JN291083

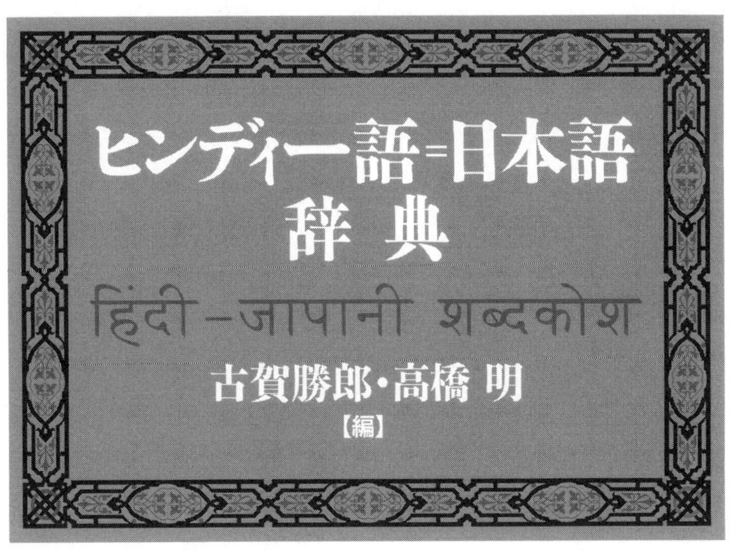

大修館書店

はしがき

本邦でヒンディー語の教育・研究が公的な場所で始まってから半世紀以上を経たが，かつては一般にヒンドスターニー語の名で呼ばれていたウルドゥー語が教育・研究されるようになったのは更に半世紀ほど遡る。両言語はいわば不即不離の関係にもあるからその意味では本邦でのヒンディー語の教育・研究も単純に過ぎた半世紀前からのものではなかったわけである。しかし，インドの内外においてヒンディー語の研究が本格的に盛んになったのはそれがインド連邦共和国の公用語としての地位を得てからのことである。

本書はそのような歴史の中で内外の先学の挙げた成果を参考にして成立しているが，編著者の菲才のため多くの面で今後に課題を抱えていることは否めない。

現代ヒンディー語を正確に捉える立場から編纂に取り組んだが，文法上の整理や専門語彙並びに英語及びいわゆるアラビア語・ペルシア語系語彙を中心とした外来語の選定などにおいて本書が採った方針については異論があり得よう。諸賢の御批判が将来のヒンディー語辞書の改良に繋がることを期待したい。発音に関しては別項を設けて記述し利用者の参考に供した。

本書の刊行に至る過程で内外の諸々の機関や先学・知己から様々な形で御指導や御支援をいただいたことを記して略式ながらここに衷心より御礼を申し上げる。とりわけ本書の刊行は大修館書店の御理解と御厚意とを抜きにしては全く不可能であった。戸塚直哉氏からは技術面での御支援をいただいた。共同執筆者ではあるが高橋明氏のあらゆる面での献身的な支援と協力とがなかったならば本書自体の誕生はあり得なかったことを銘記しなければならない。

2005 年 12 月 21 日

古 賀 勝 郎

1　文字と発音と綴り

1.1　はじめに

ヒンディー語の表記のために今日一般的にデーヴァナーガリー（देवनागरी, Devanāgarī）文字が使われるが，その場合表記と実際の発音との間のずれが比較的少ないとされている。事実，後に述べる潜在母音 [ə] の発音規則にさえ注意すれば，ほとんどの語彙はそれが書かれている通りに発音して一応のところはさしつかえない。それが，本辞書で個々の語彙に発音を付記しなかった主な理由である。しかし，ヒンディー語の成立と発展の経緯，さらに現在ヒンディー語がインドの広大な地域で使用されていることなどから，実際には表記と発音の間に若干のずれとゆれが見られることも事実である。とはいえ，これらのゆれは生きた言語としてのヒンディー語の豊かな多様性としてとらえるべき現象であり，また，そこには当然のことながら一定の傾向と規則性が見られる。ここでは，まず，デーヴァナーガリー文字の正書法とその標準的発音との対応を示した後，順次実際の発音とのずれについて解説し，本辞書の見出し語の表記と実際の発音とがどのように異なることがあるかを述べる。

また本辞書にはアラビア語，ペルシア語などからの借用語を相当数採録した上で，それらの語彙についてはウルドゥー文字による表記を付している。この点で本辞書はウルドゥー語学習者にも歓迎されるものと信じるが，一方でこれら借用語の発音は後述するように難しい問題を多く孕んでいる。ヒンディー語とウルドゥー語は亜大陸の独立の過程で文化的，社会的のみならず政治的にも厳しい対立を経た後，現在の姿を取るに至っている。言語的には両者は基盤を同じくする一つの言語であり，日常の会話のレベルでは数多くの共通の語彙を持っているが，改まった場面ではまったく別の言語の様相を呈するほど語彙の隔たりが大きくなることがある。同じ語彙の発音についても，インドのヒンディー語，ウルドゥー語話者の場合とパキスタンのウルドゥー語話者の場合とでは，さらに異なることがある。ここで述べた発音に関する特徴はインドにおけるヒンディー語話者を主として念頭に置いたものであることをお断りしておく。

1.2　母音文字と発音

母音文字	IPA	翻字	性　質
अ	[ə]	(a)	非円唇中舌母音
आ	[ɑː]	(ā)	後舌非円唇開長母音
इ	[i]	(i)	前舌非円唇閉短母音
ई	[iː]	(ī)	前舌非円唇閉長母音
उ	[u]	(u)	後舌円唇閉短母音
ऊ	[uː]	(ū)	後舌円唇閉長母音
ऋ	[ri]	(r̥)	歯茎ふるえ音+[i]
ए	[eː]	(e)	中前舌非円唇閉長母音
ऐ	[ɛː]	(ai)	中前舌非円唇開長母音
ओ	[oː]	(o)	中後舌円唇閉長母音
औ	[ɔː]	(au)	中後舌円唇開長母音

§ 母音ダイアグラム

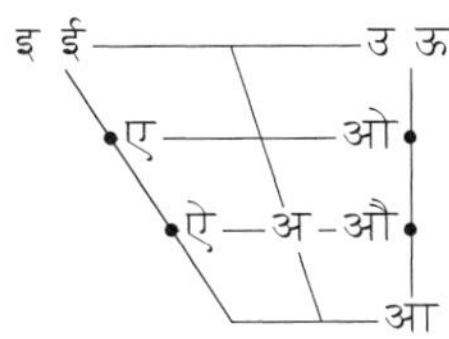

1.3　子音文字と発音

閉鎖・破擦音	無声無気	無声有気	有声無気	有声有気	鼻　音
軟口蓋閉鎖音	क [kə] (ka)	ख [kʰa] (kʰa)	ग [gə] (ga)	घ [gʰa] (gʰa)	ङ [ŋə] (ṅa)
硬口蓋破擦音	च [ʧə] (ca)	छ [ʧʰə] (cʰa)	ज [ʤə] (ja)	झ [ʤʰə] (jʰa)	ञ [ɲə] (ña)
そり舌閉鎖音	ट [ʈə] (ṭa)	ठ [ʈʰə] (ṭʰa)	ड [ɖə] (ḍa)	ढ [ɖʰə] (ḍʰa)	ण [ɳə] (ṇa)
歯裏閉鎖音	त [t̪ə] (ta)	थ [t̪ʰə] (tʰa)	द [d̪ə] (da)	ध [d̪ʰə] (dʰa)	न [nə] (na)
両唇閉鎖音	प [pə] (pa)	फ [pʰə] (pʰa)	ब [bə] (ba)	भ [bʰə] (bʰa)	म [mə] (ma)

半母音	IPA	翻字	性　質
य	[jə]	(ya)	硬口蓋接近音
र	[rə]	(ra)	歯茎ふるえ音
ल	[lə]	(la)	歯茎側面音
व	[və]	(va)	有声唇歯摩擦音
	[wə]		両唇接近音

摩擦音	IPA	翻字	性　質
श	[ʃə]	(śa)	無声後部歯茎（硬口蓋）摩擦音
ष	[ʂə]	(ṣa)	無声そり舌摩擦音
	[ʃə]		無声後部歯茎（硬口蓋）摩擦音
स	[sə]	(sa)	無声歯茎摩擦音
ह	[ɦə]	(ha)	有声声門摩擦音
	[hə]		無声声門摩擦音

その他	IPA	翻字	性　質
क़	[qə]	(qa)	無声口蓋垂閉鎖音
	[kə]	(ka)	無声無気軟口蓋閉鎖音
ख़	[xə]	(xa)	無声軟口蓋摩擦音
	[kʰə]	(kʰa)	無声有気軟口蓋閉鎖音
ग़	[ɣə]	(ga)	有声軟口蓋摩擦音
	[gə]	(ga)	有声無気軟口蓋閉鎖音
ज़	[zə]	(za)	有声歯茎摩擦音
	[ʤə]	(ja)	有声無気硬口蓋破擦音
ड़	[ɽə]	(ṛa)	そり舌弾き音
ढ़	[ɽʰə]	(ṛʰa)	有気そり舌弾き音
फ़	[fə]	(fa)	無声唇歯摩擦音
	[pʰə]	(pʰa)	無声有気両唇閉鎖音
ः	[ɦ]	(h)	有声声門摩擦音
	[h]		無声声門摩擦音

1.4 標準的発音

1.4.1 母音の発音

अ	[ə]	日本語の「ア」よりも，口の開きを少し狭くして発音する。全ての子音文字には，この母音が本来的に含まれているが，後で説明するように子音文字が語中に置かれた環境により，非常に弱く発音されたり，まったく発音されなかったりするため，潜在母音と呼ばれることがある。
आ	[ɑː]	日本語の「ア」よりも，口を大きく開けて発音される長母音。英語からの借用語に含まれる母音 [ɔ] を，特に ऑ と表記する場合があるが，そうでなければこの आ が用いられる。それ以外の英語の母音に関しては特別の配慮はなされず，ヒンディー語本来の母音文字で表現される。
इ	[i]	日本語の「イ」とほぼ同じ発音であるが，唇をより緊張させる。
ई	[iː]	日本語の「イー」とほぼ同じ発音であるが，唇をより緊張させる。長母音。
उ	[u]	日本語の「ウ」の要領で，もっと唇を丸めて発音する。
ऊ	[uː]	日本語の「ウー」の要領で，もっと唇を丸めて発音する。長母音。
ऋ	[ri]	サンスクリット語では母音とされていたが，ヒンディー語では，巻き舌で「リ」と発音する。しかし，表記の上では区別がされており，たとえば ऋतु [rit̪u] が रितु と書かれることはない。
ए	[eː]	日本語の「エー」の要領で，もっと唇を緊張させて発音する。長母音。
ऐ	[ɛː]	「ア」と「エ」の中間の音で，「ア」を発音するつもりで口を開き，「エ」と発音すればよい。長母音。二重母音の「アイ」ではないことに注意。
ओ	[oː]	日本語の「オー」とほぼ同じ発音であるが，唇をより丸める。長母音。
औ	[ɔː]	「ア」と「ウ」の中間の音で，「ア」を発音するつもりで口を開き，「オ」と発音すればよい。長母音。二重母音の「アウ」ではないことに注意。

1.4.2 子音の発音

(1) 軟口蓋閉鎖音

क	[kə]	日本語の「カ」と同じであるが，次の ख と比べると呼気が弱い。
ख	[kʰə]	強い呼気を伴って発音される「カ」。
ग	[gə]	日本語の「ガ」と同じであるが，次の घ と比べると呼気が弱い。
घ	[gʰə]	強い呼気を伴って発音される「ガ」。
ङ	[ŋə]	日本語の「ン」。単独で発音されることはない。

(2) 硬口蓋破擦音

च	[ʧə]	日本語の「チャ」と同じであるが，次の छ と比べると呼気が弱い。
छ	[ʧʰə]	強い呼気を伴って発音される「チャ」。
ज	[ʤə]	日本語の「ジャ」と同じであるが，次の झ と比べると呼気が弱い。
झ	[ʤʰə]	強い呼気を伴って発音される「ジャ」。
ञ	[ɲə]	日本語の「ン」。単独で発音されることはない。

(3) そり舌閉鎖音

ट	[ʈə]	舌の先を反らせ，舌の先端の裏面を歯茎に近い硬口蓋につけて発音する。日本語の「タ」にくらべると調音点が後ろになり，日本語にはない音である。次の ठ にくらべると呼気が弱い。英語の無声歯茎音である [t] の表記にはこの文字を用いる。
ठ	[ʈʰə]	強い呼気を伴って発音される ट。
ड	[ɖə]	ट と同じ要領で発音される有声音。次の ढ にくらべると呼気が弱い。英語の有声歯茎音である [d] の表記にはこの文字を用いる。
ढ	[ɖʰə]	強い呼気を伴って発音される ड。
ण	[ɳə]	同じ要領で発音される「ナ」。

(4) 歯裏閉鎖音

त　[t̪ ə]　舌の先を上の歯の裏につけて発音する。ちなみに日本語の「タ」の場合は，舌の先が上の歯茎につく。次の थ にくらべると呼気が弱い。

थ　[t̪ʰə]　強い呼気を伴って発音される त。英語の無声歯茎摩擦音である [θ] の表記にはこの文字を用いる。

द　[d̪ ə]　त と同じ要領で発音される有声音。次の ध にくらべると呼気が弱い。

ध　[d̪ʰə]　強い呼気を伴って発音される द。

न　[nə]　日本語の「ナ」と同じ。

(5) 両唇閉鎖音

प　[pə]　日本語の「パ」。ただし，次の फ にくらべると呼気が弱い。

फ　[pʰə]　強い呼気を伴って発音される प。

ब　[bə]　日本語の「バ」。ただし，次の भ にくらべると呼気が弱い。

भ　[bʰə]　強い呼気を伴って発音される ब。

म　[mə]　日本語の「マ」と同じ。

(6) 半母音

य　[jə]　日本語の「ヤ」と同じ。

र　[rə]　舌の先を歯茎に 2，3 回あて，震わせる有声無気音。

ल　[lə]　舌の先を歯茎に付けて，舌の側面から呼気を出して「ラ」と発音する。

व　[wə]　(1) 日本語の「ワ」の要領で発音される有声両唇半母音。子音に続く位置や音節末や語末に現れる。また，中舌母音 [ɑː] の前に現れる。

　[və]　(2) 唇歯摩擦音。語頭や子音に先行する位置に現れる。前舌母音 [i] に先行しても現れる。(1) と (2) は総じて対立する音ではなく，交代しうる。

(7) 摩擦音

श　[ʃə]　日本語の「シャ」と同じ。

ष　[ʃə]　サンスクリット語では反舌歯擦音であったが，ヒンディー語では上の श と同じ発音となっている。しかし，表記上では現在も区別される。

स　[sə]　日本語の「サ」と同じ。

ह　[hə]　無声声門摩擦音。日本語の「ハ」と同じ。ただし，語中，語末では有声音 [ɦə] となることがある。

(8) 弾き音

ड़　[ɽə]　舌の端の裏側を硬口蓋に弾かせて発音される有声そり舌弾き音。日本語の「ラ」に近く聞こえる。辞書の配列順序は ड と同じで区別をしていない。

ढ़　[ɽʰə]　ड़ が強い呼気を伴って発音される音。辞書の配列順序は ढ と同じで区別をしていない。

(9) 外来音

क़　[qə]　無声口蓋垂閉鎖音。日本語の「カ」よりもさらに喉の奥で調音される。しかし，ヒンディー語では क と同様に発音されたり，表記されるのが普通であるが，本辞書では該当する語彙についてはすべてこの文字を用いた。また辞書の見出し語としての配列では क と区別されない。以下，同様である。ウルドゥー文字の ق に対応する。

ख़　[xə]　無声軟口蓋摩擦音。舌の後部を軟口蓋の後部に接近させ，摩擦させて発音する。ヒンディー語では ख と同様に発音されたり，表記されることが多い。ウルドゥー文字の خ に対応する。

ग़　[ɣə]　有声軟口蓋摩擦音。ख़ の有声音。ヒンディー語では，ग と同様に発音されたり，表記されるのが普通である。ウルドゥー文字の غ に対応する。

ज़　[zə]　有声歯茎摩擦音。日本語の「ザ」と同じ。ヒンディー語でも比較的正確に発音されることが多いものの，ज と同様に発音されたり，表記されることがある。ウルドゥー文字の ذ　ز　ژ　ض　ظ に対応する。

फ़　[fə]　無声唇歯摩擦音。ヒンディー語でも比較的正確に発音されることが多いものの，फ と同様に発音されたり，表記されることもある。ウルドゥー文字の ف に対応する。

1.5　母音記号

すべての子音文字は अ [ə] 母音を本来的に含んでいる。[ə] 以外の母音を従えるときには，以下の特別の母音記号が用意されている。

आ > ा　इ > ि　ई > ी　उ > ु　ऊ > ू
ऋ > ृ　ए > े　ऐ > ै　ओ > ो　औ > ौ

たとえば，क, प の場合，それぞれ

क　का　कि　की　कु　कू　कृ　के　कै　को　कौ
प　पा　पि　पी　पु　पू　पृ　पे　पै　पो　पौ

となる。なお，若干の子音字の場合例外形を取る。

र् + ु > रु
र् + ू > रू
श् + ृ > शृ またはशृ
ह् + ृ > हृ

1.6　鼻母音を表す記号

鼻音化した母音を表現するために，チャンドラビンドゥと呼ばれる記号【 ँ 】を文字の上部に書き加える。しかし，母音文字や母音記号の一部が上にはみ出している場合は，アヌスワーラ記号【 ं 】を代用する。本辞書の配列順序では，両者の間に区別をしていない。

अँ　आँ　इँ　ईं　उँ　ऊँ　एँ　ऐं　ओं　औं
कँ　काँ　किं　कीं　कुँ　कूँ　कें　कैं　कों　कौं

など。

1.7　アヌスワーラ記号

(1) アヌスワーラ記号は，鼻母音化記号であるチャンドラビンドゥの代わりに用いられるだけでなく，ङ् ञ् ण् न् म् などの鼻子音の代わりにも使用される。アヌスワーラ記号は次に来る子音字と同じグループの鼻子音を表す。

अङ्क [əŋk] > अंक
पञ्च [pəɲʧ] > पंच
ठण्डा [t^{h}əɳɖɑː] > ठंडा
सन्त [sənt̪] > संत
सम्बन्ध [səmbənd^{h}] > संबंध

(2) その他の子音または半母音の前に来るアヌスワーラの発音は，ときに [m] またときに [n] となる。

संवत [səmvət̪]
संशय [sənʃəj]
संस्कार [sənskɑːr]
सिंह [sinh]

1.8　ヴィサルガ記号

文字の右側に上下の点二つで表現される。【 ः 】サンスクリット語からの借用語に用いられ，発音はヒンディー語の子音 ह् と同じ。本辞書の配列順序では，アヌスヴァーラ及びチャンドラビンドゥの次に来る。

क्रमशः [krəməʃəh]　अंततः [ənt̪ət̪əh]　शब्दशः [ʃəbd̪ʃəh]

また，次の子音に同化されたり，発音を無視されたりすることもある。

दुःख [d̪uhk^{h}] は，普通 [d̪uk^{h}] と発音されるが，時に [d̪ukk^{h}] となる場合がある。

ヒンディー語固有の語としては唯一，छः に使われるのみである。ただし，発音は [ʧ^{h}ɛh] または [ʧ^{h}ə] となる。

1.9 省略記号

インド数字のゼロが省略記号として略語の表記に用いられる。見出し語の配列順序では，省略記号は無視される。

ई॰ आई॰ आर॰ [iː ɑːiː ɑːr] < E.I.R. ; East Indian Railways

डी॰ एम॰ के॰ [d̪iː eːm keː] < DMK ; द्रविड मुनेत्र कज़गम

1.10 子音連続と結合文字

1.10.1 ハル記号

子音だけを表すときには，ハル記号と呼ばれる短い斜線【 ् 】を文字の下につけることがある[1]。

क् [k] द् [d̪] त् [t̪] च् [ʧ] など。

1.10.2 結合文字

子音が連続する場合，先行する子音には結合文字が使われる。

(1) 文字の右半分に縦棒が含まれている場合は，その縦棒を省略した形を結合文字として用いる。

ख्‍ (ख) ग्‍ (ग) घ्‍ (घ) च्‍ (च) ज्‍ (ज) झ्‍ (झ) ञ्‍ (ञ) ण्‍ (ण)

त्‍ (त) थ्‍ (थ) ध्‍ (ध) न्‍ (न) प्‍ (प) ब्‍ (ब) भ्‍ (भ) म्‍ (म)

य्‍ (य) ल्‍ (ल) व्‍ (व) श्‍ (श) ष्‍ (ष) स्‍ (स)

(2) 文字の中央に縦棒がある次の二つの文字の場合，右半分を最後まで書かないことによって，母音の脱落を表現する。

क्‍ (क) फ्‍ (फ)

(3) 縦棒が含まれていない文字の場合は，単独で子音だけを表現するにはハル記号を用いる。ただし，र् だけは，レーパ記号と呼ばれる特殊な記号【 र्‍ 】を，後続する子音文字の上部に付ける。

कर्म [kərm] शर्म [ʃərm]

1.10.3 その他の結合文字

(1) 後続する子音文字が र の場合，先行する子音字の下に，斜線【 ्र 】を加える。

ग्र [grə] प्र [prə] स्र [srə] ह्र [hrə] など。

先行する文字によってはその形が変わる場合がある。

क्र [krə] त्र [t̪rə] श्र [ʃrə] など。

なお，先行する子音字が反り舌音，ट， ड の場合，斜線の形は【 ्र 】となる。

ट्र [ʈrə] ड्र [ɖrə] など。

(2) 連続する子音文字を縦に並べる方法。

ङ्क [ŋkə] ञ्च [ɲʧə] ञ्ज [ɲʤə] ट्ट [ʈʈə] ड्ड [ɖɖə] द्ग [d̪g^{h}ə] द्ध [d̪d̪^{h}ə] द्व [d̪və] など。

しかし，現在ではハル記号を用いて表現するのがより一般的である。また，先行する子音が鼻子音の場合はすべてアヌスワーラで代用することができる。したがって，हिन्दी と हिंदी (発音は [hind̪iː])，सम्बन्ध と संबंध (発音は [səmbənd̪^{h}]) などでも，二通りの表記があることに注意しなければならない。

अंक	[əŋk]	गंज	[gənʤ]	पंच	[pənʧ]	छुट्टी	[ʧ^{h}uʈʈiː]
अड्डा	[əɖɖɑː]	उद्घाटन	[ud̪g^{h}ɑːʈən]	श्राद्ध	[ʃrɑːd̪d̪^{h}]	द्वारा	[d̪vɑːrɑː]

(3) 次の組み合わせの子音連続には，特別な形の結合文字を使う

---

[1] サンスクリットからの借用語で，本来つけるべきハル記号が省略されることがある。たとえば，
विद्वान् [vid̪vɑːn] > विद्वान　जगत् [ʤəgət̪] > जगत など。ただし，後述する理由から発音に変化はない。

क् + त > क्त 最近では，क्त がより一般的である。
क् + ष > क्ष
ज् + ञ > ज्ञ この組み合わせの時，発音は [ʤɲə] ではなく，[gjə] となる。

(4) 先行する文字が ह् の場合，特に次のような形を取ることがある。

ह् + ण > ह्ण [hɳə]
ह् + न > ह्न [hnə]
ह् + म > ह्म [hma]
ह् + य > ह्य [hya]
ह् + ल > ह्ल [hla]
ह् + व > ह्व [hvə]

1.11 表記と発音のずれ

1.11.1 潜在母音

ヒンディー語の子音文字に始めから含まれている潜在母音 [ə] は，その語中で置かれた環境により，発音されたり，されなかったりする。その規則は次の通りである。

(1) 語頭の [ə] は発音する。（一音節語も含む）

नमक [nəmək] धन [d̪^{h}ən] न [nə] व [və]

(2) 語末の [ə] は発音しない。

कमल [kəməl] पीठ [piːʈ^{h}] आम [ɑːm]

(3) 語中において

(a) 潜在母音がすでに脱落した子音の直前の [ə] は発音される。

चमक [ʧəmək] पकड़ [pəkəɽ]

(b) 母音の直前の [ə] は発音される。

क़लई [qələiː] गई [gəiː]

(c) 子音連続の直前，および直後の [ə] も発音される。

चमत्कार [ʧəmət̪kɑːr] झपट्टा [ʤ^{h}əpəʈʈɑː] बाध्यता [bɑːd̪^{h}jət̪ɑː] कलक्टरी [kələkʈəriː]

(4) それ以外の [ə] は発音しない。

लड़का [ləɽkɑː] समझना [səməʤ^{h}nɑː] बरतन [bart̪ən] मखमल [mək^{h}məl]
चमकीला [ʧəmkiːlɑː]

(5) 声門摩擦音 ह の前後の潜在母音の発音

(a) ह्に先行する [ə] 母音は，[ɛ] [e] [æ] [ɑː] などに変わる。特殊な例として，वह は，[vo] と発音される[2)]。

जगह [ʤɛgɛh], [ʤɛgeh], [ʤɛgæh], [ʤɛgɑː] बहन [bɛhɛn] など。

(b) ह्に続く潜在母音 [ə] は [ɛ] に変わる。(a)(b) ともに，ह्が発音されなかったり，発音されても非常に弱くなることがある。

यह [jɛhɛ] または [jɛ] [3)] सहन [sɛhɛn] शहर [ʃɛhɛr] पहचानना [pɛhɛʧɑːnnɑː]

[2)] 改まった場面などではこの वह は，[vəhə] [vəh] または [vəhe] となる。
[3)] वह と同様に，改まった場面ではこれも [jəhə] [jəhe] [jɛhe] などと発音される。

1.11.2 潜在母音の発音のゆれ

以上が，潜在母音に関する一般的な法則であるが，実際には話者によってかなりのゆれが見られる。特に，サンスクリット語，ペルシア語，アラビア語などからの借用語の場合，話者の教養や発音に関する規範意識の強弱などが原因で，消えるはずの潜在母音が発音されることがある。また，純然たる借用語でなくとも，話者によって異なる発音がされることがある。たとえば，ऊधमी の語の発音は上の一般法則からいえば，[uːd̪^{h}miː] となるはずであるが，脱落するはずの潜在母音がここで弱く発音されることがある。便宜的に，この弱い潜在母音を [ə̆] と表記すると，[uːd̪^{h}ə̆miː] となる。同様に，ऊपरी も [uːpriː] そして [uːpə̆riː] と二通りに発音されることがある。さらに，इमारतें [imɑːrt̪ẽː] が [imɑːrə̆t̪ẽː] と発音される場合さえある。以下にこのような例をいくつかあげる。

(1) サンスクリット語からの借用語で，単語末に य または व で終わる子音連続が来る場合には，語末の [ə] が弱く発音される。また，ईय で終わる単語の場合も，語末の潜在母音が弱く発音されることがある。

वाक्य	[vɑːkjə̆]	चैतन्य	[ʧɛːt̪ənjə̆]	कर्तव्य	[kərt̪əvjə̆]	पोष्य	[poːʃjə̆]
परिपक्व	[pəripəkvə̆]	दायित्व	[d̪ɑːjit̪və̆]	महत्त्व	[məhət̪t̪və̆]	आदरणीय	[ɑːd̪ərə̆ɳiːjə̆]
आत्मीय	[ɑːt̪miːjə̆]	नाटकीय	[nɑːʈə̆kiːyə̆]				

しかし，たとえば सुघड़ी の場合，[sug^{h}əriː] と，घ の潜在母音がはっきりと発音されることがある。これはこの単語が，「良い」と言う意味を持つサンスクリット語由来の接頭辞 सु が「時，時間」という意味を持つ घड़ी と結びついてできたものであるとの意識があるためである。同様に，सुरमा [surmɑː] と सुरसा [surəsɑː]。否定の意味を持つ接頭辞 अ の場合なども，अबला が [əblɑː] ではなく，[əbəlɑː] と発音されることがある。また，抽象名詞を作る ता など，サンスクリット語由来の接尾辞が語末に付加された場合も，潜在母音が弱く発音される場合がある。

मानवता [mɑːnəvə̆t̪ɑː]　शांतता [ʃɑ̃ːt̪ə̆t̪ɑː] など。

次のようなサンスクリット語からの借用語でも，潜在母音が弱く聞こえることがある。

नागरिक [nɑːgə̆rik]　जमनिका [ʤəmə̆nikɑː]　आराधना [ɑːrɑːd̪^{h}ə̆nɑː]

(2) アラビア語，ペルシア語からの借用語でも，話者によって潜在母音が発音されたりされなかったりする。

साहबी　[sɑːhbiː]　または　[sɑːhəbiː]
आमदनी　[ɑːməd̪niː]　または　[ɑːmd̪əniː]

1.11.3 その他の母音の発音

(1) 潜在母音の場合とは異なり，一般に標準的とは見なされていないが，語末の इ，उ が消滅したり，長母音化することがしばしばある。

प्रीति　[priːt̪] または [priːt̪ɪː]　　शांति　[ʃɑ̃ːt̪] または [ʃɑ̃ːt̪ɪː]
ज्योति　[ʤyɔːt̪] または [ʤoːt̪iː]　　गुरु　[gur] または [guruː]

このような実際の発音を反映して，これらの語彙は時に शांती や गुरू のように表記されることがあるが，いずれも標準的とは見なされていない。

(2) 声門摩擦音 ह् に続く उ 母音は，[o] に発音されることがある。

बहुत [bəhot]　पहुँचना [pəhõʧnɑː]

(3) 語中の ह्の直前の長母音 ए，ओ は，短く発音されることがある。

बेहतर [beht̪ər]　फ़ेहरिस्त [fehrist̪]　कोहनी [kohniː]　बोहनी [bohniː]

(4) ऐ，औ は，半母音 [j]，[w] に先行する場合，それぞれ [əi]，[əu] と二重母音になる。また，サンスクリット語の知識や方言に影響されて二重母音に発音される場合がある。

गवैया [gəvaijɑː]　कौवा [kəuwɑː]

1.11.4 半母音の発音

語末の य および व は，短い [e]，[o] に聞こえることがある。

समय [samae]　जय [ʤəe]　पाव [pɑːo]

実際の発音を反映して，これらの語は標準的とは見なされないものの時に समै，जै と表記されることがある。

1.11.5　その他の特例

जन्म [ʤənm] ＞ जनम [ʤənəm]　चिह्न [ʧihnə] ＞ चिन्ह [ʧinh]
गाँव [gãːv] ＞ [gɑːõː]　पाँव [pãːv] ＞ [pɑːõː]

1.11.6　一般に標準的とは見なされない子音の発音

地域差や話者の教養の有無などの要素により，標準的とは認められていないながらもさまざまな発音が存在している。表記の上にそれが反映されない場合，結果的に表記と実際の発音の間にずれが生ずることとなる。

ただし，ここで取り上げる発音は，非標準的とはいえ辞書を含むさまざまなヒンディー語文献に実際に表記された形で現れることのある事例ばかりである。ところでハリヤーナー方言を母語とする話者はしばしば न を ण と発音するが，ヒンディー語の各種文献に न が ण と表記されて現れる例はまずない。これはハリヤーナー方言がヒンディー語の有力な方言でありながら，テキストとして文字化されることが最近までなかったことが原因であり，この点で古い時期から文学用語として文字化されてきたアワディー方言やブラジ方言とは異なる。

たとえばアワディー方言による文学作品中で文字化されてきた語彙は，しばしば非標準的とされる発音を自身の表記中に留めている。そのため，それらの語彙は浩瀚なヒンディー語辞書などにそのままの形で記録されることとなった。以下に紹介した非標準発音の例の中にも，本辞書中に見出し語として挙げたものがいくつかあるのはそれが理由である。

そもそもヒンディー語の発音の場合，何をもって標準的とするかは簡単な問題ではない。もし，サンスクリット語やアラビア，ペルシア語などの表記をそのままなぞって発音することを標準的とするならば，ヒンディー語語彙の多くの発音は，それが実際の大多数の話者の発音を忠実に反映しているにもかかわらず非標準的とされてしまうであろう。しかし，これ以上はここで述べる範囲を超えている。要するに以下に取り上げた事例は，このように発音する人たちが少なからず存在し，かつそのままの形で文献に実際に表記されて使われることがありながら，さまざまな理由から非標準的と見なされるものである。

(1) ण्が न्に発音される。

लक्षण [ləkʃəɳ] ＞ लच्छन [ləʧʧ^{h}ən]　लक्ष्मण [ləkʃməɳ] ＞ लछमन [ləʧ^{h}mən]
गुण [guɳ] ＞ गुन [gun]

(2) फ्が फ़्に発音される。特にデリー，メーラト近辺ではこの傾向が顕著である。

फल [p^{h}əl] ＞फ़ल [fəl]　फिर [p^{h}ir] ＞ फ़िर [fir]

(3) य्が ज्と発音されることがある。

यमुना [jəmunɑː] ＞ जमुना [ʤəmunɑː]　यशोदा [jəʃoːd̪ɑː] ＞ जशोदा [ʤəʃoːd̪ɑː]
मर्यादा [mərjɑːd̪ɑː] ＞ मरजादा [mərʤɑːd̪ɑː]

(4) व्が ब्と発音されることがある。

वन [vən] ＞ बन [bən]　वचन [vəʧən] ＞ बचन [bəʧən]

(5) श्が स्と発音されることがある。

शब्द [ʃəbd̪] ＞ सब्द [səbd̪]　शाम [ʃɑːm] ＞ साम [sɑːm]

(6) ष्が ख्と発音されることがある。

संतोष [sənt̪oːʃ] ＞ संतोख [sənt̪oːk^{h}]　विष [viʃ] ＞ विख [vik^{h}]

(7) क्ष्が छ्または क्ख्と発音されることがある。

क्षत्रिय [kʃət̪rij] ＞ छत्रिय [ʧ^{h}ət̪rij]　क्षितिज [kʃit̪iʤ] ＞ छितिज [ʧ^{h}it̪iʤ]
दक्षिण [d̪əkʃiɳ] ＞ दक्खिन [d̪əkk^{h}in]

また，さらにこの छ्は，語中では च्छ्と発音される場合がある。

रक्षा [rəkʃɑː] > रच्छा [rəʧʧʰɑː]　अक्षर [əkʃər] > अच्छर [əʧʧʰər]

दक्षिण [d̪əkʃiɳ] > दच्छिन [d̪əʧʧʰin]

(8) 同様の理由から，子音連続の途中で母音が挿入される場合がある。

(a) ग्न > गन，त्न > तन，त्र > तर，द्र > दर など。

लग्न [ləgn] > लगन [ləgən]

यत्न [jət̪n] > यतन [jət̪ən] または जतन [jət̪ən]

रत्न [rət̪n] > रतन [rət̪ən]

शास्त्र [ʃɑːst̪r] > शास्तर [ʃɑːst̪ər]

इन्द्र [ind̪r] > इन्दर [ind̪ər]

कृष्ण [kriʂɳ] > कृशन [kriʃən] किशन [kiʃən] また किसन [kisən] などに。

(b) प्य が पिय になる。

प्यार [pjɑːr] > पियार [pijɑːr]

(c) प्र が पर または पिर になる。

प्रदेश [prəd̪eːʃ] > परदेश [pərd̪eːʃ]　प्रेम [preːm] > परेम [pəreːm]

प्रसंग [prəsəŋg] > पिरसंग [pirsəŋg]　प्रायश्चित [prɑːjəʃʧit̪] > पिरायश्चित [pirɑːjəʃʧit̪]

(d) र् で始まる子音連続に अ 母音が挿入される場合。

पूर्णमासी [puːrɳmɑːsiː] > पूरनमासी [puːrənmɑːsiː]　पूर्व [puːrv] > पूरव [puːrav]

धर्म [d̪ʰərm] > धरम [d̪ʰərəm]　शर्म [ʃərm] > शरम [ʃərəm]

(9) 特に，स् で始まる語頭の子音連続の最初に इ もしくは अ 母音が先行する場合がある。

स्टेशन [sʈeːʃən] > इस्टेशन [isʈeːʃən]　स्थिति [st̪ʰit̪i] > इस्थिति [ist̪ʰit̪i]

स्नान [snɑːn] > अस्नान [əsnɑːn]　स्कूल [skuːl] > इस्कूल [iskuːl]

(10) 半母音を従える子音連続の場合，先行する子音が促音化することがあり，さらにそれが表記に影響することもある。

चक्र > चक्क्र [ʧəkkrə]　कन्या > कन्न्या [kənnjɑː]　नम्र > नम्म्र [nəmmrə]

तीव्र > तीव्व्र [t̪iːvvrə]　नित्य > नित्त्य [nit̪t̪jə]　सत्य > सत्त्य [sət̪t̪jə]

राज्य > राज्ज्य [rɑːʤʤjə]

(11) 語中，および語末の有気音が無気音化することがある。ウルドゥー語では，この傾向が顕著である。

झूठ [ʤʰuːʈʰ] > झूट [ʤʰuːʈ]　झिझक [ʤʰiʤʰək] > झिजक [ʤʰiʤək]

भूख [bʰuːkʰ] > भूक [bʰuːk]

(12) アラビア語，ペルシア語などからの借用語に付随した音については，話者の語源意識や，教育，教養に関わるところであるが，一般に本来の厳密な発音はされないことが多い。क़ は क に，ख़ は ख に，ग़ は ग に，ज़ は ज に，そして फ़ が फ に発音され，文字の点も付かない。実用の点から言えば，क़ ख़ ग़ については発音，表記共に特に留意する必要はない。

कलम [kələm] < क़लम قلم [qələm]

खाना [kʰɑːnɑː] < ख़ाना خانہ [xɑːnɑː]

गम [gəm] < ग़म غم [ɣəm]

जरा [ʤərɑː] < ज़रा ذرا [zərɑː]

जमीन [ʤəmiːn] < ज़मीन زمین [zəmiːn]

जरूर [ʤəruːr] < ज़रूर ضرور [zəruːr]

जुल्म [ʤulm] < ज़ुल्म ظلم [zulm]

同時に，過剰な語源意識のために，これとは逆の現象が見られることがある。

लहज़ा < लहजा لہجہ [ləhəʤɑː]

हर्ज़ < हरज حرج [hərəʤ]

(13) アラビア語，およびペルシア語などからの若干の借用語については，デーヴァナーガリー文字による表記法が複数存在するものがある。

(a) 表記法と発音が共に異なる場合。以下に上げた例では，前者がヒンディー語，後者がウルドゥー語でそれぞれ標準的とされる発音が表記に反映されている。

इतज़ाम	[int̪əzɑːm]	⇔	इंतिज़ाम	[int̪izɑːm]	انتظام
इम्तहान	[imt̪əhɑːn]	⇔	इम्तिहान	[imt̪ihɑːn]	امتحان
हिकारत	[hikɑːrət̪]	⇔	हकारत	[həkɑːrət̪]	حقارت

(b) 表記法は異なるものの，実際の発音は変わらない場合。このような例は数多い。

इंसाफ़	इन्साफ़	इनसाफ़	[insɑːf]	انصاف
इंकार	इन्कार	इनकार	[inkɑːr]	انکار
तस्वीर	तसवीर		[t̪əsviːr]	تصویر
इस्लाम	इसलाम		[islːɑm]	اسلام
कुर्सी	कुरसी		[kursiː]	کرسی
गर्मी	गरमी		[gərmiː]	گرمی
बिल्कुल	बिलकुल		[bilkul]	بالکل
अँग्रेज़	अँगरेज़		[ãgreːz]	inglês

(14) 本辞書に収録した英語からの借用語の中には未だ表記法が定まらず，結果的に複数の綴りを持つものが少なくない。数例を以下に示す。

album	अलबम	एल्बम	
Indonesia	इंडोनीशिया	इंडोनेशिया	इंदोनेसिया
insurance	इंशोरेंस	इन्श्योरेंस	
agent	एजंट	एजेंट	
series	सिरीज़	सीरीज़	
senate	सिनेट	सीनेट	सेनेट
steering	स्टियरिंग	स्टीयरिंग	स्टेयरिंग
studio	स्टुडिओ	स्टूडियो	
handle	हंडल	हैंडल	हैंडिल

2　ヒンディー語文法概略

以下にヒンディー語文法の骨子を略述するが，本辞書を使用するに当たって多少とも参考になることを意図したものにすぎない。したがって，各項目に関する説明も概略にとどめ，少なからぬ例外的用法についてもほとんど触れていない。

2.1　名　詞

2.1.1　性・数・格

名詞には男性名詞と女性名詞の区別がある。लड़का 「少年」（男性名詞），लड़की 「少女」（女性名詞）など，自然界での性別を反映している例だけではなく，本来性による区別のない名詞についてもすべて男性と女性の文法上の別がある。कमरा 「部屋」（男性名詞），पुस्तक 「本」（女性名詞）など。しかし，英語を中心とする最近の借用語については性の区別の混乱が甚だしい。本辞書では実際の用例にすべて基づいているが，特に記号を付していない語についても男女両性の用法が見られる例が少なくない。

また名詞には単数と複数の区別がある。बेटा 「息子」（単数），बेटे 「息子たち」（複数）など。

名詞は，格を明示する機能を持つ一群の後置詞（本辞書では格助詞として分類）と呼ばれる語を従えるとき，規則的に変化する。बच्चा 「子供」，बच्चे का 「子供の」（का は所有格を示す後置詞）。後置詞を従えたときの語形を斜格形，従えないときの語形を直格形と呼ぶ。

2.1.2　名詞の変化

男性名詞，女性名詞はともに，その数と格の別により以下のように規則的に変化する。[—] は無変化。

性	語末の音	格	単数	複数	例	格	単数	複数
男性名詞	-आ	直格	—	-ए	लड़का	直格	लड़का	लड़के
		斜格	-ए	-ओं		斜格	लड़के	लड़कों
	それ以外の音	直格	—	—	पुरुष	直格	पुरुष	पुरुष
		斜格	—	-ओं		斜格	पुरुष	पुरुषों
女性名詞	-इ/-इया/-ई	直格	—	-इयाँ	लड़की	直格	लड़की	लड़कियाँ
		斜格	—	-इयों		斜格	लड़की	लड़कियों
	それ以外の音	直格	—	-एँ	मेज़	直格	मेज़	मेज़ें
		斜格	—	-ओं		斜格	मेज़	मेज़ों

ただし, आ で終わる男性名詞でありながら, 複数・斜格形が語末の आ 母音を保持しつつ, さらに ओं と変化する以外は, 無変化となるものがある。例えば, चाचा （父の弟）は, 複数・斜格形で चाचाओं となる他は変化しない。他にも, (1) काका （父の弟）, मामा （母の兄弟）, दादा （父方の祖父）नाना （母方の祖父）,बाबा （父）など同音節を重ねる親族名称, (2) दाता （寄附者）, नेता （指導者）, ज्ञाता （知者）, कर्ता （家長）など, サンスクリット語において動詞語幹に接尾辞 -tṛ を加えてその動作の行為者を表す名詞の単数・主格形に由来するもの, पिता （父）, भ्राता （兄弟）, जामाता （娘婿）など, 同じく-tṛ 語尾を持つ親族名称の単数・主格形, またその他の一部サンスクリット語由来の名詞 राजा （王）, देवता （神） など, (3) 他にも आग़ा （主人）,मुखिया （集団の長）, रोज़मर्रा （日常）など少なからぬ名詞が同様の変化をする。しかし, ここに挙げた名詞の中にも, 時に他の आ 語尾を持つ男性名詞と同様な変化を示すものがある。たとえば,राजा の複数・直格形が, しばしば राजे となるなど。また, 本辞典においてはこれらの名詞について特にその変化の特性を示すことはしなかった。

2.2　後置詞

ヒンディー語の後置詞（または格助詞）には以下のものがある。

को　　他動詞の直接目的語・間接目的語に後続するほか，行為・状態の影響・結果が及ぶ対象を示す。～を，～に，～は，など

में　　場所を示す。～に，～で，～の中に，など。

पर　　場所を示す。～に，～で，～の上に，など。

से　　出発点，原因，目的語などを示す。～から，～によって，～に，など。

तक　　到達点を示す。～まで，など。

का /के / की　　所有格を表す。日本語の「の」にほぼ同じ。ただし，後続する名詞の性・数・格に応じて変化する。का は，男性・単数・直格形の名詞に先行し，के はそれ以外の種別の男性名詞に先行する。की は，すべての種別の女性名詞に先行する。

ने　　能格。他動詞の完了分詞が用いられる文中で，完了分詞の行為主体に後続する。～が，～は，など。

2.3　代名詞

代名詞の一覧は以下のとおりである。

	格	単　数	複　数
一人称	直格	मैं	हम
	斜格	मुझ [मुझे][4]	हम [हमें]
二人称	直格	तू	तुम / आप[5]
	斜格	तुझ [तुझे]	तुम [तुम्हें] / आप
三人称	直格	यह / वह[6]	ये / वे
	斜格	इस [इसे] / उस [उसे]	इन [इन्हें] / उन [उन्हें]
不定代名詞	直格	कोई	कोई
	斜格	किसी	किन्हीं
疑問代名詞	直格	कौन , क्या[7]	कौन , क्या
	斜格	किस [किसे]	किन [किन्हें]
関係代名詞	直格	जो	जो
	斜格	जिस [जिसे]	जिन [जिन्हें]

4) [　] 内の語形は，後置詞 को と融合した形。以下，同様。

5) आप は，相手に対して敬意を込めて使われる二人称代名詞であるが，同様に敬意を込めた三人称代名詞として，対象者がその場にいる，いないに関わらず用いられる。

6) यह は近称代名詞，वह は遠称代名詞。以下，同様に [/] で区別している。

7) कौन はヒトに，क्या はモノに対して使う。

複数代名詞は，実際には単数である対象者についても話者の敬意を表現するために頻繁に用いられる。また，特に一人称複数代名詞については，実際には単数である話者が自身についての謙遜，示威，さらに聞き手に対する親しみなどの感情を込めて用いることがある。しかし，いずれの場合も文法上の複数性が優先するため，述部は複数形となる。そのため事実としての単数と複数との違いを明示するために，複数人称代名詞が लोग（人々）などの語を従えることがある。तुम लोग，आप लोग など。

特殊な形		
所有格	मैं	मेरा, मेरे, मेरी[8]
	हम	हमारा, हमारे, हमारी
	तू	तेरा, तेरे, तेरी
	तुम	तुम्हारा, तुम्हारे, तुम्हारी
能格[9]	ये / वे	इन्होंने / उन्होंने[10]
	कौन	किन्होंने（複数）
	जो	जिन्होंने（複数）

8) मेरा, मेरे, मेरी はそれぞれ所有格を表す後置詞 का, के, की の変化に対応している。以下，同様。

9) 一人称単数代名詞 मैं と二人称単数代名詞 तू は，能格の後置詞 ने を従える場合には変化せず，それぞれ मैंने, तूने となる。

10) 後置詞が代名詞に後続する場合は，一般に間隔を空けずに表記される。

2.4 形容詞

आ で終わる形容詞は修飾する名詞の性・数・格に応じて変化する。見出し語においてこのように変化する形容詞については，[形+] とした。それ以外の形容詞は変化しない。また形容詞は頻繁に名詞としても用いられるため，若干の語彙については [名・形] などとした。変化の例を下の表に示す。

	単数・直格	複数・直格	単数・斜格	複数・斜格
男性名詞	अच्छा लड़का	अच्छे लड़के	अच्छे लड़के (को)	अच्छे लड़कों (को)
女性名詞	अच्छी लड़की	अच्छी लड़कियाँ	अच्छी लड़की (को)	अच्छी लड़कियों (को)

2.5 副　詞

ヒンディー語には純然たる副詞は少なく，多くは名詞，形容詞に由来し，単独でまたは後置詞とともに副詞句として用いられる。

～के आगे　～の先に　～के कारण　～の理由で　～के साथ　～と一緒に
～की तरफ़　～の方向に　～की तरह　～のように　～से पहले　～の前に

また，形容詞に由来する副詞で आ 母音で終わるものが直接形容詞を修飾する場合は，後続する形容詞と同じ変化をする。

बड़ा छोटा घर　とても小さい家　बड़े ऊँचे पहाड़ पर　とても高い山に

2.6 動　詞

2.6.1 コピュラ動詞

コピュラ動詞は存在を示すほか，主語と補語が等位の関係にあることを示す。コピュラ動詞現在形と代名詞との対応関係は以下のとおり。

मैं　～ हूँ　　हम　～ हैं
तू　～ है　　तुम　～ हो / आप　～ हैं
यह / वह　～ है　　ये / वे　～ हैं

コピュラ動詞の過去形は，主語の性・数に応じて次のように変化する。

था　男性・単数　थे　男性・複数　थी　女性・単数　थीं　女性・複数

2.6.2 不定詞と動詞語幹

動詞の不定詞は常に ना で終わる。辞書の見出し語にはこの不定詞形を用いる。不定詞は名詞として用いられるほか，2 人

称代名詞 तू 及び तुम に対する命令形としても使われる。不定詞から ना を除いた部分が動詞語幹となり，さまざまな活用変化の基礎となる。例外的な活用をする若干の動詞については初学者の便を考えて活用例を見出し語として示した。

2.6.3　自動詞・他動詞・使役動詞

同系の意味を持つ動詞のグループは，語幹内の母音を変化させることで自動詞から他動詞へ，さらに使役動詞へと派生する。しかし，そのすべての階梯を備えている例は少ない。本辞書ではこうした動詞の用法の違いについては実際の用例をもって具体的に例示することに努めた。

कटना	（切れる）	काटना	（切る）	कटाना / कटवाना	（切らせる）
बनना	（作られる）	बनाना	（作る）	बनवाना	（作らせる）
धुलना	（洗われる）	धोना	（洗う）	धुलाना / धुलवाना	（洗わせる）

2.6.4　接続分詞

動詞語幹に कर，के あるいは करके を付して接続分詞を作り，ある行為が別の行為に先んじて行われることを表す。また動詞語幹が単独でこの意味を表すこともある。

आप अपने मित्र से मिलकर आइए।　友達に会っておいでなさい。

2.6.5　未完了分詞と完了分詞

(1) 未完了分詞は，動詞語幹に接辞 ता，ते，ती，तीं を加えて作る。接辞の変化は，順に男性・単数，男性・複数，女性・単数，女性・複数となる。

करना （する，行う） करता करते करती करतीं

(2) 完了分詞は，動詞語幹に接辞 आ，ए，ई，ईं を加えて作る。接辞の変化は，順に男性・単数，男性・複数，女性・単数，女性・複数となる。

चलना（歩く，進む）	चला	चले	चली	चलीं
उठाना（起す，持ち上げる）	उठाया	उठाए	उठाई	उठाईं

(3) 分詞は名詞，形容詞としても用いられる。

सोते को जगाओ।	寝ている者たちを起せ。
चलती गाड़ी पर मत चढ़ना।	走行中の列車に飛び乗るな
किये को भोगना।	因果応報。為したことの報いを受けること。

2.7　命令法

動詞語幹はそのままの形で तू に対応した命令形となる。動詞語幹に ओ を加えると तुम に，इए / इएगा を加えると आप に対応した命令形になる。इएगा は丁寧な依頼を表す。禁止命令には，否定の意味を表す副詞 मत または न を添える。

2.8　時　制

(1) 現在（未完了）時制：未完了分詞＋コピュラ動詞現在形。ある行為や状態が，現在において繰り返し行われたり，継続している様子を表現する。否定文ではしばしばコピュラ動詞が省略される。コピュラ動詞が省略された場合のみ，女性・複数に対応する未完了分詞が用いられる。

मैं दिल्ली में रहता हूँ।	私はデリーに住んでいます。
वह तो दिनभर कुछ नहीं करती।	彼女は一日中何もしていません。

(2) 過去（未完了）時制：未完了分詞＋コピュラ動詞過去形。ある行為や状態が，過去に繰り返し行われたり，継続していた様子を表現する。コピュラ動詞はしばしば省略される。コピュラ動詞が省略された場合のみ，女性・複数に対応する未完了分詞が用いられる。

उन दिनों हम लोग लखनऊ में रहते थे। その頃，私たちはラクノーに住んでいました。
मैं रोज़ सुबह जल्दी उठती थी। 私は毎日朝早く起きたものでした。

(3) 完了時制：完了分詞のみ[11)]。時間に関係なく，ある時点において行為が完了していることを表現する。

अनेक लोग आए। 大勢の人が来た。
मैं अभी आया। 今すぐ行きます。
उसने घटनास्थल पर कई तस्वीरें खींचीं। 彼は現場で何枚か写真を撮った。
आपने इस मंदिर को बनवाया। あの方がこの寺を建立された。

(4) 現在完了時制：完了分詞＋コピュラ動詞現在形。ある行為や状態が，現在，完了していることを表現する。

मैं अभी-अभी दफ़्तर से वापस आई हूँ। 私は仕事からたった今帰ったところです。
अभी तक तुमने यह काम नहीं किया है? 君はまだこの仕事をしていないのですか？

(5) 過去完了時制：完了分詞＋コピュラ動詞過去形。ある行為や状態が，過去において完了していることを表現する。

रमेश कल मुझसे मिलने आए थे। ラメーシュは昨日ぼくに会いに来た。
उस वक़्त तुमने जंगल में क्या देखा था? そのとき君は森で何を見たのだ？

(6) 叙想法不定未来時制：動詞語幹に以下の人称語尾を加える。不確実な未来についての推測・依頼・願望・条件・仮定などを表す。

	単数	複数
一人称	–ऊँ	–एँ
二人称	–ए	–ओ
三人称	–ए	–एँ

अगर आप कहें, तो सब लोग सहमत हो जाएँगे।
もし，あなたがおっしゃれば，皆承知するでしょうに。
क्या मैं भी आपके साथ चलूँ?
わたしもあなたと一緒に参りましょうか？

(7) 直説法未来時制：叙想法未来時制形に主語の性・数に応じて以下の接辞を加える。叙想法不定未来時制に比べて，より可能性や確実性の高い未来について，推測・依頼・願望・意思・条件・仮定などを表す。

–गा 男性・単数 –गे 男性・複数 –गी 女性単数・複数
आएगा आएँगे आएगी / आएँगी

आज मैं आपसे ज़रूर पूछूँगी और आपको भी मेरे सवाल का जवाब देना ही पड़ेगा।
今日こそあなたにおたずねします，あなたも返事をしないではすみませんよ。
मुझे विश्वास है कि वह बिल्कुल ठीक हो जाएगा।
彼はきっと良くなるとぼくは確信している。

2.9 進行時相

動詞語幹が रहना の完了分詞とコピュラ動詞を従えて進行形を表す。コピュラ動詞によって，現在進行形と過去進行形を区別する。

सुबह से बारिश हो रही है। 朝から雨が降り続いています。
कल रात को हम लोग बैठकर बातें कर रहे थे। 昨夜はぼくたちは腰をおろして話し込んでいる最中でした。

2.10 叙想法

未完了分詞，完了分詞が，コピュラ動詞の叙想法未来形及び直説法未来形を従えると，不定または推定の意味を持つ。
(1) 不定未完了形：未完了分詞とコピュラ動詞の叙想法不定未来形。未完了の行為，状態についての不確かな推測・条件・仮定などを表す。

शायद ही वह मुझे पहचान सकता हो।
彼は私を見てもまずは私とはわからないだろう。

11) 完了分詞が他動詞の場合，その活用形は直接目的語の性・数に応じて変化する。直接目的語が後置詞 को を従える場合は完了分詞は男性・単数形となる。また，行為者は後置詞 ने を従え能格形を取る。

अगर वे घर से जल्दी निकलते हों, तो भी समय पर पहुँचना मुश्किल होगा।
もし家を早く出るとしても，時間には間に合わないでしょう。

(2) 推定未完了形：未完了分詞とコピュラ動詞の直説法未来形。未完了の行為・状態についての比較的根拠のある推測・推量などを表す。

ज़रूर वे उचित उपाय करते होंगे।
きっとあの方は適切な手立てを講じていらっしゃることでしょう。
विदेश में जाकर भी वह रोज़ हमें याद करती होगी।
外国へ行っても，あの子は毎日私たちのことを思い出してくれてるわ。

(3) 不定完了形：完了分詞とコピュラ動詞の叙想法不定未来形。ある時点で完了している行為や状態についての不確かな推測・条件・仮定などを表す。

उनकी माँ को यह आशंका थी कि कहीं उसके बेटे ने जल्दबाज़ी में कोई गलत काम न किया हो।
息子が軽率にも何か間違いをしたのではないか，と母は案じていた。
अगर आप एक दिन भी वहाँ रहे हों, तो दुबारा उधर जाने को नहीं कहते।
もしあなたが一日でもそこで暮らしたことがあるのでしたら，二度とあそこに行こうなどとは言わないでしょうに。

(4) 推定完了形：完了分詞とコピュラ動詞の直説法未来形。ある時点で完了している行為や状態についての比較的根拠のある推測・推量などを表す。

अब तो दस बज गए होंगे। もう 10 時を過ぎたに違いない。
संग्रहालय में छात्रों ने अनोखी तस्वीरें देखी होंगी। 博物館で生徒らは不思議な絵を見ただろう。

(5) 仮定未完了形：未完了分詞が単独で，またはコピュラ動詞の未完了分詞形とともに用いられる。時間に係わりなく，まったく不可能なあるいは事実に反する動作・状態を仮定したり，その結果を述べる。

यदि तुम्हें यह मालूम होता, तो तुम क्या करते?
もし君がこのことを知っていたら，どうしたろうね？
अगर मोहन मुझे चिट्ठी देता, तो मैं ज़रूर उसे माफ़ कर देती।
もしモーハンが手紙を寄越していたら，私きっと許してあげるんだけど。

(6) 仮定完了形：動詞の完了分詞にコピュラ動詞の未完了分詞が加えられる。ある時点までに完了している動作・状態に反する仮定を述べる。

यदि तुमने पहले से कहा होता, तो लोग ऐसा नहीं कहते।
もし君が前もって話していたら，みんなこんなことは言わないのだ。
उसने अगर यह पुस्तक पढ़ी होती, तो उसे सबसे अच्छा नंबर मिल सकता।
もし彼女がこの本を読んでいたら，誰よりも良い点を取れていたのに。

2.11 受動態

一般に動作の主体を明示する必要がないとき，あるいは主体を特定することができないときには，受動態が用いられる。他動詞の完了分詞に動詞 जाना が加えられる。目的語が後置詞 को を従えると，完了分詞と動詞 जाना の活用形は男性・単数形となる。動作の主体を明示する場合には，行為者は से あるいは के द्वारा などの句によって表現される。

भारत में अनेक भाषाएँ बोली जाती हैं।
インドではたくさんの言葉が話される。
कई राजनीतिज्ञों के द्वारा इस महत्त्वपूर्ण योजना की घोषणा की गई है।
何人もの政治家によってこの重大な計画が発表された。
इस उँचाई पर दूर तक समुद्र को देखा जा सकता है।
この高さからなら遠くまで海が見えます。

自動詞の完了分詞がこの受動態と同様の形をとり，行為者側の能力の有無や心理的な事情により，行為の能・不能を表現することがある。この場合，動詞の活用形は常に男性・単数形となる。

मुझसे तो वहाँ नहीं रहा जाता था। わたしはとてもそこにはいられなかった。
चिंता के मारे अनीता से नहीं सोया जाता था। 心配のあまりアニーターは眠れなかった。

2.12 複合動詞

二つ以上の動詞が複合的に用いられて，一つの融合した意味を表す。先行する動詞（主動詞）の形により，いくつかのタイプに分類されるほか，後続する動詞（本辞書ではこれらは助動詞として分類し，別に見出し語を立てた）にも制限があり，組み合わせて使われる動詞はそれぞれ限定されている。日本語による以下の説明はいずれも概略を記したものである。若干の例文を示す。

(1) 主動詞が語幹形を取る場合

＋ आना 主動詞の動作・状態が起こったり，始まったりする。
उसे भूख लग आई थी। ひもじさを感じ始めていた。
＋ उठना 主動詞の動作・状態が急に発生したり，程度が激しくなったりする。
बैठे हुए लोग एकसाथ बोल उठे। 居合わせた人がいっせいに声を上げた。
＋ चुकना 主動詞の動作・状態が終わったり，完結する。
बाज़ार अब बंद हो चुका है। 市場はもう閉まっている。
＋ जाना 主動詞の動作・状態が変化，変動したり，完結する。
तुम इधर आ जाना। 君，こっちに来なさい。
＋ डालना 主動詞の動作を激しく，乱暴に，またよく考えずに行う。
उसने अपना पुश्तैनी मकान जला डाला। 先祖伝来の屋敷を焼き払った。
＋ देना 主動詞の動作に備わる他者に向かう方向性を強める。
उसका पैसा वापस कर देना। あいつの金を返してやれ。
＋ लेना 主動詞の動作に備わる自身に向かう方向性を強める。
उसने तुरंत अपना हाथ खींच लिया। 彼はとっさに手を引っ込めた。
＋ पड़ना 主動詞の動作が突発的に起こったり，無意識的に生じたりする。
सब लोग उसकी बात सुनकर हँस पड़ते थे। 誰もが彼の話を聞いて笑い出すのだった。
＋ पाना 主動詞の動作が達成されたり，目的を果たしたりする。
अभी तक वह चिट्ठी नहीं लिख पाया है। まだその手紙を書けないでいる。
＋ बैठना 主動詞の動作を無分別に，あるいは急激に行う。
तुम यह क्या कर बैठे हो? いったいなんてことをしてくれたのだ？
＋ रखना 主動詞の動作を予め，あるいは前もってしておく。
हम लोगोंने पहले से एक कुत्ता पाल रखा है। 以前から犬を飼っておいたのさ。
＋ सकना 主動詞の動作を行う能力や事態の発生の可能性を表す。
हो सकता है कि कल बारिश हो। 明日は雨かもしれない。

(2) 主動詞が未完了分詞形をとる場合

＋ आना 主動詞の動作が継続し，進行してくることを表す。
हम लोग यही काम करते आए हैं। この仕事をずっとやってきたのです。
＋ जाना 主動詞の動作が継続し，進行していくことを表す。
तुम बोलते जाओ, मैं लिखता जाऊँगा। 話し続けなさい。私が書き留めていくから。
＋ रहना 主動詞の動作が継続していることを表す。
जब भी समय मिलता, वह किताब पढ़ता रहता है। 時間さえあれば，本を読んでいる。

主動詞の語尾が ते と変化した未完了分詞形＋ बनना。主動詞の動作が達成できるか，できないかを表現する。否定文または疑問文でのみ用いられる。

मुझसे तो यह बोलते नहीं बनती। 私にはこんなことは話せない。

(3) 主動詞が完了分詞をとる場合

＋ आना 主動詞の動作が勢いを伴って，急速に接近してくる様子を表す。

एक जहाज़ इधर बढ़ा आ रहा है। 船が一艘こちらに向かってきている。

+ जाना 主動詞の動作が急速に発展，進行していく様子を表す

राजकुमार भीड़ में आगे बढ़ा जा रहा था। 王子は群衆の中を前に進んでいった。

+ रहना 主動詞の動作の結果である状態が，そのまま継続している様子を表す。

शातिपूर्वक बैठे रहो। おとなしく座っておれ。

主動詞の語尾が ए と変化した完了分詞となる場合：

+ जाना 動作をさらに継続していく様子を表す。

पीछे बिना देखे आगे दौड़े जाओ। 振り返らずに走り続けろ。

+ देना 動作を他者のために，確実にあるいは直ちに行うことを表す。

मैं ज़रूर उसको पकड़े देता हूँ। きっとあいつを捕まえてみせる。

+ लेना 動作を行為者が自身に引き受ける形で，直ちに行う様子を表す。

मैं ज़हर खाए लेता हूँ।तुम रोको मत। 今すぐ毒を仰ぐ。止めてくれるな。

+ रखना 動作の結果としての状態を維持・継続している様子を強調する。

इस रस्सी को पकड़े रखो, मैं अभी आता हूँ। この綱をつかんでいろ。すぐに戻ってくるから。

+ रहना 動作を完了した状態が継続されている様子を表す。

चोर के बालों को वह ज़ोर से पकड़े रहा। 泥棒の髪の毛を彼はしっかりとつかんだままでいた。

(4) 主動詞が不定詞形をとる場合

不定詞＋ चाहिए 不定詞の行為が義務，責任と関わって必要であることを表す。

हम सब को दीनों की सहायता करनी चाहिए। われわれすべてが哀れな人々を助けねばならない。

不定詞＋ पड़ना 不定詞の行為がやむをえないこととして，強制的に行われるべきことを表す。

इस हालत में मुझे यह सब मंज़ूर करना पड़ेगा। この状況ではすべてを受け入れざるを得ないだろう。

不定詞＋ होना 不定詞の行為の必要性や予定としてすでに定まっていることなどを表す。

कल मुझे दफ़्तर जाना होगा। 明日，出社することになるだろう。

主動詞の語尾が ने と変化した不定詞形を取る場合：

+ देना 不定詞の行為に関して，許可，許容などを表す。

मुझे अब जाने दो। もう私を行かせてくれ。

+ पाना 不定詞の行為に関して，それが許可されたり，許されたりすることを表す。

गरीब होने के कारण वह स्कूल में जाने नहीं पाया। 貧しくて学校に行かせてもらえなかった。

+ लगना 不定詞の行為が，始まったり，開始されたりすることを表す。

बारिश होने लगी और बादल भी गरजने लगा। 雨が降り始め，雷も鳴り始めた。

(以上の第 1，2 章は高橋が分担執筆。)

3 略語表

3.1 品詞・文法用語・語源

[名]	男性名詞	[名*]	女性名詞	[名⁻]	名詞[1)
[代]	代名詞	[代形]	代名形容詞	[数]	数詞
[形]	形容詞（語尾変化のない）	[形⁺]	形容詞（語尾変化のある）	[形*]	形容詞（女性形専用）
[副]	副詞	[動]	動詞	[自]	自動詞
[他]	他動詞	[助動]	助動詞[2)	[使]	使役動詞・使役形
[接]	接続詞	[後置]	後置詞[3)	[前置]	前置詞
[感]	感動詞	[格助]	格助詞[4)	[副助]	副助詞[5)
[終助]	終助詞[6)	[接頭]	接頭辞	[接尾]	接尾辞
[造語]	合成語の構成要素				

A.	Arabic	ab.	ablative case	ac.	accusative case
Av.	Avadhi	B.	Bengali	Br.	Brajbhasha
Bur.	Burmese	C.	Chinese	da.	dative case
dir.	direct case	E.	English	er.	ergative case
F.	French	fem.	female	gen.	genitive case
Ger.	German	Gr.	Greek	H.	Hindi[7)
imp.	imperative	inf.	infinitive	instr.	instrumental case
J.	Japanese	L.	Latin	loc.	locative case
Mal.	Malay	Mar.	Marathi	mas.	masculine
nom.	nominative case	Np.	Nepali	obl.	oblique case
P.	Persian	Pa.	Pali	Pan.	Panjabi
pass.	passive	pl.	plural	Por.	Portuguese
Raj.	Rajasthani	Ru.	Russian	sg.	singular
Sin.	Sinhalese	Skt.	Sanskrit[8)	Sp.	Spanish
T.	Turkish	Tib.	Tibetan	Tm.	Tamil
Ur.	Urdu	voc.	vocative case		

आ॰	आना	क॰	करना	जा॰	जाना
दे॰	देना	ले॰	लेना	हो॰	होना

1) 通性語ではなく文法性に男女両性での使用が認められる名詞
2) これには主動詞に付加されて法，時制，態，相，などの文法範疇を示したり特別な意味を主動詞に加える補助的な動詞も含まれる
3) 名詞類の後（一部は前か後）に -के，-की，もしくは，-से を介して（一部は直接に）接続して名詞類を副詞的に機能させる語
4) 通常，名詞類に直接に接続しそれと他の自立語との関係を示し文の構成に関わる付属語
5) 他の語に後接してその語の意味を限定する機能のみを有する付属語
6) 通常，文末で，質問，疑問，勧誘，依頼，確認，同意，催促，強要など，話者の表現する事柄についての気持ちや話し相手に対する気持ちを表す付属語
7) 語源説明においてはヒンディー語及びウルドゥー語の基礎を成しているものを指す。合成語の語源説明においては古典サンスクリット語及び新鋳の現代サンスクリット語語彙をも含む
8) 語源表示については最低限必要なもの以外は紙幅の都合上原則的に省略した。なお，H. の脚注を参照のこと

3.2 専門語略号

〔アユ〕	アーユルヴェーダ	〔衣〕	衣服	〔医〕	医学・病理学・獣医学
〔イ〕	インドの, インドに関する[9]	〔イス〕	イスラーム	〔遺伝〕	遺伝学
〔印〕	印刷・印刷術	〔韻〕	韻律・韻律学	〔映〕	映画
〔演〕	演劇・演劇学	〔音〕	音楽・音楽学	〔化〕	化学・化学薬品
〔解〕	解剖学	〔キ〕	キリスト教	〔幾〕	幾何学
〔気象〕	気象・気象学	〔魚〕	魚類・魚類学	〔教〕	教育・教育学
〔句〕	句, 語句, 慣用句	〔軍〕	軍事	〔経〕	経済学・金融論
〔鉱〕	鉱物・鉱工業	〔芸〕	芸術・美術・芸能	〔建〕	建築・建築学
〔言〕	言語学・音声学	〔諺〕	諺	〔古〕	古用法
〔光〕	光学	〔考〕	考古学	〔鉱〕	鉱物；鉱業
〔国名〕	国名	〔昆〕	昆虫	〔裁〕	裁縫
〔史〕	歴史・歴史学	〔シク〕	シク教	〔写〕	写真・写真術
〔ジャ〕	ジャイナ教	〔社〕	社会学	〔手芸〕	手芸(刺繍, 編み物など)
〔宗〕	宗教・宗教学	〔修辞〕	修辞学・修辞法	〔獣医〕	獣医学
〔商〕	商業・商学	〔商標〕	商標	〔植〕	植物・植物学
〔心〕	心理学	〔神〕	神話・神話学	〔人名〕	人名
〔人類〕	人類学	〔ス〕	スポーツ	〔数〕	数学・幾何学
〔生〕	生物学	〔政〕	政治・政治学	〔生化〕	生化学
〔生理〕	生理学	〔節動〕	節足動物	〔占星〕	占星術
〔装身〕	装身具	〔俗〕	俗語	〔測量〕	測量
〔地〕	地学・地質学	〔地名〕	地名	〔鳥〕	鳥類・鳥類学
〔地理〕	地理学	〔通信〕	通信	〔哲〕	哲学
〔電〕	電気・電子工学	〔天〕	天文学	〔動〕	動物・動物学
〔統計〕	統計学	〔トラ〕	トランプ	〔農〕	農業
〔貝〕	貝類	〔ヒ〕	バラモン教及びヒンドゥー教やヒンドゥー教に関わる	〔比〕	比喩
〔卑〕	卑語	〔服〕	衣服・服装・服飾	〔仏〕	仏教・仏教学
〔物理〕	物理学	〔文芸〕	文学・文学理論・詩論	〔文人〕	文化人類学
〔簿〕	簿記・会計学	〔法〕	司法・法律・法学	〔マハ〕	マハーバーラタ
〔薬〕	薬・薬学	〔ヨガ〕	ヨーガ	〔ラマ〕	ラーマーヤナ
〔料〕	料理	〔倫〕	倫理学	〔論〕	論理学

3.3 記号

*	女性名詞・女性形
→/←/↔	参照, 由来, 関連語
／	言い換え・異形
[ ]	発音記号
《 》	語源[10]
【 】	学名
〈 〉	英語名

9) 〔イ音〕インド音楽, 〔イ哲〕インド哲学, 〔イ神〕インド神話, など

10) この項の中でウルドゥー文字と併記されたデーヴァナーガリー文字での表記はウルドゥー語での標準的な発音に近いものを表す

4　資料及び参考文献

本書の編纂・記述に当たっては先学による主に下記の文献を参照したほか限られた範囲ながら 19 世紀末から概略一世紀に亘るヒンディー語による文学書，教養書，初等教育から高等教育に至る種々の科目の教科書，各種技術関係の実用書，種々の新聞・雑誌など様々な文献から資料を蒐集しその活用を試みた。また，部分的ではあるがウルドゥー語による資料も参考にした。それらをここに列挙する余裕はないが，それらから受けた恩恵について記して深い感謝の念を表明するものである。

4.1　一般辞書及び慣用句・諺辞典

प्रतिभा अग्रवाल (संकलन एवं सम्पादन), *बृहत् मुहावरा कोश* (I, II, III), उत्तरप्रदेश हिंदी संस्थान, लखनऊ, 1986–1989

भोलानाथ तिवारी, *हिंदी मुहावरा कोश*, किताब महल, इलाहाबाद, 1951

भोलानथ तिवारी, *बृहत् हिंदी लोकोक्ति कोश*, शब्दकार, दिल्ली, 1985

भोलानाथ तिवारी, *बृहत् हिंदी मुहावरा कोश*, साहित्य सहकार, दिल्ली, 1988

रामाज्ञा द्विवेदी ‘समीर’, *अवधी कोष*, हिंदुस्तानी एकेडेमी, इलाहाबाद, 1955

एस॰ डब्ल्यू॰ फ़ैलन (हिंदी संपादक कृष्णानंद गुप्त), *हिंदुस्तानी कहावत कोश*, नई दिल्ली, 1968

का॰ प्रसाद, रा॰ सहाय, मु॰ श्रीवास्तव (सं॰), *बृहत् हिन्दी कोश*, ज्ञान मंडल, वाराणसी, वि॰ सं॰ 2030

भुवनेश्वरनाथ मिश्र एवं विक्रमादित्य मिश्र, *कहावत कोश*, बिहार राष्ट्रभाषा परिषद्, पटना, 1965

रामचंद्र वर्मा, *मानक हिंदी कोश* (I-V), हिंदी साहित्य सम्मेलन, प्रयाग, 1862–1966

श्यामसुंदरदास, *हिंदी शब्द सागर* (I-XI), परिवर्धित, संशोधित, नवीन संस्करण, काशी, 1965–1975

सत्यप्रकाश, *समाचारपत्र शब्दकोष*, हिंदी साहित्य सम्मेलन, प्रयाग, वि॰ सं॰ 2007

ब॰ साकरिया एवं भु॰ रा॰ साकरिया, *राजस्थानी-हिंदी शब्दकोश* (I-III), जयपुर, 1977–1984

I.N. Anand, *The Modern English-Hindi Dictionary*, New Delhi, 1991

V.S. Apte, *The Practical Sanskrit-English Dictionary* (revised & enlarged ed.), Poona, 1965

H. Bahri, *Comprehensive English-Hindi Dictionary*, Jnanmandal, Varanasi, 1960

C.S. Bulcke, *An English-Hindi Dictionary*, Ranchi, 2nd ed., 1971

P.G. Deshpande, *Gujarati-English Dictionary*, Ahmadabad, 1978

S.W. Fallon, *A New Hindustani-English Dictionary*, Central Urdu Board, Lahore, reprint, 1976

S.W. Fallon, *Hindustani-English Dictionary of Idioms & Proverbs*, 1886 (rev. ed. New Delhi, 1991)

Ferozsons Urdu-English Dictionary, Ferozsons Pvt. Ltd., Lahore

D. Forbes, *Dictionary, Hindustani & English*, Ilmi Majlis, Delhi, reprint, 1968

R.S. McGregor, *The Oxford Hindi-English Dictionary*, Oxford, 1993

J.T. Molesworth, *Molesworth's Marathi-English Dictionary* (corrected reprint), Pune, 1982

M. Monier-Williams, *A Sanskrit-English Dictionary*, Oxford, 1960

J.T. Platts, *A Dictionary of Urdu, Classical Hindi and English*, Oxford University Press, 1968

Sangaji (compl.), *Dictionary Urdu-English*, Asian Educational Services, New Delhi, 1983

A. Sharma + H.J. Velmeer, *Hindi-Deutsches wörterbuch*, Julius Groos Verlag., Heidelberg, 1987

F. Steingass, *A Comprehensive Persian-English Dictionary*, New Delhi, 1973

R.L. Turner, *A Comprehensive and Etymological Dictionary of the Nepali Language*, New Delhi, reprint, 1980

G.C. Whitworth, *An Anglo-Indian Dictionary*, Lahore, reprint, 1981

مولوی فیروز الدین، فیروز اللّغات (اردو جامع)، فیروز سنز لمٹیڈ، لاہور 1967

خان صاحب مولوی سید احمد دہلوی، فرہنگ آصفیہ، نیشنل اکاڈمی، دہلی، (ترقی اردو ایڈیشن) 1974

وارث سرہندی، علمی اردو لغت، علمی کتاب خانہ، لاہور 1987

4.2 専門語関係辞典・語彙集・事典

S. Ali, *The Book of Indian Birds*, Bombay Natural History Society, Bombay, 1979

S. Bandyopadhyay, *Musical Instruments of India*, Chaukhambha Orientalia, Varanasi, 1980

Council of Scientific & Industrial Research, *The Wealth of India, A Dictionary of Indian Raw Materials and Industrial Products (Raw Materials)*, Publications & Information Directorate, New Delhi (Vol. I, 1985; 2:B, revised ed., 1988; Vol. II, 1950; Vol. IIB – *Supplement: Birds*, 1990; Vol. III, 1952; Vol. IV, 1956; Vol. IV – *Supplement Fish and Fisheries*, reprint, 1985; Vol. V, 1959; Vol. VI, 1962; Vol. VII, 1966; Vol. VIII, 1969; Vol. IX, 1972; Vol. X, 1976; Vol. XI, 1976)

W. Crooke, *A Glossary of North Indian Peasant Life*, Oxford University Press, New Delhi, 1989

W. Crooke, *The Popular Religion and Folklore of Northern India*, Delhi, 3rd reprint, 1968

W. Crooke, *A Rural and Agricultural Glossary for the North Western Provinces and Oudh*, Vintage Books, Gurgaon, 2nd ed., 1989

CSTT (Commission for Scientific & Technical Terminology), *Agriculture Glossary-1*, Ministry of Education, Government of India, 1967

CSTT, *Comprehensive Glossary of Technical Terms-Humanities(Vol. I, II)* , New Delhi, 1973–1974

CSTT, *Consolidated Glossary of Administrative Terms (English-Hindi)*, New Delhi, 1974

CSTT, *Hindi-English Comprehensive Glossary of Administrative Terms*, Government of India, 1992

CSTT, *Humanity Glossary – V(Linguistics)*, Ministry of Education, Government of India, 1969

J.C. Daniel, *The Book of Indian Reptiles*, Bombay Natural History Society, Bombay, reprint, 1992

S.K. De, *History of Sanskrit Poetics*, Calcutta, 1960

J. Dowson, *A Classical Dictionary of Hindu Mythology and Religion, Geography, History and Literature*, London, 1957

S.W. Fallon, *A Hindustani-English Law and Commercial Dictionary*, Lahore, reprint, 1980

G.A. Grierson, *Bihar Peasant Life*, Cosmo Publications, Delhi, reprint, 1975

D.C. Phillot, *An English-Hindustani Vocabulary*, Asian Educational Services, New Delhi, 1985

S.H. Prater, *The Book of Indian Animals*, Bombay Natural History Society, Bombay, 1993

Raghu Vira, *A Comprehensive English-Hindi Dictionary of Governmental & Educational Words & Phrases*, International Academy of Indian Culture, New Delhi, 1981

A.F. Stanley + R.S. Freed, *Hindu Festivals in a North Indian Village*, Seattle, 1998

H. Yule + A.C. Burnell, *Hobson-Jobson* (New Edition ed. by W. Crooke), Calcutta, 1986

अम्बाप्रसाद ‘सुमन’, *कृषकजीवन संबंधी ब्रजभाषा शब्दावली* (I, II), हिंदुस्तानी एकेडेमी, इलाहाबाद, 1960

धर्मवीर शर्मा, *लोक विश्वास शब्दकोश*, राज पब्लिशिंग हाउस, दिल्ली, 1980

धीरेंद्र वर्मा (सं॰), *हिंदी साहित्य कोश* (I, II), वाराणसी, वि॰ सं॰ 2015–2020

एन॰ पी॰ कुट्टन पिल्लै, *पौराणिक संदर्भ कोश*, किरण प्रकाशन, हैदराबाद, 1984

पद्मिनी मेनन, *पुराण संदर्भ कोश*, कानपुर, 1969

बी॰ चैतन्य देव, *वाद्य यंत्र*, नेशनल बुक ट्रस्ट, इंडिया, नई दिल्ली, 1993

नगेंद्र वसु, *हिंदी विश्व कोश* (I-XXV), दिल्ली, पुनर्मुद्रण, 1986

राजवंश सहाय ‘हीरा’, *भारतीय साहित्य शास्त्र कोश*, बिहार हिंदी ग्रंथ अकादमी, पटना, 1973

राजेंद्र कुमार राजीव, *हमारे पूज्य तीर्थ*, पुस्तक महल, 1984

विश्वनाथ प्रसाद, *कृषि कोष* (I, II), बिहार भाषा परिषद्, पटना, 1959, 1966

वैज्ञानिक तथा तकनीकी शब्दावली का स्थायी आयोग, *विज्ञान शब्दावली - 1*, नई दिल्ली, 1970

वैज्ञानिक तथा तकनीकी शब्दावली आयोग, *सांस्कृतिक नृविज्ञान परिभाषा कोश*, केंद्रीय हिंदी निदेशालय, 1977

सत्यप्रकाश एवं भलभद्र प्रसाद मिश्र, *मानक अंग्रेज़ी-हिंदी कोश*, हिंदी साहित्य सम्मेलन, प्रयाग, 1971

सुरेश सिंह, *भारतीय पक्षी*, उत्तर प्रदेश शासन, लखनऊ, 1974

مولوی ظفر الرحمان دہلوی، فرہنگ اصطلاحات پیشہ وراں، انجمن ترقی اردو پاکستان، کراچی1974–1979

山階鳥類研究所,『世界の鳥の和名（インド・東南アジアの鳥)』, 東京, 1978

E.J.H. Corner, + 渡辺清彦,『図説熱帯植物集成』, 東京, 1978

5　凡　例

5.1　語　彙

出来るだけ広範な資料を用いて現代語，外来語，専門用語などを蒐集したほかインド内外の重要な地名，歴史上の事件や人物などの固有名詞も収めた。

5.2　見出し語と配列

見出し語は今日標準的とされている語形のものを選定し地域的，あるいは，非標準的な語形とされているものは原則的に除外した。学習者の便宜のため複合語も派生語も大見出しの下に一括する方法はなるべく採らず別個の見出し語として表示した。複合語もしくは合成語となる見出し語については，実際には構成要素間をハイフンでつないだり，あるいは間隔をあけたりとさまざまな表記法が並行して用いられているため，見出し語とは異なる表記法をとる用例を説明中に敢えて数多く採録した。

語の配列は今日のヒンディー語の辞書に一般的なものを採用した。同綴のものであっても語源の違う語は右肩に番号を付して別個の見出し語とした。また同一語が多品詞に用いられる場合も説明の便宜上別個の見出し語とした場合もある。

5.3　語　源

語源については考究の長い歴史があるものの未だ不確定な要素も少なくないので，ウルドゥー語及び文体との関連で重要性の高いアラビア語，ペルシア語及びトルコ語由来の語彙並びに今日一段と使用度を増しつつある英語からの借用語彙についての記述に主に留めた。ヒンディー語の文化関連の語彙においてサンスクリット語由来のものが占める割合は大変大きいが，古典サンスクリット語由来のものとは別個に新鋳のサンスクリット系語彙の取り扱いの問題があるほか紙幅の都合などもありこの度は語源に関する記述は限定的なものとした。

5.4　品詞・語形変化など

品詞についての説明は第 3 節「略語表」を参照のこと。不規則な語形変化については個別的に説明を加えた。一部のアラビア語，ペルシア語由来の複数形についても必要に応じて個別に言及した。名詞及び形容詞の語形変化については略語表及びその脚注も参照されたい。なお，特に英語を中心とする最近の借用語の名詞の性については，ヒンディー語話者にすでになじみのある事物を表す借用語の場合ヒンディー語の語彙に固有の性を当てはめる傾向があるが，まったく新しい概念を表す語彙などを中心に男性名詞，女性名詞間の混乱が甚だしく，標準的用法を示すことが困難な語彙も少なくない。本辞書に示した性の記述についてはすべて実際の使用例に基づくものであるが，規範とみなしうるその程度については語彙によって異なる場合がある。

5.5　語　義

通常の語義の区分にはアラビア数字を用いた。成句や諺は太字で表記し成句の意味の区分にはアルファベットの小文字を用いた。なお，若干ながら語義が多義にわたった場合，アラビア数字の上位区分としてアルファベットの大文字も用いた。専門的な語彙については専門語略号を参照されたい。同義語は＝で表し，参照すべき語彙については矢印を用いた。補足的な説明に用いた学名と英語名は 【 】と〈 〉の記号を用いて記した。

5.6　用　例

動詞を中心に出来るだけ多くの具体的な例を用いて意味や用法を説明するように努めた。

5.7　綴　字

ごく一般的に使用されているものを除き綴字は統一した。外来語に見られる文字のうち，क़, ज़, फ़ は，語源意識を持たない人たちにおいてはその発音と同様いずれもそれぞれ क, ज, फ で代用されるのが一般的であるが，本辞典中では見出し語以外の用例中でも区別を明確にしてある。なお，英語を中心とした借用語については多用される綴りを複数採録した例がある。これらについても，第１章「文字と発音と綴り」を参照されたい。

5.8　発　音

発音についても，第１章において音韻体系を含め詳細な説明を行っているのでそれを参照されたい。

अ

अंक [名] (1) 数 =संख्या; अदद. (2) 数字 (3) 数の位取り；桁 वेतन चार अंकों तक 月給 4 桁の額まで (4) 度数；度 छह अंक तक के भूमिगत भूचाल के झटकों से 震度 6 までの地震の衝撃で (5) 記号；しるし (6) 点数；得点 (-को) अंकों से परास्त क॰ (ーに) 判定で勝つ；(ーを) 判定で降す न्यूनतम 50 % अंकों के साथ 100 点満点の最低 50 点の成績で (7) 胸部；胸；懐；人や子供を抱いた時に触れる身体部分 जिस पवन ने अंक में ले, प्यार था तुझको किया お前を胸に抱き優しくしてくれた風 (8)〔演〕演劇の一幕 (9)（新聞，雑誌などの）号；番号；ナンバー (-) **अंक क॰** (ーを) 受け入れる；受容する= स्वीकार क॰. (-को) **अंक दे॰** *a.* (ーに) 点数を与える；点数をつける；採点する= नंबर दे॰. *b.* (ーを) 抱きしめる；抱擁する= (-को) गले लगाना. (-को) **अंक भरना** 抱きしめる= लिपटा ले॰; गोद में भर ले॰. (-) **अंक में छिपाना** (ーを) 庇護する (-को) **अंक में भरना** (ーを) 抱きしめる उन्होंने कमलकांत को अंक में भर लिया あの方はカマラカーントを抱きしめられた (-के) **अंक में समाना** (ーに) 合一する；没入する (-को) **अंक लगाना** 抱擁する (-) **अंक ले॰** *a.* (ーを) 抱きしめる *b.* (ーを) 胸に抱く；抱く

अंकक [名] (1) 会計係；会計士 (2) しるしをつける人や係員；記入係

अंककार [名]〔ス〕審判；アンパイア = अम्पायर.

अंकगणित [名] 算数；算術= गणित; हिसाब. 〈arithmetic〉

अंकज [名] 男の子；息子；せがれ= पुत्र; बेटा.

अँकटा [名] (1) 砂利= कंकड़. (2) 小石 (3) 石や砂の粒

अँकड़ी [名*] (1) 砂利 (2) かぎ（鉤） (3) 鉤針 (4) 鉤形のもの (5) 釣り針

अंकन [名] (1) 記入 (2) しるし（印／標）をつけること (3) 計算 (4) 表記 (5) ヴィシュヌ派信徒が腕にヴィシュヌ神の標識を焼き印でつけたもの (6) 絵や図を描くこと **अंकन पद्धति** 表記法

अंकना [他] (1) 定める；決める；決定する= आँकना. (2) 覆う；閉じる

अँकना[1] [自] (1) 印（しるし）がつけられる；印がつく (2) 計算される；評価される

अँकना[2] [他] 聞く；聴く；耳にする

अँकना[3] [他] = आँकना

अंकनीय [形] (1) 記すべき；しるし（印／標）をつけるべき (2) 描くにふさわしい；描くに値する

अंकपट्टी [名*] 学童の用いる筆記用具の石盤= पाटी

अंक पत्र [名] (1) 記号が記されたり押印された紙 (2) 切手 (3) 印紙

अंकपरिवर्तन [名] (1) 寝返り（を打つ）= करवट ले॰; करवट बदलना. (2)〔演〕演劇の幕が変わること

अंकपाली [名*] 乳母 = दाई, धाय.

अंकमाल [名] 抱擁；抱きしめること；抱き合うこと= आलिंगन. (-को) **अंकमाल दे॰** (ーを) 抱く；(ーを) 抱きしめる= अंक दे॰

अंकमुख [名]〔イ演〕サンスクリット戯曲の発端

अंकमूल्य [名] 額面価格；額面額

अंकरी [名*]〔植〕マメ科オオカラスノエンドウ【*Vicia sativa*】

अंकल [名]《E. uncle》(1) 父母の兄弟；おじ（伯父；叔父） (2)（男性に対する呼びかけの言葉）おじさん（小父さん） राजेश अंकल ラージェーシュおじさん पर संग्रह करके क्या करेंगे अंकल? ねえ，鳥の羽を集めてどうするの，おじさん= अंकिल.

अँकवाना [他・使] ←आँकना 評価させる；評価してもらう

अँकवार [名*] (1) 胸；胸部；懐 (2) 心臓 (3) 子供などを抱く際に触れる人の胸から膝までの部分 (-को) **अँकवार दे॰** (ーを) 抱きしめる= (-)लिपटा ले॰; (-) गले लगाना. (-की) **अँकवार भरना** (ーが) 子を得る；(ーに) 子供が生まれる；(ーが) 子宝を授かる (-को) **अँकवार में कसना** (ーを) 強く抱きしめる；ぎゅっと抱く

अंकविद्या [名*] 算数；算術= अंकगणित.

अंकसूची [名*] マークシート〈mark sheet〉

अँकाई [名*] (1) 推定（すること） (2) 評価（すること）

अँकाना [他・使] ←आँकना (1) 推定させる；推定してもらう (2) 評価させる；評価してもらう (3) 試させる；試してもらう

अंकावतार [名]〔イ演〕サンスクリット戯曲で一つの幕の終わりに行われる次幕の予告

अंकित [形] (1) しるし（印）のついた；標識のつけられた (2) 記された；記入された；書かれた；表示された मानचित्र पर अंकित 地図に記された चेहरे पर चिंता की रेखाएँ स्पष्ट अंकित थीं 顔に不安の表情がはっきりと記されていた (3) 印刻された (4) 描かれた (5) 刻まれた；彫られた；刻印された सरदार भगतसिंह का नाम स्वर्णाक्षरों में अंकित है サルダール・バガットシンの名は金文字で刻まれている **अंकित क॰** *a.* 記す；記入する इस पुस्तक में तरह-तरह की असत्य बातें अंकित की गई थीं この書物には様々な誤りが記されていた *b.*（絵などを）描く= बनाना; चित्रित क॰. *c.* 刻む；刻み込む；はっきりと記す；刻記する **अंकित क़ीमत**〔商〕名目値段〈nominal price〉 **अंकित हो॰** *a.* 記される *b.* 描かれる *c.* 刻まれる；刻み込まれる；刻記される खंभों पर किन्नर गंधर्वों की सुंदर मूर्तियाँ अंकित हैं 柱にはキンナラやガンダルヴァの美しい像が刻まれている दिल में अंकित हो॰ 胸に刻まれる；心に刻み込まれる **अंकित मूल्य** 額面価格；名目価格〈nominal value〉

अंकीय [形] 数の；数字のついた मासिक आय पाँच अंकीय 月収 5 桁の（数字）

अँकुड़ा [名] (1) ものを引っかけるためのかぎ（鉤）；フック= आँकुड़ा. (2) 釣り針 (3) ちょうつがい（蝶番） (4)〔植〕巻きひげ；つる

अंकुर [名] (1) 種から出る芽= अँखुआ. नमी मिलते ही अंकुर फूटता है 湿り気を得ると直ちに芽を吹く (2) 若葉= कोंपल; कल्ला; पल्लव. (3) 花芽= कली. (4) 兆し；徴候 (5) 肉芽 **अंकुर आ॰** 芽が出る；発芽する= अंकुर उगना; अंकुर जमना; अंकुर निकलना; कल्ला जमना; कल्ला निकलना; कल्ला फूटना. **अंकुर फूटना** 芽が吹き出る

अंकुरण [名] (1) 発芽すること (2) 発芽させること बीज का अंकुरण 種子の発芽

अँकुरना [自] (1) 芽が出る；発芽する (2) 生える；生え出る；芽生える

अँकुराना[1] [自] = अँकुरना. गमलों में अँकुराये पौधे 植木鉢に芽生えた苗

अँकुराना[2] [他] 芽を出させる；発芽させる；芽生えさせる

अंकुरित [形] (1) 芽の出た；発芽した राई के दाने अंकुरित हुए カラシナの種が芽を出した आसानी से अंकुरित होनेवाला बीज 発芽しやすい種 अंकुरित अनाज 穀物の芽を出させたもの；もやし शाकभाजी, फल, अंकुरित अनाज, चोकर, छिलकेवाली दालों का प्रयोग नियमित रूप से करना चाहिए 野菜，果物，もやし，ふすまや皮のついたひき割り豆を常に摂取しなくてはならない (2) 生じた；生えた **अंकुरित हो॰** 生じる；生える；生まれる；芽生える वैमनस्य के पौधे अंकुरित हो॰ わだかまりが生じる（芽生える）

अँकुवार [名*] = अंकुर.

अंकुश [名] (1) 象使いが象を扱うために象の前頭部に用いる鉄製の鉤のついた道具（突き棒） अंकुश दे॰ 象を突き棒で突く= अंकुश मारना; अंकुश लगाना. (2) 制御；統御；統制；抑制 **अंकुश दे॰** *a.* 服従させる *b.* 抑制する= दबाव डालना; वश में क॰. **अंकुश मानना** 抑制に従う；服従する= दबाव मानना. **अंकुश मारना** *a.* 象を突き棒で突く（突いて扱う） *b.* 従わせる；命令に従わせる；服従させる (-पर) **अंकुश रखना** (ーを) 統御する；(ーを) 抑制する；服従させる；従わせる बजट के माध्यम से संसद राष्ट्रीय वित्त पर अंकुश रखता है 議会は予算案を介して国家財政を統御する

अंकुश कृमि [名]〔動〕コウチュウ（鉤虫）科の寄生虫の総称；十二指腸虫〈hookworm〉

अंकुस [名] = अंकुश

अँकुसी [名*] (1) 鉤形のもの (2) 物を吊るしたり掛けたりする釘や鉤

अंकोट [名] = अंकोल.

अंकोड़ा [名] (1) 大きな鉤 (2) 引っ掛けいかり（錨）

अंकोरवट [名] アンコールワット（カンボジアの 12 世紀石造寺院遺跡）

अंकोल[名]〔植〕ウリノキ科小木ナガバウリノキ【*Alangium lamarckii Thw.*】

अँखिफोड़ [形] 抜け目のない；生き馬の目を抜く

अँखिया [名*] 目；眼；まなこ= आँख; नेत्र; नयन.

अँखुआ [名] = अँखुवा. (1) 種から出た芽 (2) 二葉；双葉= डाभ; कल्ला. **अँखुआ आ°** 芽が出る；発芽する= अँखुआ उगना; अँखुआ जमना; अँखुआ निकलना; अँखुआ फूटना.

अंग [名] (1) 体；身体；肉体 (2) 体の部分；体を構成する部分 (3) 部分 पौधों के अंग 植物の各部分 सरकार तथा प्रशासकीय तंत्र भी सामाजिक संरचना के अंग होते हैं 政府や統治機構も社会構造の一部分である अमरबेल के चूसने के अंग (चूषकांग) クスノキ科スナヅル（寄生植物）の吸根 **अंग-अंग** 全身= पूरा शरीर. **अंग अंग खिल जा°** 全身に喜びがあふれる；嬉しくてたまらない= अंग फूले न समाना. **अंग अंग में** *a.* 体の節々に；全身に *b.* 全体に；完全に **अंग उभरना** 思春期に入った体つきになる **अंग ऐंड़ा क°** 気取る；威張る **अंग क°** 受け入れる= अपनाना; स्वीकार क°. (-) **अंग चढ़ाना** (ーを) 身につける；体につける **अंग चुराना** 恥じ入る **अंग छूना** (頭や体に手を触れて) 誓う；誓って言う= शपथ खाना; सौगंध खाना; क़सम खाना. **अंग जलना** 激しく妬む；嫉妬心に燃える **अंग टूटना** *a.* 体が痛む *b.* ひどく疲れる；くたくたに疲れる *c.* 伸びをする **अंग ढीला हो°** *a.* くたびれる；ひどく疲れる；ぐったりする *b.* 老衰する；老いぼれる **अंग तोड़ना** 伸びをする= अंगड़ाई तोड़ना. **अंग दे°** 休む；休憩する；ごろっと横になる；一息入れる (-) **अंग धरना** (ーを) 着る；(ーを) 身にまとう；(ーを) 身につける **अंग न मोड़ना** 道からそれない；道を踏みはずさない **अंग फड़कना** 体のどこかが痙攣したようにぴくぴくする（何かの兆しと考えられる） **अंग फूले न समाना** 嬉しくてしかたがない；たまらなく嬉しい= अंग मुसकराना. (-का) **अंग बनना** (ーの) 一部になる **अंग भरना** *a.* 若者らしい体つきになる（思春期に入り身体が大人びてくる） *b.* 肉がつく；太る；肥える；ふっくらする **अंग मरोड़ना** = अंग तोड़ना. **अंग में अंग चुराना** はにかむ；恥ずかしがる= संकुचित हो°; शरमा जा°. **अंग में अंग न समाना** = अंग फूले न समाना. **अंग मोड़ना** *a.* 伸びをする *b.* 道を踏みはずす *c.* 尻ごみする；後ずさりする *d.* 隠れる；ひそむ= पीछे हटना. **अंग लगना** *a.* 身につく；滋養になる *b.* 抱きつく *c.* 慣れる；親しむ；なつく (-के) **अंग लगना** (ーに) 役立つ；(ーの) 役に立つ (-) **अंग लगाना** *a.* (ーを) 抱きしめる *b.* 嫁がせる；嫁入らせる *c.* 受け入れる；認める *d.* 身につける；着用する

अंगज[1] [形] 身体から生じた

अंगज[2] [名] (1) 息子；子息；せがれ= बेटा; पुत्र. (2) 毛髪 (3) 体毛 (4) 汗

अंगजा [名*] 娘= बेटी; पुत्री.

अंगड़ खंगड़[1] [形] がたがたになった；壊れてしまった；つぶれた；がらくたの

अंगड़ खंगड़[2] [名] 壊れたりつぶれた道具；がらくた；がらくた道具；くず物

अँगड़ाई [名*]（疲れや退屈のためにする）伸び（体を伸ばす） **अंगड़ाई तोड़ना** *a.* 仕事をせずに伸びばかりする；ごろごろする；ぶらぶらする *b.* 欲情を挑発するような身のこなしをする कैबरे डांसर अंगड़ाइयाँ तोड़ रही हैं キャバレーのダンサーが挑発的な身振りをしている **अँगड़ाई ले°** あくびをしながら伸びをする

अँगड़ाना [自] 伸びをする

अंगद [名] (1)〔イ神〕アンガダ（インドラ神の子バーリ बालि とターラーの子．ラーマーヤナではスグリーヴァによってシーターを探すためランカー島に派遣された猿） (2)〔装身〕アンガダ（上腕につける腕飾り） = बाज़ूबंद.

अँगनई [名*] 中庭；内庭= अँगनाई; आँगन. वही गलियारा बाईं ओर घूमकर एक अँगनई में प्रवेश करता था その回廊が左に折れて中庭に入っていた अँगनई मिट्टी की थी 中庭は地面がむき出しのままだった

अंगना [名*] (1) 女性 (2) 姿態のすぐれた女性

अँगनाई [名*] = अँगनई.

अंगभंग[1] [名] (1) 身体を毀傷したり不具にすること (-के) **अंगभंग क°** (ーの) 体を不具にする उनके अंगभंग कर दिये जाएँ それらの者を不具にすべし (2) 女性のなまめかしい身のこなしや態度

अंगभंग[2] [形] 身体が傷ついたり不具になっている；不具の；肢体を毀傷した

अंगभंगिमा [名*] 媚態；なまめかしさ

अंगभंगी [名*] 媚態；なまめかしさ= अंगभंगिमा.

अंगभाव [名] 歌を歌う際に表情で感情を表すこと

अंगमर्दन [名] あんま（按摩）；マッサージ= मालिश.

अंगमारी [名*]〔農〕疫病菌【*Phytophthora infestaus*】によりジャガイモの罹る疫病= झुलसा रोग.

अंगरक्षक [名] 護衛；護衛兵；ボディーガード= बॉडीगार्ड.

अंगरक्षण [名] 護衛；身辺警護 (-का) अंगरक्षण क° (ーを) 護衛する

अंगरक्षणी [名*] 鎧= कवच; वर्म.

अंगरक्षा [名*] 護身；身を守ること

अँगरखा [名]〔服〕アンガルカー（長袖で膝下まである男子の上着の一種；ヒンドゥーもムスリムも着用） = अचकन. दूल्हे का अँगरखा 花婿の着るアンガルカー

अँगरखी [名*]〔服〕アンガルキー；アンガルカー मैं लंबी अँगरखी पहनता हूँ, जिसमें सात गज़ से कम कपड़ा नहीं लगता 私は 7 ガズ以上の布を要する丈の長いアンガルキーを着る→ अँगरखा.

अंगराग [名] (1) 栴檀，樟脳，じゃこう，サフランなどを混ぜた軟膏や化粧品 (2) 衣服と装身具 (3) 女性の化粧と身づくろい

अँगरेज़ [名] 《Por. inglês》イギリス人；英人= अंगरेज़. अँगरेज़ डाक्टर イギリス人医師

अँगरेज़ियत [名*] (1) イギリス（人）風 (2) 西洋風 (3) イギリスかぶれ (4) 西洋かぶれ उनपर अँगरेज़ियत अथवा अँगरेज़ी सभ्यता का गहरा रंग चढ़ा हुआ है イギリス風つまりイギリス文化の色に深く染まっている人だ

अँगरेज़ी[1] [名*] = अंगरेज़ी 英語= इंगलिश भाषा; इंगलिश ज़बान. अंगरेज़ी-हिंदी शब्दकोश 英語ーヒンディー語辞典 अंगरेज़ी माध्यम 英語媒介；英語ミーディアム अँगरेज़ी माध्यम के स्कूल 英語ミーディアムの学校；英語を教育媒介語とする学校 अँगरेज़ी शिक्षा 英語教育= अंगरेज़ी तालीम.

अँगरेज़ी[2] [形] = अंगरेज़ी; अंग्रेज़ी. (1) イギリス人の；英国人の अँगरेज़ी अफ़सर イギリス人高官 (2) イギリスの= ब्रिटिश; इंगलैंड का. (3) イギリス風の；洋風の；西洋風の；外来の अँगरेज़ी मिठाई 西洋菓子；洋菓子 अँगरेज़ी पहनावा 洋装 सिर से पाँव तक अँगरेज़ी पहनावे में 頭のてっぺんから爪先まで洋装の अंगरेज़ी कपड़ों में 洋服を着ていると (4) 英語の；英語を介しての；英語による अंगरेज़ी फ़िल्म 英語の映画 (5) イギリスかぶれの；西洋かぶれの अँगरेज़ी बातें अपनी सास को सिखाओ 西洋かぶれの話を姑にするがいい

अँगरेज़ीदाँ [形] 《अँगरेज़ी + P. داں》英語を知っている；英語を解する；英語のできる

अंगलाग [名]〔イ史〕人頭税（5 歳以上の人にかけられた．ラージャスターン） = धोती-पोतिया.

अंगविक्षेप [名] 話したり歌ったりする際に首や手足を動かすことやそのしぐさ；身振り手振り

अंगहीन[1] [形・名] (1) 身体に欠陥のある；不具の (2) 身体障害者；身体の不自由な人

अंगहीन[2] [名] カーマ神 कामदेव の別名の一

अंगांगिभाव [名] 主と副，あるいは，主と従との関係

अंगा [名]〔服〕アンガー；アンガルカー= अँगरखा; चपकन. चिकन का बंददार अंगा チカン刺繍の掛けひものついたアンガー

अंगार [名] (1) 火のかたまり；真っ赤に燃えて煙の出ていないもの (2) 火の粉= चिनगारी; स्फुलिंग. **अंगार उगलना** きつい言葉を言う；甚だ挑発的な言葉を発する **अंगार बनना** *a.* 真っ赤になって怒る；かんかんに怒る；激怒する *b.* 肥え太る (-पर) **अंगार बरसना** *a.* (ーに) 災厄が降りかかる；火の粉が降りかかる *b.* 猛烈な暑さになる；かんかん照りになる；焼けつくような暑さになる *c.* 怒りに顔が赤くなる *d.* 怒りに激しい言葉が発せられる **अंगार सिर पर धरना** 大変な苦労をする；塗炭の苦しみをなめる **अंगारों पर पैर रखना** *a.* 火中の栗を拾う *b.* 危険なことをする **अंगारों पर लोटना** *a.* 激しく怒る；激怒する；怒り狂う *b.* 塗炭の苦しみを受ける *c.* 激しく妬む **अंगारों पर लोटाना** ひどく苦しめる；激しい苦痛を与える

अंगारा [名] (1) 真っ赤に燃えているもの；赤く燃えさかる火 (2) 火の粉；火花→ अंगार. वन की आग से अंगारे चुनकर लाया 山火

事で燃えている火を取って来た सुर्ख़ दहकते अंगारे 真っ赤に燃えている火 अन्याय करनेवालों को जलते अंगारों से जलाया जाता है 無法者は灼熱の火で焼かれる **अंगारे उगलना** 厳しいこと；きついことを言う **अंगारे बरसना** = अंगार बरसना. राजा की आँखों से अंगारे बरसने लगे 王の目から怒りの火花が出始めた **अंगारे बरसाना** = अंगारे उगलना. माँ अंगारे बरसाती हुई हट गई थी激しい怒りの言葉を発しながら母は退いた

अंगारी[1] [名*] (1) 真っ赤に燃えている火の小さなかたまり (2) 火の粉；火花

अंगारी[2] [形] 橙色の अंगारी रंग 橙色= जोगिया.

अंगिका [名*] → अँगिया.

अँगिया [名*]〔服〕アンギヤー（パンジャーブやドーアーブ地方の女性が胸を覆うために着用する胴着；ブラジャー）；シーナーバンド= अंगिका; कंचुकी; काँचली. हरे रंग की अँगिया 緑色のアンギヤー → सीनाबंद.

अंगिरस् [名]〔イ神〕アンギラス聖仙（リシ）

अंगीकरण [名] = अंगीकार.

अंगीकार [名] (1) 同意；承諾 (2) 受け入れ；受容 **अंगीकार क॰** *a.* 同意する；承諾する *b.* 受け入れる；受容する उसी के बाद अशोक ने बौद्ध धर्म अंगीकार किया 正にその後でアショーカ王は仏教を受け入れた（仏教に入信した）

अंगीकृत [形] (1) 同意された；承諾された (2) 受け入れられた；受容された

अंगीकृति [名*] (1) 同意；承諾 (2) 受け入れ；受容

अँगीठा [名] (1) 大きなこんろ；大型焜炉 (2) 大きな火鉢

अँगीठी [名*] (1) こんろ；焜炉 (2) 火鉢

अँगुठी [名*] (1)〔装身〕アングティー（一部のカーストの女性が足の親指につける真鍮製の輪） (2) = अंगूठी/अँगूठी.

अंगुर [名] → अंगुल.

अंगुरी [名*] = अंगुली.

अंगुल [名] (1) アングラ（長さの単位，約 1.91cm）；1 ハスタ（हस्त）の 24 分の 1 の長さ (2) 指 (3) 拇指；親指 एक अंगुल ज़मीन 1 アングルの土地；寸土；寸地；ごくわずかな土地

अंगुलि [名*] 手足の指= अंगुली.

अंगुलिका [名*] 手足の指= उँगली.

अंगुलि-छाप [名*] 指紋= उँगली-छाप. 〈finger print〉

अंगुलि-त्राण [名] ゆみかけ／ゆがけ（弓懸．弓を射る時に指の保護のためにつける革製の手袋．インドオオトカゲの皮で作る）

अंगुलि-निर्देश [名] 指示；指図 बुद्ध की अंगुलि-निर्देश से बहुत अधिक आश्वासन मिलता है 仏陀の指示により大いなる安心を得る

अंगुलिपंचक [名] 片手の 5 本の指，すなわち， अंगुष्ठ/अंगूठा（親指）， तर्जनी/प्रदर्शनी（人差し指）， मध्यमा（中指）， अनामिका（薬指）， कनिष्ठिका/छिगुनी（小指）

अंगुलिपर्व [名] 指の節；指の関節

अंगुलिमुख [名] 指の先端

अंगुलिमुद्रा [名*] 印鑑の刻まれた指輪

अंगुलिवेष्ठन [名] 手袋 = दस्ताना.

अंगुली [名*] = उँगली. (1) 手の指（5 本の指） (2) 足の指（5 本の指） (3) アングルの長さ（→ अंगुल） **अंगुली उठाना** *a.* 指を差す；指差す उसने अंगुली उठाई 指を差した *b.* 手を出す **अंगुली का सिरा** 指先 **अंगुली काटना** 悔やむ **अंगुली चमकाना** 指を突き出しながら話したり口論したりすること **अंगुली छोड़ना** 手助けをやめる；(支援の) 手を離す **अंगुली पकड़कर पहुँचा पकड़ना** 〔諺〕人の好意に付け入るたとえ= उंगली पकड़ते पहुँचा पकड़ना.

अंगुल्यादेश [名] 指差すこと；指示；指図

अंगुल्यानिर्देश [名] 汚名；不名誉；非難

अंगुश्त [名*] 《P. انگشت》手足の指

अंगुश्तनुमा [形] 《P. انگشت نما》後ろ指を差される；悪名高い；汚名をきた；不名誉な

अंगुश्तनुमाई [名*] 《P. انگشت نمائی》汚名；不名誉；非難

अंगुश्तरी [名*] 《P. انگشتری》指輪 = अँगूठी; मुद्रिका.

अंगुश्ताना [名] 《P. انگشتانہ》(1)〔裁〕ゆびぬき（指貫） (2) 拇指にはめる指輪

अंगुष्ठ [名] (1) 手足の親指；拇指 (2) 拇指の幅の長さ（長さの単位）

अँगूठा [名] = अंगूठा. 手足の親指 पाँव का अँगूठा 足の親指 पैर के अँगूठे का दर्द 足の親指の痛み (-का) **अँगूठा चूमना** *a.* (一に) 敬意を表する；(一を) 敬う *b.* (一の) 他人の言いなりになる；(一に) 服従する *c.* (一に) へつらう；世辞を言う **अँगूठा चूसना** *a.* 指しゃぶり हाथ या पैर के अँगूठे को चूसने की आदत 手や足の指をしゃぶる癖；指しゃぶり *b.* 子供じみたことをする **अँगूठा छापना** 拇印を押す **अँगूठा दिखाना** きっぱりと断る उसने अँगूठा दिखाया きっぱりと断った (-को) **अँगूठा दिखाना** *a.* (一を) からかう= अँगूठा नचाना. *b.* (一を) 無視する **अँगूठा नचाना** からかう；いやがらせをする **अँगूठा बताना** = अँगूठा दिखाना. **अँगूठा मारना** (一を) 無視する；ものの数に入れない；(一を) 屁とも思わない (-) **अँगूठे पर मारना** = अँगूठा मारना.

अँगूठाछाप[1] [名*] ぼいん（拇印）；つめいん（爪印） **अँगूठाछाप लगाना** *a.* 拇印を押す；爪印を押す *b.* 同意する；合意する；賛成する

अँगूठाछाप[2] [形]（文字が書けず署名ができないために拇印を押す）無学文盲の अशिक्षित "अँगूठाछाप" ग्रामीण भी अब अपने बालकों को पाठशालाओं में भेजने लगे हैं 無学文盲の村人も今では子供を学校へ行かせるようになっている

अंगूठा निशान [名] 《H.+ P.نشان निशान》拇印 = अंगूठा चिह्न.

अँगूठी [名*] 指輪；指環 **अँगूठी का नगीना** *a.* 好一対；似合いのもの *b.* 宝物；貴重なもの *c.* 最愛のもの；目に入れても痛くないもの **अँगूठी डाल दे॰** 包囲する；取り囲む；包囲網を張る

अंगूर[1] [名] 《P. انگور》〔植〕ブドウ科ブドウ；ぶどう（葡萄）【*Vitis Vinifera*】= द्राक्षा; दाख. अंगूर का गुच्छा ブドウの房 **अंगूर का सिरका** ブドウから製造された酢 **अंगूर का मड़वा/अंगूर की टट्टी (टट्टियाँ)** *a.* ブドウ棚 *b.* 花火の一種（ブドウの房のような形に花火が出る） (**आख़ थू**) **अंगूर खट्टा है**（かっ，ぺっ）すっぱいブドウだ（負け惜しみを言うことやその言葉）

अंगूर[2] [名] かさぶた **अंगूर आ॰** かさぶたができる= अंगूर बँधना **अंगूर चटकना** かさぶたがひび割れる= अंगूर तड़कना; अंगूर फटना.

अंगूर[3] [名] 芽= अंकुर; अँखुआ.

अंगूरी[1] [形] 《P. انگوری》(1) ブドウからできた；ブドウからこしらえた (2) もえぎいろ（萌葱色／萌黄色）の；黄緑の= सुआपंखी.

अंगूरी[2] [名*] ブドウ酒= अंगूरी शराब.

अंगूरी बेल [名*] 《P. + H.》ブドウのつるを図案化した唐草模様；葡萄唐草文

-अंगेज़ [造語] 《P. انگیز》かきたてる，引き起こす，作り出す，生じさせる，発生させるなどの意を加える合成語の構成要素 हैरतअंगेज़ 驚異的な；驚嘆させる दर्दअंगेज़ 痛みや辛さ，悲しみを起こさせる；残念な

अँगोछना [他] 濡れタオルなどで体を拭く

अँगोछा [名] アンゴーチャー（幅約 60cm，長さ約 150cm の平織りの綿布で沐浴時に腰に巻いたりタオルのように用いる．ターバン代わりに頭に巻いたり肩にかけたりもする）；タオル；手拭い= अँगौछा.

अँगोछी [名*] (1) アンゴーチー（小さいアンゴーチャー） (2) アンゴーチー（膝上までの小児用のドーティー धोती）

अंगोला [国名] 《E. Angola》アンゴラ共和国

अँगौंगा [名] 収穫物の中から神に捧げるものとして最初に取り分けておかれるもの；にえ（贄／牲）

अँगौछा [名] = अंगोछा.

अँगौवा [名] = अँगौंगा.

अंग्रेज़ [名] → अँगरेज़

अंग्रेज़ियत [名*] → अँगरेज़ियत

अँग्रेज़ी [名・形] = अंग्रेज़ी. अँग्रेज़ी अनुवाद 英訳；英語訳 अँग्रेज़ी सरकार イギリス政府 **अँग्रेज़ी खाद** 化学肥料= रासायनिक खाद. **अँग्रेज़ी दवाइयाँ** 西洋医術の薬 अँग्रेज़ी दवाइयाँ बेचनेवाले दुकानदार (कैमिस्ट व ड्रगिस्ट स्टोर) 薬店主 **अँग्रेज़ी साहित्य** 英文学

अँग्रेज़ी सरकार [名*] イギリス政府

अँग्रेज़ी स्कूल [名] 《अंग्रेज़ी+ E. school》英語を授業の媒介語とする学校 उन्होंने अंग्रेज़ी स्कूल में शिक्षा पाई 同氏は英語を教育媒介語とする学校で教育を受けられた

अंचन [名] 曲げること

अँचरा [名] → अँचला

अंचल [名] (1) サリー साड़ी やオールニー ओढ़नी の頭や肩から胸にかかる先端部分 (2) 地域 (3) 周辺；周辺部分；周辺地域；辺境 (4) 端= छोर; किनारा. **अंचल जोड़ना** 乞い願う；乞い求める；嘆願する **अंचल डालकर ले॰** やさしく受け入れる **अंचल दे॰** 恥ずかしさに顔を隠す；恥ずかしげなしぐさをする；恥ずかしがる **अंचल पसारना** = अंचल जोड़ना. **अंचल में गाँठ दे॰** 深く記憶にとどめる **अंचल में बाँधना** *a.* 大切に保存する *b.* 記憶する；記憶にとどめる **अंचल रोपना** = अंचल जोड़ना. **अंचल ले॰** （घूँघट の風習により）サリーの端で顔を隠す (-के) **अंचल से बँधना** （―と）結婚する；結ばれる

अँचला [名] (1) ドゥパッター（दुपट्टा）やドゥシャーラー（दुशाला）の両端 (2) サリー（साड़ी）やオールニー（ओढ़नी）の頭から胸にかける先端部分；アンチャラー= पल्ला.

अंचलिक [形] → आंचलिक

अंचलीय [形] 地方の；地域の अंचलीय युद्ध 地域戦争

अँचवना [自] (1) 〔ヒ〕祈祷礼拝に先立ち呪文を唱え右手の掌に取った水を飲むヒンドゥー教徒の作法 (2) 口をすすぐ (3) 食後に手を洗い口をすすぐ

अंछर [名] (1) 呪法；魔法 (2) 呪法に用いる呪文 **अंछर पढ़कर मारना** *a.* 呪法を行う；魔法にかける *b.* 人を意のままに操る= अंछर मारना

अंजन[1] [名] (1) アンジャン（油煙でこしらえる目薬もしくは美眼及び瞼の保護に用いる塗りもの）= काजल. (2) アンチモニーの粉末（目のふちに薬としてつけられる）= सुरमा（スルマー） (3) 墨；インク (4) 目につけると地中に埋もれているものが見えるようになるという伝説上のもの；アンジャナ **अंजन क॰** アンジャンをつける= अंजन लगाना

अंजन[2] [名] → इंजन

अंजनहारी [名*] → अंजना 〔医〕ものもらい；麦粒腫

अंजना[1] [名*]〔医〕ものもらい；麦粒腫= गुहांजनी; बिलनी.

अंजना[2] [名*]〔ラマ〕アンジャナー（ハヌマーン हनुमान の母親）

अँजना [自] 目のふちにアンジャン（अंजन）が描かれる；アンジャンがつけられる काजल-अँजी आँखें カージャルのつけられた目

अंजनी [名*]〔ラマ〕アンジャニー（ハヌマーンの母親）

अंजनीकुमार [名]〔ラマ〕ハヌマーン（हनुमान）

अंजबार [名] 《P. انجبار》〔植〕タデ科ノブキトラノオ（根が薬用）【*Polygonum bistorta*】

अंजरपंजर[1] [名] (1) 骨格 (2) 関節；つなぎ目 (3) 体の関節 (-का) **अंजर पंजर ढीला क॰** *a.* （―を）ばらばらにする *b.* （―を）打ちのめす *c.* （―を）くたくたにする **अंजर-पंजर ढीले पड़ना** *a.* くたびれる *b.* 古びる **अंजर-पंजर ढीले हो॰** くたくたに疲れる

अंजरपंजर[2] [副] 脇に；そばに；横に

अंजल [名] = अंजलि

अंजलि [名*] 片手もしくは両手の掌で物をすくったり物をのせたりする形

अंजलिगत [形] (1) 掌に入った；手にのった (2) 落掌した；落手した

अंजलिपुट [名] = अंजलि

अंजली [名*] = अंजलि

अंजाम [名] 《A. انجام》終結；終わり；最後；結末 ये अंजाम है तुम्हारे गुनाहों का これが君の罪科の結末なんだ अब इसका अंजाम क्या होता है こういうことが続いたらどういうこと（結末）になるか इस आदत का अंजाम この習癖のもたらすもの **अंजाम क॰** 処理する；遂行する；完遂する= अंजाम दे॰; अंजाम पर पहुँचाना. **अंजाम को पहुँचना** 終わる；終結する；結果を得る= अंजाम पाना

अंजीर [名] 《P. انجیر》(1) 〔植〕クワ科小高木イチジク（無花果）【*Ficus carica*】= इंजीर (2) その実 सूखी अंजीर イチジクの実を天日に干したもの；干しイチジク；乾燥イチジク

अंजीरे आदम [名] 《P.A. انجیرے آدم》〔植〕クワ科小高木ウドンゲ（優曇華）= गूलर

अंजुमन [名] 《P. انجمن》(1) 協会 (2) 会 (3) 集会；会合

अंजुलि [名*] → अंजलि

अंजू [名] 涙 = आँसू; अश्रु

अंझा [名] (1) 休み；休日 (2) 遅れ；遅滞；遅延

अँटना [自] (1) ある範囲や入れものに収まる；入る कभी-कभी ऐसा भी होता है कि किसी-किसी व्यक्ति का व्यक्तित्व शब्दों की परिधि में नहीं अँट पाता 人によってはその個性が言葉の範囲に収まりきれないことも時にはあるものだ (2) 一面に広がる；覆われる；包まれる；かぶさる；ふさがれる；つかえる एक रात जब रिमझिम पानी बरस रहा था और आसमान में काले बादल अँटे हुए थे しとしと雨の降る一夜，空を黒雲が一面に覆っていた (3) はまる；ぴったりと合う (4) 足りる；十分になる

अंटशंट [名・形] → अंटसंट. अंटशंट दवाएँ いんちき薬 पिता जी भी अपने पचासों अंटशंट काम करवाते रहते हैं お父さんもいつも沢山のめちゃくちゃな仕事を人にさせている

अंटसंट[1] [名] でたらめ；支離滅裂；矛盾したこと；つじつまの合わないこと **अंटसंट कहना** でたらめを言う；支離滅裂なことを言う；つじつまの合わないことを言う **अंटसंट बकना** でたらめを言う；いいかげんなことを言う ऐसे ही अंटसंट ये बातूनी बका करते हैं こんなぐあいにこのおしゃべり男はいつもでたらめな話をするものなのだ

अंटसंट[2] [形] (1) でたらめな；いいかげんな；めちゃくちゃな；支離滅裂な；つじつまの合わない= अट्टसट्ट; ऊटपटाँग; अंडबंड. (2) ありきたりの；ありふれた

अंटा [名] (1) 丸い形のもの；球状のもの (2) 糸のかせ (3) ビリヤード；玉突き；撞球

अंटागुड़गुड़ [形] (1) 酔いしれた；酔いつぶれた；ぐでんぐでんに酔っぱらった (2) 正気を失った

अंटाघर [名] ビリヤード場；ビリヤード室；玉突き場；撞球場

अंटाचित [副] 仰むけに= पीठ के बल. अंटाचित हो॰ *a.* 仰むけにひっくり返る *b.* 気を失う *c.* 茫然とする；唖然とする

अँटाना [他] = अटाना

अंटार्कटिक [名] 《E. Antarctic》南極= दक्षिण ध्रुव

अंटार्कटिका [名] 《E. Antarctica》南極大陸 अंटार्कटिका की जलवायु 南極大陸の気候

अँटिया [名*] 草や柴の束

अँटियाना [他] (1) 指の間や掌に隠す (2) 親指以外の 4 本の指にかけてひもの輪を作る (3) 束ねる；束を作る (4) 腰布の腰の結び目に入れる (5) 不法な手段で儲ける；ちょろまかす；ごまかす

अंटी[1] [名*] (1) 指と指との間（のすき間） (2) 手の指を 2 本からませた形（特に中指を人差し指にからませたもので不浄のものとの接触による汚染を防ぐとされる） (3) ドーティー（→ धोती の腰回りでたくしこんで金子などを挟み込む部分） (4) 糸巻き (5) 糸の束 **अंटी क॰** *a.* ちょろまかす；ごまかす *b.* （糸などを）巻く **अंटी काटना** する（掏る）；掏摸を働く= जेब काटना. **अंटी मारना** *a.* だます *b.* いかさま（ばくち）をする *c.* はかり（計量）をごまかす；量目をごまかす **अंटी में बाँध ले॰** *a.* 肝に銘じる *b.* 大切に持つ **अंटी रखना** 隠す；隠匿する

अंटी[2] [名*] 《E. auntie》(1) おばさん（親類や他人の女性に子供や年少者が呼びかけに用いる） (2) おば（親類や他人を問わず）

अंटीबाज़ [形] 《H. + P. باز बाज़》狡猾な；ずるい；抜け目のない

अंड [名] (1) 卵 (2) 宇宙 (3) 陰嚢 (4) 精子 (5) 〔動〕卵子；雌の生殖細胞（मादा जनन कोशिका）

अंडकोश [名] (1) 陰嚢；ふぐり= फ़ोता. (2) 宇宙

अंडकोष [名] = अंडकोश

अंडज[1] [名] 卵生の動物（鳥類，魚類，爬虫類など卵から生まれる生きもの）

अंडज[2] [形] 卵から生まれた；卵生の अंडज प्राणी 卵生動物

अंडद [形] 卵を産む；産卵する

अंडद जीव [名]〔生〕卵生動物

अंडबंड[1] [名] (1) 出任せ；口から出まかせに言うこと；でたらめ；支離滅裂なこと **अंडबंड कहना** 口から出まかせに言う= अंडबंड बकना. (2) 悪口；悪口雑言；罵言

अंडबंड[2] [形] (1) でたらめな；めちゃくちゃな；支離滅裂な；いいかげんな (2) 無意味な；無駄な；無用な **अंडबंड क॰** *a.* 混乱させる；ごたつかせる *b.* 台無しにする *c.* なくす

अंडमान द्वीप समूह [地名] アンダマン諸島（インド領）= अंडमान द्वीप 〈Andaman and Nicobar Islands〉

अंडमान व निकोबर 〔地名〕アンダマン・ニコーバル諸島（ベンガル湾のインド連邦共和国直轄地）

अंडरग्राउंड [名] 《E. underground》(1) 地下鉄；地下鉄道 (2) 地下組織；暗黒街；アンダーグラウンド **अंडरग्राउंड वाले** 暗黒街の人

अंडरवार्ड [名] 《E. underworld》暗黒街；犯罪社会

अंडरवियर [名] 《E. underwear》下着；肌着；男性用パンツ；アンダーウエア
अंडरशर्ट [名] 《E. undershirt》アンダーシャツ
अंडरसेक्रेटरी [名] 《E. undersecretary》次官；政務次官；事務次官＝ अवर सचिव; अनुसचिव
अंडरस्पिन [名] 《E. underspin》〔ス〕(テニスの) アンダースピン
अंडरहैंड [形] 《E. underhand》〔ス〕アンダーハンドの अंडरहैंड पास アンダーハンドパス (バスケット) अंडरहैंड सर्विस アンダーハンドサーブ (バレーボール)
अंडस [名*] 泥沼；容易に抜け出られない状況；ぬかるみにはまった状態
अंडा [名] (1) 卵；たまご (2) 鶏の卵；鶏卵；玉子 (3) 体；身体；肉体 **अंडा उड़ाना** *a.* 甚だ滑稽なことをする *b.* 悪辣なことをする **अंडा काटना** 秘密をさぐる **अंडा ढीला हो॰** *a.* ぐったりする；ぐったり疲れる；疲れ切る；疲労困憊する *b.* 一文無しになる *c.* 衰弱する **अंडा तोड़ना** 卵を割る **अंडा दे॰** 卵を産む；産卵する **अंडा फूटना** 卵がかえる；卵がかえりそうになる **अंडा फोड़ना** 先走ってする；先走ったことをする **अंडा सरकना** *a.* 弱る；衰弱する *b.* 失心する **अंडा सरकाना** 体を動かす；手足を動かす अंडा सेना → अंडे सेना. **अंडे का शाहज़ादा** 世間知らず；若造；坊ちゃん；お坊っちゃん **अंडे दे॰** 卵を産む；産卵する नागिन चार महीने गर्भिणी रहती है और प्रायः कार्तिक में अंडे देती है コブラは受精後 4 か月でおよそカールティカ月に産卵する **अंडे देनेवाले स्तनधारी** 単孔類〔動〕〈Monotremata〉＝ एकविद्र गण. **अंडे-बच्चे देने की ऋतु** 産卵期 **अंडे मुर्गी की बहस** ニワトリが先か卵が先かの議論 **अंडे सेना** *a.* 卵を抱く；卵を温める *b.* 大切に取り扱う；大切に保存する *c.* 家に引っ込んでばかりいる；家でぶらぶらする
अंडाकर्षण [名] 動物の去勢
अंडाकार [形] 卵形の；楕円形の अंडाकार चेहरा 面長な顔 क्रिकेट अंडाकार मैदान पर खेला जाता है クリケットは楕円形のグラウンドで行われる
अंडाकृति [名*] 卵形；楕円形
अंडाणु [名]〔生〕卵子
अंडाशय [名] (1)〔生〕卵巣 (2)〔植〕子房
अंतःकक्ष [名] 家屋の奥の部屋
अंतःकथा [名*] 挿話
अंतःकरण [名] (1) 内奥；良心 (2) 心；胸 (3) 心臓 (4) 分別
अंतःकलह [名] 内戦；内紛；内訌＝ गृहकलह; गृहयुद्ध
अंतःकालीन [形] (1) 過渡期の (2) 暫定的な
अंतःकोण [名]〔幾〕内角〈interior angle〉
अंतःग्रहण [名]〔動〕食物摂取〈ingestion〉
अंतःपट [名] → अंतरपट.
अंतःपुर [名] (1) 後宮；奥御殿；ハーレム (2) 女性部屋
अंतःप्रकृति [名*] 本性；天性
अंतःप्रज्ञा [名*] 直観
अंतःप्रवाह [名] 暗流；底流
अंतःप्रांतीय [形] 州の；州内の＝ अंतःप्रादेशिक
अंतःप्रेरणा [名*] 意気；意気込み；気合
अंतःराष्ट्रीय [形] 国際的な；国家間の＝ अंतर्राष्ट्रीय; अंतरराष्ट्रीय.
अंतःशास्त्रीय [形] 学際的な अंतःशास्त्रीय उपागम 学際的なアプローチ〈interdisciplinary approach〉
अंतःशुद्धि [名*] 心の清浄
अंतःसंगीत [名]〔音〕間奏曲〈interlude〉
अंतःसमुद्र [名]〔地理〕内海〈inland sea〉
अंतःसलिल [形] 地下を流れている；伏流している；暗流となっている；底流となっている
अंतःसांस्कृतिक [形] 異文化間の；比較文化的な；比較文化論的な〈crosscultural〉
अंतःसार[1] [名] 内容；中身
अंतःसार[2] [形] 内容のある；中身のある；実質のある
अंतःसुख [名] 内奥の喜び；心底の喜び
अंतःस्थ[1] [形] (1) 中にある；内部の；内在する；内包される (2) 中間に位置する
अंतःस्थ[2] [名]〔言〕 य, र, ल, व の 4 つの半母音＝ अंतस्थ
अंतःस्थ राज्य [名]〔政〕緩衝国〈buffer state〉＝ अंतर्रोधी राज्य.
अंतःस्थलीय [形]〔地理〕内陸の अंतःस्थलीय जलनिकास 内陸河川
अंतःस्थित [形] (1) 心にある；心に生じる (2) 内側の；内部の；内なる
अंतःस्रवण [名] 浸出
अंतःस्राव [名]〔生理〕(1) 内分泌 (2) 内分泌物；ホルモン **अंतःस्राव विज्ञान** 内分泌学
अंतःस्रावी [形] 内分泌の；内分泌する **अंतःस्रावी ग्रंथियाँ**〔解〕内分泌腺
अंतःस्वर [名] 心の声；内心の声；内奥の声
-अंत [接尾] 動詞語根に付加される接尾辞で形容詞や名詞を作る √भिड़ → भिड़ंत 衝突 दो ट्रकों की भिड़ंत में トラック 2 台の衝突で √गढ़ → गढ़ंत 作りもの (の)；まがいもの (の)
अंत[1] [名] (1) 終わり；終結；終了＝ समाप्ति; ख़ातिमा; अख़ीर. युद्ध का अंत 終戦 (2) 際限；果て；窮み；究極；極致 दुःख का अंत न था 悲しみの果てがなかった (悲しみは尽きなかった) (3) 結末；結果＝ परिणाम; फल; अंजाम. (4) 端；末端＝ छोर; सिरा. (5) 最期；死；死滅＝ मृत्यु; मौत. उस व्यक्ति का अंत सामने दिखाई देने लगता है その人の最期が見えてくる (6) 破滅 **अंत क॰** 度を越える；度はずれなことをする＝ हद क॰; अति क॰. (-का) **अंत क॰** (ーを) 殺す；殺害する；片付ける；始末する **अंत को** しまいに；最後に；ついに बूढ़े ने कुप्पी बुझाई, कुछ देर खड़ा रहा, फिर बैठ गया.अंत को लेट गया 老人は明かりを消した．しばらく立っていたが腰を下ろした．しまいに横になった **अंत बनना** *a.* 良い結果になる；うまく行く *b.* 極楽に生まれる；極楽往生 **अंत बनाना** 後世を願う；後生を願う **अंत बिगड़ना** *a.* 済度されない；救いが得られない *b.* 結末が良くない **अंत बुरे का बुरा**〔諺〕*a.* 悪事を働けば悪い報いがある *b.* 人を呪わば穴 2 つ **अंत भला सो भला**〔諺〕終わり良ければすべて良し **अंत भले का भला**〔諺〕善をなせば良い報いがある；情けは人の為ならず **अंत में** しまいに；最後に；とうとう (-का) **अंत ले॰** (ーを) 殺す；殺害する
अंत[2] [名] (1) 心；胸の内；内心 (2) 秘密；内密 (-का) **अंत पाना** (ーの) 正体を突き止める；謎を解く；わけがわかる (-का) **अंत ले॰** (ーを) さぐり出す；調べる
अंतक[1] [形] 終わらせる；終滅させる；破滅させる
अंतक[2] [名] (1) 死；死滅 (2) 死の神ヤマ；冥界の王ヤマ (यमराज) (3) シヴァ神
अंतकर [形] (1) 死滅させる (2) 破滅させる
अंतकर्म [名] (1) 死 (2) 破滅 (3) 葬儀
अंतकामी [形] 死を願う
अंतकारी [形] ＝ अंतकर
अंतकाल [名] (1) 最後；終末 (2) 臨終；最期
अंतक्रिया [名*] 葬儀；葬式
अंतगुरु [名]〔韻〕(1) 終わりが 2 モーラ，もしくは，2 拍から成る語 (2) アンタグル (マートラー・ガナ मात्रा गण，すなわち，4 モーラ，もしくは，4 拍数による詩脚の 5 分類の一で，短－短－長 ।।ऽ と記される)
अँतड़ी [名*] (sg. 及び pl. の両方で用いられる) 腸＝ आँत. **अँतड़ियाँ कुलबुलाना** 甚だ空腹なこと；腹の虫が鳴く；腹ぺこの **अँतड़ियाँ जलना** ＝ अँतड़ियाँ कुलबुलाना. **अँतड़ियाँ लगना** 飢えてやせ細る；飢えてがりがりにやせる **अँतड़ियों में आग लगना** ひどく空腹なこと **अँतड़ी टटोलना** さぐりを入れる
अंततः [副] ついに；結局；つまり अंततः समाज व्यक्तियों से बनता है, कानूनों से नहीं つまり社会は個人で成り立つのであって法律で成り立つのではない अंततः उसने एक दिन दम तोड़ दिया 女はついに息を引き取った
अंततोगत्वा [副] 結局；ゆくゆくは；ついには；つまるところ
अंतप्रत्यय [名]〔言〕語尾〈ending〉
अंतरंग[1] [形] (1) 内面の；内的な वहाँ के निवासियों की वास्तविक ज़िंदगी के कुछ अंतरंग चित्र 同地の住民の実生活の内面の描写 यह पर्व हमारे जन-जीवन की अंतरंग झाँकी प्रस्तुत करता है この祭礼は我々民衆の生活の内面の様子を表現するものである (2) 内密の दांपत्य जीवन के ऐसे अंतरंग प्रसंगों का इशारे से उद्घाटन 夫婦生活のこのような内密に関連したことをそれとなく暴くこと (3) 親しい；親密な；身近な；入魂な；昵懇な अंतरंग मित्र 親しい友人；親友
अंतरंग[2] [名] (1) 身内 (2) 親友；親密な人 लेकिन अंतरंगों को इसका पता है でも親友たちはこのことを知っている (3) 臓器

अंतरंग सचिव [名] 私設秘書= निजी सचिव 〈private secretary〉

अंतरंग सभा [名*] 小委員会；分科委員会= उप-समिति 〈sub-committee〉

अंतरंगी[1] [形] (1) 心の；内心の；心からの (2) 内部の；内からの；内的な

अंतरंगी[2] [名] 親しい友；親友；親密な間柄の人

अंतर् [接頭] 内に，内部に，中に，間になどの意を加える अंतर्यामी 心の内を知る．サンスクリットの内連声の規則により अंत: (अंत:कलह) 内戦，अंतश् (अंतश्चर्म) 内皮，अंतस् (अंतस्सलिल) 伏流，などと変化する．

अंतर[1] [名] (1) 内部；内側；内面 उसे अपने अंतर में एक अज्ञात शक्ति जागती मालूम पड़ी 自分の内側にある未知の力が目覚めるのを感じた (2) 相違；差 द्रव और गैस के बीच में महत्वपूर्ण अंतर 液体と気体との重要な差 लोगों की आमदनी में बहुत अंतर है 人々の収入に大きな差がある **आकाश पाताल का अंतर हो॰** 天地の差がある；雲泥の差がある (3) 空間のへだたり अंतर की दूरी 間隔 (4) 時間のへだたり；間隔 शादी भी एक वर्ष के अंतर से हुई थी 結婚も 1 年の間隔で行われた दो तीन साल का अंतर 2〜3 年の間隔 **(-से) अंतर क॰** *a.* (ーと) 区別する *b.* (ーを) 避ける；(ーから) 離れる；へだたる **(-में) अंतर पड़ना** (ーの間に) わだかまりが生じる (5) 胸；心 **अंतर का पट खोलना** 胸襟を開く **अंतर खोलना** 胸の内を話す；心の中を打ち明ける **अंतर में उतर जा॰** 心にしみる

अंतर[2] [形] (1) 近くの；そばの (2) 親しい；親密な

अंतर[3] [形] 消えた；失せた；隠れた= लुप्त；अंतर्धान.

अंतर- [接頭]《E. inter-》(ーの) 間の अंतरविश्वविद्यालय インターカレッジ；インカレ अखिलभारतीय अंतरविश्वविद्यालय बैडमिंटन 全印インターカレッジバドミントン अंतरस्कूल टेबल टेनिस चैंपियनशिप インターハイ卓球選手権

-अंतर [造語] 名詞に後接して「別の，もう 1 つの」の意を加える合成語の構成要素 पाठांतर (पाठान्तर) 校異 मतांतर (मतान्तर) 異見 देशांतर 異国；他国；外国

अंतरकालीन [形] 暫定的な；臨時の；仮の；当面の= अंत:कालीन.

अंतरगत → अंतर्गत.

अंतरग्नि [名*] 胃腸の消化力

अंतरचक्र [名] (1) 全方位を 32 等分したもの (2) 〔ヨガ〕ハタヨーガで気息，ないしは，生命エネルギーを介して微細身に眠る性力シャクティが頭頂部へ向かって上昇する際に経過する 6 つのチャクラ चक्र, すなわち，मूलाधार चक्र, स्वाधिष्ठान चक्र, मणिपूर चक्र, अनाहत चक्र, विशुद्ध चक्र, आज्ञा चक्र → चक्र, कुंडलिनी, सहस्रार, सूक्ष्म शरीर.

अंतरछाल [名] 〔植〕樹皮の内側の薄皮

अंतरजातीय [形]《E. inter + H.》= अंतर्जातीय. 異なったジャーティ जाति 間の；ジャーティとジャーティの間の अंतरजातीय विवाह 異カースト間の結婚

अंतरजामी [形] 心の内を知る；人の心を見通す = अंतर्यामी

अंतरज्ञ [形] 内心を知る；本心を知る

अंतरण[1] [名] 間隔をあけること

अंतरण[2] [名] (1) (相続人への) 移転 (2) 譲渡 (3) 転勤 (4) 転記

अंतरणपत्र [名] 〔法〕譲渡書

अंतरतम[1] [名] (1) 奥深いところ (2) 内奥 (3) 心奥

अंतरतम[2] [形] (1) 一番奥深い；最も内側の (2) 最も親密な

अंतरदाह [名] 煩悶；懊悩

अंतरदिशा [名*] 二方位の中央の方位

अंतरदृष्टि [名*] 心眼= अंतर्दृष्टि；ज्ञानचक्षु.

अंतरदेशीय [形] = अंतर्देशीय. (1) 国家間の；国と国との間の (2) 州と州との間の；州間の **अंतरदेशीय पत्र** (インド国内郵便の) 簡易書簡

अंतरधान [形] 見えなくなった；消えた；姿の消えた अंतरधान हो॰ 見えなくなる；姿が消える= लुप्त हो॰.

अंतरपट [名] = अंत:पट. (1) 目隠し (の布)；幕 (2) ヒンドゥーの挙式の際，新郎と新婦の間をへだてる幕 (3) 無知 (4) 秘匿

अंतरप्रांतीय [形]《E.inter + H.प्रांतीय》= अंतरप्रादेशिक.

अंतरप्रादेशिक [形]《E.inter + H.प्रादेशिक》州間の；州と州の間の → प्रदेश

अंतरमहाद्वीपीय [形]《E.inter + H.महाद्वीपीय》大陸間の 〈intercontinental〉 **अंतरमहाद्वीपीय प्रक्षेपणास्त्र** 〔軍〕大陸間弾道弾 〈intercontinental missile〉

अंतरराज्यीय [形]《E.inter + H.राज्यीय》州間の；州と州にまたがる अंतरराज्यीय गिरोह 幾つかの州にまたがる一味

अंतरराष्ट्रीय [形]《E. inter + राष्ट्रीय》(本来はこれが正しいとされるが，今日では अंतर्राष्ट्रीय が一般的に用いられる) 国際間の；国際的な；インターナショナルな

अंतरराष्ट्रीय पुलिस [名*]《E.inter + H.राष्ट्रीय + E. police》国際刑事警察機構；インターポール 〈Interpol; International Police〉 = इंटरपोल.

अंतरविश्वविद्यालय [形]《E.inter + H. विश्वविद्यालय》大学間の

अंतरशायी [名] 〔イ哲〕アートマー；ジーヴァートマー；個我= जीवात्मा.

अंतरसंचारी [名] 〔イ文芸〕アンタラサンチャーリー= संचारी भाव. (サンチャーリーバーヴァ) (ラサの喚起をもたらす持続的な感情を補強する一時的な感情) → रस.

अंतरस्थ [形] 内部の；内側の；内在する

अंतरा[1] [副] (1) 間に；中間に (2) 近くに

अंतरा[2] [名] (1) アンタラー (リフレインの次に来る歌詞) (2) 繰り返しを除く歌詞；歌の文句 (3) 〔イ音〕アンタラー (北方旋律の第 2 部分)

अंतराकाश [名] 物と物との間のすきま；空隙；間隙

अंतरागार [名] 建物の内部；内側

अंतरात्मा [名*] (1) 霊魂 (2) 内奥；魂；精神 युग की अंतरात्मा उदारता चाहती है 時代の精神は寛容を望んでいる (3) 魂；良心；内なる声 व्यक्ति और उसकी अंतरात्मा सर्वोपरि है 個とその魂が至上のものである अपनी अंतरात्मा के अनुसार जो भी ठीक जँचे, वही लिखो 己の魂の良しとするところを記せ पिता की आकांक्षा तो उन्होंने पूरी कर दी, किंतु अपनी अंतरात्मा की आवाज़ भी वे अनसुनी न कर सके 父親の願望を叶えはしたが，自己の内なる声も無視できなかった

अंतराय [名] 妨げ；支障；障害；障礙

अंतरायण [名] 〔法〕拘禁 = नज़रबंदी.

अंतराल [名] 時間や空間の間；間隔；へだたり तीन वर्ष का अंतराल 3 年の間隔 रेडियो-तरंगों को थोड़े थोड़े अंतराल पर प्रसारित करता है 短い間隔で電波を発射する निश्चित अंतराल के बाद 一定の間隔をおいて **अंतराल दे॰** 間隔を置く；間を置く

अंतराल राज्य [名] 〔政〕緩衝国 = अंत:स्थ राज्य. 〈buffer state〉

अंतरावर्त्त [名] 飛び領土；飛び領地

अंतरिक्ष [名] (1) 宇宙 (2) 天界；天国；極楽 अंतर्ग्रहीय अंतरिक्ष 惑星間宇宙 बाह्य अंतरिक्ष 宇宙空間 बाह्य अंतरिक्ष में भी सभ्यताएँ हैं 宇宙空間にも諸文明が存在する अंतरिक्ष अनुसंधान संस्थान 宇宙研究所 **अंतरिक्ष मानव** 宇宙人 **अंतरिक्ष युग** 宇宙時代 **अंतरिक्ष युद्ध** 宇宙戦争 अंतरिक्ष युद्ध परियोजना 宇宙戦争計画

अंतरिक्ष अन्वेषी [名] 宇宙探査機 〈space probe〉

अंतरिक्ष उड़ान [名*] 宇宙飛行 〈space flight〉

अंतरिक्ष किरण [名*] 〔物理〕宇宙線 〈cosmic ray〉

अंतरिक्षचारी[1] [形] 空を行く；天空を動く

अंतरिक्षचारी[2] [名] 鳥；鳥類

अंतरिक्ष प्रौद्योगिकी [名*] 宇宙工学 〈space technology〉

अंतरिक्ष भौतिकी [名*] 宇宙物理学 〈space physics〉

अंतरिक्षयात्रा [名*] 宇宙旅行 〈space travel〉

अंतरिक्षयात्री [名] 宇宙飛行士 〈astronaut〉

अंतरिक्षयान [名] 宇宙機；宇宙船；宇宙空間飛行体 〈space ship〉 अंतरिक्षयान वीनस 7 宇宙船ヴィーナス 7 号

अंतरिक्षयानिकी [名*] 宇宙飛行学；宇宙飛行術

अंतरिक्ष राकेट [名]《H. + E. rocket》宇宙船打上げ用ロケット 〈space rocket〉

अंतरिक्ष रिले [名]《 अंतरिक्ष+ E. relay》〔通信〕宇宙中継

अंतरिक्ष विज्ञान [名] (1) 宇宙科学 〈space science〉 (2) → अंतरिक्ष प्रौद्योगिकी 宇宙工学 〈space science〉

अंतरिक्ष वैज्ञानिक [名] 宇宙科学者 संसार का पहला अंतरिक्ष वैज्ञानिक आर्यभट्ट 世界最初の宇宙科学者アーリヤバッタ

अंतरिक्षी [形] 宇宙の；宇宙に関する

अंतरित [形] (1) 中に入れられた；入れられた；中に入った (2) 秘められた (3) 消えた；見えなくなった (4) 覆われた

अंतरिम [形] 《E. interim》(1) 間の；合間の；中間の (2) 暫定的な；当面の；当座の；臨時の **अंतरिम संविधान** 暫定憲法
अंतरीप [名] (1) 岬〈cape〉 (2) 島= द्वीप; टापू.
अंतरीय[1] [名] 下半身に着用する着物= अधोवस्त्र.
अंतरीय[2] [形] 内部の；内側の
अंतर्कथा [名*] (1) 挿話→ अंत:कथा. (2) 内輪話；内緒話
अंतर्गत[1] [形] (1) 含まれた；中に入った (2) 編入された (-के) अंतर्गत ある範囲の内で；(ーの) 中に；(ー) 内に；(ーの) 内に सांस्कृतिक कार्यक्रमों के अंतर्गत 文化活動の中に सब से पहले इस कार्यक्रम के अंतर्गत कुछ गाँवों को चुना गया まず最初にこのプログラムにより若干の村が選ばれた बाल संरक्षण व्यवस्था के अंतर्गत 児童保護制度の中で
अंतर्गत[2] [名] 心；内心
अंतर्गति [名*] (1) 気持ち (2) 願望；念願
अंतर्जंघिका [名*]〔解〕けいこつ（脛骨）〈tibia〉
अंतर्जगत् [名] 心の領域；心の世界；内奥
अंतर्जातीय [形] 異なったカースト間の→ अंतरजातीय. अंतर्जातीय विवाह 異カースト間の婚姻
अंतर्जीवन [名] 内的生活；内面生活；精神生活
अंतर्ज्ञान [名] (1) 人の心を察知すること (2) 直観
अंतर्दर्शन [名] 内観
अंतर्दर्शी [形] (1) 内省する (2) 心を見抜く
अंतर्दृष्टि [名*] 心眼；洞察（力） हिंदू उसे अपनी अंतर्दृष्टि से देखना चाहता है ヒンドゥー教徒はそれを心眼で見たいと思う
अंतर्देशीय [形] (1) 国内の；内国 (2) 国と国の間の；国家間の→ अंतरदेशीय.
अंतर्देशीय पत्र [名] 簡易書簡（航空書簡と同様の折りたたみ式でインドの国内専用）= इलैंड लेटर. 〈inland letter〉
अंतर्द्धान [形・名] → अंतर्धान.
अंतर्द्वंद्व [名] (1) 葛藤；相剋 (2) 内訌；内輪もめ；内紛
अंतर्द्वार [名] 裏口
अंतर्धर्मीय [形] 《E. inter + H.》異なった宗教と宗教との間の；異教間の；異教徒間の अंतर्धर्मीय विवाह 異教徒間の結婚
अंतर्धान[1] [形] 姿が消えた；急に姿が消えた；失せた= अदृश्य; गुप्त; अंतर्हित. इतना कह लक्ष्मी जी अंतर्धान हो गईं そう語ってラクシュミー神はさっとお姿を消された
अंतर्धान[2] [名] 急に姿を消すこと；姿を隠すこと
अंतर्धारा [名*] (1) 底流 (2) 暗流
अंतर्नाद [名] (1)〔ヨガ〕ヨーガの三昧境において聞こえるというアートマーの妙音 (2) 心奥の叫び
अंतर्निष्ठ [形] (ーに) 内在する；備わっている；秘められている
अंतर्निहित [形] (ーに) 没入した；入れられた；入った；含まれた
अंतर्पट [名] (1) しきり；ついたて（衝立）；パーティション (2) 覆い→ अंत:पट; अंतरपट.
अंतर्बोध [名] (1) 直観；直感 (2) 意識；分別
अंतर्भाव [名] 包含；編入
अंतर्भावित [形] 包含された；編入された
अंतर्भुक्त [形] 同化された
अंतर्भूत [形] 包含された；中に含められた
अंतर्मन [名] 内心；心の内
अंतर्मना [形] (1) うろたえた；あわてた；動転した (2) 気落ちした；ふさぎこんだ
अंतर्मुखी [形] (1) 内側を向いた (2) 内向性の；内向的な मनोविज्ञान की भाषा में वे अंतर्मुखी अधिक थे 心理学の言葉では内向的傾向の強い人だった
अंतर्यामिनी [形*] अंतर्यामी[1] の女性形
अंतर्यामी[1] [形] (1) 人の心を見通す (2) 心を制御する (3) 内面に入りこむ
अंतर्यामी[2] [名] 最高神；全能の神
अंतर्युद्धकाल [名]〔史〕両大戦間期〈inter-war period〉
अंतर्युद्धकालीन [形]〔史〕両大戦間期の〈inter-war〉
अंतर्राष्ट्रवाद [名] 国際主義〈internationalism〉
अंतर्राष्ट्रीय [形] (1) 国内の (2) 国際的な；インターナショナルな→ अंतरराष्ट्रीय. अंतर्राष्ट्रीय अर्थ व्यवस्था 国際経済 अंतर्राष्ट्रीय इकाई 国際単位 शरीर को इसकी प्रतिदिन 30 अंतर्राष्ट्रीय इकाई की आवश्यकता पड़ती है これは身体には毎日 30 国際単位必要である अंतर्राष्ट्रीय ख्याति का पक्षी वैज्ञानिक 国際的に著名な鳥類学者 अंतर्राष्ट्रीय नियंत्रण आयोग 国際監視委員会 अंतर्राष्ट्रीय मुकाबला 国際試合；国際競争 अंतर्राष्ट्रीय राजनीति 国際政治 अंतर्राष्ट्रीय विश्वविद्यालय 国際大学 अंतर्राष्ट्रीय संस्था 国際機関 अंतर्राष्ट्रीय समाज 国際社会
अंतर्राष्ट्रीय अदालत [名] 国際司法裁判所〈International Court of Justice〉= अंतर्राष्ट्रीय न्यायालय. हेग स्थित अंतर्राष्ट्रीय अदालत ハーグの国際司法裁判所
अंतर्राष्ट्रीय ओलंपिक समिति [名*] 国際オリンピック委員会
अंतर्राष्ट्रीय न्यायालय [名] 国際司法裁判所= अंतर्राष्ट्रीय अदालत.
अंतर्राष्ट्रीय महिला दशक [名] 国際婦人年（1975–1985）
अंतर्राष्ट्रीय मुद्रा [名*] 国際通貨
अंतर्राष्ट्रीय मुद्राकोष [名] 国際通貨基金；IMF
अंतर्राष्ट्रीय विधि [名*] 国際法
अंतर्राष्ट्रीय श्रम संगठन [名] 国際労働機関；ILO
अंतर्राष्ट्रीयता [名*] 国際主義；国際協調（主義） अंतर्राष्ट्रीयता का युग 国際協調の時代
अंतर्रोधी [形] (1) 緩和する (2) 緩衝的な
अंतर्रोधी राज्य [名] 緩衝国 = अंत:स्थ राज्य; मध्यवर्ती राज्य; बफ़र स्टेट〈buffer state〉
अंतर्लापिका [名*] 答えをその中に秘める形式のなぞなぞ（謎かけ遊びの一形式）
अंतर्लीन [形] (1) 浸った；没した；沈んだ (2) 没頭した；熱中した
अंतर्वर्ग [名] 小区分
अंतर्वर्गीय [形] 階級間の → वर्ग.
अंतर्वर्तिता [名*] 内在
अंतर्वर्ती [形] (1) 内在する；内在的な (2) 包含される (3) 介在する
अंतर्वस्तु [名*] 中身；内容；内容物
अंतर्वस्त्र [名] 下着；肌着
अंतर्विकार [名] (1) 生理的な知覚 (2) 心の中のひずみ
अंतर्विराम [名] 休止；中断
अंतर्विरोध [名] 矛盾；葛藤 गांधीवादी समाजवाद में अपने आप में अंतर्विरोध है ガンジー主義的社会主義自体が矛盾をはらんでいる
अंतर्विवाह [名]〔文人・社〕内婚；族内婚；同族内婚〈endogamy〉→ बहिर्विवाह 外婚；族外婚
अंतर्वृत्त [名]〔幾〕内接円〈incircle〉
अंतर्वृत्ति [名*] 心情
अंतर्वेग [名] (1) 感情 (2) 心の動揺
अंतर्वेद [名] (1) アンタルヴェーダ（ガンジス川とヤムナー川とに挟まれた地域）= ब्रह्मावर्त. (2) 2つの川に挟まれた地域= दोआबा. （ドーアーバー）
अंतर्वेदना [名*] 悩み；苦悩；苦悶；煩悶
अंतर्वेदी[1] [形] 両河（ガンジス川とヤムナー川に挟まれた）地域に住む
अंतर्वेदी[2] [名*] 上記の両河地域
अंतर्हित [形] (1) 姿を消した；見えなくなった (2) 潜在している
अंतश्चित्त [名] 心；内奥；魂
अंतश्चेतना [名*] 良心；道義心〈conscience〉
अंतश्छद [名] 内面；内側
अंतशश्या [名*] (1) 死の床；臨終の床 (2) 死 (3) 火葬場
अंतस् [名] 心；胸；胸の内
अंतस्तट पवन [名] 海上から陸地へ向かって吹く風；海風
अंतस्तल [名] (1) 心 (2) 内奥
अंतस्थ[1] [形] (1) 中にある；内側にある (2) 中間に位置する
अंतस्थ[2] [名]〔言〕デーヴァナーガリー文字で閉鎖音と歯擦音の中間に位置する半母音のグループ य, र, ल, व = अंत:स्थ.
अंतस्थ राज्य [名]〔政〕緩衝国〈buffer state〉
अंतस्थ सत्ता [名*] 潜在自我
अंतस्फोट [名]〔言〕内破；入破〈implosion〉
अंताक्षरी [名*] アンタアクシャリー（相手方の歌った歌詞の末尾の音節で始まる歌詞を歌って競い合う歌遊び）→ अंत्याक्षरी.
अंतिम [形] 最後の；最終の= अंतिम. दिसंबर के अंतिम सप्ताह में 12 月の最後の週に **अंतिम उत्पाद** 最終結果 **अंतिम उद्देश्य** 最終目標 **अंतिम उपाय** 最後の手段；奥の手 तलाक का सहारा केवल अंतिम उपाय के रूप में लेना चाहिये 離婚には最後の手段として頼るべきだ **अंतिम चेतावनी** 最後通牒〈ultimatum〉 **अंतिम तिथि** 締切日；最終日

अंतिम दर 引け値 अंतिम दिन 終末；末期 जीवन के अंतिम दिनों में 晩年に अंतिम फ़ैसला 最終決断 क्या तुम्हारा भी यही अंतिम फ़ैसला है? やはり君にとってもこれが最終決断なのかい अंतिम बेला (में) 臨終（に）；最期（に）

अंत्य [形] 終わりの；最後の；最終の= अंतिम.

अंत्यकर्म [名] 最後の人生儀礼；葬儀；葬式；葬礼= अंत्येष्टि.

अंत्यक्रिया [名*] 葬礼；葬儀；葬式

अंत्यज [名] (1) カースト制の不可触民；不可触ジャーティ；不可触種姓 (2) シュードラ (3) 最低種姓

अंत्याक्षर [名] (1) 語句の最後の文字；語末の文字 (2) アルファベットの最後の文字 ह

अंत्याक्षरी [名*] 相手方が歌詞の末尾の音節で始まる歌詞を歌い継ぐゲーム．尻取り歌遊び；アンタアクシャリー अंत्याक्षरी क॰ 尻取り歌遊びをする= अंत्याक्षरी खेलना. उसके बाद देर तक हम अंत्याक्षरी करते रहे.माता जी पिता जी रामायण और भक्त कवियों के दोहे और हम बच्चे फ़िल्मी गाने それから遅くまで尻取り歌遊びをしていた．父と母はラーマーヤナや宗教詩人の二行詩を歌い，私たち子供は映画主題歌を歌った

अंत्यानुप्रास [名]〔修辞・韻〕韻律詩のパダ／パーダ पद/पाद の終わりの押韻；脚韻= तुकबंदी; तुकांत. → अनुप्रास.

अंत्येष्टि [名*] 人生儀礼の最後，すなわち，葬儀；葬式= अंत्येष्टि क्रिया.

अंत्येष्टि संस्कार [名] 最後の人生儀礼；葬式；葬礼；葬儀

अंत्र [名] 腸 = आँत; आँतड़ी.

अंत्रवृद्धि [名*]〔医〕脱腸= हार्निया.

अंदर[1] [名]《P. اندر》中；内；内部；内側；間 (-के) अंदर *a.* (ーの) 内に，(ーの) 内側に डाक्टर साहब ने चिक के अंदर से गरजकर कहा- कौन है? क्या चाहता है? 医者は簾の内側からどなった．「だれだ．何用だ」*b.* (ーの) 間に；(ー) 以内に पाँच साल के अंदर 5 年の間に；5 年以内に

अंदर[2] [副] 中に；内に；内側に；内部に；間に；中へ；内へ；内側へ；内部へ वे झपटते हुए अंदर चले गये 飛び跳ねるようにして中へ入って行かれた अंदर आना मना है 立ち入り禁止 अंदर ही अंदर 心の中で；胸の内で；内心 वे राजा की मूर्खता पर अंदर ही अंदर हँस रहे थे あの方は王の愚かしさを心の中で笑っていた अंदर ही अंदर बहुत सकपकाया 男は内心大いにあわてた ऊपर से तो नहीं, पर अंदर ही अंदर उससे डाह रखते हैं 露にではないが，内心はあの人を嫉妬している

अँदरसा [名] アンダルサー（米粉に砂糖を加え発酵させたものをギーや油で揚げた菓子）

अंदरी [形] ← अंदर 内部の；内側の= भीतरी.

अंदरूनी [形]《P. اندرونی》(1) 内部の；内側の；奥まった पेट की अंदरूनी जेब ズボンの内ポケット शरीर के अंदरूनी अवयव 体の内部；内臓 अंदरूनी सजावट 室内装飾 (2) 内に秘めた；内面の हमारी अंदरूनी ताकत का प्रमाण 我々の内に秘めた力の証 (3) 内々の；密かな；秘められた अंदरूनी तौर पर 内々に；密かに अंदरूनी हिंसा 秘められた殺意 (4) 内部の；内輪の；私的な；私の किसी के अंदरूनी मामले में दखल देने का तुम्हें क्या हक़ है? 君に他人の内輪のことに口出しする権利があるのかね अंदरूनी कहानी 内輪話；内情 अंदरूनी मामला 内政問題；国内問題 हमारे मुल्क का अंदरूनी मामला わが国の国内問題 मंत्रालय की अंदरूनी फ़ाइलों में 省内資料の中に

अंदाज़ [名]《P. انداز》(1) 推量；推察；察し；推定；推測 उसे शीघ्र ही अंदाज़ हो गया 男にはすぐに察しがついた (2) 当て推量；見当；当てずっぽう (3) ふり；しぐさ；身のこなし；様子 हँसने का मोहक अंदाज 人をうっとりさせる笑いのしぐさ बैठने, खड़े होने और चलने का अंदाज़ 立居振舞 वह अपने अंदाज़ में मुस्कराया 独特の様子で微笑んだ (4) 方法；やりかた（遣り方） विशेष अंदाज़ से 独特のしかたで दर्द को उतारने का अपना एक अंदाज़ 痛みを取り除く独特のやりかた ब्रिटिश अंदाज़ में イギリス風に अंदाज़ उड़ाना 見当をつける；推量する；当て推量する (-का) अंदाज़ उड़ाना (ーを) そっくり真似る अंदाज़ लगाना 見当をつける；推量する

अंदाज़न [副]《P. اندازاً》(1) 推量で；当て推量で；当てずっぽうで (2) およそ；大体

अंदाज़पट्टी [名*]《P. انداز + H.पट्टी》〔農〕見立てによる小作料決定法= कनकूत.

अंदाज़ा [名]《P. اندازہ》(1) 推量；推察；推定；推測；予想 (2) 当て推量；見当 मैंने उनकी बातों से अंदाज़ा कर लिया 彼の話から推察した हड्डी टूटने का अंदाज़ा आसानी से नहीं चल पाता 骨折の推察は簡単にはつかないものだ

अंदेश [名] → अंदेशा

-अंदेश [造語]《P. اندیش》(ーを) 考える，(ーを) 考察する，(ーを) 望む，(ーを) 願うなどの意を有する合成語の構成要素 दूरंदेश 先々のことを考える；将来を慮る

अंदेशा [名]《P. اندیشہ》(1) 不安；心配；懸念 आखिर वही हुआ जिसका उसे अंदेशा था とうとう心配していた通りになった छप्पर में आग लगने का हर वक़्त अंदेशा रहता है 草葺き屋根にはいつも火事になる心配がある बीमारी के फैलने का अंदेशा 病気が伝染する心配 (2) 疑い；疑念 पायोरिया होने का अंदेशा 歯周病の疑い

अंदोर [名] 騒ぎ；騒動= हल्ला; शोर; हल्लागुल्ला. अंदोर क॰ 騒がしくする；騒ぎ立てる

अंदोलित [形] 動いた；振動した

अंदोह [名]《P. اندوہ》悲しみ；悲嘆= शोक; दुःख; रंज.

अंध[1] [形] (1) 眼の見えない；盲目の (2) 分別のない (3) 無批判な；盲目的な (4) 見境のない

अंध[2] [名] (1) 闇；闇黒 (2) 目の見えない人；盲人

अंधक [名] 盲人；目の見えない人

अंधकार [名] (1) 闇；暗闇；闇黒 थोड़ी देर में अंधकार घिरने लगता है 間もなく闇が迫り始める (2) 無知；蒙昧；無明 अंधकार कटना 無知の闇から脱する अंधकार छा जा॰ *a.* 苦しい状況になる *b.* めまいがする= अंधकार नज़र आ॰. अंधकार युग 闇黒時代

अंधकारमय [形] 真暗な；闇に覆われた अंधकारमय भविष्य 真暗な将来 उसे अपना भविष्य अंधकारमय दिखाई दे रहा था 彼女には将来が真っ暗に見えていた

अंधकूप [名] (1) 草に覆われた涸れ井戸 (2) 闇黒；暗闇 (3) 真っ暗闇 अंधकूप में गिरना 危険におちいる अंधकूप में गिराना 危険におとしいれる अंधकूप में डालना 害を及ぼす= अंधकूप में ढकेलना.

अंधकूपता [名*] 無知；蒙昧= अज्ञानता; मूर्खता.

अंधकोठरी [名*] 暗くて狭苦しい部屋

अंधखोपड़ी [形] 愚かな；間抜けな；愚昧な= मूर्ख; अज्ञानी.

अंधगजन्याय [名]「群盲象をなず（撫ず）」のたとえ；部分を見て全体を見ないことのたとえ

अंधड़ [名] 砂嵐；砂塵を巻き上げて吹く竜巻 चक्कर काटकर हेलिकॉप्टर नीचे आता है.हवा के तेज़ झोंके, धूल का अंधड़ ぐるぐる回りながらヘリコプターが降りてくる．激しい風の吹きつけ；舞い上がる砂塵 अंधड़ बहना 砂嵐が吹く；砂嵐が舞う (-का) अंधड़ बहना (ーが) さかんになる；風靡する；勢いを得る

अंधता [名*] (1) 盲目；目の見えないこと (2) 愚昧 (3)〔医〕黒内障

अंधधुंध [名] (1) 闇；暗闇 (2) めちゃくちゃ；でたらめ；やみくも= अंधाधुंध.

अंधपरंपरा [名*] 盲従；無批判な模倣

अंधमहासागर [名] 大西洋〈Atlantic Ocean〉 उत्तर अंधमहासागर 北大西洋

अंधबिंदु [名]〔解〕盲点

अंधविद्यालय [名] 盲学校

अंधविश्वास [名] (1) 妄信；盲信 (2) 迷信

अंधविश्वासी [形] (1) 盲信的な अंधविश्वासी व्यक्ति 盲信する人 (2) 迷信的な；迷信を信じやすい अंधविश्वासी मन 迷信的な心

अंधश्रद्धा [名*] 妄信；盲信 भोले छात्रों में अंधश्रद्धा जगाने के लिए 純朴な学生たちを盲信に導くために

अंधा[1] [名] (1) 目の見えない人；盲人；めくら (2) 目の見えない生きもの अंधा लकड़ी एक बार खोता है〔諺〕賢者は二度と同じ失敗を繰り返さないものだ अंधे की आँख *a.* 頼みの綱 *b.* 一人息子= अंधे की लकड़ी; अंधे की लाठी. अंधे के आगे रोए अपनी आँखें खोए〔諺〕全く無駄なこと；無益なこと；無駄な努力 अंधे के आगे रोना（聞く耳を持たぬ人について言う）無駄なことをする अंधे के हाथ बटेर लगना〔諺〕*a.* 偶然素晴らしいものが不相応な人や無能な人の手に入ることのたとえ *b.* 思いもかけず素晴らしいものが手に入ることのたとえ अंधे को अंधा कहना 率直に言う；ありのままを言う अंधे को आँख मिलना 最上のものを得る；最高のものを手に入れるたとえ= अंधे को दो आँखें मिलना. अंधे को आरसी〔諺〕全

く使い道のないようなものを貰った際にたとえて言う言葉 **अंधे को काजल** 似合わない無駄な化粧 **अंधे को चिराग़ दिखाना** 無知な人の蒙を啓く **अंधे से अंधा मिलना** 愚かな者同士が出会う **अंधों में काना राजा** 〔諺〕鳥なき里のこうもり（蝙蝠）

अंधा[2] [形+] (1) 目の見えない；盲目の；めしいた (2) 真っ暗な；何も見えない (3) 思慮のない；考えのない；無批判な (4) 無頓着な；不注意な (5) はっきり見えない；曇った **अंधा अक़ीदा** 迷信 = अंधविश्वास **अंधा आइना** 映りの悪くなった鏡 **अंधा क॰** 分別を失わせる **अंधा कुआँ** *a.* 涸れ井戸 *b.* 腹；胃袋（食欲との関わりで比喩的に） **अंधा क्या चाहे, दो आँखें** 〔諺〕人は皆自分の持たないものを欲しがるものだ；相手にたずねるまでもないことや当然のことのたとえ **अंधा झोंपड़ा** 比喩的な表現で，生命を保つために食べること，腹を満たすこと **अंधा तारा** 〔天〕海王星 **अंधा बनना** *a.* 目がつぶされる；目が見えなくなる *b.* 見て見ぬふりをする (-) **अंधा बनाना** （－を）あざむく；ひどくだます **अंधा भैंसा** 子供の遊戯の一（目をふさがれた鬼が前を通る子の名を当てる） **अंधा राजा चौपट नगरी** 〔諺〕支配者や上に立つ者が悪ければ不正がまかり通ることのたとえ **अंधा शीशा** 映りの悪くなった鏡= अंधा आइना. **अंधा सिपाही कानी घोड़ी, विधना ख़ूब मिलाई जोड़ी** 〔諺〕割れ鍋に綴じ蓋 **अंधी खोपड़ी** 間抜け **अंधी भेड़** 盲従する（人） **अंधे कुएँ की ओर दौड़ना** ほんのわずかの希望にすがる **अंधे कुएँ में ढकेल दे॰** 台無しにする；めちゃくちゃにする **अंधे झोंपड़े में आग लगना** 空腹を感じる

अंधाधुंध[1] [名*] (1) 暗闇；真暗闇 (2) 筋道が立たないこと；道理に合わないこと；無秩序 (3) 非道 **अंधाधुंध मचाना** めちゃなことをする

अंधाधुंध[2] [形] (1) 無思慮な；無分別な；考えのない किसी भी वस्तु का अंधाधुंध अनुकरण करके 何事にもせよ考えなしに真似をして (2) 大量の；際限のない **अंधाधुंध सरकार** めちゃくちゃなこと；めちゃくちゃな状態

अंधाधुंध[3] [副] (1) 手当たり次第に；見境なしに；考えなしに बच्चे आसपास से ईंट पत्थर उठाकर अंधाधुंध आम तोड़ने लगे 子供たちはあたりから煉瓦のかけらや石を拾って投げつけマンゴーを落とし始めた (2) ひどく；ひどく沢山；めちゃくちゃに；むやみに；どんどん ख़र्च अंधाधुंध हुआ था めちゃくちゃに費用がかかった **अंधाधुंध पैसा ख़र्च क॰** むやみに金を使う **अंधाधुंध लुटाना** （金を）湯水のように使う चालक शराब पीकर अंधाधुंध बस चलाते हैं 運転手は酒を飲んでめちゃくちゃにバスを走らせる वह अंधाधुंध घूँसे मार रहा था めちゃくちゃにげんこつで殴っていた

अंधानुकरण [名] 猿真似；無批判な真似；思慮分別なく真似ること फ़ैशन का अंधानुकरण ファッションの猿真似 (-का) अंधानुकरण क॰ （－の）猿真似をする

अंधानुसरण [名] = अंधानुकरण.

अँधार[1] [名] 闇；暗闇；暗がり

अँधार[2] [形] 暗い；真っ暗な = अंधकारपूर्ण.

अँधार[3] [名] 家畜の飼料となる草やわらなどを運搬用に入れる大きな網袋

अँधियार[1] [名] 暗がり；闇；暗闇

अँधियार[2] [形] 真っ暗な；闇の；暗闇の

अँधियारा[1] [名] (1) 闇；暗闇 (2) ぼんやりした状態；はっきり見えない状態；薄暗さ

अँधियारा[2] [形+] (1) 真っ暗な；闇黒の (2) ぼんやりした；はっきり見えない；薄暗い

अँधेर [名] (1) 無法；無秩序；無政府状態 मुझसे यह अँधेर नहीं देखा जाता この無法は見ておれない (2) 騒乱；騒ぎ；反乱 (3) 闇黒；暗闇 **अँधेर क॰** 無法を働く；めちゃくちゃなことをする **अँधेर छा जा॰** *a.* 無法状態になる；大混乱におちいる *b.* 悲嘆にくれる；目の前が真暗になる **अँधेर नगरी चौपट राजा, टके सेर भाजी टके सेर खाजा** 正義や秩序の全く保たれない統治のたとえ **अँधेर मचना** *a.* 無法状態になる *b.* 騒ぎや騒動が起こる **अँधेर मचाना** *a.* 無法なことをする *b.* 反乱する；騒ぎを起こす；騒動を起こす जहाँपनाह, इन बदजात फ़िरंगियों ने अँधेर मचा रक्खा है 陛下，この不埒な毛唐どもが騒動を巻き起こしております

अँधेरखाता [名] (1) 大混乱 (2) 無法；無秩序；無政府状態 (3) 横暴 (4) 不正行為；不正；いんちき

अँधेरगर्दी [名*] = अँधेरखाता.

अँधेर गुप [名] (1) 真っ暗闇 (2) めちゃくちゃなありさま；大混乱

अँधेरनगरी [名*] 不法，不正行為のまかり通っている所；無法状態；無秩序状態の場所 अँधेरनगरी चल रही है 今はひどい時代だよ **अँधेरनगरी चौपट राजा** 〔諺〕法も秩序もないありさまやそれのまかり通るところ= अँधेरनगरी अबूझ राजा; टके सेर भाजी टके सेर खाजा.

अँधेरा[1] [名] (1) 闇；暗闇；暗黒 (2) 無法；無秩序 (3) 暗さ (4) 茫然自失（の状態） अब भी अँधेरे में था 今なお茫然としていた **अँधेरा ही अँधेरा दिखलाई पड़ना** 全くの苦境におちいる；絶望的な状況におちいる **अँधेरा कूप** 真っ暗な；漆黒の **अँधेरा गुप्प** 真っ暗闇= अँधेरा घुप; अँधेरा घुप्प; अँधेरा टोप. बिलकुल अँधेरा घुप हो गया 全く真っ暗闇になった **अँधेरे उजाले** 運不運に（際して） = अँधेरे उजले. **अँधेरे में जा छिपना** すっかり姿をくらます；全く消え失せる **अँधेरे में टटोलना** 暗中模索する **अँधेरे में ढेला फेंकना** *a.* 手がかりのない状態で努力してみる *b.* あてずっぽうにやってみる= अँधेरे में ढेला मारना; अँधेरे में तीर चलाना; अँधेरे में निशाना लगाना; अँधेरे में हाथ मारना. **(-को) अँधेरे में रखना** （－に）重要な事情や状況を全く知らせずにおく；（－に）必要な情報を与えずに疎外する；（－を）つんぼ桟敷に置く

अँधेरा[2] [形+] 暗い **अँधेरा पाख** 黒分= अँधेरा पक्ष. **अँधेरी कोठरी** *a.* 胃；胃袋；腹；おなか *b.* 奥深いところ；大奥；奥の院 *c.* 秘密；内緒；内密 *d.* 子宮 **अँधेरी कोठरी का यार** 間男 **अँधेरे घर का उजाला** *a.* 一人息子 *b.* 大変美しい；際立って美しい *c.* 家名をあげる（息子）= अँधेरे घर का चिराग़ (दीया). **अँधेरे मुँह** 早暁；朝まだき；早朝 = मुँह अँधेरे. वह अँधेरे मुँह उठ जाती है あの人は朝まだきに起き上がる

अँधेरा कमरा [名] 〔写〕暗室 〈dark chamber〉

अँधेरा पक्ष [名] 太陰月の黒分（満月から晦日に向かう半月．満月終わりでは月の前半．晦日終わりでは月の後半） = कृष्ण पक्ष.

अँधेरी [名*] (1) 闇；暗黒 (2) 暗夜；闇夜 (3) 砂嵐 (4) 狩猟用の鳥や作業用の家畜に対して行われる目隠し **अँधेरी झुकना** 真っ暗になる；闇夜になる **अँधेरी डालना** *a.* 目隠しをして殴るなど人をひどい目に遭わせる *b.* だます= अँधेरी दे॰.

अंध्यार [名] → अँधेरा.

अंध्यारी [名*] = अँधेरी.

अंध्र [名] (1) 狩人；猟師 (2) 〔地名〕アンドラ地方；アーンドラ地方（आंध्र）；ティランガーナー地方

अंपायर [名] 《E. umpire》アンパイア मैच का अंपायर 試合のアンパイア

अंब[1] [名] 空；天空 = आकाश.

अंब[2] [名] (1) 〔植〕マンゴーの木 (2) マンゴーの実= आम्र; आम.

अंब[3] [名*] 母；母親= अंबा; माता; माँ.

अंबर[1] [名] (1) 衣服；着物；衣料 (2) 雲 (3) 雲母；きらら (4) 空；天；天空 अंबर पर जितने तारे, उतने वर्षों से 天の星の数ほどの大昔から **अंबर के तारे डिगना** *a.* 星が流れる *b.* 奇蹟が起こる

अंबर[2] [名] 《A. عنبر》リュウゼンコウ（竜涎香）

अंबरचर [名] (1) 鳥 (2) 〔イ神〕ヴィディヤーダラ（天地の間に住むとされてきた神格の一） विद्याधर

अंबर चरख़ा [名] 《अंबर[1] + P. چرخه》マハートマー・ガンディーの改良した糸紡ぎ車

अंबर डंबर [名] 夕焼け

अंबरपुष्प [名] 天界に咲く花，すなわち，想像上のもの

अंबरबानी [名*] 雷鳴 = मेघगर्जन.

अंबरबारी [名*] 〔植〕ショウガ科草本マンゴーガジュツ【*Curcuma mangga; C.amada*】= आम हलदी.

अंबरबेलि [名*] 〔植〕クスノキ科蔓草スナヅル【*Cassytha filiformis*】= आकाशवल्ली; आकाश बेल; अमरबेल.

अंबराई [名*] マンゴー園 = अमराई.

अंबरीष [名] (1) ヴィシュヌ神 (2) シヴァ神 (3) 砂を用いて穀物を煎る瀬戸物の大釜

अंबष्ठ [名] (1) 〔地名〕パンジャーブのチェナーブ川のほとりにあったとされる都市名及びその周辺の地名，アムバシュタ (2) ブラーフマンの父親とヴァイシュヤの母親から生まれたとされる混血カースト，アムバシュタ (3) 象使い

अंबष्ठा [名*] (1) 〔植〕ツヅラフジ科蔓木パレイラ【*Cissampelos pareira*】 (2) アンバシュタ अंबष्ठ の女性

अंबा[1] [名*] (1) 母；母親 (2) パールヴァティー神 (पार्वती)
अंबा[2] [名] マンゴー = आम; आम्र.
अंबार [名] 《P. انبار》堆く積み重なったもの；堆；堆積；山 फ़ाइलों के अंबार घटाने का अभियान 書類の山を小さくする運動 बर्तनों का अंबार 食器の山 **अंबार खड़ा क॰** 堆くする；高く重ねる；堆く盛る；積み上げる；山積みにする= अंबार लगाना. यहाँ के हर निवासी के पास धन-संपत्ति का अंबार लगा था この地の住人はだれもかれも巨万の富を持っていた **अंबार खड़ा हो॰** 堆くなる；山積みになる चंद दिनों में सेठ के मकान पर रज़ाई गद्दों और पलंग का अंबार खड़ा हो गया 数日のうちに商人の家にはふとんや寝台が山積みになった
अंबारी [名*] 《← A. عماری अमारी》象の背に乗るために象の背につけるかご；象かご= हौदा.
अंबालिका [名*] (1) 母；母親 (2) = अंबष्ठा.
अंबिका [名*] (1) 母；母親 (2) ドゥルガー神 (दुर्गा) (3) パールヴァティー神 (पार्वती)
अंबिया[1] [名*] 小さな未熟のマンゴー
अंबिया[2] [名,pl.] 《A. انبیا ← نبی नबी》〔イス〕預言者たち आए हैं दुनिया में सब नौबत-ब-नौबत अंबिया この世に次々とすべての預言者たちがお現れになった
अंबु [名] (1) 水= पानी; जल. (2) 涙= आँसू; अश्रु.
अंबुचर [名] 水生動物= जलचर.
अंबुज [名] (1) 水に生えるもの (2) 蓮= कमल.
अंबुजा [名*] (1)= कुमुदिनी. (2)= कमलिनी. (3) サラスヴァティー神 (सरस्वती)
अंबुद [名] 雲= मेघ; बादल.
अंबुधि [名] 海；大洋；海洋；海原= समुद्र; सागर.
अंबुनाथ [名] = अंबुपति.
अंबुनिधि [名] 海 = समुद्र; सागर.
अंबुपति [名] (1) 海= समुद्र; सागर. (2) 〔ヒ〕ヴァルナ神 (वरुण)
अंबुशायी [名]〔ヒ〕ヴィシュヌ神；ナーラーヤナ神
अंबुसार [名] 真珠 = मोती.
अंबोज [名] (1) ハス；蓮 (2) ほら貝；法螺貝 (3) 月 (4) 樟脳
अंबोनिधि [名] 海 = समुद्र; सागर.
अंबोह [名] 《P. انبوه》(1) 集まり；集合；群れ (2) 人だかり；群集
अंभ [名] (1) 水 (2) 海 (3) 神 (4) 祖霊
अंभोधर [名] (1) 雲 (2)〔植〕カヤツリグサ科多年草スゲの一種 = नागरमोथा .【*Cyperus pertenuis;C.scariosus*】
अँवला [名] → आँवला.
अंश [名] (1) 部分；一部；一部分 भूमि की उपज का पंचम अंश 土地の収穫の 5 分の 1 (2) 持ち分；株 (3) 配当；分け前 (4) 分数 (5) 温度，角度，方位，位置などを示す度数 उसका धरती से 45 अंश का कोण बना हुआ होना चाहिये それは地面に 45 度の角度になっていなくてはならない कोई 20 अंश दक्खिन अक्षांश रेखा से 南緯約 20 度線から
अंशक[1] [名] (1) 部分；一部 (2) 太陽日 (3) 株主；パートナー
अंशक[2] [形] (1) 分け前を持つ；配分を持つ (2) 分ける；分配する；分割する
अंशकालिक [形] (1) 時間を限った；パートタイムの अंशकालिक कार्यकर्ता パートタイムの活動家 (2) 非常勤の **अंशकालिक विद्यार्थी** 聴講生
अंशतः [副] 部分的に；一部= आंशिक रूप से.
अंशदाता [名] 寄付者；拠金者；醵金者
अंशदान [名] 寄付；拠金；醵金
अंशधारी [形・名] (1) 配分を持つ (2) 株主
अंशन [名] (1) 分割 (2) 端数
अंशपत्र [名] (1) 株券 (2) 権利書
अंशावतार [名]〔ヒ〕神の力の部分的な化身；部分化身
अंशु [名] (1) 太陽 (2) 日光；陽光 (3) 糸；ひも
अंशुनाभि [名*]〔光学・写〕焦点= फ़ोकस-बिंदु.
अंशुमान [名] (1) 太陽 (2) 月
अंशुमाला [名*] 光輪
अंस [名] (1) 部分；一部分；一部 (2) 肩 (3) 四辺形の一辺
अंसकूट [名] こぶ牛のこぶ
अंसपख [名] 胸びれ；胸鰭
अंसपेशी [名*]〔解〕胸筋
अंसफलक [名]〔解〕肩甲骨（肩胛骨）〈scapula; shoulder blade〉
अंसारी [名] 《A. انصاری》〔イス〕(1) メディナで預言者ムハンマドたちを援助した人たちの一族 (2) ムスリム織工の呼び名；カースト名の一
अंसीय [形] 胸の；胸筋の〈pectoral〉
अंह [名] (1) 罪悪；罪；悪事 = पाप. (2) 犯罪 = अपराध. (3) 苦悩；悩み = दुःख. (4) 障害 = विघ्न.
अंहति [名*] (1) 贈与 (2) 放棄
अ [名] (1) ヴィシュヌ神（を表す文字） (2) シヴァ神（を表す文字） (3) ブラフマー神（を表す文字）
अ- [接頭] 否定；欠如；反対などの意を加える接頭辞で，名詞，形容詞に接続する अकारण 理由なく，अनाम 無名の，अवर्ण 色のない；無色の，अशुभ 不吉な，अकाल 時ならぬ，अकाल 飢饉
अई-गई [形] → आई-गई.
अऊत [形] 息子のいない；世継ぎのいない= निपूता; निःसंतान.
अकंटक [形] (1) とげのない (2) 妨害のない；邪魔のない (3) 無敵の；安泰な
-अक[1] [接尾] 動詞語根に添加されるサンスクリット語の第一次接尾辞でサンスクリット由来の語に見られる．動作や行為をする意の名詞，もしくは，形容詞を作る．गायक 歌い手；歌手，रक्षक 防御者，नायक 指導者
-अक[2] [接尾] 動詞語根について行為を表す語を作る √बैठ् - बैठक 着席；会合
अकच [形] 髪のなくなった；頭のはげた
अकचकाना [自] 驚く；びっくりする；たまげる
अकड़ [名*] (1) 反り (2) 反り返り；威張ること तुम इतने बड़े नहीं हो कि इतनी अकड़ कर सको お前はそんなに威張れるほど偉くはないぞ (3) かじかみ；かじかむこと (4) こわばり；こり शरीर की अकड़ मिटाने के लिए 体のこりをとるために (5) うぬぼれ；高慢な様子；慢心 अब मैं नेकीराम की अकड़ ठिकाने लगाने की सोचता हूँ もうネーキーラームの慢心を元へ戻してやろうと思っている (6) 我意 (-पर) **अकड़ जतलाना** （－に）威張る **अकड़ दिखाना** *a.* 威張る；偉そうにする *b.* 意地を張る (-की) **अकड़ निकालना** （－の）鼻をへし折る；鼻をひしぐ；慢心をくじく उसकी सारी अकड़ निकाल दी माथुर साहब ने マートゥルさんがあいつの鼻をへし折って下さったんだ
अकड़ना [自] (1)（乾燥するなどして平らなものや真っ直ぐなものが）そる（反る）；そりかえる（反り返る） (2) 後ろのほうに曲がる (3) 反り返る；威張って体を反らせる；肩をそびやかす；踏ん反り返る जब किसी राजनीतिज्ञ पर सत्ता की धूप पड़ती है, तो वह भी ‘अकड़’ जाता है.गीला राजनीतिज्ञ बहुत बुरी तरह अकड़ता है 政治家に権力という日光が射せば政治家も反り返るものだ．湿りを帯びた政治家であればあるほど一層ひどく反り返るものだ. उनकी देह बेकार में अकड़ी थी 体は意味もないのに反り返っていた तू किस ऐंठ में अकड़ रहा है? お前はなにを威張って反り返っているんだい (4) 突っ張る；我意を張る；我を張る；意地を張る (5)（寒さなどで）こわばる；固くなる；硬直する डाल के लंगूर, माल के भालू और ताल की मछलियाँ अकड़-अकड़कर ऐंठ गए 木の枝の猿，森の熊，池の魚すべて寒さにかじかみこわばってしまった सर्दी से उसके हाथ-पाँव अकड़ गये थे 寒さで男の手足はかじかんでしまっていた
अकड़बाज़ [形] 《H. + P. باز》(1) 威張り屋の；うぬぼれの強い (2) 意地張りの；強情な；強情張りの
अकड़बाज़ी [名*] 《H. + بازی》(1) 威張り；うぬぼれ (2) 意地張り
अकड़ाना [他] そらせる；反らせる ← अकड़ना. **गर्दन अकड़ाना** 反りかえる；いばって上体を後ろのほうにそらせる；首を反らせる（相手を見下げたり高慢な態度を示すしぐさ） गर्दन अकड़ाकर कहना 首を反らせて言う
अकड़ाव [名] = अकड़ना; अकड़.
अकड़ू [形] = अकड़बाज़. उस समय हमारा शहर और ज़िला आज से कहीं अधिक पिछड़ा, भावुक और अकड़ू था 当時我々の住んでいた町と県は今よりはるかに遅れており感情的でありうぬぼれが強かった बच्चा बदतमीज़ हो गया है, अकड़ू है 子供は不作法になってしまい，強情だ पर वह तो बेहद अकड़ू मालूम होती है でもあの人はひどく意地っ張りに思える

अकथ [形] (1) 口に出せない；口にすべきではない अकथ गाली 口に出せない悪口 (2) 表現できない；言語に絶する＝ अवर्णनीय; अनिर्वचनीय.

अकथनीय [形] (1) 口に出せない；口にすべきではない (2) 言語に絶する अकथनीय व्यथा अपने दिल में छिपाये हूँ 言語に絶する悲しみを胸に秘めている

अकथित [形] 述べられていない；言われていない；語られていない

अकथ्य [形] = अकथनीय.

अकबक[1] [名] (1) たわごと；わけのわからない言葉；意味のない言葉 (2) 動転；あわてふためくこと

अकबक[2] [形] (1) わけのわからない；支離滅裂な (2) びっくりした；仰天した；たまげた；動転した；茫然とした；うろたえた

अकबकाना [自] (1) びっくりする；たまげる；あわてる；あわてふためく अकबकाकर बोला 男はうろたえて言った (2) たわごとを言う；わけのわからぬことを言う

अकबर[1] [形] 《A. اکبر》 (1) 最大の (2) 偉大なる

अकबर[2]〔人名・イ史〕ムガル帝国第 3 代皇帝アクバル (1542–1605；在位 1556–1605)

अकबर नामा [名] 《P. اکبر نامہ》〔イ史〕アクバルナーマー（ムガル帝国第 3 代皇帝の代にアブル・ファズルの編んだ歴史書；アクバル一代記）

अकबरी[1] [形] (1) アクバル皇帝 (अकबर) の (2) → अकबरी अशरफ़ी.

अकबरी[2] [名*] アクバリー（米粉と砂糖を材料にギーで揚げた菓子）

अकबरी अशरफ़ी [名*]〔イ史〕ムガル朝第 3 代皇帝アクバルの発行した金貨＝ अकबरी मोहर.

अकबाल [名] → इकबाल.

अकरणीय [形] なされるべきではない；なすべきではない；よろしくない

अक़रब [名] 《A. عقرب अक़रब》 (1)〔節動〕サソリ（蠍）＝ बिच्छू; वृश्चिक. (2)〔天〕蠍座＝ वृश्चिक राशि.

अकर्ण [形] (1) 耳のない；耳なしの (2) 耳の聞こえない；耳の不自由な；生来，もしくは，後天的に聴力のない；つんぼ（聾）の

अकर्तव्य [形] なすべきでない；してはならない；不適当な

अकर्म [名] (1) してはならないこと；悪事 (2) 行為のないこと

अकर्मक [形]〔言〕目的語のない；目的語をとらない；自動詞の 〈intranstive〉

अकर्मक क्रिया [名*]〔言〕自動詞 〈intransitive verb〉

अकर्मण्य [形] 無能な；無能の状態にある；何もなしえない；力の抜けた状態にある अत्यधिक क्रोध में भी आदमी शायद अकर्मण्य हो जाता है 極度の怒りにあっても人は多分何もなしえなくなるものだ

अकर्मण्यता [名*] 無能さ；非力；だらしなさ पुलिस की अकर्मण्यता 警察の無能さ प्रशासन की अकर्मण्यता 行政の無能さ

अकर्मी [名] 悪事を働く人；悪事を働いた人；悪業を働いた人；犯罪人；罪人；科人

अकलंक [形] (1) きず（瑕）のない；欠陥のない (2) けがれのない；無垢な

अकलंकित [形] = अकलंक.

अकल[1] [形] (1) 完結している (2) 完全な；無欠な

अकल[2] [形] あわてている；落着きのない＝ व्याकुल.

अक़ल [名*] 《A. عقل》→ अक़्ल.

अक़लीम [名*] 《← A. اقلیم इक़्लीम》 (1) 大陸＝ महाद्वीप. (2) 地域 (3) 国；領土

अकलुष [形] (1) けがれのない (2) 清浄な；純粋な (3) 清潔な；きれいな

अकल्पनीय [形] 想像できない；想像を越えた；想像を絶した

अकल्पित [形] (1) 想像を越えた；考えられない；思いもしない मैंने अपने अंदर एक अभूतपूर्व और अकल्पित परिवर्तन का अनुभव किया 自分の中にあるこれまでになかった想像を越えた変化を感じた मेरे मन में एक अकल्पित हर्ष और गर्व का भाव फूट रहा था 思いがけない喜びと誇りの気持ちが湧きおこっていた (2) 実際の (3) 自然な；本来の

अकल्मष [形] (1) 完全無欠の；欠陥のない；瑕のない；無瑕の (2) 清浄な

अकल्याण[1] [名] (1) 不吉 (2) 害

अकल्याण[2] [形] 不吉な；縁起の悪い

अकल्याणकारी [形] (1) 不吉な (2) 害のある；有害な

अक़वाम [名, pl.] 《A. اقوام》 (1) 諸民族；諸国民 (2) 親族

अकशेरुकी [名]〔動〕無脊椎動物 〈Invertebrate〉

अकस[1] [名] (1) わだかまり (2) 敵対心；敵意 (3) 競争心；対抗心 (4) 妬み；嫉妬

अकस[2] [名] 《← A. عکس अक्स》 (1) 映像 (2) 影

अकसर [副] 《A. اکثر अक्सर》 しばしば；ちょいちょい；たいてい → अक्सर. = बहुधा; प्रायः.

अकसीर [名*] 《A. اکسیر इक्सीर》 (1) 錬金術に用いられる薬液 (2) 万能薬

अकस्मात् [副] (1) にわかに；不意に；突然；出し抜けに (2) 偶然に；たまたま अकस्मात् एक दिन मेरे मुँह से निकल गया ある日，偶然に私の口から発せられた

अकह [形] (1) 口にしてはならない；言ってはならない→ अकथ; अकथनीय. (2) 口では言えない；表現できない＝ अवर्णनीय.

अकहानी [名*]〔文芸〕アンチ・ロマン अकहानी या एंटी कहानी アカハーニー，すなわち，アンチ・ロマン 〈anti-roman〉

अकांड [副] にわかに；突然；急に

अकांत [形] 美しさに欠ける

अकाउंट [名] 《E. account》計算；勘定；会計＝ एकाउंट; लेखा; हिसाब.

अकाउंटबुक [名] 《E. account book》会計簿；出納簿＝ लेखाबही.

अकाउंटेंट [名] 《E. accountant》会計係；会計士；計理士＝ लेखाकार; लेखापाल.

अकाज[1] [名] (1) 妨げ；障り；支障＝ विघ्न; रुकावट; अड़चन. (2) 悪事＝ बुरा काम.

अकाज[2] [副] 無駄に；無用に；無益に＝ व्यर्थ; बेकार.

अकाजी [形] (1) 無用な；役立たずの (2) 妨げになる；支障をもたらす＝ बाधक.

अकाट [形] → अकाट्य.

अकाट्य [形] (1) 断ち切れない；切断できない (2) 論破できない

अकाडमिक [形] → अकादमिक. अकाडमिक परंपरा में ऐसी-तैसी करना アカデミズムを罵倒すること

अकातर [形] 臆病でない；怖がりでない；臆することのない；びくびくしない；小心でない；肚の据わった＝ निडर.

अकादमिक [形] 《E. academic》 (1) 学究的な；アカデミックな (2) 観念的な；理論的な＝ शास्त्रीय. (3) 学園の；高等教育関連の＝ शैक्षिक.

अकादमी [名*] 《E. Academy》 (1) 高等教育・専門教育の学校；研究所 (2) アカデミー（機関）；学士院；芸術院 **कला साहित्य अकादमी** 文芸院；芸術文学協会 **ललित कला अकादमी** 美術院 (3) 特別教育や専門的教育の場；専門学校 सैनिक अकादमी 陸軍士官学校

अकाम[1] [形] 欲のない；無欲な；欲念のない＝ निस्पृह.

अकाम[2] [形] 役に立たない；無用な；無駄な＝ व्यर्थ.

अकाम[3] [名] 悪事；悪行＝ बुरा काम; दुष्कर्म.

अकार [名] अ の文字と発音→ अकारादि क्रम.

अकारण[1] [形] (1) 理由のない；わけのない (2) ひとりでに生じた (3) 自発的な ऐसी घटनाएँ भी बहुत कम हैं जब लोगों ने अकारण सहायता की है 人々が自発的な協力を行ったようなケースは甚だ少ない

अकारण[2] [副] わけもなく；理由なく अकारण मत पीटिए わけもなく叩かないようにしなさい अकारण युद्ध करना わけもなく戦う हम अकारण और हर वक़्त डरे डरे रहते हैं 我々は理由もなく常に怯えている वह अकारण हँसती है わけもなく笑う

अकारथ[1] [形] 無駄な；役に立たない；無益な＝ बेकाम; बेकार.

अकारथ[2] [副] (1) 無駄に；無益に **अकारथ खोना** 無駄にする；失う **अकारथ जा॰** 無駄になる (2) 用もなく वैसे भी अकारथ टोके जाने पर उसका मूड बिगड़ जाता है それでなくても用もなく呼びとめられると気分が害される

अकारांत [形] 語末が अ 音で終わる

अकारादि [形] デーヴァナーガリー文字の字母表の अ から始まる **अकारादि क्रम** अ から始まる順序；アルファベット順；イロハ順 अकारादि क्रम से デーヴァナーガリー文字の字母表順に；アルファベット順に；イロハ順に；アイウエオ順に

अक़ारिब [名, pl.] 《A. اقارب←اقرب अक़रब》 親戚；縁者 अज़ीज़ व अक़ारिब की मदद 身内や親戚の協力

अकार्बनिक [形] 《H. अ + E. carbonic》〔化〕無機の；無機物の ⟨inorganic⟩

अकार्बनिक रसायन [名]〔化〕無機化学 ⟨inorganic chemistry⟩

अकार्य[1] [形] (1) してはならない；なすべきでない不当な；よからぬ (2) 結果のない

अकार्य[2] [名] (1) してはならないこと；悪事 (2) 行為や活動のないこと；無活動

अकाल[1] [名] (1) 飢饉 घोर अकाल 猛烈な飢饉 (2) 大変な欠乏；払底 (3) 時ならぬ時；時機を失した時 (4)〔シク〕時を超越した神，すなわち，シク教において神を述べる言葉，神の名，アカール **अकाल पड़ना** 飢饉が発生する (-का) **अकाल पड़ना** (ーが) 払底する **अकाल राहत** 飢饉救援

अकाल[2] [形] (1) 不死の；不滅の (2) 時ならぬ；にわかな；突然の अकाल मौत 不慮の死；早死；若死；夭折＝ अकाल मृत्यु. (3) 時機を失した；時季はずれの

अकालकुसुम [名] (1) 狂い咲きの花；時季はずれの花 (2) 時ならぬもの；時機を失ったもの

अकालजलद [名] 季節（雨季）はずれの雲

अकालजलदोदय [名] 季節（雨季）はずれの曇り空

अकाल तख़्त [名]〔シク〕シク教の神の座の意，アムリットサルの黄金寺院ダルバール・サーハブにあるシク教の権威の象徴としての座

अकालपक्व [形] 早熟な；ませた；おしゃまな

अकालप्रसव [名] 早産 ⟨premature delivery; premature birth⟩

अकालप्रसूत [形] 早産の

अकालप्रौढ़ [形] ＝ अकालपक्व.

अकाल मृत्यु [名*] (1) 不慮の死；早死；早逝；若死 (2) 不遇の死；悲運の死

अकालवृद्ध [形] 年齢より早く老いた；早老の

अकालिक [形] 時機を失した；時をはずした

अकाली [名]〔シク〕アカーリー（時間を超越した神アカール अकाल を信奉する護教的な色彩の濃いシク教徒の一派）→ अकाल[1] (4)

अकाली दल [名]〔シク〕アカーリー・ダル（シク教徒によるパンジャーブ州の地域政党の一）；アカーリー党

अकाशदीप [名] → आकाशदीप; आकाशदीया; अकासदीया.

अकासदीया [名] → आकाशदीप.

अकासबेल [名*]〔植〕クスノキ科蔓草スナヅル→ अमरबेल.

अकिंचन[1] [形] (1) 無一物の；赤貧洗うが如き；一文無しの；丸裸の (2) 業果を享受しつくした

अकिंचन[2] [名] 無一物の人；一文無しの人

अकिंचनता [名*] 無一物；一文無し；貧しさ；貧困；貧窮

अक़ीक़ [名] 《A. عقيق》〔鉱〕めのう（瑪瑙）

अक़ीक़ा [名] 《A. عقيقه》 (1)〔イス〕アキーカー（イスラム教徒の誕生後 6 日目に捧げられる山羊の犠牲．この際，命名と剃髪が行われる） (2) 新生児の頭髪

अक़ीदत [名*] 《A. عقيدت》 (1) 信心；信仰；信奉 (2) 信頼

अक़ीदतमंद[1] [形] 《A.P. عقيدت مند》 信仰心の篤い；信心深い；信奉する；信仰する

अक़ीदतमंद[2] [名] 信徒；信者；信奉者 थोड़े ही दिनों में लोगों की ख़ासी तादाद आप के अक़ीदतमंदों में शामिल हो गई 短時日の間に相当数の人が信者に加わった

अक़ीदा [名] 《A. عقيده》 (1) 信仰；信心；信奉 उनका अक़ीदा है कि दलाई लामा कभी नहीं मरता その人たちはダライラマは不死だと信じている उस मज़हब में अक़ीदा रखनेवाले その宗教を信仰する人たち (2) 信条；信仰箇条 (3) 宗教；信仰

अकुंठ [形] (1) 鋭い；鋭利な (2) 激しい (3) すぐれた；優秀な

अकुंठित [形] (1) 鋭い；鈍っていない (2) 退けられない

अकुटिल [形] (1) 真っ直ぐな；曲っていない (2) 純粋な；純朴な (3) いつわりのない

अकुटिलता [名*] ← अकुटिल. (1) 直なこと (2) 純粋なこと (3) いつわりなきこと

अकुतोभय [形] 何らの恐怖を持たない；いささかの恐れもない；無畏の

अकुलाना [自] (1) あわてる；落ち着きがなくなる；せく；あせる (2) うずうずする；気がせく यदि आप उसे देखने के लिए अकुला रहे हों, तो आप की मंशा पूरी हो जाएगी それが見たくてうずうずしていらっしゃるのなら願いはきっと叶えられましょう यह सुनने के लिए मेरा मन अकुला रहा है これが聞きたくて気がせいている (3) うっとりする (4) いやになる；飽き飽きする；うんざりする

अकुलाहट [名*] ← अकुलाना.

अकुलीन [形] 家柄や家系の低い；卑しい；卑賤な

अकुशल[1] [形] (1) 未熟練の；不慣れな；下手な＝ अनाड़ी; अनिपुण. अकुशल श्रमिकों की वेतन दर 未熟練労働者の賃金レート (2) 不運な；不幸な

अकुशल[2] [名] (1) 不調 (2) 不吉；縁起の悪いこと (3) 不吉な言葉

अकूट [形] (1) 自然な；天然の；本然の (2) 純正な；本物の；純粋な (3) 正真正銘の

अकूत [形] (1) 測り知れない；推測できない；度を越えた अकूत संपत्ति 巨万の富 (2) 数えきれぬ；無数の बुखारारोड : अकूत गड्ढे व पत्थरों के ढेर से वाहनों की दुर्गति ブカーラーロードの無数の穴と石の山に乗り物の惨状

अकूपार [名] (1) 海 (2)〔イ神〕大地を支えていると想像されている亀 (3) 亀

अकूल [形] (1) 岸のない (2) はてのない；はてしない；無限の

अकृच्छ्र[1] [形] (1) 苦しみのない (2) 容易な；安易な

अकृच्छ्र[2] [名] (1) 苦しみのないこと (2) 容易なこと

अकृत [形] (1) なされていない (2) 自然な；本来の；本然の (3) 正しくなされていない；いいかげんになされた (4) 役立たずの；無用な (5) 不完全な；不十分な (6) 未熟な (7) 無効の；効力のない **अकृत क॰** 無効にする；破棄する

अकृतकार्य [形] 不首尾の；無効になった；だめになった अकृतकार्य क॰ 無効にする

अकृतज्ञ[1] [形] 恩知らずな；忘恩の＝ नमक का हराम; नमकहराम. → अकृतज्ञता [名*]

अकृतज्ञ[2] [名] 恩知らず（な人）；忘恩の徒＝ नमकहराम; नमक का हराम.

अकृती [形・名] 無能な（人）；無力な（人）

अकृतीकरण [名] 無効；取り消し

अकृत्य[1] [形] してはならない；なすべきではない

अकृत्य[2] [名] 悪；悪事；悪行；犯罪行為＝ अपराध.

अकृत्रिम [形] (1) 天然の；自然の；本来の；本物の (2) 作為のない；自然な；わざとらしくない；人手の加わらない；人工によらない अकृत्रिम व्यवहार 自然な振る舞い

अकृत्स्न [形] 不完全な；未完の；完結していない＝ अपूर्ण.

अकृपण [形] 気前のよい；物惜しみしない

अकृपणता [名*] ← अकृपण.

अकृपालु [名] 無慈悲な人；無情な人；情容赦のない＝ निर्दय.

अकृश [形] ふくよかな；（健康で）やせていない；肉づきのよい ＝ भरापूरा.

अकृषित [形] (1) 耕されていない (2) 耕作されていない

अकृष्ट [形] 引っぱられていない

अकेला[1] [形⁺] (1) 仲間のいない；一人の；単独の (2) 余人を交えない हम दोनों आँगन में अकेले खड़े रह गये थे 我々 2 人は中庭で 2 人だけで突っ立ったままになった (3) 孤独な；さみしい (4) 独特の (5) 比類のない；比べるもののない；並ぶもののない (6) 最高の；最良の **अकेला चना भाड़ फोड़ नहीं सकता**〔諺〕一人や少数者では大きなことはなしえないことのたとえ **अकेला दम; अकेले दम** 全く孤独な；天涯孤独な **अकेला-दुकेला** *a.* 一つ二つ *b.* 一人の；孤独な **अकेली कहानी** 一方的な話 **अकेली जान** ＝ अकेला दम; अकेले राम.

अकेला[2] [名] (1) 単独 (2) 余人のいないところ **अकेले में** *a.* 一人で अकेले में सोती हुई 一人で眠っている *b.* 余人のいないところで；2 人だけで；余人を交えず कभी-कभी सोचता कि उनको अकेले में समझाऊँ 余人のいないところで言い聞かせようと思う वह अकेले में मिलना चाह रही थी 2 人だけで会いたがっていた *c.* 人に気づかれぬように；こっそりと देखो, ख़ूब अकेले में लाना कोई जान न पाए よいか，人に気づかれぬようにこっそり持参することだ

अकेलापन [名] (1) 単独 (2) 独り身 (3) 孤独感；淋しさ；さみしさ जीवन का अकेलापन (अगर वे परिवार से अलग न रहते हों, तब

भी) 人生の孤独感（たとえ家族と共にあろうとも） अकेलेपन का एहसास हो॰ 孤独感を感じること अकेलेपन के कारण रोना 淋しさに泣く

अकेले [副] (1) 単独で；一人で मनुष्य का अकेले निर्वाह संभव ही नहीं है 人間は一人では絶対に暮らせないのだ अकेले जाओगे? 一人で行くのかい (2) 余人を交えずに स्वयं भरत, शत्रुघ्न और सुमंत्र अकेले आते हुए दिखाई पड़े バラタ，シャトルグナ，それにスマントラの3人が自ら余人を交えず3人だけでやって来るのが見えた रजिया और मैं इतने दिनों से यहाँ अकेले रहते हैं ラジヤーと私はずっとこの間ここに2人だけで住んでいる मैं बेटी को अकेले नहीं छोड़ सकता わが娘を1人にしたまま行くことはできない (3) 単に；ただ मेरे घर में जो हो रहा था वह अकेले मेरे ही घर का नहीं, कमोबेश समाज के घर-घर का नाटक था 私の家に起こっていたことは単にわが家だけのものではなく，多かれ少なかれ世の中のどの家にも演じられていたのだ **अकेले-दुकेले** 一人で；単独で

अकोल [名] → अंकोल.

अकोला [名]〔植〕トウダイグサ科高木ククイノキ【*Aleurites moluccana*】

अकोविद [形] (1) 知識のない；知識の欠けている (2) 愚かな

अकौशल [名] 不器用なこと；未熟練＝ अनाड़ीपन.

अक्कड़ [名]《E. Akkad》〔史〕アッカド

-अक्कड़ [接尾] 動詞語根に付加されて性質や習癖的にしたり過度にしたりする習性や性癖の傾きを表す語を作る接尾辞 √भूल् 忘れる→ भुलक्कड़ 忘れっぽい √पी 飲む→ पियक्कड़. 飲み助 √घूम् 歩く；散策する→ घुमक्कड़ 歩き回る；放浪する

अक्कडी [名*]《← E. Akkad》〔言〕アッカド語〈Akkadian〉

अक़्क़ल [名*] = अक़्ल अक़्क़ल की बात 気の利いたこと अक़्क़ल की बात क॰ 気の利いた口をきく

अक़्क़ल दाढ़ [名*] (pl. अक़्क़ल दाढ़ें) 親知らず；知歯

अक्काद [名]《← E. Akkad》〔史〕アッカド

अक्कादी [形・名]《← E. Akkad》(1) アッカドの (2) アッカド人 अक्कादी भाषा アッカド語

अक़्क़िल [名*] = अक़्ल.

अक्खड़ [形] (1) ぶっきらぼうな (2) 強情な (3) 横柄な (4) 粗野な अक्खड़ बोली 粗野な言葉

अक्खड़ता [名*] ← अक्खड़. = अक्खड़पन.

अक्खोमक्खो [名] 灯火の炎にかざした手を子供の親の前で呪文を唱えながら回す邪視除けの作法とその呪文

अक्टोबर [名]《E. October》太陽暦10月→ अक्तूबर.

अक्तूबर [名]《E. October》太陽暦の10月→ अक्टोबर.

अक़्द [名]《A. عقد》(1)〔イス〕婚約 (2) 結婚；婚姻 (3) 契約

अक़्दनामा [名]《A.P. عقدنامہ》〔イス〕婚姻契約書

अक्रम [形] 順序のない；無秩序な= उलटा-सीधा; बेतरतीब.

अक्रिय [形] 動いていない；休止中の；不活動の；働きのない；作動していない

अक्रूर[1] [形] やさしい；情深い；人情のある= दयालु; रहमदिल.

अक्रूर[2] [名]〔イ神〕アクルーラ／アクルール（श्वफलक と गांदिनी の間に生まれたヤーダヴァ族の1人でクリシュナの父方の叔父）

अक़्ल [名*]《A. عقل》(1) 知恵；頭脳；頭 (2) 知力；知性；理性 (3) 判断力；分別 **अक़्ल आ॰** 分別がつく अभी बच्चा है, अक़्ल आ जाएगी まだ子供なのだから．今に知恵がつきますよ（母親が子を庇う言葉） **अक़्ल का अंधा** = अक़्ल का दुश्मन. **अक़्ल का चिराग़ गुल हो॰** 茫然とする；判断力を失う= अक़्ल का दीवाला निकलना. **अक़्ल का दुश्मन** 大馬鹿；間抜け **अक़्ल का पुतला** 知恵者 ये फ़िरंगी भी बड़े चालाक हैं, पूरे अक़्ल के पुतले हैं この毛唐たちもなかなか抜け目のない連中だ．全くの知恵者だ **अक़्ल का पूरा** = अक़्ल का पुतला. **अक़्ल का मारा** 馬鹿者；愚か者 **अक़्ल काम क॰** 思いつく **अक़्ल की कोताही** 愚かさ **अक़्ल की गठरी** = अक़्ल का पुतला. **अक़्ल की दौड़** 手口；やり口 **अक़्ल की पुड़िया** = अक़्ल का पुतला. **अक़्ल की मार** 愚かさ **अक़्ल के घोड़े दौड़ाना** *a.* あれこれ思いめぐらす；深く考える *b.* 空想する **अक़्ल के तोते उड़ना** 気が動転する；仰天する **अक़्ल के नाख़ून ले॰** 思慮深い話をする **अक़्ल के पीछे डंडा लिए फिरना** 愚かしいことをする；間抜けたことをする= अक़्ल के पीछे लट्ठ लिए फिरना; अक़्ल के पीछे लट्ठ लेकर पड़ना. वह अक़्ल के पीछे लट्ठ लेकर पड़ा है 間抜けたことをしている奴だ **अक़्ल के बख़िया उधेड़ना** 判断力を失う **अक़्ल को रोना** 愚かさを悲しむ；愚かさを嘆く **अक़्ल ख़र्च क॰** 頭を働かせる；頭を使う **अक़्ल खुल जा॰** 分別がつく **अक़्ल खो बैठना** 茫然となる；判断力を失う **अक़्ल गुद्दी के पीछे हो॰** = अक़्ल का अंधा. **अक़्ल गुम हो॰** = अक़्ल खो बैठना. **अक़्ल घास खाना** = अक़्ल खो बैठना. **अक़्ल घास चरना** = अक़्ल खो बैठना. तुम्हारी अक़्ल क्या घास चरने गई है 君は何がなんだかわからなくなっているのかい **अक़्ल चकराना** = अक़्ल खो बैठना. **अक़्ल चक्कर में आ॰** = अक़्ल खो बैठना. **अक़्ल चक्कर में पड़ना** = अक़्ल खो बैठना. **अक़्ल चर जा॰** 頭がおかしくなる；正しい判断力を失う **अक़्ल चरने जा॰** = अक़्ल खो बैठना. **अक़्ल जाती रहना** 茫然となる **अक़्ल जा॰** *a.* 茫然となる *b.* 気が動転する **अक़्ल ठिकाने आ॰** 正気に戻る；おごりの気持ちがなくなる；思い知る अच्छा हुआ, तब अक़्ल ठिकाने आ गई होगी देवी जी की それでよかった．それじゃ彼女は正気に戻ったろう **अक़्ल ठिकाने क॰** 正気に戻す；のぼせ上がっているのを元に戻す；おごりをなくす；思い知らせる सारी अक़्ल दो मिनट में ठिकाने कर दूँगा どれだけ頭が良いか直ちに思い知らせてやろう **अक़्ल ठिकाने न रहना** 正気でなくなる (-की) **अक़्ल ठीक क॰** （ーの）おごりや慢心をなくす **अक़्ल दंग रह जा॰** びっくりする；仰天する अक़्ल दंग हो जा॰. **अक़्ल दीमक चाट जा॰** 頭が空っぽになる；愚かな **अक़्ल दे॰** 意見を述べる；考えを述べる；忠告する；さとす **अक़्ल दौड़ाना** 工夫をこらす；あれこれ考える；思いめぐらす；考えをめぐらす **अक़्ल पढ़ाना** （悪）知恵をつける **अक़्ल पर ईंट पड़ना** = अक़्ल पर पत्थर पड़ना. **अक़्ल पर पत्थर पड़ना** 茫然とする；茫然自失する；頭がおかしくなる उस वक़्त अक़्ल पर पत्थर पड़ गया था その時は頭がおかしくなっていた **अक़्ल पर परदा पड़ना** = अक़्ल पर पत्थर पड़ना. **अक़्ल बड़ी कि बहस** 〔諺〕理屈よりも知恵を働かすほうがよいものだ **अक़्ल बड़ी या भैंस बड़ी?** *a.* 人の尊厳は財力や体力ではなく知力による *b.* 〔諺〕姿形よりも知力のほうが上 **अक़्ल बेच खाना** 愚かしいことをする **अक़्ल भिड़ाना** = अक़्ल दौड़ाना. **अक़्ल मारी जा॰** 茫然とする；頭が働かなくなる **अक़्ल मोटी हो॰** 頭が弱い (-से) **अक़्ल मोल ले॰** （ーに）意見を求める；相談する **अक़्ल रफ़ूचक्कर हो॰** 茫然となる；頭が働かなくなる **अक़्ल लगाना** = अक़्ल दौड़ाना. **अक़्ल लड़ाना** = अक़्ल दौड़ाना. **अक़्ल सठियाना** *a.* 頭がおかしくなる *b.* もうろくする **अक़्ल से काम ले॰** 頭を使う；頭を働かせる **अक़्ल से दूर की बात** 理解を超えたこと= अक़्ल से बाहर की बात. **अक़्ल हवा बतलाना** 頭が働かない **अक़्ल हवा हो जा॰** （慢心をくじかれたり賢しさが通用せず）しゅんとなる；しょんぼりする

अक़्लदाढ़ [名*] 親知らず；智歯；知歯；智恵歯= अक़्क़ल दाढ़.〈wisdom tooth〉

अक़्लमंद [形]《A.P. عقل مند》賢い；賢明な；利口な अक़्लमंद आदमी जो बात कहते 賢人たちの言うこと **अक़्लमंद की दुम** 愚か者 **अक़्लमंद की दुम बनना** 自らを知恵者と思うこと **अक़्लमंद को एक इशारा काफ़ी है** 〔諺〕賢者にはただ暗示するだけで十分だ

अक़्लमंदी [名*]《A.P. عقل مندی》← अक़्लमंद. 賢明さ；利口さ

अक्लम [形] 疲れていない；疲労していない

अक्लांत [形] 疲れていない；疲労のない

अक्लिष्ट [形] (1) 苦労のない；苦のない= कष्टरहित. (2) やさしい；容易な= सहज; आसान; सुगम. (3) 異論のない= निर्विवाद.

अक़्ली [形]《A. عقلی》(1) 頭脳の；頭の (2) 頭脳に関わる **अक़्ली गद्दा लगाना** あてずっぽうな話をする

अक्लेश [形] 悩みのない；苦悩のない= क्लेशरहित.

अक्षंतव्य [形] 許しがたい；容赦できない= अक्षम्य .

अक्ष [名] (1) さいころ；骰子 (2) チョウパル（चौपड़）；チョウサル（चौसर） (3) 中心軸；回転軸；心棒；軸 (4) 緯度 (5) 竿秤の竿 (6) 車；荷車 (7)〔植〕シクンシ科セイタカミロバラン【*Terminalia belerica*】 (8)〔植〕ホルトノキ科インドジュズノキ【*Elaeocarpus ganitrus*】= रुद्राक्ष.

अक्षकाम [形] 賭けごとの好きな

अक्षकुशल [形] 賭けごとの上手な

अक्षक्रीड़ा [名*] (1) チョウサル（चौसर） (2) 賭けごと

अक्षत[1] [形] (1) 破れたり壊れたりしていない (2) 完全な；無欠の (3) 傷ついていない；負傷していない

अक्षत[2] [名] (1) 神に供えられる生米 (2) 炒り米

अक्षतयोनि[1] [形] 処女の；未婚（女性）の；未通の अक्षतयोनि विधवा（幼児結婚のため）処女のまま寡婦になった女性

अक्षतयोनि[2] [名*] (1) 乙女；処女；未通女 (2) 挙式後同棲に至っていない女性

अक्षतवीर्य [形] (1) (男子がまだ) 精通していない (2) 童貞の

अक्षम [形] (1) 力のない；無力な (2) 能力のない；無能な (3) 無資格な (4) 不寛容な (5) 妬む；嫉妬する

अक्षमता [名*] ←अक्षम. 無能力；不適格；無資格 〈incompetency〉

अक्षम्य [形] 許容できない；許しがたい；容赦できない

अक्षय[1] [形] (1) 不滅の；滅することのない= अनश्वर. (2) 尽きることのない；無尽の；滅尽することのない न चुकनेवाला धातुओं का अक्षय भंडार 金属の無尽の宝庫 ईश्वर की कृपा अक्षय है 神の情けは尽きることがない

अक्षय[2] [名] (1) 神；最高存在 (2) 出家者

अक्षयतृतीया [名*]〔ヒ〕インド暦の２月ヴァイシャーカ月の白分３日（この日サティヤユガ सत्य युग が始まったとされる祭日で，聖地や河川，湖沼での沐浴やバラモンへの布施などが行われる）= आखा तीज.

अक्षयनवमी [名*]〔ヒ〕アクシャヤナヴァミー（カールティカ月の白分９日，トレーター・ユガ त्रेता युग はこの日から始まったとされる．ヒンドゥーはこの日聖地などでの沐浴やバラモンへの寄捨をすれば功徳があるとされる）

अक्षयनिधि [名*] 基本財産；基金

अक्षयनीवी [名*] 基金= निधि.

अक्षयवट [名]〔ヒ〕プラヤーガ प्रयाग とガヤー गया にある不滅と伝えられる聖なるバンヤンジュの古木

अक्षर[1] [形] 不滅の；永遠の

अक्षर[2] [名] (1) 音節 (2) 文字 (3)〔ヒ〕聖音オーム ॐ (4)〔イ音〕アクシャラ（拍子の構成単位）

अक्षरज्ञान [名] 文字の知識；読み書き（する力）

अक्षरशः [副] 文字通りに；全くその通りに उसने उस शिक्षा को जीवन में अक्षरशः अपनाया 彼はその教訓を人生に文字通り採り入れた उसने अपने वचन का अक्षरशः पालन किया था 約束を文字通り守った

अक्षरारंभ [名]〔ヒ〕学業始めの儀式；習いぞめの儀式

अक्षवाट [名] 賭場 = जुआखाना；द्यूतगृह.

अक्षांश [名] 緯度 उत्तरी अक्षांश 北緯 दक्षिणी अक्षांश 南緯 उच्च अक्षांश 高緯度

अक्षि [名*] 目；眼；まなこ

अक्षिकोटर [名]〔解〕眼窩 〈orbit〉

अक्षिगोलक [名] 眼球

अक्षितारक [名] 瞳 = पुतली.

अक्षिति[1] [名*] 不滅；不滅性= अनश्वरता；अक्षयता.

अक्षिति[2] [形] 不滅の；滅することのない= अनश्वर；अक्षय.

अक्षिपटल [名] まぶた；瞼= पलक.

अक्षीण [形] (1) 細くない；やせていない (2) 太っている (3) 不滅の ↔ क्षीण.

अक्षुण्ण [形] (1) 完全な；無欠の；壊れていない；一貫している；絶対的な (2)〔言〕無変化の आधुनिक भारतीय आर्य भाषाओं में प्रायः व्यंजनांत विशेषण अक्षुण्ण रहते हैं 近代インドアーリアン語においてはたいてい子音語尾の形容詞は無変化である (3) 減じない；減少しない (4) 下手な；不器用な (5) 負けない

अक्षुण्णता [名*] ←अक्षुण्ण. व्यक्ति स्वातंत्र्य की अक्षुण्णता 個人の自由の不可侵性

अक्षुद्र [形] (1) 短小でない；小さくない (2) 卑小でない

अक्षेम [名] 無事でないこと；不調なこと；悩みや心配のあること

अक्षोभ[1] [形] (1) 平静な；冷静な；落ち着いた (2) 慎重な；忍耐強い

अक्षोभ[2] [名] (1) 平静さ；冷静さ (2) 慎重さ；忍耐強さ

अक्षौहिणी [名*]〔軍〕古代インドの大軍の構成で歩兵 (10 万 9350)，騎兵 (6 万 5610)，戦車隊 (2 万 1870) 及び象軍 (2 万 1870) から成ったと言う

अक्स [名] 《A. عكس》(1) 影 (2) 反映；反射；影 रेडार के अक्स में レーダーの画面に (3) 絵；絵画 (4) 写真

अक्सर [副・形] 《A. اكثر》(1) しばしば；ちょいちょい वह अक्सर चित्रा को डाँट दिया करती थी ちょいちょいチトラーを叱っていた अक्सर बीमार हो जाती है ちょいちょい病気になる人だ (2) たいてい；大方；一般に；普通 बारिश के दिनों में आसमान पर अक्सर बादल छाये रहते हैं 雨季にはたいてい雲が空を覆う (3) 大半の；大方の उसके अक्सर हिस्से ज़मीनदोज़ हैं それの大半は地下に入る

अक्सरीयत [名*] 《A. اكثريت》国民の多数派；多数民；多数派；過半数

अक्सीर [形] 《A. اكسير इक्सीर》→ इक्सीर. 絶対に効く；よく効き目のある बच्चों की सर्दी का एकमात्र अक्सीर इलाज 子供の風邪に唯一絶対の効き目のある治療法

अखंड [形] (1) 完全な；無欠の；まっとうな (2) 中断のない；一貫した；途切れない；連続した मंदिर में देवमूर्ति के सम्मुख अखंड दीप जलता है 寺院では神像の前に消えることのない灯火が点っている अखंड नींद में सोयी हुई रानी लक्ष्मी बाई 永遠の眠りについたラクシュミーバーイー妃 चार पंडितों से दिन-रात अखंड जप कराया जाए ４人のバラモンに日夜連続の読経をしてもらうこと (3) 分割できない；不可分の वह अपने आप में एक अखंड इकाई है それ自身が不可分の単位だ (4) 支障のない；障害のない **अखंड रामायण पाठ**〔ヒ〕トゥルシーダース（तुलसीदास）作のラーマーヤナ（रामायण，別名 रामचरितमानस）を功徳を積むため祭事を行うブラーフマンに全巻を通して間断なく読誦してもらう儀礼 **अखंडपाठ**〔シク〕シク教聖典『グルグラント・サーヒブ』を慶弔に際してほぼ２日かけて連続して読誦すること

अखंडता [名*] ←अखंड. देश की अखंडता 国土の不可分性

अखंडित [形] (1) 本来の姿や形のままの；完全な；欠けていない；きず（瑕）のない (2) 連なった；連結した；絶え間のない (3) 支障のない；妨げのない

अख़्त्यार [名] → अख़्तियार；इख़्तियार.

अख़बार [名] 《A. اخبار अख़बार ← خبر ख़बर》(1) 新聞= समाचार-पत्र；पेपर. दैनिक अख़बार 日刊紙 (2) ニューズ；ニュース= समाचार；ख़बरें；न्यूज़. अख़बार का दफ़्तर 新聞社（の社屋） अख़बारों की दुकान 新聞販売店

अख़बारनवीस [名] 《A.P. اخبار نويس》新聞記者；ジャーナリスト；記者= पत्रकार；जर्नलिस्ट.

अख़बारनवीसी [名*] 《A.P. اخبار نويسى》ジャーナリズム = पत्रकारिता.

अख़बारवाला [名] 《A. + H.वाला》(1) ジャーナリスト；新聞記者；記者 (2) 新聞販売人；新聞屋

अख़बारात [名, pl.] 《A. اخبارات अख़्बारात ← اخبار अख़्बार》 अख़बार の複数形

अख़बारी [形] 《A. اخبارى》新聞の；新聞関係の अख़बारी कागज़ 新聞用紙 अख़बारी झगड़े 新聞紙上の論争

अखर [名*] (1) 気に障ること；気障り；不快 (2) 辛いこと；辛く感じること

अखरन [名*] = अखर.

अखरना [自] (1) 気に障る；苦になる；いやな感じがする；不快に感じる；心にひっかかる अपना फ़ेल होना, मुझे ज़रा भी न अखरा 自分の落第は少しも気にならなかった बच्चों को यह सख़्ती अखरती है 子供たちにはこの厳しさが気に障る बड़की का कथन छुटकी-बिचली को बुरी तरह अखर गया 長兄の妻の言葉は弟たちの嫁にひどくいやな感じを与えた पहली नज़र में यह तरीका उन सभी लोगों को अखर सकता है, जो वनस्पति विज्ञान और जीव विज्ञान को दो अलग अलग विषयों के रूप में पढ़ाने के आदी रहे हैं 一見してこの方法は植物学や生物学を別々の科目として教えることに慣れてきているすべての人の気にくわないことがありうる सुधा की हिंदी ब्रिटिश अंदाज़ में है.यह कई जगह अखरती है スダーの話すヒンディー語はイギリス調．いろいろと気障りだ अपनी उपेक्षा सेठ को बहुत अखरी 自分が無視されたのが長者にはとても不快に思われた (2) 厄介に感じられる；苦になる；負担に感じられる इतना ख़र्च कौन आप लोगों को अखरेगा （わずか）これほどの出費があなた方の苦になることもありませんでしょうに उसके साथ रहकर मुझे सखी सहेलियों की कमी बिलकुल नहीं अखरेगी あの人と一緒に住んでいて友達が少ないことは私には少しも苦にならないだろう संतान की कमी अखरने लगी 世継ぎのいないことが苦になりだした

अखरावट [名] アルファベット= वर्णमाला；अक्षरसमूह.

अखरोट [名] (1) クルミ科高木クルミ（胡桃）；くるみの木 (2) くるみの実

अख़लाक़ [名] 《A. اخلاق अख़्लाक़》(1) 道徳；倫理 (2) 礼儀；礼節；礼儀作法 (3) 品行

अखाड़ा [名] (1) レスリング場や土俵（に相当する場所） (2) マット（レスリングの） दोनों ही कुश्ती लड़ते हुए अखाड़े से बहकर आ गिरे 2人のレスラーは戦っているうちにリングの下に落ちた (3) 競技場；運動場 (4) 争いの場所 साम्प्रदायिक दंगों के अखाड़े コミュナル暴動の（闘争の）場 (5) サードゥたちの集まりやその居住の場；修道場= साधु संतों का अखाड़ा (6) 歌い手や踊り手の仲間やグループ；連 **अखाड़ा उठना** 集団やグループが立ち去る **अखाड़ा गरम हो॰** 大変賑わう **अखाड़ा जमना** *a.* 大勢が集まる；集う *b.*（試合などに）集合する **अखाड़ा जमाना** *a.* 集う；集い合う；競い合う（ために集まる）*b.* 賑わいをもたらす；賑わう；出揃う उर्स के प्रारम्भ हो जाने के दिन से ही दूर दूर के कव्वाल आकर अपना अखाड़ा जमा लेते हैं ウルスの始まる日から遠方のカッワール連が集い合う **अखाड़ा निकलना** 行列が出る (-का) **अखाड़ा बनाना** （ーの）中心にする；中心地にする **अखाड़े की मिट्टी पोतना** 戦いに構える；身構える **अखाड़े में आ॰** 戦いを挑む；土俵に上がる = अखाड़े में उतरना. **अखाड़े से भागना** 負けを認める；敗北を受け入れる

अखाड़िया [名] (1) レスラー (2) 競技者 (3) 策略家；策士

अखाद्य [形・名] (1) 食べられない（もの）；食用でない（もの） (2) 食することがよくない（もの）；食べてはならない（もの）

अखिल [形] (1) 全体の；全部の；全き (2) 完全な；揃っている अखिल भारतीय कांग्रेस कमेटी के महामंत्री 全インド国民会議派委員会書記長 अखिल मुस्लिम 汎イスラムの अखिल भारतीय हिंदू महासभा की कार्यकारिणी 全インドヒンドゥーマハーサバー執行委員会

अखिलेश [名] 最高神 = ईश्वर; परमेश्वर.

अख़ीर[1] [名]《A. اخیر》(1) 終わり；最後；終結= समाप्ति. (2) 端；末端= अंत; छोर.

अख़ीर[2] [形] 終わった；終了した= समाप्त; ख़त्म.

अख़ीरी [形] → आख़िरी 最後の；最終の= अंतिम; आख़िरी.

अखूट [形] (1) 壊れない；破壊されない (2) 減ることのない；尽きることのない

अखोट [形] 純粋な；偽りのない；清らかな

अखोर [名]《← T. آخور आख़ोर》(1) ごみ；くず (2) がらくた

अखोल [名] → अंकोल.

अखोह [名] でこぼこな地面= ऊँची नीची ज़मीन; ऊबड़ खाबड़ भूमि.

अखौट [名] ひき臼などの心棒= जाँते की किल्ली.

अख़्ख़ाह [感]《← A. اخ اخ अख़अख़》意外な時，驚いた時，嬉しい時に思わず出る声 अख़्ख़ाह! पापा आपने बहुत ही अच्छी बातें बताई हैं わっ，お父さんとってても良いことを教えて下さったわ

अख़्ज़ [名]《A. اخذ》(1) 受けること；受領= आदान. (2) 手に入れること；入手= प्राप्ति.

अख़्तर [名]《P. اختر》(1) 星= तारा; सितारा. (2) 運勢= क़िस्मत; भाग्य. **अख़्तर चमकना** 運勢が開ける

अख़्तियार [名]《A. اختیار इख़्तियार》(1) 任意；裁量；選択 अब आने न आने का अख़्तियार उनको है 今や来るか来ないかの裁量はあの人にある आगे आप को अख़्तियार है これから先のご判断はおまかせします（どうぞお好きなように；ご自由に） (2) 権利；権限；力 **अख़्तियार क॰** 姿や形をとる；帯びる；身につける；取り入れる उस अपराध ने एक भयंकर रूप अख़्तियार कर लिया है その犯罪はある恐ろしい形をとってしまっている उसने एक भयंकर रूप अख़्तियार कर लिया है それは恐ろしい姿をとっている वह एक ख़ास शक्ल अख़्तियार करता है ある特別の形態を帯びる अगर मेरे आँसुओं पर तूने ख़ामोशी अख़्तियार कर ली तो... 私が涙を流すのに君が沈黙を選ぶならば… **अख़्तियार में हो॰** 権限内の；権限に属する

अख़्तियारी [名*]《A. اختیاری इख़्तियारी ← अख़्तियार》選択（制）；任意；裁量；権限 जब गणित की परीक्षा में अख़्तियारी हो गई 数学の試験が選択制になると

अख्यात [形] 知られていない；著名でない；有名でない；無名の = अज्ञात; अप्रसिद्ध.

अख्याति [名*]《← अख्यात》無名；世に知られていないこと

अगंड [名] 手足のなくなった胴体= बिना हाथ पैर का कबंध.

अग[1] [形] 動かない；不動の= अचल.

अग[2] [名] (1) 木；樹木= पेड़; वृक्ष. (2) 山= पहाड़; पर्वत.

अगड़बगड़[1] [形] (1) でたらめな；いいかげんな (2) 秩序や順序のない (3) 無用な；役に立たない；しようがない

अगड़बगड़[2] [名*] (1) でたらめ (2) 無秩序；混乱 (3) 無用なこと

अगणनीय [形] (1) 数えられない；無数の (2) 取るに足らない

अगणित [形] (1) 無数の；数え切れない= अनगिनत; असंख्य; बेतादाद. अगणित तारे 無数の星 (2) 取るに足らない；ものの数に入らない

अगत [名*] = अगति[1].

अगति[1] [名*] (1) 動きのないこと；停止；停滞；沈滞 (2) 浮かばれぬこと；成仏できぬこと (3) みじめな境遇→ गति.

अगति[2] [形] (1) 手段のない；方法のない；術のない；手だてのない (2) 動きのない；変動のない

अगतिक [形] (1) 寄る辺ない；頼るところのない；無力な (2) 弔いの行われなかった；（死後の弔いをする人のいない）無縁の→ अगति.

अगतिमूलक [形] 保守的な अगतिमूलक शक्तियाँ 保守勢力

अगती [形・名] (1) 罪悪を犯した（人）；罪人 (2) 解脱の得られない（人）

अगत्या [副] (1) 仕方なしに；止むなく；止むを得ず= विवशता में; बेबसी में; लाचारी में. (2) いきなり；突然；にわかに= एकदम; एकाएक. अगत्या टैक्सी चली いきなりタクシーが走り出した (3) 後に；しまいに；最後に= अंत में; आख़िरकार; आख़िर में.

अगद [形] (1) 無病の；健康な (2) 障害のない；支障のない (3) 無実の

अगन [名*] (1) 火 = आग; अग्नि. (2)〔鳥〕ヒバリ科ヤブヒバリ属クロスジチャバネヤブヒバリ【*Mirafra assamica*】= चिरचिरा; भिरीरी.

अगनबोट [名*] → अगिनबोट. शेलिंग से उनकी एक अगनबोट डुबा दी 砲撃で相手方の汽船を1隻沈没させた

अगनित [形] 数えられない；無数の= अगणित; असंख्य; बेतादाद.

अगम [形] (1) 到達できない；近づけない；険しい एक अगम और दुर्गम देशसेवा का और दूसरा सुख-सुविधा से भरा राजभक्ति का 一方は険しい報国の道，他方は安楽に満ちた忠誠の道 (2) 難解な；わかりにくい (3) 測り難い；推測できない (4) 得難い

अगम्य [形] (1) 近づき難い；到達できない (2) 知ることのできない；不可知な (3) 計り知れない (4) 得難い

अगम्यागमन [名]〔文人〕インセストタブー= अगम्यागमन निषेध. ⟨incest taboo⟩

अगर[1] [接]《P. اگر》もし；もしも；仮に= यदि. अगर कान बहते हों तो もしも耳だれが出るのであれば अगर पता होता कि मोहन घर पर होंगे तो वह कभी न जाती モーハンが家にいるのがわかっていたら決して行かなかったものだ पानी अगर गँदला हो तो उसमें थोड़ा-सा चूना या फिटकरी डाल दें 水がにごっているなら少量の石灰か明礬を入れなさい **अगर मगर क॰** *a.* 言い逃れをする；口を濁す *b.* 口論する；言い争う

अगर[2] [名] (1)〔植〕ジンチョウゲ科高木ジンコウ（沈香）【*Aquilaria agallocha*】= ऊद. (2) 沈香（薫香）；伽羅

अगरचे [接]《P. اگرچه》たとえーでも；ーでも；ーだが= चाहे. अगरचे यह बारिश कम होती है मगर खेती के लिए बहुत फ़ायदामंद होती है この雨は少量だが農業には甚だ有益なものである

अगरबत्ती [名*] 線香（ワセオバナの茎などを裂きそれに沈香などの芳香物質の粉末を練った物を塗布してこしらえる）

अगरी [名*] 掛け金 = किल्ली; ब्योंड़ा.

अगरु [名]〔植〕ジンチョウゲ科ジンコウ属ジンコウ（沈香）【*Aquilaria agallocha*】⟨aloe wood⟩ = अगर.[2]

अगर्चे [接] → अगरचे.

अग़ल बग़ल[1] [副]《← P. بغل》(1) 左右に (2) わきに；そばに；近くに；あたりに；並んで अग़ल बग़ल लेटे हुए दोनों भाई 並んで横になっている2人の兄弟

अग़ल बग़ल[2] [名] わき；周り；周囲；身の回り；近辺 अग़ल बग़ल के सभी दर्शक 周りのすべての見物人

अगलगी [名*] 放火；火付け= आगज़नी. इन दोनों अगलगियों के विषय में この2件の放火について

अगला[1] [形+] (1) 前方の；前の；先の（方位の） चौपायों के अगले दो पैर 四足獣の両前肢 अगले पाँव 前足 अगली गाड़ी 先行車；前を走る車 (2) 先頭の；一番前の (3) 以前の；昔の；古くからの अगले बाशिंदे 先住民 (4) 次の；次に来る；来るべき अगले बुधवार को 次の水曜日に；来週の水曜日に अगले वर्ष 来年（に） = अगले साल. अगला स्टेशन 次の駅 **अगला क़दम उठाना** 歩を進める **अगला ज़माना** 昔 **अगली पंक्ति में खड़ा हो॰** 先頭に立つ

अगला[2] [名] (1) 先達 (2) 先祖

अगवाई[1] [名*] 出迎え；歓迎；接待= अगवानी.
अगवाई[2] [名] 出迎える人；歓迎する人；接待係
अगवाड़ा [名] (1) 家の正面の部分 (2) 家の正面の外；家の表 ↔ पिछवाड़ा
अगवान[1] [名*] (1) 出迎え；歓迎= अभ्यर्थना; पेशवाई. (2)〔ヒ〕結婚式の際嫁側を訪れた花婿側の一行を出迎える儀礼
अगवान[2] [名] (1) 歓迎する人；出迎える人 (2)〔ヒ〕挙式に到着した花婿側を出迎える花嫁側の人
अगवानी[1] [名*] (1) 出迎え；歓迎；接待= अभ्यर्थना; पेशवाई. (2)〔ヒ〕挙式のため花嫁側を訪れた花婿側を出迎えること
अगवानी[2] [名] 先頭に立つ人；先導者；指導者= अगुआ; पेशवा.
अगसर [形] 人に先んじた；先手の；先手を取った अगसर खेती, अगसर मार । कहै घाघ ते कबहुँ न हार ॥ 〔諺〕人に先んじて耕し先に手を出せば断じて負けなし（先手必勝）
अगस्त [名] 《E. August》太陽暦 8 月
अगस्त्य [名] (1)〔イ神〕アガスティヤ聖仙 (2)〔植〕マメ科小木シロゴチョウ【*Sesbania grandiflora*】 (3)〔天〕カノープス（アルゴ座の一等星）
अगहन [名] アグハン月（インドの太陰太陽暦の第 9 月，陽暦の 11～12 月．日本の旧暦 10 月 16 日から 11 月 15 日）= अग्रहायण; मार्गशीर्ष.
अगहनी [形] アグハン月の
अगाऊ [形] 前もっての；先立っての；先立つ= अग्रिम; पेशगी.
अगाड़ [名] (1) 水ぎせるの吸い口 (2) 先端（部）
अगाड़ा [名] (1) 先に配送される旅行者の荷物 (2) 先端
अगाड़ी[1] [名*] (1) 前；前方の部分；前部 (2) 昔；以前 (3) 第一撃 (4) 馬などのつなぎ綱
अगाड़ी[2] [副] 後に；将来；これから先
अगाड़ी[3] [後置] (-के) अगाड़ी (1)（－の）前に；前で；先に；前方に (2)（－の）未来に；将来に
अगाड़ी जाति [名*] 先進カースト ↔पिछड़ी जाति 後進カースト.
अगाड़ी-पिछाड़ी [名*] 前と後；前部と後部
अगाध [形] (1) 計り知れない；底知れぬ= अथाह; बहुत गहरा. (2) 深い；奥深い；奥行きのある धर्म शास्त्र का अगाध ज्ञान ダルマシャーストラについての奥深い知識 लोक-शक्ति में उनका विश्वास था 同氏は民衆の力に深い信頼を寄せておられた गुरु का अगाध स्नेह 師の深い愛情 (3) はてしない；限りない
अगार[1] [名] 前部；先端（部）
अगार[2] [形] 指導的な；中心的な
अगार[3] [名] (1) すみか；居住所；家= धाम; गृह. (2) 集まり；集積= राशि; समूह.
अगाह [形] (1) 計り知れない (2) 大変な；甚だしい
अगिन[1] [名*] (1) 火 = आग; अग्नि. (2)〔鳥〕ヒバリ科クロスジチャバネヤブヒバリ【*Mirafra assamica*】 (3)〔植〕レモングラス= अगिनघास.
अगिन[2] [形] 数えられない；無数の= अगणित; अनगिनत; बेशुमार.
अगिन गोला [名]〔軍〕焼夷弾
अगिनघास [名*]〔植〕イネ科草木レモングラス【*Cymbopogon citratus*】
अगिनबाव [名] (1)〔獣医〕馬の皮膚病 (2)〔医〕丹毒
अगिनबोट [名*] 《H.अगिन + E. boat》蒸気船；汽船
अगिया [名*] (1)〔鳥〕ヒバリ科チャバネヤブヒバリ【*Mirafra erythroptera*】 (2)〔植〕レモングラス= अगिनघास. (3)〔植〕イラクサ科草木カワリバイラクサ【*Giradinia heterophylla*】その繊維が有用 = बिछुआ.
अगिया बैताल [名] (1) 鬼火 (2) 口から火を吹き人気のない所で通りかかった人を追いかけるという悪鬼 (3) 怒りっぽい人 (4) 大変張切って事に当たる人；積極性のある人；やり手 (5) 屍体にとりつき屍体を操ると言われる悪鬼
अगियारी [名*] (1)〔ヒ〕香；芳香のために火にくべるもの (2) そのために用いられる器
अगीठि [名] 前；前部= अगवाड़ा; आगे (का हिस्सा).
अगीत [形] 次の；来たるべき= आनेवाला; आगामी.
अगीत पछीत[1] [名] 前と後；前後= अगवाड़ा पिछवाड़ा.
अगीत पछीत[2] [副] 前後に；前と後ろに= आगे पीछे.
अगुआ [名] (1) 先導者；指導者；リーダー सही मायनों में महिला कल्याण की अगुआ 正しい意味で女性福祉の指導者 (2) 先頭に立つ人；先達 (3) 案内人；案内者 (4) 仲人
अगुआई [名*] (1) 先に立つこと；率先すること (2) 指導；案内；先導 (3) 中心となること
अगुण[1] [形]〔ヒ・イ哲〕(1)〔ヒ〕無属性の；グナ (गुण)，すなわち，सत्त्व, रजस् 及び तमस् という根本的 3 性質を持たない= निर्गुण. (2) 未熟な；熟達していない；下手な
अगुण[2] [名] 欠陥；瑕= अवगुण; दोष.
अगुन → अगुण[1]，अगुण[2]
अगुरु[1] [形] (1) 軽い= हलका. (2) 師を持たない；師の指導を得ない= बिना गुरु का.
अगुरु[2] [名] (1)〔植〕ジンチョウゲ科ジンコウ（沈香）【*Aquilaria agallocha*】 (2) 沈香（薫香）；伽羅 (3) → शीशम
अगूढ़ [形] (1) 秘められていない；明らかな；明白な (2) わかりやすい；理解しやすい
अगेंथ [名]〔植〕クマツヅラ科大低木マライハマクサギ【*Premna integrifolia*】= अरनी का पेड़.
अगेह [形] 家や住居のない；住所不定の
अगोचर[1] [形] (1) 感覚を超越した；官能を越えた (2) 知覚外の；知覚できない (3) 目に見えない अगर कोई ऐसा लोक है जो हमारी स्थूल दृष्टि के लिए अगोचर है 我々の肉眼に見えない世界があるのならば
अगोचर[2] [名] (1) ブラフマ (2) 知覚外のもの (3) 目に見えぬもの
अगोरना[1] [他] (1) 番をする；見張る；見守る；気にかけてみる कब तक कोई चूल्हा अगोरता रहे だれがいつまでもかまどの番をするものか (2) 待つ जितने दिन अगोरोगे उतने दिन बरबाद ही जाएँगे 待てば待つだけ無駄になるというものよ
अगोरना[2] [他] 止める= रोकना; छेंकना.
अग्गई [名*]〔植〕ビワモドキ科小木【*Dillenia Pentagyna*】= ततरी.
अग्नि [名*] (1) 火 = आग. (2)〔イ神〕アグニ神；火神 (3) 胃の中で食物を消化するとされる火 पेट में अग्नि धधक रही है 腹の中に激しく火が燃え上がっている（激しい空腹のたとえ） (4) 消化力 (5) 南東の方角
अग्निकण [名] 火の粉 = चिनगारी.
अग्निकर्म [名] (1)〔ヒ〕ホーマ；護摩 (2) 火葬 (3) 焼き印を押すこと
अग्निकांड [名] 火災；火事；大火事；大火災
अग्निकाष्ठ [名] 沈香 = अगर.
अग्निकुंड [名]〔ヒ〕アグニ神に供物を捧げるための聖火の炉，ないしは，火壇
अग्निकुल [名]〔イ神〕アーブー山 आबू पर्वत の供犠の火から生じたとされる 4 人のクシャトリヤを祖先とするプラマーラ (प्रमार)，チャールキヤ (चालुक्य) パリハーラ (परिहार) 及びソーランキー (सोलंकी) の 4 氏族
अग्निक्रिया [名*] 荼毘；火葬 = दाहक्रिया.
अग्निगृह [名]〔ヒ〕祭火の保管される建物
अग्निचक्र [名]〔ヨーガ〕アグニ・チャクラ（ハタ・ヨーガで微細身の眉間部に位置すると考えられているチャクラ）；別名アージュニャー・チャクラ (आज्ञा चक्र) → चक्र.
अग्निदाता [名]〔ヒ〕火葬壇に点火する死者の最近親者；喪主
अग्निदान [名] 荼毘の火を点じること；火葬のための点火
अग्निदाह [名] (1) 燃やすこと；焼却 (2) 火葬；荼毘
अग्नि-परीक्षा [名*] (1) 正邪を判断するために火を手にとったり火の中をくぐったりするくがたち（探湯）の一種を行うこと सीता जी की अग्नि-परीक्षा シーター妃の火の試練 (2) 厳しい試練
अग्नि पुराण [名]〔ヒ〕アグニプラーナ（主要 18 プラーナ महापुराण 聖典の一）
अग्निपूजक [名] (1) 火の崇拝をする（人） (2) ゾロアスター教徒；拝火教徒；パールシー (पारसी)
अग्निप्रस्तर [名] 火打ち石；火燧石= चकमक पत्थर.
अग्निबाण [名] 火矢 अग्निबाण छोड़ना 火矢を射る
अग्निबाव [名] → अगिनबाव.
अग्निबीमा [名] 火災保険
अग्निमंथ [名] (1)〔植〕クマツヅラ科大低木マライハマクサギ【*Premna obtusifolia; P.integrifolia*】= गनियार; अँगेथू; अगेंथ; अरणि. (2) 同上の木を用いた火付け道具

अग्निवंश [名] → अग्निकुल
अग्निवर्षा [名*] (1) 火の雨；火器の猛烈な使用 (2) 猛暑
अग्निशमन [名] 消火；消防；消防活動 **अग्निशमन सेवा** *a.* 消防活動に当たる部局 *b.* 消防署 दिल्ली अग्निशमन सेवा デリー消防署
अग्निशामक[1] [形] 消火する；消火（活動の）の；消防の अग्निशामक साधन 消火方法 **अग्निशामक दल** 消防隊
अग्निशामक[2] [名] 消火器；消火活動に用いられる機器
अग्नि संस्कार [名] 荼毘；火葬
अग्निसह [形] 火に耐える；耐火の；耐火性の **अग्निसह ईंट** 耐火煉瓦
अग्निस्नात [形] 火を吹く（ような）；激しい；激烈な "तुम मुझे खून दो, मैं तुम्हें आज़ादी दूँगा" की अग्निस्नात वाणी 「汝我に血を与えよ．さらば我汝に自由を与えん」の火を吹くような弁舌
अग्निहोत्र [名]〔ヒ〕アグニホートラ（アグニ神に対する供犠） अग्निहोत्र आदि यज्ञ アグニホートラを始めとする供犠
अग्निहोत्री [形・名]〔ヒ〕アグニホートラの供犠を守る（祭官）
अग्न्याशय [名]〔解〕膵臓 = पक्वाशय.
अग्न्याशयी [形] 膵臓の；膵臓に関する；膵臓に関わる
अग्र[1] [形] (1) 一番先の；先頭の (2) 最良の；最高の (3) 主要な
अग्र[2] [名] (1) 先頭；先端部 (2) 先；端 (3) 最初；始まり；開始
अग्रक्रय [名]〔商〕先買；先買権；優先買取り権 〈preemption〉
अग्रगण्य [形] (1) 先頭の；筆頭の ऐसे क्रांतिकारियों में अग्रगण्य このような革命家の中で筆頭の उन समाजसेवियों में अग्रगण्य それらの社会奉仕家の中で筆頭の (2) 最高の；最上の；最良の कारीगरी में वे अपने समय की सब जातियों में अग्रगण्य थे 技術面で当時のあらゆるカーストの中で最高の地位を占めていた
अग्रगामी[1] [名] 指導者；先導者；先駆者= अगुआ; नेता.
अग्रगामी[2] [形] 先を進む；先頭に立つ；指導的な；先駆的な **अग्रगामी परियोजन** パイロットプロジェクト
अग्रगामी दल [名]〔イ史〕ネータージー・チャンドラ・ボースの結成したフォワードブロック党→ फ़ार्वर्ड ब्लाक 〈Forward Block〉
अग्र चर्वणक [名]〔解〕小臼歯 〈premolar〉
अग्रज [名] (1) 兄= बड़ा भाई; ज्येष्ठ भाई. (2) 先達；先輩；先導者；指導者= नेता; नायक.
अग्रजा [名*] 姉 = बड़ी बहन; दीदी; जीजी.
अग्रणी [形] (1) 先に立つ；先進的な= प्रगतिशील. सहकारिता की दृष्टि से अग्रणी देश 協同組合活動で先進的な国 (2) 中心的な；主要な= प्रधान; मुख्य.
अग्रता [名*] 優先；優先権 जाति की अग्रता カーストの優先権
अग्रदूत [名] 先触れをする人；先駆者
अग्रपाद [名] 四足獣の前肢；前脚 〈forelimb; propodium〉
अग्रभाग [名] (1) 先端；先端部 (2) 端
अग्रलेख [名] (1) 社説 (2) 巻頭言
अग्रसर[1] [形] (1) 先に立って進む；先頭に立つ；先んじる；指導する (2) 始める；開始する (3) 主要な；中心的な **अग्रसर हो॰** 進む；先に向かう इन देशों की जनता भौतिक उन्नति की ओर अग्रसर हो सके これらの国の民衆が物質的な繁栄に向かって進めるように सच्ची राष्ट्रीयता और जनतंत्र की ओर अग्रसर हो॰ 真の民族主義と民主主義に向かって進むこと
अग्रसर[2] [名] (1) 指導者；先導者 (2) 開始者 (3) 中心人物
अग्रस्वर [名]〔言〕前舌母音 〈front vowel〉
अग्रहायण [名] インドの太陰太陽暦第 9 月（陽暦 11〜12 月に相当）= अगहन; मार्गशीर्ष.
अग्रिम[1] [形] (1) 前払いの；先払いの (2) 主たる；主要な；最高の (3) 次の；来るべき **अग्रिम अदायगी** 前払い；前金= अग्रिम भुगतान. **अग्रिम टिकट** 前売り切符；予約切符；前売り券 **अग्रिम बुकिंग** 〈– booking〉前売り；予約発売 **अग्रिम मूल्य** 前金= अग्रिम रुपया; पेशगी. **अग्रिम रूप से** 先だって；前もって
अग्रिम[2] [名] 兄 = अग्रज; बड़ा भाई.
अग्रिमता [名*] 順位 कमरे छात्रों को प्रत्येक वर्ष उनकी अग्रिमता के आधार पर दिए जाते थे 部屋は生徒に毎年（成績）順位によって割り当てられていた
अघ[1] [形] (1) 邪悪な (2) 悪辣な (3) 道義にはずれた
अघ[2] [名] (1) 罪；罪悪 (2) 悪事 (3) 道義に反する行為
अघट[1] [形] (1) 起こらない；生じない；あり得ない (2) 難しい；困難な
अघट[2] [形] (1) 減らない；減少しない (2) 不変の；変わりない
अघटित [形] (1) 起こっていない；生じていない (2) 起こらない；生じない；あり得ない
अघवाना [他] (1) 満腹させる (2) 満足させる
अघाना[1] [自] (1) 満腹になる；満腹する；腹がくちる सवा रुपये की एक पत्तल में दोनों अघा गये 一皿が 1.25 ルピーの料理に二人は満腹した (2) 満足する；堪能する (3) いやになる；あきる（飽きる）；うんざりする；飽き飽きする लोग उसकी कला की प्रशंसा करते नहीं अघाते थे 皆はその男の芸を称えて飽きることがなかった इसकी चर्चा करते नहीं अघाते これを話題にして飽きることがない वह अपनी तारीफ़ करते अघाता ही नहीं था 男は自慢をしてとどまることがなかった
अघाना[2] [他] (1) 飽きさせる；飽き飽きさせる (2) 満足させる；堪能させる
अघुलनशील [形] 溶解しない；不溶解の；不融合の पानी में अघुलनशील 水に溶解しない
अघोर[1] [形] 恐ろしくない；すさまじくない；猛烈でない
अघोर[2] [形] (1) 厳しい；難しい (2) 恐ろしい
अघोर[3] [名] (1)〔ヒ〕アゴーラ（シヴァ神の異名の一，恐ろしくないものの意） (2)〔ヒ〕アゴーラ派（アゴーラの形でシヴァ神を信奉するシヴァ派の一でカーパーリカ派（कापालिक）の系統を引く．その行や飲食，風体などが極めておぞましいものとされる） (3) アゴーラ派の信徒
अघोरनाथ [名]〔ヒ〕アゴーラナータ（シヴァ神の異名の一）
अघोर पंथ [名]〔ヒ〕アゴーラ派（カーパーリカ派 कापालिक の系統を引くシヴァ派の一）
अघोरी[1] [名] (1)〔ヒ〕アゴーリー（アゴーラ派の信徒） (2) アゴーラ派の人のようにおぞましいことをしたり悪食をしたりする人
अघोरी[2] [形] おぞましい；気味の悪い
अघोष[1] [形] (1) 音のない；音のしない (2)〔言〕無声の；無声音の 〈voiceless; unvoiced〉
अघोष[2] [名]〔言〕無声音
अघोषित [形] 声音の発せられない；宣言されない
अचंचल [形] (1) 落ち着いた；落ち着きのある；安定した (2) 慎重な
अचंभा [名] (1) 驚き；びっくり；びっくり仰天 (2) 驚くべきこと；驚異 **अचंभे में आ॰** びっくりする；仰天する；たまげる= अचंभा हो॰.
अचक [形] いっぱいの；満ちあふれた= भरपूर; पूर्ण; परिपूर्ण.
अचकचाना [自] (1) 突然のこと，予期や期待しなかったことにあわてる；面くらう；困惑する अचानक मदन ने माला को अपनी ओर खींचा, माला बुरी तरह अचकचा गई 不意にマダンはマーラーを引き寄せた．彼女はひどくあわてた． तुम अचकचा गये.तुम्हें मुझसे ऐसे सीधे जवाब की आशा न थी 君はあわててしまった．君は僕にこのように率直な返事を期待していなかったのだ वे दोनों अचकचा गये, "यह एकदम क्या सूझा तुम्हें?". 二人ともあわてふためいた．「いったい急になんということを思いついたのだ」 (2) 驚いて口ごもる；あわてる（予期せぬ言葉や挨拶に反応する様子） पूछने पर जयश्री ही अचकचाकर कहने लगी たずねるとジャヤシュリーのほうが口ごもって話し出した
अचकन [名]〔服〕アチカン（長袖でふくらはぎまでの丈のある男子の上着．上半身は体にぴったりしているが裾にかけてゆったり広がる．前はホックやボタンでとめる）= अँगरखा; चपकन.
अचक्का [名] 他に心を奪われて不注意な様子；上の空 **अचक्के में** 不意に；突然；にわかに
अचक्षु [形] 眼のない；視力のない；盲目の= चक्षुविहीन; अंधा; दृष्टिविहीन.
अचगरा [形+] いたずらな；悪ふざけをする= नटखट; शोख़.
अचगरी [名*] いたずら；悪ふざけ
अचतुर [形] (1) 愚かな (2) 下手な；不器用な；熟練していない
अचपल [形] 落ち着きのある；落ち着いた；慎重な
अचपलता [名*] 落ち着き；慎重さ
अचर[1] [形] 不動の；動かない
अचर[2] [名] 無生物 ↔ चर

अचरज [名] 驚き；びっくり；驚嘆 अचरज भरी दृष्टि 驚きに満ちた眼差し；驚嘆の目 **अचरज मानना** 驚嘆する；目を見張る＝ अचरज में आ॰; अचरज में पड़ना. मैंने एक-एक रात में मन-मन भर अनाज पीसा है, बेटा! देखनेवाले अचरज मानते थे あたしゃ一晩に40kgも粉をひいたものだ．皆が目を見張ったものだった

अचल[1] [形] (1) 動かない；動かせない पृथ्वी अचल है और सूर्य देवता घूमते रहते हैं 大地は動かずにお天道様がずっと回っていらっしゃるんだ (2) 不動の；揺るぎない；断固とした

अचल[2] [名] 山；山岳 ＝ पहाड़; पर्वत.

अचलकीला [名*] 大地；地球＝ पृथ्वी; भूमि.

अचल राज [名] ヒマラヤ（ヒマーラヤ）山脈

अचल संपत्ति [名*] 不動産 ＝ ग़ैरमंक़ूला जायदाद.

अचल सुता [名*] パールヴァティー神 (पार्वती)

अचला [名*] 大地；地球

अचलाधिप [名] 山の王（すなわち，ヒマラヤ；ヒマーラヤ）

अचवना [他] (1) ヒンドゥー教徒が礼拝前に掌に水を受けて飲む (2) 食後に口をすすぐ

अचानक[1] [副] いきなり；突然（に）；にわかに；急に एक दिन शाम को अचानक सेठ को दिल का दौडा पड़ गया ある日の夕方商人に突然心臓発作が起こった

अचानक[2] [形] 突然の；予告なしの；不意打ちの；だしぬけの बस टर्मिनलों और डिपो का अचानक दौरा バスターミナルと車庫の不意打ちの視察 अचानक आगमन だしぬけの訪問

अचार [名] 《P. اچار》（野菜や果物を塩，酢や油に種々の香辛料を加えて漬けたインドなどの）漬け物；アチャール ＝ कचूमर. **अचार डालना** *a.* 漬け物を漬ける *b.* 取っておく；保存しておく (-का)**अचार बनाना** （ーを）打ちのめす；ひどく殴る＝ (-का) अचार निकालना.

अचिंत [形] 心配のない；安心な

अचिंतनशील [形] 思慮のない；思考力のない

अचिंतनीय [形] (1) 考えられない；想像出来ない；理解できない (2) 計り知れない；推測できない

अचिंतित [形] (1) 考えられなかった；考えなかった (2) 心配のない；安心な＝ निश्चिंत. (3) 予期せぬ；不意の；突然の＝ अनपेक्षित.

अचिंत्य [形] → अचिंतनीय.

अचिकित्स्य [形] 不治の；治療不可能な ＝ लाइलाज.

अचित्त [形] (1) 考えられない (2) 考えられなかった (3) 意識のない (4) 知識のない

अचिर[1] [副] (1) 直ちに；即刻 (2) 今しがた；つい先ほど

अचिर[2] [形] (1) 瞬時の；瞬間的な (2) つい先ほどの；つい先刻の

अचिरात [副] ＝ अचिर[1].

अचिरेण [副] ＝ अचिर[1].

अचीता [形⁺] (1) 予想できない；予期されない；不意の (2) 考えられない；度はずれな

अचीन्हा [形⁺] 見分けられない；見知られない अनसुना-अचीन्हा करने से संकट का वेग नहीं थमता 聞かぬふり見知らぬふりをすることで危機が停止するわけではない

अचूक[1] [形] (1) 誤りや失敗のない；絶対確実な उपचार की अचूक विधियाँ 絶対確実な治療法 (2) 的をはずさない；はずれることのない अचूक बाण 的をはずさない矢 **अचूक दवा** 妙薬 ＝ अचूक औषधि. कफ़, खाँसी और कमज़ोरी की अचूक औषधि たん（痰），せき（咳），体力減退に効く妙薬

अचूक[2] [副] 確実に；違えることなく；過たず；失敗なく उनके बाणों का निशाना ऐसा अचूक बैठता था कि स्वयं भीलों को भी उनके शर संधान पर बड़ा आश्चर्य होता था その方の放つ矢は常にビール族すら驚嘆するほど的をはずれなかった

अचेत [形] (1) 失神した；意識を失った अचेत होकर गिर पडा 失神して倒れた (2) 正気でない

अचेतन[1] [形] (1)〔心〕無意識の；意識のない अचेतन उपक्रम 無意識の行動 (2) 生命を持たない；無生物の

अचेतन[2] [名] (1)〔心〕無意識（状態） (2) 無生物；生命のないもの

अचेतनीकरण [名]〔医〕麻酔（をかけること）

अचैतन्य[1] [形] (1) 非情の；情けのない (2) 生命のない (3) 失神している；失神状態の；意識を失った

अचैतन्य[2] [名] (1) 情けのない状態；非情 (2) 生命のないもの；無生物 (3) 失心（失神）；意識喪失の状態

अच्छरा [名*]〔イ神〕アッチャラー；アプサラー (अप्सरा)；アプサラス（天界に住むとされる半神で官能的な美女，踊り子の姿で描かれることが多い）

अच्छा[1] [形⁺] (1) すぐれている；優秀な；良い；いい；上等の अच्छे बीज और अच्छी खाद すぐれた種子とすぐれた肥料 (2) 立派な；上等の सारी लड़कियाँ उस दिन अच्छे अच्छे कपड़े पहनती हैं 娘たちはみなその日上等の服（晴着）を着る सराय में उसने अच्छा-अच्छा खाना भरपेट खाया はたごで上等の料理を腹いっぱい食べた (3) 順調な；調子のよい；好ましい उसकी खेती अच्छी थी 畑は順調だった (4)（等級や地位などの）高い；上級の अच्छे ओहदे पर था 高い地位についていた (5) 品質の良い；上質の；良質の अच्छा दूध 良い牛乳（品質の良い牛乳） (6) 人倫や道義・道徳上良い साथ तो केवल आदमी के अच्छे बुरे काम जाते हैं あの世に伴って行くのは善行か悪行だけなのだ (7) 差しつかえない；支障のない；都合のよい मैं यहीं अच्छा हूँ 私はここで結構です (8) 快い；気持ちのいい；快適な；良い ख़ुशबू कितनी अच्छी है ほんとにいい匂いだ (9) 好きな；愛好する；好みに合う；すてきな तुम कितनी अच्छी हो मेरी प्यारी लोमड़ी キツネさん，私はあなたが大好きよ तो? आपने माफ़ कर दिया न? ओह! मेरे अच्छे पापा! それじゃ許してくれたのねお父さん．わあー大好きだお父さん इस राजा के राज्य में रहना कलाकार लोगों को बहुत अच्छा लगता था 芸術家たちはこの王の治める国にとても暮らしたがった (10) 好ましい；望ましい；良い कितनी अच्छी मौत हुई है बाबू जी की न ख़ुद कोई तकलीफ़ पाई, न दूसरे को सताया お父さんは本当にいい死に方だったわ．自分も苦しまず他人に迷惑をかけずなんだから (11) 元気な；健康な (12) 人がいい；善良な；人柄がいい अच्छी बीवी 良い妻 (13) 得な；利益になる；条件のいい अच्छी नौकरी 良い勤め；いい職；いい働き口 (14) かなりな；相当な；いい；十分な भई, अच्छी मुसीबत है.मुझे भी तो समय से दफ़्तर पहुँचना होता है ねえ君，相当厄介な問題だね，こちらも時間には勤務先に着いていなけりゃならないんだ सर्दी अच्छी पड़ रही थी かなりの寒さだった अच्छी तनख़्वाह 相当な給料 समय ऐसा मरहम है जो अच्छे-अच्छे ज़ख़्मों को भर देता है 時間とは相当な傷を癒してくれる膏薬なのだ मेहनत करेगा तो अच्छी रकम पैदा कर सकता है まじめに働けばかなりの金を稼ぐことができる पर पैसे अच्छे नहीं देते でもあの人は金をあまりくれないんだ **अच्छा क॰** *a.* 病気を治す *b.* 良いことをする *c.*（反意的に）悪いことをする **अच्छा कहना** *a.* 上手に言う；うまく表現する *b.* ほめる；称える **अच्छा खाता पीता** 裕福な अच्छे खाते पीते लोग थे かなり裕福な人たちだった **अच्छा घर** 裕福な家庭 **अच्छा लगना** 気に入る；好む；好きな राम को यह सलाह अच्छी लगी ラームはこの忠告が気に入った तोते मुझे बहुत अच्छे लगते हैं 私はオウムが大好きだ **अच्छी कटना** 調子のよい；好調な；無事な＝ अच्छी गुज़रना; अच्छी बीतना. **अच्छी तरह** うまく；上手に；きちんと；ちゃんと बाकी पान अच्छी तरह लपेटकर रख देना 残りのパーンはきちんと包んでおきなさい **अच्छे का मुँह देखकर उठना** 朝から縁起の良いこと **अच्छे दिन आ॰** 栄える；隆盛する **अच्छे दिन देखना** 隆盛のうちに過ごす；安楽な暮らしを送る **अच्छे से** きちんと；ちゃんと मैंने समय अच्छे से नोट कर लिया 時間はきちんとメモしておいた **अच्छे हालों से गुज़रना** 安楽に過ごす

अच्छा[2] [副] 上手に；うまく वह डांस का बहुत शौक रखती है, और गाती भी अच्छा है あの子はダンスが大好きで歌も上手だ

अच्छा[3] [感] 次のように様々な場面で用いられる (1) 同意；承諾（うん；よし；よろしい） अच्छा ला, मैं अभी आता हूँ तू न घबराना よろしい，私に手渡しなさい．今すぐ戻るからお前はあわてるではないぞ (2) 返事（はい；うん；ふん） (3) 納得（なるほど；そうか） अच्छा जी तुम हो बेटा गीदड़ ははん，ジャッカル君（盗みを働いたのは）お前さんかい (4) 決意（よし） (5) 驚き（えっ；そう；あれ；おや；ほんと） (6) 注意（ほら） अच्छा भई そう；そうかい；そうなの；じゃ अच्छा भई, जैसी तुम लोगों की मरजी じゃお前たちの好きなようにしなさい अच्छा यार それじゃね；じゃ失礼 अच्छा जी; बहुत अच्छा; बहुत अच्छा जी かしこまりました；はい承知しました

अच्छा[4] [接] じゃ，それでは；それでは；じゃ；ところで；で अच्छा, तुम रहते कहाँ हो? で君はどこに住んでいるの अच्छा बेटे,

एक बात बताओ, बड़े होकर क्या बनोगे? それじゃ坊や君は大きくなったら何になるのだい अच्छा...इजाज़त दें それじゃ失礼します अच्छा फिर मिलेंगे それじゃまたね अच्छा तो फिर अब आगे की योजना बनाई जाए それじゃこれから先の計画を立てよう

अच्छाई [名*] (1) 美点；良さ；良いところ；すぐれたところ；長所 अगर आपके जीवन साथी में कुछ कमियाँ हैं तो कुछ अच्छाइयाँ भी होंगी あなたの人生の伴侶に幾つか短所があれば長所もあるでしょう (2) 善；善良さ

अच्छा-ख़ासा [形⁺]《H.+A. خاص ख़ास/ख़ास्स》(1) かなりの；相当な；かなりいい अच्छा-ख़ासा ब्याज मिलेगा かなりの利子が手に入る उनका इकलौता बेटा डाक्टर था, आमदनी भी अच्छी-ख़ासी थी 一人息子は医者だった．収入も相当なものだった गाय की ख़िदमत करना अच्छी ख़ासी मुसीबत है 雌牛の世話は相当に厄介なことだ उसके अच्छी ख़ासी चोट लगी あの人はかなりのけがをした ताल क्या, यह तो एक अच्छी ख़ासी झील है 池というものではなくて立派な湖だ (2) 立派な अच्छी ख़ासी नौकरी छोड़नी पड़ी 立派な職も捨てなくてはならなくなった (3) 元気な；はつらつとした；健康な

अच्छापन [名] ← अच्छा (1) 良さ；美点；長所；特長 (2) 善；善良さ

अच्छा-बिच्छा [形⁺] (1) ちゃんとした；きちんとした；正常の (2) 元気な；健康な

अच्छा-बुरा [名] 善悪 प्रत्येक व्यक्ति को अच्छे-बुरे का ज्ञान होता है だれしも善悪はわきまえているものなのだ

अच्छा-भला [形⁺] (1) まともな；一人前の；れっきとした；大の चिंता करने से अच्छे भले आदमी का रक्तचाप बढ़ जाता है 心配すると大の男の血圧が上がるんだ अच्छा-भला आदमी यही सोच सोचकर बीमार हो जाता है 大の大人がこのことばかり考えて寝込んでしまう (2) 上等の अच्छा-भला सामान 上等の品 (3) 立派な；優秀な इस लापरवाही से उनकी अच्छी-भली काया भी बेडौल बन जाती है 不注意のため立派な体格もくずれてしまう

अच्छावाक [名]〔ヒ〕アッチャーヴァーカ（ヴェーダのソーマ供犠においてホートリ祭官の補佐を務めた祭官）

अच्छिद्र [形] (1) 穴のない；穴のあいていない (2) 欠陥のない (3) 完全な；一体の→ छिद्र.

अच्छिन्न [形] (1) 切られていない (2) 砕かれていない (3) 破れていない (4) 分割されていない (5) 分割できない→ छिन्न.

अच्छे[1] [副] (1) うまく；上手に；きちんと (2) 好機に；頃合いよく **अच्छे आ॰** よい頃合いに来る= अच्छे मिलना.

अच्छे[2] [名] (1) 立派な人 (2) 目上の人

अच्युत [形] (1) ずれない；じっと動かない；不動の (2) 道をはずれない；しくじらない (3) 不滅の；永遠の

अच्युतकुल [名]〔ヒ〕ヴィシュヌ派，特にラーマーナンド派

अछत [副]［古］（ーが）いながら；おりながら；存在しながら = रहते हुए.

अछवानी [名*] アチワーニー（産婦に与えるアジワーイン，ひねショウガ，ナッツなどをすりつぶしたものをギーで揚げた特別の滋養食品）

अछूत[1] [形] (1) 触れられていないもの (2) 触れられてはならないもの；接触を持ってはならないもの (3) 用いられていない；新しい；さらの；下ろされていない अछूत जाति 不可触ジャーティ；不可触カースト；不可触民；被差別民

अछूत[2] [名]〔イ社〕インド社会で差別の対象となってきた一部の社会集団の人たち；被差別民；不可触民；アチュート；ハリジャン अछूत कही जानेवाली जातियों को アチュート（不可触民）と呼ばれるジャーティを

अछूता [形⁺] (1) 触れられていない；免れている（影響などを） हमारे यहाँ पढ़े लिखे लोग भी अंधविश्वास के असर से अछूते नहीं हैं わが国では教育のある人たちまでもが迷信の悪影響を免れていない (2) 新しい；さらの；新規の एक नयी परम्परा की अछूती बुनियाद 新しい伝統の新しい基盤 (3) 離れている；無縁の **अछूता न छोड़ना** 見逃さない；放っておかない；放置しない

अछूतोद्धार [名] ハリジャン（被差別民）の差別からの救済→ अछूत.

अछेद [形] (1) 穴のない (2) 瑕のない；欠陥のない (3) = अछेद्य.

अछेद्य [形] (1) 断ち切れない；切り離せない (2) 不滅の；衰えることのない

अछोर [形] (1) はてしない；無限の (2) 非常に多くの (3) 巨大な ↔ छोर.

अछोह [形] (1) 落ち着いた；安定した；平静な= शांत. (2) 愛情のない；無情な；無慈悲な= निर्दय.

अजंट [名]《E. agent》(1) 代理人 (2) 代表者 (3) 委託販売人= एजेंट.

अजंता 〔地名〕アジャンター（マハーラーシュトラ州の仏教石窟の所在地） अजंता की गुफाएँ アジャンターの洞窟 अजंता का गुफामंदिर アジャンターの石窟寺院

अजंसी [名*]《E. agency》= एजेंसी. (1) 代理店 (2) 仲介；斡旋

अज[1] [形] (1) 生じたものではない；自在の (2) 無始の；永遠の

अज[2] [名] (1)〔ヒ〕ブラフマー神 = ब्रह्मा. (2)〔ヒ〕ヴィシュヌ神 = विष्णु. (3)〔ヒ〕シヴァ神 = शिव. (4)〔動〕ヤギ（山羊，野羊）

अज[3] [名]〔イ神・ラマ〕アジャ王（ダシャラタ王の父，ラーマの祖父） रघु का बेटा हुआ अज ラグ王の子にアジャが生まれた

अज़ [前]《P. از》語源的にはペルシア語の前置詞でヒンディー語では借用語句の中でのみ用いられる．ーから；ーより；ーで；ー（原因）で；ーのために［格助］比較の対象などを表す格助詞 से と同義に用いられる कम अज़ कम 少なくとも= कम से कम.

अजगर [名] (1)〔動〕オオヘビ科ニシキヘビ亜科インドニシキヘビ（錦蛇）【*Python molurus*】 (2) 大蛇；おろち **अजगर करे न चाकरी, पंछी करे न काम। दास मलूका कह गये, सब के दाता राम॥** 〔諺〕*a*. 大蛇が勤めをするわけでもなし鳥が働きに出るわけでもないが，神は一切の生き物に食べものを与える *b*. 怠け者の自己弁護の言葉 **अजगर की तरह पड़े रहना** ごろごろする；無為に日を過ごす；無為徒食 **अजगर के मुँह में जा॰** 大仕事や大人物のために並の人間の存在感が消え失せること

अजगरी[1] [形] アジガル（ニシキヘビ）のように無為徒食の

अजगरी[2] [名*] 無為に日を過ごすこと；無為徒食

अजगरीवृत्ति [名*] 無為徒食の暮らし

अज़दहा [名]《P. اژده》(1)〔動〕ニシキヘビ（錦蛇） (2) 大蛇；おろち

अजनबी[1] [形]《A. اجنبی अज्नबी》(1) 見知らぬ；知らない；知識を持たない अजनबी लोग 見知らぬ人たち (2) よそ者の= ग़ैर.

अजनबी[2] [名] よそ者= ग़ैर; अस्वजन. जब आप पहली बार ससुराल जाती हैं, तो वहाँ आम तौर से आप के लिए सभी व्यक्ति अजनबी-से होते हैं 初めて婚家に行くと誰もがよそ者のような感じを受けるものです मैं तो इस घर में अजनबियों की तरह रहती हूँ 私はこの家でよそ者のように暮らしている

अजनबीपन [名]《A. + H.पन》←अजनबी よそよそしさ；他人行儀

अजन्मा [形] (1) 生まれたのではない (2) 無始の；始まりのない (3) 不滅の अजन्मा कहा जानेवाला परमात्मा 生じることがないと言われる最高神

अजपा[1] [形] (1) 声を出さない；声を出さずに行われる (2) 声を出して名を唱えてはならない

अजपा[2] [名]〔ヒ〕アジャパー（呼吸と共に一日に 2 万 1600 回行われると言う हंस という呪文の無声の唱名／称名）

अजपा जाप [名]〔ヒ〕 अजपा[2] の唱名を行うこと；無言の念誦 = अजपा जप.

अजपामाला [名*]〔ヒ〕(1) = अजपाजप. (2) अजपाजप を行うのに用いられる数珠

अजब[1] [形]《A. عجب》変わった；風変わりな；特異な；独特な；おかしな रेडियो की दुनिया भी अजब होती है ラジオの世界も変わっている वह मुसाफ़िर अजब है 風変わりな旅人だ

अजब[2] [名] 驚き；驚嘆

अज़मत [名] → अज़्मत

अज़माइश [名*] → आज़माइश

अज़मानतीय [形]《(H.अ + A. ضمانت ज़मानत + H.ईय)》〔法〕保釈の許されない〈non-bailable〉 अज़मानतीय अपराध 保釈の許されない犯罪〈non-bailable offence〉

अजमाना [他] → आज़माना. 試す；確かめる；試しにしてみる；試してみる；調べる उसने इस बहाने मुझे अजमा लिया あの人はこれを口実に私を試した

अजमूद [名*] = अजमोद

अजमेर 〔地名〕アジメール市（ラージャスターン州北東部）

अजमेर शरीफ़ [名]《H. + A.شریف》〔イス〕アジメール・シャリーフ（アジメール市にあるイスラム神秘主義教団チシュティー派の聖者ハージャー・ムイーヌッディーンの墓廟 चिश्ती की दरगाह の尊称）

अजमोद [名*] (1)〔植〕双子葉植物セリ科1年草アジモード【*Trachyspermum roxburghianum; T.involucratum*】 (2) 同上の熟果の乾燥したもの．薬用及び香辛料 (3)〔植〕双子葉植物セリ科1～2年草香辛料及び薬用キャラウエー；ヒメウイキョウ (4) キャラウェー・シード अजमोद तेल キャラウェー・オイル

अजमोदा [名*] → अजमोद

अजय[1] [形] 打ち勝てない；不敗の；負け知らずの；負けることのない हमारी इस अजय शक्ति का स्रोत 我々のこの負け知らずの力の源泉

अजय[2] [名] 負け；敗北

अजर[1] [形] (1) 不老の；老いることのない (2) 不滅の **अजर-अमर** *a.* 不滅の कुरान में जो लिखा गया वह अजर-अमर है （聖典の）コーラン（クルアーン）に記されたことは不滅である *b.* 不老不死の

अजर[2] [名] (1) 神 (2) 最高神

अजर[3] [形] 消化されない；こなれない

अजलाफ़ [名, pl.] 《A. جلف←اجلاف जिल्फ》南アジアのイスラム教徒に見られるカースト序列で下層に位置するカーストの総称 → अशराफ़

अजवाइन [名*] → अजवायन

अजवायन [名*] (1)〔植〕セリ科1年草アジュワーイン【*Trachyspermum ammi; T.copticum; Carum copticum*】 (2) 同上の熟果を乾燥させたもの（薬用及び香辛料） (3)〔植〕シソ科タイム = पर्णासी. (4) キャラウェー・シード **अजवायन का तेल** *a.* タイム・オイル 〈oil of thyme〉 *b.* キャラウェー・オイル 〈caraway oil〉 **जंगली अजवायन** セリ科1年草【*Seseli indicum;Ligusticum diffusam*】

अजस्र[1] [形] 尽きることのない；尽きせぬ；絶えざる संस्कृति के अजस्र प्रवाह 文化の絶えざる流れ माँ की ममता और विश्वास का अजस्र स्रोत 母親の愛情と信頼の尽きせぬ泉

अजस्र[2] [副] 絶えず；絶え間なく

अज़हद [副] 《P.A. ازحد》甚だ；非常に；極度に；度はずれに

अजा[1] [形*] 生まれたのではない；親から生をうけたのではない

अजा[2] [名*] 雌のヤギ（雌野羊；雌山羊）= बकरी.

अज़ा [名] 《A. عزا》(1) 哀悼 = मातम; मृत्युशोक. (2) 追悼；お悔やみ = मातमपुर्सी.

अजाइब [名] → अजायब

अजाचार [名]〔文人〕インセスト

अजात[1] [形] (1) 生をうけていない；生まれたのではない (2) 輪廻転生を脱した

अजात[2] [形] (1) ジャーティ（種姓）を持たない (2) ジャーティから追放された

अजातशत्रु[1] [名] 無敵の；敵の生まれていない

अजातशत्रु[2] 〔人名・仏〕マガダ国のアジャータシャトル王（阿闍世王．ビンビサーラ王 बिम्बिसार の息子と伝えられる）

अजाति [形] (1) 出生したのではない；生まれたのではない (2) ジャーティ（種姓）から追放された

अजान[1] [形] (1) 無知な；認識のない (2) 知らない；不明の；見知らない

अजान[2] [名] 知らないこと；無知；認識のないこと= अज्ञान.

अज़ान [名*] 《A. اذان》〔イス〕アザーン（イスラム教で礼拝の時刻をモスクの尖塔から告げる呼びかけの言葉） अज़ान की आवाज़ アザーンの声 **अज़ान दे॰** アザーンを呼びかける；アザーンを唱える

अजाना [形⁺] 見知らぬ；まだ知らない；初めての कुल मिलाकर वह चेहरा मेरे लिए एकदम अजाना था 要するにその顔は私には全くの初めてだった

अजापुत्र [名] ヤギの子（仔）；子山羊

अज़ाब [名] 《A. عذاب》(1)〔イス〕イスラム教徒が犯した罪の罰として死後に与えられる罰 (2) 苦痛；責め苦 पैसे बिना जहान में जीना अज़ाब है 金なくして生きることは責め苦である

अजायब [名, pl.] 《A. عجائب अजाइब ←عجيب अजीब》不思議なことを；不思議なもの；特異なもの；珍奇なもの

अजायब ख़ाना [名] 《A.P. عجائب خانہ》博物館；ミュージアム = अजायब घर; म्यूजियम; संग्रहालय

अजायब घर [名] 博物館；ミュージアム

अजित[1] [形] (1) 不敗の；無敗の；負け知らずの (2) 打ち負かすことのできない；破ることのできない

अजित[2] [名] (1) ヴィシュヌ神 (2) シヴァ神 (3) 仏陀

अजिया ससुर [名] 《Av.अजिआ ससुर》夫の祖父

अजी [感] (1) 呼びかけに用いられる感動詞 संतोखी, अजी ओ संतोखी! サントーキーよ，おいサントーキーよ अजी, सुनते हो… （妻→夫）ねえ，あなた… (2) 相手の言葉を軽く否定したり不同意を表す言葉．いや；いやいや；なあに अजी, इसमें तकलीफ़ की क्या बात है ご遠慮なく，いやいやとんでもございません अजी, वह तो बड़ी मुश्किल है いや，そりゃとても難しいことですよ अजी जनाब いやいやとんでもありません वे समझते हैं मुझे ख़ूबसूरत बना रहे हैं अजी, मुझे ख़ूबसूरत बनाना होता तो…私を美しくしてくれていると思っているのよ．いやいや，私を美しくするのなら… अजी, इसे कौन कमाई की परवाह है いやなあにこの人は金を稼ぐ心配は全然ないのだ अजी उनसे दक्षिणा माँगने आया होगा なあにあの方にお布施をねだりに来たのさあの人は (3) 驚きや驚嘆の気持ちを表す अजी क्या कहने हैं わっ，すごい（有り難い）

अज़ीज़[1] [形] 《A. عزيز》(1) 愛しい；愛する；好きな (2) 尊い；大切な **अज़ीज़ जानना** = अज़ीज़ रखना 愛する；敬愛する；大切にする；敬う अपने वतन को अज़ीज़ रखना 祖国を愛する अपना वतन अपनी जान और माल से ज़्यादा अज़ीज़ है 故国は命や財産よりも愛しいもの

अज़ीज़[2] [名] (1) 親しい人；友人 (2) 近親者；親類

अजीब [形] 《A. عجيب》(1) 変わっている；特異な；風変わりな；おもしろい बाबा के बच्चों के बड़े अजीब नाम थे バーバーの子供たちの名前は風変わりなものだった कंगारू भी अजीब जानवर है カンガルーも変わった動物だよ (2) 奇妙な；不思議な；奇異な；奇怪な यहाँ अजीब अजीब घटनाएँ हो रही हैं ここでは奇怪な出来事が続いて起こっている

अजीबो ग़रीब [形] 《A. عجيب و غريب》独特な；奇妙な；風変わりな；特異な；ユニークな；類のない इन देशों में मार्क्सवाद ने एक अजीबो-ग़रीब छद्म वामपंथ को जन्म दिया है これらの国々のマルクス主義は一種奇妙なえせ左派を生み出した अजीबो ग़रीब ख़ूबसूरती 独特の美しさ

अज़ीम [形] 《A. عظيم》(1) 非常に大きな；巨大な (2) 偉大な；立派な अज़ीम फ़नकारी 立派な技芸 दुनिया के अज़ीम रहनुमा 世界の偉大な指導者

अज़ीमुश्शान [形] 《A. عظيم الشان》(1) 偉大な；大変大きな；とても立派な मुसलमानों की अज़ीमुश्शान ईजादें イスラム教徒の偉大な発見 (2) 巨大な；壮大な तीस चालीस मील मोटाई का अज़ीमुश्शान तबक 厚さ30～40マイルの巨大な層

अज़ीयत [名*] 《A. اذيت》(1) 苦痛；痛み (2) 苦悩；苦しみ

अजीरन [形] → अजीर्ण

अजीर्ण[1] [形] (1) 古びていない；新しい；しっかりした (2) 不消化な；こなれていない

अजीर्ण[2] [名] 不消化；こなれていないこと

अजीव [形] (1) 生命のない (2) 死んだ；死滅した

अजूबा [形] 《A. عجوبہ》特異な；風変わりな；奇妙な；奇異な मनुष्य भी क्या अजूबा है कि इतने वर्षों तक एक मूर्खता को ही अपना गुण समझता रहा! これほど長い間この愚かさでしかないものを長所と思い続けてきた人間もなんと奇妙な存在なのだろう

अजेय [形] 打ち負かせられない；打ち勝てない；打倒できない अजेय किला 難攻不落の城

अजोता [形⁺] 解き放たれた；のびやかな

अज्ञ[1] [形] (1) 無知な (2) 意識を持たない

अज्ञ[2] [名] 愚者= मूर्ख; बेवकूफ़.

अज्ञात [形] (1) 知られていない；不明な **अज्ञात अभ्यर्थी** ダークホース (2) 匿名の；変名の

अज्ञात चेतन [名]〔心〕無意識；無意識状態 〈the unconscious〉

अज्ञातनामा [形] (1) 名前のわからない；氏名不詳の (2) 名もない

अज्ञातयौवना [名*]〔イ文芸〕ヒンディー文学の詩論で女性主人公の分類の一．貞淑な妻であるがまだ思春期の到来の自覚がない女性． मुग्धा のうちに数えられる

अज्ञातवास [名] 隠遁；隠遁生活
अज्ञान[1] [名] (1) 無知；無明 (2) 愚かさ；愚昧 (-का) अज्ञान का फ़ायदा उठाना (ーの) 愚かさにつけこむ
अज्ञान[2] [形] (1) 無知な (2) 愚かな
अज्ञानतः [副] (1) 無知のために；無知から (2) 愚かさから
अज्ञानता [名*] (1) 無知；蒙昧 (2) 愚かさ
अज्ञानतावश [副] (1) 無知より；無知のため (2) 知らずして；認識がないために अज्ञानतावश ब्रह्महत्या हो जाए 知らずしてバラモンを殺害するならば
अज्ञानी [形] (1) 知識を持たない；無知な (2) 愚かな
अज्ञेय [形] 知ることのできない；不可知の
अज्ञेयवाद [名]〔哲〕不可知論〈agnosticism〉
अज्ञेयवादी [名・形] 不可知論者（の）
अज़्म [名] 《A. عزم》 (1) 決意；決心 उसे पूरा करने का अज़्म कर चुके थे それを完成する決意をすでにしてしまっていた (2) 意向；意図
अज़्मत [名*] 《A. عظمت》 (1) 偉大さ मुसलमानों की अज़्मत イスラム教徒の偉大さ (2) 尊敬の念
अटंबर [名] 積み重なり；集積
अटक [名*] (1) 止まること；停止 (2) 差し障り；支障；障害；邪魔
अटकन बटकन [名] アトカンバトカン（地面についた手の甲を指しながら अटकन बटकन दही चटाखा などと唱えごとをしながらする幼児の集団遊戯の一）
अटकन भटकन [名*] 迷路
अटकना [自] (1) 立ち止まる；止まる；停止する；進まなくなる；頓挫する मुझे कुछ देर अटकना पड़ा しばらく立ち止まらねばならなかった सरकार की इन सारी सतर्कताओं के बावजूद विकास योजनाएँ अटक जाती हैं 政府がこのようにすべてに注意を払っているにもかかわらず開発計画は頓挫してしまう बात यहाँ आकर सहसा अटक गई 話はここまで進んだところでにわかに止まってしまった इसपर हाथी ने बारी बारी से सब को देखा.उसकी आँखें गधे पर अटक गईं そこで象は順々にみなを見回した．ロバのところで象の目は動かなくなった उसकी निगाहें फिर दूर की ऊँची इमारतों पर अटक गयी थीं 彼の視線は再び遠くの高い建物のところに止まってしまった उसे लगा जैसे कलेंडर के पन्ने उड़ते उड़ते आठ वर्ष पूर्व की एक साँझ पर जाकर अटक गए まるでカレンダーの頁が翻って行くうちに 8 年前のある日の夕方のところで止まってしまったかのように感じられた **आसमान से गिरकर खजूर पर अटकना** 〔諺〕一難去ってまた一難 (2) ひっかかる；つかえる；つまる；ふさがる；挟まる उसकी साँस की नली में उलटी या कोई और चीज़ अटकी हो 吐いたものかなにかが気管にひっかかっているのかも知れない हलक में पहुँचकर गले में न अटके のどにひっかからないように तबादले से संबंधित लगभग 1,500 मामले यहाँ अटके पड़े हैं 転勤関係の約 1500 件がここに滞ったままになっている एक सेब लुढ़कते लुढ़कते एक पत्थर के साथ अटक गया リンゴが 1 個ころげて行って石につかえた फूले गाल और मोटी तोंद पर नज़र अटक कर रह गई ぷくぷくに膨らんだ頬と突き出た腹から視線は離れなかった पर महाराज की आँखें अब भी क्षितिज पर अटकी हुई थीं だが王の目は今なお地平線に釘づけになったままだった जिनका काम उन दफ़्तरों में अटका पड़ा है それらの役所での用件が宙ぶらりんになったままの人たち कहना चाहती थी, परंतु शब्द गले में ही अटक गए थे 言いたかったのだけれど言葉はのどにひっかかったままになった (3) 突っ掛かる；食って掛かる；争いをしかける；からむ
अटकल [名*] 推測；推量；憶測 कश्मीर में राष्ट्रपति शासन की अटकलें カシミールの大統領統治についてのいろいろな憶測 भविष्य की रणनीति को लेकर तरह तरह की अटकलें हैं 今後の戦略について様々な推測が行われている **अटकल झाड़ना** 当て推量でものを言う；いいかげんなことを言う **अटकलें भिड़ाना** 憶測する वह आदमी आगे अटकलें भिड़ाने की कोशिश नहीं करता あの男はそれから先は憶測しようとはしない
अटकलपच्चू[1] [名] 当て推量；当てずっぽう
अटकलपच्चू[2] [形] 当て推量の；当てずっぽうな；でたらめな
अटकलपच्चू[3] [副] 当て推量で；当てずっぽうに；でたらめに
अटकलबाज़ [形] 《H.+ P. باز》いいかげんな推測をする；推量する
अटकलबाज़ी [名*] 《H.+ P. بازی》いいかげんな推測や推量；憶測

अटका [名] (1)〔ヒ〕ジャガンナートプリーのジャガンナート寺院で供えられる米飯とその御下がり (2) その米飯の代わりに献納される金子 अम्माँ की ज़िद थी कि वह 501 रुपए का अटका चढ़ाएगी 母は 501 ルピーをどうしてもお供えすると言ってきかなかった
अटकाना [他] (1) 止める；とどめる (2) 妨げる；妨害する (3) かける；引っかける；挟み込む；たくしこむ；押しこむ धोती अटका लेने में सफल हो गया うまくドーティーをたくしこんだ (4) ふさぐ **रोड़े अटकाना** 妨げる；妨害する；道をふさぐ
अटकाव [名] (1) 停滞；停止 (2) 支障；障害；妨害
अटन [名] (1) ぶらぶらすること；ぶらつくこと；逍遥 (2) 旅をすること
अटना[1] [自] → अँटना 満ちる；いっぱいになる；充満する जले, अधजले मुर्दों की अजीब सी दुर्गंध से अटा हुआ वातावरण 焼けたり半焼けになった死体の異臭に満ちたあたりの様子 क्लोरेला नामक शैवाल के लगभग पचास हज़ार पौधे पाँच वर्ग सेंटी मीटर में ही अटा जाते हैं クロレラという藻の約 5 万個はわずか $5cm^2$ の所に充満する जालों से अटे झाड़फानूस 網目のようにいっぱい吊るされたシャンデリア खाल पर वर्षों की धूल अटी है 皮には幾年間もの埃がいっぱい積もっている पेड़ों से अटे इस स्थल पर 木の密集したこの場所に घुँघराले बाल धूल से अटे हुए थे 縮れ毛は土埃にまみれていた
अटना[2] [自] (1) 歩く；歩き回る；ぶらぶらする (2) 旅する
अटनी [名*] はず（筈）；ゆはず（弓筈）
अटपट [形] → अटपटा
अटपटा [形+] (1) つじつまの合わない；まとまりのない；筋道が立たない；支離滅裂な；めちゃくちゃな；わけのわからない उसके मुँह से यह वाक्य मुझे बड़ा अटपटा लगा 男の口から出たこの言葉はひどく支離滅裂なものに感じられた (2) 意地が悪い；ひねくれた；厄介な मेहमान का स्वभाव अटपटा व असहयोगपूर्ण हो 客がひねくれた協調性のない性格の人であれば (3) 気まぐれな；気分的な；扱いにくい अटपटा विचार 気まぐれな考え；思いつき क्या स्त्री का हृदय कुछ अटपटा होता है? 女性はいささか気分屋なのだろうか (4) よろよろしている；よろける；足下のおぼつかない
अटपटाना [自] (1) よろよろする；よろめく；動揺する (2) あわてる；気が動転する (3) 気兼ねする；気がひける；遠慮する；躊躇する
अटम बम [名]《E. atom bomb》原子爆弾；原爆＝ एटम बम; अणुबम; परमाणु बम; ए बम.
अटरनी [名] 《E. attorney-at-law》〔法〕事務弁護士
अटरमपटरम [形] 役に立たない；がらくたの उसपर भी मर्दों के अटरम पटरम सामान जगह घेरे रहते हैं おまけに男たちのがらくたが場所をふさいでいる
अटल [形] (1) 不変の；びくともしない；揺るぎない；不動の；堅固な；確固たる अटल सुहाग की कामना 揺るぎない結婚生活の願い अटल भक्ति 不動の信仰心 प्रकृति के अटल नियम की भाँति 自然界の不変の掟のように एक को दूसरे पर अटल विश्वास था お互い堅く信じ合っていた (2) 絶対の；不可避の अटल सत्य 絶対の真理
अटलस [名] 《E. atlas》地図帳；地図書
अटलांटिक [形] 《E. Atlantic》大西洋の
अटलांटिक महासागर 《E. Atlantic Ocean》大西洋＝ अंध महासागर.
अटवाटी-खटवाटी [名*] 寝台などの家財道具 **अटवाटी-खटवाटी लेकर पड़ना** ふてくされたりすねたりがっかりして寝床に横たわる＝ अटवास-खटवास लेकर पड़ना.
अटवी [名*] (1) 森 (2) 広場
अटा [名*] ＝ अटारी.
अटाना [他] 何かの物や物体に入れる；収める；収納する＝ अँटाना.
अटारी [名*] (1) 屋根裏部屋 (2) 幾つもの階のある建物
अटाल [名] 塔；尖塔
अटाला [名] (1) 積み重なったもの；集積 (2) 道具
अटाव[1] [名] (1) 憎しみ；憎悪 (2) 悪意；邪気
अटाव[2] [名] 充満；満ちること
अटूट [形] (1) 切っても切れない；不可分の अटूट संबंध 切っても切れない関係 (2) 揺るぎない；絶対の；不動の सब सिपाहियों को मुन्नू खाँ पर अटूट विश्वास हो गया 全兵士がムンヌーカーンに揺るぎない信頼を持った (3) 完全な；全くの अटूट अभिन्नता 完全な合

一 (4) 非常に多くの；巨万の उसके पास अटूट धन संपदा थी 巨万の富の主だった
अटेंड [名] 《E. attend》(1) 世話；応対；応接 "टेलीफ़ोन आया है" "तुम अटेंड करो" 「電話です」「君が出てくれ」 (2) 付き添い；看護 (3) 出席；参列
अटेंडेंट [名] 《E. attendant》介添人；看護人；世話をやく人 रोगी को देखने के बजाए उसके अटेंडेंट से उसका हाल-चाल पूछकर संतोष करना अधिक उचित होगा 病人を見舞う代わりに看護人に容態をたずねて満足するほうがよかろう
अटेंशन [感] 《E. attention》気をつけ（号令） फ़ौजी अफ़सर जो बात-बात पर अटेंशन करवा दे しきりと「気をつけ」の号令を出す将校
अटेरन [名] (1) かせ（枷）；糸巻き (2) 馬の調教師 (3) レスリングの組み打ち **अटेरन कर दे॰** *a.* がりがりにやせ細らせる *b.* 打ちのめす；やっつける **अटेरन फेरना** 馬を調教する **अटेरन हो॰** やせこける；がりがりにやせる
अटेरना [他] (1) かせ（枷）に糸を巻く；糸巻きをする (2) 酒を飲み過ぎる；深酒をする
अटैचमेंट [名] 《E. attachment》付属部品；アタッチメント
अटैची [名*] 《← E. attaché case》(1) アタッシェケース (2) 小型かばん अटैची में नक़दी और कपड़े थे かばんには現金と衣類が入っていた
अट्ट[1] [名] (1) 高層の建物；高い建物 (2) 建物の最上階 (3) 塔；望楼；物見やぐら
अट्ट[2] [名] 市場 = हाट; बाज़ार.
अट्ट[3] [形] (1) 高い = ऊँचा. (2) かん高い (3) 巨大な (4) 乾いた；乾燥した= सूखा; शुष्क.
अट्टट्टहास [名] → अट्टहास
अट्ट सट्ट [形] (1) いいかげんな；つじつまの合わない；でたらめの= ऊटपटाँग; अंडबंड. (2) 無意味な；つまらない= बेकार.
अट्टहास [名] 大声で笑うこと；哄笑；豪傑笑い= ठहाका; ज़ोर की हँसी. "चाकू से लड़ेगा?" "(अट्टहास करता है) ह ह ह ह ह!" 「なに，どすでやる気かい」「(大声で笑う) あっはっは」
अट्टालिका [名*] (1) 邸宅；大邸宅；屋敷 (2) 塔
अट्ठाईस [数] 28 अट्ठाईसवाँ 28 番目の；第 28 の
अट्ठानबे [数] 98 अट्ठानबेवाँ 98 番目の；第 98 の
अट्ठारह [数] 18 = अठारह. अट्ठारहवाँ 18 番目の；第 18 の
अट्ठावन [数] 58 अट्ठावनवाँ 58 番目の；第 58 の
अट्ठासी [数] 88 = अठासी. अट्ठासीवाँ 88 番目の；第 88 の
अट्ठे [形]〔数〕掛算で× 8；8 倍の；8 を掛ける तीन अट्ठे चौबीस (3 × 8 = 24)
अठ- [造]「八つの」意を持つ造語要素
अठकोना [形+] 八角形の；八角の= अष्टकोण.
अठखेली [名*] ふざけ；たわむれ；浮かれ騒ぎ；いたずら बचपन की अठखेलियाँ 子供時分のたわむれ **अठखेलियाँ क॰** ふざける；はしゃぐ；たわむれる；浮かれ騒ぐ；いたずらをする
अठत्तर [数] 78 = अठहत्तर. अठत्तरवाँ 78 番目の；第 78 の
अठन्नी [名*] アタンニー（インドの旧貨幣単位で 8 アンナ硬貨）→ आना[3].
अठपहला [形+] 八角形の；八辺形の；八面の；八面を持った= अठपहलू.
अठपहिया [形] 八輪の；八輪車の；車輪が 8 個ついた
अठपेजी [名・形] 8 つ折り判（の）〈octavo〉
अठमाशी [名*] → अठमासी
अठमासा [名] (1)〔ヒ〕妊娠 8 か月目に行われる妊婦の髪の毛を分ける儀式= सीमंत संस्कार; सीमंतोन्नयन.（ヒンドゥー女性が初めて身ごもった際に 4 か月，6 か月，もしくは，8 か月目に行われる頭髪を分け朱を塗る）→ अठवाँसा[1]. (2) 妊娠 8 か月目の出産 (3) आषाढ़ から माघ（インド太陰太陽暦 4〜11 月）の間耕作される畑；サトウキビ畑
अठमासी [名*] (1) 8 マーサー मासा（約 8.81g の重量） (2) ギニー（金貨）
अठलाना [自] (1) 威張る (2) 気取る (3) のぼせる
अठवाँस[1] [名] 八角形のもの；八面体
अठवाँस[2] [形] 八角形の；八面の= अठकोना; अठपहला.
अठवाँसा[1] [名] = अठमासा; सीमंत संस्कार.
अठवाँसा[2] [形+] 妊娠 8 か月で産まれる
अठवारा [名] (1) 8 日間 उसने बहुतों को ऐसी नींद दी कि अठवारों बल्कि महीनों सोते पड़े रहें 多くの人に何十日，いや何か月もの間眠り続けるほどの眠りを与えた (2) 8 日目ごとに支給される労賃
अठहत्तर [数] 78 अठहत्तरवाँ 第 78 の
अठाना[1] [他] 苦しめる；悩ます
अठाना[2] [他] 引き起こす；しでかす
अठारह [数] 18 = अट्ठारह. अठारहवाँ 18 番目の；第 18 の
अठासी [数] 88 = अट्ठासी. अठासीवाँ 88 番目の；第 88 の
अड़ंगा [名] (1) 人を倒したりスポーツで相手を倒すために足を掛けること；足掛け (2) 妨げ；妨害；干渉 **अड़ंगा डालना** 妨げる；妨害する；邪魔をする；干渉する= अड़ंगा लगाना. वह रसोई में जाकर अड़ंगा लगाता है 台所に入って邪魔をする **अड़ंगे पर चढ़ना** *a.* 意のままになる；思い通りになる；言うことをきく *b.* おだてに乗る **अड़ंगे पर चढ़ाना** *a.* 意のままにする；意のままに操る *b.* おだてる；おだてに乗せる
अड़ंगेबाज़ [形] 《H.अड़ंगा + P. باز》邪魔をする；邪魔だてする
अड़ंगेबाज़ी [名*] 邪魔だて यह तुम्हारी तरह अड़ंगेबाज़ी भी नहीं करेगी この人は君のように邪魔だてもしないだろう
अड़ [名*] 意地を張ること；強情を張ること (-की) **अड़ पकड़ना** (ーに) すがる
अड़चन [名*] 支障；障り；妨げ；妨害；障害；邪魔；不都合；隘路 उनके आने से न कोई अड़चन होती है, न किसी काम में बाधा あの方がいらっしゃることで何の支障もないし仕事が妨げられもしない उस समय यह पोशाक ही बंधन और अड़चन बन जाती है その際この服装そのものが手足まといや妨げになる **अड़चन आ॰** = अड़चन पड़ना. **अड़चन डालना** 妨げる；妨害する राक्षस जाति के लोग इस यज्ञ में नित नयी अड़चनें डाल रहे हैं ラークシャスどもがこの供犠に対して次から次へと妨げをしている **अड़चन पड़ना** 邪魔になる；妨げられる；妨げになる इस पत्थर से अक्सर अड़चन पड़ती थी この石がしばしば邪魔になっていた
अड़तालीस [数] 48 अड़तालीसवाँ 48 番目の；第 48 の
अड़तीस [数] 38 अड़तीसवाँ 38 番目の；第 38 の
अड़दार [形] 《H. + P. دار दार》(1) よく立ち止まる；前に進もうとしない (2) 強情な (3) うぬぼれ深い；のぼせ上がった
अड़ना [自] (1) 止まる；立ち止まる अब फिर वह पुरानी गाड़ी अड़ती, मचलती, हिलती चलने लगी またもその古い車は止まったりがたついたり揺れたりしながら動き出した (2) 踏ん張る；踏みとどまる；突っ張る；動こうとしない मस्तिष्क तो आज जैसे अपनी बात पर अड़ ही क्या गया है 頭は今日はまるでそこからどうしても動こうとしない感じだ (3) つかえる；場所をふさぐ；ふさがる द्वार पर असबाब अड़ा हुआ था 戸口には荷物がつかえていた (4) 執着する；しがみつく；固執する；意地を張る；強情を張る इतने छोटे बच्चे में सचाई पर अड़ने की यह दृढ़ता देखकर मैं दंग रह गई こんなに幼い子供に真実に執着する固い決意を見て私は度胆を抜かれた हर किसी से चाहे जहाँ भी हो वाद विवाद करने के लिए अड़ जाते और शास्त्रार्थ किए बिना न छोड़ते だれにでもどこにでも議論をぶつけようと意地を張り議論をせずにはおさまらなかった दकियानूसी या रूढ़िवादी विचारों पर अड़े रहने से 古めかしかったり保守的な考えにしがみついていると किसान अपनी ज़िद पर अड़ा रहा 農夫は意地を張り続けた (5) 不平や不満を言う；思い通りにするために文句をつける；ごてる；ごねる रिज़वी से तांगेवाला आठ आने ज़्यादा माँग रहा था और बुरी तरह अड़ गया था リズヴィーに対して馬車屋が 8 アンナ多く要求しひどくごてていた **अड़कर खड़ा हो॰** 意地を張る；強情を張る **अड़े पर काम क॰** 逆境で支援の力になる
अड़बंग [形] (1) 曲がりくねった= टेढ़ा मेढ़ा. (2) 特異な；風変わりな= अनोखा; विलक्षण. (3) 険しい= विकट; कठिन.
अड़भंग [形] = अड़बंग.
अड़वा [名] かかし（案山子）
अड़वाड़ी [名*]〔魚〕スズキ目ボラ科メナダ【*Liza corsula Ham./Mugil corsula of Day*】
अडवोकेट [名] 《E. advocate》〔法〕法廷弁護士 = ऐडवोकेट.
अड़सठ [数] 68 अड़सठवाँ 68 番目の；第 68 の
अड़हुल [名]〔植〕アオイ科常緑小低木ブッソウゲ（仏桑花）【*Hibiscas rosa-sinensis*】= जपा.

अड़ाना[1] [他] (1) 止める；留める；とどめる；固定する；動かぬようにする；かませる एक पत्थर को अड़ाकर 石を 1 個かませて (2) 支える；突っ張る；突っかいをする (3) 突き立てる यहीं पर दादा के सीने पर गोरे सैनिक ने संगीन अड़ा दी थी ちょうどこの場所で祖父の胸に白人兵が銃剣を突き立てたのだった (4) 突っ込む；詰める；はめる

अड़ाना[2] [名] 突っかい；突っかえ；突っ張り；支え

अड़ार[1] [形] 曲がった；折れ曲がった

अड़ार[2] [名] (1) 集まり；集積；山積みになったもの (2) 売りものとして積まれた薪の山 (3) 薪炭や燃料の販売店

अडिग [形] びくともしない；堅い；堅固な；揺るぎない；不動の；動揺しない；確固とした उनका विश्वास ज्योतिष विद्या में अडिग था 占星術を堅く信じておられた अपने आदर्शों पर अडिग रहना 自分の理想を揺るぎなく守る

अड़ियल [形] (1) 頻繁に立ち止まる；突っ張って動こうとしない अड़ियल बैल 言うことをきかない牛 (2) 強情な；意地張りな；頑固な (3) ぐうたらな；怠け者の **अड़ियल टट्टू** ぐうたら；怠け者

अड़िया [名*] (1) サードゥーの腰掛けに用いる丁字形の台 (2) 錨綱 **अड़िया क॰** 錨をあげる

अडिल्ल [名]〔韻〕アディッラ（各パーダが 16 モーラから成るモーラ韻律．パーダの終わりは लघु が 2 つ続き जगण は禁じられる）

अडिशनल [形] 《E. additional》(1) 付加的な= अतिरिक्त. (2) 補足的な；補佐の；次席の= अपर.

अड़ूसा [名]〔植〕双子葉植物キツネノマゴ科低木多年草アダトダ【*Justicia adhatoda; Adhatoda vasica*】〈Malabar nut tree〉その花の蜜が薬用となる

अडोल [形] (1) 不動の；びくともしない；磐石の；揺るぎない (2) 静まりかえった

अड़ोस पड़ोस [名] 近所；近所の家；近隣；隣家 अड़ोस पड़ोस के लोग 隣人；近隣の人たち अड़ोस पड़ोस की महिलाएँ एक दूसरे के यहाँ जाने या उन्हें अपने यहाँ बुलाने की होड़ में रहती हैं 近所の女性たちは競ってお互いの家を訪ねたり家に招いたりしている

अड़ोसी पड़ोसी [形] 近所の；隣近所の；近くの

अड़ौस पड़ौस [名] = अड़ोस पड़ोस.

अड्डा [名] (1) 溜まり場 काम की तलाश के लिए वह मजदूरों के अड्डे पर खड़ा हो गया 仕事を求めに労働者たちの溜まり場に立った (2) 立て場；スタンド टैक्सीवालों का अड्डा タクシースタンド (3) 中心；中心地 (4) 根拠地；根城 अवैध शराब बनाने का बहुत बड़ा अड्डा है 酒の密造の巨大な根拠地 (5) とまり木 (6) 刺繍の木枠 **अड्डा जमना** 溜まり場になる **अड्डा जमाना** *a.* 溜まり場にする *b.* 巣くう चूहों ने अड्डा जमा रखा है ネズミが巣くっていた *c.* 占拠する *d.* 居つく **अड्डा बनाना** 根城にする **अड्डे पर चहकना** 内弁慶の振る舞い

अढ़तिया [名] (1) 代理商 (2) 仲買人；ブローカー= आढ़तिया.

अढ़ाई [数] 2.5；単位となるものの 2 つと半分；2 個と半分= ढाई. अढ़ाई साल 2 年半 **अढ़ाई दिन की बादशाहत** 三日天下

अढ़िया [名*] 漆喰や石灰などを持ち運ぶための底の浅い鉄製もしくは木製の円形の容器

अणि [名*] (1) 先端；先；突端 (2) 刃 (3) 車輪の軸止め (4) 境；境界；限界

अणिमा [名] アニマー（ヨーガによって得られるという 8 種の神通力の 1 つで，これにより他人に姿の見えない微細な姿をとることができるとされる）

अणिमादिक [名*] ヨーガの修行によって得られるとされるアニマーをはじめとする 8 種の神通力，もしくは，超能力

अणु[1] [名] (1) 分子 हाइड्रोजन के दो परमाणु संयोग करके एक अणु बनाते हैं 水素原子が 2 個結合して 1 個の分子ができる (2) 原子 (3)〔イ哲〕物質を構成する原子

अणु[2] [形] 微小な；極めて小さい；極小の

अणुजीव [名] 微生物

अणुबम [名] 原子爆弾= एटमबम; ऐटम बम; ए बम.

अणु बिजलीघर [名] 原子力発電所

अणुवाद [名] (1)〔イ哲〕ヴァイシェーシカ学派 (2)〔イ哲〕純粋一元論 शुद्धाद्वैतावाद

अणुविस्फोट [名] 核爆発

अणुवीक्षण [名] (1) 顕微鏡 (2) あらさがし

अणुव्रत [名]〔ジャ〕ジャイナ教の五誓戒，もしくは，小誓戒（अहिंसा 不殺生， सत्य 不妄語， अस्तेय 不偸盗， ब्रह्मचर्य 不邪淫， अपरिग्रह 無所有）

अण्डमान द्वीप [名] 《← E. Andaman Islands》アンダマン島

अतंद्र [形] (1) 目覚めている；起きている；覚醒している (2) 警戒している；用心している

अतः [接] したがって；故に；然るが故に；だから अतः पृथकतया विटामिन की ज़रूरत नहीं है したがって別個にビタミンを摂取する必要はない

अतएव [接] したがって；故に；だからこそ；さればこそ

अतनु[1] [形] (1) 薄くない (2) 太っている= मोटा.

अतनु[2] [形] 体のない；身体のない= शरीररहित.

अतनु[3] [名]〔イ神〕カーマ神 = कामदेव; अनंग.

अतरंग [名] 錨を引き上げておくこと

अतर [名] = इत्र.

अतरसों [副] (1) さきおととい；一昨昨日 (2) しあさって；明明後日

अतर्क [形] 理屈に合わない；つじつまの合わない

अतल[1] [形] (1) 底なしの (2) 測り知れぬ；底知れぬ यह हृदय की न जाने कौन-सी अतल गहराइयों में डूब जाता है これは一体全体心のどのような測り知れぬ深みに沈むのか

अतल[2] [名]〔ヒ〕アタラ界（7 つの層から成る地下界の上から第 2 番目の世界）

अतलस [名] 《G.,A. اطلس》しゅす（繻子）；サテン

अतलांतिक महासागर [名] 《← E. Atlantic Ocean》大西洋 = अंधमहासागर.

अतवार [名, pl.]《A. اطوار अत्वार ← طور तौर》行動；振る舞い= आचरण; व्यवहार.

अतसी [名*] (1)〔植〕アマ科アマ（亜麻）【*Linum usitatissimum*】= अलसी; तीसी. (2)〔植〕マメ科サンヘンプ【*Crotalaria juncea*】

अता [名*] 《A. عطا》(1) 与えること；授与；施与 (2) 施し；施し物 अता क॰ 与える जिसने तुमको इतनी कीमती चीज़ अता की 君にこれほど高価な物を授けた（神）

अताई [形] 《A. عطائی》(1) 独学独習の (2) 天賦の才のある；天賦の素質のある

अतापता [名] (1) ありか；所在地；場所；住所 (2) 様子；ありさま उसके प्राप्त स्थान का अतापता それの見つかった場所の様子 (3) 正体 कवि का अतापता 詩人の正体 (-का) **अतापता लगाना** （ーを）調べる；調査する；（ーの）正体を見極める

अताशे [名] 《E. attaché》アタッシェ；大使館員；随行員

अति[1] [名*] 度の過ぎたこと；極度なこと अति प्रत्येक चीज़ की बुरी है 何事も度が過ぎればよろしくない **अति क॰** 度を越す किसी व्यसन में अति न करें 遊びごとに度を越さないように

अति[2] [副] 非常に；甚だ；とても；大変に अति आवश्यक 甚だ重要な；欠かせない अति सुंदर पवित्र पक्षी とても美しい神聖な鳥

अति- [造語] 甚だしいことや度はずれなことなどの意を加える造語要素 अतिविषम जलवायु 非常に厳しい気候

अतिकर [名] 付加税〈surtax〉

अतिकाय [形] 巨体の；巨躯の

अतिकाल [名] 遅刻；遅滞

अतिक्रम [名] 違反；規則違反；反則；犯罪

अतिक्रमण [名] (1) 侵害 (2) 違反 (3) 侵略；蚕食 (4) 経過 (5) 侵犯

अतिक्रांत [形] (1) 侵害された (2) 侵略された；蚕食された (3) 経過した (4) 侵犯された

अतिक्रामक [形] (1) 侵害する (2) 侵略的な (3) 侵犯する

अतिगंड[1] [形] 頬のふくらんだ

अतिगंड[2] [名] ふくらんだ頬

अतिगत [形] (1) 甚だしい；過度な (2) 過剰な

अतिचार [名] 侵入；侵犯；侵略

अतिजनसंख्या [名*] 人口過剰〈overpopulation〉

अतिथि [名] 客；客人；来客 अतिथि के रूप में 客として；客分で

अतिथिक्रिया [名*] もてなし；歓待；接待

अतिथिगृह [名] 迎賓館= गेस्ट हाउस.

अतिथिपूजा [名*] 歓待；手厚いもてなし= मेहमानदारी.

अतिथिप्रेमी [形] 客好きの；もてなしのよい；手厚くもてなす हालैंड के लोग बहुत ही अतिथि प्रेमी व शिष्ट होते हैं オランダ人はとても客好きで上品だ
अतिथिशाला [名*] 迎賓館 = अतिथिगृह.
अतिथिसत्कार [名] もてなし；歓待 = आतिथ्य.
अतिप्राचीन [形] 太古の；極めて古い
अतिबल [形] 強力な；強烈な；ものすごい
अतिभव्य [形] 素晴らしい；壮麗な
अतिमद्यपान [名] 過度の飲酒；アルコール中毒
अतिमानव [名] 超人；スーパーマン
अतिमानवी [形] 超人的な；奇跡的な
अतिमानवीय [形] 超人的な；奇跡的な
अतियथार्थवाद [名]〔文芸・芸〕シュールレアリスム；超現実主義〈surrealism〉
अतिरंजन [名] 誇張 = अतिरंजना.
अतिरंजित [形] 大げさな；誇大な；誇張された हास्य पैदा करने के लिए अब वह अतिरंजित हरकतें करने लगा おもしろおかしくしようと大げさな振る舞いをし始めた
अतिराष्ट्रवाद [名] 超国家主義
अतिराष्ट्रवादी [形] 超国家主義の；超国家主義的な अतिराष्ट्रवादी पार्टी 超国家主義的政党
अतिराष्ट्रीयता [名*] 狂信的愛国心
अतिराष्ट्रीयतावाद [名] 狂信的愛国主義
अतिरिक्त [形] (1) 余剰の；余分な；余計な अतिरिक्त भूमि 余剰地 (2) 追加の；付加の अतिरिक्त कर 付加税 (3) 超過した (4) 過剰な अतिरिक्त वज़न घटाना 過剰な体重を減らす (5) 特別の；特別任務の अतिरिक्त मजिस्ट्रेट 特任長官 (-के) **अतिरिक्त** の形で用いられて（ーの）ほかに，（ー）以外になどの意味に用いられる सब्जियों में विटामिनों के अतिरिक्त खनिज तत्त्व भी पर्याप्त मात्रा में मौजूद रहते हैं 野菜にはビタミン以外にミネラルもたっぷり存在する **अतिरिक्त पुर्ज़े** スペアパーツ
अतिरेक [名] 過剰；過多；多すぎること शोक के अतिरेक ने उसकी बुद्धि हर ली 悲しみのあまり男は頭がおかしくなった
अतिलंघन [名] 侵犯；侵害；違反〈infringement〉
अतिवर्षा [名*] 大雨；豪雨 अतिवर्षा के कारण बाढ़ 大雨で洪水
अतिवाद [名] (1) 極論 (2) 過激主義
अतिवादी [形・名] (1) 極端論者（の） (2) 過激主義者（の）
अतिविष [形] 猛毒の
अतिविषा [名*] (1)〔植〕トリカブト属草本→ अतीस (2)〔薬〕アコニット〈aconite〉
अतिवृद्ध [形] (1) 非常に老いた (2) 甚だ老齢の；極めて高齢の
अतिवृष्टि [名*] 大雨；豪雨 ऐसे अतिवृष्टि का ही शिकार रहता आया है यह प्रदेश この地域はずっとこのように豪雨に見舞われてきている
अतिवेला [名*] 遅滞；遅刻= विलंब; देर.
अतिशय [形] 過大な；過度の；甚だしい
अतिशयता [名*] 過大；過度
अतिशयोक्ति [名*] (1) 誇張 (2)〔修辞〕誇張法〈hyperbole〉
अतिश्वेत कोशिका रक्तता [名*]〔医〕白血病〈leukemia〉
अतिसंवेदनशील [形] 過敏な；極めて感受性の強い
अतिसार [名]〔医〕(1) 赤痢 (2) 疫痢 (3) 下痢
अतिसूक्ष्म [形] 微小な；微細な；極微の अतिसूक्ष्म विषाणु (वाइरस) 微小な病原体（ウイルス）
अतिस्वन [形] 超音速の〈supersonic〉
अतींद्रिय [形] (1) 超感覚の；人間の能力を超えた किसी ठोस वस्तु को अतींद्रिय शक्ति द्वारा मोड़ दे॰ 超能力でなにか固い物を折り曲げる (2) 超現実の
अतींद्रियज्ञान [名] テレパシー〈telepathy〉
अतीत[1] [形] 過ぎ去った；過去の अतीत काल में 過去に
अतीत[2] [名] 過去 अतीत की कथा 昔の話；昔のこと निकट अतीत 近い過去 भारत का अतीत インドの過去
अतीतार्थक वर्तमान [名]〔言〕史的現在〈historical present〉
अतीति [名*] 過多；過剰；超過
अतीतोन्मुखी [形] 復古的な；過去志向の
अतीव [形] 非常に多くの；非常に強い शिक्षा में वैज्ञानिक और व्यावहारिक आधार की अतीव आवश्यकता है 教育には科学的・実際的基盤が非常に強く求められる
अतीस [名]〔植〕キンポウゲ科トリカブト属2年生草本【*Aconitum heterophyllum*】〈atis root〉
अतीसार [名]〔医〕下痢 → अतिसार.
अतुकांत[1] [形]〔韻〕脚韻のない；脚韻を踏まない
अतुकांत[2] [名]〔韻〕脚韻を踏まない詩
अतुल [形] (1) 限りない；甚だ多くの；非常に多くの उसने अतुल संपत्ति इकट्ठी कर ली थी 男は巨万の富を築いていた (2) 計り知れない；無尽の सौराष्ट्र में तेल का अतुल भंडार サウラーシュトラ地方に無尽の石油埋蔵量 (3) 比較にならない；並ぶもののない；比べるもののない
अतुलनीय [形] (1) 比類のない；並ぶもののない अतुलनीय आदर्श 比類のない手本 (2) 無限の；無尽の
अतुल्य [形] (1) 同じでない (2) 比類のない；並ぶもののない
अतृप्त [形] (1) 満ち足りない；不満足な (2) ひもじい；空腹の
अतृप्ति [名*] 不満足；不満= असंतोष.
अतोल [形] (1) 計り知れない；非常に多くの；大量の；巨額の अतोल दान 巨額の施与 (2) 比べられない；比類のない
अत्तार [名]《A. عطار》(1) 香水商 (2) アラビア医術の薬屋；薬種商
अत्यंत[1] [形] 非常な；大変な；度はずれな अत्यंत सुंदरी 大変な美人；べっぴん
अत्यंत[2] [副] 甚だ；甚だしく；極度に；度はずれに अत्यंत सुंदर महिला とても美しい女性
अत्यधिक[1] [形] 非常な；度を越えた；極度な；激しい；度はずれな अत्यधिक धूम्रपान 極度な喫煙 सेना के अत्यधिक गोपनीय दस्तावेज़ 軍の極秘書類
अत्यधिक[2] [副] 非常に；極度に；度はずれに；激しく
अत्यल्प [形] 寡少な；甚だ少ない अत्यल्पता 寡少
अत्याचार [名] (1) 暴虐；非道；極悪非道；横暴 धर्म परिवर्तन के कारण अत्याचार हो रहे थे 改宗させるために暴虐が行われていた अंग्रेज़ ज़मींदारों के अत्याचारों का प्रतिवेदन イギリス人ザミーンダールによる暴虐についての訴え (2) 圧政 प्रजा पर मनमाने अत्याचार करने लगे 臣民に対し思いのままに圧政を始めた (3) 虐待 सौतेली माँ के अत्याचार से 継母の虐待のため (4) 苛め；いびり सास के अत्याचारों के कारण 姑の苛めのため
अत्याचारी [形] 非道な；暴虐を働く；横暴な；圧政を働く
अत्याधुनिक [形] 最新の；最新式の；超近代的な；超モダンな अत्याधुनिक स्वचालित हथियार 最新式の自動兵器
अत्यावश्यक [形] (1) 最重要な；絶対不可欠の अत्यावश्यक विषय 最重要な問題 (2) 差し迫った；焦眉の；切迫した；緊急の **अत्यावश्यकता** *a*. 最重要性 *b*. 焦眉の急
अत्युक्ति [名*] (1) 誇張 (2)〔修辞〕誇張法；誇張表現
अत्युत्तम [形] 最良の；最善の；最高の अत्युत्तम कृति 最高傑作
अत्युत्पादन [名]〔経〕生産過剰
अत्र [副] ここ；この場所に；この地に = यहाँ; इस जगह.
अत्रभवान् [代] 閣下（呼びかけに）
अत्रमहान् [代] 陛下（呼びかけに）
अत्राफ़ [名, pl.]《A. اطراف ← طرف तरफ़》→ तरफ़. 様々な方角
अथ[1] [接] さて
अथ[2] [名] 開始；始まり；最初
अथक [形] 疲れを知らぬ；たゆみない；飽くことのない अथक परिश्रम たゆみなき努力
अथच[1] [副] さらに；その上
अथच[2] [接] そして；そこで；したがって अथच हमारे पाठकों का काम है कि उन्हें नीरस समझके छोड़ न दिया करें そこでわが読者諸子はそれらを味気ないものと思って放棄せぬようにすべきだ
अथर्वणि [名]〔ヒ〕(1) アタルヴァニ（アタルヴァ・ヴェーダに基づいて儀式を行うバラモン） (2) ヴェーダの儀式ヤジュニャを行う祭官
अथर्व वेद [名] アタルヴァ・ヴェーダ（バラモン教聖典ヴェーダの一で第四のヴェーダとも呼ばれる）
अथवा [接] (1) あるいは；もしくは；AかBかいずれか；または भूख चाहे पेट की हो या मन की अथवा अन्य इंद्रियों की 飢えは腹の飢えであろうが心の飢えであろうが，あるいは他の感官のも

のであろうと पीलिया अथवा कामला, एक ऐसा लक्षण है जो यकृत संबंधी अनेक बीमारियों में होता है ピーリヤー，もしくは，カームラーと呼ばれる黄疸は肝臓関係の多くの病気に見られる徴候です (2) すなわち；言いかえれば धूमकेतु अथवा पुच्छल तारा 彗星，すなわち，ほうき星 तुम्हारा तर्क, मत अथवा अनुभव क्या है? 君の主張や考え，あるいは，感じはどうだい

अथाई [名*] (1) 応接間 = बैठक. (2) 集会所 = चौपाल.

अथाना [他] (1) 深さを測る (2) 調べる；調査する

अथाह[1] [形] (1) 測り知れない；底知れぬ；非常に深い；限りない अथाह जलराशि 底知れぬ海 अँधेरे मैदान में मशाल की रोशनी अँधेरे को और भी अथाह कर देती है 暗い広場のたいまつの光は暗闇を一層底知れぬものにする अथाह स्नेह 限りない愛情 अथाह नदी में नौकाएँ डगमगाने लगीं 深々とした川の流れの中で船が揺れだした (2) 深い；奥深い；深遠な ठंडी-ठंडी बर्फ़ीली वायु मन को अथाह शांति देती है 氷のように冷い空気が心に深く安らぎを与えてくれる प्रकृति के अथाह सौंदर्य को बिंबित करने का दर्पण 自然の奥深い美しさを映す鏡 (3) 非常に多くの；たくさんの；大量の；巨万の；無尽の अथाह जन समूह 人の海 अथाह दौलत 巨万の富；無尽の富

अथाह[2] [名] (1) 深み (2) 水溜まり；池 (3) 海

अदंड [形] (1) 処罰されない (2) 恐れを知らない (3) 無税の

अदंडनीय [形] 処罰されない；処罰の対象とならない

अदंत [形] 歯のない；歯の抜けた；歯の抜け落ちた= बेदाँत का; दंतहीन.

अदंभ [形] (1) 誠実な (2) 虚色のない (3) 傲慢さのない

अदंष्ट्र [形] 歯のない；歯の欠けている

अदक्ष [形] (1) 無能な (2) 非能率的な

अदक्षता [名*] (1) 無能 (2) 非能率

अदत्त [形] (1) 与えられていない (2) 正式に与えられていない (3) 与えることのできない (4) 未払いの

अदद [名*] 《A. عدد》(1) 数；数量 (2) 個数 (3) 個数を表す助動詞のように用いられる言葉；-個；-枚 रबड़ की चादर के 4 × 3 फ़ुट आकार के टुकड़े - 2 अदद 4 × 3 フィートの大きさのゴムの敷物 2 枚 तीन अदद फुकने 風船 3 つ；3 個の風船

अदन[1] 〔地名〕《A. عدن》アデン（イエメン）〈Aden〉

अदन[2] [名*] 《A. عدن अद्न》(1) エデンの園 (2) 楽園；楽土〈Eden〉

अदना [形] 《A. ادنیٰ अद्ना》(1) 卑しい；卑賤な (2) 平凡な；ごく普通の；ただの；取るに足らない；一介の；しがない एक अदना औरत की जीत 一人のごく普通の女性の勝利 मैं तो एक अदना सेवक हूँ 手前は取るに足らない使用人でございます **अदना-आला** 貴賤上下

अदब [名] 《A. ادب》(1) 敬い；尊敬；崇敬 मैं आप का बहुत अदब करता हूँ 手前は大変敬い申し上げております (2) 礼儀作法；礼節；礼儀正しい振る舞い (3) 丁重なもてなし；心のこもった応対 अपने मेहमानों का अदब करते हैं 客をもてなす (4) 文学 **(-का) अदब क॰** (ーを) 敬う；尊敬する अपने उस्ताद का अदब क॰ 自分の師を敬うこと **अदब की जगह** 敬うべきもの；敬うべきところ **अदब से**; **अदब के साथ** うやうやしく；丁寧に；礼儀正しく；心をこめて； हम ऐसे मेहमानों से भी ख़ुश ख़ुश मिलते हैं- अदब से सलाम करते हैं このような客人にも機嫌よく会い，丁寧に挨拶する नौकर ने अदब के साथ बादशाह के सामने पान पेश किया 従者はうやうやしく皇帝にパーンを差し出した

अदब-आदाब [名] 《A. ادب آداب》礼儀作法 जापानी अदब-आदाब 日本の礼儀作法

अदब-क़ायदा [名] 《A. ادب قاعده》作法；礼儀作法；礼儀 अब हम धीरे-धीरे इन्हें अदब-क़ायदा सिखा देंगे これからゆっくりこの人たちに礼儀作法を教え込む

अदबदाकर [副] (1) 必ず；絶対に (2) 意地でも；しゃにむに；わざと (3) あわてふためいて= अदबदकर.

अदब-लिहाज़ [名] 《A. ادب لحاظ》尊敬= सम्मान. वे मौलवी साहब का बहुत अदब-लिहाज़ करते थे マウルヴィーさん（先生）をとても尊敬していらっしゃった

अदबी [形] 《A. ادبی》文学の；文学上の；文学的な= साहित्यिक.

अदम [名] 《A. عدم》(1) 不足；不十分；欠如 (2) 不存在；存在しないこと；不在 (3) あの世；死後の世界；黄泉 **अदम का रास्ता ले॰** 死ぬ；死亡する；逝去する= अदम को सिधारना. **अदम की राह ले॰** 死ぬ；死亡する= अदम को पधारना; अदम को सिधारना.

अदम आबाद [名] 《A.P. عدم آباد》あの世；黄泉= परलोक.

अदमख़ाना [名] 《A.P. عدم خانه》= अदम आबाद; अदम गाह.

अदम तामील [名*] 《A. عدم تعمیل》(1)〔法〕不承諾；不履行 (2)〔法〕執行停止〈non-execution; non-service; abeyance〉

अदम पैरवी [名*] 《A.P. عدم پیروی》〔法〕不履行

अदम मौजूदगी [名*] 《A. عدم موجودگی》欠席；不在 उस्ताद की अदम मौजूदगी में 教師不在の際

अदम सुबूत [名] 《A. عدم ثبوت》〔法〕証拠不十分

अदम्य [形] (1) 屈しない；不屈の；抑えられない；抑え難い जनता का अदम्य शौर्य 人民の不屈の勇気 (2) とても強い；強烈な；猛烈な यह कहते कहते उसकी आँखों में अदम्य विश्वास झलक आया था そう話しているうちに男の目には強烈な自信が現れてきた अदम्य वेग 強烈な勢い

अदम्यता [名*] 不屈さ；不屈の精神 राठौड़ राजपूतों की अदम्यता ラートール・ラージプートの不屈の精神

अदय [形] (1) 無情な；情愛のない (2) 無慈悲な

अदया [名*] (1) 怒り；不快= क्रोध; कोप; नाराज़गी. (2) 無慈悲；無情= दयारहितता; निर्दयता.

अदरक[名]〔植〕ショウガ科草本ショウガ(生姜)【*Zingiber officinale*】 **अदरक का स्वाद क्या जाने** 物の真価はそれを理解する資格のある人にしかわからないものである

अदर्शनीय [形] みにくい；みっともない；ぶかっこうな= कुरूप; भद्दा; बदसूरत.

अदल[1] [形] 葉のない

अदल[2] [形] 中立の；党派に属していない

अदल[3] [名] 《A. عدل अद्ल》(1) 正義 = न्याय; इंसाफ़. (2) 裁判官 = न्यायकर्ता; मुंसिफ़.

अदलख़ाना [名] 《A.P. عدل خانه अद्लख़ाना》裁判所

अदल-बदल [名] 《H. (echo word) + A. بدل बदल》代えること；入れ替え；交換；変換；取り替え भोजन में अदल-बदल क॰ 食事の内容を変えること हर समय उसके खेत में कोई न कोई फ़सल लगी रहती है.लेकिन फ़सल में अदल बदल करते रहना चाहिए いつも何か作物が植えられているが，作物は取り替えていかなければならない **अदल बदल कर** 交代交代に

अदला बदली [名*] (1) 交換；入れ替え；交代；チェンジ कोर्टों की अदला बदली 卓球のコートチェンジ अपराधियों की अदला बदली 犯罪人の交換 (2) 変更

अदह [名] アスベスト；石綿

अदहन [名] (1) 湯；熱湯；沸騰した湯 (2) 料理のために沸かした湯

अदा[1] [形] 《A. ادا》(1) 支払われた；完済された **अदा क॰** 払う；支払う；完済する；納める；完納する कर अदा क॰ 税金を納める；納税する (2) 果たされた；全うされた **(-को) अदा क॰** (ーを) 果たす；全うする फ़र्ज़ को अदा क॰ 義務を果たす **नमाज़ अदा क॰** (イスラム教徒が) 祈りを捧げる ज़ुहर की नमाज़ अदा करते हैं ズフル（正午）の礼拝をする हम लोग नमाज़ मस्जिद ही में अदा करते हैं 正規の礼拝をモスクで捧げる

अदा[2] [名*] 《P. ادا》(1) 雰囲気；趣き；情趣；情緒 इसके प्राकृतिक सौंदर्य की भी अपनी एक अलग अदा है この地の自然の美しさにもそれ独自の情趣がある (2) 愛嬌 (3) 物腰 आकर्षक अदा से मुसकराई 魅力的な物腰でほほえんだ बच्चों ने बड़ी अदा से नमस्ते किया 子供たちは（母親の友人に）愛嬌たっぷりに挨拶した (4) 色気；色っぽさ；艶っぽさ；艶やかさ

अदाकार [名] 《P. اداکار》俳優；役者

अदायगी [名*] 《A.P. ادائگی》(1) 納めること；支払い；納付 अदायगी का तरीक़ा 支払い方法 (2) 返済 अपनी आय तथा ऋण अदायगी में सुधार 収入と借金返済の改善 (3) 果たすこと；遂行

अदालत [名*] 《A. عدالت》裁判所；法廷 **अदालत क॰** 裁判沙汰にする；裁判沙汰になる= अदालत चढ़ना. **अदालत की धूल फाँकना** 裁判に巻き込まれる **अदालत दौड़ना** 裁判に訴える

अदालती [形] 《A. عدالتی》司法の；司法上の；裁判所に関わる；法廷に関する अदालती कार्रवाई 裁判沙汰 मैं तो केवल अदालती कार्रवाई रोकना चाहता था 私としては裁判沙汰になるのを防ぎたかっただけだ

अदालते अपील [名*] 《A. + E. appeal》上級裁判所

अदालते दीवानी [名*] 《A.P. عدالت دیوانی》民事裁判所= दीवानी अदालत.

अदालते फ़ौजदारी [名*] 《A.P. عدالت فوج داری》刑事裁判所= फ़ौजदारी अदालत.

अदालते मातहत [名*] 《A. عدالت ماتحت》下級裁判所

अदालते माल [名*] 《A. عدالت مال》国税庁

अदावत [名*]《A. عداوت》(1) 恨み；遺恨；怨恨 दोनों में तीन पीढ़ियों से अदावत चली आती है 両者には 3 世代にわたって怨恨が続いてきている (2) 敵対；敵対行為 प्रकृति ने अदावत ही की, दोस्ती नहीं 自然は敵対するばかりでやさしくはしなかった अदावत निकालना 恨みを晴らす；意趣返し

अदावती [形] 《A. عداوتی》(1) 敵意を持つ；憎しみを持つ (2) 敵対する；敵対的な

अदिति[1] [名]〔イ神〕アディティ（リグ・ヴェーダの女神）

अदिति[2] [名] (1)〔イ神〕プラジャーパティ神 (2) 最高神 = ईश्वर.

अदिन [名] 苦難の時（期）；不遇の時；不運

अदीब[1] [形] 《A. ادیب》上品な；丁重な；慎み深い

अदीब[2] [名] 《A. ادیب》文学者；作家

अदूर[1] [副] 近くに；そばに

अदूर[2] [形] 近くの；そばの；かたわらの

अदूर[3] [名] 近いところ；そば；かたわら= पास; पार्श्व.

अदूरदर्शिता [名*] 先見のなさ；浅見短慮

अदूरदर्शी [形] 先のことや将来のことを見通すことのできない；先見の明のない；思慮の足りない

अदृढ़ [形] (1) 堅固でない；弱い；脆弱な；もろい (2) 不安定な；安定を欠く

अदृश्य [形] 見えない；隠れた；姿の消えた देवता अदृश्य हो गए 神は姿を消された

अदृष्ट[1] [形] (1) 見たことのない= अनदेखा. (2) 消えた；姿を消した；姿の消えた

अदृष्ट[2] [名] 運命；宿命= भाग्य; किस्मत; नसीब.

अदृष्टपूर्व [形] (1) これまで見たことのない (2) 奇異な；特異な

अदृष्टि[1] [形] 目の見えない；盲目の；視力のない

अदृष्टि[2] [名*] (1) 見えないこと；見えない状態 (2) 憎しみや怒りのこもった眼差し

अदेय [形] (1) 与えることのできない (2) 与えてはならない；与えるべきでない

अद्धा [名] (1) 1 つの半分；半分の物；1 個の半分 (2) 半パイント（2 分の 1 パイント 0.284 リットル入り）のびん महुवे के ठर्रे का एक अद्धा マフアー酒の半パイントのびん 1 本

अद्धी [名*] アッディー（旧貨幣単位 1 パイサーの 16 分の 1）

अद्भुत[1] [形] (1) 特異な；異様な；奇異な अद्भुत भेष 異様な服装 (2) 驚くべき；驚嘆させられる अद्भुत साम्य, मानो जुड़वाँ भाई हों 驚くほど似ている，まるで双子の兄弟みたいに (3) 素敵な；素晴らしい अद्भुत स्मरणशक्ति 素晴らしい記憶力 (4) 独特な；例のない；比類のない；空前の दोनों परंपराओं का अद्भुत मिश्रण है 2 つの伝統の無類の混淆 (5) 不思議な；神秘的な प्रकृति का अद्भुत सौन्दर्य 自然の神秘的な美しさ

अद्भुत[2] [名] (1) 驚異 (2) = अद्भुत रस.

अद्भुतता [名*] 特異性 ← अद्भुत

अद्भुत रस [名]〔イ文芸〕古典サンスクリット文学をはじめとする詩論において 8 種のラサ（रस 美的な味わいや喜び；情調）の一で「奇異」，もしくは，「驚異」のラサとされ驚嘆の感情 विस्मय から生じるものと言われる

अद्य [名・副] (1) 今日= आज. (2) 今；現今；現在= अब; अभी.

अद्यतन [形] (1) 今日の (2) 最新の；最新式の；現代的な

अद्यावधि [副] (1) 今日まで；今日に至るまで (2) 今まで；現今に至るまで

अद्यैव [副] (1) 今日こそ；本日こそ (2) 今こそ

अद्रव्य[1] [名] 無 = शून्य; अभाव.

अद्रव्य[2] [形] 存在しない = शून्य; रहित.

अद्रव्य[3] [形] 貧しい = दरिद्र; ग़रीब.

अद्रि [名] (1) 山 (2) 石；岩；岩石 (3) 樹木 (4) 太陽

अद्रिकन्या [名*] パールヴァティー神 पार्वती

अद्रिजा [名*] パールヴァティー神 पार्वती देवी

अद्रितनया [名*] パールヴァティー神 पार्वती देवी

अद्वय[1] [形] 無二の；唯一の；絶対的な

अद्वय[2] [名] 無二；唯一；絶対

अद्वयवादी [形・名]〔哲〕絶対論の；絶対論者

अद्वितीय [形] (1) 類のない；比類なき；無類の；無二の；ユニークな रूप लावण्य में अद्वितीय 無類の容姿 भारत के नवजागरण की शंख-ध्वनि करनेवाले महापुरुषों में स्वामी विवेकानंद का स्थान अद्वितीय है インドの覚醒のほら貝を吹き鳴らした偉人の中でヴィヴェーカーナンダ師は比類ない地位を占める (-में =) **अद्वितीय हो॰** (―について=の) どくせんじょう（独擅場）の；どくだんじょう（独壇場）の；独り舞台の (2) 驚嘆すべき；驚異的な गणित के क्षेत्र में अद्वितीय प्रतिभा 数学の分野で驚嘆すべき才能

अद्वितीयता [名*] ← अद्वितीय.

अद्वैत [名] (1) 同一；合一 (2) 不二一元論

अद्वैतवाद [名] (1)〔イ哲〕シャンカラ शंकर आचार्यの説いた不二一元論 (2)〔哲〕絶対論

अद्वैतवादी [形・名] (1) 不二一元論者；不二一元論の (2) 絶対論者；絶対論の

अधः [接頭] 下，下方，劣等などの意味を持つ Skt. の接頭辞 अधः चोंच 下嘴

अधःकाय [名] 下半身

अधःपतन [名] (1) 転落；落下 (2) 窮状 (3) 衰滅；破滅

अधःपात [名] = अधःपतन.

अध- [造語] 半分，半ば，中途，不完全などの意を有する合成語の構成要素 अधमुँडी दाढ़ी 半分剃ったあごひげ अधनंगा 半裸の；半分裸の अधमरा 半死半生の

अधकचरा [形+] (1) 半可通の；知ったかぶりの अधकचरी सलाहों पर या अहंभाव से प्रेरित होकर अगर कोई फ़ैसला किया गया तो 知ったかぶりの忠告や傲慢な気持ちに動かされて何らかの決断が下されると (2) 不完全な；できそこないの अधकचरी झोंपड़ियों में भी できそこないの小屋の中にも (3) 不確かな；曖昧な अधकचरी बात 伝聞

अधकट [形] (1) 半分切れた (2) 規定の半分の

अधकट्टी [名*] 半券

अधकपारी दर्द [名]〔医〕偏頭痛 = अधदर्द.

अधकहा [形+] (1) 半分話された；半分語られた；言いかけた (2) 不明瞭な

अधखिला [形+] 半分咲いた；半分ほころびた अधखिली कलियाँ 半分ほころびた花芽

अधखुला [形+] 半分開いた；半開きの；半眼の अधखुली आँखों से 半眼で

अधगोरा [名] 白人とインド人の混血者，特に英印混血者

अधचरा [形+]（動物に）半分食べられた；半分は（食）まれた

अधजला [形+] 半焼けの；半分燃えた अधजली लाश 半焼けになった死体 अधजली सिगरेट 半分吸ったタバコ；吸いかけのタバコ

अधड़ा[1] [形+] 宙に浮いた

अधड़ा[2] [形+] (1) いいかげんな；でたらめの (2) 支離滅裂の；めちゃめちゃな

अधनंगा [形+] 半裸の अधनंगा आदमी 半裸の男

अधनियाँ [形] 半アンナの→ अधन्ना.

अधन्ना [名] 半アンナ硬貨（銅貨）（インドの旧通貨単位で 1 アンナは 16 分の 1 ルピー）

अधन्नी [名*] 半アンナ硬貨（ニッケル硬貨）

अधन्य [形] (1) 不運な；不幸な (2) 卑しい；軽蔑すべき

अधपका [形+] (1) 半分煮えた；半煮えの；生煮えの (2) 半熟の (3) 半分白髪になった **अधपके बाल** ごましお頭；半白髪= खिचड़ी बाल.

अधपुराना [形+] 中古の

अधबँटाई [名*]〔農〕刈分け小作（土地所有者と小作人との間の収穫物の折半という形式）= अधिया.

अधबर [名] (1) 半分の道；道のりの半分 (2) 中間 (3) 宙

अधबीच [名] 半ば；途中；中途 बाबा कुर्सी पर बैठने लगे, लेकिन पंडित को खड़े देख अधबीच में रुक गये थे 祖父は椅子にかけようとしたが，バラモンが立っているのを見て途中で止まった

अधबैला [形+] むら気な；気まぐれな सास थी सीधी और बहू थी अधबैली 姑は素直な人で嫁はむら気な人だった

अधम [形] (1) ひどく劣った；劣悪な；最低の (2) 卑しい；下劣な；あさましい (3) 悪辣な；悪の निरे जन्म के आधार पर एक मनुष्य को उत्तम और दूसरे को अधम बताती है 単に出生をもとに一方を貴とし他を賤とする
अधमता [名*] ← अधम. = नीचता.
अधमना [名] 気乗りしないこと；気が進まないこと；不承不承なこと
अधमरा [形+] (1) 半死にの；半死半生の उन्हें देखकर अधमरा हो गया それを見て死んだようになった (2) 半殺しの= नीमकुश्ता.
अधमांग [名] (1) 下半身= शरीर का निचला भाग. (2) 足
अधमाधम [形] 最も卑しい；最もあさましい
अधमुँदा [形+] 半開きの；半分閉じた अधमुँदी आँखों से 半開きの目で
अधमुआ [形+] (1) 半死半生の (2) 半殺しの= अधमरा.
अधमुख[1] [副] うつぶせに
अधमुख[2] [形] うつぶせの
अधरंग [名]〔医〕対（つい）麻痺
अधर[1] [名] 宙；空間；空中= अंतरिक्ष. **अधर में चलना** とても得意になる；舞い上がる **अधर में झूलना** 宙ぶらりんになる；どっちつかずの；宙に浮く；とまどう= अधर में पड़ना; अधर में लटकना.
अधर[2] [名] (1) 唇 अधरों में बनावटी मुस्कान 唇に作り笑い (2) 地下の世界 (3) 下半身 (4) 陰唇 **अधर चबाना** （怒りに）唇をかむ
अधरज [名] 唇の赤み
अधरपान [名] 接吻；キス= चुंबन.
अधरम [名] → अधर्म.
अधरा [形+] 支えのない；支援のない= आधारहीन; बेसहारा.
अधराधर [名] 下唇
अधरोत्तर [形] (1) でこぼこの；凹凸のある (2) 善悪の (3) 多少の
अधरोष्ठ [名] (1) 下唇 (2) 両唇
अधर्म [名] ダルマ（法）に反すること；人倫，道理，道義，理法などに反すること；邪道；邪悪 सरकार अधर्म से रुपया कमाती है 国が邪悪な金儲けをしている
अधर्मज [形]〔法〕庶出の；非嫡出の；私生児である
अधर्मी [名] 人道に背く人；邪道の徒；外道 जब तक देश में अधर्मियों का राज्य है 邪道の徒が国を治める限り
अधवा [名*] 夫と死別した女性；夫に死に別れた女性；未亡人；寡婦= विधवा. ↔सधवा
अधारी [名*] (1) 支え (2) 旅行用品を入れる袋
अधार्मिक [形] ダルマ（法）に反する；人倫や道義に反する；反宗教的な अविवाहितों को शंका की दृष्टि से तो देखा जाता है उनको मूलरूप से अधार्मिक माना जाता है 結婚しない人は疑いの目で見られるのはもちろんだが，本来ダルマに反する者と見なされる राजा के अधार्मिक और अन्यायी होने पर 王が人倫を離れ正義を行わなくなると
अधि- [接頭] 上位，優位，過多などの意を加える Skt. の接頭辞 अधिमास うるう月（閏月） → मास.
अधिक[1] [形] (1) 度が過ぎる；度を越えた；あまりな；必要以上の कुँआरेपन में अधिक फ़ैशन शोभा भी नहीं देता 独身で度の過ぎたおしゃれをするのはみっともないものだ (2) より多くの；一層多い；一層の अणु एक अथवा एक से अधिक तत्त्वों के परमाणुओं से बना होता है 分子は１個もしくはそれ以上の原子から成る इनमें अधिक उपज देने की क्षमता नहीं थी それらにはそれ以上の生産をあげる力はなかった अधिक मात्रा में 大量に (3) 余分な；余った；過剰な **अधिक से अधिक** 最も多くの；最多の；最大の；一番の अधिक से अधिक प्रभावोत्पादक विज्ञापन 最も効果的な宣伝
अधिक[2] [副] (1) 必要以上に；度を越えて；あまりに；余計に अधिक फ़ैशनेबल लड़की あまりにもおしゃれな女の子 (2) 程度が上；より；更に；もっと अधिक अच्छा काम もっと良いこと सब से अधिक काम करता है だれよりもよく働く अपेक्षाकृत अधिक उत्तरदायी हो जाते हैं 比較的に一層の責任を負うようになる
अधिकतम [形] 最多の；最高の；最大の；一番の **अधिकतम सीमा** 上限；シーリング खेती की भूमि की अधिकतम सीमा 農地のシーリング अधिकतम ताप 最高気温
अधिकतर[1] [形] 一層多くの；より多い；大半の；過半の；大概の एशिया के अधिकतर भाग जलमग्न थे アジアの大半の地域は水没していた
अधिकतर[2] [副] たいてい；大体；おおかた（大方）；ほとんど बूढ़े लोग अधिकतर लंबा सूती अँगरखा पहनते हैं 年寄りたちはたいてい綿の丈の長いアンガルカーを着ている
अधिकता [名*] ← अधिक 多過ぎること；過多；過剰 क़ानूनों की अधिकता और पेचीदगियाँ 法律の過多と煩しさ
अधिकतिथि [名*]〔天〕余日 = अधिक दिन; अधिक दिवस.
अधिकमास [名] 閏月= मलमास; अधिमास.
अधिकरण [名] (1) 基盤；基底；支え；依拠 (2) 裁判所；法廷 (3)〔言〕処格；位置格= अधिकरण कारक.
अधिकरण कारक [名]〔言〕位置格；処格；於格〈locative case〉
अधिकर्म [名] 監視；監督
अधिकर्मी [名] 監督官；監督
अधिकांश[1] [名] 過半；大半；多数派 = ज़्यादा हिस्सा.
अधिकांश[2] [形] たいていの；大概の；ほとんどの अधिकांश मामलों में たいていの問題において
अधिकांश[3] [副] たいてい；大概；ほとんど
अधिकाई [名*]〔古〕(1) 過多；過剰；過大 (2) 偉大さ；偉さ
अधिकाधिक[1] [形] (1) より多くの；更に多くの；一段と多くの इसका अधिकाधिक लाभ उठाया जाए これを更に利用しようと (2) 最高の；最大の；最多の अधिकाधिक वृद्धि 最大の増加
अधिकाधिक[2] [副] (1) より多く；更に；より一層 (2) 最高に；最大に
अधिकार [名] (1) 権利；資格 समानता का अधिकार 平等の権利 समान अधिकार 同様な権利 सहज अधिकार 生得権= जन्मसिद्ध अधिकार. अपने प्रतिनिधियों को निर्वाचित करने का अधिकार 自分たちの代表を選ぶ権利 (2) 権限 राष्ट्रपति का अधिकार 大統領の権限 (3) 所有権 (4) 権威；威信 रोम साम्राज्य का अधिकार ローマ帝国の権威 (5) 威力；威厳 अधिकार से 権威を持って इस बार झिझक से नहीं, अधिकार से पूछता हूँ 今度は躊躇しながらではなく威厳を持ってたずねる (-पर) **अधिकार रखना** （ーに）権威を持つ；（ーの）権威（者） (6) 権力 उन्होंने अवसर मिलने पर भी सत्ता और अधिकार के प्रति कोई लालसा नहीं रखी 機会が手に入ったにもかかわらず政権や権力に対して同氏は何らの欲望を持たなかった
अधिकार-क्षेत्र [名] (1) 支配権 (2) 権限
अधिकार-पत्र [名] (1) 権利書 (2) 憲章
अधिकारिता [名*]〔法〕司法権〈jurisdiction〉
अधिकारी [名] (1) 権威（者）；オーソリティー वेदों का अधिकारी विद्वान ヴェーダ学のオーソリティー (2) 役員 फ़ेडरेशन अधिकारी 協会役員 एक बैंक के अधिकारी 某銀行の役員 (3) 資格者 इसके लिए वह किसी प्रकार के धन्यवाद या कृतज्ञता का अधिकारी नहीं है あの人にはこのことで何らかの謝辞や感謝を受ける資格はない (4) 権限を持つ人 (5) 所有者；持ち主；主 (6) 官職にある人；官吏；役人 आव्रजन अधिकारी 出入国管理官 अधिकारी गण 官吏；官僚；官憲
अधिकारीतंत्र [名] 官僚機構；官僚制度；権力機構= अधिकारी वर्ग.
अधिकृत [形] (1) 権利を付与された；資格を与えられた；権限を与えられた (2) 公認の；正規の；正式の；正式に許可された अधिकृत उम्मीदवार 公認候補 = अधिकृत प्रत्याशी. (3) 支配下の पाकिस्तान अधिकृत कश्मीर パキスタン支配下のカシミール
अधिकृत लेखपाल [名] 公認会計士〈chartered accountant〉
अधिक्रमण [名] (1) 蚕食〈encroachment〉 (2) 攻撃；襲撃 (3) 乗っ取り (4) 交替
अधिक्रांत [形] (1) 攻撃された (2) 乗っ取られた
अधिगत [形] (1) 得られた；獲得された (2) 知られた；理解された
अधिगम [名] (1) 獲得 (2) 学習；習得 (3) 認識；知識
अधिगृहीत [形] 接収された जमीन को अब तक अधिगृहीत नहीं किया गया है 土地はまだ接収されていない
अधिग्रहण [名]〔法〕接収 भूतपूर्व राजा की भूमि का अधिग्रहण 元国王の土地の接収
अधिचर्म [名]〔解〕表皮；上皮〈epidermis〉
अधित्यका [名*] 高原；台地
अधित्याग [名] 棄権〈waiver〉
अधिनायक [名] (1) 首長；首領 (2) 独裁者；専制者 (3) 支配者
अधिनायकतंत्र [名] 独裁；専制；専制政体 सर्वहारा का अधिनायकतंत्र プロレタリアートの独裁
अधिनायकवाद [名] 専制主義；専制政治

अधिनायकवादी [形] 独裁的な；独裁主義的；専制的な；専制主義的な अधिनायकवादी समाज 独裁社会

अधिनियम [名] (1) 規約；規定；規則 विश्वविद्यालय के अधिनियमों के अंतर्गत 大学の規約により (2)〔法〕条例；法令

अधिनियमन [名] 規定；制定

अधिपति [名] (1) 支配者；主 (2) 所有者；持ち主 (3) 土地所有者；地主 (4) 統括者；責任者

अधिपत्र [名]〔法〕令状

अधिभार [名] 追加料金；割増金 15 प्रतिशत अधिभार देना पड़ेगा 15 %の割増金を支払わなくてはならない

अधिभौतिक [形] 物質的な→ आधिभौतिक.

अधिमान [名] 優先；特恵

अधिमास [名] 閏月 = अधिकमास.

अधिमूल्य [名] 割増金；プレミアム

अधिया [名*] (1) 半分 (2)〔農〕刈り分け

अधियाना[1] [他] 半分にする；半分に分ける

अधियाना[2] [自] 半分になる；半分に分けられる

अधियार [名] (1) 財産や資産の半分 (2) その所有者

अधिराज [名] 主権者；元首；君主；皇帝；国王

अधिराज्य [名] (1) 宗主であること；宗主権を持つこと (2) 宗主国 (3) 宗主権

अधिराट् [名] 元首；主権者；君主；国王

अधिलाभ [名] ボーナス（特別配当，利益配当）

अधिलाभांश [名] 特別配当金；利益配当金

अधिवक्ता [名] 弁護士；弁護人 = वकील; एडवोकेट. इलाहाबाद उच्च न्यायालय के एक अधिवक्ता पर アラーハーバード高等裁判所の弁護士に対して

अधिवर्ष [名] 閏年 〈leap year〉

अधिवास [名]〔法〕住所；定住地；本籍地

अधिवासी [名]〔法〕住民；住人；定住者

अधिवृक्क [名*] (1) 副腎 〈adrenal gland〉 (2) 腎上体 〈suprarenal gland〉

अधिवेशन [名] (1) 大会；総会 1916 के कांग्रेस-अधिवेशन में 1916 年の国民会議派大会で हरिपुरा कांग्रेस अधिवेशन（1938）国民会議ハリプラー大会（1938 年） (2) 会期；開会期間 लोक सभा का वर्षाकालीन अधिवेशन （インド）下院の雨季会期

अधिशासन [名] 統制；管理

अधिशासनिक [形] 統治する；管理する

अधिशुल्क [名] 追加料金

अधिशेष [名] 剰余

अधिष्ठाता [名] (1) 主管；主宰 (2) 責任者；主任 (3) 監督者 (4) 守護者；保護者；守護神

अधिष्ठाता देवता [名] 守護神 पशुओं, पक्षियों और सर्पों के अधिष्ठाता देवता 動物や鳥や蛇の守護神

अधिष्ठात्री देवी [名*] 守護神（女神） अन्न की अधिष्ठात्री देवी 穀物の守護神 ऐसी मान्यता है कि यह देवी गूजरों की अधिष्ठात्री है この女神はグージャル族の守護神と信じられている

अधिष्ठान [名] (1) 住所；居住地 (2) 機関；組織 (3) 管理者；管理当局；体制側

अधिष्ठित [形] (1) 確立された；決定された (2) 付与された (3) 任じられた

अधिष्ठित स्वार्थ [名] 既得権= निहित स्वार्थ. 〈vested interest〉

अधिसूचन [名]〔法〕通知；公告；告示（行為）

अधिसूचना [名*]〔法〕通知；公告；告示 〈notification〉

अधिसूचित [形] 通知された；公告された；告示された

अधिसूचित क्षेत्र-समिति [名] 指定地域委員会（インドの地方自治は農村部と都市部とに分けられそれぞれ村落パンチャーヤットと都市自治体 नगर निगम 〈corporation〉, नगरपालिका 〈municipality〉 などの自治体によって運営されるが，完全に都市部でも農村部でもない地域の自治組織） 〈notified area committee〉

अधीक्षक [名] 監督；監督官 शिक्षा अधीक्षक कार्यालय 教育局 पुलिस अधीक्षक 警視

अधीन[1] [形] (1) 機構の中で下に位置する；下位の；支配下の；管理下の (2) 裁量のない；自由のない；自分の力の及ばない

अधीन[2] [後置] 多く - के अधीन の形で副詞句を成し次のように用いられる (1)（一の）支配下に；配下に；命令下に उस समय हमारा भारत अंग्रेज़ों के अधीन था 当時私たちのインドはイギリスの支配下にあった मैं पूरी तरह से उसके अधीन था 私は全くあの人の言いなりになっていた इसी बचकाने विश्वास के अधीन この大人げない思い込みの（命ずる）ままに (2)（一の）管轄下に；管理下に देश के समस्त न्यायालय एक सर्वोच्च न्यायालय के अधीन होते हैं すべての裁判所は最高裁判所の管轄下にある (3)（一の）規定下に；拘束下に नियम के अधीन 規約下に

अधीनता [名*] (1) 支配下；配下；従属下= परवशता; मातहती. (2) 強制下；余儀ないこと；仕方のなさ= विवशता; लाचारी.

अधीनताई [名*] = अधीनता. टिउनिस की बहुतेरी क़ौमें फ़्रांसीसियों की अधीनताई क़बूल करती जाती हैं チュニスの大多数の部族はフランスに従属しつつある

अधीनस्थ [形・名] (1) 下級の；下位の (2) 配下の；部下の (3) 従属する इनके अधीनस्थ कर्मचारी この方の部下；この方の下にいる職員 **अधीनस्थ न्यायालय** 下級裁判所 अधीनस्थ न्यायालय जिनका निरीक्षण ज़िला न्यायालय करते हैं 県裁判所の管理下にある下級裁判所

अधीनीकरण [名] (1) 征服；服従させること (2) 従属させること

अधीर [形] (1) うずうずする；気がはやる अपनी वस्तु की प्रशंसा दूसरे के मुख से सुनने के लिए उनका हृदय अधीर हो गया 自分の持ち物を人にほめてもらいたくてうずうずしてきた (2) 落ち着かない；せっかちな मेरा हृदय उसे देखने के लिए अधीर हो उठा あの人に会いたくて気持ちが落ち着かなくなった जब रात गहराने लगी तो लड़के अधीर हो उठे 夜が更けてくると子供たちは落ち着かなくなった अधीर और व्यग्र क़िस्म के लोग छोटे छोटे कश खींचते हैं 落ち着きのないせっかちな性格の人はたばこをせかせかと小刻みに吸うものだ (3) がっかりした；気落ちした；落胆した आप लोग इस तरह अधीर न हों मैं बहन शांति को खोजकर ही दम लूँगा みなさん，こんなふうにがっかりなさいませんように．私はシャーンティさんを見つけ出さずにはおきませんからね

अधीरज [名] = अधीरता; अधैर्य. इतना अधीरज उचित नहीं そんなにせかせかするのはよくない

अधीरता [名*] せっかち；落ち着きのなさ；忍耐力のなさ बालकों की सी अधीरता से बोला 子供のようにせっかちに話した

अधुना [副] 現今；今日 = अद्य; आज; आजकल; वर्तमान समय में.

अधुनातन [形] 現今の；今日の；今日的な

अधूरा [形+] (1) 不完全な；不十分な；至らない अधूरी जानकारी दी गई 不完全な情報が与えられた हमारा ज्ञान इन समस्याओं की वास्तविकता को ठीक से पहचान पाने में अधूरा है 我々の持っている知識はこれらの問題の正体を正しく把握することができるにはまだ不十分なのだ विवाह के बिना कन्या भी अधूरी है और पुरुष भी 結婚しなければ男も女も不完全なものなのです (2) 中断した；やりかけの；中途の；未完成の；未完了の काम अधूरे हो गए 作業はやりかけのままになった लोक सभा में आज इसपर बहस अधूरी रही 下院でのこの問題についての今日の議論は完了しないままになった अधूरा वाक्य 言いかけの言葉 अधूरी बात कहकर न छोड़ देना 話は言いさすものではない **अधूरा कर दे॰** 衰弱させる；弱らせる （बच्चा） **अधूरा जा॰** 流産する **अधूरा पड़ना** 宙に浮く；中途に終わる；中途半端になる **अधूरा सपना** 満たされぬ願いや思い **अधूरी कहानी रह जा॰** *a*. 予期せぬ別れになる *b*. 不慮の死をとげる

अधेड़ [形] 中年の = अधेड़ उम्र का; अधेड़ आयु का. अधेड़ उम्र आदमी 中年の男 शिक्षिका सत्रह वर्ष की है और विद्यार्थी अधेड़ आयु के 女教師は 17 歳で生徒は中年の男 अधेड़ अवस्था 中年（期）

अधेला [名] (1)〔イ史〕アデーラー銅貨（ムガル朝第 3 代皇帝アクバル治下に発行された銅貨で 2 分の 1 दाम に相当） (2) アデーラー（1959 年まで行われた旧貨幣単位の 2 分の 1 パイサーの銅貨．旧 3 パーイー पाई に相当）

अधेली [名*] アデーリー銀貨（旧 2 分の 1 ルピーの銀貨．旧 8 アンナに相当した銀貨，もしくは，ニッケル貨）= अठन्नी.

अधैर्य[1] [名] (1) あわてること；落ち着きのないこと (2) せかせかすること；せっかちなこと→ अधीरता.

अधैर्य[2] [形] (1) あわてる；動転する；落ち着きのない (2) せかせかする；せっかちな

अधो [接頭] サンディのため अधः が変化したもの（→ अधःप्रवाह 暗流） अधोध्रुवीय निम्नदाब कटिबंध〔気象〕亜極低気圧帯

अधोगति [名*] (1) 下落 (2) 衰退 (3) 悪化 (4) 地獄に落ちること (5) 死= मृत्यु; मरण.
अधोमुख[1] [形] (1) 下を向いた (2) うつむいた；うつぶせの
अधोमुख[2] [副] うつむけに；うつぶせに
अधोरेखन [名] 下線を引くこと；アンダーラインを施すこと
अधोरेखा [名*] 下線；アンダーライン
अधोलंब [名] (1) 垂線 (2) 測鉛
अधोलिखित [形] 下記の= निम्नलिखित.
अधोवस्त्र [名] 下半身に着用する着物（ドーティー धोती, ルンギー लुंगी など）
अधोवस्था [名*] = अधोगति.
अधोवायु [名] 屁 = अपान वायु; पाद.
अधोहस्ताक्षरी [名] 下記の署名者 अन्य किसी सूचना के लिए अधोहस्ताक्षरी से संपर्क करें その他の情報については下記の署名者と連絡をとられたい
अधौड़ी [名*] (1) 牛や水牛の1頭分のなめし皮の半分 (2) (靴底, 革袋, 引き綱などに用いる) 厚い皮 **अधौड़ी तनना** 満腹する；腹一杯食べる= पेट भर जा॰; भरपेट हो॰
अधौरी [名*] 〔植〕ミソハギ科サルスベリ属中高木【*Lagerstoemia parviflora*】= धौरा; बकली.
अध्मान [名] 〔医〕鼓腹
अध्यक्ष [名] (1) 議長 आज के समारोह का अध्यक्ष 今日の集会の議長 (2) 代表者；長；首長；頭取；議長 बैंक का अध्यक्ष 銀行の頭取 संसार की दो महाशक्तियों के अध्यक्ष व सर्वोच्च नेता 世界の2超大国の首長や最高指導者 (3) 会長 श्री डी भट्टाचार्य वालीबाल फेडरेशन के अध्यक्ष バレーボール協会のD. バッターチャーリヤ会長 (4) 委員長 छात्र संघ का अध्यक्ष 学生自治会の委員長 शिक्षक संघ का अध्यक्ष 教員組合の委員長 (5) 司令官 भारतीय स्थल सेना की पूर्वी कमान के अध्यक्ष インド陸軍東部軍管区司令官
अध्यक्षता [名*] (1) 議長, 委員長, 会長, 長などの地位や職務 साइमन की अध्यक्षता में एक आयोग サイモン（氏）を委員長とする委員会 राज्य सभा की अध्यक्षता उपराष्ट्रपति करता है 上院の議長（職）は副大統領が務める किसी निगम की अध्यक्षता ある会社の社長職 (2) 司会 कार्यक्रम की अध्यक्षता 番組の司会
अध्यक्षा [名*] अध्यक्ष (→) の女性形 हिंदी लेखिका संघ की अध्यक्षा ヒンディー女流作家連盟の議長 सम्मेलन की अध्यक्षा 集会の議長
अध्ययन [名] (1) 読むこと；読書 (2) 学習；研究；修学；研修 (3) 調査；研究 संकट स्थिति का अध्ययन 有事の研究
अध्ययनशील [形] 熱心な；勤勉な
अध्यवसाय [名] 勤勉；刻苦；刻苦精励；精励 पढ़ने के लिए एक दिन भी किसी विद्यालय में गए बिना अपने अध्यवसाय से कोई व्यक्ति कितनी योग्यता प्राप्त कर सकता है 人は学校へ1日も行かずに精励することでどれだけの力を身につけることができるものか
अध्यवसायी [形] 勤勉な；精励する；刻苦精励の घोर अध्यवसायी छात्र ものすごく勤勉な生徒
अध्यात्म [名] (1)〔イ哲〕宇宙万有もしくは個我と最高我に関する哲学的考察 (2)〔イ哲〕最高我；パラマートマ (3)〔イ哲〕個我；アートマー (4) 神 अध्यात्म ही आप की मदद कर सकता है 神のみが君を助け得る
अध्यात्म ज्ञान [名] 個我と最高我に関する知；精神世界に関する知識
अध्यात्मपरक [形] 形而上の
अध्यात्म रामायण [名]〔ヒ〕アディヤートマ・ラーマーヤナ（ヒンドゥー教聖典の一で18プラーナ中のブラフマーンダ・プラーナ ब्रह्माण्ड पुराण に含まれる. トゥルシーダース तुलसीदास 作のラームチャリトマーナス रामचरित मानस の成立に影響を及ぼしたとされるサンスクリット語によるラーマーヤナ文献の一）
अध्यात्मवाद [名] 精神主義
अध्यात्मवादी [形] 精神主義的（な）
अध्यात्म विद्या [名*] 形而上学
अध्यादेश [名] (1)〔法〕法令；布告 (2)〔法〕条例
अध्यापक [名] 教師；教員；教える人；教授者
अध्यापकी [名*] 教職；教育職；教授職
अध्यापन [名] (1) 教育 (2) 教職 अध्यापन-कार्य 教職；教育職
अध्यापिका [名*] 女子教員；女教師
अध्याय [名]（書物や論文などの）章；章節
अध्यायी [形・名] 学習する；学習中の；修学中の；学生
अध्यारूढ़ [形] (1) 乗った (2) 上った (3) 激しい (4) 極度な
अध्येता [名] 特別研究員；フェロー
अध्येतावृत्ति [名*]〔教〕大学特別研究員給費；フェローシップ
अध्वर्यु [名]〔ヒ〕アドヴァリュ祭官（ヤジュルヴェーダに則りヴェーダの祭式を司った祭官の一. ヤジュル・ヴェーダを誦唱した）
अन्- [接頭]《Skt.》無いこと, 欠けていること, 否定, 打消し, 反することなどの意を加える接頭辞（接続する語の語頭が母音の場合）→ अन् + अंत = अनंत, अन् + अन्य = अनन्य. → अ-.
अनंग[1] [形] 身体のない = अनंग; देहरहित.
अनंग[2] [名]〔イ神〕カーマ神 = अंगहीन; कामदेव.
अनंत[1] [形] (1) 終わりのない；無終の；永遠の (2) はてのない；はてしない；無窮の अनंत आकाश को देखकर はてしない空を見て (3) 不滅の (4) 無数の हिमालय की पर्वत मालाओं में छोटी-बड़ी अनंत झीलें हैं ヒマラヤ山脈には大小無数の湖がある
अनंत[2] [名] (1) ヴィシュヌ神の異名 (2) クリシュナ神の異名 (3) シヴァ神の異名 (4) シェーシャナーガ（パーターラ界の主, ヴィシュヌ神をその上に眠らせる）
अनंतकाय [形] 巨体の；巨軀の= भीमकाय; विशालकाय.
अनंतकाल [名] 永遠；永劫；未来永劫 अनंतकाल तक 永遠に；未来永劫にわたって
अनंतचतुर्दशी [名*]〔ヒ〕アナンタチャトゥルダシー（バードン月, すなわち, インド暦6月の白分14日に行われるヴィシュヌ神を祀る祭り, 塩断ちのヴラタ व्रत が行われる）
अनंतता [名*] → अनंत/अनन्त. (1) 無終；永遠 (2) 無窮 (3) 不滅 (4) 無数
अनंतमूल [名]〔植〕ガガイモ科蔓植物インドサルサ→ सालसा.【*Hemidesmus indicus*】
अनंतर[1] [形] 間のあいていない；接している；近くの
अनंतर[2] [副] (1) 後に；後で -के अनंतर の形で用いられることが多い इसके अनंतर その後 (2) 絶えず；続けざまに
अनंत व्रत [名]〔ヒ〕アナンタチャトゥルダシーのヴラタ→ अनंतचतुर्दशी.
अनंतशीर्ष [名] (1)〔ヒ〕ヴィシュヌ神 भगवान विष्णु (2)〔イ神〕シェーシャナーガ शेष नाग
अनंता [名*] (1) 大地 (2)〔ヒ〕パールヴァティー神 पार्वती
अनंतिम [形] 当座の；差し当たりの；暫定的な= अस्थायी; कच्चा.
अन- [接頭] 逆, 反対, 否定などの意を持つ接頭辞= अन्-; अ-. अनकिया しなかった, なされなかった अनकिए या अधूरे कामों का अंबार लग जाता है していないことやりかけのことが山積みになる अनखाया 食べられなかった अनखाये कण 食べかす अनहुआ 生じなかった；発生しなかった；起こらなかった← हुआ 生じた；発生した；起こった सोचते हैं, सब कुछ छोड़कर कहीं जाएँ, पर उनके जाने से, जो हो चुका है, वह अनहुआ तो हो नहीं जाएगा 何もかも捨て去ってどこかへ行こうかと思うのだがそれらがなくなったからといってそれらが生じなかったことにはならない
-अन [接尾] (1) 動詞語根に添加される接尾辞で道具や器具を表す語を作る √झाड़→ झाड़न はたき (2) 動詞語根に添加される接尾辞で動作を表す語を作る √मिल→ मिलन 出会い
अनऋतु [名] (1) 不適切な季節；ふさわしくない季節 (2) 季節に反すること
अनकहा [形+] 言われなかった；口に出されなかった；述べられなかった；語られなかった；暗黙の अनकही वेदना 語られない悲しみ दोनों के बीच की दूरी, अनकही बातों की दीवार बढ़ती जा रही है 両者のへだたり, 語られなかったことの壁はどんどん大きくなっていく **अनकही दे॰** *a.* 黙る；沈黙する *b.* 人の言葉を聞き入れない；他人の言葉に耳を傾けない
अनखुला [形+] (1) 閉ざされた；閉じている；閉じたままの；閉まった (2) 秘密の；内密の
अनगढ़ [形] (1) 未加工の；手の加わっていない；本来の；仕上げのしてない；荒削りな इस युग के सिक्के चाँदी या ताँबे के अनगढ़ टुकड़े होते थे この時代の硬貨は銀や銅のかけらで仕上げがなされていないものだった (2) 不格好な；みっともない (3) 粗い；洗練されていない (4) でたらめな；いいかげんな **अनगढ़ रूप में** 本来

の形で **अनगढ़ बात** *a.* 不躾な言葉 *b.* 無思慮な言葉 **अनगढ़ बोलना** *a.* 無思慮な言葉を発する *b.* わけのわからぬことを言う

अनगार[1] [形] 住居のない；家のない；家を持たない

अनगार[2] [名] 遊行者；出家者

अनगिनत [形] 無数の；数え切れない；おびただしい= अगणित; असंख्य; बेतादाद. अनगिनत बार 幾度も幾度も；限りなく；繰り返し繰り返し अनगिनत तारे 無数の星；数え切れない星

अनगिना [形+] (1) 数えられていない (2) 無数の；数えられない

अनघ[1] [形] (1) 罪のない；科のない (2) 無垢な；清浄な

अनघ[2] [名] 罪障のないこと

अनचाहा [形+] 望まれない；望まざる；不要の；いらない；無用の；無駄な अनचाहे बाल 無駄毛

अनचीत [形] 気の進まない；意にそぐわない

अनचीता[1] [形+] (1) 予期されない (2) にわかの；突然の (3) 望まれざる

अनचीता[2] [副] にわかに；突然に；不意に

अनचीन्हा [形+] 見知らぬ；知られない；体験のない；今までにない मैं एक अनचीन्हे रोमांच से भर उठी 今まで感じたことのない戦慄が体中に走った

अनजान[1] [形] (1) 知らない；知識のない；認識がない；疎い अनजान व्यक्ति को 事情を知らない人に अनजान बनना とぼける；知らぬふりをする；知らんぷりをする；しらをきる मैंने अनजान बनते हुए पूछा 知らぬふりをしてたずねた (2) 見知らぬ；面識のない सेठ के मन में भी उस अनजान बनिये के प्रति श्रद्धा जाग उठी 豪商の胸の中にもその見知らぬ小商人に対して信頼の気持ちが起こった (3) 知られていない；無名の अनजान रूसी एथलीट 無名のソ連陸上選手

अनजान[2] [名] (1) 無知；知識のないこと (2) 無意識；無自覚

अनजाना[1] [形+] = अनजान[1]. अनजानी राहें पग पग ठोकर 初めて歩く道，一歩進むごとにつまずき अनजाने चेहरे 見知らぬ顔 **अनजाने तालाब में डुबकी लगाना** *a.* 経験したことのない状況に陥る *b.* 危険なことをする；物騒なことをする

अनजाना[2] [名] = अनजान[2]. **अनजाने में** 知らずに；思わず；無意識のうちに गेंद सामने पड़ी हो तो अनजाने में ही आदमी उसे लुढ़काने, फेंकने या उसपर किसी चीज़ से चोट करने लगता है ボールが目の前にあれば人は思わずそれをころがしたり投げたり何かで打ったりしはじめるものだ

अनजाने [副] = अनजान में; अनजाने में. हम अनजाने ही इन रोगाणुओं को धो-धोकर त्वचा से हटाते रहते हैं 我々は無意識のうちにこれらの黴菌を皮膚から洗い落としている

अनदेखा [形+] (1) 見たことのない (2) 見知らぬ；知らない；体験したことのない；今までにない किसी अनदेखे भय से घबराकर नीचे उतर आया なにか今までにない恐怖感に気が動転して降りて来た **अनदेखा क॰** *a.* 見逃す छोटी भूलों को अनदेखा कर दिया जाए 小さな過ちは見逃してやるべきだ *b.* 無視する व्यक्ति की योग्यता को अनदेखा करने का असर 人の能力を無視することの影響 *c.* 見て見ぬふりをする अकसर हम उसे देखकर भी अनदेखा कर देते हैं しばしば我々はそれを目にしながら見ぬふりをする

अनदेखी [名*] 見て見ぬふりをすること；無視 लाल बत्ती की अनदेखी क॰ 赤信号を無視する

अनद्यतन [形] (1) 今日より前の (2) 時代遅れの

अनद्यतन भविष्य [名] 来るべき真夜中以後の時間

अनद्यतन भूत [名] 過ぎた真夜中の前の時間

अनधिक [形] (1) 多くない (2) 無限の (3) 完全な (4) 最もすぐれた

अनधिकार[1] [形] (1) 資格や権限のない (2) 力量や能力を越えた अनधिकार चेष्टा 出すぎた行動；柄にもないことをすること अनधिकार चर्चा 知識を持たぬことについて語ること अनधिकार दख़ल 出すぎたこと；おせっかい；出しゃばり；僭越な行為 अनधिकार प्रवेश 侵入

अनधिकार[2] [名] (1) 無権利；権限のないこと (2) 余儀ないこと (3) 無能

अनधिकारी [名] (1) 権利を持たぬ人 (2) 専門的な知識を持たない人

अनधिकृत [形] (1) 資格外や権限外の；認定されていない；不当な (2) 正規ではない；合法的ではない；不当な；非合法な；違法の；裏口の→ अधिकृत. अनधिकृत निर्माण 不法建築；違法建築 अनधिकृत भूमि अधिकरण 不法な土地占拠 **अनधिकृत रूप से** 裏口で；違法に；非合法的に

अनधीन [形] 独立の；自立の= स्वाधीन. → अधीन.

अनध्यवसाय [名] 怠惰；不熱心

अनन्नास [名] 《Por. ananás》 (1) 〔植〕パイナップル科パイナップル【*Ananassa sativa; Bromelia ananas*】 (2) その実；パイナップル

अनन्य [形] (1) 無類な；二つとない；絶対的な पूँजीवाद का अनन्य भक्त 資本主義の無類の信奉者 (2) ひたすらな；一心な；専念する；専心する；嘘いつわりのない；二心のない अनन्य भक्त ひたすらな信徒

अनन्यचित्त [形] 専念した；専心した；没頭した

अनन्यता [名*] (1) 無類；比類のないこと (2) 専念；専心；没入；没頭

अनन्यपरायण [形] ひたすらな；一心の；専心する

अनन्यभाव [名] ひたすらな信心；専修（せんじゅ）

अनन्यमनस्क [形] = अनन्यचित्त.

अनन्यमना [形] = अनन्यचित्त.

अनन्याश्रित [形] (1) 自在の (2) 自立した；独立した

अनपका [形+] 熟していない；未熟の；未熟成の अनपका या अधपका ज्ञान まだ熟成していなかったり熟成しかけの知識

अनपचा [形+] 不消化の；こなれていない पेट के अंदर का जो अनपचा हिस्सा 胃の中にある不消化の分

अनपढ़ [形] 無学な；教育を受けていない अनपढ़ नौकरानी 無学なお手伝い

अनपढ़ता [名*] 無学 = विद्याहीनता; निरक्षरता; जहालत. श्रमिक वर्ग की अनपढ़ता का अनुचित लाभ उठाना 労働者階級の無学につけこむ

अनपराध[1] [形] 無実の；罪を犯していない；罪科のない；潔白な

अनपराध[2] [名] 無実；無罪；潔白

अनपेक्ष [形] (1) 無関心な；無頓着な (2) 中立の；偏りのない (3) 自立した

अनपेक्षित [形] (1) 予期されていない；意外な (2) 期待されていない (3) 不必要な अनपेक्षित रूप से 予期せぬ形で；意外に

अनबन[1] [名*] (1) 不和；不仲 विजी और मुकी में लंबी अनबन है ヴィジーとムキーは久しく不仲だ (2) 不調和；なじまないこと **अनबन रहना** うまがあわない **अनबन हो॰** ぎくしゃくする

अनबन[2] [形] (1) 不和な；不仲な (2) 合わない；調和しない

अनबिया [名, pl.] 《A. انبیا←نبی नबी》 〔イス〕預言者→ नबी.

अनबोल [形] (1) 無言の；沈黙の (2) （生まれつき）口のきけない；おしの；聾唖の (3) 感情を表現できない

अनब्याहा [形+] 未婚の；結婚していない；独身の

अनभिज्ञ [形] 知らない；知識を持たない；精通していない；無知な；気がつかない उन ग़लतियों से अनभिज्ञ रहना それらの過ちに気がつかないでいること वर्तमान पीढ़ी के अधिकतर लोग इस भाषा से पूर्णत: अनभिज्ञ हैं この世代の大半の人たちはこの言葉を全く知らない

अनभिज्ञता [名*] ← अनभिज्ञ. 知らないこと；知識を持たないこと；無知 क़ानून की अनभिज्ञता के कारण 法律についての無知から आम जनता की अनभिज्ञता 一般大衆の無知

अनभिप्रेत [形] (1) 的はずれな (2) 望ましくない；好ましくない

अनभिमत [形] (1) 不同意の；反対の考えの；意見の異なる (2) 意図に反する (3) 嫌いな；いやな；望ましくない

अनभिरूप [形] (1) 似ていない (2) 不格好な

अनभिलषित [形] 望まれない→ अभिलषित.

अनभिलाष [形] 欲のない；欲求のない→ अभिलाषा.

अनभिव्यक्त [形] (1) 不明瞭な；明らかでない (2) 秘められた

अनभ्यस्त [形] (1) 未熟な；習熟していない (2) 習慣のない；習慣のついていない→ अभ्यस्त.

अनभ्यास [名] (1) 未熟 (2) 習慣のないこと

अनमन [形] = अनमना.

अनमना [形+] (1) 気の進まない；気乗りがしない；意識が集中しない；ぼんやりした पत्नी की मृत्यु के बाद से बहुत अनमना-सा रहता था 妻に死なれてからひどく気が抜けたようになっていた फिर अनमने मन से सोचा कि इसमें इंदु का क्या कुसूर それからぼんやりした頭で考えた．このことにインドゥに何の落度があるの

か，と (2) 心がそこにない；上の空の；落ち着きのない भय से अनमने स्वर में उसने उत्तर दिया 恐ろしさに落ち着きのない声で答えた (3) 体調の良くない；体の具合の悪い

अनमनापन [名] ← अनमना. (1) 注意の集中しないこと；注意散漫；上の空の状態 (2) アパシー；無感動；無感覚

अनमेल [形] → मेल. (1) まざり気のない；純粋な (2) 不調和な (3) 異質な

अनमोल [形] → मोल. (1) 評価できない；かけがえのない；比類のない；この上なく貴重な अनमोल विद्या 比類のない学問 (2) 甚だ高価な；値のつけられない

अनरस [名] → रस. (1) 味のないこと；無味乾燥なこと (2) 不機嫌なこと (3) わだかまり (4) 悲しみ

अनराता [形⁺] (1) 色のつけられていない；無色の (2) 赤くない (3) 愛着のない

अनरितु[1] [形] → ऋतु. 季節はずれの

अनरितु[2] [名*] 季節はずれのこと

अनरीति [名*] → रीति. (1) 悪習；陋習 (2) 礼節に反すること；無礼；不作法

अनर्गल [形] (1) 抑制のない；無制御の；のほうずな；勝手放題な；気ままな (2) 支離滅裂な；めちゃくちゃな；筋道の立たない (3) 続けざまの；連続的な **अनर्गल प्रलाप** わめくこと；わめきちらすこと

अनर्घ [形] → अर्घ. (1) 値のない；安価な (2) 値のつけられない；高価な

अनर्जित [形] 労せずに得られた अनर्जित आय 不労所得

अनर्थ[1] [名] → अर्थ. (1) 不祥事；不幸な出来事；災難 (2) 意味のないこと

अनर्थ[2] [形] (1) 意味のない；つまらない；無意味な (2) 不運な；つきのない

अनर्थक [形] (1) 意味のない；つまらない；無駄な (2) つまらない；良からぬ；害をなす；有害な；役に立たない

अनर्थकारी [形] (1) 害をもたらす；有害な (2) 破滅的な；壊滅的な (3) 無意味な

अनर्थभाव [形] 性質の良くない；たちの悪い

अनर्ह [形] → अर्ह. (1) 器量がふさわしくない；その器でない (2) 不十分な；資格や能力が足りない〈disqualified〉 (3) 不適切な

अनर्हता [名*] ← अनर्ह. 〈disqualification〉

अनल [名] (1) 火 (2)〔ヒ〕火の神；アグニ神 (3)（胃腸の）消化力 (4) 風

अनलचूर्ण [名] 火薬；弾薬＝ बारूद; दारू.

अनलशिखा [名*] 炎；焔；火焔 ＝ ज्वाला.

अनलस [形] はつらつとした；活発な；きびきびした＝ फुर्तीला.

अनलसित [形] 活発な；積極的な

अनलहक़ [句]《A. انا الحق》〔イス〕イスラム神秘主義（スーフィズム）で「我は神なり」，「我は真理なり」の意を表すアラビア語の句

अनलिखा [形⁺] 文書化されていない；口頭の अनलिखी सहमति 口約束

अनवट [名] 女性が足の親指につける鈴のついた銀製のリング

अनवद्य [形] 文句のない；文句のつけられない；非難のしようのない；難癖のつけられない；完全無欠な

अनवधान [名・形] 不注意（な）；不用心（な）＝ असावधान; लापरवाह.

अनवधि[1] [形] 無期限の

अनवधि[2] [副] 不断；常に；絶え間なく

अनवरत[1] [形] 絶え間のない；不断の；連続した；連綿とした；休みのない；ひっきりなしの अनवरत प्रक्रिया से 絶え間のない作用で अनवरत युद्धों का इतिहास 絶え間なき戦争の歴史 अनवरत प्रयास 絶えざる努力

अनवरत[2] [副] 絶え間なく；間断なく；のべつに；のべつ幕なし जब भी ये वहाँ होकर आते थे, इसी तरह अनवरत बोलते रहते そこに立ち寄ってくる時はちょうどこのようにのべつしゃべっていた

अनवरोध [名] 障害のないこと；自由；なめらかさ＝ निर्विघ्न.

अनवलंब [形] 支えのない＝ बेसहारा.

अनशन [名] (1) 宗教的な目的で行われる断食；断食行；絶食 कई बार उन्होंने बड़े-बड़े अनशन भी किए 同氏は幾度か長期の断食もなさった (2) 要求達成のために行われる断食；ハンガーストライキ；ハンスト

अनसुना [形⁺] (1) 聞こえなかった (2) 聞き捨てにした (3) 前代未聞の；聞いたことのない

अनसुनी [名*] (1) 聞き捨て（にすること） (2) 聞こえぬふり（をすること） **अनसुनी क॰** *a.* 聞き捨てにする；聞き捨てる *b.* 知らぬふりをする；とぼける *c.* 注意を怠る

अनहद[1] [名] → अनाहत; अनहदनाद; अनाहतनाद.

अनहद[2] [形]《H.अन + A.हद حد》限界のない；はてのない；はてしない

अनहदनाद [名]〔ヨガ〕アナハダ・ナーダ（本来は अनाहत，すなわち，物を打たずに生じた音の意とされる．ヨーガ行者が外の世界，すなわち，世俗の世界から内なる世界に心を向けるようになった時に外界の音ではなく宇宙に遍満している音シャブダ शब्द が個に展開しているのを自己の内部に聞くようになる．それをアナハダ・ナーダと呼んだ．これは聴覚を越えたものであるばかりか人間の知覚，知力などを超越した無限のものであり無制約なものであるとされる）→ अनाहत; अनाहतनाद. ＝ अनहद[1].

अनहित [名] 害；害悪；損害；打撃＝ अहित; हानि; नुक़सान. **अनहित क॰** 害を及ぼす；損害を与える；打撃を与える तुम भारी अनहित करती हो ずいぶんひどい害をなすものだ君は

अनहोता [形⁺] (1) 起こりそうにない；特異な (2) 貧しい；無一文の

अनहोना [形⁺] (1) 起こりそうにない；起こり得ない (2) 超自然的な

अनहोनी [名*] (1) ありえないこと；不可能事 (2) あってはならぬこと；不祥事

अना अल् हक़्क़ [句]《A. انا الحق》〔イス〕イスラム神秘主義思想において「我は神なり」，すなわち，自我意識の消滅により我が神に帰一した状態＝ अनलहक़.

अनाकानी [名*] 知らぬふりをすること；とぼけること；聞こえぬふりをすること＝ आनाकानी; टालमटोल; टालमटूल.

अनाक्रमण [名] 不戦；攻撃しないこと परस्पर अनाक्रमण का आश्वासन 相互不戦の約束

अनागत[1] [形] (1) 未然の；まだ起こっていない (2) 将来の；今後の

अनागत[2] [名] 将来；未来＝ भविष्य.

अनाचार [名] 不道徳な行為；人倫にもとる行為

अनाचारी [形] 人倫に反した；不道徳な अनाचारी व तामसी प्रवृत्ति 不道徳かつ悪意に満ちた性分

अनाज [名] 穀物；穀類＝ अन्न; नाज; धान्य; दाना. **अनाज का दुश्मन** 大食い；大食漢；食いしんぼう

अनाड़ी [形] (1) 下手な；不器用な (2) 不慣れな；習熟していない；新米の (3) 知識のない **अनाड़ी हकीम** 薮医者＝ नीम हकीम.

अनाथ [形] (1) 主人を持たない；主人のいない (2) 保護者のいない；みなしごの；身寄りのない अनाथ वृद्धा 身寄りのない老女 (3) 頼りのない；寄る辺のない आप को कुछ हो गया, तो सारा राज्य अनाथ हो जाएगा あなたにもしものことがあれば国全体が寄る辺なくなるのです **अनाथ की आँख** 寄る辺なき者の支え

अनाथालय [名] (1) 孤児院；養護施設 (2) 未亡人などの保護施設

अनादर [名] 軽蔑；侮蔑；侮辱＝ अपमान; तिरस्कार; बेइज़्ज़ती. (-का) अनादर क॰ （－を）軽蔑する；侮る

अनादरणीय [形] 蔑しむべき；軽蔑に値する；軽蔑すべき

अनादरित [形] 軽蔑された；侮辱された एक साथ समादरित, अनादरित कौआ 敬われると同時に侮辱されてきたカラス

अनादि [形] (1) 始まりのない；無始の (2) 永遠の；久遠の

अनादृत [形] 軽蔑された；侮辱された

अनाना [他] (1) 持ってくる；寄せる (2) 取り寄せる

अनापत्ति प्रमाणपत्र [名] 承認書〈non-objection certificate〉 पर्यटन विकास निगम ने परियोजना को अनापत्ति प्रमाणपत्र दिया 観光開発局は計画に承認書を与えた（計画を承認した）

अनाप-शनाप[1] [名] でたらめ；いいかげんなこと＝ ऊटपटाँग; अंडबंड; अंटसंट. वह अनाप-शनाप लिखता है でたらめなことを書く

अनाप-शनाप[2] [形] (1) でたらめな अनाप-शनाप बात でたらめなこと；たわごと（譫言） (2) いいかげんな अनाप-शनाप बातें बोलने

लगा いいかげんな話をしはじめた अनाप-शनाप सरकारी खर्च いいかげんな公金出費 (3) めちゃくちゃな अपने चेहरे पर अनाप-शनाप ढंग से पाउडर लगाकर स्वयं को आधुनिका समझ बैठती है 顔にめちゃくちゃにおしろいを塗ってハイカラだと思い込んでいる (4) 得体の知れない；正体の知れない अधिकतर बच्चे अनाप-शनाप और अंट-शंट चीज़ें खा जाते हैं たいていの子供は得体の知れないものを食べてしまうものだ

अनाम [形] (1) 名のない；名称のない (2) 無名の；知名でない (3) 匿名の〈anonymous〉

अनामक [形] = अनाम.

अनामय[1] [形] (1) 無病の；息災な；健康な (2) 瑕のない；欠陥のない

अनामय[2] [名] 無病；息災= नीरोग.

अनामा [名*] 無名指；薬指= अनामिका.

अनामिकता [名*]〔社〕匿名性

अनामिका [名*] 薬指；名無し指；無名指= अनामा.

अनामिल [形] 清浄な；清潔な

अनामिष [形] 肉の入っていない（食物） ↔ आमिष. अनामिष भोजन 菜食の食事；菜食料理

अनामिषभोजी [名・形] 菜食者；菜食主義者；ベジタリアン；菜食の= शाकाहारी.

अनायास [副] (1) ひとりでに；自然に；無意識のうちに；思わず；知らず知らずに；努力せずに यह परिवर्तन अनायास ही नहीं आया था この変化はひとりでに生じたのではなかった अनायास मैं रो पड़ी 思わず私は泣きだした उसका हाथ अनायास ही मेज़ पर रखी घंटी पर चला गया その女の手は机の上の呼び鈴にひとりでに伸びた (2) 不意に；にわかに；突然；ふらりと अनायास ही भयानक क्रोध करनेवाली 突然猛烈に怒りだす人 आज पता नहीं क्यों वे अनायास उधर निकल पड़े 今日はどうしてなのかふらりとあちらへお出ましになられた

अनार [名]《P. انار》(1)〔植〕ザクロ科ザクロ（柘榴／石榴）の木とその実= दाड़िम. (2) ザクロの形をした土器の容器に火薬をつめた花火

अनारदाना [名]《P. انار دانه》(1) ザクロの乾燥した実（消化剤として用いられる） (2)〔植〕ヒユ科ヒユ属ヒモゲイトウ【*Amaranthus caudatus; A. edulis*】= रामदाना.

अनारी [形] (1) ザクロの (2) ザクロの実の色をした；臙脂色の अनारी रंग की नेल पालिश ザクロの色のマニキュア

अनार्किज़्म [名]《E. anarchism》アナーキズム= अराजकतावाद.

अनार्किस्ट [名]《E. anarchist》無政府主義者；アナーキスト= अराजकतावादी.

अनार्की [名*]《E. anarchy》(1) 無政府状態 (2) 無政府主義（思想）= अराजकता.

अनार्य[1] [名] (1) 非アーリア人；アーリア人以外の人 (2) ムレッチャ → म्लेच्छ.

अनार्य[2] [形] (1) 非アーリア人的な；アーリア人以外の (2) 気品のない；下品な

अनार्स [名]《E. honours》〔教〕オナース；教科目の特別コース B.A.(honours) は普通課程の B.A.Pass に対して特別専攻の形で行われる．B.A. (honours) では通常の 4 課目の履修の他にその内の 1 課目につきより高度の学習をする

अनावरण [名] (1) 覆いを取ること；覆いをはぐこと (2) 除幕 (-का) अनावरण क॰ *a.* (－の) 覆いを取る *b.* (－の) 除幕をする उन्होंने लाला लाजपत राय की प्रतिमा का अनावरण किया 同氏がラーラーラージパトラーイ像の除幕をなさった *c.* 発掘する इस विश्वविद्यालय के अवशेषों का अनावरण किया गया है この大学の遺跡の発掘がすでに行われている

अनावर्ती [形] 繰り返しのない；一回限りの；反復されない अनावर्ती परिवर्तन 一回限りの変化

अनावश्यक [形] (1) 不要な；不必要な；無駄な；無益な इसके लिए हमें कुछ अनावश्यक खर्चों में कटौती करनी पड़ेगी このためには若干の無駄な出費を削減しなければなるまい पशुओं की अनावश्यक हत्या 無益な殺生 अनावश्यक तनाव को जन्म दे॰ 不要な緊張を生み出す अनावश्यक रूप से 不必要に；無駄に (2) 過多の；余分の；余剰の

अनावश्यकता [名*] (1) 不必要；無駄 (2) 過多；余剰

अनाविल [形] (1) 澄んだ；濁りのない (2) 清らかな；清浄な (3) 健康的な；健康を増進する

अनावृत [形] (1) 覆いを取った；覆いのない (2) 開示された

अनावृतन [名] (1) 覆いを取ること；裸にすること；むき出しにすること (2)〔地理〕浸食

अनावृतबीजी [名]〔植〕裸子植物〈gymnosperma〉

अनावृष्टि [名*] 降雨のないこと；日照り；旱魃= सूखा.

अनाश्रय [形] 寄る辺ない；支えのない；助けのない→ आश्रय.

अनाश्रित [形] (1) 寄る辺ない；支えのない；助けのない (2) 自立している→ आश्रित.

अनासक्त [形] (1) 執着のない；心ひかれることのない (2) 超然としている→ आसक्त.

अनासक्ति [名*] (1) 無執着 (2) 超然；超越→ आसक्ति.

अनासिक [形] (1) 鼻のない (2) 鼻を削がれた

अनास्था [名*] (1) 不信心 (2) 不信 (3) 軽蔑 (4) 沈鬱→ आस्था.

अनाहत [名] (1)〔ヨガ〕両耳を親指でふさいだ時にアナーハタチャクラから聞こえる音 (2)〔ヨガ〕ハタ・ヨーガでいう 6 つのチャクラ（चक्र）のうちの第 4 で，心臓の部位に位置するとされるアナーハタ・チャクラ→ अनहदनाद.

अनाहतनाद [名]〔ヨガ〕(1) = अनहदनाद. (2) ハタ・ヨーガで心臓の部位に位置するとされるアナーハタ・チャクラから発せられる波動の音；アナーハタナーダ= अनाहतशब्द. → अनहदनाद.

अनाहत वाणी [名*] 天の声；神の声= देववाणी.

अनाहतशब्द [名] = अनाहतनाद.

अनाहार [形] (1) 食事をしない；絶食の；断食の (2) 絶食が定められている；断食が規定されている→ आहार.

अनाहारी [形] (1) 食事をとらない (2) 絶食をする；断食をする

अनाहूत [形] (1) 招かれざる；招待されない (2) 求められていない；要求されていない

अनिंदनीय [形] (1) 軽蔑できない (2) あなどり難い；すぐれた；立派な；文句のつけられない；非の打ちどころのない

अनिंद्य [形] = अनिंदनीय. अनिंद्य सौंदर्य 非の打ちどころのない美しさ

अनिकेत [形・名] (1) 家のない；住居のない = बेघर. (2) 出家；遊行者 (3) 放浪の；流浪の

अनिग्रह[1] [形] (1) 障害のない；支障のない (2) 制限のない (3) 苦痛のない (4) 処罰されない

अनिग्रह[2] [名] (1) 無障害 (2) 無制限

अनिच्छा [名*] (1) 不本意；意志のないこと；気の進まないこと (2) 嫌気 अनिच्छा से いやいや；不承不承；しぶしぶ बड़ी ही अनिच्छा से इसके लिए स्वीकृति देती है 全く不承不承でこれに賛同する

अनिच्छापूर्वक [副] 不承不承；いやいや；しぶしぶ मैं अनिच्छापूर्वक उठा しぶしぶ立ち上がった

अनिच्छुक [形] 気が進まない；欲しない；望まない；いやな

अनित्य [形] ↔ नित्य (1) はかない；無常な；常ならぬ यह शरीर अनित्य है この肉体ははかないものだ (2) 滅する；滅びる (3) 不確かな；不確定な (4) 虚偽の；嘘の

अनित्यता [名*] ← अनित्य. はかなさ；無常；不確実；不安定→ नित्यता. ↔ नित्यता. अनित्यता का उपदेश 無常の教え

अनिद्रा [名*] (1) 不眠 (2)〔医〕不眠症→ निद्रा.

अनिपुण [形] 上達しない；下手な；熟達していない अनाड़ी

अनिभृत [形] (1) 公開の (2) 明白な (3) 無遠慮な (4) あいまいな

अनिमंत्रित [形] 招かれていない；招待されていない

अनिमित्त[1] [形] 理由のない；理由を欠いている= अकारण.

अनिमित्त[2] [副] 理由もなく；わけもなく= बिना कारण; कारण के बिना; बिला वजह.

अनिमिष[1] [副] (1) まばたきせずに；じっと（見つめる） (2) 続けざまに；連続して；絶え間なく→ निमिष.

अनिमिष[2] [形] じっと見つめる；まばたきのない

अनिमिष[3] [名] = अनिमेष.

अनिमेष [名] (1) 神 (2) 魚 = मत्स्य; मछली.

अनियंत्रित [形] (1) 制限のない；無制限な；抑制のない (2) 気ままな；放恣な；勝手な अनियंत्रित स्वच्छंद यौन संबंध 放恣で奔放な性関係

अनियत [形] (1) 定まっていない；決まっていない；不確実な (2) 不規則な (3) 無制限な；無限の (4) 臨時の；不定期の अनियत मज़दूर 自由労働者

अनियततापी [形]〔動〕冷血の（動物）；変温の（動物） **अनियततापी प्राणी** 変温動物；冷血動物

अनियमित [形] (1) 無秩序な；整理されていない；ごたごたした (2) 規則的でない；不規則な अनियमित दिनचर्या 不規則な日常生活

अनियमित क्रिया [名*]〔言〕不規則動詞〈irregular verb〉

अनियमितता [名*] (1) 無秩序；騒乱；騒動 (2) 不規則性 होली की अनियमितताओं को रोकने के लिए ホーリー祭の騒動を防止するのに

अनियोजित [形] 計画的でない；無計画の；乱雑な；無造作な；無秩序な अनियोजित ढंग से 無造作に；無秩序に

अनिर्णीत [形] (1) 未決定の；懸案の अनिर्णीत मामले 懸案事項 (2) 決着のついてない；引分けの अनिर्णीत संघर्ष （試合などの）引分け= ड्रा.

अनिर्दिष्ट [形] ↔ निर्दिष्ट. 指示されていない；指定されていない；不確定の

अनिर्देश [名] 不指示

अनिर्वचनीय [形] 言葉にならない；口で言えない；得も言われぬ अनिर्वचनीय सुख 得も言われぬ喜び

अनिल [名] (1) 風= वायु; हवा. (2) ヴァーユ神（風神）

अनिलकुमार [名]〔イ神・ヒ〕アニラクマーラ，すなわち，風の神パヴァナ（アニラ）の子ハヌマーン हनुमान

अनिवार्य [形] (1) 避けられない；不可避の；必須の (2) 義務的な प्राइमरी शिक्षा सभी बच्चों को अनिवार्य और मुफ्त कर दी गई है 初等教育はすべての子供に義務化され無償化されている (3) 必然的な **अनिवार्य जमा** 天引き貯蓄（貯金） **अनिवार्य शर्त** 必須条件 **अनिवार्य शिक्षा** 義務教育

अनिवार्य भर्ती [名*] 徴兵；徴兵制度= अनिवार्य सैनिक भर्ती.

अनिश्चय [名] (1) 決断のないこと；不決断；迷い；優柔不断 (2) 不確実 राज्य सरकार के अनिश्चय के कारण इसमें कोई विशेष प्रगति नहीं हुई 州政府が優柔不断なためにこれにはなんら特別の進歩がない

अनिश्चयवाचक सर्वनाम [名]〔言〕不定代名詞〈indefinite pronoun〉

अनिश्चायक [形] 不定の；不確定の

अनिश्चायक उपपद [名]〔言〕不定冠詞= अनिश्चायक आर्टिकल.〈indefinite article〉

अनिश्चित [形] (1) 未決定の；不定の अनिश्चित काल के लिए 無期限に (2) 不確かな；不確実な；疑点のある；疑わしい अनिश्चित भविष्य 不確かな将来

अनिश्चितकालीन [形] 無期限の अनिश्चितकालीन भूखहड़ताल 無期限ハンガーストライキ अनिश्चितकालीन हड़ताल 無期限ストライキ

अनिषिद्ध [形] 正規の；堂々たる

अनिष्ट[1] [形] ↔ इष्ट. (1) 望ましくない；好ましくない (2) めでたくない；不吉な；縁起の悪い (3) 不当な

अनिष्ट[2] [名] (1) 不都合なこと；不祥事；災厄 (2) 害；損害 (3) 縁起の悪いこと；不吉なこと उलटे अनिष्ट होने की आशंका अवश्य रहेगी 逆に不都合が生じる懸念が必ず残ろう

अनिष्टकर [形] = अनिष्टकारी. प्रातः कुछ स्थानों, व्यक्तियों, नदी-नालों, पशुओं आदि के नाम सुनना अनिष्टकर समझा जाता है 早朝幾つかの地名，人名，河川名，動物名などを耳にすることは縁起のよくないことと思われている

अनिष्टकारी [形] 不吉な；縁起の悪い；不気味な अनिष्टकारी मुहूर्त 不吉な時刻

अनी[1] [名*] (1) 先に突き出たものや突き出た部分；とがった先端 (2) へさき（舳先）；船首 **अनी की चोट** とげのある言葉で受ける痛み **अनी पर अड़ना** 刀に身をさらす；命の危険に身をさらす

अनी[2] [名*] (1) 集合；集団；グループ (2) 軍

अनी[3] [名*] 悔しさ；遺憾；残念な気持ち **अनी पर कनी खाना** 名誉を守るために命を捨てる

अनीक [名] (1) 軍；軍隊 (2) 戦争 (3) 集まり；集合

अनीति [名*] (1) 不正義 (2) 悪行；不道徳 (3) 無法；横暴

अनीदार [形]《H.अनी + P.دار दार》先端の鋭い；先のとがっている

अनीप्सित [形] 望まれない= अनिच्छित; अनचाहा.

अनीमिया [名]《E. anaemia/anemia》〔医〕貧血症 = खून की कमी.

अनीश्वर [形] 神の存在を認めない；無神論の

अनीश्वरवाद [名] (1) 無神論 (2)〔哲〕不可知論

अनीश्वरवादी [形・名] (1) 無神論の；無神論者 (2) 不可知論の

अनीसून [名]《A. انيسون》〔植〕セリ科草本アニス【*Pimpinella anisum*】

अनीह [形] 欲望のない；無欲な；執着のない

अनीह [形] (1) 無欲な (2) 執着のない (3) 不注意な

अनीहा [名*] (1) 無欲 (2) 無執着

अनु- [接頭]《Skt.》「従う」，「沿う」，「共に」，「各々」，「反復」，「類似」などの意を加える接頭辞

अनुकंपन [名] 感応

अनुकंपा [名*] (1) 情け；憐れみ；同情 वह किसी की अनुकंपा नहीं चाहता था だれの情けも願わなかった (2) 感応

अनुकंपी [形] 感応する

अनुकरण [名] (1) 追随；追従 (2) 模倣；真似 महापुरुष का अनुकरण 偉人の真似 (-का) **अनुकरण क°** （ーを）真似る= (-की) नकल क°. (3) 模造品；イミテーション

अनुकरणीय [形] 手本とすべき；真似るべき；見習うべき；模すべき अन्य जातियों में भी लगभग वही अनुकरणीय माना जाता रहा है 他のカーストにおいてもほぼ同じものが見習うべきものとされてきている आज के युग में भी अनुकरणीय है 今の時代にも手本とされるものだ वह समाधान अनुकरणीय है その解決策は見習うべきものである

अनुकर्ता [形] (1) 模倣する (2) 手本とする (3) 追随する

अनुकर्म [名] 模倣

अनुकलन [名] 改造

अनुकल्प [名] (1) 選択 (2) 代替物

अनुकूल [形・後置] (1) 適切な；ふさわしい；（ーに）沿う；（ーに）対応する (2) 好都合な；具合がいい；順調な अनुकूल स्थिति पाकर 順境を得て (3) 吉祥の (4) うまく合う；うまく調和する (-के) **अनुकूल** *a.*（ーに）沿って *b.*（ーに）応じて；ふさわしく जब यथार्थ उसकी धारणाओं के अनुकूल नहीं होता था तो वह यथार्थ को नजरअंदाज कर देता था 現実が観念に沿っていなかったら現実をいつも無視するのであった समय के अनुकूल वेशभूषा पहनें 時に応じた服装をすることです

अनुकूलता [名*] ← अनुकूल. 適合；適当；適切さ

अनुकूलन [名] (1) 適合；適応 (2) 改造；改作

अनुकूलशील [形] 適応性のある；適合性のある

अनुकूलशीलता [名*] 適応性；適応力

अनुकृति [名*] (1) 真似；模倣 (2) 模造品；模型

अनुक्त [形] ↔ उक्त. 述べられていない；言われていない；言及されていない= अकथित.

अनुक्त कर्म [名]〔言〕間接目的語〈indirect object〉

अनुक्रम[1] [名] (1) 一連のもの；連続 (2) 順序 (3) 一致 (4) 継続

अनुक्रम[2] [形] 一連の；連続の；連続している

अनुक्रमण [名] (1) 連なって進むこと (2) 随行 (3) 後退

अनुक्रमणिका [名*] 巻末索引

अनुक्रम सोपानात्मक संगठन [名] ヒエラルキー；階層制度

अनुक्रिया [名*] (1) 模倣 (2) 反応；感応 रजत यौगिकों पर प्रकाश की अनुक्रिया के आधार पर 銀化合物が光線に反応することを基にして

अनुक्षण [副] (1) 刻々と (2) 間断なく；絶えず；絶え間なく

अनुगत[1] [形] (1) 追随すること；後につく (2) 信奉する (3) 適した

अनुगत[2] [名] 従者；随行者 = अनुचर; अनुयायी.

अनुगति [名*] (1) 追随 (2) 模倣 (3) 死

अनुगम [名]〔論〕帰納

अनुगमन [名] (1) 追随；随行 (2) 模倣；真似 (3) ヒンドゥーの妻が夫の死骸と共に行ったとされる焼身による殉死 = सती.

अनुगामी [形・名] (1) 追随する；随行する (2) 忠実な；従順な；忠順な (3) 信奉する；信仰する तुम किस मत के अनुगामी हो? 君はいずれの宗教の信奉者か

अनुगृहीत [形] (1) 親切を受けた；好意を受けた；情けを受けた (2) 恩義のある；感謝している

अनुगृहीतता [名*] ← अनुगृहीत. 感謝の気持ち；感謝の念 बाबा के चेहरे पर अनुगृहीतता उतर आई 祖父の顔に感謝の気持ちが現われた

अनुग्रह [名] (1) 情；親切 आस पास के गाँवों में ऐसा कौन था जो उसके अनुग्रहों का ऋणी न हो あの人の親切を受けていない人は近辺の村には一人もいなかった (2) 好意；配慮；厚意；思いやり

अनुग्रह क॰ 好意を寄せる；配慮する；思いやる विशेष अनुग्रह करके 特別の配慮で
अनुग्रहपूर्ण [形] やさしい；やさしさあふれる；思いやりのこもった अनुग्रहपूर्ण स्वर やさしい声
अनुग्रह राशि [名*] 弔慰金 मारे गए व्यक्तियों के सगे संबंधियों को अनुग्रह राशि दे॰ 犠牲者の肉親に弔慰金を与えること
अनुचर[1] [形] (1) 随行する；従って行く (2) 仕える
अनुचर[2] [名] 従者
अनुचित [形] (1) 不適切な (2) 不当な；不適当な अनुचित लाभ 不当な利得 (3) 悪い；良くない；よろしくない；いけない；間違った उसने शारीरिक संबंध स्थापित करके अनुचित कार्य किया है 肉体関係を結んで良くないことをした
अनुच्चरित [形]〔言〕(1) 発音されていない (2) 黙音の 〈silent〉
अनुच्छेद [名] (1) 段落；パラグラフ वाक्यों के मिलने से अनुच्छेद बनता है 文が集まってパラグラフになる (2) 法律の条項；条 अनुच्छेद 34 第 34 条
अनुज[1] [形] 後に生まれた；次に生まれた
अनुज[2] [名] 弟= छोटा भाई.
अनुजा [名*] 妹= छोटी बहन.
अनुजीवी[1] [形] 扶養される；被扶養の
अनुजीवी[2] [名] 従者；召使い
अनुज्ञप्त [形] 認可された；免許の与えられた
अनुज्ञप्ति [名*] (1) 認可；裁可；認許 (2) 免許 (3) 許可書
अनुज्ञप्तिधारी [名] 免許取得者；免許保持者= लाइसेंसधारी.
अनुज्ञा [名*] (1) 命令；指令 (2) 許可；認可 (3) 免許
अनुज्ञा पत्र [名] (1) 認可書 (2) 免許証
अनुतान [名]〔言〕イントネーション= स्वरशैली. 〈intonation〉
अनुताप [名] (1) 燃焼 (2) 苦痛；苦悩 (3) 悔恨；悔悟
अनुतोष [名]〔法〕救済 किसी सिविल अधिकार के भंग होने के कारण अनुतोष की माँग करता है いずれかの市民権が損なわれると救済を申し立てる
अनुत्तर [形] (1) 答えのない；答えられない (2) 素晴らしい；最高の；比類のない
अनुत्तरदायित्व [名] (1) 無責任 (2) 責任感のなさ
अनुत्तरदायी [形] (1) 無責任な (2) 責任感のない
अनुत्तरित [形] (1) 答えられていない；解答の出されていない अभी कई सवाल अनुत्तरित पड़े हुए हैं まだ幾つかの問いが答えられずにいる अनुत्तरित प्रश्न 答えられていない問い (2) 返事の出されていない
अनुत्तीर्ण [形] (1) 越えなかった；渡らなかった (2) 不合格になった；落第した अनुत्तीर्ण छात्र 不合格生徒；落第生；留年者
अनुत्थान [名] 沈滞
अनुत्पन्न [形] (1) 生じていない (2) 出現していない (3) 完成していない；整っていない
अनुत्पादक [形] 非生産的な；生産性のない अनुत्पादक कार्य 非生産的な仕事
अनुत्पादन [名] 生産しないこと；生産性のないこと
अनुत्रिक [名]〔解〕尾骨；尾てい骨
अनुत्साह[1] [名] 無気力；気合のないこと
अनुत्साह[2] [形] 無気力な；元気のない；気合のない；しょんぼりした
अनुत्साहित [形] = अनुत्साह[2].
अनुत्सुक [形] 不熱心な；意欲のない
अनुदग्र [形] (1) 低い (2) 弱い (3) やわらかい
अनुदत्त [形] (1) 戻された (2) 受け入れられた
अनुदात्त[1] [形] (1) 小さい (2) (声の) 低い (3) 短音の
अनुदात्त[2] [名]〔言〕低アクセント；重アクセント 〈grave accent〉
अनुदान [名] 補助金= ग्रांट. सरकारी अनुदान 政府の補助金 अनुदान प्राप्त क॰ 助成金を得る
अनुदार [形] (1) 心の狭い；狭量な अनुदार व्यक्ति को घर, परिवार व समाज में कोई पसंद नहीं करता 心の狭い人は家庭でも家族の中でも社会でもだれからも好かれない (2) けちな；吝嗇な
अनुदित [形] (1) 述べられていない (2) 述べるべきでない；言うべきでない (3) 現れていない
अनुदिन [副] 毎日；日々= प्रतिदिन; हर रोज़.
अनुद्धत [形] (1) 落ち着いた；沈着な (2) 丁寧な
अनुनय [名] (1) お願い；嘆願；懇願 (2) なだめること；慰撫；機嫌取り पार्वती ने अनुनय से कहा パールヴァティー神はなだめて言った
अनुनय-विनय [名] 懇願；哀願= प्रार्थना; अनुरोध. विमल सेवक की भाँति अनुनय-विनय करके उनका गुस्सा ठंडा करता है ヴィマルは従者のように懇願しその方の怒りをしずめる इस संबंध में पति से लड़ाई झगड़ा करने की बजाय अनुनय-विनय तथा प्रेमपूर्ण अनुरोध अधिक सहायक सिद्ध होने की संभावना रहती है このことで夫と喧嘩するよりも懇願したり心をこめて要請するほうが役立つ可能性がある
अनुनाद [名] (1)〔言〕共鳴 〈resonance〉 (2) こだま；反響
अनुनासिक[1] [形]〔言〕鼻音の
अनुनासिक[2] [名] (1)〔言〕鼻音 (2)〔言〕鼻母音を表すチャンドラヴィンドゥ चंद्रबिंदु の記号 (ँ)
अनुनासिकता [名*] ← अनुनासिक. 〔言〕鼻音であること
अनुनासिका [名*]〔言〕鼻音化 〈nasalization〉
अनुन्नत [形] ↔ उन्नत. (1) 高くない；低い；盛り上がっていない (2) 未発達の
अनुपकार [名] (1) 不親切；不親切な行為 (2) 危害
अनुपकारी [形] (1) 不親切な (2) 危害を加える (3) 感謝を知らない (4) 役立たずの
अनुपतन [名] (1) 連続的に倒れること (2)〔数〕比例算
अनुपद[1] [副] (人の) すぐ後について；すぐ後に従って
अनुपद[2] [名] (歌の) 折り返し；折り返し句；リフレイン
अनुपदी [形] (1) 追随する (2) 追跡する；捜索する (3) 探求する；追求する
अनुपम [形] たとえられない；類のない；比類のない；無類の；無比の；抜群の；最高の；無上の अनुपम बलिदान 無比の犠牲 स्वतंत्रता संग्राम को सफल बनाने में अनुपम योग 独立戦争を成功させる上で無類の尽力 इस स्थान के अनुपम सौंदर्य और प्रकृति की अनोखी शोभा この地の無上の美しさと自然のたとえようのない華麗さ उन्होंने राष्ट्रीय कार्यकर्त्ताओं के सम्मुख एक अनुपम उदाहरण प्रस्तुत किया 氏は国家的レベルの活動家たちにまたとない手本を提示された
अनुपमेय [形] (1) 比べられない；たとえられない (2) = अनुपम.
अनुपयुक्त [形] (1) しっくりしない；ぴったりしない (2) 適切でない；不適切な；不適な；ふさわしくない पीने के लिए अनुपयुक्त पानी 飲料に不適な水
अनुपयोग [名] (1) 不使用 = काम में न लाना. (2) 悪用 = दुरुपयोग. (3) 無用 = व्यर्थता.
अनुपयोगिता [名*] 無用 = निरर्थकता.
अनुपयोगी [形] 役に立たない；無駄な；無用な= बेकाम; व्यर्थ; बेकार. पदार्थों के मिश्रण से उपयोगी तथा अनुपयोगी वस्तुओं को अलग करने के लिए 混合した物質から有用，無用の物質を分別するのに
अनुपस्थित [形] (1) 不在の；居合わせていない (2) 欠席の；不参加の (3) 欠勤の
अनुपस्थिति [名*] (1) 不在 अध्यक्ष की अनुपस्थिति में 議長不在の場合 अपने पति की अनुपस्थिति में 夫が不在の際 (2) 欠席；不参加 भारत की अनुपस्थिति में आकर्षणविहीन एशिया कप インドの不参加で魅力に欠けるアジアカップ (3) 欠勤 अनुपस्थितियों की दर 欠勤率
अनुपात [名] (1) 比；比率；割合 किस अनुपात में उपस्थित है? どのくらいの割合で出席しているのか (2) 釣り合い；均衡
अनुपाती [形] 比例した；比例する；比例式の
अनुपादान [名]〔仏〕執着しないこと；不取；無取
अनुपाय [形] 手立てのない；手立てを失った= निरुपाय.
अनुपालक [名] (1) 遵守者；遵奉者 अपने धर्म के सिद्धांतों का अनुपालक 信仰する宗教の遵守者 (2) 守護者
अनुपालन [名] (1) 遵守；遵奉 जिनका अनुपालन सुखद भविष्य के लिए अनिवार्य समझा जाता है それらを遵守することが幸せな未来のために欠かせないものと理解されている (2) 守護
अनुपूरक[1] [形] (1) 補う；補充する；補足の；追加の अनुपूरक प्रश्न 補足質問 (2) 補遺的な；補遺の अनुपूरक बजट 追加予算
अनुपूरक[2] [名] 補足 (分)；追加 (分)；補遺
अनुपूर्ति [名*] (1) 補充 (2) 補足；追加= अनुपूरण.
अनुप्रयुक्त [形] 応用された
अनुप्रयोग [名] 応用

अनुप्रवाह [名] 下流
अनुप्राणन [名] (1) 生命を与えること (2) 精神や考えをしみ込ませること；精神や思想を吹き込むこと；鼓吹すること
अनुप्राणित [形] (1) 生命や息を吹き込まれた；生命を与えられた नई प्रेरणा से अनुप्राणित 新しい激励に命を与えられた (2) 精神や考えのしみ込んだ；鼓吹された **अनुप्राणित क॰** *a.* 生命を吹き込む；生命を与える *b.* 精神や思想を吹き込む；鼓吹する
अनुप्रास [名]〔修辞・韻〕頭韻などの音声修辞法の一．同一音節の反復，同一子音の反復，音節の位置や順序の変換などによる押韻の修辞法 छेकानुप्रास, वृत्यानुप्रास, श्रुत्यनुप्रास, लाटानुप्रास, अंत्यानुप्रास, पुनरुक्तवदाभास
अनुबंध [名] (1) つながり；結合 (2) 前後；あとさき；脈絡 (3) 協定；協約〈agreement〉 (4) 相互関係；関連
अनुबद्ध [形] (1) つながっている；結合している (2) 協定された；合意された
अनुभव [名] (1) 感じること；感受；知覚 शरीर का कष्ट आशा की उमग में अनुभव न होता 期待にわくわくして肉体の苦痛が感じられない (2) 経験；体験 जिंदगी के अनुभव 人生体験 जीवन का तनिक-सा भी अनुभव नहीं है 人生体験はかけらほども持たない (-) **अनुभव हो॰** （ーが）感じられる स्वराज्य मिलने के साथ ही यह अनुभव होने लगा कि हमारा देश आर्थिक और सामाजिक क्षेत्र में पिछड़ा हुआ है 独立獲得と同時にインドが経済的社会的に立ち遅れているのが感じられだした
अनुभवना [自] 感じられる；感受される
अनुभववाद [名]〔哲〕経験主義；経験主義論；経験論
अनुभववादी [形・名] (1) 経験主義の；経験主義的な (2) 経験主義論者
अनुभवहीन [形] (1) 経験のない (2) 世間知らずの；実生活について疎い अनुभवहीन राजा 世間知らずの殿様
अनुभवी [形] (1) 経験のある (2) 経験豊かな अनुभवी डाक्टर 経験豊かな医者 (3) 熟達した
अनुभाग [名] (1) 部門；部局；局；部；課；セクション（役所や会社などの組織） खाद्य और कृषि मंत्रालय का खेती सूचना अनुभाग 食糧・農業省の農業情報部 (2) 組；クラス नाम है अल्पना, कक्षा 1, अनुभाग ख 氏名アルプナー，1年B組
अनुभागीय [形] (1) 部門の；部局の；局の；部の；課の (2) 組の；クラスの
अनुभाजन [名] 分配；配給；配分
अनुभाव [名] (1) 威力；影響力 (2)〔イ文芸〕感情の表出；表情や身振りなどによる感情の表出や出現でラサ（रस 情調）を生じさせるもの
अनुभावी [形] (1) 感受する力のある (2) 目撃した (3) 喪に服する（親族）
अनुभूत [形] (1) 体験された；実感された；感じられた (2) 確認された
अनुभूति [名*] (1) 味わうこと；感じること；実感すること कभी-कभी सैकड़ों नर-नारियों के बीच जनरवमय वातावरण में रहकर भी सूनेपन की अनुभूति होती है しばしば幾百人という人々に囲まれ喧噪の中にいても孤独感を味わうものだ इस समय उसे एक अनिर्वचनीय सुख की अनुभूति होती है この際彼は言葉では表現できない一種の快感を感じる ठीक से कसरत सीखने से बच्चे को अपार सुख की अनुभूति होगी 運動をきちんと習うことにより子供は限りない快さを感じるだろう (2) 感覚
अनुभूतिशून्य [形] 感覚のない；感覚を失った；麻痺した अनुभूति-शून्य बनाना 麻痺させる
अनुमंडल [名] インドのジラー ज़िला，すなわち，県の行政・徴税単位の次区分であるタフシール तहसील；郡
अनुमति [名*] (1) 許可；認可；許諾 (2) 承認 **अनुमति दे॰** *a.* 許可する；認可する *b.* 承認する
अनुमति-पत्र [名] 許可書；認可書
अनुमान [名] (1) 予想；予測；推察 अनुमान सही निकला 予想が当たった（的中した） (2) 見積もり；推定；評価 (3) 推論；推理
अनुमानतः [副] おおよそ；ほぼ；大体；概略 अनुमानतः पाँच हज़ार करोड़ रुपए おおよそ500億ルピー
अनुमानित [形] 推測の；推定の अनुमानित आमदनी 推定収入 अनुमानित मात्रा 推定量
अनुमित [形] (1) 推測の；推測された；予想された (2) 見積もりの；見積もられた；推定の
अनुमिति [名*] 推測；推断；推定；結論
अनुमेय [形] 推測される；推定される；予想される
अनुमोदन [名] 同意；賛成；賛同；支持；承認；認可 मिसेज़ सक्सेना जो भी प्रस्ताव करें, उसका अनुमोदन करनेवालों की कमी न थी サクセーナー夫人が如何なる提案をしようとも賛同者には事欠かなかった उसका अनुमोदन भारत सरकार ने भी किया インド政府もそれに承認を与えた मैंने इस फ़ैसले का अनुमोदन किया है 私はこの決定に同意した
अनुमोदित [形] 同意された；賛成された；承認された；認可された
अनुयायी[1] [形] (1) 従う；付き従う；随行する (2) 追随する (3) 信奉する
अनुयायी[2] [名] (1) 従者；随行者；随員 (2) 追随者 (3) 信奉者；信者；信徒 गाँधी जी के सच्चे अनुयायी マハートマーガーンディーの真の信奉者 बौद्ध और जैन धर्म के अनुयायी 仏教とジャイナ教の信徒 राजा बौद्ध धर्म का अनुयायी था 王は仏教の信徒であった
अनुयोक्ता[1] [形] 質問する；問い合わせる
अनुयोक्ता[2] [名] (1) 試験官 (2) 指導教員；家庭教師
अनुयोग [名] 質問；問い合わせ
अनुयोजन [名] (1) 質問すること；問い合わせ (2) 試し；試問
अनुयोजित [形] (1) 問われた；質問された (2) 調査のなされた
अनुरंजक [形] 喜ばせる；楽しませる；満足させる
अनुरंजन [名] (1) 喜ばせること；楽しませる；満足させること (2) 喜び (3) 慰安 (4) 染色
अनुरंजित [形] 楽しんだ；喜んだ；満足した；満悦した
अनुरक्त [形] (1) 好きな；愛好する (2) 愛着のある；執着した (3) 色のついた；染まった
अनुरक्ति [名*] (1) 愛好 (2) 慕情；愛着；愛情；執着
अनुरक्षण [名] 維持；維持管理；整備；メンテナンス
अनुराग [名] (1) 愛着 पेड़-पौधों के प्रति उनके मन में बचपन से ही अनुराग था 小さい頃から草木に愛着を持っていた (2) 男女間の愛情；愛；恋慕；慕情 जब तक उसके प्रति विशेष अनुराग न दिखाया जाए तब तक युवक लड़कियों की भीड़ में आप की तरफ़ ध्यान कैसे देगा その人に対して特別の愛情を示さない限り青年が娘たちの中の一人であるあなたにどうして注意を向けるでしょうか
अनुरूप [形] (1) 相似た；同様な (2) ふさわしい；適当な (-के) **अनुरूप** [後置] *a.*（ーと／ーに）そっくりに；（ーに）似せて；（ーを）真似て उसी के अनुरूप एक स्त्री का पूरा चित्र बना दिया それとそっくりに一人の女性の全身像を描いた वह पिता के अनुरूप भक्तिमयी थी 父親そっくりに信心深かった *b.*（ーに）ならって；（ーに）相応して；（ーに）従って；（ーに）応じて；（ーに）よって हम इस देश की महत्ता के अनुरूप अपने को बना सकते हैं 我々はこの国の偉大さに応じて自分を仕立てることができる आधुनिकता का अर्थ अपनी सांस्कृतिक विरासत को समाप्त करना नहीं, परंतु उसे नये संदर्भों के अनुरूप और समर्थ करना है 近代的と言うことの意味は自己の受け継いでいる文化的遺産を終滅させることではなくそれを新しい状況になじませ力強いものにすることなのです (-के) अनुरूप हो॰（ーと／に）一致する；調和する；なじむ（馴染む）
अनुरूपता [名*] (1) 同一；一致 (2) 適応；適合；適合性
अनुरेख [名] トレーシングしたもの；透写物
अनुरेखन [名] トレーシング；透写
अनुरोध [名] (1) 要請；依頼 (2) 懇願；懇請 (3) 妨害；障害
अनुलंब [名] 宙ぶらり；気がかり
अनुलंब खाता [名] 仮勘定；仮記入
अनुलंबन [名] (1) 中止 (2) 停職
अनुलिपि [名*] (1) 複写；模写 = अनुलिपिकरण. (2) 複写したもの
अनुलेख [名] 複写したもの；複写物
अनुलेखन [名] (1) 記録 (2) 複写（すること） (3) 転写（すること）
अनुलेप [名] 塗りつけること；塗布
अनुलेपन [名] (1) 油や香油などを塗ったりすりこんだりすること (2) 塗布したりすりこんだりする油や膏薬，香油など
अनुलोम[1] [名] (1) 上位から下位への順序；上から下への順 (2) 下降；低下 (3)〔イ音〕下降音階

अनुलोम[2] [形] 順序にかなった；適正な順序の；順当な；適合した；不当な
अनुलोमज [形] アヌローマ婚（上位婚）によって生まれた（子）
अनुलोम विवाह [名] アヌローマ婚，もしくは上位婚（ヴァルナ वर्ण間の混血の一で上位ヴァルナの男子と下位ヴァルナの女子との結婚，順毛婚と訳される）〈hypergamy〉↔ プラティローマ婚；逆毛婚 प्रतिलोम विवाह
अनुवंश [名] (1) 系統；家系 (2) 系譜
अनुवर्तन [名] (1) 追随；随行= अनुसरण. (2) 模倣= अनुकरण.
अनुवर्ती [形] (1) 続く；続いて起こる；連続する；継起する (2) 結果の；結果として起こる
अनुवाचन [名] バラモン教，ヒンドゥー教の祭式儀礼の規定通り祭詞を誦すること
अनुवाद [名] (1) 翻訳；訳= भाषांतर; उल्था; तर्जुमा. (2) 復唱 अनुवाद क॰ 翻訳する；訳する= भाषांतर क॰; उल्था क॰.
अनुवादक [名] 翻訳者；訳者
अनुवादित [形] 翻訳された；訳された；訳出された= अनूदित.
अनुवीक्षण [名] 監視；監視活動〈monitoring〉
अनुशंसा [名*] 推薦；推挙 अनुशंसा पत्र 推薦状
अनुशंसित [形] 推薦された
अनुशय [名] (1) 怨念；恨み (2) 後悔；悔悟 (3) いさかい；争い
अनुशासक [名] (1) 統御者；統制者 (2) 教授者 (3) 教悔者；説教師
अनुशासन [名] (1) 規律；秩序 सख़्त अनुशासन 厳格な規律 (2) 綱紀 (3) しつけ；躾 कठोर अनुशासन 厳しいしつけ (4) 抑制；自己抑制；克己；自制
अनुशासनहीन [形] (1) 規律のない；だらしない；たるんだ (2) 綱紀を欠いた (3) 躾のない (4) 自制を欠いた
अनुशासनहीनता [名*] (1) 無規律；規律のなさ；だらしなさ；たるみ (2) 綱紀の欠如 (3) 無躾 (4) 自制の欠如 छात्रों में अनुशासनहीनता 学生の無規律
अनुशास्ति [名*] 裁可；認可
अनुशिक्षक [名] 指導教員；チューター；トレーナー
अनुशिक्षण [名] 個別指導；トレーニング
अनुशीलन [名] (1) 研究；追究 (2) 思索；思考
अनुशोधन [名] 修正
अनुश्रुत [形] 伝説上の；言い伝えられている
अनुश्रुति [名*] 伝説；言い伝え
अनुषंग [名] (1) 憐れみ (2) つながり；関係；関連 (3) 発生
अनुषंगी [形] (1) 関係のある；関連のある；関連した (2) 必然的な (3) 付随的な
अनुष्टुप् [名]〔韻〕アヌシュトゥプ（8 音節 4 パーダ पाद，すなわち，全体が 32 音節から成る音節韻律の総称．各パーダの第 5 音節及び第 6 音節は लघु, 第 1 及び第 3 パーダの第 7 音節は गुरु, 第 2 及び第 4 パーダの第 7 音節は लघुとするもの以外に各パーダの第 6 音節を गुरु とするものもある）= अनुष्टुभ्.
अनुष्ठान [名] (1) 祭式；祭典；儀礼；宗教儀礼 (2) 開始
अनुसंधान [名] 研究；調査；研究調査；追究 वैज्ञानिक अनुसंधान 科学的研究調査 नवीनतम मनोविज्ञान के अनुसंधानों ने सिद्ध किया है 最新の心理学の研究が証明している अन्न का अनुसंधान 穀物の研究 **अनुसंधान केंद्र** 研究所；研究センター **अनुसंधान संस्थान** 研究所 कृषि अनुसंधान संस्थान 農業研究所
अनुसंधानकर्ता [形・名] (1) 研究する；調査する；追究する (2) 研究者；調査者；調査員；研究員
अनुसंधान रिएक्टर [名]《H.+ E. reactor》研究炉；実験炉
अनुसंधित्सु [形・名] 研究する；研究者；追究する
अनुसमर्थन [名] (1) 批准 (2) 賛成；賛同
अनुसरण [名] (1) 後について行くこと；後続 सास ने भी बहू का अनुसरण किया 姑も嫁の後について行った (2) 服従（すること）；従うこと (3) 追随；倣うこと धर्म का अनुसरण 宗教に従うこと (-का) अनुसरण क॰ （ーに）拠る；（ーに）準じる
अनुसर्ग [名]〔言〕後置詞= परसर्ग〈postposition〉.
अनुसार[1] [名] (1) 追随；随行 (2) 本性 (3) 風習；習俗；伝統
अनुसार[2] [後置] **(-के) अनुसार** の形で名詞類に接続し副詞句を作る (1) （ーに）応じて；（ーに）つれて ऋतुओं के अनुसार भी जलवाष्प की मात्रा बदलती रहती है 季節につれて水蒸気の分量も常に変動する वे बदली परिस्थितियों के अनुसार वस्तुएँ नहीं बना पाते あの方は環境の変化に応じて物を作ることができない (2) （ーに）よると；（ーに）よれば；（ーに）基づいて पुरानी कहावत के अनुसार 昔からの言いならわしによると भारतीय समय के अनुसार インド時間によれば सभी धर्मों के लोगों को अपने धर्म के अनुसार पूजा-अर्चना करने की पूर्ण-स्वतंत्रता होती है あらゆる宗教の信徒はそれぞれの宗教に基づいて礼拝する完全な自由を持っている (3) （ーに）倣って；（ーの）通りに नमूने के अनुसार 手本に倣って तुम्हें मेरे कहे अनुसार करना होगा 君は私の言う通りにしなくてはならない
-अनुसार [造語] 次のように名詞類に直接接続して，（ーに）従って，沿ってなどの意を有する合成語を作る構成要素 आवश्यकतानुसार 必要に応じて आदेशानुसार 命令に従って
अनुसूचित [形] 別表に指定された；付表に指定された；別表に記された；付表に記された；別記された；付記された
अनुसूचित जनजाति [名*] 指定部族民；指定トライブ（インド憲法 342 条を基に大統領令によって別表に指定された部族〈scheduled tribe〉）
अनुसूचित जाति [名*]〔イ・社〕指定カースト（インド憲法 341 条を基に大統領令によって別表に指定されたカースト〈scheduled caste〉）
अनुसूची [名*] 別表；付表〈schedule〉
अनुस्मरण [名] 回想；想起
अनुस्यूत [形] (1) 縫われた (2) 糸やひもを通された (3) 編まれた (4) つながれた；一連の
अनुस्वार [名]〔言〕アヌスヴァーラ（ヒンディー語では母音に続く鼻子音を記す記号で横線の上の小点（ं）．しばしば鼻母音の書写にも代用される）
अनुहरण [名]〔生〕擬態
अनुहार[1] [形] 似ている；同じような
अनुहार[2] [名] 真似；模倣 **अनुहार क॰** 真似る；真似をする；模倣する वह यद्यपि पढ़ी लिखी न थी पर शील और उदारता में मानो साक्षात् शची देवी का अनुहार कर रही थी 女性は教育を受けていたわけではなかったが，気立てや心の広さはまるでシャチー女神そのものを真似ているかのようだった
अनुहार[3] [名*] (1) 種類 (2) 顔立ち
अनुहारी [形] (1) （ーを）真似る (2) （ーを）模した；（ーに）似せた
अनूठा [形+] (1) 特異な；風変わりな；変わった；独特な；独自の मैंने उसे अनूठे ढंग से चित्रित किया 特異な方法で描いた चीड़ की पत्तियाँ भी अनूठी होती हैं 松の葉も風変わりなものなのだ (2) 特別な；抜群の गणित के क्षेत्र में अनूठी दक्षता 数学のほうでの抜群の才能 (3) すぐれた；素晴らしい कारीगरी का अनूठा नमूना 職人芸の素晴らしい見本
अनूठापन [名] ←अनूठा. अभिव्यंजना का अनूठापन है 表現の独特さ
अनूढ़क [名]〔地〕残積物〈eluvium〉
अनूढ़ा [名*]〔イ文芸〕女主人公の分類 नायिकाभेद の परकीया の一．恋をする未婚の女性
अनूदित [形] 翻訳された；訳された
अनूप[1] [形] (1) たとえようのない (2) 類のない；比類のない；二つとない；独特の；無類の
अनूप[2] [名] (1) 低湿地 (2) 沼地；沼沢地
अनृत[1] [形] (1) 嘘の = झूठा. (2) 反対の = विपरीत.
अनृत[2] [名] 嘘；虚= झूठ; असत्य; मिथ्या.
अनृतु[1] [名*] (1) 季節はずれ (2) 時宜に適しくないこと
अनृतु[2] [形] (1) 季節はずれの (2) 時宜に適さない
अनेक [形] (1) 幾つもの；幾多の अनेक विषयों पर 幾つものことについて (2) 多数の；数多くの **अनेकों** 多くの；多数の；非常に多くの अर्थव्यवस्था से संबंधित अनेकों कार्य 経済に関連した多数の活動
अनेकता [名*] (1) 多数 (2) 多様性 **अनेकता में एकता** 多様性の中の統一 अनेकता में एकता सदियों से भारतीय इतिहास का संदेश रहा है 多様性の中の統一が幾世紀来のインド史のメッセージであった
अनेकरूप[1] [形] (1) 多様な姿形をした；様々な形をした (2) 変わりやすい；変化しやすい；不安定な
अनेकरूप[2] [名] 神；最高神

अनेकविध [形] 様々な；色々な；多様な अनेकविध जलवायु 多様な気候

अनेकांत[1] [形] 多くの人のいる；人気のある；淋しくない

अनेकांत[2] [形] (1) 不定の (2) 落ち着かない；不安定な

अनेकांतवाद [名]〔ジャ〕不定主義；相対主義= स्याद्वाद.

अनेकानेक [形] 非常に多くの；甚だ多くの；無数の वहाँ अनेकानेक यात्री दर्शन करने के लिए आया करेंगे そこには無数の巡礼者が参詣にやって来よう

अनेकार्थ [形] 多義の；幾つもの意味を持つ

अनेकार्थक [形] = अनेकार्थ.

अनेड[1] [形] (1) 愚かな (2) 悪い；劣った

अनेड[2] [形] (1) 嘘の (2) 嘘つきの

अनेरा[1] [形+] (1) 嘘の (2) 嘘つきの (3) 無用な；役に立たない

अनेरा[2] [副] 無用に；無駄に；無益に；無意味に

अनेला [形+] 見知りのない；見知らぬ；面識のない

अनेलापन [名] (1) 見知りのないこと (2) のびやかさ；束縛のないこと

अनैक्य [名] ↔ ऐक्य. (1) 不一致；不統一 (2) 対立；不和

अनैच्छिक [形] (1) 自発的でない (2)〔解〕不随意の अनैच्छिक क्रिया 不随意運動 अनैच्छिक पेशी 不随意筋

अनैतिक [形] 風紀に反する；不道徳な；道義に反する；人倫に反する हरदौल सिंह का महारानी के साथ अनैतिक संबंध ハルドールシンと王妃との不倫関係 अनैतिक आचरण 道徳に反する行為 अनैतिक ढंग से 人倫に反する方法で अनैतिक पण्य अधिनियम 〈Immoral Traffic Act〉 風紀取締条例

अनैतिकता [名*] 不道徳（な行為）

अनैसर्गिक [形] (1) 自然に反する；不自然な (2) 人為的な；不自然な

अनोखा [形+] (1) 珍奇な；珍しい；風変わりな；変わった अनोखा आदमी 変わり種 (2) 特別の；独特の；特異な इसमें उसे अनोखा मज़ा आता है あの子にはこれ（球をもてあそぶこと）に独特の楽しみがある (3) 無比の；比類のない；比べようのない；並はずれた अनोखी वीरता 無比の勇気

अनोखापन [名] ← अनोखा.

अनौचित्य [名] ↔ औचित्य. 不当；不適当

अनौपचारिक [形] (1) 不正規の；正規でない अनौपचारिक शिक्षा 非正規の教育→ औपचारिक शिक्षा 正規の教育. (2) 非公式の；略式の；打ち解けた；形式張らない **अनौपचारिक रूप से** 非公式に；打ち解けて；気楽に

अन्न [名] (1) 穀物 (2) 調理された穀物 (3) 食料

अन्नकण [名] 食べものの小さなかけら；食べかす दाँतों के कोने में छिपे हुए अन्नकण 歯の間に隠れた食べかす

अन्नकूट [名] (1) 穀物や料理をうずたかく積んだもの (2)〔ヒ〕アンナクート祭（ヒンドゥー暦の 8 月，すなわち，カールティカ月の白分 1 日，ディーワーリー祭の翌日，もしくは，白分の間に祝われる，特にヴィシュヌ派信徒の祭礼．ヴィシュヌ神，すなわち，クリシュナ神に盛大に馳走を供える）

अन्नकोष्ठ [名] 穀物倉；穀物倉庫

अन्न-जल [名] (1) 食物；食料；飲食物 इनमें लड़की के घर अन्न-जल ग्रहण करना पाप समझा जाता है その人たちの間では娘の嫁ぎ先で食事をするのは罪悪視されている (2) なりわい；生業 **अन्न-जल उठना** なりわいを絶たれる；失業する；なりわいを失う (-के यहाँ से) **अन्न-जल उठना** （－に）生活できなくなる **अन्न-जल क°** 食事をする；飲食する (-के) **अन्न-जल के अधीन हो°** （－に）暮らすことを運命づけられる **अन्न-जल छूटना** 縁が切れる；交際が全くなくなる **अन्न-जल छोड़ना** 断食する；食を絶つ= अन्न-जल त्यागना; अन्न-जल न छूना. **अन्न-जल से भेंट न हो°** 食べ物が得られなくなる

अन्नदाता [名] (1) 生活の糧を与える人；主；主人 (2) 穀物の施与をする人 (3)（呼びかけとして）殿；お殿さま；御主人様 अन्नदाता, क्षमा हो お殿様，はばかりながら申し上げます

अन्नदान [名] 穀物の施与や贈与 गोदान, अन्नदान आदि करना शुभ समझा जाता है （人の死に際に）バラモンに雌牛を贈ったり穀物を贈ったりすることがよいことと考えられる

अन्ननली [名*] 食道 = ग्रासनली.

अन्नपूर्णा [名*] (1)〔ヒ〕アンナプールナー神（穀物・食物を司る女神；シヴァ神の配偶神；ドゥルガー神の一つの姿とされる） (2) ヒマラヤ中央部の高峰群及びその主峰の名，アンナプールナー山 (8,075m) **अन्नपूर्णा का भोज** 嫁入りの後，実家に戻った際にアンナプールナー神に祈願して嫁の幸せのために行われる招宴 लड़की अपनी ससुराल से लौटी, तो अन्नपूर्णा का भोज भी हुआ 娘が婚家から戻るとアンナプールナーの招宴も行われた

अन्न-प्राशन [名]〔ヒ〕ヒンドゥーの食い初め（生後 7～8 か月頃に行われる通過儀礼の一）

अन्नशाला [名*] (1) 穀物倉 (2) 穀倉地域；穀倉

अन्ना द्रमुक [名] = अन्ना द्रविड मुनेत्र कज़गम.〔イ政〕全インド・ドラヴィダ進歩連盟／全インドアンナ DMK（1972 年に डी°एम°के° DMK から分離した地域政党）

अन्नाभाव [名] 食料不足 जहाँ एक ओर देश में दरिद्रता और अकालों के कारण अन्नाभाव है 一方では国に困難があり食料不足がある

अन्य [形] 他の；別の；別個の अन्य धर्म 他宗 अन्य कोई संक्रामक रोग その他の何かの伝染病

अन्यतः [副] (1) 他によって (2) よそから；他の場所から

अन्यतम [形] 最高の；最良の

अन्यतर [形] (1) いずれかの (2) 別の；他の

अन्यत्र [副・名] よそ（に）；ほかのところ（に）

अन्यत्व [名] 異なること；別個

अन्यथा[1] [接] さもなければ；さもないと；そうでなければ अन्यथा वह कुलटा, असभ्य तथा छोटे कुल की समझी जाती है さもなければ彼女は多情な，不作法な女，下賤の者と思われる अन्यथा तनिक भी तकरार होने पर वरपक्ष का उठ जाना सम्भव था そうでなければ少しでも口争いになろうものなら花婿側が立ち去る可能性があった

अन्यथा[2] [形] (1) 反対の；逆の (2) 嘘の अन्यथा क° わきにおく；さておく；退ける

अन्यथाकथन [名]〔法〕偽りの陳述〈misrepresentation〉

अन्य पुरुष [名]〔言〕第三人称〈third person〉

अन्यमनस्क [形] 上の空の；ぼんやりした；意識が集中しない न जाने क्यों वे अन्यमनस्क-से हो आये थे どうしたわけかあの方は頭がぼんやりしたようになった

अन्याय [名] ↔ न्याय. (1) 不公正；不正行為 (2) 不当な行為；不当な仕打ち महिलाओं के प्रति अन्याय 女性に対する不当な仕打ち (3) 暴虐

अन्यायपूर्ण [形] ↔ न्यायपूर्ण. 不公平な；不当な；条理に反する；不公正な अन्यायपूर्ण व्यवस्था 不公平な制度

अन्यायी [形] ↔ न्यायी. (1) 不公正を働く；不正を働く (2) 不当な行為をする (3) 暴虐を働く

अन्योक्ति [名*]〔修辞〕寓喩；第三者や直接には無関係なものを介して当てつけたり間接的に行われる表現法= अन्योक्ति रूपक.

अन्योन्य [形] 相互の；互いの= आपस का; आपसी.

अन्योन्यता [名*] 相互関係= आपस का संबंध; आपसी संबंध.

अन्योन्याश्रय [名] (1) 相互依存；相互関係 (2) 相関関係；相関性

अन्योन्याश्रयवाद [名] 相互主義

अन्योन्याश्रयी [形] (1) 相互依存の (2) 相関的な

अन्वय [名] (1) 関連 (2) 韻文を散文の語順に配列すること (3) 因果関係 (4)〔言〕構文上の呼応〈concordance〉

अन्वित [形] (1) 関連した (2) 結合した；一致した (3)（－に）満ちた；満たされた

अन्विति [名*] (1) 相関；相関性；統一性；一貫性 (2)〔演〕（演劇の）三統一；三一致 (3)〔言〕（構文上の）呼応〈concord〉

अन्वीक्षण [名] (1) 詳細に観察すること (2) 調査；探査；探求

अन्वेक्षक [形] 探求する；探究する；追究する

अन्वेषण [名] (1) 探求；探究；探査考察 मानव के अंदर समाहित अपार रचनात्मक शक्ति का अन्वेषण व उपयोग 人間の秘めている無限の想像力の探求と利用 (2) 探検；踏査 क्षेत्र-विशेष के अन्वेषण 特定地域の踏査

अन्वेषणवृत्ति [名*] 探求心；探究心

अपंग [形] 身体に障害のある；不具の；身体の不自由な= अपांग. युद्ध में अपंग हुआ सिपाही 傷痍軍人

अपंगता [名*] 身体の障害；ハンディキャップ

अप[1] [接頭] 不適正，不当，下降，低下，下落，分離，歪みなどマイナスの意味を加える接頭辞 अपमान 侮辱 अपयश 不名誉

अप[2] [形] 《E. up》上りの（鉄道） अप ट्रेन 上り列車 अप यात्री गाड़ी 上りの客車→ डाउन 下りの.
अपकरण [名] (1) 加害；害を及ぼすこと；危害 (2) 悪行；悪事
अपकर्म [名] (1) 悪事 (2) 罪；罪悪；悪業
अपकर्ष [名] (1) 減退 (2) 低下 (3) 下降
अपकर्षण [名] (1) 減退させること (2) 低下させること (3) 下降させること (4) 強要；強奪；ゆすり
अपकार [名] (1) 加害；危害を加えること (2) 悪行；悪事 (3) 侮蔑；非難
अपकीर्ति [名*] 不名誉；汚名
अपकृत [形] (1) 害を被った；損害を被った (2) 侮辱された；不名誉な
अपकृति [名*] (1) 不名誉；侮辱 (2) 損害；害 (3) 不法行為
अपकृष्ट [形] (1) 低下された；低められた (2) 減退した；下落した (3) 卑しい；下劣な (4) おぞましい
अपकेंद्रण [名]〔物理〕遠心分離〈centrifuging〉
अपकेंद्र बल [名]〔物理〕遠心力〈centrifugal force〉
अपकेंद्रित्र [名] 遠心分離機〈centrifuge〉
अपकेंद्री [形] 遠心性の；遠心力の〈centrifugal〉 अपकेंद्री मशीन 遠心分離器= अपकेंद्री यंत्र.
अपक्रम [名] 混乱；無秩序
अपक्व [形] (1) 熟していない；未熟な (2) 未発達な；不十分な；未熟な；成熟していない；未成熟な
अपक्षय [名]〔地〕風化〈weathering〉
अपघटन [名] 分解（化学変化による） अपघटन हो॰ 分解される जीवित वस्तुओं की मृत्यु के पश्चात् प्रकृति में उनका अपघटन मुख्यतया जीवाणुओं द्वारा होता है 生命体は死滅後，自然界で主に微生物によって分解される
अपघटित [形] 分解された；分解済みの अपघटित हो॰ 分解される
अपघात[1] [名] (1) 殺害= हत्या; हिंसा. (2) 欺瞞= धोखा; विश्वासघात.
अपघात[2] [名] 自殺；自害 = आत्महत्या; ख़ुदकुशी.
अपच[1] [名] (1) 不消化 (2) 消化不良
अपच[2] [形] 不消化の；消化されない
अपचक्र [名] 悪循環 = कुचक्र.
अपचय [名] (1) 衰退；減退 (2)〔生〕異化作用〈catabolism〉
अपचयन [名]〔化〕還元〈reduction〉 अपचयन क॰ 還元する
अपचार [名] 非行 बाल अपचार 少年非行= किशोर अपचार.
अपचारी [形] 非行を働く；非行をする
अपचित [形] (1) 敬われた；尊敬された (2) 衰えた；衰弱した
अपचिति [名*] (1) 損害 = हानि; नुक़सान. (2) 破滅 = नाश; तबाही. (3) 費消 = व्यय.
अपच्युत [形] (1) 落ちた；落下した (2) 失われた (3) 流れ落ちた
अपजय [名*] 敗北 = पराजय; हार; शिकस्त.
अपटु [形] (1) 下手な；不器用な (2) 怠惰な
अपटूडेट [形] = अपटूडेट. 《E. up-to-date》現代的な；先端的な；ハイカラな शीला जी रहन-सहन में बड़ी अपटूडेट है シーラーさんは暮らしがとてもハイカラなんだ
अपटुता [名*] ←अपटु.
अपठ [形] (1) 無学な；学業を修めていない (2) 愚かな
अपठनीय [形] 読めない；判読できない；判読不能の
अपठित [形] (1) 読まれなかった；読めない (2) 無学な
अपढ़ [形] 無学な；教育を受けていない= अनपढ़; अशिक्षित.
अपत्नीक [形] 妻を持たない；妻のいない
अपत्य [名] 子；子供；子女= संतान; पुत्र-पुत्री; बेटा-बेटी.
अपथ [名] (1) 険阻な道；険しい道 (2) 悪路 (3) 誤った道
अपथ्य[1] [名] 健康に有害な食物；病気を起こす食物
अपथ्य[2] [形] 健康を害する（食物）；身体に有害な（食物）
अपद [形] (1) 足を持たない（動物） (2) 地位を持たない
अपदस्थ [形] 地位や立場を失った；失脚した；失墜した अपदस्थ हो॰ 失脚する अपदस्थ राष्ट्रपति 失脚した大統領
अपद्रव्य [名] 不純物 अपद्रव्य जो मनुष्य को हानि पहुँचाते हैं 人間に害を及ぼす不純物
अपन [代] (1) = अपना. (2) = हम. **अपन का** 自分の= अपना. "यह मोटरसाइकिल किसकी है?" "अपन की, भई मैंने नई ख़रीदी है" 「このオートバイはだれのものだ」「おれのものさ，新しいのを買ったのだ」

अपनत्व [名] = अपनापन.
अपनत्वहीन [形] 親しみのない चौक की चहल-पहल, कैफ़े के शोरगुल में उन्हें लगता है, सब कुछ अपनत्वहीन है 繁華街の賑わい，喫茶店のざわめきの中で，なにもかも親しみのない感じがする
अपनपौ [名] (1) 親しみ (2) 独自性；本性 (3) 意識 (4) 傲り；慢心 (5) 尊厳 **अपनपौ खोना** 慢心を捨てる；傲りたかぶりを捨てる **अपनपौ छिपाना** 本性を隠す **अपनपौ तजना** = अपनपौ खोना. **अपनपौ दिखाना** 親しみを見せる **अपनपौ दे॰** = अपनपौ खोना. **अपनपौ पहचानना** 自分の本性を知る= अपनपौ पाना. **अपनपौ भूल जा॰** 我を忘れる = अपनपौ हारना.
अपना[1] [代] 再帰代名詞 आप の斜格語基. 自分；自分自身；自己 अपने को 自分を；自分自身を, अपने से 自分に対して, अपने पर 自分を, अपने में自分の中になど. = स्वयं; ख़ुद. なお，再帰代名詞 आप の gen. については→ **अपना** (**अपने**, **अपनी**)[3] तुम सदा कोमल और सच बोलो जो अपने से कठोरता और शत्रुता से भी बोलें उनसे भी मृदुता और मित्रता के साथ बोलो 自分に対して厳しい口調や敵対心をこめて話す人があろうともその人に対してもやさしく親しみをこめて話しなさい **अपने को उँडेलना** 思っていることを洗いざらい言う= अपने को खोलना. **अपने को खो बैठना** *a.* すべてを捧げる *b.* 我を忘れる **अपने को डुबो दे॰** 専念する；没頭する **अपने को तौलना** 自分の心を見つめる **अपने को बहुत लगाना** ひどくうぬぼれる **अपने को बिसरा दे॰** 没頭する；没入する= अपने को बेच दे॰; अपने को भूल जा॰. **अपने को मरना** 自分の身近な人のことで悩む (-में) **अपने को मिटा दे॰** (ーに) 身を捧げる；身命を捧げる **अपने को लाट साहब समझना** 大変うぬぼれる；自分を一番偉い者と思う **अपने को लुटा दे॰** = अपने को मिटा दे॰. **अपने तक रखना** 他言しない；内緒にしておく
अपना[2] [名] (1) 身内；身内の人；親戚；縁者 (2) 仲間；自分たちの仲間
अपना[3] [代形] 再帰代名詞 आप の所有格形（被修飾語の性・数・格に応じて अपना(mas., sg., dir.) अपने(mas., sg.ob., pl.), अपनी(fem.) と変化する.） (1) 自分の；自分自身の；己の；わが वे अपने चेलों से कहते थे 常にご自分の弟子たちに仰っていらっしゃった वह अपनी ही बात कर रहा था あの人は自分のことばかり話していた अपने प्रयोग का 自分用の；自分が用いるための अपना काम करो 自分の仕事をしなさい अपना देश 地元；地場 यह तो अपने-अपने मानने की बात है これは人がそれぞれ判断すべきことだ ये तो सब मेरे अपने काम हैं どれもこれも自分のなすべきことなのです अपने बचपन की स्मृति 自分の子供時分の思い出 (2) 身内の；内輪の मन्नू ख़ाँ अपने आदमी हैं マンヌーカーンは身内の人だ (3) 本来の；しかるべき मौत अपने समय पर ही होता है 死はしかるべき時に訪れるもの हर चीज़ अपनी-अपनी जगह पर सजा दी गई है それぞれのものは本来の場所に飾られている **अपना अपना** 各の；各々の；各自の；それぞれの；めいめいの अपनी अपनी तरह それぞれ独自の方法で **अपना आल्हा अलापना** 手前味噌 **अपना उल्लू कहीं न जा॰** まだ損が決まったわけではない；自分の利益を図る相手はまだいる **अपना उल्लू फाँसना** = अपना उल्लू सीधा क॰. अब भी मुझे अपना उल्लू फाँसने का मौक़ा था 今なお自分の利益を図る機会はあった **अपना उल्लू सीधा क॰** 自分の利益を図る；私利私欲を図る；我田引水= अपना काम निकालना. मक्कार लोग उनकी जहालत और नादानी से फ़ायदा उठाते और अपना उल्लू सीधा करते हैं いかさま師たちはその人たちの無知蒙昧につけこんで自分の利益を図るものだ **अपना ऐब लीपना** 己の弱みや自分の弱点を隠す **अपना करके रखना** 大切にする；大切に扱う **अपना क॰** 親しく受け入れる (-) **अपना कलछा बना रखना** (ーを) 自分の利益に利用する **अपना कान देखे बिना कौए के पीछे दौड़ना** 思慮なく人の言葉に従う **अपना काम क॰** 自分の目的を果たす **अपना काम देखो** 差し出がましいこと，余計なこと，つまらぬことはよせ；でしゃばるな हमारे साथ तकरार नहीं करो, जाओ अपना काम देखो わしの言うことに口答えするな. でしゃばるな **अपना किया पाना** 自分の為した行為の結果を得る；自業自得 **अपना गान गाना** *a.* 自慢する= अपनी बड़ाई क॰. *b.* 自分のことばかり言う= अपना गीत गाना; अपना राग अलापना. **अपना गुह भोजन बराबर समझना** 自分の弱点や自分のものを悪く思わない **अपना घर छोड़कर घूरा बुझाना** 自分の不利益を考慮せずに他人のために働く **अपना घर दूर से ही सूझना** 自分の得になることは早くからわかる；自分の利に聡い **अपना घर देखना** *a.* 自分の

境遇や実情をふりかえる；自分の足下をみる *b.* 自分の利益を考える **अपना घर भरना** 私利私欲に走る (-) **अपना घर समझना**（－に）気兼ねや遠慮をしない **अपना जवाब आप ही हो॰** 比べるものがない；比類がない **अपना झोंपड़ा अलग बनाना** 自立する；独立する **अपना टका सीधा क॰** *a.* 収入を図る；収入の方途をさぐる *b.* 徴収する **अपना ठिकाना क॰** 自分の生活の足場を固める **अपना ढोल पीटना** 自己宣伝 **अपना तमाचा अपने मुँह पर पड़ना** 他人に害を与えるつもりが自分の損害になる **अपना दाँव ले॰** 好機をつかむ **अपना दिल हाथ में रखना** 自分を抑える；自制する **अपना दुख रोना** ぐちを言う；泣き言を言う **अपना देकर लड़ाई मोल ले॰** わざわざ自分の不利益になることや問題の生じるようなことをする **अपना देश बेगाना लगना** 身辺のものに愛着がなくなる **अपना-पराया** *a.* 自他 *b.* 身内と他人 नियम में अपना-पराया कुछ नहीं होता 規則には身内も他人もないものだ *c.* 内と外 बच्चों को अपने-पराए का ध्यान तो होता नहीं 子供たちには内も外もないものだ= अपना-बेगाना. *d.* 敵と味方= अपना-बेगाना. **अपना बोया आप काटना** 蒔いた種を刈る；自業自得 **अपना मतलब निकालना** 自分の利益を図る प्रशंसा केवल अपना मतलब निकालने के लिए नहीं की जाती 自分の利益を図るためだけに人をほめることはできない **अपना मरन जगत की हँसी** *a.* 世間の風は冷たいもの *b.* しくじりは物笑いの種 **अपना मियाँ** 夫 **अपना मीठा लगना** 自分のものは良く感じられる；自分のものは良く思われる **अपना मुँह तो देखो जाकर** （お前の）柄でもないことだ；（君には）似つかわしくないことだ **अपना राग अलापना** = अपना गान गाना. **अपना रास्ता देखना** *a.* 自分の仕事をする；自分の本分を果たす *b.* 知らぬ顔をする；関わりを持たないようにする *c.* 人を追い払う言葉；向こうへ行け **अपना रास्ता ले॰** = अपना रास्ता देखना. **अपना-सा मुँह लेकर** しょげて；しょんぼりして；落胆して；肩を落として；がっかりして；意気消沈して **अपना-सा मुँह लेकर चलता बनना** すごすごと引退る；恥じ入って立ち去る अब रिक्शावाला अपना-सा मुँह लेकर माफ़ी माँगते हुए चलता बना そこで車夫は恥じ入り許しを乞いながら立ち去った **अपना-सा मुँह लेकर रह जा॰** しょんぼりする；落胆する **अपना-सा मुँह लेकर लौट जा॰ (आ॰)** すごすごと引き揚げる；しょんぼりして引き揚げる **अपना सिर पीट ले॰** 己の運勢（不運）を嘆く **अपना स्थान बनाना** 人に認められる；認めてもらう पटना के छात्र पढ़ने में कुछ तेज़ थे, इस लिए उनसे मुक़ाबला कर कक्षा में अपना स्थान बनाने में उन्हें काफ़ी परिश्रम करना पड़ता था パトナーの生徒は少しできたので競争してクラスで認められるためにはかなりの努力をしなければならなかった **अपना हाड़-माँस हो॰** 血族；血縁関係のもの **अपना हाथ जगन्नाथ** *a.* ものごとは他人に頼るのではなく自分自身でするのが一番良い *b.* だれも口出しのできないような人 *c.* 自分の手が一番清らかなものだ **अपना हाथ तक न सूझना** 真っ暗な；一寸先が見えない（暗闇） **अपना ही खोटा हो॰** 身内や自分のものに欠陥がある；自分に非のあること= अपना ही पैसा खोटा हो॰; अपना ही रुपया खोटा हो॰. **अपनी-अपनी क॰** 自分の利益のみ考える= अपनी-अपनी रोटी चुपड़ना. **अपनी अपनी तौंबड़ी अपना अपना राग, अपनी अपनी गाना**〔諺〕*a.* 各自が自分勝手な振る舞いをするたとえ *b.* 協力関係や協調関係の失われているたとえ **अपनी-अपनी देखना** 身勝手なことのみ考える **अपनी अपनी पड़ना**〔諺〕皆が自分勝手な考えを持つことやそのため収拾がつかなくなるたとえ= अपनी अपनी डफ़ली अपना अपना राग; अपनी अपनी तुनतुनी अपना अपना राग. **अपनी आयी** 死神 अपनी आयी मेरे घर में भेज दी あいつ死神をうちに寄こしやがった **अपनी इज़्ज़त अपने हाथ हो॰** 自分の名誉は自分で守るもの **अपनी ऐसी-तैसी में जा॰** こちらの知ったことではない．勝手にしろ **अपनी ओर निहारना** わが身をふりかえる **अपनी क़ब्र आप खोदना** 自分の墓穴を掘る **अपनी करनी पार उतरनी**〔諺〕*a.* 自分のことは自らするのが良い *b.* 蒔いた種は刈らねばならぬ *c.* 自分の行為により成果は得られる *d.* 解脱は現世での自分の行為次第 **अपनी खचाना** 自分の言い分ばかり言う **अपनी खाट के नीचे झाँकना** 自分をふりかえって見る；反省する= अपनी खाट के नीचे देखना. **अपनी खाल में मस्त रहना** 自分の境遇に満足する **अपनी खिचड़ी अलग पकाना** *a.* 他人と全く違ったことをしたり考えたりする；風変わりなことを行うこと *b.* 炊事を別個にする **अपनी ख़ुशी से जीना** 自分の好き勝手に暮らす **अपनी गरज बावली हो॰** 人は自分の利益のためには分別を失うもの **अपनी गली के शेर हो॰** 内弁慶= अपनी गली में कुत्ते भी शेर हो॰. **अपनी गाँठ का** 自分の懐の；懐中の；自腹の= अपनी गिरह का. **अपनी गिरह का कुछ न जा॰** 自分の懐が全く痛まない **अपनी गुड़िया सँवार दे॰** 自分の財力に応じて娘を嫁がせる **अपनी गौं का** 身勝手な= अपने मतलब का. **अपनी छाछ को कोई खट्टा नहीं कहता**〔諺〕自分の不利益を招くことを言う人はいない **अपनी छाती पर हाथ रखकर कहना** 良心に誓って言う；胸に手を当てて言う **अपनी जगह** その限りでは इन छोटे व्यापारियों की माँग भी अपनी जगह जायज़ है この小商人たちの要求もその限りでは正しい **अपनी जमाना** 自分の言い分ばかり言う **अपनी जाँघ उघारना** 自分から破廉恥な振る舞いをする；自ら不名誉なことをする **अपनी जाँघ का सहारा हो॰** 自立する；自分の力で立つ **अपनी जान और किसी और की जान एक क॰** 命のやりとりをする **अपनी जान सब को प्यारी होती है** だれしも命は惜しいもの **अपनी टाँग उघाड़े और आप ही लाजों मरे**〔諺〕身内の恥をさらすことは己の恥をさらすことになる= अपनी जाँघ उघाड़िए, अपने मरिए लाज. **अपनी डफ़ली अपना राग हो॰** 皆が自分勝手なことを言う **अपनी डेढ़ ईंट की मसजिद अलग बनाना** = अपनी ढाई चावल की खिचड़ी अलग पकाना; अपनी खिचड़ी अलग पकाना. **अपनी तई खींचना** 自分の得になるようにのみ図る；自分の利益を望む **अपनी तरफ़ खयाल क॰** = अपनी ओर निहारना. **अपनी दाल गलाना** 自分の利益を図る तू अपनी दाल गलाने की सोच रहा है お前は自分の利益を図っているんだ **अपनी नाक कटाकर दूसरों का असगुन मनाना** 自分の損や不名誉を覚悟の上で人に害を及ぼす **अपनी नींद सोना** *a.* 自分の好きなように振る舞うたとえ *b.* 心配のないこと；全く不安のないこと= अपनी नींद सोना अपनी नींद उठना; अपनी नींद सोना अपनी भूख खाना. **अपनी नौबत बजाना** 楽しむ **अपनी पगड़ी अपने हाथ हो॰** = अपनी इज़्ज़त अपने हाथ हो॰. **अपनी फूली न देखकर दूसरे का माँड़ा देखना** 他人のあらばかり見る **अपनी फूली न देखना** 自分の弱点を無視する **अपनी बड़ाई आप करना**〔諺〕自画自賛 **अपनी बात का एक** 約束の固い= अपनी बात का धनी; अपनी बात का पक्का. **अपनी बात पर आ॰** 意地を張る **अपनी मौत मरना** *a.* 天寿を全うする *b.* 自分の行為が原因で死ぬ **अपनी राह चलना** 自分の好きなようにする；思いのままに行動する **अपनी राह लगना** 自分のことをする；関わりを持たない **अपनी ही ओटे जा॰** = अपनी ही हाँकना. **अपनी ही कहे जा॰** 自分の都合のよいことばかり言う **अपनी ही चलाना** 他人の言に耳を貸さず自分の言い分ばかり言う **अपनी ही हाँकना** 自分の主張・言い分ばかり言う तुम सुने बिना ही अपनी हाँकने लगते हो 君は人の話も聞かず自分のことばかり言い立て始める **अपने आगे किसी को कुछ न गिनना** 人を見下す= अपने आगे किसी को कुछ न बदना; अपने आगे किसी को कुछ न समझना. **अपने ऊपर ओढ़ ले॰** どんな仕事も引き受ける= अपने ऊपर ले ले॰. **अपने काम से काम रखना** 他人との関わりを持たない **अपने काम से लगना** 自分の本分を果たす **अपने किये का इलाज न हो॰** 自業自得 = अपने किये को भुगतना. **अपने ख़याल में मस्त रहना** 自分のことばかり考える= अपने ख़याल में रहना. **अपने गरेबान में मुँह डालना** 自分の能力や力量を考える **अपने गाँव में कुत्ते का भी शेर हो॰** 内弁慶= अपने घर में कुत्ते का भी शेर हो॰; अपने घर में ज़ोर बताना. **अपने घर में दिया जलाकर तब मसजिद में जलाना** 他人のためよりも自分のことが先 **अपने घाट उतारना** 自分の都合に合わせる **अपने चलते** できるだけ；力の限り **अपने टिक्के लगाना** 自分の利益になることだけを話題にする **अपने ढंग का** 独特の；独自の **अपने दही को खट्टा न कहना** 自分のものを悪く言う人はいないもの **अपने दिनों को रोना** つらい人生を過ごす **अपने दिल में लेकर रह जा॰** 聞いて引退がる **अपने दिल से पूछना** 自分の胸に問うてみる；話を聞いて黙り込む **अपने पर आ॰** *a.* 本性を現す *b.* 災厄が降りかかる **अपने परों आप उड़ना** 独力でやってみる；自分でやってみる；自分自身で試みる **अपने पीछे** （自分の）死後 **अपने पैर पर कुल्हाड़ी मारना** 自ら自分に不利になることをする；自滅行為 अपने पैरों पर स्वयं कुल्हाड़ी मारने का काम 自滅的な行為 **अपने पैरों पर खड़ा हो॰** 自立する；独り立ちする **अपने फ़ैज़ को पहुँचना** 自業自得 **अपने बल पर खड़ा हो॰** 自立する；独立する **अपने बाल धूप में सफ़ेद क॰** 馬齢を重ねる **अपने बावले को समझना** 自分の心をなだめる **अपने भावें** 自分のほうからは；自分の側からは **अपने मतलब का** 自分勝手な；身勝手な= अपने मतलब का यार. **अपने मरे बिना स्वर्ग न मिलना** 虎穴に入らずんば虎子を得ず；命を投げ出さないといいものは手に入らない **अपने माथे ओढ़ ले॰** 責任を引き受ける **अपने मुँह अपना बखान क॰** 自画自賛= अपने मुँह अपनी करनी

बखानना. **अपने मुँह धन्नासेठ बनना** 自分の人柄や資産を自慢する **अपने मुँह मियाँ मिट्ठू बनना**〔諺〕自画自賛＝ अपनी बड़ाई आप क॰. **अपने मुँह में आप थप्पड़ मारना** 自分の不利益や自分の恥になることをする **अपने मुँह से** 自分で；自分から **अपने रंग के राजा** 自分勝手に振る舞う人 **अपने रंग पर उतार ले॰** 自分の思い通りにする **अपने रंग में मस्त हो॰** 自分のことのみ考えたり自分だけ楽しく過ごす；一人悦に入る **अपने रास्ते** 自分の流儀で；自分流に **अपने रास्ते चलना** *a.* 自分の流儀で進む *b.* 干渉しない **अपने रास्ते में काँटे बोना** 自分の不利になることをする **अपने रास्ते लगना** 好きなようにする **अपने शीशे में उतारना** 思い通りに操る **अपने सामने किसी को न गिनना** 相手をみなみくびる **अपने सिर ओढ़ना** 自分の責任として引き受ける **अपने सिर पड़ना** 自分の責任になる；責任が降りかかる **अपने सिर ले॰** ＝ अपने सिर ओढ़ना. **अपने स्थान पर** 元の場所に；本来の場所に शीशी अपने स्थान पर थी びんは元の場所にあった **अपने हक़ में काँटे बोना** ＝ अपने रास्ते में काँटे बोना. **अपने हाथ की चीज़** 自分の権限内のこと；自分の力の及ぶ範囲のこと＝ अपने हाथ की बात. **अपने हाथ में हो॰** 思い通りになる；意のままになる **अपने हाथों** 自ら；手ずから **अपने हाथों अपना गला घोंटना**〔諺〕自滅行為のたとえ＝ अपने पैर कुल्हाड़ी मारना. **अपने हाथों क़ब्र खोदना**〔諺〕自滅行為のたとえ＝ अपने हाथों कुआँ खोदना. **अपने हाथों कुआँ खोदकर पानी पीना** 自ら井戸を掘り水を飲む；他人の世話にならず自分の力だけでする **अपने हाथों कुल्हाड़ी मारना** 自滅行為＝ अपने पैर पर कुल्हाड़ी मारना. **अपने हाथों पापड़ बेलना** わざわざ苦労をする；進んで苦労を背負う **अपने हाथों पैर पर कुल्हाड़ी मारना** ＝ अपने पैर पर कुल्हाड़ी मारना. **अपने हाल पर** そのままの状態に **अपने हाल में न रहना** 正気を失う **अपने ही घर में** 身内の中や身近なところに

अपनाना [他] (1) 取り入れる；採り入れる；採る；用いる उसने समझौते और मेल-मिलाप की नीति अपनाई 彼は妥協と友好の方針を採り入れた क्या किसान नई तकनॉलाजी अपनाने के इच्छुक नहीं हैं? 農民は新しい技術を採り入れたがらないものか निम्न हथकंडे मैं अपना नहीं सकता いやしい手練手管を用いることはできないんだ 私は उसने शांतिपूर्ण तरीके अपनाने की सलाह दी 非暴力的な方法を採り入れるように忠告した कनाडा ने काफ़ी कड़ा रुख अपनाया है カナダではかなり厳しい態度を採っている (2) 身内や養子にする ऐसे बच्चे को अपनाकर このような子供を養子にして (3) 受け入れる यदि हम उसको पूर्ण रूप से नहीं अपनाते तो もしもあの人を完全に受け入れないと नई जानकारी को न अपनाने का पूर्वाग्रह 新しい知識を受け入れない偏見

अपनापन [名] (1) 親身なこと；親しさ；親しみ वह बड़े अपनेपन से उसका उपाय बता देता とても親身になってそれの手立てを教える मुसकराकर सब का स्वागत करता अपनापन दिखाता था みなを笑顔で迎え親愛感を見せていた इतने ज़रा-ज़रा से काम के रुपये? वह तो आपने अपनेपन पर कर दिया था たったあれだけのことをしたのにお礼ですか. あれは親しいからしただけのことなのに (2) 自尊心 **अपनेपन पर आ॰** 本性を現す

अपनापा [名] ＝ अपनापन.

अपनायत [名*] ＝ अपनापन.

अपनाहट [名*] ＝ अपनापन.

अपनी [代形*] अपना[3] の女性名詞修飾形. 自分の，自分自身のなど यह तो मेरी अपनी ग़लती से हुआ これは私自身の過ちで生じたことなのです（これは身から出た錆なのです） वह पक्षी अपनी मधुर बोली के कारण आसानी से पहचान लिया जाता है その鳥はその独特の美しい鳴き声でそれと知られる

अपने[1] [代] 再帰代名詞 आप[1] (1) の斜格語基として अपने को, अपने से, अपने में などと用いられる ＝ अपने-आप. अपने से पूछो 自分にたずねなさい

अपने[2] [代形] ←अपना[3]. अपने किये का फल 自分の行為の報い；自分のしたことの結果

अपने-आप[1] [代] आप の強意形. 自分；自分自身＝ आप; स्वयं; खुद. **अपने-आप को आसमान पर खींचना** 尊大になる；傲慢になる **अपने-आप को दूर जानना** 自分を深慮遠望の人と思う＝ अपने आप को दूर मानना. **अपने आप को भूलना** *a.* 我を忘れる *b.* 正気を失う *c.* 大変うぬぼれる **अपने आप में** それ自身で；それ自体で यह मेला अपने-आप में अनूठा है このメーラー（縁日）はこれ自体が特異なものである **अपने आप में न रहना** 興奮のあまりわれを忘れる **अपने आप से लड़ना** 心に葛藤が生じる

अपने-आप[2] [副] ひとりでに；自然に；おのずと＝ खुद-ब-खुद. सब काम अपने-आप ठीक हो जाएगा 何もかもひとりでに良くなるだろう हो सकता है, यह बीमारी धीरे-धीरे अपने-आप ठीक हो जाए この病気はゆっくりひとりでに良くなるかも知れない रस्सी अपने-आप खुल गई ひもがひとりでにほどけた दूध का दाँत अपने-आप गिर जाएगा 乳歯はひとりでに抜けるもの

अपने राम [代] 謙称の自称代名詞. わたくし；手前；拙者；それがし；やつがれ；自分；身共 उस दिन अपने राम के एक मित्र पधारे その日やつがれの一人の友人がおいでになった

अपपदार्थ [名] 廃棄物；ごみ शहरी अपपदार्थ 都市から出る廃棄物

अपपात्र [名] (1) 資格のない人；その器ではない人 (2) 生まれの低い人；賎しい人

अपभाषण [名] (1) 罵詈雑言；ひどい悪口 (2) 悪口を言うこと；罵詈

अपभ्रंश[1] [形] (1) 堕落した；落ちた (2) くずれた (3) 歪んだ (4) 訛った

अपभ्रंश[2] [名*]〔言〕アパブランシャ語（中期インド・アーリア語に数えられる言語でおよそ 6～11 世紀の北インドに行われたとされインド・アーリア語の中期から近代への過渡期の特徴を示す）

अपभ्रंशित [形] (1) 落ちた；落下した (2) 堕落した (3) くずれた

अपभ्रष्ट [形] (1) 落ちた；落下した (2) くずれた (3) 転訛した；訛った

अपमान [名] 侮辱；辱め (-का) अपमान क॰ (ーを) 侮辱する；(ーを) 辱める **अपमान का घूँट पीना** 侮辱を耐えしのぶ＝ अपमान पीना.

अपमानजनक [形] 侮辱的な；軽蔑的な अपमानजनक शब्द 侮辱的な言葉；中傷；悪口＝ अपमानवचन.

अपमानित [形] 侮辱された；辱められた वह रावण से अपमानित होकर राम की शरण में चला गया ラーヴァナに侮辱されラーマにすがった अपमानित क॰ 侮辱する अपमानित हो॰ 侮辱される

अपमार्ग [名] 悪の道

अपमार्गी [形] 悪の道を行く

अपमार्जक [名] 洗剤

अपमार्जन [名] (1) 浄化 (2) 洗浄 (3) 清掃

अपयश [名] 不名誉；悪名；汚名 अपयश हो॰ 汚名をこうむる

अपरंच [接] (1) 更に (2) それでも；しかるに；しかしながら

अपरंपार [形] (1) はてしない；限りない；無限の (2) 甚だ；非常に；度はずれに

अपर[1] [形] (1) はじめの；最初の (2) 終わりの；後ろの；後方の (3) 他の；別の；別個の (4) 最上の；最高の (5) 次の；次に来る；次席の अपर ज़िला मजिस्ट्रेट 県次席執行判事 (6) 越えた；それを越える (7) 異種の (8) 自派の；仲間の；身内の (9) 西の

अपर[2] [形]《E. upper》(1) 位置が上の；上段の अपर बर्थ 上段の寝台（寝台車） (2) 上級の अपर प्राइमरी स्कूल 独立前インドの旧学制で高等科 (upper primary school) の略でそれの第 4 学年 दर्जा चार は初等科から通算して第 8 学年を指した

अपरता[1] [名*] 不一致

अपरता[2] [名*] 合一

अपरत्व [名] → अपर[1]

अपरदन [名] 腐食；浸食 हवा और पानी द्वारा अपरदन होता है 空気と水で腐食が生じる

अपरस [形] (1) 人の触れたことのない (2) 触れてはならない

अपरा[1] [名*] (1) 物質に関する学問 (2) 西；西方

अपरा[2] [名*] 胎盤〈placenta〉

अपराजित [形] 敗北していない **अपराजित दशमी**〔ヒ〕ヴィジャヤダシャミー祭＝ विजयदशमी.

अपराजिता [名*]〔植〕マメ科蔓草チョウマメ（蝶豆）【*Clitorea ternatea*】＝ विष्णुकांता.

अपराजेय [形] 負かすことのできない

अपराध [名] (1) 犯罪；犯罪行為 (2) 悪事；悪行 बाल अपराध 少年犯罪 जघन्य अपराध おぞましい犯罪 यौन अपराध 性犯罪

अपराध चर्या [名*] 犯罪歴；前科

अपराध चेतना [名*] 罪悪感；罪の意識= अपराध बोध; अपराध भावना. पर धीरे धीरे उसे एक अपराध चेतना ग्रसने लगी だが次第に罪悪感のようなものが彼をとらえはじめた
अपराध मनोविज्ञान [名] (1) 犯罪心理 (2) 犯罪心理学
अपराध विज्ञान [名] 犯罪学 = अपराध शास्त्र; अपराधिकी.
अपराध समाज विज्ञान [名] 犯罪社会学 = अपराध समाज शास्त्र.
अपराध स्वीकरण [名] 自白；自供
अपराधिक [形] (1) 刑事上の；犯罪に関わる (2) 犯罪的な अपराधिक व्यवसाय 犯罪的職業 → आपराधिक.
अपराधिक अभिलेख [名] 前科；犯罪記録= अपराधी अभिलेख.
अपराधिकी [名*] 犯罪学
अपराधी [形・名] 犯罪を犯した；犯人；犯罪者 अपराधी क्षेत्र 犯罪地域；犯罪多発地域
अपराधी अभिलेख [名] 前科= आपराधिक अभिलेख.
अपराधी साक्षी [名]〔法〕司法取引で無罪になる約束で証人となる犯罪人
अपराह्ण[1] [名] (1) 午後（正午から午前零時まで） (2) 正午から午後 3 時までの間
अपराह्ण[2] [副] 午後に
अपरिग्रह [名] (1) 布施を受け取らぬこと (2) 不摂取；無所有 संपत्ति के प्रति अपरिग्रह के व्रत को 財産を持たぬ誓いを (3) 無執着
अपरिचय [名] (1) 知識を持たないこと；知らないこと (2) 面識を持たないこと
अपरिचित [形] 知識や面識のない；知らない；見知らぬ आम लोग उसके नाम से भी अपरिचित थे 一般の人はその人の名前すら知らなかった
अपरिच्छिन्न [形] (1) 分割できない (2) 結合している
अपरिपक्व [形] (1) 熟していない；完熟していない；未熟な (2) 完全になっていない；中途の；中途半端な **अपरिपक्व शिशु** 未熟児
अपरिमार्जित [形] 洗われていない；洗練されていない；浄化されていない
अपरिमित [形] (1) 限りない；無限の (2) 無尽の राज्य का अपरिमित धन 国の無尽の財宝
अपरिमेय [形] (1) 計り切れない；計測できない (2) 推測できない (3) 無数の
अपरिवर्तनीय [形] (1) 不変の；不動の कानून की व्याख्या के लिए कोई अपरिवर्तनीय नियम नहीं है 法律の解釈で不変の決まりというものは存在しない (2) 交換できない；代えられない
अपरिवर्तित [形] 昔のままの；旧態依然たる
अपरिष्कृत [形] (1) 洗練されていない (2) 浄化されていない
अपरिसीम [形] 限りない；無限でない；はてしない मेरा दिल एक अपरिसीम असंतोष से भर गया 胸は限りない不満感でいっぱいになった
अपरिहार्य [形] (1) 欠かせない；不可欠の；必須の टॉर्च के सेलों में जस्ते का उपयोग अपरिहार्य है 懐中電灯の乾電池には亜鉛の使用がどうしても欠かせない अपरिहार्य शर्त 必須条件 (2) 止むを得ない；避けられない अपरिहार्य कारण से 止むを得ない理由で अपरिहार्य परिस्थितियाँ 不可避の状況
अपरीक्षित [形] 試されていない；実験されていない
अपरूप[1] [形] みっともない；醜い；見苦しい
अपरूप[2] [名] 醜さ；醜悪さ
अपरोक्ष [形] (1) 直接の (2) 目の前の；眼前の= प्रत्यक्ष.
अपर्याप्त [形] 不十分な；不足の
अपलक[1] [形] まばたきのない
अपलक[2] [副] まばたきもせず；じっと見つめる様子で इस प्रकार अपलक आप मेरी ओर क्यों ताक रहे हैं? なぜこんな風に私をじっと見つめていらっしゃるのですか **अपलक रहना** 呆然とする
अपलाई [名]《E. apply》申込み；出願；志願；応募 मैंने दो-चार अच्छी कंपनियों में नौकरी के लिए अपलाई किया है 私は 2〜3 の優良企業の採用試験に応募した
अपलाप [名] (1) 無駄口 (2) 言い逃れ；口をにごすこと
अपलीक वर्क [名]《E. appliqué work》〔手芸〕アップリケ
अपलोक [名] 不名誉= अपयश; अपकीर्ति; बदनामी. (-पर) **अपलोक चढ़ाना** （ーを）非難する；とがめる
अपवंचन [名] 支払わぬこと；逃れること；免れること बिक्रीकर अपवंचन को रोकने के लिए 売上税の脱税を防止するため

अपवर्ग [名] (1) 解脱 (2) 解放 (3) 放棄 (4) 施与
अपवर्जन [名] 除外；排除
अपवर्तक [名]〔数〕約数〈submultiple〉
अपवर्तन [名] (1) 変化 (2) 変換 (3) 転換 (4)〔光〕屈折
अपवाद [名] (1) 例外 इसमें कोई अपवाद नहीं है これには例外がない (2) 反論 (3) 中傷
अपवित्र [形] 不浄な；けがされた अपवित्र क॰ 不浄にする；けがす अपवित्र हो॰ 不浄になる；けがされる मंदिर को अपवित्र करना 寺院をけがす
अपवित्रता [名*] ← अपवित्र. 不浄（さ）；けがれ ऊँची जातियों में लोग पवित्रता और अपवित्रता के परंपरागत विचारों से प्रेरित होने के कारण 高カーストの人たちは浄・不浄の伝統的な思想に動かされるので
अपविद्ध पुत्र [名]〔ヒ〕アパヴィッダ（古代インドの養子の分類の一で親に捨てられたのを拾い養育した息子．マヌ法典 9- 159)
अपवृत [形] (1) 逆になった；反対になった (2) 転倒した；ひっくりかえった (3) 終わった；終了した
अपवृत्ति [名*] (1) 逆転 (2) 転倒 (3) 終了
अपव्यय [名] 浪費；無駄遣い इसमें चाल बदलने से शक्ति का अपव्यय होता है これの速度を変えると力を浪費することになる
अपव्ययी [形] 浪費をする；無駄遣いをする
अपशकुन [名] 不吉な兆し；凶兆
अपशकुनकारी [形] 不吉な；縁起の悪い उसको पति की मृत्यु के पश्चात् अत्यंत अपशकुनकारी माना जाता है その人は夫の死後甚だ不吉なものとみなされる
अपशब्द [名] (1) 罵詈雑言；悪口；罵りの言葉 (2) たわごと अपशब्द बोलना 悪口を言う；罵る
अपशिष्ट[1] [形] 廃物の；老廃の इस तरह शरीर अपशिष्ट पदार्थ बाहर निकालने का कार्य गुर्दे करते हैं このように身体の老廃物を排泄する機能を腎臓がする **अपशिष्ट उत्पाद** 産業廃棄物〈waste product〉 **अपशिष्ट द्रव्य** 老廃物
अपशिष्ट[2] [名] (1) ごみ；廃物 कारखानों से अपशिष्ट 工場から出る廃棄物 (2) 老廃物
अपसंचय [名] 買い溜め
अपसर [名] (1) 後退；撤退；退却 (2) 逃亡
अपसरण [名] (1) 後退；退却 (2) 逃避；逃亡 (3) 遺棄；脱走 (4) 分岐；逸脱 (5) 流れ（人口の）
अपसामान्य [形] 異常な；不正常な；病的な
अपस्मार [名] (1)〔医〕てんかん（癲癇）= मिरगी. (2) 健忘症；記憶障害
अपहत [形] (1) 滅ぼされた (2) 殺された (3) 撤去された
अपहरण [名] (1) 誘拐 स्त्री का अपहरण 女性誘拐 (2) 奪取；剥奪 स्वतंत्रता का अपहरण 自由の剥奪 हवाई जहाज़ का अपहरण ハイジャック；飛行機乗っ取り= विमान-अपहरण. अपहरण क॰ 誘拐する；奪取する अपहरणकर्ता 誘拐者；奪取者
अपहर्ता [形・名] (1) 奪取する；奪取者 (2) 誘拐する；誘拐者；人さらい
अपहार [名] (1) 奪取；強奪 (2)〔法〕横領
अपहृत [形] (1) 奪われた；奪取された (2) 誘拐された
अपह्नुति [名*]〔修辞〕対象の事実を隠蔽，あるいは，否定する方法による直喩表現を用いる修辞法
अपांग [形] (1) 身体に障害のある；体の不自由な (2) 均衡を欠いた；釣り合いのとれていない
अपाक [形] 未熟の；熟していない
अपाकर्म [名] (1) 支払い；弁済 (2) 清算；（資産）整理
अपाचन [名] 不消化〈indigestion〉
अपाटव[1] [名] (1) 不器用さ (2) 醜さ (3) 不活発 (4) 病気
अपाटव[2] [形] (1) 不器用な (2) 醜い；みっともない (3) 不活発な；のろい (4) 病気の
अपाठ्य [形] 判読し難い；読み取れない
अपात्र [形] (1) ふさわしい人物や器でない；器量にふさわしくない (2) 不適格な；資格のない〈ineligible〉
अपादक [形・名] (1) 足のない；足を持たない (2)〔昆〕うじ（蛆）；蛆虫〈maggot〉
अपादान [名] 取り出すこと；引き出すこと
अपादान कारक [名]〔言〕奪格〈ablative case〉

अपान [名] (1)〔アユ〕アパーナ（アーユルヴェーダにおいて身体を機能させるものと考えられている５種のヴァーユ（風）の一で，糞尿などを排出するものと考えられる） (2) へ（屁） (3) 肛門

अपानद्वार [名] 肛門 = गुदा.

अपानवायु [名] へ（屁） = पाद.

अपामार्ग [名]〔植〕ヒユ科雑草インドイノコズチ【*Achyranthes aspera*】

अपामार्जन [名] (1) 清めること；清掃 (2) 治療

अपार [形] (1) はてしない；限りない；無限の；洋々たる；尽きることのない；終わりなき अपार चिंता में डूब गया 尽きない悩みに沈んだ (2) この上ない；無上の；最大の；最高の इससे उनके घर के लोगों को अपार संतोष मिलता था これによりその人の家族はこの上ない満足感を得ていたのだった शूरवीरों के प्रति अपार श्रद्धा 英雄たちへの最高の敬意 (3) 大量の；甚だ多くの；無数の अपार धन 巨額の資金；大金 निरंतर आनेवाली अपार जनसंख्या 続々とやってくる無数の人の波

अपारदर्शक [形] = अपारदर्शी.

अपारदर्शिता [名*] 不透明さ

अपारदर्शी [形] 不透明な；くすんだ ↔ पारदर्शी 透明な；透き通って見える.

अपार्टमेंट [名]《E. apartment》アパート式高層住宅；マンション

अपार्थिव [形] この世のものでない；超自然的な；神々しい ↔ पार्थिव.

अपावर्त्तन [名] (1) 後退；退却 (2) 戻ること

अपाश्रय [形] 支えのない；支障のない

अपाहज [形] (1) 身体に欠陥のある；身体の一部が欠けている (2) 手や足の不自由な；手や足がなえた；手なえ；足なえ

अपाहिज [形] = अपाहज.

अपि [副助] (1)（－）も (2)（－）さえも

अपितु [接] しかし；しかるに -ही नहीं, अपितु －ばかりでなく；そればかりか भारत के लिए ही नहीं, अपितु संपूर्ण विश्व के लिए インドのみならず全世界のためにも यह न केवल हिंदू में पायी जाती है, अपितु भारतीय मुस्लिम तथा ईसाई समाजों में भी पायी जाती है これは単にヒンドゥー社会のみならずインドのムスリム及びキリスト教徒社会にも見出されるものである

अपील [名*]《E. appeal》(1) 呼びかけ；訴えかけ；懇願；懇請 जिला कलेक्टर द्वारा एक अपील जारी की गयी है 県長官から懇請がなされている होली नहीं मनाने की अपील करनेवालों में ホーリー祭を祝わないようにとの呼びかけをする人の中に (2)〔法〕控訴；上告 फ़ैसला अपील योग्य है 控訴すべき判決

अपीलीय [形]《E. appeal + H. -ईय》控訴の；上告に関わる

अपीलीय क्षेत्राधिकार [名]〔法〕上告権〈appellate jurisdiction〉

अपुत्र [形] 男の子のない；息子のない；嫡子のない；世継ぎのない= अपूत; निपूत.

अपुत्री [形*・名*] 息子のない（女） इसका व्रत रखने से अपुत्री को भी पुत्र की प्राप्ति होती है तथा समस्त पापों का नाश होता है このヴラタを守るならば息子なき女にも息子が授かり一切の罪障が消滅する

अपुष्ट [形] (1) 未確認の；不確実な अपुष्ट समाचारों के अनुसार 未確認の情報によれば (2) しっかりしていない；がっしりしていない (3) 養いの悪い；栄養の悪い；弱い；虚弱な

अपूज्य [形] 尊敬に値しない；崇めるに値しない

अपूठा[1] [形+] (1) 未熟な (2) 半可通の

अपूठा[2] [形+] 閉じている；閉ざされた= बंद.

अपूत[1] [形] (1) 不浄な；清浄でない= अशुद्ध; अपवित्र; नापाक. (2) 汚れた；汚い；不潔な= मैला; गंदा.

अपूत[2] [形] 男の子を持たない；息子のいない；世継ぎのない

अपूप [名]〔ヒ〕小麦粉を焼いてこしらえたケーキでヴェーダの儀式に用いられたもの

अपूर्ण [形] (1) 満ちていない；空いている (2) 完了していない；完結していない；未完了の；未完結の (3) 完全でない；不完全な；不足や欠陥のある

अपूर्णभूत [名]〔言〕習慣過去時制；未完了過去時制

अपूर्व [形] (1) かつてない；空前の；例のない；全く新しい अपूर्व त्याग かつてない献身 (2) 驚くべき；驚嘆すべき；比類のない；特異な मैंने अपने अंदर एक अपूर्व आत्मशक्ति का भी अनुभव किया 自分の中に驚くべき自信を感じた अपूर्व ताकत 驚嘆すべき力

अपेंडिक्स [名]《E. appendix》付録= परिशिष्ट.

अपेंडिसाइटीज [名]〔医〕虫垂炎→ अपेंडीसाइटिस.

अपेंडीसाइटिस [名]《E. appendicitis》〔医〕虫垂炎；盲腸炎

अपेक्षण [名] = अपेक्षा.

अपेक्षणीय [形] 必要な；大切な；望まれる

अपेक्षया [副] 比較的に；相対的に अपेक्षया कठोर होना 相対的に厳しいこと

अपेक्षा [名*] (1) 期待 आदमी सिर्फ़ खाने और सोने के लिए घर में नहीं आता.घर से उसे और भी अपेक्षाएँ होती हैं, विशेषकर पत्नी से 男はただ食事や睡眠のためだけに家に戻るのではない．家庭に対してはそれ以外のものが期待されるものだ．特に妻に対しては हर माँ बाप की भी बच्चे से अपेक्षाएँ होती हैं どの親も子供に期待をかけるものだ आज उसे विजय की अपेक्षा नहीं 今日はヴィジャイを待つ気持ちはありません (-की) **अपेक्षा क॰** （－を）期待する प्रत्येक सरकार देश के नागरिकों से कुछ कर्तव्यों की अपेक्षा करती है いかなる政府も国民に幾つかの義務を期待するものだ (-की) **अपेक्षा रखना** （－の）期待を持つ सहयोग भावना की अपेक्षा रखी जा सकती है 協調心が期待される (2) 必要なもの；必要とされるもの；要求（されるもの） दहेज की अपेक्षा 持参金の要求 (-की) **अपेक्षा** （－に）比べて；比較して；比して ताजा फल-सब्जियों की अपेक्षा 新鮮な野菜・果物に比べて क्या हिंदी की अपेक्षा बंगला, मराठी और गुजराती भाषा बहुत उन्नत है? ヒンディー語に比較してベンガル語，マラーティー語及びグジャラーティー語はうんと進んでいるか ज्ञान की अपेक्षा भक्ति की उत्तमता 知よりも信愛の勝れていること गाँव में पुरुषों की अपेक्षा महिलाओं की संख्या अधिक थी 村では男子よりも女子の人口のほうが多かった

अपेक्षाकृत [副] 比較的に；割合に वह मनुष्य की खोपड़ी से अपेक्षाकृत बहुत कुछ बड़ी थी それは人の頭と比べてかなり大きかった शुद्ध लोहा अपेक्षाकृत निर्बल होता है 純粋な鉄は比較的弱いものだ

अपेक्षित [形] 求められている；必要とされる；求められた；必要とされた

अपेक्षी [形] 求める；必要とする；期待する

अपेक्ष्य [形] = अपेक्षणीय.

अपेच्छा [名*] = अपेक्षा.

अपेत [形] (1) 離れた；退いた (2) 解かれた；解き放たれた

अपेय [形] (1) 飲めない (2) 飲んではならない

अपेलेट [形]《E. appellate》(1) 上告の；控訴の (2) 上告審の；控訴審の= अपीलीय.

अपोज़ीशन पार्टी [名*]《E. opposition party》〔政〕野党= विरोधी दल.

अपोढ़ [形] しっかりしていない；確固としていない

अपोषण [名] 栄養不良；栄養失調

अपोषित [形] 栄養不良の；栄養失調の

अपोह [名] (1) 除去；排除 (2) 推進力 (3) 推論

अपोहन [名]〔医・化〕透析〈dialysis〉

अपोहित [形] 透析された〈dialysed〉

अपौतिक [形] 腐敗していない

अपौरुष [形] (1) 男らしくない；男らしさを欠く (2) 臆病な (3) この世のものとは思えない；神的な

अपौरुषेय [形] ←पौरुषेय. (1) 超人的な (2) 神力の

अप्यय [名] (1) 流れ；流れること (2) 消滅 (3) 節；結節；結合

अप्रकट [形] 潜在的な；ひそんでいる；隠れた= अप्रकटित.

अप्रकाश[1] [名] (1) 闇= अंधकार. (2) 秘密= रहस्य; भेद.

अप्रकाश[2] [形] (1) 暗い (2) 秘められた

अप्रकाशित [形] ←प्रकाशित. (1) 未刊行の；公刊されていない；出版されていない (2) 公開されていない；秘められている

अप्रकृत [形] (1) 不自然な (2) 作りものの；作為的な (3) まがいものの (4) 付随的な

अप्रकृति [名*] (1) 不自然さ (2) 作為

अप्रकृतिस्थ [形] (1) 不正常な；異常な (2) 不健康な；病気の

अप्रगल्भ [形] (1) 丁寧な；丁重な；謙虚な (2) 未熟な；熟成していない (3) 元気のない；気力のない

अप्रचलन [名] 時代遅れ；流行遅れ

अप्रचलित [形] (1) 行われていない；広まっていない (2) 時代遅れの **अप्रचलित नियम** 空文
अप्रचारित [形] 広められていない；広まっていない
अप्रच्छन्न [形] (1) 覆われていない；隠されていない (2) 明らかな；明白な；公開の
अप्रतिकार [形] (1) 手段や方法のない；術のない (2) 返報のない；報復のない
अप्रतिबंध[1] [形] (1) 制約のない；無制約の；無制限の；のびのびとした (2) 無条件の；条件なしの
अप्रतिबंध[2] [名] 無制約；無制限；自由
अप्रतिबद्ध [形] 制約や制限のない；のびのびした
अप्रतिभ [形] (1) 茫然とした；唖然とした；狼狽した डिप्टी साहब अप्रतिभ होकर हकलाते हुए बोले 県長官は茫然となり口ごもりながら話した (2) 頭の働きの鈍い；鈍重な (3) 恥ずかしがりやの；恥じらい深い
अप्रतिभा [名*] (1) 才能の欠如；鈍重さ (2) 臆病さ= दब्बूपन.
अप्रतिम [形] 比類のない；無比の；無類の；最高の अप्रतिम अमोल ज्ञान 最高の貴重な知識
अप्रतिमान [形] = अप्रतिम.
अप्रतिमानता [名*]〔社〕社会的無秩序；アノミー〈anomie〉
अप्रतिरूप [形] (1) 無類の；無比の；比べるもののない (2) ふさわしくない
अप्रतिरोध [形] 無制限な= निर्बाध.
अप्रतिरोधक [形] (1) 無抵抗の (2) 抵抗力がない
अप्रतिरोध्य [形] 抑え切れない；猛烈な；ものすごい अप्रतिरोध्य उत्साह ものすごい熱意
अप्रतिष्ठा [名*] (1) 侮辱；恥辱 (2) 不名誉
अप्रतिष्ठित [形] (1) 認められていない；名の通っていない；名のない (2) 不名誉な
अप्रतिहार्य [形] 止めることのできない；抑止できない
अप्रतिहत [形] (1) 途切れていない；連続している (2) 敗れていない；負けていない (3) 制限のない (4) 障害のない (5) 全的な；完全な；完璧な
अप्रत्यक्ष [形] (1) 目の前にない；隠れた (2) 間接的な धूम्रपान का अप्रत्यक्ष प्रभाव होता है 喫煙は間接的な影響を及ぼすもの **अप्रत्यक्ष रूप से** 間接的に अप्रत्यक्ष रूप से निर्वाचित प्रतिनिधि 間接的に選出された代表
अप्रत्यक्ष कथन [名]〔言〕間接話法〈indirect discourse〉
अप्रत्यक्ष कर [名] 間接税〈indirect tax〉
अप्रत्यय [名] 不信；信頼のないこと
अप्रत्याशित [形] (1) 意外な；思いがけない；予期しない अप्रत्याशित तरीके से 思いがけない方法で अप्रत्याशित आदेश 予期せぬ指令 (2) 突然の；にわかな अप्रत्याशित रूप से 突然に；にわかに
अप्रदत्त [形] 与えられていない
अप्रधान [形] 副次的な；二次的な；補助的な
अप्रभावित [形] 影響されていない अम्ल तथा क्षार से अप्रभावित रहने के कारण 酸とアルカリに影響されていないので
अप्रभावी [形] (1) 効果のない (2)〔遺伝〕劣性の **अप्रभावी लक्षण** 劣性形質
अप्रमाण [形] (1) 証拠にならない (2) 証拠のない (3) 信頼されない
अप्रमाद[1] [形] たゆみない
अप्रमाद[2] [名] 用心；注意；警戒
अप्रमेय [形] 計り知れない；限りない；はてのない
अप्रयुक्त [形] 用いられていない；使用されていない；未使用の
अप्रलंब[1] [形] 活発な；敏捷な；素早い
अप्रलंब[2] [名] 活発さ；敏捷さ；すばしこさ
अप्रवर्ती [形] 不活動の；活動していない
अप्रवाही [形] 流れない；流れていない अप्रवाही जल 澱み；淀み；澱んだ水
अप्रवेश्य [形] 浸透させない
अप्रशिक्षित [形] 訓練を受けていない ↔प्रशिक्षित.
अप्रसंग [形] (1) 時宜に合わない；時宜を得ない (2) 脈絡や関連のない
अप्रसन्न [形] ←प्रसन्न. (1) 不機嫌な；不快な (2) 悲しい；気持ちの沈んだ；憂鬱な
अप्रसन्नता [名*] ← अप्रसन्न.
अप्रसिद्ध [形] (1) 世に知られていない；名のない；名の通っていない (2) 隠れた；秘められた
अप्रस्तुत [形] (1) その場にいない；居合わせていない (2) 準備していない；乗り気でない (3) 関連のない；無関係な (4) 従の；付随的な；従属的な
अप्रहत [形] (1) 着用されていない；袖を通してない (2) 耕されていない；鍬や犂の入っていない (3) 手の加わっていない (4) 傷つけられたり打撃の加わっていない
अप्राकृतिक [形] ←प्राकृतिक. (1) 不自然な (2) 変態的な；異常な अप्राकृतिक मैथुन 変態的な性交
अप्राप्त [形] (1) 手に入っていない；入手していない (2) 達していない；到達していない；及んでいない (3) 存在しない
अप्राप्त कड़ी [名*]〔生〕ミッシング・リンク〈missing link〉
अप्राप्तयौवन [名]〔イ文芸〕成人前の主人公
अप्राप्तयौवना [名*]〔イ文芸〕成人前の女主人公
अप्राप्तवय [形] 未成年の〈minor〉
अप्राप्तव्यवहार [形] 16 歳未満の（ヒンドゥー法で未成年に扱われる）
अप्राप्ति [名*] (1) 手に入らないこと；入手できないこと (2) 利益のないこと
अप्राप्य [形] 入手不可能な；手に入らない
अप्रामाणिक [形] (1) 正式でない；正規のものでない；不正規の (2) 真正でない **अप्रामाणिक वैवाहिक संबंध** 内縁関係
अप्रायिक [形] ありそうもない；起こりそうもない
अप्रासंगिक [形] 関連のない；関連性のない
अप्रिय [形] (1) 嫌いな；親しめない (2) いやな；不快な (3) 面白くない
अप्रैल [名] 《E. April》 4 月
अप्रैलफ़ूल [名] 《E. April fool》 (1) エープリルフール；万愚節 (2) エープリルフールでかつがれた人 (-को) **अप्रैलफ़ूल बनाना** （－を）エープリルフールでかつぐ मृत्यु 2 अप्रैल को हुई, यदि एक दिन पहले होती तो कोई भी इस समाचार पर विश्वास न करता.हम यही समझते कि हमें अप्रैलफ़ूल बनाया जा रहा है もしも死亡が 1 日前の 4 月 1 日であったならこの知らせを信じなかったのだが，エープリルフールでかつがれているんだと思ったものを
अप्रौढ़ [形] (1) ひ弱い；弱い；弱々しい (2) 未成年の (3) 未熟な；成熟していない；しっかりしていない
अप्रौढ़ा [名*] (1) 乙女；処女；娘 (2) 結婚したが初潮前の女性
अप्सरा [名*] (1) アプサラー（インドラ神の天界に住むとされる水の精；天女）；アプサラス नृत्य करती हुई अप्सराएँ 踊っている天女たち (2) 絶世の美女
अफ़ई [名] 《A. افعی अफ़ई》 (1) 蛇 (2)〔動〕クサリヘビ科の毒蛇【*Echis cariatus*】；コブラ= नाग.
अफ़ग़ान[1] [名] 《P. افغان अफ़ग़ान》 主にアフガニスタン及びパキスタン北西部に住むアフガン人；パターン；パシュトゥーン= अफ़ग़ानी.
अफ़ग़ान[2] [形] (1) アフガニスタンの (2) アフガニスタン人の **अफ़ग़ान कुत्ता** アフガン犬
अफ़ग़ानिस्तान〔国名〕《P. افغانستان》 アフガニスタン
अफ़ज़ल [形] 《A. افضل अफ़्ज़ल》 (1) 最高の；最上の (2) 非常に多くの
अफ़ताब [名] 《P. آفتاب←افتاب आफ़ताब》 太陽；日輪
अफ़तार [名] 《A. افطار इफ़्तार》〔イス〕イフタール（イスラム教の断食を終えること）
अफनाना [自] = उफनाना.
अफ़यून [名*] 《A. افیون अफ़्यून, P. اپیون अप्यून》 アヘン（阿片）= अफ़ीम.
अफ़यूनी [名] 《A. افیونی अफ़्यूनी》 阿片吸飲者
अफरना [自] (1) 腹一杯食べる (2) 満腹する；満腹になる (3) 腹がふくらむ；腹が大きくなる गाभिन भी थी.रोज़ उसका पेट अफर जाता 妊娠してもいたので，日に日におなかがふくらんでいくのだった (4) 飽きる；飽き飽きする (5) ふんぞりかえる；態度が大きくなる
अफरा [名] (1) 満腹 (2) 腹のふくれること (3) 鼓腸
अफ़रातफ़री [名*] 《A. افراط و تفريط ← افرا تفری इफ़्रातो तफ़्रीत》 (1) 混乱；騒乱 ज़्यादा अफ़रातफ़री चप्पल, जूतों के ढेर पर ही हो रही थी 激しい騒ぎはサンダルや靴の山の上で起こっているところだっ

た (2) 無秩序；無法 अफ़रातफ़री के युग में, सुख से जीने के लिए चोरी करना अवश्य ही अनिवार्य हो गया है 無法の時代に楽に生きようとすれば盗みはどうしても避けられないものとなっている

अफ़राद [名] 《A. افراد》→ अफ़्राद.

अफराव [名] → अफरा.

अफ़रीदी [名] = आफ़्रीदी.

अफल [形] (1) 実らない (2) 実りのない；無駄な；無益な

अफला [名*] (1) 妊娠できない女性；うまずめ（石女） (2)〔植〕アロエ；ろかい（蘆薈）→ घीकँवार; घीकुआर.

अफ़लातून [名] 《G.A. افلاطون अफ़्लातून》(1)〔人名〕古代ギリシアの哲学者プラトン (2) 自慢屋 **अफ़लातून का नाती** *a.* 大変自慢をする人 *b.* 大変頭の良い人= अफलातून का साला; अफलातून का बच्चा.

अफ़लातूनी [名*] 自慢 **अफ़लातूनी क॰** ほらを吹く

अफलित [形] (1) 実のついていない；結実していない (2) 結果のない

अफ़वाज [名*, pl.] 《A. افواج ← فوج फ़ौज》軍；軍隊；軍勢

अफ़वाह [名*] 《A. افواه अफ़्वाह》噂；デマ；取り沙汰；下馬評 उन्होंने यह अफ़वाह फैलाने का प्रयत्न किया あの方はこの噂を広めようと努められた **अफ़वाह उड़ना** 噂が流れる；デマが飛ぶ= अफ़वाह फैलना. **अफ़वाह उड़ाना** 噂を流す；デマを飛ばす= अफ़वाह फैलाना. **अफ़वाह गर्म हो॰** さかんに噂される

अफ़शाँ [名*] → अफ़्शान.

अफ़संतीन [名]《G.A. افسنتين》〔植〕キク科草本ニガヨモギ【*Artemisia absynthium*】

अफ़सर [名] 《E. officer》(1) 高官；地位の高い役人 (2) 役員；幹部；管理職の人 (3) 将校；士官 (4) 偉い方；おえらい方；偉いさん

अफ़सरशाही [名*] 《E. officer + P. شاہی》官僚主義 अफसरशाही का चक्रव्यूह 官僚主義の堅城

अफ़सरान [名, pl.] 《E. officer + P. آن》 अफ़सर の複数形. बड़े अफ़सरान 高官たち；おえら方；偉いさんたち

अफ़सरी[1] [名*] 《← E. officer》(1) 高級官僚や高官の地位；管理職 जब अफ़सरी मिली है तो तनख़्वाह भी तो अफ़सरों की सी मिलेगी 管理職に就いたのだからそれらしいものが貰えるだろう (2) 役人風 मैं तो किसी आइ॰ए॰एस॰अफ़सर से शादी करके वैसे ही अफ़सरी का सुख भोग लूँगी 私はだれか I.A.S. のお役人と結婚して高級役人の役得を楽しむのよ

अफ़सरी[2] [形] (1) 高位高官のような (2) 役人風を吹かせた अफ़सरी ढंग से 役人風を吹かせて

अफ़साना [名] 《P. افسانہ अफ़्साना》(1) 短編小説 = कहानी. (2) 物語 = आख्यायिका.

अफ़साना नवीस [名] 《P.افسانہ نویس》小説家；短編小説家；作家= कहानीकार.

अफ़साना निगार [名] 《P. افسانہ نگار》= अफ़साना नवीस.

अफ़सूँ [名] → अफ़्सूँ.

अफ़सोस [名] 《P. افسوس अफ़्सोस》(1) 悲しみ (2) 残念；心残り；遺憾 अफ़सोस क॰ *a.* (死を) 悲しむ；悼む *b.* 悔やむ अफ़सोस करने से कोई फ़ायदा नहीं 悔やんでもなんの得にもならない अफ़सोस बाँटना 悲しみを分かち合う लोगों का अफ़सोस बाँटने से ही फ़ुरसत नहीं मिल पा रही थी みなと悲しみを分かち合うのに忙しくてならなかった

अफ़सोसनाक [形] 《P. افسوسناک अफ़्सोसनाक》(1) 残念な；遺憾な；惜しい；口惜しい (2) 哀れな；気の毒な

अफारा [名] = अफरा. पेट में चौबीस घंटे तनाव बना रहता अफारा हुआ करता 四六時中緊張がありいつも腹が張る बासी और गली-सड़ी ख़ुराक से उसे अपच और अफारे का रोग हो गया 食べ残しや腐りかかったものを食べて消化不良と鼓腸になった

अफ़ीडेविट [名] 《E. affidavit》(1)〔法〕宣誓 (2)〔法〕宣誓書；宣誓口供書= शपथ-पत्र; हलफ़नामा.

अफ़ीम [名*] 《افيم ← A. افيون अफ़्यून, P. اپیون अप्यून》アヘン（阿片）= अफ़्यून/अफ़यून. कच्ची अफ़ीम 生阿片 **अफ़ीम खाना** *a.* 阿片を吸飲する अफ़ीम न खाऊँ तो गाँठों में दर्द होने लगे 阿片を吸わないと体の節々が痛くなる *b.* 阿片を吸飲してぼんやりする **अफ़ीम दे॰** アヘンを与える；害を与える；有害なものを与える

अफ़ीमची [名] 《P. T. افيمچی》阿片を吸飲する人；阿片吸飲者；アヘン常用者；アヘン中毒者

अफ़ीमी [形・名] (1) アヘン（阿片）の；阿片による (2) 阿片吸飲者；アヘン常習者= अफ़ीमची.

अफेन [名] アヘン；阿片= अहिफेन.

अफोनिया [名] 《E. aphonia》〔医〕無音声症；失音症

-अफ़ज़ा [造語] 《P.افزا》（ーを）増加させる，増やすなどの意を有する合成語の構成要素 दर्दअफ़ज़ा 痛みを大きくする

अफ़्यून [名] 《A. افيون》アヘン；阿片 = अफ़ीम.

अफ़्राद [名, pl.] 《A. افراد ← فرد फ़र्द》(1) 人々；個人 एक सौ अफ़्राद की रिहाई 100 人を釈放 घर के अफ़्राद 家の人たち；家族 (2) 演劇の登場人物

अफ़्रिका [地名] → अफ़्रीका; अफ़रीका.

अफ़्रीका [地名] 《E. Africa》アフリカ अफ़्रीका का पूर्वी तट アフリカ東海岸 काला अफ़्रीका ブラックアフリカ

अफ़्रीकी [形] アフリカの；アフリカ大陸の अफ़्रीकी देश アフリカ諸国；アフリカの国々 अफ़्रीकी एकता संगठन アフリカ統一機構

अफ़्रेशिया [名] 《E. Afro-Asia》アジア・アフリカ

अफ़्रेशियाई [形] アジア・アフリカの **अफ़्रेशियाई लेखक-सम्मेलन** アジア・アフリカ作家会議

अफ़्शान[1] [形] 《P. افشان अफ़्शाँ》発する；放つ मशक अफ़्शान बहार 麝香の香を放つ春

अफ़्शान[2] [名*] 《P. افشان अफ़्शाँ》女性の美容や装飾に用いられる金粉や銀粉

अफ़्सर [名] 《E. officer》= अफ़सर. पुलिस का अफ़्सर 警察の高官

अफ़्सूँ [名] 《P. افسوں》(1) 呪文 (2) 呪術；呪法；加持祈祷 **अफ़्सूँ फूँकना** 呪文を唱える；呪法を行う；加持祈祷を行う

अब[1] [副] (1) 今；現在 (2) 今では；もう；早くも अब वह बंद रहने लगा もう閉鎖されるようになった अब तू बच्ची नहीं है もうお前は子供じゃないんだ अब मैं नहीं सह सकता もうこれ以上がまんできない अब वह बूढ़ा हो गया है もうあの人は年老いている (3) もう；次には；これから；これから先；今後；それから先は अब मार दूर तक की जा सकती थी もうそれからは襲撃は遠方までをすることができた अब कभी ऐसा नहीं करूँगा もう二度と致しません (4) 今度は；今や；もはや जो स्त्रियाँ सुनीता की नुक्ताचीनी करती थीं, वही अब उसकी प्रशंसा करने लगीं 今までスニーターのあらさがしをしていた同じ女たちが今度はほめそやしだしたのだ अब कुछ कहना-सुनना या पूछना फ़िज़ूल था もはやなにを言っても無駄だった **अब पछताये होत क्या जब चिड़ियाँ चुग गईं खेत**〔諺〕後悔先に立たず

अब[2] [名] 今；現在；現今；今日 **अब का** 今の；現在の；現今の अब की फ़सल अच्छी आई है 今度は豊作だった **अब की** *a.* このたびは；今度は अब की बिना कुछ बोले जीप चलाने लगा 今度は一言も口をきかずジープを走らせ始めた *b.* これからは；今後；次には **अब के** = अब की. बुआ जी, अब के मठरी नहीं लाईं? おばさん，今度はマトリー（菓子）を買って来て下さらなかったの **अब जाकर** ようやく；やっとのことで **अब तक** まだ；今まで；これまで **अब-तब क॰** 言い逃れをする；口実を設ける= हीला हवाला क॰. **अब-तब का हो॰** = अब तब लगना. **अब तब लगना** 息たえだえな；死にかける；今にも死にそうな **अब…तब** 今にも…しそうなありさま लगता है, किश्ती अब डूबे तब डूबे 小舟は今にも沈没しそうな感じだ लगता है अब बरसा, तब बरसा, लेकिन एक बूँद भी नहीं गिरती 雨は今にも降り出しそうに思えるが一滴も降らない **अब न तब** 現在も未来も **अब भी** *a.* 今でも；今なお *b.* それでも；それなのに **अब से** これから（先）；今後；将来

अबख़रा [名, pl.] 《A. ابخره अब्ख़रा ← بخار बुख़ार》湯気；蒸気

अबड़ धबड़ [形] (1) ぎこちない；なめらかさのない；ごつい；ごつごつした (2) がたがたの (3) 耳ざわりな；調子はずれの

अबतर [形] 《A. ابتر अब्तर》台無しになった；荒れた；すさんだ；めちゃめちゃな；瑕のついた **अबतर क॰** 台無しにする；荒らす；めちゃめちゃにする

अबतरी [名*] 《A. ابتری अब्तरी》(1) 悪化；衰え；荒廃 (2) 混乱

अबद्ध [形] (1) 束縛されていない；縛られていない；結ばれていない；ゆるい (2) 混乱した；順序立っていない (3) 奔放な；気ままな (4) 意味をなさない

अबध्य [形] (1) 殺すべきでない (2) 死刑を与えることのできない (3) 殺せない
अबरक [名] 《P. ابرک अब्रक》雲母；きらら= अभ्रक; अबरख.
अबरख [名] = अबरक.
अबरखी[1] [形] (1) 雲母の；雲母製の (2) 雲母の色をした
अबरखी[2] [名*] 雲母の粉末
अबरस [形] 《← A. ابرش अब्रश》(1) 灰色の；ねずみ色の（馬の色）(2) ねずみ色に黒ぶちの（馬）
अबरा [名] 《P. ابره अब्रा》表地；表
अबरी[1] [形] 《P. ابری अब्री》雲模様の；墨流し模様の
अबरी[2] [名*] 《P. ابری अब्री》(1) マーブル紙 = अब्री कागज़. (2) 墨流し模様の染色
अबरू [名*] 《A. ابرو अब्रू》眉；眉毛= भौं; भ्रू; भृकुटी. **अबरू में बल पड़ना** 腹を立てる；立腹する **अबरू पर मैल न आ॰** 影響が及ばない；変化がない
अबल [形] (1) 力のない；力を持たない (2) 弱い；無力な；弱々しい अबल व्यक्ति 弱い人；無力な人
अबलक़ [形] 《A. ابلق अब्लक़》(1) まだらの (2) 白黒の
अबलख[1] [形] = अबलक़.
अबलख[2] [名]〔鳥〕ガンカモ科キンクロハジロ【*Aythya fuligula*】
अबलखा मैना [名*]〔鳥〕ムクドリ科ホオジロムクドリ【*Sturnus contra*】
अबलखी [名*]〔鳥〕ムシクイ科センダイムシクイ【*Phylloscopus occipitalis*】
अबला [形*] か弱い；弱々しい अबला नारी か弱い女；無力な女性
अबलीक [形・名] 《E. oblique》= अब्लीक. (1) 斜めの (2) 斜線の (3) 斜線（特に地名番号表示に用いられる斜線とその呼び方）25 A/2 पच्चीस ए अबलीक दो
अबवाब [名, pl.] 《A. ابواب←باب बाब》(1)〔史〕イスラム教徒の支配者により従来の税額を超過して課された租税 (2) ザミーンダールが規定の税額を超過して徴収した税 (3) ザミーンダールが村内の職人カーストや商人から徴収した税 (4) 扉；門；ゲート (5) 章；篇
अ ब स [名] (← ABC) 初歩；入門；いろは；ABC（エービーシー）
अबस [形] 《A. عبث》つまらない；下らない；無意味な= व्यर्थ; निरर्थक.
अबा [名] 《A. عبا》〔服〕アバー（足首まで丈のある男子用外套の一種）= चुग़ा; लबाचा; लबादा.
अबाउट-टर्न [名] 《E. about turn》= एबाउट-टर्न. 回れ右（号令）अबाउट-टर्न! क्विक मार्च! 回れ右，速歩進め
अबाट [名] 悪路 = ख़राब रास्ता.
अबाध [形] (1) 無制限の；抑制のない उसका राजप्रासादों में आना-जाना अबाध था 宮殿への自由な出入りが許されていた (2) 思い通りの；自由な；思いのままの (3) 無限の；限りない
अबाधगति [形] 速度無制限の
अबाध व्यापार [名]〔経〕自由貿易；制限のない貿易
अबाधित [形] (1) 無制限な；自由な (2) 思いのままの；自由な (3) 勝手気ままな
अबाध्य [形] (1) 止められない (2) 無制限な；無制御の (3) 避けられない
अबाबील [名*] 《A. ابابیل》〔鳥〕ツバメ科ツバメ（燕）【*Hirundo rustica*】 **ललपिठी अबाबील** コシアカツバメ【*Hirundo daurica*】
अबार [名*] 遅れ；遅滞= विलंब.
अबाली [名*]〔鳥〕ツバメ科ヒナショウドウツバメ【*Riparia Paludicola*】 **खैरी अबाली** ツバメ科ムジガケツバメ【*Ptyonoprogne concolor*】
अबिंदुक [形] (1) 乱視の (2) 非点収差の
अबिंदुकता [名*] (1) 乱視；乱視眼 (2)〔光〕非点収差〈astimatism〉
अबीर [名] 《A. عبیر》(1) サフラン (2) リュウゼンコウ (3) サフランを混じた香料 (4) アビール（赤や黄などの様々な色に着色したヒシやクズウコンなどの澱粉や雲母などの色粉．ホーリー祭の底抜けの騒ぎに際してこれを相手に塗ったり掛け合ったりする）
अबीरी [形] 赤紫色の
अबुध [形] (1) 愚かな (2) 無知な (3) 意識を失った；失心した
अबू [名] 《A. ابو》(1) 父；父親 (2) 創始者；創設者
अबूझ [形] (1) 聞きわけのない (2) 無知な；愚かな
अबे [感] ひどく見下げた相手に対する呼びかけ，あるいは，極めて親密な相手や怒りを表す相手への呼びかけ अबे, तू यहाँ खड़ा-खड़ा क्या देख रहा है? अंदर आ न こら，こんなところに突っ立って何を見ておる．中へ入れ अबे, तू क्या क्रिकेट खेलेगा? おいなんだと，お前がクリケットをやるっていうのかい अबे, झूठ क्यों बकता है 馬鹿野郎，なぜ嘘をつくんだい अबे, कह देंगे कि रुपये कमर से खिसक गये 間抜けだなお前は，金は落としたと言うさ **अबे तबे क॰** 大変不作法な言葉遣いをする；ののしる
अबैकस [名] 《E. abacus》そろばん（などの計算器）
अबोध [形] (1) 愚かな；愚味な अबोध ग्रामीण 愚かな田舎者 (2) 頑是ない；無邪気な श्रीमती गीता की गोद में तीन साल की अबोध बच्ची ギーター夫人に抱かれた 3 歳の頑是ない女の子
अबोल [形] (1) 無言の (2) 言葉にならない；語れない；表現できない
अबोला[1] [形+] (1) 無言の；しゃべらない；語らない कई दिन तक अबोले रहे 何日間か無言だった (2) 言葉で表現されない；言葉にならない；無言の नयनों का अबोला नेह 眼に現れた無言の愛情
अबोला[2] [名] 言葉を交わさないこと；口をきかないこと
अब्ज [名] (1) 水から生じたもの (2) 蓮 (3) ほら貝 (4) 月 (5) 10 億
अब्जद [名] 《A. ابجد》(1) アラビア語，ペルシア語などのアルファベット (2) この文字の特定字に与えられている 1 桁から 1000 までの数値．これを用いて人の生没年が表示される (3) 初歩；初歩の知識；いろは；ABC
अब्जा [名*] ラクシュミー神 लक्ष्मी
अब्तर [形] → अबतर.
अब्द[1] [名] (1) 年（1 年 365 日）= वर्ष; साल. (2) 雲 = बादल; मेघ.
अब्द[2] [名] 《A. عبد》(1) 奴隷 (2) 下僕 (3) 信奉者；信徒
अब्दकोश [名] 年鑑= इयर बुक 〈yearbook〉.
अब्दुल ग़फ़्फ़ार ख़ाँ〔人名・イ史〕ハーン・アブドゥルガッファール・ハーン（1890–1988．パキスタンの北西辺境州 NWFP で社会改革運動及び政治運動を行った．フダーイー・ヒドマトガール ख़ुदाई ख़िदमतगार の指導者）
अब्धि [名] (1) 海 (2) 池；池沼
अब्धिज [名] (1) 海に生じたもの (2) ほら貝（法螺貝） (3) 月
अब्धिजा [名*] ラクシュミー神（लक्ष्मी）
अब्धिफेन [名] 波の花
अब्बा [名] 《ابا ← A.اب अब ← A. ابو अबू》父 = पिता; बाप. **अब्बा जान** お父さま；お父さん；お父ちゃん（父親を呼ぶ丁寧な言葉）
अब्बास [名] 《A. عباس》(1) 虎 (2) ライオン (3)〔イス〕預言者ムハンマドの叔父アッバース (4)〔植〕オシロイバナ科草本オシロイバナ【*Mirabilis jalapa*】= गुल अब्बास.
अब्बासी [形] 《A. عباسی》(1) アッバース朝の (2) 赤い
अब्बू [名] → आबू
अब्याजी [形] 無利子の
अब्र [名] 《P. ابر》雲= बादल; मेघ.
अब्राह्मण [名] 非ブラーフマン；ブラーフマン以外のカーストの人 अब्राह्मणों की सम्पत्ति 非ブラーフマンの財産 **अब्राह्मण आंदोलन** 反ブラーフマン運動，もしくは，反バラモン運動（20 世紀初めよりマドラス州やマハーラーシュトラ地方においてブラーフマンによる従来の社会的・経済的な支配に反対して非バラモン・カーストによって行われた運動）
अब्रू [名*] 《P. ابرو》眉= भौंह; भ्रू.
अभंग[1] [形] (1) 壊れていない；つぶれていない (2) 壊れない；つぶれない (3) 続いている；連続している；断絶していない
अभंग[2] [名] (1)〔イ音〕アバンガ・ターラ（1 ラグ लघु，1 グル गुरु，2 プルタ प्लुत を含む拍子） (2) アバング अभंग（13〜14 世紀のナームデーオ नामदेव や 17 世紀のトゥカーラーム तुकाराम などによる中世のマラーティー語による賛歌の宗教詩句） (3)〔修辞〕地口
अभंगुर [形] (1) もろくない；壊れやすくない (2) 不滅の
अभक्ति [名*] 不信心→ भक्ति.
अभक्ष्य [形] (1) 食べられない；食用にできない (2) 食べてはいけない；食べるのが禁じられている

अभद्र [形] 無礼な；失礼な किसी पुलिस अधिकारी ने दुकानदारों से अभद्र व्यवहार किया ある警察幹部が店主たちに無礼な振る舞いをした सरकारी डाक्टरों का अभद्र व्यवहार 医官たちの失礼な態度

अभद्रता [名*] ←अभद्र (1) 無礼；失礼= अशिष्टता; बदतमीज़ी. (2) 無礼な行為；失礼な振る舞い= अशिष्ट व्यवहार; अभद्रता.

अभद्रतापूर्ण [形] 無礼きわまりない；失礼千万な अभद्रतापूर्ण व्यवहार 失礼千万な振る舞い

अभय[1] [形] (1) 恐れのない；恐怖のない (2) 恐れを知らない；勇猛な

अभय[2] [名] (1) 恐怖のないこと；無畏；安心 (2) 安全 अभय दे॰ (相手に) 身の安全を保障する

अभयकर [形] 恐怖を取り去る；恐れをなくす

अभयदान [名] (1) 相手に身の安全を保障すること (2) 身の安全を保障する言葉を言うこと (3)〔仏〕無畏施 **अभयदान दे॰** 相手に身の安全を保障する

अभयपद [名] 解脱

अभयप्रद [形] 安心させる

अभयारण्य [名] (1) 聖域；サンクチュアリー；避難所 हमारा देश अब अपराधियों का अभयारण्य नहीं रहेगा わが国はもはや犯罪人の避難所ではなくなろう (2) サンクチュアリー；禁猟区；保護区域 **पक्षी-अभयारण्य** 鳥類保護区域 रणथम्भोर के बाघों का अभयारण्य ランタンボールの虎保護区

अभागा [形[+]] (1) 不運な (2) 不幸な (3) ろくでなしの

अभागिन [形*] 不運な उसकी तरह अभागिन और दुखिया その人のように不運で悲しみに沈んだ (人)

अभागी [形] (1) 分け前のない (2) 不運な

अभाग्य[1] [形] 不運な；運のない

अभाग्य[2] [名] 不運= दुर्भाग्य; बदकिस्मती.

अभाजन [形] 器量に欠ける；その器ではない

अभाज्य [名]〔数〕素数 ⟨prime; prime number⟩

अभाव [名] (1) 欠けること；不足；欠如；不自由 सही ज्ञान का अभाव 正しい知識に欠けること गवाहियों के अभाव में 証言がないために उसने दवा के अभाव में दम तोड़ दिया 薬がないありさまで息を引き取った नेतृत्व का अभाव 指導性の欠如 यौन शिक्षा का अभाव 性教育の欠如 किसी चीज़ का अभाव नहीं था 何一つ足りないものがなかった；何一つ不自由がなかった (2) 無いこと；存在しないこと किन्हीं निश्चित नियमों का अभाव 何らかの決まった規則が無いこと

अभावग्रस्त [形] 困窮した；貧しい；生活が苦しい；困苦の；乏しい अभावग्रस्त लोगों के हित के लिए 困窮した人々の利益のために निम्न मध्यवर्गीय परिवार में अभावग्रस्त जीवन 下層中産階級家庭の苦しい生活

अभि- [接頭] 《Skt.》前方・前面，程度の高さ・強さ，接近，強意などを表す接頭辞

अभिकथन [名]〔法〕申し立て ⟨allegation⟩

अभिकथित [形]〔法〕申し立てられた

अभिकरण [名] (1) 代理機関；出張所；代理店 (2) 政府機関 केंद्रीय और प्रदेशीय आर्थिक अभिकरण तथा संस्थान 中央及び州の政府経済機関

अभिकर्ता [名] (1) 代理人 (2) 差配人

अभिकर्तृत्व [名] (1) 代理 (業) (2) 周旋；仲介

अभिकर्मक [名]〔化〕試薬；試剤 ⟨reagent⟩

अभिकलन [名] 算定

अभिकल्प [名] (1) 設計 (2) デザイン；意匠 (3) 分解検査；オーバーホール

अभिकल्पना [名*] デザイン

अभिकेंद्र [形] 求心性の；求心力の अभिकेंद्र बल 求心力

अभिक्रमण [名] (1) 前進 (2) 進軍 (3) 攻撃

अभिक्रिया [名*] (1)〔医・心理・化〕反応 (2)〔物理〕反作用 क्रिया और अभिक्रिया 作用と反作用

अभिक्षमता [名*] 才能；素質

अभिख्या [名*] (1) 光輝 (2) 名声 = ख्याति.

अभिगमन [名] (1) 接近 (2) 交接 (3) 移動 (4) 運送

अभिग्रहण [名] (1) 取り入れ (ること)；採用 (すること) (2) 徴用；徴発

अभिघात [名] (1) 攻撃 (2) 打撃 (3) 衝突

अभिचार [名] (1) 魔術；妖術；呪術；加持 (2)〔仏〕調伏法

अभिचारक [名] 魔術師；呪術師

अभिजन [名] (1) 家系 (2) 家族 (3) 出身地

अभिजात[1] [形] 上流の；高貴な出自の；貴族 (出身) の

अभिजात[2] [名] 上流の人；高貴な出身の人；貴族

अभिजात तंत्र [名]〔政〕貴族政治

अभिजात वर्ग [名] 上流階級；特権階級

अभिजाति [名*] 生まれの良いこと；出自の良いこと

अभिजित [名] (1)〔天・占星〕アビジト (インドの星宿の一，第 21 と第 22 との間に位置する．これを含めると二十七宿ではなく二十八宿になる．漢訳名は牛．⟨Vega⟩) (2) 時間区分の一で，午前 11:45 から午後 0:30 までの 45 分間．日中の第 8 ムフールタ (मुहूर्त)，先祖の供養などに吉祥の時刻とされる

अभिज्ञ [形] (1) 知っている；知識を持っている；認識している (2) 上達している；上手な；器用な；巧みな

अभिज्ञा [名*] (1) 知ること；認識すること；見知ること；見分けること (2) 見直すこと (3) 思い出すこと；回想 (4)〔仏〕神通力；超能力

अभिज्ञात [形] (1) よく知られた (2) 認定された；承認された

अभिज्ञात स्थिति [名*]〔法〕法律の問題につき法廷または議会に出頭して手続きを行いうる権利

अभिज्ञान [名] (1) 記憶；思い出 (2) 思い出のよすが (3) 目じるし (4) 認識；正しく見わけること

अभिज्ञान शाकुंतल [名]〔イ文〕カーリダーサ作のサンスクリット戯曲名 अभिज्ञान शाकुन्तलम्

अभिधर्म [名] (1) 最高の法 (ダルマ) (2)〔仏〕阿毘達磨

अभिधा [名*] (1) 呼称；名称 (2) 言葉の指示的意味；字義

अभिधान [名] (1) 名；名称；名義 (2) 呼称 (3) 称号 (4) 辞書

अभिधावन [名] (1) 進撃；攻撃 (2) 侵略

अभिधेय[1] [形] 名称のある；名づけられている अभिधेय नाम クリスチャンネーム

अभिधेय[2] [名]〔言〕語の指示的意味

अभिनंदन [名] (1) 喜び (2) 満足 (3) 称賛 (4) 歓迎 (5) 慶賀；慶祝 (-का) **अभिनंदन क॰** (ーを) 歓迎する प्रतिनिधियों का अभिनंदन किया गया 代表たちの歓迎が行われた **अभिनंदन ग्रंथ** 記念出版書；記念図書 **अभिनंदन पत्र** 賓客に贈られる歓迎祝辞を記した書状 **अभिनंदन समारोह** 歓迎式典；歓迎祝賀会

अभिनति [名*] 傾き；偏り；バイアス

अभिनतिपूर्ण [形] とても偏った；偏向した स्त्रियों के प्रति भारतीय पुरुषों का परंपरागत रूप से अभिनतिपूर्ण दृष्टिकोण 女性に対するインド男性の伝統的に偏った見方

अभिनय [名] (1) 演劇や映画での演技 प्रथम अभिनय デビュー= डेबू. सहायक अभिनय 助演= सपोर्ट. (2) 人をだまそうとすること；芝居 (3) わざとしてみせること；演技 **अभिनय क॰** *a.* 演技する *b.* 芝居を打つ *c.* 演技をしてみせる

अभिनव [形] (1) 最新の (2) 近代的な अभिनव महाकल्प〔地質〕現世 ⟨Recent Era⟩

अभिनिवेश [名] (1) 没頭；没入；熱中；専念 (2) 妄執

अभिनिषेध [名] 禁止 = निषेध.

अभिनीत [形] 演じられた गढ़वाली नाटक 'चोली' अभिनीत किया गया ガルワール語の芝居の「チョーリー」が演じられた

अभिनेता [名] 俳優；役者；男優

अभिनेत्र लेन्स [名]〔光〕接眼レンズ ⟨eye lens⟩

अभिनेत्री [名*] 女優

अभिन्न [形] (1) 同一の；不異の (2) 接している；不離の；密着している (3) 親しい；親密な

अभिन्न जुड़वाँ [名] 一卵性双生児= अभिन्न यमज; एकांडज यमज; एकांडज जुड़वाँ.

अभिन्नता [名*] ←अभिन्न. (1) 同一性；不二 (2) 密着 (3) 親密な関係

अभिन्नहृदय [形] 非常に親密な間柄の

अभिन्यास [名] レイアウト ⟨layout⟩

अभिपन्न [形] (1) 危難に陥った (2) 逃亡した (3) 不運な (4) 敗れた；敗北した

अभिप्राय [名] (1) 意図；目的 (2) 意志；意向 (3) モチーフ

अभिप्रेत[1] [形] 意図された；目標とされた；目指された

अभिप्रेत[2] [名] 意図；目標 बाबू की शेष दो संतानों की चर्चा करना हमारा अभिप्रेत नहीं 同氏の残りの２人の子息について言及することは小子の意図するところではない
अभिप्रेरणा [名*] 動機づけ
अभिभावक [名] 保護者；後見人 अधिकांश अभिभावक अपनी बेटी को शाम 6 बजे तक घर में देखना चाहते हैं 大方の保護者は夕方６時までに娘が家に戻ることを望む
अभिभावकत्व [名] 保護；後見；摂政 युवराज छत्तरसिंह के अभिभावकत्व काल में チャッタルシン皇太子の摂政時代に
अभिभाषण [名] 講演；演説 राष्ट्रपति का अभिभाषण 大統領の講演
अभिभूत [形] (1) 力や圧力に負けた राजा ने स्नेह से अभिभूत हो सोने की कलम भेंट की 王は愛情に負けて金の万年筆を贈った (2) 圧倒された；感激した मैं अभिभूत-सा प्रकृति के विराट सौंदर्य को निहार रहा था 圧倒されたように自然の度はずれの美しさを見つめていた (3) 驚いた；びっくりした लखनऊ का स्टेशन देखकर मैं अभिभूत था ラクノウ駅を見てびっくりした
अभिभूति [名*] ←अभिभूत.
अभिमंडन [名] (1) 装うこと；装飾 (2) 支持；支援；賛同；賛成
अभिमंत्रण [名] (1) 呼びかけ (2) マントラ（呪文）によって神聖にすること (3) 勧請
अभिमंत्रित [形] (1) 呼びかけられた (2) マントラによって神聖にされた (3) 勧請された अभिमंत्रित अग्नि 勧請されたアグニ神
अभिमत[1] [形] (1) 同意した；賛同した (2) 望みの
अभिमत[2] [名] (1) 意見；意向 (2) 考え
अभिमत संग्रह [名] 世論調査；支持率調査；意見調査
अभिमति [名*] 高慢；傲慢 = अभिमान.
अभिमान [名] 高慢；うぬぼれ；思い上がり **अभिमान क°** うぬぼれる；思い上がる；のぼせあがる **अभिमान गलना** 慢心がなくなる **अभिमान चूर्ण क°** 高慢の鼻をへし折る= अभिमान दलना. **अभिमान में जलना** 甚だ思い上がる
अभिमानी [形] 高慢な；高慢ちきな；慢心の強い；うぬぼれ強い
अभिमुख [形] (1)（ーを）向いた (2)（ーに）面した
अभियंता [名] 技術者；エンジニア；技師 दक्ष अभियंता すぐれた技術者 प्रधान अभियंता 主任技師；主任技官
अभियांत्रिक[1] [形] 工学の
अभियांत्रिक[2] [名] 工学者；エンジニア；技師
अभियांत्रिकी [名*] 工学
अभियाचना [名*] (1) 請願；依頼 (2) 要求；請求；要請
अभियाचित [形] (1) 請願された；依頼された (2) 求められた；要求された；要請された
अभियान [名] (1) 遠征；目的を持った旅行 अभियान दल 遠征隊；学術調査隊 (2) 目的達成のための積極的な働きかけや推進行動；撲滅，退治，征伐などの宣伝活動；キャンペーン चुनाव अभियान 選挙運動 अपराध कार्य में संलग्न स्कूटर चालकों के विरुद्ध विशेष अभियान चला रखा है 犯罪行為に耽っているオートリキシャ運転手たちに対する特別キャンペーンを推進している सफ़ाई अभियान चल रहा है 清掃推進キャンペーンが進行中
अभियुक्त [名] 被告；被告人；被疑者
अभियोक्ता [名]〔法〕検察官；検事
अभियोग [名] (1) 非難 (2)〔法〕告発；告訴= नालिश. **(-पर) अभियोग लगाना** *a.*（ーを）非難する *b.*（ーを）告発する= (-पर) मुकदमा चलाना.
अभियोग पत्र [名]〔法〕告発状；告訴状
अभियोगी [名]〔法〕告訴人；原告= मुद्दई; वादी; फ़रियादी.
अभियोजन [名] = अभियोजन-पत्र.
अभियोजन-पत्र [名]〔法〕告訴状；告発状
अभिरंजक [名] 着色剤；染料
अभिरंजन [名] 着色；染色
अभिरंजित [形] 色をつけられた；着色された；染色された
अभिरक्षक [名・形] 後見人；守護する；後見する；保護する
अभिरक्षक देवता [名] 守護神
अभिरक्षा [名*] (1) 後見；保護；守護 (2)〔法〕拘留；拘置〈custody〉
अभिरत [形] 没頭した；没入した；熱中した
अभिरति [名*] 没頭；没入；熱中
अभिराम[1] [形] (1) 楽しい (2) 心地よい；快い
अभिराम[2] [名] (1) 喜び (2) 快楽
अभिरुचि [名*] 好み；嗜好= चाह; पसंद; प्रवृत्ति.
अभिरुत [形] (1) 音のする；音の出る (2) 共鳴する
अभिरूप [形] (1) 美しい；魅力的な (2) 似た；似通った
अभिलक्षक [形] 特徴的な
अभिलक्षण [名] 特徴〈feature〉
अभिलक्षित [形] (1) 記された；しるしのつけられた (2) 意図された；目標の
अभिलषण [名] 希望；希求；念願
अभिलषित [形] 望みの；念願の；切望している= इष्ट; वांछित.
अभिलाषा [名*] 希求；念願；切望 वे तो अपनी अभिलाषा पूरी करना चाहते थे 念願を果たしたいと望んでいらっしゃった
अभिलाषी [形] 希求する；念願する；切望する
अभिलिखित [形] 記録された；記された；書かれた= लिखित.
अभिलेख [名] 記録 हमारे पास लिखित और छपे अभिलेख हैं こちらの手元には手書きと印刷物の記録がある
अभिलेखन [名] 記録（すること）；記録化
अभिलेखागार [名] アーカイブ；古文書館〈archives〉
अभिवंचन [名] 欺くこと；詐欺；瞞着= धोखा.
अभिवंदन [名] (1) 丁寧な挨拶；御辞儀；礼儀正しい挨拶 (2) 称賛
अभिवंदना [名*] (1) 敬虔な祈り (2) 丁寧な挨拶 (3) 称賛
अभिवंदनीय [形] 尊い；尊崇すべき
अभिवक्ता [名] 弁護人；弁護士= एडवोकेट.〈advocate〉
अभिवर्धन [名] (1) 増大させること；増加させること (2) 開発すること；発展させること
अभिवादन [名] = अभिवंदन. घुड़सवार लड़कों ने सिर झुकाकर बादशाह का अभिवादन किया 馬上の少年たちは頭を下げて殿様にうやうやしく挨拶をした
अभिवृत्ति [名*] (1) 態度 (2) 心構え
अभिवृद्धि [名*] (1) 増加；増すこと；増大 (2) 向上すること；成長 कठोरता एवं सामर्थ्य में अभिवृद्धि 固さや性能の向上
अभिव्यंजक [形] 表明する；表現する；示す；表す
अभिव्यंजन [名] 表現；言い回し= अभिव्यक्ति.
अभिव्यंजना [名*] 表現（されたもの）
अभिव्यंजनावाद [名]〔芸〕表現主義；表現派〈expressionism〉
अभिव्यंजनावादी [形・名]〔芸〕表現派の（人）；表現主義の；表現主義者〈expressionist〉
अभिव्यंजना शक्ति [名*] 表現力 हिंदी गद्य को अभिव्यंजना शक्ति से पूर्ण करने के कारण ヒンディー散文を表現力豊かにしたことで
अभिव्यंजित [形] 明らかな；明白な；表現された अभिव्यंजित क° 明かす；表明する
अभिव्यक्त [形] 明かされた；明らかにされた；表現された अभिव्यक्त क° 明かす；明らかにする
अभिव्यक्ति [名*] 表現；表明 अभिव्यक्ति की स्वतंत्रता 表現の自由 खिलौने बच्चों की अभिव्यक्ति का माध्यम हैं 玩具は子供の表現の媒体である जनमत की अभिव्यक्ति 民意の表明 कला की अभिव्यक्ति 芸術の表現 बालक अनुभव तो करता है पर उसकी अभिव्यक्ति नहीं कर सकता 子供は感じはするのだがそれを表現することができない
अभिव्यापक[1] [形] (1) 遍満する；遍在する (2) 広くひろがる
अभिव्यापक[2] [名]（遍満する）神= ईश्वर.
अभिव्याप्त [形] (1) 遍満した；遍在する (2) 広くひろがった
अभिशंका [名*] (1) 懸念 (2) 不安；心配
अभिशंसा [名*]〔法〕有罪判決；有罪宣告
अभिशंसित [形] 有罪とされた
अभिशप्त [形] (1) 呪われた अभिशप्त खोजकर्ता 呪われた研究者 (2) 非難された (3) 有罪とされた
अभिशस्त [形] = अभिशंसित.
अभिशस्ति [名*]〔法〕有罪判決
अभिशाप [名] 呪い；呪咀 मानव समाज का सब से बड़ा अभिशाप 人間社会にとっての最大の呪い छुआछूत का अभिशाप 不可触制の呪い
अभिशापित [形] = अभिशप्त.
अभिश्रुति [名*]〔言〕ウムラウト；母音変異〈umlaut; vowel mutation〉
अभिषिक्त [形] (1) 灌頂された (2) 灌水された
अभिषेक [名] (1) 水をふりかけること；散水 (2) 呪文を唱えながら水をふりかける厄払い (3) 頭頂に水を注ぐ即位の儀式；灌頂 (4) 沐浴 (5) お祓いの沐浴 (6)〔ヒ〕シヴァリンガに灌水すること

अभिषेचन [名] 散水；灌水すること→ अभिषेक.
अभिसंधि [名*] (1) 欺瞞；瞞着 (2) 陰謀；策略；謀略= दुरभिसंधि; षड्यंत्र.
अभिसंयोग [名] 親密な関係
अभिसमय [名] (1) 協定；協約 (2) 大会；会議 (3) 慣習；因習
अभिसरण [名] (1)〔物理〕収斂 (2)〔光〕収束 (3) 会いに行くこと
अभिसामयिक [形] (1) 協定の (2) 慣習的な；因習的な
अभिसार [名] (1) 進むこと；進み出ること (2) 会いに行くこと；逢い引き (3) 逢い引きの場所
अभिसारिका [名*]〔イ文芸〕愛人と密会する女性
अभिहित [形] (1) 語られた；述べられた (2) 呼ばれた；名を知られた (3) 名目上の；名義上の अभिहित क॰ 名付ける；呼ぶ；命名する उन्हें 'भारत कोकिला' की संज्ञा से अभिहित किया गया 同女史はインドのナイチンゲール鳥と呼ばれた
अभी [副] (1) 今；ただ今；ほんの今 मैं तुम्हारी भाभी से बात करके अभी आती हूँ वापस あんたの兄嫁さんに話をしてすぐに戻るからね अभी कहाँ जा रहे हो? 今どこへ行くのだい (2) 今日；現在 (3) 今しがた；ほんの今；つい先ほど सुनील अभी थोड़ी देर पहले ही दफ़्तर से लौटा था スニールは今しがた勤めから戻ったところだった अभी पंद्रह दिन पहले की बात है ほんの半月前のことなのです (4) 今すぐ काका, मुझे एक पतंग मँगा दो.अभी मँगा दो ねえ，凧を今すぐ買ってちょうだい．ねえ今すぐ मैं अभी साबित कर दूँगा 今すぐ証明して見せよう (5) 今なお；まだ अद्वितीय होते हुए भी इस योजना में अभी काफ़ी ख़ामियाँ हैं 比類ないものではあるがこの計画にはまだかなりの欠陥がある (6) 早くも；すでに；もはや；もう मेरे हृदय में तो अभी से जाने कैसी धडकन हो रही है 私の胸の内ではもう何とも言えぬ鼓動が始まっている **अभी-अभी** ほんの今；只今；たった今；今しがた **अभी तक** 今なお；今でも अभी तक लोग दादा की मेहमानदारी भूले नहीं हैं みなは今でも祖父の歓待ぶりを忘れてはいない **अभी दिल्ली दूर है**〔諺〕目的地や目標まではまだまだ遠い **अभी भी** 今なお；依然として
अभीक्षक [名] 世話人；管理人
अभीप्सा [名*] 欲；意欲；欲求
अभीप्सित [形] 欲された；望まれた
अभीर [名] 牛飼い = गोप; अहीर.
अभीष्ट[1] [形] (1) 強く望まれた；とても望ましい；切望された (2) 望みの；好みの；好きな अभीष्ट फल 望み通りの結果 अभीष्ट विषय के संबंध में विचार व्यक्त करने की स्वतंत्रता 好みのテーマについて見解を発表する自由
अभीष्ट[2] [名] 望み；願い；願望
अभीष्ट-सिद्धि [名*] 念願達成；念願成就
अभूत [形] (1) 出現していない；現れていない (2) 発生していない (3) 今までにない (4) 今の；現在の
अभूतपूर्व [形] (1) 前代未聞の；かつてない；これまでにない (2) 珍しい；珍奇な मैंने अपने अंदर एक अभूतपूर्व और अकल्पित परिवर्तन का अनुभव किया 自分の内面にかつてない，想像したことのない変化を経験した
अभेद[1] [名] (1) 一致；同一 (2) 相似；類似
अभेद[2] [形] (1) 相違のない (2) 似ている；似通っている
अभेद्य [形] (1) 引き裂けない (2) 引き裂くべきではない (3) 貫けない (4) 貫くべきではない
अभोज्य [形] (1) 食べられない (2) 食すべきでない
अभ्यंतर [後置] के अभ्यंतर の形で用いられる (ーの) 内に；(ーの) 内部に；(ーの) 間に；(ーの) 内側に
अभ्यर्थक [名] 受付係；フロント係
अभ्यर्थन [名] = अभ्यर्थना.
अभ्यर्थना [名*] (1) 丁重な出迎え；歓迎 उनके स्वागत और अभ्यर्थना के लिए नगर-नगर में कमेटियाँ बनने लगीं 同氏の歓迎のためいずれの都市にも歓迎委員会が設けられ始めた (2) 嘆願；懇願；懇請
अभ्यर्थित [形] (1) 懇願された (2) 歓迎された；出迎えを受けた
अभ्यर्थी [形・名] (1) 懇願する (2) 請願する (3) 志願する；志願者；候補者 〈candidate〉
अभ्यस्त [形] (1) 熟達した；熟練した；上達した (2) 慣れている हम जनतंत्र के अभ्यस्त नहीं हैं 我々は民主主義に慣れていない धीरे-धीरे उन बुरी बातों में अभ्यस्त होते-होते それらの悪いことに慣れていくにつれ
अभ्यागत [名] (1) 来訪者；訪問者 (2) 客人；来客
अभ्यागम [名] (1) 前に来ること；前に出ること (2) 対面 (すること)；面と向かうこと (3) 接近 (4) 衝突；争い (5) 対立；反対 (6) 先導 अभ्यागम क॰ 先導する；出迎える；応対する
अभ्यारोपण [名] 起訴
अभ्यास [名] (1) 癖；習癖 **अभ्यास डालना** 癖をつける सीना तानकर चलने का अभ्यास डालना 胸を張って歩く癖をつける (2) 練習；稽古；反復練習；修練 अभ्यास क॰ 練習する पढ़ने का अभ्यास करते-करते 学問の修練をするうちに (3)〔ヨガ〕心の働きの静止修習のための努力
अभ्यास पुस्तिका [名*]〔教〕練習帳
अभ्यासी [形] 練習する；稽古する；習熟する
अभ्युक्त [形] (1) 述べられた (2) 陳述された；声明された
अभ्युक्ति [名*] 陳述；声明
अभ्युत्थान [名] (1) 立ち上がって丁重に出迎えること (2) 出世；栄達 (3) 栄えること；繁栄 (4) 決起
अभ्युदय [名] (1) (上方に) 上がること；昇ること (2) 天体が視界に現れること；昇ること (3) 出現；現れること；発生すること (4) 増大；増進
अभ्र [名] (1) 雲 (2) 空；天空 (3) 雲母；きらら；マイカ
अभ्रक [名] 雲母 = अबरक; अब्रक. 〈mica〉
अभ्रकभस्म [名] 雲母を化学処理したもので強壮剤として用いられる
अभ्रकशिष्ट [名] 《H.+ E. schist》〔鉱〕雲母片岩 〈mica schist〉
अभ्रगंगा [名*] 天の川 = आकाश गंगा.
अभ्रनाग [名]〔イ神〕インドラ神の乗る白象；アイラーヴァタ ऐरावत
अभ्रभेदी [形] 天に達する；天に届く；天を摩する
अभ्रम [形] 迷いのない= भ्रमरहित.
अभ्रांत [形] 迷いや間違いのない
अमंगल[1] [形] (1) めでたくない；不吉な (2) 不運な
अमंगल[2] [名] (1) 不祥事 (2) 不運
अमंद [形] (1) 鈍くない；鈍重でない；鋭い (2) すぐれた；立派な (3) 勤勉な
अमचूर [名] アムチュール (未熟のマンゴーを乾燥させて粉末にしたもの．調味料として用いられる) **(सूखकर) अमचूर हो जा॰** がりがりにやせる；やせこける **(-को) अमचूर बनाना** (ーを) ひどく打つ；打ちのめす；半殺しにする
अमड़ा [名]〔植〕ウルシ科小木アムラタマゴノキ【*Spondias pinnata*】
अमत्त [形] (1) 酔っていない；正気の (2) 慢心のない (3) 冷静な
अमद [形] (1) 慢心のない (2) 悲しい；気分の沈んだ (3) 不安な；落ち着かない (4) 慎重な
अमधुर [形] まずい；うまくない
अमन [名] 《A. امن अम्न》 (1) 平穏；やすらかなこと；無事 (2) 安楽 (3) 安全；防御
अमन-अमान [名] 《A. امن امان अम्न-अमान》 安寧；安全
अमन-चैन [名] 《A. امن+ H.》 平穏無事；安楽
अमनपसंद [形] 《A.P. امن پسند अम्नपसंद》 (1) 平和を好む；平穏を好む (2) 穏やかな；平穏な
अमनाक़ [副] 少なからず
अमनिया[1] [形] 清らかな；清浄な= शुद्ध; पवित्र.
अमनिया[2] [名*] 調理；料理= रसोई पकाना.
अमनैक[1] [名] 頭目；頭= सरदार.
अमनैक[2] [形] 身勝手な；横柄な= ढीठ.
अमर[1] [形] (1) 死なない；不死の；不死身の उसकी कहानियों ने उसे अमर बना दिया है 自分の小説が彼を不死のものとした (2) 不滅の；永遠の；不朽の अमर कीर्ति 不滅の名声 अमर कृति 不朽の作品
अमर[2] [名] (1) 神 (2) 水銀
अमरकंटक〔地名・ヒ〕アマルカンタク (マディヤ・プラデーシュ州の聖なるナルマダー川の源流地にあるヒンドゥーの聖地)
अमरकोश [名] アマラコーシャ (インド古典期にアマラシンハ अमरसिंह の手によってなったとされるサンスクリット語の辞典 नामलिंग अनुशासन)
अमरता [名*] = अमरत्व.
अमरत्व [名] ← अमर. (1) 不死；不滅性；永遠性 (2) 神性

अमर-दारु [名]〔植〕ヒマラヤ杉= देवदारु.

अमरनाथ [名] (1)〔地名・ヒ〕アマルナート（パンジャーブ・ヒマラヤにあるヒンドゥー教の聖地．天然氷のシヴァ・リンガの礼拝に毎年サーワン月の満月の日を目指して巡礼団が出る） (2)〔人名・ジャ〕アマラナータ（ジャイナ教の第 18 代祖師ティールタンカラ）

अमरपक्षी [名] 不死鳥；フェニックス

अमरपुर [名]〔イ神〕インドラ神の都．アマラーヴァティー（अमरावती）とも呼ばれる

अमरपुष्पक [名] 願いのものをすべて与えるとされる想像上の樹木．如意樹（कल्पवृक्ष）

अमरबेल [名*]〔植〕(1) ヒルガオ科ネナシカズラ属の寄生蔓草クスクタレフレクサ【*Cuscuta reflexa*】= आकाशबेल. (2) クスノキ科スナヅル（寄生蔓草）【*Cassytha filiformis*】

अमरराज [名]〔イ神〕インドラ神の別名 = इंद्र.

अमरलोक [名]〔イ神〕神々の都；天界；インドラプリー

अमरवर [名]〔イ神〕インドラ神

अमरवल्लरी [名*]〔植〕クスノキ科スナヅル（寄生蔓草）= अमरबेल.

अमरवल्ली [名*] = अमरवल्लरी.

अमरस [名] (1) マンゴーのジュース (2) マンゴーのジュースを乾燥させたもの= अमावट.

अमरसी [形] 金色の

अमरा [名*] (1)〔植〕ギョウギシバ = दूब. (2)〔植〕トウダイグサ科サボテンタイゲキ= सेहुँड; थूहर. (3) 羊膜 (4) へその緒

अमराई [名*] マンゴー園

अमरावती [名*] アマラーヴァティー（神々の都）= इंद्रपुरी.

अमरिका [名]《E. America》アメリカ→ अमरीका; अमेरिका; अम्रीका.

अमरीका [名]《E. America》(1) アメリカ大陸 (2) アメリカ合衆国→ अमेरिका; अम्रीका.

अमरीकी[1] [形] アメリカ合衆国の；アメリカの अमरीकी डालर U.S. ドル

अमरीकी[2] [名] アメリカ人；アメリカ合衆国人

अमरीकी[3] [名*] アメリカの言葉；米語

अमरीकी अखरोट [名]〔植〕クルミ科バターグルミ

अमरू [名] ベナレス産の絹布の一種

अमरूत [名]〔植〕フトモモ科グアバの木とその実= अमरूद.

अमरूद [名]〔植〕フトモモ科小木グアバ；バンジロウ【*Psidium guajava*】とその実

अमरूल [名]〔植〕カタバミ科コミヤマカタバミ【*Oxalis acetosella*】

अमरूल साक [名]〔植〕カタバミ科カタバミ【*Oxalis corniculata*】

अमर्त्य[1] [形] (1) 不死の；不滅の (2) 天界の

अमर्त्य[2] [名] 神= देव.

अमर्याद [形] (1) 際限のない；制限のない (2) 限度を超えた (3) 穏当を欠く；中庸を欠いた (4) 節制を欠く (5) 品位を欠く

अमर्यादा [名*] (1) 無際限 (2) 過度 (3) 不穏当 (4) 不摂生 (5) 品位の欠如

अमर्यादित [形] → अमर्याद. राजनीतिज्ञों के हाथ में अमर्यादित शक्ति केंद्रित हो गई है 政治家たちの手に無際限な力が集中してしまっている

अमर्ष [名] (1) 怒り；腹立ち (2) たまった憤り；憤懣

अमल[1] [形] ← मल. (1) 清浄な；けがれのない (2) 清潔な；きれいな (3) 無実の

अमल[2] [名] 清浄；清潔

अमल[3] [名]《A. عمل》(1) 行動；実行；実践；行為 (2) 支配 (3) 習癖；癖 (4) 影響 (-पर) **अमल क॰** *a.* (ーを) 実行する；実践する *b.* (取引などを) 行う अगर आप इस अध्याय में बतायी गयी बातों पर अमल करेंगी तो この章に述べられていることを実践なさるなら छह-सूत्री कार्यक्रम पर अमल करने में 6 項目のプログラムを実践するに際して (-को) **अमल में लाना** (ーを) 実行する；実践する

अमल[4] [名] 酒類や麻薬類→ अमल पानी.

अमलकोची [名*] = कुती.

अमलगुच्छ [名]〔植〕バラ科サクラ属中高木ヒマラヤチェリー【*Prunus cerasoides/P. puddum*】〈Himalayan wild cherry〉

अमलगुज़ार [名]《A.P. عمل گذار》(インド人) 収税官

अमलता [名*] ← अमल. (1) 不浄；清浄 (2) 清潔 (3) 無実

अमलताश [名] → अमलतास.

अमलतास [名] マメ科高木ナンバンサイカチ（南蛮皁莢）【*Cassia fistula*】〈Indian laburnum; purging fistula〉

अमलतासी[1] [形] 薄黄色の

अमलतासी[2] [名] 薄黄色の黄色顔料〈king's yellow〉

अमलदस्तक [名]《A.P. عمل دستک》(1)〔法〕令状 (2) 任命書 = अमलपट्टा. (3) 証明書；認可書

अमलदार [名]《A.P. عمل دار》(1) 支配者；統治者 (2) 代理人 (3) 徴税人；収税人 (4) 徴税官；収税官

अमलदारी [名*]《A.P. عمل داری》(1) 支配；統治 अंगरेज़ी अमलदारी शुरू हुई イギリス支配が始まった (2) 統治時代；治世；御世 मुहम्मद बिन तुग़लक की अमलदारी थी ムハンマド・ビン・トゥグラクの統治時代であった (3) 収税担当区域

अमलपट्टा [名]《A. عمل + H.पट्टा》(1) 任命書；任用書 (2)〔法〕証明書；認可書

अमलपट्टी [名*] = अमलपत्ती.

अमलपत्ती [名*]〔裁〕幅広なヘム

अमलपानी [名] 酒類や麻薬類の飲料

अमलबेत [名]《← Skt. अम्लवेतस》〔植〕タデ科ギシギシ属 1 年草【*Rumex vesicarius*】〈bladder dock〉

अमलबेल [名*]〔植〕ブドウ科蔓木ミツバブドウ【*Vitis trifolia; Cayratia carnosa*】

अमलसोल [名]《Mar.》〔植〕オトギリソウ科マンゴスチン・オイルトリー【*Garcinia indica*】= कोकम.〈Kokam butter tree, mangosteen oil tree〉

अमला [名]《A. عملہ》(1) 職員；スタッフ (2) 事務員；事務官；書記；下級職員 सरकारी अमले को 官吏を बिक्रीकर विभाग का अमला 売上税局の職員

अमला फ़ैला [名]《A. عملہ فعلہ》(1) (当局の) 職員；役人 (2) 手先 भूपतियों और उनके अमला फ़ैला द्वारा 地主たちとその手先によって

अमलिन [形] 清らかな；清浄な；無垢な

अमली [形]《A. عملی》実際の；実地の；実用的な अमली ज़िंदगी में 実生活において (-को) **अमली रूप दे॰** (ーを) 実用に移す；実際化する (-को) **अमली जामा पहनाना** (ーを) 実地に移す

अमलोक [名] (1)〔植〕カキノキ科シナノガキ【*Diospyros lotus*】〈dateplum persimmon〉 (2) 同上の果実

अमलोनी [名*]〔植〕スベリヒユ科スベリヒユ【*Portulaca oleracea*】= नोनियाँ घास; नोनी.

अमवात [名*, pl.]《A. اموات अम्वात ← موت मौत》死；死亡 हल्के में जितनी पैदाइश या अमवात हो 地区内の出生と死亡の総数

अमहर [名*] 未熟のマンゴーを薄切りにして乾燥させた食品

अमहरा [名]《E. Amhara》(1) アムハラ（古代の東部アフリカの王国） (2)（エチオピアの）アムハラ族= अमहरा क़बीला.

अमाँ [感]（同輩への呼びかけの言葉）おい；よお；なあ；ねえ

अमांगलिक [形] 縁起の悪い；不吉な विधवाओं की उपस्थिति अमांगलिक समझी जाती है 未亡人の出席は不吉なこととされる

अमांत [形]〔天〕インド暦でひと月の終わりが晦日で終わる方式の；晦日終わりの ↔पूर्णिमांत 満月終わりの

अमा [名*] 陰暦黒分の 15 日；陰暦 30 日；晦日= अमावस्या.

अमातृक [形] 母のいない；母のない

अमात्य [名] 大臣= मंत्री.

अमान[1] [形] (1) 限定のない；無制限の (2) 非常な (3) 名誉を失った；不名誉な (4) 慢心のない

अमान[2] [名]《A. امان》(1) 安全；保全；保護 जान माल का अमान 生命財産の安全 (2) 安心 (3) 落ち着き

अमानक [形] ← मानक. 標準的でない

अमानत [名*]《A. امانت》(1) 委託；預託；信託 यह ज़िंदगी देश की अमानत थी この生命は国から預託されたものだった (2) 預かりもの；委託品 समाज की अमानत 社会の委託品 हमारे पास जो कुछ है वह अल्लाह की अमानत है 私たちが持っている一切のものはアッラーの神からの預かりものだ कहा जाता है कि लड़की तो पराई अमानत होती है 娘は他人からの預かりものと言われる **अमानत के तौर भेजना** 委託する **अमानत में ख़यानत** 信託違反 **अमानत रखना** 預ける；預託する

अमानतख़ाना [名]《A.P. امانت خانہ》倉庫；保管所

अमानतख़ानी [名*]《A. امانت+ H.》噛みタバコ

अमानतगुज़ार [名] 《A.P. امانت گذار》保管人
अमानतदार [名] 《A.P. امانت دار》保管人；保管者；被信託人
अमानतनामा [名] 《A.P. امانت نامہ》預かり証書
अमानती [形]《A. امانتی》委託の；預託の；預かりものの ये अमानती रुपये हैं これは預かり金だ
अमानवीय [形] (1) 非人道的な अमानवीय व्यवस्था 非人道的な制度 (2) 人間のものではない；人間のものとは思えぬ उसकी भूरी, डरावनी, अमानवीय आँखें その男の黒褐色の，恐ろしい，人間のものとは思えぬ目
अमाना [自] (1) おさまる（収まる）；中に入ってしまう (2) うぬぼれる
अमानित [形] (1) 認められなかった (2) 敬われなかった
अमानी[1] [形] おごりのない；慢心のない
अमानी[2] [名*] 勝手気ままなこと；好き勝手なこと
अमानी[3] [名*, pl.] 《A. امانی ←امنیت उम्नीयत》期待；願い；願望
अमानी[4] [名*] 《A. آمانی》(1)〔イ史〕徴税請負人や大地主を介さずに徴税官による直接徴税の行われた農地. (2) 政府直轄事業
अमानुषिक [形] (1) 非人間的な；人間のものとは思えぬ；残酷きわまりない अमानुषिक यातनाएँ 残酷きわまりない責苦 (2) 人間の力を超えた；人間の力の及ばない
अमान्य [形] (1) 認められない；承認されない (2) 尊敬に値しない (3) 無効の **अमान्य क॰** 承認しない；認めない
अमाय 〔地名〕《Por. Amoy》アモイ（厦門）
अमालनामा [名] 《← A.P. اعمال نامہ आमालनामा》人の行動の記録簿
अमावट [名*] 熟したマンゴーのジュースを乾し固めたもの
अमावस [名*] = अमावस्या.
अमावस्या [名*] インド暦の陰暦黒分の 15 日（晦日終わりの暦では月末） अमावस्या की रात को 晦日の夜に
अमिट [形] (1) 絶対の；不動の；動かせない मृत्यु मानव-जीवन का अमिट सत्य है 死は人生の不動の真理である (2) 消せない；消しがたい；消えることのない अमिट निशानी 消えることのない印 (3) 不朽の；不滅の उनका नाम अमिट रहेगा あの方の名は不滅であろう अमिट छाप छोड़ना 永続的な影響を及ぼす
अमित [形] (1) 無限の；限りない；はてしない；計り知れない (2) 甚だ多くの；厖大な **अमितभाषिणी** 大変おしゃべりな女
अमिताभ [名]〔仏〕阿弥陀；阿弥陀仏；阿弥陀如来
अमिया [名*] 未熟のマンゴー
अमिश्र [形] まじりけのない；純粋な= शुद्ध; विशुद्ध; खालिस.
अमिश्रित [形] 純粋な；まじりけのない संपत्ति कोई अमिश्रित विभूति नहीं है 財産は純粋な富では決してない
अमीक़ [形] 《A. عمیق》(1) 深い；深々とした (2) 奥深い
अमीन [名] 《A. امین》(1) 税務局の徴税関係の仕事をする職員；検査官；調査官 कोर्ट का अमीन 執達吏 (2) 法務局の職員；民事仲裁人 (3) 管財人；被信託人；保管人
अमीबा [名] 《E. amoeba》アミーバ；アメーバ **अमीबा डिसेंटरी** アメーバ赤痢〈amoeba dysentery〉
अमीबिक [形] 《E. amebic / amoebic》〔生・医〕(1) アメーバの；アメーバのような (2) アメーバによる
अमीबी अतिसार [名]〔医〕アメーバ赤痢〈amoebic dysentry〉
अमीर[1] [名] 《A. امیر》(1) 金持ち；金満家；資産家 (2) 長；首長；頭目；指導者 (3) 支配者，王族，貴族などの特権階級 समाज अमीर-ग़रीब दो वर्गों में बँट गया 社会が貧富の両階級に分かれてしまった (4) 武将，王族，支配階級などの称号；アミール
अमीर[2] [形] 《A. امیر》(1) 金持ちの；裕福な (2) 豊かな；余裕のある (3) 高級な नगर के कुछ अमीर होटलों से 市内の幾つかの高級ホテルから
अमीर ख़ुसरो 〔人名・イ文〕《امیر خسرو》アミール・フスロー（1253–1325，インドのペルシア語詩人．ヒンディー語ウルドゥー語の古形による詩も遺している）
अमीरज़ादा [名] 《A.P. امیرزاده》(1) 大金持ちの息子；金満家の息子；名門の息子；御曹子 (2) アミールの子息；王子；皇子
अमीरज़ादी [名*] 《A.P. امیرزادی》(1) 金満家の娘 (2) アミールの娘；令嬢；姫
अमीर तैमूर 〔人名・史〕アミール・ティムール（1336–1405, ティムール帝国の創始者）；チムール
अमीराना [形] 《A.P. امیرانہ》大金持ちのような；金満家のような；お大尽風の
अमीरी[1] [名*] 《A. امیری》(1) 富裕；豊かさ (2) 鷹揚さ；お大尽風
अमीरी[2] [形] (1) 大金持ちの (2) 大金持ちのような；お大尽風の
अमीरुल उमरा [名] 《A. امیر الامرا》(1) 最高位の将軍；大将軍 (2) 武将や貴族などの称号= अमीर उमरा.
अमुक [代・代形] ある；それがし（の）；なんとかいう；ある者；某；不特定の= फ़लाना; फ़लाँ. अमुक रंग ある色
अमुक्त [形] (1) 縛られている；束縛されている (2) 解き放たれていない；とらわれている
अमुख्य [形] 従の；副の；主要でない
अमूमन [副] 《A. عموماً उमूमन》普通；通常；一般的に= प्रायः; बहुधा. पहला संस्करण अमूमन दो हज़ार का छापा जाता है 初版は通常 2000 部刷られる
अमूर्त्त[1] [形] (1) 形のない；姿のない；抽象的な (2) 目に見えない
अमूर्त्त[2] [名] (1) 神；最高神 (2)〔ヒ〕アートマー आत्मा (3)〔イ哲〕ジーヴァ जीव
अमूर्त्त कला [名*]〔芸〕抽象芸術；抽象派；抽象美術
अमूर्त्तवाद [名]〔芸〕抽象主義；抽象派
अमूर्त्तिमान [形] (1) 姿のない；形のない；抽象の (2) 目に見えない
अमूल [形] (1) 根のない (2) 根拠のない；証拠のない (3) 虚偽の；偽りの
अमूल्य [形] (1) 計り知れない；かけがえのない अमूल्य निशानी かけがえのない記念品 अमूल्य ज़िंदगी かけがえのない人生 (2) 非常に高価な；途方もなく高価な；とても貴重な；値のつけられない अमूल्य जड़ीबूटियाँ 甚だ高価な薬草 आपके धर्मोपदेश अमूल्य हैं お教えはこの上なく貴重なものです (3) 無料の；ただの
अमृत[1] [形] (1) 生きている (2) 不死の (3) 不滅の
अमृत[2] [名] (1) 不老不死の霊薬；アムリタ= आबे हयात. (2) 最高に美味なもの **अमृत का घड़ा** かけがえのないもの
अमृतदान [名] 出来上がった料理を入れておく真鍮製の容器
अमृतबान [名] ラックの釉薬を塗ったふたつきの瓶
अमृतलोक [名] 天国；極楽= स्वर्ग.
अमृतवाणी [名*] 生命を吹き込む弁説；魂を奮い立たせる言葉 उन्होंने अपनी अमृतवाणी से श्रोताओं के अंतःकरणों में ज्ञान की ज्योति जगा दी 氏はその魂を揺さぶる弁説で聴衆の胸に叡知の灯火を灯したのであった
अमृत संजीवनी [名*] 死者を蘇生させるという霊薬= संजीवनी बूटी.
अमृतसर 〔地名〕アムリトサル（パンジャーブ州の西部に位置する商工業都市，シク教の総本山ダルバール・サーヒブがある）
अमृताक्षर[1] [形] (1) 不死の；不老不死の (2) 不滅の
अमृताक्षर[2] [名] 不死をもたらす言葉；不滅の価値ある言説
अमृष्ट [形] (1) こすられていない；磨かれていない (2) きれいにされていない；洗練されていない
अमेरिकन[1] [形] 《E. American》(1) アメリカ（合衆国）人の；米国人の अमेरिकन तरुणी アメリカ娘 (2) アメリカ（合衆国）の
अमेरिकन[2] [名] 《E. American》アメリカ人；アメリカ合衆国人；米人；米国人
अमेरिका [名] 《E. America》(1) アメリカ大陸 (2) アメリカ合衆国；米国 **उत्तरी अमेरिका** 北アメリカ；北米 **संयुक्त राष्ट्र अमेरिका** アメリカ合衆国= संयुक्त राज्य अमेरिका. **दक्षिण अमेरिका** 南アメリカ；南米 **मध्य अमेरिका** 中米
अमेरिकी [形] (1) アメリカの (2) アメリカ合衆国の；米国の；合衆国の अमेरिकी छठा बेड़ा アメリカ第六艦隊
अमोघ [形] (1) 的をはずさない；百発百中の अमोघ शर 百発百中の矢 (2) 絶対確実な；失敗のない；しくじりのない सत्य, अहिंसा और सत्याग्रह जैसा अमोघ शस्त्र 真理，不殺生それに真理把持のような絶対確実な武器 **अमोघ औषधि** 妙薬；霊薬= अचूक दवा.
अमोनियम [名] 《E. ammonium》〔化〕アンモニウム
अमोनियम क्लोराइड [名] 《E. ammonium chloride》〔化〕塩化アンモニウム
अमोनियम नाइट्रेट [名] 《E. ammonium nitrate》〔化〕硝酸アンモニウム；硝安
अमोनियम सल्फ़ेट [名] 《E. ammonium sulphate》〔化〕硫安；硫酸アンモニウム
अमोनिया [名] 《E. ammonia》〔化〕アンモニア

अमोल [形] 高価な；貴重な；値のつけられない
अमौलिक [形] (1) 独創的でない (2) 根拠のない (3) 根元と無関係な
अम्न [名] 《A. امن》→ अमन.
अम्पायर [名] 《E. umpire》アンパイア；審判員；審判 आस्ट्रेलियाई हाकी अम्पायर オーストラリア人のホッケー審判員
अम्पायरिंग [名*] 《E. umpiring》審判 अम्पायरिंग क॰ 審判する
अम्बेदकर 〔人名〕ビームラーオ・ラームジー・アンベードカル（1891–1956，不可触民解放運動に重要な役割を果たした社会改革運動家，政治家，法律家）
अम्माँ [名*] = अम्मा. お母さん；母；母親 दादी अम्माँ 祖母；おばあさん दादी अम्माँ, मुझे बताओ おばあさんお話ししてよ क्या तुम्हारी अम्माँ ने दी है（甥の嫁のことを自分の話し相手の甥の娘に向かって）お前の母さんがくれたのかい
अम्मामा [名] 《A. عمامہ》ターバン（特にムスリムのものについて言う） अम्मामा बाँधे ターバンを巻いて
अम्मी [名*] 母さん；お母さん；母 अम्मी को सब से ज़्यादा परेशानी थी 母さんが一番困っていた अम्मी अब्बा हमारे लिए कुछ छोड़कर नहीं गए 父さんと母さんは私たちに何も残さずに亡くなった
अम्र [名] 《A. امر》(1) 命令= आज्ञा. (2) 事柄；問題= विषय; मामला. (3) 活動= कार्य; काम.
अम्राज़ [名, pl.] 《A. امراض ← مرض मर्ज़》病気 हर तरह के अम्राज़ से ありとあらゆる病気から
अम्रीका [名] = अमरीका; अमेरिका.
अम्रीकी [形] → अमेरिकी.
अम्ल[1] [名] (1) 酸 अम्ल तथा क्षार से अप्रभावित रहने के कारण 酸にもアルカリにも強いので（影響されないので） (2) 酸味
अम्ल[2] [形] 酸い；酸味の；すっぱい
अम्लता [名*] 酸味；酸度
अम्लांकन [名]〔芸〕エッチング；腐食版画
अम्लान [形] (1) 晴れ晴れとした；機嫌のよい (2) 清浄な；清潔な
अम्लीकरण [名] 酸性化
अम्लीय [形] 酸性の जब कोशिका रस अम्लीय होता है 細胞液が酸性であると
अय:पिंड [名] 鉄球；鉄塊
अय [名] (1) 鉄 = लौह; लोहा. (2) 鋼鉄 = इस्पात. (3) 武器
अयक्ष्म [形] (1) 無病の；息災の；健康な (2) 障害のない
अयत [形] (1) 抑制のない (2) 奔放な；のびのびとした (3) 自制心のない
अयतेंद्रिय [形] (1) 官能を制御していない (2) 官能におぼれる
अयथार्थ [形] (1) 虚偽の；偽りの (2) 実在しない；架空の；現実的でない
अयथेष्ट [形] 不十分な；足りない；不足している
अयथोचित [形] 不適当な；適性の足りない
अयन [名] (1) 動き；移動 (2)〔天〕太陽の北行と南行
अयनांत [名]〔天〕至 उत्तर अयनांत 夏至 दक्षिण अयनांत 冬至
अयश [名] 汚名；不名誉
अयस [名] 鉄 = लोहा. कृष्णायस くろがね= कालायस.
अयस्क [名] 鉱石
अयाचित [形] 求めていない；求められていない；不要の अयाचित रचना 不採用の作品
अयान[1] [名] (1) 行かぬこと (2) とどまること；落ち着き；安定
अयान[2] [名] 性質；本性= स्वभाव.
अयान[3] [形] 無知な；愚かな= अज्ञ; ज्ञानरहित; मूर्ख.
अयाल[1] [名] 《P. ایال》たてがみ
अयाल[2] [名] 《A. عیال अयाल/इयाल》妻子；家族= बाल-बच्चे.
अयालदार[1] [名] 《P. ایال دار》たてがみのある動物
अयालदार[2] [名] 《A.P. عیال دار》所帯持ち；在家（の人）
अयास [副] ひとりでに；自然に
अयुक्त [形] (1) つながれていない；結ばれていない；別々の；離れ離れの (2) 無関係の；脈絡のない；つじつまの合わない；不条理な (3) 用いられていない (4) 禁制の
अयुक्ति [名*] (1) 不一致；分離 (2) 不合理；不条理
अयुक्तियुक्त [形] 不合理な；不条理な
अयुग [形] (1) 不揃いの；対になっていない (2) 単独の (3) 結合していない (4) 奇数の
अयुग्म[1] [形] = अयुग.
अयुग्म[2] [名] 奇数 ↔युग्म 偶数
अयुत[1] [形] 結合していない；離れている；分離している= अयुक्त.
अयुत[2] [数] (1) 1 万 = दस हज़ार. (2) 無数の (3) ガイ（垓 10^{20}）
अयोग[1] [名] (1) 不統一 (2) 分離 (3) 孤立
अयोग[2] [形] → अयोग्य.
अयोगवाह [名]〔言〕単独で発音されない音（アヌスヴァーラ अनुस्वार，ヴィサルガ विसर्ग）
अयोगात्मक [形] 孤立している；孤立の **अयोगात्मक भाषा** 〔言〕孤立語〈isolating language〉
अयोग्य [形] (1) 無能な；力量のない अयोग्य डाक्टर 藪医者 (2) 資格のない；失格の अयोग्य ठहरना 失格になる (3) 障害のある
अयोग्यता [名*] (1) 無能 (2) 無資格 (3) 障害；ハンディキャップ
अयोध्या 〔地名*・ヒ〕アヨーディヤー（ウッタル・プラデーシュ州南東部にあるラーマーヤナの主人公ラーマの生誕地とされるヒンドゥーの聖地）
अयोनि [形] (1) 親から生をうけたのではない (2) 永遠の；永久的な；不変の (3) 非摘出の
अयौगिक [形] 複合されていない；合成されていない
अरंड [名]〔植〕トウダイグサ科トウゴマ；ヒマ（蓖麻）= एरंड.
अरंडी [名*] ヒマの種；ひまし（蓖麻子） **अरंडी का तेल** ひましゆ（蓖麻子油）
अरंडी अर्द्धकुंडलक [名]〔昆〕シャクガ（尺蛾）の総称
अर [名] (1) や（輻） (2) ひれ
अरई [名*] 牛を追うための突き棒；刺し棒= प्रतोद.
अरक़ [名] 《A. عرق》(1) エッセンス（蒸溜や抽出によって得られた成分） (2) 汗 (3) 酒（蒸溜酒） **अरक़ अरक़ हो॰** 汗ぐっしょりになる；汗びっしょりになる **अरक़ आ॰** 汗をかく；汗が出る；発汗する= अरक़ निकलना. **अरक़ उतारना** 蒸溜する；抽出する **अरक़ निचोड़ना** 搾り出す；汁を搾る
अरक़गीर [名] 《A.P. عرق گیر》(1) 蒸溜器 (2) くらした（鞍下）
अरकान [名, pl.] 《A. ارکان ← رکن रुकन》大臣；重臣；政府高官
अरकोल [名]〔植〕ウルシ科小高木ハゼ（櫨）【*Rhus succedanea*】= लाखर.
अरक्तता [名*]〔医〕貧血症
अरक्षित [形] (1) 無防備の；防備のない (2) 保護されていない；守られていない
अरगजा [名]〔ヒ〕アルガジャー（肌にすりこむために梅檀，樟脳，じゃこう，サフラン，竜涎香などを用いて作られる黄色の香料）
अरगजी[1] [形] アルガジャーの色の；濃黄色の
अरगजी[2] [名] 濃黄色
अरगन [名] 《E. organ》オルガン
अरगनी [名*] = अलगनी.
अरग़वान [名] 《P.ارغوان अर्ग़वान》〔植〕マメ科低木ハナズオウ（花蘇芳）【*Cercis chinensis*】
अरग़वानी[1] [形] 《P. ارغوانی अर्ग़वानी》花蘇芳の花の色をした；紅紫色の
अरग़वानी[2] [名] 紅紫色
अरगाना[1] [自]〔古〕(1) 別々になる；離ればなれになる (2) 黙る；沈黙する
अरगाना[2] [他]〔古〕(1) 別々にする；離す (2) よる；選別する
अरगुल [名]〔鳥〕ワシタカ科ヒゲワシ【*Gypaetus barbatus*】
अरघट्ट [名] ペルシャ井戸の揚水機= रहट.
अरघ [名] (1) 神に供える水，あか（閼伽） (2) 来訪した貴人に出される手洗いの水 (3) 結婚式に花婿の到着に際して花嫁側から届けられる水 (4) 客の来訪に喜びを表すため戸口に撒かれる水
अरघा [名] (1) アルガー（神に供える水，すなわち，閼伽を入れる銅製の容器） (2) 同上に似た容器でその中にシヴァリンガを祀るもの，アルガー= जलघरी.
अरचरी [名*] 《E. archery》アーチェリー
अरज़ [名⁻] 《A. عرض अर्ज़》(1) 請願；懇願；懇請 (2) 申し上げること；言上（する）= अर्ज़. **अरज़ क॰** *a.* 請願する；懇願する *b.* 申し上げる；言上する उसने अदब से अरज़ की 恭しく申し上げた

अरजम [名]〔植〕サガリバナ科落葉高木【*Careya arborea*】〈slow-march tree〉その材木は用材，果実は食用，樹皮は魚毒，魚網材料，薬用= कुंबी.

अरज़ाँ [形]《P. ارزاں》安い；安価な；廉価な= सस्ता；कमकीमत.

अरणि [名*] = अरणी. (1)〔植〕クマツヅラ科大低木マライハマクサギ【*Premna integrifolia, P.obtusifolia*】(2) 木と木をこすって発火させる装置（インドではマライハマクサギやインドボダイジュなどの木材を用いる）= अरणी.

अरणिकेतु [名]〔植〕クマツヅラ科マライハマクサギ【*Premna intergrifolia*】

अरण्य [名] 森；森林 = वन；बन；जंगल.

अरण्य क्षेत्र [名] 森林地

अरण्यगान [名] (1)〔ヒ〕人気のない場所で歌われるべきサーマヴェーダの歌 (2) 人知れず行われる善行；人目につかない貢献

अरण्यभूमि [名*] 森林地；森林地帯

अरण्यरोदन [名] 荒野で泣き叫ぶこと；甲斐なきことや無駄なことのたとえ；徒労

अरति [名*] (1) 無関心 (2) 無感動 (3) 不満 (4) 悲しみ (5) 怠惰

अरथी [名*] アルティー（ヒンドゥーが遺体を火葬場へ担いで運ぶための担架．木や竹を用いて梯子のような形にこしらえる）；棺架= टिखटी；विमान.

अरदल [名]〔植〕オトギリソウ科高木（中高木）常緑樹キヤニモモ【*Garcinia xanthochymus*】= ओट.

अरदली [名]《E. orderly》(1) 用務員；小使 (2)〔軍〕（将校付き）当番兵；伝令；看護兵

अरदास [名*]《← A.عرضداشت अर्ज़दाश्त》(1) 請願；嘆願；依頼 आपको मेरी इतनी अरदास कबूल रखनी होगी 私のこれだけのお願いは聞き入れて頂かなくてはなりません (2)〔シク〕シク教徒の信徒の集いにおいて起立してグルグラント・サーヘブに捧げられる祈り及びその祈りの言葉

अरधंग [名] (1) 半身 (2) 半身不随= अर्धांग.

अरध-उरध [名]〔ヨガ〕ハタヨーガでの用語で脊椎の最下部に想定されたムーラーダーラ・チャクラ मूलाधार चक्र を下 अध/अरध，頭頂に想定されたサハスラーラ・チャクラ सहस्रार चक्र を上 ऊर्ध्व/उरध とした（अरध に位置する शक्ति 性力の象徴であるクンダリニー कुंडलिनी を覚醒させ頭頂 अरध にあるサハスラーラチャクラに上昇させることがヨーガの眼目である→ चक्र，मूलाधर चक्र，सहस्रार चक्र，कुंडलिनी，शक्ति.）

अरना [名]〔動〕ウシ科インド野生スイギュウ【*Bubalus bubalis*】= अरना भैंसा；जंगली भैंसा〈wild buffalo〉→ अरनी[1]

अरनी[1] [名*] = अरणी. (1)〔植〕クマツヅラ科マライハマクサギ (2) 木と木をこすって発火させる装置= अरणि.

अरनी[2] [名*]〔動〕インド野生スイギュウ（雌）→ अरना.

अरफ़ात〔地名・イス〕《A. عرفات》アラファート（メッカ巡礼者が休憩する場所でそこからメッカに向かう．メッカから 12 マイルの距離にある）

अरब[1]〔数〕(1) 10 億= अर्बुद；सौ करोड़. (2) 1 億 (3) 無数 अरबपति 億万長者（千万長者 करोड़पति をもじった表現） वे अरबपतियों की शिखर श्रेणी में आ जाएँगे 億万長者の筆頭に数えられる人だろう

अरब[2] [名]《A. عرب》(1) アラビア；アラブ (2) アラビア人 अरब देश का निवासी (3) アラビア馬 अरब देश का घोड़ा；अरबी

अरब प्रायःद्वीप [名] アラビア半島

अरबराना [自] (1) あわてる；動揺する (2) よろける；よろめく

अरब सागर [名] アラビア海

अरबिस्तान [名]《A.P. عربستان》アラビア= अरब देश.

अरबी[1] [形]《A. عربی》(1) アラビアの अरबी ज़बान〔言〕アラビア語 (2) アラビア産の अरबी घोड़ा アラビア馬

अरबी[2] [名] (1) アラブ人；アラビア人；アラビアの住民 (2) アラビア馬 (3) アラビアラクダ（駱駝）

अरबी[3] [名*]〔言〕アラビア語= अरबी ज़बान.

अरबी[4] [名*] → अरवी.

अरमान [名]《T. ارمان अर्मान》(1) 切望；念願 दादा का एक अरमान था，मस्जिद बनाने का マスジドを建立するのが祖父の切なる願いだった और मुझे अरमान था，वकील बनने का और एम॰ए॰पास करने का それに弁護士になることと文学修士号を取得するのが私の念願だった (2) 悔み，後悔，残念，遺憾 (3) 気力，気合 **अरमान आ॰** *a*. 意欲が湧く *b*. 鼻息が荒くなる *c*. 悔む **अरमान का ख़ून हो॰** 念願がついえる **अरमान ठंडा पड़ना** 思いが果たせぬままになる；念願が果たせずじまいになる= अरमान दिल में रह जा॰. **अरमान निकलना** 願いが叶う **अरमान निकालना** 念願を果たす；思いを果たす फिर इसी पानीपत के मैदान में उन अरमानों को निकालूँ 再びこのパーニーパットの戦場であの念願を果たそう **अरमान पर पानी फिरना** 念願が叶えられない **अरमान रह जा॰** = अरमान ठंडा पड़ना. **अरमान सिराना** = अरमान ठंडा पड़ना. **अरमान से भरा हो॰** 気力にあふれる

अरर[1] [感] 驚嘆・驚愕を表す感動詞．あれ；ありゃ；あれあれ；こりゃまあ

अरर[2] [名] (1) 扉 (2) ふた（蓋）

अरराना [自] にわかにがらがらと音を立てて倒れる；倒壊する；激しい勢いでくずれ落ちる न बरखा न बूँदी सारा महल अररा पड़ा 雨が降ったのでも雨の滴が落ちたのでもないのに宮殿はにわかにくずれ落ちた

अरराहट [名*] がらがら，がしゃんなど物体が轟音を立ててくずれ落ちたり倒壊する音

अरल सागर [名]《← E. Aral Sea》アラル海

अरलु [名]〔植〕ノウゼンカツラ科高木ソリザヤノキ【*Oroxylum indicum*】= सोना.

अरवन [名]〔ヒ〕初穂（それを用いた料理を神前やバラモンに供える）

अरवा [名] 玄米

अरवाह[1] [名*] 魂；霊 = अर्वाह.

अरवाह[2] [名*] いさかい；争い

अरविंद [名] (1) 蓮 = कमल. (2) 銅 = ताँबा.

अरविंद घोष〔人名〕オロビンド・ゴーシュ (1872–1950) ベンガル出身のインド人思想家．その思想体系はオロビンド哲学（अरविंद दर्शन）と呼ばれる

अरविंद सवैया [名]〔韻〕アルヴィンド・サワイヤー（各パーダ पाद/चरण が 8 सगण + लघु の 25 音節から成る音節韻律．12 + 13 で休止）

अरवी [名*] (1)〔植〕サトイモ科多年草サトイモ（里芋） (2) 里芋の地下茎= अरुई.

अरस [形] (1) 汁のない；汁気のない；ぱさぱさした (2) 味気のない；味のない (3) 下手な；不器用な

अरसना [自] ぐったりする；だらける

अरसना-परसना [他] (1) 触れる；触る (2) 抱き合って挨拶する

अरस-परस [名] (1) 触れること；手で触ること (2) 見ること

अरसा [名]《A. عرصہ अर्सा》(1) 時間；時刻 (2) 長い時間；長時間 उम्मीदों की फ़सल काटते हमें अरसा हो गया है 期待の収穫の取り入れに長い時間がかかっている (3) チェスの盤 **अरसे से** 久しく；永い間

अरसिक [形] (1) 男女の情けを解さない (2) 風雅の心のない；情けを解さない

अरसी[1] [名*] 亜麻及び亜麻仁= अलसी.

अरसी[2] [名*] 鏡 = आरसी.

अरस्तु〔人名〕《A. ارسطو अरस्तू》アリストテレス (前 384–322)〈Aristotle〉

अरहट [名] ペルシア井戸の揚水機= रहट.

अरहन [名] 煮物のつなぎに入れる小麦粉やひよこ豆の粉

अरहर [名] (1) マメ科低木キマメ（木豆）【*Cajanus cajan*】(2) その豆；キマメ

अरा [名*] 車輪のや（輻）

अराक़〔国名〕《A. عراق इराक़》イラク= इराक़.

अराकान〔地名〕（ミャンマー）アラカン地方

अराक़ी [形]《A. عراقی इराक़ी》イラクの= इराक़ी.

अराजक [形] (1) 無秩序の；無政府状態の (2) 無政府主義の

अराजकता [名*] ← अराजक. (1) 無秩序；無秩序状態；混乱 भाषा विषयक अराजकता 言語をめぐる無秩序状態 (2) 無政府状態

अराजकतावाद [名] 無政府主義；アナーキズム〈anarchism〉

अराजकतावादी [形・名] 無政府主義の（人）；アナーキスト

अराजपत्रित [形] 任命が官報に公示されない〈nongazetted〉← राजपत्रित （任命が）官報に掲載された〈gazetted〉

अराड़ना［自］流産する；おりる（主に家畜について用いる）＝ गर्भ का गिरना.
अरारूट［名］《E. arrowroot》(1)〔植〕クズウコン科草本クズウコン【*Maranta arundinacea*】(2) クズウコンの根茎から得られるでんぷん
अराल［形］(1) 斜めの；曲がった；傾いた (2) 巻き毛の
अरावली पहाड़［名］アラーワリー山脈（ラージャスターン州を東北から南西に走る山脈）
अरिंद［名］仇；敵＝शत्रु; दुश्मन.
अरि［名］(1) 仇；仇敵 (2) 人心に害を及ぼす6種のもの，すなわち，愛欲，忿怒，貪欲，愚昧，傲慢，嫉妬
अरिल्ल［名］〔韻〕アリッラ（16モーラから成るモーラ韻律．4 चौकल で最後は भगण，もしくは，यगण の構成）
अरिष्ट[1]［名］(1) 災厄；災難；災害 (2) 凶兆；不吉なこと
अरिष्ट[2]［名］〔植〕キク科雑草オナモミ【*Xanthium strumarium*】
अरी［感］女性が女性への呼びかけに用いる言葉．あのう；あら；ねえ；ねーえなど "अरी लीना, तुम!" माँ ने हैरानी भरे लहजे में कहा「あらリーナー，あんた」母は驚いた口ぶりで言った
अरीठा［名］＝रीठा.
अरीफ़［名］《A. عریف》〔教〕級長＝मानीटर.
अरुंतुद[1]［形］(1) 急所を襲う (2) 悲しませる；苦しめる (3) 人の心を傷つける；人の心を刺す
अरुंतुद[2]［名］敵；仇；仇敵
अरुंधती［名*］(1)〔イ神〕ヴァシシュタ聖仙の妻，アルンダティー．貞女の鑑とされる (2)〔天〕アルコル（Alcor，大熊座の四等星）
अरु［接］…と；及び；そして（主に Br. などの韻文に用いられる）＝और.
अरुचि［名*］(1) 嫌気；嫌悪感 (2) いやみ；趣味の悪さ इतना विचार आते ही उसे इतने स्वादिष्ट भोजन से अरुचि हो गई そう考えた途端それほどおいしかった食事がいやになってしまった
अरुचिकर［形］(1) いやな；苦々しい；うとましい अरुचिकर गंध いやなにおい (2) 面白くない；興味をそそらない अरुचिकर बात 面白くない話 (3) まずい ताकि भोजन अरुचिकर न लगे 食事がまずく感じられないように
अरुण[1]［形］赤い；紅色の
अरुण[2]［名］(1) 赤色；紅色 (2) 太陽 (3) 夕焼けの赤い色
अरुणता［名*］(1) 赤いこと；紅 (2) 赤み；赤さ
अरुणा［名*］(1) 朝焼け (2) 曙；明け方；夜明け
अरुणाई［名*］→ अरुणता.
अरुणाचल〔地名〕アルナーチャル州（インド北東端に位置，1986年に州となる）
अरुणाभ［形］赤みを帯びた प्राची का यह अरुणाभ क्षितिज 東方のこの赤みを帯びた地平線
अरुणाभा［名*］夜明け前の薄明かり
अरुणिमा［名*］赤み；赤さ
अरुणोदय［名］日の出；曙；明け方；暁；早暁
अरूप［形］(1) 姿や形のない (2) みっともない；醜い；不恰好な
अरे［感］(1) 呼びかけの言葉 अरे! तुम लोग खड़े क्या तमाशा देख रहे हो! おい，お前たち突っ立って何の見物だい (2) 驚きを表す言葉．ありゃ；えっ；なんだ；わあ，ひどいことになったぞ；大変だ；とんでもないことだ；しようのない अरे, तुम कब आईं? あらまあ，あんたいつ来たの अरे भाई! ग़ज़ब हो गया, ग़ज़ब! こりゃまあひどいことになったぞ अरे… अरे, बड़ी ग़लती हो गई ありゃまあ大変なしくじりをした अरे बाबा, कुछ तो सब्र करो ありゃまあ少しはしんぼうしろよ अरे अरे क्या करता है क्या करता है? おいおい何をするんだ，どうするんだい अरे, अरे यार なんだ अरे वाह まあ；こりゃまあ；なんだと；これはこれは अरे वाह तुमने ढेर सारे टिकट इकट्ठे कर लिये है こりゃまあ君は随分沢山の切手を集めたものだね अरे वाह! मैं क्या तुम्हें तालाब नज़र आता हूँ, जो अपनी प्यास बुझाने के लिए मेरी खोपड़ी पर आकर बैठ गई こりゃたまげたな．お前の目にはわしが池と映るからのどの渇きを癒しにやって来たというわけかい अरे वाह यह तो बड़ा ही मुँहफट है なんとまあ口汚い奴よ
अरेरे［感］(1) 怒りや蔑み，落胆，期待はずれなどの気持ちを表す言葉．ちぇっ，いまいましい，なんだ，なんだい，こりゃなど (2) 悲しみや悲嘆を表す言葉．なんということだ，ああなんたることだなど
अरोक［形］(1) 制限のない；無制限の (2) 妨げのない；障害のない；支障のない
अरोग[1]［形］無病の；元気な；健康な；達者な；無病息災な
अरोग[2]［名］無病；健康
अरोगी［形］無病の；健康な；達者な
अरोचक[1]［形］面白くない；面白味のない；味わいのない；興味の湧かない
अरोचक[2]［名］消化不良
अरोड़ा［名］(1) カトリー खत्री カーストのサブカーストの一．(2) 同カーストの人
अरोस［名］→ अड़ोस.
अरोसी［名］→ अड़ोसी.
अर्क［名］(1) 太陽 (2) 日曜日 (3) 日光 (4) 銅 (5) 水晶 (6) ヴィシュヌ神
अर्क़［名］《A. عرق》→ अरक.
अर्कमूल［名］〔植〕ウマノスズクサ科蔓草インドウマノスズクサ【*Aristolochia indica*】＝इसरमूल.
अर्गल［名］(1) かんぬき（閂）(2) 動きや作用を止めておくもの (3) 扉
अर्गला［名*］(1) かんぬき（閂）(2) 妨げ；妨害
अर्घ［名］(1) 神に供えられる米，大麦，クシャソウ，ヨーグルトなどのまじった水；閼伽（あか）(2) 神像に水を供えたりかけること (3) 客人の手足を洗うために供される水 (4) 価値
अर्घ्य［形］(1) 高価な (2) 価値ある (3) 尊い；有り難い
अर्चन［名］(1) 礼拝；ヒンドゥーの神像礼拝；プージャー (2) 崇拝 (3) 尊敬
अर्चना［名*］＝अर्चन. पुजारी रोज़ाना अर्चना करता है ヒンドゥー僧は毎日プージャーをする
अर्चनीय［形］(1) 礼拝すべき (2) 尊敬すべき；敬うべき
अर्चमान［形］＝अर्चनीय.
अर्चा［名*］(1) 礼拝；プージャー (2) 神像
अर्चित［形］(1) 礼拝された (2) 尊敬された；敬まわれた
अर्जेंटीना〔国名〕《E. Arzentina》アルゼンチン
अर्ज［名］《P. ارج》(1) 値；値段 (2) 地位；格
अर्ज़[1]［名⁻］《A. عرض》請願；懇願；頼むこと；願い上げること अर्ज़ क॰ 懇願する；頼む；願い上げる；申し上げる；言上する वह तो मैंने अर्ज़ किया न それは申し上げたでしょうが अदब से अर्ज़ क॰ 恭しく申し上げる
अर्ज़[2]［名］《A. عرض》幅＝चौड़ाई. डबल अर्ज़ ダブル幅
अर्ज़[3]［名］《A. ارض》(1) 地球 (2) 大地；地面；地表＝ज़मीन; पृथ्वी; भूमि.
अर्ज़दाश्त［名*］《A. عرضداشت》(1) 嘆願；懇願；請願 (2) 嘆願書；請願書
अर्जन［名］稼ぐこと；儲けること；取得すること
अर्जित［形］稼いだ；手に入れた；取得した अर्जित क॰ 稼ぐ；儲ける；手に入れる；得る तीर्थयात्रा कर पुण्य अर्जित क॰ 巡礼をして功徳を得る मेरे द्वारा अर्जित आय 私の稼いだ収入 हम कितना धन अर्जित करते हैं, उसको किस प्रकार व्यय करते हैं 私たちはどれだけの金を稼ぎそれをどのように使っているか नाटककार के रूप में उन्होंने ख्याति अर्जित की है 戯曲家として名声を得られた अर्जित भाषा 習得した言語 उनकी अर्जित भाषा संस्कृत थी あの方の習得言語はサンスクリット語だった
अर्ज़ी［名*］《A. عرضی》願書；申請書；嘆願書；請願書；申立書 छुट्टी की अर्ज़ी 休暇願；欠勤届 छुट्टी की अर्ज़ी दे॰ 欠勤届を出す
अर्ज़ीनवीस［名］《A.P. عرضی نویس》代書人；代書屋
अर्ज़ीनवीसी［名*］《A.P. عرضی نویسی》代書人の仕事；代書屋
अर्जुन［名］(1)〔マハ〕アルジュナ（パーンダヴァ五兄弟の第3番目）(2) シクンシ科常緑高木アルジュン【*Terminalia arjuna*】
अर्जेंट［形］《E. urgent》緊急の；至急の；急用の＝अविलंब. अर्जेंट आर्डर アージェントオーダー
अर्णव［名］(1) 海 (2) 太陽 (3) インドラ神 (4) 宇宙
अर्थ[1]［名］(1) 意図；意向；目的 चालीस के दशक के सितारा एस नायर के सहायतार्थ 1940年代のスター S. ナーヤルの支援のために (2)

意味；意義；義 कई अर्थों में उसका जीवन सचमुच बहुत दुखी था あの人の生涯はいろんな意味で実に辛いものだった पिछले वर्ष को गुणात्मक अर्थों में उल्लेखनीय वर्ष कह सकते हैं 昨年を質的な意味で特筆すべき年と言うことができる सच्चे अर्थों में सहचरी या अर्द्धांगिनी 言葉の真の意味で仲間，すなわち，伴侶 क्या नारी स्वातंत्र्य का यही अर्थ है? 女性の独立というのはこういう意味か उस बेचारी को आज़ादी के अर्थ ही मालूम नहीं थे 気の毒なその女は独立の意味そのものを知らなかったのだ **अर्थ रखना** 意味を持つ जहाँ स्नेह हो वहाँ क्षमा कोई अर्थ नहीं रखती 愛情があれば赦しは何の意味も持たないものだ **(-का) अर्थ लगाना** (ーの意味に) 解釈する उसकी बात का ग़लत अर्थ लगा बैठा था 彼女の言葉を間違った意味に解釈してしまった **अर्थों में ले॰** 解釈する；理解する；意味に取る उसे घर ले आने के मेरे निर्णय को इन्होंने बहुत ग़लत अर्थों में लिया あの人を家に連れてくるという私の決定をとんでもなく間違った意味に取った **व्यापक अर्थ** 広義 **संकुचित अर्थ** 狭義 (3) 富；財；財産 (4)〔ヒ〕世俗生活の実利，すなわち，人生の 3 大目的 (पुरुषार्थ) の一 (5)〔言〕法〈mood〉 (6) 対象 (7) 経済 **-के अर्थ** の形で用いられてーのために；ーに；ーを目的に= -के लिये. अपने रसिकों को इसकी कविता का परिचय दिलाने के अर्थ 眼力持てる人たちにこの人の詩を紹介せんがため

अर्थ[2] [名]《E. earth》(1) アース線 (2) 接地 अर्थ हो॰ アースする

अर्थकर [形] 得になる；利益になる

अर्थक्रियावाद [名]〔哲〕実用主義〈pragmatism〉= व्यावहारिकतावाद.

अर्थदंड [名] 罰金= जुर्माना.

अर्थदोष [名]〔修辞〕詩作上の意味表現において詩人の不注意や未熟さ，知識の欠如などから生じる瑕

अर्थनीति [名*] 経済政策 माओ की अर्थनीति 毛沢東の経済政策

अर्थन्यायालय [名] 民事裁判所= सिविलकोर्ट.

अर्थपति [名] (1) クベーラ神 (कुबेर) (2) 金持ち इस युग के ज़मींदार और अर्थपति 今の時代の地主たちや金持ちたち

अर्थपिशाच [名] 守銭奴；極度の吝嗇家

अर्थपूर्ण [形] 意味深い；意味深長な；意味ありげな अर्थपूर्ण ढंग से मुसकराई 意味ありげに微笑した अर्थपूर्ण मुस्कान 意味ありげな笑み

अर्थबुद्धि [形] 功利的な；打算的な

अर्थ मंत्री [名] 大蔵大臣 = वित्तमंत्री.

अर्थवान [形] (1) 意味を持つ；意味のある (2) 豊かな；金持ちの

अर्थविकार [名]〔言〕意味変化〈semantic change〉

अर्थविज्ञान [名] 意味論 = शब्दार्थ विज्ञान. 〈semantics〉

अर्थव्यक्ति [名*]〔イ文芸〕10 種のカーヴィヤ・グナ काव्य गुण の一．ものの本質を説明する表現の明確さ

अर्थव्यवस्था [名*] 経済 भारत जैसे कृषि-प्रधान देश की अर्थ व्यवस्था インドのような農業中心国の経済 दक्षिण कोरिया की अर्थ व्यवस्था 韓国経済 भारतीय अर्थव्यवस्था के विकास में インド経済の発展に

अर्थशास्त्र [名] (1) 経済学〈economics〉 (2) マウリヤ朝チャンドラグプタ一世の宰相カウティリヤ कौटिल्य が著したとされる政治論書，アルタシャーストラ (邦訳名は実利論)

अर्थशास्त्री [名] 経済学者 भारतीय अर्थशास्त्री インド人経済学者

अर्थश्लेष [名]〔修辞〕一義語の集合による掛詞の修辞法

अर्थसिद्धि [名*] 目的達成；目的成就

अर्थहीन [形] (1) 無意味な；つまらない अर्थहीन परंपरागत रूढ़ियों का अनुकरण 無意味なしきたりを真似ること जीवन अर्थहीन लगता है 生きているのがつまらなく感じられる (2) 金を持たない；貧しい

अर्थात् [接] すなわち；つまり= यानी; तात्पर्य यह कि; मतलब यह कि. अर्थात् किसी चीज़ के तैयार करने में जो ख़र्च लगता है उतना निकालकर बाक़ी बचा हुआ माल मुनाफ़े में समझा जाता हैすなわち，何かの製造に要する分を差し引いて残ったものが利益と考えられるわけです

अर्थालंकार [名]〔修辞〕明喩，隠喩などの意味の詩的装飾による修辞

अर्थिम [名]〔言〕意義素〈sememe〉

-अर्थी [造語] (ーを) 目的とする，(ーを) 欲する，(ーを) 望むなどの意味を有する合成語の構成要素 स्वार्थी (स्व + अर्थी) 利己的な विद्यार्थी (विद्या + अर्थी) 学生

अर्द्ध [形・造語] 半分の；半の= अर्ध. अर्द्ध सभ्य 未開に近い；半未開の

अर्द्धचेतन [名] 潜在意識〈the subconscious〉

अर्द्धमागधी [名*]〔言〕アルダマーガディー語 (中期インド・アーリヤ語のプラークリットの古層に属し，ジャイナ教の白衣派の聖典に用いられた言語)

अर्द्धाली [名*]〔韻〕アルッダーリー (チョウパーイー चौपाई の半分，すなわち，16 マートラーのパーダ पाद 2 つから成るモーラ韻律)

अर्ध [形・造語] = अर्द्ध. अर्धनिद्रित अवस्था में 半分眠った状態で

अर्धकुशल [形] 半分熟練した；半熟練の अर्धकुशल श्रमिक 半熟練工

अर्धचंद्र [名] (1) 半月；半円の形の月= अष्टमी का चंद्रमा. (2) クジャクの羽にある半月形の模様 (3) 母音の鼻音化を表す記号，チャンドラヴィンドゥ चंद्रविन्दु; ँ (4) えり首をつかんで引きずり出すこと **अर्धचंद्र दे॰** 引きずり出す；つまみ出す

अर्धचंद्राकार [形] 半月形の；弓形の गंगा यहाँ अर्धचंद्राकार रूप में बहती है ガンジスはここを弓形を成して流れる अर्धचंद्र के आकार का 半月形の；半円形の

अर्धनग्न [形] 半裸の

अर्धनयन [名] 神々の眉間にあるとされる第 3 の眼

अर्धनारी [名] シヴァ神= अर्धनारीश्वर.

अर्धनारीश्वर [名]〔ヒ〕アルダナーリーシュヴァラ (男性原理と女性原理の一元的具有の観念の具象化としての半身がシヴァ，半身がパールヴァティーの一体になった像)

अर्धनिमीलित [形] 半分眼をあけた；半眼の

अर्धपारदर्शी [形] 半透明の अर्धपारदर्शी पात्र 半透明の容器

अर्धभास्कर [名] 正午；正后= दुपहरी; मध्याह्न.

अर्धमागधी [名*]〔言〕アルダマーガディー語 (古層のプラークリットに属するジャイナ教の聖典語) = अर्द्धमागधी.

अर्धरात्रि [名*] 夜半；真夜中

अर्धविराम [名] セミコロン

अर्धविवृत [形]〔言〕半開母音の〈half-open〉

अर्धवृत्त [名] 半円〈semi-circle〉

अर्धवृद्ध [形] 中年の；熟年の

अर्धव्यास [名] 半径〈radius〉

अर्धसंवृत [形]〔言〕半閉母音の〈half-close〉

अर्धसम [形] (1) 半分が同じの (2)〔韻〕韻律詩の奇数 (第 1 と第 3) パーダの，偶数 (第 2 と第 4) パーダのマートラー (मात्रा, モーラ，拍)，もしくは，ヴァルナ (वर्ण音節) の数が同じの→ पाद, मात्रा, वर्ण.

अर्धसरकारी [形]《H.अर्ध + P. سرکاری》半官半民の अर्धसरकारी संस्थान 半官半民の機関

अर्धसैनिक [形] 準軍事的な

अर्धस्वर [名]〔言〕半母音〈semivowel〉

अर्धांग [名] (1) 半身 (2)〔医〕半身不随；中風= लकवा; पक्षघात.

अर्धांगिनी [名*] 夫の半身である妻；妻 पत्नी को पति की अर्धांगिनी कहा जाता है 妻は夫の半身と呼ばれる

अर्धाली [名*] = अर्द्धाली.

अर्पण [名] (1) 贈与；贈呈 (2) 奉納；献納 (3) 提出；引き渡し (4) 譲渡 **अर्पण क॰** *a.* 贈る；贈呈する *b.* 供える；差し上げる अपना सब कुछ अर्पण क॰ 何もかも差し上げる *c.* 差し出す；提供する；引き渡す शेष 700 प्रतियाँ मैंने साहब की सेवा में अर्पण कर दीं 残りの 700 部を偉いさんに差し出した

अर्पित [形] (1) 贈られた (2) 差し出された；提出された (3) 供えられた；捧げられた **अर्पित क॰** *a.* 贈る *b.* 差し出す *c.* 捧げる श्रद्धांजलि अर्पित क॰ 弔詞を捧げる

अर्बुद[1] [数] (1) 10 億= सौ करोड़. (2) 1 億= दस करोड़.

अर्बुद[2] [名] (1)〔医〕腫瘍〈tumor〉 (2) アーブー山→ आबू.

अर्भक [形] (1) 少しの；少量の (2) やせた；やせこけた (3) 低い (4) 年少の (5) 相似た

अर्यमा [名] 太陽= सूर्य; सूरज; रवि.

अर्राहट-गुर्राहट [名*] 轟音；激しい音 अंत में एक तीखी और डरावनी अर्राहट गुर्राहट के साथ पेड़ भी गिर गया 最後に鋭く恐ろしい音とともに木も倒れた

अर्ल [名]《E. earl》伯爵

अर्वाचीन [形] (1) 最新の；最近の अर्वाचीन ग्रंथ 最近刊 (2) 近代的な (3) 現代の अर्वाचीन विज्ञान 近代科学

अर्वाह [名⁻,pl]《A. ارواح ←روح रूह》(1) 霊魂；霊；魂 (2) 天使

अर्श[1] [名]〔医〕痔疾；痔= बवासीर; पाइल्स.

अर्श[2] [名]《A. عرش》(1) 空；天；天界 (2) 玉座 **अर्श के तारे तोड़ना** 驚嘆すべきことをする **अर्श पर चढ़ाना** つけあがらせる；図に乗らせる；有頂天にさせる；得意がらせる（**दिमाग़**）**अर्श पर हो॰** この上なくうぬぼれる；のぼせあがる

अर्शपर्श [名] (1) 触れること；接触 (2) 接触して汚染されること (3) 頭頂部に水をふりかけること अर्शपर्श हो॰ 接触して汚染される

अर्सा [名]《A. عرصه》→ अरसा. (1) 時間 इसको बने हुए तीन सौ साल से ज़्यादा अर्सा हो चुका है これが建立されて 300 年以上経っている थोड़ा अर्सा हुआ इस मस्जिद की मरम्मत की गई थी 少し前にこのマスジドの修理が行われた (2) 長い時間；長い期間 (3) チェスの盤

अर्हंत[1] [形] すぐれた；優秀な；立派な

अर्हंत[2] [名] (1)〔仏〕仏陀 (2)〔仏〕羅漢 (3)〔ジャ〕ジナ

अर्ह [形] (1) 尊敬すべき；敬うべき (2) ふさわしい；適応した (3) 器量を備えている

अर्हण [名] (1) 尊敬；崇敬 (2) 崇拝

अर्हणीय [形] 尊い；尊敬すべき；尊崇すべき

अर्हत् [形] 尊敬すべき

अर्हित [形] 尊敬された；敬われた

अर्ह्य [形] = अर्हणीय.

अलं [副] = अलम्.

अलंकरण [名] (1) 装飾；美装 (2) 装身；装身具で身を飾ること (3) 装身具

अलंकार [名] (1) 装飾品；飾り；飾りもの (2) 装身具；飾り；アクセサリー (3) 修辞法；修辞的表現（意味上の修辞による अर्थालंकार と音声による修辞 शब्दालंकार との 2 種類に分けられる）

अलंकार शास्त्र [名] 修辞学

अलंकारिक [形] 修辞的な अलंकारिक भाषा में 修辞的な言葉で

अलंकृत [形] 飾られた；装飾された；美装された；美しく飾られた विशेष अलंकृत 'किमोनो' जो किसी उत्सव के अवसर पर पहने जाते हैं 晴れの日に着られる特別に美しく装われた「着物」 अपनी अलंकृत कन्या को 美しく装った娘を सन् 1972 ई॰में भारत सरकार ने उनको 'पद्मश्री' से अलंकृत किया 1972 年にインド政府は同氏をパドマシュリーの勲章で称えた

अलंकृति [名*] (1) 装飾 (2) 装身具 (3) 修辞

अलंग [名] 方角；方向= ओर; तरफ़; दिशा. **अलंग पर आ॰** 馬が発情する= अलंग पर छाना; अलंग पर हो॰.

अलंघनीय [形] (1) 飛びこえられない；またげない (2) 途中を飛ばせない；途中を抜かせない (3) 避けられない

अलंघ्य [形] = अलंघनीय.

अलंबुस [名] 嘔吐 = उलटी; क़ै.

अल [名] (1) サソリの尻尾の毒針 (2) 毒

अलक [名*] (1) 前髪；額の前のほうに垂れた髪 (2) 縮れ毛

अलक़तरा [名]《Po. alcatrão, A. القطران अल्कतरान》コールタール；タール

अलकनंदा [名*] アラクナンダー川（ウッタラーンチャル・プラデーシュ州南西部のガルワール地方を流れるガンジスの支流の一） बदरीनाथ इन घाटियों में बहती अलकनंदा के दाहिने किनारे पर बसा है バダリーナートはこれらの谷を流れるアラクナンダー川の右岸に位置している

अलका [名*]〔イ神〕アラカー（クベーラ神の都）= अलकापुरी.

अलकापति [名] = कुबेर.

अलकापुरी [名*]〔イ神〕財宝神クベーラ神の都アラカープリー पुराणप्रसिद्ध कुबेर की पुरी अलकापुरी プラーナ聖典に名高いクベーラ神の都

अलक़ाब [名, pl.]《A. القاب अल्काब ← لقب लकब》称号

अलक़िस्सा [接]《A. القصه》すなわち；つまり；要するに= अलग़रज़.

अलक्त [名] (1) ラック (2) ラックからこしらえたペイント（女性が足を飾るために塗布する）；マハーワル महावर

अलख[1] [形] 目に見えない；見ることのできない= अलक्ष्य.

अलख[2] [名] 神；最高神 **अलख जगाना** *a.*「アラク」と称えながら神を思念すること नाथ पंथ का अलख जगाने वाले महान संत ナート派のアラクを念じる大上人 *b.*「アラク」と称えながら托鉢・乞食すること

अलखनामी [名]〔ヒ〕ゴーラクナート派（गोरखनाथी）の一派

अलख निरंजन [名] (1) 目に見えない純粋な存在；最高神 (2) シヴァ神 = निरंजन.

अलग [形・副] (1) 離れている；はずれている；とれている；はがれている (2) 別個の；独自の；違っている；異なっている प्रसवकाल में प्रसूता को एक अलग कमरे में रखते हैं 出産の時には産婦を別の部屋に入れる (3) 離れて；別個に；別れて वह अलग रहना चाहती है 別居したがっている **अलग अलग** *a.* 別々の；別個の *b.* いろいろな；種々の；様々な अलग अलग बस्तियाँ 様々な町 इन अलग अलग कामों को पेशा कहते हैं これらの色々な仕事を職業という **अलग अलग** すっかり別に；全く別個に वे लोग पूरी दुनिया से अलग अलग रहते हैं その人たちは全世界と全く無縁に暮らしている **अलग अलग क॰** 別々にする；引き離す；分ける **अलग क॰** 取り出す；分離する；離す；引き離す；隔離する दूध से क्रीम अलग क॰ クリームを牛乳から分離する **अलग से** 別に；別個に；改めて अलग से एक क़ानून बनाएगा 別個に法律を作るだろう माँ ने पिता जी के श्राद्ध के लिए अलग से रुपये जोड़ रखे हैं 母は父の法事のために別に金をためている **अलग हो॰** 離れる；はずれる；とれる；はがれる；去る थोड़ी देर बाद उसका लेबिल अपने आप भीगकर अलग हो जाएगा しばらくするとそれのラベルはひとりでに濡れてはがれるだろう दल से अलग हो॰ 離党する；グループから離れる；党派を去る

अलगनी [名*] 物干し用の竿やひも अलगनी पर उसके कुछ कपड़े टँगे थे 物干しのひもに幾つか洗濯物が下がっていた

अलग़रज़ [接]《A. الغرض》つまり；要するに= सारांश यह कि; अलक़िस्सा.

अलगा-गुजारी [名*] → अलगौझा.

अलगाना[1] [他] 別にする；別々にする；引き離す；取り出す；隔離する= अलग क॰.

अलगाना[2] [自] 別になる；別々になる；離れる= अलग हो॰.

अलगाव [名] ← अलग. (1) 一体であったものから，あるいは，何かから離れることや別になること；分離 (2) 孤立 (3) 離婚；離別 **क़ानूनी अलगाव** 協議離婚

अलगाववाद [名] 分離主義；孤立主義

अलगाववादी [形・名] ← अलगाववाद. (1) 分離主義の；分離主義的な अलगाववादी ताक़त 分離主義勢力 (2) 分離主義者 पंजाब में उग्रवादी अलगाववादी パンジャーブの過激な分離主義者

अलगोज़ा [名]《P. الغوزه》アルゴーザー（7 個の音孔のある竹製の縦笛）

अलगौझा [名] これまで一つのものや一体のものであったものを別々にすること；解散すること；特に大家族の家が家庭内の不和などが原因で分かれること；別家；分家 क्या तुम अलगौझा करवाना चाहती हो お前は家を分けたいのか

अलग्योझा [名] = अलगौझा. और यह रीति सनातन से चली आई है कि अलग्योझे के समय मार-पीट अवश्य हो それに家が分かれる時には暴力沙汰というのが大昔からのしきたりなのさ

अलजीरिया 〔国名〕《E. Algeria》アルジェリア民主人民共和国

अलज्ज [形] 恥を知らない；恥知らずの；無恥な；厚顔無恥な= निर्लज्ज; बेहया.

अलटबिलट [名] ごたごた；混乱= गड़बड़ी; उलटपुलट.

अलता [名] 女性が足の装飾に塗って用いるラックのペイント；マハーワル= महावर.

अलपाइन [形]《E. Alpine》(1) アルパイン；アルプスの (2) 高山の；高山性の= अल्पाइन.

अलपाका [名]《E. alpaca》(1)〔動〕ラクダ科アルパカ (2) アルパカ（手織物）

अलपिन [名*] = आलपिन; आलपीन.

अलफ़[1] [名]《A. الف अलिफ़》馬が恐れたり興奮したりして棒立ちになること；竿立ち

अलफ़[2] [名*]《A. علف》草；家畜の飼料になる草→ अलिफ़.

अलफ़ा [名]《A. الفا ← الف》アルファー（ファキール，すなわち，イスラム教修行者が多く着用する，ゆったりした袖なし上着．クルターの一種）

अलबत्ता[1] [副]《A. البتہ अल्बत्ता》確かに；疑いなく；きっと；必ず = अवश्य; ज़रूर. अलबत्ता वह स्वयं जब चाहे नौकरी पर लात मार कर जा सकता है その人は確かにいつでも勤めを蹴飛ばしていくことができる अगर चाँदनी रात होती तो अलबत्ता उसे अपनी जान

बचाने का मौका मिल जाता था もしも月夜だと命の助かる機会が必ず見つかるのであった

अलबत्ता[2] [接]《A. البتة》もっとも；しかしながら= लेकिन; परंतु. कीड़े मकोड़े जो ज़मीन पर रेंगते फिरते हैं अपनी अपनी ख़ास ज़बान रखते हैं, अलबत्ता हम उसे समझ नहीं सकते 虫けらなど地面を這いまわっているものはそれぞれ独自の言葉を持っている．もっとも我々はそれを理解できないが． यह बात अलबत्ता काम की है もっともこれは役立つことだから

अलबम [名]《E. album》(1) アルバム→ अल्बम. (2)（LP レコードや CD の）アルバム

अलबेला [形+] (1) おしゃれな；派手な；飾り立てた अलबेला जवान おしゃれな若者 (2) 珍しい；独特の；奇抜な；風変わりな (3) 気ままな；無頓着な；のんきな

अलब्ध [形] 手に入らなかった；得られなかった；手に入らない；得られない

अलभ्य [形] (1) 手に入らない；得難い；入手困難な (2) かけがえのない

अलम् [副] (1) 十分に；たっぷりと (2) 度を越えて；非常に

अलम[1] [名]《A. الم》(1) 苦痛 (2) 悲しみ；悲嘆

अलम[2] [名]《A. علم》旗；軍旗 अलम बुलंद क॰ 旗を掲げる

अलमबरदार [名]《A.P. علمبردار; A.+ P. بردار》(1) 旗手；旗を掲げて先頭に立つ人 (2) 指導者 धार्मिक राज्य का सब से बड़ा अलमबरदार 宗教国家の最高指導者

अलमस्त [形]《P. المست》(1) のんきな；無頓着な स्वभाव से वे अलमस्त और फक्कड़ थे のんきで無欲な性格の人だった (2) 酔った；酔っ払った；酔いしれた (3) 正気を失った (4) のびのびした；のびやかな बैल बाज़ार के सभी बैलों की तुलना में बड़ा ही अलमस्त और आकर्षक था 牛は市に出ていたどの牛よりものびのびしており魅力的だった

अलमस्ती [名*]《P. المستی》(1) のんきなこと；無頓着 (2) 酔い (3) 忘我

अलमारी [名*]《Por. almario》(1) 戸棚，たんす，ロッカーなど扉のついた家具 (2) 壁面をくりぬいてこしらえた棚；へきがん（壁龕）；ニッチ किताबों की अलमारी 本箱

अलर्क [名] (1) 狂犬 (2) 狂犬病 पागल कुत्ता काटता है तो अलर्क या रेबीज़ की बीमारी के विषाणु आदमी में आ जाते हैं 狂犬に噛まれると狂犬病のウイルスに感染する

अलर्ट [形]《E. alert》警戒している；油断のない；警戒態勢下の पुलिस अलर्ट है 警察は警戒態勢をとっている

अलल टप्पू [形] (1) 当てずっぽうな；無思慮な (2) いいかげんな；でたらめな

अलल बछेड़ा [名] (1) 若馬 (2) 青二才

अलल हिसाब [副]《A. علی الحساب》計算せずに；計算なしに

अलवणजल [名] 淡水= अलवणोद. अलवणजल मात्स्यकी 淡水漁業

अलवणोद [名] 淡水 अलवणोद शैवाल 淡水藻

अलवान [名]《A. الوان》アルワーン（ウールのショール；ウールのチャーダル） उसने अलवान में मुँह छुपा लिया アルワーンに顔をうずめた

अलविदा[1] [名*]《A. الوداع》〔イス〕アルヴィダー（ラマザーン月の最終金曜日の集団礼拝）

अलविदा[2] [感] 別れの挨拶の言葉；さようなら；バイバイ

अलस[1] [形] (1) 怠惰な；無精な；だらしない (2) けだるい (3) 無力な；力の抜けた (4) 疲れた；ぐったりした

अलस[2] [名] = आलस्य.

अलस[3] [名]〔医〕水虫= खरवात; कंदरी.

अलसना [自] = अलसाना.

अलसर [名]《E. ulcer》〔医〕潰瘍= अल्सर.

अलसल्वाडोर [国名]《E. El Salvador》エルサルヴァドル共和国

अलसाना [自] (1) だるくなる；だるい；けだるい निर्मला को वह अलसाया-सा देखता रहता है ニルマラーをけだるそうにじっと見ている (2) 眠気がする；うつらうつらする राजा की अलसायी हुई आँखें उस मूर्ति की ओर लगी हुई थीं 王のとろんとした目はその像に向けられていた हम जब अलसाते-अलसाते उठते हैं 我々がねぼけまなこをこすりながら起き上がる時には (3) 疲れる；元気がなくなる यह इतनी अलसायी-अलसायी क्यों है この子はなぜこんなに元気がないの (4) だらける；だらだらする；怠ける；怠惰にする जहाँ मुझ जैसे कई लोग अलमस्त अलसायी छुट्टियाँ बिताने हर साल आते हैं 私みたいな一部ののんきな者たちが怠惰な休暇を過ごしに毎年やって来るところ

अलसी [名*] (1)〔植〕アマ科アマ（亜麻）【*Linum usitassimum*】(2) 亜麻仁 = तीसी.

अलसेशियन [名]《E. Alsatian》〔動〕（ドイツ種）シェパード犬

अलसुबह [副] = अलस्सबाह.

अलस्सबाह [副]《A. علی الصباح》早朝；朝早く；早暁；日の出前に；朝まだき

अलहदगी [名*]《A.P. علیحدگی/علحدگی अलाहिदगी》離れていること；分離；別れ；別離= अलाहदगी. इतने अरसे की अलहदगी के बाद これほど長い間離れていた後

अलहदा [形]《A. علحده, علیحده अलाहिदा》(1) 離れた；離れている；離れ離れの (2) 異なった；別の；違う **अलहदा क॰** 別にする；引き離す **अलहदा रखना** 別にしておく；離しておく **अलहदा हो॰** 離れる；別れる

अलहदा अलहदा [副] 別々に；個々に

अलाट [名]《E. allot》(1) 配分 (2) 割り当て **अलाट क॰** *a.* 配分する *b.* 割り当てる अलाट हो जा॰ 割り当てられる= आवंटन.

अलात [名] (1) 燃えさかっているもの (2) 燃え木；たいまつ（松明） (3) 両端に点火するたいまつ，もしくは，両端に重しのついた竹の棒

अलात चक्र [名] たいまつなどで描かれる光の輪

अलादीन का चिराग़ [名]《← E. Aladdin's lamp》アラディンのランプ；アラジンの魔法のランプ（人の望みをかなえさせるもの）

अलान [名] (1) 象をつなぐ杭，もしくは，鎖 (2) 鎖

अलानिया [副]《A. علانیہ》おおっぴらに；公然と= खुल्लम खुल्ला; डंके की चोट से.

अलाप [名] → आलाप. (1) 話すこと；言うこと；述べること (2) 会話；話；話のやりとり यह अलाप सुना, तो कान खड़े हुए この話を聞いて気がついた

अलापना [他] (1)（高い声で）旋律の練習をする (2)（歌を歌うために）声音を整える (3) しゃべる (4) うめく；うなる **अपना राग अलापना** 自分勝手なことをしゃべる यही राग अलापते रहे 相も変わらず身勝手なことを話し続けた

अलाबू [名*] (1) ウリ科蔓草ユウガオ【*Lagenaria vulgaris*】= लौकी; कद्दू. (2)〔植〕ウリ科蔓草ヒョウタン【*Lagenaria vulgaris var.gourda*】= तूँबा.

अलाभ [名] (1) 無益；無駄 (2) 損失；損害；赤字

अलाभकर [形] (1) 無益な；役に立たない (2) 損な；不利益な

अलामत [名*]《A. علامت》兆し；兆候 इस बात की अलामत このことの兆候 अब मामला-वामला क्या होना है… अब तो अलामतें खराब ही नज़र आती हैं これから先どうなることやら…もはや悪い兆ししか見えないんだ

अलामत-मलामत [名*]《A. علامت ملامت》→ मलामत. (1) 叱責 (2) 非難

अलाय बलाय [名]《← A. بلا》災難；災厄

अलार[1] [名] 扉= किवाड़; कपाट.

अलार[2] [名] 火の燃えさかっているところ；たきび；焚き火

अलार्म [名]《E. alarm》(1) 警報 ख़तरे का अलार्म 危険警報 (2) 警報機；報知器 (3) 目覚まし時計の警報装置 (4) 目覚まし時計= अलार्म घड़ी.

अलार्म घड़ी [名*]《E. alarm + H. घड़ी》目覚まし時計

अलाव [名] (1) 火の燃えさかっているところ；焚き火 (2) 焚き火の場所

अलावा [後置]《A. علاوہ इलावा》 - के अलावा もしくは अलावा - の形で用いられ，－以外に，－のほかにさらに，おまけに，－ばかりでなくなどの意を表す= सिवा/सिवाय. निकट संबंधियों के अलावा इस संसार में मेरा कोई अपना भी है 近親者以外にもこの世の中に私の身内の人がいるんだと आख़िर उसके अलावा तुम्हारा और कौन सहारा है? つまるところあの人以外にあなたの支えになる人がほかにだれがいるだろうか मालिक ने दो जून रोटी के अलावा दमड़ी भी न दी 主人は一日２度の食事以外鐚銭一枚くれなかった

अलास्का 〔地名〕《E. Alaska》アラスカ

अलाहदगी [名*] 《A. علیحدگی》= अलहदगी.
अलाहदा [形] 《A. علاحده←علیحده》= अलहदा; अलग; पृथक्.
अलिंग [形] (1) 標識のない；標徴のない (2)〔言〕性のない；性の区別のない；通性の
अलिंजर [名] 水がめ；水瓶
अलिंद [名] (1)〔解〕心耳〈auricle〉 (2)〔解〕心房〈atrium〉 (3) 玄関前の露台 (4) テラス
अलि [名*] (1)〔昆〕クロスズメバチ (2)〔昆〕クロマルハナバチ (3)〔昆〕クマバチ (4)〔鳥〕オニカッコウ (5)〔鳥〕カラス（鳥） (6)〔動〕サソリ；蠍（節足動物） (7)〔天・占星〕さそり座（蠍座）
अलिक [名] 額；前額部= कपाल; ललाट.
अलिखित [形] (1) 書かれていない；記されていない (2) 不文の；不文律の
अलिजिह्वा [名*]〔解〕口蓋垂〈uvula〉
अलिजिह्वीय[1] [形] (1) 口蓋垂の (2)〔言〕口蓋垂音の〈uvular〉
अलिजिह्वीय[2] [名]〔言〕口蓋垂音〈uvular〉
अलिप्त [形] → लिप्त. (1) ひっついていない；密着していない (2) 別の；離れている；分離している
अलिफ़[1] [名]《A. الف》アラビア語，ペルシア語，ウルドゥー語のアルファベットの最初の文字 ا の名称；いろはのいの字 **अलिफ़ के नाम बे न जानना** 無学文盲の **अलिफ़ बे पे** ウルドゥー文字の最初の３字，ABC；いろは **अलिफ़ से बे न क॰** 人の話に全く耳を貸さない
अलिफ़[2] [形]《A. الف》馬が竿立ちになった；馬が後足で直立した；棒立ちの दोनों घोड़ियाँ एक बार अलिफ़ हुईं और दौड़ने लगीं 2頭の馬は一度竿立ちになった後走り出した
अलिफ़ नंगा [形+] 素っ裸の；真っ裸の；一糸もまとわぬ
अली[1] [名*] (1)（女性にとっての）女友達；仲間= सहेली; सखी. (2) 線；筋
अली[2] [名]〔昆〕(1) クロスズメバチ (2) クロマルハナバチ (3) クマバチ
अली[3] 〔人名・イス〕《A. علی》アリー，イスラム教第４代正統カリフ（在位 656–661） **अली की फटकार पड़ना** 大変な災難に見舞われる
अलीगढ़ 〔地名〕アリーガル（ウッタル・プラデーシュ州西部の都市．同名の県都でもある）
अलीन[1] [名] 扉を支える框の柱
अलीन[2] [形] (1) 不適当な (2) 不当な
अलील [形] 病気に罹っている；病臥している；罹病中の
अलीह [形] うその；嘘の= झूठा; झूठ-मूठ का.
अलुमीनम [名] 《E. aluminium》アルミニウム = ऐल्युमिनियम; ऐलुमीनियम.
अलूचा [名] = आलूचा.
अलूवियल [形] 《E. alluvial》〔地〕沖積の；堆積土砂の= जलोढ. अलूवियल मैदान 沖積平野= जलोढ मैदान.
अलेख[1] [形] (1) 難しい；難解な (2) 計り知れない；無量の
अलेख[2] [形] (1) 目につかない (2) 気づかれない
अलैंगिक [形] 性の区別のない；無性の〈asexual〉 **अलैंगिक जनन** 〔生〕無性生殖〈asexual generation〉
अलैहदा [形] → अलहदा, अलाहदा.
अलैहिस्सलाम〔句〕《A. علیه السلام》「かの人に平穏あれかし」預言者，使徒などの名を呼んだ後に敬意を表すために唱えられるアラビア語の句 हज़रत इब्राहीम अलैहिस्सलाम 預言者アブラハムに平穏あれかし
अलोक[1] [形] 目に見えない；隠れた
अलोक[2] [形] 人気のない；無人の
अलोक[3] [名] ヒンドゥーの宇宙観で地下世界などの地上世界以外の世界
अलोकतांत्रिक [形] 非民主主義的な；民主的でない अलोकतांत्रिक प्रणाली 非民主的方法
अलोकतांत्रीय [形] 非民主的な；民主主義に反する अलोकतांत्रीय सरकार 非民主的政府
अलोकना[1] [他] 光らせる；照らす；輝かす
अलोकना[2] [自] 光る；照る；輝く
अलोचन [形] (1) 目のない (2) 窓や明かりとりのない
अलोना [形+] (1)（料理に）塩の入っていない；塩気抜きの (2) 味気のない；まずい (3) うるわしさのない；うるわしくない **अलोना व्रत** 〔ヒ〕塩断ちのヴラタ भाद्रपद शुक्ल चतुर्दशी को अनंत चतुर्दशी कहते हैं.इस दिन अनंत भगवान की पूजा की जाती है और अलोना व्रत रखा जाता है バードラパダ月の白分14日はアナンタチャトゥルダシーと呼ばれる．この日アナンタ神のプージャーが行われ塩断ちのヴラタが行われる
अलोना-सलोना [形+] アーモンドや干しブドウの入った（食品）
अलोप [名] 姿を消すこと = लोप. जो वह हमें छोड़कर फिर अलोप हो गया तो? もしも私たちを残してまた姿を消したら
अलोपना[1] [他] 消す；隠す；見えないようにする
अलोपना[2] [自] 消える；隠れる；見えなくなる
अलोपा [名] 常磐木；常緑樹
अलोल [形] 揺れ動かない；落ち着いた；安定した= स्थिर.
अलोलक [形] 不思議な；不可思議な
अलौकिक [形] (1) 超俗的な；世俗を超えた；この世のものではない यह अलौकिक अनुराग और आत्म-समर्पण देखकर 超俗的な愛と自己献身を見て (2) 超自然の；超自然的な；神秘的な अलौकिक शक्ति 超自然力 सोने की अलौकिक द्युति 金の神秘的な輝き इन गुफ़ाओं के अलौकिक चित्र これらの洞窟の中に描かれている神秘的な絵
अलौह [形] 鉄でない；鉄以外の **अलौह धातु** 〔鉱〕非鉄金属
अल्कोहल [名] 《E. alcohol》(1) アルコール；酒精；エチルアルコール (2) アルコール飲料；酒 (3)〔化〕アルコール
अल्कोहलिक [形]《E. alcoholic》(1) アルコールの；アルコール性の (2) アルコール入りの (3) アルコール中毒の (4) アルコール漬けの **अल्कोहोलिक सिरोसिस** 〔医〕アルコール性肝硬変症〈alcoholic cirrhosis〉
अल्जीयर्स 〔地名〕《E. Algiers》アルジェ（アルジェリアの首都）
अल्जीरिआ 〔国名〕《E. Algeria》アルジェリア= अल्जीरिया.
अल्जीरिया 〔国名〕《E. Algeria》アルジェリア民主人民共和国
अल्टिमेटम [名]《E. ultimatum》(1)〔政〕最後通牒= अंतिम चेतावनी. (2) 最後の提案；最後の申し出= अंतिम प्रस्ताव.
अल्ट्रावायलट किरण [名*] 《E. ultra violet + H.किरण》紫外線= अल्ट्रावायलेट प्रकाश.
अल्ट्रावायलेट प्रकाश [名]《E. ultraviolet + H.》紫外線〈ultraviolet rays〉
अल्ट्रा-सेंट्रीफ़्यूगेशन [名] 《E. ultra-centrifugation》超遠心分離 = द्रुत अपकेंद्रण.
अल्प [形] (1) わずかの；少ない (2) 小さい；小型の
अल्पकाल [名] わずかの間；少時；短期間；一時 अल्पकाल में わずかの間に
अल्पकालिक [形] 一時；短期の；短期間の अल्पकालिक लाभ 短期の利益
अल्पकालीन [形] 一時の；短期の；短期間の अल्पकालीन छुट्टियाँ 一時休暇；短期の休暇
अल्पजीवी [形] 短命の；薄命の
अल्पज्ञ [形] (1) 知識の少ない；知識の不足した (2) 頭の悪い
अल्पज्ञता [名*] (1) 知識不足 (2) 頭の悪さ
अल्पतंत्र [名]〔政〕寡頭政治；少数独裁政治
अल्पतंत्र सरकार [名*]〔政〕少数独裁政府
अल्पतनु[1] [形] (1) 小柄の (2) 小型の
अल्पतनु[2] [名] 小柄な人
अल्पतम [形] (1) 最少の (2) 最小の
अल्पता [名*] (1) 少量 (2) 不足 (3) 小ささ
अल्पत्व [名] = अल्पता.
अल्पदर्शन [名] 短慮；短見；先見の少なさ
अल्पदृष्टि[1] [名] (1) 短慮の人；短見の人 (2) 先見の明のない人
अल्पदृष्टि[2] [名*] 近視 = निकटदृष्टि.
अल्पना [名*]〔ヒ〕アルプナー，もしくは，アルポナ（結婚式などの儀礼や断食を伴う宗教儀礼ヴラタなどの行われる際に米粉などを用いて床面に描かれる文様．地域的に呼び名や様式が異なる．この呼称はベンガル地方を中心にしたもの） गुरुदेव के जन्मदिन पर गौरी जी द्वारा बनायी गयी एक विशिष्ट अल्पना 師（ラビンドラナートタゴール）の誕生日にガウリーさんが描いた特別のアルポナ

अल्पप्राण[1] [形] (1) 生命力の少ない (2) 短命の
अल्पप्राण[2] [形]〔言〕無気音の〈unaspirated〉
अल्पप्राण[3] [名]〔言〕無気音〈unaspirated〉
अल्पबुद्धि [形] 愚かな；愚昧な= मूर्ख.
अल्पबुद्धिता [名*] 愚かさ；愚昧；知能の低いこと
अल्पभाषी [形] 無口な；口数の少ない
अल्पमत [名] (1) 少数派 (2) 少数意見 बहुत ही संक्षिप्त अल्पमत बहुमत पर राज कर रहा है ほんの一握りの少数派が巨大な多数派を支配している
अल्पवयस्क [形] (1) 年少の；年齢の少ない (2) 未成年の
अल्पविराम [名] コンマ
अल्पशः [副] (1) 少しずつ (2) 順番に；順序を追って (3) 徐々に
अल्पसंख्यक[1] [形] 少数の；少数派の；少数者の；マイノリティー अल्पसंख्यक गोरे 少数派の白人 **अल्पसंख्यक संप्रदाय** *a.* 少数者；マイノリティー；少数派 *b.* 少数者の宗派 *c.* 少数コミュニティー
अल्पसंख्यक[2] [名] (1) 少数派 (2) 少数者
अल्पांश [名] (1) ごく一部分 (2) 少数派
अल्पाधिकार [名] 寡占
अल्पायु[1] [形] (1) 低年齢の (2) 短命の
अल्पायु[2] [名*] (1) 低年齢 (2) 短命 अल्पायु के बच्चों को 低年齢の子供たちを बारह वर्ष की अल्पायु में ही भारती का विवाह हो गया 12 歳の低年齢でバーラティーは結婚した
अल्पार्थक [形・名]〔言〕指小の；指小辞〈diminutive〉
अल्पार्थक परप्रत्यय [名]〔言〕指小辞；指小接尾辞〈diminutive suffix〉
अल्पावधि [名*] 短期間；短期 केवल आठ महीने की अल्पावधि में わずか 8 か月の短期間に
अल्पाहार [名] 食事の量の少ないこと；少食；小食 सदा वह दूसरों से बच्चे के अल्पाहार का रोना रोया करती あの人はいつも子供が少食だと泣きごとを言う
अल्पाहारी [形] 少食の；食の細い
अल्पित[1] [形] 減らされた；減少された
अल्पित[2] [形] 装飾された；飾られた **अल्पित क॰** 飾る；装飾する；飾り立てる उसने दीदी के विवाह की वेदी अल्पित की थी 姉の結婚式の祭壇を飾り立てた हाथियों को अल्पित किया गया था 象たちは飾り立てられていた
अल्पिष्ठ [形] (1) 最少の (2) 最小の
अल्फ़ाँसो [名]《E. Alphonso》アルファンソ（マンゴーの一品種. インド西海岸の気候に適する） बनारस के लँगड़े और लखनऊ के दसहरी और बंबई के अल्फ़ाँसो की बात दूसरी है バナーラスのラングラー，ラクナウのダサハリー，ボンベイのアルファンソは別格だが
अल्फ़ाज़ [名, pl.]《A. الفاظ ← لفظ लफ़्ज़》語；単語；語彙
अल्बम [名]《E. album》写真や切手収集のアルバム→ अलबम.
अल्मारी [名*] = अलमारी.
अल्मोड़ा〔地名〕アルモーラー（ウッタラーンチャル・プラデーシュ州東部の都市で同名県の県都）
अल्युमीनियम [名]《E. aluminium》アルミ；アルミニウム = अलुमीनम. साधारणतः प्रेशर कूकर अल्युमीनियम मिश्रित धातु से बना होता है 圧力釜はたいていアルミ合金で作られている
अल्यूशियाई द्वीपसमूह〔地名〕アリューシャン列島〈Aleutian Islands〉
अल्ल [名] 家系の名；姓
अल्लमगल्लम [名] (1) いいかげんな話；でたらめな話 (2) がらくた
अल्ला [名] = अल्लाह.
अल्लामा[1] [形]《A. علامہ》博識の；学識豊かな；大学者の
अल्लामा[2] [名]《A. علامہ》大学者；碩学 अल्लामा इक़बाल 大学者イクバール
अल्लाह [名・感]《A. اللہ/ الاہ》(1)〔イス〕アッラー (2) 神よ；ああ神様 **अल्लाह का नाम लो** *a.* 神の名を唱えよ *b.* 神を恐れよ；神を畏れよ *c.* 天罰を受けるぞ；してはいけない **अल्लाह का नूर** *a.* 神様からの授かりもの；天賦のもの *b.* 器量の勝れた人 *c.*（反語的に）醜い容貌や性質の人 **अल्लाह का पाक घर**〔イス〕（メッカの）カーバ神殿 = काबा. **अल्लाह का बावला** *a.* 素直な人；無邪気な人 *b.* 気の狂った人 *c.* 正直者 *d.* 間抜け **अल्लाह का बेटा** *a.* 預言者 *b.* 偉い人；立派な人 **अल्लाह की गाय** *a.* おとなしく素直な人 *b.* 間抜け **अल्लाह के प्यारे** 信心深い人；敬虔な人 **अल्लाह के लोग** *a.* 聖人；上人 *b.* 正直者 **अल्लाह को प्यारा हो॰** 神に召される；死ぬ पर उस लड़के के बड़े होने के पहले ही उसके माता-पिता अल्लाह को प्यारे हो गए でもその男の子が大きくなる前に両親は神に召されてしまった यह बच्चा अभी छोटा ही था कि बाप अल्लाह को प्यारे हो गये この子はまだ小さいうちに父親が神に召されてしまった **अल्लाह ने चाहा तो** 神が嘉したまえば；うまく行けば；できれば；もし可能ならば अल्लाह ने चाहा तो मैं भी एक मस्जिद ज़रूर ज़रूर बनाऊँगा 神が嘉したまえば手前もマスジドをきっと建立致します
अल्लाह अल्लाह [感]《A. اللہ اللہ》神に祈りを捧げる言葉や感動の言葉；ああ神様；やあ素晴らしい；素敵な；見事な；やあ有り難い **अल्लाह अल्लाह क॰** 神に祈りを捧げる **अल्लाह अल्लाह करके** ようやく；ようやくのことで；やっとのことで；やっとこさどうにかこうにか；大変な苦労をして
अल्लाह आमीन [感・副]《A. اللہ آمین》(1) 神に祈願する言葉. 神に祈りを捧げる言葉どうか（このように）なさしめたまえ (2) 真剣に；慎重に；細心の注意を払って
अल्लाह ताला [名]《A. اللہ تعالی》〔イス〕アッラー；至高の神
अल्लाह निगहबान [感]《A.P. اللہ نگہبان》= अल्लाह बेली.
अल्लाह बेली [感]《A. اللہ بیلی》= अल्लाह निगहबान. (1) ご繁栄を祈る；ご成功を祈る (2) 別れの挨拶の言葉；さようなら；さよなら；あばよ बुआ अल्लाह बेली मैं तो जाती हूँ おばさん，さようなら，わたし失礼するわ
अल्लाह मारी [名*]《A. + H.》不身持ちな女性；ふしだらな女
अल्लाह मियाँ [名]《A. اللہ + H.मियाँ》神の尊称；アッラーの神；神様= अल्लाह मीयाँ; अल्लाह मीआँ.
अल्लाह अकबर [感]《A. اللہ اکبر》(1)〔イス〕「神は偉大なり」神を称える言葉 (2) 勝関の声やイスラム式の屠殺を行う際唱える言葉 (3) 後生だから= अल्लाहो अकबर.
अल्वा [名]《E. ulva》〔植〕緑藻類アオキ属
अल्सर [名]《E. ulcer》〔医〕潰瘍 गैस्ट्रिक अल्सर 胃潰瘍
अल्सेशियन [形]《E. Alsatian》(1) アルザスの (2) アルザス人の (3) アルセーシアの **अल्सेशियन कुत्ता** ドイツ種シェパード犬
अल्हड़[1] [名] 青二才；若造
अल्हड़[2] [形] (1) うぶな；すれていない ऐसी अल्हड़ न थी そんなうぶな娘ではなかった (2) 子供っぽさを残した；幼さを残した एक ख़ूबसूरत और अल्हड़ जवान लड़की 美しく幼さを残した若い娘 (3) 無邪気な；茶目な अल्हड़-सी आवाज़ में बोली 茶目な感じの声で言った (4) 洗練されていない
अल्हड़पन [名] ← अल्हड़.
अवंती (1)〔地名*〕アヴァンティー（今日のマールワー地方 मालवा） (2)〔地名〕同上の首都 (3)〔地名〕ウッジャイニー（今日のウッジャイン उज्जैन）
अवंश [形] (1) 家系の絶えた (2) 世継ぎのない
अव- [接頭] 下落，下降，低下，減少，減退，不足，欠落，欠陥などのマイナス方向の意を加える接頭辞
अवकर्तन [名] 切断
अवकर्षण [名] (1) 牽引すること (2) 引き出すこと；引き下げること
अवकल [形] (1) 差異の (2) 格差の (3)〔数〕微分の
अवकल गणित [名]〔数〕微分学〈differential calcus〉
अवकलन [名] (1) 統合 (2) 認識；識別 (3) 把握 (4)〔数〕微分〈differential〉
अवकलना[1] [自] 知る；わかる；理解される
अवकलना[2] [他] (1) 統合する (2) 見る；見てとる (3) 把握する
अवकलित [形] (1) 統合された (2) 知られた；理解された (3) 取り入れられる
अवकल्पना [名*] 推量；推測
अवकाश [名] (1) 空いている場所 (2) 間；空間；隙間 (3) 時間；合間 (4) 暇 (5) 休暇；休み (6) 引退；退職
अवकाशग्रहण [名] 引退；退任；退職 **अवकाशग्रहण क॰** 引退する；退職する；退任する= सेवानिवृत्ति. राज्यसभा के एक तिहाई सदस्य प्रति दो वर्ष पश्चात् अवकाशग्रहण करते हैं インド上院の 3 分の 1 の議員は 2 年ごとに退任する

अवकाशप्राप्त [形] 引退した；退職した；退任した अवकाशप्राप्त लोग 引退者たち；退職者たち
अवकिरण [名] (1) 散乱させること (2) 拡散させること
अवकीर्ण [形] (1) 散乱した (2) 拡散した
अवकुंचन [名] 収束；収斂
अवकुंठन [名] ＝अवगुंठन.
अवकृष्ट [形] (1) 引きおろされた (2) 取り除かれた (3) 飲み下された (4) 下賤な
अवक्तव्य [形] (1) 言うべきでない；言ってはならない (2) 禁じられた (3) 卑猥な (4) 説明不可能な
अवक्रमण [名] 下に落ちること；降下
अवक्षय [名] (1)〔経〕減価償却＝मूल्यह्रास. (2) 消耗〈depletion〉
अवक्षेपण [名] (1) 投下 (2) 除去 (3) 沈澱させること
अवखंडन [名] (1) 破壊 (2) 分断
अवगंड [名] にきび；顔の吹き出物
अवगण [形] 孤独な＝एकांतवासी.
अवगणन [名] (1) 軽蔑；侮辱 (2) 無視 (3) 敗北
अवगणित [形] (1) 軽蔑された；侮辱された (2) 無視された (3) 敗れた
अवगत [形] 知られた；認識された；理解された **अवगत कराना** 知らせる；認識させる；理解させる जनता को इस रोग से अवगत कराना 民衆にこの病気について理解させること उनके अधिकारों से अवगत कराना 彼らの権利について知らせること **अवगत हो॰** 知る；認識する；理解する
अवगति[1] [名*] (1) 理解；認識 (2) 判断力；知力
अवगति[2] [名*] みじめな状態；窮状
अवगलित [形] 倒れた；落下した
अवगाढ़ [形] (1) めり込んだ；入り込んだ (2) 隠れた
अवगाह[1] [形] (1) 非常に深い (2) 有り得ない (3) 難しい；困難な
अवगाह[2] [名] (1) 深み (2) 危険な場所 (3) 危機 (4) 困難
अवगाहन [名] (1) 水浴；沐浴 (2) 考究；探求
अवगाहना[1] [自] (1) 水浴する；沐浴する (2) 奥深く入り込む (3) 深く考える
अवगाहना[2] [他] 調べ上げる；調べ尽くす
अवगुंठन [名] (1) 顔を隠すこと (2) 顔を覆うこと (3) 顔を隠す着物の端 (4) 覆うもの पूरे नयनों का अवगुंठन बनी बड़ी घनी पलक 目をすっかり隠した長く密な睫毛
अवगुंठित [形] (1) 顔を隠した；顔を覆った (2) 隠された；覆われた
अवगुंफन [名] 物にひもや糸を通すこと
अवगुंफित [形] ひもや糸を通した
अवगुण [名] (1) 欠点；短所；欠陥 (2) 悪；悪行；非行
अवग्रह [名] (1) 障害；妨げ；邪魔 (2) 旱魃 (3)〔言〕アヴァグラハ（サンディ संधि による語頭の अ の消滅とそれを表す記号 ऽ）→ संधि.
अवग्रहण [名] (1) 軽蔑；侮辱；無礼な振る舞い (2) 障害；支障；妨げ
अवघट्ट [名] 動物のひそむ穴＝बिल；गुफ़ा.
अवघात [名] 打撃＝प्रहार；चोट.
अवघूर्णन [名] (1) 回転 (2) 竜巻
अवचनीय [形] (1) 口で言えない；口にできない (2) 表現できない；表現の及ばない (3) いやらしい；下品な
अवचार [名] (1) 道 (2) 違法行為
अवचेतन[1] [形]〔心〕潜在意識の；意識の下の अवचेतन मन 潜在意識
अवचेतन[2] [名]〔心〕潜在意識
अवचेतना [名*] ＝अवचेतन.
अवच्छद [名] おおい（覆い）；おおうもの（覆うもの）；ふた
अवच्छेद [名] (1) 切断；分離 (2) 部分 (3) 境；境界；限界
अवच्छेदक [形] (1) 分かつ；分離する；分割する (2) 境を作る；仕切る；境界をつける (3) 限定する
अवच्छेदन [名] (1) 切断；分断 (2) 境界を作ること (3) 限定
अवज्ञा [名*] (1) 背命；命令の無視；服命しないこと；不服従 (2) 侮辱；軽蔑 **(-की) अवज्ञा क॰** *a.*（－を）無視する；気にとめない *b.*（－を）尻目にかける；（－を）聞かない；聞き入れない *c.*（－に）盾突く；背く

अवट [名] (1) 穴；へこんだ所 (2) 丸くくりぬいた穴 (3) 落とし穴
अवट-कच्छप [名] 井の中の蛙；せいあ（井蛙）＝कूपमंडूक.
अवटना [他] (1) かきまぜながら煮込む；煮つめる (2) かきまぜる；撹拌する
अवटु [名] (1) 穴 (2) 井戸 (3) うなじ；首すじ
अवटु ग्रंथि [名*]〔解〕甲状腺〈thyroid〉
अवटु वामन [名]〔医〕小人症患者；クレチン病患者
अवटु वामनता [名*]〔医〕小人症〈cretinism〉
अवतरण [名] (1) 降下；下へ降りること（着地；着陸） अपोलो-14 के पृथ्वी पर सकुशल अवतरण アポロ 14 号の無事な着地 (2) 降臨；化現 इन चारों अवतारों के अवतरण की कथा これらの四化現の降臨の話
अवतरण-चिह्न [名] 引用符“ ”＝उद्धरण-चिह्न.〈quotation mark〉
अवतल [形] 凹面の〈concave〉
अवतलता [名*] くぼみ；凹み；凹面
अवतल दर्पण [名] 凹面鏡〈concave mirror〉
अवतार [名] (1) 降下 (2) 誕生 (3) 降臨 (4) 化身；化現；権化 भगवान विष्णु के 10 अवतार ヴィシュヌ神の次の十化身 मत्स्य，कूर्म，वराह，वामन，नृसिंह，परशुराम，राम，कृष्ण，बुद्ध，कल्कि विष्णु भगवान के 24 अवतार ヴィシュヌ神の 24 権化→ लीलावतार.
अवतारणा [名*] (1) 降下させること；降ろすこと (2) 出現させること
अवतारना [他] (1) 降ろす (2) 生む；産む (3) 現す；現出する
अवतारी[1] [形] (1) 降下する（もの） (2) 化現する（もの）；神の化身である＝देवांशधारी；अलौकिक. तू मनुष्य नहीं अवतारी है बेटे お前は人間ではなくて化現した者じゃ
अवतारी[2] [名] 24 マートラー（मात्रा，すなわち，モーラ）から成るモーラ韻律の総称
अवतीर्ण [形] (1) 降下した (2) 化現した उन्हें पितृपक्ष में हमसे कुछ पाने के लिए काक बनकर ही अवतीर्ण होना पड़ता है（祖霊は）祖霊祭の半月の間に私たちからなにかを得るためにカラスの姿をとって（天から）降りて来なくてはならぬ
अवदंश [名] 酒のつまみ
अवदान [名] (1) 偉業 (2) 勝利 (3) 成功 (4) 伝説 (5) 説話 (6)〔仏〕譬喩
अवद्य [形] (1) 口に出すべきでない；口にすべきでない (2) 卑しい；下賤な；いやらしい
अवध〔地名〕アワド地方（古代の अयोध्या を都とした地方．現今のウッタル・プラデーシュ州の लखनऊ や फ़ैज़ाबाद を中心とする地域）
अवधान [名] 注意深いこと；用心深いこと
अवधारण [名] (1) 熟慮の上の決断 (2) 堅い決意 (3)〔言〕強調 (4) 概念
अवधारणा [名*] イメージ रावण की अवधारणा ラーヴァナのイメージ
अवधाव [名] なだれ；雪崩〈avalanche〉
अवधि [名*] (1) 期間 लंबी अवधि का ऋण 長期のローン लंबी अवधि तक 長期間；長い間 (2) 期限 (3) 持続時間 (4)〔言〕音や調音に要する時間；持続時間〈duration〉 **अवधि बढ़ाना** 期限を延ばす；延期する；期間を延長する रियायतों की अवधि बढ़ाना 優待期間を延長する
अवधी[1] [形] アワド地方の；アヨーディヤー地方の→ अवध.
अवधी[2] [名*]〔言〕アワディー語（東部ヒンディー語を代表する言語でウッタル・プラデーシュ州のラクノウ लखनऊ，ウンナーオ उन्नाओ，ファテープル फ़तहपुर，バーラーバーンキー बाराबांकी，バフラーイチ बहराइच，ファイザーバード फ़ैज़ाबाद，スルターンプル सुलतानपुर，イラーハーバード इलाहाबाद などで話される）
अवधी[3] [名] アワド地方の住民
अवधूत [名] (1) 世捨て人；出家 (2) ナート派などのヨーガ行者 अवधूतराज शिव アワドゥートの頭であるシヴァ神
अवध्य [形] (1) 殺せない；殺害不可能な (2) 殺してはならない；殺害してはならない
अवन टोस्टर ग्रिलर [名]《E. oven toaster griller》オーブン，トースター，グリル兼用調理器具
अवनत [形] (1) 下降した；下を向いた；下落した (2) 衰退した；凋落した

अवनति [名*] (1) 下がること；下降；下向；下落 (2) 衰退；凋落；尻下がり वह दिन-दिन अवनति के गड्ढे में गिरती जाएगी 一日一日と凋落の途を辿って行くだろう
अवनद्ध [形] (1) 結びつけられた (2) はめ込まれた
अवनि [名*] (1) 大地；地面 (2) 地球
अवनितल [名] 地面；地表
अवनिपति [名] 王；国王= राजा; नृपति.
अवनींद्र [名] 王；国王
अवनी [名*] = अवनि.
अवनीश [名] 王；国王
अवपंक [名] へどろ；泥；ぬかるみ
अवपात [名] (1) 落下；低下；下降 (2) 穴 (3) 落とし穴；特に象を捕らえるための落とし穴
अवबोध [名] (1) 目覚め；覚醒 (2) 認識；知覚 (3) 知識
अवबोधक [形] 覚醒させる；目覚めさせる；起こす
अवबोधन [名] (1) 知らしめること；教えること (2) 注意を向けさせること；警告
अवभाषा [名*]〔言〕地方語；土語；土着語 〈vernacular〉
अवभाषिका [名*]〔言〕俚言；俚語；田舎言葉 〈patois〉
अवम [形] (1) 低い (2) 賤しい；あさましい (3) 最後の；終わりの
अवमति [名*] 侮蔑；侮辱；軽蔑
अवमर्दन [名] (1) 苦しめること；苦痛を与えること (2) こすること (3) 踏みつけること；踏みにじること
अवमर्श [名] 触れること；接触
अवमर्षण [名] (1) 触れること (2) 除去 (3) 破壊
अवमान [名] 無視；軽視；見くびること
अवमानन [名] 蔑視；無視；軽視；侮辱 अदालत का अवमानन 法廷侮辱
अवमानना [名*] = अवमानन. नारी जाति की खुले आम अवमानना 女性に対する公然たる侮辱
अवमानित [形] 侮辱された；蔑視された अति सम्मानित और अति अवमानित 最高に敬われかつ最高に侮辱された
अवमानी [形] 軽蔑する；侮辱する
अवमिश्रित [形]〔言〕訛った；訛のある；転訛した 〈corrupt〉
अवमूल्यन [名] (1)〔経〕平価切り下げ= मुद्रा का अवमूल्यन. (2) 切り下げ；下落；低下 नैतिकता का अवमूल्यन 道義性の切り下げ
अवयव [名] (1) 身体器官 वह शरीर के महत्त्वपूर्ण अवयवों को हानि पहुँचाती है 身体の重要な器官に害を及ぼす भीतरी अवयव 臓器 (2) 要素；必要な成分；必要な部分 पौधों में ज़मीन और हवा से अपने लिए उपयोगी अवयवों को अलग कर लेने की क्षमता होती है 草木には大地と空気から自分に必要な成分を分離する力がある
अवर [形] (1) 低い；低級な (2) 下位の；ジュニア；下級の अवर अभियंता ジュニア・エンジニア（職名） अवर श्रेणी लिपिक （= लोअर डिवीजन क्लर्क.）下級職事務官
अवरक्त [形]〔物理〕赤外線の 〈infrared〉
अवरक्त किरण [名*]〔物理〕赤外線 〈infrared rays〉 यह गैस अवरक्त किरणों को अधिक अवशोषण करके हमारी भूमि का तापक्रम भी बढ़ा देगी このガスは赤外線をより多く吸収して大地の温度を上げる
अवराधना [他] = आराधना.
अवरुद्ध [形] (1) 何かで詰まった；ふさがれた उसने अवरुद्ध कंठ से कहा 涙にむせんだ声で言った (2) 閉ざされた；妨げられた；止められた；行き止まりの **अवरुद्ध हो॰** 閉ざされる；止まる；妨げられる उसकी सामाजिक-आर्थिक प्रगति अवरुद्ध हो जाती है それの社会的経済的発展が閉ざされる इससे तो तरक्की का मार्ग भी अवरुद्ध हो सकता है このために発展の道も行き止まりになりうる कुछ घुड़सवार मार्ग अवरुद्ध किए हुए हैं 数人の騎馬警官が道をふさいでいる (3) 故障した；障害のある；支障のある वाइकिंग-1 की अवरुद्ध भुजा バイキング１号の故障した翼
अवरूढ़ [形] 降りた= उतरा हुआ.
अवरूप [形] みっともない；醜い= विरूप; कुरूप; अभद्र.
अवरेखना [他] (1) 描く (2) 観察する；注意深く見る (3) 推察する (4) 知る
अवरोक्त [形] 後述の ↔ उपर्युक्त 前述の
अवरोध [名] (1) 障害；支障；故障 अवरोध उत्पन्न हो॰ 障害が生じる；支障ができる；故障が起こる (2) 包囲 (3) 囲い (4) 道路の封鎖 (5) 後宮
अवरोधक [形] 障害物となる
अवरोधित [形] (1) 妨げられた (2) 道をふさがれた (3) 包囲された
अवरोधी [形] = अवरोधक.
अवरोपण [名] (1) 引き抜き (2)〔法〕釈放
अवरोह [名] 下降；低下；下落；鎮静 शरीर तथा मन की उत्तेजना का अवरोह होने लगता है 身心の興奮の鎮静化が始まる
अवरोहण [名] (1) 下降；下落；低下 (2)〔イ音〕下降音階；アヴァローハナ
अवरोहित [形] 下降した；低下した；下落した；鎮静した
अवरोही [形] (1) 下降する；下落する (2) 尻下がりの；下降調の (3)〔イ音〕下降音階の
अवर्ण [形] (1) 無色の (2) 色の悪い；色の冴えない
अवर्ण्य [形] 言い表せない；たとえようのない मंदिर समुद्र के किनारे है जहाँ की शोभा अवर्ण्य है 寺院はたとえようのない美しい海岸に位置している
अवलंब [名] 頼り；支え；寄る辺
अवलंबन [名] (1) 支え；頼り；依存 (2) 受け入れ (3) 杖
अवलंबित [形] 頼っている；支えとしている；依存している कृषि पर ही अधिकतर अवलंबित है 多くは農業にのみ依存している
अवलंबिनी [形*] = अवलंबी.
अवलंबी [形] (1)（何かに）依りかかっている；(何かに）支えられている (2)（何かを）受け入れている
अवलिप्त [形] (1) 塗られた；塗布された (2) 没頭した；熱中した (3) 僭越な
अवली [名*] (1) 列；行列 (2) 集まり；集合
अवलीक [形] (1) 無実の；罪科のない (2) 欠陥のない
अवलीढ़ [形] (1) 食べられた (2) なめられた
अवलुंचन [名] (1) 切ること；切断 (2) 引き抜くこと；むしり取ること (3) ほどくこと
अवलुंचित [形] (1) 切断された (2) 引き抜かれた (3) ほどかれた
अवलुंठन [名] (1) 転がること (2) 略奪
अवलुंठित [形] (1) 転がった (2) 略奪された
अवलेखन [名] (1) ひっかくこと (2) 削ること (3) しるしをつけること
अवलेखना [他] (1) ひっかく (2) 削る (3) しるしをつける
अवलेखनी [名*] (1) 筆 (2) 櫛
अवलेप [名] (1) 皮膚の保護と芳香のために塗布するもの (2) 膏薬 (3) 僭越 (4) 傲慢
अवलेपक [形] 僭越な
अवलेपन [名] (1) 皮膚の保護と芳香のために塗布すること (2) 膏薬を塗ること (3) うぬぼれること；自慢すること
अवलेह [名] (1) なめたり口に含んだりして食するもの，もしくは，服用する薬 (2) ゼリー
अवलेहन [形] なめたり口に含んだりすべき
अवलोक [名] = अवलोकन.
अवलोकन [名] 観察すること；注意深く見ること चिड़ियों और उनके नीड़ों का ख़ूब अच्छी तरह से अवलोकन किया जा सकता है 鳥やその巣をくわしく観察することができる पक्षियों का अवलोकन 探鳥；バードウオッチング
अवलोकना [他] 観察する；注視する
अवलोकितेश्वर [名]〔仏〕観音菩薩 अवलोकितेश्वर का विशाल चित्र 観音菩薩の巨大な絵
अववाद [名] = अपवाद.
अवश[1] [形] 力の及ばない；権限の及ばない；無力な；不甲斐ない；やむをえない
अवश[2] [名] 無力なこと；ふがいなさ
अवशता [名*] 無力；ふがいなさ；やむを得ないこと
अवशिष्ट[1] [形] 残余の；残りの
अवशिष्ट[2] [名] くず；かす；残り物
अवशीर्ण [形] ちりぢりの；ぼろぼろの
अवशेष [名] (1) 残り；残り物；残余 (2) 遺物 पुराने समय के अवशेषों का अध्ययन 古代遺跡の研究 (3) 痕跡 कपि मानव के अवशेष कहाँ-कहाँ मिले हैं 猿人の痕跡はどこに発見されているか (4) 遺骨；舎利 बुद्ध के अवशेष 仏舎利
अवशोषक [形] 吸収する
अवशोषकता [名*] 吸収力

अवशोषण [名] 吸収 आँतों में लोहे का पूर्ण रूप से अवशोषण नहीं हो पाता 腸内では鉄分は完全には吸収されない अवशोषण क्षमता 吸収力

अवशोषित [形] 吸収された **अवशोषित क°** 吸収する **अवशोषित हो°** 吸収される यह प्रतिक्रियाएँ बाहरी बेमेल अथवा हानिकर पदार्थों को शरीर में अवशोषित होने से रोकती हैं これらの作用は体外の異物や有害物が体内に吸収されるのを防ぐ

अवश्यंभावी [形・名*] 必然の；必然的な；不可避の；運命的な उसको बचाने के सभी उपाय अवश्यंभावी के आगे व्यर्थ हो गए हैं 彼を救うあらゆる手立ては運命の前には無駄になった

अवश्य[1] [副] 必ず；きっと；間違いなく；確かに；その通り इस बात की क्या गारंटी है कि ब्राह्मणों के पुत्र और पुत्रियाँ अवश्य ही विद्वान और शिक्षक ही बनेंगे バラモンの子女が必ず学者や教師になるという保証があるはずがない "पानी पिलाइए" "अवश्य" 「お水を下さい」「どうぞ」

अवश्य[2] [形] 力の及ばない；必然的な；不可避の

अवश्यमेव [副] 必ずや；疑いなく

अवश्रुति [名*]〔言〕母音階次；母音交替〈apophony; vowel gradation〉

अवसथ [名] (1) 住居；家 (2) 学生寮

अवसन्न [形] (1) 気の沈んだ；気が滅入った；憂鬱な；悲しい (2) だらしない；気力のない；気の抜けた उसने किवाड़ बंद करके अंदर से सांकल चढ़ा दी और अवसन्न सी खटिया पर ढह गई 戸を閉め内側から掛け金を掛けると気の抜けたようにベッドに崩れ落ちた

अवसन्नता [名*] ← अवसन्न. (1) 憂鬱；気の沈み；悲しみ (2) 無気力；気合いのなさ

अवसर [名] (1) 折り；機会；際 होली के अवसर पर ホーリー祭の折りに अवसरों की समानता 機会均等 (2) 好機；チャンス (3) 暇 **अवसर आ बनना** 好機が訪れる **अवसर की ताक में हो°** 機をうかがう；待ち構える **अवसर खोना** 機会を失う；好機を逃す= अवसर चूकना. **अवसर चेतना** 好機を逃さない **अवसर ताकना** = अवसर की ताक में हो°. **अवसर बीतना** 好機を逃す= अवसर मारा जा°. **अवसर ले°** 機を見て復讐する **अवसर हाथ आ°** 好機に恵まれる= अवसर हाथ लगना. **अवसर हाथ से जाने दे°** = अवसर खोना.

अवसरवाद [名] ← अवसर 日和見主義；便宜主義〈opportunism〉

अवसरवादी [形・名] 日和見の；日和見主義的な；日和見主義者 आज के अवसरवादी युग में 今日の日和見主義の時代に

अवसर्ग [名] (1) 解放 (2) 免除 (3) 減免

अवसाद [名] (1) 無気力 (2) 倦怠；倦怠感；疲労 (3) 悲しみ (4) 衰弱 (5) 沈殿物；おり

अवसाद स्तर [名]〔地〕堆積層

अवसादी [形] (1) 無気力な；元気のない (2) ぐったりした；だるい (3) 憂鬱な；気のふさぐ；滅入る；陰鬱な

अवसान [名] (1) 停止；中止 (2) 終滅；終焉；終結 गांधी परंपरा के अवसान के साथ ガンジーの伝統（ガンジー精神）の終滅と共に (3) 滅亡；衰亡；衰退 मौर्य साम्राज्य का अवसान マウリヤ帝国の終焉

अवसेचन [名] (1) 灌水 (2) 発汗（させること）

अवसेर [名*] (1) 錯綜；面倒；からまり (2) 遅滞；遅れ；遅延 (3) 動転；動揺

अवस्कंद [名] (1) 露営 (2) キャンプ (3) 結婚式の花嫁側の休憩所 (4) 攻撃；襲撃

अवस्कंदित [形] 襲われた；攻撃された；襲撃された

अवस्कर [名] (1) 糞尿 (2) 排泄器官 (3) ごみ (4) ごみ捨て場

अवस्करक [名] (1) 掃除人 (2)〔昆〕タマオシコガネ (3) ほうき

अवस्था [名*] (1) 状態；状況；ありさま (2) 年齢；年 आदमी की अवस्था के साथ उसकी उद्दंडता घटती जाती है 人は齢をとるにつれてかどがとれて行く (3) 時；時期；期間 **अवस्था उतरना** 老いる **अवस्था गिर जा°** 経済的に苦しくなる **अवस्था ढलना** = अवस्था उतरना.

अवस्थान [名] (1) 駐在所；駐屯所；屯所；詰所 (2) 作業所 (3) 住所 (4) 段階

अवस्थित [形] (1) 位置する；占める (2) とどまる

अवस्थिति [名*] 存在すること；位置（すること）；所在（すること）；場所；所在地

अवस्फीति [名*]〔経〕インフレーション；インフレ= स्फीति.

अवस्फूर्ज [名] 雷鳴= गड़गड़ाहट; गर्जन; बिजली की कड़क; मेघनाद.

अवस्यंदन [名] 滴り落ちること

अवहट्ट [名*]〔言〕(1) アパブランシャ語（→ अपभ्रंश） (2) アヴァハッタ語（中期インドアーリア語から近代インドアーリア語への過渡期の言語を指す．別名，後期アパブランシャ語 परवर्ती अपभ्रंश）

अवहार [名] (1) 停戦；休戦 (2) 休戦協定

अवहास [名] (1) 微笑 (2) 冗談

अवहित्थ [名] = अवहित्था.

अवहित्था [名*]〔イ文芸〕アヴァヒッター，もしくは，アヴァヒッタ अवहित्थ（संचारी भाव の一．自分の本心を人に知られないように表情を秘めようとする感情）

अवहेलन [名*] = अवहेलना.

अवहेलना [名*] (1) 無視（すること）；尻目にかけること कानून की अवहेलना 法の無視 (-की) **अवहेलना क°** （ーを）無視する अंधविश्वासों की अवहेलना क° 迷信を無視する (2) 軽視 (-की) **अवहेलना क°** （ーを）軽視する सरकारी अधिकारी स्वयं इनकी अवहेलना करते हैं 政府高官自身がこれらを軽視している (3) 怠慢；不注意 काम की अवहेलना 職務怠慢

अवहेलित [形] 無視された；軽視された

अवाँग [形] 傾いた；傾斜した= नत.

अवां गार्ड [名・形]《E. avant-garde》(1)〔芸〕アバンギャルド；前衛的芸術家たち (2) アバンギャルド的な；前衛的な

अवांछनीय [形] 望ましくない；好ましからぬ；不快な अवांछनीय विदेशी 好ましからざる外国人 खेत से अवांछनीय खर-पतवार उखाड़ना 畑の除草；草抜き

अवांछित [形] (1) 好ましくない；不快な；いやな वैसी अनेक अवांछित घटनाएँ 同様な多数の不快な出来事 अवांछित तनाव いやな緊張 (2) 望ましくない；邪魔な अवांछित आगंतुक 招かざる客 अवांछित वस्तु 好ましくないもの；邪魔者；不要品

अवांतर [形] (1) 中間の (2) 内部の (3) 副次的な；二次的な अवांतर भेद 小分け；細分

अवाई[1] [名*] (1) 到来；訪れ = आगमन. (2) 入荷

अवाई[2] [名*] 噂；噂話；風評

अवाक् [形] (1) 驚きやあきれたために言葉を失った；唖然とした उसकी उदारता से सभा अवाक् रह गई その人の心の広さに居合わせた人たちは唖然となった (2) 無言の；黙っている इतना सुनते ही अवाक् हो गया そこまで聞くなり黙ってしまった

अवाच्य[1] [形] (1) 口に出せない；言ってはならない (2) 口をきいてはならない；言葉を交わしてはいけない；賤しい (3) 南の；南方の

अवाच्य[2] [名] 罵詈= गाली; गाली-गलौज.

अवान [形] 乾いた；乾燥した

अवापन [名] (1) 入手；獲得 (2) 賦課；徴税

अवाप्त [形] (1) 入手された (2) 徴税された；徴収された (3) 徴用された (4) 召集された

अवाप्ति [名*] (1) 入手；取得；獲得 (2) 賦課；徴税；徴収 (3) 徴用 (4) 召集

अवाप्य [形] (1) 入手できる；取得可能な (2) 入手すべき；取得すべき (3) 賦課できる；徴収できる (4) 徴用できる (5) 召集できる

अवाम [名, pl.]《A. عوام ← عام आम》民衆；大衆；一般人 अवाम का नुमाइंदा 民衆の代理人

अवामी लीग [名*]《A.E. عوامي ليگ, A. + E. league》バングラデシュの政党アワーミー・リーグ（旧東パキスタンの政党アワーミー・ムスリム・リーグから改称しアワーミー・リーグとなる）

अवारजा [名]《P. اوارجه अवारिजा》(1) 土地台帳 (2) 帳簿；出納帳 (3) 日記帳

अवारणीय [形] (1) 止められない (2) 避けられない

अवास्तव [形] = अवास्तविक.

अवास्तविक [形] ありえない；非現実的な；嘘の；根拠のない अवास्तविक बात 非現実的な話

अविकल [形] (1) 落ち着いた；沈着な (2) 完全な；全くの (3) 整った (4) そのままの

अविकल्प [形] (1) 定まった；決まった (2) 確実な (3) 不変の

अविकसित [形] (1) 未発達の प्रजनन अंगों का अविकसित हो° 生殖器官の未発達 (2) 低開発の अविकसित देश 低開発国 अविकसित तथा विकासशील देश 低開発国及び開発途上国

अविकार[1] [形]〔言〕不変の；不変化の
अविकार[2] [名] 不変化；無変化
अविकारी[1] [形] 不変化の；無変化の 〈indeclinable〉
अविकारी[2] [名]〔言〕不変化詞
अविकारी कारक [名]〔言〕直格 〈direct case〉 ↔ विकारी कारक 斜格 〈oblique case〉
अविकासोन्मुख [形] 退嬰的な
अविकृत [形] 変形していない；変化していない；本来の；元々の
अविकृति [名*] 無変化；不変化；変形のないこと
अविगत [形] (1) 知られない；知ることのできない (2) 不可知の (3) 言い表せない (4) 不変の；永遠の；永久的な
अविग्रह [形] (1) よく知られていない；はっきり知られていない (2) 身体のない (3) 形のない (4) 定まった；決まった
अविचल [形] (1) 不動の；動かない；身じろぎしない；揺るぎない उसके लिए कुर्सी पर अविचल बैठे रहना दूभर हो उठा 椅子に身じろぎせずにじっと座り続けるのが辛くなった (2) 断固とした；決意の堅い अविचल भाव से उसने कहा 断固として言った (3) 落ち着いた；沈着な
अविचार [名] (1) 無思慮 (2) 無知 (3) 無法
अविचार्य [形] (1) 考えられない (2) 信じられない；情けない
अविच्छिन्न [形] (1) ばらばらになっていない；切れ切れになっていない (2) 連続した；間断ない
अविच्छेद [形] 断たれていない；連続した；つながっている
अविज्ञ [形] 無知な；知識のない；知らない
अविज्ञता [名*] ←अविज्ञ 無知
अविज्ञात [形] (1) 知られていない；不明の (2) 愚かな；愚かしい
अवितत् [形] 反対の；逆の
अवितथ [形] (1) 真実の (2) 精密な
अविदग्ध [形] ↔विदग्ध. (1) 考えていない (2) 焼けていない (3) 生の (4) 未完成な；未熟な
अविद्ध [形] 貫かれていない；貫通していない
अविद्य [形] (1) 無学な (2) 知識によらない
अविद्यमान [形] ↔विद्यमान. (1) 存在しない；ない；存在が認められない (2) 虚偽の
अविद्या [名*] ↔विद्या. (1) 無知 (2)〔イ哲〕無明；無知
अविधेय [形] ↔विधेय.〔言〕不定の；非定形の 〈nonfinite; infinite〉
अविधेय क्रिया [名*]〔言〕非定形動詞 〈nonfinite verb〉
अविनय[1] [名] ↔विनय. 無礼；厚かましさ；無遠慮；不作法
अविनय[2] [形] 無礼な；厚かましい；横着な；横柄な
अविनश्वर [形] 不滅の；永遠不滅の
अविनाश [名] ↔विनाश. 不滅
अविनाशी [形] 不滅の；滅することなき
अविनासी [形] = अविनाशी. यह तेरा बलिदान जगाएगा स्वतंत्रता अविनासी 汝が捧げしこの犠牲は滅することなき独立をば醒まさせむ
अविनीत [形] ↔विनीत. 無礼な；無遠慮な；厚かましい；品のない
अविपन्न [形] (1) 元気な；息災な (2) 負傷していない (3) 打撃の加わっていない (4) 清浄な；清らかな
अविपाक[1] [名] 消化不良 = अपच.
अविपाक[2] [形] 消化不良の
अविबुध [形] (1) 無知な (2) 愚かな
अविभक्त [形] ↔विभक्त. (1) 切断されていない；壊されていない；完全な (2) 分割されていない；元の
अविभाजित [形] 分割されない；本来の；元の अविभाजित हिंदुस्तान 統一インド（インド及びパキスタンの分離独立前のインド）
अविभाज्य [形] 分断できない；分割できない；不可分の；一貫した
अविरत[1] [形] 絶え間のない；間断ない；連続した
अविरत[2] [副] 休みなく；間断なく；連続的に
अविरल [形] (1) 間断ない；連続した；絶え間ない अविरल वर्षा के कारण 間断ない雨のために (2) 密な；濃密な；濃い
अविराम[1] [形] ↔विराम. 間断のない；連続した = लगातार; निरंतर. अविराम गति से 引き続いて；連続して
अविराम[2] [副] 休みなく；間断なく；連続的に= लगातार.
अविरुद्ध [形] (1) 反対でない；対抗しない (2) 適合した
अविरोध [名] ↔विरोध. (1) 適合；調和 (2) 一致
अविलंब[1] [副] 遅滞なく；即刻 उन्हें अविलंब मुख्यमंत्री पद से हटाया जाए 同氏を即刻州首相の地位から退かせること
अविलंब[2] [形] 遅滞のない；即刻の；緊急の；即時の अविलंब ट्रंककाल सेवा 即時長距離電話
अविलेय [形] 不溶性の；不溶解性の；溶解しない अविलेय पदार्थ 不溶性物質
अविवाद [形] ↔विवाद. 議論のない；異論のない
अविवाहित [形] ↔विवाहित. 未婚の अविवाहित माता 未婚の母
अविवृत [形]〔言〕閉口音の= संवृत. 〈close〉 ↔विवृत
अविवेक [名] ↔विवेक. 無分別；無思慮
अविवेकी [形] 無分別な；愚かしい
अविशुद्ध [形] ↔विशुद्ध. 不純な；不浄な
अविशेष[1] [形] ↔विशेष. 特徴のない；同様の；同じの
अविशेष[2] [名] (1) 類似 (2) 同一；一致
अविश्रांत[1] [形] (1) 休み知らずの (2) 疲れ知らずの (3) 絶え間ない；間断なき
अविश्रांत[2] [副] 絶えず；絶え間なく
अविश्वसनीय [形] ↔विश्वसनीय. 信じられない；信じ難い अविश्वसनीय कहानी 信じられない話
अविश्वस्त [形] ↔विश्वस्त. (1) 信用されない (2) 信用できない
अविश्वास [名] 信用のないこと；不信 आज का अविश्वास और संदेह का वातावरण घातक है 今日の不信と疑念の雰囲気は危険なものだ आदमी पर अविश्वास क॰ 人に不信感を抱くこと；人を信用しないこと अविश्वास मत 不信任票
अविश्वास प्रस्ताव [名] 不信任動議 मंत्रिपरिषद् के विरुद्ध अविश्वास का प्रस्ताव 内閣不信任動議
अविश्वासी [形] (1) 人を信じない；信頼しない (2) 信頼できない
अविष [形] (1) 無毒な (2) 解毒する
अविषय [形] (1) 感覚をこえた (2) 言い表せない
अविस्तर [形] (1) あまり広がりのない (2) 狭い
अविस्तृत [形] ↔विस्तृत. 広がりのない；狭い
अविस्मरणीय [形] 忘れられない；記憶さるべき इतिहास में अविस्मरणीय 歴史上記憶さるべき अविसमरणीय टेस्टमैच 忘れられない国際試合
अविहित [形] (1) 不適当な；正しくない；正規でない (2) 禁じられた
अवीचि [名]〔ヒ・仏〕地獄の一；アヴィーチ・ナラカ；無間地獄；阿鼻地獄= अवीचि नरक.
अवीरा [形*] (1) 夫と子のない (2) 奔放な
अवृत [形] (1) 妨げられていない (2) 選ばれていない (3) 覆われていない
अवृथा [形] 無駄でない
अवृष्टि [名*] 旱魃 = अकाल
अवेक्षण [名] (1) 見ること (2) 観察 (3) 調査
अवेक्षणीय [形] 裁判権内の；審理範囲内の
अवेक्षा [名*]〔法〕裁判すべきものとして取り扱うこと（親告を要しないこと）
अवेल [形] (1) 限りのない；無限の (2) 時機を失した
अवेस्ता [名*]〔言〕アヴェスタ語
अवैज्ञानिक [形] ↔वैज्ञानिक. 非科学的な अवैज्ञानिक बातें 非科学的な事柄
अवैतनिक [形] 無給の；無報酬の पंचायत के प्रधान, उप-प्रधान और अन्य सदस्य तथा पदाधिकारी अवैतनिक होते हैं パンチャーヤットの長，次長及びその他のメンバーや役員は無給である
अवैदिक [形] ↔वैदिक. (1) ヴェーダ的でない；非ヴェーダ的な (2) 反ヴェーダ的な；ヴェーダの規範に反する
अवैध [形] 非合法な；不法な；違法な；秘密の अवैध रूप से 非合法的に अवैध निर्माण 不法建築 जो पाकिस्तान के अवैध कब्जे में है パキスタンが不法占拠している（ところ） अवैध ढंग से पैसा कमाने के लिए 不法に金儲けをするために ज़मीनों पर अवैध कब्ज़ा 土地の不法占拠 शराब का अवैध व्यापार 酒の密売買 अवैध शराब 密造酒 पुलिस ने 25 लाख रु॰का अवैध माल बरामद किया है 警察が 250 万ルピーの禁制品押収 अवैध ताल्लुक 密通；不義の関係 अवैध संबंध 不倫（関係） अब तलाक का कारण आर्थिक स्थिति के बजाय अवैध संबंधों की स्थापना अधिक मानी जाने लगी है 今では離婚の原因は経済的状況よりも不倫関係を持つことによるものと考えられるよ

うになってきている अवैध रूप से घुसे विदेशी 密入国の外国人；密入国者

अवैधाचरण [名] 不法行為

अवैधानिक [形] 法に反する；違法な；不法な अवैधानिक साधनों द्वारा अर्जित संपत्ति 不法手段によって取得された財産

अव्यंग [形] 直接の；真っ直ぐな；直截な

अव्यंजन[1] [形] (1) しるしのない；特徴のない (2) 角のない

अव्यंजन[2] [名] (1) 角を持たない動物 (2) 母音 = स्वर → व्यंजन.

अव्यक्त[1] [形] (1) 不鮮明な；はっきりしない (2) ひそんだ；隠れた (3) 目に見えない (4) 表現できない；口で言えない

अव्यक्त[2] [名] (1) ヴィシュヌ神 (2) シヴァ神 (3) ブラフマ神 (4) 〔イ哲〕(サーンキヤ哲学) 非変異；未開展者

अव्यक्तिक [形] (1) 個人的でない (2) 愛情を離れた

अव्यय[1] [形] (1) 変化のない；不変の；無変化の (2) 無始無終の

अव्यय[2] [名] (1) 〔言〕不変化詞 (2) 不滅 (3) 出費のないこと

अव्ययीभाव [名]〔言〕不変化複合語 (サンスクリット複合語の分類の一で，複合語の前部が不変化詞，後部が名詞．複合語は副詞的に用いられる)

अव्यर्थ [形] ↔व्यर्थ. 無駄になることのない；しくじることのない；絶対確実な

अव्यवधान[1] [名] (1) 障害や障壁のないこと (2) へだたりのないこと；接近；接触

अव्यवधान[2] [形] (1) 障害のない；支障のない (2) 公然たる (3) 覆いのない；接近している；接触している

अव्यवस्था [名*] ↔व्यवस्था. (1) 混乱 (2) 乱雑さ；散らかっていること घर की अव्यवस्था 家の散らかり具合 (3) 無秩序 जिले में कोई अव्यवस्था फैलती है तो 県内に無秩序が広がると (4) 不安定

अव्यवस्थित [形] ↔व्यवस्थित. (1) 混乱している；片付いていない；散乱している घर अव्यवस्थित पड़ा था 家は散らかったままになっていた (2) 乱雑な (3) 無秩序な；整理されていない；組織立っていない (4) 不安定な；落ち着きのない

अव्यवहार्य [形] (1) 使用できない (2) 振る舞ってはならない；行ってはならない

अव्यवहित [形] 接触している；隣接している；直接の

अव्यवहृत [形] ↔व्यवहृत. (1) 使用されていない；用いられていない (2) 行われていない

अव्याज [形] (1) 誠実な (2) いつわりのない

अव्यापी [形] ↔ व्यापी 広がっていない；広まっていない

अव्याप्त [形] ↔ व्याप्त 限られている；限定されている

अव्यावहारिक [形] 実際的でない；実用的でない

अव्वल [形] 《A. اول》一番の；首席の；最初の；最高の；この上ない；とびきりの हेमू तो दर्जे में हमेशा अव्वल रहता है ヘームーはクラスでいつも一番だ **अव्वल दर्जे का** 一流の；第一級の；この上ない= प्रथम श्रेणी का. अव्वल दर्जे का कंजूस この上ないけち；極度に吝嗇な **अव्वल-अव्वल** 最初に；はじめて ख़ुदा ताला ने जब ज़मीन को अव्वल अव्वल पैदा किया 神が最初に大地を創り給うた時

अशंक [形] (1) 不安のない；心配のない；安心な (2) 疑念のない；疑点のない

अशआर [名, pl.] 《A. اشعار ←شعر शेर》詩 (二行詩) = बैत.

अशकुन [名] 凶兆；不吉な兆候

अशक्त [形] (1) 力のない；無力な；弱った (2) 病弱の

अशक्तता [名*] 身体の障害；ハンディキャップ= अपंगता. 〈disability〉 अशक्तता बीमा 障害保険= अपंगता बीमा.

अशक्ति [名*] 衰弱= निर्बलता; कमज़ोरी.

अशक्य [形] (1) ありえない；なしえない；無理な (2) 衰弱した；弱々しい

अशक्यता [名*] 衰弱；弱々しさ= दुर्बलता.

अशद्द [名] 《A. اشد》激しい；激烈な；強烈な घर से निकलने की अशद्द ज़रूरत どうしても家から出かける必要性

अशन [名] (1) 食べること；食事をとること (2) 食べるもの；食物；食事

अशना [名*] 食欲= भूख.

अशनान [名] 水浴び；沐浴= स्नान. अशनान करने आई 沐浴にやって来た

अशनि [名] (1) 雷 (2) 雷光

अशरत [名*] 《A. عشرت इश्रत》(1) 喜び；楽しみ (2) 安楽；快楽

अशरफ़ी [名*] 《A. اشرفی》(1) アシュラフィー (英領インドで発行された金貨)；ムハル；ムフル मुहर/मुह्र (2) 金貨 (3) アワドのナワーブの発行した金貨 (4) 古代中近東諸国発行の金貨；ディーナール (5) 〔植〕キク科キンセンカ (金盞花) = गुल अशरफ़ी.

अशरा [名] 《A. عشره》〔イス〕(1) ムハッラム月の 10 日間；アシュラー (2) ムハッラム月の 10 日目 (断食潔斎の日)

अशराफ़ [名, pl.] 《A. اشراف ←شریف शरीफ़》(1) 品の良い人；上品な人 (2) 紳士；立派な人 (3) 家柄の立派な人；名門出身の人 (4) 南アジアのイスラム教徒のカースト序列で上層に位置する सैयद, शेख़, पठान などの総称 अजलाफ़ に対する言葉として用いられる

अशरीर[1] [形] 肉体を持たない→ शरीर.

अशरीर[2] [名] 最高神

अशरीरी [形]〔哲〕物質を超えた；形而上的な；物心や主客を止揚する हेगेल के अशरीरी आइडिया में ヘーゲルの絶対的観念論において

अशांत [形] 落ち着かない；平静でない；動揺している；不安定な；騒々しい वायुमंडल हमेशा अशांत रहता है 大気は常に不安定である

अशांति [名*] 不安定；騒乱 पंजाब की अशांति パンジャーブの騒乱

अशासकीय [形] 民間の = ग़ैरसरकारी.

अशास्त्रीय [形] 非正統的な；オーソドックスでない

अशिक्षा [名*] 無教育；文盲；無学

अशिक्षित [形] 教育のない；無学な；教育を受けていない

अशिया [名*, pl.] 《A. اشياء ← شے शै》品；品々= अश्या.

अशिव [形] ↔शिव. めでたくない

अशिष्ट [形] (1) 無礼な；不躾な；不作法な；失礼な अशिष्ट आचरण 無礼な振る舞い (2) 野卑な；洗練されていない **अशिष्ट शब्द**〔言〕卑語

अशिष्टता [名*] (1) 無礼；無作法；無躾 अशिष्टता से भरा हुआ उत्तर 無礼きわまりない返答 (2) 野卑さ

अशीति [数] 《Skt.》80 = अस्सी.

अशुचि [形] (1) 不浄な = नापाक (2) 不潔な = गंदा

अशुद्ध [形] (1) 不浄な (2) 不純な (3) 間違いのある；不正確な अशुद्ध बात とんでもないこと (間違ったこと) = झूठी बात.

अशुद्धता [名*] = अशुद्धि.

अशुद्धि [名*] (1) 不浄 (2) 不浄なもの；汚いもの इस पानी में अनेक अशुद्धियाँ मिली होती हैं この水にはいろいろ汚いものが混じっているものだ (3) 不純さ (例えば金属の純度について) ताँबे में तनिक भी अशुद्धि रहने से 銅の純度がほんの少しでも足らないと (4) 間違い；誤り व्याकरण संबंधी अशुद्धियाँ 文法上の誤り

अशुभ[1] [形] 不吉な；縁起の悪い क्या अशुभ बात बोलती हो なんとまあ縁起でもないことを言うものだあんたは सोने का खोना बहुत अशुभ होता है きん (金) を失うのはひどく不吉なことだ ज़रा-सी असावधानी से शुभ दीवाली आप के लिए अशुभ भी बन सकती है ほんのちょっとした不注意からめでたいディーワーリー祭が不吉なものにもなりうるのです शुभ अथवा अशुभ घटना 吉凶の出来事

अशुभ[2] [名] 不吉；不幸

अशुभचिंतक [名] 他人の不幸を望む人；仇；敵

अशेष [形] (1) 残りのない；尽きた (2) 完了した；終了した；完結した (3) はてしない；きりのない

अशोक[1] [形] 悲しみのない；憂いのない

अशोक[2] [名] マメ科の常緑高木アショーカの木；無憂樹【*Saraca indica*】 सीता अशोक वाटिका में है シーターはアショーカの園にいる

अशोक[3] 〔人名・イ史〕アショーカ；阿育王 (マウリヤ朝第 3 代の王，前 250 前後に在位) अशोक के अभिलेख アショーカ王碑文 अशोक की राजघोषणाएँ アショーカ王の法勅 अशोक स्तम्भ アショーカ王石柱

अशोध्य [形] 返済不能な

अशोभन [形] = अशोभनीय.

अशोभनीय [形] (1) 映えない；美しくない (2) みっともない；見苦しい；なげかわしい

अशौच [名] (1) 不浄 (2) 〔文人〕不浄 (赤不浄，白不浄，黒不浄)；けがれ

अश्क [名]《P. اشک》涙 अश्क बहाना 涙を流す= आँसू बहाना. **अश्कों से मुँह धोना** 涙に暮れる；悲しみに沈む= आँसुओं से मुँह धोना; आँसुओं में डूबना.

अश्म [名] (1) 山 (2) 石；岩；岩石

अश्म-खनि [名*] 石切場；採石場

अश्मज [名] アスファルト

अश्ममुद्रण [名]〔印・芸〕石版印刷；石版術；リトグラフィ= लिथोमुद्रण. 〈lithography〉

अश्मयोनि [名] エメラルド

अश्मरी [名*]〔医〕尿路結石= पथरी.

अश्या [名*, pl.] 《A. اشیا ← شے शय/शै》物；品々= चीज़ें; वस्तुएँ.

अश्रद्धा [名*] 不信心

अश्रु [名] 涙= आँसू.

अश्रुगैस [名*] 《H. + E. gas》催涙ガス पुलिस ने अश्रुगैस छोड़ी 警察が催涙ガスを発射した

अश्रुग्रंथि [名*] 涙腺 〈lacrimal gland〉

अश्रुत [形] (1) 聞かれていない；未聞の (2) 不明の；知られていない (3) 未経験な (4) 学問のない

अश्रुपात [名] 落涙

अश्रुमुख [形] (1) 泣いている (2) 泣き顔の；べそをかいた

अश्लील [形] (1) 下品な；品のない；下卑た अश्लील और घृणित यज्ञ 下品でおぞましい供犠 (2) 卑猥な；猥褻な；みだらな अश्लील तस्वीर ポルノ写真

अश्लीलता [名*] ← अश्लील.

अश्लेषा [名*]〔占星〕インドの 27 宿の第 9 アシュレーシャ（漢名）柳

अश्व [名] (1) 馬 = घोड़ा; घोटक. (2) रति रहस्य などインド古典性愛学書における性質，容貌，体格などによる男性の 3 分類の一. → वृषभ; शश.

अश्वगंधा [名*]〔植〕ナス科低木セキトメホオズキ【*Withania somnifera*】

अश्वत्थ [名]〔植〕クワ科インドボダイジュ【*Ficus religiosa*】= पीपल.

अश्वबल [名] 馬力 = अश्वशक्ति; हार्सपावर. 〈horse power〉

अश्वमेध [名]〔ヒ〕アシュヴァメーダ祭祀（馬を 1 年間放ち，それの移動する所を自らの領土となし，それに反抗する者を討つ．最後にその馬を犠牲に捧げるバラモン教の祭祀）；馬祀祭= अश्वमेध यज्ञ. अश्वमेध यज्ञ क॰ アシュヴァメーダ祭祀を行う अश्वमेध को हर कोई नहीं कर सकता 馬祀祭はだれでも行いうるものではない

अश्वशक्ति [名*] 馬力= अश्वबल; हार्सपावर. 45 अश्वशक्ति का ट्रैक्टर 45 馬力のトラクター

अश्वशाला [名*] 馬屋；馬小屋；厩；厩舎

अश्वारोहण [名] 乗馬；騎馬= घुड़सवारी *

अश्वारोही [形] 乗馬の；騎馬の= घुड़सवार.

अश्विनी [名*] (1) 雌馬 (2)〔天・占星〕インドの 27 宿の第 1, アシュヴィニー；(漢名) 婁 (3) अनंग रंग などのインドの古典性愛学書における性質，容貌，体格などによる女性の 4 分類の一. → करिणी, मृगी, वडवा.

अश्वेत [名] 有色人（種）；非白人 दक्षिण अफ्रीका के दंगों में 14 अश्वेत मरे 南アフリカの暴動で有色人 14 人死亡

अषाढ़ [名] = आषाढ़.

अषाढ़क [名] = आषाढ़.

अष्ट [数・造語] 《Skt.》 8；8 の意を表す造語要素 = आठ.

अष्टक [名] 8 個のものから成るもの；8 種のものの集まり；8 部分から成るもの

अष्टकमल [名]〔ヨガ〕ハタ・ヨーガ हठयोग でいう 8 つのチャクラ मूलाधार चक्र, विशुद्ध चक्र, मणिपूर चक्र, स्वाधिष्ठान चक्र, अनाहत चक्र, आज्ञा चक्र, सहस्रार चक्र, सुरतिकमल चक्र → चक्र, हठयोग.

अष्टगंध [名] アシュタガンダ（8 種の香料を混合して作る香料）थोड़ी देर बाद अष्टगंध की सुगंध आने लगी थी やがてアシュタガンダの芳香がし始めた→ गंधाष्टक.

अष्टछाप [名] 純粋一元論 शुद्धाद्वैत に立ったヴァッラバ派の祖ヴァッラバ・アーチャーリア (1473–1531) 及びその子ヴィッタラナータ विट्ठलनाथ のそれぞれ 4 人，合計 8 人の弟子．この派の最も優れた詩人でクリシュナ神 श्रीनाथ जी への熱烈な信愛を歌い上げた (सूरदास, कुंभनदास, परमानंददास, कृष्णदास, छीतस्वामी, गोविंदस्वामी, चतुर्भुजदास, नंददास, いずれの人も 16 世紀に活躍した)

अष्टद्रव्य [名] ヒンドゥー教の儀式に用いられる 8 種のもの (अश्वत्थ, गूलर, पाकर, वट, तिल, सरसों, पायस, घी)

अष्टधातु [名*] 金，銀，銅，錫，亜鉛，水銀，鉄，鉛の 8 種の金属

अष्टपाद[1] [形] 8 本の足を持つ

अष्टपाद[2] [名] (1)〔動〕クモ（蜘蛛） (2)〔動〕タコ（蛸）

अष्टफलक [形] 八面体の

अष्टबाहु [名]〔動〕頭足類タコ（蛸） 〈octopus〉

अष्टभुज[1] [形] (1) 八角形の (2) 8 本の手を持った

अष्टभुज[2] [名] (1) 八角形 (2)〔動〕タコ（蛸）

अष्टभुजा [名*] 八本の手を持ったドゥルガー神 अष्टभुजा मूर्ति ドゥルガー神の像

अष्टभुजाकार [形] 八角形の

अष्टम [数] 《Skt.》第 8 の；8 番目

अष्टमी [名*] 陰暦の各半月の 8 日

अष्टयाम [名]〔イ文芸〕アシュタヤーマ（一日 24 時間の意であるが，ヒンディー文学のいわゆる रीतिकाल において一つのジャンルのようにして作られた一群の詩．いずれかの主人公の一日の日常生活の立ち居振る舞いを主題に描いた）

अष्टसिद्धि [名*] ヨーガの完成によって身につくとされる以下の 8 種の超能力，すなわち， अणिमा 身体を目に見えぬほど微小なものにする力 महिमा 身体を巨大なものにする力 लघिमा 身体を甚だ軽いものにする力 गरिमा 身体を甚だ重いものにする力 प्राप्ति 所望するものを手に入れる力 प्राकाम्य 所望する状態にたちどころに至る力 ईशित्व 一切のものを支配する力 वशित्व 一切のものを意のままにする力

अष्टांग[1] [形] 8 つの部分から成る；8 部分で構成される

अष्टांग[2] [名] (1)〔ヨガ〕ヨーガ修行の八種実習の方法，ないしは，8 部門 1. ヤマ यम 禁戒，もしくは，制戒 2. ニヤマ नियम 勧戒，もしくは，内制 3. アーサナ आसन 坐法 4. プラーナーヤーマ प्राणायाम 調気法，もしくは，調息 5. プラティヤーハーラ प्रत्याहार 制感 6. ダーラナー धारणा 凝念；総持 7. ディヤーナ ध्यान 静慮 8. サマーディ समाधि 三昧 (2) 五体投地の敬礼を行う際の身体の 8 部分（両手足，両膝，額，胸，もしくは，手，足，膝，額，言葉，視力，知力，その他にも別の数え方がある）

अष्टांग मार्ग [名] = अष्टांगिक मार्ग; आर्याष्टांग मार्ग.〔仏〕涅槃に至るための 8 種の正しい行い；八正道／八聖道．正見 (सम्यग्दृष्टि), 正思惟 (सम्यक्संकल्प), 正語 (सम्यग्वाक्), 正業 (सम्यक्कर्मान्त), 正命 (सम्यगाजीव), 正精進 (सम्यग्व्यायाम), 正念 (सम्यक्स्मृति), 正定 (सम्यक् समाधि)

अष्टांगिक मार्ग [名]〔仏〕八正道= अष्टांग मार्ग.

अष्टाध्यायी [名]〔言〕紀元前 5～4 世紀の文法学者パーニニの著したサンスクリット文法書『アシュターディヤーイー』

अष्टावक्र [名] (1) 手足などをはじめ肢体のねじれたようになっている人 (2)〔イ神〕アシュターヴァクラ（聖仙の一）

असंख्य [形] (1) 数え切れない；無数の (2) 多数の

असंग[1] [形] (1) 単独の (2) 孤独な (3) 孤立の (4) 執着心のない

असंग[2] [名] (1) 単独 (2) 無執着

असंगत [形] (1) そぐわない；調和しない (2) 的はずれな；調子はずれの इसके एक मनोरंजक उदाहरण का उल्लेख कर देना यहाँ असंगत न होगा これに関して面白い例を一つここに記しておくのも的はずれではなかろう

असंगति [名*] 無理；困難；不調和；矛盾 इस दोहरी व्यवस्था में कुछ असंगतियाँ उभर आईं この二重の制度の中に若干の矛盾が浮かび出てきた

असंगम [形] (1) 別々の；別個の (2) 孤独な (3) 遊離した；分離した

असंज्ञेय अपराध [名]〔法〕親告罪

असंतुलन [名] 不均衡 असंतुलन को दूर क॰ 不均衡をなくす व्यापार असंतुलन 貿易不均衡 दोनों देशों के बीच व्यापार असंतुलन दूर हो जाएगा 両国家間の貿易不均衡は解消されよう

असंतुलित [形] (1) 均整のとれていない；均衡のとれていない；不均衡の असंतुलित स्थिति 不均衡な状況 (2) 不正常な मस्तिष्क का असंतुलित हो॰ 頭の働きが正常でない

असंतुष्ट [形] 不満足な；満足でない；不満な= असंतोषी.

असंतुष्टि [名*] 不満；不満足＝असंतोष.

असंतृप्त [形] 満足していない；不満足な

असंतोष [名] 不満；不満足；不平 उन लोगोंने इतनी कम धनराशि के आबंटन पर असंतोष ज़ाहिर करते हुए कहा 彼らはこればかりの金の分配に不満を露にしながら述べた

असंतोषजनक [形] 不満足な；満足できない；不十分な

असंतोषी [形] 不平な；不満な；心の満ち足りない

असंदिग्ध [形] 明白な；明々白々な；全く疑いの余地のない

असंदृत [形] つながりのない；関わりや関連のない

असंपर्क [名] 接触や関連のないこと；関わりのないこと

असंपृक्त [形] 無関係な；関連のない；関わりのない；断絶した；無縁の दूसरों के दुख से नितांत असंपृक्त 他人の悲しみと全く無縁の

असंबंध [名] 無関係；無関連

असंबद्ध [形] 関係のない；関連のない；別個の；根も葉もない

असंबाध [形] (1) 制約のない；制限のない；無制限な (2) 広々とした (3) 苦しみのない

असंभव [形] ありえない；起こり得ない；不可能な；ありうべからざる जिसका भुगतान असंभव बन जाता है その支払いが不可能となる

असंभावना [名*] 可能性のないこと；不可能

असंभावनीय [形] ＝असंभाव्य.

असंभावित [形] (1) 可能性のなかった；見込みのなかった (2) 見込みに反した

असंभावी [形] 不可能な；起こり得ない；生じ得ない

असंभाव्य [形] ありそうもない；起こりそうもない

असंयत [形] 抑制のとれていない；規律のとれていない

असंयम [名] (1) 抑制のないこと (2) 自制心のないこと

असंयुक्त [形] 一致していない；接続していない；つながっていない

असंयोग [名] 不一致；つながりのないこと

असंवृत [形] 包まれていない；覆われていない；開かれている

असंवैधानिक [形] 憲法の規定に反する；憲法違反の सार्वजनिक फाँसी सर्वथा असंवैधानिक है 公開の絞首刑は完全な憲法違反である→ संविधान.

असंशय[1] [形] (1) 疑念のない；疑いのない (2) 間違いのない；全く正しい

असंशय[2] [副] 必ず；間違いなく；きっと；絶対に

असंशय[3] [名] 疑念のないこと

असंसारी [形] (1) 超俗の (2) 神秘的な

असंस्कृत [形] (1) 洗練されていない (2) ヒンドゥー教徒としての通過儀礼を受けていない (3) 粗野な

असंस्कृतीकरण [名]〔イ社〕非サンスクリット化（ヒンドゥー社会の中で有力カーストの価値観や生活様式や行動様式をその有力カーストより上位とされるカーストの人たちが採り入れることやその現象）〈desanskritization〉→ संस्कृतीकरण サンスクリット化〈sanskritization〉

असंस्थित [形] (1) 整っていない；整然としていない；秩序立っていない (2) 一定しない；不定の (3) 散らばっている；散乱している (4) 中途半端な

असगंध [名]〔植〕ナス科セキトメホオズキ＝अश्वगंधा.

असगर [形]《A. اصغر》甚だ小さい

असगुन [名] 凶兆；不吉な兆候 ↔ सगुन. → अशकुन.

असज्जन [形・名] 下劣な（人）；卑賎な（人）

असज्जनता [名*] 下劣さ；卑しさ असज्जनता का व्यवहार 下劣な振る舞い

असत्[1] [形] (1) 存在しない (2) 本当でない；正しくない；嘘の

असत्[2] [名] (1) 不存在 (2) 虚偽；嘘；偽り

असत [形] (1) よこしまな；邪悪な；悪辣な (2) 偽りの

असत्ता [名*] (1) 不存在 (2) 邪悪

असत्य[1] [形] 真実でない；本当でない；正しくない；嘘の

असत्य[2] [名] 真実でないこと；本当でないこと；虚偽；虚構；嘘 असत्य और अधर्म की मौत 虚偽と悪の終焉

असत्यता [名*] 虚偽；不真実 असत्यता और अंधविश्वास पर आधारित 虚偽と迷信に基づいた

असत्यवाद [名] 嘘（をつくこと）；虚言（を吐くこと）

असत्यवादी [形] 嘘つきの；虚言癖のある＝झूठा; मिथ्यावादी.

असद्भाव [名] (1) 不存在 (2) 誤った考え (3) 邪悪な性質

असद्वृत्ति [形] (1) よこしまな (2) 賎しい職業の

असन[1] [名] 投げること；投擲

असन[2] [名] 食べること＝खाना; भक्षण; अशन.

असना [名]〔植〕マメ科高木マラバルキノカリン【*Pterocarpus marsupium*】（キノ樹脂／赤膠が採れる）＝ पियासाल; पीतसार; पीतशाल; विजयसाल; विजैसाल.

असनान [名] 水浴び；入浴；沐浴＝ स्नान; नहान.

असन्निधि [名*] へだたり；距離

असन्निहित [形] (1) 遠くの；遠方の (2) 正しく置かれていない

असपिंड [形]〔ヒ〕サピンダ（सपिंड）の関係にない（父の家系7代以内母の家系で5代以内などヒンドゥーの近親婚忌避の婚姻規制の関係にないこと）→ पिंड ピンダ

असफल [形] ↔सफल. 不首尾の；失敗した；しくじった असफल हो॰ 失敗する；しくじる असफल प्रेम 失恋

असफलता [名*] ← असफल. ↔सफलता. しくじり；不首尾；失敗；不成功

असबाब [名, pl.]《A. اسباب ← سبب सबब》(1) 家庭用品；家財道具 (2) 理由；原因

असभ्य [形] ↔सभ्य. (1) 不躾な；無礼な；無作法な (2) 未開の；開けていない；野蛮な

असभ्यता [名*] ← असभ्य. ↔सभ्यता. (1) 不躾；無礼；無作法 (2) 未開；野蛮

असमंजस [名] 躊躇；ためらい；たじろぎ वहाँ ज़रा देर तक दोनों असमंजस में खड़े रहे 2人はそこにしばらくの間ためらって突っ立っていた क्षणभर वह असमंजस में मुझे खड़ा ताकता रहा 一瞬たじろいで私を見つめていた **असमंजस में पड़ना** ためらう；躊躇する；迷う；とまどう मन असमंजस में पड़ गया ためらってしまった बादशाह असमंजस में पड़ गये 王はとまどってしまった

असम[1] [形] (1) でこぼこの；凹凸のある；なめらかでない；なだらかでない (2) 似ていない；違っている；等しくない；同じでない (3) 不均等な；バランスのとれていない

असम[2] [名] (1)〔地名〕アッサム＝ आसाम. (2) アッサム州 **असम गणपरिषद** アッサム人民党（1985年に結成されたアッサム州の地方政党）

असमत [名*]《A. عصمت इस्मत》貞操；操 उन्होंने असमत की हिफ़ाज़त के लिए आग की लपटों में प्राणाहुतियाँ दे दी थीं 女たちは貞操を守るために火焔の中に身を投じた

असमता [名*] ← असम. ↔समता. 不同；不等

असमतापी [形]〔動〕変温の；体の温度が変化する

असमतापी प्राणी [名]〔動〕変温動物；冷血動物

असममित [形] 非相称の；非対称の；均整のとれていない

असमय[1] [名] (1) 不遇の時期 (2) 時ならぬ時 (3) 都合の悪い時や状況

असमय[2] [副] (1) 時ならぬ時に मौत अपने समय पर ही होती है असमय कोई मौत नहीं होती 死はしかるべき時に訪れるものだ．時ならぬ時に訪れるものではない (2) 然るべき時より早く，もしくは，おそく लड़की के ब्याह की चिंता में वह असमय ही बूढ़े हो गए थे 娘の結婚の気苦労でその齢でもないのにすっかり老け込んでしまった

असमर्थ [形] (1) 力がない；衰えた (2) 力量がない；能力がない；非力な；できない (3) 病弱の

असमर्थता [名*] ← असमर्थ. गोपाल अपनी माँ से पैसे माँगता है, किंतु माँ अपनी असमर्थता प्रकट करती है ゴーパールは母にお金を求めるが，母親は応じられないことを明かす बाल अपराध की सही परिभाषा देने में अधिकांश विद्वान अपनी असमर्थता व्यक्त करते हैं 大半の学者は少年犯罪の正しい定義ができないと言う

असमविन्यासी व्यवहार [名] 社会規範が誤っているのでそれを打破するために行われる行動

असमस्त [形] ↔ समस्त. 〔言〕非複合語の〈non-compound〉

असमान [形] ↔ समान. 同じでない；等しくない；不平等な；差のある；格差のある असमान सामाजिक स्तर 等しくない社会水準

असमानता [名*] ← असमान. ↔ समानता. 不同；差；不平等；格差 अमीर और ग़रीब के बीच असमानता 貧富の差 आर्थिक असमानता 経済的不平等 सामाजिक असमानता 社会的不平等

असमाप्त [形] ↔ समाप्त. 未完の；完結していない；未完了の；未終了の

असमाप्ति [名*] 未完；未完了；未了；未完結；未終了
असमायोजन [名] 不適応
असमिया[1] [形] アッサムの；アッサム地方の→ आसाम.
असमिया[2] [名*]〔言〕アッサム語（インド・アーリア諸語の一．アッサム州の公用語）= असमिया भाषा.
असमी[1] [形・名] アッサムの（人）
असमी[2] [名*]〔言〕アッサム語
असम्मत [形・名] 不同意の（人）；不賛成の（人）；不合意の（こと）
असम्मति [名*] (1) 不同意；不賛成；不合意 (2) 正しくない考え；誤った考え
असर [名]《A. اثر》(1) 影響 पाले का असर 霜の影響 जहरीली वस्तुओं का असर 毒物の影響 (2) 効果；効きめ दवाओं का असर धीरे धीरे होता है 薬の効果は徐々に及ぶものだ (3) しるし；跡；痕跡；形跡 (4) 威光 (5) 祟り **असर क॰** 影響する；影響を与える इतना कठोर कि उसपर बंदूक की गोली भी कुछ असर न करे 銃弾すら何の影響も与えぬほど固い **असर डालना** 影響を及ぼす；効く；ものをいう；効きめがある दिल पर बड़ा असर डालना 強く胸を打つ；大いに泣かせる **असर दिखाना** 効果を現す；効果を発揮する चिंता की बजाय पूजा-पाठ ने असर दिखाया 心配の代わりに祈祷のほうが効果を現した
असरकारक [形]《A. اثر + H. कारक》= असरदार; असरअंदाज़. दाँत-दर्द के लिए भी असरकारक 歯痛にも効く
असरदार [形]《A.P. اثر دار》(1) 影響力のある；有力な；勢力のある (2) 効果のある；有効な असरदार राजनीतिक नेता 有力政治家 असरदार तरीका 有効な方法
असरात [名, pl.]《A. اثرات अस्रात ← اثر असर》= आसार. सर्दी, गर्मी और बारिश के असरात से महफ़ूज़ रहने के लिए 寒さや暑さそれに雨の影響から守られるために फलाँ मर्द या औरत पर भूत प्रेत के असरात हैं 男や女のだれそれに悪霊の祟りがある
असरार [名] = अस्रार
असल[1] [形]《A. اصل अस्ल》(1) 本当の；本音の；本来の；根元的な तू असल बात पर आ 本音の話をしろ असल बात बताऊँ अंकिल? 本当のことを言いましょうか，おじさん (2) 本物の；純粋の (3) 純血の；純粋の
असल[2] [名*]《A. اصل अस्ल》(1) 根本；根元 (2) 元手；資本 (3) 血統；血筋 **असल में** 実のところ；実際には= वास्तव में; वस्तुतः; दर अस्ल.
असलियत [名*]《A. اصلیت अस्लीयत》(1) 真実；実のところ；本当のところ；正体 **असलियत का पता** 本当のところ；実態；実情 असलियत का पता चलना 本当のところが明らかになる；露見する；露になる उसे आज असलियत मालूम हुई あの男には今日になって真実がわかったのだ आप सोचते थे कि आप की असलियत से कभी पर्दा नहीं उठेगा 自分の正体は露になることはないとお考えでした (2) 本源；根元；元；出発点 अपनी खुद की असलियत को भूल बैठा था 自分自身の出発点を忘れてしまっていた
असली [形]《A. اصلی अस्ली》(1) 本来の；元来の；真の；元の धरती का असली चेहरा 地球の素顔（宇宙から見た地球） असली भारत देहातों में बसा है 真のインドは村にある असली दाँत 生まれついた歯；元の歯 ↔ नकली दाँत 入れ歯；義歯 (2) 本当の；実の；実際の इन घटनाओं का असली कारण これらの事件の本当の原因 उसने असली राज़ अपने पुत्र को भी नहीं बताया 本当の秘訣は息子にも教えなかった अपना असली रूप 自分の正体 इनका असली लागत क्या है? これらの実際の経費はいくらなのか
असवर्ण [形] ↔ सवर्ण. 種姓の異なる；ジャーティやヴァルナの異なる
असवर्ण विवाह [名] 異種姓間の結婚；異カースト間の結婚
असवार [名, pl.]《A. اسوار ← سوار सवार》(1) 騎乗の人；騎馬の人 (2) 騎馬兵→ सवार.
असह [形] 耐えられない；耐え難い= असह्य.
असहनशील [形] ↔ सहनशील. (1) 忍耐力のない；耐え性のない (2) 気むずかしい
असहनीय [形] ↔ सहनीय. 耐え難い असहनीय गरमी 耐え難い暑さ
असहमत [形] ↔ सहमत. 不同意の；不賛成の इस विचार से कोई भी असहमत नहीं होगा この考えに賛成しない人はだれもいないだろう
असहमति [名*] ↔ सहमति. 不同意；不賛成；不合意
असहमति-नोट [名]《H. + E. note》〔法〕異議の通達〈note of dissent〉
असहयोग [名] ↔ सहयोग. 非協力；非協調
असहयोग आंदोलन [名] (1) 非協力運動 (2)〔イ史〕M.K. ガーンディー (1869–1948) の指導したイギリスのインド支配に対する対英非協力運動
असहयोगात्मक [形] 非協力的な；非協調的な；協調性のない असहयोगात्मक प्रवृत्ति 協調性のない性格
असहाय [形] 寄る辺のない；助けのない；援助のない
असहिष्णु [形] ↔ सहिष्णु. (1) 忍耐力のない；堪え性のない；不寛容な (2) 怒りっぽい
असहिष्णुता [名*] (1) 忍耐力のないこと；不寛容 (2) 怒りっぽいこと
असह्य [形] 耐えがたい；耐えられない；たまらない पीड़ा असह्य हो तो たまらなく痛ければ
असांविधानिकता [名*]〔法〕違憲性〈unconstitutionality〉
असा [名]《A. عصا》(1) 棍棒 (2) 杖；ステッキ (3) 行列や行進を先導する人が手に持つバトン
असाढ़ [名] = आषाढ़. アサール月（アーシャール月，インド暦 4 月・陽暦の 6～7 月の 1 か月）
असाढ़ी[1] [形] アサール月の（インド暦 4 月の）
असाढ़ी[2] [名*] (1) アサールの満月（の日） (2) アサール月に播く作物= खरीफ़.
असाधारण [形] ↔ साधारण. (1) 抜群の；並はずれた इस खेल में असाधारण कौशल पर इन सभी को अर्जुन पुरस्कार दिए गए हैं このゲームで抜群の腕前を発揮したことに対して全員にアルジュナ賞が与えられた असाधारण क्षमता 並はずれた能力 (2) ただならぬ；異常な असाधारण स्थिति ただならぬ状況
असाधारण और पूर्णाधिकारी राजदूत [名] 特命全権大使
असाधु [形] ↔ साधु. (1) 性の悪い；性悪の (2) 標準的でない；正規のものでない
असाध्य [形] (1) 方法のない；手の打ちようのない；手立てのない；しかたのない यह असाध्य अवस्था में पहुँच जाता है これは手立てのない状態に至ってしまう (2) 不治の；治療法のない **असाध्य रोग** 不治の病
असाध्वी [名*] 不貞な女；貞節のない女性
असाबरदार [名]《A.P. عصا بردار》行列や行進を先導するためのバトンを持つ人→ असा.
असामयिक [形] ↔ सामयिक. (1) その時を得ない；時機を失した (2) 時機の早すぎた (3) 時ならぬ；思いがけない；不慮の असामयिक मृत्यु 不慮の死
असामर्थ्य [名*] 無力；無能力
असामाजिक [形] ↔ सामाजिक. (1) 反社会的な असामाजिक तत्त्व 反社会的分子 (2) 非社交的な；社交性に欠ける；社交性のない असामाजिक कृत्य 反社会的行為
असामान्य [形] ↔ सामान्य. (1) 異常な；正常でない किसी कारणवश जब यकृत में होनेवाली प्रक्रियाएँ असामान्य हो जाती हैं 何らかの理由で肝臓の働きが異常になると (2) 一方ならぬ；特別の= विशेष; ख़ास; ग़ैरमामूली. असामान्य गुण का स्वामी 異能の持ち主 (3) 特異な；普通でない；変わっている
असामी[1] [名]《A. اسامی》(1) 小作人= काश्तकार; जोता; जोतदार; रैयत. (2) サービス（労働の提供）をする立場からの客；サービスを受ける人；（貸し主から見て借金をしている人）借り主；（医者にとっての）患者；（遊女にとっての）客；顧客；ひいき客；お得意 **असामी उतारना** 金づるにする **असामी समझना** 意のままになると判断する **असामी फाँसना** 金づるをつかまえる **(-को) असामी बनाना** *a.*（一に）恩を売って自分の意のままにする *b.*（一を）金づるにする
असामी[2] [名]《A. آثامی》(1) 犯罪者；犯人；罪人 तुम वृंदावन वाले खून के एक भागे हुए असामी हो न? お前はヴリンダーヴァン殺人事件の逃亡犯だな (2) 罪悪を犯した人；罪人
असामी[3] [名*] (1) 仕事（の口）；職 (2) めかけ
असार[1] [形] (1) 内容のない；中身のない；空しい；空虚な रूप तो असार वस्तु है, जिसकी कोई हक़ीक़त नहीं 姿や形は中身のない物だ，本質は何もないんだ (2) 空の；空っぽの (3) つまらない；取るに足らない

असार[2] [名] (1) 本質のないもの；空っぽのもの (2)〔植〕ヒマ (3)〔植〕ジンコウ（沈香）

असारता [名*] (1) 空；空虚；虚無 (2) 空しさ；つまらなさ असारता और अनित्यता के उपदेश 空と無常の教え

असालत [名*] 《A. اصالت》(1) 純粋さ (2) 純血

असालतन [副] 《A. اصالتاً》(1) 本来的に；元々 (2) 本人が；自分で

असावधान [形] ↔ सावधान. 注意散漫な；不注意な；うかつな；軽々しい；不用心な

असावधानता [名*] 不注意；うかつさ；不用心

असावधानी [名*] = असावधानता. काम करते वक़्त बरती गई असावधानी भी जानलेवा बन सकती है 仕事中の不注意も致命的なものとなりうる

असासा [名] 《A. اثاثہ》(1) 家具；家財道具 (2) 財産；資産 (3) 資本

असि [名*] (1) 刀 (2) 剣

असित [形] (1) 黒い (2) 腹黒い (3) ひねくれた (4) 青い；青黒い

असितोत्पल [名] 青蓮= नीलकमल.

असिद्ध [形] (1) 不完全な (2) 未完成の (3) 熟していない (4) 生の（ままの）；煮られていない

असिस्टेंट[1] [名] 《E. assistant》アシスタント；助手；補助員；補佐（役）

असिस्टेंट[2] [形] 補佐する；補佐の；補佐役の असिस्टेंट कमिश्नर アシスタント・コミッショナー= सहायक आयुक्त.

असीम [形] 限りない；無限の；尽きることのない；おびただしい असीम धैर्य 限りない忍耐力 उनकी असीम इच्छाएँ थी その男の欲にはきりがなかった असीम भक्ति भावना 尽きざる信心 असीम उत्साह और उमंग से भरे लाखों नर-नारी आते हैं あふれんばかりの意気込みと喜びに満ちた幾十万人の男女がやってくる

असीमित [形] ↔ सीमित. 限定されていない；限りのない；無限の；はてしない

असीर [名] 《A. اسیر》囚人 = क़ैदी; बंदी.

असील [形] 《A. اصیل》(1) 家柄のすぐれた；名門の (2) 混じりけのない；純な；本物の

असीस [名*] 祝福；祝福の言葉= आशिष; आशीर्वचन; आशीर्वाद. असीस दे॰ 祝福する；祝福を与える（年少者が年長者に対して行う挨拶に返す言葉でもある）

असीसना [自] 祝福の言葉を発する；祝福する नाना-नानी जाते हुए बार-बार मुझे असीसते हुए गये 別れ際に（祖父母は）幾度も私に祝福の言葉を下さった

असुंदर [形] ←सुंदर. (1) 醜い；美しくない (2) みっともない

असुख [名] (1) 不快；不愉快 (2) 苦痛；悲しみ；辛さ

असुखकर [形] ↔ सुखकर. 不快な；いやな；面白くない；辛い असुखकर बात 不快な話

असुध [形] 意識のない = बेहोश.

असुर [名] (1)〔イ神〕古くは神 (देव) でない神格，もしくは，神々の対立者・敵を指した．アスラ (2) 後代ではダイティヤ (दैत्य 神々に対立する巨人，ないしは，悪魔)，あるいは，ダーナヴァ (दानव 神々に敵対する巨人) とされる．日本でいう鬼のような姿に描かれる (3) 無慈悲な人；情け容赦のない人；鬼 क़र्ज़ लेने के वक़्त तो हम देवता दिखाई देते हैं, और जहाँ हमने माँगना शुरू किया तो असुर दिखाई देने लगे, बिना गाली कोई बात ही नहीं करता 借金する時には神様（仏様）のように見えるが一旦こちらが催促を始めたら鬼のように見える．汚い口をきかねばまともに返事もしないのだ (4) 品性下劣な人 (5)〔仏〕阿修羅；阿須羅；非天

असुरक्षित [形] 危ない；危険がある；安全でない；守られていない पूँजीवादी समाज में मज़दूर लोग अपने आप को हमेशा असुरक्षित महसूस करते हैं 資本主義社会では労働者は常に身の危険を感じるものなのだ

असुर भाषा [名*]〔言〕アッシリア語〈Assyrian〉

असुरराजा [名] ダイティヤの王バリ（アスラの王） बलि

असुरविद्या [名*] 鬼神学

असुरी [名*] = असूरी.

असुविधा [名*] (1) 不都合；不便 (2) 困難（さ）；苦労；辛さ रेल-यात्रा की असुविधाएँ 鉄道旅行の労苦 मरीज़ को साँस लेने में असुविधा हो रही हो 病人は呼吸が困難なありさまだ

असूझ [形] (1) 見当のつかない (2) 見通しのない (3) 手さぐりの (4) 人目につかない (5) 目の見えない (6) 愚かな

असूरी [名*]〔言〕アッシリア語= असुर भाषा.

असूल [名] 《A. اصول उसूल》原理；原則

असेंबली [名*] 《E. assembly》議会 राष्ट्रीय असेंबली 国会 पाकिस्तान के संविधान का जो प्रारूप राष्ट्रीय असेंबली में पेश किया गया 国会に提出されたパキスタンの憲法草案

असेसमेंट [名] 《E. assessment》(1) 地税査定；地税のための土地評価= बंदोबस्त. (2) 税額評価= कर निर्धारण. (3) 評価

असेसर [名] 《E. assessor》(1) 陪席判事 (2) 税額査定官= कर-निर्धारक.

असैनिक [形] ↔ सैनिक. (1) 非軍事的な असैनिक अंचल 非軍事地域 (2) 軍人以外の (3) 文民の；文官の असैनिक राज्यपाल शासन करते थे 文官知事が統治していた **असैनिक कर्मचारी** 文官

असैनिकीकरण [名] 非軍事化

असोज [名] インド暦の 7 月（満月終わりの場合，わが国の旧暦 8 月 16 日から 9 月 15 日までの 1 か月）= आश्विन; क्वार.

असोढ़ [形] (1) 耐えられない = असहनीय; असह्य. (2) 横柄な = धृष्ट.

असौम्य [形] (1) 厳しい；きつい；柔和でない (2) 無躾な；厚かましい (3) 不快な；いやな (4) 醜い；みっともない

अस्टेशन [名] 《← E. station》〔古〕鉄道駅；ステンショ= स्टेशन; इस्टेशन.

अस्ट्रेलोयड [名] 《E. Australoid》〔人類〕オーストラロイド（人種）

अस्तंगत [形] (1)（天体が）沈んだ；目に見えなくなった (2) 滅した；滅びた (3) 下落した；下降した

अस्त[1] [形] (1) 下落した；落下した (2) 見えなくなった；視界から消えた (3)（天体が）見えなくなった；沈んだ；入った क्यों सूर्य प्रतिदिन प्रातःकाल निकलता और संध्या समय अस्त हो जाता है? 太陽はなぜ毎朝出て夕方沈むのか जिस अंग्रेज जाति के साम्राज्य में सूर्य कभी अस्त नहीं होता था 日の沈むことのなかった大英帝国に

अस्त[2] [名] (1) 下降；下落；落下 (2) 終滅 (3) 視界・視野から消えること (4) 西；西方

अस्तकाल [名]（天体の）沈む時刻

अस्त-गमन [名] (1) 衰退 (2) 視界から消えること (3) 終滅 (4) 死滅

अस्तगिरि [名] 太陽の沈む西方の山

अस्तबल [名] 《E. stable》馬小屋；うまや（厩）；厩舎= तबेला; घुड़साल; अश्वशाला. **अस्तबल की बला बंदर के सिर जा॰** 不都合などの責任を他人に転嫁するたとえ **अस्तबल में दुलत्ती चलना** 内輪もめ

अस्तब्ध [形] (1) 落ち着いている；沈着な (2) 丁重な

अस्तमित [形] = अस्तंगत. (1)（天体の）沈んでしまった (2) 見えなくなった；視野から消えた

अस्तर [名] 《P. استر/آستر आस्तर/अस्तर》(1)（着物の）裏地 (2) 下に着る厚手の着物 (3) 下地

अस्तव्यस्त [形] (1) 散らかっている；乱れている (2) 混乱している；ごたごたしている；秩序のない जहाँ नागरिक जीवन अस्त व्यस्त होता है 市民生活が混乱しているところ

अस्त-व्यस्तता [名*] (1) 散らかっている様子；散乱 ऐसी कोई ख़ास अस्त-व्यस्तता तो दिखाई नहीं देती 特に散らかっている様子は見られない (2) 混乱；ごたごた；無秩序 घर की अस्त-व्यस्तता 家庭内のごたごた

अस्ताचल [名]〔イ神〕日の沈むと伝えられる西方の山 अस्ताचलगामी सूर्य 西に向かう太陽

अस्ति [名*] 存在；あること

अस्तित्व [名] 存在；有 ईश्वर के अस्तित्व में विश्वास रखना 神の存在を信じること

अस्तित्ववाद [名]〔哲〕実存主義〈existentialism〉

अस्तित्ववादी [形・名]〔哲〕(1) 実存主義の (2) 実存主義的な (3) 実存主義者

अस्ति-नास्ति [名*] 存否；存廃 सारी इमारत की अस्ति-नास्ति 建物全体の存廃 **अस्ति-नास्ति क॰** あいまいな返事をする= अस्ति-नास्ति कहना. **अस्ति-नास्ति दिखाना** 得失を説明する **अस्ति-नास्ति में डालना** 困惑させる

अस्तु [接] (1) とまれ अस्तु, ये तो प्रस्ताव के विरोधियों की असंगत और अप्रासंगिक दलीलों के उत्तर हुए とまれ，これらは決議に反対する連中の的はずれな理屈による答弁ということにしかならないわけだ (2) よし (3) さて

अस्तेय [名] (1) 盗まぬこと；窃盗しないこと (2)〔仏〕不偸盗
अस्त्र [名] (1) 弓矢や銃砲などの飛び道具 (2) 武器 (3) 呪文によって発せられる武器
अस्त्रधारी [形・名] 武器を携える（人）；軍人；兵士
अस्त्र-शस्त्र [名] 武器；兵器
अस्त्रशाला [名*] 兵器庫；武器庫
अस्त्रागार [名] = अस्त्रशाला.
अस्थमा [名] 《E. asthma》〔医〕ぜんそく（喘息）
अस्थायी [形] (1) 一時の；仮初めの；間に合わせの；仮の；臨時の अस्थायी मित्रता 仮初めの友情 अस्थायी मज़दूर 臨時工 अस्थायी निवास 寄留 अस्थायी दुकानें 露店 (2) 一過性の
अस्थि [名*] (1) 骨 उसकी जली हुई अस्थि その動物の焼けた骨 (2) 遺骨 भगवान बुद्ध की अस्थियाँ 仏舎利
अस्थिपंजर [名] 骸骨= कंकाल. देह अस्थिपंजर मात्र रह गई है 体は骨と皮ばかりになってしまっている
अस्थिपात्र [名] 骨壷
अस्थिप्रवाह [名] 遺骨・遺灰を川などに流すこと
अस्थिभस्म [名] 骨灰= हड्डी की राख.
अस्थिमज्जा [名*]〔解〕骨髄
अस्थिर [形] ↔ स्थिर. (1) 安定のない；不安定な；揺れる；定まらない (2)（気分や精神が）落ち着かない；動揺する；不安定な；ふらふらする वह उससे कुछ और बातें पूछने के लिए अस्थिर हो उठी 彼にもっと他のことをたずねたくて落ち着かなくなった
अस्थिरचित्त [形] 心が動く；心が動揺する；心が乱れる
अस्थिरता [名*] ↔ स्थिरता. 不安定；動揺 राज्य में सत्ता संबंधी स्थिति की अस्थिरता 州の政権に関する状況の不安定
अस्थिसंचय [名]〔ヒ〕こつあげ（骨揚げ）；骨拾い
अस्थिसमर्पण [名] = अस्थिसिंचन.
अस्थिसिंचन [名] 遺灰を川などに流すこと तीसरे दिन अस्थिसिंचन होता है 火葬から3日目に遺灰を川に流す
अस्थूल [形] ↔ स्थूल. 細かい；微小な
अस्ना [名] 《A. اثنا》時間の間；時間 इस अस्ना में この間に
अस्नान [名] = स्नान.
अस्पताल [名] 《Por., E. hospital》病院= हस्पताल. जानवरों का अस्पताल 動物病院
अस्पताली [形] 病院の अस्पताली जहाज़ 病院船
अस्पष्ट [形] ↔ स्पष्ट. はっきりしない；はっきり見えない；ぼんやりした；判然としない；もやもやした अस्पष्ट आशंका और भय 判然としない心配や不安 मेरे हृदय में उनके प्रति एक विचित्र और अस्पष्ट ईर्ष्या का भाव उत्पन्न हो गया 私の胸の内にあの人に対してある独特のもやもやした嫉妬心が起こった
अस्पृश्य [形] ↔ स्पृश्य. (1) 触れてはならない (2)（不可触制のために）不可触の अस्पृश्य जातियाँ 不可触カースト；不可触ジャーティ
अस्पृश्यता [名*] 不可触制 जाति प्रथा की सबसे बड़ी बुराई-अस्पृश्यता カースト制度の最大の罪悪，すなわち，不可触制 अस्पृश्यता-उन्मूलन 不可触制廃止；不可触制撲滅
अस्पृष्ट [形] 手のつけられていない；触れられていない；接触のない
अस्फुट [形] (1) あいまいな；はっきりしない अस्फुट ध्वनियाँ はっきりしない音 (2)（花が）開いていない；開花していない
अस्मत [名*] 《A. عصمت इस्मत》貞操；純血；操 **अस्मत पर डाका डालना** 女性を辱める **अस्मत पर डाका पड़ना** 女性が辱めを受ける
अस्मत लूटना = अस्मत पर डाका डालना.
अस्मद् [代] 《Skt.》サンスクリットの代名詞一人称複数形の語幹
अस्मदीय [代] 《Skt.》私たちの；我々の
अस्मिता [名*] 自己同一性；アイデンティティー पूँजीवाद का मनुष्य की अस्मिता से कोई मतलब नहीं होता 資本主義は人のアイデンティティーと何の関わりも持たない
अस्र[1] [名] (1) 角；隅 (2) 血 (3) 水 (4) 涙 (5) サフラン (6) 毛
अस्र[2] [名] 《A. عصر》(1) 時；時間；時代 (2)（日没前までの）午後 (3)〔イス〕（日没前までの）午後の礼拝
अस्रपा [名*] (1)〔動〕環形動物ヒル科ヒル（蛭） (2) 鬼女；魔女
अस्रार [名, pl.] 《A. اسرار》秘密；内密；内緒のこと
अस्ल [形・名] 《A. اصل》本来の；もともとの उसका अस्ल पेशा आइनासाज़ी था その男の本職は鏡作りだった= असल. **अस्ल ज़िंदगी तो आख़िरत की ज़िंदगी है**〔諺〕本当の人生はあの世での人生

अस्लियत [名*] = असलियत.
अस्ली [形] = असली. हमारा अस्ली घर गाँव में है.शहर में हम किराये के मकान में रहते हैं 自分の家は田舎にある．町では借家に住んでいる
अस्लीयत [名*] = असलियत.
अस्वच्छंद [形] ↔ स्वच्छंद. 自律的でない；依存している
अस्वच्छ [形] ↔ स्वच्छ. 不潔な；汚らしい एक घर की अस्वच्छ आदतें ある家庭の不潔な習慣
अस्वतंत्र [形] ↔ स्वतंत्र. 従属している；服従している；独立していない
अस्वप्न [名] (1) 神 (2) 不眠
अस्वस्थ [形] ↔ स्वस्थ. (1) 健康がすぐれない；不健康な；具合の悪い (2) 不健全な (3) 病気の
अस्वाधीन [形] ↔ स्वाधीन. 従属的な；自立していない
अस्वाभाविक [形] ↔ स्वाभाविक. (1) 不自然な；自然に反する इसमें कोई अस्वाभाविक बात न थी それには不自然さは全くなかった अस्वाभाविक मृत्यु 不自然な死；変死 (2) 不自然な；わざとらしい；ぎこちない；つくりものの अस्वाभाविक रूप से わざとらしく；不自然に
अस्वार्थ [形] (1) 無欲な；欲のない (2) 利得と無関係な
अस्वास्थ्य [名] ↔ स्वास्थ्य. 不健康；病気
अस्वास्थ्यकर [形] 不健康な；健康を害する अस्वास्थ्यकर तत्त्व शरीर में पहुँचकर रोग उत्पन्न कर रहे हैं 健康を害するものが体に入って病気を起こしている
अस्वीकार [名] ↔ स्वीकार. 拒否；拒絶；断ること；不承認；辞退 केवल एक प्रार्थना करता हूँ.उसे अस्वीकार न करना, नहीं तो…たった一つお願いするから断らないで．でないと… (-) अस्वीकार क॰（ーを）拒否する；拒絶する；断る；承認しない；辞退する；はねつける
अस्वीकृत [形] ↔ स्वीकृत. 拒否された；拒絶された；承認されなかった
अस्वीकृति [名*] ↔ स्वीकृति. (1) 拒否；拒絶；不承認 (2)〔医〕拒絶反応（臓器移植での）
अस्सलाम अलैकुम [感] 《A. السلام عليكم》相手との出会いに際して時刻を問わずイスラム教徒が日常的に用いる挨拶の言葉の一つ= सलाम; सलाम अलैकुम; सलामुन अलैकुम.
अस्सी [数] 80 **अस्सी की आमद और चौरासी की ख़र्च हो॰** 収入よりも支出の多いことのたとえ
अहं[1] [代] 《Skt. अहम्》（サンスクリットの一人称単数）私 **अहं ब्रह्मास्मि**〔イ哲〕万有がブラフマンであり，ブラフマンが人間の本体であるアートマンであるとするウパニシャッドの思想を表すとされる有名な句「我はブラフマンなり」
अहं[2] [名] 自我；我；我意識 हमारे बीच हमारे अहं टकरा रहे थे 我々の間では我がぶつかり合っていたのだ
अहंकार [名] (1) 我意識 (2) 傲り；自惚れ；傲慢さ；驕慢さ **अहंकार का पुतला** ひどくうぬぼれ深い
अहंकारी [形] 自惚れ深い；傲慢な；驕慢な
अहंता [名*] = अहंकार.
अहंपद [名] 慢心= अभिमान.
अहंपूर्व [形] 競争心の強い；競争意識の強い
अहंभाव [名] (1) 我；我意識 उसमें अपनी सत्ता बनाये रखने का प्रबल अहंभाव रहता है 政権を保持しようとの強い我意識がある (2) 高慢さ；自惚れ (3)〔哲〕唯我論 **अहंभाव को छोड़ दे॰** 我を捨てる
अहंभावना [名*] = अहंभाव. आम तौर से स्त्री-पुरुष दोनों में अहंभावना होती है 一般に男女ともども我意識を持つものである
अहंमन्य [形] (1) うぬぼれ深い (2) 利己主義的な (3) 自己中心主義の
अहंमन्यता [名*] (1) うぬぼれ深いこと (2) 利己主義 (3) 自己中心主義
अहंवाद [名] 自慢すること；威張ること
अह[1] [名] (1) 日；日中 (2) ヴィシュヌ神 (3) 太陽
अह[2] [感] 驚嘆，苦痛，遺憾などの意を表す
अहकाम [名, pl.] 《A. احكام अह्काम ← حكم हुक्म》命令；指令
अहद [名] 《A. عهد अह्द》(1) 時代；統治時期；治世 सुल्तान शम्सुद्दीन इल्तुतमिश के अहद में スルタン・シャムスッディーン・イルトゥトミシュの時代に (2) 誓い；約束 (3) 協定；協約；条約 (4) 契約

अहददार [名]《A.P. عہد دار》(ムガル朝統治時代の) 徴税請負人

अहदनामा [名]《A.P. عہد نامہ》(1) 契約書 (2) 条約；協定書

अहदी[1] [名]《A. احدی》(アクバル統治時代の) 年金受領者；退役者 (緊急時に勤務した人)

अहदी[2] [形]《A. احدی अहदी》大変な怠け者の；のらくらしている

अहन् [名] 日；一日＝अहन.

अहम् [名] (1)〔哲・心〕自我；自我意識 (2)〔哲〕絶対我；純粋我〈ego〉

अहम [形]《A. اہم》重要な；大切な；主要な；中枢の मनोरंजन में संगीत का भी एक अहम स्थान है 娯楽の中で音楽も重要な位置を占める

अहमक़ [形]《A. احمق अहमक़》大変愚かな；大馬鹿の；大変に間抜けた

अहमदाबाद 〔地名〕アフマダーバード市 (グジャラート州. アーマダーバード／アーメダーバードとも呼ばれる)

अहमदी [名]《A. احمدی》〔イス〕アフマディー (19 世紀末にミルザー・アフマド・カーディアーニーが起こしたイスラム教の新運動の一派に属する人. 異端視されておりパンジャーブのカーディヤーンに発したためにカーディーヤーニーとも呼ばれる)；アフマディーヤ；カーディヤーン派

अहमियत [名*]《A. ←اہمیت अहम्मीयत》重み；重要性；ウェート मेरे विचार से तो जितना उनका काम अहमियत रखता है, उतना ही मेरा भी 思うに私の働きも彼の仕事と同じ重みを有する (-को) **अहमियत दे॰** (ーに) 重みを与える；ウェートを置く धर्म से ज्यादा अहमियत मानवता को दी जाए 宗教よりもヒューマニズムに重みを認めるべきである **अहमियत रखना** 重要性を持つ；重みを有する；重きをなす

अहमीयत [名*] ＝अहमियत. उन टिकटों और दस्तखतों की अहमीयत それらの印紙と署名の重要性 पानी की अहमीयत 水の重要性

अहमेव [名] ＝अहंकार; घमंड.

अहम्म [形] ＝अहम.

अहर [名] 染物師が染料を入れる壷

अहरा [名] (1) かまどに燃やすために積まれた乾燥牛糞 (2) 乾燥牛糞を燃やした火

अहरी [名*] (1) 貯水場 (2) 人の水飲み場＝प्याऊ. (3) 家畜の水飲み場

अहर्निश [副] (1) 日夜；四六時中 (2) 絶えず；連続的に

अहल[1] [形]《A. اہل अहल》有能な；能力のある

अहल[2] [名]《A. اہل अहल》(1) 人々 (2) 住人 (3) 人；構成員

अहलकार [名]《A.P. ←اہل کار अहलकार》(1) 職員 (2) 使用人 (3) 事務員；書記 हिंदू जागीरदारों के ग्रामों में मुस्लिम व्यापारी व अहलकार रहे हैं ヒンドゥーのジャーギールダールの村にはムスリムは商人や使用人として存在していた

अहलमद [名]《A. اہل مد अहलमद》裁判所の書記官

अहले गहले [副] 浮き浮きして；浮かれて

अहल्या [名*]〔イ神〕アハリヤー (ガウタマ・リシ गौतम ऋषि の妻. 夫の発した呪詛で石にされていたのがラーマの足に触れたことで呪詛から解かれたことで有名)

अहवाल [名, pl.]《A. ←احوال अहवाल ← حال हाल》(1) 状況；様子 (2) 知らせ；ニュース

अहसान [名]《A. احسان एहसान》(1) 親切；好意；情け；愛顧；加護 (2) 恩；恩義；恩恵 हमारे मुल्क पर अल्लाह का अहसान है 私たちの国は神の加護を受けている **अहसान का बोझ लादना** ＝अहसान चढ़ाना. **अहसान चढ़ाना** 恩を着せる देता सब को इसी भाव से है, पर मुझपर उलटा अहसान लाद रहा है だれにでも同じ値段で売っているくせにこちらに恩を着せようとしている

अहसानफ़रामोश [形]《A.P. احسان فراموش》恩を忘れる；恩知らずの；忘恩の (徒)

अहसानफ़रोश [形]《A.P. احسان فروش एहसानफ़रोश》恩着せがましい

अहसानमंद [形]《A.P. احسان مند एहसानमंद》感謝する＝कृतज्ञ.

अहसानमंदी [名*]《A.P. احسان مندی एहसानमंदी》感謝

अहसास [名]《A. احساس एहसास》(1) 感じること；感受；感得 चंदर को अहसास होता है कि वह बस-स्टॉप पर खड़ा है チャンダルはバス停に立っているような感じがする ताकि अँधेरे का अहसास कम हो 暗がりの感じがあまりしないように (2) 認識 उसे अपनी गलत कार्रवाइयों का अहसास हुआ 自分の間違った行為を認識した

अहह [感] 喜び，驚嘆，嘆息，嘆きなどを表す感動詞

अहा [感] 大きな喜びや感嘆の気持ちを表す言葉. いや素晴らしい，いやいやこれは，これはこれは वह हर्ष से चिल्ला पड़ा-अहा! भूमि! भूमि!! 男は嬉しさのあまり叫んだ.「やあー，陸だ! 陸だ!!」अहा, शराब और फिर हसीन हाथों की शराब, वाह, क्या कहने... まことに感激の極み，酒，それもたおやかな御手で注いで頂くとは. 得も言われぬものよ

अहाता [名]《A. احاطہ》(1) 四方を囲った場所；囲い भेड़ों के लिए एक बड़ा अहाता है 羊たちを囲う大きな囲いがある (2) 敷地；構内；家屋敷の囲い अहाते में बागीचा और खेल का मैदान है 学校の構内には庭園や運動場がある

अहाहा [感] 喜びや感嘆を表す言葉

अहिंसक [形] 非暴力的な；市民的な भारत की स्वाधीनता के अहिंसक संघर्ष インド独立のための非暴力的闘争 **अहिंसक असहयोग** 市民的非協力

अहिंसा [名*] (1) 不殺生 (2) 非暴力 (精神的，肉体的両面での)

अहिंसात्मक [形] 非暴力的な；市民的な **अहिंसात्मक असहयोग** 市民的非暴力 गाँधी जी द्वारा संचालित अहिंसात्मक असहयोग マハートマーガンディーの市民的非協力 **अहिंसात्मक सत्याग्रह** 非暴力的サティヤーグラハ

अहिंसावाद [名] 非暴力主義；非暴力 (精神)

अहिंसावादी [形・名] 非暴力主義の (人)

अहिंस्र [形] 非暴力的な；市民的な

अहि [名] (1) 蛇 (2) ラーフ (日食・月食をもたらす悪魔) (3)〔イ神〕ヴリトラ (蛇の姿をした魔神ヴリトラ・アスラ वृत्रासुर)

अहिकोष [名] 蛇のぬけがら

अहिच्छत्र [名] 古代の北パーンチャーラ国，アヒチャットラ

अहिच्छत्रा 〔地名〕アヒチャットラ国の都アヒチャットラー

अहित [名] (1) 害；害悪；損害；打撃 (2) 仇；仇敵；反対者

अहितकर [形] 有害な；害を及ぼす＝हानिकर; नुक़्सानदेह.

अहितकारी [形] ＝अहितकर.

अहिनाथ [名]〔イ神〕シェーシャ，もしくは，シェーシャナーガ ＝शेषनाग.

अहिपति [名] (1)〔イ神〕ヴァースキ वासुकि (2)〔イ神〕シェーシャナーガ (3) 大蛇

अहिफेन [名] (1) 蛇が口から出す泡 (2) 阿片

अहिम [形] 熱い

अहिमात [名] ろくろ (轆轤) の台

अहिराइ [名]〔イ神〕→蛇王シェーシャナーガ (शेषनाग)

अहिराज [名]〔動〕コブラ科アマガサヘビ属マルオアマガサ (毒蛇)【*Bungarus fasciatus*】〈banded krait〉→ कराइत.

अहिराजा [名]〔イ神〕シェーシャナーガ，すなわち，ナーガ族の王でパーターラ पाताल 界の支配者. → शेषनाग.

अहिवात [名] 夫が存命であるという妻の幸せ；夫婦そろっての長生き

अहिवातिन [名*・形*] 夫が存命である妻；未亡人でない女性

अहिवाती [名*・形*] ＝अहिवातिन; सौभाग्यवती; सधवा.

अहीर [名] (1) アヒール・カースト (の人)，北中部インドに居住し主として酪農に従事してきたカースト集団 (2)〔韻〕アヒール (各パーダ पाद が 11 モーラから成るモーラ韻律. パーダの終わりに जगण が来る)

अहीरिन [名*] アヒールカースト (अहीर) の女性

अहीरी [名*] ＝अहीरिन.

अहीश [名]〔イ神〕蛇の王シェーシャナーガ शेषनाग

अहुरमज्द [名]《P. اہرمزد》アフラマズダ (ゾロアスター教の主神)

अहे [感] (1) 呼びかけの言葉 (2) 驚嘆を表す言葉

अहेतु [形] (1) 理由のない；いわれのない (2) 意味のない

अहेर [名] (1) 狩り；狩猟 (2) 猟の獲物

अहेरी [名] 狩人 ＝आखेटक; शिकारी.

अहो [感] 驚嘆，喜び，歓喜，遺憾，悲嘆，呼びかけなどを表す अहो भाग्य, आप से मिलकर मुझे हार्दिक प्रसन्नता हुई これはこれは何たる幸運！ お初にお目にかかり光栄に存じます

अहोई [名*]〔ヒ〕アホーイー（子授け祈願のためにディーパーワリー祭の 8 日前に女性たちによって行われる断食行を伴うプージャー儀礼）
अहोम [名*]〔言〕アホム語（以前アッサム地方に行われたタイ語系の言語）= आहोम. 〈Ahom〉
अहोरात्र[1] [名] 日夜；昼と夜
अहोरात्र[2] [副] 日夜；休みなく；絶え間なく
अहोरा-बहोरा[1] [名]〔ヒ〕結婚式後花嫁が婿の家に行きすぐ実家に戻るヒンドゥーの儀礼の一方式
अहोरा-बहोरा[2] [副] 繰り返し；幾度も
अह्द [名] = अहद.
अह्ल [名] = अहल.
अह्लकार [名] = अहलकार.
अह्लमद [名] = अहलमद.

आ

आँ[1] [感] (1) 驚きを表す言葉 (2) 疑問や問い返しを表す言葉 (3) 幼児の泣き声
आँ[2] [名] 幼児が泣くさまやその声
आँक [名] (1) しるし；印 (2) 数字 (3) 文字
आँकड़ा [名] (1) 数字 भारत आस्ट्रेलिया मुकाबले : आँकड़ों में インドとオーストラリアの対抗戦を数字で見る (2) 統計 1961 की जनगणना के आँकड़ों के अनुसार 1961 年国勢調査統計によると बेकारी के आँकड़े 失業に関する統計 आँकड़े तैयार हो जाएँगे 統計が出る
आँकना [他] (1) しるしをつける；目印をつける दर्ज़ी कपड़े या काग़ज़ को आँकने के लिए जिस चॉक या खड़ी का उपयोग करते हैं 仕立屋が布や型紙にしるしをつけるのに用いるチャコ (2) 推定する；推察する；推量する；推し量る हमारे देश के कोयला-भंडारों की आयु केवल 50 वर्ष आँकी गई है わが国の石炭埋蔵量の寿命は後わずか 50 年と推定されている पूरे मारीशस द्वीप का रकबा 1,150 वर्ग कि॰मी॰आँका जाता है モーリシャス全体の島の面積は $1150km^2$ と推定されている अपने घर और स्कूल के बीच की दूरी को आँको 自分の家から学校までの距離を推定しなさい हानि का अनुमान कई लाख रुपये आँका गया है 損害額は数十万ルピーと推定されている बढ़ते ख़तरे को आँकना 増大してきた危険を推定すること खर, दूषण की हार से उसने राम की ताकत को आँक लिया था カラとドゥーシャナの敗北をもってラーマの力を推し量ったのだった भारतीय खिलाड़ियों की शक्ति आँकना インド選手の力を推定する (3) 判定する；判断する；はかる चरित्र इन छोटी छोटी चीज़ों से ही आँका जाता है 人柄はこのように細々とした事柄で判定されるものなのだ 'आनंद' जैसे ख़ूबसूरत शब्द को धन से कभी नहीं आँकना चाहिए「喜び」といったような美しい言葉を富ではかっては断じてなりません सोने और हीरों से भगवान की भक्ति को नहीं आँका जा सकता 金とかダイヤでは信心ははかられないものです उन्होंने प्यार की भाषा का मूल्य नहीं आँका あの方は愛の言葉の価値をはかられませんでした (4) 評価する；判定する उसका मूल्य 21 करोड़ रुपये आँका गया है それは 2 億 1000 万ルピーのものと評価されている लड़की की शादी के मामले में 'बाबू' का स्तर कुछ ऊँचा नहीं आँका जाता 娘の結婚のことでは「バーブー」の地位は少しも高いものとは評価されない दूसरों के समय का मूल्य आँकना भी सीखना पड़ेगा 他人の時間の値打ちを評価することも学ばなくてはならぬ उन्हें सर्वश्रेष्ठ रेफ़री आँका गया 同氏が最優秀レフェリーと判定された
आँकर[1] [形] (1) 深い（農地の掘り起こしについて） (2) 甚だ多い
आँकर[2] [名*]〔農〕農地を深く耕すこと；深耕 ↔ सेव.
आँकुड़ा [名] ものを引っかけるためのかぎ（鉤）や鉤形のもの अँकुड़ा
आँकुड़ा कीड़ा [名]〔動〕線虫綱円虫目鉤虫；十二指腸虫= अंकुश कृमि; हुक वर्म. 〈hookworm〉
आँख [名*] (1) 目；眼；眼球 **आँख का कोया** 白目；白眼 **आँख का गोल काला हिस्सा** 黒目の部分 **आँख का जाला** 白内障；白そこひ **आँख का डेला** 白眼 = आँख का ढेला. **आँख का सफ़ेद पर्दा** 白眼 **आँखों का अस्पताल** 眼科医院 **आँखों की बीमारी** 眼病 आँखों की बीमारी से कैसे बचें 眼病に罹らない方法 (2) 目を掛けること；ひいき（贔屓）；愛顧 (3) とても大切なもの；とても愛しいもの (4) 知恵 **आँख हो जा॰** 知恵がつく (5) 判断力；理解力 (6) 鑑識力；眼力 (7) クジャクの羽などに見られる目の形や蛇の目模様 (8) 針の穴などの穴 **आँख (आँखें) अंगार हो॰** 怒りに目が血走る **आँख (आँखें) अटकना** 目と目が合う；恋が芽生える **आँख आ॰** 眼炎に罹る；目をわずらう **आँख (आँखें) उठना** *a.* 眼炎になる；目を患う *b.* 狙いをつけられる *c.* 視線が行く；視線が向かう **आँख उठाकर देखना** *a.* 敵意を示す；悪意の眼差しを向ける *b.* 面と向かう；にらみつける *c.*

目を向ける；振り向く फिर कोई लाख रुपये भी दे तो आँख उठाकर न देखें それにだれかが大金をくれようとも振り向くのではない d. 注意深く見る；注視する आँख(आँखें) उठाकर भी न देखना a. 振り向きさえしない；一瞥だに与えない；無視する；相手にしない b. 多忙を極める c. ひどくはにかみやの आँख उठाकर सीधे देखना 相手の目を見る；面と向き合う आँख(आँखें) उठाना a. 目を開く；目を開ける b. 物欲しげに見る；狙う；目をつける उनके रहते मेवाड़ की ओर आँख उठाने का किसका साहस था? 彼の存命中メーワールの国に狙いをつける勇気のある者がいるはずもなかった आज तक किसी ने उसके राज्य की ओर आँख उठाने की हिम्मत नहीं की 今まで彼の王国に狙いをつけるような度胸を示した者は1人もいなかった c. 敵意を示す d. 面と向かう आँख उठाने की फ़ुरसत न हो॰ 多忙を極める आँख(आँखें) उलझना 恋が芽生える आँख(आँखें) उलट जा॰ a. (死に際に) 白目を剥く b. 軽蔑した態度で接する；白目で見る आँख(आँखें) ऊँची क॰ 面と向かう；にらみつける आँख(आँखें)ऊँची न हो॰ a. 恥ずかしさに顔を合わせられない；うつむく b. 良い考えが浮かばない आँख(आँखें) ऊँची रखना a. 志を高く持つ b. 自尊心を持つ आँख(आँखें)ऊँची हो॰ a. 敬われる；尊敬される；崇められる b. 立ち向かう；面と向かう आँख(आँखें) ऊपर न उठना = आँख ऊँची न हो॰. आँख ओझल हो॰ その場に居合わせない；不在になる= आँख ओट हो॰. आँख ओझल पहाड़ ओझल 〔諺〕去るものは日々に疎し= आँख ओट पहाड़ ओट हो॰. आँख(आँखें) कड़वाना 眠気がする आँख कहीं दिल कहीं और हो॰ 注意が向かない；上の空の आँख(आँखों) का अंजन 雀の涙 (甚だ少量のもののたとえ) आँख(आँखों) का अंधा 愚か者 व्यापारी आँखों के अंधे नहीं होते 商人には愚か者はいないものだ आँख का अंधा गाँठ का पूरा 人の食い物にされるような愚かな大金持ちのたとえ आँख का उजाला 大変愛しい人；最愛の人 आँख(आँखों) का काँटा 目の上の瘤 आँख(आँखों) का काँटा बनना 目の上の瘤になる；邪魔になる आँख(आँखों) का काजल चुराना 人の目の前のものを盗む；生き馬の目を抜く；甚だ狡猾なことのたとえ आँख का घी निकालना = आँख का तेल निकालना. आँख(आँखों) का टोना लगना 熱い視線に引きつけられる आँख (आँखें) काढ़ना 目を剥く；怒りを露にする आँख(आँखों) का तारा 愛しくてならないもの；最愛のもの；一番のお気に入り；目に入れても痛くないもの= आँख का उजाला. वह उसे आँख का तारा बनाकर रखती. あの子を一番のお気に入りにしている फूटी आँख का तारा 愛し子；愛児 अपनी ससुराल वालों की आँखों का तारा बन जाती है 婚家の人たちの一番のお気に入りになる वह उसकी बहन की आँखों का तारा बना हुआ था 妹にはあの子は目に入れても痛くないものとなっていた आँख(आँखों) का तिल = आँख का तारा. आँख(आँखों) का तिल खो दे॰ 失明する आँख(आँखों) का तेल निकालना a. 甚だ細かい作業を続ける (そのために目が疲れる) b. 油断も隙もならないほど狡猾なことのたとえ आँख कान खुला रखना 用心する；警戒する आँख का नासूर 甚だ不快なもの；甚だ厄介なもの आँख(आँखों) का नूर = आँख का उजाला. आँख कान में चार अंगुल का फ़र्क़ हो॰ 自分の目で見たことと伝聞したことでは大違い आँख(आँखों) का परदा 目の中に浮かぶ恥じらいの表情 आँख(आँखों)का परदा उठना 目が覚める；目を開かれる；目から鱗が落ちる= आँख का परदा खुलना. आँख (आँखों) का परदा उठा दे॰ 恥じらいを捨て去る；恥も外聞もなくなる आँख का परदा हटना = आँख का पर्दा उठना. आँख (आँखों) का पानी 恥じらい；はにかみ आँख (आँखों) का पानी उतर जा॰ (- गिर जा॰; ढरकना; ढलना; मर जा॰) 恥も外聞もなくなる；恥も外聞も捨て去る आँख का फेर हो॰ 見誤る；見間違う आँख (आँखों) का बुरा 目つきが悪い आँख (आँखों) का मारा 恋煩いをしている आँख का शूल = आँख का काँटा. आँख (आँखों) का सुरमा 雀の涙 आँख का सुरमा बनाना a. 大変愛しく思う b. 非常に大切にする आँख किरकिराना 目にものが入る；目がころころする आँख (आँखों) की ओट 目に見えない；視野の外 आँख (आँखों) की ओट क॰ a. 遠ざける；退ける b. 隠す आँख (आँखों) की किरकिरी a. 目障りな人；厄介な人 b. 厄介な物 आँख (आँखों) की चोट लगना = आँख का टोना लगना. आँख (आँखों) की ठंढक a. とても愛しい人 b. とても大切な物 आँख की पट्टी खुलना 気がつく；目を開かれる आँख की पुतली = आँख का उजाला. आँख की पुतली क॰ = आँख का सुरमा बनाना. आँख (आँखों) की पुतली चढ़ जा॰ (死にかけて) 白目を剥く आँख (आँखों) की पुतली बनाना = आँख का सुरमा बनाना.

आँख की पुतली समझना 目に入れても痛くない；大好きな；可愛くて仕方がない= आँख की पुतली हो॰. आँख की राह दिल में आ॰ 一目惚れする आँख की रोशनी = आँख का उजाला. आँख (आँखों) की सूइयाँ निकालना बाक़ी हो॰ 大仕事が9分9厘完成する आँख (आँखों) की सूई निकल जा॰ ようやく楽になる；ようやく安堵する आँख (आँखों) की सूई निकालना 9分9厘まで出来上がった難事業の最後の仕上げだけをして栄誉を手に入れる；手柄を横取りする आँख (आँखों) के आगे 自分の目の前で；生きている内に；目の黒い内に आँख (आँखों) के आगे अँधेरा छाना a. めまいがする；目がくらむ b. (恐れや不安に) 目の前が真っ暗になる；お先真っ暗になる यह सुनकर चार पंडितों की आँखों के आगे अँधेरा छा गया これを聞くと4人のパンディットは目の前が真っ暗になった आँख (आँखों) के आगे घूमना = आँख (आँखों) के आगे नाचना. आँख (आँखों) के आगे (सामने) नाचना a. 目に浮かぶ b. 眼につく；目に焼き付く आँख (आँखों) के आगे फिरना = आँखों के आगे नाचना. आँख के आगे रहना = आँख (आँखों) के आगे नाचना. (-की) आँख (आँखों) के इशारे पर चलना (ーの) 言いなりになる (-की) आँख (आँखों) के इशारे पर नाचना (ーに) 操られる आँख के कोये बिलट जा॰ a. 死ぬ b. 苦しい状況におちいる；窮状におちいる आँख के डोरे 充血した目の毛細血管 आँख (आँखों) के तले आ॰ a. 見える；目に入る b. 美しく感じられる आँख (आँखों) के तारे हिलना 恋をする आँख (आँखों) के नीचे आ॰ = आँख के तले आ॰. आँख (आँखों) के नीचे से गुज़रना 目の前に来る；目に入る आँख के सामने = आँख के आगे. आँख (आँखों) के सामने घूमना = आँख के आगे घूमना; आँख के सामने नाचना; आँख के सामने फिरना. आँख के सामने फिरा क॰ 目の前にちらつく आँख (आँखों) को खटकना いやな感じがする；不快に感じられる आँख (आँखों) को ठंढक पहुँचना 大変美しい；目の保養になる आँख (आँखें) खटकना = आँख किरकिराना. आँख (आँखें) खुलना a. 目が覚める；目を覚ます कुंती की आँख खुली クンティーの目が覚めた b. 気がつく；目が覚める；迷いから覚める；正道に戻る；目から鱗が落ちる देवदत्त की आँख खुल गई デーヴァダッタは迷いから覚めた आँख (आँखें) खुलवाना a. 目の治療を受ける b. 〔イス〕イスラム教徒の結婚式の儀式の一部で花婿と花嫁が鏡の中の相手の顔を見る आँख (आँखें) खुली की खुली रह जा॰ a. びっくりする；びっくり仰天する b. 瞳孔が開いたままになる (臨終) आँख (आँखें) खुली रखना 気をつける；用心する आँख (आँखें) ख़ून की बोटी बन जा॰ a. 目を剥いて怒る b. 目を赤く泣きはらす आँख (आँखें) खोलकर 目を見開いて；よく注意して अपनी पसंद के व्यक्ति का चुनाव आँख मूँदकर नहीं, आँखें खोलकर किया जाना चाहिए 人を選ぶには目をふさがず目を見開いて選ぶことだ आँख (आँखें) खोलकर गड्ढे में गिरना 承知の上で間違った道へ進む आँख (आँखें) खोलकर देखना a. よく見る；よく注意する b. 熟慮する (-की) आँख (आँखें) खोलना (ーの) 目を覚ます；迷いから立ち戻らせる；(ーに) 気づかせる आँख (आँखें) खोलना 動物の子の目が見えるようになる；目を開ける आँखें खोल ली हैं बच्चों ने? 子供たちは目を開けたかい आँख गड़ना a. (病気や異物などで) 目がころころする b. (病気などで) 目が落ち込む (-पर) आँख (आँखें) गड़ना a. (ーに) 目をつける b. (ーを) 凝視する (-पर) आँख(आँखें) गड़ाना a. (ーを) 凝視する；じっと見つめる；(ーに) 目を凝らす；目を据える फिर तस्वीर पर आँख गड़ाते हुए बोली それから絵に目を凝らしながら言った खाट के पास बैठी हुई उसके कमज़ोर चेहरे पर आँखें गड़ाए रही ベッドのそばに座って彼の元気のない顔をじっと見つめていた b. (ーに) 目をつける आँख (आँखें) गड़ाकर देखना 見つめる；凝視する आँख गरम क॰ (美人を見て) 目の保養をする आँख (आँखें) गाड़ना = आँख गड़ाना. आँख (आँखें) घुलना 目と目が合う आँख (आँखें) घूमते ही ちょっと目を離した隙に आँख (आँखें) चकमका उठना 強い光線に目がくらむ आँख(आँखें) चकाचौंध हो॰ a. (眩しさに) 目がくらむ b. 目がくらむ (心を奪われる) आँख (आँखें) चढ़ना a. 目が据わる (酔ったり怒ったりして) b. 白目を剥く आँख (आँखें) चढ़ाना (怒りに) 目を吊り上げる；目を剥く आँख (आँखें) चमकना a. 嬉しくなる；嬉しさに目が輝く…तो उसकी आँखें ट्यूबलाइट की तरह चमकने लगीं.वह बेहद खुश हो गया …すると彼女の目は蛍光灯のように輝きだした. この上なく嬉しくなった b. 強い光線に目がくらむ आँख (आँखें) चमकाना a. 目配せする b. 色目を使う आँख (आँखें) चलाना 目配せする आँख (आँखें) चार क॰(हो॰) a. 面と

向かい合う *b.* 目と目が合う；恋が芽生える **आँख (आँखें) चीरकर देखना** 目を皿にする **आँख चुराकर** 隠れて；目を盗んで सब लोगों की आँख चुराकर 皆に隠れて **आँख (आँखें) चुराकर देखना** 覗く；覗き見する **आँख चुरा जा॰** 隠れる；(人の) 目を逃れる；こっそり逃げ出す **आँख (आँखें) चुराना** *a.* 目をそらす *b.* (人の) 目を逃れる；こっそり隠れる **आँख (आँखें) चूकना** 目を離す；(ほんのわずかの) 油断をする **आँख (आँखें) चौंधिया जा॰** = आँख चकाचौंध हो॰. **आँख (आँखें) छत से लगना** *a.* 夜通し人を待つ *b.* じっと見つめる *c.* 白目を剥く **आँख (आँखें) छलकना** 涙があふれ出る= आँख छलछलाना. **आँख (आँखें) छिपाए न छिपना** 思いや本心が目に現れる；目は口ほどにものを言い **आँख (आँखें) छिपाना** = आँख चुराना. (-पर) **आँख (आँखें) जमना (जमाना)** *a.* (ーを) 見つめる *b.* (ーに) 目をつける *c.* (ーに) 見とれる **आँख (आँखें) ज़मीन में गड़ जा॰** 恥ずかしさに目を伏せる= आँख (आँखें) ज़मीन से लग जा॰. **आँख (आँखें) ज़मीन से सिली रहना** = आँख ज़मीन में गड़ जा॰. **आँख (आँखें) जलना** *a.* 怒る *b.* 嫉妬に燃える *c.* 目が痛む *d.* 辛い思いをする **आँख (आँखें) जा॰** *a.* 目に入る；見える；視野に入る *b.* 目が向く；注意が向く *c.* 失明する **आँख (आँखें) जुड़ना** 見つめる **आँख (आँखें) जुड़ाना** *a.* 目を喜ばせる；目を楽しませる *b.* 大いに満足する **आँख (आँखें) जोड़ना** *a.* 向かい合う *b.* 見つめ合う **आँख झपकते** またたく間に；一瞬のうちに आँख झपकते नीचे आ जाते हैं 一瞬のうちに降りてくる **आँख (आँखें) झपकना** *a.* うとうとする；うつらうつらする；眠気がする *b.* 目が閉じる；目がふさがる **आँख (आँखें) झुकना** *a.* うつむく *b.* 恥ずかしくなる；恥じ入る **आँख (आँखें) झेंपना** 恥ずかしがる **आँख (आँखें) टँग जा॰** *a.* (死に際に) 白目を剥く *b.* 見据える **आँख टिकना** *a.* 視線が定まる *b.* 気に入る **आँख (आँखें) टिमटिमाना** うたた寝する；うつらうつらする **आँख (आँखें) टूटी पड़ना** 激しい眠気に襲われる **आँख (आँखें) टेढ़ी क॰ (हो॰)** *a.* 不機嫌な表情をする；不快な表情をする *b.* 冷淡になる；冷たくなる **आँख (आँखें) ठंढी क॰ (हो॰)** 見て楽しむ；見て満足する **आँख (आँखें) ठहरना** *a.* じっと見る *b.* 見とれる *c.* 気にいる **आँख डकर डकर क॰** 目が落ちくぼむ= आँख ढकर ढकर क॰. **आँख (आँखें) डबडबाना** 目が潤む；涙があふれる **आँख (आँखें) डालना** *a.* 目を向ける *b.* 注意する；注視する *c.* ざっと目を通す **आँख (आँखें) तरसना** 待ちこがれる **आँख (आँखें) तरेरना** 目を剥く；にらみつける **आँख (आँखों) तले न आ॰** 目もくれない；気にくわない= आँख (आँखों) तले ना लाना. **आँख ताँख निकल जा॰** 棺桶に片足を突っ込む；死にかける **आँख (आँखें) थिराना** = आँख टिकना. **आँख (आँखें) दबाना** 目配せする **आँख (आँखें) दिखाना** 目を剥く；腹を立てる मज़दूर को आँखें दिखाओ, तो वह त्योरियाँ बदलकर खड़ा हो जाएगा 労務者に腹を立てると労務者は血相を変える **आँख दीदे से डरना** 神を畏れる **आँख (आँखें) दे॰** *a.* 目を向ける；注意する *b.* 蒙を啓く **आँख देकर देखना** 見つめる；じっと見る (-की) **आँख (आँखें) देखना** *a.* (ーの) 怒りに耐える *b.* (ーの) ありさまを見る **आँख देखा** 目撃した **आँख (आँखें) दौड़ाना** 辺りを見回す **आँख (आँखें) धुली धुलाई हो॰** 純粋な (人)；純真な (人)；心のきれいな (人) **आँख न उठना** うなだれる **आँख न उठाना** *a.* きっぱりやめる；すっかり断つ *b.* 目を奪われない **आँख (आँखें) नचाना** いたずらっぽく目をくりくり動かす आँख नचाकर पंडित जी बोले "है क्यों नहीं?" 「そうに決まっているだろう」とパンディットは目をくりくりさせながら言った **आँख न झिपना** 恥ずかしがらない (-को) **आँख न भाना** (ーが) 大嫌いな；全く気にくわない (-को) **आँख न हो॰** (ーが) 判断力を持たない= (-में) आँख न हो॰ **आँख नाक से डरना** 神を畏れる **आँख (आँखें) निकलना** *a.* たまげる；びっくりする；目を丸くする *b.* くたくたになる；すっかり弱る；目が落ちくぼむ **आँख (आँखें) निकालना** 目を剥く डंडा उठाया और लाल लाल आँखें निकाले हुए 棍棒を手に真っ赤な目を剥いて **आँख नीची क॰ (हो॰)** *a.* うつむく *b.* 下を見る；恥ずかしさにうつむく **आँख (आँखें) नीली पीली क॰ (हो॰)** 怒りに目の色を変える；激しく怒る **आँख पटपटा जा॰** 目がつぶれる= आँख पट्टम हो॰. (-की) **आँख पड़ना** *a.* (ーが) 欲しがる；目を付ける；手に入れようと思う；狙いをつける *b.* (ーに) 狙われる；(ーの) 邪視にとりつかれる (-पर) **आँख पड़ना** (ーが) 目に入る；見える **आँख (आँखें) पथराना** *a.* 目がしょぼしょぼする *b.* 目がひきつる；目が見開いたままになる उसकी आँखें पथराई हुई थीं, और वह एकटक मेरे हाथ की ओर देख रही थी 目が見開いたままになっておりじっと私の手のほうを見つめていた (-) **आँख पर अटकना** (ーが) 目を奪う；(ーに) 目を奪われる **आँख पर चढ़ना** 目障りになる；気にくわない (-की) **आँख पर चढ़ना** (ーに) 信頼される；(ーの) 気にいる **आँख पर चरबी चढ़ना** 甚だ傲慢になる **आँख पर ज़ोर डालना** (दे॰; पड़ना) 目を凝らす **आँख (आँखों) पर ठीकरी रखना** *a.* 見て見ぬふりをする *b.* 破廉恥になる *c.* 冷たい態度をとる；冷淡な扱いをする **आँख (आँखों) पर तिनका रखना** 知らぬふりをする；見て見ぬふりをする **आँख (आँखों) पर पट्टी बाँधना** *a.* 目隠しをする उसकी आँखों पर पट्टी बाँधी गयी 男は目隠しをされた *b.* 目をつぶる；無視する आँख पर पट्टी बाँधकर दूध का दूध पानी का पानी करना होता है 目をつぶって正邪のけじめをつけなくてはならないものなのだ **आँख (आँखों) पर परदा डालना** *a.* 目をふさぐ *b.* わざと愚かしい振る舞いをする *c.* 馬鹿にする **आँख (आँखों) पर परदा पड़ना** = आँख पर पट्टी बँधना (बाँधना). **आँख (आँखों) पर पलकों का बोझ न हो॰** 身内のための苦労は苦労の内に入らぬもの (-को) **आँख (आँखों) पर बिठाना (बैठाना)** (ーを) 丁重にもてなす；うやうやしくもてなす；下にも置かぬもてなしをする किसी में गुण होते हैं, तभी लोग उसे आँखों पर बैठाते हैं 人には長所があるものだ，だからこそ大切にもてなすものだ (-को) **आँख (आँखों) पर रखना** = आँख पर बैठाना. **आँख (आँखों) पलट जा॰** *a.* 不機嫌になる *b.* 態度が変わる **आँख (आँखें) पसारना** *a.* 遠くへ目をやる *b.* 歓迎する **आँख (आँखें) पसीजना** 目が潤む；涙がにじむ **आँख (आँखें) पहचानना** 目配せを読みとる **आँख (आँखें) पाना** *a.* 目が見えるようになる；視力が戻る *b.* 欲しいものが手に入る **आँख (आँखें) फटना** *a.* びっくりする；仰天する；目を見張る；目を丸くする यह दृश्य देखकर वहाँ उपस्थित सभी लोगों की आँखें आश्चर्य से फट पड़ीं そのありさまを見て居合わせた人たちは皆目を見張った आँखें फटी की फटी रह गईं (びっくりして) 目が見開いたままになった *b.* 目がずきずき痛む **आँख (आँखें) फड़कना** 前兆がある **आँख (आँखें) फाड़कर देखना** *a.* 注意して見る；目を皿のようにする *b.* 目を見張る *c.* にらみつける；目を剥く **आँख (आँखें) फिर जा॰** *a.* = आँख उलट जा॰. *b.* = आँख पलट जा॰. **आँख (आँखें) फूटना** *a.* 失明する *b.* 腹が立つ *c.* 判断力や理解力を失う；頭がおかしくなる *d.* 視力が衰える **आँख (आँखें) फेरना** *a.* 目をそらす；そっぽを向く *b.* 目を向ける *c.* 冷たくする；冷淡な扱いをする **आँख (आँखें) फैलाकर देखना** *a.* 驚きに目を見張る *b.* 遠くへ目をやる (-की) **आँख फैलाना** (ーの) 目を開く；蒙を啓く **आँख (आँखें) फोड़ना** *a.* 目を酷使する *b.* 目をつぶす *c.* 目を凝らす **आँख (आँखें) बंद क॰ (हो॰)** *a.* 目を閉じる *b.* 目をつぶる (永眠する) *c.* 目をつぶる (知らないふりをする) *d.* 知らずにいる *e.* 失神する **आँख (आँखें) बंद करके** 目をつぶって；考えなしに；慎重さを欠いた状態で **आँख (आँखें) बंद करके काम क॰** いいかげんにする；いいかげんなことをする **आँख बचा जा॰** *a.* 死ぬ *b.* びっくりする；仰天する **आँख (आँखें) बचाना** 人の目を盗む **आँख (आँखें) बदलना** = आँख पलट जा॰. **आँख बनवाना** 目の治療を受ける **आँख बरकाना** = आँख बचाना. **आँख (आँखें) बरसना** とめどなく涙が流れる **आँख बहाना** = आँख बरसना. **आँख (आँखें) बिगड़ना** *a.* 態度が変わる *b.* 考えが変わる *c.* 目がひきつる；目が据わる **आँख बिचलना** 目がそれる；視線がそれる (-के लिए) **आँख (आँखें) बिछाना** *a.* (ーを) 歓待する *b.* (ーを) 今か今かと待つ；首を長くして待つ；鶴首する **आँख बैठना** *a.* 目が落ちくぼむ *b.* 目がつぶれる **आँख (आँखें) भर आ॰** 涙がこみあげる मनु की आँखें भर आईं マヌの目には涙がこみあげてきた **आँख भरकर देखना** 目を凝らす；見つめる **आँख (आँखें) भर लाना** = आँख भर आ॰. **आँख (आँखें) भारी हो॰** 目が腫れぼったい；瞼が重い **आँख (आँखें) भिड़ाना** 見つめ合う **आँख भी बराबर न क॰** はにかみのために人と顔を合わせられない (相手の目を見ることができない) **आँख भौंह चढ़ाना** 腹を立てる **आँख भौंह टेढ़ी क॰** = आँख भौंह चढ़ाना. **आँख भौंह सिकोड़ना** しかめ面をする；いやな顔をする **आँख (आँखें) मचकाना (- मिचकाना; - मटकाना)** *a.* 瞬きをする；目をぱちぱちさせる *b.* 目配せする *c.* 嫌う **आँख (आँखें) मरोड़ना** *a.* 目配せする *b.* 眉をひそめる **आँख (आँखें) माँगना** 救いを求める **आँख (आँखें) मारते मारते** またたく間に；一瞬のうちに **आँख (आँखें) मारना** 目配せする वह आँख मारकर मुसकराया था 男は目配せして (意味ありげに) にっこりした **आँख (आँखें) मिचना** 目を閉じる；永眠する **आँख (आँखें) मिलना** *a.* 見つめ合う *b.* 望み

のものが手に入る **आँख (आँखें) मिलाना** *a.* まともに見る；正視する；顔を合わせる पिता जी से आँखें मिलाने का साहस उसमें नहीं था 父親を正視する勇気はなかった पर वे उससे आँखें नहीं मिला पा रहे थे だが（恥ずかしさのあまり）相手の顔を見ることができないでいた *b.* 見つめ合う उसके जाते ही शीला, नीलम से आँखें मिलाती हुई 彼が立ち去るとすぐにシーラーはニーラムと見つめ合いながら **आँख (आँखें) मींचना** ＝आँख मूँदना. **आँख मूँदकर** 考えなしに；後先を考えずに लोग उसपर आँख मूँदकर भरोसा करने लगे थे 皆は考えなしにその男を信頼し始めた **आँख (आँखें) मूँदना** *a.* 目をつぶる；目を閉じる आँखें मूँदे बैठे रहे 目をつぶってじっと座っていた आँख मूँदकर जप करना 目をつぶって念誦を唱える *b.* 息を引き取る इस वीर पुरुष ने सदा के लिए आँखें मूँद लीं この勇者は永遠の眠りについた *c.* 見ぬふりをする；知らぬふりをする；目をふさぐ；目をつぶる समस्या की ओर से आँख मूँदकर 直面する問題に目をつぶって **आँख (आँखों) में आँख गड़ाना (डालना)** *a.* 見つめ合う *b.* 目をそらさずにじっと見る **आँख में आँजने भर को भी न हो॰** 全然ない；ほんの少しもない **आँख में आँसू न आ॰** 涙も出ない；全く悲しくない **आँख (आँखों) में उँगली क॰** 欺く；だます＝आँख में उँगली डालना. **आँख में कच्चा बैठना** 失明する **आँख में काँटा हो॰** 我慢ならない；耐え難い；忍び難い **आँख में काँटे की तरह खटकना** 甚だ不快な；ひどく気に障る＝आँख में काँटे की तरह चुभना. **आँख (आँखों) में काजल न टिकना** 激しく泣く **आँख में किरकिरी हो॰** *a.* 目障りな *b.* 気にくわない；不快な **आँख (आँखों) में खटकना** 目障りになる (-की) **आँख में ख़ाक झोंकना** (ーを) まんまとだます；まんまと引っかける；ペテンにかける；(ーに) 一杯食わせる **आँख (आँखों) में ख़ार हो॰** ＝आँख में काँटे की तरह खटकना. **आँख में खुबना** 目障りな（もの）；不快な感じのする（もの）；目の上のこぶ **आँख (आँखों) में ख़ून उतरना** 殺気立つ；目が血走る उस बालिका के ज़मीन पर गिरते ही वहाँ के भीलों की आँखों में ख़ून उतर आया その女の子が地面に倒れたとたん居合わせたビール族の男たちは殺気立った **आँख (आँखों) में गड़ना** ＝आँख में खुबना. **आँख (आँखों) में गड़नेवाली किरकिरी** 甚だ目障りなもの；全く不快なもの **आँख में गिरना** 名誉や名声が地にまみれる **आँख में घूम जा॰** ＝आँख के सामने घूम जा॰. **आँख (आँखों) में चढ़ना** *a.* 気に入る *b.* 目にとまる；欲しくなる **आँख में चरबी छाना** ＝आँख पर चरबी छाना. **आँख (आँखों) में चुभना** ＝आँख में चुभना. **आँख में झाँकना** 人の心の中を推察する **आँख(आँखों) में टँग जा॰** 空を見上げる **आँख उघारना** 目を見開く；警戒する；用心する **आँख (आँखों) में टेसू फूलना** 浮かれる；有頂天になる **आँख में डर न हो॰** 怖いものがなくなる；何も恐れがなくなる **आँख में तरावट आ॰** 気分爽快となる；はつらつとする **आँख (आँखों) में तीसी फूलना** ＝आँख में टेसू फूलना. **आँख (आँखों) में धूल झोंकना** ＝आँख में ख़ाक झोंकना. यहाँ जो आदमी आँखों में धूल झोंक सके, वही सफल है ここでは人をまんまとだませる人だけが成功するのだ **आँख में नमक (नमक-मिर्च) झोंकना** ひどい目に遭わせる；だます；一杯食わせる＝आँख में मिर्च झोंकना (डालना; दे॰) **आँख (आँखों) में पानी आ॰** *a.* 泣けてくる *b.* 哀れを催す **आँख (आँखों) में पानी न हो॰** 全くの恥知らず；厚顔無恥な **आँख (आँखों) में पानी भर आ॰** ＝आँख में पानी आ॰. **आँख में फीका लगना** 見栄えがしない **आँख में मछली तैरना** 涙が出る；泣き出す (-की) **आँख में मिर्च का अंजन क॰** (ーを) 大変困らせる；ひどく苦しめる **आँख में मुरव्वत हो॰** 恥じらいのある **आँख (आँखों) में मैल आ॰** わだかまりが生じる **आँखों में मैल लाना** 心にわだかまりを抱く (-को) **आँख (-आँखों) में रखना** (ーを) 大切にする **आँख (आँखों) में लाज न हो॰** ＝आँख में पानी न हो॰. **आँख में सरसों फूलना** ＝आँख में टेसू फूलना. **आँख (आँखों) में सलाई क॰** ひどいことをする；ひどい目に遭わせる＝आँख में सूई डालना. **आँख में सुख कलेजे में ठंढक हो॰** 満悦する；大満足する **आँख (आँखों) में सूई डालना** ひどい目に遭わせる **आँख (आँखें) मोड़ना** ＝आँख फेरना. **आँख (आँखें) रखना** *a.* 見張る；監視（看視）する *b.* (-पर) (ーに) 目をかける；気を配る *c.* (-पर) (ーを) 欲しがる **आँख (आँखें) रत्ती हो॰** 目が怒りに血走る **आँख लगना** *a.* 眠り込む थका हारा एक पेड़ के नीचे लेटा.आँख लग गई 疲れはてて一本の木の根方に横たわった．そして眠り込んでしまった．*b.* 目と目が合う *c.* 目をつける *d.* 気に入る *e.* 目が向く **आँख (आँखें) लगाना** *a.* よこしまな気持ちを起こす；不正な方法で手に入れようと思う；目をつける *b.* 恋をする **आँख (आँखें) लगी रहना** *a.* 待ちこがれる *b.* じっと見つめる *c.* 望みをかける **आँख (आँखें) लजाना** 恥ずかしい；恥ずかしい思いがする **आँख (आँखें) लड़ना** 目と目が合う；恋をする；恋が芽生える **आँख (आँखें) लड़ाना** *a.* じっと見つめる；恋人同士が見つめ合う *b.* 恋をする **आँख (आँखें) ललचाना** 待ちこがれる **आँख (आँखें) लाल क॰ (हो॰)** 腹を立てる **आँख (आँखें) लालपीली क॰ (हो॰)** ＝आँख लाल क॰ (हो॰). **आँख (आँखें) सीधी क॰** 面と向かい合う **आँख (आँखें) सेंकना** 美しいものを堪能するまで見る **आँख (आँखों) से** 心から；心底から **आँख (आँखों) से अंगार (आग) बरसना** 激怒する **आँख से आँख जुड़ना** 目と目が合う **आँख (आँखों) से आग बरसना** ＝आँख से अंगार बरसना. **आँख (आँखों) से उतरना (गिरना)** *a.* 品位を下げる；品格が下がる *b.* 忘れる；忘れられる **आँख (आँखों) से ओझल हो॰** 見えなくなる **आँख (आँखों) से काजल चुराना** ＝आँख का काजल चुराना. **आँख से गुज़रना** 現れる；目の前に来る **आँख (आँखों) से चिनगारी छूटना (-निकलना; -फूटना; -बरसना)** 激しく怒る；激怒する **आँख (आँखों) से चुराकर** こっそりと；内緒で＝आँख से छिपाकर. **आँख (आँखों) से दिखाई दे॰** わかる；理解できる；のみこめる **आँख से दूर हो॰** 遠ざかる；立ち去る (-) **आँख से न उतरना (निकलना; हटना)** (ーが) 忘れられない **आँख से न देखना** 見向きもしない **आँख से नमस्कार क॰** 礼儀正しく挨拶を返さない **आँख से सलाम क॰** ＝आँख से नमस्कार क॰. **आँख (आँखें) हरी हो॰** 嬉しくなる (-पर) **आँख हो॰** (ーに) 目をつける **आँखें उठ जा॰ (उठी हो॰)** 注目される **आँखें कहना** 考えや気持ちが目に現れている तुम्हारी आँखें कह रही हैं.तुम्हारे पाँव लड़खड़ा रहे हैं 君の目を見ればわかる．君の足はふらついているぞ **आँखें काँच हो॰** 死ぬ **आँखें ख़राब हो॰** 目が悪くなる；視力が衰える सिनेमा मत देखो, आँखें ख़राब हो जाएँगी 映画を見ないようになさい．目が悪くなるぞ **आँखें खिलना** 喜ぶ；嬉しくなる；嬉しさに目が輝く **आँखें खींचना** 目を引く；注意を引く **आँखें खुली रहते** 目の黒いうちに **आँख (आँखें) खोलकर देखना** *a.* 熟慮する *b.* 注意深く見る **आँखें गुद्दी में रहना (हो॰)** *a.* 愚かしいこと *b.* 見えないこと **आँखें गोल हो जा॰** 目を丸くする；驚く；たまげる **आँखें घुमा ले॰** 配慮をやめる **आँखें चढ़ना** 眠気のため目が充血する **आँखें चढ़ाना** 目を剥く **आँखें चारों तरफ़ रहना (हो॰)** あらゆることに注意を払う；あらゆる面に気を配る **आँखें चुँधियाना** 目をくらませる **आँखें जाती रहना** 失明する **आँखें टँगी हो॰** 首を長くして待つ；鶴首する **आँखें टेढ़ी मेढ़ी हो॰** ご機嫌斜めな；不機嫌な **आँखें ठंडी रहना** 幸せに暮らす；安穏に暮らす **आँखें ठंडी हो जा॰** 満悦する；大いに満足する **आँखें तनना** 怒る **आँखें तर हो॰** 涙がこみあげる **आँखें तरेरना** にらみつける भेड़िया आँखें तरेरता हुआ मेमने की तरफ़ बढ़ा オオカミはにらみつけながら子羊の方に進んだ **आँखें तलवों से मलना** 媚びへつらう **आँखें तिरमिरा जा॰** 驚きに目が回る **आँखें थकना** *a.* 待ちくたびれる *b.* 見とれる；見ほれる **आँखें दरवाजे से लगी हो॰** 待ちこがれる **आँखें दुखना** *a.* 目が痛む *b.* (羨ましさに) 見るのが辛い；妬ましい **आँखें दो चार हो॰** 目と目が合う；顔を合わせる **आँखें धोना** よくよく見る **आँखें नाचना** ひどく空腹な；空腹のあまり目が回りそうな **आँखें निकल पड़ना** *a.* 激しく怒る；激怒する *b.* とても衰弱した表情のたとえ **आँखें निकाल ले॰** 厳しく罰する **आँखें पक जा॰** 待ちくたびれる **आँखें [पैदा] क॰** *a.* 礼儀作法を覚える *b.* 鑑賞力や判断力を身につける **आँखें प्यासी हो॰** 見たくて堪らない **आँखें फटी रह जा॰** 目を奪われる；目を見張る **आँखें फाड़कर घूरना** にらみつける **आँखें फाड़ना** 目を大きく開く；目を皿のようにする आँखें फाड़-फाड़कर बाहर की ओर देखे जा रहे थे 目を皿のようにして外の方をずっと見ていた **आँखें फाड़े हो॰** よく注意して見る **आँखें फेरना** そっぽを向く；無視する **आँखें फैलना** 驚きのあまり目を見張る；目を丸くする उसकी आँखें फैल गईं 女は目を丸くした **आँखें फोड़ना** *a.* 目玉をつぶす；目をつぶす *b.* 目を凝らす *c.* 目を酷使する **आँखें बंद कर** *a.* 考えなしに；見境なしに *b.* 恐れずに **आँखें बंद कर ले॰** *a.* 息を引き取る；死ぬ *b.* そっぽを向く **आँखें बंद हो॰** 目を閉じる；死ぬ；永眠する **आँखें बँधना** 目を奪われる；目が引きつけられる **आँखें बाहर निकल आ॰** (首を絞められて) 白目を見せる **आँखें भर आ॰** 涙があふれ出る बहादुरशाह की आँखें भर आईं バハードゥルシャーの目には涙があふれ出た **आँखें मलना** *a.* (眠いので) 目をこする *b.* (目にものが入ったので) 目をこする **आँखें मिट जा॰** 失明する **आँखें मूँदकर** ＝आँखें बंद कर. **आँखें रह जा॰** *a.* あきれ返る *b.* 目

がとても疲れる **आँखें राह में बिछाना** 待ちこがれる；待ちもうける **आँखें रोशन क॰(हो॰)** *a.* 嬉しくなる；喜ぶ；目を細める *b.* 道理をわきまえる **आँखें लगना** (眠気に) 目がふさがる एक पल के लिए भी उसकी आँखें नहीं लगीं ただの一瞬も目がふさがらなかった **आँखें लगाए बैठना** 待つ；待機する **आँखें लगाए रखना** *a.* 待つ *b.* 見つめる **आँखें लगाकर देखना** 見張る **आँखें लहू सी हो॰** 激しく怒る **आँखें सफ़ेद हो जा॰** 失明する (-की) **आँखें सहना** (ーの) 怒りに耐える **आँखें सुजाना** 目を泣きはらす **आँखें सूजना** 目を泣きはらす रोते रोते उनकी आँखें सूज गईं 泣きに泣いて目が腫れてしまった **आँखों का नासूर हो जा॰** 悲しみのたね；絶えず悲しみをもたらす **आँखों का बीमार** 恋患い **आँखों का शिकार हो॰** (ーの) 目の虜になる；目に魂を奪われる **आँखों का सोता सूख जा॰** 涙が涸れる (-) **आँखों की ओट हो जा॰** (ーが) 姿を消す；見えなくなる → आँख की ओट क॰. **आँखों की क़सम** 誓って言う；絶対本当の話 **आँखों की कोर से देखना** *a.* 盗み見る *b.* 慈悲の眼差しで見る **आँखों के आगे चाँदना हो॰** *a.* はっきり見える *b.* はっきり見えない **आँखों के आगे चिनगारी छूटना** *a.* 眩しさに目がくらむ *b.* 衰弱して目がくらむ **आँखों के आगे तारे छूटना (नाचना)** *a.* ふらふらになる；衰弱してめまいがする *b.* 物理的な打撃を受けて目が回る **आँखों के आगे तितलियाँ उड़ना** = आँखों के आगे तारे छूटना. **आँखों के आगे लौ छूटना** = आँखों के आगे चिनगारी छूटना. **आँखों के आगे से परदा हटना** 目から鱗が落ちる **आँखों के तले लहू उतरना (उतराना)** 目が血走る **आँखों के तीर चलाना** 流し目で見る **आँखों के नाख़ून ले॰** *a.* 作法を習う *b.* 技能を身につける；習熟する *c.* 小賢しい振る舞いをする **आँखों के पाँवड़े बिछाना** = आँखें राह में बिछाना. **आँखों के बल** 喜んで；大喜びで；進んで **आँखों के बल चलना** 注意深く歩む **आँखों के सामने तितलियाँ उड़ना** 目がくらむ；めまいがする= आँखों के आगे तितलियाँ उड़ना. **आँखों के हुज़ूर में रखना** 四六時中そばに留めておく **आँखों को खींचना** 目を引く；注目される **आँखों को खो बैठना** 失明する **आँखों को चौंधियाना** *a.* 眩しさに目がくらむ *b.* 目を丸くする **आँखों को पकड़ना** = आँखें खींचना. **आँखों तले अँधेरा छा जा॰** 目の前が真っ暗になる；目がくらむ यहाँ ज़रा सी परीक्षा की तो 32 रु॰फ़ीस.आँखों तले अँधेरा छा गया ここではほんのちょっとした検査で32ルピーの診察料だ．目の前が真っ暗になったぜ **आँखों देखकर** 承知の上で；わざと **आँखों देखकर मक्खी निगलना** 悪事に目をつぶる **आँखों देखते** 目の前で；見ている前で **आँखों देखा** 目撃した；目で見た；目にした उसने आँखों देखी बात कही 目撃したことを語った **आँखों देखा न कानों सुना** 見たことも聞いたこともない；前代未聞の **आँखों देखा हाल** 実況 आँखों देखा हाल सुनवाया जाएगा 実況放送が行われる予定 **आँखों देखी कानों सुनी** 実際に起こった；実際に見て聞いた；体験した **आँखों देखी मानूँ, कानों सुनी न मानूँ** 〔諺〕百聞は一見に如かず **आँखों पर हाथ रखना** 自分の目をふさぐ **आँखों में** 眠らずに यहाँ सारी रात आँखों में गई है ここじゃ夜通し起きていた **आँखों में अंगारे जलना** 激怒する **आँखों में आँखें गड़ाना** 目を覗き込む मदन की आँखों में आँखें गड़ाते हुए कहा マダンの目を覗き込みながら言った **आँखों में आँखें पड़ना** 恋に落ちる **आँखों में आँसू आ जा॰** 涙がこみあげる= आँख डबडबाना. **आँखों में आँसू लिए** 目に涙を浮かべて **आँखों में उतरना** 目に表れる **आँखों में कहना** 目でものを言う **आँखों में क़ैद क॰** 目の奥に焼き付け；いつまでも記憶に留める **आँखों में कौंध जा॰** 目の前によみがえる **आँखों में घर क॰** *a.* 目に焼き付いて離れない *b.* とても愛しい **आँखों में चकाचौंध हो॰** = आँखों को चौंधियाना. **आँखों में चित्र खींच जा॰** 目に焼き付く **आँखों में चोब आ॰** 目が赤くなる **आँखों में छाये रहना** 頭から離れない；いつも気になる (-की) **आँखों में जगह क॰ (मिलना)** (ーに) 大切に思われる (-को) **आँखों में जगह दे॰** (ーを) 大切にする；敬う **आँखों में जगह मिलना** = आँखों में जगह क॰. **आँखों में जान आ॰** 爽快になる；生気が戻る= आँखों में जी आ॰. **आँखों में झूलना** 思い出される **आँखों में डोरे डालना** 目が血走る；怒る；怒りの表情を現す **आँखों में डोरे लगाना** (恋に) 誘う；誘惑する **आँखों में दर्द हो॰** *a.* 目が痛む *b.* 見るのも嫌な感じのする (-की) **आँखों में धूल झोंकना** *a.* (ーの) 目をくらます वे अंग्रेज़ों की आँखों में धूल झोंककर भारत से निकल गए 氏はイギリス人の目をくらましてインドから脱出された *b.* (ーの) 目をごまかす कारीगर लोग मालिक की आँखों में धूल झोंककर अपना उल्लू सीधा कर लेते हैं 職人は主人の目をごまかして自分の利益をはかる **आँखों में नमक दे॰** 目つぶしをする **आँखों में नाचना** いつまでも思い出される；深く記憶に刻まれる **आँखों में पट्टी बाँधना** = आँख पर पट्टी बाँधना. **आँखों में पड़ना** (ーが) 目に映る；目に入る；見える **आँखों में पानी छलछला आ॰** 目に涙があふれ出る बूढ़े की आँखों में पानी छलछला आया 老人の目には涙があふれ出た **आँखों में पालना** とても可愛がる；とても大切にする **आँखों में फिरना** しきりに思い出される सुहृद मित्रों के जमघटे आँखों में फिरने लगे 親友たちの集いがしきりに思い出される **आँखों में फिरना** = आँखों में नाचना. **आँखों में बसंत छाना** 嬉しいことばかりがある；嬉しいことずくめの= आँखों में बसंत फूलना. **आँखों में बसना** = आँखों में नाचना. **आँखों में बैठना** *a.* 気に入る *b.* 色彩がきつく感じられる **आँखों में बैठाना** とても可愛がる；愛おしくて仕方がない；一刻も手放さない **आँखों में भंग घुटना** バーング摂取の影響（陶酔感）が目に現れる **आँखों में मिर्च झोंकना** = आँखों में नमक दे॰. **आँखों में मैल लाना** いやな感じを起こさせる **आँखों में मैल हो॰** 恥じる；恥じらいを感じる (-) **आँखों में रखना** *a.* (ーを) とても可愛がる *b.* (ーを) 大切に保存する **आँखों में रमना** = आँखों में नाचना. **आँखों में रहना** = आँखों में नाचना. **आँखों में रात कटना (काटना)** 一睡もせずに夜を明かす **आँखों में लिहाज़ हो॰** 思いやりがある **आँखों में समाना** 非常に愛おしい；胸に深く刻まれる；いつまでも記憶にとどまる **आँखों में सरूर हो॰** 目が充血する **आँखों में हरियाली छाना** = आँखों में बसंत छाना. (-की) **आँखों में हलका हो जा॰** (ーに) とって敬意が薄れる **आँखों से आँखें चार हो॰** 目と目が合う **आँखों से आ॰** 謙虚に振る舞う **आँखों से इशारा क॰** 目配せする **आँखों से उतरना** 評判を落とす **आँखों से क॰** 心底からする **आँखों से क़बूल हो॰** 心底から受け入れる **आँखों से ख़ून आ॰** 激しく怒る= आँखों से ख़ून टपकना. **आँखों से गंगा जमुना बहना** さめざめと泣く **आँखों से गिरना** 評判を落とす；信用を落とす **आँखों से चिनगाड़ी छूटना** くたくたに疲れる；疲労困憊する **आँखों से ज़माना देखना** 経験を積む **आँखों से जान निकलना** 待ちくたびれる **आँखों से झड़ी लगना** = आँखों से गंगा जमुना बहना. **आँखों से ताड़ ले॰** 察知する **आँखों से परदा हटना** 目から鱗が落ちる **आँखों से पीना** *a.* 詳しく見る *b.* 目を皿のようにして見る **आँखों से बातें क॰** 目で言葉を交わす；目配せで意志を伝達する **आँखों से मोती गिरना** 泣く；涙を流す **आँखों से लगाना** *a.* 大切にする *b.* 有り難く頂く **आँखों से लहू टपकना** *a.* 激しく怒る *b.* 非常に残念に思う；大変遺憾に思う **आँखों से विष उगलना** 怒りをこめた目で見る；にらみつける **आँखों ही आँखों में** 目配せで **आँखों ही आँखों में चुरा ले॰** 相手の少しの油断の隙に盗み取る；かすめ取る

आँखमिचौनी [名*] (1) かくれんぼう遊び (2) だますこと；だまし **आँख-मिचौनी खेलना** *a.* かくれんぼう遊びをする *b.* だます；欺く

आँखमिचौली [名*] = आँखमिचौनी.

आँखलगी [名*] 恋人；愛人

आँखवाला [形$^+$・名] (1) 目明き；晴眼者= आँखोंवाला. (2) 目明（道理のわかる人） (3) 経験豊かな人

आँगन [名] 四囲を家などの建物で囲まれた庭；中庭 हम आँगन में एक पेड़ के नीचे बैठ जाते हैं 私たちは中庭の１本の木の下に腰を下ろす मंदिर का आँगन 寺院の中庭

आंग्लो [形] 《E. Anglo》(1) イギリスの (2) 英語の

आँग्लो-सैक्सन [形・名] 《E. Anglo-Saxon》(1) アングロ・サクソン人（の）；アングロ・サクソン民族；英国人 (2) アングロ・サクソン語の

आँच [名*] (1) 火；火焔 (2) 熱；火の熱；焼き (3) 危険；危機 (4) 激しい感情の動き (-पर) **आँच आ॰** (ーが) 危なくなる；危険が及ぶ；危険や危機に陥る；危うくなる अपनी राष्ट्रीय एकता तथा अखंडता पर आँच न आने दें 自分たちの国家の統合に危険が及ばないように कहीं भी उनके कारण पति की प्रतिष्ठा पर आँच नहीं आई あの人のせいで夫の名誉に危険が及んだわけでは全くない **आँच का खेल** 命がけのこと **आँच खाना** *a.* 熱くなる；熱せられる *b.* 腹を立てる；立腹する；怒る *c.* 焦げる；焦げつく（料理） (-को) **आँच दिखाना** (ーを) 熱する；(ーに) 熱を加える；焼きを入れる (-को) **आँच पहुँचना** = (-पर) आँच आ॰. ऐसा करने से उनकी सामाजिक प्रतिष्ठा को आँच पहुँचेगी こうすることでその人たちの社会的威信が危うくなるのだ **आँच पाना** = आँच आ॰. **आँच बुझना** 怒りが鎮まる **आँच लगना** = आँच आ॰. **आँच लगाना** *a.* 熱する；温める *b.* 害する；害を与える **आँच सहना** 苦難に耐える **आँच से खेलना** 危険を承知の上でする；わざと命がけでする

आँचल [名] (1) ドーティーやサリーなど縫製されていない着物の端の部分= पल्ला; छोर. (2) サリーやオールニーの胸にかかる部分；アーンチャル (3) 上より転じて母性愛を象徴したり母親の胸や乳房を暗示する सीता का आँचल आँसुओं से भीग गया था シーターのサリーの胸は涙で濡れてしまっていた स्त्रियाँ अपने आँचल से अनाज के दाने लेकर बीज बो रही हैं 女たちはアーンチャルに入れた穀物の種を蒔いている (4) 裾野 पहाड़ों का मटमैला आँचल बासंती फूलों से महकता 土色の山裾が春の花で匂う **आँचल का सर्वस्व** 愛児；愛し子 **आँचल की हवा लगना** 心の安らぎを得る **आँचल डालना** 哀れな様子で物乞いする **आँचल दबाना** 乳児が母親の胸から乳を飲む **आँचल दे॰** *a.* 子供に乳房を含ませる *b.* 結婚式の行列が出発する際花婿の母親が花婿にアーンチャルを掛けたりカージャル काजल をつけたりする儀式 (-का) **आँचल पकड़ना** *a.* (−と) 結婚する *b.* (−を) 支える；支援する **आँचल पड़ना** 人にアーンチャルが掛かる（良くないこと，縁起の悪いこととされる） **आँचल पर बैठाना** 歓待する；歓迎する **आँचल पसारना** アーンチャルを外側へ広げるようにしてうやうやしく頼んだり言ったりする．願い上げる；哀願する；ひれ伏して頼む；言上する **आँचल फाड़ना** *a.* 子供が生まれなかったり育たなかったりする女性が子供を授かるように願って行う呪法 *b.* パルダーを行う女性がその制約を越えて口をきくこと→ पर्दा. **आँचल फैलाना** = आँचल पसारना. माँ आँचल फैलाकर याशिद के सामने खड़ी हो गई, "सरकार, आप का यह अहसान मैं ज़िंदगी भर नहीं भूलूँगी" 母はアーンチャルを持ち上げヤーシドの前に立った.「この御恩は一生忘れません」 **आँचल बिछाना** = आँचल पर बैठाना. **आँचल मुँह पर ले॰** アーンチャルで顔を隠す **आँचल में बाँधना** 記憶の目印にアーンチャルに結び目をつける (-) **आँचल में बाँधना** 四六時中身につける；常に持ち歩く **आँचल में बात बाँधना** *a.* 肝に銘じる *b.* 堅く信じる；確信する (-के) **आँचल में मुँह छिपाना** (−に) すがる；(−に) 助けを求める **आँचल में सात बातें बाँधना** 呪いをする；呪法をする **आँचल रोपना** = आँचल पसारना. (-का) **आँचल ले॰** *a.* (女性が−に) 平伏して挨拶をする *b.* (−を) 歓迎する；うやうやしくもてなす **आँचल सँभालना** 女性がきちんとサリーをまとう

आँचल पल्लू [名] サリーの縁の刺繍をした部分

आँचलिक [形] *a.* 周辺の *b.* 辺境の；辺境地域の *c.* 地方の；田舎の；地域の；土地の；地域的な इस मेले में आँचलिक उत्पादनों का लेन-देन होता है この縁日では地域の産物の取引が行われる भोजपुरी के शब्दों और आँचलिक मुहावरों का प्रयोग ボージプリー語の語彙と地域のイディオムの使用

आँचलिक उपन्यास [名]〔イ文芸〕ヒンディー文学で 1950 年代の半ばから現れた農村地域の人々の人物像とその生活が従来になくきめ細かく描かれた一連の小説の呼称. फणीश्वरनाथ 'रेणु' 作 मैला आँचल(1950) が嚆矢とされる

आँचू [名] (1)〔植〕バラ科ヤブイチゴ【*Rubus fruticosus*】 (2)〔植〕バラ科キイチゴ【*Rubus paniculatus*】

आँजन बगुला [名]〔鳥〕サギ科アオサギ【*Ardea cinerea*】〈grey heron〉

आँजना [他] 瞼のふちにアンジャン (→ अंजन) などを塗る हज़ार हज़ार लुगाइयाँ मेरे किशोर सुकुमार चरणों की धूल आँखों में आँजा करती थीं 幾千人もの女たちがいつも私の小さな愛らしい足についた土埃を瞼のふちに塗るのであった

आँट[1] [名*] (1) 親指と人差し指との間の部分 (2)（スポーツ競技に用いられる）手；技 (3) 仲違い；わだかまり；敵意 (4) 結び目 (5) 束；束ねたもの **आँट डालना** 仲違いさせる **आँट पड़ना** わだかまりが生じる；仲違いする；いがみ合う **आँट पर चढ़ना** 人の手に乗る；人の手に乗せられる；思い通りに操られる **आँट रखना** 敵意を抱く **आँट लगाना** 妨げる；妨害する

आँट[2] [名*] 金や銀の品質を確認するためにつける引っかききず

आँटना [自] = अँटना.

आँट-साँट[1] [名*] (1) 組み合わせ (2) 策謀；策略；陰謀

आँट-साँट[2] [名*] = अंटसंट.

आंटी [名*]《E. auntie》おばさん；小母さん；おばちゃん "कौन-सा पिल्ला लोगे, राजू?" "जो आप देंगी, आंटी जी." 「どの子犬にする，ラージュー君」「どの犬でも下さるものならいいよ，おばさん」

आँटी [名*] (1)（草やわら，糸やひも状の物などを）まとめたり束ねたりしたもの；束；かせ (2) ポケット代わりの物入れ用にドーティーの端に結んだ部分 (3)〔ス〕腰投げ **आँटी काटना** 懐中物をする（掏摸が）；掏摸取る **आँटी गर्म हो॰** 景気が良い；金回りが良い **आँटी पड़ना** わだかまりが生じる **आँटी मारना** 親指と人差し指とで挟んで盗み取る

आँड़ [名] 陰嚢；金玉= अंडकोश

आँड़ी [名*] (1) 束；束ねた物；かたまり (2) 球根などの玉

आँड़ू [形] 去勢されていない（動物）

आँड़े बाँड़े [名] うろつくこと；徘徊すること **आँड़े बाँड़े खाना** うろつく；うろつき回る；徘徊する

आँत [名*] はらわた（腸，大腸と小腸．通常，pl. आँतें の形で用いられる）आँतों का क्षय रोग 腸結核 वे आँतों की दीवारों में छिद्र बनाकर रक्त पीते हैं それらは腸に穴を開けて血を吸う **आँत उतरना**〔医〕脱腸= हर्निया. **आँत उलटी आ॰** 惨憺たるありさまになる；さんざんな状況になる；危難におちいる **आँत कढ़ना** 苦しみに合う；苦しくなる **आँत की आँत** とても長い；長々とした；長たらしい **आँतें अकुलाना** = आँतें कुलबुलाना. **आँतें कटना** ひどい下痢をする **आँतें करोना** = आँतें कुलबुलाना. **आँतें कुलबुलाना** とても空腹になる；腹がぺこぺこになる；空腹のため腹が鳴る **आँतें गले पड़ना** 危難に陥る；苦しい状況になる **आँतें गले में आ॰** 困り果てる；難儀する **आँतें निकलना** = आँतें गले में आ॰. **आँतें भारी हो॰** 腹が張る **आँतें मुँह में आ॰** = आँतें गले में आ॰. **आँतें समेटना** ひもじさを我慢する；空腹をこらえる **आँतें सूखना** 食べ物に事欠く；食うに困る；口が乾上がる **आँतों का कुलह अल्लाह पढ़ना** = आँतें कुलबुलाना. **आँतों का बल खुलना** 腹一杯食べる **आँतों का बल खुलवाना** 腹一杯食べさせる；満腹させる **आँतों में बल पड़ना** おかしさに笑いが止まらず腹が痛くなる；腹が痛む；腹の皮がよじれる **छोटी आँत (छोटी आँतें)** 小腸 = लघु आंत्र. **बड़ी आँत (बड़ी आँतें)** 大腸 = बृहद् आंत्र.

आंतर [形] 内の；内側の；内部の

आंतरस्थलीय [形] 内陸の

आंतरस्थलीय सागर [名]〔地理〕内海

आंतरांग [名] 内臓

आंतरिक [形] (1) 内部の；内側の आंतरिक अंग 内部；内部器官 आंतरिक प्रक्रियाएँ 内部反応 आंतरिक समस्याएँ 内部問題 शरीर के आंतरिक भागों को 身体の内部を आंतरिक सूचना 内示 (2) 国内の；国家内の आंतरिक शांति और सुव्यवस्था 国内平和と秩序 हमारे देश का आंतरिक मामला わが国の国内問題 आंतरिक नीति हो या विदेश नीति 国内政策であれ対外政策であれ **आंतरिक सुरक्षा क़ानून** 国家治安法 **आंतरिक सुरक्षा मंत्री** 国内治安相 (3) 心からの；心底からの चेहरा आंतरिक ख़ुशी से चमक रहा था 顔は心底からの嬉しさに輝いていた

आंतरिक सज्जा [名*] 室内装飾；インテリア（装飾）

आंतरिक्ष [形] ← अंतरिक्ष 宇宙の；宇宙に関連した

आंतर्जातीय [形]《E. inter + H.》ジャーティ間の；カースト間の；異カースト間の आंतर्जातीय विवाह 異カースト間の結婚

आंतिक [形] 最後の；最終的な

आंत्र[1] [名] 腸（大腸，小腸など）

आंत्र[2] [形] 腸の

आंत्रशोथ [名]〔医〕腸炎 उड़ीसा में हैज़े और आंत्रशोथ का प्रकोप オリッサでコレラと腸炎の猖獗

आंत्रिक [形] 腸の；腸に関わる

आंत्रिक ज्वर [名]〔医〕腸チフス

आंत्रीय [形] 腸の

आंदोलक [形] (1) 振動する (2)（目的達成のため）運動する；活動する

आंदोलन [名] (1) 振動 (2) 震動 (3)（目的達成のための）運動；活動 भूदान का आंदोलन ヴィノーバー・バーヴェー (विनोबा भावे) による農地を持たない人たちや貧農への農地寄進運動；ブーダーン運動 राजनीतिक आंदोलन 政治運動 दहेज़ के ख़िलाफ़ आंदोलन 持参財贈与制度反対運動 बहर हाल मध्य प्रदेश में पहली बार पुलिस ने आंदोलन किया है ともかくマディヤ・プラデーシュ州では初めて警察官が運動を行った **आंदोलन खड़ा क॰** 運動を起こす

आंदोलनकारी [名・形] 活動する；運動する；活動家；運動家 आंदोलनकारी विद्यार्थी 活動家学生；学生活動家

आंदोलित [形] 激しく揺り動かされた；強く動かされた **आंदोलित क॰** 激しく揺り動かす；突き動かす उन्होंने मेरे जीवन को आंदोलित

कर मेरे व्यक्तित्व का एहसास कराया あの方が私の生活を突き動かし自分について意識させた **आंदोलित हो॰** 激しく揺り動かされる；突き動かされる अनेक समस्याएँ उनके हृदय में आंदोलित हो रही हैं いろいろな問題が胸の内で激しく揺れ動いている

आँध [名*] (1) 暗がり；暗闇 (2)〔医〕夜盲症；鳥目

आँधर [形] 目の見えない；盲目の；視力のない；盲の

आँधियारा [名] 暗闇；暗黒 = अँधियारा. चारों ओर घुप आँधियारा 四方は真っ暗闇

आँधी [名*] (1) 暴風（特に竜巻を伴った強風）；砂嵐 इत्तिफ़ाक से ज़बरदस्त आँधी चली たまたま猛烈な砂嵐が吹いた (2) 激しい勢いで襲ったり迫って来るもの；嵐；騒ぎ；騒乱 (3) 災厄；危難 **आँधी उठना** *a.* 運動や活動が起こる *b.* 騒ぎが起こる；混乱が起こる **आँधी उठाना** *a.*（目的達成のため）激しい運動を起こす；活動を始める *b.* 騒ぎを起こす；混乱を生じさせる **आँधी की तरह** 猛烈な勢いで；ものすごい速度で **आँधी की तरह आना, बगूले की तरह जा॰** 突然に現れすぐに消えるもの **आँधी के आम** *a.* ただで手に入った物；ただ同然に手に入った物 *b.* 短期間のもの **आँधी चलना** 嵐が吹く；嵐が吹き荒れる **आँधी बनना** 激しくなる；激化する **आँधी से खेलना** わざと危難に赴く **आँधी हो चलना** 一目散に逃げる= आँधी हो जा॰.

आंध्र [名] (1)〔地名〕アーンドラ州= आंध्र प्रदेश. (2) アーンドラ州の住民 (3)〔イ史〕サータヴァーハナ朝 सातवाहन वंश を興したアーンドラ族（部族名）

आँब [名] = आम्र. (1) ウルシ科マンゴーの木 (2) その果実

आँबा हलदी [名*]〔植〕ショウガ科草本マンゴーガジュツ【*Curcuma amada*】

आँयबाँय[1] [形] 無駄な；馬鹿げた；全くつまらない；しようがない

आँयबाँय[2] [名] 無駄話；馬鹿話；でたらめ（な話） **आँयबाँय क॰ (बकना)** 無駄話をする；馬鹿話をする फिर मैं जब तुमसे सवाल कर रहा था तब तुम सब आँयबाँय क्यों बकने लगे थे? こちらがたずねていたのに君たちはなぜでたらめをしゃべりだしたのだ

आँयबाँयसाँय (आँयबाँयशाँय) = आँयबाँय. **आँय बाँय साँय में उड़ा दे॰** 話をまぎらす；人の話をいいかげんにまぎらしたりあしらう

आँव [名]〔医〕(1) 赤痢や疫痢の際に見られる粘便や消化不良のために生じる白い粘液の混じった便 (2) 赤痢 (3) 下痢

आँवन [名] こしき（車輪の）；轂

आँवल [名] 羊膜= खेड़ी;जेरी. **आँवल का गिरना** 後産が出る

आँवल गट्टा [名] マラッカの木の果実を乾燥させた物（薬用）

आँवला [名] (1)〔植〕トウダイグサ科マラッカノキ【*Phyllanthus emblica; Emblica officinalis*】 (2) 同上の果実（酸味と渋みあり食用及び薬用）

आँवाँ [名] 陶磁器を焼く窯 **आँवाँ का आँवाँ बिगड़ना** 全体が出来損なうこと；全部が全部不出来なこと **आँवाँ बिगड़ना** (陶器が）うまく焼けないこと；焼け損なうこと

आंशिक [形] 一部分の；部分的な उत्तर प्रदेश में बस बंद आंशिक सफल ウッタル・プラデーシュ州でのバス・ストライキは部分的に成功

आँस[1] [名*] (1) ひも（紐） (2) 繊維

आँस[2] [名*] 痛み；疼き

आँस[3] [名] 涙= आँसू.

आँसी [名*] (1)〔ヒ〕祝い事に際して知人や友人に配られる菓子 (2) 分配される分；分け与えられる分

आँसू [名]（通常 pl. で用いられる）涙 खुशी के आँसू うれし涙= प्रसन्नता के आँसू. खुशी के आँसू भर आ॰ うれし涙がこみあげてくる आँसू पोंछते हुए 涙を拭きながら आँसू भरी आँखें 涙をたたえた目 आँसू नहीं रुकते 涙が止まらない **आँसुओं का तार बँधना** とめどなく涙を流す= आँसुओं का तार बहना. **आँसुओं की झड़ी बँधना (लगना)** 止めどなく涙が流れる **आँसुओं में डूबना** ひどく泣く= आँसुओं से मुँह धोना. **आँसू अपने अंदर पीना** 涙をこらえる **आँसू आ॰** 涙が出る；涙が流れ出る **आँसू उमड़ आ॰** 目頭が熱くなる= आँसू उमड़ पड़ना. **आँसू का घूँट पीकर रह जा॰** 涙をこらえる；涙を押し止める **आँसू गिराना** 泣く；涙を流す **आँसू चलना** 涙が流れる；涙が流れ落ちる= आँसू छनना. **आँसू छलकना** 涙があふれ出る；涙ぐむ **आँसू टपकाना** 悲しむ **आँसू डबडबा आ॰** 涙ぐむ；涙があふれ出る **आँसू ढालना** 涙を流す **आँसू निकल पड़ना** 泣き出す **आँसू पलकों पर हो॰** 涙もろい **आँसू पीकर रह जा॰** 心の中で泣く **आँसू पीना** 涙をこらえる；心で泣く उसने अपने आँसू पी लिए 彼女は涙をこらえた हमारे समाज में ऐसी रूढ़िवादी परंपराएँ फैली हुई हैं, जिनके कारण व्यक्ति को सब कुछ सहकर आँसू पीने पड़ते हैं 我々の社会には人がすべてに耐え涙をこらえなくてはならない因習が広まっている **(-के) आँसू पोंछना** *a.*（ーを）励ます；激励する *b.*（ーを）慰める गरीब हरिजनों एवं आदिवासियों की दयनीय स्थिति से द्रवित होकर उनके आँसू पोंछ रहे हैं 貧しいハリジャンや先住民の人たちの惨めな状況を哀れに感じその人たちを励ましている **आँसू बरसना** おいおい泣く；激しくなく **आँसू बहना** 涙が流れる；悲しむ **आँसू बहाना** 泣く；涙を流す दुःख के आँसू बहाना 悲しみの涙を流す **आँसू भर लाना** 涙ぐむ；泣き出す **(-के) आँसू (= के) सिर पड़ना** （＝にーの）呪いがかかる **आँसू सूख जा॰** 悲しみのあまり涙も出ない

आ-[1] [造語] 対格名詞を従えて，限界，境界，起点を表すサンスクリット語の前置詞に由来するがヒンディー語では副詞や形容詞を作る आजीवन 生涯；死ぬまで आसमुद्र 海まで；海浜まで आमरण 死に至る；決死の आमरण अनशन 決死の断食

आ-[2] [接頭] 動詞の前に用いられて動作の接近や反対方向を示したり形容詞の前に用いられて少しの意を加えたりするサンスクリット語の接頭辞 आपात 発生← पात. आदान 受け取ること；受領← दान

-आ[1] [接尾]《Skt.》サンスクリット語からの直接借用語に見られるもので男性名詞から女性名詞を作ったり形容詞男性形から女性形を作る आदरणीय 尊敬すべき→ आदरणीया. सुत 息子→ सुता 娘 बाल 男児→ बाला 女児

-आ[2] [接尾] -ई 語尾女性名詞に対応する男性名詞を作る बेटा 息子 ↔ बेटी 娘 लड़का 少年 ↔ लड़की 少女

-आ[3] [接尾] (1) 動詞語根に付加されて規則変化動詞の完了分詞（過去分詞）及び直説法過去時制形を作る √दौड़ 走る→ दौड़ा 走った. 母音で終わる語根にあっては音便のため -य् の入ることもある √खा 食べる→ खाया 食べた (2) なお，自動詞は主格主語の性・数に一致して -आ (-या) (mas. sg.), -ए (-ये) (mas. pl.), -ई (-यी) (fem. sg.), -ईं (-यीं) (fem. pl.) となる. √दौड़ 走る→ दौड़ा-दौड़े - दौड़ी-दौड़ीं 走った. (3) 他動詞は目的語の性・数に一致して -आ (-या) (mas. sg.), -ए (-ये) (mas. pl.), -ई (-यी) (fem. sg.), -ईं (-यीं) (fem. pl.) √खा 食べる→ खाया - खाए/खाये - खाई/खायी - खाईं/खायीं 食べた，となる (4) 完了分詞は名詞に転用されることがある √कह 話す→ कहा 話した मेरा कहा 私の話したこと (5) 動詞語根について動作・作用を表す名詞を作る √झगड़ 争う；戦う→ झगड़ा 争い；戦い (6) 名詞に付加されて形容詞男性単数形を作る. भूख ひもじさ → भूखा ひもじい (7) 動詞語根に付加されてその動詞から他動詞形語根，もしくは，使役形語根を派生させる बैठ 据わる → बैठाना 据える；設ける सुन 聞く → सुनाना 語る；聞かせる

आ [感] 人や動物を呼び寄せる言葉. おい，ほい，来い，こちらへ来いなど→ आना[1] の活用形（命令法二人称単数形が感動詞として用いられたもの） **आ बला, गले लग** 〔諺〕わざと破滅的な行動をとることや自ら厄介なことに首を突っ込むことのたとえ= आ बला गले पड़; आ बैल, मुझे मार.

आइंदा[1] [副]《P. آینده》(1) これから；これから先；今後；将来 आइंदा हमारे बीच कोई मेल-मुलाकात नहीं होगी これから先二度とお目にかかることはありますまい आइंदा पंचों को अख्तियार है, जो फ़ैसला चाहें करें 今後仲裁者は何でも望み通りの採決を下してよい (2) 再び；再度；また ऐसी बात आइंदा न कहना こんな話はもう二度とするな आइंदा ऐसा करेंगे तो ठीक नहीं होगा またこんなことをしたら承知しないぞ

आइंदा[2] [形] (1) 今後の；将来の (2) 次の；今度の；来る；来るべき आइंदा जुमेरात को 次の木曜日に

आइंदा[3] [名] 将来；未来；今後

आइ [名*]《E. eye》目；眼 = आई; आँख.

आइए[1] [自] आना の命令法の二人称 आप 対応形

आइए[2] [感] आना の命令法から転じて相手に丁寧に呼びかけたり動作を促したりするための言葉. さあどうぞ，ほらねなど

आइटम [名]《E. item》(1) 項目 (2) 種目 (3) 費目= मद.

आइडियल [形]《E. ideal》理想的な；申し分のない；最高の

आइडिया [名] 《E. idea》アイデア；着想；構想 वाह, आइडिया बुरा नहीं やあ，アイデアは悪くないぞ चित्र का आइडिया 絵の構想 उसी आइडिया को मैंने आकार दिया है 私はそのアイデアに形を与えた

आइडेंटिटी [名*] 《E. identity》アイデンティティー= पहचान.

आइडेंटिटी कार्ड [名] 《E. identity card》身分証明書= पहचान-पत्र; पहचान प्रमाण-पत्र.

आइनस्टाइन 〔人名〕《Einstein, Albert》アインシュタイン (1879–1955). 米国の理論物理学者；ユダヤ系ドイツ人 आइनस्टाइन का सिद्धांत 相対性理論

आइना [名] → आईन.

आइपीएस [名] 《E. I.P.S.; Indian Police Service》インド連邦警察職 आइपीएस का कैरियर छोड़ IPS のキャリアを捨てて

आइम वेरी सॉरी [感] 《E. I'm very sorry》本当にすみません；失礼致しました

आइरिश [形] 《E. Irish》アイルランドの；アイルランド系の；アイルランド人の आइरिश आतंकवादी アイルランドのテロリスト आइरिश जाति アイルランド人

आइरिस [名] 《E. iris》〔解〕虹彩

आइलोशन [名] 《E. eye lotion》目薬；洗眼薬

आइस[1] [名] 命令；指令；指図 = आइसु.

आइस[2] [名*] 《E. ice》氷；アイス

आइसक्रीम [名*] 《E. ice cream》アイスクリーム

आइसबर्ग [名] 《E. ice berg》氷山

आइसबॉक्स [名] 《E. icebox》アイスボックス

आइसब्रेकर [名] 《E. icebreaker》砕氷船

आइसस्केटिंग रिंक [名] 《E. ice skating rink》アイスリンク

आइसिंग [名] 《E. icing》菓子の糖衣；アイシング〈icing sugar; confectioner's sugar〉

आइसिंग चीनी [名*] = आइसिंग शुगर.

आइसिंग शुगर [名] 《E. icing sugar》粉砂糖；精製粉末糖〈confectioner's sugar〉 2 प्याले आइसिंग शुगर 粉砂糖カップ 2 杯

आइसोटोप [名] 《E. isotope》〔化〕アイソトープ；同位体

आईं [自] आना の直説法の完了形（女性複数）

आई[1] [名*] (1) 寿命 (2) 死

आई[2] [自] आना の直説法完了形（単数女性）

आई[3] [名*] (1) 祖母 (2) 母

-आई [接尾*] 形容詞，動詞語幹などに接続して女性抽象名詞を作る महँगाई (महँग् + आई 高物価；物価高騰；पढ़ाई (√पढ़् + आई 勉強；学習；学業；उतराई (← √उतर् + आई) 下り；下ること；下り坂 चढ़ाई (← √चढ़् + आई 上り；上がること；上り坂

आई॰आर॰बी॰एम॰ [名] 《E. I.R.B.M.; intermediate range ballistic missile》〔軍〕中距離弾道弾= माध्यमिक रेंज बैलिस्टिक अस्त्र.

आई॰ई॰एस॰ [名] 《E. I.E.S.; Indian Engineering Service》インド連邦技術職（中央政府の工学技術関係の上級職）

आई॰ए॰एस॰ [名] 《E. I.A.S.; Indian Administrative Service》(1) インド行政職= भारतीय प्रशासनिक सेवा. आई.ए.एस.की परीक्षा में बैठने वालों की मदद के लिए प्रशिक्षण केंद्र インド行政職試験の受験者のためのトレーニングセンター (2) 同上の職にある文官= आई॰ए॰एस॰अफ़सर.

आई॰एस॰आई॰ [名] 《E. Indian Standard Institution》インド標準規格協会

आई गई [名*] 過ぎたこと；過ぎ去ったこと；過ぎてしまった良いこと悪いこと आई-गई क॰ *a.* 過ぎたこととして忘れ去る *b.* 問題にしない；問題にせず放置する；無視する आई-गई हो जा॰ 過ぎたこととして忘れられる；問題にされず放置される；取り上げられないままになる और बात आई-गई हो गई 他のことは過ぎたこととされてしまった

आई-ड्रॉप [名] 《E. eye drop》目薬；点眼薬

आईन [名] 《P. آئین》(1) 法律= कानून; विधि. (2) 規則；決まり；掟= नियम; क़ायदा. (3) 風習；習慣；習わし

आईनदाँ [名] 《P. آئین دان》法律家；法律専門家= आईनदान.

आईनसाज़ [名] 《P. آئین ساز》(1) 立法家；立法者 (2) 立法議会議員；立法府の議員

आईना [名] 《P. آئینہ》鏡= आइना; आरसी; दर्पण; शीशा. (-) आईना हो॰ （ーが）明白な；明白になる；明々白々の आईने में अपना मुँह देखना 自分の力量を考えて行動すること

आईनादार [名] 《P. آئینہ دار》床屋；理髪師

आईनासाज़ [形・名] 《P. آئینہ ساز》鏡作りの（職人）

आईनासाज़ी [名*] 《P. آئینہ سازی》鏡作り職

आईनी [形] 《P. آئینی》法律の；法律上の

आईने अकबरी [名] 《P.A. آئین اکبری》〔イ史〕アーイーネ・アクバリー（ムガル帝国第 3 代皇帝の代にアブル・ファズルの執筆になるアクバルナーマーの補巻をなす百科事典的内容の歴史書. 当該時代の政治，軍事，経済，社会などの万般にわたる記述がある）→ अकबर नामा.

आई॰पी॰एस॰ [名] 《E. I.P.S.; Indian Police Service》インド連邦警察職

आईब्रो पेंसिल [名*] 《E. eyebrow pencil》アイブローペンシル；まゆずみ（黛）

आईब्रो ब्रुश [名] 《E. eyebrow brush》まゆずみ用ブラシ

आई लोशन [名] 《E. eye lotion》洗眼液；目薬

आई शेडो [名] 《E. eye shadow》アイシャドー

आईसलैंड 〔国名〕《E. Iceland》アイスランド

आई सी [感] 《E. I see》わかった；わかりました

आई॰सी॰एस॰ [名] 《E. I.C.S.; Indian Civil Service》(1) 独立前のインド文官職 (2) 同上の文官 यदि आप मुझे आई॰सी॰एस॰बनाने के लिए कटिबद्ध ही हैं, तो…どうしても私を I.C.S. にしたいと決意なさっていらっしゃるのなら…

आई हस्पिताल [名] 《E. eye hospital》眼科病院

आउंस [名] 《E. ounce》オンス（重量単位）

आउट [形] 《E. out》(1) 〔ス〕アウトの；アウトになった आउट हो॰ アウトになる बल्लेबाज़ आउट हो॰ （クリケットの）バッターがアウトになる (2) 外に出た；洩れでた；漏洩した आउट हो॰ 外に出る；洩れ出る पेपर आउट हो॰ 試験問題が外部に洩れる क्या आपके देश में भी पेपर आउट हो जाता है? あなたの国でも試験問題が洩れますかね

आउट आफ़ स्टेशन [形] 《E. out of station》部署を離れている；出張中の

आउटडेटिड [形] 《E. outdated》時代遅れの；旧式の

आउटडोर [形] 《E. outdoor》屋外の；戸外の；野外の

आउटलाइन [名*] 《E. outline》輪郭 होंठों की आउटलाइन 唇の輪郭

आउट हाउस [名] 《E. outhouse》母屋に付属する建物（厩，納屋，洗濯場，物置場など）；離れ家

आउटिंग [名*] 《E. outing》遠出；遠足；ピクニック；遊山

आउस [名] アウス群の米（米の 2 大品種群の 1. 5～6 月に播種，9 月に収穫）= आशु

-आऊ [接尾] 動詞語根に接続して形容詞を作る接尾辞 √टिक् 持つ；持続する→ टिकाऊ 長持ちする；耐久性のある

आए [自] आना の完了形（男性複数）= आये. → आना.

आओ [感] आना の命令法二人称形から転じて対等の相手に呼びかけたり動作を促したりする言葉. さあ，ほら，そら，それなど आओ, संक्षेप में हम इस रहस्य का परिचय प्राप्त करें さあ，簡単にこの秘密について調べてみよう

आकंठ [副] 首まで；どっぷり（と）；深々と भ्रष्ट अधिकारी भ्रष्टाचार के दलदल में आकंठ डूबे हुए हैं 腐敗した高官たちは汚職の泥沼に首まで浸かっている राजनीति में आकंठ डूबकर भी मूलगामी विचार देनेवाला कोई चिंतक आज नहीं है 政治にどっぷりと浸かっていながらも根元に迫る思想家は今やいない

आक [名] 〔植〕ガガイモ科低木カロトロピス【*Calotropis gigantea*】医薬の原料となるほか繊維が織物に用いられる= मदार. आक की बुढ़िया *a.* よぼよぼの老婆 *b.* マダリ根

आक छी [感・名] (1) くしゃみをする声. はくしょん，くしゃんなど. आक छी आक छी と反復しても用いられる (2) くしゃみ आक छी करती आती くしゃみをしながらやって来る

आकड़ा [名] = आक.

आक थू [感] (1) 唾や痰を吐く声. かっ；かっぺっなど= आख थू. (2) 不快感や軽蔑の気持ちを表す言葉. ぺっ；ぺっぺっ उसे बड़ी बुरी बीमारी है, आक थू あいつは悪い病気に罹っているんだ，ぺっ

आकनादी [名]〔植〕ツヅラフジ科蔓木パレイラ
आक़बत [名*]《A. عاقبت आक़िबत》(1) 終わり；最後 (2) あの世；来世 तीन साल से धेला सूद नहीं दिया, उसपर उधार दिये जाओ. अब आक़बत में देंगे 3 年の間一銭の利子も払わずおまけに金を貸せだと．あの世で払うつもりかい **आक़बत बिगड़ना** 死後天国に行けない（ような悪事を働く） **आक़बत में दिया दिखाना** 善根を積むこと
आक़बतअंदेश [形]《A.,P. عاقبت اندیش आक़िबतअंदेश》(1) 死後のことを考える；信心深い (2) 先見性のある；先々を見通す
आक़बतअंदेशी [名*]《A.P. عاقبت اندیشی आक़िबत अंदेशी》(1) 死後のことを考えること；信心深いこと；篤信 (2) 先見の明；先見性
आकबाक [形・名] いいかげんな（こと）；でたらめな（こと）；支離滅裂な（こと）
आकर[1] [名] (1) 鉱山 (2) 宝庫；宝の山 (3) 発生地
आकर[2] [形] (1) 優秀な；最上の；最高の (2) 多くの；多量の；多数の；豊富な
आकरी [名*] 鉱山業
आकर्ण[1] [副] 耳まで；耳にまで（及ぶ）
आकर्ण[2] [形] 耳までの；耳に達する
आकर्णित [形] 聞かれた；聞こえた
आकर्ष [名] (1) 引くこと；引っ張ること (2) さいころによる賭博
आकर्षक [形] (1) 引きつける；引き寄せる (2) 素晴らしい；魅力的な；魅惑的な；興味をそそる；人の心をとらえる भगवान बुद्ध का मत अधिक आकर्षक लगता था 仏陀の教えは一層魅力的に感じられた आकर्षक बनने के उपाय 魅力的な女性になる方法 पुष्कर अब विदेशियों के लिए भी एक आकर्षक स्थल बन गया है プシュカルは今や外国人たちにも魅惑的な場所になっている (3) 人好きのする；可愛い；楽しい आकर्षक दुकान 楽しい店；魅力的な店
आकर्षण [名] (1) 引きつけること；引き寄せること (2) 魅力（のあるもの）；魅惑（するもの） मेले का एक और प्रमुख आकर्षण है, लाँगुरिया नृत्य 縁日のもう一つの主な魅力はラーングリヤーダンスだ अपने आप को स्त्रियों के आकर्षण से पूरी तरह मुक्त कर लें 自らを女性たちの魅力から完全に解き放つがよい आकर्षण स्थल 魅力の場所；魅惑の場所 (3) 引きつける力；引力 चंद्रमा का आकर्षण 月の引力
आकर्षण बल [名] 引きつける力；引力 सभी वस्तुओं में एक विशेष प्रकार का आकर्षण बल लगाने की क्षमता होती है जिसे गुरुत्व बल कहते हैं あらゆるものにある特別の引きつける力を及ぼす能力がある．それを引力という
आकर्षण शक्ति [名*] 引力；引き寄せる力
आकर्षित [形] (1) 引きつけられた；引き寄せられた (2) 魅せられた；魅惑された **आकर्षित क॰** 引く；引きつける；引き寄せる；魅する उपस्थित लोगों को आकर्षित और प्रभावित करें 出席者たちを引きつけ感銘を与えよう जनता को आकर्षित क॰ 民衆を引きつける माता-पिता का ध्यान आकर्षित करने के लिए 親の注意を引くために अपार भीड़ आकर्षित कर रहा है 大群集を引き寄せている **आकर्षित हो॰** 引かれる；引きつけられる；引き寄せられる；魅せられる；惹かれる मैं उसकी ओर न जाने क्यों आकर्षित हुआ なぜか解らないが私はそちらに惹きつけられた समाज में विभिन्नता देखकर लोग एक दूसरे की ओर आकर्षित होते हैं 社会の多様性を見て人は互いに惹きつけられるものなのだ
आकर्षी [形] (1) 引きつける；引き寄せる (2) 魅する；魅了する
आकलन [名] (1) 推定；見積もり；概算 दूरी का आकलन 距離の推定 (2) 評価；判断 पंजाब की स्थिति के आकलन के बाद パンジャーブの状況を判断した後で उनके द्वारा 1983 के कहानी जगत का आकलन उनकी अनभिज्ञता को सिद्ध करता है 同氏による 1983 年度の短編小説界の総括は氏の知識の欠如を証明するものだ **आकलन क॰** 推定する；見積もる
आकलित [形] (1) 推定された；見積もられた (2) 評価された；判断された
आकस्मिक [形] (1) 不意の；突然の；にわかな；急な आकस्मिक ख़र्च 不意の出費 आकस्मिक जलवृद्धि 突然の増水 पिता के आकस्मिक निधन के कारण 父が急死したため (2) 臨時の；偶然の；偶発的な (3) 予告無しの；出し抜けの आकस्मिक निरीक्षण 出し抜けの視察（訪問）
आकस्मिकता [名*] 突然；偶然；偶発
आकस्मिकतावाद [名]〔哲〕偶然論；偶発論
आकस्मिक निधि [名*] 予備費〈contingency fund〉
आकांक्षा [名*] (1) 願い；念願；願望 जनता की आकांक्षाओं को सरकार तक पहुँचाना 民衆の願いを政府にまで伝えること नारी की आकांक्षा व विवशता 女性の願いとしがらみ मुक्ति की आकांक्षा 解脱の願望 (2) 期待 (3) 志；野心
आकांक्षित [形] 望まれた；願われた
आकांक्षी [形] 願う；念願する；求める；追求する
आका[1] [名] (1) 焚き火 (2) かま（窯） (3) ろ（炉）
आका[2] [名] アーカー族，もしくは，アーンカー族（アルナーチャル・プラデーシュに居住しチベット・ビルマ語族系の言語を用いる指定部族民）
आक़ा [名]《T. آقا》主；主人；首領；首長 अरबी आक़ाओं की हिमायत बटोरने जा॰ アラブの首長たちの指示を仰ぎに出かける
आकार [名] (1) 形；形状；形態 वस्तु का आकार 物の形 मत्स्याकार का 魚の形をした गोलाकार 円い；円形の बड़े आकार का 大型の；形の大きい＝ बड़े आकार वाला. मध्यम आकार का 中型の；中間の形の (2) 規模；大きさ；大小；サイズ；判 बीजों के आकार 種の大きさ पक्षी का आकार 鳥の大きさ डिमाई आकार デマイ判
आकारक [名]〔法〕召喚状
आकार-प्रकार [名] 形態と規模；形と大きさ जो आकार-प्रकार तुमने बतलाया, उसी प्रकार का वह भी था それも君の話したのと全く同じ形と大きさのものだった उन पत्थरों का आकार-प्रकार सभी भिन्न मिलेगा それらの石の大きさはみな違っているのがわかるだろう
आकार रेखन [名] 下絵；素描；スケッチ
आकारवान् [形] (1) 形のある；具体的な (2) 形の良い
आकारांत [形] -आ 語尾の；語尾が -आ で終わる
आकारिकी [名*]〔生〕形態学〈morphology〉
आकारी [造語]（－の）形をした；（－）形の
आकाश [名] (1) 宇宙 (2) 空；大空；天；天空 आकाश में तारे टिमटिमा रहे थे 空に星が瞬いていた खुले आकाश के नीचे चलना चाहती हूँ. पालकी में बंद होकर जाने की इच्छा नहीं है 広々とした大空の下を歩いて行きたい．駕籠に閉じ込められて行きたくはない (3) 宙；空中 (4) 空間 आकाश और काल 空間と時間 **आकाश का तारा चाहना** *a.* 得難いものを手に入れようとする *b.* 無理なことをしようとする **आकाश का तारा तोड़ना (लाना)** *a.* 不可能事や不可能に近いことを試みる *b.* 甚だ得難いものを手に入れる **आकाश का फूल लाना** ＝ आकाश का तारा तोड़ना. **आकाश की ओर** 地平線；水平線 **आकाश की बातें क॰** 大きな口を叩く **आकाश के तारे छूना** 高く上がる；天に昇る；天を突く मोहन के जब तक साथ रहा, मेरा मन आकाश के तारे छू रहा था モーハンと一緒にいた間わが輩の意気は天を突く勢いだった **आकाश के तारे तोड़ लाना** ＝ आकाश का तारा तोड़ना. **आकाश के देवता बने फिरना** 取り澄ます；聖人ぶる **आकाश खुलना** *a.* 雨が上がる；晴れる *b.* 道が開ける；障害物がなくなる **आकाश गिरना** *a.* 落雷する；雷が落ちる *b.* 大変な災難に遭う；ひどいめに遭う **आकाश चढ़ना** *a.* 高く上がる *b.* のぼせあがる *c.* 高慢になる **आकाश चढ़ाना** *a.* 高く上げる *b.* おだて上げる *c.* 高慢にさせる **आकाश चूमना** *a.* そびえる；そびえ立つ *b.* 天に昇る；高く上がる *c.* 大きな口をきく **आकाश छूना** ＝ आकाश चूमना. सोहन का भय हटने से मेरी उमंगें आकाश छू रही थीं ソーハンの恐れがなくなったので私は意気揚々たるものだった **आकाश टूटना** ＝ आकाश गिरना. **आकाश पकड़ना** *a.* 不可能なことを言ったり試みたりする *b.* 必死の努力をする **आकाश पर चढ़ जा॰** 傲慢になる；天狗になる **आकाश पर दीया जलाना** 野心を抱く；大望を抱く **आकाश पर मस्तक उठाए हो॰** 天にそびえる；そびえ立つ **आकाश पर लटकाना** 酷く苦しめる；大変な苦痛を与える；責め苛む **आकाश पर हो॰** *a.* 優位に立つ；優位を占める *b.* 鼻が高い **आकाश पाताल एक क॰** *a.* 必死の努力をする；懸命な努力をする *b.* 大きな口を叩く **आकाश पाताल का अंतर हो॰** 天地の差がある；雲泥の差がある；けた違いな **आकाश पाताल के कुलाबे एक क॰** *a.* 必死の努力をする *b.* 大きな口をきく **आकाश पाताल मिलाना** ありとあらゆる努力をする **आकाश फट पड़ना** 土砂降りになる；大雨になる **आकाश बाँधना** ＝ आकाश पकड़ना. **आकाश में उड़ना** *a.* 空想をめぐらす *b.* うぬぼれる **आकाश में ऐंठना** 大変にうぬぼれる **आकाश में छेद क॰** *a.* 鼻高々になる *b.* とても狡猾に立ち振る舞う *c.* 大騒ぎする **आकाश में छेद हो॰** ＝ आकाश फट पड़ना. **आकाश में थेगली लगाना** 不可能なことを試みる＝ आकाश में पैबंद लगाना. **आकाश लगना** ＝ आकाश

चूमना. **आकाश से गिरना** *a.* 愕然とする *b.* 得意の絶頂から転落する **आकाश से धरती पर आ गिरना** = आकाश से गिरना. **आकाश से पाताल में गिरना** = आकाश से गिरना. **आकाश से बातें क॰** 大きな口を叩く；でかい口をきく= आकाश चूमना. **आकाश हिला दे॰** 天をどよめかす；天地を震撼させる

आकाश काल [名]〔物理〕時空

आकाशकुसुम [名] 手に入りにくいもの；得難いもの；高嶺の花

आकाशगंगा [名*] (1) 天の川；銀河 (2)〔イ神〕インド神話で天界を流れるマンダーキニー川 (मंदाकिनी)

आकाशचारी [形] 天界を行く；天界の आकाशचारी दिव्य गायक 天界の神秘的な歌い手

आकाशदीप [名] (1)〔ヒ〕ヒンドゥー教徒がカールティカ月の間，竹棹の先に吊るすなどして八角形の提灯に灯す灯明．ヴィシュヌ神とラクシュミー神とに捧げられる (2) 竹棹の先に灯した標識灯

आकाशदीया [名] = आकाशदीप

आकाश पुष्प [名] = आकाश कुसुम.

आकाशबेल [名*] = अमरबेल.

आकाशभेदी [形] (1) 天に届く；雲にそびえる；そびえ立つ (2) 耳を聾する；耳をつんざく

आकाशयान [名] 飛行機；航空機 = हवाई जहाज़; वायुयान.

आकाशयुद्ध [名] 空中戦

आकाशवाणी [名*] (1) 天上から聞こえる神の声；神のお告げ (2) ラジオ放送 (3) インドの国営放送の名称 **आकाशवाणी केंद्र** 放送局 भारत के आकाशवाणी केंद्र インドの国営放送局

आकाशवृत्ति [名*] その日暮らし उसने इसी आकाशवृत्ति से साठ साल की उम्र काट दी 男はその日くらしで 60 歳の年月を過ごした

आकाशी [形] (1) 大気の；気体の (2) 空中の (3) 航空機による आकाशी फ़ोटो 航空写真

आकाशीय [形] (1) 天の；天上の；天にある **आकाशीय पिंड** 天体 अधिकतर आकाशीय पिंड गतिशील लगते हैं ほとんどの天体は動いているように思える (2) 神々しい

आकिंचन [名] 貧困；貧しさ；貧窮

आक़िबत [名*] → आक़बत.

आक़िल [形] 《A. عاقل》賢い；賢明な；利口な；聡明な→ अक़्ल.

आकीर्ण [形] (1) 撒き散らされた；散らばった (2) 満ち満ちた

आकुंचन [名] 縮むこと；収縮 गर्भाशय का आकुंचन 子宮の収縮

आकुंचित [形] 縮んだ；収縮した

आकुंठन [名] 鈍いこと；鈍くなること；鈍化

आकुंठित [形] 鈍くなった；鋭さを失った；鈍化した

आकुपेशनल [形] 《E. occupational》職業の；職業とする；プロの आकुपेशनल थैरापिस्ट プロの療法士；プロのセラピスト

आकुल [形] (1) 落ち着かない；せかせかした；焦っている；不安な (2) 気が動転した (3) 混乱した

आकुलता [名*] (1) 焦り；不安 (2) 動転

आकुलित [形] 気が動転した；あわてた；落ち着きを失った

-आकू [接尾] 動詞語根に添加されて行為者を表す語を作る √लड़ - लड़ाकू 戦う；戦闘的な；戦闘用の √उड़ - उड़ाकू 飛ぶ；飛行する；飛行できる

आकूत [名] (1) 願望；願い；望み (2) 意図 (3) 目的

आकूपंचर [名] → आक्यूपंचर.

आकृत [形] (1) 形作られた；形成された (2) 整えられた；整理された

आकृति [名*] (1) 形；形状；形態；姿；像 वृक्ष की आकृति 木の形 पूँछ की आकृति 尻尾の形 मानव आकृतियाँ (टेराकोटा) 人物像（テラコッタ） भौंहों की आकृति 眉の形 (2) 図形 (3) 図

आकृति विज्ञान [名] (1)〔生〕形態学 〈morphology〉 (2) 人相学

आकृष्ट [形] (1) 引きつけられた；引っ張られた；引き寄せられた；惹かれた आस पास के लोगों का ध्यान आप की ओर आकृष्ट हो सकता है 近くの人たちがあなたのほうに注意を引かれる **आकृष्ट क॰** 魅せる；引きつける वह जनमन को आकृष्ट कर रही थी 彼女は人々の心を惹きつけていた **आकृष्ट हो॰** 引きつけられる；引っ張られる；引き寄せられる कभी कभी इस प्रकाश से आकृष्ट होकर दूसरी मछलियाँ उनके पास पहुँच जाती हैं この光に引き寄せられてしばしば他の魚もそばにやってくる (2) 魅せられた；引きつけられた **आकृष्ट हो॰** 魅せられる；惹かれる

आक्का [名] → आका[2].

ऑक्टेन [名] 《E. octane》〔化〕オクタン

आक्टोपस [名] 《E. octopus》〔動〕軟体動物タコ科タコ；蛸= अष्टभुज.

आक्टोबर [名] 《E. October》十月= अक्तूबर.

आक्यूपंचर [名] 《E. acupuncture》鍼；鍼術

आक्रंदन [名] (1) 大声で呼んだり叫んだりすること (2) 泣くこと；泣きわめくこと

आक्रमण [名] (1) 侵犯 (2) 攻撃；襲撃 आक्रमण का अस्त्र 攻撃兵器；攻撃の武器 इस रोग का आक्रमण होने के बाद この病気に襲われると (3) 侵略

आक्रमणकारी [形] (1) 侵犯する (2) 攻撃する；攻撃的な (3) 侵略的な

आक्रांत [形] (1) 侵犯された (2) 攻撃された (3) 侵略された (4) 圧倒された

आक्रांता [名] 侵犯者；侵略者 विदेशी आक्रांता 外国人侵略者

आक्रामक [形] (1) 攻撃の；攻撃者の；攻める आक्रामक खिलाड़ी 攻撃側の選手 (2) 侵犯する (3) 侵略する

आक्रोश [名] (1) 憤り；憤激 भ्रष्टाचार के प्रति आक्रोश 汚職に対する憤り (2) 欲求不満 कुछ बच्चों में इस कारण आक्रोश भी पैदा होता है このため一部の子供には欲求不満も起こる (3) 辛辣さ प्रताप का स्वर आक्रोश और व्यंग्य में डूबा हुआ था プラタープの声は辛辣さと嫌みに満ちていた

आक्लांत [形] (1) 濡れた (2) まみれた

आक्षरिक [形] 音節の 〈syllabic〉

आक्षेप [名] (1) 非難；文句；批判 आक्षेप क॰ 非難する；文句をつける वराहमिहिर ने आर्यभट्ट के कथन पर आक्षेप करते हुए लिखा ヴァラーハミヒラがアーリヤバッタの主張を非難して記している (2) 投棄（すること） (3) 排除（すること） (4)〔修辞〕逆言法 (5)〔修辞〕含蓄 (6) 痙攣；引きつけ

आक्षेपक [形] (1) 投げつける (2) 排除する (3) 非難する

आक्षेपण [名] (1) 投げること；投げ飛ばすこと (2) 非難すること；文句をつけること

आक्षोट [名] (1)〔植〕クルミ（胡桃）の木 (2) クルミの実= अखरोट.

ऑक्साइड [名] 《E. oxide》酸化物

ऑक्सीकरण [名] 酸化 〈oxidation〉 शरीर में ऑक्सीकरण क्रिया के लिए लोहे का महत्वपूर्ण कार्य है 体内での酸化作用にとって鉄分は重要な機能を持つ

ऑक्सीकारक [形・名]〔化〕(1) 酸化させる (2) 酸化剤= उपचायक. 〈oxidising; oxidising agent〉

ऑक्सीजन [名*] 《E. oxygen》酸素 बेहोशी की स्थिति में ऑक्सीजन दी जा रही थी 意識不明の状態で酸素吸入が行われていた

ऑक्सीजनकर्ता [名] 《E. oxygen + H. कर्ता》〔化〕酸化剤 पोटेशियम परमेंगनेट जैसा ऑक्सीजनकर्ता 過マンガン酸カリウムのような酸化剤

ऑक्सीजन मास्क [名] 《E. oxygen mask》酸素マスク ऑक्सीजन मास्क लगाकर अंदर घुसे 酸素マスクをつけて中へ入った

आखत [名] = अक्षत.

आख़ता [形] 《P. آختہ आख़्ता》去勢された（動物）

आख़ थू [感] (1) かっ，ぺっ（唾や痰を吐く音） (2) 不快感や軽蔑の気持ちを表す言葉．ぺっぺっ **आख़ थू, अंगूर खट्टे हैं** かっぺっ，酸っぱいブドウだ（負け惜しみの言葉；強がりの言葉；引かれ者の小唄）

आखना[1] [他] 言う；話す；述べる

आखना[2] [他] 望む；願う；所望する

आखना[3] [他] 見る；眺める；望む

आखना[4] [他] ふるい（篩）にかける；こす

आखनिक [形] 穴を掘る；穴掘りの

आखर [名] (1) 字；文字= अक्षर. (2) 語 (3) 約束の言葉= वचन. **(-को) आखर दे॰** （－に）約束する

आखात [名] (1) 穴や地面を掘ること (2) 穴を掘る道具

आखातीज [名*]〔ヒ〕アーカーティージュ（ヒンドゥー神話でサティヤ・ユガ सत्य युग が始まったとされる日で，ヴァイシャーカ月の白分 3 日に祝われる断食を伴う祭礼）；アクシャヤトリティーヤー अक्षयतृतीया

आखानवमी [名*]〔ヒ〕アーカーナヴァミー（カールティカ月白分の９日及び当日行われるヒンドゥーの祭礼．ヒンドゥー神話でトレーター・ユガ त्रेता युग の開始の日）＝ आखा नौमी.

आख़िर[1] [名]《A. آخر》(1) 最後；終わり；最終；終末 **आख़िर तक पहुँचना** 極まる；窮まる；行き着く (2) 結末；結果 **(-का) आख़िर क०** （－を）殺す；やっつける；片付ける；ばらす **आख़िर को** ついに；終いに；とうとう＝ आखिर में. आखिर को उस राजा ने इस दुनिया से मुँह मोड़ा ついに王は遁世した

आख़िर[2] [副]《A. آخر》やはり；やっぱり；案の定；つまるところ；つまり आखिर हैं तो जंगल के जानवर ही न! सरकस का अदब क़ायदा क्या जानें! やはりジャングルの獣なんだな．サーカスのマナーを知るはずもないさ बच्चे आखिर बच्चे ठहरे 子供はやっぱり子供だった अफ़सर आखिर अफ़सर ही है 偉いさんはやっぱり偉いさんだ आखिर इस मलेरिया का इलाज क्या है? つまりこのマラリアの治療法は何なんだ

आख़िर[3] [形]《P. آخر》(1) 後の (2) 最後の；終わりの；しまいの **(-को) आख़िर क०** （－を）完成させる

आख़िरकार [副]《A.P. آخر کار आखिरेकार》(1) 一体；一体全体；つまり (2) ついに；ようやく

आख़िरत [名*]《A. آخرت》(1)〔イス〕アーヒラ；あの世；来世；死後の世界 (2)〔イス〕終末 **आख़िरत का दिन** 終末の日 नेकी की राह तो उसकी राह है, जो ख़ुदा पर, आखिरत के दिन पर, सारी ख़ुदाराता किताबों पर और सारे पैग़ंबरों पर ईमान लाता है 正しい道とは神に，終末の日に，いっさいの聖典に，すべての使徒に信仰を抱く道なのです **आख़िरत सँवारना** 死後天国に行けるような行いをする；後世を願う

आख़िरी [形]《A. آخری》(1) 最後の；最終の；最終的な；窮極の；究極の आखिरी फ़ैसला 最終的な決定 ख़ून की आखिरी बूँद 血の最後の一滴 आखिरी सत्य 究極の真実 देश की आज़ादी के लिए आखिरी क़दम उठाना 国家の独立のため最後の手を打つ गाय की दुम के आखिरी हिस्से पर 牛の尻尾の先端に (2) とっておきの **आख़िरी अस्त्र** 奥の手 अंत में मैंने आखिरी अस्त्र प्रयोग किया 私はついに奥の手を用いた **आख़िरी दम पर हो०** 死にかけている；死に際に至っている

आखु [名] (1)〔動〕ネズミ（鼠）；イエネズミ (2)〔動〕ブタ；イノシシ（猪） (3) 盗人；盗賊 (4) 鋤

आखेट [名] 狩り；狩猟 जंगली जानवरों का आखेट 野獣狩り；狩猟＝ शिकार.

आखेटक [名] (1) 狩人；猟師＝ शिकारी. (2) 狩り；狩猟＝ शिकार.

आखेटिक [名] (1) 猟犬 (2) 狩人；猟師

आखेटी [形] 狩りをする；狩猟をする

आखोट [名]〔植〕クルミの木とその実＝ अखरोट.

आख़ोर[1] [名]《T. آخور》(1) 飼料の食べ残し (2) 屑；ごみ；廃品 (3) がらくた **आख़ोर की भरती** がらくたや屑の集まり

आख़ोर[2] [形] 役立たずの；屑のような；ろくでもない

आख़्ता [形]《P. آختہ》去勢された→ आख़ता.

आख्या [名*] (1) 名称 (2) 名声 (3) 説明；報告

आख्यात [形] (1) 述べられた；語られた (2) 著名な；有名な

आख्याता [形・名] (1) 語る人；語り手 (2) 説明者

आख्यान [名] (1) 話すこと；語ること；発言；伝達 (2) 話 (3) 物語 (4) 古伝；伝説 (5) 歴史物語 (6) マハーバーラタなどの叙事詩

आख्यायिका [名*] (1) 話 (2) 本当の話；世に知られている話 (3) 物語 (4)〔イ文芸〕アーキヤーイカー（サンスクリット文学で説話の２分類の一で事実に基づいたもの）→ कथा.

आगंतुक [名] 客；来客；訪問者 आगंतुक से अधिक देर तक अपनी प्रतीक्षा मत कराइए 客にあまり長い間待たせないようにしなさい अवांछित आगंतुक 招かれざる客 सरकारी कार्यालयों में 3 तरह के आगंतुक दिखाई पड़ते हैं 役所には３つのタイプの訪問者が見受けられる

आग [名*] (1) 火＝ अग्नि. ＝ आग जोड़ना; आग बनाना. (2) 火事＝ अग्निकांड. (3) 火のように暑熱を感じさせるもの (4) 火のように激しく危険なもの उस समय बिहार सांप्रदायिक दंगों की आग में जल रहा था その時ビハールはコミュナル暴動の火中にあった (5) 火のように激しく強い感情や生理現象 **आग उखाड़ना** 話を蒸し返す **आग उगलना** 批判的な発言をする **आग उठाना** 喧嘩を買う **आग उभाड़ना** 怒りをかきたてる **आग का खेल** 花火遊び **आग का पतंगा** ＝ आग का पुतला. **आग का पुतला** 気性の荒々しく怒りっぽい人 **आग का बाग़** 花火 **आग की तरह फैलना** 燎原の火のように広まる（広がる） **आग की लपट लगना** 火の粉が降りかかる **आग के मोल** 甚だ高価な **आग के सुपुर्द क०** 焼き払う；焼却する **आग को हवा दे०** 煽る；かきたてる；扇動する **आग खाना** *a.* 騒動を起こす *b.* 自滅的なことをする **आग खाएगा सो अंगार हगेगा** 〔諺〕悪事を働けばその報いを受けるもの；因果応報＝ आग खाना अंगार हगना. **आग चुगना** 辛いことにも甘んじて耐える **आग जगाना** 火を起こす **आग जमाना** 火をつける；火を燃やす **आग जलाना** 火を起こす；火をつける **आग झाड़ना** 火打ち石で火を起こす **आग ठंडी पड़ना** *a.* 怒りが鎮まる *b.* 鎮静化する *c.* 火が消える **आग तलवे से लगना** 激怒する **आग तापना** 火に当たる；暖をとる माँ-बेटे एक साथ बैठकर आग ताप रहे थे 母と子は並んで腰を下ろし火に当たっていた **आग दबा रखना** 憎しみや怒りを表に出さない **आग दामन से ढाँकना** 甚だ危険なものを隠す **आग दिखाना** *a.* 熱する；熱を加える *b.* 燃やす *c.* 日に当てる；火にかざす **आग दे०** *a.* 熱する *b.* 火をつける *c.* 火葬にする；荼毘に付す **आग धोना** 水ぎせるの灰を落とす **आग निकलना** 火が出る；火を噴く；発火する＝ आग पैदा हो०. **आग पकड़ना** 引火する；火がつく；発火する कुछ द्रव जल्दी से आग पकड़ लेते हैं 一部の物質はすぐに引火する **आग पड़ना** *a.* 尽きる *b.* 猛烈に暑い *c.* 物価が高騰する **आग पर घी डालना** 火に油を注ぐ（怒りをかきたてる）＝ आग पर तेल छिड़कना. **आग पर पानी डालना** 鎮める；鎮静化させる；なだめる **आग पर लोटना** *a.* 苦しみ悩む *b.* のたうち回る **आग पानी का बैर** *a.* 犬猿の仲；不倶戴天の敵 *b.* 水と油など正反対の性質のもの同士の関係のたとえ **आग पानी का संग** 相対立する関係 **आग पानी में कूदना** あらゆる危険を冒す **आग फाँकना** *a.* 損をする *b.* わざと危難に飛び込む *c.* ほらを吹く **आग फुँकना** *a.* 猛烈に暑い *b.* 激しく怒る **आग फूँकना** 激しく煽る **आग फूस का बैर** 不倶戴天の敵＝ आग पानी का बैर. **आग बढ़ाना** *a.* 怒りをかきたてる *b.* 激しくする；激化させる **आग बन जा०** *a.* 激しく怒る *b.* 火のように熱くなる **आग बनाना** 火を起こす **आग बरसना** 猛烈に暑い सारे शहर में जैसे आग बरस रही हो 街中燃えているような暑さだ बाहर आग बरस रही थी 家の外は火が降っているようだった **आग बरसाना** *a.* 弾雨を降らせる *b.* 厳しく辛辣な言葉を浴びせる **आग बुझना** *a.* 火が消える；鎮火する *b.* 怒りが鎮まる *c.* 別離の悲しみが消える *d.* 空腹が癒される *e.* 激しい動きや運動が鎮静化する **आग बुझाना** *a.* 火を消す；消火する *b.* 静める；鎮める；鎮静化する *c.* 別離の悲しみを消す *d.* 空腹感を癒す *e.* 火のように激烈なものを鎮める हवस की आग बुझाना 欲望の火を消す अपनी आग बुझाना 復讐する **आग बोना** 火種を蒔く **आग भी न लगाना** ものの数に入れない **आग भड़कना** 憎悪や復讐の気持ちや動きが再び燃え立つ **आग मूतना** 横暴を働く；言語道断な行為をする **आग में आग डालना** かきたてる；煽る；あおり立てる；火に油を注ぐ＝ आग में ईंधन डालना. **आग में उतरना** わざと危険なことをする **आग में क०** やめにする；遠ざける；つぶしてしまう **आग में कूदना** 火中の栗を拾う आग में कूदने से क्या फ़ायदा 火中の栗を拾ってなんの役に立つ **आग में गिरना** *a.* 危難におちいる *b.* 道を誤る **(-की) आग में गिरना** （－のために）苦難に耐える **आग में घी का काम क०** 火に油を注ぐ（役割を果たす） **(जलती) आग में घी डालना** 火に油を注ぐ **आग में घी डालने की बात** 火に油を注ぐこと **(-) आग में डालना** *a.* （－を）火にくべる *b.* （－を）やめにする **आग में पानी डालना** 喧嘩の仲裁をする **आग में पेशाब क०** ＝ आग में मूतना. **आग में मूतना** めちゃくちゃなことをする；横暴を働く **आग में हवा दे०** 火に油を注ぐ **आग में हाथ डालना** 火中の栗を拾う **आग लगना** *a.* 火がつく；火事になる एक कैन्टीन में आग लग गई जिसमें आठ आदमी झुलस गए 一軒の食堂の家事で８人が火傷 *b.* 呪いや罵りの気持ちで言う言葉；くたばれ，くたばってしまえなど आग लगे ऐसे नाम में जो घर की भी सुधि भुला दे 家庭のことも忘れてしまうような人はくたばるがよい *c.* ひどい状況になる *d.* 火のように運動が燃え広がる *e.* べらぼうに高価になる；手に入りにくくなる *f.* 感情が激しく高ぶる；かっとなる **आग लगते झोंपड़ा जो निकले सो लाभ** 〔諺〕一切を失うよりは少しでも残ればそれを幸運とすべきである **आग लगने पर कूआँ खोदना** 〔諺〕泥棒を見て縄をなう；泥縄 **आग लगने पर पानी न मिलना** *a.* 不運な時に救いの手を得られない *b.* 怒りの鎮めようがない **आग लगने पर मेह मिलना** 好機を得て順調にことが運ぶ；

渡りに船 **आग लगाकर तमाशा देखना** 人に害を及ぼしてそれを楽しむ **आग लगाकर पानी के लिए दौड़ना** 〔諺〕自分がもめ事を引き起こしておいてそれを鎮めようとする **आग लगाकर रोटी सेंकना** 他人に損害を与えて自分の利益を図る **आग लगाना** *a.* 放火する *b.* 騒動を起こす *c.* 告げ口をする *d.* 告げ口をして喧嘩を起こさせる *e.* 煽る；扇動する *f.* 台無しにする；めちゃくちゃにする *g.* 派手なことをする **आग लगा पानी को दौड़ना** 諍いを起こさせておいて仲裁者を演じるたとえ (**-में**) **आग लगे** 感動詞のように用いる．(ーが) 台無しになればよい；駄目になればよい；くたばれ；くたばってしまえ **आग लेने आ॰** 訪れてすぐに帰ること **आग सिर पर रखकर चलना** 危険極まりないことをする **आग सुलगाना** *a.* 火を起こす；点火する *b.* 怒りや反乱の火をつける **आग सेंकना** 火に当たる；焚き火に当たる वे आग सेंकते जाते और बातें भी करते जाते 火に当たりながら話も続けていく **आग से खेलना** 火中の栗を拾う **आग से पानी हो॰** 怒りが鎮まる **आग हो॰** *a.* 激しく怒る；烈火の如く怒る लक्ष्मण की बात से परशुराम आग हो उठे ラクシュマナの言葉にパラシュラーマは烈火の如く怒った *b.* ものすごく熱い **तलवों से आग लगाना** 烈火のごとく怒る **पेट की आग** *a.* 空腹 (感) *b.* 子供に対する愛情 पेट की आग बुझाना 火のように激しい空腹感を癒す

आगज़नी [名*] 《H. आग + P. زنی》 (1) 放火 (2) 火事

आगत[1] [形] やって来た；到着した；到来した

आगत[2] [名] 客；来客；来訪者

आगत शब्द [名] 借用語 〈loan word〉

आगत-स्वागत [名] 客のもてなし；客の接待；来客の歓待

आग-बबूला [名] 火の旋風；燃え盛る火 **आग बबूला हो॰** 猛烈に怒る；激しく怒る；怒り狂う；かんかんになる；烈火の如く怒る साहूकार क्रोध से आगबबूला हो गया 金貸しは怒り狂った

आगभभूका [名] ＝आगबबूला.

आगम [名] (1) 来ること；やって来ること；到来 (2) 未来；将来 (3) 現れること；出現すること (4) ヒンドゥー聖典；ヒンドゥー教の教典 (5) 宗教教典；聖典；阿含 (6) 〔言〕オーグメント；添字；添音 〈augment〉 (7) 収入 (8) 歳入 **आगम जनाना** 将来のことを予告する **आगम बनाना** 善根を積む **आगम बाँधना** 将来のことを決める

आगमन [名] (1) やって来ること；来ること (2) 到来；到着；巡ってくること वर्षा का आगमन 雨季の到来 मानसून वर्षा का आगमन モンスーンの到来 त्योहारों का आगमन 祭りの到来 **आगमनद्वार** 歓迎アーチ

आगर[1] [名] (1) 倉；蔵；宝庫；庫 (2) 集まり；集積

आगर[2] [名] 住居；家；家屋

आगर[3] [形] (1) 優秀な；最高の (2) 器用な；熟達した (3) 賢明な；利口な

आगरा 〔地名〕アーグラー市 (ウッタル・プラデーシュ州西部の都市)

आगल[1] [形] (1) 先頭の (2) 先んじた；先に立った

आगल[2] [副] 前方に；前に；先に आगल रास्ता नहीं मिलेगा この先の道はない

आगल[3] [名] 閂＝अगरी; किल्ली; ब्योंड़ा.

आगा [名] (1) 前；前面；正面 (2) 体の前面 (顔, 胸, 前額部など) (3) 家の正面；玄関先 (4) 先頭 (に進むもの)；先陣；先鋒 (5) 着物の背に対し表側；前側 **आगे का हिस्सा** 〔裁〕前身頃；着物の胸の部分 (6) 将来；未来；これから先 (7) もてなし **आगा काटना** 不吉なものが進路の前方を横切る (**-का**) **आगा तागा ले॰** (ーを) もてなす；接待する (**-का**) **आगा मारना** (ーを) 妨げる；妨害する **आगा रुकना** 妨げられる；妨害される **आगा रोकना** *a.* 攻撃を止める；防戦する *b.* 責任を引き受ける；責任を担う *c.* 目隠しをする (**-का**) **आगा रोकना** (ーを) 妨げる；妨害する **आगा ले॰** 立ち向かう；対戦する；応戦する **आगा सम्हालना (सँभालना)** 攻撃を防ぐ **आगे का उठा** 食べ残し；食い差し；残飯 **आगे का उठा खानेवाला** 卑しい；下賎な；あさましい **आगे का क़दम पीछे पड़ना** ＝आगे का पैर पीछे पड़ना. **आगे का कपड़ा** サリーなどの女性の衣類で顔を隠すために頭ごしに垂らされる部分＝घूँघट. **आगे का छोकरा** とても年少の；若造の **आगे का पैर पीछे पड़ना** *a.* 衰退する；衰える *b.* ひるむ **आगे की थाली उठ जा॰** 手に入りかけたものを取り損なう＝आगे की थाली छिन जा॰. **आगे की सुध ले॰** 将来について考える **आगे को कान हो॰** 次から用心する；次から警戒する **आगे से** *a.* これから；今度；また；再度；次に आगे से कभी पेड़ पर चढ़ी तो मैं तेरी टाँगें तोड़ दूँगी 今度また木に登ったらお前の足をへし折ってやるからね आगे से भूल सपने में भी नहीं होगी もう二度と過ちを犯しません उसने कहा कि आगे से वह वैसा नहीं करेगा これからはこんなことは致しませんと言った *b.* 以前から；前から；昔から (**-को**) **आगे से ले॰** (ーを) 歓迎する

आग़ा [名] 《T. آغا》 主；主人；首長；首領；指導者

आग़ाज़ [名] 《P. آغاز》 (1) 開始；始め (2) 由来；起源

आगाध [形] (1) 非常に深い；底知れない (2) 広範な

आगा पीछा [名] (1) 前と後ろ；前面と背面；前後 (2) 後先の考え；前後の見境；前後の判断 (3) ためらい；躊躇 (आगे पीछे については別項→) **आगा पीछा क॰** *a.* ためらう；躊躇する *b.* 言い紛らす；言い逃れる **आगा पीछा न सोचना** 損得や得失を考えない **आगा पीछा देखना** ＝आगा पीछा सोचना. **आगा पीछा सोचना** 後先をよく考える；損得をよく考える；思慮を巡らす；熟慮する बिना आगा पीछा सोचे 後先のことを考えずに；前後のことを考えずに；前後の見境なく；軽はずみに

आगामिक [形] (1) 来る；やって来る (2) 来るべき；未来の；将来の

आगामी [形] (1) やって来る；訪れる (2) 来るべき；将来の；未来の；これからの आगामी चुनाव 来たるべき選挙 आगामी कुछ शताब्दियाँ これからの数世紀 (3) 次の；次回の आगामी वेतनवृद्धि 次の昇給

आगार [名] (1) 家；家屋 (2) 部屋；室 (3) 倉庫；保管庫；貯蔵庫

आगाह [形] 《P. آگاه》 (1) 知らされた；知っている (2) 通知された；通告された (3) 熟達している；熟知している **आगाह क॰** *a.* 知らせる；通知する；教える अंजाम से आगाह कर सकता है 結果を知らせることができる *b.* 注意する；警告する मैं वक़्त रहते तुम्हें आगाह करने आया हूँ 前もって君に警告にやって来たんだ ख़तरे से आगाह क॰ 警鐘を打ち鳴らす तुझे आगाह किया जाता है कि तेरे पाप का घड़ा पूरा भर गया है 年貢の納め時が来ていることをお前に知らせて置いてやる

आगाही [名*] 《P. آگاہی》 (1) 知識；情報 (2) 知らせ；通知

आगे [副・後置] 副詞として単独で用いられるほか後置詞として (-के) आगेの形で名詞類から副詞句を作る (1) 位置関係で．前に；前へ；前方へ मंदिर के आगे 寺院の前に आगे चलो 前へ進め (2) 居合わせるところで；前で；前にして कानून के आगे सब एक हैं 法律の前では人は皆同じなのだ，対等なのだ किंतु ईश्वर के आगे आदमी की क्या चलती! だが神の前で人間の何が通用するものだろうか आख़िर यह कैसी सामाजिक व्यवस्था है जिसमें धार्मिक व सामाजिक ही नहीं, कानूनी व न्यायिक समानता को भी जातीय भेदभाव के आगे नकार दिया जाता है? 宗教的・社会的のみならず法律的・司法的平等までもが人種的差別の前に否定されるような社会制度とは一体どんなものなのか मम्मी के आगे किसी की कुछ नहीं चलती ママの前ではだれの言い分も通用しないんだ अपनी विपद तो सबके आगे रो आई 泣き言は皆の前で話してきた (3) これから；今後；将来；次に ऐसी घटना आगे नहीं होनी चाहिए このような事件はこれから先あってはならないのだ आगे ऐसा नहीं होगा もうこれからこんなことは致しません आगे आनेवाली पीढ़ी के लिए 次の世代にとって (4) その後；それから आगे क्या हुआ それからどうなったの (5) 先に；順序が前に आगे खाना खा लें, तब उधर चलें 先に食事をしよう．出掛けるのは後だ (6) 程度や位置が上であること；高いこと；上に位置すること；先に進んでいること राजू मुझसे एक जमाअत आगे है ラージューは僕より１学年上だ **आगे आ॰** *a.* 前に来る；出くわす *b.* 次の；次に来る；これから生じる (現れる) आगे आनेवाला 次の *c.* 現れる；出現する *d.* 立ち向かう *e.* 進み出る；進んで前へ出る विशेष रूप से उनका युवकों से आग्रह था कि ये देश हित में कुछ करने को आगे आएँ 国家のために何かを為すために進み出て欲しいと言うのが同氏が若者たちに特に要望しておられたところだった (**-के**) **आगे आ॰** 起こる；生じる；現れる；現れ出る **आगे-आगे** *a.* 一番前に；先頭に *b.* これから先；今後；将来 **आगे क॰** *a.* 前に出す *b.* 先頭にする；先頭に立てる *c.* 証明する **आगे की खेती आगे-आगे। पीछे की खेती भागे जागे॥** 〔諺〕先手必勝；攻撃は最大の防御なり **आगे ख़ुदा का नाम** 後は天任せ；後は運任せ **आगे चलकर** その後；後に＝आगे जाकर. यही प्रभाव

आगे चलकर まさにこの影響が後に **आगे डालना** いやいや差し出す **आगे डोलना** 世継ぎがいる **आगे देखकर चलना** 慎重に行動する＝आगे देखना. **आगे देखना न पीछे** いいかげんに；ろくに考えずに；慎重さを欠いた状態で **आगे दे॰** 前に置く **आगे दौड़ पीछे चौड़ हो॰** 先のことを考えずに行動する (-) **आगे धरना** （ーを）与える；差し出す；贈る (-के) **आगे धरना** *a.* （ーの前に）差し出す *b.* （ーの前に話を）持ち出す (-को) **आगे धरना** （ーを理想に）掲げる **आगे नाथ न पीछे पगहा** *a.* 天涯孤独のたとえ；一切の係累や束縛のないありさまのたとえ *b.* 一切の束縛のないことが一番の幸せ＝आगे नाथ न पीछे पगहा, सब से भला कुम्हार का गदहा. **आगे निकल जा॰/** (-के) **आगे निकलना** *a.* 先へ出る；抜く；抜き去る अपने हलके शरीर के कारण ख़रगोश बड़ी फुरती से आगे निकल गया 身が軽いのでウサギは素早く先へ進んでいった *b.* （ーを）凌ぐ；抜き出る **आगे पड़ना** 前に来る **आगे-पीछे**→見出し語 **आगे पैर न पड़ना** 不安や恐怖のため前へ進めない **आगे फिरना**＝आगे डोलना. **आगे बढ़कर** (-) **ले॰** （ーを）出迎える；歓迎する (-के) **आगे बढ़ जा॰** （ーに）抜き出る；（ーを）抜く **आगे बढ़ना** *a.* 前進する；進歩する *b.* 先に立つ；先頭に立つ **आगे बैठा हो॰** 世継ぎがいる **आगे भी चलना पीछे भी चलना** 矛盾したことをする **आगे रखना**＝आगे धरना. **आगे से** *a.* 前を；前方を *b.* これから先；次に；次の機会に *c.* 以前から；前から；前々から (-) **आगे से ले॰** （ーを）迎える；出迎える；歓迎する＝आगे होकर ले॰. **आगे हाथ, पीछे पात** 〔諺〕身に纏う布一枚ないような極めて貧しい境遇のたとえ；赤貧洗うが如し **आगे हो॰** *a.* 前に出る；前進する；進む *b.* 抜き出る *c.* 先頭に立つ *d.* 立ち向かう；対抗する

आगे-पीछे [副] (1) 前や後ろに；前後に कुछ वस्तुएँ आगे-पीछे गतिशील होती हैं 一部の物は前後に動く (2) 前になったり後ろになったり (3) そばに；近くに (4) 先に，あるいは，後に＝पहले या पीछे. (5) おおよそその前後に；大体その頃に (6) そのうちに；やがて (7) 順序や順番の混乱した状態に (8) 一列に並んで (9) 直接に，間接に (10) 暇を見て **आगे-पीछे देखकर चलना** 非常に慎重に振る舞う (-के) **आगे-पीछे फिरना** 四六時中（ーに）へつらう (-के) **आगे-पीछे हो॰** 身寄りの人がいる；血のつながった人がいる；血縁者がいる

आगोश [名⁻] 《P. آغوش》胸；膝から胸にかけて人を抱きかかえる際に体の接する部分＝अंक; गोद. **आगोश में ले॰** 抱きしめる

आगौल [名] 先鋒；先陣

आग्नीध्र [名]〔ヒ〕(1) ヴェーダの供犠を行う際に使用する炉；火壇 (2) 祭火を点火する祭官，アーグニードラ

आग्नेय[1] [形] (1) 火の；火に関わる (2) 火を吹く；火を出す **आग्नेय गिरि** 火山＝ज्वालामुखी. आग्नेय आक्रमण 空襲 (3) 火の出るような；激しい；ものすごい (4) 怒りに燃えた उसने आग्नेय नेत्रों से कचहरी की ओर घूरा 烈火の如き眼差しで役所のほうをにらんだ

आग्नेय[2] [名] (1) 南東の方角 (2) 火山

आग्नेयास्त्र [名] 火器；銃器；銃砲

आग्रह [名] (1) 強い要望；要請；懇請；要求；強く言うこと सोवियत संघ से अफ़गानिस्तान से अपने सैनिकों को हटाने का आग्रह ソ連に対してアフガニスタンからの撤兵の要求 उसने राजा से अपने घर चलने का आग्रह किया 王に自分の家へお出まし下さるようにと強く願った मैंने उनसे वहीं ठहरने का आग्रह किया そこに泊まるように懇請した (2) 熱心さ；熱意 कर्तव्यों के प्रति आग्रह 義務に対する熱心さ (3) 強調；強く言い張ること

आग्रहायण [名] インドの太陰太陽暦の 9 月アーグラハーヤナ；アグハン月；マールガシールシャ月（古代の暦法では年の第 1 月. 満月終わりでは日本の旧暦 10 月 16 日から 11 月 15 日までの 1 か月）＝अग्रहायण; अगहन; मार्गशीर्ष.

आग्रहायणी[1] [名*] (1) ＝अगहन; मार्गशीर्ष. (2) インドの 27 宿の第 5 ムリガシラス／ムリガシラー मृगशिरा नक्षत्र

आग्रहायणी[2] [形] アグハン月の；マールガシールシャ月の

आघात [名] (1) 打撃；衝撃 **आघाता क॰** 打撃を加える；打撃を与える सरकार पर आघात क॰ 政府に打撃を与える (2) 心の動揺；衝撃；ショック आघात पहुँचना＝आघात लगना 衝撃が及ぶ；ショックを受ける उसे देखकर मेरे मन पर आघात लगा それを見てショックを受けた उसकी यकायक अस्वस्थता से राजा को ज़बरदस्त आघात पहुँचा 男の突然の病気に王は激しい衝撃を受けた

आघातक [形] 打撃を与える；衝撃を与える

आघूर्णन [名] (1) 回転；回転運動 (2) 動き回ること

आघ्राण [名] (1) 臭いを感じとること；嗅ぐこと＝सूँघना. (2) 満足すること＝तृप्ति.

आचमन [名] (1) 水を飲むことやすすること (2)〔ヒ〕ヒンドゥー教徒の礼拝儀礼の一部として右手の掌に水を受け呪文を唱えながらそれをすすること；アーチマン सभी ने तालाब के पवित्र जल का आचमन किया 全員が池の聖水をすすった

आचमनी [名*] アーチマンの聖水をすくうさじ किसीने मेरे मुँह में एक आचमनी गंगाजल डाल दिया, जिसमें बताशे घुले हुए थे だれかがバターシャーの溶かされているガンジスの聖水をひとさじ私の口に注いでくれた

आचरण [名] (1) 行為；品行；行動 नेताओं के आचरण और व्यवहार 指導者たちの行為と振る舞い आचरण के नियम 行動規範 अपने आचरणों को अधिक-से-अधिक शुद्ध बनाना 自分の品行を最も清らかにすること (2) 実践；実行 यह मालूम नहीं कि कितने लोग इसपर आचरण करते थे どれほどの人がこれを実践していたかはわからない **आचरण संहिता** → आचार-संहिता.

आचरित [形] (1) 行われた；実行された；実践された (2) 日常の；日々の；一定の

आचाम [名] (1) 米飯 (2) 米の煮汁 (3) ＝आचमन.

आचार [名] (1) 行為；品行 आचार व्यवहार तथा चाल-ढाल 品行と品性；行いと品格；性行 (2) 道徳 (3) 模範的な品行 (4) 行き来；やりとり；交わり；交流；交際 **आचारनीति** 倫理；道義；徳義

आचारवान् [形] 品行の正しい；品行方正な；模範的な品行の

आचार-विचार [名] 品行；徳行；道徳；品行と倫理

आचार शास्त्र [名] 倫理学＝नीति शास्त्र.

आचार-संहिता [名*] 道徳規範；道徳律；行動規範；行動規準＝आचरण-संहिता.

आचारहीन [形] 不道徳な；品行の悪い；不品行な

आचारहीनता [名*] 不道徳；不品行

आचारी [形] 品行方正な；品行の正しい

आचार्य [名] ↔ आचार्या (1) 学匠；師；師匠；アーチャーリヤ (2) 祭式・儀式を司る祭官 (3) 大学者 (4) 教授（などに相当する称号） (5)〔仏〕阿闍梨

आचार्या [名*] (1) 女性学匠；師；師匠；アーチャーリヤー (2) アーチャーリヤの妻

आचार्यानी [名*] アーチャーリヤ（आचार्य）の妻

आच्छन्न [形] (1) 覆われた (2) 包まれた；包み込まれた सारा घर अंधकाराच्छन्न था 家中暗闇に包まれていた (3) 隠された；秘められた तब तक हमारा भविष्य अंधकार से आच्छन्न है その時まで我々の未来は闇に隠されている

आच्छादक [形・名] (1) 覆う（もの） (2) 包む（もの） (3) 秘める（もの）

आच्छादन [名] (1) 覆うこと；包むこと (2) 覆うもの；包むもの (3) 衣服

आच्छादित [形] (1) 覆われた मध्यप्रदेश का अधिकांश भाग वनों से आच्छादित है マッディヤ・プラデーシュ州の大半は森林に覆われている (2) 包まれた

आच्छेदन [名] 切断；切り離すこと

आच्छोटन [名] (1) 指を鳴らすこと (2) 指の関節を鳴らすこと

आच्छोदन [名] 狩り；狩猟＝आखेट; मृगया.

आछना [自] 《Av.,Br.》(1) 居る；居合わせる (2) 存在する；ある आछत 居ながら；ありながら＝होते हुए; रहते हुए.

आज[1] [名] (1) 今日；本日 (2) 今；今日；現在；現代 आज का जापान 現代日本

आज[2] [副] (1) 今日；本日 (2) 近頃；今日；今；現今 आज एक को रोता देख दूसरा हँसता और तालियाँ बजाता है 今は人が泣くのを見て笑い，手を叩く時代なのだ **आज किधर का चाँद निकला है?** 〔諺〕久しぶりの来客に対する言葉 **आज दिन** こんにち（今日） **आज नक़द कल उधार** 掛け売りお断り **आज नहीं कल** 今日ではなく明日と延引すること；一日一日と遅らせること **आज भी** *a.* 今日も *b.* 依然として；今なお

आजकल [名・副] (1) こんにち（今日）；近頃；最近；現在；昨今；現今 (2) 昨日今日；今日明日 **आजकल क॰** 当てにならない約束をする；いいかげんな返事をする；言い逃れをする **आजकल का ज़माना** 今の時代；現代 **आजकल के मेहमान** 死の間近に迫った

人 आजकल बताना = आजकल क॰. आजकल में 近いうちに；近日中に；すぐに आजकल लगना *a.* 死に際が間近い *b.* 遅れる；遅延する

आजन्म [副] (1) 生まれてこの方；生まれてから今まで (2) 生涯；一生

आज़माइश [名*] 《P. آزمائش आज़्माइश》 (1) 試し；試行 (2) 試練 आज़माइश का वक़्त 試練の時

आज़माना [他] 《← P.آزما आज़्मा》 (1) 試す；確かめる；調べてみる जिस युवक को आप आज़माना चाहती हैं あなたが試したいと思っていらっしゃる若者を अभी से ये हथकंडे आज़मा रहा है もう今からこの手を試しているんだ बड़े-बड़े महाबली आए,ख़ूब जोर आज़माया, लेकिन वे भी सफल नहीं हुए いずれ劣らぬ力持ちがやってきて存分力を試してみたが，やはりうまく行かなかった मैंने इनकी बात इन्हीं पर आज़मा ली この方の言葉をこの方に試してみた उसने परदेश जाकर क़िस्मत आज़माने की ठानी 異国へ行って運を試してみる決意をした (2) 確認する；実証する वज़न बढ़ाने का यह बिल्कुल आज़माया हुआ तरीक़ा है 体重を増す完全に実証された方法

आज़मूदा [形] 《P. آزموده》試された；確かめられた = परीक्षित. कुछ आज़मूदा नुस्खे 幾つか確かめられた方策

आज़र्दगी [名*] → आज़ुर्दगी.

आज़र्दा [形] → आज़ुर्दा.

आजा [名] 父方の祖父 = पितामह；दादा.

आज़ा [名, pl.] 《A. اعضا ← عضو उज़्व》肢体 = अवयव；अंग. तमाम आज़ा की हिफ़ाज़त 全身の保護

आजागुरु [名] (1) 師の師 (2) 師の祖父

आज़ाद[1] [形] 《P. آزاد》 (1) 自由な；解き放たれた；束縛のない अपने आप को आज़ाद समझिए ご自分は束縛を受けていないのだとお考え下さい आज़ाद क॰ 自由にする；解き放つ；解放する (2) のびやかな；のびのびした (3) 独立の；独立した आज़ाद क॰ 独立させる देश को आज़ाद करने के लिए 国を独立させるために जब अमेरिका आज़ाद हुआ तो アメリカが独立すると आज़ाद कराना 独立させる अगर तुम्हें देश को आज़ाद कराना है, उसके लिए अंग्रेज़ों से लड़ना है 国を独立させるのであれば君はイギリスと戦わなくてはならない

आज़ाद[2] [副] (1) 自由に；拘束されずに；のびのびと बाज़ जानवर आज़ाद फिरते हैं 他の動物はのびのびと歩き回っている (2) 所属なしに；無所属で पहले कांग्रेस के टिकट पर लड़े,हार गये,फिर आज़ाद लड़े,हार गये 最初は会議派の公認を受けて戦い，敗れた．次に無所属で戦い，敗れた

आज़ाद कश्मीर 〔地名〕アーザード・カシミール（自由カシミール，現在パキスタン領有のカシミール．主要都市ムザッファラーバード）

आज़ाद हिंद फ़ौज [名*] 《Ur. آزاد ہند فوج》インド軍（第二次世界大戦中の 1941 年，日本軍と協力してインドの独立のために組織され戦った英印軍の元兵士を主力とした軍隊，英語名 Indian National Army）

आज़ाद हिंद सरकार [名*] 《Ur. آزاد ہند سرکار》インド国民軍政府→ आज़ाद हिंद फ़ौज.

आज़ादाना [形] 《P. آزادانه》自由な；のびやかな；束縛のない आज़ादाना तौर पर 自由に；のびやかに；のびのびと आज़ादाना आमदो रफ़्त 自由な往来

आज़ादी [名*] 《P. آزادی》 (1) 自由 (2) のびやかさ (3) 独立

आजान [名] (1) 出生；発生 (2) 出生地

आजानु [形] 膝まである；丈が膝まで長い

आजानुबाहु [形] 腕が膝まで届く；長い腕の

आजानुभुज [形] = आजानुबाहु.

आजानुलंबी [形] 膝まで達する

आज़ार [名] 《P. آزار》 (1) 病気 (2) 災難；不幸 (3) 悲しみ

आजि [名] 戦い；戦争；いくさ（戦）= युद्ध；लड़ाई.

आजिज़ [形] 《A. عاجز》 (1) 弱々しい；哀れな (2) へり下った；慎み深い；丁重な (3) 仕方のない；無力な；困った (4) うんざりした；飽きた आजिज़ आ जा॰ うんざりする = तंग हो जा॰.

आजिज़ी [名*] 《A. عاجزی》 (1) 弱々しさ；哀れさ (2) 慎み深さ；丁重さ (3) 無力；困惑 (4) 飽き

आजी [名*] 父方の祖母；父の母 = दादी；पितामही. → आजा 父の父

आजीव [名] (1) なりわい；生業；職業 (2) 生計 (3) 正当な収入

आजीवक [名] = आजीविक.

आजीवन [副] 一生；終生；生涯 प्रकाश का स्वभाव भी आजीवन अत्यंत सरल, निश्चल, निस्पृह बना रहा プラカーシュの性格も一生涯甚だ素直で飾り気がなく無欲なままだった आजीवन कारावास 終身刑 = आजीवन के लिए क़ैदी. आजीवन सदस्य 終身会員

आजीविक [名] 〔イ哲〕古代インドの哲学・宗教の一，アージーヴィカ教（六師外道の一，邪命外道）

आजीविका [名*] なりわい；生業；生計；生活の糧；生活 आजीविका के लिए 生計のために；生活のために

आज़ुर्दगी [名*] 《P. آزردگی आज़र्दगी》 (1) 苦しみ (2) 不快 (3) 怒り；立腹 (4) 悲しみ

आज़ुर्दा [形] 《P. آزرده आज़र्दा》 (1) 苦しめられた (2) 不愉快な；不快な (3) 怒った；立腹した (4) 悲しい

आजू [名] 仕事のない人；職のない人

आजू-बाजू [副] 脇に；そばに सड़क के आजू-बाजू 道路の脇に

आज्ञप्ति [名*] (1) 法令 (2) 判決；命令

आज्ञा [名*] (1) 命令；指令；指図 "आज्ञा हो" मैंने नम्रता से कहा 「ご用件はなんでございましょうか」と私は丁重に言った (2) 許可；許し बिना आज्ञा 許可なく；無許可で बिना आज्ञा महल में प्रवेश किया 許可なく宮殿に入った आज्ञा आँखों से उठाना うやうやしく命令に服する आज्ञा उठाना 命令に従う आज्ञा कंधों पर ले॰ 慎んで命令に服する आज्ञा दे॰ 命令する；命令を出す；指令する आज्ञा पालन क॰ 命令に従う आज्ञा सिर पर मानना = आज्ञा आँखों से उठाना. आज्ञा हाथों पर ले॰ 直ちに命令に服する

आज्ञाकारिता [名*] 服従；従順さ；忠順さ

आज्ञाकारी [形] 従順な；忠実な पंडित के चारों पुत्र बड़े आज्ञाकारी थे パンディットの子供は 4 人とも大変従順だった अपने अग्रज के आज्ञाकारी बने रहे ずっと兄に従順だった

आज्ञाचक्र [名] 〔ヨガ〕ハタヨーガで眉間の中央の部位に位置するとされるチャクラ；アージュニャー・チャクラ→チャクラ चक्र.

आज्ञान [名] (1) 理解 (2) 知覚 (3) 感知

आज्ञापत्र [名] 命令書；指令書

आज्ञापालक [形] 忠実な；従順な अतः पुत्र अपने पिता के प्रति भावुक तथा आज्ञापालक रहता है 故に息子は父親に対して感じやすく従順である

आज्ञापालन [名] 服従；服命

आज्ञार्थक[1] [名] 〔言〕命令法→ आज्ञार्थक वृत्ति.

आज्ञार्थक[2] [形] 〔言〕命令法の आज्ञार्थक वाक्य 命令文

आज्ञार्थक वृत्ति [名*] 〔言〕命令法 〈imperative mood〉

आज्य [名] (1) ギー（घी）；グリタ（घृत）；バターオイル (2) バラモン教（ヒンドゥー教）の祭火に投じるためのギー

आटना [他] 下のものがうずまるほど上からのせたり被せたりする；覆い被せる

आटा [名] (1) 穀物を挽いた粉．特に小麦粉を指す गेहूँ, जौ, ज्वार, बाजरा, मकई आदि का आटा コムギ，オオムギ，モロコシ，トウジンビエ，トウモロコシなどの粉 आटा गूँधना 小麦粉をこねる आटे की चक्की 製粉所 = आटा मिल. (2) 粉；粉末 आम की गुठली को भूनने के बाद पीसकर आटा बना लेते हैं マンゴーの種子をあぶってから挽いて粉末にする आटा आटा क॰ 粉々にする आटा गीला हो॰ *a.* パン生地が水っぽくなる *b.* 困った状況になる；調子が一層悪くなる；不調になる *c.* 意気消沈する आटा छानना 仕事もせずにぶらぶら過ごす आटा-दाल 必要不可欠な物；どうしても欠かせない物 आटा-दाल का भाव खुलना = आटा-दाल का भाव मालूम हो॰. आटा पाथना どうにかこうにか料理をこしらえる आटा माटी क॰ めちゃくちゃにする；台無しにする；損なう आटा माटी हो॰ めちゃくちゃになる；台無しになる；損なわれる आटे की आया *a.* うぶな；純真な；すれていない；純朴な（女性） *b.* 間抜けな（女性） आटे के साथ घुन पिसना *a.* 巻き添えを食う；関わりあいになる *b.* 〔諺〕よからぬ人と接していると巻き添えを食うものだ आटे दाल का भाव → आटा दाल का भाव. आटे-दाल का भाव बता दे॰ 教訓を与える；思い知らせる आटे-दाल का भाव मालूम हो॰ *a.* 生活の厳しさを知る *b.* ものごとの重要性を認識する *c.* 浮かれていたのが正気に戻る आटे-दाल की फ़िक्र क॰ (हो॰) 生活の心配を

आ

する；なりわいの心配をする；生活に追われる＝ आटे-दाल के फेर में रहना. **आटे में नमक बराबर** 適量；適当な程度や分量に；ほどほどに **आटे में नमक-सा मिल जा॰** 渾然一体となる；一心同体になる **आटे में नमक से भी कम** ごく少量 **ग़रीबी में आटा गीला हो॰** *a.* 泣き面に蜂 *b.* 不如意の上に損や負担が重なる

आटाचक्की [名*] 製粉機；ひき臼（碾き臼）；石臼

आटो- [造語] 《E. auto》自身の，自己の，自動車のなどの意を有する合成語の構成要素 आटो ड्राइवर オートリキシャの運転手

ऑटोइग्निशन [名] 《E. autoignition》自動点火（装置）→ ऑटोइग्निशन सहित 自動点火装置付き

ऑटोक्रैट [名] 《E. autocrat》(1) 専制君主＝ स्वेच्छाचारी शासक. (2) 独裁者＝ स्वेच्छाचारी.

ऑटोक्रैसी [名*] 《E. autocracy》(1) 独裁政治＝ स्वेच्छाचारी शासन; एकतंत्र. (2) 独裁権

ऑटोग्राफ़ [名] 《E. autograph》サイン；署名＝ स्वाक्षर.

ऑटोग्राफ़ बुक [名*] 《E. autograph book》サイン帳

आटोप [名] (1) 覆い (2) 膨張；腫れ (3) 見せかけ；見せびらかし；虚飾 (4) 傲慢

ऑटोमेटिक [形] ＝ आटोमैटिक

आटोमैटिक [形] 《E. automatic》自動の；自動式の；自動的な；オートマチックの＝ स्वचालित. आटोमैटिक गन 自動拳銃；自動小火器 इसमें आटोमैटिक डिफ़्रास्टिंग की भी व्यवस्था होती है これには自動霜取り装置もついている

ऑटोमोबाइल [名] 《E. automobile》自動車 ऑटोमोबाइल उद्योग 自動車産業

आटोरिकशा [名] 《E. autorickshaw》オートリキシャ→ ऑटोरिक्शा.

ऑटोरिक्शा [名] 《E. autorickshaw》オートリキシャ（人力車や輪タクに対して種々の乗用オート三輪車）＝ आटोरिकशा.

ऑटोरिक्शा ड्राइवर [名] 《E. autorickshaw driver》オートリキシャの運転手

ऑटोवाहन [名] 《E. auto ＋ H.वाहन》自動車などの乗り物（人力，畜力の車に対して）

आठ [数] 8; 八；8 個；8 つ；8 つの物 **आठ आठ आँसू रुलाना** とても苦しめる；激しく悩ませる **आठ आठ आँसू रोना** ひどい苦しみや悲しみに激しく泣く **आठ आना** *a.* 8 アンナ（旧貨幣単位で現今の 2 分の 1 ルピー，あるいは，50 パイサーに相当）*b.*（1 ルピーが 16 アンナであったので）半分 **आठ वार नौ त्यौहार हो॰** 8 日間に 9 つの祭礼（祭礼の続くことのたとえ） **आठ सौ चालीस हो॰**（インド刑法第 420 条の詐欺罪をもじって）大嘘つき；ペテン師；詐欺師

आठों [数] 数詞 8 の強意形．8 つとも；8 つが 8 つとも **आठों गाँठ** 全く；完全に；あらゆる意味で **आठों गाँठ कुम्मैत** 全く抜け目のない；この上なく狡猾な **आठों पहर, चौंसठ घड़ी** 四六時中；絶え間なく **आठों पहर सूली पर रहना** いつも困窮していること **आठों सिद्धि नवों निधि मिलना** ありとあらゆる物が手に入る

आडंबर [名] (1) 虚飾；見栄；虚栄；見せびらかし इस सारे आडंबर की आड़ में このあらゆる虚飾のかげに पुजारियों के आडंबर और बनावटीपन की पोल खोलना 祭官たちの虚栄と見せかけを暴く **आडंबर क॰** 見栄を張る；表面を飾る；虚飾＝ आडंबर खड़ा क॰; आडंबर फैलाना. (2) 騒音；ざわめき

आडंबरी [形] (1) 見せかけの；見せびらかしの (2) 虚飾の；虚栄の；見栄張りの

आड़[1] [名*] (1) 物陰；陰；見えないところ；隠れるための道具；隠れ場所；ついたて（衝立）；幕などの目隠し दरख़्तों की आड़ में छुप जाते हैं 木の陰に隠れる विश्वनाथ की आड़ में वह लोगों को धोखा भी देता रहता था ヴィシュヴァナートの陰に隠れて人を欺いてもいた आड़ में लेट जाएँ 物陰に横になろう (2) もっともらしい理由；かこつけ；かくれみの（隠れ蓑） मैं फूल की आड़ में काँटा हूँ! मैं पापिन हूँ, कलंकिनी हूँ 私は花に隠れたとげなのです．罪深い女です恥知らずなのです धर्म की आड़ में संपत्ति का अपार संग्रह करके 宗教を隠れ蓑に巨万の富を築き (3) 支援；保護；助け (4) 止めるもの **(-की) आड़ में क॰** （－を）助ける；支援する **आड़ दे॰** 目隠しをする **(-को) आड़ दे॰** （－を）助ける；支援する **आड़ पकड़ना** 助けを求める；支援を求める **(-की) आड़ में खेल खेलना** （－を）隠れ蓑に利益を図る **(-की) आड़ ले॰** *a.*（－に）すがる；頼る *b.*（－の）味方をする *c.*（－に）かこつける बीमारी की आड़ लेकर 病気にかこつけて；病気を隠れ蓑に

आड़[2] [名*] (1) アール；女性が額につけるビンディー बिंदी. (2) アール（女性が額に横に描くティラク）तिलक. (3)〔装身〕アール（女性が髪に垂らして額につける装身具の一，ティーカー）टीका.

आड़ना [他] (1) 目隠しになるものを立てたり置いたりする (2) 止める (3) 妨げる；妨害する (4) 禁じる (5) 質に入れる

आड़ा [形⁺] (1) 横の；水平の ↔ सीधा （縦の；垂直の）．मुँह पर आड़ी नली फ़्लास्क 口に水平に管のついているフラスコ पेट के आपरेशन के लिए आड़ा चीरा लगाया जाता है 腹部の手術に横にメスが入れられる (2) 斜めの दो छोटी आड़ी लकीरें 2 本の短い斜線 (3) 困惑した；苦しい；不如意な आकस्मिक ख़र्चों या आड़े समय के लिए 不意の出費や不如意な時のために **आड़ा आ॰** ＝ आड़े आ॰.

आड़ा-तिरछा हो॰ 憤る；激しく怒る **आड़ा वक़्त** 困った時；苦難の時 यदि आप किसी के आड़े वक़्त पर उसके साथ खड़े होंगे, तभी दूसरा आपके आड़े वक़्त पर काम आएगा 人が困った時にその人の味方になるならその人はあなたの困った時に役立つだろう **आड़ी-टेढ़ी** *a.* 反対；対立 *b.* 強情；依怙地 **आड़ी डालना** 妨げる；妨害する

आड़ी-तिरछी आँखों से 憤りの眼差で अपनी आड़ी-तिरछी आँखों से नलिन की ओर देखता रहा 憤りの眼差でナリンのほうを見ていた

आड़े-तिरछे हो॰ 喧嘩腰になる；憤慨する **आड़े आ॰** 邪魔をする；立ちふさがる；立ちはだかる；妨げる चूँकि उसके परिवार की मर्यादा या स्वाभिमान का प्रश्न आड़े आ जाता है 家の体面や自尊心の問題が邪魔をするので जाने कितने जन्म के पाप आड़े आते हैं 一体どれほどの前世の悪業が立ちはだかるのやら कई कठिनाइयाँ आड़े आती थीं 幾つもの困難が立ちはだかるのであった **(-के) आड़े आ॰** 困った時に（－の）役に立つ；（－を）助ける；救う；（－の）助けになる＝ आड़े काम आ॰; आड़े दिन काम आ॰; आड़े समय काम आ॰.

आड़े पड़ना 妨げる；妨害する **आड़े वक़्त काम आ॰** 苦難の時に役立つ **आड़े समय** 苦難の時＝ आड़े वक़्त. **(-को) आड़े हाथों ले॰** （－を）厳しい言葉でたしなめる；（－を）やりこめる उन्होंने संपादकों के इशारे पर नाचनेवाले लिखनेवाले लेखकों को भी आड़े हाथों लिया है 同氏は編集者の指図通りに書いている書き手までもやりこめている **आड़े हो॰** ＝ आड़े आ॰.

ऑडिट [名] 《E. audit》会計検査；監査＝ लेखापरीक्षा.

ऑडिटर [名] 《E. auditor》会計検査官；監査役＝ लेखा-परीक्षक. **ऑडिटर जनरल** 《E. Auditor General》会計検査院長＝ महालेखापरीक्षक.

ऑडिटोरियम [名] 《E. auditorium》(1) 講堂 (2) 会館＝ सभाभवन; रंगभवन; प्रेक्षागृह.

ऑडियो कैसेट [名] 《E. audio casette》オーディオカセット

-आड़ी [接尾] 行為者を表す名詞を作る खेल 遊び；ゲーム→ खिलाड़ी プレーヤー．

आड़ू [名] (1)〔植〕バラ科モモノキ（桃の木）【*Prunus persica*】(2) その果実，桃の実

आढक [名] (1) 重量単位（4 セール，すなわち，4kg に相当） (2) 穀物計量用の木製の升（4 セール入る）＝ द्रोण.

आढ़त [名*] (1) 仲買；仲買業；卸売 (2) 仲買手数料；口銭 (3) 仲買商の店；卸売店

आढ़तिया [名] 仲買人；卸商

आढ़ती [名] 仲買人；卸商→ आढ़ती विक्रेता. मछलियों का आढ़ती 魚の卸商

आणविक [形]〔物理〕原子核の；核の आणविक वज़न 原子量

आणविक छतरी [名*]〔軍〕核の傘

आतंक [名] (1) 恐怖；恐怖感；恐慌；パニック；狼狽 चोर के चेहरे पर आतंक छाया हुआ था, जैसे मृत्यु से पहले ही वह मर चुका हो 盗人の顔にはまるで死を迎える前に死んでしまったかのような恐怖感が漂っていた भैरव राक्षस के आतंक से バイラヴァ羅刹の恐れのため आतंक से नजात पाने के लिए 恐怖から解放されるために **आतंक जमाना** 恐怖感を植え付ける (2) 不安；動揺 (3) 苦痛；痛み (4) 威圧；威圧感 **आतंक फैलाना** 怯えさせる；恐怖に陥れる；威圧する

आतंकवाद [名] テロリズム＝ टेरोरिज़्म; दहशतगेज़ी.

आतंकवादी[1] [形] テロリストの；テロの आतंकवादी गतिविधियाँ テロ活動；テロ行為

आतंकवादी[2] [名] テロリスト

आतंकित [形] 怯えた；恐れた；恐怖に落ちた **आतंकित क॰** 恐怖に陥れる；怯えさせる एक भयावह अनिश्चितता ने मुझको बेतरह आतंकित कर दिया था ある恐ろしい不安定さにひどく怯えさせられた **आतंकित हो॰** 恐怖に陥る；怯える；震え上がる
आततायी [名] 暴虐を行う者；非道を行う者 और वह धर्म धर्म ही क्या है जो दया और न्याय पर आश्रित नहीं है, जो आततायियों और आतंकवादियों से पूर्वजों की रक्षा नहीं करता? 憐憫と正義によらず暴虐者とテロリストから先祖を守らない宗教とは一体どんな宗教なのか
आतप [名] (1) 日光 (2) 熱 (3) 病気による発熱
आतपत्र [名] (1) 天蓋 (2) パラソル；日傘
आतर [名] 渡し賃= उतराई; नाव का भाड़ा.
आतश [名*] 《P. آتش》→ आतिश. 火= आग; अग्नि; अनल.
आतशक [名] 《P. آتشک》〔医〕梅毒；ジフィリス= उपदंश; गरमी/गर्मी; फ़िरंगी बीमारी.
आतशकदा [名] 《P. آتش کده》= आतिशख़ाना.
आतशख़ाना [名] = आतिशख़ाना.
आतशफ़िशान [形] 《P. آتشفشان आतशफ़िशाँ》火を噴き出す；噴火する
आतशीं [形] 《P. آتشیں》(1) 火の；火を噴く (2) 火のように赤い → आतिशी.
आतिथेय[1] [名] (客に対する) 主人；ホスト
आतिथेय[2] [形] 客に関する；接客上の
आतिथ्य [名] 客を丁寧にもてなすこと；歓待；歓迎
आतिथ्य-सत्कार [名] 歓待；もてなし
आतिवाहिक [名] 死後も永続し輪廻の主体となるもの；リンガシャリーラ (लिंगशरीर)；微細身
आतिश [名*] 《P. آتش》火 = आतश. = आग; अग्नि; अनल.
आतिशख़ाना [名] 《P. آتش خانه》= आतशख़ाना. (1) 祭火の置かれるところ (2) 拝火教徒の祭火を祭る場所；拝火教徒 (パールシー) の礼拝所 (3) 炉 (4) かまど
आतिशगाह [名*] 《P. آتش گاه आतशगाह》= आतिशख़ाना.
आतिशगीर [形] 《P. آتش گیر आतशगीर》発火しやすい；引火性の
आतिशज़दगी [名*] 《P. آتش زدگی आतशज़दगी》(1) 引火；燃え出すこと (2) 火事
आतिशज़दा [形] 《P. آتش زده आतशज़दा》燃えた；引火した；火がついた；火事になった；火事で焼けた
आतिशज़न [形] 《P. آتش زن आतशज़न》火をつける；放火する= आग लगानेवाला.
आतिशज़ना [名] 《P. آتش زنه आतशज़ना》火打ち石= चकमक पत्थर.
आतिशज़नी [名*] 《P. آتش زنی आतशज़नी》放火= आतिशज़दगी; आतशज़दगी; आगज़नी.
आतिशदस्त [形] 《P. آتش دست आतशदस्त》素早い；敏捷な；敏速な
आतिशदान [名] 《P. آتش دان आतशदान》(1) 火鉢 (2) いろり (囲炉裏)；暖炉 (3) かまど；炉
आतिशनाक [形] 《P. آتش ناک आतशनाक》火のような；火の如き；烈火の如き
आतिशपरस्त [名] 《P. آتش پرست आतशपरस्त》パールシー (拝火教徒)；ゾロアスター教徒= अग्निपूजक.
आतिशपरस्ती [名*] 《P. آتش پرستی आतशपरस्ती》(1) 拝火；火の崇拝 (2) 拝火教；ゾロアスター教
आतिशपारा [名] 《P. آتش پاره आतशपारा》(1) 火の粉= अग्निकण; चिनगारी. (2) 火の塊= अंगारा.
आतिशबाज़ [名] 《P. آتش باز आतशबाज़》(1) 花火屋；花火製造者 (2) 花火師
आतिशबाज़ी [名*] 《P. آتش بازی आतशबाज़ी》花火 आतिशबाजी छुडा रहे हैं 花火を打ち上げているところだ
आतिशमिज़ाज [形] 《P. آتش مزاج आतशमिज़ाज》気の短い；短気な；怒りっぽい；すぐかっとなる= गुस्सैल.
आतिशमिज़ाजी [名*] 《P.A. آتشمزاجی आतशमिज़ाजी》短気 (なこと)；怒りっぽいこと
आतिशरंग [形] 《P. آتش رنگ आतशरंग》紅蓮の；燃えさかる火の色の= ख़ूब लाल; दहकता हुआ
आतिशीं [形] 《P. آتشیں आतशीं》(1) 火の (2) 燃える火のように赤い
आतिशी [形] 《P. آتشی आतशी》(1) 火の (2) 燃えさかる火のように真っ赤な；紅蓮の
आतिशी आब [名] 《P. آتشی آب आतशी आब》赤ブドウ酒
आतिशी शीशा [名] 《P. آتشی شیشه आतशी शीशा》凸レンズ；虫眼鏡；天日レンズ= आतिशी आइना.
आती-पाती [名*] 児童の遊戯 (鬼になった子が決められた木の葉を取りに行きそれを持った手で触れられると触れられた子が次に鬼になる)
आतुर [形] (1) 焦っている；焦る；せく；せかせかする；性急な उदय के लिए आतुर हमारा समाज 向上に性急な我らの社会 (2) うずうずする；うずうずしている (3) 後先の考えのない；衝動的な
आतुरता [名*] ←आतुर. (1) 焦り；焦ること；性急さ；性急なこと **आतुरता के साथ** せかせかと；性急に कई माँ-बाप आतुरता के साथ ऐसा करने की कोशिश करते हैं 一部の親は性急にこうしようとする (2) うずうずする気持ち कुछ सुनने की आतुरता लिये मैं तुम्हारी तरफ़ देखती रहती हूँ なにか聞きたいとうずうずしながらあなたの方をずっと見ている (3) 後先の考えのないこと
आत्म[1] [形] (1) 自分の；自分についての (2) 自己の；自己に関わる
आत्म[2] [名] 自己；自身
-आत्मक [造語] (−) 的, (−) 的ななどの意を加える造語要素 निर्णय 断定 + आत्मक → निर्णयात्मक 断定的な. निर्णयात्मक स्वर में 断定的な口調で
आत्मकथा [名*] (1) 自分について述べること；自伝 (2) 自叙伝；自伝
आत्मकहानी [名*] 身の上話；自伝；自叙伝= आत्मकथा; आपबीती.
आत्मकेंद्रित [形] 自己中心的な वे अंतर्मुखी अवश्य थे पर आत्मकेंद्रित नहीं थे 確かに内省的な人ではあったが自己中心的な人ではなかった
आत्मगत[1] [形] (1) 自己の；内的な (2) 主観的な
आत्मगत[2] [名]〔演〕独白；モノローグ= स्वगत.
आत्म-गौरव [名] 自尊心；誇り
आत्मग्लानि [名*] 自己嫌悪 आत्मग्लानि से पीड़ित 自己嫌悪に苛まれている
आत्मघात [名] 自害；自殺= आत्महत्या; ख़ुदकुशी.
आत्मघातक [形・名] 自害する；自殺する；自害者；自殺者
आत्मघाती [形・名] = आत्मघातक.
आत्मघृणा [名*] 自己嫌悪
आत्मघोष [名] (1) 自慢する人；自画自賛する人 (2) カラス (3) おんどり (雄鶏)
आत्मचरित [名] 自叙伝；自伝
आत्मचालित [形] 自分で動く；自動の；自動式の
आत्मचिंतन [名] 黙想
आत्मज [名] (1) 息子 = पुत्र; बेटा; लड़का. (2) カーマ神 = कामदेव. (3) 血；血液
आत्मजा [名*] 娘= पुत्री; बेटी; लड़की.
आत्मजात [名] = आत्मज.
आत्मज्ञ [形・名] 自己を知る (者)；自己認識のある (人)
आत्मज्ञान [名] (1) 自覚；自己認識 (2) 悟り बोधिवृक्ष के नीचे उन्हें आत्मज्ञान हुआ (仏陀は) ボダイジュ (菩提樹) の下で悟りを得られた
आत्मतुष्टि [名*] (1) 自己満足 (2) 最高我の知識によって得られる悦び
आत्मतृप्ति [名*] 自己満足 क्या मनुष्य आत्मतृप्ति के लिए प्रेम करता है? 人は自己満足のために恋をするものか
आत्मत्याग [名] (1) 自己犠牲 (2) 自己否定 (3) 自害；自殺
आत्मदान [名] 献身；自己犠牲 रणथम्भोर वालों के लिए तो वह आत्मदान का यज्ञ था ランタンボール側の人たちにとってはそれは献身の供犠であった
आत्मद्रोही [形] 自虐的な
आत्मन् [名・造語] (1) 自分；自己；自身；己 (2)〔イ哲〕生命原理；アートマン；自我；自己；霊魂 (3) 生気
आत्मनाश [名] 自滅
आत्मनाशात्मक [形] 自滅的な
आत्मनिंदा [名*] 自責
आत्मनियंत्रण [名] 自制 (心)；自己抑制

आत्मनियतत्ववाद [名]〔哲〕自己活動自動決定論〈selfdeterminism〉
आत्मनिरीक्षण [名] 自己省察
आत्मनिर्धारण [名] (1) 自己決定；自己決断 (2) 民族自決
आत्मनिर्भर [形] 自立している；自立の ग्रामवासियों को आत्मनिर्भर बनाना 農民たちの自立を図ること
आत्मनिर्भरता [名*] 自立；独立；自律 आत्मनिर्भरता प्राप्त कर लेना वांछनीय है 自立を達成することが望ましい
आत्मनिवेदन [名] (1) 心身を神に捧げること (2) 独り言；独白 उसने धीरे से, मानों वह आत्मनिवेदन कर रहा हो, कहा まるで独り言を言っているかのように小声で言った
आत्मनिष्ठ [形] (1) 霊魂に関する知識を追求する (2) 主観的な
आत्मनिष्ठा [名*] 自信= आत्मविश्वास.
आत्मनेपद [名]〔言〕中間態；反射態；反照態；アートマネーパダ（サンスクリット文法において認められている3つの態の内の一．これは動作が動作主のために行われる時にのみ用いられる．また，すべての動詞がこの態の語形を持つものではない）〈middle voice〉→ परस्मैपद, कर्मवाच्य.
आत्मनेपदी क्रिया [名*]〔言〕中間動詞〈middle verb〉
आत्मपीड़न [名]〔心・医〕自虐；マゾヒズム；被虐性愛
आत्मपूर्ण [形] (1) 自立の (2) 自給自足の
आत्मपूर्णता [名*] (1) 自立 (2) 自給自足；アウタルキー
आत्मप्रकाशन [名] 自己表現
आत्मप्रदर्शन [名] 自己顕示
आत्मप्रदर्शी [形] 自己顕示的な；きざな
आत्मप्रवंचना [名*] 自己欺瞞
आत्मप्रशंसा [名*] 自賛；自画自賛
आत्मप्रशंसात्मक [形] 自画自賛的な आत्मप्रशंसात्मक दृष्टि 自画自賛的な見方
आत्मप्रेक्षण [名] 自己観察
आत्मबल [名] (1) 精神力；気力 आत्मबल के बिना स्वराज्य कभी उपलब्ध न होगा 精神力がなくては独立は得られない (2) 自分の力
आत्मबलिदान [名] 献身；自己犠牲 आत्मबलिदान दे॰ わが身を捧げる；自己を犠牲にする
आत्मभर्त्सन [名] = आत्मभर्त्सना.
आत्मभर्त्सना [名*] 自分をとがめること；自責；自己批判
आत्ममंथन [名] 自己省察 उनकी कहानियों में मनोविश्लेषण और आत्ममंथन का स्वर मुखर हो उठा है この人の短編には心理分析と自己省察の調子がはっきりとしてきている
आत्ममोह [名] 自己耽溺；ナルシシズム
आत्मयोनि [名] (1) ブラフマー神 ब्रह्मा (2) ヴィシュヌ神 विष्णु (3) シヴァ神 शिव (4) カーマデーヴァ神 कामदेव
आत्मरक्षक [形] 自己を守る；自己防衛をする；自己防御的な
आत्मरक्षण [名] = आत्मरक्षा.
आत्मरक्षा [名*] 自己防衛；自己防御
आत्मरत [形] (1) 自己愛に耽った (2) 梵我に関する知識を得た
आत्मरति [名*] (1) 自己愛 (2) 梵我に関する知識 (3) 自慰；自慰行為
आत्मलीनता [名*] 自己陶酔；自己耽溺
आत्मवंचना [名*] 自己欺瞞
आत्मविकास [名] 自己啓発 मनुष्य को आत्मविकास के लिए संयम की आवश्यकता होती है 自己を啓発するには自己抑制が欠かせない
आत्मविभोर [形] 熱狂した；興奮のため我を忘れた सभी भक्तजन आत्मविभोर होकर गाते हैं すべての信徒は我を忘れて賛歌を歌う
आत्मविश्वास [名] 自信；自分への信頼 मंत्री ने पूर्ण आत्मविश्वास से कहा 大臣は自信たっぷりに語った
आत्मविश्वासी [形] 自信に満ちた；大いに自信を持つ
आत्मविस्मृत [形] 己を忘れた；自分を忘れた उनकी वाणी में यह दिव्य प्रभाव था कि सुननेवाले आत्मविस्मृत हो जाते हैं この方の言葉には聞く人に己を忘れさせる超人的な力があった
आत्मश्लाघा [名*] 自画自賛；自賛；自己賛美
आत्मसंतुष्टि [名*] 充実感；満足感 एक अजीब तरह की आत्मसंतुष्टि 一種独特の充実感
आत्मसंतोष [名] 満足；満足感；得心 आत्मसंतोष को अनुभव क॰ 満足感を得る；得心する
आत्मसंयम [名] 自制；自己抑制 स्वराज्य लेने का एक ही उपाय है आत्मसंयम 自治獲得の唯一の方法は自己抑制である
आत्मसमर्पण [名] (1) 神に己の一切を捧げること= आत्मनिवेदन. (2) 降参；降伏；投降；自首 डाकुओं का आत्मसमर्पण 強盗団の投降
आत्मसम्मान [名] 自尊心 = आत्मगौरव. उसके आत्मसम्मान को चोट लगी その人の自尊心が傷ついた
आत्मसाक्षात्कार [名] 自己実現
आत्मसात् [形] 同化された आत्मसात् क॰ 同化する
आत्मसातन [名] 同化；同化作用 = आत्मसात्करण.
आत्मसिद्धि [名*] = आत्मसाक्षात्कार.
आत्मस्वीकृति [名*]〔法〕自白；自状；自供
आत्महत्या [名*] (1) 自殺 (2) 心中 आत्महत्या क॰ 自殺する；心中する परिवार के 5 सदस्यों द्वारा आत्महत्या 一家5人心中 पूरे परिवार द्वारा आत्महत्या 一家心中 प्रेमियों ने आत्महत्या की 恋人同士の心中
आत्मा [名*] (1) 霊；霊魂；魂 मर गया तो उसकी आत्मा आपके इर्द-गिर्द ही घूमती रहेगी 死んだらあの人の魂はあなたのぐるりを徘徊するだろう विश्वासी लोग आज भी भर्तृहरि की आत्मा का आवास चुनारगढ़ के आसपास मानते हैं 信心深い人たちは今なおバルトリハリの魂がチュナールガルの近くにあるものと信じている (2) 魂；精神 मैंने अपनी समृद्धि के गर्व में चूर होकर व्यर्थ ही चित्रकार की आत्मा को दुखाया 私は自分の富に驕りわけもなく画家の魂を苦しめた हमारी विद्रोही आत्मा की प्रतीक तलवार 我々の反抗の精神の象徴である刀 (3) 心；気持ち (4) 意識 (5) 頭；頭脳；理性 (6) 我執 **आत्मा कलपाना** 胸を痛める **आत्मा का अंतर पड़ना** わだかまりが生じる (-की) **आत्मा का ख़ून क॰** (－の) 魂を殺す **आत्मा को ठोंका दे॰** 魂を揺さぶる **आत्मा गवाही न दे॰** 心から肯んじない **आत्मा ठंडी हो॰** *a.* 満足する；心が安らぐ *b.* 空腹が癒される **आत्मा तड़पना** 悩む；苦しむ **आत्मा तृप्त हो॰** 気持ちが落ち着く मैंने परमात्मा को धन्यवाद देकर पानी उठाकर दिया.जब आत्मा कुछ तृप्त हुई तो कहा - थोड़ा पानी और चाहिये 神に感謝して水を手に取り飲んだ．少し気持ちが落ち着くと，もう少し水が欲しい，と言った **आत्मा बेचना** 魂を売り払う **आत्मा मसोसना** 我慢する；欲求を制御する；欲望を抑える **आत्मा में डालना** 食べる；口に入れる **आत्मा में पड़ना** 食べ物が口に入る；食べる；食する **आत्मा सताना** = आत्मा कलपाना.
आत्मानंद [名] 自己実現の喜び
आत्मानुभव [名] 体験
आत्मानुभूति [名*] (1) 体験 (2) 自己認識
आत्मानुरत [形] 熱中している；没頭している वे सर्वथा आत्मानुरत हैं 完全に没頭していらっしゃる
आत्माभिमान [名] 自尊心 अधिक दुत्कार से उसके आत्माभिमान को बहुत चोट लगेगी あまり不作法にとがめられるとその人は自尊心が大変傷つくだろう
आत्माभिमानी [形] 自尊心の強い；誇り高い
आत्माभिव्यक्ति [名*] 自己表現
आत्माराम [名] (1) 自己実現を達成した人 (2) 自己の魂；自分の魂 (3) インコ，オウムの俗称
आत्मार्थक सर्वनाम 〔言〕再帰代名詞= निजवाचक सर्वनाम.
आत्मालोचन [名] 自己批判
आत्मावलंबी [形] 自立的な= स्वावलंबी.
आत्माहुति [名*] 献身；身を捧げること；自己犠牲 इस युद्ध का स्पष्ट अर्थ था आत्माहुति, सर्वस्व-समर्पण この戦争の明白な意味は献身，すなわち，一切を擲つことだった
आत्मिक [形] 精神上の；精神的な；心の；魂の पति की आत्मिक, सामाजिक, आर्थिक और शारीरिक उन्नति 夫の精神的，社会的，経済的発展と健康の増進 विवाह एक आत्मिक संबंध है 結婚は一種の精神的な関係である
आत्मीय [形] (1) 霊魂の；精神の (2) 親密な；親しい कृष्ण हमारे मान्य ही नहीं, आत्मीय भी हैं クリシュナは私たちにとって尊敬の対象であるばかりでなく親密な関係にある **आत्मीय रूप से** 親密に मारिशस अभी भी भारतीय पर्व व त्योहारों, हिंदी भाषा, हिंदू धर्म आदि के कारण भारत से आत्मीय रूप से जुड़ा हुआ है モーリシャスは今なおインドの祭礼，ヒンディー語，ヒンドゥー教などを介してインドと親密に結ばれている
आत्मीयता [名*] (1) 親密さ (2) 親愛の情；親しみ इस लिए बैलों से उसे एक प्रकार की आत्मीयता हो गई थी それで牛に対して一種の親しみが生まれていたのだった

आत्मोत्सर्ग [名] 献身；自己犠牲 चम्पारण के पीड़ित किसानों के लिए आत्मोत्सर्ग करने का अपूर्व अवसर チャンパーランの苦しんでいる農民たちに献身するまたとない機会
आत्यंतिक [形] (1) 極度の；極端な (2) 限りない；無限の
आत्रेय [名]〔イ神〕アトリ聖仙 अत्रि の子孫
आथना[1] [自] ある；存在する
आथना[2] [自]（天体が）沈む；没する
आथर्वण [名]〔ヒ〕アタルヴァ・ヴェーダ अथर्व वेद に通暁したブラーフマン
आथी[1] [名*] 資金；資本
आथी[2] [名*] 裕福なこと；富裕
आदंश [名] (1) 噛むこと (2) 噛み傷；噛まれた傷；咬傷
आदत [名*]《A. عادت》(1) 慣れ；習性 मुझे ऐसी बातें सुनने की ज़रा भी आदत नहीं है 私はこのような話を聞くのに全く慣れていない उसे ऐसे कामों की आदत नहीं थी उसके हाथों में छाले पड़ गए この種の作業に慣れていなかったので手に水膨れができた (2) くせ（癖）；習癖 बच्चों की ख़राब आदत 子供たちの悪い癖 चोरी की आदत 盗癖 (3) 習慣 किफ़ायतशिआरी और बचत की आदत 節倹と貯蓄の習慣 **आदत डालना** 習慣を身につける；しつける；しつけをする अधिकतर अभिभावक अपनी कन्याओं में ऐसी आदतें नहीं डालते たいていの親は娘にこのようなしつけをしないものだ बचत करने की आदत डालो 貯蓄の習慣を身につけなさい **आदत पड़ना** 慣れる；習慣がつく घबराओ नहीं, दो एक दफ़ा में आदत पड़ जाएगी 心配するな．一二度すれば慣れるから वर्ज़िश से हर काम को बाक़ायदा करने की आदत भी पड़ेगी 訓練によって何事も規則的にする習慣がつくだろう बचपन ही में यह बुरी आदत पड़ गई तो कभी न छूटेगी 子供時分にこの悪い癖がついてしまうと絶対にとれなくなる **(-की) आदत पड़ना** （一の）癖がつく；習癖がつく；（一が）癖になる रोज़ पीने की आदत पड़ जाने से 毎日（酒を）飲む癖がつくと **आदत बनाना** 習慣にする；習慣をつける इसको अपनी आदत बनाओ これを習慣にしなさい
आदतन [副]《A. عادتاً》習慣的に；いつもの癖で；いつものように；常習的に दूधवाला आदतन मापता है 牛乳屋はいつものように計量する वह आदतन स्टेशन या रेल की पटरी के आसपास घूमता है あの男は常習的に駅や鉄道線路の近くをうろつく
आदम [名]《A. آدم》(1) アダム (2) 人類；人間
आदमक़द[1] [名]《A. آدم قد》等身；等身大 इसपर पूरे आदमक़द की दो गोपिकाएँ चित्रित हैं これには完全な等身大の牧女が描かれている
आदमक़द[2] [形] 等身大の＝क़द्दे आदम. आदमक़द चित्र 等身大の絵 आदमक़द प्रतिमा 等身大の像
आदमक़द शीशा [名]《A.P. آدم قد شیشہ》姿見
आदमख़ोर [形]《A.P. آدم خور》人間を食べる；人肉を喰う；人喰いの；食人の
आदमज़ाद [名]《A.P. آدم زاد》(1) アダムの子孫 (2) 人間；人類 बेचारा आदमज़ाद हैरान रह जाता है और किसी तरह उनका मुक़ाबला नहीं कर सकता है 哀れ人間は動転するばかりでどうにもそれに対抗できないものだ
आदमियत [名*]《A. آدمیت आदमीयत》(1) 人間性；人間愛；ヒューマニズム＝मानवता; इंसानियत. (2) 礼儀；礼節 **आदमियत में लाना** 礼儀を教える＝आदमियत सिखाना.
आदमी [名]《A. آدمی》(1) 人間；人；人類 (2) 成人男性；男性 **आदमी हो॰** 一人前になる＝बालिग़ हो॰. (3) 役割や任務を帯びた人；使者；使用人；手下；部下 राजा के आदमी कहते हैं कि पीने का पानी ख़त्म होने को है 殿様の使いの者が言うには飲料水がなくなりかけている (4)（妻にとっての）夫 मैं आदमी-औरत में लड़ाई नहीं करवाना चाहती 私には夫婦喧嘩をさせるつもりはありません (5) 名誉ある男性；尊厳のある男性；一廉の人 वह भी दिल्ली से आदमी बनकर लौटेगा あいつもデリーから一廉の人間になって戻るだろう **आदमी क॰** *a.* 男と一緒になる；（女が）結婚する *b.* 男を作る；間男をする **आदमी छूटना** 人の後をつける **आदमी दौड़ाना** 人を捜しに行かせる **आदमी पर आदमी गिरा पड़ना** 押し合いへし合いの（大混雑）；ものすごい人だかり **आदमी पानी का बुलबुला है**〔諺〕人の命は水泡の如し **आदमी बनना** *a.* 人間らしくなる；洗練される *b.* きちんとした身なりになる *c.* 一人前になる；出世する；一廉の人になる *d.* 男を上げる；男になる जाते हो तो जाओ, आदमी बन जाओगे 行くのなら行け，男を上げるぞ **आदमी लगाना** 人の後をつけさせる
आदमीयत [名*]《A.》＝आदमियत.
आदर [名] (1) 尊重すること；重んじること；大切にすること दूसरों के अधिकारों का आदर 他人の権利を大切にすること क़ानूनों का आदर क॰ 法律を尊重すること (2) 尊敬 **आदर-सत्कार** 丁重なもてなし；歓待 अतिथि का आदर-सत्कार 客の歓待 **आदर-सम्मान** 尊敬 विशेष आदर-सम्मान प्राप्त 特別の尊敬を受けた
आदरणीय [形] 敬うべき；尊敬すべき；尊い
आदरभाव [名] 歓待；丁重なもてなし
आदरसूचक [形] 敬意を表す；敬意を示す **आदरसूचक शब्द** 敬称；尊称
आदरार्थक [形] (1) 敬意を表する；敬意をこめた (2)〔言〕敬語の；敬語的
आदर्श[1] [名] (1) 鏡 (2) 模範；手本；理想；理想像 संविधान की प्रस्तावना - इसमें संविधान के आदर्शों तथा उद्देश्यों का वर्णन होता है 憲法の前文，これには憲法の理想と目的とが記述されている
आदर्श[2] [形] 理想の；模範的な；モデルの आदर्श गाँव モデル農村 आदर्श पति, आदर्श पत्नी 理想の夫，理想の妻 गर्भवती के लिए आदर्श आहार 妊婦の理想的な食事 आदर्श बजट का एक नमूना 模範的な予算案の見本 **आदर्श चरित्र** 理想像 वह संसार भर के बच्चों के लिए आदर्श चरित्र बन गया その子が世界中の子供たちの理想像になった
आदर्शवाक्य [名] モットー＝आदर्शोक्ति.
आदर्शवाद [名] (1) 理想主義；アイデアリズム (2)〔哲〕観念論；唯心論＝प्रत्ययवाद. (3)〔文芸・芸〕観念主義
आदर्शवादी [形・名] (1) 理想主義的な；理想主義者（の） (2) 観念論的な；観念論者（の）
आदर्शीकरण [名] 理想化
आदहन [名] (1) 燃焼 (2) 火葬場 (3) 嫉妬
आदान [名] 受け取ること；受け取り；受領；受領すること
आदानप्रदान [名] やりとり（遣り取り）；授受；交換 विचारों का आदानप्रदान 意見の交換 चिट्ठी-पत्री का आदानप्रदान 手紙の交換
आदाब [名, pl.]《A. آداب←ادب अदब》(1) 礼儀作法；作法 (2) 挨拶；お辞儀 (3) 礼儀正しさ；丁重さ
आदाब अर्ज़ [感・名]《A. آداب عرض》出会った時の丁寧な挨拶の言葉（主としてムスリム同士の挨拶に時間とは無関係に用いられる．आदाब अर्ज़ है とも言う） आदाब अर्ज़ रमज़ान मियाँ ラムザーンさん今日は **आदाब अर्ज़ क॰** *a.* お辞儀する；挨拶をする＝आदाब बजाना. *b.* 脱帽する；降参する
आदि[1] [名] (1) 始め；始まり (2) 根源；原因 (3) 最高神；最高存在 **(-का) आदि अंत न हो॰** はてしない；限りのない；つかみ所のない **आदि से अंत तक** 始めから終わりまで；最初から最後まで
आदि[2] [形] 初めの；最初の；第一番の
आदि[3] [副助] 例示のために用いられる言葉．…など；等 कपड़ा, चीनी, लोहा, मसाले आदि 衣料，砂糖，鉄，香辛料など सब्ज़ी आदि काटना 野菜などを刻む पर्व-त्यौहार तथा विवाह आदि पर मायके आई बहू-बेटियाँ 祝い事や祭り，結婚式などに実家に戻った嫁たち **आदि-आदि** …など；等など＝वग़ैरह-वग़ैरह.
-आदिक [造語]（一を）はじめとする，（一）等などの意を付加する合成語の構成要素 कर्म ज्ञानादिक अनेक साधनों से 行為，知識などの種々の方便によって स्वर्णादिक 黄金を始めとする；金などの
आदिकवि [名] 最初の詩人，すなわち，サンスクリットの叙事詩ラーマーヤナの作者とされるヴァールミーキ वाल्मीकि に贈られた尊称
आदिकारण [名] (1) 最高神 (2)〔イ哲〕根本原質＝प्रकृति. (3) 根本原因
आदिकाल [名] 古代；初期；上古
आदिकालीन [形] 古代の；初期の；上古の
आदिकाव्य [名] サンスクリット文学の最初の美文体詩と称されるヴァールミーキ वाल्मीकि 作と伝えられる叙事詩ラーマーヤナ रामायण
आदिगुरु [名]〔韻〕アーディグル（4 モーラを単位とする詩脚の 5 種分類の一で，長－短－短．ऽ।।と記される）
आदिग्रंथ [名]〔シク〕アーディグラント（シク教聖典のグルグラントサーヒブ गुरु ग्रंथ साहब）

आदित्य [名] (1)〔イ神〕アーディティヤ（アディティ अदिति の子） (2) 太陽；太陽神
आदित्यवार [名] 日曜日；日曜 = रविवार; इतवार.
आदिदेव [名] (1) ブラフマー神 ब्रह्मा (2) ヴィシュヌ神 विष्णु (3) シヴァ神 शिव (4) ガネーシャ神 गणेश
आदिपुराण [名] (1)〔イ神〕ヒンドゥー教聖典アーディ・プラーナ（主要 18 プラーナの一，ブラフマ・プラーナ ब्रह्म पुराण のこと） (2)〔ジャ〕アーディ・プラーナ（ジャイナ教聖典の一，ジナセーナ जिनसेन 作と伝えられる）
आदि पुरुष [名] (1)〔ヒ〕最高神，ヴィシュヌ神 (2)〔ヒ〕ヒランニャカシプ हिरण्यकशिपु (3) 始祖
आदिबुद्ध [名]〔仏〕原初仏；アーディブッダ
आदिभूत[1] [形] 最初の；原初の
आदिभूत[2] [名] (1) ブラフマー神 ब्रह्मा (2) ヴィシュヌ神 विष्णु
आदिम [形] (1) 最初の；初めの (2) 原初の；原始的な आदिम अवस्था 原始的な段階 सभ्यता के उदय से पहले की आदिम अथवा अत्यंत प्राचीन काल की अवस्था 文明が興る以前の初期，すなわち，非常に古い時代の状態
आदिमकाल [名] 太古；最初期；原初期
आदिम जाति [名*] (1) 原始人；未開人 (2) 原住民 → आदिवासी
आदिम मानव [名] 原始人 ⟨primitive man⟩
आदिरूप [名] 兆候；兆し
आदिल [形]《A. عادل》公正な；正義に適った；正義を信奉する
आदिवासी [名] (1) 先住民；原住民 (2)（インド憲法により付表に指定された）指定部族（民）；アーディヴァーシー ⟨Scheduled Tribes⟩
आदिष्ट [形] (1) 指令された；命じられた (2) 指令を受けた；命令を受けた
आदी [形]《A. عادی》癖のある；癖のついた；習慣のついた शराब के आदी लोगों का व्यवहार कैसा रहता है 飲酒癖のある人たちの行動は如何なるものか सिगरेट पीने का आदी 喫煙癖のある（人） समाचारपत्र अधिक पढ़ने के आदी न होते हुए भी 新聞をあまり読む習慣はないのだが वह इन डाँटों-फटकारों का आदी हो चुका था このような叱責に慣れてしまっていた
आदृत [形] 尊敬された；敬われた
आदेय [形] (1) 受領できる (2) 徴収できる
आदेश [名] (1) 命令；指令；指示 मस्तिष्क दूसरे अंगों को जानकारी के अनुसार कार्य करने का आदेश देता है 脳は身体の他の器官に情報に基づいて活動するよう指令を出す अशोक के धार्मिक आदेश アショーカ王の法勅 पोप का आदेश ローマ法王の教書 आदेश का पालन 命令の遵守 (2)〔言〕代用 **आदेश दे॰** 命令する；指令を出す；統率する
आद्यंत[1] [副] 初めから終わりまで
आद्यंत[2] [名] 最初と最後
आद्य [形] (1) 最初の；初めの (2) 初等の (3) 主要な (4) 原初の；原始の
आद्य महाकल्प [名]〔地質〕始生代 ⟨Archaean Era⟩
आद्याक्षर [名] イニシアル；イニシャル；頭文字
आद्योपांत[1] [副] 始めから終わりまで；一部始終= शुरू से आखीर तक; आदि से अंत तक. तुम आद्योपांत अपना वृत्तांत कहो 始めから終わりまで話をしなさい
आद्योपांत[2] [形] 全部の；全体の；始めから終わりまでの；一部始終の इस नाटक का वह आद्योपांत दर्शक रहा है 彼はこの芝居の全体を通しての見物人であった
आध [形] 半分の= आधा; अर्ध; अर्द्ध. एक-आध 一つ二つの；ほんの少しの
आधा [形⁺] (1) 半分の；2 分の 1 の (2) 半分ほどの；半ばの (3) 中途の；半端な；全体や全部でない **आधा-आधा क॰** 二分する；折半する；(二) 等分する **आधा घंटा** 半時間 = आध घंटा. **आधा झुका झंडा** 半旗 **आधी आस्तीन** 半袖 = आधी बाँह. आधी बाँह की सफ़ेद कमीज़ 半袖の白シャツ पहाड़ पर आने का मेरा आधा मज़ा किरकिरा हो गया 山に来た楽しみの半分は台無しになってしまった **आधा तीतर आधा बटेर** *a.* わけのわからない言葉；ちんぷんかんぷんな言葉 *b.* どちらともつかず中途半端なこと（を非難する言葉） *c.* 色や形などが 2 つのものの特徴の入り交じったためにすっきりしないことのたとえ **आधा पल** ごく短い間に **आधा पेट खाना, नंगा रहना** 粗衣粗食 **आधी कौड़ी का** 取るに足らない **आधी जान का हो॰** とても衰弱する **आधी बात** いささか失礼な言葉 **आधी बात कहना** *a.* はっきりものを言わない；曖昧な表現をする *b.* 叱る *c.* 少し失礼な言い方をする **आधी बात न पूछना** 全く気にかけない；気にとめない；心配しない **आधी मुर्गी आधा बटेर हो॰** = आधा तीतर आधा बटेर हो॰. **आधे मन से** 熱の入らない様子で；気の向かぬ様子で **आधे मार्ग में** 途中で；道半ばで
आधान [名] (1) 設置；設定；配置 (2) 入れ物；容器 (3) 担保に入れること (4) 注入 (5) 輸血 (6) 妊娠
आधार [名] (1) 拠り所；根拠 वैज्ञानिक आधार 科学的な根拠 (2) 基準；基 जाति, धर्म, वर्ण, लिंग अथवा शिक्षा के आधार पर भेदभाव 生まれ；宗教，肌の色，性，あるいは，教育による差別 केवल योग्यता ही आधार रहेगी 能力だけが基準になろう (3) 支え；支えるもの मित्रता का आधार 友情の支え आजीविका का आधार 生活の支え (4) 根本；基底；基礎；基本 (5) 台；台座 मूर्ति का आधार 神像や仏像などを安置する壇；須弥壇 इनका अध्ययन उन लोगों के द्वारा किए गए आकलन के आधार पर करना होगा जो लोगों के बीच घूमते हैं これらについての研究はそれらの民衆の間を歩き回っている人たちの集めたものを基になすべきであろう
आधारभूत [形] (1) 基礎の；基礎的な；基本的な पार्टी की आधारभूत मान्यताएँ 党の基本的な考え **आधारभूत शब्दावली**〔言〕基礎語彙 (2) 基幹の **आधारभूत उद्योग** 基幹産業
आधाररहित [形] 根拠のない；支えのない；支えを欠いた उसने इन आरोपों को आधाररहित करार दे दिया これらの非難を根拠のないものと決めつけた
आधारशिला [名*] いしずえ（礎）；礎石 समाज की आधारशिला 社会の礎 बचपन ही जीवन की आधारशिला है 子供時分が人生の礎石である
आधारसामग्री [名*] データ；基礎資料
आधारस्तंभ [名] 根本；基本；基礎；基盤；大黒柱
आधारहीन [形] 根拠のない；理由のない；根も葉もない；いわれ（謂れ）のない आधारहीन मामला いわれのない問題
आधारिक [形] 基礎的な；基礎の；基本的な
आधारित [形] 基づいた；基盤とする；基底を持つ ऐतिहासिक घटना पर आधारित एकांकी 歴史上の事件に基づいた一幕劇 जाति पर आधारित असमानता カーストに基づいた不平等
आधारी [名] (1) 拠り所とするもの (2) 支え；支柱
आधासीसी [名*]〔医〕偏頭痛
आधि [名*] (1) 悩み；心配 (2) 質；質草；担保 (3) 住所
आधिकारिक [形] (1) 権利や権限に関する (2) 公式の；正式の；正式に認められた आधिकारिक गिनती 公式（発表）の数字 आधिकारिक कथन 公式説明 (3) 権威のある
आधिकारिकी [名*] 権威
आधिक्य [名] ← अधिक. 過多；過剰；多すぎること
आधिदैविक [形] (1) 天から与えられる；天与の (2) 超自然的な
आधिपत्य [名] ← अधिपति. (1) 支配 पार्टियों पर पुरुषों का आधिपत्य 政党を男性が支配している (2) 覇権 रूसी आधिपत्य （ソビエト）ロシアの覇権 वे राजा हर्ष का आधिपत्य तो मानते थे, परंतु अपने-अपने राज्यों पर स्वयं ही शासन करते थे それらの王はハルシャ王の覇権を認めてはいたがそれぞれの領地を統治していた (3) 取り仕切ること；管理 रसोई में उसका आधिपत्य है お勝手を彼女が取り仕切っている
आधिपत्यवाद [名] ← आधिपत्य. 覇権主義 साम्राज्यवाद, उपनिवेशवाद तथा आधिपत्यवाद के विरुद्ध 帝国主義，植民地主義及び覇権主義に反対して
आधिभौतिक [形] 物質から生じる；物や生き物から生じる
आधिराज्य [名] 元首の地位
आधि-व्याधि [名*] 心身の苦痛や不調
आधीन [形] = अधीन.
आधुनिक [形] (1) 近代の (2) 近代的な；モダンな；新時代の；新式の आधुनिक वेशभूषा モダンな服装 आधुनिक उपकरण 近代的な機器；新式の器具 आधुनिक ढंग से 近代的に कमरा आधुनिक ढंग से सजा है 部屋は近代的な装いがしてある
आधुनिकतम [形] 最新式の；最新の；最近の आधुनिकतम खोज के अनुसार 最新の研究によれば आधुनिकतम अस्त्र 最新式の武器

आधुनिकता [名*] ← आधुनिक 現代性；近代性；近代的要素 **आधुनिकतावाद** 現代主義；モダニズム
आधुनिक पेंटेथ्लॉन [名] 《H.+ E. pentathlon》〔ス〕近代五種競技〈modern pentathlon〉
आधुनिका [名*] 近代的な女性；現代的な女性；モダンな女性
आधुनिकीकरण[名]近代化 कट्टरवादी परंपरा आधुनिकीकरण के विरुद्ध ही रही 固守派の伝統は絶えず近代化に反対してきた
आध्मान [名]〔医〕鼓腸
आध्यात्मिक [形] (1) 精神的な आध्यात्मिक उन्नति 精神的な発達 आध्यात्मिक भूख 精神的な飢餓 (2) 霊的な；霊魂に関する (3) 宗教上の आध्यात्मिक उपदेश दे॰ 説法をする；法話をする
आध्यात्मिकी [名*] 観念論
आनंद [名] (1) 嬉しさ；喜び आपके दर्शन कर बड़ा आनंद हुआ お目にかかれてとても嬉しく存じました (2) 楽しさ；楽しいこと गाँधी जी को बच्चों के साथ हँसने-खेलने में बड़ा आनंद आता था ガンディージーは子供たちと遊ぶのをとても楽しんでいらっしゃいました **आनंद से** 楽しく；のんきに स्वयं तो आनंद से घर में बैठते हो, और मैं दिन भर कहारों की भाँति पानी ढोता हूँ 君自身はのんきに家にじっとしているけど僕は一日中カハールのように水運びをしているんだ (3) 感覚器官の感じる喜び；快感；快楽；満足感；気持ちの良さ यौन आनंद 性愛の喜び；性愛の快楽 (4) 安楽；楽 थोड़ा हल चलाकर मटर बो दूँ तो जाड़े के दिनों में आनंद रहेगा 少し耕してえんどう豆を蒔けば冬の間安楽に過ごせよう (5)〔人名・仏〕仏弟子のアーナンダ（阿難） **आनंद आ॰** 嬉しい；楽しい；喜びがある वीरों की कहानियाँ पढ़ने और सुनने में भी उन्हें बड़ा आनंद आता था あの方は英雄の話を読んだり聞いたりするのも大いに楽しんでいらっしゃいました (-का) **आनंद लूटना** (ーを) 大いに楽しむ **आनंद ले॰** 楽しむ；喜びを得る
आनंदकानन 〔地名・ヒ〕アーナンダカーナナ（ヒンドゥー教の聖地カーシー काशी, バナーラス बनारस のこと）
आनंदघन [名] クリシュナ神の異名の一
आनंददायक [形] 楽しい；喜びを与える；楽しみな；喜ばしい
आनंदपूर्वक [副] 楽しく आनंदपूर्वक रहना 楽しく暮らす
आनंदबधाई [名*] (1) 祝詞；祝辞 (2) 祝い
आनंदबन [名] = आनंदकानन.
आनंदमंगल [名] 安楽；安穏；無事と幸せ；息災と幸福
आनंदमग्न [形] 喜びにうきうきしている；浮かれている；喜びに浸っている
आनंदमय[1] [形]この上なく幸せな；最高に楽しい；至福の＝आनंदपूर्ण.
आनंदमय[2] [名]〔ヒ〕最高存在；最高神，ブラフマ
आनंदविभोर [形] うっとりした；心を奪われた；恍惚となった इन गीतों को सुनकर आनंदविभोर हो जाया करती थीं これらの歌を聴くといつも恍惚となるのであった
आनंदातिरेक [名] 最高の喜び；歓喜；喜悦
आनंदाश्रु [名] うれし涙；喜悦の涙
आनंदित [形] 嬉しい；楽しい；喜んだ आनंदित हो॰ 嬉しくなる；楽しくなる；喜ぶ समुद्रतीर पर भव्य दृश्य देखकर आनंदित हो गए 海岸で壮麗な光景を見て楽しくなった
आनंदी [形] 愉快な；楽しい；快活な；元気のよい जिसको पाकर मनुष्य आनंदी होता है それを得ると人が快活になるもの
आन[1] [名*] (1) 体面；面子；名誉 मरकर भी आन की रक्षा न कर पाएँगे 命を落としても名誉を守れないだろう अपने देश की आन के लिए 母国の名誉のため (2) 意地；我意；信念 (3) 誓い；決意 (4) 思いやり；配慮；心遣い (5) 恥じらい；恥 (6) 宣言；布告；触れ **आन का पक्का** 信念を貫く **आन छोड़ना** = आन तोड़ना. **आन तोड़ना** *a.* 誓いを破る *b.* 恥ずべきことをする；道からそれる；逸脱する *c.* 意地を張るのを止める **आन निभाना** *a.* 意地を通す；信念を貫く *b.* 誓いを守る；誓約を守る राजपूतों की आन निभाओ ラージプート族の誓いを貫け **आन पर जान दे॰** あらゆる犠牲を払っても信念を貫く＝आन पर नज़र रखना; आन पर मर मिटना **आन फिरना** 宣言される；触れが出る；布告される **आन फेरना** 宣言する；触れを出す；布告する **आन बनना** 困ったことになる；災厄に見舞われる **आन बोलना** 宣言する (-की) **आन मानना** *a.* (ーを) 敬う；(ーに) 敬意を表する *b.* (ーに) 遠慮する；配慮する *c.* (ーに) 恥じらいを感じる *d.* (ーに) 脱帽する **आन में आ॰** 自分の名誉を考える；世間体を気にする **आन रखना** 面子を保つ；名誉を守る＝आन सम्हालना.
आन[2] [名*] ごく短い時間；瞬時 **आन-की-आन में** あっという間に；またたく間に；見る見るうちに वे आन-की-आन में बहुत ग़रीब हो जाते हैं 見る見るうちにひどく貧しくなってしまう
आन[3] [名] 命令；命；指令
आन[4] [名*] 独特の魅力のある様式；風趣のある方法；風格
आन[5] [形] 他の；外の；別の＝अन्य; दूसरा. **आन का तान** = आन की आन. **आन की आन** 全く別の；とんでもない
आन[6] [自] आनना[2] の語根. आना[1] の語根 आ- と同じ. **आन पड़ना** = आ पड़ना(→ आना).
ऑन [形]《E. on》スイッチが入っている；オンの（状態の） **ऑन क॰** スイッチを入れる रेडियो ऑन करके मैं समाचार सुनने लगी ラジオのスイッチを入れてニュースを聴き始めた
आनक [名] 大型の太鼓ナガーラー नगाड़ा
ऑन डी एयर [名・副]《E. on the air》放送中（で）；本番（で）
आनत [形] 傾いた；傾斜した आनत तल 傾斜面；斜面
आनति [名*] 傾き；傾斜
आनद्ध [形] (1) 縛られた；結ばれた；締められた (2) 被せられた
आनन [名] (1) 口 (2) 顔
आनन-तंत्रिका [名*]〔解〕顔面神経
आनन फ़ानन [副]《A. آناً فآناً》= आनाँ फ़ानाँ/आनाँ फ़आनाँ. 直ちに；すぐさま；即刻 वह आनन फ़ानन मास्टर साहब के घर पहुँचा すぐさま先生の家へ赴いた अगर वह किसी को काट ले तो आदमी आनन फ़ानन मर जाएगा それがもしも人に噛みつけば人は即死する
आनना[1] [他] 持ってくる；運んでくる
आनना[2] [自] 来る；やって来る＝आना. आनके = आके; आकर. **आन निकलना** 来る；やって来る＝आ जा॰; आ निकलना; चला आ॰; इत्तिफ़ाक़ से चला आ॰. **आन पड़ना** *a.* 不意に落下する；突然倒れる＝यकायक गिरना. *b.* ひとりでに手に入る＝बेकोशिश बे मिहनत हाथ लगना. *c.* 襲いかかる＝टूट पड़ना; हमलावर हो॰. *d.* 厄介なことや災難が降りかかる＝आ बनना; मुसीबत पड़ना; बिपता पड़ना. ऐसा बुरा वक़्त आन पड़ना こんなひどい時代がやって来た *e.* 責任を負う＝सिर पर बोझ पड़ना; जवाबदेह हो॰; ज़िम्मेवार हो॰. *f.* 避難する；助けを求める＝शरण ले॰. **आन पहुँचना** = आ पहुँचना. याद करते ही आन पहुँचा 思い起こした途端にやってきた **आन फाँसना** 面倒や厄介なことに巻き込まれる **आन फिरना** たまに訪れる；通りかかる＝आ निकलना. **आन बनना** 厄介や災難に遭う；災難が降りかかる＝मुसीबत पड़ना. (-पर) **आन बनना** *a.* 興る；生じる *b.* 苦しむ；悩む *c.* 襲われる **आन रहना** 落ちる；落下する＝आ रहना. **आन लगना** 行き着く；到る；到達する＝आ लगना. **आन ले॰** *a.* 追いつく＝आ ले॰. *b.* 襲いかかる
आनबान [名*] 華麗さ；華やかさ；きらびやかさ
आन-मान [名] 尊敬；尊敬の念；敬意
आनम्य [形] 柔軟な；しなやかな आनम्यता 柔軟さ；しなやかさ
आनयन [名] 持ってくること；連れてくること；運ぶこと
आनरेबुल [形]《E. honourable》(1) 尊敬すべき (2) 敬称として高等裁判所，最高裁判所の判事について用いられる
आनरेरी [形]《E. honourary》(1) 名誉的な；名誉上の (2) 無給の
आनरेरी मजिस्ट्रेट [名]《E. honourary magistrate》〔法〕名誉判事（県内での刑事事件に関し無報酬で判事の仕事をする）
आनर्स [名]《E. honours》〔教〕特別に特定の学科目を重点的に学習する課程；優等学位 बी॰ए॰आनर्स 文学士優等学位
आना[1] [自] (1) 空間的，時間的に話者のいる場所や方角に移動する．来る；届く；やって来る；戻る；訪れる；近づく；至る；近寄る；寄せる；入る；巡って来る मैं अपने भाई से मिलने आया था 弟に会いにやってきたのだった बुढ़ापा आने से पूर्व ही आप अपनी संतान को पढ़ा-लिखाकर अपने पैरों पर खड़ा होने योग्य बना सकती हैं 老いの訪れる前に子供に教育を受けさせ自立を可能にすることができる आइए, पापा इधर बैठे हैं どうぞこちらへお出で下さい．パパはこちらに座っているの आओ, आओ आओ（八百屋が客を呼ぶ声）いらっしゃい，いらっしゃい आइए, आइए! आपका स्वागत है! さあさあどうぞ，ようこそいらっしゃいました इतने में सामने एक ताँगा आता नज़र पड़ा そうこうするうちに前方に 1 台の馬車がやってくるのが目に入った लहरों के आने पर 波が打ち寄せれ

ば हम तीनों गाड़ी में बैठकर जूते आने का इंतज़ार करने लगे 私たち3人は車に座って靴が届けられるのを待っていた मेरी बहन स्कूल से आते ही 妹は学校から戻るなり शहर में सर्कस आया है 町にはサーカスがやってきている क्रिसमस का त्यौहार आया クリスマス (祭) がやってきた चुनाव क़रीब आ गए हैं 選挙が近づいてきている वह इच्छा समय आने पर अवश्य पूरी होगी その願いは時至れば必ずや叶えられよう आती फ़सल पर पच्चीस सेर अनाज ले जाना 今度の収穫の際には25セールの穀物を持って行きなさい खिड़की खुली थी.झींसी की फुहारें आ रही थीं 窓が開いていた. 小雨のしぶきが入ってきていた दस मिनट में आया.तब तक आप यहाँ बैठे रहें 10分以内に戻るからここで腰を下ろしていて頂戴 जल्दी ही बुढ़ापा आ जाता है 老いはまたたく間に訪れるものだ (2) 現れる；出る；出現する；形を取る；花が咲く；実がなる；生える पूँजीवादी व्यवस्था आई 資本主義制度が出現した क्या वहाँ रात को प्रेतात्माएँ आती हैं? そこには夜中幽霊が出るのかい बिल्ली तथा साँप का स्वप्न में आना शुभ नहीं समझते 夢の中で猫や蛇が出てくるのは吉とは考えない अहमदशाह के चेहरे पर व्यंग्य भरी मुस्कराहट आई アフマドシャーの顔には皮肉っぽい笑みが現れた इसपर पीले फूल आते हैं これには黄色い花が咲く आम के फूल फ़रवरी के महीने में आते हैं マンゴーの花は2月の末に咲く उन पेड़ों में फल ख़ूब आते हैं その木には果物がうんとなる एक बात मेरे दिमाग़ में आ रही है 一つ頭に浮かんで来ていることがある दाँत आ॰ 歯が生える = दाँत निकलना. (3) ある状態になる；ある状態に至る；ある状態が現れる；発生する；生じる यदि भारत के संदर्भ में देखें, तो ज्ञात होगा कि हमारे देश के खिलाड़ियों के प्रदर्शन में निरंतर गिरावट आई है インドについて見るならばわが国の選手のプレーがどんどん低下してきているのがわかるだろう इसी कारण उसमें कभी स्थिरता नहीं आ पाई だからこそそれには安定が生じないでいるのだ मैं भी क्रोध में आ गया 私も怒ってしまった इसके बावजूद न भ्रष्टाचार में कोई कमी आई है और न महँगाई को ही रोका जा सका है それにもかかわらず汚職は減りはしなかったし物価の高騰をおさえることもできなかった सूजन में कमी न आते देखकर 腫れが少しもひかないのを見て तेलों की क़ीमत में आई गिरावट 油の価格の下落 दांपत्य जीवन में दरार आ जाती है 夫婦の生活にひびが入る स्त्रियों के शोषण के ख़िलाफ़ एक नई जागरूकता आई है 女性抑圧に対してある新しい目覚めが生じてきている जिसपर एक भारी दायित्व आ गया 重大な責任の生じた人 फल सब्जियों में ख़राबी एंजाइम तथा सूक्ष्म जीव के कारण आती है 果物や野菜が傷むのは酵素や微生物が原因なのだ इन स्कीमों पर कुल लागत 56.93 करोड़ रुपये से अधिक आने का अनुमान है これらの計画に合計5億6930万ルピー以上の費用がかかる見込みだ चेहरे पर झुर्रियाँ आने लगी थीं 顔にしわがより始めた (4) 感じる；感情が湧く；ある精神状態になる；知覚する；経験する इस ख़ुशी भरे मौक़े पर आपको किस बात पर रोना आ रहा है? この喜ばしい機会にあなたは何を嘆いておられるのですか तरस आया था सरला पर サルラーが可哀相になった कुछ महिलाओं पर संतोषी माता के भाव आने की बातें भी अकसर सुनाई दे जाती हैं 一部の女性にはサントーシーマーター神が乗り移るという話もしばしば聞かれるところだ अहा, क्या मीठा सपना आ रहा था, सब मज़ा किरकिरा कर दिया ほんとに楽しい夢を見ている最中だったのにすっかり台無しにしてくれた (5) (話者の方が) ある地点や場所に至る；到達する；到着する होटल आ गया (車に乗っていた人が) ホテルに着いた तब एक बड़ा-सा पुल आ गया するととても大きな橋に出くわした मेरा गाँव आ गया 私の村に着いた बाज़ार आ गया है 市場に着いた स्टेशन आनेवाला है もうすぐ駅だ जीवन में ऐसा पड़ाव भी आता है, जब प्रेम की अग्नि शांत पड़ जाती है और मतभेद खुलकर सामने आते हैं 人生道中では恋の火も鎮まり意見の対立が激しくなってくる通過点があるものだ उसका गाँव भी करीब आ गया था 彼女の家も近づいていた (6) 機能が生じる；備わる；身につく तेरे अंग में थोड़ी-सी ताक़त तो आए お前の体に少しだけでも力がつけばよいのだが हमारे जिस्म में ताक़त ग़िज़ा ही से आती है 私たちの体にはまさに食物から力が湧く (7) 能力が身に付いている；扱える；こなせる उसे साइकिल चलाना नहीं आता あの人は自転車に乗れない जो हम स्कूल में सीखते हैं उसे वह सब कुछ आता है あの人は私たちが学校で習うことはみなできる (8) 生理現象が起こったり負傷したりするなど身体に変化が生じる तभी लगा कि छींक आनेवाली है ちょうどその時くしゃみが出そうな感じがした छींकें सभी को आती हैं 人はだれでもくしゃみをするものさ आपको चोट तो नहीं आई? 怪我はなさいませんでしたか घुटनों में सूजन आ गई 膝が腫れた घुटनों और कुहनियों में मोच आ गई है 膝と肘に捻挫が起こっている सिर में चोट आ गई 頭に怪我をした सोचा, शायद मारे सर्दी के बेचारी को रात भर नींद न आई होगी 多分夜通し寒くて眠れなかったに違いないと思った (9) (中側・内側から) 外に出る；発散する धीरे-धीरे धूप तेज़ हो जाती है, और पसीना आने लगता है だんだん日差しがきつくなってきて汗が出始める धीरे-धीरे उसके शरीर से दुर्गंध आने लगी だんだんその人の体から悪臭がし始めた (10) ある働きかけが行われる दो पहर को ख़ुर्शीद साहब का फ़ोन आया 昼にクルシードさんからの電話がありました वे उठें तो कहना हमारा फ़ोन आया था あの人が目を覚まされたら僕から電話があったと伝えてくれたまえ (11) 手に入る；得られる पैसे कैसे आएँ, यह कोई नहीं देखता お金がどうして手にはいるのかだれも知らない (12) 天然現象が生じる；発生する भूकंप आ॰ 地震が起こる बाढ़ आ॰ 洪水が発生する (13) ある位置に至る हम और हमारी साइकिल दोनों ही ताँगे के नीचे आ गए 自転車もろとも馬車にひかれた (14) 制度や組織の中に入る आज भारत के लगभग सभी गाँव इसी कार्यक्रम के अंतर्गत आते हैं 今日インドのほとんどすべての村はこの計画に編入されている (15) 結果が出る फ़ोटो अच्छी आएगी 写真にうまく写るだろう (16) 出身や出自を表す "कहाँ से आते हैं आप?" "मैं उज्जैन के पास एक कस्बा है, वहाँ से आता हूँ" 「どちらのご出身ですか」「ウッジャインの近くの町のものです」 **आई-गई** 別項見出し語→ आई-गई क॰ (हो॰). **आए दिन** 連日；来る日も来る日も आए दिन वजह बेवजह कहीं न कहीं पार्टियों का आयोजन किया जाता है 来る日も来る日も何かにかこつけてどこかで宴会が催される **आ गिरना** 落ちてくる；降りかかる पानी की कुछ बूँदें फूस की झोंपड़ी के छप्पर छेदकर हमारे बीमार के कपाल पर आ गिरीं 雨の滴が茅葺きの屋根を貫いてわが病人の脳天に落ちてきた **आ जा॰** *a.* やってくる；起こる；発生する "तुम आ गए" "जी" (久しぶりに帰宅した息子に父親が)「戻ったのかい」「ええ」 रास्ते में ही ख़ूब तेज बारिश आ गई 途中でかなり激しい雨が降りだした *b.* 揃う；整う *c.* आ जा の形で相手に呼びかけたり注意を促したりする आ जा मेरे दोस्त, यह रही तेरी दावत ほら君，これが君へのご馳走だ **आ टपकना** = आ धमकना. प्रतीक्षा तो कर रही थी तुम्हारे भैया की लेकिन आ टपके तुम あんたの兄さんを待っていたのにひょっこり現れたのはあんたなの **आता-जाता** 行き来する；往来する **आना-जाना** *a.* 通う मैं बस से कालिज आती जाती हूँ バスでカレッジに通っている *b.* 行き交う；行き来する ताकि आते-जाते लोग पानी पी सकें 行き交う (通りかかる) 人たちが水を飲めるように *c.* 往来；交通 *d.* 行き来；交際；出入り दोनों परिवारों में हर वक़्त का आना-जाना, साथ उठना बैठना था 2つの家族の間には常に行き来があり交際があった *e.* 出たり入ったりする पैसा तो आती-जाती चीज़ है.आज हमारे पास है तो कल किसी और के पास 金は出たり入ったりするもの (金は天下の回りもの). 今日手元にあれば明日はだれか他の人のところにあるものさ **आ धमकना** 突然に来る；不意に現れる；にわかにやってくる；急襲する एजेंट कहाँ पीछा छोड़नेवाला था.होटलों में ढूँढ़ते ढूँढ़ते दूसरे दिन हमारे होटल में आ धमका 手代は簡単に諦めるような人物ではなかった. ホテルを尋ね歩き翌日には我々が泊まっていたホテルを急襲したのだった ठीक इसी समय वह एक झोले में कुछ लिये हुए मेरे दरवाज़े पर आ धमके ちょうどその時手提げになにかを持って私の家の門口にぬっと現れた **आ निकलना** 通りかかる；ちょうどその場所を通る एक लोमड़ी उधर आ निकली 1匹の狐がそこを通りかかった **आ पड़ना** *a.* にわかにやってくる；突然来る；転がり込む *b.* 厄介な；負担になる；苦難等に見舞われる；降りかかる；襲いかかる सारे दायित्व उसके कंधों पर आ पड़े थे 一切の責任が彼の肩に被さってきたのだった इतनी बड़ी मुसीबत मेरे ऊपर आ पड़ी है 一大災難が私に降りかかっている विवाह के कुछ महीनों बाद ही संतान के पालन-पोषण का दायित्व आ पड़ने से 結婚数か月後に育児の責任が降りかかってくると **आ पहुँचना** *a.* やってくる；到着する；到る जुलूस देवी के स्थान के पास आ पहुँचा 行列はドゥルガー神の社のそばにやってきた चुनाव का दिन आ पहुँचा 選挙日がやってきた *b.* にわかにやってくる；急にやってくる；思いもかけぬ時にやってくる गिद्ध की तरह न मालूम कहाँ से आ पहुँचा ハゲワシのように一体どこから舞い降りて来たのか इतने में सोमू दौड़ा

दौड़ा आ पहुँचा そうこうするうちにソームーが大急ぎでやってきた **आ बनना** *a.* 起こる；発生する *b.* 好機が訪れる **आ बे लौंडे जा बे लौंडे क॰** 専心することなくぶらぶら過ごす **आ बैल, मुझे मार** 喧嘩腰になる；喧嘩を仕掛ける **आ मरना** 厄介な人や事態が現れる पता नहीं यह साधु कहाँ से आ मरा.इसे भी आज ही आना था しようのないサードゥの奴，一体どこからひょっこり現れたのか．わざわざおれの前に出てくることもなかったのに मैंने भी देखा और मुझे भी गुस्सा आया कि यह मरदूद यहाँ कैसे आ मरा このろくでなしめ，ここにどうやって入り込んだのかと奴を見て私も腹が立った **आया गया हो॰** 終わる；終わりになる；尽きる **आयी-गयी** ＝ आई गई. **आये गये का सौदा हो॰** 死に際が近づく **आये दिन** 来る日も来る日も；いつも आसफ़ आये दिन बीमार रहता है アーサフはいつも病気だ **आये पर न चूकना** 好機にしくじらない；好機を逃さない **आ लगना** 落ち着く；安定する **आ ले॰** *a.* 追いつく；迫る *b.* 襲いかかる

आना[2] ［助動］(1) 主動詞の語根に接続して動作・状態が発生し進行する相を述べるのに用いられる助動詞 उसे भूख लग आई थी ひもじさを感じ始めていた पुष्पा की साँस फूल आई थी プシュパーは息切れしかかっていた आँखें डबडबा आईं 目が潤んできた ऐसी कठोर बात सुनकर कृष्णा को क्रोध हो आया こんな厳しい言葉を耳にしてクリシュナーには怒りがこみあげてきた कुछ ही देर में वह पसीने से लथपथ हो आया 僅かの間にあせぐっしょりになってきた अब उसे यों फुदकते हुए जाते देख उसकी आँखें भर आईं それがこんな風にぴょんぴょん飛び跳ねていく姿を見て目に涙があふれ出した उसे यों चक्कर काटते देख मेरा मन जाने कैसा हो आया! あの人がこのように歩き回っているのを見て私の気持ちはなんとも言えぬようになってきた "काम कैसा चल रहा है?"मैंने बहुत सतर्कता से पूछा. वह सकुचा आई. "ठीक ठीक" 「仕事の調子はどうだい」私はとても気を使ってたずねた．彼女ははにかんでしまった「ええ順調です」 मुझे भी गुस्सा चढ़ आया 私にもかっと怒りがこみあげてきた (2) 主動詞の未完了分詞形に接続して主動詞の動作・状態の現在に至る継続の相を表す．未完了分詞は主語の性と数とに一致する बेटी के विवाह और भावी जीवन की चिंता से समस्त कुटुंब और विशेषत: माता पिता त्रस्त रहते आये हैं 娘の結婚とその後の生活の心配で家族全体，特に両親が不安に駆られてきている इस विषय को लेकर पंडितों में विवाद होता आया है この問題をめぐってパンディットたちの間に議論が続いてきている (3) 主動詞の完了分詞に付加されて用いられ主動詞の動作が切迫する相を表す．完了分詞は主語の性と数に一致する दस बारह हाथी हम लोगों की ओर बढ़े आ रहे थे 10 頭余りの象が我々の方に向かってどんどん迫って来つつあった

आना[3] ［名］アンナ，インドの旧貨幣単位で 16 分の 1 ルピー．現今の単位での換算では 1 アンナ＝ 6 新パイサー（ナヤー・パイサー नया पैसा/ 6 नये पैसे)，4 アンナ＝ 25 パイセー，16 アンナ＝ 100 パイセー．これより आठ आना/आठ आने，すなわち，半分，2 分の 1，5 割，50 パーセントとか रुपये में चार आने के हिसाब से 1 ルピーに 4 アンナの比率，すなわち，2 割 5 分の比率でなどの表現がなされる． रुपये बीस आने की रोज़ बिक्री हो जाती थी 1 日に 1 ルピーあまりの売り上げになっていた

-आना[1] ［接尾］《P. آنا》名詞及び形容詞に接続して形容詞及び副詞を作る接尾辞． रोज़ → रोज़ाना *a.* 毎日の；日々の *b.* 一日に；日に मर्द→ मर्दाना *a.* 男の；男子の *b.* 男らしい；勇敢な *c.* 男のような *d.* 男のように

-आना[2] ［接尾］場所を表す名詞を作る राजपूत ラージプート族→ राजपूताना ラージプーターナー；ラージャスターン

आनाकानी[1]［名*］(1) 言い抜け；言い逃れ (2) 聞かぬふり आनाकानी क॰ *a.* 言い抜けをする；言い逃れをする *b.* 聞かぬふりをする

आनाकानी[2] ［名*］ひそひそ話；内緒話

आना-जाना → आना[1]

आनाय ［名］わな（罠）＝ जाल; फंदा

आनार्ज़ ［名］《E. honours》［教］特定教科目を重点的に学習する学士課程＝ आनर्स.

-आनी［接尾］男性名詞から女性名詞を作る डाक्टर 医師 → डाक्टरानी 女医

आनुपातिक ［形］比例の；比例による；比例制の → अनुपात. **आनुपातिक प्रतिनिधित्व** ［政］比例代表制

आनुभविक ［形］← अनुभव. 経験的な；実証的な **आनुभविक नियम** 経験則 आनुभविक रूप से 実証的に

आनुवंशिक ［形］(1) 先祖伝来の；先祖から受け継いだ (2) 遺伝的な；遺伝の **आनुवंशिक विज्ञान** 遺伝学

आनुवंशिकता ［名*］← आनुवंशिक. (1) 先祖伝来；父祖伝来 (2)［遺伝］遺伝

आनुवंशिकी ［名*］(1) 遺伝学 (2) 遺伝

आनुषंगिक ［形］副次的な；付随的な；付随した；ついでの

आनुषंगिक साक्षी ［名*］［法］状況証拠

आनुषंगिक स्थिति ［名*］［法］状況

आनूप ［形］沼地の；沼沢地の

आनृशंस ［形］情け深い；慈悲深い ↔ नृशंस

आप[1] ［代］再帰代名詞として自分，自身，自分自身，自己，自体，本人などの意に用いられる आप तो दोना भर-भर मिठाई मँगा-मँगाकर रखती है.और मैंने कभी अपने लिए पैसे -धेले की चीज़ के लिए भी कहा तो फ़ौरन टका सा जवाब दे देता है 自分は菓子を取り寄せて腹一杯食べるくせに私がほんの少額のものを欲しいと言おうものならひどい言い方をする अपने झगड़े आप मिलकर निपटा लो 自分たちの諍いは自分たちが一緒になって解決しなさい **आप-आप की पड़ना** 自分のことや自分の利益を図ることに忙しい **आप आप को** 別々に；それぞれ；別個に **आप आप में** お互いに；自分たちで **आप की जूती की नोक से** 断じて断る；断固として **आपको भूलना** *a.* 自分を見失う *b.* 驕り高ぶる **आप डूबा, जग डूबा** ［諺］後は野となれ山となれ **आप भला तो जग भला** ［諺］*a.* 善良な人には何事も良く見えるものだ *b.* 好意をもって人に接すれば人もそのように応じてくれるものだ；［諺］魚心あれば水心あり **आप में आना** 正気に戻る；正常な状態に戻る **आप से** 自ら；自分から；自分のほうから **आप-से-आप** ひとりでに；自ら；自ずから；思わず；自然に आप-से-आप आ गई यहाँ? ひとりでにここにやってきたのかい मेरा दिल आपसे आप तुम्हारी तरफ़ क्यों खिंचा जाता है 思わず気持ちがあなたに惹かれるのはどうしたわけなのだろう **आप ही** 自ら；自ずと；自然に；自分から；自ずから **आप ही अपना जवाब हो** 独特の；独自の；比類のない **आप-ही-आप** *a.* 自ら；ひとりでに；自ずから *b.* 自分に；自分に向かって；自らに **आप ही नाक चोटी गिरफ़्तार हो॰** 自分の名誉や面子をとても気にする＝ आप ही नाम चोटी गिरफ़्तार हो॰.

आप[2] ［代］(1) 二人称代名詞敬語形．目上の人，尊敬すべき相手などに対して用いる．あなたなど．主語構文では形容詞，動詞に複数形を要求する हे प्रभु, आप दर्शन नहीं देना चाहते तो न दें 神様，お姿を現しになりたくなければどうぞ現しにならないで下さい (2) 三人称代名詞敬語形．二人称の相手との会話において，その場にいる目上の人について三人称的に，この方，あの方，こちら様などという表現で言及する際に用いられる．また，その場にいない目上の人についてあの方，こちら様などの表現で言及する場合にも用いられる．主語構文ではやはり形容詞，動詞に複数形を要求する． आपके उर्स के मौक़े पर この（イスラム教聖者の）方の命日祭の際に **आप-आप क॰** *a.* 敬う *b.* へつらう；媚びる；媚びへつらう

आप[3] ［副］自分で；自分自身で＝ स्वयं; ख़ुद. और रुपयों का प्रबंध हम आप कर देंगे お金の工面は自分で致します हम आप ही निबट लेंगी 私は自分自身で処理するつもりよ

आप[4] ［名］(1) 水 ＝ पानी; जल. (2) 洪水；大水 (3) 空

-आप/-आपा ［接尾］動詞語根や形容詞について男性抽象名詞を作る √मिल 合う → मिलाप 融和 अपना 自己の；身内の→ अपनापा 親しみ；親愛感；自尊心

आपकाज ［名］(1) 自分の個人的な用；私用；個人的なこと (2) 自分の利益；私利 **आपकाज महाकाज** ［諺］自分のことは他人に任せず自らするがよい

आपकाजी ［形］利己的な；自分勝手な

आपक्व ［形］熟していない；未熟の

आपगा ［名*］川 ＝ नदी; दरिया.

आपण ［名］(1) 市場；商店街 (2) 商店 (3) 場所代；出店料

आपत् ［名*］(1) 災難；災厄；不幸 (2) 危機

आपत्काल ［名］(1) 危難；非常時 (2) 不遇の時

आपत्कालिक ［形］＝ आपत्कालीन.

आपत्कालीन [形] 緊急時の；緊急の；非常時の आपत्कालीन बैठक 緊急会議 **आपत्कालीन सुरक्षा अधिनियम** 〔法〕（インド）予防拘禁法〈Preventive Detention Act〉

आपत्ति [名*] (1) 災厄；災難；不幸 उनपर कोई आपत्ति आई है あの方はなにか災難に見舞われておられる अचानक मुझपर ऐसी आपत्ति आई कि मैं दर-दर का भिखारी हो गया 突然訪れた災難に他人の家の門に立って物乞いをすることになった (2) 異議；異論；不服；文句；クレーム

आपत्तिजनक [形] (1) 不都合な；難のある आपत्तिजनक प्रतीत होने वाली बातें 不都合と感じられること (2) 異議のある；問題のある

आपत्ति-पत्र [名] 異議申立書

आपद् [名*] ＝आपत्ति. **आपद् संकेत** 警報

आपदा [名*] (1) 危難；災難；危機 राष्ट्रीय आपदा 国家的危機 कुरु कुल पर घोर आपदा आनेवाली है クルの家系に恐るべき危難がやって来ようとしている (2) 災害 प्राकृतिक आपदा 自然災害

आपद्धर्म [名] 窮迫時や緊急時に緊急避難的な意味で許容されることや原則からの逸脱

आपन[1] [代] आप の所有格形．自分の＝अपना.

आपन[2] [副] ひとりでに＝अपने-आप.

आपना [代] ＝अपना.

आपन्न [形] (1) 困窮して；災難におちいった (2) とらわれた

आपबीती [名*] (1) 身の上 (2) 身の上話 जगबीती न सुनाकर पहले आपबीती ही सुनाऊँगा 世間の話ではなくまずは身の上話をお聞かせ致しましょう

आपराधिक [形] (1) 刑事上の；犯罪に関わる आठों लोगों पर करीब 16 आपराधिक मामले हैं 8 人全員が 16 の刑事事件に問われている **आपराधिक प्रक्रिया** 刑事訴訟 (2) 犯罪的な

आपरूप[1] [形] 自らの姿を取った；自分本来の姿を現した

आपरूप[2] [代] 自分自身；自身；自ら

ऑपरेटर [名] 《E. operator》(1) オペレーター；操作者 (2) 電話交換手

ऑपेरेटा [名] 《E. operetta》オペレッタ ＝लघु संगीतिका.

ऑपरेशन [名] 《E. operation》＝आपरेशन. (1) 手術 पौरुष ग्रंथि का ऑपरेशन सफल हुआ 前立腺手術に成功 नसबंदी ऑपरेशन 断種手術 (2) 作戦；作戦行動 इस ऑपरेशन को काली नाम दिया गया この作戦行動はカーリーと名づけられた **ऑपरेशन कक्ष** 手術室 **ऑपरेशन डेट** 手術日〈operation date〉 आज उन्नीस का ऑपरेशन डेट है 今日 19 日が手術日だ

आपस[1] [代] 互い；お互い；相互

आपस[2] [名] (1) 相互関係；お互い同士 (2) 親縁関係 **आपस का** *a.* 互いの；相互の *b.* 身内の *c.* 内輪の；内部の；内々の **आपस में** 互いに；相互に；内部で；互いの間で सेहत और सफ़ाई का आपस में गहरा संबंध होता है 健康と清潔とは互いに密接な関係がある आपस में शादी ब्याह पर रोक 通婚制限 **आपस में गिरह पड़ना** わだかまりが生じる **आपस में रहना** 不倫関係にある **(बात) आपस में हो॰** 言い争いになる

आपसदारी [名*] 《H. + P. داری》(1) 相互関係 (2) 友愛関係；連帯

आपसवाला [名] (1) 身内；親戚 (2) 友人

आपसी [形] 相互の；互いの；相互間の सदस्यों के आपसी संबंध メンバーの相互関係 **आपसी क़रार** 相互協定 आपसी झगड़ा 内輪もめ आपसी मतभेद 意見の対立 आपसी समझदारी 相互理解 आपसी मेल-मिलाप 融和

आपस्तंब [名] 〔イ神〕アーパスタムバ（गृह्य सूत्र, धर्म सूत्र, कल्प सूत्र, श्रौत सूत्रなどの作者と伝えられる聖者）

आपा[1] [名] (1) 自分；我（われ）；自分自身 (2) 我；我意識 **आपा खोना** *a.* 我を捨てる；謙虚になる *b.* 我を忘れる जब पति आपा खो, जूते, चप्पल या छड़ी से बच्चे की पिटाई करता है 夫が我を忘れて靴やサンダル，ステッキで子供を叩く際には **आपा खोलना** 胸の内をさらけだす **आपा डालना** ＝आपा तजना. **आपा दिखलाना** 自分を目立たせる；自己顕示する **आपा बिसारना** 慢心を捨てる；謙虚になる＝आपा मिटाना. **आपा सँभालना** *a.* 自覚する *b.* 体に気をつける；体を大切にする *c.* 一人前になる *d.* 身の回りを整える **आपे में आ॰** *a.* 我に返る *b.* 一息入れる *c.* 正気に戻る **आपे में न रहना** *a.* 正気を失う *b.* 我を忘れる **आपे में न समाना** 嬉しくて仕方がない；喜びを包みきれない गंगू ने आपे में न समाते हुए जवाब दिया ガングーは喜びを包みきれずに返事をした **आपे से जा॰** 自分を抑えきれなくなる；正気を失う **आपे से बाहर हो॰** *a.* 我を忘れる；理性を失う *b.* あわてる；あわてふためく

आपा[2] [名*] 《T. آپا》姉 ＝बड़ी बहन; जीजी; दीदी.

आपात[1] [名] (1) 落下 (2) 発生 (3) 非常時；非常事態；緊急事態

आपात[2] [形] 緊急の आपात बैठक 緊急会議 **आपातस्थिति** 非常事態 1976 में आपातस्थिति के दौरान 1976 年の非常事態の際

आपातकाल [名] 非常事態；緊急事態；緊急時

आपातकालीन [形] (1) 非常時の；緊急時の (2) 救急の आपातकालीन चिकित्सक 救急医

आपाततः [副] (1) にわかに；突然 (2) ついに；とうとう

आपातिक [形] 突然の；緊急の

आपाती [形] ＝आपातिक. आपाती डाक्टरी सहायता 救急医療

आपाद [副] 足から；爪先から **आपाद मस्तक** *a.* 爪先から頭のてっぺんまで *b.* 一部始終

आपाधापी [名*] 我がちになること；我先になること；利己主義；身勝手 अब जब देश में निरंकुश शासन स्थापित हो गया तो देश में आपाधापी शुरू हो गई 専制的な支配が確立すると利己主義が始まった **आपाधापी मचना (हो॰)** 我がちになる

आपान [名] ＝आपानक (1) 酒宴；酒盛り (2) 酒を飲む場所

आपीड़ [名] (1) ターバンなど頭に巻いたりつけたり被ったりするもの (2) 棟木の突き出た部分

आपीड़न [名] (1) 強く押さえつけること (2) 苦しめること

आपुस [代] ＝आपस. आपुस का फ़साद 相互間のもめごと **आपुस में** 互いに；お互いに；相互に क्यों उनमें आपुस में लड़ाई होती रहती है? あの人たちはなぜいつも互いに争っているのか

आपूरण [名] 満たすこと；充満させること；充足すること

आपूरित [形] 満たされた；充満した आपूरित क॰ 供給する；調達する＝सप्लाई क॰; मुहय्या क॰.

आपूर्ति [名*] (1) 充足；充満 (2) 供給；調達 पानी और बिजली की आपूर्ति 水と電気の供給 700 मेगावाट बिजली की आपूर्ति 700 メガワットの電力供給

आपेक्षिक [形] (1) 相互の；互いの (2) 相互依存の (3) 相対的な आपेक्षिक आर्द्रता 相対湿度

आपेक्षिकता [名*] ←आपेक्षिक. 相対性 आपेक्षिकता का विशिष्ट सिद्धांत 〔物理〕特殊相対性理論 आपेक्षिकता का व्यापक सिद्धांत 〔物理〕一般相対性理論

आपेक्षिकतावाद [名] ←आपेक्षिकता. 相対性原理

ऑपोजीशन पार्टी [名*] 《E. opposition party》野党＝विरोधी दल.

ऑप्टिशीयन [名] 《E. optician》眼鏡士；眼鏡屋

आप्त[1] [名] (1) 全幅の信頼の寄せられる人 (2) 聖仙；リシ (3) 〔ヨガ〕伝承による認識方法

आप्त[2] [形] (1) 得られた (2) 達成された；完成された (3) 信頼すべき；確かな；確実な (4) 熟達した；達者な

आप्तकाम [形] 願いの叶えられた

आप्तप्रमाण [名] 完全に信頼できる証拠；確証

आप्तवचन [名] (1) 権威のある人の言説；確信の置ける言葉 (2) 〔ヨガ〕伝承を基にする認識方法

आप्तोक्ति [名*] 信頼すべき言説

आप्रवास [名] 移住 **आप्रवास कार्यालय** 入国管理局 **आप्रवास प्राधिकारी** 入国管理官；入国審査官

आप्रवासन [名] 移住 आर्यों का आप्रवासन アーリア人の移住

आप्रवासी [名] 移民；移住民 उपनिवेशों से आये हुए आप्रवासी 植民地からの移住民

आप्लव [名] (1) 水で濡らすこと (2) 水浴；沐浴

आप्लावित [形] (1) どっぷりひたった；どっぷりつかった (2) 濡れた；濡れている उनकी अधिकांश कहानियाँ करुणा और सहानुभूति से आप्लावित हैं あの作家の大半の小説は憐みと同情にどっぷり浸かっている आप्लावित क्षेत्र 浸水地域

ऑफ़ [形] 《E. off》オフの；オフになった；はずれた；離れた **ऑफ़ क॰** オフにする；はずす；離す；切る लाइट ऑफ़ क॰ 電灯（電気）を消す

आफ़त [名*] 《P. آفت》(1) 災難；危難；不幸；不運 (2) 面倒なこと；厄介なこと (3) 大騒ぎ；大騒動 (4) 大事件；大変な出来事 मेरे भाई का बेटा है, आफ़त है आफ़त わしの甥なんだ．大変だ，大変なことになった **आफ़त उठाना** *a.* 騒ぐ；騒ぎ立てる *b.* 苦労する；苦労を耐え忍ぶ **आफ़त कटना** *a.* 災厄が通り過ぎる *b.* ようやくの

ことで苦難を切り抜ける **आफ़त का टुकड़ा** *a.* 騒動を起こす人；厄介者；困り者 *b.* 遣り手；敏腕家 *c.* 勤勉家= आफ़त का परकाला. **आफ़त का मारा** 不運や不幸に見舞われた **आफ़त की पुड़िया** 厄介者；困り者 वह आफ़त की पुड़िया था あの男は困り者だった **आफ़त के बादल उमड़ना** 大変な災厄に見舞われる **आफ़त खड़ी क॰** 騒動を起こす；面倒を起こす；ごたごたを起こす= आफ़त डालना. **आफ़त टूटना** 災厄に見舞われる **आफ़त ढाना** *a.* 大変な事態を引き起こす *b.* 騒動を起こす **आफ़त ढोना** 大変な苦労をする **आफ़त तोड़ना** = आफ़त ढाना. **आफ़त पड़ना** = आफ़त टूटना. **आफ़त फट पड़ना** = आफ़त के बादल उमड़ना. **आफ़त मचना** 大騒動になる；大騒ぎになる अगर वे देख लेंगे तो आफ़त मच जाएगी あの人に見つけられたら大騒動になる **आफ़त मचाना** = आफ़त खड़ी क॰. **आफ़त में पड़ना** 災難に陥る；泥沼に落ちる= आफ़त में फँसना. **आफ़त मोल ले॰** 危険を冒す；わざと危険なことをする= आफ़त सिर पर ले॰.

आफ़ताब [名] 《P. آفتاب आफ़्ताब》 (1) 太陽= सूर्य; सूरज; दिनकर. (2) 日光；陽光 (3) 太陽の熱

आफ़ताबपरस्त [名] 《P. آفتاب پرست》 (1) 太陽を崇拝する人；太陽崇拝者 (2) ゾロアスター教徒

आफ़ताबपरस्ती [名*] 《P. آفتاب پرستی》 太陽崇拝；太陽信仰

आफ़ताबा [名] 《P. آفتابہ》 手洗いなどに用いられる柄のついた形がじょうろに似た水差し

आफ़ताबी[1] [形] 《P. آفتابی》 (1) 太陽の (2)（太陽のような）円形の；円い

आफ़ताबी[2] [名*] 《P. آفتابی》 (1) 花火 (2) 長い柄のついたうちわ

आफ़रीन [感] 《P. آفرین/آفریں आफ़रीन/आफ़रीं》 でかしたでかした；立派；ご立派= शाबाश; साधु साधु.

आफ़ साइड [名] 《E. off side》〔ス〕オフサイド

आफ़ सीज़न [名] 《E. off season》 オフシーズン；シーズンオフ आफ़-सीज़न छूट シーズンオフ割引（ディスカウントセール）

आफ़सेट [名] 《E. offset》= ऑफ़सेट. 〔印〕オフセット आफ़सेट की छपाई オフセット印刷

आफ़ियत [名*] 《A. عافیت》 安寧；無事

आफ़िस [名] 《E. office》 (1) オフィス；事務所 (2) 勤務先 उनके पतिदेव के आफ़िस का कर्मचारी あの方のご主人の勤務先の職員

आफ़िस ब्वाय [名] 《E. office boy》 雑用係の少年；給仕；オフィスボーイ

आफ़ीसर [名] 《E. officer》 (1)〔軍〕士官；将校 (2) 管理職の人；高官 (3) 役員；幹部

आफ़ीसर कमांडिंग [名] 《E. commanding officer》〔軍〕指揮官

आफ़ीसरान [名, pl.] 《افسران E. officer + P.》（高級）役人；高官；幹部 म्युनिसिपल्टी के आफ़ीसरान 市役所の幹部職員

आफ़्ताब [名] → आफ़ताब.

आफ़्ताबपरस्त [名] → आफ़ताबपरस्त.

आफ़्रीं [感] = आफ़रीन.

आफ़्रीदी [名] 《P. آفریدی》 アーフリーディー（パキスタン西北部に居住するパターン人の一派）

आबंटन [名] 分配；配分 अतिरिक्तभूमि का सही आबंटन 余剰地の公正な分配

आबंध [名] (1) 結ぶもの (2) 結び目 (3) 決定 (4) 約束；契約

आब[1] [名*] 《P.آب》 (1) つや；光沢；輝き (2) 美しさ (3) 名誉 **आब आ॰** 美しくなる；光る；光り輝く **आब उतर जा॰** 恥をかく **आब खोना** 名誉に瑕をつける **आब चढ़ाना** つやを出す；光らせる **आब जा॰** *a.* つやがなくなる *b.* 名誉を失う **आब दे॰** 光らせる；輝かせる **आब रखना** *a.* 輝きや美しさを保つ *b.* 名誉を守る

आब[2] [名] 《P. آب》 水= पानी; जल. **आब-आब क॰** 水を求める **आब आब कर मर गया, सिरहाने रहा पानी** 〔諺〕わざと外国語を用いるなどして自分の知識をひけらかすような物言いをすることを非難する言葉 **आब आब हो॰** *a.*（恥ずかしさに）消え入る *b.* 汗ぐっしょりになる *c.* 涙に濡れる

आब[3] [名] 雲= बादल; मेघ.

आबकार [名] 《P. آبکار》 酒屋；酒造り（をする人）；酒造業者= कलवार; कलाल; शराब बनानेवाला.

आबकारी [名*] 《P. آبکاری》 (1) 酒造所 (2) 酒屋 (3) 酒税局；間接税局 (4) 酒税；物品税（様々な酒類及びアヘンや大麻などの製品に課された税）；内国消費税；消費税〈excise duty〉 **आबकारी विभाग** 間接税局

आबख़ुर्द [名] 《P. آب خورد》 (1) 運勢；運；運命 (2) 部分；一部

आबख़ेज़ [名*] 《P. آب خیز》 (1) 地下水位の高い土地 (2) 波

आबख़ोरा [名] 《P. آب خوره》 素焼きの水飲み用の器= पानी पीने का मिट्टी का प्याला; कुल्हड़; पुरवा

आबगीना [名] 《P. آبگینہ》 (1)（酒や香水などを入れる）ガラスびん (2) 鏡

आबगीर [名] 《P. آبگیر》 (1) 小さな池；水たまり (2) 織工が機織りの際水をかけるのに用いる刷毛

आबजोश [名] 《P. آبجوش》 (1) 肉料理の汁；肉の煮汁 (2) 湯；煮えたぎった湯

आबताब [名*] (1) 輝き (2) 豪華さ；絢爛さ→ आबो ताब.

आबदस्त [名] 《P. آب دست》 排便後水で尻を洗うこと；用足し後に尻を水で洗うこと आबदस्त ले॰ = पानी छूना. **आबदस्त और इस्तिंजा** 排便と排尿後に局部を水で洗うこと

आबदाना [名] 《P. آب دانہ》 (1) 食料；食べ物や飲み物 (2) なりわい；生業= आबो दाना.

आबदार[1] [形] 《P. آبدار》 (1) 輝きのある；つやのある (2) 磨きのかかった

आबदार[2] [名] (1) 様々な水飲み場などで水を飲ませる役目の人 (2) 旧式の大砲の砲身を砲弾発射後水で冷やす役柄の人

आबदारख़ाना [名] 《P. آبدار خانہ》 飲料水置き場

आबदारी [名*] 《P. آبداری》 光沢；つや；輝き；光輝

आबदीदा [形] 《P. آبدیدہ》 涙を湛えた；涙ぐんだ；泣いている；涙目の

आबदोज़ [名] 《P. آبدوز》〔軍〕潜水艦；潜水艇= पनडुब्बी.

आबद्ध[1] [形] (1) しっかりつながれた (2) 捕らえられた；囚われの

आबद्ध[2] [名] (1) 堅く結ぶこと；緊密に結ばれていること (2) 装身具

आबनूस [名] 《P. آبنوس》〔植〕カキノキ科高木セイロンコクタン（黒檀）【*Diospyros ebenum*】 **आबनूस का कुंदा** 肌の色が甚だ黒い人

आबनूसी [形] 《P. آبنوسی》 (1) セイロンコクタンの；黒檀製の (2) 黒々とした；真っ黒の

आबपाशी [名*] 《P. آب پاشی》 灌水；灌漑 **आबपाशी की नहर** 灌漑用水路

आबरू [名*] 《P. آبرو》 名誉；尊敬 (-की) **आबरू उतारना** （ーに）恥をかかせる；（ーを）辱める **आबरू के दर पर हो॰** = आबरू के पीछे पड़ना. (-की) **आबरू के पीछे पड़ना** （ーに）恥をかかせようと躍起になる **आबरू को बट्टा लगाना** = आबरू के पीछे पड़ना. (-की) **आबरू ख़ाक में मिलना** （ーが）大恥をかく (-की) **आबरू ख़ाक में मिलाना** （ーに）恥をかかせる **आबरू खोना** 恥をかく= आबरू गँवाना. **आबरू जा॰** = आबरू ख़ाक में मिलना. **आबरू दे॰** = आबरू ख़ाक में मिलना. **आबरू पर आ बनना** 名誉が危うくなる **आबरू पर पानी फिरना** = आबरू ख़ाक में मिलना. **आबरू पैदा क॰** 名を挙げる= इज़्ज़त पैदा क॰. (-की) **आबरू बिगाड़ना** （ーに）恥をかかせる **आबरू में फ़रक़ आ॰** 名誉に疵がつく **आबरू में बट्टा लगना** 名が汚れる；名誉に疵がつく मैं नहीं चाहता कि मेरी वजह से आपकी आबरू में बट्टा लगे 私のせいであなたの名が汚れるのは望むところではありません (-की) **आबरू रखना** （ーの）名誉を守る **आबरू रहना** 名誉が保たれる **आबरू लुटना** 恥をかく；恥をかかされる；名誉を失う **आबरू लेकर बैठना** 名誉にとらわれる；面子にこだわる

आबरूदार [形] 《P. آبرودار》 名誉ある；誉れある

आबला [名] 《P. آبلہ》 水膨れ= छाला; फफोला.

आबशार [名] 《P. آبشار》 滝= झरना; निर्झर; प्रपात. दुनिया का सबसे बड़ा आबशार विक्टोरिया 世界最大の滝ヴィクトリアの滝

ऑबस्ट्रक्शन [名] 《E. obstruction》〔ス〕守備妨害

आबहवा [名*] 《P. آب ہوا, آب و ہوا आबो हवा》 気候；風土= जलवायु. **आबहवा बदलना** 転地する；転地療養する

आबाद [形] 《P. آباد》 (1) 人の住み着いた (2) 開墾された；開拓された (3) 賑わっている (4) 幸せな

आबादकार［形］《P. آباد کار》(1) 開拓者；開墾者 (2)〔農〕ランバルダール（लंबरदार）を介せず地税を直接政府に納めるザミーンダール

आबादकारी［名*］《P. آباد کاری》開拓；開墾

आबादान［形］《P. آبادان》= आबाद.

आबादानी［名*］《P. آبادانی》= आबादी.

आबादी［名*］《P. آبادی》(1) 居住 (2) 居住地；人里 (3) 人口 इस नगर की आबादी この都市の人口 आबादी घनी है 人口稠密な पुरानी दिल्ली की आबादी बहुत घनी है オールドデリーの人口は稠密である (4) 耕作地；農耕地；開拓地 (5) 賑わい；繁栄；隆盛

आबाल［副］子供から आबाल वृद्ध सभी नर नारी 老若男女全ての人が

आबिल［形］泥まみれの；泥だらけの= पंकिल.

आबी[1]［形］《P. آبی》(1) 水の (2) 水色の (3) 灌漑されている；灌水されている (4) 水生の

आबी[2]［名］《P. آبی》塩水を天日で乾燥させてこしらえた塩= लवण; खारी नमक; साँभर नमक.

आबी[3]［名*］(1) 灌漑地 (2) 水色；ライトブルー (3) 水だけで溶いた小麦粉のパン生地でこしらえたパン（ローティー）

आबी थैली［名*］《P. آبی + H.थैली》羊膜

आबू〔地名〕アーブー山．ラージャスターン州南西部とグジャラート州との境にあるアラーワリー山脈中の山の名．ジャイナ教及びヒンドゥー教の聖地がある

आबे गोश्त［名］《P. آب گوشت》肉スープ；肉の煮汁

आबे रवाँ［名］《P. آب رواں》流れる水；流水

आबे हयात［名］《P. آب حیات》生命の水；不老不死の妙薬

आबोताब［名*］《P. آب و تاب》= आबताब.

आबोहवा［名*］《P.A. آب و ہوا》気候；風土= जलवायु.

आब्द［形］← अब्द (1) 年の；一年の (2) 雲の

आब्दिक［形］= वार्षिक; सालाना.

आभ［名*］光り；輝き

आभरण［名］(1) 装身具；宝飾品= आभूषण; ज़ेवर. (2) 養育

आभा［名*］(1) 輝き；つや；光沢 इसके प्रभाव स्वरूप चेहरे की आभा फीकी पड़ने लगती है これの影響のため顔のつやが薄れ始める इसके काले और सफ़ेद संगमरमर से जड़ा शतरंजी फ़र्श एक निराले सौंदर्य की आभा बिखेरता है その白黒の碁盤模様の大理石の床は一種独特の美しい輝きを放っている (2) 色合い；色調 हरी-नीली आभावाली यह अचार वासी फफूँद एक अलग किस्म की होती है この漬け物につく青緑色の色合いを持つかびはもう一つ別種のものである (3) 威光 (4) 傾き；傾向；気味

आभार［名］(1) 荷 (2) 負担（になるもの） (3) 感謝の念 अंतरंग मित्रों के सुझाव तथा सहयोग के लिए उनका आभार मानता हूँ 親友の忠告や協力に対して感謝するものである

आभारी［形］(1) 感謝している；有り難く思っている (2) 恩義を感じている

आभास［名］(1) 紛らわしさ (2) 錯覚 (3) 紛い物（まがいもの） (4) 気配 कुछ कुछ धुएँ का आभास हुआ いささか煙の気配がした (5) しぐさ；ふり；様子 कुछ लोगों के आने पर टेढ़े होकर कुर्सी से उठने का आभास देते थे 一部の人がやってくると身を曲げて椅子から立ち上がろうとするふりをするのだった किसी बात को याद करने का आभास देते हुए दरवाज़े से बाहर निकलने लगे 何かを思い出すふりをしながら戸口から外へ出かかった (6) 感じ；感じられること；感知 दो पहर होते होते उमस इतनी बढ़ गयी थी कि हमें ये आभास तो हो चला था कि किसी भी समय वर्षा हो सकती है 昼過ぎになると湿気がひどく増し雨がいつ降り出してもおかしくないような感じがしていた आकाशवाणी का हर बुलेटिन स्थिति की गंभीरता का आभास करा रहा था ラジオのニュース報道はいずれも状況の深刻さを感じさせるものだった कृत्रिमता का आभास न मिले 不自然な感じがしないように जीव वातावरण में परिवर्तन का आभास पाते हैं तो 生き物は身の回りに変化を感じとると दादी को अपनी ग़लती का आभास हुआ तो वह झेंप गई 祖母は自分の誤りを感じとるときまりが悪くなった (7) 感知すること；感得すること；知覚すること；理解すること अपने ख़तरे का पूर्ण आभास हो गया 身の危険を十分に感得した अपनी ग़लती का आभास हुआ 自分の誤りを理解した अब उन्हें अपने माँ-बाप के व्यवहार के महत्त्व का आभास होता है 今になって親の行動の重みが理解される (-का) आभास क。 (―を) 感じる कभी बार-बार घड़ी की ओर देखकर अपनी 'बोरियत' का आभास करती हैं 時には何度も時計のほうを見て退屈を感じる (-का) आभास दे。 (―を) 示す ऐसे समय में आपको किसी बात पर वह झिड़क बैठे या कुछ चिड़चिड़ेपन का आभास दे このような時に何かのことで叱りつけたり怒りっぽい性格のようなものを示したりすれば

आभासी［形］紛らわしい；偽の

आभास्वर［形］ぴかぴか輝く；光り輝く आभास्वर देवताओं की तरह 光り輝く神々のように

आभिजात्य［名］← अभिजात. 出自の良さ；名門，名家の出身であること

आभीर［名］(1) アービール（アービーラ．牛飼いを生業としてきた種姓）；アヒール（→ अहीर.） (2) アービーラ族（古代インドに進入し西部及び中部インドに有力な存在であったとの伝承のある遊牧民族）

आभीरी［名*］(1) アヒールの妻 (2) アヒールの女性 (3)〔言〕アービーラ・アパブランシャ（アービーラ族が用いたとされるアパブランシャ語 अपभ्रंश の一） (4)〔イ音〕アービーリー（ラーギニーの一）

आभुक्ति［名*］(1) 受益 (2) 借用

आभूषण［名］(1) 装身具 (2) 装飾品

आभूषित［形］(1) 身を飾られた (2) 装飾された

आभोग［名］(1) 享受 (2) 完備 (3) 借用

आभ्यंतर［形］内部の；内側の

आभ्यांतरिक［形］内奥の；奥深い

आमंत्रण［名］(1) 呼びかけ= संबोधन; आह्वान. (2) 招待；招き= निमंत्रण; न्योता. रोम के दो संस्थानों से मुझे आमंत्रण मिले ローマの2つの機関から招待を受けた

आमंत्रित［形］(1) 呼ばれた (2) 招かれた；招待された आमंत्रित क。 招く；招待する उन्होंने सभी नागरिकों को आमंत्रित किया 全市民を招待した सहेली की शादी में आमंत्रित है 友人の結婚式に招待されている (2) 歓迎された देश के अन्य भागों को भी ऐसे लेख आमंत्रित किए जाने चाहिए 国の他の地域にもこの種の論説は歓迎されるべきである

आम[1]［名］(1)〔植〕ウルシ科マンゴー【*Mangifera indica*】 (2) マンゴーの果実= आम्र. **आम इमली का साथ** マンゴーとタマリンドの仲．うまく行かない人間関係のたとえ **आम का आम गुठलियों का दाम मिलना** そのことばかりでなく付随的な利益まであるたとえ；二重の儲けになることや丸儲けの取引のたとえ= आम के आम गुठलियों के दाम मिलना. **आम के चूमे मुँह भर लाल**〔諺〕朱に交われば赤くなる **आम खाने से काम होना गुठली गिनने से नहीं**〔諺〕肝心なことに用があるのであって付随的なことには用がない．どうでもよいことにこだわらないことが大切；枝葉末節にこだわり肝心なことに触れない話をするたとえ= आम खाने से मतलब कि पेड़ गिनने से. **पका आम** 棺桶に片足突っ込んだ状態．いつ死んでも不思議でないありさまのたとえ मास्टर साहब पके आम थे.न मालूम कब टपक पड़े 先生は棺桶に片足を突っ込んだも同然でいらっしゃった．いつとも知れぬ様子だった

आम[2]［形］(1) 未熟の；熟していない (2) 煮えていない；生煮えの= कच्चा; अपक्व.

आम[3]［形］《A. عام》(1) 普通の；通常の；ありふれた；ありきたりの；珍しくない उस देश में मानवशरीर के अंगों की ख़रीद-फ़रोख़्त एक बहुत ही आम बात है その国では臓器の売買が普通のこととなっている यह फ़िल्म एक आम बंबइया फ़िल्म थी この映画はありきたりのボンベイ風（通俗）映画だった (2) 全体の；公共の आम सभा 総会 आम रास्ता 公共道路 (3) 一般の；普通の भारत की आम जनता インドの一般大衆 आम आवास 一般住宅 आम लोगों का जीवन 市井の暮らし；庶民の生活= आम लोगों की ज़िंदगी. (4) 広まった；普及した आम हो जा。 広まる；普及する **आम तौर पर** 普通；一般に；通常 हमारे मुल्क में आम तौर पर कौन कौन-सी वबाई बीमारियाँ फैलती हैं? わが国では一般にどんな伝染病が広がりますか

आम[4]［名］= आँव.

आमचीता [名]《Nep.》〔動〕ネコ科ウンピョウ（雲豹）【*Neofelis nebulosa*】〈clouded leopard〉

आम चुनाव [名] 総選挙 = आम निर्वाचन. 〈general election〉

आमड़ा [名]〔植〕(1) ウルシ科小木アムラタマゴノキ【*Spondias mangifera*】(2) 同上の実（食用及び薬用）= अमरा; अम्रातक; अम्रात.

आमद [名*]《P. آمد》(1) 来ること；到来 (2) 入荷 (3) 収入

आमदनी [名*]《P. آمدنی》(1) 収入；所得 (2) 歳入 (3) 到来 (4) 輸入 **राष्ट्रीय आमदनी** 国民所得 राष्ट्रीय आमदनी में वृद्धि 国民所得の増加 राष्ट्रीय आमदनी में वृद्धि की दर 国民所得増加率

आमदरफ़्त [名*]《P.آمد و رفت आमदो रफ़्त》往来；行き来；通行 गाँव से आधे मील पर पक्की सड़क है.अच्छी आमद-रफ़्त है 村から半マイルのところに舗装道路があり，かなりの往来がある

आमदोख़र्च [名]《P. آمد و خرچ》収入と支出；収支= आय-व्यय. आमदो ख़र्च का हिसाब 収支決算

आमदोरफ़्त [名*]《P. آمد و رفت》= आमदरफ़्त; यातायात.

आमन [名*]〔農〕(1) 一毛作の農地 (2) ベンガル地方の冬作の稲アーマン（7～8 月に植えて 12 月に収穫）

आमना-सामना [名] (1) 向かい合うこと (2) 相対すること；対決すること (3) 出会い；対面 **आमना-सामना हो॰** 向かい合う；相対する

आमनिया [名*]〔農〕アーマンの植えられる田→ आमन.

आमनी [名*]〔農〕(1) 冬作の稲田 (2) 冬作の稲

आमने-सामने [副] 向かい合わせに；向き合って；互いの正面に आमने-सामने ही हमारे सोने की बर्थ थी 私たちの列車の寝台はちょうど向かい合わせにあった एक जगह बिल्कुल एक जैसे दो गगनचुम्बी इमारतें खड़ी थीं あるところに全くそっくりの高層ビルが向き合って立っていた **(-के) आमने-सामने खड़ा हो॰** （－に）立ち向かう；面と向かう **आमने सामने हो॰** 直視する

आमपल्लव [名]〔ヒ〕ヒンドゥーが祭式の際聖水に差しておく葉のついたマンゴーの小枝，アームラパッラヴァ= आम्रपल्लव. आम की पत्तियों से शुभ अवसरों पर आमपल्लव बनाते हैं 祝い事の際にマンゴーの葉でアームラパッラヴァをこしらえる

आमपापड़ [名] アームパーパル（熟したマンゴーの果汁を入れて天日で乾燥させたパーパル．煎餅状に加工した食品）→ पापड़.

आमय [名] 病；病気；疾病= रोग; बीमारी.

आमरण[1] [副] 死に至るまで；死ぬまで

आमरण[2] [形] 死に至る；死ぬまでの；決死の आमरण अनशन 決死の断食

आमर्दन [名] (1) 押しつぶすこと (2) 強く搾ること (3) 揉み潰すこと

आमर्ष [名] (1) 怒り；憤怒 (2) 忍耐力の欠如

आमलक [名]〔植〕トウダイグサ科小木マラッカノキとその果実【*Emblica officinalis*】果実は食用及び薬用，根も薬用= आँवला.

ऑमलेट [名]《E. omelet / omelette》〔料〕オムレツ

आमादा [形]《P. آماده》(1) 備えた；準備した；構えた लड़ाई झगड़े पर आमादा हो गया है 喧嘩腰になっている (2) 決めた；決意した；決心した एक ओर विपक्षी दल प्रधान मंत्री को इस्तीफ़ा देने के लिए किसी-न-किसी प्रकार मजबूर करने पर आमादा है 一方，野党は首相をなんとか辞職に追い込もうと躍起になっている ये फ़िरंगी जहाँपनाह की सल्तनत छीनने पर आमादा दिखाई देते हैं この異人どもは帝位を奪おうと躍起になっているように思える

आमाल [名, pl.]《A. اعمال ← عمل अमल》(1) 行動；行為 (2) 行い；品行

आमालनामा [名]《A.P. اعمال نامہ》(1)〔イス〕イスラム教徒の全ての行動を記した記録簿；閻魔帳 (2) 勤務評定書

आमावास्य [形] 晦（つごもり）の；(晦日終わりの) 陰暦の月末の；黒分，すなわち，黒分の最後の日の（満月終わりでは月の半ば）

आमाशय [名] 胃；胃袋

आमाशयशोथ [名]〔医〕胃炎= गैस्ट्राइटिस 〈gastritis〉

आमिल [名]《A. عامل》(1) 行政官；高官 (2) 祈祷師；悪魔祓いをする人

आमिष [名] (1) 食肉 (2) 食肉用の動物

आमिषभोजी [名] 肉食をする人；ノンベジタリアン

आमीं [感]《A. آمین》= आमीन. アーメン अल्लाह ताला हमारे परचम को रहती दुनिया तक सर बुलंद रखे, आमीन 神よわが国旗を永久に高く掲げ給え，アーメン **आमीं आमीं क॰** 無責任に相槌を打つ

आमीलन [名] 閉じること；ふさぐこと

आमुक्ति [名*] (1) 解放 (2) 解脱 = मोक्ष.

आमुख [名] (1) はじまり；開始；最初 (2) 序；序文；前文

आमुष्मिक [形] あの世の；黄泉の国の

आमू दरिया [名]《P. آمو دریا》アムダリア川（アムー・ダリア）

आमूल[1] [副] 根本まで；根源まで；根元的に

आमूल[2] [形] 根本的な；根元的な；根源的な

आमूलचूल [形] 根本的な；根元的な आमूलचूल परिवर्तन 根本的な変化

-आमेज़ [造語]《P. آمیز》（－の）入る；（－の）混じる，混合する，混ぜるなどの意を有する合成語の構成要素 मुहब्बतआमेज़ 愛情のこもった दर्दआमेज़ 痛みの混じった

आमेर〔地名〕アーメール（カチワーハー कछवाहा 氏族のジャイプル藩王家が 17 世紀から百余年の間都としたジャイプルから約 8km の距離にある旧都）

आमोख़्ता[1] [名]《P.آموختہ》復習= उद्धरणी.

आमोख़्ता[2] [形] すでに学んだ；学習した

आमोद [名] (1) 楽しみ (2) 楽しみごと；気晴らし

आमोदन [名] (1) 喜ばせること (2) 気を紛らせること (3) 薫りづけ

आमोदप्रमोद [名] (1) 娯楽 प्रारंभिक आर्यों के सर्वप्रिय आमोदप्रमोद 初期のアーリア人の間で一番人気のあった娯楽 (2) 楽しみ संसार में ऐसे भी मनुष्य होते हैं जो अपने आमोदप्रमोद के आगे किसी की जान की परवाह नहीं करते 世の中には自分の楽しみのためには他人の命のことなど意に介さないような人もいるものだ

आमोदित [形] (1) 喜んだ (2) 気の紛れた (3) 薫りのついた

आमोष [名] (1) 窃盗= चोरी. (2) 略奪= लूट.

आमोषी [形] (1) 盗む (2) 奪う；略奪する

आम्नाय [名] (1) ヴェーダ (2) 聖なる伝承（特にヴェーダ）の学習 (3) 系譜 (4) 家系 (5) 教訓

आम्र [名]〔植〕マンゴーの木と実= आम.

आम्रवन [名] マンゴー園

आम्रातक [名]〔植〕マラッカノキ= आमड़ा.

आम्ल[1] [形] 酸味のある；酸っぱい

आम्ल[2] [形] (1) 酸味 (2)〔植〕タマリンド

आयँती-पायँती [名*] 寝台の枕元と足元= सिरहाना-पायताना.

आयंदा [形・副] = आइंदा.

आय [名*] (1) 収入 पंचायतों को जो आय होती है パンチャーヤトの得る収入 आय के साधन 財源 नगर निगम की आय के साधन 市の財源 (2) 売り上げ

आयकर [名] 所得税 जो आयकर की चोरी करता है 所得税の脱税をする人

आयकरदाता [名] 所得税納入者

आयत[1] [形] (1) 広い (2) 長方形の

आयत[2] [名] 長方形

आयत[3] [名*]《A. آیت》アーヤト（クルアーン，すなわち，コーランの一節）

आयतन [名] (1) 家 (2) 休憩所 (3) 礼拝所 (4) 容積；容量

आयताकार [形] 長方形の；矩形の

आयत्त [形]（－に）従属する；依存する；（－の）支配下の

आयद [形]《A. عائد आइद》(1) 戻る；戻ってくる；翻る (2) 適用される

आयन [名]《E. ion》〔化〕イオン

आयन मंडल [名]《← E. ionosphere》イオン圏；電離層；電離圏 = आयनोस्फियर.

आयनिक [形]《E. ionic》〔化〕イオンの

आयनीकरण [名]《← E. ion》〔化〕イオン化；電離= आयनन. 〈ionization〉

आयनोस्फियर [名]《E. ionosphere》イオン圏；電離層；電離圏

आयरन [名]《E. iron》鉄分= लोहा; लौह तत्त्व.

आयरलैंड〔国名〕《E. Ireland》アイルランド共和国= आयर्लैंड.

ऑयल [名]《E. oil》(1) オイル；油 (2) 石油

आयल पेंट [名]《E. oilpaint》(1) 油性塗料 (2) 油絵の具

आय-व्यय [名] 収入と支出；収支 आय-व्यय में संतुलन बनाये रखने का ध्यान रखना 収支に均衡を保つよう注意すること
आयस[1] [名] (1) 鉄＝लौह; लोहा. (2) 武器 (3) 鉄製の鎧
आयस[2] [名*] 命令；指令；指図
आयसाधन [名] 収入源；収入の途＝आयस्रोत.
आयसी[1] [形] 鉄の；鉄製の
आयसी[2] [名] 鎧＝कवच; ज़िरहबख़्तर.
आयसु [名*] 命令；指令＝आज्ञा; हुक्म; आदेश.
आया[1] [自] → आना[1] の完了分詞形. **आया गया** *a.* 客；来客 *b.* 知人 **आया गया क॰** 過ぎ去ったことをそのままにして取り上げない＝आई गई क॰; आयी गयी क॰. वह हमेशा ही गृहस्थी के झंझटों का हवाला देकर, बात आयी गयी कर देती है いつも家事に追われているとか言って話をそのままにする **आया गया हो॰** 終わりになる；しまいになる；尽きる **आया लड़का भितरा जा॰** 頓挫する **आये गये का सौदा हो॰** 死に際が迫る **आये पर न चूकना** 好機を逃さない
आया[2] [名*] 《Por. aia》 (1) 子守女；乳母；アーヤー (2) 学生寮の世話係の女性；寮母
आया[3] [感] 《P. آیا》 文頭に用いて迷いや疑問を表し疑問文を作る．(はて) …か；…かそれとも…か；はて (な) ＝क्या.
आयात[1] [名] 輸入 आयात का ख़र्च 輸入費用 आयात-निर्यात 輸出入＝आयात व निर्यात.
आयात[2] [形] 輸入された (物品) आयात क॰ 輸入する बर्मा से सागौन की लकड़ी आयात की जाती रही है ビルマ (ミャンマー) からチーク材がずっと輸入されて来ている
आयातक [名] 輸入業者；輸入元
आयात कर [名] ＝आयात शुल्क.
आयात माल [名] 《H.+ A. مال》 輸入品
आयात शुल्क [名] 輸入税；輸入関税
आयातित [形] 輸入された आयातित चीनी 輸入砂糖 आयातित अन्न 輸入食糧；輸入穀物
आयान [名] (1) 到来 (2) 性質
आयाम [名] (1) 水準；次元；見方や考え方の立場 इस सवाल के विविध आयामों पर हर दृष्टिकोण से विचार करना ज़रूरी है この問題の様々な次元についてあらゆる見地から考察すべきである (2) 広がり；展開；局面 संकट का नया आयाम 危機の新しい局面 (3) (空間の) 次元〈dimension〉 (4) 統御；調整 (5)〔物理〕振幅〈modulation〉 आयाम माडुलन 振幅変調〈amplitude modulation〉
आयामी [形] 次元の；広がりを持つ तीन आयामी 3 次元の तीन आयामी कृति 立体作品
आयास [名] (1) 努力；人力；骨折り (2) 力；作動する力；作用力 बैलगाड़ी बैलों के आयास से खिंचती है 牛車は牛の力で引かれる
आयासी [形] (1) 努力する；努力中の (2) 疲れた；疲労した
आयु [名*] 複合語においては आयुस् - आयुष् - आयुर्の形で現れる. (1) 年齢；年；歳 कम आयु में 若いうちに अधिक आयु में 年をとってから (2) 寿命 **आयु खुटाना** 寿命が尽きかける＝आयु तुलाना; आयु सिराना.
आयुकाल [名] 寿命；生命
आयुक्त [名] (1) 委員会の委員；コミッションの委員；コミッショナー (2) 警視総監 (3) 任じられた人
आयुध [名] 武器；兵器 थैलैंड का अमरीका से आयुध ख़रीदने का निर्णय タイがアメリカから武器購入を決定 विष्णु का मुख्य आयुध सुदर्शन-चक्र है ヴィシュヌ神の主な武器はスダルシャナチャクラ (円盤形の飛び道具) である **आयुध उद्योग** 軍需産業；武器製造産業
आयुधशाला [名*] 武器庫＝आयुधागार; शस्त्रागार.
आयुधागार [名] 武器庫＝शस्त्रागार.
आयुर्विज्ञान [名] 医学 (特にインドの伝統医術のアーユルヴェーダを指すことが多い) आयुर्विज्ञान कालेज 医学校；医科大学 आयुर्विज्ञान वाचस्पति 医学博士；アーユルヴェーダ博士
आयुर्वेद [名] アーユルヴェーダ (インドの伝統医術)
आयुर्वेदिक [形] アーユルヴェーダの；インド伝統医術の आयुर्वेदिक चिकित्सा アーユルヴェーダに基づいた医療 आयुर्वेदिक दवाइयाँ アーユルヴェーダの薬
आयुवर्ग [名] 年齢層 प्रत्येक आयुवर्ग के एथलीट 各年齢層の (陸上) 選手
आयुष्कर [形] 寿命を増す；延命の
आयुष्मान[1] [形] 長寿の；長命の
आयुष्मान[2] [名] 長老
आयुसीमा [名*] 年齢制限
आयोग [名] (官庁の委託を受けた) 委員会；審議会 **आयोग बिठाना** 委員会 (審議会) を設置する **विश्वविद्यालय अनुदान आयोग** (U.G.C., 大学補助金委員会 University Grant Commission)
आयोगव [名] シュードラの父とヴァイシュヤの母との間に生まれた身分の者，アーヨーガヴァ (マヌ法典 10 - 12)
आयोजक [名] (1) 世話人；世話係 शोक सभा का आयोजक 追悼集会の世話人 (2) 招集係
आयोजन [名] (1) 開催；催し；招集 सभा का आयोजन 会議の開催 'एशियाई संबंध सम्मेलन' का आयोजन किया गया था アジア連帯会議が開催された उत्सव का आयोजन 祭りの催し खेल-कूद का आयोजन スポーツの催し (2) 企画；計画；地均し；準備；用意 खाने पीने का भी कोई विशेष आयोजन दिखाई नहीं देता था 食事の特別の用意も見受けられなかった 31 अक्तूबर को पहली बरसी पर रैली का आयोजन 10 月 31 日に 1 周忌の大集会の計画
आयोजना [名*] 計画；計画立案；プランニング आयोजना-आयोग (経済 5 か年) 計画委員会 आयोजना-मंत्री 経済計画相
आयोजित [形] 催された；開催された सांप्रदायिकता की समस्या पर आयोजित सांप्रदायिकता विरोधी सम्मेलन コミュナリズム問題について催されたコミュナリズム反対会議 नवातपुरा पर आयोजित होनेवाला मेला ナワートプラーで開催予定の博覧会 मद्रास में आयोजित शिविर マドラスでの (強化) 合宿 **आयोजित क॰** 催す；開催する **आयोजित हो॰** 催される；開催される उसने नयी दिल्ली में सम्मेलन से पहले एक गोष्ठी आयोजित की ニューデリー会議に先立って研究集会を開催した
आयोडीन [名*] 《E. iodine》 (1)〔化〕ヨード；沃素 (2)〔薬〕ヨードチンキ
आयोडोफ़ार्म [名] 《E. iodoform》〔化〕ヨードフォルム
आयोधन [名] (1) 戦い；戦争 (2) 戦場；戦地
आरंभ [名] ＝आरम्भ. (1) 最初；始め；起こり；元 (2) 始まり；開始；端緒；初め आरंभ क॰ 始める；開始する आरंभ हो॰ 始まる；開始される जीवन का आरंभ जल में हुआ था 生命は水中で誕生した आरंभ काल 初期
आरंभिक [形] (1) 始めの；最初の नेहरू जी का आरंभिक जीवन ネルー氏の生い立ち आरंभिक दिन 初期 (2) 初等の；初級の आरंभिक शिक्षा 初等教育 (3) 試験的な आरंभिक संयंत्र 試験工場；パイロットプラント
आर[1] [名] (1) 鉄鉱石 (2) 真鍮
आर[2] [名] (1) こちら側；手前 (2) 端
आर[3] [名] 強情；意地；我意 **आर पड़ना** 強情を張る；意地を張る
आर[4] [名] 《A. عار》 (1) 恥じらい (2) 憎しみ；憎悪；嫌悪 (3) 欠陥；弱点；瑕
आर॰एच॰रक्त समूह [名] Rh 式血液型〈blood types of Rh groups〉 Rh **नेगेटिव** (**ख़ून**) Rh マイナス (血液) ＝आर॰एच॰नेगेटिव.
आरकेस्ट्र [名] 《E. orchestra》 楽団；オーケストラ＝वाद्यवृंद.
आरक्त [形] (1) 桃色の；淡紅色の (2) 赤みがかった；赤みを帯びた (3) 赤い
आरक्षक[1] [形] (1) 保護する；警備する；警護する (2) 管理する
आरक्षक[2] [名] (1) 警護人；警備員 (2) 警官；警察官
आरक्षण [名] (1) 保護；警護；警備 (2) インドの指定カースト，指定部族民，その他後進階級の一部の社会的・経済的に後進とされる人たちのために諸権利を留保する制度による留保 नौकरियों में कुछ प्रतिशत तक के आरक्षण का प्राविधान 職場の一定比率までを留保する規定 **आरक्षण कोटा** 留保比率；留保割り当て मेडिकल व अन्य तकनीकी शिक्षण संस्थाओं में ग़ैरहरिजन व ग़ैरआदिवासी पिछड़ी जातियों के छात्रों के लिए आरक्षण कोटा 10 से 18 प्रतिशत बढ़ाने के फ़ैसले को 医学や技術教育機関で指定カースト (ハリジャン) 及び指定部族 (部族民) 以外の後進諸階級出身生徒の留保比率を10%から 18%に増大する決定を (3) (乗物や宿などの) 予約 आरक्षण फ़ॉर्म 予約申込書 आरक्षण केंद्र 予約センター आरक्षण सूची 予約リスト आरक्षण क्लर्क 予約担当官；予約係
आरक्षिक [形] 警備の；警護の आरक्षिक कार्य 警備活動；警護活動

आरक्षित [形] (1) 留保された；保留された आरक्षित शक्तियाँ 留保権限〈reserved powers〉 (2) 予約された छह शायिकाएँ किसी अन्य नाम से आरक्षित हैं 6つの寝台席が他の名義で予約されている आरक्षित स्थान 予約席 (3) 準備された；予備の विदेशी मुद्रा में आरक्षित पूँजी 外貨準備

आरक्षित क़ीमत [名*] (競売の) 最低価格；制限価格〈floor price; reserve price〉

आरक्षित पुलिस [名*] 警察予備隊〈reserve police〉

आरक्षी [名] = आरक्षक[2].

आरगन [名] 《E. organ》オルガン

ऑरगन [名] 《E. argon》〔化〕アルゴン

आरगैंजा [名] 《E. organdy / organdie》オーガンディー（オーガンジー）；オーガンザ वर्षा ऋतु में पशमीना, आरगैंजा का प्रयोग बेखटके कीजिए 雨季には安心してウールやオーガンディーをお召しになって下さい

आरचेस्ट्रा [名] 《E. orchestra》オーケストラ → आर्केस्ट्रा.

आरज़ा [名] 《A. عارضه आरिज़ा》病；病気= रोग; बीमारी; व्याधि.

आरज़ू [名*] 《P. آرزو आर्ज़ू》(1) 願い；念願；意欲 उनके दिल में भी यही आरज़ू थी あの方も全く同じことを念願しておられた (2) 懇願；懇請；請願

आर॰डी॰एक्स॰विस्फोटक [名] 《E. RDX; Research Department Explosive》RDX 爆薬（爆弾や砲弾に用いられる） आर॰डी॰एक्स॰जो गाढ़े पेस्ट जैसा है ねっとりしたペーストのような RDX 爆薬

आरण्य [形] (1) 森の；森林の (2) 野生の

आरण्यक[1] [形] (1) 森の；森林の (2) 野の；野生の

आरण्यक[2] [名]〔ヒ〕アーラニヤカ；「森林書」（と訳される各ヴェーダ本集の付随文献の一）

आरत [形] = आर्त.

आरती [名*]〔ヒ〕(1) 祈祷の際や賓客や花婿などに歓待の意を表すため酥油（ギー），竜脳香などに点火して盆にのせ対象の前にかざしたり円を描くようにして回す儀礼；アールティー (2) アールティーを行うのに用いる盆の形の器 आरती का थाल 香やアールティーの灯明をのせる盆 सास ने आरती के थाल से स्वागत किया 姑がアールティーの灯明の盆で歓迎した (3) アールティーを行う際歌われる讃歌や頌詞 **आरती उतारना** アールティーの儀礼を行う；アールティーを捧げる

आर पार[1] [名] 片側と反対側；こちら側と向こう側；こちらの端と向こうの端；両岸

आर पार[2] [副] (1) こちら（側）から向こう（側）へ；端から端へ चमगादड़ कमरे के आर पार चक्कर लगाने लगा है コウモリが部屋のこちらから向こうへぐるぐる回り出した (2) 貫通して；突き抜けて एक बर्छी-सी कनपटी में घुसती और गले से आर-पार निकल जाती है 槍のようなものがこめかみから入ってのどへ突き抜ける

आर॰पी॰एफ़॰ [名] 《E. R.P.F; Railway Police Force》インド鉄道警察隊

आरब्ध [形] 始められた；開始された

आरब्धि [名*] 開始= आरंभ; शुरू; शुरुआत.

आरम्भ [名] = आरंभ.

आरसी [名*] (1) 鏡 (2) 女性が右手の親指につける鏡付きの指輪 **आरसी में मुँह देखो**〔諺〕己の身の程を知れ

आरा [名] (1) のこぎり（鋸） आरा चलाना 鋸を挽く (2) 車輪の輻（や）；スポーク (3) 靴職人の用いる突き錐

आराइश [名*] 《P. آرائش》装飾すること；飾りつけること आराइश क॰/आराइश दे॰ 装飾する；飾りつける

आराइशी [形] 《P. آرائشی》装飾用の；飾りつけの

आराकश [名] 《H.आरा + P. کش》木挽き

आराधक [名] 礼拝者；祈祷者= उपासक.

आराधन [名] (1) 礼拝；祈祷 (2) 満悦させること (3) 調理；料理

आराधना [名*] (1) 拝むこと；礼拝すること वे शंकर जी की आराधना किया करते थे いつもシヴァ神を拝んでいらっしゃった भगवान विष्णु की आराधना व उपासना ヴィシュヌ神の礼拝と崇拝 (2) 祈り；願い पुरोहित देवताओं से प्रार्थना करते थे कि वे लोगों की आराधना सुनें いつも祭司は神に人々の祈りを聞いて下さるようにと祈願していた आराधना भवन 礼拝所；祈祷所

आराधित [形] (1) 拝まれた；礼拝された (2) 祈られた

आराध्य [形・名] = आराध्या*. 尊い（もの）；有り難い（もの）；尊敬すべき（もの） अपने आराध्य की सेवा क॰ 尊いお方に仕えること आराध्य व्यक्ति アイドル；偶像 महाराणा प्रताप की आराध्या चामुंडा देवी का मंदिर マハーラーナー・プラタープの崇拝したチャームンダー女神を祀った寺院

आराम[1] [名] 《P. آرام》(1) 安楽；楽をすること आराम की ज़िंदगी बिताना 安楽な人生を送る (2) 楽；楽になること（精神的，肉体的な苦痛から） (3) 休息；休憩 आराम क॰ 休む；体を休める；休息する= आराम ले॰. **आराम की नींद सोना** すっかり安心する **आराम पहुँचना** 楽になる गुनगुने पानी में शहद, नीबू व ग्लिसरीन मिलाकर ग़रारे करने से सूखी खाँसी को आराम पहुँचता है ぬるま湯に蜂蜜，ライム，グリセリンを混ぜてうがいをすると空咳が楽になる **आराम में आ॰** 安楽な暮らしをする **आराम में हो॰** *a.* 眠る *b.* 安楽な暮らしをする **आराम से** *a.* のんびりと；ゆっくりと；ゆったりと गाय आराम से बैठकर जुगाली करती है 雌牛はのんびりと腹這いになって反芻している *b.* 順調に；調子よく घर का काम बड़े आराम से चल रहा था 家の中はとても調子よく行っていた *c.* 楽に；苦労なく वह चाहती तो अब आराम से ज़िंदगी बसर कर सकती थी その気になれば楽に暮らせたのだった **आराम से गुज़रना** 安楽な暮らしをする= आराम से जा॰; आराम से दिन जा॰. **आराम से पाँव फैलाना** 安心して眠る= आराम से बैठना. "**आराम हराम**"「安楽は敵」怠惰を戒め勤勉を勧める標語

आराम[2] [形]（病気や病状が）軽くなった；楽になった

आराम[3] [名] 庭；庭園；花園= फुलवारी.

आराम कुरसी [名*] 《P. آرام کرسی》安楽椅子 = आराम कुर्सी.

आरामगाह [名*] 《P. آرام گاه》(1) 休憩所 (2) 寝室

आरामगृह [名] 休憩所；休息所 वन में बने आरामगृह में 森の中に建てられている休息所で

आरामतलब [形] 《P.A. آرام طلب》怠惰な；安逸を貪る

आरामतलबी [名*] 《P.A. آرام طلبی》怠惰；安逸 आरामतलबी क॰ 安逸を貪る

आरामदान [名] 《P. آرام دان》(1) 嗜好品のパーン（पान）やパーンをこしらえる材料を入れておく容器 (2) 出来上がったパーンを入れておく容器 (3) 化粧道具入れ

आरामदायक [形] 《P.+ H.》= आरामदेह. वह नौकरी से अधिक परिवार की देखभाल और घर को आरामदायक बनाना अनिवार्य समझती है 彼女は勤めることよりも家族の面倒を見ることや家庭をくつろぎの場とすることが不可欠と考えている आरामदायक जूता 快適な靴

आरामदेह [形] 《P. آرام ده》(1) 快適な；安らぎのある；くつろぎのある मकान आरामदेह नहीं होते 家が快適ではない आरामदेह जीवन 快適な生活 (2) 楽な；ゆったりした आरामदेह गद्दा 楽なマットレス आरामदेह भी इतनी कि पहनने का एहसास तक नहीं 着た感じさえしないほどゆったりしている

आरामपरस्ती [名*] 《P. آرام پرستی》怠惰 सरकारी कर्मचारियों की आरामपरस्ती और कामचोरी 公務員の怠惰と怠慢

आरामपसंद [形] 《P. آرام پسند》= आरामतलब.

आरास्ता [形] 《P. آراسته》飾られた；装飾された；装われた आरास्ता क॰ 飾る उसे तरह तरह से आरास्ता किया है それを様々に飾った आरास्ता हो॰ 飾られる；装われる

आरिज़ [名] 《A. عارض》頬；ほっぺた= कपोल; गाल.

आरिज़ा [名] 《A. عارضه》病；病気= आरज़ा.

आरिज़ी [形] 《A. عارضی》一時的な；当座の；短期の；当面の= अस्थायी. क़ीमतों में इज़ाफ़ा आरिज़ी है 物価の上昇は一時的なものである

आरिफ़ [形] 《A. عارف》(1) 知識のある；学識のある= ज्ञाता; जाननेवाला. (2)〔イス〕イスラム教神秘主義の；スーフィズムの= सूफ़ी.

आरी[1] [名*] (1) のこぎり（鋸）→ आरा. मन पर आरी चलती है 胸を鋸で挽かれる（ような思い） (2) 靴職人の突き錐

आरी[2] [名*] (1) 方角 (2) 端；へり (3) 畝

आरी[3] [形] 《A. عاری》(1) 裸の；むき出しの；飾りのない (2) 失われた；欠けた (3) 困り果てた **आरी आ॰** 困る；閉口する

आरीचोंच [名*]〔鳥〕ガンカモ科カワアイサ【*Mergus mergranser*】

आरुण्य [名] ← अरुण. 赤み；赤さ= ललाई.

आरूढ़ [形] (1) 動物の背や乗り物などに乗っている सपनों के मेघों पर आरूढ़ हो० 夢という雲に乗ること नौकारूढ़ 船に乗っている (2) 決意や約束のかたい
आरेख [名] 図形；図表〈diagrama〉
आरेखण [名] 製図
आरोग्य [形] 健康な；無病の= नीरोग; स्वस्थ.
आरोग्यता [名*] = नीरोगता; स्वास्थ्य.
आरोग्य निवास [名] サナトリウム〈sanatorium〉
आरोग्यशाला [名*] サナトリウム
आरोग्य शास्त्र [名] 衛生学〈hygiene; hygienics〉
आरोप [名] (1) 非難 (-पर) आरोप लगाना (―を) 非難する इस कारण उनपर बाइबल का विरोध करने का आरोप लगाया जाएगा その人はこのため聖書に反対したと非難されるだろう आरोप-प्रत्यारोप 非難の応酬 (2) 嫌疑；容疑 (-पर) आरोप लगाना (―に) 嫌疑をかける भ्रष्टाचार के आरोप लगाना 汚職の嫌疑をかける जी०एम०पर भ्रष्टाचार के गंभीर आरोप है 総支配人に汚職の重大な嫌疑 कार चुराने के आरोप में दो युवक गिरफ़्तार 自動車窃盗の容疑で 2 青年逮捕 (3) 据え付け (4) 植え付け (5) 移植 (6) 主観の投影 (7) 錯覚 (8) 賦課
आरोपण [名] (1) 非難すること (2) 嫌疑をかけること (3) 据え付け (4) 植え付け (5) 移植 (6) 錯覚
आरोपित [形] (1) 非難された (2) 嫌疑をかけられた (3) 据え付けられた (4) 植え付けられた
आरोह [名] (1) 乗ること (2) 上昇すること；高くなること；上がること (3)〔イ音〕音階が上がること
आरोहण [名] (1) 乗ること (2) 上昇すること (3) 登り坂 (4) 階段 (5)〔イ音〕上昇音階
आरोही [形] (1) 乗っている (2) 上昇する；高くなる；上がる (3)〔イ音〕上昇音階の
आर्किड [名]《E. orchid》〔植〕ラン科ラン；蘭
आर्केड [名]《E. arcade》アーケード
आर्केस्ट्रा [名]《E. orchestra》オーケストラ
आर्जव [名] (1) 真っ直ぐなこと (2) 容易なこと (3) 率直さ
आर्ज़ू [名*]《P. آرزو》= आरज़ू.
आर्ज़ूमंद [形]《P. آرزومند》願う；念願する= इच्छुक; अभिलाषी.
आर्ट [名]《E. art》(1) 芸術 (2) 美術
आर्ट गैलरी [名*]《E. art gallery》画廊 = चित्रशाला; चित्रदीर्घा; चित्रवीथी.
आर्टिकल [名]《E. article》〔言〕冠詞= उपपद. **अनिश्चायक आर्टिकल** 不定冠詞= अनिश्चायक उपपद. **निश्चायक आर्टिकल** 定冠詞= निश्चायक उपपद.
आर्टिलरी [名*]《E. artillery》〔軍〕(1) 大砲 (2) 砲兵隊 (3) 砲兵部隊
आर्टिस्ट [名]《E. artist》芸術家；美術家；アーチスト= कलाकार.
आर्ट्स कालेज [名]《E. arts college》文科大学；文科カレッジ
आर्ट्स फ़ैकल्टी [名*]《E. arts faculty》文学部；文科= कला संकाय.
आर्डर [名]《E. order》(1) 命令；指令 (2) 注文 आर्डर क० 指図する；命令する= आज्ञा दे०; हुक्म दे०. सारे दिन बूढ़े बुढ़िया पलंग पर बैठे बातें करते रहते हैं और आर्डर करते रहते हैं 年寄りたちは 1 日中ベッドに腰を降ろしていて次から次へと指図する आर्डर दे० 注文する；発注する
आर्डर आर्डर [感]《E. order order》静粛に，静粛に（議長や裁判長の発言）
आर्डर फ़ाइल [名*]《E. orderfile》注文ファイル；注文とじ込み
आर्डरबुक [名*]《E. orderbook》注文控え（帳） **आर्डरबुक क०** 注文を記入する；注文を控える
आर्डिनेंस [名]《E. ordinance》法令；布告
आर्त [形] (1) 悲しげな；悲しみのこもった；悲痛な बड़े आर्त स्वर में बोला ひどく悲しげな声で言った (2) 悲嘆にくれた (3) 苦痛にみちた；困難におちいった
आर्तध्वनि [名*] 悲嘆の声；悲しみの声
आर्तनाद [名] 悲嘆の声；悲鳴
आर्त्त [形] = आर्त.
आर्थिक [形] 経済の；経済上の；経済的な आर्थिक आवश्यकताओं की पूर्ति 経済的要請の充足 आर्थिक अपराध 経済犯罪 आर्थिक अभाव 困窮；貧窮 आर्थिक असमानता 経済的不平等 आर्थिक कार्यकलाप 経済活動= आर्थिक गतिविधि; आर्थिक क्रिया. हम लोग आर्थिक क्षेत्र में राज्य के हस्तक्षेप के विरोधी हैं 経済面での国家の干渉に反対している आर्थिक जीवन 経済生活 आर्थिक दृष्टि से संपन्न 経済的に見て豊かな आर्थिक नीति 経済政策= अर्थनीति. आर्थिक प्रश्न 経済問題 आर्थिक योजना 経済計画 आर्थिक रचना 経済構造 हमारे देश की आर्थिक रचना わが国の経済構造 आर्थिक रूप से経済的に आर्थिक विकास 経済発展 आर्थिक विवादों को हल करने के लिए 経済問題の解決のため आर्थिक विश्लेषण 経済分析 आर्थिक विषमता 経済的歪み आर्थिक शोषण 経済的搾取 आर्थिक संकट 経済危機 आर्थिक संघर्ष経済闘争 आर्थिक संवृद्धि経済成長 आर्थिक समस्या 経済問題；経済の課題 आर्थिक सहयोग 経済協力 आर्थिक समानता 経済的平等 आर्थिक स्थिरता 経済的安定 आर्थिक स्थिति 経済状態 यदि प्रेमी की आर्थिक स्थिति मज़बूत न हो तो もし恋人の経済状態がしっかりしていないのであれば
आर्थिक भूविज्ञान [名] 経済地理学〈economic geology〉
आर्थ्रोपोडा [名]《E. Arthropoda》節足動物 = संधिपाद प्राणि.
आर्द्र [形] (1) 湿っている；湿り気のある बरसात में आर्द्र 雨季に湿っている (2) 湿り声の；沈んだ声の मंजुला आर्द्र कण्ठ से बोली マンジュラーは沈んだ声で言った आर्द्र स्वर में涙声で (3) 湿潤な (4) 潤いのある
आर्द्रता [名*] (1) 湿度 वायु में आर्द्रता की मात्रा 空気中の湿り気の度合い (2) 湿気；湿り気 आर्द्रता ग्रहण क० 湿気を帯びる (3) 声の湿り具合；声の沈み具合；気持ちの沈み具合 उसके स्वर की आर्द्रता ने मुझे छू लिया 彼女の声の沈みが私の胸にこたえた (4) 潤い
आर्द्र भूमि [名*] 湿田
आर्द्रा [名*]〔占星〕アールドラー（インドの二十七宿の第 6，漢名，参）
आर्माडिलो [名]《E. armadillo》〔動〕アルマジロ科アルマジロ
आर्मी [名*]《E. army》(1) 陸軍 (2) 軍隊
आर्य[1] [名] (1) アーリア人；アーリア族 आर्य भारत में बाहर से आये アーリア人は（インドの）外からインドへ来た (2) 高貴な人；尊貴な人 (3) 尊者；聖者 (4) 尊敬すべき相手に対する呼びかけの言葉
आर्य[2] [形] (1) 高貴な；尊貴な (2) 名門の；すぐれた家門の (3) すぐれた；立派な
आर्यत्व [名] (1) 高貴さ (2) 名門 (3) 優秀さ
आर्यभट्ट [名] (1)〔人名〕アーリヤバタ／アーリヤバッタ（5～6 世紀のインドの天文学者・数学者） (2) インドが 1975 年に打ち上げた人工衛星の名
आर्यवर्त [名] = आर्यावर्त. (1) アーリアヴァルタ（古代インドの地理区分でヒマラヤ山脈とヴィンディヤ山脈を南北の境，海を東西の境とした地域）；アーリア族の地（マヌ法典 2 - 22） (2) 北部及び中部インド
आर्यवर्तीय [形] (1) アーリアヴァルタの (2) アーリアヴァルタに住む
आर्यसत्य [名]〔仏〕四諦 आर्यसत्यानि; आर्य सत्यानि चत्वारि
आर्यसमाज [名]〔ヒ〕アーリア・サマージ（近代のヒンドゥー教改革運動推進の一団体．1875 年にスワーミー・ダヤーナンダ・サラスヴァティー स्वामी दयानन्द सरस्वती により設立された）
आर्यसमाजी [形・名] アーリヤ・サマージの（人）；アーリヤ・サマージの信仰を持つ（人）；アーリヤ・サマージ的な
आर्या [名*] (1)〔イ神〕パールヴァティー神 पार्वती (2) 姑 (3) 父方の祖母 (4)〔韻〕アーリヤー（奇数パーダ पाद は 12 モーラ，偶数パーダは 15 モーラから成るモーラ韻律）
आर्यागीति [名*]〔韻〕アーリヤーギーティ（奇数パーダが 12 モーラ，偶数パーダが 20 モーラから成るモーラ韻律．奇数パーダに जगण はなく，パーダ末は गुरु）= आर्यागीत.
आर्येतर [形] アーリア族以外の，非アーリア族の
आर्ष [形] (1) リシ（聖仙 ऋषि）の；リシに関わる (2) リシの定めた；リシの用いた (3) 聖なる；神聖なる (4) ヴェーダの；古風な (5)〔言〕古い；古語の
आर्ष प्रयोग [名] (1) ヴェーダの用法 (2)〔言〕古語的用法
आर्ष विवाह [名] アールシャ婚（古代，バラモン教において正統的と認められた結婚様式の第 2 で父親が法の履行のためとして

花婿から1〜2対の牛を受け取り娘を与えた）マヌ法典3-29, 53
आर्हेंतीना〔国名〕《Sp. Arxentina》アルゼンチン
आलंकारिक［形］←अलंकार. (1) 修辞に関する (2) 修辞的な；修飾的表現の (3) 装飾的な
आलंब［名］(1) 支え；支えるもの (2) 支点 (3) 礎
आलंबन［名］(1) 支え；基盤 (2) 礎；基礎 (3) 依存；依拠 (4)〔イ文芸〕ラサを喚起する媒体となるもの，すなわち，芸術的，あるいは，美的に人の心に何らかの基本的，持続的な感情 स्थायी भाव を目覚めさせる媒体となる人物やその背景や状況（例えば राम という आश्रय の胸に恋情 रति という持続的感情を呼び起こす意味で सीता は आलंबन である）= आलंबन विभाव. → आश्रय.
आलंबित［形］依存した；依拠した
आलंबी［形］依存している；依拠している
आलंभ［名］= आलंभन. (1) 触れること；接触 (2) 捕らえること；把握 (3) 獲得 (4) 殺害
आल[1]［名］(1) 動物の出す毒；毒液 (2) 雄黄
आल[2]［名］〔植〕アカネ科ヤエヤマアオキ【*Morinda citrifolia*】根や材は黄色染料になり，葉や樹皮は薬用になる
आल[3]［名*］〔植〕ユウガオ→ कद्दू; लौकी.
आल[4]［名*］《A. آل》(1) 子供 (2) 子孫（母系の） (3) 家族 (4) 家系
आल[5]［名］厄介なこと；面倒なこと आल-जंजाल 厄介なこと
आल-औलाद［名*］《A. آل اولاد》子孫；末裔= संतान; वंशज.
आलजाल[1]［形］いいかげんな；でたらめな；馬鹿馬鹿しい
आलजाल[2]［名］(1) でたらめな話；馬鹿話 (2) いらぬ物；不要物；がらくた；つまらぬもの
आलतू फ़ालतू［形］いいかげんな；でたらめな इनका एकमात्र काम जनता से उगाही कर आलतू फ़ालतू ख़र्च करना है 連中の唯一の仕事は民衆から取り立ててはいいかげんな出費をすることである
आलथी-पालथी［名*］(1) けっかふざ（結跏趺坐） (2) あぐら（胡座） **आलथी-पालथी मारना** *a.* 結跏趺坐をする *b.* あぐらを組む लड़का चट वहीं आलथी-पालथी मारकर बैठ गया 男の子はさっとその場であぐらを組んで座った
आलन［名］壁土に混ぜる藁など（の植物繊維）
आलपिन［名］《Por. alfinete》= आलपीन. (1) ピン (2) まちばり
आलम［名］《A. عالم》(1) 世界 (2) ある同類のものから作られる集まり；世界；特定の領域や範囲 वहाँ का आलम कुछ निराला ही रहता है その場所のかもし出す世界はいささか独特のものである (3) 様子；状態；ありさま रोज़ का ऐसा ही आलम था 毎日これと全く同じありさまだった
आलमगीर［形］《A. عالم گیر》(1) 世界中に広がった；全世界に及ぶ आलमगीर शुहरत 世界的な名声 (2) 世界を制覇する
आलमगीर जंग［名］《A.P. عالم گیر جنگ》大戦；世界大戦= विश्व युद्ध. गुज़श्ता आलमगीर जंग 先の（過ぎた）世界大戦
आलमारी［名*］= अलमारी. कपड़ों की आलमारी 洋服だんす
आलमे फ़ानी［名］《A. عالم فانی》無常の世界；この世；現世 इस आलमे फ़ानी से रुख़्सत हो॰ この世を去る
आलम्ब［名］→ आलंब.
आलम्भ［名］→ आलंभ.
आलय［名］(1) 住居；家 (2) 建物 (3) 場所 दीवार में बने मेहराबदार आलय へきがん（壁龕，物を置くために壁に作られた棚；壁のくぼみ）
आल राइट［感］《E. all right》オールライト；オーライ
आल राउंडर［名］《E. allrounder》(1) 万能選手 (2) 万能の人；多芸多能の人
आलवार［名］《Tm.》アールワール／アールヴァール（7世紀から9世紀頃にかけてタミル地方に現れたヴィシュヌ派の宗教家や宗教詩人たち．その熱烈な信仰心を吐露した詩を遺したこととその後のいわゆるバクティ運動への影響で知られる）
आलस［名］(1) 無気力なこと (2) だるいこと；だるさ；気だるさ "क्या तबीयत ख़राब है?" "नहीं, वैसे ही आलस खा गई"「気分が悪いの？」「いや何となくだるくなったの」 (3) 怠惰；怠けること；ずぼらなこと आज से मैंने अपना आलस छोड़ दिया 今日から私は怠惰を捨て去ったのだ बिना आलस किये 怠けずに；怠ることなく
आलसी［形］怠け者の；怠惰な；横着な；ずぼらな
आलस्य［名］= आलस. **आलस्य क॰** 怠ける；ずぼらをする；横着をする **आलस्य हो॰** だるい；気だるい
आला[1]［名］壁の一部をくぼませてこしらえた物をのせる場所；ニッチ；壁龕（へきがん） दीपक, पुस्तक इत्यादि रखने के लिए आले बने हुए थे 油皿や書物などを置くためにニッチが作られていた
आला[2]［形］《A. عالی》(1) 最高の；最上の；上級の आला अफ़सर 高官 **आला दर्जे का** 高級な；ハイクラスの आला तालीम 高等教育 (2) すぐれた；優秀な आला फ़नकार すぐれたアーチスト
आला[3]［名］《A. آلہ》道具；器具= उपकरण; औज़ार. आला ईजाद क॰ 道具を発明する
आलाइश［名*］《P. آلائش》(1) 汚物；排泄物 (2) 膿
आला कमान［名］《A. عالی + E. (high) command》(1) 首脳部 (2) 最高司令部
आलात[1]［名］たいまつ（松明；炬火）
आलात[2]［名, pl.］《A. آلات←آلہ आला》道具（類）；諸道具；器具（類）
आलाप［名］(1) 話すこと；語ること；話；語り (2) 会話 (3)〔イ音〕アーラープ（即興的序奏） (4)〔イ音〕転調
आलापन［名］〔イ音〕アーラープを行うこと उसने दीपक राग का आलापन आरंभ किया ディーパク・ラーガのアーラープを始めた
आलिंगन［名］抱きしめること；抱擁 आलिंगन क॰ 抱きしめる；抱擁する= गले लगाना.
आलिंगित［形］抱きしめられた；抱擁された
आलिंगी［形］抱きしめる；抱擁する
आलिंद［名］〔建〕回廊；通廊；廊下
आलि［名*］(1) 女性にとっての女性の友 = सहेली; सखी. (2) サソリ（蠍） (3) 列 (4) 線 (5) 橋
आलिम［形・名］《A. عالم》知識の深い（人）；学者；造詣の深い人 आलिमों का ख़याल है कि…学者の考えによれば次のようである…
आलिम फ़ाज़िल［形・名］《A. عالم فاضل》学殖の深い；大学者
ऑलिव आयल［名］《E. olive oil》オリーブ油= ज़ैतून का तेल.
आली［形］《A. عالی》(1) 高い (2) すぐれた；優秀な (3) 壮大な；巨大な
आली ख़ानदान［形］《A.P. عالی خاندان》名門の；名家の
आली जनाब［形・名］《A.P. عالی جناب》身分の高い；閣下（呼びかけに用いる）= जनाबे आली.
आली ज़र्फ़［形］《A. عالی ظرف》(1) 雅量のある；寛大な；度量のある (2) 高潔な；高邁な
आलीजाह［形・名］《A. عالی جاه》高位の；閣下（呼びかけ）
आली दिमाग़［形］《A. عالی دماغ》聡明な；頭脳明晰な；明敏な；卓抜な頭脳の
आलीन［形］(1) 接近した；近づいた (2) 密着した
आलीमनिश［形］《A.P. عالی منش》= आली ज़र्फ़.
आलीशान［形］《A. عالی شان》(1) 壮麗な；豪壮な；豪華な；派手な आलीशान मंदिर 壮麗な寺院 बाहर से आलीशान बंगला 外見は立派な屋敷 आलीशान कोठी 豪邸 (2) 高位の
-आलु［接尾］名詞から形容詞を作る कृपा 親切→ कृपालु 親切な. दया 憐れみ→ दयालु 憐れみ深い.
आलू[1]［名］〔植〕ナス科ジャガイモ；ジャガイモ；ばれいしょ（馬鈴薯）
आलू[2]［名］《P. آلو》〔植〕バラ科プラム；セイヨウスモモ（西洋スモモ）とその実【*Prunus domestica*】→ आलूचा; आलूबुख़ारा.
-आलू［接尾］名詞について形容詞を作る झगड़ा 争い；喧嘩→ झगड़ालू 喧嘩早い；好戦的な.
आलूचा［名］《P. آلوچہ》(1)〔植〕バラ科セイヨウスモモ；プラム【*Prunus domestica*】 (2) その果実= आलू बुख़ारा.
आलूदगी［名*］《P. آلودگی》(1) 汚染 (2) 不浄
आलूदम［名］〔料〕ふかしたジャガイモ
आलूदा［形］《P. آلوده》(1) 汚された；汚染された (2) 不浄の
आलूबालू［名］《P. آلو بالو》〔植〕バラ科サンカオウトウ（酸果桜桃）= ओलची; गिलास.
आलू बुख़ारा［名］《P. آلو بخارا》(1)〔植〕バラ科セイヨウスモモ；プラム；プルーン【*Prunus domestica*】〈common plum; Persian plum〉 (2) その実 (3) 干しスモモ

आलू मटर [名]〔料〕アールーマタル（インド料理の一．ジャガイモとエンドウマメのカレー煮）

आलू शफ़्तालू [名]《P.آلو شفتالو》子供の遊びの一（馬になった子の背に乗った子供がその子の目をふさぎ，別の子の出した指の数を当てさせる）

आलेख [名] (1) 書くこと (2) 描くこと (3) 文字 (4) 書かれたもの；描かれたもの (5) グラフ；図表 (6)（研究発表の）論文

आलेखकार [名] 書き手；ライター

आलेखन [名] (1) 書くこと (2) 描くこと (3) 書いたもの (4) 描いたもの बर्तनों पर अनेक प्रकार के काले रंग के आलेखन होते थे 器には様々な形のものが黒い色で描かれていた (5) 製図

आलेखनी [名*] (1) 筆；ペン (2) 絵筆

आलेख्य[1] [形] (1) 書かれるべき（もの） (2) 書かれる（もの）

आलेख्य[2] [名] (1) 書かれたもの；書き物 (2) 絵

आलेपन [名] 塗布すること

आलोक [名] (1) 明かり；光；光線 दीप के मंद मीठे आलोक में 灯火の鈍く甘い光に दीपावली आलोक पर्व है ディーパーワリーは光の祭りだ (2) 輝き मुखमंडल पर आत्मतेज का आलोक था 顔には威厳が輝いていた (3) 章（文章の区切り）

आलोकन [名] (1) 観察 (2) 照明すること；照らし出すこと

आलोकित [形] (1) 見られた (2) 光っている；輝いている；照らされている जिसके प्रकाश से सारा दृश्य आलोकित है （太陽の）その光であらゆるものが輝いている आध्यात्मिक ज्योति की जो मशाल वे जला गए वह सदा के लिए संसार को आलोकित करती रहेगी あの方が精神界の光という松明を燃やして行かれたが，それはいつまでも世界を輝かし続けるであろう

आलोचक[1] [形] (1) 見る；観察する；点検する (2) 批判する；批評する

आलोचक[2] [名] 批判する人；批評する人；批評家 मेरे प्रशंसक और आलोचक भी मेरे बारे में ऐसा कहते हैं 私をほめる人も批判する人も私についてはそのように言う कटु आलोचक 手厳しい批評家

आलोचन [名] (1) 見ること (2) 批評；批判

आलोचना [名*] (1) 批判すること कहीं स्वागत तो कहीं आलोचना हुई है 歓迎もされているが批判もされている कभी एक-दूसरे की आलोचना मत कीजिए 決して批判し合ってはなりません (2) 批評 आलोचना क॰ 批判する；批評する कटु आलोचना 厳しい批評

आलोचित [形] 批判された；批評された

आलोड़न [名] (1) かき混ぜること；攪拌 (2) 心の動揺 (3) 熟慮；検討を重ねること

आलोड़ित [形] (1) かき混ぜられた；攪拌された इससे ऊपरी सतह आलोड़ित भी होती है そうすると表面が攪拌されることにもなる (2) 心理的に揺り動かされた；心を動かされた उनकी इस घोषणा ने देश को आलोड़ित कर दिया 同氏のこの声明が全国民の心を揺り動かした (3) 熟慮させられた；検討の重ねられた

आल्सहाइमर रोग [名]《E. Alzheimer's disease》〔医〕アルツハイマー病

आल्हा [名] (1)〔韻〕アールハー／アーラー（各パーダが 16+15=31 マートラーから成るモーラ韻律で末尾が長 - 短で終わる）= वीर छंद; वीर सवैया. (2) アールハー／アーラーもしくはアーラーカンド（12 世紀のジャグニク जगनिक が同上の韻律で詠んだとされるアールハーとウーダルという 2 人の武勇伝．今日もマディヤ・プラデーシュ州の北部，ウッタル・プラデーシュ州東部，ビハール州などを中心に歌い継がれている） **आल्हा का पँवारा** くだくだしい話

आवंटन [名] 割り当て；配分；分配 विस्थापितों के लिए कृषिहेतु भूमि-आवंटन 難民に農地の割り当て

आवंटित [形] 割り当てられた；配分された；分配された आवंटित क॰ 割り当てる；配分する；分配する बाढ़ग्रस्त राज्यों को 44811 हज़ार टन अनाज व 2311 करोड़ रुपये आवंटित 洪水被災の州に 4481 万 1000 トンの穀物と 231 億 1000 万ルピーを配分 पार्किंग के लिए आवंटित की गई （それは）駐車場として割り当てられた

आव[1] [名] 寿命；生涯

आव[2] [名] = आँवा; आवाँ. **आव देखा न ताव** 後先を考えずに；前後の見境もなく मैंने भी आव देखा न ताव, तुरंत चली गई 私も後先を考えずにすぐさまやって来た

-आव [接尾] 動詞語根に添加されて動作・作用を表す男性抽象名詞を作る √झुक्（折れる；曲がる；傾く；しなう）→ झुकाव（折れ曲がること；傾くこと；傾き） √बह्（流れる）→ बहाव（流れ）

आवक[1] [形] 来る；入ってくる

आवक[2] [名*] 入荷 मंडियों में गेहूँ की आवक 卸市場への小麦の入荷 उत्तर प्रदेश, राजस्थान आदि से आवक घटने के कारण U.P. やラージャスターンなどからの入荷が減少したために

-आवट [接尾] 動詞語根から女性抽象名詞を作る接尾辞 √बना 作る → बनावट（作り；構造）√सज् 装う → सजावट 装い

आवटना[1] [他] (1) ひっくり返る (2) 騒ぎ立てる

आवटना[2] [自] 煮えたぎる；ぐらぐら煮える = औटना.

आवधिक [形] 定期的な；定期の

आवभगत [名*] もてなし；歓待 मित्रों की आवभगत में 友人のもてなし आवभगत की बात 人をもてなす言葉；御愛想 **(-की) आवभगत क॰**（－を）もてなす；歓迎する लोगों ने उसकी ख़ूब आवभगत की 皆はその人をうんともてなした **आवभगत में स्वाहा क॰** つっけんどんな態度を取る

आवरण [名] (1) 覆い；カバー ऊपर चमड़े का आवरण चढ़ा कर 上に革の覆いをかけて (2) ついたて（衝立）；カーテン (3) 蓋 (4) 包みぎれ

आवरण-पत्र [名] 本の表紙；カバー = आवरणपृष्ठ.

आवर्जन [名] (1) 引き寄せること (2) 支配すること (3) 敗北

आवर्जना [名*] (1) 引き寄せること；引きつけること (2) 支配すること；支配下に置くこと (3) 軽蔑すること (4) 敗北

आवर्जित [形] (1) 引き寄せられた；引っ張られた (2) 支配下に入った (3) 負けた；敗れた；敗北した

आवर्त [名] (1) 回転；周回 (2) 渦巻き；渦の形 (3) 頭の中に考えが渦を巻くこと (4) 繰り返し；反復 (5) 人口密集地

आवर्तक [形] (1) 回転する；周回する；回る (2) 周期的な (3) 反復的な (4) 再発する；ぶり返す

आवर्तकज्वर [名]〔医〕回帰熱

आवर्तन [名] (1) 回転；周回；曲がること (2) 攪拌 (3) 反復 (4) 再発；ぶり返し

आवर्तनीय [形] (1) 回転し得る；周回し得る；曲がり得る (2) 反復し得る

आवर्तबिंदु [名] 方向転換の場所；ターニングポイント

आवर्तित [形] (1) 回転した；周回した；曲がった (2) 繰り返した；反復した

आवर्ती [形] (1) 回転する；周回する；曲がる (2) 繰り返す；反復する；周期的な；定期的な；循環する आवर्ती परिवर्तन 周期的な変化

आवर्धक [形・名] (1) 増加させる（もの） (2) 増大させる（もの）；拡大する（もの） (3) 増進させる（もの） **आवर्धक लेंस (लैंस)** 拡大鏡（のレンズ）；虫眼鏡（のレンズ）= मैगनीफ़ाइंग लेंस.

आवर्धन [名] (1) 増加 (2) 増大；拡大 (3) 増進

आवलि [名*] 線；筋；列

आवली[1] [名*] = आवलि.

आवली[2] [名*]〔農〕アーワリー法（収穫物の見積もり形式の一で，1 ビスワー，すなわち，20 分の 1 ビーガー बीघा の収穫を基に計算される）

आवश्यक [形] 必要な；欠かせない；不可欠な；入用な；大事な；大切な सामाजिक जीवन की दो आवश्यक बातें 社会生活に欠かせない 2 つのこと आवश्यक वस्तुएँ 日用品；生活必需品 आवश्यक उपभोक्ता सामग्री 生活必需品；生活必需物資

आवश्यकता [名*] ← आवश्यक. (1) 必要；必要性；不可欠性 आवश्यकता आविष्कार की जननी है 必要は発明の母 (2) 必要品

आवश्यकतानुसार [副] 必要に応じて；必要に基づいて

आवश्यकीय [形]〔古〕= आवश्यक. आवश्यकीय सामान 必需品

आवाँ [名] = आँवाँ. **आवाँ का आवाँ बिगड़ना** すべてが揃って出来の悪いこと；すべてが不出来なこと；全滅すること = आवाँ बिगड़ना.

-आवा [接尾] 動詞語根に添加されて行為や作用あるいはその対象を表す語を作る √बुल् - बुलावा 呼び出し √चढ़् - चढ़ावा お供え；供え物

आवागमन [名] (1) 交通；往来 आवागमन और संचार 交通と通信 आवागमन के साधन 交通機関；交通手段 (2) 輪廻転生 वह इस आवागमन की चट्टानों से कब तक सिर पटकेगा この輪廻転生の岩に

いつまで頭をぶつけるのか **आवागमन छूटना** 輪廻転生を脱する；解脱を得る= आवागमन से छुटकारा पाना.

आवाज़ [名*]《P. آواز》(1) 音；音声 पिस्तौल की आवाज़ ピストルの発射音 बर्तन खटकने की आवाज़ 食器のかち合う音 नल की आवाज़ 水道の音；蛇口の音 बाबा के हुक्का गुड़गुड़ाने की आवाज़ 祖父が水ぎせるをぶくぶく鳴らす音 सूई गिरने की आवाज़ 針の落ちる音 (2) 声 उनकी आवाज़ में तल्खी नहीं थी その人の声には辛辣さはなかった **आवाज़ उठना** *a.* 声が上がる *b.* 要求される **आवाज़ उठाना** *a.* 言及する；話す；述べる *b.* 声を上げる；反対する इसके विरुद्ध क्यों किसी प्रकार की कोई आवाज़ नहीं उठाई गई? これに対してなんらかの声がなぜ上げられなかったのか *c.* 大声を出す **आवाज़ ऊँची क॰** 大声を出す；声を上げる **आवाज़ क॰** *a.* 音を立てる；音を発する；音を出す लगलग अपने जबड़ों से खड़-खड़ की आवाज़ करता है エンビコウ（燕尾鸛）は嘴の付け根でかたかたという音を立てる *b.* 声をかける；呼ぶ **आवाज़ कसना** *a.* からかう；嫌みを言う कोई उसपर आवाज़ कसे और वह बिना जवाब दिये निकल जाए からかわれたまま仕返しもせず通り過ぎるというのは *b.* 野次る；野次をとばす *c.*（女の子を）冷やかす **आवाज़ खुलना** かすれていた声が正常に戻る **आवाज़ गिरना** 声が低くなる **आवाज़ गीली हो॰** 声が潤む **आवाज़ चढ़ना** 声が高くなる **आवाज़ दबना** *a.* 控え目になる；弱気になる *b.* 発言が弱くなる；声が小さくなる **आवाज़ दे॰** 呼びかける；声をかける；叫ぶ हिम्मत न हुई कि आपको आवाज़ दूँ? あなたに声をおかけする勇気が出なかった **आवाज़ निकालना** 声を出す **आवाज़ पड़ना** *a.* 声がかかる；呼ばれる *b.* 声がかすれる **आवाज़ पर कान दे॰** 注意して聞く；耳をそばだてる = आवाज़ पर कान रखना. **आवाज़ फटना** 声が割れる；声が悪くなる **आवाज़ फेंकना** = आवाज़ क॰. **आवाज़ बढ़ना** = आवाज़ उठना. **आवाज़ बढ़ाना** = आवाज़ उठाना. **आवाज़ बुलंद क॰** *a.* 反対する = आवाज़ उठाना. *b.* 大声で言う **आवाज़ बैठना** 声がかすれる；声が枯れる= आवाज़ पड़ना. **आवाज़ भर्राना** *a.* 声を呑む；息を呑む；声がつまる；胸がいっぱいになる；感動に声が出なくなる *b.* 痰などで喉がつまる= आवाज़ भारी हो॰. **आवाज़ मारना** = आवाज़ क॰. **आवाज़ मारी जा॰** = आवाज़ फटना. **आवाज़ मीठी हो॰** 声がよい；声が美しい **आवाज़ में आवाज़ मिलाना** 言いなりになる；はいはいと言う **(-को) आवाज़ लगाना** （ーを）大きな声で呼ぶ；声をかける= चतरसिंह ने तुरंत दीपक को आवाज़ लगायी. チャタルシンはすぐさまディーパクに声をかけた **आवाज़ लौटना** こだまする

आवाज़कशी [名*]《P. آواز کشی》(1) からかうこと (2) 野次をとばすこと (3) 冷やかすこと

आवाज़ा [名]《P. آوازه》(1) 評判 (2) 野次 **आवाज़ा कसना** = आवाज़ कसना. 野次をとばす；野次る

आवाज़ाकशी [名*] = आवाज़कशी.

आवाजावी [名*] 往来；行き来；人通り= आवाजाही; आना-जाना. बाहर लोगों की आवाजावी जारी थी 外には人通りが続いていた

आवाजाही [名*] 往来；人通り = आवाजावी. शाम को सड़क पर आवाजाही बहुत बढ़ जाती है 夕方道路の往来が盛んになる

आवारगी [名*]《P. آوارگی》= आवारागर्दी. मैं आवारगी नहीं बरदाश्त कर सकता 不良行為は許せない

आवारा [形]《P. آواره》(1) のらくらな；ぶらぶらしている；不良な；不真面目な आवारा लड़की 不良娘 (2) 浮浪している；住所不定の आवारा कुत्ता 野良犬 'किसका कुत्ता है?''आवारा सा लगता है.इसका कोई मालिक नहीं है' 「だれの犬だ」「野良犬みたいだ．飼い主がいないのだ」

आवारागर्दी [名*]《P. آواره گردی》(1) 不良行為 आज शहरों में अच्छे-अच्छे परिवारों के युवक आवारागर्दी में फँसे हैं 今日都会では良家の子弟たちが不良行為にはまっている (2) 浮浪；うろつくこと；徘徊

आवास [名] (1) 住居；住宅 (2) 住所；居住所 (3) 生息地 इन मानव-कपियों के आवासों में गंभीर परिवर्तन आया この猿人たちの生息地に重大な変化が生じた

आवासन [名] 住まわせること；居住させること राजस्थान आवासन मंडल ラージャスターン州住宅公団

आवासी [形・名] (1) 居住する（もの） (2) 生息する（もの）

आवासीय [形] (1) 住宅の；住居の आवासीय सुविधाएँ उपलब्ध 住宅設備あり (2) 居住の आवासीय उद्देश्यों के लिए 居住目的のための आवासीय विद्यालय （全）寮制の学校

आवाहन [名] (1) 呼びかけ（ること） (2) 勧請

आविर्भाव [名] (1) 生じること (2) 現れること；現れ出ること；出現

आविर्भूत [形] (1) 生じた क्रौंच पक्षी के वध से आविर्भूत करुणा 鷺の殺生で生じた憐れみの気持ち (2) 現れた；出現した

आविर्हित [形] (1) 目にした；目で見た；目撃した (2) 前に来た；直面した；目の前に現れた

आविल [形] 汚れた；汚染された；汚い；不浄な

आविष्करण [名] (1) 発明（すること） (2) 考案（すること）= आविष्कार.

आविष्कर्ता [名] (1) 発明者 (2) 考案者= आविष्कारक.

आविष्कार [名] (1) 発明 प्लास्टिक के आविष्कार से तो खिलौनों के निर्माण में भारी वृद्धि हुई プラスチックの発明で玩具の製造が激増した टेलीफ़ोन का आविष्कार 電話の発明 (2) 考案 वालीबाल का आविष्कार バレーボールの考案 पहिये का आविष्कार 車輪の考案 (3)〔古〕発見 न्यूटन साहब ने गुरुत्वाकर्षण का आविष्कार किया ニュートン氏が万有引力を発見した

आविष्कारक [名] (1) 発明者 (2) 考案者

आविष्कृत [形] (1) 発明された (2) 考案された

आविष्ट [形] (1) 興奮した (2) 憑かれた (3) 熱中した；没頭した (4) 入った (5) 覆われた

आवृत [形] (1) 覆われた रहस्य से आवृत 秘密に覆われた (2) 囲まれた；包囲された (3) 包まれた；包み込まれた

आवृतबीजी [名・形] (1)〔植〕被子植物〈angiosperm〉 (2) 被子植物の〈angiospermic〉

आवृत्त [形] 繰り返された；反復された

आवृत्ति [名*] (1) 反復；繰り返し (2) 頻度 (3)（印刷物）版 (4)〔物理〕振動数；周波数；度数

आवृत्ति बैंड [名] 周波（数）帯；バンド〈frequency band〉

आवृत्ति माड्युलन [名]〔通信〕周波数変調放送；FM；F.M.〈frequency modulation〉

आवेग [名] (1) 激しい感情；感情の激しい高ぶり；激情 निर्दोष लोगों की हत्या करते समय अगर किसी के हाथ नहीं काँपते तो इसका कारण यही है कि कोई आवेग उसे परिचालित कर रहा है 罪のない人を殺す時に手の震えない人がいるとすればそれは何かの激情がその人を突き動かしているからである (2) 衝動 (3) 衝撃；刺激 (4) インパルス

आवेगपूर्ण [形] (1) 感情的に高まっている；熱い；熱烈な；感情的な；興奮した (2) 衝動的な；発作的な；激情に駆られた

आवेगात्मक [形] = आवेगपूर्ण.

आवेगी [形] (1) 衝動的な；衝動による आवेगी टर्बाइन 衝動タービン〈impulsive turbine〉 (2) 推進的な आवेगी बल 推進力〈impulsive force〉

आवेज़ा [名]《P. آویزه》(1) 垂れ下がるもの；ぶら下がったもの (2) 耳飾りの垂れ飾り；ペンダント

आवेदक [形・名] (1) 請願する；申請する；応募する；志願する (2) 請願者；申請者；応募者；志願者

आवेदन [名] 請願；嘆願；申請；応募；志願 आवेदन प्राप्ति की अंतिम तिथि 応募期限；願書提出期限；申し込み期限

आवेदन पत्र [名] 願書；申請書；申込書

आवेदित [形] 嘆願された；請願された；申請された

आवेदी [形・名] = आवेदक.

आवेश [名] (1) 衝動 आवेश से काम न लेना 衝動的に対処してはならない (2) 興奮；見境をなくすこと आवेश में आ॰ 激しく興奮する (3) 立ち入ること；入ること；入り込むこと= प्रवेश.

आवेष्टित [形] 囲まれた；包み込まれた

आवेष्टन [名] (1) 包むこと；包囲（すること）；囲むこと (2) 包み込むもの

आव्रजन [名] 来住；移住；入国 आव्रजन संबंधी एक विधेयक 入国関連の一つの法案 आव्रजन अधिकारी 入国審査官 आव्रजन कानून 入国管理法

आव्राजक [名] 来住者；移住者；入国者

आशंका [名*] おそれ（虞）；不安；懸念；心配 धन-जन की भारी हानि होने की आशंका 生命財産に大きな被害が生じる虞 युद्ध की आशंका 戦争勃発の懸念；戦争の不安 आशंका क॰ 恐れる；懸念する；心配する；恐れる संकट की आशंका करना 危機を懸念する

नौका डूबने से लगभग 40 व्यक्तियों के मरने की आशंका है 船の沈没のため 40 人ほどの人が溺死したものと懸念されている

आशंकित [形] 恐れた；不安にかられた；懸念された；心配された उसका मन आशंकित था, मन में अजीब अजीब विचार घिरते जाते थे 不安な気持ちだった．心の中には様々な異様な思いが押し寄せてくるのだった आशंकित हो॰ 恐れる；不安に思う；懸念する；心配する

आशंसा [名*] (1) 欲求 (2) 希望；期待 (3) 言及 (4) 称賛

आशंसित [形] (1) 望まれた (2) 期待された (3) 言及された；述べられた (4) 称賛された

आश [名] 食べ物；食物（複合語の要素として用いられる）

आशकार [形] 《P. آشکار आश्कार/آشکارا आश्कारा》= आश्कारा. 明らかな；明白な

आशना [形・名] 《P. آشنا》= आश्ना. (1) 親しい（人）；友人；知り合いの（人） (2) 好きな（人） (3) 不倫関係の（人）；間男；姦夫；情夫

आशनाई [名*] 《P. آشنائی》(1) 親しさ；親密さ (2) 友人関係；友情；親交 (3) 不倫；不倫関係

आशय [名] (1) 意図；心積もり；気持ち (2) 旨；意味 (3) とどまるところ (4) 内臓

आशयाँ [名] 《P. آشیاں》= आशियान.

आशा [名*] (1) 望み；希望；期待；夢 (2) 見込み；公算 (3) あて；頼り (4) 方角 **आशा क॰** *a.* 望む；希望する；期待する *b.* 見込む *c.* あてにする **आशा की डोर टूटना** 望みが絶たれる **आशा की रेख न हो॰** 一縷の望みもない **आशा छूटना** = आशा टूटना; आशा की डोर टूटना **आशा छोड़ दे॰** 諦める **आशा ताकना** 待つ；期待する **आशा तोड़ना** 断念する (-की) **आशा तोड़ना** （ーに）失望させる；(ーを) 落胆させる (-को) **आशा दे॰** (ーを) 元気づける；(ーに) 期待を抱かせる (-की) **आशा पर पानी फेरना** （ーを）失望させる；がっかりさせる **आशा पूगना** 願いが叶えられる= आशा पूजना; आशा पूरना. **आशा बँधाना** 元気づける；希望を抱かせる **आशा बाँधना** 期待をかける **आशा रखना** 希望を持つ आशा रखो, अब तो दुआ ही काम करेगी 希望を持ちなさい．後は祈りだけが頼りだ **आशा लगाना** 期待をかける；期待を抱く= आशा संजोना. **आशाओं का बाग़ लगाना** 大きな期待をかける

आशाजनक [形] 希望を持たせる；期待できる；期待を抱かせる；有望な

आशातीत [形] 期待を越えた；予想以上の；予期せぬ बीसवीं शताब्दी में विज्ञान के क्षेत्र में आशातीत उन्नति हुई है 20 世紀には科学分野で予想以上の発達があった आशातीत समय 予期以上の時間

आशादीप [名] 希望の灯

आशान्वित [形] 期待を抱いた

आशापूर्ण [形] 期待に満ちた；期待にあふれる

आशाभंग [名] 夢の破れること；期待が外れること

आशामोदक [名] 画餅；絵に描いた餅

आशावाद [名] 楽観主義

आशावादिता [名*] 楽観（すること）；楽観主義

आशावादी [形・名] 楽観主義の（人）；楽観主義者

आशावान [形] (1) 期待を持つ；希望を持つ (2) 楽観する；楽観的な

आशिंजन [名] 身につけた装身具が発する音

आशिक़[1] [形] 《A. عاشق》(1) 恋をしている；恋愛をしている (2) 熱中している；夢中になっている；のぼせあがっている **आशिक़ अंधा होता है** 〔諺〕恋は盲目なり

आशिक़[2] [名] 《A. عاشق》(1) 恋人 (2) 〔イ文芸〕ガザルの展開において「恋人」に語りかける人→ ग़ज़ल.

आशिक़मिज़ाज [形] 《A. عاشق مزاج》惚れっぽい

आशिक़ा [名*] 《A. عاشقہ》恋人；愛人

आशिक़ाना [形] 《A. عاشقانہ》恋の；恋愛の

आशिक़ी [名*] 《A. عاشقی》恋；恋愛= प्रेम; इश्क़.

आशित [形] (1) 食べられた (2) 食べ終えた (3) 大食の

आशिमा [名*] 勢い；激しさ

आशियाँ [名] 《P. آشیاں आश्याँ》= आशियाना.

आशियाना [名] 《P.آشیانہ आश्याना》(1) 鳥の巣= नीड़; घोंसला. (2) 鳥小屋；粗末な家；苫屋

आशिष [名*] 祝福；祝福の言葉= आशीर्वाद.

आशी[1] [形] 食べる；食する

आशी[2] [名*] 毒蛇の牙

आशी[3] [名*] 〔修辞〕祝福の言葉（意味修辞の一）

आशीर्वचन [名] 祝福；祝福の言葉

आशीर्वाद [名] = आशीर्वचन. मुझे आप लोगों के आशीर्वाद की आवश्यकता है みなさまの祝福をいただきたいのです **आशीर्वाद दे॰** 祝福する；祝福を与える बेटा, मैं तो आशीर्वाद देती हूँ कि इस तरह तेरी बहुत-सी वर्षगाँठें मनाई जाएँ, तू दिन-दूना, रात चौगुना बढ़े 母さんはお前を祝福してあげるよ．こんな風に幾度も幾度も誕生日を迎え，日夜ますます栄えますようにとね **आशीर्वाद ले॰** 祝福を受ける उन्होंने वाल्मीकि का आशीर्वाद लिया था ヴァールミーキの祝福を受けたのだった

आशीष [名] 祝福；祝福の言葉 ऋषि-मुनियों और पंडितों ने दशरथ और तीनों रानियों को आशीष दिया 聖仙や聖賢，それにバラモンたちはダシャラタ王と 3 人の妃に祝福を与えた

आशु[1] [名] 〔農〕アウス米（8〜9 月に収穫される早生種）

आशु[2] [副] 早く；速く；素早く；直ちに

आशु[3] [形] 早い；素早い

आशुकवि [名] 与えられた条件下で即興的に詩をよむ詩人；即興詩人

आशुतोष[1] [形] すぐに喜ぶ；直ちに満足する

आशुतोष[2] [名] シヴァ神の異名の一

आशुलिपि [名*] 速記 हिंदी आशुलिपि व टंकण की अखिल भारतीय प्रतियोगिता ヒンディー語の速記とタイプの全インド競技会

आशूरा [名] 《A. عاشورا》〔イス〕アーシューラー（ムハッラム月の 10 日目，断食潔斎の日．シーア派ではこの日，3 代目イマーム，フサインの殉教を悼む祭りを行う）= मुहर्रम की दसवीं तारीख़.

आश्चर्य [名] (1) 驚き；びっくりすること (2) 驚嘆；驚異 आश्चर्य हो॰ 驚く；びっくりする；たまげる आश्चर्य से 驚いて；驚きで；びっくりして；たまげて मैं आश्चर्य से देख रहा था 驚いて見ていた बेटे ने आश्चर्य से पूछा 息子が驚いてたずねた आश्चर्य में पड़ना 茫然となる；驚きたまげる

आश्चर्यचकित [形] (1) びっくりした；驚いた；仰天した (2) 目を見張った (3) 感嘆した；舌を巻いた आश्चर्यचकित क॰ びっくりさせる；驚かせる；仰天させる；目を見張らせる；感嘆させる；舌を巻かせる इसने उन्हें आश्चर्यचकित कर दिया この人があの方をびっくりさせた वह वास्तविक रहस्य का उद्घाटन कर मुझे आश्चर्यचकित कर देगा あの男は秘密を明かして私をびっくり仰天させるだろう आश्चर्यचकित हो॰ たまげる；びっくりする；びっくり仰天する；目を見張る；舌を巻く उनकी इस कार्य-कुशलता पर हम लोग आश्चर्यचकित रह गईं あの方のその腕前に私たちは舌を巻くばかりだった

आश्चर्यजनक [形] (1) 驚くべき；驚嘆すべき आश्चर्यजनक बात 驚くべきこと (2) 不思議な यह तो परियों के तिलिस्म से भी ज़्यादा आश्चर्यजनक है これは妖精たちの魔法以上に不思議なことだ

आश्चर्यित [形] 驚いた；たまげた；吃驚した

आश्ना [形] = आशना.

आश्म[1] [形] ← अश्म. (1) 石の (2) 石製の；石でできた

आश्म[2] [名] 石造りのもの；石造物

आश्याँ [名] 《P.آشیاں》鳥の巣 = घोंसला; नीड़.

आश्याना [名] 《P.آشیانہ》= आश्याँ.

आश्रम [名] (1) 隠遁所；修道所；修道院；修行所；アーシュラマ（アーシュラム）；道場= साधु-महात्माओं के आश्रम. (2) 古代聖仙たちが庵を結んだ所，アーシュラム (3) 古代インドの四住期制度；上位 3 ヴァルナのバラモン教徒が生涯に過ごすべきであるとされた 4 つの段階，学生期／梵行期 ब्रह्मचर्य, 家住期 गार्हस्थ्य, 林棲期 वानप्रस्थ, 遊行期 संन्यास

आश्रमधर्म [名] アーシュラマ（四住期）の各住期になすべき義務

आश्रमवासी [形・名] (1) アーシュラムに住む（人） (2) アーシュラム（四住期のいずれかに）に住する（人）

आश्रमिक [形] (1) アーシュラムの (2) アーシュラムに居住する (3) アーシュラマの義務を果たす

आश्रमी [形] アーシュラムの；アーシュラムに関わる आश्रमी जीवन アーシュラムでの生活

आश्रय [名] (1) 支え；支持；支援；頼りになるもの；頼れるもの (2) 庇護；保護；擁護 (3) 避難所 (4) 拠り所；依拠 (5) 依；五官と意 (6)〔イ文芸〕ラサ रस の基となる持続的な感情を喚起される人 (सीता との間で恋情 रति という持続的な感情 स्थायी भाव を喚起される राम) **आश्रय गृह** 避難所；駆け込み寺 **आश्रय दे॰** 庇護する；保護する कोई-न-कोई मुझे आश्रय देगा だれかは保護してくれよう

आश्रयदाता [名] 庇護者；支援者；パトロン

आश्रयस्थल [名] (1) 鳥獣保護区 देश में इस समय ग्यारह बाघ आश्रयस्थल स्थापित हैं 現在わが国には 11 の虎の保護区が設けられている (2) 避難所；保護区 आकर्षक रूप-रंग वाले इन जीव-जंतुओं का आश्रयस्थल वन ही रहे हैं 魅力的な姿形をしたこれらの生きものの保護地は以前から森林そのものであった

आश्रयी [形] 支えられる；支援される；頼る；依る；依拠する

आश्रित[1] [形] (1) 支えられた；支援された；頼った；依拠した दूसरों पर आश्रित होना पड़ता है 人に頼らなくてはならなくなる (2) 従属した；従属的な **आश्रित उपवाक्य**〔言〕従属節 (3) 条件のついた **आश्रित परिवर्तन**〔言〕条件変化

आश्रित[2] [名] 被扶養者；扶養家族；被保護者 शहीद हुए सिपाही के आश्रितों के लिए 殉職した警官の遺族のために

आश्रितता [名*]〔言〕従位 ⟨subordination⟩

आश्रुत [形] (1) 聞かれた；聴聞された (2) 受け入れられた；承諾された；受諾された

आश्रुति [名*] (1) 聴聞 (2) 受け入れ；承諾；受諾

आश्लिष्ट [形] (1) 抱き寄せられた；抱擁された (2) 結合した；密着した；接触した

आश्लेष [名] (1) 抱擁 (2) 結合；密着；接触

आश्लेषण [名] (1) 混ぜること；結合 (2) 混ぜたもの；混合物 (3) 抱擁

आश्लेषा [名*]〔天・占星〕インドの 27 宿の第 9，アーシュレーシャー（漢名，柳）

आश्लेषी [形]〔幾〕接する；接触する आश्लेषी वृत्त 接触円

आश्वत्थ[1] [形] インドボダイジュの → अश्वत्थ.

आश्वत्थ[2] [名] インドボダイジュの花

आश्वस्त [形] 安心した；安堵した；心配がない；不安のなくなった；落ち着いた；ほっとした पिता जी आश्वस्त होकर चले गए थे 父は安心して立ち去った अगले चुनाव के परिणामों के बारे में अभी तक आश्वस्त नहीं है 次の選挙の結果についてまだ安心していない आश्वस्त भी हुई और बेहद निराश भी ほっとしたが同時にひどくがっかりもした आश्वस्त क॰ 安心させる；不安をなくす；元気づける；勇気づける；励ます शुभ सूचना हमें आश्वस्त कर रही है 吉報に励まされている उसने आश्वस्त करते हुए कहा 元気づけながら言った

आश्वासन [名] (1) 励まし；激励；元気づけ (2) 保証；請け合い इजरायल को अमेरिकी आश्वासन アメリカのイスラエルに対する保証 **झूठा आश्वासन दे॰** *a.* 嘘の保証を与える *b.* 口先だけの励まし

आश्वासित [形] (1) 励まされた；元気づけられた (2) 保証を受けた；保証された

आश्विन [名] アーシュヴィン月（インドの太陰太陽暦の 7 月；満月終わりの暦では日本の旧暦 8 月 16 日からの 1 か月）＝ क्वार.

आषाढ़ [名] (1) アーシャーダ月（インドの太陰太陽暦の 4 月；満月終わりの暦では日本の旧暦の 5 月 16 日からの 1 か月）＝ असाढ़. (2) 梵行期の学生が携える杖 (3)〔植〕ハナモツヤクノキ＝ ढाक.

आषाढ़ा [名*]〔天・占星〕インドの 27 宿のうち第 20 宿（プールヴァ・アーシャーダー，漢名，箕）及び第 21 宿（ウッタラ・アーシャーダー，漢名，斗）

आषाढ़ी [名*] アーシャーダ月の十五夜

आसंग [名] (1) 接触；触れ合い；交際 (2) 執着；熱中 (3) 黄土（石けんの代用品）；膠灰土

आसंजक [形] 粘着性の

आसंजन [名] (1) 結び合わせること (2) 着ること；着用 (3) 粘着；付着；接合

आसंजनशील [形] 粘着性の；粘着する

आस[1] [名*] 望み；希望；期待＝ आशा; उम्मीद. **आस टूटना** 望みがなくなる；希望が潰える (-की) **आस ताकना** (ーに) 期待する；(ーを) 頼りにする **आस पूजना** 望みが叶う **आस बँधना** 希望が湧く；元気が出る；期待を抱く (-की) **आस बँधना** (ーの) 期待がかけられる；(ーが) 期待される (-की) **आस लगाना** (ーを) 期待する एक तो खुद फ़ुज़ूलखर्ची करना और फिर उसके बदले में दूसरों से महँगे उपहारों की आस लगाना 一つには無駄遣いをする．更にそれの代わりに他人から高価な贈り物を期待する

आस[2] [名] (1) 弓＝ धनुष; कमान. (2) 臀部＝ चूतड़.

आस[3] [名*] 方角；方位＝ दिशा.

आसक्त [形] (1) (ーに) 執着した；とらわれた विषयों में आसक्त होने के कारण 官能にとらわれたために (2) 恋い慕った；たまらなく好きになった；惚れこんだ उसकी पत्नी को देखकर आसक्त हो गया その男の妻を見て惚れこんでしまった कुत्ता अपने मालिक के प्रति अत्यंत वफ़ादार तथा आसक्त रहता है 犬は自分の主人にとても忠実で強く慕うものだ (3) 密着した；付着した

आसक्ति [名*] (1) 執着すること；とらわれること (2) 強い愛着；激しい愛慕；恋慕 (3) 密着；付着 **आसक्तिवश** 愛着のあまり；執着のあまり वह आसक्तिवश उसमें कूदकर अपने शरीर को भी भस्म कर देता है 執着のあまりその中に飛び込んで身を灰にしてしまう

आसते[1] [副] ＝ आहिस्ते.

आसते[2] [自] आसना の未完了分詞形＝ होते; रहते.

आसत्ति [名*] (1) 近接 (2)〔言〕並置 ⟨juxtaposition⟩

आसन [名] (1) 座ること (2) 座りかた；座法；座る姿勢 (3) 座る時に用いる敷物 अनेक प्रकार के आसन 様々な敷物 (4) 座る場所；座席；座 (5)〔ヨガ〕坐法 (6) 立脚地；足場 (7) 修行者や遊行者が腰を落ち着けたり泊まったりするところ (8) 性交の体位 **आसन उखड़ना** 落ち着きが悪い；足もとが揺らぐ；足もとが脅かされる (-का) **आसन उखाड़ना** (ーの) 足もとを脅かす **आसन ग्रहण क॰** 腰をおろす；席に着く；着席する **आसन छोड़ना** 立ち上がって迎える **आसन जमना** *a.* 尻が落ち着く；尻が座る *b.* しっかりする；固まる **आसन जमाना** *a.* 尻を据える；尻を落ち着ける；根を生やす；どっかと居座る *b.* しっかりさせる；固める *c.* のんびりする *d.* 座禅を組む **आसन डगमगाना** ＝ आसन डिगना; आसन डोलना. **आसन डोलना** *a.* 尻が座らない；落ち着きのない座りかたをする；じっと座っていない *b.* 震え上がる *c.* 誘惑に乗る；欲に負ける **आसन तले आ॰** 服従する **आसन दे॰** 丁重に席をすすめる मैंने हाथ मिलाकर कुर्सी पर आसन दिया 握手をし椅子をすすめた **आसन पहचानना** *a.* 相手の態度を察知する *b.* 馬が乗り方で乗り手を見分ける **आसन पाकर चाबुक जमाना** 機を見て先に進む **आसन बाँधना** 股に挟む **आसन मारना** *a.* どっかと座る *b.* あぐらをかく **आसन मिलना** *a.* きっかけや手がかりを得る *b.* 数のうちに入れられる **आसन लगाना** *a.* どっかと腰をおろす *b.* 腰をおろして座るための敷物を広げる（敷く）*c.* 座り込みをする *d.* 泊まる；宿泊する **आसन हिलना** ＝ आसन डोलना.

आसनपाटी [名*] (1) 寝台 (2) 寝具 **आसनपाटी लेकर पड़ना** ふて寝する

आसना [自] ＝ होना.

आसनास्थि [名*]〔解〕座骨

आसनी [名*] 座る際に敷く敷物 कुश की आसनी クサ（クシャ）草を編んだ敷物

आसन्न [形] (1) 接近した；近付いた；接近した；隣接した (2) 切迫した；瀕した आसन्न मृत्यु 間近な死；瀕死状態

आसन्नकाल [名] まつご；末期

आसन्नकोण [名]〔幾〕隣接角

आसन्नता [名*] (1) 接近；隣接 (2) 切迫；緊迫

आसन्न भविष्यत् काल [名]〔言〕近接未来時制 ⟨immediate future tense⟩

आसन्न भूत [名]〔言〕現在完了時制 ⟨present perfect⟩

आसपास [副・名・後置] あたり（に）；近く（に）；そば（に）ぐるり（に） (-के) **आसपास** (ーの) 周辺に；(ーの) 近くに；(ー) の辺りに इस लिपि का प्रचार भारत के पश्चिमोत्तर प्रदेश के आसपास तीसरी शताब्दी पूर्व-ईसा से तीसरी शताब्दी ईसा तक रहा この文字はインドの北西地方の周辺に紀元前 3 世紀から西暦 3 世紀までの間広まっていた

आसमान [名] 《P. آسمان》(1) 空；大空；天；天空＝ आकाश; नभ. आसमान में बादल छाये थे 空を雲が覆っていた (2) 天界；天国 (3) 高い所；非常に高い所 **आसमान का थूका मुँह पर आता है**〔諺〕

天に唾するは自らに唾すること；目上の人を侮ればその罰を受けることになるもの **आसमान का रखना न ज़मीन का** 全く何の役にも立たぬようにする；すっかり台無しにする **आसमान की बातें क॰** 大きなことを言う；ほらを吹く **आसमान की सैर क॰** 夢想する **आसमान के तारे तोड़ना** 骨身を惜しまない；困難を物ともしない；苦労をいとわない；非常な苦労をする संसार में ऐसे मर्द भी हैं जो स्त्री के लिए आसमान के तारे तोड़ लाते हैं 世の中には妻のためにはどんな苦労をいとわない男性がいるものだ **आसमान खुलना** 雨が上がる；雨が上がって空が晴れる **आसमान गिराना** 大声を張り上げる；大声で叫ぶ **आसमान गूँजाना** 天をどよめかす वे हमें देखते ही "जय बाँगला" से आसमान गूँजा देते 彼らは我々を見つけたとたん「バングラデシュ万歳」の声で天をどよめかす **आसमान चढ़ना** *a.* 高く昇る；高く上がる *b.* 得意になる；有頂天になる *c.* 夢想する **आसमान छूना** *a.* 非常に高い；非常に高くなる；そびえ立つ；天に届く पर आजकल उसका किराया भी आसमान छू रहा है でも昨今ではその料金までもがべらぼう（な高値）になっている *b.* 頂点を極める；頂点に達する；大成功を収める **आसमान ज़मीन का अंतर** 天地の差；雲泥の差 **आसमान ज़मीन के कुलाबे मिलाना** *a.* 大口を叩く；大ぼらを吹く *b.* たわいもないことを考える；空中楼閣を築く **आसमान झाँकना** *a.* 威張りくさる；威張ってそりくり返る *b.* 現実離れしたことを考える **आसमान टूटना (टूट पड़ना)** *a.* ひどい災難が降りかかる *b.* 大騒動になる；大騒ぎになる；天地がひっくり返る आपने न किया और हम लोगों ने कर दिया तो कौन-सा आसमान टूट पड़ा あなたがなさらず手前どもがしたからといって大騒ぎするほどのことではありませんよ **आसमान ताकना** *a.* そりくり返って威張る＝ आसमान झाँकना. *b.* レスリングで相手を負かす **आसमान थर्रा उठना** 戦慄が起こる **आसमान दिखाना** *a.* レスリングで相手を組み伏せる，ひっくり返す *b.* 相手をやりこめる；完全にやっつける **आसमान नापना** 不可能なことを試みる **आसमान पर उड़ना** *a.* 空想に耽る *b.* うぬぼれる *c.* 野心を抱く **आसमान पर क़दम रखना** ふんぞり返る＝ आसमान पर खिंचना. **आसमान पर चढ़ना** のぼせ上がる；うぬぼれる；天狗になる (-) **आसमान पर चढ़ाना** （ーを）褒めそやす；褒めそやしていい気にさせる **आसमान पर थूकना** 天に唾する；不遜なことをする आसमान पर थूकने वाले का थूक उसके मुँह पर ही गिरता है 天に唾すれば唾はその人の顔にしか落ちないもの **आसमान पर मिज़ाज हो॰** 有頂天になる；のぼせ上がる＝ आसमान पर दिमाग़ चढ़ना. **आसमान फट जा॰ (फट पड़ना)** ＝ आसमान टूट पड़ना. वह देश किसी अन्य राष्ट्र में विद्रोह को दबाने के लिए ज़रा-सी सहायता देगा तो हमारे देश में आसमान फट जाएगा その国が他のどこかの国の暴動を鎮めるために少しでも援助をするとわが国で天の裂けるような大騒ぎになる कोई आसमान नहीं फट गया 驚天動地の事態とはならぬ；大騒ぎするには当たらぬ पिछड़ों को आगे बढ़ने के लिए थोड़ी -सी छूट और विशेष अवसर दिए गए तो कोई आसमान नहीं फट गया 立ち遅れた人たちを前へ進ませるため少々の特典や特別の機会を与えたからとて大騒ぎすることはない **आसमान फाड़ना** 大騒ぎする；大きな声を出す **आसमान में खेती क॰** 不可能なことを試みる＝ आसमान में चकती लगाना. **आसमान में छेद क॰** ＝ आसमान के तारे तोड़ना. **आसमान में ढेला फेंकना** 自分に害の及ぶようなことをする **आसमान में थिगली लगाना** *a.* 非常に難しいことをする *b.* 不可能なことを試みる *c.* 有り得ないことを言う **आसमान सिर पर उठाना** 大騒ぎをする；騒ぎ立てる；騒ぎを起こす **आसमान सूझना** （のぼせ上がっていたのが）正気に戻る **आसमान से गिरना** *a.* 降って湧く *b.* たなぼた；労せずして手に入る *c.* 震え上がる；ぞっとする **आसमान से गिरकर खजूर पर अटकना**〔諺〕*a.* 大きな仕事が後少しのところで残ること *b.* 難関は突破したもののつまらぬところで躓くことのたとえ **आसमान से गिरना, ज़मीन पर आ जा॰** 大変恥ずかしい思いをする；大恥をかく **आसमान से टकराना** そびえ立つ ＝ आसमान से टक्कर ले॰. **आसमान से टपक पड़ना** 突然現れる **आसमान से टूटना** 天から降って来る；努力せずに手に入る＝ आसमान गिरना. **आसमान से तारे तोड़कर लाना** ＝ आसमान के तारे तोड़कर लाना. उसे उस समय यह बात आसमान से तारे तोड़कर लाने जैसी लगी その時その話は全く不可能な話に思えた **आसमान से बरसना** あふれかえる **आसमान से बातें क॰** 天にそびえる；高くそびえる；天をつく **आसमान हिला दे॰** 面倒を起こす；厄介な目に遭わせる **दिमाग़ आसमान पर हो॰** のぼせ上がる；天狗になる；有頂天になる **सातवें आसमान पर** 最高に；頂点に；最高点に अब तो मानो राजा का क्रोध सातवें आसमान पर पहुँच गया 今や王の怒りはあたかも頂点に達したかのようであった मेरा दोस्त ख़ुशी के सातवें आसमान पर था 友だちは嬉しくてたまらなかった

आसमानी[1]［形］《P. آسمانی》(1) 空の；空にある (2) 空色の；青空の आसमानी रंग 空色（नीला とは区別する） (3) 天からの；神のなせる **आसमानी आफ़त** 天災 **आसमानी ग़ज़ब टूटना** 大きな災難に遭う **आसमानी तीर** でたらめな話；いいかげんな話 **आसमानी फ़रमानी** 天災＝ आसमानी बला. **आसमानी बात** 空想；絵空事

आसमानी[2]［名］空色；空の色

आसमानी[3]［名*］(1) パルミラヤシから造られるヤシ酒 (2) 酒や大麻など酒類や麻薬など麻酔性のもの

आसरा［名］(1) よるべ（寄る辺）；頼りとなる所 उसे आसरा था, काम करेगा तो भोजन मिल जाएगा 頼るあてがあった．働けば食事にはありつけよう (2) 支え；支えるもの；依るもの；依拠するところ (3) 支援者；応援者 (4) 避難所 (5) 期待 (6) 待つこと；待機 **(-का) आसरा जोहना** *a.* （ーを）待つ *b.* （ーを）あてにする；頼りにする；期待する **आसरा टूटना** 頼りがなくなる；あてが外れる **(-का) आसरा ताकना (देखना)** ＝ आसरा जोहना. **(-को) आसरा दे॰** （ーを）庇護する；（ーに）庇護を与える

आसव［名］(1) 蒸留酒 (2) 美味な飲み物 (3) 酒器

आसवन［名］蒸留＝ आसवन क॰.

आसवनी［名*］蒸留酒製造所；酒造所

आसवित［形］蒸留された आसवित क॰ 蒸留する

आसा［名*］《← A.عصا असा》アーサー（王権の標識として行列の先頭に捧持される金銀製の棒）

आसाइश［名*］《P. آسائش》(1) 安楽；楽 किसी क़िस्म की आसाइश का सामान न था 何一つ贅沢品はなかった (2) 休養；休息 उनके आराम और आसाइश का ख़याल रखिए あの方の安楽と休養に配慮なさって下さい (3) 便宜

आसान［形］《P. آسان》やさしい；簡単な；容易な；平易な

आसानी［名*］《P. آسانی》やさしいこと；簡単なこと；容易なこと；平易さ आसानी से *a.* 容易に；簡単に *b.* わけもなく；すぐに कुछ द्रव आसानी से उबल जाते हैं 若干の液体は簡単に沸騰する

आसाबरदार［名］《A.P. عصابردار》→ आसा. アーサー（権標や職杖）を捧持する者；権標捧持者 ＝ चोबदार.

आसाम〔地名〕アッサム（地方，州）

आसामी[1]［形］アッサム（地方）の

आसामी[2]［名*］〔言〕アッサム語

आसामी[3]［名］＝ असामी[1,2,3].

आसार［名, pl.］《A. آثار←اثر असर》きざし（兆し）；兆候（徴候）；気配；見通し समर्थन के आसार नज़र नहीं आते 支持の兆し見えず बारिश रुकने के कोई आसार नहीं दिखाई दिए 雨のやむ気配は全くなかった व्यापक वर्षा से ख़रीफ़ के आसार उज्ज्वल 広域にわたる降雨で秋作の明るい見通し दिल्ली बंद को पुरज़ोर समर्थन के आसार デリー市ゼネストに絶大な支持の見込み

आसावरी［名*］〔イ音〕アーサーワリー・ラーギニー

ऑसिलाग्राफ़［名］《E. oscillograph》〔言〕オシログラフ；振動記録器

ऑसिलाग्राम［名］《E. oscillogram》〔言〕オシログラム

आसीन［形］(1) 座している；席を占めている (2) 地位にある；地位を占めている चार वर्ष से प्रधान मंत्री पद पर अवैध रूप से आसीन 4 年来不法に首相の座にある वे उत्तरदायित्व के इतने उच्च पद पर आसीन होनेवाली भारत की प्रथम महिला थीं 責任のあるこんなに高い地位を占めるインドの最初の女性だった

आसीस［名*］＝ आशिष.

आसुर［形］← असुर. (1) アスラ（असुर）の；アスラの関わる (2) アスラのような；アスラ風の；アスラ式の

आसुर विवाह［名］アスラの結婚様式，アスラ婚（ヒンドゥー教徒の非法とされた結婚様式の一，花婿が財物を花嫁及びその親戚に与える．マヌ法典 3 - 25, 31）

आसुरी[1]［形］(1) アスラの (2) アスラのような；悪魔的な आसुरी सभ्यता 悪魔的な文明 (3) 残忍な；非情な (4) 荒々しい

आसुरी[2]［名*］〔イ神〕アスラ असुर の女

आसुरी चिकित्सा［名*］(1) 荒療治 (2) 外科治療

आसुरी विवाह［名］＝ आसुर विवाह.

आसुरी संपत् [名*] (1) 悪銭 (2) 悪業の積み重ね

आसूदगी [名*] 《P. آسودگی》(1) 裕福なこと；富裕 (2) 満足していること (3) 満腹

आसूदा [形] 《P. آسوده》(1) 裕福な (2) 満足している (3) 満腹している

आसेक [名] (1) 湿らせること；濡らすこと (2) 灌水すること

आसेब [名] 《P. آسیب》(1) 魔；悪魔；ジン (2) 悪魔の祟り；不運・不幸をもたらすジンの影 (3) 災厄 (4) 苦痛 **आसेब उतारना** 悪魔祓いをする **आसेब पहुँचना** 苦しみを受ける；苦しむ

आसोज [名] アーソージ月（インドの太陰太陽暦 7 月）；陽暦の 9〜10 月= आश्विन मास; क्वार का महीना. आसोज सुदी सप्तमी アーソージ月白分の 7 日

आस्कंद [名] (1) 攻撃 (2) 登ること (3) 戦い；戦争

आस्ट्रिया 〔国名〕《E. Austria》オーストリア

आस्ट्रेलिया 〔国名〕《E. Australia》オーストラリア

आस्ट्रेलियाई [形・名] (1) オーストラリアの (2) オーストラリア人 आद्य आस्ट्रेलियाई 〔人類〕原オーストラリア人

आस्तर [名] (1) 覆い；掛けて覆うもの (2) 敷物（寝床や床に敷くもの）= बिछौना; बिछावन.

आस्तिक[1] [形] (1) 神の存在を信じる；来世を信じる (2) 信心深い；敬虔な

आस्तिक[2] [名] 有神論者

आस्तिकता [名*] 有神論

आस्तीन [名*] 《P. آستین》袖 पूरी आस्तीन 長袖 पूरी आस्तीन का ब्लाउज 長袖のブラウス आस्तीन का माप 袖丈 **आस्तीन का साँप** 〔諺〕獅子身中の虫 **आस्तीन चढ़ाना** *a.* 喧嘩腰になる；身構える उसने भी जैसे आस्तीन चढ़ाते हुए कहा 彼もまるで喧嘩腰になって言った *b.* 意気込む；腕まくりをする= आस्तीन सरकाना. **आस्तीन में साँप पालना** 後日危険な存在となる人物を身辺に置くこと

आस्ते [副] → आहिस्ते; आसते.

आस्था [名*] (1) 信じること；信仰 गंगा में आस्था रखनेवाले ガンジス川を信仰する人たち (2) 信頼；確信；信用 मानवीय मूल्यों में गहरी आस्था 人道的な価値に対する深い信頼 जनतंत्र में गहरी आस्था 民主主義への深い信頼感 ऐसी स्थिति में जीवन के महान् मूल्यों के बारे में लोगों की आस्था ही हिलने लगी है このような状況において人生の高邁な理念への確信そのものが揺らぎ始めている

आस्थान [名] (1) 場所 (2) 腰を下ろす場所 (3) 集会

आस्थापन [名] 設立；設営

आस्थावान [形] 信じる；信仰する；信頼する；確信を持つ सेवा के प्रति आस्थावान एवं उत्साही लोग 奉仕に信頼を寄せる熱心な人々

आस्थाहीन [形] 信じない；不信の；不信仰の；信頼を持たない आज का सामान्य युवक आस्थाहीन है 今日の一般の若者は信仰を持たない

आस्थित [形] (1) 居住する (2) とどまっている (3) 得られた

आस्थिति [名*] 状態；状況= दशा; अवस्था.

आस्पद [名] (1) 場所；住所 (2) 行為；活動 (3) 種姓；氏；氏族；出自 (4) 入れるもの；器；容器 (5) 依りどころ；支えるもの

-आस्पद [造語]「(一の) 対象となる」意を加える造語要素（名詞から形容詞を作る）उपहास → उपहासास्पद 笑うべき；嘲笑すべき

आस्फोट [名] (1) 手を打つ音 (2) はじけたり破裂したりする音

आस्यंद [名] 流れること

आस्य [名] 顔 = मुख; मुँह.

आस्रव [名] (1) 流れ (2) 流れ出ること；漏れ出ること (3) 苦悩 (4) 〔仏〕漏

आस्राव[1] [形] 流れる；流れ出る

आस्राव[2] [名] (1) 流出 (2) 漏れ出ること (3) 苦痛 (4) 傷；化膿した傷

आस्वाद [名] 味；味わい= स्वाद; ज़ायका; मज़ा.

आस्वादन [名] (1) 味をみること；味わうこと；賞味= चखना; मज़ा लेना. (2) 鑑賞 **(-का) आस्वादन क°** (一を) 味わう；(一を) 賞味する；鑑賞する

आस्वादित [形] 味わわれた；賞味された；鑑賞された

आह [感・名*] 悲しみ，嘆き，嘆息，賛嘆などの気持ちを表す感動詞と名詞 आह! कैसी अजीबो गरीब ख़ूबसूरती है आप की まあ，なんともたとえようのないお美しさ आह भगवान! ああ神様！ आह यह क्या (चक्कर खाकर गिरना) ああこれは何たること（気を失って倒れる） आह! कैसा भयानक जंगल है, न कहीं वृक्ष है न कहीं जल न आसपास कहीं गाँव है 何と恐ろしい荒野だ．木も生えていなければいずこにも水もないしいずこにも人里はない आह स्त्री पुरुष इस गृहस्थ रूपी गाड़ी के पहिये हैं いかにも男と女は家庭生活という車の両輪なのだ आह रे क्या करूँ, कुछ नहीं आजकल दुनियाँ धर्म को नहीं धन को प्यार करती है ああ何をなすべきか．いや何もない．今の世の中は人の道ではなく金のほうを大切にするのだ **आह क°** 溜息をつく；長嘆息する；深い溜息をつく= आह खींचना. **आह निकलना** 大変苦しむ **(-की) आह पड़ना** （人の）恨みが祟る **आह भरना** = आह मारना; आह क°. **आह लगना** = आह पड़ना. **(-की) आह ले°** (一に) 嘆かせる；(一に) 恨まれる；(一の) 恨みを買う；(一に) 呪われる क्यों बेकस की आह लेता है वह? なぜにか弱き者の恨みを買うのかあの男は

ऑह गॉड [感] 《E. Oh God》驚き，怒り，悲しみ，嫌悪感などを表す言葉

आहट [名*] (1) 足音；跫音 बिना आहट के चलना 足音を立てずに歩く；忍び足で歩く (2) 人の気配 **आहट पाना** 人の気配がする；人の気配を感じる= आहट मिलना. **आहट ले°** 様子をうかがう

-आहट [接尾] 動詞語根について動作・作用を表す語を作る √घबड़ा – घबड़ाहट 驚くこと；驚き；あわてること

आहत [形] (1) 傷ついた；負傷した；手負いの बड़ी संख्या में लोग आहत हुए 多数が負傷した भागते हुए जानवर पर इसे फेंककर उसे आहत किया जा सकता था 逃げる動物にこれを投げつけて傷を負わせることができた (2) 災難に遭った；被災した आहत क्षेत्र 被災地 (3)（比喩的用法で）精神的に傷ついた；傷を負った；打撃を受けた；打ちひしがれた करुणा और आहत नेत्रों से 悲しげな打ちひしがれた眼差しで

आहति [名*] (1) 傷を負うこと；負傷= घायल हो°; चोट खाना. (2) 傷 = चोट. (3) 打撃 = मार.

आहन [名] 《P. آہن》鉄= लोहा.

आहनी [形] 《P. آہنی》鉄の；鉄製の **आहनी घेरा** 〔政〕鉄のカーテン= आहनी दीवार; लोहे की दीवार.

आहर[1] [名] (1) 時；時間= समय; काल. (2) 日 = दिन.

आहर[2] [名] 池；溜め池= हौज.

आहरण [名] (1) 盗み去ること；窃盗 (2) 強奪；略奪 (3) 運び去ること；持ち去ること；移動させること

आहरी [名*] (1) 池；水たまり (2) 動物の水飲み用の溜め池

आहर्ता [形] (1) 盗む；盗み去る (2) 奪う；奪い去る；略奪する (3) 持ち去る

आहाँ[1] [名] (1) 呼び声 = बुलावा. (2) 叫び声 = पुकार.

आहाँ[2] [感] 否定や不承諾を表す

आहा [感] 喜び，驚き，遺憾などの気持ちを表す．やあ；わあ；えっ；ええ आहा आज रात्रि को कैसा भयानक स्वप्न देखा ああ今夜は何という恐ろしい夢を見たことか

आहाता [名] = अहाता; हाता. 塀などで囲まれた場所；構内；地域；町や市街地の一区画；区域；敷地

आहार [名] (1) 食べること；食事 (2) 食事；食物；食べ物 गर्भवती के लिए आदर्श आहार 妊婦のための模範的な食事 संतुलित आहार 均衡のとれた食事 पक्षियों के लिए आहार 鳥の食べ物 (3) 栄養 बालों का आहार 髪の毛の栄養 **आहारे व्यवहारे लज्जा न करे** 〔諺〕食事や取引に遠慮は無用

आहार चिकित्सा [名*] 食餌療法；食事療法

आहार नली [名*] (1) 〔動〕腸= आँत; आँतें. (2) 〔動〕消化管 〈alimentary canal〉

आहार नाल [名] 〔動〕消化管= आहार नली. 〈gut〉

आहार मान [名] 栄養価 〈dietectic value〉

आहार मूल्य [名] 栄養価

आहार विज्ञान [名] 栄養学

आहार विशेषज्ञ [名] (1) 栄養学者 (2) 栄養士 〈dietician〉

आहार विहार [名] 日常生活；日課 आहार विहार बिगाड़ देने से रोग होते हैं और उनको ठीक रखने से रोग स्वयं दूर हो जाते हैं 日常生活を崩すと病気になりそれを正常に保つと病気は自ずからなくなる

आहार शृंखला [名*] 〔生〕食物連鎖

आहारी [形] 飲食の；食事の आहारी आदत 食習慣

-आहारी [造語] (一を) 食べる，(一を) 食するなどの意を表す造語要素 शाकाहारी 菜食の；ベジタリアンの

आहार्य [形] (1) 食べられる；可食の (2) 運ばれる (3) 人工的な；作為的な
आहित [形] (1) 置かれた (2) 投げられた (3) 担架に入れられた
आहिस्ता [副] 《P. آہستہ》(1) ゆっくり (2) そっと；静かに आहिस्ता से そっと；静かに आहिस्ता से निकाल देना चाहिए そっと取り出さなくてはならぬ **आहिस्ता-आहिस्ता** *a.* ゆっくり उसने बहुत आहिस्ता-आहिस्ता स्वाद लेकर प्याला समाप्त किया 随分ゆっくりと味わいながらカップをあけた *b.* 徐々に；順番に
आहु [名] 挑戦= ललकार.
आहुति [名*] (1) 呪文を唱えホーマ（護摩）をたくこと (2) ホーマ（護摩）をたく際にくべる物 **आहुति दे॰** 護摩に投じる तरह तरह के फल-फूल और जड़ी बूटियों की आहुति दी गयी 様々な果物や花，草根が火にくべられた (3) 捧げること；奉献；犠牲を捧げること अपने प्राणों की आहुति दे॰ 自分の命を差し出す
आहूत [形] (1) 呼ばれた (2) 招かれた
आहूति [名*] 呼びかけ；叫び= आह्वान; पुकार.
आहृत [形] (1) 運ばれた (2) さらわれた
आह्न [形] 日々の；毎日の= दैनिक; रोज़ाना.
आह्निक[1] [形] 日々の；毎日の= दैनिक; रोज़ का.
आह्निक[2] [名] (1) 日課 (2) 一日の賃金；日傭
आह्लाद [名] 嬉しさ；喜び；楽しさ= आनंद; ख़ुशी.
आह्लादकारी [形] 嬉しい；喜ばしい；楽しい；喜びを与える；楽しませる= आनंददायक. आह्लादकारी अनुभव 楽しい経験
आह्लादी [形] (1) 嬉しい；楽しい= प्रसन्न; ख़ुश. (2) 喜ばせる；楽しませる= आनंद देनेवाला.
आह्वान [名] (1) 声をかけること；呼びかけ；呼び寄せること अनिश्चित कालीन हड़ताल का आह्वान 無期限ストの呼びかけ **आह्वान दे॰** 呼びかける जिसने दुनिया के मजदूरों को एक होने का आह्वान दिया 世界の労働者に団結を呼びかけた人 (2) 招集；召集；召喚 संसद का आह्वान क॰ 議会を招集する (3) 呼びかけ (4) 呼び出し；召喚

इ

इंक [名*] 《E. ink》インク；インキ चाइना इंक 墨
इंकपैड [名] 《E. inkpad》インクパド；インク台；印肉
इंक़लाब [名] = इनक़िलाब.
इंका[1] [名] 《E. Inca》インカ इंका जाति インカ族
इंका[2] [名]〔イ政〕（インディラー）ガンディー इंदिरा गाँधी 会議派，もしくは，インディラー・ガンディー派コングレス；インカ= इंदिरा कांग्रेस 〈Indira Congress〉 इंका सांसद インカ議員 **इंका आलाकमान** インディラー・コングレス首脳部
इंकाई [名] ← इंका[2] インディラー・ガンディー派会議派党員 युवा इंका के कार्यकर्ता 青年インディラー派コングレスの活動家
इंकार [名] = इनकार. उन्होंने कुछ भी खाने से इंकार कर दिया あの方はお断りになり何一つお召し上がりにならなかった **इंकार में सिर हिलाना** 首を横に振る；不同意を表す → इनकार.
इंक्यूबेटर [名] 《E. incubator》(1) 孵卵器 (2) 保育器（早産児の）
इंक्रीमेंट [名] 《E. increment》昇給；増給= वेतन-वृद्धि; वेतन-तरक़्क़ी. तुम्हें हम एक स्पेशल इंक्रीमेंट देंगे 君に特別昇給を与える अगला इंक्रीमेंट देने से पहले 次の昇給の前に
इंक्वायरी [名] 《E. inquiry》(1) 問い合わせ；照会= पूछताछ. (2) 案内所= इंक्वायरी आफ़िस.
इंक्वायरी आफ़िस [名] 《E. inquiry office》案内所= पूछताछ का दफ़्तर.
इंग [名] (1) 合図 (2) しるし (3) 動き (4) 揺れ
इंगनी [名*] 《E. manganese》〔化〕マンガン= मैंगनीज.
इंगला [名*] = इड़ा.
इंगलिश[1] [形] 《E. English》イギリスの；英国の= इंग्लिश.
इंगलिश[2] [名*] 《E. English》〔言〕英語；イングリッシュ= इंग्लिश.
इंगलिशमैन [名] 《E. English man》英国人；イギリス人= अँगरेज़; अंगरेज़; अंग्रेज़.
इंगलिस्तान [名] 《انگلستان ← E. English + P. ستان》英国；イギリス→ इंग्लिस्तान. इंगलिस्तान निवासी イギリス人
इंगलिस्तानी [形] ← इंग्लिस्तान. 英国の；イギリスの= अँगरेज़ी; अंगरेज़ी; अंग्रेज़ी. → इंग्लिस्तानी.
इंगलैंड [名] 《E. England》(1) イングランド (2) イギリス；英国= इंगलिस्तान; ब्रितानिया; यूनाइटेड किंगडम.
इंगित[1] [名] (1) 身振り；手真似；ジェスチャー；合図 चमेली ने अंगुलियों से इंगित किया チャメーリーは指で合図をした (2) 徴候；しるし **इंगित पर नाचना** 操られる
इंगित[2] [形] (1) 合図された (2) ほのめかされた；暗示された
इंगुदी [名*] (1)〔植〕シクンシ科の中高木モモタマナ【*Terminalia catappa*】= देशी बादाम. (2) 同上の果実 (3)〔植〕エシキギ科半蔓木インドツルウメモドキ【*Celastrus paniculata*】= मालकँगनी. (4) クロタキカツラ科低木【*Sarcostigma kleinii*】
इंगुरौटी [名*] 化粧用の鉛丹を入れる小さな容器→ ईंगुर.
इंग्लिश[1] [形] 《E. English》(1) イギリスの；英国の= इंगलिश. (2) 英語の
इंग्लिश[2] [名*] 《E. English》〔言〕英語= इंगलिश.
इंग्लिश[3] [名] 《E. English》イギリス人；英国人
इंग्लिश चैनल [名] 《E. English Channel》イギリス海峡；英仏海峡
इंग्लिस्तान [名] 《انگلستان ← E. English + P. ستان》英国；イングランド= इंगलिस्तान.
इंग्लिस्तानी [形] (1) イギリスの (2) イギリス人の= इंगलिस्तानी.
इंग्लैंड [名] 《E. England》= इंगलण्ड. (1) イングランド (2) イギリス；英国= ग्रेट ब्रिटेन; ब्रिटेन; यू॰के॰.
इंच [名] 《E. inch》インチ（吋）
इंचटेप [名] 《E. inch tape》巻き尺= फ़ीता.

इँचना [自] 引っ張られる；引かれる；引き寄せられる
इंचार्ज [名]《E. in-charges》主管；主務；主任 इस सारी योजना के इंचार्ज थे - सुभाष これら一切の計画の主管がスバーシュだった
इंजन [名] = इंजिन.《E. engine》(1) エンジン；動力機関；原動機 (2) 機関車 रेल का इंजन 鉄道機関車 (3) 消防車 दिल्ली अग्निशमन सेवा के इंजिन デリー市消防局の消防車
इंजन चालक [名]《E. engine + H.》機関士；運転手= इंजन ड्राइवर. 〈engine driver〉
इंजीनियर [名]《E. engineer》エンジニア；技師；技術者
इंजीनियरिंग [名]《E. engineering》(1) 工学 (2) 工学技術 इंजीनियरिंग छात्र 工学部学生；工科の学生 इंजीनियरिंग छात्रों का धरना जारी 工学部学生の座り込み続行
इंजीनियरिंग कालेज [名]《E. engineering college》工科大学
इंजीनियरिंग निकाय [名]《E. engineering + H.निकाय》工学部= इंजीनियरी विभाग.
इंजीनियरी [名*]《← E. engineering》(1) 工学 (2) 工学技術；土木工事 इंजीनियरी कार्य 土木工事 (3) 技術職 इंजीनियरी विभाग 工学部 इंजीनियरी निष्णात 工学修士
इंजील [名*]《A. انجيل》〔キ〕聖書；新約聖書
इंजेक्शन [名]《E. injection》注射 इंजेक्शन दे० 注射する रोगी को इंजेक्शन दे० 病人に注射する इंजेक्शन लगाना 注射する इंजेक्शन की सूई 注射針 इंजेक्शन लगवाना 注射を受ける；注射してもらう= इंजेक्शन ले०.
इंटक [名]《E. INTUC – Indian National Trade Union Congress》インタック；インド国民労働会議（インドの主要労働組合の一）इंटक ट्रेड यूनियन インタックの労組
इँटकोहरा [名] 煉瓦のかけら→ ईंट.
इँटकोहरी फ़ाख़ता [名] → फ़ाख़ता. 〔鳥〕ハト科キジバト属ベニバト【*Streptopelia tranquebarica*】
इंटर [接頭・名]《E. inter》(1) 英語の inter で始まる語の略 (2) इंटरमीडिएट क्लास (intermediate class) の略でインドの鉄道の今はなくなった 2 等と 3 等との間にあった等級 (3) इंटरमीडिएट (intermediate) の略．インド及びパキスタンの旧学制で第 11 学年及び第 12 学年の課程を指した．第 13 学年及び第 14 学年の課程は学士課程
इंटरकॉम [名]《E. intercom ← intercommunication system》インターホン
इंटरनेट [名]《E. internet》インターネット
इंटरपोल [名]《E. Interpol; International Police; International Criminal Police Organization》インターポール国際刑事警察機構 = अंतरराष्ट्रीय पुलिस.
इंटरमीडिएट [名]《E. Intermediate class》(1) インドの教育の旧制度で matriculation（10 年級）とバチェラー（学士）との中間の課程で，日本の高等学校 2〜3 年生に相当した इंटरमीडिएट की पढ़ाई (2) この課程 11〜12 年級を終了した資格 इंटरमीडिएट परीक्षा インターミーディエート課程（11〜12 年級）の終了資格の試験
इंटरलोक गंजी [名]《E. interlock + H. गंजी》（伸縮性のある生地の）ランニングシャツ（腹部にポケットのあるものもある）
इंटरवल [名]《E. interval》インターバル（映画，演劇，音楽などの）；幕間= मध्यांतर. इंटरवल में उसने निकलकर गैलरी में केक और क़ाफ़ी भी ली インターバルの間にギャラリーに出てコーヒーとケーキもとった
इंटरव्यू [名]《E. interview》(1) 会見；取材訪問；インタビュー (-को) इंटरव्यू दे० （一の）インタビューに応じる इंटरव्यू ले० インタビューする (2) 面接試験 इंटरव्यू दे० 面接試験を受ける तुमने स्कूल के लिए इंटरव्यू दिया था न 君は入学試験の面接試験を受けたよね इंटरव्यू में क्या हुआ 面接試験で何が起こったのか (3) 会見記事；訪問記事
इंटीरियर डेकोरेशन [名]《E. interior decoration》室内装飾
इंट्रावीनसली [名*]《E. intravenously》〔医〕点滴= शिरा विधि.
इंट्रेंस [名]《E. entrance》(1) 入口；戸口；玄関 (2) インド及びパキスタンの旧教育課程で学士課程に入るための資格（第 10 学年終了資格）
इंडस्ट्रियल [形]《E. industrial》工業の；工業関係の
इंडस्ट्रियल काम्प्लेक्स [名]《E. industrial complex》工業団地
इंडस्ट्री [名*]《E. industry》工業；インダストリー
इंडियन [形・名]《E. Indian》(1) インドの (2) インド式の (3) インド人の (4) インド人
इंडियन एयरलाइंस [名]《E. Indian Airlines》インディアンエアラインズ（インド国内航空会社）
इंडियन टाइम [名]《E. Indian time》インド時間（インド人の行動における時間の認識や感覚で標準とされる時間の意で定刻にかなり遅れるものとされる） अरे इंडियन टाइम ऐसे ही चलता है पिता जी お父さん，インド時間はまあこんなものですよ
इंडियन नेशनल कांग्रेस [名]《E. Indian National Congress》(1)〔イ政〕インド国民会議派；国民会議派；コングレス (2) 同上の起源となった 1885 年から開催されたインド国民会議
इंडिया [名]《E. India》インド；印度= भारत; भारतवर्ष; हिंदुस्तान; हिंदुस्थान.
इंडिया आफ़िस [名]《E. India Office》英領インド及びインドの藩王国の統治にあたった英国の官庁；インディア・オフィス；インド省
इंडिया पेपर [名]《E. India paper》インディアペーパー
इँडुआ [名] 頭上運搬の際，頭の上にのせて荷を安定させる布製の道具→ इँडुरी.
इँडुरी [名*] 頭上運搬の際，頭上の荷を安定させるための道具（ひもを輪にしたもの）；かんわめ；かぶし= गुँड़री; गेंडुरी; बिड़ई; बिड़वा.
इंडेंट [名]《E. indent》注文書；買い付け委託書
इंडेक्स [名]《E. index》索引；インデックス= अनुक्रमणिका.
इंडो-आर्य [名]《E. Indo-Aryan》〔イ史〕インド・アーリア人 जो आर्य भारत पहुँचे वे इंडो-आर्य कहलाते हैं インドにやって来たアーリア人はインド・アーリア人と呼ばれる
इंडो-ग्रीक [名]《E. Indo-Greek》〔イ史〕インド・ギリシア人（西紀紀元前の 2 世紀あまりに西北インドを中心に王国を築くなどしたギリシア人）
इंडोचीन [名]《← E. Indo-China》インドシナ
इंडोनीशिया 〔国名〕《E. Indonesia》インドネシア= इंडोनेशिया.
इंडोनेशियन[1] [形・名]《E. Indonesian》(1) インドネシアの (2) インドネシア人
इंडोनेशियन[2] [名*]〔言〕インドネシア語
इंडोनेशिया 〔国名〕《E. Indonesia》インドネシア= इंडोनीशिया.
इंडोनेशियाई[1] [形・名]《← E. Indonesia》(1) インドネシアの (2) インドネシア人
इंडोनेशियाई[2] [名*]〔言〕インドネシア語= इंडोनेशियन.
इंडोर [形]《E. indoor》屋内の；インドア（の） इंडोर-आउटडोर インドアとアウトドアの
इंडोर खेल [名]《← E. indoor games》〔ス〕室内ゲーム；室内競技；屋内ゲーム= इंडोर गेम्स.
इंडोर स्टेडियम [名]《E. indoor stadium》〔ス〕室内競技場；屋内競技場；屋内スタジアム
इंडोर्स [名]《E. endorse》裏書き= पृष्ठांकन（क०）; बेचान（क०）. इंडोर्स चैक 裏書き小切手= बेचान चैक; पृष्ठांकित चैक; इंडोर्स्ड चैक
इंडोर्सर [名]《E. endorser》小切手の裏書人= बेचान कर्ता; पृष्ठांकन कर्ता.
इंडोर्स्ड [形]《E. endorsed》裏書きされた इंडोर्स्ड चैक 裏書き小切手
इंतक़ाम [名] = इंतिक़ाम.
इंतकाल [名] = इंतिक़ाल.
इंतख़ाब [名] = इंतिख़ाब.
इंतज़ाम [名] = इंतिज़ाम.
इंतज़ार [名] = इंतिज़ार.
इंतज़ारी [名*] = इंतिज़ारी.
इंतहा [名*] = इंतिहा.
इंतिक़ाम [名]《A. انتقام》復讐；仕返し= बदला; प्रतिशोध. गरीब की आह में इंतिकाम की आग होती है 貧しい人の嘆息には復讐の炎が燃えている मैं केशव से इंतिकाम लूँगा ケーシャヴに仕返しをしてやる औरत मुहब्बत का फूल भी है और इंतिकाम का एक शोला भी 女性は愛の花でもあり復讐の炎でもある
इंतिक़ाल [名]《A. انتقال》(1) 死去；逝去 उनकी वालिदा का इंतिकाल हो गया あの方の御母堂が逝去された (2) 移転
इंतिख़ाब [名]《A. انتخاب》(1) 選挙；選出 (2) 選択 (3) 好み

इंतिज़ाम [名] 《A. انتظام》(1) 手配；段取り；手はず；準備；用意 सईस का इंतिज़ाम करना कठिन था 馬丁の手配をするのは容易ではなかった पार्टी में शराब परोसने का इंतिज़ाम होटल ने किया 宴会で酒を出す手配はホテルがした सवारी का इंतिज़ाम कर दूँ? 乗物の手配を致しましょうか हमारे मदरसे में खेल का बहुत इंतिज़ाम है 私たちの学校では体育が充実している (2) 管理；支配
इंतिज़ार [名] 《A. انتظار》(1) 待つこと；待機 मैं बताऊँ किस चीज़ का इंतिज़ार कर रही थी 何を待っていたか言いましょうか (2) 期待 इंतिज़ार कराना 待たせる；待って貰う भई ख़ूब इंतिज़ार कराया आपने? 随分待たせてくれたね
इंतिज़ारी [名*] 《A. انتظاری》待つこと；待たされること；待機 और तब शुरू हो जाएगा इंतिज़ारी का सिलसिला そしてその時，待ちが始まるのだ
इंतिहा[1] [名*] 《A. انتہا》極端；極点；端；終端
इंतिहा[2] [形] 《A. انتہا》最高の；極度の；極端な इंतिहा दर्जे का 最高の；極度の इंतिहा दर्जे की कमीनगी とびきりの卑劣さ
इंतिहाई [形・副] 《A. انتہائی》大変な；非常な；甚だ；非常に；ひどい；極度の；極端なほど；ひどく極端に；極度に ऐसी हवा में साँस लेना इंतिहाई मुज़िर है このような空気の中で息をするのは極度に有害だ इंतिहाई ख़तरनाक 極度に危険な
इंतिहापसंद [形] 《A.P. انتہاپسند》急進的な
इंतिहापसंदी [名*] 《A.P. انتہاپسندی》急進主義
इंदर [名]〔イ神〕インドラ神= इंद्र/इन्द्र. इंदर का अखाड़ा = इंद्र का अखाड़ा.
इंदराज [名] = इंदिराज.
इंदिरा [名*]〔イ神〕ラクシュミー女神（ヴィシュヌ神の配偶神）
इंदिराज [名] 《A. اندراج》（帳簿などへの）記入
इंदीवर [名] 青蓮華= उत्पल; नील कमल; नीलोत्पल.
इंदु [名] (1) 月；太陰 (2) 樟脳
इंदुकला [名*] (1) 月光 (2) 月面の 16 分の 1
इंदुमती [名*] 満月= पूर्णिमा; पूर्णचंद्र.
इंदुर [名]〔動〕ネズミ科ネズミ；ねずみ（鼠）= इंदूर; चूहा.
इंदूर [名] ネズミ= चूहा; मूसा.
इंदोनेसिया [国名] 《E. Indonesia》インドネシア= इंडोनीशिया; इंडोनेशिया.
इंदोनेसी [形] 《← E.Indonesia》インドネシアの= इंदोनेसियाई. इंदोनेसी सरकार インドネシア政府
इंदौर 〔地名〕インドール市（マディヤ・プラデーシュ州）
इंद्र [名] = इन्द्र.〔イ神〕インドラ神 बादल और वर्षा का देवता इंद्र 雲と雨の神インドラ神 इंद्र भगवान とか इंद्र महाराज と言う呼び方がある. इंद्र महाराज को प्रसन्न करने के लिए सात दिन से चल रहा यज्ञ インドラ神を喜ばせようと 7 日前から続いている（雨乞いの）儀式 **इंद्र का अखाड़ा** *a.* インドラ神の宮殿 *b.* 美女の集う歌舞音曲の場 **इंद्र का आसन डोलना** 自信が揺らぐ= इंद्र का आसन हिलना. **इंद्र की परी** 素晴らしい美人；絶世の美女
इंद्रजव [名]〔植〕キョウチクトウ科低木コネッシ【*Holarrhena antidysentrica*】
इंद्रजाल [名] (1) 魔法 (2) 白魔術；手品；奇術 (3) 策略；ごまかし
इंद्रजालिक [形] (1) 魔法の (2) 魔術の (3) ごまかしの= ऐंद्रजालिक.
इंद्रजाली [形] = इंद्रजालिक.
इंद्रजित् [名]〔ラマ〕インドラジット（ラーヴァナの息子メーガナーダ मेघनाद）
इंद्रजौ [名] = इंद्रजव.
इंद्रदमन [名] = इंद्रजित्.
इंद्रधनुष [名] にじ（虹）= इंद्रचाप.
इंद्रधनुषी [形] (1) 虹の (2) 虹色の；七色の इंद्रधनुषी रंगों में 七色に
इंद्रध्वज [名] (1) インドラ神の旗 (2)〔ヒ〕降雨と豊作祈願の祭礼（インド暦 6 月 भाद्र の白半 12 日に祝われる）
इंद्रनिल [名] サファイア= नीलम.
इंद्रपुरी [名*]〔イ神〕インドラ神の都
इंद्रप्रस्थ [名]〔マハ〕インドラプラスタ（パーンダヴァ兄弟が現在のデリー近くに築いたとされる都）
इंद्रलोक [名] インドラの世界；天国
इंद्रवंशा [名]〔韻〕インドラヴァンシャー（各パーダが तगण + तगण + जगण + रगण の 12 音節から成る音節韻律）
इंद्रवज्रा [名]〔韻〕インドラヴァジラー（各パーダが 2 तगण + 1 जगण + 2 गुरु から成る音節韻律）
इंद्रवधू [名*]〔昆〕エンジムシ【*Buccella carniola*】= बीर बहूटी.
इंद्रसभा [名*] (1) インドラ神の宮廷 (2) 贅を尽くした館
इंद्रा [名*] (1)〔イ神〕インドラー（インドラ神の配偶神，シャチー शची） (2) = इंद्रायन.
इंद्राणी [名*] (1) インドラ神の配偶神，シャチー (2) = इंद्रायन. **इंद्राणी बनकर बैठना** 美しく着飾る
इंद्रायन [名*] (1)〔植〕ウリ科蔓草コロシントウリ【*Citrullus colocynthis; Cucumis colocynthis*】〈colocynth; bitter apple〉= माहर. (2) その実 **लाल इंद्रायन**〔植〕ウリ科フトエカラスウリ【*Trichosanthes palmata*】 **इंद्रायन का फल** うわべだけ立派で信用ならないもの；見かけ倒し
इंद्रिय [名*] （pl. は普通 इंद्रियाँ）(1) 感覚器官 (2) 感覚機能 (3) 生殖器官 आँख, कान, नाक, जीभ तथा त्वचा हमारे अनुभवों की पाँच इंद्रियाँ हैं 眼，耳，鼻，舌それに皮膚が人間の感覚の 5 つの器官である **इंद्रिय कसना** 官能を制する **इंद्रिय के वश होना** 官能に溺れる **इंद्रिय मारना** = इंद्रिय कसना.
इंद्रियगत [形] (1) 感覚的な；感覚による (2) 官能的な
इंद्रियगोचर[1] [形] 感覚器官の対象になる
इंद्रियगोचर[2] [名] 感覚器官の対象
इंद्रियजित् [形] 官能を制した；感覚器官を制した
इंद्रियनिग्रह [名] 官能の制御；感覚の制御
इंद्रियपरायण [形] 官能的な；官能に溺れた
इंद्रियलोलुप [形] 官能を貪る इंद्रियलोलुप लुटेरा 官能を貪る人
इंद्रियवाद [名]〔文芸〕(1) 官能主義〈sensualism〉 (2) 快楽主義〈hedonism〉
इंद्रिय विषय [名] 感覚器官の対象= इंद्रिय का विषय.
इंद्रियसुख [名] 官能の喜び；快楽
इंद्रियातीत [形] 感覚を超越した
इंद्रियानुभववाद [名]〔哲〕経験論；経験主義〈empiricism〉
इंद्रियार्थवाद [名]〔哲〕感覚論 = संवेदनवाद.〈sunsualism〉
इंद्री जुलाब [名] 《H.इंद्रिय + A. جلاب जुल्लाब》利尿剤
इंधन [名] (1) 点火 (2) 薪；燃料= ईंधन.
इंफ़ेक्टिव [形] 《E. infective》〔医〕伝染性の；伝染病の= इंफ़ेक्शस; छुतहा. **इंफ़ेक्टिव हिपैटाइटिस** 〔医〕A 型肝炎〈infective hepatitis〉
इंफ़ेक्शन [名] 《E. infection》(1)〔医〕感染；化膿 वायरसजन्य इंफ़ेक्शन ウイルス感染 पूरे घाव में भयंकर इंफ़ेक्शन 傷全体がものすごく化膿した (2)〔医〕感染症；伝染病 किसी इंफ़ेक्शन की वजह से 何かの感染症のために
इंफ़ोर्मेशन [名] 《E. information》(1) 情報 (2) 案内 (3) 案内所
इंफ़्लुएंज़ा [名] 《E. influenza》(1)〔医〕インフルエンザ (2) スペイン風邪；急性インフルエンザ= लाल बुख़ार. **इंफ़्लुएंज़ा विषाणु** インフルエンザ・ウイルス〈influenza virus〉
इंशा अल्लाह [副] 《A. انشاالله》(1) 神が望むならば；神の加護があれば；そう願いたい；そう願う= इंशा अल्लाह ताला. इंशा अल्लाह ज़रूर शिफ़ा होगा きっと快復するだろう (2) 今度；また (3) 事情が許せば इंशा अल्लाह फिर किसी दिन कुछ और क़िस्से सुनाएँगे また今度いつか他の話を聞かせてあげよう
इंशोरेंस [名*] 《E. insurance》保険= बीमा. गाड़ी की इंशोरेंस 自動車保険
इंसाइक्लोपीडिया [名] 《E. encyclopaedia》百科事典
इंसान [名] 《A. انسان》人；人間；人類= इनसान.
इंसानियत [名*] 《A. انسانیت》= इनसानीयत. (1) 人間性 (2) 人間愛；人類愛；慈愛 (3) 礼儀；礼節 सारी इंसानियत 全人類
इंसानी [形] 人の；人間の= इनसानी.
इंसाफ़ [名] 《A. انصاف》正義 = न्याय.
इंसाफ़पसंद [形] 《A.P. انصاف پسند》(1) 正義感の強い= न्यायप्रिय. इंसाफ़पसंद अफ़सर 正義感の強い高官 (2) 公正な
इंसाफ़पसंदी [名*] 《A.P. انصاف پسندی》(1) 正義感 (2) 公正さ
इंसुलिन [名] 《E. insulin》〔医・薬〕インシュリン
इंसुलेशन [名] 《E. insulation》(1)〔電〕絶縁= विद्युत्रोधन. (2)〔電〕絶縁体 (3) 遮断 **इंसुलेशन टेप** 絶縁テープ
इंस्टिट्यूट [名] 《E. institute》(1) 協会 (2) 学会 (3) 研究所= संस्थान.

इंस्टेप [名] 《E. instep》(1) 足の甲 (2)〔ス〕インステップ（サッカーボールの蹴り方）

इंस्टेंट कॉफ़ी [名*] 《E. instant coffee》インスタントコーヒー

इंस्ट्रक्टर [名] 《E. instructor》インストラクター；指導員

इंस्पेक्टर [名]《E. inspector》(1) 検査官 माप-तौल विभाग का इंस्पेक्टर 計量部の検査官 (2) 視学；視学官；監察官＝स्कूल इंस्पेक्टर; शिक्षा विभाग का इंस्पेक्टर. (3) 警部補 चीफ़ इंस्पेक्टर 〈chief inspector〉警部 (4) 調査官 गृहकर इंस्पेक्टर 家屋税の調査官

इंस्युलिन [名]《E. insulin》インシュリン शरीर में इंस्युलिन का अभाव 体内のインシュリン不足→ इंसुलिन.

इंहिराफ़ [名] 《A. انحراف》(1) 無視 (2) 違反

-इए [接尾] 動詞語根に付加されて命令法二人称尊敬代名詞 आप の対応形を作る ＝ -इये. √खा 食べる→ खाइए（खाइये）お召し上がり下さい．但し देना, पीना, लेना など一部の動詞は不規則でこの形を取らない→ दीजिए, पीजिए, लीजिए. なお करना については→ करिए, कीजिए.

-इएगा [接尾] 命令法二人称代名詞 आप の対応形に用いられる ＝ -इयेगा. -इए よりも更に丁寧な気持ちを表す कल शाम को आइएगा 明日の夕方お出かけ願えませんでしょうか करना, देना, पीना, लेना などの不規則動詞はそれぞれ कीजिएगा, दीजिएगा, पीजिएगा, लीजिएगा となる

इक 〔数・形〕＝एक. (1) 1つ (2) ある（不特定のものを指す）；いずれかの इक रोज़ यहाँ से जाना रे ここ（この世）からはいつの日か去り行かねばならぬ

-इक [接尾] 名詞について形容詞や名詞を作るサンスクリットの第二次接尾辞 समूह 集団→ सामूहिक 集団の समाज 社会→ सामाजिक 社会の नगर 都市→ नागरिक 都市の；市民

इकजोर [副] まとめて；ひとまとめに；一括して＝एक साथ; इकट्ठा.

इकटक [副] じっと（見つめる様子）；目をこらして＝एकटक. इस सुनहले दृश्य को इकटक देख रहे थे この美しい光景をじっと眺めていた

इकट्ठा[1] [形+] (1) 集まった；集合した；集められた；揃った (2) ひとまとめの；一括した (3) 一緒の **इकट्ठा क॰** 集める；集合させる；取り揃える **इकट्ठा रहना** 一緒に住む；同居する दो व्यक्तियों के इकट्ठे रहने पर तकरार या मतभेद होना तो स्वाभाविक ही है 2人が一緒に住むと口喧嘩や意見の対立があるのはごく当たり前のこと **इकट्ठा हो॰** 集まる；集合する；揃う；たかる

इकट्ठा[2] [副] (1) ひとまとめに；一括して (2) 一緒に

इकठौर [副] 同じところに；1か所に

इकठौरा [形+] 集まった；集合した

इकतार[1] [形] 一様な；調子の変わらない；単調な

इकतार[2] [副] 一様に；続けて；続けざまに；連続的に

इकतारा [名]〔イ音〕イクターラー（インドの一弦の楽器）

इकतालीस [数] 41 ＝एकतालीस. इकतालीसवाँ 41番の；第41番目の

इकतीस [数] 31 ＝इकत्तीस. इकतीसवाँ 31番の；第31番目の

इकत्र [副] ＝एकत्र.

इक़दाम [名, pl.]《A. اقدام ← قدم कदम》(1) 行為に向かうこと；前進；進むこと；近寄ること (2) 企てること；試みること जुर्म, इक़दामे जुर्म या जुर्म के साथ हमदर्दी रखना एक ही बात है 犯罪，犯罪を企てること，あるいは，犯罪に共感することは同じことだ

इकन्नी [名*] (1) 1アンナ硬貨 ＝एकन्नी. शायद इकन्नी या दुवन्नी टिकट रहता था （当時）多分，切符は1アンナか2アンナのものだった

इकबारगी [副] 《← P. یکبارگی यकबारगी》＝एकबारगी; यकबारगी. (1) 一度に；一斉に (2) にわかに；突然に (3) 全く

इक़बाल [名] 《A. اقبال》(1) 栄誉；威信 (2) 幸運 (3) 繁栄；隆盛 (4) 承認；受諾；約束

इक़बालमंद [形] 《A.P. اقبال مند》(1) 栄える；隆盛する (2) 幸運な

इक़बाली [形] 《A. اقبالی》(1) 幸運な (2) 受け入れる；認める；同意する (3)（共犯証人として）自白する **इक़बाली गवाह**〔法〕共犯証人

इकराम [名] 《A. اکرام》(1) 尊敬 (2) 丁重さ；丁重な応対

इक़रार [名] 《A. اقرار》(1) 誓い；約束；誓約 (2) 告白；白状；認めること；承認；同意 किसी को बेइंतिहा पसंद करते हैं परंतु इक़रार नहीं कर पाते とびきり好きな人がいるが告白できずにいる ख़ुद यूरुपी मुअर्रिख़ों ने इक़रार किया है ヨーロッパ人の歴史家自身が認めている (3) 契約

इक़रारनामा [名] 《A.P. اقرار نامہ》(1) 契約書＝संविदा. (2) 誓約書 ＝प्रतिज्ञापत्र.

इक़रारी [形] 《A. اقراری》(1) 誓いの (2) 認める；告白する (3) 契約の；契約上の

इकलड़ा [形+] 一連の（首飾りなど）

इकला [形+] ＝अकेला.

इकलाई [名*] (1) 対になっていないこと；揃いになっていないこと (2) 二重になっていないこと (3) 一重で薄手のドゥパッターやチャーダル

इकलौता [形+] 一人っ子の महाराज की एक इकलौती पुत्री थी 王には一人っ子の娘があった

इकसठ [数] 61 ＝एकसठ. इकसठवाँ 第61番の；61番目の

इकसर [形] 一人での；単独での；独力の **इकसर खेती, इकसर मार घाघ कहै, ये सदहूँ हार** 一人で耕し一人で争えば勝負は負けに決まっている（ガーグ घाघ の警句）

इकसाँ [形] 《← P. یکساں यकसाँ》(1) 同様な；似通った；等しい (2) 平らな；平坦な

इकसार [形] 《P. یکسار यकसार》(1) 平らな；平坦な मिट्टी को इकसार करना 地面をならす (2) 一まとまりの；揃いの；均一の शरीर के परों का रंग इकसार सुरमई भूरा होता है 羽毛の色は均一の褐色

इकहत्तर [数] 71 इकहत्तरवाँ 第71番の；71番目の

इकहरा [形+] (1) 一重の (2) 単式の इकहरी न्यायपालिका 単式の司法組織 (3) 細身の इकहरे बदन का सुंदर नवयुवक 細身の美青年

-इका [接尾] サンスクリットの第一次接尾辞 -अक の女性形を作るサンスクリットの第二次接尾辞 अध्यापक → अध्यापिका 教える（人）；女性教師 गायक → गायिका 歌い手；歌手；女性歌手

इकाई [名*] (1) 単位；ユニット；基本単位 पंचायती राज की सब से छोटी इकाई गाँव की पंचायत कहलाती है パンチャーヤット行政の最小の単位は村落パンチャーヤットと呼ばれる (2) 基礎単位；基礎組織；構成単位；支部 पार्टी की इकाई 政党の基礎組織 (3) 1の位の数字 (4) 尺度

इकानवे [数] 91 ＝इक्यानवे. इकानवेवाँ 第91番の；91番目の

इकानौमी क्लास [名]《E. economy class》（飛行機の）エコノミー・クラス；ツーリスト・クラス

इकार [名] デーヴァナーガリー文字の इ の文字と発音

इकारांत [形] 語尾が इ で終わる

इकासी [数] 81 ＝इक्यासी. इकासीवाँ 第81番の；81番目の

-इकी [接尾] 女性抽象名詞を作る接尾辞 भौतिक（物質の；物の）→ भौतिकी 物理学 सांख्य（数；計算の）→ सांख्यिकी（統計学）

इकेबाना [名]《J.》生花；生け花；華道＝इकेबाना फूल सज्जा. इकेबाना शैली से सुसज्जित क॰ 生花風に飾る

इकोतर [形] ある数より1つ多い＝एकोत्तर.

इकोतर सौ [数] 101

इकौंज [名*] 1人だけ子が産まれて次子の生まれない女性

इक्का[1] [形] (1) 単独の (2) 類のない；比類のない；比べるもののない

इक्का[2] [名] (1) イッカー（一頭立ての二輪乗用馬車） (2) トランプのエース；1の札；切り札 चार इक्के エース4枚 (3) 独り戦う戦士；一匹狼 (4) 群からはぐれた動物

इक्का-दुक्का [形+] (1) 1つだけの (2) 1つ2つの；わずかの (3) まばらな इक्के-दुक्के चलने वाले まばらな通行人

इक्कावन [数] ＝इक्यावन. 51 इक्कावनवाँ 第51番の；51番目の

इक्कासी [数] ＝इक्यासी. 81 इक्कासीवाँ 第81番の；81番目の

इक्कीस [数・形] (1) 21 (2) 勝れている；勝っている (-से) इक्कीस हो॰ (一) より優れている **इक्कीस बाईस क॰** 台無しにする；駄目にする **इक्कीस बाईस का अंतर** 五十歩百歩；大差のないこと **इक्कीस बिस्वे हो॰** より優れている＝इक्कीस रहना; इक्कीस हो॰. इक्कीसवाँ 第21番の；21番目の

इक्के-दुक्के [副] (1) ひとりで (2) 1人2人で＝छिटपुट. (3) 疎らに；ぽつぽつと

इक़्तदार [名]《A. اقتدار》(1) 権威；権力＝सत्ता. (2) 威厳＝रोबदाब. (3) 支配＝राज; शासन. इस्लामी इक़्तदार ज़ाइल होने लगा イスラム勢力が衰えかかった

इ

इक्तिफ़ा [名*] 《A. اكتفا》(1) 十分なこと；充足していること (2) 満足 इक्तिफ़ा क॰満足する

इक्तिबास [名] 《A. اقتباس》(1) 引用文 (2) 引用

इक़्तिसादीयात [名] 《A. اقتصاديات》経済学= अर्थ शास्त्र.

इक्यानवे [数] 91 = इकानवे. इक्यानवेवाँ第 91 の；91 番目の

इक्यावन [数] 51 इक्यावनवाँ 第 51 番の；51 番目の

इक्यासी [数] 81 = इकासी. इक्यासीवाँ 第 81 番の；81 番目の

इक्षु [名]〔植〕イネ科サトウキビ；さとうきび（砂糖黍）= ईख；गन्ना.

इक्ष्वाकु [名] (1)〔イ神〕ヴァイヴァスタ・マヌの子でスーリヤヴァンシャ（日種族） सूर्य वंश の祖とされる人物；イクシュヴァーク (2)〔史〕イクシュヴァーク朝（3〜4 世紀に南インドのクリシュナー川，もしくは，キストナ川流域を支配した王朝）

इक्सटेंशन [名]《E. extension》(1) 拡張；延長 (2) 電話の内線 इक्सटेंशन नंबर 内線番号〈extension number〉 (3) 延期；繰り延べ

इक्सीर[1] [名*] 《A. اكسير》(1) 錬金液 (2) 賢者の石 (3) 妙薬；霊薬 (4) 錬金術

इक्सीर[2] [形] 万能の（薬）；絶対に効く；絶対に効果のある

इख़राजात [名, pl.] 《A. اخراجات इख़राजात ← اخراج इख़राज》出費；支出= व्यय；ख़र्च.

इख़लाक़ [名] = अख़लाक़；अख़्लाक़. 礼節；礼儀；礼儀作法；道徳；倫理= शिष्टाचार；ख़ुशख़ुल्क़ी.

इख़लाक़ी [形] = अख़लाक़ी. 道徳上の；倫理上の

इख़्तियार [名] 《A. اختيار》(1) 権限 (2) 影響力；勢力 (3) 選択 (4) 受諾；承諾= अख़्तियार. (-) इख़्तियार क॰ （ーを）採る；採用する；取り入れる；受け入れる अगर सब इंसान ऐसा तरीक़ा इख़्तियार कर लें तो 人が皆このような方法を採るならば

इख़्तिलाफ़ [名] 《A. اختلاف》(1) 意見の対立；反対；対立；不一致 (2) 不和 (3) 相違；差違

इख़्तिसार [名]《A. اختصار》簡略；略言；要約= संक्षेप. इसे इख़्तिसार से अपने लफ़्ज़ों में तहरीर कीजिए これを簡略に自分の言葉で述べなさい

इख़्वान [名, pl.] 《A. اخوان ← اخ अख़》兄弟= भाई-बंधु.

इगारह [数] 11 = ग्यारह.

इग्नीशन [名] 《E. ignition》点火；点火すること= ज्वलन.

इग्नीशन-सिस्टम [名]《E. ignition system》点火装置 = ज्वलन पद्धति.

इग्यारह [数] 11 = ग्यारह.

इच्छा [名*] (1) 願い；思い；願望；希望；欲；意欲；欲求 हर गृहिणी की इच्छा होती है कि वह अपने परिवार को 'संपूर्ण भोजन' बनाकर खिला सके 主婦はだれしも家族に「申し分のない食事」をこしらえて食べさせることができればと願うものなのです सिगरेट पीने की इच्छा हुई たばこを吸いたくなった इच्छा पूरी क॰ 願いを叶える；思い通りにする इच्छा दबाना 欲望を抑える (2) 意志 इसके लिए बहुत मज़बूत इच्छाशक्ति होनी चाहिए これにはとても強靭な意志の力が求められる

इच्छाचारी [形] (1) 勝手な；身勝手な；勝手放題な；気ままな振る舞いをする (2) 自由自在に動き回る

इच्छानुसार [副]願い通りに；思い通りに；希望通りに क्या इच्छानुसार संतान（लड़का या लड़की）सम्भव है? 希望通りに子供の（男女）生み分けは可能か

इच्छान्वित [形] 望む；欲する

इच्छापत्र [名] 遺書；遺言書

इच्छापूर्ति [名*] 願いが叶うこと；念願が叶えられること अनायास धनलाभ अथवा इच्छापूर्ति का लोभ भी मनुष्य को अंधविश्वासी बना देता है 努力せずに金を儲けようとか願いを叶えようという欲望も人を迷信家に仕立てるものだ

इच्छामय [副] 好きなように；思いのままに

इच्छामरण [形] 自分の意志で死の時を選ぶ

इच्छारूप [形] 自分の意志で姿を変える；意のままに姿を変える；自由自在に変身する

इच्छाशक्ति [名*] 意志；意志力 तुम्हारी इच्छाशक्ति बहुत प्रबल है 君はなかなか意志（力）が強い

इच्छित [形] 望んだ；希望された；望まれた；望みの；希望の；希望した इच्छित विशेष दिशा 希望する特定の方向 आप अपनी इच्छित वस्तु ख़रीद सकते हैं 自分の望みの品を買ってよろしい इस तरह के पासों से अनेक बार गेंद इच्छित जगह पर नहीं पहुँचती このようなパスでは球が思ったところへ届かないことがしばしばある

इच्छुक [形・名] 願う（人）；希望する（人，希望者）；欲しがる（人） आजकल बहुत-से लड़के ऐसी लड़की से शादी करने को इच्छुक होते हैं 最近このような娘と結婚したがる男性が随分多い पढ़ने के इच्छुक 学びたい（人）；勉学したい（人） संतान की इच्छुक स्त्री 子宝を望む女性 ये हमसे संपर्क करने के लिए इच्छुक हैं 当方と接触したがっていらっしゃる

इजमाल [名] 《A. اجمال इज्माल》要約；簡約= संक्षेप.

इजरा [名] 《A. اجرا इज्रा》(1) 実行；施行；執行 (2) 強制執行

इज़राईल 〔国名〕《A. عزرائيل》イスラエル

इज़राईली [形] 《A. عزرائيلى》イスラエルの

इजलास [名] 《A. اجلاس इज्लास》(1) 開廷 (2) 法廷 (3) 会議；会合；集会 मुस्लिम लीग का इजलास ムスリム・リーグの集会

इज़हार [名]《A. اظهار इज़्हार》(1) 表すこと；表明；露にすること (2)〔法〕証言；宣誓証言 इज़हार क॰ *a.* 明かす；表明する मैंने अपने गुस्से का इज़हार किया 私は怒りを表した *b.* 知らせる；通知する *c.* 述べる；説明する इज़हार ज़बानी〔法〕口頭証言 इज़हार दे॰〔法〕証言する；宣誓証言する इज़हार ले॰〔法〕宣誓証言をさせる；証言させる इज़हारे तहरीरी〔法〕書面による証言 इज़हारे दरोग़ *a* 偽証= मिथ्या साक्ष्य. *b* 虚偽の陳述= झूठा विवरण；झूठा बयान.

इजाज़त [名*] 《A. اجازت》許し；許可；承認；認可 धूम्रपान की इजाज़त ले॰ 喫煙の許しを得る इमारतों के निर्माण की इजाज़त 建築の認可 इजाज़त दे॰ 許す；許可する；承認する；認可する इजाज़त ले॰ 許可を得る；承認を得る；認可を得る जाने की इजाज़त माँगना 罷り出る；退席の許しを求める

इजाज़तनामा [名] 《A.P. اجازت نامه》許可書

इज़ाफ़त [名*]《A. اضافت》(1) 関係；関連 (2) 追加；増加 (3)〔言〕ペルシア語で所有格を示す符号；イザーファト符号

इज़ाफ़ा [名] 《A. اضافه》(1) 増加；増大；上昇 महँगाई में ज़बरदस्त इज़ाफ़ा 猛烈な物価高騰 बरदाश्त करने की क़ुव्वत में इज़ाफ़ा होता है 忍耐力は増すものだ (2) 増額 (3) 超過；過激 इज़ाफ़ाए तंख़्वाह 昇給= वेतनवृद्धि. इज़ाफ़ाए लगान 小作料の増額

इज़ार [名*]《P. ازار》〔衣〕イザール；パージャーマー（पाजामा）の別称

इज़ारबंद [名]《P. ازاربند》イザールバンド（イザールの腰の辺りを締めるひも） इज़ारबंद का ढीला 放蕩（の）；女道楽（の） इज़ारबंद की ढीली 不身持ちな（女）；ふしだらな

इजारा [名] 《A. اجاره》(1) 賃貸 (2)（賃）借地 (3) 契約；請け負い (4) 独占権；独占使用権 इजारे का पट्टा *a.* 賃貸借契約 *b.* 権利証 इजारे पर ले॰ 賃借する

इजारादार [形・名] 《A.P. اجاره دار》= इजारेदार. (1) 賃借人 (2) 借地人；小作人 (3) 独占する；独占権を持つ（者）；独占者；専売する；専売者 (4) 独占資本家 इजारादार शिकमी 農地の転借人

इजारादारी [名*]《A.P. اجاره داری》(1) 賃貸借；賃貸契約 (2) 独占；占用；専売 (3) 独占販売権；専売権 (4) 徴税請け負い= ठेकेदारी；मुक़ातेदारी.

इजारानामा [名] 《A.P. اجاره نامه》(1) 賃貸借契約 (2) 権利証書

इजारेदार [名] = इजारादार.

इजारेदारी [名*] = इजारादारी.

इज़ाला [名] 《A. ازاله》除去；排除= निवारण；निराकरण.

इजिप्ट 〔国名〕《E. Egypt》エジプト（アラブ共和国）= ईजिप्ट；मिस्र.

इज़्ज़त [名*]《A. عزت》(1) 敬うこと；尊敬；敬意 वे अजनबी लोगों की भी वैसी ही इज़्ज़त करते हैं あの方は見知らぬ人たちも全く同じように敬う उसके साथ इज़्ज़त और मुहब्बत से पेश आते हैं あの人に対して敬意と好意を持って接する (2) 威信；名；名誉；名声 लेकिन हिंदी की फ़िल्म देखना उनकी इज़्ज़त के ख़िलाफ़ था でもヒンディー映画を見ることが氏の威信に反することだった इज़्ज़त का सवाल 威信に関わる問題 पर कुछ अपने घर की इज़्ज़त का तो ख़याल रखिए でも少しは自分の家の名誉のことを気に留めて下さい (3) 信望；信用 दरबार में मुन्न ख़ाँ की और इज़्ज़त बढ़ गई 宮廷でのムンヌーカーンの信望はさらに高まった (4) 恥；体面 इज़्ज़त-आबरू *a.* 威信；名誉 गोरे नीलवर की इज़्ज़त-आबरू बचाने के लिए 白人藍栽植主の名誉を守るために *b.* 信頼；信用；信望 अब तो केवल पैसे

की इज़्ज़त-आबरू रह गई है もはや銭だけが信用されているだけだ (-की) **इज़्ज़त उतरना** (ーが) 不名誉になる；名誉を失う；恥をかく (-की) **इज़्ज़त उतारना** (ーを) 不名誉にする；(ーの) 名誉を奪う；(ーに) 恥をかかせる (-की) **इज़्ज़त क॰** (ーを) 敬う बड़ों की इज़्ज़त और उस्तादों का अदब करते हैं 長上を敬い師を尊ぶ **इज़्ज़त कमाना** 名を挙げる；名を高める (-की) **इज़्ज़त के पीछे पड़ना** (ーに) 恥をかかせようとやっきになる (-की) **इज़्ज़त ख़राब क॰** (ーに) 恥をかかせる (-की) **इज़्ज़त ख़ाक में मिलाना** (ーに) 大恥をかかせる **इज़्ज़त खोना** 恥をかく；名誉を失う **इज़्ज़त गँवाना** 名誉を失う；面目を失う **इज़्ज़त चली जा॰** = इज़्ज़त उतरना. (-की) **इज़्ज़त छीनना** (女性を) 辱める；強姦する；凌辱する；レイプする **इज़्ज़त जा॰** = इज़्ज़त उतरना. **इज़्ज़त डुबाना** = इज़्ज़त ख़ाक में मिलाना. **इज़्ज़त दो कौड़ी की करना** = इज़्ज़त ख़ाक में मिलाना. (-की) **इज़्ज़त धूल में मिलना** (ーの／ーが) 名が汚れる；不名誉になる；恥をかく；名誉が地に堕ちる अब तो उसकी इज़्ज़त धूल में मिल गई है もはや彼の名誉は地に堕ちた **इज़्ज़त धूल में मिलाना** = इज़्ज़त ख़ाक में मिलाना. **इज़्ज़त पर आँच आ॰** 恥をかく；不面目となる (-की) **इज़्ज़त पर पानी फिरना** (ーが) 恥をかく (-की) **इज़्ज़त पर पानी फेरना** (ーに) 恥をかかせる (-की) **इज़्ज़त पर हाथ डालना** (ーに) 恥をかかせる **इज़्ज़त पाना** 名誉を得る= नाम कमाना. **इज़्ज़त पैदा क॰** 名を揚げる **इज़्ज़त बढ़ाना** 名を高める= इज़्ज़त बनाना. **इज़्ज़त बिक जा॰** 恥をかく；面目を失う (-की) **इज़्ज़त बिगड़ना** *a.* (ーが) 恥をかく *b.* (女性が) 辱められる；強姦される (-की) **इज़्ज़त बिगाड़ना** *a.* (ーに) 恥をかかせる；(ーの) 化けの皮をはがす *b.* (女性を) 辱める；凌辱する **इज़्ज़त बेचना** 恥ずべき行為をする **इज़्ज़त मिट्टी में मिलाना** = इज़्ज़त ख़ाक में मिलाना. **इज़्ज़त में बट्टा लगाना** = इज़्ज़त ख़ाक में मिलाना. (-की) **इज़्ज़त रखना** (ーの) 名誉を守る अपने देश की इज़्ज़त रखने के लिए 自国の名誉を守るために **इज़्ज़त रहना** 名誉が保たれる (-की) **इज़्ज़त लूटना** = (-की) इज़्ज़त बिगाड़ना. (-की) **इज़्ज़त लुटाना** (ーに) 恥をかかせる (-की) **इज़्ज़त ले॰** (ーに) 恥をかかせる= (-की) इज़्ज़त उतारना; (-को) बेइज़्ज़त क॰. **इज़्ज़त सम्हालना** = इज़्ज़त रखना.

इज़्ज़तदार [形] 《A.P. عزت دار》尊敬される；誉れある；評判の高い；名の知られた अच्छा दौलतमंद ख़ानदान था और साथ ही इज़्ज़तदार भी 相当裕福な家柄でおまけに評判も高かった

इज्जल [名]〔植〕サガリバナ科中高木【*Barringtonia acutangula*】〈Indian oak〉= समुद्रफल; हिज्जल.

इज्तिमाअ [名] 《A. اجتماع》(1) 集合；集まり (2) 群集；群衆

इज्माअ [名] 《A. اجماع》〔イス〕イジュマー (スンナ派においてイスラム法の法源の第３に位置づけられるもの. イスラム法についての解釈上の問題についてウラマー，すなわち，宗教指導者たちの合意. コーラン，ハディース，キヤースと並ぶ)

इटली〔国名〕《E. Italy》イタリア共和国

इटालियन[1] [形] 《E. Italian》イタリアの

इटालियन[2] [名] 《E. Italian》イタリア人

इटालियन[3] [名*] 《E. Italian》〔言〕イタリア語

इटैलिक [形・名] 《E. Italic》〔印〕イタリック体 (の)；斜字体 (の)

इठलाना [自] (1) 気取る；気取った振る舞いをする；得意気な振る舞いをする मुझे आप ऐसी लगती हैं, जैसे तारों में इठलाती चाँदनी まるであなたは星に囲まれて得意気な月の光のよう इठलाकर चलते, इठलाकर बोलते 気取って歩き気取ってしゃべる इस सुनहले फ़र्श पर इठलाता फिरता था いつもこの金色の床の上を気取って歩き回っていた इनके साथ-ही-साथ कमरे में एक मंद सुगंध इठलाती हुई चली आई थी その方と一緒に部屋にはほんのりとした芳香がしゃなりしゃなりと入って来た (2) すます (澄ます)；取り澄ます बंदर के पास बंदरी बैठी थी.अभी भी सरकस की पोशाक पहने, दुलहन बनी इठला रही थी 雄猿のそばには雌猿が座っていた. まだサーカスの衣装をつけて花嫁姿で取り澄ましていた (3) とぼける；はぐらかす；じらす (4) もったいぶる

इठलाहट [名*] (1) 気取り (2) 澄ました様子；取り澄ました様子 (3) とぼけること (4) もったいぶること

इड [名] 〈E. id ← L.〉イド (精神分析学)

इडली [名*] 《Tm. / Kan. ?》〔料〕イドリ／イドリー (本来，南インド料理の一. 米にケツルアズキ，ブンドウ，キマメなどの豆類を５〜６時間水に浸した後すり潰し野菜や香辛料を加え発酵させたものを蒸して作る. 材料によっていろいろな種類がある)

इडा [名*] = इड़ा. (1) 大地 (2) 雌牛 (3) 言葉 (4)〔イ神〕イダー (マヌの娘，プルーラヴァスの母) (5)〔ヨガ〕ハタヨーガで脊椎下部から出て鼻につながるとされるナーリー (नाड़ी) と呼ばれる脈管で生気，すなわち，生命エネルギー (प्राण) が流れる気道網，あるいは，生命エネルギー網の一；イダー／イラー

इड़ा [名*]〔ヨガ〕イラー (気道網，もしくは，生命エネルギー網の一) → नाड़ी.

इत: [副] (1) ここ (2) こちら (3) ここより (4) これより (5) 故に

इत [副] (1) ここ (2) こちらに；こちらへ

इतना[1] [代形] 被修飾語の性・数・格に応じて इतने (mas. sg. obl., pl.)， इतनी (fem.) と変化する (1) 数量，度量，程度などについて述べる. これほどの；これだけのなど (2) 数量，度量，程度などを強調する表現として比較なしに単独で用いられる. これほど多くの，たったこれほどの，こんなに沢山の，わずかこればかりのなど इतना पेट्रोल फूँकते हैं फ़ालतू में こんなに沢山のガソリンを無駄に使う इतनी देर बाद やっとのことで；ようやく बस इतनी सी बात के लिए तुम परेशान हो? たったこれだけのことで悩んでいるのかい **इतना उतना** 少々

इतना[2] [副] (1) これほど；こんなに इतनी महँगी सब्ज़ी こんなに高価な野菜 इतना स्वादिष्ट भुरता こんなにおいしい焼きナス इतनी भीषण बारिश हुई कि सारे राज्य की समस्त नदियों में भयंकर बाढ़ आ गई あまりにもすさまじい雨に全国の河川にものすごい洪水が起こった कभी भी घर के किसी सदस्य से अथवा नौकर या नौकरानी से इतनी ऊँची आवाज़ में मत बोलिए कि आप की यह आवाज़ घर के बाहर तक भी पहुँच जाए 家族のだれかとあるいは使用人と家の外まで聞こえるような大きな声で決して話さないこと फिर भी इतने ज़्यादा पैसे तो नहीं मिलते कि आराम से गुज़ारा हो सके それでも楽に暮らしが立つほど沢山の金は手に入らない तीन राज्यों ने इतनी कम धनराशि के आबंटन पर असंतोष करते हुए ３つの州はたったこれほどの金額の分配に不満を表しながら यह जंगल इतने घने हैं कि आदमी अंदर घुस नहीं सकते この森は人が立ち入れないほど深い बल्ती लोग इतने जफ़ाकश और मेहनती होते हैं バルティー族はこんなに忍耐強く勤勉である यह विधि इतनी कारगर और निर्दोष थी この方法はこんなに有効で非の打ちどころがなかった उस समय इतने अच्छे उपकरण ही उपलब्ध नहीं थे 当時はこんなに上等な道具そのものが手に入らなかったのだ **इतना सारा** これほど多くの इतना सारा पैसा こんなに多額の金子 **इतना बड़ा मुँह रह जा॰** 恥ずかしい思いをする= इतना सा मुँह निकल आ॰. (2) それほど；さほど बात इतनी आसान नहीं है 話はそれほど簡単ではない

इतना[3] [代] それだけ (のもの)；それほど (のもの) जब इतना बताया है, तब और भी बता दो そこまで話したのならその先も話しなさいよ इतना सब होने के बावजूद これほどのものがすべて揃っているにもかかわらず इतना कह उसने बैल मँगवा दिए それだけ言うと男は牛を取り寄せてやった **इतना ही नहीं** そればかりか；それどころか इतना ही नहीं, वे प्राय: सैकड़ों हज़ारों की संख्या में एक ही पेड़ या आसपास के कुछ पेड़ों पर बसेरा करते हैं そればかりでなくこれらの鳥は数百羽が同じ１本の木か近くの数本の木に巣をかける **इतने पर भी** それでも；それにもかかわらず परंतु यदि इतने पर भी दूध न पचे けれどももしそれでも牛乳がこなれないならば **इतने में** *a.* そうこうするうちに；とかくするうちに *b.* ちょうどその時 इतने में ही बर्फ़ गिरनी आरम्भ हो गई そうこうするうちに雪が降りだした

इतनी → इतना[1,2,3].

इतने → इतना[1,2,3]

इतबार [名] 《A. اعتبار एतिबार》信頼；信用= विश्वास.

इतबारी [形] 信頼できる；信用できる= विश्वसनीय.

इतमीनान [名] = इत्मीनान.

इतर[1] [形] (1) 別の；他の；別個の= अन्य; दूसरा. (2) 残りの；残余の= शेष; बाक़ी. इतर लिंगी यौन संबंध 異性間性関係

इतर[2] [名] 香水= इत्र.

इतरदान [名] 香水入れ= इत्रदान.

इतराना [自] (1) 鼻にかける；威張る；偉そうにする अपने भाग्य पर इतराती, इठलाती 自分の幸運を鼻にかけ気取りながら जाने कहाँ-कहाँ से जोड़-तोड़कर पैसा लाता हूँ और घर के लोग हैं कि इतराते घूमते

हैं こちらはあちこちからかき集めては金の工面をしてくるのに家の連中ときたら偉そうに振る舞っているんだ (2) 自慢する；得意がる；鼻を高くする एक समय था जब फ़्रांस का सम्राट् तृतीय नैपोलियन धातु के बटन टाँक कर इतराता था ナポレオン三世が自分の服にアルミのボタンをつけて得意になっていた時代もあった छुटकी ने इतरा कर कहा, "आप जो मुझे ज़्यादा प्यार करती हैं न, तो-तो ये दोनों जलती हैं" 弟の嫁は得意気に言った「お母さんが私を特別に可愛がって下さるものですからお姉さんたちは2人とも妬いていらっしゃるの」(फूल) कर रहा अठखेलियाँ, इतरा सदा उद्यान में お庭でいつも得意げにはしゃぎまわる（お花）

इतरेतर [副] 互いに；相互に= आपस में.

इतरेतरयोग [名] 相互関係= परस्पर संबंध.

इतवार [名] 日曜日= रविवार.

इतस्ततः [副] あちこちに；あちらこちらに= इधर उधर.

इताअत [名*] 《A. اطاعت》服命；服従 रहनुमा की इताअत 指導者の命に服すこと

इताब [名] 《A. عتاب》怒り；憤怒= क्रोध; गुस्सा; प्रकोप.

इतालवी [形] 《← E. Italy》イタリアの रामायण का इतालवी भाषा में अनुवाद 「ラーマーヤナ」のイタリア語訳

इति[1] [名*] 終わり；終結；最後

इति[2] [感] 終了；終結；限度を表す言葉. これまで；それまで；おしまい

इतिवृत्त [名] (1) 年代記；歴史 (2) 縁起；因縁譚；由来記；物語；因縁；いわれ

इतिवृत्तात्मक [形] 物語風の

इतिश्री [名*] 顛末；一部始終；成り行き हिमालय तुल्य उच्च आदर्शों की इतिश्री ヒマラヤのように高い理想の顛末

इतिहास [名] (1) 歴史 हमारे देश का इतिहास わが国の歴史 इतिहास स्वयं को दोहराता है 歴史は繰り返す (2) 由来 आगरा के ताजगंज के मरघट का इतिहास アーグラーのタージガンジにある火葬場の由来 (3) 歴史書；史書

इतिहासकार [名] 歴史家；歴史学者

इतिहासज्ञ [名] = इतिहासकार; इतिहासवेत्ता.

इतिहासलेख [名] 歴史編集；修史

इतिहासलेखक [名] 史料編集員；修史家

इतिहासवेत्ता [名] 歴史家；歴史学者

इत्तफ़ाक़ [名] = इत्तिफ़ाक़.

इत्तला [名*] = इत्तिला.

इत्ता [形⁺] इतना と同義の俗語及び幼児語 मैं इत्ता सा था बच्चा, कर भी क्या सकता था 僕はこんなにちっちゃな子供だったんだ，なんにもすることができなかったんだ

इत्तिफ़ाक़ [名] 《A. اتفاق》(1) 一致；合致 (2) 賛成；同意 (3) 偶然；偶然の出来事；巡り合わせ；運 जुड़वाँ बच्चे महज़ एक इत्तफ़ाक़ है जिसपर अपना कोई वश नहीं 双子というのは全く巡り合わせであってこちらがどうすることもできないんだ **इत्तिफ़ाक़ से** 偶然に；たまたま；思いがけず；突然 इत्तिफ़ाक़ से उसी दिन एक तूफ़ान आया たまたまちょうどその日嵐がやって来た इत्तिफ़ाक़ से मिलना 出くわす；遭遇する

इत्तिफ़ाक़न [副] 《A. اتفاقاً》偶然に；たまたま；不意に；思いがけず

इत्तिला [名*] 《A. اطلاع》知らせ；通知；通報；連絡 इत्तिला दे॰ 知らせる；通知する；連絡する；通報する वह गाँव में होनेवाली वारदातों की थाने में इत्तिला देता है その人は村で起こる事件を署に知らせる

इत्तिलानामा [名] 《A.P. اطلاع نامہ》(1) 通知書 (2)〔法〕召喚状= सम्मन.

इत्तिहाद [名] 《A. اتحاد》(1) 団結；まとまり；統一性 हम में बहुत इत्तिहाद है 我々はよくまとまっている (2) 友愛；友情

इत्ती [形*] → इत्ता.

इत्मीनान [名] 《A. اطمينان》(1) 満足；納得；得心；信頼；信用 (2) 安心；落ち着き (-को) **इत्मीनान दिलाना** (−を) 安心させる；満足させる मुसलमान भाइयों को इत्मीनान दिलाओ ムスリムの仲間たちを安心させなさい **इत्मीनान से** ゆっくりと；じっくりと；落ち着いて；ゆったりと；のんびりと दादा जी ने इत्मीनान से अपना चश्मा उतारा 祖父はゆっくりと眼鏡をはずした उन्होंने इत्मीनान से कहना प्रारम्भ किया 落ち着いて話し始められた चार आदमी भी इत्मीनान से नहीं बैठ सकते 4人でさえゆったりとは腰掛けられない वे कुर्सी पर इत्मीनान से बैठ गए のんびりと椅子にお掛けになられた **इत्मीनान हो॰** *a.* 満足する；得心する *b.* 安心する；心が落ち着く

इत्यादि [副助] −など；−をはじめとして；例示する言葉 अपनी शिक्षा, अपने स्वास्थ्य की रक्षा तथा यातायात इत्यादि का प्रबंध स्वयं करना चाहिए 教育，健康管理，通勤などの工面は自分でしなくてはならない दस्तावेज़ों इत्यादि में अंगूठे की निशानी कराने की प्रथा 書類などに拇印を押させる習慣

इत्यादिक [副助] = इत्यादि.

इत्र [名] 《A. عطر》香水= इतर; सेंट. इत्र मलना 香水をつける= इत्र लगाना.

इत्रदान [名] 《A.P. عطردان》香水入れ（ビンなどの容器）

इत्रफ़रोश [名] 《A.P. عطر فروش》香水商= अत्तार.

इत्रसाज़ [名] 《A.P. عطر ساز》香水製造者

इत्वर [形] (1) 残忍な (2) いやしい；卑劣な

इथियोपिया 〔国名〕《E. Ethiopia》エチオピア；エチオピア人民民主共和国= इथोपिया.

इदम् [代] 《Skt.》（サンスクリットの指示代名詞語幹）これ；この

इदारा [名] 《A. ادارہ》機関；組織 देहातों में तीन तरह के इदारे क़ायम हो रहे हैं. गाँव सभा, गाँव पंचायत, पंचायती अदालत 村には3種類の機関が設立されつつある．村会，村落パンチャーヤト，パンチャーヤト裁判所がそれである

इद्दत [名*] 《A. عدت》〔イス〕イッダ（イスラム教徒女性の婚姻解消後，再婚できるまでの待婚期間）

इधर[1] [代] (1) こちら；こっち（方向） (2) ここ；こちら（場所） (3) 話者の関係したり帰属したりしているもの इधर से निकला तो सोचा कि आपसे मिलता चलूँ こちらを通りかかったのでお目にかかって参ろうと思ったわけです **इधर उधर** *a.* あちらこちら；あちこち *b.* あたり；周辺；ぐるり इधर उधर की बातें よもやま話（四方山話） **इधर उधर की बात क॰** *a.* 言い逃れをする；いいかげんな返事をする；口を濁す *b.* 噂話をする= इधर उधर की हाँकना. **इधर की उधर क॰** あちこちで陰口を利いて争いを起こさせる **इधर की उधर लगाना** あちこちで陰口を利いて争いを起こさせる **इधर की दुनियाँ उधर क॰** かけずり回る **इधर की दुनियाँ उधर हो॰** ありえないこと；起こりそうにもないこと **न इधर का रहना न उधर का** *a.* どっちつかずになる；中立の立場をとる *b.* 役立たずになる= न इधर का होना न उधर का.

इधर[2] [副] (1) こちらへ；こっちへ（方向） (2) ここへ；こちらへ（場所） इधर आना こちらへ来ておくれ；こちらへ来なさい (3) このところ；最近 हाँ, दौड़-धूप इधर कुछ ज़्यादा करनी पड़ी थी 確かにこのところちょっと余計にかけずり回らなくてはならなかった **इधर उधर** *a.* あちこちに；あちこちへ *b.* 辺りに；近辺に；ぐるりに **इधर...उधर** ……が始まると… इधर उजाला हुआ, उधर मैंने उठकर अपना सामान बाँधना शुरू कर दिया 空が白み始めると私は起き上がって荷物をまとめ出した **इधर उधर क॰** *a.* 言い逃れをする *b.* 混乱させる *c.* 散らかす= तितर बितर क॰. **इधर उधर घूमना** 歩き回る；うろつく यही पता करने के लिए वह वेश बदलकर इधर उधर घूमता रहता था これを調べるために変装してあちこち歩き回っていた **इधर उधर झाँकना** 逃げ道をさがす **इधर क़िबला क़ुतुब, उधर ख़दीजा, मूतूँ तो मूतूँ किधर?** 〔諺〕前門の虎後門の狼 **इधर कुआँ उधर खाई** 〔諺〕前門の虎後門の狼；進退の窮まったたとえ= इधर कुँआ है, तो उधर खाई है. **इधर भी चलना उधर भी चलना** 矛盾したことをする **इधर या उधर हो॰** どちらかに決まる；決着がつく

इन [代・代形] 代名詞・代名形容詞の यह の複数斜格形語基

-इन[1] [接尾] 名詞に接続して女性形を作る接尾辞 ग्वाल（グワール・カーストの男，牛飼い）→ ग्वालिन（グワール・カーストの女性，牛飼女） चमार チャマールカーストの男性→ चमारिन チャマールの女性

-इन[2] [接尾] 《skt.》サンスクリット由来の語に添加されて所有の意を持つ語を作る接尾辞．ヒンディー語においては -ई/-इनी* となる धन 財；富− धनी 財を持つ；富裕な；富める

इनकम टैक्स [名] 《E.income tax》所得税= आयकर.

इनक़लाब [名] → इनक़िलाब.

इनक़लाबी [形] → इनकिलाबी.
इनकार [名] 《A. انکار इन्कार》(1) 否定 (2) 拒否 **इनकार क॰** *a.* 打ち消す；否定する *b.* 拒否する→ इंकार. **इनकार में जवाब दे॰** 拒否する= इनकार में सिर हिलाना.
इनकारना [自] ← इनकार. (1) 拒否する；断る (2) 否定する
इनकारी[1] [名*] 《A. انکاری》= अस्वीकार; नामंज़ूरी. (1) 拒否；不承知；断り और नहीं है.होते तो तुझसे इनकारी थी? कह जो दिया それ以上ないのよ．あるのに断るはずがないでしょう．そういうことなのよ (2) 否定
इनकारी[2] [形] (1) 拒否する；断る (2) 否定する
इनक़िलाब [名] 《A. انقلاب इन्क़िलाब》(1) 革命 (2) 変化 (3) 変遷 इनकिलाब ज़िंदाबाद 革命万歳
इनक़िलाबी [形] 《A. انقلابی》 इनकिलाबी शोले भी कभी आँसुओं से बुझे हैं? 革命の炎がかつて涙で消えたことがあろうか
इनगेजमेंट [名*] 《E. engagement》(1) 婚約= सगाई; वाग्दान. मुझे अपनी इनगेजमेंट की ख़बर बिलकुल नहीं थी 自分の婚約のことを全く知らなかった (2) 約束= वचनबद्धता.
इनडोर [形] 《E. indoor》屋内；インドア= इंडोर.
इनडोर खेल [名] 《← E. indoor games》室内ゲーム；屋内ゲーム；室内競技= इंडोर खेल.
इनफ़ैक्शन [名] 《E. infection》〔医〕感染= संक्रमण. बैक्टीरिया के इनफ़ैक्शन से बचना ばい菌の感染を避ける
इनफ़ोटेक [名] 《E. infotech》情報工学；情報技術
इनफ़्लुएंज़ा [名] 《E. influenza》〔医〕インフルエンザ→ इंफ़्लुएंज़ा.
इनसान [名] 《A. انسان इंसान》人；人間 **इनसान ही तो है** 〔諺〕人は過ちを犯すもの；やはり人の子
इनसानियत [名*] 《A. انسانیت इंसानीयत》(1) 人道；人の道；人類愛；慈愛 (2) 人間性 धर्म, जाति व भाषा अलग होते हुए भी इनसानियत की भाषा एक है 宗教や民族あるいは言語が異なっても人間性は同じだ (3) 礼儀；礼節
इनसानी [形] 《A. انسانی इंसानी》(1) 人間の；人間としての मैं इनसानी रिश्ते को सब से बड़ा मानता हूँ 私は人間関係を最重要なものと考える (2) 人間の姿をした इनसानी हीरा 人間の姿をしたダイヤモンド，至宝の人
इनसाफ़ [名] = इंसाफ़.
इनस्युलिन [名] 《E. insuline》〔医・薬〕インシュリン= इंस्युलिन.
इनहिसार [名] 《A. انحصار इन्हिसार》依存；依拠= निर्भरता.
इनाम [名] 《A. انعام》(1) 報酬；褒美；賞与 सालाना इम्तहान में अच्छे नंबरों से पास होने की ख़ुशी में एक एक रुपया इनाम 学年末試験に好成績で合格したのを祝って１ルピーずつの褒美 (2) 賞金；懸賞金 उन्हें पकड़ने के लिए बड़ा इनाम घोषित किया गया 連中を捕らえるのに巨額の懸賞金が発表されている (3) 礼金；謝礼金；心付け यह मेरी तरफ़ से इनाम रख लो 釣り銭はいらないよ
इनामात [名, pl.] 《A. انعامات》 इनाम の複数形 जब तुग़लक़ ने दौलताबाद पहुँचकर इनामात तक़सीम किये तो トゥグラクがダウラターバードに着いて賞与金を分け与えると
इनायत [名*] 《A. عنایت》お情け；憐れみ；慈悲；好意= कृपा; दया; मेहरबानी. हम बिरहमनों पर आप की नज़रे इनायत तो रहनी ही चाहिए 手前どもバラモンにはどうしてもお殿さまのお情けがなくてはなりませぬ "हमारे पीर, शेख़तक्की साहिब अक्सर तुम्हारा ज़िक्र करते हैं." "उनकी इनायत है" 「シャイフ・タッキーさまはちょいちょいお前のことをおっしゃっておられるぞ」「恐れ入ります．誠に有り難きことにてござりまする」 सरकार की इनायत है お陰様で元気に致しています
इनिंग्स [名] 《E. innings》〔ス〕(クリケット・野球) イニング
इने गिने [形] わずかの；ほんのわずかの；数えるほどの
इनैमल [名] 《E. enamel》(1) エナメル (2) マニキュア液 नेल इनैमल 〈nail enamel〉
इन्टरमीडिएट [名] 《E. intermediate》→ इंटरमीडिएट.
इन्टरव्यू [名] 《E. interview》→ इंटरव्यू.
इन्तकाल [名] = इंतिकाल.
इन्ने [代]〔古〕= इसने; इन्होंने.
इन्श्योरेंस [名*] 《E. insurance》保険= बीमा. **इन्श्योरेंस पॉलिसी** 保険証券 〈insurance policy〉
इन्साइक्लोपीडिया [名] 《E. encyclopedia》百科事典= विश्वकोश.
इन्सोलिन [名*] = इनस्युलिन.

इन्हीं [代・代形] 近称指示代名詞兼三人称代名詞複数形 ये の斜格形 इन の強意形 इन्हीं को 他でもないこの方を मैंने इन्हीं से पूछा था 私は間違いなくこの方にたずねたのだった यह इन्हीं अनाजों से बनता है これはまさにこれらの穀物から作られる
इन्हें [代] 近称指示代名詞兼三人称代名詞 ये の対格形 (ac.) 及び与格形 (dat.) = इनको.
इन्हों [代] 近称指示代名詞兼三人称代名詞 ये の能格 (ergative case) 語基．すなわち， इन्होंने となる
इफ़रात [名*・形] = इफ़्रात.
इफ़ाक़ा [名] 《A. افاقہ》治癒；快復；恢復= आरोग्य-लाभ; स्वास्थ्य-लाभ.
इफ़्तारी [名*]〔イス〕イフターリー（断食明けに食すべきもの）
इफ़्तिरा [名] 《A. افترا》中傷；非難= आरोप; लांछन.
इफ़्रात[1] [名*] 《A. افراط》(1) 豊富；多量；多数 हर जगह इफ़्रात से घास मिल जाती है 至る所に沢山草が見出される (2) 過多；過剰 **इफ़्रात से** 多量に；大量に；いっぱい यह ग़िज़ा अल्लाह ने इफ़्रात से पैदा की है この食べ物は神様が非常に沢山お作りになられた
इफ़्रात[2] [形] 多量の；多くの；大量の इफ़्रात दूध 多量の牛乳
इबरानी [名・形・名*] = इब्रानी[1,2].
इबराहीम [名] = इब्राहीम.
इबलीस [名] = इब्लीस.
इबादत [名*] 《A. عبادت》(1) 礼拝 (2) 崇拝 हम अल्लाह की इबादत करते हैं 私たちはアッラーの神を崇拝している उसकी इस्लामी तरीके से इबादत करूँ イスラム教式でそれを拝むならば
इबादतख़ाना [名] 《A.P. عبادت خانہ》礼拝所；神社；寺院
इबादतगाह [名*] 《A.P. عبادت گاہ》礼拝所 मस्जिद हमारी इबादतगाह है マスジドが私たちの礼拝所です
इबादात [名, pl.] 《A. عبادات ←عبادت इबादत》〔イス〕イスラム教の信仰表現の行．神への奉仕行為としての五行（すなわち，信仰告白，礼拝，喜捨，断食，巡礼）
इबारत [名*] 《A. عبارت》(1) 言葉；文章；表現；語句 (2) 説明；叙述
इबारती [形] 《A.P. عبارتی》(1) 言葉の；文章の；表現の；語句の (2) 説明の
इब्तिदा [名*] 《A. ابتدا》(1) 開始；始まり；端（はな）= आरंभ. (2) 初期；当初 इब्तिदा में 最初；当初；初めに
इब्तिदाई [形] 《A. ابتدائی》(1) 最初の；初めの (2) 初期の；当初の (3) 先行する；前の；事前の= प्रारम्भिक; प्राथमिक. **इब्तिदाई तिब्बी इम्दाद** 救急手当 **इब्तिदाई बातचीत** 予備交渉；予備会談= प्रारम्भिक बातचीत.
इब्रानी[1] [名・形] 《A. عبرانی》ヘブライ人（の）；ユダヤ人（の）
इब्रानी[2] [名*]〔言〕ヘブライ語
इब्राहीम [名] 《A. ابراہیم》預言者アブラハム；イブラーヒーム
इब्लीस [名] 《A. ابلیس》〔イス〕イブリース；悪魔；シャイターン（サタン）= शैतान.
इमकान [名] = इम्कान.
इमदाद [名*] = इम्दाद.
इमदादी [形] = इम्दादी.
इमरजेंसी [名*] 《E. emergency》(1) 非常時；緊急= संकट काल; आपत् काल. (2) 緊急事態；非常事態= संकटकालीन स्थिति. (3) 救急 दंगाग्रस्त इलाकों में इमरजेंसी लागू की गई 暴動発生地域に非常事態が発令された **इमरजेंसी वार्ड** 救急病棟 〈emergency ward〉 **इमरजेंसी हस्पिताल** 救急病院 〈emergency hospital〉
इमरती [名*] イマルティー（ケツルアズキの粉と米粉とを混ぜて水を加えてこね裏ごしにしたものを手首飾りのような形にしてギーで揚げ砂糖のシロップに浸して作られる高級甘味菓子）
इमर्शन रॉड [名] 《E. immersion rod》湯沸かし棒（水中に直接それを浸して湯を沸かす棒状の電熱器）= इमर्शन हीटर 〈immersion heater〉
इमला [名] = इम्ला.
इमली [名*] (1)〔植〕マメ科高木タマリンド【*Tamarindus indica*】(2) 同上の実（酸味の調味料となる）= अमली.
इमाम [名] 《A. امام》(1)〔イス〕イマーム（イスラム教集団礼拝の指導者） (2)〔イス〕シーア派最高指導者（アリー及びアリーの子孫，a. अली b. हसन c. हुसैन d. ज़ैन-उल-आबिदीन e. मुहम्मद

बाकिर f. जाफ़र सादिक g. मूसा काज़िम h. मुहम्मद तक़ी i. अली नक़ी j. हुसैन अस्करी k. महदी l. अली मूसा रज़ा) (3)〔イス〕(スンナ派/スンニ派) カリフ (4) 指導的な立場の人；第一人者 ख़ुसूसन तिब्ब में तो वह इमाम माना जाता है 特に (イスラム) 医術の分野ではあの人が第一人者と目されている

इमामत [名*] 《A. امامت》〔イス〕イマームの仕事や職務；礼拝導師の仕事

इमामदस्ता [名] 《A.P. امام دستہ》薬種や香辛料を細かく砕く鉄，真鍮，石などでできたすり鉢とすり粉木

इमामबाड़ा [名] 《A. + H.बाड़ा》(1)〔イス〕イマームバーラー (シーア派のタージヤー ताज़िया の保管されたり埋められたりするところ) (2)〔イス〕イマームバーラー (ムハッラム祭が行われ第4代カリフのアリーとその子ハサンとフサインの死の追悼されるところ) (3) लखनऊ のイマームバーラーはナワーブ (太守) であったアーサフウッドーラーの建立になるものでムハッラムの祭礼のための建造物でありタージヤーの保管の場所であるほか霊廟としても用いられる

इमामा [名] 《A. عمامہ》ターバン = साफ़ा; पगड़ी.

इमारत[1] [名*] 《A. عمارت》(1) 建物；建築 (物)；建造物 (2) 建築 अपने यहाँ की मशहूर इमारतें わが国の有名な建造物 (建築)

इमारत[2] [名*] 《A. امارت》(1) 栄耀；繁栄 (2) 支配；統治

इमारती [形] 《A. عمارتی》(1) 建築の (2) 建築用の इमारती काम 建築；建築作業 इमारती लकड़ी 材木；木材

इमि [副] このように；かくの如く；かく= इस तरह; इस प्रकार; यों.

इमीटेशन [名] 《E. imitation》(1) 模倣 (2) 模造 (3) イミテーション；模造品 इमीटेशन के रत्न 宝石の模造品

इमेज [名*] 《E. image》イメージ

इमोशन [名] 《E. emotion》(1) 感情；感動 (2) 情緒

इम्कान [名] 《A. امکان》(1) 可能性；見込み (2) 力；力量

इम्कानात [名, pl.] 《A. امکانات ← امکان इम्कान》← इम्कान. (1) 可能性；見込み (2) 力；力量

इम्तहान [名] = इम्तिहान.

इम्तियाज़ [名] 《A. امتیاز》(1) 区別；識別；見分け (2) 差別 (3) 特質 (4) 卓越 (5) 優先；優先権

इम्तिहान [名] 《A. امتحان》試験；テスト बी०ए० के इम्तिहान में B.A. (学士) の試験で सालाना इम्तिहान 年次試験 छमाही इम्तिहान 中間試験 इम्तिहान क० 試験する；試験をする；試す **इम्तिहान दे०** 試験を受ける；受験する इम्तिहान पास क० (試験に) 合格する **इम्तिहान ले०** 試験をする；試す

इम्दाद [名*, pl.] 《A. امداد ← مدد मदद》(1) 助力；協力 (2) 援助；支援 इम्दाद के तौर पर अनाज, कपड़े व रुपये 援助として穀物，衣類，金 इम्दाद दे० 援助する ग़ैबी इम्दाद 天佑 (3) 拠金；醵金

इम्दादी [形] 《A. امدادی》協力の；協力的な

इम्दादे बाहमी [名*] 《A.P. امداد باہمی》(1) 協力；協同；助け合い (2) 協同組合 इम्दादे बाहमी की तहरीक 協同組合運動

इम्पोर्ट [名] 《E. import》輸入= आयात.

इम्यु [名] 《E. emu》〔鳥〕走鳥類エミュー

इम्रित [名] = अमृत.

इम्ला [名] 《A. املا》(1) 正書法 (2) 書き取り；ディクテーション इम्ला लिखाना 書き取らせる；口述筆記させる

इयत् [形] これほどの；これほどの大きさの

इयत्ता [名*] (1) 限度；限界 (2) 定足数

-इया [接尾] (1) 動詞語根についてある動作をするものやそれに関係を持つものを表す形容詞や名詞を作る √घट् 減る；減少する → घटिया 劣った；劣る √बढ़ 増す；増える－ बढ़िया すぐれた；すぐれる (2) 名詞語基に添加されて女性名詞を作ったり指小辞として小さい形状のものを表す語を作る घड़ा → घड़िया 小さな壷やかめ डिब्बा → डिबिया 手箱 (3) 名詞から形容詞形を作る बंबई ボンベイ (ムンバイ) → बंबइया ボンベイ風の कलकत्ता カルカッタ；コルカタ→ कलकतिया カルカッタ風の

इयादत [名*] 《A. عیادت》病気見舞い मैं उनकी इयादत के लिए आया हूँ あの方のお見舞いに来ました

-इये [接尾] = -इए. 命令法 (丁寧形の二人称 आप の対応形を作る. 規則変化動詞の語根に接続する活用語尾. √खा 食べる→ खाइये お召し上がり下さい √आ 来る→ आइये おいで下さい

-इयो [接尾] (1)〔古〕命令法二人称 तुम の対応形を作る接尾辞で動詞語根に接続する活用語尾 (2) 地域的な用法のほか緊急性を訴える呼びかけに用いられる अरे दौड़ियो! वह पागल कुत्ता आ रहा है お逃げなさい. あの狂犬がやって来るよ

इरशाद [名] = इर्शाद.

इराक़ [国名] 《A. عراق》イラク

इराक़ी[1] [形] 《A. عراقی》(1) イラクの；イラクによる इराक़ी हमले से イラクの攻撃で (2) イラク産の

इराक़ी[2] [名] (1) イラク人 (2) イラク産の馬；アラビア馬；アラブ馬

इराक़ी[3] [名*]〔言〕イラクの言葉；イラクで話されるアラビア語方言

इरादतन [副] 《A. ارادتاً》わざと；意図的に → इरादा.

इरादा [名] 《A. ارادہ》(1) 意図；意志；意欲；考え (2) 決心；決意 (-का) **इरादा क०** *a.* (－を) 意図する；考える *b.* (－を) 決意する इनसान इरादा करते तो क्या नहीं हो सकता 人が意を決すればなし得ないことはない इरादा पक्का क० 決心する；決意する；決断する (-का) **इरादा रखना** (－を) 意図する；(－しようと) 考える

इरेज़र [名] 《E. eraser》(1) 消しゴム (2) 黒板消し

इर्द-गिर्द [副・後置] 《P. ارد گرد》後置詞としては (-के इर्द-गिर्द の形で用いられる) (－の) 周りに；ぐるりに；四囲に；周囲に；周辺に उसकी आत्मा आपके इर्द-गिर्द ही घूमती रहेगी あの人の魂はあなたのぐるりだけをずっとうろつくでしょう घर के इर्द-गिर्द घूम रहे थे 家のぐるりを徘徊していた फ़िल्म की कहानी पश्चिम बंगाल के एक छोटे-से गाँव के इर्द-गिर्द ही घूमती है 映画のストーリーは西ベンガル州の一小村の周辺のみで展開する

इर्फ़ान [名] 《A. عرفان》(1) 理性；分別；知性 (2) 叡知

इर्शाद [名] 《A. ارشاد》(1) 命令；指令；指示 (2) 授戒

इल [名*] 大地= पृथ्वी; धरती.

इलज़ाम [名] 《A. الزام इल्ज़ाम》(1) 容疑；嫌疑 बाबू दीनानाथ की हत्या के इलज़ाम में ディーナーナート氏殺害の容疑で जिस इलज़ाम पर वारंट आया है 逮捕状の出された容疑 (2) 非難 आज तक गाँव भर में किसी ने मुझपर ऐसा इलज़ाम नहीं लगाया था これまで村中でだれ一人私にこのような非難を浴びせた者はいなかった

इलहाम [名] = इल्हाम.

इला [名*] (1) 地球 (2) パールヴァティー神 (3) サラスワティー神 (4)〔イ神〕マヌの娘イダー/イラー= इडा.

इलाक़ा [名] 《A. علاقہ》(1) 地域；地方 (2) 領土；領地；荘園 (3) 領域；管轄地域；管区；管轄区 थानेदार अपने इलाक़े को बहुत-से हल्कों में बाँट देता है 警察本部長はその管轄区を多数の区域に分割する (4) 関係；関連 यह इलाक़ा भी पाकिस्तान के दूसरे इलाक़ों की तरह ज़रख़ेज़ हो जाएगा この地域もパキスタンの他の地域のように肥沃になるだろう

इलाक़ाई [形] ← इलाक़ा. (1) 地区の；地域の；地域的な；地方の इलाक़ाई तरक़्क़ी 地域発展 (2) 管区の；管轄区の

इलाक़ेदार [名] 《A.P. علاقہ دار》イラーケーダール (広大な地所の所有者でありその賦課された地税の納入引受人でもある；地税納入請負人)；大地主；領主；荘園主

इलाचा [名] 絹糸と綿糸とを撚り合わせた糸で織った布

इलाज [名] 《A. علاج》(1) 治療；医療 इस रोग के इलाज के लिए मुँह से खाई जाने वाली कुछ दवाएँ भी इस्तेमाल होने लगी हैं この病気の治療に飲み薬も使われ始めた डाक्टरी इलाज 医者の治療 उदासीनता का इलाज 鬱病の治療 (2) 手当；対応処置；救済策；対策 इस तरह के भ्रष्टाचार का इलाज この種の汚職の対策 **इलाज क०** *a.* 治療する *b.* 対策を行う；手当をする **इलाज कराना** (**करवाना**) 治療を受ける；治療して貰う पर मैं उसका इलाज भी क्या करवा सकता था でも私にはあの人に治療を受けさせてあげることもできるわけがなかった डाक्टर से इलाज कराना (西洋医術の) 医者の治療を受ける

इलायची [名*] 《P. الاچی इलाची》(1)〔植〕ショウガ科の草本ショウズク【*Elettaria cardamomum*】(2) その実；ショウズク；カーダモン= छोटी इलायची. यह हिंदू है और कुछ तो न खाएँगे, इलायची घर में हो तो ज़रा ला दो बेटी この方はヒンドゥーだから，他の物は (ムスリムのわが家のものは) なにも召し上がらないんだよ.

もしショウズクがあれば持っておいで. इलायची पाउडर カーダモンパウダー **बड़ी इलायची** 〔植〕ショウガ科草本ネパールカーダモン【*Amomum subulatum*】グレーター・カーダモン；ラージカーダモン〈large cardamom; greater cardamom; Nepal cardamom〉

इलायची दाना [名]《P. الاچی دانہ》(1) ショウズクの実；カーダモン (2) ショウズクの実を甘く加工した菓子，イラーイチーダーナー

इलास्टिक [形・名]《E. elastic》(1) 伸縮自在の；伸縮性の इलास्टिक जाँघिया 伸縮性のあるブリーフ (2) 伸縮性に富んだ織物 (3) ゴムひも；ゴム糸

इलाहाबाद 〔地名〕アラーハバード市（イラーハーバード）ウッタル・プラーデーシュ州中南部の都市；プラヤーグ（ガンジスとヤムナーの両河の合流する地点にありヒンドゥー教の聖地）= प्रयाग.

इलाही[1] [名]《A. الٰہی》〔イス〕神；アッラーの神

इलाही[2] [形]《A. الٰہی》神の；天の

इलाही[3] [感]《A. الٰہی》〔イス〕神よ；神様

इलाही गज़ [名]《A.P. الٰہی گز》イラーヒーガズ（ムガル朝第 3 代皇帝アクバルの定めた長さの単位で 41 指幅に相当．イギリス統治時代には 36 インチと定められた）

इलाही सन [名]《A. الٰہی سن》ムガル帝国第 3 代皇帝アクバル (1542–1605) が創設したイラーヒー暦．同皇帝の新宗教ディーネイラーヒー（神聖宗教）を公布した西暦 1582 年を元年とする）

इलिश [名*]〔魚〕ニシン科タイセイヨウニシン属【*Clupea ilisha*】= इलीश; हिलसा.

इलेक्ट्रॉन [名]《E. electron》〔物理・化〕電子；エレクトロン

इलेक्ट्रॉन ट्यूब [名]《E. electron tube》電子管

इलेक्ट्रॉन सूक्ष्मदर्शी [名] 電子顕微鏡〈electron microscope〉

इलेक्ट्रॉनिक [形]《E. electronic》(1) 電子の；エレクトロニックの इलेक्ट्रॉनिक यंत्र 電子機器 (2) 電子工学の= इलेक्ट्रानिक. इलेक्ट्रॉनिक युग 電子工学の時代 **इलेक्ट्रॉनिक फ़्लैश** ストロボ

इलेक्ट्रॉनिकी [名*] 電子工学；エレクトロニクス〈electronics〉

इलेक्ट्रॉनिक्स [名]《E. electronics》エレクトロニクス；電子工学 इलेक्ट्रॉनिक्स (इंजीनियरी) उद्योग 電子工学産業

इलेक्ट्रिक [形]《E. electric》電気の；電気による；電力による इलेक्ट्रिक मास्किटो डिस्ट्रायर 電気蚊取 (線香)《E. electric mosquito destroyer》

इलेक्ट्रोकार्डिओग्राम [名]《E. electrocardiogram》= ई॰सी॰जी॰; विद्युतहृद्लेख. 〔医〕心電図

इलेक्ट्रोलिसिस [名]《E. electrolysis》(1)〔化〕電気分解 (2)〔医〕電気分解療法

इलेक्शन [名]《E. election》選挙 = निर्वाचन; चुनाव. इस बार इलेक्शन में मुझे नहीं खड़ा होना चाहिए 私は今度の選挙には出馬すべきではない

इलेक्शन कमिशन [名]《E. election commission》選挙管理委員会 = निर्वाचन आयोग.

इलेक्शन कमिश्नर [名]《E. election commissioner》選挙管理委員長= निर्वाचन आयुक्त.

इलेस्ट्रेटर [名]《E. illustrator》イラストレーター；挿絵画家= चित्रकार; चित्रक.

इलोरा [名] エローラ遺跡（仏教，ヒンドゥー教，ジャイナ教の石窟でマハーラーシュトラ州アウランガーバード北西に位置．7～10 世紀のもの）

इल्क़ा [名]《A. القا》インスピレーション；神のお告げ

इल्ज़ाम [名] = इलज़ाम.

इल्तिजा [名*]《A. التجا》願い；嘆願 "तो क्या जहाँपनाह ने उनकी इल्तिजा मंज़ूर कर ली है?" "यह इल्तिजा नहीं, हुक्म है" 「では殿はあの方の願いを聞き入れられたのか」「これは願いではなくて命令だ」

इल्तिवा [名]《A. التوا》延期

इल्म [名]《A. علم》(1) 学問 (2) 知識；学 (3) 技芸 (4) 教育 इल्म हासिल क॰ 学問をする；勉強する

इल्मीयत [名*]《A. علمیت》学識；知識；学殖= विद्वत्ता; पांडित्य.

इल्यूमिनेशन [名]《E. illumination》イルミネーション

इल्लत [名*]《A.,P. علت》(1) 原因；理由= कारण; सबब; हेतु; वजह. (2) 病気= रोग; बीमारी. (3) 悪癖= दुर्व्यसन.

इल्ली [名*] 毛虫；蝶や蛾の幼虫；青虫；芋虫 तितलियों की इल्लियाँ 蝶の幼虫 फ़सल की इल्लियाँ 穀物につく虫

इल्हाम [名]《A. الہام》インスピレーション；神のお告げ

इव [副] あたかも；まるで= जैसे; मानो.

इशरत [名*] = इश्रत.

इशा [名*]《A. عشا》(1) 夕方 (2) 夜 (3)〔イス〕イシャー（就寝前の礼拝）

इशारतन [副]《A. اشارتاً》身振りで；手振りで；言外に= इशारे से; इशारे में; संकेत से.

इशारा [名]《A. اشارہ》(1) 合図；身振り；手真似 इशारा क॰ 合図する आँखों से इशारा क॰ = आँख का इशारा क॰ めくばせする (2) ほのめかし；暗示；諷示 इशारा क॰ ほのめかす；合図する；暗示する；それとなく言う (3) 指図 किसके इशारे पर だれの指図で (-के) **इशारे (इशारों) पर चलना** = इशारों पर नाचना. **इशारों का ग़ुलाम** 言いなりになる人；人の思い通りになる人 (-को) **इशारों पर नचाना** (ーを) 思い通りに操る；意のままにする (-के) **इशारों पर नाचना** (ーの) 思い通りになる；(ーの) 意のままになる संपादकों के इशारे पर नाचनेवाले लेखक 編集者の意のままになる物書き連中

इशू [名]《E. issue》(1)（証明書，券などの）発行；交付 इशू क॰ 発行する；交付する इशू हो॰ 発行される；交付される；出される मैं सेक्रेटरी से कह दूँगा.लेटर इशू हो गया 秘書に話しておこう．文書は出ているんだ． इशू कराना 発行してもらう；交付してもらう (2)（債券などの）発行 2 जनवरी से 23 जनवरी तक इशू खुला रहेगा 債券発行 1 月 2 日から 23 日まで (3)（図書の）貸し出し इशू क॰ 貸し出す इशू कराना 貸し出してもらう इशू हो॰ 貸し出される

इश्क़ [名]《A. عشق》(1) 恋愛；恋 (2) 恋心；恋情 (3) 愛；愛着 इश्क़ क॰ 恋をする；恋愛する उसका दोस्त उसकी ही बहन से इश्क़ करे その人の友人が友人の妹と恋をすれば **इश्क़ लड़ाना** *a.* 愛する；恋をする *b.* 熱中する इसके बाद मदन को वह लड़का बगीचे में या कालिज की छत के किसी कोने में किसी किताब से इश्क़ लड़ाते हुए मिल जाता था それからマダンは公園やカレッジの屋上の隅で本を読み耽っているその男の子をよく見かけるのだった

इश्क़पेचा [名] = इश्क़पेचाँ. 《A.P. عشق پیچا/عشق پیچاں》〔植〕ヒルガオ科の蔓草ルコウソウ【*Ipomoea quamoclit*】

इश्क़बाज़ [形・名]《A.P. عشق باز》女好き (の)；女たらし (の)

इश्क़बाज़ी [名*]《A.P. عشق بازی》(1) 女好き；女たらし (2) 色恋；色事 इश्क़बाजी की चर्चा 浮き名；艶聞

इश्के हक़ीक़ी [名]《A. عشق حقیقی》信心；信仰；真の愛；神を慕う心；神への愛

इश्तहार [名] = इश्तिहार.

इश्तिआल [名] = इश्तियाल.

इश्तियाल [名]《A. اشتعال》(1) 燃え上がること；燃え立つこと；燃焼 (2) かきたてること；煽り立てること

इश्तियालक [名]《A.H. اشتعالک》かきたてること；煽り；扇動

इश्तिहार [名]《A. اشتہار》(1) 宣伝 (2) 広告 साड़ी के लंबे चौड़े इश्तिहार サリーの大げさな広告 (3) ポスター चुनाव का इश्तिहार 選挙ポスター

इश्यू [名]《E. issue》= इशू. （通貨，公債，切手などの）発行；振り出し इश्यू प्राइवेट प्लेसमेंट पर आधारित होगा （証券の）発行は私募による

इश्रत [名*]《A. عشرت》(1) 安楽 (2) 快楽 (3) ぜいたく (贅沢)；贅

इषणा [名*] 欲望；欲求

इषित [形] (1) 動かされた (2) 刺激を受けた (3) 激しい；激烈な；猛烈な

इषु [名] (1) 矢 (2) 5 の数 (3)〔幾〕せいし（正矢）

इष्ट[1] [形] (1) 望まれた；望ましい (2) 好ましい；愛しい；好きな (3) 信奉する

इष्ट[2] [名] (1) 望みのもの (2) 好むもの；愛するもの；好きなもの (3) 信奉するもの तू ही इष्ट है मेरा तू ही देवता है 汝こそわが信奉するもの汝こそわが神なり

इष्टतम [形] (1) 最も望ましい；一番望ましい (2) 最適の；最善の

इष्ट देव [名] 個人的に信奉する神；守護神

इष्टार्थ [名]〔言〕内包的意味

इष्टि [名*] 意欲；欲求；念願

इस [代・代形] 三人称代名詞兼指示代名詞及び指示代名形容詞 यह の単数斜格形 (sg.,obl.) で格助詞を従えたり名詞を修飾する भारतीय जनता क्या चाहती है, इसका पता लगाने के लिए インドの民衆が何を望んでいるか，これを調べるために **इस कान सुनना उस कान उड़ा देना** 馬耳東風と聞き流す= इस कान सुनना उस कान निकाल देना. **इस कोठे का धान उस कोठे में जा॰** 無駄骨を折る **इस जन्म में नहीं**決して **इस तरफ़** こちらへ；こちらの方向へ **इस तरह** このように；こんなふうに；かように **इसपर ख़ाक डालो** その話はやめにする= इसपर पत्थर मारो. **इसपर न जाना** それをあてにするな= इसपर न भूलना. **इस पार या उस पार** どちらかの決断や決定 **इस लिए** それで；だから；故に. その他 इस で始まる慣用句は इस の次の語の項を参照のこと

इसकंदर 〔人名・史〕《A. اسکندر इस्कंदर》アレキサンダー大王；アレクサンドロス大王

इसकंदरीया 〔地名〕《A. اسکندریہ इस्कंदरीय》アレクサンドリア（エジプト）

इसतंबोल 〔地名〕《T. استنبول इस्तंबोल》スタンブール（トルコ）

इसतरी [名*] = इस्त्री; स्त्री.

इसनान [名] 水浴；沐浴= स्नान.

इसपंज [名] 《E. sponge》(1) スポンジ；海綿 (2) 海綿状のもの= इस्पंज.

इसपात [名] = इस्पात.

इसपिरिट [名*] = इस्पिरिट. 酒精；アルコール

इसपेशल [形] 《E. special; especial》(1) 特別の (2) 臨時の

इसफ़नाज [名] 《P. اسفناج इस्फ़नाज》〔植〕アカザ科ホウレンソウ= पालक. → इस्फ़नाज.

इसबग़ोल [名] 《← P. اسپغول अस्पग़ोल》(1)〔植〕オオバコ科草本【*Plantago ovata*】 (2) その種子= ईसबग़ोल; ईसपग़ोल.

इसमाईल 〔人名・イス〕《A. اسماعیل इस्माईल》預言者アブラハムの長子イスマーイール；イシュマエル= इस्माईल.

इसमाईली [名] 《A. اسماعیلی》〔イス〕イスマーイール派（シーア派の一）

इसरमूल [名]〔植〕ウマノスズクサ科蔓草インドウマノスズクサ【*Aristolochia indica*】〈Indian birthwort〉

इसराईल [名] 《A. اسرائیل》(1)〔人名〕イスラーイール（ヘブライの族長イサクの子）；ヤコブ (2)〔国名〕イスラエル〈Israel〉

इसराईली[1] [形] 《A اسرائیلی》(1) イスラーイールの (2) イスラエルの

इसराईली[2] [名] ユダヤ教徒；ユダヤ民族；ヤコブの子孫

इसराईली[3] [名*]〔言〕ヘブライ語

इसराज [名]〔イ音〕イスラージ／エスラージ（ベンガル地方に行われる擦弦楽器の一，サーランギーの変種）

इसराफ़ील [名] 《A. اسرافیل》〔イス〕イスラーフィール（イスラム教の天使の一．終末のラッパを吹くとされる）

इसरार [名] = इस्रार.

इसलाम [名] = इस्लाम.

इसलामाबाद 〔地名〕《A.P. اسلام آباد》イスラーマーバード（イスラマバード，パキスタンの首都）= इस्लामाबाद.

इसलामी [形] = इस्लामी.

इसलाह [名*] = इस्लाह.

इसलिए [副] それで；故に；だから；(–) なので→ इस. मुझे खाना बनाना नहीं आता था.इसलिए मजबूर होकर वहीं खाना खाना पड़ता था 私は料理が作れなかったので止むを得ずあそこで食事をしなくてはならなかった इसलिए आज मैं आपसे मिलने आया हूँ だから今日あなたに会いに来たのです

इसी [代・代形] इस に ही の加わった強調形．正にこの，他でもないこの，ちょうどこのなどの意． इसी के मुकाबले正にこれに対して नाग तो इसी ताक में था コブラは正にその好機を狙っていた इसी पुस्तक का लेखक 正にこの本の著者 इसी लिए だからこそ；正にこのために → इस लिए. इसी बात को 全く同じことを इसी प्रकार 全く同様に इसी संदर्भ में全く同じ脈絡で इसी का नाम याकूब है 正にこの人の名がヤコブである इसी से だからこそ；正にこの事から；他でもないこれから

इसू ख़्रीष्ट [名]《B. ← E. Jesus Christ》イエスキリスト= ईसा मसीह.

इसे [代] 代名詞 यह の単数斜格形（sg., ac.,dat.）= इसको.

इस्कूल [名]《E. school》学校（一般に小学校，中学校，高等学校などを指すが各種の技能，技術の指導を行ったり訓練を施したりする教育機関や施設をも指す．また，大学の学部，流派，学派など英語で school と言う語が用いられる意味範囲での使用も行われる = स्कूल. → प्राइमरी स्कूल/प्राइमरी इस्कूल; मिडल स्कूल/मिडिल स्कूल; हाइ स्कूल. इस्कूल का इंस्पेक्टर 視学；視学官 इस्कूल के इंस्पेक्टर इस्कूल के मुआयने के लिए आए 視学官が学校の視察にやって来た

इस्टार्ट [名] 《E. start》スタート इस्टार्ट क॰スタートさせる डैडी ने गाड़ी इस्टार्ट की 父さんが車をスタートさせた

इस्टेशन [名] 《E. station》駅；鉄道の駅= स्टेशन.

इस्तक़बाल [名] = इस्तिक़बाल.

इस्तमरारी[1] [形] 《A. استمراری इस्तिम्रारी》(1) 永久的な；永続的な；一定の (2) 永久査定制の行われる **इस्तमरारी बंदोबस्त** 永久査定制（英領インドの地税制度）

इस्तमरारी[2] [名*] 永久査定制の土地

इस्तरी [名*] (1) アイロン (2) アイロンがけ इसपर तो इस्तरी भी नहीं की गयी है これにはアイロンもかけられていない

इस्तिंजा [名] 《A. استنجا》用便後局部を水や土などで清めること इस्तिंजा या आबदस्त हमेशा बाएँ हाथ से लें 用足し後の水洗いは必ず左手を用いること **इस्तिंजा लड़ना** 親交を結ぶ；親密な関係にある **इस्तिंजा से इस्तिंजा लड़ाना** 世俗の楽しみを享受する

इस्तिंजाख़ाना [名] 《A.P. استنجا خانہ》便所= शौचालय.

इस्तिक़बाल [名] 《A. استقبال》出迎え；歓迎 (-का) इस्तिक़बाल क॰（ーを）出迎える；歓迎する= (-का) स्वागत क॰; (-की) आवभगत क॰.

इस्तिक़लाल [名] 《A. استقلال》(1) 独立；自立 (2) 堅固さ；強固さ

इस्तिग़ासा [名] 《A. استغاثہ》(1) 訴訟；刑事訴訟 इस्तिग़ासा दायर क॰ 告訴する अपने गाँववालों पर डाके का इस्तिग़ासा दायर करना चाहते थे 自分の村人を相手取って強盗事件として告訴したいと思っていた (2) 告訴状

इस्तिम्बात [名] 《A. استنباط》推論 इस्तिम्बात क॰推論する

इस्तिम्रारी [形・名*] → इस्तमरारी.

इस्तिरी [名*] = इस्तरी.

इस्तिलाह [名*] 《A. اصطلاح》専門用語；術語

इस्तिलाहात [名*] 《A. اصطلاحات》専門語語彙集

इस्तिस्ना [名] 《A. استثنا》例外= अपवाद.

इस्तिहकाम [名] 《A. استحکام इस्तेहकाम》強さ；強固さ；強靭さ= मज़बूती; दृढ़ता.

इस्तीफ़ा [名] 《A. استیفا》(1) 辞表 **इस्तीफ़ा दे॰** （ーの職の）辞表を出す；辞職する उन्होंने अपने पद से इस्तीफ़ा दे दिया 職を辞した उन्होंने आई॰सी॰एस॰से इस्तीफ़ा दे दिया 同氏はインド文官職を辞職された (2) 辞任；辞職 गृहमंत्री के इस्तीफ़े के बाद 国務大臣の辞職後

इस्तेमाल [名] 《A. استعمال》使用；用いること；使うこと इस्तेमाल क॰ 使う；使用する；用いる कैंची का इस्तेमाल करो 鋏を使いなさい कोयला, तेल, पेट्रोलियम इत्यादि का इस्तेमाल 石炭，油，石油などの使用 ये दवाएँ चिकित्सक के परामर्श से ही इस्तेमाल की जानी चाहिए これらの薬は医師の指示の下にしか使用してはならない साबुन का इस्तेमाल せっけんの使用 (-) **इस्तेमाल में आ॰** （ーが）使用される；用いられる जो चीज़ें इस्तेमाल में आ रही हों उन्हें हिफ़ाज़त से रख दें 使用中のものを大切にしなさい (-) **इस्तेमाल में लाना** （ーを）用いる；使用する **इस्तेमाल हो॰** 用いられる；使用される

इस्तेमालशुदा [形] 《A.P. استعمال شدہ》使用済みの；既に使用された डाक के इस्तेमालशुदा टिकट 使用済みの郵便切手

इस्त्री[1] [名*] = स्त्री.

इस्त्री[2] [名*] アイロン इस्त्री क॰アイロンをかける उन कपड़ों पर इस्त्री करना है それらの服にアイロンをかけなくてはならない

इस्थिर [形] = स्थिर.

इस्ना अशर [数・名] 《A. اثنا عشر》(1) 12 (2)〔イス〕十二イマーム派（シーア派内の主要宗派）

इस्ना अशरी [形] 《A. اثنا عشری》〔イス〕十二イマーム派の

इस्नान[1] [名] = स्नान; असनान.

इस्नान[2] [名] 《A. اصنان》腋臭；腋臭症= गंदा बग़ल.

इस्पंज [名] 《E. sponge》(1) スポンジ；海綿 (2)〔動〕海綿動物 (3) スポンジ状のもの

इस्पात [名] はがね (鋼)；鋼鉄 इस्पात वह लौह है जिसमें 1.7 प्रतिशत तक कार्बन मिला रहता है 1.7 %まで炭素の混じった鉄が鋼鉄である
इस्पाती [形] (1) はがねの；鋼鉄の ऊपर से इस्पाती जामा पहने 鋼鉄の装いをした (2) 鋼鉄のように強靭な
इस्पिरिट [名*] 《E. spirit》(1) 精神；魂 (2) アルコール；酒精；スピリット＝स्पिरिट. इस्पिरिट के साथ रखना アルコール漬け
इस्पीच [名*] 《E. speech》(1) 弁論 (2) 演説
इस्प्रेड्स [名] 《E. spreads》パンに塗ったりのせて食する食品；スプレッド
इस्फ़नाज [名] 《P. اسفناج》〔植〕アカザ科ホウレンソウ→ इसफ़नाज; पालक.
इस्म [名] 《A. اسم》(1) 名；名前；名称 (2)〔言〕名詞
इस्मत [名*] 《A. عصمت》貞操；貞節＝ अस्मत.
इस्मतदर [形・名] 《A.P. عصمت در》強姦する（人）；凌辱する（人）
इस्मतदरी [名*] 《A.P. عصمت دری》強姦；婦女暴行；レイプ
इस्मतफ़रोश [名*] 《A.P. عصمت فروش》売春婦＝ वेश्या; रंडी.
इस्मतफ़रोशी [名*] 《A.P. عصمت فروشی》売春；売春行為；春をひさぐこと＝ वेश्यावृत्ति.
इस्माईल 〔人名・イス〕《A. اسمائیل》預言者イスマーイール；イシュマエル＝ इसमाईल.
इस्माईली [名] 《A. اسمائیلی》〔イス〕イスマーイール派
इस्मे शरीफ़ [名] 《A. اسم شریف》相手の名前を丁寧に言う言葉；お名前；御尊名＝ शुभ नाम.
इस्राईल 〔人名〕イスラーイル→ इसराईल.
इस्रायल 〔国名〕《E. Israel》イスラエル＝ इजराईल.
इस्रार[1] [名] 《A. اصرار》(1) 強情；頑固；意地を張ること इस इनकार व इस्रार में दोनों को बराबर मज़ा आता है この拒否と意地張りを両者は絶え間なく楽しく感じている (2) 頑強さ；しつこさ；粘り強さ इस्रार से しっかりと；がっちりと；粘り強く उसने बहुत इस्रार से विनय को थामा और वापस ले चला 彼はヴィナヤをしっかりと押しとどめて連れて行った (3) 懇願 माँ के बार-बार इस्रार करने पर 母が幾度も懇願したので
इस्रार[2] [名] 《A. اسرار》(1) 内緒にすること；秘密にすること；秘匿；隠すこと इस्रार करो तो कहते हैं 君が内緒にするなら（他言しないなら）話そう (2) 秘密；内密；内緒＝ भेद.
इस्लाम [名] 《A. اسلام》イスラーム；イスラム教；回教＝ इस्लाम धर्म. क्या तू इस्लाम क़बूल करेगा?. 汝イスラム教に入信致すか
इस्लामाबाद 〔地名〕《A.P. اسلام آباد》イスラーマーバード（イスラマバード，パキスタンの首都）＝ इसलामाबाद.
इस्लामी [形] 《A. اسلامی》(1) イスラム教の；イスラム的な (2) イスラム教徒の
इस्लामीयात [名] 《A. اسلامیت》イスラム教文献
इस्लाह [名*] 《A. اصلاح》改善；改良；修正 जच्चाख़ाने की इस्लाह 産室の改良
इस्लाही [形] 《A. اصلاحی》(1) 改善の；改良の (2) 改善された；改良された；修正された
इस्सर [名] 神 ＝ ईश्वर.
इह[1] [副] (1) ここで (2) この世で；現世で
इह[2] [名] 現世；この世；今生
इहकाल [名] 現世；この世；今生
इहतियाज [名] 《A. احتیاج एहतियाज》(1) 必要 (2) 欠乏 (3) 困窮＝ एहतियाज.
इहतियात [名*] 《A. احتیاط एहतियात》注意；用心；警戒＝ सावधानी; ख़बरदारी.
इहतियातन [副] 《A. احتیاطاً एहतियातन》注意深く；用心深く＝ एहतियातन; सावधानी से.
इहलीला [名*]（来世や前世に対して）今生；この世→ इह, लीला.
इहलोक [名] この世；現世
इहलौकिक [形] 現世の；この世の；今生の
इहै [代] 《Br., Av.》＝ यही.

ई

-ई [接尾] (1) 動詞語根に付加されて完了分詞／過去分詞及び直説法過去時制形（自動詞は主語が，他動詞は目的語が女性複数）を作る. √दौड़走る→ दौड़ीं走った √सुन聞く→ सुनीं聞いた (2) 長母音 -ई で語根が終わる場合にはそれが -ईとなる √पी → पीं飲んだ
ईंगुर [名] 鉛丹；光明丹；シンドゥール（ヒンドゥーの既婚女性が幸運，すなわち，夫の存命のしるしとして前頭部の髪の分けぎわにこれを塗る）＝ सिंदूर.
ईंचना [他] 引く；引っ張る；引き寄せる
ईंचमनौती [名*]〔農〕ザミーンダールが小作料を小作人から直接取り立てる代わりに小作人の取引関係のある金貸しを介して取り立てるシステム
ईंट [名*] (1) れんが（煉瓦） वे ईंट और पत्थर के बने हुए होते थे それらは煉瓦と石で作られていた पक्की ईंट 焼き煉瓦 कच्ची ईंट 日干し煉瓦 (2) 煉瓦の形をしたもの（特に金銀の塊） सोने की पाँच ईंटें 煉瓦の形の金塊 5 個 (3)（トランプの）ダイヤ **ईंट का घर मिट्टी क॰** 台無しにする；すっかり駄目にする；家産を傾ける **ईंट का घर मिट्टी हो॰** 台無しになる；すっかり駄目になる；家産が傾く **ईंट का जवाब ईंट से पत्थर का जवाब पत्थर से** 〔諺〕目には目歯には歯 **ईंट का जवाब पत्थर से दे॰** 〔諺〕受けた害に対し厳しく報復する；目には目歯には歯 **ईंट की रोटी खाना** 汗水流して稼ぐ **ईंट खोद खोदकर खाना** 売り食い（する）；筍生活 **ईंट गढ़ना** 煉瓦の形を金槌で削るなどして整えること **ईंट चुनना** 煉瓦を接合する **ईंट जोड़ना** 煉瓦を接着して積み上げる **ईंट तक बिकवाना** かまど（竈）の灰まで取り立てる **ईंट-पत्थर** *a.* 役に立たないもの；無用のもの *b.* 全く何もない；全然何もない **ईंट पाथना** 煉瓦造りのために焼く土を型に入れる **ईंट से ईंट बजना** *a.* 激しく戦う *b.* 家屋や町が破壊される *c.* 壊滅する **ईंट से ईंट बजाना** *a.* 家や町を破壊しつくす *b.* 仲違いをさせる **ईंटों से निकलकर कीचड़ में फँसना** 〔諺〕一難去ってまた一難
ईंटा [名] ＝ ईंट.
ईंडरी [名*] ＝ ईंडुरी.
ईंडुरी [名*] ＝ गेंडुरी. 頭上運搬の際，頭上の荷を安定させるため頭にのせる布などでこしらえた敷物；かんわめ
ईंधन [名] (1) たきぎ（薪） (2) 燃料 (3) 怒りをかきたてるもの परमाणु ईंधन 原子力燃料 **ईंधन हो जा॰** 無力になる；衰弱する
-ई[1] [接尾] 《Skt. -इन्》所有の意を加えるサンスクリットの接尾辞 -इन् に発するがヒンディー語では -ई になる. 名詞から名詞，あるいは，形容詞を作る धन 財；財産 → धनी 資産家（の）；金持ち（の）
-ई[2] [接尾] (1) -आ 語尾男性名詞に対し女性名詞を作る नाना 母方の祖父→ नानी 母方の祖母 (2) 名詞からそれに関わる女性名詞を作る दाढ़ あご → दाढ़ी あごひげ (3) 名詞から形容詞を作る चीन 中国 → चीनी 中国の कांग्रेस（インド）国民会議派→ कांग्रेसी 国民会議派の；会議派党員 (4) 名詞からそれに関わる職業の人を表す語を作る तेल 油 → तेली テーリー（油の製造及び販売を本来の生業としたカーストの成員） (5) 男性名詞からそれの小さいものを表す語を作る रस्सा 綱 → रस्सी ひも（紐）
-ई[3] [接尾] 《P.》(1) 名詞に添加されて形容詞や名詞を作る हिंदुस्तान インド→ हिंदुस्तानी インドの；インド人 हैवान 動物；獣；畜生→ हैवानी 動物の；動物的な；畜生のような दोस्त 友人 → दोस्ती 友情；友愛 (2) 形容詞から女性抽象名詞を作る ख़ामोश 静かな；黙った → ख़ामोशी 静けさ；沈黙
-ई[4] [接尾] (1) 子音で終わる動詞語根に付加されて完了分詞／過去分詞及び直説法過去時制形（自動詞は主語が，他動詞は目的語

が，女性単数形）を作る √दौड़走る→ दौड़ी 走った √सुन्聞く→ सुनी 聞いた (2) 長母音 -ई で終わる語根の場合，語根そのものと同形になる √पी 飲む→ पी 飲んだ

ई॰ [名] (1) ローマ字 E の略号 (2) イエスキリストの（ईसवी）もしくは西暦 ईसवी सन्の略号 जून 1958 ई॰ 西暦 1958 年 6 月 (3) イエスキリスト（ईसा）の略

ई॰आई॰आर॰ [名] 《E. E.I.R.; East Indian Railways》東インド鉄道会社（英領インドの初期の鉄道会社の一）

ई॰ई॰जी॰ [名] 《E. EEG ← 1. electro encephalograph 2. electro encephalogram》〔医〕(1) 脳波計 ई॰ई॰जी॰परीक्षण 脳波形検査 (2) 脳電図；脳波図

ई॰एन॰टी॰विशेषज्ञ [名] 《← E. E.N.T.(ear-nose-throat) doctor》耳鼻咽喉科医= ई एन टी चिकित्सक; ई एन टी डाक्टर.

ईकार [名] (1) 母音 ई (2) その文字

ईकारांत [形] -ई 語尾の

ईक्ष [名*] = ईख.

ईक्षक [名] (1) 見る人；観察者 (2) 調べる人；考える人；検討する人

ईक्षण [名] (1) 見ること；観察 (2) 調査すること (3) 目 (4) 考究

ईक्षा [名*] (1) 視線 (2) 見ること (3) 考えること

ईक्षिका [名*] 視覚；目

ईक्षित [形] (1) 見られた (2) 調べられた；検討された

ईख [名*]〔植〕イネ科サトウキビの総称 गन्ना【*Saccharum sinense*】 पौंढ़ा【*Saccharum officinarum*】

ईछन [名] = ईक्षण.

ईज़ा [名*] 《A. ایزا》(1) 苦しめること；悩ませること (2) 苦しみ；苦痛；悩み (3) 危害

ईजाद [名*] 《A. ایجاد》発明；考案 **ईजाद क॰** 発明する；考案する किसने किताबें छापने का तरीक़ा ईजाद किया था 印刷術を発明したのはだれ (-) **ईजाद हो॰** （ーが）発明される；考案される आजकल हवा से बातें करनेवाली सवारियाँ ईजाद हो गई हैं 近頃超スピードの乗り物が発明されている

-ईजिए [接尾] 不規則変化動詞（करना, देना, लेना, पीना, होना）に接続して命令法二人称形（आप 対応形）を作る= -ईजिये. करना → कीजिए. देना → दीजिए. लेना → लीजिए. पीना → पीजिए. होना → हूजिए. なお करना 及び होना にはこれとは別にそれぞれ別の活用形 करिए, होइए も採る

ईजिप्ट [国名] 《E. Egypt》エジプト；エジプト・アラブ共和国

ईजी [感] 《E. easy》休め（号令）

ईठ[1] [形] 好きな；愛する；愛好する；好む= इष्ट; प्रिय.

ईठ[2] [名] 友；友人= मित्र; दोस्त; सखा.

ईठि [名*] (1) 愛好= प्रीति. (2) 友愛；友情= मैत्री; मित्रता; दोस्ती.

ईड़ा [名*] 称賛；賛称= संस्तुति; स्तुति; प्रशंसा.

ईडिक्ट [名] 《E. edict》(1) 布告；勅令 (2) 命令

ईड़ित [形] 称賛された= प्रशंसित.

ईडिपस मनोग्रंथि [名*] 《E. Oedipus + H.》エディプスコンプレックス（精神分析）；親母複合〈Oedipus complex〉

-ईण [接尾] 《Skt.》 = -ईन[1].

ईतर [形] ありきたりの；そんじょそこらの= साधारण; मामूली.

ईति [名*] (1) 農作物に害を与える災害（大雨，旱魃，鳥獣や虫，戦争などによる） (2) 障害= बाधा. (3) 争い (4) 苦痛= पीड़ा; दु:ख.

ईथर [名] 《E. ether》(1) エーテル（仮想物質） (2) エーテル（エチルエーテル）

ईद [名*] 《A. عید》(1) 祭り；祝い；祝日；祭日（特にイスラム教の 2 つの大祭，すなわち，イードゥルフィトル→ ईदुल फ़ित्रとイードゥッズハー → ईदुज़्ज़ुहा） (2)〔イス〕断食明けの祭り，イードゥルフィトル= ईदुल फ़ित्र. रमज़ान ख़त्म होने पर ईद मनाई जाती है ラマザーン明けにイードが祝われる (3)〔イス〕→イードゥッズハー (4) 喜び；嬉しさ；嬉しい時；楽しい時 **ईद मुबारक** イードの際交わし合う祝いの挨拶の言葉 **ईद का चाँद** めったに会えない人；めったに訪れない人 **ईद के चाँद हो गए** これはお珍しいことで（久しぶりの客に対しての挨拶の言葉） **ईद के पीछे टर**〔諺〕後の祭り **ईद पीछे चाँद मुबारक** 時機を逸したことのたとえ **ईद मनाना** *a.* 喜びを表す *b.* 祝う

ईदगाह [名*] 《A.P.عیدگاہ》〔イス〕イードガー（イードの際に地域住民が集会して礼拝を行う設備のある広場）

ईदी [名*] 《A. عیدی》〔イス〕(1) イードの際に子供や使用人，郵便配達人などの普段世話になっている人に与えられる小遣いや祝儀 मम्मी बच्चों को ईदी भी देती हैं 母さんは子供たちにイーディーも下さる (2) イードの際に知己に贈る贈り物 (3) イードの際に詠まれ贈られる祝いの詩 (4) この祝いの詩に対する謝礼 **ईदी झड़ी** 1 週間も続くような長雨

ईदुज़्ज़ुहा [名*] 《A. عید الضحی》〔イス〕イードゥッ・ズハー／イード・ルアドハー（犠牲祭；イスラム暦の 12 月，すなわち，ズ・ル・ヒッジャ月の 10 日目から 13 日にかけての 4 日間祝われる）= ईदे अज़्हा; ईदे क़ुर्बान

ईदुल अज़्हा [名*] 《A. عید الاضحی》= ईदुज़्ज़ुहा.

ईदुलफ़ित्र [名*] 《A. عید الفطر》〔イス〕イードゥル・フィトル祭（ラマダーン月の断食明けにイスラム暦 10 月，すなわち，シャッワール月の 1 日から 3 日までの 3 日間祝われる）= मीठी ईद.

ईदृश[1] [形] このような；かような；かくの如き

ईदृश[2] [副] このように；かくの如く

ईदे अज़्हा [名*] 《A. عید اضحی》〔イス〕イードゥル・アズハー；イードゥル・アドハー；犠牲祭= ईदुज़्ज़ुहा.

ईदे क़ुर्बान [名*] 《A. عید قربان》= ईदुज़्ज़ुहा.

ईदे रमज़ाँ [名*] 《A. عید رمضان》〔イス〕イーデラマザーン；イードゥルフィトル= ईदुलफ़ित्र.

-ईन[1] [接尾] 《Skt.》→ ईण. サンスクリットの形容詞及び名詞から形容詞及び名詞を作る第二次接尾辞 नव → नवीन 新しい ग्राम → ग्रामीण 村の；村落の

-ईन[2] [接尾] 《P.》名詞に付加されて形容詞や名詞を作る नमक 塩 → नमकीन 塩の；塩辛い；塩味の

ई॰पू॰ [名] ईसा पूर्व の略．紀元前 अरस्तू 384 - 322 ई॰पू॰ アリストテレス（紀元前 384–322）→ ईसा; ईसा पूर्व.

ईप्सा [名*] 欲；欲求；願望= इच्छा; अभिलाषा.

ईप्सित [形] 望まれた；欲せられた= इच्छित; अभिलषित.

ईप्सु [形] 求める；欲しがる

ईफ़ा [名] 《A. ایفا》約束を守ること= प्रतिज्ञापालन.

ईफ़ाए वादा [名] 《A. ایفاے وعدہ》約束を守ること

ईमान [名] 《A. ایمان》(1) 信仰；信心；宗教 (2) 信義 (3) 良心 (4) 誠；誠実さ **ईमान काँपना** 良心がとがめる **ईमान का** 正直な；誠の；信頼される बेटा, क्या बिगाड़ के डर से ईमान की बात न कहोगे なあお前，具合が悪くなるのを心配して誠のことを話さないのかい **ईमान का ख़ून क॰** 信義を破る **ईमान का पैसा खाना** 誠実に暮らす **ईमान खोना** 不誠実になる；不正直になる；信義に背く= ईमान छोड़ना. **ईमान जा॰** 不誠実になる；信義にもとる= ईमान ठिकाने न हो॰; ईमान डिगना; ईमान डोलना. **ईमान दे॰** 信義を捨てる= ईमान बग़ल में दबाना. **ईमान बिगड़ना** = ईमान जा॰. **ईमान बेचना** 良心を売る दोस्ती के लिए कोई अपना ईमान नहीं बेचता 友情のためといって己の良心を売る者はいないものだ **ईमान में ख़लल आ॰** 不誠実になる **ईमान में फ़र्क़ आ॰** 良からぬ心が起こる；邪悪な心が頭をもたげる (-पर) **ईमान लाना** （ーを）信じる；信仰する मैं ख़ुदा पर ईमान लाता हूँ 私は神を信じる **ईमान से** 誠実に；正直に मैंने ईमान से लिखा 正直に書いた **ईमान से कहना** 正直に言う

ईमानदार [形] 《A.P. ایمان دار》(1) 誠実な；正直な (2) 信頼のある；信用のある

ईमानदारी [名*] 《A.P. ایمان داری》(1) 誠実；正直 (2) 信頼；信用 कठोर परिश्रम और ईमानदारी ही व्यापार की सफलता का रहस्य है 勤勉と正直だけが商売に成功する秘訣だ **ईमानदारी का** 誠実な；正直な **ईमानदारी की रोटी कमाना** 誠実に暮らす **ईमानदारी के साथ** 誠実に；忠実に अपने काम को वह हमेशा ईमानदारी के साथ करता था 自分の務めを忠実に果たしていた **ईमानदारी से** = ईमानदारी के साथ.

ईमानफ़रोश [形] 《A.P. ایمان فروش》不正直な；不誠実な；背信的な

ईमानफ़रोशी [名*] 《A.P. ایمان فروشی》不正直；不誠実；裏切り（行為）；背信行為

-ईय [接尾] 《Skt.》名詞に添加されて関連や所属を表す名詞や形容詞を作る接尾辞 पर्वत 山；山岳→ पर्वतीय 山の；山岳の स्वर्ग 天国 → स्वर्गीय 天国の；物故した

ईराक़ [名] 《A. ایراق》木の芽の出ること；若葉の出ること

ईरान 〔国名〕《P. ایران》イラン→ फ़ार्स/फ़ारस ペルシア.
ईरानी[1] [形]《P. ایرانی》イランの
ईरानी[2] [名] イラン人
ईरानी[3] [名*]〔言〕イラン語；ペルシア語→ फ़ारसी.
ईर्षा [名*] = ईर्ष्या.
ईर्ष्या [名*] 妬み；羨ましさ；嫉妬 ईर्ष्या क॰ 羨む；妬む；嫉妬する ईर्ष्या प्रकट क॰ 三嘆する ईर्ष्या से जलना 激しく妬む
ईर्ष्यालु [形] (1) 嫉妬深い；妬み深い (2) 羨ましい；妬ましい ईर्ष्यालु विचार 妬ましい考え
ईल [名*]《E. eel》〔魚〕ウナギ科ウナギ（鰻）= ईल मछली.
-ईला [接] 名詞や動詞語根に付加されて形容詞 [形+] を作る चमक 輝き → चमकीला 光り輝く जहर 毒 → जहरीला 有毒な
ईश [名] (1) 主；主人 (2) 神 (3) 夫；主人 (4) 王
ईशकोण [名] 東北；東北の方角
ईशान [名] (1) 主 (2) 神 (3) シヴァ神 (4) 東北の方角
ईशानी [名*] (1) ドゥルガー神 दुर्गा (2) パンヤの木= सेमल.
ईशावास्य [名]〔ヒ〕イーシャーヴァースヤ・ウパニシャッド
ईशित्व [名] ヨーガの修行によって得られるとされる 8 種の超能力のうちの一．あらゆるものを支配下に置くことができるとされる
ईश्वर [名] (1) 最高神；パラマートマー परमात्मा (2)〔イ哲〕世界創造の主宰神 (3) アートマー आत्मा (4) シヴァ神 (5) ブラフマー神 **ईश्वर का दिया** 神から授かったもの घर में ईश्वर का दिया सब कुछ है 家には何もかもそろっている ईश्वर की कृपा से 神の加護で ईश्वर की कृपा से प्रातःकाल होते-होते मैं पेशावर की सरहद पर पहुँच गया 神の御加護で夜明けと共にペシャーワルの国境に着いた **ईश्वर के लिए** どうか心底頼むから；後生だから नहीं नहीं, ईश्वर के लिए इसे छोड़ दो, तुम्हारे पैरों पड़ती हूँ いやいや，心から頼みます．後生だからこれをやめておくれ．これこの通り土下座してお願いするから
ईश्वरकारणवाद [名]〔哲・宗〕理神論；自然神教〈deism〉
ईश्वर-प्रदत्त [形] (1) 神から授かった；天から授かった；天与の यह सुविधा हमारे लिए ईश्वर-प्रदत्त सुख था この便宜は我々にとっては天から授かった幸せだった (2) 天賦の
ईश्वरवाद [名]〔哲・宗〕有神論〈theism〉
ईश्वरवादी [形・名] 有神論の（人，有神論者）
ईश्वरी [形] = ईश्वरीय.
ईश्वरीय [形] (1) 神の；最高神の (2) 神による；神の力による **ईश्वरीय नियम** 自然の法則；天道
ईश्वरेच्छा बलवती [句]《Skt.》人事は神の欲するままになるものである；運命には抗し難いものである
ईषत्[1] [副] 少し；少々；わずかに；ほんのわずか
ईषत्[2] [形] ほんのわずかの；少量の；少数の
ईस [名] = ईश.
ईसपग़ोल [名]《← P.اسپغول अस्पग़ोल》= ईसबग़ोल.〔植〕オオバコ科の草本（その実が薬用）【*Plantago ovata*】= इसबग़ोल.
ईसर[1] [名] 繁栄；栄華= धनसंपत्ति; वैभव.
ईसर[2] [名] = ईश्वर.
ईसरगोल [名] = ईसपगोल; ईसबगोल.
ईसरमूल [名]〔植〕ウマノスズクサ科蔓草インドウマノスズクサ【*Aristolochia indica*】〈Indian birthwort〉
ईसवी [形]《A. عیسوی》キリストの；キリスト教の= ईस्वी.
ईसवी सन [名]《A. عیسوی سن》西暦= ईस्वी सन्; ईस्वी संवत्.
ईसा [名]《A. عیسیٰ/عیسا》イエスキリスト= ईसा मसीह; हज़रत ईसा.
ईसाई [名]《A. عیسائی》クリスチャン；キリスト教徒 भारतीय ईसाई インド人クリスチャン ईसाई बनना クリスチャンになる；キリスト教徒になる
ईसाईयत [名*]《A. عیسائیت》キリスト教 = ईसाई धर्म; ईसाई मत. यह वह ज़माना था जब अंग्रेज़ी तालीम और ईसाईयत एक ही चीज़ समझी जाती थी それは英語教育とキリスト教とが同じものと考えられていた時代のことだった
ईसा पूर्व [名] 紀元前；B.C. तीसरी शती ईसा पूर्व 紀元前 3 世紀
ईसा मसीह [名]《A. عیسیٰ مسیح》イエスキリスト= ईसा; हज़रत ईसा.
ईसार [名]《A. ایثار》献身；自己犠牲= स्वार्थ-त्याग; त्याग.
ईसारपेशा [形]《A.P. ایثارپیشہ》献身的な；自己犠牲的な
ई॰सी॰ [名]《E. E.C; European Community》ヨーロッパ共同体
ई॰सी॰जी॰ [名]《E. ECG; electrocardiogram》心電図= इलैक्ट्रोकार्डिओग्राम; विद्युत्-हृद्‌लेख.
ई॰सी॰टी॰ [名*]《E. ECT; electroconvulsive therapy》〔医〕電気痙攣療法
ईसुरी [形] = ईश्वरीय.
ईसोफ़ेगस [名]《E. esophagus》食道= ग्रास नली.
ईस्ट इंडिया कंपनी [名*]《E. East India Company》〔イ史〕東インド会社
ईस्टर [名]《E. Easter》〔キ〕復活祭；イースター（春分後の最初の満月の後の日曜日）
ईस्वी [形] = ईसवी.
ईस्वी सन् [名] 西暦；西紀 = ईसवी सन्.
ईहा [名*] (1) 意欲；願望= इच्छा. (2) 努力；尽力= उद्योग.
ईहामृग [名] (1)〔動〕イヌ科オオカミ；狼= भेड़िया. (2)〔演〕サンスクリット戯曲の分類の一で 4 幕から成る
ईहित [形] 望まれた；欲せられた；願望された= इच्छित; चाहा हुआ.

उ

उँ [感] (1) うん（承諾；肯定） (2) え（疑問） (3) 不快感を表す

उँगली [名*] 手足の指 हर पैर में पाँच पाँच उँगलियाँ हैं 一本の足にはそれぞれ5本の指がついている अँगूठा 親指；拇指 अनामिका 薬指 कानी उँगली 小指= कनिष्ठिका. तर्जनी 人差し指 बीच की उँगली 中指= मध्यमा. पैरों की उँगलियाँ足の指 पैर की छोटी उँगली 足の小指 **उँगलियाँ उछल आ॰** 強く叩いたために顔や体に指の跡が残る **उँगलियाँ चमकाना** 話をする際に手や指をしきりに動かすこと（女性のしぐさでみっともないこととされる） = हाथ नचाना. **उँगलियों की पोरों पर गिनने लायक़** 指（の節で）で数えられるほどの；わずかの（指の節で数えることから） = इने-गिने. **उँगलियों के निशान** 指紋 जेल में पूछताछ करनेवालों ने उसकी दसों उँगलियों के निशान लिये थे 刑務所では取調官たちが男の全部の指の指紋を取った **उँगलियों पर आ जा॰** 近づく；接近する **उँगलियों पर गिन-गिनकर दिन काटना** *a.* 指折り数えて待つ *b.* どうにかこうにか日を送る；その日暮らしをする **उँगलियों पर गिनने लायक़** = उँगलियों की पोरों पर गिनने लायक़. **उँगलियों पर दिन गिनना** = उँगलियों पर गिन-गिनकर दिन काटना. **उँगलियों पर नचाना** 意のままに動かす；思い通りに操る (-) **उँगलियों पर नाचना** *a.* (ーが) 意のままになる；思い通りに操られる *b.* (ーについて) 熟知する；知り尽くす **उँगली उठना** *a.* 悪く言われる；指を差される；後ろ指を差される जिधर निकल जाते उधर ही उँगलियाँ उठने लगतीं どちらへ出掛けても後ろ指を差される *b.* 妨げられる；妨害を受ける *c.* 合図を受ける **उँगली उठाना** *a.* 指を差す；後ろ指を差す；非難する；とがめる；文句をつける；けちをつける；あら捜しをする तात्पर्य यह कि कोई उसकी सुंदरता पर उँगली नहीं उठा सकता つまり彼女の美しさにはだれも文句をつけることができない मेरे दसवीं तक पहुँचते पहुँचते पड़ोस की बड़ी बूढ़ियों ने मुझपर उँगली उठानी शुरू कर दी 私が10年生になるかならぬかに近所の年配の女性たちが私に後ろ指を差すようになった मैं सिर्फ़ आप की रज़ामंदी चाहता हूँ जिससे समाज को उँगली उठाने का मौक़ा न मिले 世間から非難されないようにあなたのご同意だけをいただきたいのです समाज की उठती उँगलियाँ 世間の差す後ろ指 *b.* 手を掛ける *c.* はっきり指し示す **उँगली क॰** *a.* たまげさせる；びっくりさせる *b.* 指を突っ込む **उँगली काटना** *a.* たまげる *b.* 悔やむ；後悔する **उँगली कान में दे॰** 耳をふさぐ；聞こうとしない **उँगली चटकाना** 指を（折って関節を）鳴らす **उँगली चढ़ा दे॰** 大変困らせる；大変悩ませる **उँगली चाटते रह जा॰** （おいしいものを）食べ足りない様子を見せる **उँगली तोड़ना** = उँगली चटकाना. **उँगली दाँत से काटना** = उँगली काटना. **उँगली दिखाना** *a.* 非難する *b.* 脅す；脅迫する **उँगली देते पहुँचा पकड़ना** 人の厚意につけいる；庇を借りて母屋を取る **उँगली नचाना** = उँगलियाँ चमकाना. **उँगली न रखने दे॰** 手を触れさせない **उँगली पकड़ते पहुँचा पकड़ना** = उँगली देते पहुँचा पकड़ना. **उँगली पकड़ना** 手をつなぐ；手を引く बड़े बच्चे को उँगली पकड़कर साथ ले जाएँ 大きな子は手をつないで連れて行かれるのがよい **उँगली पकड़ाना** 助ける；援助する；手助けする **उँगली पर गिनते रात काटना** 待っているうちに夜が明ける **उँगली पर नचाना** *a.* 思いのままに操る *b.* 悩ます；苦しめる **उँगली पसारना** = उँगली दिखाना. **उँगली मटकाना** = उँगलियाँ चमकाना. **उँगली में लहू लगा शहीद बनना** 名目的な犠牲で名声を博する **उँगली रखना** 欠陥を示す (-में) **उँगली लगाना** *a.* 協力する；手助けする；援助する *b.* 触れる；触る

उँगली छाप [名*] 指紋= अंगुली छाप; अंगुलिछाप.

उँघाई [名*] まどろみ ← ऊँघना.

उँचाई [名*] (1) 高さ= ऊँचापन. (2) 偉さ；偉大さ= बड़प्पन.

उँचाना [他] 高める；高くする；上げる

उंचास [数] 49 = उनचास.

उंछ [名*] 落ち穂拾い= सीला बीनना.

उँजियार[1] [名] 明かり

उँजियार[2] [形] (1) 明るい；輝いている；光っている (2) 白い

उँजियारा[1] [名] 明かり；光；輝き= उजियार; उजाला.

उँजियारा[2] [形+] 明るい；輝いている

उँज्यारा [名] = उँजियारा[1]. भारत आकाश का उँज्यारा インドの天空を照らすもの

उँडेलना [他] = उँड़ेलना. (1) （器に液体を）注ぐ；入れる गिलास में पानी उँडेलना コップに水を注ぐ हम घड़े और सुराही से पानी उँडेलकर पीते हैं 水がめやスラーヒーから水を注いで飲む (2) 掛ける；注ぎ掛ける（容器の中のものを） पानी से भरी बाल्टी उठाकर अपने पति के सिर पर उँडेल दी 水の一杯入ったバケツを持ち上げて夫の頭に掛けた लोगों ने किशन पर बाल्टी उँडेली 皆はキシャンにバケツの水をぶちまけた यू॰डी॰कलोन की शीशियाँ सिर पर कोमल करों से उँडेलकर मलती きゃしゃな手でオーデコロンのびんから振り掛けてこする (3) ぶちまける；こぼす उसने प्याले में भरा हुआ पानी जमीन पर उँडेल दिया コップに一杯入った水を地面にぶちまけた (4) 抑えていたものをぶちまける；さらけ出す वह अपने दिल की सब बातें उसके सामने उँडेलकर रख देती थी 胸中のすべてのものをその人の前にいつもぶちまけてみせるのだった (5) （力や精神，愛情などを）傾注する；傾ける；入れる उस रोज़ वेश्या ने नृत्य-संगीत में अपनी सारी कला उँडेल दी थी その日遊女は歌と踊りに自分のすべての芸を傾注した आत्मा उँडेलना 精根をこめる；精魂を傾ける दिन-रात अपना प्यार उस बालक पर उँडेलते 日夜その子に愛情を注ぐ

उंदर [名]〔動〕ネズミ= चूहा; मूसा.

उंदरी [名*]〔動〕雌ネズミ= चुहिया.

उँदरी [名*] 頭髪が抜けること；禿頭になること；頭の禿げること

उँदरू [名]〔植〕マメ科低木【*Acacia pennata*】= ऐल.

उंदुर [名]〔動〕ネズミ= चूहा.

उँह [感] 不快感，不同意，否定などを表す感動詞

उँ हूँ [感] 不本意，不同意，否定などの気持ちを表す言葉. ううん；うんうん；いや；いやいや；だめ उँ हूँ, तुम्हारे पास क्यों आऊँ うーん，あんたのそばに何故行かなくってはならないの

उई [感] 痛みを表す言葉. 痛い！ ああ痛い

उऋण [形] 借りを返した；返済した= ऋण से मुक्त.

उकटना [他] (1) 繰り返し言う；くどく言う (2) （話を）蒸し返す

उकटा[1] [形+] 恩着せがましい= एहसान जतानेवाला.

उकटा[2] [名] (1) くだくだしく話すこと；くどくど述べること (2) 恩着せがましいことを述べること (3) 他人の科をくどくどあげつらうこと **उकटा-पुरान क॰** 話を蒸し返す= उकटापेची.

उकठना [自] (1) 乾く；乾燥する；ひからびる (2) ひからびてねじれる；乾燥して反り返る

उकठा [形+] (1) 乾燥した；乾いた；ひからびた (2) 乾燥して反り返った

उकड़ूँ [名] しゃがむこと. 一般に उकड़ूँ बैठना の形で用いられる

उकताना [自] (1) いやになる；飽きる；飽き飽きする；うんざりする；退屈する इस भाँति वही साग, वही रोटियाँ खाकर, उकता गए दो दिन में ही भारत के बिरादर このように同じ野菜，同じチャパーティーを食べインド人たちはわずか2日間でうんざりしてしまった सर्दी में दिन छोटे और रातें बड़ी होती हैं.सोते सोते जी उकता जाता है 冬は日が短くなり夜が長くなるので寝ていて退屈してくる यदि मुझसे तुम्हारा जी उकता गया है, यदि मैं तुम्हारी जान की जंजाल हो गयी हूँ तो मुझे काशी या मथुरा भेज दो もし私にうんざりしたのなら，もし私がお前の重荷になっているのなら私をカーシーかマトゥラーに送り出しておくれ (2) せく；せかせかする；あわてる；急ぐ **उकताए काम नसाए** 〔諺〕急がば回れ；せいては事をしそんじる；急いでするとと失敗する (3) 困る；閉口する सचमुच आज कई लोग रिश्तेदारों से बहुत उकताए हुए और क्षुब्ध दिखाई देते हैं 実際，今やかなりの人が親戚（付き合い）にずいぶん閉口しており不快に感じているように思われる

उकताहट [名*] ← उकताना. 落ち着きのないこと；せかせかすること；あせること= अधीरता.

उक़बा [名] 《A. عقبی उक़्बा》あの世；死後の世界；黄泉（黄泉路）；冥土= परलोक; यमलोक.

उकलना [自] (1) むける（剥ける）；はげる；めくれる (2) ほどける (3) 散る；散らばる；散らかる
उकलवाना [他・使] ←उकलना. 剥かせる；むいてもらう；剥がせる；はいでもらう；めくる→ उकेलना.
उकलाई [名*] 吐くこと；吐瀉= उलटी; क़ै; वमन.
उकलाना[1] [自] 吐く；吐瀉する
उकलाना[2] [自] = अकुलाना.
उकसना [自] (1) 盛り上がる；上がる；高くなる；沸きあがる；湧いて出る (2) 生え出る；芽を吹く (3) ほどける (4) かきたてられる；煽られる
उकसाना [他] (1) 上げる；盛り上げる；上へあげる；上へのばす；前へ出す；出す；かきたてる दीए की बत्ती उकसाना 灯芯を出す (2) けしかける；かきたてる；そそのかす；煽る；扇動する मेरे भोले-भाले बेटे को मेरे खिलाफ़ उकसा रही है （あの女は）うちの純真な息子を私に手向かうようにけしかけている धार्मिक भावना को उकसाकर 宗教的な心情をかきたてて नेता इसी वर्ग को हिंसा के लिए उकसाने का प्रयत्न करते हैं 指導者はこの階層を暴力に向けて煽る चाणक्य ने पाटलिपुत्र पर चढ़ाई करने के लिए उकसाया チャーナキヤはパータリプトラを攻撃するようそそのかした साथियों ने उकसाया, "अरे, बुत-सा क्यों खड़ा है.तू भी क्यों नहीं तोड़ लेता दो चार आम?" 仲間たちがけしかけた.「おいおい，ぼかんと立っていないでお前もマンゴーを２つ３つもげよ」 (3) 挑発する；かきたてる；刺激する वह सदा उनकी देह-भोग की लालसा को उकसाया करती थी その女はいつも彼の欲情をかきたてていた अपने पति को अलग रहने के लिए उकसाती रहती है 別居するように夫をいつも挑発する (4) 勢いをつける；はずみをつける युवक ने पहियों को ज़ोर लगाकर उकसाया 青年は車輪に力いっぱい勢いをつけた
उकसावा [名] ←उकसाना. (1) かきたてること；扇動すること；そそのかすこと；けしかけること (2) 挑発すること；刺激すること= उकसावा दे॰. षड्यन्त्रकारी हलचलों को प्रचार तथा अन्य साधनों द्वारा भरपूर उकसावा दे रहा है 陰謀活動をプロパガンダやその他の方法で思い切り煽っている
उकसाहट [名*] = उकसावा.
उक़ाब [名] 《A. عقاب》〔鳥〕ワシタカ科サメイロイヌワシ【*Aquila rapax*】
उकार [名] उ の文字と発音
उकारांत [形] उ 語尾の；語尾に उ 音を持つ
उकालना [他] = उकेलना.
उकासना [他] (1) 引き出す；引き上げる (2) 投げ上げる (3) かきたてる；刺戟する
उकासी [名*] ひま；いとま= छुट्टी; फ़ुरसत; अवकाश.
उकिरना [自] 盛り上がる；上がる= उभड़ना.
उकिलवाना [他] = उकलवाना.
उकीरना [他] (1) 引き出す；引き揚げる；取り出す (2) はぐ（剥ぐ）；むく (3) 彫る；彫刻する= नक़्क़ाशी क॰; उकेरना.
उकेरण [名] (1) 彫ること；彫刻 (2) 絵を描くこと= किसी भयानक अनिष्ट की आशंका से डरे हुए लोगों ने खुद अपने दरवाज़े पर इनका उकेरण किया था 何か恐ろしい災厄に襲われる不安におびえた人たちが自ら自分の家の戸口にこれらを描いたのだった
उकेरना [他] (1) 彫る；彫刻する (2) 浮き立たせる；浮き出させる；浮き彫りにする चरित्र नायक, खलनायक (और नायक भी) के विभिन्न रंगों को ताज़गी से उकेरते हुए भी 性格俳優，悪役（そして主役）の様々な色調を新鮮さで浮き出させながらも वाह, क्या विरोधाभास भरा चिरंतन सत्य उकेरा था मंत्री जी ने なんとまあ，パラドックスに満ちた永遠の真理を大臣閣下は浮き彫りにされたことよ (3) 描く；絵にする
उकेलना [他] (1) はぐ（剥ぐ）；はがす；剥ぎ取る (2) （皮などを）むく；むきとる；むしりとる
उकौना [名] 妊婦が特定の飲食物などを無性に欲しがること= दोहद.
उक्त [形] (1) 語られた；述べられた (2) 上述の= उपर्युक्त.
उक्ति [名*] (1) 言葉；言説 (2) 発言 (3) 言明；声明；表明
उक्ति-युक्ति [名*] 助言と手立て；忠告と工夫
उक्थ [名] (1) 言葉；言説 (2) 神の賛辞；頌詞
उखड़ना [自] (1) （根付いているものや定着しているものがその位置から）抜ける；抜かれる；はずれる；浮く सिर के बाल उखड़ना 頭髪が抜ける तेज़ हवा से बड़े बड़े पेड़ उखड़ जाते हैं 強風のため大木が根こそぎになる (2) 物体の一部が全体から離れる；ちぎれる；抜け落ちる उसका एक कान उखड़ गया 男の片方の耳がちぎれてしまった (3) （はめこまれたり，付着したり，張りついているものが）はがれる；はずれる；とれる；抜ける दीवार की ईंटें जगह-जगह से उखड़ी हुई थीं 壁の煉瓦はあちこち剥落していた (4) （よりどころや立脚地から）よりどころを失う；追い出される；追いやられる；追放される बहुत-से होनहार आए, पर आर्थिक संकटों के कारण दिल्ली से उखड़ गए और लुप्त हो गए 多くの春秋に富んだ人たちがやって来たのだが経済的な苦しさからデリーの足場を失い消えて行ってしまった समझ लेना, ज़्यादा बदतमीज़ी दिखलाई तो यहाँ से उखड़ते हुए देर नहीं लगेगी よいか，あまり勝手なまねをするとすぐにこの足場を失うぞ (5) （ひっついたり閉じ込められているものが）はずれる；離れる；へだたりができる；へだたる उखड़ते दिलों को जमाया है तू ने 離れ行く心をつなぎとめし君 (6) 落ち着きや安定を失う；浮足立つ；しっかりしない तांत्या की फ़ौज के पैर उखड़ गए ターンティヤーの軍は浮足立ってしまった नींद फिर उखड़ी-उखड़ी ही रही それからはうつらうつらしているばかりだった (7) （安定していた気分が）うわつく；うわずる；動揺する；のぼせる；かっとなる；興奮する उसने उखड़ी आवाज़ में कहा うわずった声で言った उसने माथे पर तेल दाबने का आग्रह किया लेकिन नाथ उखड़ गया, 'जितना कहते हैं, उतना सुना करो' 彼は頭に油をすりこんでくれと頼んだがナートはかっとなった.「自分の言うだけの分，他人の話も聞くようにしろ」 जब किसी कारण किसी एक के प्रोग्राम में सहयोग नहीं दे पाते तो दूसरा बुरी तरह उखड़ जाता है 何かの理由で一方の行事に協力できないことがあると他方がひどく興奮する आप स्वयं बच्चे का खिलौना उठाकर किसी को दे दें या यों ही बिखरा हुआ देखकर उठाकर फेंक दें तो बच्चे का मूड उखड़ जाएगा あなた自身が子供のおもちゃを取り上げて他の子にやったり散らかっているのを見てほうり投げたりすると子供の気分は動揺するだろう (8) 一定のものや規定のもの，決まったものが本来の状態からはずれたり，逸脱したりする；調子がはずれる；安定がなくなる；落ち着きを失う；調子が変わる पहाड़ी हवाएँ मेरी उखड़ी-उखड़ी साँस की तरह कभी तेज़, कभी हौले इस खिड़की से टकराती हैं 山の風は私のはずんだ息のように激しくあるいはやさしくこの窓に当たる (9) 縫った糸や縫い目がほころんだりほどけたりはずれたりする (10) （集まっていたものやまとまっていたものが）散る；散らばる；解散になる；ばらばらになる；離れる **उखड़ी-उखड़ी बातें क॰** そっけない応対をする；つっけんどんな口をきく= उखड़ी हुई बातें क॰. **उखड़ी पुखड़ी सुनाना** 口汚く言う；ののしる **उखड़े-उखड़े** 気の進まぬ様子で；そっけなく
उखड़वाना [他・使] ←उखाड़ना. क्यों न दाँत को दाँतों के डाक्टर से उखड़वा दिया जाए 歯を医者に抜いてもらってはどうだ
उखली [名*] = ओखली. **उखली में सिर दिया,तो मूसलों का क्या डर** 〔諺〕手掛けたからには最後までやり抜くべきだ
उखाड़ [名*] (1) = उखाड़ना. (2) 〔ス〕（レスリングなどの）返し技
उखाड़ना [他] (1) （根づいているものや突き刺さっているもの，定着しているものを）引き抜く；抜く；引き離す；はずす；浮かす भौंहों के फ़ालतू बालों को उखाड़ने के लिए 眉の無駄毛を引き抜くのに उस काँटे को उखाड़ फेंकने का फ़ैसला その障害物を引き抜き捨て去る決定 दाँत उखाड़ना 歯を抜く जड़ से उखाड़ना 根こそぎにする जड़ी-बूटियाँ उखाड़ने का कार्य 薬草を引き抜く作業 आँधी पेड़ों को उखाड़ देती है 嵐は木を根こそぎにする तने से तीरों को उखाड़ लाये 木の幹に突き刺さった矢を引き抜いて持って来た तंबू उखाड़कर सब सिपाही बाग छोड़कर चल दिये テントを撤去して全兵士が公園をあとにした 1947 में संपूर्ण भारत से अंगरेज़ अपनी सत्ता और झंडा स्वयं उखाड़ते हुए इंगलैंड वापस चले गये （1947年に）インド全土からイギリス人はその権力と旗を自らひき抜いてイギリスへ引き揚げた (2) （張りついたものや固定されたものを）はぐ；はがす；はずす；とりはずす；引きはがす；はぎ取る；むく टिकट उखाड़ना 切手をはぐ（はがす） रेलों की पटरियाँ उखाड़ दी गईं 線路が取りはずされた फ़िशप्लेट का उखाड़ा जाना 継ぎ目板がはずされる (3) （よりどころや立脚地から）追い払う；追い出す；追いやる；追放する उन सब विदेशियों को बाहर उखाड़ फेंक दें あの外国人を全員追い払おう (4) 掘り出す इस लिए छह माह बाद गड़े मुर्दे उखाड़े गये हैं このため半年後に埋められていた死体が掘り出された (5) 安定していたものをぐらつかせる；動揺させる इन शब्दों ने मेरे पैर

ही उखाड़ दिये これらの言葉に私はすっかりぐらついてしまった उखाड़ दे॰ = उखाड़ फेंकना. **उखाड़ फेंकना** *a.* やっつける；追い払う दोनों भाइयों को उखाड़ फेंकने के लिए 2 兄弟を追い払うために *b.* 全滅させる

उखाड़-पछाड़ [名*] (1) 引いたり押したりすること (2) 画策 (3) 二股膏薬

उखेड़ना [他] = उखाड़ना. यह जानवर जीभ को झटके के साथ अंदर बाहर निकालता रहता है और छोटे-मोटे कीड़ों या अंडों को उनकी जगहों से उखेड़ता जाता है この動物は舌を勢いよく出し入れする．そして小さな昆虫や卵をその場所からひきはがして行く

उखेलना [他] (1) 書く (2) 描く

उगना [自] (1)（植物や動物の身体の一部などが隠れた状態から成長したりして）目に見えるようになる；生える；植わる；生じる；できる यदि भौंहों के बाल बेतरतीब उगे हों 眉毛がまとまりなく生えていれば वहाँ ठंड की वजह से कोई पौधा नहीं उगता そこは寒冷のため植物は何一つ生えない नये पंखे उग आते हैं 新しい羽が生えてくる टूटे सिरे से फिर नई दुम उग आती है（ちぎれたトカゲの尻尾が）切れた端の部分から再び生えてくる फफूँदी के उग आने के कारण かびが生えてくるので (2)（表面に）出る；現れる；生まれる；生じる मैंने कभी-कभी अपने आसपास वैरभाव को उगते और पनपते देखा 時折身辺に憎しみ合いが生じ激しくなるのを見た (3)（天体が視界に）入る；見えるようになる；出る；現れる दिन उगना 日が昇る सुकवा उग गया 明けの明星が出ている चाँद शनिवार को 3.12 पर उगेगा 土曜日の日の出は 3 時 12 分 कमल का फूल सूर्य के उगने पर खिलता है और सूर्य के डूबते ही बंद हो जाता है 蓮の花は日が昇ると咲き，日が沈むと閉じる (4) 現れ出る；出現する；表面に出てくる वह उगती हुई हँसी को दबाती है こみあげて来る笑いをこらえている (5) 映える；引き立って見える (6) さかんになる；勢いを得る खमीर चीनी के 10-20 प्रतिशत घोल में खूब उगता है イーストは 10〜20 %の砂糖水でよく発酵する

उगरना[1] [自] 助かる；救われる；守られる= बचना.

उगरना[2] [自] 現れる；出る；出現する= उगना; प्रगट हो॰.

उगलना [他] (1)（口や胃の中の物などを）吐く；吐き出す कुत्ते ने वह चावल उगल दिए 犬はその飯を吐き出した जो खा गया हूँ वह तो उगल नहीं सकता 食べてしまった物は吐き出すわけにゆかぬ（使ってしまった物は戻せない） धन उगलने वाली गुड़िया 財貨を口から出す人形（金のなる木） (2) 中から外へ出す；排出する；吐き出す ज्वालामुखी पर्वत लावा उगल रहे थे 火山は溶岩を吐き出していた इसी लिए वे कोई भी बहाना पाकर लावा उगलने लगे हैं だからこそなんらかの原因があれば溶岩を吐き出し始める (3)（隠したり横領したり盗んだりしたものを）吐き出す (4)（秘めていたことや口にすべきでないことを）吐く；白状する उसने तुरंत बात उगल दी थी 彼女は直ちに隠していたことを吐いた पुलिस की मार पड़ी तब उसने सब कुछ उगल दिया 警察に殴られると男はなにもかも白状した (5) ひけらかす सिर्फ़ अपने ज्ञान को बाहर उगलने की पड़ी है あいつには自分の知識をひけらかすことしかないのだ **उगले तो अंधा, खाए तो कोढ़ी** 〔諺〕板挟みのたとえ；ジレンマ

उगलवाना [他・使] ← उगलना. एक एक कौड़ी उगलवाऊँगा 鐚銭一厘一銭まで吐き出させてやる शातिर अपराधी से सच उगलवाने के लिए पुलिस अपराधी को शारीरिक रूप से प्रताड़ित नहीं करती 警察は極悪人に対しても白状させるために肉体的な苦痛を与えることはない पुलिस की मार के सामने रहस्य छुप नहीं सकता.छिपाया नहीं जा सकता.वह उगल दिया जाता है या उगलवा लिया जाता है 警察のむちを前にしては秘密は保たれないものだ．保てないものだ．秘密は吐き出されるか吐き出させられるものだ

उगाई [名*] ← उगाना. (1) 植えること；栽培すること (2) その労賃（植える作業の手間代）

उगाना [他]（植物や毛などを）生えるようにする；生やす；植える；植物を育てる；栽培する पेड़-पौधे उगाना 樹木を植える बैंगन उगाना ナスを植える कपास उगाना 綿を栽培する सब्ज़ियाँ और अनाज उगाना 野菜や穀物を育てる अनाज उगाना 穀物を栽培する यह हमारे देश के लगभग हर प्रदेश में उगाया जाता है これはわが国のほとんどすべての州で育てられている आजकल कुछ किसान गन्ना, कपास और सब्ज़ियाँ भी उगाते हैं 最近一部の農民はサトウキビ，綿，野菜までも植えている बंगवासी अब बड़े चाव से गेहूँ उगा रहे हैं 今やベンガル人が熱心に小麦を栽培している

उगाल [名] (1) = उगलना. (2) 口から吐き出したたん（痰）やつば（唾）

उगालदान [名]《H.+ P. دان》たんつぼ（痰壷）

उगालना [他] (1) = उगलना. (2) = उगलवाना.

उगाहना [他] (1)（借金や税金を）取り立てる；徴収する टैक्स उगाहना 税金を取り立てる；徴税する (2) 募る（募金を）；募金する विस्थापितों के नाम पर कुछ तथाकथित समाजसेवी चंदा उगाहने लगे हैं 難民にということで一部のいわゆる社会奉仕家たちが募金を開始している

उगाही [名*] (1) 徴収；取り立て (2) 徴収したもの；取り立てたもの (3) 税；料金；会費；賦課税

उग्र[1] [形] (1) 恐ろしい；恐ろしげな (2) 猛々しい；獰猛な；乱暴な (3) 残忍な；残酷な (4) 気性の激しい उग्र और उद्धत स्वभाव 激しく傲慢な性格 (5) 激しい；激烈な；ひどい；過激な；急進的な छात्रों और युवकों का आंदोलन उग्र रूप धारण करने लगा 学生や青年の運動は過激な形をとりはじめた पंजाब में इस आंदोलन ने उग्र रूप धारण कर लिया パンジャーブ（州）でこの運動は激烈な様相を現した उग्र दक्षिण पंथी 極右分子 उग्र वामपंथी 極左分子

उग्र[2] [名] (1) シヴァ神；ルドラ神 (2) クシャトリヤの父とシュードラの母との間に生まれたいわゆる雑種身分，ウグラ（マヌ法典 10-9） (3) トリカブトの毒；ぶす（付子）

उग्रता [名*] ← उग्र. 激しさ；過激さ；急進性 वायु की उग्रता बढ़ गई थी 風の激しさが増してしまっていた

उग्रदंड [形] 峻厳な；厳しい；妥協のない

उग्रपंथ [名] 急進派；過激派

उग्रपंथी [形・名] 急進的な（人）；急進派の（人）；過激派の（人）

उग्रवाद [名] 急進主義

उग्रवादी [形・名] 急進的な（人）；急進主義の（人）；急進派

उग्रसेन [名] (1)〔イ神〕ウグラセーナ王（カンサ王の父でマトゥラーを支配した） (2)〔イ神〕アルジュナの孫パリークシット परीक्षित्王の息子

उघटना [他] (1) 開く (2) 述べる (3)（済んでしまったことや話を）蒸し返す (4) 非難する；とがめる (5) 拍子を取る

उघड़ना [自] (1) 露になる；めくれる；はだかる；露出される；むき出しになる；裸になる उसकी छाती का ऊपर का हिस्सा उघड़ा 胸の上のほうがはだけた वे लोग, जिनके बदन से अधिक वाणी उघड़ती थी, जिन्हें लिहाज़ नहीं, लज्जा नहीं 思いやりや恥じらいを持たず体よりも言葉のほうが露になる人たち उसने बाँहें फैलायी तो शरीर का एक भाग उघड़ गया 彼女が腕を広げると体の一部が露になってしまった जिसका मुँह कभी नहीं देखा; आज उसका उघड़ा हुआ बदन देखूँ 今まで一度も顔を見たことのない人の露な体を今日見るというのか अंतिम सिरा कुछ उघड़ा हुआ और भद्दा सा होता है 管の先端はむき出しになっておりみっともないような感じである उस्तरे से साफ़ उघड़ी टाँगें かみそりですっかり露にされた足 (2) 暴かれる；暴露される सारे रहस्य उघड़ते चले जाते हैं あらゆる秘密がどんどん暴かれていく वे सारे काले रहस्य उघड़ते चले जाते हैं それらのあらゆる黒々とした秘密は次から次に露になっていく

उघरना [自] = उघड़ना.

उघाड़ना [他] (1) 露にする；むき出しにする；はだける；はぐ；めくる；露出させる छाती उघाड़ना 胸をはだける इस मंदिर में भी उघाड़े बदन जाना पड़ता था この寺の中でも着物を脱いでいかねばならなかった (2)（閉じているものを）開く；あける मैंने मुँह उघाड़कर अपनी जीभ भी निकाली थी 口を開いて舌も出した (3)（着たりかぶったりしているものを）はぐ घोड़ों के चलने की आवाज़ से मैंने चादर उघाड़ फेंकी 馬の足音を聞くとチャーダルをはぎとった (4)（秘密を）暴く；暴露する जितना वह छिपाना चाहता था, चंदा उतना ही उघाड़ती जाती 彼が隠そうとすればするほどチャンダーは暴いていくのだった

उघारना [他] = उघाड़ना.

उचंत [名]〔簿〕仮勘定；仮記入= उचित.

उचकन [名] 物の下に入れたり敷いたりして高さや傾きを調整するのに用いられる小石や煉瓦のかけら

उचकना [自] (1) のびあがる；つま立つ；爪先立つ；伸び上がる (2) 飛び上がる；飛び跳ねる；弾みのある動きをする；はねる उचक-उचककर देखना 爪先立って見る इसपर कुत्ता उचककर बोला, "वहाँ पर हम आपके लिए भूँका करेंगे" すると犬は飛び上がって言った．私

たちはあなたのためにあそこでいつも吠えることにしましょう उचक उचककर झाड़ू लगा रहा था（足の悪い人が）ぴょこんぴょこんと体を動かしながらほうきで掃いているところだった (3) ひったくる；さらう；かっさらう；かっぱらう＝लपककर छीनना. चूज़े मुर्गी के पास ही रहते हैं दूर जाएँ तो चील उचक ले जाए ひよこは雌鶏のすぐそばにいる．雌鶏が離れるとトビがさらっていく

उचकाना ［他］(1) 上げる；持ち上げる；つり上げる "यह शिखा कौन है?"मामी ने भवें उचकाईं「そのシカーというのはだれのことだい」おばはけげんそうに眉をつり上げた (2) 弾みをつけて上げる；弾んだようにひょいとあげる मैंने भी उसकी ओर कोई ध्यान नहीं दिया, केवल कंधे उचकाए 私もその人には特に注意を払わずただ肩をすくめただけだった (3) 弾ませる；突く；はねかえさせる

उचक्का ［名］(1) こそどろ (2) ひったくり；かっぱらい (3) ならずもの

उचटना ［自］(1) はがれる；はげる；はずれる；めくれる मौलाना ने उसपर एक उचटती नज़र डाली モーラーナーはその人にちらりと一瞥をくれた (2) 離れる；遠ざかる；遠のく उनका मन स्कूली शिक्षा से उचट गया 気持ちは学校教育から離れてしまった यों ही ध्यान उचटकर पहुँच गया, उस बड़े अस्पताल में, जहाँ बहन का बड़ा आपरेशन हुआ था なんとはなしに思いは妹の大手術の行われたあの大病院に移って行ってしまった (3) 続いていたものが断たれる；途絶える；中断される और फिर बहुत देर बाद थाने का घड़ियाल दो घंटे बजाता है और उसकी नींद उचट जाती है それからずいぶんたってから警察署の鐘が2時を打つ．そして彼の眠りは断たれてしまう (4) 飽きる；飽き飽きする；いや気がさす；うんざりする (5)（開閉するものが）開く

उचटाना ［他］(1) はがす；はずす；はぐ；めくる (2) 移す；のける；離す (3) 飽きさせる；うんざりさせる

उचड़ना ［自］＝उचटना.

उचना[1] ［自］上がる；高くなる

उचना[2] ［他］高くする；上げる

उचरना[1] ［他］言葉を言う；ものを言う；言葉を発する

उचरना[2] ［自］声が出る；言葉が発せられる

उचाई ［名*］＝ऊँचाई.

उचाट ［形］(1) 嫌気がさした；いやになった मन यहाँ उचाट होता जाता है ここがだんだんいやになって行く खेलकूद से दिल उचाट हो गया था 運動がいやになってしまっていた (2) 離れた；はずれた；それた मक्खियों ने भिनभिन किया.नींद उचाट हो गई ハエがうるさく飛びまわって眠気がなくなってしまった

उचाटना ［他］(1) いやにさせる；飽きさせる；いや気を起こさせる (2) 気を散らせる (3) はがす；はずす；はぐ

उचाड़ना ［他］はぐ；はがす；離す；はずす

उचापत ［名*］(1) 商店の帳簿 (2) 代金後払い（の商品）；付け

उचारना ［他］＝उच्चारण क॰. 声を出す；発声する；叫ぶ सच? तुम रोज़ अपने ओठों से मेरा नाम उचारते हो? ほんとうなの，あんたは毎日私の名を呼んでいるって

उचिंत[1] ［名］〔簿〕仮勘定；未決算勘定〈suspense account〉

उचिंत[2] ［形］〔簿〕仮勘定の；未決算勘定の

उचिंत खाता ［名］〔簿〕仮勘定；未決算勘定

उचित ［形］(1) ふさわしい；適当な；然るべき；適正な मनुष्य को उचित है कि वह पहले ही से विवेक, विचार और चिंतन को अपने हृदय में इकट्ठा कर रक्खे जिसमें क्रोध रूपी आँधी के समय वह उनसे भीतर से सहायता ले सके 人は怒りという嵐が吹く時に支えが得られるように分別，思考，思索を自分の胸の内に備えておかなくてはならない तुम सब लड़कियों को उचित है कि बड़े सवेरे प्रसन्नता से उठें… みなさん女の子は早朝気持ちよく起床するようにしなければなりません उचित दर 適正なレート **उचित दर की दुकान** 適正価格の店（行政当局が物価対策の一環として承認した店で低価格で穀類などの生活必需品を提供する）＝उचित मूल्य की दुकान〈fairprice shop〉. (2) 適切な；正しい उचित और आवश्यक तैयारी 適切かつ必要な準備 (3) 正しい；間違いのない आहार उचित समय पर लेना चाहिए 食物は正しい時間にとらなくてはならない उचित-अनुचित 正邪 उचित-अनुचित का निर्णय 正邪の判断 अपने स्वार्थों की पूर्ति के लिए उचित-अनुचित कुछ नहीं देखते 私欲を満たすためには正邪は少しも考えない उचित उपभोग 活用 संपदा का उचित उपभोग 資源の正しい利用 (4) 正常な हृदय की उचित धड़कन 心臓の正常な鼓動

उचेड़ना ［他］(1) はぐ；はがす (2) むしる

उच्च ［形］(1) 高い（上下に） उच्च पर्वत 高山 उच्च सीमा 上限 (2) 高等な；上位の；上流の；上級の उच्च वर्ग 上層階級 उच्च शिक्षा 高等教育 उच्च सदन अर्थात् विधान परिषद् 上位の議会，すなわち，ヴィダーン・パリシャッド उच्च मध्यम वर्ग 上中流階級 परंपरा के अनुसार हिंदू समाज में उच्च जातियों का भी प्रभुत्व रहा है 伝統的にヒンドゥー社会では高カーストの支配が続いてきている (3) 程度の高い；度合いの高い उच्च कल्पनाएँ 豊かな想像力 उच्च रक्तचाप 高血圧 उच्च जन्मदर 高出生率 उच्च मृत्युदर 高死亡率 उच्च त्वरण 高加速度 उच्च स्तर 高水準 (4) 豊富な；豊かな (5) 格調の高い；高邁な उच्च कोटि का 優秀な；高級な

उच्चक ［形］(1) 最高の (2) 上限の (3) 優越した

उच्चक मनोग्रंथि ［名*］〔心・精神分析〕優越コンプレックス；優越複合〈superiority complex〉＝श्रेष्ठता मनोग्रंथि.

उच्च कमान ［名］《H.उच्च + E. command》(1) 最高司令部 (2) 首脳部〈high command〉 लगभग सभी पार्टियों के उच्च कमान में दरबारी माहौल व्याप्त है ほとんどすべての政党の首脳部に宮廷風の雰囲気が蔓延している

उच्चकार्यक्षमता ［名*］高性能 **उच्चकार्यक्षमता वाला** 高性能の

उच्च चाल ［名*］高速；高速度

उच्चतम ［形］ उच्च の最高級．最高の；最上の；最上等の；最良の；最大限の；マキシマムの उच्चतम सीमा 上限；シーリング

उच्चतम न्यायालय ［名］〔法〕最高裁判所〈Supreme Court〉

उच्चतर ［形］ उच्च の比較級．より高い；より高度の；より進んだ；よりすぐれた；より良い उच्चतर खेती, उच्चतर व्यवसाय तथा उच्चतर जीवन सहकारिता के आदर्श हैं より進んだ農業，よりすぐれた職業，そしてより良い生活が協同組合活動の理想である उच्चतर आवृत्ति 高頻度 उच्चतर स्तर ハイレベル

उच्चता ［名*］←उच्च. (1) 高いこと (2) すぐれていること；優秀さ；優越 (3) 程度の高いこと；強いこと (4) 高さ；高度 उच्चता की भावना 優越感

उच्चताप ［名］高温；高熱

उच्चताप भट्टी ［名*］熔鉱炉などの耐熱炉〈refractory furnace〉

उच्चतापसह ［形］耐熱性の；耐火性の उच्चतापसह ईंट 耐火煉瓦

उच्चदर्शी ［形］高邁な；理想を追求する

उच्चदाब ［名］〔気象〕高気圧

उच्चदाब क्षेत्र ［名］〔気象〕高気圧帯

उच्च न्यायालय ［名］高等裁判所＝हाई कोर्ट.〈high court〉

उच्चपदस्थ ［形］役職の高位の；地位の高い

उच्चपदाधिकारी［名］(1) 上司 (2) 首脳；幹部；役員 व्यापारिक संस्थानों के उच्च पदाधिकारी 商社の役員

उच्च प्रोटीन ［名］《H. + E. protein》高蛋白質 उच्च प्रोटीन युक्त भोजन 高蛋白質食品

उच्चभूमि ［名*］高地；高台；高原〈upland; highland〉

उच्चमध्य वर्ग ［名］〔社〕中間層の上層；中流上層階級〈upper middle class〉

उच्च माध्यमिक विद्यालय ［名］インドの上級中等学校（第9学年から11学年まで）〈higher secondary school〉

उच्च रक्तचाप ［名］〔医〕高血圧（症） उच्च रक्तचाप से ग्रस्त 高血圧（症）に罹っている

उच्चरित ［形］(1) 発音された；発声された (2) 述べられた

उच्च वर्ग ［名］上流階級〈upper class〉

उच्च विद्यालय ［名］ハイスクール〈high school〉

उच्च वोल्टता ［名*］高圧；高電圧《← H. + E. voltage》

उच्च शक्ति ［名*］高性能

उच्चशिक्षा ［名*］高等教育〈higher education〉

उच्चसदन ［名］上院〈Upper House〉

उच्चस्तर ［名］高級；高度

उच्चस्तरीय ［形］高級な；高度の；ハイレベルの उच्चस्तरीय मंत्रणा 首脳会談

उच्चाकांक्षा ［名*］野心；大望 उच्चाकांक्षा वाला चंद्रगुप्त 野心家のチャンドラグプタ

उच्चाकांक्षिणी ［形*］＝उच्चाकांक्षी.

उच्चाकांक्षी［形］野心を持った；野心家の；大望を抱く＝उच्चाकांक्षिणी

उच्चाटन ［名］(1) はがすこと；はぐこと (2) 嫌気のさすこと (3) 除去；排除 (4) 呪法によって気をそらせること

उच्चादर्शी [形] 理想の高い；高邁な；理想を抱いた
उच्चाधिकारी [名] 高官；役職者 ↔ उच्चाधिकारिणी
उच्चायुक्त [名] 高等弁務官；大使（英連邦国間の）；ハイコミッショナー= हाईकमिश्नर. 〈high commissioner〉
उच्चायोग [名]（英連邦国間の）大使館〈High Commissionary〉高等弁務官事務所 पाकिस्तानी उच्चायोग パキスタン大使館 नई दिल्ली में ज़ाम्बिया का उच्चायोग खुलेगा ニューデリーにザンビアの大使館開設
उच्चार [名]〔言〕発話〈utterance〉
उच्चारण [名]〔言〕(1) 発音 उन्होंने विचित्र उच्चारण से धर्मोपदेश दिया 特異な発音で説教した (2) 調音〈articulation〉 **उच्चारण स्थान** 調音点
उच्चावच [名]（土地の）高低；起伏 **उच्चावच मानचित्र** 起伏図；レリーフマップ；地形模型
उच्चावचन [名] 変動；波動；高下〈fluctuation〉
उच्चासन [名] 高位 **उच्चासनाधिपति** 高位高官の人
उच्चैः [副] (1) 高く (2) 大声で= ज़ोर से; ऊँचे स्वर से.
उच्छल [形] (1) 高く上がる；はねあがる (2) 波打つ
उच्छलन [名] (1) 高く上がること；はねあがること (2) 波打つこと
उच्छिन्न [形] (1) 断たれた；断ち切られた；切断された (2) 壊された；破壊された；台無しになった
उच्छिष्ट[1] [形] (1) 食べ残した (2) 食いさした；手をつけた；箸をつけた= जूठा. (3) 使い古した (4) 無用になった；不用になった (5) 不浄になった
उच्छिष्ट[2] [名] 食べさし；食いさし；食べ残し
उच्छृंखल [形] (1) 奔放な；自由奔放な；無責任な；うわついた उच्छृंखल जीवन 奔放な生活 (2) 混乱した；ごたごたした；乱雑な (3) 好き勝手な；自分勝手な；身勝手な (4) 横柄な उच्छृंखल व्यवहार 横柄な振る舞い
उच्छृंखलता [名*] ← उच्छृंखल. यह उसकी दृष्टि में उच्छृंखलता थी これは彼女の目には身勝手さと映った
उच्छेद [名] (1) 根絶；根こそぎにすること (2) 切断 (3) 絶滅 (4) 論破
उच्छेदन [名] (1) 根絶すること；根こそぎにすること (2) 切断すること (3) 絶滅すること (4) 論破すること
उच्छ्वसन [名] (1) 息を吹き出すこと (2) 気体や臭気の発散
उच्छ्वसित [形] (1)（呼吸として）吐き出された (2) 広がった；開いた；ふくれた；ふくれあがった；大きくなった (3) 発散された
उच्छ्वास [名] (1) 呼気；吐く息；吐息 उच्छ्वास द्वारा शरीर में से कार्बोलिक एसिड गैस बाहर निकलती है 呼気を介して体内から石炭酸ガスが外へ出る (2) ため息（溜息） (3)（書物）章
उच्छ्वासित [形] (1) 吐息で吐き出された (2) 広がった；開いた；ふくれた；ふくれ上がった；大きくなった
उच्छ्वासी [形] (1) 息を吐く；吐息を出す (2) 広がる；開く；ふくれる；ふくれ上がる；大きくなる
उछंग [名] 胸及び胸から膝にかけての部分 (-) **उछंग (में) ले°** (一を) 抱きしめる
उछकना [自] (1) 驚く；びっくりする；びくっとする (2) 我に返る；正気に戻る；はっとする
उछक्का[1] [形] うろつく；うろつきまわる
उछक्का[2] [名*] 浮気女；尻軽女
उछटना [自] はげる；はがれる；むける；離れる
उछटाना [他] はぐ；はぎとる；むく；引き離す
उछरना [自] (1) 飛び跳ねる；跳ねる= उछलना; कूदना. (2) 大喜びする= अत्यंत प्रसन्न हो°; ख़ुशी से फूलना. (3) 育つ；育てられる = पालन-पोषण प्राप्त क°. ऐसे जीवन में उछरनेवाले लोग शायद ही मदमस्त हो सकते हैं こんな暮らしに育つ人は浮かれたりすることはない
उछल-कूद [名*] (1) 飛び跳ねること；飛んだり跳ねたりすること वृक्षों पर उछल-कूद करते बंदर 木の上で飛び跳ねている猿たち (2) ふざけること；騒ぐこと；じゃれること；跳ねまわること；はしゃぎまわること माना कि बच्चों की उम्र उछल-कूद की है 仮に子供時分はふざけまわる年頃だとしても नंगे बदन उछल-कूद करते बच्चे 裸ではしゃぎまわっている子供たち (3) 気負い विनोद ने अगर कुछ उछल-कूद की तो मामला खटाई में पड़ सकता है ヴィノードが少し気負ってやろうものなら厄介な問題になりうるのだ **उछल-कूद दिखलाना** 大きな口をたたく **उछल-कूद मचाना** いたずらをする
उछलना [自] (1) とぶ（飛ぶ；跳ぶ）；飛び上がる；跳ねる；飛び跳ねる（跳び跳ねる） मेंढक उछलते हैं 蛙は跳ねる वह हिरन की तरह उछलकर खड़ा हो गया 羚羊のように飛び跳ねて立った गेंद को जितने ज़ोरों से पटका जाता है गेंद उतनी ही ऊँची उछलती है ボールは強く投げつければ投げつけるほど高く弾む बच्चों का एक पैर से उछलना 子供がけんけんをする (2) 驚きや喜びに飛び上がる；躍り上がる；飛び跳ねる ख़ुशी से उछलना 嬉しさに飛び上がる संयोग से यह तीर निशाने पर बैठा और मौलवी साहब उछल पड़े たまたまその矢は的に当たり先生は嬉しさのあまり飛び上がった वह ख़ुशी से उछल-सी पड़ी 彼女は嬉しさにまるで飛び上がったようにした (3) 跳ねる；（液体などが）飛び散る (4) はずむ（弾む）；跳ね上がる फुटबाल में हवा भर लेते हैं तो उछलने लगता है サッカーボールに空気を入れると弾み出す (5) はねかえる（跳ね返る） (6) 表面に現れる；表に出る **उछलकर चलना** *a.* 分不相応なことをする *b.* うぬぼれる **उछलना-कूदना** *a.* 飛び跳ねる एक ख़रगोश झाड़ियों में से उछलता कूदता निकला 兎が茂みの中から跳び跳ねながら現れた *b.* はしゃぎまわる；跳ねまわる इस बार और ज़ोर से हँसा और ख़ुशी से इधर-उधर दो तीन बार उछला-कूदा 今度はさらに大きな声で笑い嬉しさのあまりあたりを2～3度跳ねまわった खिलौने लेकर बच्चे उछलने-कूदने लगते おもちゃを手にすると子供たちははしゃぎ始める ख़ुशी के मारे उछलना-कूदना 欣喜雀躍する **उछल पड़ना** 飛び上がって喜ぶ；小躍りする वह ख़ुशी से उछल पड़ी 嬉しさに飛び上がった यह सुनते ही मैं उछल पड़ा それを聞くなり飛び上がって喜んだ उसे जीता जागता देख मेरा मन ख़ुशी से उछल पड़ा ぴんぴんしている姿を見て嬉しさに飛び上がった विजय को शायद ज़िंदगी में कभी इतनी ख़ुशी न हुई थी.ज़ोर ज़ोर से तालियाँ बजाकर उछल पड़े ヴィジャイには生まれてこのかたこんなに嬉しかったことはなかった．激しく手を打って躍り上がった
उछलफाँद [名*] 跳ねまわること；飛んだり跳ねたり（跳んだり跳ねたり）すること उछलफाँद क° 跳ねまわる；飛び跳ねる（跳び跳ねる）
उछलाना [他・使] ← उछालना.
उछाल [名*] (1) 飛び上がること；跳び上がること；ジャンプ उछाल-शैली ジャンプの仕方（走り高跳びの） (2) 跳ね返り गेंद जब तक मेज़ की सतह को छूकर उछाल नहीं लेती उसे हिट नहीं किया जा सकता 球がテーブルの上で跳ね返るまでは打ってはいけない (3) 跳び上がる高さ (4) 跳ぶ幅 (5) 嘔吐 **उछाल मारना** 跳び上がる；飛び跳ねる= उछाल भरना.
उछालछक्का [形*] 身持ちの悪い；不身持ちな；不品行な；品行の良くない= व्यभिचारिणी.
उछालना [他] (1) ほうる（放る）；放り上げる；放り投げる；投げ上げる；跳ね上げる साहब ने सिगरेट को आँगन में उछाल दिया タバコを中庭に放り投げた सिक्का उछालना コインを放り上げる（トス） हाथ की अठन्नी को हवा में उछालता हुआ बाहर सड़क पर आ गया 掌にのせた 8 アンナ硬貨を空中に放り上げながら道に出た वे दूसरी जाति की ह्वेल को भी अपनी पूँछ के झटके से उछाल देती हैं その鯨は別種の鯨でさえも自分の尻尾の衝撃で跳ね上げる (2) 翻弄する；もてあそぶ；はずかしめる (3)（ボールなどを）はずませる；つく गेंद उछालना ボールをつく “ओहो”,या “ऐसा”, “अच्छा”, “बड़ा अच्छा लगता होगा”,या “वाह, क्या कहने”,जैसी टिप्पणी उछालना अच्छी आदत है 「わあ」とか「ほう」,「へえ」,「気持ちよかったでしょう」,あるいは,「こりゃ美事なものだ」などの評言をはずませるのはよい癖だ (4) 跳ね返らせる (5) かきたてる；励ます आर्थिक स्थिति बिगड़ जाने के अंदेशे को सब से अधिक वामपंथी पार्टियाँ उछाल रही हैं 経済悪化の不安を最も強くかきたてているのは左派政党である
उछाला [名] (1) 飛び（跳び）上がること；跳ね上がること (2) 跳ね上げること (3) 暴騰 इस वर्ष शेयर बाज़ार में अभूतपूर्व उछाला आया है 今年株式市場に前例を見ない暴騰があった (4) 煮物がふきあがること (5) 嘔吐
उछाह [名] (1) 意気込み；熱意；熱気 सारे गाँव में उछाह-सा मालूम होता था 村中に熱気のようなものが感じられた (2) 意欲 जीवन का उछाह मर चुका था 生きる意欲が失われていた

उजड़ना [自] (1) 荒れる；荒れ果てる；荒廃する यह शहर कई मर्तबा उजड़ा और कई मर्तबा आबाद हुआ この町は幾度も荒れ果て幾度も拓かれた उजड़ते जंगल 荒れ果てて行く森 उजड़ा हुआ बाग़ 荒れ果ててしまった公園 यदि पति विमुख हो जाए तो उसके सोने का संसार उजड़ जाता है 夫に無視されると彼女の光り輝く世界も荒れ果ててしまう उजड़े चमन को गुलज़ार करने का प्रयास 荒れた花園をよみがえらせる努力 (2) 荒廃する；人気がなくなる；人が住まなくなる；さびれる；活気がなくなる उजड़ा गाँव さびれた村 आजकल सिंधु का यह प्रदेश उजड़ा हुआ है और रेगिस्तान बना है 今日，シンドのこの地域は荒廃し砂漠となっている कुछ बहुत पुराने नगर और गाँव या तो उजड़ गए या नष्ट हो गए 一部の非常に古い都市や村はさびれるかなくなってしまっている (3) 破産する **उजड़ा घर बसना** 妻に死なれた男性が再婚する **उजड़ी कोख** 子を産めなくなってしまった腹（子宮／女性） **उजड़ी दुनिया** 妻子を失ったやもめの暮らし

उजड़वाना [他・使] ← उजाड़ना.

उजड्ड [形] (1) 横柄な；無躾な (2) 粗野な；野卑な；がさつな ऐसे उजड्ड देहाती यहाँ प्रायः रोज़ ही आया करते थे こんながさつな田舎者がたいてい毎日ここにやって来ていた

उजड्डपन [名] ← उजड्ड.

उज़बक[1] [名] 《P. ازبک》ウズベク人；ウズベク族

उज़बक[2] [形・名] まぬけの；大馬鹿の ऐसे उज़बकों की तरह बैठे रहना こんなふうに馬鹿みたいにじっとしていること उज़बक-सी लगती रही है 愚かな人のような感じがずっとしてきている

उज़बकी[1] [形] 《P. ازبکی》(1) ウズベクの (2) ウズベク人の (3) ウズベク語の

उज़बकी[2] [名] ウズベク人

उज़बकी[3] [名*]〔言〕ウズベク語

उजलत [名*] 《A. عجلت उज्लत》(1) 速さ；速度 दिमाग़ी उजलत 頭の回転の速さ；頭脳の働きの速さ (2) 性急さ इस एक वाक्य से उसे ग़लत समझना उजलत भी हो सकती है この一事をもって彼を誤っていると判断するのは性急に過ぎるかも知れない

उजलना [自] (1) 光る；輝く (2) 明るくなる；白む घंटे भर बाद सुबह पूरी तरह से उजल गयी थी 1 時間後空はすっかり白んでいた → उजला; उज्ज्वल.

उजला [形+] (1) 輝いている；明るい उजली धूप निकल आई थी 明るい日の光がさしていた (2) 白っぽい；白い नहाकर भेड़ों का ऊन दूध के समान उजला हो जाता है 水を浴びて羊の毛は牛乳のように真っ白になる झील में हंसों की उजली क़तारें 湖に浮かぶ白鳥の白い列 धोबिन उजले उजले कपड़े सब को दे आती है 洗濯女は真っ白な洗濯物を顧客の家に届けてくる (3) 清潔な

उजागर [形] (1) 明らかな；明白な；明確な (2) 名の轟きわたった；著名な；有名な यह बात उन देशों में सबसे अधिक उजागर है このことはそれらの国で最も明らかである इसमें केवल एक ही पक्ष को उजागर किया गया है この中では単に一面のみが明らかにされているだけである देश की मिट्टी को उजागर करने का चाव わが国土の名を高めたい気持ち

उजाड़[1] [形] (1) 荒れた；荒れ果てた (2) 廃墟と化した；さびれた उजाड़ बसती さびれた集落 (3) つぶれた；壊れた；破壊された；破滅した मानो अब उसका जीवन उजाड़ हो गया था もはや男の人生は破滅したかのようだった

उजाड़[2] [名] 荒廃；荒れ果てること；荒れ果てていること

उजाड़ना [他] (1) 荒らす；荒廃させる सारे बग़ीचे को उजाड़ देंगे 庭全部を荒らしてしまう (2) 破壊する；滅ぼす；つぶす；滅亡させる किसीका घर उजाड़कर अपना घर आबाद क॰ 他人の家庭を破壊して自分の家庭を作る वह रात-दिन नंद वंश को उजाड़ने के उपाय सोचता रहता 日夜ナンダ朝を滅ぼそうと考えていた अपनी इस आदत के पीछे उन्होंने चार-चार बार विवाह करके गृहस्थियाँ बसाईं और अपने ही हाथों उजाड़ीं この習癖のために 4 度も結婚し家庭を築きながら自分の手でつぶしてしまった

उजान[1] [名] (1) 上流 = चढ़ाई की ओर. (2) 登り坂

उजान[2] [副] 上流に；川上に

उजालना [他] (1) 輝かす (2) きれいにする；光らせる (3) つやを出す；磨き上げる

उजाला[1] [名] (1) 夜が明けかかって明るくなった状態；曙光 थोड़ी देर में कुछ उजाला-सा हो गया 間もなく空が少し白んできた (2)（日の出，日の入りの）薄明 (3) 光；輝き दिन का उजाला 日の光 (4) 光らせるもの；照らすもの；明かり；明るくするもの **उजाला हो॰** *a.* 日が昇る；夜が明ける *b.* 全滅する **उजाले का तारा** 明けの明星；金星= शुक्र तारा.

उजाला[2] [形+] (1) 光っている；輝いている उजाले दाँत 白く輝く歯 (2) 清潔な；きれいな **उजाली रात** *a.* 月夜 *b.* 白分

उजाली [名*] 月光= चाँदनी; चंद्रिका.

उजास [名] (1) 明かり；明るさ；光 कल जिस नियति ने उसके जीवन में अँधेरा बिखेरा था आज वही नियति उजास बिखेरने आई है 昨日彼女の人生に暗闇を広げたあの運命が今日は明かりを広げにやって来た (2) 輝き

उजियार [名] 明かり；光；輝き

उजियाला [名] = उजाला.

उजूबा [形] 《A. عجوبه》特別の；特異な；独特の；風変わりな= अजूबा; विलक्षण; विचित्र; अद्भुत.

उजेला [名] = उजाला. दीपक का उजेला 灯火の明かり

उज्जयिनी〔地名〕ウッジャイニー（現今のマッディヤ・プラデーシュ州西部に古代に栄えた都市，古代諸王朝の都）

उज्जल [名] 上流；川上= उजान.

उज्जीवन [名] (1) 蘇生 (2) 再生；復活

उज्जीवित [形] よみがえった；蘇生した

उज्जैन〔地名〕ウッジャイン（マッディヤ・プラデーシュ州ウッジャイン県の県都．ヒンドゥー教 7 大聖都の一．古代名 उज्जयिनी）

उज्ज्वल [形] (1) 明るい (2)（見通しの）明るい；希望の持てる；有望な व्यापक वर्षा से ख़रीफ़ के आसार उज्ज्वल 広域に降った雨で秋作の明るい見通し बच्चे के उज्ज्वल भविष्य के लिए 子供の明るい未来のために (3) 光り輝く；照り輝く (4) きれいな；清らかな；清浄な；けがれのない (5) 白い；純白の

उज्झटित [形] (1) 矛盾におちいった；もつれた (2) 困惑した

उज़्र [名] 《A. عذر》(1) 反対；不平；不満 नहीं, मुझे क्या उज़्र होगा? いいえ，私に何の不満がありましょうか (2) 異議；異論；抗弁 अदालत इस उज़्र को सुनना पसंद नहीं करती 本法廷はこの抗弁を退けるものである (3) 口実

उज्रत [名*] 《A. اجرت》(1) 賃金；労賃 औरतों की उज्रत का क़ानून 女性の賃金に関する法律 (2) 報酬

उज़्रदार [名] 《A.P. عذر دار》(1)〔法〕要求者；請求者；（賠償などの）原告 एक हज़ार पुरस्कार पाने का उज़्रदार हुआ 1000 ルピーの賞金の請求者になった (2) 抗弁者；異議をとなえる人

उज़्रदारी [名*] 《A.P. عذر داری》(1)〔法〕申し立て；差し止め通告 (2)〔法〕利害関係通告

उज़्व [名]《A. عضو》身体の一部；器官；肢体= अवयव; अंग. उसके बदन का कोई हिस्सा, कोई उज़्व भी हरकत नहीं करेगा その人の体の一部，いかなる肢体も動くまい

उझकना [自] (1) 覗く；体を乗り出して下を見る (2) つま先立つ (3) びっくりする；ぎくっとする तभी सहसा वह उझककर बैठ गया ちょうどその時いきなりびっくりして座り込んでしまった

उझलना[1] [他] 注ぐ；流し込む= ढालना.

उझलना[2] [自] 下から，あるいは，内から盛り上がる；こみあげる；わき上がる；吹き出る= उमड़ना; बढ़ना.

उझाँकना [他] 覗く；覗き見る

उटंग [形] = उटंगा.

उटंगा [形+]（着物が）丈足らずの；短い；ちんちくりんの；つんつるてんの उसकी साड़ी कितनी मैली, कितनी फटी, कितनी उटंगी है サリーはひどく汚れ，ひどく破れ，ひどく丈足らずだ

उटज [名] 小屋；苫屋= झोंपड़ी; कुटी.

उटपटांग [名] = ऊटपटांग.

उटारी [名*] 飼料を刻む作業台に用いる板

उट्ठी [名*] 競技や遊技での負け उट्ठी बोलना 負けを認める；降参する

उठँगना [自] もたれる；よりかかる；もたれかかる कुर्सी पर उठंगकर 椅子にもたれて

उठंगल [形] (1) 不恰好な；不体裁な= बेढंगा. (2) 粗野な；洗練されていない；不躾な；無作法な= अशिष्ट.

उठँगाना [他] (1) もたせかける；よりかからせる (2)（扉を）閉める；閉ざす

उ

उठक-बैठक [名*] (1) 繰り返し立ち上がってはしゃがむこと अब ज़रा दोनों कान पकड़कर पाँच बार उठक-बैठक लगाओ それじゃちょっと両方の耳をつかんで5回立ち上がってはしゃがみなさい（処罰として） (2) あわただしくすること；あくせくすること कैसे बेसिर-पैर की उठक-बैठक कर रहे थे? なんと無意味にあわただしくしていたことか

उठते-बैठते [副] 四六時中；しょっちゅう सोते-जागते, उठते-बैठते, बस तुम्हारे ही पास मन मँडराता रहेगा 寝てもさめても四六時中思いはお前のそばから離れるまい

उठना[1] [自] (1) (座っていたのが) 足で立つ；立ち上がる；起立する；席を立つ वह उठती गिरती पड़ती किसी बच्चे को लिए विहार में भगवान बुद्ध के पास जा पहुँची 女は立ち上がっては倒れ地に伏しながら子供を連れて僧院の仏陀のもとへやって来た सभा से उठकर चल दिया 会合の席を立って立ち去った बहुत कोशिश करके भी उठ नहीं पाया सब को नाराज़ करके आना अच्छा भी तो नहीं लगता ずいぶん努力してみたが席を立てなかった．皆の機嫌を損ねてまでやって来るのは感じのいいものではない सकपकाकर उठ बैठा あわてて立ち上がった (2) 横たわっていたのが起き上がる；床から起きる तड़के उठते, उठकर कसरत करते 早朝に起きて体操をする मुझे देखते ही स्वयंसेवकों के मना करने पर भी उठ बैठा 私を見るなりボランティアたちの制止を振り切って起き上がった (3) 下から上へ向かう；上がる；立つ；舞い上がる；昇る रेत का गुबार उठता है砂埃が立つ (4) 垂直になる；直立する；上へ広がる；上へ伸びる；上る；高くなる ऊँचा उठा मकान 高く伸びた建物 दुम छोटी ऊपर को उठी हुई （山羊の）短く立った尻尾 सामने झील के पानी में छोटी-छोटी लहरें उठ रही हैं 前方の湖面にはさざ波が立っている (5) 盛り上がる；ふくらむ；高くなる अपने उठते स्तनों को 盛り上がった乳房を (6) 眠りから覚める；目を覚ます वह चौंककर उठती है और आँखें मलते हुए प्रकृतिस्थ होने की कोशिश करती है 女は驚いて目をさます．そして目をこすりながら落ち着こうと努める (7) (場所を) 去る；離れる；失われる；なくなる；この世を去る；死ぬ उसका विश्वास धर्म से उठ रहा था 彼の宗教への信頼は失われようとしていた भारती का भौतिक शरीर भारत की धरती से उठ गया バーラティーの現身はインドの大地を去った अगस्त, 1920 में यह महापुरुष अपने देशवासियों के बीच से उठ गया 1920年8月にこの巨人は同胞を残してこの世を去った कुछ ही क्षण बाद यह इस दुनिया से उठ जाएगा この人は間もなくこの世を去るだろう (8) 出る；現れる यहीं से भूत उठते हैं ちょうどここから幽霊が出るんだ (9) 意識にのぼる；心に浮かぶ；思い浮かぶ मन में उठनेवाला विचार 心に浮かぶ考え धीरे ही धीरे माँ के मन में यह विचार उठने लगा कि अगर बच्चा कहीं चला जाता तो उसकी जान बच जाती やがて母親の胸には子供はどこかへ移れば命は助かるのではないかという考えが浮かび始めた यह सब सोचने के साथ-साथ, जाने क्यों, मेरे मन में यह बात भी उठ रही है कि तीन साल हो गये これをみな考えると共にどうしたわけか3年経過したという思いも浮かんできている (10) 借り手がつく；出る；貸し出される सारे खेत बटाई पर उठे हुए थे 畑はみな（刈り分け）小作に出ていた (11) (物がある値で) 売れる；ものに買い手や値がつく；借り手がつく आज तो एक बीघा उपजाऊ ज़मीन ढाई-ढाई तीन-तीन हज़ार रुपये पर उठती है このごろでは肥えた土地なら1ビーガーが3000ルピー近くで借り手がつく (12) 持ち上がる；上がる；持てる किसी से सामान उठता नहीं 荷物はだれの手でも持ち上がらない（だれにも持ち上げられない） (13) 発生する；起こる；生じる；興る；湧き起こる चंपा के मन में बीसियों शिकायतें उठ रही थीं チャンパーの胸には幾つも幾つも不平不満が湧き起こっていた तरह-तरह की नई पेचीदगियाँ उठ रही थीं 次から次にいろいろな厄介な問題が起こりつつあった उसका उदास चेहरा देख उसके मन में आशंकाएँ उठने लगीं 彼女の元気のない顔を見て不安な気持ちが起こり始めた बौद्ध धर्म एक सुधारात्मक धर्म आंदोलन की भाँति उठा था 仏教は一種の宗教改革運動のようにして興った (14) 終わる；尽きる；なくなる；消える；失われる जो कुछ उनके पास था, वह सब उनकी बीमारी में उठ गया あの人の手元にあったものはみな病気のためになくなってしまった इनसानियत और न्याय पर से विश्वास उठ जाता है ヒューマニズムと正義への信頼が失われる घर में जो कुछ आटा और अनाज था, दान-दक्षिणा में उठ गया 家に少しあった小麦粉や穀物はみなお布施や施しに消えてしまった (15) 終了する；散会する；会合が終わる；お開きになる सभा के उठ जाने के बाद 会合がお開きになった後 दरबार उठा तो राजा अपने महल में चला गया 接見が終わると王は宮殿へ行った बैठक उठी 会合は終わった (16) 音が出る；音が生じる；立つ उसमें से टप-टप की आवाज़ उठ रही है その中からぽたぽたという音が出ている (17) 構える；行動を開始する；立ち上がる；取りかかる；立ち向かう नारी जाति की मुक्ति के लिए उठी है 女性の解放に立ち上がった (18) 費やされる；使われる；費消される हर हफ़्ते पचास-पचास रुपये उठते हैं 毎週50ルピーも費やされる अभी परसों घी आया है इतनी जल्दी उठ गया? ギーはつい一昨日届いたばかりなのにもうなくなったのかい (19) 閉鎖になる；閉じられる दो-तीन महीने के अंदर आटे की मिल उठने वाली है 2～3か月中に製粉所は閉鎖になるところだ (20) 廃れる वह रिवाज उठ-सा गया है その風習はほぼ廃れてしまったようになっている **उठ खड़ा हो॰** *a.* 立ち上がる；決起する सारा देश उनकी पुकार पर अपने को समर्पित कर देने के लिए उठ खड़ा हुआ 国中があの方の呼びかけに身を捧げようと立ち上がった *b.* 起こる；生じる；発生する；持ち上がる दो आदमियों के दरमियाँ जब कोई मामला उठ खड़ा होता तो 2人の人の間に何らかの問題が持ち上がるとなると *c.* 立ち去ろうとする；立ち上がる *d.* 回復する **उठती उम्र** 思春期＝ उठती जवानी. **उठना-बैठना** *a.* 出入りする；しばしば訪れる अगर ये आप के पास अधिक उठना-बैठना शुरू कर दें तो もしこういう人たちがあなたの家に頻繁に出入りするようになれば *b.* 交わる；交際する मध्य वर्ग के लोगों में भी यह चाह हमेशा बनी रहती है कि ऊँचे तबके के लोगों में उठें-बैठें 中産階級の人たちにも上流階級の人たちと交際したい気持ちが常にあるものだ किस प्रकार उठती-बैठती है 彼女はどのように交際するのか ऊँचे लोगों के साथ उठने-बैठने का सलीका 上流の人たちと交際する方法 *c.* 暮らす；生活する एक साथ उठना-बैठना 一緒に暮らす **उठ बैठना** （眠ったり横になったりしていたのが）起き上がる；立ち上がる चौंककर उठ बैठी.चारों ओर देखा 驚いて起き上がる辺りを見回した

उठना[2] [助動] (1) 主動詞の語根に付加されて主動詞の動作・状態が突然生じる意味を表す मैं लौटने ही वाली थी कि फ़ोन की घंटी बज उठी 帰ろうとしていると電話のベルが突然鳴りだした ख़ून देखकर उसका बदन एकबारगी काँप उठा 血を見て男の体は急に震えだした क्रोध से रोहिणी तमतमा उठी ローヒニーの顔は怒りにぱっと赤くなった श्याम उर्मिला के पास से दौड़ उठता है シャームはウルミラーのそばから走り出す जिधर से वह निकल जाती वहाँ की हवा महक उठती あの人が通ったところはぷーんといい香りがする घोड़ी अचानक हिनहिना उठी 馬がいきなりいななき始めた नज़दीक जाने पर वह बोल उठे, “अरे तुम, मुरली?” 近寄るといきなり言った「なんだ，ムルリーじゃないか」 मेरा ख़ून खौल उठा.जी में आया, उठाके पटक दूँ, लेकिन मैंने सब्र किया かっとなった．投げ飛ばしてやろうかと思ったが，我慢した (2) 主動詞の語根に付加されてその動作・状態が激しくなったり強くなったりすることを表す भूख बहुत ही तेज हो उठी थी とてもひもじくなった इससे विज्ञान जैसा नीरस माना जाने वाला विषय भी रोचक हो उठा है そのせいで理科のような面白味がないとされる学科も興味深いものとなった आकाश में चाँद खिल उठा था 空には月光がさえ渡っていた मुझे अपनी बाँह पर ओवरकोट बहुत भारी लग उठा 自分の腕にオーバーがとても重く感じられだした सुबह आठ बजे झोंपड़ी धू धू करके जल उठी 朝の8時に小屋はごーごーと音を立てて燃え上がった

उठना-बैठना [名] (1) 交際；交わり；付き合い भवानी के साथ मेरा उठना-बैठना バワーニーとの（私の）交際 (2) 起居；立居；立居振舞；日常生活 अपने प्रिय अभिनेता के उठने बैठने की नकल उतारता 自分の好きな俳優の立居振舞を真似る

उठ-बैठ [名*] ＝ उठाबैठी.

उठल्लू[1] [形] 住居の定まらない；定住しない；放浪する

उठल्लू[2] [名] 定住しない人；浮浪者；放浪者 **उठल्लू का चूल्हा** *a.* 住居の定まらない人；浮浪者；放浪者 *b.* 役立たず＝ उठल्लू चूल्हा.

उठवाना [他・使] ←उठाना. 持たせる；持ち上げさせる；持ち上げてもらう कुएँ पर पड़ी रस्सी-बाल्टी चपरासी से उठवाकर स्टोर रूम पहुँचवाना 井戸端のバケツと綱を用務員に持たせて倉庫に運ばせる

उठाईगीर [名] 《H.उठाई + P. گیر गीर》こそどろ；どろぼう；置き引き；万引き＝ उचक्का.

उठाईगीरा [名] ＝ उठाईगीर.

उठाईगीरी [名*] 《H. + گیری》盗み；窃盗；置き引き；万引き

उठाधरी [名*] 取り出したり仕舞ったりすること；出し入れ इस तरह सभी आवश्यक सामान नियत जगह पर सुरक्षित व साफ़ रहेंगे और खोजने में, उठाधरी में, धूलमिट्टी झाड़ने में व्यर्थ समय नष्ट नहीं होगा こうして大切な物は全て一定の場所に安全に置かれ清潔に保たれ，捜したり出し入れしたり，ほこりを払ったりするのに無駄な時間がかからないだろう

उठान [名*] (1) 上がること；昇ること；向上すること (2) 成長 (3) 始まり；最初 (4) 盛り上がること；隆起 पूर्वी हिमालय की उठान 東部ヒマラヤの隆起

उठाना [他] (1) 下から上へ上げる；下のものが上のものを持ち上げる；上にのばす；高くする；積み上げる लोग उसे निरंतर उन्नति की ओर उठाते जाएँगे 人々はそれを絶えず発展の方向へ持ち上げていくだろう उबलती हंडिया की भाप चपनी को उठा देती है 沸騰している土鍋の蒸気がふたを持ち上げる जब मैं हाथ ऊपर को उठाऊँ तो 腕を上げると उसने कुल 412.5 किग्रा.उठाया（重量挙げのバーベルを）合計 412.5kg を持ち上げた चौराहे पर पुलिस का सिपाही हाथ ऊपर उठाये खड़ा है 交差点に警官が手をあげて立っている हाथी का सूँड़ उठाना 象が鼻を持ち上げる काजू के झुरमुटों के बीच अपनी चोंच उठाये カシューの木の茂みでくちばしを上に向けて (2) 発生させる；生じさせる झाग उठाने वाला पाउडर 泡を立てるためのパウダー (3) 横になったり倒れている物を元に戻す；起こす；立てる पड़ी हुई साइकिल उठाना 倒れている自転車を起こす (4) 動きや変化を作り出す；起こす；もたらす तुम्हें इस अन्याय के विरुद्ध आंदोलन उठाना ही चाहिए この不法に対して運動を起こさなくてはならない (5) 持ち出す；取り上げる；提出する；提起する भूमि के बारे में विधान सभा में मामला उठाया गया 州議会で土地をめぐる問題が持ち出された यह प्रश्न ब्रिटिश पार्लियामेंट में भी उठाया गया था この問題はイギリス議会でも取り上げられた उन्होंने कभी मेरे सामने ज्योतिष की चर्चा नहीं की, न मैंने कभी उनकी भविष्यवाणी गलत साबित होने की बात उठाई あの方は私の前で占いの話をなさったことは一度もないし私があの方の予言が当たらなかったことを持ち出したこともない इसी लिए इस तरह के विषय की बात उन्होंने उठाई थी だからこそこの種の話題を持ち出したのだ मैं दूसरा सवाल उठाना चाहता हूँ 別の問題を提起したいと思う (6) 目を覚まさせる；眠っているのを起こす निर्मला को झकझोरकर वह उठाता है ニルマラーを揺り動かして起こす सुबह चार बजे दादी उसे उठा देतीं 朝 4 時に祖母が彼女を起こす (7) 手に取る；手に持つ；持ち上げる हाथ में झाड़ू उठाए 手にほうきを持って मेरा पानदान उठाकर ला 私のパーン入れを持って来て स्वयं जाकर टेलीफ़ोन क्यों नहीं उठाते なぜ自分で行って電話を取らないんだ हथियार उठाना 武器を手に取る पहले खेत की मिट्टी उठाकर देखने लगे はじめに畑の土を手に取って見始めた रिसीवर उठाकर कान से लगाया तो 受話器を取って耳にあてると (8) 落ちている物を手に取り上げる；拾う；拾い上げる कूड़ा उठाना（落ちている）ごみを拾う लड़के ने पर्स उठाकर माँ को थमा दिया 男の子は財布を拾って母親に手渡した शंकर ने आगे बढ़कर वह चीज़ उठाई シャンカルは前に進んでそれを拾い上げた (9) 役立つものを取り上げる；拾う（編み物の目を） गले पर से पूरे फंदे उठाइए 首のところで全部の目（編み目）を拾いなさい कई बार वह ऐसी सर्विस करता है कि विरोधी खिलाड़ी उसे उठा ही नहीं पाता 幾度も相手が拾えないようなサーブをする गेंद उठाने के लिए मैदान में एक जगह से दूसरी जगह तेज़ी से पहुँचना 球を拾う（受ける）ためにコートの上を駆け回る (10) 取り除く；片付ける जूठी पत्तलें उठाते हैं 使った食器を取り除く मरे ढोर न उठाने पर 死獣を片付けないと यह बर्तन उठा लो この食器を片付けなさい छज्जे पर सूख रहे कपड़े उठाने आई バルコニーに干してある洗濯物を取り込みに来た (11) 耐える；（害を）受ける；被る；忍ぶ；がまんする शौहर और बच्चों के लिए तरह तरह की तकलीफ़ें उठाती है 夫や子供たちのために様々な苦労をする वरना नुक़्सान उठाओगे でないと損害を被るぞ अम्मी हमारे लिए दुख उठाती हैं 母さんは私たちのために辛い思いをしている लोगों को पानी लाने में बड़ी मशक़्क़त उठानी पड़ती है 水運びに大変苦労しなければならない (12) 負担する；担う；支える मैं इतना ख़र्च नहीं उठा सकता これほどの費用は負担できない (13) 持ち上げる；かかえる；抱えあげる；抱き上げる मैंने सेबों का टोकरा सिर पर उठा लिया リンゴの入ったかごを頭にのせた नीचे पहुँचकर उसने शांति को उठा लिया 下におりてシャーンティを抱え上げた (14) 高める；位置を上げる；高くする；引き上げる अपने दलित भाइयों को ख़ुद अपने बराबर उठाने का प्रयत्न करें 虐げられた同胞（社会的・身分的地位の低い人）たちを自分と同じ高さに引き上げる努力をなすべし (15) 発酵（醗酵）させる फल-सब्ज़ियों में ख़मीर उठाना 果物や野菜を発酵させる ख़मीर उठानेवाली यीस्ट 発酵を起こさせるイースト菌 (16) 解除する；取り除く；撤去する；取り止める；廃する；撤廃する तुर्की के छह प्रांतों से मार्शल-ला उठाया गया トルコの 6 州から戒厳令が解除された अब आगे से यह कुरीति उठा दी जाए तो फिर दुःख काहे को हो…これからこの悪習を廃すれば再びこのような悲しい思いをするはずがない (17) 冒す जोखिम उठाना 危険を冒す (18)（利益などを）上げる；手に入れる；得る；獲得する；利用する；儲ける；収める इस तहरीक से उन लोगोंने बड़ा फ़ायदा उठाया その人たちはこの運動で大きな利益を上げた इस मजबूरी का फ़ायदा उठाकर महाजन लोग अधिक से अधिक सूद पर रुपया उधार देते हैं この弱みにつけ込んで金貸したちは最高の利息で金を貸す अपने राजनैतिक प्रभाव का लाभ उठाते हुए यह प्रयास करते हैं 自分の政治的な影響力を利用してこのように試みている (19) かかげる（掲げる） आज़ादी का झंडा उठाना 独立の旗を掲げる (20) 対応する；態度をとる；（ある措置を）とる；踏み出す यह क़दम उठाया गया है この処置がとられている दहशतपसंदी को रोकने के लिए जो क़दम उठाए थे वह सब गलत थे テロリズムを防ぐためにとられた措置はみな間違っていた (21) 取る；盗む；くすねる लोभ में आकर उसने शायद उठा लिया हो 欲にかられて盗んだのかも知れない मंदिर के सामने से जूते उठाएँ, ऐसे तो चोर बहुतेरे हैं お寺の前から靴をくすねるような盗人なら山ほどいる (22) さらう किसी ने उसकी पत्नी के समीप सो रहे 5 वर्षीय पुत्र को उठा लिया 彼の妻の傍らに眠っていた 5 歳の男の子をさらった **उठा दे॰** *a*. とりやめる；中止する；廃止する；廃する；やめる；取り下げる बाल्यविवाह को उठा देना 幼児婚を廃すること *b*. 差し上げる；納める भैया हर फ़सल पर आप को खेत का अनाज नहीं उठा देते? 兄は取り入れごとに穀物をこちらさまへお納めしてはおりませんでしょうか *c*. 起こす *d*. 賃貸する **(कुछ) उठा न रखना** 手段を尽くす；あらゆる努力をする；手を尽くす **उठा रखना** 捨て去る；やめにする；中止する यह मन से उठा रखें कि वे पुलिस के आदमी भयावह हैं 警察の人は恐ろしいという考えはやめにして下さい **उठा लाना** 持ってくる；運んでくる यह क्या उठा लाया है? 一体何を持ってきたのだ **उठा ले॰** *a*. 中止する；停止する；取り下げる अगर आप दोस्ती का सबूत दें तो मैं अभी चित्तौड़ का घेरा उठा लूँ और दिल्ली वापस लौट जाऊँ 友愛の証拠をお示しになられるならば今すぐチットールの包囲を中止致しデリーに戻って行こう *b*. 連れ去る इससे तो कहीं अच्छा था कि भगवान मुझे उठा लेते こんな暮らしよりはお迎えが来たほうが余程良かった

उठा-पटक [名*] 駆け引き；戦略；策略 यहाँ तो राजनीति की उठा-पटक है ここでは政治の駆け引きだ

उठा-बैठी [名*] (1) 落ち着きのないこと；せかせかすること (2) 混乱；騒ぎ (3)〔ス〕スクワット体操

उठावनी [名*] (1) = उठाना. (2)（火葬後 2〜3 日目の）骨揚げ (3) = उठौनी.

उठौआ [形] 持ち運びのできる；持ち運び用の；携行可能な

उठौनी [名*] (1) = उठाना. (2) 手付け金 (3) 宗教儀式やお供えのために別に取っておく金品 (4) 一部のカーストに行われる結納と結納金 (5) 一部のカーストに行われる親戚一同が遺族に香典を贈るなどの風習と儀礼 (5) 産婦の世話

उड़ंकू [形] 飛ぶ；飛行する；飛翔する；空中に浮く

उड़द [名] = उरद. (1)〔植〕マメ科ケツルアズキ【*Phaseolus radiatus*】(2) ケツルアズキの実 **उड़द के आटे की तरह ऐंठना** *a*. 反り（くり）返る *b*. 激しく怒る **उड़द पढ़कर मारना** 憑きものをはらう = उड़द मारना.

उड़न[1] [名] 飛ぶこと；飛行

उड़न[2] [形] 飛ぶ；飛行する

उड़नक़िला [名]〔軍〕空の要塞（B17 重爆撃機の別称）〈Flying Fortress〉

उड़नखटोला [名] (1) 昔話に出てくる空を飛ぶ寝台の形の乗り物；ウランカトーラー आकाश से जगमग जगमग करता एक उड़नखटोला

उतरा 天からぴかぴか輝く一台のウランカトーラー（空飛ぶ寝台）が降り立った (2) 飛行機

उड़नघाई [名*] いかさま話；いんちき話；嘘っぱち और लोग भी इसी तरह की उड़नघाइयाँ बताते थे 他の連中も全く同じようないんちき話をしていた **उड़नघाई बताना** だます；嘘をつく；いんちき話をする हरीश ने बहुत उड़नघाइयाँ बताईं, पर चौधरी अपने इरादे पर जमे रहे ハリーシュはずいぶんといんちき話をしたがチョードリーは自分の決断から動じなかった

उड़नछू [形] 行方知れずの；消えてなくなった；さっと消えた；さっとなくなった सफ़र की रही सही थकान भी उड़नछू हो गई 残っていた旅の疲れもさっと消えてしまった

उड़नझाँई [名*] いかさま；いんちき；嘘= उड़नघाई; चकमा

उड़न तश्तरी [名*] 空飛ぶ円盤= उड़न थाली. 〈flying saucer; UFO〉

उड़न दस्ता [名] 特別機動隊；緊急派遣隊；機動隊 〈flying squad〉

उड़न फल [名] 昔話に出てくるそれを食べると空中が飛べるようになるという果物

उड़ना [自] (1) 鳥や虫，飛行機などの物体が空中を移動する；飛ぶ；浮く；浮遊する पक्षी उड़ते हैं 鳥は空中を飛ぶ (2) 風などで物体が空中に浮いたり移動したりする；飛ぶ；吹き飛ぶ；空中に浮く；空中に漂う；舞う；吹かれる；立つ；なびく；吹き飛ばされる दूर धूल उड़ती देख 遠方に土埃の立つのを見て अलगनी पर डाले हुए कपड़े उड़ने लगते हैं （風のため）物干しの洗濯物が飛び始める तुम्हारे उड़ते हुए केश 風になびく君の髪 तेज़ हवा से छप्पर और छतों के टीन उड़ जाते हैं 草葺きの屋根やトタン板の屋根は強風で吹き飛ばされる (3) 速い速度で移動する；飛ぶ；急行する क्या वह उड़कर आया है あいつは飛んで来たのかい (4) 飛び上がる；飛躍する；飛び跳ねる；飛び越える सुबह तलैया में मछलियाँ उड़ती हैं 朝方には池で魚が跳ねる (5) 一気に，あるいは，いっぺんになくなる；吹っ飛ぶ आधी बोतल से ज़्यादा उड़ गई ボトル半分以上が一気になくなった (6) 欠ける；ちぎれてなくなる；途中がなくなる；飛ぶ पंद्रह बीस पन्ने उड़ गये हैं 20 ページほどが欠けている (7) 吹き飛ぶ；なくなる；行方知れずになる；消え失せる तलवार से उसका सिर उड़ गया 男の首は刀で刎ねられた मेरा बेटा सपना देख रहा है तो नींद आपकी उड़ी जा रही है? 息子が夢を見ている最中なのにあなたの眠気は吹き飛んでしまうのですか मेरे होश-हवास उड़ गये 私は正気を失ってしまった पता नहीं उसकी भूख और प्यास कहाँ उड़ गई थी ひもじさとのどの渇きはどこへ消えてなくなったのやら होश-हवास उड़ जा॰ 茫然とする (8) 色や塗りがあせる；はげる；落ちる；なくなる；失せる；消える उसके मुख का रंग उड़ गया 男は顔色がなくなってしまった चेहरा उड़ा उड़ा-सा था 顔色は失せてしまったかのようだった (9) 噂や情報などが飛ぶ；伝わる；広がる；流れる उन दिनों तरह तरह की अफ़वाहें उड़ती थीं あの頃はいろいろな噂が流れていた (10) はずれる；ちぎれる；抜ける बाल उड़ जाते हैं 髪の毛が抜ける (11) 気取る (12) 口を濁す；言葉を濁す；とぼける；知らぬ顔をする；話をそらす；ごまかす वह बहुत देर तक उड़ती रही 長いこととぼけていた (13) 楽しまれる；度はずれに用いられたり費消される；貪るように用いられる आज यहाँ शराब उड़ी थी? 今日はここで酒宴が張られたのかい (14) 派手にあるいは盛大に行われる आज बड़ी अच्छी महफ़िल लगी थी मालिक, क़व्वालियाँ उड़ी थीं へい，今日は大変盛会でございました．カッワーリーが賑やかなことでした (15) 激しい勢いで打撃が加わる；飛ぶ थप्पड़ उड़ना 平手打ちが飛ぶ **उड़कर** *a.* だまして；ごまかして *b.* せいぜい **उड़कर पादना** 大きな口をたたく **उड़ चलना** *a.* 飛ぶように走る *b.* 悪い方へ進む *c.* 似合う *d.* （料理が）うまくできる **उड़ जा॰** *a.* 金が使われる；費やされる *b.* 盗まれる *c.* 姿を消す **उड़ता-उड़ता** 不安げに；疑いながら；びくびくしながら **उड़ता बनना** 逃げる；遁走する **उड़ती आँख से** ざっと（見る）；大まかに **उड़ती आवाज़** *a.* はっきりしない音 *b.* 噂 **उड़ती ख़बर** 噂；噂話 **उड़ती चिड़िया के पंख गिनना** わずかの気配で全状況を察知する **उड़ती चिड़िया को हलदी लगाना** まったく抜け目のない **उड़ती चिड़िया पकड़ना** = उड़ती चिड़िया को हलदी लगाना. **उड़ती चिड़िया पहचानना** 腹の中を読み取る **उड़ती नज़र डालना** ちょっと見る；ざっと見る；一瞥する；一瞥をくれる एक उड़ती नज़र डालकर मुझे देखा फिर बाहर देखने लगी 私をちらりと見るとまた外の方を見始めた **उड़ती नज़र से** = उड़ती आँख से; उड़ती निगाह से. **उड़ती बात** 噂；噂話= उड़ती ख़बर. **उड़ती-पुड़ती ख़बर** = उड़ती ख़बर. **उड़ती मछली** 〔魚〕飛魚 **उड़ते बुलबुले के पर बाँधना** = उड़ती चिड़िया को हलदी लगाना.

उड़नेवाले स्तनी [名]〔動〕翼手類【*Chiroptera*】

उड़री की प्रथा [名*]〔文人〕駆け落ち婚

उड़वाना [他・使] ← उड़ाना.

उड़सना [自] しまいになる；しまう；おわる；終わりになる बाज़ार उड़सने पर जिसका जो भी माल नहीं बिकेगा उसे राजा ख़रीद लेगा 市場がしまいになると売れ残った品をなんであれお殿さまが買い上げる

उड़ाई [名*] 飛ばせること；飛行させること

उड़ाऊ [形] (1) 飛ぶ；飛行する (2) 無駄遣いをする

उड़ाका [形・名] (1) 飛べる；飛行できる (2) 飛行機などを操縦する；操縦士；パイロット (3) 急行する

उड़ाका दल [名] 緊急派遣隊；機動隊

उड़ाकू [形] = उड़ाका.

उड़ान [名*] (1) 飛ぶこと；飛行；飛翔 जैट विमान की उड़ान ジェット機の飛行 मनुष्य के शरीर पर अंतरिक्ष उड़ान के प्रभाव का अध्ययन 宇宙飛行の人体への影響の研究 (2) （航空機の目的地への）フライト (3) 思考や空想が自由に，あるいは，奔放にのびやかに広がること **उड़ान दे॰** 話をそらす；話から脱線する= उड़ान मारना; बहाना क॰; बातों में टालना. उड़ान देते ही रहते थे いつも話をそらしていた **उड़ान भरना (मारना)** *a.* 飛ぶ；飛行する हवाई जहाज़ हिमालय पर्वतमालाओं के ऊपर उड़ान भरने लगा था 飛行機はヒマラヤ山脈の上空を飛ぶようになった हवा बही सुंदर सुखदाई। नई उड़ानें भर लो, भाई ॥ 心地よい風が吹いた，友よ新しい飛翔をせよ *b.* 飛び回る खुले आकाश में उड़ानें भरने के लिए 広い大空を飛び回るために **उड़ान मारना** *a.* 口実を設ける；言い逃れをする；話をそらす *b.* 空想する *c.* 跳ぶ；跳躍する

उड़ानघाई [名*] ごまかし；いかさま；いんちき= धोखा; चकमा.

उड़ाना [他] (1) （鳥や飛行機，旗など空中に浮くものを）飛ばせる；あげる；浮かせる；立てる；なびかせる；はためかす मैदान में कुछ बच्चे पतंग उड़ाते हैं 広場で何人かの子供が凧を揚げる हवा काले काले बादल उड़ाकर लाती है 風は真っ黒な雲を運んで来る सिगरेट का धुआँ उड़ाते हैं タバコの煙を上げる निशान उड़ाना 勝利の旗をなびかせる एक कबूतर दरवाज़े पर से धूल उड़ाता निकल गया 1 羽の鳩が戸口から土埃を立てて飛び立っていった (2) （鳥や虫など羽のあるものを）飛ばす；放つ；追い払う；追う चाचा नेहरू अपने जन्म-दिन पर सफ़ेद कबूतर क्यों उड़ाते थे? ネルーおじさんはなぜいつも御自分の誕生日に白い鳩を放しておられたのですか मैं तोतों को बहुत उड़ाता हूँ, पर वे नहीं उड़ते 随分とインコを逐うのだけれど逃げないんだ (3) 勢いよく切断する；はねる；はじき飛ばす गर्दन उड़ाना 首をはねる（刎ねる）= सिर उड़ा दे॰. जो जहाँ मिले, उसका सिर उड़ा दो 出会った者はだれであれその首を刎ねろ (4) 吹きとばす；ぶっとばす；破壊しつくす；爆破する विमानों ने छापामारों का अड्डा उड़ाया 飛行機はゲリラの基地を吹き飛ばした आतंकवादियों ने एक थाने को उड़ा देने की कोशिश की テロリストが警察署を爆破しようとした (5) 消す；取り除く；消去する；除去する；削る (6) かすめる；かすめとる；盗みとる उसे जब अवसर मिलता, तो घर से रुपये उड़ा ले जाता チャンスがあれば家から金を（かすめて）持ち出す जाते-जाते उसने हाथ की सफ़ाई से एक रंगीन पेंसिल उसकी मेज़ से उड़ा ली थी 去りしなに色鉛筆を 1 本机の上から巧みに盗みとった हनुमान जी की बहुमूल्य मूर्ति कोई अज्ञात व्यक्ति उड़ा ले गया だれかがハヌマーンの高価な像をかっぱらっていった (7) 他人の技芸や技術などを密かに見て習得する；盗む (8) さらう；奪う；奪い去る बच्चों को उड़ाने वाले 子供をさらう人 (9) 浪費する；無駄に費やす हम अपनी गाढ़ी कमाई के करोड़ों रुपये गाँजे शराब में उड़ा देते हैं 汗水たらして稼いだ大金を酒や麻薬に浪費してしまう जो रुपये आप यहाँ उड़ा देते हैं, वह अगर अपने बाल-बच्चों को खिलाने पिलाने में ख़र्च करें, तो कितनी अच्छी बात हो ここで無駄に使っていらっしゃるお金を御自分の子供さんの飲食にお使いになるのであれば本当にいいのですが (10) 貪る；貪るように飲食したり楽しんだりする；平らげる；享楽する；耽る दिन भर उछला कूदा, तमाशे देखे, मिठाइयाँ उड़ाईं 日がな一日飛んだり跳ねたりし，見せ物を見物し，そして菓子を貪り食べた रात को भी उसने दावत में मुर्ग़ी उड़ाई 夜も宴席でチキンを平らげた फिर तो व्यापारी ने भी राजा का मेहमान बनकर मौज उड़ाई それから

は商人は殿様の客人となって大いに楽しんだ छुट्टी में मौजमस्ती उड़ाने के लिए 休暇中に大いに楽しむために दोनों इस वक़्त इस शान में बैठे पूड़ियाँ खा रहे थे जैसे जंगल में कोई बाघ अपना शिकार उड़ा रहा हो ジャングルで虎が獲物を貪っているような様子で2人はプーリーを食べているところだった (11) 冗談や噂，誤った情報などを飛ばす；無責任に言う；(噂を) 立てる；流す साथी मेरा मज़ाक़ उड़ाने लगे 友人たちが私をからかいだした नेता के क़रीबी और उसके भरोसेमंद व्यक्ति के संबंध में तरह-तरह के किस्से उड़ाना उन लोगों की तहज़ीब का हिस्सा है 実力者の側近や信頼の厚い人について様々な噂話を流すのが連中の礼儀作法の一部なのだ ये समाचार हमारी सारी आर्थिक प्रगति के मखौल उड़ाते जान पड़ते हैं このニュースはわが国の一切の経済的な発展を嘲笑するものに思える (12) あしらう；そらせる；軽んじる उसने सारी बात को कुछ ऐसे हलके ढंग से उड़ा दिया, मानो कोई बात नहीं है まるで何事でもないかのように話をあっさりとあしらってしまった

उड़ासना [他] (1) 敷物や寝具の敷物などを片付ける；たたむ；折りたたむ अंत में जाकर हमारे खटोले का बिछौना उड़ासने लगी とうとう我々のベッドの寝具を片付けにかかった (2) 台無しにする；荒らす

उडिगण [名] 星々；星の集まり

उड़िया[1] [形] ウリーサー（オリッサ）地方の；ウリーサーの

उड़िया[2] [名] ウリーサー（オリッサ）の人；同地方の住民

उड़िया[3] [名*]〔言〕ウリヤー語（オリッサ地方の主要言語で近代インドアーリアン語東部言語群に属する）

उड़ीक [名*] 待つこと；待機すること (-की) **उड़ीक क॰** (ーを) 待つ = (-की) बाट जोहना; राह देखना. पपीहे की तरह वर्षा की उड़ीक करते थे （伝説にあるように）チャバラカッコウのように首を長くしていつも雨の降るのを切に待っていた

उड़ीकना [他] 待つ；待機する；待ち望む= बाट जोहना; राह देखना; प्रतीक्षा क॰.

उड़ीसा 〔地名〕ウリーサー（ベンガルの南方，ベンガル湾に面する地方．古名はウトカラ (उत्कल)；オリッサ；オリッサ州

उडुंबर [名] = उडुम्बर. = उदुंबर.

उडु [名] (1) 星 (2) 星座

उडुपति [名] 月= चंद्र ; चंद्रमा; चाँद.

उडुराज [名] = उडुपति.

उडुस [名]〔昆〕トコジラミ科ナンキンムシ（南京虫）= खटमल.

उडेलना [他] = उँडेलना. कप से प्लेट में उडेलकर カップからソーサーに注いで

उड्डयन [名] 飛行 उड्डयन पिच्छ 風切り羽根〈flight feather〉

उड्डीयमान [形] 飛行中の；飛んでいる = उड़ता हुआ.

उढ़कन [名] (1) 支え；つっかえ (2) 道の障害物

उढ़कना [自] (1) もたれる；背中をもたせかける (2) つまずく (3) 半開きになる बाहर का दरवाज़ा और खिड़कियाँ उढ़की हुई थीं 入口の扉と窓は半開きになっていた

उढ़काना [他] (1) もたせかける (2) 半開きにする उन्होंने दरवाज़ा उढ़काया 扉を半開きにした

उढ़रना [自] 既婚の女性が駆け落ちする

उढ़री [名*] = उड़री. (1) 駆け落ちした女 (2) めかけ= रखेली; सुरैत; सुरैतिन. **उढ़री की प्रथा** 駆け落ち（婚）= उड़री की प्रथा.

उढ़ाना [他] = ओढ़ाना. (ふとんや衣類をなどを体に) 掛ける；着せる；着せかける；かぶせる；羽織らせる ऊपर से लिहाफ़ उढ़ा दो 上からふとんを掛けてやれ रोहित को कफ़न उढ़ाना ローヒトに経帷子を掛けてやりなさい मखमली चादर दासी को उढ़ाकर ビロードのチャーダルを侍女に羽織らせて ओढ़ना ठीक से उढ़ाती हुई बोली オールナーをきちんと着せかけながら言った

उत् [接頭] サンスクリットの接頭辞で，上昇，強さ，激しさ，相違，反対などの意を加える

उतना[1] [代形] 数量や度量，程度などについて述べる代名形容詞で被修飾語の性・数・格に応じて次のように変化する उतने(mas.,sg.obl., pl.), उतनी(fem.) (1) あれほどの；それほどの；それだけのなど उतना पानी それほどの水 (2) जितना…と相関的に用いられて…ほどの → जितना.

उतना[2] [代] あれほどのもの，それだけのもの，それだけ（のもの），あれだけ（のもの）など उतना ले लो जितना तुम्हें चाहिए 君に必要な分だけ取りなさい

उतना[3] [副] (1) あれほど；それほど उतना ख़ूबसूरत それほど美しい मैं समझता हूँ कि उतना बढ़िया आदमी तो तुमने अभी तक न देखा होगा あれほど立派な人物にはあんたはこれまで出会ったことがないと思うよ (2) 以前ほど；昔ほど；それほど；あれほど चाँदी के आभूषण या बरतन अब उतने लोकप्रिय नहीं रह गए हैं 銀の装身具や食器はもはや昔ほどには人気がなくなっている (3) 同様に；相応して；応じて पर उनके लिए सार्वजनिक कार्य भी उतना ही महत्त्वपूर्ण था でもあの方にとっては公共活動もそれと全く同様に重要なものだった

उतनी → उतना[1,2,3]. तुम्हें भी यह उतनी अच्छी नहीं लगेगी, जितना कि और कोई पक्षी この鳥は君にも他の鳥ほどには気に入るまい

उतने → उतने[1,2,3].

उतरन [名*] (1) お下がり；使い古しの物 (2) 着古し= उतरन-पुतरन. (3)〔植〕ガガイモ科蔓草デミヤカツラ【*Pergularia daemia; Daemia extensa*】

उतरना[1] [自] (1) 下の位置へ移動する；くだる（下る）；降りる；下がる ट्रेन से उतरा तो 列車から降り立つと एक बहुत बड़ा रीछ उस पेड़ के तने से चिपककर धीरे-धीरे नीचे उतर रहा था 1頭の大きな熊が木の幹にしがみついていてゆっくり降りかけているところだった दोनों जने पानी में उतर गए 2人は水に入った（降りた） फिर सीढ़ियाँ उतरकर सड़क पर आ जाता है それから階段を下りて道路に出る दूध बिलकुल उतरा नहीं （母）乳が全く出なかった उस वक़्त तक अँधेरा उतर आया था それまでには闇が降り立っていた विमान धरती पर उतर आया था 飛行機は地上に降り立った（着陸した） गंगा नदी स्वर्ग से उतरी है ガンジス川は天界から下ったものである फेफड़े की झिल्ली में पानी उतर आया है 肋膜に水が溜まっている (2)（ある水準や程度，段階に比べて）低くなる；下がる；低下する；劣る；減る；衰える ब्रह्मपुत्र व उसकी सहायक नदियाँ जो पिछले दो दिनों से उतरने लगी थीं अब कल से पुनः चढ़ने लगी हैं 2日前から水位の下がり始めたブラフマプトラ川とその支流は昨日から再び増水し始めている बुख़ार उतरना （病気による）熱が下がる मुझे सूजिश कुछ उतरी हुई लगी 炎症は少しおさまったように思えた (3) もとの状態に戻る；引く；下がる；おさまる बुख़ार बिलकुल उतर गया 熱はすっかり下がった (4) 本来の位置からずれる；はずれる रेल पटरी से उतरी 列車が脱線した हड्डी उतरना 脱臼する (5) 神仏などが地上に姿を現す；現れる；降臨する；下る = अवतार हो॰; अवतरण हो॰; अवतरित हो॰. (6) 泊まる；宿泊する；宿をとる एक सौदागर सराय में आकर उतरा 一人の商人が隊商宿に宿をとった (7)（色や付着したものなどが）はげる；落ちる；取れる；はげ落ちる；消える；なくなる मिट्टी तो सारी गल गलकर उतर गई （塗ってあった）泥はすっかりとけてはげ落ちてしまった जब तक उसके सिर से हत्या न उतर जाए 殺生の罪が消えるまで (8) 中や内にあったものが外に見えるようになる；出る；現れる；見える；浮かぶ बुढ़िया की आँखों में भय उतर आया था 老婆の目には恐怖感が現れていた उसकी अधमुँदी आँखों में लाली के डोरे उतर आये 男の半眼には赤い血の筋が現れた जीवन के सुनहरे प्रभाव की कितनी ही स्मृतियाँ एक-एक करके सामने उतर रही हैं 人生の金色に輝く曙の数多くの思い出が次から次へと浮かんでくる (9) 着用していたものが取れる；脱げる；はずれる उसने देखा पैरों की पायलें भी उतर गयी हैं パージェーブ（足首飾り）も脱げてしまっているのに気づいた (10) 終わる；仕舞になる；しまう；終わりになる；止まる；止む तेज़ बारिश उतरने की देर थी कि पल भर में ढलान पर कीच-ही-कीच हो गया 激しい雨が止むか止まぬかに坂は泥でぐちゃぐちゃになってしまった हमारे देश में नवंबर से उतरती फ़रवरी तक का समय わが国の11月から2月の下旬までの間 उतरती हुई शाम 暮れていく夕べ (11) 元気がなくなる；しょんぼりする；沈む；しょげる；しおれる；しぼむ；(顔つきなどが) くもる（曇る）；暗くなる यह तुम्हारी आँखों के ख़ामोश आँसू, उतरा हुआ चेहरा और कंपकंपाते होंठ 君の目の静かな涙，沈んだ顔，それに震えている唇 कल शाम को बाबू जी का चेहरा काफ़ी उतरा हुआ लग रहा था 昨夜は父の顔がかなり曇っているように思えた (12) 基準や規範に合致する；かなう（適う）；あてはまる यह कहावत बहुत सटीक उतरती है この諺はまったくぴったりあてはまる तब कहीं जाकर यासनीन उसके आदर्श पर खरी उतरी そこでようやくヤースニーンは彼の理想に適ったのだった (13) 取れる；抜ける；なくなる उसकी सारी थकान उतर गई थी 疲れはすっかり

取れていた कुछ घंटों में रोगी का विष उतर जाता है ほんの数時間のうちに病人の（体内の）毒は取れる अपने कई वीरों के नाश की बात सुनकर रावण का नशा उतर गया 配下のつわものたちが全滅した話を聞いてラーヴァナの酔いは醒めてしまった (14) 静まる；おさまる；静かになる；鎮静する उसका गुस्सा कब उतरेगा あの人の怒りはいつ静まるのだろうか (15)（ある状態にまで）なる；進む；入る；立ち入る；入り込む；到る；行く；来る ऐसा नहीं कि बात मेरे मन में गहरे तक नहीं उतरती 話が私の胸の奥深くまで入ってこないというわけではない कभी वह गाली गलौज पर उतर आता है 時には罵声を浴びせるところまで行く人なのです घर में भी बहन बगावत पर उतर आती है 家の中でも妹は反乱を起こすところまで行く इस तरह की साजिशों पर उतर आऊँ तो このような陰謀を企てるまで進むならば (16) 加わる；ある方面へ足を入れる；足を突っ込む；立ち入る；関わる；関係を持つ；関係する；及ぶ；引き込まれる आप तो बहुत बारीकियों पर उतर आये हैं 随分細かいことにまで入り込まれましたね (17) たるむ；ゆるむ (18) 切れて落下する；落ちる (19) 出来上がる；仕上がる (20) 写しができる；写される；書き写される **उतरकर** 劣っている；下の；低い；低位の **उतर पड़ना** 向かう；飛び込む

उतरना[2] ［自］（向こう側や向こう岸に）渡る；越える

उतरवाना ［他・使］← उतारना.

उतरहा ［形$^+$］北の；北方の＝ उत्तरी; शिमाली.

उतराँही ［名*］北風

उतराई[1] ［名*］(1) 下り坂＝ उतराई का रास्ता. ↔ चढ़ाई का रास्ता 上り坂 उतराई उतरकर झील के किनारे-किनारे हो गया 坂を下って湖の岸辺に近づいた (2) ＝ उतरना[1] (3) ＝ उतारना.

उतराई[2] ［名*］渡し賃 नाव की उतराई 舟の渡し賃；渡船料

उतराना[1] ［自］(1) 水などの液体の表面に浮く；浮かぶ कूड़ा उसपर उतराता है ごみがその上に浮く (2) 沸きあがる；煮え立つ；吹き出る；あわ立つ (3) 助かる；救われる

उतराना[2] ［他・使］← उतारना.

उतराव ［名］下り坂

उतरावना ［他・使］＝ उतरवाना.

उतराहा ［副］北の方角に；北方に

उतान ［形］あおむけに横たわった；仰向きの＝ चित्त.

उतार ［名］(1) 下へ向かうこと；下降すること (2) 下へ向けること；下降させること (3) 下り坂 (4) 衰退 (5) 減少；減退；下落 (6) 鎮静剤

उतार-चढ़ाव ［名］(1) 上がり下がり；上下；高下 (2) 凹凸；でこぼこ (3) 変動

उतारन ［名］(1) 古着；着古し；お下がり (2) 残りもの；くず（屑）；かす (3) 憑きものを祓うために飲食物を憑かれた人の頭上にかざした後，四つ辻などに置くこと

उतारना[1] ［他］(1) 高い位置から下へ移す；おろす；くだす बोझ उतारना 荷をおろす सामूहिक संगीत स्वरों के बीच ओलंपिक ध्वज उतार लिया जाता है 合唱の中オリンピック旗が降ろされる मिट्टी के बर्तन फ़र्श पर उतारना 瀬戸物を床に降ろしなさい (2) 切り離して落とす；刎ねる दुश्मन का सिर उतारना 敵の首を刎ねる (3) 向ける；ぶつける；当てる क्रोधित इनसान अपना गुस्सा उसपर उतारता है जिसको वह अपने से हीन समझता है 腹を立てた人はその怒りを自分より弱いと思う人にぶつけるものだ दफ़्तर की खीज व झल्लाहट पति और बच्चों पर उतारती है 職場のいらいらを夫や子供にぶつける (4) 位置や状態を変える；行動や実行に移す इसे केवल शब्दों में नहीं व्यवहार में उतारिए これを単に言葉の上ではなくて実行して下さい गीता के इस उपदेश को उन्होंने अपने जीवन में पूरी तरह उतार लिया था 「バガヴァッド・ギーター」のこの教えをこの方は自分の人生にそっくり移されたのであった (5) 静かにする；鎮める；鎮静化する पति का गुस्सा उतारने के लिए उसने बगीचे से कुछ खुशबूदार फूल तोड़े 夫の怒りを鎮めるのによい香りのする花を幾つか摘んだ (6) はぐ；むく छिलका उतारना 果物の皮をむく इस रोग से मरनेवाले पशुओं की खाल नहीं उतारना चाहिए この病気で死んだ動物の皮をはいではいけない (7) 泊める；宿に泊める उन्हें कहाँ उतारने का इरादा है? あの方をどこにお泊めするつもりだ (8) 加える；引き入れる；連れ出す इन्हें अपने ढंग पर उतार लाये 自分の流儀に引き入れた (9) 着用したものを脱ぐ；身につけたものを取る；はずす ओवरकोट उतारते हुए オーバーを脱ぎながら（सिर पर से）पगड़ी उतारना 頭のターバンを取る अपनी सोने की तागड़ी उतारकर दी थी 自分の金のターガリー（ベルト）をはずして私に下さった आजकल कुछ स्त्रियाँ ऐसी हैं, जिन्होंने पर्दा उतार फेंका है 今日一部の女性はパルダーを脱ぎ捨てている जूते उतार नंगे पाँव 靴を脱いではだしで संजय की उतारी हुई बनियान サンジャヤの脱いだランニングシャツ उन्होंने धीरे से जम्पर उतार दिया और मुँह फुला बैठी 静かにセーターを脱ぎふくれっ面をした चश्मा उतारना 眼鏡をはずす (10) はめたり掛けたり固定したりしたものをはずす；とりはずす खूँटी से अपनी पतलून उतारकर पहनी 掛けくぎからズボンをはずしてはいた (11) 取る；取り去る；ぬぐい去る；抜く；落とす；除く；除去する；のける साँप का ज़हर उतारना 蛇毒を取り去る（抜く） उसने झेंप उतारने का प्रयत्न करते हुए उत्तर दिया はにかみを取り去ろうとしながら答えた पहले थकान उतारें, फिर भोजन करें まずは疲れを取ってそれから食事にしよう नशा उतारना 酔いをさます उसे अपनी ज़ुबान का जंग उतारने का मौका मिला 女性は舌についた錆を落とす機会を得た वहाँ से लौटकर मैं कई दिन मन से मालती को उतार नहीं पाया ラクノウから戻ると数日間マールティーのことを頭から払いのけることができなかった (12)（憑き物などを）落とす；祓う भूत-प्रेत उतारना 取り憑いた幽鬼を祓う इसके सिर ऐसा है, कोई नहीं उतार सकता この人は憑かれているのでだれも憑きものを祓い落とせない भूत-प्रेत उतारने वाले 憑きものを祓う人 (13) 写す；書き写す；書き取る मैं श्यामपट पर लिख देता हूँ.तुम उसको अपनी कापी पर उतार लो 私が黒板に書くから君たちはそれをノートに書き取りなさい जैसा चित्र दीजिए, हूबहू उतार लेती है どんな絵でもそっくり写し取る कैनवस पर अपने मनोभाव उतारना カンバスに自分の気持ちを写す उसने सावित्री की नक़ल उतारी サーヴィトリーの真似をした (14) 注ぐ；注入する；印象づける धार्मिक संस्कार के रूप में हमारे जीवन में कितना ख़तरनाक ज़हर उतारा जा रहा है 宗教儀礼の形で我々の生活の中にいかほど多くの危険な毒が注ぎ込まれていることか

उतारना[2] ［他］（向こう側へ）渡す नदी पार उतारना 川の向こう岸へ渡す

उतारा[1] ［名］(1) 宿；宿所；宿泊所 (2) 宿をとること；宿泊；投宿 (3) おふる（御古）；おさがり（お下がり） (4) 憑きものや病魔を退散させるために何らかの飲食物を憑かれた人や病人のぐるりに回した後，四つ辻など特定の場所に置くこと (5) その目的に用いられる物 **उतारा उतारना** 憑きものを祓う

उतारा[2] ［名］(1) 向こう側へ渡すこと；渡ること；渡し (2) 渡し賃 (3) 渡し場

उतारू ［形］用意する；待ち構える；構えをする；しかける；挑む；やりかける；(−) する所まで進む；(−に) 至る उसके लिए मरने और मारने पर उतारू हो जाते हैं そのためには命のやりとりにまで行ってしまう मेरी कमज़ोरियाँ मुझे डुबो देने पर उतारू हैं 自分の弱さが自分を沈めてしまう勢いだ

उतावला ［形$^+$］(1) せく；急ぐ；あせる मैं स्वयं घर पहुँचने को उतावली हो रही थी 私自身が早く家に着こうとせいていた (2) せっかちな；せかせかする；性急な；もどかしがる **उतावला सो बावला** 〔諺〕急いては事を仕損じる

उतावलापन ［名］← उतावला. (1) せくこと；急ぐこと (2) 性急さ

उतावली ［名*］(1) 急ぐこと；急ぎ；あせり (2) 性急さ；勢い込むこと；気ぜわしさ डाक्टर ने उतावली से पूछा 医者は気ぜわしくたずねた

उत्कंठा ［名*］強い気持ち；強い意欲；切望；熱望；強い願い ये बातें सुनकर मुझे भी इस विचित्र व्यक्ति से मिलने की उत्कंठा हुई この話を聞いて私もこの変わった人物と会ってみたい気持ちが強く湧いてきた बड़ी उत्कंठा से (-की) प्रतीक्षा क॰ （−を）待ちかまえる

उत्कंठित ［形］強く望む；切望する；うずうずする तुम्हारा मन अवश्य गुरु तेगबहादुर के बलिदान की कहानी सुनने के लिए उत्कंठित हो रहा होगा 君はきっとグル・テーグバハードゥルの殉教の話が聞きたくてたまらない気持ちになっているだろう श्यामू पतंग के लिए बहुत उत्कंठित था シャームは凧が欲しくてならなかった

उत्कंठिता ［名*］〔イ文芸〕女性主人公の分類 नायिकाभेद の一．ウトカンティター（逢瀬に長時間待つための不安に胸を痛める女性）

उत्कट ［形］大変強い；激しい；猛烈な；激烈な स्वर्ग के सुखों को पाने की उत्कट इच्छा 天国の幸せを得たいという激しい欲求 पीहर जाने की उत्कट अभिलाषा 里帰りの強い願い

उत्कर्ष [名] (1) 上昇 (2) 昇格 (3) 昇進 (4) 繁栄 (5) 価格上昇；騰貴
उत्कल 〔地名〕今日のオリッサ（उड़ीसा）地方の古名ウトカラ
उत्का [名*]〔イ文芸〕ウトカー；ウトカンティター = उत्कंठिता.
उत्कीर्ण [形] (1) 刻まれた；彫られた；彫刻された मिट्टी के बर्तनों पर उत्कीर्ण लेख 土器に刻まれたもの (2) 浮き彫りの；彫り抜かれた तबले और ढोल की उत्कीर्ण आकृतियाँ タブラーや太鼓の彫られたもの **उत्कीर्ण क°** *a.* 刻む；刻印する；彫る *b.* 彫り抜く
उत्कीर्णक [名] 彫刻家
उत्कीर्णन [名] (1) 彫刻 (2) 浮彫
उत्कृष्ट [形] (1) すぐれた；すぐれて美しい；素晴らしく美しい；鮮やかな；魅惑的な उत्कृष्ट दृश्य 素晴らしい景色 उत्कृष्ट राज्य 善政 (2) 抜き出た；抽んでた；優秀な；最高の；ハイクラスの उत्कृष्ट कोटि के निबंध 群を抜いた随筆 रिपोर्ताज का उत्कृष्ट उदाहरण ルポルタージュの最高の手本 उत्कृष्ट धातु 貴金属 उत्कृष्ट पदार्थ 高級品
उत्कृष्टता [名*] ← उत्कृष्ट. (1) 美しさ (2) 優秀さ
उत्केंद्र [形] 中心を離れた；偏心の；離心の
उत्क्रम[1] [名] 逆転；転倒= विपर्यय.
उत्क्रम[2] [形] 逆の；反対の；逆転した；転倒した
उत्क्रमण [名] (1) 上昇；舞い上がること (2) 逸脱；脱線 (3) 逆転；反転 (4) 死
उत्क्रमणीय [形] 可逆的な；逆にできる；反対にできる；裏にできる उत्क्रमणीय परिवर्तन 逆転的な変化
उत्क्रमणीय अभिक्रिया [名*]〔化〕可逆反応〈reversible reaction〉
उत्क्रांति [名*] (1) 上昇すること (2) 違反すること
उत्क्रोश [名] (1) 騒動；大騒ぎ (2) 騒音
उत्क्लेश [名] (1) 体の不調 (2) 胸やけ
उत्क्षिप्त [形] 投げられた；発射された；打ち上げられた
उत्क्षेप [名] (1) 投げ上げること；上へ向けて発射すること；打ち上げ (2)〔言〕はじき音〈flapped〉
उत्खनन [名] (1) 掘り出すこと；発掘 (2) 採石〈quarrying〉
उत्खनित [形] 掘り出された；発掘された उत्खनित वस्तु 出土品
उत्खात [形] 掘り出された उत्खात भूमि 不毛地帯；荒地
उत्तप्त [形] (1) 燃えている (2) 強く熱せられている (3) 激昂した (4) ひどく苦しんでいる
उत्तम [形] 最良の；最高の；最善の；最適の；立派な；一番の；優秀な；すぐれている नक्की झील नौकाविहार के लिए उत्तम है 舟遊びに最適のナッキー湖 उत्तम शिक्षा 最良の教育 विवाह के उपरांत उत्तम संतान उत्पत्ति के उद्देश्य से ही 結婚後に立派な子孫の誕生を目指して उत्तम बीज 最高の種子；最適の種子 उत्तम अभिनय 好技 उत्तम गद्य 名文 उद्यम में खेती उत्तम है 職業の中では農業が一番だ यह धातु उत्तम तापचालक होने के कारण この金属は熱伝導がすぐれているので उत्तम कारीगर 優秀な職人 **उत्तम खेती मद्धम बान, निखद सेवा भीख निदान** 〔諺〕生業で一番は農業，次いで商い，宮仕えはその下で物乞いは一番下 **उत्तम तद्रूपता** ハイファイ；高忠実度
उत्तमता [名*] ← उत्तम. 優秀さ
उत्तम पुरुष [名]〔言〕一人称〈first person〉
उत्तमा[1] [形*] ← उत्तम.
उत्तमा[2] [名*] (1) すぐれた女性 (2)〔イ文芸〕ウッタマー（女主人公の分類 नायिकाभेद の一．自分の不利益を省みず愛する人のために尽くす女性）
उत्तमोत्तम [形] (1) 最良の；最高の；最善の；最優秀の (2) いずれ劣らぬ
उत्तरंग [名]〔建〕まぐさ；まぐさ石〈lintel〉
उत्तर[1] [名] (1) 北；北の方角；北方；北部 उत्तर से दक्षिण की ओर 北から南の方へ；北から南に向かって उत्तर की हवा 北風 उत्तर-दक्षिण संवाद 南北対話〈North-South dialogue〉 (2) 返答；返事；答え；回答 (3) 解答；答え；答案 (4) 返報；返し सलाम का उत्तर 挨拶の返し (5) 反応 **उत्तर दे°** *a.* 返答する；答える *b.* 感応する रात को कोई आवाज़ दे तो तुरंत उत्तर नहीं दिया जाता 夜中にだれかが声をかけたらすぐに返事をするものではない
उत्तर[2] [形] (1) あと（後）の；のち（後）の；後期の；後代の (2) 上の (3) すぐれた；優秀な उत्तर मौर्यकालीन भारत 後期マウリヤ時代のインド
उत्तर अतलांतिक संधि संगठन [名] 北大西洋条約機構= नैटो.〈NATO〉
उत्तरकाल [名] 後期；後代
उत्तरकालीन [形] 後期の；後代の
उत्तरकाशी 〔地名・ヒ〕ハリドワールから 350km ほど北方にあるヒマラヤ山中の聖地で聖地バダリーナーラヤン बदरीनारायण への途中に位置する
उत्तरजीवन [名] 生き残ること
उत्तरजीविता [名*] 生き残り〈survival〉
उत्तरदाता [名] (1) 責任者 (2) 返答者；解答者；回答者= उत्तरदायी.
उत्तरदायित्व [名] 責任；責務= जवाबदेही; ज़िम्मेदारी.
उत्तरदायी [形・名] (1)（一の）責任がある（人）；責任を負う（人） घर का वातावरण भी व्यक्ति को शिष्ट या अशिष्ट बनाने के लिए उत्तरदायी होता है 家庭環境も人の洗練や躾に責任があるものだ= ज़िम्मेदार; जवाबदेह. (2) 責任の重い（人） (3)（一の）原因である
उत्तरदीप्ति [名*] 夕焼け〈afterglow〉
उत्तरध्रुव [名] 北極〈Northpole〉
उत्तरध्रुवीय [形] 北極の〈Arctic〉
उत्तरध्रुवीय ज्योति [名*] オーロラ
उत्तरध्रुवीय महासागर [名] 北極海= आर्कटिक महासागर.
उत्तर-पश्चिम[1] [名] 北西；北西方角
उत्तर-पश्चिम[2] [形] 北西の；北西方角の= उत्तर-पश्चिमी.
उत्तरपाषाण युग [名]〔考〕上部旧石器時代〈Upper Paleolithic age〉
उत्तरपुस्तिका [名*]〔教〕試験解答用冊子；解答用紙
उत्तरपूर्व[1] [名] (1) 北東；東北；北東方角；東北方角 (2) 北東部；東北部 ज़िला हिसार फ़तेहाबाद के 15 कि.मी. उत्तरपूर्व में ヒサール県のファテーハーバードの 15km 東北方に
उत्तरपूर्व[2] [形] 北東の= उत्तरपूर्वी.
उत्तरप्रत्युत्तर [名] 討議；討論
उत्तरप्रदेश [名] ウッタル・プラデーシュ州，もしくは，北部州（インド北部にあるインド連邦中人口最大の州．略称 U.P.，州都は लखनऊ）
उत्तरप्रदेशीय [形] (1) ウッタル・プラデーシュ州の (2) ウッタル・プラデーシュ州出身の
उत्तरवर्ती [形] (1) 後の；後続の (2) 北方の；北の
उत्तरांचल 〔地名〕ウッタラーンチャル州（東はネパール，北はチベット，西をヒマーチャル・プラデーシュ州と接する．州都 देहरादून）
उत्तराखंड 〔地名〕ウッタラーカンド（中央ヒマラヤのネパール西方に位置するウッタラーンチャル・プラデーシュ州及びヒマーチャル・プラデーシュ州に含まれる地域の称） उत्तराखंड की यह पवित्र भूमि वास्तव में तपोभूमि है ウッタラーカンドのこの聖なる地は実に苦行の地なり
उत्तराधिकार [名] (1) 相続 उत्तराधिकार संबंधी लड़ाइयों के दौरान 相続をめぐる争いの間 (2) 相続権 (3) 継承
उत्तराधिकार कर [名] 相続税
उत्तराधिकारिणी [名*] ← उत्तराधिकारी. 相続者；継承者 राजगद्दी की उत्तराधिकारिणी 女性の王位継承者
उत्तराधिकारी [名] (1) 相続人；相続者 (2) 継承者 राजनैतिक उत्तराधिकारी 政治的継承者
उत्तरापेक्षी [形] 返答を待つ；答弁を求める；回答を待つ
उत्तराफाल्गुनी [名*]〔天・占〕インドの二十七宿中の第 12，ウッタラーパールグニー・漢名は翼（よく）；（和名）たすきぼし
उत्तराभाद्रपद [名*]〔天・占〕インドの二十七宿の第 26；ウッタラーバードラパダ・漢名は壁（へき）；（和名）なまめぼし
उत्तरायण [名] (1)〔天〕太陽が冬至から夏至にかけて北行すること (2) その半年
उत्तरार्ध [名] 後半；後の半分 उत्तरार्ध का खेल 後半のゲーム
उत्तराषाढ़ा [名*]〔天・占〕インドの二十七宿の第 21，ウッタラーシャーダー・漢名は斗（と）；和名はひきつぼし
उत्तरी [形] 北の；北方の= उत्तर का. उत्तरी हवा 北風
उत्तरी गोलार्ध [名] 北半球 उत्तरी गोलार्ध में स्थित विकसित देश 北半球に位置する先進国
उत्तरी ध्रुव [名] 北極
उत्तरी-पश्चिमी सीमा प्रांत [地名] パキスタンの北西辺境州〈North-West Frontier Province; NWFP〉
उत्तरी भारत [名] 北インド
उत्तरीय[1] [名]〔服〕ウッタリーヤ= दुपट्टा; ओढ़नी; चद्दर.
उत्तरीय[2] [形] (1) 北の；北方の (2) 上の；上部の；上方の

उत्तरी सागर [名] 北海 〈the North Sea〉
उत्तरोत्तर[1] [形] 連続的な；継続的な
उत्तरोत्तर[2] [副] (1) 徐々に (2) 続けて；連続して (3) ますます；一段と
उत्तल [形] 中央が高くなっている；凸面の 〈convex〉 **उत्तल लेन्स** 凸レンズ
उत्तलता [名*] 凸状 ← उत्तल. 〈convexity〉
उत्ता [形+]〔俗〕 = उतना.
उत्तान [形] (1) 仰むけの；仰向けになった (2) 仰向きに横たわった (3) 広がった；広げられた
उत्ताप [名] (1) 熱；火熱 (2) 高熱 (3) 苦痛 (4) 悲しみ
उत्तापित [形] (1) 熱せられた (2) 悲しみに沈んだ
उत्तार [名] (1) 渡すこと (2) 救うこと；救済
उत्तारण [名] (1) 渡すこと (2) 救済
उत्ताल [形] (1) 荒れた सागर की उत्ताल तरंगें 大海の怒涛 (2) 激しい；強烈な (3) とても高い；高く立つ；そびえ立つ
उत्तीर्ण [形] (1) 向こうへ達した；渡った；渡りおえた (2) 合格した परीक्षा में उत्तीर्ण हो॰ 試験に合格する
उत्तुंग [形] 屹然たる；そびえ立つ；屹立する हिमालय की उत्तुंग शृंखलाएँ そびえ立つヒマラヤの山並み
उत्तू [名] 《P. اتو》 (1) 布に装飾用のひだや模様をつけるためのこて（鏝） (2) 上記の鏝でつけられた模様 (3) 鏝などで布にひだを作ること；しわを作ること；織物の畝や畝を作ること (4) 縁飾り；飾り縫い **उत्तू क॰** *a.* ひだを作る；しわを作る鏝で布にひだをとったり模様をつけたりする *b.* 激しく叩く；打ちのめす；青あざやみみずばれのできるほど打つ *c.* 馬鹿にする；愚弄する **उत्तू बनाना** *a.* ひだを作る *b.* 激しく叩いてみみずばれにする；叩きのめす；打ちのめす= मारकर उत्तू बनाना. *c.* 馬鹿にする；愚弄する **उत्तू हो॰** ぐでんぐでんに酔う；酔いつぶれる
उत्तेजक [形] (1) 刺激的な；激越な इस प्रकार के उत्तेजक भाषण この種の激越な演説 उत्तेजक साहित्य 刺激的な文学 (2) 鼓舞する；励ます；激励する उत्तेजक संस्मरण 鼓舞する思い出 उत्तेजक औषधियाँ 向精神薬 (3) 刺激の強い उत्तेजक द्रव्य 刺激の強い物質
उत्तेजन [名] (1) 研ぐこと；研いでとがらすこと；鋭利にすること；鋭くすること (2) かきたてること；刺激すること；激化すること (3) 刺激（刺戟） = उत्तेजना.
उत्तेजनशीलता [名*]〔生〕興奮性；感受性 〈irritability〉
उत्तेजना [名*] (1) 刺激；刺戟 नाक के भीतर ज़रा-सी उत्तेजना हुई कि छींक आई 鼻の中にほんの少し刺激があったとたんにくしゃみが出た (2) 興奮 काम की उत्तेजना 性的興奮 इससे लोगों में उत्तेजना फैल गई これによって人々の間に興奮が広がった (3) 鼓舞；激励；刺激；扇動
उत्तेजनात्मक [形] 刺激的な उत्तेजनात्मक परिस्थिति 刺激的な環境
उत्तेजित [形] (1) 興奮した इससे मैं इतना उत्तेजित हो गया कि मेरे हृदय की गति बहुत तेज हो गयी このため動悸が非常に激しくなるほど興奮した (2) かき立てられた；そそのかされた；扇動された；励まされた；鼓舞された बालक में जो सद्‌वृत्तियाँ हैं, उन्हें ऐसा उत्तेजित किया जाए 子供の持っている正しい気持ちをこんなふうに目覚めさせるならば (3)〔物理〕励起状態の उत्तेजित अवस्था〔物理〕励起状態 〈excited state〉
उत्तोलक[1] [名] てこ（梃）；レバー
उत्तोलक[2] [形] 持ち上げる
उत्तोलन [名] (1) 持ち上げること (2) 計量
उत्थान [名] (1) 向上；高くなること अपने व्यक्तित्व के उत्थान के लिए 人格の向上のために (2) 興隆；振興 क्षेत्रीय भाषाओं का उत्थान 地方語の振興 राष्ट्र के उत्थान की ओर ध्यान दे॰ 国家の興隆に意を払う (3) はじまり；出だし；最初；発端 **उत्थान-पतन** 興起と滅亡；興亡；興隆と衰退
उत्थानक [形] (1) 持ち上げる (2) 向上させる (3) 興隆をもたらす
उत्थापक [形] (1) 上げる；持ち上げる (2) 向上させる (3) 興隆させる (4) 刺激を与える (5) 鼓舞する (6) 目覚めさせる；起こす
उत्थापन [名] (1) 上げること；持ち上げること (2) 向上させること (3) 興隆させること (4) 刺激を与えること (5) 鼓舞すること (6) 目覚めさせること
उत्थित [形] (1) 生じた；発生した (2) 出た (3) 増した；増大した (4) 高い；高まった (5) 広い；広がった

उत्पत्ति [名*] (1) 起こり；起源；はじまり；発端；出発 वर्णव्यवस्था की उत्पत्ति ヴァルナ制度の起源 (2) 出生；誕生 (3) 発生；出現 (4) 産物；生産物 (5) 生産
उत्पन्न [形] (1) 生まれた；誕生した (2) 発生した；出現した；生じた；起こった (3) 作られた；作り出された；生産された **उत्पन्न क॰** *a.* 作る；作り出す；生産する；生む प्रत्येक व्यक्ति स्वयं अपना भोजन उत्पन्न नहीं करता है だれしもが自分の食べるものをこしらえるわけではない *b.* 生む；産む；儲ける उतनी ही संतान उत्पन्न करे 全く同数の子を産むべし **उत्पन्न हो॰** *a.* 生じる；起こる；出現する；発生する अवरोध उत्पन्न हो॰ 障碍（障害）が発生する；さしさわりが起こる एक सामाजिक समस्या तब उत्पन्न होती है その際一つの社会問題が生じる कंघे को कपड़े से रगड़ते ही स्थिर विद्युत उत्पन्न होने से 櫛を布にこするとたんに静電気が起こるので मुझे जबरदस्त क्रोध उत्पन्न हुआ 猛烈な怒りが生じた घर्षण से उष्मा उत्पन्न होती है 摩擦により熱が発生する इनसे आर्थिक असमानता उत्पन्न होती है これらのことから経済的な不平等が起こる *b.* 生まれる；誕生する *c.* 作られる；産出される
उत्परिवर्तन [名]〔生〕突然変異 〈mutation〉
उत्पल [名] (1)〔植〕スイレン科ムラサキスイレン【*Nymphaea stellata*】 (2)〔仏〕青蓮華；優鉢華；優鉢羅華
उत्पाटन [名] 根から引き抜くこと；根こそぎにすること
उत्पाटित [形] 根から抜いた；根こそぎにされた
उत्पात [名] (1) 災害；災厄 (2) 悪事；迷惑 (3) 騒ぎ；騒動；騒乱 धार्मिक उत्पात 宗教上の騒ぎ **उत्पात मचाना** *a.* 悪事を働く *b.* 騒ぎを起こす राक्षसों ने उधर ही सब से ज़्यादा उत्पात मचा रखा था ラークシャスたちがそちらで最も激しく騒動を起こしていた
उत्पातक [形] = उत्पाती.
उत्पाती [形] (1) 災害をもたらす (2) 悪事を働く；迷惑をかける；厄介な
उत्पाद [名] 産物；産出物；生産品 अचार तथा अन्य फल-सब्ज़ी उत्पादों में सड़न तथा फफूँदी लग जाती है 漬け物や野菜，果物などの生産物は腐敗したりかびたりする
उत्पादक [形・名] 産する；生産する；生産者 उत्पादक एवं उपभोक्ता 生産者と消費者 दुग्ध उत्पादक 牛乳生産者 उत्पादक क्षमता 生産能力
उत्पादकता [名*] 生産性；生産力 भूमि की उत्पादकता बहुत कम थी 土地の生産性が極めて低かった उत्पादकता में वृद्धि 生産性向上
उत्पादक मंडी [名*]〔商〕産地集荷市場
उत्पादन [名] (1) 生産；作り出すこと；製造 चाँदी का उत्पादन 銀の製造 बिजली-उत्पादन 電力生産 परमाणु ऊर्जा का उत्पादन 原子力エネルギーの生産 उत्पादन लक्ष्य 生産目標 (2) 生産物；産物；生産品；製品 आप की कम्पनी के कौन-कौन से उत्पादन हैं? 貴社の製品はどのような物でしょうか कृषि उत्पादन 農産物
उत्पादन कर [名] 内国消費税；物品税 〈excise duty; excise〉 = उत्पाद शुल्क
उत्पादनकर्ता [名] 生産者
उत्पादनक्षमता [名*] 生産力
उत्पादन लागत [名*]〔経〕生産費；生産コスト= उत्पादन व्यय
उत्पादनशील [名] 生産的な；生産力のすぐれた
उत्पादन शुल्क [名] 物品税；消費税 〈excise; excise tax〉
उत्पादित [形] 作り出された；生産された；産出された किसान के द्वारा उत्पादित कपास 農民の生産した綿花
उत्पादी [形] 生産する；産出する
उत्पीड़क [形] 抑圧する；抑圧的な；圧迫する；圧迫的な；迫害する
उत्पीड़न [名] 抑圧；圧迫；迫害 इससे किसानों का उत्पीड़न बढ़ा これにより農民への迫害は増大した
उत्पीड़ित [形] 抑圧された；圧迫された；迫害された
उत्प्रवासन [名] 移民すること；移住
उत्प्रवासी [形・名] 移民する（人）；移住者
उत्प्रेक्षण [名] (1) 見上げること (2) 注視 (3) 熟考
उत्प्रेक्षा [名*]〔修辞〕直喩；明喩
उत्प्रेरक [形・名] (1) 触媒作用のある (2) 触媒 〈catalyst〉
उत्प्रेरण [名]〔化〕触媒作用；接触反応 〈catalysis〉
उत्फुल्ल [形] (1) 花開いた (2) 開いた (3) 気持ちが晴れ晴れとした；気持ちがさっぱりした；機嫌のよい
उत्संस्करण [名]〔社・文人〕文化変容 〈acculturation〉

उत्स [名] (1) 泉 (2) 川の流れ (3) 源 उर्दू और हिंदी की प्रकृति एक है, उत्स एक है, शब्दानुशासन एक है ウルドゥー語とヒンディー語の本性は同じであり源泉は同じであり文法も同じだ

उत्सर्ग [名] (1) 解放 (2) 放棄 (3) 自己犠牲；献身 मैं आप के साहस और उत्सर्ग की प्रशंसा करता हूँ あなたの勇気と献身を称えます उस धर्म के प्रचार में अपने को उत्सर्ग कर दिया その宗教の布教に身を捧げた (4) 老廃物 (5) 排泄物

उत्सर्गतः [副] 一般に；一般的に；通常＝ सामान्यतः; साधारणतया; आम तौर से.

उत्सर्जन [名] (1) 放棄；放つこと (2) 献身；犠牲 (3) 施与；布施 (4) 解雇 (5) 排泄

उत्सर्जन-तंत्र [名] 排泄器官 ⟨excretory system⟩

उत्सर्जित [形] (1) 放たれた；放棄された (2) 犠牲にされた (3) 施された (4) 解雇された (5) 排泄された **उत्सर्जित क॰** *a.* 放つ；放棄する *b.* 犠牲にする *c.* 施す *d.* 解雇する *e.* 排泄する वे बचे अनावश्यक वस्तुओं को उत्सर्जित कर देती हैं それらは残った不要の物を排泄する **उत्सर्जित हो॰** *a.* 放たれる；放棄される *b.* 犠牲となる *c.* 施される *d.* 解雇される *e.* 排泄される रेडियम से तीक्ष्ण विकिरण उत्सर्जित होने के कारण ラジウムから強力な放射線が放たれるので

उत्सव [名] (1) 祭り；祝典 दीपावली अर्थात् नन्हे-नन्हे दीपकों का उत्सव ディーパーワリー，すなわち，小さな灯火の列の祭り (2) 祭り；宗教的な祭礼 श्री दुर्गा पूजा उत्सव ドゥルガープージャーの祭り मुसलमान ऋषि का वार्षिक उत्सव イスラム聖者の年忌の例祭；ウルス (3) 儀式；通過儀礼などの儀式；式 विवाह का उत्सव 結婚式；結婚式典

उत्साह [名] (1) 励まし；激励；気合 (2) 熱中；熱意；意気込み；一念；気力；張り合い (3)〔イ文芸〕ラサ (रस) の一である勇武 वीर रस のもとになる持続的な感情 स्थायी भाव である勇気→ वीर रस. (-का) **उत्साह कम क॰** (一を) がっかりさせる **उत्साह टूटना** 意気消沈する＝ उत्साह ठंडा पड़ना; उत्साह ढीला पड़ना. **उत्साह दे॰** 励ます；激励する **उत्साह पर पानी पड़ना** 気合が抜ける；落胆する；がっかりする **उत्साह बढ़ाना** 激励する；励ます；気合を入れる

उत्साहपूर्ण [形] 張り切った；意気盛んな；活気あふれる

उत्साहपूर्वक [副] 熱心に；熱意に燃えて；張り切って उत्साहपूर्वक भाग ले॰ 張り切って参加する

उत्साहहीन [形] 無気力な；気力のない；気の抜けた

उत्साहित [形] 元気づけられた；元気づいた；張り切った；励まされた；気合の入った **उत्साहित क॰** 元気づける；尻を叩く；励ます；気合を入れる **उत्साहित हो॰** 張り切る；奮う；奮い起つ；気合が入る

उत्साही [形] (1) 熱心な；張り切っている सरल स्वभाववाले उत्साही अध्यापक 飾り気のない熱心な教師 (2) 意気盛んな；気合のある；気力のみなぎった

उत्सुक [形] (1) 強く望む；強く希望する；熱望する；切望する पति के साथ बाहर जाने के लिए उत्सुक 夫と一緒に外出するのを強く望む (2) 真剣な；熱心な अपने भविष्य के प्रति उत्सुक 自分の将来について真剣な

उत्सुकता [名*] (1) 熱望；切望；意欲 मेहमानों के लाए हुए उपहार देखने की उत्सुकता को कल तक टालना 来客の持ってきたみやげを見たくてたまらない気持ちを明日まで長引かせる (2) 真剣なこと；真剣さ；熱心さ इस शिखर वार्ता का संसार भर में बड़ी उत्सुकता से इंतज़ार था この頂上会談は世界中で非常に真剣に待たれていた (3) 知識欲＝ जिज्ञासा. सामाजिक समस्याओं का अध्ययन समाजशास्त्रियों के लिए एक उत्सुकता का ही विषय न होकर 社会問題の研究は社会学者にとっては単に興味をそそることばかりでなく (4) 好奇心 कुछ विद्यार्थी इन औषधियों का सेवन उत्सुकता के कारण से प्रारंभ करते हैं 一部の学生はこれらの薬物を好奇心から用い始める उत्सुकता से 切に；熱心に；真剣に इन सुधारों के क्रियान्वयन की उत्सुकता से प्रतीक्षा कर रहे हैं これらの改革の実行を切に待っている

उथलना [自] (1) 動く；揺れる；揺れ動く (2) ふらつく (3) ひっくりかえる (4) 入れ替わる

उथलपुथल[1] [名*] (1) 混乱；騒ぎ；騒乱；騒動；変動 राजनीतिक उथलपुथल 政治的騒乱 इस सामाजिक तथा सांस्कृतिक उथलपुथल के युग में この社会的，文化的変動の時代に (2) 動揺；揺れ हृदय की भारी उथलपुथल 心の大きな揺れ

उथलपुथल[2] [形] 混乱した；ひっくりかえった

उथला [形+] (1) 浅い उथला कुआँ 底の浅い井戸 उथले जल में जाल डालकर 水の浅いところに網を打って (2) 表面的な；上辺の；浅い एक दूसरे पर भरोसे की कमी अभी भी आपसी रिश्ते उथले बनाए हुए है お互いの信頼が少ないので相互関係を表面的なものにしている (3) 浅はかな；浅薄な；考えの浅い

उद् [接頭] 《Skt.》接頭辞の उत् が有声音の前に位置した際 उद् となる→ उत्.

उदंत[1] [形] 境界に達する；終端に及ぶ

उदंत[2] [名] 知らせ；情報＝ समाचार; वृत्तांत.

उदंत[3] [形] 歯のない＝ अदंत; बिना दाँत का.

उदंबर [名]〔建〕まぐさ石 ⟨lintel⟩

उदक [名] 水 ＝ जल; पानी.

उदकक्रिया [名*]〔ヒ〕遺体を荼毘に付した後 10 日間遺族が祖霊に水を供える儀礼＝ उदकदान; तिलांजलि; जलदान.

उदकदाता [名] (1) 祖霊に慰霊の水を供える遺族 (2) 後継者；世継ぎ＝ उत्तराधिकारी.

उदकदान [名] 祖霊に水を供えること ＝ उदकक्रिया; जलदान.

उदग्र [形] (1) 垂直な；縦の (2) 高い ＝ ऊँचा. (3) 増えた ＝ बढ़ा. (4) 激しい；猛烈な ＝ प्रचंड. (5) 強力な ＝ प्रबल; शक्तिशाली. **उदग्र अक्ष** 縦軸 **उदग्र संबंध**〔社〕垂直関係；上下関係 ⟨vertical relations⟩

उदजन [名]〔化〕水素 ＝ हाइड्रोजन.

उदधि [名] (1) 海 ＝ समुद्र; सागर. (2) 水がめ ＝ घड़ा. (3) 雲 ＝ मेघ; बादल.

उदधितनय [名] 月 ＝ चंद्रमा.

उदधितनया [名*] ラクシュミー神 (लक्ष्मी)

उदय [名] (1) 出現；現れること हिंदी साहित्य में इस विधा का उदय ヒンディー文学におけるこのジャンルの出現 राष्ट्रीय भावना का उदय 民族意識の出現 अर्थ-टका युग का उदय हो रहा था 金銭万能の時代が出現しつつあった (2) 興起；発生 सातवाहन राज्य के दक्षिण में तीन राज्यों का उदय हुआ サータヴァーハナ王国の南に 3 つの王国が興起した (3) 振興；興隆 कृषि का उदय 農業の振興 (4) 天体が地平線上に現れること शुक्रवार को सूर्य 5.43 बजे छिपकर शनिवार को 6.24 बजे उदय होगा 金曜日の日没は 5 時 43 分，土曜日の日の出は 6 時 24 分

उदयगिरि [名]〔イ神〕日が昇るとされる東方の山＝ उदयाचल.

उदयपुर〔地名〕ウダイプル (ラージャスターン州南端部に位置. ウダイプル王国の都，後ウダイプル藩王国の首都)

उदयाचल [名]〔イ神〕ウダヤ・アチャラ／ウダヤーチャラ (ヒンドゥー神話で日の出の山) ＝ उदयगिरि.

उदयास्त [名] (1) 昇ることと沈むこと；上がることと下がること (2) 興亡；興起と衰退

उदर [名] (1) 腹；腹部；胃；胃腸＝ उदर; पेट; जठर. (2) 物の中央部＝ मध्य भाग. (3) 内部

उदरगुहा [名*]〔解〕腹腔 ⟨abdominal cavity⟩ ＝ उदर-गुहिका; उदर-विवर.

उदरपूर्ति [名*] 食べること；腹を満たすこと；生活を営むこと उदरपूर्ति सभी की प्रारम्भिक आवश्यकता है 食べることが万人に最も大切なことだ ईसाइयों की उदरपूर्ति के लिए キリスト教徒の腹を満たすために

उदरवृद्धि [名*]〔医〕腹水＝ जलोदर.

उदरीय [形] 腹部の；腹式の

उदरीय श्वसन [名] 腹式呼吸 ⟨abdominal breathing⟩

उदात्त[1] [形] (1) 崇高な；高邁な；高尚な अल्पना के उदात्त चरित्र से प्रभावित होकर アルプナーの崇高な行いに感銘を受けて उदात्त भाव 高邁な精神 (2)〔言〕鋭音の；鋭アクセントの

उदात्त[2] [名]〔言〕鋭アクセント ⟨acute accent⟩

उदान [名] (1)〔アユ〕ウダーナ (生命維持に関わる 5 つの生気，すなわち，プラーナ प्राण の一で，のどから眉間までの間にある，とされる) (2) 呼吸＝ श्वास; साँस.

उदार [形] (1) 寛容な；寛大な；おおらかな；自由な दंड देने में उदार 刑罰に関して寛大な उदारहृदय 寛大な心の；寛容な (2) 気前のよい；惜しみない；惜しみなく与える (3) 穏和な；温厚な；温和な；おだやかな

उदारचरित [形] 高潔な；雅量のある

उदारता [名*] (1) 寛容性；寛大さ；おおらかさ；自由 (2) 穏和さ；穏厚さ (3) 気前のよさ उदारता से 惜し気もなく；気前よく

उ

(4)〔イ文芸〕10 種のカーヴィヤグナ काव्यगुण の一．気分や感情の高揚感

उदारतावाद [名] 自由主義；リベラリズム

उदारतावादी[1] [形] 自由主義的な；リベラルな

उदारतावादी[2] [名] 自由主義者；リベラリスト

उदाराशय [形] とらわれのない；のびのびとした；悠々とした

उदारिकरण [名] 自由化＝ प्रतिबंध हटाना.

उदास [形] (1) 憂鬱な；気がふさいだ；沈んだ；悲しげな उदास क॰悲しませる＝ दिल भारी क॰. उसका मुँह उदास हो गया 男の表情が沈んだ (2) 無関心な (3) 色やつや，活気のない

उदासी[1] [名*] (1) 憂鬱さ；気のふさぎ；沈鬱；憂い；悲しい思い मन को एक अजीब उदासी घेरने लगी あるなんとも言えぬ憂いが胸に迫ってきた (2) 無関心 (3) 不活発さ；色やつやのないこと

उदासी[2] [名] (1) 隠遁者；サンニャーシー；サードゥ (2)〔シク〕シク教の一派とその派の行者（グルナーナクの子シュリーチャンドを介して法燈を継ぐ隠遁的・禁欲主義的一派）

उदासीन [形] (1) 無関心な कोई व्यक्ति समाज के प्रति उदासीन हो सकता है 社会に対して無関心でいられる人もいる (2) 冷淡な；冷ややかな "जिंदा है या मर गया?"उसने उदासीन स्वर में पूछा 「生きているのか死んでいるのか」と冷ややかな声でたずねた (3) 憂鬱な；陰鬱な (4) 中立の (5)〔化〕中性の **उदासीन क॰**〔化〕中和させる；中性にする **उदासीन स्वर**〔言〕あいまい母音；中間母音〈neutral vowel〉

उदासीनता [名*] ← उदासीन. (1) 無関心 कर्मचारियों की अपने कार्य के प्रति उदासीनता और अरुचि 職員の職務に対する無関心や興味のなさ (2) 冷淡さ (3) 憂鬱；陰鬱；気詰まり तबीयत में कुछ सुस्ती व उदासीनता भी रहती है 気分も少しすぐれず気詰まりもある (4) 中立 अतः इस ओर उदासीनता रखना आप के लिये लाभप्रद नहीं है ですからこれに対して中立を保たれるのはあなたのためにはなりません (5) 中性 (6) 中和 (7)〔医〕不感症 पत्नी में यौन उदासीनता का एक कारण यह भी हो सकता है このことも妻の不感症の一因でありうる

उदाहरण [名] (1) 例 जीता जागता उदाहरण 実例 (2) 手本；模範；鑑

उदाहरणस्वरूप [副] 例えば；例として＝ उदाहरण के लिए; नमूने के तौर पर.

उदाहरणार्थ [副] 例えば；たとえて言えば

उदाहृत [形] (1) 語られた；述べられた (2) 例示された

उदित [形] (1) 上った；昇った；上昇した；高まった उदित हुआ सौभाग्य 開運 (2) 現れた；明らかになった

उदीची [名*] 北；北方＝ उत्तर; उत्तर दिशा.

उदीचीन [形] (1) 北の；北方の (2) 北向きの

उदीच्य[1] [形] 北の；北方の

उदीच्य[2]〔地名〕ウディーチヤ．古代の地名でパンジャーブ地方に流れていたサラスヴァティー川の北西にあたる地域

उदीयमान [形] (1) 登りつつある；上昇しつつある (2) 隆盛に向かっている；盛り上がりつつある (3) 見込みのある；将来性のある

उदुंबर [名]〔植〕クワ科小木フサナリイチジク【*Ficus glomerata*】＝ गूलर.

उद्गत [形] (1) 出た；外へ出た；生じた (2) 現れた；明らかになった (3) 広がった

उद्गम [名] (1) 出現；発生；産出 (2) 出現の場所；発生の場所 (3) 源流

उद्गमभाषा [名*]〔言〕祖語〈parent language〉

उद्गमस्थल [名] ＝ उद्गम (2)

उद्गाता [名]〔ヒ〕ウドガーター（ヤジュニャ，すなわち，バラモン教の祭火に供物を捧げる儀礼においてサーマヴェーダに則った儀礼を分担し詠唱した祭官）

उद्गार [名] (1) 胸に生じた感慨や気持ちの吐出 हृदय के कैसे-कैसे उद्गार निकलते हैं 胸中のいかなる感慨が現れ出るものか (2) 噴出；吹き出した物 (3) 吐き出したもの；たん；つば (4) 嘔吐；吐き出すこと

उद्गारी [形] (1) 外へ出す (2) 噴出する；噴出性の (3) 現す

उद्गीर्ण [形] (1) 排出された (2) 噴出された (3) 吐き出された

उद्ग्रहण [名] 徴税；徴収；賦課＝ उगाही.

उद्घर्षण [名] (1) こすること；摩擦 (2) すりつぶすこと

उद्घाट [名] (1) 開くこと (2) 徴税所；税金徴収所

उद्घाटन [名] (1) 明かすこと；隠れていたものを明らかにすること मनोहर ने सारे रहस्य का उद्घाटन कर दिया マノーハルはすべての謎を明らかにした (2) 開くこと；開会（会議，会合などの）संसद का उद्घाटन 国会の開会 (3) 開所；開通；開館；落成；開院

उद्घाटन-समारोह [名] (1) 開会式 (2) 落成式；開所式

उद्घाटित [形] (1) 開かれた (2) 明らかになった；露にされた थोड़े से शब्दों से ही उद्घाटित करने की क्षमता わずかの言葉で明らかにする力量 हाल ही में उद्घाटित हुआ जासूसी कांड ごく最近露見したスパイ事件 (3) 開会された (4) 開所された (5) 開院された

उद्घोष [名] (1) 叫び (2) 叫び声 चारों ओर से "हर हर महादेव" का उद्घोष उभरकर आता है 四方から「ハルハルマハーデーオ」の叫び声（鬨の声）が湧き起こってくる (3) 宣言；触れ回ること संपूर्ण विश्व के लिए नए आध्यात्मिक उत्थान का उद्घोष था 全世界への新しい精神的な興隆の宣言であった

उद्घोषक [名] (1) アナウンサー (2) 声明する人；宣言する人

उद्घोषणा [名*] (1) 布告 (2) 宣言；声明〈proclamation〉

उद्घोषित [形] (1) 布告された (2) 宣言された；声明の出された

उद्दंड [形] (1) 生意気な；横柄な；怖さ知らずの बच्चों के उद्दंड व्यवहार 子供たちの生意気な振る舞い उद्दंड उत्तर 横柄な返答 आवश्यकता से अधिक लाड़-प्यार भी बच्चों को उद्दंड बनाता है 可愛がり過ぎでも子供たちを怖さ知らずにしてしまう (2) 反抗的な उद्दंड लड़का 反抗的な少年 (3) 勝手気ままな

उद्दंडता [名*] ← उद्दंड.

उद्दाम [形] (1) 制約のない；束縛のない (2) のびのびとした；自由な (3) 奔放な

उद्दालक [名] (1)〔人名・ヒ〕（古代インドのヴェーダ学者，聖仙，思想家）ウッダーラカ・アールニ उद्दालक ऋषि/उद्दालक आरुणि (2)〔植〕ムラサキ科小木スズメイヌヂシャ【*Cordia dichotoma*】＝ बहुवारक; लसोड़ा.

उद्दिष्ट [形] (1) 指示された；指定された (2) 目指された；目標とされた (3) 述べられた；語られた **उद्दिष्ट क॰**（特定用途に）指定する

उद्दीपन [名] (1) 燃え上がらせること；点火すること (2) 煽ること；扇動すること；かきたてること (3) 点火剤 (4) 煽るもの；刺激 (5)〔イ文芸〕ラサを刺激する人物やその背景や情況など，持続性のある感情スターイー・バーヴァ स्थायी भाव を高めるもの，ウッディーパナ＝ उद्दीपन विभाव. → रस.

उद्दीपित [形] (1) 燃え上がった；点火された (2) 煽られた (3) 刺激された उद्दीपित क॰ (1) 点火する (2) 煽る (3) 刺激する

उद्दीप्त [形] (1) 点火された (2) 輝いている मानवता ने उनकी प्रतिभा को विशेष उद्दीप्त कर दिया था 人間愛が同氏の才能を際立って輝かせた (3) 煽られた (4) 高められた；かきたてられた；刺激された

उद्देश [名] (1) 指示；指令；合図 (2) 願い；願望 (3) 探求；追究 (4) 原因

उद्देशक[1] [形] 例示する；例を示す

उद्देशक[2] [名] (1) 例；たとえ (2) 例文

उद्देशन [名] 示すこと；提示すること；述べること

उद्देश्य [名] (1) 目的；目標 ओलंपिक खेलों का उद्देश्य オリンピック競技の目的 कानून का उद्देश्य जनता के कार्यकलापों को कुछ सीमा तक सुनियोजित करना है 法律の目的は民衆の活動をある程度調整することである जीना, जीना कैसा? पहले जीवन के उद्देश्य को तो मनुष्य जाने 生きる，生きるだなんて．人間はまず人生の目的を知らねばなりません (2) 動機；意図 (-)से उद्देश्य （－）で意図する इन प्रश्नों से आपका क्या उद्देश्य था? これらのご質問の意図は一体何でしたか (3) 主題；テーマ；モチーフ (4)〔言〕主語〈subject〉

उद्देश्य संबंध [名]〔言〕連結〈junction〉

उद्देश्यहीन [形] 目標のない；目標を欠いた；目標を見失った

उद्धत [形] (1) 自由奔放な；自在な लक्ष्मण उग्र और उद्धत स्वभाव के थे 激しく奔放な性格だったラクシュマナ (2) 暴れものの；気ままな बाँध दिया है हमने उद्धत, उच्छृंखल झरनों को 暴れもので気ままな滝をせきとめたのだ我々は (3) 横柄な；傲慢な；態度のでかい (4) ぶっきらぼうな；素っ気ない उद्धत स्वर में बोला "क्या है?" ぶっきらぼうな声で言った「何だい」 (5) 粗野な；野卑な；がさつな

उद्धतता [名*] ← उद्धत.

उद्धरण [名] (1) 救出；救済 (2) 引用文 (3) 復習 (-का) उद्धरण दे°. (ーを) 引用する

उद्धरण-चिह्न [名] 引用符〈quotation mark〉

उद्धरणी [名*] 復習 उद्धरणी क° 復習する

उद्धरना[1] [自] 助かる；救われる；自由になる

उद्धरना[2] [他] 助ける；救う

उद्धव [名]〔イ神〕ウッダヴァ（クリシュナの父方のおじとも父方の従弟とも親友とも伝えられる．ウッダヴァは知識による解脱の道を説いたとされる．一説ではドゥワーリカー द्वारिका に移ったクリシュナによって養父 नंद，養母 यशोदा，牧女 गोपी たちを悟すために遣わされたともされる）

उद्धव संवाद [名]〔ヒ〕知識による解脱の道を説くために，あるいは，それの非を悟らせるためにクリシュナによってゴークル गोकुल，ヴリンダーヴァン वृंदावन に遣わされたとされるウッダヴァとゴーピーたちの対話．これを主題とした詩はブラマルギート／ブラマラギート भ्रमरगीत と呼ばれる

उद्धार [名] (1) 救い；救い出すこと；助け出すこと；助け आप अपना उद्धार तो कर ही नहीं सकते, देश का क्या उद्धार कीजिएगा? 自分自身を救えないでいらっしゃるのに国をお救いになれるものですか (2) 救済；解放 दलित वर्ग का उद्धार 被抑圧階級の解放 जिनको कष्ट दिया जाता रहा है उनका उद्धार क° 苦しめられ続けてきている人たちを救済する (3) 救い；宗教的な救済 धर्म के द्वारा लोगों का उद्धार 宗教で人々を救済する (4) 再建；再興；復興 बदरीनाथ मंदिर का जीर्णोद्धार バダリーナート寺院の再建 (5) 借金の返済

उद्धारक [形・名] 救う（人）；救い出す（人）；救済する（人） देश के सभी वर्ग के लोग उन्हें अपना नेता और उद्धारक मानकर 国民各層がその方を自分たちの指導者・救済者と認めて

उद्धारण [名] (1) 上にあげること；持ち上げること (2) 救い出すこと；助けること

उद्धृत [形] (1) 上にあげられた；持ち上げられた (2) 引用された उद्धृत क°引用する

उद्धौ [名] ＝ उद्धव.

उद्‌बुद्ध [形] (1) 目覚めた；覚醒した；目を見開いた (2) 開いた (3) 上がった；立った；立ち上がった

उद्‌बोध [名] (1) 目覚め；覚醒 (2) 認識；知覚 (3) 回想；想起

उद्‌बोधक [形] (1) 目覚めさせる；覚醒させる (2) 明かす；示す (3) 想起させる

उद्‌बोधन [名] (1) 目覚め；覚醒 देशवासियों के उद्‌बोधन के लिए ही तिलक ने 'गीता रहस्य' लिखा まさに国民を目覚めさせるためにティラクは「ギーターラハスヤ」を著したのだ (2) 認識させること；知覚させること (3) 想起させること

उद्‌भट [形] (1) ものすごい；猛烈な (2) 偉大な；抜群の；比類のない；無比の；無類の एक विद्वान ऐसा था जिसका कोई जोड़ नहीं था.उस उद्‌भट विद्वान का नाम नंदा प्रसाद था だれ一人並ぶ者のない学者がいた．その碩学はナンダープラサードであった

उद्‌भव [名] (1) 出現；興起；誕生；発生 (2) 出自 (3) 起源；発生の場所

उद्‌भावना [名*] (1) 出現；誕生；発生 (2) 着想；発想；アイデア；思いつき

उद्‌भास [名] (1) 光；光輝；輝き (2) 輝かしさ；美しさ

उद्‌भासन [名]〔写〕露出＝ एक्सपोजर. उद्‌भासन काल 露出時間＝ एक्सपोजर टाइम. उद्‌भासन मापी 露出計＝ एक्सपोजर मीटर.

उद्‌भासित [形] (1) 輝いている；光り輝いている；美しく輝く (2) 明らかになった；現れた

उद्‌भिज[1] [形] ＝ उद्‌भिज्ज. 大地を切り開いて生じる；地面から生え出る

उद्‌भिज[2] [名] ＝ उद्‌भिज्ज. 植物 ＝ वनस्पति.

उद्‌भिद [名] 植物＝ उद्‌भिज्ज.

उद्‌भिद शास्त्र [名]〔古〕植物学＝ उद्‌भिज्ज शास्त्र; वनस्पति विज्ञान.

उद्‌भूत [形] (1) 発生した；出現した (2) 明らかな；明確になった

उद्‌भूति [名*] (1) 出現；発生 (2) 出現したもの；発生したもの

उद्‌भृति [名*] 浮き彫り

उद्‌भेदन [名] (1) 破ること (2) 噴出

उद्‌भ्रम [名] (1) 回ること；回転すること；ぐるぐる回ること (2) 散策；散歩 (3) 悔やむこと；悔悟

उद्‌भ्रमण [名] ぐるぐる回ること；ぶらぶら歩くこと；徘徊；散策

उद्‌भ्रांत [形] (1) ぐるぐる回る；徘徊する (2) 目の回った；気の動転した (3) 熱狂した

उद्यत [形] 備えている；用意のある；待ち構えている；準備している

उद्यम [名] (1) 励むこと；努力すること (2) 仕事；なりわい (3) 事業；企業 सार्वजनिक उद्यम 公共企業〈public enterprise〉

उद्यमशील [形] 勤勉な；努力家の

उद्यमी [名・形] (1) 励む人；努力する人；勤勉な；努力家の (2) 工場主；工場経営者；事業主；企業主

उद्यान [名] (1)（家の）庭；庭園 (2) 公園 राष्ट्रीय उद्यान 国立公園

उद्यानकर्म [名] 園芸

उद्यानकृषि [名*] 園芸学；園芸術

उद्यान घोंघा [名]〔動〕軟体動物マイマイ科カタツムリ（蝸牛）；でんでんむし

उद्यान भोज [名] 園遊会〈garden party〉

उद्यान विज्ञान [名] 園芸学；園芸術

उद्यान विज्ञानी [名] 園芸家

उद्यापन [名] (1) 完了；終了；仕上げ；完成 (2)〔ヒ〕儀礼の完結や終了に際しての行事（特にヴラタ儀礼 व्रत の終了に際して行われるもので護摩を焚いたりバラモンへの布施を行ったりすること）

उद्योग [名] (1) 努力；努めること उनकी कीर्ति-रक्षा के लिए समुचित उद्योग करें तो 名誉を保持するためにしかるべき努力をするならば ऐसा करने से पांडवों का सारा उद्योग धूल में मिल जाएगा そうすればパーンダヴァ 5 兄弟の一切の努力は水泡に帰すだろう (2) 勤労；働くこと；労働 मनुष्य का उद्योग भी इच्छा के बिना सफल नहीं होता 人の勤労も意欲がなければ実らないものだ (3) 産業；事業；実業；企業；製造業 उद्योगों को भी इसमें अपनी सामाजिक ज़िम्मेदारी देखनी चाहिए 企業もこの面で社会的責務を考えなくてはならない दवा उद्योग 製薬業 हलके उद्योग 軽工業 छोटे उद्योग 小企業 बीड़ी उद्योग ビーリー製造業；ビーリー産業 सार्वजनिक उद्योग 公共事業 उद्योग-धंधे 産業；工業；製造業

उद्योगपति [名] 実業家；事業家；企業家

उद्योगपीठ [名]〔古〕職業訓練所

उद्योगमंत्री [名] 工業相；産業相

उद्योगव्यापी श्रमिक संघ [名] 産業別労働組合

उद्योगशाला [名*] 工場＝ कारखाना.

उद्योगी [形] (1) 勤労する；働く (2) 勤勉な＝ मेहनती; परिश्रमी.

उद्योगीकरण [名]〔社〕工業化；産業化＝ औद्योगीकरण.

उद्योत [名] 光；輝き

उद्रेक [名] (1) 豊富 (2) 過剰；過多 (3) 増大

उद्वर्तन [名] (1) 体に塗ること (2) 体に塗布するもの

उद्वर्तित [形]（体に）塗られた；塗布された

उद्वलन [名] 支持；維持

उद्वह [名] (1) 息子＝ पुत्र; बेटा. (2) ＝ उदानवायु. (3) 結婚＝ विवाह; शादी.

उद्वासन [名] (1) 排除；追放 (2) 退去させること (3) 荒廃させること (4) 殺害

उद्वाहन [名] (1) 持ち上げること；高くすること (2) 取り除くこと (3) 結婚

उद्विकास [名] 進化 सांस्कृतिक उद्विकास〔文人〕文化進化

उद्विग्न [形] 落ち着きを失った；不安な；動揺した；動転した；あわてふためいた युद्ध से उद्विग्न 戦争に動転した

उद्विग्नता [名*] ← उद्विग्न. 不安；動揺；動転

उद्‌वृत [形] 垂直の；鉛直の；縦の〈vertical〉

उद्वेग [名] (1) 激しい勢い；激しい動き (2) 激しい感情；興奮 (3) 悲嘆；別離の悲しみ

उद्वेजित [形] あわてた；あせった तो भी वे तो कुछ उद्वेजित वा आत्मरक्षा के लिए चेष्टित नहीं दिखलाते それでもあの方はいささかもあわてたり自己防衛に努めているようには見えない

उद्वेलन [名] (1) あふれ出ること；こぼれること (2) はみ出ること (3)（領土や境界の）侵犯

उद्वेलित [形] (1) あふれ出た (2) はみ出た；せり出した वर्षा और आँधी से उद्वेलित 雨や嵐でせり出した

उधड़ना [自] (1) ほどける；ほころびる पीछे की दोनों सीवनें उधड़ रही थीं うしろの両側の縫い目がほころびかけていた (2) めくれ

उ

る；むける；はげる जब तक इसकी चमड़ी नहीं उधड़ेगी この男の皮がむけるまでは

उधर[1] ［副］(1) そちらへ；あちらへ；そちらに；あちらに (2) そこに；あそこに

उधर[2] ［代］(1) そちら；あちら (2) そこ；あそこ उधर से そちらから；そこから；あちらから；あそこから

उधर[3] ［接］他方；それとは別に；もう一方；かたわら उधर खाने को भी कम मिलने लगा था 一方，食べ物も手に入るのが減り出した

उधरना[1] ［自］助かる；救われる＝मुक्त हो॰; छुटकारा पाना; उद्धार हो॰.

उधरना[2] ［他］助ける；救う＝(-को) मुक्त क॰; (-का) उद्धार क॰; छुटकारा दिलाना.

उधराना ［自］(1) 風に散る；散らばる (2) 大騒ぎする

उधलना ［自］(1)（女性が）駆け落ちする (2)（動物の）盛りがつく；発情する

उधार ［名］(1) 借金；負債；金を借りること गाँव में एक और समस्या उधार की है 農村のもう一つの問題は借金のことである (2) 借りた金；借金 उधार चुकाना 借金を返す (3) 貸し；貸与；掛け（掛け売りや掛け買い） (4) 借りること；借用 (-) **उधार क॰**（－を）借りる **उधार खाना** *a.* 借金する *b.* 恩を受ける **उधार खाना और फूस का तापना बराबर** 〔諺〕借金はわらの焚き火に当たるが如し（持続的な効果のないもの） (-पर; -के लिए) **उधार खाये बैठना** *a.*（－を）待ち構える；首を長くして待つ；待ち望む *b.*（－をしようと）堅く決意する **उधार दे॰** 掛けで売る वह किसी को उधार नहीं देगा だれにも掛け売りしないだろう (-) **उधार दे॰** *a.*（－を）貸す；（金品を）貸す महाजन अधिक से अधिक सूद पर रुपया उधार देते हैं 金貸しはできるだけ高い利子で貸す *b.*（－を）掛け売りする **उधार पर दे॰** 掛け売りする；掛けで売る (-) **उधार पर ले॰** *a.*（－を）掛けで買う *b.*（－を）借りる；借用する (-) **उधार माँगना**（－を）借用する (-) **उधार ले॰** *a.*（－を）借りる；（金品を）借りる मैंने डेढ़ सौ रुपया उधार लिया 150 ルピー借金した *b.*（－を）掛けで買う

उधारखाता ［名］〔商〕(1) 掛け（売りや買い） (2) 掛け売り勘定

उधेड़ना ［他］(1)（皮などを）はぐ；むく；引きはがす मरे हुए जानवरों की खाल उधेड़ने वाले 死んだ動物の皮をはぐ (2)（消しゴムなどで）こすり取る；こすって消す मैं मेज़ पर से रबर उठाकर उस पुस्तक पर से उसका नाम उधेड़ने लगा 消しゴムを手に取り本に書いてある名前をこすり取り始めた (3) 引き裂く；ばらばらにする (4)（縫い目を）ほどく

उधेड़बुन ［名*］あれこれと考え込むこと；考えあぐねること；判断や決断のつかないこと **उधेड़बुन में पड़ना** 考え込む＝उधेड़बुन में रहना; उधेड़बुन में लगना. रास्ते भर इसी उधेड़बुन में रहे 途中ずっとこのことをああでもないこうでもないと考え込んでいた

उन ［代・代形］三人称代名詞兼遠称指示代名詞及び指示代名形容詞 वह の複数形 वे の斜格形語基 उनसे それらから， उनका それらの， उनपर それらに， उनमें それらの中になど. उन लोगों को その人たちに आज भी उन दिनों की बहुत याद आती है 今でもあの頃のことがしきりに思い出される

उनचास ［数］49 उनचासवाँ 49 番目の；第 49 の

उनतालीस ［数］39 उनतालीसवाँ 39 番目の；第 39 の

उनतीस ［数］29 उनतीसवाँ 29 番目の；第 29 の

उनसठ ［数］59 उनसठवाँ 59 番目の；第 59 の

उनहत्तर ［数］69 उनहत्तरवाँ 69 番目の；第 69 の

उनालू ［形］《Raj.》夏の；夏季の उनालू फ़सलों पर ली जानेवाली लाग 夏に収穫される作物にかけられる税金（ラージャスターン） उनालू साख 春作＝रबी की फ़सल.

उनालो ［名］《Raj.》夏；夏季＝ग्रीष्म ऋतु.

उनासी ［数］79＝उन्नासी.

उनींद ［名*］眠気

उनींदा ［形+］(1) うつらうつらする；うとうとする；眠りかけの सारी रात उसे उनींदा रखकर 夜通しうとうとした状態にしておいて (2) 眠気のさした उनींदी आँखों से 眠けのさした目で

उन्नत ［形］(1) 高くなった (2) 上にあがった；高い उन्नत माथे पर बल डाले 広い額にしわを寄せ (3) 発達した；発展した；躍進した संदेश भेजने के लिए अधिकाधिक उन्नत साधन 通信のためにより一層発達した媒体 (4) 改良された；改善された अच्छा उन्नत बीज भी पैदावार को बढ़ाता है 改良された種子も生産高を増す

उन्नतांश ［名］〔天〕仰角；高度

उन्नति ［名*］向上；発達；発展；進歩；躍進 महिलाओं की उन्नति 女性の躍進 उन्नति क॰ 発達する；躍進する

उन्नतिशील ［形］発達中の；発展途上の；発展的な；活発な

उन्नतोदर ［名］凸面

उन्नमन ［名］(1) 上へあげること (2) 進歩すること；前進すること

उन्नयन ［名］(1) 上にあげること；高く上げること (2) 進めること；進歩させること (3) 推進すること (4) 昇格

उन्नाब ［名］《A. عناب》〔植〕クロウメモドキ科低木イヌナツメ（実は食用．種子及び樹皮は薬用）【*Zizyphus jujuba/Z. sativa*】

उन्नाबी ［形］《A. عنابی》暗紅褐色の；紫紅色の

उन्नायक ［形］(1) 上にあげる；高める (2) 前進させる；進歩させる

उन्नासी ［数］79＝उनासी. उन्नासीवाँ 79 番目の；第 79 の

उन्नाह ［名］(1) 盛り上がること；盛り上がり (2) 突き出ること

उन्निद्र[1] ［形］(1) 眠気のない (2) 眠れない

उन्निद्र[2] ［名］〔医〕不眠症

उन्नीस ［数・形］(1) 19 उन्नीसवाँ 19 番目の；第 19 の (2)（何かに比べて）劣っている उसके गुण उन्नीस न रहें 品質が劣らぬように (-से) उन्नीस हो॰（－に）劣る；（－に）及ばない **उन्नीस बिस्वे** *a.* 20 分の 19 ビーガー（बीघा） *b.* ほとんど；大部分 *c.* 多分；恐らく **उन्नीस बीस का अंतर हो॰** 伯仲する；五十歩百歩の；大差のない＝उन्नीस बीस का फ़रक (फ़र्क़) हो॰. **उन्नीस बीस हो॰** ほぼ等しい；ほぼ対等の；相並ぶ；五十歩百歩の；大差のない

उन्ने ［代］〔古〕＝उसने; उन्होंने. उन्ने यह काम अच्छा किया कि बुरा किया あの方のなさったこの仕事は良かったのか悪かったのか

उन्नेता ［名］（←उन्नेतृ.）〔ヒ〕ウンネーター（ヴェーダの犠牲祭においてソーマ सोम の搾り汁を容器に注ぐ祭官 ऋत्विज）

उन्मत्त ［形］(1) のぼせた；興奮した；上気した हाथ की प्रत्येक गति के साथ सुगंध का एक झोंका आकर उसको उन्मत्त करने लगा 手が動くたびに芳香がさっと流れ彼を興奮させ始めた (2) 狂った；気の狂った；気の違った (3) 思い上がった；のぼせあがった

उन्मत्तता ［名*］←उन्मत्त.

उन्मन ［形］意識の集中しない；ぼんやりした

उन्मनस्क ［形］(1) ぼんやりした (2) あわてた；気の動転した

उन्मनी ［名*］(1)〔ヨガ〕ウンマニー（鼻の先端に視線を向け眉を吊り上げるハタヨーガの瞑想法のムドラー，すなわち，印契） (2) 我意識を去り世俗の対象から心をそらせ神の思念に没入すること．神に一切を委ねること

उन्माद ［名］(1) 熱中；熱狂；狂気；酔いしれること उर्दू के उपन्यास पढ़ने लिखने का उन्माद था ウルドゥー語の小説を読んだり書いたりすることに熱中していた (2) 精神異常；狂気 (3) 狂乱

उन्मादक[1] ［形］(1) 狂わせる；気を狂わせる (2) 熱中させる；熱狂させる；酔いしれさせる；魅惑的な उन्मादक मुस्कराहट 魅惑的な笑み

उन्मादक[2] ［名］〔植〕ナス科草本チョウセンアサガオ【*Datura alba*】＝धतूरा.

उन्मादी ［形］(1) 狂気の；熱中した；熱狂した (2) 気の狂った；発狂した (3) 狂乱した

उन्मिष ［形］(1)（閉じたものが）開いた (2) 開花した (3) 発展した；大きくなった

उन्मीलन ［名］(1) 目を開くこと；まぶたをあけること (2) 花が開くこと；開花

उन्मीलित ［形］(1) 目が開いた (2) 花が開いた；開花した

उन्मुक्त ［形］(1) 解き放たれた；束縛を解かれた उन्मुक्त पंछी-सी 解き放たれた鳥のように (2) 自由な；気ままな；のびのびとした उन्मुक्त सेक्स フリーセックス उन्मुक्त होकर गाना（鳥が）伸びやかに歌う (3) 開放的な；開かれた वे दिखते बड़े उन्मुक्त हैं परंतु बड़े दक़ियानूस होते हैं とても開放的に思えるが実際にはとても古めかしい人だ उनके हृदय का द्वार भी सभी के लिए उन्मुक्त था あの人の心の扉は皆に向かって開かれていた

उन्मुक्तता ［名*］←उन्मुक्त. 自由；のびやかさ；屈託のなさ शायद उसकी भी यह उन्मुक्तता एक दिन बदल जाए 多分彼女のこののびやかさもいつの日か変わるだろう

उन्मुक्ति [名*] ←उन्मुक्त. (1) 解放すること；拘束を解くこと (2) 解放されること；拘束から解かれること

उन्मुख [形] (―に) 向かう；(―を) 志向する；(―を) 目指す；(―の方へ) 進む；(―に) 積極的な यह प्रदेश आज प्रत्येक दृष्टि से विकास की ओर उन्मुख है この州はあらゆる点で発展に向かっている

उन्मुखता [名*] ←उन्मुख. 志向；積極さ；積極性 कृषि की ओर भी इनकी उन्मुखता बढ़ गई है この人たちは農業に対しても積極性が増してきている

उन्मूलन [名] (1) 根から抜くこと；根絶やし वृक्ष-उन्मूलन 木を根から抜くこと (2) 追放；根絶；除去 भ्रष्टाचार का उन्मूलन क॰ 汚職を根絶する सांप्रदायिकता की समस्या का उन्मूलन शिक्षा तथा प्रशासनिक माध्यमों से किया जाए コミュナリズムの問題の根絶を教育と行政を介して行うべきこと (3) 廃止 ज़मींदारी प्रथा का उन्मूलन ザミーンダーリー制度の廃止 विधान परिषद् का उन्मूलन 立法院の廃止 (4) 廃棄；廃絶 शस्त्रास्त्रों का उन्मूलन 武器の廃絶 परमाणु अस्त्रों का उन्मूलन 核兵器の廃絶 (5) 撲滅 मलेरिया उन्मूलन कार्यक्रम マラリア撲滅計画

उन्हीं [代・代形] उन の強調形←(उन + ही)

उन्हें [代] 三人称代名詞兼遠称代名詞複数形 वे の ac., dat. = उनको.

उन्हों [代] 三人称代名詞兼遠称指示代名詞 वे の能格接続語基 (उन्होंने)

उप- [接頭]《Skt.》名詞や動詞語幹について (1) 接近・近接 (2) 副次的なこと；二次的なことなどの意を加える接頭辞 **उपउच्चायुक्त** 総領事 (英連邦に加盟する国の間の) उपउच्चायुक्त का कार्यालय 総領事館 **उपनिदेशक** 所長代理；副所長 **उपराज्यपाल** (インドの州) 副知事 **उपविदेश मंत्री** 外務次官 सोवियत रूस का उपविदेश मंत्री ソ連邦の外務次官 **उपसभापति** 副議長

उपकथन [名] (1) 返答；返事 (2) 補足説明；付言 (3) 批評

उपकथा [名*] 挿話 = प्रासंगिक कथा.

उपकरण [名] (1) 材料 (2) 道具；器具；機具 खेल के उपकरण 遊び道具；遊具 डाक्टरी उपकरण 医療器具 आपरेशन के उपकरण 手術道具 कृषि उपकरण 農機具 टोही उपकरण 探索機器

उपकर्ता [名] 恩恵を与える人；恵みを与える人

उपकार [名] (1) 恩恵；恵み देवी-देवताओं के उपकार 神々の恵み (2) 親切；親切な行為；善行；恩 वह उस महिला के इस उपकार के बोझ से लदा जा रहा था 男はその婦人のこの親切にますます恐縮するのであった जनता का उपकार 人々のためになること मैं तुम्हारे पैरों पड़ता हूँ भैया, बता दो तो बहुत उपकार होगा ねえ頼むから，教えてくれればとても有り難いのだが हम तुम्हारा उपकार कभी न भूलेंगे 御恩 (御親切) を決して忘れません (3) 益；有益なこと **उपकार दिखाना** おためごかし；恩を着せる इसके बदले में क्या देते हैं ये तुम्हें? बड़ा उपकार दिखाते हैं, चार आने, आठ आने महीना और जूठी रोटियों के टुकड़े これの代わりにあの人は君に何をくれるのかね．えらく恩を着せるが，ひと月に 4 アンナとか 8 アンナの金と食いさしじゃないか

उपकारक [形] (1) 親切な；好意的な (2) 有益な；ためになる

उपकारिता [名*] ←उपकारी. (1) 親切さ；親切なこと (2) 有益性

उपकारी [形] (1) 親切な；好意を寄せる (2) 有益な；ためになる

उपकीर्ण [形] (1) 覆われた = ढका हुआ. (2) 広がった；撒き散らされた = फैला हुआ.

उपकुल [名]〔生〕亜科 (生物の分類の) 〈subfamily〉

उपकुलपति [名] 副学長→ कुलपति.

उपकृत [形] (1) 親切を受けた；善意を受けた；好意を寄せられた (2) 恩義を感じる；恩を知る

उपकृति [名*] 親切；好意的な行動

उपकोटि [名*] 下位範疇；下位区分

उपक्रम [名] (1) 接近；アプローチ वैज्ञानिक उपक्रम (दृष्टिकोण) में विश्वास का अभाव 科学的アプローチに対する信頼感の欠如 (2) 準備；用意 रामायण पढ़ने का उपक्रम करने लगी ラーマーヤナ読誦の準備を始めた (3) 事業；企業 सरकारी उपक्रम 官営事業 (-का) उपक्रम क॰ (―に) とりかかる；(―に) 就く；(―の) 用意をする；(―を) 準備する= (-का) उपक्रम बाँधना. मैं करवटें बदलता हुआ सोने का उपक्रम कर रहा था 寝返りを打ちながら眠りにつこうとしていた कमला और प्रमोद उठने का उपक्रम करते हैं カマラーとプラモードは立ち上がろうとする

उपक्रमणिका [名*] 目次 = अनुक्रमणिका.

उपखंड [名] (1) 行政区分 खंड，すなわち，ブロックの小単位，小ブロック समस्त हापुड़ उपखंड में ハープル小ブロック全域に (2) 区画；仕切り (3) 箇条

उपगत [形] (1) 近づいた；接近した (2) 知られた；判明した (3) 受け入れられた；認められた；承認された

उपगम [名] (1) 近づくこと；接近すること (2) 知識；認識 (3) 受け入れ；受容

उपगमन [名] (1) 接近 (2) 受け入れ；受諾 (3) 獲得

उपगीति [名*]〔韻〕ウパギーティ (アーリヤーチャンドの一．奇数パーダが 12 マートラー，偶数パーダが 15 マートラーから成るモーラ韻律．奇数パーダには जगण は認められない)

उपग्रह [名] (1) 衛星 चंद्रमा पृथ्वी का उपग्रह है 月は地球の衛星である (2) 人工衛星= कृत्रिम उपग्रह; खलाई जहाज़. **उपग्रह चैनल** 衛星放送チャンネル

उपग्रह प्रक्षेपण रॉकेट [名]《H. + E. rocket》人工衛星発射ロケット

उपघात [名] (1) 打撃；衝撃 (2) 破壊 (3) 衰弱；無力状態 (4) 病気

उपघातक [形] (1) 破壊的な (2) 苦痛を与える= उपघाती.

उपचय [名] (1) 集めること (2) 集まり；集まったもの；集められたもの (3)〔生〕同化作用〈anabolism〉

उपचयन [名]〔化〕酸化作用〈oxidation〉 उपचयन ऊष्मा 酸化熱

उपचायक [形・名]〔化〕酸化させる；酸化作用のあるもの उपचायक क्रिया 酸化作用

उपचार [名] (1) 手当；治療 प्रदर : कारण, लक्षण और उपचार. こしけ―その原因，症状及び治療 बीमारी का उपचार 病気の手当 घरेलू उपचार 家庭療法；家庭でできる治療 प्रथम उपचार 応急手当；救急療法 (2) 看護 स्त्रियों और बच्चों के लिए उपचार का विशेष इंतज़ाम 女性と子供の看護に特別の取り扱い (3) 形式尊重；形式 (的な行為) (4) 儀式；儀礼

उपचारक [名] 看護人

उपचारिका [名*] 看護婦；看護師= नर्स.

उपचारी [形] (1) 看護の；看護する；世話をする (2) 形式的な

उपचित [形] 酸化した〈oxidized〉

उपचुनाव [名] 補欠選挙= उपनिर्वाचन.

उपचेतन [形]〔心〕潜在意識の = अवचेतन. 〈subconscious〉

उपचेतना [名*]〔心〕潜在意識 चेतना रोकती थी, उपचेतना ठेलती थी 意識が押しとどめ潜在意識が押しやるのであった

उपच्छद [名] (1) 覆い；覆い隠すもの (2) 被せるもの；ふた (蓋)

उपच्छाया [名*]〔天〕半影；半影部〈penumbra〉

उपज [名*] (1) 産物；産出物；生産されたもの；生産品；収穫物 कपास, गेहूँ और तिलहन यहाँ की मुख्य उपज हैं 綿，小麦，油脂植物が当地の主な作物である (2) (比喩的な意味で) 産物 इसी देश की मिट्टी की उपज まさにこの国土の産物 (3) 生じること；生産されること；産出

उपजना [自] (1) 生まれる；生じる (2) 生じる；生える

उपजाऊ [形] 地味の肥えた；肥沃な

उपजाऊपन [名] 肥沃なこと；肥沃度

उपजात[1] [形] 生まれた；生じた

उपजात[2] [名] 副産物〈byproduct〉

उपजाति[1] [名*] (1) カーストもしくはジャーティの下位区分 (ウパジャーティ)；サブカースト प्रत्येक जाति में अनेक उपजातियाँ हैं それぞれのジャーティの中に多数のウパジャーティが含まれている (2)〔生〕亜種；変種〈subspecies; variety〉

उपजाति[2] [名*]〔韻〕ウパジャーティ (इंद्रवज्रा 韻律と उपेंद्रवज्रा 韻律との部分的なパーダの入れ替えによる混淆，あるいは，इंद्रवंशा 韻律と वंशस्थ 韻律の部分的なパーダの入れ替えによる混淆により作られる種々の韻律の総称)

उपजाति सवैया [名]〔韻〕サワイヤーに含まれる異種の韻律を 2 つ混ぜて作られた音節韻律．その混合の割合は同じではない

उपजाना [他] (1) 生み出す；作り出す सहानुभूति उपजाना 同情を生み出す (2) 植える；生やす；育てる शाकभाजी या अन्न उपजाना 野菜や穀物を植える (育てる)

उपजिह्वा [名*]〔解〕喉頭蓋

उपजीनस [名]《H.+ E. genus》〔生〕亜族〈subgenus〉

उपजीवन [名] (1) なりわい；生業= जीविका. (2) 寄生
उपजीवी [形] 寄生する
उपटना [自] (1) 跡がつく；しるしがつく；浮き出る；浮きあがる (2) 抜ける；抜け出る
उपड़ना [自] (1) = उखड़ना. (2) 打たれたり圧力を加えられたためにその跡がつく；浮き出る；もりあがる= उपटना. पाँचों उँगली मुँह पर उपड़ आई （平手打ちを食って）5 本の指が顔に浮き出た
उपत्यका [名*] 山麓；山裾；裾野 पामीर के पाठारों से लेकर हिमालय की निम्न उपत्यकाओं तक パミールの高原からヒマラヤの裾野まで
उपदंश [名]〔医〕梅毒；ジフィリス= गर्मी.
उपदंशी [形・名] 梅毒に罹った；梅毒患者
उपदान [名] (1) 贈り物 (2) 賜金；退職金 (3) 助成金；補助金
उपदिष्ट [形・名] (1) 説教を受けた；説教された；教えられた（人）(2) 説教された（こと）
उपदेश [名] (1) 教戒 (2) 説教；教え भगवान बुद्ध के उपदेश 仏陀の教え (3) 指示 (4) 命令
उपदेशक [名] (1) 教戒師；教導師 (2) 説教師
उपदेश कथा [名*]〔文芸〕寓話 ⟨fable⟩
उपदेष्टा [名] = उपदेशक.
उपद्रव [名] (1) 騒ぎ；騒ぎ立てること；面倒を起こすこと लोग जब उसकी माँ को श्मशान ले जाने के लिए उठाने लगे तब श्यामू ने बड़ा उपद्रव मचाया 母親を火葬場へ運ぼうとみなが立ち上がるとシャームーはひどく騒ぎ立てた (2) いざこざ；騒動；暴動 उपद्रव मचाना 騒ぎや暴動を起こす
उपद्रवी [形] (1) 騒ぎを起こす；厄介なことを起こす (2) いたずらな (3) 暴動を起こす
उपद्वीप [名] 小さな島；小島
उपधा [名*] (1) 欺くこと (2) 王が臣下の忠誠心を試すこと (3)〔言〕語尾から 2 番目の音節 ⟨penultimate⟩
उपधातु [名*] (1) 金，銀，銅，鉛，錫など以外の金属（黄鉄鉱，白鉄鉱，硫酸銅，青銅，雄黄，辰砂，赤鉄鉱など） (2) 非金属；半金属 ⟨metalloid⟩ (3) 血液や体液などからできると考えられた乳，汗，脂など
उपधान [名] (1) 物を置く台 (2) 枕
उपधापूर्व [名・形]〔言〕語尾から第 3 番目の音節（の）⟨antepenultimate⟩
उपधारा [名*] 小区分；個条；箇条 कानून की उपधारा 法律の条；個条；箇条
उपनगर [名] (1) 近郊；郊外 (2) 近郊都市 उपनगरों का विकास 近郊都市の発展
उपनगरीय [形] 郊外の；近郊の
उपनत [形] (1) 曲がった；屈曲した (2) 傾いた (3) 近づいた；接近した
उपनति [名*] (1) 曲がること；屈曲すること；かがむこと (2) 傾き；傾向 (3) 近づくこと；接近
उपनदी [名*] 小さな川；支流
उपनय [名] (1) そばへ連れて行くこと (2) 連れて来ること (3) 呼び寄せること (4) 子供を師のもとへ連れて行くこと
उपनयन [名]〔ヒ〕母胎からの誕生とは別にヒンドゥー教徒としての生を享けるためにヒンドゥー教の聖紐ヤジノーパヴィータ（ジャネーウー）を着ける通過儀礼= उपनयन संस्कार; यज्ञोपवीत संस्कार.
उपनाम [名] (1) 渾名；呼び名 (2) 筆名；ペンネーム
उपनायक [名]〔演・映〕脇役
उपनायिका [名*]〔演・映〕女性脇役
उपनाह [名] (1)（弦楽器の）糸巻 (2) 傷に塗る膏薬 (3)〔医〕ものもらい
उपनिधि [名*] = धरोहर.
उपनियम [名]〔法〕付則；細則
उपनिर्वाचन [名] 補欠選挙= उपचुनाव. → आम चुनाव 総選挙
उपनिवेश [名] (1) 移住 (2) 植民 (3) 植民地
उपनिवेशक [名] (1) 移民；移住民 (2) 入植者；開拓者
उपनिवेशन [名] (1) 入植 (2) 植民地化
उपनिवेशवाद [名] 植民地主義 नई शिक्षा प्रणाली को ब्रिटिश उपनिवेशवाद की विरासत में मिली मौजूदा शिक्षा प्रणाली से अलग करना 新しい教育制度をイギリス植民地主義の遺産として得た現今の教育制度から切り離す **नव उपनिवेशवाद** 新植民地主義
उपनिवेशवादी [形・名] 植民地主義の；植民地主義者
उपनिवेशी [形] (1) 植民関係の；植民の (2) 植民する；開拓する उपनिवेशी काल 植民地時代
उपनिषद् [名*] (1) そばに座ること (2) 修学のため師のそばに座ること (3)〔ヒ〕ヴェーダ本集に付随する文献の一．ウパニシャッド（文献）．奥義書との訳語もある
उपनिष्क्रमण [名] (1) 外に出ること (2)〔ヒ〕新生児を初めて屋外へ連れ出すヒンドゥー教徒の儀礼
उपनीत [形] (1) 運ばれた；もたらされた (2) ウパナヤナ (उपनयन) の儀礼の終了した
उपन्यास [名]〔文芸〕小説；長編小説= नावेल/नाविल.
उपन्यासकार [名] 小説家；作家
उपन्यासिका [名*]〔文芸〕中間小説
उपपति [名] (1) 情夫 = जार; यार; आश्ना. (2) 多情な男；女たらし；色事師
उपपत्ति [名*] (1) 出現；発生 (2) 原因；起源；理由 (3) 証拠 (4) 手立て；方法；手法
उपपत्नी [名*] めかけ（妾）= रखेली.
उपपद [名]〔言〕冠詞 ⟨article⟩
उपपादक [形] (1) 論証する (2) 明かす
उपपादन [名] 論証
उपपीड़न [名] (1) 押さえること；圧すること；圧迫 (2) 苦痛を与えること (3) 苦痛
उपपुराण [名]〔ヒ〕主要 18 プラーナ聖典の補遺とされるプラーナ文献（18 種やそれ以上の数え方がある） → पुराण.
उपप्रधान [形] 次の；次位の；副の
उपप्रधान मंत्री [名] 副首相
उपप्रभागीय [形] (1) 小部分の；小区域の (2) 支部の उपप्रभागीय मजिस्ट्रेट〔法〕支部執行判事（各県の支部に任じられる執行判事）कार्यपालक मजिस्ट्रेट ⟨sub-divisional magistrate⟩
उपप्रमेय [名] (1) 必然的結果 (2)〔数〕系 ⟨corollary⟩
उपप्लव [名] (1) 洪水 (2) 天変地異；天災 (3) 騒乱 (4) 障害 (5) 争い
उपबंध [名] (1) ただし書き；条件 (2)〔言〕サブジャンクト；従接詞 ⟨subjunct⟩ (3)〔法〕規定；条款 ⟨provision⟩
उपभाग [名] (1) 小部分；小区分；小区域 (2) 支部
उपभाषा [名*]〔言〕方言 = बोली. ⟨dialect⟩
उपभुक्त [形] (1) 用いられた；使用された；使用済みの (2) 残りものの
उपभुक्ति [名*] = उपभोग.
उपभेद [名] 小区分；細分；細区分
उपभोक्ता [名] 消費者 उपभोक्ता आंदोलन 消費者運動
उपभोक्ता मामले, खाद्य और सार्वजनिक वितरण मंत्रालय [名] インド連邦政府消費者問題・食糧・公共流通省 ⟨Ministry of Consumer Affairs, Food and Public Distribution⟩
उपभोक्ता माल [名]〔経〕消費財 ⟨consumer's good⟩
उपभोक्ता मूल्य सूचकांक [名]〔経〕消費者物価指数 अखिल भारतीय उपभोक्ता मूल्य सूचकांक 全インド消費者物価指数
उपभोक्ता वस्तु (- वस्तुएँ) [名*]〔経〕消費財= उपभोक्ता सामान.
उपभोक्ता सहकारी समिति [名*] 消費者協同組合
उपभोग [名] (1) 消費 श्रमिक को अधिक अवकाश मिलेगा तो वह अधिक उपभोग करेगा 労働者は余暇を多く得るとより多く消費する दैनिक उपभोग की सामग्री 日用品 (2) 享受；楽しむこと न धन का उपभोग कर सके और न चैन से रह सके 財物を楽しむことも安穏に暮らすこともできなかった **उपभोग क॰** *a.* 消費する *b.* 享受する；楽しむ
उपभोगी [形] (1) 消費する (2) 享受する
उपभोग्य [形] (1) 消費される (2) 享受される
उपमंडल [名] ウパマンダル（インドの行政・徴税の単位で県 district =ジラー जिला/मंडल の次区分タフシール तहसील；郡
उपमंत्री [名] 次官 शिक्षा तथा समाज कल्याण उपमंत्री 教育・社会福祉省次官
उपमहाद्वीप [名] 亜大陸= बर्रे सगीर. **भारतीय उपमहाद्वीप** インド亜大陸 ⟨Indian subcontinent⟩

उपमा [名*] (1) たとえ（譬え）；比喩；譬喩 भीष्म-प्रतिज्ञा की उपमा आज भी लोग देते हैं「ビーシュマの誓い」というたとえは今日も用いられている (2)〔修辞〕直喩；明喩

उपमाता [名*] (1) 義母；継母 (2) 乳母= दाई; धाय.

उपमान [名] (1)〔修辞〕譬喩の対象となるもの；たとえ（になるもの）；たとえ（として引かれるもの）；譬喩におけるたとえや比較，対照における対象に用いられるもの；喩語 (2) 類推

उपमार्ग [名] バイパス；自動車用迂回路〈bypass〉

उपमित [形] たとえられた

उपमेय[1] [形] (1) たとえられる（もの） (2) たとえられるにふさわしい（もの）

उपमेय[2] [名]〔修辞〕たとえられるもの；比喩においてたとえ，比較，対照の主体として他の事物にたとえられるもの

उपयुक्त [形] (1) ふさわしい；似合いの；正しい；適切な；適当な；ぴったりの；打ってつけの；ちょうどの；目的に叶った केशविन्यास का उपयुक्त चुनाव 髪型の正しい選択 उपयुक्त उपचार 適切な治療 उपयुक्त पाठ्यक्रम 適切なカリキュラム उपयुक्त उपहार 適切な贈り物 उपयुक्त व्यायाम 適当な運動 कोई उपयुक्त कारण बताकर स्वयं वहाँ से उठ जाएँ 適当な理由を述べて自ら退出すること उपयुक्त आकार के पत्थर ぴったりの大きさの石 यह धातु उत्तम तापचालक होने के कारण रसोई घर के बरतनों के लिए भी सर्वथा उपयुक्त है この金属は熱伝導にすぐれているので調理道具に打ってつけだ कदाचित सीधापन संसार के लिए उपयुक्त नहीं है 純朴なことは多分世間には不適切なものなのだ उपयुक्त वर 似合いの花婿 उपयुक्त खिलौने 適切なおもちゃ (2) 用いられた；使用された；利用された；中古の

उपयुक्तता [名*] ← उपयुक्त. ふさわしいこと；適切さ；正しさ；合致；一致 मित्रों के चुनाव की उपयुक्तता 友人選択の適切さ

उपयोग [名] (1) 利用；使用 कैमिकल्स तथा उनके गुण व उपयोग 化学薬品の特性とその使用 चाय का उपयोग 紅茶の使用 छुरी काँटे का उपयोग ナイフやフォークの使用 ऊर्जा का उपयोग エネルギーの利用 इस शक्ति का शांतिपूर्ण उपयोग この力の平和利用 सार्वजनिक उपयोग के क्षेत्र में हड़ताल 公共機関のスト लकड़ी का दूसरा उपयोग ईंधन के रूप में 木材のもう一つの利用，すなわち，燃料として धर्म का राजनीति के लिए उपयोग 宗教の政治的利用 (2) 行使 अधिकारों का उपयोग क॰ 権利の行使 (3) 効用；有用性；用 (-का) **उचित उपयोग क॰** （一を）活用する (-का) **उपयोग क॰** （一を）使用する；利用する；行使する (-) **उपयोग में लाना** （一を）使用する；利用する

उपयोगिता [名*] (1) 有用性；効用 इस फ़िलासफ़ी की उपयोगिता से この見方（考え方）の有用性から शैवाल की उपयोगिता 藻の有用性 पेन्सिलीन की उपयोगिता ペニシリンの効用 संविधान की सबसे अधिक उपयोगिता इस बात में है कि यह सरकार द्वारा सत्ता के दुरुपयोग को रोक सकता है 憲法の最大の効用は政治が権力を悪用するのを防ぎうることにある (2)〔経〕効用

उपयोगितावाद [名] (1)〔倫・政〕功利主義；功利説= उपयोगितातत्त्व. 〈utilitarianism〉 (2) 功利性；実用尊重精神

उपयोगितावादी [形・名] 功利主義の；功利主義者

उपयोगिनी [形*] = उपयोगी.

उपयोगी [形] 役に立つ；有用な；有効な；実用的な；重宝な कुत्ता मनुष्य के लिए अनेक प्रकार से उपयोगी है 犬は様々な形で人間の役に立つ उपयोगी पदार्थ 有用物質 इस पौधे का सर्वाधिक उपयोगी हिस्सा この植物の最も有用な部分 बेल पेट की बहुत-सी बीमारियों के लिए उपयोगी होता है ベルノキの実は数多くの胃腸病に効果がある उपयोगी पक्षी 益鳥

उपरत [形] (1) 興味のなくなった；無関心な (2) 死んだ = मरा हुआ; मृत.

उपरना[1] [名]〔服〕（上半身に羽織る）ドゥパッター；チャーダル चादर

उपरना[2] [自] = उखड़ना.

उपरनी [名*] チャーダル= चादर. गर्मी के दिन, धरे उपरनी सिर पर 夏の日，頭にチャーダルを被り

उपरफट्टू [形] (1) どこからともなくやってきた (2) 規定外の；余分の；別口の= ऊपरी. (3) 役立たずの；無駄な；つまらない

उपरम [名] 興味や関心を失うこと；いやになること

उपरला [形⁺] 上の；上部の；上側の

उपरांत [副・後置] 後に；後で (-के) उपरांत の形で多く用いられる．（一）の後；（一）に続いて इनके उपरांत कुछ और भी होता है これらに続いてさらに若干のものがある भोजन के उपरांत 食後

उपराग [名] (1) 色 (2) 周辺のものの影響のために本来とは別のものに見えること

उपराचढ़ी [名*] 我先の競走；我がちになること；我がちの行為

उपराज [名] 副王；王の代理；総督

उपराजदूत [名] (1) 公使 (2) 代理大使

उपराज्यपाल [名]（インドの中央政府直轄地の）副知事

उपराम [名] (1) 世を厭う気持ち (2) 安楽 (3) 解放

उपराला [形⁺] (1) 上の；上部の；上側の (2) 高い (3) 外側の；外の

उपराष्ट्रपति [名] 副大統領〈Vice-President〉

उपराहीं[1] [副] 上に；上方に

उपराहीं[2] [形] すぐれた；優秀な；最高の

उपरि [副] 上に；前に

उपरितल [名]〔言〕上層 उपरितल भाषा 上層語

उपरिभूमि [名*] 乾田

उपरिलिखित [形] 上記の；上述の；前記の ↔ निम्नलिखित 下記の.

उपरिष्ठा [名]〔料〕パラーンター（पराँठा/पराँवठा パン生地を円形にチャパーティーよりも厚めにのばして鉄鍋にギーや油を引いて焼いたもの）

उपरी-उपरा [名] (1) 我がちの争い；我先に奪い合うこと (2) 対抗；競争 = स्पर्धा. = चढ़ा-उपरी.

उपरुद्ध [形] (1) 止められた (2) 囲まれた；閉じ込められた (3) 投獄された

उपरूप [名] (1)〔言〕異形態〈allomorph〉 (2)〔アユ〕初期症状；病気の徴候

उपरूपक [名]〔イ文芸・演〕ウパルーパカ（サンスクリット語古典演劇の分類で副劇とされる 18 種）

उपरूपिक [形]〔言〕異形態の〈allomorphic〉

उपरैना [名] = उपरना. ドゥパッター；チャーダル

उपरोक्त [形] 上に述べた；上述の उपरोक्त स्थिति में 上述の状況において

उपरोध [名] (1) 障り；障害 (2) 覆い

उपरोधक[1] [名] 妨害するもの；妨げるもの；障害物

उपरोधक[2] [形] 妨害する；妨げる = बाधक.

उपरोधन [名] 妨害 = रुकावट.

उपरोपण [名] 接ぎ木

उपर्युक्त [形] 上に述べた；上述の；先述の

उपलंभ [名] (1) 知覚 = अनुभव. (2) 取得；獲得 = प्राप्ति.

उपलंभक [形] (1) 知覚させる (2) 得させる

उपल [名] (1) 石 = पत्थर. (2) 雹；霰 = ओला.

उपलक्षक [形] (1) 注視する；観察する (2) 推測する

उपलक्षण [名] (1) 注視；観察 (2) 合図 (3)〔修辞〕換喩；転喩〈metonymy〉

उपलक्षित [形] (1) 推量された；推測された (2) 目指された (3) 合図された (4) 暗示された

उपलक्ष्य [名] (1) しるし；微候；合図 (2) 目的 (3) 理由 (4) 事柄；関連 (-के) **उपलक्ष्य में** （一を）記念して；（一に）関わって；（一の）記念に वह भोज विवाह के उपलक्ष्य में दिया गया है その宴会は結婚記念に催されたものである

उपलब्ध [形] (1) 手に入った；入手した；得られた；備わった वे अनंतकाल तक उपलब्ध नहीं रह सकतीं いつまでも得られるものではない इस शासक वर्ग के लोगों के पास कहीं अधिक अधिकार, स्वतंत्रताएँ तथा सुविधाएँ (या विशेषाधिकार) उपलब्ध हैं この支配階層の人たちははるかに多くの権利や自由，あるいは，便宜（もしくは特権）を得ている वहाँ के अस्पतालों में आधुनिकतम चिकित्सा उपकरण उपलब्ध हैं 同地の病院には最新の医療機器が備わっている **उपलब्ध कराना** （何かを介して）得させる；与える；もたらす उस देश ने हमारे देश को इसके लिए ऋण उपलब्ध कराने का भी आश्वासन दिया है 同国はわが国にこれについての借款の得られようにするとの保証も与えている बिहार के 3 मेडिकल कालिजों को जेनेरेटर उपलब्ध कराए गए थे ビハール州の 3 つの医大に発電機が供与された खिलाड़ियों को प्रशिक्षण तथा अंतर्राष्ट्रीय प्रतियोगिताओं का अनुभव उपलब्ध कराते

उ

है 選手たちにトレーニングや国際試合の経験を得させる (2) 知られた

उपलब्धि [名*] (1) 獲得；入手 प्रकृति में शुद्ध रूप में उपलब्धि के कारण 自然界に純粋な形で得られるので (2) 収穫；成果；功績；成功 सब मंत्रिगण अपनी उपलब्धियों तथा ग़लतियों दोनों के लिए संसद के प्रति सामूहिक रूप से उत्तरदायी हैं 全閣僚はその功績と失策の両方に連帯責任を負う इस युग में भारतीय संस्कृति को कुछ महान उपलब्धियाँ प्राप्त हुईं この時代にインド文化は幾つか大きな成果を収めた (3) 知識 (4) 知力；知能 = बुद्धि.

उपलभ्य [形] (1) 手に入る；入手可能な (2) 尊敬すべき

उपला [名] 牛や水牛の糞を燃料用に乾燥させたもの= कंडा.

उपलेप [名] (1) 粘土や牛糞などを塗りつけること；塗布 (2) 塗りつけるもの（材料）

उपलेपन [名] 塗りつけること；塗布

उपल्ला [名] 内外や表裏 2 面のものの表；表側；外側；外面

उपवंश [名]〔生〕亜属 〈subgenus〉

उपवन [名] (1) 園；庭；庭園 = बाग़; बग़ीचा. महक रहा है सारा उपवन 庭園全体が匂っている (2) 小さな森

उपवर्ग [名]〔生〕亜綱 〈subclass〉

उपवर्ण [名]〔言〕異字 〈allograph〉

उपवसथ [名] (1)〔ヒ〕祭儀の前日（断食を行う） (2) その日に行う勤め (3)〔仏〕布薩

उपवाक्य [名]〔言〕節；文節 〈clause〉

उपवास [名] (1) 食事をとらないこと；食を断つこと；断食 उपवास रखना 断食をする (2) ヴラタ儀礼 (व्रत)

उपवासी [形] 断食（行）を行う；断食中の

उपविधि [名*]〔法〕(1) 条例 (2) 付則；細則 〈bylaw; byelaw〉

उपविभाग [名] 小区分；細分

उपविष [名] 弱毒

उपविष्ट [形] 座った；座っている；腰を下ろした

उपवीत [名] (1)〔ヒ〕ヒンドゥー教の再生族の入門式に師より授かる聖紐；ウパヴィータ；ジャネーウー जनेऊ; यज्ञोपवीत (2) = उपनयन.

उपवेद [名] ヴェーダに起源を持つとされる 4 つの学問（弓術 धनुर्वेद, 音楽 गंधर्ववेद, 医術 आयुर्वेद, 建築術 स्थापत्य）

उपवेश [名] (1) 腰をおろすこと (2) 仕事に取りかかること；従事 (3) 会合

उपवेशी [形] (1) 腰をおろす (2) 仕事に従事する

उपवेष्टन [名] 包み込むこと

उपशम [名] (1) 鎮静 (2) 抑制；自己批判；感官の抑制

उपशमन [名] (1) 鎮静化 (2) 抑制；制御 (3) 低減

उपशमित [形] (1) 鎮静した (2) 抑制された；制御された

उपशांति [名*] = उपशम.

उपशाखा [名*] 小枝；細枝= टहनी.

उपशाल [名] 村の集会所

उपशिरा [名*]〔植〕葉脈

उपशिष्य [名] 孫弟子

उपशीर्षक [名] 副題；サブタイトル

उपश्रुत [形] (1) 聞かれた (2) 同意された；承諾された

उपश्रुति [名*] (1) 聞くこと；聴聞 (2) 同意；承諾 (3) 予言 (4) 約束

उपश्लाघा [名*] ほらを吹くこと；大げさに言うこと= शेख़ी.

उपश्लिष्ट [形] (1) 近くに置かれた；そばに置かれた (2) 接した；ひっついた (3) 接触した

उपश्लेष [名] (1) 接触；接近= संपर्क. (2) 抱擁= आलिंगन.

उपसंगत [形] 合した；合一した= मिला हुआ.

उपसंगमन [名] (1) 集合 (2) 交接

उपसंघ [名]〔生〕亜門 〈subphylum〉

उपसंधान [名] つなぐこと；接合

उपसंधि [名*] 協定；申し合わせ

उपसंपदा [名*]〔仏〕具足戒を受けること

उपसंहार [名] (1) 終わり；終結 (2) 終章 (3) 結論；結語

उपसना [自] (1) 臭う；悪臭がする (2) 腐る

उपसभापति [名] 副議長→ सभापति 議長

उपसमिति [名*] 小委員会；分科委員会

उपसर्ग [名] 接頭辞= पूर्वप्रत्यय. 〈prefix〉

उपसेचन [名] (1) 水で濡らすこと；水を振りかけること；水につけること (2) 灌水

उपसेवन [名] (1) 世話をすること；面倒をみること (2) 仕えること；奉仕 (3)〔ヒ〕プージャー पूजा を行うこと

उपस्कर [名] (1) 危害を加えること (2) 生活用品 (3) 装飾品 (4) 器具 (5) 装具；機器；備品；装具

उपस्कार [名] (1) 補足するもの；補うもの (2) 飾ること；装飾 (3) 家具；調度品 (4) 装身具

उपस्त्री [名*] 妾；側妻= उपपत्नी; रखेली.

उपस्थ[1] [形] そばに座っている；近くに座した

उपस्थ[2] [名] (1) 下腹部；下腹；局部；局所 (2) 尻；臀部 (3) 肛門

उपस्थल [名] (1) 臀部 (2) 下腹；下腹部

उपस्थली [名*] 腰；腰部

उपस्थापक [名] 提案者；提出者

उपस्थापन [名] 提出（すること）；提案（すること）

उपस्थित [形] (1) 存在する；ある हवा में उपस्थित धूल के कण 空気中の土埃の微粒子 (2) 居合わせる；出席している उपस्थित लोगों को 出席者たちを उपस्थित महाशय 出席を採る教師などに対して「はい」と答える

उपस्थिति [名*] (1) あること；存在すること शरीर में पानी की उपस्थिति से रक्त तरल बना रहता है 体内に水分があるので血液は液体に保たれる जल में विभिन्न प्रकार के लवणों की उपस्थिति 水中に種々の塩の存在すること दूसरे रोगों की उपस्थिति 余病のあること (2) 出席；居合わせること；同席；出勤 हम वार्ता में आपकी उपस्थिति चाहते हैं 話し合いに御出席下さることを願っています छात्रों की उपस्थिति कम रही 生徒の出席が少なかった पति की उपस्थिति का ध्यान रखें 夫の同席に気をつけなさい दूसरे राजाओं की उपस्थिति 他の王たちの同席 उपस्थिति लगवाना 出席を（出席簿に）つけてもらう (3)（天然資源などの）存在；産出

उपस्थिति पंजी [名*] 出席簿；出勤簿 = उपस्थिति रजिस्टर.

उपहत [形] (1) 破壊された (2) 台無しにされた (3) 苦しんでいる

उपहार [名] (1) 贈り物；プレゼント；ギフト；進物；寄贈品 वह ट्रैक्टर हमारे स्कूल के छात्रों की ओर से उपहार स्वरूप भेंट किया जाएगा あのトラクターは私たちの学校の生徒からの寄贈品として贈られる予定だ (2) 記念品 (3) 土産品

उपहास [名] (1) からかい साथी बच्चे उनका उपहास न करें 仲間の子供たちがその子らをからかわないように (2) あざけり；愚弄；嘲笑

उपहासक[1] [形] (1) からかう (2) あざける

उपहासक[2] [名] (1) 道化師 (2) 男芸者；幇間；たいこもち

उपहासास्पद [形] (1) 滑稽な (2) 嘲笑すべき

उपहास्य [形] (1) 滑稽な (2) 嘲笑すべき

उपहित [形] (1) 置かれた (2) 設けられた；設置された (3) になわれた (4) もたらされた (5) 委ねられた (6) 結合した；結集した

उपांग [名] (1) 小部分 (2) 支分；部門 (3)〔動〕付属肢

उपांत [名] (1) 端 (2) 境界；辺境 (3) 周辺 (4) 終わりから 1 つ前のもの

उपांतस्थ [形] (1) 端にある (2) 境界にある (3) 周辺にある

उपांतिक [形] (1) 近くの；そばの (2) 周辺の；近辺の

उपांतिम [形] = उपांत्य.

उपांत्य [形] (1) 終わりに近い；最後に近い (2) 終わりに 1 つ前の (3) 周辺の；限界の (4)〔言〕語尾から 2 番目の音節の

उपांत्यपूर्व [形]〔言〕語尾から第 3 音節の 〈antepenultimate〉

उपांशु[1] [名] (1) マントラを小声で唱えること (2)〔言〕ささやき（音） 〈whisper〉

उपांशु[2] [副] 小声で；ひそひそ声で

उपाकरण [名] 用意；準備= तैयारी; योजना; उपक्रम.

उपाकर्म [名] (1)〔ヒ〕シュラーヴァナ月 श्रावण の満月の日にヴェーダの読誦を開始すること (2) 開始

उपाकृत [形] (1) 近くに運ばれた (2) 呼び寄せられた；招かれた (3) 勧請された (4) 供犠で殺された

उपाख्यान [名] (1) 挿話；エピソード (2) 古い物語 (3) 伝聞を語ること

उपागत [形] (1) 到来した；やって来た (2) 起こった；発生した

उपागम [名] (1) 到来 (2) 発生

उपाग्र [名]〔言〕前舌 〈front〉

उपाटना [他] ＝उपाड़ना.
उपाड़ना [他] 引き抜く；根こそぎにする
उपादान [名] (1) 原料；成分；資材；材料 राष्ट्रीय शैक्षिक योजना के क्रियान्वयन एवं शैक्षिक उद्देश्यों की पूर्ति के लिये ये मूल उपादान हैं これが国家教育計画の実施及び教育目的達成のための原材料である (2) 獲得；入手 (3) 認識
उपादेय [形] 有用な；役に立つ；有益な
उपाधि [名*] (1) 称号；肩書；学位 'सरदार' की उपाधि कैसे मिली? 「サルダール」の称号をどのようにして得たのか (2) 厄介なもの；面倒なもの；騒ぎ；騒動 उन्होंने उपाधि रूप उस लंगोटी को खोलकर फेंक दिया その面倒の元であるふんどしをはずして投げ捨てた
उपाधि-पत्र [名] 免状；学位証書
उपाधि वितरण [名] 学位授与 उपाधि वितरण समारोह 学位授与式；卒業式；終了式
उपाधी [形・名] 厄介なことを起こす（人）；騒ぎ立てる（人）；騒動を起こす（人）＝उपद्रवी; उत्पात करनेवाला.
उपाध्यक्ष [名] 副議長
उपाध्यक्षा [名*] 副議長（女性）
उपाध्याय [名] (1) ヴェーダの学僧 (2) 師；教師 (3) ジャイナ僧の僧位の一 (4) バラモンのサブカーストの一 (5)〔仏〕和尚；和上
उपानह [名] 履物（靴やげたなど）＝जूता; पनही.
उपाना [他] 作り出す；生み出す＝उत्पन्न क॰; पैदा क॰.
उपापचय [名]〔生〕新陳代謝；物質代謝 〈metabolism〉
उपाय [名] (1) 方法；手段；手だて；策；対策 उससे छुटकारा पाने का उपाय それから逃れる方法 एक राजपूत को एक उपाय सूझ ही गया 一人のラージプートがとうとう一つの手を思いついた (2) 策略；策謀；謀りごと；計略 सुधार के उपाय 善後策 **उपाय चलना** 計略がうまくゆく **उपाय रचना** 手立てを講じる उपाय सुझाना 提案する उपाय सोचना 工面する
उपायुक्त [名] (1) 副長官 (2) 局長代理；次長 (3) 警視副総監＝डिप्टी कमिश्नर.
उपार्जक [形] (1) 取得する；獲得する (2) 稼ぐ
उपार्जन [名] (1) 取得；獲得；入手 (2) 稼ぐこと；利益を上げること；儲けること उपार्जन क॰ （－を）取得する；稼ぐ कमज़ोर अथवा अस्वस्थ मनुष्य अपनी जीविका भी अच्छी तरह उपार्जन नहीं कर सकता 体の弱い人や健康でない人は自分の生活の糧も十分に稼げない
उपार्जित [形] 得られた；取得された；獲得された；後天的に得た **उपार्जित गुण** 〔生〕獲得形質；後天性形質＝उपार्जित लक्षण.
उपालंभ [名] とがめ（ること）；非難 **उपालंभ दे॰** とがめる；非難する पड़ोसिन सहानुभूति जतलाने के बजाय उपालंभ देती 近所の女は同情を表すどころか非難する
उपावर्तन [名] (1) 戻ること；回帰＝लौटना. (2) 周回＝चारों ओर चक्कर काटना. (3) 接近；近づくこと (4) 停止
उपाश्रय [名] (1) 支え；支援 (2) 寄る辺 (3) 避難所
उपास [名] (1) 断食 (2)〔植〕クワ科高木ウパスノキ【*Antiaris toxicaria*】〈upas tree; sacking tree〉
उपासक[1] [形] (1) 礼拝する (2) 崇拝する
उपासक[2] [名] (1) 礼拝者 (2) 崇拝者；信徒 (3)〔仏〕信士（उपासिका 信女）
उपासना[1] [名*] (1) 拝むこと；礼拝すること；勤行をすること (2) 崇拝すること वे सूर्य की उपासना करती थीं その人たちは太陽を崇拝していた (3) 極端な執着をすること；感服したり崇拝すること
उपासना[2] [他] 拝む；礼拝する＝उपासना क॰; पूजा क॰.
उपासना[3] [自] (1) ある意図のもとに断食する；食を断つ (2) 断食行をする＝उपवास क॰.
उपासनीय [形] (1) 礼拝すべき；崇拝すべき (2) 尊い；尊貴な
उपासित [形] 拝まれた；崇められた；崇拝された；礼拝された；尊敬された
उपासिता [形・名] ＝उपासक[1,2].
उपासी [形] ＝उपासक[1].
उपास्ति [名*] (1) 奉仕；世話＝सेवा. (2) 崇拝；礼拝＝पूजा; आराधना.
उपास्थि [名*]〔解〕軟骨；軟骨組織〈cartilage〉
उपास्य [形] (1) 礼拝される；崇拝される (2) 礼拝すべき；崇拝すべき
उपाहार [名] 軽食；軽い食事；スナック＝जलपान; नाश्ता.
उपाहार गृह [名] 公園や駅などの軽食を出す食堂＝जलपानगृह.
उपेंद्र [名] ＝उपेन्द्र. (1) ヴィシュヌ神 विष्णु (2) クリシュナ神 कृष्ण
उपेंद्रवज्रा [名*]〔韻〕ウペーンドラヴァジラー（各パーダが जगण ＋ तगण ＋ जगण ＋ 2 गुरु の合計 11 音節から成る音節韻律）
उपेक्षक [形] (1) 無視する；無関心な (2) 憎む；嫌悪する
उपेक्षणीय [形] (1) 無視しうる；取るに足らない；意味のない (2) 嫌悪すべき
उपेक्षा [名*] (1) 無視すること；見捨てること；放置すること भूख की उपेक्षा नहीं की जा सकती 飢えは無視できないもの (2) 軽視；見くびること；軽んじること जनमत की उपेक्षा क॰ 民意を軽視する वे घर व समाज दोनों स्थानों पर उपेक्षा पाती हैं 家庭と社会の両方で軽んじられる (3) 注意を怠ること；怠慢 रोग की उपेक्षा बरतने से क्या हानिकर संभावनाएँ रहती हैं 病気に対する注意を怠るとどんな害が起こりうるか कर्तव्य की उपेक्षा 任務や職務上の怠慢 (4) 嫌悪；嫌悪感 अम्माँ और बाबू जी दोनों ने ही उपेक्षा से मुँह बिचका लिया था 父も母も 2 人とも嫌悪感に顔をゆがめた
उपेक्षापूर्ण [形] 軽蔑的な इन्हें उपेक्षापूर्ण दृष्टि से देखने से 軽蔑の眼差しで見ると
उपेक्षाभरी [形] ＝उपेक्षापूर्ण. संसार की ओर उपेक्षाभरी कनखियों से देखना 俗世を軽蔑的に横目で見る
उपेक्षित [形] 見捨てられた；無視された；放置された；ほったらかしの उपेक्षित बच्चे 見捨てられた子供たち लाश बरामदे में उपेक्षित पड़ी थी 死体はバラームダーに放置されていた
उपेत [形] 伴った；ついた；備わった＝युक्त.
उपोत्पाद [名] 副産物〈byproduct〉
उपोद्घात [名] 序；序文；前書き＝भूमिका; प्रस्तावना.
उपोषण [名] 宗教的な意図で行われる断食；絶食＝उपवास.
उपोषित [形] 断食した；絶食した
उपोष्ण [形]〔地理〕亜熱帯の〈subtropical〉 **उपोष्ण उच्च दाब कटिबंध** 亜熱帯高気圧帯＝अश्व अक्षांश के क्षेत्र.
उपोसथ [名] (1) 断食 (2)〔仏〕布薩
उफ़[1] [感]《A. اف》痛み，苦しみ，悲しみを表す悲鳴やその声．ああ，うーんなど＝हाय; ओह; आह. उफ़ इब्राहीम गिर पड़ा ああ，イブラーヒームが倒れた उफ़ मेरे भगवान! यह लड़का हमें अवश्य पागल कर देगा ああなんということ，この子はきっと私たちを狂わせてくれますよ
उफ़[2] [名*] 悲鳴 उनका हाथ भी जल गया पर उन्होंने उफ़ तक नहीं की 手にやけどをしたのだが悲鳴すらあげなかった
उफनना [自] ＝उबलना. (1) 沸騰する दूध उफननेवाला ही था 牛乳は沸騰寸前だった (2) 氾濫する；あふれ出る उस नदी के फिर से उफनने से その川が再び氾濫したために (3) こみあげる；湧き起こる；こみあげてくる लगभग आध घंटे तक उन दोनों का गुस्सा उफनकर बिखरता रहा था 半時間ほどの間二人の怒りはこみあげていた (4) かっとなる；荒れ狂う；怒り狂う पापा अचानक उफनकर उठ खड़े हुए パパはいきなりかっとなって立ち上がった
उफनाना[1] [自] ＝उफनना.
उफनाना[2] [他] ＝उबालना.
उफान [名] (1) 沸騰 (2) 洪水；増水 उफान आ॰ 増水する；洪水が起こる इन ज़िलों में प्रवाहित सरिताओं में उफान आया これらの県を流れる河川に洪水が起こった बूढ़ी राप्ती के उफान से तबाही ブーリーラープティー川の洪水による破滅 (3) 激しくなること；激化；沸き上がること；沸騰 उग्रवाद के उफान पर गहरी चिंता 過激思想の激化に深い憂慮
उफ़ुक़ [名]《A. افق》地平線＝क्षितिज. देखने में यही मालूम होता है कि उफ़ुक़ आसमान की आखिरी हद है 見たところ地平線は大空の涯のように思える
उफ़क़ [名] ＝उफ़ुक़.
उफ़्तादा[1] [形]《P. افتاده》(1) 落ちた；落下した (2) 倒れた (3) 悲しみに沈んだ；不幸に見舞われた (4)（土地が）荒れている
उफ़्तादा[2] [名*]《P. افتاده》荒れた土地；荒蕪地
उफ़्फ़ [感] 驚きや嘆声などを表す言葉 उफ़्फ़! यह क्या? लकड़ी की जगह मुर्दा? えっ，何ということなのだ．木ではなくて死体ではないか
उफ़्फ़ोह [感] 驚き，落胆などを表す感動詞 उफ़्फ़ोह! क्या मुसीबत है ひゃー，なんとまあ大変なことだ

उबकना[1] [自] (1) 胸がむかついて吐く (2) 吐き気がする
उबकना[2] [他] (1) 外へ出す (2) 排除する
उबकाई [名*] ←उबकना. (1) へどを吐くこと；へど उसने मेरी ओर उबकाई जैसा मुँह बनाकर थूक दिया 男は私に向かって反吐を吐くような顔をしてつばを吐いた (2) 吐き気 उबकाई के साथ उल्टी होगी 吐き気がすると同時に吐き出すだろう **उबकाई आ॰** むかつく；吐き気がする **उबकाई लगना** 吐き気のためむかつく
उबट[1] [形] でこぼこの；凹凸のある＝ ऊबड़ खाबड़; अटपट.
उबट[2] [名] 悪路；でこぼこ道＝बुरा रास्ता.
उबटन [名] (1) ウブタン（肌の保護のために沐浴前に体に塗る，ウコンや植物油などを混じて作ったペースト） (2)〔ヒ〕結婚式の前に新郎新婦の体にウブタンを塗布する儀礼
उबटना [自] ウブタン（उबटन）を肌に塗る
उबरना [自] (1) 放たれる；解かれる；解き放たれる इस संकोच से उबरी तो この気兼ねから解き放たれると अब भी वह इस आतंक से पूरी तरह उबर नहीं पाया है 今なおこの恐怖から完全に解き放たれないでいる (2)（苦境などから）逃れる；逃れ出る；切り抜ける सूखे के कारण उत्पन्न अकाल से अभी जनता उबर भी न पाई थी कि… 民衆は旱魃による飢饉からまだ逃れられないでいるところに… (3) 浮かび上がる；救い出される
उबलना [自] (1) 煮え立つ；沸騰する चावल उबलने के बाद एक चम्मच घी डाल दिया जाए तो उबलते हुए चावल अलग अलग हो जाए 米が煮え立ってから一さじのギーを入れると煮え立っている米粒がばらばらになるだろう पानी के उबलने के तापमान (100 डिग्री सेंटीग्रेड) पर 水の沸騰温度（摂氏 100 度）で (2) ゆだる；うだる；煮える उबला अंडा ゆで卵 उबला पानी 湯冷まし (3) 荒れ狂う；暴れ回る；荒れる अपने हृदय में उबलते हुए तूफ़ान को 胸の中で荒れ狂う嵐を (4) 激しく怒る；怒り狂う देश की दुरवस्था पर उबल उठता हूँ, इस पशु-हृदय परतंत्रता पर 我は国の惨状，この非情な隷従に狂うのだ मैं जरूरत बेजरूरत जिस-तिस के आगे उबल अवश्य उठता हूँ わけもなくだれかれなしに怒り狂う इतना क्यों उबल रही हो? なぜあんたはそれほど怒り狂うの (5) 吹き出る (6) 盛り上がる；腫れ上がる；飛びでる विस्मय से आँखें उबल पड़ीं 驚きに目を見張った **उबल पड़ना** 怒り狂う；荒れ狂う；かっとなる वह और भी उबल पड़ती, पूरा-पूरा चंडी का रूप धारण कर लेती 更に怒り狂い，まるでチャンディー女神の姿になる
उबसन [名] たわし＝ जूना.
उबसना[1] [他]（たわしなどで金属の）食器や器物を磨く
उबसना[2] [自]（食物が）いたむ
उबाऊ [形] 退屈な；うんざりさせる＝ उबानेवाला. उबाऊ प्रवचन 退屈な説教（法話）
उबाक [名] (1) 吐き気 (2) へど；吐き出したもの
उबाना[1] [他] 飽き飽きさせる；うんざりさせる；退屈させる
उबाना[2] [他] (1) 植える；生やす (2) 育てる
उबार [名] (1) 救出；救済；解散 (2) 解脱
उबारना [他] 救う；助ける；助け出す；救い出す；解き放つ नेता पार्टी को इसी संकट से उबारने के लिए सतत प्रयास कर रहे हैं 幹部たちは党をこの危機から救い出すために弛みない努力をしている मुझे इस विपत्ति से उबारिये この不幸からお助け下さい आपने आज मुझे उबार लिया あなたは今日私をお助け下さいました साथियों ने उसे एक बहुत बड़ी चिंता से उबार लिया था 仲間たちは彼を大きな悩みから解放した
उबारा [名] 家畜の水飲み場
उबाल [名] (1) 煮えること (2) 煮え上がること；煮え立つこと；吹き上がること；沸騰すること एक लिटर पानी उबलते रखें, उबाल आने पर गाजर के टुकड़े उस पानी में डाल दें 1 リットルの水を火に掛ける．沸騰したら刻んだニンジンをそれに入れる बाहरी दूध पिलाते समय उसे एक उबाल अवश्य दे लेना चाहिए 取り寄せたミルクを飲ませる際には必ず一度煮え立たせなくてはならない (3) 怒り狂うこと **उबाल आ॰** *a.* 沸騰する *b.* かっとなる；にわかに怒りがこみあげる **उबाल लाना** たぎらせる जनता के खून में उबाल लाना 民衆の血をたぎらせる
उबालना [他] (1) 沸かす पानी उबालकर पिएँ 水は沸かして飲むこと (2) 沸騰させる；煮え立たせる दूध को दो-तीन बार उबाल देने से कीटाणु मर जाते हैं 牛乳を 2〜3 度沸騰させると黴菌は死んでしまう (3) うでる；ゆでる（茹でる） (4) 煮る
उबासी [名*] あくび **उबासी ले॰** あくびをする रमा ने उबासी लेते हुए कहा ラマーはあくびをしながら言った
उबीठना [自] 飽きる；飽き飽きする；うんざりする；嫌気がさす
उबीधा [形+] (1) めり込んだ (2) 突きささる (3) とげだらけの
उभड़ना [自] ＝उभरना. उनकी बीमारी फिर उभड़ गई थी あの方の病気がまたぶり返したのでした पंजाब में उभड़ती हुई हरित क्रांति パンジャーブで盛んになっている緑の革命
उभड़ना-घुमड़ना [自] わだかまる；わだかまりが生じる
उभय [形] 両方の उभय पक्ष 両派；両方；両側
उभयचर[1] [形] 両生の
उभयचर[2] [名]〔動〕両生類
उभयत: [副] 両側に；両面に；両方に
उभयतोमुख [形] (1) 両側に顔を持つ；二面の (2) 両側に関係を持つ
उभयलिंग [名]〔言〕通性〈common gender〉
उभयलिंगता [名*]〔生〕雌雄同体性〈hermaphroditism〉
उभयलिंगाश्रयिता [名*]〔生〕雌雄同体
उभयलिंगाश्रयी [形]〔生〕雌雄同体の
उभयलिंगी[1] [形] (1)〔生〕両性具有の〈hermophroditic〉 अधिकतर स्पंज उभयलिंगी हैं ほとんどの海綿は両性具有である (2)〔言〕通性の
उभयलिंगी[2] [名] (1) 両性具有者 (2)〔動〕雌雄同体；両性動物 (3)〔言〕通性語〈epicene〉
उभयवादी [形] 二股膏薬の
उभयविध [形] 両種の；2 種類の
उभयवृत्ति [名*]〔心〕両価感情；アンビバレンス
उभयव्यंजन [名] ＝ उभयलिंगी.
उभयसंकट [名] ジレンマ；窮地；板挟み；絶体絶命
उभयार्थ [形] (1) 両義の (2) 明確でない；あいまいな
उभयोष्ठ्य [名]〔言〕両唇音〈bilabial〉 **उभयोष्ठ्य संघर्षी** 両唇摩擦音〈bilabial spirant〉 **उभयोष्ठ्य स्पर्श** 両唇閉鎖音〈bilabial stop〉
उभरना [自] (1) 中からや内側から出てくる；現れる；吹き出る；吹き出す जवान लड़कियों के चेहरे पर फुंसियाँ, दाग व मुंहासे उभर आते हैं 若い娘たちの顔に吹き出物やにきび，しみが出てくる बच्चे के मुँह और शरीर पर छोटे-छोटे लाल दाने उभर आते हैं 子供の顔と体に非常に小さな赤い発疹が吹き出てくる (2) 盛り上がる भौंहें उभरी हुई थीं 眉が盛り上がっていた उभरा हुआ सीना 盛り上がった胸 (3) 突き出る；出っ張る एक उभरी हुई शिला की छाँह में 一つの突き出た岩の陰に उभरी पेशानी 突き出た額 (4) ふくらむ；ふっくらする गाल उभरे हुए दिखने लगे 頬がふっくら見えるようになった स्तन उभरने लगते हैं 胸（乳房）がふくらみ始める छाती भी उभरने लगती है 胸も盛り上がり始める (5) 力を得る；勢いづく；盛り上がる；盛んになる；強まる क्या क्रांतिकारी शक्तियाँ उभरेंगी? 革命勢力は勢いを得るか जगह-जगह छात्र आंदोलन और जन आंदोलन के रूप में उभरते हुए व्यापक असंतोष को 各地で学生運動と民衆運動の形で盛り上がって来ている広範な不満を सांप्रदायिक एकता के स्थान पर सांप्रदायिक हिंसा की प्रवृत्तियाँ उभर कर सामने आयी हैं コミュナルな暴力への傾きが強まってきている कम्युनिस्ट पार्टी उभरकर सामने आ गयी 共産党が勢いを得てきた सामाजिक और आर्थिक रूप से उभर रहे हरिजनों का 社会的・経済的に勢いづいてきているハリジャンたちの इस एक साल में कई संस्थाएँ उभरी हैं この一年間に幾つかの協会が出現した उसके चेहरे का क्रोध हंटर के निशान की तरह उभर आया था 顔に怒りの表情が鞭の跡のように浮き出てきていた खाली कुर्सियाँ, पलंगों को देखकर पूरे आँगन की रिक्तता अधिक उभर आयी थी だれも座っていない椅子やベッドを見るとがらんとした中庭が一層浮き出た उसकी छाती की हड्डियाँ और उभर आई थीं 胸の骨が一層浮き出ていた (6) 姿や形をとる；現れ出る；目の前に現れる；浮かび上がる；浮き上がる；浮き出す यही शक्ल उभर कर सामने आती है ほかでもないこの姿が浮かび上がって迫ってくる आँखें बंद करते ही सबसे पहले मेरे सामने संजय का चित्र उभरता है 目を閉じるとすぐにまずサンジャヤの姿が浮かび上がる वह मंत्री जी के मुख पर उभरते आत्मसंतोष को देखता रह गया 大臣の顔に現れてくる自己満足の様子を見るばかりであった आँखों के सामने उभर आ॰ 目に浮かぶ उसके स्थान पर उभर रहा है एक स्वरूप, जो भगवान नहीं है, एक मनुष्य है それに代わって一つの姿が浮き上がってくる，それは神ではなく一人の人間

である (7) 抜け出る；脱出する；逃れ出る；立ち直る यूरोप एक ऐसी तबाही में पड़ जाएगा जिससे उभरना मुश्किल होगा ヨーロッパは抜け出るのが困難な破滅におちいるであろう (8) ある集団や群れなどの中から抜きん出る；頭角を現す कुछ कहानीकार बहुत अच्छे उभरकर आये हैं 一部非常にすぐれた作家たちが頭角を現してきている हर ओलंपिक में एक न एक ऐसा खिलाड़ी उभरकर सामने आता है, जो ओलंपिक इतिहास पर अपनी अमिट छाप लगा देता है いずれのオリンピック大会でもその歴史に名を残すような選手がだれか出てくるものだ

उभाड़ [名] = उभार.

उभार [名] (1) 中からあるいは内から外へ出たもの；吹き出たもの (2) 高く盛り上がったもの；盛り上がり (3) 突き出たもの (4) ふくらみ；ふくらんだもの उभार कपड़ों के बाहर न दिखाई पड़े ふくらみが服の外に見えないように चित्रों के अवयवों में गोलाई, उभार और गहराई 絵画に必要な要素のうち丸み，ふくらみ，深み (5) 勢いや力の盛り上がり；強まり (6) 浮き立つこと；浮き立たせること；目立つこと；浮き彫り (7) 抜け出ること (8) 抜きん出ること **उभार पर हो॰** 好調な；盛んな；勢いのある **उभार ले॰** 上がる；浮き上がる

उभारदार [形] 《H. + P. دار》 (1) ふくらんだ（もの）；ふくらみのある（もの） (2) 盛り上がっている（もの）；浮き出たもの (3) 目立つ（もの）；際立つ（もの）；はでな（もの）

उभारना [他] ↔ उभरना (1) 強調する；取り立てる वे अपनी इस फ़िल्म में राधा की बहादुरी वाला पक्ष नहीं उभारेंगे 同氏はこの映画の中でラーダーの勇敢な側面を取り立てはしない (2) 強める；高める；かきたてる दूसरों की पीड़ा को उभारने में आनंद आता हो 他人の苦しみをかきたてるのが楽しいのかも (3) 煽る；扇動する；すすめる；けしかける इस घटना को आधार बनाकर अंग्रेज़ों ने उन लोगों को खूब उभारा この事件を基にしてイギリス側は彼らをうんと煽った उसने उनको सिगरेट पीने पर उभारा 彼はその連中にたばこを吸うようにすすめた (4) 浮き立たせる；際立たせる कहीं नारी-जीवन की और कहीं समाज के विभिन्न वर्गों के जीवन की विसंगतियों को विशेष आत्मीय अंदाज़ से उभारा あるところでは女性の生の不条理をまたあるところでは社会の様々な階層の生の不条理を甚だ自然に浮き立たせている सौंदर्य को उभारना 美しさを際立たせる (5) 露にする；明らかにする；見せる अपने मन में पैदा हो रहे अंतर्द्वंद्व को उसने बखूबी उभारा है 胸の内に生じつつある葛藤を巧みに露にしている विभिन्न परिस्थितियों को उभारते हुए उन्होंने व्यंग्य के माध्यम से आधुनिक जीवन की विसंगतियों पर तीखा प्रहार किया है 様々な状況を明らかにしながら風刺によって現代生活の矛盾に厳しい攻撃を加えている

उमंग [名*] (1) ときめき；浮き浮きした気持ち；うずうずした気持ち；期待 तरुणावस्था में पहुँचने पर लड़कों की तरह ही लड़कियों के शरीर में भी एक अजीब उमंगों की लहरें-सी उठने लगती हैं 思春期に入ると男の子と同じように女の子の体にもある独特のときめきの波の如きものが打ち始める (2) 喜び；充実感；上機嫌 सुख-दुख में सच्ची उमंग व सही सहयोग पाने के लिए पति व पत्नी दोनों का उदार होना बहुत आवश्यक है 嬉しいにつけ悲しいにつけ本当の喜びや正しい協力を得るためには夫婦がそろって寛容であることが非常に重要である (3) はりきり；意気込み；熱意；充実した気力 भारत का पौराणिक त्यौहार दीपावली हिमाचल प्रदेश में भी सर्वत्र बड़ी उमंग तथा रुचि से मनाया जाता है インド古来の祭りのディーパーワリー祭はヒマーチャル・プラデーシュ州でもいたる所で大変な意気込みで熱心に祝われる

उमंगना [自] = उमगना.

उमंड [名] (1) 高まること；盛り上がること (2) 激しい感情

उमगना [自] (1) ときめく；浮き浮きする；うずうずする；はしゃぐ；期待にはずむ (2) こみあげる (3) 盛り上がる

उमड़ [名*] (1) あふれ出ること (2) 取り囲まれること；覆われること

उमड़ना [自] (1) 感情がこみあげる；湧き起こる；湧き上がる；こみあげる पटरानी के मन में उस आदमी के लिए भी दया उमड़ आई. 胸の中にその男に対して憐れみの気持ちがこみあげてきた मुझे फिर से प्यार उमड़ने लगा है またいとしさがこみあげてきた उमड़ती रुलाई रोककर उसने पानी का गिलास भरा こみあげてくる涙をおさえて水をコップについだ वात्सल्य उमड़ना 子供へのいとおしい気持ちがこみあげる (2) (感慨が) 湧き起こる भारी जन-समुदाय को देखकर उसके मन में क्या भाव उमड़ते हैं 大群衆を見てあの人の胸にはどんな感慨が湧くのであろう (3) あふれる；あふれ出る；あふれ出す बहुत रोकने पर भी आँखों से आँसू उमड़े आते हैं どれほど押しとどめても目から涙があふれ出てくる दर्द का कौन-सा सैलाब उमड़ता है 悲しみのどんな大水があふれ出るのやら (4) 起こる；発生する उस औरत के अंदर तूफ़ान उमड़ रहा है その女性の胸中に嵐が起こっている (5) 押し寄せる；寄せてくる；湧き出る घाट पर उमड़ी भीड़ ガート（沐浴場）に押し寄せた群集 इतनी घटा उमड़ी हुई है こんなに密雲が湧き出ている (6) せりだす 67 सीटें जीतकर निगम में सबसे बड़ी पार्टी के रूप में उमड़ आई है 67 議席を獲得して市議会の第一党としてせりだしてきている **उमड़ना-घुमड़ना** *a.* 次々に出てくる；次々に湧き上がる उमड़-घुमड़कर काले और ऊदे बादल आसमान पर छा जाते 黒や暗紫色の雲が次々に湧き上がって空を覆う *b.* 渦巻く मन में न जाने क्या-क्या उमड़ घुमड़ रहा था 胸中に一体何が渦巻いていたのやら

उमड़ाना [他] (1) 湧き起こらせる；湧き上がらせる (2) 起こさせる；生じさせる (3) あふれさせる बाप के दिल में दया का स्रोत उमड़ा दूँ 父親の胸に憐れみの心の泉をあふれさせよう

उमदगी [名*] 《A. عمدگی उम्दगी》 → उम्दगी.

उमदा [形] 《A. عمده उम्दा》 → उम्दा. उमदा कपड़े 上等の着物；晴れ着

उमर[1] [名*] 《A. عمر उम्र》 (1) 年齢 (2) 寿命= उम्र; आयु.

उमर[2] [人名・イス] 《A. عمر》 ウマル（一世），第２代正統カリフ（在位 634–644）

उमरना [自] = उमड़ना. उसके चेहरे पर भी एक बड़ी मनोहर चमक उमर आई थी 彼女の顔にもとても美しい輝きが浮き出ていた

उमरा [名, pl.] 《A. امرا ← امیر अमीर》 (1) 金持ち；長者 (2) 高官；貴顕；身分の高い人 (3) 貴族

उमरा-वुज़रा [名] 《A. امرا وزرا》 高官 कोतवाल के अलावा दो-तीन उमरा-वुज़रा साथ में हैं 警察本部長のほか 2〜3 人の高官が同席している

उमस [名*] 蒸し暑さ；湿度の高い暑苦しさ

उमा [名*] 〔イ神〕 ウマー女神（ヒマラヤ山の娘でシヴァ神の妃）；パールヴァティー神

उमाकांत [名] シヴァ神（ウマーの配偶神）

उमानाथ [名] 〔イ神〕 シヴァ神の異名の一= उमाकांत.

उमापति [名] 〔イ神〕 シヴァ神の異名の一= उमाकांत.

उमासुत [名] (1) 〔イ神〕 カールティケーヤ（कार्तिकेय） (2) 〔イ神〕 ガネーシャ（गणेश）

उमाह [名] 意気込み；熱意= उमंग; जोश; उत्साह.

उमाहना [自] (1) 盛り上がる；こみあげる (2) うきうきする

उमूमन [副] = उमूमाँ. 《A. عموماً》 普段；通常；とかく；通例；普通；一般に गाएँ उमूमन सफ़ेद होती हैं 牛は一般に白い

उमूमी [形] 《A. عمومی》 (1) 一般の；普通の (2) 一般人の；民衆の

उमूमीयत [名*] 《A. عمومیت》 普遍；通常；一般性

उमेठना [他] ひねる；ねじる उन्होंने मेरा कान पकड़कर उमेठ दिया 私の耳をつかまえてねじり上げた माली ने उसे पकड़ लिया और उसके कान उमेठकर गाल पर दो-चार चपत जमा दिए 庭師はその子を捕まえると耳をひねり頬に 2〜3 発平手打ちをくわせた **कान उमेठना** *a.* 耳たぶをひねりあげる *b.* 懲らしめる；痛い目にあわせる

उमेठी [名*] (1) ひねること；ねじること (2) 耳をひねって懲らしめること

उमेद [名*] = उम्मीद.

उमेदवार [名] = उम्मीदवार.

उम्दगी [名*] 《A. عمدگی》 → उम्दा. 良さ；優秀さ；上等さ；上品さ इस काम को वह निहायत उम्दगी के साथ कर सकते हैं あの人はこの仕事をとても上手にすることができる

उम्दा [形] 《A. عمده》 良い；上等の；立派な；上品な；優秀な；すぐれた उम्दा तर्बियत 育ちの良さ उम्दा खाना 上等の食事；ご馳走 यह बहुत उम्दा बात होगी これはとても良い話だろう अच्छी खाद उम्दा बीज 良い肥料にすぐれた種子

उम्मत [名*] 《A. امت》 〔イス〕 信徒；信者の集まり；イスラム共同体（ウンマ）

उ

उम्मीद [名*] 《P. امید》= उम्मेद. (1) 期待；希望；願い = आशा. मुझे तुम लोगों से किसी फ़ायदे की उम्मीद नहीं 僕は君たちにはなに一つ利益になることは期待していない (2) 予期 = अपेक्षा; आशा. किंतु वही हुआ जिसकी उम्मीद थी でも予期していた通りになった आपसे मुझे ऐसी उम्मीद नहीं थी あなたがこのようなことをなさろうとは予期していませんでした (3) 見込み；公算 आँख ठीक होने की उम्मीद नहीं के बराबर है 目の良くなる見込みはないに等しい समस्या हल होने की उम्मीद 問題が解決される公算 **उम्मीद टूटना** 失望する；落胆する **उम्मीद तोड़ना** 失望させる；落胆させる **उम्मीद बँधना** 期待が持てる；希望が持てる **उम्मीद बर आ॰** 願いが叶う；願いが叶えられる

उम्मीदवार [形・名] 《P. امیدوار》(1) 期待をかけている；期待している (2) 予期している (3) 候補者；応募者；立候補者；志願者 (4) 見習い（生）

उम्मीदवारी [名*] 《P. امیدواری》(1) 期待 (2) 予期；見込み (3) 応募；立候補；志願 (4) 見習い

उम्मेद [名*] = उम्मीद.

उम्मेदवार [形・名] = उम्मीदवार.

उम्मेदवारी [名*] = उम्मीदवारी.

उम्र [名*] 《A. عمر》= उमर. (1) 年；年齢；年配 अधेड़ उम्र का आदमी 中年の男 छोटी उम्र का 若い；弱冠の；若年の कच्ची उम्र का पहलवान 若いレスラー कच्ची उम्र में 若年において (2) 年；年頃；年齢 यह उम्र शिक्षा प्राप्त करने की है 今は勉強をする年頃なのだ (3) 生涯 सारी उम्र 一生；一生の間；生涯 = उम्र भर. बाद में फिर सारी उम्र पछताना पड़ेगा それからまた一生の間悔やまなくてはならない (4) 寿命 **उम्र काटना** どうにかこうにか日々を過ごす **उम्र का पैमाना भर जा॰** 寿命が尽きる= उम्र का प्याला भर जा॰. **उम्र के दिन भरना** 辛い生涯を送る **उम्र गँवाना** 生涯を無駄に過ごす **उम्र टेरना** = उमर काटना. **उम्र ढलना** ふける（老ける）；年をとる **उम्र तमाम क॰** 一生を無駄にする；一生を台無しにする **उम्र तमाम हो॰** *a.* 寿命が尽きる *b.* 一生が無駄になる **उम्र पकना** 苦境に入る **उम्र बढ़ाना** 寿命をのばす；延命 इस तरह रोगी की उम्र बढ़ाई जा सकती है こうして病人の寿命をのばすことができる **उम्र भर की रोटियाँ सीधी कर ले॰** 一生食べる心配のないようにする **उम्र लदना** = उम्र ढलना.

उम्रक़ैद [名*] 《A. عمرقید》終身刑= उम्रक़ैद की सज़ा. उम्रक़ैद काटना 終身刑に服する

उरंग [名] 蛇 = साँप; सर्प; उरंगम.

उरंगम [名] 蛇= उरंग; उरग; साँप.

उर [名] (1) 胸；胸部 सागर के उर पर नाच-नाच, करती हैं लहरें मधुर गान 海の上で踊っては心地よい歌を歌う波 (2) 心；胸；胸の内 **उर आनना** *a.* 抱きよせる；抱擁する *b.* 念じる；思う **उर में आ॰** 思う；思い浮かぶ **उर में गड़ना** *a.* 胸に刻まれる *b.* 辛く感じられる；突きささる **उर में धरना** 思う；記憶にとどめる **उर में न समाना** 胸におさまらない；胸がいっぱいになる **उर लाना** = उर आनना. **उर सालना** 胸が痛む；胸に突きささる **उर से टालना** 忘れ去る

उरग [名] = उरगम. (1) 蛇 = साँप; सर्प. (2) 地面を這う生きもの（ヘビ，ワニ，トカゲ，カメ，ミミズなど）

उरगना [他] 受け入れる；受容する= स्वीकार क॰; अंगीकार क॰; अँगेजना.

उरग राज [名]〔イ神〕(1) パーターラに住むナーガ族の王，蛇王ヴァースキ = वासुकि. (2) ナーガ族の王，蛇王シェーシャナーガ= शेषनाग.

उरद [名]〔植〕マメ科蔓草ケツルアズキ【*Phaseolus mungo/ P. radiatus/ Vigna mungo*】= माष. **उरद के आटे की तरह ऐंठना** *a.* 不機嫌になる *b.* そりくり返る；いばりちらす **उरद पर सफ़ेदी** ほんのわずか；ごく少量

उरदू[1] [名] 《T. اردو उर्दू》→ उर्दू[1].

उरदू[2] [名*] 《T. اردو》〔言〕ウルドゥー語→ उर्दू[2].

उरध [副] = ऊर्ध्व.

उरमी [名*] = ऊर्मि.

उरला[1] [形+] (1) こちらの；こちら側の (2) 後ろの；終わりの

उरला[2] [形+] 珍しい；まれな

उरस [名] (1) 胸；胸部= छाती. (2) 心；胸；胸の内= हृदय; चित्त.

उरसिल [形] 胸幅の広い

उरस्त्राण [名] 胸当；胸甲（武具）

उराहना [名] = उलाहना.

उरिन [形] = उऋण.

उरु[1] [形] (1) 幅広い；広大な (2) 大きな；巨大な

उरु[2] [名] 大腿；ふともも（太股）

उरुक्रम [形] (1) 大股で歩く (2) 力持ちの；強力な

उरुगाय [形] (1) 歌うことのできる (2) 称えられた；称賛された

उरुग्वे〔国名〕《E. Uruguay; Oriental Republic of Uruguay》ウルグアイ（東方共和国）

उरुजन्मा [形] 名門の；名家の（出身の）

उरुमूल [名]〔解〕そけい（鼠蹊）

उरुवा [名]〔鳥〕フクロウ科コミミズク【*Asio flammeus*】

उरूज [名] 《A. عروج》(1) 発展；発達 (2) 興隆；興起

उरूसी [名] 《J. ウルシ；E. urushi》〔植〕ウルシ科高木ウルシ（漆） उरूसी का गोंद 漆の樹液；漆

उरेब[1] [形] 《P. اریب》(1) 曲がった (2) 斜めの (3) 狡猾な

उरेब[2] [名] (1) 曲り (2) 斜めになっていること (3) 狡猾さ

उरेह [名] 絵に描くこと

उरेहना [他] (1) 絵を描く (2) 色を塗る

उरोगम [名] 蛇 = सर्प; साँप; उरंगम.

उरोग्रह [名]〔医〕肋膜炎= निमोनिया.

उरोज [名] (1) 女性の胸 (2) 乳房

उरोस्थि [名*]〔解〕胸骨〈breast bone; sternum〉

उरोरुह [名] = उरोज.

उर्दन〔国名〕《A. اردن》ヨルダン（ヨルダン・ハシミテ王国）

उर्दू[1] [名] 《T. اردو》(1) 軍営；軍営地；宿営地 (2) 皇帝の宿営地 (3) 宿営地の市場= छावनी; फ़ौजी पड़ाव.

उर्दू[2] [名*] 《T. اردو》〔言〕ウルドゥー語（パキスタンの国語，インドの公用語及び教育媒介語）= उर्दू भाषा; उर्दू ज़बान.

उर्दूए मुअल्ला [名*] 《T.A. اردوے معلی》(1) 高貴な軍営地；高貴な宿営地（ムガル朝第５代皇帝シャージャハーンの建設した首都シャージャハーナーバードのことで現今のデリーを指した） (2)（デリーで話される高尚な）ウルドゥー語（= उर्दू-ए मुअल्ला की ज़बान; ज़बानए उर्दू-ए मुअल्ला.）

उर्दू बाज़ार [名] 《T.P. اردو بازار》(1) 宿営地の市場 (2) 種々の商品を売っている市場や商店街

उर्फ़ [名] 《A. عرف》(1) 渾名；綽名；別名；通り名 आस-पास के दस -पाँच गाँवों में मुझे लोग उर्फ़ के नाम से ज़्यादा जानते हैं 近くの村々では私は綽名でのほうがよく知られている (2) こと；つまり कल 'सीता बनवास' उरफ़ 'लव-कुश नाटक' का सफल प्रदर्शन किया गया 昨日「シーター追放」つまり「ラヴァ王子とクシャ王子」が成功裡に上演された

उर्मिला [名*]〔ラマ〕ウルミラー／ウールミラー（ラクシュマナに嫁いだジャナカ जनक 王の娘でシーターの妹）= ऊर्मिला.

उर्वर [形] (1) 地味の肥えた；肥沃な；豊かな；豊饒な उर्वर भूमि 肥沃な土地 (2) 豊かな；創造力に富む

उर्वरक [名] 肥料；化学肥料 उर्वरक कारख़ाना 肥料工場 उर्वरक संयंत्र 化学肥料コンビナート

उर्वरता [名*] = उर्वरता. ← उर्वर. 肥沃さ；豊饒性= ज़रखेज़ी.

उर्वरता धर्मकृत्य [名]〔文人〕豊穣儀礼

उर्वरा[1] [名*] 沃土；豊饒な土地；実り豊かな土地

उर्वरा[2] [形*] = उर्वर.

उर्वशी [名*]〔イ神〕ウルヴァシー（天界の水の精アプサラスの一）

उर्स [名] 《A. عرس》(1)〔イス〕ウルス（イスラム教聖者の年忌，命日における聖廟の例祭） (2) 結婚式 (3) 結婚披露宴 (4) 聖者へのお供え उर्स का मेला 聖廟の例祭の際に立つ縁日の市

उलंघना [自] (1) またいで行く；またぐ= नाँघना; फाँदना. (2) 背く = न मानना; (-की) अवज्ञा क॰.

उलझन [名*] (1) からまり；からまること；からみ合い；もつれ (2) 面倒；厄介なこと；問題；困惑 चंदर के सामने जब भी कोई उलझन आती, वह कुमार से उसका हल पूछता チャンダルは問題が出て来るといつもクマールに解決策をたずねる नारी की उलझनपूर्ण मनःस्थिति का चित्रण 女性の甚だ複雑な心境の描写 **उलझन में डालना** *a.* 困らせる；困惑させる；悩ませる *b.* 面倒に巻き込む **उलझन में पड़ना** とまどう；困惑する

उलझना [自] (1) ひっかかる；もつれる；からまる；からみつく फिर बाल कंघी से उलझकर टूटने लगते हैं すると髪が櫛にからまって切れるようになる उलझे बाल からんだ髪；くしゃくしゃの髪 गेंद नेट में उलझ जाए ボールがネットにひっかかれば बाल उलझे हुए और चेहरा पीला व सूखा हुआ था 髪はぼさぼさで顔は青白くこけていた (2) 複雑に入り組む；錯綜する आज की जातिप्रथा प्राचीन साधारण-सी जातिप्रथा की तुलना में कहीं अधिक उलझ गई है 今日のジャーティ制度は古代の単純なジャーティ制度に比べるとはるかに錯綜している (3) からむ；喧嘩をしかける；文句をつける उसने सास को अपनी ददिया सास व फूफी-ताई से उलझते ही देखा 姑が祖母やおばたちにいつもからんでいるのを見た माँ बच्चे के लिए अपने पति से ही उलझ जाती है 母親は子供のためには夫に食ってかかる कहीं यह दुष्ट उलझ पड़े तो दस-पाँच दिन हल्दी-सोंठ पीनी पड़े ひょっとしてこの悪い奴らにからまれようものなら10日ほどは（ひどい目に遭わされて）寝込むはめになろう पति से छोटी-छोटी बातों पर उलझती 取るに足らぬことで夫にからむ (4) こんがらがる；混乱する उसका दिमाग़ उलझने लगता 頭の中がこんがらがる (5) ひっかかる；関わる；忙しくする；かかずらう；巻き込まれる वह अपने कामों में ही उलझे रहते थे 自分の仕事に忙しくしていた उलझना-पुलझना 巻き込まれてひどいありさまになる

उलझाना [他] (1) ひっかける；からませる (2) からめる；巻き込む मनोहर चाहता कि उसे किसी भी तरह उलझाये रखे マノーハルは彼をどうしても巻き込んで置きたいと思う (3) もつれさせる；入り組ませる यही बात तो समस्या को और भी उलझा देती है まさにこれが問題を一層錯綜させるのだ (4) 荒立てる；ごたごたさせる；ごたつかせる

उलझाव [名] (1) ひっかかり；もつれ；からまり；ひっかかること；もつれること；からまること (2) 関わり (3) 錯綜 (4) ごたごた；いざこざ；争い

उलझीला [形⁺] 厄介な；面倒な；複雑な；入り組んだ

उलटना[1] [自] (1) ひっくり返る；転覆する；裏返る；でんぐり返る नावें उलटना 舟がひっくり返る（転覆する） (2) 振り向く；反対に向く；向きを変える；向きなおる क्या छोटी मछली उलटकर वार भी नहीं कर सकती? 小さな魚は逆襲することもできないのか (3) 横転する；倒れる；横倒しになる (4) 反対になる；逆になる；さかさまになる (5) 不機嫌になる (6) ひどくなる；悪くなる；悪化する；だめになる (7) どっさり集まる；どっさり来る **उलटकर जवाब दे॰** 言い返す；口答えする **उलटकर न देखना** 見向きもしない **उलटकर बात न क॰** 返事もしない **उलट जा॰** *a.* 死ぬ *b.*（打撃や衝撃で）倒れる **उलट पड़ना** 不機嫌になる；腹を立てる；約束をくつがえす

उलटना[2] [他] (1) ひっくり返す；転覆させる；裏返す；裏返しにする वर्तमान सरकार को उलटना 現政府をひっくり返す उसने दूध की बोतल सिंक में उलट दी 牛乳びんを流しにひっくり返した (2) 反対に向ける (3) 横倒しにする；倒す；横転させる (4) 反対にする；逆にする (5) 悪くする；悪化させる (6) 口から戻す；吐き出す

उलटना-पलटना [他] (1) 上下をひっくり返す；裏返す；逆さまにする (2) 順序を狂わせる；ひっくり返したり混乱させる (3) めくる（捲る） फ़ुर्सत के क्षणों में उपन्यास उलट-पलट रही थी 暇な時には小説の頁をめくっていた **उलट पलट कर देखना** ひっくり返して見る；注意深く（上げたり下げたりして）見る；ためつすがめつ見る उसने पेन को उलट पलट कर देखा 万年筆をためつすがめつ見た

उलटना-पुलटना [他] ＝उलटना-पलटना.

उलट-पलट[1] [名*] (1) 入れ替わり；ひっくり返ること（順序） मुझे ऐसा लगा, शब्दों की तरकीब में उलट-पलट हो गयी 言葉の順序がひっくり返ったように思えた (2) 入れ替え；ひっくり返すこと（順序） (3) 何度もひっくり返ること (4) 何度もひっくり返すこと

उलट-पलट[2] [形] (1) ひっくり返った；裏返った हमारा अब तक का सारा ज्ञान उलट-पलट हो जाएगा これまでの我々の知識はみな裏返されてしまう (2) 混乱した **उलट-पलट क॰** *a.* ひっくり返す *b.* 混乱させる कमरे की चीज़ें उलट-पलट कौन कर गया? 部屋のものをひっくり返したのはだれだ

उलट-पुलट [名*] ＝उलट-पलट. **उलट-पुलट क॰** ひっくり返す；さかさまにする मकई के खेत को उलट-पुलट कर जोतना चाहिए トウモロコシ畑は土をよくひっくり返して耕さなくてはいけない घर में सब की चीज़ें उलट-पुलट कर दे॰ 家の中で皆のものをひっくり返す

उलट-फेर [名*] (1) 入れ替わり；入れ替え (2) ひっくり返ること；ひっくり返すこと；転覆；転変 और देशों में, ख़ास तौर से पड़ोसी देशों में, कितनी बार उलट-फेर हुई है 外国，特に近隣の国々ではどれほどの転覆・転変が起こったことか

उलटवाँसी [名*]〔イ文芸〕中世の一部の宗教や宗教文学に見られる自然の理法に反する表現を用いて超俗の世界を描写する手法

उलटा[1] [形⁺] (1) 上下さかさまの；上下がさかさになった；順序が逆の；前後が逆の；事実に反する；入れ替わった अम्माँ सब से, ख़ासकर बाबू जी से नमक मिर्च लगाकर उलटा ही कहती रहती थीं 母さんはだれにでも，特にお父さんに対してはいつも尾鰭をつけて反対のことを話していた (2) 対蹠的な (3) 理に反した；正常でない；まともでない；おかしな मैं कौन-सी उलटी बात कर रहा हूँ こちらは何もおかしなことは話していないだろうが (4) 左の；左側の；左手の उलटी बाँह 左腕 ↔ सीधा 右の **उलटा घड़ा बाँधना** *a.* 相手の意表に出る *b.* とほうもないものにする；思いもかけぬものにする **उलटा चोर कोतवाल को डाँटे**〔諺〕盗人猛々しい **उलटा ज़माना** なげかわしい世の中；不合理な時代；ひどい時代；末世；末法の時代 **उलटा जवाब दे॰** 口答えをする **उलटा तवा** 真っ黒な **उलटा धड़ा बाँधना** ＝उलटा घड़ा बाँधना. **उलटा-पलटा** →別項見出し語 **उलटा पाठ पढ़ाना** 反対のことを言う **उलटा पासा पड़ना** 打った手が失敗する；裏目に出る **उलटा-पुलटा** →別項見出し語 **उलटा फिरना** すぐさま踵を返す＝उलटा लौटना. **उलटा-सीधा** →別項見出し語 **उलटी आँतें गले पड़ना** *a.* 自業自得 *b.* 自分のしたことで災難に見舞われる **उलटी खोपड़ी** 愚か者 **उलटी गंगा बहना** 道理が通用しない；道理に合わない **उलटी गंगा बहाना** 横車を押す；道理に合わないことをする **उलटी चपत लगना** 利益を得ようとして損を被る **उलटी चाल** 人道に反する行為 **उलटी छावनी बाँधना** 無実のことで裁判に巻き込む **उलटी छुरी से काटना** なぶりものにする；ひどく苦しめる **उलटी टाँगें गले में आ॰** ＝उलटी आँतें गले पड़ना॰. **उलटी पट्टी पढ़ाना** まるめこむ；間違った方へ導く；間違ったことを教え込む；思い違いをさせる **उलटी मात खाना** 儲けるつもりが損をする；得をするつもりでしたことが損になる ＝उलटी मात हो॰. **उलटी माला जपना** 人の不幸を願う；人を呪う ＝उलटी माला फेरना. **उलटी राह पकड़ना** 間違ったことをする；良くないことをする **उलटी रीति** 伝統や慣行に反すること；世間の習わしに反すること **उलटी समझ** 愚かしさ **उलटी साँसें चलना** 死期が近づく **उलटी साँसें ले॰** *a.* 死期が近づく *b.* 悔やむ；後悔する **उलटी-सीधी** →別項見出し語 **उलटी सुनना** 事実に反する話を聞く **उलटी-सुलटी पड़ना** 不都合なことが生じる **उलटी हवा चलना** さかさまになる；規範や道理の反対になる＝उलटी हवा बहना. आज ज़माने की हवा बड़ी उलटी चल रही है 今の世の中全くさかさまだ **उलटे उस्तरे से मूँड़ना** *a.* 人を馬鹿にする *b.* 人を愚弄して利益をはかる＝उलटे उस्तरे से हजामत बनाना. **उलटे काँटे तौलना**（商人が）量目をごまかす **उलटे छुरे से मूँड़ना** ＝उलटे उस्तरे से मूँड़ना. **उलटे पाँव चलना** 後ろ向きに歩く यहाँ के लोक को श्मशान घाट तक उलटे पाँव चलना ज़रूरी है この人たちは火葬のガートまで後ろ向きに歩かなくてはならない **उलटे पाँव चले जा॰** 訪れてすぐさま踵を返す；到着するなり直ちに引き返す＝उलटे पाँव फिरना; उलटे पाँव लौटना. **उलटे बाँस बरेली को**（भेजना）〔諺〕常識や道理に反することや逆の行為をとがめる言葉 **उलटे मुँह गिरना** 人を辱めようとして自ら辱めを受ける **उलटे रास्ते चलना** 道を過つ；道を間違える；間違った方向へ進む **उलटे हाथ का दाँव** 大変簡単なこと **उलटे होकर कहना** 懇願する **उलटे होकर टँगना** ありとあらゆる努力をする

उलटा[2] [名]〔料〕ヒヨコ豆やエンドウ豆の粉を油をひいた鍋で焼いたもの

उलटाना [他] (1) 返す；反す；ひっくりかえす＝उलटना. (2) 返させる；ひっくり返させる＝उलटवाना.

उलटा-पलटा [形⁺] (1) いいかげんな；でたらめな；間違った；正しくない；めちゃくちゃな (2) 順序のない；支離滅裂な (3) めくれた；めくれ上がった

उलटा-पलटी [名*] 順序や位置などが入れ替わること；ひっくり返ること；さかさまになること；逆転；ひっくり返すこと；しばしば入れ替えること

उ

उलटा-पुलटा [形$^{+}$] = उलटा-पलटा.
उलटाव [名] (1) ひっくり返り；裏返り；逆転 (2) 逆戻り (3) 回ること；回転
उलटा-सीधा [形$^{+}$] (1) いいかげんな；でたらめな；めちゃくちゃな यों प्रेम शब्द का प्रयोग करते ही हम उसका उलटा-सीधा अर्थ निकालने लगते हैं 愛という言葉を用いたとたんに我々はそれをいいかげんな意味に解釈しはじめる पुलिस ने तमाम उलटे-सीधे सवाल किये थे 警察はあることないことありとあらゆることをたずねた (2) 順番のない；無秩序な；乱雑な；ごちゃごちゃの (3) まともなものとおかしなものとの (4) おかしな；怪しい；怪しげな；疑わしい；信用ならない उलटी-सीधी चीज़ें मत खाओ あやしい物は食べるな (5) みっともない；見苦しい उलटी-सीधी हरकतें みっともない振る舞い वे लोग शराब पिये हुए थे और उलटी-सीधी हरकतें कर रहे थे 連中は酒を飲んでいてみっともない振る舞いをしていた **उलटी-सीधी कहना** *a.* ののしる；けなす *b.* 遠慮なく言う；思ったことを言う；率直な口をきく= उलटी-सीधी सुनाना. **उलटी-सीधी पड़ना** 運勢が傾く；落ち目になる **उलटी-सीधी बातें** めちゃくちゃな話；いいかげんな話；無責任な話 **उलटी-सीधी सुनाना** = उलटी-सीधी कहना.
उलटा-सुलटा [形$^{+}$] = उलटा-सीधा.
उलटी [名*] (1) 吐くこと；嘔吐 = क़ै. (2) つわりによる吐き気と嘔吐 (3) でんぐり返し उलटियाँ आ॰ 吐く；吐き出す；へどを吐く उलटियाँ क॰ 吐く；吐き出す उलटियाँ कराना 吐かせる；吐き出させる नमक का पानी पिलवाकर उलटियाँ कराई गई 塩水を飲ませて吐かせた
उलटे[1] [接] 逆に；反対に；それどころか उलटे बढ़ती उमर ने तो आप की गरिमा ही बढ़ाई है それどころか齢を重ねるにつれこの方の威厳が増した
उलटे[2] [副] (1) 反対方向に (2) 本来の状態やあるべき状態とは逆に；反対に राजा से शिकायत कर उलटे हमें ही सूली पर लटकवा देगा 殿様に告げ口をして逆にこちらを絞首台にかけさせるだろう **उलटे फँसना** 好意や善意での行為でかえって損を被る **उलटे बाँस पहाड़ ले जा॰** そのものの盛んなところや本場に持って行くこと；全く意味のないことをする= उलटे बाँस बरेली भेजना. **उलटे सर हो जा॰** 喜ぶべきところが立腹する；反対に腹を立てる
उलथना[1] [自] さかさまになる；ひっくり返る
उलथना[2] [他] さかさまにする；ひっくり返す
उलथा[1] [名] (1) 宙返り (2) 回転飛び込み
उलथा[2] [名] = उल्था.
उलदना [他] (1) 注ぐ；注ぎかける (2) 降らせる
उलफ़त [名*] = उल्फ़त.
उलमा [名, pl.] 《A. علما ← عالم आलिम》〔イス〕ウラマー（イスラム教に関わる学問を修得した人や学識者）
उलरना [自] (1) 飛び上がる；躍り上がる；飛び跳ねる (2) 上下に揺れる (3) 飛びかかる；襲いかかる
उललना [自] (1) 流れ落ちる (2) ひっくり返る
उलसना [自] 映える= शोभित हो॰.
उलहना [自] (1) 盛り上がる；沸き上がる (2) 生じる (3) 現れる；出現する (3) 開く
उलाँक [名] (1) 郵便；郵便制度= डाक. (2) 平底の船
उलार [形] 重心が後方に傾いた；後方に下がった
उलारना [他] (1) 後方に傾ける (2) ほうりあげる (3) さかさまにする；ひっくり返す
उलाहना [名] (1) 小言, 不平, 不満, 非難などを表す言葉；文句；恨み言 पति के उलाहने 夫の小言 कभी-कभी पड़ोसी उलाहना देते कि हमेशा घर में घुसी रहती हो, कभी हमारे पास भी बैठो 時々は近所の者たちが，いつも家にひっこんでばかりいないでたまには私たちのところにも出かけなさいよと文句を言う (2) 諫言；忠言；諫める言葉 दोनों ननदों और दोनों देवरों के बेशुमार उलाहनों को हँस हँसकर सहती गई 2 人の小姑，2 人の義弟の数限りない小言を笑って耐えていった **उलाहना उतारना** なんとかしていやなことを免れようとする **उलाहना दे॰** 小言を言う；文句を言う；恨み言を言う；非難する अपने ही लोग उलाहना देते हैं कि उन्हें ब्याह पर नहीं बुलाया なんと身内の人が，あの人を結婚式に招かなかったと文句を言う
उलीचना [他] 汲み出す；すくいだす（掬い出す） नाव में से पानी उलीचकर बाहर फेंकना あか（淦，船底の水）を掬い出す

उलूक [名] (1)〔鳥〕フクロウ科の鳥の総称，フクロウ (2)〔人名・イ哲〕ヴァイシェーシカ学派の開祖カナーダ कणाद の異名
उलूक दर्शन [名]〔イ哲〕ヴァイシェーシカ学派
उलूखल [名] (1) 臼；石臼 (2) 乳鉢
उलूपी [名*]〔マハ〕ウルーピー（ナーガの王カウラヴィヤの娘でパーンドゥ 5 王子のアルジュナと結婚した蛇の女性）
उल्का [名*] (1) 流星；流れ星= टूटता तारा. (2) 隕石 उल्काओं के टुकड़ों का अध्ययन 隕石の研究 (3) 松明（たいまつ）；燃え木 (4) 燈明
उल्काखंड [名]〔天〕隕石〈meteorite〉
उल्कापात [名]〔天〕流れ星；隕石の落下 1908 में साइबेरिया में हुआ उल्कापात 1908 年にシベリアで起こった隕石の落下
उल्कापिंड [名]〔天〕隕石
उल्कामुख [名] ウルカームカ（本分を逸脱したブラーフマンが死後なるとされる亡霊）
उल्का लोह [名]〔天〕隕鉄〈meteoric iron〉
उल्का-वर्षा [名*]〔天〕流星雨〈meteor shower〉= उल्का-वृष्टि.
उल्काश्म [名]〔天〕隕石〈meteoric stone〉
उल्टी [名*] = उलटी.
उल्टे [接] = उलटे.
उल्टे [副] = उलटे.
उल्था [名] 翻訳 = अनुवाद.
उल्फ़त [名*] 《A. الفت》愛；愛情；親しみ；親愛の情 किसी से नहीं इतनी उल्फ़त हमें これほどの愛情は他の人には抱いていない लुटाने को उल्फ़त के अनमोल मोती 惜しみなく与えるものとして値のつけられない愛の真珠
उल्मुक [名] (1) 火 (2) 燃えているもの (3) たいまつ（松明）
उल्लंघन [名] (1) 反すること；違反 राजा की आज्ञा का उल्लंघन 王の命に反すること राज्य के कानूनों का उल्लंघन क॰ 国の法律に違反する (2) 権利や領土などの侵犯 (3) またいで行くこと
उल्लंघित [形] (1) またがれた (2) 違反された (3) 侵犯された
उल्लसित [形] 嬉しい；うきうきした；喜びに満ちた
उल्लाप [名] (1) いやみ (2) 悲鳴；悲嘆の声 (3) 悪口雑言
उल्लापक [形] = उल्लापिक.
उल्लापन [名] へつらい；追従= ख़ुशामद.
उल्लापिक [形] 世辞を言う；へつらう；追従する
उल्लाल [名]〔韻〕ウッラーラ（奇数パーダが 15 マートラー，偶数パーダが 13 マートラーから成るモーラ韻律）
उल्लाला [名]〔韻〕(1) = उल्लाल. (2) ウッラーラー（各パーダが 13 マートラーから成るモーラ韻律）= चंद्रमणि.
उल्लास [名] (1) 光；輝き (2) 嬉しさ；喜び हर चेहरे पर एक उल्लास था, एक संतोष どの顔にも喜びと満足の表情があった
उल्लासमयी [形] 嬉しさに満ち満ちた；喜びいっぱいの उल्लासमयी पिकनिक 喜びいっぱいのピクニック
उल्लासित [形] 嬉しい；喜びに満ちた= प्रसन्न; ख़ुश.
उल्लिखित [形] (1) 彫られた；刻まれた (2) 削られた (3) 書かれた (4) 描かれた
उल्लू [名] (1)〔鳥〕フクロウ科の鳥の一般的な呼称，フクロウ（甚だ愚かなものとされ，その鳴き声は不吉とされる） **करचेंची उल्लू**〔鳥〕シマモリフクロウ【*Strix ocellata*】〈mottled wood owl〉 (2) 愚か者 (-को) **उल्लू का गोश्त खिलाना** (ーを) 馬鹿にする **उल्लू का पट्ठा** まぬけ；ばか；あほう；とんま **उल्लू की दुम** 大馬鹿；まぬけ；あほう= उल्लू की दुम फ़ाख़्ता; उल्लू की पूँछ फ़ाख़्ता. (-पर) **उल्लू की मिट्टी पड़ना** *a.* (ーの) 頭がおかしくなる *b.* (ーが) 怠け者になる (-पर) **उल्लू की लकड़ी फेरना** (ーを) 馬鹿にする **उल्लू के मुँह में नाम पड़ना** 同じ人に用事を何度も言いつける **उल्लू के से दीदे निकालना** 大きく恐ろしい目をむく (-को) **उल्लू खिलाना** (ーを) 思いのままに操る **उल्लू फँसना** 鴨（思い通りに扱えたり利用しやすい相手）が見つかる **उल्लू फँसाना** *a.* 鴨を見つける *b.* いい鴨にする *c.* 馬鹿にする **उल्लू बनना** 馬鹿にされる；鴨にされる (-का) **उल्लू बनाना** (ーを) 馬鹿にする；鴨にする वह देखो, माधो आ रहा है.चलो, आज उसका उल्लू बनाएँ ほら，マードーがやって来るぞ．さあ，今日はあいつを鴨にしてやろう **उल्लू बोलना** ひっそり（かん）とする；さびれる；荒廃する；賑わいの全くない；閑古鳥がなく ऐसी मंदी आई है कुछ पूछो नहीं, बाज़ार में उल्लू बोल रहे हैं 全くの不景気だ．市場では閑古鳥が鳴いている **उल्लू सिर**

पर बैठना 不吉なことや災難が来る前触れがある (अपना) उल्लू सीधा क॰ (相手の無知につけ込んで) 私利私欲をはかる；我田引水 उसने लोगों को मूर्ख बनाकर अपना उल्लू सीधा करनेवालों की कलई खोली है 人を欺き私利を図る人たちの正体を暴いた
उल्लू बसंत [名] 大馬鹿；途方もない愚か者
उल्लेख [名] (1) 言及；記述 देवरानी और जेठानी के रिश्ते का उल्लेख आते ही एक अजीब सी आशंका मन में होती है 兄嫁弟嫁の関係についての記述が出てくるととたんに何とも言えぬ不安な気持ちになる (2) 記すこと；書くこと (3) 描くこと
उल्लेखनीय [形] (1) 記されるべき；書かれるべき (2) 特筆すべき；特記すべき इस योजना में उल्लेखनीय बात この計画の中で特筆すべきこと
उल्लेख्य [形] = उल्लेखनीय.
उल्व [名] (1)〔解〕動物の胚や胎児を包む膜；羊膜= आँवल; जरायु; भ्रूणावरण; ज़ेर; ज़ेरी. (2) 子宮
उशी [名*] 欲求；欲望
उशीर [名] イネ科草本ベチベルソウ【*Vetiveria zizanioides*】の根 (香水の原料となる) = खस.
उश्शाक़ [名, pl.] 《A. عشاق ← عاشق आशिक़》恋人たち
उषण [名] (1) 黒コショウ (2) ショウガ (3) ヒハツ (インドナガコショウ= पिप्पलीमूल) の根
उषणा [名*]〔植〕コショウ科蔓木ヒハツ (インドナガコショウ) = पीपल[2]; पिप्पलीमूल.
उषा [名*] (1) 夜明けの光；曙光 (2) 朝焼け (3) 明け方；日の出前；早暁
उषाकर [名] 月；太陰 = चंद्र; चंद्रमा; चाँद.
उषाकाल [名] 明け方；曙；早暁 अपने जीवन के उषाकाल में 人生の曙に
उष्ट्र [名] (1)〔動〕ラクダ (駱駝) = ऊँट. (2)〔動〕スイギュウ (水牛) (3)〔動〕コブウシ (5) 牛車
उष्ण [形] (1) 熱せられた；熱い (2) 熱を発する；熱を出す (3) 食べると体の温まる (4) するどい；激しい
उष्ण कटिबंध [名]〔地理〕熱帯 (地方)〈tropics〉 उष्णकटिबंध जलवायु 熱帯性気候
उष्णकटिबंधीय [形]〔地理〕熱帯 (地方) の〈tropical〉 **उष्णकटिबंधीय वर्षावन** 熱帯雨林
उष्णता [名*] ← उष्ण. (1) 熱 (2) 暑熱 सूर्य और अग्नि में उष्णता 太陽と火の熱 उष्णता लहर 熱波
उष्णवाताग्र [名]〔気象〕温暖前線
उष्णस्रोत [名] 温泉〈hot spring〉
उष्णा [名*] 熱 = गरमी; ताप.
उष्णा चावल [名] パーボイル米→ उसना चावल.
उष्णीष [名*] (1) ターバン= पगड़ी; साफ़ा. (2) 冠；王冠= मुकुट; ताज. (3) 宮殿の円屋根 (4)〔建〕笠木
उष्णोष्ण [形] 非常に熱い (暑い)
उष्म [名] (1) 熱 (2) 暑熱 (3) 夏；夏季 (4) 日光
उष्मा [名*] (1) 熱 (2) 日光 (3) 怒り (4) 夏
उष्माघात [名]〔医〕日射病；熱射病〈sunstroke〉
उष्मीय [形] 熱の；熱による उष्मीय शक्ति केंद्र 火力発電所
उस [代・代形] 三人称代名詞兼指示代名詞及び指示代名形容詞 वह の単数斜格形 (sg.,obl.) で格助詞を従えたり名詞を修飾する उसको, उससे, उसपर, उसमें など उसपर भी इतना और おまけに= तुर्रा यह कि…. उस किताब का लेखक その本の著者 उस दिन その日 (に)；その当日 (に)
उसकन [名] たわし= उबसन.
उसनना [他] (1) うでる；ゆでる (茹でる) (2) 煮る
उसना चावल [名]〔農〕パーボイル加工の米 (もみ米をそのまま半煮して天日乾燥し貯蔵したもの)〈parboiled rice〉
उसमान [人名]《A. عثمان उस्मान》(1)〔史〕ウスマーン (1258–1325 オスマン帝国の始祖)；オットマン (2)〔イス〕ウスマーン (第三代正統カリフ在位 644–656)
उसमानिया [形]《عثمانیہ उस्मानिया》オスマン朝の
उसमानिया सल्तनत [名*]《A. عثمانیہ سلطنت》〔史〕オスマン帝国 (1299–1922)；トルコ帝国；オスマン・トルコ
उसरना[1] [自] (1) 退く；引く；離れる (2) 経つ；経過する；過ぎる
उसरना[2] [自] 忘れる；忘れ去る；忘却する
उसर बगेरी [名*]〔鳥〕ヒバリ科スズメヒバリ属ハイガシラスズメヒバリ【*Eremopterix grisea*】
उससना[1] [自] 溜め息をつく
उससना[2] [自] ずり動く；移動する
उसाँस [名] = उसास.
उसारना [他] (1) 持ち上げる (2) 建てる；建設する；造営する；築く；建造する बसती उसारने का काम 居住地を築くこと (3) 退ける；のける (4) 引き抜く
उसारा [名] = ओसारा.
उसारी [名*] 建造；建設 नयी-नयी बस्तियों की उसारी होने लगी थी 新しい居住地の建設が始まっていた
उसालना [他] (1) 引き抜く (2) 退ける；除く (3) 排除する (4) 追い払う
उसास [名*] (1) 深い息；深い呼吸= लंबी साँस. (2) 溜め息= ठंडी साँस. (3) 息；呼吸= साँस; श्वास. **उसास छोड़ना** = उसास भरना; उसास ले॰. **उसास ले॰** 溜め息をつく गंगा के किनारे का सारा बालुका प्रदेश दीर्घ उसासें लेता-सा मालूम हुआ ガンジスの岸辺の砂地は深い溜め息をついているように思えた
उसासी [名*] ひま；いとま= छुट्टी; अवकाश.
उसिना चावल [名] パーボイル加工米 = उसना चावल.
उसी [代・代形] 三人称代名詞兼近称指示代名 (形容) 詞 वह の斜格形 उस の強調形 (= उस ही). उसी को 他でもないその人を गाँधी जी उस दिन उसी गाँव में ठहरे हुए थे ガンディーさんはその日正にその村に滞在しておられた उसी भाँति 全く同様に；ちょうど同じように= उसी तरह; उसी प्रकार.
उसीस [名] = उसीसा. (1) 枕= तकिया. (2) 枕元；寝台の頭の方
उसीसी [名*] 枕= तकिया.
उसीसो [名] 枕= तकिया.
उसूल [名, pl.]《A. اصول←اصل अस्ल》(1) 根；根本 (2) 理論 मार्क्स के उसूलों पर आधारित समाजवादी राजनैतिक पद्धति マルクス理論に基づいた社会主義的政治 (3) 原理 इसलाम के उसूलों से बाहर イスラムの原理からはずれて (4) 原則；信条 उधार लेना वह उसूलों के ख़िलाफ़ समझते थे 借金するのは自分の原則に反することと考えていた (5) 方法；法 तंदुरुस्ती के कुछ उसूल 若干の健康法 (6)〔イス〕イスラム法の法源 (コーラン，ハディース हदीस, イジュマー इज्मा, キヤース क़ियास)
उसूली [形]《A. اصولی》(1) 理論上の；理論に関する (2) 原理的な (3) 原則的な (4) 理論や原理；原則を守る
उस्तरा [名]《P. استره उस्तुरा》かみそり；剃刀
उस्ताद[1] [名]《P. استاد》(1) 教師 (学校の)；師；先生 (2) 芸能の師匠 (3) 後輩にとっての先輩；指導者格の人；マスター；職場の長 (4) 職人の頭；親方 (5) 何事かに秀でた人；第一人者；一番 मुरली बजाने में एक ही उस्ताद 竹笛を吹いては並ぶ者のいない人 पढ़ने-लिखने में बहुत कमज़ोर और दूसरों से लड़ने झगड़ने में उस्ताद 勉強はさっぱりだめだが喧嘩にかけてはひけをとらない (6) 悪；悪者；したたか者 (7) 抜け目のない人；狡猾な人
उस्ताद[2] [形] (1) 狡猾な；抜け目のない (2) 熟達した；達者な नाव खेने में उस्ताद नहीं था 舟を漕ぐのに熟練していなかった
उस्तादी[1] [形]《P. استادی》(1) 師の；教師の；師匠の (2) 親方の；マスターの
उस्तादी[2] [名*] (1) 教えること；教授 (2) 熟達；腕前 (3) 悪さ；狡猾さ；抜け目のなさ
उस्तानी [名*]《استانی ← P.استاد+ H.》(1) 教師の妻；師の妻 (2) 女教師
उस्तुरा [名]《P. استره》かみそり= उस्तरा; अस्तुरा; छुरा.
उस्तुवार [形]《P. استوار》(1) 頑丈な；丈夫な；しっかりした (2) 恒常的な；恒久的な
उस्तुवारी [名*]《P. استواری》(1) 頑丈さ；丈夫さ；堅固 (2) 恒常性；恒久性；安定
उस्मान [名] → उसमान
उस्मानिया [形] → उसमानिया
उस्लूब [名]《A. اسلوب》(1) 方法；様式= शैली; पद्धति. (2) 行い；行動；振る舞い= आचरण; व्यवहार.
उस्वाँस [名] = उसाँस.
उहँ [感] (1) なあ，ねえ，あのうなどと呼びかけに用いられる言葉 उहँ, आप तो सचमुच नाराज़ हो गयीं ねえ，あんたほんとに怒って

しまったの (2) ううん；いや；いや違う；いやそうではない (3) 驚きや心の揺れを表す言葉 उहँ, इससे चरित्र का क्या संबंध? えっ，このことと品行と何の関わりがあるかだって

उहाँ [副] = वहाँ.

ऊ

-ऊँ [接尾] 規則動詞の語根に付加されて叙想法不定未来時制一人称単数形を作る √देख्→ देखूँ 見れば，見るかもなど √आ → आऊँ 来れば，来るかもなど．なお，語根が長母音 -ई で終わるものにあっては -इ と短母音化して音便の य् が挿入されることがある √जी - जिऊँ/जियूँ, √पी - पिऊँ/पियूँ, など

ऊँघ [名*] 居眠り；まどろみ；うつらうつらすること；うとうとすること

ऊँघना [自] うとうとする；うつらうつらする；まどろむ；居眠りする कक्षा में प्रायः कुछ छात्र ऊँघते रहते हैं 教室ではたいてい幾人かの生徒が居眠りしているものだ प्रतीक्षा करते करते वह ऊँघ जाती थी 待っている間にいつもまどろんでしまうのだった हाँड़ी में घी रखते-रखते ऊँघ गई 土鍋にギーを入れているうちにうとうとしてしまった

ऊँच[1] [名] (1) 高いカーストの人 (2) すぐれた家柄の人；名家の人；名門の人

ऊँच[2] [形] (1) 高い (2) すぐれた；優秀な (3) 高いカーストの (4) 名家の

ऊँच-नीच [名] (1) 身分の上下；ジャーティやカースト身分の上下 ऊँच-नीच की भावना 身分の上下の意識 ऊँच-नीच के सांस्कृतिक कारक 身分上下の文化的要因 (2) 得失；利害得失 (3) 長短 (4) 善悪；善し悪し (5) ごたごた；不都合；もしものこと कहीं कुछ ऊँच-नीच हो गया तो हम किसी को मुँह दिखाने लायक भी नहीं रहेंगे ひょっとしてなにか不都合な事態になろうものならだれにも顔を合わせられなくなる ऊँच-नीच हो गई तो उसके माँ बाप को जवाब देना मुश्किल हो जाएगा もしものことがあったらあの子の親に合わせる顔がなくなる (6) 人生の浮沈や波瀾 **ऊँच-नीच समझना** *a.* 得失を考える *b.* 善し悪しを考える **ऊँच-नीच सुनना** とやかく言われる；あれこれ言われる **ऊँच-नीच सूझना** *a.* 得失がわかる *b.* 善し悪しを考える；善し悪しがわかる；善悪を判断する **ऊँच-नीच सोचना** 得失を考える आखिर बहुत ऊँच-नीच सोचकर 結局ずいぶんと利害得失を考えて

ऊँचा [形+] (1) (下から上へのへだたりが) 高い；丈の高い वह पत्थर की मूर्ति केवल सात इंच ऊँची है その石像の高さはわずか７インチである ऊँची ऊँची नाक とても高い鼻 यहाँ स्त्रियाँ ऊँचा घाघरा और सीनाबंद कमीज़ पहनती हैं 同地の女性は丈の高いガーグラーとシーナーバンド（胴着）を着用する ऊँची एड़ी की सैंडल ハイヒール (2) 程度，等級，地位などが高い ऊँची ऊँची रकम 高額のお金；大金 ऊँचा टैक्स 高い税金 ऊँची ब्याज दर लेकर 高い利子を取って आयकर की ऊँची दरें 所得税の高率 हर सरकारी महकमा जो यह काम करता है बड़ा ऊँचा घाटा दिखाता है この業務を行っているお役所の部局はいずれもとても大きな赤字を出す ऊँची जातवाले 高カーストの人たち ऊँचा तबका 上流階級；上層階級 ऊँचे तबके के लोगों में 上層階級の人たちの間に (3) すぐれた；立派な；高い；高遠な；高邁な ऊँचा चरित्र 立派な品行 देखा, तो जिन्हें आप नीच कहते हैं उनका हृदय कितना ऊँचा है あなたが卑しいとおっしゃる人たちの心根がなんと立派なことかおわかりになりましたか ऊँचे आदर्शों के लिए 高遠な理想のために ऊँचा विचार 高邁な識見 कैसे ऊँचे विचार हैं, कैसा पवित्र भाव है なんとまあ立派な考えであることかなんとまあ清らかな心がけだ (4) 声や音が大きい；高い；声高な ऊँचा-ऊँचा बोलने की आवाज़ 大きな話し声；大声でしゃべる声 ऊँचा-ऊँचा रोने लगी थी 大声で泣き出した ऊँची आवाज़ 大声 इतनी ऊँची आवाज़ में मत बोलिए कि आपकी यह आवाज़ घर के बाहर तक भी पहुँच जाए 家の外まで聞こえるような大声で話さないようになさい ऊँची आवाज में पढ़ना 大きな声で読む कहते कहते भाभी का स्वर ऊँचा हो गया 話しているうちに兄嫁の声が大きくなっ

た (-को) ऊँचा आसन दे॰ (ーを) 大いに敬う ऊँचा उठना *a.* 偉くなる；出世する *b.* 向上する ऊँचा ओहदा 高い地位 ऊँचा-नीचा *a.* 凸凹（でこぼこ）の；凹凸のある पगडंडियाँ हैं वह भी टेढ़ी-मेढ़ी ऊँची-नीची 細道，それもつづら折りで凸凹道だ *b.* 利害得失両方の；長短両面の *c.* 善悪両面の；善し悪し両方の；理非についての ऊँचा-नीचा दिखाना *a.* 利害得失を教える *b.* 理非を教える；さとす *c.* 言いくるめる；だます；たぶらかす= ऊँचा-नीचा समझाना; ऊँचा-नीचा सुझाना. ऊँचा पीढ़ा दे॰ = ऊँचा आसन दे॰. ऊँचा बैठना 身分の高い人たちと交際する ऊँचा बोलना 声高に話す；声高に言う वे कभी ऊँचा नहीं बोलते थे 決して声高に話さない人だった ऊँचा मनसूबा 大望 ऊँचा सुनना 耳が遠い अल्लाह ताला भी कुछ ऊँचा सुनने लगे हैं क्या? 神様も少し耳が遠くなってこられたのだろうか मैं ऊँचा सुनता हूँ 私は耳が遠いのです ऊँचा सुनाई दे॰ (पड़ना) 耳が遠い；聴力が悪い (-का) ऊँचा हाथ रहना (ーが) 大きく寄与する ऊँची उड़ान 大変な空想 ऊँची-ऊँची उड़ान भरना 空想をめぐらす= ऊँची-ऊँची उड़ान ले॰. ऊँची-ऊँची बातें क॰ 大言壮語する；大きな口をきく ऊँची कुर्सी 高い地位 ऊँची कोटि का 高級な；高度の ऊँची गाना 自画自賛= अपनी बड़ाई आप क॰; अपने मुँह मियाँ मिट्ठू. ऊँची चाल चलना 身分不相応なことをしてまでしきたりを守る ऊँची जगह 高い地位 ऊँची जात シュードラ以上のヴァルナやカースト（バラモン，クシャトリヤ，ヴァイシュヤ）の人；カースト・ヒンドゥー ऊँची टेर सुनाना 心底願う ऊँची तान ले॰ 大声で歌う ऊँची दुकान फीका पकवान 〔諺〕名ばかりで内容のないもののたとえ；外見は立派で内は貧弱なことのたとえ；見かけ倒し；看板倒れ ऊँची नाक रखना 自分の名誉を重んじる ऊँची निगाह 眼力のすぐれていること ऊँची-नीची पचाना 非難の言葉に耐える ऊँची-नीची सुनना 容赦なく非難される；ひどく非難される ऊँची-नीची सुनाना 厳しくとがめる；厳しく非難する ऊँची पहुँच 先見の明 ऊँची बात क॰ 大声で話す ऊँची बोली बोलना 競り落とす ऊँची ले॰ 自画自賛する ऊँची साँस 長嘆息 ऊँची साँस ले॰ 悲しみに沈む ऊँची हवा में हो॰ うぬぼれる ऊँची हाँकना 大言壮語する ऊँचे खाले पैर पड़ना *a.* しくじる；失敗する *b.* 堕落する= ऊँचे नीचे पैर पड़ना. ऊँचे गले से 大声で= ऊँचे स्वर में; ज़ोर से. ऊँचे चढ़कर कहना 大声で言う；みなに聞こえるように言う ऊँचे चढ़ना *a.* 進歩する；発達する；発展する *b.* 高慢になる；のぼせあがる ऊँचे टेरना 大声で叫ぶ= ऊँचे पुकारना. ऊँचे नीचे पैर पड़ना 悪に染まる ऊँचे बोल का मुँह नीचा हो॰ うぬぼれると鼻を折られる；うぬぼれのあまり赤恥をかくことになる ऊँचे बोलना 大声で話す ऊँचे बोल बोलना 傲慢な口をきく；偉そうな口をきく ऊँचे माप पर हो॰ 好調な；調子のいい ऊँचे से गिरना 落ちぶれる ऊँचे स्वर में 大声で गला फाड़कर ऊँचे-ऊँचे स्वर में चिल्लाने लगा 大声を張り上げて叫び出した

ऊँचाई [名*] ←ऊँचा. (1) 高さ；身の高さ；丈 इस इमारत की ऊँचाई कितनी है この建物の高さはどれだけか दस वर्ष की आयु के लड़के की ऊँचाई 10 歳の男の子の身の丈 (2) 高度；位置の高さ；標高 303 फुट की ऊँचाई 303 フィートの高度 (3) 音の強さ आवाज़ की ऊँचाई 声の高さ (4) 程度，勢い，調子などの高水準 शेयर बाज़ार आशातीत ऊँचाई पर पहुँचा 株式市場は予期以上の盛況になった

ऊँची कूद [名*]〔ス〕ハイジャンプ；走り高跳び

ऊँट [名]〔動〕ラクダ科ラクダ（駱駝）→ ऊँटनी 雌のラクダ. ऊँट का कूब ラクダの瘤 एक कूब वाला ऊँट 一瘤らくだ ऊँट का पाद 〔諺〕無用のもの；役に立たぬもの（のたとえ）= ऊँट का पाद न ज़मीन का न आसमान का. ऊँट किस करवट बैठता है どのような展開になるのか未確定な（状況）；どういう結末になるやら（見てみよう）；結末を見ないと評価はできない= ऊँट किस बल बैठता है?; ऊँट किस कल बैठे. ऊँट की कौन सी कल सीधी 野暮な人のすることはあてにならないもの ऊँट की चोरी और झुके झुके 〔諺〕大きなことは密かにはできないもの；隠しおおせないことを隠そうとするたとえ；頭隠して尻隠さず= ऊँट की चोरी निहुरे-निहुरे. ऊँट के गले में बिल्ली 〔諺〕*a.* 不釣合なことのたとえ *b.* 不可能な条件をつけて妨害すること= ऊँट के गले में घंटी. ऊँट के मुँह में ज़ीरा 〔諺〕*a.* 焼け石に水；雀の涙；二階から目薬 यह राहत कार्य इतने सारे बच्चों के लिए ऊँट के मुँह में ज़ीरा साबित होगा この救援活動はこれほど多くの子供たちにとっては雀の涙ほどのものとなろう *b.* 大食漢にほんのわずかの食べものを供すること ऊँट को पहाड़ के पास आकर अपनी ऊँचाई का पता चलता है 〔諺〕人は自分よりすぐれた人と出会わなくては自分の力量がわからぬもの；慢心を諌める言葉 ऊँट को सुई की नोक में डालना 不可能なことを試みるたとえ ऊँट चढ़े कुत्ता काटे 〔諺〕*a.* 不運の避けられぬことのたとえ *b.* 恐れる必要のないことをむやみに恐れるたとえ

ऊँटकटारा [名]〔植〕キク科1年草エキノプス・エキナトス【*Echinops echinatus*】= ऊँटकटीरा; कटालु; ऊँटकटाला.

ऊँटगाड़ी [名*] ラクダの引く荷車や運搬車

ऊँटगाव [名]〔動〕キリン科キリン；ジラフ

ऊँटनी [名*] 雌のラクダ→ ऊँट.

ऊँटवान [名] ラクダ曳き

ऊँड़ा [形⁺] 深い；厚い एल्युमिनियम की 1 इंच ऊँडी गोलाकार प्लेट アルミニューム製の厚さ1インチの円いプレート

ऊँदर [名]〔動〕ネズミ= चूहा; मूसा.

ऊँधा [名] (1) 傾斜のついている岸辺 (2) 池で動物が水を飲むところ

ऊँह [感] 驚きを表す言葉 ऊँह, खाना खा रहे हैं, बड़े रईस के बच्चे हैं, खाना खा रहे हैं えっ何だと，お食事中でいらっしゃいますだと．お大尽じゃのう．お食事中とは

ऊँहाँ-ऊँहाँ [名] ロバの鳴き声= ढेंचू-ढेंचू; हेंचू-हेंचू. ऊँहाँ-ऊँहाँ क॰ ロバが鳴く

ऊँहूँ [感] うん（「はい」のぞんざいな表現） "गोपी से कहो यह बर्तन उठा ले जाए" "ऊँहूँ" 「ゴーピーに食器を持っていくように言いなさい」「うん」

ऊँ-हूँ [感] 不同意や拒否，不快感を表す言葉 ऊँ-हूँ, क्यों तंग करती हो, माँ? うーん，なんだよ母さん，うるさいな माँ जी ने उसे फिर जगाया, पर वह फिर "ऊँ-हूँ" करता हुआ करवट बदलकर सो गया 母親に眠っているのを再び起こされたが彼は再度，うーんと声を出しながら寝返りを打って眠りこんだ

-ऊ [接尾] (1) 名詞に添加される接尾辞で反復的に，頻繁に，激しく，あるいは，貪るようにある動作を行う意を加える形容詞をつくる दलबदलू 頻繁に党籍を変更する（人）や節操なく党籍を変える議員など (← दल + √बदल + ऊ). पेटू 口いやしい；いやしんぼう (← पेट + ऊ). अकड़ 意地→ अकड़ू 意地張りの；気取り屋の (2) 動詞語根について道具や器具を表す語をつくる √झाड़ - झाड़ू ほうき

ऊआवाई [形] (1) いいかげんな (2) 無駄な；無益な；意味のない

ऊई [感] 喜び，驚き，苦痛，恐怖などを表す感動詞で女性が用いる．わあ，ひゃあ，きゃあなど

ऊक[1] [名*] (1) 流れ星 (2) 燃えている木；たいまつ（松明） (3) 燃焼 (4) 熱

ऊक[2] [名*] しくじり；失敗；誤り= भूल; चूक; गलती. ऊक-चूक しくじり；失敗

ऊक[3] [形] 鋭い；激しい；強烈な

ऊकना[1] [自] しくじる；失敗する；誤る

ऊकना[2] [他] 忘れる；忘れ去る；忘却する

ऊकना[3] [他] (1) 焼く；燃やす (2) 熱する；加熱する (3) 苦しめる；悩ます

ऊकरड़ी [名] (1) 不浄のもの；よごれ (2) ごみ捨て場；ごみため = घूरा.

ऊकार [名] ऊ の文字と発音

ऊख[1] [名]〔植〕イネ科サトウキビ【*Saccharum sinense*】= ईख. 〈North Indian canes〉

ऊख[2] [形] 熱い；熱せられた

ऊख[3] [名] (1) 日光= धूप. (2) 夏= गर्मी के दिन.

ऊख[4] [名*] 明け方；夜明け前

ऊखल [名] 臼 ऊखल में सिर दे॰ 火中の栗を拾う；わざと危地に入る ऊखल में सिर देकर मूसल से डरना क्या 〔諺〕火中の栗を拾うのを決めたのであれば恐れるものはなし；一旦肚を決めたからには躊躇することはなし

ऊखा [名*] (1) 火 (2) 熱

ऊगरा [形⁺] ゆでた；ゆでられた；うでられた

ऊचाला [名] (1) 出発 (2) 移住（特に砂漠地帯の人が干害のため集団となって移住すること）

ऊछजना [他] 持ち上げる；振り上げる；振りかざす

ऊज [名] 騒動；騒乱= उपद्रव; ऊधम.

ऊजड़[1] [形] = उजाड़.

ऊ

ऊजड़[2] ［名］＝उजाड़. वही स्मृति, वही आकर्षण, वही प्यास उसे उस ऊजड़ में खींच ले जाती थी 正にその記憶，その魅力，その渇きがその人をその廃墟に引っ張って行くのだった

ऊजर[1] ［形］明るい＝उजला.

ऊजर[2] ［形］無人の；荒廃した；人の気配のない＝उजड़ा हुआ.

ऊजला ［形+］＝उजला.

ऊज़ू ［名］《A. وضو वुज़ू》〔イス〕イスラム教徒が礼拝前に水で顔や手足など身体を清める行為；ウドゥー／ワズー／ウズー

ऊझल ［形］＝उज्ज्वल.

ऊटक नाटक ［名］(1) ありきたりのこと (2) 下らないこと；つまらないこと；ろくでもないこと (3) 騒々しくすること；騒ぐこと

ऊटना ［自］(1) 元気づく；勢いづく；気合が入る (2) 考えをめぐらせる

ऊटपटाँग ［形］(1) いいかげんな；たよりない；めちゃめちゃの；でたらめな ऊटपटाँग दवाई いいかげんな薬 ऊटपटाँग मंत्र でたらめの呪文 यौन के संबंध में सस्ती और ऊट-पटाँग पुस्तकों का सहारा ले。性に関する安っぽくていいかげんな書物を頼りにする (2) とんでもない；非常識な；滅相もない ऊटपटाँग हरकतें とんでもない振る舞い (3) ぶざまな；不恰好な ऊटपटाँग बकना いいかげんなことを言う；でたらめなことを言う；口から出まかせにわめく＝ऊटपटाँग बातें क。；ऊटपटाँग बोलना；ऊटपटाँग हाँकना.

ऊड़ना ［他］(1) 結婚する (2) 女を囲う；めかけを置く

ऊड़ा ［名］(1) 欠如＝अभाव. (2) 欠損＝टोटा. (3) 消滅＝नाश.

ऊड़ी ［名*］(1)〔鳥〕カイツブリ＝पनडुब्बी. (2) 潜水

ऊढ़ ［形］結婚した；既婚の

ऊढ़ा ［名*］(1) 既婚女性 (2) 浮気をする女 (3)〔イ文芸〕女性主人公分類 नायिकाभेद の一．परकीया のうちの既婚者．परकीया に अनूढ़ा 未婚者という分類を立てることがあるためになされる区別

ऊढ़ि ［名*］結婚＝शादी；ब्याह；विवाह.

ऊत ［形］(1) 子のない；世継ぎのない (2) 愚かな；愚昧な

ऊतक ［名］(1) 織られたもの (2)〔生〕(細胞) 組織 गर्भाशय के कोमल ऊतकों पर 子宮の組織に対して मृतक ऊतक 死んだ組織 तंत्रिका-ऊतक. 神経組織＝तंत्रिका-तंत्र

ऊतकक्षय ［名］〔医〕壊死〈necrosis〉

ऊतक विज्ञान ［名］〔生・医〕組織学〈histology〉

ऊतक संवर्धन ［名］〔生〕組織培養〈tissue culture〉

ऊतर ［名］(1) 答え；返答 (2) 口実；言い逃れ

ऊतला ［形+］速い；敏捷な

ऊति ［名*］(1) 縫うこと (2) 織ること (3) 防衛；防御 (4) 親切 (5) 助力；協力

ऊतिकी ［名*］〔生・医〕組織学〈histology〉

ऊथलपथल ［名］＝उथलपुथल；उलटपुलट；अंडबंड.

ऊद[1] ［名］《A. عود》(1)〔植〕ジンチョウゲ科高木ジンコウ（沈香） (2) 沈香（香木）；伽羅；茄羅 (3) ウード（アラビア音楽に用いられる多数の弦を持つ撥弦楽器）；リュート

ऊद[2] ［名］〔動〕イタチ科カワウソ【*Lutra lutra*】＝ऊदबिलाव.

ऊदबत्ती ［名*］《A.+ H.》沈香を原料とした線香

ऊदबिलाव ［名］〔動〕イタチ科カワウソ【*Lutra lutra*】 ऊदबिलाव की ढेरी いつまでも決まらない争いやもめごと

ऊदल ［名］〔植〕アオギリ科小木【*Sterculia villosa*】

ऊदसाज़ ［名］《A.P. عودساز》撥弦楽器のウードを製作する職人

ऊदसोज़ ［名］《A.P. عودسوز》沈香をたく香爐＝अगरदान.

ऊदा[1] ［形+］紫の；なすこん（茄子紺）の；青紫の काले और ऊदे बादल आसमान पर छा जाते 黒く青紫の雲が空を覆う

ऊदा[2] ［名］紫；なす紺；青紫

ऊदी ［形］(1) 沈香の (2) 紫色の；なす紺の（茄子紺の）

ऊधम ［名］子供たちが騒々しくすること；どたばたすること；騒ぎ；騒動 शरारत तथा ऊधम いたずらと騒ぎ ऊधम मचाना どたばたする；騒ぎ立てる；暴れる；騒ぐ；ふざける＝ऊधम क。．बड़ा ही नटखट हमेशा ऊधम मचाता रहता とてもいたずらで四六時中騒がしくしている

ऊधमी ［形］騒ぎ立てる；騒がしくする；騒々しい

ऊधरना[1] ［自］助かる；救われる；救済される

ऊधरना[2] ［他］助ける；救う；救済する

ऊधो ［名］＝उद्धव.〔イ神〕ウードー（クリシュナの友人とも従弟とも伝えられる人物で，ウッダヴァ उद्धव とも呼ばれる） ऊधो का लेना न माधो का दे。人との関わりの全くないこと ऊधो की पगड़ी माधो के सिर रखना 仕事や責任を他人に押しつけること→ उद्धव.

ऊन[1] ［名］羊，山羊など動物の毛 ऊन का धागा 羊などの毛を紡いだ糸；毛糸 तिब्बत वाले याक का दूध पीते उसका गोश्त खाते और उसकी खाल और ऊन से लिबास बिस्तर और खेमे तैयार करते हैं チベットの人はヤクの乳を飲み，その肉を食べ，その皮と毛で服や寝具，テントをこしらえる भेड़ के ऊनवाला कंबल 羊の毛の毛布 ऊन की दून क。大げさに言う；針小棒大に言う；大げさにする

ऊन[2] ［形］足りない；不足の；少ない；欠けている

ऊन[3] ［名*］(1) 不足；欠陥 (2) 悲しみ；悲嘆 (-की) ऊन मानना (－を) 悲しむ；(－に) しょげる；(－に) 元気をなくす

ऊनक ［形］(1) 足りない；不足の (2) 小さい；劣った

ऊनता ［名*］不足；欠乏＝कमी；न्यूनता；अभाव.

ऊना[1] ［形+］(1) 少ない；わずかの (2) 足りない；不十分な；不完全な (3) 劣った

ऊना[2] ［名］（ラージプート族などの女性の護身用の）短刀

ऊनी[1] ［形］動物の毛の；毛織物の ऊनी कपड़े 毛織物

ऊनी[2] ［名*］(1) 足らないこと；不足；及ばないこと＝कमी. (2) 悲しみ；残念；無念＝रंज；ग्लानि.

ऊन्हाल ［名］夏；夏季＝ग्रीष्म ऋतु；गर्मी के दिन.

ऊपर[1] ［副］上に；上方に ऊपर आ。*a.* 上に来る *b.* 浮き上がる；浮上する *c.* 現れる；明らかになる *d.* 不機嫌になる ऊपर उठना 向上する；発展する；隆盛に向かう ऊपर उठाना 向上させる；発展させる ऊपर ऊपर *a.* 本来あるべきものとは別個に *b.* 人知れず；こっそり ऊपर ऊपर जा。*a.* 無駄に費やされる *b.* 表面的なことのみを問題にする；上辺だけを見る *c.* すぐさま立ち去る ऊपर जा。上がる；上昇する；上に行く；上に進む ऊपर ही ऊपर 上辺は；表面的に

ऊपर[2] ［名・後置］先行の名詞機能語と केもしくは सेを介して接続し副詞句を作ることが多い (1) 高いところ；高い方；上（うえ）；上（かみ） ऊपर की मंज़िल 上の階 (2) 表面；外側；外面；見かけ；外見；上；上方 (3) 対象とすること；対すること；向かい合うこと→ (-के) ऊपर. उसकी बात का मेरे ऊपर कोई प्रभाव नहीं पड़ा あの人の言葉は私に何の影響も及ぼさなかった (4) 側（そば）；かたわら (5) 地位，順序，能力などが上や先にあること；上位にあること；優秀なこと；上 (6) 正規以外のもの；通常とは別のもの；余分 (7) 上流 ऊपर की मंज़िल 上の階 सब से ऊपर की मंज़िल 最上階 ऊपर के दाँत 上顎の歯 -के ऊपर *a.* (－の) 上に；(－の) 上方に सिर के ऊपर 頭の上に *b.* (－) に対して शिवनाथ बाबू पर तो मुझे गुस्सा आ ही रहा था, लेकिन अपने ऊपर भी कम झुंझलाहट न थी シヴァナートさんに対してはもちろん腹が立っていたが，自分自身に対しても少なからず苛立っていた मुझे तुम्हारे ऊपर तो अपने से भी ज्यादा विश्वास है あなたに対しては自分以上に信用している तूर्या का मोह अब भी मेरे ऊपर है トゥーリャーには今なお魅きつけられている मेरे ऊपर मेहरबानी कीजिए 何卒よろしくお願い致します (-) से ऊपर (－) より上に；(－) より上位に；(－) を超えて；(－) を抜いて；(－) 以上に；(－) より多く कोई व्यक्ति कानून से ऊपर नहीं होता 法律の上に立つ者はだれもいない साल से ऊपर 1 年間以上 अपनी ननद से मिले हुए एक वर्ष से ऊपर ही हो गया था 義妹と会ってから 1 年以上経過していた उम्र पचास से ऊपर थी 年齢は 50 歳を超えていた बीस से भी एक दिन ऊपर 20 日よりも 1 日多く ऊपर ऊपर का 上辺ばかりの ऊपर ऊपर जा。無駄に費消される ऊपर ऊपर से 表面的に；外見的に ऊपर का *a.* 外側の；表面の बैंगन के ऊपर का रंग ナスの外側（皮）の色 *b.* 付随的な；本来のものではない ऊपर का पैसा बनाने की फ़िक्र में लीन 余得稼ぎに熱中している ऊपर का ख़र्च 雑費 ऊपर का दूध もらい乳 वह अपने बच्चे को दिन-रात में एक-दो बार से ज़्यादा न पिला सकती थी.उसके लिए ऊपर के दूध का प्रबंध था 自分の子に 1 日 1～2 回以上は乳を飲ませられなかった．もらい乳の手配がなされていた ऊपर का दम भरना *a.* 同情したふりをする *b.* 悲しみに沈む ऊपर की आमदनी 余得；副収入＝ऊपर की कमाई. ऊपर की ओर थूकना 目上の人を侮辱する ऊपर की बात 心底からではなく上辺の気持ち ऊपर की साँस ऊपर, नीचे की साँस नीचे रह जा。*a.*（驚きのあまり）息を飲む；茫然となる *b.* 息を引き取る (-के) ऊपर छार पड़ना (－が) 死ぬ (-के) ऊपर छोड़ना (－に) 委ねる；任せる (-के) ऊपर टूट पड़ना (－に) 襲いかかる；(－

を）襲う；襲撃する（-के）ऊपर डालना（一の）責任にする；せいにする（-के）ऊपर पड़ना（一が）悲しい思いをする（-के）ऊपर 一の上に；一に "मेज़ के ऊपर क्या है?" "किताब" 「机の上に何がある」「本」 ऊपर से *a.* その上；おまけに；かてて加えて देर से आते हो और ऊपर से कहते हो तुम पर संदेह है 遅れて来た上にお前が疑わしいと言う *b.* 見かけは；外見では मैं ऊपर से सज्जन हूँ, पर दिल का कमीना हूँ 手前は見かけは紳士ですが心は卑しい男です ऊपर से तो नहीं, पर अंदर-ही-अंदर उससे डाह रखता है 外見ではそうではないが内心ではその人を妬んでいる ऊपर से ऊपर खा जा。 ピンはねする；うわまえをはねる＝ऊपर ही ऊपर उड़ा जा。; ऊपर-ही-ऊपर खा जा。. ऊपर से देखने पर 一見したところ ऊपर से नीचे तक 上から下まで；完全に；全く ऊपर से राम-राम क。 口先のうまい

ऊपरचूँट［名*］〔農〕麦などの刈り入れの方法の一で茎を刈らずに穂だけを摘み取るもの

ऊपर तले[1]［副］(1) 上下に積み重なって；重なって (2) 順に；順々に；続けざまに；次から次に

ऊपर तले[2]［形・名］(1) 積み重なった（状態）；重なった（状態） (2) 続けざまの；続いた；連続した ऊपर तले के 続けざまに生まれた（兄弟姉妹）

ऊपर नीचे［副・形］＝ऊपर तले. ऊपर नीचे क。 *a.* 上げたり下げたりする *b.* 裏返す；ひっくり返す लहरें किश्ती को बार बार ऊपर नीचे कर रही हैं 波が小舟を上げたり下げたりしている ऊपर नीचे हो。 *a.* 上がったり；下がったりする *b.* ひっくりかえる

ऊपरवाला[1]［名］(1) 神様；おてんとさま（御天道様） ऊपर वाला दे तो ले 〔諺〕天からの授かりもの（自らの働いて得た物）のみをわが物とせよ (2) おてんとさま；太陽 (3) 目 (4) 雲 (5) 上司

ऊपरवाला[2]［形+］(1) 上の；上の方の；上にある (2) 見知らぬ (3) よその

ऊपरी［形］←ऊपर. (1) 位置が上の；上の方にある；上部の ऊपरी कमरों का जीना 上の部屋に通じる階段 ऊपरी पलक 上まぶた सिर का ऊपरी हिस्सा खोपड़ी है 頭の上部は頭蓋だ ऊपरी जबड़ा 上あご (2) 表面の；上部の；上っ面の पृथ्वी की ऊपरी परत 地球の表面 उसकी ऊपरी सतह それの表面 (3) 外面の；上っ面の；表面的な；上部の；外見的な；本質的でない ऊपरी अर्थ 表面的な意味 (4) 見せかけの；上辺をつくろう；口先の ऊपरी दिखावा 見せかけ；見え；見栄＝ऊपरी बनावट. ऊपरी दिखावे में व्यर्थ में पैसे ख़र्च होंगे 見えのために無駄な金が使われよう (5) 余分の；余りの ऊपरी दूध もらい乳 (6) 超自然な；魔物による यह कुछ ऊपरी खेल है これはなにか魔物のしわざだ ऊपरी आमदनी 余得 ऊपरी आयु सीमा 年齢制限 ऊपरी ख़र्च 諸経費〈overhead charges〉 ऊपरी घर 他人の家 ऊपरी टाँका 仮縫い ऊपरी ढाँचा 上部構造 ऊपरी तौर से 外見上；外から見たところでは वैसे ऊपरी तौर से तो कोई ख़राबी नहीं दीखती 外見上は何も悪いところは見えない ऊपरी दिल से 心底からではなく；上辺で ऊपरी मन से 上辺だけ；口先だけで；心をこめずに उसने तो यों ही ऊपरी मन से हूँ-हाँ करके टाल दिया 口先だけでいいかげんな返事をしてはぐらかしてしまった ऊपरी फ़साद 俗信で亡霊や幽霊などの祟り＝ऊपरी फेर. ऊपरी मन से ＝ऊपरी दिल से.

ऊपाड़ना［他］引き抜く；根こそぎにする＝उखाड़ना; उपाड़ना.

ऊब[1]［名*］飽きること；飽き मेरा मतलब है कि वक़्त अच्छी तरह कट जाता है.ऊब नहीं होती つまりうまく時間が過ごせるわけで飽きがこない

ऊब[2]［名*］気乗り；意気込み；気合

ऊबचूभ［名*］＝ऊभचूभ.

ऊबट[1]［名］(1) 険しい道；難路 (2) 悪路

ऊबट[2]［形］でこぼこの；凸凹の；凹凸のある＝ऊबड़खाबड़.

ऊबटना［自］生じる；生まれる＝पैदा हो。; उपजना; उत्पन्न हो。.

ऊबड़खाबड़［形］でこぼこの＝ऊँचा नीचा. ऊबड़खाबड़ सड़क でこぼこ道 रास्ता बड़ा ऊबड़-खाबड़ है ひどいでこぼこ道だ

ऊबना［自］いやになる；あきる（飽きる）；退屈する；飽き飽きする；うんざりする छः साल से वह विदेश में रहते रहते ऊब गया है 6 年間の外国暮らしで飽き飽きしてしまっている पिछले 38 वर्षों में जनता को इतने नारे दिए गए हैं कि वह उनसे ऊब गई है 過去 38 年間民衆はあまりにも多くのスローガンを掲げられてきてうんざりしてしまっている ज़िंदगी से ऊबना 世をはかなむ

ऊबाऊ［形］飽き飽きする；うんざりする कारख़ानों में रोज़ रोज़ की ऊबाऊ मेहनत, मजदूरी और काम 工場での日々のうんざりする仕事や労働

ऊभचूभ［名*］(1) 浮き沈み नदी के तल पर कभी-कभी ऊभचूभ कर उठने वाली मछली 時折川面に浮き沈みする魚 (2) 希望と失望の間を揺れ動くこと

ऊभना[1]［自］＝ऊबना.

ऊभना[2]［自］(1) 上に出る；上に突き出る (2) 立つ (3) 起こる；生じる

ऊभा［形+］止まっている；停止している

ऊभासाँसी［名*］動揺；動転

ऊमटना［自］＝उमड़ना.

ऊमना［自］＝उमड़ना.

ऊमस［名*］＝उमस.

ऊर［名］田植え＝जड़हन रोपना.

ऊरमधूरम［形］関連のない；無関係の

ऊरु［名］大腿；ふともも（太股）

ऊरुज［名］(1) 太股から生じたもの (2) ヴァイシュヤ（वैश्य）

ऊरुफलक［名］〔解〕大腿骨

ऊर्ज[1]［形］強力な；力持ちの＝बलवान; शक्तिमान.

ऊर्ज[2]［名］力；エネルギー；パワー＝बल; शक्ति.

ऊर्जस्［名］(1) 力 (2) 意気；意気込み (3) 食べもの；食物

ऊर्जस्वल［形］(1) 強力な；力持ちの＝बलवान; बली. (2) すぐれた；優秀な＝श्रेष्ठ.

ऊर्जस्वी［形］(1) 強力な；勢いのある (2) 輝かしい；光輝にあふれた (3) 堂々とした

ऊर्जा［名*］(1) エネルギー；エナジー；力；パワー पवन-ऊर्जा 風のエネルギー (2) 食物 ऊर्जा मंत्रालय エネルギー省 ऊर्जा मंत्री エネルギー相 ऊर्जा रूपांतरण エネルギー変換 ऊर्जा स्रोत エネルギー源

ऊर्जा संकट［名］エネルギー危機 ऊर्जा संकट के समय エネルギー危機に際して

ऊर्ण［名］(1) 羊や山羊などの動物の毛 (2) ウール (3) 毛布

ऊर्णा［名*］(1) 羊や山羊などの毛 (2) 眉間の巻き毛 (3)〔仏〕白毫

ऊर्णायु［名］(1) 毛布 ＝कंबल. (2) 雄羊

ऊर्द्ध्व[1]［形］＝ऊर्ध्व. (1) 上の；上方の；上部の ऊर्द्ध्व चोंच 上の嘴 ऊर्द्ध्व ओष्ठ 上唇 (2) 垂直の (3) 立っている

ऊर्द्ध्व[2]［名］＝ऊर्ध्व. 真上（の方向）；垂直方向

ऊर्द्ध्व[3]［副］上に；上方に；垂直方向に＝ऊर्ध्व.

ऊर्ध्व → ऊर्द्ध्व[1,2,3].

ऊर्ध्वग［形］(1) 上に出る；上昇する (2) 垂直に延びた

ऊर्ध्वगामी［形］(1) 上に行く；上昇する (2) 上に延びた (3) 解脱した；解脱を得た

ऊर्ध्वदृष्टि[1]［形］＝ऊर्द्ध्वदृष्टि. (1) 大望を抱く；野心的な；野望を抱く (2) 上方を見る

ऊर्ध्वदृष्टि[2]［名*］〔ヨガ〕眉間に視線を集中すること

ऊर्ध्वद्वार［名］(1) 天国に通じる門 (2)〔ヨガ〕微細身の頭頂部に想定されているブラフマランドラと称される穴でここから生気 प्राण が出ると神との合一に到達することができるとされる→ब्रह्मरंध्र, सूक्ष्म शरीर.

ऊर्ध्वपातज［形］昇華した

ऊर्ध्वपातन［名］〔化〕昇華〈sublimation〉 ठोस से सीधे गैस में परिवर्तित होने की प्रक्रिया को ऊर्ध्वपातन कहते हैं 固体から直接に気体に変化する作用を昇華という

ऊर्ध्वपुंड्र［名］〔ヒ〕ヴィシュヌ派の標識とされる額に垂直線で描かれるティラク（ティラカ）（तिलक）

ऊर्ध्वबाहु[1]［形］腕を持ち上げている

ऊर्ध्वबाहु[2]［名］〔ヒ〕苦行の一種として片腕を常に持ち上げている行者

ऊर्ध्वरचना［名*］〔建〕建築物の上部に建てた上部構築

ऊर्ध्वरेखा［名*］(1)（手相の）運命線 (2) ヴィシュヌ神の権化の足の裏に見られるかかとから第一指と第二指の間に向かって真っ直ぐのびる線

ऊर्ध्वांग［名］(1) 上部；上の部分 (2) 頭（首から上の部分）

ऊर्ध्वाकार［形］垂直の ऊर्ध्वाकार गत्यात्मकता〔社〕垂直移動〈vertical mobility〉

ऊर्ध्वाधर［形］垂直の；直立の ऊर्ध्वाधर रेखा 垂直線

ऊ

ऊर्मि [名*] (1) 波 (2) 布のしわ (3) 流れ (4) 勢い (5) 苦痛；痛み (6) 列 (7) 光
ऊर्मिका [名*] (1) 波 (2) 布のしわ (3) 指輪
ऊर्मिमान [形] (1) 波打つ (2) 巻き毛の (3) 曲がっている
ऊर्मिल [形] 波立っている；波打っている
ऊर्मिला [名*]〔ラマ〕ウールミラー（ジャナカ जनक 王の娘．シーター सीता の妹でラーマの弟ラクシュマナ लक्ष्मण の妻）
ऊर्मी [形] 波立った；波打った；波状の＝ तरंगित.
ऊर्व [形] 大きい；広い；広大な
ऊर्वरा[1] [形*] 地味の肥えた；肥沃な
ऊर्वरा[2] [名*] 沃地
ऊर्वास्थि [名*]〔解〕大腿骨
ऊर्विका [名*]〔解〕大腿骨；大腿部；もも〈femur〉
ऊलं [名*] ＝ ऊलंग. 《E. oolong ← C.》ウーロン茶（烏龍茶）
ऊलजलूल [形] 支離滅裂な；でたらめな；とんでもない；めちゃくちゃな；馬鹿げた ऊलजलूल हरकतों से हँसाने वाला 馬鹿げたしぐさで笑わせる ऐसी ऊलजलूल हरकतें करनी वे कहाँ से सीख आये हैं こんなとんでもないことをするのをどこで覚えてきたのだろうか उसने मुझसे सैकड़ों ऊलजलूल बातें कही थीं 私に数え切れぬほど馬鹿馬鹿しいことを語った
ऊलना [自] (1) 飛び上がる；飛び跳ねる＝ कूदना; उछलना. (2) 小躍りする；欣喜雀躍する＝ उमंगित हो°.
ऊषक[1] [名] (1) 不毛の土地 (2) 塩分を含んだ土 (3) 酸 (4) 穴；裂け目
ऊषक[2] [名] (1) 夜明け；曙＝ भोर. (2) 塩＝ नमक.
ऊषण [名] (1)〔植〕イソマツ科草本セイロンマツリ【*Plumbago zeylanica*】(2) 黒コショウ (3) ショウガ
ऊषर[1] [形] 塩分を多く含む；塩分の多い
ऊषर[2] [名] 塩分のために不毛の土地
ऊषा [名*] (1) 夜明け；暁；曙 (2) 朝焼け
ऊषाकर [名] → उषाकर.
ऊषाकाल [名] (1) 夜明け；暁；曙 (2) 朝；早朝
ऊष्म[1] [名] (1) 熱＝ गर्मी; ताप. (2) 蒸気＝ भाप. (3) 夏；夏季＝ गर्मी के दिन; ग्रीष्म ऋतु.
ऊष्म[2] [形] 熱い；暑い＝ गर्म; गरम.
ऊष्मा [名*] 熱 सूर्य हमारे लिये ऊष्मा का प्रमुख स्रोत है 太陽は我々にとって最も大きな熱源である ऊष्मा भी प्रकाश की तरह फैलती है 熱も光のように広がる ऊष्मा ऊर्जा 熱エネルギー
ऊष्मा-उपचार [名]〔医〕温熱療法；温熱治療
ऊष्माकटिबंध [名] 熱帯→ उष्णकटिबंध.
ऊष्मागतिक [形] 熱力学の〈thermodynamic〉
ऊष्मागतिकी [名*] 熱力学＝ ऊष्मागति विज्ञान. 〈thermodynamics〉
ऊष्माघात [名]〔医〕熱射病；日射病〈heat stroke〉
ऊष्माचालक [名] 熱伝導体〈thermal conductor〉
ऊष्माचालकता [名*] 熱伝導率；熱伝導度
ऊष्मायित्रकक्ष [名] 未熟児保育室
ऊष्मासह [形] 耐熱性の〈heatproof〉
ऊष्मीय [形] (1) 熱の ऊष्मीय ऊर्जा 熱エネルギー (2) 温度の (3) 熱を生じる
ऊसर[1] [名]（塩分の多いために）不毛の土；やせ地；荒地；フラー土
ऊसर[2] [形] 草の生えない；不毛の；荒地の **ऊसर खेत** 不毛の地；何も期待できぬもの；役立たず पिता और भाइयों ने तो उसे ऊसर खेत समझ रखा था 父親と兄弟たちは彼を役立たずと思い込んでいた **ऊसर खेत में केसर हो°**〔諺〕能なしの親がすぐれた子を生む．鳶が鷹を生む **ऊसर में कमल खिलाना** 不可能なことを可能にして見せる **ऊसर में दूब जमना** *a.* かすかな希望がわく *b.* 子を生めないと考えられていた女性が妊娠する **ऊसर में बीज बोना** 荒地に種を蒔く；無駄なこと；無益なこと；徒労
ऊह[1] [感] (1) 感しみや痛みを表す言葉 (2) 驚きを表す言葉
ऊह[2] [名] (1) 考えること；思考；推しはかること (2) 推理
ऊहा [名*] (1) 思いめぐらすこと；あれこれ考えること；考えをめぐらすこと (2) 推論すること
ऊहापोह [名] 考えあぐねること；ああでもないこうでもないと考えること；考えがまとまらず判断のつかぬこと दौड़ना वैसे तो कोई कठिन बात नहीं किसी तरह के ऊहापोह की आवश्यकता नहीं そもそも走ることはなにも難しいことではない．如何様にも考え込まなければならないことではない पार्वती ऊहापोह में पड़ी न जाने क्या क्या सोच रही थी パールヴァティーは考え込んでしまった．いったい何をあれこれ考えていたのやら

ऋ

ऋक्[1] [名*] (1) ヴェーダの神聖な賛歌；リグヴェーダ讃歌= वेद मंत्र; ऋचा. (2) 賛歌；讃歌= स्तोत्र; स्तुति.
ऋक्[2] [名]〔ヒ〕リグヴェーダ ऋग्वेद
ऋकार [名] ऋ の文字とその発音
ऋक्थ [名] (1) 財；財産；富= धन. (2) 遺産= विरासत; दाय-धन. (3) 金；黄金= सोना; स्वर्ण.
ऋक्थग्राह [名] 遺産相続人= उत्तराधिकारी; वारिस.
ऋक्थभाग [名] (1) 分け前；配分= भाग; हिस्सा; दाय. (2) 財産や遺産の分け前；遺産相続分= जायदाद का भाग.
ऋक्ष [名] (1)〔動〕クマ科クマ；熊；雄熊= रीछ; भालू; ऋच्छ. (2) 星= तारा. (3)〔天〕北斗七星
ऋक्षनाथ [名] (1) 月= चंद्रमा. (2)〔ラマ〕ジャームバヴァーン／ジャームヴァット（ラーヴァナとの戦いでラーマを支援した熊の王 जाम्बवान/जाम्बवत्）
ऋक्षपति [名] = ऋक्षनाथ.
ऋक्षराज [名] = ऋक्षनाथ.
ऋक्षा [名*] 北の方角；北方= उत्तर दिशा.
ऋक्षी [名*] 熊の雌；雌熊→ ऋक्ष.
ऋक्संहिता [名*]〔ヒ〕リグヴェーダ（ऋग्वेद）のマントラを集めたもの
ऋग्वेद [名]〔ヒ〕リグヴェーダ．紀元前1000年前後にインド・アーリア人によって作成され暗誦・伝承されてきた宗教賛歌．当時崇拝された神格を称えたものでバラモン教・ヒンドゥー教の聖典の一．他の3つのヴェーダ聖典（サーマ・ヴェーダ सामवेद，ヤジュル・ヴェーダ यजुर्वेद，アタルヴァ・ヴェーダ अथर्ववेद）と区別するため第1のヴェーダ प्रथम वेद とも呼ばれる．
ऋग्वेदी [形]〔ヒ〕リグヴェーダに通暁している
ऋचा [名*] (1) ヴェーダの賛歌 (2) 賛歌；聖歌 (3) 称賛 (4) 礼拝
ऋच्छ [名] 熊 = रीछ; भालू.
ऋच्छका [名*] 欲求；意欲 = इच्छा; अभिलाषा.
ऋच्छरा [名*] 足かせ；足鎖 = बेड़ी.
ऋजिमा [名*] 真っ直ぐなこと；簡明直截なこと
ऋजु [形] (1) 真っ直ぐな；直線的な；婉曲でない= सीधा. (2) やさしい；容易な；簡単な；率直な= सरल. (3) 正直な；誠実な；正しい= सीधा; सीधे स्वभाव का.
ऋजुकरण [名] (1) 曲がっているものを真っ直ぐにすること (2) 矯正
ऋजुकाय [形] 身体が真っ直ぐにのびている
ऋजुकारक [名]〔言〕直格〈direct case〉
ऋजुकोण [名]〔幾〕平角〈straight angle〉
ऋजुक्रतु [形] 正しい行動や行為をする
ऋजुता [名*] (1) 真っ直ぐなこと；直なこと (2) やさしいこと；簡単なこと (3) 正直さ；誠実さ；率直さ
ऋजु रूप [名]〔言〕直格形〈direct form〉→ तिर्यक् रूप 斜格形.
ऋजुरेखा [名*] 直線
ऋजुलेखा [名*] 直線= सीधी रेखा.
ऋण[1] [名] (1) 借金；借りた金= कर्ज; उधार. **ऋण दे॰** 金を貸す **ऋण ले॰** 借金する；金を借りる= कर्ज ले॰. (2) 恩義 (3) 親切 (4)〔数〕マイナス；負 (5)〔電〕マイナス；陰極 ↔ धन プラス. **ऋण उतरना** 完済される；借りが返された状態になる（借りを返してしまう） **ऋण उतारना** 完済する；借りを返してしまう **ऋण क॰** 借りる；借用する；借金する= ऋण काढ़ना; ऋण खाना; कर्ज ले॰; उधार ले॰. **ऋण चढ़ना** *a.* 借金を負う *b.* 借りを負う **ऋण पटना** 借りが返される；返済される **ऋण पटाना** 借りを返す；返済する (-पर) **ऋण मढ़ना**（ーに）借りを負わせる= ऋण लादना. **ऋण से उऋण हो॰** 借りを返す
ऋण[2] [形] マイナスの；負の
ऋण अभिक्रिया [名*] マイナス反応
ऋण आयन [名]《H. + E. ion》〔物理・化〕陰イオン
ऋणकर्ता [形] 借りる；借金する
ऋणग्रस्त [形] 借りのある；借金のある
ऋणग्राही [形] = ऋणकर्ता.
ऋणचार्ज [名]《H.+ E. charge》〔電〕負電荷
ऋणचिह्न [名] 負号；マイナス記号
ऋणत्रय [名]〔ヒ〕人の負うとされる3種の恩義，すなわち，神への恩義 देवऋण，リシ（聖仙）に対する恩義 ऋषिऋण，親や先祖に対する恩義 पितृऋण
ऋणदाता [形・名] 金を貸す（人）；金貸し；貸し主
ऋणपत्र [名]〔商〕借用証書；公債証書；債券
ऋणबिजली [名*]〔電〕= ऋण विद्युत/ऋण विद्युती. ऋण बिजली भार युक्त 陰電気負荷の
ऋणभुगतान [名]〔商〕債務支払い；債務返済 ऋण भुगतान का कार्य 債務返済（行為）
ऋणमुक्त [形] 完済した；債務を完済した= उऋण.
ऋणमुक्ति [名*]〔商〕返済；債務返済
ऋणमोचन [名] 負債の償還
ऋणविद्युती [形]〔電〕負電荷の〈electronegative〉
ऋणशोध [名] = ऋण शोधन.〔商〕債務支払い；債務返済
ऋणसंख्या [名*]〔数〕負数〈negative number〉
ऋणसहायता [名*] 借款 हमारा देश भारत को 196 करोड़ रु॰की ऋण सहायता देगा わが国はインドに19億6000万ルピーの借款を与える
ऋणस्थगन [名]〔商〕支払い延期；モラトリアム
ऋणात्मक [形] (1) 負の；マイナスの (2) 負の；陰電気の (3) 負数の
ऋणायन [名]〔化〕陰イオン〈anion〉
ऋणी [形] (1) 借金のある；金を借りている (2) 恩義のある；借りがある；恩がある मैं तुम्हारा जीवन पर्यंत ऋणी रहूँगा 一生君に恩義がある
ऋतंभर[1] [形] 真理を保有する；真理を体現する
ऋतंभर[2] [名] 最高神= परमेश्वर.
ऋतंभरा [名*] 真理を保有する知慧；精神の均衡・安定を保つ知慧
ऋत [名] (1) 真理 (2) 天道；天則 (3) 供犠 (4) 解脱 (5) 落ち穂拾いの暮らし
ऋतधामा[1] [形] 真理に住する；真理を保持する；誠実な
ऋतधामा[2] [名] ヴィシュヌ神の異名の一
ऋतध्वज [名] シヴァ神の異名の一
ऋतवादी [形] 真実を語る；正直な= सत्यवादी.
ऋतव्रत[1] [形] 真実を語る誓いを立てた
ऋतव्रत[2] [名] 真実を語るヴラタ（व्रत）
ऋतु [名*] (1) 季節（伝統的には次の6季節が認められている वसंत，ग्रीष्म，पावस，शरद，हेमंत，शिशिर.）= मौसम; मौसिम. सरदी की ऋतु 冬；冬季= जाड़ा; सर्दी के दिन. ऋतु-परिवर्तन 季節の変化；季節のめぐり ऋतु का बदलना 季節の変化；季節の移り変わり (2) 天候；気象 सभी ऋतुओं में काम कर सकनेवाले स्काई हॉक スカイホーク（全天候型戦闘機） (3) 時季；時機；旬；シーズン (4) ヴェーダの儀式；供犠を行うのに適した時 (5) 月経 (6) 月経後の妊娠に適した期間
ऋतुकाल [名] (1)〔ヒ〕月経後の妊娠に適するとされる16日間（マヌ法典3-46） (2)〔動〕発情期
ऋतुदर्शन [名] 初潮= रजोदर्शन.
ऋतुनाथ [名] 春 = बसंत ऋतु.
ऋतुपति [名] 季節の王者，春= वसंत; वसन्त; बसंत; ऋतु नाथ.
ऋतुपरिवर्तन [名] 季節の変化；季節のめぐり उसकी दुर्बलता इस ऋतु परिवर्तन को बर्दाश्त न कर सका 彼女の体の弱さはこの季節の変化に耐えられなかった
ऋतुपर्याय [名] 季節の移ろい；季節のめぐり
ऋतुप्रवास [名]（家畜の）季節移動〈transhumance〉
ऋतुप्राप्ति [名*] 初潮 = ऋतुदर्शन.
ऋतुफल [名] 季節の果物

ऋतुमती [形*] (1) 月経の始まっている；月経中の (2) 婚姻に適する (3) 妊娠可能な時期にある→ ऋतुकाल.
ऋतुराज [名] 季節の中で最もすぐれている春；春季= ऋतुनाथ.
ऋतु विज्ञान [名] 気象学
ऋतु विपर्यय [名]〔気象〕異常気象；気象異変
ऋतु विभाग [名] 気象庁= भारत ऋतु विभाग インド気象庁
ऋतुवेला [名*]〔ヒ〕古代より妊娠に適すると考えられていた月経開始及びその後の 16 日間→ ऋतुकाल.
ऋतुसंधि [名*] (1) 季節の境目 (2) 晦日から満月に到る白分と満月から黒分に到る黒分のそれぞれの最終日；白分と黒分の境目
ऋतुसंहार [名]〔イ文〕リトゥサンハーラ（季節のめぐりと恋情とを併せて描いたカーリダーサ कालिदास のサンスクリット語による詩）
ऋतुस्नान [名]〔ヒ〕月経開始後 4 日目に女性が行う清めの沐浴
ऋतुस्राव [名] 月経（とその出血）〈menstruation〉
ऋत्विक [名] = ऋत्विज्.
ऋत्विज् [名]〔ヒ〕ヴェーダ祭式の執行に当たった 16 人から成る祭官，リトゥヴィジュ
ऋद्ध [形] 豊かな；栄えた= समृद्ध.
ऋद्धि [名*] (1) 繁栄；豊富 = समृद्धि. (2) 成功；完成；達成 (3) ガネーシャ神に仕えるとされる侍女の一，リッディ (4) 神通力 = ऋद्धि बल.
ऋद्धिप्रभाव [名] 神通力；神力= ऋद्धि बल.
ऋद्धिसिद्धि [名*] (1) ガネーシャ神に仕える 2 人の侍女リッディとシッディ (2) 繁栄と成功
ऋनिया [形] = ऋणी.
ऋनी [形] = ऋणी.
ऋश्य [名]〔動〕ウシ科ブラックバック；インドレイヨウ= ऋष्य. 【*Antilope cervicapra*】〈blackbuck〉
ऋषभ [名] (1) 雄牛；牡牛 = बैल. (2)〔イ音〕オクターブの第 2 音；リシャバ；レー= रे.
ऋषभ देव [名] (1)〔ヒ〕リシャバデーヴァ（ヴィシュヌ神の 24 権化の一． नाभि 王の子） (2)〔ジャ〕ジャイナ教の最初のティールタンカラ（→ तीर्थंकर.）
ऋषि [名] (1)〔ヒ〕リシ（感得した啓示をヴェーダの詩節の形で顕したとされる詩人たち；ヴェーダ讃歌の詩人たち；マントラを明かされた人たち）；聖仙；詩聖 (2) 哲理，真理，道理を見極めた人；聖賢；賢人；聖哲；リシ
ऋषिऋण [名] リシに対する恩義→ ऋण त्रय.
ऋषिकल्प [形] リシのように尊い
ऋषिकुमार [名] リシの子；リシの息子（聖仙）
ऋषिपंचमी [名*]〔ヒ〕バードン月（太陰太陽暦 6 月）の白分第 5 日に行われるヴラタ व्रत（女性が犯した罪障を消すために行うものとされる）
ऋषिप्रव्रज्या [名*] リシになるために出家すること
ऋषियज्ञ [名] リシの恩（ऋषि ऋण）を返すための行，すなわち，ヴェーダの学習→ ऋण त्रय.
ऋष्य [名] = ऋश्य.
ऋष्यमूक [名]〔ラマ〕南インドのパンパー湖（पंपा सरोवर）の近くにあるとされるリシュヤムーカ山（ここでラーマとラクシュマナがスグリーヴァ सुग्रीव としばらくの間生活を共にしたとされる）
ऋष्य शृंग [名]〔イ神〕リシュヤシュリンガ・リシ（ヴィバーンダ／ヴィバーンダカ聖仙 विभाण्ड/विभाण्डक あるいは，カッシャパ仙と雌鹿との間に生まれたとされるリシ．額に角があったとされることからの命名．仏教説話では一角仙人）

ए

एँ [感] 驚きを表す言葉，えっ（なんだって）など एँ! और आप उसी प्रकार अधर में लटके थे? えっ，それでちょうどそんなふうに宙吊りになっておられたのですか
-एँ [接尾] (1) 規則動詞の語根に付加されて叙想法不定未来時制の一人称及び三人称複数形並びに आप 対応形を作る (1) 古い用法では母音で終わる語根の場合，音便のため -वें となり，-ई 語尾語根の場合は -इयें となる．√धो → धोवें, √सी → सियें.
एँगुर [名] = ईंगुर.
एंगोरा [名]《E. Angora》(1) アンゴラ（毛）；アンゴラヤギ（Angora goat）やアンゴラウサギ（Angora rabbit）の毛 (2) アンゴラヤギやアンゴラウサギの毛で作った毛織物
एंगोरा बकरी [名*]〔動〕ウシ科アンゴラヤギ（アンゴラ山羊）〈Angora goat〉
एंग्लो-इंडियन[1] [名]《E. Anglo-Indian》(1) 英印混血の人；アングロインディアン (2)（英領インド時代の）インド居住の英国人；インド生まれの英国人
एंग्लो-इंडियन[2] [形] (1) 英印混血の；アングロインディアンの एंग्लो-इंडियन सहेली アングロインディアンの友人 (2) インド在住英国人
एँचपेंच [名] (1) 曲がりくねり (2) からまり (3) 策略
एंजल[1] [名]《E. angel》天使；エンゼル
एंजल[2] [名*]《← E. angel fish》エンゼルフィッシュ= एंजल फ़िश.
एंजाइना [名]《E. angina》(1)〔医〕喉頭炎；アンギーナ (2)〔医〕狭心症 एंजाइना पेक्टोरिस〈angina pectoris〉
एंजाइम [名]《E. enzyme》酵素
एंजिन [名]《E. engine》→ इंजन. (1) エンジン (2) 機関車
एंजियोस्पर्म [名]《E. angiosperm》〔植〕被子植物= फूलवाले पौधे; आवृतबीजी.
एंटअमीबा [名]《L. Entamoeba histlytica》〔医〕赤痢アメーバ यह एंटअमीबा पेचिस का रोग उत्पन्न करता है これがアメーバ赤痢を起こさせる
एंटार्टिका [名]《E. Antartica》南極大陸= दक्षिण ध्रुव. एंटार्टिका में खोज 南極大陸の探査
एंटि- [接頭]《E. anti》→ एंटी-, ऐंटि-; ऐंटी-. 反対，対抗などの意を加える接頭辞
एंटिना [名]《E. antenna》〔通信〕アンテナ
एंटी [接頭] → एंटि-.
एंटीएयरक्राफ़्ट गन [名*]《E. antiaircraft gun》〔軍〕対空砲；高射砲= विमानभेदी तोप; विमानमार तोप. 〈antiairgun〉
एंटीएलर्जिक [形]《E. antiallergic》抗アレルギーの एंटीएलर्जिक गोली 抗アレルギー錠剤
एंटीडंपिंग ड्यूटी [名*]《E. antidumping duty》〔経〕ダンピング防止税
एंटीबॉडी [名*]《E. antibody》〔生理〕抗体= प्रतिरक्षी. शरीर में एंटीबॉडी बनने से 体の中に抗体ができると
एंटीबायोटिक[1] [形]《E. antibiotic》〔生化〕抗生の；抗生物質の = प्रतिजैविक. एंटीबायोटिक दवा 抗生物質の薬
एंटीबायोटिक[2] [名]《E. antibiotic》〔生化〕抗生物質 सरकारी डिस्पेंसरियों में तो डाक्टर आँखें मूँदकर हर बीमार को एंटीबायोटिक देते जाते हैं 公立の診療所では医者は考えなしにどの患者にも抗生物質を出していく
एंटीमग्नैटिक [形]《E. antimagnetic》反磁性の；非磁性の；磁気不感の= प्रतिचुम्बकीय.

एंटीरेबीज़ वक्सीन ［名］《E. antirabbies vaccine》狂犬病予防ワクチン एंटीरेबीज़ वक्सीन की सूइयाँ लगवाना 狂犬病予防ワクチンの接種をしてもらう

एंटीवेनिन ［名］《E. antivenin》〔薬〕蛇毒血清= प्रतिसर्पविष.

एंटीसेप्टिक[1] ［形］《E. antiseptic》(1) 消毒の；化膿止めの एंटीसेप्टिक औषधि 消毒薬；化膿止め (2) 防腐性の= पूतिरोधी.

एंटीसेप्टिक[2] ［名*］(1) 消毒薬 (2) 防腐剤

एंट्रांस ［名］《E. entrance examination》〔教〕インドの旧学制で10年級終了資格（試験）

एंट्रोपी ［名*］《E. entropy》〔物理〕エントロピー= एंट्रापी.

एंडोक्राइन ［名］《E. endocrine》(1)〔生理〕内分泌腺 (2) 内分泌物；ホルモン= अंतःस्रावी.

एंपीयर ［名］《E. ampere》〔電〕アンペア 0.6 से 2 मिली एंपीयर की विद्युत्धारा से 0.6～2 ミリアンペアの電流で

एंबुलेंस ［名*］《E. ambulance》救急車= एंबुलेंस कार; अस्पताली गाड़ी.

एंलार्जमेंट ［名］《E. enlargement》〔写〕引き伸ばし

ए ［感］ごく親しいか目下の人を呼ぶ際に用いられる．おい；よお ए चलो, चाय आ गई おーい，お茶が来たぞ．（囚人に向かって看守が）

-ए ［接尾］(1) 規則動詞の語根に付加されて完了分詞（過去分詞）を作る→ -आ, -या, -ये. (2) 規則動詞の語根に付加されて叙想法不定未来時制二人称及び三人称単数形を作る √देख→ देखे 見れば √आ → आए 来れば (3) なお，母音で終わる語根の場合，古い用法では音便のため व् が挿入されることがある． आए - आवे (4) 長母音 -ई で終わる語根の場合，それが短母音化し音便として य् が挿入されることがある． जीना（生きる） जी - जीए - जिए - जिये； पीना（飲む）पी - पीए - पिए - पिये

एअर 〔国名〕《E. Eire; Ire》アイルランド〈the Republic of Ireland〉

एअरकंडीशंड ［形］《E. airconditioned》空気調節装置を施した；エアコン付きの= वातानुकूलित. → एयरकंडीशंड

एअर फ़ोर्स ［名*］《E. air force》空軍= वायु सेना; विमान सेना.

एकंग ［形］単一の；単独の= अकेला.

एकंगा ［形+］(1) 一部の；一面の (2) 一面的な；一方的な

एक ［数・形・代］(1) 1；1つ；1つの；1個；1本；1枚など वह एक राजकुमारी है その人は1人の王女です हाथी एक बड़ा जानवर है 象は大きな動物です **एक आँख** 全く；すっかり；全然 **एक थाली** *a.* 一人一人の食べる分を盛った金属製の大皿 *b.* 一膳 **एक, दो, तीन** 一，二，三（いち，に，さん）（合図，号令，掛け声など） **एक निगाह** ひとめ（一目）；ちょっと見ること देख लें! बस, एक निगाह! どれどれ見てみよう，一目だけ एक साल की उम्र 年齢1歳 अगर किसी वजह से रोज़ाना नहाना मुश्किल हो तो एक दिन बीच नहाओ なんらかの理由で毎日沐浴するのが困難であれば一日おきに沐浴しなさい (2) ある（或るもの）；不特定の（もの）；不確定の；さる（然る）；一方のもの；1人の人；1つの物 एक दिन ある日 एक उभरती हुई संस्था ある盛んになってきた組織 जब किसी वस्तु को ऊपर की ओर फेंका जाता है तो वह एक ऊँचाई पर पहुँचकर रुक जाती है 何かを上に投げ上げるとそれはある高さに達して停止する एक सीमा तक उपरोक्त स्थिति में सुधार आने लगा है ある程度上述の状況に改善が見られるようになってきている (3) 比類のない；類のない (4) 第一番の；一番目の；最初の；はじめの；一番上の संजय, एक नंबर का लापरवाह और भुलक्कड़ 一番の不注意者で忘れっぽいサンジャイ (5) 同じの；一様な；同様な (6) 数詞などの後に用いられて，およそ，おおむね，概略などの意を加える． दस एक 10ぐらい，10個ほどなど．この एक は次のように先行の数詞に接続して発音されることがある तीनेक महीने 3か月ほど **एक अकेला, दो से ग्यारह** 〔諺〕1人には1人の力，2人には11人の力；団結や協力は力をもたらす= एक से एक, दो से ग्यारह. **एक अनार सौ बीमार** 〔諺〕1つのものに希望者が多数いるたとえ；娘一人に婿八人 **एक आँख देखना** *a.* 一目見る *b.* = एक आँख से देखना. **एक आँख न भाना** 全く気にくわない मुझे वह एक आँख नहीं भाता 全く気にくわない奴だ बीबी को हुसैन एक आँख न भाता था 夫人はフサインが全く気にくわなかった **एक आँख रोना एक आँख हँसना** 嬉しいことと悲しいことが同時に起こる；悲喜こもごもの状態になる **एक आँख से देखना** 同じように扱う；同じように遇する **एक आँख से रोए, एक से हँसे** うそ泣きする **एक आँवे के बर्तन** *a.* 同じ部類の仲間；同類のもの；似通った者同士 *b.* 血をわけた兄弟姉妹 **एक आन में** 一瞬のうちに；即刻 **एक आम की दो फाँकें** *a.* そっくりな；大変似通った；酷似した *b.* 大変親密な関係の *c.* 血をわけた；血のつながった **एक ईंट के लिए भवन गिराना** ほんのわずかの利益をはかるために大きな損害を被る **एक उम्र बाद** 久しぶりに **एक उम्र में** 長い間 **एक एक** どれもこれも；いずれのものも；すべての **एक एक अंग खिल जा॰** 嬉しくてたまらない **एक एक करके** *a.* 順に；次から次へ एक एक करके दिन बीतने लगे 一日また一日と日が過ぎていった *b.* 別々に **एक एक की चार चार सुनना** 一言言ったことに対して4つ言い返される；厳しく言い返される **एक एक की तीन तीन जड़ना** 大げさに文句をつける **एक एक की सौ सौ सुनना** ひどく言い返される **एक एक के दो दो क॰** *a.* 倍にする；倍増させる *b.* 倍の利益をあげる *c.* 時間を無駄にする= एक एक के दो दो बनाना. **एक एक को चुन चुनकर** 一つ残らず；どれもこれも **एक एक कोना छान मारना** しらみつぶしに探す **एक एक कौड़ी को तरसना** とても困窮する **एक एक कौड़ी दाँत से पकड़ना** 極度にけちな；極めて吝嗇な **एक एक दिन भारी हो॰** 待ち遠しくてたまらない **एक एक नस पहचानना** 熟知する **एक एक नस हिला दे॰** 存分に思い知らせる **एक एक पग चलना दूभर हो॰** 衰弱のあまり歩けないほどになる **एक एक पर गिरना** *a.* 殺到する *b.* 人だかりがする *c.* 右から左に売れる *d.* 熱中する；熱狂する **एक एक पल पहाड़-सा लगना** = एक एक दिन भारी हो॰. **एक एक पाई चुकाना** 一銭残らず返済する；完済する **एक एक पाई पर जान दे॰** = एक एक कौड़ी दाँत से पकड़ना; एक एक पैसा दाँत से पकड़ना. **एक एक बाल चुन जा॰** ひどく打ちのめされる **एक एक मिनट भारी हो॰** = एक एक दिन भारी हो॰. **एक एक मिलकर ग्यारह हो॰** 団結すれば強くなる **एक एक रग जानना** 詳しくする；熟知する；隅々まで知る = एक एक रग पहचानना. **एक ओर हो जा॰** 隅に寄る माँ की घुड़की आँखों-ही-आँखों में समझकर बच्चे एक ओर हो गये 母の叱責を見て取って子供たちは隅に寄った **एक और एक ग्यारह हो॰** 力を合わせれば強くなる；団結の力は強い **एक क़दम आगे बढ़ना** 一歩前進する **एक कर दे॰** *a.* 一緒にする；同じにする；まぜる *b.* まとめる；一括する；束ねる (- और =) **एक क॰** （一と＝とを）駆けずり回る **एक क़लम** *a.* 完全に；全く *b.* 続けざまに **एक कहना चार सुनना** 他人のことをとやかく言って人からそれ以上のことを言われる= एक कहना दस सुनना. **एक का एक** 1つなりの；まるなりの；まるのままの **एक का चार क॰** 大げさにする **एक कान सुनी दूसरे कान उड़ाई** 〔諺〕馬耳東風= एक कान से सुनकर दूसरे से निकाल दे॰. **एक की चार जड़ना** = एक की चार बनाना. **एक की चार बनाना** 大げさに言う；大げさにする अन्यथा कभी आपके विरुद्ध हो जाने पर ये एक की चार बनाकर उससे लगा सकती है でないとあなたの反対に回ろうものならこの人は大げさにして言いつけるかも知れない= एक की चार लगाना; एक की तीन लगाना. **एक की दस कह ले॰** 思いきり復讐する **एक की दस लगाना** = एक की चार बनाना. **एक की दस सुनना** ひどく言い返される **एक की दस सुनाना** 激しく言い返す **एक की दो कह ले॰** 倍にして復讐する **एक की सौ सुनना** = एक की दस सुनना. **एक की सौ सुनाना** = एक की दस सुनाना. **एक के ऊपर एक** 順に；次々に इसी मैल से सिर की त्वचा पर एक के ऊपर एक परत जमती चली जाती है, जिसकी वजह से बाल झड़ने शुरू हो जाते हैं この汚れが頭皮に次々と層をなして行くために毛が抜け始める **एक के ऊपर एक गिरे पड़ना** *a.* 殺到する *b.* 大変な人だかりがする **एक के तीन बनाना** 暴利を貪る **एक के दो क॰** *a.* 2つに分ける *b.* 倍にする *c.* 倍の値段で売る *d.* 倍の利益を得る；大儲けする **एक के पीछे दूसरा** 次から次に **एक के बाद एक** 次から次に；連続して एक के बाद एक विपत्ति आने से 次から次に災難が襲ったので **एक को एक खाये जा॰** 憎しみ合う **एक कोना खिसक जा॰** 落ち目になる **एक खपड़े का नहलाये हो॰** *a.* 相似た；似通った；同様な；一様な *b.* 実の兄弟；血をわけた兄弟 **एक ख़ालसा का सवा लाख हो॰** 勇気は力なり；勇気があれば恐るべきものなし **एक गुरु के चेले** 同じ部類のもの **एक घूँट पानी को भी न पूछना** *a.* 何の役にも立たない *b.* 全く相手にしない；無視する **एक चने की दो दाल** = एक आम की दो फाँकें. **एक चुप सौ को हरावै** 〔諺〕沈黙は金なり **एक ज़बान कहना** 一度言う **एक ज़बान रखना** 約束を守る **एक जान एक प्राण** 一心同体の= एक जान एक मान. **एक जान का** 同じような；似通った；相似た **एक जान दो क़ालिब** 親友；無二の友 **एक जान हज़ार ग़म** 悩みごとの多いたとえ= एक जान हज़ार मुसीबतें. **एक जैसा** 同様な；一様な लेकिन सब माँएँ एक जैसी नहीं होती हैं でも母親がみな一様

ए

ではない सभी समयों में भारत में समाज का रूप एक जैसा नहीं था いつの時代もインドの社会が同じような姿であったわけではない **एक टक** → एकटक. **एक टाँग** 一部；一部分 **एक टाँग खड़ा रहना** 一生懸命になる **एक टाँग घूमना** 歩き回る；歩き続ける **एक टाँग नाव में हो॰** 二股かける **एक टाँग पर खड़े रहना** = एक टाँग खड़ा रहना; एक टाँग से खड़े रहना. **एक टाँग से नाचना** = एक टाँग घूमना. **एक डाल के तोड़े** 同類（の） **एक डाल पर रहना** 意志の固い **एक डोर में बँधना** *a.* 恋に落ちる *b.* 結婚する **एक डौल के** 同様な；同類の **एक ढेले से दो चिड़िया मारना** 〔諺〕一石二鳥（のことをする） **एक तरकश के तीर** 同類 **एक तरफ़** 片隅に；片方に；別のところに **एक तरफ़ खाई, दूसरी ओर कुआँ** 〔諺〕前門の虎，後門の狼 **एक ताक** 似ている；同様な；同じの **एक तार** *a.* 続けて；続けざまに *b.* 同じの；同様の **एक तिनका भी न लगाना** 全く無視する；全く相手にしない **एक तीर में दो निशाना लगाना** 〔諺〕一石二鳥；一挙両得= एक ढेले से दो चिड़िया मारना; एक तीर से दो शिकार क॰; एक तीर दो शिकार. **एक तो** 一つには；まずは **एक तो करेला ऊपर से नीम चढ़ा (हो॰)** 〔諺〕元々よくないものが更に悪いことと重なること；元来良くない人間が悪い仲間に染まってさらに悪くなることのたとえ= एक तो करेला, दूसरे नीम चढा. **एक तो चोरी दूसरे सीनाजोरी** 〔諺〕盗人猛々しい **एक थाली में खाना** 親密な関係にある；同じ釜の飯を食う **एक थैली के चट्टे बट्टे** 同類；同じ穴のムジナ（貉） **एक दम (में)** 一息に；一気に **एक दम की हस्ती** はかない命；短い命 **एक...दूसरा...** 一方は…他方は…；ある者は…他者は… **एक दूसरे का** お互いの；相互の **एक दूसरे का मुँह ताकना** 唖然とする；あっけにとられる；意外さに顔を見合わせる **एक दूसरे का हाथ पकड़ना** 助け合う；協力する；手を携える **एक दूसरे की तरफ़ खिंचना** 好き合う；互いにひきつけられる **एक दूसरे पर** お互いに（対して） **एक दूसरे पर जान दे॰** 熱愛する= एक दूसरे पर जान निछावर क॰. **एक दूसरे से** 互いに；相互に **एक दूसरे से खिंच जा॰** 互いに距離を置く **एक धागे में पिरोना** 一緒にする **एक धारा में बहना** 考えや気持ちを同じくする **एक नंबर** *a.* 一番の；最初の；先頭の *b.* 最もすぐれた；最優秀の *c.* ナンバーワン；第一人者= नंबर वन. **एक न एक** いずれかの；どれかの **एक न एक दिन** いずれ；いずれの日にか；いつの日にか यह बात तो एक न एक दिन मनु को मालूम होनी ही थी この話はいずれマヌに知れることだった **एक न चलना** *a.* 打つ手がない；手立てがない *b.* 少しも聞き入れてもらえない **एक न मानना** = एक न सुनना. **एक न लगना** = एक न चलना. **एक न सुनना** 全く聞き入れない；少しも耳を貸さない लेकिन उन्होंने एक न सुना でもあの方は全く聞き入れなかった **एक नज़र देखना** *a.* ちらりと見る *b.* ざっと見る **एक नज़र में** 一見して **एक निगाह से देखना** 同じように見る；偏見を持たずに見る；平等に扱う **एक नूर आदमी, हज़ार नूर कपड़ा** 〔諺〕馬子にも衣装 **एक पंक्ति में बैठना** 同列になる；並ぶ **एक पंगत में बैठना** 同一カースト集団に所属する（関係にある） **एक पंथ दो काज** 〔諺〕一石二鳥 **एक पग आगे हो॰** 抜き出る；しのぐ **एक पत्तल में खानेवाले** 同じカーストに属する人 **एक पत्ती भी न हिलना** *a.* 何一つ起こらない；何一つ変化が生じない *b.* 全く無風の **एक पर एक** *a.* 次々に；引き続いて *b.* 負けず劣らずの **एक पर एक गिरना** 人だかりがする；人が押し寄せる **एक पर के सौ कौवे बनाना** 小さいことを大げさなことにする **एक पल में** 瞬く間に；瞬時に= एक पलक में. **एक पाँति में बैठना** 同列に並ぶ **एक पान का दो टुकड़ा करके खाना** ごく親密な関係にある **एक पेट के** はらから；同胞；実の兄弟姉妹 **एक पैर भीतर एक पैर बाहर** 落ち着かないこと；右往左往すること= एक पैर यहाँ एक पैर वहाँ. **एक पैर से खड़ा रहना** 走り回る；腰をおろす暇のない；多忙を極める **एक पैर से नाचना** 酔いしれる **एक प्राण दो देह हो॰** 一心同体 हम दोनों एक प्राण दो देह हैं 我々は一心同体なのだ= एक प्राण दो शरीर हो॰. **एक बात कहना** 結論を言う **एक बात की बीस बात बनाना** いろいろと口実を設ける **एक बात पर रहना** 約束や誓いを守る **एक बात है** やさしい；容易な；大したことはない **एक बाल भी सीधा न कर पाना** 全く利益をあげられない **एक बाल भी बाँका न कर सकना** 全く手出しができない **एक बूंद पानी को भी न पूछना** = एक घूँट पानी को भी न पूछना. **एक बूंद रक्त रहते** 息を引き取るまで；命の尽きるまで；息の続く限り **एक भाव बिकना** 同じの；同等の **एक मन दो तन हो॰** 一心同体の **एक मामला हो॰** 一体になる；違いがなくなる **एक मुँह कहना** *a.* 異口同音の；同意見の *b.* 繰り返し言う **एक मुँह दो बात** 同じ人が違ったことを言うこと；二言；前言を翻し別のことを言うこと **एक मुँह बोलना** *a.* 異口同音の *b.* 一言言う **एक मुँह से कहना** = एक मुँह कहना. **एक मुँह हो॰** 異口同音の **एक मुट्ठी हो॰** ひとまとまりになる；一団になる；団結する **एक मुश्त** 一緒に；一括して；ひとまとめに= एक मूठ. **एक में एक क॰** めちゃくちゃにする；混乱させる **एक में गूँठना** 一つにまとめる；ひとまとめにする **एक म्यान में दो तलवार हो॰** 1つの場所を2つのものが占めようとする **एक रंग** *a.* 同じような *b.* 同じ調子で= एक रंग एक तार. **एक रंग चढ़ना** 同じ色に染まる；同じ考えになる **एक रंग आना एक रंग जाना** 顔色を失う；顔面蒼白になる **एक रत्ती** ほんのわずかの **एक रत्ती भी न ठहर सकना** ひとたまりもない **एक रस्सी में नापना** 同じように取り扱う **एक राय से** 全員一致で **एक लकड़ी से सब को हाँकना** だれもかれも一様に扱う **एक लगाकर चार पाना** エビで鯛を釣る **एक लड़ी में पिरोना** つなぐ；つなぎ合わせる；ひとつなぎにする **एक लाठी से सब को हाँकना** = एक लकड़ी से सब को हाँकना. **एक लेना न दो देना** 関わりを全然持たない；交渉や関係を全く持たない **एक समान** 一様な；同じの；変わらない सभी नागरिकों के साथ एक समान व्यवहार すべての市民に同じ扱い **एक साँचे के ढले** *a.* 姿や形の似た *b.* 同じような性格や性質の= एक साँचे में ढले हो॰. **एक साँस में** 一気に；一息に；一度に **एक-सा** 一様な；同様な；変わりのない समय सदा एक-सा नहीं रहता 時は常に一様ではないものである उसका बरताव दुश्मनों और दोस्तों के साथ एक-सा था 彼は敵に対しても味方に対しても同じように振る舞った सदा दिन एक-से नहीं रहते, कभी सख्त गर्मी पड़ती है 毎日が一様というわけではなく猛烈な暑さになる सब संप्रदायों के माननेवालों के लिए एक-से कानून होने चाहिए いずれの宗教の信者にも同じ法律が適用されるべきである **एक साथ** *a.* 一緒に；同時に；一斉に कोई भी व्यक्ति ग्राम पंचायत और न्याय पंचायत दोनों का एक साथ सदस्य नहीं हो सकता だれも同時に村落パンチャーヤトと司法パンチャーヤトの両方のメンバーになることはできない *b.* 異口同音に；一斉に **एक सिरे से** 片っ端から；1つ残さず **एक सूत्र में गूँथना** 1つにまとめる；まとめあげる= एक सूत्र में पिरोना. **एक सूत्र में बँधना** 一つに結ばれる **एक सूत्र में बाँधना** = एक में गूँथना. **एक सूरत से** ずっと；続けざまに **एक-से** → एक-सा. **एक से इक्कीस क॰** *a.* うんとふやす *b.* 大げさに言う；針小棒大に言う **एक से इक्कीस हो॰** 大きく発展する **एक-से-एक** 負けず劣らず **एक से एक, दो से ग्यारह** = एक अकेला, दो से ग्यारह. **एक-से-एक बढ़कर** 引けをとらない；負けず劣らずの；優劣のつかない；いずれもすぐれた उस राजा के दरबार में एक-से-एक बढ़कर विद्वान थे その王の宮廷にはいずれもすぐれた学者たちがいた उन्होंने एक-से-एक बढ़िया इलाज करवाए, किंतु कोई लाभ नहीं हुआ いずれもすぐれた治療をしてもらったが何一つ効き目はなかった **एक-से दिन न जा॰** 人生には照る日もあれば曇る日もある；有為転変が人生の習い **एक से दो अच्छे होते हैं** *a.* 1人でいるよりも2人でいるのがよい *b.* 旅は道連れがあるのがよい= एक से दो भले. **एक सौ चौवालीस लगाना** *a.* 外出禁止令を出す *b.* 禁止する **एक स्वर से** 異口同音に；全員一致で **एक हाथ से ताली न बजना** 〔諺〕*a.* 喧嘩両成敗 *b.* 一人では何もなし得ないもの **एक हाथ से दुहना** 半分しか利益のない **एक हाथ से देना दूसरे से लेना** 行為の報いをすぐに受ける **एक ही** *a.* 同一の；全く同じの；一緒の एक ही प्रकार के उपकरणों से कृषि करते रहे 全く同種類の器具で農業を続けていた एक ही मेज़ पर बैठना 同席する *b.* 並ぶもののない；比べるもののない बस, भाभी, तुम भी एक ही हो （頑固なことにかけては）姉さんもだれにも負けないのね मुरली बजाने में वह एक ही उस्ताद है 竹笛の演奏にかけては並ぶ者がない *c.* 独特の；唯一の *d.* 変わりものの；風変わりな ये मिसेज़ मेहता भी एक ही हैं このメーター女史もなかなか変わっているんだ **एक ही तराज़ू पर तौलना** 同じものさしではかる；同じ尺度で評価する；同じように扱う **एक ही थैली के चट्टे बट्टे** *a.* 同じような部類のもの；同類のもの；似通ったもの *b.* 血をわけた兄弟姉妹 *c.* 同じカーストのもの **एक ही नाव पर सवार हो॰** 同じような状況にある **एक ही भाव तौलना** = एक ही तराज़ू पर तौलना. **एक ही राग अलापना** 同じことを繰り返し言う；何かにつけて同じことを言う；一つ覚え= एक ही राग गाये जा॰. **एक ही सिक्के के दो पहलू हो॰** ものには両面があること **एक ही हुक्के के** （水ぎせるを共用できる関係にある）同じカーストの；同一カーストの **एक ही हो॰** *a.* 類のない *b.* 仲良くなる **एक हो जा॰** *a.* 仲良くなる；仲直りする= एक हो॰. *b.* 同じになる

एक-आध [形] わずかの；一つ二つの；少数の
एकक[1] [形] (1) 1人の；単独の (2) 単一の
एकक[2] [名] 単位；ユニット
एकक़लम [副] 《P.A. یک قلم यक क़लम》完全に；全く
एककालिक [形] (1) 同時的な；共時的な (2) 一回きりの
एककालीन [形] ＝एककालिक.
एककोशिक [形]〔生〕単細胞の〈unicellular〉 एककोशिक जीव 単細胞生物〈unicellular organism〉 एककोशिक प्राणी 原生動物
एककोशिका[1] [名*]〔生〕単細胞
एककोशिका[2] [形] 単細胞の
एककोशिकी [形]〔生〕単細胞の एककोशिकी जीव 単細胞生物
एककोशीय [形]〔生〕単細胞の〈unicellular〉
एकगाछी [名*] 丸木舟
एकगुणित [形]〔植〕一倍体の〈monoploid〉
एकघात [形] (1) 線の (2) 線状の (3)〔数〕一次の (4) 線型の；直線の एकघात समीकरण 〔数〕線型方程式〈linear equation〉
एकचक्र [名] (1)〔イ神〕スーリヤ（太陽神）の乗るといわれる一輪の車（これを7頭の栗毛の馬が引く） (2) 太陽
एकचक्री [名*] 一輪車
एकचर [形] (1) 単独で行動する (2) 群れをなさない（動物）
एकचश्म [名] 《P. یک چشم यकचश्म》横顔；プロフィール；半面像
एकचारिणी [名*] 貞節な女性；貞女＝ पतिव्रता.
एकचित्त [形] 一心になった；精神を集中させた नौ बजे तक एकचित्त होकर सड़क पर झाड़ू लगाती रहती 9時まで一心に道を掃き続ける
एकचोबा [名] 《P. یک چوبہ यकचोबा》1本の柱で立てる小テント
एकच्छत्र[1] [形] 完全支配の；独裁的な＝ स्वेच्छाचारी.
एकच्छत्र[2] [名] 独裁政治＝ स्वेच्छाचारी शासन; स्वैरतंत्र; तानाशाही; अधिनायकत्व.
एकछंदक [名]〔韻〕単脚句〈monometer〉
एकज[1] [名] (1) 実の兄弟 (2)〔ヒ〕シュードラ शूद्र の別称；一生族と訳される ↔ 再生族 द्विज
एकज[2] [形] ただ1つの；唯一の＝ एक मात्र; एक ही.
एकजद्दी [形・名] 《P. یک جدی यकजदी》(1) 祖父を同じくする；同じ祖父の血をうけた (2) 同じ血統の；血統を同じくする
एकजन्मा [名] (1)〔ヒ〕シュードラ；一生族＝ एकज[1]. (2) 王；国王
एकज़बान [形] 《P. یک زبان यकज़बाँ》異口同音の；同意見の；同意の；合意の एकज़बान होकर 異口同音に；同意して
एकजाई [形] 《P. یک جای यकजाई》(1) 同じ場所の；同一場所にいる；集まっている；同居している (2)（財産が）共有の
एकजात [形] 血をわけた（兄弟姉妹；はらから；同胞）＝ सहोदर.
एकजाति[1] [形] 同カーストの；カースト，あるいは，ジャーティを同じくする
एकजाति[2] [名]〔ヒ〕シュードラ शूद्र；一生族→ एकज[1]
एकजातीय [形] ＝एकजाति.
एकजान [形] 《P. یک جان यकजाँ》(1) 命を共にする；一体になった；結合した；同化した (2) 親密な
एकजीक्यूटिव [形] 《E. executive》(1) 実行する (2) 行政上の
एकजीक्यूटिव आफ़िसर [名]《E. executive officer》行政官＝ कार्यपालक अधिकारी; कार्यपालक; प्रबंधक.
एकजीक्यूटिव कमेटी [名*] 《E. executive committee》実行委員会＝ प्रबंधकारिणी समिति.
एकजीक्यूटिव काउंसिल [名*] 《E. executive council》行政委員会議＝ कार्यपरिषद्.
एकजुट [形] (1) 一致した；団結した एकजुट होकर इस संगठन की सफलता के लिए कटिबद्ध हो。 団結してこの組織の成功に備える रावण के सैनिकों को एकजुट होने का मौका दिये बिना ラーヴァナの兵に団結する機会を与えず (2) 集まった；終結した；まとまった एकजुट क。 結集する；まとめる；まとめあげる अत्याचारों के शिकार होनेवाले लोगों को एकजुट क。 無法の餌食になる人たちを結集する (3) 総出の；総掛かりの जिन दिनों बनाते हैं तब पूरा कुनबा इसी में एकजुट हो जाता है 製造を行う際には家族全体がこれにかかりきりになる
एकजुटता [名*] ←एकजुट 一致；団結；まとまり आज विपक्षी दलों ने अपने रुख में और कड़ाई और एकजुटता दिखाई 本日野党は一層の厳しさと団結の態度を示した
एकटंगा [形+] (1) 片足の；一本足の (2) 片方の足が不自由な；片足に障害のある；ちんばの；びっこの
एकटक [副] じっと；目をすえて；視線をそらさず एकटक देखना（じっと）見つめる शिवाजी एकटक पालकी की ओर देखते हैं シヴァージーはじっと轎のほうを見ている
एकटकी [名*] じっと見ること；見つめること；凝視＝ टकटकी.
एकट्ठा [形+] ＝ इकट्ठा.
एकठा[1] [名] 丸木船＝ एकगाछी.
एकठा[2] [形+] ＝ इकट्ठा.
एकड़ [名] 《E. acre》エーカー
एकडाल [形] (1) 一様な；同様な (2) 組み合わせたり寄せ集めたものでない；（一片や一本や）一個のものから作られた
एकतंत्र[1] [形] 独裁の；独裁的な
एकतंत्र[2] [名]〔政〕独裁政治＝ स्वेच्छाचारी शासन; एकतंत्र प्रणाली.
एकतः [副] (1) 一方から (2) 同様に (3) ある場所で
एकतत्त्ववाद [名]〔哲〕一元論＝ एकत्ववाद.〈monism〉
एकतरफ़ा [形] 《P. یک طرفہ यकतरफ़ा》(1) 一方の；片方の；片側の एकतरफ़ा रास्ता 一方通行；片側通行 (2) 一方的な；一面的な；偏った एकतरफ़ा दृष्टिकोण 一面的な見方 एकतरफ़ा काररवाई कर दी जाती है 一方的な措置がとられる वायुसेना के विद्यालय की एकतरफ़ा जीत 空軍学校の一方的な勝利 एकतरफ़ा प्रेम 片思い एकतरफ़ा युद्ध-विराम कर दे。 一方的に休戦する एकतरफ़ा डिगरी 欠席判決 एकतरफ़ा पक्षाघात 〔医〕半身不随；半側麻痺＝ हेमीप्लेजिया.〈hemiplegia〉
एकतरफ़ा यातायात 一方通行＝ एक तरफ़ से यातायात आने की अनुमति
एकतरा [名]〔医〕三日熱マラリア
एकतल्ला [形+] 一階建ての；平屋の
एकता [名*] (1) 一つであること (2) 一致；団結 ज्ञान और कर्म की एकता 知識と行動の一致 हिंदू-मुस्लिम एकता ヒンドゥーとムスリムの団結
एकताक [形] 同種の；同様な
एकतान [形] (1) 熱中した；専心した；没頭した (2) 同化した；一体化した (3)〔音〕単音調の
एकतार[1] [形] 似通った；同様な
एकतार[2] [副] 絶えず；連続して；ひっきりなしに
एकतारा [名]〔イ音〕エクターラー／エークタール（棹の一方にふくべをつけ弦を一本張った一弦楽器）
एकताल[1] [形] 拍子の合った
एकताल[2] [名]〔音〕単純拍子
एकतालीस [数] 41 ＝ इकतालीस. एकतालीसवाँ 第41番の；41番目の
एकतीर्थी[1] [名] 同じアーシュラマ (आश्रम)，すなわち，同じ師の修道場で修行をした兄弟弟子
एकतीर्थी[2] [形] (1) 同じ聖地で沐浴する (2) 同じアーシュラマに居住する
एकतीस [数] 31 ＝ इकतीस. एकतीसवाँ 第31の＝ इकतीसवाँ.
एकत्र [副] 同じ所に；一個所に एकत्र क。 集める；結集する；集合させる एकत्र हो。 *a.* 集う；集まる；集合する देखते-ही-देखते उस मकान पर सारे गाँव के लोग एकत्र हो गए 見る見るうちにその家に村中の人たちが集まった *b.* 溜まる；蓄積される अधिक प्रोटीन का उपयोग करने पर यह शरीर में वसा के रूप में एकत्र होता रहता है 蛋白質を摂取しすぎるとこれは体内で脂肪としてたまる
एकत्रा [名] 合計＝ कुल जोड़.
एकत्रिंशत् [数] 《Skt.》31 ＝ इकत्तीस; एकतीस.
एकत्रित [形] (1) 集まった；集合した (2) 集められた；集積された मस्तिष्क में एकत्रित सूचना 頭の中に集められた情報
एकत्व [名] (1) 一つであること (2) 一致；合致；合一；同一；同一性
एकत्ववाद [名]〔哲〕一元論＝ एकतत्त्ववाद.〈monism〉
एकदंत [名]〔イ神・ヒ〕ガネーシャ神の異名の一 (गणेश)
एकदम [副] 《H.+P. دم दम》(1) 急に；突然；にわかに कार के एकदम रुकने की आवाज़ 自動車が急停車する音 (2) 全く；完全に；きっちり；ぴったり हम लोग एकदम समय पर ही पहुँच पाये थे 我々はぴったり時間通りに到着できた एकदम शाकाहारी 完全に菜食の（人）；完全に菜食主義の एकदम सामने 真ん前に；真っ直ぐ前方に एकदम सही 全く正しい एकदम फ़िट 全くぴったり；寸分たが

ए

わず (3) 一気に；一息に हवाई जहाज़ ने दूरी को एकदम घटा दिया 飛行機が距離を一気に縮めた
एकदा [副] (1) いつか；かつて (2) ある時
एकदिल [形] 《P. یکدل यकदिल》(1) 同じ考えの；考えを同じくする (2) 気の合った (3) 一体となった；一丸となった
एकदिली [名*] 《P. یکدلی यकदिली》←एकदिल.
एकदिवसीय [形] 一日の；一日で完結する एकदिवसीय मैच 一日マッチ（一日で終わる試合）
एक-दूसरा [代] 互い एक दूसरे का 互いの；相互の **एक दूसरे का मुँह देखना** 互いの顔を見る；顔を見合わせる दोनों हैरान रह गए.एक-दूसरे का मुँह देखने लगे 2 人ともびっくりして互いの顔を見始めた एक-दूसरे की सहायता क॰ 相携える
एकदेवपूजन [名] 一神崇拝
एकदेवोपासना [名*]〔宗〕一神崇拝；一神教＝ एकेश्वरवाद.
एकदेशी [形] (1) 一国の；一国内の (2) 一地方の；一地域の；地域的な
एकदेशीय [形] ＝एकदेशी.
एकधर्मा [形] 同じ性質の；共通の性質を持つ＝ एकधर्मी.
एकधा [形] 一重の；シングルの
एकधातुमान [名]〔経〕単本位制
एक नंबर [名] 《H. + E. number》ナンバーワン；第一人者＝ नंबर वन.
एकनयन [形] 片目の；片方の目が不自由な＝ काना.
एकनिष्ठ [形] (1) 忠実な；忠誠を尽くす (2) 熱中する；没頭する
एकनिष्ठता [名*] ←एकनिष्ठ. (1) 忠誠；誠実さ (2) 熱心さ；熱意 यह तुम्हारी एकनिष्ठता पर आघात नहीं है これは君の忠誠に対する攻撃ではない
एकपक्षीय [形] (1) 一方の (2) 一方的な；傾いた；片寄った；偏向した＝ एकपक्षी.
एकपतित्व [名]〔社・文人〕一夫一婦制；単婚＝ एकपतित्व प्रथा. 〈monandry〉
एकपत्नी [形*] 貞節な；貞淑な＝ पतिव्रता.
एकपत्नीत्व [名]〔文人〕一妻制；一妻主義
एकपद [形] (1) 片足の；一本足の；本来一対であるものが不揃いの； (2) 片足の不自由な；片足に障害のある；ちんばの；びっこの
एकपलिया [名]〔建〕棟木を用いずに一方を高く他方を低くして傾斜をつけた屋根
एकपाद [形] 片足の；一本足の
एकपार्श्विक [形] 一方の；片側のみの；一方的な
एकपार्श्वी [形] 一方的な；一面的な
एकप्राण [形] 心の一つになった
एकफ़सली [形] 《P. یک فصلی यकफ़स्ली》〔農〕一毛作の एकफ़सली खेती 一毛作農業
एकबारगी [副] 《← यकबारगी P. یکبارگی》(1) 同時に (2) にわかに；不意に；突然に；急に किसी भी गिरे हुए व्यक्ति को, घबराहट में एकबारगी उठाने की कोशिश न करनी चाहिए だれであれ倒れた人をあわてて急に起こそうとしてはならない (3) 一気に；いっぺんに (4) 完全に；全く；ぴったり；すっかり
एकबाल [名] ＝इक़बाल.
एकबीजपत्री [名]〔植〕単子葉植物〈monocotylecdon〉
एकभाव [形] (1) 誠実な；忠実な (2) 性質が同じの；共通の性質を持つ
एकभाषिक [形]〔言〕一言語の；一言語使用の〈monoglot〉
एकभाषी [形・名]〔言〕一言語使用の（人）〈monolingual〉
एकमंज़िला [形] 《यकमंज़िला P. یک منزلہ》平屋（平家）の；一階建ての
एकमत [形] (1) 同意見の；同見の；合意の (2) 満場一致の；全員一致の एकमत हो॰ (1) 合意する；意見が合う (2) 満場一致の
एकमना [形] (1) 考えを同じくする (2) 専念する
एकमात्र [形] 唯一の；一つだけの；たった一つの सफलता का एकमात्र यही मार्ग है 成功へ至る唯一の道はこれだ एकमात्र संतान 一粒種 जीवन का एकमात्र सहारा 人生の唯一の支え；唯一の生き甲斐 मैं भी तुम्हारी हूँ,केवल तुम्हारी, एकमात्र तुम्हारी! 私もあなたのもの，あなただけのもの，唯一あなただけのものよ एकमात्र वितरक 一手販売人 बच्चों की सर्दी का एकमात्र इक्सीर इलाज 子供の風邪を治す絶対唯一の治療法
एकमात्रिक [形]〔韻〕1 マートラー मात्रा の；1 モーラの；一拍の
एकमुँहा [形⁺] 口が 1 つの；1 つだけ口を持つ
एकमुख [形] (1) 同じ目標を持った；目的を同じくする (2) 出入り口が 1 つの
एकमुखी [形] 口が 1 つの
एकमुश्त[1] [副] 《← P. یک مشت यकमुश्त》一時に；まとめて अब मुझे किश्त नहीं चाहिए, सारा पैसा एकमुश्त चाहिए お金は今や分割ではなくて一括して欲しい
एकमुश्त[2] [形] 《← P. یک مشت》合同の；協同の；一括の आर्थिक विकास के लिए एक मुश्त कार्यक्रम 経済発展の合同計画
एकमेक [形] 一体となった；合一した
एकमेव [形] 唯一の；たった一つの
एकरंग [形] 《P. یک رنگ यकरंग》(1) 同じ色の；同色の；単色の (2) 裏表のない；いつわりのない；純粋な；誠実な
एकरंगा [形⁺] 《P. یک رنگ यकरंग》一色の
एकरंगी [名*] 《P. یک رنگی यकरंगी》(1) 一様；均一；画一 (2) 誠実さ；純粋さ＝ निश्छलता.
एकरस [形] (1) 変化のない；変哲のない；単調な (2) 融合した；一体になった；一つに溶け合った；渾然一体となった
एकरसता [名*] ←एकरस 単調さ वह एकरसता जो दांपत्य संबंध में ऊब या चिढ़ का कारण बनती है 夫婦関係に倦怠や苛立ちのもととなるあの単調さ
एकराट् [名]〔政〕君主 संविधानिक एकराट् 立憲君主
एकराट्ता [名*]〔政〕君主政体；君主制＝ एकराट्तंत्र; राजतंत्र.
एकरात्र [名]〔ヒ〕一夜で完結する祭儀
एकराय[1] [形] 《P. یکرائے यकराय》(1) 同意見の；同意した；賛同した (2) 全会一致の；異口同音の
एकराय[2] [名*] (1) 同意見；同意；賛同 (2) 全会一致；異口同音 एकराय से 異口同音に
एकरार [名] ＝इक़रार; स्वीकार; स्वीकृति; मंज़ूरी.
एकरुखा [形⁺] 《← P. یکرخی यकरुख़ी》(1) 片側の；一方の；片方の (2) 片面の；一方的な；偏った
एकरूप [形] (1) 統一の (2) 不変の
एकरूपता [名*] (1) 統一性；一律＝ इस विशाल क्षेत्र की सभ्यता को एकरूपता प्रदान करता है. この広大な地域の文明に統一性を付与している (2) 不変性
एकरूपी [形] 同じの；同様の；同形の
एकरेज [名] 《E. acreage》(1) 面積 (2) 面積を基に課される地税
एकर्डियन [名] 《E. accordion》アコーディオン
एकल [形] (1) 単一の (2) 単独の (3)〔ス〕シングルスの एकल मैच シングルス；シングルス試合 विंबलडन में पुरुषों की एकल प्रतियोगिता ウインブルドンの男子シングルス (4)〔動〕単生の；群居しない एकल प्राणी 単生動物 (5)〔植〕単生の；群生しない
एकलव्य〔人名・マハ〕エーカラヴィヤ（密かにドローナ・アーチャーリヤ द्रोणाचार्य を師と仰ぎ弓術に励み名手になったとされるニシャーダ，すなわち，ビール族の男性．後にニシャーダ族の王となる）
एकला[1] [副] ひとりで；独りで；単独で ‘एकला चलो’ की नीति यानि अकेले चुनाव लड़ने की नीति 「独りで歩め」の方針，すなわち，単独で選挙を戦う方針
एकला[2] [形⁺] 単独の；ひとりの；独りの
एकलिंग [形] (1)〔言〕文法上単一の性にのみ用いられる (2)〔生〕単性の〈unisexual〉
एकलिंगी [形]〔生〕単性の〈unisexual〉
एकलौता [形⁺] (1) ひとりっ子の；一人っ子の＝ इकलौता. एकलौती बेटी 一人娘 (2) ただ 1 つの；唯一の
एकवंशवाद [名] 人類一祖説〈monogenism〉
एकवंशीय [形] 一元発生の〈monogenetic〉
एकवचन [形・名]〔言〕単数（の）〈singular number〉
एकवर्ण[1] [形] (1) 一色の；単色の (2) 一様な
एकवर्ण[2] [名] (1) 同色 (2) 同形
एकवर्षी[1] [名] (1)〔植〕1 年生植物〈annuals〉 (2)〔動〕一年子〈yearling〉
एकवर्षी[2] [形] ＝एकवर्षीय.

एकवर्षीय [形] (1) 1 年間の；1 年間にわたる (2)〔植〕1 年生の एकवर्षीय पौधा 1 年生草本
एकवस्त्रा [形*] 月経中の= एकस्वला.
एकवाक्य [形] 同じ意見の；同じ見解の= एकराय; एकमत.
एकवाक्यता [名*] 合意；同意
एकविंश [数・形]《Skt.》第 21 の；21 番目の= इक्कीसवाँ.
एकविंशति [数]《Skt.》 21 = इक्कीस.
एकविध [形] 一様な；同様な= एक ही प्रकार का.
एकविवाह [名] = एकविवाह प्रथा.
एकविवाह प्रथा [名*]〔社・文人〕単婚；一夫一婦制；一夫一婦主義〈monogamy〉
एकविवाही परिवार [名]〔社・文人〕一夫一婦制家族〈monogamous family〉
एकवेणी [名*] (1) 一本に束ねた女性の髪 (2) 夫と死別もしくは遠く離れて生活をしている女性
एकशफ [名]〔動〕奇蹄類の動物
एकशाखी [形] (1)〔動〕一卵出産性の (2)〔植〕単出の (3)〔植〕単枝の
एकशासन [名]〔政〕専制政治；独裁政治= स्वेच्छाचारी शासन.〈despotism〉
एकशृंगी [形] 角が 1 本の；1 本の角を持つ；一角の एकशृंगी गैंडा 一角犀
एकशेष [形] (1) 1 つだけ残った (2)〔言〕並列複合語の一方のみが残る形で短縮された
एकषष्ठि [数]《Skt.》 61 = एकसठ.
एकसठ [数] 61 = इकसठ. एकसठवाँ 第 61 の= इकसठवाँ.
एकसत्तावाद [名]〔哲〕エレア学派
एकसदनवाद [名]〔政〕一院制
एकसदनी [形] = एकसदनीय.〔政〕一院制の
एकसदनीय विधानपालिका [名*]〔政〕一院制立法府〈uni-cameral legislature〉
एकसमान [形] (1) 一様な；同形の (2) 均一の एकसमान गति 等速運動 एकसमान चाल 等速
एकसमानता [名*] ← एकसमान.
एकसर[1] [形] (1) 単一の；単独の (2) 一重の
एकसर[2] [形]《P. یک سر यकसर》全くの；全体の；全ての
एकसर[3] [副]《P. یک سر यकसर》(1) 全く；完全に (2) 絶えず；連続して (3) 端から端へ
एकसाँ [形]《P. یکسان यकसाँ》(1) 同じの；同様な；等しい= एकसमान. (2) 平らな；平坦な= समतल; सपाट.
एकसार [副] まんべんなく；全体に；全面に उँगलियों की सहायता से उसे सारे चेहरे पर एकसार फैला लें 指を使って顔全体にまんべんなく広げること
एकसाला [形]《← P.A. یک سالہ》(1) 1 年間の；1 年期限の (2)〔植〕1 年生の
एकसुरा [形⁺] 単調な
एकसुरापन [名] 単調さ
एकसूत्र [形] (1) ひとまとまりの；一貫した；連なっている (2) 調和した；整合した
एकसूत्रता [名*] (1) ひとまとまり；一貫性 यह स्थान भारत को एक सूत्रता में गूँथता है この場所がインドを 1 つに結び合わせる (2) 調和；整合
एकस्ट्रा [名]《E. extra》(1) 別勘定 (2)〔映〕エキストラ (3) → एकस्ट्रा रन.
एकस्ट्रा रन [名]《E. extra run》〔ス〕エキストラ・ラン（クリケットで打球以外で得た得点）
एकस्थ [形] (1) 1 つの場所やものに集中した (2) 集まった；集合した
एकस्व [名] 特許；パテント
एकस्वन [名]〔音〕モノフォン〈monophone〉
एकस्वर[1] [名] 異口同音 एकस्वर से कहना 異口同音に言う
एकस्वर[2] [形] 平板な；単調な
एकस्वरक [名]〔音〕単調音〈monotone〉
एकहज़ारी [名]〔イ史〕エークハザーリー（ムガル朝の兵制・官僚制度で将校の身分を示す階等マンサーブの一でザート位階一千の位及びその位にある者．保持すべき騎兵の数は 800）
एकहत्तर [数] 71 = इकहत्तर. एकहत्तरवाँ 71 番目の；第 71 の= इकहत्तरवाँ.
एकहत्था[1] [形] (1) 片方の腕のない；片手のない；片腕の (2) 独占的な
एकहत्था[2] [名]（特定資本による事業の）独占
एकहरा [形⁺] = इकहरा. (1) 一重の (2) やせている
एकांक[1] [名] ユニット；単位
एकांक[2] [形] = एकांकी.
एकांकी [形・名]〔演〕一幕の；一幕劇 एकांकी नाटक 一幕物；一幕劇
एकांग [形] 身体器官に障害や欠陥のある；不均衡な；不揃いの
एकांगवात [名]〔医〕半身不随の
एकांगी [形] (1) 一方的な；一面的な；偏った；片寄った तुम्हारी कहानियाँ एकांगी हैं 君の小説は一面的だ (2) 強情な
एकांडज [形]〔生〕一卵性の **एकांडज जुड़वाँ** 一卵性双生児
एकांडज यमज [名] 一卵性双生児
एकांत[1] [名] (1) 人のいないところ；人気のないところ；無人郷 इसे कहीं एकांत में बैठकर आनंद से खाऊँगा どこか人のいないところに腰を下ろしてゆっくり食べよう एकांत में चिंतन क。 ひとり静かに考える；ひとりになって考える (2) 余人のいないところ；関係者しかいないところ；余人を除いたところ；人払いをしたところ एकांत मिलना 余人を入れずに会う एक दिन बीरबल और बादशाह की एकांत में बातें हो रही थीं ある日ビールバルと王とが人払いをして語り合っていた
एकांत[2] [形] (1) 人のいない；無人の (2) ひとりぼっちの (3) 人跡まれな एकांत स्थान 秘境 (4) 奥まった；中央や中心からはずれた (5) 専心した；専一の；もっぱらの (6) 全くの；完全な
एकांतता [名*] ← एकांत. (1) 単独 (2) 孤独= अकेलापन.
एकांतर [形] (1) 1 つおきの (2) 1 日おきの；隔日の (3) 交互の (4) 交替の；交代の **एकांतर कोण** 〔幾〕錯角〈alternate angle〉 **एकांतर श्रेणी** 〔数〕交代級数〈alternating series〉
एकांतरण [名] 交替
एकांतवास [名] (1) 隠遁；独居 (2) 隔離生活（宇宙飛行士が地球に戻った後などの）
एकांतवासी [形] (1) 独居の；隠居する (2) 隔離中の
एकांतसेवी [形・名] 隠遁する；独居する；隠遁者；独居者
एकांती [名] 隠遁し専ら特定の神を祈念する人
एका [名] 団結；一致団結；まとまり= एकता; मेल.
एकाई [名*] (1) 単位；基本単位= इकाई. (2) 尺度；ものさし (3) 1 から 9 までの 1 の位とその数字
एकाउंट [名]《E. account》(1) 預金口座；銀行口座 अपने बैंक के एकाउंट में 自分の銀行口座に (2) 勘定；計算；勘定書→ अकाउंट.
एकाएक [副]《← P. یکایک यकायक》急に；にわかに；不意に；突然
एकाएकी [副] = एकाएक.
एकाकार [形] (1) 同じ姿形の；同形の (2) 合一した；一体化した；一緒になった एकाकार क。 一つにする；一緒にする एकाकार हो。 一つになる；一体になる；一緒になる
एकाकी [形] (1) 単独の；単一の (2) 孤独な；ひとりぼっちの；寂しい；淋しい एकाकी साधनहीन जीवन 孤独な寄る辺ない暮らし
एकाकीपन [名] (1) 単独；単一 (2) 孤独；淋しさ；寂しさ आपका भी कर्तव्य है कि आप एक-दूसरे के एकाकीपन को प्रेम की बूँदों से भर दें お互いの淋しさを愛情で満たすようにするのがあなたの義務でもあります
एकाकी परिवार [名]〔社〕核家族= मूल परिवार; मूल कुटुंब.〈nuclear family〉
एकाक्ष [形] (1) 一つ目の (2) 片目の；隻眼の (3) 単軸の
एकाक्षर[1] [形]〔言〕単音節の〈monosyllable〉 एकाक्षर भाषा 単音節言語〈monosyllabic language〉
एकाक्षर[2] [名]〔ヒ〕1 音節の聖音 ॐ；オーム
एकाक्षरी [形]〔言〕単音節の〈monosyllabic〉
एकाग्र [形] (1) 集中した；一点に集まった (2) 専心した；専念した；精神集中した मेरा मन एकाग्र नहीं हो पाता 精神集中できない
एकाग्रचित्त [形] 精神集中をした；専念した；専心した；真剣な；注意深い स्वयं अधिक बोलने की बजाय दूसरों की बातें एकाग्रचित्त होकर सुनिए 自ら多く話すよりも他人の話を注意深く聞くようにしなさい

एकाग्रचित्तता [名*] 精神集中；専心
एकाग्रता [名*] (1) 集中 (2) 専心；専念；精神集中 सोचने में एकाग्रता 集中力；集中心 धैर्य, संकल्प और एकाग्रता से ही खिलाड़ी खेल में सफल हो सकता है 忍耐，決断，それに集中力によってのみプレーヤーは成功を収めることができる एकाग्रता से कार्य क॰ 精神集中して行う；真剣に精神を集中して行う；真剣に行う (3) 〔ヨガ〕専念状態
एकाग्रदृष्टि [形] 凝視する
एकात्म [形] 心が1つになった；一心になった
एकात्मक [形] (1) 一元的な (2) 単一の
एकात्मकता [名*] (1) 一体感 निर्धन होने पर भी दोनों परस्पर एकात्मकता का अनुभव नहीं कर पाते 貧しくても両者は互いに一体感を感じることができない (2) 一致 (3) 融合
एकात्मता [名*] (1) 同一；不二 (2) 合一
एकात्मवाद [名] 〔イ哲〕不二一元論= अद्वैतवाद.
एकादमी [名*] 《E. Academy》→ अकादमी. साहित्य एकादमी 文学アカデミー
एकादश [数] 《Skt.》 11 = ग्यारह.
एकादशी [名*] (1) 〔ヒ〕太陰月の白分及び黒分の各 11 日目．この日断食（特に米，麦などの穀類を摂取しない）の行，すなわち，ヴラタ（斎戒）が行われる．エーカーダシー・ヴラタ→ व्रत. (2) バリー・エーカーダシー (बड़ी एकादशी)，もしくは，デーオターニー・エーカーダシー (देवठानी एकादशी) カールティク月の白分 11 日に行われるエーカーダシー (3) 食事をしないこと；断食 एकादशी मनाना (1) エーカーダシーのヴラタを行う (2) 断食する
एकाध [形] (1) ほんの少数の；1～2の；ほんのわずかの लॉन में एकाध बच्चे दौड़ रहे हैं 芝生を1～2人の子供が駆けている एकाध बार 1～2度 एकाध बिस्कुट या ऐसी ही कोई चीज़ ビスケット 1～2個かそのようなもの अपनी एकाध सहेली को 自分の2～3人の友達を (2) ほんのわずかの एकाध झलक ちらりと見えること एकाध झलक तो दिख ही जाती ちらちらとは見える एकाध दिन की पहचान के आधार पर 1日2日の間に知ったことを基にして
एकाधिक [形] いくつかの；いくつもの
एकाधिककेंद्री नेत्र [名] 〔動〕複眼
एकाधिकार [名] (1) 独占 शीरे के निर्यात में एकाधिकार 糖蜜輸出の独占 सरकार का एकाधिकार 政府の独占 (2) 専有；独り占め पति पर एकाधिकार जमाने का मतलब है पति को निकम्मा कर देना है 夫を独り占めするということは夫を無能にするということなのです (3) 独占事業 सरकार का डाक-तार विभाग एक एकाधिकार（मोनोपोली）है 国の郵便電信部門は独占事業である (4) 占有権 (-पर) एकाधिकार प्राप्त क॰ （－を）専有する；独占する
एकाधिकृत [形] 独占された；独占的な एकाधिकृत उद्योग 独占企業
एकाधिप [名] 絶対支配者；絶対君主
एकाधिपति [名] = एकाधिप.
एकाधिपत्य [名] 絶対支配；独裁支配 एकाधिपत्य वाले उद्योग 独占企業
एकायन[1] [形] (1) 集中した (2) 唯一の
एकायन[2] [名] (1) 一つしかない道 (2) 倫理学= नीतिशास्त्र.
एकार[1] [名] ए の文字と発音
एकार[2] [副] 同じように；同様に
एकार्थ [形] (1) 一つだけの意味の (2) 同義の = समानार्थी.
एकार्थक [形] 同義の= समानार्थक.
एकालाप [名] 〔演〕独白；独り言；独語 〈monologue〉
एकावली [名*] (1) 一連の真珠の首飾り (2) 〔修辞〕前に出た語を次に説明する連鎖形式で一連の修飾表現を行う修辞法
एकाश्म [名] 一枚岩；ひとかたまりの石
एकाश्मीय [形] (1) 一枚岩の (2) 一枚岩の；がっしり固まっている；画一主義的な；全体主義的な
एकासना [名] 一日いちじき（一食）；一日に1回の食事をとること= एक समय भोजन.
एकीकरण [名] (1) 統一；統合 भारत का एकीकरण インドの統一 (2) 合併；合同
एकीकृत [形] (1) 統一された；統合された (2) 合併された
एकीभाव [名] (1) 統一；統合；一体化 (2) 融合
एकीभूत [形] 統一された；統合された；一体化された
एकेंद्रिय [形] 感官を制し専心した
एकेश्वरवाद [名] 〔宗〕一神教 〈monotheism〉
एकेश्वरवादी[1] [形] 〔宗〕一神教の
एकेश्वरवादी[2] [名] 〔宗〕一神教徒 〈monotheist〉
एकोतरा[1] [名] 1％の利子；1分の利子
एकोतरा[2] [形] 1日置きの；隔日の
एकोदक [名] 同じ祖霊に水を供える関係にある親類縁者
एक्का[1] [形] (1) 一つの (2) 単独の；連れのない；群れを離れた एक्का-दुक्का *a.* 単独の；単一の *b.* 一人の *c.* 単独で *d.* 一人で
एक्का[2] [名] (1) 1頭の馬や牛が曳く車；二輪馬車；エッカー (2) トランプのエース (3) 豪傑；一騎当千のつわもの (4) 群れから離れて1頭で行動する動物 (5) 宝石が1つついた腕飾りの一
एक्कावान [名] エッカー（二輪馬車）の御者
एक्कावानी [名*] エッカーの御者の仕事
एक्की [名*] (1) 1頭の牛が曳く牛車 (2) トランプのエース
एक्जिक्यूटिव कौंसल [名*] 《E. Executive Council》〔イ史〕行政参事会= कार्यपरिषद्. वाइसराय की एक्जिक्यूटिव कौंसल インド総督の行政参事会
एक्जिबिशन [名] 《E. exhibition》(1) 展覧会；展示会；博覧会 (2) 展示；展覧= प्रदर्शनी; नुमाइश.
एक्ज़िमा [名] = एक्ज़ीमा. 《E. eczema》〔医〕湿疹= छाजन; पामा.
एक्ट [名] 《E. act》法令；条例= ऐक्ट; अधिनियम.
एक्टर [名] 《E. actor》俳優；男優= ऐक्टर; अभिनेता. → एक्ट्रेस; अभिनेत्री.
एक्टिंग[1] [名*] 《E. acting》演技= अभिनय; ऐक्टिंग.
एक्टिंग[2] [形] 《E. acting》事務取り扱いの；代理の= कार्यकारी; कृत.
एक्ट्रेस [名*] 《E. actress》女優= ऐक्ट्रेस; अभिनेत्री. फ़िल्मी एक्ट्रेस 映画女優
एक्ने [名*] 《E. acne》〔医〕ざ瘡
एक्ने ट्रीटमेंट [名*] 《E. acne treatment》ざ瘡治療
एक्यानबे [数] 91 = इक्यानबे. एक्यानबेवाँ 第 91 の；91 番目の
एक्यावन [数] 51 = इक्यावन. एक्यावनवाँ 第 51 の；51 番目の
एक्यासी [数] 81 = इक्यासी. एक्यासीवाँ 第 81 の；81 番目の
एक्रिलॉन [名] 《E. Acrilan》〔商標〕アクリラン（アクリル繊維）
एक्रिलिक [形] 《E. acrylic》アクリルの；アクリル繊維の
एक्रिलिक धागा [名] アクリル繊維 〈acrylic fiber〉
एक्वेरियम [名] 《E. aquarium》(1) 水槽 (2) 水族館= मछली घर; जलजीवशाला; जलशाला.
एक्शन [名] 《E. action》(1) 方策；処置= कार्रवाई; कार्यवाही एक्शन ले॰ 処置する；処置をとる इनपर जल्दी एक्शन लेना है これに対して至急処置をとるべきだ हाँ, इनपर एक्शन लेने में देरी हो गई है そう，処置をとるのが遅れてしまったんだ (2) 〔映〕アクション；活劇 इस फ़िल्म में एक्शन बहुत है この映画には活劇が多い
एक्स किरण [名*] 《E. X + H.किरण》エックス線；X線；レントゲン線 〈X rays/X ray〉→ ऐक्स -किरण.
एक्स-क्रोमोसोम [名] 《E. X chromosome》〔生〕X染色体= ऐक्स-गुणसूत्र.
एक्सचेंज [名] 《E. exchange》(1) 交換；やりとり= आदान-प्रदान. (2) 証券取引所= शेयर बाज़ार; फाटका; स्टॉक एक्सचेंज. (3) 電話交換局= टेलीफ़ोन एक्सचेंज.
एक्सटेंशन [名] 《E. extension》(1) 延長= बढ़ाना. एक्सटेंशन दे॰ 延長すること रिटायरमेंट के बाद एक्सटेंशन न दिया जाए 退職後の延長を認めないこと एक एक्सटेंशन दे॰ 1期の延長 (2) 拡張 (3) 延期；繰り延べ；期限猶予 (4) 電話の内線 〈extension telephone〉
एक्सपर्ट [名] 《E. expert》専門家；エキスパート= विशेषज्ञ.
एक्सपोज़ [名] 《E. expose》(1) さらすこと (2) 露出；露光= एक्सपोज़र.
एक्सपोर्ट [名] 《E. export》輸出 = निर्यात.
एक्सप्रेशन [名*] 《E. expression》表現；表出= अभिव्यक्ति; अभिव्यंजना.
एक्सप्रेस[1] [形] 《E. express》(1) 急行の= तुरत. (2) 速達の
एक्सप्रेस[2] [名*] 急行列車= एक्सप्रेस ट्रेन; एक्सप्रेस गाड़ी.
एक्सप्रेस डाक [名*] 速達郵便；速達便= तुरत वितरण.
एक्सप्लोसिव [名] 《E. explosive》爆発物= विस्फोटक.
एक्समस [名] 《E. X'mas》クリスマス= क्रिसमास. एक्समस की छुट्टियाँ クリスマス休暇

एक्स-रे [名] 《E. X ray / X rays》 (1) X線；エックス線；レントゲン線 **एक्स-रे चित्र** エックス線写真 (2) エックス線検査 **एक्स-रे करवाना** エックス線検査を受ける；エックス線写真を撮ってもらう；レントゲン写真を撮ってもらう डाक्टरों की राय से उसका एक्स-रे करवाया गया 医師団の判断でエックス線検査が行われた

एक्स-रे रिपोर्ट [名] 《E. X ray report》エックス線検査の結果 (報告)

एक्साइज़ [名] 《← E. excise duty》物品税= एक्साइज ड्यूटी.

एक्साइज़ शुल्क [名] 《← E. excise duty》消費税；物品税

एक्सीडेंट [名] 《E. accident》事故；災難= दुर्घटना. साइकिल एक्सीडेंट 自転車事故 एक्सीडेंट हो जा॰ 事故になる；事故に遭う

एक्सीलेंसी [名] 《E. excellency》閣下／閣下夫人 **योर एक्सीलेंसी** 《E. Your Excellency》閣下／閣下夫人（二人称，呼びかけ）

एक्सीलेटर [名] 《E. accelerator》加速装置= त्वरित्र.

एक्सीलेटर पैडल [名] 《E. accelerator pedal》アクセル

एक्स्ट्रा[1] [形] 《E. extra》 (1) 余分の= अतिरिक्त. (2) 特別な；別枠の= विशेष; असाधारण. (3) 臨時の

एक्स्ट्रा[2] [名] 《E. extra》 (1) 〔映〕エキストラ ऐसे वैसे एक्स्ट्रा नहीं, हीरो है そんじょそこらのエキストラじゃなくって主役なんだ इस फ़िल्म में वह खलनायक था और उसके पहले एक्स्ट्रा के रूप में この映画では悪役だったがその前はエキストラだった (2) 余分のもの；特別のもの

एक्स्ट्रा इनिंग गेम [名] 《E. extra inning game》〔ス〕延長戦

एख़नी [名*] 《← P. یخنی यख़्नी》肉汁；スープ

एगानगी [名*] 《P. یگانگی यगानगी》 (1) 一致；団結= एका. (2) 友愛；友情= मित्रता; मैत्री; दोस्ती.

एगाना [形] 《P. یگانہ यगाना》 (1) 唯一の；単独の= अद्वितीय; एकाकी; अकेला. (2) 身内の= स्वजन; आत्मीय.

एग्जामिनेशन [名] 《E. examination》試験= परीक्षा; इम्तिहान; इम्तहान.

एग्ज़िबिट [名] 《E. exhibit》 (1) 展示物；陳列品 (2) 証拠物件

एग्ज़िबिशन [名] 《E. exhibiition》展示会；展覧会；博覧会

एग्ज़ीमा [名] 《E. eczema》〔医〕湿疹= एगजीमा.

एग्रिकलचुरल कालेज [名] 《E. agricultural college》農業大学= कृषि कालेज.

एच आइ वी [名] 《E. HIV; Human Immunodeficency Virus》〔医〕ヒト免疫不全ウイルス；エイチアイブイ；エッチアイブイ एच आइ वी पाजिटिव 〈HIV positive〉エイチアイブイ陽性 एच आइ वी पाजिटिव पाया गया HIV 感染者であることが判明した

एचिंग [名] 《E. etching》〔芸〕エッチング= निक्षारण.

एजंट [名] 《E. agent》→ एजेंट. (1) 代理；代理人；差配人；代行者 (2) 代理販売人；委託販売人 (3) 〔史〕英国統治下の藩王国にインド総督の代理として派遣されていた駐在官；インド総督代理→ एजेंसी (5). → ए॰जी॰जी॰; एजेंट.

एजंसी [名*] = एजेंसी.

एज़ाज़ [名] 《A. اعزاز》栄誉；名誉 निशाने हैदर पाकिस्तान का सब से बड़ा फ़ौजी एज़ाज़ है ニシャーネハイダル賞はパキスタン軍の最高栄誉である

ए जी [感] あの；ねえ（人に呼びかけることば）→ ए.

ए॰जी॰ [名] 《E. A.G.》主計局長= महालेखागार; एकाउंटेंट जनरल. 〈Accountant General〉

ए॰जी॰जी॰ [名] 《E. A.G.G.; Agent to the Governor General》(एजेंट टू दी गवर्नर जनरल) 〔イ史〕インド総督代理 → एजेंसी (5). अजमेर में ए॰जी॰जी॰ रहता था アジメールに A.G.G. が駐在していた

एजीटेशन [名] 《E. agitation》アジ；アジテーション= आंदोलन.

एजुकेशन [名] 《E. education》教育= शिक्षा; तालीम.

एजेंट [名] 《E. agent》 (1) 代理人；代行者 (2) 代理商；委託販売人；代理業者 एजेंट जीवन बीमा 生命保険代理店 (3) 英領インド時代の藩王国に駐在した総督の代理；駐在官；インド総督代理→ एजेंसी (5). (4) スパイ；手先 पुलिस के एजेंट के रूप में 警察のスパイとして अंग्रेज़ों के एजेंट イギリスのスパイ；イギリス側のスパイ

एजेंट गवर्नरजनरल [名] 〔イ史〕《E. Agent to the Governor General》インド総督代理

एजेंटी [名*] 《← E. agent》代理業；代理店；取次店= एजेंसी.

एजेंडा [名] 《E. agenda》議事日程；協議事項；アジェンダ= कार्यसूची.

एजेंसी [名*] 《E. agency》= अभिकरण. (1) 仲介；斡旋；代理業 (2) 代理店；取次店；特約店 ट्रक्टरों की एजेंसीवाले トラクターの代理販売人 समाचार एजेंसी 通信社〈News Agency〉 (3) 出張所 (4) 政府機関（諜報機関） विदेशी एजेंसियों से प्राप्त धन 外国機関から得た資金 (5) 英領インド時代中小の藩王国を総督の代理 Agent が統括した行政単位；エージェンシー（ラージプターナー，中央インド，バローチスターン，北西辺境州） (6) 通信社 (news agency) の略 एजेंसियों के मुताबिक 通信社によれば

एटम [名] 《E. atom》〔物理・化〕原子= परमाणु.

एटम बम [名] 《E. atom bomb》 (1) 原子爆弾= ऐटम बम; परमाणु बम; ए बम. (2) 爆竹の一種

एटमी [形] 《← E. atom》 (1) 原子の；原子核の (2) 原子力の= परमाणवीय. एटमी हथियार 核兵器

एटमी छत्रछाया [名*] 〔軍〕核の傘 भारत किसी देश की एटमी छत्रछाया में नहीं आएगा インドはいかなる国の核の傘の下にも入らないだろう

एटमी ज़ख़ीरा [名] 《H.+ A. ذخیره》核の貯蔵 सातवें दशक में पश्चिमी देशों में एटमी ज़ख़ीरे 60 年代の西側諸国における核の貯蔵

एटमी तकनोलॉजी [名*] 《H. एटमी+ E. technology》原子力技術 देसी एटमी तकनोलॉजी 国産の原子力技術

एटर्नी [名] 《E. attorney-at-law》 (1) 弁護士（事務弁護士）= अटर्नी; न्यायवादी; वकील. (2) 代理人= मुख़्तार.

एटर्नी जनरल [名] 《E. Attorney General》連邦法務長官；法務総裁= महान्यायवादी; मुख़्तारे आम.

एटलस [名] 《E. atlas》地図帳= मानचित्रावली.

एटहोम [名] 《E. at-home》招待会

एटीकेट [名] 《E. etiquette》エチケット= शिष्टाचार.

एटोमाइज़र [名] 《E. atomizer》噴霧器；霧吹き；スプレー

एड़ [名*] (1) かかと；踵 (2) かかとで蹴ること (3) 拍車 **एड़ क॰** *a*. 拍車をかける *b*. 急いで出発する **एड़ दे॰** *a*. 拍車をかける *b*. 刺激を与える；励ます；激励する **एड़ मारना** 馬の腹をかかとで蹴る；拍車をかける **एड़ लगाना** *a*. 馬の腹をかかとで蹴る；拍車をかける मैंने घोड़े को एड़ लगाई 馬に拍車をかけた *b*. 刺激を与える उसने ध्रुवीकरण को एड़ लगाई それが分極化に刺激を与えた

एडमिरल [名] 《E. admiral》〔軍〕海軍大将；提督；アドミラル= ऐडमिरल; नौसेनापति; नौसेनाध्यक्ष.

एडरिनल ग्रंथि [名*] 《E. ← adrenal (glands) + H.》副腎

एडवांटेज [名] 《E. advantage》〔ス〕アドバンテージ（テニスの） एडवांटेज अंक アドバンテージ・ポイント

एडवांस[1] [名] 《E. advance》アドバンス；前渡し；前払い= पेशगी.

एडवांस[2] [形] 前金の；前払いの；前渡しの= क़र्ज़ दे॰; उधार दे॰; पेशगी; अगाऊ.

एडवांस आर्डर [名] 《E. advance order》商品の予約

एडवाइजर [名] = एडवाइज़र 《E. adviser》アドバイザー；顧問= परामर्शदाता; सलाहकार.

एडवोकेट [名] 《E. advocate》弁護士；法廷弁護士= बैरिस्टर; अधिवक्ता.

एडवोकेट जनरल [名] 《E. Advocate General》 (1) 〔イ史〕(英領インド時代の) 政府法律顧問 (2) 〔法〕州司法長官= महाधिवक्ता.

एडिटर [名] 《E. editor》 (1) 編集者 (2) 編集長= संपादक.

एडिटरी [名*] 《E. ← editor》 (1) 編集= संपादन. (2) 編集長の職務

एडिशन [名] 《E. edition》 (1) (図書・新聞・雑誌などの) エディション；版= संस्करण. (2) 発行数；発行部数

एड़ी [名*] かかと；踵 ऊँची एड़ी का जूता ハイヒール（の靴） **एड़ियाँ घिसना** = एड़ी घिसना. **एड़ी का पसीना चोटी चढ़ना** 懸命の努力が払われる **एड़ी घिसना** *a*. かかとをこすって洗う *b*. かけずりまわる；猛烈な努力をする *c*. 寝込む；寝たきりになる；長患いする *d*. 辛い目にあう；苦労する **एड़ी चाटना** へつらう；追従する **एड़ी-चोटी का ज़ोर लगाना** 骨身を惜しまない；ありとあらゆる努力をする；必死の努力をする；死にもの狂いになる एड़ी चोटी का ज़ोर लगाना पड़ा है, तब कहीं जाकर यह पोस्टिंग मिली है 死にもの狂いになってやっとのことでここに配属されたんだ **एड़ी चोटी का पसीना एक करना** = एड़ी चोटी का ज़ोर लगाना. गोरी सरकार ने उनकी गिरफ़्तारी के लिए एड़ी चोटी का पसीना एक किया 白人政府は同氏の逮捕にあらゆる努力を惜しまなかった **एड़ी चोटी क़ुर्बान क॰** とても見くびる= एड़ी चोटी निसार क॰; एड़ी चोटी पर क़ुर्बान क॰; एड़ी चोटी

न्यौछावर क०; एड़ी चोटी पर से वारना. **एड़ी तले की धरती खिसकना** *a.* 不意の出来事に仰天する *b.* 大きな支えを失う；足もとがくずれる **एड़ी रगड़ना** = एड़ी घिसना. **एड़ी से चोटी तक** 頭のてっぺんから爪先まで；全く；完全に **एड़ी से चोटी तक आग लगना** *a.* 激怒する *b.* 激しく妬む= एड़ी से चोटी तक जल जा०.

एडीकांग [名] 《E. Aide-de-camp》〔軍〕(1) 副官 (2) 侍従武官= ए०डी०सी०; परिसहायक.

एडीटर [名] 《E. editor》= एडिटर. एक रिसाले का एडीटर ある雑誌の編集者

एडीनाइड [名] 《← E. adenoids》〔医〕アデノイド= एडीनाइड; एडीनायड्स.

एडीशनल सेशन जज [名]《E. additional sessions judge》〔法〕(刑事事件を扱うセッションズ裁判所の) 判事補佐= अतिरिक्त सत्र न्यायाधीश. (セッションズ判事から委ねられる事件の審判を行う)

एडीसी [名] 《E. A.D.C.; aide-de-camp ← F.》〔軍〕(1) 副官 (2) 侍従武官

एड्रेस [名] 《E. address》(1) 住所 (2) 宛名= पता.

एड्स [名] 《E. AIDS》〔医〕エイズ；後天性免疫不全症候群

एण [名]〔動〕ウシ科インドレイヨウ (印度羚羊)；ブラックバック【*Antilope cervicapra*】〈black buck〉= हरिण; हरिन; मृग; हरना.

एणी [名*]〔動〕ブラックバックの雌→ एण.

एतक़ाद [名] = एतिक़ाद.

एतत् [代] 《Skt.》サンスクリットの近称指示代名詞. これ，このものなど

एतद् [代] = एतत्.

एतदर्थ [副] (1) これのために= इसके लिए; इस के लिये. (2) 故に；しかるが故に

एतदवधि [副] ここまで；ここに至るまで

एतद्देशीय [形] この地の；この国の；この地方の

एतद्द्वारा [副] これを介して；これによって

एतना [形⁺] = इतना.

एतबार [名] = एतिबार.

एतमाद [名] = एतिमाद.

एतराज़ [名] = एतिराज़.

एतवार [名] = इतवार; रविवार. 日曜；日曜日

एतवारी[1] [形] 日曜日の；日曜日に行われる

एतवारी[2] [名*] (1) 日曜日に贈られる布施 (2) マドラサ मदरसा の学童が日曜日に塾の先生 (マウルヴィー) に納めていた授業料

एता [形⁺]〔俗〕これだけの；これほどの= इतना.

एतादृश[1] [形] かような；かくの如き= ऐसा.

एतादृश[2] [副] かく；かくの如き；かように= इस तरह; यों.

एतिक़ाद [名] 《A. اعتقاد》(1) 信頼；信用 (2) 信心；信仰 (3) 信条

एतिबार [名] 《A. اعتبار》信頼；信用 (-का) एतिबार उठना (一の) 信頼がなくなる；(一の) 信用が失われる= एतिबार जा०. (-पर) एतिबार क० (一を) 信頼する；信用する

एतिमाद [名] 《A. اعتماد》(1) 頼り；頼ること (2) 信頼；信じること मज़हब पर एतिमाद रखनेवाले लोग बड़ी-बड़ी कुर्बानियाँ देते हैं 宗教を信じる人たちは大きな犠牲を払うものです

एतिराज़ [名] 《A. اعتراض》(1) 反対；異論；不都合；異存；不服；クレーム= आपत्ति. (2) 口出し；干渉= हस्तक्षेप; दस्तंदाज़ी. मुझे आपकी बात पर सख़्त एतिराज़ है 私にはお言葉に対して強い異存があるのですが भाई के घर आने में एतिराज़ कैसा? 兄弟の家に来るのに何の不都合があろうか जब मैं तुम्हें यह पेन दे रही हूँ, तब तुम एतिराज़ क्यों करती हो? 私がこのペンをあげようとしているのに君が反対することはあるまい

एतिराफ़ [名] 《A. اعتراف》確認；承認；認めること；受け入れること= स्वीकृति.

एथलीट [名] 《E. athlete》(1) 陸上競技選手 (2) 運動選手

एथलेटिक [形・名]《E. athletic》= एथलैटिक. (1) 陸上競技の (2) 競技の；体育の (3) 運動選手の (4) 体育競技；運動競技〈athletics〉

एथलेटिक्स [名] 《E. athletics》= एथलैटिक्स. (1) 陸上競技；アスレティックス तीसरी विश्व एथलेटिक्स चैंपियनशिप 第 3 回世界陸上競技選手権 (2) 運動競技

एथानॉल [名] 《E. ethanol》〔化〕エタノール；エチルアルコール

एथिल [名] 《E. ethyl》〔化〕エチル

एथिल ईथर [名] 《E. ethyl ether》〔化〕エチルエーテル；エーテル

एथिल एसिटेट [名] 《E. ethyl acetate》〔化〕酢酸エチル

एथिल ऐल्कोहॉल [名] 《E. ethyl alcohol》〔化〕エチルアルコール

एथिल क्लोराइड [名] 《E. ethyl chloride》〔化〕塩化エチル

एथिलीन [名] 《E. ethylene》〔化〕エチレン एथिलीन गैस エチレンガス〈ethylene gas〉

एथीन [名] 《E. ethene》〔化〕エチレン= एथिलीन.

एथेंस 〔地名〕《E. Athens》アテネ (ギリシア)

एथेन [名] 《E. ethane》エタン

एनटनी [名, pl.] 《E. antennae ← antenna》アンテナ टैलिविज़न के एनटनी テレビアンテナ

एनटेना [名] 《E. antenna》アンテナ

एनडोर्स [名] 《E. endorse》裏書き= पृष्ठांकन; बेचान.

एन०सी०सी० [名]《E. N.C.C.; National Cadet Corps》軍事教練隊；NCC एन०सी०सी०का कैम्प N.C.C. のキャンプ पिछले वर्ष हमारा एन०सी०सी०का कैम्प मुराद नगर में लगा हुआ था 昨年われわれの軍事教練隊はムラードナガルにキャンプを張っていた

एनसेफ़ेलाइटिस [名] 《E. encephalitis》〔医〕脳炎 जापानी एनसेफ़ेलाइटिस 日本脳炎〈Japanese encephalitis〉

एनाउंसर [名] 《E. anouncer》発表者；アナウンサー= उद्घोषक; वाचक.

एनामेल [名] 《E. enamel》エナメル= दंतवल्क; इनैमल.

एनिमा [名] 《E. enema》(1) 浣腸；灌腸 पेट की सफ़ाई के लिए एनिमा लें おなかをきれいにするのに浣腸をしてもらうこと (2) 浣腸液；浣腸剤 एनिमा क०浣腸する= एनिमा दे०; एनिमा लगाना.

एनीमा [名] = एनिमा.

एनीमिया [名] 《E. anaemia/anemia》〔医〕貧血症；貧血= ख़ून की कमी; अरक्तता.

एनीमेशन [名] 《E. animation》アニメーション

एनीस्थिसियालोजी [名]《E. anaesthesilogy》麻酔学= निश्चेतन विज्ञान.

एनीस्थीसिया [名] 《E. anaesthesia》(1)〔医〕麻酔 (法)；感覚脱失= संज्ञानाश. लोकल एनीस्थीसिया 局所麻酔〈local anaesthesia〉 जनरल एनीस्थीसिया 全身麻酔〈general anaesthesia〉 (2) 麻酔薬= संज्ञानाशक औषधि.

एनीस्थेटिस्ट [名]《E. anaesthetist》〔医〕麻酔医 शल्यक्रिया से पहले एनीस्थेटिस्ट रोगी की विस्तृत जाँच-पड़ताल करता है 手術に先立ち麻酔医が患者を詳しく検査する

एनेमल [名] 《E. enamel》(1) エナメル (2) エナメル質 (3) = इनैमल; दंतवल्क.

एनेस्थीसिया [名] = एनीस्थीसिया.

एप [名] 《E. ape》〔動〕類人猿= कपि.

एपमैन [名] 《E. apeman》〔動〕猿人

एपार्टमेंट [名] 《E. apartment》(1) アパート；貸間 (2) アパート；共同住宅；マンション〈apartment house〉

एपिंडिसाइटिस [名] 《E. appendicitis》〔医〕虫垂炎；盲腸炎= अपेंडिसाइटीज़.

एपिंडिसाइटिस रोग [名]《← E. appendicitis》〔医〕虫垂炎；盲腸炎

एपेंडिक्स [名] 《E. appendix》(1) 盲腸；虫垂= परिशेषिका. एपेंडिक्स का आपरेशन 虫垂の手術 (2) 付録= परिशिष्ट.

एपेंडिसीज़ [名, pl.] 《E. appendices ← appendix》〔解〕虫垂；盲腸

एप्रन [名] 《E. apron》〔服〕エプロン；前掛け चाकलेट रंग का स्कर्ट, ऊपर काले रंग का एप्रन チョコレート色のスカート，その上に黒いエプロン

एप्रिल [名] 《E. April》4 月= अप्रैल.

एप्रूवर [名] 《E. approver》〔法〕共犯証人；共犯者告発人→ मुख़बिर.

एफ़०आई०आर० [名] 《E. F.I.R.; first information report》第一報

एफ़०आर०सी०एस० [名] 《E. F.R.C.S.; Fellow of the Royal College of Surgeons》王立医大の校友 आप लंदन के एफ़०आर०सी०एस० डाक्टर थे 同氏はロンドンの王立医大の校友であらせられた

एफ़०ए० [名] 《E. F.A.; First Arts; First Examination in Arts》〔教〕インド・パキスタンの旧学制で第 11〜12 年級のことを指した

एफ़िजी [名*] 《E. effigy》(1) 人形 (呪う相手の)；ひとがた= पुतला. (2) 肖像；像；彫像= मूर्ति.

एफ़िडेविट [名] 《E. affidavit》〔法〕宣誓書；口供書= शपथ पत्र; हलफ़नामा.

एफ़िल टावर [名] 《E. Eiffel Tower》エッフェル塔
एबार्शन [名] 《E. abortion》人工流産；堕胎= गर्भपात.
एबोनाइट [名] 《E. ebonite》= ऐबोनाइट. エボナイト एबोनाइट की खोल エボナイトのケース
एब्सट्रैक्ट [形] 《E. abstract》= एब्स्ट्रैक्ट. 抽象の；抽象的な= अमूर्त शैली का. एब्सट्रैक्ट चित्र 抽象画
एम॰ए॰ [名] 《E. M.A.; Master of Arts》(1) 文学修士（号） (2) 文学修士課程 मैंने हिंदी में एम॰ए॰किया ヒンディー語の修士課程を修めた
एम॰एल॰ [名] 《E. M.L.; Master of Law》(1) 法学修士（号）= मास्टर ऑफ़ लॉ. (2) 法学修士課程
एम॰एल॰ए॰ [名] 《E. M.L.A; Member of Legislative Assembly》（インドの）州議会下院議員；州立法議会議員= विधानसभा सदस्य. रिव्यू के बाद शाम को एम॰एल॰ए॰और एम॰पी॰से मुलाकात करता हूँ 視察の後夕方州議会議員及び国会議員と面会する
एम॰एल॰सी॰ [名]《E. M.L.C.; Member of Legislative Council》（インドの）州議会上院議員= विधान परिषद् सदस्य.
एम॰एस॰ [名] 《E. M.S.; Master of Science》(1) 理学修士 (2) 理学修士課程 मैं मेडिकल इंस्टिट्यूट में एम॰एस॰कर रही हूँ メディカル・インスティチュートで理学修士課程を修めている
एम॰काम॰ [名] 《M. Comm.; Master of Commerce》(1) 商学修士（号） (2) 商学修士課程
एम॰के॰एस॰ [名*]《E. MKS; Meter-Kilogram-Second Units》मीटर, किलोग्राम, सेकंड メートル法（メートル，リットル，キログラム，秒，度量衡法）
एम॰डी॰ [名]《E. M.D.; Medicinae Doctor; Doctor of Medicine》(1) 医学博士（号） मेरा विवाह भी एक डाक्टर से हुआ जो एम॰डी॰है 私も医学博士と結婚した (2) 医学博士課程= आयुर्विज्ञान वाचस्पति.
एम॰पी॰ [名] 《E. M.P.; Member of Parliament》国会議員= संसद सदस्य.
एम॰फ़िल॰ [名] 《E. M. Phil.; Master of Philosophy》(1) 哲学修士（号）；エム・フィル (2) 哲学修士課程 एम॰ए॰के बाद एम॰फ़िल॰करना 文学修士号課程の後哲学修士課程に進む
एम॰बी॰ए॰ [名] 《E. M.B.A.; Master of Business Administration》(1) 経営学修士（号） (2) 経営学修士課程
एम॰बी॰बी॰एस॰डाक्टर [名] 《E. M.B.B.S. Doctor; Bachelor of Medicine, Bachelor of Surgery Doctor》内科医師；外科医師；医学博士；医者 मैं एक एम॰बी॰बी॰एस॰डाक्टर हूँ 私は医学博士です
एमरजैंसी [名*] 《E. emergency》= इमरजेंसी. एमरजैंसी वार्ड 救急病棟
एम॰सी॰सी॰ [名]《E. M.C.C.; Marylebone Cricket Club》英国クリケット連盟本部（1787年設立，ロンドン） एम॰सी॰सी॰का फ़ैसला ही आखिरी माना जाता है M.C.C. の裁定が最終的なものと見なされる
एमाइलेस [名] 《E. amylase》〔生化〕アミラーゼ
एमामा [名] 《A. عمامہ इमामा》ターバン= साफ़ा; इमामा.
एमाल [名] 《A. اعمال》行為；行い एमाल के मुताबिक ही इंसान को जन्नत भी नसीब होता है और दोज़ख भी 行いに応じて人は天国にも地獄にも行ける
एमिग्रेशन [名] 《E. emigration》移住；移民= उत्प्रवास; उत्प्रवासन.
एमिनो अम्ल [名] 《E. amino + H.》〔化〕アミノ酸〈amino acid〉= एमिनो-एसिड.
एमेच्योर [名] 《E. amateur》アマチュア；アマ；しろうと（素人）= अव्यवसायी; शौकिया. भारतीय एमेच्योर मुक्केबाज़ी फ़ेडरेशन インドアマチュアボクシング協会
एम्फ़ीबियन [名] 《E. amphibian》(1)〔動〕両生動物= जलस्थलचर; उभयचर. (2) 水陸両用車 एम्फ़ीबियन नाम का एक ऐसा वाहन जो भूमि तथा जल में समान रूप से चल सकता है 水陸両用車という地上も水上も同じように移動できる乗物
एम्फ़ीबिया [名] 《E. amphibia》〔生〕両生綱= ऐम्फ़िबिया.
एम्बुलेंस [名] 《E. ambulance》(1) 野戦病院 (2) 救急車= एम्बुलेंस कार. (3) 傷病兵輸送車
एम्यूजमेंट पार्क [名] 《E. amusement park》遊園地
एयर[1] [名] 《E. air》(1) 空気 (2) 大気= हवा; वायु.
एयर[2] [形] 《E. air》(1) 空気の (2) 空の；空中の (3) 飛行機の (4) 空軍の
एयर इंडिया [名] 《E. Air India》エア・インディア（インド航空）
एयरकंडीशंड [形] 《E. airconditioned》エアコンのある；空気調節装置のついた= वातानुकूलित; वातानुकूल. एयरकंडीशंड कमरों में エアコン（冷房）のきいた部屋で
एयरकंडीशनर [名] 《E. airconditioner》エアコン；空気調節装置 एयरकंडीशनर से कमरा ठंडा क॰ 冷房する
एयरक्राफ़्ट कैरियर [名] 《E. aircraft carrier》航空母艦；空母
एयर चीफ़ मार्शल [名] 《E. air chief marshall》〔軍〕空軍大将
एयरटाइट [形] 《E. airtight》密閉した；気密の；エアタイトの शीशी एयरटाइट थी びんは密閉してあった
एयरपोर्ट [名] 《E. airport》エアポート= हवाई पत्तन.
एयरफ़ोर्स [名*] 《E. airforce》空軍 = वायुसेना.
एयरबस [名] 《E. airbus》エアバス
एयर मार्शल [名] 《E. air marshall》〔軍〕空軍中将
एयरमेल [名*] 《E. airmail》航空郵便= हवाई डाक.
एयर वाइस मार्शल [名] 《E. air vice-marshall》〔軍〕空軍少将
एयर हॉस्टेस [名*] 《E. air hostess》スチュワーデス；エアホステス
एयरोसोल स्प्रे [名]《E. aerosol spray》エアゾール・スプレー सुगंध छिड़कनेवाला एयरोसोल स्प्रे 香水のスプレー
एरंड [名]〔植〕トウダイグサ科トウゴマ；ヒマ（蓖麻）【*Ricinus communis*】
-एरा [接尾] 動詞語根や名詞から名詞や形容詞を作る √लूट् 略奪する→ लुटेरा 略奪者 लाख ラック→ लखेरा ラケーラー（ラック職人；ラック細工師）
एरियल [名] 《E. aerial》アンテナ रेडार का एरियल レーダーのアンテナ
एरिया [名]《E. area》地域；地区；区域；エリア मैं एरिया के थानेदार को भी नहीं पहचानता था 地区の巡査部長さえ見知らなかった
एरोड्रोम [名] 《E. aerodrome》飛行場；空港
एरोप्लेन [名]《E. aeroplane》飛行機；航空機= विमान; हवाई जहाज़; वायुयान.
एरोबिक्स [名] 《E. aerobics》〔ス〕エアロビクス；有酸素運動
एल [名] 《E. ell》エル（長さの単位，45 インチ）
एल॰एम॰एम॰ [名] 《E. L.M.M; Master of Laws》法学修士
एल॰एल॰डी॰ [名] 《E. L.L.D.; Doctor of Laws; L. Legum Doctor》法学博士
एल॰एल॰बी॰ [名] 《E. L.L. B.; Bachelor of Laws; L. Legum Baccalaureus》法学士
एलकोहल [名] 《E. alcohol》〔化〕アルコール
एलची [名] 《T. ایلچی》(1) 国王の使者；国使 (2) 大使 (3) 飛脚
एल॰पी॰ [名] 《E. LP; long playing》〔商標〕エルピー；エルピーレコード；長時間演奏レコード；LP
एल॰पी॰गैस [名*] 《E. LP Gas; liquefied petroleum gas》エルピーガス एल॰पी॰गैस उपकरण L.P. ガス器具
एल॰बी॰डब्लू [名] 《E. L.B.W; leg before wicket》〔ス〕（クリケット）打者の反則
एलबूमिन [名] 《E. albumin》〔生化〕アルブミン
एलर्जिक [形] 《E. allergic》〔医〕アレルギー性の
एलर्जिक राइनटिस [名] 《E. allergic rhinitis》〔医〕アレルギー性鼻炎
एलर्जी [名*] 《E. allergy》(1)〔医〕アレルギー；異常敏感症 (2) 特定の対象に対する拒否反応 (-से) एलर्जी हो॰ （－の）アレルギーがある आपको पहले भी कभी एलर्जी हुई है? 「今までにアレルギーになったことがありますか」
एला [名*]〔植〕カルダモン；ショウズク（小荳蔻）= इलायची.
एलॉट [名] 《E. allot》(1) 配分 (2) 割り当て **एलॉट क॰** *a.* 配分する *b.* 割り当てる
एलान [名]《A. اعلان》宣言；宣明；発表；布告 **एलान क॰** 宣言する；発表する；布告する **एलान हो॰** 宣言される；発表される；布告される आप के ख़लीफ़ा होने का एलान हुआ この方がハリーファー（カリーファー）になられたことが発表された युद्ध का एलान क॰ 宣戦布告をする
एलाय [名]《E. alloy》合金= एलाय मैटल; मिश्रधातु. 〈alloy metal〉
एलार्म [名] 《E. alarm》(1) 警報；アラーム (2) 警報器 (3) 警報ベル〈alarm bell〉 (4) 目覚まし時計〈alarm clock〉

ए

एलार्म घड़ी [名*] 目覚まし時計 〈alarm clock〉
एलार्म चेन [名] 《E. alarm chain》列車の緊急停車装置の鉄の鎖
एलार्म बेल [名] 《E. alarm bell》非常ベル；警報ベル
एलिक्ट्रिक लाइट [名*] 《E. electric light》〔古〕電灯= बिजली की लाइट.
एलिफ़ैंट सील [名*] 《E. elephant seal》〔動〕アザラシ科ゾウアザラシ
एली [名*] = इलायची.
एली एलल्ला [感] 船乗りの綱を引く時の掛け声
एलुमिना [名] 《E. alumina》〔化〕アルミナ
एलेक्ट्रा मनोग्रंथि [名*] 《E. Electra + H.》エレクトラ・コンプレックス（精神分析）〈Electra complex〉
एलोपैथिक [形] 《E. allopathic》〔医〕アロパシーの；異種療法の；逆症療法の→ एलोपैथी. एलोपैथिक चिकित्सा 対症療法
एलोपैथिक चिकित्सा प्रणाली [名*]〔医〕アロパシー；異種療法= एलोपैथी.
एलोपैथी [名*] 《E. allopathy》〔医〕アロパシー；異種療法；逆症療法 एलोपैथी दवाखाना 異種療法の薬剤を売る薬局
एलोरा 〔地名〕エローラ（マハーラーシュトラ州アウランガーバード近くにある 7〜8 世紀の仏教，ヒンドゥー教，ジャイナ教の石窟遺跡）
एल्क [名] 《E. elk》〔動〕ヘラジカ；オオジカ；ムース；エルク
एल्कोहल [名] 《E. alcohol》(1) アルコール；酒精 (2) 酒精飲料
एल्डरमैन [名] 《E. alderman》〔史〕市参事会員；長老議員；エルダーマン= पौर-मुख्य; विशिष्ट पौर.
एल्बम [名] 《E. album》アルバム = अलबम.
एल्युमिनम [名] = एल्यूमिनियम.
एल्यूमिनियम [名] 《E. aluminium》アルミニウム एल्यूमिनियम की पतली पत्तर アルミ箔
एल्यूमिनियम बॉक्साइट [名] 《E. aluminium bauxite》〔鉱〕アルミニウム鉱石；ボーキサイト
एवं[1] [副] かく；かくの如く；かように；このように
एवं[2] [接] 及び；そして；と
एव [副助] こそ= ही.
एवज़ [名] 《A. عوض》(1) 代わり；替わり；代替；交替 (-के) एवज़ में（一の）代わりに (2) 代わりのもの；代替物 (-का) एवज़ उतारना（一に）御礼をする；（一の）借りを返す
एवज़ी[1] [名] 《P. عوضى》(1) 代理人；代理；代理者 (2) 交替者 (-का) एवज़ी दे॰（一の）代わりをする (-को) एवज़ी रखना（一を）代理にする
एवज़ी[2] [形] 代わりの；代替の；交替の एवज़ी खिलाड़ी 交替の選手 एवज़ी तौर पर 代わりに；交替して एवज़ी पत्र 委任状
एवज़ीदार [形] 《P. عوضى دار》代わりの；代理の
एवम् [副] 《Skt.》= एवं.
एवमस्तु [感] かくあれかし
एवरेस्ट [名] 《E. Mount Everest》エヴェレスト山；チョモランマ山
एवेन्यू [名] 《E. avenue》(1) 並木道 (2) 大通り
एशरिकिआ कोली [名] 《L. Escherichia coli》大腸菌
एशियन[1] [形] 《E. Asian》(1) アジアの (2) アジア人の एशियन मूल के लोग アジア系の人
एशियन[2] [名] 《E. Asian》アジア人
एशियन विकास बैंक [名] アジア開発銀行〈Asian Development Bank〉
एशिया [名] 《E. Asia》アジア पूर्व एशिया 東アジア पश्चिम एशिया 西アジア मध्य एशिया 中央アジア
एशियाई[1] [形] 《← E. Asia》アジアの एशियाई अफ़्रीका देश アジア・アフリカ諸国 एशियाई खेल アジア競技大会 एशियाई खेलों में アジア競技大会で एशियाई चैम्पियन 東洋チャンピオン；アジアチャンピオン एशियाई सामूहिक सुरक्षा アジアの集団安全保障
एशियाई[2] [名] アジア人；東洋人
एशियाड [名] 《E. Asiad》〔ス〕アジア競技大会
एशिया माइनर [名] 《E. Asia Minor》小アジア
एशियावासी [形・名] 《E. Asia + H.》(1) アジアに住む (2) アジア人
एषण [名] (1) 意欲；欲求；願望；希求 (2) 獲得の努力
एषा [名*] 欲；意欲；欲求

एस॰एस॰पी॰ [名] 《E. S.S.P.; Senior Superintendent of Police》警視正
एस॰ओ॰एस॰ [名] 《E. SOS》(1) 救難信号；エスオーエス (2) 緊急援助要請
एस॰डी॰एम [名] 《E. SDM; Sub-Divisional Magistrate》県の治安判事 (District Magistrate) の下で執務する判事（マジストレート）
एस॰डी॰ओ॰[1] [名] 《E. S.D.O; senior district officer》県庁の上級職員= वरिष्ठ जिला अधिकारी.
एस॰डी॰ओ॰[2] [名] 《E. S.D.O.; subdivisional officer》県長官の下で執務する役人
एसिड [名] 《E. acid》〔化〕酸= अम्ल.
एसिडता [名*] ←एसिड 酸性；酸性度；酸味
ए॰सी॰[1] [名*] 《E. A.C.; AC; alternating current》〔電〕交流電気 = आल्टरनेटिंग करंट.
ए॰सी॰[2] [形] 《E. A.C.; air-conditioned》エアコンのある；空気調節装置のついた ए॰सी॰द्वितीय श्रेणी 鉄道のエアコン車の二等
एसीडिटी [名] 《E. acidity》〔医〕胃酸過多（症） डाक्टर कहते हैं कि एसिडिटी है 医者は胃酸過多だと言う
एसेंबली [名*] 《E. assembly; legislative assembly》(1) 立法議会（लेजिस्लेटिव एसेंब्ली） (2) 集会= सभा; मजलिस.
एसेंस [名] 《E. essence》(1) 精；エキス (2) エッセンス (3) 香水 (4) 霊的実在
एसोसिएशन [名] 《E. association》協会 फुटबाल एसोसिएशनों का मतभेद サッカー協会間の意見の対立
एस्कीमो [名] 《E. Eskimo》エスキモー
एस्टिमेट [名] 《E. estimate》推定；見積もり= अनुमान; अंदाज़ा.
एस्ट्रिंजेंट [名] 《E. astringent》アストリンゼント
एस्ट्रिंजेंट क्लींजर [名] 《E. astringent cleanser》アストリンゼントクレンザー
एस्ट्रिंजेंट लोशन [名] 《E. astringent lotion》アストリンゼントローション
एस्परांटो [名*] = एस्परांतो. 《E. Esperanto》〔言〕エスペラント
एस्पिरिन [名] 《E. aspirin》〔薬〕アスピリン
एस्प्रैसो काफ़ी [名*] 《E. espresso coffee》エスプレッソーコーヒー
एस्फ़ाल्ट [名] 《E. asphalt》アスファルト
एस्बेस्टोस [名] 《E. asbestos》アスベスト；石綿→ ऐस्बेस्टोस.
एह [代・代形] 《Av., Br.》= यह.
एहतराम [名] → एहतिराम. यह ख़त पढ़कर मेरा रोम-रोम अब्दुल हमीद के एहतराम में खड़ा हो गया この手紙を読んでアブドゥル・ハミードに対する尊敬の念に深く胸を打たれた
एहतिमाम [名] 《A. اہتمام》(1) 段取り；手配；準備 (2) 監督；監視 (3) 世話 न इतना एहतिमाम करना पड़ेगा それほど世話をしなくてよい
एहतियात [名*] 《A. احتیاط》(1) 用心；静養；体を大事にすること；休養 बुखार दो तीन दिन की एहतियात और दवा से उतर जाएगा 2〜3日の休養と薬で熱は下がるでしょう एहतियात क॰ 静養する；休養をとる यदि आप काफ़ी एहतियात न करेंगे तो आपको अपेंडिसाइटीज हो जाएगा 十分に休養をとられないと虫垂炎に罹りますよ (2) 注意；警戒；用心；予防 एहतियात के तौर पर कुछ गिरफ़्तारियाँ हो सकती हैं 予防措置として何件かの逮捕がありうる एहतियात क॰ 警戒する；用心する मगर उनके इस्तेमाल में बहुत एहतियात होनी चाहिए でもそれらの使用に当たっては大いに用心すべきである एहतियात के तौर पर 用心のため；予防的に हमने एहतियात के तौर पर चौकीदार से पूछ भी लिया 用心のため門番にもたずねてみた एहतियात से 注意深く；用心深く मैं लिफ़ाफ़ों पर लगे हुए टिकट एहतियात से उतार लेता हूँ 封筒に貼ってある切手を注意深くはがす खेल तफ़रीह की चीज़ें बड़ी एहतियात से रखता हूँ 遊具をとても注意深く保管する एहतियात से बरतना 大切に扱う；用心して扱う
एहतियाती [形] 《A. احتیاطی》予防の；警戒のための；用心のための एहतियाती कार्रवाई 予防措置；予防策 एहतियाती कार्रवाई के नाम पर 予防措置の名目で एहतियाती कार्रवाई क॰ 予防措置をとる= एहतियाती क़दम उठाना. यदि भारत सरकार द्वारा इस बारे में एहतियाती क़दम उठाए जाएँ もしもインド政府がこれに関して警戒措置をとるならば
एहतिराम [名] 《A. احترام》(1) 尊敬；敬うこと हरेक को चाहिए कि उनका एहतिराम करे だれしもがあの方を敬わなくてはならない

बड़ों का एहतिराम क॰ 年長の人を敬うこと (2) 尊重；重んじること इंसानियत का एहतिराम 人道を重んじること

एहतिलाम [名] 《A. احتلام》夢精 = स्वप्नदोष.

एहतिशाम [名] 《A. احتشام》(1) 壮麗；華麗 (2) 栄華

एहसान [名] 《A. احسان》(1) 親切；好意による行為；善行 उसने दुश्मन होकर मुझपर जो एहसान किया है वह सिर्फ़ मुझपर नहीं पूरी ईसाई कौम पर एक बड़ा एहसान है 彼が敵でありながら私に対して行った親切は単に私ばかりでなくキリスト教徒全体に対する親切である (2) 恩；恩義；感謝 मैं आपका एहसान ज़िंदगी भर नहीं भूलूँगी 御恩は一生忘れません एहसान क॰ 親切をする；恩義を与える वे समझते होंगे कि हमने एक विधवा से विवाह करके उसके ऊपर कोई बहुत बड़ा एहसान किया है 連中はわしが 1 人の未亡人と結婚してその女性に大きな恩義を与えたものと思っていることだろう (-का) **एहसान उठाना** (－を) 恩に着る **एहसान का टोकरा लादना** 恩を着せる；恩着せがましく言う = एहसान का नमदा कसना; एहसान का बोझा लादना. **एहसान चढ़ाना** 恩に着せる **एहसान चुकाना** 恩を返す **एहसान जताना** = एहसान का टोकरा लादना. (-का) **एहसान मानना** (－を) 恩に着る；(－の) 親切に感謝する；(－を) 有り難く思う मैं ज़िंदगी भर तुम्हारा एहसान मानूँगा 僕は一生君に感謝するよ मैं आप का बड़ा एहसान मानूँगा 大変有り難く思います **एहसान ले॰** = एहसान उठाना. वह कभी किसी का एहसान नहीं लेता, पर मेरी ख़ातिर उसने न जाने कितने लोगों का एहसान लिया! 決して人の情けを受ける人ではないのだが，私のために一体どれだけの人の親切を受けたことか **एहसान सिर पर लादना** = एहसान का टोकरा लादना.

एहसानफ़रामोश [形] 《A.P. احسان فراموش》恩知らずの；忘恩の = कृतघ्न.

एहसानफ़रामोशी [名*] 《A.P. احسان فراموشی》忘恩；忘恩行為 = कृतघ्नता. हमें तुमसे इतनी एहसानफ़रामोशी की उम्मीद नहीं थी 君がこれほど恩知らずとは予想しなかった

एहसानमंद [形] 《A.P. احسان مند》恩義を知る；感謝する；義理堅い = कृतज्ञ. मैं जनम भर आपकी एहसानमंद रहूँगी 一生御恩を忘れません आपने जिन शब्दों में मेरा सम्मान किया है उनके लिए आप का एहसानमंद हूँ おほめの言葉をいただきまして大変感謝しております

एहसास [名] 《A. احساس》(1) 感じ；感触 आरामदेह भी इतनी कि पहनने का एहसास तक नहीं 着ているという感じすらしないほどの楽な感じ दिमाग में भारीपन का एहसास 頭の重い感じ (2) 意識；認識 अपनी भूल का एहसास 自分が過ちを犯したという意識 (-का) **एहसास कराना** (－を) 感じさせる；気づかせる；認識させる जो कुछ हुआ गलती से हुआ.इस बात का एहसास आपको कराना होगा 起こったことは過ちのためだということを気づかせなくてはなりません उसने मेरे व्यक्तित्व की सम्भावनाओं का एहसास कराया それが私の個性の可能性を感じさせてくれた (-का) **एहसास हो॰** (－が) 感じられる；意識される；認識される；感じる；感受する थोड़ी देर में एकाकी अनुभव करने अथवा शांतिपूर्वक विचार करने पर जब विवेक जागता है तब अपनी गलती का एहसास होता है しばらくして孤独を感じたり落ち着いて考えたりして理性が目覚めると自分の過ちが認識される मोहन को अपनी धन्यता का एहसास हुआ है モーハンは自分の幸せを感じた उसे अपनी गलती का एहसास हो गया है, माफ़ी माँगी है 彼女は自分の過ちを感じている．許しを乞うた ज्यों ज्यों शाम होती गई उसका ज़िल्लत का एहसास भी गायब होता गया 日が暮れて行くにつれ罪悪感も次第に消えて行った

एहाता [名] = अहाता.

एहि [代] 《Av., Br.》代名詞 एह の斜格形

ऐं [感] (1) 問い返しの言葉．え；えっ；なんだって (2) 驚きや意外性を表す言葉．え；えっ；え，なんだって；なんですって ऐं, क्या कहा? えっ，なんだって；えっ，なんと言った (問いかえし) ऐं! कह दिया लात मारते हैं? えっ，なんだって．言ってしまったのかそんなもの蹴飛ばすって "ऐं, तू जाएगा?" अम्मी आँखें फाड़कर बोलीं 「えっ，お前が行くって」母は目をむいて言った

ऐंग्लो-इंडियन[1] [形] 《E. Anglo-Indian》(1) 英印の (2) 英印混血の；アングロインディアンの ऐंग्लो-इंडियन महिला アングロインディアンの女性；英印混血の女性 (3) インド英語の

ऐंग्लो इंडियन[2] [名] 《E. Anglo-Indian》(1) 英印混血者 (2) インド在住英国人

ऐंग्लो इंडियन[3] [名*] 《E. Anglo-Indian》〔言〕インド英語

ऐंग्लोवर्नाक्यूलर स्कूल [名] 《E. Anglo-vernacular school》〔教〕イギリス統治下のインドで英語及びインド土着語を教育媒介語とした学校

ऐंच [名*] ← ऐंचना. 引っ張ること；張り；緊張

ऐंचना [自] (1) 引っ張る；引く ऐंची आँखें ひきつった目 (2) 人に代わって身に引き受ける；(いわれのないものを) かぶる (被る) (3) (脱穀のために穂を) たたきつける；はたく

ऐंचाऐंची [名*] = ऐंचातानी.

ऐंचाखैंची [名*] = ऐंचातानी.

ऐंचाताना [形+] 斜視の；すがめ (眇) の；藪にらみの

ऐंचातानी [名*] 引っ張り合い；引き合い；奪い合い = खींचाखींची.

ऐंचीला [形+] しなう；たわむ；しなやかな

ऐंछना [他] (1) 払う；はたく；はらい落とす (2) くしけずる

ऐंटि- [接頭] → एंटि-.

ऐंटिप्रोटोन [名] 《E. antiproton》〔物理〕反陽子

ऐंटिफ़्लोजिस्टिक [名] 《E. antiphlogistic》〔医〕消炎剤 = शोथहारी.

ऐंटिमनी [名*] 《E. antimony》〔鉱〕アンチモン；アンチモニー

ऐंटी- [接頭] → एंटि-.

ऐंटीक[1] [名] 《E. antique》古物；骨董品；アンティーク

ऐंटीक[2] [形] (1) 古物の；アンティークの (2) 古風な

ऐंटीक फ़र्नीचर [名] 《E. antique furniture》アンティーク家具

ऐंटीना [名] 《E. antenna》アンテナ = ऐंटेना; एनटनी; अनटेना.

ऐंटीबायोटिक [形・名] 《E. antibiotic》(1) 抗生の；抗生物質の = एंटीबायोटिक; प्रतिजैविक. ऐंटीबायोटिक कैप्सूल 抗生物質のカプセル (2) 〔薬〕抗生物質 (の薬) ऐंटीबायोटिक ले॰ 抗生物質を服用する

ऐंटीवेनिन [名*] 《E. antivenin》〔医・薬〕蛇毒血清 = प्रतिसर्पविष.

ऐंटीसेप्टिक [形・名] 《E. antiseptic》〔医・薬〕(1) 防腐性の (2) 防腐剤；消毒薬；化膿止め

ऐंटेना [名] 《E. antenna》アンテナ

ऐंट्रोपी [名*] 《E. entropy》〔物理〕エントロピー

ऐंठ [名*] (1) ねじれ；よじれ (2) ひねくれていること；ねじけていること (3) うぬぼれ；慢心 (4) 強情 (-की) **ऐंठ ढीली क॰** (－の) 鼻をへし折る；(－を) やっつける **ऐंठ दिखाना** 得意になる；鼻を高くする；うぬぼれる **ऐंठ निकालना** = ऐंठ ढीली क॰. **ऐंठ में रहना** 大変うぬぼれる

ऐंठन [名*] (1) 痙攣；ひきつり पेट में दर्द या ऐंठन 胃痛，もしくは，胃の痙攣 मांसपेशियों में ऐंठन 筋肉のひきつり पिंडली में ऐंठन こむらがえり (2) ねじれ；よじれ हाथ-पैरों में एक प्रकार की ऐंठन-सी होने लगती है 手足が一種ねじれたようになり始める (3) 巻き उलटी ऐंठन 左巻き = वामावर्त. सीधी ऐंठन 右巻き = दक्षिणावर्त. (4) さしこみ；疝痛 बदन में ऐंठन होती है 体がさしこむように痛む

ऐंठना[1] [自] (1) ねじれる；よじれる जली हुई रस्सी की तरह ऐंठी बाँहें 焼けたひものようにねじれた腕 (2) つる；ひきつる；痙攣が起こる (3)（いばって）反り返る；反りくり返る；ふんぞり返る (4) 意地を張る；強情を張る；突っ張る (5) 不機嫌になる (6) 固くなる；こわばる शरीर एक ज़बरदस्त बेचैनी से ऐंठने लगा था すっかり落ち着きを失ったために体はこわばり始めていた (7) 厳しくなる **ऐंठकर** *a.* 威張って；得意になって *b.* 不機嫌になって *c.* 気取って बहुत ऐंठ-ऐंठकर बोलती है, कभी भगवान तुझे इसकी सज़ा देंगे 偉そうな口をきいているがいつかお前には天罰が下るぞ **ऐंठकर चलना** 肩をそびやかして歩く **ऐंठ रखना** うまく立ち回ってせしめる；上手に立ち回って自分のものにする；せしめる= ऐंठ ले॰.

ऐंठना[2] [他] (1) ねじる；ひねる राजेश ने उसका कान ऐंठते हुए हामी भरी ラージェーシュは彼の耳をひねりながらうんそうだと言った (2) だましとる，巻き上げる मामूली रोग के उपचार में भी वे रोगियों से सैकड़ों रुपये ऐंठते हैं ありきたりの病気の治療でも病人から数百ルピーをだましとる बहिन से पैसे ऐंठने आया होगा 姉さんから金を巻き上げに来たのに違いないよ अच्छा शिकार फँसा है, इससे ख़ूब रकम ऐंठी जा सकती है いい鴨が網にかかった．この男からはしこたまだましとれる (3) むしりとる；奪いとる；おどしとる ये ब्लैकमेलर हैं, जो मंत्रियों, विधायकों, सरकारी अफ़सरों वग़ैरह से पैसा ऐंठते हैं この人たちは大臣や議員，高官などから金をおどしとるゆすりだ उससे दस हज़ार रुपये ऐंठ लेने का आरोप लगाया है あの人から 1 万ルピーをおどしとった嫌疑をかけた वर पक्षवालों में इस प्रकार अनुलोम प्रथा के आधार पर पर्याप्त मात्रा में रुपया ऐंठने की प्रवृत्ति चल पड़ी 婿側がこのように上位婚の制度を基にして相当な金額をむしりとる風潮が起こった

ऐंठवाना [他・使] ← ऐंठना[2]

ऐंठा[1] [名] (1) 綱をなう機械 (2)〔貝〕巻き貝

ऐंठा[2] [形⁺] 高慢な；傲慢な

ऐंठाना [他・使] ← ऐंठना[2]

ऐंठू [形] うぬぼれ深い；高慢な；威張り散らす

ऐंड़[1] [名*] (1) ねじれ；よじれ (2) 慢心；うぬぼれ (3) 渦= भँवर.

ऐंड़[2] [形] 役立たずの；だめな；無用な

ऐंड़दार [形]《H. ऐंड़+ P. دار》(1) 高慢な；威張った；うぬぼれ深い (2) 渦巻き状の (3) 斜めの (4) よじれた；ねじれた (5) いきな

ऐंड़ना[1] [自] (1) ねじれる；よじれる；ひねくれる (2) うぬぼれる (3) 伸びをする **ऐंड़ा-ऐंड़ा फिरना** ひどくうぬぼれる；そのような気配を見せる= ऐंड़ा-ऐंड़ा डोलना.

ऐंड़ना[2] [他] (1) ねじる；よじる；ひねる (2)（伸びをするために体を）のばす

ऐंड़बैंड़ [形] ねじれた；ゆがんだ

ऐंड़ा[1] [形⁺] (1) ねじれた；よじれた；ひねくれた (2) 斜めの；傾いた (3) 高慢な；うぬぼれ深い अंग ऐंड़ा क॰ 威張る；そりくり返る

ऐंड़ा[2] [名] (1) 分銅 (2) 盗人が盗みに入るため壁にあける穴

ऐंड़ाना [自] (1) 威張る；そりくり返る (2) 伸びをする

ऐंड्रोमिडा [名]《E. Andromeda》〔天〕アンドロメダ；星雲

ऐंथ्रेक्स [名]《E. anthrax》〔医〕炭疽病= गिलटी रोग. ऐंथ्रेक्स से मरी गाय 炭疽病で死んだ牛

ऐंदव[1] [形] ← इन्दु. 月の；月に関する；太陰の

ऐंदव[2] [名] (1)〔天・占星〕インドの二十七宿の第 5，ムリガシラス；觜；とろき星 (2) 陰暦で満月終わりのひと月

ऐंद्रजाल [名] 魔術；魔法= इंद्रजाल.

ऐंद्रजालिक[1] [形] 魔術的な；魔法の；不可思議な ऐंद्रजालिक कर्म 魔術；魔法 ऐंद्रजालिक शक्ति 神通力

ऐंद्रजालिक[2] [名] 魔術師；魔法使い

ऐंद्रिय[1] [形] ← इंद्रिय. (1) 感覚器官の；感官の (2) 感覚器官の対象である；感覚器官で感知される

ऐंद्रिय[2] [名] 感覚の対象

ऐंद्रियक [形] = ऐंद्रिय.

ऐंद्रियता [名*] ← ऐंद्रिय[1] (1) 官能；肉体の感覚 (2) 官能性 (3) 享楽

ऐंद्री [名*] (1) インドラの妻（配偶神）；インドラーニー इंद्राणी；シャチー（शची） (2) ドゥルガー神

ऐंप्लीफ़ायर [名]《E. amplifier》〔電〕アンプ

ऐ [感] 親しい間柄の人や目下に向かっての呼びかけの言葉，やあ，おい，よおなど ऐ बे छोकरे, बहुत ढीला है おい，こら，小僧．ひどくたるんでいるぞ ऐ आँख! तू रो रही है? これまなこ（眼）よ，お前は泣いているのか

ऐकांतिक [形] ← एकांत. (1) 孤独な (2) 閉鎖的な；排他的な (3) 独占的な

ऐकांतिकता [名*] ← ऐकांतिक. (1) 孤独 (2) 閉鎖性；排他性 (3) 独占

ऐकार [名] ऐ の文字と発音

ऐक्ट [名]《E. act》法；法令；条例

ऐक्टर [名]《E. actor》俳優；男優= अभिनेता.

ऐक्ट्रेस [名*]《E. actress》女優= अभिनेत्री.

ऐक्य [名] ← एक. 統合；統一；団結；一致 हिंदू-मुसलिम ऐक्य ヒンドゥーとムスリムの団結

ऐक्रिलिक [形]《E. acrylic》〔化〕アクリルの

ऐक्रोपोलिस [名]《E. Acropolis ← Gr.》〔史〕アクロポリス

ऐक्स किरण [名*]《E. X (ray) + H. किरण》エックス線；X 線= ऐक्सरे. ऐक्स किरण कैमरा X 線カメラ ऐक्स किरण फ़ोटो X 線写真 ऐक्स किरण चिकित्सा X 線治療

ऐक्स-क्रोमोसोम [名]《E. x chromosome》〔生〕X 染色体

ऐक्स-गुणसूत्र [名]〔生〕X 染色体= ऐक्स-क्रोमोसोम.

ऐक्सरे [名]《E. x ray》= ऐक्स किरण. (1) エックス線；X 線；レントゲン線 (2) エックス線写真 ऐक्सरे क॰ エックス線写真を撮影する ऐक्सरे कराना エックス線写真を撮ってもらう

ऐक्सीडेंट [名]《E. accident》(1) 事故；災難 (2) 交通事故= एक्सीडेंट; दुर्घटना.

ऐक्सीलेंट [感]《E. excellent》見事だ！；お見事！素敵だ！

ऐक्सीलेरेटर [名]《E. accelerator》加速装置；アクセル

ऐक्सीलेरेटर पैडल [名]《E. accelerator pedal》アクセルペダル；アクセル

ऐगार [名]《E. agar》かんてん（寒天）

ऐगेट [名]《E. agate》めのう（瑪瑙）= गोमेद.

ऐच्छिक [形] (1) 自発的な सहकारी समितियाँ ऐच्छिक सहयोग पर आधारित हैं 協同組合は自発的な協力に基づいている (2) 任意の；随意の ऐच्छिक कार्य 任意の事業 ऐच्छिक पेशी 随意筋

ऐटक [名]《E. AITUC; All India Trade Union Congress》全インド労働組合会議の略称

ऐटम [名]《E. atom》原子；アトム= परमाणु.

ऐटम बम [名]《E. atom bomb/ atomic bomb》原子爆弾；原爆 = एटम बम; ए बम; अणुबम.

ऐटमी [形]《← E. atom》原子の → एटमी.

ऐटेस्टिंग अफ़सर [名]《E. attesting officer》(1)（選挙の）立会人 (2) 立証者

ऐठा [形⁺] (1) 食べ残しの (2) 使い古しの

ऐडमिरल [名]《E. admiral》海軍大将；提督；アドミラル= नौसेनाध्यक्ष; नौसेनापति.

ऐडवांस [名]《E. advance》前払い；前金= पेशगी; अग्रिम धन.

ऐडवाइजर [名]《E. adviser》顧問；アドヴァイザー = सलाहकार.

ऐडवोकेट [名]《E. advocate》弁護士= एडवोकेट; अधिवक्ता.

ऐडवोकेट जनरल [名]《E. Advocate General》検事長= महा-अधिवक्ता.

-ऐत [接尾] 名詞についてそれを用いての行為者を表す語を作る लठैत 棍棒（लट्ठ）で戦う人；棍棒を使う人（棍棒の使い手）

ऐतरेय [名] (1)〔ヒ〕アイタレーヤ（古いウパニシャッドの一） (2)〔ヒ〕アイタレーヤ・ブラーフマナ文献 ऐतरेय ब्राह्मण

ऐतिहासिक [形] ← इतिहास. (1) 歴史の；歴史上の (2) 歴史的な ऐतिहासिक घटनाएँ 歴史的な事件 ऐतिहासिक दृष्टि से 歴史的に；史的な観点から

ऐतिहासिकतावाद [名]〔史〕歴史主義〈historicism〉

ऐतिहासिक भौतिकवाद [名]〔史〕史的唯物論；唯物史観〈historical materialism〉

ऐतिहासिक वर्तमान [名]〔文芸〕史的現在〈histrorical present〉

ऐन[1] [形]《A. عين》全くの；丁度の；ぴったりの ऐन वस्त में まんまん中に ऐन मौके तक प्रथम पीकिङ यात्रा को गुप्त रखकर 正にその時まで最初の北京行きを秘しておいて **ऐन नाक पर** すぐそばに；目と鼻の先に **ऐन वक़्त पर** いざという時に कहारों ने ऐन वक़्त पर बयाना लौटा दिया カハールたちはいざという時に証言をひるがえした

ऐन[2] [名]《A. عين》目；眼；まなこ= आँख; नयन; नेत्र.

ऐन[3] [名] 《A. عين》ウルドゥー文字第 24 字の字母عの名称；アイン

ऐनक [名] 《A.P. عينک》めがね (眼鏡) = चश्मा. ऐनक लगाना めがねをかける ऐनकों का दुकानदार 眼鏡屋= चश्मा फ़रोश; ऐनकफ़रोश.

ऐनेलिडा [名] 《E. Annelida》〔動〕環形動物門

ऐनोड [名] 《E. anode》(1)〔電〕電極（端子） (2)（電池）陰極 (3)（電子管・電解槽の）陽極

ऐनोड किरण [名*] 《E. + H.》〔電〕電極線〈E. anode ray〉

ऐपण [名] (1)〔ヒ〕ヒンドゥーの祭式のための絵や文様を描く材料となるもの（水にひたした米とウコンの粉をすりつぶしたもの. これを用いて手形を押したり儀式に用いる水がめに文様を描いたりする） (2)〔ヒ〕アイパン（床面に描く絵や文様= चौक पूरना; अल्पना; मांडणा.）

ऐप्रन [名] 《E. apron》(1) エプロン；前掛け；前垂れ（工場労働者などの用いる） (2)（医者の）びゃくえ（白衣）

ऐफ़िड [名] 《E. aphid》〔昆〕アブラムシ科アブラムシ（油虫）；アリマキ

ऐब [名] 《A. عيب》(1) 落ち度；過ち अगर मुझमें कोई ऐब देखो, तो मेरे मुँह पर थप्पड़ मारो 私に何か落ち度があれば頬をひっぱたいておくれ (2) 欠点；欠陥；あら उन्हें हमारी संस्कृति में ऐब-ही-ऐब नज़र आते हैं 同氏には我々の文化の欠点だけが見えるわけだ ऐब निकालना *a*. あら探しをする；欠点を見つける खाने में ऐब न निकालो.नापसंद हो तो न खाओ 食べ物に文句をつけるではない. 嫌いであれば食べるな *b*. 欠点をなくす (-पर) ऐब लगाना （ーを）非難する；誹謗する；(ーに) けちをつける

ऐबगू [形] = ऐबगो.

ऐबगो [形] 《A.P. عيب گو》けちをつける；非難する；誹謗する

ऐबजू [形] 《A.P. عيب جو》欠陥や弱点を探す；あら探しをする = ऐबजो.

ऐबजूई [名*] = ऐबजोई.

ऐबजो [形] 《P. عيب جو》あら探しをする= छिद्रान्वेषी.

ऐबजोई [名*] 《A.P. عيب جوئى》あら探し= छिद्रान्वेषण.

ऐबदार [形] 《A.P. عيب دار》欠点のある；欠陥のある

ऐबपोश [形] 《A.P. عيب پوش》（人の）欠点を隠す

ऐबपोशी [名*] 《A.P. عيب پوشى》（人の）欠点を隠すこと

ऐबारा [名] 家畜を囲っておく柵

ऐबी [形] 《عيبى ← A. عيب》(1) 欠点のある；欠陥のある (2) 身体に障害のある (3) いたずらな

ऐबोनाइट [名] 《E. ebonite》エボナイト

ऐमिलेस [名] 《E. amylase》〔生化〕アミラーゼ

ऐमीनो अम्ल [名] 《E. amino + H.अम्ल》〔生化〕アミノ酸= ऐमीनो एसिड. 〈amino acid〉

ऐमेचर [名] 《E. amateur》アマチュア；しろうと= शौक़िया; शौक़ीन.

ऐम्पियर [名] 《E. ampere》〔電〕アンペア

ऐम्प्लीफ़ायर [名] 《E. amplifier》〔電〕アンプ= प्रवर्धक.

ऐम्फ़िबियन [名] 《E. amphibian》(1)〔動〕両生動物= उभयचर; जलस्थलचर. (2) 水陸両用車

ऐम्फ़िबिया [名] 《E. Amphibia》〔生〕両生綱

ऐम्यू [名] 《E. emu》〔鳥〕ダチョウ目エミュー【*Emu novaehollandiae*】

ऐयाम [名, pl.] 《A. ايام ← يوم यौम》日々

ऐयार [名] 《A. عيار》(1) 詐欺師；ぺてん師；いかさま師 (2) 多芸に抜き出た人；器用な人；達者な人 (3) 忍者

ऐयारी [名*] 《A.P. عيارى》(1) 詐欺；ぺてん；いかさま (2) 器用さ (3) 忍術

ऐयाश [形] 《A. عياش》(1) 贅沢三昧の；享楽にふける；道楽をする बड़े नवाब साहब ऐयाश आदमी थे.आठों पहर शराब पिये रहते ナワーブは道楽者で四六時中, 酒にひたっていた (2) 官能にふける；遊蕩にふける；みだらな；淫乱な

ऐयाशी [名*] 《A. عياشى》(1) 贅沢三昧；奢り；享楽 अपनी अयोग्यता और ऐयाशी से अपना कारोबार चौपट कर दिया था 無能さと贅沢三昧で家業をつぶしてしまった (2) 官能にふけること；遊蕩；淫乱

ऐरा-ग़ैरा [形⁺・名] 《H.A. ايرا غيرا ← A. غير ग़ैर》いいかげんな (人)；得体の知れぬ (人)；どこの馬の骨とも知れぬ (人) मैं अपना इलाज किसी ऐरे-ग़ैरे से कराने की आदी नहीं 得体の知れぬ人の治療は受けぬようにしてきている ऐरे-ग़ैरे राजकुमारों की भीड़ छँट गई いいかげんな王子たちの集まりは散ってしまった वह ऐरे-ग़ैरे से उलझता फिरता है あの人はどこの馬の骨とも知れぬ者に関わりあっている

ऐरावत [名] (1)〔イ神〕インドラ神 इंद्र の乗り物とされる白象アイラーヴァタ (इंद्र का वाहन हाथी) 東方の守護神 (पूर्व दिशा का दिग्गज) とされる (2) 雷雲 (3) 虹

ऐरावती [名*] (1)〔イ神〕アイラーヴァタの妻 (2) 雷

ऐरोप्लेन [名] 《E. aeroplane》〔古〕飛行機 = हवाई जहाज़; वायुयान.

ऐरोबिक व्यायाम [名] 《E. aerobics + H.व्यायाम》〔ス〕エアロビクス

ऐल[1] [名] (1) 洪水；大水 (2) 豊富；潤沢 (3) 集まり；集団 (4) 喧噪；騒ぎ；騒動

ऐल[2] [名]〔植〕マメ科低木【*Acacia pennata*】= उँदरू.

ऐलविल [名] (1)〔ヒ〕クヴェーラ／クベーラ神（財宝神, 富の神） (2) 火星

ऐलान [名] = एलान.

ऐलॉय [名] 《E. alloy》合金= मिश्रधातु.

ऐलीगेटर [名] 《E. alligator》〔動〕爬虫類アリゲーター科ワニの総称；アリゲーター

ऐलुमिना [名] 《E. alumina》〔鉱〕アルミナ；礬土

ऐलुमिनाइट [名] 《E. aluminite》〔鉱〕礬土石

ऐलुमिनियम [名] 《E. aluminium》〔鉱〕アルミ；アルミニウム

ऐलोपथिक [形] 《E. allopathic》〔医〕異種療法の= एलोपथिक. ऐलोपथिक इलाज 異種療法

ऐलोपैथी [名*] 《E. allopathy》〔医〕異種療法

ऐल्डरमैन [名] 《E. alderman》オールダーマン；(市会議員の互選によって選ばれる) 参事会委員= पौरमुख्य; विशिष्ट पौर.

ऐल्यूमिनियम [名] 《E. alluminium》アルミニウム

ऐश [名] 《A. عيش》(1) 遊び；遊興；享楽 ऐश करने के लिए पैसे 遊興費；遊ぶ金 (2) 安楽；安穏 बड़े ऐश से ज़िंदगी गुज़ारेंगे とても安穏に暮らすであろう ऐश और आराम = ऐशो आराम. ऐश और आराम का जीवन 贅沢三昧の暮らし

ऐशट्रे [名*] 《E. ash tray》灰皿

ऐशान [形] (1) シヴァ神の (2) 北東の；北東方角の

ऐशो आराम [名] 《A.P. عيش و آرام》贅沢三昧；快楽にふけること；遊興

ऐशो इश्रत [名*] 《A. عيش و عشرت》(1) 快感；快楽；官能の喜び (2) 安楽 ऐशो इश्रत के लिए 享楽のため

ऐशो नशात [名] 《A. عيش و نشاط》遊興；享楽

ऐश्वर [形] (1) シヴァ神 (2) 神の；神々しい (3) 王の；王にふさわしい (4) 強力な

ऐश्वर्य [名] (1) 神性 (2) 王権；王の地位 (3) 栄耀 ऐश्वर्य के जीवन से विरक्ति 栄耀の暮らしに対する嫌悪 (4) 富；富貴 उनकी आय और उनके ऐश्वर्य की कोई सीमा न थी 同氏の収入と富は限りなかった (5) 神通力

ऐश्वर्यवान [形] 栄耀栄華の；富み栄えている

ऐसकिमो [名] 《E. Eskimo》エスキモー（人） ऐसकिमो बालक エスキモーの子供

ऐसन [副] このように；かように= यों; यूँ; इस तरह; ऐसे.

ऐसा [代形・代・副] 先述のもの, 既出のもの, 既存のもの, 既知のものなどについて述べる. その言及する語の性・数・格に応じて ऐसे(mas., sg.,obl., pl.), ऐसी(fem.) と変化する (1) このような（もの；こと）；こういう（もの；こと）；そのような（もの；こと）, このように, こういうふうになど मेरा भी ऐसा विचार है 私もそう思います हम लोग ऐसा कभी नहीं कर सकते 私どもはかようなことは決してできないのです कोई ऐसा काम नहीं करना चाहिए, जिससे दूसरों को दुःख पहुँचे 他人にいやな思いをさせるようなこういうことをしてはいけない ग़लती तो सभी से होती है, ऐसी ग़लती मैं भी कर चुका हूँ 人は過ちを犯すもの, こんな過ちは私もしたことがある ऐसी क्या जल्दी है? किसी छुट्टी के दिन चले चलेंगे そんなに急ぐことはないでしょう. いつか休日に行きましょう अब तो ऐसा लगता है कि मुझे मरना पड़ सकता है もう私は命を落とす羽目になりそうな感じだ ऐसा कठोर सत्य このように厳しい真実 उसने दंड देने के इरादे से ऐसा किया था 処罰をしようとの意図からこうしたのだあの男は आपने क्यों ऐसा कर डाला? 何故こんなことをなさったのですか ऐसी भी क्या जल्दी है, अभी तो सारी रात पड़ी है かほどに急ぐことはござらぬ. まだまだ宵の口でござる

ऐ

ぞ ऐसे आदमी से दोस्ती मत करो जो मुसीबत में काम न आए और साथ छोड़ दे 困った時には役立たず離れて行くような人とは親しくしないことだ (2)（－）のような；（－）みたいな तुम्हारा ऐसा जीवट मुझमें नहीं कि कहूँ, डरती नहीं 怖くない，と言えるほどのあんたのような胆力は私にはない चाय के ऐसा पेय お茶のような飲みもの उसे ऐसा उपाय सूझ पड़ा कि साँप भी मर जाए और लाठी भी न टूटे 目的も達した上に損もしないような手立てを思いついた न भाई ऐसा हितू, न भाई ऐसा शत्रु（この世には）兄弟ほどの友も兄弟ほどの仇もいないものだ यह भी एक ऐसा पक्षी है, जो मनुष्य की बोली की नक़ल कर सकता है これも人の声を真似ることのできる鳥の一種です **ऐसा-तैसा** ありきたりの（もの）；そんじょそこらの（もの）；取るに足らない（もの）；つまらない（もの） **ऐसा-वैसा** *a.* そんじょそこらの；いいかげんな जिसे रईस और राजे आमंत्रित करें, वह कोई ऐसा-वैसा आदमी नहीं हो सकता 王侯貴族に招かれる人はそんじょそこらの人であるはずがない *b.* 通常の；ありきたりの；並みの बिल्ली की हत्या कोई ऐसा-वैसा पाप तो है नहीं 猫殺しは並みの罪科ではないぞよ *c.*（問題になるような）何ごとか；なにか；不届きな माँ ने कुछ ऐसा वैसा कहा क्या?（夫→妻）母さんがあんたになにか言ったのかい *d.* ろくでもない；たちの悪い किसी भी ऐसी वैसी बात का संकेत नहीं था 様子のおかしい徴候は少しもなかった **ऐसा ही** その通りに；全くこのように उसने ऐसा ही किया その通りにした ऐसा ही हुआ その通りになった **(-की) ऐसी (की) तैसी**（－）なんか知るものか；（－）なんか知ったことか；（－）なんかへっちゃらだ；（－）なんかくそくらえだ भूत की ऐसी की तैसी 幽霊なんかくそくらえだ साहब जी की ऐसी-तैसी 旦那様だろうがなんだろうがこちらの知ったことじゃない **ऐसी जगह मारना जहाँ पानी भी न मिले** さんざんな目に遭わせる；ひどい目に遭わせる **(-की) ऐसी-तैसी क॰** *a.*（－を）辱める *b.*（－を）ひどい目に遭わせる **ऐसी तैसी में जा॰** 台無しになる；だめになる；わやになる；くたばる **ऐसी वैसी बात क॰** いいかげんなことを言う；無責任なことを言ったりしたりする；でたらめなことをする **ऐसे** ［副］→別項見出し **ऐसे घाट मारना जहाँ पानी भी न मिले** ＝ऐसी जगह मारना जहाँ पानी भी न मिले. **ऐसे में** このような場合；このような状況では；そういう状況では ऐसे में कौन देगा दोष उन्हें? そういう状況で一体だれがあの人を非難するだろうか

ऐसिड ［名］《E. acid》(1)〔化〕酸 (2) 塩酸

ऐसी ［代形・代・副］←ऐसा. ऐसी चीज़ें このようなもの मैं ऐसी बातें सुनने का आदी नहीं हूँ 私はこのような話は聞き慣れていない ऐसी बात नहीं है そんなことはないですよ

ऐसीटिक ［形］《E. acetic》酢の；酸い **ऐसीटिक अम्ल** 〈acetic acid〉〔化〕酢酸＝ऐसीटिक ऐसिड.

ऐसीटेट ［名］《E. acetate》〔化〕(1) 酢酸塩 (2) アセテート（酢酸人造絹糸）＝ऐसीटेट रेशम. सेल्यूलोज ऐसीटेट〔化〕アセチルセルロース；酢酸繊維素

ऐसी-तैसी ［名*］(1) 不名誉なこと；みっともないこと (2) 口に出せぬような下品な物事を暗示する言葉

ऐसे ［代形・代・副］←ऐसा. このような（もの）；こんなふうの（もの）；このように；こんなふうに；かように ऐसे गाढ़े तरल पदार्थ को このように濃厚な液体を＝इस ढंग से; इस तरह से. **ऐसे तो** 元々；元来；本来 ऐसे तो कभी नहीं रोता मनु, ज़रूर कोई ख़ास बात हुई है 元来決して泣かないマヌなのに，きっとなにか特別のことがあったのだ **ऐसे ही** *a.* 何となく；何とはなしに；特別にではなく；別にわけがあるのではなく मैंने ऐसे ही पूछ लिया なんとなくたずねてみたんだ *b.* そのままで；特別になにもせずに तुम ऐसे ही आ जाना そのままでいいから来なさい

ऐसेटिलीन ［名］《E. acetylene》〔化〕アセチレン

ऐस्कारिड ［名］《E. ascarid》〔生〕カイチュウ類（回虫類）

ऐस्कारिस ［名］《E. ascaris》〔生〕アスカリス属寄生性線虫類の総称

ऐस्पिरिन ［名］《E. Aspirin》〔薬・商標〕アスピリン（解熱鎮痛剤）

ऐस्बेस्टोस ［名］《E. asbestos》アスベスト；石綿

ऐहलौकिक ［形］→इहलोक. この世の；現世の；世俗の；俗界の＝ऐहिक.

ऐहिक ［形］←इह. この世の；現世の；俗世の

ओ

ओं ［名］〔ヒ〕聖音（ヴェーダのマントラを唱える前後に，または書物の最初に用いられる．ヴィシュヌ神，シヴァ神，ブラフマー神の象徴とされる）；聖字；オーム＝ॐ; ओम्.

ओंकार ［名］〔ヒ〕ヒンドゥー教の神秘的な意味を持つ音．聖字；聖音；オーム ॐ

ओंकारनाथ ［名］〔ヒ〕オーンカーラナータ／オーンカールナート（全インドに 12 社数えられる主要なシヴァリンガ＝ジョーティルリンガの一．マディヤ・プラデーシュ州のナルマダー川沿いのニーマール नीमाड़ のアマレーシュワル अमरेश्वर に位置する）→ज्योतिर्लिंग.

ओंगना ［他］車軸に潤滑油を注ぐ；車軸に注油する

ओंगा ［名］〔植〕ヒユ科雑草インドイノコズチ（インド牛膝）【*Achyranthes aspera*】＝लटजीरा; अपामार्ग.

ओंटना ［他］＝ओटना.

ओंठ ［名］（上下の）くちびる（唇）＝ओठ; होंठ; ओष्ठ. **ओंठ काटना** 唇をかんで怒りや悲しみをこらえたり表したりする；唇を噛む＝ओंठ चबाना. **ओंठ चबाना** ＝ओंठ काटना. **ओंठ चबाकर रह जा॰** がまんして怒りをこらえる ओंठ चाट-चाटकर खाना 舌鼓を打ちながら食べる **ओंठ चाटना** *a.* 食べ足りない思いで食べた後まで舌なめずりする *b.* 悔しがる；残念がる；唇を噛む **ओंठ चाटा क॰** 食後にいつまでも舌なめずりをすること **ओंठ चिपकना** 大変甘い（味のする）；べっとり甘い **ओंठ चूसना** 口を吸う；唇を吸う；接吻をする；キスをする **ओंठ तक आकर रह जा॰** 危うく口に出しそうになる；口にすべきでないことを言い出しそうになる **ओंठ तक न हिलाना** 一言も発しない；全くの無言を守る **ओंठ पपड़ाना** 唇がひび割れる＝ओंठ फटना. **ओंठ फड़कना** 怒りに唇がふるえる **ओंठ बँधने लगना** あごが落ちそうになる；大変美味なもののたとえ **ओंठ बिचकाना** いやな顔をする；不快な感情を露にする＝ओंठ बिजकाना; ओंठ विदकाना. **ओंठ मटकाना** 口を開く；ものを言う **ओंठ सी दे॰** 黙らせる **ओंठ हिलना** ぼそぼそと言う **ओंठों पर आ॰** 口にする；言う；口に出す **ओंठों पर ज़बान फेरना** ひどくのどが渇く **ओंठों पर नाचना** *a.* 空んじる；暗記する *b.* かすかに記憶する **ओंठों पर पपड़ी जमना** *a.* 唇が割れる *b.* ふるえあがる **ओंठों पर लाना** 口に出す **ओंठों पर हँसी खेलना** 口もとがほころぶ＝ओंठों पर हँसी दौड़ जा॰; ओंठों पर हँसी नाचना. **ओंठों में कहना** 小声で言う **ओंठों से टूटना** 大変やわらかい **ओंठों से मुसकराना** かすかにほほえむ；微笑する

ओ[1] ［感］(1) 対等以下の関係の人への呼びかけの言葉；おい，おーい，よお，やあなど ओ मालती, ओ मालती マーラティー，おーいマーラティー (2) 驚きを表す言葉；あっ，えっなど ओ भगवान! ああ神様！ (3) 思い当たったり気づいたりした時に発する声；あっ，そうだなど

ओ[2] ［接］《P. و》ペルシア語由来の接続詞の व と同義であるが，単にペルシア語由来の 2 語を接続した慣用語の場合にはこの発音になる．と；そして；及び　आमदो रफ़्त 往来，　नामो निशान 跡形

-ओ ［接尾］(1) 規則動詞の語根に付加されて叙想法不定未来時制並びに命令法の二人称 तुम 対応形を作る．√देख्→ देखो 見れば；見なさい √आ → आओ 来れば；来なさい (2) -ई 以外の母音で終わる語根にあっては今日では古形とされる -वो が用いられたことがある √आ → आओ/आवो (3) 語根が長母音 -ई で終わる場合，音便のため -ई が短母音化し -इयो となることがある √पी（飲む） - पीओ -/पियो（飲みなさい）

ओक[1] ［名］(1) 住所 (2) 家 (3) 寄る辺 (4) 集まり；集合 (5) 星座；星宿

ओक[2] [名*] (1) 嘔吐；へど；げろ ओक आ॰吐く；嘔吐する (2) 吐き気；むかつき

ओक[3] [名] = अंजलि. **ओक लगाना** (注がれる水を) 掌に受けて飲む

ओकण [名] (1) 南京虫= खटमल. (2) しらみ= जूँ.

ओकना [自] 吐く；もどす；嘔吐する；へどを吐く

ओकपति [名] (1) 太陽= सूर्य. (2) 月= चंद्र; चाँद.

ओकाई [名*] (1) 吐くこと；嘔吐すること (2) 吐き気；胸のむかつき ओकाई आ॰ 吐き気を催す उस कमरे में पाँव रखते ही ओकाई आने लगती थी その部屋に足を踏み入れるととたんに吐き気を催すのだった

ओकार [名] ओ の文字と発音

ओकारांत [形] ओ 語尾の

ओ के [感] 《E. O.K., OK》オーケー；OK；よろしい；オーライ = आल राइट.

ओक्य [名] (1) 喜び (2) 休憩所；やすらぎの場所 (3) 家

ओक्सीजन [名*] 《E. oxygen》酵素= ऑक्सीजन.

ओखद [名*] 薬= औषध; दवा.

ओखल[1] [名] 臼= ऊखल; ओखली.

ओखल[2] [名] 荒蕪地

ओखली [名*] 臼；石臼= काँड़ी; हावन. **ओखली में सिर डालना** = ओखली में सिर दे॰. वे ओखली में अपना सिर डाल चुके थे すでに危険に身を投じてしまっていた **ओखली में सिर दिया तो मूसल से कैसे बचते?** 一旦危険を承知の上で身を投じたからには危険は避けられない **ओखली में सिर दिया तो मूसलों से क्या डरना** 〔諺〕一旦手がけたからには危険や障害を恐れることがあろうか **ओखली में सिर दे॰** 自ら危険に身をさらす；危険に身を投じる；決心をして困難に立ち向かう तब कौन इस ओखली में सिर दे そうなればだれがこの危険に身をさらすものか **ओखली में सिर देकर मूसलों को न गिनना** 一旦やりかけたことは如何なる障害や苦労があろうとも意に介さない

ओखा[1] [形⁺] (1) 鈍い (2) 切れの鋭くない (3) 並みの (4) まじりもののある (5) 織り目の粗い (6) 水分のない；ぱさぱさした

ओखा[2] [名] 口実；言い訳= बहाना; हीला; मिस; ब्याज.

ओग [名] 税金，手数料，会費などに徴収された金

ओगरना [自] (1) 滲み出る；したたる (2) 洩れ出る

ओगल [名] 荒蕪地

ओगला [名]〔植〕タデ科ソバ（蕎麦）= कूटू.

ओ गॉड [感] 《E. Oh, God》まさか；えっ本当かい；おお神よ= ओ माई गॉड. 《E. Oh, my God》

ओगारना [他] (1) したたらせる (2) 汲み出す；かいだす (3)（井戸などを）浚う；浚える

ओगुण [名] = अवगुण.

ओघ [名] (1) 集まり；集合= समूह; ढेर. (2) 密度= घनत्व. (3) 水の流れ= प्रवाह; बहाव.

ओछा [形⁺] (1) 賤しい；下劣な；あさましい क्यों तुम्हारा हृदय ऐसा ओछा और नीच है? なぜお前の心はこんなに下劣で賤しいのか (2) 薄っぺらな；浅薄な；軽薄な；皮相な (3) 下品な；品のない (4) 小さな (5) わずかの；少額の (6) 軽い；弱い；力の入らない **ओछा घड़ा** 卑しい人；あさましい人；下劣な人 **ओछा हाथ पड़ना** 軽く叩かれる **ओछी कोख** 生まれた子の育たない母親（の母体） **ओछी नज़र** 無思慮なこと；短見；先見性の欠如 **ओछी नज़र से देखना** 見下げる **ओछी पूँजी** わずかの元手；少額の資本

ओछाई [名*] ←ओछा. = ओछापन.

ओछापन [名] ←ओछा. (1) 賤しさ；下劣さ (2) 軽薄さ (3) 下品さ तुम्हारी इतनी अवस्था हो गई, मगर ओछापन न गया 君はいい齢になったのに，軽薄さはとれていないな

ओज [名] → ओजस्. (1) 気力；活力；精力；元気 (2) 雄壮さ；勇壮さ；力強さ；迫力 (3) 威厳 (4) 光；輝き (5)〔修辞〕オージャ（10 種のカーヴィヤグナ काव्यगुण の一．多彩にして品位のある合成語や結合子音の多用により生じる音声的な特質のもたらす人を鼓舞したり勇気を起こさせる力強さ） = ओजसस्.

ओजपूर्ण [形] (1) 気力に満ちた；活気に満ちた (2) 雄壮な；勇壮な；鼓舞する；奮いたたせる ओजपूर्ण भाषा 勇壮な言葉

ओजरहित [形] (1) 無気力な सारा राष्ट्र ओजरहित हो जाता है, दूषित हो जाता है 国全体が無気力となり腐敗する (2) 力強さに欠ける

ओजस् [名] = ओज.

ओजस्विता [名*] (1) 気力や活力の横溢 (2) 雄壮さ；力強さ (3) 威厳

ओजस्वी [形] (1) 気力の横溢した；活力に満ちた (2) 雄壮な；力強い；力のみなぎった；迫力のある नुकीली मूँछों के बीच झाँकता ओजस्वी चेहरा ぴんとはねた口ひげの間にのぞく気力の横溢した顔 ओजस्वी भाषण 力強い演説 पांडित्यपूर्ण, ओजस्वी और धाराप्रवाह वक्तृता 豊かな学識に裏打ちされた力のみなぎった流れるような弁舌 (3) 威厳にあふれた उसने ओजस्वी वाणी में फिर वही उत्तर दिया 威厳に満ちた声で再び同じ答えをした ओजस्वी व्यक्तित्व 威厳のあふれた人柄

ओ जी [感] あの；ねえ（人に呼びかける言葉）

ओज़ोन [名] 《E. ozone》〔化〕オゾン

ओज़ोन मंडल [名] オゾン層〈ozone layer〉

ओझ [名] (1) 胃；胃袋= पेट. (2) 腸= आँत.

ओझर [名] = ओझ.

ओझल[1] [形] 視界の外の；視界から消え失せた **ओझल हो॰** 見えなくなる；姿を消す；視界から消え去る पीछे शहर का दृश्य आँखों से ओझल हो गया था 後方の街かげは見えなくなってしまっていた सुबह होने से पहले आपकी निगाहों से सदा के लिए ओझल हो जाऊँगा 夜の明ける前に永久にあなたの目の届かぬところへ参ります

ओझल[2] [名*] 物陰= ओट; आड़.

ओझा[1] [名] (1) 呪術師；祈祷師= सयाना. (2) オージャー（ビハールやグジャラート地方のブラーフマンのサブカースト名の一）

ओझाई [名*] ← ओझा. 悪魔祓いや病魔祓いの祈祷や呪術

ओट [名*] (1) 陰；物陰；陰に隠れること；視界が妨げられて見えないこと कुछ शिखरों की ओट में सूर्य अस्त हो रहा है 山々の峰の陰に日が沈もうとしている **(-की) ओट में जा॰** （ーに）隠れる；ひそむ बादलों की ओट में सूरज छिपा रहता है 太陽は雲の陰に隠れたまま पर्दे की ओट में カーテンの陰に आँखों से ओट हो॰ 見えなくなる；視界から消える= आँखों की ओट हो॰. (2) 庇護；保護；避難所 **(-की) ओट में** （ーを）隠れ蓑に；（ーを）口実にして **(-की) ओट में शिकार खेलना** （ーを）隠れ蓑にして攻撃を加える

ओटना [他] (1) 綿の種から綿を取り出す；綿繰り कपास ओटना 綿を取り出す (2) 同じことを繰り返し言う (3) 引き受ける；享受する

ओटनी [名*] 綿繰り車；綿車

ओटा[1] [名] (1) ついたて（衝立） (2) 陰；物陰

ओटा[2] [名] 綿繰りをする人

ओठँगना[1] [自] よりかかる；もたれる；凭れかかる= उठंगना.

ओठँगना[2] [他] つっかえをする；もたせかける भीतर से दरवाज़ा ओठँगकर मैं आँगन में चारपाई पर चुपचाप पड़ा था 内側から扉につっかえをして中庭でベッドにじっと横たわっていた

ओठ [名] 唇 → ओंठ; ओष्ठ. **ओठ चबाना** = ओंठ चबाना. 唇を噛む；歯ぎしりをする；唇を噛んで怒りをこらえる；悔しがる सब-इंस्पेक्टर ने ओठ चबाकर कहा 警部補は歯ぎしりをして言った

ओठकटवा [名] (1)〔医〕口唇裂；みつくち（兎唇） (2) 口唇裂の人

ओड़ [名] ロバや牛などの動物を使って運送をする人；馬方；牛方；馬車屋

ओड़न [名] (1) ओड़ (→) の仕事 (2) 馬方，牛方の運搬する荷

ओड़ना[1] [他] (1) 受ける (2) 防ぐ；防禦する；受け止める (3) 引き受ける；受ける；かぶる（被る）

ओड़ना[2] [他] ロバや牛の背に荷を積んで運搬する

ओडिया [形・名・名*] → उड़िया.

ओडियो [形・造語] 《E. audio; audio-》オーディオ ओडियो कैसेट 録音用カセットテープ

ओड़िसा [名] → उड़ीसा. オリッサ州（ベンガル湾に面したインド東部の州）

ओढ़ना[1] [他] (1) まとう；巻いて身を包む；引っかける；引っかけるようにして着る；身に巻きつける；羽織る बाजी फ्रॉक पहनती और दुपट्टा ओढ़ती हैं 姉さんはフロックを着てドゥパッターをまとう सर्दी ज़्यादा हो तो उन कपड़ों पर ऊनी चादरें और कंबल भी ओढ़ लेते हैं もっと寒ければそれらの服の上にウールのチャーダルや毛布も羽織る प्रदीप लिहाफ़ ओढ़े हुए थे プラディープはリハーフを

まとっていた पैरों में चप्पल डाल, कंबल ओढ़ サンダルをはき毛布で身を包み (2) かぶる（被る）；(頭や顔を) 覆う मैं हमेशा सिर पर टोपी ओढ़ता हूँ いつも帽子を被る पर्दा या बुरके को ओढ़कर パルダー，すなわち，ブルカーを被って (3) 引き受ける；身に受ける；被る महिलाओं ने अपने कार्यक्षेत्र में वृद्धि करके अपने ऊपर दोहरी ज़िम्मेदारी ओढ़ ली है 女性は自分の活動の場を広げて二重の責任を引き受けている (4) 身にまとう；つける；保持する；帯びる आज और चाहे कुछ हो, कम से कम अपनी इज़्ज़त तो ओढ़े बैठे हैं 今日は他がどうであれ少なくとも自分の面子だけは身につけている इस डर से कि लोग क्या कहेंगे, हम अपने चेहरे पर मुसकान ओढ़कर नाटक करते हैं 人は世間がどういうだろうかとの心配で微笑の面をつけて芝居をするものなのだ मैं एक मुसकराहट ओढ़कर दरवाज़े पर आकर खड़ी हो गयी 微笑を作って戸口に来て立った (5) 耐える；我慢する मैं समझ नहीं पाता कि स्त्रियाँ और मज़दूर मालिकों को क्यों ओढ़े हुए हैं 女性や労務者たちが雇い主たちをなぜ我慢するのか私には解らない **ओढ़ें कि बिछावें?** 役に立たないもの；無用のもの；使いみちのないもの

ओढ़ना[2] ［名］〔服〕体にまとうもの；羽織るもの；体に引っかけるようにして用いる衣服；オールナー (**-का**) **ओढ़ना उतारना** *a.* (ーの) 秘密を暴く *b.* (ーの) 名誉をけがす **ओढ़ना ओढ़ाना** 未亡人と結婚する **ओढ़ना-बिछौना** *a.* 敷物とまとうもの；敷物と被るもの；寝具 *b.* 生活用品；生活道具 *c.* 取るに足らないもの ओढ़ने-बिछौने तक को काफ़ी न था 生活用品すら揃っていなかった (-) **ओढ़ना-बिछौना बनाना** (ーを) 何用にも用いる；ありとあらゆることに使用する **ओढ़ना-बिछौना बाँधना** 出かける用意をする；出発の準備をする= ओढ़ना-बिछौना समेटना.

ओढ़नी ［名*］〔服〕オールニー（女性が頭から肩，背中，腰に打ちかけたりして身にまとう幅 150cm，長さ 250cm ほどの綿布または絹布） **ओढ़नी की बतास लगना** (妻の) 尻に敷かれる= ओढ़नी की हवा लगना. **ओढ़नी बदलना** (他人の女性同士がオールニーを交換して義理の) 姉妹関係を誓う

ओढ़वाना ［他・使］← ओढ़ना.

ओढ़ाना ［他］身にまとわせる；着せかける；かける मरीज़ को कंबल या रज़ाई से ओढ़ाए रखें 病人に毛布かふとんを着せかけておくようにしなさい मैंने अपनी शाल लड़की को ओढ़ा दी ショールを娘にかけてやった

ओढ़ाव ［名］服装；衣服；着物；衣装= पहनाव-ओढ़ाव.

ओणम ［名］オーナム祭；ティルヴォナム祭 (तिरुवोणम) (ヴィシュヌ神の第五化身ヴァーマナ (वामन) にその支配地を奪われたバリ王，もしくは，マハーバリ王 बलि (महाबलि) の年に一度の再訪を祝うとされる．インド暦 5 月 (日本の旧暦 7 月) の満月を中心に 4 日間祝われるケーララ地方の祭礼)

ओत[1] ［名］たていと（縦糸）= ताने का सूत.

ओत[2] ［名*］収入；利益；儲け= प्राप्ति; लाभ; नफ़ा. **ओत पड़ना** 儲かる；得になる **ओत-कसर** 損得= नफ़ा-नुकसान.

ओत[3] ［名*］安らぎ；安楽；楽= आराम; चैन.

ओत[4] ［名*］(1) 欠乏 (2) 不足

ओतप्रोत[1] ［形］(1) 満ち満ちた；満ち溢れた；横溢した विश्वकरुणा से वे ओतप्रोत हैं 博愛の精神に満ちている उनकी आँखों को देखकर मेरा बचपन का दिल भी भावना से ओत-प्रोत हो गया あの方の目を見て私の子供心も感動に満ち溢れた राष्ट्रीयता से ओतप्रोत वातावरण ナショナリズムの横溢した雰囲気 (2) しっかり編まれた；しっかり組み合わされた

ओतप्रोत[2] ［名］(1) 縦糸と横糸 (2) 相互に嫁のやりとりをする婚姻関係

ओथरा ［形⁺］浅い= उथला.

ओद ［形］濡れた；湿った；湿り気を帯びた= गीला; आर्द्र.

ओदन ［名］(1) ごはん；めし；米飯= भात; पका हुआ चावल. (2) 雲= बादल; मेघ.

ओदनी ［名*］〔植〕アオイ科雑草状低木アルバキンゴジカ【*Sidia cordifolia*】

ओदर ［名］= उदर.

ओदरना ［自］(1) 裂ける；破れる (2) 台無しになる

ओदा ［形⁺］(1) 濡れている ओदा वस्त्र 濡れた着物 (2) 湿っている；湿った

ओदारना ［他］(1) 裂く；引き裂く；破る (2) 台無しにする

ओध ［名］乳房= थन; स्तन.

ओधना[1] ［自］からまる；かかる；引っかかる= उलझना.

ओधना[2] ［自］取りかかる；従事する；取り組む

ओधना[3] ［他］定める；決める

ओनंत ［形］下向きになった；傾いた；しなった= अवनत; झुका हुआ.

ओना ［名］池の排水口

ओनाना ［自］聞こえる；音が耳に入る= सुनाई पड़ना.

ओनामासी ［名*］(1)〔ヒ〕古くから 5～6 歳で行われてきたヒンドゥーの子弟の学業始めとその儀礼；(子供の文字の) 習い始め (の儀式) = अक्षरारम्भ. (2) 始まり；開始；初め= आरंभ.

ओप ［名*］(1) つや；輝き；光沢= चमक; दीप्ति. (2) 顔の美しさ；顔の輝き (3) 磨き

ओपन ［形］《E. open》開かれた；オープンな= ओपेन.

ओपन टेनिस ［名*］《E. open tennis》〔ス〕オープンテニス

ओपन टेनिस प्रतियोगिता ［名*］《E. ← open tennis tournament》〔ス〕オープンテニス競技会

ओपन यूनिवर्सिटी ［名*］《E. open university》(1) オープンユニバーシティー (2) 放送大学= ओपेन यूनिवर्सिटी.

ओपना[1] ［他］磨く；光らせる；つやを出す

ओपना[2] ［自］光る；輝く

ओपनी ［名*］(1) といし（砥石） (2) つや出し；みがくもの

ओपी ［形］輝きのある；光沢のある

ओपेक ［名］《E. OPEC; Organization of Petroleum Exporting Countries》オペック；石油輸出国機構

ओपेन ［形］《E. open》開かれた；開いている；オープンな= आपेन.

ओपेन यूनिवर्सिटी ［名*］→ ओपन यूनिवर्सिटी.

ओपोसम चिंगट ［名］《← E. opossum(shrimp) + H.》〔動〕甲殻類アミ（醤蝦）

ओफ़ ［感］《H.?, A. اوف ← اف ?》痛みや悲嘆の気持ちを表す言葉 ओफ़! आप इतने कमज़ोर हो गये! ああなんとまあ，おやつれになられてしまって ओफ़ ओह いや参った！；こりごりした；いやはや思い出してもぞっとする ओफ़ कैसा ख़तरनाक वीराना है ああ何たる恐ろしき荒野なるぞ ओफ़, बड़ी गरमी है やあ何と暑いことか

ओफ़्फ़ोह ［感］(1) 悲嘆を表す言葉 ओफ़्फ़ोह, अब बस भी करो यह रोना धोना ああ，もうやめてくれ泣きわめくのは (2) へえ (ー)；ほう（驚きやあきれたりした気持ちを表す）

ओम् ［名］〔ヒ〕(1) ヴェーダ聖典などを誦する際その前後に唱えられる聖音；オーム．普通 ॐ と記される= ओं; ओंकार. ओम् शांति: शांति: शांति: などと唱えられる (2) ヒンドゥー教の主要三神ヴィシュヌ神，シヴァ神，ブラフマー神を表すとされる聖音

ओम ［名］(1)〔人名〕ゲオルグ・オーム (Georg Ohm (1789–1854)) ドイツの物理学者 ओम का नियम オームの法則 (2)〔電〕オーム (電気抵抗の実用単位 Ω)

ओयाशियो ［名］《E. Oyashiyo ← J.》親潮 ओयाशियो ठंडी धारा 親潮寒流

ओरंगोटंग ［名］《E. orang-utang》〔動〕類人猿オランウータン= औरंगोटंग; आरं-उटांग.

ओर[1] ［名*・後置］(注) これは数詞に先行されると男性名詞扱いされる (1) 方角（に／へ）；方向（に／へ）；一方（に／へ） वह सिपाही की ओर आगे बढ़ा 警官の方へ進み出た वह घर की ओर चल दिया 家に向かって歩き出した रूपा की आँखें आकाश की ओर थीं ルーパーの目は天を向いていた अपने पाँव के सैंडल की ओर इशारा करते हुए 自分の履いているサンダルの方を指し示しながら (**-के**) **चारों ओर** (ーの) 四方に；四方八方に；ぐるりに；四囲に किले के चारों ओर नहर है 城のぐるりには水路がある चारों ओर 周囲に；ぐるりに；放射状に (2) 側（に／へ）；一方（に／へ）；一面（で） अपनी ओर 自分の方；自分の側；味方 अपनी ओर क॰ 自分の味方にする；味方に引き入れる उसे ढेर सारा रुपया देकर उन्होंने अपनी ओर कर लिया その男に大金を与えて自分の味方に引き入れた (**-के**) **एक ओर …दूसरी ओर…** (ーの) 片方には…他方には… राजकुमारी के एक ओर बिल्ली और दूसरी ओर चूहा बैठा 王女の片側に猫がもう一方にネズミが座った दोनों ओर से गोलाबारी हो रही है 両方から弾丸を撃ち合っている (**-के**) **दोनों ओर** 両方に；両側に सड़क के दोनों ओर 道の両側に (**-की**) **ओर से** *a.* (ー) によっ

て；(—) から；(—) の側から；(—) の側に立って विकासशील देशों की ओर से यह घोषणा करनी पड़ी 開発途上国の側から次の声明を出さなければならなくなった उस युद्ध में शुजाउद्दौला अहमदशाह अब्दाली की ओर से लड़ा था その戦いではシュジャーウッドーラーはアフマドシャー・アブダーリーの側に立って戦った उन्हें प्रधान मंत्री की ओर से एक गुलदस्ता भेजा गया 同氏には首相からの花束が送り届けられた दिल्ली आर्य सभा की ओर से आयोजित प्रतियोगिता デリー・アーリア会によって催された競技会 अब एक दल की ओर से चुनाव में खड़े हैं 今やある政党から立候補している *b.* (—に) 代わって；(—を) 代表して राष्ट्रपति की ओर से सरकार का संचालन प्रधान मंत्री करता है 大統領に代わって首相が政府を統轄する वे इंग्लैंड की ओर से टेस्ट क्रिकेट खेले 同氏はイギリスチームの代表としてテストマッチでプレーをした सब की ओर से 一同を代表して **ओर उठाना** えこひいき（依怙贔屓）する

ओर[2] [名] (1) 末端；端；終わり；はて；切り (2) 最初；はじめ (-का) **ओर आ॰** *a.* (—が) 終わる；終了する；尽きる *b.* (—が) 滅する；滅びる (-का) **ओर क॰** (—を) 終える；終わらせる；終了させる **ओर छोर** 先端と末端；最初と最後；始終；端から端まで；際限 (-का) **ओर छोर न हो॰** (—の) はてしがない；(—に) きりがない；(—の) 極限がない (-का) **ओर न छोर हो॰** はてしがない；きりがない **ओर निभाना** 最後まで責務を果たす；やりとげる；なしとげる

ओरती [名*] = ओलती.

ओराँव[1] [名] オラーオン（ビハール南部，マディヤ・プラデーシュ東部，オリッサ西部を中心に居住する部族民．北ドラヴィダ語派に属するクルク語／クルフ語を母語とする）

ओराँव[2] [名*]〔言〕オラーオン語（オラーオン人の言語，ドラヴィダ語族に属する．クルフ語もしくは，クルク語 कुरुख と呼ばれる）

ओरा [名] ひょう（雹）= ओला.

ओराना [自] (1) 終わる；終了する (2) 尽きる

ओरिया [名*] = ओरी.

ओरी [名*] のき（軒） **ओरी का पानी बड़ेरी चढ़ाना** 困難なことをする

ओरी [名*] 方角；方向

ओलंदाज [名]《F. Hollandaise》オランダ人= ओलंदेज.

ओलंदेजी [形] オランダの

ओलंपिक[1] [名]《E. Olympic》オリンピック हर ओलंपिक में いずれのオリンピックでも

ओलंपिक[2] [形] オリンピックの；国際オリンピック競技の ओलंपिक इतिहास में オリンピック史上

ओलंपिक खेल [名]《← E. Olympic Games》国際オリンピック大会

ओलंपिक गाँव [名] オリンピック村

ओलंपिक ज्योति [名*] オリンピック聖火 ओलंपिक ज्योति मांट्रियाल को रवाना オリンピック聖火モントリオールへ

ओलंपिक संविधान [名] オリンピック憲章

ओलंपिक्स [名]《E. Olympics》国際オリンピック大会 1976 के मांट्रियाल के ओलंपिक्स में 1976 年のモントリオールオリンピックで

ओलंभा [名] 苦言；不平= शिकायत; उलाहना.

ओल[1] [名]〔植〕サトイモ科ゾウゴンニャク【*Amorphophallus campanulatus*】= सूरन; जिमीकंद.

ओल[2] [形] 濡れた；湿った= गीला.

ओल[3] [名] (1) 人質 (2) 質 (3) 口実

ओलक [名] (1) 目隠し；ついたて (2) 物陰

ओलग [形] 離れた= अलग; पृथक्.

ओलगना [自] 離れる；引き離される= अलग हो॰; दूर हो॰.

ओलचा [名]〔農〕(1) オールチャー（畑の撒水に用いられる櫂の形の道具） (2) オールチャー（灌漑用の水を 2 人で汲み上げるのに用いられる 4 本の綱のついた筒形の農具）

ओलची [名*]〔植〕バラ科小木サンカオウトウ（酸果桜桃）；スミノミザクラ（酸味実桜）【*Prunus cerasus*】= गिलास.

ओलती [名*] のき（軒）；ひさし（庇） **ओलती तले का भूत**〔諺〕獅子身中の虫

ओलना[1] [他] (1) 目隠しをする (2) 防ぐ；防禦する (3) 引き受ける

ओलना[2] [他] 突きさす；さしこむ

ओलम्पिक [名] = ओलंपिक. オリンピック競技 ओलम्पिक खेल

ओला[1] [名] (1) 雹；霰 (2) 氷砂糖の一種 **ओले पड़ना** *a.* 雹が降る *b.* 災難に遭う

ओला[2] [名] (1) ついたて；目隠し (2) カーテン；とばり（帳／帷） (3) 秘密；内緒のこと

ओला[3] [形+] 非常に冷たい ओला क॰ 冷やす

-ओला[4] [接尾] 指小辞 खाट 寝台→ खटोला 小型の寝台.

ओलिंपिक = ओलंपिक. オリンピック競技= ओलिंपिक खेल

ओलिगार्की [名*]《E. oligarchy》〔政〕寡頭政治；少数独裁政治 = अल्पतंत्र.

ओलियम [名]《E. oleum》〔化〕発煙硫酸 ओलियम गैस रिसी थी 発煙硫酸ガスがもれたのだった

ओलियाना [他] (1) 抱く (2) (器に) 入れる (3) さしこむ

ओली [名*] (1) 胸，懐，膝など子供を抱きかかえる時にふれる部分= गोद. (2)〔裁〕ドーティー，サリー，ドゥパッターなどの縁；ヘム；ボーダー (3) 袋 **ओली ओड़ना** *a.* 乞う；物乞いをする *b.* 嘆願する= ओली पसारना.

ओल्ड टेस्टामेंट [名]《E. Old Testament》旧約聖書 = पूर्व विधान. →新約聖書 बाइबिल; इंजील

ओल्ड पीपल्स होम [名]《E. old people's home》老人ホーム

ओवन [名]《E. oven》オーブン／オーヴン→ ओवेन.

ओवर[1] [形]《E. over》終わった；終了した

ओवर[2] [名]《E. over》〔ス〕オーバー（クリケット競技の）

ओवरकोट [名]《E. overcoat》〔服〕オーバーコート；オーバー；外套（トレンチコートなども含めて） उन्होंने ओवरकोट कभी नहीं पहना オーバーを一度も着たことがなかった

ओवरटाइम [名]《E. overtime》(1) 残業；時間外勤務；時間外労働；超過勤務 ओवरटाइम क॰ 残業する；時間外勤務をする ओवरटाइम कम क॰ 残業を減らす (2) 残業手当；超過勤務手当

ओवरटेक [名]《E. overtake》追い越し ओवरटेक करने की मनाही 追い越し禁止= ओवरटेक मना

ओवरटेकिंग [名*]《E. overtaking》追い越し

ओवरब्रिज [名]《E. overbridge》陸橋；架道橋；跨線橋

ओवरसियर [名]《E. overseer》監督；現場監督；職長

ओवरहॉलिंग [名]《E. overhauling》(1) オーバーホール；分解検査；分解修理 (2)〔医〕精密検査

ओवरहीट [名]《E. overheat》過熱；オーバーヒート

ओवरहैंड [形・副]《E. overhand》〔ス〕オーバーハンドの；オーバーハンドで；上手投げの（で） ओवरहैंड पास オーバーハンドパス ओवरहैंड सर्विस オーバーハンドサービス

ओवेन [名]《E. oven》オーブン= चूल्हा; ओवेन बिजली का चूल्हा 電気オーブン

ओषण [名] 辛み = तिक्तता.

ओषध [名⁻] 薬；薬剤 → औषधि.

ओषधि [名*] (1) 薬草 (2) 薬；薬剤

ओषधीश [名] 月；太陰

ओष्ठ [名] 唇= ओंठ; ओठल; होंठ.

ओष्ठ-पठन [名] 読唇

ओष्ठमृदु तालव्य [名]〔言〕唇軟口蓋音 〈labio-velar〉

ओष्ठीय [形] ← ओष्ठ. 唇の；口唇の

ओष्ठ्य [形] (1) 唇の (2)〔言〕唇音の；両唇音の 〈labial〉

ओष्ठ्यरंजन [名]〔言〕唇音化 〈labialization〉

ओष्ठ्यरंजित [形]〔言〕唇音化した 〈labialized〉

ओस [名*] (1) 露 (2) ごく微少のもの（のたとえ）；甚だ微少のもの ओस का मोती はかないもの **ओस चाटने से प्यास न बुझना** 少なすぎて到底役に立たないことや全然足りないことのたとえ；雀の涙 **ओस पड़ना** *a.* 露が降りる *b.* 勢いがなくなる；しおれる；生気がなくなる *c.* 元気がなくなる *d.* 恥じ入る

ओसर [名] = अवसर.

ओसरा [名] 番；順番 = बारी; दाँव.

ओसरी [名*] 番；順番 = बारी; पारी.

ओसवाल [名] オースワール・カースト（ラージャスターンのメーワール地方の商人カーストの一．ヒンドゥーとジャイナ教徒の両者が含まれる） ओसवाल जैन オースワールのジャイナ教徒

ओसांक [名]〔物理〕露点 〈dew point〉

ओ

ओसाई [名*]〔農〕風選
ओसाना [他] 脱穀した穀物を風で殻粒と殻とをよりわける（選別する）；風選の要領でよりわける＝ बरसाना. पुरवा हवा में ओसाने से अनाज में कुछ गीलापन रह जाता जिससे घुन बहुत जल्दी लग जाते हैं 東風が吹く時に風選すると穀物に若干の湿気が残るのでコクゾウムシがすぐにつく **अपनी ओसाना** *a.* 自分ひとりしゃべりまくる *b.* 叱りつける
ओसारा [名] 表に突き出た玄関 ओसारे के खंभे पर हाथ रखे オーサーラーの柱に手をやって
ओसेअनिया [名]《E. Oceania》オセアニア；大洋州
ओह[1] [感] (1) 軽い驚きの気持ちを表したり呼びかける挨拶の言葉 ओह! बड़ी ख़ुशी हुई आपसे मिलकर やあやあこれはお目にかかれて嬉しうございます ओह! कौन मंगलदास जी? आओ दोस्त आओ やあマンガルダースさんですか，お出で下さいよぜひ (2) 悲嘆の気持ちを表す दादी, ओह! कितनी अच्छी थी, दादी ああ悲しい. おばあさんは本当にいいおばあさんだったわ (3) 腹立ちの気持ちを表す ओह! तो इसे दिखाने के लिए तूने मेरी नींद ख़राब कर दी.बदतमीज़ कहीं की なんだとこれを見せるためにおれを無理矢理起こしたのかい. ひどいやつだ तुम मेरे दुःख को सौ गुना कर देना चाहते हो, ओह! 君は僕の悲しみを百倍にしたいのだ，ひどいぞ
ओह[2] [代] ＝ वह.
ओह[3] [感]《E. oh》驚きや恐れ，苦痛，呼びかけなどを表す言葉 **ओह, ग्लैड टू मीट यू** はじめまして（初対面の挨拶の言葉）〈Oh, glad to meet you〉
ओहदा [名]《A. عہدہ》(1) 位階；位；地位；ポスト (2) 役職
ओहदेदार [名]《A.P. عہدہدار》役職者
ओहार [名] かご（駕籠，轎）などにかける布のおおい
ओहारी [名]〔鳥〕タマシギ科タマシギ【*Rostratula benghalensis*】
ओहो [感] (1) 驚きを表す言葉. なんと，なんとまあなど ओहो भाभी, कितना काम करोगी? थोड़ी देर आकर पास बैठो न なんとまあ，姉さんどれだけ働くつもりなの. ねえ，少しはこちらへ来て腰を下ろしなさいよ (2) 喜びを表す言葉. わあ，すごい，素敵など ओहो! गाड़ियों में तो सेब भरे हैं わあい，車にはリンゴがいっぱいだ ओहो काशी यात्रा को गये थे? ああそれはそれは，カーシーへお出かけでしたか

औंगना [他] 注油する；車軸に注油する；油差し；潤滑油をさす
औंगा [形+] (1) 生まれつき耳が聞こえず言葉を話すことのできない；おしの；聾の；聾唖の ＝ गूँगा. (2) 無口な；無言の
औंगी [名*] (1) 聾であること；聾唖 (2) 無言；無口
औंजना[1] [他] 注ぐ；入れる＝ उँडेलना.
औंजना[2] [自] (1) あわてる；動転する (2) 飽き飽きする；うんざりする；いやになる
औंटन [名] 地面にいけこんだ木の台（物の加工，工作，飼料の切断などに用いられる）
औंटना [自] ＝ औटना.
औंटाना [他] ＝ औटाना.
औंठ [名] 物体の周辺部の盛り上がった部分；盛り上がったへり औंठ उठाना 荒蕪地を耕す
औंड़ [名] 穴掘り人夫；土掘り人夫；土工；土木作業員
औंड़ा[1] [形+] 深い＝ गहरा; गंभीर.
औंड़ा[2] [形+] 上がった；増した；盛り上がった＝ बढ़ा हुआ; चढ़ा हुआ.
औंड़ा[3] [形+] さかさまの；逆の；反対の＝ औंधा.
औंदना [自] (1) 熱狂する；正気を失う (2) あわてる；うろたえる；狼狽する＝ घबराना.
औंदाना[1] [他] (1) 熱狂させる (2) あわてさせる；うろたえさせる；狼狽させる
औंदाना[2] [自] ＝ औंदना.
औंधना[1] [自] (1) うつむく；下向く；うつぶせになる (2) ひっくり返る；さかさまになる＝ उलटा हो॰; उलट जा॰.
औंधना[2] [他] (1) うつむかせる；下向ける；うつぶせにする (2) ひっくり返す；さかさまにする
औंधा [形+] (1) うつむけの；うつぶせの औंधा पड़ना うつぶせる（俯せる）；うつぶす（俯す） (2) 下向きの；さかさまの इसे पानी भरकर औंधा लटका दिया जाता है それは水を入れて下向きにされる **औंधा हो जा॰** *a.* 倒れる *b.* 失心する；意識を失う **औंधी खोपड़ी का** 非常識な（人）；大馬鹿（の）；間抜け **औंधे गिरना** *a.* うつむけに倒れる *b.* ひどくだまされる *c.* 間違う；誤る **औंधे घड़े पर पानी डालना** 話しても何の効果もない相手に言う **औंधे मुँह** うつむけに औंधे मुँह लेट गये うつむけに横たわった औंधे मुँह ज़मीन पर गिरे うつむけに地面に倒れた **औंधे मुँह गिरना** ＝ औंधे गिरना. **औंधे मुँह दूध पीना** 幼稚なことをする
औंधाना [他] (1) うつぶせる；うつむける (2) さかさまにする；ひっくり返す (3) 下げる；下向ける वह बक्स पर ही औंधाने लगा 箱の上でひっくり返し始めた
औंस [名]《E. ounce》オンス（質量単位，16 分の 1 ポンド） एक औंस गुलाब जल バラ香水 1 オンス पाँच औंस प्रति किलोग्राम 1kg につき 5 オンス
औंसना [自] 蒸し暑い；むしむしする＝ उमस हो॰.
औ [接] ＝ और.
औक़ात[1] [名*, pl.]《A. اوقات←وقت वक़्त》(1) 身分；地位 तू अपनी औक़ात में रह 身分をわきまえろ मंदिर के भीतर जाकर भगवान के दर्शन करने की हमारी औक़ात नहीं है 手前はお寺の中に入って神様を拝める身分ではないのです अपनी औक़ात को मत भूलो, वह दिन भूल गई जब तुम्हारे घर की किसी औरत के पास एक छोड़ दूसरी साड़ी न थी,…? よいか，己の身分を忘れるなよ. お前の家の女のだれ一人着替えのサリーを持っていなかった時があったのだぞ (2) 力量；能力；経済的能力；甲斐性 मेरी औक़ात ही क्या है बाबू जी? दस-बारह आने का मजूर हूँ, पर…手前の甲斐性なんて知れていますよ旦那さま，せいぜい 10 アンナほど稼ぐ人夫でございま

す．でも… ज़्यादा देने की औक़ात नहीं これ以上差し上げる力がないのです **औक़ात पर आ॰** 正体が現れる；本性を現す **औक़ात पर रहना** 身のほどをわきまえた行動をする；自分の力量や甲斐性に合わせた暮らしを立てる

औक़ात[2] [名, pl.] 《A. اوقات ← وقت》時；折 ख़ाली औक़ात में 暇な時に उन्होंने पढ़ना छोड़ दिया बहन, पढ़कर औक़ात ख़राब करना था और क्या? 勉強をやめてしまったの．勉強しても時間を無駄にするだけだったのだもの **औक़ात बसर क॰** 暮らしを立てる；生活する；生計を立てる **औक़ात बसर हो॰** 暮らしが立つ एक पैसे के चने ले आओ.आज उन्हीं पर औक़ात बसर होगी 1 パイサーのチャナー（ヒヨコマメ）を買っておいで．今日の暮らしはそれで行こう

औकान [名*]〔農〕脱穀や穀物を風選で選り分けるために積み上げた収穫物

औखद [名] 薬＝ औषध; दवा.

औखल [名*] 休閑地を耕作地に戻したもの

औखा[1] [名] (1) 牛皮 (2) 牛皮製の皮袋

औखा[2] [形+] 困難な；苦しい；辛い औखे दिन आ॰ 苦難に見舞われる

औगत [名*] 窮状；苦しく辛い境遇＝ अवगति; दुर्दशा.

औगाहना [自] 水浴びする；沐浴する

औगी[1] [名*] (1) 馬を追うのに用いる綱 (2) 牛を追うのに用いる棒

औगी[2] [名*] 動物を生け捕りにするための落とし穴

औगुन [名] ＝ अवगुण.

औघट [形] 険しい；危険な；困難な औघट घाट 険しい道；難路＝ औघटघाटी. **औघट घाट उतारना** 困らせる；辛い目に遭わせる **औघट घाट लगना** 苦難におちいる

औघड़[1] [名] (1)〔ヒ〕アゴーラ（アゴール）派（अघोर पंथ）の信奉者 (2) 気ままに振る舞う人 (3) 無分別な人；無思慮な人

औघड़[2] [形] (1) めちゃくちゃの；でたらめの；いいかげんな (2) 特異な；風変わりな；異様な

औघड़ पंथ [名] ＝ अघोर पंथ.

औघर [形] ＝ औघड़.

औचक [副] 不意に；突然に＝ सहसा; एकाएक; अचानक.

औचकपन [名] 突発性；不意；不測；唐突さ

औचट[1] [副] (1) 不意に；突然に (2) うっかりして；誤って

औचट[2] [名*] 危機；危難；困難 औचट में पड़ना 困難におちいる；危難に遭う

औचित्य [名] ← उचित. 適性；適合；妥当性 तालेबंदी के औचित्य पर फिर से विचार क॰ ロックアウトの妥当性について再考する

औचित्यपूर्ण [形] 適正な；ふさわしい；正しい；妥当な भूमि का अधिक औचित्यपूर्ण विभाजन 土地のより適正な分配 औचित्यपूर्ण व्यवहार 正しい行動

औछ [名] アカネ科低木【*Morinda angustifolia*】の根（黄色の染料が得られる）

औज[1] [名*] 高さ；高み＝ ऊँचाई.

औज[2] [名] くるぶし＝ बाँक. औज में गुठलियाँ पैदा हो जाती हैं くるぶしにたこができる

औजड़ [形] 気まぐれな；気ままな

औजस [名] きん（金）＝ सोना; स्वर्ण; कंचन.

औज़ार [名, pl.] 《A. اوزار ← وزر विज़्र》道具；機具；機械；機器 अच्छे औज़ार 上等の機具 खेतीबाड़ी के औज़ार 農機具 बढ़ई के औज़ार 大工道具；木工道具＝ बढ़ई का सामान. बाल काटनेवाले औज़ारों का थैला 散髪道具を入れる袋 खुरचने वाला औज़ार こそげるのに用いる道具

औझड़[1] [副] 続けざまに；絶え間なく；連続して **औझड़ मारना** 激しく殴る；めった打ちにする＝ औझड़ लगाना.

औझड़[2] [形] (1) 考えのない；無思慮な (2) 無分別な；分別のない；めったな (3) 気ままな (4) 気まぐれな

औझप्पा [名] かかし（案山子）＝ बिदूका; बिजूका.

औझर [副] ＝ औझड़[1].

औटन [名*] (1) 煮えること；煮つまること (2) 沸騰すること (3) タバコの葉を刻むのに用いるナイフ

औटना[1] [他] (1) 煮つめる；煮る (2) たぎらせる；沸騰させる

औटना[2] [自] (1) 煮つまる (2) ぐるぐる回る

औटनी [名*] しゃくし（杓子）

-औटा [接尾] (1) 器や入れものを表す語を作る (2) 動物の子を表す語を作る बिलौटा 子猫→ बिल्ला/बिल्ली 猫.

औटाना [他] 煮つめる；煮る पिस्ता, बादाम, मखाने और तरह-तरह के मेवे दूध में औटाये गये ピスタチオ，アーモンド，オニバスの実など様々なドライフルーツが牛乳で煮つめられた औटाया हुआ (अधिक पकाया हुआ) दूध पिलाने से 沸騰させた（煮つめた）牛乳を飲ませると

औड [形] 湿った；濡れた；水分を含んだ；水気を帯びた＝ गीला; तर.

औड़ा [副] 内に；内側に；内部へ

औड् [名] (1) オードラ ओड्र（現今のオリッサ地方）の住人 (2) ओड्र の王

औढर [形] 気まぐれな；気ままな；気分屋の

औढरदानी[1] [形] 気前よく与える；惜しみなく与える

औढरदानी[2] [名]（惜しみなく与える）シヴァ神の異名の一

औतरना [自] 化現する；権化する → अवतार.

-औता [接尾] 動詞語根に添加されてその動作や作用を表す語を作るヒンディー語の接尾辞 √समझ् → समझौता 話し合い；妥協；譲り合い

औतार [名]〔ヒ・仏〕化現；権化＝ अवतार.

-औती [接尾*] 動詞語根に添加されてその動作・作用を表す語を作る √मना - मनौती 願掛け

औत्सुक्य [名] ← उत्सुक. 熱意；熱心；熱中＝ उत्सुकता.

औदर [形] 胃の；腹の→ उदर.

औदरिक [形] (1) 胃の；腹の (2) 大食の

औदार्य [名] ＝ उदारता ← उदार.

औदास्य [名] ← उदास. ＝ उदासता.

औदीच्य[1] [形] 北の；北方の＝ उत्तरी; उदीचीन; शिमाली.

औदीच्य[2] [名] グジャラート地方のバラモンの一集団名

औदुंबर[1] [形] (1) クワ科フサナリイチジク (उदुंबर)【*Ficus racemosa*】の木で作られた (2) 銅製の

औदुंबर[2] [名]〔ヒ〕フサナリイチジクの木で作られた祭儀（ヤジュニャ）用の器

औद्धत्य [名] 無作法；傲慢さ；横柄さ＝ धृष्टता.

औद्योगिक [形] 産業の；産業上の；工業の；工業上の→ उद्योग. औद्योगिक उत्पादन 工業生産 औद्योगिक कचरे 産業廃棄物 औद्योगिक प्रतिष्ठान 製造会社；工場 औद्योगिक प्रतिष्ठान टेक्नीशियन 工場技師 औद्योगिक देश 産業国家；工業国 औद्योगिक नगर 工業都市 औद्योगिक संबंध 労使関係；労働関係

औद्योगिककरण [名] ＝ औद्योगीकरण.

औद्योगीकरण [名] 産業化；工業化 औद्योगीकरण हो॰ 産業化される；工業化される

औन [名*] ＝ अवनि.

औनापौना [形+] (1) 半分あるいは 4 分の 3 の；少々の (2) 安売りの；安値の；割引値の；投げ売りの औनेपौने दाम पर आवंटित क॰ 安売りする；投げ売りに出す **औनेपौने** 安売りで；投げ売りで **औनेपौने क॰** *a.* 安売りする；投げ売りする *b.* 台無しにする＝ औनेपौने दे॰. **औनेपौने निकालना** 投げ売りする＝ औनेपौने बेचना.

औपचारिक [形] (1) 正式の；正規の औपचारिक शिक्षा 正規の教育 (2) 公式の औपचारिक घोषणा 公式発表 औपचारिक वार्ता आरंभ हुई 公式会談が開始された (3) 儀礼的な；形式的な औपचारिक बातचीत के बाद 儀礼的な挨拶の後 (4) 形式張った；よそよそしい；堅苦しい इस तनावयुक्त, अति-संगठित तथा बेहद औपचारिक समाज में この緊張した，極度に組織化され極めて堅苦しい社会において **औपचारिक रूप से** 公式に；正式に；形式的に

औपचारिकता [名*] ← औपचारिक. (1) 形式主義；形式へのこだわり；形式尊重 (2) 堅苦しさ；儀式ばること औपचारिकता निभाना 儀式や形式を重んじる औपचारिकता का निर्वाह 儀礼を守ること **औपचारिकता बरतना** 形式ばる；儀式ばる उनके साथ भी मात्र औपचारिकता ही बरती गई 同氏に対しても単に形式的な扱いがなされた

औपदेशिक [形] ← उपदेश. (1) 教訓的な；教示する；感化する (2) 説教の；説法の (3) 説教；説法により生活を営む (4) 説教・説法により得られた

औपनिवेशिक[1] [形] ← उपनिवेश. 植民地の；植民地的な；植民主義的な＝ उपनिवेशी. औपनिवेशिक मानसिकता 植民地根性；奴隷根性

औपनिवेशिक साम्राज्यवाद 植民地主義的帝国主義 औपनिवेशिक नीति 植民政策 औपनिवेशिक प्रशासन 植民地支配 औपनिवेशिक दिमाग़ 植民地根性 औपनिवेशिक युद्ध 植民地戦争

औपनिवेशिक[2] [名] 植民地住人；植民地移住民

औपनिषद [形]〔ヒ〕ウパニシャッド (उपनिषद्) の

औपन्यासिक[1] [形] ←उपन्यास. (1) 小説の (2) 小説的な (3) 珍しい；珍奇な；特異な

औपन्यासिक[2] [名] 小説家= उपन्यासकार.

औपन्यासिकता [名*] 珍しさ；珍奇さ；特異さ

औपपत्तिक [形] (1) 適切な (2) 理にかなった；理屈に合った (3) 理論上の

औपपत्तिक शरीर [名]〔イ哲〕微細身= लिंगशरीर.

औबाश [名] 《A. اوباش》ならず者；悪党；ごろつき；無頼漢

औबाशी [名*] 《A.P. اوباشی》悪行；悪事；無頼；無礼

औरंग [名] 《P. اورنگ》(1) 王座；玉座；王位 (2) 英知

औरंग-उटान [名] 《E. orangutan/orangoutan》〔動〕ショウジョウ科オランウータン；ショウジョウ= ओरंगोटंग; औरंग-उटान.

औरंगज़ेब [名]《P. اورنگ زیب》(1) 支配者 (2)〔人名・イ史〕ムガル朝第 6 代皇帝アウラングゼーブ／オーラングゼーブ (1618–1707, 在位 1658–1707)

औरंगाबाद〔地名〕《P. اورنگ آباد》アウランガーバード (マハーラーシュトラ州中部の都市)

औरंगोटंग [名] オランウータン= औरंग-उटान; ओरंगोटंग.

और[1] [接] 対等な関係の語や句，文節などをつないだり列挙したりする接続詞．と，及び，そして，で，それで，そうして，して，もってなど दो और दो कितने होते हैं? 2 と 2 (2 足す 2) ではいくつになるか सन '60 और '68 के दरम्यान की हर तीसरी चौथी फ़िल्म 1960 年から 1968 年の間に作られた映画の 3 分の 1 か 4 分の 1

और[2] [形] (1) ほかの；他の；別の= अन्य; दूसरा. (2) より多くの；それ以上の

और[3] [副] それ以上に；更に；もっと；もう मैं और चुप न रह सकी 私はもう黙っておれなかった धनिक वर्ग और धनवान बनता जाता था 裕福な階層はさらに豊かになって行くのだった बच्चों का हरदम सहमा सहमा रहना अब और नहीं देख सकता 子供たちが四六時中おびえているのをもうこれ以上見ておれない और ऊँची डाल पर もっと高い枝に इस जवाब से और भी चिढ़कर बोली この返答に更に怒って言った वह और दो सौ ऐंठ ले गया था さらに 200 ルピーむしりとって行った मैं 2 दिन और अस्पताल में रही 私はさらに 2 日間病院にとどまっていた

और[4] [代] (1) 他人；他の人；別の人 वे औरों की कमाई से अपना घर नहीं भरते हैं あの方は他人の稼ぎで自分の家を満たすことはない (2) ほか (他／外)；他のもの；外のもの；別のもの इतना पाकर और पाने की प्यास これほどのものを得た上でさらに得ようという渇望 नियति को कुछ और ही स्वीकार था 運命には少し別のものが予定されていた **और का और** とんでもないこと；途方もないこと **और का और हो॰** すっかり変わる **और की और कहना** 全く別の話をする **और की फुल्ली देखना, अपना टेंटर न देखना** 他人の欠陥ばかりあげつらうこと **और क्या?** *a.* その通り；全くその通り *b.* もっともだ；当然だ；当たり前だ **और घर देखना** 他人をあてにする；人を頼りにする **और तुर्रा यह कि**…その上…；おまけに… **और तो और** それはともかく；他はさておき；それどころか और तो और, पक्षियों के घोंसलों में से नन्हें बच्चों और अंडों तक को वह चुरा कर खा जाता है それはともかく鳥の巣からひなや卵までも盗んで食べてしまうのだ **और दरवाज़ा देखना** 他人をあてにする **और भी** いわんや= और भी अधिक; और भी ज़्यादा. **और रोना ही क्या है** それが残念なことだ；これが口惜しいことだ **और ही कुछ हो॰** 非常に特異な；特別風変わりな **और ही धातु का बना हो॰** 特異な **और ही रंग खिलना** すっかり別の展開になる；全く珍しい事態になる

और कुछ [代] 何か他のもの；何か別のもの वह रास्ता नहीं उत्सर्ग है.उसपर चलकर फिर और कुछ नहीं रह जाता それは道ではないんだ．捨て去ることなんだ．その道を行けばほかには何も残らないんだ

और कोई [代・代形] 何か不特定のものを表す不定代名詞兼不定代名形容詞．斜格形は और किसी. だれか他の (人)；他のだれか；他の何かの= कोई और. उस निठल्ले को और कोई काम नहीं あのぐうたらには他には何もすることがない यह रामायण और किसी को सुनाओ この長話は誰か他の人に聞かせなさい (私は聞きたくないんだ止めてくれ)

औरगेंजा [名] 《E. organza》オーガンザ；オーガンディー औरगेंजा की एक सुंदर साड़ी オーガンザの美しいサリー

औरत [名*]《A. عورت》(1) 女性；婦人；女= महिला; नारी. कामकाजी औरतें 勤労女性 (2) 妻；家内= पत्नी; घरवाली; गृहिणी. **औरत ज़ात** 女性；女性たち= औरत जात. औरत जात का क्या भरोसा? 女どもがあてになろうか **औरत-मर्द** *a.* 男と女；男女= नर-नारी; स्त्री-पुरुष. *b.* 妻と夫；夫妻；夫婦= पति-पत्नी. **औरत की जूती चाहना** 女性に媚びる **औरत के लहँगे में घुसे रहना** 男が家に閉じこもる

औरस[1] [形] 嫡出の= वैध; जायज.

औरस[2] [名] 正妻によって得た息子；嫡出子；嫡出の息子；嫡出の男子；嫡男 (マヌ法典 9 - 159)

औरासी [形] (1) 悪い星の下に生まれた (2) 奇妙な；不恰好な；特異な

औरेब[1] [形] (1) 曲がった；湾曲した (2) ゆがんだ (3) みっともない；みにくい；醜悪な

औरेब[2] [名] (1) 曲がっていること；湾曲 (2) 偽り；虚偽 (3) 困難；面倒 औरेब सुधारना 面倒や問題を解決する

औलाद [名*, pl.] 《A. اولاد ← ولد वलद》(1) 子供；子 अपनी औलाद को 自分の子供を हम सब एक परवरदिगार की औलाद हैं われらはみな同じ神の子なり (2) 子孫；末裔 हम लोग अमीर तैमूर की औलाद हैं 我々はアミール・タイムールの末裔である

औलादौला [形] 不注意な；乱雑な= असावधान; लापरवाह.

औलिया [名, pl.] 《A. اولیا ← ولی वली》〔イス〕スーフィズムの聖徒；聖者；オウリヤー；ワリー

औली [名*] 最初に収穫された穀物；新穀

औवल[1] [形] 《A. اول》= अव्वल. (1) 第一の；最初の = प्रथम; पहला. (2) 主要な= प्रमुख; प्रधान. (3) 最高の= सर्वोत्तम; सर्वश्रेष्ठ.

औवल[2] [名] 《A. اول》最初；はじまり

औवल[3] [副] 《A. اول》はじめに；最初に= सर्वप्रथम; सब से पहले.

औशीर [名] (1) ござ (茣蓙) やす (簀) などの敷物；簀の子 (2) ほっす (払子) = चँवर.

औषध [名⁻] 薬；医薬= दवा.

औषध विज्ञान [名] 薬学 ⟨pharmacy; pharmaceutics⟩

औषधशाला [名*] = औषधालय.

औषध शास्त्र [名] 薬学

औषधालय [名] (1) 薬局 बीमारों के लिए औषधालय की व्यवस्था करना 病人のために薬局を開設する (2) 製薬所 (3) 診療所兼施薬所

औषधि [名*] 薬；薬剤= औषधी; दवा

औषधीय [形] 薬学の ⟨pharmaceutical⟩

औष्ट्र[1] [形] ←उष्ट्र. ラクダ (駱駝) の

औष्ट्र[2] [名] ラクダの乳

औष्ठ्य [形] (1) 唇の (2)〔言〕唇音の ⟨labial⟩ = ओष्ठ्य.

औसत[1] [形]《A. اوسط》(1) 平均的な；平均の；普通の；並の अपनी उम्र के औसत लड़कों से वह ज़्यादा लंबा था 同年輩の平均的な子供に比べると身長が高かった औसत शरीर और लंबाई का 普通の体格の औसत आयु 平均年齢 आठ साल के लड़के का औसत वज़न 8 歳児の平均体重 औसत जीवन स्तर 平均的な生活水準 औसत चाल 平均速度 (2) 標準的な；普通の；一般の औसत अमेरिकी 普通のアメリカ人

औसत[2] [名-] (1) 平均；平均値 (1) 中間や中央に位置するもの；標準；普通のもの

औसतन [副] 《A. اوسطاً》平均的に；平均して

औसना [自] (1) 蒸す；蒸し暑い；蒸れる (2) 腐る；傷む；痛む (3) (室で) 熟れる

औसर [名] 機会；チャンス；好機= अवसर.

औसान[1] [名] (1) 終わり= अवसान; अंत. (2) 終末；結果= परिणाम; नतीजा.

औसान[2] [名] 《A. اوسان》意識；正気= संज्ञा; होश. **औसान उड़ना** 頭が混乱する；気が動転する= औसान ख़ता हो॰; औसान जाता रहना.

औसाना [他] (室などで果物を) 熟らせる；熟させる

औसाफ़ [名, pl.] 《A. اوصاف ← وصف वस्फ़》性質；特性= विशेषता; गुण; ख़ासियत.
औसेर [名*] (1) 支障；障り；障害 (2) 遅滞；遅延 (3) 不安；心残り
औहत [名*] (1) 不慮の死；急死 = अपमृत्यु. (2) 不幸；不運

क

कंक [名] (1)〔鳥〕サギ（鷺） (2) クシャトリヤ (3)〔マハ〕ユディシュティラがバラモンを名乗ってヴィラータ王 विराट のところへ身を寄せていた際の偽名
कंकट [名] 甲冑 = कवच; वर्म.
कंकड़ [名] (1) 石灰岩；方解石 (2) じゃり（砂利）；バラス (3) 石など固い物の小さなかけら चावलों का कंकड़ 米粒の中に混じっている石くれ (4) 宝石の原石 **कंकड़ पत्थर** *a.* ごみ；くず *b.* がらくた
कंकड़ी [名*] (1) 石灰石や方解石の小石 (2) 小さく固いもののかけら；破片 (-) **कंकड़ी क॰** （ーを）ものの数に入れない
कंकड़ीला [形+] (1) 小石や砂利の一杯ある (2) 砂利を敷いた
कंकण [名] (1)〔装身〕金製や銀製の女性の円い手首飾り (2)〔装身〕鉄製の女性の腕飾りや足首飾り (3) ヒンドゥーの結婚式の一連の儀礼（हलदी）の際新郎新婦が魔除けの護符として腕に巻くひも（鉄の輪，カラシナの実の入った包みなどがついている)，カンガン（= कंगन.） **कंकण पहनना** 結婚する **कंकण पहनाना** 結婚させる
कंकणी [名*] カンカニー（小さな鈴のついた装身用の腰帯）→ करधनी.
कंकत [名] くし（櫛）= कंघा.
कंकपत्र [名] (1) サギの羽 (2) サギの矢羽のついた矢
कंकपत्री [名] 矢 = तीर; बाण.
कंकमुख [名] ピンセット；毛抜き
कंकर [名] = कंकड़.
कंकरीट [名⁻] 《E. concrete》(1) コンクリート (2) = कंकड़ी.
कंकरीड़ा [形+] = कंकरीला.
कंकरीला [形+] 砂利まじりの；小石の一杯混じった（土）= कंकड़ीला. वहाँ अनाज पैदा होता है न तरकारियाँ.ज़मीन कंकरीली, पथरीली है 同地では穀物は穫れないし野菜も生産されない．土地は小石まじり石まじりである
कंकरेत[1] [名*] = कंकरीट.
कंकरेत[2] [形] = कंकरीड़ा; कंकरीला.
कंकरोल [名]〔植〕ウリノキ科低木【*Alangium hexapetalum*】
कंकल [名]〔植〕コショウ科蔓木ジャワナガコショウ【*Piper retrofactum*】
कंकाल [名] (1) 骨格 (2) 骸骨
कंकालमाली[1] [名] (1) シヴァ神（शिव） (2) バイラヴァ神（भैरव）
कंकालमाली[2] [形] 人骨やされこうべをつないだ輪を首から下げている
कंकालिनी [名*] (1)〔ヒ〕ドゥルガー神 दुर्गा (2) 性悪の口やかましい女
कंकु [名] = कंगनी.
कंकूत [名] = कनकूत; काँकड़-कूँत.〔農〕地主と小作人とが収穫物を計量せず立毛の状態で見積もって目分量で分配する方式
कंक्रीट [名⁻] 《E. concrete》コンクリート= कंकरीट.
कंग [名] 甲冑
कंगण [名] 《Pan.》〔装身〕カンガン（ブレスレット）
कंगन [名] (1)〔装身〕金製や銀製の女性の円形手首飾り；カンガン जड़ाऊ कंगन 宝石のはめこまれたカンガン (2)〔シク〕シク教徒がシク教徒の標識として右手首にはめる鉄製の腕輪；カラー (3) カンガン= कंकण (3). **कंगन बोहना** *a.* 相手と指をからませ掌を合わせる *b.*（そのようにして）力競べをする；競い合う **हाथ कंगन को आरसी क्या?** 明々白々なことのたとえ；証明するまでもないこと
कँगना [名]〔ヒ〕カングナー（カンガン कंगन (3) のひもを結ぶハルディー हलदी の行事の際，歌われる歌）

क

कंगनी[1] [名*] (1) カングニー（カンガン= कंगन の小型のもの） (2)〔建〕コーニス；軒じゃばら；なげし
कंगनी[2] [名*]〔植〕イネ科アワ；粟= कँगनी.【*Setaria italica*】
कँगला [名] 極めて貧しい人；極貧の人= कंगाल. ओ बाबा, इस कँगले की सुनते जाना どうぞお恵み下され（物乞いが道行く人に）
कंगारू [名]《E. kangaroo》〔動〕カンガルー科カンガルー
कंगाल [形・名] とても貧しい（人）無一文の（人）；一文なしの（人）；極貧の（人） तब तो कंगाल हो जाऊँगा そうすりゃ私は一文無しになってしまいますがな **कंगाल गुंडा** 貧しいのに贅沢をする人= कंगाल बाँका.
कंगाली [名*] ← कंगाल. 極貧；赤貧；無一文 सरकार इस कार्यक्रम के तहत गरीबों को कंगाली से ऊपर उठाने का लक्ष्य निर्धारित करती है 政府はこの計画の下貧しい人たちを極貧状態から救い出す目標を定める **कंगाली में आटा गीला** 困窮の身の上に不運や不幸，被害の重なること；踏んだり蹴ったりさんざんなありさまになること
कंगु [名]〔植〕アワ；粟= कंगनी[2].
कँगुनी [名*]〔植〕アワ；粟= कंगनी[2].
कँगुरिया [名*] 小指= कानी अँगुली.
कंगूर [名] = कंगूरा.
कंगूरा [名]《P. کنگوره》(1) 胸壁；壁龕になっている胸壁；胸墻 (2) 城の角の小塔
कंघा [名] (1) くし（櫛） (2) 大きな櫛；大櫛 (3)〔シク〕シク教徒の正装の 5 つの K の中の一である櫛
कंघा कछुआ [名]〔動〕ウミガメ科タイマイ【*Eretmochelys imbricata*】
कंघी [名*] (1) くし（櫛） (2) 目の細かい櫛 (3)〔植〕アオイ科低木マルバキンゴジカ【*Sida cordifolia*】 (4)〔植〕アオイ科低木キンコジカ【*Sida rhombifolia*】 कंघी के दाँत 櫛の歯 **कंघी चोटी (क॰)** = बनाव सिंगार (क॰). *a.* 髪を結う *b.* 化粧する **कंघी चोटी में रहना** 化粧にのみ忙しくする **कंघी-पट्टी** = कंघी चोटी.
कंघेरा [名] 櫛職人；櫛製造職人
कंचन[1] [名] (1) 金（きん） (2) 富；財；財産 (3)〔植〕チョウセンアサガオ= धतूरा. **कंचन बरसना** 大儲けをする
कंचन[2] [形] (1) 金色の (2) 美しい；うるわしい (3) 健康な
कंचनजंगा [名] カンチャンジャンガー山（ネパールとシッキムとの境界に位置する山，8598m）
कंचनिया[1] [名*]〔植〕マメ科小木フイリソシンカ【*Bauhinia variegata*】
कंचनिया[2] [形] (1) 金色の；黄金色の；山吹色の (2) 金製の
कंचनी [名*] 娼婦；遊女= वेश्या; रंडी.
कंचा [名] (1) ラムネ玉 (2) ラムネ玉での遊び कंचे खेलने में ही ज़िंदगी बरबाद नहीं की मैंने 私は一生遊びほうけていたわけじゃないんだ
कंचुक [名] (1)〔服〕カンチュカ（膝までの丈のある男子の上衣）；アチカン（अचकन）；チュニック (2)〔服〕女性の胴着= चोली; अँगिया. (3) 布 (4) 鎧
कंचुकी[1] [名] (1) 後宮の管理者 (2) 門番；守衛
कंचुकी[2] [名*] (1)〔服〕女性の胴着；胴衣 (2) ブラジャー
कंचुली [名*] (1)〔服〕女性の胸着；胴衣 (2) 蛇の脱け殻
कंछा [名*] 細枝
कंज[1] [名] (1)〔植〕蓮 (2) ブラフマー神 (3) アムリタ（神々の飲料） अमृत (4) 髪；毛髪
कंज[2] [名] = दहन[3]
कंजई [形] (1) 青い；青黒い (2) 灰色の
कंजक [名]〔鳥〕ムクドリ科キュウカンチョウ（九官鳥）【*Gracula religiosa*】
कंजड़ [名] カンジャル（北中部インドに居住する指定部族民の一）
कंजन [名] カーマ神（काम）
कंजनाभ [名] ヴィシュヌ神
कंजर[1] [名] (1) 太陽 (2) ブラフマー神 (3) 象 (4) 胃；腹 (5)〔鳥〕クジャク (6) 世捨て人
कंजर[2] [名] カンジャル= कंजड़.
कंजरवेटिव [形]《E. Conservative》(1) 保守的な；伝統的な (2) 英国保守党 (Conservative Party) の कंजरवेटिव दल की सरकार 英国保守党政府
कंजरवेटिव पार्टी [名*]《E. Conservative Party》英国保守党 ब्रिटेन में कंजरवेटिव पार्टी 英国の保守党= कंजर्वेटिव दल.
कंजरी [名*] カンジャル（कंजड़）の女性= कंजड़ी
कंजा[1] [名] (1)〔植〕マメ科低木リスノツメ【*Caesalpinia bonduc*】 (2) その実
कंजा[2] [形+] (1) 茶褐色の (2) 茶褐色の瞳をした
कंजास [名] くず；ごみ शीशी-बोतलों के कंजास びんのごみ
कंजूस [形] けちな；けちくさい；物惜しみする कंजूस मक्खीचूस 大変けちな；極めて吝嗇な
कंजूसी [名*] 物惜しみ；けちけちすること；けちくささ चार गिरह कपड़े की कंजूसी 極端な吝嗇 कंजूसी क॰ 惜しむ；物惜しみする；けちけちする；けちる
कंटक [名*] (1) とげ（刺） (2) とがったもの (3) けづめ（蹴爪） (4) 障害物；妨げ (5) やっかいなこと；不快なこと (6) 釣り針 कंटक दूर हो॰ 厄介なことや人から逃れ出る
कंटकाकीर्ण [形] (1) 刺の多い；刺に満ちた； (2) 困難に満ちた कंटकाकीर्ण मार्ग いばらの道；険しい道；困難な道
कंटकार [名] (1)〔植〕パンヤ科インドワタノキ；キワタノキ【*Bombax malabaricum*】 (2)〔植〕マメ科アラビアゴムモドキ【*Acacia arabica*】
कंटकाल [名]〔植〕クワ科ジャックフルーツ；パラミツ；ナガミパンノキ【*Artocarpus integrifolius*】= कटहल.
कंटकित [形] (1) 刺だらけの；刺のある (2) 逆毛立った
कंटकिनी [名*]〔植〕ナス科草本キンギンナスビ／ニシキハリナスビ【*Solanum xanthocarpum; S. surattense*】= भटकटैया.
कंटकी[1] [形] (1) 刺のある= काँटेदार; कँटीला. (2) 厄介な；面倒な；迷惑な
कंटकी[2] [名*] (1)〔植〕マメ科ペグノキ= खैर. (2)〔植〕アカネ科小木サボンノキ= मैनफल. (3) 刺のある木
कंटकोद्धरण [名] (1) 刺を取り除くこと (2) 障害を除去すること (3) 敵を斃すこと
कंटर [名]《E. decanter》デカンター；デカンタ
कंटाल [名] マメ科低木ハリナンバンクサフジ【*Tephrosia spinosa*】
कंटिका [名*] (1) 針 (2) 鉄筆 (3) ピン
कँटिया [名*] (1) 釣り針 कँटिया में चारा लगाकर मछली को खिलाता है 釣り針に餌をつけて魚に食わせる (2) 釣り針の形をした掛け物用の釘；洋灯釣り (3) 井戸に落下した物を拾うのに用いる鉤のついた道具 **कँटिया में फँसाना** 餌で釣る
कँटीला [形+] 刺のある；刺のついた कँटीली झाड़ी（झाड़ियाँ）刺のある灌木（低木） कँटीले तार 有刺鉄線；バラ線 कँटीले तारों की बाड़ 有刺鉄線の柵
कंटूनमेंट [名*]《E. cantonment》〔軍〕宿営地= छावनी.
कंटैक्ट लैंस [名]《E. contact lens》コンタクトレンズ
कंटोप [名] 耳隠しのついた帽子= कनटोप.
कंट्रक्टर [名]《E. contractor》請負人；建設請負人；土建業者；建設請負業者= ठीकेदार; ठेकेदार.
कंट्रैक्ट [名]《E. contract》契約；請け負い
कंट्रोल [名]《E. control》(1) コントロール；統制；管制；規制 सरकारी कंट्रोल 政府や行政当局による統制 (2) 配給統制
कंट्रोल टावर [名]《E. control tower》航空管制塔；コントロールタワー
कंट्रोल रूम [名]《E. control room》(1) 航空管制室 (2) 制御室
कंट्रोल शॉप [名]《E. control shop》配給統制品を販売する店
कंठ [名] (1) 首 (2) のど；咽喉 (3) 声帯 (4) のどぼとけ（喉仏）= घंटी. (5) 声；のど प्रेमविभोर कंठ से बोली 愛情あふれる声で話した (6) 岸；へり（縁） **कंठ क॰** 暗誦する；諳んじる **कंठ खुलना** 声が通る（声が出るようになる） **कंठ न खुलना** *a.* 声が出ない；しゃべれない；話せない *b.* のどがつまる **कंठ निकलना** 声変わりする **कंठ फूटना** *a.* 声変わりする= घाँटी फूटना. *b.* 声が出る *c.* 鳥の首にすじ状の模様が現れる **कंठ बैठना** 声がかすれる **कंठ भर आ॰** 声がつまる **कंठ मधुर हो॰** 声が甘い **कंठ रखना** 暗誦する；諳んじる **कंठ रुँधना** 感情が高ぶり声がつまる **कंठ लगना** 抱きしめる **कंठ लगाना** 抱きつく；抱きよせる **कंठ लाना** 抱きつく；抱きよせる **कंठ सींचना** のどをうるおす **कंठ सूखना** *a.* のどが渇く *b.* 声がかすれる रोते-रोते उनकी आँखें सूझ गईं और कंठ सूख गया 泣きに泣いて目が腫れ声がかすれた (-) **कंठ हो॰** （一を）暗誦する；諳んじる बीसियों बार सुनी धुनें उसे कंठ हो गई थीं 彼女は何十回と聞いた節は諳んじてしまっていた

कंठगत [形] (1) のどにある (2) のどに来た (-) **कंठगत क॰** (ーを) 食べる **प्राण कंठगत हो॰** 死にかける

कंठतालव्य [名・形]〔言〕喉と軟口蓋の間で調音される (音) 〈gutturo-palatal〉(サンスクリット語では ए, ऐ の発音を指す) = कंठ्यतालव्य.

कंठमाला [名*]〔医〕るいれき (瘰癧) = गंडमाला. 〈scrofula〉

कंठला [名] 幼児の首につける魔除けの首飾り

कंठस्थ [形] (1) のどにひっかかった= कंठगत. (2) 暗誦した；そらんじた (諳んじた) **कंठस्थ क॰** 暗誦する= कंठ क॰. इस कविता को कंठस्थ करो この詩を暗唱しなさい (-) **कंठस्थ हो॰** *a.* (ーが) のどにひっかかる *b.* (ーを) 暗誦している；諳んじている

कंठहार [名] 貴金属や真珠などでこしらえた女性の首飾り

कंठा [名] (1) 大きな玉の首飾り (2) 鳥の首の部分に首輪のように見える模様

कंठाग्र [形] 暗誦した；暗唱した；暗記した；諳んじた **कंठाग्र क॰** 暗誦する；暗唱する；暗記する；諳んじる= ज़बानी याद क॰. **कंठाग्र कराना** 暗誦させる；暗唱させる；暗記させる उन्होंने संस्कृत के कितने ही श्लोक मुझे बचपन में ही कंठाग्र करा दिए 私にサンスクリットの数多くの偈を幼少時に暗誦させた

कंठाल [名] (1) 船 (2) 鍬 (3) 戦い；いくさ

कंठिका [名*・形]〔解〕舌骨 (の) 〈hyoid〉

कंठिकास्थि [名*]〔解〕舌骨 〈hyoid〉

कंठी [名*] (1) のど (喉) (2) 小さな玉を連ねた首飾り सोने की कंठी 金の首飾り (3) ヴィシュヌ派の人がつけるカミメボウキなどでこしらえた首輪；カンティー (4) 種々の鳥の首に見られる輪の模様 **कंठी उठाना** カンティーに手を触れて誓いを立てる **कंठी तोड़ना** *a.* (ヴィシュヌ派を捨て) 菜食生活から肉食生活に戻る *b.* 授戒をしてもらった師のもとを去る (-को) **कंठी दे॰** (ーを) 弟子にする；弟子入りさせる **कंठी पहनना** 弟子入りする；信徒になる **कंठी बाँधना** *a.* 弟子になる；弟子入りする *b.* 酒や肉食を断つ **कंठी ले॰** *a.* ヴィシュヌ派の信徒になる (肉食や飲酒をやめる) *b.* 出家する= साधु बनना.

कंठोष्ठ्य [形・名]〔言〕唇軟口蓋音 (の)；唇音化した軟口蓋音 (の) 〈labiovelar〉

कंठौष्ठ्य [形・名]〔言〕喉と唇の間で調音される (音) 〈gutturo-labial〉 サンスクリット語では ओ 及び औ の発音を指す

कंठ्य[1] [形] (1) 喉の (2)〔言〕喉音の 〈guttural〉

कंठ्य[2] [名] (1)〔言〕喉音 〈guttural〉→ अलिजिह्वीय 口蓋垂音 (uvular), ग्रसन्य 咽頭音 (pharyngeal/ faucal), काकलीय 喉頭音 (laryngeal) मृदुतालव्य 軟口蓋音 (velar) (2) サンスクリット語においては軟口蓋音 क, ख, ग, घ, ङ 及び短母音 अ 及び आ, 並びに気音 ह を指す (2) 喉や声のためになるもの；喉薬

कंठ्यतालव्य [形・名]〔言〕咽喉口蓋音 (の) 〈gutturopalatal〉 サンスクリット語では ए 及び ऐ を指す

कंठ्यवर्ण [名]〔言〕喉音とそれを表す文字

कंठ्य स्वर [名]〔言〕サンスクリット語においては अ 及び आ を指す 〈guttural vowel〉

कंठ्यौष्ठ्य [名]〔言〕喉と唇によって調音される音. サンスクリット語においては अ 及び आ を指す

कंड [名]〔農〕黒穂病 **कंड कवक** 黒穂菌 → कंड.

कंडक्टर [名] 《E. conductor》 (1) 車掌 (2) 案内人；ガイド

कंडनी [名*] きね (杵) と臼= ऊखल और मूसल.

कंडरा [名*] 腱

कंडा[1] [名] (1) 乾燥した家畜の糞 (2) 燃料用にこねて乾燥させた家畜 (牛や水牛) の糞 (3) 乾いた人糞

कंडा[2] [名] ムンジャソウ【*Saccharum bengalense/ S. sara*】の茎→ मूँज.

कंडाल[1] [名] 鉄や真鍮製の円筒形の大きな水入れ

कंडाल[2] [名] トランペット (の一種)

कंडिया [名*] (1) かご (籠)；竹籠 (2) バスケット；手提げかご

कंडी[1] [名*] (1) こんろ；火鉢= कोयले की कंडी (2) 小さな乾燥牛糞

कंडी[2] [名*] 背負いかご

क़ंडील [名*] 《A. قنديل कंदील》 ランプ；カンテラ；提灯；角灯= क़ंदील. चीनी क़ंडील つり提灯

क़ंडीलिया [名*] 《← A. قنديل कंदील》 灯台= लाइट हाउस; प्रकाश स्तंभ.

कंडीशनर [名] 《← E. hairconditioner》 ヘアコンディショナー

कंडु [名]〔医〕ひぜん (皮癬)；かいせん (疥癬) = खुजली; खाज.

कंडुआ [名] = कंडुवा.

कंडुक [名] (1)〔植〕ウルシ科スミウルシノキ【*Semecarpus anacardium*】 = भिलावाँ. (2)〔植〕オトギリソウ科小木インドガムボジ【*Garcinia morella*】 = तमाल.

कंडुवा [名]〔農〕黒穂病

कंडू[1] [名] = कंडु.

कंडू[2] [名]〔鳥〕ヒタキ科ツグミ属【*Turdus simillimus*】〈Nilgiri black bird〉

कंडूयन [名] かゆみ；痒み；痒さ= कंडूया.

कंडूल[1] [形] 痒みの出る；痒くなる

कंडूल[2] [名]〔植〕サトイモ科ゾウゴンニャク= ओल; सूरन.

कंडोम [名] 《E. condom》 コンドーム= निरोध.

कंडोल [名] 籐や竹を編んでこしらえた大きなかご

कंडोलक [名] かご (籠)；竹かご= टोकरा.

कंडौर [名]〔農〕黒穂病= कंड.

कंडौरा [名] (1) 燃料用に牛や水牛などの家畜の糞をこねて壁に貼りつけ乾燥させる場所 (2) 燃料用の乾燥した家畜の糞の置き場 (3) 乾燥した家畜の糞を積み重ねたもの

कंत [名] (1) 夫；主人= पति; कांत. (2) 主；神= प्रभु; मालिक.

कंथा [名*] カンター (つづれやぼろを縫い合わせたもので引っかけて着たり床に敷いて用いる) = गुदड़ी.

कंथाधारी [形・名]〔ヒ〕カンターをまとう (行者)

कंथी [名] (1) カンター (कंथा) をまとう行者 = फ़क़ीर. (2) 乞食

कंद[1] [名] (1) 根茎；地下茎 (2) 塊茎 आलू का कंद ジャガイモの塊茎 (3)〔植〕ゾウゴンニャク

कंद[2] [名] 《A. قند》 棒砂糖；氷砂糖

कंदमूल [名] (1) 食用になる根茎 (2)〔植〕ダイコン

कंदर [名] (1) = कंदरा. (2) = अंकुश.

कंदरा [名*] (1) ほらあな (洞穴) (2) 石窟 = गुफा; खोह.

कंदरी [名*] 小さな洞穴

कंदर्प [名]〔ヒ〕カーマデーヴァ, すなわち, カーマ神の別名. カンダルパ→ कामदेव.

कंदर्पकूप [名] 女陰= योनि; भग.

कंदर्पदहन [名]〔イ神・ヒ〕(怒りのあまりカーマ神を焼き払って灰にした) シヴァ神

कंदर्पमुसल [名] 男根= लिंग; शिश्न.

कंदल [名] (1) 新芽 (2) 頭；頭蓋 (3) 金

कंदला[1] [名] (1) 金糸 (2) 銀糸 (3) 金, 銀の鋳塊や延べ棒

कंदला[2] [名] 洞穴= कंदरा; गुफा.

कंदलाकश [名] 《H.+ P. کش कश》 = कंदलागर.

कंदलागर [名] 《H.+ .P. گر गर》 金, 銀の延べ棒や金糸, 銀糸を製造する職人

कंदली [名*] バナナの木

कंदसार [名]〔ヒ〕インドラ神の宮殿にある庭園

कंदहार [地名] 《P.کندہار》 カンダハール (アフガニスタン) → कंधार.

कंदा [名] (1) = कंद[1]. (2)〔植〕ヒルガオ科多年草サツマイモ；甘藷= शकरकंद.

कंदाकार [名] 《P. کندہ کار》 彫刻家

कंदाकारी [名*] 《P. کندہ کاری》 彫刻= नक़्क़ाशी.

कंदिरी [名*]〔植〕マメ科 1 年草オジギソウ= लाजवंती.

कंदी [名]〔植〕サトイモ科ゾウコンニャク【*Amorphophallus campanulatus*】 = कंडूल.

क़ंदील [名*] 《A. قنديل कंदील》 ちょうちん (提灯)；ランタン；角灯；ランプ= किंदील. कागज़ों की हज़ारों क़ंदीलें गलियों और बाज़ारों में रोशन की जाती हैं 無数の提灯が路地や商店街にともされる

कंदु [名] (1) 炉 (2) かまど (3) 鉄鍋 = कड़ाही; तवा. (4) ボール；玉 = गेंद.

कंदुआ [名]〔農〕黒穂病 = कंड.

कंदुक [名] (1) まり；手まり；ボール；球 (2) 枕 (3) ビンロウジ

कंदूरी[1] [名*] (1)〔植〕ウリ科蔓草カラスウリ【*Trichosanthes cucumeroides*】とその実= कुंदरू. (2)〔植〕ウリ科蔓草ヤサイカラスウリ【*Coccinia indica*】とその実 (3) 赤い唇 (ヤサイカラスウリの熟果が赤いことから)

कंदूरी[2] [名*]〔イス〕カンドゥーリー (ビービー・ファーティマー बीबी फ़ातिमा に捧げられる食事. 悪霊祓いの際などに行われる)

क

कंदेब [名]〔植〕オトギリソウ科常緑樹【*Calophyllum polyanthum*】
कंदैला [形+] (1) どろんこの；泥だらけの；泥まみれの (2) 汚い；よごれた
कंदोट [名]〔植〕スイレン科水草ムラサキスイレン= कंदोट्ट.【*Nymphaea stellata*】
कंदोत [名]〔植〕ムラサキスイレン
कंदोरा [名] = करधनी.
कंध [名] (1) 枝 (2) 肩 (3) 支え；寄る辺；頼るところ
कंधर [名] (1) 首 = गरदन; ग्रीव. (2) 雲 = बादल.
कंधा [名] (1) 肩 = स्कंध. (2) くびき（軛，頸木）の当たる役牛や水牛の頸の部分 **कंधा टेढ़ा क॰** 反対する；反抗する；反論する **कंधा डालना** *a.* 役牛や水牛が軛をはずす *b.* 気力を失う；やる気をなくす **कंधा दे॰** *a.* (ーを) かつぐ（担ぐ） ऋषियों ने डोले को कंधा दिया 聖仙たちは轎を担いだ *b.* (ーの) 力になる；(ーに) 力を貸す (-का) **कंधा पकड़कर चलना** *a.* 人の力を頼りに行う *b.* 人にすがって歩く；激しく衰弱する **कंधा भिड़ाना** 肩を入れる；後援する **कंधा मिलाकर चलना** 肩を並べる；対等になる **कंधा लगाना** = कंधा दे॰. **कंधे उचकाना** *a.* 知らぬふりをする *b.* 肩をすくめる；首をすくめる **कंधे का नाप** 肩幅= तीरा. (-) **कंधे पर उठाए फिरना** (ーを) 深く敬う **कंधे पर उठाना** 肩に担ぐ= कंधे पर लादना. (-को) **कंधे लगाना** (ーを) 抱きすくめる **कंधे झुकाना** 肩を落とす；背を丸める **कंधे से कंधा छिलना** 大変な人混みになる；押しあいへしあいになる पैदल चलनेवालों का कंधे से कंधा छिल रहा है 歩行者たちで大変混み合っている **कंधे से कंधा जोड़ना** 肩を並べる **कंधे से कंधा भिड़ाकर** = कंधे से कंधा मिलाकर. **कंधे से कंधा मिलाकर** *a.* 肩を組んで；力を合わせて；協力し合って *b.* 肩を並べて वे पुरुषों के साथ कंधे से कंधे मिलाकर काम कर रही हैं あの方は男性と肩を並べて働いている **कंधे से कंधा रगड़ा जा॰** = कंधे से कंधा छिलना. **कंधे से कंधे लगाकर** = कंधे से कंधा मिलाकर. दोनों धर्मों के लोग कंधे से कंधा लगाकर चल सकें 2 つの宗教の信徒たちが協力し合えるように (-के) **कंधों पर आ॰** (ーが) になう；責任を負う (-) **कंधों पर उठाना** (ーの) 責任を担う；責任を負う उसने बूढ़े बीमार ससुर की दवाई से लेकर खाने-पीने का सारा भार अपने नाज़ुक कंधों पर उठा लिया 年老いた病気の舅の薬をはじめ食事の一切の責任をか弱い自分の肩に担った **कंधों पर ढोना** 背負う；担ぐ (-) **कंधों पर पड़ना** (ーの) 責任がかかる (-) **कंधों पर ले॰** (ーの) 責任を担う；(ーを) 担う
कंधार 〔地名〕《Skt.गान्धार》アフガニスタンのカンダハール市及びカンダハール地方→ कंदहार.
कंधारी[1] [形] (1) カンダハール地方の (2) カンダハール地方産の किशमिश कंधारी カンダーリー（干しブドウの一種，「カンダハールの」の意）
कंधारी[2] [名] (1) カンダハール地方産の馬 (2) カンダハール地方の人
कंधेला [名]〔服〕サリーの肩に当たる部分 कंधेला डालना サリーの上端を頭にかけずに左肩にかけたままにする（目上の人に対して失礼なこと，あるいは，不作法なこととされる）
कंधेली [名*] 荷鞍
कंप[1] [名] (1) 震動；震え (2) 恐怖や寒さによる身体の震え；おののき（戦き）
कंप[2] [名]《E. camp》(1) (軍の) 野営地；キャンプ= कैंप. (2) 旅宿；宿屋；はたご
कँपकँपाना [自] (1) 震える स्टेशन पर उतरते हुए उसके पैर बुरी तरह कँपकँपा रहे थे 駅に降り立つ時足がとても震えていた (2) おののく（戦く） कँपकँपाते होंठ おののく唇
कँपकँपी [名*] 恐怖や寒さ，病気などによる体の震え；身震い；おののき（戦き） जब बाहर ठंडा होता है तो हमें कँपकँपी होती है 外が寒いと震えが起こるものだ **कँपकँपी आ॰** = कँपकँपी चढ़ना. यह सोचकर उसके शरीर में कँपकँपी आ गई そう考えると身震いが起こった **कँपकँपी चढ़ना** *a.* 寒さに震える *b.* 恐ろしさに震える；おののく；震えが来る *c.* ぞくぞくと寒気がする（発熱前の） = कँपकँपी छूटना; कँपकँपी लगना.
कंपन [名] (1) 震え；振動；震動 कमला के हाथ में कंपन カマラーの手の震え (2) 光の明滅；またたき तारों का कंपन 星のまたたき (3)〔言〕震え；震え音；顫動音
कंपनगति [名*]〔物理〕振動〈vibratory movement〉
कँपना [自] = काँपना.
कंपनी [名*]《E. company》(1) 会社；株式会社 कंपनी पोषित यूनियन 御用組合 = कंपनी यूनियन. (2) 東インド会社 (3) 中隊（軍や警察の）；歩兵中隊 सीमा सुरक्षा बल की 16 से ज़्यादा कंपनियाँ 国境警備隊の 16 個以上の中隊 कंपनी कमांडर 中隊長 (4) 集まり；集団；グループ
कंपमान [形] 震えている；振動している
कंपमापक [名] 地震計= भूकम्पमापक यंत्र; भूकम्पमापी.
कंप विज्ञान [名] 地震学= भूकम्प विज्ञान.
कंपा [名] (1) 鳥もちをつける割り竹，カンパー (2) 人を陥れる罠 **कंपा मारना** *a.* カンパーを用いて鳥もちで鳥を捕らえる *b.* 人を陥れる= कंपा लगाना.
कंपाउंड [名]《E. compound》(1) 囲いの内側；構内；コンパウンド महिला छात्रावास के कंपाउंड के महाद्वार तक 女子寮の構内の正門まで कालेज कंपाउंड カレッジの構内 (2) 調合した薬
कंपाउंडर [名]《E. compounder》医師の指示下で調剤したり助手を務める人（助手，薬剤師）；コンパウンダー
कँपाना [他] (1) 震わせる；震動させる (2) おどす；震え上がらせる
कंपायमान [形] 震えている
कंपार्टमेंट [名]《E. compartment》コンパートメント；列車の仕切られた客室 कंपार्टमेंट ठसाठस भरा था 客室（コンパートメント）はぎっしりつまっていた
कंपास [名]《E. compass》(1) 羅針盤；羅針儀 (2) コンパス **कंपास लगाना** *a.* 測る；計測する；測量する *b.* 計略を練る
कंपास घर [名] 羅針儀の設置場所
कंपित [形] (1) 震えている；静止していない (2) おびえている
कंपीटीशन [名]《E. competition》(1) 競争 (2) 競技；試合
कंपू [名]《← E. camp》(1) 駐留地；宿営地；駐屯地；兵舎 (2) 陣地= कंप; पड़ाव. (3) テント
कंपोज [名]《E. compose》〔印〕活字を組むこと कंपोज क॰ 活字に組む
कंपोजिंग [名*]《E. composing》〔印〕植字
कंपोजिंग स्टिक [名*]《E. composing stick》〔印〕植字器；ステッキ
कंपोजिटर [名]《E. compositor》〔印〕植字工
कंपोस्ट [名*]《E. compost》堆肥 = कंपोस्ट खाद.
कंप्यूटर [名]《E. computer》コンピューター；電算機 कंप्यूटर पद्धति コンピューター方式 कंप्यूटर युग コンピューター時代
कंप्यूटर आपरेटर [名]《E. computer operator》コンピューターオペレーター
कंप्यूटर इंजीनियर [名]《E. computer engineer》コンピューター技師
कंप्यूटर डिप्लोमा [名]《E. computer diploma》コンピューター専修免状
कंप्यूटर नेटवर्क [名]《E. computer network》コンピューターネットワーク
कंप्यूटर प्रोग्रामिंग [名]《E. computer programming》コンピュータープログラミング
कंप्यूटराइजेशन [名]《E. computerization》コンピューター化
कंप्रेसर [名]《E. compressor》コンプレッサー；圧縮機；空気圧縮機= संपीडित्र; संपीडनी.
कंप्रैशन [名]《E. compression》圧搾；圧縮= संपीडन.
कंप्लेन [名]《E. complain》不平；苦情= शिकायत.
कंफ़ेक्शनर [名]《E. confectioner》(西洋) 菓子屋；洋菓子店
कंफ़ेक्शनरी [名*]《E. confectionery》(1) 砂糖菓子 (2) 砂糖菓子製造 (3) (西洋) 菓子屋；西洋菓子製造業
कंफ़्यूजन [名]《E. confusion》(1) 混乱 यह चित्र आज की दुनिया के कंफ़्यूजन का प्रतीक है この絵は今日の世界の混乱の象徴である (2) 混同 (3) 困惑
कंफ़्यूशस 〔人名〕《E. Confucius》孔子
कंफ़्यूशसवाद [名]《E. Confucius + H.वाद》儒教
कंबख़्त [形]《← P. کم بخت कमबख़्त》(1) 不運な；運のない (2) 哀れな；不幸な；逆境の= बदक़िस्मत; हतभाग्य.
कंबख़्ती [名*]《P. کم بختی कमबख़्ती》(1) 不運；非運 (2) 逆境
कंबल [名] (1) 毛布 (2) 厚手の毛織物（敷物 बिछाने के कंबल のほか合羽の代用としても用いる）

कंबु [名] (1)〔貝〕ほら貝（法螺貝） (2) ほら貝でこしらえた女性の首飾り (3) 巻き貝 (4) 二枚貝

कंबुकंठ [名]（幸運のしるしである）ほら貝のような 3 本のくびれ（ひだ）を持つ首をした

कंबोज [名]〔イ史〕カンボージャ（現今のアフガニスタン地方にあったとされる古代国家とその住民） = कम्बोज.

कंबोडिया〔国名〕《E. Cambodia》カンボジア कंबोडिया में अंकोरवाट के निकट カンボジアのアンコールワットの近くで

कंबोह [名] カンボーフ（シク教徒のカーストの一）

कँवल [名]〔植〕スイレン科水草オオスイレン【*Nyamphaea nouchali/N.pubescens*】

कँवलककड़ी [名*] 蓮根= कमलनाल; भसींड.

कँवलगट्टा [名] 蓮の実

कँवारी [名*] おとめ；処女；乙女= कुँआरी; कुमारी.

कँवासा [名] 曾孫（娘の息子の息子） = नाती का लड़का.

कंवेयर [名] 《E. conveyor》コンベヤー

कंस [名] (1) 真鍮 (2) 真鍮製の器 (3) 一種のシンバル (4)〔イ神〕インド神話上の一人物，カンサ王（マトゥラーの邪悪な王であったが，いとこのデーヴァキーとヴァースデーヴァの間の第 8 子として生まれたクリシュナに退治された）

कंसताल [名] シンバル= झाँझ.

कंसरटिना [名] 《E. concertina》〔音〕コンチェルティーナ（六角形の手風琴）

कंसरवेटिव [形] 《E. conservative/Conservative》 (1) 保守的な= परिवर्तनविरोधी. (2)（英国）保守党の→ कंजरवेटिव.

कंसर्ट [名] 《E. concert》 (1) 音楽会；演奏会；コンサート (2) 合唱 (3) 合奏

कंसर्टीना [名]《E. concertina》〔音〕コンチェルティーナ= कंसरटिना.

कंसी [形] = कंसीय.

कंसी काग़ज़ [名] クラフト紙= काष्ठ कागज़.

कंसीय [形] ← कांस. ワセオバナの；ワセオバナで作られた

कंसुआ [名]〔昆〕サトウキビなどにつく害虫の一種

कँहार [名] カハール・カーストの男性= कहार.

कँहारी [名*] カハール・カーストの女性= कहारिन.

क [名] (1)क の文字と発音 (2) 第 1 子音字として順序を示すのに数詞の代用に用いられ，第 1 を表す．すなわち，ア，イ，ウ，エ，オなどの「ア」，いろはの「い」，ABC の A に相当 क, ख, ग के क्रम से アイウエオの順序で；アルファベット順に (3) ブラフマー神，ヴィシュヌ神などを象徴する言葉

कइयों [代] कई の斜格形語基 कइयों ने, कइयों को, कइयों से などと用いられる → कई[2].

कई[1] [形] 若干の；少数の；幾つかの；一部の इससे वह कई-कई दिन पाठशाला भी नहीं जा पाता था そのため幾日かの間学校にも行けなかった कई दिन से 数日来 दरवाज़े के पूरब नीम की छाया में अलाव के अगल-बगल कई लोग बैठे बातें कर रहे थे 門の東側のインドセンダンの木陰で数人の人たちが焚き火にあたりながら話をしていた खान-पान के संबंध में कई तरह की मान्यता 飲食に関する幾通りもの観念 कई माता पिता लड़की को अधिक पढ़ाने के पक्ष में नहीं होते हैं 一部の親は娘をあまり学校へやろうとしない वहाँ अच्छे खाते-पीते संपन्न लोगों के कई पक्के मकान थे そこにはかなり裕福な人たちの住む煉瓦造りの家が数戸あった कई कनस्तर तेल 幾缶かの油 फलतः कई युवा कन्याएँ इस संबंध में कई बार अतिरंजित कल्पना कर बैठती हैं 結果的に一部の娘たちはこのことについてしばしば大げさな想像をしてしまう **कई एक** 幾つかの；若干の बंगाल, बिहार आदि कई एक और सूबे ベンガル，ビハールなど幾つかの他の州 दीवारों पर कई एक चित्र टंगे हैं 壁には幾つかの絵がかかっている

कई[2] [代]（obl. は कइयों となる）幾つか（のもの）；一部（のもの）；若干（のもの）；なにがしか कई बच्चे पहले दिन ही स्कूल में जाकर प्रसन्न होते हैं.वहाँ के कार्य-कलाप में रुचि लेने लगते हैं.कइयों को स्कूल भेजना या स्कूल में छोड़कर आना माता-पिता के लिए एक समस्या बन जाती है 一部の児童は入学初日から学校が楽しく学校での活動に興味を抱くが，一部（の児童）は学校へ行かせたり学校に送りとどけるのが親にとって問題になってしまう कइयों को तो कदम कदम पर अपमानित भी होना पड़ा था 一部の人たちはことごとに辱めを受けなくてはならなかった

कउआ [名] = कौआ.

ककड़ासींगी [名*]〔植〕ウルシ科高木ハゼ（櫨） = काकड़ासींगी.

ककड़ी [名*] (1)〔植〕ウリ科蔓草〈snake cucumber〉【*Cucumis melo var. utilissimus*】 (2) 同上の果（1m ほどの細長い実になる） (3) = फूट (2). **ककड़ी का चोर** こそどろ **ककड़ी के चोर को कटारी से मारना** 他人の取るに足らない罪や落ち度を厳しくとがめる **(-को) ककड़ी खीरा क॰** （ーを）あなどる；（ーを）ものの数に入れない；馬鹿にする= ककड़ी खीरा समझना.

क़क़नूँ [名] = कुकनुस.

ककमारी [名*]〔植〕ツヅラフジ科蔓木アナミルタ【*Anamirta cocculus*】

ककराली [名*]〔医〕腋の下にできるできもの

ककरासींगी [名*]〔植〕ウルシ科高木ハゼ（櫨）；ハゼノキ= काकड़ासींगी.

ककरेजा [名] = काकरेजा.

ककरौल [名]〔植〕ウリ科蔓草モクベツシ【*Momordica cochinensis*】 = ककोड़ा; खेखसा.

ककसी [名*]《Tel.》〔魚〕コモリウオ科コモリウオ（汽水魚）【*Kurtus indicus*】

ककहरा [名] (1) デーヴァナーガリー文字のアルファベット，五十音 (2) デーヴァナーガリー文字のアルファベットを順に各節の始めに読み込んだ詩 (3) 初歩；いろは ककहरा भी न जानना いろはも知らない；全くの初心者

ककार [名] (1)क の文字 (2) क の発音→ पंच ककार.

ककुद[1] [名] (1) 主な；主要な = प्रधान. (2) 優秀な = श्रेष्ठ.

ककुद[2] [名] ゼブ牛のこぶ（瘤） = डिल्ला; बैल के कंधे का कूबड़.

ककुप् [名*] (1) 方角 (2) 美しさ

ककुभ [名*] (1) 方角 (2) 頂き (3) = अर्जुन.

ककुभा [名*] 方角；方位

ककून [名] 《E. cocoon》まゆ（繭） = कोया.

ककेड़ा [名]〔植〕ウリ科蔓草ヘビウリ【*Trichosanthes anguina*】 = चचींडा.

ककैया [名*] カカイヤー煉瓦（昔の規格の小型の煉瓦，約 4 × 2.5 インチ大） = लखौरी; नौतेरही.

ककोड़ा [名]〔植〕ウリ科蔓草ヘビウリ；モクベツシ【*Momordica cochinensis*】

कक्कड़ [名] (1) 刻みタバコ (2) 小型の水ぎせる

कक्कड़ख़ाना [名] 《H.+ P.خانه》 (1) 人々が集まって水ぎせるを吸う場所 (2) アヘン窟（阿片窟）

कक्का[1] [名] 厳格なシク教徒の呼称の一

कक्का[2] [名]〔イ音〕ナガーラー = नगाड़ा.

कक्का[3] [名] = काका.

कक्ष [名] (1) へや（部屋）；室 मैंने उन्हें अपने कक्ष में बुलाकर बधाई दी थी あの方を自室に呼んで激励した मुख्य कक्ष 本堂；身廊；ネーブ (2) 場所 जैसे उसने अपनी भावनाओं-विचारों को अलग-अलग कक्षों में बाँट दिया है 自分の感情や考えを別々の場所に分けているかのように (3) 側面；そば；脇 (4) 腋

कक्षा [名*] (1)〔天〕軌道（天体の運行の） मंगल और बृहस्पति की कक्षाओं के बीच में कुछ सहस्र क्षुद्र ग्रह हैं 火星と木星の軌道の間に数千の小さな天体がある ऊँची कक्षा में स्थित उपग्रहों पर 高い軌道上の衛星に (2) 回り；周囲 (3) 組；クラス；学級 (4) 学年 प्रथम कक्षा 第 1 学年，1 年級，1 年生 = पहली कक्षा. (5) 教室 यदि कक्षा में कोई बच्चा हकलाता हो 教室でどもる子がいれば (6) 授業 किसी तरह से कक्षा ख़त्म हुई どうにか授業が終わった कक्षाएँ समाप्त कर 授業を済ませて

कक्ष्या [名*] (1) 中庭 (2) 革ひも (3) 象をつなぐ綱 (4) 象の鞍 (5) 宮殿

क ख ग [名] (1) ABC；いろは→ क. (2) 初歩；いろは；入門= साधारण ज्ञान; अलिफ़ बे पे.

कगार[1] [名] (1) 堤防；川や池沼などの高い土手 (2) 高く盛り上げた畦 (3) 境；境界

कगार[2] [副] (1) へりに；端に；境に (2) 近くに；そばに

कगार [名] (1) 丘や山の切り立った斜面；崖；断崖 शोहरत के ऊँचे कगार पर बैठ 高い名声の上に腰を下ろし (2) 切り立った川の岸辺や川縁 अगर शराबी पति पूरे परिवार को विनाश के कगार पर लाकर खड़ा कर दे तो 酒飲みの夫がもしも家族全部を破滅の崖っ縁に立

क

たせるならば **कगार पर खड़ा हो॰** 剣が峰に立つ；断崖に立つ；崖っ縁に立つ हज़ारों विनाश के कगार पर अटके हैं 幾千人もの人が破滅の縁に立っている
कगिरी [名]〔植〕クワ科高木インドゴムノキ【*Ficus elastica*】= रबड़.
कग्ग[1] [形] 厚かましい；横着な= धृष्ट.
कग्ग[2] [名]〔鳥〕カラス（烏）の総称= कौवा; काग; कागा; वायस.
कग्गद [名] 《← A. كاغذ कागज़》紙 = कागद.
कघुती [名*]〔植〕ジンチョウゲ科低木【*Daphne papyracea*】
कच[1] [名] (1) 髪；頭髪 (2) 集まり；集合 (3) 雲 (4)〔ス〕相手の脇から腕を入れ首を押さえるレスリングの技 **कच बाँधना** 脇の下から腕を入れ相手の首をおさえる
कच[2] [名] 物がめりこんだり突きささる音や様子 कच से ぶすっと
कचकच [名*] つまらない争い；口喧嘩；言い争い **कचकच क॰** いさかいを起こす；口喧嘩をする；言い争う= कचकच मचाना.
कचकचाना [自] (1) かちかちといった音が出る (2) 物がめりこんだり突きささる音がする (3) 歯ぎしりする
कचकड़ [名] (1) 亀の甲；亀の甲羅；亀甲 (2) 鯨や大型魚類の骨 (3) セルロイド= कचकड़ा.
कचकना [自] (1) 押しつぶされる；ひしゃげる；へこむ (2) ひびが入る (3) 割れる；壊れる
कचकाना [他] つぶす；押しつぶす；踏みつぶす
कचकेला [名]〔植〕煮て食べる種類のバナナ= कठकेला.
कचकोल [名] 《← P. کچکول कज्कोल》托鉢に用いる鉢（一般に水差しの欠けたものやオオミヤシの実の殻などを用いる）
कचदिला [形+] 《← H.कच ← कच्चा + P. دل दिल》意志の弱い
कचनार [名] (1)〔植〕マメ科小木フイリソシンカ【*Bauhinia variegata*】 (2) フイリソシンカの花とその実
कचपच[1] [名*] 激しい口喧嘩
कचपच[2] [名*] (1) 群集 (2) 物のびっしり詰まった様子 (3) 狭いところに人が押しあいへしあいの様子
कचपच[3] [形] (1) 密集した (2) びっしり詰まった；ぎっしり詰まった
कचपची [名*]〔天〕プレイアデス星団；昴（すばる）
कचपेंदिया [形] 信念のない；原則のない；意志薄弱な
कचबची [名*]〔装身〕女性が額，こめかみ，頬などに装身用に貼りつけるエメラルドやガラス製の小さな飾り
कचर कचर[1] [名*] (1) 水分の多いものや軟らかいものを食べる時の唾液のまじった音．くちゃくちゃ；ぐちゃぐちゃ (2) つまらぬ口喧嘩 **कचर कचर करके खाना** *a.* くちゃくちゃ音を立てながら食べる *b.* 腹一杯食べる
कचर कचर[2] [副] くちゃくちゃ；ぐちゃぐちゃ
कचरकूट [名] (1) しっかりつき砕いたり打ったり叩いたりすること (2) 満腹したり飽きるほど食べること **कचरकूट क॰** *a.* 激しく打つ；ひどくたたく *b.* 腹一杯食べる；飽きるほど食べる
कचरघान [名] (1) 小さなものが一杯集まっている様子；ごちゃごちゃしていること (2) 大勢の幼児の集まり (3) 激しい戦い
कचरना[1] [他] 踏みつぶす= कुचलना; रौंदना.
कचरना[2] [他] くちゃくちゃなど音を立てながら食物を噛んだり食べたりする
कचर पचर [名] (1) गिचपिच (2) कचपच[2]
कचरा[1] [名] (1) ごみ घर का कचरा 家庭ごみ जो कचरा एक जगह जमा हो गया था, उसे टोकरी में उठाते हुए बोले 一か所にたまったごみをかごに拾い上げながら言った कचरे के ढेर में ごみの山で (2) くず；廃品；廃棄物 कल-कारखानों के कचरे 工場の廃棄物；産業廃棄物 (3) ककड़ी, फूट などウリ科植物の未熟の果実
कचरा[2] [名]〔植〕ショウガ科草本ガジュツ【*Curcuma zeodaria*】（その根茎から胃の薬がとれる）→ कचरी(1).
कचराबान [名] くず入れ；ごみ入れ
कचरी [名*] (1)〔植〕ショウガ科草本ガジュツ【*Curcuma zeodaria*】 (2)〔植〕ウリ科蔓草【*Cucumis madraspatanus*】 (3)〔植〕ウリ科蔓草【*Cucumis pubescens*】 (4)〔植〕ウリ科蔓草【*Cucumis dadaim*】 (5)〔植〕ショウガ科草本サンナ（山奈）【*Hedychium spicatum*】
कचलहू [名] 血膿；血の混じった膿漿= कचलोहू.
कचलू [名]〔植〕マツ科高木トウヒ【*Picea smithiana; P. morinda; Abies smithiana*】
कचलोन [名] 岩塩とマラッカノキの果実から作られる消化剤
कचलोहा [名] 銑鉄
कचलोहू [名] = कचलहू. 血膿；血の混じった膿漿
कचवाँसी [名*] カチワーンシー（土地面積の単位，8,000 分の 1 ビーガー）→ビーガー बीघा.
कचहरी [名*] (1) 役所 तहसील की कचहरी 郡役所 (2) 裁判所 (3) 御前会議 (4) オフィス **कचहरी उठ जा॰** 閉廷になる **कचहरी क॰** 判決を下す **कचहरी चढ़ना** 裁判沙汰になる **कचहरी लगना** 集まる；集合する；人だかりになる
कचाई [名*] ← कच्चा. (1) 未熟さ= कच्चापन. (2) 欠陥；弱み；弱点 (3) 熟していないこと **कचाई निकालना** 欠陥を取り除く
कचाना [自] (1) 尻込みする；逃げ腰になる (2) 怖がる；恐れる
कचायँध [名*] 熟していないものの臭い；青臭さ
कचायन [名] 争い；いざこざ；ごたごた
कचार [名] = कछार.
कचारना [他] 衣服を水に濡らし石などの固い物に叩きつけるようにして洗う；洗濯する वे कुएँ के पास नहाते और कपड़े कचारते हैं 井戸端で水浴したり洗濯したりする
कचालू [名] (1)〔植〕サトイモ科サトイモ【*Colosia esculenta*】= अरवी; अरुई; घुइया; बंडा. (2)〔料〕カチャールー（ゆでたジャガイモやサトイモに塩や香辛料，酸味を加えた食べもの） (3)〔料〕グアバ，キュウリなどを刻んで塩や香辛料を加えた食べもの
कचाहट [名*] = कचाई.
कचियाना[1] [自] (1) おびえる；尻込みする (2) 恥じ入る；恥じらう
कचियाना[2] [他] (1) 尻込みさせる (2) 恥じ入らせる
कचीची[1] [名*] (1) = कचपची. (2) = कचबची.
कचीची[2] [名*] あご **कचीची बटना** *a.* 歯ぎしりする；歯がみする *b.* 口が開かぬようになる
कचुल्ला [名] カチュッラー（底の広い金属製のわん，カトーラー कटोरा）
कचूमर [名] (1) 打たれたりつぶされたりしてくしゃくしゃになったもの (2) 未熟のマンゴーの実をつぶしてこしらえたアチャール（漬け物） **(-का) कचूमर क॰** = कचूमर निकालना. **कचूमर निकलना** *a.* さんざんな目に遭う *b.* ふらふらになる；厳しい目に遭う；しぼられる **(-का) कचूमर निकालना** *a.*（－を）ひどい目に遭わせる；（－を）打ちのめす；（－を）半殺しの目に遭わせる；痛めつける；滅多打ちにする *b.*（－を）めちゃくちゃにする；（－を）台無しにする *c.* 厳しい目に遭わせる；絞る
कचूर [名]〔植〕ショウガ科草本ガジュツ（莪じゅつ）【*Curcuma zeodaria*】→ कचरी.
कचेहरी [名*] = कचहरी.
कचोकना [他] 突きさす；突き立てる= चुभोना; गड़ाना.
कचोट [名*] 繰り返し生じる心の痛み；苦しみ；悲しみ अभावों से जकड़ा जीवन दिल में कचोट पैदा कर देता है 困窮にがんじがらめになった暮らしのために胸に痛みが生じる
कचोटना[1] [自] 心が痛む；胸が痛む；苦しむ；苦しい思いをする अपने पहले के व्यवहार पर मन कचोट रहा था これまでの自分の行為に心が痛んでいた निहत्थी जनता को मारते रहने पर भीतर का विवेक भी तो कचोटता है 無防備の民衆を苦しめ続けると自分の理性も痛みを感じるものなのだ
कचोटना[2] [他] さいなむ；痛みを与える；苦しめる；悩ませる तुम जानती हो, जब मैं भारत आई तो सब से पहले मुझे किस चीज़ ने ज़ोर से कचोटा? インドに来た私を一番最初に苦しめたものが何だったのかあんたは知っているでしょう यह सब सोचकर एक स्पष्ट अपराध की भावना मेरे हृदय को कचोटती है これを考え合わせると明確な罪の意識が私の胸を苦しめる
कचोना [他] 突きさす；突き立てる= चुभाना.
कचोरा [名] カチョーラー（食器として用いられる金属製の円い鉢やわん）；鋺= कटोरा.
कचोरी [名*] 小型のカチョーラー；カチョーリー= कटोरी.
कचौरी [名*]〔料〕カチョーリー（ケツルアズキの煮豆などを衣に包みギーや油で揚げたもの）
कच्चर [形] よごれた；よごれくさった；どろどろによごれた
कच्चा[1] [形+] (1) うれていない；熟していない；未熟の कच्चा केला 熟れていないバナナ (2) 生の；煮たり焼いたりされていない कच्ची मछली 生魚 कच्चा मांस 生肉 (3) 生焼けの；生煮えの；半煮えの

कच्चा चावल 生煮えのごはん (4) 火を加えていない；焼成していない；日干しの；天日で乾燥した；粘土のままの；土のままの **कच्ची ईंट** 日干し煉瓦 कच्ची मिट्टी की मूर्ति 天日で乾した土偶 उसकी दीवारें कच्ची मिट्टी की हैं その建物の壁は粘土造りだ कच्चा मकान 土の家；粘土の家；煉瓦造りでない家 कच्चा फ़र्श 土間 (5) 未加工の；手の加えられていない；そのままの **कच्चा चमड़ा** 生皮 **कच्चा माल** 原料 **गाय का कच्चा दूध** 原乳 (6) 未処理の；手の入っていない；手の加わっていない मैंने किसी तरह कच्चा लेखा तैयार किया なんとか下書きを用意した (7) 不完全な；欠陥のある；不十分な कच्चा काम 不完全な出来映え (8) 完成していない；本式でない；本来のものでない；粗造りの；仮の **कच्चे कुओं का पानी** 掘ったままで煉瓦などで堅固に造られていない井戸；仮井戸 **कच्ची सड़क** 舗装されていない道 **कच्ची सिलाई** 仮縫い (9) 臨時の；当面の；仮の； **कच्ची नौकरी** 臨時雇い **कच्ची कुर्की** 仮差し押え (10) 大まかな；おおよその कच्ची नाप 大まかな計測 कच्चा हिसाब 大まかな計算；概算 (11) 年端の行かぬ；未成熟の；未成年の 15 वर्ष की कच्ची उम्र में 年端の行かぬ 15 の歳に वह अभी कच्ची उम्र का ही तो था まだまだ若輩そのものだった (12) 成熟していない；未成熟の；未発達の；幼い कच्ची बुद्धि में बातें कभी कभी बड़े ग़लत तरीक़े से घर कर जाती हैं 幼い頭にはしばしば甚だ間違った物事が入り込むものだ (13) 熟達していない；上達していない **कच्चा हाथ** 上達していない腕（前） (14) 色の落ちる；色落ちのする；色止めされていない **कच्चे रंग का** 色落ちのする (15) 不確かな；不確実な；当てにならない कच्ची बात 不確かな話 (16) 気力のない；意志の弱い (17) 標準外の；標準的でない **कच्चा खा जा०** 激しい怒り（の表情）を表す **कच्चा खिलाड़ी** 未熟な；経験を積んでいない **कच्चा गिरना** 早産する **कच्चा गिरना** *a.* 流産する *b.* 死産する **कच्चा गोला चलाना** *a.* 不確実なことをする *b.* しくじる *c.* 見せかけをする **कच्चा चबाना** = कच्चा खा जा०. **कच्चा चित्त** = कच्चा दिल. **कच्चा जिन** 意地っ張り **कच्चा दिल** *a.* 弱気；意志の弱いこと *b.* 臆病 **कच्चा दूध सब ने पिया है**〔諺〕人は皆過ちを犯すもの **कच्चा-पक्का** *a.* 生焼けの；生煮えの कच्ची-पक्की रोटी 生焼けのパン उसने बच्चों को कच्चा-पक्का खाना खिला ही दिया 子供たちに生煮えの食事をさせてしまった *b.* 半熟の；十分熟れていない *c.* 未確定の；不確実な *d.* 不完全な；不十分な；中途半端な *e.* だめな；いいかげんな；めちゃくちゃな；台無しの *f.* しっくいの代わりに粘土を用いた *g.* 形のくずれた；ぐちゃぐちゃの；ぐしゃぐしゃの **कच्चा-पक्का क०** 中途半端なものにする；傷める；損なう **कच्चा-पक्का घर** しっくいの代わりに粘土を用いた煉瓦造りの家 कच्चा-पक्का बदबूदार गोबर करती 牛や水牛がぐちゃぐちゃの悪臭のする糞をする **कच्चा पड़ना** *a.* はにかむ *b.* 当たらない；正確でない **कच्चा बैठना** *a.* 失明する；目が見えなくなる *b.* ひきつけをおこし口が開かなくなる **कच्चा मन** 弱気 **कच्चा माल** 原料；原材料 **कच्चा हिसाब** 概算 **कच्ची खाना**; **कच्ची खा जा०** *a.* だまされる；食わされる *b.* 落胆する；がっかりする **कच्ची गगरी** はかない；脆い **कच्ची गोटी** *a.* 焼成されていないチョウサルの駒 *b.* チョウサルの遊びで占める位置でまだ完全な資格を得る前の駒 **कच्ची गोटी (गोटियाँ) खेलना** 未熟な；新米の；経験の浅い；子供じみた振る舞いをする पर मैंने भी कच्ची गोटियाँ थोड़े ही खेली हैं だけどこちらもそんな新米じゃないんだ **कच्ची गोलियाँ खेलना** = कच्ची गोटी खेलना. उसकी चिंता आप मत कीजिए.हम भी कोई कच्ची गोलियाँ नहीं खेले हैं そのことは心配なさいませんように，こちらも新米ではありませんから **कच्ची ज़बान निकालना** 無礼な言葉遣いをする **कच्ची ज़मीन पर खड़े हो०** *a.* 立場の弱いことのたとえ *b.* 熟達していないことのたとえ **कच्ची-पक्की कहना** = कच्ची-पक्की सुनाना. **कच्ची-पक्की खिलाना** 生煮えのものを食べさせる **कच्ची-पक्की मुँह से निकालना** = कच्ची पक्की सुनाना. **कच्ची-पक्की सुनाना** ののしる **कच्ची बात** 下品なこと；ひわいな話 **कच्ची मति** 愚かな **कच्चे दिन** 妊娠 4～5 か月の状態= कच्चे-पक्के दिन. **कच्चे बच्चे** *a.* 幼児 *b.* 子孫

कच्चा[2]［名］(1) 旧銅貨の一種，カッチャー (2) 2 分の 1 パイサー (3) びた（鐚）；鐚銭 (4) 下書き (5) 概要；あらまし；大枠 (6)〔裁〕しつけ縫い；仮縫い **कच्चा क०** *a.* 仮縫いする *b.* 辱める *c.*（相手の勢いを）くじく；弱める；思いとどまらせる

कच्चा असामी［名］(1) 短期契約の借地人（小作人） (2) 約束のあてにならない人

कच्चा कोढ़［名］〔医〕梅毒 = गर्मी; उपदंश.

कच्चा कोयला［名］炭；木炭= चारकोल.

कच्चा खाना［名］〔ヒ〕ギーや油で料理したものに対して，ローティー，ダール，ごはんなど水で料理したもので，いわゆる浄，不浄の観念から汚染されやすく取り扱いに注意を要するもの

कच्चा घड़ा［名］(1) 焼成する前の日干しにした水がめ (2) 思いのままに操れる人物 (3) はかないもの；もろいもの **कच्चे घड़े की चढ़ना** 酔っぱらう；酔いしれる **कच्चे घड़े की चढ़ी हो०** のぼせあがる；思い上がる **कच्चे घड़े की छानना** 酒を飲む= कच्चे घड़े की पीना. **कच्चे घड़े चढ़ना** ターリー（ताड़ी）を飲む **कच्चे घड़े पानी भरना** *a.* その場限りのことをする *b.* 甚だ難しいことをする **कच्चे घड़े पानी भरवाना** 厳しい目に遭わせる

कच्चा चिट्ठा［名］(1) あらまし；概要；大まかな見当；概算 (2) ありのまま；粉飾されていないこと；事実；実際；実状；内幕；正体 जिसमें भ्रष्टाचार का व्यापक कच्चा चिट्ठा पेश किया गया था それには汚職の詳しい実体が示されていた **(-का) कच्चा चिट्ठा खुलना** （ーの内情が）暴露される **(-का) कच्चा चिट्ठा खोलना** （ーの内情を）暴露する **कच्चा चिट्ठा सुनाना** *a.* 大げさに言う；針小棒大に話す *b.* 泣き言を言う *c.* 昔語りをくだくだとする；詰まらぬ話を長々とする *d.* 秘密や内密の話を暴露する→ चिट्ठा.

कच्चा चूना［名］生石灰 = बिना बुझा चूना. 〈quick lime〉

कच्चा जोड़［名］はんだづけ

कच्चा तागा［名］(1) よりのゆるい糸 (2) 弱い絆 (3) あてにならないもの；頼りないもの；頼り甲斐のないもの

कच्चा तेल［名］原油= कच्चा पेट्रोलियम

कच्चा धागा［名］= कच्चा तागा

कच्चापन［名］(1) 生々しさ (2) 未熟さ (3) 不完全さ

कच्चा पानी［名］生水；煮沸されていない水

कच्चा पैसा［名］(1) 地域的にしか通用しない銅貨 (2) びた（鐚）；びた銭（鐚銭）

कच्चा बाना［名］(1) よりをかけてない絹糸 (2) のりをつけてない絹布

कच्चा माल［名］原料；原材料〈raw material〉

कच्चा रबड़［名］生ゴム〈crude rubber〉

कच्चा लोहा［名］銑鉄〈pig iron〉

कच्चा सूत［名］よりのゆるい糸

कच्चा हाथ［形］未熟練の

कच्चा हाल［名］一部始終

कच्ची［名*］〔ヒ〕牛乳やバターや油などを用いずに水だけで煮炊きした料理（それの授受には浄不浄の観念からカーストに関わる種々の制約がある）= कच्ची रसोई.

कच्ची असामी［名*］《H. + A. اسامی》〔農〕一時的な耕作権や利用権を得ただけの耕作地や土地

कच्ची ईंट［名*］粘土を水でこね型に入れて天日で乾かして固めた日干し煉瓦

कच्ची उम्र［名*］(1) 幼少時；年少時；若齢；若年 (2) 未熟さ

कच्ची कली［名*］= कच्ची उम्र. **कच्ची कली टूटना** 早死にする；夭折する **कच्ची कली तोड़ना** 年少の娘と交接する

कच्ची कुर्की［名*］《H. + P. قرق》〔法〕仮差し押さえ

कच्ची गोटी［名*］焼成していない駒（遊戯に用いる駒）= कच्ची गोली. **कच्ची गोटियाँ खेलना** 未熟練の；熟達していない；経験が足りない

कच्ची गोली［名*］チョウサル（चौसर）のゲームに用いる焼成されていない駒 **कच्ची गोली खेलना** = कच्ची गोटियाँ खेलना.

कच्ची घड़ी［名*］時間の単位，24 分（間）

कच्ची चीनी［名*］粗糖；未精製の砂糖

कच्ची जवानी［名*］= कच्ची उम्र.

कच्ची निकासी［名*］費用を差し引かない収入

कच्ची नींद［名*］眠りの浅いこと

कच्ची पेशी［名*］〔法〕予審〈preliminary examination〉

कच्ची बस्ती［名*］スラム；貧民街

कच्ची बही［名*］〔簿〕仮帳簿

कच्ची मिती［名*］〔商〕貸し付け期間の前日から翌日までの利子をとる計算法

कच्ची रसोई［名*］= कच्ची.

कच्ची रोटी [名*] (1) 焼いた後にギー，バターなどを塗ったりつけていないチャパーティー（パン） नीची जातियों के घरों की कच्ची रोटी नहीं खायी जाती 下層カーストの家庭で焼かれたカッチーチャパーティーは食べられるようなものではない (2) 生焼けのチャパーティー（パン）

कच्ची शक्कर [名*] 粗糖= खाँड़.

कच्ची सड़क [名*] 舗装されていない道路 → पक्की सड़क 舗装道路.

कच्ची सामग्री [名*] 原料= कच्चा माल.

कच्ची सिलाई [名*]〔裁〕仮縫い

कच्चू [名*] (1)〔植〕サトイモ科サトイモ= अरुई; घुइयाँ. (2) = बंडा. サトイモの一種

कच्चे पक्के दिन [名] 妊娠 4 か月前後

कच्चे बच्चे [名, pl.] (1)（大勢の）幼な子 (2) 子孫

कच्छ[1] [名] (1) 湿地 (2) 川岸や海岸の低湿地 (3) カッチ（アラビヤ海に面したグジャラート州の最西端地域） (4) カッチ地方に産する馬 (5) 股の間から尻の方へたくし上げるドーティーの端 (6)〔シク〕シク教徒の男子が正装として着用する短ズボン→ कच्छा. (7)〔植〕センダン科インドチャンチン【*Cedrela toona*】

कच्छ[2] [形] カッチ地方の

कच्छ[3] [名*]〔言〕カッチ語（シンディー語 सिंधी に親縁関係のあるカッチ地方の言語）

कच्छ[4] [名] 亀 = कच्छप; कछुआ. कच्छ-मत्स्यावतार ヴィシュヌ神の亀と魚の姿の化現

कच्छप [名] (1) 亀 (2)〔ヒ〕ヴィシュヌ神の 24 化現の一，亀の姿としての化身= कूर्मावतार. (3) 蒸留酒造りの器具 (4)〔植〕インドチャンチン= कच्छ.

कच्छा[1] [名] (1) 舵が 2 つついた大型の船 (2) 船を横につなぎ合わせたもの

कच्छा[2] [名]〔シク〕カッチャー（シク教徒の男子が着用する短ズボン，シク教徒の正装の 5 つの K のうちの一．→ कड़ा, कंघा, किरपान, केश）

कच्छाटिका [名*] 吹き出物

कच्छी[1] [形] カッチ地方の；カッチ地方に産する→ कच्छ[1] (3)

कच्छी[2] [名] (1) カッチ地方の住民 (2) カッチ地方に産する馬

कच्छी[3] [名*]〔言〕カッチ語 → कच्छ[3].

कच्छु [名*]〔医〕かいせん（疥癬）= खाज; खुजली.

कच्छू [名] 亀 = कछुआ/कछुवा; कूर्म.

कछना[1] [名]〔服〕カチナー（裾から膝までからげて着用されたドーティー धोती）

कछना[2] [他] ドーティー धोती を裾から膝までからげて着用する

कछनी [名*] (1)〔服〕膝までもしくは膝の上までからげて着用されるドーティー धोती（など） (2) 上記のような着かた (3) 丈の短いドーティー कछनी कसे हुए मज़ूर ドーティーを膝までからげた労務者 कछनी काछना ドーティーを膝までからげて着用する (4) カチニー（膝までしか丈のないラハンガー लहँगा の一種）

कछमछाना [自] = कसमसाना.

कछरा [名] 広口のかめ（瓶）

कछलू [名] = कचलू.

कछवाहा [名] カチワーハー族（ラージプート族の一氏族）= कछवाहा वंश.

कछार [名] (1) 川岸や海岸の低湿地 गंगा का कछार ガンジス川沿いの低湿地 (2)〔地〕氾濫原 (3)〔地〕沖積土

कछियाना [名] (1) 野菜作りを主な生業としてきたカーストの成員（カーチー・カースト काछी）の居住地 (2) カーチーの野菜作りをする場所

कछियारी [名*] 野菜作り（カーチーの仕事） डेढ़ बीघा भर ज़मीन में कछियारी करके परिवार का निर्वाह करता था 1.5 ビーガーばかりの土地に野菜作りをして家族を養っていた

कछु [代形・代] = कुछ.

कछुआ [名]〔動〕爬虫類のカメ（亀）の総称 कछुए की तरह मुँडी बाहर भीतर क॰ あいまいな態度をとる；態度をはっきりさせないたとえ

कछुआ चाल [名*] 牛歩 कछुआ चाल से のろのろと फ़ाइलें पहले भी कछुआ चाल से चलती थीं, अब भी वही चाल है 書類は以前ものろのろと回っていたが，今もやはり同じだ

कछुवा [名] = कछुआ.

कछौटा [名] = कछौटा. (1) = कछनी. (2) ドーティーの一端を股の間から尻の方へからげて着用する着かた

कज[1] [形]《P. کج》(1) 曲がった (2) ゆがんだ (3) 心の曲がった；ひねくれた (4) 誤った；間違った

कज[2] [名] (1) 曲がっていること；屈曲；湾曲 (2) 間違い；誤り (3) 欠陥；欠点；弱点

कजअक़्ल [形・名]《P.A. کج عقل》ひねくれた；ひねくれ者= विपरीतबुद्धि.

कजअदा [形]《P. کج ادا》はしたない；つつましさのない；ぶしつけな

कजअदाई [名*]《P. کج ادای》つつましさの欠如；ぶしつけ（不躾）；無作法

कजक [名]《P. کجک》象使いの用いる鉤のついた棒= अंकुश.

कज़क [名]《P. کزک》= कजक.

कजकुलाह [名]《P. کج کلاہ》(1) しゃれ男；粋な男 (2) 恋人

कजकोल [名]《P. کجکول》乞食僧の托鉢に用いる鉢

कजख़ुल्की [名*]《P.A. کج خلقی》ぶしつけ（不躾）；無作法

कजफ़हम [形]《P.A. کج فہم》頭の悪い；愚かな；愚鈍な

कजफ़हमी [名*]《P.A. کج فہمی》愚かさ；愚昧

कजमिज़ाज [形]《P.A. کج مزاج》ひねくれた；うたぐり深い

कजरा[1] [形+] (1) 黒い；すす色の；油煙の色をした；墨のように黒々とした (2) まぶたにカージャルのついた (3) まぶたにカージャルのついたように見える→ काजल.

कजरा[2] [名] (1) 油煙から取る眼のふちに塗る薬（= काजल.）；カジラー；カージャル (2) 男児出生の 6 日目に歌われる祈りの歌，カジラー (3) 黒目の牛

कजरारा [形+] = कजरा. (1) カージャル（काजल）のついた (2) 黒い；カージャルのように黒い कजरारी, कटीली तथा लंबी दिखाई देनेवाली बना सकती हैं （目を）黒々と切れ長に見えるようにすることができる कम आयुवाली लड़कियाँ या युवतियाँ अगर ठीक ढंग से काजल लगाएँ तो उनकी छोटी-छोटी आँखें भी बड़ी कजरारी तथा आकर्षक दिखाई पड़ने लगती हैं 年少の女の子や娘たちはちゃんとカージャルをつければ小さな目もとても黒々と魅力的に見えるものだ

कजरियाना [他] (1) 目にカージャル（ काजल）をつける (2) 子供を邪視から守るために額に塗る小さなカージャルの黒点 (3)（色を）黒く塗る

कजरी[1] [名*] = कजली

कजरी[2] [名*]〔鳥〕チドリ科ダイゼン【*Pluvialis squatarola*】

कजरौटा[1] [名] = कजलौटा.

कजरौटा[2] [形+] 黒い；黒々とした；墨のように黒い

कजरौटी [名*] = कजलौटी.

कजला[1] [形+] = कजरा[1]

कजला[2] [形+] = कजरा[2]

कजलाना[1] [自] (1) カージャル（काजल）がつく (2) 黒ずむ；黒くなる (3) 火が消える

कजलाना[2] [他] (1) カージャル（काजल）をつける (2) 黒くする

कजली [名*] (1) すす（煤）；油煙 (2) 目の黒い牛 (3) 目のぐるりの黒い羊 (4)〔ヒ〕バードン月（→ भादों）の黒分 3 日（地域によってはサーワン月の満月の日）に祝われる季節祭であり女性の祭り（カジャリー祭）である．雨季の到来を喜び祝い，子供の無事の成長を祈願する = कजली तीज.；この季節にカジャリーと呼ばれる民謡が女性たちによって歌われる (5) ウッタル・プラデーシュ州東部，ビハール州，マッディヤ・プラデーシュ州にかけて既婚女性たちによってカジャリー祭の頃に歌われる，離れ離れに暮らす男女の愛情を主題とし問答歌として歌われる民謡 (6) カジャリー（カジャリー祭に先立って土のかたまりに播いて芽を出させた大麦．これをカジャリー祭の当日，池や川に流す）

कजली तीज [名*]〔ヒ〕カジャリー祭（バードン月の黒分 3 日に既婚女性によって祝われる祭り）

कजलीवन [名] バナナ園= कदलीवन.

कजलौटा [名] (1) カジロウター（カージャル काजल を入れる容器） (2) カジローター（入れ墨用の墨を入れる容器）

कजलौटी [名*] カジローティー（小型のカジローター कजलौटा）
क़ज़ाक़ [名]《T.قزاق कज्जाक》(1) 強盗；追い剥ぎ (2) カザフ人；カザフスタンの住民；カザキスタンの住民 (3) コサック
क़ज़ाक़ी [名*]《T.قزاق》(1) 強盗（すること）；強奪（すること）(2) 詐欺；欺瞞
कज्जल [名] (1) すす（煤）；油煙 (2) カージャル（काजल） (3) スルマー（सुरमा） (4) 雲
क़ज़्ज़ाक़ [名]《T.قزاق》強盗；追い剥ぎ→ क़ज़ाक़.
क़ज़्ज़ाक़ी [名*]《T.قزاق》= कज़ाकी.
कट[1] [名] (1) 象の耳たぶ (2) よし，すすき，ちがやなどの植物の長い茎 (3) それらの茎で編んだ敷物 (4) 死骸；遺体 (5) 棺架（死体を運搬するための）
कट[2] [名]《E. cut》(1)〔映〕カット (2)〔ス〕カット कट क॰〔ス〕カットする (3)〔裁〕衣服の裁ち方；型；カット
कट-आउट [名]《E. cutout》切り抜き；切り抜き絵
कटक[1] [名] (1) 集まり；集会 (2) 軍；軍隊；軍勢 (3) 軍営 (4) 山の中腹 (5) 尻 (6) 手首飾り (7) 足首飾り
कटक[2] 〔地名〕カタック（オリッサ州東部に位置する主要都市）
कटकट [名*] (1) 体の震えから生じる奥歯がぶつかり合ってかちかち鳴る音 (2) 言い争い (3) 不和；仲違い
कटकटाना[1] [自] 歯噛みして音が出る，かちかちいう，がちがちいう उसके चौड़े जबड़े कटकटा रहे हैं 男の張ったあごががちがちと鳴っている
कटकटाना[2] [他] 怒りに歯噛みして歯を鳴らす；かちかち音を立てる；かちかち鳴らす दाँत कटकटाना 歯を鳴らす；激しく歯噛みする दाँत कटकटा कर बोले 歯噛みしながら言った（激しい怒りのこもった表情）
कटकबाला [名]《H. + P. قبالہ क़बाला》質入れ = मीयादी बै.
कटकरंज [名]〔植〕マメ科リスノツメ【*Caesalpinia bonduc*】= कंज्जा〈fever nut〉
कटकरेजू [名] = कटकरंज; कटकलेजी
कटखना[1] [形+] (1) 噛みつき癖のある (2) 喧嘩早い (3) 狡猾な；手練手管に長じた
कटखना[2] [名] 手練手管= चाल; हथकंडा.
कटखन्ना [名] (1)〔手芸〕刺繍のために描かれた模様 (2) 文字の練習用に点線で描かれた文字
कटखादक [形] 何でも食べる；悪食の
कटग्लास [名]《E. cutglass》カットグラス
कटघरा [名] = कठघरा.
कटड़ा [名] 水牛の雄の子
कटत [名] (1) 切断 (2) 売れ行き
कटताल [名] = करताल.
कटथ्रोट [名]《E. cutthroat; cutthroat razor》(1)〔トラ〕カットスロート（3 人以上で各自の得点を競い合う） (2) 西洋かみそり
कटना [自] (1) つながっているものや一連のものが刃物で切断される；切り離される；切れる；切られる；断たれる उँगली कट गई 指が切れた (2) 続いているものが絶たれる；切れる ग्राउंडकंट्रोल से चल रही पायलट की बातचीत एक दम कट गई パイロットの地上管制との交信が突然切れた बिजली सप्लाई कटकर रह गई होगी 電気の供給が絶たれたままになったに違いない (3)（つながりが）絶たれる；断たれる；切れる；（関係や交渉が）断ち切られる；切り離される；離れる；除かれる पार्टी जनता से कट गई 党は大衆とは断ち切れてしまっている हम सब से कटकर अलग हो गये みなと縁が切れて離れてしまった पहले साल वह बहुत कटी-कटी सी रही थी 最初の年はぽつんと離れたようにしていた यूरोप में जानेवाले वहाँ की मुख्य धारा से लगातार कटे रहते हैं ヨーロッパに行く者たちは同地の主流から絶えず切り離されている शेष दुनिया से कुछ दिनों पहले तक बिल्कुल कटा हुआ था しばらく前まではその地は他の世界と全く絶たれていた वे महिलाएँ अपनी ज़मीन से कटकर लिख रही हैं 彼女たちは自分たちの立っている大地から絶たれたところでものを書いている उसका नाम कटा हुआ है 彼は除名されてしまっている (4) 好ましくない関係がなくなる；断ち切られる दान-पुन्न से ही पाप कटते हैं 布施や善行でこそ罪悪は断ち切られるもの (5) 刃物で殺される；轢死する；車などにひかれて死ぬ；戦死する दोनों ट्रेन से कटे 2 人とも列車にひかれて死んだ (6) 刈り取られる；切り取られる गेहूँ कट जाता है तो पिता फिर खेतों में हल चलाता है 小麦が刈り取られると父親はまた畑に犂を入れる (7) 削られる；削り取られる；減らされる；部分的に取り除かれる उनकी आधे दिन की मज़दूरी कट जाती थी いつも半日分の賃金が削られていた (8) すりつぶされる；砕かれる；粉砕される (9) 真っ直ぐ線状に長くのばされる；引かれる उस नदी से सात नहरें कटी हैं その川から用水路が 7 本引かれている (10) 正規に（正式に）出される；（切符などが）切られる；（伝票などが）発行される；（逮捕状などが）出される रमेश बाबू पर वारंट कट चुका है ラメーシュさんに逮捕状が出されている टिकट कट गया 切符が切られた（入鋏して正式に認められる） (11) 時間が過ぎる；移る；暮らす；生活する हारमोनियम से समय कटना ハーモニウム（の演奏）で時間が過ぎる मेरा मतलब है कि वक़्त अच्छी तरह कट जाता है, ऊब नहीं होती 私の言いたいのはつまりうまく時間が過ぎて退屈しないと言うことだ वक़्त काटे न कटता 暇をつぶそうにもつぶせぬ कहो कैसी कट रही है? मज़े में तो हो? どうだい，元気にしているかい जवानी तो उसी के साथ कटी है 青春はあの男と共に過ぎた चार या छः दिन मौज और सैर सपाटे में कटेंगे 4〜5 日は物見遊山に過ぎるだろう कैसी कटी होगी इसकी रात この人の夜はどのようにして過ぎたのだろうか (12) 恥じ入る；恐縮する；精神的に打撃を受ける अपने किये को देखकर कट गई 自分の仕事を見て恥じ入った यह देख श्याम कटकर रह गया それを見てシャームは精神的に打撃を受けた (13) トランプで勝負をつけられる；切られる (14) 割り切れる（割り算） (15) 恋いこがれて我を忘れる；魅了される (16) 肌が荒れる；肌が傷む इस पाउडर के इस्तेमाल से हाथ नहीं कटते この粉を使用すれば手が荒れない **कटा कटा हो॰** よそよそしい= विमुख हो॰. उसका भाई भी उससे कटा कटा रहता है あの人の兄弟までもがよそよそしい
कटनी [名*] (1) 切られること；切断されること；刈り取られること (2) 切ったり刈ったりする手間賃 (3) 切ったり刈り取ったりするのに用いる道具
कटपीस [名]《E. cutpiece》端切れ
कटफ़्रेस [名]《E. cutfresh》傷物；疵物
कटर [名]《E. cutter》物体を切るための道具；カッター
कटरा[1] [名] 水牛の雄の子
कटरा[2] [名] (1) 四囲を囲まれた地区 (2) 城の近くの市場や商店街 (3) 市場；商店街
कटल फ़िश [名*]《E. cuttlefish》〔動〕軟体動物イカ（烏賊）
कटल मछली [名*]《E. + H. ← cuttlefish》〔動〕イカ（烏賊）
कटलरी [名*]《E. cutlery》ナイフ，フォーク，スプーンなどの食卓用金物
कटलेट [名]《E. cutlet》(1)〔料〕カツレツ（西洋料理） फ़िश कटलेट 魚肉カツレツ (2)〔料〕カツレツの形に油で焼いた小麦粉と野菜のインド料理 (3) 薄い切り身
कटवर्क [名]《E. cutwork》〔手芸〕カットワーク（刺繍の一）
कटवाँसी [名]〔植〕イネ科タケ亜科インドトゲタケ【*Bambusa arundinacea*】
कटवाना [他・使] ← काटना. 切らせる；切ってもらう；切断させる तुम्हारे नाखुन अगर तुम से न कट सकें तो किसी दूसरे से कटवा लो つめを自分で切れないのならだれかに切ってもらいなさい मैं ख़ुशी-ख़ुशी बाल कटवा लेता हूँ 僕は機嫌良く散髪してもらう
कटसरैया [名*]〔植〕キツネノマゴ科低木トゲバレリヤ【*Barleria prionitis*】
कटहरा [名] = कठघरा.
कटहल [名] (1)〔植〕クワ科パラミツ（波羅蜜）【*Artocarpus heterophyllus*】 (2) パラミツの実；ジャックフルーツ
कटहा [形+] (1) かみつき癖のある（動物） (2) 怒りっぽい
कटा [名] (1) 切断 (2) 切り傷 (3) 切り合い；斬り合い (4) 殺害 (5) 虐殺 **कटे पर नमक छिड़कना** 苦しんでいる人や困っている人を更に苦しめること；弱い者いじめ= कटे पर नमक दे॰; कटे पर नमक लगाना.
कटाई [名*] (1) 切断；切り離し；伐採；刻むこと；彫刻 (2) 裁断 (3) 切断，切り離し，裁断などの労賃 (4) 刈り入れ；取り入れ (5) 刈り入れや取り入れの労賃 पत्थर या लकड़ी में कलात्मक कटाई का काम 石や木を美的に刻む作業 कटाई की कैंची 裁ち鋏 कटाई यंत्र 刈り取り機

कटाकटी [名*] (1) 切り合い；斬り合い (2) 激しい対立；激烈な争い

कटाक्ष [名] (1) 横目；流し目 (2) 皮肉；あてこすり；いやみ；嘲笑；あざけり

कटाछ [名] = कटाक्ष.

कटाछनी [名*] (1) 切り合い；斬り合い (2) 激しい応酬；激烈な議論や論争

कटान [名*] (1) = कटाई. पर्वतों में अंधाधुंध कटान 山でのめちゃくちゃな伐採 (2) 切りかた

कटाना [他・使] ← काटना. बाल कटाने 散髪（してもらい）に

कटार [名*] 両刃の短剣，カタール

कटारा [名] (1) 両刃の大型の短剣 (2) タマリンドの莢

कटाव [名] (1) 切り取り；切り離し；切断 (2) 切り抜き；刻み (3) 削り取られること (4) 流失 मिट्टी का कटाव （川べりの）土地の流失 पहाड़ों में उगनेवाले फ़र्न भूमि के कटाव को रोकते हैं 山に生えるシダが土地の流失を防ぐ

कटावदार [形] (1) ぎざぎざの (2) 花や葉の模様の刻まれた

कटास [名]〔動〕ジャコウネコ科ヴィヴェラ属ジャコウネコ【*Vivierra zibetha*】= खटास.

कटासी [名*] 埋葬地；墓地= क़ब्रिस्तान.

कटाह [名] (1) 大鍋 (2) 亀の甲羅

कटिंग [名*] 《E. cutting》 (1) カット；カットすること；切断 (2) 切り取ったもの (3) （理髪の）カット (4) 切り抜き

कटि [名*] (1) 腰；腰部 (2) ウエスト (3) 中間部分 (4) 尻；臀部

कटिका [名*] 尻；臀部

कटिबंध [名] (1) ベルト；腰ひも；帯 (2) 地帯；地域；区域；ゾーン；気候帯 उष्ण कटिबंध 熱帯

कटिबंधीय [形] 地帯の；地域の；気候帯の शीतोष्ण कटिबंधीय 温帯の

कटिबद्ध [形] (1) 帯を締めた (2) 待ち構えた；準備の整った；備えている；用意のできている **कटिबद्ध हो॰** 待ち構える；準備を整える इस संगठन की सफलता के लिए कटिबद्ध हो॰ この組織の成功のために用意を整えること

कटिया[1] [名] (1) 宝石細工師 = जड़िया; हक्काक. (2) 小さく切り刻まれた家畜の飼料

कटिया[2] [名*] 水牛の雌の子

कटीला[1] [形+] (1) 激しい；強烈な；鋭い；きつい (2) 突き刺す (3) 切れ味の鋭い；よく切れる；鋭利な (4) 姿のよい；形のよい सुंदर तथा कटीली आँखें 美しく鋭い目

कटीला[2] [形+] (1) とげのある；とげだらけの (2) 先のとがった

कटु[1] [形] (1) 苦みのある；苦い (2) 辛みのある；辛い（からい）；口がひりひりする (3) 不快な；いやな；気まずい (4) 辛い；苦しみを感じる (5) 刺激臭の強い (6) 厳しい；容赦のない；きつい कटु संबंध 気まずい関係 कटु आलोचना 厳しい批評 कटु बात きつい言葉 अम्माँ का व्यवहार शुरू से ही बड़ी भाभी के प्रति कटु रहा था 母は最初から一番上の兄嫁に厳しい態度をとっていた (7) 厳然たる；厳しい कटु सत्य 厳然たる事実

कटु[2] [名] (1) 苦味 (2) 苦い思い；辛い思い

कटुआ [形+] (1) 切り刻まれた (2) 切り取られた (3) 抜き出された

कटुआ सूंडी [名*]〔昆〕ヨトウガ（夜盗蛾）の幼虫ヨトウムシ（夜盗虫）；ネキリムシ（根切り虫） 〈cut worm〉

कटुक [形] (1) きつい；厳しい (2) いやな；不快な

कटुता [名*] ← कटु. (1) 厳しさ (2) 苦痛 (3) 不快感；気まずさ；気まずい思い आलोचना या बहस का अवसर मत दीजिए, क्योंकि कभी-कभी कटुता उत्पन्न हो सकती है 批判したり議論したりさせないようにすること．そうでないとしばしば気まずくなることがありうるから इससे उनके बीच कटुता पैदा हो जाती है これより相互間に気まずさが生じる (4) 憎しみ；憎悪 नेताओं ने गद्दी हासिल करने के इरादे से अपने-अपने धर्म के अनुयायियों के मध्य एक दूसरे धर्म के प्रति कटुता का बीज बोया 政治指導者たちは主導権を獲得するためにそれぞれの信徒の間に相手の宗教に対する憎しみの種を蒔いた (5) 不和 वह दाम्पत्य संबंधों में कटुता उत्पन्न करने का कारण बनता है それが夫婦関係で不和の原因となる

कटुत्व [名] = कटुता.

कटुफल [名] = कायफल.

कटुभाषी [形] 辛辣な（ことを言う）；痛烈な（ことを言う）

कटूक्ति [名*] 辛辣な言葉；痛烈な言葉

कटैला [名] アメジスト；紫水晶

कटोर [名] 素焼きのわん（碗）

कटोरदान [名] カトールダーン（真鍮などの金属製の料理を入れておく蓋付きの容器） बची रोटियाँ कटोरदान में रखकर 残ったローティーをカトールダーンに入れて

कटोरा [名] カトーラー（副食品などを盛る銅や真鍮などの金属製の底の浅い円形の食器）；わん（鋺）．ただし次のような用例もある लकड़ी के कटोरे में 木製のカトーラー（椀）に **कटोरा खनकना** 密な；密集した；密生した= कटोरा बजना. **कटोरा चलाना** カトーラーを用いた占いで盗人や盗品，失せものを捜す（方法）

कटोरिया [名*] = कटोरी.

कटोरी [名*] (1) カトーリー（カトーラー कटोरा の小型のもの） रबड़ी से भरी कटोरी 練乳のいっぱい入ったカトーリー (2) 女性の胴着の胸当て（乳房をおさめる部分） (3) 花托 **कटोरी-सी आँखें** つぶらな目

कटोल [形] 厳しい；辛辣な= कटु; कड़वा.

कटौती [名*] (1) 削ること；削るようにして減らすこと；へずること；削減 (-में) **कटौती क॰** （ーを）削る；削減する ख़र्च में कटौती क॰ 経費を削減する काम के घंटों में अंतर्राष्ट्रीय रूप से कटौती की जाए 労働時間を国際的に削減すべし भोजन में कटौती 食事制限；ダイエット कटौती का प्रस्ताव/कटौती प्रस्ताव 削減提案 (2) 控除；差し引き कर्ज़े की वसूली इनके मासिक वेतन की कटौती से हो जाती है 借金の取り立てをこの人たちの月給から差し引く形で行うこと (3) 控除額 (4) 割り引き (5) 割り引き額

कट्टम-कट्ठा [名] 流血；刃傷沙汰

कट्टर [形] (1) 厳格な；忠実な；厳しい；峻厳な कट्टर सनातनी परिवार 厳格な正統ヒンドゥーの家庭 सुभाश तो देश बंधु के कट्टर अनुयायी थे スバーシュはデーシュバンドゥの忠実な部下だった (2) 強情な；頑固な；頑迷な बुद्धिवाद के कट्टर समर्थक 理知主義の頑固な支持者 (3) 保守的な कट्टर हिंदू धर्म 保守的なヒンドゥー教 वे एक कट्टर परंपरावादी गुजराती परिवार से संबंधित हैं グジャラートの非常に保守的な家族の出身でいらっしゃる (4) 強硬な जायनवाद का कट्टर विरोधी シオニズムの強硬な反対者 (5) 狂信的な

कट्टरता [名*] ← कट्टर. धार्मिक कट्टरता 宗教上の頑固さ

कट्टा[1] [形+] (1) たくましい；頑丈な；丈夫な；頑健な= हट्टा-कट्टा. (2) 力持ちの= बलवान.

कट्टा[2] [名]〔昆〕シラミ目ケジラミ（毛虱）；カミジラミ（髪虱）= जूँ.

कट्टा[3] [名] あご (-के) **कट्टे लगना** *a.* （ーの）ものになる *b.* （ーの）目障りになる *c.* （ーのために）台無しになる

कट्टार [名] = कटार.

कट्ठा [名] (1) 1 ビーガーの 20 分の 1 の面積，カッター（約 67m^2，約 20 坪） (2) 5 セール（सेर）の穀物秤量の単位，カッター（約 5kg） (3) 上の 1 カッターを秤る容器，1 カッターます

कट्स [名] 《E. cuts ← cut》カット；ヘアカット

कठगर [形] 厚くて硬い

कठ- [造語] 以下の意を加える造語要素 (1) 木の；木製の (2) 木のような (3) 木のように硬い (4) 情けや容赦のない (5) 無感動な

कठकरेजा [形+] 情け容赦のない；無情な；無慈悲な

कठकीड़ा [名]〔昆〕ナナフシ科の昆虫の総称

कठकीली [名*] 木を削ってこしらえた釘；木釘

कठकेला [名]〔植〕野生バナナの一

कठकोला [名]〔鳥〕キツツキ科の鳥の総称

कठखुदाई [名*] (1) 木版（画） (2) 木彫

कठगुलाब [名]〔植〕バラ科コウシンバラ【*Rosa chinensis*】

कठगोल [名]〔鳥〕モリツバメ科ハイイロモリツバメ【*Artamus fuscus*】〈ashy woodswallow〉

कठघरा [名] (1) 木の囲い；木の柵 (2) 木製の檻 (3) 木製の大きな鳥かご (4) 被告席= कटघरा; कटहरा.

कठघोड़ा [名] 木馬（遊具）

कठताल [名] = करताल.

कठनीम [名]〔植〕ミカン科低木ナンヨウサンショウ【*Murraya koenigii*】〈curryleaf tree〉

कठपुतला [名] 大きな木偶；男の姿をした木偶 → कठपुतली.

कठपुतली [名*] (1) 操り人形；傀儡；くぐつ；木偶 (2) 思い通りに他人に操られる人 (-के) **हाथ की कठपुतली बनना** (ーの) 操り人形になる；(ーの) 意のままに操られる राजा और मंत्री दोनों ही उन चतुर और धूर्त ज्योतिषियों के हाथ की कठपुतली बन गए 王も大臣も 2 人ともそれら狡猾な占星術師の操り人形になってしまった **कठपुतली सरकार** 傀儡政府 **कठपुतलियों का तमाशा** 人形芝居 (-को) **कठपुतली की तरह नचाना** (ーを) 意のままに操る

कठफोड़वा [名]〔鳥〕キツツキ科の鳥の総称= कठफोड़ा; कठफोर.

कठफोर [名] = कठफोड़ा. **चीतल कठफोर**〔鳥〕キツツキ科ベンガルアカゲラ【*Picoides mahrattensis*】 **छोटा कठफोर**〔鳥〕キツツキ科チャバラアカゲラ【*Picoides hyperythrus*】 **ललपिठा कठफोर**〔鳥〕キツツキ科ハシボソエビチャゲラ【*Micropternus brachyurus*】 **सोनपिठा कठफोर**〔鳥〕キツツキ科ヒメコガネゲラ【*Dinopium benghalense*】

कठफोरिया [名*]〔鳥〕ゴジュウカラ科ゴジュウカラ属の鳥 **निलछती कठफोरिया** ルリゴジュウカラ【*Sitta frontalis*】 **ललपेटी कठफोरिया** チャバラアオゴジュウカラ【*Sitta castanea*】

कठबंधन [名] 木製の象の足枷

कठबाप [名] 未亡人であった母親の先夫との間の子と母親の再婚相手の男性との関係；継父；義父= सौतेला बाप.

कठबिल्ली [名*]〔動〕リス= गिलहरी.

कठबेल [名] (1)〔植〕ミカン科ナガエミカン【*Feronia elephantum*】 (2) その果実

कठबैद [名] 藪医者= अनाड़ी वैद्य.

कठमस्त [形・名] (1) 無頓着な（人） (2) 無神経な（人） (3) 頑健で精力旺盛な（人）

कठमुल्ला [名] 《H.+ A. ملا》偏見を持つ人；狂信家；偏屈な人；頑迷な人

कठमुल्लापन [名] 狂信（性）；頑迷さ；教条主義 कठमुल्लेपन का विरोध 教条主義に対する反対

कठमुल्लावाद [名] = कठमुल्लापन.

कठमेंढक [名]〔動〕ヒキガエル；ガマ；ヒキ

कठमोर [名]〔鳥〕キジ科ハイイロコクジャク【*Polyplectron bicalcaratum*】〈grey peacock-pheasant〉

कठसेमल〔植〕ウコギ科小木フカノキ【*Schefflera venulosa/Heptapleurum venulosum*】= फिटसन.

कठिन [形] (1) 厳しい；困難な；容易でない；険しい；辛い कठिन श्रम 厳しい努力= कठोर परिश्रम. बड़ी कठिन चढ़ाई पड़ती है 甚だ険しい登り坂になる ड्राइवर ने उन कठिन क्षणों को मानो भाँप कर कहा 運転手はその辛い時を察するかのように言った (2) 難しい；難解な कठिन प्रश्न 難しい質問 (3) 固い；堅固な

कठिनता [名*] (1) 厳しさ；困難さ；険しさ；辛さ (2) 難しさ；難解さ (3) 面倒；厄介事 (4) 固さ कठिनता से ようやく；やっとのことで；どうにかこうにか लोगों ने बड़ी कठिनता से उसे हटाया みなはようやくのことでそれを取り除いた

कठिनाई [名*] = कठिनता. सफ़र की कठिनाइयाँ और असुविधाएँ 旅の困難と不便 बड़ी कठिनाई से やっとのことで；ようやくのことで；大変な苦労をして

कठोर [形] (1) 固い；堅い；硬い कठोर वस्तुएँ固い物 कठोर लकड़ी 固い木 क्रिकेट की कठोर गेंद クリケットの硬い球 पत्थर-सी कठोर ज़मीन 石のように固い土 (2) 厳正な；厳密な；厳然たる；厳格な；厳しい असल में ऐसा कठोर सत्य कहने की हिम्मत ही नहीं होती थी 実際このような容赦のない厳しい真実を述べる勇気が出なかった कठोर अनुशासन 厳しい規律 कठोर शर्त厳しい条件 कठोर कानून 厳しい法律 सत्य कठोर होता है 真実は厳しいものだ (3) きっぱりした；断固たる；きつい；容赦のない；厳しい；痛烈な；厳正な क्रोधपूर्वक कठोर बातें कहना, गालियाँ देते हुए कोसना 怒ってきついことを言うこと；罵詈雑言を浴びせながら呪うこと दो मास का कठोर कारावास 2 か月の厳しい刑務所生活 कठोर वाणी में 厳しい口調で कठोर मेहनत 厳しい努力= कठोर परिश्रम. **कठोर लेखनी** 痛烈な筆；厳しい筆致 उनकी कठोर लेखनी के भीतर कोमल हृदय भी छिपा हुआ है 同氏の厳しい筆にはやさしい心も秘められている कठोर बात शायद उनकी ज़बान से कभी नहीं निकली きつい言葉はあの方の口からただの一度も発せられなかった पति का व्यवहार मेरे प्रति कठोर रहा है 夫の私に対する態度は絶えず厳しかった

कठोर जल [名] 硬水

कठोरता [名*] ← कठोर. (1) 固さ；堅さ；硬さ पाषाण में कठोरता 石の硬さ लोहे की कठोरता 鉄の固さ (2) 厳しさ；厳格さ；厳正さ ठाकुर की आँखों की कठोरता गायब हो गई タークルの目の厳しさは消え失せた कठोरता से厳格に；厳しく；厳正に नियमों की कठोरता 規制の厳正さ (3) 断固たる様子；きっぱりした様子；容赦のない様子 कठोरता सेきっぱりと अब आप को उसे कठोरता से कह देना चाहिए 今やあの人にきっぱりとおっしゃるべき時です

कठोरतापूर्वक [副] 厳しい口調で；厳しい表情で कठोरतापूर्वक उत्तर देने लगा 厳しい口調で答え出した

कठोर तालु [名]〔言〕硬口蓋〈hard palate〉

कठोर दारु [名] 心材

कठोरपन [名] = कठोरता.

कठोरहृदय [形] 情け容赦のない；無慈悲な；残酷な；残忍な

कठोरीकरण [名] (1) 硬くすること (2) 焼きを入れること（鍛冶で）

कठोरीभवन [名] 硬化

कठौत [名*] 小さな椀

कठौता [名] (1) パン生地をこねるための大きく深い木製の鉢や皿などの器 (2) 汁物などを入れる木製の大きな鉢や皿；大きな椀 (3) 種々の物を入れる木の椀や皿のような容器 पानी से भरा कठौता 水のいっぱい入った大椀

कठौती [名*] 小型の椀など कठौता の小型の容器

कठौती-गंगा [名*]〔諺〕手抜きやずぼらなことのたとえ

कड़ंगा [形⁺] (1) 頑丈な；頑健な (2) 横柄な

कड [名*] (1)〔植〕キク科ベニバナ（紅花）【*Carthamus tinctorius*】 (2) 紅花の実= कुसुम; बर्रे.

कड़आ [名] タバコの葉にフラー土を加えて加工した喫煙材料

कड़क[1] [名*] (1) 物のぶつかったり壊れたりつぶれたり裂けたりはじけたりする様子やその際発する（激しい）音 (2) 固いものや乾いたものの様子やそれから発する音．かりっ，かりかり，ぱりっ，ぱりぱりなど (3) 雷や雷鳴 (4) 猛烈な速度や勢い (5) ギャロップ (6) 度の過ぎること (7) 繰り返し起こる痛み **कड़क दौड़ना** 疾走する；全速力で駆ける；ギャロップで駆ける **कड़क मारना** 激しい痛みが起こる

कड़क[2] [形] 強い；堅い；硬い पतला लेकिन थोड़ा कड़क कागज़ 薄いがいささか硬めの紙

कड़कड़ [副] (1) 物がぶつかる様子やその音 बाहर निकलें तो कड़कड़ दाँत बजते हैं 外へ出ると（寒さに）歯ががちがち鳴る (2) 物の壊れたりつぶれたり，裂けたり，燃えたり，はじけたりする様子．ばりばり，めきめき，ばきばき，ぼきぼき，ぱちぱちなど (3) 固めの物を食べる様子やその音．ぱりぱり，ぼりぼりなど (4) 雷の鳴る様子やその音．ごろごろ，がらがらなど

कड़कड़ाता [形⁺] ↔ कड़कड़ाना. (1)（激しくぶつかり合う物などが立てる音）がらがら，がたがた，ごろごろなどの音を出す (2) 激しい；猛烈な；激烈な；凄い कड़कड़ाती सर्दी 猛烈な寒さ

कड़कड़ाना [自] (1) 物が激しくぶつかったり押さえられたりして音を発する उनके कवच की कड़ियाँ कड़कड़ा उठीं その男の鎖帷子の鎖が鳴った (2) 油などの強く熱せられた物が音を発する；ぱちぱち音を立てる；はじけるような音を立てる

कड़कड़ाहट [名*] (1) 物がぶつかったり壊れたりすることやその様子 (2) その時発する音 बिजली की कड़कड़ाहट 雷のごろごろ (3) 強く熱せられた物が発する音．ぱちぱち

कड़कना [自] (1) 物がぶつかったり壊れたり割れたり折れたりはじけたり裂けたり燃えさかったりする時の様子とその時発する音を表す．響く；鳴る；鳴り響く (2) どなったり大声で叫ぶ；大声を出す वह नौकर से कड़ककर बोला 使用人に怒鳴った झुँझलाकर उठे और कड़ककर पूछा 苛立って立ち上がると大声を出してたずねた (3) 雷鳴が響く，がらがらごろごろと鳴る；轟く कड़कती बिजली ばりばりごろごろと鳴り響く雷 बिजली कड़कते समय 雷鳴の鳴り響く時 (4) 肌を焦がす；激しく照りつける कड़कती धूप में पसीने से सराबोर 照りつける陽光の中，汗ぐっしょりの **कड़ककर बोलना** *a.* 大声で言う *b.* どなる；どなりつける "चुप कर माला, बस!" उसने कड़ककर कहा「マーラー，もうやめろ，いいかげんにしろ」と怒鳴った

कड़कनाल [名*] 旧式の大砲；大筒

कड़क बांका [名] (1) 敵に威圧感を与える戦士 (2) しゃれ男；しゃれ者= छैला.

कड़क बिजली [名*] (1) 火縄銃；鉄砲 (2) 女性の耳飾りの一種 (3) 花火の一種

कड़का [名] ぶつかったり，つぶれたり，折れたり，壊れたり，破れたりする大きな音

कड़खा [名] (1) 軍歌；戦陣歌 (2) 戦陣で兵士を鼓舞すること (3) 大声で叫ぶこと

कड़खैत [名] 戦陣で士気を鼓舞する歌を歌う人（→ भाट, चारण.）

कड़छा [名] 大きな玉杓子

कड़छी [名*] 玉杓子= कलछी. कड़छी चलाना 玉杓子を使う

कड़बड़ा [形+] (1) まだらの；ぶちの (2) 白黒まだらの

कड़बी [名*] モロコシの茎を飼料用に刻んだもの

कड़ला [名]〔装身〕子供の手首や足首につけるカラー（कड़ा）

कड़लिकाकरण [名]〔建〕持ち出し構造（次々と上に行くに従って突き出る構造）〈corbelling〉

कड़वा [形+] (1) 香辛料などの辛味や苦味などが度を過ぎて強い；苦い；辛い (2) 刺激の強い；強烈な；激しい；きつい काफ़ी के कड़वे घूँट पीकर मन में व्याप्त कड़वापन दबाती रही 苦いコーヒーをごくんと飲んで胸を覆っている不快感をずっと抑えつけていた रम तो बहुत कड़वी है ラム酒の味はとてもきつい (3) 辛い；苦しい；苦い कड़वा सच 苦い真実 (4) 不快な；不機嫌な；苦い；いやな शोबी का नाम लेते ही तुम्हारा मुँह जैसे कड़वा हो जाता है ショービーの名前を口にしたとたんに君はいやな顔をする (5) 厳しい；きつい कड़वा उपदेश 厳しい説諭 कड़वी बातें きつい言葉；耳の痛い話 **कड़वा क॰** *a.* 台無しにする *b.* 取り立てる **कड़वा कसैला** 不快な；いやな；辛い **कड़वे कसैले दिन** *a.* 苦難の時；苦難の日々 *b.* 流行病のはやる時期 *c.* 妊娠 8 か月 **कड़वा घूँट पीना** 辛いことといやなことを我慢する= कड़वा घूँट उतारना. आज तो कड़वा घूँट पी जाओ 今日のところは我慢しなさい **कड़वा दिल क॰** 不快に思う **कड़वा नज़र** *a.* ひどく苦い *b.* 甚だ不快な **कड़वा फल चखना** 悪行の報いを受ける **कड़वा बोलना** きつい言い方をする **कड़वा मुँह** 口汚い **कड़वा स्वर** 皮肉っぽい口調 **कड़वी आँख** 怒りのこもった目つき **कड़वी ज़बान** 口汚い **कड़वी बात** 不快な言葉；いやな言葉；聞くのがいやな話；聞くのが辛い話 **कड़वी-मीठी बात** = कड़वी बात.

कड़वा कद्दू [名]〔植〕ウリ科蔓草ヒョウタン【*Lagenaria siceraria var. gourda*】

कड़वा तेल [名] 芥子菜の種子から得られる食用の芥子油= सड़सों का तेल.

कड़वाना [自] = कड़ुआना.

कड़वापन [名] = कड़वाहट.

कड़वाहट [名*] ← कड़वा. (1)（強い）苦味や辛味 (2) 辛さ；苦しさ；苦々しい思い कड़वाहट से कहना 苦々しく言う；辛い思いをしながら言う दाम्पत्य जीवन कड़वाहट से भर जाने की पूरी-पूरी सम्भावना रहती है 夫婦の間が苦々しさに満ちる可能性がある (3) 気まずさ；しっくりしないこと；わだかまり सास-बहू संबंधों में कड़वाहट मिलती है 嫁と姑との関係に気まずさが見られる परिवार में कड़वाहट 家族内のわだかまり

कड़वी रोटी [名*]〔ヒ〕不幸のあった家では調理ができないしきたりになっているので親戚や知己の家から 3 日間にわたって届けられる食事= कड़वी खिचड़ी.

कड़ा[1] [名] (1) 手首や足首につける金属製の大きな飾りの輪 (2) 金属の輪 (3)〔シク〕シク教徒が右腕につけるべき鉄製の腕輪（いわゆる 5 つの K の一） → पंच ककार.

कड़ा[2] [形+] (1) 堅い；固い；硬い（弾力性がなかったりうるおいがなかったり水分が少なかったり，硬直したり，未熟であったりしているために） कड़ी धातु 硬い金属 कड़ा गूँधना 硬くこねる (2) きつい；締まり具合が堅い (3) きつい；強い；強烈な；茶などが濃い कड़ी मदिरा きつい酒 कड़ी धूप में 強烈な日差しの中で कड़ी निगाह きつい視線（眼差し） बहुत कड़ी निगाह से देखा, जैसे कहना चाहती हो - तुम यह सब नहीं समझोगे और अंदर चली गई 君にはわかるまいと言いたげなとてもきつい眼差しで見て中へ入って行った (4) ぎすぎすした；うるおいのない；やさしさのない；きつい；冷淡な कड़ा व्यवहार 冷淡な態度 (5) とげのある；とげとげしい；きつい；厳しい कड़ी आवाज़ とげとげしい声 माथुर साहब का स्वर और कड़ा हो उठा マートゥル氏の声は更にきつくなった (6) 厳しい；徹底した；厳重な；容赦のない；厳正な；きつい कड़े नियम 厳しい規則 सुरक्षा व्यवस्था कड़ी बनाने को कहा गया है 警備体制を厳重にするように命じられている उससे कड़ी पूछताछ की गयी その男に対して厳しい取り調べが行われた इनके घरों में कड़ी पर्दा प्रथा रही है この人たちの家庭では厳格なパルダー（女性隔離）の風習が保たれてきている कड़ी-से-कड़ी आलोचना この上なく厳しい批評 कड़ी निगरानी और चौकसी 厳しい監視と警戒 कड़ा आदेश 厳命 (7) 厳しい；激しい；激烈な；ひどい；過激な कड़ी मेहनत की कमाई 厳しい労働で稼いだもの 10-10 घंटों की कड़ी मेहनत 10 時間にも及ぶ厳しい労働 उन्होंने कड़े शब्दों में सरकार की आलोचना की 氏は厳しい言葉で政府批判をなさった एक बार एक कड़ा व्याख्यान देने के लिए जेल हो आये थे 一度過激な演説をしたために刑務所に入られたことがあった कड़े और अपमानजनक शब्द きつくて侮辱的な言葉 कड़े-से-कड़ा दंड देने का प्रावधान किया गया है 最高の厳罰に処する規定がある **कड़ा उत्तर दे॰** → कड़ा जवाब दे॰. **कड़ा क॰** 堅くする；強くする；ぴんと張る；きつくする；締める；濃くする **कड़ा क़दम उठाना** 厳しい措置を取る **कड़ा कलेजा** 意志堅固で忍耐強い **कड़ा जवाब दे॰** 手厳しい言葉で言い返す；きつい言葉で口答えする **कड़ा मिज़ाज** 気のきつい；怒りっぽい **कड़ा मुक़ाबला** 激戦；しのぎを削る；激しく競う **कड़ा मोर्चा** 猛烈な競争；激烈な競争 **कड़ा रुख़ अख़्तियार क॰** 厳しい態度をとる **कड़ा सौदा** 高価につくこと；高くつく取引 **(-पर) कड़ा हाथ रखना**（－を）厳重に抑制する **(-पर) कड़ी आँख रखना**（－に）厳しい目を向ける；（－に）厳重に警戒する；（－に）怒りの目を向ける **कड़ी आँख से देखना** 怒りの目を向ける **कड़ी कहना** 手厳しいことを言う；辛辣なことを言う；言いにくいことを言う= कड़ी सुनाना. **कड़ी चुटकी ले॰** 痛烈な皮肉を言う **कड़ी ज़बान कहना** = कड़ी कहना. **कड़ी झेलना** 辛い目に遭う；苦労する **कड़ी डाँट पड़ना** 厳しく叱責される **(-पर) कड़ी नज़र रखना**（－を）厳しく取り締まる；（－を）厳しく見張る；厳重に監視する= कड़ी निगाह रखना. अच्छा यही होगा कि इन दोनों के ऊपर कड़ी नज़र रखी जाए この両人を厳重に監視するのがよかろう कौवों पर कड़ी नज़र रखना からすを厳しく見張る **(-पर) कड़ी नज़र रहना**（－に対して）厳しい監視（の目）がある **कड़ी नज़र से देखना** = कड़ी आँख से देखना. **कड़ी निगाह** 監視の目の厳しいこと गाँजा, शराब की ओर आजकल लोगों की कड़ी निगाह है 近頃大麻や酒に対する世間の目は厳しい **कड़ी बात कहना** = कड़ी कहना. **कड़ी मंज़िल** 難しいこと；困難なこと **कड़ी मंज़िल मारना** 大変困難なことをする；必死の努力をする **कड़ी सुनाना** = कड़ी कहना. **कड़े दिन** 辛い時；困難な日々；苦難の時；逆境 **कड़े शब्द कहना** 罵る **कड़े हाथों** 厳しく；厳格に

कड़ाई [名*] ← कड़ा[2] かたいこと；堅さ（固さ，硬さ）；きつさ；厳しさ；とげとげしさ；厳重さ；厳正さ；妥協のない様子；激しさ；激烈さ **कड़ाई क॰** 厳しい態度を採る **कड़ाई से** 容赦なく；厳しく

कड़ाकड़ [名・副] 固いものがいろいろな状態で発する音；ばきばき（と）；ぼきぼき（と）；がりがり（と）

कड़ाका [名] (1) 堅い物がぶつかったり壊れたりして生じる音 (2) 様々な原因で生じる大きな音．激しい音；轟音 (3) 断食 **कड़ाका कर जा॰** 食事を抜く **कड़ाका गुज़रना** 貧しさのため食を抜く **कड़ाके का** 激しい；猛烈な；強烈な；激しい；凄い ख़ूब कड़ाके की ठंड पड़ रही थी 厳しい寒さが続いている कड़ाके का जाड़ा 厳寒 कड़ाके की सर्दी 猛烈な寒さ

कड़ाकेदार [形]《H.+ P. دار》激しい音を立てる；轟音を伴った कड़ाकेदार बिजली 凄い雷鳴を轟かせる雷

कड़ापन [名] = कड़ाई. पेशी में कड़ापन 筋肉の凝り

कड़ाह [名] 大鍋；深鍋= कड़ाहा.

कड़ाह परशाद [名]《Pan.》〔シク〕カラーパルシャード（小麦粉と砂糖を原料にギーで加工した食べものでシク教徒がグルグラントサーヒブ聖典に供えたお下がり．信徒に配られる）

कड़ाहा [名] 煮物や揚げものに用いる真鍮製や鉄製の大きな深鍋；カラーハー

कड़ाही [名*] 小型の金属鍋；両手鍋；中華鍋 **कड़ाही क॰** 願掛けにお供えの甘味菓子をこしらえる **कड़ाही के बैंगन हो॰** 激しく怒る；怒り狂う **कड़ाही चढ़ना** 祝いの料理が作られる；馳走を作る準備がなされる **कड़ाही चाटना** 鍋をなめる；あさましくいやしい振る舞いをする **कड़ाही में (-का) हाथ डालना**（－に）容赦ない態度で接する；（－を）厳しく取り扱う

कड़ियल [形] (1) 勇敢な；勇ましい (2) 頑健な；頑丈な= हट्टा-कट्टा.

कड़ी [名*] (1) 鎖 (2) 連関；関連；連なり (3) 鎖や鎖状のものの一つの輪；リンク (4) 物を掛けたり下げたりする輪 (5) 手綱 (6) ものとものとをつなぐためのもの；つなぎの輪 (7) 詩歌の一節 विचारों की कड़ियाँ झनझनाकर टूट गई 思考の輪が激しい音を立てて壊れてしまった ज़िला परिषद् ग्रामीण स्वशासन संस्थाओं तथा राज्य सरकार के मध्य कड़ी का कार्य करती है ジラーパリシャッドは農村自治体と州政府との間で連携役を果たす **कड़ी (कड़ियाँ) उठाना** 苦難に耐える **कड़ी जुड़ना** 関係やつながりができる **कड़ी टूटना** つながりや関係が断たれる **कड़ी डालना** 苦しめる；悩ませる **कड़ी बनना** つなぐ；つなぎ合わせる；仲介する

कड़ीदार [形] 《H.+ P. دار》 (1) 輪のついている (2) 鎖（の輪の）形の

कड़ुआ[1] [形+] = कड़वा. कड़ुई बात कहना 苦言を呈する= कड़ुई कहना.

कड़ुआ[2] [名] 喫煙タバコの一種（タバコの葉にフラー土 रेह を混ぜてこしらえた喫煙材料）；カルアー

कड़ुआना [自] = कड़ुवाना.

कड़ुआहट [名*] = कड़वाहट.

कड़ुई रोटी [名*] = कड़वी रोटी.

कड़ुवा तेल [名] からし油（芥子油）= कड़वा तेल.

कड़ुवाना [自] (1) 感覚器官に不快な刺激を受けたり感じたりする धुआँ इतना बढ़ गया कि लोगों की आँखें कड़ुवाने लगीं 皆の目が沁みるほどに煙が増した

कढ़आ [形+] = कढ़ुवा.

कढ़ना[1] [自] (1)（外へ）出る (2)（下から上へ）あがる；のぼる (3) 抜ける；抜き出る (4) 通る；通り抜ける **कढ़ जा॰** 逃げる；逃亡する；駆け落ちする

कढ़ना[2] [自]（牛乳が）煮つまる

कढ़वाना [他・使] ← काढ़ना.

कढ़ाई[1] [名*] (1) 引き出すこと (2) その手間賃 (3) 刺繍 (4) 刺繍の手間賃

कढ़ाई[2] [名*] = कड़ाही.

कढ़ाना [他・使] ← काढ़ना. 引き出させる；出させる；引き出してもらう；出してもらう→ कढ़ना.

कढ़ाव [名] (1) 刺繍 (2) 刺繍の図柄の盛り上がった部分

कढ़िलना [自] (1) 呻く (2) のたうちまわる= कराहना.

कढ़िहार [形・名]（危難や苦難から）救い出す（人）；救助者；救済者

कढ़ी [名*]〔料〕カリー（インド料理の一，ベーサン，すなわち，ひよこ豆の粉をヨーグルトに溶いて煮た汁物） **कढ़ी का जोश** 一時的な熱中 **कढ़ी का-सा** 一時的な；永続性のない **कढ़ी में कोयला हो॰** *a.* 玉に瑕 *b.* いかがわしい；怪しげな；疑わしい；秘密のある；胡散臭い

कढ़ुआ [形+] = कढ़ुवा[1, 2]

कढ़ुई [形*] どこからか誘拐されて来た（女性）

कढ़ुवा[1] [形+] (1) 取り出された；引き出された (2) 刺繍の施された

कढ़ुवा[2] [形+] 煮つめられた

कढ़ुवा[3] [名] (1) 借金 (2) 翌朝のために残して置かれた前夜の料理

कढ़ेरना [名] 彫金用のノミ（鑿）の一種

कढ़ोरना [他] 引き出す；引きずり出す；引きずる

कण [名] (1) 小さなかけら कोयले का कण 炭のかけら；石炭くず (2) 穀物の粒やそのかけら अन्नकण 穀物の粒のかけら (3) 粒子 कार्बन के कण 炭素粒子 (4) 微塵 इन वस्तुओं में से कणमात्र これらの物の中から微量のもの कण-कण में いたるところに；すべてのものに **कण छोटे, पर करें कमाल** 〔諺〕山椒は小粒でもぴりりと辛い

कणकच [名] = कणगच.

कणगच [名] (1)〔植〕マメ科リスノツメ【*Caesalpinia bonducella; Guilandina bonducella*】= करंज ; कंजा. (2)〔植〕マメ科ハッショウマメ【*Mucuna prurita*】= केवाँच.

कणन [名] 粒子化〈granulation〉

कणहिम [名] 粒状氷雪；万年雪〈névé〉

कणा[1] [名*] 小さなかけら；小片

कणा[2] [名*]〔植〕クワ科インドボダイジュ= पीपल.

कणाद [名]〔イ哲〕ヴァイシェーシカ学派の開祖，カナーダ

कणिक [名] (1) 小さなかけら；つぶ；粒子；微粒子 (2) 穀物の穂 (3) 小麦粉

कणिकता [名*] 粒状；顆粒状

कणिका [名*] (1) 小さなかけら；小片；くず；微粒 खाद्य-कणिका 食べもののくず (2) 微粒子 (3) 顆粒 (4)（血液やリンパ球に含まれている）小球；血球

कणित [形] 粒子化された；微塵になった；微細なものになった

कणी [名*] = कनी.

कणीकरण [名]〔物理〕崩壊〈disintegration〉

कणीभवन [名] 微塵になること；粒子化〈granulation〉

कणेर [名]〔植〕キョウチクトウ（夾竹桃）= कनेर.

कण्व [名]〔イ神〕(1) カヌヴァ（ヴェーダの聖仙の一人） (2) カヌヴァ（シャクンタラー शकुन्तला の育ての親とされる聖仙）

कत[1] [形] (1) どれだけ；どれほど；いかほど कितना (2) 甚だ；非常に= कितना अधिक.

कत[2] [副] (1) どこに；いずこに (2) なぜに；いかにして；何故に

कत[3] [名] (1)〔植〕マチン科ミズスマシノキ【*Strychnos potatorum*】= कतक ; चाकसू ; निर्मली. (2)〔植〕ムクロジ科【*Sapindus detergens; S. emarginatus; S. saponaria*】= रीठा.

क़त [名] 《A. قط》 葦（の茎を削ってこしらえた）ペンの先 क़त काटना 葦ペンの先端を削る= क़त लगाना.

क़तअन [副] 《A. قطعاً क़त्अन》 = क़तई.

क़तई [副] 《A. قطعی》 (1) 全く；すっかり；完全に；全然；みじんも；かけらも यह क़तई अनुचित है कि तुम किसी और की करनी मेरे ऊपर थोपो だれか他の人のしたことを私になすりつけるというのは全く間違っているぞ **क़तई...नहीं** 全く…していない；微塵も（かけらも）…しない；断じてない दुनिया छोड़ने का अपना क़तई इरादा नहीं है 世を捨てるつもりはかけらほどもない मैंने उससे यह उम्मीद क़तई नहीं की थी あの人にこのことは全然期待していなかった (2) 決して；絶対に～しない पट्टी को खोले क़तई नहीं 包帯を決してほどかないこと

कतक [名] (1)〔植〕マチン科小木ミズスマシノキ= निर्मली. (2) = रीठा.

कतना[1] [自] 紡がれる→ कातना.

कतना[2] [他] = कातना.

कतना[3] [形+] = कितना.

कतनी [名*] (1) 紡ぐこと (2) 紡ぐ手間賃 (3) つむ（錘）

कतरन [名*] (1) 切ること (2) 切れ端；切り屑 लोहे की कतरन 鉄屑 (3) 切り抜いたもの；切り抜き समाचारों की कतरनें 新聞の切り抜き

कतरना [他] (1) 鋏で切る (2) 刃物で切る；刻む मम्मी पास ही बैठी सब्ज़ी कतर रही थीं 母さんはすぐそばに座って野菜を刻んでいた (3)（木の実などを）かみ砕く (4) 中断する (5) 抜き取る

कतरनाल [名*]（2 つの滑車を用いる）複滑車

कतरनी [名*] 各種のはさみ（鋏） **कतरनी सी ज़बान चलना** *a.* 早口でしゃべる *b.* しゃべりまくる；べらべらしゃべる

कतरब्योंत [名*] (1) 裁つこと；裁断すること (2) 工夫；細工；調整；やりくり दरज़ी ने कुछ कतरब्योंत की हो 仕立屋がなにか細工をしたのかも知れない (3) 切りつめ मैं पैसे पैसे की कतरब्योंत कर महीना पार लगाती हूँ 一銭一厘を切りつめてひと月を過ごします **कतरब्योंत क॰** ごまかしの細工をする **(-में) कतरब्योंत क॰** *a.*（－を）節約する；切りつめる *b.*（－を）減らす

कतरवाँ [形+] 歪んだ；ひずんだ；ジグザグの

कतरवाना [他・使] ← कतरना.

कतरा [名] かけら；断片；破片

क़तरा [名] 《A. قطره》 しずく（雫） ख़ून के चंद क़तरे 数滴の血

कतराई [名*] (1) = कतरवाई. (2) 人を避けること

कतराना[1] [他・使] ← कतरना.

कतराना[2] [自] (1) 人を避ける；人に近づかないようにする；よける；はばかる फल यह हुआ कि वह अपने पिता से कतराने लगे 結果的に父親を避けるようになった लोग हमसे कतराते तो नहीं？ 世間の人は私を避けているのではないか वह मुझको देखकर दूसरी ओर कतराकर निकल जाता 私を見ると反対の方によけて行く (2) ある事態を避ける；いやがる；よける वह सब कमज़ोर हैं. दो फेरे लगाने में कतराते हैं あの連中はみな体力がないのだ．2 度回るのを避けるのさ पड़ोसवाले उनसे बात करने में कतराते हैं 近所の人はあの人

と話をするのを避ける अगर कोई सुंदर तथा शिक्षित स्त्री भी स्वभाव से कर्कश हो और बातचीत में अशिष्ट हो तो ऐसी स्त्री से बात करने में सभी कतराते हैं 美しくて教育のある人でもぎすぎすした性分で言葉遣いが無作法であればそんな女の人と話をするのをだれもが避けるものだ इन्हीं कारणों से वह पति के साथ जाने से कतराती है だからこそ夫と一緒に出かけるのをいやがる आधुनिक सभ्यता में पले बहुत-से युवक-युवतियाँ पूर्णतः स्वस्थ होते हुए भी संतान का बोझ या उत्तरदायित्व उठाने से काफ़ी वर्षों तक कतराते रहते हैं 現代文明の中に育った多くの若い男女は完全に健康でありながらも育児の負担と責任を負うことをかなり長い間避けるものだ परिश्रम से कतराना 勤労をいやがる प्रायः देखने में आता है कि लज्जा व संकोच के कारण अधिकांश माता-पिता भी अपनी लड़की को यह जानकारी कराने में कतराते हैं 羞恥心のためたいていの親も娘にこのことを教えるのを避けるものだ स्वयं बच्चे पैदा करने से कतराती है 本人自身が子供をこしらえるのをいやがる सब्ज़ियाँ खाने से कतराना 野菜を食べないようにする काश, ऐसे मामलों में हम अपनी सहजबुद्धि का प्रयोग करने से न कतराएँ 願わくばこのような事柄についてはためらわず直感に頼るようにしたいものだ उस व्यक्ति के साथ समय बिताने से कतराने लगा था その人と時間を過ごすのを避けるようになった

क़तल [名] 《A. قتل क़त्ल》殺害；殺し＝हत्या; वध; क़त्ल.

क़तलबाज़ [名] 《A.P. قتل باز क़त्लबाज़》人殺し；殺害者

कतला [名] 大きく（四角に）切ったもの；切片；一切れ

कतलाम [名] ←क़त्ले आम.

कतली [名*] (1) 小さく四角に切ったもの；刻んだもの；角切り शलगम की कतलियाँ カブラ（蕪）を刻んだもの (2) シロップにナッツなどを入れて固め四角に切ったもの

क़तले आम [名] ＝क़त्ले आम.

कतवाना [他・使] ←कातना.

कतवार [名] (1) ごみ；廃品 (2) 屑；無用の物

कतवारख़ाना [名] ごみ捨て場

कतहुँ [副] どこかに；いずこかに

क़ता[1] [名] 《A. قطعه क़तआ》(1) 一片；一切れ (2) 部分；区分；区画 पूरा चमन चार बड़े बड़े क़ताओं में बट गया है 庭園は4つの大きな区画に分かれている (3) 断片詩

क़ता[2] [名*] 《A. قطع क़तअ》(1) 切断；切り離し (2) 裁断 (3) 服装 (4) 型；形；形式；様式

कताई [名*] (1) 紡ぐこと (2) 紡ぎ賃→ कातना.

कताई-बुनाई [名*] 紡織

कतान [名] (1) 上等の麻布 (2) 上等の絹布

कताना [他・使] ←कातना.

क़तार [名*] 《A. قطار》(1) 列；行列 (2) 一連のもの；連なったもの；連続 चींटियों की क़तार 蟻の列 बहुत-से लड़के एक क़तार में खड़े थे 多数の子供が一列に並んでいた हर घर में दीपकों की क़तारें जगमगाने लगीं どの家でも灯火の列が点り始めた क़तार बाँधना 列を作る；行列する

कति [形] (1) 幾つの；どれだけの (2) どれほどの；いかほどの (3) 多数の；無数の

कतिपय [形] (1) 若干の；幾つかの इस पुस्तक की कतिपय विशेषताएँ この書物の若干の特色 (2) 少数の

कतीब [形] 《A. کتیب》書かれた；記された

कतीरा [名] 《A. کتیره》キバナワタモドキ（ワタモドキ科【*Cochlospermum religiosum*】）とその幹から採れる粘液（薬用）

क़तील [形] 《A. قتیل》殺された；殺害された＝हत; वधित.

क़त्त [名] 《A. قط》(1) 切ること；切断すること (2) 葦ペンの先を切ったり削ること (3) ペン先 क़त्त लगाना 葦ペンのペン先を切る（ペン先を切って書きやすいように整える）

कत्तई [副] ＝क़तई.

कत्तर [名] 女性が髪を束ねること

कत्तल [名] (1) 切れ端；切れっぱし (2) かけら

कत्ता [名] (1) 竹細工師の用いる竹切りの道具 (2) 短刀

क़त्ताल [名] 《A. قتال》(1) 殺害者 (2) 死刑執行人 (3) 恋人；愛人

क़त्ताला [名*] 《A. قتال》(1) 殺害者 (2) 恋人；愛人；狂おしいほど好きな人

कत्ती [名*] (1) 小刀；ナイフ (2) 短刀

कत्थ [名] (1)〔化・薬〕アセンヤク（阿仙薬） (2) 黒褐色の染料（鉄粉を原料とする）

कत्थई [形] 褐色の；こげ茶色の；暗褐色の कत्थई रंग 褐色；こげ茶色；暗褐色

कत्थक [名] (1) カッタク・ジャーティの人（音楽・舞踊をなりわいとする） (2)〔芸〕カッタク・ダンス；カッタク舞踊；カタック舞踊＝कथक.

कत्था [名] (1)〔化・薬〕アセンヤク（阿仙薬） (2)〔植〕マメ科アセンヤクノキ（阿仙薬の木）【*Mimosa catechu*】

क़त्ल [名] 《A. قتل》(1) 殺すこと；殺害 घोड़े का क़त्ल 馬を殺すこと (2) 殺人 क़त्ल का इलज़ाम 殺人容疑 (-को) क़त्ल क॰ （－を）殺す；殺害する (-को) धोखे से क़त्ल क॰ （－を）暗殺する；謀殺する

क़त्ले आम [名] 《A. قتل عام》虐殺；大殺戮；皆殺し पंजाब के निर्दोषों के क़त्ले आम के विरोध में パンジャーブでの無辜の人々の虐殺に抗議して दिल्ली नगर के हज़ारों हरे भरे पेड़ों का क़त्ले आम करने से デリーの数千本の青々と茂った木の「虐殺」により

क़त्लोग़ारत [名] 《A. قتل و غارت》殺戮と略奪＝क़त्ल व ग़ारत; हत्या और लूटपाट.

कथं [副] 如何にして；如何様にして ＝कैसे.

कथक [名] (1) 語り手；話し手（昔話などの）；語り部 (2) プラーナ聖典の講釈を職業とする人 मैं भाट नहीं हूँ, न कथक हूँ バートでもなければ講釈師でもない (3) 芝居の筋を最初に語って聞かせる道化師もしくは役者 (4) カタック・ジャーティの人（音楽，舞踊をなりわいとする） (5)〔芸〕カタック・ダンス；カタック舞踊（北インドの古典舞踊）

कथकली [名]〔芸〕カタカリ（ケーララ地方に行われる舞踊劇）

कथकीकर [名]〔植〕マメ科ペグノキ【*Acacia catechu*】＝खैर.

कथक्कड़ [名] (1) 語り手；話し手 (2) 物語師；講釈師；説教師；カターヴァーチャク

कथक्कड़ी [名*] 物語師，講釈師，説教師，カターヴァーチャクなどとしての生業→ कथावाचक.

कथन [名] (1) 語ること (2) 語られたこと；言葉；表現；文章；陳述；声明；言説；言 नेता का कथन 指導者の言；実力者の言葉 "अधिकार तथा कर्तव्य का पारस्परिक संबंध है"इस कथन का विवेचन कीजिए 「権利と義務とは相互に関係している」というこの表現について論じなさい मार्क्स का कथन है कि सामाजिक संबंधों का आधार समाज की आर्थिक व्यवस्था पर निर्भर है 社会関係の基盤は社会の経済秩序に基づくというのがマルクスの説である (3) 主張；申し立て (4)〔言〕話法〈narration〉 प्रत्यक्ष कथन 直接話法 अप्रत्यक्ष कथन 間接話法

कथना [他] 語る；言う；話す

कथनी [名*] 言うこと；（言行一致という際の）言 कथनी-करनी में मेल लाना होगा 言行を一致させなければならない उनकी कथनी और करनी में कोई फ़रक़ नहीं あの方は言行が完全に一致している

कथनीय [形] 語るべき；言うべき

कथमपि [副] (1) なんとかして；どうにかして (2) ようやくのことで；やっとのことで

कथरी [名] (1) ぼろ；つづれ（綴れ） (2) つづれの敷物＝कंथा; गुदड़ी.

कथांतर [名] (1) サイドストーリー (2) 余談

कथा [名*] (1) 話；言い伝え；語り伝え；伝説；説話；昔話 इस मंदिर में मूर्ति की स्थापना एवं देवी के चमत्कारों के बारे में आज भी अनेक प्रकार की कथाएँ प्रचलित हैं この寺に本尊を祀ったことや女神の霊験にまつわる様々な語り伝えが今日も行われている जातक कथाओं में महात्मा बुद्ध के पूर्वजन्म की घटनाएँ कहानी के रूप में वर्णित हैं ジャータカの説話の中では仏陀の前世の出来事が物語の形で述べられている अतीत की कथाएँ 昔の話；過去の話 लोक कथा 昔話 (2) ヒンドゥーの一種の聖典とされる叙事詩（ラーマーヤナやマハーバーラタ）の物語や経典に語られた話 बच्चे रामायण, महाभारत और भागवत की कथाएँ सुनते थे 子供たちはラーマーヤナやマハーバーラタ，それにバーガヴァタプラーナの話をいつも聞いていた (3) 祝い事や祈願などの宗教的動機や宗教儀礼の中で語られ聴聞される語り物； सत्यनारायण की कथा サティヤナーラーヤナ・カターなどのヴラタの際語られる法話，ヴラタカター（व्रत कथा）

कथा करवाना カター（昔話，昔語り，ヴラタ語りなど）を語っても

らう पूर्णमासी, तथा संक्रांति या तिथि त्यौहारों के समय प्रायः प्रत्येक घर में यह कथा（सत्यनारायण व्रतकथा）करवाई जाती है 満月の日，太陽が次の宮に入る際，あるいは，祭日にこのカター（サティヤナーラーヤナ・ヴラタ・カター）が語られる उसकी माँ ने कथा करवाई है 母親は（バラモンに）ヴラタカターを語ってもらった (4) 作りごと；作り話；小説などのフィクション；事実がほとんど含まれていない話 (5)〔イ文芸〕サンスクリット文学の伝奇小説 (6) 話；物語

कथाकार [名] 物語作家 बच्चों का कथाकार 子供の物語作家；童話作家

कथा काव्य [名]〔イ文芸〕複雑な構成の伝奇的・冒険的恋愛物語（詩）；ロマンス〈romance〉

कथा-चित्र [名]〔映〕長編映画＝ फ़ीचर फ़िल्म.〈feature film〉

कथात्मक [形] 物語風の कथात्मक निबंध 物語風の随筆

कथानक [名] (1) 物語や小説の構想；筋；プロット (2) 短い話；短い物語；説話 फ़िल्म के कथानक में कुछ कमियाँ भी हैं 映画の筋に若干難点もある

कथानायक [名] 物語の主人公；ヒーロー

कथावस्तु [名*]〔文芸〕プロット；筋；主題；題目

कथावाचक [名] 物語師；説話師；説教師；カターヴァーチャク（バーガヴァタ・プラーナ भागवत पुराण などのヒンドゥー教の神話や聖典視されるラーマーヤナ，マハーバーラタなどの叙事詩の物語を語り説くことを生業とする）

कथावार्ता [名*] (1) 神話や宗教説話についての語り合い (2) 会話

कथासार [名] 物語の梗概；話のあらまし

कथासूत्र [名] 筋；筋書き；（小説や映画などの）ストーリー；プロット

कथित [形] (1) 述べられた；語られた (2) 件の；すでに話題となった कथित बम 件の爆弾 कथित प्रिंसिपल 件の校長 (3) いわゆる；俗にいう कथित हिममानव いわゆる雪男 कथित जिहाद いわゆる聖戦 (4) 容疑のある；嫌疑がかかっている कथित हत्यारा 殺人容疑者 कथित हत्यारा अभी तक फ़रार 殺人容疑者今なお逃走中 कथित तस्कर 密輸容疑者

कथीर [名]〔鉱〕すず（錫）＝ राँगा.

कथोद्घात [名] (1) 序 (2)〔演〕序幕

कथोपकथन [名] (1) 会話；対話 (2) 小話，物語などの会話の部分

कथ्य[1] [形] (1) 語られる (2) 語るべき

कथ्य[2] [名] 主題；題目；内容 कथ्य तथा शैली के प्रति 主題と文体について

कदंब [名] (1)〔植〕アカネ科高木クビナガタマバナノキ【*Nauclea cadamba*/*Anthocephalus cadamba*】 (2) 同上の果実＝ कदम्ब.

कदंश [名] 痛んだり損傷した部分；悪化や劣化した部分

कद[1] [名*]《A. کد》(1) 憎しみ；憎悪 (2) 妬み

कद[2] [副] いつ；何時＝ कब; किस समय.

क़द [名]《A. قد》(1) 身長 औसत क़द का 平均身長の (2) 高さ (3) サイズ **क़द निकालना** 成長する；大きくなる

क़द-काठ [名]《A. + H.》体格；体形 विभिन्न क़द-काठ वाली लड़कियों या महिलाओं पर 様々な体格の若い女性や婦人たちに対して अपने क़द-काठ का भी ध्यान रखें 自分の体格も考慮すること

क़द-काठी [名*]《A.+ H.》(1) 体格；体；体つき क़द-काठी से छोटी, मगर करतब से बड़ी 体は小柄だが大きなことをする (2) 大きさ；高さ；丈 इस क़द-काठी के ठिगने पर तेज़ हवा में भी न गिरनेवाले गेहूँ この丈は短小だが強い風にも倒れない小麦 ये इतनी ऊँची क़द-काठी के हो जाते हैं これらはこんなに背の高いものになる

कदन [名] (1) 殺戮 (2) 死；破滅 (3) 流血

कदन्न [名] 雑穀＝ मोटे अन्न.

कदपत्य [名] 不出来な息子；親不孝者；出来損ない

कदबानू [名*]《P. کدبانو》主婦；刀自＝ गृहस्वामिनी; महिला; ख़ातून.

क़द-बुत [名]《A.P. قد بت》体格；体つき उन सब में न केवल क़द-बुत में बड़ा था, बल्कि सबसे अधिक अनुभवी और समझदार भी था 体格が一番大きいばかりでなく経験も知能も最もすぐれていた

क़दम [名]《A. قدم》(1) 足；足下（あしもと） जन्नत माँ के क़दमों के नीचे है 天国は母の足下にある (2) 歩；一歩；一足前へ進むこと बीस क़दम की दूरी पर दिल्ली विश्वविद्यालय है 20 歩のところに（すぐ近くに）デリー大学がある हर क़दम पर पति का साथ देती है 一歩一歩夫と行動を共にする **क़दम आगे बढ़ाना** *a*. 前進する；歩を進める *b*. 活動を始める **क़दम उखड़ जा॰** *a*. 競争に負ける *b*. 退却する；敗退する **क़दम उठाकर चलना** 急ぎ足で歩く **क़दम उठाना** *a*. 前へ進む；前進する *b*. 歩み出す *c*. 対策をとる；手を打つ गाँवों के विकास के लिए ग्रामवासी और सरकार क्या क़दम उठा रहे हैं？ 村の発展に村人たちと政府はいかなる手を打っているのか यदि सरकार ने समय पर उचित और आवश्यक क़दम नहीं उठाये もし政府が然るべき時に適切で必要な対策をとらなければ देश की आज़ादी के लिए आख़िरी क़दम उठाना 国の独立達成のため最後の手を打つ **क़दम क़दम चलना** *a*. ゆっくり歩む *b*. 歩く；徒歩で行く *c*. のろのろする＝ क़दम-क़दम जा॰. **क़दम क़दम पर** 何をするにも；一歩一歩；常に **क़दम को हाथ लगाना** *a*. 誓う *b*. 嘆願する **क़दम ग़लत पड़ना** 過ちを犯す；間違ったことをしでかす；間違ったことをする **क़दम गाड़ दे॰** 足場を固める；どっしり構える (-के) **क़दम चूमना**（－を）拝む；（－に）最敬礼をする；（－に）額ずく दुनिया का ज़र्रा ज़र्रा जिसके क़दमों को चूम चुका है, उसी से सवाल करता है, तुम कौन हो？ この世の一切のものが額ずきひれ伏してきたものに対して問いただすとは，一体お前は何者だ उन बुज़ुर्गों के क़दम चूमने ही के क़ाबिल होते हैं あの長老たちは額ずくにふさわしい方たちだ (-के) **क़दम छूकर कहना**（－に）誓って言う **क़दम छूना** *a*. 丁重な挨拶をする；礼儀正しく挨拶する；相手の爪先に手を触れてお辞儀する *b*. 誓う **क़दम जमाना** *a*. 足場を固める *b*. しっかりと踏んばって立つ (-का) **क़दम देखना**（－を）待つ **क़दम धरना** 来る；おいでになる (-के) **क़दम धो धोकर पीना**（－を）深く敬う **क़दम न निकालना** *a*. 外出しない *b*. 女性がパルダーを守って外出しない (-से) **क़दम न निकालना**（－の）言いつけを守る；言いつけに従う **क़दम न पड़ना** 歩めない；歩けない；進めない **क़दम न रखने दे॰** 近くに来させない；寄りつかせない；敷居をまたがせない **क़दम नापकर रखना** 注意深く進む；用心して進む **क़दम निकालना** 歩き出す；歩き始める (-के) **क़दम पकड़ना**（－に）すがる；頼りにする (-के) **क़दम पड़ना** *a*.（－に）丁寧に挨拶する；うやうやしく挨拶する *b*.（－に）お願いする (-के) **क़दम पर क़दम रखना**（－の）真似をする；（－の）後につく；（－に）見習う **क़दम पीछे पड़ना** 前言をひるがえしてやめにする＝ क़दम पीछे हटाना. **क़दम फिसलना** しくじる；失敗する；失態を演じる **क़दम-ब-क़दम चलना** すぐ後について歩む (-के) **क़दम-ब-क़दम चलना**（－の）真似をする；模倣する **क़दम बढ़ाना** *a*. 歩を進める；歩み出す；前進する मैंने उसी सिम्त में क़दम बढ़ा दिये そちらの方角に歩を進めた *b*. 足をはやめる *c*. 度を過ぎる **क़दम भरना** 歩を進める；前進する **क़दम मारना** *a*. かけずりまわる；忙しくする *b*. 早足で歩く **क़दम मिलाकर चलना** 力を合わせる；協力する **क़दम रंजा फ़रमाना** お出かけ下さる (-में) **क़दम रखना**（－に）足を踏み入れる；行く；入る；来る；至る；到達する मैं बस्ती में क़दम नहीं रखता 私は人里には足を踏み入れない अब मैं कभी तुम्हारे घर में क़दम नहीं रखूँगी もう二度とお前の家には足を踏み入れない（お前の家の敷居はまたがない） वह अनिश्चित काल तक बूँदी राज्य में क़दम नहीं रख सकती 彼女はブーンディー王国への立ち入りを無期限に禁じられている **क़दम रोककर चलना** ゆっくり歩む (-के) **क़दम लगना**（－に）服従する (-के) **क़दम ले॰** ＝ क़दम पड़ना. **क़दम से क़दम मिलाकर चलना** ＝ क़दम मिलाकर चलना. **क़दम से क़दम मिलाना** 歩調を合わせる अपने देशवासियों को विश्व के उन्नत समाजों के साथ क़दम से क़दम मिलाकर चलने के लिए 同胞が世界の先進社会と歩調を合わせて歩んで行くように (-के) **क़दमों का साया**（－の）庇護 (-के) **क़दमों पर चढ़ाना**（－に）捧げる (-के) **क़दमों पर चलना**（－の後に）ついて行く；（－を）見習う；（－に）追随する वह भी अपने पति के क़दमों पर चलने वाली औरत थी 彼女も夫の後について行くタイプの女性だった (-के) **क़दमों पर झुकना**（－に）敬服する (-के) **क़दमों पर पड़ जा॰** *a*.（－に）敬服する *b*.（－に）すがりつく (-के) **क़दमों पर सिर रखना**（－を）深く敬う；（－の）足下にひれ伏し拝む (-के) **क़दमों में**（－の）指揮下に＝ (-के) क़दमों में बैठकर. (-के) **क़दमों में लोटना**（－の前に）平伏する；（－を）伏し拝む (-के) **क़दमों में हो॰**（－に）委ねられる मेरी सारी धन-दौलत तुम्हारे क़दमों में है 私の一切の財産は君に捧げる (-के) **क़दमों से लगे रहना**（－に）四六時中つき従う **जल्दी जल्दी क़दम उठाना** 急いで歩く

क़दमचा [名]《A.P. قدم چا》大便器の両側に少し高く作られた足形の踏み台

क

क़दमबोसी [名*] 《A.P. قدم بوسی》敬意を表すために相手の足に口づけの挨拶をすること；最敬礼をする **क़दमबोसी क॰** *a.* 上記の挨拶をすること *b.* (ーに) 服従する；ひれ伏す

कदर [名] (1) のこぎり；のこ = आरा. (2) 象を扱うための鉤のついた棒 (3) (手足の皮膚にできる) たこ

क़दर[1] [名*] 《A. قدر》(1) 極致 (2) 運；運命 (3) 指命；命令 (4) 能力；力量

क़दर[2] [名*] 《A. قدر क़द्र》→ क़द्र. (1) 大切にすること；高く評価すること (2) 価値を見定めること (3) 尊敬すること；敬うこと (4) 丁重にもてなすこと；歓迎すること (5) 量；分量

क़दरदान [名] 《A.P. قدر دان क़द्रदान》目利き；鑑定眼のある人= क़द्रदान/क़द्रदाँ.

क़दरदानी [名*] 《A.P. قدر دانی क़द्रदानी》鑑定；評価= क़द्रदानी.

कदराई [名*] 臆病さ= कायरता; कायरपन; भीरुता.

कदराना [自] (1) 勇気を失う；ひるむ (2) おびえる；びくびくする

कदर्थ[1] [名] ごみ；くず= कूड़ा-करकट.

कदर्थ[2] [形] (1) 意味のよくない；よくない意味の (2) 無用な (3) 良くない

कदर्थना [名*] みじめなありさま；あわれなありさま；窮状

कदर्थित [形] (1) 非難された (2) ひどいありさまになった

कदर्य [形] (1) けちな；吝嗇な (2) 臆病な (3) 劣った

कदली [名*]〔植〕バショウ科バナナ【*Musa sapientum; M. paradisiaca*】 कदलीपत्र バナナの葉= केले का पत्ता.

कदा [副] いつ= कब; किस समय.

कदाकार [形] かっこうの悪い；不恰好な；みっともない形の= बदसूरत.

कदाचन [副] (1) いつか；いつかしら= किसी समय. (2) 多分；恐らく= शायद.

कदाचनिक [形] (1) 散発的な (2) 散発性の (3) 単発の

कदाचार [名] (1) 不品行= बदचलनी; कुचाल. (2) 違法行為

कदाचारी [形] 不品行な；不行跡な= कुचाली.

कदाचित् [副] 恐らく；多分= शायद.

कदापि [副] 決して；如何様にも；断じて；金輪際 अब मैं कदापि यात्रा नहीं करूँगा もう決して旅行はしない

क़दामत [名*] 《A. قدامت》(1) 古さ= प्राचीनता. (2) 古代= प्राचीन काल.

कदाशय [形] 悪意のある；不誠実な

कदाशयता [名*]〔法〕悪意；不信；不誠実

कदाशयी [形] (1) 悪意の (2) 悪意を持つ (3) 悪意による

कदाहार[1] [名] 体に良くない食事；悪い食べ物

कदाहार[2] [名] 時ならぬ時間に食事をとること

कदी[1] [副] いつか कदी न 決して = कभी नहीं.

कदी[2] [形] 強情な；頑固な= हठी; ज़िद्दी.

क़दीम [形] 《A. قدیم》昔の；古い；いにしえの

क़दीमी [形] 《A. قدیمی》古い；古い時代の；昔の；いにしえの

कदुष्ण [形] ぬるい；なまあたたかい

कदू [名] = कद्दू.

कदूरत [名*] 《A. کدورت कुदूरत》(1) 心のもやもや；わだかまり；むしゃくしゃ= मनोमालिन्य. (2) よごれ；あか= मैल.

कदे [副] (1) いつ= कब; किस समय. (2) いつか= कभी. कदे कदे 時々；時折= कभी-कभी.

क़दोक़ामत [名] 《A. قد و قامت》体格= डील-डोल.

क़द्द [名] = क़द.

क़द्दावर [形] 《A.P. قدآور》(1) 背の高い ऊँट जैसा क़द्दावर यह शेर ラクダのように背の高いこのライオン (2) 体の大きい；巨体の एक क़द्दावर लंगूर 体の大きなラングール猿 (3) 高邁な दलितों में क़द्दावर नेतृत्व का अभाव ही रहा ダリトたちの間では高邁な指導力がずっと欠如してきている

कद्दू [名] 《P. کدو कद्दू》(1)〔植〕ウリ科ユウガオ【*Lagenaria vulgaris*】(2)〔植〕ウリ科ポンキン (3)〔植〕ウリ科ニホンカボチャ→ मीठा कुम्हड़ा. **सफ़ेद कद्दू**〔植〕ウリ科ナタウリ【*Cucurbita pepo*】 **मीठा कद्दू**〔植〕ウリ科セイヨウカボチャ【*Cucurbita pepo*】 (4)〔俗〕男根

कद्दूकश [名] 《P. کدو کش कद्दूकश》おろしがね (下ろし金)；大根おろし= कद्दूकस; घियाकस. लौकी को कद्दूकस पर कसा जाता है ユウガオはおろしがねでおろされる

कद्दूदाना [名] 《P. کدو دانہ》〔動〕ギョウチュウ科ギョウチュウ (蟯虫)

क़द्दे आदम [形] 《A. قد آدم》等身大の；身の丈の क़द्दे आदम शीशा 等身大の鏡；姿見

क़द्र [名*] = क़दर; क़द्. (1) 評価 दोस्त के लिए जान देने के गुण की क़द्र थी 友人のために命を投げ出すことが高く評価されていた (2) 価値 (3) 尊敬 (-की) **क़द्र क॰** *a.* (ーを) 高く評価する；買う；あだおろそかにしない सब लोग उस कवि की बड़ी क़द्र करते थे 世間はその詩人をとても高く評価していた *b.* (ーを) 尊敬する；敬う इसी लिए तुम्हारी क़द्र करता हूँ だからこそ君を尊敬するんだ

क़द्रदान [名] 《A.P. قدر دان》目利き= क़दरदाँ; क़दरदान.

क़द्रदानी [名*] 《A.P. قدر دانی》鑑識眼= क़दरदानी.

कद्रू [名*]〔イ神〕カドゥルー (ダクシャ दक्ष の娘，カシュヤパ聖仙の妻でナーガ族の母と伝えられている)

कधी [副] いつか= कभी. कधी कधार いつか；たまに= भूले-भटके.

कन [名] (1) 物の小さなかけら；粒 (2) 穀物の粒 (3) 穀物 (4) (供物の) 御下がり (5) 托鉢で得た穀物

कन- [造語] कान の縮小形で「耳」の意を持つ造語要素 कनकटा 耳のちぎれた

कनइठी [名*] → कनेठी.

कन उँगली [名*] 小指= कानी उँगली; कनिष्ठिका.

कनक[1] [名] (1) きん (金)；黄金 (2)〔植〕チョウセンアサガオ= धतूरा.

कनक[2] [名] (1) 小麦 (2) 穀物

कनकगिरि [名]〔イ神〕スメール山→ सुमेरु पर्वत.

कनकचंपा [名*]〔植〕アオギリ科高木【*Pterospermum acerifolium*】

कनकटा [形⁺] (1) 耳が切れてなくなった；耳のちぎれた (2) 耳を切る；耳を切り取る

कनकती [名*] = करधनी.

कनकना[1] [形⁺] もろい；壊れやすい

कनकना[2] [形⁺] (1) むずがゆい (2) えぐい (3) 不快な；いやな (4) 怒りっぽい

कनकनाना[1] [自] (1) むずがゆくなる (2) えぐみを感じる (3) いやな感じがする；不快に感じる

कनकनाना[2] [自] 耳をそばだてる；警戒する；用心する

कनकनाहट [名*] (1) むずがゆさ (2) えぐさ；えぐみ= चुनचुनी.

कनकनी [名*] = कनकनाहट.

कनकपत्र [名] 耳飾り (の垂れ飾り) = झुमका.

कनकपुरी [名*]〔ラマ〕カナカプリー (ラーヴァナ रावण の治めていたとされる国，ランカー लंका)

कनकफल [名] (1) チョウセンアサガオの実 (2) ハズの実

कनकशैल [名]〔イ神〕スメール山 (सुमेरु)

कनका [名] (1) 小さなかけら；微小なかけら (2) 穀物の小さなかけら

कनकी [名*] (1) くずごめ (屑米) (2) 物の小さなかけら

कनकूत [名*]〔農〕カンクート (農作物の収穫前に立ち毛の作柄の評価により作付け面積の測量と併せて収量を推定し地税を決定する方法)

कनकैया [名*] कनकौआ の縮小形

कनकौआ [名] = कनकौवा. (1) 大型のたこ (凧) कनकौआ उड़ाना 凧あげ **कनकौआ काटना** 相手の凧の糸を自分の凧糸で切る **कनकौआ बढ़ाना** 凧糸を伸ばす；凧糸を緩める **कनकौआ लड़ाना** 凧の糸を切り合う (合戦) (2)〔植〕ヒルガオ科蔓草ハリアサガオ【*Ipomoea muricata/Calonyction muricatum*】

कनखजूरा [名]〔節動〕(1) ムカデ (百足) = शतपदी; शतपाद. 〈centipede〉 (2) ヤスデ= हज़ारपा; सहस्रपाद. 〈milipede〉

कनखियाँ [名*] = कनखिया; कनखी.

कनखियाना [他] (1) 横目で見る (2) 目くばせする

कनखी [名*] (1) 横目 कनखी से निहारना 横目で見る= कनखी से देखना; कनखियों से देखना. कुएँ पर पहुँचकर वह किसी औरत को कनखी से निहारता और अंत में पूछ बैठता 井戸端へ行き一人の女を横目で見，しまいにはたずねる कनखियों से चारों ओर देखना 横目であたりを見回す उसने कनखियों से चौधरी की ओर देखा 横目でチョードリーを見た (2) 目くばせ；ウインク कनखी मारना 目くばせする **कनखियाँ लगाना** *a.* 横目で見る；盗み見する *b.* 目配せする **कनखियों लगना** 隠れて見る；こっそり見る

कनखुरा [名]〔植〕イラクサ科マオ属低木ラミー；マオ；チョマ；カラムシ【*Boehmeria nivea*】〈ramie; China grass; rhea〉
कनखोदनी [名*] 耳かき（道具）
कनगुरिया [名*] 手足の小指= छिगुनिया; छिगुली.
कनछेदन [名]〔ヒ〕（ヒンドゥーの通過儀礼の一つとして装身具をつけるための）幼少時の耳たぶの穴あけ
कनटोप [名] 耳の覆いのついた帽子= कंटोप.
कनतूतुर [名]〔動〕カエル（蛙）= मेंढक.
कनपटी [名*] (1) こめかみ कनपटी के बाल びん（鬢） कनपटी के बाल सफ़ेद हो गये हैं びんが白くなっている (2) びんた कनपटी देकर लड़के-वड़के को भगा देता びんたを食らわせてがきどもを追い払う
कनपेड़ा [名]〔医〕耳下腺炎；お多福風邪= कनफेड़.
कनफटा[1] [形+] 耳たぶの裂けた；耳たぶに穴のあけられた
कनफटा[2] [名] ゴーラクナート派のサードゥー= कनफटे साधु. → गोरखनाथ; नाथ पंथ.
कनफुँकवा [形+]〔ヒ〕授戒する कनफुँकवा ब्राह्मण 授戒するブラーフマン
कनफुँका [形+・名]〔ヒ〕(1) 弟子として入門の儀式を行う（師）；授戒する（師） (2) 師から入門の儀式を受けた（弟子）；受戒した（人）
कनफुसका [名] (1) ひそひそ声で話す人 (2) 陰口をきく人
कनफूल [名] 耳たぶにつける花の形の金製の耳飾り
कनफेड़ [名]〔医〕耳下腺炎；お多福風邪
कनफ़ेशन [名]《E. confession》〔キ〕告白= पापस्वीकृति; पाप- स्वीकरण; पापदेशना.
कनफोड़ा [名]〔植〕フウチョウソウ科雑草フウチョウソウ【*Gynandropsis pentaphylla*】
कनफ़्यूशियस 〔人名〕《E. Confucius》孔子= कनफ़्यूशस
कनबतियाँ [名*] (1) ひそひそ話 (2) 陰口
कनबाती [名*] 耳にひそひそ声で話すこと；耳打ち कनबाती क॰ 耳打ちする
कनभेंडी [名*]〔植〕アオイ科草本【*Malachra capitata*】= बनभेंडी; बनभिंडी.
कनमनाना [自] → कुनमुनाना.
कनरई [名*]〔植〕アオギリ科中高木ビンバーノキ（樹液からカラヤゴム〈karaya gum〉が採れる【*Sterculia urens*】= गुलू.
कनरस [名] (1) 音楽の楽しみ (2) 音楽の趣味
कनरसिया [名] 音楽愛好家
कनवाँसा [名] 娘の孫息子；外孫の息子
कनवास [名]《E. canavas》(1) キャンバス；ズック；帆布 (2) カンバス；画布
कनवासर [名]《E. canvasser》選挙運動員= मतार्थक.
कनवासिंग [名]《E. canvassing》選挙運動；選挙活動；遊説= कनवैसिंग; मतार्थना.
कनवेनशन [名]《E. convention》大会；総会= अधिवेशन.
कनवेसिंग [名]《E. canvassing》遊説 = मतार्थना. कनवेसिंग क॰ 遊説する→ कनवैसिंग.
कनवैसर [名] = कनवासर.
कनवैसिंग [名]《E. convassing》選挙運動；遊説= कनवेसिंग; मतार्थन.
कनवोकेशन [名*]《E. convocation》大学の卒業式；学位授与式= दीक्षांत-समारोह.
कनसर्ट [名]《E. concert》コンサート= कंसर्ट.
कनसलाई [名*] (1)〔動〕節足動物ゲジゲジ= कणसलाई. (2)〔ス〕アームロール（レスリング）
कनसुआ [名] = कनसुई.
कनसुई [名*] 聞くこと；耳にすること；耳をそばだてること；聞き耳を立てること **कनसुइयाँ ले॰** *a.* 立ち聞きする；盗み聞きする बाज़ार में लोगों की बोलियाँ सुन चुका है वह, कनसुइयाँ ले चुका है あの人は市場で人の話を聞いてしまっている．耳にしてしまっている *b.* 秘密をさぐる
कनस्तर [名]《E. canister》（油やバターを入れるブリキ製の）缶 चाय का कनस्तर 茶の葉入れの缶
कनस्तरी [名*]《← E. canister》小さな缶 घी की कनस्तरी ギーを入れる缶
कना[1] [名] = कन.
कना[2] [名] = सरकंडा.
क़नाअत [名*]《A. قناعت》満足；満足感= संतोष.
कनाई [名*] (1) 細い枝；小枝 (2) 若芽 **कनाई काटना** *a.* いんちきをする；ごまかす *b.* 脇道を選んで進む
कनागत [名] (1)〔ヒ〕クワール月（क्वार）の黒分で太陽が秋分点のある乙女座に入り祖霊祭の行われる期間= पितृपक्ष. (2)〔ヒ〕上記の期間に行われる祖霊を招き供養する祖霊祭
कनाडा 〔国名〕《E. Canada》カナダ
कनाडियन [形]《E. Canadian》カナダの कनाडियन दूतावास カナダ大使館
क़नात [名*]《P. قنات》まんまく（幔幕） क़नात तानना 幔幕を張る= क़नात खड़ी क॰; क़नात खींचना; क़नात लगाना.
कनारा[1] [名]《P. کناره》= किनारा. (1) 端；へり；ふち (2) 岸；岸辺 नदी का कनारा 川岸
कनारा[2] 〔地名〕カンナダ地方；カルナータカ地方
कनाल[1] [名]《E. canal》運河；掘割
कनाल[2] [名] カナール（土地面積の単位，4 分の 1 ビーガー बीघा に相当，約 632m^2）
कनिष्क 〔人名・史〕クシャーナ朝のカニシュカ王（在位西暦 2 世紀中頃？） कुषाण राजा कनिष्क
कनिष्ठ [形] (1) 最年少の；最も若輩の (2) 序列が一番下の (3) 後輩の；下位の (4) 最小の (5) 低劣な
कनिष्ठा[1] [形*] (1) 最年少の；最も若輩の (2) 最も低い
कनिष्ठा[2] [名*] (1) 最年少の女性 (2) 結婚が一番遅い女性 (3) 夫の愛情が最も薄い女性 (4) 小指
कनिष्ठिका [名*] 小指= छिगुनी.
कनी [名*] (1) 小さなかけら (2) ダイヤモンドの小さなかけら (3) 米の小さなかけら；米屑；屑米 (4) 米の煮えずに残った固い芯 (5) しずく **कनी खाना** ダイヤモンドの微細なかけらを食べて自殺する= कनी चाटना.
कनीज़ [名*]《P. کنیز》(1) 下女；女中；端た女 (2) 奴隷女
कनीन [形] 若い = तरुण; युवक.
कनीनिका [名*] 瞳= पुतली.
कनीर [名]〔植〕キョウチクトウ科小高木キョウチクトウ（夾竹桃）= कनेर.
कनु[1] [名]《E. canoe》カヌー
कनु[2] [名] = कण.
कने [副・名] (1) そばに；近くに (2) 方角（に）
कनेक्शन [名]《E. connection》(1) 連結；結合；つながり；接続 बिजली का कनेक्शन गली के खंभे से लेना 路地の電柱から電気をとる सामुदायिक गोबर गैस संयंत्र से 200 परिवारों को गैस कनेक्शन मिल सकेंगे 集合牛糞ガスプラントからは 200 所帯分の接続が可能となろう (2) 電話の接続 **कनेक्शन मिलाना** 電話をつなぐ
कनेठी [名*] 罰として耳をつかんでねじること；耳をひねりあげること **कनेठी खाना** 処罰として耳をねじられる **कनेठी दे॰** 耳をねじる= कनेठी लगाना.
कनेर [名]〔植〕キョウチクトウ科低木キョウチクトウ（夾竹桃）【*Nerium indicum*】= कणेर.
कनेरा [名*] (1) 雌象 (2) 娼婦；遊女
कनेरिया [形] 黒みを帯びた赤色の；赤黒い
कनेरी [名*]《E. canary》〔鳥〕スズメ科カナリア
कनैक्शन [名] = कनेक्शन.
कनोई [名*] みみあか（耳垢）
कनोखा [形+] 斜視の；すがめの（眇の）；やぶ睨みの
कनौंड़ा [形+] = कनौडा.
कनौज 〔地名〕ウッタル・プラデーシュ州の都市カンノウジ市（古名はカーンニヤクブジャ कान्यकुब्ज，曲舎城）→ कन्नौज.
कनौजिया[1] [形] (1) カンノウジ（कन्नौज）の； (2) カンノウジ地方の → कन्नौज. (3) カンノウジ地方の出の；カンノウジ地方出身の
कनौजिया[2] [名] (1) カンノウジ地方の住人 (2) カーンニヤクブジャ・ブラーフマン（北部地方のバラモン集団の一= कान्यकुब्ज ब्राह्मण.）
कनौठा [名] (1) すみ；隅；かど；角 (2) 脇；かたわら；側面
कनौड़ा [形+] (1) 片眼の (2) 片輪の (3) 汚名を着た；悪名の (4) 恥じ入っている (5) 恐縮している；感謝している (6) みじめな

क

कनौती [名*] (1) 動物の耳 (2) 動物の耳の先端部 (3) 動物の耳の立ちぐあい **कनौतियाँ उठाना** 耳をそばだてる；警戒する；用心する ＝कनौती खड़ी क॰；कनौती बदलना. एक हिरनी मेरे सामने कनौतियाँ उठाए आ गई 1 頭の雌のレイヨウが耳をそばだてて目の前に現れた

कन्नड़[1] [名] (1) カンナダ地方（カルナータカ州に相当する地域）→ कर्णाटक. (2) カンナダ地方の住人

कन्नड़[2] [名*]〔言〕カンナダ語（南部ドラヴィダ語派に属するドラヴィダ語族の主要言語の一．カルナータカ州の公用語）

कन्नड़[3] [形] (1) カンナダ地方の (2) カンナダ語の

कन्ना [名] (1) 凧の糸目 (2) 凧の糸目をつける穴 (3) 端 (4) 靴の先端の部分 **कन्ने ढीले पड़ना** *a.* ぐったりする；疲れ果てる *b.* 威力を失う；勢いがなくなる **कन्ने से कटना** *a.* 凧の糸目が切れる *b.* 大本を断たれる；根元を断たれる **कन्नों से उखड़ना** 不機嫌になる

कन्नी [名*] (1) 凧の両横（の部分）；凧の耳 कन्नी खाना 凧が傾いて揚がること ＝कन्नी मारना. (2) 凧の傾きをなくすために取り付ける布切れ（の尻尾） (3) 端 (-से) **कन्नी काटना** 口実を設けて逃げる；避ける；知らぬ顔をする；人目を避ける वह इस झमेले में फँसना नहीं चाहता था, वह कन्नी काटने लगा この厄介事に関わりたくなかった．口実を設けて逃げにかかった **कन्नी खाना** 凧が落ちかかる **कन्नी दबाना** ＝कन्नी काटना. यह सुभाष का बच्चा कहीं कन्नी दबाने की कोशिश तो नहीं करेगा スバーシュの奴ひょっとして知らぬ顔をするつもりではなかろうな **कन्नी मारना** ＝कन्नी खाना.

कन्नौज [名]〔地名・史〕カンノウジ（7 世紀前半にハルシャ・ヴァルダナ王がここを都に北インドを統一した．ほぼ北緯 27 度，東経 80 度に位置）；カナウジ；古代名はカーニヤクブジャ कान्यकुब्ज；曲舎城．

कन्नौजिया [形・名] カンノウジの（人）；カンノウジに属する **नौ कन्नौजिया और नब्बे चूल्हे**〔諺〕*a.* カンノウジヤー，すなわち，北インドのカーンニヤクブジャ・ブラフマンは極端に浄不浄の観念に縛られている *b.* 極端に協調性の欠けることを揶揄する言葉

कन्नौजी[1] [形] カンノウジの

कन्नौजी[2] [名*]〔言〕カンノウジ地方の言語；カンノウジ方言（西部ヒンディー語に属し ब्रजभाषा の一）

कन्फ़्यूशस 〔人名〕《E. Confucius》孔子

कन्फ़्यूशसवाद [名] 儒教〈Confucianism〉

कन्या [名*] (1) 若い未婚の女性；娘；処女 (2) 親にとっての女の子；娘 (3)〔天・占星〕乙女座；処女宮

कन्याकुमारी 〔地名〕カンヤークマーリー（インド最南端のコモリン岬）

कन्यागत [名] ＝कनागत.

कन्यादान [名]〔ヒ〕(1)「娘の贈与」，すなわち，バラモンの司るヒンドゥー教徒の正式の結婚儀礼で最も中心的な部分を成す．親が花婿に娘を贈る儀式 (2) 結婚式

कन्याधन [名] 親が結婚前に娘に与える財物

कन्यापक्ष [名] 嫁側；花嫁側；花嫁側の人＝लड़कीवाले.

कन्यापक्ष वाला [形[+]・名] 嫁側の（人） ＝कन्यापक्षवाले.

कन्या पाठशाला [名*] 女子の学校；女学校

कन्याराशि [名*]〔天・占星〕乙女座；カニヤー・ラーシ（黄道十二宮の第 6，処女宮）

कन्यारासी [形]〔天・占星〕(1) 月が乙女座にある時（ウッタラ・パールグニーの第 2 カドラントからチトラーの第 2 カドラントの間）に生まれた（人） (2) 力のない；弱い；虚弱な (3) 元気のない；精気のない

कन्याहरण [名] 妻にするため娘を略奪すること

कन्वास [名] 《E. canvass》キャンバス；ズック；帆布

कन्सरवेंसी [名*] 《E. conservancy》河川や森林の管理

कन्सरवेटिव[1] [形] 《E. conservative》(1)（政治的に）保守的な；保守派の (2) 英国の保守党の〈Conservative〉 (3) 伝統的な；保守的な；旧弊な

कन्सरवेटिव[2] [名] 《E. Conservative; conservative》(1) 英国の保守党の人；保守党員 (2) 保守的な人；旧弊家

कन्हाई [名] クリシュナ神（श्रीकृष्ण）の異名の一

कन्हैया [名] (1)〔ヒ〕クリシュナ神の異名，カナイヤー（श्रीकृष्ण） (2) 一番好きな人；最愛の人 (3) 美男；美男子；二枚目；男前

कन्हैया-आठें [名]〔ヒ〕クリシュナ神の生誕日（バードン月黒分 8 日，ヒンドゥーの祭日としてヴラタなどが行われる＝जन्माष्टमी.）

कप[1] [名] 《E. cup》(1) カップ；耳つきの茶わん (2) カップ一杯 एक कप चाय 紅茶一杯 (3) 賞杯；カップ आग़ा ख़ाँ कप हाकी アーガーカーン杯ホッケー नेहरू स्वर्ण कप ネルー・ゴールドカップ

कप[2] [名]〔ヒ〕ヴァルナ神（वरुण देवता）

कपट[1] [名] (1) 偽り；虚偽 (2) 偽善 (3) 狡猾 (4) 化けること कपट क॰ だます；あざむく；策略をめぐらす

कपट[2] [形] (1) だましの；偽の；見せかけの कपट लेख्य 偽造文書 कपट चाल だまし；策略 कपट वेश 変装 (2) 偽善的な (3) 化けた कपट मृग シカに化けた（もの）

कपटना [他] (1) 切り取る (2) へずる

कपटपूर्ण [形] 偽りに満ちた

कपटा [名]〔農〕稲の害虫の一

कपटी[1] [名*]〔植〕タバコの葉につくべと病

कपटी[2] [形・名] (1) 欺瞞的な；偽善的な；よこしまな वह मन का बड़ा कपटी था とてもよこしまな心の人だった (2) 偽りの；偽物の；偽造の

कपड़ [造語] ←कपड़ा. 布，布切れなどの意を持つ造語要素

कपड़कीड़ा [名]〔昆〕ヒロズコガ科イガ（衣蛾）

कपड़कोट [名] 天幕；テント कपड़कोट क॰ 布を巻きつける

कपड़खसोट [名] 強欲な人；貪欲極まりない人

कपड़गंध [名*] 布の焦げたり焼けたりするいやな臭い；きなくささ

कपड़छन [名] (1) ふきんなどの布でこす（濾す；漉す）こと；うらごしすること (2) 布でこしたもの；うらごし इन चीज़ों को ख़ूब बारीक कूट-पीस कर कपड़छन करके रख लें これらをよくすりつぶしてうらごしにすること

कपड़मिट्टी [名*] 封泥を塗ること；封塗料で塞ぐこと＝कपड़ौती；गिले हिकमत.

कपड़ा [名] (1) 布；きれ；生地 10 मीटर कपड़ा 10m の生地 पर्दे के कपड़े カーテン地 (2) 服；衣服；着物 कोई फटा-पुराना कपड़ा दे दो 何かぼろか古着をおくれ घर के कपड़ों में 不断着を着たまま गर्मियों के कपड़े 夏物 **तीन कपड़ों का** (**थ्री-पीस**) **सूट** 三つ揃い **तीन कपड़ों में** 着のみ着のまま उसने अपनी सती सावित्री जैसी बेटी को तीन कपड़ों में घर से खदेड़ दिया あの男は貞節な嫁を着のみ着のまま家から追い出した आफ़िस के कपड़े पहने ही 職場の制服を着たままで कपड़े धोने की मशीन 洗濯機 कपड़े की दूकान 衣料品店；呉服店 (3) 服装 **कपड़े आ॰** 月のものが始まる (-के) **कपड़े उतार ले॰** *a.*（－を）丸裸にする *b.*（－に）恥をかかせる **कपड़े छानना** 関係を断つ；縁を切る；厄介払いをする＝कपड़े छीनना; कपड़े छुड़ाना. **कपड़े छोड़ना** 着替える **कपड़े पछाई दे॰** （洗濯屋が料金をとって）衣服を貸す **कपड़े रँगना** 出家する **कपड़े से हो॰** ＝कपड़ों में हो॰. **कपड़ों में न समाना** 嬉しくてたまらない **कपड़ों में हो॰** 月のさわり（障り）がある；月のものの間

कपड़ा उद्योग [名] 織物産業

कपड़ा मिल [名] 《H.+ E. mill》織物工場 कपड़ा मिल मज़दूर 織物工場労働者

कपड़ा-लत्ता [名] 衣服；着るもの；着物 कपड़े-लत्ते और रुपए-पैसे की मोह-ममता तो थी ही नहीं 着物や銭かねの欲は全くなかった

कपड़ौटी [名*] (1) 布を用いて濾したり篩ったりすること (2) 容器の口を封泥で塞ぐこと＝कपड़ मिट्टी. 〈lute〉

कपनी [名*] ＝कँपकँपी.

कपर्द [名] (1) シヴァ神の巻き貝の形の結髪やもとどり（髻） (2)〔貝〕タカラガイ科《Cypraeidae》の巻き貝の総称；タカラガイ（宝貝）；コヤスガイ（子安貝）

कपर्दिका [名*]〔貝〕タカラガイ（宝貝）；コヤスガイ（子安貝）

कपर्दिनी [名*]〔ヒ〕ドゥルガー神（दुर्गा）

कपाट [名] (1) 扉；戸；門扉 बदरीनाथ मंदिर के कपाट नवम्बर के अंतिम सप्ताह से लेकर अप्रैल के प्रथम सप्ताह तक बंद रहते हैं バダリーナート寺院の扉は 11 月の最後の週から 4 月の第 1 週まで閉められている (2) 水門の扉 (3) 弁；バルブ **कपाट खुलना** *a.* 悟る；無知を去り悟りを得る；悟りを開く *b.* 目から鱗が落ちる

कपार [名] ＝कपाल.

कपाल [名] (1) 頭蓋；頭 (2) 額；前額部 (3) 運；運命 (4) 托鉢僧の持つ素焼きの器 (5) 亀の甲羅 **आँखें कपाल पर चढ़ जा॰** 白目を

むく **कपाल काला क॰** ヒンドゥー教徒の火葬の際頭蓋骨を竹竿で砕く儀礼（→ कपाल क्रिया） **कपाल खाना** しつこく言って困らせる；同じことを言って悩ませる= सिर खाना. **कपाल खुलना** *a.* 頭が割れる *b.* 運勢が開ける **कपाल चीरना** むしり取る **कपाल छूना** 誓って言う **कपाल झन्नाना** 目がまわる；めまいがする；くらくらする **कपाल ठोंकना** 不運を嘆く (-का) **कपाल नोचना** （ーを）困らせる **कपाल पर चढ़ना** *a.* 横着になる；つけあがる *b.* すぐそばにひっついて座る **कपाल पर पटक दे॰** たたきつける；投げつける **कपाल पर सनीचर चढ़ना** 不運に見舞われる **कपाल पीटना** = कपाल ठोंकना. **कपाल फूटना** *a.* 頭が割れる *b.* 運勢が開ける **कपाल फोड़ना** かたくなに意地を張る **कपाल में लिखा हो॰** 運命にある；運命となっている；定めとなっている

कपालक्रिया [名*]〔ヒ〕ヒンドゥー教徒を荼毘に付す際，死者の解脱を願って頭蓋骨を喪主が竹竿などで打ち砕く儀礼；カパールクリヤー (-की) **कपालक्रिया क॰** *a.* （ーの）カパールクリヤーを行う *b.* （ーを）殺す *c.* （ーを）台無しにする

कपालमालिनी [名*]（首に髑髏をつないだ輪を下げている）ドゥルガー神 दुर्गा；カーリー神 काली

कपालमाली [名]〔ヒ〕（首に髑髏の輪をつけた）シヴァ神

कपाली [名] (1) シヴァ神 (2) バイラヴァ神（→ भैरव.）

कपास [名*] (1)〔植〕アオイ科低木ワタノキ；ワタ（綿）【*Gossypium hirstum mexicanum*】 (2) アオイ科低木キダチワタ【*Gossypium arboreum*】 (3) 綿；綿花 **कपास ओटना** 綿の実を取り出す；綿繰り **कपास औटाना** 俗事や世俗にかかずらわる **कपास तौलना** 愚かしい行為をする **दही के धोखे कपास खाना** 錯覚する；見誤る **बाल कपास हो॰** 白髪になる उनके सभी बाल कपास हो गये हैं あの方は総白髪になっていた

कपासी[1] [形] 淡黄色の

कपासी[2] [名] 淡黄色

कपासी मेघ [名]〔気象〕積雲〈cumulus〉

कपिंजल [名] (1)〔鳥〕ホトトギス科チャバラカッコウ= पपीहा.【*Cuculus varius*】 (2)〔鳥〕キジ科シマシャコ【*Francolinus pondicerianus*】

कपि [名] (1)〔動〕サル（猿） (2) 類人猿 (3)〔動〕ゾウ（象）

कपिकच्छ [名]〔植〕マメ科蔓草ハッショウマメ= केवाँच.

कपितैल [名] 乳香

कपित्थ [名] (1)〔植〕ミカン科の小木ナガエミカン【*Feronia elephantum*】 (2) その果実

कपिमानव [名] 直立猿人；ピテカントロプス；ジャワ原人= पिथेकेंथ्रोपस.〈Pithecanthropus〉

कपिल[1] [形] (1) 茶色の；暗赤色の (2) 白い；白色の

कपिल[2] [名] (1) 火 (2) 犬 (3) ネズミ (4)〔イ哲〕サーンキヤ哲学の開祖カピラムニ

कपिलवस्तु [名]〔仏〕カピラヴァストゥ（ゴータマ・ブッダの生まれた国，迦毘羅衛） कपिलवस्तु के निकट लुंबिनीबन में カピラヴァストゥ近くのルンビニー園にて

कपिल स्मृति [名*]〔イ哲〕サーンキヤ・スートラ

कपिला[1] [形*] (1) 茶色の (2) 白色の (3) 素直な

कपिला[2] [名*] 白色の雌牛

कपिश[1] [形] (1) 黄褐色の；茶色の；こげ茶色の (2) 赤黒い；赤褐色の कपिशवर्ण प्रजाति 褐色人種

कपिश[2] [名] (1) 黄褐色；茶色；こげ茶色 (2) 赤黒い色；赤褐色

कपिशा [名*] (1) 茶色；こげ茶色 (2) 蒸留酒の一種

कपूत [名] 親不孝な息子；親不孝者

कपूती [名*] 親不孝= पुत्र की नालायकी.

कपूर [名] (1) 樟脳 (2)〔植〕クスノキ科高木クスノキ【*Cinnamomum camphora*】 कपूर खाना 毒をあおる

कपूरकचरी [名*] (1)〔植〕ショウガ科草本サンナ（山奈）【*Hedychium spicatum*】= गंधपलाशी；गंधमूली；गंधौली；सितस्ती. (2) サンナの根茎

कपूरी[1] [形] (1) 樟脳の (2) 淡黄色の

कपूरी[2] [名*] (1) 淡黄色 (2) 葉が淡黄色をしたキンマの一種

कपोत [名]〔鳥〕ハト科カワラバト【*Columba livia*】= कबूतर；परेवा.

कपोतक [名]〔鳥〕ハト科カノコバト【*Streptopelia chinensis*】 **धवल कपोतक** ハト科シラコバト【*Streptopelia decaocto*】= धवर फ़ाख़्ता. **धूम्र कपोतक** ハト科セネガルキジバト【*Streptopelia senegalensis*】= टुटरूँ फ़ाख़्ता.

कपोत व्रत [名] 他者の与える苦痛を無言で耐え忍ぶこと

कपोतांजन [名] スルマー = सुरमा.

कपोल [名] (1) ほお；ほほ（頬）；ほっぺた= गाल. (2)〔演〕頬の表情

कपोल-कल्पना [名*] 空想；架空；虚構；絵空事

कपोल-कल्पित [形] 空想的な；架空の；虚構の；何の根拠もない；根も葉もない कपोल-कल्पित कारण 根も葉もない原因 यह कोई कपोल-कल्पित कहानी नहीं है, बल्कि वास्तविकता है これは架空の話ではなくて真実なのだ

कप्तान [名]《E. captain》(1) 陸軍大尉 (2) 海軍大佐 (3) 空軍大尉 **ग्रुप कप्तान** 空軍大佐 (4) キャプテン；主将 टीम का कप्तान チームのキャプテン दोनों टीमों के कप्तान 両チームの主将 (5) 船長 स्टीमर का कप्तान 汽船の船長 (6) 飛行機の機長；キャプテン

कप्तानी [名*]《← E. captain》キャプテンの地位や役割 ध्यानचंद्र की कप्तानी में भारत ने 1936 में ओलंपिक खेलों में हाकी चैंपियनशिप जीती थी インドはディヤーンチャンドラを主将として 1936 年のオリンピックでホッケーの優勝を果たした

कप्पर [名] = कपड़ा.

कफ [名] (1) 痰 (2)〔アユ〕カパ，すなわち，アーユルヴェーダ医学で人体の胸，頭，喉，胃，関節などに存在し健康と病気に影響を及ぼすものとされる 3 要素の一． वात, पित्त, कफ 3 つの中の一→ヴァータ（वात）及びピッタ（पित्त）

कफ़[1] [名]《P. کف》(1) 痰 (2) 泡 (3) 煮沸の際に生じる浮きかす

कफ़[2] [名]《E. cuffs》カフス

कफ़गीर [名]《P. کفگیر》汁物や油で揚げた後の浮きかすをとるための穴杓子

कफ़घ्न [形]《P.کف + H.घ्न》痰をとる；去痰の

कफ़न [名]《A. کفن》死人に着せたり死体を覆う衣服や布；屍衣；経帷子 **कफ़न का भी ठिकाना न हो॰** 極貧の **कफ़न को कौड़ी न छोड़ना** *a.* 稼いだものをすべて費やす；金を蓄えない *b.* 全く無欲な；一切を放棄した= कफ़न को कौड़ी न रखना. **कफ़न को कौड़ी न हो॰** とても貧しい；赤貧洗うがごとし **कफ़न फाड़कर उठ खड़ा हो॰** *a.* 死にかけて助かる *b.* 大声をあげる **कफ़न फाड़कर चिल्लाना** 大声で叫ぶ **कफ़न मैला न हो॰** 死んで間もない **सिर से कफ़न बाँधना (लपेटना)** 決死の覚悟をする

कफ़नकाठी [名*] 経帷子や棺架などの葬儀の準備や手配

कफ़नखसोट [形] (1) 死者に着せる着物（経帷子；屍衣）をはぎとる (2) 極度に吝嗇な；甚だけちな

कफ़नखसोटी [名*] (1) ドーム（火葬に従事するカースト，隠坊）が取り立てる火葬代 (2) 貪欲にお金をためること (3) 極度な吝嗇

कफ़नचोर [名] (1) 屍衣盗人 (2) 根性の卑しい人；下種

कफ़न-दफ़न [名] 葬儀；葬式

कफ़नाना [他] ← कफ़न. 屍衣を着せる

कफ़नी [名*]《P. کفنی》(1) 死者の首に掛ける布 (2)〔イス〕カファニー（イスラム教の修行者ファキールが着用する縫われていない衣） गले में कफ़नी टाँगकर 首にカファニーをひっかけて

कफ़पा [名]《P. کف پا कफ़े पा》足の裏

कफ़स [名]《P. قفس》(1) 鳥かご= पिंजड़ा. (2) 刑務所= क़ैदख़ाना.

कफ़ारा [名] = कफ़्फ़ारा.

कफ़ालत [名*]《A. کفالت》(1) 保証；抵当 (2) 責任

कफ़ालतनामा [名]《A.P. کفالت نامہ》〔法〕保釈保証書〈bail bond〉

कफ़ील [名]《A. کفیل》(1) 保証；抵当 (2)〔法〕保釈保証人；保釈引受人 (3) 人質

कफ़ीलकार [名]《A.P. کفیل کار》保証人

कफ्फ [名] = कफ.

कफ़्फ़ारा [名]《A. کفاره》罪の償い；贖罪 इसके सिवा तुम्हारे गुनाहों का और कोई कफ़्फ़ारा नहीं है これしかお前の罪の償いはないのだ

कफ़्श [名]《P. کفش》靴；履物 = जूता；पदत्राण.

कफ़्शबरदार [名]《P. کفش بردار》(1) 下足番 (2) 熱烈な信奉者

कबंध [名] (1) 首なしの胴体 (2) 大きなたる（樽）；おけ（桶） (3)〔イ神〕ラーフ（悪魔）= राहु. (4)〔ラマ〕カバンダ（巨躯のラークシャス）

कब [副・代] (1) いつ；何時 (2) 強調的に否定を表す हमने इन्हें रोका ही कब था? 手前がこの人をいつ止めましたか（断じてそう

いうことはしていない） मैंने तुम्हारा डांस कब ख़राब बताया 私がいつダンスが悪いと言いましたか（決して言っていません） **कब कब** 時たま；希に；めったに（ーしない）= कभी-कभी. **कब का** *a.* ずいぶん以前に；とっくに बरसात तो कब की बीत चुकी है 雨季はとっくに過ぎ去っている= कब से. *b.* 決して〜しない

कबड्डी [名*]〔ス〕カバッディー（インド伝統の遊戯．2組に分かれて戦う．一息で敵陣に入り敵にタッチして自陣に戻れば得点となる．国際的なスポーツとなりつつあるゲーム）

कबर[1] [副] いつ；何時

कबर[2] [形] まだらの；ぶちの（斑の）→ कबरा.

क़बर [名*] → क़ब्र.

कबरा[1] [形+] ぶちの；斑の；まだらの कबरी बिल्ली 斑の猫

कबरा[2] [名]〔植〕フウチョウソウ科低木ケーパーブッシュ【*Capparis spinosa*】〈caper bush〉

क़बरिस्तान [名]《A.P. قبرستان》墓地；墓場；埋葬地 = क़ब्रिस्तान.

क़बल [後置]《A. قبل क़ब्ल》→ क़ब्ल. -के क़बल の形で用いられーに先立って，ーより先になどの意を表す

कबहुँ [副] いつか

क़बा [名]《A. قبا》〔服〕カバー（イスラム教徒男子の衣服，膝下まであり胸あき，長袖はゆったりしている）= चोगा.

क़बाइद [名] → क़वायद.

क़बाइल [名, pl.]《A. قبائل ← قبيله क़बीला》(1) 部族 (2) 家族

क़बाइली [形]《A. قبائلی》= क़बायली.

कबाड़ [名] がらくた；屑もの；廃品

कबाड़ख़ाना [名]《H.P. کباڑ خانه》(1) 廃品置き場；屑屋（廃品回収業者）の店 (2) がらくた置き場 (3) 乱雑に物の置かれている場所

कबाड़ा [名] (1) ごみ；くず（屑）；がらくた (2) 散らかっていること；混乱；めちゃくちゃになっていること बरसात में घर का कबाड़ा हो गया है 雨季に家がすっかり荒れてしまった (3) 厄介なこと；面倒なこと

कबाड़िया [名] 屑屋；古物商；古着屋；古道具屋；廃品回収業者；ぼろ買い

कबाड़ी [名] = कबाड़िया.

कबाड़ी बाज़ार [名] 古物市場 जामा मसजिद के कबाड़ी बाज़ार में एक स्टाल पर ジャーマーマスジド近くの古物市場のある露店で

कबाब[1] [名]《A. کباب》(1) ロースト肉；焼き肉 (2) 羊や山羊などの挽き肉を串にさしたりしてタンドゥールで焼いたもの；カバーブ सीख़ के कबाब 串焼き肉；カバーブ **कबाब क॰** *a.* 肉を火にあぶる；焼く *b.* 責めさいなむ；苦しめる；悩ませる **कबाब हो॰** (**हो जा॰**) *a.* 嫉妬に狂う *b.* 怒り狂う *c.* 恋い焦がれる *d.* さいなまれる；ひどく苦しむ सुनकर मेरा कलेजा कबाब हो गया それを聞いて胸は張り裂けんばかりになった

कबाब[2] [名] = कबाबा.

कबाबचीनी [名*]《P. کباب چینی》〔植〕コショウ科蔓木ヒッチョウカ【*Piper cubeba*】とその実（スパイスに用いられる）

कबाबा [名]《A. کبابه》〔植〕コショウ科の蔓木ヒッチョウカ；クベバ【*Piper cubeba*】

कबाबी[1] [名]《P. کبابی》カバーブ（焼き肉）売り；焼き肉屋

कबाबी[2] [形] 焼き肉用の；カバーブ用の

क़बायल [名]《A. قبائل》(1) 部族（民） (2) 家族= क़बाइल.

क़बायली[1] [形]《A. قبائلی》部族民の；トライブの क़बायली हमलावर 部族民の襲撃者

क़बायली[2] [名] (1) 部族民 (2)（特に）アフガニスタンとの国境沿いのパキスタン北西部の連邦政府直轄部族地域に居住する部族民

कबाल [名*] ナツメヤシの樹皮から採れる繊維

क़बाला [名]《A. قباله》(1) 売買契約 (2) 売買契約書；売買証書

क़बालानवीस [名]《A.P. قباله نویس》代書人；司法書士

क़बालानवीसी [名*]《A.P. قباله نویسی》代書業；代書屋；筆耕

क़बालानीलाम [名]《A. قباله + Por. leilão》競売証書

कबाहट [名*] = क़बाहत.

क़बाहत [名*]《A. قباحت》(1) 悪いこと；醜悪なこと (2) 不都合；好ましくないこと (3) 困難；面倒；厄介 (4) 障害；支障 **क़बाहत उठ खड़ी हो॰** 面倒が起きる= क़बाहत निकलना. **क़बाहत में डालना** 厄介な目に遭わせる **क़बाहत मोल ले॰** わざと面倒を引き受ける；面倒なことや厄介なことにわざと首を突っ込む

कबीर[1] [形]《A. کبیر》(1) 大きい (2) 偉大な；すぐれた (3) 長老の

कबीर[2] [名] (1)〔人名〕カビールもしくはカビールダース（15世紀半ばから16世紀初頭にかけて神への信愛 भक्ति を強調し旧弊の社会を痛烈に批判した宗教家・思想家） संत कबीर (2) ホーリー祭（होली）の際歌われる一群の野卑な歌の総称

कबीर पंथ [名] 15世紀の聖者・宗教家・宗教詩人カビール कबीर[2] の法灯を守り教説を継ぐ信奉者や継いでいると称する，あるいは，そのように伝えられる複数の宗教集団の称；カビール派

कबीर पंथी [名] いわゆる कबीर पंथ と称する宗教集団の信奉者；カビール派の信徒

कबीरा [名] カビーラー（ラージャスターン，ビハールなどを含む北インド一帯に歌い継がれてきた俗謡で聖者カビール／カビールダース कबीरदास に仮託されている無属性の神を奉ずる歌．歌詞の中に कबीरा の言葉が含まれている）

क़बील [名]《A. قبیل》集団；集まり；グループ

क़बीला [名]《A. قبیله》(1) 部族；種族 अरब समाज कई क़बीलों में बँटा हुआ था アラブの社会は幾つかの部族に分かれていた क़बीले का मुखिया 部族の長；族長 (2) 家系；氏族 (3) 家族

क़बीलाई [形]《A.P. قبیلئی》部族の；トライブの क़बीलाई लोग 部族民

कबुद [名]〔鳥〕サギ科アオサギ = आँजन बगुला.

क़बुलवाना [他・使]《← A. قبول क़बूल + H.》← क़बूलना. (1) 認めさせる；受け入れさせる (2) 無理に言わせる；しゃにむに口を開かせる

कबूतर [名]《P. کبوتر》(1)〔鳥〕ハト科の鳥の総称，鳩 (2)〔鳥〕ハト科カワラバト【*Columba livia*】 **कबूतर उड़ाना** *a.* 趣味として鳩を飼う *b.* 無意味なことをする；無駄なことをする **कबूतर का सूतक** 終わりのないこと **कबूतर की तरह लोटना** *a.* のたうちまわる *b.* すっかり落ち着きを失う

कबूतरख़ाना [名]《P. کبوتر خانه》鳩舎；鳩小屋

कबूतर झाड़ [名] (1)〔植〕キツネノマゴ科小低木リナカンサス【*Justicia nasuta*】 (2)〔植〕キツネノマゴ科低木ガンダルサ【*Justicia gendarussa*】

कबूतरबाज़ [形・名]《P. کبوتر باز》(1) 趣味として鳩を飼う（人）；鳩飼育家 (2) 女たらし

कबूतरबाज़ी [名*]《P. کبوتر بازی》趣味として鳩の飼育

कबूतरी [名*]《← P. کبوتر》(1) 雌鳩 (2) カワラバトの雌 (3) 踊り子

कबूद [名]《P. کبود》青；青色；空色

कबूदी [形]《P. کبودی》青の；青色の；空色の

क़बूल[1] [名]《A. قبول》(1) 受け入れ；受容 (2) 承認；承知；承諾

क़बूल[2] [形]《A. قبول》(1) 受け入れられた (2) 認められた；承認された **क़बूल क॰** 受け入れる；認める；承認する；同意する उसने इस बात को सच्चे दिल से क़बूल न किया これを心から受け入れなかった इस्लाम क़बूल कर ले, तो हम इसे मुआफ़ कर सकते हैं イスラム教を受け入れよ．そうすれば赦免してやれよう चेयरमैन आप ही बनना क़बूल करें チェアマンをお引き受け下さい मैंने उन्हें एवज़ में खाना-कपड़ा देना क़बूल किया था こちらも代わりに衣食を提供するのを承認した **क़बूल हो॰** 受け入れられる；受容される；認められる；承認される

क़बूलना [他]《← A. قبول》(1) 認める；承認する；同意する；受け入れる (2) 自供する；自白する

क़बूलीयत [名*]《A. قبولیت》(1) 願いごとの聞き入れ (2) 承諾；承認 (3) 承諾書

क़ब्ज़ [名]《A. قبض》(1) 握ること；把握すること；掌握すること (2) 所有すること (3) 便秘

क़ब्ज़ा [名]《A. قبضه》(1) 所有；占有 शहर के आसपास की कृषिभूमि पर अधिकतर राजघरानों का क़ब्ज़ा है 都市近郊の農地の大半は王家が所有している (2) 占領；占拠 दिल्ली पर अंगरेज़ों का क़ब्ज़ा हो गया イギリス側がデリーを占拠してしまった (3) 保有 (4) え（柄）；つか (5) ちょうつがい（蝶番） (-पर) **क़ब्ज़ा क॰** （ーを）手に入れる；手中に収める；占領する；所有する；支配する；占拠する सरकारी ज़मीन पर क़ब्ज़ा करना 国有地を占拠する (-को) **क़ब्ज़ा दे॰** （ーに）引き渡す；委ねる (-पर) **क़ब्ज़ा पाना** （ーを）

支配する；保有する (-पर) क़ब्ज़ा रखना (ーを) 掌握する क़ब्ज़े पर हाथ डालना 刀の柄に手をかける= क़ब्ज़े पर हाथ रखना. क़ब्ज़े से बाहर हो॰ 手に負えない

क़ब्ज़ादार [形・名] 《A.P. قبضه دار》 (1) 〔法〕占有する（人）；占有者 (2) 蝶番のついた

क़ब्ज़ादारी [名*] 《A.P. قبضه داری》〔法〕占有

क़ब्ज़ियत [名*] 《A. قبضیت》 (1) 掌握 (2) 便秘= क़ब्ज़ीयत.

क़ब्ज़ी [名*] 《← A. قبض》便秘 पहले ही क़ब्ज़ी रहती है उनको あの方はもともと便秘症だ

क़ब्र [名*] 《A. قبر》 (1) 墓穴 (2) 墓石 **क़ब्र का मुँह झाँककर आए हैं** 〔諺〕九死に一生を得た **क़ब्र का मुँह झाँकना** 死にそうになって助かる；死にそうな目に遭う；死にかける **क़ब्र के मुर्दे उखाड़ना** 古い話を持ち出す **क़ब्र खोदकर लाना** 手を尽くして調べる；調べ上げる **क़ब्र खोदना** *a.* 墓穴を掘る *b.* 死ぬ覚悟をする *c.* 人の命を狙う **क़ब्र तक से वाक़िफ़ हो॰** 知り尽くす **क़ब्र पर क़ब्र हो॰** 全く同じ考えを持つ **क़ब्र में कीड़े पड़ना** 死んでも浮かばれない **क़ब्र में पाँव लटकाए बैठना** *a.* 棺桶に片足突っ込む；老いぼれる *b.* 死にかける **क़ब्र से उठकर आ॰** 命拾いをする

क़ब्रगाह [名*] 《A.P. قبرگاه》墓地；埋葬地 चुनार के किले के पीछे एक पुरानी क़ब्रगाह है チュナールの城の裏手に古い墓地がある

क़ब्रिस्तान [名] 《P. قبرستان》墓地；埋葬地

क़ब्ल [名・形・後置] 《A. قبل》 (1) 前；前方；前部 (2) 先に立つ；先行する；予備的な；準備的な **क़ब्ल अज़ आन कि** それに先立って；この前に (-) **के क़ब्ल** (ーに) 先だって；先行して；(ーの) 前に= (-) से क़ब्ल. शहादत से क़ब्ल 殉教に先立って

कभी [副・代] (1) いつか；何時か वह कभी आएगा いつか来るだろう (2) たまに；時には कभी दो सींग वाले गैंडे तथा एक सींग वाले गैंडे यहाँ बहुत बड़ी संख्या में आते थे たまに二角や一角のサイが非常に多数ここに出て来ていた **कभी… कभी…** 時には…時には…；…したり…したりする；(ー) たり (ー) たり (交互にする) डांस का वातावरण रूमानी और उत्तेजक बनाने के लिए रोशनी कभी लाल होती थी, कभी हरी कभी जल जाती थी, कभी बुझ जाती थी ダンスの雰囲気をロマンチックにまた刺激的にするため照明は赤くなったり緑になったり，点いたり消えたりしていた कभी अच्छा और कभी बुरा तो चलता ही रहता है 時には良いこともあれば悪いこともある **कभी का** とっくに；ずっと以前に मेरा बाप तो कभी का मर चुका है 父はとっくに亡くなっている **कभी कुछ कभी कुछ** 一定しない様子のたとえ **कभी के दिन बड़े, कभी की रात** 〔諺〕時の移ろいは一様ではない．だれにもいつか幸運がめぐって来るもの **कभी ज़मीन कभी आसमान पर हो॰** 気分のむらの激しい様子 **कभी तो… कभी…** 時には…時には… कभी तो वह मूक भाव से सब अत्याचार सह लेता है और कभी विरोध में आक्रोश व्यक्त करता है 時には無言で非道に耐えることもあるが時には反抗して怒りを表すこともある **कभी तोला कभी माशा** 一定しない様子 **कभी न कभी** いつか；いつの日にか；いずれ必ず

कभी-कभार [副] たまに；まれに；時たま पहले गायों के झुंड भी आते थे, पर अब कभी-कभार ही दिखते हैं 以前は雌牛の群れがやってきていたのだが，近頃はたまにしか見られない आलोक तो कभी कभार ही कुछ देर को आता था アーロークは時たまそれもほんの短い間しか来なかった कभी-कभार छोटी-मोटी चीज़ खो ही जाती है まれにちょっとした物がなくなるものだ

कभी-कभी [副] (1) たまには；時には तू कभी-कभी तो बड़ी अक़्ल की बात करती है री お前はたまにはえらく気のきいた話をするんだね (2) 時々

कमंगर [名] = कमाँगर.

कमंचा [名] = कमानचा.

कमंडल [名] (1) カマンダル（乞食僧，托鉢僧の用いるヒサゴ，ヤシの実や焼き物，銅や真鍮製，あるいは木製の水いれ） (2) 〔植〕クワ科イチジク属の高木【*Ficus infectoria*】 **कमंडल दे॰** 喜捨をする कमंडल देना, बच्चा これそなた，喜捨を致せ

कमंडली [形] (1) カマンダルを手にした（行者や修行者） (2) いかさまの；偽善的な

कमंडलु [名] = कमंडल.

कमंद[1] [名*] 《P. كمند》 (1) 投げ縄 **कमंद डालना** (**फेंकना**) 投げ縄を打つ **कमंद पड़ना** 投げ縄がかかる；投げ縄を打たれる (2) 縄ばしご（盗人などの用いたもの） **कमंद डालना** 縄ばしごをかける= कमंद लगाना.

कमंद[2] [名] 頭の切り離された胴体= कबंध.

कम[1] [形] 《P. كم》度量，程度，広がりなどがより少ない；より小さい；より低い；更に低い；もっと少ない；～以下の；～より劣る；少ない कम ताप पर 低温で तापमान शून्य से 25 डिग्री कम था 温度はマイナス 25 度だった एक ओर तो सरकार कम ख़र्च पर बल देती है 政府は一方では低支出を強調する एक छोटी-सी चिड़िया आधे घंटे से भी कम समय में 600 से अधिक इल्लियों को निगल जाती है 一羽の小さな鳥が半時間にも満たない間に 600 匹以上の幼虫をついばむ कम आयु में 若年で；弱年で ↔ अधिक आयु में. प्रेशर कुकर जो कम समय में खाना स्वादिष्ट पकाए より短い時間でおいしく料理する圧力鍋 कम दाम पर उपलब्ध もっと安く手に入る तू क्या कम शैतान है? とんでもないぜ，お前がそれほどの悪じゃないというのかい भाई से कम नहीं था 兄に劣っていなかった वह आज दिखा देना चाहती थी कि वह भी किसी से कम नहीं है 自分もだれにも負けていないことを今日は見せたかった **कम करना** 程度を下げる；度量を低くする；減らす；少なくする；引く；面積を小さくする शस्त्रास्त्रों को कम करना 武器を減らす शौच की तकलीफ़ भी कम करती है 用足しの苦痛も少なくする **कम खाए ग़म खाए** 〔諺〕腹八分に食べ腹を立てずに道の端を歩けば健康で安全に暮らせる= कम खाना, ग़म खाना और किनारे से चलना. **कम से कम** *a.* 一番少ない；最も少ない；最低の；できるだけ少ない सरकार का हस्तक्षेप कम से कम हो 政府の干渉は最少のものであるべし कम से कम मुआवज़ा 最低額の弁償 कम से कम शब्दों में ही अपनी पूरी बात कह दे 最も簡潔にもらさず自分の主張を述べること यदि फूल नहीं बो सकते, तो काँटे कम से कम बोओ 美しい花の咲く苗を植えられないのならいばらはできるだけ少なく植えること *b.* せめて；少なくとも कम से कम यह तो देख लीजिए कि मैं भी कुछ कर सकती हूँ या नहीं? 私も何かできるかどうかはせめて見て下さい कम-से-कम कहीं कोई छोटा-मोटा पेड़ भी होता せめて小さな木の一本でも立っていれば **कम हो॰** 度量が低くなる；面積が小さくなる；程度が下がる；低くなる；減る；少なくなる चमेली के पत्ते चबाने से भी दाँत का दर्द कम हो जाता है ジャスミンの葉を噛んでも歯の痛みは減るものだ

कम[2] [副] (1) より少なく；より小さく；(ー) ほどでない यह युक्ति कम दिलचस्प नहीं है この手法は少なからず面白い कम गहरा 浅い；あまり深くない कम गहरे कुएँ का पानी あまり深くない井戸の水 मुझे भूख कम लगी है 食欲があまりない कम लंबा रास्ता 近道 आधुनिक नगरों में जातिवाद उदार तथा कम जटिल हो गया है 現代の都会ではカースト制は以前に比べて寛容になり複雑でなくなってきている (2) めったに…しない；たまにしか…しない；まれにしか…しない **कम लहना** 寸法が足らない

कम अक़्ल [形] 《P.A. کم عقل》愚かな；知恵の足りない

कम-अज़-कम [副] 《P. کم از کم》少なくとも；最低でも

कमअस्ल [形] 《P.A. کم اصل》 (1) 家柄の良くない；家系の良くない (2) 卑しい；低い (3) 混血の

कम ऑन [感] 《E. come on》さあ；さあさあ（督促，挑戦，懇願など） कम ऑन कम ऑन さあさあいらっしゃい

कमइल्म [形] 《P.A. کم علم》低学歴の= अल्पविद्य; कम पढ़ा-लिखा.

कमउम्र [形] 《P.A. کم عمر》年少の；年下の；若い मेरी एक कमउम्र पड़ोसिन 私の一人の若い隣人

कमउम्री [名*] 《P.A. کم عمری》年少；幼少

कमऔक़ात [形] 《P.A. کم اوقات》侮辱された；侮られた

कमकर [名] 人夫；労働者

कमकस [形] 怠け者の；怠惰な= कामचोर; सुस्त; काहिल.

कमक़ीमत [形] 《P.A. کم قیمت》安価な；安い；低廉な

कमख़याली [名*] 《P. کم خیالی》引っ込み思案；気の小さいこと आप इन कमख़यालियों को दिल से निकालिए この引っ込み思案を捨ててしまいなさい

कमख़र्च [形] 《P. کم خرچ》倹約する；節約する

कमख़र्ची [名*] 《P. کم خرچی》倹約；節約 कमख़र्ची गुण नहीं है 倹約は徳ではない

कमख़ाब [名] 《P. کمخاب》錦；金襴→ कमख़्वाब.

कमख़ोर [形] 《P. کم خور》少食の= मितभोजी; मिताहारी.

कमख़ोरी [名*] 《P. کم خوری》少食= मिताहार.
कमख़्वाब [名] 《P. کمخواب》錦；金襴
कमगो [形] 《P. کم گو》寡黙な；言葉数が少ない= मितभाषी; कम बोलनेवाला.
क़मची [名*] 《T. قمچی》(1) 鞭 (2) 小枝 (3) 細い杖 (4)（竹）ひご；竹の小さな枝 **कमची तानना** *a.* おどす；脅しをかける *b.* こけおどしをかける
कमज़र्फ़ [形] 《P. کم ظرف》(1) 卑しい；あさましい (2) 軽はずみな；慎重さに欠ける (3) 不寛容な；狭量な；忍耐力のない
कमज़ात [形] 《P. کم ذات》卑しい；卑賤な；下賤な
कमज़ोर [形] 《P. کم زور》(1) 弱い；力が弱い；勢いが弱い धान के खेतों में गेहूँ की फ़सल कमज़ोर होती है 稲田では小麦の出来は勢いのないものだ (2) 丈夫でない；頑丈でない；しっかりしていない；くずれやすい；もろい；壊れやすい；弱い कमज़ोर लकड़ी 弱い木 (3) 衰弱した；体が衰えた；元気のない बेचारी बहुत कमज़ोर हो गई थी 気の毒に女はずいぶん衰弱していた उसके कमज़ोर चेहरे पर आँखें गड़ाए रही その人の元気のない顔をじっと見つめていた (4) 欠陥のある；弱みのある；弱点のある；頭の悪い；成績の悪い；不出来な；弱い कमज़ोर लड़का 出来の悪い子 इतिहास में कमज़ोर 歴史に弱い
कमज़ोरी [名*] 《P. کم زوری》(1) 弱さ；力の弱さ；ひ弱さ；脆弱さ शारीरिक कमज़ोरी 肉体的な弱さ हमारी अन्याय सहने की कमज़ोरी 悪に耐える我々の力の弱さ (2) もろさ；壊れやすさ (3) 衰弱；衰え；病気による衰え पेचिश की बीमारी के कारण यह कमज़ोरी और भी बढ़ती गई 赤痢のため衰弱はさらに増して行った (4) 欠陥；弱点；弱み；不出来；弱さ भाभी की कमज़ोरी 兄嫁の弱み
कमटी [名*] 細枝= पतली टहनी.
कमठ [名] (1) 亀 (2) 竹 (3) 行者の持つ水入れのひさご
कमठा [名] (1) 弓= धनुष; कमान. झुकी रीढ़ कमठा-सी टेढ़ी है 曲がった背骨は弓のようにくねっている (2) 長い杖；護身用の長く固い竹竿
कमठी[1] [名*] 竹を細く割ったもの；ひご= फट्टी.
कमठी[2] [名*] 雌の亀；雌亀= कछुई. → कमठ; कछुआ.
कमतर [形] 《P. کمتر》(1)（何かに比して）より少ない；更に少ない；少な目の (2) 劣っている；悪い；劣悪な कमतर हालत में もっと悪い状況で
कमतरीन [形] 《P. کمترین》(1) 最少の (2) 最低の
कमतवज्जुही [名*] 《P.A. کم توجہی》(1) 不注意 (2) 配慮不足；無礼；無作法
कमती[1] [名*] 《P. کم + H.》(1) 減少 (2) 不足 कमती-बढ़ती 増減
कमती[2] [形] 少しの；わずかの；若干の= कम; थोड़ा.
कमतोला [形+] 《P. کم + H.》量目をごまかす
कमदिला [形+] 《← P. کم + دل दिल》狭量な；度量の小さい
कमनज़र [形] 《P.A. کم نظر》短慮な；短見の；先見の明のない
कमनसीब [形] 《P.A. کم نصیب》運の悪い；不運な；運のつきのない= अभागा; हतभाग्य.
कमनसीबी [名*] 《P.A. کم نصیبی》不運；悪運；運に恵まれないこと
कमनीय [形] (1) 愛らしい；可愛らしい (2) 美しい；きれいな
कमनीयता [名*] ← कमनीय. (1) 愛らしさ；可愛いらしさ (2) 美しさ
कमनैत [名] 《← P. کمان कमान》（すぐれた）弓の射手
कमनैती [名*] 弓術；弓道= तीरंदाज़ी; धनुर्विद्या.
कमपोषण [名] 栄養不良
कमबख़्त[1] [形] 《P. کم بخت》(1) ろくでもない；しょうのない；役立たずの यह कमबख़्त कुत्ते कहाँ-कहाँ से आ जाते हैं しょうのない犬どもいったいどこから集まって来るのだい (2) 不運な；運のない；ついていない= बदक़िस्मत; हतभाग्य.
कमबख़्त[2] [名・感] = कम्बख़्त. ろくでなし；しょうのない者；畜生；野郎 चुप रहो, कमबख़्तो! 黙れ，このろくでなしめ अरे भाई, मैं तो उस कमबख़्त को ठीक से पहचानता भी नहीं なあにおれはあいつをろくに知ってもいないんだ कमबख़्त ने कहीं का भी तो नहीं छोड़ा 畜生め，全くひどいことをしやがって मर कमबख़्त! こん畜生！
कमबख़्ती [名*] 《P. کم بختی》不運；非運 कमबख़्ती आ॰ 不運に見舞われる **कमबख़्ती का मारा** 不運な；不運に見舞われた

कमयाब [形] 《P. کم یاب》(1) 手に入りにくい；得難い= दुष्प्राप्य. (2) 手に入らない；入手不可能な= अलभ्य.
कमयाबी [名*] 《P. کم یابی》(1) 入手の困難なこと (2) 入手の不可能なこと
कमर [名*] 《P. کمر》(1) 人や動物の胸と腰の間の一番細くくびれたところ (2)〔裁〕胴回り；ウエスト बड़ी कमर वाले की वास्किट ウエストの大きな人のチョッキ कमर की चौड़ाई ウエストの寸法 (3) 腰を含めた背中 कमर पर लकड़ी का भारी गट्ठा लिए 重い木の束を背負って **कमर झुकाना** 腰を曲げる बूढ़ा कमर झुकाए लाठी टेकता हुआ 老人は腰を曲げ杖をつきながら **कमर में दर्द** 腰痛 (4) 下半身に着用する衣服の腰の部分（金を持ち歩くところ） **कमर टटोलना**（ドーティーの腰の部分に金子を入れておくことから）懐をさぐる उसने अपनी कमर टटोली, रकम सुरक्षित बँधी थी 懐（腰を手で）さぐってみると金は無事に収まっていた (5) 物の中央部の細かい部分 **कमर क॰** *a.* 鳥が宙返りをする *b.* 馬が騎手を振り落とそうとする **कमर कमान क॰** 断固たる態度をとる；胸を張る **कमर कमान हो॰**（弓のように）腰が曲がる **कमर कसकर बाँधना** = कमर कसना. **कमर कसना** *a.* 決意する；行動に備える *b.* 構える；身構える *c.* 出掛ける準備をする **कमर का ढीला** *a.* 弱い；体力のない *b.* 怠け者の；怠惰な **कमर खोलना** *a.* 休む；休憩する *b.* 気力を失う；落胆する；くじける；腰が抜ける；腰が砕ける *c.* やる気をなくす *d.* 腰ひもをほどく **कमर झुककर कमान हो॰** 腰が折れ曲がる **कमर झुकना** *a.* 疲れ果てる *b.* 老いる；腰が曲がる **कमर टूटना** *a.* がっかりする *b.* 元気がなくなる *c.* 頼りや寄る辺がなくなる *d.* 腰が痛む **कमर टेढ़ी हो॰** *a.* 弱る；衰弱する *b.* 老いる；老け込む **(-की) कमर ठोंकना** *a.*（－を）ほめる；たたえる；称賛する *b.* 元気づける **(-की) कमर तोड़ना**（－を）やっつける；うちのめす；ひどい目に遭わせる **कमर थामना** 支える；助ける；援助する；応援する **कमर पकड़कर उठना** 激しく衰弱する **कमर पकड़कर बैठ जा॰** 打ちひしがれる；大変落胆する **कमर पकड़ना** *a.* 腰痛で立ち上がれない *b.* すっかり衰弱する **कमर पर हाथ रखना** 弱る；衰弱する **कमर बँधना** 出掛ける準備ができている **कमर बँधवाना** 元気づける；励ます= कमर बँधाना. **कमर बल खाना** 細くくびれた腰 **कमर बाँधना** 身構える；待ち構える；用意する；備える **कमर बाँधे** 熱心に；懸命に **कमर मटकाना** 下手な踊りをする **कमर मारना** 腰を曲げる；前かがみになる **कमर रह जा॰** 疲れて腰が痛くなる **कमर लगना** *a.* 腰に床ずれができる *b.* 馬の背に傷ができる **कमर लचकाना** 踊りで腰を振る；尻を振る **कमर सीधी क॰** *a.* 腰を伸ばして休憩する；一服する；一休みする *b.* 立ち向かう；気合を入れる **कमर सीधी हो॰** 一休みする；一服する
क़मर [名] 《A. قمر》月= चाँद; चंद्र.
कमरकश [形] 《P. کمر کش》勇ましい；勇敢な= बहादुर.
कमरकस [名] 《← P. کمر کش कमरकश》マメ科小木ツルハナモツヤクノキの樹脂（薬用）
कमरकोज़ [形] 《P.A. کمر کوز》背骨が弓のように曲がった；せむしの= कुबड़ा.
कमरकोट [名] 《P. کمر + कोट》(1) 胸壁；胸墻 (2) パラペット
कमरकोठा [名] 《P. کمر + H.कोठा》壁の外に出た梁
कमरख [名] (1)〔植〕カタバミ科小木ゴレンシ（五斂子）【*Averrhoa caramabola*】 (2) その果実
कमरखी[1] [形] (1) ゴレンシ（五斂子）の (2) ゴレンシの実の色をした；黄色の
कमरखी[2] [名] ゴレンシの実の色；黄色
कमरतोड़ [形] 《P. کمر + H.तोड़》(1) 辛い；きつい；激しい；過酷な कमरतोड़ परिश्रम 過酷な労働 (2) 破滅的な दहेज़ की माँग जो एक मध्यवर्गीय परिवार के लिए कमरतोड़ सिद्ध होती है 中産階級の家庭には破滅的なものとなる持参金の要求 (3) 耐え難い यह ख़र्च कमरतोड़ होता है この出費は耐え難いものである
कमरपट्टी [名*] 《P. کمر+ H. पट्टी》ウエストを締めるひも
कमरबंद[1] [名] 《P. کمر بند》(1) 腰帯；バンド；ベルト；腰ひも；ガードル (2) 腰布；カマルバンド
कमरबंद[2] [形] 備えた；構えた；準備した；用意のできた；用意した；支度のできた= कटिबद्ध; तैयार; मुस्तैद.
कमरबंदी [名*] 《P. کمر بندی》準備；用意= तैयारी; मुस्तैदी.
कमरबल्ला [名]〔建〕はり（梁）；コーナービーム〈corner beam〉

कमरबस्ता [形] 《P. کمر بستہ》(1) 腰帯を締めた (2) 用意のできた；準備のできた；待ち構えている आसमान भी है कमरबस्ता 大空も待ち構えている

कमरा[1] [名] 《Por. camara》へや（部屋）；間（ま） दो कमरों वाला मकान 2 間の家；2 部屋の家

कमरा[2] [名] 《E. camera》カメラ；写真機= कैमरा.

कमरी [名] = कमली.

कमर्शियल [形] 《E. commercial》商業の；商業上の

कमर्शियल आर्ट [名] 《E. commercial art》商業美術

कमल [名] (1)〔植〕スイレン科水草ハス（蓮）【*Nelumbo nucifera/N. speciosum*】= पंकज；पद्म. कमल का फूल 蓮の花 (2)〔医〕黄疸 = कमलबाई.

कमलकंद [名] 蓮根 = भसिंड.

कमलककड़ी [名*] 蓮の地下茎；蓮根= भें；भिस्सा.

कमलगट्टा [名] 蓮の花托と実= पद्मबीज.

कमलगर्भ [名] 蓮の花托= कमल का छत्ता.

कमलज [名] ブラフマー神 ब्रह्मा の別名の一= कमलजात.

कमलनयन[1] [形] 蓮の花弁のように大きく美しい眼をした；うるわしい眼をした

कमलनयन[2] [名] (1) ヴィシュヌ神（विष्णु） (2) クリシュナ（कृष्ण） (3) ラーマ（राम）

कमलनाभ [名] ヴィシュヌ神（विष्णु）の別名の一

कमलनाल [名*] 蓮の根；蓮根 = कमलककड़ी；मृणाल.

कमलबंधु [名] 太陽

कमलबाई[名*]〔医〕(1) 肝炎 (2) 黄疸= कमलवायु；पीलिया；पांडुरोग.

कमलयोनि [名] ブラフマー神 ब्रह्मा の異名の一

कमलवायु [名*]〔医〕(1) 肝炎 (2) 黄疸= पीलिया；पांडु रोग.

कमला[1] [名*] (1) ラクシュミー神 लक्ष्मी (2) 富；財

कमला[2] [名]〔植〕ミカン科ヘソミカン；アマダイダイ【*Citrus sinensis*】= कमला निंबू；मुसंबी.

कमला[3] [名]〔昆〕キバガの幼虫

कमलाकांत [名] ヴィシュヌ神= विष्णु भगवान；लक्ष्मीपति

कमलाकार [名] 蓮の形をしている

कमलाक्ष [形] = कमलनयन.

कमलापति [名] ヴィシュヌ神= विष्णु भगवान

कमलालया [名*] ラクシュミー神の異名の一

कमलासन [名] (1) ブラフマー神 (2)〔ヨガ〕蓮華の座（坐法）

कमलिनी [名*] (1) 蓮 (2) 蓮の多数生えている池；蓮池

कमली[1] [名] ブラフマー神 ब्रह्मा

कमली[2] [名*] 小型の毛布

कमली[3] [名*] = कुमुदिनी.

कमलेश [名] ヴィシュヌ神（= विष्णु；कमलकांत）

कमवाना [他・使] ← कमाना. (1) 稼がせる (2) 仕事をさせる；働かせる；使用する；作業をさせる

कमसमझी [名*] 《P. کم + H.》無知；愚昧= मूर्खता；नादानी.

कमसरियत [名] 《E. commissariat》〔軍〕兵站部

कमसिन [形] 《P. کم سن》(1) 若い；若年の；年少の (2) 青二才の

कमसिनी [名*] 《P. کم سنی》年少；若年

कमसुख़न [名] 《P. کم سخن》寡黙な；言葉数の少ない= मितभाषी.

कमहिम्मत [形] 《P.A. کم ہمت》臆病な；気の小さい；小心な= डरपोक.

कमहिम्मती [名*] 《P.A. کم ہمتی》臆病；小心

कमहैसियत [形] 《P.A. کم حیثیت》(1) 威厳のない；尊厳を失った (2) 困窮している (3) 生まれのいやしい

कमहौसला [形] 《P.کم حوصلہ》臆病な；小心な；気の小さい

कमाँ [名*] 《P. کماں》弓（कमान の縮小形）

कमाँगर [名] 《P. کماں گر》(1) 弓作り職人 (2) 骨つぎ；接骨師

कमाँगरी [名*] 《P. کماں گری》(1) 弓作りの仕事 (2) 骨つぎの仕事

कमाँगीर [形] 《P. کماں گیر》弓を持つ；弓を引く；矢を射る

कमांडर [名] 《E. commander》(1) 司令官；指揮官 रानी झाँसी रेजीमेंट की कमांडर लक्ष्मी बाई ラーニー・ジャーンシー連隊の司令官ラクシュミーバーイー (2)〔軍〕海軍中佐

कमांडर-इन-चीफ़ [名] 《E. commander in chief》(1)〔軍〕最高司令官 (2)〔軍〕総司令官

कमांडिंग [形] 《E. commanding》指揮する

कमांडिंग अफ़सर [名] 《E. commanding officer》部隊長；部隊指揮官 किसी सैनिक इकाई का कमांडिंग आफिसर いずれかの軍隊組織の隊の隊長

कमांडेंट [名] 《E. commandant》司令官；指揮官

कमांडो [名] 《E. commando》特殊部隊（員）；コマンド隊（員）；奇襲隊（員） स्टेनगन से युक्त कमांडो नाज़ुक जगहों पर तैनात कर दिए गए हैं ステンガンで武装した特殊部隊員が要所要所に配属されている

कमाँदार [形] 《P. کماں دار》= कमाँगीर.

कमाँपुश्त [形] 《P. کماں پشت》背中が弓状に曲がった；せむしの；猫背の= कुबड़ा；कुब्ज.

कमाई [名*] (1) 稼ぐこと；稼ぎ (2) 稼ぎ；稼いで得たもの अपनी ज़िंदगी की आधी कमाई 生涯の稼ぎの半分 (3) 仕事；金を稼ぐ手段；職業；なりわい **कमाई क०** *a.* 稼ぐ *b.* 大きな働きをする（-की） **कमाई खाना**（－に）食べさせてもらう；(－を）頼りに生活する इन्हीं（जानवरों）के करतबों की तो हम कमाई खाते हैं 我々はこの動物たちの芸の稼ぎで食べているわけさ **कमाई खो बैठना** 失職する；生活の糧を失う

कमाऊ [形] 仕事をして稼ぐ；稼ぎのある= कमासुत. कमाऊ सदस्य 稼ぎ手；働き手 कमाऊ धन 息子 प्राय: कमाऊ बीवी का पति होना बड़ी अच्छी बात समझी जाती है 稼ぎのある妻を持つことはとてもいいことだと考えられている **कमाऊ-खाऊ अर्थव्यवस्था** その日暮らし

कमान[1] [名*] 《P. کمان》(1) 弓 उसकी कमर झुककर कमान हो गई है 腰は折れ曲がって弓のようになってしまっている कमान-सी भौंहें 弓のような形のよい眉 कमान की तरह दोहरा हो जाए 弓のように折れ曲がる (2) 弓形；弧 (3) 虹 (4)〔イス〕メヘラーブ（मेहराब） (5) 大砲 (6) 銃 **कमान कराना** 曲げる；折り曲げる；屈服させる **कमान चढ़ाना** 眉間に皺をよせて不快な表情を表す；眉を顰める= कमान तानना.

कमान[2] [名*] 《E. command》(1) 命令；指令 (2) 指揮；指令 (3) 号令 (4) 兵役；軍役 (5) 召集 **कमान बोलना** *a.* 命令を出す *b.* 召集する **कमान बोली जा०** 召集がかかる

कमान अफ़सर [名] 《← E. commanding officer》〔軍〕中尉

कमान अब्रू [形*・名*] = कमाँ अब्रू. 《P. کمان ابرو》(1) 弓形の美しい眉をした (2) 恋人

कमानगर [名] → कमाँगर.

कमानगरी [名*] 《P. کمان گری》= कमाँगरी.

कमानचा [名] 《P. کمانچہ》(1) 小さな弓 (2) サーランギーなどの弦楽器に用いる弓 (3) 綿打ちの弓；綿打ち弓

कमानदार[1] [名] 《P. کماں دار कमाँदार》弓の射手；弓術家

कमानदार[2] [名] 《E. commander》〔軍〕指揮官= कमांडर.

कमाना [他] (1) 働いて稼ぐ；働いて得る；利益を得る वह व्यापारी उसे किसी थोक विक्रेता के हाथ बेचकर मुनाफ़ा कमा लेता है その商人はそれをだれか卸商に売って利益を稼ぐ डाक्टर ने ख़ूब यश और धन कमाया 医者は名誉と富とをしっかり稼いだ (2) 報いのもととなる行為を行う；重ねる；積み重ねる；重ねてする (3) 処理したり加工したりする（皮なめしなど） (4) 春をひさぐ；肉体を売る (5) 便所掃除をする मेहतर दोनों वक्त कमाने आता है पाख़ाना साफ़ करता है メヘタルは一日 2 度掃除にやって来て便所を掃除する **कमाया साँप** 毒牙を抜かれた蛇

कमानिया[1] [名] ← कमान 弓を射る人

कमानिया[2] [形] ばね（バネ）のついている

कमानी [名] 《P. کمانی》(1) 弓形のもの (2) ばね；バネ；スプリング；ぜんまい= स्प्रिंग. (3) 眼鏡のつる सुनहली कमानी के चश्मे में 金色のつるの眼鏡に (4) 楽器の弓

कमानीदार [形] 《P. کمانی دار》バネのついている；バネ仕掛けの

कमानीदार तुला [名*] バネばかり（ばね秤）

कमायज [名*] ← कमानचा. 楽器の弓 = कमानी.

कमाल[1] [名] 《A. کمال》(1) 不可思議；霊異；人知の及ばないこと यह सब अल्लाह ताला की कुदरत का कमाल है これはみなアッラーの神の御霊異である (2) 奇跡；奇跡的なこと 1976 में ओलंपिक की जिमनास्टिक प्रतियोगिताओं में उसने कमाल कर दिया 1976 年のオリンピックの体操競技で彼女は奇跡を演じた (3) 頂点；極み；絶頂；極 भाभी ने आतिथ्य में कमाल कर दिया 兄嫁は歓待の極みをしてみせた वह डेनियल डिफ़ो की कल्पना का कमाल था それはダニ

エル・デフォーの想像力の極みだった (4) わざ；技；技芸 उसने तलवार भाँजने में अद्भुत कमाल दिखाया 刀の捌きに比類のない技を示した (5) めちゃなこと；とんでもないこと；ひどいこと तुम भी कमाल करती हो.मामूली-सी बात भी तुम्हारी समझ में नहीं आती あんたもひどいことするわね，何でもないことがわからないんだから **कमाल का** 凄い；猛烈な；ものすごい भई, कमाल के लोग हैं, बहन को भी नहीं निभा सके すごい連中だよ，妹さえ支えられなかったんだ **कमाल दिखाना** 美事な芸を見せる **कमाल रखना** 非常にすぐれた力量を持つ；腕前がすぐれる **कमाल है!** *a.* すごい；すごいな；素敵だ *b.* とんでもない（ことだ）；なんだって（驚いたね） कमाल है, बेक़सूर को नहीं मारना चाहिए なんだって（君はひどいことを言うんだね），罪のない人を苦しめてはいけないよ

कमाल[2] ［形］《A. كمال》(1) 非常に多くの；甚だ多くの (2) 完全な (3) 最高の

कमाल[3]〔人名〕《A. كمال》カビール（कबीर[2] →）の息子と伝えられるカマール

कमाला ［名］《← A. كمال》(1) レスリングの模範演技 (2) レスリングの自由練習

कमालियत ［名*］《A. كماليت》(1) 完成 (2) 熟達

कमासुत ［形］(1) 稼ぎのある (2) 勤勉な

कमाहक़्क़ुहू ［副］《A. كما حقه》正しく；正当に；正確に；巧みに；きちんと= कमाहक़्क़ह.

कमिशन ［名*］= कमीशन.

कमिश्नर ［名］《E. commissiioner》(1) 英領インドの地方長官；弁務官；総督代理 (2) コミッショナリー〈commissionery〉の長（インドの州行政で幾つかの県をグループにまとめそれを統括する行政官）；コミッショナー（次項参照）= आयुक्त. (3) コミッショナー（長官，局長，警視総督など）= आयुक्त.

कमिश्नरी ［名*］《E. commissionery》(1) コミッショナリー（複数の県（ज़िला）から成るインドの行政単位の一．州を幾つかのコミッショナリーに分けコミッショナーがそれをを統括する）= प्रमंडल; डिवीजन. हमारा ज़िला मुरादाबाद रुहेलखंड कमिशनरी में है 私たちの住むムラーダーバード県はルヘールカンドコミッショナリーに属する (2) コミッショナーの庁舎 (3) コミッショナーの地位や職務 (4) コミッショナリー（コミッショナー commissioner，すなわち，弁務官と呼ばれたイギリス領インドの地方長官，総督代理の管轄した地域） अजमेर कमिश्नरी के अंतर्गत अजमेर के अंग्रेज़ी इलाके तथा अजमेर मेरवाड़ा क्षेत्र की शासन व्यवस्था थी アジメール・コミッショナリーではアジメールの英領とアジメール・メールワーラー地域の行政の統轄が行われていた

कमीं ［名］《P. كمين》= कमीन[2].

कमींगी ［名*］→ कमीनगी.

कमी ［名*］《P. كمی》(1) 不足；足らないこと；不十分なこと；欠乏 काग़ज़ की कमी 紙不足 रक्त में इनस्युलिन की कमी 血中のインシュリン不足 प्रोटीन की कमी 蛋白質の欠乏 विटामिन ए की कमी ビタミン A の欠乏 **ख़ून की कमी** *a.* 貧血（症） *b.* 血液の不足 (2) 減少；低下 बिक्री में कमी 売り上げの低下 दर्द में कमी आएगी 痛みが少なくなるだろう जुलाई (1975) में देश भर में अपराधों में 16 प्रतिशत की कमी हुई （1975 年）7 月に全国で犯罪の発生が 16 %減少した (3) 抜かり；手落ち हमारे प्रबंधों में कोई कमी नहीं है 当方の準備には何ら抜かりはない (4) 欠陥 शारीरिक कमी 身体上の欠陥= शारीरिक त्रुटि.

क़मीज़ ［名*］《← A. قميص कमीस》(1) ワイシャツ；開襟シャツ आधी बाँह की सफ़ेद क़मीज़ 半袖の白いカミーズ（白シャツ） (2) カミーズ（立ちえり，ないしは，折りえり，半袖ないし長袖のシャツ，ボタン 4 つで前に半分開いている，丈は腰部まで）；シャツ

कमीन[1] ［形］《P. كمين》= कमीना.

कमीन[2] ［名］《P. كمين》(1) 身分の卑しい人；下賤な人；げす (2) 卑しい仕事をする人；雑用をする人；下働きをする人；召使い **कमीन ज़ात** 低カースト（の人たち） (3) 村に居住して自給自足的な経済生活を支えた農民以外の諸カーストの総称（鍛冶屋，大工・木工，陶工，洗濯屋，床屋，水運び・駕籠かき，綿打ち屋，楽士，掃除人，革屋，など）

कमीन[3] ［名*］《A. كمين》待ち伏せ場所= कमींगाह/कमीनगाह.

कमीनगाह ［名*］《A.P. كمين گاه कमींगाह》待ち伏せの場所；待ち伏せのためひそむ場所 उसे भगाता भगाता दूसरी कमीनगाह तक पहुँचा देता है それを追いかけて次の待ち伏せの場所まで連れていく

कमीनगी ［名*］《P. كمينگی कमींगी》卑しいこと；卑劣なこと；下劣なこと सोते पर वार करना, बेख़बर को डंक मारना मर्दानगी नहीं इंतहा दर्जे की कमीनगी है 眠っているところを襲ったり無警戒なところを刺したりするのは男らしいことではなくて最も卑劣なことだ

कमीनज़ात ［名*］《P. كمين ذات》低カースト

कमीना ［形[+]］《P. كمينه》(1) 生まれの卑しい पढ़-लिखकर ये कमीने लोग बराबरी करेंगे この卑しい者共が学問をして対抗する (2) 卑劣な कमीनी पुलिस सब कुछ देखती है, पर कुछ नहीं बोलती 卑劣な警察はすべて見ておりながら何一つ口を出さない (3) 下劣な

कमीनापन ［名］《P. كمينه + H.》(1) 卑しさ (2) 卑劣さ (3) 下劣さ

कमीनी बाछ ［名*］昔，ザミーンダールが農民以外の住民から取り立てた税，カミーニーバーチ → कमीन[2] (3).

कमीबेशी ［名*］《P. كمی بيشی》欠如と超過；不足と剰余

कमीला ［名］(1)〔植〕トウダイグサ科小木クスノハガシワ【*Mallotus philippinensis*】 (2) 同上の果に付着する細粉（染色及び駆虫薬として用いられる）

कमीशन ［名］《E. commission》(1) 委員会；審議会= आयोग. (2) 手数料；口銭= दलाली. (3) 割り引き= छूट. उन्हें 25 प्रतिशत कमीशन नहीं दिया गया あの方には 2 割 5 分の割り引きは行われなかった (4) 委託；代理業務 (5)〔軍〕将校の地位；将校の階級 उन्हें कमीशन के लिए चुन लिया गया था 同氏は将校として選抜された

क़मीस ［名*］《A. قميص》= क़मीज़.

कमून ［名］《A. كمون》セリ科ヒメウイキョウとその種子；クミン= ज़ीरा.

कमूनी[1] ［形］《A. كمونی》クミンの入った；クミンを用いた

कमूनी[2] ［名*］クミンを用いて製造されたアラビア医術の薬

कमेंट ［名］《E. comment》(1) コメント；評言 मधु का यह पहला कमेंट था これがマドゥの最初のコメントだった (2) 批判；批評 (3) 解説

कमेंटरी ［名*］《E. commentary》解説；論評= कमेंट्री.

कमेटी ［名*］《E. committee》(1) 委員会= समिति. अखिल भारतीय कांग्रेस कमेटी 全インド会議派委員会 (2) 市当局；市〈E. municipal committee〉 कमेटी वाले 市政当事者；市吏員= कमेटी के साहब.

कमेडियन ［名］《E. comedian》喜劇俳優；コメディアン

कमेडी ［名*］《E. comedy》〔演〕コメディー；喜劇

कमेरा ［名］(1) 労働者；労務者 (2) 使用人；召使い

कमेला ［名］食肉解体処理場；屠畜場；屠場；屠殺場= बूचड़ख़ाना.

कमोड ［名］《E. commode》室内便器；おまる

कमोबेश ［副］《P. كم و بيش》多少とも；多かれ少なかれ कमोबेश यही हालत मोज़ांबिक की है モザンビークも多少とも同じ状態である मेरे घर में जो हो रहा था वह अकेले मेरे घर का नहीं, कमोबेश समाज के घर-घर का नाटक था 私の家で起こっていたことは単にわが家ばかりでなく多かれ少なかれ各家庭で演じられていることだった

कमोरा ［名］カモーラー（牛乳やヨーグルト，水などを入れる素焼きのつぼ）

कमोरी ［名*］カモーラー（कमोरा）の小型のもの；カモーリー

कम्पल्सरी ［形］《E. compulsory》(1) 強制的な (2) 義務的な；必修の **कम्पल्सरी इज्युकेशन** 〔古〕義務教育= अनिवार्य शिक्षा.

कम्पाउण्ड ［名］《E. compound》構内；コンパウンド= अहाता.

कम्प्यूटर ［名］《E. computer》電算機；コンピューター= कंप्यूटर.

कम्प्रेसर ［名］《E. compressor》コンプレッサー；圧搾機；圧縮機= कंप्रेसर.

कम्बख़्त ［形・名］= कमबख़्त.

कम्बल ［名］毛布 = कंबल.

कम्बोडिया〔国名〕《E. Cambodia》カンボジア

कम्मल ［名］毛布= कंबल; कम्बल.

कम्युनिज़्म ［名］《E. communism》コミュニズム；共産主義= साम्यवाद.

कम्युनिटी सेंटर ［名］《E. community center》コミュニティーセンター；社会事業センター

कम्युनिटी हाल ［名］《E. community hall》コミュニティーホール；公民館

कम्युनिस्ट ［形・名］《E. communist》(1) コミュニスト；共産主義者 (2) 共産主義の；共産主義者の= साम्यवादी. कम्युनिस्ट मज़दूर 共産主義者の労働者

कम्युनिस्ट जगत् [名*] 《E.+ H.》共産圏

कम्युनिस्ट घोषणापत्र [名] 《E.+ H.》共産党宣言（書）= कम्युनिस्ट मेनिफ़ेस्टो; साम्यवादी घोषणापत्र. 〈Communist Manifesto〉

कम्युनिस्ट पार्टी [名*] 《E. communist party》共産党= साम्यवादी दल.

कम्युनिटी [名*] 《E. community》コミュニティー；地域社会

कयपूती [名*] 《E. ← Mal. kayu putih》〔植〕フトモモ科高木カヤプテ【*Melaleuca leucadendron*】〈cajuput tree / cajeput〉

क़याम [名] 《A. قيام क़ियाम》(1) 滞在；逗留 "कितने दिन तक यहाँ क़याम करेंगे?" "दो दिन तक लश्कर पड़ाव डालेगा" 「何日間ここに滞在なさいますか」「2 日間です」 (2) 滞在先；逗留先；寄宿先 (3) 安定 (4) 確信

क़यामत [名*] 《A. قيامت》(1) 世界の終末；この世の終滅 (2) 最後の審判（イスラム教，ユダヤ教，キリスト教） क़यामत का रोज़ 最後の審判の日 क़यामत के रोज़ ख़ुदा के पास कौन-सा मुँह लेकर जाओगे? 世界終末の日にどの面さげて神のもとへ行くつもりか (3) 破滅；災厄；災難；苦難 उसपर तो पहले ही क़यामत टूट चुकी है 彼にはすでに災厄が襲いかかっている **क़यामत उठाना** 喧嘩をする **क़यामत क°** ひどいことをする；とんでもないことを惹き起こす **क़यामत-क़यामत** すごいすごい；大変なことだ **क़यामत क़रीब है** 世も末だよ **क़यामत का** *a.* ひどい；甚だしい；猛烈な *b.* 大量の；非常に多くの **क़यामत का दिन** *a.* 最後の審判の日 *b.* 危難の時 **क़यामत का सामना हो°** 甚だ苦しい状況になる **क़यामत की घड़ी** = क़यामत का दिन. **क़यामत टूट पड़ना** 大変な災難に見舞われる **क़यामत ढाना** *a.* 災難をもたらす；災厄をもたらす *b.* とほうもないことをする；とんでもないことをする **क़यामत तक** 最後の最後まで **क़यामत तोड़ना** 災いをもたらす **क़यामत बरपा क°** *a.* 特異なことをする *b.* とんでもないことをする *c.* 大きな変化をもたらす

क़यास [名] 《A. قياس क़ियास》(1) 考え；思い (2) 推察；推量；見当；推測 **क़यास में आ°** 少しわかる **क़यास के बाहर हो°** 理解できない **क़यास दौड़ाना** 推測する **क़यास लगाना** 推測する；見当をつける= क़यास लड़ाना.

क़यासी [形] 《A. قياسى क़ियासी》(1) 想像上の；仮定の (2) 推測された

करंक [名] (1) 額；頭 (2) ふくべ (3) 骸骨 (4) 素焼きの水入れ (5) ココヤシの殻（の水入れ）

करंग [名] (1) 頭 (2) 頭蓋

करंज[1] [名] (1)〔植〕マメ科高木クロヨナ【*Pongamia pinnata*】 (2)〔植〕マメ科低木リスノツメ【*Caesalpinia bonducella*】

करंज[2] [名] おんどり（雄鶏）= मुर्गा; मुरगा.

करंजख़ाना [名] 《H.+ P.خانه》鶏舎；養鶏場

करंजा [名] = कंजा.

करंट [名]《E. current》電流= करेंट. बिजली का करंट लगने से मारा गया 感電死した बिजली के करंट से मौत 感電死 करंट मारना 電流が流れる；電流が打つ इस्तिरी जो सही सलामत गई थी, वह दूसरों के घर से लौटते ही करंट मारने दौड़ती थी よそに貸し出す時はなんともなかったアイロンが家に戻ってきたとたんにびりびりとくるのであった

करंड [名] (1) 蜜蜂の巣 (2) かご；バスケット

करंब [名] 《P.كرنب》〔植〕キャベツ= करमकल्ला.

कर[1] [名] (1) 人の手 (2) 光線；太陽や月の光線 (3) 象の鼻 (4) 税；税金 **कर दे°** 納税する **अप्रत्यक्ष कर** 間接税 **प्रत्यक्ष कर** 直接税 ज़मीन से कर वसूल करने का अधिकार 地税徴収権 **कर लगना** 課税される **कर लगाना** 課税する मोटरगाड़ियों, ट्रकों तथा अन्य वाहनों पर कर लगाता है 乗用車，トラック，その他の乗り物に課税する

कर[2] [動] 動詞語根につく接続分詞 यह सोचकर こう考えて वे दिल्ली आ आकर अपने नेताओं से मिल रहे हैं あの人はデリーに頻繁にやってきては幹部たちと会っている

कर अपवंचन [名] 脱税 = करचोरी. कर अपवंचन दिनों दिन बढ़ता जा रहा है 脱税が急速に増加しつつある

करक [名] (1) 素焼きの水入れ (2) オオミヤシの殻でこしらえた水入れ (3)〔植〕ザクロ (4)〔植〕フイリソシンカ (5)〔植〕ハナモツヤクノキ

करकच [名] (1) 海水から採取された塩 (2) かけら；断片

करकट [名] (1) ごみ (2) がらくた；廃品

करकना [自] = कड़कना.

करकमल [名]（人の手を丁寧に表現する言葉）御手 (-के) करकमलों में （一の）御手に

करकर [名] 海水からとった塩

करकरा[1] [形+] (1) 小さな粒状の (2) ざらざらした；がさがさした；ごわごわした

करकरा[2] [形+] (1) 不親切な；冷酷な (2) ぱりっと乾いた；ぱりぱりの (3) ぱりぱりした；ぱりっと固い

करकरा[3] [名]〔鳥〕ツル科アネハヅル【*Anthropoides virgo*】〈demoiselle crane〉= क्रौंच; खर क्रौंच.

करका [名] ひょう（雹）= ओला; पत्थर.

करकापात [名] 雹が降ること；降雹

करकोष [名] たなごころ；掌= अंजलि; चुल्लू.

करखना[1] [自] のぼせる；興奮する

करखना[2] [他] 引っぱる；引きつける；引き寄せる

करखा [名] (1) 興奮 (2) 刺激 (3) 衝動 (4) 軍歌

करग [名] てのひら；掌= हथेली.

करगहना [名]〔建〕かまち（框）の上部の枠に用いられる横木や石材

करगा [名] = कर्गा. 〔植〕野生イネの一【*Oryza rufipogon*】

करग्रह [名] (1) 結婚 (2) 徴税= करग्रहण.

करघा [名] 《P. ← कारगाह كارگاه》(1) 機織り場 (2) 手機（てばた）；手織機（ておりばた）= करगह.

करचोरी [名*] 脱税 14 लाख की करचोरी पकड़ी गई 140 万ルピーの脱税発覚 करचोरी करनेवालों को 脱税者たちを

करछा [名] = करछुल; कलछा. 大きな玉杓子

करछाल [名*] 跳躍= छलाँग; कुलाँग; चौकड़ी.

करछिया [名*]〔鳥〕ガンカモ科メジロガモ【*Aythya nyroca*】

करछी [名*] 小さな玉杓子= कलछी.

करछुल [名] 杓子；玉杓子；柄杓= कलछुल.

करज[1] [名] (1) 爪= नाख़ून; नख. (2) 指 = उँगली.

करज[2] [名] 《A. قرض क़र्ज़》借金；負債= क़र्ज़; ऋण.

करट [名] (1)〔鳥〕カラス (2) 象の耳たぶ (3) ベニバナ（紅花）

करड़ करड़ [名] 折れたり割れたりひびが入ったりする音．ぱりっ，ぱりっ，ぽきっ，ぽきんなど

करडी तेल [名] 紅花油= कुसुंभ तेल. 〈safflower oil〉

करण [名] (1) なすこと；すること (2) ある状態にすること इस्लामीकरण イスラム化 बैंक-राष्ट्रीयकरण 銀行国有化 (3) 道具 (4)〔言〕具格〈instrumental case〉= करण कारक. (5)〔言〕調音者；調音体；調音器官〈articulator〉 (6) 一日，すなわち，तिथि の半分．ひと月は 60 カラナから成る

करणकारक [名]〔言〕具格〈instrumental case〉

करणाधिप [名] (1) 霊魂；魂 (2) 高官

करणी[1] [形] (1) なされるべき (2) なすべき；当然の

करणी[2] [名*]〔数〕無理数〈surd; radical〉

करणीय [形] なすべき；なすに値する

करतब [名] (1) 術；芸；技芸（曲芸，軽業，格闘技などを含めて） इस मेले में जहाँ ऊँटों और घोड़ों की दौड़ अनेक प्रकार से करतब दिखाए जाते हैं 競馬やラクダ競走，その他様々の芸が披露されるこのメーラー（縁日）では (2) おはこ（十八番）；得意芸 (3) 仕業 **करतब उलटे हो°** 反対になる；逆になる；さかさまになる **करतब दिखाना** 技を見せる；十八番を披露する जो पियक्कड़ नाच रहे थे उन्हें अपने करतब दिखाने का यह स्वर्ण अवसर दिखा 踊っていた酔っぱらいにはそのおはこを見せる絶好の機会に思えた

करतबबाज़ [名] (1) 曲芸師 (2)〔映〕スタントマン एक करतबबाज़ जो इंगलैंड में फ़िल्मों में स्टंट करता है イギリスの映画でスタントマンをする人

करतल [名] てのひら；掌

करतलगत [形] 手に入った；手に入れた；入手された= प्राप्त; हासिल. करतलगत हो° 手に入る

करतलध्वनि [名*] 掌の音；手を叩く音；拍手の音= ताली; थपोड़ी.

करता[1] [名] 活動する人；行動する人；行為者= कर्ता. करता-धरता 責任者；主宰者

करता[2] [名] 射程

करतार[1] [名] 主；創造主；創造者 तू ही सब का करतार 汝こそ一切の創造者

करतार[2] [名] 手を叩くこと；手を打つこと；拍手= करताल.

क

करतारी[1] ［名*］ (1) 拍手 (2) カスタネット＝ करताली.
करतारी[2] ［名*］ 人知を越えた神による奇蹟＝ ईश्वर की लीला.
करताल ［名］ (1) カスタネット (2) 拍手の音 (3) シンバル
करताली ［名*］ ＝ करताल.
करती ［名*］ 剝製の子牛（乳しぼりの際に用いる）
करतूत ［名*］ (1) 行為；行い (2) 仕業 वाममार्गियों की करतूत 左道派の連中の仕業
करद[1] ［形］ (1) 納税する；税金を納める (2) 協力する；支援する (3) 朝貢する；進貢する
करद[2] ［名］ (1) 朝貢国；進貢国 बड़े राज्य अपने छोटे पड़ोसी राज्यों को अपने राज्य में मिला लेते थे या उन्हें करद बना लेते थे 大国は隣国の小国を併呑するか朝貢国にしていた (2) 朝貢者；進貢者 (3) 納税者
करदर ［名*］ 税率
करदा ［名］ (1) 売り物にまじっているごみや不純物；まじりもの (2) 商品のまじりもののためにする値引き；割り引き (3) 商人が客に与えるおまけ（の品）
करदाता ［名］ 納税者 〈taxpayer〉
करदौना ［名］〔植〕キク科草本ミツバヨモギ【*Artemisia lactiflora*】
करधन ［名*］〔装身〕(1) ＝ करधनी. (2) 腰；ウエスト **करधन टूट जा॰** 気力を失う **करधन ढीली हो॰** *a.* 体が弱る；衰弱する；元気がなくなる *b.* みじめなありさまになる **करधन में बूता हो॰** 体力がある；元気がある
करधनी ［名*］〔装身〕(1) カルダニー（女性が腰に巻く金銀製の鎖状の装身具） (2) 幾重かになった腰ひも
करन[1] ［名］ (1) 耳 (2) 耳たぶ＝ कर्ण.
करन[2] ［名］ (1) 行為 (2) 義務
करन[3] ［名］〔植〕アカネ科低木【*Morinda angustifolia*】＝ दारुहलदी.
करनफूल ［名］〔装身〕カランプール（女性が耳たぶにつける金・銀製の花形の耳飾り）
करनबेध ［名］〔ヒ〕ヒンドゥー教徒の人生儀礼の一つで，幼時に耳たぶに装身具をつけるための穴をあける儀式＝ कर्णवेध.
करना[1] ［他］ (1) 完了分詞（男性単数形 किया, 同複数形 किये, 女性単数形 की, 同複数形 कीं） (2) 命令法 （तू） कर; （तुम） करो; （आप） कीजिए もしくは करिए (3) 単独あるいは，名詞，形容詞，副詞と結んで用いられてある状態や結果が生じたり現れるようにする．する；なす；やる तुम्हारा मित्र मरता है, तो मरे.मैं क्या कर सकता हूँ? 君の友達が死にかけているのなら死ぬかも知れぬ．僕に何ができようか "करो या मरो" का नारा 「やるか命を投げ出すか」の掛け声 उन्हें विश्राम और स्वास्थ्यलाभ करते कई सप्ताह लगेंगे 休養と養生（をするの）に数週間かかるだろう प्रदेश शाखा के अध्यक्ष को गिरफ़्तार कर लिया गया 州支部長が逮捕された इस परिवर्तन ने उन राजनीतिक नेताओं को अपदस्थ किया है この変化がそれらの政治指導者たちを失墜させた **कर भला हो भला, अंत भले का भला** 〔諺〕情けは人の為ならず अलग क॰ のける；離す；別にする अंदाज़ा किया जाता है推定されている आग में घी का काम क॰ 火に油を注ぐ役を果たす सूराख क॰ （板などに）穴をあける घर क॰ 巣くう पुरोहितों द्वारा संचालित समाज में और भी अधिक ऐसी धारणाएँ घर कर लेती हैं 祭官たちのとりしきる社会ではより一層このような考えが巣喰うものである बाबू जी ने पत्र को बिना पढ़े वापस करते हुए उत्तर दिया 父は手紙を読まずに折りたたみながら答えた मैंने हर तरह का नशा किया है 私はありとあらゆる酒や麻薬を経験している स्कूटर कर लो न スクーター（タクシー）をお呼びなさい（使いなさい） よ बादशाह की दवा करना 王の薬の調剤をする (-) चट करना （ーを）平らげる；ぺろっと食べる (4) 語根の कर は他の動詞の語根に接続して接続分詞を作る．これ自身は के を従えて （करके） 接続分詞を作る उपन्यास पढ़कर आँखें डबडबा आईं 小説を読むと目に涙があふれ出てきた खड़े हुए और कड़ककर बोले 立ち上がり怒鳴って言った यह ख़बर सुनकर तमतमा उठा この知らせを聞くと真っ赤になった खाँसकर गला साफ़ क॰ 咳払いをしてのどの通りをよくする **कर गुज़रना** し遂げる；成し遂げる；やり遂げる पर भगत सिंह ने तो कुछ कर गुज़रने के लिए कमर कस ली थी でもバガトシンは何かを成し遂げようと準備を整えた **कर डालना** しでかす；やらかす **कर दिखाना** してみせる；証明する कुछ कर दिखाना 何かをやって見せる जो काम उन्हें करना चाहिए था उसने कर दिखाया है あの方がなすべきだったことを彼がしてみせた **कर बैठना** ＝ कर डालना. **करेगा सो भरेगा** 〔諺〕人は己の行為の報いを受けるもの；因果応報 **करो या मरो** 決死の覚悟で行う；あくまでもやり遂げる
करना[2] ［自］ ある状態になる कलेजा धक-धक करने लगा 胸がどきどきしはじめた इसके साथ ही परिवार की आर्थिक परिस्थिति पर भी वह बहुत-कुछ निर्भर करता है これと同時にそれは家族の経済状況にも相当依存する मेरा पेट दर्द कर रहा है 今僕はお腹が痛いんだ
करना[3] ［助動］ 主動詞の完了分詞に付加されて用いられ主動詞の動作や状態が反復的，習慣的に生じることを示す．主動詞の完了形は常に男性単数形を保つ तड़के उठा करो 朝早く起床するようにしなさい हमेशा साफ़ और ताज़ा हवा में साँस लिया करो 常に清潔で新鮮な空気を吸うようにしなさい वह घंटों बैठी सूत काता करती いつも何時間も座って糸を紡ぐ गहरे प्यार में उपहारों का सहारा लेने की ज़रूरत नहीं हुआ करती 愛情が深ければ贈り物に頼る必要はないものだ दिन-रात बनाव सिंगार में रहा करते हैं 四六時中化粧をしている वहाँ पर व्याख्यान हुआ करते थे そこではいつも講演が行われていた
करना[4] ［名］〔植〕ミカン科低木レモン【*Citrus limon*】＝ पहाड़ी नीबू; बड़ा नीबू.
करना[5] ［名］〔植〕ヒガンバナ科インドハマユウ【*Crinum latifolium*】＝ सुदर्शना; मधुपर्णिका.
करनाटक 〔地名〕カルナータカ→ कर्णाटक.
करनाटकी ［名・形］ カルナータカの（人）→ कर्णाटकी.
करनिर्धारण ［名］ 課税のための査定；税額評価 करनिर्धारण अधिकारी 税額査定官
करनी[1] ［名*］ (1) 行為 (2) 業（ごう） संसार में आकर कुछ करनी करे, और जैसी करनी करेगा वैसा ही फल पाएगा この世に生まれ出て何らかの業をなし，その業に従って業果を得る (3) 仕業 (4) 葬儀 **करनी का फल मिलना** 罰が当たる＝ दंड मिलना; अपने किये का फल मिलना.
करनी[2] ［名*］ 左官の用いるこて（鏝）
करनैल ［名］《E. colonel》〔軍〕陸軍大佐
करपरी ［名*］ カルパリー（ダール，すなわち，ひき割り豆を水につけすりつぶして油で揚げた食べ物）
करपल्लव ［名］ 手の指＝ उँगली.
करपल्लवी ［名*］ 指で文字を表し感情表現や意志表示をすること．一種の手話
करपा ［名］ 穂の出た穀物＝ लेहना.
करपात्र ［名］ 上向きにしてものをのせたり入れるために中央をくぼめた掌（の形）
करपान ［名］ 剣＝ कृपाण; किरपान.
करपाल ［名］ ＝ खंग; कृपाण.
करपिचकी ［名*］ 水鉄砲＝ पिचकारी.
करपीड़न ［名］ 結婚＝ विवाह; पाणिग्रहण; शादी.
करपुट ［名］ (1) 敬意を表すために両手を合わせること；合掌 (2) 人から物を受け取るために，あるいは，物を入れたりのせたりするために両手の掌を上に向け器の形にしたもの＝ अंजलि.
करपृष्ठ ［名］ 手の甲
करप्रणाली ［名*］ 税制
करफ़्यू ［名］《E. curfew》＝ कर्फ़्यू. (1) （夜間）外出禁止令（करफ़्यू आर्डर） (2) 消灯消火の晩鐘 (3) 消灯令
कर बचत ［名*］ 節税
करबर[1] ［形］ (1) まだらな；まだら模様の (2) 色とりどりの
करबर[2] ［名*］ (1) 騒音 (2) いざこざ；もめごと (3) 面倒；厄介；ごたごた
करबला ［名*］《A. كربلا》 (1) 〔地名・イス〕カルバラー（イラクにあるシーア派の聖地．預言者ムハンマドの孫でシーア派第３代イマーム，フサインが殉教し埋葬された） (2) 〔イス〕タージヤー（→ ताज़िया）を埋める場所 (3) 〔イス〕埋葬地 (4) 荒野（のように何も得られない所）
करबस ［名］ カバ（河馬）の皮でこしらえた鞭
करबूस ［名］ 馬の鞍から武器を吊り下げる帯
करभ ［名］ (1) 手の甲 (2) ラクダ（駱駝）の子 (3) 象の子；子象 (4) ラクダ
करभी[1] ［名］ 象 ＝ हाथी.
करभी[2] ［名*］ 雌のラクダ

करभीर [名] ライオン；獅子 = सिंह.

करभूषण [名] 手首などにつける装身具

करभोरु[1] [名] 象の鼻のように美しい形の大腿

करभोरु[2] [形*] 象の鼻のように美しい大腿部をした（女性）

करम[1] [名] (1) ごう（業） (2) 運；つき मेरे तो करम ही फूट गए जो तुम्हारे पल्ले पड़ी お前さんと一緒になって私は不運なことだ **करम कमाना** 業をなしその果を得る；自分の所業の果を得る **करम का अक्षर मेटना** 運勢を変える **करम का ओछा** 不運な；つきのない= करम का खोटा. **करम का धनी** *a.* 運の強い；幸運な *b.* 運の悪い；不運な **करम का फेर** 不運 **करम का बली** = करम का धनी. **करम का लेख** 運命；運勢= करम की रेख. **करम का हेठा** 不運な **करम की रेख पर मेख मारना** 運命を変える **करम को रोना** 運命をのろう；不運を嘆く **करम जागना** 運勢が開ける **करम टेढ़ा हो॰** 運が悪い **करम ठोंककर बैठना** （不幸を）運命と考え諦める **करम तिरछा हो॰** = करम टेढ़ा हो॰. **करम पकड़कर रोना** = करम को रोना. **करम फूटना** 不運に見舞われる **करम भोगना** 自分の行いの報いを得る；業果を受ける **करम में थूकना** 運勢をのろう **करम में लिखा हो॰** 運命づけられる；定めとなる

करम[2] [名] 《A. کرم》 (1) 親切；好意；善意 (2) 寛大さ (3) 優美さ (4) 気前のよさ **करम की निगाह** 思いやり；好意；親切心

करम[3] [名]〔植〕アカネ科落葉高木【*Adina cordifolia*】= हलदू.

करमकल्ला [名] 《P. کرنب करंब + H.करीर》〔植〕アブラナ科キャベツ【*Brassica oleracea*】= पात गोभी; बंद गोभी.

करमचंद [名] 運命；運；運勢

करमरेख [名] 運勢；定め= कर्मरेख. करमरेख मुट्ठियों में रखना 自ら運勢を切り開く **करमरेख अमिट है** 〔諺〕運命には逆らえないもの

करमर्दक [名] (1) = करौंदा. (2) = आँवला.

करम साग [名]〔植〕アブラナ科野菜チリメンキャベツ；ケール【*Brassica oleracea var. acephala*】

करमहीन [形] 不運な；運に恵まれない；つきのない= कर्महीन; अभागा; बदकिस्मत.

करमात [名] 運命；運勢= भाग्य; किस्मत; नसीब.

करमाला [名*] (1) 数珠；珠数 (2) 数珠代わりに用いる指の節

करमाली [名] 太陽= सूर्य; सूरज.

करमी [形] (1) 行為を行う (2) 活動的な；行動的な

करमुक्त [形] 無税の；税（金）のかからない；免税の

करमूल [名] 手首= कलाई.

करर[1] [名]〔植〕キク科草本【*Carthamus oxyacantha*】〈wild safflower〉(ベニバナ油のようなポリオイル polioil がとれる)

करर[2] [名] 金属や木などの堅いものが打ち当たる際に発する音. かちゃっ，かちっ，かちんなど फिर जेब में से चाकू निकालकर करर की आवाज़ के साथ खोलकर गुर्राया それからポケットからナイフを取り出すとかちゃっと音を立てて鞘を抜き唸り声を出した

कररना [自] (1) 物が音を立てて壊れる (2) 耳障りな音がする

कररी [名*] = बनतुलसी.

करलू [名]〔鳥〕シギ科ダイシャクシギ【*Numenius arquata*】

करवंचन [名] 脱税= करचोरी. 〈tax evasion〉

करवट[1] [名*] (1) 横になったり寝たりして体を伸ばした時の体の向き उसे करवट दिला दें ताकि वह आसानी से उलटी कर सके 楽に吐き出せるように体の向きを変えさせてやりなさい (2) 変化；展開 स्वतंत्रता के पश्चात् यहाँ के लोक जीवन में भी एक करवट आई है 独立達成後，この地域の人々の暮らしにも一つ変化が生じた **करवट खाना** = करवट बदलना. **करवट न बदलना** 意見を変えない；考えを変えない **करवट न ले॰** 注意を向けない；耳を傾けない **करवट बदलना** *a.* 寝返りを打つ；体の向きを変える रात भर करवटें बदलते रहे 夜通し寝返りを打っていた *b.* 節操のない；裏切る；寝返る；変節する *c.* 変化する；変わる **करवट बैठना** 展開する；形をとる；形になる **करवट ले॰** *a.* 変化する；展開する अब ये मान्यताएँ पूर्णतया करवट ले चुकी हैं もはやこの観念はすっかり変化してしまっている लोहे से परिचित होने के साथ ही सभ्यता ने नई करवट ली 鉄を知ると同時に文明は新しい展開を見せた *b.* 寝返りを打つ **करवटें बदलते रात काटना** *a.* 不安のうちに夜を明かす *b.* 悶々として夜を明かす **करवटें बदलना** *a.* 落ち着かない *b.* 変化する；変化が生じる **करवटों में काटना** 不安や悩みのうちに日を送る= करवटों में बिताना.

करवट[2] [名] (1) おおのこ（大鋸） (2)〔ヒ〕カーシーやプラヤーグなどの聖地にあったとされる大鋸（それにひかれて死ぬことで天国に生まれることができると信じられたと伝えられる） **करवट ले॰** *a.* 聖地で解脱を得る目的で大鋸でひかれて自害すること *b.* 聖地（カーシーやプラヤーグ）で死ぬこと（そのことにより解脱を得ること）

करवट[3] [名]〔植〕クワ科高木ウパスノキ【*Antiaris toxicaria*】= जसूँद; नताउल.

करवत [名] = करवट[2].

करवा [名] カルワー（金属製もしくは陶製の飲み口のついた水差し）

करवा चौथ [名*]〔ヒ〕カールティカ月，すなわち，インド暦の8月の黒分4日（日本の旧暦9月19日），この日婦人たちが夫の長寿を祈ってヴラタ（व्रत）を行う

करवाना [他・使] ← करना[1]. (1) させる；他人にある行為をさせる；してもらう；自分の代わりに行わせる；ある行為を行うように勧めたり命じたりする कल मेरा वापसी का रिजर्वेशन करवा देना.हफ़्ते भर बाद का तो मिल जाएगा? 明日私の帰りの切符の予約を取って頂戴. 1週間先のなら取れるでしょうね (2) ある行為をしてもらう；受ける= कराना. मैंने स्थानीय समाचार पत्रों में विज्ञापन प्रकाशित करवाया 地方紙に広告を出させた（出した） क़ानूनों का पालन करवाना 法を守らせる；法に従わせる एक सोने की बिल्ली बनवाकर बहू से दान करवा दी जाए 金で猫をこしらえてもらい嫁に喜捨させてみる जेल के भीतर उससे दिन भर कठोर मेहनत करवायी जाती 男は刑務所で一日中激しい労働をさせられる मैं तुम्हें सारी दिल्ली की सैर कराऊँगी 君をデリー中案内してあげよう बच्चे स्वयं पेशाब न भी कर पाएँ, तो उनके अभिभावक उन्हें पेशाब करवा देते हैं 子供たちが自分で小用が足せなければ親たちが小便をさせる इलाज करवाना 治療してもらう；治療を受ける इस बीमारी के शुरू होते ही समीप के किसी नेत्र विशेषज्ञ से तुरंत इलाज करवाएँ この病気に罹ったら直ちに近くの眼科医に治療してもらうこと मैंने तुम्हारा मृत्युदंड तो माफ़ करवा दिया 私が君の死刑は赦免してもらってやった

करवाल [名] (1) 刀 (2) 爪

करवीर [名] (1)〔植〕キョウチクトウ科低木キョウチクトウ（夾竹桃）【*Nerium indicum*】= करवीरक. (2) 刀 (3) 火葬場= श्मशान.

करशू [名]〔植〕ブナ科常緑高木ブラウン・オーク【*Quercus semecarpifolia*】〈brown oak of Himalaya; Kharshu oak〉

करश्मा [名] 《P. کرشمہ किरिश्मा》 奇蹟= चमत्कार

करष [名] (1) 緊張 (2) 激情 (3) 興奮 (4) 怒り

करषना [他] (1) 引く；引っ張る；引き寄せる (2) 吸い取る；吸収する (3) 招く (4) 集める；寄せる；寄せ集める

करसंपुट [名] (1) 両方の掌を合わせて物を入れるようにした形 (2) 合掌

करसायर [名]〔動〕ウシ科インドカモシカ；ブラックバック【*Antilope cervicapra*】= काला मृग; काला हिरण.

करसी [名*] (1) 乾燥牛糞（牛もしくは水牛の．燃料用） (2) 乾燥牛糞のかけら (3) 牛糞を燃やした灰 (4) 牛糞を燃やした火 **करसी ले॰** 乾燥牛糞を燃やした火にあたって苦行を行う

करहंस [名]〔韻〕カルハンス／カラハンサ（各パーダが नगण + सगण + लघुの7音節から成る音節韻律の一）

करह [名] 花のつぼみ（蕾）= फूल की कली.

करहाट [名] (1) ハスの根；蓮根 (2) ハスの花托 (3)〔植〕アカネ科小木サボンノキ【*Randia spinosa*】= करहाटक.

कराँकुल [名] (1)〔鳥〕ツル科クロヅル【*Grus grus*】= कूंज; कुलंग; क्रौंच; कराकुल. (2)〔鳥〕シギ科ダイシャクシギ【*Numencius arquata*】〈curlew〉 (3)〔鳥〕トキ科アカアシトキ【*Pseudibis papillosa*】 (4) サギ科アオサギ属【*Ardea sibirica*】

कराँची 〔地名〕カラーチー（パキスタンのシンド州）→ कराची.

कराँत [名] のこ（鋸）；のこぎり（鋸）

कराँती[1] [名] こびき（木挽き）

कराँती[2] [名*] 小さな鋸

करा[1] [形+] = कड़ा.

करा[2] [他] (1) करना の完了形で किया と同じに用いられる．近時用いられるようになったが標準的ではない वाह! क्या शृंगार करा है! やあすごい，なんというお化粧をしているんだ (2) → कराना. **करा-कराया** なしたこと；成し遂げたこと= किया-कराया.

उसने सारा करा-कराया मिट्टी कर डाला 今までしてきたことをすっかり台無しにしてしまった
कराइत [名] (1)〔動〕コブラ科アマガサヘビ属マルアマガサ（毒蛇）【*Bungarus fasciatus*】〈branded krait〉→ अहिराज. (2)〔動〕毒蛇インドアマガサ【*Bungarus caeruleus*】〈common krait; Indian krait〉
कराई[1] [名*] (1) 豆がら (2) もみがら（籾殻）などの穀物の実の外皮や殻
कराई[2] [名*] 黒み；黒さ
कराई[3] [名*] (1) 人にしてもらうこと；人にさせること (2) 手間賃；労賃
कराकुल [名] = कराँकुल.
काराकोरम 〔地名〕カラコルム山脈（काराकोरम पर्वतमाला）
कराघात [名] (1) 手で打つこと；手で叩くこと (2) 攻撃
कराची 〔地名〕カラチ市（パキスタン）
कराटे [名]《E. ← J.》空手 कराटे क्लब 空手道場 कराटे प्रदर्शन 空手模範演技
कराड़ [名] (1) 商品を購入する商人 (2) パンジャーブ地方の金融をなりわいとしてきた商人カーストの一，カラール
करात [名]《E. carat》カラット= कैरट.
कराधान [名] 課税；徴税〈taxation〉
कराना [他・使] ← करना[1]. = करवाना. 人にさせる；人にしてもらう मैं अभी ऐसी अपाहिज तो नहीं जो लड़कियों से सेवा कराऊँ 私はまだ娘たちに世話をしてもらうほど体が不自由ではない अपने झगड़ों का फ़ैसला कराना 自分たちの争いごとの裁定をしてもらう स्वतंत्र कराना 自由にさせる；独立させる भारत को स्वतंत्र कराने के लिए インドを独立させるため उपलब्ध कराना もたらす；得させる；手渡す；与える हमारा देश परमाणुबम बनाने के लिए यूरेनियम तथा अन्य अनुसंधान सुविधाएँ उपलब्ध कराने को तैयार है わが国は原爆製造のウラニウムやその他の便宜を与える用意がある सामान जनता को उपलब्ध कराना 品物を民衆に得させる बहुत से रोगियों को फलों का रस उपयोग कराने से उनके स्वास्थ्य में शीघ्र सुधार होता है 多くの病人に果汁を用いさせると早急に健康が改善される उन्होंने शक्ति और साहस की महत्ता से मुझको अवगत कराया था あの方は力と勇気の重要性を私に知らしめた उसका जहाज़ी दोस्त उसे अफ्रीका की यात्रा कराने ले चला その人の船員の友人がアフリカ旅行に連れていった गाड़ी पर सवार करा दिये जाने पर 車に乗せられると उसे चुप कराया, पानी पिलाया और पंखा करता रहा 泣きやませ水を飲ませうちわで扇ぎ続けた मैंने उसकी ख़ूब पिटाई कराई しっかり打ちすえさせた वह मुझसे ग़लत काम कराना चाहता है 私に間違ったことをさせたがっている आपस में झगड़ा कराने के लिए 互いに争わせるために बच्चों को होमवर्क कराना 子供たちに宿題をさせる गर्भपात कराना おろす（堕ろす，すなわち，女性が堕胎手術を受ける） हम नहीं करायेंगे ब्याह 親に自分たちの結婚を決めさせない
क़राबत [名*]《A. قرابت》(1) 近接= समीपता. (2) 親縁関係 = नाता; रिश्ता.
क़राबतदार [名]《A.P. قرابت دار》親類；親戚；縁者
क़राबा [名]《A. قرابہ》(1)（酒を入れる大きな）びん (2) 口の小さいガラスびん
क़राबीन [名*]《T. قرابین》小型の火縄銃
करामात [名*, pl.]《A. کرامات ← کرامت》(1) 奇蹟；奇跡 (2) 霊験 (3) 威力；偉力；素晴らしさ मंत्र की करामात 呪文の威力 (4) 寛大さ；寛容さ
करामाती[1] [形]《A. کراماتی》(1) 奇蹟の；奇跡の (2) 奇蹟的な；目を見張るような (3) 奇跡を起こす
करामाती[2] [名] (1) 超能力者；超人 (2) 魔術師
करायत [名]〔動〕爬虫類コブラ科アマガサヘビ属アマガサヘビ；クレイト【*Bungarus caeruleus*】
करार[1] [名] カラス= कौआ.
करार[2] [形] = करारा.
क़रार [名]《A. قرار》(1) 安定；落ち着き (2) 平静；鎮静 (3) 忍耐 (4) 取り決め；決定；締結 (5) 契約；約束；同意；協定；約定 **क़रार आ॰** a. 安定する；落ち着く b. 平静になる；鎮静化する **क़रार क॰** a. 決める；定める；確定する b. 締結する；同意する **क़रार दे॰** 定める；確定する；決定する；取り決める **क़रार धरना** = क़रार आ॰. **क़रार पाना** a. 決まる；決定される；取り決められる b. 約束される；同意される c. 落ち着く；安定する d. 納得する；満足する वहाँ के कुछ गैस-पीड़ितों के वकीलों और बहुराष्ट्रीय निगम के बीच हुआ कथित क़रार 同地の一部ガス事故被害者の弁護士と多国籍企業との間に取り決められたいわゆる協定
क़रारदाद [名*]《P.A. قرار داد》(1) 決議；提案 क़रारदाद की शक्ल में 決議の形で (2) 決定；取り決め
क़रारनामा [名]《A.P. قرار نامہ》約定書；確認書 और इस बात का क़रारनामा हो चुका था और जाति के पाँच आदमी गवाह हैं 更にこれの確認書は取り交わされており，更にカーストの 5 人が証人である
क़रार भंग [名]《A. قرار + H.भंग》違約；約束違反
करारा[1] [名] (1) 川岸の断崖；高い岸辺；絶壁 (2) 丘；高台 **करारे पर का वृक्ष** a. 滅びかけた b. 死にかけた **करारे पर खड़ा हो॰** a. 死に瀕した；絶体絶命の b. 危難に立つ
करारा[2] [形+] (1) きつい；厳しい；容赦のない；強烈な；ものすごい सरकार की आर्थिक नीतियों पर करारी चोट करते हुए 政府の経済体制に容赦のない攻撃を加えながら करारा व्यंग्य क॰ きつい皮肉を浴びせる आज की शासन-व्यवस्था पर करारी चोट की है 今日の体制に対して強烈な打撃を加えた (2) さんたんたる；みじめな；無惨な；さんざんな；ひどい धार्मिक उग्रवादियों की करारी हार 宗教上の過激派の無惨な敗北 (3) 無愛想な；つっけんどんな मैंने भी करारा-सा जवाब देते हुए कहा 私もつっけんどん（突っ慳貪）に言った (4) 堅い；固い (5)（食べものが）かりっとした；ぱりぱりした **करारा जवाब दे॰** 厳しく強烈な返事をする **करारी हार** 惨敗 **करारे दम** a. 猛烈な；強烈な b. 元気な
कराल[1] [形] (1) 怖い；恐ろしい；恐ろしげな इस कराल अंधकार में उन्हें आशा की कोई रेखा नज़र न आती この恐ろしげな闇の中に一条の希望も見えない मेरी माता जी ब्राह्मणी होने के बावजूद परम उग्र, कराल क्षत्राणी स्वभाव की थीं 母はバラモンの生まれでありながら激しく恐ろしいクシャトリヤ女の気性をしていた (2) 大きな；巨大な दैवयोग से उसे एक कराल सर्प ने काट लिया たまたまとても大きな蛇が噛みついた (3) そびえ立つ (4) 大きな歯のつき出た
कराल[2] [名] ロジン；樹脂
कराला [名*] カラーラー（ドゥルガー神の異名の一）
क़रावुल [名]《T. قراول》(1) 兵；兵士；兵隊 (2) 先兵；尖兵
कराह [名*] (1) うめくこと；うめき；うなること (2) うめき（声）；うなり（声）
कराहना [自] 痛みや苦しみにうめく；うなる हृदय पीड़ा से कराह उठा 胸が痛みに呻き出した दर्द से कराह रही थी 痛みに唸っていた दो परमाणुबमों ने वह कहर ढाया कि विश्वसभ्यता कराह उठी 2 個の原子爆弾がもたらした惨劇に世界の文明が呻き声をあげた
करि [名] 象= हाथी; गज.
करिआ[1] [名] 櫓
करिआ[2] [形] 黒い = काला.
करिए [他] 不規則変化動詞 करना[1] が規則的な活用語尾 -इए を従えた形→ कीजिए. माता जी, फ़िक्र मत करिए お母さん，ご心配なさいませんように（ご心配なく） **करिएगा** ← करिए. मम्मी, खाने के लिए मेरा इंतज़ार मत करिएगा ママ，私の食事は待たないでね
करिकट [名]〔鳥〕カワセミ科アオショウビン【*Halcyon smyrnensis*】= किलकिला.
करिका [名*] 爪痕；爪でひっかいた傷痕
करिणी [名*] (1) 雌象= हस्तिनी; हथिनी. (2) अनंग रंग などのインドの古典性愛学書における女性の身体的特徴や気質に基づく 4 分類の一. → अश्विनी, मृगी, वडवा.
करिनी [名*] = करिणी.
करिबदन [名] 象面のガネーシャ神の異名の一= करिवदन.
करिबू [名]《E. caribou》〔動〕シカ科カリブー；シンリントナカイ
करिमुक्ता [名*] = गजमुक्ता.
करिया[1] [形] 黒い；黒の करिया अक्षर 黒い字；黒い文字= करिया अच्छर. **करिया अक्षर भैंस बराबर** = करिया अच्छर भैंस बराबर. 目に一丁文字なく；無学文盲の वह पढ़ी-लिखी थी, मैं करिया अक्षर भैंस बराबर 彼女は教育を受けていたが，私は全くの無学者
करिया[2] [名] (1) 櫓 (2) 船乗り (3) 舵取り

करिल[1] [名*] 若芽= कोंपल.
करिल[2] [形] 黒い；黒色の= काला; श्याम.
करिवदन [名]（象面の）ガネーシャ神= गणेश.
करिवर [名] すぐれた象；優秀な象
करिश्मा [名]《P. کرشمه किरिश्मा》(1) 奇跡；奇蹟；奇蹟的行為 लुटेरे और विलासी अर्थतंत्र के करिश्मे 略奪的，享楽的経済のなした奇跡 उसका करिश्मा देखकर सब लोग ठगे-से रह गये その男の奇蹟的行為を目にして皆は茫然としたままであった (2) 護符；お守り (3) 流し目；色目 (4) こび；しな **करिश्मा दिखलाना** *a.* 奇蹟を演じる *b.* こびを見せる
करींद्र [名] (1)〔イ神〕インドラ神の乗る象，アイラーヴァタ ऐरावत (2) 巨象
करी[1] [名] 象 = हाथी.
करी[2] [名*] つぼみ（蕾）= कली.
करीना [名] 石工が石を刻むのに用いるのみ
क़रीना [名]《A. قرینه》(1) 方法；やりかた；しかた (2) 作法 (3) 順序 **क़रीने से** きちんと；整然と；順序立って **क़रीने से रखना** きちんと整理して置く हर चीज़ क़रीने से रखी थी 何もかも全てきちんと置かれていた अपनी अपनी जगह हर चीज़ क़रीने से रखी रहे それぞれ整理整頓して置くようにすべし **क़रीने से लगाना** 順序正しく並べる；整頓する
करीपत्ता [名] (1)〔植〕ミカン科低木ナンヨウサンショウ【*Murraya koenigii*】= कठनीम; मीठा नीम. (2) 同上の葉（香料）；カリパッタ
क़रीब [副]《A. قریب》(1) およそ；大体 वे क़रीब एक साल तक वहाँ रहे およそ1年間そこにとどまった (2) 近くに；そばに मुझे देखती ही वह एक झटके से उठ खड़ी हुई और क़रीब आकर मुझे अपनी बाँहों में भर लिया 私を見るなりいきなり立ち上がりそばに来ると抱きしめた **क़रीब-क़रीब** *a.* およそ；大体；ほぼ *b.* すぐそばに；間近に **क़रीब-क़रीब आ॰** 目前に迫る；接近する
क़रीबन [副]《A. قریباً》およそ；大体 क़रीबन तीन सौ बरस पहले およそ300年前に दुनिया की क़रीबन हर ज़बान में 世界のほぼすべての言語に
क़रीबी[1] [形]《A. قریبی》(1) 親交のある；近しい；親密な；親しい；仲の良い；友好関係の विधायक के क़रीबी युवक की मौत पर 州会議員の親しい青年の死に (2) 血縁の近い क़रीबी रिश्तेदार 近い親戚；近親者
क़रीबी[2] [名] 親密な人；親交のある人；側近= निकट सहयोगी. मुख्यमंत्री का क़रीबी 州首相の側近
करीम[1] [名]《A. کریم》〔イス〕神；慈悲深きアッラーの神
करीम[2] [形]《A. کریم》(1) やさしい；情深い；慈悲深い (2) 寛容な；寛大な
करीर [名] 竹の子；筍 नरम करीर की तरकारी को जापानी लोग बहुत पसंद करते हैं 日本人はやわらかい竹の子の料理が大好きだ
करील [名] (1) フウチョウソウ科低木ケーパー【*Capparis aphylla*】〈caper bush〉 (2) 同上の実（乾燥地に生じ，ラクダの餌になる）= करीर.
करीष [名] 野原に自然乾燥した牛や水牛の糞
करीह [形]《A. کریه》(1) おぞましい；気味の悪い (2) 大嫌いな
करुआ[1] [名] 飲み口のついた焼き物の水差し
करुआ[2] [名]〔植〕キツネノマゴ科低木【*Strobilanthes ixiocephalus; Thelepaepale ixiocephala*】
करुआ[3] [形+] = कड़ुआ.
करुई [名*] = कड़वी.
करुखी [名*] 横目；流し目
करुण[1] [形] (1) 憐れみ深い (2) 悲しげな；憐れな फिर उसने नर्म होकर करुण स्वर में कहा それから優しい表情になり悲しげな声で言った बालिका का स्वर करुण से करुणतर होता जा रहा था 少女の声は一層悲しげになって行きつつあった बड़ी-बड़ी करुण आँखें जिनमें जल भरा हुआ मालूम होता था 大きな悲しげな目には涙がたたえられているように思えた
करुण[2] [名]〔イ文芸〕インド詩論でいうラサ（情調）の一で悲哀の感情に基づく「悲愴」の情調；悲愴= करुण रस. करुण से भरी दर्दनाक घटना 悲愴感に満ちた悲しい出来事
करुणा [名*] 同情；慈悲；憐愍
करुणाकर [形] 情け深い；憐れみ深い
करुणागार [形] 情け深い；憐れみ深い；憐れみの心に満ちた= करुणामय.
करुणागीति [名*]〔文芸〕哀歌；悲歌；挽歌；エレジー
करुणाजनक [形] 憐れみを催す；憐愍の情を催す
करुणाधर्म [名] 生類憐れみ करुणा धर्म पालन करने की राजाज्ञाओं का उल्लेख 生類憐れみの勅令についての記述
करुणानिधान [形] 情け深い；憐れみに満ちた
करुणानिधि [形] = करुणानिधान.
करुणामय [形] 情け深い；憐れみ深い；慈悲心に満ちた
करुणार्द्र [形] 憐れみの気持ちに満ちた；憐れみを催した；悲しみに満ちた
करुणावान [形] 情け深い；憐れみ深い
करुणासिक्त [形] = करुणार्द्र.
करुना [名*] = करुणा.
करुल [名] = करलू.
करुवा [名] = करवा.
करुवार[1] [名] 櫂= डाँड़.
करुवार[2] [名] かすがい（鎹）
करूबेल [名*]〔植〕ウリ科蔓草コロシント【*Citrullus colocynthis*】
करेंट [名]《E. current》(1) 電流 कहीं पानी में डूबे हुए तारों में करेंट न पैदा हो जाए ひょっとして水中の電線に電流が流れたりしないように (2) 流れ बिजली का करेंट 電流 बिजली का करेंट लगना 感電する
करेंट डिपाजिट [名]《E. current deposit》当座預金= चालू जमा.
करेंसी [名*]《E. currency》(1) 流通；通用 (2) 通貨；流通貨幣= मुद्रा.
करेंसी नोट [名]《E. currency note》カレンシー・ノート（第一次世界大戦後，英国政府が発行した1ポンド及び10シリング紙幣）〈treasury note〉
करेंसी बांड [名]《E. currency bond》発行国通貨払い債券= मुद्रा बंधपत्र.
करेजा [名] (1) 心臓 (2) 肝；肝臓= कलेजा.
करेजी [名*] 食用になる動物のきも（肝）
करेब [名*]《E. crepe》クレープ；ちりめん（縮緬）
करेमू [名]〔植〕ヒルガオ科葡萄草アカバナヨウサイ【*Ipomoea equatica*】
करेरा [形+] 堅い；固い= कड़ा; कठिन.
करेल [名]〔ス〕体操で両手で用いる大型のムグダル棒（→ मुगदर）.
करेला [名] (1)〔植〕ウリ科の蔓草ニガウリ；ツルレイシ【*Momordica charantia*】 (2) ニガウリの実 (3) 花火の一種 **करेला और नीम चढ़ा**〔諺〕本来良くなかったものが環境に毒されて更に悪くなることのたとえ；甚だ性の悪い人のたとえ
करेवा [名] 一部のカーストにおいて行われてきた（義弟などと）未亡人との結婚
करैत [名] (1)〔動〕コブラ科アマガサヘビ属インドアマガサ（毒蛇）【*Bungarus caeruleus*】 (2)〔動〕コブラ科アマガサヘビ属マルオアマガサ（毒蛇）
करैल[1] [名*] 池や沼，水溜まりなどの周囲に見られる黒い土
करैल[2] [名] たけのこ（筍）；竹の子；竹の若芽
करैल[3] [名*]〔鳥〕メンフクロウ科メンフクロウ【*Tyto alba*】
करैला [名]〔植〕ウリ科野菜ニガウリ；苦瓜；ツルレイシ（蔓レイシ）= करेला.
करोट [名] 頭蓋骨；頭蓋= खोपड़ा.
करोटन [名]《E. croton》〔植〕トウダイグサ科クロトン
करोड़ [数] (1) 1000万（の） (2) 無数の **करोड़ की एक** 無類の；比類のない= करोड़ में एक. **करोड़ों** 幾千万の；無数の
करोड़खुख [形] 大風呂敷の；大法螺吹きの
करोड़पति [名] 千万長者；百万長者；大金持ち
करोड़ी [名] (1) 現金出納係 (2)〔イ史〕徴税官（中世の）
करोड़ों → करोड़.
करोत [名] のこ（鋸）；のこぎり= आरा.
करोती [名*] = करौती.
करोना [他] (1) ほじる (2) こそげる= खुरचना.
करोनी [名*] (1) こそげること (2) こそげるための器具や道具
करौंदा [名] (1)〔植〕キョウチクトウ科常緑低木カリッサ【*Carissa carandas*】 करौंदे की झाड़ियों-सा カリッサの茂みのような (2) 同上の果（食用）

करौंदिया [形] (1) カリッサの (2) 少し黒ずんだ赤の
करौत[1] [名] のこ（鋸）；のこぎり；おが आरा
करौत[2] [名*] (1) めかけ（妾） (2) 内縁関係の女性= रखेली.
करौता [名] = करौत[1]
करौती[1] [名*] (1) ガラスのコップ (2) ガラス製造の炉
करौती[2] [名*] 小さなのこぎり= आरी.
करौना [名] 彫刻用の先端の細いのみ
करौल [名] (1) 猟銃で狩りをする狩人 (2) せこ（勢子）
करौली [名*] 短刀
कर्कंधु [名] (1) クロウメモドキ科低木イヌナツメ【*Zizyphus jujuba*】= झड़बेरी का पेड़. (2) 空井戸= कर्कंधू.
कर्क [名] (1)〔動〕甲殻類カニ（蟹） (2)〔天・占星〕蟹座，巨蟹宮（黄道十二宮の第 4）= कर्क राशि.
कर्कट [名] (1)〔動〕カニ（蟹） (2)〔天・占星〕巨蟹宮（黄道第 4 宮）；かに座 (3)〔鳥〕ツル科アネハヅル【*Anthropodes virgo*】 (4) ハスの根；蓮根 (5)〔医〕がん（癌）；癌腫
कर्कटशृंगी [名*]〔植〕ウルシ科高木【*Pistacia integerrima*】
कर्कटा [名*]〔植〕ウリ科蔓草= ककोड़ा.
कर्कटी [名*] (1) 雌のカニ (2) = ककड़ी.【*Cucumis utilissimus*】 (3) = तरोई. (4) = काकड़ासींगी/काकड़ासिंगी.【*Pistacia integerrhima*】
कर्कर [名] 砂利= कंकड़.
कर्कराशि [名*]〔天・占星〕蟹座；巨蟹宮
कर्करेखा [名*] 北回帰線；夏至線〈the Tropic of Cancer〉
कर्कश [形] (1) 固い；ごつごつした；かさかさした；ごわごわした (2) 耳障りな；やかましい；うるさい कौवे का कर्कश स्वर カラスの耳障りな声 (3) けたたましい कौवे कभी-कभी लड़ाई में कर्कश बोलियाँ बोलते हैं （鳥は）時には喧嘩をしてけたたましい鳴き声を上げる (4) 口やかましい；口汚い (5) 残忍な；情け容赦のない
कर्कशता [名*] ← कर्कश.
कर्कशा [形*] 気性が激しい；口やかましい（女性） कर्कशा पत्नी 気性の激しい妻
कर्कसंक्रांति [名*] カルカ・サンクラーンティ（太陽の巨蟹宮入り．これよりマカラ・サンクラーンティ，すなわち，太陽の磨羯宮入りまでをダクシナ・アヤナ，すなわち，太陽の南行と呼ぶ）
क़र्ज़ [名]《A. قرض》借り；借金；ローン = ऋण. **क़र्ज़ अदा क॰** 借りを返す；借金を返す **क़र्ज़ उठाना** 借りる；借金する= क़र्ज़ ले॰. **क़र्ज़ उतारना** 借りを返す；借金を返す **क़र्ज़ काढ़ना** 借りる；借金する **क़र्ज़ खाए बैठना** *a*. 借金のある *b*. 恩義を受ける (-का) **क़र्ज़ खाना** （－に）借りを作る；(－に) 恩を受ける **क़र्ज़ चढ़ना** 借りが増す；借金が増える **क़र्ज़ चुकाना** 借りを返す；返済する **क़र्ज़ दे॰** 金を貸す पाँच रुपये क़र्ज़ दे सकते हो? 5 ルピー貸してもらえるかい **क़र्ज़ निकलवाना** 担保を入れる；質に入れる **क़र्ज़ निकालना** 借金する **क़र्ज़ पटाना** 借りを返す；返済する **क़र्ज़ ले॰** 借りる；借金する
क़र्ज़दार [形]《A.P. قرض دار》借りのある；借金のある；責務のある अध्यक्ष वैसे व्यक्ति को नहीं होना चाहिए जो क़र्ज़दार हो 借金をしているような人は（党）の総裁になってはいけない
क़र्ज़दारी [名*]《A.P. قرض داری》金を借りていること；借金のあること；負債のあること क़र्ज़दारी की प्रथा ग्रामों में बहुत फैली हुई है 借金は農村では甚だ一般的な現象になっている
क़र्ज़ा [名]《A. قرضہ》借金；借り；ローン ऐसे अवसर पर उसको गाँव के किसी महाजन से क़र्ज़ा लेना पड़ता है そのような際には村の金貸しから借金しなければいけなくなる मर्कज़ी सरकार ने एक हज़ार करोड़ के नये क़र्ज़े माँगे हैं 中央政府は 100 億の新規のローンを求めた **क़र्ज़ा चुकाना** 借金を返す；返済する
क़र्ज़ाई [形・名] ←क़र्ज़ा. 借金のある；借りのある ये लोग प्रायः क़र्ज़ाई रहते हैं これらの人はたいてい借金をしている
कर्ण [名] (1) 聴覚器官としての耳 बाह्य कर्ण 外耳 (2) 耳；耳殻 (3) 舵；舵の柄；舵輪 (4)〔マハ〕カルナ（パーンドゥ五兄弟の母クンティーが処女のまま太陽神によって授けられたとされる．大戦争ではカウラヴァ側に立った）
कर्णकटु [形] (1) 耳障りな；やかましい；けたたましい (2) 厳しい；きつい
कर्णधार [名] (1) 舵手；舵取 (2) 指導者；舵取 (3) 舵
कर्णनाद [名*] 耳鳴り
कर्णपट [名] 鼓膜= कान का पर्दा.
कर्णफूल [名] カルナプール（耳たぶにつける貴金属製の耳飾りで真珠の下がりがついている）；カランプール（करनफूल） सोने का कर्णफूल 金のカルナプール
कर्णफेर [名]〔医〕おたふく風邪；耳下腺炎= कनपेड़ा.
कर्णमल [名] 耳垢= कान का मैल; कान का खूँट.
कर्णमूल [名] = कनपेड़ा; कर्णफेर.
कर्णमृदंग [名] 鼓膜= कान का पर्दा; कर्णपट.
कर्णवेध [名] = कनछेदन.
कर्णहीन[1] [形] (1) 耳のない (2) 耳の聞こえない；聴力のない；耳の不自由な；聾の；つんぼの
कर्णहीन[2] [名] 蛇 = साँप.
कर्णाट [名] (1)〔地名〕カルナータ（古くはデカン南西部から現今のカルナータカ州を中心とする地域） (2)〔イ音〕カルナータ（ラーガの基本音階の一）
कर्णाटक (1)〔地名〕カルナータカ=カルナータ (2)〔地名〕カルナータカ（インド南部の州名）
कर्णाटी [名*] (1)〔イ音〕カルナーティー（ラーギニーの一） (2)〔言〕カルナータの言語；カンナダ語（कन्नड）
कर्णिका [名*] (1)〔装身〕耳飾りの一．カランプール（करनफूल） (2) 手の中指= हाथ की बिचली अँगली. (3) 象の鼻の先端
कर्णेंद्रिय [名*] 聴覚
कर्तन [名] (1) 切断；切除 (2) 糸紡ぎ
कर्तनी [名*] 鋏= कैंची; कतरनी.
कर्तरि प्रयोग [名]〔言〕能動態〈active voice〉→ कर्मणि प्रयोग 受動態.
कर्तरी [名*] (1) 鋏 = कैंची; कतरनी. (2) 短刀= कटारी; छुरी.
कर्तरीफल [名] 鋏やナイフの刃
कर्तव्य[1] [形] なすべき；行うべき
कर्तव्य[2] [名] なすべきこと；行うべきこと；義務；務め；責任 कर्तव्य निभाना 責任を果たす；務めを果たす
कर्तव्यनिष्ठ [形] 責任感の強い कर्तव्यनिष्ठ पुलिस अधिकारी 責任感の強い警察幹部
कर्तव्यनिष्ठा [名*] 責任感の強いこと；責務に邁進すること क्या कर्तव्यनिष्ठा अपराध है? 責任感が強いことは犯罪なのか
कर्तव्यपरायण [形] 責任感の強い；責務に忠実な；熱心な मेरे पति वीर हैं, कर्तव्यपरायण हैं 夫は勇猛で責任感が強い
कर्तव्यपरायणता [名*] 責任感の強いこと
कर्तव्यपालन [名] 責任を果たすこと；責務を守ること
कर्तव्यमूढ़ [形] (1) なすべきことの理解できない (2) 茫然とした
कर्तव्यशील [形] 責務に忠実な；責任を守る कर्तव्यशील आदमी 責任に忠実な人 कर्तव्यशील पत्नी 責務に熱心な妻
कर्ता[1] [名] (1) 家長；戸主；主人 (2)〔言〕主語〈subject〉 (3)〔言〕主格〈nominative case〉 (4)〔言〕動作主〈agent〉
कर्ता[2] [造語] 行為者，〜をする（人）の意を加える造語要素 दानकर्ता 布施を行う人，布施者，施与者
कर्ताकारक [名]〔言〕主格〈nominative case; agential case〉
कर्ताधर्ता [名] (1) 全権を握る人 (2) 統括者；最高責任者 हमारा समाज पुरुषप्रधान है.पुरुष हर काम में कर्ताधर्ता समझा जाता है 我々の社会は男性支配の社会である．男性は一切において全権を持つ者と考えられている
कर्तार [名] (1) 行為者 (2) 神
कर्ताशब्द [名]〔言〕主語〈subject word〉
कर्तृ [名] (1) 行為者 (2)〔言〕動作主〈agent〉= कर्ता; कर्त्ता.
कर्तृकारक [名]〔言〕主格；直格= प्रथमा विभक्ति. 〈direct case〉
कर्तृक्रिया [名*]〔言〕能動動詞〈active verb〉
कर्तृगामी क्रिया [名*]〔言〕再帰動詞〈reflexive verb〉
कर्तृनामिक [名]〔言〕動作主名詞化形〈agentive nominal〉
कर्तृलोप [名]〔言〕頭部省略〈prosiopesis〉
कर्तृवाचक रचना [名*]〔言〕能動構文〈active construction〉
कर्तृवाच्य [名]〔言〕能動態〈active voice〉→ वाच्य.
कर्तृवाच्य रचना [名*]〔言〕能動構文；能動構造= कर्तृवाच्य वाक्यगठन.
कर्त्तन [名] = कर्तन.
कर्त्तब [名] (1) = करतब. (2) = कर्त्तव्य; कर्तव्य.
कर्त्तरि [名] = कर्तरी.
कर्त्तरि प्रयोग [名] = कर्तरि प्रयोग.
कर्त्तरी [名*] (1) 鋏 (2) 短刀；ナイフ= कर्तरी.

कर्त्तरी फल [名] 鋏や短刀の刃
कर्त्तव्य[名]なすべきこと；義務；務め；責務；責任= कर्तव्य. शरणार्थी की रक्षा राजपूत का कर्त्तव्य है 救いを求めに来た人を守るのがラージプート族の務めである
कर्त्ता [名] = कर्ता.
कर्त्तृ [名] = कर्तृ.
कर्द [名] (1) 泥 = कीचड़; कर्दम. (2) 土 = मिट्टी.
कर्दम [名] (1) 泥 (2) 肉 (3) 罪
कर्नल [名] 《E. colonel》〔軍〕(1) 陸軍大佐 (2) 連隊長 लेफ़्टिनेंट कर्नल 陸軍中佐
कर्नाटक 〔地名〕カルナータカ → कर्णाटक.
कर्नैल [名] 《E. colonel》(1) 〔軍〕陸軍大佐→ कर्नल. (2) 〔軍〕連隊長
कर्पट [名] ぼろ；ぼろぎれ= गूदड़; लत्ता.
कर्पटिक [名] ぼろをまとう乞食
कर्पटी [名] 物乞い；乞食= भिखारी; भिखमंगा.
कर्पर [名] (1) 〔解〕頭蓋；頭蓋骨= खोपड़ी. (2) されこうべ = खप्पर; खोपड़ी. (3) 亀の甲；亀甲= कछुए की खोपड़ी.
कर्पास [名] (1) 〔植〕アオイ科低木ワタ；ワタノキ (綿の木)【*Gossypium hirstum mexicanum*】アオイ科低木キダチワタ【*Gossypium arboreum*】 (2) 綿；綿花
कर्पासी [名*] ワタノキ (綿の木)
कर्पूर [名] = कपूर.
कर्फ़्यू [名] 《E. curfew》(1) 外出禁止令 कर्फ़्यू ग्रस्त इलाका 外出禁止になっている地区 कर्फ़्यू लगाना 外出禁止令を出す (2) 消灯令 (3) 消灯合図の鐘；晩鐘
कर्बाइन [名*] 《E. curbine》カービン銃 मकानों की छतों पर कर्बाइन से लैस पुलिसकर्मी तैनात थे 屋上にはカービン銃を持った警官が配置されていた
कर्बुदार [名] (1) 〔植〕ムラサキ科高木スズメイヌヂシャ= लिसोड़ा. (2) 〔植〕カキノキ科高木インドガキ【*Piospyros embryopteris*】= तेंदू (3) 〔植〕マメ科小木フイリソシンカ
कर्बुर[1] [形] まだらの (ある)；ぶち (斑) の= चितकबरा.
कर्बुर[2] [名] (1) きん (金) (2) チョウセンアサガオ= धतूरा.
कर्म [名] (1) 行為；活動 मुझे उसके कर्मों पर घोर खेद हुआ 男のしたことをひどく残念に思った बुरे कर्म 悪行；悪い行為 (2) ごう (業)；カルマ कर्म का फल 業のもたらしたもの；業果 यह सब कर्मों का फल है これはすべて業果である (3) 宗教的義務；勤行；おつとめ (4) 通過儀礼 (5) 仕業 (6) 〔言〕目的語 मुख्य कर्म 直接目的語= उक्त कर्म. गौण कर्म 間接目的語= अनुक्त कर्म.
कर्मकर [名] 労働者= मज़दूर; श्रमिक.
कर्मकांड [名] (1) 〔ヒ〕ヒンドゥー教の礼拝, 勤行, 通過儀礼など祭祀の総称；カルマカーンダ (2) 祭式；儀礼；祭事；祭祀 जटिल कर्मकांड 複雑な祭式 (3) 〔ヒ〕ヴェーダ聖典中バラモン教の祭祀・祭式実践に関する部分；カルマカーンダ；祭事部 ↔ 知識部 (ज्ञान-कांड)
कर्मकांडी [名] (1) 〔ヒ〕祭祀 (カルマカーンダ) を実践するブラーフマン (2) カルマカーンダを指導するブラーフマン कर्मकांडी ज्योतिषी ヒンドゥー祭祀 (カルマカーンダ) を行う占星学者 (占い師)；カルマカーンディー बिहार के प्रसिद्ध कर्मकांडी ज्योतिषी पं॰झा ビハールの著名な祭祀占星術師のパンディット・ジャー師
कर्मकार [名] (1) 職人 (2) 使用人 (3) 鍛冶屋 (4) 金銀細工師
कर्मकारक [名] (1) = कर्मकार. (2) 〔言〕目的格；対格
कर्मकौशल [名] 技量
कर्मक्षय [名] 業滅；前業の消滅= कर्मों का विनाश.
कर्मक्षेत्र [名] (1) 活動の場 (2) 活動領域
कर्मचारी [名] 職員；従業員 महिला कर्मचारी 女子職員 अख़बारी कर्मचारी 新聞社員；新聞社従業員 कर्मचारी प्रशासन 人事管理 कर्मचारी वर्ग スタッフ= कर्मचारीवृंद.
कर्मचारी संघ [名] 職員組合
कर्मठ [形] 精励する；勤勉な；熱心に励む；エネルギッシュな पार्टी का कर्मठ कार्यकर्त्ता 熱心な党活動家
कर्मठता [名*] ←कर्मठ 精励；勤勉
कर्मणा [副] (1) 行為によって；行動によって (2) 行為を基に；行動を基に
कर्मणि [形] 〔言〕受動の कर्मणि अभिव्यक्ति 受動表現〈object expression〉
कर्मणि प्रयोग [名] 〔言〕受動態〈passive voice〉→ कर्तरि प्रयोग.
कर्मणि भूतकालिक कृदंत [名] 〔言〕過去受動分詞〈passive past participle〉
कर्मण्य [形] (1) 有能な；有用な；役立つ；しっかりした कर्मण्य और अकर्मण्य ढोर 役立つ家畜と役立たない家畜 (2) 勤勉な；活動的な；活発な
कर्मण्यता [名*] ←कर्मण्य (1) 有能さ (2) 勤勉；活動= कार्यनिष्ठा; उद्यम
कर्मधारय [名] 〔言〕同格限定複合語 (サンスクリット複合語の分類の一で構成要素の前者が後者に対して格支配ではなく修飾するのみのもの)；持業釋〈attributive compound〉
कर्मना [副] = कर्मणा. कर्मना किसान 職業 (仕事) は農夫
कर्मनिष्ठ [形] (1) 勤勉な；本分に忠実な वे बड़े कर्मनिष्ठ और तपस्वी थे とても勤勉で努力家だった (2) 宗教的勤めを忠実に果たす
कर्मपाक [名] (1) 前世の報い (2) 業の報い；果報
कर्मप्रधान [形] 客観的な
कर्मफल [名] (1) 行為の結果 (2) 業果；前業の報い
कर्मबंध [名] 業の善悪に従って生死が束縛を受けること
कर्मभूमि [名*] 宗教的儀式の場所
कर्मभोग [名] 行為の果を受けること
कर्मयोग [名] 〔イ哲〕カルマヨーガ (行為の結果を考慮せず己の本分をわきまえ実践を強調する考え方もしくは主義)
कर्मयोगी [名] カルマヨーガを行う人
कर्मरेख [名*] 各人がそれぞれの額に運命を司る神によって記されるというしるし；運命；宿命= कर्मरेखा.
कर्मवाच्य [名] 〔言〕受動態= कर्मणि प्रयोग. 〈passive voice〉
कर्मवाद [名] (1) 〔イ哲〕ミーマーンサー哲学 (2) カルマヨーギー (कर्मयोगी)
कर्मवादी [名] (1) ミーマーンサー哲学の信奉者もしくは学者 (2) ヒンドゥー教の祭祀 (カルマカーンダ) をとり行なうバラモン
कर्मवान् [形] 〔ヒ〕ヴェーダの祭祀を規律正しく実践する
कर्मविषयक [形] 客観的な
कर्मविषयकता [名*] ← कर्मविषयक. 客観性 शिक्षा में मौलिकता, कर्मविषयकता, अंतर्राष्ट्रीयता की भावना तथा सहिष्णुता लाने का भरसक प्रयत्न किया जा रहा है 教育に独創性, 客観性, 国際感覚及び寛容性をもたらす懸命な努力が行われつつある
कर्मवीर [形・名] 勇気のある活動的な (人)；信念を持って行動する (人)；勇気を持って行動する人
कर्मशाला [名*] 作業所；製作所；仕事場= वर्कशॉप. 〈workshop〉 शिल्पी जातियों की कर्मशालाएँ 職人カーストの人たちの仕事場や作業所
कर्मशील [形] (1) 結果を目的とせず活動する；私利私欲を離れて行動する (2) 勤勉な
कर्मशूर [名] = कर्मवीर.
कर्मसाक्षी[1] [形] 目撃した；目撃者である
कर्मसाक्षी[2] [名] 生類の行為を監視している神々
कर्मसिद्धांत [名] = कर्मवाद.
कर्महीन [形] (1) 正しい行いをしない (2) 不運な = भाग्यहीन; अभागा.
कर्मी[1] [形] (1) 祭祀を行う (2) 行為をする；活動を行う
कर्मी[2] [名] 仕事をする人；作業をする人；作業員；職務を果たす人
कर्मीदल [名] 隊；班；チーム；クルー〈crew〉
कर्मेंद्रिय [名*] 人の活動器官 (手, 足, 口, 肛門, 生殖器)
क़र्या [名] 《A. قرية》村；村落；部落= गाँव; ग्राम.
कर्र-कर्र [名] カラスの鳴き声；かあかあ= काँव-काँव. कर्र-कर्र क॰ カラスが鳴く；かあかあと鳴く= काँव-काँव क॰.
कर्शन[1] [形] (1) 弱らせる；衰弱させる；弱体化させる (2) 苦しめる；苦痛を与える
कर्शन[2] [名] 弱らせること；衰弱させること；弱体化
कर्शन[3] [名] 火= आग; अग्नि.
कर्शित [形] (1) 衰弱した；弱った (2) 無力な；力のない
कर्ष [名] (1) 引っ張ること；牽引 (2) 不和 (3) 怒り (4) 工作 (5) 線を引くこと (6) カルシャ (重量単位= 16 マーシャー माशा)
कर्षक[1] [形] (1) 引っ張る；牽引する (2) 犂を使って耕す

क

कर्षक[2] [名] (1) 引く人；引っ張る人 (2) 農夫；農民；百姓＝ किसान；कृषक.

कर्षण [名] (1) 牽引；引き寄せること (2) 引っかいて筋をつけること (3) 犂を使って耕作すること (4) 農業

कर्षित [形] (1) 引き寄せられた (2) 引っ張られた (3) 耕された (4) 苦しめられた

कर्षी [形] (1) 引き寄せる；引っ張る (2) 耕す

कर्हि [副] いつ；何時；なんどき

कर्हिचित् [副] (1) いつか (2) 恐らく；多分

कलंक [名] (1) しみ；よごれ；斑点 (2) 汚点；汚名；不名誉 मेरे नाम पर कलंक लगानेवाले 私の名に汚点をつける人 मानवता का कलंक 人間性を汚すもの **कलंक का टीका** 評判の悪いこと；不評；不名誉 **कलंक का टीका लगना** 評判が落ちる；評判が悪くなる；不名誉になる **कलंक की कोठरी बनना** 甚だ不名誉になる **कलंक चढ़ना** 汚点がつく；汚名を被る **कलंक दे॰** 名誉をけがす **कलंक धोना** 不名誉を洗い流す **कलंक पुतना** 評判を落とす；不名誉になる (-पर) **कलंक लगाना** (ーに) どろをかける；どろを塗る；(ーの) 評判を下げる；名をけがす **कलंक लाना** ＝ टीका लगना.

कलंकित [形] (1) しみのついた；よごれのついた (2) 汚点のついた；汚名のついた；不名誉な कलंकित हो॰ 汚名を着る (3) 錆のついた；錆のわいた

कलंकिनी [形*・名*] 不名誉な；面汚しの राठौर वंश की कलंकिनी ラートール氏族の面汚しの女

कलंकी [形・名] 不名誉な（人）；名誉を傷つける（人）；面汚し

कलंगा [名] 真鍮細工に用いるのみ；たがね

कलंगी [名*] ＝ कलगी.

कलंज [名] (1) 毒で殺された鳥獣 (2)〔植〕ヤシ科トウ（籐）の一種【*Calamus rotang*】 (3)〔植〕ナス科タバコ

कलंडर [名] 《E. calendar》カレンダー（新暦のこよみ）

क़लंदर [名] 《P. قلندر》 (1)〔イス〕カランダル（イスラム教の遊行の行者）；托鉢僧 (2) 熊使い (3) 猿回し

कलंदरा[1] [名] 《E. calendar》 (1) 暦；カレンダー (2)〔法〕訴訟事件表

क़लंदरा[2] [名] 《P. قلندرا》 (1) 綿糸や絹糸を用いて織った布の一種，カランダラー (2) テントの垂れ幕

कल[1] [名・副] (1) 昨日 **कल का** つい先日の；つい昨日の **कल का छोकरा** はなたれ（小僧）；若僧 कल के छोकरे से भी दब जाएँ तो अपने गाँव में जाकर घास ही क्यों नहीं छीलें はなたれ小僧の顔色をうかがうようになったら田舎に戻って草むしりでもしたほうがよいわい **कल की छोकरी** 小娘 यह तो कल की छोकरी की बात है これは小娘の言うことだ **कल की बात** *a.* つい先日のこと *b.* 過ぎたこと **कल की बात कल थी** 過ぎたこと（昨日のこと）は過ぎたこと (2) 明日 **कल की कल से है**〔諺〕明日は明日の風が吹く（どうにかなるさ） **आज कल क॰** 約束を守らずいいかげんにあしらうこと **कल किसने देखी है**〔諺〕なすべきことは明日ではなく今日なすべし (3) 翌日；明くる日；次の日 **कल पर काम न रखना** すぐに仕事を片付ける

कल[2] [形] (1) 美しい；うるわしい गाते थे खग कल-कल स्वर से 鳥たちが美しい声で歌っていた (2) 心地よい (3) やさしい；穏やかな (4) きゃしゃな

कल[3] [名] かすかな心地よい音 कल-कल बहना 心地よい音を立てて水が流れる कुछ दूर पर कल-कल करती हुई नदी बह रही थी 少し離れた所にさらさらと音を立てる川が流れていた

कल[4] [名*] (1) 健康；達者なこと；息災 (2) 気楽なこと；安気なこと；安堵 (3) 落ち着き (4) 楽なこと；安楽 (5) 満足 (6) 方法；手段；やりかた **कल आ॰** 少し楽になる **कल धरना** 静かになる；静まる **कल पड़ना** ほっとする；安心する；安堵する；楽になる；気が落ち着く फ़र्श पर पानी छिड़क कर सोते हैं फिर भी एक कल-चैन नहीं पड़ती 床に水を撒いて寝るのだがそれでも全く楽にならない **कल पाना** 落ち着く (-की) **कल पाना** (ーの) 正体を見つける **कल ले॰** 一服する；一休みする；休む；休養する；休憩する **कल से बैठना** 落ち着いている

कल[5] [名*] (1) 部分 ऊँट अरब का खास जानवर है.देखने में तो कोई कल सीधी नहीं है, मगर है बड़े काम का ラクダはアラブの独特の動物で見たところどの部分もでこぼこしていないところはないがとても有用だ (2) 側；側面 (3) 機械 (4) 機械部品；パーツ (5) 水道 (6) 蛇口；コック **कल उमेठना** ＝ कल ऐंठना (-की) **कल ऐंठना** *a.* (ーの) 注意を何かに向けさせる；(何かに) 専念させる *b.* (ーを) 何かにしむける **कल-काँटा** 機械（類） कल-काँटे का काम 機械を操作する仕事 **कल घुमाना** ＝ कल ऐंठना. **कल का पुतला** *a.* ロボット；操り人形 *b.* 猛烈に働く **कल बिगड़ जा॰** 混乱をきたす **कल बेकल हो॰** 混乱する；調子が狂う

कल- [造語] काला「黒い」の短縮形の造語要素. कलमुँहा 顔の黒い；不機嫌な कलदुमा 尻尾の黒い

क़लई [名*] 《A. قلعی क़लई》 (1) すず；錫 क़लई का गिलास 錫製のコップ (2) ブリキ (3) めっき；滅金；鍍金 चाँदी की क़लई वाली साँकल 銀めっきの鎖 (4) 錫メッキ (5) 蒔絵用の銀粉（銀色の粉末） (6) 表面を装って中身を隠すこと；てんぷら；めっき；鍍金；化けの皮 (7) しっくい；水しっくい **क़लई उघड़ना** ＝ क़लई खुलना. (-की) **क़लई खुलना** (ーが) ばれる (ーの) 正体が暴かれる (ーの) めっきが剥げる **क़लई खोलना** 正体を暴く；化けの皮を剥がす；メッキを剥がす यह हमारे नेताओं की क़लई खोलती है これが我々の指導者の化けの皮を剥がす कहिये जनाब, आपकी क़लई खोलूँ या चुपके से घर की राह लीजिएगा? あなたの正体を暴きましょうかそれともおとなしく家へお戻りになりますか，どう致しましょう (-की) **क़लई (＝पर) चढ़ना** (ーの) 影響が (＝に) 及ぶ；(ーが＝を) 覆う **क़लई न लगना** 術数が通じない；はかりごとやたくらみ，策略がうまく行かない

क़लईगर [名] 《A.P. قلعی گر क़लईगर》めっき職人；錫めっきの職人

क़लईदार [形] 《A.P. قلعی دار क़लईदार》めっきをした；錫めっきをした

कलकंठ[1] [形] 声の美しい；美声の；すぐれた喉の

कलकंठ[2] [名] (1)〔鳥〕オニカッコウ＝ कोयल. (2)〔鳥〕コブハクチョウ＝ हंस. (3)〔鳥〕カワラバト＝ परेवा.

कलकंठिनी [名*]〔鳥〕オニカッコウ ＝ कोयल.

कलक [名] 水の流れる音や滝の音

क़लक़ [名] 《A. قلق》 (1) 不安；動揺；動転 (2) 悲しみ；残念；心残り；遺憾

कलकतिया [形] ← कलकत्ता. (1) カルカッタの；コルカタの (2) カルカッタ製（産）の कलकतिया इंगुर カルカッタ産の朱

कलकत्ता 〔地名〕カルカッタ（インド西ベンガル州の州都）；コルカタ〈Calcutta〉

कलकल[1] [名] (1) 川や滝の水が流れたり流れ落ちたりする音 झरनों के कलकल में मधुर संगीत 滝の音が奏でる甘美な音楽 (2) 騒音；喧噪

कलकल[2] [名*] ごたごた；口喧嘩；いさかい

कलकल[3] [名] サラノキの樹脂（साल की गोंद；राल）

कलकल[4] [名*] かゆみ；かゆさ；むずかゆさ ＝ खुजली；चुनचुनाहट.

कलकलाना[1] [自] 水の流れ落ちる音がする

कलकलाना[2] [自] (1) かゆくなる；かゆい；むずがゆくなる (2) むずむずする；うずうずする (3) うごめく

कलकानि[1] [名*] (1) 心配；不安；動揺 (2) 悲しみ

कलकानि[2] [名*] いざこざ；もめごと；争い

कल-कारख़ाना [名] 《H.कल + P.کارخانہ》工場

कलकुलेटर [名] 《E. calculator》計算器

कलक्टर [名] 《E. collector》 (1) 地方長官（英領インドの司法権を持った県の徴税長官，コレクター） → कलेक्टर. (2) コレクター（県の行政長官）〈district magistrate〉 (3) 徴税官＝ समाहर्ता.

कलक्टरी [名*] 《E. collector》 (1) 上記の地方長官（県長官）の職や地位 (2) 県役所；県庁

कलगा[1] [名] 《← P. कल्गी；कलग़ी ← T.》鳥の大きな冠毛；鶏のとさか

कलगा[2] [名]〔植〕ヒユ科草本スギモリケイトウ【*Amaranthus cruentus; A. paniculatus*】＝ कलगा घास.

कलग़ी [名*] 《← P. کلغی कल्गी》 (1) 鳥の冠毛 (2) 帽子などの被りものに装飾用につける鳥の羽 (3) 物の上に冠毛のように突き出ているもの (4) ニワトリのとさか (5) 高い建物の天辺

कलचर [名] 《E. culture》 (1) 培養；培養検査 अपने पेशाब की जाँच करवाइए व उसका कलचर भी करवाइए 尿検査をしてもらって下さい．その培養検査もしてもらって下さい (2) 文化

कलचिड़ी [名*]〔鳥〕ヒタキ科ノビタキ【*Saxicola torquata*】＝ कलचिरी.

कलचुरि [名]〔イ史〕カラチュリ王朝（9世紀半ばより1195年まで現今のブンデールカンド बुंदेलखंड 地方を中心に支配した）
कलछा [名] 大きなしゃくし；大玉じゃくし
कलछी [名*] (1) しゃくし（杓子）；玉じゃくし स्टेनलेस स्टील की कलछी ステンレスのしゃくし (2) フライ返し
कलछुल [名] ＝कलछी.
कलछुला [名] 鉄製の大型のしゃくし（杓子）
कलछुली [名*] ＝कलछी.
कलजिब्भा [形⁺] (1) 舌の黒い (2) 不吉なことや縁起の悪いことを言いあてる यहाँ के कलजिब्भे मुझे तुम्हारे साथ बदनाम कर रहे हैं この辺の不吉な口をきく連中が君ともどもわしのことをこきおろしているのだ
कलजुग [名] ＝कलियुग.
कलझँवा [形⁺] ＝कलझँवाँ. (1) 色黒の (2) 真黒の
कलट्टर [名]《E. collector》→ कलेक्टर.
कलतूलिका [名*] 尻軽女；浮気女；ふしだらな女性
कलत्र [名] (1) 妻 (2) 尻
कलदार[1] [形]《H. कल ＋ P. دار》(1) 細工のある (2) ぎざぎざの刻み目が入った（硬貨）
कलदार[2] [名] 政府の鋳造所で鋳造された銀貨 कलदार सिक्के 造幣所鋳造の正式の硬貨＝सरकारी रुपया; राजकीय रुपया.
कलदुमा [形] 尻尾の黒い＝काली पूँछ का.
कलधूत [名] (1) 金 (2) 銀
कलधौत [名] (1) 金 (2) 銀
कलध्वनि [名*] やさしく心地よい音や声
कलन [名] (1) こしらえること；作ること；製作；製造 (2) 据え付け；整えること (3) 計算 (4) 取ること；受け取ること
कलना [名*] (1) 取り入れること；受け入れ (2) 製作；製造 (3) 計算 (4) 身振り；挙動
कलनाद[1] [名] 心地よい音や声 हँसी और विनोद का कलनाद गूँज रहा था 笑いとなごやかな声が響いていた
कलनाद[2] [形] 心地よい音のする
कलप[1] [名] (1) 洗濯のり（糊） (2) 毛染めの色粉；ヘアダイ
कलप[2] [名] 落ち着きを失うこと；動転すること
कलप[3] [名] ＝कल्प.
कलपत्तर [名] ＝कल्पतरु.
कलपना[1] [他] (1) 想像する；思い描く (2) 念じる；思う (3) こしらえる；作り出す (4) 切り離す (5) 挿し木する
कलपना[2] [自] なげく（嘆く）；嘆き悲しむ वह जानती थी कि मेरे लिए संसार के सुखों के द्वार बंद हैं.फिर वह क्यों रोये और कलपे? 自分には世間的な幸せの扉は閉ざされていると知っているのに何故泣いたり嘆いたりしようか वह रोती कलपती खेत में गई 泣きわめきながら畑に行った मन-ही-मन कलपती थी いつも胸の内で嘆いていた
कलपना[3] [他] 推測する；見当をつける＝अंदाज़ लगाना.
कलपाना [他] (1) 悲しませる；苦しめる (2) 痛めつける；泣かせる
कल-पुर्ज़ा [名] (1) からくり；しかけ (2) 道具；器具 उन पैसों से कुछ कल-पुर्ज़े ख़रीदे その金で幾つかの道具を購入した
कलपून [名]〔植〕カンラン科高木クナリカンラン→ पून[1]
कलफ [名] のり；洗濯糊＝माँडी. कलफ वाला साफ़ा のりのついたターバン कलफ लगाना 糊づけする
कलफ़ [名]《A. كلف》顔のしみ；そばかす（雀斑）＝झाँई.
कलफदार [形]《H.＋ P.دار》糊づけした；糊のきいた
कलफा [名*] セイロンニッケイの若枝の皮；セイロン桂皮
कलब [名] ハナモツヤクノキの花を煮出してこしらえた色；黒ずんだ伽羅の色
क़लब [名] → क़ल्ब.
कलबल[1] [名] 手だて；方法；工夫；手段；細工
कलबल[2] [名] (1) 騒音；喧噪 (2) 騒動；騒ぎ
कलबल[3] [形]（声や音が）はっきりしない；明瞭でない
क़लबी [形]《A. قلبی क़ल्बी》(1) 心の；胸の (2) 心からの；衷心からの；手厚い
कलबूत [名]《P. کالبد कालबुद》(1) 枠＝ढाँचा. (2) 帽子や靴をこしらえるのに用いる型（木製や瀬戸物製などの）
कलभ [名] (1) 子象 हाथी का बच्चा (2) 象＝हाथी.

क़लम [名⁻]《A. قلم》(1) 葦の茎を削ってこしらえた筆 (2) 鉛筆，万年筆などの筆記用具；筆；ペン (3) 絵筆 (4) 筆力；筆 (5) 絵の流派 बूँदी अपनी चित्रकला की पुरानी बूँदी क़लम के लिए प्रसिद्ध है ブーンディーはその絵画の歴史の古いブーンディー流派で有名だ (6) 接ぎ木や挿し木のために切られた小枝；接ぎ穂 एक केले की छोटी क़लम バナナの小さな挿し木 ऐसे पौधे जो सरलता से क़लम द्वारा उग जाते हैं 挿し木で容易に生える草花 (7) 彫刻用ののみ；彫刻刀；筆の形をした切る道具 शीशा काटने का क़लम ガラス切り (8) 筆の形のもの；字を書いた鉄筆（貝葉などに用いた） (9) 結晶；結晶体 (10) びん（鬢） (11) 線香花火 **क़लम उठाकर लिखना** 急いで書く；筆を走らせる；走り書きをする **क़लम उठाना** *a.* 筆をとる；執筆する *b.* 筆を入れる उनके लिखे हुए रेहननामे या बैनामे पर कचहरी का मुहर्रिर भी क़लम न उठा सकता था その人の書いた抵当証書や売買契約書には役場の書記も筆を入れることはできなかった **क़लम क॰** *a.* 接ぎ木する；挿し木する आम के क़लम करने की विधि マンゴーの接ぎ木の仕方 *b.* 剪定する *c.* 切り離す अन्यथा पता चलने पर उसका सिर क़लम कर दिया जाएगा さもなければことが露見すれば首が切られよう **क़लम का ज़ोर** すぐれた文章 **क़लम का धनी** 筆の立つ人；勝れた書き手 **क़लम का मज़दूर** 物書き **क़लम की जीभ** ペン先 **क़लम की नोक** 筆先；文章技巧；筆の力 **क़लम खींचना** 書いたのを削る；朱筆を入れる **क़लम घिसना** *a.* 書きなぐる *b.* 書き続ける **क़लम चलना** *a.* 筆が動く；書ける *b.* 筆がなめらかに動く **क़लम चलाना** *a.* 書く *b.* ＝क़लम खींचना. सरकारी अधिकारी व राजनीतिबाज़ ने क़लम चलाई और क़ानून बना दिया お役人と政治屋とが筆を持ち法律をこしらえた (-पर) **क़लम छेंकना** （－に）筆を入れる **क़लम तोड़ना** 絶妙な筆力を発揮する **क़लम पकड़ना** 文章を書く；ものを書く **क़लम फेरना** ＝क़लम खींचना. **क़लम बनाना** 葦ペンの先をよく書けるように削る；筆先を整える **क़लम मारना** ＝क़लम खींचना. **क़लम रोपना** つぎ木（接ぎ木）する **क़लम लगाना** 接ぎ木する；挿し木する
क़लमकार [名]《A.P. قلم کار》(1) 画家；絵かき（絵描き） (2) 彫刻家 (3) さらさ
क़लमकारी [名*] (1) 彫刻 (2) さらさの版木製造
क़लमघिसाई [名*]《A. قلم＋ H.घिसाई》売文
क़लमज़द [形]《A.P. قلم زد》切られた；切断された；削られた；彫られた
क़लमतराश [名]《A.P. قلم تراش》（葦ペンの筆先を削る）小刀；ナイフ
क़लमतोड़ [形]《A.＋ H. तोड़》絶妙な；比類のない
क़लम-दवात [名*]《A.P. قلم دوات》筆と墨入れ；ペンとインク壷
क़लमदस्त [名]《A.P. قلم دست》画家；絵描き；絵師
क़लमदान [名]《A.P. قلم دان》筆入れ；筆箱；筆記具入れ
क़लमबंद[1] [形]《A.P. قلم بند》書いた；書き記した；書かれた；記された；認められた；記録された
क़लमबंद[2] [名]《A.P. قلم بند》葦ペン作りの職人；絵筆作りの職人
कलमल[1] [名] うごめき；動きまわること कलमल कलमल क॰ 落ち着きのないこと；動転すること
कलमल[2] [名] 罪；科；罪障
कलमलाना [自] もぞもぞ動く；うごめく
कलमा [名]《A. کلمه कलिमा》(1) 言葉 (2) 語 (3)〔イス〕「アッラーのほかに神はなく，ムハンマドは神の使徒である」というイスラム教の信仰告白の言葉．カルマー；カリマー **कलमे की उँगली** 人差し指 **कलमा पढ़ना** イスラム教を受け入れる；イスラム教徒になる (-का) **कलमा पढ़ना** （－を）称える；称賛する **कलमा पढ़ाना** *a.* カリマーを教える *b.* イスラム教に改宗（入信）させる कहीं इसने कलमा तो नहीं पढ़ा लिया? ひょっとしてこの人がイスラム教に改宗させたのではないか **कलमाए शहादत पढ़ना** イスラム教の信仰告白をする
कलमाए कुफ़्र [名]《A. کلمه کفر कलिमाए कुफ़्र》〔イス〕不信仰・冒涜の言葉
क़लमी[1] [形]《A.P. قلمی》(1) ペンの；筆の上の **क़लमी दोस्त** ペンパル (2) 手書きの (3) 筆で描いた (4) 接ぎ木の；挿し木の (5) 結晶化した
क़लमी[2] [名*]〔植〕ヒルガオ科葡萄草アカバナヨウサイ【*Ipomoea aquatica*】＝क़लमी साग.

क

क़लमी शोरा [名] 《A.P. قلمی شوره》硝石；硝酸カリ

कलमुँहा [形⁺・名] (1) 顔の黒い (2) 顔に煤や墨を塗られて辱めを受けた (3) 破廉恥な；恥知らずな कलमुँही दिन भर सोई रहेगी 恥知らずな女だ．一日中寝ているだろう (4) 不吉なことを言う ऐ मर कलमुँहे こんちくしょう；この野郎

कलयुग [名] ＝कलियुग.

कलर[1] [名] 《E. color》色；色彩；カラー＝रंग. कलर टी॰वी॰ カラーテレビ＝रंगीन टी॰वी॰. **कलर फ़ोटोग्राफ़ी** カラー写真 〈color photography〉

कलर[2] [名] 《E. collar》〔服〕カラー；襟 ब्लाउज़ का कलर ブラウスのカラー

कलरव [名] (1) 鳥のさえずり；鳥の美しい鳴き声 (2) 心地よい音 (3)〔鳥〕オニカッコウ (4) ハト पक्षियों के कलरव से गूँजता भरतपुर 鳥のさえずりのこだまするバラトプル

कलवरिया [名*] カルワール（→कलवार）の酒を売る店

कलवार [名] カルワール（酒造と酒の販売を主たる生業としてきたジャーティ）

कलविंक [名] (1)〔鳥〕スズメ（雀）＝गौरैया; चटक. (2)〔仏〕かりょうびんが（迦陵頻伽）

कलविंग [名] (1)〔鳥〕スズメ（雀） (2) しみ；よごれ

कलश [名] (1) つぼ（壺）；かめ（瓶）＝घड़ा. गहनों से भरा हुआ कलश 貴金属の装身具の詰まったつぼ (2) 円屋根；ドーム (3) 尖塔 (4) てっぺん；頂き；頂上 (5) 古い重量単位の一（8セール सेर の重量に相当） (6) 骨壷 श्री कामराज की अस्थियों का कलश カームラージ氏の遺骨の入った骨壷

कलशी [名*] 小型のかめ（瓶）やつぼ（壺）

कलस [名] ＝कलश.

कलसा [名] (1) 大きな水がめ (2) 寺院の尖塔

कलसिरी[1] [形*] 喧嘩好きな；好戦的な

कलसिरी[2] [名*]〔鳥〕サンショウクイ科チビアサクラサンショウクイ【*Coracina melanoptera*】＝कलसिरी कसया.

कलसिरी चरखी [名*]〔鳥〕ムシクイ科ズグロインドチメドリ【*Rhopocichla atriceps*】

कलसी [名*] (1) 小さい水がめ (2) 小さい尖塔

कलहंस [名] (1) ＝हंस. コブハクチョウ (2) ＝राजहंस. ベニイロフラミンゴ (3) ブラフマ ब्रह्म；パラマートマー परमात्मा (4) 勝れた王

कलह [名] (1) 家庭内，夫婦・親子間のちょっとしたもめごとやいさかい बस यहीं से कलह का सूत्रपात होता है まずはここからもめごとが始まる रुपये-पैसे की तंगी के कारण घर में प्रायः रोज़ ही इसी प्रकार कलह मचा रहता है 金に困っているので家の中ではしょっちゅういさかいが起こっている परिवार में वैमनस्य तथा कलह के बीज बो देना 家庭内にいがみ合いといさかいの種をまく (2) 戦争；いくさ（戦）

कलहकारी [形] 喧嘩好きな；喧嘩早い；戦闘的な＝ कलहप्रिय; झगड़ालू.

कलहपूर्ण [形] いさかいに満ちた；もめごとだらけの यदि घर का वातावरण कलहपूर्ण है 家庭の環境がいさかいに満ちていれば

कलहप्रिय [形] ＝कलहकारी.

कलहप्रिया [形*] けんか好きな（女）＝कलहकारी.

कलहास [名] かすかな声をともなう笑い

कलहिनी [形*] 喧嘩好きな＝झगड़ालू.

कलही [形] (1) 喧嘩早い；戦闘的な； (2) 争いごとの多い आज की इस कलही राजनीति में 今日のこの争いごとの多い政治状況の中で

कलाँ [形] 《P. کلاں》(1) 年長の；年上の (2) 大きい；長い

कला [名*] (1) 芸術 चित्र कला 美術 (2) 技芸；芸；技倆；腕前 ऐसा जान पड़ता है कि सब से चतुर चितेरों ने इसी गुफा में अपनी कला दिखाई है 最高の画家たちがこの洞窟でその技倆を示しているように思われる (3) 技術；術；方法 प्रत्येक व्यक्ति को प्रेम करने की कला आनी चाहिए 人は皆恋愛術を身につけなくてはいけない बात करने की कला 話し方 ज्ञान को उपयोग में लाने की कला आप में नहीं है あなたは知識を応用する術を身につけていらっしゃらない मिट्टी के बर्तन बनाने की कला 焼き物をこしらえる技術 रेशम के कीड़े के कोये से धागे निकालने की कला まゆ玉から糸を取り出す技術 दूध दुहना एक कला है 牛乳を搾るのは一つの技術（こつ；要領）だ **कला दिखाना** 腕前を見せる；技倆を発揮する **कला न लगना** 策が通じない；策略が通じない；手が通じない (4) 月面の 16 分の 1 (5) 月の相；月相 (6) 小さな部分；十六分の一 (7) 黄道の十二分の一を通過する太陽 (8)〔天〕相；位相；象 (9)〔解〕膜；薄膜

क़ला [名] 《A. قلعه क़लआ》城；砦；城塞＝ क़िला.

कला आकाश [名]〔物理〕位相空間〈phase space〉

कलाई[1] [名*] (1) 手首 (2) 前腕 (3) 袖口

कलाई[2] [名*] (1) 刈り取った草などの束；草などを束ねたもの (2) 新穀を氏神に供える祭式 (3) 巻き糸 (4) 象の首綱

कलाई[3] [名*]〔植〕マメ科ケツルアズキ＝उरद.

कलाई घड़ी [名*] 腕時計＝कलाई की घड़ी.

कलाकंद [名] カラーカンド（煮つめた牛乳，氷砂糖，ピスタなどを原料にしてこしらえた甘味菓子）

कलाकर [名] 月＝चंद्रमा; चाँद.

कलाकार [名] (1) アーチスト；芸術家 (2)（楽器演奏者も含む）芸人；芸能人；アーチスト सर्कस के कलाकार サーカスの芸人たち (3) 芸術家 यहाँ का राजा अच्छे कलाकारों का बहुत सम्मान करता था ここの王はすぐれた芸術家たちを大いに敬っていた (4) 職人 कलाकार के दिल में ठेस लगी है 職人気質が傷つけられた (5) 美術家

कलाकुशल [形] 芸にすぐれた；熟達した；熟練した

कलाकृति [名*] 芸術品；すぐれた作品；傑作

कलाकेलि [名] カーマ神＝कामदेव.

कलाकोण [名]〔物理〕位相角〈phase angle〉

कलाकौशल [名] (1) 熟達 (2) 技術；技能；技法；技巧

कलाक्षय [名] (1) 月が満月から晦日に向かって輝きを失うこと (2) 衰退

कलाटीन [名]〔鳥〕セキレイ科ハクセキレイ【*Motacilla alba*】＝खंजन.

कलात्मक [形] (1) 芸術の (2) 芸術的な；美術的な；風雅な हर देश अपने डाक-टिकटों को सुंदर और कलात्मक बनाने का प्रयास करता है どの国も自国の切手を美しく美術的なものにしようと務めるものである कलात्मक सौंदर्य 芸術的な美 कलात्मक कृति 芸術品 कलात्मक आभूषण 風雅な装身具

कलाद [名] 金細工師＝कलादक; सोनार; स्वर्णकार.

कलादृष्टि [名*] 芸術観 नई कलादृष्टि 新しい芸術観

कलाधर [名] 月の異称の一＝चंद्रमा.

कलानाथ [名] 月＝चाँद; चंद्र; कलानिधि.

कला निकाय [名] 文学部

कलानिधि [名] 月＝चंद्रमा.

कलानिपुण [形] 芸にすぐれた；技芸に熟達した

कला पंजी [名*] 議事録

कलाप [名] (1) 集まり；集合；束；束ねたもの (2) 紐や帯など束ねたり縛ったりするもの (3)〔ヒ〕祝い事の際に手首などに巻く糸の房 (4) クジャクの尾

कलापट्टी [名*] 《Por. calafate; E. calputtee》水漏れ防止に船体の板の隙間にまいはだ（槙皮）をつめること；コーキング

कलापिनी [名*] (1)〔鳥〕雌のクジャク (2) 夜

कलापी[1] [名] (1)〔鳥〕クジャク＝मोर. (2)〔鳥〕オニカッコウ＝कोयल.

कलापी[2] [形] えびら（箙）を負った＝तरकशबंद.

कलापूर्ण [形] 風雅な；趣のある；美的な；しゃれた；いきな कलापूर्ण घर しゃれた家 उन बर्तनों की बनावट सुंदर और कलापूर्ण है それらの容器の作りは美しくしゃれている

कलाप्रिय [形] 芸術・美術を愛好する कलाप्रिय राजा 芸術を愛好する王

कलाप्रेमी [名] 芸術愛好家；美術愛好家

कलाबत्तू [名] (1) 金や銀で包んだ絹糸 (2) 金糸もしくは銀糸を絹糸と撚りあわせたもの (3) 金糸もしくは銀糸 (4) 金や銀の房飾り

कलाबा [名] ＝कलावा.

कलाबाज़ [形・名] 《H. कला ＋ P. باز》(1) 軽業をする（人）；曲芸をする（人）；軽業師；曲芸師 (2) すぐれた技を持つ（人） (3) 宙返りをする（人）

कलाबाज़ी [名*] 《H.कला ＋ P. بازی》(1) 軽業；曲芸 (2) すぐれた技；離れ技 (3) 宙返り **कलाबाज़ी खाना** 宙返りする कुछ पक्षी आकाश में कलाबाज़ियाँ खाते हैं 宙返りをする鳥がいる

कलाम [名]《A. كلام》(1) 言葉 (2) 会話；対話 (3) 表現 (4) 反対；異議；異論；不服
कलाम मजीद [名]《A. كلام مجيد कलामे मजीद》〔イス〕イスラム教根本聖典コーラン（クルアーン）= कुरान शरीफ़.
कलामुल्लाह [名]《A. كلام الله》〔イス〕神の言葉；聖コーラン
कलामे पाक [名]《A.P. كلام پاک》〔イス〕コーラン（クルアーン）
कलामे मुस्तदाम [名]《A. كلام مستدام》〔イス〕神託；預言
कलाय [名]〔植〕エンドウマメ= मटर.
कलार [名] = कलाल; कलवार.
कलारी [名*] (1) 酒の製造所や販売所；飲み屋= कलवरिया; शराब की दुकान. मैंने उसे कलारी में घुसते हुए देखा था 私はあの男が飲み屋に入るところを見かけた (2) カラール・ジャーティの女性（→ कलाल）
कलाल [名] 酒を造り販売するジャーティ（の人）= कलवार. **कलाल की दूकान पर पानी भी पीओ, तो शराब का गुमान होता है** 〔諺〕李下の冠；李下に冠をただざず
कलालख़ाना [名]《H.+ P. خانه》(1) 酒屋 (2) 造酒屋
कलाली [名*] = कलारी. (1) 酒造りと酒の販売 (2) カラール（酒造カースト）の女性
कलावंत [名] (1) 技芸の達人；すぐれた技芸の持ち主 (2) = कलाबाज़.
कलावती [形*] 技芸にすぐれている
कलावा [名] (1) 糸玉 (2) ヒンドゥーが慶祝の際手首や水がめの首にまきつける赤と黄の糸の房 (3) 象の御者が足をかけて乗るために象の首にかけるロープ (4) 象の首
कलावाद [名]〔芸〕芸術至上主義
कलावान [形] 技芸にすぐれている
कलावेग [名]〔物理〕位相速度〈phase velocity〉
कलाशाला [名*] ギャラリー；画廊= गैलरी.
कला संकाय [名] 文学部；文科= आर्ट्स फ़ैकल्टी.〈Arts Faculty〉
कलासमीक्षक [名] 美術評論家
कलासी [名*] (1) つなぎ目 (2) 手練手管
कलिंग [名] (1)〔イ史〕カリンガ（マウリヤ王朝のアショーカ王が征服し仏教に帰依するきっかけになったとされる古代国家で現今のオリッサ州の海岸部に位置したとされる） (2)〔鳥〕ツル科クロヅル= कुलंग.
कलिंगा [名*]〔植〕ヒルガオ科蔓草フウセンアサガオ【*Ipomoea turpethum*】
कलिंज [名]〔植〕イネ科草本セイタカヨシ【*Phragmitis karka*】= नरकट; नरकल.
कलिंद [名] (1) カリンダ山（ヤムナー川が源を発するヒマラヤ山脈中の山） (2)〔植〕シクンシ科セイタカミロバラン= बहेड़ा.
कलि[1] [名] (1) = कलियुग. 〔イ神〕カリ・ユガ（合わせて 86 億 4000 万年が 4 期に分かれるカルパ कल्प という期間で生成と消滅を繰り返すとされるヒンドゥー教の世界観で現在展開しているのは最後の第 4 期. 世が乱れ正法が最少のものとなる最悪の時代である）；また，これの擬人化されたもの；末世；汚濁時代 (2) 争い；闘争；いさかい (3) 悪；悪事 (4) けがれ (5) さいころの 1 の面 (6) セイタカミロバランの果実
कलि[2] [形] 黒い；黒色の= काला; श्याम.
कलिकर्म [名] (1) いやしむべき行為；悪事 (2) 戦争；いくさ
कलिका [名*] (1) つぼみ（蕾）；花の芽 (2) 胚芽
कलिकारक [形] 好んで争いや喧嘩を起こす；好戦的な
कलिकाल [名] カリユガ，すなわち，末世→ कलियुग.
कलिकालीन [形] カリユガの；末世の→ कलियुग.
कलिजुग [名]〔ヒ〕カリユガ= कलियुग.
कलित [形] (1) 知らされた；明かされた (2) 得られた；取得された (3) 整えられた；飾られた (4) 美しい कलित कोकिल कलोल कर रहे हैं 美しいカッコウが遊んでいる
कलितरु [名]〔植〕セイタカミロバラン= बहेड़ा.
कलिप्रिय [形] (1) 喧嘩好きな (2) 品性下劣な
कलिमल [名] (1) けがれ（汚れ；穢れ） (2) 罪悪
कलिमा [名] = कलमा. कलिमे की उँगली 人指し指
कलियाना [自] (1) 新芽が出る (2)（鳥の毛が）生えかわる
कलियुग [名]〔ヒ〕カリユガ= कलि[1]. → युग. ヒンドゥーの宇宙観によれば，繰り返される生成・消滅の四年紀，すなわち，四時期の第 4 を指しそれは末世とされる. 現在はこのカリユガ期が展開しているものとされる
कलींदा [名]〔植〕ウリ科スイカ= तरबूज़.
कली [名*] (1) つぼみ（蕾）；花芽 गुलाब की छोटी-सी कली की तरह バラの小さな蕾のように (2) 処女；乙女 = कन्या. (3)〔裁〕おくみ（衽） (4) 水ぎせるの水の入っている部分 **कली खिलना** 上機嫌になる；嬉しくてたまらなくなる **कली मुरझाना** 沈んだ顔になる
कलीदार [形]《H.कली+ P. دار दार》おくみのついた कलीदार कुर्ता おくみのついたクルター
क़लीया [名]《A. قليه》焼き肉= भुना हुआ गोश्त.
कलीरा [名] 子安貝やナツメヤシの実を用いてこしらえた首飾り（祝い事や祭礼の際に子供に贈られる）
कलील [形] 微少の；微量の
कलीसा [名]《P. كليسا / كليسه ←Gr.》〔キ〕キリスト教教会= गिरजा; गिरजा घर.
कलीसाई [形・名] (1) キリスト教の (2) キリスト教徒= ईसाई; मसीही.
कलीसिया [名] (1) キリスト教団；キリスト教会 (2) ユダヤ教団；ユダヤ教会
कलुष[1] [名] (1) 汚れ（よごれ） (2) 不浄；けがれ (3) 欠陥 (4) 罪科；とが
कलुष[2] [形] (1) 汚れた (2) いやらしい；けがらわしい (3) 欠陥のある (4) 科のある
कलुषित [形] (1) 汚れた；よごれ腐った (2) けがらわしい；いやらしい；けがれた नशे से पागल आदमियों की कलुषित आँखें 酔っぱらいのいやらしい眼 कलुषित क॰ けがす द्वेष के समान कलुषित करनेवाला मल नहीं 憎しみほど人をけがすけがれはない (3) 悪い；正常でない (4) 悪い；罪深い；堕落した मेरे जैसे कलुषित मनुष्य 私みたいな堕落した人間
कलुषी [形] (1) 汚らしい (2) けがらわしい (3) 欠陥のある (4) 悪い；罪のある
कलूटा [形[+]] 肌の色が真っ黒な
कलेंडर [名]《E. calendar》カレンダー；暦
कलेक्टर [名]《E. collector》(1) コレクター（インドの行政及び徴税単位としての ज़िला，すなわち，県 district の長官. 県の行政上の一切の監督・指導をするほか治安維持の責任も負う） (2) 英領インド時代には県の行政責任者で治安判事の任にも当たったので collector magistrate とも district magistrate とも呼ばれた = कलक्टर; ज़िलाधीश. (3) 徴税官 = समाहर्ता.
कलेजई[1] [形] えんじ色（臙脂色）の
कलेजई[2] [名] えんじいろ（臙脂色）
कलेजा [名] (1) 心臓 कलेजा धक-धक क॰ 心臓がどきどきする (2) きも（肝）；肝臓 (3) 生命の中枢となるものと考えられている心臓，肺臓，肝臓などの総称 (4) 心；気持ち；精神；胸；気 महतारी का कलेजा तुम नहीं जानते 母の心をお前は知らない (5) きも；肝っ魂；勇気 जिसके पास कलेजा है, वही आजकल नौकर रख सकता है 近頃は勇気のある人しか使用人を雇えない (6) 思いやり；同情心 **कलेजा उछलना** *a.* どきどきする；胸が騒ぐ；興奮する *b.* 嬉しくなる；喜びにあふれる **कलेजा उड़ना** 気が動転する；肝がつぶれる；正気を失う= कलेजा उड़ा जा॰. **कलेजा उमड़ा पड़ना** 胸がいっぱいになる；胸が詰まる **कलेजा उलटना** *a.* 肝がつぶれる；気を失う *b.* 動転する；動揺する *c.* 吐き気がして気分が悪くなる **कलेजा कँपाना** おびえさせる；怖がらせる **कलेजा कचोटना** 胸が痛む **कलेजा कटना** 胸が張り裂ける；とても悲しい思いをする **कलेजा कड़ा क॰** 気を強く持つ；気をしっかり持つ **कलेजा कबाब हो॰** 激しく胸が痛む **कलेजा कसकना** = कलेजा कचोटना. **कलेजा काँपना** 怖くて肝がつぶれる；胸がつぶれる；震え上がる अरे ग़ज़ब! लौटकर जाने की याद आती है तो कलेजा काँपने लगता है これはえらいことになった. 帰ることを思うと胸がふさがってしまう **कलेजा काढ़कर रख दे॰** 全身全霊を捧げる；すべてを捧げる **कलेजा काढ़ना** *a.* ひどく苦しめる；辛い目に遭わせる *b.* 魂を奪う= दिल चुराना; दिल छीन ले॰. *c.* すべてを奪う **कलेजा कूटना** とても悲しむ；激しく悔やむ **कलेजा खाना** ひどく苦しめる；大いに悩ます **कलेजा खिलना** 嬉しくなる；喜ぶ **कलेजा खिलाना** 苦労して大切に育てる **कलेजा खुरचना** *a.* ひどく胸が痛む *b.* とてもひもじい **कलेजा खोलकर** 心から；心底から **कलेजा खोलना** 胸襟を開く；腹を割って話す **कलेजा**

गोदना = कलेजा छलनी क॰. **कलेजा चलनी क॰** = कलेजा छलनी क॰. **कलेजा चलनी हो॰** 胸がずたずたになる **कलेजा चाक-चाक हो॰** = कलेजा चलनी हो॰. **कलेजा चिरना** 胸が張り裂ける **कलेजा चीरकर दिखाना** 包みかくさず思いを語る；胸のうちをすっかり打ち明ける **कलेजा छलनी क॰** 胸を突き刺すようなことを言う **कलेजा छिदना** 胸を裂かれる= कलेजा छिलना. **कलेजा छूटना** 感情がたかぶる **कलेजा छेदना** = कलेजा छलनी क॰. **कलेजा छोटा क॰** がっかりする；落胆する **कलेजा जलना** *a.* 胸焼けがする；胸が焼ける *b.* 辛い思いをする；悲しい思いをする *c.* とても腹が立つ *d.* ひどく妬ましい **कलेजा जलाना** 悲しませる **कलेजा टूक-टूक हो॰** 胸が張り裂ける **कलेजा टूटना** *a.* 大変に辛い思いをする *b.* 気力を失う；落胆する；がっかりする *c.* 衰弱する **कलेजा ठंडा क॰** 願いを叶える **कलेजा ठंडा हो॰** *a.* 願いが叶う *b.* 胸のつかえがおりる；気分がすっとする；気がせいせいする कलेजा ठंडा हो गया, आँखें ठंडी हो गई 胸のつかえがおりた．すっとした **कलेजा डोलना** あれこれ迷う；気持ちが迷う **कलेजा तर हो॰** *a.* 嬉しくなる；満足する；*b.* すっとする；気持ちがせいせいする **कलेजा तोड़कर** 必死になって；死にもの狂いで；必死の思いで बैल कलेजा तोड़कर चला 牛は死にものぐるいで進み出した **कलेजा थर थर क॰** = कलेजा काँपना. **कलेजा थर्राना** = कलेजा काँपना. **कलेजा थामकर बैठ जा॰** *a.* 悲しみにじっと耐える *b.* がまんする *c.* 諦める **कलेजा थामकर रह जा॰** = कलेजा थामकर बैठ जा॰. **कलेजा दरकना** 胸が張り裂ける **कलेजा दहलना** 肝がつぶれる；胸がつぶれる **कलेजा दूना हो॰** 元気が出る；勇気が湧く **कलेजा दो टूक हो॰** 胸がいっぱいになる；胸がふさがる；ひどく気の毒に思う；とても哀れに感じる；胸が張り裂ける **कलेजा धँसा जा॰** 気が滅入る **कलेजा धक से हो॰** ぞっとする；震えあがる **कलेजा धक धक क॰** = कलेजा धड़कना. **कलेजा धड़कना** *a.* 恐怖や不安のため胸がどきどきする उम्मीदवारों के कलेजे धड़क रहे थे 受験者たちは胸がどきどきしていた *b.* 胸がつぶれる；震えあがる **कलेजा धड़काना** 恐れさせる；怖がらせる **कलेजा धुकुर पुकुर (हुकुर पुकुर) क॰** = कलेजा धक धक क॰. **कलेजा निकलना** *a.* とても大切なものや最愛のものを失う *b.* 胸の張り裂ける思いをする；とても辛い；とても悲しい *c.* くたくたになる；へとへとになる **कलेजा निकालकर रख दे॰** *a.* すべてのものを与える；一切のものを捧げる *b.* 最愛のものを与える *c.* 包みかくさず話す *d.* 必死になって努力する **कलेजा निकालना** *a.* 大切なものを奪う *b.* ひどく苦しめる；責めさいなむ *c.* 魅了する；うっとりさせる **कलेजा नुचना** 胸が痛む **कलेजा पकड़कर बैठ जा॰** = कलेजा पकड़कर रह जा॰; कलेजा थामकर बैठना. **कलेजा पकड़ना** *a.* 悲しむ *b.* 気を張る；気をしっかり持つ **कलेजा पक जा॰** あまりの悲しみにいやになる अब समझाने-बुझाने से काम न चलेगा, सहते-सहते हमारा कलेजा पक गया もう話し合いではどうすることもできぬ．辛抱を重ねてくたびれ果てた **कलेजा पकाना** うんざりさせる；飽き飽きさせる **कलेजा पत्थर (का) क॰** *a.* 気をしっかり持つ *b.* 無慈悲な振る舞いをする **कलेजा पत्थर का हो॰** 無慈悲な；情け容赦のない；全く思いやりのない **कलेजा पसीजना** 哀れを催す；哀れに思う；気の毒になる= कलेजा पानी हो॰. **कलेजा पानी हो॰** = कलेजा पसीजना. **कलेजा पिघलना** 気持ちがやわらぐ **कलेजा पुदीने के पत्ते के बराबर हो॰** 気の弱い **कलेजा पोढ़ हो॰** 元気になる；勇気が湧く **कलेजा फटना** *a.* 胸が張り裂ける *b.* いやけがさす *c.* 妬ましくなる **कलेजा फाड़कर** *a.* 心から *b.* 必死に；懸命に (-का) **कलेजा फाड़ना** (ーを) 悲しませる；(ーに) 辛い思いをさせる **कलेजा फुँकना** 辛い思いをする **कलेजा फूल उठना** とても嬉しくなる；大喜びする **कलेजा बड़ा हो॰** 気前のよい **कलेजा बढ़ जा॰** 元気が出る；勇気が出る **कलेजा बल्लियों उछलना** *a.* 嬉しくてたまらない *b.* どきどきする；はらはらする= कलेजा बाँसों उछलना. **कलेजा बाँसों उछलना** = कलेजा बल्लियों उछलना. **कलेजा बिंधना** = कलेजा छिदना. **कलेजा बिछा दे॰** *a.* 助ける；助力する；協力する *b.* 身を捧げる **कलेजा बींधना** = कलेजा गोदना. **कलेजा बैठा जा॰** *a.* ひどく動揺する；気が動転する *b.* 気力がなくなる；元気がなくなる **कलेजा मज़बूत क॰** 元気を出す；気合を入れる **कलेजा मलना** 苦しめる；痛めつける **कलेजा मसोसकर रह जा॰** 悲しみにじっと耐える **कलेजा मुँह को आ॰** *a.* 胸がふさがる；胸がいっぱいになる श्यामा का कलेजा मुँह को आ गया シャーマーは胸がいっぱいになった *b.* 肝がつぶれる；肝をつぶす；胸がつぶれる；たまげる भय से मेरा कलेजा मुँह को आने लगा 恐ろしさに肝がつぶれそうになった **कलेजा रखना** 勇気を持つ **कलेजा रूखा कर** 勇気を出して；意を決して；決心して वह उसकी अंतिम चिट्ठी थी.मैंने कलेजा रूखा कर उसे ज़ोर से पढ़ दिया それがあの人の最後の手紙だった．勇気を出して大声で読んだ **कलेजा सन्न से हो॰** どきっとする **कलेजा सन्न हो॰** どきっとする；びくっとする；ぎくっとする **कलेजा साल हो॰** 辛い思いをする **कलेजा सुलगना** *a.* 怒る；かっとなる *b.* 心が痛む；胸が痛む **कलेजा सूख जा॰** 震えあがる；おびえる **कलेजा हाथ भर का हो॰** *a.* 元気が出る；勇気が出る *b.* 忍耐強い；我慢強い **कलेजा हिलना** *a.* ひどくおびえる；大変不安になる *b.* ひどく胸を痛める；心を痛める **कलेजा हुकुरपुकर क॰** = कलेजा धक धक क॰. **कलेजे का आदमी** 勇気のある人 **कलेजे का घाव** 心の傷；心に受けた深い傷 **कलेजे का छाला छिलना** ひどく苦しむ **कलेजे का टुकड़ा** *a.* 最愛のもの *b.* 愛し子；愛児；わが子 क्या तेरा ये फ़ैशन तेरे कलेजे के टुकड़े से भी प्यारा है お前にはわが子よりもこのファッションの方が大切なのかい **कलेजे का टुकड़ा-टुकड़ा क॰** ひどく苦しむ **कलेजे की कोर** = कलेजे का टुकड़ा. (-के) **कलेजे के पार हो॰** (ーに) 強い影響を与える **कलेजे को ठंडक पड़ना** 心がやすらぐ；気持ちがおさまる；せいせいする；すっとする= कलेजे को ठंडक पहुँचना. (-के) **कलेजे को मसलना** (ーの) 心を傷つける **कलेजे पर घाव हो॰** 苦しめる **कलेजे पर चोट आ॰** 心にひどい打撃を受ける= कलेजे पर चोट लगना. **कलेजे पर चोट दे॰** 心を傷つける **कलेजे पर छुरी चलना** 胸に深く迫る **कलेजे पर पत्थर रखना** 感情を殺す；気を強く持つ रानी कलेजे पर पत्थर रखकर आँसू पी गयी 王妃は気持ちを強く持って涙をこらえた **कलेजे पर बिजली गिरना** 心に痛手を受ける；ひどいショックを受ける **कलेजे पर मक्खन मला जा॰** = कलेजे को ठंडक पहुँचना. **कलेजे पर रखा रहना** *a.* 深く記憶に残る *b.* (食物がこなれずに) 胸につかえる **कलेजे पर लकीर खिंच जा॰** 心に深く刻まれる **कलेजे पर लिखा हो॰** 記憶に残る **कलेजे पर साँप लोटना** *a.* とても妬ましく思う *b.* 思い出しても恐怖心にとらわれる *c.* ひどく悲しい思いをする **कलेजे पर हाथ धरना** = कलेजे पर हाथ रखना. **कलेजे पर हाथ रखकर देखना** = कलेजे पर हाथ रखना. **कलेजे पर हाथ रखना** 胸に手を置く；よく考える；冷静に考える **कलेजे में आग लगना** *a.* 辛い思いをする *b.* 妬ましい *c.* 恋に落ちる **कलेजे में उतरना** 胸に響く (-) **कलेजे में कसकना** (ーが) 苦しめる；悩ませる **कलेजे में काँटा खटकना** 胸が痛む；胸に突き刺さる **कलेजे में काँटे-सा चुभना** 胸に突き刺さる **कलेजे में कोंचना** = कलेजे में कसकना. **कलेजे में खरकना** = कलेजे में कसकना. **कलेजे में गाँठ पड़ना** わだかまりができる (-के) **कलेजे में घुसना** *a.* (ーの) 信用を得る *b.* (ーの) 腹の底をさぐるため接近したり親しくする **कलेजे में चुटकियाँ ले॰** = कलेजा गोदना. **कलेजे में छाले पड़ना** 激しい痛みを覚える；ひどい苦しみが生じる (-) **कलेजे में छेद क॰** (ーが) 胸に突き刺さる；激しく苦しめる **कलेजे में जलन हो॰** = कलेजा जलना. **कलेजे में ठंडक पड़ना** 気分が良くなる；胸がすっきりする **कलेजे में (-) डालना** *a.* (ーを) 手元に置く；そばに置く *b.* とても可愛がる **कलेजे में दम हो॰** 勇気を持つ **कलेजे में पैठना** = कलेजे में घुसना. **कलेजे में लगना** *a.* 重苦しく感じられる *b.* 害を及ぼす **कलेजे में सुई चुभना** 激しい痛みが生じる **कलेजेवाला आदमी** 勇気のある人；度胸のある人；胆力のある人 **कलेजे से चिपकाए रहना** 四六時中手もとに置く **कलेजे से धुआँ उठना** 嘆息が出る **कलेजे से लगाना** *a.* 片時も手放さない *b.* 抱き寄せる

कलेजी [名*] (1) 動物の肝臓；きも (肝) बकरे की कलेजी 山羊の肝 (2) 食品としての動物の肝臓；レバー= लिवर.

कलेजेखाई [名*] (1) 子供に呪法をかけて殺すと信じられる鬼女；ダーイン (डाइन) (2) シータラー (疱瘡神) (शीतला)

कलेवर [名] (1) 人間の身体；生きている身体；うつせみ (2) 外形 देवालय का बाह्य कलेवर 寺院の外形 **कलेवर बदलना** *a.* (死んで) 生まれ変わる *b.* 新しい姿に生まれ変わる；新しくなる हर बारहवें वर्ष तीनों देवमूर्तियों का कलेवर बदला जाता है 12 年目ごとにジャガンナート寺院の 3 つの御神体が新しくされる *c.* 病気がすっかり治る；快癒する

कलेवा [名] (1) 朝の食事；朝の軽食 (昼食及び夕食の भोजन と区別する) = नाश्ता. (2) 弁当；携帯食 जो कलेवा लेकर चला है, वह संगियों को बाँट कर खाने में आनंद पाता है 弁当を持って行った人は仲間と分け合って食べるのが楽しいものだ (3)〔ヒ〕結婚式で花婿が友人たちと花嫁の家に食事に訪れる儀礼

कलैया [名*] でんぐり返り；宙返り **कलैया खाना** でんぐり返る；宙返りする＝कलैया मारना. उलटी कलैया खाना さかさ宙返り；トンボ返り

कलोल [名] はしゃぎ；飛び跳ねること；飛んだり跳ねたりすること कलोल क॰ はしゃぐ；飛び跳ねる

कलौंछ[1] [形] 黒っぽい；黒みがかった＝कलौंस[1]

कलौंछ[2] [名] ＝कलौंस[2]

कलौंजी [名*] (1)〔料〕ニガウリやナスなどに調味料をつめて油で炒めたり油で揚げたりした料理；カローンジー (2)〔植〕キンポウゲ科草本ニゲラ・サティヴァ【*Nigella sativa*】；カローンジー（クロタネソウの近似種で種子が香味料）

कलौंस[1] [形] 黒っぽい；黒みがかった

कलौंस[2] [名*] (1) 黒み；黒っぽさ；浅黒さ अब तो उसके गोरे चेहरे पर कलौंस आ गयी है, हँसी जैसे होंठों को हलके से छूकर लौट जाती है もはや彼女の色白の顔はうっすら黒ずんできている．笑みはまるで唇にほんの一寸浮かんだだけで戻っていく (2) 汚点＝कालिख；कलंक.

कल्क [名] (1) 粉；粉末 (2) かす（滓）；残りかす (3) 汚れ；あか（垢） (4) 悪；悪さ；邪悪 (5) 糞 (6)〔植〕シクンシ科の高木セイタカミロバラン

कल्कि [名]〔イ神〕カルキ（カリユガの終わりに現れるとされるヴィシュヌ神の第十番目の化身） → कलियुग.

कल्कि पुराण [名]〔ヒ〕カルキ・プラーナ（18 ウパプラーナの一） → उपपुराण.

कल्चर डिशीज [名]《E. culture dishes》シャーレ

कल्प [名] (1) 聖なる規定 (2) 規定；定め (3)〔ヒ〕祭祀；儀礼；儀式；儀軌；礼拝の方法 देवपूजन, राज्यारोहण, दीक्षाग्रहण सब के साथ अभिषेक मुख्य कल्प के रूप में जुड़ा है 神の礼拝，即位，入門すべてに灌頂が主たる儀式としてつながっている (4)〔ヒ〕祭事学 (5)〔イ神〕インドの時間単位の最長のもの，劫；カルパ；ブラフマー神の一日（諸説あるが，1000 ユガに相当；人間界では 86 億 4000 万年の期間に相当するとされる） → युग. (6)〔ヒ〕宇宙の終滅

-कल्प [造語]（ーに）等しい；匹敵する；並ぶ

कल्पक[1] [名] 理髪師；床屋＝नाई；हज्जाम.

कल्पक[2] [形] (1) カルパ（劫）（कल्प）に関する (2) ヴェーダの規定によって生じる

कल्पकार[1] [形]〔ヒ〕バラモン教の聖典研究の学問のうち祭事学 कल्प सूत्र に含まれる 4 種の経典，すなわち，シュラウタ・スートラ（श्रौतसूत्र 天啓経），グリヒヤ・スートラ（गृह्य सूत्र 家庭経），ダルマ・スートラ（धर्म सूत्र 律法経），シュルヴァ・スートラ（शुल्व सूत्र 祭壇経）を作った；祭事経を作った

कल्पकार[2] [名] 祭事学，すなわち，カルパ・シャーストラ（कल्पशास्त्र）の経典の作者

कल्पतरु [名]〔イ神〕インドラ神の天界に存在すると考えられている，あらゆる願いを叶えてくれる樹．如意樹＝कल्पवृक्ष.

कल्पद्रुम [名] ＝कल्पतरु；कल्पवृक्ष.

कल्पन [名] (1) 製作；製造；創出 (2) 整理；装飾 (3) 想像 (4) 切り取り；切断

कल्पना [名*] (1) 想像；想定；考えること；仮想 ऐसी घटना घटने की तो लोग कल्पना भी नहीं कर सकते थे このような事件が発生するとはだれも想像することさえできなかった आज बिजली के बिना जीवन की कल्पना करना भी दूभर लगता है 今日，電気のない生活は想像するのも困難だ अनंत आकाश को देखकर ईश्वर नामक विराट शक्ति की कल्पना तो की जा सकती थी はてしなく広がる空を見て神という巨大な力を想像することができた ऐसे माहौल में अंतर्जातीय विवाह की कल्पना करना भी हास्यास्पद है こういう状況の中でジャーティ外の結婚は考えることさえ滑稽なことだ (2) 着想；思いつき；考え；考えたこと यह ध्वज भी पियेर दे कूबर्तेन की कल्पना थी この旗もピエール・ド・クーベルタンの着想だった हर एक का अरमान था कि किसी अच्छे घर में उसकी शादी की जाए और अच्छे घर की कल्पना हर एक की अलग अलग थी だれしもがあの子が良家に嫁ぐことを願っていたが，良家ということで考えたことは人それぞれに異なったものであった (3) 推定；推測 (4) 空想 **कल्पना के घोड़े दौड़ाना** 空想を次から次へと巡らす **कल्पना के परों पर उड़ना** 空想に耽る (5) イマジネーション

कल्पनातीत [形] 推定以上の；予想以上の；思いもよらない कल्पनातीत सफलता 予想を越えた成功

कल्पनाप्रसूत [形] (1) 想像された (2) 思いつきの

कल्पनालोक [名] 空想の世界；想像の世界

कल्पनाशक्ति [名*] 想像力；イマジネーション बच्चों की कल्पनाशक्ति को बढ़ाने में 子供たちの想像力を増す上で कल्पनाशक्ति का अभाव 想像力の欠けていること；奔放な発想力の乏しいこと；融通のきかぬこと

कल्पनाशील [形] 想像力の豊かな

कल्पनाशीलता [名*] ←कल्पनाशील. 想像力の豊かさ；想像力のたくましさ श्रीमती नायडू की कल्पनाशीलता ナーイドゥー夫人の想像力の豊かさ अपनी सौंदर्य दृष्टि की मौलिकता और अपनी कल्पनाशीलता 美意識の独自性と想像力のたくましさ

कल्पनीय [形] 想像できる

कल्पपादप [名] ＝कल्पतरु.

कल्पलता [名*] ＝कल्पतरु.

कल्पवयन [名] 思案；思いめぐらすこと；思い悩むこと；困惑；考えの整理がつかず混乱すること

कल्पवास [名]〔ヒ〕マーガ月（インド暦の 11 月）にひと月間，ヒンドゥーがガンジス川のほとりの聖地で身を慎んで過ごす行＝मास कल्प.

कल्पवृक्ष [名] ＝कल्पतरु.

कल्पसूत्र [名]〔ヒ〕カルパスートラ（祭事経ー天啓経 श्रौतसूत्र，家庭経 गृह्यसूत्र，律法経 धर्मसूत्र，祭壇経 शुल्वसूत्र，の総称）

कल्पहिंसा [名*]〔ジャ〕在家生活を営む中で生じる殺生

कल्पांत [名] カルパ（कल्प）の終わりに生じる全世界の破滅

कल्पातीत [形] 永遠の；永遠に続く；終わりなき＝नित्य.

कल्पित [形] (1) 空想の；想像上の कल्पित प्राणी 想像上の動物 (2) 仮定の＝मनगढ़ंत；फ़र्ज़ी. (3) 作りものの

क़ल्ब [名]《A. قلب》(1) 心臓 कल्ब और फेफड़ा 心臓と肺 (2) 心；胸；魂；精神 (3) 核；中核；核心 (4) 軍の中枢 (5) 知力

क़ल्बी [形]《A. قلبی》(1) 心の；魂の (2) 心からの；心底からの

कल्मष[1] [名] (1) 罪悪；悪 (2) 汚れ；けがれ；汚点 (3) 欠陥 (4) 膿

कल्मष[2] [形] (1) 罪のある (2) 汚れた；けがれた (3) たちの悪い；悪質な

कल्मषहीन [形] けがれなき；汚れなき；汚点のない

कल्माष[1] [形] (1) まだら（斑）の；ぶちの (2) 白黒の斑の

कल्माष[2] [名] 白黒のまだら（斑）；白黒のぶち

कल्य[1] [形] (1) 息災な；健康な (2) 賢明な；利発な (3) 上手な；熟達した；達者な

कल्य[2] [名] (1) 健康なこと；無病息災 (2) 早朝；早暁 (3) 明日 (4) 昨日

कल्यपाल [名] ＝कलवार.

कल्यवर्त्त [名] 朝食＝कलेवा；नाश्ता.

कल्याण [名] (1) 安寧；幸福；幸せ；めでたさ मानवमात्र के कल्याण के लिए 全人類の幸福のため (2) 善；善行 मानवमात्र का कल्याण 全人類の安寧

कल्याणकारी [形] (1) 安寧をもたらす；福祉の；世のためになる；めでたい कल्याणकारी कार्य 福祉事業；福利事業 कल्याणकारी राज्य 福祉国家 (2) 有益な；ためになる गुरुजनों का कल्याणकारी उपदेश 師の有益な教え

कल्याणी[1] [形*] (1) 福利をもたらす；めでたい (2) 幸運な (3) 美しい

कल्याणी[2] [名*] (1)〔イ神〕カッリヤーニー（あらゆる願いを叶えてくれるとされる雌牛） (2) 雌牛

कल्ल [形] 耳の聞こえない；聾の＝बहरा.

कल्लर[1] [形] (1) 不毛の (2) 塩分を含んだ **कल्लर भूमि** アルカリ平地；アルカリ平原〈alkali flat〉

कल्लर[2] [名] (1) 不毛の地 (2) 塩分を含んだ土 (3) フラー土 (4) 硝石を産する土地

कल्ला[1] [名] (1) ふたば（二葉，双葉）＝अँखुआ；डाभ. (2) 芽；木の芽；花芽など कल्ला निकलना 木の芽が出る

कल्ला[2] [名]《P. کله》(1) 頬の内側；口；あご (2) 大臼歯 (3) あごからのどまでの部分 (4) 同上の肉 (5) こめかみ **कल्ला चलाना** 口を動かす；食べる **कल्ला दबाना** *a.* 相手の口を押さえる；口を開かせない；相手に話させない *b.* 殺す **कल्ला फुलाना** *a.* ふくれ面

をする *b.* うぬぼれる **कल्ला भर आ॰** 太る；肥える **कल्ला मारना** ほらを吹く

कल्ला[3] [名]（ランプやガス灯の）火口（ほくち） मंजू से चिमनियाँ, कल्ले, बत्तियाँ साफ़ करा रहा था マンジューにほや（火屋），ほくち，灯心の掃除をさせているところだった

कल्लातोड़ [形] 《P. کله + H. तोड़》 (1) 強力な；猛烈な (2) 返す言葉のない

कल्लादराज़ [形] 《P. کله دراز》 (1) 口の達者な；おしゃべりな (2) 大きな口をきく

कल्लादराज़ी [名*] 《P. کله درازی》 (1) 大きな口を叩くこと (2) おしゃべりなこと

कल्लाना[1] [自] (1) ひりひりする (2) 痛みが走る；痛む

कल्लाना[2] [自] (1) 芽が出る；発芽する (2) 大きくなる

कल्लेदराज़ी [名*] = कल्लादराज़ी.

कल्लोल [名] (1) 波 = तरंग. (2) 喜び；心の浮き立つこと

कल्लोलना [自] 小躍りする；雀躍する；遊ぶ；飛び跳ねる；うきうきする；ふざける；たわむれる हिमालय के तुषारमंडित स्वर्ण शिखर से कल्लोलकर बहनेवाली गंगा और यमुना ヒマラヤの雪に覆われた金色の頂きから躍り出て流れるガンジス川とヤムナー川

कल्लोलिनी [名*] 波打つように勢いよく流れる川

कल्ह [名] = कल[1]. यह सब कल्ह की बात है これはみな昨日のことだ

कल्हण 〔人名〕カルハナ（12 世紀のカシミールの史家，サンスクリット語による王統史ラージャタランギニー राजतरंगिनी が有名）

कवँल [名] へその緒= जेर.

कवक [名] (1) 食べ物の一口分 (2) きのこ；きのこ類 (3)〔植〕真菌類；真菌植物；菌類

कवकजाल [名] 菌糸体 〈mycelium〉

कवकतंतु [名] 菌糸 〈hypha〉

कवकनाशी [名] 殺菌剤

कवच [名] (1) 覆い (2) 鎧，鎧兜，鎖帷子などの武具 (3) 果物や植物の皮 (4) 護身の呪文やそれを書いたもの（お守りとして身につける） (5) 殻

कवच कोठरी [名*]〔軍〕トーチカ

कवचधारी[1] [形] (1) 覆いをつけた (2) 鎧兜を身につけた

कवचधारी[2] [名]〔動〕軟体動物= मोलस्का. 〈mollusk〉

कवचप्राणी [名]〔動〕甲殻類 〈shelfish〉

कवचित [形] (1) 鎧をつけた；鎧甲をつけた (2) 装甲した

कवचितयान [名]〔軍〕装甲車= बख़्तरबंद गाड़ी.

कवची [形] 貝殻や甲羅をつけた

कवटी [名*] 扉= किवाड़ का पल्ला.

कवयिता [名] 詩人= कवि.

कवयित्री [名*] 女流詩人→ कवि 詩人

कवर[1] [形] (1) 入り混じった；混じた (2) まだらの；斑の

कवर[2] [名] (1) 髪の房；髪の束 (2) 花束

कवर[3] [名] 食べ物の一口分= कौर.

कवर[4] [名] 《E. cover》 (1) 覆い；覆う物；カバー (2) 本の表紙 = कवर पृष्ठ. (3) 封筒 मेज का कवर テーブルカバー प्लास्टिक कवर में लिपटे दो बहुत बड़े नक्शे プラスチックのカバーに包まれた 2 つの大地図

कवरपृष्ठ [名] 《E. cover + H.》 表紙

कवरेज [名] 《E. coverage》 (1) 報道 (2) 放送 इस आयोजन के कवरेज हेतु この催しの放送のため

कवर्ग [名] デーヴァナーガリー字母表の क から始まる行（क，ख，ग，घ，ङ）

कवल[1] [名] (1) 食べ物の一口分 (2) うがいの際一度に口に入る水の分量

कवल[2] [名] 端；隅

कवलग्रह [名] (1) 口をすすぐために口に含む一口分の水 (2) 古代の重量の単位= 16 マーシャー（माशा）= 1 カルシャ（कर्ष）

कवलन [名] 口に入れること；口にすること

कवलिका [名*] 包帯；傷に当てる布

कवलित [形] 口に入れられた；口に含まれた

कवाट [名] (1) 扉= किवाड़; कपाट. (2) 戸；開き戸

क़वाम [名] 《← A. قوام क़िवाम》 (1) 煮つめたもの；煮つめた汁= क़िमाम. (2) シロップ= चाश्नी; शीरा.

क़वायद [名, pl.] 《A. قواعد कवाइद ← قاعده क़ाइदा/क़ायदा》 (1) 規則；きまり (2) 文法；文法規則 (3) 軍事訓練 (4) 閲兵 **क़वायद क॰** *a.* 軍事訓練をする *b.* 軍事訓練を受ける **क़वायद दे॰** 軍事訓練を受ける **क़वायद का मुआइना क॰** 閲兵をする

क़वायदगाह [名*] 《A.P. قواعد گاه》 練兵場；閲兵場

कवि [名] (1) 詩人 (2) 賢者；賢人；聖仙

कविक [名]（馬具の）はみ；銜

कविता [名*] 詩= काव्य. कविता क॰ 詩作する；詩を詠む= कविता पढ़ना; कविता रचना.

कविता-पाठ [名] 詩の吟唱（吟誦）；詩の朗詠

कविता-लेखन [名] 詩作

कवित्त [名] (1) 詩= कविता; काव्य. (2)〔韻〕カヴィッタ（各パーダが 31 音節から成る音節韻律．パーダの最後は गुरु．ムクタカ・ダンダカ मुक्तक दंडक の一．16+15 で休止）→ मुक्तक दंडक.

कवित्व [名] (1) 詩の本質 (2) 詩作 (3) 詩才

कविप्रसिद्धि [名*] = कविसमय.

कविराज [名] (1) 最高の詩人；詩聖 (2) 吟唱詩人 (3) ベンガル地方のインド医術の医師（称号） मेरे पिता जी शहर के नामी कविराज थे 父は町の有名な医者だった

कविसमय [名]〔イ文芸〕事実や実際とは異なるが詩作上許容される事柄

कविसम्राट् [名] 大詩人；詩聖

कवींद्र [名] 詩聖；大詩人 कवींद्र श्री रवीन्द्र नाथ ठाकुर 詩聖ラビンドラナート・タゴール

क़वी [形] 《A. قوی》 力持ちの；強力な；頑強な घर में सब से ज़्यादा तजर्बेकार समझदार और क़वी होता है 家の中で一番経験豊かでわかりがよく力を持つ

कवेला [名] 《← A. قبله क़िबला》 羅針盤の針の心棒

कवोष्ण [形] なまあたたかい；ぬるい= कुनकुना.

कव्य [名] 祖霊に供える穀物

कव्वा [名]〔鳥〕カラス= कौआ; काग.

क़व्वाल [名] 《A. قوال》〔イス・イ音〕カッワール（カッワーリーを歌う音楽家）→ क़व्वाली.

क़व्वाली [名*] 《A. قوالی》〔イス・イ音〕カッワーリー（本来は，インド，パキスタン，バングラデシュなどの南アジアのイスラム教の聖者廟でカッワールと呼ばれる歌い手たちによって手拍子に合わせて歌われてきた神，預言者，聖者，イスラム教などを称えるガザル ग़ज़ल，カシーダー कसीदा，ルバーイー रुबाई などの形式の歌で諸楽器の伴奏を得ることもある．だが，今日では宗教とは直接関係のないところでも歌われるようになってきている）

कश [名] 《P. کش》 (1) 引っ張ること；引くこと (2) いっぷく（タバコなどを一息，あるいは，一服）吸うこと कश लगाना 一服吸う हुक्के का कश लगाकर 水ぎせるを一服吸って कश खींचना タバコを（一服）吸う उसने आज पहली मर्तबा सिग्रेट में कश लगा लिया था 今日はじめてタバコを一服吸った

कशमकश [名*] 《P. کش مکش》 (1) 引っ張り合い；綱引き (2) 躊躇；ためらい；困惑 वे कशमकश की स्थिति में जीने को विवश है 決断のつかぬまま生きて行かねばならない (3) もめごと；いさかい；仲違い；対立 दो ताक़तों में कशमकश छिड़ जाए तो 2 つの勢力の間に対立が生じれば (4) 小競り合い；押し合い；もみ合い दोनों लड़कों की यह कशमकश काफ़ी देर चलती रही 2 人の少年の押し合いはかなりの間続いた

कशा [名*] (1) 綱 = रस्सी. (2) 鞭 = चाबुक.

कशाघात [名] (1) 鞭打ち (2) 強い刺激；強い励まし

कशाभिका [名*]〔生〕鞭毛 〈flagella〉

कशिश [名*] 《P. کشش》 (1) 引くこと；引っ張ること (2) 魅力；引きつける力 उस सफलता की गिरफ़्त कलाकारों को नए रंगों की कशिश नहीं पहचानने देती その成功の強い拘束力が美術家たちに新しい色彩の魅力を識別できなくする (3) 緊張 (4) 引力 उसकी कशिश में आकर उसके गिर्द घूमने लगे それの引力圏に入ってそれのぐるりを回り始める

कशीदा[1] [名] 《P. کشیده》 ししゅう（刺繍）；ぬいとり= कढ़ाई; बेलबूटा; गुलकारी. कशीदा काढ़ना 刺繍をする= कशीदा निकालना.

कशीदा[2] [形] (1) 引っ張られた (2) 不機嫌な；立腹した；不快な；不愉快な

कशीदाकार [形・名] 《P. کشیده کار》刺繍をする（人）；刺繍家

कशीदाकारी [名*] 《P. کشیده کاری》刺繍 = कशीदा; कढ़ाई; बेलबूटा.

कशीदाख़ातिर [形] 《P. کشیده خاطر》不機嫌な；不快な；立腹した

कशेरु [名] (1)〔解〕脊椎骨；椎骨 (2)〔植〕カヤツリグサ科オオサンカクイ【*Scirpus grossus*】= कसेरू.

कशेरुक[1] [名] (1) 脊椎骨；椎骨 (2) 脊椎；脊柱；背骨〈vertebra〉

कशेरुक[2] [形] (1) 脊椎骨の (2) 脊椎の〈vertebral〉

कशेरुककाय [名]〔解〕椎体；椎心〈centrum〉

कशेरुक दंड [名]〔解〕脊柱；背骨〈vertebral column〉

कशेरुक दंडी [名]〔動〕脊椎動物

कशेरुक नाल [名]〔解〕脊椎管〈vertebral canal〉

कशेरुकी[1] [形] 背椎骨を持つ

कशेरुकी[2] [名]〔動〕脊椎動物

कशेरू [名] = कसेरू.

कश्कोल [名] 《P. کشکول》→ कचकाल; कजकोल.

कश्चित् [形]（不特定の）なにか；ある= कोई; कोई एक

कश्ती [名*] 《P. کشتی》(1) 舟 (2) 小船；ボート；カヌー (3) 菓子などを盛りわけける舟形の容器；プレート

कश्फ़ [名] 《A. کشف》明らかになること；判明すること；露見

कश्मल[1] [形] (1) 汚い；汚れた (2) 難点のある；欠陥のある；科のある

कश्मल[2] [名] (1) 失神；意識を失うこと (2) 罪；科

कश्मीर 〔地名〕カシミール；カシュミール= काश्मीर.

कश्मीरी[1] [形] = काश्मीरी. (1) カシミールの (2) カシミール産の；カシミール製の (3) カシミア（ヤギの毛）の= कश्मीरी ऊन का. कश्मीरी शाल カシミアのショール

कश्मीरी[2] [名] カシミールの人；カシミール人

कश्मीरी[3] [名*]〔言〕カシミール語（インド・ヨーロッパ語族中のダルド語派に属する）

कश्मीरी ऊन [名] カシミアヤギの毛 कश्मीरी ऊन का カシミアの

कश्यप [名] (1) 亀= कछुआ. (2)〔イ神〕カシュヤパ（聖仙の名）

कष [名] (1) 摩擦すること；こすってみること (2) 試金石 = कसौटी. (3) 調べ；調査 (4) といし（砥石） = सान.

कषा[1] [名] (1) こすること；摩擦すること (2) ひっかくこと (3) しるしをつけること (4) 金を試金石で試すこと

कषा[2] [名*] 鞭= कोड़ा; चाबुक

कषाय[1] [形] (1) しぶみのある；しぶい (2) 黄赤色の；黄土色の；黄褐色の (3) 芳香のある；香りのよい कषाय वस्त्र 出家のまとう黄褐色の衣

कषाय[2] [名] (1) しぶいもの；渋みのもの (2) 煮汁 (3) やに (4) 黄土色；黄褐色

कषायी [形] (1) やにの出る (2) しぶい；渋みのある (3) 黄土色の；黄褐色の

कषित [形] (1) こすられた (2) 引っかかれた (3) 試された

कष्ट [名] (1) 苦痛；痛み；苦しみ शरीर का कष्ट आशा की उमंग में अनुभव न होता 肉体の苦痛は希望にうきうきしていると感じられないものだ नरक के कष्ट भोगते प्राणी 地獄の苦しみを受けている生き物 (2) 困難；苦労；面倒；苦心 (3) 悩み **कष्ट उठाना** 苦労する उसने अनेक कष्ट उठाये いろいろと苦労した यदि हम अपने को नई परिस्थितियों के अनुकूल न बना पाए तो हमें कष्ट उठाना पड़ेगा 新しい環境に順応することができなければ苦労しなければなるまい **कष्ट क॰** 苦心する **कष्ट दे॰** *a.* 苦しめる；面倒をかける *b.* いやがらせをする **(-का) कष्ट हो॰** （－を）悩む；（－の）悩みがある；（－に）苦しむ

कष्टकर [形] (1) 痛い；苦痛を伴う；痛みのある (2) 難しい；困難な (3) 辛い；心苦しい；悲しい

कष्टकारक [形] = कष्टकर.

कष्टदायक [形] = कष्टकर. कष्टदायक स्थिति 辛い状況；苦しい状況

कष्टपूर्ण [形] とても厳しい；困難に満ちた；大変面倒な कष्टपूर्ण मार्ग 困難に満ちた道

कष्टप्रद [形] = कष्टकर. कष्टप्रद अवस्थाएँ 困難な状況 कितनी कष्टप्रद मृत्यु なんと悲しい死

कष्टसाध्य [形] 容易でない；困難な；骨の折れる = कष्टकर. यात्रा बड़ी कष्टसाध्य हो गई है 旅は甚だ困難なものとなっている शिक्षक एवं शिष्य दोनों के लिए यह प्रशिक्षण अत्यंत कष्टसाध्य है 教師と生徒の両者にとってこの訓練は甚だ苦しいものである

कस[1] [名] (1) こすって見たり調べたりすること (2) 厳しい点検 (3) 検査の道具；試すもの (4) 試金石

कस[2] [名*] (1) 締め；引き締め (2) 締めつけ；締めつける力 (3) 支配（力）；制御；抑制 (4) 制止；抑止 **(-को) कस में क॰** （－を）支配する；制御する；意のままにする；思い通りにする **कस में कर रखना** とどめる；抑える

कस[3] [名] 《P. کس》(1) 人；人間 (2) 仲間；友；友人；親友 फ़ी कस 頭割り；一人につき；一人当たり

कस[4] [名] (1) 渋味 (2) 収斂性 (3) 精；エキス

कस[5] [形] どのような；如何なる= कैसा; किस प्रकार का; किस तरह का

कस[6] [副] (1) どのように；如何に；如何ように= कैसे; किस तरह. (2) なぜ；何故に= क्यों.

कसक [名*] (1) 古傷の痛み；思い出される痛み；悔しさ；悔しい思い भीतर ही भीतर अपनी इस कसक को दबाए वह दोहरी ज़िंदगी जिए जा रही थी 胸の内にこの古傷の痛みをこらえながら二重の人生を生きて行くのだった (2) 恨み；怨念 (3) 念願；欲求；思い **कसक निकालना** *a.* 恨みを晴らす *b.* 思いをとげる= कसक मिटाना.

कसकन [名*] 痛さ；痛み；苦痛

कसकना [自] 痛む；痛い；痛みがある वे घाव अब भी मेरे हृदय में कसक रहे हैं その傷は今もなお我が胸の内にうずまいている

कसकर [副] → कसना.

कसकुट [名] 真鍮= काँसा.

कसगर [名] 《← A.P. کاسه گر कासागर》カスガル（陶器の製造を主な生業としてきたムスリムのカースト名）；カーサーガル

कसदार [形] 《H.कस + P. دار》(1) 力のある；力持ちの；強力な；有力な (2) しっかり試された

कसन [名*] (1) しめること（締めること） (2) 締め；締め具合 (3) 締める綱やひも (4) 馬の腹帯

कसना[1] [他] (1) 締める；締めつける；引き締める अंधविश्वास मकड़ी के जाल की तरह है.एक बार इसमें गरदन फँस जाने पर यह लगातार कसता जाता है और हम आसानी से छूट नहीं पाते 迷信はクモの巣のようなものでひとたびこれにかかるとどんどん締めつけて行き，これにかかった者は簡単に逃げられなくなるものだ मफ़लर कसना マフラーを締める (2) 引き締める (3) 縛る；きつく結ぶ；からげる（絡げる） कछनी कसे हुए मज़दूर ドーティーのすそを絡げた労務者 (4) ぎっしりつめる；びっしりつめる；詰め込む (5) 整える；揃える；準備する；用意する (6) すりつぶす；擂り砕く；おろす **कसकर** *a.* 力いっぱい；思いきり；勢いよく；しっかりと；きつく；ぎゅっと मेरी गरदन पर कसकर इसकी एक चोट मारो 私の首を力いっぱいこれで打ってくれ कसकर भरना ぎっしり詰めこむ उसे कसकर डाँट लगाने की इच्छा हो रही थी 思いきり叱りつけたい気持ちがしていた उन्होंने उछलकर रावण को छाती पर कसकर लात मारी 跳び上がって思い切りラーヴァナの胸を蹴飛ばした उसने तुरंत अपनी कमर पर कसकर रस्सी बाँधी すぐさま腰にきつくひもを巻いた टहनी को कसकर पकड़ना 枝をぎゅっと握る *b.* たっぷり；いっぱい；うんと चाची मेरी आई से तो कसकर झगड़ती थी 叔母は私の母とうんと喧嘩をしていた **कसके** = कसकर. सिपाही ने कसके सैल्यूट मारते हुए कहा 警官は勢いよく敬礼をしながら言った पिता ने कसके मुझे डाँट पिलाई 父は私を思いきり叱責した कसके बारिश हो जाए たっぷり降ってくれればよいが

कसना[2] [自] (1) しまる（締まる）；締められる；締めつけられる कठोर पदार्थ में अच्छी तरह कसा हुआ पेंच 固い物にしっかりと締められたねじ कसी कमानी 締めつけられたばね उसका शिकंजा दिन प्रतिदिन कसता जा रहा है それの締め金は日一日と強く締まって行っている शरीर पर कसी हुई नई चमकीली पोशाक थी ぴったりしたおろしたてのぴかぴかの服を着ていた कसा हुआ फ़्रॉक पहनती है ぴっちり締まったフロックを着ている (2) 引き締まる बड़ी बड़ी मूँछें श्यामवर्णीय, कद्दावर, कसा हुआ बदन 長い口ひげ，黒い肌，恰幅のよい引き締まった体 (3) 縛られる；きつく結ばれる (4) 詰め込まれる；ぎっしり詰まる；びっしり詰まる (5) 整う；揃う；

準備される；用意ができる (6) つる；ひきつる；きつい；窮屈な कसा शरीर 引き締まった体；鍛えあげた体

कसना[3] [他] (1) 試す；調べる；見わける (2) 試すためにこすりつける；試金石にかける；試金石でこすってみる

कसनी [名*] (1) 締め（ること）；締めつけ；縛り（縛ること）；結ぶこと (2) 縛ったり結んだりするもの (3) 包みぎれ；ふろしき (4) 厳しい検査や審査

कसपत [名] (1)〔植〕タデ科ダッタンソバ【*Fagopyrum tataricum*】 (2)〔植〕ソバ（蕎麦）= कूटू

कसब [名] = कस्ब.

कसबल [名] (1) 能力；力量；力 (2) 勇気；気力

क़सबा [名] = क़स्बा.

क़सबाती [形・名] = क़स्बाती.

कसबिन [名*] 《← A. كسبى कस्बी》 (1) 娼婦；売春婦；女郎= कसबी; वेश्या; रंडी. (2) 浮気女；尻軽女；ふしだらな女= कस्बी; छिनाल; व्यभिचारिणी.

कसबी [名*] 《A. كسبى कस्बी》 = कसबिन; कस्बी; वेश्या; रंडी.

कसबीख़ाना [名] 《A.P. كسبى خانہ》 = कस्बीख़ाना.

क़सम [名*] 《A. قسم》 誓い；誓約；誓言 क़सम उठाना 誓う；誓いを立てる= क़सम खाना. **भगवान की क़सम** 神に誓って；神掛けて；ほんとに भगवान की क़सम अवश्य देता.यार, यह चीज़ मेरी नहीं.मेरी चीज़ होती तो मैं अवश्य दे देता ほんとにそうならきっとやるよ．おれのものじゃないんだ．おれのものならきっとやるよ **आँखों की क़सम** 本当に；絶対に **क़सम उतारना** *a.* 誓いをつくろう；どうにか誓いを果たす *b.* 体裁ばかりに何かをする **क़सम खाना** 誓う；誓いを立てる मैंने क़सम खा ली , अब कभी जीवन भर कोई ग़लत काम नहीं करूँगा もう二度と間違ったことをするまいと誓った (-की) **क़सम खाना** (ーしないことを) 誓う इन दोनों बैलों ने जैसे पाँव उठाने की क़सम खा ली थी, वह मारते-मारते थक गया, पर दोनों ने पाँव न उठाया 2 頭（の牛）はまるで足を持ち上げないことを誓ったかのようだった．男は叩き疲れたが 2 頭は足を持ち上げなかった **क़सम खाने को** 名ばかり；ほんのわずか；わずかばかり；体裁だけの **क़सम खिलाना** 誓わせる= क़सम दिलाना. **क़सम टूटना** 誓いが果たされない；誓いが果たせない **क़सम तोड़ना** 誓いを破る **क़सम दिलाना** = क़सम खिलाना. **क़सम दे॰** = क़सम खाना. **क़सम ले॰** 誓わせる (-की) **क़सम हो॰** 絶対に (ー) しない (誓いを立てる)；誓って (ー) しない घर में मुट्ठी भर भी अनाज मौजूद हो तो उनके लिए काम करने की क़सम थी 家に一握りの穀物があるとなれば絶対に働こうとしなかった

कसमस [名*] = कसमसाहट.

कसमसाना [自] (1) 落ち着かない；もぞもぞする；落ち着かずに動く；ごそごそする；体を揺する (2) 落ち着きがなくなる；不安になる；心配になる किसी की तबीयत बिगड़ती, वह भीतर-ही-भीतर कसमसाने लगता, दुखी होने लगता だれか気分の悪くなった人がいれば不安になり悲しくなる (3) 悩みもだえる；もんもんとする；ああでもないこうでもないと考える वह सारी रात कसमसाती रही 夜通しもんもんとしていた (4) そわそわする；うずうずする；むずむずする शायद पहलवानी के ज़माने का कोई 'गुर' अंदर-ही-अंदर कसमसाया हो レスラー時代の何かの「奥の手」がむずむずしたのかも知れぬ (5) かすかに動く；少し動く；小さく動く；わずかに作用する（作動する）；小刻みに動く मैं ठंडी हवा के कारण कसमसा रही थी 風が冷たかったので体が小刻みに震えていた उसके अंदर यह आस भी कसमसाती रहती 胸の内では希望の光もかすかにともっていた (6) ひしめく；押し合う अपने जीवन के आरम्भिक बीस बरसों की घटनाओं से कसमसाती कहानी सुनाना चाहता हूँ これまでの人生の最初の 20 年間の出来事がびっしり詰まった話を語りたく思います

कसमसाहट [名*] ← कसमसाना. (1) かすかに動くこと；落ち着かないこと；落ち着きのないこと (2) 不安；心配 (3) 悩みもだえること (4) うずうずすること (5) ひしめくこと

क़समा-क़समी [名*] 《A. قسما قسمى》 誓約；誓い合うこと

क़समीया [副] 《A. قسميہ》 誓って；断じて= क़समी. क़समीया बयान क॰ 宣誓する；誓って言う

कसया [名]〔鳥〕サンショウクイ科クロガオオニサンショウクイ【*Coracina novaehollandiae*】 **कलसिरी कसया** 〔鳥〕チビアサクラサンショウクイ【*Coracina melansptera*】

क़सर [名*] 《A. قصر क़स्र》 (1) 不足；足りないこと；欠陥 अगर कुछ क़सर है तो वह भी मिट जाएगी 何か足りないところがあればそれも消えてなくなる（とことんやられてしまうわよ） (2) 障害；支障；さし障り (3) 損；欠損 (4) 目減り (5) 憎しみ；うらみ (-में) **क़सर क॰** *a.* (ーを) 惜しむ *b.* (ーを) しのこす；欠かす **क़सर काटना** = क़सर निकालना. **क़सर काढ़ना** = क़सर निकालना. **क़सर खाना** 損する；欠損が生じる (-में) **क़सर न उठा रखना** (ーに) 万全を期す；手ぬかりなく行う；やりとげる उसने इलाज में कोई क़सर न उठा रखी थी 治療にありとあらゆる手を尽くした **क़सर निकालना** 埋め合わせをする；埋め合わせる= क़सर काढ़ना; क्षतिपूर्ति क॰. (-की) **क़सर निकालना** (ーの) かたきを討つ；(ーの) 恨みを晴らす न मालूम कब की क़सर यह निकाल रहा है? この男はいったいいつの恨みを晴らしているのか (-में) **कोई क़सर न क॰** (ーに) 万全を期す；余すところなくーする；(ーを) なしとげる (-में) **कोई क़सर न छोड़ना** = क़सर न क॰.

कसरत[1] [名*] 《A. كثرت कस्रत》 (1) 多いこと；多数あること；豊富なこと यहाँ पानी की भी कसरत और गर्मी भी काफ़ी ここは水も豊富だし暑さもかなりのものだ (2) 過多なこと；過剰なこと；あふれること बिच्छू, साँप और भिड़ों की कसरत हो जाती है サソリや蛇，黄蜂があふれるほどになる (3) 大多数；大部分；大半 **कसरत से** 多数；数多く；いっぱい；豊富に बाग़ात कसरत से है 庭園が数多くある

कसरत[2] [名*] 《A. كسرت कस्रत》 運動；体操= व्यायाम; वर्ज़िश.

कसरतगाह [名*] 《A.P. كسرت گاه कस्रतगाह》 体操場；体育館= व्यायामशाला.

कसरती [形] ← कसरत. (1) 体を鍛える；体操をする；運動をする (2) 鍛えた；鍛錬した कसरती शरीर 鍛えた体；鍛錬した体

कसरहट्टा [名] 青銅や真鍮の細工が行われたりそれらの製品の販売される場所

कसवाना [他・使] ← कसना[1]

कसहँड़ा [名] 青銅製の広口の壷

क़साइन [名*] 《A. قصائن ← قصائی》 (1) カサーイー・カーストの女性（→ क़साई） (2) 残忍な女；無慈悲な女

कसाई [名*] ← कसना[1,3]. (1) = कसना[1,3]. (2) そのような労働の労賃や手間賃

क़साई [名] 《A. قصائی ← قصاب क़स्साब》 (1) カサーイー・カーストの人（屠畜や獣肉販売を主たる生業としてきた） (2) 無慈悲な人；残忍な人 (3)〔鳥〕サンショウクイ科マダラサンショウクイ【*Hemipus picatus*】= लहटोरा.

क़साईख़ाना [名] 《A.P. قصائی خانہ》 屠畜場；食肉解体処理場；屠殺場= क़स्साबख़ाना. जो ज़िंदगी भर कसाईख़ानों के लिए अपनी गाय बेचते रहे 一生雌牛を屠畜場に売り続けた男（＝この上なく無慈悲な）

कसाकस [副] (1) しっかり（締めて）；ぎゅっと；堅く (2) びっしり；ぎっしり

कसाकसी [名*] (1) ひしめくこと (2) 緊張 (3) 憎しみ；憎悪；わだかまり

कसाना[1] [自] (1) 渋い；渋くなる；渋味が出る (2) 青銅などの金属の器に入ったため食品の味が変わる

कसाना[2] [他・使] ← कसना[1]

कसाफ़त [名*] 《A. كسافت》 (1) よごれ；汚れ (2) けがれ；穢れ；不浄

क़साब [名] = क़स्साब; क़साई.

कसार [名] 砂糖を混じてバターや油でいためた小麦粉

कसाला[1] [名] 《A. كسالا/كسال》 (1) 苦労 (2) 努力 **कसाला क॰** 努力する；頑張る **कसाला पड़ना** 苦労する；辛い目に遭う

कसाला[2] [名] 酸；酸性液

कसाव[1] [名] 渋；渋さ；渋み= कसैलापन. **कसाव आ॰** 渋くなる= कसाव पड़ना.

कसाव[2] [名] (1) 締まり；締まり具合 (2) 緊張；ひきつり उनके चेहरे का कसाव एकदम ढीला पड़ गया 顔の緊張がさっとゆるんだ (3) 引き締まった感じ शिल्पगत निखार के साथ कहानी में पर्याप्त कसाव है 技巧の洗練と共にストーリーが十分に引き締まっている (4) 張り त्वचा में कसाव 肌の張り

कसावट [名*] (1) 締まり；締まり具合 (2) 緊張

कसावड़ा [名] = क़साई.

क़सावत [名*]《A. قساوت》(1) 無慈悲；残忍 (2) 厳しさ；厳格さ；堅さ

कसिपा [名] = हिरण्यकशिपु.

कसिया [名*] = कसया.

कसी[1] [名*] → कस्सी[1,2]

कसी[2] [名*]〔植〕イネ科草本雑草（ジュズダマ，ハトムギの類）【*Coix barbata*】

कसीदा [名]《P. کشیده》刺繍

क़सीदा [名]《A. قصیده》〔イ文芸〕カシーダー（Qasīdā，ウルドゥー語やペルシア語の詩形の一，頌詩；相互に意味上のつながりがあり脚韻を踏む多数のシェール（対句）から成る詩で王侯，精神的な指導者など詩人の心服する人物の賛称を主題とする詩）

कसीर [形]《A. کثیر》いっぱいの；多数の；大量の；山のような

कसीस[1] [名] 硫酸第一鉄；緑礬〈green vitriol〉

कसीस[2] [名*] = कशिश.

कसुँब [名]〔植〕キク科 2 年草ベニバナ；紅花= कुसुम.

कसूँबा [名] (1)〔植〕キク科ベニバナ（紅花）= कुसुम. (2) ベニバナからとれる紅の染料

कसूँभ [名] ベニバナ= कुसुम.

कसूँभी [形] (1) ベニバナの色の (2) ベニバナで染めた

कसूमर [名] ベニバナ= कुसुम.

कसूमल [名]《Raj.》(1) ベニバナ（紅花）から採る染料；紅 (2) 紅色；紅 (3) 紅色に染めた布 कसूमल पाग 紅花からの染料で染めた布でこしらえたターバン

क़सूर [名]《A. قصور क़ुसूर》(1) 過ち；間違い；過誤；落ち度 अपने क़सूर की माफ़ी माँगो 過ちを許してもらいなさい मालिक मेरा कोई क़सूर नहीं 神様，私には何の落ち度もございません (2) 犯罪；罪；科；間違い；過ち मेरे नाम वारंट? क्या क़सूर किया है मैंने? 私に逮捕状が出たって，私が何の罪を犯したのでしょうか

क़सूरमंद [形]《A.P. قصور مند क़ुसूरमंद》= क़सूरवार.

क़सूरवार [形]《A.P. قصور وار क़ुसूरवार》(1) 罪のある；罪科のある (2) 落ち度のある

कसेरहट्टा [名] 銅細工や真鍮細工の行われたり銅や真鍮細工の店が並ぶ場所や区域= कसरहट्टा.

कसेरा [名] 青銅細工師；真鍮細工師；銅や真鍮の細工物を製造する人や販売する人

कसेरू [名]〔植〕カヤツリグサ科オオサンカクイ【*Scirpus grossus / S. kysoor*】

कसैया[1] [形] 締める；締めつける；縛りつける

कसैया[2] [形] 試す；確かめる

कसैला [形+] (1) しぶい（渋い）；渋みのある (2) 酸い；すえた（饐えた） बीड़ियों की कसैली बू ビーリーのすえた嗅い सीलन और पक्षियों की बीट की कसैली गंध 湿気と鳥の糞の放つすえた臭いがしている

कसैलापन [名] ← कसैला 渋さ；渋み；渋い味 ईर्ष्या का कसैलापन 嫉妬の渋い味

कसोरा [名] (1) 真鍮製の小さな鉢（食器） (2) 焼き物の小鉢

कसौंजा [名]〔植〕マメ科低木オオバノセンナ【*Cassia sophera*】= कसौंदा.

कसौटी [名*] (1) 試金石；金付け石 (2) 基準；試すもの；試金石 उसे प्यार की कसौटी पर परखने के लिए それを愛の試金石で試すために (-की) **कसौटी पर कसना** （ーを基準に）試す；試金石にして試す बुद्धि और विवेक की कसौटी पर कसना 知性と理性を試金石にして試す **कसौटी पर खरा उतरना** 試験に合格する；検査に合格する (-की) **कसौटी पर चढ़ना** （ーに）試される **कसौटी पर तौलना** = कसौटी पर कसना.

कस्टडी [名*]《E. custody》(1) 拘留= हिरासत; क़ैद. (2) 後見；後見人としての保護= अभिरक्षा.

कस्टम [名]《E. custom/ customs》(1) 関税 (2) 税関 कस्टम अधिकारियों द्वारा बरामद चाँदी 税関職員の押収した銀

कस्टम अफ़सर [名]《E. custom officer》税関吏；税関職員= सीमाशुल्क अधिकारी.

कस्टम क्लियरेंस [名]《E. custom clearance》通関

कस्टम ड्यूटी [名*]《E. custom duty》関税= सीमाशुल्क.

कस्टमवाला [名]《E.H.》税関吏；税関職員= सीमाशुल्कालय-अधिकारी

कस्टम हाउस [名]《E. custom house》税関 = सीमाशुल्क चौकी; सीमाशुल्क कार्यालय.

कस्टर्ड [名]《E. custard》カスタード

कस्तरी [名*] カスタリー（牛乳を煮たり保存するための広口の土鍋）

कस्तूर [名] (1)〔動〕シカ科ジャコウジカ（麝香鹿）【*Moschus moschiferus*】= कस्तूरी मृग. (2) じゃこう（麝香）；ムスク

कस्तूरा [名] (1)〔動〕シカ科ジャコウジカ（麝香鹿）【*Moschus moschiferus*】= कस्तूरी मृग. (2)〔鳥〕ヒタキ科ハイバネクロツグミ【*Turdus boulboul*】(3)〔貝〕イタボガキ属カキ（二枚貝）【*Ostrea edilis*】

कस्तूरिका [名*] (1)〔動〕シカ科ジャコウジカ（麝香鹿） (2) 麝香；ムスク

कस्तूरिया[1] [名] ジャコウジカ= कस्तूरी मृग.

कस्तूरिया[2] [形] (1) じゃこうの（麝香の） (2) じゃこう入りの (3) じゃこう色の

कस्तूरी [名*] (1) じゃこう（麝香）；ムスク कस्तूरी की गंध की तरह चारों ओर फैलने लगी 麝香の香のように四方に広がり始めた (2)〔鳥〕ヒタキ科ムジツグミ【*Turdus unicolor*】(3)〔動〕ジャコウネコ科ジャコウネコ【*Viverricula indica*】 ललसिरी कस्तूरी〔鳥〕オレンジヒトオビツグミ【*Zoothera citrina*】 **कस्तूरी के भाव बिकना** 非常に高価な **कस्तूरी हो जा॰** 甚だ高価になる；手に入り難くなる

कस्तूरी मृग [名] (1)〔動〕シカ科ジャコウジカ（麝香鹿）【*Moschus moschiferus*】(2)〔動〕ジャコウネコ科ジャコウネコ（麝香猫）【*Viverricula indica*】

क़स्द [名]《A. قصد》(1) 意図；考え= विचार; इरादा. (2) 決意；決心= संकल्प; निश्चय.

क़स्दन [副]《A. قصداً》意図的に；決心して；決意のもとに；わざと= जान-बूझकर

कस्पियन सागर [名]《← E. Caspian Sea》カスピ海

कस्ब [名]《A. کسب》(1) 獲得；手に入れること；稼ぐこと (2) 仕事；職業 (3) 技術；技芸；手工芸 (4) 売春

क़स्बा [名]《A. قصبہ》都市より小さく村より大きい居住地；町 = क़सबा.

क़स्बाई [形] 町の = क़सबाई.

क़स्बाती [形・名]《A. قصباتی》(1) 町の；町風の；都会風の मगर ज़बान इतनी साफ़ थी कि क़सबाती मालूम होती थी でも言葉は都会風の感じがするほどはっきりしていた (2) 田舎風の；田舎臭い；やぼったい (3) 町の人

कस्बी[1] [名]《A. کسبی》(1) 職人 (2) 商人

कस्बी[2] [名*]《← A. کسبی》娼婦；売春婦；女郎

कस्बीख़ाना [名]《A.P. کسبی خانہ》娼家；売春宿；女郎屋

क़स्म [名*] = क़सम.

कस्र [名]《A. کسر》(1) アラビア文字，ペルシア文字，ウルドゥー文字などで子音字の下に小さな斜線で記される母音 i の記号 (2)〔数〕小数= भिन्न.

क़स्र[1] [名]《A. قصر》(1) 宮殿 प्रासाद; महल (2) 別荘

क़स्र[2] [名*]《A. قصر》欠乏；欠陥= न्यूनता; कमी; त्रुटि.

कस्रत[1] [名*]《A. کثرت》= कसरत.

कस्रत[2] [名*]《A. کسرت》運動；体操= व्यायाम; वर्जिश.

कस्रतगाह [名*]《A.P. کسرت گاہ》体操場；体育館

कस्सर [名*] いかり（錨）のあげおろし कस्सर क॰ 錨のあげおろしをする

कस्सा [名] (1) マメ科の高木アラビアゴムモドキの樹皮（皮なめしに用いる） (2) 上記の樹皮から作られる一種の酒= ठर्रा.

कस्सा चना [名] = केसारी; खेसारी.

क़स्साब [名]《A. قصاب》屠畜業の人；カッサーブ；カサーイー（क़साई）

क़स्साबख़ाना [名]《A.P. قصاب خانہ》屠畜場；食肉処理所

कस्सी[1] [名*] とうぐわ（唐鍬）

कस्सी[2] [名*] (1) カッシー（土地測量の長さの単位で約 125cm） (2) 上記の長さの測量用の綱

कहँ [副] = कहाँ.

कहकशाँ/कहकशान [名]《P. کہکشاں/کہکشان》天の川；銀河= आकाश गंगा

क

क़हक़ह [名] 《A. قهقه》= क़हक़हा.

क़हक़हा [名] 《A. قهقهہ》大笑い；大声で笑うこと；哄笑（はっはっは，あっはっはっなど） **क़हक़हा उड़ाना** 大笑いする；大声で笑う = क़हक़हा मारना; क़हक़हा लगाना. जब तुम्हें धावा बोलना चाहिए, तब तुम क़हक़हे लगाते हो? 攻め込まなくてはならぬ時にお前は大声で笑うのかい **क़हक़हे बटोरना** 人を笑わせようとする；笑わせるようなことを言う

क़हक़हा दीवार [名] 《A.P. قهقهہ دیوار》(1) 万里の長城 (2) 乗り越え難い障害

क़हक़हाहट [名*] 《A.+ H.》大笑い= क़हक़हा.

कहगिल [名*] 《P. کہگل, کاہگل काहगिल》わらなどをまぜた壁土

क़हत [名] 《A. قحط》飢饉 = अकाल; दुर्भिक्ष. क़हत पड़ना (1) 飢饉が起こる (2) 欠乏する

क़हतज़दा [形] 《A.P. قحط زده》飢饉に襲われた

क़हतसाली [名*] 《A. قحط سالی》(1) 凶作 (2) 飢饉

कहन [名] (1) 語ること；言うこと (2) 言葉 (3) 諺；言いならわし

कहना[1] [他] (1) しゃべる (2) 言う；話す；語る；述べる (3) 伝える；告げる "एक काम कर दोगे?" "कहो" "कहीं एक छोटा-सा, सस्ता-सा एपार्टमेंट ढूँढ दो" 「頼みたいことがあるんだが」「なんだい」「どこかに小さくて安いアパートをさがしてくれないか」 मुझसे चिड़िया ने यह बात कही 鳥が私にこの話をした मगर दादी सच ही कहती होंगी でも祖母はきっと本当のことを言っているに違いない इसके सिवा हमें और कुछ नहीं कहना है これ以外にはもう何も言うことはない तुम्हें तो कोई कुछ न कहेगा, सब लोग मुझे ही बदनाम करेंगे お前にはだれも何も言わないだろう．みなは私を悪者にするだろう बचाव को दिफ़ा कहते हैं 防ぐことを防衛と言う राजतंत्र के संबंध में ब्राह्मणों ने यह कहा कि राजा कोई साधारण पुरुष न होकर देवता के समान है 統治制度に関してバラモンたちは王は普通の人間ではなく神に等しいと述べている (4) 呼ぶ；言う कहिये, नीलम ニーラムと呼んでちょうだい वह हमेशा कल्पना को मेम साहब ही कहता था あの人はいつもカルプナーのことを必ず奥様と呼んでいた नलिन के छोटे भाई बहन भी मोहन को भैया कहते थे ナリンの弟や妹たちもモーハンをあんちゃんと呼んでいた गाय के नर बच्चे को बछड़ा और मादा को बछिया कहते हैं 雄の子牛をバチラー，雌の子牛をバチヤーと言う मुझे मंजुला कहते हैं 私はマンジュラーと申します **कह उठना** 言い出す **कह गुज़रना** 言ってしまう；口に出してしまう (-से) **कह दे॰** (ーに) 伝える；言いつける "मैं माँ से कह दूँगा." अनूप ने धमकी दी 「お母さんに言いつけてやるから」アヌープがおどしをかけた **कहना आसान, करना मुश्किल** 〔諺〕言うは易く行うは難し **कहना कुछ करना कुछ** 言行の不一致 कहना कुछ करना कुछ, इससे उन्हें नफ़रत थी あの方は言行不一致が嫌いだった **कहना बदना** 話を決める **कह बदकर** *a.* 意を決して；決意のもとに *b.* 公然と **कह बैठना** 秘密を明かす；口に出してしまう= भेद खोल दे॰. **कह सुनकर** よく言い聞かせて；よく説得して **कह सुनाना** 語って聞かせる；語る उसने सारा हाल कह सुनाया 彼が状況をすっかり語って聞かせた **कहते चले आ॰** 言い伝える **कहते न आ॰** *a.* 言い表せない；表現できない *b.* 口がきけない= कहते न पड़ना. **कहते फिरना** 言いふらす **कहते साथ** すぐさま；直ちに **कहते हैं**……と言われている；…と伝えられている；…という話だ कहते हैं, उदयपुर शहर उसी समय से बसना शुरू हुआ था ウダイプル市はちょうどその時から人が住み始めたということだ **कहना न आना** 口がきけない **कहना-बदना** 誓う；誓いを立てる **कहना मानना** 言うことを聞く **कहना-सुनना** *a.* 説得する *b.* 話をする बिना कुछ कहे-सुने 何も話をせずに *c.* ののしる **कहने की बात** 空想；想像；推察；推量 **कहने को** (तो) 表向きは；建て前だけは；体裁だけは；名ばかりは कहने को तो वे लोग आदमी हैं.वे बंदर ही हैं 人間とは名ばかり，猿だ奴らは猿そのものだ **कहने को मुँह नहीं रहना** *a.* 言う資格がない *b.* 口がきけない (-के) **कहने पर जा॰** (ーの) 言うことを信じる；言葉を信じる= कहने पर लगना. **कहने भर का** 上辺だけの；上っ面だけの；口先だけの (-के) **कहने में आ॰** (ーに) 言いくるめられる (-के) **कहने में हो॰** (ーの) 言うことを聞く（聞き入れる） **कहने-सुनने की बात** = कहने की बात. **कहने-सुनने को** = कहने को. (-के) **कहने-सुनने में आ॰** (ーに) 言いくるめられる；だまされる；話に乗せられる **कहो तो** 何なら；よろしければ；相手の事情次第では कहो तो आज बनाकर दिला दूँ? 何なら今日こしらえて召し上がっていただきますよ

कहना[2] [名] (1) 言葉；話 (2) 言い分；主張 (3) 命令；仰せ (4) 依頼

कहनावत [名*] (1) 言葉；言説；話 (2) 諺；言いならわし= कहावत; मसल.

कहनी [名*] (1) 話 (2) 言葉；言説 **कहनी अनकहनी कहना** 言ってはならぬことを言う

क़हर[1] [名] 《A. قہر》(1) 災厄；災難；不運 प्रयाग पर अवैध शराब का क़हर プラヤーグで密造酒のもたらした災厄 (2) ひどいこと；めちゃなこと；話にならないこと；無法；非道 (3) 激しい怒り；忿怒；憤怒 **क़हर क॰** めちゃなことをする；むちゃくちゃなことをする **क़हर का** *a.* 恐ろしい；ひどい *b.* めちゃな；めちゃくちゃな *c.* 破滅的な **क़हर का सामना** 困難や苦難に立ち向かう **क़हर की आँखों से देखना** にらみつける **क़हर गिरना** 災難に見舞われる；不運に見舞われる **क़हर टूटना** = क़हर गिरना. **क़हर ढहना** = क़हर गिरना. **क़हर ढाना** 災厄をもたらす；災難をもたらす；ひどいことをする；ひどい仕打ちをする；めちゃくちゃなことをする स्वर्णरेखा नाला हर साल वर्षा के दिनों में क़हर ढाता रहा है スワルナレーカー川が毎年雨季に災難をもたらしてきている परमाणुबमों ने कैसा क़हर ढाया 原子爆弾が如何なる災厄をもたらしたか **क़हर तोड़ना** = क़हर ढाना. **क़हर पड़ना** = क़हर गिरना. **क़हर बरपा क॰** = क़हर ढाना. **क़हर बरपा हो॰** = क़हर गिरना. **क़हर मचना** 大騒動になる

क़हर[2] [形] 《← A. قہار कह्हार》ものすごい；度はずれな；猛烈な；強烈な

कहरवा [名] (1) 〔イ音〕カハルワー（5 マートラーのタール） (2) 〔イ音〕ダードラーカハルワーの拍で歌われる歌 (3) カハルワー（カハルワーの拍で踊られる踊り）

कहरिया [名*] 草やわらなどを包み運搬するための網（袋）

कहरुबा [名] 《P. کہربا》(1) こはく（琥珀）= तैलस्फटिक. (2) 〔植〕フタバガキ科高木インドコパール【*Vateria indica*】〈White Dammar; Indian Copal tree; Piney varnish tree〉

कहल [名] (1) 暑苦しさ；蒸し暑さ (2) 苦しみ；苦痛 आवेश में बात को खींचकर इतना बढ़ा देना कि कहल क्लेश भी उसी मात्रा में फैल जाए 興奮のあまり事を大げさにしてその分苦しみも広がる

कहलना [自] (1) じりじりする；いらいらする；落ち着きがなくなる (2) あせる

कहलवाना [他・使] ← कहना[1]. (1) 言わせる；しゃべらせる；話させる；称えさせる इस कहानी में लेखक ने निर्मला के मुख से यह कहलवा कर बड़ा अच्छा किया है 筆者がニルマラーの口からこのことを言わせているのはとてもよい क्या मैंने उसके मुँह में उँगली डालकर कहलवाया है? 私があの人の口に指を突っ込んでしゃべらせたと言うのかい मरणासन्न व्यक्ति से राम, राम कहलवाया जाता है 臨終の人に「ラーム，ラーム」と称えさせる (2) 言いつける；伝えてもらう；伝えさせる；伝言を頼む उसीसे कहलवाया है मोहनदास ने モーハンダースはあの人に伝えさせた मैंने पत्र लौटा दिया और ब्राह्मण के लड़के से कहलवा दिया 手紙を返してバラモンの息子に伝えさせた किसी आदमी के आ जाने के कारण उसने कहलवा दिया था, देर से खाएँगे だれかが訪れたので食事は遅くなると伝えさせた किसी मध्यस्थ से कहलवा दीजिए どなたか仲に立つ人に伝えてもらって下さい

कहलाना[1] [他・使] ← कहना[1]. (1) 言わせる；唱えさせる；しゃべらせる (2) 言いつける；言ってもらう；伝言を頼む；伝えてもらう；伝えさせる सारे पंडितों को कहला दिया कि वे निश्चिंत घर लौट आएँ パンディットたち全員に安心して家に戻ってくるようにと伝えさせた मैंने नौकर से कहलाया 使用人に伝えさせた मेम साहब ने कहलाया है वह कल आएँगी 奥様は明日お出でになると伝言を寄越されました (3) 称する；呼ばせる；呼ばれる→次項 **कहला भेजना** 言いつける मैं जीजा जी को कहला भेजूँगी तुम्हारा इंतज़ार न करें あなたを待たないように兄さんに伝えてもらうわ

कहलाना[2] [自] 称する；呼ばれる；言われる गाँवों का समूह विश कहलाता था 村落の集まりはヴィシュと呼ばれていた यह लोग लामा कहलाते हैं この人たちはラマと呼ばれている सच्चे अर्थों में सहचरी या अर्द्धांगिनी वही पत्नी कहला सकती है 真の意味で仲間とか伴侶とか呼ばれるのはその妻でしかない वे विश्वबंधु कहलाए その方はヴィシュヴァバンドゥと呼ばれた एक तरफ़ तो हम अपने

आप को आधुनिक कहलाने में गर्व का अनुभव करते हैं 我々は一方ではモダンと呼ばれるのに誇りを感じている रेगिस्तान के ये हरे भरे हिस्से नख़लिस्तान कहलाते हैं 砂漠の中のこの緑に満ちたところがオアシスと呼ばれる

क़हवा [名]《A. قهوه》(1)〔植〕アカネ科小高木コーヒーノキ (2) コーヒーノキの種子；コーヒー豆 (3) コーヒー = कॉफ़ी.

क़हवाख़ाना [名]《A.P. قهوه خانه》コーヒー店；喫茶店；カフェ

कहवाना [他] = कहलाना[1].

कहाँ [代・副] (1) どこ；不特定の場所 क्या हो गया? कहाँ दर्द है? どうなさいましたか．どこが痛みますか कहाँ से आया है फ़ोन? どこからの電話なの (2) どこへ (3) どこに；どこで (4) 反語表現として用いられる．(－) だなんてとんでもない；(－) どころでない वे लोग मुझे चिट्ठी ही कहाँ लिखते हैं? あの人たちが私に手紙を書いてくれるものですか पहाड़ियों पर सड़कें कहाँ? 山の中に道があるはずがない मैं उनसे बातें करूँगा, मेरी ऐसी तक़दीर कहाँ この私があの方と言葉を交わすなんてそんな幸運があるはずがない नहीं, तुम कहाँ बनाओगी あんたが（料理を）こしらえるなんてとんでもないことだ पर कहाँ रूठ पाई थी वह でも機嫌を損ねることなぞ彼女にはできるはずもなかった **कहाँ... कहाँ...** 2つのものの違いが比較にならないほど大きいことを表す कहाँ पटना और कानपुर और कहाँ यह कलकत्ता! パトナーやカーンプルに比べてこのカルカッターは कहाँ मैं जंगल का राजा और कहाँ एक दुबले-पतले ट्रेनर से चाबुक खा रहा हूँ ジャングルの王者だったこの俺がひょろひょろの調教師の鞭を食らっているとは कहाँ अभी हास्य-विनोद में मग्न थी, कहाँ उसे देखते ही गम्भीरता की पुतली बन गई つい先ほどまで冗談に耽っていたと思ったら一瞬にして真面目くさってしまった **कहाँ का** （反語の意味で）何が；どうして उसकी देखादेखी एक नौकरीपेशा व्यक्ति के लिए दिखावा करने की नीयत से वैसा ही करना कहाँ की समझदारी है? それを真似て一介の勤め人が見栄をはるためその通りにするなんて何が分別なもんですか ज़रा-सी बात पर घर छोड़ मायके आना कहाँ की समझदारी है? ほんのちょっとしたことで実家に戻ってくるなんて何が分別だ **कहाँ का कहाँ** 思いもしないところ；とんでもないところ लेखक महोदय कहीं कहीं पर कहाँ के कहाँ चले गये हैं 筆者はところどころでとんでもないところへ行ってしまっている（それてしまっている） (-) **कहाँ की बात** （－なんて）とんでもないことだ；でたらめな話だ；根も葉もない話だ **कहाँ के कहाँ** *a.* はるか先方に *b.* 無駄に **कहाँ के मारे** どういうわけか；どういうことなのか **कहाँ तक** どれだけ；どこまで **कहाँ यह कहाँ वह** これとそれとは大違い **कहाँ राजा भोज और कहाँ गंगू तेली** 二者の間に比べようのない格差のあるたとえ；月とすっぽん；天地の差= कहाँ राजा भोज, कहाँ कंगला तेली?. **कहाँ राम-राम कहाँ टें टें** 全く無関係なことを話題にする **कहाँ सिर फोड़ूँ?** 何をすればよいのかわからない；どうすればよいものやら **कहाँ से** *a.* どうして；なぜ *b.* 無駄に **कहाँ-से-कहाँ** どこからどこへ；とんでもないところへ झाँसी, कालपी, ग्वालियर कहाँ-से-कहाँ पहुँच गई 私はジャーンシー，カールピー，グワーリヤルの街と一体全体とんでもないところに行き着いたものだわ **कहाँ से टपक पड़ना** 突然現れる；舞い込む

कहा[1] [名] ← कहना[1]. (1) 言葉；話したこと；言ったこと；言説 कन्यापक्ष के कहे अनुसार 花嫁側の言葉通りに अपने कहे की क्षमा माँग 自分の発言を詫びなさい (2) 命令；指令；指示

कहा[2] [代] なに；何

कहा[3] [形] なにの；なんの；何の

कहाना [他] = कहलाना[1].

कहानी [名*] (1) 話；話題；事；問題 कितनी शर्मनाक कहानी है यह आज के इनसान की…? なんとまあ恥ずかしいありさまだ今日の人類は बेज़बान जानवरों की कहानियाँ 言葉を持たない動物たちの話 अंदरूनी कहानी 内輪話 मैं तुम्हें अपनी कहानी सुनाती हूँ 身の上話を致しましょう (2) 話；噂；伝聞；取り沙汰；言い伝え वहाँ होनेवाले अत्याचारों की कहानियाँ 同地に生じている無法行為の話 इस खेल की शुरूआत की कहानी भी बड़ी मज़ेदार है このスポーツの起源にまつわる話もとても興味深いものだ प्यारे नबियों की कहानियाँ 親愛なる預言者たちの話 बहादुर और नेक लोगों की कहानियाँ 勇敢で善良な人たちの話 (3) 作られた話；作り話 देस देस के बच्चों की कहानियाँ 様々な国の子供たちの話（童話） बच्चों की कहानी （कहानियाँ）童話 परियों की कहानी おとぎ話 (4) 昔話；民話；説話 मुझे कहानियाँ सुनने का बहुत शौक है 昔話を聞くのが大好きなの **कहानी-क़िस्से सुनाना** 昔話（民話，語り物）を語る (5) 短篇小説；短編小説 **छोटी कहानी** ショートショート；超短編小説〈short short story〉 (6)〔文芸〕小説 **मनोवैज्ञानिक कहानी** 心理小説 **सामाजिक कहानी** 社会小説 **साहसिक कहानी** 冒険小説 （**अपनी**） **कहानी कहना** 自分の経験したことを話す；経験談を語る；身の上話をする **कहानी गढ़ना** 話をでっちあげる **कहानी चलना** 噂にのぼる；話題になる **कहानी जोड़ना** 話を作る **कहानी बन जा०** 昔のことになる；過去のことになる；過ぎ去った話になる

कहार [名] カハール・カーストの人（井戸からの水汲みとその運搬，かごかき，家事の雑役，池や沼でのヒシの栽培などを本来の主な生業としてきた）

कहारा [名] 物を入れる大きなかご = टोकरा.

कहारिन [名*] カハーリン；カハール・カーストの女性（→ कहार.）

कहावत [名*] (1) 諺；俚諺= लोकोक्ति; मसल. (2) 知らせ；通知（特に死亡に関する親戚への連絡）

कहासुना [名] 失礼な発言や振る舞い；無礼な言動 अपना कहासुना सब बचाकर सारा दोष भाभी के ही सिर पर मढ़ देती थी 自分の無礼な言動は棚上げして悪いことはみな兄嫁になすりつけていた

कहासुनी [名*] 口喧嘩；言い争い；押し問答 दोनों पक्षों में कहासुनी हो गई 両派の間に言い争いが生じた पुलिस से कहासुनी के बाद दुकानें बंद 警察との間で押し問答の後商店街閉鎖 झगड़ा क्या, कुछ भी तो नहीं हुआ, बस यों ही कहासुनी हो गई 喧嘩じゃない，なんにもなかったんだ．ただちょっと言い争っただけさ लिहाज़ा बातों बातों में पति-पत्नी में कहासुनी हो गई そのため事ごとに夫婦間で口喧嘩となった

कहिया [名] はんだごて（盤陀鏝）

कहीं [代・副] (1) 明確でない場所；どこか；どこかに；どこかへ；どこかで वे कहीं ननिहाल वग़ैरह गये होंगे 多分実家かどこかへ行かれたのだろう उसका पति कहीं विदेश गया हुआ है あの人の夫はどこか外国に出掛けている (2) やっとのことで；どうにか；どうにかこうにか रुईदार शलूका, स्वेटर और गर्म कोट पहनें तब कहीं सर्दी दूर होती है 綿入れのシャルーカーとかセーターや厚手のコートを着るとどうにか寒くなくなる (3) ひょっとして；もしも；万一；まさか कहीं बारिश शुरू न हो जाए ひょっとして雨が降り出さなければよいが कहीं दोनों उसे झाँसा तो नहीं देंगे まさか2人が男をだましはしないだろう भय होता, कहीं पड़ोसिनें यह न कहने लगें कि इतने में उबल पड़ी ひょっとして近所の女たちがこれしきのことでかっとなったと言いだしはせぬかと心配なのだ कहीं लेने के देने पड़े ひょっとして意図したことと反対の結果になれば；得をするところが損になるかも知れない；かえって逆のことになるかも；藪蛇になるかも (4) はるかに；うんと (5) 断じて；決して **कहीं आकर** ようやく；長い間かかって **कहीं ऐसा तो नहीं कि…** ひょっとして…ということではないだろうか；まさか…ということではなかろうか **कहीं और** どこかよそ（に）；どこか別の所（へ） **कहीं-कहीं** *a.* めったに；まれに *b.* 所によっては；所々 **कहीं का** 得体の知れぬ；どこの馬の骨とも知れぬ **कहीं का कहीं** 思いもかけぬ所（へ） **कहीं का भी नहीं** どっちつかずの = घर का न घाट का. **कहीं का न छोड़ना** とんでもない目に遭わせる；ひどい目にあわせる **कहीं का न रखना** *a.* めちゃくちゃにする；破滅させる；台無しにする *b.* 面目を失わせる **कहीं का न रहना** *a.* めちゃくちゃになる；破滅する；台無しになる *b.* 面目を失う **कहीं की ईंट, कहीं का रोड़ा, भानुमती ने कुनबा जोड़ा** 〔諺〕*a.* がらくたを集めてろくでもない物を作るたとえ *b.* 何の関わりも持たなかった家同士が縁あって一つに結ばれるたとえ **कहीं जाकर** ようやく；やっと；やっとのことで लगभग साढ़े पाँच बजे कहीं जाकर गोलीकांड समाप्त हुआ 発砲事件は5時半頃にようやく収まった लगभग आधे घंटे के बाद कहीं जाकर वे सारी मुर्गियों को बंद करने में सफल हो सके およそ半時間後にすべての雌鶏を閉じこめるのにやっとのことで成功を収めることができた **कहीं ठौर न मिलना** 全く寄る辺のない **कहीं-न-कहीं** どこやら；どこかに；どこかで；いずこかで **हर कहीं** どこにも；いずこにも；至るところに पेड़-पौधे हर कहीं पाये जाते हैं 草木はいずこにも見られる इस धक्के की पीड़ा से व्यथित सूरत हर कहीं दीख जाती है このショックによる痛みに苦しむ姿は至る所に見受けられる

क

क़हुवा [名] 《A. قهوه》ギー，砂糖，トウガラシ，ヒネショウガを材料に煎じた風邪薬
काँइयाँ [形] 全く抜け目のない；甚だ狡猾な= धूर्त; चालाक.
काँ-काँ [名] (1) かあかあ（カラスの鳴き声）= काँव काँव. (2) があがあ（アヒルの鳴き声） (3) 騒ぎ；騒音；喧騒
कांक्षा [名*] 欲；意欲；念願= चाह; इच्छा; अभिलाषा.
कांक्षित [形] 欲せられた；望まれた；願われた
कांक्षी [形] 望む；欲する；願う
काँख [名*] 腋の下= बग़ल.
काँखना [自] (1) 力む；力をこめるために息をとめる；いきむ (2) 排便，排尿のために腹部に力を入れる (3) 力を入れるのに掛け声を出す आधे घंटे में तो आप काँखकर उठते थे और घंटे भर में एक क़दम रखते थे 半時間かけて力んで立ち上がり 1 時間に一歩踏みしめるのだった
काँखासोती [名*] ドゥパッター（दुपट्टा）を左肩から右脇下へ更に左肩へと回して着用する着方，カーンカーソーティー
काँगड़ी [名*] カシミール地方などの北部山岳地方で用いられる携帯用の火鉢（首から腹部にかけて吊り下げて用いる）
काँगनी [名*] = कँगनी.
काँगरू [名]〔動〕カンガルー科カンガルー= कंगारू.
कांगो〔国名〕《E. Congo》コンゴ人民共和国
कांग्रेचुलेशन्स [感] 《E. congratulations》おめでとう（ございます）
कांग्रेस [名*] 《E. congress; Congress》(1) 会議；大会 सोवियत संघ की कम्युनिस्ट पार्टी की 25 वीं कांग्रेस ソヴィエト連邦の共産党第 25 回大会 (2) 国民会議派（Indian National Congress, 全インド国民会議 All India National Congress が 1885 年に第 1 回大会を開催，その後インド最大の政党=国民会議派となる） कांग्रेस दल 国民会議派党；コングレス党 कांग्रेस सांसद 国民会議派国会議員 (3) 議会；国会 अमरीकी कांग्रेस アメリカ議会
कांग्रेसी [形] 《← E. congress; Congress》(1) 会議の (2) インド国民会議派の；コングレス党の कांग्रेसी सरकार 国民会議派の政府
काँच[1] [名] (1) ガラス काँच के झाड़ फ़ानूस シャンデリア काँच की पट्टी ガラス板；板ガラス = पट्टिका काँच. काँच के उस बड़े बंद बक्से में ガラスのその大きな水槽に काँच का काम ガラス細工 काँच का गिलास ガラスのコップ काँच का फ़्लास्क 魔法びん काँचकर्तक ガラス切り काँच का सामान ガラス製品；ガラス器 काँच की चादर 板ガラス；薄い板ガラス काँच की रुई ガラス綿 (2) ガラス窓 अधखुले काँच में अंदर झाँककर 半開きのガラス窓から覗いて
काँच[2] [名*] (1) ドーティー（धोती）の一端で股を通して前から後ろへ渡し腰にたくしこむ部分 (2) 肛門周囲の粘膜 काँच निकलना 脱肛する **काँच खोलना** *a.* 交接する *b.* 逃げ出す；へこたれる **काँच निकलना** *a.* 降参する；参る；弱音を吐く *b.* のびる；ぐったりする **काँच निकालना** *a.* 痛めつける；ひどい目に遭わせる *b.* こき使う；酷使する
काँचघर [名] 温室〈glass house〉 वह काँचघरों में उगाया जाता है それは温室で栽培される
कांचन [名] (1) 金（きん） = सोना; स्वर्ण. (2) 富 (3) = कचनार. (4) = चंपा. (5) = नागकेसर.
कांचन गिरि [名]〔イ神〕スメール山；須弥山= सुमेरु.
कांचनचंगा [名] カーンチャンチャンガー（カンチェンジュンガ）ネパールとシッキムとの境界に位置するヒマラヤ山脈の高峰，標高 8598m）= कांचनजंगा.
कांचनपुरुष [名]〔ヒ〕死後 11 日目の法事の際バラモンに贈られる金の延べ板でこしらえた神像
कांचनप्रभ [形] 金色に輝く；金色を発する
कांचनार [名] = कचनार.
कांचनी [名*] (1)〔植〕ウコン；ターメリック (2) ゴーローチャン（गोरोचन，牛の胆汁を原料として作られる顔料．薬用としても用いられる）；五黄
कांचनीय [形] (1) 金の；金製の (2) 金色の
काँच रेशा [名] グラスファイバー
काँचा [形+] 脆い；壊れやすい；割れやすい
कांची [名*] (1) カーンチー（小さな鈴のついた女性用の腰帯）= मेखला; करधनी. (2) = घुँघची. (3)〔地名〕カーンチー（タミル・ナードゥ州カーンジーワラム）
काचुरी [名*] = केंचुली.
काँचू[1] [形] 割れやすい；もろい（脆い）
काँचू[2] [形・名] (1) 脱肛になった（人） (2) 卑怯な；臆病な (3) 男色者
काँछना [他] = काछना.
काँछा [名*] 意欲= अभिलाषा; कांक्षा.
काँजी [名*] 《Tm.》(1) カーンジー（かゆや米の煮汁，水に浸した米などに塩やカラシナの実をすりつぶしたものを加えるなどして発酵させて作る酸味の汁．飲料，調味料，漬け物用の汁，食欲増進料，消化剤などとして用いられる） (2) ごはんの煮汁（炊きあがった後に捨てられることもある） (3) ヨーグルトや分離した牛乳の水分 (4) 病人に与える重湯 (5) 米からこしらえた糊
काँजी पानी [名] かゆ（粥）；重湯
कांजीवरम [名] (1)〔地名〕カーンチープラム（タミルナードゥ北部の都市でヒンドゥー教の聖地でもある） (2) カーンジーワラム（カーンチープラム産のサリー．地名からの命名） **कांजीवरम साड़ी** 同地産の名産品の絹のサリー
काँजीहाउस [名] 《Tm. + E. congee house/ conjee house》(1) 飼い主不明，もしくは，迷った家畜の収容施設；そのための囲い；動物の収容所〈cattle pound〉 (2)〔軍〕営倉
काँटा [名] (1) 植物のとげ（刺，棘）や棘の形をした様々なもの（木片や鳥のけづめなども含まれる） (2) 痛みや苦痛を与えるもの (3) 魚の胸びれや背びれなども含めて魚の大小の骨 (4) 邪魔物；妨害物；障害物；厄介者；邪魔者 रास्ते का काँटा *a.* 邪魔物 *b.* 厄介者 (5) フォーク काँटा-छुरी フォークとナイフ（ナイフとフォーク） काँटा-चम्मच フォークとスプーン (6) 釣り針= मछली पकड़ने का काँटा. (7) 釘 (8) 鉤；鉤状のもの (9) 針状のもの；針（時計の針，種々の秤の指針，動物の針のような毛，昆虫の針など） (10) 天秤 (11) 手錠；手枷 (12) のどや舌のかさかさ，あるいは，かさつき (13)〔医〕口内炎 **काँटा खटकना** *a.* 胸が痛む；辛い思いをする *b.* けげんに感じる；怪しむ **काँटा खाना** *a.* 惨敗する；ひどい負けかたをする *b.* 投獄される **काँटा गड़ना** *a.* 辛い思いをする；胸に突き刺さる *b.* けげんに感じる；疑わしく感じる **काँटा गड़ाना** *a.* 胸を突き刺す *b.* あやしませる **काँटा चुभना** とげが刺さる；痛みを与える= काँटा गड़ना. अभावों का काँटा वहाँ भी चुभता रहा 窮乏のとげはそこでも刺さり続いた **काँटा चुभाना** = काँटा गड़ाना. **काँटा छाना** 障害を取り除く **काँटा डालना** 魚を釣る **काँटा दूर क॰** *a.* 邪魔者をなくす（排除する）；敵を打倒する *b.* 妨害を排除する；邪魔を除く **काँटा दूर हो॰** *a.* 邪魔者がいなくなる *b.* 妨害がなくなる **काँटा निकलना** とげが取れる；とげがぬける（比喩的にも用いられる） **काँटा निकालना** とげをとる；とげを抜く（比喩的にも用いられる） **काँटा पड़ना** わだかまりが生じる **काँटा बिखेरना** 妨げる；妨害する **काँटा बिछना** 妨げられる **काँटा बिछाना** 妨害する **काँटा बोना** *a.* 騒ぎを起こす *b.* 悪事を働く जो मुझे काँटे बोए, उसके लिए फूल बोता फिरूँ 私は自分に対していばらを植える人のために花の苗を植えて行く **काँटा मारना** 強烈な皮肉を言う；激しい皮肉の言葉を浴びせる **काँटा लगना** とげがささる **काँटा लगाना** = काँटा डालना. **काँटा-सा खटकना** とげのように突き刺さる **काँटे का मुक़ाबला** 拮抗すること **काँटे की तौल** ぴたり；ぴったり；ちょうど；寸分の狂いもなく；計算した分量通り **काँटे की बात** 確実な話；間違いのない話 **काँटे की सुई बराबर** = काँटे की तौल. **काँटे के पलड़े सा** 全く同じの；全く同等の **काँटे तौल बराबर हो॰** ぴったりの；多くも少なくもない **काँटे पर की ओस** はかないもの (-के लिए) **काँटे बिछाना** （ーを）妨げる；妨害する= (-के) रास्ते में काँटे बिछाना. **काँटे में तुलना** 高価な **काँटे सा खटकना** 不快に感じられる；いやな感じがする= काँटे-सा चुभना. **काँटे से काँटा निकालना** 毒をもって毒を制する **काँटों की राह** *a.* 甚だ辛い *b.* 困難に満ちた；いばらの道= काँटों की सेज. **काँटों पर लोटना** 悲しみや妬みのあまり狂いまわる **काँटों पर सुलाना** 辛い目に遭わせる **काँटों भरा रास्ता** いばらの道 **काँटों में खींचना** *a.* 厄介な目に遭わせる *b.* あまりにも敬意を表して恥じ入らせる= काँटों में घसीटना. **काँटों में गिरना** 危難におちいる **काँटों में तौलकर बिकना** 甚だ高い値がつく **काँटों में दौड़ाना** 苦しい目に遭わせる **काँटों में पड़ना** 苦労をする **काँटों में फँसना** 面倒に巻き込まれる **काँटों में लथराना** = काँटों में खींचना. **काँटों में हाथ पड़ना** = काँटों में फँसना. **सूखकर काँटा हो॰** *a.* やせ細る；針金のようにやせる；がりがりにやせる खाना-पीना तो छूट ही गया था, इससे सूखकर काँटा हो गया 食事もすっかりとらなくなった

ので針金みたいにやせ細ってしまった उसका तन सूखकर काँटा हो गया 体は針金のように細くなってしまった *b.* かちかちになる；こちこちになる यदि पानी न बरसे या फिर गरमी बढ़ जाए तो वे तो बेचारे सूखकर काँटा ही हो जाएँ 雨が降らなかったり暑さが増したりすればかちかちになってしまうかも知れない *c.* かさかさになる पानी न मिले तो हल्क सूखकर काँटा हो जाता है 水が得られないとのどが乾いていてかさかさになる

काँटा-गुलाब [名]《H.+P.گلاب》〔植〕バラ科低木コウシンバラ【*Rosa chinensis*】

काँटा चूहा [名]〔動〕ハリネズミ科ハリネズミ【*Hemiechinus auritus collaris; Paraechinus micropus*】

काँटी [名] (1) とげ；小さなとげ (2) かぎ（鉤）；小さな鉤 (3) いばら（茨） (4) 手錠；手枷 **काँटी खाना** 臭い飯を食う；投獄される

कांटीनेंटल [形]《E. continental》ヨーロッパ風の；コンチネンタル

कांटीनेंटल डिशिज़ [名]《E. continental dishes》〔料〕西洋料理

कांटेक्ट लेंस [名]《E. contact lens》コンタクトレンズ＝ कांटेक्ट लेंस.

काँटेदार [形]《H.P.》とげのある काँटेदार पौधे とげのある低木；いばら（茨）＝ काँटेदार झाड़ी. **काँटेदार तार** 有刺鉄線；ばら線 **काँटेदार रोध** 忍び返し

काँटेदार त्वचावाले प्राणी [名]〔動〕棘皮動物

कांटैक्ट प्रिंटिंग [名]《E. contact printing》〔写〕密着焼付け

कांटैक्ट लेंस [名]《E. contact lens》コンタクトレンズ＝ कांटेक्ट लेंस.

कांठली [名*] 金，真珠，ムクロジなどの実でこしらえた首輪や首飾り

काँठा [名] (1) 首 (2) オウムの首の部分にある輪の形の模様

कांड [名] (1) 竹や葦などの植物の茎の節から節までの一節 (2) 木の幹 (3) 草木の枝 (4) 断片 (5) 一区切り (6) 文章の大きな区切り；章 (7) 集まり；集合 (8) 房 (9) 枝；棒 (10) 葦 (11) 事件；大事件 वाटरगेट कांड ウォーターゲート事件 अग्निकांड 大火災

कांडर्षि [名]〔ヒ〕カーンダルシ（ヴェーダの特定の部にぬきんでたリシの称）

काँड़ी[1] [名*] (1) 臼を置くために地面に掘られた穴 (2) 地面を掘って設置された臼

काँड़ी[2] [名*] (1) 重いものを移動させるのに用いるころ (2) 碇の一部の木の部分 (3) 建物の天井の部分に用いられる細長い木 काँड़ी कफ़न 棺架や経帷子など火葬のために用意するもの

काँड़ी[3] [名*] 魚の群れ；魚群

कांत[1] [形] (1) 好きな；好ましい (2) 愛しい (3) 美しい；きれいな

कांत[2] [名] (1) 夫；主人 (2) 愛人；恋人 (3) クリシュナ神 (4) ヴィシュヌ神 (5) 月 (6) 春

कांत पक्षी [名]〔鳥〕クジャク＝ मोर；मयूर.

कांतपाषाण [名] 磁石

कांतर [名]〔節動〕ムカデ（百足）〈centipede〉＝ कनखजूरा.

कांता [名*] (1) 妻 (2) 愛人；恋人 (3) 美女；美人

कांतार [名] (1) 甚だ危険な荒涼とした所；荒野 (2) 木の深く生い茂り恐ろしいジャングル

कांति [名*] (1) 光；輝き；光沢；つや (2) 美しさ；優雅さ；美麗さ (3) 月の輝き (4)〔イ文芸〕10 種のカーヴィヤグナ काव्यगुण の一．表現に誇張がなく自然なこと

कांतिमान [形] (1) 輝きのある；つやのある；光沢のある (2) 美しい；優雅な

कांतिहीन [形] 輝きのない；つやのない；光沢のない

काँदना [自] 泣く；泣き叫ぶ；泣きわめく

काँदला[1] [名] (1) 泥 (2) 汚れ

काँदला[2] [形+] (1) どろんこの；泥だらけの (2) 汚れた

कांदव [名] 煎ったもの

कांदा [名] (1) ユリ科野菜シャロット【*Allium ascalonicum*】 (2) タマネギ（玉葱）＝ प्याज़.

काँदो [名] 泥＝ कीच；कीचड़.

काँध [名] 肩＝ कंधा；स्कंध.

काँधना [他] (1) 担ぐ；になう (2) 頭にのせる (3) 受け入れる (4) 耐える

काँप[1] [名] (1) ひご；竹ひご (2) 凧づくりに用いる弓形の竹ひご (3) ほっそりしたウエスト (4) 猪の牙

काँप[2] [名] (1) 薄切り；スライス (2)〔装身〕木の葉の形をしている耳たぶにつける金製の耳飾りの一種

काँपना [自] (1) 震える；震動する；振動する；揺れる；揺れ動く पीपल का एक बड़ा पत्ता हवा में हलके-हलके काँप रहा था ボダイジュの大きな葉が一枚風に静かに揺れていた (2)（体が）震える（寒さや憤怒，恐怖のために） उसका शरीर काँपने लगा, आँखें डबडबा आयीं 体が震え出し目はうるんできた **काँप उठना** *a.*（にわかに）震え出す *b.* ちぢみ上がる

काँय काँय [名*] (1) カラスの鳴き声；かあかあ (2) 耳障りな声や音＝ काँव काँव.

काँव काँव [名] (1) カラスの鳴き声；かあかあ (2) 騒々しさ；騒がしくすること；けたたましい音；騒ぎたてること काँव काँव क॰ 騒ぎたてる；騒がしくする ज्यों ही घर में क़दम रखता, चारों ओर से काँव काँव मच जाता 家に足を踏み入れたとたん四方八方からけたたましい騒ぎとなる फिर सारा गाँव काँव काँव करने लगेगा すると村中が大騒ぎになるだろう काँव काँव लगाना 騒がしくする；大騒ぎする

काँवर [名*] (1) 竹竿を用いてこしらえた天秤棒 (2)〔ヒ〕カーンワル（シヴァ神像にかけるため寺院に奉納するガンジスの聖水を運ぶため天秤棒の両端に結びつけられた容器）

काँवरथी [名]〔ヒ〕シヴァリンガにガンジスの聖水を掛ける祈願のためガンジスの水をカーンワルに入れて遠路担いで行く巡礼者

काँवरिया [名] カーンワル（काँवर）を担ぐ人

काँवाँरथी [名] ＝ काँवरथी.

कांवेंट स्कूल [名]《E. convent school》コンベントスクール；女子修道院付属学校

काँस [名]〔植〕イネ科の雑草ワセオバナ【*Imperata spontanea*】 **काँस में तैरना** *a.* 蜃気楼や幻想に惑わされる *b.* 決断がつかずに迷う **काँस में फँसना** 危難におちいる

कांसल [名]《E. consul》領事 ＝ वाणिज्यदूत；कांसुल.

काँसा[1] [名] (1) 青銅〈bronze〉＝ भरत；कसकुट. (2) 鐘青銅〈bell metal〉 (3) 白銅〈white metal〉 (4) 真鍮〈brass〉 काँसे की मूर्ति 銅像 काँसे की मूर्ति स्थापित (खड़ी) क॰ 銅像を建てる

काँसा[2] [名]《← P. کاسه》(1) 托鉢用の陶製の器 (2) 茶わん；わん

काँसागर [名]《H.+ P. گر》銅細工師；真鍮細工師

काँसार [名] 青銅，真鍮などの器を作る職人＝ कसेरा.

काँसी[1] [名*] ＝ काँसा[1].

काँसी[2] [名*] 小指＝ कनिष्ठा.

कांसुल [名]《E. consul》領事 कांसुल जनरल 総領事＝ महाकांसुल 総領事

काँसुला [名] 銅細工師や真鍮細工師が球面を作るために用いる道具

कांस्टेब्ल [名]《E. constable》巡査＝（पुलिस का）सिपाही.

कांस्य [名] ＝ काँसा. (1) 青銅 (2) 鐘青銅 (3) 白銅 (4) 真鍮

कांस्यकार [名] 銅細工師；真鍮細工師

कांस्य ताल [名]〔イ音〕マンジーラー（シンバル）

कांस्यपदक [名] 銅メダル **कांस्यपदक विजेता** 銅メダル受賞者

कांस्य मल [名] 緑青

कांस्य युग [名]〔史・考〕青銅器時代〈Bronze Age〉 ताम्र युग या कांस्य युग (या ताम्र-पाषाण युग) 銅器時代もしくは青銅器時代（もしくは銅石器時代）

का[1] [格助] 名詞及び代名詞の所有格・属格を表すものとされるが下記のような機能を果たす．なおこれは名詞の斜格形及び三人称代名詞，疑問代名詞，不定代名詞の斜格形に接続して男性名詞直格単数形を従える位置に用いられるもので，従える女性名詞には数に関係なく की，男性単数斜格形及び複数形には के の形で接続する (1) 主として所属や帰属の関係を表し後続の語を修飾・限定する एक प्रकार का हरा मुर्चा 一種の緑色の錆 राजापुर नाम का गाँव ラージャープルと言う村 चार दिन की दवा 4 日分の薬 पत्नी की एक साड़ी 妻のサリーの一つ राजा दशरथ की तीन रानियाँ थीं ダシャラタ王には 3 人の妃があった राम का छोटा भाई ラームの弟 उस पेड़ का नाम その木の名称 इसका पौधा これの苗 गैस पर चाय का पानी पहले से धरा था ガスコンロにお茶の水（お茶を立てる水）が前もってかけられていた तोते का पिंजरा オウムを入れる鳥かご जानवरों का डाक्टर 獣医 शंकर के मंदिर में シヴァ神を祀った寺院で दो घोड़ों की गाड़ी 2 頭立ての馬車 रूपा की चर्चा ルーパーの噂（ルーパーについての噂） उसने काफ़ी का आर्डर दिया コーヒーを注文した एक हफ़्ते की छुट्टी 1 週間の休暇 उन गहनों की क़ीमत

それらの装身具の価値 दूध की मक्खी 牛乳に落ちたハエ（無価値なもの，あるいは，軽蔑すべきもの） पके केले का गूदा 熟したバナナの実 आम का फल マンゴーの実 यह जूता सुनीता का है この靴はスニーターのもの (2) 動作・作用の主体であることを表す त्वचा का फट जा॰ 肌がひびわれる सात खनिकों की मृत्यु 7人の鉱夫の死 हड्डी का टूटना 骨折 पहली बीबी के रहते दूसरी शादी करने पर 7 साल की सज़ा होती है 妻がいるのにもう一度結婚すると7年の刑になる जनता के चुने हुए प्रतिनिधियों से 民衆の選んだ代表たちに対して खुदा का दिया हुआ सब कुछ था 神様が一切の物を授けて下さっていた（何一つ不自由はなかった） पुसी के होते घर में दूसरी बिल्ली घुस नहीं सकती プシーがいるのに他の猫が入り込めるはずがない (3) ある性質を持つ主体やある状態の主体であることを表す नींद की कमी 睡眠不足 सब्जियों के अभाव में 野菜が不足した状態で (4) 動作・作用の場所や方向，対象，範囲などを表す कुर्सी का मोह 地位への執着 उसने इस ढकोसले का डटकर विरोध किया था このいんちきに対して断固として反対した यहाँ का उलीचा पानी पंजाब के खेतों को मिलेगा? ここで注いだ水がパンジャーブの畑で得られるものだろうか उसने पिता की बात का कोई उत्तर न दिया 父親の言葉に対して何も答えなかった ज़रूरतमंदों की सहायता को तत्पर हो॰ 困っている人たちに快く援助をする मुझे डर किस बात का? 僕はなんにも怖くない इस विषय में मैं आपकी कोई भी मदद नहीं कर सकती このことに関してはあなたに何一つ支援して差し上げることができません कच्चे माल की आपूर्ति करने वाले 原料の供給者 आपका टेलीफ़ोन है お電話です घर का बना गर्म खाना 温かい家庭料理 यू॰एस॰ए॰की राइफ़ल アメリカ（合衆国製）のライフル घंटों का काम मिनटों में होने लगा है 幾時間もかかった作業が数分でできるようになっている (5) 後続の語の材料であることを表す गोबर की खाद 牛糞の肥料 दूध से भरे काँच का गिलास 牛乳のいっぱい入ったガラスのコップ काग़ज़ की फिरकी 紙でこしらえた風車 लोहे का हत्था 鉄製のハンドル ऊन के बने हुए कपड़े 毛織物 (6) 後続の語の状態の原因を表す कुपोषण का शिकार 栄養不良の餌食（犠牲） (7) 後続の語の手段を表す हवाई जहाज़ की यात्रा 飛行機の旅 मशीन की बनी हुई चीज़ 機械で作られた物 (8) 目的や用途を表す रुपयों की थैली お金の袋 खाने का शुद्ध तेल 純粋な食用油 पानी का जहाज़ 船；船舶 (9) 人や人体への所属や帰属を表現する場合には慣用的に केが用いられる गोली एक ब्यौपारी के जा लगी 弾は一人の商人に当たった राव ने सोनबाई के चाबुक मार दिया ラーオはソーンバーイーに鞭を振るった इससे तो अच्छा होता कि आदमी के नाक होती ही नहीं それよりは人は鼻（自尊心）を持たない方がよかったのだ क्या उसके मन नहीं है? あの男は人の心を持っていないのだろうか (10) 同一語を का/के/की で結んで用いるとその語の意味を強調する दूध-का-दूध और पानी-का-पानी करना 牛乳は牛乳水は水に分けること（正邪を厳密に区別すること） छः साल मेहनत और ईमानदारी से काम किया लेकिन वही क्लर्क-के-क्लर्क चले आ रहे हैं 6年間一生懸命に誠実に働いてきたのだが平の事務員のままでいる आज इस दुनिया में बहुत से ऐसे देश हैं, जो राजनीतिक रूप से स्वतंत्र हैं, पर वहाँ की जनता ग़रीब-की-ग़रीब है 今日の世界には政治的には独立しているが民衆は実に貧しいという国が多数ある और-का-और 全然別の（こと）；全く違う（こと） सब-का-सब 全部が全部

का[2] ［名］かあ（カラスの鳴き声） का का का क॰ かあかあと鳴く वह कौवा हर समय नई नई शरारतें करने के साथ का का का करके गाया भी करता था そのカラスはいつも新しいいたずらをするかたわらかあかあと歌ってもいた

का[3] ［代］《Br.》 ब्रजभाषा の疑問代名詞 (1)dir. = क्या. (2)obl.= किस.

काइऐक ［名］《E. kayak》カヤック

काइटिन ［名］《E. chitin》〔生化〕キチン質

काइथ ［名］カーヤスト= कायस्थ.

क़ाइदा ［名］= क़ायदा.

क़ाइदे अज़्ज़म ［名］《قائد اعظم》カーイデー・アッザム（パキスタン建国の父と呼ばれるムハンマド・アリー・ジンナー محمد علی جناح 1876–1948 の尊称．偉大なる指導者の意）

क़ाइम ［形］《A. قائم》(1) 立っている (2) 丈夫な；頑丈な (3) しっかりした；安定した= क़ायम.

क़ाइम मक़ाम ［形・名］《A. قائم مقام》代理の（人）；代理人= क़ायम मक़ाम.

क़ाइम मिज़ाज ［形］《A. قائم مزاج》意志強固な= क़ायम मिज़ाज.

काइयाँ ［形］= काँइयाँ.

कॉइयोट ［名］《E. coyote》〔動〕イヌ科コヨーテ；コヨテ；アメリカオオカミ

काई ［名*］(1) 緑藻類や藍藻類などを含む藻；青粉 (2) こけ（苔） काई जमना 苔が生える कहीं कहीं काई जम जाती है ところどころに苔が生える (3) 青かび (4) 汚れ；ひどい汚れ (5) 心の垢 **काई की तरह फट जा॰** 散り散りになる **काई छुड़ाना** *a.* 汚れを取る；汚れを除く；垢を取る *b.* 貧苦をなくす **काई लगना** *a.* 垢がつく；汚れがつく *b.* 覆われる *c.* 苔が生える

काउंट डाउन ［名］《E. count down》カウントダウン；秒読み काउंट डाउन शुरू हो गया カウントダウンが始まった

काउंटर ［名］《E. counter》カウンター；売り台；勘定台；陳列台

काउंसिल-हाउस ［名］《E. Council House》州議事堂

काएँ काएँ ［名］カラスの鳴き声；かあかあ= काँव काँव.

काक ［名］(1)〔鳥〕カラス（鳥） (2) 全く抜け目のない人；大変狡猾な人

काकचिंता ［名*］= गुंजा.

काकजंघा ［名*］〔植〕ウドノキ科低木【*Leea aequata*】

कॉकटेल ［名］《E. cocktail》(1) カクテル；コクテール (2) カクテルパーティー〈cocktail party〉 आम तौर पर पार्टी 'कॉकटेल' ही होती है 一般にパーティーはカクテルパーティーの形式で行われる

कॉकटेल पार्टी ［名*］《E. cocktail party》カクテルパーティー

काकड़ा[1] ［名］〔動〕シカ科キョン；インドヨツメジカ；インドホエジカ【*Muntiacus muntjak*】〈barking deer; Muntjac〉

काकड़ा[2] ［名］〔植〕ウルシ科ピスタシア属高木【*Pistacia integerrima*】

काकड़ासींगी ［名*］〔植〕ウルシ科ハゼ（櫨）【*Rhus succedanea*】

काकड़िया ［名*］= ककड़ी.

काकतालीय ［形］偶然の；偶然の一致による；全然予期されない **काकतालीय न्याय** 全く偶然の出来事を偶然のものではないと理解することのたとえ

काकतुंडी ［名*］= कौआ टोंटी. 〔植〕ガガイモ科草本トウワタ【*Asclepias curassavica*】

काकदंत ［名］全くあり得ないこと（カラスの歯）

काकनासा ［名*］= काकजंघा.

काकपक्ष ［名］古代の男児や青年の装ったみずら（角髪）

काकपद ［名］脱字符号；脱落や挿入を示す符号〈caret〉

काकपाली ［名*］= कोयल.

कॉकपिट ［名］《E. cockpit》コックピット；操縦室；操縦席

कॉकपिट वायस रिकार्डर ［名］《E. cockpit voice recorder》コックピット・ボイスレコーダー

काकपेय ［形］浅い= छिछला.

काकफल ［名］(1)〔植〕インドセンダン= नीम. (2) 同上の実

काकबलि ［名*］〔ヒ〕祖霊を祭る際にカラスに供えられる食物

काकभुशुंडि ［名］(1)〔イ神〕カーカブシュンディ（インド神話に出るローマシャリシ लोमश ऋषि の呪詛でカラスに変えられたラーマ信徒のバラモン） (2)〔鳥〕カラス科ワタリガラス【*Corvus corax*】

काकमर्द ［名］〔植〕ウリ科蔓草【*Cucumis colocynthis*】

काकमारी ［名*］〔植〕ツヅラフジ科蔓草アナミルタ【*Anamirta cocculus*】

काकरव ［名］(1) カラスの鳴き声 (2) カラスのようにつまらぬことに大騒ぎする人 (3) 臆病者；小心者

काकरूक ［名］(1)〔鳥〕フクロウ，ミミズクなどの鳥 (2) 愛妻家

काकरेज़ ［名］《P. کاکریز》紫；黒紫；黒紫色= ऊदा रंग.

काकरेज़ा ［名］←काकरेज़. (1) 黒紫，もしくは，紫色の布 (2) 黒紫色；紫色

काकरेज़ी[1] ［名］（黒）紫色

काकरेज़ी[2] ［形］（黒）紫色の

काकल ［名］(1) 喉頭 (2) 口蓋垂；のどひこ；のどちんこ

काकली ［名*］やさしく心地よい音や声

काकसेन ［名］《E. coxswain/cox》(1) 小型艦の先任下士官；ボートの艇長；短艇長 (2) コックスン；舵手

काकस्नान ［名］(1) 鳥の行水 (2) ずぼらなこと

काका[1] ［名］《H.?/P.? کاکا?》(1) 父の弟；おじ（叔父） (2) 兄や従兄への呼びかけに用いられる言葉 (3) 幼いわが子や孫への呼びかけに用いられる言葉 (4) 年配の男性に対する敬称として用いられる言葉，おじさん (5) 家の古くからの従僕や使用人

काका[2] ［名］〔鳥〕カラス科ワタリガラス

काका[3] ［名*］= काकजंघा.

काकाक्षिगोलकन्याय ［名］(1) 1つで2つの目的や用に役立つことのたとえ→ न्याय. (2) 1つの語句に両義性を持たせること

काकातुआ ［名］《E. cacatua》〔鳥〕オウム属バタンインコ= काकातुवा.

काकिणी ［名*］(1)〔植〕マメ科トウアズキの実 (2) パナ पण（貨幣単位）の4分の1．20カウリー कौड़ी に相当 (3) マーシャー माशा の4分の1の重量（約0.2g）

काकी[1] ［名*］(1) 父の弟の妻；おば（叔母） (2) 幼い子や孫への呼びかけの言葉 (3) 年配の女性に対する敬称として用いられる言葉，おばさん（小母さん）

काकी[2] ［名*］〔鳥〕雌のカラス→ काक.

काकु ［名］(1) 語調；声の抑揚 (2) 皮肉；あてこすり

क़ाक़ुम ［名］《A. قاقم》〔動〕イタチ科テン（貂）

काकुल ［名］《P. کاکل》後れ毛 **काकुल छोड़ना** 髪を垂らす **काकुल झाड़ना** 櫛けずる

काकून ［名］《E. cocoon》まゆ；繭

काकोलूकीय न्याय ［名］天敵の関係にあることを表すたとえ→ न्याय.

कॉक्रोच ［名］《E. cockroach》〔昆〕ゴキブリ科ゴキブリ；アブラムシ= तिलचट्टा.

काग[1] ［名］〔鳥〕カラス（鳥）の総称= कौआ; काक; वायस.

काग[2] ［名］《← E. cork》(1)〔植〕ブナ科の常緑高木コルクガシ (2) コルク；キルク

काग़ज़ ［名］《A. کاغذ》(1) 紙 (2) 書類；文書；書き付け (3) 会計簿 (4) 約束手形；約束証書；保証書 (5) 新聞 अख़बारी कागज़ 新聞用紙 चिट्ठी का कागज़ 便箋 कच्चा कागज़ *a.* やわらかい紙 *b.* 印紙の貼られていない書類 पक्का कागज़ *a.* 堅い紙 *b.* 印紙が貼られた書類 कागज़ आ जा॰ 書類が来る；書類や文書が届く **काग़ज़ का घर** はかないもの；空中楼閣 **काग़ज़ का घर बनाना** 空想にふける；空中楼閣を築く **काग़ज़ का पुतला** = कागज़ का घर. **काग़ज़ का महल** = कागज़ का घर. **काग़ज़ काला क॰** 無意味なことを書く **काग़ज़ की नाव** *a.* 紙の船 *b.* あてにならないもの；頼りないもの *c.* はかないもの **काग़ज़ की पुड़िया** = कागज़ का घर. **काग़ज़ के घोड़े दौड़ाना** *a.* 手紙や書類のやりとりをする；手紙や書類を数多く出して事務処理が迅速になされるようにする *b.* 書面上の取引をする **काग़ज़ खोलना** 悪事や弱点をあばく **काग़ज़-पत्तर**→ कागज़-पत्र. अपनी फ़ाइल निकलवाकर कागज़ -पत्तर देखने लगे ファイルを取り出させ書類に目を通し始めた **काग़ज़ पर चढ़ना** *a.* 記載される；記録される *b.* 登録される **काग़ज़ पर चढ़ाना** *a.* 記載する；記録する *b.* 登録する **काग़ज़ पूरा हो॰** 一生が終わる **काग़ज़ मिलाना** 会計帳簿を照合する **काग़ज़ में दाख़िल क॰** 登録する；登記する；記載する **काग़ज़ लिखना** 書類を作成する；文書を作る；手形や証書を書く **काग़ज़ लिखवा ले॰** 保証書や約束手形（約束証書）を書かせる **काग़ज़ स्याह क॰** = कागज़ काले क॰. **काग़ज़-सा** とても薄い；ぺらぺらの **काग़ज़ों पर** 紙の上；書面上；机上 कागज़ों पर यह योजना ठीक लग रही है 机上ではこの計画は適正に思える

काग़ज़-पत्र ［名］書類= कागज़-पत्तर.

काग़ज़बोर्ड ［名］《A. + E. board》ボール紙；板紙

काग़ज़ मिल ［名*］《A.+ E. mill》製紙工場

काग़ज़ात ［名, pl.］《A. کاغذات←کاغذ कागज़》書類 गोपनीय कागज़ात 秘密書類

काग़ज़ी[1] ［形］《A. کاغذی》(1) 紙の；紙でできた (2) 書面の；書面上の (3) 書類上の (4) 薄皮の (5) もろい **काग़ज़ी सबूत** 証拠書類 **काग़ज़ी घोड़े दौड़ाना** = कागज़ का घोड़ा दौड़ाना.

काग़ज़ी[2] ［名］(1) 紙屋 (2) 文房具商 (3) 紙作り職人 (4) = कागज़ी नींबू. 〔植〕ミカン科ライム= कागज़ी नींबू.

काग़ज़ी कारररवाई ［名*］書類の往復；書類のやりとり

काग़ज़ी नींबू ［名］(1)〔植〕ミカン科低木ライム【*Citrus aurantifolia*】(2) 同上の実

काग़ज़ी बाँस ［名］〔植〕イネ科タケ亜科エダフトダケ【*Dendrocalamus hamiltoni*】

काग़ज़ी बाघ ［名］張り子の虎= कागज़ी शेर.

काग़ज़ी बादाम ［名］《A.P. کاغذی بادام》(1)〔植〕アーモンドの一種 (2) 同上の実

कागद ［名］= कागज़. (1) 紙 (2) 登録簿；記録簿 कागद की लेखी 書かれた記録 वह ‘आँखों की देखी’ में विश्वास रखते थे, ‘कागद की लेखी’ में नहीं 見たものを信用し書いたものを信用していなかった **कागद खोना** 長生きして苦しく辛い人生を過ごす **कागद फटना** *a.* 死ぬ；死去する *b.* 死相が現れる

कागदपत्तर ［名］= कागज़-पत्र.

कागभुसुंडि ［名］= काकभुशुंडि.

कागर ［名］《← A. کاغذ कागज़》(1) 紙 (2) 鳥の羽

कागा ［名］カラス（への呼びかけの言葉）；カラスさん

कागाबासी[1] ［名*］早朝に用意して飲む大麻

कागाबासी[2] ［名］少し黒みを帯びた真珠の玉の一種

कागारोल ［名］けたたましい騒ぎや騒音

कागिया ［名*］〔昆〕トウジンビエにつく害虫

कागौर ［名］= काकबलि.

काच ［名］(1) ガラス (2) 水晶 (3) アルカリ性の結晶物

काचकूरी ［名*］マメ科蔓草ハッショウマメ【*Mucuna prurita*】= किवाँच; केवाँच.

काच तंतु ［名］グラスウール〈glass wool〉

काच मणि ［名］水晶= स्फटिक; बिल्लौर.

काचमल ［名］= काला नमक; सोंचर नमक. カーチマル「黒塩」（塩にシクンシ科セイタカミロバランやミロバランの果実に炭酸ソーダを加えて作られる．薬用及び香味料）

काच लवण ［名］= काला नमक.

काचली ［名*］蛇の抜け殻= काँचली; साँप की केंचुली.

काचा ［形+］(1) 熟していない；未熟な (2) 仮の；一時的な= कच्चा.

काचाभ ［形］ガラス質の；ガラス状の〈vitreous〉

काचाभ द्रव ［名］〔解〕硝子体液〈vitreous humour〉

काचित ［形］うわぐすりをかけた；上塗りをした काचित क॰ うわぐすりをかける；上塗りをする

काची ［名*］牛乳の煮沸や保存に用いられる土鍋

काछ ［名*］(1) ドーティーを着用する際，股から後ろへ回して腰にたくしこまれる部分；カーチ (2) 下腹から股にかけての部分 (3) 尻 **काछ कसना** *a.* カーチを締める *b.* 喧嘩腰になる **काछ काछना** *a.* カーチを締める *b.* 変装する= वेष बनाना. **काछ खोलना** *a.* 節度を失う *b.* 交接する **काछ बाँधना** = काछ कसना. **काछ लगना** 股ずれがする

काछना[1] ［他］(1) ドーティーなどの端を股の下をくぐらせて後ろで締める (2) 服を着る (3) 着替える

काछना[2] ［他］(1) かき寄せる；すくう (2) 汗などをぬぐう ललाट पर चमकती पसीने की बूँदों को हाथ से काछा 額に光る汗のしずくを手でぬぐった

काछनी ［名*］(1) カーチ（काछ）を締めたドーティーの着方 (2) そのような着方をしたドーティー काछनी कसना カーチを締めたドーティーの着方をする= काछनी काछना; काछनी मारना.

काछा ［名］= काछ. **काछा कसना** = काछनी कसना.

काछी[1] ［名］(1) カーチー（野菜の栽培や販売を主な生業としてきたカースト及び同カーストの人） (2) 野菜の栽培及び販売に従事する人

काछी[2] ［名］カッチ（कच्छ）地方産の馬

काछे ［副］近くに；そばに

काज[1] ［名］(1) 仕事；活動；勤労= काम; कार्य. (2) 職業= धंधा; पेशा; व्यवसाय. (3) 目的；意図 **-के काज** ーのために= -के हेतु; -के निमित्त (-के) **काज घटना** （ーの）役に立つ **काज निबाहना** なすべきことや務めなどを完成する；完了する；やり遂げる **काज सँवारना** つくろう；整える **काज सरना** 願いや念願が叶えられる= काम सरना.

काज[2] ［名］ボタンの穴= बटन का घर. काज घर ボタン穴

काज़ ［名］《P. کاز》藁葺きや茅葺きの家

क़ाज़ ［名*］《T. قاز》〔鳥〕ガンカモ科インドガン【*Anser indicus*】

कॉजमेटिक ［名］《E. cosmetic》→ कास्मैटिक.

कॉजमेटिक सर्जरी ［名］《E. cosmetic surgery》美容整形外科

कॉजमेटिक्स ［名］《E. cosmetics》化粧品

काजर ［名］= काजल.

क

काजल [名] (1) カージャル（美容や予防薬，邪視除けなどとして目のふちに塗られる．油煙を材料としたもの） (2) すす（煤）；油煙 मोमबत्ती का काजल ろうそくの煤 काजल घुलाना カージャルをつける＝काजल घोलना; काजल छालना; काजल डालना. **काजल का तिल** つけぼくろ **काजल की कोठरी** 行けば不名誉や汚名の原因となる場所 **काजल की सलाई** カージャルをつける硝子製の細い軸 **काजल दे॰** カージャルをつける **काजल पारना** 油煙を集める **काजल लगना** 汚名を着る **काजल लगाना** ＝काजल दे॰. **काजल सारना** ＝काजल घुलाना.

काज़िब [形] 《A. کاذب》 嘘つきの＝झूठा.

क़ाज़ी [名] 《A. قاضی》 (1) 〔イス〕カージー（イスラム法に基づき民事・刑事上の裁定を下す裁判官） (2) 裁判官；判事 **क़ाज़ी जी दुबले क्यों, (कहें) शहर के अंदेशे से** 〔諺〕無駄に他人のことで思い煩うことのたとえ

काजू [名] (1) 〔植〕ウルシ科の常緑小高木カシュー（ノキ）【*Anacardium occidentale*】 (2) カシューナッツ

काजू भोजू [形・名] (1) 見せかけばかりの（もの）；見かけ倒しの（もの） (2) 間に合わせの（もの）

काट[1] [名*] (1) 切断すること；切ること；切り離すこと (2) 裁ち方；型；裁断 (3) 噛まれた傷 (4) 切り返し (5) 攻めかた (6) 工夫；細工；節約；切り詰め (7) 書かれたものを消すために引く線 (8) 切り口；断面 (9) 切り込み (10) 切り傷 **खड़ी काट** 断面（図） हृदय की खड़ी काट 心臓の断面図 **काट क॰** *a.* 切りつける *b.* 道を作る *c.* 反駁する *d.* 傷つける **काट खाना** *a.* 噛みつく；噛みきる；くいちぎる *b.* 気に食わない；いやな感じがする *c.* 害を与える；危害を加える *d.* 損をする；被害を受ける इस आदमी को काट खाएँ तो この人に噛みつけば **काट खाने को दौड़ना** ＝काटने दौड़ना. **काट खाने दौड़ना** *a.* ぷりぷりする；何事にも腹を立てる *b.* 耐え難い；不快な感じや恐ろしい感じがする **(-की) काट पर रहना** （－に）対抗する **(-से) काट रखना** （－に）敵意を抱く

काट[2] [名*] 《E. cut》 (1) 裁ち方；型；仕立て बढ़िया काट वाले कपड़े 仕立てのよい服 (2) 髪の刈り方 (3) 木版画；挿し絵；カット (4) 〔ス〕カット

काटकपट [名*] (1) かすめ取ること；こっそり盗み取ること (2) 内緒ごとをすること

काटकसर [名*] 節約 किसी प्रकार काटकसर करके घर का ख़र्च चलाता なんとか節約して家計を営む

काटकूट [名*] ＝काटछाँट.

काटछाँट [名*] (1) 刈り込み；切り詰め；縮小；削ること (2) より出し；抜き出し (3) 加減；調節 **काटछाँट क॰** *a.* よる；より出す；抜き出す *b.* 切り詰める *c.* 加減する；調節する *d.* 推敲する

काट-छील [名*] 切り傷や擦り傷

काटना [他] (1) 刃物や歯，その他の道具で物を切る；切断する；斬る；ちょんぎる；切り離す गला काटना 首をはねる；首を切る ＝गरदन काटना. नाल काटना へその緒を切る हम अपनी ग़िज़ा को दाँतों से काटते और दाढ़ से ख़ूब चबाते हैं 食物を歯でかみきり奥歯でよくかむ (2) 刻む सलाद काट देना サラダ菜を刻む सब्ज़ी काटना 野菜を刻む (3) 畜殺する；屠る；屠殺する वहाँ रोज़ हज़ारों की संख्या में मवेशी काटे जा रहे हैं 同地では毎日数千頭の動物が屠られている यज्ञ में सैकड़ों पशु-पक्षी काटे जाते हैं 供犠では数百頭の鳥獣が首をはねられる (4) 生えているものを切る；切り払う；刈る；伐採する वह तलवार से झाड़ियाँ काटती, रास्ता बनाती बढ़ने लगी 刀で灌木を伐り払い道を作りながら進み始めた ऊन काटना 羊の毛を刈る जंगल से लकड़ी काटकर लाना 森から木を伐って持ってくる जंगल में लकड़ियाँ काटना ジャングルで木を伐採する (5) 刻む；削る；削りとる पत्थर काटना 石を刻む；石を削る बूढ़ी गंडक ने भी पोखरिया में दाहिनी तरफ़ के तटबंध को 150 मीटर तक काट दिया है ブーリーガンダク川もポーカリヤーで右岸を150mにわたって削った (6) 噛む；噛みつく；噛みきる；食いちぎる；(虫などが) 刺す दाँत से काटना 噛みつく；噛みきる उसने सिर उठाकर कैलास की उँगली में ज़ोर से काटा カイラースの指に激しく噛みついた सलमा होंठ काटकर रह गई サルマーは唇を噛むばかりだった जीभ काटना 舌を噛む मच्छर काटता है 蚊が刺す (7) 削る；部分的に除く；へずる वह उन सब की मजदूरी काट लेगा みなの賃金を削る पेट काटना 食物をへずる；食べ物を節約する सभी ने अपना और बच्चों का पेट काटकर आठ से दस हज़ार रुपये में ज़मीन ख़रीदी だれしもが自分の食べるものや子供の食い物をへずって8000から1万ルピーで土地を買った (8) 切り抜く कागज़ का एक समकोण त्रिभुज काटो 紙から直角三角形を切り抜きなさい कागज़ में से गुड़ियों के आकार की एक इंच छोटी आकृतियाँ सावधानी से काटें 紙から注意深く1インチの大きさの人形の形を切り抜きなさい (9) 帳消しにする；除く；削除する；切り離す；取り去る ऐसे सभी व्यक्तियों के नाम मतदाता सूची से काटे जाएँ このような人たち全員の名前は有権者名簿から削除されるべきだ दो रुपये सैकड़ा सूद ज़रूर काट लेना 2％の利子はぜひ削ること (10) 迫る；襲いかかる；苦しめる；さいなむ मैं एकदम अकेला पड़ गया था.मुझे एक-एक क्षण काटने लगा 全く一人ぼっちになってしまった．一瞬一瞬が襲いかかるように迫ってきた आँगन गंदा पड़ा था.बरतन बिना मले हुए रखे थे.सारा घर जैसे काट रहा था 中庭は汚れっぱなし，食器は洗われないままになっていた．家全体がまるで襲いかかってくるようだった (11) 強く当たる；こする अँगुलियों पर जूता काट रहा है 靴が指に当たっている (12) 遮る उसकी बात काटकर बोला 男の言葉を遮って言った शिवानी ने बीच में ही बात काट दी シヴァーニーが話を途中で遮った (13) 切り離す इस परिवर्तन ने नवयुवक को समाज से काट ही दिया है この変化が若者を社会から切り離してしまったのだ (14) 横切る；交差する इस मुख्य मार्ग को तीन सड़कें समकोणों पर काटती हैं この幹線を3本の道が直角に横切る एक दूसरे को काटना 交差する चमन के बीचों बीच दो चौड़े रास्ते हैं जो एक दूसरे को काटते हैं 庭園の真ん中を2本の広い道が交差している (15) 切る；(伝票などを) 発行する；(切符などに) しるしをつける असली प्लाट धारियों की पर्चियाँ नहीं काटी गईं 本当の地面所有者の伝票は切られ（発行され）なかった (16) (時を) 過ごす；送る चारों तीन-तीन साल काट आये हैं 4人とも3年間もの間臭い飯を食ってきている उसने पूरी रात बेटी के सिरहाने जाग कर काटी 夜通し眠らずに娘の枕元で過ごした (17) 切り開く वन काटने का दूसरा प्रभाव 森を伐り開くことのもう一つの影響 (18) 切り裂く हवा काटना 空気を切り裂く (19) 反論する；反駁する；切り返す **काट दे॰** 打ち切る；断ち切る **काट फेंकना** 切り捨てる **काटने को आ॰** ＝काटने को दौड़ना. **काटने को दौड़ना** *a.* 襲いかかる दुलरुआ बाबू है, खेत की मिट्टी काटने को दौड़ती है お坊っちゃんなんだよあの人は．畑の土が襲いかかってくるというわけさ（畑が怖いというわけさ） पति के काम पर जाते ही अकेलापन काटने को दौड़ता है 夫が仕事に出かけるととたんに孤独感が迫ってくる बीहड़ बस्ती अब जैसे काटने को दौड़ती थी 殺伐とした町だった *b.* 食ってかかる；噛みつく *c.* 苦しめる；辛い思いをさせる *d.* つっけんどんな言葉を返す *e.* ぷりぷりする **काटे खाना** ＝काटने को दौड़ना. आज सुबह तक वह इसी घर में ख़ुश थी.लेकिन अब यह घर उसे काटे खा रहा है 今朝まで楽しくしていたこの家が今や辛い思いをさせている **काटो तो ख़ून नहीं** 真っ青になる；血の気が失せる；顔色なし＝काटो तो बदन में लहू नहीं. अब तो ज्योतिषियों को काटो तो ख़ून नहीं 今や占い師たちは真っ青になった

काटफाँस [名*] (1) 縁を切ったりたらしこんだりすること (2) 手練手管 (3) 仲違いさせる策謀

काटा[1] [名] かみ傷；咬傷 इसके काटे का मंत्र नहीं これに咬まれた時に役立つ呪文はない

काटा[2] [名] 《Raj. काटो》 〔商〕慣行により代金や借金の額面以下に支払われる金額

काटुक [名] (1) 酸味 (2) 苦々しさ

काटू[1] [形] (1) よく噛みつく（動物） (2) 怒りっぽい (3) 恐ろしい

काटू[2] [名] 《← E. cashewnut?》 〔植〕ウルシ科小高木カシューナッツノキ【*Anarcardium occidentale*】＝हिजली बादाम.

काटेज [名*] 《E. cottage》 田舎家；コテージ

काठ[1] [名] (1) 木；材木；木材 (2) たき木 (3) 梁 (4) 足枷（刑具） (5) 意識や感覚のないもの (6) 感動や感性のないもの (7) でくのぼう；でく（木偶） काठ का तख़्त 木の台座 काठ के बरतन 木製の台所用具 **काठ का उल्लू** 大馬鹿者；間抜け；とんま **काठ का कलेजा** 残酷な；無慈悲な；情け容赦のない **काठ का घोड़ा** *a.* 愚か者；馬鹿 *b.* 松葉杖；足の悪い人の用いる杖 *c.* 遺体を運搬するための棺架＝अर्थी. **काठ का पुतला** *a.* 気の利かない人；ぼんやりした人 *b.* 無邪気な *c.* 無情な人；情愛の少ない人＝काठ की पुतली. **काठ की घोड़ी** 根拠のないこと **काठ की हँडिया** ＝काठ की हाँडी. लेकिन यह तो काठ की हँडिया है जो चूल्हे पर चढ़ ही नहीं सकती だがこれ

は「木の鍋」じゃないか，そもそもかまどにかけられないものだ **काठ की हाँडी** *a.*（木製の鍋，木でこしらえた鍋，すなわち）その場しのぎの；二度と使えないもの；長持ちしないもの；実用にならないもの；いんちきなもの；紛い物 *b.* あり得ないもの आख़िर इस तरह काठ की हाँडी कब तक आग की तपन को सह पाएगी？結局このように「木の鍋」が火に耐えられるはずがない **काठ कोड़ा चलना** 処罰する権限を持つ；支配する **काठ चबाना** 粗末な食事をする；困苦の暮らしを営む **काठ पहनाना** 刑罰として足枷をはめる ＝ काठ मारना. **काठ मारना** *a.* 刑罰として罪人の足に足枷をつける *b.* 茫然となる；茫然自失する；予想外の出来事に我を忘れる＝ काठ मार जा॰. मैं कुछ नहीं पूछ सका जैसे मुझे काठ मार गया हो まるで茫然となったかのようになに一つもたずねることができなかった उन्हें देखते ही मानो काठ मार गया あの方を見たとたん茫然となった माँ-बाप को तो काठ मार गया 両親は茫然となった **काठ में अपने पाँव डालना** 自ら苦難に遭う；自ら進んで束縛を受ける **काठ में पाँव ठोंकना** 捕らえる；刑罰として足枷をはめる **काठ हो॰** *a.* 呆然となる；気を失う；失心する *b.* びっくりする；たまげる；仰天する *c.* 衰弱する *d.* ひからびる；乾いて固くなる

काठ[2]［形］〔医〕不感症の काठ औरत 不感症の女性

काठक［名］〔ヒ〕カータカ・ウパニシャッド काठक उपनिषद् ＝カタ・ウパニシャッド कठोपनिषद्

काठकबाड़［名］(1) 木製家具 (2)（木製品の）がらくた

काठकीड़ा［名］〔昆〕ナンキンムシ；南京虫＝ खटमल.

काठकोड़ा［名］足枷をはめて鞭打ちにする刑

काठकोयला［名］木炭＝ कच्चा कोयला.

काठचंपा［名］(1)〔植〕アカネ科低木コブハテマリ【*Pavetta indica*】(2)〔植〕アオギリ科高木【*Pterospermum acerifolium*】

काठनीम［名］〔植〕ミカン科低木ナンヨウサンショウ；カリパッタ【*Murraya koenigii*】〈curry leaf tree〉＝ गंधेल; मीठा नीम.

काठबेर［名］〔植〕クロウメモドキ科低木【*Ziziphus xylopyra*】＝ घूँट.

काठबेल［名］〔植〕ウリ科蔓草【*Cucumis trigonus*】

काठबेवल［名］〔植〕シナノキ科高木【*Grewia elastica*】

काठमांडू〔地名〕カトマンズ；カートマーンドゥー（ネパール王国の首都）＝ काठमांडो

काठिन्य［名］← कठिन. (1) 困難 (2) 堅さ；固さ；こり；しこり＝ कठिनता; कठोरता; कड़ापन; सख़्ती. मानो मन का काठिन्य छँट गया हो まるで心のしこりがとれたような

काठियावाड़〔地名〕カーティヤーワール半島（グジャラート州）

काठियावाड़ी[1]［名］(1) カーティヤーワールの住民 (2) カーティヤーワール産の馬

काठियावाड़ी[2]［名*］カーティヤーワール地方の言葉

काठियावाड़ी[3]［形］カーティヤーワール（地方）の

काठी[1]［名*］(1) 鞍 (2) サドル

काठी[2]［名*］(1) 体格；体つき；体のつくり；体形 हट्टी कट्टी काठी चौड़ी 頑丈な体つき बैल हो तो ऐसे! क्या शानदार काठी है! 役牛ならこんな牛でなくっちゃ．なんとまあ立派な体格だ मेरी काठी में वैसी ही कठोरता थी, जो गाँव वालों की काठी में होती है 私の体つきには村人の体つきに見られるような堅固さがあった (2) さや（鞘）

कॉड मछली［名*］《← E. codfish ＋ H.》〔魚〕タラ科タラ

काडर［名］《E. cadre》（組織の）幹部；幹部会＝ संवर्ग.

काढ़ना［他］(1)（内から外へ）引き出す；取り出す (2) 引っ張る घूँघट काढ़ना （女性がサリーなどの端を頭から顔の方に引き下げて）顔を覆う (3)（柄や模様を）浮き上がらせる；描く；作る；彫る；刻む (4) 刺繍する बा जी तकिया रूमाल में फूल काढ़ देती हैं 姉さんが枕やハンカチに刺繍をする (5) 削る；梳る；髪の毛をすく बाल काढ़ना 髪をけずる (6) 借りる；借金する (7)（油で）揚げる (8)（薬草などを）煎じる；煎じ出す；煮出す

काढ़ा［名］煎出しの成分；薬草の成分を煎じ出したもの＝ क्वाथ; जोशंदा. नीम का काढ़ा पीते पीते नाक में दम आ गया インドセンダンの煎出しを飲み続けてうんざりしてしまった

काणेली［名*］(1) 未婚女性 (2) ふしだらな女性 **काणेली माता** *a.* 私生児（正式の結婚式をあげない母親から生まれた子）*b.* 正式の結婚式をあげずに子を生んだ母親

कात［名］羊毛を刈る鋏

कातना［他］紡ぐ सूत कातना 糸を紡ぐ वह चर्ख़ी कात रहा था 糸車で糸を紡いでいるところだった **महीन कातना** 巧みに作り話をする

कातर[1]［形］(1) おびえた（脅えた／怯えた）；おののいた；びくびくした लड़की कातर दृष्टि से सहायता माँग रही थी 娘はおびえた目つきで助けを求めていた (2) 悲しげな；悲痛な；哀れげな；哀れっぽい；すがりつくような मुझे उम्मीद है कि मेरी कातर पुकार समर्थ लोगों तक पहुँचेगी 私の悲痛な叫び声が力のある人たちのところまで届くことを期待している कातर वाणी से वह कहता निज दुःख 悲し気な声で辛い思いを語る कातर मुद्रा 哀れっぽい表情 कातर दृष्टि से माँ की तरफ़ देखकर बोली 哀れ気な目つきで母親の方を見て言った कातर आँखें 悲し気な眼差し (3) 気が動転する；落ち着きを失う उसकी करुणाजनक अवस्था से कातर हो उठी 彼女の気の毒な様子に動転してしまった

कातर[2]［名］〔魚〕コイ科コイ【*Cyprinus catla*】

कातर[3]［名*］牛や水牛の力を用いる搾油機で牛や水牛を扱う人がその上に乗る台

कातरता［名*］← कातर[1]. (1) 脅え；怯え उसने कातरता से मुझे देखा 怯えた様子で私を見た (2) 悲痛；哀れさ रनजीत की कातरता उसको अंदर तक हिला गई ランジートの哀れさが彼女の心の底まで震えさせた (3) 動転すること

कातरोक्ति［名*］哀願（の言葉）；哀切な言葉

कातर्य［名］＝ कातरता.

काता[1]［名］紡がれたもの；糸＝ सूत; तागा; डोरा. बुढ़िया का काता 綿菓子

काता[2]［名］竹を切る鉈

कातिक［名］インド暦８月，カーティック月＝カールティック月＝ कार्तिक.（満月終わりの暦では日本の旧暦の９月 16 日からのひと月）

कातिकी［名*］カーティク月の満月（日本の旧暦 10 月 15 日）

कातिब［名］《A. كاتب》(1) 筆耕 (2) 代書人 (3) 書記

क़ातिल[1]［形］《A. قاتل》(1) 人を殺す (2) 致命的な

क़ातिल[2]［名］《A. قاتل》人殺し；殺人者

क़ातिलाना［形］《A.P. قاتلانہ》致命的な；命に関わる क़ातिलाना हमला 致命的な攻撃

काती［名*］(1) 鋏＝ कैंची. (2) 金属切断用の鋏＝ कतरनी. (3) 小刀＝ चाक़ू. (4) 短刀＝ छोटी तलवार.

कात्यायन〔人名〕(1) カーティヤーヤナ（サンスクリットの文法家）कात्यायन वररुचि (2) カーティヤーヤナ（バラモン教法典家）(3) カーティヤーヤナ（聖仙）(4) カッチャーヤナ（パーリ語文法家）

काथलिक［名］《E. Catholic》カトリック教会

कादंब[1]［名］(1)〔植〕アカネ科クビナガタマバナノキ【*Anthocephalus cadamba*】(2) 同上の花や実 (3) サトウキビ

कादंब[2]［形］クビナガタマバナノキの，カダンバの（→カダンバ，カーダンバ）

कादंबरी［名*］(1)〔鳥〕ホトトギス科オニカッコウ (2)〔鳥〕ムクドリ科キュウカンチョウ (3) 酒 (4) バーナバッタ（बाणभट्ट）作のサンスクリット語による伝奇小説「カーダンバリー」

कादंबिनी［名*］むらくも（叢雲）

कादर[1]［形］(1) 臆病な；小心な (2) 落ち着きのない；あわてている

कादर[2]［名］《E. cadre》政治団体の中枢（部）；幹部

कादियानी［名］＝ अहमदी.〔イス〕現今のパキスタンでは布教が禁止されているカーディヤーン派とその信奉者（ミルザー・アフマド・カーディヤーニーが 19 世紀末の北インドに興したイスラム教の再解釈による復興運動の一派）；アフマディーヤ

क़ादिर[1]［形］《A. قادر》(1) 強力な；力強い (2) 運の強い；強運な (-पर) क़ादिर हो॰（一の）力がある；（一の）能力を持つ

क़ादिर[2]［名］〔イス〕神＝ अलक़ादिर.

क़ादिरी［名*］《A.P. قادری》カーディリー（女性の胴着の一）

क़ादिरे मुत्लक़［名］《A. قادر مطلق》〔イス〕全知全能の神

कादो［名］(1) 泥 (2) 湿地；沼地

कान[1]［名］(1) 脊椎動物の聴覚器官；耳 बातों को इस कान सुनकर उस कान उड़ा देना 話を聞き流す कान का अंदर का पर्दे वाला भाग 内耳

कान का छिद्र 耳の穴 कान का डाक्टर 耳鼻科医 कान का परदा (कान के परदे) 鼓膜 कान की नली 外耳道 कान, नाक और गला विभाग 耳鼻咽喉科 कान-नाक-गला विशेषज्ञ 耳鼻咽喉科医= कान विशेषज्ञ. बाहरी कान 外耳 (2) 耳のように突き出た物や出ばった部分 (3) 舵 = पतवार. **कान उखाड़ना** 処罰として耳たぶをひねる **कान उठाना** *a.* 耳をそばだてる *b.* 警戒する；用心する **कान उड़ना** 耳が一時的に聞こえなくなる；耳ががんがんする (-के) **कान उमेठना** *a.* 処罰として耳をひねりあげる *b.* 警告する；たしなめる यदि सरकार पथभ्रष्ट होकर लोकतंत्र तथा जनहित के विरुद्ध कार्य करने लगे तो उसे सरकार के कान उमेठने में विलंब न करना चाहिए もしも政府が道を誤って民主主義と国民利益に反することをするようになったら遅滞なく政府の耳をひねってたしなめるべきである *c.* 二度としないことを誓う **कान ऊँचा क॰** = कान उठाना. **कान ऐंठना** = कान उमेठना. **कान क॰** *a.* 聞く *b.* 耳を傾ける；注目する；注視する；重視する **कान कच्चा हो॰** 信じやすい；疑うことを知らない **कान कटाना** *a.* 降参する；負けを認める *b.* 恥をかく；みじめな思いをする (-के) **कान कतरना** *a.* (ーを) 馬鹿にする；愚弄する *b.* しのぐ；凌駕する；抜き出る **कान कसना** 罰する；罰を与える= कान का कच्चा हो॰. **कान का कच्चा ढोलना फटना** 鼓膜が破れる **कान का पतला** = कान कच्चा हो॰. **कान का परदा फटना** *a.* 鼓膜が破れる *b.* 猛烈な騒音が出る **कान का परदा फाड़ना** 大声を出す；わめく **कान का बहरा** 馬耳東風と聞き流す **कान का भारी** 耳が遠い **कान का मैल कढ़ना** 耳を傾ける；注意を払う= कान का मैल निकालना. **कान का मैल निकलवाना** 人の話に耳を傾けられるようになる **कान का हलका हो॰** = कान कच्चा हो॰. (-के) **कान काटना** = कान कतरना. बुद्धि और समझदारी में वह बड़े-बड़ों के भी कान काटता था 知力と理解力で大人たちをしのいでいた **कान की चैली खाना** ひどくやかましくする；甚だ騒々しくする **कान की झिल्ली फटना** 耳を聾する騒音；余りの騒々しさに参る；騒音に閉口する **कान की ठेंठी** 耳垢 **कान की ठेंठी निकलवाना** = कान का मैल निकलवाना. **कान की रुई निकालना** 耳を傾ける **कान कुरेदना** 耳をほじる अपने कान को बिला वजह नहीं कुरेदना चाहिए わけもなく耳をほじってはいけません **कान के कीड़े झड़ना** 聞くに耐えない；耳にさからう= कान के कीड़े मरना. **कान के पीछे मारना** 聞き捨てにする；注意を払わない **कान को खटकना** 耳障りな；聞きたくない **कान को न देख कौए को देखना** 他人の言葉を無批判に信じてだまされること **कान खड़ा न क॰** 口答えをしない **कान खड़े क॰** 注意を引く；警告する；用心させる **कान खड़े हो॰** 注意が向く；用心する；警戒する；耳がそばだつ अब मेरे कान खड़े हुए, उत्सुकता और बढ़ी そこでこちらは用心し好奇心が増した पहली खबर सुनते ही उसके कान खड़े हो गये 彼は第一報を聞いて警戒した मेरे कान खड़े हो गए 私は耳をそばだてた सरकार के कान खड़े हो गए 政府は警戒した **कान खर क॰** 処罰に耳をひねりあげる **कान खा जा॰** *a.* けたたましい音を立てる *b.* くどく同じことを言う **कान खींचना** 罰する；罰を与える；処罰する **कान खुजलाना** 聞きたくてうずうずする **कान खुजलाने की फ़ुर्सत न हो॰** 多忙をきわめる **कान खुजाना** 耳をかく दियासलाई की तीली से कान खुजाते हुए マッチの軸で耳をかきながら **कान खुलना** 用心する；警戒する **कान खोल रखना** 用心する；警戒する **कान खोलकर सुनना** 耳を澄ます；耳を傾けて聞く；注意して聞く मेरी बात कान खोलकर सुन लो 私の言うことを耳を澄まして聞きなさい (-के) **कान खोलना** *a.* (ーに) 用心させる；警戒させる *b.* (ーに) 伝える (-के) **कान गर्म क॰** *a.* (ーを) 罰する *b.* (ーを) 罰するために耳をねじあげる **कान गूँजा हो॰** 耳が聞こえない **कान चिपकाये हो॰** 盗み聞きする **कान चीरना** 耳を突ん裂く **कान छोड़ना** 横着になる；人の話に耳を傾けない **कान जा॰** 耳が不自由になる；難聴になる；耳が聞こえなくなる；聴力を失う **कान झन्नाना** 騒音で耳が聞こえなくなる；耳を聾する **कान झाड़कर निकल जा॰** 無視する；知らぬふりをする **कान झुकाना** *a.* 注意を向ける；注意を払う *b.* 恥をかく；恥じ入る **कान ठनकना** 悪い予感がする **कान ढलकाना** 小さくなる；畏縮する；遠慮する；控える **कान तक आ॰** 耳に入る；耳に達する；聞こえる **कान तक जल उठना** 激しく憤る **कान तक न हिलाना** 全く知らぬ顔をする；とぼける **कान तक पहुँचना** = कान तक आ॰. **कान दबना** 押しつけられる；圧力がかかる；強要される **कान दबाकर चले जा॰** おとなしく引きさがる **कान दबाना** *a.* 躊躇する；ためらう；たじろぐ *b.* 押しつける；圧力をかける；強要する *c.* 控える；小さくなる **कान देकर सुनना** 耳を傾ける；傾聴する **कान देखे बिना कौए के पीछे दौड़ना** 自分の判断をせずに人の言いなりになる；無思慮な行動をする **कान दे॰** *a.* 耳を貸す तुम किसी की बात पर कान मत दो 他人の言うことに耳を貸すな पाँच तरह के लोग पाँच क़िस्म की बात करेंगे.तुम किसी की बात पर कान मत दो 5人いれば5人別々のことを言うから他人の言葉に耳を貸すのではない *b.* 傾聴する *c.* 注意を払う **कान धरना** *a.* 聞く；聞き入れる *b.* 処罰する；罰する **कान न खड़ा क॰** 全く口答えしない **कान न दिया जा॰** *a.* 聞き取れない；聞こえない *b.* 聞いておれない **कान न हिलना** 全く影響がない **कान न हिलाना** 全く影響がない (-को) **कान न हो॰** (ーに) こたえない；影響が及ばない **कान, नाक, गले के रोगों के विशेषज्ञ** 耳鼻咽喉科医 **कान पकड़कर निकाल दे॰** 引きずり出す **कान पकड़ना** *a.* 誓う；二度とせぬことを誓う；こりごりだ；もうごめんだ；詫びる कान पकड़कर वचन दे॰ 決してしないことを誓う आगे के लिए मैं ख़ुद कान पकड़ता हूँ これから先はもうごめんだ कान पकड़ता हूँ, अपने से छोटों को मैं हमेशा प्यार करूँगा これからは自分より小さい子供をきっと可愛がるから *b.* 負かす；圧倒する *c.* (ーの) (耳をひねって) 罰する；(ーを) 懲らしめる उससे जब भी भूलचूक हो तुम उसके कान पकड़ो あの人が間違ったことをすれば懲らしめなさい *d.* 圧力をかける **कान पकड़ने का काम क॰** 悪いことをする **कान पकना** 聞きあきる；耳にたこができる इस तरह सारा दिन तेज स्वर में बज रहे फूहड़ फ़िल्मी रिकार्डों से कान पकने लगते हैं 一日中騒々しく鳴っている下品な映画主題歌のレコードで耳にたこができる **कान पड़ना** 聞こえる；耳に入る **कान पड़ी बात न सुनाई दे॰** やかましくて聞こえない；騒々しくて聞き取れない **कान पर जूँ न चलना** (फिरना, भरना) = कान पर जूँ (तक) न रेंगना. **कान पर जूँ (तक) न रेंगना** 他人の言葉を全く気にかけない；馬耳東風と聞き流す；全く気にかけない पर उसके कानों पर जूँ तक नहीं रेंगी और वह आँखें मूँदे बैठा रहा でもあの男は全く気にかけず目を閉じてじっと座っていた (-) **कान पर रखना** (ーを) 記憶にとどめる；胸に刻む **कान पर विश्वास न हो॰** 信じられない **कान पर से गोली जा॰** 危うく助かる **कान पर हाथ धरना** (**रखना**) *a.* 震えあがる；おびえる *b.* 素知らぬ顔をする **कान पर हाथ रखना** *a.* 震えあがる；縮みあがる *b.* 知らぬふりをする **कान पसारकर सुनना** 熱心に聞く；耳を傾ける और कोई होता तो यह कहानी कान पसारकर सुनता だれか他の人ならこの話を熱心に聞くのだが **कान पारना** 耳を傾ける；注意して聞く **कान पूँछ झारकर चला जा॰** おとなしく引き下がる；すごすごと引き下がる= कान पूँछ दबाकर चला जा॰. **कान फटना** 鼓膜が破れる (ほどやかましい)；ろう (聾) する；やかましくてたまらない；騒音に閉口する **कान फटफटाना** 大きな口をきく **कान फड़फड़ाना** 用心する；警戒する **कान फाड़ना** けたたましく騒ぐ；甚だやかましい音を立てる **कान फुँकवाना** 弟子入りする **कान फूँकना** *a.* 告げ口をする *b.* 弟子にする；弟子入りさせる **कान फूटना** 騒々しい **कान फेर ले॰** 人の話を聞こうとしない **कान फोड़ना** 騒がしくする；やかましくする **कान बंद क॰** 聞かぬふりをする；人の話を聞こうとしない **कान बचाकर** 人に聞かれぬように **कान बजना** 耳鳴りがする **कान बहना** 耳だれが出る **कान बिछाना** 耳を傾ける **कान भन्नाना** = कान झन्नाना. **कान भर जा॰** *a.* 聞きあきる *b.*= कान भरना. **कान भर दे॰** = कान भरना. (-के) **कान भरना** (ーに) 告げ口をする न जाने क्या क्या कान भरती होगी मेरे ख़िलाफ़ あの女は私についてどんな告げ口をしていることやら उच्चाधिकारियों के कान हमारे ख़िलाफ़ भरकर 我々について高官に告げ口をして ये लोग रोज़ जा-जाकर कान भरते हैं この連中が毎日出かけて行っては告げ口をしている (-के) **कान भारी क॰** (ーに) 苦情を言う **कान मलना** = कान उमेठना. **कान में उँगली डालना** 耳に栓をする= कान में उँगली दबाना; कान में उँगली दे॰; कान में उँगली रखना **कान में कहना** ひそひそ声で話す；ひそひそ話をする；耳打ちする；内緒話をする **कान में कान लगाना** = कान में कहना. (-के) **कान में गरम मसाला भरना** = कान भरना. **कान में ठेंठी लगाना** 聞き捨てにする；聞き流す= कान में ठेठडा खोंसना; कान में ठेंठी डालकर बैठना. (-के) **कान में डाल दे॰** (ーに) 伝える；知らせる **कान में तेल डालकर बैठना** = कान में ठेंठी लगाना; कान में ठीठे ठोंकना. **कान में तेल डालकर सो जा॰** = कान में तेल डालकर बैठना. **कान में तेल डालना** = कान में तेल डालकर बैठना. **कान (कानों) में पड़ना** *a.* 耳に入る；聞こえる；小耳に挟む *b.* 知れる यह बात किसी तरह शांति के कानों में पड़े この話がなんとかシャーンティの耳に入ればよいが **कान में पारा भरना** 聴力を失

う；耳が聞こえなくなる **कान में फुसफुसाहट घोलना** 耳もとでささやく **कान (कानों) में फूँक मारना** 入れ知恵をする **कान (कानों) में फूँकना** *a.* = कान भरना. *b.* = कान में डालना. **कान (कानों) में बात क॰** ひそひそ話をする；内緒話をする **कान में बात डालना** 言う；述べる **कान में बात पड़ना** (噂話などが) 耳に入る；噂を聞く **कान में बात पिरोना** = कान में बात डालना. **कान में भनक पड़ना** 小耳に挟む **कान में मंत्र पढ़ना** 意見を言う；忠告する **कान (कानों) में रूई डालकर बैठना** = कान में तेल डालकर बैठना. **कान रखना** 耳をそばだてる **कान रोपना** 耳を傾ける **कान लगना** *a.* 耳を傾ける *b.* こっそり告げる **कान लगाकर सुनना** 傾聴する；注意深く聞く **कान लाल क॰** 処罰に耳をひねる **कान सनसनाना** 耳鳴りがする **कान सुन्न हो॰** 全く聞こえない **कान से निकल जा॰** 聞いたことを忘れる **कान से लगना** 耳にささやく；こっそり告げる **(-को) कान हो॰** (一が) 用心する；注意する；耳を傾ける **कानों कान** ひそひそと；こっそりと；口伝えで कानों कान कहने लगा ひそひそ語り始めた कानों कान यह उड़ती ख़बर दिल्ली के बादशाह अलाउद्दीन ख़िलजी तक पहुँची この噂話はひそひそとデリーの王アラーウッディーン・ヒルジーの耳にまで達した **कानों कान ख़बर न हो॰** 秘密を全くもらさない；固く秘密を保つ；何事も全く知らされない状況 घर में किसी को कानों-कान ख़बर न हो और हम साइकिलसवार बन जाएँ 家の人がだれも知らないうちに自転車に乗れるようになれば किसी को कानों कान ख़बर नहीं होने पाती だれにも知られない मोहन को सावित्री ने कानों-कान ख़बर नहीं होने दी थी モーハンにサーヴィトリーは全く知らせなかった **कानों कान न जानना** = कानों कान ख़बर न हो॰. **कानों कान पता न हो॰** = कानों कान ख़बर न हो॰. **कानों कान फैलना** 噂話 (口伝え) で伝わる；密かに伝わる **कानों कान भनक न पड़ना** 秘密が全く洩れない यह काम इतने चुपके-चुपके होना चाहिए कि किसी को भी कानों कान भनक न पड़े これは絶対に秘密が洩れないようにこっそりとなされねばならない **कानों को न लगना** 信じられない；耳を疑う **कानों को हाथ लगाना** 悔やむ **कानों पर उँगलियाँ रखना** 耳を貸さない；聞こうとしない **कानों पर उड़ा दे॰** 聞かぬふりをする；無視する **कानों में अमृत टपकना** 聞きほれる= कानों में अमृत डालना; कानों में अमृत ढालना. **कानों में खटकना** *a.* (耳に) 不快な感じがする；いやな感じがする *b.* 気にかかる *c.* 耳障りな感じがする उनके अंग्रेज़ी उच्चारण कानों में खटकते हैं あの人の英語の発音は耳に障る **कानों में गूँजना** 言葉が幾度も思い起こされる **कानों में तेल डाले बैठना** = कान में तेल डालकर बैठना. सरकार और संबंधित सभी पक्ष कानों में तेल डाले बैठते हैं 政府と関係者すべてが聞き流している **कानों में बसा हो॰** 耳にこびりつく；耳から離れない= कानों में समाना. **कानों में सीसा उड़ेल ले॰** 全く聞こうとしない **कानों सुना** 自分の聞いた；確かに耳にした

कान[2] [名*] 《P. کان》(1) 鉱山；鉱坑 (2) 宝庫= खान.

कान[3] [名*] (1) 恥；世間体 (2) 目上の人や長上に対する尊敬→ कानि.

कानन [名] (1) 森；大きな森林= जंगल; बन. (2) 庭園 (3) 家 (4) 居住地

कानपुर 〔地名〕カーンプル (ウッタル・プラデーシュ州中部の工業都市)

कानफ़्रेंस [名*] 《E. conference》(1) 会議；協議会 (2) 集会

कानवेंट [名] 《E. convent》(1) 女子修道会 (2) 女子修道院 (3) = कानवेंट स्कूल.

कानवेंट स्कूल [名] 《E. convent school》コンヴェント (女子修道院) 付属学校 कानवेंट स्कूल शिक्षित 修道院卒の；(英語が教育媒介語の) コンヴェントスクールで教育を受けた

कानवेज [名] 《E. canvas》キャンバス = कैनवस.

कानस्टेबिल [名] 《E. constable》巡査；警官= कानस्टेबुल; पुलिस का सिपाही.

काना[1] [形+] (1) 片方の目に欠陥がある；片目の (2) きず (疵／瑕) のある (3) 虫食いの **काने को काना कहना** 苦い真実を語る；良くないものを良くないと言う **कानी गाय के अलगे बथान** 全く協調性のない行動をすることをたとえて言う言葉

काना[2] [名] (1) デーヴァナーガリー文字の आ の音を写す記号で子音字の右横に用いられる垂直線 (2) さいころの 1 の面；1 の目 (3) 1 の目が出ること

कानाकानी [名*] = कानाफूसी.

कानाकुतरा [形+] (ちぎれたり欠け落ちたりして) 恰好の良くない；不恰好な

कानागोसी [名*] 《H.कान + P. गोश گوش + H. -ई》= कानाफूसी.

कानाड़ा [名] → कर्णाटक; मैसूर.

कानाफुसकी [名*] = कानाफूसी.

कानाफूसी [名*] 耳打ち；ひそひそ話；内緒話= कानाफ़ूसी.

कानाबाती [名*] 耳打ちすること；耳にささやくこと कानाबाती क॰ 耳打ちする

कानि [名*] (1) 面目；体面；面子；世間体；恥 (2) 目上に対する敬意や遠慮；気兼ね कानि तोड़ना 体面を忘れる；恥を忘れる= कानि बहाना.

कानी उँगली [名*] 小指 = छगुली; छगुनी.

कानी कौड़ी [名*] (1) 穴をあけて糸を通せるようにした宝貝 (2) 何の値打ちもないもの；びた銭 (鐚銭)

कानीन[1] [形] 未婚の女性から生まれた

कानीन[2] [名] 〔ヒ〕カーニーナ (未婚の女性から生まれた子で母親の結婚後その夫の子になる. マヌ法典 9 - 160)

कानी हाउस [名] = काँजी हाउस.

क़ानून [名] 《A. قانون》(1) 法律；法； (2) 〔イス〕イスラム法シャリーア शरीअ に対する世俗法 (3) 掟；決まり (4) 原理 (5) 〔イ音〕カーヌーン (撥弦楽器の一種. 金属弦を琴爪を用いて演奏する) 〈kanoon〉 दीवानी क़ानून 民法 फ़ौजदारी क़ानून 刑法 सरकारी कर्मचारी गोपनीयता क़ानून 国家公務員守秘義務法 क़ानून की अवहेलना 法を無視する；法律無視 **क़ानून व्यवस्था** 法秩序 शहर में क़ानून व्यवस्था की स्थिति दिनों-दिन बिगड़ती जा रही है 市内の法秩序の状況は日ごとに悪化しつつある **क़ानून और व्यवस्था** 法と秩序 क़ानून और व्यवस्था बनाए रखना 法と秩序とを維持する **क़ानून की लपेट में आ॰** 法に触れる **क़ानून के साथ मज़ाक़ क॰** 法をあなどる **क़ानून को लागू क॰** 法律を施行する **क़ानून छाँटना** 理屈をこねる；屁理屈を言う ग़रीबों की बस्ती जल रही है, इस लिए क़ानून छाँट रहे हैं 貧乏人の住宅地での火事なので理屈をこねているんだ **क़ानून तोड़ना** 法を破る；法に違反する **क़ानून पढ़ाना** 知恵をつける **क़ानून पर चलना** 法律を守る；法に従う；遵法 **क़ानून बघारना** = क़ानून छाँटना. **क़ानून बनाना** 立法；立法措置 **क़ानून में प्रावधान** 法律の規定 **क़ानून हाथ में ले॰** 専制的な；専横な

क़ानूनगो [名] 《A.P. قانون گو》(1) 〔イ史〕カーヌーンゴー (イスラム教徒統治以来地方における徴税官として土地の管理や徴税に関する記録に関する業務に従事) (2) カーヌーンゴー (パルガナー, すなわち, 郡の収税官で, その部下はパトワーリー पटवारी)

क़ानूनदाँ [名] 《A.P. قانون دان》法律家；法律専門家= क़ानूनदान.

क़ानूनदानी [名*] 《A.P. قانون دانی》法律の知識

क़ानूनन [副] 《A. قانوناً》法律上；法制上；法律的に ब्रिटिश सरकार ने अपनी घोषणा से क़ानूनन भारत और पाकिस्तान को अलग-अलग राष्ट्र के रूप में स्वतंत्र किया 英政府はその宣言によって法律的にインドとパキスタンを別個の国家として独立させた

क़ानून निकाय [名] 《A.+ H.》(大学の) 法学部= विधि संकाय

क़ानून मंत्री [名] 《A.+ H.》法務大臣；法相= विधि मंत्री. केंद्रीय क़ानून मंत्री 中央政府法務大臣

क़ानूनवेत्ता [名] 《A.+ H.》法学者；法律学者；法律専門家

क़ानूनसाज़ [形] 《A.P. قانون ساز》法律を作る；立法に関わる

क़ानूनिया [形] 《A. قانونیا》(1) 訴訟好きな (2) 法律に通暁した (3) 屁理屈をこねる

क़ानूनी [形] 《A. قانونی》(1) 法的な；法律上の क़ानूनी अधिकार 法律上の権利 (2) 法律に関する；法律の क़ानूनी पुस्तकें 法律書 (3) 合法的な；正規の；正式の (4) 法律に詳しい वह पूरा क़ानूनी आदमी था 全く法律に詳しい人だった **क़ानूनी अलगाव** 協議離婚 **क़ानूनी तौर पर** 法的に；法律上

क़ानूने फ़ित्रत [名] 《A. قانون فطرت》自然の摂理= प्राकृतिक नियम.

क़ानूने विरासत [名] 《A. قانون وراثت》相続法= उत्तराधिकार विधि.

कानों कान → कान.

कान्टैक्ट प्रिंटिंग [名] 《E. contact printing》〔写〕ベタ焼き

कान्यकुब्ज [名] (1) 〔地名〕カーニヤクブジャ (ハルシャヴァルダナ王 (606–646) が都としたウッタル・プラデーシュ州中央部

ガンジス河畔の都市で現今のカノウジ कन्नौज 地方） (2) カーニヤクブジャ地方の住人 (3) 北部インドのバラモンの一集団名
कापड़ी[1] [名]〔ヒ〕カーパリー（ガンジス川の水源地ガンゴーッタリー（गंगोत्तरी）からカーンワル（काँवर）に水を汲みそれを他の聖地に供える巡礼者）→ काँवर.
कापड़ी[2] [名] 衣料商= बजाज; बज़्ज़ाज़.
कॉपर [名]《E. copper》銅= ताँबा; ताम्र.
कॉपर प्लेट [名]《E. copper plate》(1)（銅版印刷に用いる）銅板；銅版 (2) 銅の板；銅板= ताम्रपट्ट
कॉपर प्लेट प्रेस [名]《E. copper plate press》〔印〕銅版刷り
कॉपर सल्फ़ेट [名]《E. copper sulphate》硫化銅
कापालिक[1] [形] ←कपाल. (1) 頭蓋骨の；されこうべの (2) 乞食の
कापालिक[2] [名] (1)〔ヒ〕カーパーリカ（シヴァ聖典派に連なるパーシュパタ派の行者） (2) カーパーリカ（タントリズムの性的儀礼である輪座儀礼において男性の役割を果たす人）
कापाली[1] [名] シヴァ神の異名の一
कापाली[2] [名*] 人間の頭蓋骨をひもで幾つもつないで輪にしたもの；髑髏の輪
कापी [名*]《E. copy》= कॉपी. (1) 写し；複写；コピー (2) 帳面；ノート；雑記帳 (3)（書物や雑誌などの）部；冊 (-की) **कापी उतारना** （ーを）複写する；コピーする；写す (-की) साफ़ कापी उतारना （ーを）浄書する **कापी में लिखना** ノートをとる
कापीनवीस [名]《E. copy + P. نویس》筆耕
कापीराइट [名]《E. copyright》版権= स्वत्वाधिकार.
कापीराइटर [名]《E. copywriter》(1) コピーライター；広告文案家 (2) コピーライター；原稿文案家= वृत्तलेखक.
कापुरुष [名] 臆病者；小心者= कायर; डरपोक; बुज़दिल.
काफ़ [名]《P. کاف》(1) ウルドゥー文字の第 28 字の字母 ک の名称；カーフ (2) 割れ目；裂け目の意の शिगाफ़ の省略形
क़ाफ़ [名]《P. قاف》(1) ウルドゥー文字第 27 字 ق の字母の名称 (2) カフカスの山
काफल [名] (1)〔植〕ヤマモモ科高木ナンヨウヤマモモ【*Myrica esculenta/M. farquhariana*】 (2) 同上の果実（食用）= ख़ुबानी.
काफल पाक्को [名]〔鳥〕ホトトギス科セグロカッコウ【*Cuculus micropterus*】= भारत श्वेत कोकिल.
क़ाफ़िया [名]《A. قافیه》(1) 脚韻= अंत्यानुप्रास. (2) ウルドゥー語のガザルに見られるような二重押韻の先頭部，すなわち，第一要素 **क़ाफ़िया ढीला हो॰** ぐったりする；元気がなくなる **क़ाफ़िया तंग क॰** ひどく悩ませる；困らせる **क़ाफ़िया मिलाना** *a.* 脚韻を踏ませる *b.* 親しくする；調子をあわせる
क़ाफ़ियाबंदी [名*]《A.P. قافیه بندی》(1) 脚韻を踏ませること (2) 下手な詩作
काफ़िर[1] [形]《A. کافر》(1) 無神論の (2) 不信心な (3) イスラムを信じない；異教の
काफ़िर[2] [名] (1) 無神論者 (2) 不信心者 (3)（イスラムにとっての）異教徒 (4) アフガニスタン北東部及びパキスタン西北部カーフィリスターン（ヌーリスターン）の住人
काफ़िरी[1] [形]《A. کافری》(1) 無神論の (2) 不信心者の；（イスラムにとっての）異教の
काफ़िरी[2] [名*]《A. کافری》(1) 無神論 (2) 不信心；（イスラムにとっての）異教 (3) カーフィル人（ヌーリスターン）の言語；カーフィル語
क़ाफ़िला [名]《A. قافله》(1) 隊商；キャラバン (2) 旅行者の集団；一団の旅人
काफ़ी[1] [形・副]《A. کافی》十分（な／に）；充分（な／に）；たっぷり（の）；かなり（の）；相当（な／に） घोंसले के आसपास काफ़ी भोजन मिल सके 巣の近くで十分な食べものが得られるように काफ़ी बड़ा छायादार पेड़ かなり大きな陰を作る木 उसके बारे में काफ़ी कुछ मालूम है それについてはかなり判明している **काफ़ी कद्दावर** かなり大柄な **काफ़ी कुछ** かなり；相当 **काफ़ी ज़्यादा** かなり；相当
काफ़ी[2] [名*]《E. coffee》コーヒー= क़हवा. एक कप काफ़ी コーヒー一杯 काफ़ी की मेज़ コーヒーテーブル〈coffee table〉
काफ़ी बाग़ान [名, pl.]《E.+ P.باغان》コーヒー園
काफ़ी हाउस [名]《E. coffee house》喫茶店；コーヒーハウス
काफ़ूर [名]《P. کافور》樟脳= कपूर. **काफ़ूर हो॰** *a.* 忽然と姿を消す *b.* 消え失せる
काफ़ूरख़्वार [形]《P. کافورخوار》去勢された；男らしくない= नामर्द; नपुंसक.
काफ़ूरी [形]《P. کافوری》(1) 樟脳の；樟脳から作られた (2) 真っ白な；純白な
क़ाब [名]《T. قاب》大皿；大きなプレート
काबर[1] [形] (1) ねずみ色の；灰色の (2) 斑な
काबर[2] [名] 粘土と砂の混じった土
काबला [名] ボルト= बालटू; बाल्टू. → ढिबरी ナット.
काबा [名]《A. کعبه》〔イス〕カアバ神殿= अल्लाह का पाक घर.
क़ाबिज़[1] [形]《A. قابض》(1) 占領している；支配している；支配下に置いている；圧する；のしかかる (2) 占めている；占拠している；占有している गेंद पर क़ाबिज़ टीम ボールを支配しているチーム；ボールをキープしているチーム हम लोग मुल्क की चप्पा भर ज़मीन पर भी क़ाबिज़ होने नहीं देते 我らは寸土の占領も許さない लुभावने नारों के बल पर सत्ता पर क़ाबिज़ होना 魅惑的なスローガンの力で権力を支配する रफ़्ता-रफ़्ता वह मुल्क के बहुत-से इलाक़ों पर क़ाबिज़ हो गए 徐々に国の広い地域を支配するようになった (3) 便秘を起こす
क़ाबिज़[2] [名]《A. قابض》(1) 占拠者 (2) 占有者 अब इस पर अन्य व्यक्तियों का क़ब्ज़ा है, क़ाबिज़ों की जो सूची विधान सभा में पेश की गई 現在これは他の人たちが占有している．占有者たちのリストが州議会に提出された
क़ाबिल [形]《A. قابل》(1) 有能な；能力のある (2) 達者な；上手な；器用な (3) ふさわしい；適当な；適切な；当然の (4) 学のある क़ाबिल आदमी 切れ者 उन बुज़ुर्गों के क़दम चूमने ही के क़ाबिल होते हैं その長老たちは最敬礼するにふさわしい人たちだ
क़ाबिलीयत [名*]《A. قابلیت》(1) 能力；力量 (2) 適応力 (3) 手腕；技量 (4) 学識；学殖
क़ाबिले ग़ौर [形]《A. قابل غور》熟慮すべき；熟慮に値する= विचार्य; चिंत्य; ध्यान देने योग्य.
क़ाबिले ज़िक्र [形]《A. قابل ذکر》特筆すべき；特記すべき= उल्लेखनीय.
क़ाबिले तारीफ़ [形]《A. قابل تعریف》称賛すべき；称えられるべき；立派な；すぐれている；素晴らしい= प्रशंसनीय; श्लाघनीय. जाफ़री का काम क़ाबिले तारीफ़ है ジャーフリーのなしたことは称賛すべきものである जापानी बच्चों में एक और क़ाबिले तारीफ़ बात यह होती है 日本の子供のもう一つすぐれている事柄はこれだ
क़ाबिले दाद [名]《A.P. قابل داد》称えられるべき；称賛されるべき= प्रशंसनीय.
क़ाबिले दीद [形]《A.P. قابل دید》立派な；見物にふさわしい；見るべき= दर्शनीय; देखने योग्य; देखने लायक़. इस शहर में बहुत-सी पुरानी इमारतें हैं जो क़ाबिले दीद हैं 見るべき古い建物がこの街には多数ある
क़ाबिले बरदाश्त [形]《A.P. قابل برداشت》耐えられる；堪えられる= सह्य; सहनीय.
क़ाबिले सज़ा [形]《A.P. قابل سزا》処罰すべき；処罰に値する；罰すべき= दंडनीय.
काबिस [名] 釉に用いられる土
काबुक [名*]《P. کابک》(1) 鳩舎 (2) タンドゥール，すなわち，かまど（竈）でナンを焼く際に用いられる道具（ナンの生地をタンドゥールの壁面に押しつけるのに用いる当て布）
काबुल [地名]《P. کابل》カーブル（アフガニスタンの首都）
काबुली[1] [形]《P. کابلی》(1) カーブルの (2) カーブル産の
काबुली[2] [名*] カーブルの言葉
काबुली[3] [名] カーブルの住民（アフガン人）
काबुली चना [名]〔植〕ヒヨコマメの一種（大粒）→ चना.
काबुली बबूल [名]〔植〕マメ科小木【*Prosopis chilensis*】= काबुली कीकर.
काबुली मटर [名]〔植〕エンドウマメの一種（大粒）
क़ाबू [名]《T. قابو》(1) 統御；制御；統率；支配力；勢いを抑えること；抑制；掌握 पूरे प्रदेश में स्थिति क़ाबू में बताई गई है 全州にわたって状況は掌握されていると伝えられている रात को सोते वक़्त बिलकुल ठीक थी, सुबह उठकर देखा, तो हाथ बिलकुल क़ाबू में नहीं है 夜寝る時は全く問題はなかったが朝起きて見てみると手が全くかなわない (2) 好機；チャンス (-पर) **क़ाबू चलना** （ーに）力が及ぶ；影響力が及ぶ (-पर) **क़ाबू चलाना** （ーに）力を及ぼす；影

響力を及ぼす；(ーを) 意のままにする (-के) **क़ाबू पर चढ़ना** (ーの) 意のままになる **क़ाबू पर चढ़ाना** 意のままにする (-पर) **क़ाबू पाना** 抑える；抑制する；支配する；左右する रोग पर क़ाबू पाना 病気を抑制する इच्छाओं पर क़ाबू पाना आसान नहीं 欲望を抑えるのは容易ではないんだ **क़ाबू में आ॰** 統御される；抑制される；手に負える फिर भी बीमारी क़ाबू में न आ रही थी それでも病気はどうにもならなかった हाथी क़ाबू में ही नहीं आया 象は手に負えなかった **क़ाबू में रखना** 抑える；抑制する；統御する；統率する；意のままにする；言いなりにする वे अपने बराबर पढ़ी-लिखी लड़की को क़ाबू में नहीं रख सकेंगे 自分と同等の教育を受けた娘を言いなりにはできないだろう **क़ाबू में लाना** *a.* 統御する；抑制する；支配する *b.* 手中にする；手に入れる；確保する

क़ाबूची[1] [形] 《T. قابوچی》わがままな；自分勝手な= ख़ुदग़रज़.

क़ाबूची[2] [名] 《T. قابوچی》門番；守衛；警備員= द्वारपाल; क़ापूची.

काम[1] [名] (1) 願望；願い；意欲；欲望 (2) 〔ヒ〕人生の四大目的の一としての愛欲；性愛→ चतुर्वर्ग. (3) 性欲 (4) 愛の神；カーマ神= कामदेव.

काम[2] [名] (1) 行為；行動 (2) 仕事；業務；職業；商売；専門 (3) 務め；職務；職掌 (4) 作業；仕事；労働 क्रेन के ज़रिये डिब्बों को अलग करने का काम किया गया クレーンによる客車引き離し作業が行われた स्कूल का काम (学校の) 宿題 (5) 用；役；働き；使い道 किस काम की ऐसी कला, जो आदमी को आदमी न रहने दे 人間を人間にしておかないような芸術など何の役に立つ (6) 役割；任務 (7) 労作 (8) 細工；技術 आलीशान काम 素晴らしい細工 (建築物の) पीतल का काम 真鍮細工 (9) 作品；製作品 (10) 用；関係；関わり；係わり **काम अटकना** 頓挫する **काम आ॰** *a.* 戦死する *b.* 役立つ；役に立つ；有用な इन नुसख़ों में काम आनेवाली वस्तुएँ これらの処方に役立つもの पीने के काम आ॰ 飲用の；飲むのに役立つ *c.* 費やされる **काम उठाना** *a.* 引き受ける *b.* 廃業する；商売をやめる；業務をやめる **काम उतरना** 完成される **काम उतारना** やりとげる；果たす (-से) **काम करवाना** (ーを) 働かせる；使う उससे महीना भर ख़ूब काम करवाता あの人に1か月間うんと仕事をさせる (-से) **काम कराना** (ーを) 働かせる；使う मज़दूरों से काम कराता है 労働者たちを働かせる **काम का (की)** 有用な；役に立つ；大切な **काम की चक्की में पिसना** あくせくする；あくせく働く **काम के सिर रहना** 忙しくする；多忙な **काम ख़राब हो॰** 商売 (なりわい) が不調な；景気が悪い **काम खुलना** (仕事が) 始まる；開始される **काम गिर जा॰** 不調になる；調子が悪くなる **काम गीला हो॰** = काम ख़राब हो॰. **काम चढ़ना** 忙しい；多忙な **काम चमकना** 景気がよい；好景気の；繁昌 (繁盛) する **काम चल जा॰** 間に合う सबेरे नाश्ते पर एक सेर दूध से काम चल जाएगा 朝食には1セールの牛乳で間に合う **काम चलता क॰** 仕事を始める **काम चलना** *a.* はかどる；進捗する；目的が達せられる；うまく行く घबराने से काम नहीं चलेगा あわててはうまく行かぬだろう *b.* 間に合う सिर्फ़ इतने से काम नहीं चलेगा それぽっちでは間に合わないぞ *c.* 暮らしが立つ **काम चल निकलना** 仕事 (や商売) が順調に進む；順調な **काम चलाना** *a.* はかどらせる；進捗させる *b.* 間に合わせる *c.* 暮らしを立てる **काम छत्तीस हो॰** 目的が達せられない **काम जमाना** 仕事 (商売) を広げる；発展させる **काम ठप पड़ना** 仕事 (商売) が止まる (-का) **काम तमाम क॰** *a.* (ーを) つぶす；台無しにする；駄目にする *b.* (ーを) 殺す；ばらす सुबह तक कोई जानवर उसका काम तमाम कर देगा 夜明けまでには何かけだものがあの人を殺してしまうだろう (-का) **काम तमाम हो॰** *a.* (ーが) つぶれる；台無しになる *b.* (ーが) 殺される；ばらされる；死ぬ；はてる；息をひきとる पलक मारते-मारते फ़ौजी जवान का काम तमाम हो गया またたく間に兵士は死んだ **काम तीन तेरह हो॰** めちゃめちゃになる **काम दे॰** 役立つ；役に立つ सँभालकर रखने से कई वर्ष काम दे सकता है 大切に保存すると何年間も役立つ (-का) **काम देना** (ーの) 役をする यह छलनी का काम देता है これがふるいの役をする **काम न आ॰** 役立たない；役に立たない= काम न क॰. **काम निकलना** 目的が達せられる；目的が果たされる मुफ़्त में ही काम निकल जाए तो 金を使わずに目的が達せられるならば **काम निकालना** 目的を達する；目的を果たす अब रही सरकारी दफ़्तरों से काम निकालने की बात 残るはお役所で目的を果たすことだけ अपने राम को तो किसी तरह काम निकालना है 拙者はなんとかして目的を果たさなくてはならぬ **काम पड़ना** 必要が生じる；関わりができる **काम पर जा॰** 仕事に出かける **काम पर तुल जा॰** 仕事に熱中する **काम पर न हो॰** 勤務時間外の；非番の **काम पर लगना** *a.* 職につく；就職する *b.* 仕事につく；仕事に取りかかる **काम पर लगाना** *a.* 職につかせる；就職させる *b.* 仕事につける；仕事をさせる；作業をさせる **काम पर हो॰** 執務中の；勤務時間中の；当番の (-का) **काम पूरा हो॰** (ーが) 往生する；死ぬ；最期を迎える **काम प्यारा है, चाम प्यारा नहीं** 〔諺〕人の価値はその姿形ではなくその行いによる；眉目よりも行い **काम बँटाना** 手助けする **काम बढ़ाना** 作業や仕事を終える；片付ける **काम बनना** 目的が達せられる；目的が果たされる **काम बनाना** 目的を達する；目的を果たす दूसरों की आँखों में धूल झोंककर काम बना लेने में बड़े पटु थे 人の目をくらまして目的を達するのが非常に巧みだった **काम बिगड़ना** *a.* 事業がうまく行かない；上がったりになる；仕事が不調になる *b.* 話がうまく行かない；進まない **काम बिगाड़ना** 失敗する एक बार काम बिगाड़ेंगे, दूसरी बार सही करेंगे 一度失敗するが二度目はきちんとする (-) **काम में आ॰** (ーが) 役に立つ；役立つ **काम में काम निकलना** 次から次に仕事が続く (-को) **काम में नाधना** (ーを) 仕事につける **काम में पैर डालना** 手がける **काम में लगना** 仕事につく；職につく (-)**काम में लाना** (ーを) 用いる；使用する；役立てる चम्मच को काम में लाना スプーンを用いる उच्च कोटि का लोहा काम में लाया जाता था 上質の鉄が使用されていた **काम में हाथ डालना** 手がける **काम रखना** なかなか難しい；大変難しい (-से) **काम रखना** (ーと) 関わりを持つ **काम रास्ते पर आ॰** 順調に進む；軌道に乗る **काम लगना** 仕事 (や職) が決まる；仕事がある **काम लगवाना** 仕事を始めさせる (-से) **काम लेना** *a.* (ーに) 頼る；対処する सहनशीलता, विवेक तथा मधुर व्यवहार से काम लेकर 忍耐力，分別それに柔和な振る舞いで対処して इस संबंध में विवेक से काम लेना चाहिए これに関しては理性に頼らなくてはいけない *b.* (ーを) 用いる；使う；利かせる समझदार लड़की ऐसे समय में निराश या अवसाद से भरने की बजाय विवेक से काम लेती है このような時に利口な娘は絶望したり落胆したりする代わりに頭を使うものだ समझदारी और सूझबूझ से काम लिया जाए तो 機転を利かせれば *c.* (ーに) してもらう；させる आपसे एक काम लेना है あなたに一つしていただくことがある मैंने आपसे वह काम लिया जो मुझे ख़ुद करना चाहिए था 自分がしなければいけなかったことをあなたにさせた *d.* (ーを) 働かせる；使う अपने नौकरों से वह बहुत काम लेता था 使用人をこき使っていた इन गुलामों से कोल्हू के बैल की तरह कसकर काम लेते थे これらの奴隷を馬車馬みたいにこき使っていた **काम सँवारना** まとめる；とりなす；とりまとめる **काम समेटना** 商売をしまう；廃業する **काम से काम रखना** 自分の本務に専念する **काम से जाता रहना** *a.* 職を失う；仕事を失う；失職する *b.* 役に立たなくなる **काम से लगाना** 仕事につかせる (-का) **काम हो॰** *a.* (ーの) 用が済む；用済みになる；目的が達せられる *b.* (ーが) 死ぬ；亡くなる

काम[3] [名] 《P. کام》(1) 意欲；欲求；念願 (2) 意図；目的；目標 (3) 口蓋

कामकला [名*] (1) 性交 (2) カーマ神妃ラティ (रति)

कामकाज [名] (1) 仕事；業務；作業；事業 घर का कामकाज 家事 घर के कामकाज में अम्मी का हाथ बटाना 母さんの家事の手伝いをする सरकारी कामकाज 公務 रसोईघर के कामकाज से छुट्टी मिलना 台所仕事から暇になる एक तो कामकाज से फ़ुरसत नहीं 一つには仕事が忙しくて暇がとれない अपने बुढ़ापे के बारे में सोचने का समय तब है जब आप जवान हैं और कामकाज कर रहे हैं 老後のことはあなたが若くて働いている時に考えるべきなのです सरकारी दफ़्तरों में ही थोड़ा बहुत कामकाज हुआ 役所だけでわずかばかり業務が行われた (2) 儀式，特に冠婚葬祭などの儀式 (3) 営み；行為 ईश्वर के हुक्म से ही संसार के कामकाज चलते हैं 神の命があって初めて世の中の営みが成り立つものだ **कामकाज क॰** *a.* 働く *b.* 儀礼や儀式，行事などを行う **कामकाज की बात** 役に立つ情報；便利帳 (ものしり帳；知恵の泉；知っておくと便利なこと；生活の知恵集)

कामकाजी [形] (1) 勤労している；働いている；有職の；職についている कामकाजी लड़कियाँ 働いている娘たち कामकाजी महिलाएँ 勤労女性 (2) 勤勉な；よく働く

कामकेलि [名*] 愛戯 चुंबन, आलिंगन आदि कामकेलि 口づけとか抱擁とかの愛戯

कामक्रिया [名*] 交接；性交
कामक्रीड़ा [名*] = कामकेलि.
कामग [形] 勝手な；気ままな= स्वेच्छाचारी.
कामगर [形] 《P. کام گر》= कामगार[2]
कामगार[1] [名] 《H.+ P. گار》(1) 労働者 (2) 労務者 कामगार स्त्रियाँ 勤労婦人
कामगार[2] [形] 《P. کامگار》目的や念願を達成した；成功した= कामयाब.
कामगारी [名*] 《P. کامگاری》繁栄；成功 = कामयाबी; सफलता.
कामचर [形] (1) 好きな所へ行くことのできる (2) 好き勝手に歩き回る
कामचलाऊ [形] 間に合わせの；当座の；暫定の；当座しのぎの कामचलाऊ व्यवस्था 暫定措置 कामचलाऊ शिक्षा 間に合わせの教育 कामचलाऊ सरकार 暫定政府；暫定内閣 〈caretaker government〉
कामचार [名] (1) 自由な，あるいは，身勝手な行動 (2) 利己 (3) 好色
कामचारी [形] (1) 自由な，あるいは，勝手な振る舞いをする (2) 好きな所を歩き回る (3) 好色な
कामचोर [形] 仕事を怠ける；怠け者の；怠惰な
कामज[1] [名] 怒り；憤怒= क्रोध.
कामज[2] [形] 情欲に発する；愛欲より生じた
कामजित्[1] [形] (1) カーマ神に勝つ (2) 愛欲に勝つ
कामजित्[2] [名] (1) シヴァ神 (2) カールティケーヤ神 कार्तिकेय
कामड़िया [名]〔ヒ〕ラームデーヴァ派の信徒や行者 (→ रामदेव)
क़ामत [名*] 《A. قامت》(1) 身体；体= शरीर. (2) 体格= डील.
कामतरु [名] (1)〔イ神〕如意樹→ कल्पवृक्ष. (2)〔植〕ラン科着生エピデンドルム【*Epidendrum tesselatum*】
कामतृप्ति [名*] 性欲の充足
कामद[1] [形] 希望を叶える；願いを満たす
कामद[2] [名] (1) 最高神 (2) シヴァ神 (3) 太陽
कामदहन [名]〔イ神〕(愛の神カーマ神を焼き滅ぼした) シヴァ神の異名の一
कामदा [名*] = कामधेनु.
कामदानी [名*] (1) 網目の織物やモスリンに施した金糸や銀糸による花柄刺繍 (2) 刺繍 (3) 刺繍したもの
कामदार[1] [形] 《H.P. کامدار》(1) 細工の施された काली सुनहली कामदार सोहाग की चूड़ियाँ 黒と金色の細工のある女性の幸福の象徴であるチューリー（手首飾り） (2) 刺繍された जूता कामदार दिल्ली वाला 刺繍の飾りのついたデリー製の靴 बैलों की पीठ पर कामदार झूलें 役牛の背に掛けられた刺繍をした馬衣
कामदार[2] [名] 《Raj. ← P.کامدار》(1) 管理人；マネージャー；支配人；差配 (2) ラージプターナーの藩王国時代の差配人= कारिंदा; अमला; कारकुन
कामदिलाऊ दफ़्तर [名] 公共職業安定所；ハローワーク= रोज़गार दफ़्तर; रोज़गार कार्यालय.
कामदेव [名] (1)〔イ神〕カーマ神（愛の神） (2) 性欲；愛欲
कामधंधा [名] (1) 仕事；作業 (2) 仕事；職業；商売 घर का कामधंधा 家事 घर के कामधंधे में भी कुशल 家事にも堪能な कामधंधे की खोज में 仕事を求めて
कामधाम [名] (1) 仕事；働き；作業 कामधाम करना तो दूर, दूसरे को भी नहीं करने देंगी 仕事をするどころか他人の仕事まで妨げる (2) 仕事；職；職業 कहीं अड़ौस-पड़ौस में कामधाम करने गयी होंगी どこか近くに働きに出かけたのだろう मैंने घर का कामधाम करने के लिए एक नौकर रख लिया 家の仕事のため使用人を一人雇った
कामधुक [名*] = कामधेनु.
कामधेनु [名*] (1)〔イ神〕カーマデーヌ（あらゆる願いを叶えてくれるとされる雌牛．乳海攪拌時に生まれたとされる）；スラビー सुरभी (2) バラモンへの寄進に用いる金製の雌牛像
कॉमन रूम [名] 《E. common room》控え室；休憩室；共同利用室 = विनोदकक्ष.
कॉमनवेल्थ [名] 《E. Commonwealth of Nations; The British Commonwealth of Nations》(1) 連邦 (2) 英連邦
कॉमन सभा [名*] 《← E. The House of Commons》英国下院 ग्रेटब्रिटेन की संसद में कामन सभा तथा लार्ड सभा है 英国議会には下院と上院とがある
कामना [名*] 願い；願望；欲望；期待 **कामना क॰** 望む；欲しがる；期待する फल की कामना नहीं करनी चाहिए 結果を期待してはならない बच्चों की कामना हम तब तक नहीं करेंगे, जब तक हाथ में पूँजी न हो 金がたまるまでは子供を欲しがりません सचिया माता के मंदिर में दूर-दूर से स्त्रियाँ संतान की कामना लेकर आती हैं サチヤーマーターの寺院には遠方から女たちが子宝を祈願にやって来る **कामना पूरी क॰** 願いを叶える देवता लोगों की कामनाएँ पूरी करते हैं 神は人々の願いを叶えてくれる **कामना पूरी हो॰** 願いが叶えられる तुम्हारी सभी कामनाएँ पूरी होंगी 汝の願いはすべて叶えられよう **कामना रखना** 願う हर भारतीय हिंदू जीवन में एक बार इस धाम के दर्शन अवश्य करने की कामना रखता है インドのヒンドゥー教徒は一生のうち一度はこの聖地にぜひ詣でたいと願うものだ
कामबंदी [名*] 《H.+ P.بندی बंदी》レイオフ 〈layoff〉
कामबाण [名]〔イ神〕カーマ神の持ち物である 5 本の矢
कामयाब [形] 《P. کامیاب》(1) 成功を収めた；成功した；首尾よくやりとげた；目的を達成した (2) 当選した；選挙で選出された सबसे ज़्यादा वोट पानेवाला उम्मीदवार कामयाब करार दिया जाता है 得票が最も多かった人が当選者とされる
कामयाबी [名*] 《P. کامیابی》成功；上首尾 हमें जो कामयाबी मिली है, उसके भागीदार हम सभी लोग हैं 私たちが収めた成功は私たち全員が分かち合うもの जीवन के किसी-न-किसी क्षेत्र में कामयाबी हासिल की थी 人生のなんらかの面で成功を収めた अपनी इकलौती बिटिया की इस कामयाबी पर गद्गद थे 一人娘のこの成功に大喜びだった अपोलो 11 की कामयाबी के बाद アポロ 11 号の成功の後
कामरत [形] 愛欲に耽った；愛欲に溺れている
कामराँ [形] 《P. کامراں》= कामयाब.
कामरिपु [名] シヴァ神の異名の一（カーマ神の敵）
कामरूप[1] [地名] カーマルーパ（ブラフマプトラ川全流域とその周辺を含む古代の地名，特にカーマーキャーデーヴィー कामाख्या देवी 寺院のある地域）
कामरूप[2] [形] 意のままに変身できる；姿を自由に変えられる
कामरूपी [形] 自在に変身する= कामरूपिणी*.
कामरेड [名] 《E. comrade》同志；コムレード
कामरोको प्रस्ताव [名] 延会動議；休会動議 〈adjournment motion〉
कामर्स [名] 《E. commerce》(1) 商業；通商；貿易 (2)〔教〕商学（学部）= वाणिज्य संकाय. 〈commerce faculty〉
कामल[1] [形] 好色な= कामी; कामुक.
कामल[2] [名] (1) 春 (2)〔医〕黄疸
कामला [名]〔医〕黄疸= पीलिया.
कामवर्धक [形] (1) 官能的な；刺激的な (2) 強壮の
कामवान [形] (1) 欲を持つ (2) 美しい；うるわしい
काम विज्ञान [名] 性愛学
कामविपर्यास [名] 性欲倒錯
कामशास्त्र [名] カーマシャーストラ；性愛学；性愛論
कामसखा [名] 春= वसंत; बहार.
काम सूत्र [名] カーマスートラ（古代インドの性愛論 काम शास्त्र に関する代表的著作．वात्स्यायन の著した西暦 4〜5 世紀のものとされる）
कामांध [形] 愛欲に目のくらんだ；色情に常軌を逸した
कामा [名] 《E. comma》コンマ
कामाक्षा [名*] (1) カーマークシー女神 कामाक्षी の祀られている寺院のあるアッサムのカーマルーパの山の名，カーマークシャー (2) カーマークシー女神（ドゥルガー神）
कामाक्षी [名*] (1) カーマークシー（ドゥルガー神の一異名） (2) ドゥルガー神像の一 (3)〔地名〕カーマークシー（カーマークシー神像の祀られているアッサムの地名）
कामाख्या [名*] (1)〔ヒ〕カーマーキャー（ドゥルガー神の一異名） (2)〔ヒ〕ドゥルガー神像の一 कामाख्या मंदिर〔ヒ〕カーマーキャー寺院（アッサム州カーマギリ）
कामाग्नि [名*] 激しい性欲；性欲の衝動
कामाचार [名]〔文人〕雑婚；乱婚= अनियत संभोग.
कामातुर [形] 色情に駆られた
कामाद्रि [名] (1) カーマードリ山（アッサムの山の名） (2) 陰阜
कामायनी [名*] (1) 女性 (2)〔イ神〕カーマーヤニー（マヌ मनु と結婚したカーマデーヴァとラティ रति の娘）

कामायुध [名] (1) カーマ神の武器；カーマ神の矢 (2) マンゴーの木
कामारि [名] カーマ神の敵，すなわち，シヴァ神 = कामरिपु.
कामार्त [形] = कामातुर.
कॉमिक[1] [形] 《E. comic》 (1) 喜劇の (2) 喜劇的な
कॉमिक[2] [名*] 《E. comic strip》 (1) 続き漫画 〈strip cartoon〉 दिलचस्प कामिक 面白い漫画 (2) 喜劇 = कामेडी.
कॉमिक्स [名] 《E. comics》 コミックス；漫画
कामित [形] 望まれた；希求された
कामिनियाँ [名]〔植〕エゴノキ科高木スマトラアンソクコウ【*Styrax benzoin*】= लोबान.
कामिनी [名*] (1) 美しい女性；美女 (2) 愛情こまやかな女性 (3) 恋する女性 (4) 酒 (5)〔植〕ミカン科低木ゲツキツ【*Murraya paniculata*】
कामिल [形] 《A. كامل》 (1) 卓越した；完成された；完全な；申し分のない (2) すべての；全部の (3) 奥義を会得した
कामी [形] (1) 願う；欲する；念願する (2) 好色な = कामुक.
कामुक [形] 好色な；色好みの
कामुकता [名*] 好色 कामुकता की शिकार 好色の餌食（になった女性）
कामुकी [形*] 甚だ好色な
कामेंद्रिय [名*] 性器；生殖器
कामेच्छा [名*] 性欲 = यौन-इच्छा.
कामेट [名] カーメート峰（ウッタラーンチャル・プラデーシュ州ガルワールの高峰．標高 7759m）
कॉमेडियन [名] 《E. comedian》〔演〕(1) 喜劇俳優 (2) 喜劇作家
कॉमेडी [名*] 《E. comedy》〔演〕喜劇；コメディー = कमेडी.
कामोत्तेजना [名*] 性的刺激 जिनके साधारण स्पर्श से ही कामोत्तेजना बढ़ जाती है それにただ触れるだけで性的な刺激が増大する
कामोद [名]〔イ音〕カーモーダ（ラーガの一）
कामोद तिलक [名]〔イ音〕カーモーダ・ティラカ（ラーガの一）
कामोद नट [名]〔イ音〕カーモーダ・ナタ（ラーガの一）
कामोद सामंत [名]〔イ音〕カーモーダ・サーマンタ（ラーガの一）
कामोदी [名*]〔イ音〕カーモーディー（ラーギニーの一）
कामोद्दीपक [形] 欲情を刺激する；性的に刺激的な
कामोद्दीपन [名] (1) 性欲を刺激する (2) 性欲がたかまること
कामोन्माद [名] (1) 激しい欲情 (2)〔医〕色情狂
कामोरिन अंतरीप 〔地名〕コモリン岬（タミル・ナードゥ州南部に位置するヒンドゥー教聖地）= कन्या कुमारी.
काम्य [形] (1) 望ましい；願わしい (2) 愛らしい；好ましい；感じのよい；好みの；好きな
काम्रेड [名] 《E. comrade》 同志；コムレード；仲間 = कामरेड.
काय़ँ काय़ँ [名] (1) カラスの鳴き声 (2) ジャッカルの鳴き声
काय [名] (1) 身体 (2) 集まり；集団 (3)〔仏〕サンガ；僧伽
कायचिकित्सा [名*]〔医〕アーユルヴェーダ医学の 8 部門のうち第 3 のもので全身に関わる疾病の治療
क़ायज़ा [名] 《P. قائزه》 (1) 馬が暴れないように手綱を尻尾にかけること (2) その手綱
कायथ [名] カーヤスト・カースト = कायस्थ. **कायथ की खोपड़ी** （カーヤースト・カーストのような）抜け目がなく狡猾な（頭の持ち主）
क़ायदा [名] 《A. قاعده काइदा》 (1) 規則；規定 खेल के कायदे スポーツの規則 (2) 整理；順序 (3) 決まり；掟 (4) 習慣 रात को सेब या कोई दूसरा फल खाने का क़ायदा नहीं है 夜にリンゴとかその他の果物を食べる習慣はない **क़ायदा-क़ानून** 規定；規則 **क़ायदा बाँधना** *a.* 決まりを作る；規則を作る *b.* 習慣をつける **क़ायदे से** *a.* 規則正しく；規定に則って *b.* きちんと；順序よく *c.* 決まり通り；掟に従って (5) 文法 (6) 初等教科書
कायफल [名] (1)〔植〕バラ科多年草エゾヘビイチゴ【*Fragaria vesca*】(2)〔植〕ヤマモモ科高木ナンヨウヤマモモ【*Myrica esculenta*】
कायबंध [名] 帯；ベルト；バンド
क़ायम [形] 《A. قائم काइम》 (1) 立っている；直立の (2) 堅固な；強固な (3) 安定した；落ち着いた = काइम. **क़ायम क॰** 確かにする；確立する；設立する **क़ायम रखना** 保持する；維持する सेहत कायम रखने और जिस्म में कुव्वत पैदा करने के लिए 健康を保持し体力をつけるために **क़ायम रहना** 持続する；保たれる नबातात की ज़िंदगी भी क़ायम न रहे 植物の生命さえ保たれないように
क़ायम मक़ाम[1] [形] 《A. قائم مقام》 代理の；代わりの = काइम मकाम.
क़ायम मक़ाम[2] [名] = क़ाइम मकाम. 代理；代理人
क़ायम मिज़ाज [形] 《A. قائم مزاج》 意志堅固な = क़ाइम मिज़ाज.
क़ायम मुक़ाम [名] = कायम मक़ाम.
कायर [形] (1) 臆病な；小心な；怯懦な (2) 萎縮する；引っ込み思案の
कायरता [名*] ← कायर. (1) 臆病さ；小心；怯懦 अपनी कायरता और साहसहीनता की बात सोचकर मैं अत्यधिक उदास हो उठा था 自分の卑怯さと勇気のなさを考えているうちにひどく気が滅入ってしまった (2) 萎縮；引っ込み思案
कायरस [名]〔アユ〕古代において体質や気質を特徴づけるものとされた体液
क़ायल [形・名] 《A. قائل》 (1) 信奉する（人）；信奉者；傾倒する；一途な；ひたむきな मैं तो कबीरपंथियों का क़ायल हूँ, जो अर्थी को गाते-बजाते ले जाते हैं 歌ったり楽器を奏でたりしながら棺架を担いで行くカビール派に私は傾倒している वह दुखड़ा रोने का शायद कायल नहीं था あの人は多分泣きごとを言いたい人ではなかったのだ हर बात की तह तक पहुँचने का क़ायल और भावुकता से उसे सख़्त नफ़रत है 何事につけてもひたむきにその根底に迫ろうとし感傷を激しく厭う तुम फ़िरंगियों के कायल रहे हो 君はこれまであちらさんに一辺倒だったね (2) 反論できない；やりこめられた (3) 同意する；承認する；賛成する (4) 確信する；信じる **क़ायल क॰** 確信させる；納得させる；論駁する；やりこめる **(-को) क़ायल क॰** （ーを）説得する；言い負かす；従わせる **क़ायल माक़ूल क॰** = कायल क॰.
क़ॉयल [名] 《E. coil》 コイル
क़ायली [名*] 《A. قائلی》 (1) 信奉；傾倒 (2) 論駁されること；やりこめられること
कायस्थ[1] [形] 体にある
कायस्थ[2] [名] (1) カーヤスタ・カースト（ジャーティ） (2) 同ジャーティの人
कायांतरण [名]〔生〕変態 〈metamorphosis〉 बैंगची का कायांतरण カエルの変態
काया [名*] (1) 肉体；身体；体 (2) 外形 (3) 組織体 **काया पलट दे॰** *a.* 更新する；よみがえらせる *b.* 脱皮する *c.* 変態する
कायाकल्प [名] (1) 回春 (2) 回春治療
कायापलट [名] (1) 大転換；大変換 (2) 変貌；大変身 (3) 変態 उन्होंने नगर निगम का कायापलट कर दिया 市当局を変身させた
कायिक [形] (1) 身体の；肉体の (2) 身体による；肉体による (3) 組織体の कायिक प्रवर्धन 身体の成長
कायिक कोशिका [名*]〔生〕体細胞 〈somatic cell〉
कारंटीन [名] 《E. quarantine》 (1) 検疫 (2) 検疫所 = क्वारंटाइन.
कार[1] [名*] 《E. car》 自動車 कार दुर्घटना 自動車事故 कार दुर्घटना हुई 自動車事故が起こった कार निर्माण उद्योग 自動車産業
कार[2] [名] 《P. كار》 (1) 仕事；労働；作業 (2) 行為；活動；行動 (3) 芸
-कार[1] [接尾] 《Skt.》 行為者，創作者，生業とする人などの意を加えて名詞を作る (1) चित्र → चित्रकार 画家；絵描き साहित्य → साहित्यकार 文学者 चर्म 皮革 → चर्मकार 皮革を取り扱う人 (2) 行為，行動などの意を加えて名詞を作る जयजय 万歳 → जयजयकार 万歳三唱 (3) 擬音語についてその音を発する動作を表す चीत्कार 悲鳴 (4) 文字についてその文字を表す．अकार，すなわち，अ の字
-कार[2] [接尾] 《P. كار》 名詞に接続して，（ーに）関わる職業の人，行為者などの意を持つ名詞を作る दस्त 手 → दस्तकार 職人
कार आमद [形] 《P. كار آمد》 役に立つ；有用な；重宝な कार आमद और कीमती चीज़ 役に立つ高価なもの
कारक[1] [名] (1) 要因；ファクター；要素 सामाजिक परिवर्तनों के कारक 社会変動の要因 आर्थिक कारक 経済的要因 धार्मिक कारक 宗教的要因 सांस्कृतिक कारक 文化的要因 तापमान को प्रभावित करनेवाले कारक 温度に影響を及ぼす要因 (2)〔言〕（文法）格 〈case〉
कारक[2] [名] 《E. cork》 コルク；キルク = कॉर्क.
-कारक [造語]（ーの）力を及ぼす；（ーを）作り出すなどの意を有する合成語の構成要素 लाभकारक 有益な；得な हानिकारक 有害な
कारकुन [名] 《P. كاركن》 (1) 代理人；差配人；手代；マネージャー = कामदार. (2) 手下；家来

क

कारख़ाना [名] 《P. کارخانہ》(1) 工場；仕事場 कारख़ाना-क्षेत्र 工場地域 (2) 業務；仕事；商売 **कारख़ाना क°** 工場を設置する= कारख़ाना खोलना. **कारख़ाना फैलाना** 業務を拡張する；手を広げる

कारख़ाना मालिक [名] 《P.+ A.مالک》工場主= कारख़ानेदार. किसी भी कारख़ाना मालिक को いずれの工場主に対しても

कारख़ानेदार [名] 《P. کارخانہ دار》工場主；工場経営者= कारख़ाना मालिक.

कारगर [形] 《P. کارگر》効果的な；有効な；効き目のある；実効のある कारगर कार्रवाई के आदेश 効果的な措置の指令 कारगर दवाएँ 効き目のある薬 कारगर विधि 有効な方法 कोई कारगर उपाय 有効な手立て सीमाओं की कारगर चौकसी 国境の効果的な警戒

कारगाह [名*] 《P. کارگاہ》(1) 仕事場；作業所 (2) 織工の仕事場；機織り場

कारगुज़ार [形] 《P. کارگزار》(1) 上手な；器用な；達者な；敏腕の (2) 有能な

कारगुज़ारी [名*] 《P. کارگزاری》(1) 完成；達成；成就 (2) 巧みさ；器用さ；敏腕 (3) 活躍 भ्रष्ट सरकारी अमले की काली कारगुज़ारियों और कानून की पेचीदगी के कारण 腐敗した役人の暗躍と法律の複雑さのために

कारचोब [名] 《P. کارچوب》(1) 刺繍に用いる木の枠 (2) 刺繍 (3) 刺繍をする人

कारचोबी[1] [名*] 《P. کارچوبی》刺繍= कसीदाकारी; ज़रदोज़ी.

कारचोबी[2] [形] 刺繍を施した कारचोबी साफ़ा 刺繍されたターバン

कारचोर [名] 《E. car + H.》自動車泥棒 पाँच कारचोर गिरफ़्तार 自動車泥棒 5 人逮捕

कारज [名] (1) 行為；行動；活動 (2) 仕事→ कार्य.

कारटून [名] 《E. cartoon》= कार्टून. (1) 風刺漫画 (2) 漫画

कारटूनिस्ट [名] 《E. cartoonist》漫画家= कार्टूनिस्ट.

कारटेल [名] 《E. cartel》〔経〕カルテル；企業連合= उत्पादक-संघ. → कार्टेल.

कारट्रिज [名] 《E. cartridge》(1) 弾薬筒；薬莢 (2) カートリッジ

कार ड्राइवर [名] 《E. car driver》自動車運転手

कारण [名] (1) 原因 (2) 理由；事情；いわく हर काम के पीछे कोई कारण होता है 何事にもその背景に何らかの理由が存在するものだ (3) 根元 (4) 縁；因縁 **(-के) कारण** [後置] 次のように用いられる．－のために，－ので，－故に，－をもって अज्ञानता के कारण 無知故に अपनी दुर्बलता के कारण 自分の弱さのために अशिक्षा के कारण 無学のために अस्वस्थ रहने के कारण いつも体の具合が悪いので आकार छोटा होने के कारण 形が小さいので गृह-कलह के कारण 家庭内のいざこざが原因で दर्द के कारण नींद भी नहीं आई 痛さに眠れなかった दिल का दौरा पड़ने के कारण 心臓発作のため रंगहीन होने के कारण 無色なので **इस कारण** したがって；故に；だから；このため **इसी कारण** だからこそ；正にそのために इसी कारण मन थोड़ा कच्चा है だからこそ些か不安である

कारणता [名*] ←कारण. 因果律；因果関係

कारणभूत [形] 原因となる；原因となった

कारणवश [副] わけがあって；理由により；原因により **किसी कारणवश** 何らかの理由で；何かの原因で अगर किसी कारणवश बाद में वह युवक धोखा दे गया もし何らかの理由により後にその青年が裏切ったとすれば

कारणहेतु [名] 因縁；作因

कारणा [名*] 苦痛；苦悩；断末魔の苦しみ；臨終の苦痛

कारणात्मक [形] 原因となる；原因の

कारतूश [名] 《E. cartouche》〔建〕カルツーシュ；巻軸装飾

कारतूस [名] 《E. cartouch; cartooce; Fr. cartooche》弾薬筒；薬莢；カートリッジ

कारतूसी [名*] = कार्तूसी बंदूक़.

कारतूसी बंदूक़ [名*] カートリッジ銃

कॉरनफ़्लोर [名] → कॉर्नफ़्लोर. コーンフラワー

कारनामा [名] 《P. کارنامہ》(1) 活躍；手柄；偉業；大業 हमारे अपने बुज़ुर्गों के कारनामे 我々の先祖の偉業 (2) 功績；成果 आज के इस युग में विज्ञान के अद्भुत कारनामों को देखकर आश्चर्य होता है 現代における科学の素晴らしい成果を見ると驚かされる (3) 仕業；活動；行為 इनसानों के इस कारनामे से धरती का सीना दहल गया 人間のこの仕業に大地は震えあがった यह सब उस शरारती का कारनामा है これはみなあの悪者の仕業だ मगर इनके कारनामे काले ही नहीं, लाभदायाक भी होते हैं だがこの人の活動は黒いばかりでなく有益でもある (4) 品行；行跡 (5) 偉業や活躍の記録；年代記

कारनेशन [名] 《E. carnation》〔植〕カーネーション= कार्नेशन.

कारपरदाज़ [名] 《P. کارپرداز》(1) 代理人；代理 (2) 支配人；管理人

कारपरदाज़ी [名*] 《P. کارپردازی》(1) 代理；代行 (2) 支配；管理；経営

कार पार्किंग [名] 《E. car parking》駐車

कारपोरल [名] 《E. corporal》〔軍〕伍長= जमादार.

कारपोरेट इंकम टैक्स [名] 《E. corporate income tax》法人所得税 = कंपनी आयकर. कारपोरेट इंकम टैक्स की दर को घटाने की माँग 法人所得税率引き下げ要求

कारपोरेट बॉडी [名*] 《E. corporate body》法人団体= निगमित निकाय; समष्टि निकाय.

कारबंकल [名] 《E. carbuncle》〔医〕カルブンケル；癰（よう．急性化膿性炎症）

कारबन [名] 《E. carbon》炭素；カーボン= कार्बन.

कारबन पेपर [名] 《E. carbon paper》カーボン紙= कार्बन पेपर.

कारबाइड [名] 《E. carbide》カーバイド= कार्बाइड.

कारबाइन [名*] 《E. carbine》カービン銃

कारबार [名] 《P. کاربار》(1) 仕事；業務；商売 (2) 職業

कारबारी [形] 《P. کارباری》(1) 仕事の；業務の；商売上の (2) 職業の

कारबोन [名] 《E. carbon》〔化〕炭素= कार्बन.

कारबोनिक [形] 《E. carbonic》炭素の= कार्बोनिक. कारबोनिक एसिड 炭酸 कारबोनिक एसिड गैस 炭酸ガス

कारबोलिक [形] 《E. carbolic》コールタール性の；石炭酸の= कार्बोलिक. कारबोलिक साबुन 石炭酸せっけん；薬用せっけん 〈carbolic soap〉

कारबोलिक एसिड [名] 《E. carbolic acid》石炭酸= कार्बोलिक एसिड; कार्बोलिक अम्ल.

कारब्यूरेटर [名] 《E. carburetor》キャブレター= कार्बूरेटर.

कारयिता [名] (1) 作るもの；創造するもの (2) 行為者

काररवाई [名*] 《P. کار روائی》(1) 行動；行為；活動 (2) 手続き；手順；処置；措置 (3) 策動= कार्रवाई; कार्यवाही.

कारवाँसालार [名] 《P. کاروان سالار》隊商隊の長；キャラバンの統率者

कारवान [名] 《P. کاروان कार्‌वाँ》(1) 隊商 (2) 旅人の群れ；旅行者の一団；キャラバン

कारवान सरा [名*] = कारवान सराय. 《P. کاروان سرا》旅館；はたご；隊商宿；キャラバンサライ

काररेस [名] 《E. car race》カーレース

कारवेल्ल [名]〔植〕ウリ科ニガウリ；ツルレイシ= करेला.

कारसाज़[1] [形] 《P. کارساز》(1) 器用な；巧みな；機敏な；達者な भगवान बड़ा कारसाज़ है 神は実に巧みだ (2) 滑稽な；ずるい；達者な

कारसाज़[2] [名] 《P. کارساز》神

कारसाज़ी [名*] 《P. کارسازی》(1) 神の技；神技 (2) 器用さ；巧みさ；機敏さ (3) 術策；狡猾さ；狡さ

कारस्तानी [名*] = कारिस्तानी.

-कारांत [接尾] (－) 音で終わる；(－) 音を語尾とする ओकारांत ओ(o) 語尾の

कारा [名*] 牢獄；刑務所；獄舎

कारागार [名] 牢獄；刑務所= जेल.

कारागारिक[1] [形] 牢獄の；刑務所の

कारागारिक[2] [名] 典獄；刑務所長

कारागृह [名] 牢獄；刑務所= जेल.

कारादंड [名] 禁錮刑

कारापाल [名] 刑務所長

काराबंदी [名] 受刑者；服役者

कारामद [形] = कार आमद. 役立つ；有用な；重宝な= उपयोगी.

कारावास [名] 投獄；入獄；禁固；服役 6 मास का कारावास 6 か月の服役

कारावासी [名] 受刑者；服役者

कारिंदा [名] 《P. کارندہ》(1) 代理人；差配人；エージェント (2) 土地差配人 तलवंदी के राजपूत शासक का कारिंदा タルワンディーのラージプート支配者の差配人

कारिका [名*] (1) 踊り手 (2) 取引；商売 (3) 哲学や文法学など学術上の理論を簡潔な詩文にまとめたもので暗誦用のサンスクリットのシュローカ
क़ारिज़ [名] 《A. قارض》金を貸す人；融資者= ऋणदाता.
कारिणी [接尾*] 行う，する，なすなどの意を加える接尾辞の女性形（→ कारी の女性形）
कारिस्तान [名] 《P. کارستان》仕事場；作業所
कारिस्तानी [名*] 《P. کارستانی》(1) 技量；技巧；わざ (2) 行為；行動；活動 (3) 策謀；陰謀；はかりごと (4) 仕業；悪さ；いたずら यह तो जमींकंद की कारिस्तानी है これはゾウゴンニャクの仕業なんだ
-कारी [造語]（ーを）行う，（ーを）なす，（ーを）及ぼす，（ーを）起こす，（ーを）与える，（ーを）行う人などの意を有する合成語の構成要素 रोगकारी जंतु 病気を起こす生き物 गुणकारी औषधि 効き目のある薬 लाभकारी 有益な
कारीगर[1] [名] 《P. کاریگر》職人；職工；技術者
कारीगर[2] [形] 腕の立つ；器用な
कारीगरी [名*] 《P. کاریگری》技能；技術；技量；わざ；腕前 लड़कियों के हाथ की कारीगरी के नमूने 娘たちの腕前の見本
कारीडोर [名] 《E. corridor》廊下
कारीष [名] 燃料用の乾燥牛糞を積み上げたもの
कारु [名] (1) 作り手；製造者 (2) 職人；匠；工匠；工
कारुणिक [形] (1) 悲しい；哀調をおびた；可哀相な；哀れな；気の毒な；哀れ（憐れ）を催す；同情を感じる (2) 情け深い；慈悲深い
कारुण्य [名] 憐れむ気持ち；同情= दया; मेहरबानी.
क़ारूँ [名] 《A. قارون कारून》(1)〔人名〕カールーン（モーゼの父方のいとこ） (2) 大金持ちの吝嗇家 क़ारून का ख़जाना *a*. カールーンの宝庫；カールーンの宝の蔵 *b*. 巨万の富 बिना कमाये, तो क़ारूँ का ख़ज़ाना भी ख़ाली हो जाता है 働いて稼がなくてはカールーンの蔵も空になるものだ（巨万の富も尽きてしまうものだ） क़ारूँ का ख़ज़ाना और कुबेर का कोष भी यों कब तक टिक पाता! カールーンの宝庫もクベーラ神の宝の蔵もいつまでも続くわけじゃなし
क़ारूरा [名] 《A. قاروره》(1) 検尿用の小便を入れるびん (2) 病人の小便 (3) 小便 (-से =का) क़ारूरा मिलना （ーと＝とが）親密な関係になる
कारे ख़ैर [名] 《P. کار خیر》利他行為；善行
कारेस्पांडेंट [名] 《E. correspondent》通信員；特派員= संवाददाता.
कारेस्पांडेंस [名] 《E. correspondence》手紙のやりとり；通信；文通= पत्र-व्यवहार; पत्राचार.
कारोनर [名] 《E. coroner》〔法〕検死官 = मृत्यु-समीक्षक.
कारोबार [名] 《P. کار و بار》(1) 商売；取引；売買 उसके बाबा के ज़माने में कारोबार बहुत फैला था あの人の祖父の代には商いは非常に大きかった (2) 職業；家業 (3) 商業；実業 (4) 業務；仕事；営業 उन बेचारों का कारोबार सब चौपट हो गया 気の毒にその人たちの仕事はみなだめになってしまった
कारोबारी [形] 《P. کار و باری》(1) 商売の；取引の (2) 職業上の (3) 商業上の；実業の (4) 業務上の；仕事の上の कारोबारी परेशानियाँ 仕事上の悩み；仕事の悩み
कार्क [名] 《E. cork》= कॉर्क. (1) コルク (2) コルク栓 शीशी पर लगे कार्क को びんについたコルクの栓を **कार्कवाला** *a*. コルクのついた *b*. コルクの栓のついた कार्कवाली सीधी शीशी コルク栓のついた真っ直ぐなびん
कार्क स्क्रू [名] 《E. corkscrew》コルク栓抜き
कार्की [形] = कॉर्की. 《E. corky》(1) コルクの (2) コルクのような
कार्ज [名] = कार्य; कारज.
कॉर्टिसोन [名] 《E. cortisone》(1) コーチゾン（ホルモン） (2)〔薬〕コーチゾン
कार्टून [名] 《E. cartoon》(1) 漫画 (2) 風刺漫画 कार्टून बनाना 漫画を描く
कार्टून फ़िल्म [名*] 《E. cartoon film》〔映〕漫画映画
कार्टूनिस्ट [名] 《E. cartoonist》漫画家
कार्टेल [名] 《E. cartel》〔経〕カルテル；企業連合= उत्पादक-संघ.
कार्टोग्राफ़ी [名*] 《E. cartography》地図作製；地図作製法
कार्ट्रिज [名] 《E. cartridges》(1) 弾薬筒；装弾 कार्ट्रिज का बैल्ट 弾薬帯（小銃用の）；保弾帯（機関銃用の） (2) やっきょう（薬莢）

कार्ड [名] 《E. card》(1) カード (2) 名刺 (3) トランプのカード= ताश का पत्ता. कार्ड प्रणाली カード方式
कार्डराय [名] 《E. corduroy》コール天；コーデュロイ कार्डराय की कमीज़ コーデュロイのシャツ
कार्डिगन [名] 《E. cardigan》カーディガン छोटी मुन्नी का कार्डिगन 末娘のカーディガン
कार्डियोलॉजिस्ट [名] 《E. cardiologist》〔医〕心臓病専門医
कार्डियो-वैस्क्यूलर सर्जन [名] 《E. cardio-vascular surgeon》〔医〕心臓外科医
कार्डीगन [名] 《E. cardigan》カーディガン
कार्तिक [名] インド暦 8 月（日本の旧暦 9 月 16 日からの 1 か月）；カールティク月；カーティク月（कातिक）
कार्तिकी [名*] カールティク月の白分 15 日；カールティク月の満月
कार्तिकेय [名]〔イ神〕カールティケーヤ神（シヴァ神とガンガー，あるいは，シヴァ神とパールヴァティーの間に生まれたとされる軍神）
कार्तूश [名] 《E. cartouche》〔建〕カルツーシュ；巻軸装飾
कार्दम [形] 泥にまみれた；どろだらけの
कार्नफ़्लावर [名] 《E. cornflower》〔植〕キク科ヤグルマソウ；ヤグルマギク【*Centaurea cyanus*】
कार्नफ़्लेक्स [名] 《E. cornflakes》コーンフレークス
कॉर्नफ़्लोर [名] 《E. cornflour》コーンフラワー；コーンスターチ
कार्नर किक [名] 《E. corner kick》〔ス〕コーナーキック
कार्निया [名] 《E. cornea》〔解〕角膜 = स्वच्छमंडल; कॉर्निया. कार्निया का प्रत्यारोपण 角膜移植
कार्निवाल [名] 《E. carnival》(1)〔キ〕カーニバル；謝肉祭 (2) 祭典 (3) 移動遊園地 कार्निवाल के मैदान में बिजली जगमगा रही थी 遊園地の広場に電灯がきらめいていた
कार्नेशन [名] 《E. carnation》〔植〕ナデシコ科カーネーション
कार्प [名*] 《E. carp》〔魚〕コイ科コイ（鯉） = शफ़री.
कार्पट [名] (1) 志願者 = अभ्यर्थी; उम्मीदवार. (2) 請願者 (3) 原告 = वादी; न्यायार्थी. (4) ぼろ = चिथड़ा.
कार्पटिक [名] (1) 巡礼者；聖地巡礼者 (2) 巡礼者の集団 (3) 聖地の水を運ぶのをなりわいとする人
कार्पण्य [名] 吝嗇= कृपणता.
कार्पास[1] [名] (1) 綿布 (2) 綿花
कार्पास[2] [形] (1) 綿の (2) 綿製の
कार्पेट [名] 《E. carpet》カーペット；じゅうたん
कार्पोरल [名] 《E. corporal》〔軍〕(1) 陸軍伍長 (2) 空軍伍長
कार्पोरेशन [名] 《← municipal corporation》(1) 市；都市自治体；市役所（特に州都などの大都市の自治体）→ नगर पालिका; महानगर पालिका. कार्पोरेशन के नल पर 市役所の設置した水道栓の給水所で (2) 会社 सुबह कार्पोरेशन की गाड़ी आकर उठा लेगी 朝会社の人がやって来て乗せてくれるだろう
कार्बन [名] 《E. carbon》(1)〔化〕炭素 (2) カーボン紙
कार्बन-चक्र [名] 《E. + H.》(1) 炭素循環（生態） (2) 炭素サイクル（天体物理） 〈carbon cycle〉
कार्बन डाइआक्साइड [名] 《E. carbon dioxide》〔化〕二酸化炭素；炭酸ガス
कार्बन डाइआक्साइड गैस [名*] 《E. carbon dioxide gas》〔化〕二酸化炭素ガス；炭酸ガス कार्बन डाइआक्साइड गैस सिलेंडर 炭酸ガスボンベ 〈carbon dioxide gas cylinder〉
कार्बन पेपर [名] 《E. carbon paper》カーボン紙
कार्बनमय [形] 《E.+ H.》炭素質の
कार्बन मोनोक्साइड [名] 《E. carbon monoxide》〔化〕一酸化炭素 कार्बन मोनोक्साइड गैस 一酸化炭素ガス
कार्बनिक [形] 《E. carbonic》炭素の हर पौधे में कारबनिक पदार्थ あらゆる植物に炭素物質
कार्बनित [形] 《E.carbon + H.इत》炭化した 〈carbonized〉
कार्बनी [形] 《E.carboni》炭素を含む；炭素を生じる 〈carboniferous〉 कार्बनी कल्प〔地〕石炭紀
कार्बनीकरण [名] 《E.+ H.करण》〔化〕炭化
कार्बनीकृत [形] 《E.+ H.कृत》炭化した 〈carbonized〉
कार्बाइड [名] 《E. carbide》カーバイド
कार्बूरेटर [名] 《E. carburetor》キャブレター

क

कार्बोलिक [形] 《E. carbolic》コールタール性の；コールタールからとれた弱酸性の物質の= कारबोलिक.

कार्बोलिक अम्ल [名] 《E. carbolic + H.》〔化〕石炭酸= कार्बोलिक एसिड.

कार्बोलिक एसिड [名] 《E. carbolic acid》〔化〕石炭酸

कार्बोलिक एसिड गैस [名*] 《E. carbolic acid gas》〔化〕石炭酸ガス

कार्बोहाइड्रेट [名] 《E. carbohydrate》〔化〕炭水化物；含水炭素

कार्मण[1] [形] 上手な；器用な= निपुण; दक्ष; माहिर.

कार्मण[2] [名] 呪術；呪法

कार्मण कर्म [名] まじない；呪術

कार्मिक[1] [名] 働く人；労働する人；職員；労働者 कार्मिक प्रशासन 人事管理= कार्मिक प्रबंध. कार्मिक विभाग 人事部 कार्मिक विषय 人事

कार्मिक[2] [名] 柄の入った布

कार्मिक संघ [名] 労働組合；職員組合

कार्य [名] (1) 仕事 (責任としてなすべきこと)；職務；義務；勤め नगर प्रमुख के कार्य 市長の職務 (2) 職；職業；生業 (3) 労働；仕事；作業 (4) 働き；行為；活動；事業；業務 ऊर्जा और कार्य करना दोनों संबंधित हैं エネルギーと活動とは関係がある सरकार के कार्य 政府の業務 राजस्थान में इस साल किसी भी प्रकार के विकास कार्य नहीं होंगे ラージャスターン州では今年いかなる開発事業も行われない उनके महान कार्य के कारण लोगों ने उनकी मूर्ति बनाई その方の偉業のために人々はその方の像を建立した पंचायत के कार्य パンチャーヤトの業務 अपराध कार्य में संलग्न स्कूटर चालक 犯罪行為に耽っているスクーター運転手 सामाजिक कार्य〔社〕社会的行為 〈social action〉 गैरकानूनी कार्य 不法行為

कार्यकर्ता [名] (1) 働く人 (2) 職員 (3) 活動家；運動員；指導員 एसोसिएशन के कार्यकर्ता 協会の職員 सामाजिक कार्यकर्ता social worker の訳語. ソーシャルワーカー；社会福祉事業指導員

कार्यकलाप [名] 活動；行為 राजनीति को कभी भी समाज के अन्य कार्य-कलापों से अलग नहीं किया जा सकता 政治を社会の他の活動から切り離すことは決してできない घर के बाहर के कार्यकलाप में 家の外での活動のうち दूसरे प्रकार के कार्यों को प्रायः कल्याणकारी कार्यकलाप कहते हैं 他の種類の活動を福祉活動と呼ぶ

कार्यकारण [名] 因果；原因と結果 कार्यकारण का सिद्धांत 因果律 विज्ञान की पुस्तकों में कार्यकारण का सिद्धांत सिखाया जाता है 理科の書物では因果律が教えられる

कार्यकारण भाव [名] 因果関係

कार्यकारिणी[1] [形*] कार्यकारी の女性形 कार्यकारिणी समिति 執行部；執行委員会；実行委員会 〈executive committee〉

कार्यकारिणी[2] [名*] 執行部；執行委員会；実行委員会 कांग्रेस कार्यकारिणी बैठक 国民会議派執行部の会合 पार्टी की कार्यकारिणी व राष्ट्रीय परिषद् 党執行部及び国民会議

कार्यकारिणी परिषद् [名*] 行政参事会 〈executive council〉

कार्यकारिणी समिति [名*] 執行委員会 〈executive committee〉

कार्यकारी[1] [形] (1) 活動する；機能する (2) 臨時の；代理の (3) 有効な；効力のある (4) 実質的な；実効のある

कार्यकारी[2] [名] (1) 職員 (2) 活動家；運動員

कार्यकाल [名] 任期 राज्यपाल का कार्यकाल 州知事の任期 राष्ट्रपति का कार्यकाल 大統領の任期 प्रधान सचिव का कार्यकाल समाप्त हो रहा है 事務総長の任期が終わろうとしている

कार्यकुशल [形] 上手な；器用な；上達した

कार्यकुशलता [名*] ←कार्यकुशल. (1) 上手なこと；器用なこと (2) 能率 भाई-भतीजावाद जैसी प्रथाएँ सरकार की कार्यकुशलता को कम करती हैं 縁故主義のような慣行が官庁の能率を低下させる

कार्यक्रम [名] (1) 企画；予定；予定表；プログラム (2) 番組 विशेष कार्यक्रम 特別番組 गर्मी की छुट्टियों के लिए टी॰वी॰का विशेष कार्यक्रम 夏休みテレビ特別番組 रेडियो, टी॰वी॰में भी दहेज़ की समस्या को लेकर कार्यक्रम दिए जा रहे हैं ラジオやテレビでも持参金問題についての番組が予定されている (3) 行事；催し इस बार सांस्कृतिक कार्यक्रमों के अंतर्गत हम लंदन जाएँगे 今度は文化的な行事でロンドンに行く स्कूल के सारे कार्यक्रमों में रुचि लेना 学校の全行事に関心を持つ जन्मदिन का कार्यक्रम 誕生日の催し (-का) **कार्यक्रम रखना** (ーを) 催す；開催する रात में खाने के बाद सब ने नाच का कार्यक्रम रखा 夕食後みなが舞踏会を催した (4) 活動 (会, 団体の) "डाउन सोसायटी" के कार्यक्रमों में उन्हें सोत्साह एवं निष्ठा के साथ भाग लेते देखकर 氏が「暁会」の活動に意欲的にまた信念を持って参会しているのを見て (5) 綱領；政綱 उस आंदोलन के सारे कार्यक्रम में वैसी आस्था थी その運動のすべての綱領に同様な信頼を寄せていた राजनीतिक दल के कार्यक्रम 政党綱領 रचनात्मक कार्यक्रम 建設的綱領

कार्यक्षम [形] 力のある；能力のある；強力な；能率的な फल परिरक्षण उद्योग को और कार्यक्षम बनाने के लिए 果実保管産業を更に高性能なものにするため

कार्यक्षमता [名*] ←कार्यक्षम. (1) 性能 अन्य उपकरणों की कार्यक्षमता का अंतरिक्षीय माहौल में परीक्षण किया जाता है 他の機器の性能の宇宙環境での実験が行われる (2) 機能 गुर्दे की कार्यक्षमता 腎臓の機能 (3) 能率 सरकारी कार्यालयों की कार्यक्षमता 官庁の仕事の能率

कार्यक्षेत्र [名] (1) 領域；活動領域；活動範囲；権限 आधुनिक सरकार का कार्यक्षेत्र 近代の政府の活動範囲 इन सभी समुदायों का अपना-अपना विशेष कार्यक्षेत्र होता है これらすべての団体はそれぞれ独自の活動領域を持つ (2) 活動の場；活躍の場；根拠地 अब उन्होंने कानपुर को अपना कार्यक्षेत्र बनाया 氏は今やカーンプルを活動の根拠地とした कार्यक्षेत्र में उतरना 活動を開始する；活動に従事する (3) 余地= विषय क्षेत्र.

कार्यग्रहण [名] 着任；就任

कार्यज्ञान [名] 情報 तकनीकी कार्यज्ञान ノウハウ

कार्यदल [名] 特別捜査班 〈task force〉

कार्यदिवस [名] 勤労日；仕事日；労働日；平日；ウイークデー

कार्यदूत [名] (1) 臨時大使 (2) 公使 〈charge d'affairs〉

कार्यनिवृत्ति [名*] 退職；定年退職

कार्यनिवृत्ति वय [名*] 定年；停年= सेवानिवृत्ति की उम्र.

कार्यनिष्ठ [形] 勤勉な；熱心な；一生懸命な；孜孜として励む

कार्यनिष्ठा [名*] 勤勉さ；熱心さ；熱意；一生懸命なこと अपनी कार्यनिष्ठा और मेहनत से वे प्रधानाचार्य बन गईं 勤勉さと努力で校長になられた

कार्यनीति [名*] 方策；方法；手順；戦略

कार्यपटुता [名*] 器用さ；熟達

कार्यपद्धति [名*] やりかた；しかた (仕方)；やりよう；方式；行動様式；活動様式 उनके विचार करने का ढंग तथा कार्यपद्धति एक ढर्रे में बंध गई है あの方の考え方や行動様式はある型にはまってしまっている

कार्यपरायण [形] 熱心な；熱中した

कार्यपरायणता [名*] ←कार्यपरायण. 熱心さ；熱中；熱中ぶり गाँधी जी की कार्यपरायणता ガーンディー・ジーの熱中ぶり

कार्यपालक [形] 執行する；執行部の；行政上の；行政的な नगर निगम का कार्यपालक अधिकारी 市の行政官；市政執行部

कार्यपालक न्यायाधीश [名]〔法〕= कार्यपालक मजिस्ट्रेट 〈executive magistrate〉

कार्यपालक मजिस्ट्रेट [名]〔法〕執行判事 〈executive magistrate〉 (裁判権を持つ司法判事 〈judicial magistrate〉 न्यायिक मजिस्ट्रेट に対し逮捕状や捜索令状の発行や執行, 治安維持, 不法妨害の排除や差し止め, 検死など公務執行ないし準司法的なものに限定された権限を持つ判事で州政府により高等裁判所と協議の上任命され州当局の指揮下にある district magistrate जिला मजिस्ट्रेट, additional district magistrate अपर जिला मजिस्ट्रेट, sub-divisional magistrate उप-खंड मजिस्ट्रेट, executive magistrate कार्यपालक मजिस्ट्रेट, special magistrate विशेष मजिस्ट्रेट の 5 等級がある)

कार्यपालिका [名*] 行政府

कार्यप्रणाली [名*] 方法論 〈methodology〉

कार्यभार [名] (1) 任務；義務；責任；責務 (2) 部署；役目；持ち場；職務 प्रत्येक मंत्री आम तौर पर एक ही विभाग का कार्यभार देखता है 一般的に各大臣は一つの部門だけを担当する कार्यभार ग्रहण क॰ 就任する；任務につく= ज्वाइन क॰. कार्यभार सँभालना 任務を引き受ける；責務を引き受ける

कार्यमंदन [名] (労働者の) 怠業；サボタージュ= कार्यमंदी.

कार्यरत [形] (1) 勤務中の；在勤の；働いている；任務についている बंबई में कार्यरत ボンベイで勤務中の 1981 में मैं जब रतलाम में कार्यरत था 1981 年にラトラームで勤務中だった時 संप्रति वे एक औद्योगिक प्रतिष्ठान में कार्यरत हैं 現在ある会社に勤務中 (2) 活動する；機能する मुस्लिम लीग मुसलमानों के वोटों से पलती व कार्यरत

होती रही है ムスリムリーグはイスラム教徒の票で育まれ機能してきている
कार्यरूप [名] 形；具体的な形；現実的な形 कार्यरूप में परिणत हो॰ 実現する；具体化する वह योजना जिसे संयुक्त महासंघ की बैठक बुलाकर कार्यरूप में परिणत किया जाएगा 国連総会を招集して具体化される予定の計画
कार्यवाहक [形] 代理の कार्यवाहक राष्ट्रपति 大統領代理 जाम्बिया के कार्यवाहक राजदूत ザンビアの代理大使
कार्यवाही [名*] = काररवाई. लोकसभा की कार्यवाही का संचालन करने के लिए उसका एक अध्यक्ष होता है 下院の活動の運営に当たるために議長がいる
कार्यविधि [名*] (1) 活動様式；行動様式 समाज और उसकी कार्यविधि 社会とその行動様式 (2) 手続き
कार्यविवरण [名] 職務記述書〈job description〉
कार्यवृत्त [名] 議事（録）〈minutes〉 कार्यवृत्त पुस्तक 議事録
कार्यव्यापार [名]〔演〕戯曲の発端から大団円に至る筋の運びの5段階
कार्यसप्ताह [名] 週間労働時間 पाँचदिवसीय कार्यसप्ताह 週5日制；週休2日制= पाँच दिन का कार्यसप्ताह.
कार्यसमय [名] (1) 勤務時間 (2) 営業時間
कार्यसमिति [名*] 執行委員会 कांग्रेस कार्यसमिति 国民会議派執行委員会
कार्यसूची [名*] (1) 協議事項 (2) 議事日程；議事予定表
कार्यस्थगन [名] 停止；休止 कार्यस्थगन प्रस्ताव 休会動議
कार्यहेतु [名] (1) 動機 (2) 訴因
कार्यान्वयन [名] 実現；実行；実施 एन सी आर परियोजना का कार्यान्वयन NCR 計画の実現 उसके कार्यान्वयन के लिए それを実施するのに
कार्यान्वित [形] 実施された；実行された；実施された योजनाएँ कार्यान्वित की जानी चाहिए 計画は実現されなくてはならない
कार्यान्विति [名*] 実行；履行；実施；実現= कार्यान्वयन.
कार्यालय [名] 事務所；オフィス= दफ़्तर. सरकारी कार्यालय 官庁；庁舎
कार्यावली [名*] = कार्यसूची.
कार्योत्तर [形] 事後の〈ex post facto〉 **कार्योत्तर मंज़ूरी** 事後承認
कार्रवाई [名*] = काररवाई. भूमि का गलत विवरण देने वालों के विरुद्ध कार्रवाई 土地についての間違った報告をする者に対する措置 कार्रवाई क॰ 措置を取る（講ずる）；処置を取る सरकार ज़रूरी कार्रवाई करने को तैयार 政府は必要な措置を取る予定である
कार्षापण [名]〔イ史〕カールシャーパナ（古代インドの硬貨，金・銀・銅の3種あり）
काल[1] [名] (1) 時；時間 (2) 期間；間 अनिश्चित काल के लिए 無期限に (3) 時刻 (4) 時代 आधुनिक काल 近代 प्राचीन काल 古代 वर्तमान काल 現代 (5) 最期；滅亡の時期；死亡の時 (6) 死 ऐसा जान पड़ता है, उसे अपने प्राणों का मोह ही नहीं हो, मानो वह काल को खोजता फिरता हो 命が惜しくなくてまるで死をさがし求めているかのように思える (7) 冥界の主；死の神；閻魔 (8) 飢饉 काल पड़ना 飢饉が発生する (9)〔言〕時制 वर्तमान काल〈present tense〉現在時制（文法）↔ वर्तमान समय 現在；現時点 **काल का कलेवा हो॰** 死ぬ= काल का कौर हो॰. **काल का पाश** 死（の罠） **काल क्षेप क॰** 時を過ごす（-का） **काल पड़ना**（ーが）欠乏する；不足する
काल[2] [形] (1) 黒い；黒い色の (2) 恐ろしい；気味の悪い
कॉल [名]《E. call》(1) 呼び出し；召集；招集；召喚 जी॰पी॰इंडस्ट्री से इंटरव्यू के लिए कॉल भी आया है G.P.Industries から面接の呼び出しが来ている (2) 通話；電話すること；電話の掛かること
कालकंज [名] (1) ダイティヤ（दैत्य） (2) 青蓮= नील कमल.
कालकंटक [名] シヴァ神の異名の一
कालकंठ [名] (1) シヴァ神 (2)〔鳥〕キジ科クジャク；孔雀= मोर. (3)〔鳥〕ブッポウソウ科インドブッポウソウ【*Coracias benghalensis*】= नीलकंठ. (4)〔鳥〕セキレイ科ハクセキレイ【*Motacilla alba*】= खंजन.
कालकंठी [名*] パールヴァティー神の異名の一= पार्वती.
कालकवलित [形] 死んだ；死亡した
कालका [名*]〔イ神〕カーラカー（ダクシャの娘でカシュヤパ聖仙の妻の一人，あるいは，カシュヤパ・リシ कश्यप ऋषि の孫娘とも妻とも伝えられる．また，ダクシャの娘，あるいは，ダヌの息子ヴァイシュヴァーナラの娘とも伝えられる）
कालकाल [名] (1) 最高神；最高存在 (2) シヴァ神
कालकूट [名] (1)〔イ神〕カーラクータ（スラ सुर とアスラ असुर とが乳海攪拌した際に現れたとされる猛毒） (2) 猛毒 (3) トリカブトの毒
कालकोठरी [名*] (1) 暗く狭い独房；営倉 (2)〔法〕禁錮= क़ैद तनहाई. (3) 暗く狭苦しい場所 (4) ベンガルの太守シラージュッドウラーが英国人捕虜を閉じ込めたとされる1756年事件の獄房
कालक्रम [名] (1) 年代順；時代順 (2)〔言〕時制の一致；時制の呼応
कालक्रम विज्ञान [名] 年代学〈chronology〉
कालक्रमिक [形] (1) 年代順の；時代順の (2) 通時的な कालक्रमिक भाषा विज्ञान 通時言語学〈diachronic linguistics〉
कालक्षेप [名] (1) 時間を過ごすこと (2) 時間の経過
काल-खंड [名] (1) 時期；時代 (2) 最高神
कालख [名*] すす；煤；油煙→ कालिख.
कालगंगा [名*] ヤムナー川；ジャムナー川 = यमुना; जमुना.
कॉल गर्ल [名*]《E. call girl》コールガール
कालचक्र [名] 時の経過；時の転変；時間の移ろい
कालचक्रयान [名]〔仏〕カーラチャクラ・ヤーナ；時輪乗（後期仏教の一）= कालचक्र तंत्र.
कालज [名] कालज्ञान の学者や研究者；天文学者；占星術師；陰陽師
कालजयी [形] 不朽の；永遠の；永続的な नोबेल पुरस्कार जीतने वाली कालजयी रचनाएँ ノーベル賞受賞の不朽の名作 संविधान को निर्दोष और कालजयी बनाने के लिए 憲法を抜かりのない永続的なものとするために
कालजीत [名]〔鳥〕ヒタキ科キバシルリチョウ【*Myiophoneus caeruleus*】 मलाबार कालजीत ヒタキ科インドルリチョウ【*Myiophoneus horsfieldii*】
कालज्ञान [名] 古代インドの天文，占星，吉凶などを研究した学問；陰陽道
काल-ज्वर [名]〔医〕黒熱病；カーラーザール（カーラー・アーザール）病；ブラックフィーヴァー〈black fever〉= कालाज़ार.
कालत्रय [名] 過去，現在，未来に3区分した時間；三時
कालधर्म [名] (1) 死 (2) 季節の変化に応じて生じる現象 (3) 時節に応じたこと (4) 時宜に叶った行動
कालनाथ [名] (1)〔ヒ〕シヴァ神；マハーデーヴァ神 (2)〔ヒ〕カーラバイラヴァ神 कालभैरव
कालनेमि [名] (1)〔ラマ〕カーラネーミ（ラーヴァナの伯父） (2)〔イ神〕カーラネーミ（ヒランニャカシプ हिरण्यकशिपु の孫，ヴィシュヌ神に殺された後，カンサ कंस となりクリシュナに殺されたアスラ）
कालपट्टी [名*] コーキング= कालापत्ती.
कालपाश [名] (1) 冥界の王ヤマラージ यमराज の持つと言われる罠 (2) 時間の制約
कालपुरुष [名] (1) 時間の神格が人間の姿をしたもの (2) 神 (3) ヤマ，すなわち，冥界の王（閻魔）の従者
कालपूर्व [形] 予定の時間より早い；定時に先立つ कालपूर्व शिशु 未熟児
कालबूत [名]《← P. كالبوت》(1) 骨組；型 (2) 靴作りに用いる靴の木型
कॉलबेल [名]《E. callbell》呼鈴；チャイム कालबेल बजना チャイムが鳴る
कालबेलिया [名] 主に蛇使いなどの大道芸をなりわいとしてきたカーストの人（ラージャスターン西部）；カールベリヤー दूर-दूर से आकर कालबेलिये अपनी कला का प्रदर्शन करते हैं カールベリヤーは遠方からやって来て芸を見せる
कालभैरव [名] (1) シヴァ神 (2) シヴァ神の眷属の一，カーラバイラヴァ
कॉलम [名]《E. column》(1)〔印〕縦行；縦の段；欄；コラム (2) コラム अख़बारों के कॉलम 新聞のコラム
कालमापी [名] クロノメーター〈chronometer〉
कालमेह [名]〔医〕黒水熱〈black water fever〉
कालयात्रा [名*] 人生航路；生涯

क

कालयापन [名] (1) 時間を過ごすこと；時間を過ごすこと (2) わざと遅延すること，

कालर [名] 《E. collar》 (1) カラー；えり कमीज़ का कालर シャツのえり मैंने उस छोकरे का कालर पकड़कर खींच लिया そのがきのえりをつかんで引き寄せた (2) 首輪

कालरबोन [名] 《E. collar bone》 鎖骨＝ हँसली; गले की हँसली.

कॉलरा [名] 《E. cholera》〔医〕コレラ＝ हैज़ा.

कालरात्रि [名*] (1)〔イ神〕宇宙破滅の夜 (2) 恐ろしい闇夜 (3) ディーワーリー祭当日（黒分 15 日）→ दीवाली.

कॉल लेटर [名] 《E. call letter》 呼び出し通知状

कालवाचक [形] 時を表す；時間に関する

कालवेला [名*]〔ヒ〕ヒンドゥーの暦法で特定行為の禁じられている曜日ごとの時刻

कालांतक [名]〔ヒ〕冥界の主；ヤマ神；死神

कालांतर [名] 時間の間隔；時の移ろい；時代の変遷 कालांतर में やがて；そのうちに；しばらくすると；時が経つと कालांतर में देश में भारी अकाल पड़ा やがて国に大飢饉が発生した कालांतर में यही भूमि खेती के योग्य नहीं रहती 時が経つとこの同じ土が農耕に適さなくなる

काला[1] [形⁺] (1) 黒い；黒色の काली आँखें 黒い目；黒い瞳 काले पंख 黒い羽 काले लोग 黒人 काले लोगों की सरकार 黒人政府 काले घुँघराले बाल 黒い縮れ毛 काला टीका（すすを用いた）黒いティーカー नज़र लगने से बचाने के लिए बच्चों को काला टीका आदि लगाया जाता है 邪視を防ぐために子供の額に黒いティーカーなどがつけられる (2) 暗い；光の届かない (3) 悪い；不正な；不公正な；よこしまな वह व्यक्ति कोई काला धंधा करता है 何かよからぬ商売をしている男だ **काला क़ानून** 悪法 रौलट एक्ट जैसे काले क़ानून ローラット法のような悪法 विदेशी सरकार के काले कारनामे 外国政府の悪行 (4) 暗黒の औरंगज़ेब की काली हुकूमत アウランゼーブの暗黒の支配 (5) 希望が見えない；真っ暗な अपना तो बुढ़ापा ही काला हो गया 私の老後は真っ暗なものになってしまった (6) 不名誉な；評判の悪い；汚名を着た (7) たちの悪い；悪辣な；あくどい **काला अक्षर भैंस बराबर**〔諺〕眼に一丁字もない；無学文盲のたとえ **काला क॰** *a.* 汚名を着せる *b.* 非難する *c.* 汚す **काला क़रार दे॰** 汚名を着せる **काला पहाड़** 辛く重苦しい **काला पीला हो॰** 顔色を変えて激しく怒る；血相を変える **काला मुँह हो॰** 恥辱にまみれる；汚名を着る；赤恥をかく **काली कमाई** 悪銭 **काली करतूत** 悪事；悪行 **काली किताब** ブラックリスト काली किताब में नाम दर्ज हो॰ ブラックリストにのる **काली ज़बान** 凶事のよく的中する予言を行う **काली पीली आँखें क॰** 怒りを表す＝ काली पीली आँखें दिखाना. **काले कंबल पर रंग चढ़ाना**〔諺〕全く無駄な行為のたとえ मगर उसपर दया करना काले कंबल पर रंग चढ़ाना था だがその男に情けをかけるのは全く無駄なことだった **काले कौवे खाना** 長生きする **काले गोरे दिन देखना** 照る日，曇る日，順調，不調と様々な経験をする；人生の浮き沈みを経験する **काले दिन** 不遇の時；不調の時 **काले सिर वाली** 不吉な女

काला[2] [名] (1) 黒い蛇；毒蛇 (2) 蛇（忌み言葉） **काला काटना** 蛇が咬む＝ काला खाना.

काला अफ़्रीका [名] ブラック・アフリカ〈Black Africa〉

काला आज़ार [名] 《H.P. کالا آزار》〔医〕黒熱病；カーラーアーザール（カーラーザール）病

काला आदमी [名] 《H.A. کالا آدمی》 (1) 黒人 (2) 有色人種

काला-कलूटा [形⁺] (1)（肌の色が）真っ黒な；とても色黒な चाणक्य एकदम काला-कलूटा था チャーナキヤは肌が全く真っ黒だった अफ़्रीका के हब्शियों के समान काले कलूटे アフリカの黒人のように肌の真っ黒な (2) 黒い；真っ黒の；真っ黒けの यह तो कौवा है काला कलूटा これはカラスだ，真っ黒けの काली कलूटी धातु 真っ黒の金属

काला क़ानून [名] 悪法 काले क़ानूनों का विरोध 悪法への反対

काला कीकर [名]〔植〕マメ科アラビアゴムモドキ【*Acacia arabica*】

कालाक्षर [名] 甚だ読みにくい文字

कालाक्षरी [形] 学識豊かな；碩学の

कालागरू [名] 黒い沈香；黒沈香木

कालागुरु [名] 黒沈香木；伽羅＝ काला अगुरु.

कालाग्नि [名*] (1)〔ヒ〕世界破滅の大火 (2) ルドラ神（世界破滅の火を司るとされる）रुद्र

काला चोर [名] (1) 大盗人 (2) 大悪党＝ बड़ा चोर.

काला जीरा [名] (1)〔植〕セリ科草本クロウイキョウ【*Carum bulbocastanum*】 (2) 黒米（稲の一品種）

काला ढोकरा [名]〔植〕シクンシ科高木コノカルパス【Anogeissus latifolia】＝ काला धोकड़ा; धवा.

काला तम्बाकू [名] カーラー・タバコ（ビハール地方で用いられる上等ではないとされる喫煙タバコの一種）

काला तिल [名] (1) 黒ゴマ（胡麻） (2) ほくろ（黒子） काला तिल चबाना 頭が上がらない

कालातीत [形] (1) 時間を超越した (2) 時間や時代に遅れた

काला तीतर [名]〔鳥〕キジ科クビシャコ【*Francolinus francolinus*】〈black partridge〉

काला तेंदू [名]〔植〕カキノキ科インドガキ【*Diospyros malabarica*】＝ गाब.

कालात्मा [名] 最高神＝ परमात्मा; ईश्वर.

काला दाना [名]〔植〕ヒルガオ科蔓草【*Ipomoea nil*】

काला दिवस [名] 暗黒日；喪に服する日 स्वतंत्रता दिवस को काला दिवस के रूप में मनाने के आह्वान वाले पर्चे 独立記念日を暗黒日とする呼びかけのちらし

काला धतूरा [名]〔植〕ナス科草本チョウセンアサガオの一種【*Datura fastuosa purpurascens*】

कालाधन [名] 悪銭；闇商売で得た金；不法行為で得た金；不法所得 कालाधन के लिए संपत्ति का सर्वेक्षण 不法所得の嫌疑で資産調査

कालानमक [名] 鉱物を加えた薬用岩塩

कालानल [名]〔ヒ〕世界破滅の大火；この世の終わりの大火；劫火＝ कालाग्नि.

काला नाग [名] (1) 黒い毒蛇 (2) 悪漢；悪党 (3)〔動〕コブラ科インドコブラ【*Naja naja*】

कालानुक्रम [名] (1) 年代順；時代順 कालानुक्रम से 年代順に (2) 年代順配列

कालानुक्रम सारिणी [名*]〔史〕歴史年表〈chronological table〉

कालानुक्रमिक [形] (1) 年代順の (2) 年代学の；歴史年表の〈chronological〉

कालाप [名] (1) 頭髪 ＝ सिर के बाल; केश. (2) かまくび ＝ साँप का फण.

कालापत्ती [名*]（船の）コーキング＝ कालपट्टी.

कालापहाड़ [名] 大きな負担となるもの；難物

कालापानी [名] (1) アンダマン・ニコバル諸島 (2) アンダマン・ニコバル諸島の近海 (3) 島流し；遠島；流刑；国外追放 **कालापानी की सज़ा** 島流しの刑；流刑 (4) 酒の隠語

कालाबाज़ार [名] 《H. P. کالا بازار》 闇市；ブラックマーケット

कालाबाज़ारिया [名] 闇商人

कालाबाज़ारी [名*] 《H. P. کالا بازاری》 闇取引；密売人

कालाबाल [名] 恥毛；陰毛 (-को) कालाबाल समझना〔俗〕(ーを) ひどくみくびる

कालाभुजंग[1] [形] 真っ黒な；黒々とした

कालाभुजंग[2] [名] (1) 黒い蛇；黒蛇 (2) → काला साँप.

काला भूरा [形⁺] こげ茶色の

काला लोबिया [名]〔植〕マメ科フジマメ【*Dolichos lablab*】

कालावधि [名*] 期限；時限

काला साँप [名]〔動〕インドコブラ；アジアコブラ【*Naja naja*】＝ काला नाग.

काला सागर [名] 黒海〈Black Sea〉

काला सिरीस [名]〔植〕マメ科高木【*Albizia odoratissima*】〈black siris〉

काला सोना [名] 石炭；黒ダイヤ（石炭の異称）＝ पत्थर का कोयला.

कालिंदी [名*] ヤムナー川；ジャムナー川 ＝ यमुना; जमुना.

कालिक [形・造語] (1) 時代の；時期の (2) 時宜にかなった (3) 周期的な；定期的な

कालिका [名*] (1) 黒；黒色 (2) 黒さ (3) 墨；黒い墨 (4) 黒雲；密雲 (5) カーリカー神（ドゥルガー神の一つの姿）

कालिख [名*] ＝ कालख. (1) すす；油煙；煤；すすから作った墨 (2) 黒い点；黒い印 (3) ほくろ (4) 不名誉；恥辱 (-के नाम पर) कालिख लगाना (ーの) 名誉をけがす；名をけがす (5) 汚点 शिक्षा क्षेत्र में कालिख के समान 教育界における汚点のように **कालिख का टीका लगना** 顔に墨が塗られる；辱められる；汚名を着る＝ कालिख

लगाना. **कालिख का टीका लगाना** 顔に墨を塗る；辱める；汚名を着せる= कालिख लगाना. **(-के नाम पर) कालिख पोतना** （ーの名を）けがす；(ーの) 名誉をけがす **(-पर) कालिख पोतना** （ーを）辱める；(ーに) 恥をかかせる；侮辱する **कालिख लगना** = कालिख का टीका लगना. **कालिख लगाना** *a.* （ある意図のもとに）すすを塗る；墨を塗る *b.*= कालिख का टीका लगाना. घर आए तो कालिख लगा देना माथे पर, कहीं नजर न लग जाए मेरे लाल को あの子が家に戻ったら額にすすを塗ってやっておくれ魔除けにするんだ

कालिज[1] [名] 《E. college》カレッジ = कालेज. कालिज अध्यापक 大学教師 कालिज यूनियन 大学学生自治会

कालिज[2] [名]〔鳥〕キジ科キジ【*Phasianus colchicus*】〈common pheasant〉

कालिदास 〔人名〕カーリダーサ（4〜5 世紀のサンスクリットの戯曲家・詩人.「シャクンタラー」「メーガドゥータ」などの作品で不朽の名を遺す）

क़ालिब [名] 《A. قالب》(1) 型；模型；枠 (2) 体；身体

कालिमा [名*] (1) 黒いこと；黒さ；黒 (2) 闇；暗黒 (3) すす；油煙 (4) 汚点；よごれ

कालिय [名]〔イ神〕カーリヤ（ヤムナー川にいたとされる恐ろしい大蛇） कालिय दमन クリシュナのカーリヤ蛇退治

काली [名*]〔イ神〕カーリー神（シヴァ神の神妃・ドゥルガー神の一つの現れ）= देवी; चंडी; दुर्गा. **काली माई खेलने लगना** 恐ろしさに震えあがる

काली अंछी [名*]〔植〕バラ科低木マイソールラズベリー／マイソールキイチゴ【*Rubus niveus*】〈Mysore raspberry〉

काली आँधी [名*] 砂嵐（砂塵を巻き上げる大きな竜巻）

काली खाँसी [名*]〔医〕百日ぜき〈whooping cough〉 रमुआ को काली खाँसी है ラムアーは百日ぜきに罹っている

काली घटा [名*] (1) 黒雲；真黒な雨雲 (2) 不遇の時

कालीची [名*]〔イ神〕死界の主ヤマ神による最後の審判が行われる法廷

काली चील [名*]〔鳥〕ワシタカ科ハイイロトビ【*Elanus caeruleus*】

काली छाया [名*] 不吉な影；不吉な気配

काली ज़बान [名*] 《H.+ P. زبان》不吉なことを予言したり言い当てたりする舌（やそのような人）

काली जीरी [名*]〔植〕キク科草本サニギク【*Vernonia anthelmintica / Serratua anthelmintica*】

काली तुलसी [名*]〔植〕シソ科草本メボウキ／ヒメボウキ【*Ocimum basilicum*】

काली तोरी [名*]〔植〕ウリ科蔓草トカドヘチマ【*Luffa acutangula*】= झींगा तोरी.

-कालीन [造語] (ー) 時代の，(ー) 時代に関わるなどの意を加える合成語の要素 अशोककालीन भारत アショーカ王時代のインド मध्यकालीन 中世の

क़ालीन [名] 《A. قالین》じゅうたん（絨毯） कालीन बिछाना 絨毯を敷く

क़ालीनबाफ़ [名・形]《A.P. قالین باف》絨毯を織る（人）；絨毯職人

क़ालीनसाज़ी [名*] 《A.P. قالین سازی》絨毯製造；絨毯織り

कालीनाग [名]〔イ神〕カーリヤ= कालिय.

काली बला [名*] (1) 大変な危難；ものすごく恐ろしい危機 (2) 化け物

काली माता [名*] = काली शीतला.

काली मिट्टी [名*] (1) 黒土 (2) 黒鉛

काली मिर्च [名*] (1)〔植〕コショウ科の蔓木コショウ【*Piper nigrum*】(2) 黒コショウ= गोल मिर्च.

काली शीतला [名*]〔医〕重症の天然痘→ शीतला.

काली सरसों [名*]〔植〕アブラナ科ナタネ；アブラナ【*Brassica campestris var. dichotoma*】→ सरसों.

काली सूची [名*] ブラックリスト；要注意人物一覧表= ब्लैक लिस्ट; वर्ज्य सूची. 〈black list〉

कालेज [名] 《E. college》カレッジ；大学（総合大学に所属する学校）= कालिज.

कालेज कैप्टन [名] 《E. college captain》N.C.C.（軍事教練隊）のカレッジのキャプテン

कालेज यूनियन [名] 《E. college union》学生自治会

कालोनी [名*]《E. colony》(1) 植民地 = उपनिवेश. कालोनी बसाना 植民する (2) 居留地 (3) 団地；集合住宅地 दक्षिण दिल्ली की कॉलोनी 南デリーの団地 (4)〔生〕コロニー；集団；群生；群落；群体

कालौंछ [名*] (1) 黒；黒いこと (2) すす（煤）

काल्पनिक [形] (1) 空想の；想像上の；仮想の ये सब काल्पनिक बातें हैं これらはみな空想の話だ अंधविश्वासों और काल्पनिक परलोकों में विश्वास का विनाश 迷信と想像上の来世への信仰の破滅 पिथेकेंथ्रोपस का काल्पनिक रूप ピテカントロプスの想像上の体型 काल्पनिक वृत्त 空想の出来事 (2) 架空の काल्पनिक वंशावली 架空の系図

काल्हक फ़ाख़्ता [名]〔鳥〕ハト科キジバト属キジバト【*Streptopelia orientalis*】

काल्हि [副] = कल.

कावँच [名] = केवाँच.

कावर [名] 魚具のもり（銛）

कावा [名] 《P. کاوه》(1) 調教のため馬を円を描いて歩ませることやその訓練 (2) 奸策 **कावा काटना** *a.* 円形に走る *b.* こそこそ逃げ出す *c.* うろつく；徘徊する **कावा दे॰** *a.* 円形に馬を走らせる=(घोड़े को) कावे पर लगाना. *b.* 奸策をめぐらす

कावियो [名] はんだごて

कावेरी [名*] カーヴェリー川（西ガーツ山脈からカルナータカ州，タミル・ナードゥ州を経てベンガル湾に注ぐ南インドの大河）

काव्य [名] (1) 詩；韻文 (2)〔イ文芸〕カーヴィヤ（明解にして言葉と内容とに調和がとれ達意にして巧みな修辞法が用いられ，ラサと言う持続的な美的快感を人の心に喚起する，多くは韻文から成るサンスクリット語の広義の文学作品）

काव्यगुण [名]〔イ文芸〕カーヴィヤ・グナ（ラサを喚起しカーヴィヤを美しくするとされる श्लेष, प्रसाद, माधुर्यなど 10 種の特質）→ गुण.

काव्य शास्त्र [名] 詩論〈poetics〉

काश[1] [接] 《P. کاش》単独，もしくは， कि を従えた形で用いられ現実と反対のことについての願望を表す．日本語の終助詞「…が」や接続助詞「…なら」「…たら」(よかったのだが) のように用いる काश, मेरे पास काफ़ी समय होता 十分な時間があればいいのだが मन में अफ़सोस-सा हुआ - काश, पेड़ भी चला करते 「木も歩くものならなあ」と残念なような感じがした काश! वह सब कुछ देख पाता そんなものがみな見られたらいいのだが（なあ） काश, यह सच होता これが本当だといいのだが काश मैंने भी हिम्मत से काम लिया होता 私も勇気を出して対処していたらよかったのだが काश, जीवन भर मनुष्य बालक ही बना रहता 人が一生子供のままでおれたらいいのだが काश, उनका कोई इलाज हो सकता あの方の治療法が何かあればいいのだが

काश[2] [名] (1) せき（咳） (2) = काँस.

काशिका [名*] (1)〔地名〕カーシー（काशीपुरी） (2)〔言〕パーニニ पाणिनि の文法書のヴァーマナ वामन 及びジャヤーディティヤ जयादित्य による註釈書= काशिकावृत्ति.

काशिनाथ [名] シヴァ神の異名の一= शिव; विश्वनाथ.

काशी 〔地名〕カーシー；バナーラス；ヴァーラーナシー（ヒンドゥー教の代表的聖地の一）= बनारस; वाराणसी.

काशीकरवट [名]〔ヒ・地名〕かつてヒンドゥーがその地で鋸挽き（のこびき）で死ぬことを望んだと伝えられるカーシー（バナーラス）の聖地の一→ करवट. **काशीकरवट ले॰** *a.*〔ヒ〕（昔ヒンドゥーが解脱を得るためにカーシー＝バナーラスのカーシーカルヴァトで）鋸挽き（のこびき）を受ける（自害する；命を捨てる） *b.* 激しい苦しみを受ける；大変な苦痛をうける

काशीधाम [名]〔ヒ〕（功徳を得るなどの宗教的目的で）バナーラス（カーシー）に一定期間身を慎んで居住すること साल में एक बार काशीधाम करते हैं 年に一度カーシーで暮らす

काशीनाथ [名] シヴァ神の異名の一 = विश्वनाथ.

काशीफल [名]〔植〕セイヨウカボチャとその実

काशीवास [名] (1)〔ヒ〕宗教的な目的でカーシーに暮らすこと (2) 出家すること (3) 死ぬこと；死去

काश्त [名*] 《P. کاشت》(1) 農業 (2) 小作権 काश्त में लाना 開墾する काश्त लगना 耕作権を得る

काश्तकार [名] 《P. کاشتکار》(1) 農夫；農民；百姓= किसान; कृषक. (2) 小作；小作人

काश्तकारी[1] [名*] 《P. کاشتکاری》(1) 農業= खेतीबारी. (2) 小作地 (3) 小作権
काश्तकारी[2] [形] (1) 小作人の (2) 農業に関する；農業の
काश्मरी [名*]〔植〕クマツヅラ科高木キダチヨウラク【*Gmelina arborea*】= गंभारी; भद्रा.
काश्मीर[1]〔地名〕カシュミール；カーシュミール；カシミール= कश्मीर.
काश्मीर[2] [形] カシミールの；カーシュミールの= कश्मीरी.
काश्मीरा [名] (1) カシミア (2) ブドウの一品種
काश्मीरी[1] [形] (1) カシミールの；カシュミールの (2) カシミール産の；カシュミール地方で生産される काश्मीरी दुशाला カシミール産のショール；カシミヤショール
काश्मीरी[2] [名] カシミール人；カシュミール人
काश्मीरी[3] [名*]〔言〕カシミール地方に話されるダルド語派のカシミール語（インドの公用語の一）
काश्यप [形] カシュヤパ・ゴートラの（→ कश्यप गोत्र）
काष [名] (1) 砥石= सान का पत्थर. (2) 試金石 = कसौटी.
काषाय[1] [形] (1) タンニンを多く含んだ植物を原料にして染めた (2) 代赭色の；黄褐色の
काषाय[2] [名] (1) タンニン成分の原料で染めた布 (2) 代赭色の布
काष्ठ [名] (1) 木；木材；材木= लकड़ी; काठ. (2) たき木 = ईंधन.
काष्ठकला [名*] 木彫
काष्ठ काग़ज़ [名] クラフト紙
काष्ठकुद्दाल [名] 舟底に溜まる水を汲み出す道具；あか（淦）取り
काष्ठचित्र [名] 木版画
काष्ठनिर्मित [形] 木造の；木でできた काष्ठनिर्मित दीवार 木造の塀
काष्ठशिल्प [名] 木工；木工芸= बढ़ईगिरी.
काष्ठा [名*] (1) 境界；限界 (2) 極限；頂点 (3) 方角 (4) 雲や風の通り道
काष्ठागार [名] 木造の家や建造物
काष्ठिक [形] 木こり（樵）；そまびと（杣人）= लकड़हारा.
कास[1] [名]〔植〕イネ科ワセオバナ= काँस.
कास[2] [名*]〔貝〕宝貝；子安貝
कास[3] [名] 咳 = खाँसी.
कासनी[1] [名*] (1)〔植〕キク科草本キクヂシャ【*Cichorium endiva*】(2)〔植〕キク科草本キクニガナ；チコリー【*Cichorium intybus*】
कासनी[2] [形] 青色の；紫色の；青紫色の
कासमर्द [名]〔植〕マメ科低木オオバノセンナ【*Cassia sophera*】
कासर [名] 水牛 = भैंसा; महिष.
कासा[1] [名] 《P. کاسہ》(1) わん（碗）；ちゃわん（茶碗） (2)〔イス〕イスラム教行者の托鉢用の鉢や碗= कासाए गदाई. **कासा दे॰** 食事を恵む
कासा[2] [名*] (1) 咳= खाँसी. (2) くさめ；くしゃみ= छींक.
कासागर [名] 《A.P. کاسہ گر》陶工；焼物師= कसगर; कुम्हार.
कासागरी [名*] 《A.P. کاسہ گری》陶工（カーサーガル）の仕事（→ कसागर.）
कासालु [名]〔植〕ヤマイモ科蔓草（ヤマイモの一種）【*Dioscorea puber*】
क़ासिद [名] 《A. قاصد》飛脚；メッセンジャー；配達人
क़ासिद कबूतर [名] 《A.P. قاصد کبوتر》伝書鳩= संदेशवाहक कबूतर; पत्रवाहक कबूतर.
कास्केट [名] 《E. casket》（貴重品入れの）小箱
कास्ट आयरन [名] 《E. cast iron》鋳鉄
कास्टिंग वोट [名] 《E. casting vote》キャスティングボート；決定票
कास्टिक[1] [形] 《E. caustic》〔化〕苛性の；腐食性の；焼灼の
कास्टिक[2] [名]〔化〕腐食剤；焼灼剤
कास्मैटिक [形] 《E. cosmetic》(1) 化粧用の (2) 美顔用の；美容の = कॉस्मैटिक; कॉजमैटिक.
कॉस्मैटिक सर्जरी [名*] 《E. cosmetic surgery》美容整形外科
कॉस्मैटिक्स [名] 《E. cosmetics》化粧品 कॉस्मैटिक्स विक्रेता 化粧品屋；化粧品店
काह [名*] 《P. کاہ》(1) 草= घास. (2) 干し草
काहकशाँ [名] 《P. کاہ کشاں》天の川= कहकशान; आकाशगंगा.
काहगिल [名*] 《P. کاہ گل》わらをまぜた壁土；荒壁土
काहन [名] 《A. کاہن काहिन》(1) 占い師 (2) 呪術師 (3) マウルヴィー (4) 予言者= काहिन.
काहरुबा [名*] 《P. کاہ ربا》(1) こはく（琥珀） (2) 芳香樹脂アニメ
काहल [名] (1) 太鼓 (2) 雄猫 (3) 雄鶏 (4) こもった音
काहिन [名] → काहन.
काहिरा [地名] 《A. قاہرہ काहिरा》カイロ（エジプト・アラブ共和国の首都）
काहिल [形] 《A. کاہل》怠け者の；怠惰な；だらしない= आलसी; सुस्त.
काहिली [名*] 《A. کاہلی》怠け；怠慢；怠惰= सुस्ती; आलस्य.
काही[1] [形] 《P. کاہی》草の色の；濃い緑色の
काही[2] [名] 《P. کاہی》濃い緑色
काहू[1] [名] 《P. کاہو》〔植〕キク科の草本チシャ【*Lactuca sativa*】
काहू[2] [代] 《Br.》= किसी.
काहे [代・副] Br. に用いられる疑問代名詞 कहा の obl. であるとともに単独で「なぜ；どうして」の意の副詞としても用いられる. **काहे का** 何の काहे के पैसे? 何の金 समय सदा एकसा नहीं रहता, फिर चिंता काहे की 人生平坦には過ぎぬもの，ならば何をか悩まん **काहे को** なぜ；どうして तुम कल पेड़ पर काहे को चढ़े थे きのうなぜ木に登ったの वह काहे को कभी समझेगा कि इस साँप के खेलौने से बाज़ आए あの男がこの蛇をもてあそぶのをやめにしようとどうして思うだろうか काहे को झूठ बोलता है रे? なぜ嘘をつくんだい
किं[1] [代] 何= क्या; कौन-सा.
किं[2] [副] なぜ；どうして= क्यों; कैसे.
किंकणी [名*] = करधनी.
किंकर [名] (1) 奴隷 (2) 召使い；使用人 (3) 従者
किंकरता [名*] 奉仕；従属；隷属
किंकर्तव्यविमूढ़ [形] 茫然とした；茫然自失の वह कुछ देर किंकर्तव्यविमूढ़ खड़ा रहा しばし茫然として突っ立っていた
किंकिणी [名*] (1) 鈴 (2) キンキニー（腰に巻く貴金属の装身具）
किंकिनी [名*] = किंकिणी.
किंकिरात [名] (1)〔植〕マメ科高木ムユウジュ／ムウジュ（無憂樹）= अशोक. (2) = कटसरैया. (3) = कामदेव. (4) = तोता.
किंग [名] 《E. king》王；キング；王者
किंग ऑफ़ किंग्स [名] 《E. king of kings》皇帝；王者中の王
किंगरी [名*] 《H; P. کنگری》(1) キングリー／キンガリー（2,3 個のふくべのついた木または竹の棹の 2 弦の擦弦楽器．ジョーギーと呼ばれるヒンドゥー教の修行者たちが用いる．キンナリーとも呼ばれるインド起源の楽器） (2) キングリー（中央インドのゴーンド族のプラダーンたちが用いる山羊皮を用いた四角い胴と竹棹から成る 3 弦の擦弦楽器）
किंगोरा [名]〔植〕メギ科メギ属低木= किलमोरा; चित्रा.
किंचन [名] わずかのもの；なにがしか= थोड़ी चीज़; थोरी सी वस्तु.
किंचित[1] [形] 少しの；わずかの भूत-प्रेतों में मेरी किंचित श्रद्धा नहीं थी 私は幽霊とか化け物とかは少しも信じていなかった
किंचित[2] [副] 少し；わずか किसी भी व्यक्ति से किंचित भी श्रेष्ठ न हो だれにも少しもすぐれていなければ
किंजल्क[1] [名] (1)（蓮の）雄しべ (2)（蓮の）花粉
किंजल्क[2] [形] 薄黄色の
किंडरगार्टन [名] 《E. kindergarten》幼稚園→ किंडरगार्टेन.
किंडरगार्टेन [名] 《E. kindergarten》幼稚園 किंडरगार्टेन की प्रिंसिपल 幼稚園長
किंतु [接] しかし；けれど；されど；しかしながら= परंतु; लेकिन; पर. किंतु तब किया भी क्या जा सकता था? しかしその時何をなし得たであろうか राजा में सभी गुण थे, किंतु वह बेहद अंधविश्वासी था 王にはあらゆる徳が備わっていたのだが極度の迷信家であった
किंनर [名] = किन्नर.
किंपुरुष [名] (1)〔イ神〕キンプルシャ／キムプルシャ（伝説上の存在，→キンナラ किन्नर） (2) 古代の伝説上の部族民，キンプルシャ／キムプルシャ
किंबा [名] キンバー（シク教徒のジャーティの一．洗濯屋ジャーティ）
किंवदंती [名*] (1) 伝説 अभी तक हिममानव किंवदंती ही बना हुआ है 今なお雪男は伝説のままになっている (2) 噂話；風説

किंवा [接] あるいは；もしくは= अथवा; या; या तो.

किंशारु [名] 矢= बाण; शर.

किंशुक [名] (1)〔植〕マメ科の小高木ハナモツヤクノキ= पलाश. (2)〔植〕スギ科高木モルメインスギ【*Cedrela toona*】〈Moulmein cedar〉

कि [接]《P. کہ》(1) 名詞節を導いて…と；…ということで；…ということを मूजी ऐसा कि घर के काम के लिए नौकर तक न रखे 家事のために使用人さえ置かないようなけちん坊だった पर आपकी बात सुनकर मुझे लगता है कि भगवान ने भी गलती की है でも仰ることをお聞きしますと神様も間違いを犯されたように思えるのです मुझे बड़ी खुशी हुई कि मैं तुम्हें अपनी छाया में शरण दे सका 君を匿うことができたことをとても嬉しく思う समझ में नहीं आता कि यह सिलसिला कब तक चलेगा? いったいいつまでこれが続くものやらわからない वह पछता रही थी कि दारोगा को गाली क्यों दी 警部になぜ悪態をついたのかと悔やんでいるところだった हमें बताओ कि यह पुस्तक तुम्हें और तुम्हारे मित्रों को कैसी लगी 君や君の友達にこの本がどのように感じられたかのか話しておくれ मुझे कुछ भी नहीं सूझ पड़ता कि इस पत्र का क्या उत्तर दूँ この手紙に何と返事しようか全く思いつかない मैं नहीं जानता कि आप आज आएँगे 今日あなたがいらっしゃることを存じませんでした तू यक़ीन कर कि मैं रास्तगो हूँ 私が本当のことを言う人間だと信じなさい (2) 形容節を導く अब वह समय तो रहा नहीं कि पत्नी दरवाज़े की ओट से पति को नाश्ते और चाय की ट्रे पकड़ा दे 妻がドアのかげから夫に軽食と紅茶ののった盆を手渡すような時代はもはやなくなった अब इससे अधिक ऐसी कौन-सी बात है कि जिसे तुम चाहती हो? もう君の望んでいることでこれ以上の何があろうか स्मरण करिए उन दिनों को कि जब अंग्रेज़ों के देश पर विदेशियों का अधिकार था イギリス人の国を外国人が支配していた頃のことを思い起こしてみなされ जाने कैसी मजबूरी है, कैसी विवशता है कि मैं इस बात का जवाब नहीं दे पाती हूँ なんとまあ余儀ないことか；なんとまあ詮方ないことかこれに答えられないとは वह क्या बता रहा था कि रामू क्यों नहीं आया? あの人はなんと言っていた．ラームーがなぜ来ないのかって एक बूढ़ी औरत तो उनसे इतनी नाराज़ थी कि जब वे रास्ते से निकलते तो उनपर कूड़ा फेंकती 一人の老女はこの方に対して腹立ちのあまりこの方が道を通りかかるとごみをひっかけるほどだった पुष्पा ने जीवन में इतना अनुभव नहीं बटोरा था कि माया की बात को समझ पाती プシュパーはマーヤーの言うことを理解できるほどには人生経験を積んでいなかった ऐसा प्रतीत हुआ कि मानो आँखों के आगे अँधेरा छा गया हो 目の前が真っ暗になったかのように感じられた (3) 副詞節を導く．…するように；…するために एक सीमारेखा खींचनी चाहिए कि इसके पार नहीं जाए あちら側に行かないように境界線を引く必要がある इस दिन तो जल भी नहीं पिया जाता, जब कि यह एकादशी ग्रीष्म ऋतु के तपते बैशाख मास में आती है このエーカーダシーのヴラタは夏の燃えるように暑いバイシャーカ月に来るというのにこの日には水さえ飲んではいけないとは (4) 同時的に，あるいは，継続的に異なった動作の起こる文節をつなぐ．…すると，…と同時に；…するが早いか सवेरा हुआ नहीं कि चिड़ियों को एक पेड़ से दूसरे पेड़ पर उड़ते हुए देखा जा सकता है 夜が明けるか明けぬかに鳥たちが木から木へと飛び交っているのが見られる किसान यह कह ही रहा था कि एक दूसरी स्त्री उसे अपने पास आती हुई दिखाई दी 農夫がそう話しているところへもう一人の女性が近づいてくるのが見えた बच्चे ने रोटी का टुकड़ा तोड़ा ही था, कि बिलाव न जाने कहाँ से आ टपका और बच्चे के हाथ से रोटी छीनकर नौ दो ग्यारह हो गया 子供がパンをちぎるが早いか一体どこから現れたのか一匹の猫が子供の手からパンをひったくって姿をくらました पुल टूटकर गिरने ही वाला था कि उसने पुकारा 橋が正にくずれ落ちようとしたその時に男が叫んだ अभी काफ़िला जंगल के नज़दीक ही पहुँचा था कि सहसा हाथी ज़ोर-ज़ोर से चिंघाड़ने लगा 一団がジャングルの近くに着くか着かぬかに突然象が大きなうなり声をあげ出した वह अभी ठिठकी खड़ी राजू की ओर देख रही थी कि राजू फिर भीड़ में खो गया 彼女がまだ立ち止まってラージューの方を見ているうちにラージューは再び人混みに消えてしまった ज़रा कहीं चूक हुई नहीं कि समझिए घर गृहस्थी चौपट ちょっと失敗しようものなら家庭は破滅ですよ अब ढील नहीं कर.मैं पंडित को लेकर तेरे घर पहुँचा कि पहुँचा もうこれ以上ぐずぐずするな．パンディットを連れてすぐに行くから (5) それとも；あるいは मामी जी भी आ रही हैं कि नहीं? おばさんもいらっしゃる予定なの．そうではないの "नींद आई कि नहीं?" "थोड़ी देर" 「眠れたかい」「少しね」

किए [他] करना の完了分詞及び直説法過去時制形の一で目的語の性・数が男性・複数．= किये. अरे, यह सब काम एक के किए होते नहीं いやいやこれは全部一人の力では及ばぬことなのです

किक [名*]《E. kick》〔ス〕キック= ठोकर. किक क॰ キックする= किक मारना; किक लगाना. **स्कूटर को किक मारना** スクーターのスターターを蹴る **किक खाना** 蹴られる；キックされる किक खाकर ऊँची उठी फुटबाल 蹴られて高くあがったフットボール

किकियाना [自] (1) 鋭くかん高い音を出す (2) 大声で叫ぶ；悲鳴をあげる= चिल्लाना. (3) 泣き叫ぶ

किचकिच [名*] (1) 言い争い；口喧嘩 व्यर्थ की किचकिच से घर का शांत वातावरण बच गया つまらない口喧嘩で家の静かな雰囲気が壊れるのを免れた रोज़ रोज़ की किचकिच से बचने के लिए 毎日の言い争いを避けるために (2) 牛車や馬車の馭者が牛馬にかける声（舌打ちの音） गाड़ीवानों की किचकिच 牛車ひきたちの牛を追う声

किचकिचाना [自] (1) 怒りや悔しさに歯噛みする (2) 力を入れて歯を食いしばる

किचकिचाहट [名*] (1) 歯がみ；歯ぎしり (2) 怒り

किचकिची [名*] = किचकिचाहट. **किचकिची बाँधना** 怒りに歯がみする= दाँत पीसना.

किचड़ाना [自] めやにが出る→ कीचड़.

किचन [名]《E. kitchen》キチン；キッチン；台所；調理場；炊事場；勝手 किचन का काम 台所仕事 हॉस्टल का किचन 学生寮の調理場

किचनेट [名]《E. kitchenette》簡易台所

किचपिच [形] = किचर-किचर. こみいった；ごたごたした；乱雑な= गिचपिच.

किटकिटाना[1] [他] (1) 歯がみする；歯ぎしりする；くやしがる बहन गुस्से में दाँत किटकिटाने लगी 妹は怒りに歯がみしはじめた दाँत किटकिटाकर बोला 歯がみして言った दाँत किटकिटाता रह गया くやしがるばかりだった (2)（睡眠中に）歯ぎしりする

किटकिटाना[2] [自] 寒さに歯がかたかたとかかちかちとかいう；歯の根が合わない ठंड के मारे बेचारे के दाँत किटकिटाने लग गए かわいそうに寒さに歯がかたかた鳴り出した

किटकिना [名] 転貸；また貸し= कटकना. किटकिना दे॰ 転貸する

किटकिनेदार [名]《H. + P. دار》転借人

किटिभ [名] (1)〔昆〕シラミ；虱= जूँ. (2)〔昆〕トコジラミ科ナンキンムシ（南京虫）= खटमल.

किटी पार्टी [名*]《E. kitty party》キティー・パーティー（参加者の積立金や参加者が飲食物を持ち寄って行われるパーティー） वह तो सुबह सवेरे ही किटी पार्टी के लिए निकल गई थीं あの人は朝早くからキティー・パーティーに出かけてしまっていた

किट्ट [名] (1)〔農〕赤錆病 (2) 赤錆病菌= रतुआ. (3) 錆 (4) おり（澱）；かす（滓）= गाद. **काला किट्ट**〔農〕黒さび病 **लाल किट्ट**〔農〕赤さび病

किड़कना [自] こそこそと姿を消す

किडनी [名*]《E. kidney》腎臓= वृक्क; गुर्दा.

किडनी बीन [名]《E. kidney bean》〔植〕インゲンマメ

किडनी स्टोन [名]《E. kidney stone》〔医〕腎臓結石

किड़हा [形+] 虫食いの काटा तो भीतर वैसे ही धब्बे, जैसे किड़हे बेर में होते हैं 切ってみると内側にはちょうど虫食いのイヌナツメに見られるような斑点

किण्व [名] 発酵を起こさせるもの；発酵体〈ferment〉

किण्वजन [名]〔生〕発酵菌；酵母

किण्वन [名] 発酵；発酵作用〈fermentation〉 किण्वन क॰ 発酵させる

किण्वित [形] 発酵した किण्वित क॰ 発酵させる किण्वित हो॰ 発酵する

कित [副] (1) どちらへ；いずかたへ= किधर. मेरे राम, घनश्याम, तुम्हें ढूँढ़ूँ कहाँ कित जाऊँ? ラーマ様いずかたへ訪ね歩けばよいものでございましょうぞ (2) どこに；いずこに= कहाँ; किस जगह.

कितना [代形・代・副] 数量や度量，程度について表す．被修飾語の性・数・格に応じて कितने(mas. sg. obl., mas. pl.), कितनी(fem.) (1) どれだけ（の）；どれだけの（もの）；どれほど

(の)；どれほどの（もの）；いかほど（の）；いかほどの（もの）など चीनी कितनी दूँ？ 砂糖はどれほどにしましょうか（カップにどれほど入れましょうか） तुम कितनी बहनें हो？ あんたは何人姉妹ですか (2) 随分（と）；相当；どれほど多く（の）；随分多く（の）；どんなに；なんと；なんとまあ；ほんとに；ほんに कितनी बदबू आ रही है！ なんともひどい臭いがすることだ（ひどい臭いだな） कितने सरपट दौड़ते थे！ なんとまあ速く駆けていたことだ कितनी बार कहा उनसे, लेकिन हमारी सुनता ही कौन है？ あの人には何度言ったことか知れない．でもだれもこちらの言うことは全く聞かないんだから कितनों ने ही नशेबाज़ी छोड़ दी 随分の人たちが飲酒をやめた मुझे कितनी कतर-ब्योंत करनी पड़ती है 随分と節約しなくてはならないわ यह बोलने की कितनी जबरदस्त कोशिश करता है このことをしゃべろうと随分と試みる देखिए, कितना लंबा-चौड़ा बाग है！ ほらね随分と広い公園だ तेरे लिए मैंने कितनी अच्छी मिठाइयाँ बनाई थीं！ お前のためになんとおいしいお菓子をこしらえたことか माँ ने कितना अच्छा कटहल बनाया है 母はほんとに素敵なジャックフルーツ（の料理）をこしらえた **कितना कुछ** 相当；随分（と）；いっぱい；かなりのもの；相当数のもの औरों की सासें कितना कुछ करती हैं, हमारी सास ने तो कभी बच्चों के मोज़े तक नहीं बुनकर दिए よその姑は随分としてくれるものなのにうちの姑は孫に靴下一足編んでくれたことがないんだから कैसी है यह लड़की, क्या इसे अपनी ज़िम्मेदारी का कोई एहसास नहीं, कितना कुछ घट चुका है और यह है कि वैसी की वैसी この娘はなんという娘なんだ．自分の責任は少しも感じないんだ．かなりのものが減ってしまったというのに．この娘ときたら全く以前と変わらないんだから अभी तो कितना कुछ कहना है まだまだ随分と沢山のことを話さなくてはならない．山ほどの話を **कितना भी** *a.* どれほど；どんなに *b.* いくらでも；どれほどでも कोई कितना भी मेधावी क्यों न हो, यदि स्वास्थ्य ने साथ न दिया तो 人はどんなに頭がよくても健康でなければ **कितना ही** 沢山の；いっぱいの；沢山；いっぱい；うんと तुम कहीं और चले जाओ न यार, कितने ही कमरे हैं 君はほかのところへ行けよ．部屋は（他にも）うんとあるじゃないか **कितने एक** どれだけの；どれほどの **कितने का (की)** いくらの（価格について） **कितने पानी में हो॰** どういう状態なのか；どういう状況にあるのか हम भी देखेंगे कि कौन कितने पानी में है だれがどのような状況にいるのか我々も見てみよう **कितने ही** 随分多くの；いくつもの

कितव ［名］(1) 博徒；賭博師＝ जुआरी. (2) 詐欺師；ペテン師；いかさま師 (3) 狂人 (4) 悪漢

क़िता ［名*］《A. قطع》(1) 切断＝ काटना. (2) 裁断＝ कपड़े की काट-छाँट. (3) 型；裁ち方＝ ढंग; चाल. (4) 部分；断片 (5) 土地の小区画；小さな地面 (6) 地面，家屋，書類などを数えるのに用いられる助数詞

किताब ［名*］《A. كتاب》(1) 本；書物；書籍 (2) 帳簿 (3) 書類をまとめて綴じたもの रपट की किताब 報告書 (4)〔イス〕コーラン（クルアーン・シャリーフ） क़ुरान; क़ुरआन शरीफ़. **किताब का कीड़ा** *a.* 本の虫；いつも読書にふける人 *b.* 机上の知識のみの人 **किताब घोंटकर पी जा॰** 丸暗記する；棒暗記する **किताब चर जा॰** 読み通す；読破する＝ किताब चाट जा॰. **किताब देखना** 本を読む；読書する **किताब पर चढ़ाना** 帳簿につける；記帳する **किताबों की अलमारी** 本箱；書棚；書架 **खुली किताब** はっきりとしたもの；明快なこと；歴然としていること

किताबचा ［名］《A.P. كتابچه》パンフレット；小冊子；リーフレット

किताबियात ［名*］《A. كتابيات》文献；文献目録

किताबी ［形］《A. كتابى》(1) 本の；書物の；書物の上の (2) 本の形の (3) 細長い；長方形の **किताबी कीड़ा** ＝ किताब का कीड़ा. वे न तो किताबी कीड़े थे और न ही पढ़ने में आलसी 四六時中本を読んでいるタイプでも書物から遠ざかっているタイプでもなかった **किताबी चेहरा** *a.* 面長な顔 *b.* すぐれた顔立ち **किताबी ज्ञान** 書物のみで得た知識；机上の知識

क़ितार ［名*］《A. قطار》列；直線 ＝ क़तार. **क़ितार दर क़ितार** 列をなす बाग़ में आम के दरख़्त क़ितार दर क़ितार 庭園にマンゴーの木が列をなしている

कितिक ［形］どれほどの；どれだけの＝ कितना.

कितेक ［形］(1) どれだけの；どれほどの (2) 多くの；多数の

कितेब ［名*］← किताब (1) 本；書物 (2) 聖典 (3)〔イス〕コーランの尊称；聖コーラン；クルアーン・シャリーフ

कित्ता ［形⁺］〔俗〕＝ कितना.

किधर ［代・副］どちら（どちらへ，どちらに）；どの方向（どの方向へ；どの方向に） **आज किधर का चाँद निकला है？** 不意の来客や期待していなかったことが叶えられたりした際に言う言葉 हवा किधर की है？ 風はどちらから吹いているのか **किधर आना किधर जाना** どうなっているのか見当がつかない **किधर आया किधर गया** だれが来てだれが去ったか全然わからない **किधर जाऊँ क्या करूँ** ＝ किधर जाना क्या करना. **किधर जाना क्या करना** どうすればよいのか見当がつかない

किधौं ［接］あるいは；それとも；はてさて

किन[1] ［代・代形］疑問代名詞兼疑問代名形容詞 कौन の複数斜格形語基 (ob., pl.) → कौन; किस. किनका 誰々の；どの人たちの ＝ किन किन लोगों का. किन किन चीज़ों को 何々を किन किन लोगों से 誰々に対して；どの人たちから

किन[2] ［副］いかに（ー）しようとも；どれほど（ー）あろうとも

किनका ［名］穀物などの砕けた小さなかけらや屑

किननाट ［名］(1) 声 (2) 音＝ किन्नाट; आवाज़.

किनमिन ［名*］(1) 低く不明瞭な音 (2) 言い逃れ

किनर-मिनर ［名*］引きのばし；延引；言いのがれ；言い逃れ

किनहा ［形⁺］虫食いの；虫が食った（穀物や果物）

किनार ［名］＝ किनारा.

किनारदार ［形］《P. كنار دار》〔裁〕縁飾りのついた；ボーダーのついた

किनारा ［名］《P. كناره》(1) 端；周辺部分；縁（へり；ふち） यात्रियों की सुविधा के लिए सड़कों के किनारे छायादार वृक्ष लगाना पुरानी प्रथा है 旅人のために道端に木陰の多い木を植えることは古くからの習わしだ रास्ते के किनारे 道端 उन सड़कों के किनारे घर हैं それらの道の道端に家がある किनारे किनारे जाओ （子供に向かって）道路の端を行くんだよ बरतन का किनारा 容器の縁 हार-जीत तो क़िस्मत के दो किनारे हैं इनकी फ़िक्र न कीजिए 勝ちと負けとは運命の両端だから気にかけないようにしなさい (2) 細長いものの長いほうの縁 मुँह के दोनों किनारे होंठ या लब कहलाते हैं 口の上下２つの縁が唇と呼ばれる धोती का किनारा ドーティーの上下の縁 (3) 岸；ほとり；はて；境；境目；境界；限界 समंदर का किनारा 海岸 गोदावरी नदी के किनारे ゴーダーヴァリー川の岸辺で झील का किनारा 湖のほとり；湖畔 ऋषि ने इस झील के किनारे भगवान शिव की आराधना की リシはこの湖のほとりでシヴァ神に祈願した (4) 衣服・着物の縁飾り；サリーのボーダー कपड़े के किनारे 着物の縁 **(-से) किनारा क॰** （ーを）よける；避ける；遠ざかる कल आप ही के मन में कुछ मैल आ जाए, उससे आप किनारा करना चाहें, तो आप को रोक सकेगा कोई？ 仮に明日あなたの心の中に不純な気持ちが起こりそれから遠ざかりたいと思ったとすればあなたをだれが止めることができましょうか **(-से) किनारा कसना** ＝ किनारा क॰. **किनारा काटना** *a.* 約束をほごにする *b.* 裏切る **(-से) किनारा खींचना** ＝ किनारा क॰. **किनारा तोड़ना** 境界を越える；限界を越える；度を越す；限度を越える **किनारा पकड़ना** 離れる；遠ざかる；距離を置く **किनारा पाना** 助けを得る；支援を得る；よりどころを見つける **(-को) किनारा सूझना** （ーが）方策や手立てを思いつく **किनारे का पेड़** 危ない状態にある；危険な状態にある；死にかけている **(-के) किनारे-किनारे जा॰** （ーを）伝う；伝って行く；（ーに）沿って行く

किनाराकश ［形］《P. كناره كش》(1) 退いた；避けた (2) 引退した；隠居した

किनाराकशी ［名*］《P. كناره كشى》(1) 待避；撤退 (2) 引退；隠居 **किनाराकशी क॰** *a.* よける；避ける；撤退する；遠ざかる；離れる *b.* 引き上げる；引退する

किनारी ［名*］《← P. كناره》〔裁〕着物の金糸銀糸の縁飾り गोटे की किनारी 錦織りの縁飾り

किनारे ［副］← किनारा (1) 端に；へりに (2) 岸辺に (3) 離れて；遠ざかって **(-) किनारे क॰** （ーを）のける；遠ざける；退ける **किनारे-किनारे चलना** よけて通る；避けて通る **(-से) किनारे-किनारे रहना** （ーと）関わらない；全く交渉を持たない；関係を持たない；近寄らない **किनारे खड़े हो॰** 離れる；縁を切る **(-) किनारे डाल दे॰** （ーを）片付ける；処理する **किनारे पहुँचना** *a.* 終わる；しま

いになる b. 結末になる c. 接岸する；岸に着く **किनारे पहुँचाना** a. 終える；しまいにする b. 結末にする；決着をつける；片を付ける c. 接岸させる；岸に着ける **किनारे बैठना** 離れる；遠ざかる **किनारे रख दे॰** 片付ける उसने डंडा एक किनारे रख दिया 棍棒を片付けた **किनारे रहना** a. 離れる；距離を置く b. 関わりを全く持たない **किनारे लगना** a. 接岸する b. 終わりに到る；終わる；終了する **किनारे लगाना** 岸に着ける；接岸させる (-से) **किनारे हो जा॰** (ーから) 退く；(ーを) 避ける；(ーから) 遠ざかる；(ーから) 離れる

किन्नर [名]〔イ神〕キンナラ (किंनर, 神話・伝説上の半神半獣的存在．頭が馬，身体が人間，もしくは，その逆とされる；緊那羅．音楽にすぐれ楽士，歌手としてクベーラ कुबेर 神に仕えるという)

किन्नरी[1] [名*] キンナラ (किन्नर) の女性，キンナリー

किन्नरी[2] [名*] (1)〔イ音〕キンナリー (ふくべのついた弦楽器) = किंगरी. (2)〔イ音〕キンナリー (タンブール तंबूर の一種の弦楽器)

किन्नाट [名] = किननाट.

किन्नौर [名] キンノール (ヒマーチャル・プラデーシュ州の北部に居住する指定部族民) = किन्नौरा.

किन्नौरी [名*]〔言〕キンノーリー語 (ヒマーチャル・プラデーシュ州のキンノール人の話すチベット・ビルマ語系の言語)

किन्हीं [代・代形] 不定代名詞兼不定代名形容詞 कोई の複数・斜格形 (ob.,pl.) वह प्रेम किन्हीं भी व्यक्तियों में हो सकता है その恋はだれにでもありうるものだ किन्हीं दो विद्वानों की परिभाषाएँ नहीं मिलतीं いずれの 2 人の学者の定義も一致しない किन्हीं कारणों की वजह से 何らかの原因がもとで क्या वे किन्हीं अर्थों में पुराने उद्देश्यों से अलग और बेहतर हैं? それらは何らかの意味で従来の目的と異なりすぐれているだろうか भारतीय समाज की समृद्धि दिखाने के लिए किन्हीं ऐतिहासिक तथ्यों या आँकड़ों की ज़रूरत नहीं है インド社会の繁栄を示すのに何らかの歴史的事実や統計を示す必要はない किन्हीं विशिष्ट दबावों के कारण उनपर कार्यवाही नहीं हो पाती है 何らかの特別の抑圧のためにそれらに作用を及ぼすことができない

किन्हें [代] 疑問代名詞 कौन の複数目的格形 (ac.) 及び与格形 (da.) = किनको.

किन्हों [代] 疑問代名詞 कौन が複数・能格 (er., pl.) の格助詞を従える際にとる形，すなわち，किन्होंने となる

किफ़ायत [名*] 《A. كفايت》 (1) 十分なこと；充足していること (2) 節約；倹約；節倹 (3) 節減 (4) 惜しむこと；倹約 दान-पुन्न में किफ़ायत ठीक नहीं 寄捨や布施を惜しんではならない **किफ़ायत क॰** 間に合う；役立つ फ़स्ल तैयार होते ही बहुत-सा ग़ल्ला क़र्ज़ और सूद में दे देना पड़ता है कि बाक़ी ग़ल्ला मुश्किल से एक दो माह के लिए किफ़ायत करता है 穀物が収穫されると同時に大半は借金や利子として納めなくてはならないので残りの穀物はどうにか 1〜2 か月間に合うだけだ

किफ़ायतशार [形] 《A. كفايت شعار किफ़ायतशिआर》 倹約する；倹約家の；節倹する

किफ़ायतशारी [名*] 《A. كفايت شعارى किफ़ायतशिआरी》 節約；節倹；倹約 किफ़ायतशारी का सबक़ 節倹の教訓 किफ़ायतशारी और बचत की आदत डालना 節約と貯蓄の習慣をつける

किफ़ायती [形] 《A. كفايتى》 (1) 節約する；倹約する (2) 徳用な；割安な

क़िबला [名] 《A. قبله क़िब्ला》 (1)〔イス〕キブラ (イスラム教徒が礼拝の際向かう方角．メッカのカーバ神殿の方角) हम लोग क़िबले की तरफ़ मुँह करके नमाज़ पढ़ते हैं 私たちはキブラーに向かって祈りを捧げる (2)〔イス〕メッカのカーバの神殿 (3) 崇拝の対象 (4) 目上の人，尊敬されるべき人への呼びかけの言葉 (5) ぞんざいに呼びかける言葉，やい，やいやい ताँगेवाला अपनी ही धुन में बड़बड़ा रहा है - क़िबला! बग़ल से क्यों नहीं निकल जाते? 御者がいつもの通りわめいている「やいやいよけて通らんかい…」

क़िबलानुमा [名] 《A.P. قبله نما》 (1)〔イス〕キブラーの方向を示す器具 (2) 羅針盤

किब्र [名] 《A. كبر》 (1) 偉大さ (2) 尊大；高慢；傲慢

किब्रिया [名] 《A. كبريا》 (1) 偉大さ (2) 神

किम्[1] [代] 《Skt.》 サンスクリットの疑問代名詞= कौन.

किम्[2] [副] なぜ；どうして

किमख़ाब [名] 《← A.كمخاب कमख़ाब ←كمخواب कमख़्वाब》 錦；金襴

किमपि [副] いかなるものも；どんなものも；少しも

किमरिक [名] 《E. cambric》 亜麻布；上質カナキン (カネキン)；かんれいしゃ (寒冷紗)

क़िमाम [名] 《← A. قوام क़िवाम》 濃厚にした汁；ねっとりした液状のもの

क़िमार [名] 《A. قمار》 (1) さい；さいころ (2) ばくち (博打)；賭博

क़िमारख़ाना [名] 《A.P. قمار خانه》 賭場

क़िमारबाज़ [名] 《A.P. قمار باز》 ばくち打ち；博徒

क़िमारबाज़ी [名*] 《A.P. قمار بازى》 賭博 क़िमारबाज़ी क॰ 賭博をする；ばくちを打つ

किमी॰ [名] 《E. kilometre》 キロメーター；km = किलोमीटर; कि॰मी॰.

किमोनो [名] 《E. kimono ← J.》 和服；日本の着物

किम्वा [接] あるいは；もしくは (若しくは) = किंवा.

कियत [形] どれほどの；いかほどの

किया [他] (1) करना の完了分詞及び直説法過去時制形の一で目的語の性・数が男性・単数．(→ की，किये = किए; कीं) (2) 行為；したこと；なしたこと मैं इसके किये की सज़ा देता हूँ この男の行為を罰する अकेले मेरे किये कुछ न होगा 私一人がしたところでどうなるものでもないでしょう दया धर्म अपने बिरते पर किया अच्छा होता है 人に情けをかけるのは自分の力量に応じてなすがよい **किया आगे आता है** 〔諺〕自分の行為の報いを得る；因果応報 **किया कराया** なしたこと；行ったこと；努力；苦労；努力の結果 **किया कराया नष्ट क॰** 努力を無駄にする **किये-कराये पर पानी फिर जाना** 苦労が水泡に帰す किये-कराये पर पानी फिर सकता था 努力が水泡に帰す可能性がありえた **किये कराये पर पानी फेरना** = किया कराया नष्ट क॰. **किया-धरा** = किया-कराया. यह सब अंग्रेज़ों का किया धरा है これはみなイギリス人のしたことだ **किये को पाना** 因果応報

क़ियाम [名] 《A. قيام》 (1) 宿泊；滞在；逗留 पेकिंग में होटल में क़ियाम रहा 北京ではホテルに滞在した मैंने सियालकोट के शहर को अपने क़ियाम के लिए चुना シヤールコートの街を逗留地に選んだ क़ियाम क॰ とどまる；逗留する；宿泊する (2) 直立；起立

क़ियामपज़ीर [形] 《A.P. قيام پزير क़ियाम पिज़ीर》 静止している；停止している

कियारी [名*] (1) うね；畝 (2) 畑の区画；花壇の一画= क्यारी.

क़ियास [名] 《A. قياس》 (1) 推理；推測 (2) 判断；考え (3) キヤース (コーラン，ハディース，イジュマーと並ぶイスラム法の法源の第四．他の法源によって確立されたものによる類推) → क़ुरान, हदीस, इज्माअ. **क़ियास क॰** a. 推理する；推測する；推量する b. 考える；判断する **क़ियास लगाना** 推測する；推量する

क़ियासी [形] 《A. قياسى》 推測的な；推測に基づいた；類推の

किये [他] 他動詞 करना の完了分詞及び直説法過去時制形の一で目的語の性・数が男性・複数= किए. → किया, करना.

किरंटा [名] 《E. Christian》 キリスト教徒 (に対する一種の蔑称)

क़िरअत [名*] 《A. قرأت》〔イス〕クルアーン (コーラン) の読誦．クルアーンの読誦法．キラーア

किरकाँट [名]〔動〕カメレオン= गिरगिट.

किरका [名] 石，砂利など物の小さな破片やかけら；屑

किरकिन [名] 馬やロバの皮

किरकिरा[1] [形] (1) 砂のまじった；ざらざらした (2) 台無しの；損なわれた किसी मेहमान का मज़ा किरकिरा न हो 客のだれ一人も楽しみが損われないように **किरकिरा क॰** 台無しにする；損なう ऐसा करने से आप पति का सारा आनंद क्यों किरकिरा करती हैं あなたはなぜそうして夫の喜びをつぶしてしまうのですか **किरकिरा हो॰** 損なわれる；台無しになる；めちゃめちゃになる；喜びが台無しになる；水をさされる मेरा सारा उत्साह किरकिरा हो गया 意気込みがすっかり水をさされてしまった लेकिन ऐसा न हो तो शहनाई का सारा मज़ा किरकिरा हो जाएगा でもそうでないとシャフナーイーの味わいがすっかり損なわれるだろう

किरकिरा[2] [名] 鉄鍛冶に用いる錐

किरकिराना [自] (1) ざらつく；ざらざらする；ちくちくする；きりきりする；きしむ (2) 台無しになる；めちゃめちゃになる

किरकिरापन [名] ←किरकिरा[1] (1) ざらつき；きりきり痛む感じ；ちくちくすること；ごろごろすること आँखों में कभी कभी किरकिरापन होता है 目が時々ちくちくする (2) 台無しになること；わやになること
किरकिराहट [名*] = किरकिरापन.
किरकिरी [名*] (1) 目に入ってちくちくとした痛みを起こすちりや埃 (2) ざらざらすること；じゃりじゃりすること (3) 恥辱；辱め；恥をかくこと **किरकिरी पड़ना** *a.* 恥をかく；辱めを受ける *b.* 楽しさがすっかりふいになる कहीं किरकिरी पड़ जाएगी ひょっとして恥をかくことになるかも
किरकिल [名]〔動〕爬虫類カメレオン科カメレオン
किरकिला[1] [名]〔鳥〕カワセミ科アオショウビン【*Halcyon smyrnensis*】= किलकिला.
किरकिला[2] [名] = किरकिल.
किरकी [名*] (1) 小さなかけら；微細な破片 (2) 微量のもの
किरच[1] [名*] 先のとがった小さなきれはし；かけら；破片 पेठे की किरचें ペーターのかけら काँच की किरच ガラスの破片 शीशे की किरचें फ़र्श पर बिखर गई थीं 細長く割れたガラスの破片が床に散乱していた **किरच का गोला**〔軍〕榴弾 **किरच किरच हो जा॰** 粉々になる；砕け散る
किरच[2] [名*] 剣
किरचन [名*] = किरच[1]. काँच की किरचन ガラスの破片
किरण [名*] (1) 光；光線；光明 सूर्यकिरणों से प्रज्वलित 太陽の光線で輝いている आशा की किरण 希望の光（線）；光明 (2) 金糸や銀糸の飾りふさ（総） **किरण उगना** *a.* 日が出る；日が昇る *b.* 希望が湧く；望みが出る **किरण डूबना** 日が沈む **किरण फूटना** = किरण उगना.
किरणपति [名] 太陽= सूर्य.
क़िरतास [名]《A. قرطاس》紙= कागज़.
किरदार [名]《P. کردار》(1) 行動；行為；振る舞い；行い= जो इन किरदारों में नज़र आएगी. これらの行動の中に見られるもの (2) 性格 क़ौमी किरदार 民族的性格 (3) 登場人物 कहानी में कठपुतलियों के किरदार बोलते भी हैं 物語の中で操り人形の登場人物は言葉を話しもする
किरन [名*] (1) 光線；陽光 (2) 金糸や銀糸の飾りふさ
किरना[1] [自] (1) 散る；散らばる；散乱する (2) 落ちる；落下する (3) 刃が鈍くなる
किरना[2] [他] 散らかす；ばらまく；散乱させる
किरनीला [形⁺] 光る；輝く；光輝を発つ
किरनीलापन [名] ←किरनीला. 光り輝くこと；光り輝くさま
किरपन [形] けちな；吝嗇な= कृपण；कंजूस；मक्खीचूस.
किरपा [名*] = कृपा.
किरपान [名*]《Pan.》〔シク〕シク教徒が肌身離さず持つべき剣，キルパーン（5つのKの内の一）= कृपाण. → पंचककार.
किरम [名] (1) 虫 = कीड़ा；कृमि. (2)〔昆〕カイガラムシ科ラックカイガラムシ
किरमची [形] えんじ色の；臙脂の；煉瓦色の
किरमिच [名] 帆布；キャンバス；ズック= विलायती टाट；कैनवास.
क़िरमिज़ [名]《A. قرمز》(1) 赤褐色；えんじ色（臙脂色）；紅色 (2) コチニール（エンジムシから採った紅色染料）(3)〔昆〕カイガラムシ科エンジムシ（臙脂虫）(4) 赤褐色の毛色の馬；赤毛の馬
किरमिजी [形]《← A.قرمزی किर्मिज़ी》赤褐色の；えんじ色の किरमिजी रंग えんじ色 कोहरा खेतों को किरमिजी रंग से रंग देता है 霧が畑を赤褐色に染める किरमिजी रंजक コチニール किरमिजी लाल 深紅色
किरराना[1] [自] (1) 歯ぎしりする (2) きりきり言う；ぎしぎし音をたてる
किरराना[2] [自] 苦しみもだえる；もだえ苦しむ
किरवार[1] [名] 刀= तलवार.
किरवार[2] [名] = अमलताश.
किराँची [名*]《Por. carraguem》二輪もしくは四輪の人や荷物などの運搬用の車
क़िराअत [名*]《A. قراءت》〔イス〕クルアーンの正確な読誦，クルアーンの正式な読誦法
किरात [名]〔イ史〕キラータ（古代インドにおいてヒマラヤ地方に居住した非インド・アーリヤ語族の言語を話した民族，あるいは，同地の先住民と考えられる人たち）
किरातिनी [名*] キラータ族の女性
किराती [名*] = किरातिनी.
किराना[1] [名] (1) 食料品；食糧雑貨；調味料；香辛料 (2) 薬種 = केरानी. **किराना पैदावार** 商品作物；換金作物
किराना[2] [他]（箕などで穀物を）吹き飛ばすようにして選り分けたり不純物を取り除く
किरानी [名]《← E. Christian / Por. cristão + H.?》(1) キリスト教徒；クリスチャン；特にインド人のクリスチャン (2) インド人とヨーロッパ人との混血によって生まれた人 (3)〔古〕イギリス人の部下として働いていたインド人書記= केरानी.
किराया [名]《A. کرایہ》(1) 料金；賃借料 कमरे का किराया 部屋代；間代 किराये का मकान 借家；貸家 किराये का मकान लेकर 家を借りて；貸家を借りて (2) 賃貸借 (3) 運賃 **किराये क॰**（賃貸で借りる；賃借する हमने दो शिकारे किराये किए ハウスボートを2艘借りた **किराये कर ले॰** 使用料や料金を払って借りる；賃借する **किराये का टट्टू** 金のために働く人 **किराये पर** 賃貸借で दो माह पहले सामने वाले मकान में किराये पर आई थी 2か月前向かいの家に賃貸で入った **किराये पर उठना** 借り手がつく कोठी किराये पर उठेगी 屋敷に借り手がつくだろう **किराये पर उठाना** 賃貸する वह किसी को भी मकान किराये पर नहीं उठाएगा あの男はだれにも家を貸すまい **किराये पर चढ़ाना** 料金を取って貸し出す **किराये पर चलना** 賃貸に出る；料金を取って貸し出される अपनी गाड़ी भी किराये पर चलती है 自分の車も賃し出されている **किराये पर दे॰** 金を取って貸す；賃貸する= पट्टे पर दे॰. दूसरी किराये पर दी हुई थी もう一台は貸してあった **किराये पर ले॰** 料金を払って借りる；賃借する किराये पर कमरा ले॰ 貸間を借りる；間借りする；部屋を借りる
किरायेदार [名]《A.P.کرایہدار》借り手；借家人；間借人；テナント
किरावल [名]《← T.قراول कराउल》(1) 狩人；猟師 (2) 兵士 (3) 斥候
किरासन [名]《E. kerosene》灯油；ケロシン〈paraffin〉 किरासन लैंप 石油ランプ किरासन हीटर 石油ストーブ
किरिका [名*] インク壷= दवात.
किरिच [名*] = किरच.
किरिमदाना [名]〔昆〕エンジムシ（臙脂虫）= किरमिज；किर्मिज़.
किरिश्मा [名] = करिश्मा.
किरिस्तान [名]《Por. Cristão》キリスト教徒；クリスチャン；キリシタン
किरीट [名] (1) 王冠 (2) 冠 तुषार-धवल हिमालय का किरीट 雪に輝くヒマラヤの冠 (3)〔天〕コロナ〈corona〉
किरीटधारी [名] 王 = राजा.
किरीट सवैया [名]〔韻〕キリート・サワイヤー（8 भगण の24音節から成る音節韻律）
किरीटी [形] (1) 冠毛のついた (2) とさか状の
किरोड़ [数] 1000万；1千万= करोड़.
क़िरअत [名*]《A. قرأت》= किरअत；किराअत.
किर्च [名*] = किरच.
किर्दगार [名]《P. کرد گار》全知全能の神；最高存在= कर्दगार.
किर्म [名]《P. کرم》虫= कीड़ा；कीट；कृमि.
किर्मख़ुर्दगी [名*]《P. کرم خردگی》虫食い
किर्मख़ुर्दा [形]《P. کرم خورده》虫食いの
किर्मशबताब [名]《P. کرم شب تاب》〔昆〕ホタル科ホタル（蛍）= किर्मेशबताब；खद्योत；जुगनू.
क़िर्मिज़ [名]《A. قرمز》(1)〔昆〕エンジムシ（臙脂虫）(2) えんじ（臙脂）(3) コチニール（染料）(4) 赤毛の馬→ किरमिज़.
क़िर्मिज़ी [形]《A.P.قرمزی》えんじ色の
किल [副] 実に；確かに= अवश्य；ज़रूर.
किलक[1] [名*] 輝き；光沢
किलक[2] [名*] (1) 歓声；喜びの声 (2) 喚声；興奮したけたたましい声
किलकना [自] (1) 歓声をあげる；喜びに叫び声を発する नोट हाथ में आते ही एकदम किलक पड़ी 札束を手にしたとたん歓声を発した (2) 歓声をあげる；興奮して叫ぶ (3) 猿がけたたましい叫び声をあげる；猿がきいきいと高い声をあげて騒ぐ様子
किलकार [名*] = किलकारी.

किलकारना [自] (1) 喜びの声をあげる；歓声をあげる；さざめく；笑いさざめく (2) さえずる

किलकारी [名*] (1) 歓声；喜びにどよめく声 जिनके दिल सिर्फ़ अपने बच्चों की किलकारियों पर ही झूमते हैं 自分の子供だけの歓声にうっとりする人たちの心 (2) 喚声 **किलकारियाँ भरना** *a.* 歓声をあげる；喜びにどよめく *b.* はしゃぐ *c.* 喚声をあげる एक दूसरे के पीछे बच्चे भाग रहे थे, किलकारियाँ भर रहे थे 前になり後ろになりながら子供たちは走っており，はしゃいでいた और यौवन की किलकारियाँ भरती इन स्त्रियों का क्या होगा? 青春の喜びの声をあげているこの女性たちはどうなるのだろうか **किलकारियाँ मारना** *a.* 歓声をあげる；喜びの声をあげる；喜びにどよめく *b.* はしゃぐ *c.* 喚声をあげる झिड़की-गाली सुनकर किलकारियाँ मारता हुआ वापस चला जाता 叱られののしられて喚声をあげながら帰って行く

किलकिल[1] [名*] (1) いさかい；争い；喧嘩 (2) つまらぬ口争い；口喧嘩

किलकिल[2] [名] ＝ किलकारी.

किलकिला[1] [名*] ＝ किलकार.

किलकिला[2] [名] [鳥] カワセミ科アオショウビン【*Halcyon smyrnensis*】

किलकिलाना[1] [自] (1) 歓声をあげる＝ किलकारना. (2) 喚く；騒ぐ；騒ぎ立てる (3) 言い争う；口論する

किलकिलाना[2] [他] きしませる；きいきいと音を立てる；ぎしぎし，ぎりぎりなどと音を立てる **दाँत किलकिलाना** 歯噛みする；歯ぎしりする

किलकिलाहट [名*] 歓声→ किलकिलाना.

किलकी [名*] 《← P. کلک किल्क》 墨壷（大工道具）

किलटा [名] 籐製の背負いかご

किलना [自] (1) 釘でとめられる；釘付けされる (2) 動けなくなる；釘付けになる

किलनी [名*] [節動] クモ類ダニ；イヌダニ

किलबिलाना [自] ＝ कुलबुलाना.

किलमी [名] (1) 船尾；とも（艫） (2) 船尾に張る帆

किलमोरा [名] [植] メギ科メギ属低木→ दारुहल्दी.

किलवाई [名*] 木製の熊手

किलवाना [他・使] ← कीलना.

किलहँटा [名] [鳥] ムクドリ科インドハッカ【*Acridotheres tristis*】〈common myna〉

क़िला [名] 《A. قلعه क़लआ》 (1) 城；城塞；砦 लाल क़िला ラールキラー（デリー城） (2) (比喩的な意味で) とりで（砦） अफ़सरशाही नहीं चाहती कि अंग्रेज़ी का क़िला ध्वस्त हो और उसकी जगह पर भारतीय भाषाएँ आगे आएँ 官僚主義は英語という砦が破壊されインドの諸言語がそれに入れ替わるのを望まない **क़िला जीतना** 困難なことをなしとげる；難関を突破する **क़िला टूटना** *a.* 難関を通り抜ける *b.* 制約や障害がなくなる **क़िला तोड़ना** 破る；破棄する；打破する **क़िला फ़तेह क॰** 難関を突破する **क़िला बाँधना** *a.* 櫓囲い（チェス） *b.* 防御に万全を期す

क़िलाबंदी [名*] 《A.P. قلعه بندی क़लआ बंदी》 (1) 築城 उन्होंने अपने राज्य से ईंटें और मज़दूर भेजकर मृगावती के राज्य की क़िलाबंदी करवा दी 自分の領土かられんがと人手を送り込んでムリガーワティーの領土の城を築いてやった (2) 陣立て；布陣 (3) 櫓囲い（チェス）

किलाया [名] ＝ किलावा.

किलावा [名] 《P. کلابه कलाबा》 象使いが足をかけて象を操るための象の首にかける綱

किलिक [名] ＝ किल्क.

किलिन [名] 《E. keel》 竜骨

क़िलेदार [名] 《A.P. قلعه دار》 城主；城将

क़िलेदारी [名*] 《A.P. قلعه داری》 城主の地位や身分

क़िलेबंदी [名*] ＝ क़िलाबंदी.

किलो [名] 《E. kilo》 (1) キログラム (kg) कुश्ती 90 किलो वर्ग レスリングの 90 キロ級 (2) キロメートル (km)

किलोग्राम [名] 《E. kilogram》 キログラム；kg

किलोमीटर [名] 《E. kilometre》 キロメーター；km

किलोल [名] はね回ること；跳ねたり飛んだりして遊ぶこと；たわむれ；はしゃぎ **किलोल मारना** 跳ね回る；はしゃぐ वहाँ ऊँट के छौनों को किलोल मारते हुए देख सकते हैं そこではラクダの子たちが跳ね回っているのを見ることができる

किलोवा [名] 《Bur. kilowa》 [植] ミャンマーのペグー，マルトバンに産する巨大な竹で帆船の帆柱になる

किलोवॉट [名] 《E. kilowatt》 キロワット

किलौरी [名*] 《E. calorie》 カロリー＝ कैलोरी.

किल्क [名*] 《P. کلک》 (1) [植] イネ科アシ（葦） (2) 葦の茎を削ってこしらえたペン；葦ペン＝ क़लम.

किल्बिस [名] ＝ किल्विष.

क़िल्लत [名*] 《A. قلت》 欠乏；不足；払底 देश में बिजली की क़िल्लत わが国の電力不足 **क़िल्लत पड़ना** 欠乏する；払底する मैं जानता था कि नौकरों की कितनी क़िल्लत थी 使用人が随分不足しているのは知っていた **क़िल्लत से** かろうじて；ようやく；やっと＝ बड़ी मुश्किल से.

किल्ला [名] (1) 家畜をつないでおく杭 (2) 石臼の心棒 **किल्ला गाड़कर बैठना** どっかりと座り込む；腰を据える

किल्लाहट [名*] 叫び；叫び声 करुणा की किल्लाहट करते 悲鳴をあげながら

किल्ली [名*] (1) 釘 (2) 掛け金 (3) ハンドル **किल्ली ऐंठना** *a.* 策をめぐらす *b.* 動かす；発破をかける (-की) **किल्ली हाथ में हो॰** (-を) 意のままにする；自由に操る

किल्लोल [名] 跳ね回ること；たわむれ；はしゃぎ फिर दोनों ख़रगोशों का किल्लोल देखने में भी कितना मज़ा आएगा 兎のつがいがたわむれているのを見るのもどんなにか楽しいことだろう

किल्विष [名] (1) 罪；罪悪 (2) 犯罪 (3) 病

किल्विषी [形] (1) 罪のある (2) 犯罪を犯した

किवाँच [名] ＝ केवाँच.

किवाट [名] ＝ किवाड़.

किवाड़ [名] 扉；戸；ドア कमरे का किवाड़ 部屋の扉 किवाड़ बंद क॰ 扉を閉める＝ किवाड़ लगाना; किवाड़ भिड़ाना. किवाड़ खोलना 扉を開ける (-के) **किवाड़ खटखटाना** *a.* 戸を叩く；ドアをノックする *b.* 懇願する；頼みに行く；依頼する **किवाड़ तोड़ तोड़कर खाना** 生活がひどく困窮する；たけのこ生活；売り食い **किवाड़ दे॰** (- **भिड़ाना**; - **लगाना**; - **लाना**) 扉を閉める；戸を閉める

किवाड़ी [名*] ＝ किवाड़.

किवी [名*] 《E. kiwi》 [鳥] キーウィ科キーウィ

किशमिश [名*] 《P. کشمش》 干しブドウ（小粒で種なしブドウの）

किशमिशी [形] 《P. کشمشی》 (1) 干しブドウの入った (2) 干しブドウでこしらえる (3) 薄緑の色の

किशलय [名] 若葉＝ कल्ला.

किशोर[1] [名] (1) 15 歳までぐらいの少年 (2) 未成年者；青少年；ティーンエージャー (3) 動物の子 किशोर न्यायालय 少年裁判所 किशोर विद्यार्थी 思春期の学生；未成年の学生

किशोर[2] [形] 少年の；未成年の；青少年の；思春期の किशोर साहित्य 少年（少女）文学 **किशोर अपचार** 非行（青少年犯罪）＝ किशोर अपचारिता; किशोर अपराधवृत्ति. **किशोर अपराधी** 少年犯；犯罪少年 **किशोर जीवन** 青少年期；青少年時代

किशोरावस्था [名*] 少年期；少女期 जब कन्याएँ बचपन और किशोरावस्था को पार करके यौवन के द्वार पर पहुँचती हैं 女の子たちが幼児期と少女期を越えて思春期の門口に達すると

किशोरी [名*] (1) 15 歳までぐらいの少女 (2) 乙女；処女 (3) 動物の子

किश्त [名*] 《P. کشت》 (1) 農業 (2) (チェスのキング，王将への) 王手＝ शह. **किश्त दे॰** *a.* 王手する；王手をかける＝ शह दे॰. *b.* 危ない目に遭わせる **किश्त लगना** 王手がかかる＝ शह खाना.

क़िश्त [名*] 《A. قسط क़िस्त》 (1) 部分 (2) 分割払いの一回分 मकान की क़ीमत क़िश्तों में वसूल की जाती है 家の代価は分割払いで徴収される

क़िश्त अदायगी [名*] 《A. قسط ادائگی》 分割払い

किश्तकार [名] 《P. کشت کار》 農夫；農民；百姓＝ कृषक; किसान; काश्तकार.

किश्तकारी [名*] 《P. کشتکاری》 農業＝ कृषि; खेती; खेतीबाड़ी.

क़िश्त बचत [名*] 《A. قسط + H.》 積み立て貯金

किश्तवार [名] 《P. کشتوار》 [農] 農地台帳

किश्तिया [形] 《← P. کشتی कश्ती》 船の形の；船形の

किश्ती [名*] 《P. کشتی कश्ती》 (1) 小船；ボート (2) 船形の盆 (3) チェスの駒の「象」（ビショップに相当） **किश्ती खेना** 船を漕ぐ **किश्ती चलाना** 船を進める；船を動かす；船を走らせる

किश्तीनुमा [形] 《P. کشتی نما किश्तीनुमा》船形の；細長い形をした **किश्तीनुमा टोपी** 前後がとがっている船形の帽子

किष्किंध [名] (1)〔ラマ〕キシュキンダ（現在のマイソール地方の北部にあったとされているバーリ बालि（बालिन्）の治めていた猿の王国の名） (2) 同地の山

किष्किंधा [名*] (1)〔地名〕キシュキンダ国の都の名 (2) キシュキンダ山にある洞穴の名

किष्किंधा-काण्ड [名] ヴァールミーキ・ラーマーヤナの第 4 巻

किस [代・代形] 疑問代名詞兼疑問代名形容詞 कौन の単数・斜格形語基 किसने, किसको, किससे, किसका, किसमें など कोयल की कूक किसने नहीं सुनी? カッコウの鳴き声を聞いたことのない人がいるだろうか किस-किस का मुँह रोक सकता था वह? 彼はいったいだれの口に戸を立てることができたであろうか किस についてのイディオムは→ कौन. **किस तरह** どのように（して）；どんなふうに＝ किस प्रकार. **किस प्रकार** どのように（して）；如何様に（して） **किस बाग़ की मूली** どこの馬の骨；得体の知れない **किस लिए** なぜ；なんのために **किस वास्ते** なぜ；なんのために

किसन [名] クリシュナ神＝ कृष्ण.

किसबत [名*]《P. کسبت किस्वत》理髪師や外科医の道具入れ→ किस्वत.

किसमत [名*] ＝ क़िस्मत.

किसमिस [名*] ＝ किशमिश.

किसमिसी [形] ＝ किशमिशी.

किसल [名] ＝ किसलय.

किसलय [名] 若葉；新芽 वसंत ऋतु में वृक्षों में कोमल किसलय और फूल निकलते हैं 春には大木にやわらかい新芽が出て花が咲く नव किसलय की छाई लाली 若芽に広がる赤み

किसान [名] 農民；農夫；百姓

किसान सभा [名*] 農民組合．全国的規模の組織として全インド農民組合（AIKS., All India Kisan Sabha）がある

किसानी [形] (1) 農民の；農夫の (2) 農業の

किसारी [名*] ＝ खिसारी/खेसारी.

किसी [代・代形] 不定代名詞兼不定代名形容詞 कोई の単数斜格形（語基） किसी ने; किसी को, किसी से, किसी का, किसी पर, किसी में など किसी で始まるイディオムは→ कोई. मदन से किसी को कहीं भी कोई शिकायत नहीं हुई マダンに対してはだれもただの一度も文句は生じなかった किसी भी मामले में निर्णय देने से पहले 何かについての決定を下す前に **किसी कारणवश** 何らかの理由で **किसी तरह** なんとか；なんとかして；どうにかこうにかして；ようやく（のことで）＝ किसी-न-किसी तरह. **किसी-न-किसी रूप में** 何らかの形で **किसी भी क़ीमत पर** いかなる代価を払っても；たとえどうあろうとも；仮にどうなろうとも

किसे [代] 疑問代名詞 कौन の格助詞との融合形で単数目的格形（sg., ac.）及び与格形（sg., da.）. ＝ किस को.

क़िस्त [名*] 《A. قسط》(1) 部分；一部分 (2) 分割払いの払い込み額とその回数 पहली क़िस्त 分割払いの初回（分）

क़िस्तबंदी [名*] 《A.P. قسط بندی》分割払い（制度）

क़िस्तवार [副] 《A.P. قسط وار》分割して；分割払いで

किस्बत [名*] 《A. کسبت》理髪師や外科医の道具入れ→ किसबत; किस्वत.

क़िस्म [名*] 《A. قسم》(1) 種類；種；品種 ये अनार बहुत अच्छी क़िस्म के हैं これはとても上等の品種のザクロだ गेहूँ की नयी क़िस्में 小麦の新品種 अनगिनत क़िस्म के जीव-जन्तु 無数の種類の生き物 इस क़िस्म की ख़बरें この種のニュース बीमारियों की बहुत-सी क़िस्में हैं 病気には実に多くの種類がある (2) 質；品質 इतनी बढ़िया क़िस्म व उचित भाव से こんなに上質で適切な価格で घटिया क़िस्म के फल 等級の落ちる果物 (3) 型；型式；規模；規格 हिरोशिमा क़िस्म का अणुबम 広島規模の原爆 **एक क़िस्म का** 一種の **क़िस्म क़िस्म के (की)** 様々な；種々の क़िस्म क़िस्म के अजीबो ग़रीब जानवर 種々様々な風変わりな動物

क़िस्मत [名*] 《A. قسمت》(1) 分割 (2) 運命；宿命 (3) 運；運勢 **क़िस्मत आज़माना** 試してみる；運をためす；賭ける **क़िस्मत उलटना** 運が傾く；不運に見舞われる **क़िस्मत का खेल** 運命の定めるところ **क़िस्मत का धनी** 運の強い（人）；強運な（人）＝ क़िस्मत वाला; नसीब वाला. **क़िस्मत का फेर** 不運 **क़िस्मत का फ़ैसला क॰** 運を試す **क़िस्मत का लिखा** 運命；定め；天命 क़िस्मत का लिखा पूरा हो॰ 運命通りのことになる **क़िस्मत का सिकंदर** 運の強い；強運な **क़िस्मत का सितारा खुलना** 運が向く；運が開く；運に恵まれる **क़िस्मत का हेठा** 不運な；つきのない＝ अभागा; बदक़िस्मत. **क़िस्मत की मार** 不運な時期 **क़िस्मत को कोसना** 運命を呪う काफ़ी दिन तो क़िस्मत को ही कोसता रहा, पर क़िस्मत को कोसने से तो क़िस्मत बदलती नहीं, न बदली かなりの間は運命ばかり呪っていたが運命を呪うだけでは運命は変わらないし，実際変わりはしなかった **क़िस्मत खुलना** ＝ क़िस्मत चमकना. **क़िस्मत चमकना** 運が開ける；運が向く वहाँ तेरी क़िस्मत चमकेगी そこでお前の運は開けるであろう उसे लगा कि फ़क़ीर का कहा सत्य हो रहा है और इसकी क़िस्मत अवश्य चमकने वाली है ファキール（イスラム教の行者）の語ったことが本当になりつつある．きっと運が開かれるだろうと思えた **क़िस्मत जागना** ＝ क़िस्मत चमकना. **क़िस्मत ठोंककर** (-) क॰ 運を天に任せて（－）する **क़िस्मत ठोंकना** 後悔する；悔やむ **क़िस्मत पलटना** (- फिरना) 運勢が変わる **क़िस्मत पीटना** 運勢を嘆く **क़िस्मत फिरना** ＝ क़िस्मत पलटना. **क़िस्मत फूटना** 運に見放される；運が傾く क़िस्मत ही फूट जाए तो कोई क्या करे 運に見放されたらどうしようもない **क़िस्मत बिगड़ना** ＝ क़िस्मत उलटना. **क़िस्मत लड़ना** つきがある；運が向く **क़िस्मत वाला** 運の強い（人）；強運の（人）；幸運な（人）＝ नसीब वाला. यह किसमत वाला है 運の強い人だ **क़िस्मत साथ दे॰** つきがある；幸運に恵まれる **क़िस्मत साथ न दे॰** つきがない；運のない **क़िस्मत से बाज़ी लगाना** 不運に立ち向かう

क़िस्मतवार [形] 《A.P. قسمت وار》幸運な；運の強い

किस्वत [名*] 《A. کسوت》(1) 衣服 (2) 服装 (3) 理髪師の道具入れ

क़िस्सा [名] 《A. قصه》(1) 物語, 作り話, 話, 語ってきかせる話, お伽話など．そのような話の語り手は क़िस्सागो と呼ばれる． द्विवेदी जी का नौकरी छोड़ने का भी एक क़िस्सा है ドゥヴィヴェーディーさんが辞職されたいきさつも一つの物語（のようなもの）だ (2) 事件, 出来事などの話や物語 देश के क्रांतिकारियों के बलिदान के क़िस्सों को पढ़-सुनकर 国の革命家たちの犠牲の物語を読んだり聞いたりして शिकार का क़िस्सा 狩りの話 (3) 話題；沙汰；話；噂；噂話；男女関係についての話 डाक्टरों और नर्सों के क़िस्से 医者と看護婦とに関する噂話 (4) 言い伝え；伝説；話 नेपाल, भूटान और लद्दाख में तो घर-घर यति के क़िस्से प्रचलित हैं ネパール，ブータン，ラッダークでは到る所に雪男の話が広まっている हमारे मुल्क में भूत प्रेतों के क़िस्से बहुत आम हैं わが国では幽霊や化け物の話が珍しくない (5) いさかい；喧嘩 **क़िस्सा उठाना** ＝ क़िस्सा खड़ा क॰. **क़िस्सा-कहानी** 作り話 **क़िस्सा कोताह क॰** 要約する；約言する；要点を述べる **क़िस्सा कोताह यह कि**…つまり；要するに **क़िस्सा खड़ा क॰** *a.* いさかいを起こす；喧嘩をしかける *b.* 長話を始める **क़िस्सा ख़त्म क॰** *a.* 話を終える *b.* 争いを終わりにする *c.* 殺す；片付ける **क़िस्सा ख़त्म हो॰** *a.* 話が終わる *b.* 争いが収まる *c.* 殺される **क़िस्सा तमाम क॰** ＝ क़िस्सा ख़त्म क॰. **क़िस्सा तमाम हो॰** ＝ क़िस्सा ख़त्म क॰. **क़िस्सा पाक क॰** ＝ क़िस्सा ख़त्म क॰. **क़िस्सा पाक हो॰** ＝ क़िस्सा ख़त्म हो॰. **क़िस्सा बढ़ाना** 話を大げさにする **क़िस्सा मोल ले॰** *a.* 喧嘩を買う *b.* 面倒に関わる

क़िस्सागो [名] 《A.P. قصه گو》物語を聞かせる人；語り手；講釈師；講談師→ क़िस्सा. वह बहुत अच्छा क़िस्सागो था すぐれた講談師だった

क़िस्सागोई [名*]《A.P. قصه گوئی》語り；物語を話したり語って聞かせること；講談 उनकी कथा-शैली फ़ुर्सत के समय अलाव के चारों ओर बैठकर की जानेवाली क़िस्सागोई जैसी है あの人（小説家）の語り口は団欒の時にたき火の周りで行われる語りに似ている

कीं [他] करना の完了分詞及び直説法過去時制形の一で，目的語の性・数が女性・複数→ करना; किया.

कींगरी [名*]〔イ音〕キーンガリー，もしくは，キンギリー（弦楽器チカーラーの小型のもの）＝ किंगिरी.

की[1] [格助] 女性名詞を従える格助詞→ का.

की[2] [他] करना の完了分詞及び直説法過去時制形の一で目的語の性・数が女性・単数→ करना.

की[3] [名*] 《E. key》(1) 鍵 (2) 参考書；虎の巻＝ कुंजी. (3)〔音〕音調；基調＝ प्रथम स्वर. (4) タイプライター，コンピューターなどのキーボードのキー (5) 楽器の鍵

कीक [名] (1) 叫び；叫び声 (2) 騒音

कीकट[1] [名] (1) キーカタ（マガダ地方 मगध の古名） (2) キーカタ（キーカタ地方の住人）

कीकट[2] [形] (1) 貧しい (2) 貪欲な (3) 吝嗇な

कीकना [自] (1) 子供が泣き叫ぶ (2) 叫ぶ；わめく (3)（驚き，恐れ，はしゃぎなどから甲高い声で）きゃーきゃー言う；きゃーきゃー言って騒ぐ

कीकर [名]〔植〕マメ科の高木アラビアゴムモドキ【*Acacia arabica*】= बबूल.

कीकरी [名*]〔裁〕ぎざぎざ，もしくは，波線の縁飾り

कीकस [形] (1) 堅い；固い= कठोर. (2) 難しい；困難な

कीच [名] = कीचड़.

कीचक [名] (1) 茎が中空の竹や葦 (2)〔マハ〕 मत्स्य 国の国王ヴィラータ विराट の義兄弟，キーチャカ

कीचड़ [名] (1) ぬかるみ；泥；泥土 हर तरफ़ कीचड़ हो जाता है どちらを向いてもぬかるみになってしまう (2) 粘液などで粘っこいもの；ねばねばしたもの；目やに आँखों में कीचड़ 目のやに；目やに (3) 不運；災難 कीचड़ में पड़ना 不運に遭う；困ったことになる；泥沼にはまる **कीचड़ उछालना** 面目を失わせる **कीचड़ का कीड़ा** 取るに足らぬもの **कीचड़ फेंकना** = कीचड़ उछालना. **कीचड़ में कमल पैदा हो॰** 掃きだめに鶴 **कीचड़ में घसीटना** 悪事にひきずりこむ **कीचड़ में लथपथ हो॰** 悪事におぼれる **कीचड़ में हाथ सानना** 悪事を働く；悪事に手を染める **कीचड़ से ऊपर उठना** 悪の道から逃れる；悪事から足を洗う

कीचड़दार [形]《H. + P. دار》ぬかるんだ；どろんこの **कीचड़दार हो जा॰** ぬかるむ；どろんこになる

कीचर [名] = कीचड़. आँख से कीचर की शकल में 目から目やにの形で

कीजिए [他] = कीजिये. 他動詞 करना 命令法二人称 आप 対応形. なさって下さい，して下さいなど. करना の命令法は語根に -इए (-इये) を加えて規則的に作られる करिए があるが，それよりも一般的で丁寧な形としてこれが用いられる. आप क्या देख रहे हैं? अपना काम कीजिए न 何をなさっていらっしゃるの. 自分の仕事をなさい. 更に丁寧な形はこれに गा を加えたもの，すなわち，कीजिएगा となる जी, माफ़ कीजिएगा.प्रेमचंद जी का मकान आप बतला सकते हैं? नज़दीक ही कहीं है.जी हाँ, प्रेमचंद! ごめんなさい. 失礼いたします. プレームチャンドさんの家をご存じではありませんか. この近くにあるのは確かなのですが. ええ，プレームチャンドさんです

कीजिये [他] 不規則動詞 करना の命令法二人称 आप 対応形 = कीजिए.

कीजियो [他] 不規則動詞 करना の命令法（丁寧形）二人称 तुम 対応形. → -इयो.

कीजे [他]〔古〕 = कीजिए.

कीजो [他]〔古〕 = कीजियो.

कीट[1] [名] (1) 虫（いわゆる節足動物以外の様々な小動物を含む → कीड़ा.) (2) 昆虫 (3) かなくそ（金屎） **हानिकर कीट** 害虫

कीट[2] [名] 沈殿物

कीटक [名] 虫= कीड़ा.

कीटज[1] [形] 虫から生じた

कीटज[2] [名] 絹；絹織物

कीटजा [名*] ラック= लाख.

कीटनाशक[1] [形] 虫を殺す कीटनाशक दवा 殺虫剤= कीटनाशक दवाई. कीटनाशक दवा छिड़कने का पम्प 殺虫剤を散布するポンプ

कीटनाशक[2] [名] 殺虫剤

कीटनाशी[1] [形] 虫を殺す कीटनाशी दवा 殺虫剤；殺虫薬= कीटनाशी रसायन. कीटनाशी दवा छिड़कना 殺虫剤を散布する

कीटनाशी[2] [名] 除虫剤

कीटपरागण [名]〔植〕虫媒〈entomophily〉

कीटपरागित [形]〔植〕虫媒の；昆虫によって授粉された

कीटभृंगन्याय [名] 2 つ以上のものが全く同じ姿形になることのたとえ

कीटमणि [名]〔昆〕ホタル；蛍= जुगनू; खद्योत.

कीटरोधी [形] 防虫の；虫除けの

कीट विज्ञान [名] 昆虫学〈entomology〉

कीटविज्ञानी [名] 昆虫学者〈entomologist〉

कीटाणु [名] (1) 細菌；病原菌 हानिकर कीटाणु ばいきん（黴菌） (2) ウイルス विशेष प्रकार का कीटाणु 特殊なウイルス

कीटाणुनाशक [形] 殺菌する；消毒する कीटाणुनाशक दवाई (औषधि) 殺菌剤；消毒薬

कीटाणुरहित [形] 無菌の कीटाणुरहित क॰ 消毒する；殺菌する

कीटाणुरोधी [形] 防腐性の；殺菌用の；消毒用の

कीटाणुरोधी औषधि [名*] 防腐剤；消毒薬= एंटीसेप्टिक.

कीटाणुहीन [形] 無菌の；消毒された；消毒済みの कीटाणुहीन दस्ताने, ऐप्रन 消毒した手袋や白衣

कीटाशी [形] 虫を食べる；食虫の

कीटाहारी [形] 虫を食べる कीटाहारी पादप〔植〕食虫植物〈insectivorous plants〉

कीटाहारी स्तनी [名]〔動〕食虫類【*Insectivora*】

कीटोन [名]《E. ketone》〔化〕ケトン

कीड़ा [名] (1) 虫（節足動物以外の小動物も含む） (2) うじ（蛆）；うじ虫 (3) 蛇（の忌み言葉） आम का सफ़ेद कीड़ा या मीली बग マンゴーの害虫の一，マンゴーにつく白い虫，すなわち，ミリーバッグ किताब में लगने वाला कीड़ा 本につく虫；しみ（紙魚） पेट के कीड़े 回虫などの寄生虫 पेट के कीड़े बनना 虫（回虫）がわく बड़ा कीड़ा 回虫 पेट में पलते ये तरह तरह के कीड़े जानलेवा भी सिद्ध हो सकते हैं 腹にわくこれらの様々な虫は致命的なものにもなりうる अरे तू एक क्षुद्र कीड़ा किस प्रकार बातें करता है? (大蛇に対して) これお前，いやしい蛇の分際でなんという口をきく **कीड़ा काटना** *a.* 虫がさす *b.* (-को)（ーが）じっとしていない；落ち着かない = कीड़ा कुलबुलाना. **कीड़ा छूना** *a.* 蛇が噛む उनके लड़के का हाल तो तुमने सुना होगा, कीड़े ने छू लिया है あの人の息子のことはお聞きになったに違いないが，蛇に噛まれたんだ *b.* 虫が刺す **कीड़ा लगना** *a.* 虫がつく *b.* 虫歯になる इन रेशों से बने कपड़ों में कीड़े नहीं लगते これらの繊維でできた衣服には虫がつかない दाँत (दाँतों) में कीड़ा लग जाता है 虫歯になる **कीड़े पड़ना** *a.* 虫がわく；蛆虫がわく *b.* 祟られる；祟りに遭う

कीड़ी [名*] (1) 小さな虫 (2)〔昆〕アリ；蟻

कीनख़ाब [名]《P. کینخواب》錦；金襴 = कमख़ाब.

कीना [名]《P. کینه》憎しみ；憎悪；悪意；敵意；悪気 **कीना निकलना** 胸のつかえがとれる；気がせいせいする (-से) **कीना रखना** （ーに）憎しみを抱く；（ーを）憎む

कीनाकशी [名*]《P. کینه کشی》敵意；憎しみ；恨み

कीनावर [形]《P. کینه ور》悪意に満ちた

कीनावरी [名*]《P. کینه وری》敵意；憎しみ；恨み

कीनाश[1] [名] (1) 貧しい (2) 小さい (3) わずかの

कीनाश[2] [名] 冥界の王；死神；えんま（閻魔）= यम; मृत्युदेवता.

कीनिया [国名]《E. Kenya》ケニア共和国

कीनू [名]〔植〕ミカン科キーヌー（ポンカンとマルタとをかけ合わせて作られた果物）〈kinnow〉

क़ीफ़ [名*]《← P. قیف क़ीफ़》じょうご（漏斗）

कीबोर्ड [名]《E. keyboard》キーボード；鍵盤

कीमख़ाब [名]《P. کمخواب कमख़ाब》金襴；錦

क़ीमत [名*]《A. قیمت》(1) 値段；価格 (2) 価値；値打ち；重要性 आप की बातों की क़ीमत हम जानते हैं 手前はお言葉の値打ちをわきまえております वनस्पति घी की क़ीमतों में गिरावट आई 植物油の価格が下落した समय की क़ीमत 時間の貴さ (3) 代価；犠牲 देश की एकता की क़ीमत पर 国家の団結を代価にして (-की) **क़ीमत चुकाना** （ーの）代価を支払う **क़ीमत ठहराना** 値段の交渉をする；値を決める **क़ीमत लगाना** 値をつける；評価する झुग्गी-झोंपड़ियों में रहनेवालों के अंगों की क़ीमत लगाकर スラム居住者の臓器に値をつけて **हर क़ीमत पर** どんな犠牲を払っても；何に代えても；どうしても；如何にしても राजा तो हर क़ीमत पर विपत्ति को टालने के लिए कटिबद्ध था 王は何に代えても災難を排除しようと構えていた

क़ीमत उतार-चढ़ाव [名]《A.+ H.》物価変動= क़ीमत की घट-बढ़.〈price fluctuation; price movements〉

क़ीमत सूची [名*]《A.+ H.》値段表；価格表〈price list〉

क़ीमती [形]《A. قیمتی》(1) 高価な；値が張る क़ीमती लिबास 高価な衣服 (2) 重要な；貴重な

क़ीमा [名]《A. قیمه》(1) こまぎれにした肉；肉のこまぎれ (2) ひき肉 (-का) **क़ीमा क॰** （ーを）打ちのめす；叩きのめす= क़ीमा बनाना.

कीमिया [名*]《A. کیمیا》(1) 錬金術 (2) 化学 **कीमिया क॰** 奇跡を演じる **कीमिया बनाना** *a.* 錬金術で卑金属を金に変える *b.* 簡単に金儲けをする

कीमियागर [名] 《A.P. کیمیا گر》錬金術師
कीमियागरी [名*] 《A.P. کیمیا گری》(1) 錬金術 (2) 化学
कीमियासाज [名] 《A.P. کیمیا ساز》= कीमियागर.
कीमुख्त [名] 《P. کیمخت》(1) ロバの皮 (2) 馬の皮
कीर [名] (1)〔鳥〕インコ，ホンセイなどオウム科の鳥の称= तोता; सुग्गा. (2) 狩人= बहेलिया.
कीरतन [名]〔ヒ〕キールタン= कीर्तन.
कीरतनिया [名] (1)〔ヒ〕キールタンを常に行う人 (2)〔ヒ〕キールタンを職業的に行う人
क़ीरात [名] 《A. قیراط》カラット
कीरी [名*]〔昆〕(1) 麦の穂などにつく小さな虫 (2) アリ；蟻= कीड़ी.
कीर्ण [形] (1) 撒かれた；撒き散らされた (2) 覆われた (3) とどまった (4) 傷ついた；負傷した
कीर्णित [形] 記された；刻まれた；刻記された
कीर्तन [名] (1) 称えること；賛歎；詠嘆；賛称 (2)〔ヒ〕キールタン（ラーマ神，クリシュナ神など特定の神を賛美するヒンドゥー教の宗教的行為．賛美する歌を多くは数種の楽器の伴奏で合唱する） (3)〔ヒ〕キールタンに歌われる賛歌
कीर्तनकार [名]〔ヒ〕キールタンを行う人
कीर्तन-मंडली [名*] 職業的，半職業的にキールタンを行う人々の集団；キールタンの連
कीर्तन-समाज [名] キールタンを行う集い गला बहुत ही अच्छा होने के कारण कीर्तन-समाज में उनका बड़ा आदर था 声がとてもよかったのでキールタン仲間の間でとても大切にされていた
कीर्तनिया [名] = कीरतनिया.
कीर्ति [名*] 名誉；名声；誉れ मेवाड़ के सपूतो, मेवाड़ के अभिमान तुम्हीं हो.तुम्हारी कीर्ति अमर है メーワールの男児たち，汝はメーワールの誇りなり，汝が名声は不滅なり तानसेन गायक की कीर्ति 歌手ターンセーンの名声 **कीर्ति छाना** 名声が轟く **कीर्ति फैलाना** 名声をあげる अपनी अमर कीर्ति फैला दीजिए 不滅の名をあげられますように
कीर्तित [形] (1) 語られた；述べられた (2) 称賛された；称えられた (3) 知られた；著名な
कीर्तिमंत [形] = कीर्तिमान्.
कीर्तिमान् [形] (1) 名声のある；誉れ高い (2) 著名な；有名な；世に知られた= कीर्तिमंत.
कीर्तिमान [名] 成績・業績などの記録；レコード；新記録 **कीर्तिमान स्थापित क॰** 記録を樹立する उसने एक नया कीर्तिमान स्थापित किया है 新記録を樹立した विद्यार्थी जीवन में कीर्तिमान स्थापित करने वाले 学生時代に記録を樹立する（人） कितने ही कीर्तिमान बनते और बिगड़ते हैं なんと多数の記録がつくられかつ破られることか
कीर्तिलेखा [名*] 名誉・名声の記録
कीर्तिवान [形] = कीर्तिमान्.
कीर्तिस्तंभ [名] (1) 記念建造物；記念碑；記念塔 (2) 記念物
कील[1] [名*] (1) 釘，鋲，止め釘，掛け釘など固定したり留めたりするのに使用されるもの लकड़ी की एक मोटी कील 太い木の釘 (2) 轆轤台や旋盤などの軸や回転軸 (3) 家畜などをつないでおくための杭 (4) 碾き臼を固定するための杭 (5)〔装身〕女性が小鼻につけるチョウジの形の金製の装身具 = लौंग. (6) にきびや出来物の芯 **कील कांटा** *a.* 鍛冶屋や木工などの道具類 *b.* 身支度 *c.* ぬたくったような下手な字；悪筆 **कील मुँहासा** にきび；面皰
कील[2] [名*] 《E. keel》キール；竜骨
कीलक[1] [名] (1) 大きな釘や鋲，掛け釘，留め釘など (2) 家畜を繋いでおくための杭 (3) 旋盤などの回転軸；枢軸；ピボット
कीलक[2] [形] 釘で留める；釘付けする；固定する
कीलन [名] (1) 釘付け (2) 停止；凍結 (3) 呪文で相手の力を殺いだり無力化すること
कीलना [他] (1) 釘や鋲などを打つ；釘やリベットなどで留めたり固定する (2) 閉じる；塞ぐ；閉鎖する (3) 動かぬようにする；押しとどめる जैसे इतिहास के एक क्षण को यहाँ कील दिया गया है まるで歴史の一瞬がここに釘付けされたかのように (4) 呪文や魔法で相手方の力や影響力，勢いなどを殺ぐ；無力にする
कीला [名] (1) 大きな釘や鋲 (2) 回転軸や旋盤の軸の大きな物
कीलाक्षर [名] くさび形文字；せっけい文字（楔形文字）
कीलाल [名] (1)〔ヒ〕キーラーラ（神々の飲みもの）；アムリタ = अमृत. (2) 水 (3) 蜂蜜 (4) 血；血液
कीलित [形] (1) 釘付けにされた (2) 呪文で動けなくされた
कीली [名*] (1) 小さな釘 (2) 回転軸 (3) 軸；主軸；中枢
कीश [名] 猿= बंदर; वानर.
कीशपर्ण [名] = अपामार्ग.〔植〕ヒユ科雑草インドイノコズチ
कीस[1] [名]〔動〕猿= कीश; बंदर; वानर.
कीस[2] [名] 《A. کیس》(1) 羊膜 (2) 袋
कीसा [名] 《P. کیسہ》(1) 袋 (2) ポケット
कुँअर [名] (1) 息子 (2) 少年 (3) 王子 = कुमार.
कुँआ [名] 井戸= कुआँ; कूआँ; कूप. सूखा कुँआ かれた井戸；涸れ井戸 जो दूसरों को कुँआ खोदता है, कुएँ में गिरता है〔諺〕人を呪わば穴二つ
कुँआर [名] ヒンドゥー暦の7月；クワール月= क्वार.（日本の旧暦の8月16日から始まるひと月）
कुँआरा [形+] 独身の；未婚の मेरी कुँआरी बहन 私の独身の妹 कुँआरी युवती 未婚の若い女性 राजा की बेटी अभी तक कुँआरी थी 王女はまだ結婚していなかった
कुँआरापन [名] 独身；独り身 कुँआरेपन में अधिक फ़ैशन शोभा भी नहीं देता 独身時にあまりおしゃれをするのも見よいものではない
कुँई [名*] = कुमुदिनी.
कुंकुम [名] (1)〔植〕アヤメ科サフラン【*Crocus sativus*】= केसर; जायफरान. (2) クンクム（石灰やウコンの粉，明礬などでこしらえる紅粉．ヒンドゥー教徒の女性が額につける）；ローリー（रोली） (3) = कुंकुमा.
कुंकुमा [名] クンクマー（樹脂などでこしらえた小さな容器．これに色粉や色水を入れてホーリー祭の時に人に投げつけて遊ぶ）
कुंचन [名] (1) 縮れ (2) 縮み；縮むこと
कुंचित [形] (1) 縮んだ；萎縮した= सिकुड़ा हुआ. कुंचित आकृति 縮んだ形 (2) 縮れた= छल्लेदार; घूँघरवाले. (3) 丸まった
कुंची [名*] かぎ（鍵）= कुंजी; ताली; चाभी.
कुंज[1] [名] (1) 木立に囲まれた場所 (2) あずまや；亭 (3) 象牙 (4) 路地
कुंज[2] [名] 《P. کنج》(1) 隅；角 (2) シーツやショールなどの四隅につくられる花柄刺繍
कुंजकुटीर [名] あずまや（四阿）；ちん（亭）= लतागृह.
कुंजगली [名*] (1) 木立の中の細い道 (2) 路地
कुँजड़ा [名] (1) クンジラー（野菜や果物などの栽培や販売を生業としてきたカースト，多くはムスリム） (2) 同カーストの人 (3) 八百屋；野菜売り कुँजड़े-कसाई 低位カーストの人；下層のムスリム **कुँजड़े का गल्ला** *a.* 丼勘定 *b.* 大まかな計算 *c.* 混乱；ごたごた **कुँजड़े की दूकान** クンジラーの店；八百屋の店；人だかりのするところ
कुंजर [名] (1)〔動〕象 (2) 8を表す語 (3)〔占星〕ハスタ（インドの二十七宿の第13）= हस्त नक्षत्र.
कुंजरा [名*] 雌象 = हस्तिनी; हथिनी.
कुंजरी [名*] 雌象= हथिनी.
कुंजविहारी [名] クリシュナ神の異名の一
कुंजा[1] [名]〔植〕マメ科トウアズキ【*Abrus precatorius*】
कुंजा[2] [名] = क्रौंच.
कुंजी [名*] (1) 錠前のかぎ（鍵）や自転車のキーなど鍵に相当するもの= ताली; चाभी. कुंजियों का गुच्छा 鍵の束；鍵束 (2) 手がかり；鍵 (3) 学習参考書；虎の巻；あんちょこ
कुंजी पटल [名] キーボード
कुंटल [名] 《E. quintal》キンタル（重量単位，100kg）= क्विंटल.
कुंठ [形] = कुंठित.
कुंठा [名*] (1) 欲求不満；フラストレーション；鬱屈 जब हम बिरादरी और संप्रदाय की क्षुद्र कुंठा से ऊपर उठना सीखें 人がカーストとかコミュニティーとかのちっぽけな鬱屈を超えることを学ぶならば (2) 屈折 बिना किसी कुंठा या वर्जना के सहज ढंग से वर्णित होते हैं 屈折とか抑制が全くなく自然に描写されている
कुंठाग्रस्त [形] 欲求不満にとらわれた；フラストレーションを持った कुंठाग्रस्त हो॰ 欲求不満になる；フラストレーションがたまる
कुंठित [形] (1)（刃物が）なまった；鈍くなった (2)（働きや機能が）鈍い；役立たない (3) ゆるんだ；ゆるめられた；緩慢になった (4) 抑制された；抑止された；抑えられた；妨げられた (5) 愚

かな；愚鈍な (6) いらだった；不満のつのった **कुंठित क॰** *a.* にぶらせる；鈍化させる *b.* 抑える；抑制する；抑止する；妨げる निर्धनता उनके साहस और लगन को क्षण भर के लिए भी कुंठित नहीं कर पाई 貧窮はこの方の勇気と執念とを一瞬たりとも鈍らせることはできなかった **कुंठित हो॰** *a.* にぶる *b.* ゆるくなる *c.* 抑制される घायल इब्राहीम के ठंडे स्वर से अहमदशाह की क्रूरता कुछ कुंठित हुई 負傷したイブラーヒームの冷静な声にアフマドシャーの残虐さがいささか抑えられた *d.* いらだつ（苛立つ）

कुंड [名] (1) 小さな池 (2) 川の深み (3) 広口のかめ（瓶） (4) 護摩を焚くために掘られた穴 (5) 祭式用の壷

कुंड़रा [名] (1) 守護や保護の目的でその対象の周囲に円形に引かれた線 (2) 頭上運搬の便のため頭にのせる敷物；かんわめ

कुंडल [名] (1) 金，銀製の耳輪や耳飾り (2) 輪の形をした腕飾りなどの装身具 (3) 輪の形になったもの；ぐるぐる巻きになったもの；渦巻き状のもの (4) 太陽や月のかさ（暈） बालों के कुंडल 髪の毛のウエーブ **कुंडल क॰ (कुंडल डालना)** （太陽や月が）暈を被る **कुंडल मारना** *a.* 輪の形になる；輪の形をつくる；巻く *b.*（蛇が）とぐろを巻く

कुंडलाकार [形] 円形の；輪の形の；とぐろ状の

कुंडलिका [名*] 円形の線

कुंडलिनी [名*]〔ヨガ〕クンダリニー（ハタヨーガの説くところでは，女性原理を象徴するシヴァ神のシャクティ，すなわち，力，ないし性力は微細身において会陰部に位置するムーラアーダーラ・チャクラ／ムーラーダーラ・チャクラ（मूलाधार चक्र）にとぐろを巻いた蛇の姿で眠った状態にあるがヨーガの修行によりプラーナ（प्राण）と呼ばれる生命エネルギーである気（気息）によってチャクラと呼ばれる生命エネルギーの集結点を経てやがて頭頂部のサハスラーラ・チャクラ（सहस्रार），ないしは，ブラフマランドラ（ब्रह्मरंध्र）にまで上昇し大宇宙を象徴するブラフマン（シヴァ）に帰一するものとされる．このシャクティがクンダリニーである）→ चक्र, प्राण, सहस्रार, सूक्ष्म शरीर, हठयोग.

कुंडलिया [名*]〔韻〕クンダリヤー（दोहा ＋ रोला の２つの韻律が結合した韻律．すなわち，各パーダ（पाद）が 24 マートラー（मात्रा）から成るモーラ韻律．この場合（दोहा）は第 1，第 2 パーダを，第 3，第 4 パーダを合わせて 1 行（दल）と数えるのでクンダリヤーは合わせて 6 行から成ることになる）

कुंडली[1] [名*] (1) 円形，渦巻き状のもの (2) 人の誕生時の星座の状態を記した天宮図＝ जन्म-पत्र. (3) 耳輪 (4) とぐろ (5) クンダリニー（कुंडलिनी） (6) → जलेबी ジャレービー（渦巻き形でシロップの入った甘味菓子） **कुंडली मारना** とぐろを巻く बाहर कुंडली मारे बैठे हुए साइसों को 戸外にとぐろを巻いている馬丁たちにも कौन बैठा है कुंडली मारकर जयपुर के विकास पर ジャイプルの発展の上にとぐろを巻いているのはだれだ

कुंडली[2] [名] (1) 蛇 (2) ヴァルナ神＝ वरुण. (3)〔鳥〕クジャク（孔雀）＝ मोर; मयूर.

कुंडली[3] [形] (1) 耳飾り（クンダラ）をつけている (2) 丸まった；丸くなった

कुंडलीकृत [形] 丸くなった；丸まった；円形になった；渦状の तुम्हारे छूने पर कुछ कीड़े मुड़कर कुंडलीकृत हो जाते हैं 一部の虫は手で触るとくるっと丸くなる

कुंडा[1] [名] (1) 広口の大きな壷；かめ（瓶） (2) パン生地の小麦粉をこねる鉢

कुंडा[2] [名] 扉を閉じる際に用いる掛け金や留め金の受け金

कुंडिका [名*] (1) 石製の器 (2) 護摩をたく銅製の器 (3) 小さな池

कुंडिल [名]〔韻〕クンディル（各パーダが 22 モーラから成るモーラ韻律．12 - 10 で休止， यगण で終わる）

कुंडी [名*] (1) 扉についている掛け金の鎖 (2) 鎖の輪 (3) 石製の鉢 **कुंडी खटखटाना** *a.* 戸を叩く；ドアをノックする *b.* 訪ねる；訪れる *c.* 求める；もらいに行く＝ कुंडी खड़खड़ाना.

कुंड़ू [名]〔鳥〕ヒタキ科ハイバネクロツグミ＝ कस्तूरा.

कुंत [名] (1) 槍 (2)〔鳥〕カワセミ科ヒメヤマセミ＝ कौडिल्ला; गवेधुक.

कुंतल [名] (1) 毛髪；頭髪；髪の毛＝ सिर के बाल; केश. (2) コップ；湯呑み；茶わん＝ प्याला; चुक्कड़.

कुंतली [名*] 小刀；ナイフ

कुंती [名*] ＝ कुन्ती.〔マハ〕クンティー（パーンドゥ王 पांडु の妻でパーンダヴァ五兄弟のうちユディシュティラ，ビーマ，アルジュナの 3 王子の母）

कुंद[1] [形]《P. کند》(1) 鈍くなった；なまった；鈍い (2) 鈍感な；鈍い (3) ゆるい；たるんだ यदि पेंसिल की नोक घिसकर कुंद हो जाए もし鉛筆の先がすりへって太くなったら संवेदनशीलता को कुंद क॰ 感受性を鈍くする

कुंद[2] [名]〔植〕モクセイ科蔓木【*Jasminum multiflorum / J. hirsutum*】

कुंदज़ेहन [形]《P.A. کند ذہن कुंदज़ेहन》愚鈍な；低能な

कुंदन[1] [名] (1) 純金 इस संपर्क ने उन्हें स्वर्ण से कुंदन बना दिया この触れ合いがあの人を金から純金にしたのだ (2) 金箔

कुंदन[2] [形] (1) 純粋な；最高の；精選された (2) 最高の（もの）；最上の

कुँदरी [名*] ＝ कुँदरू.

कुंदरू [名] (1)〔植〕ウリ科の蔓草ヤサイカラスウリ【*Coccinia indica / Cephalandra indica*】 (2) その実

कुंदला [名] 小型の四角い天幕

कुंदा[1] [名]《P. کنده》(1) 銃床 (2) 木の幹や太い枝を切ったもの；丸太 (3) 作業台として用いる板（台木，盤，砧など） (4) 道具の柄 (5) 刑罰用に用いられた足枷 (6) 鳥の翼 (7) 凧の両翼 (8)〔裁〕パージャーマー（पाजामा）のまち（襠）

कुंदा[2] [名] 牛乳を煮つめて固めた食品，クンダー；コーワー（खोवा） **कुंदा कसना** 牛乳を煮つめてコーアーをこしらえる

कुंदा[3] [名] 戸の掛け金

कुंदी[1] [名*] (1) きぬた（砧）を打つこと (2) 激しく打ちたたくこと；打ちのめすこと **(-की) कुंदी क॰** （一を）叩きのめす；打ちのめす आज उसकी बुरी तरह कुंदी होगी あの男は今日は打ちのめされよう

कुंदी[2] [名*]《P. کندی》(1) 鈍さ (2) だらしなさ (3) 鈍重さ (4) 愚鈍さ

कुंदीगर [名]《H.P. کندی گر》砧打ちの職人；洗張り屋

कुंदुर [名] (1)〔植〕カンラン科中高木インドニュウコウジュ【*Boswellia serrata / B. glabra*】〈Indian frankincense tree〉 (2)〔植〕カンラン科高木ニュウコウ；乳香【*Boswellia thurifera*】 (3) ニュウコウジュ（乳香樹）から取れる芳香樹脂〈gum olibanum; frankincense〉

कुंबा [名] 家族；家庭；所帯＝ कुटुंब; परिवार.

कुंबी [名*] (1)〔植〕バラ科多年草エゾヘビイチゴ【*Fragaria vesca*】＝ कायफल. (2)〔植〕サガリバナ科高木【*Careya arborea*】 (3)〔植〕サトイモ科浮草ボタンウキクサ【*Pistia stratiotes*】

कुंभ [名] ＝ कुम्भ. (1) 焼物や金属製の水入れ；かめ（瓶）；壷 (2) 古代の穀物計量の一単位 (3)〔天・占星〕水瓶座；クンバラーシ（黄道十二宮の第 11，宝瓶宮） (4) 寺院などのてっぺんの部分 (5) 象の頭の両端の隆起 **कुंभ का मेला**〔ヒ〕ハリドゥワール，ウッジャイン，ナーシク，プラヤーグ（アラーハーバード）の 4 か所の聖地で 12 年目ごとに催されるメーラー（祭礼大集会と祭礼市）

कुंभक [名]〔ヨガ〕ヨーガの呼吸制御法の一（息を吸い込んで呼吸を止める行）；クンバカ

कुंभकर्ण [名] ＝ कुम्भकर्ण. (1)〔ラマ〕クンバカルナ（ラーヴァナの弟，一日起きて半年間は眠っていたとされる） (2) 怠惰に眠ってばかりいる人をたとえる言葉

कुंभकर्णी [形] ← कुंभकर्ण. クムバカルナ（クンバカルナ）の；クンバカルナのような कुंभकर्णी नींद クムバカルナのような深い眠り（クムバカルナが半年間眠って一日だけ目を覚ます生活をしていたことから） हसन तो जैसे कुंभकर्णी नींद में सोया था ハサンはまるでクンバカルナのように眠り込んでいた

कुंभकार [名] (1) クンバカーラ；クムハール（陶器作りを主たる生業としてきたカースト）；陶工；陶師＝ कुम्हार. (2) 鶏；雄鶏

कुंभकारी [名*] クンバカーラ（कुंभकार）の妻；クムハールの妻

कुंभमंडूक [名] 井の中の蛙；井蛙＝ कूपमंडूक.

कुंभा [名]〔植〕シソ科 1 年草雑草ホソバセイロンハッカ【*Leucas lavandulifolia*】＝ गूमा.

कुंभिका [名*] (1) 小さな水入れ；つぼ（壷） (2)〔医〕ものもらい (3)〔植〕サトイモ科ボタンウキクサ जलकुंभी

कुंभी [名*] (1) 小さな水入れ；つぼ（壷） (2) ＝ कायफल. (3) ＝ जलकुंभी.

कुंभीपाक [名] ＝ कुम्भीपाक.〔ヒ〕クンビーパーカ（地獄の一で殺生を行った者がそこでたぎる油に投じられるという）

कुंभीर [名]〔動〕ワニ科ガリヤールワニ【*Gavialis gangeticus*】〈gharial; long-snouted crocodile〉
कुँवर [名] = कुँअर. (1) 息子 = लड़का; पुत्र. (2) 王子；皇子 = राजपुत्र.
कुँवर कलेवा [名]〔ヒ〕ヒンドゥーの結婚式で挙式の翌日花婿が友人を伴って花嫁の家を訪れ食事をする儀礼
कुँवरि [名*] (1) 娘；未婚の女性= कुमारी. (2) 王女；皇女= राजकन्या.
कुँवरी [名*] = कुँवरि.
कुँवरेटा [名] 児童；男児；男の子= बालक; बच्चा.
कुँवरेटी [名*] 女児；童女；女の子= बालिका; बच्ची.
कुँवारा [形+] (1) ひとり身の；結婚していない (2) 童貞の；処女の (3) つがいを組んでいない सब से पहले कुँवारे पक्षी प्रजनन क्षेत्रों में वापस लौटते हैं つがいを組んでいない鳥が繁殖地に最初に戻ってくる
कुँहड़ा [名] = कुम्हड़ा.
कु- [接頭]《Skt.》悪いこと，正しくないこと，劣悪なことなど負の意を加える接頭辞． कुमार्ग 悪の道， कुरूप みっともない，醜いなどのように用いられる
कुआँ [名] = कुँआँ/कूआँ. (1) 井戸 (2) (奥) 深くて暗いところ कुएँ की जगत 井戸の口の周囲を石や煉瓦などで固めて高くしたところ अंधा कुआँ 腹（比喩的に） कुआँ खुदवाना 井戸を掘らせる（掘ってもらう） उसने कुएँ खुदवाये 幾つも井戸を掘らせた（井戸を掘ってもらった） **कुआँ खोदना** *a.* 働く；稼ぐ；仕事をする *b.* 損害を与える *c.* 努力する；努める **कुआँ खोदना और पानी पीना** 自分の稼ぎで飯を食べる **कुआँ चलाना** 井戸水で畑に灌水する= कुआँ जोतना. **कुआँ झाँकना** かけずりまわる；必死になる **कुआँ टूटना** 井戸が涸れる **कुआँ दिखाना** 追い払う **कुआँ पोखर ढूँढ़ना** くまなくさがす；隅から隅まで探す **कुएँ का मेंढक** 井の中の蛙；世間知らず；井蛙 **कुएँ की मिट्टी कुएँ में लगना** 稼いだところで金を使うこと **कुएँ में गिरना** *a.* 災難に遭う；不幸な目に遭う *b.* 命を投げ出す **कुएँ में डालना** *a.* 井戸に投げ込む *b.* ひどい目に遭わせる *c.* 大損させる **कुएँ में ढकेलना** *a.* 大きな損害を与える *b.* ひどく苦しめる **कुएँ में पड़ना** = कुएँ में गिरना. **कुएँ में फँसना** 厄介な目に遭う；苦しい思いをする **कुएँ में फेंकना** *a.* 捨て去る *b.* 無駄にする **कुएँ में बाँस डालना** 手を尽くして探したり調べたりする **कुएँ में बाँस पड़ना** 詳しく調べられる **कुएँ में बोलना** 聞こえないほどの小声で話す **कुएँ में भाँग पड़ना** みながみな頭がおかしくなる；全員の精神状態が正常でなくなる **कुएँ में से बोलना** = कुएँ में बोलना. **कुएँ से प्यासे आ॰** 運のつきに見放されること
कुआर [名] ヒンドゥー暦の７月，クアール月（日本の旧暦の８月16日からのひと月）= आश्विन.
कुई [名*]〔言〕クイー語（ドラヴィダ語族中部支派の言語でオリッサ州に住むコンド族によって話される）
कुकटी [名*]〔植〕パンヤ科高木インドキワタノキ= सेमल.
कुकठ [形] (1) 人情のない；情け容赦のない (2) うるおいのない；味気ない
कुकड़ना [自] 縮む；小さくなる
कुकड़ी [名*] (1) 糸のかせ (2) チョウセンアサガオのさっ果 (3) 雌鶏= मुरगी/मुर्गी.
कुकड़ूँ कूँ [名*] こけこっこー（雄鶏の鳴き声） कुकड़ूँ कूँ बोलना 雄鶏が鳴く
कुक़नुस [名] 《P. ققنس कुक्नुस》不死鳥= क़ुक्नूस.
कुकर [名] 《E. cooker》なべ，かまなどの炊事道具
कुकरी[1] [名*] 《E. coookery》西洋料理；洋食
कुकरी[2] [名*] (1) 痛み = दर्द; पीड़ा. (2) かさぶた = झिल्ली.
कुकरे [名] トラコーマ= कुकरे रोग. = रोहा.
कुकरौंदा [名] = कुकरौंधा.〔植〕キク科草本ヤエヤマコウゾリナ【*Blumea lacera*】
कुकर्म [名] 悪事；悪行
कुकर्मी [形] 悪事をなす；悪行をなす मैं कुकर्मी तो रहा नहीं 私は今まで悪事を働いたことがないのです
कुकवि [名] 才能のない詩人；へぼ詩人
कुकवेयर [名] 《E. cookware》料理用具；調理道具；調理器具
कुकास [名]〔医〕百日咳
कुकिंग [名] 《E. cooking》クッキング；料理（をすること）；調理
कुकिंग गैस [名*] 《E. cooking gas》調理用ガス
कुकिंग ग्रिल [名] 《E. cooking grill》焼き網
कुकिंग रेंज [名] 《E. cooking range》レンジ；料理用かまど
कुकुद [名] (1) 頂き；頂上 (2) 動物の角
कुकुर [名] 犬= कुक्कुर; कुत्ता.
कुकुर आलू [名]〔植〕ヤマノイモ科蔓草カシウイモ【*Dioscorea bulbifera*】= रतालू; पिंडालू; सूअर आलू.
कुकुर खाँसी [名*]〔医〕百日咳
कुकुरदंत [名] 八重歯
कुकुरदंता [形] 八重歯のある
कुकुरनिंदिया [名*] 少しの物音にも目を覚ますような非常に浅い眠り
कुकुरमाछी [名*]〔昆〕ウシアブ（牛虻）
कुकुरमुत्ता [名] キノコ，ドクタケなどの胞子植物の総称
कुकूण [名]〔医〕トラコーマ= रोहा.
कुकृत्य [名] 悪事；不始末；悪行 वह अपने कुकृत्य पर पछता रहा था 己の不始末を悔やんでいた
कुक्कुट [名] (1) おんどり（雄鶏）= मुर्ग़ा. (2) 火の粉 (3) 炎 (4)〔植〕ヒユ科１年草ケイトウ（鶏頭）= जटाधारी; मुर्ग़केश.
कुक्कुटपालन [名] 養鶏（など家禽を飼育すること）
कुक्कुट फ़ार्म [名] 《H. + E. farm》養鶏場（など，家禽の飼育所）
कुक्कुटी [名*] めんどり（雌鶏）
कुक्कुर [名]〔動〕イヌ，犬= कुत्ता; कुकुर; श्वान.
कुक्ष [名] (1) 腹 (2) 脇腹 (3) 子宮 = कोख.
कुक्षि [名*] (1) 腹 = पेट. (2) 脇腹 (3) 子宮 (4) 洞窟；ほら穴 (5) 空間；隙間
कुक्षिगत [形] 子宮に入った；受胎した；妊娠中の= गर्भस्थ.
कुख्यात [形] 悪名高い；評判の悪い= बदनाम.
कुख्याति [名*] 悪名；悪評判= बदनामी. शक्तिहीन के रूप में कुख्याति 無力ということで悪名高いこと
कुगति [名*] みじめな状態；哀れなさま= दुर्दशा; दुर्गति.
कुघात [名] (1) 時機の悪いこと= कुअवसर. (2) 奸策
कुच[1] [名] 女性の胸；乳房
कुच[2] [形] (1) 縮んだ = संकुचित. (2) けちな = कंजूस; कृपण.
कुच[3] [名] 蛇の抜け殻= केंचुल.
कुचक़ार [名] 《P. قچقار》〔動〕ウシ科パミールアルガリ【*Ovis amnon polii blyth*】〈Marco polo's sheep〉
कुचकुचाना [他] 鋭い刃物で繰り返しずぶずぶ突き刺す
कुचक्र [名] 悪企み；陰謀 कुचक्र के शिकार बनकर 陰謀の餌食となって **कुचक्र रचना** 陰謀を企む
कुचक्री [形] 悪企みをする；陰謀を企む；陰険な
कुचलना[1] [他] (1) つぶす；押しつぶす कुचले हुए केले つぶされているバナナ उनके कुचलने से ऐसी ही आवाज़ आयी थी それをつぶすとちょうどこんな音がした मच्छरों को कुचल डालो 虫どもを押しつぶせ सुनो, यह काशी है.लोग तुम्हें कुचल देंगे よいか，ここはベナレスだ．人に押しつぶされるぞ बड़े चम्मच से गाजर के टुकड़ों व टमाटरों को कुचलें 大きなさじで刻んだニンジンとトマトをつぶすこと (2) 砕く पत्थरों से कुचल दिया गया है 石で砕かれている तुम अपने हृदय के अरमानों को ज़बरदस्ती कुचल रही हो あなたは自分の願いをむりやり打ち砕こうとしているわ मुसलमानों की क़ुव्वत को कुचलने की कोशिश イスラム教徒の力を砕こうとする試み (3) 踏みつぶす；抑圧する；弾圧する；踏みにじる；踏みつける；（足を用いて）踏みつぶす उन देशों पर क़ब्ज़ा करके वहाँ के नागरिकों को कुचल डाले それらの国々を占領し市民を踏みつぶして कुचले हुए की सहायता करो 虐げられた人たちを助けなさい (4) 踏みにじる नागरिकों के अधिकार को कुचलना 市民の権利を踏みにじる
कुचलना[2] [自] (1) つぶされる；押しつぶされる；車輪にひかれる बस से कुचलकर हलाक バスにひかれて死亡 आटोरिक्शा से कुचलने पर वृद्ध की मृत्यु オート力車にひかれて老人死亡 (2) 砕かれる (3) 踏みつぶされる (4) 踏みにじられる
कुचलवाना [他・使] ←कुचलना[1]. 潰させる；踏みつぶさせる；踏みつぶして貰う बैलों से पूले कुचलवाकर わらを牛に踏みつぶさせて
कुचला [名]〔植〕マチン科小高木マチン【*Strychnos nux-vomica*】
कुचली [名*] 犬歯；糸切り歯= सीता दाँत.
कुचाग्र [名] 乳首；乳頭
कुचाना [他] 突き刺す；刺し込む
कुचाल [名*] (1) 不行跡 (2) 悪企み；悪事；悪さ= दुष्टता.

कुचालक [名・形] 不良導体（の） ⟨bad conductor⟩ ↔ सुचालक 良導体. लगभग सभी प्लास्टिक बिजली के कुचालक होते हैं ほとんどすべてのプラスチックは電気の不良導体である

कुचाली [形] (1) 不行跡の (2) 道をはずれた；悪事を働く

कुचाह [名*] あさましい欲望

कुंचित [形] (1) 縮んだ；収縮した= सिकुड़ा हुआ. (2) 少量の；わずかな= थोड़ा.

कुचिया दाँत [名] 臼歯；奥歯 = डाढ़; दाढ़; चौभर.

कुचेल [名] (1) みすぼらしい服 (2) 汚れた服

कुचेष्ट [形] (1) 悪巧みをする (2) みっともない；みにくい

कुचेष्टा [名*] (1) 悪事；不品行；悪行 (2) 悪巧み

कुचैला [形⁺] (1) 汚い服を着ている (2) 汚れている；汚い

कुच्चा [名] （水などの液体を入れるための）革袋= कुप्पा.

कुछ[1] [代] (1) 不特定のものごとを表すのに用いられる．無変化である．何か；何；何ごとか किसी को कुछ न दूँगा だれにも何もやらぬ बिना कुछ कहे-सुने 何も言わずに；何も問いたださずに कुछ तो हुआ है माँ, आज तू उदास है 母さん，何（ごと）かあったんだね．今日はふさぎこんでいるじゃないの तुझे तो कुछ नहीं हुआ? कहीं चोट तो नहीं आई? おまえ何ともなかったのかい．どこかけがをしたのじゃない किसी से कुछ बोले बिना だれにも何も言わずに आप कुछ भी हैं, फिर भी हमारे पूज्य हैं あなたがどういう方であれ手前どもには崇拝すべきお方でいらっしゃいます (2) 否定詞と共に用いられて「何もない」の意を表す न उसके पास कहने के लिए कुछ था, न मेरे पास あの人にも私にも言うべきことは何もなかった (3) ひとかどのもの (4) 価値のあるもの；値打ちのあるもの (5) 普段にないこと；非日常的な状態；何か特別のこと；何か特異なこと ठेकेदार ने रामफल को बिना कुछ कहे-सुने काम से हटा दिया 請負師は何の相談もなくラームパルの首を切った **कुछ-का-कुछ** 正反対のこと；全く反対のこと；全く思いがけないこと **कुछ-का-कुछ समझना** 全く誤解する इर्द-गिर्द के लोग मुझे कुछ-का-कुछ समझने लग गए थे 周囲の人たちは私を全く誤解するようになっていた **कुछ-का-कुछ सुन ले॰** 言葉と全く反対のことに聞き取る；とんでもないように聞き取る **कुछ तुम समझे कुछ हम समझे** おたがい何もわからない；たがいに全く別のことを考えたり理解した **कुछ-न-कुछ** *a.* 何か；何らかのもの *b.* 何らか；なにがしか；多少は；いくらかは；少々は **कुछ न पूछिए (कुछ मत पूछो)** いやはやお話にならない；全くひどいものだ **कुछ नहीं** いや別に；特別のことはない **कुछ बाकी न रखना** ありとあらゆる努力をする；できる限りのことをする **कुछ भी न (नहीं)** - 全く－しない；全く－でない बाबा बहुत कुछ कहना चाहते थे, कुछ भी नहीं कह पा रहे थे 祖父は沢山のことを話したかったのだが全然話せないでいた घमंड तो दौलत और ताकत पर होता है, मेरे पास तो इनमें से कुछ भी नहीं 驕りとは富や権力についてであって私はそのいずれも持ってはいない भाग्य के भरोसे बैठे रहने से कुछ नहीं होगा 運命を頼りにしていては何ごとも成し遂げられないだろう **कुछ भी उठा न रखना** あらゆる手を尽くす **कुछ भी (…नहीं)** 少しも（…ない）；何も（…ない）；全く（…ない） **कुछ भी क्यों न हो** どうなろうとも；どういう事態になろうとも कुछ भी क्यों न हो, आप लोग डरिएगा नहीं どうなろうとも皆さん恐れてはいけません **कुछ भी हो** ともかく；とまれ；どうあれ **कुछ-से-कुछ हो जा॰** 大きく変わる；大変化が生じる；全く別の状況になる **कुछ हो** どうあろうと **कुछ हो जा॰** *a.* 何か問題が起きる；何か良くないことが起こる *b.* 体や精神状態に障りが生じる；調子が狂う *c.* ひとかどのものになる **कुछ हो (कर) रहना** *a.* ひとかどのものになる；それなりのものになる *b.* 何かが起こる；何ごとかが起こる；問題が起こる

कुछ[2] [形・代形] (1) 何かの；不特定の (2) 幾つかの；少しの；若干の；一部の कुछ देर बाद しばらく後に；しばらくしてから कुछ माता पिता लड़कियों को उच्चशिक्षा दिलाने के पक्ष में होते हैं 一部の親は娘に高等教育を受けさせようと思っている कुछ देर के लिए しばしの間 निर्मला कुछ अचकचाती है और कुछ देर बाद थकी-सी उसके पास बैठ जाती है ニルマラーは少しあわてる．そして少し経ってから疲れたように彼女のそばに腰を下ろす **कुछ एक** わずかの；ほんのわずかの **कुछ ऐसा (-)** *a.* 並はずれた *b.* (－) やら（断定的でない） **कुछ ऐसा-वैसा** *a.* ありきたりの *b.* 並はずれたこと *c.* 厄介なこと；面倒なこと **कुछ और** なにか別のもの；なにか他のもの；少し違うもの ऊँटों के बाज़ार का तो आलम ही कुछ और होता है ラクダ市の世界はいささか特異なものだ लेकिन हक़ीक़त कुछ और है しかし事実は少し違う तब तो आज मेरी ज़िंदगी कुछ और होती もしもそうだったら今の私の人生は少し別のものになっていたものを **कुछ और गाना** 関係のないことを言う；ほかごとを言う；よそごとを言う；無関係な話をする **कुछ और हो जा॰** 正反対のことになる **कुछ-कुछ** 少々（の）；少し（の）；幾らか（の）；なにがしか（の）；若干（の） **कुछ दिनों का मेहमान** *a.* はかない；長持ちしない；一時的な；長続きしない；短時日の *b.* 息絶え絶えの；死にかけの；瀕死の **कुछ-न-कुछ** *a.* 何かの；何らかの प्रत्येक व्यक्ति कुछ-न-कुछ कार्य करता है 人は何らかの仕事をするものです *b.* 何かは；何かしらは；少々のものは；何らかのものは हमें कुछ-न-कुछ काम करते रहना चाहिए 人は何かの仕事を続けていかなくてはいけない

कुछ[3] [副] (1) いくらか；幾分か；若干；なにがしか (2) 少し；わずかに (3) およそ；だいたい= कुछ-कुछ. उनकी व्यवस्था कुछ इस प्रकार करें それらの段取りはおよそこのようにすること उसका साराश कुछ इस प्रकार था 要約するとまあこんなふうだった **कुछ और** 更に；更にもう少し；もうちょっと इसके बारे में हकीम से कुछ और पूछते तो अच्छा था このことについて医者にもう少したずねていたらよかったのに **कुछ-कुछ** 少し；いささか；幾分か - **कुछ नहीं** 全く－でない；全然－でない；少しも－でない मैं बीमार-वीमार कुछ नहीं हूँ 僕は全く病気なんぞじゃないよ रात कब गहरी हुई, मैं कब सोई, कुछ याद नहीं. उमस भरी गर्मी की रात थी 夜がいつ更け，いつ自分が眠ったのか，全く覚えていない．蒸し暑い夏の日だった

कुछेक [形] 若干の；幾つかの；一部の कुछेक नमूने 若干の見本；幾つかの手本 पिछले कुछेक महीनों में ही कहाँ-से-कहाँ पहुँच गयी है このほんの2～3か月のうちに大きく変わってしまっている अमरीका के कुछेक धनी व्यापारी アメリカの一部の裕福な商人

कुज[1] [名] (1)〔天〕火星= मंगल ग्रह. (2) 木；樹木= पेड़; वृक्ष.

कुज[2] [形] 赤い= लाल.

कुज[3] [副] ＝ कुजा.

कुजन्मा [形] 生まれの卑しい；下賤の

कुजस [名] 不名誉；汚名= अपयश; अपकीर्ति.

कुजा [副] 《P. کجا》どこに；どこへ；いずこに；いずこへ= कहाँ; किस जगह. **कुजा क कुजा ख** AとBには天地の差がある；AとBとでは比べようがない= कहाँ अ कहाँ ब. कुजा अयोध्या, कुजा चुनार. अयोध्या तीर्थ, चुनार तीर्थ-तेज को नष्ट करनेवाला アヨーディヤーとチュナールとは比べようがない．片や聖なる巡礼の地アヨーディヤー，片や聖地巡礼の徳を破壊するチュナール

कुजात [名*] ＝ कुजाति.

कुजाति[1] [名*] (1) 卑しいカースト（ジャーティ）；低いカースト＝ नीच जाति. (2) 低い生まれ

कुजाति[2] [名] (1) 低いカーストに属する人 (2) 下劣な人；品性の卑しい人

कुज्जा [名] 《← P. کوزه कूज़ा》(1) 素焼きの碗；飲み物を入れる茶碗 (2) 氷砂糖の大きなかたまり

कुज्जी [名*] 小さい素焼きの碗→ कुज्जा.

कुट[1] [名] (1) 家 ＝ घर. (2) 砦；城砦 ＝ गढ़; कोट. (3) 石を割る金槌

कुट[2] [名] (1) 物を突き砕いたかけら (2) 紙をつき砕いてこしらえた混凝（こんくり）紙；紙型

कुट[3] [名]〔植〕キク科草本【*Saussurea lappa*】 ⟨kuth; costus⟩

कुटक [名] ひもをかけてかめの中の牛乳を撹拌する撹拌棒を支えるのに用いる棒

कुटका [名] 小さいかけら；断片= टुकड़ा; छोटा टुकड़ा.

कुटकी[1] [名*] (1)〔植〕イネ科草本【*Panicum sumatrense; P. miliare*】 ⟨small millet⟩ ＝ कँगनी; चेना. (2)〔植〕リンドウ科草本【*Gentiana kurroo*】その根はゲンチアナ根；竜胆 (3)〔植〕ウマノアシガタ科クリスマスローズ【*Helleborus niger*】 (4)〔植〕キンポウゲ科トリカブト【*Helleborus niger*】 ⟨aconite⟩

कुटकी[2] [名*] (1) 小さなかけら；小さな破片 (2)〔昆〕ブユ科ブユ（蚋）；ブヨ

कुटकुट [名*] こっこっこ；こっこっこー（雌鶏の鳴き声）＝ कुट कुट कुटाक. मुर्गी की कुटकुट को एक लोमड़ी ने सुना 雌鶏のこっこっこーの鳴き声を1匹の狐が聞いた

क

कुटज [名] キョウチクトウ科低木コネッシ【*Holarrhena antidysenterica*】= कुरैया.
कुटनपन [名] ←कुटनी. (1) 売春の客引きをすること (2) 仲介；仲立ち；取り持ち； (3) 仲違いさせること
कुटनहारी [名*] 米搗きを生業とする女性
कुटना[1] [名] (1) 売春の客引き；ぽん引き (2) 仲介者；仲立ち；取り持ち（をする人） (3) 仲違いをさせる人
कुटना[2] [自] (1) 砕かれる；砕きつぶされる (2) つかれる（搗かれる） (3) 叩かれる；殴られる→ कूटना.
कुटनी [名*] (1) 売春を斡旋する女；やり手ばばあ (2) 仲介や取り持ちをする女性 (3) 仲違いをさせる女性
कुटर कुटर [名] (1) くちゃくちゃ（ものを噛む音） (2) かちかち（歯のかちあう音）
कुटवाना [他・使] ←कूटना.
कुटाई [名*] ←कूटना. (1) 砕いたり搗いたりすること (2) その手間賃 (3) 激しく叩くこと；強くなぐること
कुटिया [名*] (1) 庵 पंचवटी पर कुटिया बनाकर パンチャヴァティーに庵を結び साधु की कुटिया サードゥーの庵 (2) 小屋 (3) 自分の小屋のように小さな家；拙宅
कुटिल [形] (1) 曲がっている；ゆがんだ (2) 性悪な；ひねくれた；心の曲がった (3) いやみのある उनके चेहरे पर एक कुटिल मुसकान खेल रही थी その人の顔には一種いやみのある笑みが浮かんでいた
कुटिलता [名*] (1) 屈曲；歪み (2) 性悪さ；不正直 (3) 悪辣さ
कुटिलपन [名] = कुटिलता.
कुटिला [名] (1) シワリク丘陵に源を発しインダス川の東をタール砂漠に向かって流れて消失するサラスヴァティー川（सरस्वती） (2) クティラー文字（ブラーフミー文字に起源を持つ文字で 6〜10 世紀頃に主に北インドで行われた．ナーガリー文字 नागरी लिपि やシャーラダー文字 शारदा लिपि の母体となった）
कुटी [名*] (1) 草葺き小屋 (2) 庵
कुटी उद्योग [名] 家内工業；家内産業= कुटीर उद्योग.
कुटीचर [形] (1) 性悪な；たちの悪い (2) いんちきな；いかさまの
कुटीर [名] = कुटी. कुटीर उद्योग 家内工業 〈cottage industry〉
कुटुंब [名] 家族= कुटुम्ब; कुनबा; परिवार; ख़ानदान. कुटुंब-प्रथा 家族制度 आर्यों की कुटुंब-प्रथा का वर्णन アーリア人の家族制度についての記述 **कुटुंब भत्ता** 家族手当
कुटुंबक [名] 家族= कुटुंब; कुटुम्ब.
कुटुंबिनी [名*] (1) とじ（刀自） (2) 主婦
कुटुंबी [名] (1) 家族（の人）；家族の成員 मृतक के कुटुंबियों को 死者の家族たちを；遺族を (2) 一族 (3) 親類；親族
कुटेव [名*] 悪い癖；悪癖= बुरी बान; ख़राब आदत. **कुटेव पड़ना** 悪い癖がつく एक आदमी को कोई कुटेव पड़ गई ある男に悪い癖がついてしまった
कुटौनी [名*] (1) 精米 (2) 精米の手間賃 **कुटौनी-पिसौनी** *a.* 米搗きと粉挽き *b.* 女性や主婦の苦労の多い日常の労働
कुट्टा [名] (1) 風切り羽を切られた鳥 (2) おとりの鳥（媒鳥）= मुल्लह.
कुट्टार [名] (1) 毛布 (2) 性交；交接 (3) 山
कुट्टिम [名] (1) 石を搗き固めた土間 (2)〔植〕ザクロ = अनार. (3) ザクロの実
कुट्टी[1] [名*] (1) まぐさ（秣） (2) まぐさ（秣）を刻むこと (3) こんくりがみ（混凝紙）；紙型（張り子の材料）
कुट्टी[2] [名*] 縁切り；絶交 तुम्हारे डैडी से आज तक हमारी कुट्टी थी 母さんはお前のお父さんとは今日まで絶交していたのよ घुइयाँ से पहले मेरी कुट्टी हो चुकी थी.अब ज़मींकंद से भी बैर हो गया サトイモとは昔に縁切りになっていたが，今度はゾウコンニャクまでもが仇になってしまった **कुट्टी क°** 縁を切る；縁切りする；絶交する；関係を絶つ
कुट्टीर [名] 小さい山；丘= पहाड़ी; छोटा पहाड़.
कुट्टीरक [名] = कुटिया.
कुठला [名] 穀物貯蔵用の大きなかめ（瓶）
कुठाँव [名] (1) 悪い場所；良くない所 (2) 危険な所 (3) 恐ろしい所 (4) 急所 **कुठाँव मारना** *a.* 大打撃を与える *b.* 急所を襲う；急所に打撃を加える **कुठाँव में हाथ पकड़ना** 困ったり危険におちいっている際に助ける
कुठार [名] 大きな斧 **कुठार चलाना** 害を与える；危害を加える
कुठाराघात [名] (1) 斧を振るうこと (2) 大打撃 नागरिकों के सुख को कुठाराघात 市民の幸せに対する大打撃 कुठाराघात क° 大打撃を与える हिंदू धर्म रूपी वृक्ष की जड़ों यानी वेदों पर ही कुठाराघात है ヒンドゥー教という木の根，すなわち，ヴェーダそのものに斧で打撃を加えること
कुठारी [名*] 手斧= कुल्हाड़ी.
कुठाली [名*] るつぼ（坩堝）
कुठाहर [名] = कुठाँव.
कुठिया [名*] 穀物を収納するかめ（瓶）
कुठौर [名] (1) 悪い所；不適当な場所 (2) 悪い時機；不都合な時
कुड़क [名*] 雌鶏がこっこっこと鳴く声
कुड़कना[1] [自] ぶつぶつ言う
कुड़कना[2] [他] 砕く；粉砕する；割る काका साहब ने बड़ी टोकरी खोली - रेवड़ा निकालकर कुड़कने लगे 伯父は大きなかごを開きレーオラーを取り出すと砕き出した
कुड़कुड़ [名] 鳥獣を追い払う時の声；しっ；しっしっなど
कुड़कुड़ाना[1] [自] (1) ぶつぶつ言う (2) むかむかする；むかつく；しゃくにさわる (3) 雌鶏がこっこっこと鳴く
कुड़कुड़ाना[2] [他] 鳥獣を追い払う
कुड़कुड़ी [名*] 空腹や腹の具合が悪いために腹がごろごろとかぐるぐるとか鳴る音 **कुड़कुड़ी हो°** *a.* 空腹のため腹がぐうぐう鳴る *b.* 知りたくてうずうずする
कुड़बुड़ाना [自] むかつく；いら立つ；ぶつぶつ言う
कुड़माई [名*] 《Pan.》婚約；婚約式= मँगनी; सगाई.
कुड़री [名*] 頭上運搬のため頭にのせた荷を安定させるための道具；かんわめ
कुड़ा [名] = इंद्रजव; कुरैया.
कुडी [名*] = कुटी; कुटिया.
कुड्डक [形] 無駄な；意味のない；無意味な **कुड्डक बोलना** 無駄になる；意味がなくなる
कुडौल [形] 不恰好な；形の悪い
कुड्य [名] 壁 = दीवार; भित्ति.
कुढंग [名] 悪い形；悪い形式；やり方の悪いこと
कुढंगा [形[+]] (1) つくりの悪い；ぶさいくな (2) 醜い；みっともない
कुढंगी [形] 行いの悪い；品行の良くない= कुमार्गी.
कुढ़न [名*] → कुढ़ना. (1) むかつくこと；腹立たしいこと (2) 苦々しい思い；不快な思い；むかつき；いらだち (3) 羨ましさ；妬み
कुढ़ना [自] (1) むかつく；むかむかする；腹立たしく思う；しゃくにさわる；むしゃくしゃする उसने जी में कुढ़ते हुए दो रुपये निकालकर फेंक दिये 腹立たしく思いながら２ルピーを取り出し投げ与えた (2) 苦々しく思う；不快に思う बाक़ी सारे सभासद इस बात पर मन-ही-मन कुढ़ रहे थे 他の議員は全員このことを密かに苦々しく思っていた (3) 羨む；妬む हमारे देश ने अंतर्राष्ट्रीय क्षेत्र में जो बड़ी प्रतिष्ठा प्राप्त की है उससे हमारे पड़ोसी देश कुढ़ा हुआ है 国際的にわが国が得た名声をわが隣国が妬ましく思っている
कुढ़ाना [他] (1) 怒らせる；いらだたせる；不快な思いをさせる (2) くやしがらせる；羨ましがらせる
कुण [名] (1)〔昆〕シラミ（虱）= चीलर/चीलड़. (2) 垢
कुणक [名] 動物の子
कुणप [名] (1) 死体；死骸；遺体= शव; मृत शरीर; लाश. (2) 槍 = बरछा; भाला.
कुणपा [名*] 小型の槍
कुतः [副] (1) どこ（に，へ）；いずこに；いずこへ（何処へ） (2) どのように；如何様に
कुतका [名] (1) 太い棍棒 (2) 棒術に用いる棒 **कुतका दिखलाना** きっぱりと断る
कुतकी [名*] 杖 = छड़ी.
कुतना [自] 推測される；推定される；推計される
कुतप [名] (1) 正午= मध्याह्न. (2)〔ヒ〕慰霊祭に必要な８種の祭具や材料 (3) 山羊の毛でこしらえた毛布
कुतबा [名] 《A. خطبہ ख़ुत्बा》〔イス〕金曜モスクや結婚式でのハティーブ（خطیب ख़तीब）が行う説教
कुतर [名]〔鳥〕ワシタカ科チュウヒ【*Circus aeruginosus*】
कुतरन [名*] かじり取ったもの；かじり取った部分；かみきったもの；食いちぎったもの

कुतरना [他] (1) かじる；噛みきる；噛みちぎる；食いちぎる तिनका कुतरना わらしべをかじる बिस्कुट कुतरते हुए मैंने बहुत सहज भाव से पूछ लिया ビスケットをかじりながらそれとなくたずねた मैंने लड्डू कुतरा ラッドゥー（菓子）をかじった फल कुतरनेवाला तोता 果物を食いちぎるオウム (2) 刻む मैं तो दाल चूल्हे पर चढ़ाती हूँ तो साथ ही प्याज़ भी कुतरकर डाल देती हूँ ダール（豆スープ）を火にかける際には玉ねぎも刻んで入れることにしている टमाटर का महीन-महीन कुतरा トマトを細かく刻んだもの (3) 噛む बाज़ बच्चे दाँतों से अपने नाख़ुन कुतरते रहते हैं 一部の子供はしょっちゅう爪を噛んでいる

कुतरनेवाले स्तनी [名]〔動〕げっし（齧歯）目の動物；齧歯動物

कुतरा कीट [名]〔昆〕ヤガ（夜蛾）科ヨトウガ

कुतर्क [名] (1) 屁理屈 (2) 奇弁；詭弁 **कुतर्क क॰** 屁理屈を言う；理屈をこねる

कुतर्की [形・名] (1) 屁理屈を言う（人） (2) 詭弁を弄する（人）；詭弁家

कुतिया [名*] (1) 雌犬 (2) 尻軽女；品行の悪い女

कुतुब [名, pl.] 《A. كتب》本；書物；書籍（किताब の複数形）

कुतुब [名] 《A. قطب कुत्ब》(1)〔天〕北極星= ध्रुवतारा. (2) 軸；心棒

कुतुबख़ाना [名] 《A.P. كتب خانه》図書館；書庫；文庫

कुतुबनुमा [名] 《A.P. قطب نما कुत्बनुमा》羅針盤；コンパス

कुतुबफ़रोश [名] 《A.P. كتب فروش》本屋；書店主= पुस्तक विक्रेता.

कुतुब मीनार [名*] クトゥブミーナール→ कुत्ब मीनार.

कुतुरझा [名]〔鳥〕ゴシキドリ科シマゴシキドリ【*Megalaima zeylanica*】= बड़ा बसंता; हरित पिप्पल.

कुतू [名*] 油などの液体を入れる革袋

कुतूहल [名] (1) 好奇心；強い興味；強い関心 जैसे तोते को राम-राम कहते सुनकर उसके प्रति हृदय में एक आनंदमिश्रित कुतूहल उत्पन्न हो जाता है オウムが「こんにちは」というのを聞いて心の中に楽しさの混じった好奇心が起こるように (2) 好奇心をかきたてるもの；強い興味や関心を起こさせるもの (3) 遊び；遊戯；戯れ (4) 見せ物 (5) 驚き

कुतूहलवश [副] 好奇心にかられて कुतूहलवश सीधे उस कुएँ की ओर बढ़ गये 好奇心にかられて真っ直ぐその井戸の方に向かって行った

कुतूहली [形] (1) 好奇心の強い；物好きな (2) 遊び好きな；戯れ好きな

कुत्तरा [名] (1)〔植〕ゴマノハグサ科シソクサ属雑草シソクサ【*Limnophila aromatica*】 (2)〔植〕ゴマノハグサ科シソクサ属雑草【*L. indica*】

कुत्ता [名] (1) 犬= श्वान; कुकुर. झबरा कुत्ता むく犬 पागल कुत्ता 狂犬= बावला कुत्ता. शिकारी कुत्ता 猟犬 (2) 品性のない人；卑しい人；下品な人 (3) 手先；犬 उस देश ने स्वतंत्रता युद्ध में उन दोनों को ब्रिटिश साम्राज्यवाद के कुत्ते कहा その国は独立戦争の中で両氏を帝国主義の犬呼ばわりした (4) 掛け金；ラッチ = बिल्ली. (5) 銃の引き金 = घोड़ा. (-को) **कुत्ता उठना** （ーが）にわかに欲しがる **कुत्ता काटना** *a.* 狂犬がかみつく *b.* 頭がおかしくなる；頭が変になる क्या कुत्ते ने तुम्हें काटा है? 君は頭がおかしくなったのかい **कुत्ता घसीटना** 卑しいことをする；あさましいことをする **कुत्ता भी मुँह चाटना** だれからもあなどられる；だれからもなめられる **कुत्ता रोना** 不吉な兆しが生じる；凶兆がある **कुत्ते का कफ़न** 大変安物の衣服 **कुत्ते का कौर** 粗末な食事 **कुत्ते का गंगा नहाना** 悪人が善人ぶる **कुत्ते का मग़ज़ खाना** ぺちゃくちゃしゃべる；しゃべりづめにしゃべる **कुत्ते की चाल जा॰** 急いで行く；大急ぎで行く **कुत्ते की चाल जाना, बिल्ली की चाल आना** 非常に早く行き来する；行ってすぐに戻る **कुत्ते की ज़ात पहचानना** 人の素性や性質を知る **कुत्ते की तरह दुम (पूँछ) हिलाना** 犬のように尻尾を振る；こびへつらう；追従する **कुत्ते की दुम** 犬の尻尾；変わりようのないもの；どうにもならないもの；扱いようのないもの **कुत्ते की दुम टेढ़ी की टेढ़ी रहना** 性格や性分は変わりようのないものだ= कुत्ते की दुम बारह वर्ष नलकी में रखी तो भी टेढ़ी की टेढ़ी. **कुत्ते की नींद सोना** 非常に浅い眠り दूसरा कुत्ते की नींद सोता है.ज़रा-सा खटका होते ही उसकी आँख खुल जाती है もう一人は眠りがとても浅いのでほんのちょっとしたもの音がするだけで目を覚ます **कुत्ते की पूँछ टेढ़ी की टेढ़ी रहना** = कुत्ते की दुम टेढ़ी की टेढ़ी रहना. **कुत्ते की मौत मरना** あわれな死に方をする；みじめな死に方をする；不名誉な死をとげる डरपोक इनसान हमेशा कुत्तों की मौत मरते हैं 臆病者はきまって惨めな死に方をするものなのだ **कुत्ते की हड़क** 狂犬病；恐水病 **कुत्ते को घी न पचना** *a.* 卑しい人間は大切な話を胸に秘めておけないものだ *b.* 卑しい人は大金を得ると自慢せずにはおれないもの *c.* 身分不相応な物；使いこなせない物= कुत्ते को घी न हज़म हो॰. **कुत्ते को मौत आए तो मस्जिद में मूत आए** *a.*〔諺〕貧すりゃ鈍する *b.* 弱いものや悪者が強い相手に立ち向かおうとすることをたとえて言う= कुत्ते को मौत आए तो मस्जिद में मूते. **कुत्ते खसी में आ फँसना** 厄介に巻き込まれる **कुत्ते बिल्ली भी नहीं पूछते** 相手にされないほど全く粗末な（もの）

कुत्ताघर [名] 犬小屋

कुत्तेख़ाना [名] 《H.+ خانه》犬小屋 = कुत्ताघर.

कुत्ब [名] 《A. قطب》〔天〕北極星

कुत्बनुमा [名] 《A.P. قطب نما》羅針盤；コンパス कुत्बनुमा की सूई コンパスの針

कुत्ब मीनार [名*] 《A. قطب مينار कुत्ब मीनार》クトゥブミーナール（奴隷王朝のクトゥブッディーン・アイバクによって 12 世紀末にニューデリー南部に創建されたインド最古の尖塔）

कुत्बशाही [名*] 《A.P. قطب شاہی》クトゥブ王朝（15 世紀末から 16 世紀にかけてゴルコンダを都としたイスラム教徒支配の王国）

कुत्बे जनूबी [名] 《A. قطب جنوبی》南極= दक्षिण ध्रुव.

कुत्बे शिमाली [名] 《A. قطب شمالی》北極= उत्तर ध्रुव.

कुत्र [副] どこ（に）；いずこ（に）= कहाँ.

कुत्सा [名*] (1) 悪口 (2) 軽蔑 (3) 非難 उसने संसार या समाज की कुत्सा पर कभी कान ही न दिए 社会の非難にただの一度も耳を貸さなかった

कुत्सित [形] (1) 軽蔑すべき；下劣な；下品な；品のない；唾棄すべき；おぞましい कुत्सित साहित्य 下劣な文学 (2) 軽蔑された (3) うとましい कुत्सित जीवन うとましい人生 कुत्सित मंडली में जा मिला 下品な連中の仲間になった

कुदकड़ा [名] 飛び跳ねること कुदकड़ा मारना 跳び回る；飛び跳ねる；跳ね回る

कुदकना [自] 飛び跳ねる

कुदक्कड़ [形] よく飛び跳ねる

कुदक्का [名] 跳躍；飛び跳ねること कुदक्का मारना 飛び回る；跳ね回る

कुदरत [名*] 《A. قدرت कुद्रत》(1) 自然；天然；大自然 (2) 神の力；神の無限の力；神の威力 कितनी कुदरत वाला है वह अल्लाह जिसने इतना लंबा चौड़ा आसमान बनाया こんなに大きな空をこしらえた神様はなんという力の持ち主なのでしょう (3) 力 = शक्ति; ताक़त. (4) 宇宙

कुदरती [形] 《A. قدرتی कुद्रती》(1) 自然な；本来の；本然の；天からの कुदरती तौर पर 自然に प्रत्येक नारी को भगवान ने एक कुदरती आकर्षण दिया है 神はすべての女性に自然な魅力を授けている (2) 自然の हम लोग कुदरती उसूलों के ख़िलाफ़ ज़िंदगी गुज़ार रहे हैं 私たちは自然の摂理に反して生活している (3) 神の；神威の

कुदरू [名]〔鳥〕ゴシキドリ科アオアゴゴシキドリ【*Megalaima asiatica*】〈blue throated barbet〉

कुदर्शन [形] みっともない；醜い；不細工な；不恰好な= कुरूप; बदसूरत; भद्दा.

कुदलाना [自] 飛び跳ねる；飛び跳ねながら歩む

कुदशा [名*] みじめなありさま；あわれな状態= बुरी दशा.

कुदाँव [名] (1) 裏切り；背信行為= विश्वासघात; दग़ा; धोखा. (2) 危険な状態 (3) 危険な場所

कुदान[1] [名*] 跳躍；跳び；ジャンプ

कुदान[2] [名] (1) 贈与されて困るような物品を贈ること (2) 贈与するにふさわしくない人に贈ること

कुदाना [他] ↔ कूदना (1) 跳ばせる；跳躍させる (2) はずませる；つく (3) 動物に乗って走らせる；駆けさせる

कुदाल [名*] くわ（鍬）；とうが（唐鍬）

कुदाली [名*] 小さなくわ（鍬）

कुदास [名] かじづか（舵柄）

कुदिन [名] (1) 不遇の時期 (2) 縁起の悪い日 (3) ある日の日の出から次の日の出までを一日とする計算法による一日

कुदूरत [名*] 《A. کدورت》(1) 汚れ；濁り= मैल; मैलापन. (2) 不快感；わだかまり；心のもやもや= रंजिश. (3) 憎しみ= द्वेष.

कुदृष्टि [名*] (1) 偏見；悪く思って見ること विधवा विवाह को समाज कुदृष्टि से नहीं देखता 未亡人の再婚を社会が偏見を持って見ない (2) 邪視 किसी भूत-प्रेत, जोगिनी, अच्छरा आदि की कुदृष्टि की आशंका 幽鬼やジョーギニー，アチラーなどの邪視の懸念 (3) いやらしい目つき；みだらな目つきで見ること देवियाँ शोहदों की कुदृष्टि का निशाना बनें? 女性が不良たちにいやらしい目つきで見られるとすれば (4)〔仏〕邪見；異端の教義

कुदेव[1] [名] バラモン；ブラーフマン= भूदेव; भूसुर.

कुदेव[2] [名] ラークシャサ（राक्षस）= दैत्य; दानव.

कुधातु [名*] (1) 鉄 (2) 合金 (3) 劣った金属；卑金属

कुनकुना [形+] गुनगुना. ぬるい；なまぬるい मौसम के अनुसार ठंडे या कुनकुने जल से अवश्य नहलाएँ. 季節に応じて冷水やぬるま湯で必ず沐浴すること

कुनना [他] (1) 研磨する = खरादना. (2) 削る（皮や表面を）はぐ；むく；削る= छीलना; खुरचना.

कुनबा [名] 家族；一族= कुंबा; कुटुंब; परिवार; ख़ानदान. चमारों का कुनबा था और सारे गाँव में बदनाम チャマールの一族で村中で評判が悪かった **कुनबा जोड़ना** *a.* 一族や関係者を集める *b.* 関係を持つ；人との結びつきを持つ

कुनबी [名] (1) クンビー（ヒンドゥーのカースト名．主として農業を生業にしてきた） (2) クンビーカーストの人

कुनमुनाना [自] (1) ぐずる；ぐずぐず言う；しくしく泣く (2) つぶやく；ぶつぶつ言う；ぼやく；不満の気持ちを漏らす वह धीरे से नींद में कुनमुनाती है 小声で寝言をぶつぶつ言う वे लोग भी कुनमुनाये कि अपने यहाँ इन चीज़ों की कमी है 手許にはそれらが不足でもしているのかと連中もぼやいた (3) 身じろぐ；寝返りを何度も打つ；ごそごそ体を動かす；うごめく (4) 落ち着かない；安定しない；揺れる

कुनमुनाहट [名*] ← कुनमुनाना. नवीं कक्षा तक पहुँचते-पहुँचते मैंने अपने अंदर एक हलका उद्वेग और कुनमुनाहट महसूस करना शुरू कर दिया था 9 年生になるかならぬかの頃に自分の中に一種の軽い興奮とうごめきを感じるようになった

कुनाई [名*] (1) 研磨すること (2) 研磨料 (3) 研磨くず

कुनाम [名] 悪名；不名誉= बदनामी.

कुनीन [名*] 《E. quinine》〔薬〕キニーネ= कुनैन.

कुनैन [名*] 《E. quinine》〔薬〕キニーネ= कुनाइन.

कुपंथ [名] (1) 悪い道；悪の道 (2) 不品行 (3) 邪見；邪教

कुपक [名] 《P. کبک कुब्क》〔鳥〕キジ科アジアイワシャコ【*Alectoris chukara*】= चकोर.

कुपढ़ [形] (1) 無学な；無教育な = अनपढ़. (2) 愚かな = मूर्ख.

कुपथ[1] [名] = कुपंथ.

कुपथ[2] [名] 健康を害する食物

कुपथ्य [名] 健康を損ねる食生活や日常生活；不養生な食生活や日常生活= बदपरहेज़ी.

कुपाठ [名] 悪い入れ知恵= बुरी मंत्रणा.

कुपाठी [形] 悪い入れ知恵をする

कुपात्र [形] (1) ふさわしくない（人物）；不適当な（人） (2) 無能な

कुपित [形] 怒った；怒っている；不機嫌な उसने कुपित स्वर में कहा 怒りのこもった声で言った

कुपुत्र [名] 親不孝者；親不孝な息子= कपूत; कुपूत.

कुपूत [名] = कुपुत्र.

कुपोषण [名] 栄養不足；栄養失調；栄養不良

कुप्पल [名]〔化〕フラー土の一種；酸性白土

कुप्पा [名] (1) 水や油などの液体を入れるための革袋；クッパー (2) 中に物をいっぱい入れたクッパーのようなもの；ぷくぷく，ぱんぱんにふくれたもの यदि माँस के सूखे हुए पौधों को भी पानी में कुछ देर छोड़ दिया जाए तो वे भी फूलकर कुप्पा हो जाते हैं 乾いた苔をしばらく水の中に入れておくとふくれてぱんぱんになる (3) はちきれんばかりに元気な人；たくましい体で元気な人 **कुप्पा लुढ़कना** *a.* 偉い人が亡くなる *b.* 費用がかさむ **कुप्पा-सा मुँह क॰** 不機嫌な表情を表す；ふくれっ面をする；不機嫌になる **कुप्पा हो जा॰** *a.* ふくれあがる（腫れ上がる）*b.* ふくれっ面をする= मुँह फुलाना. *c.* ぷくぷく太る；まるまる太る **फूलकर कुप्पा हो॰** *a.* ぷくぷく太る；まるまる太る *b.* 嬉しくてたまらない **(-का) मुँह कुप्पा हो॰** （ーが）不平顔をする；（ーが）口をとがらす；（ーが）ふくれっ面をする

कुप्पासाज़ [名] 《H.- + P. ساز》革袋（クッパー）製造の職人

कुप्पी [名*] 油などを入れる小さな革袋；クッパー（कुप्पा）の小さなもの

कुप्रथा [名*] 悪い習慣；悪風

कुप्रबंध [名] 管理の不手際；誤った管理；不始末

कुप्रभाव [名] 悪影響 वर या वधू को घर से बाहर नहीं निकलने दिया जाता ताकि कहीं नज़र या भूत-प्रेतों का कुप्रभाव न लग सके ひょっとして邪視や幽鬼の悪影響が及ばないように花婿や花嫁は戸外に出るのを禁じられる

कुप्रयोग [名] 悪用；不正使用 ↔ सदुपयोग.

कुफ़र [名] = कुफ़्र.

कुफ़रान [名] = कुफ़्रान.

कुफ़राना [形] 《← A. كفران कुफ़्रान》忘恩の；忘恩を働く；恩知らずの；恩を仇で返す

कुफल [名] 悪い結果 माता के क्रोध का कुफल माता को मिला, भ्राता के क्रोध का भ्राता को. 母の怒りの悪い結果は母親が受け，兄の怒りの悪い結果は兄が受けた तुम्हें इसका कुफल भुगतना पड़ता है 君はこれの悪い結果を享受しなければならない

कुफ़ल [名] 《A. كفل कुफ़्ल》錠；錠前= ताला.

कुफ़ार [名] → कुफ़्फ़ार.

कुफारी [形] (1) 下品な；粗野な= असभ्य. (2) 卑猥な；嫌らしい= अश्लील.

कुफ़ुर [名] 罪；科= पाप; अपराध.

कुफ़ुर [名] → कुफ़्र.

कुफेन [名*] 現今のカーブル川の古名

कुफ़्फ़ार [名, pl.] 《A. كفار ← كافر काफ़िर》(1)〔イス〕カーフィル（無信仰者） (2) 異端の神を信仰する人；邪教徒

कुफ़्र [名] 《A. كفر》(1)〔イス〕クフル（不信仰）；背信；不敬；神の冒涜；神を冒涜する言葉 (2)〔イス〕イスラム教にとっての異教 (3) 邪教 (4) 愚かなこと；馬鹿げたこと क्यों कुफ़्र बकता है? 馬鹿なことを言うな

कुफ़्रान [名] 《A. كفران》忘恩；忘恩行為= कुफ़रान; कृतघ्नता; एहसानफ़रामोशी.

कुफ़्ल [名] 《A. قفل》錠；錠前= ताला.

कुफ़्ली [名*] → कुल्फ़ी.

कुब [名] 《← A. قبہ कुब्बा》(1) 円天井；ドーム= गुंबद; बुर्ज़ी. (2) 弓のようにまがった背骨

कुबजा[1] [名*] ← कुब्जा. (1) 背骨の曲がった女性；せむし（佝僂）の女性 (2)〔イ神〕कंस（カンサ）王の侍女でクリシュナを恋したせむしの女性，クブジャー (3)〔ラマ〕カイケーイー王妃（कैकेयी）の侍女マンタラー（मंथरा）

कुबजा[2] [形+] (1) = कुब्ज. (2) = कुबड़ा.

कुबड़ा[1] [名] せむし（佝僂）の人；くる病など背骨の曲がる病気に罹った人

कुबड़ा[2] [形+] (1) 背骨の曲がっている；せむし（佝僂）の (2) 背骨の曲がる病気に罹っている；くる病に罹っている

कुबड़ी [名*] = कुबरी. (1)〔イ神〕カンサ王の侍女でクリシュナを愛したせむしの女性，クブリー (2) 取っ手の部分が曲がった杖

कुबलाई ख़ाँ [人名・史] 《قبلائی خان》フビライ汗；忽必烈；忽比烈（在位 1260–94）

कुबाक [名] 悪口；雑言= कुवचन.

कुबात [名*] 不吉な言葉；縁起の悪い言葉 कुबात मुँह से निकालना 縁起でもないことを言う；不吉な言葉を吐く कुछ सोचकर बोला करो जी.कैसी कुबात मुँह से निकाली है 少しは考えてものを言ってちょうだい．なんとも縁起でもないことを言うのだねあんたは

कुबुजा [名*] = कुब्जा.

कुबुद [名]〔鳥〕サギ科アオサギ【*Ardea cinerea*】= आँजन बगुला.

कुबुद्धि[1] [形] 愚かな；頭の悪い；愚鈍な= मूर्ख.

कुबुद्धि[2] [名*] (1) 悪知恵 (2) 愚かさ；愚昧

क़ुबूल [名] → कबूल. 《A. قبول》(1) 受け入れること；受け入れ；受け取り नज़र क़ुबूल कीजिए जिससे मेरी और मेरे ख़ानदान की इज़्ज़त बढ़े 手前やわが家の名誉が増しますように贈り物をお受け取り下さいませ (2) 承認；同意

कुबेर [名] = कुवेर. (1) 富や財宝の神クヴェーラ神；クベール神；クベーラ **कारूँ का ख़ज़ाना और कुबेर का कोष भी कब तक टिक पाता!** カールーンの宝庫もクヴェーラ神の宝庫もいつまでもつものか **जो आत्मा और सदाचार के उपासक हैं उन्हें कुबेर लातें मारता है** 魂と品行を尊ぶ人をクヴェーラの神は足蹴にする (2)〔仏〕毘沙門天の別名，倶毘羅

कुबेला [名*] = कुवेला. 不適当な時機；時宜にかなっていないこと

कुबोल [名] (1) 悪口；悪態 (2) 不吉な言葉

कुबोलना [形+] 悪口を言う（人）；悪態をつく（人）

कुबोली [名*] = कुबोल. **इन बोलियों -कुबोलियों को सुनकर सास ने कहा** この悪口・悪態を耳にして姑が言った

कुब्ज[1] [形] (1) せむし（傴僂）の；背骨の曲がった= कुबड़ा. (2) 曲がった = टेढ़ा.

कुब्ज[2] [名] (1) くる病（佝僂病）；せむし (2)〔植〕ヒユ科インドイノコズチ= अपामार्ग.

कुब्जा [名*] (1) せむしの女性 (2) カンサ王 कंस の侍女でクリシュナを恋慕したとされるせむしの女性，クブジャー → कुबजा.

कुमंत्रणा [名*] 誤った忠告；間違った助言= बुरी सलाह.

कुमक [名*] 《T. کمک कुमुक》(1) 援助；応援 (2) 援軍；後続部隊

कुमकी[1] [形・名] ← कुमुक (1) 応援する (2) 援軍の

कुमकी[2] [名*] 囮の象

कुमकुम [名] (1)〔植〕アヤメ科サフラン【*Crocus sativus*】 (2) クムクム（ウコン，みょうばん（明礬），酸などを原料としてこしらえた赤い粉末．女性が化粧にビンディー बिंदी として用いたりヒンドゥーが宗派のしるしを額につけるのに用いる）；ローリー **कुमकुम की बिंदी** クムクムで描いたビンディー（額の飾り）

कुमकुमा [名] = कुमकुम.

कुमकुमा [名] 《A. قمقمه》(1) ホーリー祭に掛け合いをして遊ぶ色粉を入れるシェラック製の容器，クムクマー (2) ガラス製の半球形で中空の笠（装飾用に天井から吊るす），クムクマー (3) ランプ **अल्लाह ने यह अनगिनत कुमकुमे हमारे लिये जलाये हैं** 神様が（空に）この無数のランプを点して下さった **रंगारंग असंख्य कुमकुमे जल रहे थे** いろとりどりの無数のランプが点されていた (4)（電灯の）かさ（笠）；シェード **लोग बल्ब के ऊपर तरह-तरह के खूबसूरत और खुशनुमा कुमकुमे चढ़ाकर कमरे की सजावट भी करते हैं** 電球の上にさまざまな美しく見かけのよい笠をつけて部屋を飾りもする (5) 口の小さなローター（लोटा）

कुमकुमी [形] ←कुमकुमा. クムクマの形をした；丸くて中空の

कुमत [名*] = कुमंत्रणा.

कुमति [名*] 愚かさ；愚昧

कुमरी [名*]〔鳥〕キジ科ヤケイ属ハイイロヤケイ【*Gallus sonnerati*】〈grey jungle fowl〉

कुमाइच [名*] 《← P. کمانچه कमान्चा》(1) 小さな弓 (2)〔イ音〕サーランギー（सारंगी）の弦に用いる楽弓

कुमाऊँ 〔地名〕クマーウーン→ कुमायून.

कुमाऊनी [形] → कुमायूनी.

कुमाच[1] [名] イースト菌を用いずに焼いたごわごわしたパン

कुमाच[2] [名] 《← A. قماش कुमाश》絹布の一種

कुमायून 〔地名〕クマーユーン（ウッタラーンチャル州がネパールの西端に接するナイニータール，アルモーラーなどを中心とする地域）；クマーウーン= कुमाऊँ.

कुमायूनी[1] [名*]〔言〕クマーユーン語（クマーユーン地方に話されるインド語派中部パハーリー मध्य पहाड़ी 語群の言語の一）

कुमायूनी[2] [形] クマーユーン地方の；クマーユーン地域の

कुमार[1] [名] (1) 年少の男の子；男児 (2) 青少年；青年；少年 (3) 未婚の男子 (4) 息子 (5) 王子；皇子 (6) 皇太子= युवराज; राजकुँवर.

कुमार[2] [形] 未婚の（男子）；独身の= कुँआरा; अविवाहित.

कुमारक [名] (1) 男児；少年 (2) 瞳

कुमारव्रत [名]〔ヒ〕生涯独身を貫く誓戒

कुमारिका [名*] = कुमारी.

कुमारिल भट्ट 〔人名・イ哲〕クマーリラ・バッタ（7 世紀後半のミーマーンサー学派の哲学者）

कुमारी [名*] (1)（12 歳までの）未婚の女児 (2) 娘 (3) 乙女；処女 (4)〔ラマ〕シーター（सीता） (5) パールヴァティー神（पार्वती）の異名 (6) ドゥルガー神（दुर्गा）の異名

कुमारी अंतरीप 〔地名〕カンニャークマーリー岬（インド亜大陸の最南端に位置する岬でヒンドゥー教の聖地でもある．コモリン岬とも呼ばれる）= कन्या कुमारी. 〈Comorin〉

कुमारीच्छद [名]〔解〕処女膜

कुमारी पूजन [名]〔ヒ〕ナヴァラートラ（नवरात्र）祭の際などに処女を女神として礼拝する儀式

कुमारी मेरी [名*]〔キ〕聖母マリア= कुँवारी मेरी.

कुमार्ग [名] (1) 悪の道；邪道 **उसे कुमार्ग पर जाने से बचाना** あの人が悪の道へ進むのを防ぐ (2) 邪悪；人倫に反すること (3) 不品行 **पति को कुमार्ग से कैसे बचाएँ?** 夫が道を誤らぬようにするにはどうすればよいか

कुमार्गगामी [形] (1) 悪の道を歩む (2) 人倫に反する；邪悪な (3) 不品行な

कुमार्गी [形] (1) 悪の道を進む (2) 不品行な；身持ちの悪い

कुमाला [名]〔植〕ウドノキ科低木【*Leea edgeworthii*】

कुमाश [名] 《A. قماش》(1) 家具；家財道具 (2) がらくた (3) 商品 (4) 絹布；リンネル (5) 布；布地

कुमीच [名*] 無残な死；無残な最期；犬死に→ मीच.

कुमुक [名*] = कुमक.

कुमुद [名] (1) スイレン科シロスイレン【*Nymphaea esculenta*】 (2)〔植〕スイレン科アカバナヒツジグサ【*Nymphaea rubra*】 (3)〔植〕スイレン科エジプト・ロータス=インド・ロータス【*Nymphaea lotus*】 (4) 銀 (5) ヴィシュヌ神

कुमुदकला [名*] 月の光；月光= कुमुदकिरण; चाँदनी.

कुमुदबंधु [名] 月= चंद्रमा.

कुमुदिनी [名*] (1) スイレン科ヒツジグサ【*Nymphaea tetragona*】 (2) ヒツジグサの花 (3) ヒツジグサの群生（しているところ）

कुमुदिनी पति [名] 月；太陰= चंद्रमा.

कुमेरु [名] 南極= दक्षिणी ध्रुव.

कुमैत [名] = कुम्मैत[1].

कुम्भकरण [名] = कुम्भकर्ण; कुंभकर्ण. (1)〔ラマ〕ラーヴァナの弟の 1 人で半年眠り 1 日だけ目を覚ます罰を受けたクンバカルナ，もしくは，クムバカルナ (2) よく眠る人；眠ってばかりいる人 **माँ जगा रही है और साहब हैं कि पूरे कुम्भकरण** 母が起こしているのに旦那はクンバカルナ顔負けの眠りようときている

कुम्भीपाक [名]〔ヒ・仏〕クンビーパーカ地獄= कुंभीपाक.

कुम्मैत[1] [名] 《A. كميت》(1) 赤褐色 (2) 栗毛の馬 **आठों गाँठ कुम्मैत** 抜け目のない；大変ずるい；狡猾な；したたかな

कुम्मैत[2] [形] 赤褐色の **कुम्मैत घोड़ा** 鹿毛の馬

कुम्मैद [名・形] = कुम्मैत.

कुम्हड़ा [名] (1)〔植〕ウリ科ナタウリとその実【*Cucurbita pepo*】= सफ़ेद कद्दू. (2)〔植〕ウリ科カボチャとその実【*Cucurbita moschata*】= लाल कुम्हड़ा; मीठा कुम्हड़ा; कद्दू; सीताफल. (3) ウリ科セイヨウカボチャ；ポンキンとその実【*Cucurbita maxima*】= लाल कुम्हड़ा; मीठा कुम्हड़ा; कद्दू. (4)〔植〕ウリ科トウガ；トウガンとその実【*Benincasa cerifera*】= पानी कुम्हड़ा; पेठा. **कुम्हड़े की बतिया** 力の無い；弱い；ひょろひょろの

कुम्हरौटी [名*] (1) 瀬戸物の製造に用いる黒みがかった粘土 (2) クムハール（陶器作りのカースト）の部落

कुम्हलाना [自] (1) しおれる（萎れる）；なえる（萎える） (2) しなびる（萎びる）；元気がなくなる (3) しおれる；しょんぼりする **दोनों लड़कियों के मुँह पाले से झुलसे हुए पौधों की तरह कुम्हला गए** 2 人の娘の顔は霜にやられた草のようにしおれてしまった **दिल कुम्हलाना** しょんぼりする；気分が沈む；落ち込む

कुम्हार [名] (1) クムハール・カースト（陶器製造を主たる生業としてきたカースト） (2) クムハール・カーストの人 **कुम्हार के घर चुक्के का दुख** 〔諺〕当然所有したり備えているべき人がそれを持たないことのたとえ；紺屋の白袴

कुम्हारी[1] [名*] (1) クムハール・カーストの女性 (2) 陶器造り；製陶 (3)〔昆〕ドロバチ科のトックリバチやジガバチ科のジガバチなど

कुम्हारी[2] [形] クムハールの；クムハール・カーストの

कुम्हिलाना [自] = कुम्हलाना.

कुयश [名] 悪名；不名誉；悪評= अपयश; बदनामी.

कुयोनि [名*]〔ヒ〕転生する生の中で享ける鳥獣としての生；畜生道= तिर्यग्योनि.

कुरंग[1] [名] (1)〔動〕ガゼル，ブラックバックなどレイヨウの仲間の総称 (2) 赤銅色（赤褐色）の色をしたレイヨウ
कुरंग[2] [形] 色の悪い；色の冴えない
कुरंग[3] [名] (1) 赤褐色 (2) 鹿毛の馬
कुरंगनयना [形*]（シカや）レイヨウのような美しい目をした
कुरंगनाभि [名] じゃこう（麝香）= कस्तूरी.
कुरंग लांछन [名] 月；太陰
कुरंगसार [名] じゃこう（麝香）= कस्तूरी.
कुरंगिन [名*] ガゼル，ブラックバックなどレイヨウの雌
कुरंगी[1] [名*] = कुरंगिन.
कुरंगी[2] [形] (1) 色の悪い；色の冴えない (2) 性質の悪い
कुरंड [名] (1) 鋼玉石〈corundum〉 (2) 砥石
कुरंबा [名]〔動〕羊の一種
कुरआन [名] = कुरान. 〔イス〕コーラン；聖コーラン；聖クルアーン（コーランの尊称）= कुरान शरीफ़; कुरआन मजीद.
कुरआन मजीद [名]《قرآن مجید》〔イス〕聖クルアーン；聖コーラン（コーランの尊称の一）
कुरकी [名*] → कुर्की.
कुरकुंड [名]〔植〕イラクサ科大低木【*Oreocnide integrifolia; Villebrunea integrifolia*】= रीसा; रीहा; बनरीहा.
कुरकुट [名] かけら；切れ端；小さな断片
कुरकुटा [名] (1) つぶしたもののかけら；砕いたものの断片 (2) ローティー（रोटी パン）のかけら
कुरकुर [名] 物が折れたり割れたりする音；ぱきっ；ぽきっ；ぽきぽき；ぱりぱり；かりっかりっ
कुरकुरजिह्वा [名*]〔植〕ウドノキ科低木インドオオウドノキ【*Leea indica*】
कुरकुरमुत्ता [名]〔植〕胞子植物きのこ（茸）の総称= कुकुरमुत्ता. कुरकुरमुत्तों की तरह बढ़ना 急増する；雨後の竹の子のように増加する अंग्रेज़ी स्कूल कुरकुरमुत्तों की तरह बढ़ रहे हैं 英語学校が雨後の竹の子のように増えつつある
कुरकुरा [形+] (1) 物がこわばったり張りのある様子；ぱりっとした；ぱりぱりした；かりっとした अगली रोटी उसने काफ़ी कुरकुरी कर दी 次のローティー（パン）はかなりかりっと焼いた (2) 硬くて薄い物などが破れたり砕けたり折れたりする際にぽきっ，ぱきっ，かりっなどの音を立てる
कुरकुराना [自] (1) ぱきぱき，ぽきぽきなど薄くて軽い物の破れたり折れたりする際に音を立てるさま (2) 物がこわばったり張りのある
कुरकुराहट [名*] ぱりっ，ぽきっ，ぱきぱき，ぽきぽきなどの音を立てるさまや物の乾いたさま
कुरचिल्ल [名]〔動〕甲殻類のカニの総称= केकड़ा.
कुरट [名] (1) 皮革商 (2) 革職人 (3) 靴職人
कुरड़ा [名] アラビア馬とトルコ馬の間に生まれた馬
कुरता [名]《P. کرتا/کرتہ कुर्ता》〔服〕クルター（北インドの男性の代表的な民族服の一．長袖のゆったりしたシャツで丈は膝まである．胸は途中まで開いておりボタンで留める．脇の襠はあるものと無いものとがある．布地は綿，絹，ポプリンなど．下半身にはパージャーマーやドーティーを着用する） आधी बाँह का कुरता 半袖のクルター
कुरती [名*]《← P. کرتا कुर्ता》(1)〔服〕クルティー（北インドの伝統的な女性の胴着の一） (2)〔服〕クルティー（クルターに似るが女性用のもの） (3)〔服〕兵士の着用するジャケット
कुरथी [名*] = कुलथी.
कुरबक [名] = कुरवक. (1)〔植〕キツネノマゴ科低木トゲバレリヤ【*Barleria prionitis*】 (2)〔植〕キツネノマゴ科低木クビナガバレリヤ【*Barleria cristata*】
कुरबान [名]《A. قربان कुर्बान》犠牲 कुरबान क॰ *a.* 犠牲にする *b.* 捧げる；委ねる कुरबान जा॰ *a.* 犠牲になる *b.* 身を捧げる；熱烈に愛する；尽くす
कुरबानी [名*]《A. قربانی कुर्बानी》(1) 犠牲に捧げること；いけにえ（生け贄）にすること जानवरों की कुरबानी 動物の生け贄（動物を生け贄にする） (2) 献身 (3) 自己犠牲 कुरबानी क॰ 犠牲にする；生け贄にする= कुरबानी चढ़ाना; कुरबानी दे॰.
कुरमी [名] = कुर्मी.
कुरमुरा [形+] ぱりぱりした；かりっとした；ぱりっとした कुरमुरे बिस्कुट かりっとしたビスケット；ぱりっとしたビスケット
कुररा [名] (1)〔鳥〕ツル科アネハヅル【*Anthropoides virgo*】= क्रौंच; करांकुल. (2)〔鳥〕チドリ科インドトサカゲリ【*Vanellus indicus*】= टिटिहरी.
कुररी[1] [名*]〔鳥〕カモメ科クロハラアジサシ【*Sterna hybrida*】 छोटी कुररी〔鳥〕カモメ科コアジサシ【*Sterna albifros*】 बड़ी कुररी〔鳥〕カモメ科キバシカワアジサシ【*Sterna aurantia*】 कलपेटी कुररी〔鳥〕カモメ科オナガアジサシ【*Sterna melanogaster*】
कुररी[2] [名*]〔植〕シダ（羊歯）
कुरल[1] [名] (1) 巻き毛= घुँघराले बाल. (2)〔鳥〕ワシタカ科ミサゴ【*Pandion haliaetus*】〈osprey〉 (3)〔鳥〕シギ科ダイシャクシギ【*Numenius arquata*】〈curlew〉 (4)〔鳥〕サギ科【*Ardea sibirica*】 (5) ツル科【*Grus cinera*】
कुरल[2] [形] 巻き毛の= घुँघराले.
कुरसी [名*]《A. کرسی कुर्सी》(1) いす（椅子）；腰掛け (2) 座席；席；椅子 (3) 王座；玉座；王位 (4) 責任や役割のある地位や位置 (5) 台座；柱脚 (6) 世代 कुरसी ख़ाली क॰ 地位を去る；地位を退く कुरसी तोड़ना 無為に過ごす कुरसी दे॰ *a.* 席をすすめる *b.* 敬意を表する *c.* 議長や座長などの席や地位に座らせる कुरसी पर बैठना *a.* 席を得る *b.* 権限を得る *c.* 位を得る= कुरसी मिलना. कुरसी से उछल पड़ना 嬉しさに飛び上がる；欣喜雀躍する
कुरसीनशीन [形・名]《A.P. کرسی نشین कुर्सीनिशीन》(1) 高官；貴顕 सरकारी अधिकारियों व कुरसीनशीनों के विरुद्ध आज भी कोई शिकायत करना आसान नहीं है 政府高官や貴顕に対して何か異論を唱えることは今日でも容易なことではない (2) 椅子に座った (3) 王位に即いた（就いた）
कुरसीनामा [名]《A.P. کرسی نامہ》家系図= वंशवृक्ष; वंशावली.
कुरा [名]《A. کرہ》(1) 円形；輪= घेरा; वर्तुल. (2) 球；球体= गेंद; कंदुक; गोला.
कुरान [名]《A. قرآن कुरआन》〔イス〕コーラン；クルアーン（イスラム教聖典）= कुरआन; कुरान शरीफ़. कुरान उठाकर〔イス〕神かけて；神に誓う= अल्लाह की क़सम.
कुरान शरीफ़ [名]《A. قرآن شریف कुरआन शरीफ़》〔イス〕聖コーラン（コーランの丁重な呼び方） तुम्हारे कुरान शरीफ़ में तो तुम्हें हुक्म दिया गया है 君たちの聖コーランには次のように告げられている कुरान शरीफ़ का हिंदी में अनुवाद 聖クルアーンのヒンディー語訳
कुरारी [名*] = टिटिहरी. 〔鳥〕チドリ科インドトサカゲリ
कुराह [名*]《H.कु + P. راہ》悪の道；間違った道；不品行= कुमार्ग.
कुराही [形] ← कुराह. 不品行な；不行跡な= कुमार्गी.
कुरिया[1] [名*] (1) 小屋；草葺きの家 (2) 小さな村；部落
कुरिया[2] [名*] 堆積；積み重なったもの
कुरियाना [他] 積む；積み重ねる= ढेर लगाना; एकत्र क॰.
कुरियाल [名*] 鳥がくちばしで羽を整えること；羽づくろい（羽繕い） कुरियाल में आ॰ *a.* 鳥が安心して落ち着く；鳥が安心して羽づくろいをする *b.* 安心する；安堵する कुरियाल में गुलेला लगना 楽しい雰囲気が突然に壊される；楽しい時ににわかに差し障りの生じるたとえ
कुरिल [名] クリル（靴の製造や皮革品の製造を主な生業にしてきたカーストの一）
कुरिहाल [名] 騒ぎ；騒動= कोलाहल.
कुरी[1] [名*] (1)〔植〕マメ科キマメ【*Cajanus indicus*】 (2)〔植〕イネ科キビ；コキビ；モチキビ【*Panicum miliaceum*】
कुरी[2] [名*] (1) 丘 (2) 集まり；集合
कुरीज़ [名*]《P. کریز》羽毛の抜け替わり
कुरीति [名*] 悪習；悪い慣行；悪習慣= कुप्रथा.
कुरीर [名] (1) 女性の頭を覆う布；女性の頭の被りもの (2) 性交
कुरु [名] (1) クル族（古代インドのアーリア人の一部族名） (2)〔マハ〕クル族の王 (3) クル族の居住したと伝えられる地方（今日のハリヤーナー州クルクシェートラ कुरुक्षेत्र 近辺）
कुरुआ [名] クルアー（穀物計量の単位．約 62.5g）
कुरुक्षेत्र [名] (1)〔地名〕マハーバーラタの大戦争が行われたとの伝承のあるデリー市西北方でアムバーラーにかけての地域） (2)〔地名〕クルクシェートラ（ハリヤーナー州カルナール県の都市で上記の戦場に比定される） (3) 大喧嘩；大戦争 वहाँ तक पहुँचने

के लिए एक कुरुक्षेत्र को पार करना था そこへ行くまでに大喧嘩を済ませなくてはならなかった
कुरुख़ [形] 《H.कु + P. رخ》不機嫌な；怒った
कुरुखेत [名] クルケート；クルクシェートラ= कुरुक्षेत्र.
कुरुविंद [名] (1)〔植〕カヤツリグサ科ハマスゲ【*Cyperus rotundus*】= मोथा. (2) ルビー (3) 鏡 (4) 鋼玉石
कुरूप [形] 形の良くない；恰好の悪い；醜い；みっともない；不細工な= बेडौल; बेढंगा; बदसूरत.
कुरूपता [名*] ←कुरूप. 不恰好なこと；醜さ गोदने के निशानों की कुरूपता 入れ墨の痕跡の醜さ
कुरेदना [他] (1) ほじる；せせる कुछ लोग अक्सर नाक में उँगली डालकर कुरेदते रहते हैं しょっちゅう鼻の穴に指を突っ込んでほじる人がいる मत कुरेदो जख़्म को 傷をほじるな खाना खाकर दाँत कुरेदना 食後に歯をほじる（せせる） (2) 引っかく；かきむしる (3) ほじくる；ほじくりかえす；探し出す；引き出す；えぐり出す（抉り出す）；掘り出す मत कुरेदो उस जख़्म को अभी まだその傷をほじくるな उस फ़िल्म ने एक सामाजिक समस्या को कुरेदा है その映画は一つの社会問題を抉っている अम्माँ की बातों ने पता नहीं, कितनी पुरानी स्मृतियों को कुरेद दिया 母の言葉が一体どれだけ昔のことをほじくり返したことやらわからない ज़रा-सा कुरेदा तो वह फूट पड़ी ほんの少しほじくって尋ねたらわっと泣き出した चूज़े पैर से कूड़ा कुरेदते हैं ひよこが足でごみを引っかいて掘り出す **कुरेदकर पूछना** 根ほり葉ほりたずねる
कुरेदनी [名*] 火かき（棒）
कुरेलना [他]（穴を）掘る= खोदना.
कुरैत [名] 配分に与る人；分け前を得る人
कुरैना [名] 堆積；積み重なったもの
कुरैया [名*]〔植〕キョウチクトウ科低木コネッシ【*Holarrhena antidysenterica*】= कुटज.
कुरौना [他] 積み重ねる；堆く積む= ढेर लगाना.
कुर्क़[1] [形] 《T. قرق》(1) 差し押さえられた (2) 禁じられた कुर्क़ क॰ 差し押さえる कुर्क़ हो॰ 差し押さえられる
कुर्क़[2] [名] 《T. قرق》(1)〔法〕差し押さえ (2) 監視 (3) 禁止 कुर्क़ उठा ले॰ 差し押さえを取り消す
कुर्क़ अमीन [名] 《T.A. قرق امین》〔法〕執行吏；執達吏
कुर्क़नामा [名] 《T.P. قرق نامه》執行令状；執達令状
कुर्क़ी [名*] 《T. قرقی》〔法〕差し押さえ दूकान पर कुर्क़ी आ गई तो कुल-मर्यादा धूल में मिल जाएगी 店が差し押さえられれば一家の面子はまるつぶれだ **कुर्क़ी बैठाना** 没収する；差し押さえる **कुर्क़ी का परवाना** 〔法〕差し押さえ令状= कुर्क़ी आदेश; कुर्क़नामा.
कुर्ता [名] 《P. کرته/کرتا》〔服〕クルター= कुरता.
कुर्ती [名*] 《P. کرتی←کرته / کرتا》(1)〔服〕クルティー→ कुरती. मख़मली कुर्ती ビロードのクルティー (2)〔服〕兵士の着用するジャケット；クルティー दोनों लाल कुर्ती की सैनिक वेशभूषा में हैं 両者とも赤いクルティーの兵士の服装をしている
कुर्पर [名] (1) ひじ（肘） = कुहनी. (2) ひざ（膝） = घुटना.
कुर्पास [名] (1) 鎧 (2) 女性の肌着
कुर्पासक [名] = कुर्पास.
कुर्ब [名] 《A. قرب》近い場所；近所；近在；近隣
कुर्बान [名・形] 《A. قربان》→ कुरबान. **कुर्बान क॰** 捧げる= न्योछावर क॰. अपने देश को आज़ाद करने के लिए तुमको अपना सब कुछ कुर्बान कर देना चाहिए 母国を独立させるために自分のすべてのものを捧げなくてはならぬ उसके एक भाई ने 1942 की तहरीक में बहुत बहादुरी से अपनी जान कुर्बान कर दी थी 1942 年の（独立）運動に兄弟の一人が大変勇敢に命を捧げた (-के लिए/ पर) **कुर्बान हो॰** *a.*（ーに）命を捧げる *b.*（ーに）捧げ尽くす *c.*（ーに）首っ丈の मछली-भात पर कुर्बान बंगवासी 魚とご飯に首っ丈のベンガル人
कुर्बानी [名*] 《A. قربانی》→ कुरबानी. (1) 犠牲 (2) 生け贄 **कुर्बानी दे॰** 犠牲を払う देश को आज़ाद करने के लिए कुर्बानी 国家の独立のための犠牲
कुर्बोजुवार [名] 《A. قرب و جوار》近隣；周辺；周囲= आसपास. कुर्बोजुवार के तमाम इलाक़ों में 周辺の全地域に हम अपने कुर्बोजुवार में तरह-तरह के जानवर देखते हैं 身近なところに様々な動物を見る
कुर्मी [名] クルミー（主として農業を生業としてきたカーストの一）とその成員
कुर्रना [自] (1) さえずる (2) 甘い声で話す
कुर्रा [名] 《A. قرعه कुरआ》さい（賽）；さいころ（賽子）；くじ= पाँसा.
कुर्री [名*]〔農〕耕した畑の表面を均すのに用いる厚板；均しまんが（馬鍬） = पटरा; हेंगा.
कुर्स [名] 《A. قرص》(1)（錠剤のように）丸く平たい形のもの (2) パン；ナーン (3) 銀の硬貨の呼称の一
कुर्सी [名*] = कुरसी. कुर्सी छोड़कर उठना 椅子から立ち上がる
कुलंक [名] = कुलंग[1]
कुलंग[1] [名] 《P. کلنگ》〔鳥〕ツル科クロヅル【*Grus grus*】
कुलंग[2] [名*] 飛び跳ねること；跳躍= कुलाँच; कूच.
कुलंजन [名] (1)〔植〕ショウガ科草本ナンキョウ【*Alpinia galanga; Galanga major*】 (2)〔植〕キンポウゲ科草本【*Nigella sativa*】 (3) コショウ科蔓木キンマ【*Piper betle*】の根
कुलंधर [名] 氏族の祖
कुल[1] [名] (1) 集団；群れ (2) 一家；一門；一族 दूकान पर कुर्क़ी आ गई, तो कुल-मर्यादा धूल में मिल जाएगी 店に差し押さえが来るなら家の体面がまる潰れになる (3)〔文人〕氏族 क्षत्रियों के कुल की रक्षा クシャトリヤたちの氏族の防御 (4)〔生〕科 **कुल उछालना** 家名をけがす；一族の名をけがす **कुल का नाम उज्ज्वल क॰** 家名を挙げる；一族の名をあげる= कुल का नाम रोशन क॰. **कुल का नाम हँसाना** 家名をけがす；家名をけがすような恥ずべきことをする **कुल का लाल** 一家や一族の名を高める人；家や一族の誉れとなる人 **कुल को रखना** 家や一族の名誉を守る **कुल गुड़ गोबर क॰** 家名や一族の名をけがす **कुल गुड़ माटी क॰** 家名を台無しにする= कुल गुड़ माटी क॰. **कुल डुबाना** 家名をけがす **कुल बखानना** *a.* 一家や一族の先祖の名をあげてののしる *b.* 先祖の名を称える **कुल बोरना** = कुल का नाम हँसाना. **कुल में कलंक लगाना** 家名をけがす= कुल में कालिख लगाना; कुल में दाग़ लगाना. **कुल में रोनेवाला हो॰** 世継ぎや跡継ぎのあること **कुल रखना** 家名を守る；家の名誉を守る
कुल[2] [名] 《A. کل》合計；総計；総体；全部 **कुल मिलाकर** 合計すると；総じて；要するに；概して；まとめると；結論として कुल मिलाकर निष्कर्ष यह है कि... 要するに結論は次の通り पंजाब में आज का दिन भी कुछ छिटपुट घटनाओं को छोड़कर कुल मिलाकर शांत रहा パンジャーブでは今日も若干の小さな事件を除けば概して平穏に過ぎた कुल मिलाकर इनकी लगभग दस हज़ार किस्में हैं 合計するとこれらにはおよそ 1 万種類がある
कुल[3] [形] 全部の；すべての；あらゆる；いずれの कुल टन भार 総トン数 कुल रकम 総額 = कुल राशि. 〈gross amount〉 कुल बिक्री 総売上高 〈turn over〉
कुल आमदनी [名*] 《A.P. کل آمدنی》総収入 〈gross income〉
कुल आस्तियाँ [名*] 総資産 = कुल परिसंपत्ति. 〈gross assets〉
कुलकंटक [名] 家名や一族をけがす者；家の恥さらし
कुलकना [自] 喜ぶ；はしゃぐ
कुलकन्या [名*] 名門の家庭の娘；名家の娘
कुलकर्ता [名] 氏族の祖
कुलकलंक [名] 一家，一門の名を辱める者；一家，一門の恥さらし
कुलकानि [名*] 一家，一門の名誉や誉れ；氏族の名誉= कुल-कान.
कुलकुल [名] (1) かめや壷から液体の流れ出る音（擬声語）．どくどくなど (2) 空腹時に腹の鳴るさまやその音（擬声語）．ぐうぐうなど (3) 小鳥のさえずり（擬声語）
कुलकुलाना [自] (1) 液体がどくどくと音を立てて勢いよく流れ出る (2) 空腹のため腹がぐうぐう鳴る
कुलकुली [名*] (1) かゆみ (2) 落ち着きのなさ
कुलक्षण[1] [名] (1) 良くない徴候；悪い兆し；縁起の良くないこと (2) 不品行；不行跡
कुलक्षण[2] [形] (1) 徴候の良くない；兆しの悪い；縁起の悪い (2) 品行の悪い；不品行な
कुलक्षणा [形*] = कुलक्षण[2].
कुलक्षणी[1] [名] = कुलक्षण[1].
कुलक्षणी[2] [名*] (1) 縁起の悪い女；不吉な女性 (2) ふしだらな女；品行の悪い女
कुलगुरु [名]〔ヒ〕特定の一家や一族の家庭の祭儀を司る祭官（ブラーフマン）；プローヒト
कुलघाती [形・名] 家名をけがす（者）
कुलघ्न [形] 一族の名をけがす；一族に汚名をもたらす

कुलचंद [名] = कुलभूषण.
कुलचा [名] 《P. کلچہ ← کلیچہ कुलीचा》 (1) 牛乳やバターを入れ発酵させてこしらえた丸い形のパン (2) ケーキの一種 (3) テントのてっぺんの丸い木枠
कुलचिह्न [名]〔文人〕トーテム= गणचिह्न; टोटेम.
कुलच्छन [名] = कुलक्षण.
कुलच्छनी[1] [形] = कुलक्षणी[1]. 徴候の良くない；縁起の悪い；不吉な कुलच्छनी बैल 縁起の悪い牛
कुलच्छनी[2] [形*・名*] = कुलक्षणी[2].
कुलज [形] 高貴な生まれの；名家の出身の
कुलजन [名] 名家の出の人；名門の人
कुलजात [形] 高貴な家柄に生まれた
कुलजाया [名*] 貞女 = पतिव्रता.
कुलजुद [名]〔植〕イネ科エンバク；マカラスムギ【*Avena sativa*】
कुलट[1] [形] 不品行の；品行の悪い；不身持ちの；女たらしの
कुलट[2] [名] 嫡出子以外の子
कुलटा [形*・名*] 不身持ちな女；浮気な女；不貞の女；尻軽女 = बदचलन; व्यभिचारिणी; पुंश्चली.
कुलतंत्र [名]〔政〕寡頭政治= अल्पतंत्र. 〈oligarchy〉
कुलतारन [形] 一家や一族の名を高める
कुलतिलक [名・形] 一家，一族，一門の名をあげる（人）；家門の誉れ
कुलती [名*] 悪い癖；悪癖
कुलथी [名*] (1)〔植〕マメ科ホースグラム【*Dolichos uniflorus; D. biflorus*】〈horsegram〉 (2) 同上の実
कुलदीप [名] 家門の名を高める人；家門の誉れ
कुलदेव [名] = कुलदेवता.
कुलदेवता [名] 一門や家族の信仰する神；先祖代々崇拝する神；一家の守護神
कुलदेवी [名*] 一門や家族の信仰する女神；先祖代々の守護神 यह देवियाँ अनेक ब्राह्मण जातियों की कुलदेवियाँ भी हैं これらの女神は多数のブラーフマン・グループの間で家門の女神でもある
कुलधर्म [名] 家憲；家風；先祖伝来の一家のしきたり
कुलना [自] 痛む；痛みがある= दर्द हो°.
कुलनाम [名] 一族の名；姓；苗字
कुलनार [名] 白亜；チョーク；せっけん石
कुलनासी [形・名] = कुलघाती.
कुलपति [名] (1) 家長；一家の長 (2) 大学総長；学長 (3) 古代インドにおいて子供の養育と教育の両方を行ったと伝えられる教師・塾長
कुलपरंपरा [名*] 一家，一族，一門の伝統やしきたり
कुलपांसुका [名*] ふしだらな女性；不貞を働く女性
कुलपालिका [名*] (1) 貞女 (2) 名家の女性；名門の女性
कुलपुरुष [名] 名門出身の男性
कुलपूज्य [形] 先祖代々崇拝してきた
कुलफ़ [名] 《← A. قفل कुफ़्ल》 錠；錠前= ताला.
कुलफ़त [名*] 《A. کلفت कुल्फ़त》 厄介；面倒；不都合
कुलफ़ा [名] 《A. خرفہ ख़ुर्फ़ा》〔植〕スベリヒユ科 1 年草スベリヒユ【*Portulaca oleracea*】
कुलफ़ी [名*] 《← A. قفلی कुफ़्ली》 = कुल्फ़ी. (1) アイスクリーム (2) 氷やアイスクリームをこしらえるのに用いる型や容器
कुलबुल [名] (1) どくどく（擬声語） (2) 小さな虫がうごめくことやひしめくこと．また，そのさま
कुलबुलाना [自] (1) うごめいたりひしめいたりする (2) その時発する音を表す अँतड़ियाँ कुलबुलाना 腹がぐうぐう鳴る；とても空腹になる (3) 動揺する；揺れる；揺れ動く तन को ढीला छोड़ दें और मस्तिष्क में किसी विचार को मत कुलबुलाने दें 体の力を抜いてだらーんとすることそして頭の中に何の考えや思いも起こさせないこと
कुलबुलाहट [名*] ← कुलबुलाना. うごめいたりひしめいたりする様子
कुलबोर [形] 一家や一門の面汚しになる；一族に不名誉をもたらす
कुलबोरन [名] 一家や一門の面汚し
कुलभूषण [名] 一家や一族の名を高める人；一家や一門の誉れ सीसोदिया कुलभूषण シーソーディヤー家の誉れ
कुलमरजाद [名*] 家の格式；家の面子；家の体面= कुलमर्यादा. चाहे कुछ हो जाए, कुलमरजाद रहे या जाए, बाप-दादा का नाम डूबे या उतराए たとえどうなろうとも家の面子がつぶれようとどうなろうと；先祖の面目が立とうと立つまいと
कुलमर्यादा [名*] = कुलमरजाद. ख़र्च अधिक था और आमदनी कम.उसपर कुलमर्यादा का निर्वाह 出費は多く，収入はわずかだった．その上家の格式を保たねばならぬ
कुलवंत [形] 良家の；高貴な家柄の= कुलीन.
कुलवधू [名*] 淑女；良家の妻女；良家の貞女；名門の高潔な女性
कुलवान [形] 高貴な家柄の；名門の= कुलीन.
कुलवैर [名] 家と家との間の遺恨；宿怨；確執
कुलसचिव [名] 事務局長（大学などの）
कुलस्त्री [名*] = कुलवधू.
कुलह [名] 《P. کلہ ← کلاہ कुलाह》 (1) 帽子（特にターバンを巻く時にその下に被る帽子） (2) 鷹狩りなどに用いる鳥の目隠し
कुलहीन [形] 下賤な；下司の；身分の低い
कुलांगना [名*] 良家の貞女= कुलवधू; कुलस्त्री.
कुलांगार [名] 一家，一族の破壊者；家門の面汚し
कुलाँच [名*] 飛び跳ねる；跳び跳ねる；飛び上がること；跳躍 कुलाँचें भरना *a.* 飛び跳ねる；跳躍する कुछ जानवर तो बाहर आते ही कुलाँचें भरने लगे 一部の動物は外に出た途端飛び跳ね始めた *b.* 暴騰する दिल्ली में कोयले के दाम 12 रुपये प्रति क्विंटल से 30 रुपये प्रति क्विंटल तक की कुलाँचें भर चुके हैं デリーでは 1 キンタル 12 ルピーの石炭が 30 ルピーまで暴騰してしまっている= कुलाँचें मारना; कुलाँचें ले°.
कुलाँचना [自] 跳んだり跳ねたりする；飛び跳ねる；跳ね回る
कुला [名] = कुलह; कुलाह.
कुलाचार [名] 先祖伝来の一家の習慣；家風；家門のしきたりや習わし
कुलाचार्य [名] 一家の祭式を司る司祭（ブラーフマン；プローヒタ／プローヒト）= कुलगुरु.
कुलाधिपति [名] 大学総長；総合大学の学長
कुलाबा [名] 《A. قلابہ》 (1) ちょうつがい（蝶番） (2) 釣り針 (3) 鉤 (4) 留め金 (5) 用水路 ज़मीन आसमान के कुलाबे मिलाना 空想に耽る；空中楼閣を建てる；夢想する कल्पना और अनुमान से ज़मीन-आसमान के कुलाबे मिला लेते हैं 想像と推量で夢想する= कुलाबा भिड़ाना.
कुलाय [名] (1) 身体；肉体 (2) 鳥獣の巣 (3) 住居；住所
कुलाल [名] 《P. کلال》 陶工；焼き物師= कुम्हार. कुलाल चक्र ろくろ（轆轤）= कुम्हार चक्र.
कुलाली[1] [名*] (1) 陶工 कुलाल の妻 (2) 陶工カーストの女性= कुम्हारिन.
कुलाली[2] [名*] 望遠鏡；遠眼鏡= दूरबीन.
कुलाह [名*] 《P. کلاہ》 (1) アフガニスタンやイランなどで用いられるつば無しの丈の高い帽子 (2) 冠；王冠
कुलिंग [名] (1)〔動〕ハツカネズミ (2)〔鳥〕スズメ
कुलिक [名] (1) 名家の男性；名門の男性 (2) 職人= कारीगर; शिल्पकार.
कुलिया [名*] = कुल्हिया. 小さな素焼きのカップ；クリヤー= कुल्लिया. कुलिया में गुड़ नहीं फूटता 〔諺〕大事は秘密裡にはなすことができないものだ
कुलिश [名] (1) 雷 (2) 斧 (3) ダイヤモンド
कुली [名] 《T. قلی》 (1) ポーター；赤帽；運搬人 (2) 人夫；仲仕；クリー；クーリー（苦力）；運搬労働者 कुली क° ポーターの仕事をする；仲仕の仕事をする उन दोनों आदमियों ने कुली की 2 人はポーターの仕事をした (3) 低賃金の下層労働者
कुली-कबाड़ी [名] 下司；身分やカーストの低い人= कुली-कबारी.
कुलीगिरी [名*] = कुलीगीरी.
कुलीगीरी [名*] 《T.P. قلی گیری》 仲仕の仕事；クリーの仕事；荷物運搬のポーターの仕事；下層労働者の仕事 कुलीगीरी क° クリーの仕事をする वहाँ मैंने महीनों डॉक्स पर कुलीगीरी की थी そこで何か月もの間沖仲仕をした
कुली डिपो [名] 《T. + E. depot》 自由労働者の溜まり場 कुली डिपो वाला 口入れ屋；人材派遣業者；手配師
कुलीन[1] [形] (1) 名門の；名家の (2) 高貴な (3) 清浄な
कुलीन[2] [名] = कुलीन ब्राह्मण.

कुलीनतंत्र [名]〔政〕貴族政治
कुलीनता [名*]←कुलीन. 生まれの良さ；高貴な家柄 आप के व्यवहार से ही आप की शिक्षा, योग्यता और कुलीनता का अनुमान लगा सकते हैं 人の振る舞いによって人の教養・能力・生まれが推測できる
कुलीन ब्राह्मण [名] クリーン・ブラーフマン（ベンガル地方の最上位に位置づけられたバラモンの一集団．上昇婚 अनुलोम のため 19 世紀には女子の結婚相手が限定され一夫多妻婚となる弊があり社会問題となった）
कुलुफ़ [名]《← A. कुफ़्ल قفل》錠；錠前
कुलू [名]〔植〕アオギリ科中高木【*Sterculia urens*】
कुलेल [名*] 飛んだり跳ねたりして遊ぶこと；はしゃぐこと；ふざけること दोनों उन्मत्त होकर बछड़े की भाँति कुलेलें करते हुए घर की ओर दौड़े 2 人とも興奮して子牛のように飛んだり跳ねたりしながら家に向かって走った कुलेलें करते जानवर 飛び跳ねている動物たち
कुल्थी [名*] ＝कुलथी
कुल्फ़ी [名*] ＝कुलफ़ी.
कुल्माष [名] (1) ＝कुलथी. (2)〔植〕マメ科蔓木フジマメ【*Dolichos lablab*】 (3) 豆類
कुल्ला[1] [名] (1) 口をすすぐこと；口すすぎ (2) うがいをすること；うがい＝ग़रारा. (3) 口に含んだ一口の水 **कुल्ला क॰** *a*. 口をすすぐ *b*. うがいをする
कुल्ला[2] [名]《← P. کاکل काकुल》(1) 髪；毛髪 (2) びん（鬢）
कुल्ला [名]《A. قلہ》(1) 山の頂き；山の頂上 (2) 一番高いところ；てっぺん (3) 刀の柄
कुल्लिया [名]《A. کلیہ》普遍；普遍性
कुल्लियात [名*]《A. کلیات》(1) 普遍；普遍性 (2) 一人の詩人の全集
कुल्ली [名*] ＝कुल्ला[1]. कुल्ली क॰ うがいをする；口をすすぐ＝ग़रारा क॰.
कुल्हड़ [名] 使い捨ての小さな素焼きの碗；クルハル＝पुरवा；चुक्कड़. **कुल्हड़ में गुड़ पकना** だれにも全く気づかれないように行われること；全く内密に行われること **कुल्हड़ में गुड़ पकाना** だれにも全く気づかれぬように行うこと；全く秘密裡に行うこと＝कुल्हड़ में गुड़ फोड़ना.
कुल्हाड़ा [名] 斧；大鉈 ताँबे का कुल्हाड़ा 銅製の斧
कुल्हाड़ी [名*] なた（鉈）
कुल्हिया [名*] 素焼きの小さなカップ；クリヤー **कुल्हिया में गुड़ पकना** → कुल्हड़ में गुड़ पकना.
कुवंग [名] 鉛＝सीसा.
कुवर्ष [名] 大雨；豪雨＝अतिवृष्टि.
कुवलय [名] (1) 青蓮 (2) 青スイレン (3) 地球；大地
कुवलयानन्द [名]〔修辞〕哲学者でもあったアッパヤ・ディークシタ अप्पय दीक्षित（14 世紀南インド，カーンチー出身）の著したサンスクリット語の修辞論書『クヴァラヤ・アーナンダ』
कुवाँ [名] ＝कुआँ.
कुवाक्य [名] 悪口；罵詈；罵詈雑言＝गाली；दुर्वचन.
कुवार[1] [名] インド暦の 7 月（日本の旧暦 8 月 16 日からの 1 か月）＝आश्विन.
कुवार[2] [名] ＝कुमार.
कुवारी[1] [形*] ＝कुमारी；कुँआरी.
कुवारी[2] [形] クワール（कुवार）月の
कुविचार [名] 悪い考え；良からぬ考え；心がけの悪いこと
कुविचारी [形] 心がけの悪い
कुवेणी [名*] (1) びく（魚籠） (2) 無造作に束ねられた髪
कुवेर [名] → कुबेर.
कुवेराचल [名] カイラーサ山の別名（→ कैलास）
कुवैत〔国名〕《E. Kuwait A. کویت》クウェート
कुव्वत [名*]《A. قوت》力＝क़ूवत.
कुव्वते बर्दाश्त [名*]《A.P. قوت برداشت》耐久性；持久力；忍耐力
कुश [名] (1)〔植〕イネ科雑草クシャソウ；クサソウ；インドキチジョウソウ【*Desmostachya bipinnata*】ヒンドゥー教の儀式に聖草として用いられる＝दाभ；डाभ. (2) 水 (3)〔ラマ〕ラーマの息子の一人，クシャ
कुशकंडिका [名*]〔ヒ〕祭壇に祭火を点ずる儀礼
कुशमुद्रिका [名*]〔ヒ〕クシャソウでこしらえた指輪→ कुश.
कुशल[1] [形] (1) 上手な；器用な；達者な；すぐれている；堪能な कुशल वक्ता すぐれた弁士 कुशल गृहिणी 家事に堪能な主婦 किसी कुशल मनोवैज्ञानिक की सहायता あるすぐれた心理学者の助力 (2) 熟達した；熟練した；老練な कुशल नेतृत्व 老練な指導力 कुशल श्रमिक 熟練工 हाथ अधिक कुशल होते गए 腕前は更に上がっていった कुशल चिकित्सक की देखरेख में 老練な医師の監督下に
कुशल[2] [名] 無事；無病息災；元気なこと；達者なこと **कुशल आनंद से** 無事に **कुशल से हो॰** 無事なこと；元気なこと
कुशल-क्षेम [名] 安否；健康状態；消息；機嫌 **कुशल-क्षेम पूछना** 安否をたずねる；消息をたずねる；息災・健康をたずねる उसने घर-परिवार के कुशल-क्षेम पूछे 家族の消息をたずねた कुशल-क्षेम की पारस्परिक प्रश्नोत्तरी ご機嫌伺いの応答・挨拶 उसने राजा का कुशल-क्षेम पूछा 殿様のご機嫌を伺った
कुशलता [名*] ←कुशल[1] (1) 安否；消息＝कुशल-क्षेम. उन्होंने राम-लक्ष्मण की कुशलता पूछी ラーマとラクシュマナの安否をたずねた (2) 無事；安穏；安寧 सभी समझदार पुरुष पुरानी कहानियों को भुला देने में कुशलता समझते हैं 利口な人はだれもが昔の話を忘れてしまうことを無事安穏と考えるものだ (3) 器用さ；熟達
कुशलतापूर्वक [副] 上手に；器用に；巧みに；うまく अगर उसकी किसी बात पर मतभेद है तो बातचीत के विषय को कुशलतापूर्वक बदल दीजिए もしそれの何らかの点について意見が違うのであれば話題をうまく変えて下さい
कुशल-मंगल [名] ご機嫌伺い कुशल-मंगल की एक-दो बात पूछ लेने से ご機嫌伺いの一言二言をたずねると
कुशलमूल [名]〔仏〕善根
कुशल-समाचार [名] 安否；消息 कृष्ण ने विदुर से पांडवों के कुशल-समाचार विस्तारपूर्वक कह सुनाए クリシュナはヴィドゥラにパーンダヴァ兄弟の消息を詳しく語った
कुशवाहा [名] クシュヴァーハー（クシャトリヤの一氏族名）
-कुशा [造語]《P. کشا》（ーを）開く，広げる，開放する，解決するなどの意を有する合成語の構成要素 दिलकुशा 心をうきうきさせる
कुशाग्र [形] (1) 先端の鋭い；鋭利な (2) 明敏な；研ぎすまされた मदन की विलक्षण और कुशाग्र बुद्धि マダンの驚嘆すべき鋭い知恵
कुशाग्रबुद्धि [名*] 明敏さ कुशाग्रबुद्धि और दूरदर्शिता से 明敏さと先見の明とで विलक्षण और कुशाग्रबुद्धि 並はずれた明敏な頭脳
कुशाद [名*]《P. کشاد》(1) 喜び；嬉しさ＝हर्ष；ख़ुशी. (2) 獲得；入手＝प्राप्ति. (3) 勝利＝विजय；फ़तह.
कुशादगी [名*]《P. کشادگی》(1) 広さ；広がり ＝विस्तार；फैलाव. (2) 余裕 ＝गुंजाइश.
कुशादा [形]《P. کشادہ》広い；広大な；広々とした वह मोहल्ले की मसजिद से ज़्यादा कुशादा और शानदार है そのモスクは地区のモスクよりも広くて立派だ
कुशादादस्त [形]《P. کشادہ دست》気前の良い；物惜しみしない＝दानशील；मुक्तहस्त.
कुशादादिल [形]《P. کشادہ دل》心の広い；寛大な；寛容な；おおらかな＝उदारचित्त；उदारहृदय.
कुशादापेशानी [形]《P. کشادہ پیشانی》にこやかな；朗らかな＝हँसमुख；ख़ुशमिज़ाज.
कुशावती [名*]〔ラマ〕ラーマの子クシャの治めた都
कुशासन[1] [名] クシャソウ कुश でこしらえた敷物→ कुश.
कुशासन[2] [名] 悪政
कुशिक [名] (1) 古代アーリア人の一氏族名，クシカ (2) ヴィシュヴァーミトラ聖仙の父王，クシカ
कुशीनगर〔地名・仏〕クシナガラ；クシーナガラ（仏陀入滅の地で現今のウッタル・プラデーシュ州ゴーラクプル県 गोरखपुर の कसया に比定されている）＝कुशिनगर.
कुशीनार〔地名〕クシーナール（クシーナガラ）＝कुशीनगर.
कुश्ता[1] [形]《P. کشتہ》(1) 殺された；殺害された (2) 焼かれた；焙焼された
कुश्ता[2] [名]《P. کشتہ》健康増進剤，栄養剤として用いられる金属灰＝फूँकी हुई भस्म.
कुश्ती [名*]《P. کشتی》(1) レスリング कुश्ती 90 किलोग्राम レスリング 90 キロ級 (2) インド・レスリング **कुश्ती खाना** レスリングで負ける **कुश्ती बदना** レスリングの勝負を決する **कुश्ती मारना** *a*. レスリングで負かす *b*. 勝つ；勝利を収める

क

कुश्तीबाज़ [形・名] 《P. کشتی باز》レスラー；レスリング好きの
कुश्तो ख़ून [名] 《P. کشت و خون》流血；暴力行為= रक्तपात; मारकाट; ख़ूनख़राबा.
कुषाण [名]〔史〕クシャーナ朝 कुषाणों ने भी कुछ समय यहाँ राज्य किया クシャーナ朝の支配もこの地に一時及んだ
कुषाण काल [名]〔イ史〕クシャーナ朝時代
कुषुंभ [名] 昆虫の毒腺
कुष्ठ [名]〔医〕ハンセン病；レプラ；癩病= कुष्ठ रोग; कोढ़.
कुष्ठी [名]〔医〕ハンセン病患者= कुष्ठ रोगी; कोढ़ी.
कुष्मांड [名] (1) = कुम्हड़ा. (2)〔植〕ウリ科の蔓草トウガ（冬瓜）；トウガン【*Benincasa cerifera; B. hispida*】= पेठा. (3) シヴァ神の眷属の一
कुसंग [名] 悪人との交際→ सत्संग.
कुसंगति [名*] = कुसंग.
कुसंस्कार [名] (1) 環境や教育による育ちの悪さ (2) 環境や教育の悪さが人の心に及ぼす影響
कुसगुन [名] 不吉なこと；縁起の悪いこと= असगुन; कुलक्षण.
कुसना [他] 草取りをする；草むしりをする；草抜きをする；除草する= निराना.
कुसमय [名] (1) 時宜に適っていないこと (2) 時機を失したこと (3) 危機 (4) 不遇な時
कुसमायोजन [名] 調節不良；調整不良
कुसर [名] ブドウ科蔓草【*Vitis repanda*】の根（薬用）
कुसलाई [名*] (1) = कुशलता. (2) = कुशलक्षेम.
कुसली [名*] マンゴーの種= आम की गुठली.
कुसवारी [名] (1)〔昆〕ヤママユガ科ヤママユガ（山繭蛾）= किरिम पिल्ला. (2) まゆ（繭）= रेशम का कोया.
कुसवाहा [名] クスワーハー・カースト（野菜栽培を主たる生業としてきたカースト）とその成員= कोइरी.
कुसाइत [名*] 縁起の悪い時間；不吉な時刻→ साइत.
कुसियार [名]〔植〕イネ科サトウキビの一種
कुसी [名*] すき（犂）の刃 हल की फाल
कुसीद [名] (1) 利子を取って貸す金 (2) 利子を取って金を貸すこと (3) 利子 (4) 金貸し
कुसीदजीवी [名] 金貸し；金融業者= सूदख़ोर.
कुसीदवृद्धि [名*] 利子= ब्याज.
कुसीदा [名*] 金貸しの女性
कुसीदिक [名] 金貸し；金融業者= महाजन.
कुसीनगर 〔地名・仏〕クシーナガラ（仏陀入滅の地）；クシナガラ→ कुशीनगर; कुशीनार.
कुसुंब [名] = कुसुम्ब; कुसुभ.
कुसुंभ [名] (1) キク科ベニバナ【*Carthamus tinctorius*】(2) サフラン= केसर.
कुसुंभा [名] 紅色；紅花色
कुसुंभी [形] 紅色の；紅花色の
कुसुम[1] [名] (1) 花 (2) 紅色 (3) 月経；経血
कुसुम[2] [名]〔植〕キク科ベニバナ（紅花）= कुसुंब; कुसुंभ.
कुसुम[3] [名]〔植〕ムクロジ科高木セイロンオーク【*Schleichera oleosa*】
कुसुम पंचक [名]〔イ神〕愛の神カーマ काम देव が持つと言われるハス，マンゴー，アショーカなどで飾られた5本の矢
कुसुमबाण [名] カーマ神の異名の一= कामदेव; मदन; अनंग.
कुसुमरेणु [名] 花粉 = पराग.
कुसुमांजलि [名*] (1) 花をいっぱい載せたたなごころ（掌）(2)〔ヒ〕ヒンドゥーの礼拝儀礼の一（16に及ぶ作法の最後で掌に花をのせて神像に捧げる儀礼）= पुष्पांजलि.
कुसुमाकर [名] 春 = वसंत; बहार.
कुसुमागम [名] 春 = वसंत.
कुसुमायुध [名] カーマ神の異名の一 = कामदेव.
कुसुमावलि [名*] 花束
कुसुमासव [名] (1) 花の出す汁；花の精 = मकरंद. (2) 蜂蜜 = मधु.
कुसुमित [形] (1) 花のついた (2) 花の開いた；開花した (3) 経血の出ている (4) 結婚適齢期になった
कुसुमेष [名] カーマ神= कामदेव.
कुसूर [名] 《A. قصور》(1) 誤り；間違い (2) 罪；犯罪 (3) 欠陥；欠点；落ち度
कुसूरवार [形] 《A.P. قصور وار》(1) 欠陥のある；落ち度のある (2) 罪のある इसके लिए हमारे धर्मग्रंथ अधिक कुसूरवार हैं このことについては我々の聖典により一層罪がある
कुसेसय [名] ハス（蓮）= कमल; पद्म.
कुस्तनतीनिया 〔地名〕《A. قسطنطينيه》イスタンブール= इस्तम्बोल.
कुहक[1] [名] (1) 偽り；虚偽；詐欺 (2) 詐欺師；偽善者 (3) 魔術
कुहक[2] [名*] (1) 鳥がさえずったり鳴いたりすること (2) 雄鶏の鳴き声
कुहकना [自] さえずる；鳥が美しい声で啼く（特にクジャクやオニカッコウの鳴き声について言う）
कुहकनी [名*]〔鳥〕オニカッコウ= कोयल.
कुहकुहाना [自] クジャクやオニカッコウが美しい声で鳴く
कुहना[1] [他] (1) 打つ；叩く；殴る (2) 殺す；殺害する
कुहना[2] [自] = कुहकना.
कुहनी [名*] ひじ（肘）= कोहनी. कुहनी मारना 肘で突く कल्लू ने हलके से बिरजू को कुहनी मारी カッルーがそっとビルジューをひじで突いた
कुहर [名] (1) 穴 (2) 裂け目 (3) 洞窟；洞穴
कुहरा [名] 霧 कुहरा पड़ना 霧が出る；霧がかかる
कुहराम [名] 《A. کہرام कुहराम》(1) 悲嘆；嘆き悲しみ；泣き喚き (2) 大騒ぎ；大騒動；大混乱 घर भर में कुहराम मचा हुआ है 家中に大騒ぎが起こっている **कुहराम डालना** 大騒ぎを起こす；大騒動を起こす **कुहराम पड़ना** 大騒ぎになる；大騒動になる= कुहराम मचना.
कुहासा [名] (1) 霧 (2) もや（靄） संशय के सूक्ष्म कुहासों में 疑念のもやの中に= कुहरा; कुहेसा.
कुहु [名*] (1) 鳥の美しい鳴き声 (2) オニカッコウの鳴き声= कोयल की कुहु-कुहु オニカッコウのくっくーとかかっこーという鳴き声
कुहुक [名*] = कुहक. 美しいと感じられるいろいろな鳥の鳴き声 मोरों की कुहुक के साथ रानी का मन भी झूम उठता クジャクの鳴き声と共に王妃もうきうきしてきた
कुहुकना [自] = कुहकना.
कुहुकबान [名] かぶらや（鏑矢）
कुहू [名*] (1) 新月（擬人化された女神）(2) 新月の夜 (3) オニカッコウの鳴き声 (4) クジャクの鳴き声
कुहूकंठ [名]〔鳥〕オニカッコウ = कोकिल; कोयल.
कुहू-कुहू [名*] クジャクやオニカッコウの鳴き声
कुहेलिका [名*] (1) 霧 (2) もや（靄）
कुहेली [名*] = कुहरा.
कूआ [名] = कूआँ.
कूँ-कूँ[1] [名] サフラン= कुमकुम.
कूँ-कूँ[2] [名] 子犬の鳴き声 कूँ-कूँ क॰ 子犬がくんくん鳴く टॉमी कूँ-कूँ करता, दुम हिलाता トミーはクンクン鳴いて尻尾を振る
कूँख [名] = कोख. 子を宿すところとしての腹；子宮
कूँखना [自] (1) うめく（呻く）；うめき声をあげる；苦しみや痛みにうんうん言う (2) 力む；いきむ；息を詰めて力を込める= काँखना.
कूँग [名] 真鍮や銅の細工に用いる研磨器具；やすり（鑢）
कूँगा [名] 皮なめしに用いるアラビアゴムモドキの樹皮を煎じ出した物（タンニン原料）
कूँच[1] [名*] 織工が糸をきれいにするのに用いる刷毛
कूँच[2] [名*] (1)〔解〕アキレス腱；踵骨腱= घोड़ा नस; पै. (2) 四足獣の飛節の腱 (3) 鉄鍛冶に用いる大きなやっとこ
कूँच[3] [名] 貴金属など微量の物の計量単位として用いられたトウアズキ（マメ科）の種子（約120mg）
कूँचना [他] 砕く；つぶす दाँत से कूँचो 歯でつぶしなさい；噛み砕きなさい
कूँचा[1] [名] (1) 舟の破片 (2) 豆を煎るのに用いる大きな杓子（しゃもじ）(3) ペンキなどを塗るのに用いるはけ（刷毛）(4) ほうき（箒）；汚れを払う刷毛
कूँचा[2] [名] = कूचा.
कूँची[1] [名*] (1) 塗装に用いるはけ（刷毛） गेहुएँ रंग में डुबोई कूँची 小麦色のペイントに浸した刷毛 (2) 絵筆 = तूलिका. (3)（汚れを落とす）刷毛= झाड़ू.; 小さな箒= कूची. **कूँची दे॰** *a.* はけで塗る *b.* 刷毛で（汚れを）払う
कूँची[2] [名*] (1) 氷砂糖を結晶させるのに用いる素焼きの容器 (2) 圧搾した液汁を溜める素焼きの容器

कूँची[3] [名*] 鍵= कुंजी; ताली.
कूँज [名*]〔鳥〕クロヅル= कराँकुल.
कूँजड़ा [名] = कुँजड़ा.
कूँजड़ी [名*] (1) クンジラー कुँजड़ा/कूँजड़ा の妻 (2) クンジラー・カーストの女性
कूँड़ [名*] (1) かぶと（兜；甲；冑）= खोद. (2) 唐臼仕掛けの灌漑用の水汲み装置につける瀬戸物または鉄製のつるべ (3)〔イ音〕バーヤーン बायाँ（タブラーと対になる床に置いて左手で打つ太鼓） (4) 水を入れる桶；かめ；水槽 हमेशा जिस बरतन में मेरे स्नान के लिए पानी रखा जाता है, वह एक क़लई की कूँड़ है और उसमें कोई तीन बाल्टी पानी आता है 私がいつも沐浴用の水を溜めるのはブリキの桶でバケツ 3 杯分の水が入る शाम को पानी से भरी एक कूँड और ढेर सारा चारा एक जगह रखवा देना 夕方水のいっぱい入った水がめと山のようなまぐさを一か所に置かせること
कूँडा [名] (1) パン生地をこねるのに用いる瀬戸物や木製の鉢；こね鉢= कठौता. (2) 水を汲み置く深く大きい桶やかめ (3) 洗い物に用いるたらい (4) 植木鉢
कूँड़ी[1] [名*] (1) 石でこしらえた椀型の食器 (2) 小型の飼い葉桶
कूँड़ी[2] [名*]（水がめなどの頭上運搬に用いる）かんわめ（荷が安定するように頭にのせその上に荷をのせる道具）= ईंडुरी; एँडुरी; गेंडुरी.
कूआँ [名] 井戸→ कुआँ.
कूई [名*]〔植〕スイレン科アカバナヒツジグサ【*Nymphaea lotus*】= कुमुदिनी; कुमुद.
कूक[1] [名*] (1) 鳥の鳴き声（特にクジャクやオニカッコウのように長く尾を引くように鳴く声） पक्षियों की चहचहाहट और कूकों के अलग-अलग मतलब हैं 鳥たちのさえずりや鳴き声にはそれぞれ別個の意味があるものなのだ (2) すすり泣く声
कूक[2] [名*] 時計などのネジを巻くこと；ネジ巻き= कुंजी दे॰; कुंजी भरना; कुंजी घुमाना → कूकना[2]
कूकड़ [名] おんどり（雄鶏）
कूकना[1] [自] (1) クジャクやカッコウが尾を引くように長く鳴く इस ऋतु में कोयल कूकती है この季節にオニカッコウが鳴く कोयल की कूकने की आवाज़ オニカッコウの鳴く声 (2) 長く尾を引くような美しい声が出る
कूकना[2] [他] ネジを巻く；ネジ巻きをする→ कूक[2].
कूकर [名] 犬= कुत्ता; श्वान.
कूकरकौर [名] (1) 犬に与えるために取り分けられた食物 (2) つまらぬ物；取るに足らぬ物= तुच्छ वस्तु.
कूकरनिंदिया [名*] 犬の眠り（非常に浅い眠りのたとえ）= कूकरनींद.
कूकरबसेरा [名] ほんの短い休憩；小休止 कूकरबसेरा क॰ (- ले॰) 小休止する
कूकरभँगड़ा [名]〔植〕キク科ヒラギク【*Pluchea indica*】= कुकरौंधा.
कूकरमुत्ता [名]〔植〕胞子植物キノコ（茸）の総称= कुकुरमुत्ता.
कूकरलेंड [名] 犬の交尾
कूका [名] (1)〔シク〕クーカー；クーカー派（シク教改革運動の一つで 1867 年にバーバー・ラームシング राम सिंह 1816–84 により興された一派．ヒンドゥー教などの社会習慣やその影響を排除しシク教の純粋性を取り戻す運動を推進したことと正統派の信奉する聖典『グルグラント・サーヒブ』に代わってグル・ゴーヴィンドシンにつながるグルに権威を認める点にこの派の独自性がある．ナームダーリー（नामधारी）とも呼ばれる．信徒の大多数は職人カーストであるラームガリヤーに属する） (2) クーカー派の信徒；クーカー；ナームダーリー (3) 大声での叫び声
कू कू [名] オニカッコウの鳴き声 कू कू क॰ オニカッコウが鳴く
कूच[1] [名]《P. کوچ》(1) 出発；出立；旅立ち (2) あの世への旅立ち；死；死去 कूच क॰ *a.* 出発する *b.* 死ぬ；死にかかる कूच कर जा॰ あの世へ旅立つ；死ぬ यह उम्मीद अगर दिल से कूच कर जाए もしもこの望みが胸から旅立ってしまえば 28 अक्टूबर 1919 ई॰को वह इस संसार से कूच कर गये 西暦 1919 年 10 月 28 日にあの世へ旅立たれた कूच का डंका बजना *a.* 出発の合図がある *b.* 死にかける= कूच का नक़्क़ारा बजना.
कूच[2] [名] 乳房（特に未婚の女性の）= कुच.
कूच[3] [名] アキレス腱= कूँच; घोड़ा नस.
कूचा[1] [名]《P. کوچہ》路地；小路 = गली.
कूचा[2] [名] (1) はけ（刷毛） (2) はたき；ほうき
कूचागर्दी [名*]《P. کوچہ گردی》（路地などを）うろつくこと；ぶらつくこと；徘徊（すること）
कूचिका [名*] (1) はけ（刷毛）= कूँची. (2) 筆；絵筆 (3) 鍵= कुंजी; ताली.
कूची [名*] = कूँची. (1) 筆；絵筆 (2) 塗装や壁塗りに用いる刷毛；ブラシ कूची फेरना 筆や刷毛を使う सुंदर रंगों की कूची फेरकर अपने ड्राइंगरूम में सजाकर रखते हैं 美しい色を塗って応接間に飾って置く
कूज [名*] (1) 音；音声= ध्वनि; आवाज़. (2) 音を立てること (3) 鳥が美しい声で鳴くこと (4) 車輪の発する音
कूजन [名*] = कूज. (1) 鳥の美声 (2) 鳥が美しい声で鳴くこと
कूजना [自] (1) 美しい声でさえずる (2) 甘美な音が出る；美しい音が響く
कूजा [名] モーティヤー（モクセイ科低木マツリカの一品種）の花
कूज़ा [名]《P. کوزه》(1) クーザー（素焼きの首の細い水差し） (2) 氷砂糖 कूज़े में दरिया भरना 短い言葉で多くのことを述べる
कूजित [形] (1) 語られた；話された (2) こだました；響きのある；反響した
कूट[1] [名] (1) 山の頂き；山頂= चोटी. (2) つの（角）= सींग. (3) 突き出たもの (4) 堆くなったもの；堆積 (5) 欺瞞；欺き；だまし；偽り= छल; धोखा. (6) 嘘；事実でないこと= झूठ; मिथ्या; असत्य. (7) 怨念 (8) 秘密；内密 (9) 難解さ (10) わな（罠）
कूट[2] [形] (1) 嘘の= झूठा. (2) 欺く；だます= छलिया. (3) わざとらしい；作りものの= बनावटी; कृत्रिम. (4) 主要な；中心の= प्रधान. कूट जाल में फँसना だまされる；だましに引っかかる
कूट एकेशिया [名]〔植〕マメ科高木ニセアカシア；ハリエンジュ【*Robinia pseudoacacia*】〈robinia; false acacia〉= ब्लैक लोकस्ट.
कूटक[1] [形] 嘘の；偽りの；欺く
कूटक[2] [名] 欺き；欺瞞
कूटकर्म [名] 欺き；だますこと；欺瞞；いんちき
कूटकर्मा [形] 欺く；だます
कूटकार [名] (1) 詐欺師 (2) 偽証者
कूटखड्ग [名] 仕込み杖= गुप्ती.
कूटतर्क [名] (1) 詭弁 (2) 婉曲に言うこと
कूटता [名*] (1) 嘘；虚偽 (2) 偽り；欺き (3) 困難
कूटना [他] (1) 砕く；潰す；すり潰す सभी सब्ज़ियों को अलग-अलग बारीक कूट लें すべての野菜を別々に細かく砕くこと एक औंस सिरके में 5-6 लौंग कूटकर 1 オンスの酢にチョウジ 5〜6 個をすり潰して (2)（唐臼などで穀物を）つく（搗く） (3) 打つ；叩く (4) 細長いくぼみをたがねで彫ったり刻んだりする (5) 牛や水牛などの家畜を去勢する कूट-कूटकर भरना ぎっしり詰め込む；ぎっしり詰める= ठसाठस भरना. कूट-कूटकर भरा हो॰ ぎっしり詰まる；びっしり詰まる उनकी अनेक कहानियों में राष्ट्रीय भावना कूट-कूटकर भरी है その人たちが伝えている物語には民族意識がぎっしり詰まっている राजा में शासक के सब गुण कूट-कूटकर भरे हुए थे 王には統治者としてのすべての徳がいっぱい備わっていた कूट पीसकर 一生懸命に努力して；懸命に働いて छाती कूटना → छाती.
कूटनीति [名*] (1) 外交 (2) 駆け引き
कूटनीतिक [形] 外交の；外交上の= राजनयिक. कूटनीतिक चाल 外交上の術；外交の手法 कूटनीतिक पर्यवेक्षक 外交観測筋 कूटनीतिक मिशन 外交団《H. + E. mission》= राजनयिक मिशन; राजनयिक दल; दूतावास. बंगला देश कूटनीतिक मिशन के अध्यक्ष श्री अली バングラデシュ外交団の主席アリー氏 कूटनीतिक संबंध 外交関係 कूटनीतिक संबंध तोडना 外交関係を断つ
कूटनीतिज्ञ [名] 外交官= राजनयज्ञ; राजनीतिज्ञ. देश के विख्यात कूटनीतिज्ञ わが国の著名な外交官
कूटनीतिज्ञता [名*] ←कूटनीतिज्ञ. 外交；外交術 अंगरेज़ों की आधुनिक कूटनीतिज्ञता イギリスの近代外交
कूटपाश [名] 鳥を捕らえる網= कूटबंध; फंदा.
कूटप्रश्न [名] 謎；なぞなぞ= पहेली; बुझौवल.
कूटमान [名] (1) 規格に合わない秤 (2) 規格に合わない分銅
कूटयंत्र [名] 鳥獣を捕らえる網
कूटयुद्ध [名] だまし討ち
कूटरचना [名*] 偽造；贋造
कूटरूपकारक [名] 贋金作り
कूटलिपि [名*] 偽証文；偽造文書
कूटलेख [名] 偽証文；偽造文書

क

कूटलेखक [名] 文書を偽造する人
कूटवाचन [名] 暗号解読〈decode〉
कूटशब्द [名] 暗号〈code word〉
कूटसाक्षी [名] 偽証人
कूटसाक्ष्य [名]〔法〕偽証
कूटस्थ[1] [形] (1) 最高の；最高位の；頂上や頂点に位置する (2) 不動の；揺るぎない= अटल; अचल. (3) 不滅の (4) 密かな；隠れた
कूटस्थ[2] [名] 香水の一種= व्याघ्रनख.
कूटस्थल [名] 戦略拠点
कूटायुध [名] 仕掛けや仕込みのある武器
कूटार्थ [形] 難解な；分かり難い
कूटावपात [名] 落とし穴；陥穽
कूटी[1] [形] (1) ひょうきんな（剽軽な）= मसखरा. (2) いんちきな；いかさまの
कूटी[2] [名*] = कुटनी.
कूटू [名]〔植〕タデ科1年草ソバ（蕎麦）= कुल्टू; काठू; तुंबा; कोटू.
कूड़ा [名] (1) ごみ (2) くず（屑） **(-को) कूड़ा कर दे॰** (－を）台無しにする；無茶苦茶にする **कूड़े पर गुलाल डालना** *a.* 無駄なことをする *b.* 恩知らずな人に親切に接する= कूड़े पर फुलेल डालना.
कूड़ा-कचरा [名] ごみ；ごみや屑；廃棄物 शहरों में बड़ी तेज़ी से कूड़ा-कचरा जमा होता है 都市には激しい勢いでごみがたまるものだ
कूड़ा-कबाड़ [名] がらくた道具 जब वे अपने ऊपर व्यर्थ का खर्च करती हैं या कूड़ाकबाड़ ख़रीद लाती हैं 無駄遣いをしたり不要品を買ったりがらくた道具を買い込んだりすると
कूड़ाकरकट [名] ごみ；ごみや屑 अपने घर का कूड़ाकरकट 自分の家のごみ कूड़ाकरकट घर के बाहर डाल दें ごみを家の外に捨てること
कूड़ाख़ाना [名]《H. + P.خانہ ख़ाना》ごみ捨て場= कतवारख़ाना.
कूड़ा-टोकरी [名*] くずかご（屑籠）
कूड़ादान [名] 屑入れ；ごみ箱
कूढ़[1] [名] からすき（犂）の柄
कूढ़[2] [形] 馬鹿な；愚かな；愚鈍な；頭の鈍い उसकी कूढ़ बुद्धि में あの男の鈍い頭に
कूढ़मग़ज़ [形]《H.+ A. مغز》のろまな；頭の悪い；愚かな
कूणिका [名*] 弦楽器の糸巻き
कूणित [形] (1) 縮んだ (2) 閉じた
कूत [名] (1) 見積もり；評価；査定 (2) 推量；推測；あてずっぽう (3) = कनकूत.
कूतना [他] (1) 見積もる；査定する इनकी संख्या एक करोड़ साठ लाख कूती गई この人たちの数は1600万人と見積もられた (2) 評価する；値をつける；価格をつける मेरी क़ीमत क्या कूती उन्होंने? あの人は私にどれだけの値をつけたのか उस कंगन का मूल्य 20 हज़ार से अधिक कूता गया था そのカンガンは2万以上のものと評価された
कूथना [他] ひどく叩く；激しく殴る；叩きのめす
कूद [名*] (1) 跳躍；跳ぶこと；躍り上がること (2) 飛び上がること (3) 飛び下りること **ऊँची कूद** 〔ス〕走り高跳び；ハイジャンプ **लंबी कूद** 〔ス〕走り幅跳び
कूदना [自] (1) 飛び上がる；飛び跳ねる（跳び跳ねる） (2) 飛び降りる；飛び込む (3) 前へ飛ぶ (4) 差し出る (5) お節介を焼く (6) 飛び越す；途中を飛ばす **कूद पड़ना** *a.* 飛び降りる वह मकान की छत से कूद पड़ा 屋上から飛び降りた *b.* 飛び込む；身を投じる राष्ट्रीय आंदोलन में कूद पड़े 民族運動に飛び込んだ *c.* 話に割り込む बीच में कूद पड़ा 話の中に割って入った *d.* 突入する；突っ込む；乱入する जिसे जो मिला वही लेकर सदन के बीच में कूद पड़ा 手当たり次第につかんで議場に突っ込んだ *e.*（－に）入水する उसने समुद्र में कूदकर जान दे दी 女性は海に飛び込んで命を絶った **कूदना-फाँदना** 飛んだり跳ねたりする；跳ね回る；はしゃぐ；奔放に振る舞う यह बच्चा अकेले-अकेले कूद-फाँद रहा है? माँ कहाँ गई? この子は一人ではしゃぎ回っているのかい．母さんはどこへ行ったのだい
कूद-फाँद [名*] 飛び跳ねること；飛び回ること；はしゃぎ回ること कूद-फाँद क॰ （子供などが）飛んだり跳ねたりして騒ぎ回ること

कूदान [名*] 跳躍すること（高跳びなど）= कुदान. उसने 17 साल की उम्र में कूदान भरना शुरू किया था 17歳から跳躍を始めたのだった
कून [名*]《P. كون》肛門= गुदा; मलद्वार.
कूप [名] (1) 井戸= कुआँ. (2) 穴= छिद्र; सूराख. (3) = गहरा गड्ढा.
कूपक [名] (1) 小さな井戸 (2) 油を入れる革袋= कुप्पा (3) もやい綱を結ぶ杭 (4) 帆柱
कूपचक्र [名] 井戸の滑車= रहट; गड़ारी; घिरनी.
कूपदंड [名] 帆柱
कूपन [名]《E. coupon》(1) クーポン (2) 郵便為替の通信欄 (3) 配給切符
कूपमंडूक [名] (1) 井戸の中の蛙 (2)（比喩的に）井の中の蛙；井蛙 **कूपमंडूकन्याय** せいあ（井蛙）のたとえ
कूपयंत्र [名] 井戸の滑車
कूपी [名*] 小さい井戸
कूपे [名]《E. coupé》クーペ；クーペ型自動車
कूबड़ [名] (1) くる病（せむし）による背骨の湾曲による弓形の突起 (2) 湾曲 (3) ラクダの瘤 चारों ओर ऊँट के कूबड़ की तरह दूर-दूर तक पहाड़ियाँ उठती-गिरती चलती गई थीं どちらを見てもラクダの瘤のように突き出た山が遠くまで連なっていた **कूबड़ निकलना** 背骨が突き出る；背骨が曲がる तपेदिक से बच्चे को कूबड़ निकल सकता है 結核で子供の背骨が曲がることがある
कूबर [名] せむしの人；くる病に罹って背骨の曲がった人
कूबा [名] (1) = कूबड़. (2)〔建〕棟木を支える弓形に湾曲した形のもやげた（母屋桁）
कूर [形] (1) 無慈悲な；情け容赦のない；残忍な= निर्दय; क्रूर. (2) 下劣な；下品な= दुष्ट. (3) 恐ろしい (4) 不吉な；縁起の悪い
कूरता [名*] (1) 無情なこと；情け容赦のないこと= निर्दयता. (2) 情感のないこと；面白味のないことや情趣の欠けていること (3) 臆病さ
कूरा [名] (1) 集まり；集積；堆積= ढेर. (2) 部分= भाग; हिस्सा.
कूरी [名*]〔植〕イネ科の雑草・牧草【*Panicum psilopodium*】
कूर्च [名] (1) 眉間 (2) 親指と人差し指との間の部分 (3) 嘘
कूर्चक [名] (1) 筆；絵筆= कूँची. (2) 爪楊枝；小楊枝
कूर्चिका [名*] (1) 筆；絵筆 (2) 芽；つぼみ（蕾） (3) 鍵 (4) 針
कूर्प [名] 眉間= त्रिकुटी.
कूर्पर [名] (1) ひじ（肘）= कुहनी. (2) ひざ（膝）= घुटना.
कूर्म [名] (1) カメ（亀）= कछुआ; कच्छप. (2)〔イ神〕ヴィシュヌ神の亀の姿での権化= कूर्मावतार.
कूलंज [名]《P. قولنج》腹痛 कूलंज का शदीद दौरा 腹痛の激しい発作
कूल [名] (1) 岸；水辺；ほとり（川岸，海岸，湖畔など）= किनारा; कूट. (2) そば；近く= समीप; पास; निकट. (3) 池；湖 (4) 水路；用水路 **कूल-किनारा** *a.* 岸；岸辺；水辺 *b.* 終結；限界
कूलर [名]《E. cooler ← water cooler》冷水機；冷水器；ウォータークーラー मैंने पास ही लगे कूलर से पानी पी लिया すぐそばに設けられているウォータークーラーから水を飲んだ
कूलवती [名*] 川 = नदी.
कूला [名] 用水路；水路
कूलॉम [名]《E. Coulomb》〔電〕クーロン（C）
कूलिंग [名] = कूलंज.
कूल्हना [自] うめく（呻く）；苦痛にうなる= कराहना. बड़े-बूढ़ों ने बिस्तर पर कूल्हते पिता को किसी तरह यह कहकर चुप कराया कि… ベッドで呻いている父をこう言って何とか静かにさせた
कूल्हा [名] (1) でんぶ（臀部）；尻 कूल्हों पर अनावश्यक चर्बी 臀部に余分な脂肪 (2) 腰；ヒップ (3) 腰骨 कूल्हे की हड्डी 腰の骨 पाँव कूल्हों के ऊपर धड़ से जुड़े हुए हैं 足は尻で胴体とつながっている **कूल्हा मटकाना** 腰を振る；尻を振る；つやっぽく振る舞う धुन बजते ही नौजवानों ने हाथ-पाँव फेंकने और कूल्हे मटकाने शुरू कर दिए 音楽が奏でられると同時に若者たちは手足をそして腰を振り始めた
कूवत [名*]《A. قوت》力；活力；活動力；パワー वह हमारे जिस्म की कूवत पहुँचाता रहता है それは私たちの体にいつも力をもたらす= कुव्वत.
कूष्मांड [名] = कुष्मांड.
कृंतक [名]〔解〕門歯；切歯〈incisors〉

कृंतन [名] 切ること；切り離すこと；切断すること；分断すること
कृच्छ्र[1] [名] (1) 苦痛；苦しみ (2) 罪悪
कृच्छ्र[2] [形] (1) 厳しい；困難な；苦しい＝ कष्टसाध्य. (2) 悪質な；悪い＝ दुष्ट. (3) 罪深い＝ पापी.
कृत् [名] (1)〔言〕サンスクリット文法で動詞語根に直接接続する第一次接尾辞＝ कृत् प्रत्यय. (2)〔言〕第一次接尾辞から成る語
कृत[1] [形] (1) なされた；行われた (2) つくられた（作られた；造られた） (3) 完了した；完結した
कृत[2] [名]〔ヒ〕ヒンドゥー教の宇宙観による四年紀（ユガ）の第1，クリタユガ（कृतयुग）＝ सत्ययुग
कृतक [形] (1) なされた (2) 偽の；偽りの；模造の (3) 人工の＝ बनावटी; कृत्रिम. (4) 養子の
कृतकर्मा [形] (1) 成功を収めた＝ सफल; कामयाब. (2) 上手な；巧みな；上達した＝ चतुर; कुशल.
कृतकाम [形] 念願を果たした
कृतकार्य [形] 目的を達成した；完成した；成し遂げた कृतकार्य हो॰ 成功する；首尾を遂げる
कृतकृत्य [形] (1) 目的を達した (2) 満足した；喜んだ；満悦した ऐसी सरल और देशभक्त पत्नी को पाकर कृतकृत्य हो उठे このように素直で国を愛する妻を得て満足した
कृतघ्न [形] 恩義をわきまえない；恩知らずな；忘恩の；義理を欠く
कृतघ्नता [名*] ← कृतघ्न. 恩知らずなこと；忘恩＝ नमकहरामी. कृतघ्नता का व्यवहार 忘恩の振る舞い
कृतचेता [形] ＝ कृतज्ञ.
कृतज्ञ [形] 感謝する；恩義をわきまえる；恩を知る；義理堅い＝ एहसानमंद; आभारी.
कृतज्ञता [名*] ← कृतज्ञ. 恩義をわきまえること；感謝；感謝の念
कृतज्ञताज्ञापन [名] (1) 感謝の念を表すこと (2) 志；感謝の気持ちを表すための贈り物
कृतयुग [名]〔ヒ〕クリタユガ（ヒンドゥー教宇宙観の四年紀の第1）；黄金期＝ सत्ययुग.
कृतशौच [形] (1) 清められた；清めのすんだ (2) 沐浴や排便などをすませた
कृतसंकल्प [形] 決意した；決心した；決然たる विपक्ष के चक्रव्यूह से जूझने को कृतसंकल्प 野党の包囲網と戦う決意 मैं कुछ भी न बताने के लिए कृतसंकल्प था 何も話さないことを決意していた
कृतांक [形] (1) しるしのつけられた (2) 数の記入された
कृतांजलि [形] 合掌した；手を合わせた
कृतांत[1] [名] (1) ヤマ；閻魔＝ यम. (2) 前世の行為の果；善業・悪業の報い (3) 死 (4) 罪悪
कृतांत[2] [形] (1) 終わらせる；終結させる (2) ほろぼす；滅亡させる
कृताकृत[1] [形] 中途半端な＝ अधूरा.
कृताकृत[2] [名] (1) 完成したことと未完成のこと (2) 中途半端な仕事
कृतात्मा [名] (1) 聖者 (2) 偉人
कृतार्थ [形] (1) 目的を果たした；目的を達成した；願いの叶った (2) 満足した；喜んだ **कृतार्थ क॰** 満足させる；喜ばせる；目的を達する मैं आशा करता हूँ कि परम पूज्य पिता जी स्वीकार करके पुत्र को कृतार्थ करेंगे お父さんはそれを受け入れて息子を喜ばせて下さるものと願っています उनके पदचापों ने हमारी कार्यशाला को कृतार्थ किया 氏が私どもの学校にお出まし下さり恐悦至極に存じました अपने को कृतार्थ क॰ 満足する；喜ぶ
कृति [名*] (1) 活動；行為；働き；作業 संस्कृति का अर्थ है कला, साहित्य तथा धर्म से संबंधित मानव विचार और कृतियाँ 文化とは芸術，文学及び宗教に関する人間の思考と活動のことである (2) 作品 किसी महान लेखक की कोई महान कृति 偉大な作家のある偉大な作品
कृतिकार [名] 創作する人；創作者；作家；詩人
कृतित्व [名] ← कृति. (1) 行為 (2) 業績 (3) 作品 अमीर खुसरो का कृतित्व アミール・クスロー（フスロー）の作品
कृते [副] 代理で；(-に) なり代わって
कृत्ति [名] (1) レイヨウなどの動物の皮＝ मृगचर्म. (2) 皮；皮革 (3) 樹皮（カバノキ科のペーパーバーチ【*Betula utilis*】の樹皮）
कृत्तिका [名*]〔天〕二十七宿の第3 プレアデス星団；スバル星（昴）
कृत्तिवास [名]〔イ神〕クリッティヴァーサ（シヴァ神の異名の一）
कृत्य [名] (1) 行為；行動 अपने कृत्य पर पछतावा 自分の行為を悔やむ उसे आलोक के इस कृत्य से धक्का ज़रूर लगा 彼女はアーロークのこの行為に確かにショックを受けた (2) なすべきこと；務め；義；義理 (3) 職務；役目
कृत्याकृत्य[1] [形] なすべき（こと）となすべきでない（こと）；善悪の
कृत्याकृत्य[2] [名] 正邪；善悪
कृत्रिम[1] [形] (1) 人造の；人工の；人工的に作られた；義（−） कृत्रिम बाल かつら；つけ毛 कृत्रिम जूड़े ヘアピース〈hair piece〉 कृत्रिम दाँत 義歯 कृत्रिम धागा 人造繊維 (2) 人為的な इन औषधियों का कृत्रिम अभाव これらの薬剤の人為的な不足 (3) 贋の；偽の；つくりものの कृत्रिम सोना 偽の金；贋金 (4) わざとらしい；不自然な (5) 合成の；合成された कृत्रिम पदार्थ 合成物質
कृत्रिम[2] [名]〔ヒ〕クリトリマ（古代インドの養子の分類の一で同じ身分の者の徳ある人を養子とした場合の呼称．マヌ法典 9 - 169）
कृत्रिम अंग [名] 義肢 अपंगों के लिए कृत्रिम अंग 身体障害者のための義肢
कृत्रिम उपग्रह [名] 人工衛星〈artificial satellite〉 आर्यभट्ट पृथ्वी का एक कृत्रिम उपग्रह है 「アーリヤバッタ」は地球を回る人工衛星である
कृत्रिम गर्भाधान [名]〔生〕人工授精〈artificial fertilization〉 कृत्रिम गर्भाधान का तरीका 人工授精法
कृत्रिमता [名*] ← कृत्रिम. (1) 人造；人工 (2) 人為性；不自然さ (3) 偽り (4) わざとらしさ
कृत्रिम परागण [名]〔植〕人工授粉〈artificial pollination〉
कृत्रिम रबड़ [名] 合成ゴム〈synthetic rubber〉
कृत्रिम रेशम [名] 人造絹糸；人絹；レーヨン〈artificial silk; rayon〉
कृत्रिम रेशा [名] 人造繊維〈synthetic fibres〉
कृत्रिम लाइट [名]《H.+ E. light》人工光線 ↔ नैचुरल लाइट〈natural light〉
कृत्रिम श्वसन [名] 人工呼吸〈artificial respiration〉
कृत्रिम संवर्धन [名] 養殖〈artificial culture〉
कृत्रिम साँस [名*] 人工呼吸 कृत्रिम साँस दे॰ 人工呼吸を施す
कृत्स्न [形] 全部の；全体の；完全な＝ पूरा; संपूर्ण.
कृदंत [名]〔言〕サンスクリット語の造語法の一で動詞語根に第一次接尾辞が添えられて作られた第一次派生語（名詞）〈primary derivatives〉 → कृत्.
कृदंत विशेषण [名]〔言〕分詞形容詞〈verbal adjective〉
कृदंत संज्ञा [名*]〔言〕分詞名詞〈participial noun〉
कृपण[1] [形] (1) 吝嗇な；けちな；物惜しみの激しい＝ सूम; कंजूस. (2) 卑劣な；あさましい
कृपण[2] [名] 吝嗇家；けちな人；けちんぼ＝ सूम.
कृपणता [名*] ← कृपण. 吝嗇；けち＝ कंजूसी.
कृपया [副] どうか；どうぞ；よろしく（お願いします）；なにとぞ；お願いですから कृपया यह बताने का कष्ट करें お願いですからおっしゃって下さい
कृपा [名*] (1) 好意；親切 (2) 親切な行為 (3) 憐れみ；同情；情 आपकी कृपा है おかげさまです；あなたのおかげです；恐縮に存じます वह अब भी नीमहकीम की कृपा पर है 今なおお藪医者の情けにすがっている **कृपा करके** どうか；どうぞ；お願いです कृपा करके बताइए どうかおっしゃって下さい
कृपाण [名] (1) 短刀 (2)〔シク〕シク教徒の携帯すべき5つのKのうちの一．短剣；キルパーン（किरपान）
कृपादृष्टि [名*] (1)（神や人が）情け深く見守ること कीजै कृपादृष्टि हम पे सदा いついつまでも見守り下さい (2) 好意；好意を寄せること ‘कहिए, मैं आपकी क्या सेवा कर सकता हूँ?’ ‘आप की कृपादृष्टि काफ़ी है’ 「何のお手伝いを致しましょうか」「御好意だけで結構でございます」 (-पर) **कृपादृष्टि रखना** （−に）好意を寄せる；親切にする
कृपापत्र [名] 貴簡；貴翰；お手紙；御書簡
कृपापात्र [名] お気に入り；寵児 ईश्वर का कृपापात्र होना 神の恩寵を受けること

क

कृपापूर्वक [副] どうか；どうぞ；やさしく；親切に；慈悲をもって कृपापूर्वक सब वृत्तांत कह जाइए どうか一部始終をお話なさって下さい
कृपालु [形] 親切な；心やさしい；情け深い；慈悲深い
कृपालुता [名*] ←कृपालु. 親切さ；情け深さ；慈悲深さ
कृमि [名] (1) 虫（節足動物以外に回虫なども含まれる） गोलकृमि 回虫 (2) ラックカイガラムシ (3) ラック（ラックカイガラムシからとれる） (4) = किरमिज़.
कृमिकोश [名] まゆ；繭
कृमिज[1] [形] 虫から生まれた；虫から生じた
कृमिज[2] [名] (1) 絹 (2)〔植〕ジンチョウゲ科高木ジンコウ（沈香）；伽羅【*Aquilaria agallocha*】〈agallochum〉 (3) 洋紅色；えんじ色→ किरमिज़; किर्मिज़.
कृमिजा [名*] ラック
कृमिण [形] 虫のついた；虫のわいた= कृमिल.
कृमिराग [名] 洋紅色；えんじ色
कृमिरोग [名]〔医〕腹に回虫などのわくこと；寄生虫病
कृमिल [形] 虫のついた；虫のわいた
कृमिशैल [名] 蟻塚= बाँबी; बिमौट; वल्मीक.
कृश [形] (1) やせた；やせこけている (2) 衰弱した；力のない；無力な (3) 貧弱な (4) 少しの；少量の；わずかの
कृशकाय [形] = कृशकाया*. やせた；やせている；痩身の；痩躯の कृशकाया व्यक्ति 痩身の人 कृशकाय, शरीर पर चीथड़े, असमय में सारे बाल सफ़ेद 鶴のようにやせこけた体，体にはぼろ，齢に似合わずすっかり白くなった髪
कृशगात [形] やせた；やせている；痩身の；痩躯の नदी किसी विरहिणी की भाँति कृशगात और सुंदर लग रही थी 川は別離の愁いに沈む女性のように細く美しく思えた
कृशता [名*] ←कृश. (1) やせていること (2) 衰弱 (3) 少量
कृशत्व [名] = कृशता.
कृशानु [名] (1) 火 अग्नि (2)〔動〕チーター चीता
कृशित [形] やせた；やせ細った；やせこけた
कृषक [名] 農夫；農民= किसान.
कृषि [名*] (1) 農業 कृषि में परिवर्तन तथा विकास बढ़ रहा है 農業はどんどん変化し発展しつつある (2) 耕作；農耕
कृषि अर्थव्यवस्था [名*] 農業経済
कृषि अर्थशास्त्र [名] 農業経済学〈agricultural economics〉 कृषि अर्थशास्त्र विभाग का सहायक प्राध्यापक 農業経済学科の助教授
कृषि उत्पादन [名] 農業生産
कृषि उपकरण [名] 農機具；農業機械
कृषिकार [名] 耕作者；農業を営む人；農夫；農民；百姓= कृषक; किसान; खेतिहर.
कृषिकार्य [名] 農作業；畑仕事 त्यौहार वाले दिन कृषिकार्य नहीं किये जाते 祭日には農作業は行われない
कृषिक्षेत्र [名] 農地
कृषित [形] (1) 耕された；耕作された (2) 栽培された
कृषि निकाय [名]〔教〕農学部
कृषि-प्रधान [形] 農業が中心の सारा मारीशस कृषि-प्रधान द्वीप है モーリシャス全体が農業中心の島である कृषि-प्रधान देश 農業（中心）国
कृषिभूमि [名*] 農地；田畑
कृषि मंत्रालय [名] インド連邦政府農業省〈Ministry of Agriculture〉
कृषि मंत्री [名] 農業相；農相；農業大臣 केंद्रीय कृषि मंत्री （インド）連邦政府農相
कृषि मज़दूर [名] 《H.+ A.مزدور मज़्दूर》農業労働者
कृषियंत्र [名] (1) 農具；農機具 (2) 耕耘機；トラクターなどの農業に用いられる機械
कृषिवर्ष [名] 農事暦
कृषि विज्ञान [名] 農学 कृषि विज्ञानी 農学者
कृषि विपणन [名] 農業マーケティング〈agricultural marketing〉
कृषि विश्वविद्यालय [名] 農科大学；農業大学 आंध्र प्रदेश कृषि विश्वविद्यालय アーンドラ・プラデーシュ州農業大学
कृषि वैज्ञानिक [名] 農学者；農業研究者= कृषि विज्ञानी.
कृषीय [形] 農業の；農業に関する
कृषीय अर्थव्यवस्था [名*] 農業経済= कृषि अर्थव्यवस्था.
कृष्ट[1] [形] (1) 引っぱられた (2) 引きつけられた
कृष्ट[2] [形] 耕された；耕耘された
कृष्टभूमि [名*] 耕地；耕作地
कृष्टि[1] [名*] 引くこと；牽引
कृष्टि[2] [名*] 耕すこと；耕耘
कृष्ण[1] [形] (1) 黒い (2) 暗黒の (3) 青黒い (4) 性質のよくない；たちの悪い；腹黒い
कृष्ण[2] [名]〔イ神〕クリシュナ（ヴィシュヌ神の十化身（権化）の第８番目の化身，ヤドゥ族のヴァースデーヴァ वासुदेव の息子）を父にデーヴァキー देवकी を母として生まれた
कृष्ण काव्य [名]〔イ文芸〕ヴィシュヌ神の化現であるクリシュナ神を主題にした宗教詩とその伝統
कृष्णदास〔人名・イ文〕クリシュナダーサ（C.1495–1581．ヴァッラバ派の信徒でクリシュナ信仰を謳ったブラジバーシャーの詩人）
कृष्णद्वैपायन [名]〔イ神〕クリシュナドゥヴァイパーヤナ（叙事詩マハーバーラタなどの作者と伝えられる聖仙），ヴェーダヴィヤーサ वेदव्यास とも呼ばれる．パラーシャラ聖仙 पराशर を父にサティヤヴァティー सत्यवती を母に生まれたとされる
कृष्णपक्ष [名] 暦法で月が満月から新月に向かう半月；黒半月；黒半；黒分 ↔ शुक्ल पक्ष 白分.
कृष्णपट्टी [名*]〔鳥〕ヒタキ科モンツキイソヒヨドリ【*Monticola cinclorhynchus*】
कृष्णसार [名] (1)〔動〕ウシ科ブラックバック；インドレイヨウ【*Antilope cervicapra*】 (2)〔植〕マメ科高木シッソーシタン；シッソー紫檀
कृष्णा [名*] (1)〔マハ〕クリシュナー（パーンドゥ五王子の共通の妻，ドラウパディー द्रौपदी の別名） (2) カーリー女神 काली (3)（南インドの西ガーツ山脈に源流を持ちベンガル湾に注ぐ）クリシュナー川；キストナ川→ कृष्णा नदी.
कृष्णा नदी [名*] クリシュナー川（西ガーツ山脈より発しカルナータカ，マハーラーシュトラ，アーンドラの諸州を経てベンガル湾に注ぐ．別名キストナ川）
कृष्णाष्टमी [名*]〔ヒ〕インド暦６月，すなわち，バードン月黒分８日のクリシュナ降誕日
कृष्य [形] 耕作できる；可耕の
कृष्य भूमि [名*] (1) 耕地；田畑 (2) 可耕地〈plowland; cultivable land〉
कृस्तान [名] 《Por. Christão》〔古〕キリスト教徒；キリシタン= ईसाई.
केंकड़ा [名] = केकड़ा. 〔動〕甲殻類カニ（蟹）の総称
कें कें [名*] (1) 鳥の驚きあわてる際の鳴き声 (2) 悲鳴；苦しみの声 (3) 不平・不満を表す言葉；ぶつぶつ言う言葉 (4) 馬鹿話；無駄話
केंचुआ [名] (1) 回虫= बड़ा कीड़ा; राउंड वर्म. **केंचुआ (केंचुए) गिरना** 回虫が出る；腹の虫が下る **केंचुआ (केंचुए) पड़ना** 回虫がわく；腹に虫がわく (2)〔動〕ミミズ；蚯蚓
केंचुरी [名*] = केंचुली[1].
केंचुल [名*] = केंचुली[1]. **केंचुल छोड़ना** *a.* 脱皮する *b.* 本当の姿を現す；裸になる；かくしだてをしない= केंचुल झाड़ना. **केंचुल भरना** 脱皮する= केंचुल में आ॰.
केंचुली[1] [名*] 蛇などが脱皮する薄い表皮；脱け殻（抜け殻） **केंचुली बदलना** *a.* 着がえる *b.* 脱皮する *c.* 変節する；裏切る *d.* 姿を変える
केंचुली[2] [形]（蛇などの）脱け殻のような
केंचुवा [名] = केंचुआ.
केंजी [名*] 米の煮汁= चावल का मांड.
केंटीन [名*] 《E. canteen》キャンティーン；（会社，事務所，学校構内などの）喫茶店や売店= कैंटीन.
केंदु [名] = तेंदू.
केंदुवाल [名] 水馴れ竿= डाँड़.
केंद्र [名] (1) 中心；中央 वृत्त का केंद्र 円の中心 (2) 中心；中心地；センター व्यापारिक केंद्र (कॉम्प्लेक्स) 商業センター（コンプレックス） व्यापार का केंद्र 商業の中心；交易の中心地 शिक्षा के केंद्र 教育の中心 (3) 中央（地方に対する） केंद्र की सरकार और राज्य की सरकारें 中央政府（連邦政府）と州政府 (4) 中心的機関；センター (5) 核 (6)〔物理〕原子核
केंद्रक [形] (1)〔生〕細胞核の (2)〔物理〕原子核の

केंद्रकीय [形] (1)〔生〕細胞核の (2)〔物理〕原子核の **केंद्रकीय झिल्ली**〔生〕核膜〈nuclear membrance〉 **केंद्रकीय विभाजन**〔生〕核分裂〈nuclear division〉

केंद्र निदेशक [名]（研究所所長など）センター長；センター所長

केंद्र बिंदु [名] 中心点；本拠地 जनसाधारण के जीवन का केंद्र बिंदु 一般民衆の生活の中心点

केंद्रशासित [形] 連邦政府直轄の केंद्रशासित प्रदेश 連邦政府直轄地 केंद्रशासित क्षेत्र 中央政府直轄地域

केंद्रापगामी [形] 遠心性の；遠心力の〈centrifugal〉

केंद्रापसारी [形] 遠心性の

केंद्राभिगामी [形] 求心性の；求心的な

केंद्राभिमुखी [形] 求心性の；求心的な〈endocentric〉

केंद्रिक [形] 中心の；中枢の；中枢的な

केंद्रिका [名*]〔生〕核仁= न्यूक्लिओलस.〈neucleolus〉

केंद्रित [形] 集中した；集中している हमारे राजनीतिज्ञों के हाथ में अमर्यादित आर्थिक व राजनीतिक शक्ति केंद्रित हो गई है わが国の政治家たちの手には無際限の経済力や政治力が集中してしまっている अपने आप में केंद्रित 自己中心的な ऐसे छोटे शहरों में भी लोगों का अपने आप में केंद्रित होना こんな小さな町でも人が自己中心的なこと अपना ध्यान केंद्रित रखें 意識を集中しておくこと

केंद्रीकरण [名] 集中；集中化 राज्य की समस्त सत्ता का एक व्यक्ति के हाथों में केंद्रीकरण 国家の全権力を一人の手に集中すること

केंद्रीभूत [形] 集中した；集まった केंद्रीभूत हो。集中する

केंद्रीय [形] (1) 中心の；中心的な केंद्रीय तंत्र 中心組織；中心機構 कभी कभी संगठन शब्द का प्रयोग राजनीतिक दल के केंद्रीय तंत्र के लिए भी किया जाता है しばしば「サンガタン」という言葉は政党の中心組織についても用いられる (2) 中央の；国家の；国家全体の केंद्रीय सरकार 中央政府 (3) 中心地の (4) 中心機関の；センターの

केंद्रीय रिजर्व पुलिस [名*]《E. Central Reserve Police; CRP》インド中央予備警察隊

केंद्रीय शासन [名] 中央政府；中央政権

केंद्रीय शासित क्षेत्र [名] 中央直轄地 = केंद्रशासित क्षेत्र.

केंद्रीय शासित प्रदेश [名] 中央政府直轄地；（インド）連邦政府直轄地

केंद्रीय सरकार [名*] 中央政府；（インド）連邦政府

के[1] [格助] 格助詞 का の変化形．男性単数・斜格形及び複数直格形及び斜格形の名詞類に先行する यात्री के इस प्रश्न के उत्तर में 旅人のこの問いに答えて गीत के शब्द 歌詞 उन्होंने जाति-भेद को दूर करने के प्रयास किये थे カースト差別をなくす努力をなされた विधान सभा के चुनावों में 州議会選挙において

के[2] [動] 接続分詞として動詞語根に直接接続する जाके 行って. कर (→) と同義に用いられるが，करना の接続分詞としては करके となる

केउ [名]〔植〕ショウガ科草本オオホザキアヤメ【*Costus speciosus*】

केक [名⁻]《E. cake》(1) ケーキ；洋菓子 जन्मदिन की केक バースデーケーキ (2) ケーキ（薄く平たい固形物） रूज बाजार में तीन शक्लों में मिलती है - 1. तरल, 2. क्रीम और 3. केक के रूप में ルージュは市場では3つの形で売られている．すなわち，1. 液体，2. クリーム，3. ケーキ

केकड़ा [名]〔動〕カニ（蟹） केकड़े की चाल 蟹の横這い= टेढ़ी तिरछी चाल.

केकय [名] (1)〔地名〕ケーカヤ（古代インドの西北部，現今のパンジャーブ，カシミール地方に位置したものと考えられている） (2) 同地の住民

केकयी [名*] (1) ケーカヤ国の女性 (2)〔ラマ〕ダシャラタ王の妃，バラタ भरत の母であるケーカイー

केका [名*] クジャクの鳴き声= मोर की कूक.

केकिनी [名*] クジャクの雌= मयूरी.

केकी [名]〔鳥〕クジャク（孔雀）= मयूर; मोर.

केचप [名]《E. ketchup》ケチャップ

केचित् [代] 何か；いずれか= कोई.

केटलॉग [名]《E. catalogue》カタログ = सूची-पत्र.

केड़ा [名] (1) 芽= अंकुर; कोंपल. (2) 苗；苗木= नया पौधा. (3) 若者

केत [名] (1) 家= घर. (2) 場所= स्थान; जगह. (3) 旗= ध्वजा.

केतक[1] [名] = केवड़ा.〔植〕タコノキ科小木アダン；トゲナシアダン【*Pandanus odoratissimus; P. tectorius*】

केतक[2] [形] (1) どれだけの；どれほどの (2) 多くの；随分と多くの；相当な

केतकी [名*] = केतक; केवड़ा.

केतन [名] (1) 呼びかけ= निमंत्रण; आह्वान. (2) 招待= न्यौता. (3) 旗= ध्वजा.

केतली [名*]《← E. kettle》やかん；湯沸かし चाय की केतली やかん

केतु [名] (1) 光；輝き = प्रकाश. (2) しるし；標識= चिह्न; निशान. (3) 知識 (4) 彗星 (5) 九遊星（नवग्रह）中の一，ケートゥ；計都星 (6) 旗 (7)〔天〕月の降交点

केतु तारा [名] 彗星= पुच्छल तारा.

केतुमान् [形] (1) 光輝ある；輝く (2) 聡明な (3) 標識のある (4) 旗を持つ

केतुयष्टि [名*] 旗竿= ध्वज का डंडा.

केतुरत्न [名] キャッツアイ；猫目石= लहसुनिया.

केदार [名] (1) 畝 (2) 木の根かたに掘った溝 (3) ケーダール山（北緯30度44分東経79度のヒマラヤ山中ガルワール गढ़वाल 地方のヒンドゥー教徒の聖地でケーダールナート，もしくは，ケーダーラナータと呼ばれシヴァリンガが祀られている）

केदारनाथ [名] (1) ケーダールナート山（ガルワール・ヒマーラヤのケーダール山東経79度北緯30度44分標高6940m） (2)〔ヒ〕ケーダールナート（ヒンドゥーの霊峰ケーダール山の頂きに祀られたシヴァリンガ）→ केदार.

केन [名]〔イ哲〕ケーナ・ウパニシャッド（古ウパニシャッドの一）= केनोपनिषद्.

केनवस [名]《E. canvas》カンバス；カンヴァス；画布= कैनवस.

केप ऑफ़ गुड होप〔地名〕《E. Cape of Good Hope》喜望峰

केपटाउन〔地名〕《E. Capetown》ケープタウン（南アフリカ）

केफ़े [名*]《E. cafe》軽食堂；喫茶店；カフェテラス= चायघर; कहवाखाना; जलपान गृह.

केबल [名]《E. cable》(1) ケーブル केबिल; केबुल (2)〔手芸〕なわ編み

केबल-तार [名]《← E. cable + H.》海外電信；海外電報〈cable gram〉

केबिन [名]《E. cabin》(1) 室；部屋 मैनेजर के केबिन में 支店長室で (2) キャビン；船室；客室；乗員室 (3) 鉄道の信号扱い所〈signal cabin〉

केबिनेट [名]《E. cabinet》(1) 飾りだな；（台所などの）戸棚 (2) キャビネット (3)〔写〕キャビネ判 = केबिनेट साइज़. (4) 内閣 = मंत्रिमंडल.

केबिनेट सचिव [名]《E. cabinet secretary》内閣官房長官= मंत्रिमंडल सचिव. पूर्व केबिनेट सचिव 前内閣官房長官

केबिनेट साइज़ [名]《E. cabinet size》〔写〕キャビネ判 केबिनेट साइज़ फ़ोटो キャビネ判写真

केबिनेट सेक्रेटेरियट [名]《E. cabinet secretariat》内閣官房；内閣事務局= मंत्रिमंडल सचिवालय.

केबिल [名]《E. cable》ケーブル= केबल; केबुल.

केबुल [名]《E. cable》= केबल. (1) ケーブル；ふとづな（太索） (2) 海底ケーブル；海底電線 समुद्र की तली में भी केबुल बिछाकर 海底にもケーブルを敷設して (3) 海底電信；海外電報= समुद्री तार.

केमक [名] = केउ.

केमरा [名]《E. camera》カメラ；写真機= कैमरा.

केमिकल [形]《E. chemical》化学の；化学的な= रासायनिक.

केमिकल्स [名]《E. chemicals》化学製品；化学薬品

केमिस्ट [名]《E. chemist》薬剤師 केमिस्ट की डिग्री 薬剤師の称号；薬剤師の資格；薬剤師免許 केमिस्ट की दूकान 薬局（アーユルヴェーダなどの伝統医術に対して西洋医術の）

केयरटेकर [名]《E. caretaker》管理人

केयूर [名]〔装身〕上腕につける腕飾り；ケーユール

केरल [名] (1) ケーララ州 (2) ケーララ地方

केरली[1] [形] ケーララの；ケーララ地方の

केरली[2] [名] ケーララの人；ケララ人

केरा [名] = केला.

केराटाइटिस [名]《E. keratitis》〔医〕角膜炎

केराटिन [名]《E. keratin》〔化〕ケラチン प्रत्येक बाल एक केराटिन नामक प्रोटीन का बना होता है 毛はすべてケラチンと呼ばれる蛋白質からできている
केराना[1] [名] 調味料や香辛料などの食料雑貨類= किराना.
केराना[2] [他] = किराना[2].
केरानी [名] (1) インド人と西洋人との間に生まれた混血の人；アングロインディアン (2) イギリス人の部下として事務をとったインド人事務員 (3) 改宗したインド人クリスチャン= किरानी.
केरी [名*] 未熟のマンゴー
केरो 〔地名〕《E. Cairo》カイロ（エジプト）= काहिरा.
केरोसिन [名] 《E. kerosene; kerosine》灯油；ケロシン
केरोसिन लैंप [名] 《E. kerosine lamp》石油ランプ
केरोसिन स्टोव [名] 《E. kerosine stove》石油ストーブ ；石油コンロ= केरोसिन इस्टोव.
केल [名]〔植〕マツ科ピヌス属高木【*Pinus wallichiana; P. excelsa*】
केला [名] (1)〔植〕バショウ科バナナ【*Musa sapientum*】 केले के पत्ते-सा काँप जाता バナナの葉のように震えあがる (2) バナナの実 केले का छिलका バナナの皮 **केले के लिए ठीकरा तेज़ होता है** 〔諺〕おとなしい人や弱い人はだれからもつけこまれるもの
केलास [名] (1) 水晶= स्फटिक. (2) 結晶
केलि [名*] (1) 遊び；遊戯= खेल; क्रीड़ा (2) ふざけ = मज़ाक; दिल्लगी. (3) 交接 = मैथुन; रति.
केली[1] [名*]〔植〕実の小さい種類のバナナ
केली[2] [名*] (1) 遊び (2) 愛戯
केलोरी [名*] 《E. calorie》カロリー = कैलोरी. साधारणतया भोजन में प्रोटीन, विटामिन और यहाँ तक कि आवश्यक केलोरियों की कमी रहती है 一般に食事では蛋白質，ビタミン，さらには必要なカロリーまでが不足するものだ
केलोरीज [名*] 《E. calories》カロリー हर चम्मच भर शुगर में 32 केलोरीज होती हैं さじ一杯の砂糖が 32 カロリーある
केल्प [名] 《E. kelp》〔植〕コンブ科ケルプ（褐藻）
केवट [名] = कैवर्त. ケーヴァト・ジャーティの人（従来船での運搬に関係した仕事を主な生業にしてきた）
केवड़ई[1] [名] ← केवड़ा. 薄黄色；黄白色
केवड़ई[2] [形] 薄黄色の；黄白色の
केवड़ा [名]〔植〕タコノキ科小木トゲナシアダン；アダン【*Pandanus tectorius; P. laevis*】= केतक.
केवल[1] [副] だけ；のみ；ばかり；単に **न केवल-अपितु** = ーばかりでなく＝も；単にーばかりか＝までも= न सिर्फ़-बल्कि =.
केवल[2] [形] (1) 唯一の；一つだけの (2) 純粋な；まじりけのない (3) 完全な
केवल[3] [名] (1) 完全な知；完全な知識 (2) 解脱
केवली [名] (1) 解脱を得た苦行者や修行者 (2)〔ジャ〕ティールタンカラ= तीर्थंकर.
केवाँच[1] [名*]〔植〕マメ科蔓草トウアズキ【*Abrus precatorius*】
केवाँच[2] [名*] कौंछ
केवाँछ [名*] = केवाँच[1]
केवा [名] 言い訳；口実；言い逃れ= मिस; बहाना.
केवाड़ [名] = किवाड़.
केवाला [名] (1) 土地の売却 (2) 権利譲渡証書
केश [名] (1) 毛髪；髪；頭髪 (2)〔シク〕本来シク教徒が遵守すべき 5 つの決まり（パンジ・カッケー）のうちの一．刈ることのない毛髪，ケーシュ (3) たてがみ= अयाल. (4) 光線= किरण; रश्मि.
केशकर्म [名] 理髪；整髪；理容
केशकीट [名]〔昆〕シラミ（虱）；カミジラミ（髪虱）= जूँ.
केशतेल [名] 髪油
केशधारी [形・名]〔シク〕(1) シク教の入信式の儀礼を経た信徒 (2) 毛髪を切らずに戒律を遵守するシク教徒
केशपाश [名] 髪の毛のふさ= लट; काकुल.
केशबंध [名] 髪を束ねるひも；ヘアバンド
केशरंजन[1] [名] 髪染め
केशरंजन[2] [名]〔植〕キク科ハマグルマ／クマノギク【*Wedelia chinensis; W. calendulacea*】
केशर [名] = केसर.
केशराज [名] (1)〔鳥〕オーチュウ科シロハラオーチュウ【*Dicrurus caerulescens*】 (2)〔植〕キク科ハマグルマ／クマノギク＝ केशरंजन[2]; भृंगराज
केशराशि [名*] 髪の房 रेशम जैसी मुलायम काली केशराशि 絹のようにやわらかい黒い髪の房
केशलता [名*] 後れ毛
केशलुंचक [名]〔ジャ〕修行として毛髪を引き抜く行者
केशलुंचन [名]〔ジャ〕毛髪を引き抜く修行
केशव [名] (1) ヴィシュヌ神 (2) クリシュナ神 (3) ブラフマー神
केशवपन [名] 調髪；理髪
केशविन्यास [名] (1) 髪型；ヘアスタイル 79 के केशविन्यास 79 年の髪型 (2) 調髪；整髪；理髪；髪の手入れ
केश-सज्जा [名*] (1) 髪の手入れ；調髪 प्रातः से ही उनकी केश-सज्जा का उपक्रम होने लगता है 朝早くからあの方の調髪が始まる (2) 髪型；ヘアスタイル
केशांत [名]〔ヒ〕ケーシャーンタ（バラモン教・ヒンドゥー教の通過儀礼の一．頭髪，体毛などを剃る儀式．古くはバラモンは 16 歳，クシャトリヤは 22 歳，ヴァイシュヤは 24 歳とされた）
केशिका [名*] (1)〔解〕毛細血管 (2) 毛細管 〈capillary〉
केशिकागुच्छ [名]〔解〕糸球；小球体 〈glomeralus〉
केशिनी [名*] (1) 長くて美しい髪を持つ女性 (2) = जटामाँसी.
केशी [形] 長くて美しい髪を持つ
केस[1] [名]《E. case》(1) 事件 क़त्ल केस 殺人事件 (2) 訴訟 अभी तक उसके ख़िलाफ़ किसी तरह का कोई केस दर्ज नहीं हुआ है 今までのところ男に対しては何らの訴訟も起こされていない ज़मीन के दलाल पर जालसाज़ी का केस 不動産業者に対する文書偽造の訴訟 (3) 症例；病状；容態；患者 ब्रेन हैमरेज का केस 脳出血の症状 (4) 事例；場合；問題 (-पर) **केस चलाना** *a.* 告訴する *b.* 訴訟を起こす
केस[2] [名] 《E. case》箱；ケース；容器 रेडियो का केस ラジオのキャビネット
केस[3] [名] (1) 髪；髪の毛= केश; बाल. (2) 体毛= बाल. (3) うぶ毛= रोम. **केस न टाल सकना** 髪の毛一本触れられない；全く手出しができない
केस-अध्ययन [名] 《E. case + H.》ケースワーク 〈case work〉
केसर [名] (1) おしべ = किंजल्क. (2) サフラン（香味料・染料） केसर का पौधा〔植〕サフラン (3) たてがみ = अयाल. स्त्री केसर めしべ 〈pistil〉
केसर पिस्ता [名] 《H.+ P. پسته》ピスタチオとサフランの入ったアイスクリーム
केसरिया [形] (1) サフランの入った (2) サフラン色の；黄色の (3) サフラン色に染められた
केसरिया बाना [名] 昔時ラージプート族が戦場に赴く時着用したというサフラン色の衣服
केसरी [名] (1) ライオン；獅子 लोग प्यार से लाला लाजपत राय को ‘पंजाब केसरी’ कहते थे 世間はラーラー・ラージパトラーイを敬愛の念から「パンジャーブの獅子」と呼んでいた (2) 馬 (3)〔植〕オトギリソウ科高木テリハボク【*Calophyllum inophyllum*】= सुलतान चंपा; पुन्नाग. (4)〔植〕オトギリソウ科高木【*Mammea longifolia; Ochrocarpus lonfifolius*】= नागकेसर.
केसवृत्त [名]《E. case + H.》〔社〕個人歴史；個人記録= व्यक्तिवृत्त. 〈case history〉
केस स्टैडी [名*] 《E. case study》〔社〕ケーススタディー；事例研究= व्यक्ति अध्ययन.
केसारी [名*]〔植〕マメ科食用スイトピー【*Lathyrus sativus*】= खेसारी; लतरी.
केहरी [名] (1) ライオン= सिंह; शेर; बबर शेर. (2) 馬
केहा तीतर [名]〔鳥〕キジ科ヌマシャコ【*Francolinus gularis*】
कैंचा [形⁺] すが目の；斜視の= ऐंचा-ताना; भेंगा.
क़ैंचा [名] 大きな鋏；大鋏→ कैंची
क़ैंची [名*] 《T. قينچى》(1)（紙や布を切るもののほか剪定用のものなどを含む）はさみ；鋏= कतरनी; कर्तरी; कर्तनी. (2) X 型十字の梁 (3) 挟み込むこと (4)〔ス〕（レスリングの）シザーズ；シザーホールド；挟み締め= कैंची दाव. छोटी कैंची 糸切り鋏 **कैंची क०** *a.* 挟み切る；切る *b.* 髪を切る **कैंची कसना** *a.* 身動きできないようにする *b.* レスリングでシザーズをかける **कैंची काटना** *a.* 前言をひるがえす；約束を破る *b.* 隠れる；人目を避ける **कैंची का**

जंगला X 型十字格子 कैंची की तरह ज़बान चलाना 遠慮会釈なく言う कैंची दिखाना 髪に鋏を入れる；髪に鋏をあてる；髪を切る कैंची बाँधना 挟み締めにする कैंची लगाना *a.* つむ（摘む）；切りそろえる *b.* 鋏を使う；鋏で切る *c.* 交互に向きをかえて積む

कैंटीन [名*] 《E. canteen》（学校，職場などにある）食堂；売店；キャンティーン= कैंटीन. हमने इकट्ठे कैंटीन में चाय पी みな一緒にキャンティーンでお茶を飲んだ

कैंट्रास्ट [名] 《E. contrast》コントラスト= वैषम्य.

कैंडल [名] 《E. candle》ろうそく；キャンドル→ कैंडिल.

कैंड़ा [名] (1) 型；様式；タイプ (2) 見当；おおよその判断 (3) あらまし；概略 (4) ものさし；尺度；基準 **कैंड़ा क॰** 見当をつける **कैंड़ा बदलना** 態度を変える **कैंड़ा ले॰** あらましをこしらえる；あらましの型をとる **कैंड़े का हो॰** 約束や前言を堅く守る **कैंड़े पर आ॰** まともになる **कैंड़े से** きちんと；ちゃんと；まともに ऐसे कैंड़े से बात करता कि मंगल मान गया このような（巧みな）話術にマンガルは納得した

कैंडिल [名] 《E. candle》(1) ろうそく（蝋燭） (2)〔光〕キャンドル；（光度の単位）燭〈candlepower〉

कैंडिल शक्ति [名*]〔光〕（光度を表す）燭；燭光〈candlepower〉

कैंडी [名*] 《E. candy》キャンディー

कैंडीडा [名] 《E. candida; candidiasis》〔医〕カンジダ症

कैंप [名] 《E. camp》(1) 駐留地= कैंप; शिविर. (2) 野営テント (3)〔ス〕キャンプ；野営 (4) 運動，活動，キャンペーンなどの会場 नसबंदी कैंप 精管切除手術キャンペーンの会場

कैंपस [名] 《E. campus》 कालेज के कैंपस में 大学のキャンパスで

कैंब्रिक [名] 《E. cambric》寒冷紗

कैंवच [名] = केवाँच.

कैंवस [名] 《E. canvas》カンバス；キャンバス；帆布= कैनवस.

कैंसर [名] 《E. cancer》(1)〔医〕がん（癌）；がん腫；悪性腫瘍 स्तन का कैंसर 乳癌 = छाती का कैंसर. कैंसर हो॰ がんに罹る उसके स्वरयंत्र में कैंसर था あの人は喉頭がんに罹っていた यह भी लिखा है कि तंबाकू खाने से मुँह में कैंसर हो जाता है タバコをのむと口腔がんに罹るとも書いてある= कैंसर रोग; कर्क. (2) 厄介なもの；取り扱いや解決の困難な障害物 राजनीति का कैंसर 政治の癌

कैंसर कोशिका [名*]〔医〕がん細胞

कैंसर रोग [名]〔医〕がん（癌）；がん腫；悪性腫瘍= कर्क. कैंसर रोग से पीड़ित がんに罹っている

कै [形] どれだけの；どれほどの；いくつの；なにほどの；いかほどの= कितना. बताओ कै दिन में आओगे? ねえ，何日経ったら来るんだい उसके सिर पर कै सींग होती हैं? それの頭には何本の角が生えているの

क़ै [名*] 《A. قے》吐くこと；食べたものを戻すこと；嘔吐 क़ै मालूम हो॰ 吐き気がする；むかむかする；むかつく **क़ै क॰** 吐く；嘔吐する भैया ने फिर क़ै कर दी है 兄はまた吐いた **क़ै-दस्त** 嘔吐と下痢 मरीज़ को क़ै-दस्त आने लगते हैं 患者は嘔吐と下痢を始める

कैकय [名] = केकय.

कैकेयी [名*]〔ラマ〕カイケーイー（ダシャラタ王の妃の一人でバラタ王子 भरत の母）

कैक्टस [名] 《E. cactus》〔植〕サボテン科サボテン

कैच [名] 《E. catch》(1)〔ス〕キャッチ；捕球 (2) 捕らえること；つかむこと；キャッチ （गुल्ली-डंडा） यह कैच सीधा नहीं है, इस लिये माना नहीं जाना चाहिए （グッリーダンダーの遊びで）この（棒切れの）キャッチはダイレクトじゃないから認められない

कैच आउट [名] 《E. catch out》〔ス〕捕球して打者をアウトにすること（クリケット）

कैजुअल [形] 《E. casual》カジュアルな；臨時の；不定期の

कैजुअल शूज़ [名]《E. casual shoes》カジュアルシューズ；スニーカー

कैजुअल्टी वार्ड [名] 《E. casualty ward》救急病棟

कैटभ [名]〔イ神〕カイタバ（悪魔マドゥ मधु の弟でブラフマーを殺そうとして両者ともヴィシュヌ神に退治された）

कैटभा [名*]〔ヒ〕カイタバー（ウマー神，すなわち，ドゥルガー神の異名の一）

कैट स्कैन [名] 《E. CAT scan》(1)CT スキャナーによる検査 (2)X 線体軸断層写真

कैट स्कैनर [名] 《E. CAT scanner》CT スキャナー

कैडेट [名] 《E. cadet》(1)（士官学校，兵学校などの）生徒 (2) 実習生；訓練生；隊員 चूँकि मैं एन॰सी॰सी॰की सर्वश्रेष्ठ कैडेट थी 軍事教練隊の最優秀隊員だったので

कैडेट कोर [名] 《E. cadet corps》〔教〕軍事教練隊

कैडेट प्रशिक्षण [名]《E. cadet + H.》〔教〕軍事教練〈cadet training〉

कैतव[1] [名] (1) 欺瞞；欺き (2) 賭け；賭博 (3) 狡猾さ

कैतव[2] [形] (1) 欺く；いつわる；だます= धोखेबाज़. (2) 賭けをする= जुआरी. (3) 狡猾な

कैतवक [名] (1) ばくち；賭博 (2)（賭博の）いかさま

क़ैतून [名*] 《T. قيطون》衣服の縁飾り；金糸と絹，ウールなどを用いたレース

कैथ [名] = कैथा. (1)〔植〕ミカン科小木ナガエミカン【*Feronia elephantum*】 (2) ナガエミカンの実= कपित्थ.

कैथा [名] カーヤスト・カーストの男性= कायस्थ.

कैथिन [名*] カーヤスト・カーストの女性

कैथी [名*] カイティー文字（ビハール地方を中心にウッタル・プラデーシュ州にかけて主にカーヤスト・カーストの間に行われてきたナーガリー文字の系統に属する文字）= कैथी लिपि.

कैथीटर [名] 《E. catheter》〔医〕カテーテル；導尿管

कैथोड [名] 《E. cathode》〔電〕カソード；（電気分解の）陰極；（電池の）陽極

कैथोड-किरण नालिका [名*] 《← cathode ray tube》〔電〕ブラウン管；陰極線管

कैथोड रे ट्यूब [名] 《E. cathode ray tube》ブラウン管；陰極線管

कैथोलिक[1] [形] 《E. Catholic》〔キ〕カトリックの；カトリック教会の；旧教の कैथोलिक ईसाई カトリック教徒；旧教徒 सीरियाई कैथोलिक पंथ シリア教会

कैथोलिक[2] [名] 《E. Catholic》カソリック教徒；カトリック教徒；旧教徒

कैथोलिक चर्च [名] 《E. Catholic Church》〔キ〕カトリック教会

क़ैद [名*] 《A. قيد》(1) 制約；束縛 ऐसा ऊँचा पद और किसी प्रकार की क़ैद नहीं こんなに高い地位，その上何の束縛もなし (2) 投獄；入獄；拘禁；禁固；監禁 बरसों की क़ैद 何年間もの入獄 **क़ैद क॰** 拘禁する；監禁する सरकार ने उन्हें क़ैद कर लिया 政府が同氏を拘禁した **क़ैद काटना**（भोगना）投獄される；入獄する；臭い飯を食う = क़ैद भरना. **क़ैद लगाना** 制約を加える（つける） वे अपने और अपने कुटुंब पर यह क़ैद लगा चुके थे 自分自身と家族にこの制約をつけてしまっていた **क़ैद तोड़ना** 制約を破る

क़ैदख़ाना [名] 《A.P. قيد خانہ》刑務所；牢獄；獄舎

क़ैद तनहाई [名*] 《A.P.قيد تنہائی क़ैदे तन्हाई》〔法〕独房監禁；禁固（禁錮）= कालकोठरी.

क़ैद बामशक़्क़त [名*] 《A. قيد با مشقت क़ैदे बामशक़्क़त》〔法〕懲役；懲役刑

क़ैद महज़ [名*] 《A. قيد محض क़ैदे महज़》〔法〕禁固（禁錮）

क़ैद सख़्त [名*] 《A.P.قيد سخت क़ैदे सख़्त》重労働刑 = कड़ी क़ैद.

क़ैदी [名] 《A. قيدى》(1) 囚人；入獄者 (2) 捕虜 (3) 拘禁された人 क़ैदी जीवन व्यतीत क॰ 獄中生活を送る（過ごす）

कैन [名] 《E. can》カン（缶）

कैन-ओपनर [名] 《E. can-opener》かんきり；缶切り

कैनवस [名] 《E. canvas》カンバス；画布 = कैंवस.

कैना [名] 《E. canna》〔植〕カンナ科多年草カンナ；ハナバショウ

कैनेडा 〔国名〕《E. Canada》カナダ

कैन्या 〔国名〕《E. Kenya》ケニア共和国 = कीनिया.

कैप [名*] 《E. cap》帽子；キャップ

कैपिटल [名] 《E. capital》(1) 資本 (2) 資本金；元金 (3) 首都

कैपिटल गुड्स [名]《E. capital goods》〔経〕資本財= पूँजीगत माल; पूँजीगत पदार्थ.

कैपिटलिस्ट [名] 《E. capitalist》資本家= पूँजीपति.

कैप्टन [名]《E. captain》(1)〔軍〕陸軍大尉= कप्तान. कैप्टन जगतसिंह का-सा योद्धा ジャガットシン大尉のようなつわもの (2)〔ス〕キャプテン；主将= कप्तान. (3) 船長 कैप्टन जेम्स कुक. ジェームス・クック船長 (4) 隊長= कप्तान. (5) 飛行機の機長；キャプテン

कैप्सूल [名] 《E. capsule》(1) ロケットや潜水服などのように人や機器を収納するためのカプセル (2) 薬を入れるカプセル

कैफ़ [名] 《A. كيف》(1) 酔い= नशा; मद. (2) 興奮；夢中= नशा. (3) ヒヨドリを戦わせる際に与える大麻などの麻薬が入った飼料

क

कैफ़ियत [名*]《A. كيفيت कैफ़ीयत》(1) 事情；様子 (2) 説明 (3) 感想；所感 (4) 状態；状況；ありさま (5) 素晴らしいこと；素敵なこと कैफ़ियत हो॰ 素晴らしいことが起こる **कैफ़ियत अर्ज़ क॰** 説明する；弁明する (-से = की) **कैफ़ियत तलब क॰** (ーに=を) 問いただす；事情をたずねる；(ーに=の) 説明を求める **कैफ़ियत दे॰** 状況を説明する；事情を説明する अपनी गुस्ताख़ी की कैफ़ियत क्या हूँ, सिवा शर्मिंदगी के…己の犯した無礼を何と説明致しましょう．ただただお恥ずかしいばかりです… (-की) **कैफ़ियत बनाना** (ーの) 説明書や報告書を作成する **कैफ़ियत माँगना** = कैफ़ियत तलब क॰.

कैफ़ी [形] (1) 酔っている；酔いしれた (2) 興奮している；夢中になっている

कैफ़ीन [名]《E. cafeine》〔化〕カフェイン

कैफ़ीयत [名*] = कैफ़ियत.

कैफ़े [名*]《E. café; cafe》カフェテラス；喫茶店 वार्सेलोना की एक कैफ़े में バルセロナのある喫茶店で

कैफ़ेटेरिया [名]《E. cafeteria》カフェテリア

कैबर [名*] やじり（鏃）

कैबरे [名]《E. cabaret》キャバレー कैबरे सिंगर キャバレー歌手

कैबरे नृत्य [名]《E.cabaret + H.》キャバレーダンス〈cabaret dance〉

कैबिनेट [名*]《E. cabinet》= केबिनेट. (1) 飾りだな= आलमारी. (2) キャビネット= दराज़; संदूकची. (3)〔写〕キャビネサイズ (4) 内閣 = मंत्रिमंडल. कैबिनेट स्तर का मंत्री 閣僚（級の人）

कैबिनेट मंत्री [名]《E. cabinet + H.》閣僚〈cabinet minister〉

कैमरा [名]《E. camera》カメラ；写真機= केमरा.

कैमरामैन [名]《E. camera man》撮影技師；カメラマン कैमरामैन का सहायक 〔映・写〕撮影技師（カメラマン）の助手

कैमरा स्टैंड [名]《E. camera stand》三脚；三脚架

कैमरून 〔国名〕《E. Cameroon》カメルーン共和国

कैमा[1] [名]〔鳥〕クイナ科ヨーロッパセイケイ【*Porphyrio porphyrio*】

कैमा[2] [名]《Lepcha》〔植〕ツツジ科大低木【*Rhododendron cinnabarium*】

केमिकल्स [名]《E. chemicals》化学製品；化学薬品

कैमिस्ट [名]《E. chemist》（西洋医術に用いられる薬を扱う）薬剤師；薬屋= केमिस्ट.

कैमिस्ट शॉप [名*]《E. chemist's shop》薬局= कैमिस्ट की दूकान.

कैम्प [名]《E. camp》(1) 駐留地 (2) 野営テント (3) 野営；野営生活；キャンプ एन॰सी॰सी॰का कैम्प 軍事訓練隊のキャンプ

कैया [名] はんだごて（いかけやの道具）

कैर [名]〔植〕フウチョウソウ科低木ケーパ【*Capparis aphylla*】

कैरट [名]《E. carat; Karat》(1) カラット（重量単位） (2) カラット（純金含有度を示す単位）；金位 22 कैरट का सोना 22 金

कैरम [名]《E. caroms》玉はじき遊び；キャロム

कैरम बोर्ड [名]《E. carom board》キャロムボード

कैरव [名]〔植〕スイレン科水草シロバナスイレン【*Nymphaea alba*】〈European white water lily〉= कुमुद; कुईं.

कैरव बंधु [名] 月；太陰

कैरवी[1] [名] 月= चाँद; चंद्रमा.

कैरवी[2] [名*] (1) 月夜 (2)〔植〕マメ科コロハ；フェヌグリーク = मेथी. 【*Trigonella foenum-graecum*】〈fenugreek〉

कैरा [形+] (1) 淡い青色の (2) ねずみ色の

कैरियर[1] [名]《E. carrier》荷台 उसके कैरियर पर बैठते ही その人が荷台に腰かけたとたん

कैरियर[2] [名]《E. career》(1) 経歴；履歴；生涯 (2) 職業；専門的な職業；キャリア अब हिंदी पत्रकारिता को भी लोग कैरियर मानने लगे हैं 今日ではヒンディー語のジャーナリズムもキャリアの内に考えるようになっている (3) 出世；成功 अपना कैरियर बनाना 身を立てる；出世する；成功する जिसने अपना सारा कैरियर अपने-आप बनाया, वह भला इंटर्व्यू में डरे! 独力で出世したほどの人がインタビューごときを怖がるものか

कैरी फ़ार्वार्ड [名]《E. carry forward》〔簿〕次へ繰り越す

कैरीयर [名] = कैरियर[2]. व्यक्तिगत कैरीयर 経歴；履歴

कैरेट [名] カラット = कैरट.

कैरोटिड धमनी [名*]《← E. carotid + H.》頸動脈〈carotid arteries〉

कैरोटीन [名]《E. carotene》カロチン（色素）

कैलकुलेटर [名]《E. caluculator》計算器；電卓= कैलक्युलेटर; गणित्र; परिकलित्र.

कैलरीज़ [名*]《E. calories》カロリー → कैलोरी. कैलरीज की कमी मिटाने के लिए カロリー不足を補うために

कैलसियम [名]《E. calcium》कैलसियम की गोलियाँカルシウムの錠剤= कल्सियम; केल्शियम.

कैलास [名] (1)〔ヒ〕カイラーサ山（チベットのヒマラヤ山中にあるヒンドゥー教の聖なる山．マーナサローワラ湖の北方に位置しインド神話ではシヴァ神の住居があるとされる伝説上の山で仏教，ラマ教，ボン教の聖地でもある） (2) 天国；極楽

कैलासनाथ [名] シヴァ神

कैलेंडर [名]《E. calendar》(1) 暦；暦法 चंद्र कैलेंडर 太陰暦 (2) カレンダー；こよみ

कैलोरी [名*]《E. calorie》カロリー

कैल्शियम [名]《E. calcium》カルシウム= कैलसियम; कैलशियम.

कैल्शियम ऑक्साइड [名]《E. Calcium oxide》〔化〕カルシウム酸化物

कैल्शियम कार्बोनेट [名]《E. calcium carbonate》〔化〕炭酸カルシウム

कैल्शियम बाय-कार्बोनेट [名]《E. calcium bicarbonate》重炭酸カルシウム

कैल्सियम [名]《E. calcium》カルシウム

कैवर्त [名] (1) カイヴァルタジャーティ（いわゆる混血カーストで船乗り，漁撈を主たる生業としてきた） (2) 同ジャーティの人

कैवल्य [名] (1) 解脱 (2)〔ヒ〕梵との合一；ブラフマンとの一体化 (3) 純粋さ (4)〔イ哲〕純粋精神が離身解脱を得た状態（古典サーンキヤ派）；独存

कैवल्य ज्ञान [名]〔イ哲〕絶対知

कैश [名]《E. cash》現金；キャッシュ= नक़दी; रोकड़ा; नक़द.

कैश एकाउंट [名]《E. cash account》〔簿〕現金勘定= नक़्दी हिसाब.

कैश क्रेडिट [名]《E. cash credit》当座貸し= लेन देन का तमस्क.

कैश बॉक्स [名]《E. cash box》現金箱；銭箱；金庫

कैशबुक [名]《E. cash book》〔簿〕金銭出納簿；現金出納帳= रोकड़ बही.

कैशमिलोन [名]《J. Cashmilon》〔商標〕カシミロン

कैश मेमो [名]《E. cash memo》領収書

कैश रजिस्टर [名]《E. cash register》レジスター；金銭登録器

कैशवान [名]《E. cash van》現金輸送車

कैशियर [名]《E. cashier》出納係；会計係= ख़ज़ांची; रोकड़िया.

कैसर [名]《E. caeser; Caesar》(1) 王；帝王；専制君主 (2) カエサル

कैसा [代形・代・副] 表現の対象となるものの性・数・格に応じて कैसे(mas. sg. obl., pl.), कैसी(fem.) と変化する (1)（性質，形状，状態，種類，内容などについて限定的に表現できないような）どんな（もの）；どのような（もの）；如何なる（もの）；いかような（もの） वह कैसी आवाज़ थी? どんな音だった？ क्यों, कैसी तबीयत है? कल रात को ख़ूब अच्छी नींद आई होगी.क्यों? どう，気分は．昨夜はよく眠れたでしょう，ねえ कैसा प्रायश्चित्त करना पड़ेगा? どのような贖罪をしなければならないのか कैसी पुस्तकें चाहते हैं? どんな本が欲しいの？ माँ, कैसा है वह गाना? あの歌はどう，かあさん (2) なんと；なんという यह आज आप कैसी बहकी-बहकी बातें कर रहे हैं? 今日はなんとうわついた話をなさっているのですか (3) 何事だ यह बदबू कैसी? なんとひどいにおいだ (4)（感嘆文に用いられて）とても；何という；甚だしく

कैसी [代形・代・副] ← कैसा.

कैसे[1] [副] (1) どのように；どんなふうに；如何にして；どう；どうやって इतने बड़े राज्य का ख़र्चा कैसे चलेगा? こんな大国の経費をどうすれば賄っていけようか (2) どうして；なぜ कैसे कहूँ कि लोगों में दया-माया रह ही नहीं गई! 人の心に憐れみの気持ちがもはや消え失せてしまったとどうして言えよう कैसे आना हुआ शीला? シーラー，なぜ来たんだい（何の用があるのかい） आप उन्हें कैसे जानते हैं? あなたはあの方をどうしてご存じなのですか (3) 何という；とても अरे, माया तुम! आज अचानक कैसे टपक पड़ी? 今日突然やってきたのはどういうわけなの，マーヤー कैसे भुलक्कड़ हैं हम कि आम के पत्ते तो मँगाना ही भूल गए マンゴーの葉っぱを取り寄せるのを忘れたとは私はなんとも忘れっぽいも

のだ．なお，反語的に用いられて（一）するはずがない，の意になる पति को यह कैसे सहन होता? 夫に耐えられるはずがなかった ऐसी हालत में मनचाहा दहेज़ भला कैसे मिलेगा? このような状態で思い通りの持参金がもらえるはずがないものさ

कैसे[2] [代形・代・副] ←कैसा.

कैसेट रेकार्डर [名] 《E. casette recorder》カセットレコーダー

कैस्पियन सागर [名] 《← E. Caspian Sea》カスピ海

कोंई [名*] = कुमुदनी.

कोंकणी [名*]〔言〕コンカニ語；コンクニー語（ゴア州を中心にコンカン海岸，マラバール海岸にかけて話されるマラーティー語と近縁関係の諸方言．ゴア州の公用語）

कोंचना [他] (1) 突く；突き刺す；刺す नाभि के नीचे दाहिनी ओर पेट में मालूम पड़ता था, कोई बड़ी-बड़ी सुइयाँ लेकर कोंच रहा है だれかがへその下の右側を大きな針で突き刺しているような感じだった चौकीदार ने उसके सीने को लाठी से कोंचा 守衛は男の胸をラーティー（棍棒）で突いた (2) 弱点を攻撃する；突く；衝く तभी सुरेश ने कोंचा, "भाई, उस दिन जब उस घायल को मदद देने को कहा था, तब तुम्हारी इनसानियत कहाँ चली गई थी" すぐさまスレーシュが衝いてきた「ねえ，あの日あのけが人を助けてやるように言った時君の人間愛はどこへ行っていたんだね」

कोंछ [名] サリーの端で胸に当たる部分 **कोंछ भरना**〔ヒ〕アーンチャル（サリーの胸に当たる部分）に米や菓子，ウコンなどのめでたい品を包むヒンドゥー女性の儀礼で婚家への出立や妊娠中 4,6,8 か月目に行われる）

कोंछना [他] (1) サリーの端に物を包みたくしこむ (2) サリーの端にひだを作りたくしこむ

कोंछियाना [他] = कोंछना.

कोंछी [名*] ひだを取ってたくしこむサリーの端

कोंड़रा [名*] 灌漑用の革袋の口についている鉄リング

कोंपल [名*] 新芽；若芽= अंकुर; कल्ला.

कोंहड़ा [名] = कुम्हड़ा.

को [格助] 目的格及び与格を表す．(1) 動詞の特定された直接目的語であることを示す रक्त को जमने से रोकना 血液の凝固を防ぐ अपने आप को छलना 己を欺く；自分をだます काम को लेकर या पैसों के प्रश्न पर 仕事のことをめぐってとかお金のことで यूँ तो वतन की हिफ़ाज़त सब लोगों का फ़र्ज़ है लेकिन इस काम के लिए फ़ौज को ख़ास तौर पर तैयार किया जाता है そもそも母国の防衛は万人の義務なのだが，そのために軍隊が特別に準備されているものなのだ वहाँ बसे लाखों लोगों को खदेड़ दिया जाएगा 同地に住んでいる数十万人が追放されよう बाढ़ को रोकना 洪水を防ぐこと मनुष्य इस बात को भूल गया है 人間はこれを忘れてしまっている राजा ने एक सेवक भेजकर अपने प्रधान मंत्री को बुलवाया 王は一人の侍史を遣わし宰相を呼び寄せた दोनों ने व्यास नदी को पार किया 2 人はヴィヤース川を渡った मौसमी हवाएँ पूरे मुल्क की आबोहवा को मुतासिर करती हैं 季節風は全国の気候に影響を与える लाभांश पर दोहरे कराधान को ख़त्म करना 配当金に対する二重課税を廃止する इस लिए हवा को साफ़ रखना ज़रूरी है だから空気をきれいに保たなくてはならない पति को आमंत्रित किया गया है 夫が招待されている हम न्यूज़ीलैंड को हरा देंगे ニュージーランドを負かすぞ (2) 動詞の間接目的語であることを表す लोगों को कल्पना जगत की सैर कराना 人々を空想の世界に遊ばせる दो लोगों को छुरा घोंप दिया गया था 2 人がナイフを突き立てられた मैंने अपने माता-पिता को यह बात बताई 私は両親にこのことを語った उसने पति को सब सुनाया 夫に一切のことを話した मुझे हारमोनियम ला दो 私にハーモニヤムを買ってちょうだい उसने साथ ही भैया को भी सूचित कर दिया 同時に兄にも知らせてくれた उसने सरदार को कई सुझाव दिए हैं 彼は政府に対して幾つかの提案をした उन्होंने सरकार को अपने ख़र्चों में कटौती की सलाह भी दी है 同氏は政府に歳費削減の勧告をした लड़की ने मोती को आवाज़ दी 娘はモーティーに声をかけた (3) 知覚，認識，経験，感情などの主体であることを表す किसी को हरी सब्जियाँ नहीं भातीं だれも青野菜の好きな人はいない आपको उस लड़के से एकतरफ़ा प्रेम है 貴女はあの男の子を片思いしているわ हम जैसे पापियों को आनंद की अनुभूति कैसे हो सकती है 私如き罪深き者たちに心の安らぎは得られるはずもございません (4) 動作や状態の生じる対象であることを表す सरकार को इससे स्पष्ट तौर पर 3,000 करोड़ रुपए की बचत होगी これにより政府には明らかに 300 億ルピーの節約になるだろう बुढ़ापा सब को आता है 老いは万人に訪れるもの यह सुनकर किसान को बड़ा अचरज हुआ この話を聞いて農夫はとても吃驚した (5) ある目的のための動作・作用であることを表す रुपया भुनाने को 小銭にしてもらうために वह दोस्त की बातें सुनने को तैयार हो गया 友人の話を聞くつもりになった भूख लगी है कुछ खाने को मिलेगा? お腹が空いている．何か食べ物が手に入るだろうか उन्होंने चपरासी से फ़ाइल लाने को कहा 用務員にファイルをもってくるように命じた प्रायः छोटी-छोटी बातों पर लड़ने को तैयार रहते हैं いつも実に些細なことで喧嘩腰になる वह तुम्हारे साथ रहने को तैयार है あの人はあんたと一緒に暮らす覚悟でいる दूसरे दिन हम मास्को की सैर को निकले 翌日我々はモスクワの散策に出掛けた मंत्रिमंडल का संकट सुलझाने को 内閣の危機を解決するために (6) -ने化した不定詞に接続してその動詞の動作や作用が直ちに継起するものであることを表す अगहन का महीना बीतने को था.तभी एक रात हलकी-सी बौछार पड़ गई アグハン月が終わろうとしていた時に一夜ざっと一雨があった अब साँझ घिरने को थी すでに夕闇が迫って来るところだった चौक की ओर घूमने को हुई जब सहसा ठिठक कर खड़ी हो गई 広場の方に曲がろうとした時突然びくっとして立ち止まった (7) 動作，状態の生起する場所や時点を表す मोहन को ब्रेन ट्यूमर है モーハンは脳腫瘍に罹っている उस घटना को 8 साल बीत गए हैं その事件から 8 年が経過している (8) 義務や責務を負ったり必然的であったり余儀ない状況にあったりするなどの様々な状態にある主体やそのような動作や作用の受け手であることを表す उस फ़िल्म को पूर्ण होने में दो वर्ष लग गए その映画の完成に 2 年を要した मरना सभी को है, मुझे भी आपको भी 人は皆死ぬものです私もあなたも (9) 時間，日付，曜日などを表す語について副詞句を作る एक पल को उसका चेहरा सफ़ेद पड़ गया 一瞬男は顔面蒼白となった शाम को बाज़ार चलेंगे तो नया जूता और नई टोपी भी लेते आएँगे 夕方に市場に出掛けたら新しい靴と帽子も買って来よう सन 1912 में अप्रैल की 10 तारीख़ को 1912 年 4 月 10 日に उन्हें रात को ड्यूटी करनी होती है, अतः दिन को सोना पड़ता है その人たちは夜中に勤務しなくてはならないので昼間に眠らなくてはならない शाम को मेरे ससुर आफ़िस से लौटे 夕方舅がオフィスから戻った हम लोग इतवार को शाम को आगरा जाएँगे 私たちは日曜日の夕方にアーグラーへ行く आख़िरी टेस्ट 16 जनवरी को जोहानिस्बर्ग में होगा 最終テスト・マッチは 1 月 16 日にヨハネスブルグで行われる予定 बुआ से कहिएगा, एक दिन को आई थी 一日間の予定で伺ったのだとおばさんにお伝え下さい क्लासें शाम को लगती हैं 授業は夕方に行われる मैं क्षण भर को सकते में आ गया 私は一瞬茫然となった (10) 動作や状態に至る方向や目標であることを表す यह उन्नति यहाँ परिपूर्णता को पहुँची कि आगे कुछ और करने के लिए अवसर ही न रह गया この発達はその先何一つなすべきことのないほどまでの完成の域に達した

कोआ[1] [名] = कोया[1]

कोआ[2] [名] = कोया[2]

कोइरी [名] コーイリー（野菜の栽培を主な生業としてきたカースト）= कोयरी; काछी.

कोइल[1] [名*] = कोयल. (1)〔鳥〕オニカッコウ (2)〔植〕マメ科蔓草チョウマメ【*Clitoria ternatea*】

कोइल[2] [名*] バターを取るためかめの中で撹拌棒で牛乳をかきまぜる際に安定して撹拌できるようにかめの口に取りつける口に穴のあいた板

कोइल[3] [名*] 《← E. colliery》炭鉱= कोइलरी; कोयले की खान.

कोइला [名] = कोयला. (1) 石炭 (2) 木炭= लकड़ी का कोयला.

कोई[1] [代] 不定代名詞兼不定代名形容詞 ob.,sg. किसी ob., pl. किन्हीं (1) だれか（誰か） वह न किसीसे कुछ माँगता है न किसीके आगे सिर झुकाता है あの人はだれにも何も求めずだれにも頭を下げない मैंने किसीकी चोरी नहीं की, किसीको गाली नहीं दी 私は人のものを盗んだのでもなければ人をののしったのでもない कोई देख लेगा तो क्या कहेगा? だれかが見つけたら何と言うだろう कोई है? だれかいるか कोई मेरा कुछ भी नहीं बिगाड़ सकता だれも私に指一本差せないんだ उनमें से आज कोई डिप्टी है,कोई कलक्टर है, कोई तहसीलदार है そのうちのある者は県副長官に，ある者は県長官に，ある者は郡長になっている (2) なにか（何か） (3) いずれか **कोई आँख का अंधा, कोई हिये का अंधा**〔諺〕世の中には目

क

の見えぬ人もいれば心の目のない人もいるもの **कोई आगे न पीछे** 全く独りぼっちの；1 人の身寄りもない；頼るべき人が 1 人もいない；天涯孤独の **कोई किसी की क़ब्र में नहीं जाता** 〔諺〕人は墓の中では 1 人だけ；蒔いた種は刈らねばならぬ **कोई-न-कोई (किसी-न-किसी)** だれか；どなたか；いずれかの人 **कोई भी** だれでも；なにでも；いずれでも；何でも；何の (―) でも；いかなる (―) も **किसी और की आँख से देखना** *a.* 他人の見たもので自分も納得する *b.* 他人の見方で考える **किसी का कुछ जानना** 何らかの援助を得る **सब कोई** みな；だれもかれも **हर कोई** = सब कोई.

कोई[2] [代形] (1) 何かの；何らかの；何か；なんか कोई भी व्यंजन बनाओ なんのおかずでもいいからこしらえなさい 1959 में जब यह चिकित्सालय बना था, तब से इसकी हालात में कोई गुणात्मक परिवर्तन इलाज के स्तर पर न हो सका 1959 年にこの病院が開設されてから医療水準では何ら質的な変化はなされなかった कोई चिंता की बात नहीं 何の心配もない सारिपुत्र के पास कोई जवाब नहीं था サーリプトラには返す言葉が何もなかった दूर दूर तक कोई पेड़ दिखाई नहीं देता ずっと遠方まで一本の木も見えない कोई अंतरंग क़िस्म की दोस्ती हम में नहीं थी 何らかのうちとけた友情といったものは我々の間にはなかった कोई ख़ास बात थी? 何か特別のことがあったの सायंकाल के झुटपुटे में मैदान की ओर से कोई आदमी आता दिखाई दिया 夕方の薄暗い中を広場のほうからだれかがやってくるのが見えた मैं कोई भिखमंगी हूँ? 私が乞食かなんかだって कोई गुणात्मक परिवर्तन 何らかの質的な変化 कोई काम हो तो बताइये 何か用があればおっしゃって下さい यह भी कोई पूछनेवाली बात है? これも何かたずねるべきことか यदि तुमने कोई बाँध देखा हो तो… 君がどこかのダムを見たことがあれば… आज मैंने उसकी शराब में कोई चीज़ मिला दी थी 私は今日あの人の飲む酒にあるものをまぜた **कोई-न-कोई** 何かの；何らかの इसका कोई-न-कोई और भी लक्ष्य होना चाहिए それ以外に何か他にも目的がなくてはいけない पता नहीं किसी जंगली घास के स्पर्श से या किन्हीं कीड़ों के काटने से 何か野草に触れたのか，何かの虫にかまれたのか किन्हीं विचारों में खो गए 何かの思いに耽った किन्हीं सेवाओं में कमी है 何らかのサービスに欠けているところがある (2) いずれかの；いかなる गाँवों की किन्हीं चार बातों का उल्लेख करो 村のいずれか 4 つのことについて記述しなさい किसी बच्चे के दाँत जल्दी निकल आते हैं तो किसी के देर से 歯の早く生える子もいれば遅く生える子もいる किन्हीं तीन ऐसे देशों के नामों की सूची बताइए जहाँ संसदीय सरकार है 議会政治の行われているいずれか 3 つの国の名を挙げなさい उस लड़ाई के दौरान किन्हीं भी मुसलमानों को नौकरी से नहीं हटाया गया その戦争の間にいかなるイスラム教徒も退職させられなかった (3) 注目すべき；重要な；大切な यदि सारी बेइज़्ज़ती केवल मेरी बात होती तो कोई बात भी न थी, किंतु मेरे कारण मेरे दोस्तों को मारपीट और अपमान सहना पड़ रहा था 侮辱が私に関するものばかりであったならどうということもなかったのだが，私のせいで友人たちが殴られたり辱めに遭ったりしていた (4) ただの；ありきたりの；一介の उसकी शादी को तीन साल हो गए थे.अब वह कोई नई नवेली दुलहन नहीं थी 結婚して 3 年が経ってしまっていた．もはやただの新妻ではなかった **किसी काम का न हो॰** 何の役にも立たない **किसी किसी वक़्त पर** 時に जहाँ किसी-किसी वक़्त पर उछाह-सा उठता, वहाँ साथ-ही-साथ एक टीस-सी भी उठती थी. 時に気合が出るとそれに合わせて痛みのようなものが起こるのだった **किसी की खोदी खंदक में गिरना** 人の悪事で迷惑を被る **किसी तरफ़ हो॰** いずれかに味方する；いずれかの側に立つ **किसी तरह** なんとか；どうにかこうにか；どうにか；ようやく **किसी-न-किसी** だれかしら；いずれかの；どれかの；何らかの **किसी-न-किसी तरह** なんとかして；どうにかして **किसी-न-किसी रूप में** 何らかの形で **किसी भी क़ीमत पर** どうあろうとも；なんとしても；どうなろうとも；いかなる代価を払っても **किसी मर्ज़ की दवा न हो॰** 何の役にも立たない；全く無益な **कोई और (किसी और)** だれか他の (もの)；何か他の (もの) कोई और काम करना 何か他の仕事をする **कोई कल सीधी न हो॰** 全く風変わりの **कोई गिनती न हो॰** 全く取るに足らぬ **कोई चीज़** なにがしかのもの；物の数に入るもの；価値のあるもの；大切なもの；重要なもの；重みのあるもの क्या मैं घर में कोई चीज़ ही नहीं हूँ? 私は家の中では物の数では全くないというのか मगर तक़दीर भी तो कोई चीज़ है でも運勢も重みのあるものなのだ लेकिन समाज की मर्यादा भी कोई चीज़ है でも体面も大切なものだ **कोई दक़ीक़ा उठा न रखना** ありとあらゆる方法・手段を試みたり講じたりする **कोई दम का मेहमान** 死にかけている= कोई दम में बुझ जा॰; कोई दिन का मेहमान. **कोई दूसरा** (斜格形 किसी दूसरे; किसी दूसरी) だれか他の；だれか他のもの；何か他の；何かほかの= कोई और. कोई दूसरा न देखे だれか他の人が目にせぬように **कोई-न-कोई** 何らかの **कोई-सा** *a.* 何か；いずれか；どれか *b.* 何かの；いずれかの；どれかの इधर आ, कोई-सा गाना सुना こちらへおいで，何の歌でもよいから聞かせてくれ वह प्राय: बिना नहाए धोए ही नाश्ता करती और कोई-सा उपन्यास ले पलंग पर पसर जाती たいてい沐浴もせず朝食をとると何か小説を手にとって寝台にごろりと横になる

कोई[3] [副] およそ；(―) ぐらい；だいたい；頃 रात के कोई दस बजे होंगे 夜 10 時頃だったろう एक बार जब मैं छोटा था, यही कोई 14 - 15 वर्ष का तो अक्सर पित्ती हो जाती थी 昔小さかった頃のこと，そう 14～5 歳頃のことだったが，よくじんましんが出たものだ **कोई…नहीं** なにも…でない；…でない परंतु यह कोई ज़रूरी नहीं है कि व्यक्ति की चापलूसी ही की जाए और पीठ पीछे उसकी जड़ें काटी जाएँ でもなにも必ずしも人におべっかを使い，陰ではみそくそにけなすことはない

कोउ [代・代形] 《Av.,.Br.,sg.pl.,dir.》= कोऊ; कोई. **कोऊ नृप होउ हमें का हानी, चेरि छाँड़ि नहिं होउब रानी** 〔諺〕権力と無関係な者には権力者がだれであろうと何の関わりもないこと；自分の利害得失とは無関係なこと→ कोउ नृप होउ हमहि का हानी ।चेरि छाड़ि अब होब कि रानी ॥ (रामचरित मानस 2-16-3).

कोक[1] [名] (1)〔鳥〕ガンカモ科アカツクシガモ【*Casarca ferruginea*】= चकवा. 〈ruddy sheldrake〉 (2)〔人名〕コーカデーヴァ कोकदेव (古代インドの性愛論書『コーカシャーストラ』 कोक शास्त्रの作者とされる)

कोक[2] [名] 《E. coke; cokes》コークス

कोक[3] [名]〔植〕スイレン科水草オオスイレン= कँवल.

कोक[4] [名] 《E. Coke》〔商標〕コカ・コーラ

कोक कला [名*] (1) 性愛学；性愛論 (2) → कोक शास्त्र.

कोकट [形] 汚れた；汚い= गंदा; मैला; मैला-कुचैला.

कोकटी [名*] (1)〔植〕アオイ科ワタの一種 (赤みがかった綿がとれる) (2) 黄赤

कोकदेव 〔人名〕コーカデーヴァ (古代インドの性愛論書『コーカシャーストラ』 कोक शास्त्रの作者と伝えられる)

कोकन [名]〔植〕ハマザクロ科高木シダレオオサルスベリ【*Duabanga sonneratioides*】

कोकना [他] 仮縫いする；しつけをする= कच्चा क॰; लंगर डालना.

कोकनी [名*]〔植〕クロウメモドキ科低木ヤセイナツメ【*Ziziphus nummularia; Z. rotundifolia; Rhamnus nummularia*】= कोकनी बेर.

कोकम [名] = कोकन. 〔植〕オトギリソウ科コーカム・バター・トリー；マンゴスチン・オイル・トリー；マンゴスチンアブラギ【*Garcinia indica*】〈Kokam butter tree〉

कोकराई [名*]〔鳥〕サギ科ゴイサギ= वाक.

कोकला [名]〔鳥〕ハト科アオバト【*Sphenocercus sphenurus*】

कोकलास [名]〔鳥〕キジ科インドミノキジ【*Pucrasia macrolopha*】

कोकवा [名] アッサムやミャンマー地方産の竹の一種

कोकशास्त्र [名] コーカデーヴァが著したとされる性愛論書→ कोकदेव.

कोका[1] [名] 《E. coca》〔植〕コカノキ科低木コカ【*Erythroxylon coca*】

कोका[2] [名] 《← E. Coca-cola》〔商標〕コカ・コーラ

कोका[3] [名*] (1)〔植〕スイレン科水草ムラサキスイレン【*Nymphaea stellata*】 (2)〔植〕スイレン科水草オオスイレン【*Nymphaea pubescens*】

कोका-कोला [名] 《E. Coca-cola》〔商標〕コカ・コーラ कोकाकोला रंग コカ・コーラ色

कोकाबरा [名] 《E. kock-a-burra》〔鳥〕ブッポウソウ目ワライカワセミ【*Dacelo gigas*】〈laughing jackass〉

कोकाबेरी [名*]〔植〕スイレン科ムラサキスイレン= कोकाबेली.

कोकिंग कोल [名] 《E. coking coal》〔鉱〕粘結炭

कोकिल [名]〔鳥〕ホトトギス科オニカッコウ【*Eudynamys scolopacea*】= कोयल.

कोकिलकंठ [形] オニカッコウのように美声の；声の美しい= कोकिलकंठी.

कोकिलवैनी [形*] 美声の（女性） = कोकिलकंठ.
कोकिला [名*] = कोकिल ; कोयल.
कोकी [名*]〔鳥〕アカツクシガモの雌（↔ कोक）= चकवी ; चक्रवाकी.
कोकीन [名*] 《E. cocaine》コカイン
कोकीनची [名] 《E.+ T. چی ची》コカイン常用者
कोकेन [名*] 《E. cocaine》コカイン
कोकेनबाज़ [名] 《E.+ P. باز》コカイン常用者
कोको[1] [名] 《E. cacao》(1)〔植〕アオギリ科の高木カカオノキ= कोको का पेड़. (2) カカオの実= कोको का बीज.
कोको[2] [名*] (1) カラス（鳥） (2) カラスを呼び寄せる言葉 (3) 子供を怖がらせる言葉
कोकोजम [名] 《E. cocogem》カカオバター；ココア脂= कोकोजेम.
कोकोनट [名] 《E. coconut》ココナツ= नारियल.
कोख [名*] (1) 腹 (2) 子宮；胎内；母体；腹 मेरी कोख धन्य हो गई 私は良い子を得て幸せです (3) 母体；母胎 जो कोख अणुबम उपजाती है 原爆を産み出す母胎 **कोख उजड़ना** *a.* 子を失う；子に死なれる *b.* 流産する **कोख का हीरा** 孝行息子 **कोख की आँच** 子に死なれること **कोख की बीमारी** 子宝に恵まれない病気；婦人病 **कोख खुलना** 初めて子宝に恵まれる **कोख जागना** 子が生まれる；子宝に恵まれる **कोख ठंडी हो॰** 息子を生む；息子を授かる **कोख बंद हो॰** 子宝に恵まれないこと **कोख भरना** = कोख जागना. **कोख माँग से ठंडी हो॰** 幸せな結婚生活（子宝に恵まれ夫の長寿なこと）= कोख माँग से भरी पूरी रहना. **कोख मारी जा॰** 子宝に恵まれないこと **कोख में आग लगना** 生まれなかったり死なれたりして子に恵まれないこと **कोख में दाग़ लगाना** 不義の子を生む **कोख में पत्थर पड़ना** 息子ができそこなうこと **कोख लगना** 腹がすいてへこむ；腹ぺこになる **कोख लजाना**（男子が臆病な行為をして）母親に恥をかかせる **कोख सटना** = कोख लगना. **कोख से भरी पूरी हो॰** = कोख ठंडी हो॰.
कोखजली [名*・形*] 子の育たない女性（呪いやののしりの言葉として用いられる）
कोखबंद [名*・形*] 《H.+ P. بند बंद》子の授からない（女）；石女の
कोच[1] [名] 《E. coach》(1) コーチ；指導員 रूसी कोच ロシア人コーチ (2) 四輪大型馬車 (3) 客車 इस रेलगाड़ी में 12 कोच हैं この列車には 12 両の客車がある
कोच[2] [名] 《E. couch》カウチ；ソファー
कोचकी[1] [名] 赤茶色；紫色
कोचकी[2] [形] 赤茶色の；紫色の
कोचना [他] (1) 突き刺す；刺す；突く (2) 繰り返し悩ます；苦しめる **कोचा करेला** あばた面
कोचनी [名*] 役牛を追うのに用いる棒
कोचबक्स [名] 《E. coachbox》（馬車の）馭者台；御者台；御者席
कोचवान [名] 《E. coachman; coach + H.?》御者；馭者
कोचा [名] (1) 刺し傷 (2) 相手の心の奥底をえぐるような言葉；肺腑を衝く言葉；辛辣な皮肉 **कोचा दे॰** *a.* 刺し傷をつける= कोचा मारना ; कोचा लगाना. *b.* 皮肉を言う
कोचिंग [名] 《E. coaching》(1) コーチすること；指導 (2) 受験勉強や学習塾での指導；学習指導；家庭教師の仕事
कोचिंग संस्था [名*] 《E. coaching + H.》補習校；進学予備校= कोचिंग कक्षा.
कोचिंग सेंटर [名] 《E. coaching centre》学習塾；進学塾
कोचिंडा [名]〔植〕ユリ科カイソウ属インドカイソウ【*Urginea indica*】= जंगली प्याज. 〈Indian squill; true squill; sea onion〉
कोची [名]〔植〕マメ科低木【*Acacia sinuata*】= बनरीठा.
कोचीन〔地名〕コーチン（ケララ州南部の港市）；コーチーン
कोचीन यहूदी [名] インド系ユダヤ人の一派コーチン・ユダヤ教徒
कोजागर [名] コージャーガル（インド暦の 7 月，すなわち，アーシュヴィン月の満月，ラクシュミー神が徹宵する人に富をもたらす夜とされる．日本の旧暦 9 月 15 日）= शरद पूनो.
कोट[1] [名] (1) 城；城砦；要塞= दुर्ग ; गढ़. (2) 城壁；塁壁；城や都市の周囲にめぐらされた防衛のための頑丈な壁= शहरपनाह ; प्राचीर ; परकोटा. (3) 王宮；宮殿
कोट[2] [名] (1) 集まり；集団；隊= समूह ; जत्था. (2) 1000 万
कोट[3] [名] 《E. coat》(1) コート (2) 上着（前開きのコート風の上着の総称．ブレザー，ジャケットなども含む） लड़के का कोट 男の子のジャケット कोट-पतलून 男子の洋装
कोट[4] [名] 《E. caught》〔ス〕（クリケット・野球の）捕球
कोट अरलू [名]〔魚〕カレイ目ウシノシタ科海水魚【*Cynoglossus lingua*】
कोट आउट [名] 《E. caught out》〔ス〕（クリケット）キャッチアウト
कोटपाल [名] 城主= क़िलेदार.
कोटपीस [名] 《E. court piece》〔トラ〕絵札= कोर्टपीस.
कोटमास्टर [名] 《E. quarter master》= क्वार्टरमास्टर. (1)〔軍〕補給係将校 (2) 操舵員
कोटर [名] 木のうろ；木の空洞 पेड़ के कोटर में 木のうろに
कोटरा [名*]〔植〕ヒルガオ科蔓草フウセンアサガオ【*Ipomoea turpethum*】
कोटा [名] 《E. quota》分担分；割り当て；配分 झूठ बोलने का भी तो कोटा होता है 嘘をつくにも割当量があるものなんだぜ क़ीमती दवाइयों का कोटा भी ज़रूरत के मुताबिक़ काफ़ी कम होता है 高貴薬の配分も需要に対してかなり少ない **कोटा दे॰** 割り当てる；配分する
कोटिंग [名*] 《E. coating》(1) 上塗り (2) 上着用生地；コート用生地
कोटि[1] [名*] (1) 度；程度；度合い उच्च कोटि का 高度の；高級な उच्च कोटि की सभ्यता 高度の文明 उन दिनों कितनी उच्चकोटि का लोहा काम में लाया जाता था ? 当時どれほど上質の鉄が用いられていたのか उत्कृष्ट कोटि का गद्य 非常に優れた散文 (2) 等級；級；クラス प्रथम कोटि 第一級の स्वतंत्रता संग्राम की प्रथम कोटि की नेता भी थीं 独立戦争の第一級の指導者 (3) 先端；先 (4) 縦座標
कोटि[2] [数] 1000 万 = करोड़.
कोटिक [形] 無数の；幾千万の कोटि-कोटि 幾千万の देश की कोटि-कोटि जनता 国の幾千万の民衆
कोटिक्रम [名] 等級；序列
कोटिच्युत [形] (1) 左遷された (2) 下落した
कोटिज्या [名*]〔幾〕コサイン〈cosine〉
कोटिपरीक्षा [名*] 進級試験；昇進試験
कोटिबंध [名] 順序立て；等級づけ；序列づけ
कोटिबद्ध [形] 順序立てられた；等級のつけられた；序列のついた
कोटिशः[1] [形] 限りない；無数の कोटिशः धन्यवाद 厚く感謝する；深甚の感謝；深謝 धर्म शास्त्रों और पुराणों की पोल खोलने के लिए कोटिशः धन्यवाद ダルマシャーストラやプラーナの欺瞞を暴いたことに対して深甚の感謝
कोटिशः[2] [副] 様々に；多様に；限りない方法で
कोटू [名]〔植〕タデ科ソバ= कूटू.
कोटेशन [名] 《E. quotation》(1) 引用 (2) 引用符 (3)〔印〕植字架
कोट्ट [名] (1) 城；城塞 (2) 都市
कोट्टार [名] (1) 城；城砦 (2) 城郭都市 (3) 井戸 (4) 池
कोठर [名]〔植〕ナガバウリノキ= अंकोल.
कोठरा [名] (1) 倉庫 (2) 穀物倉；穀物貯蔵所 अनाज भरने के लिए कोठरा बनाना 穀物貯蔵の倉庫を建てる
कोठरी [名*] (1) 部屋 (2) 物置き；倉庫 (3) 穀物倉 एकांत क़ैद की कोठरी 禁固刑の独房 **अंधेरी कोठरी** *a.* 腹；子宮 *b.* 秘密 अंधेरी कोठरी का यार 情夫
कोठली [名*] = कोठरी. 倉庫；物置き（小屋） उस किसान ने अन्न को सुरक्षित रखने के लिए एक कोठली बनवा रखी थी その農民は穀物を貯蔵するために倉庫を一つ建てておいた
कोठा [名] (1) 屋敷；邸宅；館 (2)〔イ史〕商館 (3) 大きな部屋 (4) 屋上の部屋 (5) 蔵；倉 (6) 腹 (7) 子宮 (8) 妓楼；遊郭；廓 रोज़ रंडी के कोठे पर जाता है 毎日廓へ出かける कालिंदी बाई का कोठा カーリンディー姐の楼 (9) チェスなどの盤の区画；ますめ（枡目） **कोठा कड़ा हो॰** 通じが悪い **कोठा बिगड़ना** *a.* 消化不良になる *b.* 子宮の病気に罹る **कोठा भरना** 満腹になる **कोठा लेकर बैठना** 遊女になる；売春婦になる **कोठा साफ़ हो॰** *a.* 通じがある *b.* 心にわだかまりがない **कोठे पर चढ़ना** 売春婦になる= कोठे पर बैठना. **कोठों में चित्त जा॰** あれこれ思う；あれこれ心が乱れる；いろいろな気持ちが起こる；いろいろと案じる
कोठादार [名] 《H.+ P. دار》蔵や倉庫の責任者や管理人；蔵番
कोठार [名] 食糧貯蔵庫；倉庫；蔵= भंडार. रसोई के पास बने कोठार की चौखट पर ही बैठ गई お勝手のそばに建っている食糧庫のかまちに腰をおろした

कोठारी［名］蔵番；倉庫番= भंडारी.

कोठिला［名］穀物を入れておくための大きな焼き物のかめ= कुठला.

कोठी［名*］(1) 大邸宅；屋敷；豪壮な家；豪邸 देखते-ही-देखते कुछ वर्षों में वहाँ कोठियाँ खड़ी हो गई 同地にはわずか数年のうちに大邸宅が建ち並んだ (2) 商館；大商店（特に卸売りの） कलकत्ते में कोठी बनाने की इजाज़त カルカッタに商館を建てる許可 (3) 倉；蔵；倉庫 (4) 穀物倉；穀物貯蔵所 आलीशान कोठी 豪邸 व्यापारिक कोठी 商館

कोठीवाल［名］(1) 豪商；大商人 (2) 昔，金融・両替業をした商人；両替商；金貸し；銀行家 (3) コーティーワール文字（これはモーリー文字；ムリヤー文字とも呼ばれるデーヴァナーガリー文字の一種から発達した文字でマハーラーシュトラ，グジャラート，ラージャスターンなどに行われてきた→ मुड़िया；मोड़ी.）

कोठीवाली［名*］大商人や豪商の身分

कोठेवाली［名*］遊女；女郎；売春婦

कोड［名］《E. code》(1) 法典 (2) 法 (3) 暗号 (4) 符号；コード

कोड़ना［他］畑を耕す；畑の土を掘りかえす खेतों को जोत-कोड़कर 畑を犂で耕し掘りかえして

कोड़वाना［他・使］← कोड़ना. 耕してもらう；耕させる；畑を掘りかえさせる

कोड संख्या［名*］コード番号〈code number〉

कोड़ा[1]［名］(1) 鞭 (2) 鞭ひも कोड़ा जड़ना 鞭打つ कोड़ा फटकारना 激しく鞭打つ कोड़ा बरसना = कोड़ा फटकारना. कोड़ा मारना 鞭打つ；鞭で打つ कोड़ा लगाना = कोड़ा मारना. (3) 痛烈な言葉

कोड़ाई［名*］(1) 畑を耕す労賃や手間賃 (2) 畑を耕す仕事や作業

कोड़ाना［他・使］= कोड़वाना.

कोड़ी[1]［名*］(1) 20 個で一組とする数え方；20 個のものを一まとめにした単位 (2) 貯水池の余分な水を流し出す排水口

कोड़ी[2]［名*］= कौड़ी.

कोढ़［名］(1)〔医〕ハンセン病；レプラ= कुष्ठ रोग. (2)（比喩的に用いられて）呪い；宿痾；がん（癌）；呪縛 हमारे समाज को दहेज़ के कोढ़ से छुटकारा कैसे मिले? 我々の社会はダヘーズ（持参金）の宿痾からどうやって解放されようか शराबग्रस्त इलाके में यह 'कोढ़' छोटे छोटे मासूम बच्चों को भी लती बना रहा है 酒に汚染された地域ではこの「癌」はいたいけな子供たちまでも常習者に仕立てている कोढ़ को खाज〔諺〕不幸や辛いこと，不都合なことなどが次々と重なってくること；泣き面に蜂；一難去ってまた一難；弱り目に祟り目= कोढ़ और कोढ़ में खाज；कोढ़ पर खाज；कोढ़ में की खाज. कोढ़ चूना ハンセン病で身体がくずれること= कोढ़ टपकना. कोढ़ फैलना 悪弊が広まる

कोढ़िन［名*］ハンセン病患者；癩病患者→ कोढ़ी.

कोढ़िया［名］〔農〕モザイク病

कोढ़ी［名］〔医〕ハンセン病患者；癩病患者

कोण[1]［名］(1) かく（角） समकोण 直角= लम्बकोण. न्यूनकोण 鋭角 अधिककोण 鈍角 (2) 角度 सूर्य से आनेवाली किरणों का धरातल पर पड़नेवाला कोण 太陽光線の地面に対する角度 झुकाव का कोण 傾斜角度 (3) 隅；かど（角）

कोण[2]［名］《E. cone》円錐形→ कोन[2].

कोणकण〔地名〕コンカン（マハーラーシュトラ，ゴア，マイソール，ケララなどを含む南インドのアラビア海と西ガーツに挟まれた地域の名）

कोणदार［形］《E.cone + P.دار》〔植〕針葉樹の= शंकुधारी.〈coniferous〉

कोणदार वृक्ष［名］〔植〕針葉樹= शंकुधारी वृक्ष.

कोणार्क〔地名〕コナールカ／コナーラク（オリッサ州ブバネーシュワル市に近い村，13 世紀に建立された太陽神を祀る大寺院がある）

कोणीय［形］角の；角度の→ कोण[1].

कोतल[1]［名］《P. کوتل》(1) ひき馬；予備馬；乗り換え馬 (2) 王の乗馬 (3) 飾り立てた馬

कोतल[2]［形］(1) 予備の कोतल बिस्तर 予備の寝具 (2) 用のない；空いている कोतल घोड़ा 仕事や用事がなく暇にしている；ぶらぶらしている

कोतल गारद［名］《← E. quarter guard; quarter house》〔軍〕営倉

कोतवाल［名］(1) 警察本部長 (2)〔イ史〕ムガル朝時代の主要都市の長，コートワール शहर कोतवाल 市の警察本部長，もしくは，副本部長

कोतवाली［名*］(1) 警察本部 (2) 警察本部長の地位や職務 (3) コートワールの地位や職務 कोतवाली चढ़ना 刑事訴訟を起こす

कोतह［形］《P. کوته》 कोताह کوتاهの縮小形

कोताह［形］《P. کوتاه》(1) 短い (2) 小さい (3) 少ない

कोताही［名*］《P. کوتاهی》(1) 短いこと；短小 (2) 少ないこと；足りないこと；不足 (3) 失敗；失策 (4) 怠り；怠慢；手抜き कोताही बरतना 怠る；手を抜く डाक्टर की सूचना करने में तनिक भी कोताही न बरतें 医者への通知を少しでも怠らないこと कोताही बरतने और ग़ैरक़ानूनी कामों में दोषी पाए जाने वालों के ख़िलाफ़ 怠慢や不法行為の認められた者たちに対して

कोथला［名］(1) 大きな袋 (2) 穀物を入れる大きな容器 (3) 胃袋 कोथला भरना 腹に入れる；食べる

कोथली［名*］小さな袋

कोथी［名*］刀のつば（鍔）

कोदंड［名］(1) 弓= धनुष；कमान. (2) 財；財貨= धनराशि.

कोदों［名］= कोदो.〔植〕イネ科の雑草スズメノヒエ【*Paspalum scrobiculatum*】 कोदों का भात ありきたりの物 कोदों दरना = कोदों दलना. कोदों दलना *a.* 妬ましい思いをさせる；妬ましく思わせる；羨ましがらせる *b.* とても辛い仕事をする कोदों दलवाना 大変辛い仕事をさせる कोदों देकर पढ़ना 正しい教育を受けないこと；いいかげんな教育を受けること कोदों साँवाँ つまらない物；粗末な品

कोद्रव［名］= कोदों.

कोन[1]［名］(1) かど（角）；隅= कोना. (2) 角度= कोण. कोन दे॰ 畑の隅で犂を回転させる

कोन[2]［名］《E. cone》(1)（松かさなどの）球果；毬果；円錐果 (2)〔数〕円錐形；円錐体

कोन[3]［代］= कौन. यह कोन? この男はだれじゃ

कोना［名］(1) かど；角 (2) 角度 (3) すみ；隅 (4) 端 (5) 先端 (6) 2 割 5 分 मुँह के दोनों कोने 口の両端 कोना अंतरा 家の隅々 (-का) कोना-कोना छान मारना （－を）しらみつぶしに調べる；徹底的に調べる सैनिकों ने वन का कोना-कोना छान मारा 兵士たちは森の中をしらみつぶしに調べた कोना घिस जा॰ 恥知らずになる；あつかましくなる कोना छाँटना *a.* かどを削る *b.* かどを押さえる *c.* 出っぱりを削る कोना झाँकना *a.* 目をそらす；はにかむ；うつむく *b.* 逃げ腰になる；逃げる कोना थामकर बैठना 絶対に譲ろうとしない；断固として主張を曲げない कोना दबना 押さえつけられる；頭が上がらない

कोनिफ़र［名］《E. conifer》〔植〕針葉樹= कोनीफ़र；शंकुधारी.

कोनिया［名*］(1) かど（角）；隅 (2) 三角定規 (3) 部屋の隅の物置棚

कोनीफ़र［名］《E. conifer》→ कोनिफ़र. 針葉樹 कोन पाये जाने के कारण चीड़ के कुल के सदस्यों को कोनीफ़र भी कहा जाता है 円錐果がつくので松の仲間は針葉樹とも呼ばれる

कोप［名］(1) 怒り (2) 激しい怒り；激怒；憤激 देवी का कोप दूर हो गया है 女神の怒りはとけた दैव कोप 神の怒り；神の祟り प्रकृति के कोप से निरापद बनाने के लिए 自然の怒りから守るために

कोपभवन［名］家人に対して不機嫌になったり怒ったりした人がこもりに行く部屋や建物

कोपभाजन［名］怒りの対象；怒りをぶつけられる人；怒りを向けられる人 (-का) कोपभाजन बनना （－に）当たられる हमें उनका कोपभाजन भी होना पड़ा 我々はあの人に怒りをぶつけられる羽目にもなった

कोपर[1]［名］把手のついた金属製の大きな盆

कोपर[2]［名］枝についたまま自然に熟したマンゴー= टपका.

कोपल［名*］新芽；若芽= कल्ला；अंकुर. उसकी बगल से कुछ कोपल फूट आई है それのわきから幾つか木の芽が吹き出している

कोपेक［名］《E. copeck; kopeck; kopek》コペック；カペイカ（ロシア連邦の通貨単位の一） पाँच कोपेक का टिकट 5 カペイカの切符

कोपेनहेगेन〔地名〕《E. Copenhagen》コペンハーゲン（デンマークの首都）

कोफ़्त［名*］《P. کوفت》(1) 不快；不愉快な感じ सभी अच्छे-अच्छे कमरे भर चुके हैं. मुझे बड़ी कोफ़्त हुई. मेरे साथियों से इतना भी न हुआ कि मेरे लिए भी एक अच्छा-सा कमरा ले लेते 良い部屋はみな満室になってしまっていた．ひどく不愉快な感じがした．仲間たちが良い部屋をとっておいてくれることさえしなかったのだ (2) い

らだち；いらだたしさ संतोषी माता के नाम से उसे भी बड़ी कोफ़्त होती थी サントーシーマーターという言葉に彼もひどくいらだたしさを感じるのだった (3) 打ちのめされた感じ；打ちひしがれた感じ अंदर-ही-अंदर एक कोफ़्त उसे तब भी हुई थी, आज भी होती है कि बच्चों में बड़े होने के आसार दिखते ही हम उन्हें शक की नज़र से क्यों देखने लगते हैं 子供が大人になる気配が見えたとたんに子供を疑いの目で見るようになるのはなぜなのか．悲しみのような感じをあの時胸の底に覚えたが，今もそうだ (4) 象眼；はめ込み細工；インレー (5) 金箔置き **कोफ़्त खाना** 不快に感じる；いらだたしい感じがする；打ちひしがれる मन-ही-मन कोफ़्त खाती रहती 彼女は胸の内でずっといらだたしい感じがしていた

कोफ़्तगर ［名］《P. کوفت گر》(1) 象眼細工師 (2) 金箔師

कोफ़्तगरी ［名*］《P. کوفت گری》(1) 象眼細工 (2) 金箔置き

कोफ़्ता[1] ［形］《P. کوفته》(1) 砕かれた (2) すりつぶされた

कोफ़्ता[2] ［名］〔料〕(1) コーフター（肉団子をギーや油で揚げた後に汁で煮た料理） (2) 肉の代わりに野菜を同様に加工した料理；ベジタブル・コーフター

कोबा ［名］《P. کوبہ》木槌；槌= मोगरी.

कोबाल्ट ［名］《E. cobalt》コバルト कोबाल्ट अल्ट्रामेरीन コバルトウルトラマリン कोबाल्ट नीला コバルトブルー **कोबाल्ट विकिरण पद्धति** 〔医〕コバルト照射法

कोबी ［名*］= गोभी.

कोमता ［名］〔植〕マメ科常緑高木

कोमल ［形］(1) やさしい；柔和な；おとなしい；甘い कोमल स्वभाव का 柔和な性格の उसकी हँसी बड़ी कोमल और मीठी थी とてもやさしく甘美な笑みだった (2) きゃしゃな；弱々しい；か細い कोमल शरीर きゃしゃな体 कोमल लताएँ जो अपने आप खड़ी भी नहीं हो सकतीं 独り立ちできないきゃしゃな蔓草 (3) やわらかい कोमल नए पत्ते やわらかい若葉 सूर्य की कोमल किरणों ने उग्रता ग्रहण की 太陽のやわらかい光線が激しくなった (4) こまやかな；繊細な；感じやすい नारी हृदय के कोमल भाव 女心の繊細な気持ち इससे बच्चे के कोमल मन में हीन भावना आ जाती है このために子供の繊細な心に劣等感が生じる (5) かれんな；いじらしい (6) ふわふわした；ふっくらした कोमल-कोमल कंबल とてもふっくらした毛布 (7) きめこまやかな；なめらかな

कोमलता ［名*］← कोमल. त्वचा की कोमलता और ताज़गी 肌のやわらかさとうるおい

कोमल तालव्य ［名］〔言〕軟口蓋音〈velar/velaric〉

कोमल तालव्य रंजन ［名］〔言〕軟口蓋化〈velarization〉

कोमल तालु ［名］〔解〕軟口蓋〈soft palate/velum〉

कोमल पिच्छ ［名］ダウン；羽毛

कोमल स्वर ［名］〔音〕フラット〈flat note〉

कोमलांग ［形］きゃしゃな体つきの；ほっそりした体の；柔肌の

कोमलांगी ［形・名］きゃしゃな体つきの（人）；柔肌の（人）

कोमिंटर्न ［名］《E. Comintern ← R.》コミンテルン；共産主義者インターナショナル；第三インターナショナル= साम्यवादी अंतरराष्ट्रीय.

कोमोरो द्वीप समूह 〔地名〕《E. Comoro Islands》コモロ諸島

कोयरी ［名］コーイリー（コーヤリー）・カーストの人（主に野菜栽培を生業としてきた）

कोयल ［名*］(1)〔鳥〕ホトトギス科オニカッコウ（美声の代表としてその鳴き声が愛でられる）【*Eudynamys scolopacea*】 इस ऋतु में कोयल कूकती है （オニ）カッコウはこの季節に鳴く (2)〔植〕マメ科蔓草チョウマメ【*Clitoria ternatea*】 **कोयल और कौए का जोड़** 不似合いなものが一対になることのたとえ

कोयला ［名］(1) 炭 लकड़ी का कोयला 木炭 (2) 石炭 पत्थर का कोयले जैसा काला 石炭のように黒い भूरा कोयला 褐炭；亜炭= लिग्नाइट. कोयलों की दुकान 薪炭（商の）店；燃料販売店 **कोयला चबाना** つまらない仕事をする **कोयले की दलाली क०** 損を被ったり不利益になるようなことをする **कोयले की दलाली में हाथ काले** 〔諺〕朱に交われば赤くなる **कोयलों पर छाप और मुहरों की लूट हो०** 小銭を惜しんで大金を惜しまない **कोयलों पर छाप पड़ना** 少額の出費を惜しむ= कोयलों पर छाप लगाना; कोयलों पर मुहर लगाना.

कोयला क्षेत्र ［名］炭田

कोयला खान ［名*］炭鉱 सिंगरेनी कोयला खान シングレーニー炭鉱

कोयला मंत्रालय ［名］インド中央政府石炭省〈Ministry of Coal〉

कोयला मज़दूर ［名］炭鉱労働者；採炭夫；炭鉱夫

कोयली[1] ［名］漆黒；真っ黒

कोयली[2] ［形］漆黒の；炭のように真っ黒な

कोया[1] ［名］= कोआ. (1) 眼球 (2) 白眼（瞳以外の白い部分）

कोया[2] ［名］= कोआ[2] (1) まゆ；繭 = कोश. रेशम के कीड़े के कोये 蚕のまゆ (2)〔昆〕ヤママユ科のガの幼虫；ヤママユ【*Antheraea mylitta*】；サクサン／柞蚕【*A. pernyi*】 (3) パラミツの実の核 (4) イリッペの実

कोरंगी ［名*］(1)〔植〕ショウガ科カルダモンとその実= इलायची. (2)〔植〕コショウ科蔓木ヒハツ= पिप्पली.

कोरंजा ［名］労働者，使用人に与えられる食事代わりの穀物

कोर[1] ［名*］(1) 端 आँखों की कोरें 目頭；目尻= नयनकोर. दादी की आँखों की कोरें फिर गीली हो जाती 祖母の目頭が再び潤む (2) すみ；隅；角 नीचे के होंठ की कोर तक लिपस्टिक लगाएँ 下唇の隅まで口紅をつけなさい (3) へり（縁）；ふち (4) 破片；とげ；かけら (5) 岸；岸辺 **कोर दबना** *a.* 押さえつけられる *b.* 頭が上がらない；圧倒される **कोर दबाना** *a.* 押さえつける *b.* 圧倒する (-से) **कोर मानना** （ーを）憎む **कोर मारना** 角の出っ張りを削って丸みを持たせる；とがっているのをなめらかにする

कोर[2] ［名］《E. corps》〔軍〕軍団；兵団；隊

कोरक ［名］(1) 芽；若芽 (2) つぼみ（蕾）

कोर-कसर ［名*］《H. + A. کسر कस्र》(1) 欠陥；瑕 (2) 過不足 = कमी बेशी. **कोई कोर-कसर बाक़ी न रहना** 欠陥や不足がない；申し分ない देखने में कोई कोर-कसर बाक़ी न रहे 見たところ全く申し分がないように **कोर-कसर उठा न रखना** ありとあらゆる手段を用いる；ありとあらゆる方法で努力する **कोर-कसर न रखना** 欠かさない；不足がないようにする；申し分ないようにする **कोर-कसर निकालना** 足りないところを補う；欠陥をなくす；不足のないようにする；申し分ないようにする

कोर-किनारी ［名*］ヘム；レース रंग-बिरंगी छींट और कोर-किनारी लगे लाल-पीले घाघरे 派手なチンツとレースのついた赤と黄のガーグラー

कोरट ［名］《← E. Court of Wards》(1) 後見裁判所 (2) 後見裁判所の後見→ कोर्ट. **कोरट क०** *a.* 後見する *b.* 台無しにする **कोरट छूटना** 後見を受けなくなる **कोरट बैठना** 後見裁判所の後見を受ける

कोरदार ［形］《H.+ P. دار》(1) 縁のついた；へりのついた (2) とがった；先のとがった

कोरना[1] ［他］(1) とがらせる (2) 削って整える (3) えぐる；彫る

कोरना[2] ［他］= कोड़ना.

कोरनिश ［名*］《P. کورنش》(1) 頭を下げ腰を曲げてする挨拶；お辞儀 (2) 崇拝；敬慕 **कोरनिश बजा लाना** *a.* お辞儀をする *b.* 敬意を表す→ कोर्निश.

कोरनी ［名*］石を刻むこと= संगतराशी.

कोरम ［名］《E. quorum》定足数= गणपूर्ति. पंडित रामचंद्र पहुँचे, और कोरम पूरा हुआ パンディット・ラームチャンドラが到着して定足数が足りた कोरम पूरा न होने से 定足数に満たないために

कोरमकोर ［副］(1) 完全に；全く；完璧に= पूरी तरह से; पूर्णतया. (2) ひとえに；ただただ；のみ= सिर्फ़; केवल.

कोरमा ［名］《T. قورمہ/قورما》〔料〕コールマー（切った肉をギーで炒め香辛料を加えて汁気のないように煮た料理）

कोरल सागर ［名］《← E. Coral Sea》コーラル海；サンゴ海

कोरस ［名］《E. Chorus》コーラス= वृंदगान; समवेत गान.

कोरा[1] ［形⁺］(1) さらの；未使用の；手のつけられていない कोरी स्लेट さらの石板 (2) 書かれていない；記されていない कोरा कागज़ 用紙；白紙 **कोरा चेक** 白地式小切手〈blank check〉 **कोरा पन्ना** 見返し〈fly leaf〉 (3) さらされていない (4) 全くの；純粋な कोरी बकवास 全くの馬鹿話 (5) 単なる；ただの यह कोरी नम्रता की बात नहीं है これは単なる儀礼の問題ではない अभ्यास कोरी आवृत्ति नहीं है 練習というのはただ反復することではない भारतीय संस्कृति की कोरी नकल インド文化の単なる模倣 (6) 無知な；知識がない；認識がない अपने धर्म और समाज व्यवस्था के ज्ञान से बिल्कुल कोरे थे 自分の属している宗教や社会制度に関して全く知識がなかった (7) 実質のない；中身のない यह वादा भी कोरा ही साबित हुआ この約束も中身がないものと証明された **कोरा उस्तरा** 研ぎ立てのかみそり **कोरा का कोरा** 全くすれていない；無垢な；純朴な **कोरा कागज़ थमा दे०** 何の言質も与えない；何の約束もしない **कोरा घड़ा** 厚顔無恥な；臆面もない **कोरा छुरा** = कोरा उस्तरा. **कोरा जवाब दे०** きっぱ

क

り断る= कोरा टाल दे०. **कोरा पिंडा** 未婚の人 **कोरा बचना** 危険から無事に逃れる；無傷で逃れる **कोरा बर्तन** *a.* 未使用の器 *b.* 未婚の男子 *c.* 処女；乙女 **कोरा मुल्ला** 実際的な知識を持たぬ人 **कोरा रखना** *a.* 手をつけずに置く *b.* 何も教えないで置く *c.* 支払いをせずに置く **कोरा रहना** *a.* 何一つ手に入れられない；何一つ得られない *b.* 何一つ習わない；何も覚えていない **कोरा लौटना** 得るところがなく戻る；収穫がなく帰る；土産なしで帰る **कोरा सिर** *a.* 油をつけていない髪 *b.* 産毛のままの頭髪；そったことのない髪 **कोरी आँख से देखना** 恥ずかしいげなく見る **कोरी कोरी सुनाना** きびしく叱る；叱りつける **कोरी धार** といでない刃 **कोरी पटिया पर लिखना** 新しいことを始める **कोरी बाढ़** = कोरी धार. **कोरी बातें क०** 口先ばかりで実行が伴わない **कोरी सुनाना** ののしる；罵る **कोरे उस्तरे से मूँडना** *a.* 水をつけずに頭をそる *b.* 人を侮り鴨にする；人を馬鹿にして食いものにする **कोरे काग़ज़ पर लिखकर** 誓って

कोरा[2] ［名］〔鳥〕クイナ科ツルクイナ【*Gallicrex cinerea*】

कोरा[3] ［名］〔植〕キョウチクトウ科低木コネッシ【*Holarrhena antidysenterica*】= कुटज; कुरैया; करची.

कोरा[4] ［名］刺繍に用いられる金糸や銀糸

कोरापन ［名］← कोरा[1] 新しいこと；用いられていないこと；さらであること

कोरिन ［名*］コーリー（कोरी）カーストの女性

कोरिया ［名］《E. Korea/Corea》(1) 朝鮮 (2) 韓国= दक्षिण कोरिया. (3) 北朝鮮；朝鮮民主主義人民共和国= उत्तर कोरिया.

कोरी[1] ［名］コーリー（機織りを主たる生業としてきたヒンドゥーのジャーティ）= कोली.

कोरी[2] ［名*］娘；乙女；処女= लड़की; कन्या.

कोरी[3] ［名*］= कोड़ी. 20（を単位とする数え方）

कोरी[4] ［形*］← कोरा[1]

कोरीडोर ［名］《E. corridor》廊下= गलियारा.

कोरे ［副］無駄に；空しく；名ばかり；名目的に

कोरो ［名］〔建〕たるき（垂木）

कोरोनरी हृदय रोग ［名］《E. coronary + H.》〔医〕(1) 心臓病 (2) 冠状動脈血栓

कोरोना ［名］《E. corona》〔天〕コロナ；光冠= किरीट.

कोरोमंडल तट 〔地名〕クリシュナー川河口からコモリン岬に至るインド亜大陸南東部の海岸

कोर्ट ［名］《E. court》(1) 裁判所；法廷 (2) 役場= अदालत; कचहरी. कोर्ट में जाकर अपना विवाह करेंगे 役場に行って結婚式をする（戸籍役場で民事婚をあげる）(civil marriage) (3) 後見裁判所 (4) 後見裁判所の後見

कोर्ट ऑफ़ डायरेक्टर्स ［名］《E. Court of Directors》〔イ史〕東インド会社（ईस्ट इंडिया कंपनी）の重役会= निदेशक मंडल

कोर्ट ऑफ़ वार्ड्स ［名］《E. Court of Wards》〔法〕(1) 後見人局；後見裁判所 (2) 後見裁判所の後見

कोर्ट कचहरी ［名*］《E. court + H.》裁判所；裁きの庭 उससे मुलाकात कोर्ट कचहरी में होगी 裁判所であの人と顔を合わせることになろう उसने कोर्ट कचहरी जाना बंद कर दिया 彼は裁判所の厄介になるのをやめた

कोर्टफ़ीस ［名*］《E. court fees》裁判費用= अदालती रसूम.

कोर्टमार्शल ［名］《E. court marshall》軍法会議= सैनिक न्यायलय.

कोर्टमैरिज ［名］《E. court marriage》〔法〕民事婚= सिविल मैरिज. 〈civil marriage〉

कोर्टशिप ［名］《E. courtship》求婚

कोर्निया ［名］《E. cornea》〔解〕角膜= स्वच्छ मंडल.

कोर्निश ［名*］= कोरनिश. वह भी किसी से कम नहीं है और कोर्निश बजा लाने की उसकी आदत नहीं है あの人も人後に落ちぬしぺこぺこ頭を下げるような癖は持ち合わせてはいない

कोर्निस ［名］《E. cornice》(1) 〔建〕コーニス；コルニス (2) なげし；天井と壁との境の蛇腹 इस आकार की पुष्पसज्जा कमरे के कोने में मेज़ या कोर्निस पर रखी जाने पर अधिक आकर्षक लगती है この形の花の飾りは部屋の隅のテーブルか蛇腹に置かれると一層映えるものだ= कार्निस.

क़ोर्मा ［名］= कोरमा.

कोर्स ［名］《E. course》(1) 学科；課程（教科課程；学習課程）；コース जैसे ही यहाँ का कोर्स समाप्त हो जाए, मैं विदेश जा सकती हूँ この学校での課程が終わったら私はすぐに外国に行けます चार्टर्ड एकाउंटेंसी का कोर्स 公認会計士のコース शार्टहैंड-टाइपिंग का कोर्स 速記とタイプの学習課程 कोर्स की पुस्तक 教科書；テキスト (2) 教科 आज रात वह तब तक नहीं सोयेगा, जब तक सारा कोर्स नहीं ख़त्म हो जाता この教科書が終わるまで今夜は寝ない (3) 進路；コース

कोलंबो 〔地名〕コロンボ（スリランカの首都）

कोल[1] ［名］(1) 豚= सूअर. (2) ヴィシュヌ神のイノシシの姿での化現 (3) 胸；懐；胸に抱きかかえるときに接する部分

कोल[2] ［名］〔植〕イヌナツメ（クロウメモドキ科の低木イヌナツメ【*Zizyphus jujuba*】）の実

कोल[3] ［名］コール族（インドの東部及び中部地方，特にビハール地方に居住する指定部族民．ムンダー族，サンタル族などを含むプロト・オーストラロイドに属する人々の総称）

कोलक ［名］目立ての道具

कोलतार ［名］《E. coal tar》コールタール= तारकोल; डामर.

कोलन ［名］《E. colon》コロン（記号）: कोलन डैश :- （コロンとダッシュの記号）

कोलना ［他］くり抜く；穴をあける；中空にする

कोलपार ［名］〔植〕ノウゼンカツラ科高木ソリザヤノキ【*Oroxylum indicum*】= सोना.

कोलम ［名］〔ヒ〕床面装飾= चौक पूरना; अल्पना.

कोला[1] ［名］《E. coala》〔動〕クスクス科コアラ；コモリグマ

कोला[2] ［名］〔動〕イヌ科ジャッカル【*Canis aureus*】= गीदड़.

कोला[3] ［名］《E. cola》〔植〕アオギリ科の高木コーラ（コラ）【*Cola nitida*】

कोलाइटिस ［名］《E. colitis》〔医〕大腸炎

कोलॉइड ［名］《E. colloid》コロイド

कोलॉइडी ［形］《E. collidae》コロイド性の कोलॉइडी अवस्था コロイド状の

कोलाहट ［名］舞踊の達人；すぐれた舞踊家

कोलाहल ［名］(1) 騒がしさ；やかましさ；騒々しさ सूर्योदय से पूर्व वृक्ष पर पक्षियों का कोलाहल हुआ 日の出前に樹上の鳥たちが騒がしくなった बच्चों की अठखेलियों के मारे घर में कोलाहल मचा रहता था 子供たちがふざけまわるので家の中はいつも騒々しかった (2) 喧噪（喧騒） नगर के कोलाहल से 街の喧噪に

कोलिक ［名］織工

कोलिया ［名*］(1) 路地；細道= गली; पतली गली. (2) 細長い畑

कोली[1] ［名*］人を抱きかかえる時に触れる胸から膝までの部分= गोद; अँकवार.

कोली[2] ［名］コーリー（機織りを主たる生業としてきたカーストの人）= कोरी.

कोली[3] ［名*］〔植〕アブラナ科野菜サボイキャベツ【*Brassica oleracea var. sabauda*】〈Savoy cabbage〉

कोलेस्टेरॉल ［名］《E. cholesterol》〔生化〕コレステロール कोलेस्टेरॉल की मात्रा コレステロールの量

कोलैंडा ［名］イリッペの熟した実 → महुआ.

कोल्ड क्रीम ［名*］《E. cold cream》コールドクリーム

कोल्हाड़ ［名］サトウキビの搾り汁を煮つめて粗糖・黒砂糖を製造する作業所

कोल्हू ［名］(1) 油搾りの機械；搾油機 (2) サトウキビを搾る機械；しめ車 कोल्हू चलाना 搾り機を動かす（回す）= कोल्हू पेरना. **कोल्हू का बैल** *a.* 働き者 *b.* まぬけ；とんま (-) **कोल्हू का बैल बनाना** （－を）こき使う **कोल्हू का बैल हो जा०** 〔諺〕馬車馬のように働くことのたとえ **कोल्हू काटकर मुँगरा (मुँगरी; मोंगरी) बनाना** わずかな利益を得るために大金を失うこと **कोल्हू के बैल की तरह** 馬車馬のように वह इनसे कोल्हू के बैल की तरह कसकर काम लेते थे この人たちを馬車馬のようにこき使っていた **कोल्हू के बैल की तरह रात-दिन फिरना** よく働く；激しい労動をする；馬車馬のように働く कोल्हू के बैल की तरह रात-दिन काम क० 日夜馬車馬のように働く **कोल्हू ढकेलना** *a.* 激しい仕事や重労働をする *b.* 大事なことをする；大変重要なことをする **कोल्हू में जोतना** = कोल्हू का बैल बनाना. **कोल्हू में डालकर पीसना (पेरना)** ひどく苦しめる；残酷な仕打ちで苦しめる= कोल्हू में डालकर पेरना. **कोल्हू में पेरवा दे०** 全滅させる

कोवा[1] ［名］= कोया.

कोवा[2] ［名］〔植〕オトギリソウ科高木コーワガンボジ【*Garcinia cowa; G. kydia*】

कोवारी [名*]〔鳥〕トキ科ブロンズトキ【*Plegadis falcinellus*】

कोविद [形] 熟練した；熟達した；上手な；器用な

कोविदार [名] (1)〔植〕マメ科小木フイリソシンカ【*Bauhinia variegata*】= कचनार. (2) フイリソシンカの花

कोश [名] (1) 辞書；辞典= शब्द कोश. (2) 容器；入れ物= पात्र. (3) さや；覆い；カバー；殻= आवरण; खोल. (4) 倉；蔵；金庫 = आगार; ख़ज़ाना. (5) 陰嚢= अंडकोश. (6) まゆ（繭）= कोआ; कोया. (7)〔動・植〕のう（嚢）

कोशकला [名*] 辞書学= कोश विज्ञान.

कोशकार [名] (1) 辞書編集者；辞典編集者 (2) 刀剣類のさやをこしらえる職人

कोशकीट [名]〔昆〕カイコガ科の幼虫；かいこ（蚕）= रेशम का कीड़ा.

कोशकीट पालन [名] 養蚕

कोशज [名] (1) 絹= रेशम. (2) 真珠= मोती; मुक्ता. (3)〔生〕巻き貝

कोशपाल [名] 宝庫の番人；金庫番；蔵番

कोशल [名]〔イ史〕コーシャラ国，もしくは，コーサラ国（古代の北インドで有力であった王国．初めアヨーディヤーを後にシュラーヴァスティーを都として現今のウッタル・プラデーシュ州北東部に栄えた）

कोशला [名*] コーシャラ国の都であったアヨーディヤー अयोध्या = कोसला.

कोशविज्ञान [名]〔言〕辞書学；辞書論〈lexicography〉

कोश विभाग [名] 会計課；出納部門

कोशवृद्धि [名*]〔医〕陰嚢水腫

कोशागार [名] 宝庫= भंडार; ख़ज़ाना.

कोशाणु [名]〔生〕細胞

कोशाध्यक्ष [名] (1) 出納責任者；出納長 (2) 収入役

कोशिका [名*] (1)〔生〕細胞 मानव शरीर अनेक छोटी छोटी कोशिकाओं का बना है 人体は無数の小さな細胞から成っている (2) 椀の形をした金属製の食器 (3) コップ (4) 電池 (5) 独房

कोशिका द्रव्य [名]〔生〕細胞質〈cytoplasm〉

कोशिका भित्ति [名*]〔生〕細胞壁〈cell wall〉

कोशिका रस [名]〔生〕細胞液〈cell sap〉

कोशिका विज्ञान [名] 細胞学〈cytology〉

कोशिका विभाजन [名]〔生〕細胞分裂〈cell division〉

कोशिकीय [形] 細胞の〈cellular; cytological〉

कोशिकीय झिल्ली [名*]〔生〕細胞膜

कोशिश [名*]《P. کوشش》努力；努めること；励むこと= प्रयत्न; उद्योग; चेष्टा. कोशिश क॰ 努力する；努める (-की) कोशिश क॰ (ーに) 励む；努める **(-की) कोशिश में रहना** (ーに) 励む；努める；(ーしようと) 努める **भरसक कोशिश क॰** できる限りの努力をする **(-के लिए) हर कोशिश क॰** (ーに) 骨身を惜しまない；(ーしようと) 必死に努める

कोशी [名*] (1) 芽= कली. (2) 穀物の穂の芽

कोष [名] = कोश. पार्टी का कोष 党の金庫 सहायता कोष 義捐基金

कोषाणु [名] 細胞

कोषाध्यक्ष [名] = कोशाध्यक्ष. विश्वविद्यालय का कोषाध्यक्ष 大学の出納責任者

कोष्ठ [名] (1) 穀物貯蔵庫；穀物倉庫 (2) 金庫 (3) 囲い (4) 内臓 (5)〔動〕袋；嚢状部 (6)〔植〕嚢状胞

कोष्ठक [名] (1) 囲われているところ (2) 倉；倉庫；貯蔵庫 (3) 括弧 बड़ा कोष्ठक [ ] 角括弧= गुरुबन्धनी. छोटा कोष्ठक ( ) 丸括弧= लघु बन्धनी. (4)〔建〕腕木；持ち送り；腕金

कोष्ठबद्ध [形] (1) 囲まれた；囲いの中の；閉じ込められた (2) 便秘した

कोष्ठबद्धता [名*] ← कोष्ठबद्ध.

कोष्ठागार [名] (1) 倉；倉庫；貯蔵庫 (2) 金庫

कोष्ठागारिक [名] (1) 倉庫番 (2) 出納長

कोष्ठाग्नि [名*] 消化力（胃の中にあって食物を消火する力となるとされる火や熱）= जठराग्नि; जठरानल; पाचनशक्ति.

कोष्ठी [名*] = जन्मपत्री.

कोष्ण [形] 暖かい；生暖かい；ぬるい；なまぬるい= कुनकुना. सर्दियों में कोष्ण समुद्र अपने पास के तटीय भागों को कोष्ण बनाए रखते हैं 冬，暖かい海は沿岸地域を暖かく保つ

कोस[1] [名] 約 2 マイルとされる距離の単位；クローシャ= क्रोश. कई कोस का रास्ता 数里の道程 काले कोसों 遠方に कोसों दूर हो॰ はるかに遠い **(-से) कोसों दूर हो॰** (ーから) ほど遠い；大きいへだたりのある；雲泥の差のある；全く無縁の रंज है उसके दिल से कोसों दूर その男の気持ちは悲しみからはほど遠い जब कि व्यावहारिक जीवन में हम इनसे कोसों दूर होते हैं 実生活では私たちはこれらのことから大きくへだたっているのだが नींद कोसों दूर थी とうてい眠れるものではなかった；眠るどころではなかった

कोस[2] [名] = कोश.

कोसना [他] 呪う；呪詛を発する किस्मत को कोसने से तो किस्मत बदलती नहीं 運命を呪っても運命は変わらない मन ही मन आपको सभी कोसेंगे 胸の内ではみながあなたを呪うでしょう वह अपने को कोसने लगा （自分の行為を恥じて）自分を呪いだした कोसना-काटना 激しく呪う；呪いののしる

कोसल [名]〔イ史〕古代国家コーサラ（初めアヨーディヤーを後にシュラーヴァスティーを都とした）；コーサラ王国

कोसला [名*] コーシャラ国の都アヨーディヤー अयोध्या.

कोसा[1] [名] 呪い；呪詛

कोसा[2] [名] (1)（豆などの）さや (2) 素焼きの大きな平皿

कोसाइन [名]《E. cosine》〔幾〕コサイン= कोटिज्या.

कोसाकाटी [名*] (1) 呪いののしること (2) 呪いの言葉 गाली; बददुआ

कोसी[1] [名*] 穂やさやについたままの実

कोसी[2] [名*] コーシー川（ネパールからビハール州北東部を流れてチャンパーランの近くでガンジス川に注ぐ）

कोस्टारिका 〔国名〕《E. Costa Rica》コスタリカ共和国

कोहँड़ा [名] = कुम्हड़ा.

कोह[1] [名] 怒り= क्रोध; गुस्सा.

कोह[2] [名]《P. کوه》山= पहाड़; पर्वत.

कोह आदम [名]《P. کوه آدم》アダムズ・ピーク〈Adam's Peak〉（仏教徒，ヒンドゥー教徒，イスラム教徒それぞれの聖地であるスリランカ南西部の高山，標高 2231m）

कोहकन [形]《P. کوه کن》(1) 山を掘る；山を削る (2) 激しく働く；困難なことを行う

कोहक़ाफ़ [名]《P.A. کوه قاف》カフカス山脈

कोहनी [名*] (1) ひじ（肘） (2) 器具などの連結部でひじのように折れ曲がった部分 **कोहनी मारना** *a.* ひじで突いて合図する *b.* ひじで押しやる

कोहनूर [名]《P. کوه نور》コーヒヌール／コーヘヌール（Kohinoor，約 109 カラットのインド産ダイヤモンド．その大きさと所有権の移転の歴史で有名）= कोहे नूर.

कोहपैकर [形]《P. کوه پیکر》山のような；巨大な；でかい कोहपैकर हाथी 小山のような象；巨象

कोहबर [名] 結婚式の際，氏神が勧請されたり種々の行事の行われる場所や建物

कोहरवाँ [名]《P. کوه‌روان》象

कोहरा [名] 霧 = कुहरा; कुहासा; कुहिर.

कोहराम [名]《A. کہرام कुह्राम》= कुहराम. (1) 嘆き悲しみ；悲嘆 (2) 大騒動 **कोहराम मचना** *a.* 悲嘆に暮れる घर में कोहराम मच गया （良くないことがあったので）家は悲嘆に暮れた *b.* 大騒ぎになる；大騒動になる

कोहान [名]《P. کوہان》ラクダの背中のこぶ ऊँट के कोहान की चरबी ラクダのこぶの脂肪

कोहिल [名]〔鳥〕ワシタカ科カワリクマタカ शाही बाज の雄

कोहिस्तान [名]《P. کوہستان》(1) 山地；山岳地域 (2)〔地名〕コーヒスターン（パキスタン北西辺境州北部）

कोहिस्तानी[1] [形]《P. کوہستانی》山地の；山岳地域の

कोहिस्तानी[2] [名*]〔言〕コーヒスターニー語（パキスタンの北西辺境州北部のスワート，コーヒスターン地方に話されるダルド語派に属する言語）

कोही[1] [形] 気の短い；短気な；怒りっぽい

कोही[2] [形]《P. کوہی》山の；山岳の；山間の

कोही[3] [名*]〔鳥〕ハヤブサ科ハヤブサ（雌）【*Falco peregrinus*】→ शाही.

कोहे आतशफ़िशाँ [名] 《P. کوہ‌آتش فشاں》火山= ज्वालामुखी पर्वत; ज्वालामुखी.
कोहे नूर [名] = कोहनूर.
कौंच [名*] = कौंछ.
कौंछ [名*]〔植〕マメ科蔓草トウアズキ【*Abrus precatorius*】= केवाँच.
कौंट [名] 《E. count; Count》伯爵 कौंट तुलस्तुयी トルストイ伯爵
कौंटेस [名*] 《E. countess; Countess》伯爵夫人
कौंठ्य [名] (1) 鈍いこと；鈍さ；鈍重さ (2) なまくらなこと；よく切れないこと
कौंध [名*]（瞬間的な）輝き；きらめき；電光 दियासलाई जलने की कौंध में सारा कमरा उसे दिख गया マッチが燃えてぱっと明るくなり部屋全体が見えた
कौंधना [自] (1) 瞬時きらめく；瞬間的に明るくきらめく；ぴかっと光る；ぱっと光る एक बिजली-सी कौंध गई 稲妻のようにぴかっと光った वह पत्थर से टकराकर आकाश में बिजली बन कर कौंधने लगी それは石にぶつかり空中で電光となって光り始めた (2) ふとひらめく；不意に思い浮かぶ कोई दुर्घटना तो नहीं हुई? अचानक यह विचार कौंधा 何か事故でも起こったのではないかとの思いが不意に浮かんだ मन में बदला लेने की बात बार-बार कौंध रही थी 復讐しようとの思いがちらついていた पूजा के इस अंदाज़ से उसके मस्तिष्क में कितनी ही पुरानी यादें कौंध गई プージャーのこの所作で随分と昔の記憶がふとひらめいた
कौंध प्रकाश [名] 閃光；フラッシュ
कौंला [名] = कटोरा.
कौंसल [名] 《E. counsel》(1) 弁護士 (2) 弁護士（勅選法廷弁護士）(3) 法律顧問
कौंसलर [名] 《E. counselor》相談役；顧問= परामर्शदाता.
कौंसिल [名*] 《E. council》(1) 評議会；協議会；諮問会 (2)（英領インド）中央立法院〈Legislative Council〉 (3) 州議会= परिषद्.
कौआ [名] = कौवा. (1)〔鳥〕カラスの総称 डोम कौआ【*Corvus corax*】ワタリガラス काला कौआ【*Corvus macrorhynchos*】ハシブトガラス पाती कौआ【*Corvus splendens*】イエガラス पहाड़ी कौआ コクマルガラス【*Corvus monedula*】 (2) 狡猾な人；抜け目のない人 (3) のどひこ（喉彦）；喉びこ；喉ちんこ；口蓋垂 **कौआ उड़ाना** *a.* とまっているカラスを追って待ち人の来るのを占う *b.* 仕事もせずにぶらぶらする；まともな仕事をしない；つまらないことをする *c.* つまらぬことや余計なことをする **कौआ कान ले गया**〔諺〕他人の話を盲目的に信じることのたとえ **कौआ गुहार** = कौआ रोर मचाना. **कौआ चला हंस की चाल, अपनी चाल भी भूल गया**〔諺〕*a.* 金持ちの真似をしてしくじることのたとえ *b.* 猿真似；柄でもないことをすること **कौआ फँसाना** 抜け目のない者をだます **कौआ बोलना** *a.* 夜が明ける *b.* 客人の訪れる予兆 *c.* 荒れはてる **कौआ रोर मचाना** 大声でしゃべること；とてもやかましく騒ぐこと **कौए के बच्चे** 長生きの人 **कौए को कपूर चुगाना** その器でない人を敬う **कौओं में हंस हो॰** 鳥なき里のこうもり
कौआ उड़ानी [名*] (1) 畑の害鳥を追い払う仕事をする女性 (2) 身分の低い卑しい女
कौआ ठोंठी [名*] ガガイモ科蔓草 = कौवाठोडी.
कौआ डोंडी [名*] (1)〔植〕ジンチョウゲ科の高木ジンコウ【*Aquilaria agallochum*】 (2) トウアズキ【*Abrus precatorius*】
कौआ परी [名*] 醜い女性；醜女
कौआरी [名*]〔鳥〕トキ科ブロンズトキ【*Plegadis falcinellus*】
कौआ हँकनी [名*] = कौआ उड़ानी; कौए उड़ानी.
कौच [名*] 《E. couch》寝椅子；ソファー；カウチ
कौटिल्य [名] (1) 曲がり（具合）；ひねくれていること→ कुटिल. (2) 偽り (3) 不誠実 (4)〔イ史〕カウティリヤ（マウリヤ王朝の成立に力のあったとされる紀元前 4〜3 世紀のインドの政治家. 著作に अर्थ शास्त्र がある）
कौटुंबिक [形] = कौटुम्बिक. ← कुटुम्ब. (1) 家族の；家庭の；一家の कौटुंबिक निर्धनता 一家の貧困 (2) 家族のある कौटुम्बिक अच्छे-बुरे कार्यों में 家庭内の喜びや不幸に際して
कौड़ा[1] [名] たき火= अलाव.
कौड़ा[2] [名] (1) 形の大きな宝貝 (2) 財貨；富 **कौड़े क॰** *a.* 売った代金を現金で取り立てる *b.* 売る *c.* 安く売る
कौड़िया[1] [名] = कौडिल्ला.
कौड़िया[2] [形] (1) タカラガイ（宝貝）のような；タカラガイに似た (2) タカラガイの色をした (3) タカラガイのような斑点のある (4) タカラガイを身につけた
कौड़ियाला[1] [形⁺] (1) 紫色の；薄紫の (2) ねずみ色の；石板色の
कौड़ियाला[2] [名] (1) 金持ち (2) 貪欲な金持ち；けちな金持ち (3) 斑点のある蛇
कौड़िल्ला [名]〔鳥〕カワセミ科ヒメヤマセミ【*Ceryle rudis*】
कौड़िल्ली [名*] カワセミ科カワセミ【*Alcedo atthis*】
कौड़ी [名*] (1)〔貝〕宝貝；子安貝 (2) 通貨として用いられた上記の貝 (3) わずかのお金；三文；ごくわずかのお金；一文；一銭 (4) 財；金；財貨 (5) リンパ腺 (6) 胸骨の最下端 (7) 小爪 (8) かけら；微量 चाचा मरे तो मेरे हाथ में एक कौड़ी भी न थी おじさんが亡くなった時には手もとには一銭もなかった अक्ल तो कौड़ी के बराबर भी नहीं है 知恵はかけらほどもない（人だ） **कौड़ियों का गुलाम** 守銭奴；途方もないけち **कौड़ियों के पीछे ईमान बेचना** ほんのわずかの利益のために信義を捨て去る= कौड़ियों पर ईमान बेचना. **कौड़ियों के बदले** 二足三文で= कौड़ियों के मोल. **कौड़ियों के लिए रास्ते की धूल छानना** わずかな利益のためにあさましいことをする **कौड़ियों पर ईमान बेचना** = कौड़ियों के पीछे ईमान बेचना. **कौड़ियों पर ऊँट बिकना** 大安売り **कौड़ियों पर जान दे॰** わずかな金にあくせくする **कौड़ियों पर दाँत दे॰** 欲張りな；欲の深い；強欲な **कौड़ियों पर बिकना** ただ（同然の値段）で売られる **कौड़ी उकसना** リンパ腺が腫れる= कौड़ी छटकना; कौड़ी निकलना. **कौड़ी का** *a.* 役に立たない = निकम्मा. *b.* 取るに足らぬ；何の値打ちもない；つまらない= तुच्छ. **कौड़ी का बल न पड़ना** 一銭一厘の違いのない計算；この上なく正確な計算 **कौड़ी काम का नहीं** 全く役立たずの；何の役にも立たない **कौड़ी के तीन तीन हो॰** = कौड़ी के तीन बनना. **कौड़ी के तीन बनना** *a.* 取るに足らない；何の値打ちもない *b.* 甚だ安い **कौड़ी के तीन बिकना** 非常に安い；二束三文の= कौड़ी के तीन तीन बिकना. **कौड़ी के बदले हीरा दे॰** つまらぬものをもらって立派なものを与える **कौड़ी के मोल बिकना** 二束三文の；二足三文の **कौड़ी के लिए** ほんのわずかの利益のために **कौड़ी को न पूछना** 何の値打ちもない；何の評価もなされない= कौड़ी को न ले॰. **कौड़ी कोस दौड़ना** わずかな金のために大変な苦労をする **कौड़ी-कौड़ी** ほんのわずかの金；一銭一厘の金 **कौड़ी-कौड़ी अदा क॰** 借金を一銭残らず返済する **कौड़ी-कौड़ी को मुहताज हो॰** 赤貧；赤貧洗うが如し；極めて貧しい **कौड़ी-कौड़ी को हैरान हो॰** ひどく困窮する **कौड़ी-कौड़ी चुकाना**（**भरना**; **लौटाना**）完済する मैं आपकी कौड़ी-कौड़ी लौटा दूँगा 一銭一厘残さずお返し致します= कौड़ी-कौड़ी अदा क॰. **कौड़ी-कौड़ी जोड़ना** あくせく働いて金をためる；必死の思いで金をためる **कौड़ी-कौड़ी दाँत से उठाना** 爪に火をともす= कौड़ी-कौड़ी दाँत से पकड़ना. **कौड़ी-कौड़ी दे॰** = कौड़ी-कौड़ी अदा क॰; कौड़ी-कौड़ी भरना. **कौड़ी ग़लत पड़ना** 逆効果になる **कौड़ी चलना** *a.* ばくちが行われる *b.* 盗人探しに子安貝を用いた占いが行われる **कौड़ी चित्त पड़ना** つきが回る；運が良くなる **कौड़ी जलना** *a.* ひどく空腹を感じる *b.* 大変腹を立てる **कौड़ी न रख कफ़न को बिज्जू की शकल बन रह**〔諺〕宵越しの金は持つな（浪費家の言いぐさ） **कौड़ी पास न हो॰** 一文なしの **कौड़ी फाड़कर न दे॰** ひどく物惜しみする **कौड़ी फेंकना** ばくちに賭ける **कौड़ी फेरा क॰** 行ったり来たりする **कौड़ी बढ़ना** ぐりぐりができる；リンパ腺が腫れる **कौड़ी भर** ほんのわずかの **कौड़ी भर का** とても小さな **कौड़ी मोल का हो॰** 何の値打ちもない **फूटी कौड़ी** *a.* かけた宝貝 *b.* ほんの少額の金；鐚銭；鐚一文= कानी कौड़ी; झंझी कौड़ी. मेरे पास फूटी कौड़ी भी नहीं 手もとには一銭の金もない मेरे हाथ फूटी कौड़ी भी न बची 手もとには鐚一文残らなかった **दो कौड़ी का भी नहीं** 一文の値打ちもない
कौड़ी गुड़गुड़ [名*] 幼児が子安貝を用いて遊ぶゲーム
कौतुक [名] (1) 珍奇なもの；珍奇なこと；珍しいこと (2) 驚き (3) 娯楽；遊び；楽しみ；慰み (4) 楽しさ；喜び (5) 芝居；演劇；見世物；演芸；芸
कौतुकक्रिया [名*] (1) 祝典 (2) 結婚式= कौतुक मंगल.
कौतुकिया [名] (1) 芸・演芸をする人 (2) 結婚式の仲立ちをする人；仲人（をする人）
कौतुकी [形] (1) 演芸をする（人） (2) 仲人をする（人） (3) 愉快な（人）；陽気な（人）
कौतूहल [名] = कुतूहल. **कौतूहल से** 好奇心から उसने कौतूहल से इस विषय में यात्रियों से प्रश्न किया 好奇心からこのことについて旅人にたずねた

कौतूहलवश [副] 好奇心に駆られて जो भी आवाज़ सुनता तुरंत कौतूहलवश उधर दौड़ पड़ता 音を聞く人はすぐさま好奇心にかられてそちらへ走り出す

कौन[1] [代]（疑問代名詞） だれ（誰）；どの人；どなた；どれ；なに（何）(dir., sg.) कौन 及び (dir., pl.). (obl., sg.) は किस, (obl., pl.) は किन; किन्हों. なお किसको 及び किनको には別形 किसे, किन्हें がある．なお，能格複数形 (er., pl.) には किन्हों (ने) も用いられる． कौन उसको आँकता है? 一体だれがそれを評価するのか रमेश की रुचि किसमें है? ラメーシュは何に興味を持っているのか (1) 反語的に用いられて，絶対（－）しない，絶対（－）するものか，（－）する資格は全くないなどの意を表す सोचा बासी खाना खाकर अपना पेट खराब कौन करे だれが残りものを食べて腹の具合を悪くするものかと思った (2)（－する）わけではない；（－する）はずがない कौन दूर जाना है 遠くに行かなくてはならぬわけではなし हम कौन होते हैं बीच में टाँग खींचनेवाले 人の邪魔をわしがするわけがなかろうが (3) 否定を強調 (-की) **कौन कहे** （－）などもってのほか；とんでもない मैं अंडे हाथ से नहीं छू सकता, खाने की कौन कहे! 私は卵を手で触われさえしないのに食べるだなんてとんでもない **कौन किसका होता है?** だれ一人頼りにならない **कौन-कौन** だれだれ（誰々）；だれたち（誰たち）；なになに（何々） बैठक में कौन-कौन उपस्थित थे? 会合に出席していたのは誰々だったのか

कौन[2] [代形]（疑問代名形容詞）(1) どの；いずれの；何の；どのような；どんな．この意味では कौन はそのまま変化せずに用いられることがある थोड़ी देर बाद ज़ीने के ऊपर से आवाज़ आई. 'कौन साहब हैं?' しばらくすると階段の上から声がした．「どなたですか」 उसे अँधेरे में चलने से किस बात का डर लग रहा था? 彼は暗がりを行くのに何が恐ろしかったのか किस रास्ते से चलना है? いずれの道を通って行くべきか किस सैनिक की सहायता से どの兵士の援助で स्वराज्य प्राप्त होने के लिए किन बातों की आवश्यकता पर रानी लक्ष्मी बाई ने बल दिया था? 独立を達成するのにラクシュミーバーイーは何々の重要性を強調したのか कौन-कौन लोग होंगे इंटरव्यू में? 面接試験には誰々が立ち会うのだろうか ज़िंदा रहने के लिए किन-किन चीज़ों की ज़रूरत है? 命を保つために何々が必要とされるのか किस तरह どのように；どんなふうに；如何に गिज़ा किस तरह हज़म होती है? 食物はどのようにして消化されますか आदिम मानव किस तरह जीवन बिताते थे? 原始の人類はどんなふうに暮らしていたのか (2) 反語的に用いられて，（－）するわけではない इतनी दूर पैदल चलने में कौन पैर टूट जाते थे これだけの距離歩いたからといって足が折れるわけではなかった तो मैं कौन बच्चों के सामने कुछ कह रही हूँ だから子供の前では（何も）言っていないでしょうが (3) 反語的に用いられて，全く（－）しない；全然（－）しない अभी आम कौन पका है? まだマンゴーは全く熟れていないじゃないか **किस खेत का बथुआ** = किस खेत की मूली. **किस खेत की मूली** どこの馬の骨；取るに足らないもの **किस गिनती में** = किस खेत की मूली. **किस चिड़िया का नाम** 全然知らない；見ず知らずの= किस जानवर का नाम है. **किस दर्द की दवा है** 何の役に立つものか **किस बाग़ की मूली** = किस खेत की मूली. **किस बात पर फूला है?** 何を自慢にしているのか **किस बिरते पर तत्ता पानी (हो॰)** 何を自慢にするのか；一体何がそれほど自慢なのか **किस मर्ज़ की दवा है?** ＝ किस दर्द की दवा है?. **किस मुँह से** *a.* どの面さげて *b.* どんなふうに；どのように **कौन-कौन-से (कौन-कौन-सी)** どれどれの；何々の भारत में साल में कौन-कौन-से मौसम होते हैं? インドでは１年にどんな季節がありますか **कौन दिन के लिए हो?** いつの日のために；何のために **कौन मुँह दिखाना** どの面さげて行く **कौन मुँह लेकर** どの面さげて；どんな顔して **कौन-सा** *a.* どんな；どれ；どの；いずれの；何の；何々の कौन-सी बात सही है? どれが正しいのか चिंता की कौन-सी बात है, हम पुरोहित फिर कौन दिन के लिए हैं? 何事が心配なのか（何も心配することはない）．そうでなければ私ども祭官は一体何のためにいるのですか ऐसा कौन-सा काम आ टपका है तुम्हारे सिर? 一体どんな用事が君に降ってきたんだね आपको कौन-सा चाहिए 何をお求めですか यह जानने की उत्सुकता भी हुई कि आखिर चमार ने ऐसा कौन-सा कृत्य किया チャマールの男が一体どんな行為をしたのか知りたくもなった अच्छे संतुलित भोजन में कौन-कौन-से पौष्टिक तत्त्व रहने चाहिए 均衡のとれた食事にはどんな栄養素が含まれていなくてはならぬか इन छः ऋतुओं में सर्वोत्तम ऋतु कौन सी है これら６つの季節のうち一番はどれか *b.* 反語的に用いられて－するものか，－するはずがないなどの意を表す मेरे रोकने से वह कौन-सी रुकी जा रही है? 私が押し止めて止まるものだろうか *c.* 反語的な用法で「なにも－ない；全く…ない」 हमारे यहाँ शहरवालों की हालत कौन-सी अच्छी है मगर गाँववालों की तो उनसे भी बदतर है わが国では都会の住民そのものの状況が何もよくないのだが農村の人たちの状況はもっと悪い कौन-सी आफ़त आ जाएगी? だからといって大したことではないではないか；だからどうしたと言うんだ एक क़दम टेढ़ा पड़ गया तो कौन-सी आफ़त आ जाएगी? 一歩踏みはずしたからといって大したことではないだろう इसमें कौन-सी बड़ी बात है? そんなことが大したことかい

कौपीन [名] (1)〔ヒ〕（四住期の梵行期／学生期及び隠遁期／遊行期の人たちが用いた）下帯 (2) 陰部；局部 (3) 恥ずべき行為 (4) 罪悪

क़ौम [名*]《A. قوم》(1) 国民 (2) 民族 अंग्रेज नामी क़ौम イギリス人という民族 (3) 人々；連中；やから（輩）；やつら（特定のグループ，集団を呼ぶのに用いる） अफ़ीम के नशे में मख़्मूर रहनेवाली क़ौम アヘンに酔いしれている連中 कितनी परवरदिगार क़ौम है, तब ही तो इतनी बड़ी दुनिया पर राज कर रहे हैं なんとすごい連中だ．だからこそ，世界中を治めているんだ क़ौमों की बुनियाद मज़हब पर नहीं होती 民族の根底は宗教にはないものだ (4) カースト है बनिया क़ौम का, पर काम करता है क़साई का カーストはバニヤーだが，することはカサーイーのすることだ

क़ौमपरस्त [形・名]《A.P. قوم پرست》(1) 愛国的な；愛国者 (2) 民族主義的な；民族主義者

कौमार [名] 幼年；幼少年期 ← कुमार.

कौमार्य [名] 処女性 उनके कौमार्य भंग होने का भय 処女性の失われる不安

क़ौमी [形]《A. قومی》(1) 民族の；民族的な क़ौमी मिज़ाज 民族性；民族気質 (2) 国民の क़ौमी किरदार 国民指導者 (3) 国の；国家の क़ौमी एकता 国の団結

क़ौमी झंडा [名]《A. H.》国旗= राष्ट्रीय ध्वज.

क़ौमी तराना [名]《A. قومی ترانہ》国歌= राष्ट्रीय गान; राष्ट्रगान. मैं क़ौमी तराना गा रहा हूँ 国歌を歌っている

क़ौमी परिंदा [名]《A.P. قومی پرنده》国鳥= राष्ट्रीय पक्षी. मोर हमारा क़ौमी परिंदा है クジャクはわが国の国鳥

क़ौमी पर्चम [名]《A.P. قومی پرچم》= क़ौमी झंडा; राष्ट्रीय ध्वज.

क़ौमीयत [名*]《A. قومیت》民族性；国民性；民族精神= राष्ट्रीयता; राष्ट्रीय चरित्र.

कौमुद [名] インド暦８月，カールティカ月（कार्तिक/कार्त्तिक）（日本の旧暦９月16日より始まるひと月）

कौमुदिका [名*] = कौमुदी.

कौमुदी [名*] (1) 月光 (2)（カールティカ月）の満月 (3) ディーワーリー祭（= दीवाली; दीपावली） (4) カールティカ月の満月の日（日本の旧暦10月15日）に行われていたカールティケーヤ神を祀る祭）

कौमुदी उत्सव [名] 古代，インド暦８月の満月に行われていたカウムディー祭= कौमुदी महोत्सव. → कौमुदी.

कौर [名] (1) 食べ物の一口分；（片手の）指先でつかんだ一口分 = गस्सा; ग्रास. उसने एक कौर भी नहीं चखा わずか一口さえ口に入れなかった (2) 碾き臼に入れる一回分の穀物 **कौर उठाना** 食べる；食事をする **कौर का मारा** 飢えている= भूखा. **कौर कौर के लिए** 食わんがために **कौर ग्रास न क॰** 口に入れない；食べない；食事をしない (-का) **कौर छीनना** （－の）分を奪い取る；（－の）分け前を奪う (-का) **कौर बनना** （－の）餌食になる

कौरव[1] [形]〔マハ〕クル（कुरु）族の；クル一族の

कौरव[2] [名]〔マハ〕クル王の子孫，カウラヴァ

कौरवपति [名]〔マハ〕クル族のドリタラーシュトラ धृतराष्ट्र 王の長子ドゥルヨーダナ दुर्योधन

कौरा[1] [名] 扉か壁につながる部分 **कौरा लगना** *a.* 扉のかげで盗み聞きする *b.* 待ち伏せする *c.* すねて１人離れたり別行動をとる = कौरे लगना

कौरा[2] [名] 人や動物に恵んだり与えたりするための食物 (-का) **कौरा खाना** （－に）養われる；食いぶちを与えられる

क

कौरी [名*] (1) 人や物を抱きかかえる際に接する胸から膝までの部分 (2) 農業労働者に現物給として与えられる稲，麦など穀物の一抱えの束 **कौरी भरना** 抱きかかえる；抱きしめる

कौरैया [名] = इंद्रजव.

कौल[1] [形] (1) 氏族の；一族の (2) 家系に関する (3) 名門の（人）；名家の（出身の人） (4) ヒンドゥー教左道（वाम मार्ग）の

कौल[2] [名] タントラ教の崇拝者；性力派の信奉者

कौल[3] [名] = कमल.

क़ौल [名]《A. قول》(1) 言葉 (2) 約束；約束の言葉；誓い；誓いの言葉；誓言 उस वक्त जल्दी आना, ना कौल भूल जाना その時は直ちに来ること，約束を忘れるな **क़ौल क॰** 約束する；誓う；誓言する **क़ौल का धनी** = कौल का पक्का. (अपने) **क़ौल का पक्का** 約束を堅く守る；約束を違えない **क़ौल का पूरा** 約束を堅く守る；約束に忠実な= कौल का सच्चा. **क़ौल तोड़ना** 約束を破る **क़ौल दे॰** 約束する；誓う **क़ौल ले॰** 約束させる **क़ौल से फिरना** 約束を破る **क़ौल हारना** 約束する；言質を与える= कौल दे॰. शाहंशाह शाहजहाँ अपना कौल हार चुके हैं シャージャハーン王はすでに言質を与えてしまっている

क़ौल-क़रार [名]《A. قول قرار》協定；協約；条約 **क़ौल क़रार क॰** 協定を結ぶ；協約を結ぶ

क़ौलनामा [名]《A.P. قول نامہ》協定書；協約書

कौला[1] [名]〔植〕ミカン科ヘソミカン= कमला[2].

कौला[2] [名] (1) 人や物を抱きかかえる際に接する胸や胸から膝までの部分 (2) 扉が壁に接する部分 **कौले सींचना** ヒンドゥーの祈祷の際出入り口のあたりに打ち水をする

कौलाचार [名] タントラ教；性力派；シャークタ

कौलीन[1] [形] 名門の；名家の；高貴な

कौलीन[2] [名] タントラ教の信徒；性力派の信奉者

कौवा [名] カラス（鳥） → कौआ.

कौवाठोडी [名*]〔植〕ガガイモ科蔓草【*Pentatropis spiralis*】

क़ौवाल [名]《A. قوال》〔イス〕カッワール／カゥワール（カッワーリーを歌う音楽家，カッワーリーの歌い手）

क़ौवाली [名*]《A. قوالی》(1)〔イス〕カッワーリー（本来，南アジア地域のイスラム教徒によって聖廟や法会などで歌われるガザルに節のついた宗教賛歌・信仰の吐露や聖者の賛美などが主題） (2) カッワーリーの節で歌われるガザル（ग़ज़ल）．グループによる諸楽器の演奏を伴う (3) カッワーリーを職業的に歌うこと

कौवी [名*] 雌のカラス

कौशल [名] (1) 技法；技術；わざ；腕前 बोलना भी एक कौशल है 話すのも一つの技術だ रिश्ते सिले-सिलाए कपड़े की तरह नहीं होते, उन्हें हमें अपने कौशल से बनाना संवारना पड़ता है 縁談は既製服のようなわけには行かぬ．自分の腕でまとめあげなくてはならぬものだ (2) 巧みさ；巧妙さ प्रकृति के अद्भुत कौशल 自然の妙技を (3) 手段；方便

कौशल्य [名] = कौशल.

कौशल्या [名*]〔ラマ〕カウシャリヤー（ダシャラタ王の妃の１人，ラーマの母）

कौशांबी 〔地名・イ史〕カウシャーンビー（今日のウッタルプラデーシュ州プラヤーグ（アラーハーバード）の近くに紀元前８～６世紀当時のヤムナー河畔に栄えたとされるヴァトサ वत्स 国の都）

कौशाम्बी [名*] = कौशांबी.

कौशिक[1] [名] (1) インドラ神 (2) ヴィシュヴァーミトラ聖仙（ヴェーダの聖仙の一人） विश्वामित्र仙

कौशिक[2] [形] 絹の；絹製の

कौशिकी [名*]〔イ神〕カウシキー（パールヴァティー神 पार्वती の体から生まれたとされる女神）

कौशीतक [名]〔イ神〕カウシータカ（ヴェーダ編纂者の１人と伝えられるバラモン）

कौशीतकी [名*] (1)〔ヒ〕リグヴェーダ伝承の一派の名 (2)〔ヒ〕カウシータキ・ウパニシャッド（初期ウパニシャッドの一）= कौषीतकी.

कौशेय[1] [形] (1) まゆ（繭）の；繭に入った (2) 絹の (3) 絹製の = रेशमी.

कौशेय[2] [名] (1) 絹布；絹織物 (2) 絹服

कौषीतकी [名*] = कौशीतकी.

क़ौस [名]《A. قوس》(1) 弓 = धनुष; कमान. (2) 綿打ち弓 (3) 弧

कौसल्या [名*] → कौशल्या.

कौसुंभ [形] (1) 紅花の (2) 紅花色の→ कुसुंभ.

कौस्तुभ [名] (1)〔イ神〕カウストゥバ（क्षीरसागर 乳海の攪拌により得られたとされる宝石）→ समुद्रमंथन. (2) 至宝 भारत के कौस्तुभ लोकमान्य तिलक का चित्र インドの至宝ロークマーニヤ・ティラクの肖像画

क्या[1] [代]（疑問代名詞）なに；何；何物；何事 क्या, कहा क्या उसने? 何だと，何と言ったんだあの男 तुम क्या चाहती हो? 汝は何を望むか मुझे क्या? कर लो ख़ूब हैरान.तुम्हीं को पाप लगेगा 僕は構わないよ，平気だよ．うんと困らせるがいいさ．君のほうが罪悪を犯すことになるんだぞ क्या देखती हूँ कि एक शानदार बाग़ है 一体何が見えると思う．とても立派な庭園なんだ तुम क्या नहीं कर सकते? 君にやってできないことがあるものか कहा भी क्या था? 言ったとしても何を言いましたか（大したことは何も言っていないでしょうが） क्या है? 何だい बोलो, क्या कहते हो? どうだ，君の考えは आज हो क्या गया है? 今日は一体全体どうしたんだね君 (-का) **क्या क॰** （－を）どうする तुमने उस इनाम के रुपये का क्या किया? その賞金をどうしたの **क्या कहना** *a.* 何とも言えぬ（ほどよい）；素敵な；素晴らしい；言うまでもない；申し分ない *b.* 話にならない；ひどい；ひどく悪い；何をかいわんや (-का) **तो कहना ही क्या** （－）については言うまでもなく；申すまでもなく = (-का) क्या कहना! और पुरुषों का कहना ही क्या? 他の人については申すまでもなく महाराज की बुद्धि का क्या कहना! 彼の頭の良さはそりゃもうすごいものだ **क्या कहिए = क्या कहें** いやはや；何と申しましょうか क्या कहिए शहर का शहर... いやはや町をあげて... **क्या का क्या** 全然別のもの；全く違ったもの **क्या कुछ** すべて；あらゆるもの；何もかも= क्या क्या कुछ. **क्या क्या** *a.* 何々；何 क्या क्या किया तुमने? 何をしたんだ *b.* 何もかも；あらゆること；一切のもの मैंने क्या क्या न किया 私はありとあらゆることをした क्या क्या मैंने नहीं झेला? 私がどれほど辛い思いをしたことか **क्या खाकर** 何のつもりで；どうして (-) **क्या जानना** （－を）全く問題にしない；全く相手にしない **क्या जाने** はっきりしない；どうだかわからない；何だかわからない；見当がつかない (-को) **क्या पड़ी है** （－には）何の関わりもない **क्या पूछना** = क्या कहना. **क्या बात है** = क्या कहना है. **क्या यह क्या वह** あれもこれも同じこと；いずれも同じこと **क्या-से-क्या बन जा॰** = क्या से क्या हो जा॰. दोनों मिलकर क्या से क्या बन गए थे? 両者が一緒になって思いもかけぬものになってしまっていた **क्या-से-क्या हो जा॰** とんでもないものになる；元のものや本来のものからすっかりかけ離れたものや違ったものになる यदि गले में काकल तनिक ठीक नहीं हो तो मनुष्य क्या से क्या हो जाता है のどひこが少しおかしいととんでもないことになる एक दिन मैं भी प्रीति की तरह थी.पर अब क्या से क्या हो गई हूँ かつては私もプリーティみたいだったけどなんという変わりようなのだろう मेरे देखते-देखते क्या-से-क्या हो गया 見る見るうちにとんでもないものになってしまった **क्या ही** とても；大変に；ものすごく；驚くべき；たとえようのない；あきれるほどの **क्या हुआ** *a.* 何事だ；何事が起こったのだ；どうしたのだ *b.* それがどうした *c.* 無理もない；なるほど；道理で

क्या[2] [代形]（疑問代名形容詞）(1) どんな；どのような；何の क्या बात है? दर्द है सिर में? どうしたの，頭が痛いのかい तू क्या क्रिकेट खेलेगा? お前がクリケットをやるんだって，一体どんなクリケットなんだ तुमने आज क्या नाश्ता किया है? 今日はどんな朝食をとったの भारत में शिक्षा की कमी का क्या मुख्य कारण है? インドの教育の欠如の主たる原因は何か नाराज़ होने की क्या बात है? हमारी तो दुकानदारी है.दाम ठीक लगे तो बेच देंगे 腹を立てるようなことではないではないか．こちらは商売なんだ．値が折り合えば売るさ क्या चीज़ 何；どんなもの तुम्हारा क्या नाम है? 君は何という名前だい संधि की क्या शर्तें थीं? 講和の条件は何だったのか कहिए, क्या आज्ञा है? 何のご用でしょうか．おっしゃって下さい（何のご命令でしょうか） युद्ध के क्या समाचार हैं? 戦争はどんな様子だ（戦況はどうなんだい） कुली की क्या ज़रूरत है? ポーターなんぞ呼ばなくっていいのに इस बाँध से क्या-क्या लाभ होंगे? このダムから何の利益が得られるだろうか **क्या-क्या** なになに（の）；何々（の） इसमें क्या-क्या चीज़ें हैं? この中に何々が入っている？ राज्यपाल के क्या-क्या कर्त्तव्य हैं? 州知事の職務は何々か पंजाब के

किसान क्या-क्या फ़सलें उगाती हैं? パンジャーブの農夫たちは何の作物を植えますか **क्या ग़म है** それがどうした；気にするな；心配するな (-) **क्या चीज़ है** *a.* (ーなんて) 取るに足らない；つまらない *b.* 素晴らしい；素敵な (-का) **क्या ठिकाना** (ーは) あてにならない；全く頼りにならない **क्या नाम** (思い出せずに；言葉につまって) ええと；あの；あのう **क्या मतलब**? どういうつもりなのだ；何が言いたいのだ **क्या मुँह और क्या मसाला**? 〔諺〕その力量のない人が大きな口をきいたり大それたことを試みたりすることを嘲って言う言葉 **क्या मुँह लेकर** どの面さげて क्या मुँह लेकर अपने देश को वापस जाऊँगा? どの面さげて国へ帰れようぞ (2) 何という；何たる क्या झूठमूठ कहती हो 何という嘘を言うのだ क्या अंधेर है! 何という無法なんだ！ क्या बढ़िया बात कही है तूने? いいことを言うじゃないか君は

क्या[3] [副] (1) それ以上に，もっと，更になどの意を加える． **क्या**-及び -**तो क्या** の形で用いられる． क्या-ーばかりか；ーばかりでなく；ーどころか；ーはおろか= - तो क्या. **क्या- क्या** = いずれも；二つとも；ーもーもなく；ーーを問わず क्या एशिया क्या यूरोप 洋の東西を問わず；アジアもヨーロッパもなく आज क्या और कल क्या 今日でなくても明日にはどうせ同じこと क्या पूर्व में क्या पश्चिम में, सर्वत्र जनता की शक्ति बढ़ी है 洋の東西を問わず至るところで民衆の力が増している सचमुच प्रीति क्या गई जैसे इस घर की रौनक ही चली गई プリーティが去ったばかりでなくこの家の光明が失せたかのようだ बरसात क्या आ गई, गाँव में नया जीवन आ गया है 雨季が訪れたと言ったところではない．村はよみがえったのだ फिर कभी दोनों की बदली एक शहर तो क्या एक ज़िले में भी न होने पाए それからは 2 人の転勤は二度と同じ町はおろか同じ県にもさせてもらえなかった वह क्या आया 来たどころではなかった एक भी ख़ुशामदी दरबार तो क्या, राज्य में भी बचा नहीं रह पाएगा 追従者は一人たりとも宮廷はおろか国中にとどまり得ないであろう एक कथा क्या, मैं तो सारा का सारा तेरा हूँ 僕は片側どころか全部が全部君のものだよ (2) 反語的な強調や強い否定の意を表す．どうして (ー) するものか वह कल यहाँ क्या आएगा? 明日ここへ来るものか，来ないよ यह क्या फ़िज़ूल की बातें हैं? これがなに無駄なことだと言うのかい मैं बिजनेस-विजनेस क्या जानूँ? 私が商売のことなど知っているはずもありますまい माँ के लिए डेढ़ वर्ष के बच्चे को सँभालना क्या हँसी-खेल होता है 母にとっては 1 歳半の子供の世話をするのは遊びごとであろうはずがない **क्या ख़ाक (है)** 全く (ー) でない；全然 (ー) しない；取るに足らないもの；つまらないもの मानें क्या ख़ाक そんなもの認めるものか **क्या ख़ाक** 一体全体何なのか मनोविनोद क्या ख़ाक होता! 娯楽って一体全体何のことだい **क्या ख़ूब** *a.* 素敵な；素晴らしい；すごい；でかした；美事だ *b.* 驚いた；あきれた；なんということだ；けしからん (ことだ)

क्या[4] [終助] 文末に用いられて疑問文を作る．文頭にも用いられるが，曖昧さを避けるため文中の位置ではあまり用いられない क्या वह अकेली जाएगी? 一人で行くのだろうか क्या बाज़ार यहाँ से दूर है? 市場はここから遠いですか क्या तू मुझे पहचानता है? わしがだれだかわかるかい कल तुम आओगे क्या? 明日来るかい क्या कोई नहीं आता? だれも来ませんか तुम लोग साथ चले थे क्या? 君たちは一緒に行ったのかい आप को क्या भूख नहीं लगी? ひもじくありませんか वे कुछ कह रहे थे क्या? あの方は何かおっしゃっていたかい **क्या नंगी नहाएगी, और क्या निचोड़ेगी**? 〔諺〕赤貧のありさま **क्या पानी मथने से भी घी निकलता है**? 〔諺〕吝嗇を皮肉ったり無駄な行為を皮肉ったりする言葉

क्या[5] [副助] (1) 接続した語に限定しないことを表す यह तो छात्र क्या, अध्यापक भी नहीं जानते これは生徒たちどころか教師たちさえも知らないことなんだ (2) 文中で用いられた場合強い否定を表す反語的な用法になる और मैं क्या छोड़ दूँगा? それでおれがお前を赦すというのかい (赦すものか) कल वह क्या आएगी あの人が明日来るものですか

क्यारी [名*] = किआरी. (1) 苗床 (2) 花壇 पूरा चमन छोटी क्यारियों में बाँट दिया गया है 庭全体がとても小さな花壇に分けられている स्कूल के आँगन में फूलों की सुंदर क्यारियाँ थीं 学校の構内に美しい花壇があった (3) うね (畝) (4) あぜ (畦)

क्यूँ [副] なぜ；どうして；どうしたわけで= क्यों. आप सब लोग क्यूँ हँस रहे हैं? みなさんはなぜ笑っているのですか

क्यू[1] [名] 《E. cue》(1) キュー (玉突きの) (2) 〔演・映〕合図；キュー

क्यू[2] [名⁻] 《E. queue》乗客などの人の列；行列；順番待ちの人の列 **क्यू में खड़ा हो॰** 一列に並ぶ；列に並ぶ= क़तार में खड़ा हो॰; लाइन में खड़ा हो॰. जिसे सुबह से ही शौचालय की क्यू में लगना पड़ता है 朝から便所の順番待ちをしなければならない人 **क्यू लगना** 人の列ができる= ताँता लगना. 313 नंबर के बस अड्डे पर ख़ास लंबा क्यू लगा हुआ था 313 番ルートのバス停には相当長い人の列ができていた

क्यूबा 〔国名〕《E. Cuba》キューバ (共和国)

क्यूबिक [形] 《E. cubic》(1) 立方体の；正六面体の= घन; घनीय; घनाकार. (2) 立方の क्यूबिक इंच 立方インチ= घन इंच. क्यूबिक सेंटीमीटर 立方センチメートル 〈cubic centimetre〉= घन सेंटीमीटर. क्यूबिक मीटर 立方メートル 〈cubic metre〉= घन मीटर. क्यूबिक फ़ुट/क्यूबिक फ़ीट 立方フィート 〈cubic foot; cubic feet〉

क्यूबिज़्म [名] 《E. cubism》〔芸〕立体派；キュービズム= घनचित्रण शैली.

क्यूराइल द्वीप समूह [名] 《← E. Kurile Islands》千島列島= चिशीमा द्वीप समूह.

क्यूरी [名] 《E. curie》〔物理〕放射能単位，キュリー

क्यूरोशियो-धारा [名*] 《← E. The Kuroshio Current》黒潮

क्यूलेक्स मच्छर [名] 《← E. culex fly》〔昆〕アカイエカなどのイエカ

क्यूशू द्वीप 〔地名〕九州

क्यूसेक्स [形] 《E. cusec(s) ← cubic foot per second》毎秒 1 立方フィートの 94 हज़ार क्यूसेक्स पानी 毎秒 9 万 4000 立方フィートの水

क्यों[1] [副] なぜ；どうして；どういうわけで；どういう理由で；どんな目的で；何のために कोयल सब को क्यों अच्छी लगती है? (オニ) カッコウが皆に好かれるのはなぜ अशोक ने कलिंग पर क्यों चढ़ाई की? アショーカ王がカリンガ国をなぜ攻撃したのか क्यों कुफ़्र बकता है? なぜ道にはずれたこと (外道の言葉) をわめくのだ **कितना ही- क्यों न हो॰** たとえどれほど (ー) であろうとも；たとえいかほど (ー) であろうとも आहार कितना ही संतुलित क्यों न हो, उसमें विभिन्न लवणों और प्रोटीनों की मात्रा भले ही ऊँची हो 食事がどれほどバランスがとれていようとも，様々なミネラルや蛋白質の分量がたとえ多かろうとも **कैसा ही - क्यों न हो॰** たとえどのような (ー) であろうとも उनके विलाप को देखकर कैसा ही पत्थर क्यों न होता, पसीजे बिना न रहता あの方の悲嘆のさまを見るならば如何なる冷酷な人も心の痛まぬことはない **क्यों न** *a.* 誘いかけや同意を求める気持ちを相手に伝える क्यों न पिकनिक के लिए चलें ピクニックに行こうよ उसने सोचा कि लक्ष्मण समेत क्यों न जनकपुर चला जाए? ラクシュマンともどもジャナクプルに行ってみてはどうだろうかと考えた क्यों न पेड़ पर चढ़कर यह ख़ूबसूरत नज़ारा देखा जाए? 木に登ってこの美しい景色を見てみようよ क्यों न टी हाउस में एक प्याला चाय पी ली जाए? 喫茶店でいっぱいお茶を飲んでみようよ *b.* ぜひしてみよう क्यों न अपने प्रिय अभिनेता से ही मिला जाए 好きな俳優と会わないでおくことはないわ **क्यों न हो** *a.* もちろんそうだ；なぜそうでないのか；そうだとも；当然な；当たり前な *b.* 立派なものだ；すごい **क्यों नहीं** あたりまえ；当然；(そうに) 決まっている；きっと；必ず；もちろん

क्यों[2] [感] (1) 対等，もしくは，目下の相手に対して気楽に呼びかける質問文の文頭に用いる．おい，ねえ，ねえどうした，もしもしなど क्यों क्या हुआ सुंदर? おいスンダルどうしたんだい क्यों गोपाल यह बात है न? ねえゴーパール，こういうことよね क्यों भाई, मैंने क्या किया? ねえ君，僕が何をしたと言うんだい क्यों, तुम्हें क्या कष्ट है? ねえ，何を困っているのだい क्यों बच्चो! तुम भी तंदुरुस्त और सेहतमंद रहना चाहते हो ねえ，君たちも健康でいたいだろう क्यों जनाब, आपकी दुकान पर बनियान है? 「もしもし，こちらにはランニングシャツを置いていらっしゃいますか」 जी हाँ, जी हाँ.क्यों नहीं, क्यों नहीं, यहाँ तो बनियान-ही-बनियान हैं, पधारिए 「はいはい，ありますともありますとも，ランニングの山です．どうぞいらっしゃい，どうぞ」 क्यों, जवाब क्यों नहीं देती? なぜ返事をしないんだい (2) ね (念をおす) **क्यों जी** 呼びかけの言葉．あのう，ねえ，ねえあなた (妻→夫) など क्यों जी, खाने के लिए और लोग भी हैं ねえあなた，他にも食べる人はいますのに

क

क्यों[3] [副助] なんて एक ही बेटा क्यों है बीबी जी, तीन तीन बेटे हैं और तीन-तीन बेटियाँ 奥さん，一人息子だなんてとんでもない．息子３人に，娘３人なんですよ．

क्योंकर [副] どうして；どんなふうに；どういうふうに；なぜに शैख अहमद ऐसे सिजदे पर क्योंकर राजी हो सकते थे? シャイフ・アフマドがこのような礼拝にどうして同意することができたろうか

क्योंकि [接] 原因や理由を述べる文節を導く接続詞．なぜなら；というのは；(一) であるから；(一) なので आप नहीं चल सकते, क्योंकि आप समझते हैं कि आप नहीं चल सकते あなたは自分は歩けないと思っていらっしゃるから歩けないんですよ कुआँ देखकर उसे बड़ी ख़ुशी हुई, क्योंकि प्यास के कारण उसका गला सूख रहा था 喉が乾いてからからになってきていたので井戸を見つけるととても嬉しくなった बंबई कपड़ा उद्योग का केंद्र है क्योंकि यहाँ पर इसके उत्पादन संबंधी सभी सुविधाएँ उपलब्ध हैं ボンベイが繊維産業の中心地なのはここにはその生産に関わる一切の便宜が得られるからである क्योंकि उसने कहा था あの人が言ったから मैंने उससे कहा नहीं, क्योंकि माँ ने मना किया था 母が禁じたのであの人には告げなかった

क्रंदन [名] (1) 嘆き悲しむこと；悲嘆；悲歎；嘆き泣くこと；泣き叫ぶこと；慟哭 (2) 雄叫び；挑戦の言葉

क्रकच [名] のこ（鋸）＝ आरा; करवत.

क्रकच पत्र [名]〔植〕クマツヅラ科高木チーク＝ सागौन.

क्रकचपाद [名] (1)〔動〕カメレオン＝ गिरगिट. (2)〔動〕ヤモリ＝ छिपकली.

क्रकर [名] (1) 鋸 (2)〔鳥〕ヤマウズラの一種 (3)〔動〕カニ

क्रतु [名]〔ヒ〕ヤジュニャ（ヴェーダの儀式）；供犠；供犠祭

क्रतुपति [名] 祭主

क्रतुपशु [名]〔ヒ〕ヤジュニャ यज्ञの際生け贄にされる動物；供犠に供される獣；馬

क्रतुभुक् [名]〔ヒ〕ヤジュニャの際神前に供えられるもの

क्रम [名] (1) 歩；歩調 (2) 歩むこと；歩み (3) 順序；次第；順番 (4) 手順；段取り (5) 攻撃の構え (6) 過程；進行；段階 इसी क्रम में थकान का मारा वह मर ही गया この過程で疲れ果てて男は死んでしまった यह क्रम कई सालों तक चला この過程は数年間続いた **क्रम क्रम करके** *a.* 徐々に；次第に *b.* 順番に＝ क्रम क्रम से. **क्रम बदलना** 順序を変える；後回しにする **क्रम से** 順番に ＝ क्रमशः; नंबरवार.

क्रमण [名] (1) 歩むこと；進むこと；前進；進歩 (2) 移動 (3) 越えること

क्रमतः [副] (1) 順に；順番に (2) 徐々に；ゆっくり；次第に

क्रमपरिवर्तन [名] 転位；置き換え

क्रमबद्ध [形] 順番になっている；順序立っている；秩序立っている

क्रमभंग [名] 順序の乱れること；混乱；狂い

क्रमशः [副] (1) 順に；順番に；順々に (2) 徐々に इन्हें क्रमशः विवृत अक्षर और संवृत अक्षर भी कह सकते हैं これらを順に開音節；閉音節とも呼ぶことができます

क्रमसंख्या [名*] 通し番号；番号；一連番号

क्रमसूचक [形] (1) 順序を示す (2) 序数の

क्रमसूचक संख्यावाचक [名]〔言〕序数詞 〈ordinal numeral〉

क्रमांक [名] 番号＝ क्रमसंख्या.

क्रमागत [形] (1) 順番通りの；順序通りの (2) 伝統的な；慣習的な＝ परंपरागत. (3) 継続する

क्रमात् [副] ＝ क्रमानुसार.

क्रमानुकूल [副] 順番に；順序通りに；段階的に＝ क्रमशः; क्रमानुसार.

क्रमानुसार [副] ＝ क्रमानुकूल.

क्रमिक [形] (1) 順番の (2) 階段的な हथियारों का क्रमिक विकास 武器の段階的な発展 (3) 連続的な (4) 徐々に生じる

क्रमिकता [名*] ←क्रमिक.

क्रमित [形] 段階的な；順序のある

क्रमेल [名] ＝ क्रमेलक. 〔動〕ラクダ（駱駝）＝ ऊँट; उष्ट्र; शुतुर.

क्रय [名] 購入；買い入れ＝ ख़रीद. बैल, कृषियंत्र आदि का क्रय 役牛や農機具などの購入

क्रय-विक्रय [名] 売買；売り買い＝ ख़रीद-फ़रोख़्त. क्रय-विक्रय की प्रक्रिया 売買の手続き；売買の過程

क्रयशक्ति [名*] 購買力 जनता की क्रयशक्ति 大衆の購買力

क्रयिक [形・名] (1) 商う人；売り手 (2) 買う（人）；購買する（人）；購入者＝ ख़रीदार; ख़रीददार.

क्रयी [形・名] (1) 買う；購入する (2) 買い手；購買者；購入者

क्रव्य [名] (1) 肉；生肉 (2) 腐った肉；腐肉

क्रव्याद[1] [形] (1) 肉食する (2) 腐肉や死肉を食う

क्रव्याद[2] [名] 火葬の火

क्रस्टेशिआ [名]《E. crustacea》〔動〕甲殻類

क्रांत [形] (1) またがれた；渡られた (2) 越えられた；先を越された (3) 抑えられた；圧倒された；抑圧された (4) 襲われた；攻められた

क्रांतदर्शी [名] (1) 全知の神 (2) 最高神

क्रांति [名*] (1) またぐこと；渡ること (2) 越えること；乗り越えること (3) 革命；政治革命 (4) 大革命；変革 (5)〔天〕黄道 **औद्योगिक क्रांति** 産業革命 **कंप्यूटर क्रांति** コンピューター革命 **हरित क्रांति** 緑の革命 **सांस्कृतिक क्रांति**（中国の）文化大革命

क्रांतिकारी[1] [形] 変革を起こす；革命的な；革命の；大変革の क्रांतिकारी दल का निर्माण 革命党の建設

क्रांतिकारी[2] [名] 革命家 बंगाल में क्रांतिकारियों का दल भी तैयार हो रहा था ベンガルには革命家の集団も形成されつつあった

क्रांतिमंडल [名]〔天〕黄道 ＝ क्रांतिवृत्त.

क्राउन [名]《E. crown》(1) 王冠；冠＝ राजमुकुट; मुकुट. (2) 王 (3) クラウン紙

क्राउन कालोनी [名]《E. Crown colony》（英国王）直轄植民地

क्राउन प्रिंस [名]《E. Crown Prince》皇太子 ＝ युवराज.

क्रॉकरी [名*]《E. crockery》（食器類のうち特に茶器などの）陶器；陶磁器；陶磁器類；瀬戸物＝ चीनी के बर्तन.

क्रॉनिक [形]《E. chronic》〔医〕慢性の＝ चिरकाली; दीर्घकाली.

क्रॉप [名]《E. crop》〔動〕（鳥の）そ嚢；餌袋

क्राफ़्ट [名]《E. craft》〔教〕工作；手工；技術＝ शिल्प.

क्राफ़्ट काग़ज़ [名] クラフトペーパー 〈craft paper〉

क्रॉल [名]《E. crawl》〔ス〕(1) クロール泳法 (2) クロール競技

क्रॉस [名]《E. cross》(1)〔キ〕十字架＝ क्रूस. वह अपना क्रॉस ढो रही है 十字架を背負っている (2) ×印

क्रॉसओवर [名]《E. crossover》(1) 立体交差路；歩道橋；跨道橋 (2)（鉄道の）渡り橋；渡り線

क्रॉसकंट्री दौड़ [名*]《← E. crosscountry race》〔ス〕クロスカントリーレース

क्रॉस चेक [名]《E. crossed cheque》横線小切手

क्रॉसटॉक [名*]《E. crosstalk》〔通信〕混線

क्रॉसवर्ड पज़्ल [名]《E. crossword puzzle》クロスワードパズル＝ शब्द-पहेली.

क्रॉस वोटिंग [名]《E. crossvoting》交差投票 ＝ विपक्ष के साथ मत दे॰.

क्रॉस स्टीच [名]《E. cross stitch》〔手芸〕クロスステッチ

क्रॉसिंग [名]《E. crossing》(1) 交差点 (2) 踏切 (3) 横断歩道

क्रिओल [名*]《E. Creole》〔言〕クリオール語；クレオール語

क्रिओलीकरण [名]《← E.Creole》〔言〕クレオール化 〈creolization〉

क्रिकेट [名]《E. cricket》〔ス〕クリケット क्रिकेट खेल クリケット競技 क्रिकेट खेल के अच्छे खिलाड़ी クリケットの優秀な選手たち

क्रिकेट टैस्ट [名]《E. cricket test》〔ス〕cricket test match クリケット国際試合の略

क्रिकेट मैच [名]《E. cricket match》クリケットマッチ क्रिकेट मैच हो रहा था クリケットの試合の最中だった

क्रिकेटर [名]《E. cricketer》クリケット競技者

क्रिमिनल [形]《E. criminal》(1) 刑事上の；犯罪の＝ फ़ौजदारी का; अपराधमूलक; दंडनीय. (2) 犯罪的な＝ आपराधिक.

क्रिमिनल केस [名]《E. criminal case》刑事事件＝ फ़ौजदारी का मुक़दमा.

क्रिमिनल कोर्ट [名]《E. criminal court》刑事裁判所＝ दंडन्यायालय; फ़ौजदारी अदालत.

क्रियमाण [形] (1) 進行中の (2) 活動的な；活発な

क्रिया [名*] (1) 働き；作用 भोजन एंजाइमों की क्रिया से ही पचता है 食物は酵素の働きで初めて消化される क्रिया और प्रतिक्रिया 作用と反作用 (2) 作法；方式；決まり；手順 अनुष्ठान की क्रियाएँ 祭式の作法 (3) 作業 बीजों के बिखराव की क्रिया 種を播く作業 (4) 機能 (5) 儀式 दाह क्रिया 火葬；荼毘 (6)〔言〕動詞 संयुक्त क्रिया 複合動詞

क्रियाकरण [名]〔言〕動詞化 〈verbilization〉

क्रियाकर्म [名] 葬式；葬儀＝ अंत्येष्टि कर्म; किरियाकरम.

क्रिया-कलाप [名] (1) 活動 (2) 行為；行動 भगवान हर आदमी के जीवन के क्रिया-कलापों का चिट्ठा देखते हैं 神はすべての人の一生の行動の記録をごらんになる (3) 技術；技巧；テクニック
क्रियात्मक [形] (1) 活動的な (2) 機能的な (3) 〔言〕動詞の
क्रियाधातु [名*] 〔言〕動詞語根 〈verbal root〉
क्रियाधार [名] 根底；土台；根柢
क्रियानिष्ठ [形] (1) 規則正しい；規律正しい (2) 忠実な
क्रियान्वयन [名] 実施；実現；実行 पाँच दिन के कार्यसप्ताह का क्रियान्वयन बहुत जल्दी में हुआ है 週 5 日制の実施は大変早かった राष्ट्रीय शैक्षिक योजना के क्रियान्वयन एवं शैक्षिक उद्देश्यों की पूर्ति के लिए 国民教育計画の実現と教育目標の達成のため
क्रियान्वित [形] 実施された；実現された；実行された इसके बाद यदि यह क्रियान्वित किया जाता तो अधिक अच्छा रहता もしもこの後これが実施されたらなお一層よかったのだが क्रियान्वित क。 実施する；実現する；実行する
क्रियापटु [形] 上手な；巧みな；堪能な
क्रियापद [名] 〔言〕動詞
क्रियापद्धति [名*] 方法論
क्रियारूप [名] 〔言〕動詞活用 〈conjugation〉 क्रियारूप बताना 動詞活用する；動詞の活用形を述べなさい 〈conjugate〉
क्रियार्थक [形] 〔言〕動詞の；動詞から出た 〈verbal〉
क्रियार्थक संज्ञा [名*] 〔言〕動名詞 〈verbal noun〉
क्रियावाचक [形] 〔言〕動詞の
क्रियाविधि [名*] (1) メカニズム；仕組み；機構 (2) 手続き；手順；方法；手法；テクニック (3) 方法論
क्रिया विशेषण [名] 〔言〕副詞 〈adverb〉 क्रियाविशेषण उपवाक्य 副詞句
क्रियाशील [形] 活動的な；活発な
क्रियाशीलता [名*] 働き；活動 यकृत-स्थित सामान्य कोशिकाओं की क्रियाशीलता धीमी हो जाती है 肝臓の通常細胞の活動が鈍くなる
क्रिश्चन [名] 《E. Christian》 キリスト教徒
क्रिसमस [名] 《E. Chrismas》 クリスマス；キリスト降誕祭= बड़ा दिन; एक्समस; क्रिसमस का त्यौहार.
क्रिस्टल [名] 《E. crystal》 (1) 水晶；クリスタル (2) 結晶；結晶体 नमक के बारीक क्रिस्टल 塩の微小な結晶 (3) 検波用鉱石；鉱石検波器
क्रिस्टल कांच [名] クリスタルガラス 〈crystal glass〉
क्रिस्टल घड़ी [名*] 《E. H.》 水晶時計 〈crystal clock〉
क्रिस्टल डायोड [名] 《E. crystal diode》 半導体；ダイオード
क्रिस्टल संसूचक [名] 《E.crystal + H.》 鉱石検波器 〈crystal detector〉
क्रिस्टलीकरण [名] 《E. crystal + H. -ईकरण》 結晶（すること）；結晶化 〈crystallization〉
क्रिस्टलीय [形] 《← E. crystal + H. -ईय》 (1) 結晶の；結晶のような (2) 結晶構造の 〈crystalline〉
क्रिस्टलीय लेन्स [名] 《H. + E. lens》 〔解〕水晶体 〈crystalline lens〉
क्रिस्टलीय संरचना [名*] 〔化〕結晶構造 〈crystalline structure〉
क्रिस्तान [名] 《Por. Christão》 クリスチャン；キリシタン；キリスト教徒
क्रिस्तानी [形] ← क्रिस्तान. (1) キリスト教徒の (2) クリスチャンの；キリスト教徒の
क्रिस्मस [名] 〔キ〕 《E. Christmas》 クリスマス；キリスト降誕祭= एक्समस.
क्रिस्मस ईव [名] 《E. Christmas Eve》 〔キ〕クリスマスイブ
क्रिस्मस केक [名] 《E. Christmas cake》 クリスマスケーキ
क्रीज [名*] 《E. crease; creases》 (1) 折り目；たたみ目 पैंट की क्रीज ズボンの折り目 यहाँ बैठने से पैंट की क्रीज ख़राब हो जाती है ここに座るとズボンの折り目がくずれる (2) 〔ス〕クリケットで投手や打者の限界線
क्रीड [名] (1) 遊び (2) たわむれ
क्रीडक [形] (1) 遊ぶ；遊びをする (2) 運動をする；競技をする
क्रीडन [名] (1) 遊び；遊戯 (2) 遊び道具；遊具；玩具
क्रीड़ा [名*] (1) 遊び；遊戯；戯れ क्रीड़ा क。 遊ぶ (2) 競技
क्रीड़ाकानन [名] 宮殿や大邸宅などの周囲や敷地内に設けられた庭園
क्रीड़ा नारी [名*] 遊び女；遊女；うかれめ
क्रीड़ा भवन [名] (1) 遊戯場 (2) 競技場
क्रीड़ारत [形] 遊びに熱中した；遊戯に没頭した
क्रीड़ावन [名] = क्रीड़ा कानन.
क्रीड़ा स्थल [名] (1) 運動場；競技場 (2) 遊戯の場所
क्रीत[1] [形] 購入された；買い入れられた= ख़रीद लिया गया; मोल लिया गया.
क्रीत[2] [名] (1) 買われた子= क्रीतक. (2) 買われた人；買われた奴隷
क्रीतक [名] 〔ヒ〕クリータカ（古代インドの養子の分類の一で実の親から息子として買い取られた子. マヌ法典 9 - 174）
क्रीतदास [名] 買われた奴隷
क्रीम [名*] 《E. cream》 (1) （牛乳の）クリーム (2) クリーム菓子 (3) 化粧用クリーム डाक्टरों की सिफ़ारिश वाली मुहासों की क्रीम 医者の勧めるにきび用のクリーム (4) クリーム色 आँखें नीली और रंग क्रीम है （猫の）目は青く毛の色はクリーム色
क्रीमी [形] 《E. creamy》 (1) クリーム状の (2) クリーム色の
क्रुद्ध [形] (1) 怒った；立腹した；怒っている；憤りを感じている (2) 無情な；非常な；残忍な
क्रूज मिसाइल [名] 《E. cruise missile》 〔軍〕巡航ミサイル
क्रूजर [名] 《E. cruiser》 〔軍〕巡洋艦
क्रूर [形] (1) 残忍な；残虐な；残酷な (2) 無慈悲な；情け容赦のない (3) 強烈な；激しい；強烈な；猛烈な उसकी आवाज़ में रुखाई थी और क्रूर कामोत्तेजना 彼の声には刺々しさがあり強烈に欲情を刺激するものがあった
क्रूरता [名*] ←क्रूर. (1) 残忍さ；残虐性；残虐；残酷さ；残虐行為 मनुष्यों के साथ इतनी क्रूरता का व्यवहार 人間に対してこれほど残酷な行為 (2) 無慈悲さ；無慈悲な振る舞い (3) 激しさ；猛烈さ
क्रूरतापूर्ण [形] 甚だ残酷な；残忍きわまりない उन दिनों बेंत की सज़ा देने का ढंग बहुत ही क्रूरतापूर्ण था 当時鞭打ち刑のやり方は甚だ残酷であった
क्रूस [名] 《Por. cruz》 (1) 十字；十字形；十字記号 (2) 〔キ〕十字架；クルス= सलीब.
क्रेकर [名] 《E. cracker》 クラッカー
क्रेच [名] 《E. crèche》 託児所；保育所 रात्रिकालीन क्रेच 夜間託児所
क्रेडिट [名] 《E. credit》 (1) 信用= साख. (2) 称賛；名声；賞揚 काम का क्रेडिट किसे मिलेगा, और किसे नहीं मिलेगा 仕事でだれがほめられほめられないのはだれか
क्रेडिट कार्ड [名] 《E. credit card》 クレジットカード
क्रेता [名] 買い手；購入者= ख़रीदार; ख़रीदनेवाला; मोल लेनेवाला.
क्रेन [名] 《E. crane》 (1) 起重機；クレーン (2) レッカー車 पार्किंग पर खड़ी कारों को क्रेन से उठाना 駐車場の車をレッカー車で移動させる
क्रेप [名] 《E. crepe; crêpe》 ちりめん；クレープ
क्रेप सिल्क [名] 《E. crêpe silk》 ちりめん；クレープ
क्रेयोल [名*] 《E. Creole》 〔言〕クリオール語；クレオール語= क्रिओल.
क्रेश [名] 《E. crèche》 保育所→ क्रेच.
क्रैडल [名] 《E. cradle》 (1) 揺りかご (2) （電話機の）受け台
क्रोकरी [名*] 《E. crockery》 瀬戸物；陶磁器類
क्रोटन [名] 《E. croton》 〔植〕タカトウダイ科ハズ【*Croton tiglium*】= जमालगोटा.
क्रोड [名] (1) 人を抱きかかえる際に接する部分．胸から膝までの部分．胸，懐，膝などのように個別的に表現してもよい शैशव का सुख जननी के क्रोड से ही प्रारंभ होता है 幼児期の喜びは母親の胸から始まる= गोद. (2) 中心部 (3) 木のうろ
क्रोडपत्र [名] （書物や新聞・雑誌の）付録
क्रोध [名] (1) 怒り；立腹；忿怒；瞋恚 (2) （古典インド文学の詩論のラサ；すなわち；情調の一である憤激ラサの基となる感情）忿怒 **क्रोध आ。** 腹が立つ；しゃくにさわる **क्रोध क。** 怒る；腹を立てる；立腹する उसने बहुत क्रोध किया 男はひどく立腹した **क्रोध चढ़ना** 腹が立つ；怒りがこみあげる बोझ से लदे, थके हारे ऋषियों को क्रोध चढ़ा 荷をいっぱい背負いくたくたに疲れたリシたちには怒りがこみあげた **क्रोध पचा ले。** 怒りを隠す **क्रोध पानी हो。** 怒りが消えてなくなる **क्रोध पी जा。** 怒りを抑える；怒りをこらえる **क्रोध मारना** = क्रोध पी जा。. **क्रोध में अंधा हो。** 怒り狂う **क्रोध में आहुति डालना** 怒りをかきたてる **क्रोध में भरा हो。** 激しく怒る (-का) **क्रोध भाजन बनना** （－の）怒りにふれる；怒りの対象となる

क्रोधभवन [名] = कोपभवन.
क्रोधमय [形] 怒りに満ちた
क्रोधवश [副] 怒りに駆られて；怒りのあまり
क्रोधित [形] 腹を立てた；怒った；立腹した= क्रुद्ध. क्रोधित इनसान 怒った人
क्रोधिनी [形*] 気が短い；短気な；怒りっぽい= गुस्सैल. मेरी आई परम क्रोधिनी थीं, साथ ही परम भोली 祖母はひどく短気であると共にとても純真だった
क्रोधी [形] 気が短い；短気な；怒りっぽい
क्रोनिक [形] 《E. chronic》〔医〕慢性の；慢性的な
क्रोनिक ब्रोंकाइटिस [名] 《E. chronic bronchitis》〔医〕慢性気管支炎
क्रोनोमीटर [名] 《E. chronometer》クロノメーター
क्रोबार [名] 《E. crow bar》かなてこ；バール
क्रोम [名] 《E. chrome; crome》クロム；クローム
क्रोम अयस्क [名] 《← E. chrome ore》〔鉱〕クロム鉱石
क्रोम इस्पात [名] 《← E. chrome steel》クロム鋼
क्रोम-चर्म [名] 《E.H.》クロム革 〈chrome leather〉
क्रोम चर्म संस्करण [名] クロムなめし 〈chrome tannage〉
क्रोम निकल [名] 《E. chrome nickel》クロムニッケル
क्रोम पीत [名] 《E.H.》クロム黄 〈chrome yellow〉
क्रोम फिटकरी [名*] 《E.H.》クロムミョウバン 〈chrome alum〉
क्रोम रक्त [名] 《E.H.》クロム赤 〈chrome red〉
क्रोम लोह अयस्क [名] 《E.H.》〔鉱〕クロム鉄鉱石 〈chrome iron ore〉
क्रोम हरित [名] 《E.H.》クロム緑 〈chrome green〉
क्रोमियम [名] 《E. chromium》〔鉱・化〕クロム= राग धातु.
क्रोमेटिन [名] 《E. chromatin》〔生〕クロマチン；染色質
क्रोमेटोग्राफ़ी [名*] 《E. chromatography》〔化〕クロマトグラフィー；色層分析
क्रोमैग्नन [名] 《E. Cro-Magnon》クロマニヨン人（化石人類）
क्रोमोसोम [名] 《E. chromosome》〔生〕染色体 एक्स क्रोमोसोम X 染色体 वाई क्रोमोसोम Y 染色体 क्रोमोसोम जीवाणु दो प्रकार के होते हैं (1) 'एक्स' क्रोमोसोम और (2) 'वाई' क्रोमोसोम 性染色体には 2 種がある (1)X 染色体及び (2)Y 染色体
क्रोश [名] (1) クローシャ（約 2 マイルに相当する距離の単位）= कोस. (2) 叫び；叫喚
क्रोशन [名] 叫び；叫び声
क्रोशस्तंभ [名] 1 クローシャごとに建造敷設された石の里程標；一里塚
क्रोशिया[1] [名] 《E. crochet》〔手芸〕(1) クローシェ編み；かぎ針編み क्रोशिये का एक छोटा सा मेज़पोश クローシェの小さなテーブルクロス (2) かぎ針；鉤針
क्रोशिया[2] 〔国名〕《E. Croatia》クロアチア
क्रोशिये [名] 《E. crochet》〔手芸〕かぎ針編み= क्रोशिया.
क्रोशिये हुक [名] 《E. crochet hook》〔手芸〕かぎ針（鉤針）
क्रोष्टा [名]〔動〕ジャッカル= स्यार; सियार; शृगाल.
क्रोष्टु [名] = क्रोष्टुक; क्रोष्टा.
क्रौंच [名] (1)〔鳥〕ツル科クロヅル= कुलंग. (2)〔鳥〕ツル科アネハヅル【*Anthropoides virgo*】= खर क्रौंच.
क्लच [名] 《E. clutch》クラッチ= क्लच पैडल.
क्लब [名] 《E. club》(1)（いろいろな会員資格を基に結成される）クラブ（会） (2) クラブ室；クラブの会館；クラブの建物
क्लम [名] 疲労；疲れ= थकावट; श्रांति.
क्लमथ [名] (1) 努力= परिश्रम; मेहनत. (2) 疲労= थकावट; थकान.
क्लर्क [名] 《E. clerk》(1) 事務員；社員；行員 दफ़्तर में काम करनेवाली एक क्लर्क 事務所で働いている一事務員 (2) 書記；事務官；吏員 = लिपिक. (3) 係員；係
क्लर्की [名*] 《← E. clerk》事務（事務官，事務員，社員などの事務の仕事）；事務職 वह बंबई के एक सरकारी कार्यालय में क्लर्की करता था ボンベイ（ムンバイ）のある官庁の事務官をしていた 48 रुपए की क्लर्की （月給）48 ルピーの事務職
क्लांत [形] くたくたの；疲れた；疲労した；疲れはてた；元気のない इस यात्रा ने इतना क्लांत कर दिया कि हुलिया बिगड़ गया この旅行で体調がすっかりくずれるほどにくたびれた क्लांत मुख 疲れた顔；元気のない顔
क्लांति [名*] 疲労；困憊
क्लाइटेलम [名] 《E. clitellum》〔動〕環帯（ミミズなどの）
क्लाउन [名] 《E. clown》道化役；ピエロ
क्लॉक [名] 《E. clock》時計 टेबल क्लॉक 置時計
क्लॉक टावर [名] 《E. clock tower》時計台= घंटा घर.
क्लारनेट [名] 《E. clarinet》クラリネット= क्लारिनेट.
क्लारेट [名] 《E. claret》クラレット（赤ブドウ酒の一）
क्लास [名] 《E. class》(1) クラス；学級；組 दूसरे दिन सारा क्लास जान जाता あくる日にはクラス中に知れわたる क्लास टीचर 学級担任教師 (2) 授業；授業時間 क्लास में सबक पढ़ते हुए 授業中に (3) 教室= क्लास रूम. (4) 学年 बड़े क्लासों की लड़कियाँ 上の学年の女の子たち (5) 階段 (6) 種類；部類 (7) 等級；等 आप किस क्लास में आये? 何等（の車）でいらっしゃいましたか
क्लासफ़ेलो [名] 《E. classfellow》同級生；級友；同期生；クラスメート मेरी क्लासफ़ेलो थी बिलकीस ビルキースという同級生がいた
क्लासिकी [形] 《← E. classic》古典の；クラシックの；クラシックな= क्लासिकी; शास्त्रीय; श्रेण्य; वरेण्य. क्लासिकी साहित्य クラシックの（古典文学） क्लासिकी संगीत クラシック音楽 क्लासिकी चीनी साहित्य 漢文
क्लिक [名] 《E. click》(1)〔言〕舌打音；吸着音 (2) かちっという音 (3) かちっという音を立てること (4)（コンピューターの）クリック；クリックすること
क्लिनिंग पाउडर [名] 《E. cleaning powder》洗剤
क्लिनिक [名] 《E. clinic》診療所；クリニック निजी क्लिनिक 医院；私設の診療所；個人経営の病院= प्राइवेट क्लिनिक.
क्लिन्न [形] 濡れた；湿った= आर्द्र; तर; गीला.
क्लिप [名⁻] 《E. clip》(1) 紙挟み；クリップ (2) 髪留め；クリップ；ヘアピン बालों को लगानेवाले दो हरे क्लिप 髪につける 2 本の緑色のクリップ (3) 洗濯挟み
क्लियर [副] 《E. clear》はっきりと；すっきりと；十分に वह क्लियर पास हो जाएगा 試験にすっきりと合格するだろう
क्लिष्ट [形] (1) 難解な；わかりにくい क्लिष्ट भाषा 難解な言葉 (2) 苦しんでいる；悩んでいる；苦悩している (3) 無理な；つじつまの合わない；こじつけた
क्लिष्ट कल्पना [名*] こじつけ；牽強附会
क्लिष्ट कल्पित [形] こじつけの；牽強附会の
क्लिष्टता [名*] ←क्लिष्ट. = क्लिष्टत्व.
क्लीनजर [名] 《E. cleanser》クレンザー；清浄剤
क्लीनजिंग क्रीम [名*] 《E. cleansing cream》クレンジングクリーム
क्लीनजिंग मिल्क [名] 《E. cleansing milk》乳液
क्लीनर [名] 《E. cleaner》清掃係
क्लीनिक [名] 《E. clinic》クリニック；診療所= क्लिनिक. छोटे-से क्लीनिक में जाकर 小さな診療所に行って
क्लीव [形] (1) 性的に不能の；性交不能の (2) 臆病な；小心な；怯懦な (3) 去勢された
क्लीवत्व [名] ←क्लीव. (1) 不能；性的不能；性交不能 (2) 臆病；小心；怯懦 (3) 去勢
क्लेद [名] (1) 湿り；湿気；湿潤 (2) 汗 (3) 膿 (4) 苦痛；痛み
क्लेदन [名] (1) 湿らせること；濡らすこと (2) 発汗させること
क्लेश [名] 苦悩；心痛；苦渋
क्लेशकर [形] 苦しませる；悩ませる；苦悩させる
क्लेशित [形] 苦悩している；心痛の；苦悩している
क्लेशी [形] = क्लेशकर.
क्लै-पीजन शूटिंग [名] 《E. clay pigeon shooting》〔ス〕クレー射撃
क्लैव्य [名] (1)〔医〕不能；性的不能= नपुंसकता; हिजड़ापन. (2) 去勢= जनदनाशन.
क्लोक [名] 《E. cloak》マント
क्लोकरूम [名] 《E. cloakroom》携帯品預かり所；クロークルーム
क्लोज़्ड सर्किट [名] 《E. closed circuit》(1) 閉回路；クローズド・サーキット (2) クローズド・サーキット；有線テレビ= क्लोज़्ड सर्किट टी॰वी॰.
क्लोज़्ड सर्किट टेलीविज़न [名] 《E. closed circuit television》有線テレビ क्लोज़्ड सर्किट टेलीविज़न लगा हुआ था 有線テレビがついていた
क्लोन [名] 《E. clone》〔生〕クローン；分枝系
क्लोम [名] えら（鰓）= गिल. 〈gill〉

क्लोम छिद्र [名]〔動〕鰓穴；鰓裂
क्लोरल [名]《E. chloral》(1)〔化〕クロラール (2)〔化〕抱水クロラール（麻酔剤）〈chloral hydrate〉
क्लोरल हाइड्रेट [名]《E. chloral hydrate》〔化〕抱水クロラール（麻酔剤）
क्लोराइड [名]《E. chloride》(1)〔化〕塩化物 चूने का क्लोराइड さらし粉；漂白剤 (2)〔化〕塩化化合物
क्लोरिन [名]《E. chlorine》〔化〕塩素= क्लोरीन.
क्लोरिन गैस [名*]《E. chlorine gas》塩素ガス
क्लोरीन [名]《E. chlorine》〔化〕塩素→ क्लोरिन.
क्लोरेला [名]《E. chlorella》〔植〕クロレラ जापान, नार्वे जैसे देशों में क्लोरेला आदि शैवाल की बाकायदा खेती होती है 日本とかノルウェーなどの国々ではクロレラなどの藻類が本格的に栽培されている
क्लोरोप्लास्ट [名]《E. chloroplast》〔植〕葉緑体
क्लोरोफ़ार्म [名]《E. chloroform》〔化・薬〕クロロフォルム क्लोरोफ़ार्म दे॰ クロロフォルムをかがせる= क्लोरोफ़ार्म सुँघाना.
क्लोरोफ़िल [名]《E. chlorophyl》〔生化〕葉緑素；クロロフィル
क्लोरोमाइसेटिन [名]《E. Chloromycetin》〔商標・薬〕クロロマイセチン
क्वंगु [名] = कँगनी.
क्वचित्[1] [副] 滅多に；まれに；たまさかに= बहुत कम.
क्वचित्[2] [形] まれな；稀な；稀有な
क्वथ [名] 煎じ出し；煎じ薬
क्वथन [名] (1) 沸騰 (2) 煎じ出し；煎じ出すこと क्वथन क॰ 沸騰させる；煎じ出す
क्वथनांक [名] 沸騰点〈boiling point〉
क्वथित [形] (1) 沸騰させた (2) 煎じられた；煎じ出された
क्वांटम [名]《E. quantum》〔物理〕量子 क्वांटम यांत्रिकी 量子力学〈quantum mechanics〉 क्वांटम सिद्धांत 量子論〈quantum theory〉
क्वाँरा [形+] 未婚の क्वाँरी लड़की 乙女；処女
क्वाथ [名] (1) 煎じ出すこと (2) 煎じ出し；煎じ薬
क्वारंटाइन [名]《E.quarantine》= संगरोध. (1) 検疫 (2) 検疫所 (3) 検疫期間
क्वार[1] [名] クワール月（インド暦の7月）；アーシュヴィン月= कुआर; आश्विन.
क्वार[2] [形・名] = क्वारा.
क्वारपन [名] 独身；未婚= क्वारापन. क्वारपन उतारना 結婚する；童貞を失う **क्वारपन उतरना** （男子が）結婚する= विवाह हो॰.
क्वारा [形+・名] 未婚の（男性）；独身の（男性）= कुँवारा; क्वाँरा; कुआरा. → क्वारी.
क्वारापन [名] = क्वारपन.
क्वारी [形*・名*] 未婚の（女性）；処女；乙女= कुँआरी; कुआरी; क्वाँरी; कुमारी; कन्या.
क्वार्टर [名]《E. quarter/quarters》= क्वार्टर्स. (1) 職員，従業員，公務員などに提供される住居；官舎；社宅；宿舎 रहने के लिए क्वार्टर भी देते हैं （使用人のための）宿舎も提供する सरकारी क्वार्टर 官舎 (2) 市街地の区画；街区 (3)〔軍〕宿営；軍の宿舎= छावनी; डेरा. (4) 4分の1；四半分 (5) クォーター（重量単位= 28 ポンド） (6) 穀物計量の乾量の単位 (=8 ブッシェル) (7) 距離の単位 (4分の1マイル)
क्वार्टर फ़ाइनल [名]《E. quarter final》〔ス〕準々決勝
क्वार्टर मास्टर [名]《E. quartermaster》(1)〔軍〕兵站部付き将校；補給係将校 (2)〔軍〕操舵手；操舵員
क्वार्ट्ज़ [名]《E. quartz》〔鉱〕クォーツ；石英
क्वार्ट्ज़ क्लॉक [名]《E. quartz clock》水晶時計；クォーツ時計
क्वालिटी [名*]《E. quality》品質；質= गुण; गुणता. उत्तम क्वालिटी 上質；上等な品質 घटिया क्वालिटी का अनाज 質の悪い穀物 क्वालिटी नियंत्रण 品質管理
क्वालीफ़ाई [名*]《E. qualify》資格を獲得すること；試合などに出場する資格を得ること；予選通過 स्टीपलचेज प्रतियोगिता में दीनाराम क्वालीफ़ाई नहीं कर सके ディーナーラームはハードル予選失格 दिल्ली वि॰वि॰की टीम अखिल भारतीय अंतर विश्वविद्यालय महिला बैडमिंटन के फ़ाइनल के लिए क्वालीफ़ाई कर गई デリー大チームは全インドインターカレッジ女子バドミントンの決勝に進出
क्विंटल [名]《E. quintal》(1) キンタル（100kg） (2) キンタル（112 ポンド）（英） (3) キンタル（100 ポンド）（米）
क्विंस [名]《E. quince》(1)〔植〕バラ科高木マルメロ；カリン (2) マルメロの実
क्विक मार्च [名・感]《E. quick march》速歩行進（号令）
क्विज़ [名]《E. quiz》クイズ
क्विनाइन [名*]《E. quinine》キニーネ；キニン= कुनैन.
क्विल [名]《E. quill》羽根ペン
क्वीन [名*]《E. queen》クイーン；女王= महारानी.
क्वेश्चन [名]《E. question》〔教〕試験問題
क्वेश्चन पेपर [名]《E. question paper》〔教〕試験問題紙= प्रश्न-पत्र.
क्वेश्चन मार्क [名]《E. question mark》疑問符= प्रश्नचिह्न.
क्षंतव्य [形] 赦免されるべき；許されるべき；許すべき= क्षम्य. ↔ अक्षम्य 許せない
क्षंता [形] 人の過失を許す= क्षमा करने वाला.
क्ष [名] (1) デーヴァナーガリー文字の क् と ष との結合文字 (2) 破滅；破壊
क्षण [名] (1) 瞬間；刹那；瞬時 (2) 機会 (3) 暇 उसी क्षण そのとたん；即刻 क्षण भर के लिए 一瞬の間；一瞬
क्षणचित्र [名] 写真のこま
क्षणजीवी [形] はかない；つかの間の
क्षणभंग[1] [名] (1)〔仏〕念不住 (2) この世
क्षणभंग[2] [形] はかない；つかの間の
क्षणभंगुर [形] (1) はかない；もろい；あてにならない क्षणभंगुर संसार はかないこの世 (2) 滅する；滅びる शेष सब क्षणभंगुर हैं あとの残りはみなはかないものさ
क्षणमात्र [名・副] 一瞬；一瞬間
क्षणवाद [名] 刹那主義
क्षणवादी [形] 刹那的な；刹那主義的な
क्षणस्थायी [形] = क्षणजीवी.
क्षणात् [副] (1) 直ちに；すぐに；即座に (2) 一瞬；一瞬間；さっと
क्षणिक [形] (1) 一瞬の；瞬時の；瞬間的な (2) はかない= क्षणभंगुर.
क्षणिकता [名*] はかなさ←क्षणिक.
क्षणिकवाद [名]〔仏〕刹那論
क्षणिकवादी [名]〔仏〕刹那論者
क्षणिका [名*] 雷光；稲妻
क्षत[1] [形] (1) 害を受けた；打撃を受けた (2) 傷をした；負傷した；傷ついた；けがをした= घायल. (3)（物の）きず（疵）がついた；傷んだ
क्षत[2] [名] 傷；けが（怪我）= घाव; चोट.
क्षतज [名] (1) 血；血液= रक्त; ख़ून. (2) 膿= मवाद; पीब.
क्षतयोनि [形*] 処女でなくなった；非処女の
क्षत-विक्षत [形] (1) 傷だらけの बच्चे का कोमल नग्न शरीर क्षत-विक्षत अवस्था में था 子供のいたいけな裸体は傷だらけになっていた (2) 深い傷を負った；重傷の
क्षति [名*] (1) 傷み；損傷；損壊；破損 इस विधि से सुखाए गए फल पदार्थों में पोषक तत्त्वों की क्षति नहीं होती है この方法で乾燥させた果実の栄養分の損壊は生じない (2) 害；危害；被害；ダメージ जान माल की क्षति 生命財産の危害や損傷 रचना के मूल भाव को क्षति 作品の原義にダメージ (3) 負傷；けが；傷 (4) 損害；損失；赤字 (5) 汚点；しみ；よごれ；不名誉 **क्षति उठाना** 損害を被る；打撃を受ける जयपुर और अन्य स्थानों के गरीब नागरिकों को भारी क्षति उठानी पड़ रही है ジャイプルその他の地域の貧しい市民は大きな損害を被る羽目になっている **क्षति पहुँचना** 損害を受ける；被害を蒙る **क्षति पहुँचाना** 損害を与える
क्षतिग्रस्त [形] (1) 傷んだ；損傷した；破壊された；破損した क्षतिग्रस्त विमान 破損した飛行機 चार बोगियाँ बुरी तरह क्षतिग्रस्त हो गईं 4両がひどく損害を受けた（破損した） (2) 被害を蒙った；危害を受けた；被災した भारी वर्षा और भू-स्खलन से 20 गाँव क्षतिग्रस्त हुए हैं 20か村が大雨と地滑りで被害を受けた (3) 負傷した；けがをした क्षतिग्रस्त अंग 負傷した器官や肢体 (4) 損害を受けた；損失の生じた；損傷した (5) 汚点のついた；不名誉な
क्षतिपूरण [名] 補償；賠償（金）〈indemnification〉
क्षतिपूर्ति [名*] (1) 弁償；賠償；償い अपने छोटेपन की घुटन की क्षतिपूर्ति एक अन्य वस्तु से भी हुई 子供時分の胸苦しさの償いはもう

一つ他のものでもなされた (2)（損害）賠償金= हरजाने का पैसा; मुआवज़ा. क्षतिपूर्ति क॰ 償う；賠償する；弁償する
क्षतिमूल्य［名］損害賠償額
क्षत्र［名］(1) 支配 (2) 権力 (3) クシャトリヤ (4) 領地；支配地
क्षत्रकर्म［名］クシャトリヤの本分や本務；クシャトリヤとしてあるべき姿
क्षत्रधर्म［名］(1)〔ヒ〕クシャトリヤの本務・本分 (2) 勇猛
क्षत्रधर्मा[1]［名］武人；軍人；つわもの
क्षत्रधर्मा[2]［形］クシャトリヤの本分に忠実な；クシャトリヤの本分を守る
क्षत्रप［名］(1) 王；支配者 (2)〔史〕サトラップ (3) 太守 यूनानी गवर्नर (क्षत्रप) ギリシア人太守（クシャトラパ；サトラップ）
क्षत्रपति［名］王；支配者
क्षत्रबंधु［名］(1) クシャトリヤ (2) クシャトリヤの務めを果たさぬ者；堕落したクシャトリヤ
क्षत्रविद्या［名*］クシャトリヤの武術；弓術
क्षत्रवेद［名］= क्षत्रविद्या.
क्षत्राणी［名*］(1) クシャトリヤの女性= क्षत्रिया; क्षत्रिय की स्त्री. (2) 勇猛な女性
क्षत्रिय［名］(1) クシャトリヤ (2) クシャトリヤの男子
क्षत्रिया［名*］クシャトリヤの女性= क्षत्राणी.
क्षत्री［名］= क्षत्रिय.
क्षपण［名］ジャイナ教もしくは仏教の托鉢僧；乞食僧；比丘；ビクシュ
क्षपणक［名］(1) ジャイナ教の裸行者= दिगंबर यती. (2) 仏教の乞食僧；比丘= बौद्ध भिक्षु.
क्षपणिक［名］船頭；漕ぎ手
क्षपणी［名*］(1) 櫓；櫂 (2) 漁網
क्षपांत［名］朝；早朝；早暁
क्षपा［名*］(1) 夜= रात. (2) ウコン= हलदी.
क्षपाकर［名］月 = चंद्रमा.
क्षपानाथ［名］月 = चंद्रमा.
क्षपापति［名］月 = चंद्रमा.
क्षम[1]［形］(1) よく耐える；忍耐強い (2) 力のある；力量のある；能力のある
क्षम[2]［名］(1) 力= शक्ति; बल. (2) 能力；力量 योग्यता
क्षमणीय［形］許せる；容赦できる；赦しうる
क्षमता［名*］(1) 力；能力 आयु बीतने के साथ-साथ स्त्री-पुरुष में संतान उत्पन्न करने की क्षमता भी कम होती जाती है 齢をとるにつれ男女とも生殖能力が衰えていく मारक क्षमता 攻撃力（飛行機の） पदार्थों को घोलने की क्षमता 物質を溶かす力 पानी सोखने की क्षमता 吸水力 रोग से लड़ने की क्षमता 病気に対する抵抗力 कार्य करने की क्षमता ही ऊर्जा है 仕事をする力がエネルギーに他ならない (2) 能力；力量 योग से बढ़ती है सैनिकों की क्षमता ヨーガで兵士の能力が増す किसी व्यक्ति की क्षमता 人の能力 शारीरिक कष्ट सहने की अपूर्व क्षमता थी 肉体的な苦痛に耐える比類のない能力を持っていた
क्षमताशील［形］力のある；力量のある；能力のある= क्षमतावाला; समर्थ.
क्षमा［名*］(1) 容赦；寛容；堪忍；勘弁；寛大な処置や取り計らい；大目に見ること (2) 許し；赦免；赦し (3) 大地 = पृथ्वी. (-को) क्षमा क॰ *a.* 容赦する；堪忍する；勘弁する；寛大に取り計らう；大目に見る *b.* 許す；赦免する उसने अपनी बहन को क्षमा कर दिया 妹を許してやった (-) क्षमा कराना 容赦を乞う；許しを願う；赦免を願う वह कौन दिन होगा कि वह उनके चरणों पर सिर रखकर अपना अपराध क्षमा कराएगा あの人が足下にひれ伏し許しを乞うのはいつの日だろうか क्षमा माँगना *a.* 容赦を願う *b.* 許しを乞う；赦免を願う उन्होंने उनसे क्षमा माँगकर उपदेश देने का अनुरोध किया 許しを乞うて教えを垂れて下さるように頼んだ क्षमा हो 恐れながら；失礼ながら= गुस्ताख़ी माफ़ हो.
क्षमातल［名］地表；地面= पृथ्वीतल.
क्षमादान［名］恩赦 क्षमादान एक प्रकार से राज्याध्यक्ष द्वारा दिया गया दया का दान है 恩赦とはいわば支配者から憐れみを贈られることである
क्षमा-प्रार्थना［名*］謝ること भूल के लिए क्षमा-प्रार्थना करने की सुधि भी उन्हें नहीं रही 過ちを謝ることすら気がつかなかった
क्षमा-प्रार्थी［形］赦しを乞う；容赦を願う；謝る；詫びる
क्षमा-याचना［名*］謝ること；謝罪；陳謝；寛恕を請うこと उसकी आँखें क्षमा-याचना कर रही हैं あの人の目が謝っている
क्षमार्थी［形］= क्षमा-प्रार्थी.
क्षमावती［形*］→ क्षमावान्.
क्षमावान्［形］(1) 寛大な；寛容な；心の広い (2) 忍耐強い；我慢強い
क्षमाशील［形］寛大な；寛容な；心の広い
क्षम्य［形］(1) 赦すべき（許すべき）；許されるべき क्या जीवन भर इस घर के व्यक्तियों की सेवा करने से भी मेरा एक दोष क्षम्य नहीं हो सकता? 一生涯この家の人たちに仕えても私の落ち度は許されないのだろうか (2) 赦免に値する
क्षयंकर［形］衰えさせる；滅ぼす；破滅をもたらす；終滅させる = नाशक; क्षयकारी.
क्षय［名］(1) 衰微；衰退；衰弱 (2) 衰滅；滅亡；破滅 (3) 終末 (4) 結核
क्षयकाल［名］この世の終わりの時；劫末の時= प्रलयकाल.
क्षयपक्ष［名］月が満月から晦日に向かう半月；黒半月；黒分= कृष्ण पक्ष.
क्षयरोग［名］〔医〕結核；肺病；労咳= तपेदिक; यक्ष्मा रोग.
क्षयरोगी［形・名］結核に罹った；結核患者
क्षयवती［形*］→ क्षयवान्.
क्षयवान्［形］衰微しつつある；衰退しつつある；衰えつつある
क्षयवायु［名*］〔イ神・ヒ〕劫末に吹き一切の破滅をもたらすとされる風= प्रलय काल की वायु.
क्षयिनी［形*］→ क्षयी[1].
क्षयी[1]［形］(1) 衰微中の；衰微に向かう；衰退中の (2) 滅亡に向かっている (3) 結核に罹っている
क्षयी[2]［名］月= चंद्रमा.
क्षयी[3]［名*］〔医〕結核= यक्ष्मा; क्षय रोग; राजयक्ष्मा.
क्षर[1]［形］(1) 流れ出している；洩れ出している (2) はかない；長持ちしない
क्षर[2]［名］(1) 水= जल; पानी. (2) 雲= मेघ. (3) 身体= शरीर.
क्षरण［名］(1) 流出；浸出；洩れ出ること (2) 衰弱；衰退
क्षरित［形］流れ出た；滴り落ちた；浸出した；洩れ出た
क्षांत［形］(1) 寛大な；寛容な= क्षमाशील. (2) 我慢強い；忍耐強い= सहनशील.
क्षांति［名*］(1) 許すこと；堪忍；勘弁；赦し；赦免 (2) 忍耐= सहिष्णुता; सहनशीलता.
क्षात्र[1]［形］クシャトリヤの；クシャトリヤに関わる
क्षात्र[2]［名］クシャトリヤであること；クシャトリヤの魂；クシャトリヤ精神；クシャトリヤ道；クシャトリヤの本分= क्षत्रिधर्म.
क्षात्र-तेज［名］クシャトリヤの威厳 आपका सहज क्षात्र-तेज मलिन क्यों पड़ रहा है 生来のクシャトリヤの威厳が陰ってきているのはどういうわけでしょうか
क्षात्र-धर्म［名］クシャトリヤの本分；クシャトリヤの務め
क्षाम［形］(1) 衰えた；やせた；やせ衰えた；衰弱した (2) 弱い；無力な
क्षामा［名*］大地= पृथ्वी; धरती.
क्षार[1]［名］(1)〔化〕アルカリ क्षार से अप्रभावित रहने के कारण アルカリに影響されないので (2) アルカリ化合物 (3) 硝石 (4) 硼砂 (5) 塩
क्षार[2]［形］(1) 腐食性の (2) 塩分を含む；塩気のある
क्षारक[1]［形］(1) 腐食性の (2) 苛性の (3) 焼灼性の
क्षारक[2]［名］〔化〕塩基 〈base〉
क्षारकता［名*］←क्षारक. アルカリ性；塩基性；塩基度 〈basicity〉
क्षारक विलयन［名］塩基性溶液
क्षारता［名*］〔化〕アルカリ性；アルカリ度 〈alkalinity〉
क्षारमिति［名*］〔化〕アルカリ度測定 〈alkalimetry〉
क्षारमृत्तिका［名*］塩分のある土地
क्षारयुक्त［形］〔化〕アルカリ性の क्षारयुक्त रासायनिक पदार्थ アルカリ性物質
क्षार सेल［名］《H.+ E. cell》アルカリ電池 〈alkali cell〉
क्षारीय［形］アルカリ性の 〈alkaline〉 जब कोशिका रस क्षारीय हो तो 細胞液がアルカリ性であれば
क्षारीय अभिक्रिया［名*］〔化〕アルカリ反応 〈alkaline reaction〉
क्षारोद［名］(1) 海 (2) 塩水湖 (3) アルカロイド

क्षालन [名] (1) 洗濯；洗うこと＝ धोना. (2) 洗浄＝ साफ़ क॰.
क्षालित [形] (1) 洗濯された；洗われた＝ धुला. (2) 洗浄された＝ साफ़ किया हुआ.
क्षिति[1] [名*] (1) 大地；地球＝ पृथ्वी. (2) 住所；居所＝ वासस्थान.
क्षिति[2] [名*] 破滅；滅亡
क्षितिज [名] (1) 地平；地平線 इससे एक ओर उनका सामाजिक व मानसिक क्षितिज विस्तृत हुआ है これより一方では同氏の社会的・心理的地平が広がった पूर्वी क्षितिज में दिखाई दे॰ 東の地平線に見える हिंदी गद्य को व्यापक क्षितिज प्रदान करने का श्रेय ヒンディーの散文に広い地平を与えた功績 (2) 境界 (3) 火星 (4) 樹木
क्षितितनय [名] 火星 ＝ मंगलग्रह.
क्षितितल [名] 地面；地表 ＝ पृथ्वीतल; धरातल.
क्षितिदेव [名] ブラーフマン；バラモン＝ ब्राह्मण.
क्षितिप [名] 王；支配者＝ राजा; भूपति.
क्षितिपति [名] 王；支配者
क्षिप[1] [形] 放つ；投げる
क्षिप[2] [名] 投げること
क्षिपक [形] 放つ（もの）；投げる（もの）
क्षिपण [名] (1) 放つこと (2) 投げること (3) 誹謗；非難
क्षिपणि [名*] (1) 櫂；櫓 (2) 飛び道具 (3) 網
क्षिपणी [名*] 鞭打ち
क्षिप्त [形] (1) 投じられた；投げられた (2) 撒かれた；撒布された (3) 送られた；発送された
क्षिप्र[1] [副] (1) 急に；急速に (2) 即時に；即刻
क्षिप्र[2] [形] (1) 速い；急速な (2) 落ち着きのない
क्षिप्रकर [形] 上手な；上達した；熟練した；達者な
क्षिप्रकारी [形] 敏速な；敏捷な
क्षिप्रता [名*] 速度；スピード
क्षीण [形] (1) 衰えた；弱まった；衰弱した；なえた सोचने की शक्ति और उत्साह अब क्षीण हो गया है और मस्तिष्क थक चला है もはや思考力や気力が衰えてしまっている क्षीण होनेवाला रोग 体が衰弱する病気 (2) 衰退した；減退した；薄らいだ सातवाहनों की शक्ति क्षीण हो गई サータヴァーハナの勢力が衰えてしまった स्मृति भी क्षीण हो गई 記憶も薄らいでいった (3) かすかな；弱々しい；力のない क्षीण स्वर （遠いので）かすかに聞こえる声
क्षीणकंठ [形] (1) のどの渇いた；のどが涸れた (2) 声の弱い；弱々しい声の
क्षीणकाय [形] やせ衰えた；衰弱した；体力の衰えた क्षीणकाय वृद्धा やせ衰えた老婆
क्षीणता [名*] ←क्षीण.
क्षीब [形] (1) 飲酒した (2) 酔った；酩酊した
क्षीयमान [形] (1) 衰弱しつつある (2) 衰退しつつある；衰微しつつある (3) 衰滅しつつある
क्षीर [名] (1) 牛乳 (2) 植物の乳液；乳状の樹液 (3) 〔料〕牛乳に米と砂糖を入れて煮た乳粥＝ खीर.
क्षीरनिधि [名] (1) 海 (2) 乳海 ＝ क्षीरसागर.
क्षीरसागर [名] 〔イ神〕乳海；すなわち；クシーラサーガラ क्षीरसागर（神話上の７つの海の一である．神々はこの乳海を攪拌してアムリタを求めた） → अमृत.
क्षीव [形] ＝ क्षीब.
क्षुण्ण [形] (1) 踏みつぶされた (2) 砕かれた；粉砕された
क्षुत् [名*] ひもじさ；飢え；飢餓＝ भूख; क्षुधा.
क्षुद [名] (1) 粉＝ चूर्ण. (2) 小麦粉など穀物の粉＝ आटा.
क्षुद्र [形] (1) 小さい；小さな；小型の (2) けちな；物惜しみの強い (3) 低級な；下級の；劣った क्षुद्र लेख 小論；拙論 हमारी क्षुद्र बुद्धि में 愚考するところ (4) 卑しい；卑屈な；卑小な मैं शिकायतों को दुर्बलता का प्रमाण समझता हूँ, या ठकुरसुहाती की क्षुद्र चेष्टा 私は陰口をきくのは弱さの証明と考える．すなわち；それは追従の卑しい試みなのだ
क्षुद्रग्रह [名] 〔天〕小惑星；小遊星 〈planetoid〉
क्षुद्रता [名*] ←क्षुद्र.
क्षुद्रप्रकृति [形] いやしい；あさましい；卑賤な
क्षुद्रबुद्धि [形] (1) 浅はかな知恵の；知性の足らない (2) 愚かな
क्षुद्रांत [名] 〔解〕小腸 〈small intestine〉
क्षुद्रा [名*] (1) 遊女；女郎 (2) 竹籠 (3) 甘松 ＝ जटामांसी. (4) ミツバチ（蜜蜂）
क्षुद्रात्मा [形] 卑しい；あさましい
क्षुद्राशय [形] 卑賤な ＝ कमीना.
क्षुधा [名*] (1) ひもじさ；空腹；飢え；飢餓 (2) 激しい要求；強い要望
क्षुधातुर [形] ひもじい；ひもじさに苦しむ；飢えに苦しむ
क्षुधालु [形] いつも腹をすかせている
क्षुधा-शांति [名*] 飢えを癒すこと；空腹を癒すこと क्षुधा-शांति के लिए 飢えを癒すために
क्षुप [名] 〔植〕低木；灌木 ＝ क्षुपक. 〈shrub〉
क्षुब्ध [形] (1) いやな感じの；不快な सहकर्मी विद्वानों के रवैये से बहुत क्षुब्ध हो गया 同僚の学者たちの振る舞いに甚だ不快になった (2) 怒った；腹立たしい (3) 動揺した；あわてた；落ち着かない (4) 怯えた；恐れた
क्षुर [名] (1) かみそり＝ उस्तरा. (2) ひづめ（蹄）
क्षुरधार [形] 刃の鋭い；鋭利な
क्षुरिका [名*] 小刀；ナイフ；短刀
क्षुरी [名] 理髪師；床屋 ＝ नाई; हज्जाम.
क्षुल्ल [形] (1) 小さな；短小な＝ छोटा. (2) 少量の；わずかの＝ थोड़ा.
क्षेत्र [名] (1) 畑 ＝ खेत. (2) 平地 (3) 地域 **ग्रामीण क्षेत्र** 農村地域 (4) 領域；分野 अध्ययन क्षेत्र 研究領域；研究分野 यह क्षेत्र है विज्ञान का これは科学の領域です (5) 勢力範囲 पक्षी अपने-अपने क्षेत्र बना लेते हैं 鳥はそれぞれ自分の縄張りを作る (6) 面 जनता के आर्थिक क्षेत्र में 民衆の経済面で राजनीति के क्षेत्र में 政治面で (7) 部門；セクター सार्वजनिक क्षेत्र 公企業部門；パブリックセクター (8) 地帯；ゾーン (9) 戦場
क्षेत्रकार्य [名] フィールドワーク；実地踏査 〈field work〉
क्षेत्रज [名] 〔ヒ〕クシェートラジャ（ニヨーガによって世継ぎのない未亡人または不能の夫の妻が夫の弟などとの間に世継ぎを得るためにもうけた子．マヌ法典 9 - 167） → नियोग.
क्षेत्रज्ञ[1] [名] (1) 霊魂 (2) 最高我 (3) 農夫
क्षेत्रज्ञ[2] [形] (1) 知識を持つ (2) 賢明な
क्षेत्रपति [名] (1) 土地の所有者 (2) 農夫＝ खेतिहर. (3) 個我 ＝ जीवात्मा. (4) 大我 ＝ परमात्मा.
क्षेत्रपाल [名] (1) 畑の番人 (2) 畑を守る人 (3) シヴァ神
क्षेत्रफल [名] 面積 ＝ रकबा.
क्षेत्रभूमि [名*] 耕地；耕作地
क्षेत्ररक्षक [名] 〔ス〕ゴールキーパー
क्षेत्ररक्षण [名] 守備（スポーツ） ऑस्ट्रेलियाई टीम का क्षेत्ररक्षण काफ़ी खराब था オーストラリアチームの守備はかなりひどかった
क्षेत्रवाद [名] 地域優先主義（自分の所属する地域の利益を最優先させる考え方） 〈regionalism〉
क्षेत्राधिकार [名] 管轄権；裁判権；司法権
क्षेत्रिक [形] ＝ क्षेत्रिय; क्षेत्रीय.
क्षेत्रीय [形] (1) 畑の (2) 地方の (3) 地域の क्षेत्रीय पार्टियाँ 地方政党 (4) 領域の क्षेत्रीय जलक्षेत्र 領海
क्षेत्रीयता [名*] ←क्षेत्रीय. 地域優先主義（全体のよりもより一層小さい地域の利益を優先させる考え方や行動；偏狭な郷土愛）
क्षेप [名] (1) 投げること；投じること＝ फेंकना. (2) 過ごすこと ＝ बिताना. (3) 打撃 ＝ घात; ठोकर.
क्षेपक [形] (1) 投げる (2) 滅ぼす；滅する
क्षेपण [名] (1) 投げること；投じること (2) 過ごすこと
क्षेम [名] (1) 安泰；無事；息災 (2) 安全 (3) 保護 (4) 幸福；安寧
क्षेमेंद्र 〔人名・文芸〕クシェーメーンドラ（11 世紀カシミール地方でのサンスクリットによる教訓詩・譬喩文学作品を遺した文学者）
क्षैतिज [形] ← क्षितिज. (1) 地平線上の；水平線上の (2) 地平の；水平面の；平面の (3) 水平な
क्षैतिज रेखा [名*] 地平線；水平線
क्षैतिज्य [名] 水平
क्षैतिज्य गत्यात्मकता [名*] 〔社〕水平移動 〈horizontal mobility〉
क्षोणिप [名] 王；統治者；支配者
क्षोणीपति [名] 王；国王；支配者
क्षोद [名] (1) 粉；粉末 ＝ चूर्ण; बुकनी. (2) 粉砕；粉末にすること ＝ पीसना. (3) 水 ＝ जल; पानी.
क्षोदित[1] [名] 粉；粉末 ＝ चूर्ण.

क्षोदित[2] [形] 粉砕された；粉にされた = पीसा हुआ.
क्षोभ [名] (1) 動揺；震動 (2) 憤り；忿懣；腹立たしさ；怒り विदेशियों के विरुद्ध क्षोभ 外国人に対する憤り अंग्रेज़ों की सरकार के खिलाफ़ जो घृणा और क्षोभ संचित था イギリス政府に対してたまっていた憎しみや忿懣 (3) フラストレーション；欲求不満
क्षोभ मंडल [名]〔気象〕対流圏〈troposphere〉
क्षोभित [形] = क्षुब्ध.
क्षौणि [名*] 大地= क्षौणी; पृथ्वी.
क्षौणी [名*] 大地 = पृथ्वी.
क्षौत्र [名] 砥石= सान.
क्षौद्र [名] ←क्षुद्र. (1) 小さいこと= क्षुद्रता. (2) 卑小なこと；卑賤なこと (3) 水= जल; पानी. (4) はちみつ（蜂蜜）= मधु.
क्षौद्रक [名] 蜂蜜= मधु; शहद.
क्षौम[1] [形] 亜麻や麻などの繊維でこしらえた
क्षौम[2] [名] (1) 麻布；亜麻布 (2) 衣服 (3) 絹服
क्षौर [名] (1) 頭を剃ること；剃髪 (2) 調髪= हजामत.
क्षौरिक [名] 理髪師；床屋 = नाई; हज्जाम.
क्ष्मा [名*] (1) 大地= पृथिवी; धरती. (2) 1の数
क्ष्वेड[1] [名] (1) 音 (2) はっきりしない音 (3) 毒 (4) 耳鳴り
क्ष्वेड[2] [形] (1) 狡猾な；ひねくれた (2) 卑しい；下品な
क्ष्वेडा [名*] (1) 獅子吼= सिंहगर्जन. (2) 鬨の声= ललकार. (3) 竹 = बाँस.

ख

खं [名] (1) 虚空 (2) 天；空 (3) 穴 (4) 零 (5) 天界；天国 (6) 幸福
खंकर [名] 髪の房= अलक; बालों की लट.
खंख [形] (1) 空っぽの；うつろな= खाली. (2) 荒れ果てた= उजाड़; वीरान. (3) さびれた；人気のない (4) 貧しい= दरिद्र.
खंखड़ [形] (1) 乾いた；乾ききった；かちかちに乾いた；ひからびた (2) しおれた；枯れた；しなびた
खंखणा [名*] 小さな鐘や鈴などの発する音
खंखार [名] = खखार.
खँखारना[1] [自] = खखारना. (1) のどにひっかかったり詰まったものを息で払う (2) 咳払いをする (3) 目下の人やある距離を保つべき関係の人に自分の接近することを予告するために咳払いする उसने खँखारा भी कि वे मुझे देख लें あの人たちが私のほうを見るように咳払いもした
खँखारना[2] [他] つばやたんなど喉につまったものを払う；咳払いする माँ गला खँखारते हुए किवाड़ की ओर चली गई 母は咳払いをしながら戸口のほうへ行った
खंग [名] (1) 刀= तलवार. (2)〔動〕サイ（犀）= गैंडा.
खंगड़ [名・形] = खंगर[1,2].
खंगनखार [名]《H.+ P.خار》〔植〕アカザ科低木【*Haloxylon recurvum; H. multiflorum*】（これを焼却した残りの灰が炭酸ナトリウムの原料となる）
खंगर[1] [名] (1) 焼成過程で焼け過ぎた煉瓦；できそこないの煉瓦 (2) 金属の不純物；ドロス **खंगर लग जा॰** *a.* かちかちになる；かちかちに焼く *b.* がりがりにやせる
खंगर[2] [形] (1) 乾いた；乾燥した；かちかちに乾いた (2) やせ細った；がりがりにやせた
खंगलीला [名*] 刀での戦い；斬り合い
खँगवा [名] = खाँग. (1) イノシシ（猪）の牙 (2) サイ（犀）の角
खँगहा[1] [形+] (1) サイのように鼻の上や額の上に角（のようなもの）が突き出ている (2) イノシシの牙（牙）のようなものが出ている (3) 蹴爪のある
खँगहा[2] [名] (1)〔動〕サイ；犀 (2)〔動〕イノシシ；猪 (3) ニワトリ；鶏
खँगारना [他] = खँगालना.
खँगालना [他] (1) 濯ぐ；ざっと洗う；すすぎ洗いをする उन्हें धोते समय गरम पानी में अच्छी तरह खंगाले それを洗う際には湯でよく濯ぐこと (2) から（空）にする；さらう（攫う）；さらえる (3) 調べ上げる；残らず調べる；徹底的に調べる **खँगाल डालना** *a.* 調べ上げる；詳しく調べる उसका सारा ननिहाल-दादीहाल खँगाल डाला गया कि पता तो चले कि यह बच्चा किसपर गया है 父方，母方，両方の血筋が調べ上げられた．いったいこの子はだれに似ているのかと *b.* 暗殺する；相手の油断をついて殺す **खँगाल ले जा॰** すっかり取り去る；さらえる；何もかも盗み取る
खँचाना[1] [他] = खाँचना. (1) しるしをつける (2) 記入する (3) 書きなぐる (4) 網や竹かごなどを編む
खँचाना[2] [他・使] (1) しるしをつけてもらう；しるしをつけさせる (2) 記入させる；記入してもらう
खंज[1] [形] (1) 片足の不自由な (2) 本来，一対になっているものや全体が整っているはずのものがそのようになっていない状態；対になっているものの一方が不正常な；不揃いな；ちんばの= लँगड़ा; पंगु.
खंज[2] [名] = खंजन.
खंजड़ी [名*] = खंजरी[2].
खंजन [名]〔鳥〕セキレイ科ハクセキレイ【*Motacilla alba*】〈white wagtail〉= खंजरीट. जिसकी आँखें खंजन की तरह थीं ハクセキレイのように眼がくるくる動き回っていた人

ख़ंजर ［名］《A. خنجر》短剣；短刀；あいくち（匕首）＝ कटार.
ख़ंजरी[1] ［名*］←ख़ंजर (1) 短剣；短刀；あいくち（匕首） (2) 縞模様の入った絹の色物
ख़ंजरी[2] ［名*］《P. خنجری》〔イ音〕カンジャリー（枠の縁に真鍮製の鈴のついた小型のタンバリン）＝ डफली.
खंजरीट ［名］〔鳥〕セキレイ科ハクセキレイ【*Motacilla alba*】＝ खंडरिच; खंजन.
खंड[1] ［名］(1) 部分＝ भाग; हिस्सा. (2) かけら＝ टुकड़ा. (3) 章；巻 (4) 階 (5) 条；条項 (6) 区画；ブロック；地区 (7) 砂糖
खंड[2] ［形］(1) 壊れた (2) 割れた (3) 欠けた；不完全な (4) 砕かれた **खंड खंड क°** *a.* 粉々にする；粉砕する *b.* 打ち砕く
खंडक[1] ［形］(1) 分割する；分割的な (2) 反駁する＝ खंडन करनेवाला.
खंडक[2] ［名］(1) 分けられたもの；部分；小片；断片 (2) 砂糖
खंड कथा ［名*］＝ खंड काव्य.
खंड काव्य ［名］〔イ文芸〕カンダ・カーヴィヤ／カンド・カーヴィヤ；それなりに完結した人生の一断面や一事件を描いた８章を越えない物語詩；構成の小さなプラバンダ・カーヴィヤ＝ लघु प्रबंध काव्य 〈narrative poetry〉→ प्रबंध काव्य, महाकाव्य.
खंडग्रहण ［名］〔天〕部分食；部分蝕〈partial eclipse〉
खंडज ［名］粗糖；黒砂糖 ＝ गुड़.
खंडन ［名］(1) 分割 (2) 破砕 (3) 反駁；反論 शीघ्र ही इस ख़बर का खंडन भी कर दिया गया 即刻この報道に対し反論も行われた (4) 論駁；論破 (5) 分断 (6) 否定 जिससे सामाजिक आदर्शों का खंडन होता है それによって社会の理想が否定される
खंडन-मंडन ［名］何かの主題についての論議；議論や論争による決着；議論の応酬 यही खंडन-मंडन, यह कवि का काम नहीं है この論議というものは詩人の手に負えるものではない
खंडनी ［名*］〔農〕地代の分割納入分
खंडनीय ［形］(1) 砕くべき；破砕すべき (2) 反論すべき；反駁すべき (3) 反論しうる；反駁可能な
खंडपीठ ［名*］地区法廷；小法廷；裁判所支部〈division bench〉 इलाहाबाद उच्चन्यायालय की लखनऊ खंडपीठ イラーハーバード高等裁判所のラクノウ支部小法廷
खंडर ［名］廃墟＝ खंडहर.
खंडरिच ［名］＝ खंजन.
खंडल ［名］小片；断片＝ टुकड़ा; भाग.
खंडवानी ［名*］砂糖水
खंडशः ［副］(1) 粉々にして；つぶして；断片にして；破片にして (2) 部分的に；断片的に
खंडशर्करा ［名］(1) 粗糖＝ खाँड़. (2) 氷砂糖＝ मिसरी.
खंडसर ［名］精糖＝ चीनी.
खंडसार ［名*］砂糖工場；製糖工場
खंडसारी[1] ［名*］粗糖；黒砂糖
खंडसारी[2] ［形］粗糖の；黒砂糖の
खंडहर ［名］廃屋；廃墟 मैं खंडहर को फिर से महल बना सकता हूँ 私は廃墟を再び宮殿にすることができる **खंडहर के भाग जागना** (जगना) 見捨てられたものが再び日の目を見る खंडहर के भी एक दिन भाग जागते हैं 見捨てられたものもいつの日か日の目を見ることがあるものなのだ
खंडित ［形］(1) 壊れた；破損した खंडित प्रतिमा 破損した像 (2) 砕けた；割れた (3) 欠けた；欠けおちた (4) 分割された (5) 反駁された (6) 論破された **खंडित रेखा** 破線 **खंडित व्यक्तित्व** 二重人格
खंडिता ［名*］〔イ文芸〕カンディター（नायिकाभेद の一で，夫・愛人が夜を他の女性と過ごして戻る）→ नायिकाभेद.
खंडीभवन ［名］分割；分裂
खंतरा ［名］(1) 裂け目；割れ目；ひび割れ＝ दरार. (2) 隅；角
खंता ［名］(1) 土を掘る鍬などの道具 (2) 陶土を掘る場所
खंति ［名*］(1) 愛着；執着 ＝ लगन. (2) 願望；願い ＝ इच्छा.
ख़ंदक़ ［名*］《A. خندق》(1)（防備のための）壕 (2)〔軍〕ざんごう（塹壕）
ख़ंदा ［名］《P. خنده》(1) 笑み＝ मुसकराहट; मुसकान. (2) 笑い＝ हँसी. (3) 哄笑；大笑い＝ अट्टहास; कहकहा.
ख़ंदाज़न ［形］《P. خنده زن》(1) 笑う＝ हँसनेवाला. (2) あざわらう；嘲笑する；愚弄する
ख़ंदाज़नी ［名*］《P. خنده زنی》(1) 笑うこと (2) あざわらうこと；嘲笑；愚弄
ख़ंदादहन ［形］《P. خنده دهن》にこにこしている；にこやかな
ख़ंदापेशानी[1] ［形］《P. خنده پیشانی》(1) 気立てのよい (2) にこやかな；笑顔の
ख़ंदापेशानी[2] ［名*］笑顔 आपने सब कुछ ख़ंदापेशानी से बरदाश्त किया この方はなにもかも笑顔で耐えられた
खंपा ［名］カンパ族（一部がヒマーチャル・プラデーシュ州に居住するチベット系の部族民）
खंबा ［名］＝ खंभा. बिजली का खंबा 電柱
खंभा ［名］(1) 柱（様々な形や材料の） (2) 支柱；支え (3) 杭 लकड़ी के खंभे 木の柱 बिजली का खंभा 電柱
खंभात (1)〔地名〕カンバート（グジャラート州のキャンベー湾に面した港湾都市）＝ काम्बे/कांबे. (2) キャンベー湾＝ खंभात की खाड़ी.
खंभेदार ［形］《H.+ P. دار》柱のある；柱のついている खंभेदार गलियारा 柱廊
ख ［名］(1) 穴；くぼんだ所 (2) 空虚な場所；虚空 (3) 空；天空 (4) くりぬかれたところ；穴 (5) こしき（轂）の穴
खक्खट ［形］(1) 耳障りな；けたたましい (2) 固い (3) 堅苦しい；厳しい
खक्खा[1] ［名］大笑い；哄笑＝ कहकहा; अट्टहास.
खक्खा[2] ［名］(1) パンジャーブ人兵士 (2) 経験を積んだ人
खखार ［名］たん（痰）＝ कफ.
खखारना ［自］(1) 咳をする (2) 痰を吐く；咳をして痰や唾を吐く (3) 咳払いをする मैंने खखारकर गला साफ़ किया 咳をしてのどをすっきりさせた उसने अपना गला खखारते हुए विश्वास के साथ मदन की आँखों में आँखें गड़ाते हुए कहा 咳払いをし自信を持ってマダンの目をじっと見つめながら言った
खखेटना ［他］(1) 追い払う (2) 追いかける (3) 押さえる (4) 傷つける
खखोरना ［他］(1) 探しまわる；しらみつぶしに調べる；徹底的に探す＝ छानबीन क°. (2) こそげる
खग[1] ［名］(1) 空中を飛ぶもの；飛行するもの (2) 鳥；鳥類 (3)〔イ神〕ガンダルヴァ（गंधर्व） (4) 風 (5) 雲 (6) 星 **खग ही जानै खग की भाखा** 〔諺〕狡知は狡知に長けた人にしかわからぬもの
खग[2] ［形］空を進む；空中を飛ぶ；天に浮かぶ
खगना ［自］(1) 突きささる＝ गड़ना; चुभना. (2) めりこむ＝ धँसना.
खगनाथ ［名］(1) 鳥の王；ガルダ鳥（→ गरुड） (2) 太陽
खगपति ［名］＝ खगनाथ.
खगहा ［名］〔動〕サイ（犀）＝ गैंडा.
खगेंद्र ［名］〔イ神〕ガルダ鳥＝ गरुड.
खगेश ［名］＝ खगेंद्र; गरुड.
खगोल ［名］(1) 天界 (2)〔天〕天球 (3) 天文学＝ खगोल विद्या.
खगोल भौतिकी ［名*］〔天〕天体物理学〈astrophysics〉
खगोलमिति ［名*］〔天〕位置天文学〈astrometry〉
खगोल विज्ञान ［名］天文学〈astronomy〉
खगोल विज्ञानी ［名］天文学者＝ खगोल वैज्ञानिक.
खगोल विद्या ［名*］天文学＝ खगोल विज्ञान.
खगोल शास्त्र ［名］天文学
खगोल शास्त्री ［名］天文学者
खगोलिकी ［名*］天文学〈astronomy〉
खगोलीय ［形］(1) 天の；天界の (2) 天文の；天文学の；天文学上の **खगोलीय दूरबीन** 天体望遠鏡
खगोलीय अक्षांश ［名］〔天〕黄緯〈celestial latitude〉
खगोलीय क्षितिज ［名］〔天〕天球地平〈celestial horizon〉
खगोलीय गोला ［名］〔天〕天体〈orb〉
खगोलीय ध्रुव ［名］〔天〕天の極〈celestial pole〉
खगोलीय पिंड ［名］〔天〕天体〈celestial body〉
खग्रास ［名］〔天〕皆既食；皆既蝕＝ पूर्णग्रहण; पूरा ग्रहण.
खचन ［名］(1) ちりばめること（鏤めること）；はめこむこと (2) しるしをつけること
खचना ［自］(1) ちりばめられる；はめこまれる (2) しるされる；しるしがつく (3) 満ちる (4) つかえる；ひっかかる
खचर[1] ［名］＝ खग[1].
खचर[2] ［形］＝ खग[2] 空を動く（もの）；空中を移動する（もの）
खचरा ［形+］(1) 混血の (2) たちの悪い；悪辣な

खचाखच [副] ぎっしり；びっしり；いっぱい हॉल, प्लेटफ़ार्म, सभी खचाखच भरे थे ホールも演壇もなにもかもぎっしりつまっていた गाड़ी भीड़ से खचाखच भरी थी 列車はぎっしりつまっていた
खचाना[1] [自] ぎっしりつまる；びっしりつまる
खचाना[2] [他] = खँचाना.
खचित [形] (1) ちりばめられた (2) はめこまれた (3) 記された；書かれた；刻まれた चित्त में खचित होती जाएगी 胸に次々と記されていくだろう पेंसिल-खचित नाम 鉛筆で記された名前
खचित शिल्प [名] 寄せ木細工；木象眼
खच्चर [名] (1)〔動〕ラバ（騾馬） (2) 混血の人に対する蔑称
खज [名] バターなどの製造のため牛乳などの液体を撹拌するための撹拌棒= मथानी.
खजला [名] = खाजा.
खज़ांची [名] = ख़ज़ानची; कोषाध्यक्ष.
खजा [名*] (1) 牛乳などの撹拌棒= मथानी. (2) 撹拌= मंथन.
ख़ज़ानची [名] 《A.P. خزانچی》 (1) 収入役 (2) 出納係
ख़ज़ाना [名] 《A. خزانہ》 (1) 財宝；宝物 (2) 宝庫 हमारी कहावतें अनुभवों का ख़ज़ाना हैं 諺は経験の宝庫だ गड़े हुए ख़ज़ाने 埋められた宝庫；埋もれた宝庫 छिपे ख़ज़ाने 秘宝 (3) 国庫 शाही ख़ज़ाना 国庫= राजकोष. वहाँ का सारा ख़ज़ाना लूटकर आ गए हैं 同国の国庫をすべて略奪してきている (4) 国税 (5) 蔵；倉；庫 **ख़ज़ाने का मुँह खोल दे॰** 気前よく布施をする **ख़ज़ाने का साँप** 金を全く使わない（人）
ख़जिल [形] 《A. خجل》 恥ずかしい；恥をかいた= लज्जित; शर्मिंदा.
ख़ज़ीना [名] 《A. خزینہ》 = ख़ज़ाना.
खजुराहो 〔地名〕カジュラーホー（主としてチャンデーラー朝時代に建立されたヒンドゥー教及びジャイナ教の寺院が現存する同朝の都. マディヤ・プラデーシュ州チャタルプル県）= खुजुराहो.
खजुलाना [他] = खुजलाना.
खजुली [名*] = खुजली.
खजूर [名*] (1)〔植〕ヤシ科ナツメヤシ【*Phoenix dactylifera*】；サトウナツメヤシ【*P. silvestris*】 (2) ナツメヤシの実 (3) 小麦粉, 砂糖などを用いたナツメヤシの実の形をした菓子 खजूर और छुहारे ナツメヤシと乾燥ナツメヤシ（メッカ巡礼の土産）
खजूर छड़ी [名*] ナツメヤシの葉のような縞模様の入った絹布
खजूर रस [名] サトウナツメヤシの果実の汁
खजूरा [名] (1) 草葺きの屋根の棟 (2)〔節動〕ムカデ= कनखजूरा.
खजूरी [形] (1) ナツメヤシの (2) ナツメヤシに似た (3) 三つ編みの；3 本に分けたものを編んだ
खज्योति [名]〔動〕ホタル（蛍） = जुगनू; खद्योत.
खट[1] [名*] 物がぶつかる音；物を叩く音；足音；物が落下した時に発する音；物の折れたり破損したりした時の音（こつこつ, ことこと, かたん, ことん, ぽとん, ぽきんなど） खट-खट-खट… वही परिचित पद ध्वनि! こつこつこつ…あの聞き慣れた足音だ **खट से** *a.* こつんと, ことんと, かたんと, ぽきんとなど पत्र के साथ ही कोई चीज़ खट से ज़मीन पर गिर पड़ी 手紙と一緒に何かがかたっと地面に落ちた *b.* すぐさま；即刻= तुरंत; फ़ौरन; तत्काल.
खट[2] [名] たん（痰） = कफ़; बलगम.
खट[3] [名] 涸れ井戸
खटक [名*] (1) 物がぶつかる音 (2) ぶつかること (3) 気に障ること (4) 不安；心配
खटकना [自] (1) 物がぶつかって音を立てる, あるいは, そのような音が出る（様々な音になる） जब कभी दरवाज़ा खटकता तो दिल धक-धक करने लगता 戸がかたっと音を立てる度ごとに胸がどきどきし始める बर्तन खटकने की आवाज़ 食器のかちゃかちゃいう音 पिछवाड़े के दरवाज़े की सांकल खटकी 裏手の扉の止め金がかたんと鳴った (2) 障る；気に障る；しゃくに障る；むかつく；腹が立つ；不快に感じる उसे गुलामी की ज़ंजीर सदा ही खटकती रहती है 隷従の鎖がいつも気に障る गाँव तो यह बहुत अच्छा है, लेकिन सफ़ाई की कमी ज़रा खटक गई 村はとても素敵だが, あまり清潔でないことが少し気に障ったんですよ (3) 障る；ひっかかる वह पत्रिका तत्कालीन सरकार की आँखों में खटक गई その雑誌は当時の政府の目障りになった राजा के मन में कोई-न-कोई काँटा अवश्य खटक रहा है 王の胸には何か邪魔なものが障りになっている ये ही वो खुशी के पीछे मलामत अर्थात् पुष्प के पीछे कंटक है जो कभी-कभी खटकता रहेगा これこそが喜びの後ろにある非難, すなわち, 時々ちくりちくりと刺す花の後ろにあるとげなのだ (4) 気にかかる；気がかりになる ज़रा-ज़रा-सी बातें भी कभी-कभी खटकने लगती हैं ほんのちょっとしたことでも時には気がかりになるものだ उसके चित्त में मित्र की कुटिलता आठों पहर खटका करती थी 友人のずるさが四六時中気にかかっていた
खटकरम [名] (1) 不条理なこと (2) 甚だ厄介な事；甚だ面倒なこと
खटकरमी [形] (1) いろいろな仕事をする (2) つまらない面倒なことをする
खटका [名] (1) 物が当たったりぶつかったりする音（かたっ, がたっ, ことっ, ごとっ, かたんなど） खटका हो॰ 物音がする（かたっという, がたっという, ことっというなど） बूढ़े बातें करते-करते सोते हैं और ज़रा-सा खटका होते ही जागते हैं 年寄りは話をしているうちに眠ってしまい, ほんのちょっとの物音がするだけで目を覚ますものだ एक डेढ़ मिनट बाद ही पीछे ज़ीने की ओर खटका हुआ, फिर टार्च की रोशनी आई ほんの 1〜2 分後に後方の階段のほうでかたっと音がして懐中電灯の光が見えた (2) 不安；心配；懸念 **खटका लगना** 不安を感じる；不安がつきまとう；懸念がある पग पग पर पकड़ लिए जाने का खटका लगा हुआ था 何をしていても捕らえられはせぬかと不安がつきまとっていた (3) スイッチ, 開閉器, 点滅器, ボタン, 掛け金, 留め金など扱うと音のするもの (4) 震え声
खटकाना [他] (1) 物音（かたっ, がたっ, ことっ, ごとっ, かたかたなどの）を立てる (2) 不安がらせる；心配させる (3) 仲違いさせる
खटकीड़ा [名]〔昆〕ナンキンムシ（南京虫） = खटमल.
खट-खट [名*] (1) 堅い物体が堅いものに打ち当たって, 出す音（かたかた, かたこと, かたんかたん, がたんがたん, こつこつなど） टाइपराइटर की खट-खट タイプライターを叩く音 कठफोड़वा पेड़ पर चोंच मार-मारकर खट-खट की आवाज़ करता है キツツキが木をくちばしで突いてこつこつと音を立てる वह लाठी खट-खट करता लपका चला जाता था ラーティー（棍棒）をこつこついわせながら急ぎ足で進んで行くのであった खड़ाऊँ की खट-खट की आवाज़ げたのからころ（からんころん）という音 मेरे कलेजे का रक्त खट-खट करके बजने लगा.मुँह से आवाज़ न निकल रही थी.सारा ब्रह्मांड घूमता-सा नज़र आ रहा था 心臓が激しく鳴り始めた. 声が出なかったし全宇宙がぐるぐる回っているように見えた (2) いさかい；喧嘩；争い；もめごと (3) 面倒なこと；厄介なこと；ごたごた
खटखटा [名] なるこ（鳴子）；鳥おどし
खटखटाना [他] 堅い物を打ち当てて音を立てる（カタカタいわせる, カタコトといわせるなど） कुंडी खटखटाना 掛け金をかたかた鳴らす दरवाज़ा खटखटाना *a.* 戸を叩く *b.* 軒ごとに訪ね歩く अपनी इस गलती से सब डाक्टरों के दरवाज़े खटखटाने पड़ते हैं 自分のこの過ちのため軒なみに医者を訪ね歩かなくてはならない
खटखटाहट [名*] 堅い物がかち合って鳴ること及びその音 किवाड़ों की खटखटाहट में 戸のかたかた鳴る音に
खटखटिया [名*] げた（鼻緒のついた） = काठ की चट्टी. → खड़ाऊँ.
खटना [自] あくせく働く；あくせくする；多忙を極める；忙しくする；馬車馬のように働く；働きづめに働く；仕事に追われる；かけずりまわる उसने मज़दूर की तरह खटते हुए अपना अध्ययन जारी रखा 労務者のように激しく働きながら勉強を続けた हमारी अम्माँ तो भाभी को कुछ नहीं करने देतीं.यहाँ तो मैं घर में भी खटूँ और बाहर भी? 里の母は兄嫁になにもさせないのに私はここでは家の中でも外でもあくせく働くというわけなの मैं कहती हूँ भाई साहब, इसी तरह खटते रहे तो बीमार पड़ जाओगे こんなに忙しくしていると病気になってしまうわよ, 兄さん दिन भर दूसरों के लिए खटो और… 一日中他人のためにあくせくするのがいいわ, そして… दिन-रात उसे नौकरानी की तरह ही खटना पड़ता 一日中女中のように仕事に追われなくてはならない अकेली सरस्वती सवेरे से देर रात तक खटती रहती है サラスワティーばかりが早朝から夜遅くまで忙しく働いている
खटपट [名*] (1) 物が物に打ち当たって生じる音（かたかた, かたこと, こつん, がつん, ごつんなど） खड़ाऊँ की खटपट げたのからころ（からんころん） थोड़ी देर बाद कमरे में खटपट और खुसर-फुसर की आवाज़ सुनाई दी しばらくすると部屋からかたことという音とひそひそ話す声が聞こえた कमरे से खटपट की आवाज़ें

आती रहीं 部屋からかたかたという音がずっとしていた (2) 仲違い；衝突；対立；不仲；不和 पास-पड़ोसियों से खटपट 近所の人との仲違い मुझे भी यह रात-दिन की खटपट पसंद नहीं 私もこんなふうに四六時中やり合うのは嫌いよ कभी पास पड़ोसियों से तू-तू मैं-मैं और कभी पति से खटपट 時には近所の人と口喧嘩，時には夫とぶつかり合い

खटपटिया [形] (1) けんか好きな (2) 争いを好む

खटपाटी [名*] 寝台の縦の木枠 **खटपाटी लगना** 腹を立てて飲食をせずふて寝する

खटबुना [名] 簡易ベッドの床の部分を植物繊維の綱やひもなどで編む職人→ खाट.

खटमल [名] = खटकीड़ा. 〔昆〕トコジラミ科ナンキンムシ（南京虫）

खटमली [形]（薄い）赤茶色の；南京虫の色をした

खटमिट्ठा [形+] = खटमीठा.

खटमीठा [形+] (1) 甘酸っぱい (2) ほろ苦い= खट्टा-मीठा.

खटमीठी [名*]〔植〕カタバミ科多年生草本【*Oxalis martiana; O. corymbosa*】

खटमुत्ता [形+] 夜尿症の；寝小便たれの

खटरपटर [名] = खटपट. माँ रसोई में खटरपटर कर रही थीं 母はお勝手でかたかた音を立てていた

खटरस [名] 6 種の味覚；味の 6 種= षट्रस; षड्रस.

खटराग [名] (1) 面倒なこと；ややこしいこと；厄介なこと；ごたごた；問題；悩み= झंझट; बखेड़ा. इस सारे खटराग का कारण यह लंगोटी है この面倒なことの一切の原因はこのふんどしなのだ यों समझिए कि एक न एक खटराग लगा ही रहता है なにかしらいつも悩みはあるものだと思いなさい कोई-न-कोई खटराग लिये 何らかの問題をかかえて (2) 争い；喧嘩

खटला[1] [名] 妻子；妻や子

खटला[2] [名] 耳飾りをつけるため耳たぶにあけた穴

खटवाटी [名*] = खटपाटी.

खटाई [名*] (1) 酸味；酸っぱいこと；酸っぱさ (2) 酸；酸味のもの चाँदी खटाई से साफ़ कर ले 銀を酸できれいにする **खटाई में डालना** *a.* 宙ぶらりにする *b.* 困惑させる；困らせる **खटाई में पड़ना** *a.* 宙に浮く；宙ぶらりの状態になる；頓挫する प्रशासन की स्कीमें खटाई में पड़ी हैं 行政の計画が宙に浮いている कमीशन की योजना खटाई में पड़ गयी 審議会の計画が宙に浮いている *b.* 困惑する= खटाई में फूलना; खटाई में सीझना.

खटाक [名] (1) 激しく衝突したり落下したり壊れたりする音やその様子. がつん，ごつん，がしゃっ，がしゃんなど उसने खटाक से खिड़की बंद भी कर दी थी がしゃっと窓も閉めてしまった खट-खट-खटाक がたんごとん（列車が線路を走る音） (2) 激しい勢い **खटाक से** *a.* 音を立ててぶつかる様子 पास बैठे हुए सज्जन की खोपड़ी से हमारी खोपड़ी खटाक से टकराई そばに座っている人の頭とこちらの頭とががちんとぶつかった *b.* 急激な様子. ぱっと，さっとなど फिर खटाक से श्यामा को पता चला するとシャーマーにはぱっとわかった

खटाका [名] = खटाक. एकाएक खटाके की आवाज़ हुई और विजय की तलवार के दो टुकड़े हो गये にわかにかきんと音がしてヴィジャイの刀が 2 つに折れた

खटाखट[1] [名*] खटखट（→）の音 कौतुक भरे कैमरों की खटाखट 好奇心に満ちた幾台ものカメラのシャッターの音（かちゃかちゃ）

खटाखट[2] [副] (1) खटखट の音を立てながら；かたかたと；がたんがたんと उसके पीछे गड़ी हुई तीनों लकड़ियाँ खटाखट गिर गईं 彼の後ろに立ててあった（クリケットの）三柱門がみなばたんばたんと倒れた (2) 直ちに；すぐさま；さっさと

खटाना[1] [自] 酸敗する；酸っぱくなる= खट्टा हो॰; खट्टापन आ॰.

खटाना[2] [自] (1) もつ；もちこたえる；そのままの状態が続く；持続する (2) 合格する；（試験に）受かる

खटाना[3] [他] こき使う；酷使する बनिया ने दो साल तक उसे खटाया バニヤーは 2 年間その男をこき使った

खटापट [名*] = खटपट.

खटापटी [名*] = खटपट. 衝突；対立

खटाव[1] [名] 舟をもやい綱でつなぐための杭

खटाव[2] [名] (1) 付き合い；交際；人との関係を保つこと (2) 多忙なこと；あくせく働くこと

खटास[1] [名*] 酸味；酸っぱいこと；酸っぱさ= खट्टापन; खटाई; तुरशी.

खटास[2] [名] (1)〔動〕ネコ科ジャングルキャット【*Felis chaus*】 (2)〔動〕ジャコウネコ科パラドクスルス属ジャコウネコ【*Paradoxurus hermaphroditus*】

खटिक [名] カティク・カーストとそのカーストの人たち（従来，野菜果樹栽培を主な生業としてきた）

खटिका [名*] (1) 白亜；チョーク= खड़िया. (2) 耳の穴

खटिनी [名*] 白亜= खड़िया.

खटिया [名*] 簡易寝台；チャールパーイー **खटिया तोड़ना** *a.* のほほんとする；のんきにする *b.* 怠ける；ぶらぶらする= बेकार रहना. **खटिया निकलना** 死ぬ；死去する **खटिया सेना** 寝たきりになる；病臥する；（病気で）寝込む

खटीक [名] = खटिक.

खटोल [名] = खटोला.

खटोला [名] 小さなベッド；（寝台の床の部分が板ではなく綱やひもなどで編まれている）簡易ベッド；チャールパーイー

खट्ट [形] = खट्टा[1].

खट्टा[1] [形+] (1) すい（酸い）；酸っぱい；酸味のある (2) 気まずい खट्टे रिश्ते 気まずい関係 **खट्टा अंगूर** *a.* 満足できないもの *b.* 容易に手に入らないもの **खट्टा कर दे॰** *a.* 台無しにする；めちゃくちゃにする *b.* 気まずい思いをさせる；いやな思いをさせる **खट्टा खाना** 不機嫌になる；腹を立てる **खट्टी छाछ से भी जा॰** 何一つ利益の得られない **खट्टी डकार आ॰** 胸やけがする **खट्टी-मीठी कहना** ほめたりけなしたりする= खट्टी मीठी बातें कहना.

खट्टा[2] [名]〔植〕ミカン科ダイダイ；橙【*Citrus aurantium*】〈sour orange〉

खट्टापन [名] 酸味；酸っぱさ चावलों में खट्टापन आ जाएगा 米に酸味が生じる

खट्टा पालक [名]〔植〕タデ科スイバ；スカンポ【*Rumex acetosa*】

खट्टा-मीठा [形+] (1) 甘くて酸っぱい (2) ほろ苦い；甘酸っぱい= खटमिट्ठा एक खट्टी-मीठी स्मृति 1 つのほろ苦い思い出

खट्टाश [名]〔動〕ジャコウネコ科ジャコウネコ【*Viverra zibetha*】〈large Indian civet〉= खट्टास.

खट्टिक [名] (1) 屠畜業に従事する人；屠畜者 (2) 狩猟者；狩人

खट्टिका [名*] (1) 小さな寝台 (2) 遺体を運ぶための棺架= अर्थी.

खट्टी[1] [名*] 収入；稼ぎ；実入り= आमदनी; आय.

खट्टी[2] [名*]〔植〕ミカン科シトロン= गलगल.

खट्वांग [名] (1) 寝台の各部分 (2) シヴァ神の持つ寝台の足の形をした武器

खट्वा [名*] 寝台；チャールパーイー = खटिया; चारपाई.

खड़ [名] (1) 稲の茎 = पयाल. (2) 稲 = धान. (3) 草 = घास; तृण.

खड़कना [自] = खटकना. 堅い物同士がぶつかったり触れたりして生じる音についていう（からからという，からんからんという，がらがらというなど） दहलीज के दरवाज़े की साँकल खड़कते ही 出入り口の扉の鎖が鳴るとたんに बरतन खड़कने की आवाज़ 調理器具のかちゃかちゃという音

खड़काना [他] 堅い物をぶつけたり触れたりして音を立てる= खटकाना. मंदिर की घंटियाँ खड़कातीं 寺の鐘を打ち鳴らす

खड़खड़ [名] 堅い物がぶつかったり触れたりして生じる音（かたかた，かたんかたん，からから，からんからん，がりがりなど） लगलग अपने जबड़ों से खड़खड़ की आवाज़ करता है エンビコウはくちばしでかたかたという音を立てる

खड़खड़ाना[1] [自] 堅い物がぶつかったり触れたりして音が出る

खड़खड़ाना[2] [他] 堅い物をぶつけたり触れ合わせたりして音を出す；かたかた，こつこつ，ことことなどと音を立てる अपनी हाईहील की चप्पल खड़खड़ाती हुई ハイヒールをこつこつ鳴らせながら

खड़खड़ाहट [名*] 堅い物や重い物，あるいは，乾いた物がぶつかったり触れ合ったりして音の出ることやその音 सूखे पत्तों की खड़खड़ाहट 枯葉のかさかさとなる音 भारी-भरकम मशीनों की खड़खड़ाहट 重い機械のがらがらという音

खड़खड़िया [名*] 4 人で担ぐかご（轎）

खडग [名] = खड्ग. 剣

खडगी [形] 剣を持った = तलवार वाला.

खड़बड़ [名*] (1) 手作業や物がぶつかったりひっくり返ることで生じる音；かたかた；かたこと कुछ खड़बड़ खड़बड़ करते रहते 何かかたことかたことと音がしている (2) 不和；対立 (3) 混乱 (4) 騒ぎ

खड़बड़ाना[1] [自] (1) 手作業や物がぶつかったりひっくり返ったりして音が出る (2) 驚く (3) 動揺する；あわてる；動転する (4) 散らばる；散乱する；混乱する

खड़बड़ाना[2] [他] (1) 物をひっくり返して音を立てる (2) 驚かせる (3) 動揺させる；あわてさせる；動転させる (4) 散らかす；散乱させる；混乱させる

खड़बड़ाहट [名*] ← खड़बड़ाना.

खड़बड़ी [名*] (1) 物の転がったりひっくり返ったりすることやその音 (2) 混乱 (3)= खलबली.

खड़बिड़ा [形+] でこぼこの；凹凸のある；平らでない= असमतल.

खड़भड़ [形] 散乱した；散らばった；混乱した= अस्तव्यस्त.

खड़मंडल [形] (1) 混乱した (2) ひっくり返った；散乱した (3) 秩序の乱れた；ごちゃごちゃになった

खड़सान [名]（刃物を研ぐ）といし（砥石）= सान; खरसान.

खड़ा [形+] (1) 垂直に立っている；真っ直ぐに立っている **खड़ा क॰**（横になっているものを）立てる；起こす **खड़ा हो॰** 立つ；立ち上がる अपने पैरों पर खड़ा हो॰ 独り立ちする；自立する **खड़ा होकर** 立ったまま = खड़े पाँव. (2) 建造物が建っている；築かれている；立っている **खड़ा क॰** 築く；建てる अंध अनुयायी अपने गुरु के विचारों के इर्द-गिर्द मठों की ऊँची-ऊँची दीवारें तो जरूर खड़ी कर सकते हैं 盲従者たち，すなわち，盲目的な信者たちは（自分たちの）師の周囲に僧院の高い塀を築くことは間違いなくできる (3) 垂直な；立っている；直立している；縦の **खड़ा अक्ष** 縦軸 **खड़ा ढाल** 急な坂 (4) 動きが止まっている；停止している；立ち止まっている；よどんでいる लगभग 300 ट्रक खड़े हैं およそ 300 台のトラックが止まっている **खड़ा क॰** *a.* 動いているものを止める；停止させる गाड़ी खड़ी क॰ 走っている車を止める *b.* 横たわっているものを立てる；起こす；立ち上げる निशान खड़ा क॰ 旗を立てる；先頭に立つ；指導的な立場に立つ= निशान उठाना. **खड़ा हो॰** 立ち止まっている；停止している टैक्सी खड़ी थी タクシーが止まっていた **खड़ा हो जा॰** 止まる；停止する लाल बत्ती का मतलब है, खड़े हो जाओ 赤信号は「止まれ」を意味する लोमड़ी चिड़िया को देखकर खड़ी हो गई キツネは鳥を見つけて立ち止まった देखते देखते पत्थर की तरह अटल खड़े जहाज़ चलने लगे 微動だにせずに止まっていた船が見る見るうちに動き出した (5)（種々の）活動状態に入る；活動に移る；立つ；進行中の चुनाव में खड़ा हो॰ 立候補する；選挙に名乗りをあげる (6)（問題や困難，障害などが）生じた；起こった；発生した **खड़ा हो॰** 現れる；出現する；立ちはだかる यह मुसीबत और खड़ी हो गई この困難がさらに立ちはだかった रामू के सामने सहसा एक अड़चन खड़ी हो गई - माँ का क्या होगा? ラームーの前にはにわかに 1 つの障害が立ちはだかった．母はどうなるのだろうか (7)（計画や策などが）立っている；作られている (8) ありのままの；掛け値のない；駆け引きなしの；きっぱりとした **खड़ा जवाब** きっぱりとした拒否の返事 (9) 地面に生えている状態の；作物が植えられている状態の खेत में मटर खड़ी थी 畑にはエンドウが植わっていた (10) 公に取り上げられている；問題になっている **खड़ा क॰** 持ち出す；取り上げる समझाने से वे मानेंगे तो नहीं, उलटे और कोई मामला खड़ा कर देंगे 説得すれば聞き入れるどころか反対に何か問題を持ち出すだろう भैया ने मेरे बाप को क्यों लाकर खड़ा किया 兄はなぜ父親のことを持ち出したのか **खड़ा आना और खड़ा-खड़ा चला जा॰** 訪れてすぐさまきびすを返す **खड़ा खड़ा देखना** ぼんやり突っ立つ；ぼんやりする खड़ी-खड़ी क्या देख रही हो? ぼんやり何を見ているの अब तो हर आयोजन में खड़े खड़े खाने का ही रिवाज हो गया है 今ではなんの催しでも立食が慣行になってしまっている **खड़ा खेत** 青田；立ち毛のある田畑 **खड़ा दोना** イスラム教聖者への供えもの **(-के सामने) खड़ा रहना**（ーに）対抗する **खड़ा रहना** 続く；継続する；持続する **खड़ी खाट पर सोना** 激しく怒る **खड़ी जवानी** 青春のさかり；若いさかり **खड़ी फ़सल** たちげ（立ち毛） **खड़ी सवारी आ॰** 訪れてすぐに引き返す **खड़े खड़े** *a.* すぐに；直ちに *b.* ほんの短い時間 **खड़े खड़े खाना** 立ち食いする **खड़े पाँव** *a.* 続けて；その足で；中断なく *b.* 立ったままで **खड़े पीर का रोज़ा रखना** 立ち続ける **खड़े बाल निगलना** 良くないことをする

खड़ाऊँ [名*] げた（普通，鼻緒の代わりに親指と第二指で挟む木の突起がある．これは外出用には用いられずヒンドゥーの男子が屋敷内でのみ履く．鼻緒のあるげたの名称は खटखटिया. राम की खड़ाऊँ ラーマのげた बाबा की खड़ाउँओं की आवाज़ バーバーの履いているげたの音

खड़ाका[1] [副] すぐさま；直ちに；即刻

खड़ाका[2] [名] = खटका.

खड़िया [名*] (1) 白亜（石灰岩の一種）= खड़िया मिट्टी. (2) 白墨；チョーク रंगीन खड़िया クレヨン **खड़िया में कोयला** 似合わないもの；そぐわないもの；調和しないもの

खड़िया मिट्टी [名*] 酸性白土（家畜の薬用になる）

खड़ी [名*] 白堊

खड़ी चढ़ाई [名*] 急な坂

खड़ी ताल [名*]〔音〕テンポの速い曲

खड़ी तैराकी [名*] 立ち泳ぎ

खड़ी नियाज़ [名*] 願掛けのお礼参りやその際のお供えの品

खड़ी पाई [名*] (1) 縦の線；縦線 (2) デーヴァナーガリー文字の終止符として用いられる縦線 ।

खड़ी फ़सल [名*]《H. + A. فصل फ़स्ल》取り入れ前の作物；たちげ（立ち毛）

खड़ी बोली [名*] (1)〔言〕カリー・ボーリー（デリーの北，北西部などデリーとウッタル・プラデーシュ州，ハリヤーナー州の接する地域に行われる言語で標準ヒンディー語の基盤となったとされる西部ヒンディー語に属する一方言） (2)〔言〕北インドの共通語，標準ヒンディー語＝ヒンディー語

खड़ी हुंडी [名*]〔商〕未払い為替手形

खड़ुआ[1] [名] 頭から被って笠とみの（蓑）の役目を果たす雨具；雨降りに着るマント；雨合羽= घुग्घी.

खड़ुआ[2] [名] 手首もしくは足首につける飾りもの

खड़े खाँ [名] 起き上がり小法師（玩具）= मतवाला; पोस्ती.

खड्ग [名] (1) 短刀 (2)〔動〕サイ **खड्ग खड़कना** 戦いが起こる

खड्गकोश [名] 刀の鞘

खड्गधारा [名*] 刀の刃

खड्गधारी [形] 刀を持った；帯刀の= खड्गधर; खड्गपाणि.

खड्गविद्या [名*] 剣術

खड्गहस्त [形] (1) 刀に手をかけた (2) 喧嘩腰の

खड्गारीट [名] 革製の楯

खड्गी [名] (1) 剣を携えた人；帯刀者 (2)〔動〕サイ= गैंडा.

खड्ड [名] (1) 谷；谷底；峡谷；谷間 एक बस खड्ड में गिर गई 1 台のバスが谷底に転落 एक तरफ़ पहाड़ है तो दूसरी तरफ़ गहरे खड्ड 片側に山，もう一方には深い谷；絶体絶命の状況 (2) 深い穴

ख़त [名]《A. خط》(1) 線 (2) 手紙；書簡 (3) しるし；印 (4) 文字の書体 (5) 勅令 (6) ひげ（口ひげ；あごひげ） **ख़त आ॰** 思春期に口ひげが生え始める **ख़त क॰** 切り裂く **ख़त काटना** 葦ペンの先を削る **ख़त निकलना** = ख़त आ॰. **ख़त बनाना** = ख़त क॰. **ख़त में ख़त मिलाना** 偽の署名をする

ख़तकश [名]《P. خط کش》直線を引くための墨壷の役目をする特殊な筆（大工道具）= जदवलकश.

ख़त किताबत [名*]《A. خط کتابت》文通；文書や手紙のやりとり= ख़तो किताबत; पत्रव्यवहार; चिट्ठी-पत्री.

ख़तख़ुतूत [名]《A. خط خطوط》= चिट्ठीपत्री; ख़तकिताबत.

ख़ततराश [名]《A.P. خط تراش》理髪師；床屋= नाई.

ख़तना [名]《A. ختنہ ख़त्ना》〔イス〕割礼= सुन्नत; मुसलमानी. **ख़तना क॰** 割礼する **ख़तना संस्कार** 割礼の儀式；割礼式

ख़तम [形]《A. ختم ख़त्म》→ ख़त्म. (1) 完了した；終了した (2) 終滅した；滅亡した；死滅した (3) 尽きた；なくなった **ख़तम क॰** *a.* 終える；完了する；終了する *b.* 終滅させる；滅亡させる *c.* 殺す= मार डालना. *d.* 片付ける **ख़तम हो॰** *a.* 完了する；終了する भोजन ख़तम हुआ 食事が終わった *b.* 終滅する；死ぬ वह रात को ख़तम हो गई あの女性は夜中に死んだ *c.* 尽きる；なくなる पैसा ख़तम होने पर 金が尽きると

ख़तमी [名*]《A. خطمی ख़त्मी》〔植〕アオイ科草本タチアオイ【*Alcea rosea*】〈hollyhock〉= गुलख़ैर.

ख़तरनाक [形] 《A.P. خطرناک》(1) 危ない；危険な；危険に満ちた (2) 恐ろしい= भयानक. ख़तरनाक आदमी 要注意人物；危険人物

ख़तरा [名] 《A. خطره》(1) 危険；危機 जान को ख़तरा 生命の危機 ज़िंदगी को ख़तरा 生活の危機 ख़तरे का निशान 危険のしるし；危険の標識 पानी ख़तरे का निशान पार कर गया 水は危険水位を越えてしまった (2) 心配；不安；恐れ **ख़तरा उठाना** 危険を冒す बिना ख़तरा उठाये तो हमारी ग़रीबी जा नहीं सकती 危険を冒さなければわが国の貧困はなくならない **ख़तरा पैदा हो॰** 危険が生じる **ख़तरा मोल ले॰** わざと危険を冒す **ख़तरा ले॰** 危険を冒す अंधविश्वासों की अवहेलना कर किसी प्रकार का ख़तरा ले॰ 迷信を無視して何らかの危険を冒す **ख़तरे का घंटा** 警鐘；危険の合図 **ख़तरे की घंटी** = ख़तरे का घंटा. **ख़तरे की ज़ंजीर खींचना** 警鐘を鳴らす **ख़तरे के मुँह में उँगली (हाथ) डालना** わざと危険を冒す **ख़तरे से आगाह क॰** 警鐘を打ち鳴らす **ख़तरे से ख़ाली नहीं** 危ない；危険な；危険をはらむ；危険を伴う शेरख़ाँ को खुला छोड़कर मेवाड़ की तरफ़ लौट जाना ख़तरे से ख़ाली नहीं シェールカーンを野放しにしておいてメーワールのほうに引き返すのは危険を伴う **ख़तरे से बाहर हो॰** 危機を脱する अब हम ख़तरे से बाहर थे 我々はもう危機を脱していた

खता [名] 怪我；傷；負傷= चोट; घाव; क्षत; ज़ख़्म.

ख़ता[1] [名*] 《A. خطا》(1) とが（科）；罪= पाप; गुनाह. (2) 間違い；過ち；しくじり；失敗= भूल; त्रुटि. न जाने मुझसे क्या ऐसी ख़ता हो गई 自分がどんな過ちを犯したのかわからない हमसे ऐसी क्या ख़ता हुई कि गाड़ियाँ रोक दी गईं 車をお止めになるとは手前がどんな過ちを犯したのでございましょうか (3) 失礼な行動；無礼 मौलवी साहब, ख़ता माफ़ हो 先生，どうか御無礼お赦し下さい (4) 偽り；欺瞞；だまし；詐欺= धोखा. **ख़ता करे बीबी, पकड़ी जाए बांदी** 〔諺〕過ちを犯した人ではなく代わりに弱い立場の他人が罰を受けるたとえ **ख़ता खाना** *a.* だまされる；ぺてんにかかる *b.* 誤る；間違う **ख़ता खिलाना** だます；ぺてんにかける

ख़ता[2] [名] 《P. خطا》〔史〕(1) キタイ；契丹 (2) 支那；中国

ख़ताई[1] [形] 《P. خطائی》(1) 契丹の；キタイの (2) 支那の；中国の (3) 契丹産の；キタイで産した (4) 支那に産した；中国に産した

ख़ताई[2] [名] 《P.》中世インドに将来された中国産の紙；中国紙（画用紙）

ख़तावार [形] 《A.P. خطاوار》罪のある；科のある जी हाँ, कोई ख़ता न होते हुए भी बंदा ख़तावार है さよう，何の科もないのだが拙者は科のある人間だ

खतियान [名] ← खाता. 〔農〕土地台帳；地籍簿

खतियाना [他] (1) 土地台帳などの帳簿や台帳に書き入れる；記帳する (2) 書きこむ；書き入れる

खतियौनी [名*] (1) 〔簿〕取引日記帳 = जमाख़र्च. (2) 地税記録係の土地及び耕作関係の台帳（パトワーリー पटवारी が管理した）

ख़तीब [名] 《A. خطیب》〔イス〕ハティーブ，すなわち，イスラム教徒の集団礼拝や挙式の際に礼拝に先立って行われる説教を行う人；説教師

ख़ते तक़्सीम [名] 《A. خط تقسیم》境界線

ख़ते तस्दीक़ [名] 《A. خط تصدیق》証明書= प्रमाण पत्र; सर्टीफ़िकेट.

ख़ते तस्लीम [名] 《A. خط تسلیم》直線= सरल रेखा; सीधी लकीर.

ख़ते दिमाग़ [名] 《A. خط دماغ》手相の頭脳線

ख़ते नस्तालीक़ [名] 《A.P. خط نستعلیق》ナスターリーク書体（ペルシア文字，ウルドゥー文字の書体の一）

ख़ते पेशानी [名] 《A. خط پیشانی》運命線；人の運命が記されるという額の線；運命づけられたもの

ख़ते शिकस्ता [名] 《A.P. خط شکستہ》(1) シカスタ書体（ペルシア文字やウルドゥー文字の一書体） (2) 悪筆

ख़तो किताबत [名*] 《A. خط و کتابت》文通；通信（手紙の）；手紙のやりとり= पत्रव्यवहार. लाहौर और कलकत्ते के वैद्यों से बहुत ख़तो किताबत रहती थी ラーホールとカルカッタのインド医と随分手紙のやりとりをしていた

खतौनी [名*] पटवारी (लेखपाल) の管理してきた村の土地台帳= खतियौनी.

खतौनी जमाबंदी [名*] 《H.खतौनी + A.P. جمع بندی》〔農〕土地台帳（農民の氏名をはじめその所有・耕作する土地や地税及び地税の納入などに関する記録簿．村の人口や面積，耕地や家屋の面積，作物や果樹の種類と数量，灌漑方法，池沼など村に関する一切の情報を記録する）

खत्ता[1] [名] (1) 地面に掘った穴 (2) 地面のくぼみ

खत्ता[2] [名] (1) 穀物を入れる地下蔵 (2) 穀物置き場

ख़त्म [形] 《A. ختم》→ ख़तम. **ख़त्म क॰** *a.* 絶つ；断絶する संबंधों को यहीं ख़त्म कर दें 関係はここで絶つべし यह ज़हरीले पदार्थों का असर ख़त्म कर देता है これは毒物の効力を絶つ *b.* なくする；根絶する किसी परेशानी की बात को बिलकुल ख़त्म कर देने के लिए भी 何らかの心配ごとを完全になくすためにも *c.* 殺す；殺害する；息の根をとめる；ばらす *d.* 終わらせる；切りをつける= समाप्त क॰. **ख़त्म हो॰** *a.* 尽きる；切れる= समाप्त हो॰. घर पर अगर माचिस ख़त्म हो जाती है तो कितनी परेशानी होती है 家庭でマッチが切れると随分困ったことになる *b.* 終わる；終了する；完結する हाल ही में भारी वर्षा हुई जिससे दो साल का सूखा ख़त्म हो गया 最近の大雨で 2 年来の旱魃が終わった *c.* 尽きる；なくなる *d.* 死ぬ；亡くなる

खत्री [名] (1) カットリー・カースト（主にパンジャーブ地方で商業に従事してきたカースト）及びそのカーストに属する人 (2) クシャトリヤ

ख़दंग [名] 《P. خدنگ》(1) 〔植〕ヤナギ科高木ポプラ (2) ポプラの木を材料に作られる矢

खदबदाना [自]（煮えたぎる際に）ぐつぐつ音が出る

ख़दशा [名] 《A. خدشہ ख़द्शा》(1) 疑い；疑念= संदेह. (2) 心配；不安= भय; आशंका.

खदान [名*] (1) 地面を掘った穴 (2) 坑；鉱山 खदान कामगार 鉱夫

खदिर [名] (1) 〔植〕マメ科小高木アセンヤクノキ（阿仙薬の木）；ペグノキ【*Acacia catechu*】= ख़ैर. (2) 〔薬〕アセンヤク（阿仙薬）；ガンビール

खदिरपत्री [名*] 〔植〕マメ科草本オジギソウ【*Mimosa pudica*】= लाजवंती.

खदिरसार [名] 〔薬〕アセンヤク（阿仙薬）；ガンビール

खदिरी [名*] 〔植〕オジギソウ= लाजवंती; लजाधुर.

ख़दीजा [名*] 《A. خدیجہ》〔イス〕ハディージャー（預言者ムハンマドの最初の妻）；ハディージャ

ख़दीव [名] 《P. خدیو》(1) 王；君主 (2) 太守；総督

खदेड़ना [他] (1) 追い払う；追い出す；追放する लड़कों को वहाँ से खदेड़कर 子供たちをそこから追い払って उस आंदोलन ने ब्राह्मणों को सरकारी नौकरियों से खदेड़ दिया है その運動はバラモンたちを公務員の職から追放した फिर स्त्रियों को बाहर खदेड़ देती थीं 次には女性たちを外へ追い出すのだった शत्रु सेना को हिंदुस्तान से बाहर खदेड़े बग़ैर नहीं रहेंगे 敵軍をインド国外へ追い払わずにはおかない (2) 排除する；撃退する हमारी सेनाएँ आक्रमणकारियों को खदेड़ती हुई わが軍が侵攻者たちを撃退しながら इसी समय दुश्मन की फ़ौज को राज्य सीमा से बाहर खदेड़ दो 敵軍を直ちに国境の外へ排除せよ

खदेड़वाना [他・使] ← खदेड़ना. सेनापति ने शत्रुसेना को राज्य से बाहर खदेड़वा दिया 司令官は敵軍を国外へ排除させた

खदेरना [他] = खदेड़ना.

खद्दड़ [名] = खद्दर.

खद्दर [名] (1) 手紡ぎで手織りの綿布；カッダル (2) 手紡ぎで手織りの布= खादी.

खद्दरधारी [形・名] カッダルを着た人（インドの独立運動で M.K. ガンディーの指導下手紡ぎ手織りの奨励された時期以降，カッダルを着用した人．脈絡によっては積極的に，あるいは見せかけにカッダルを着用した人，独立運動に寄与した人，コングレス党員などを指す）

खद्योत [名] (1) 〔動〕ホタル（蛍）= जुगनू. (2) 太陽 = सूर्य.

खन[1] [名] = क्षण.

खन[2] [名] 〔植〕マメ科アラビアゴムノキ= ख़ोर.

खनक[1] [形] 地面を掘る；穴を掘る

खनक[2] [名] (1) 地面を掘る人 (2) 坑夫 (3) ネズミ

खनक[3] [名*] 金属やガラス，陶器などの硬質のものが触れたりぶつかったりして生じる音（ちゃりん，かん，きんなど）

खनकना [自] 金属やガラス，陶磁器など硬質のものがふれたりぶつかって鳴る；きんきんしたかん高い音や声がする खनकती चूड़ियों-सी ちゃりんちゃりんとなっているチューリーのような

प्लेटों के खनकने की आवाज़ プレート（金属製の皿）のかちゃんと鳴る音

खनकाना [他] 金属やガラス，陶磁器など硬質のものをぶつけて音を立てる；きんきんしたかん高い音を立てる

खनकार [名*] (1) 金属など硬質のもの同士をぶつけて鳴らすこと (2) 金属など硬質のもの同士がぶつかって鳴ることやその音 पाज़ेब की खनकार パーゼーブのしゃんしゃん鳴る音

खनखजूरा [名] = कनखजूरा.

खनखनाना [自] 金属やガラス，陶磁器など硬質のものがぶつかって音を出す（鳴る）；きんきんしたようなかん高い音や声がする किसी ने खनखनाते हुए स्वर में कहा だれかがきんきんした声で言った

खनखनाहट [名*] 金属やガラスなど硬質なものがぶつかったり触れ合って音を立てることやその音；非常にかん高い音 द्वार की खनखनाहट पर ドアががしゃんと音を立てると

खनन [名] 掘り出すこと；掘ること；掘鑿 खनन उद्योग 鉱業

खनना [他]（地面などを）掘る；掘り出す

खनवाना [他・使] ←खनना. 掘り出させる；掘らせる；掘ってもらう

खनाई [名*] (1) 掘ること；掘り出すこと (2) 掘る手間賃；掘り出し賃；掘る労賃

खनाखन [名・副] 金属などの硬いものがかち合って発する音やその様子．かんかん（と），ちゃりんちゃりん（と）など खनाखन लोग मदारी की तरफ़ पैसे फेंकने लगे 見物人たちは猿回しのほうにちゃりんちゃりんと銭を投げ始めた खनाखन बोलते हुए ग्यारह चाँदी के रुपये ちゃりんちゃりんと鳴る 11 枚の銀貨

खनि [名*] (1) 鉱山= खान. (2) 洞穴= गुफा. (3) 穴= गड्ढा; गर्त.

खनिक [名] (1) 坑夫；鉱夫；鉱員 कोयला खनिक 炭鉱夫 कोयला खनिकों के लिए मकानों का निर्माण 炭鉱員たちのための住宅建設 (2) 鉱山主

खनिकूप [名]〔鉱〕縦坑

खनिज[1] [名] (1) 鉱物 एल्यूमिनियम बॉक्साइट नामक खनिज アルミニウム・ボーキサイトという鉱物 (2) ミネラル；鉱物質

खनिज[2] [形] 鉱物として産出する खनिज लवण 岩塩

खनिज अयस्क [名]〔鉱〕鉱石〈mineral ore〉

खनिज तेल [名] 鉱油〈mineral oil; rockoil; earth oil〉 इराक इस वर्ष भारत को कुल साठ लाख टन खनिज तेल तथा पाँच लाख टन मिट्टी का तेल सप्लाई करेगा イラクはインドに対し今年合計 600 万トンの鉱油と 50 万トンの石油を供給する

खनिज नमक [名] 岩塩〈rock salt〉

खनिज पदार्थ [名] (1) 鉱物 (2) ミネラル；鉱物質 (3) 原鉱

खनिज लवण [名] = खनिज नमक.

खनिज लोहा [名] 鉄鉱石 पाँच हज़ार टन खनिज लोहा 5000 トンの鉄鉱石

खनिज विज्ञान [名] 鉱物学 = खनिजिकी.〈mineralogy〉

खनित्र [名] 地面を掘るための道具

खनी [形] (1) 掘る；掘削する (2) 鉱山で働く (3) 鉱物の

खपची [名*] = खपच्ची. (1) ひご；竹ひご बाँस की खपची = बाँस की पतली तीली; कमठी. (2) ひごのように細く割ったり削ったりしたもの उनके हाथ में लकड़ी की छोटी-छोटी खपच्चियाँ थीं とても短い割木を握っていた (3) 串 **खपच्ची भरना** 子が生まれる；子を授かる

खपच्ची [名*] = खपची.

खपड़ा [名] (1) かわら（瓦） (2) 焼き物のかけら (3) 亀の甲羅

खपड़ैल [名*] 瓦屋根

खपत [名*] (1) 消費；使用 बिजली की खपत 電力消費 (2) 需要 आम की चटनी तथा अचार की विदेशों में बहुत खपत है マンゴーのチャツネと漬け物に対して外国で大きな需要がある

खपना [自] (1) 使用される；使われる；用いられる；消費される (2) 売り切れる；さばける (3) なくなる；失われる (4) 懸命にとりかかる；取り組む；必死に働く；精を出す मैं बुढ़िया कब तक खपती रहूँगी तुम लोगों के लिए? यह उम्र तो आराम करने की है 年とった私がいつまでお前さんたちのために精を出すものか．もう体を休ませる齢だよ दिन भर दफ़्तर में खपते हैं 一日中会社で激しく働く (5) 戦死する (6) 合う；調和する；うまくゆく सफ़ेद, हरा, काला और लाल ब्लाउज़, कई साड़ियों के साथ खप जाता है 白，緑，黒，それに赤のブラウスは幾種かのサリーに合うものだ

खपरा [名] = खपड़ा.

खपरैल [名*] = खपड़ैल.

खपाना [他] (1) 費消する；すっかり使ってしまう；消費する (2) 売り払う (3) 空きやすきまをつくる (4) 悩ます (5) くたくたにする；ふらふらにする；酷使する मैंने बहुत कोशिशें कीं बहुत सर खपाया 随分努力し随分頭を悩ました दिन भर फ़ाइलों में सिर खपाने, टाइपराइटर पर उँगलियाँ दौड़ाने में प्रतिभा का कौन-सा विकास होता है 一日中書類に頭を悩ましタイプライターに指を走らせたことで才能の如何なる発達があるというのか (6) つぶす；台無しにする (7) 吸収する；収める इस नगर की सड़कें इतनी चौड़ी हैं, जो आज के भारी यातायात को आसानी से खपा गई この街の道路は随分と広いので今日のものすごい交通量を簡単に吸収してしまった

खपिंड [名] 天体〈celestial body〉

खपुर [名]〔イ神〕インド神話上，天上に想定された都 (2) 天上に想定されたハリシュチャンドラ王（हरिश्चंद्र）の都

खपुष्प [名] (1) 天上に想定された花= आकाश कुसुम; आकाश पुष्प. (2) 有り得ない話；有り得なかったり不可能なこと

खप्पर [名] (1) 瀬戸物の深い鉢 (2) カーリー神が血を飲むのに用いるとされる容器 (3) 頭蓋骨；されこうべ；髑髏 (4) 乞食に用いる鉢；托鉢僧の鉢（オオミヤシの実を半分に割ったもの） **खप्पर तानना** 物乞いや乞食に用いる器を突き出して人に物乞いをする

ख़फ़क़ान [名]《A. خفقان》〔医〕心悸昂進= हृत्कंप; खफ़कान.

ख़फ़क़ानी [形]《A. خفقانی》〔医〕心悸昂進による；心悸昂進症の

ख़फ़गी [名*]《P. خفگی》(1) 不機嫌；不快；不愉快 (2) 怒り ख़फ़गी दूर हुई या नहीं 怒りは鎮まりましたか ख़फ़गी की नज़र से देखना にらみつける

ख़फ़ा [形]《P. خفا》(1) 不機嫌な；不快な；不愉快な (2) 怒った；立腹した अल्लाह मियाँ ख़फ़ा होंगे アッラーの神がお怒りになられようぞ

ख़फ़ी [形]《A. خفی》秘められた；隠された= गुप्त; छिपा हुआ.

ख़फ़ीफ़ [形]《A. خفیف》(1) わずかな；少しの (2) 取るに足らない；ありきたりの；つまらない ख़फ़ीफ़ हो॰ いやしめられる；辱められる；恥をかく

ख़फ़ीफ़ा [名]《A. خفیفہ》下級民事裁判所（अदालतए ख़फ़ीफ़ा）

ख़बत [形] = ख़ब्त.

ख़बती [形] = ख़ब्ती.

ख़बर [名*]《A. خبر》(1) 知らせ；通知 (2) ニュース (3) 認識；知覚 इसकी उसे ख़बर न थी このことについての認識がなかった (4) 情報；必要な知識 उसे सबकी ख़बर रहती है すべてのことについて情報を持っている (5) 様子；状態 उड़ती ख़बर 噂；噂話；取りざた（取り沙汰）；下馬評 बुरी ख़बर 凶報 **ख़बर उड़ना** 噂が広がる；取りざたされる छोटा शहर था.ख़बर उड़ते देर नहीं लगी 小さな町だったので噂はまたたく間に広がった **ख़बर क॰** 知らせる；通知する；通報する हमें ख़बर क्यों नहीं की? こちらになぜ知らせなかったのか तुम्हारा कोई परिचित हो तो बताओ, मैं उसे ख़बर कर दूँगा だれか知り合いがいれば言いなさい．私がその人に知らせてあげよう **ख़बर फैलना** 噂が広がる बिजली की तरह ख़बर फैल गई 稲妻のように噂が広がった **ख़बर भेजना** 通知する；知らせる गोरा ने अलाउद्दीन के पास ख़बर भेजी ゴーラーはアラーウッディーンのもとへ通知を出した **ख़बर लगना** 情報が入る；知らせが伝わる उसको शाहज़ादी की बीमारी की ख़बर लग गई 姫の病気の知らせが伝わった **(-की) ख़बर ले॰** *a.* 様子をたずねる；調べる *b.* 身の上を案じる；消息をたずねる संसार में कौन था, जो इनके स्त्री-बच्चों की ख़बर लेता 世の中にこの家族の身の上を案じてくれる人があろうはずもなかった *c.* 懲らしめる；思い知らせる वह इंतज़ार करने लगीं कि कब बच्चा सामने आए और वह उसकी ख़बर लें 子供がいつ現れるのか，現れたら思い知らせてやろうと待ちかまえた अभी तेरी ख़बर लेती हूँ 今すぐあんたに思い知らせてやるわ आज वह ख़बर लूँगी कि उम्र भर याद रखेगा 一生忘れられないように懲らしめてやろう *d.* (ーの) 面倒を見る= (-की) देख-भाल क॰; (-की) ख़बर ले॰.

ख़बरगीर [形]《A.P. خبرگیر》(1) スパイ；密偵= गुप्तचर; जासूस. (2) 保護者；守護者= रक्षक; अभिभावक.

ख़बरगीरी［名*］《A.P. خبرگیری》(1) 世話をやくこと；面倒をみること；注意すること= देखरेख. (2) スパイ行為= जासूसी.

ख़बरदार[1]［感］《A.P. خبردار》相手に強い警告を発する言葉．断じていけない，断じて（－）してはならない，決して（－）してはいけない，（－）してはだめだ，（－）したら容赦しない，（－）したら承知しないなど ख़बरदार, जो कल से गड्ढा खोदा! これよいか，明日から穴を掘ったら承知しないぞ ख़बरदार, जो किसीने इस बाग का एक फल भी छुआ! だれであれこの果樹園の果物の一つにでも手を触れたら容赦せぬぞ ख़बरदार, जो चाबी दी तुमने! 鍵を渡したら駄目だぞ ख़बरदार, इस ज़ुबान से मेरा नाम भी लिया तो! この舌でおれの名前でも呼ぼうものなら承知しないぞ ख़बरदार! दूर रहना これっ！近寄るな

ख़बरदार[2]［形］《A.P. خبردار》(1) 知っている；情報を得ている；認識している (2) 用心深い；警戒している ख़बरदार क॰ 警告する；用心させる；警戒させる ख़बरदार रहना 用心する；警戒する

ख़बरदार[3]［名］スパイ；密偵= जासूस; गुप्तचर; ख़बरगीर.

ख़बरदारी［名*］《A.P. خبرداری》(1) 用心；警戒= सतर्कता. बड़ी ख़बरदारी के साथ 厳戒の下に；細心の注意を払って；用心深く (2) 情報を持つこと；認識すること (3) 気にかけること；気にとめること (-की) ख़बरदारी क॰ （－の）世話をする；世話をやく；面倒をみる

ख़बरदिहंदा［形］《A.P. خبر دہندہ》知らせる；通知する

ख़बरी［名］《P. خبری》知らせを伝える人；通知する人

ख़बीस[1]［形］《A. خبیث》(1) 性悪な；たちの悪い；ひねくれた (2) 不浄な；けがらわしい तू ख़बीस इनसान बीच में आन कूदा है ひねくれたお前が邪魔をしに来たんだ

ख़बीस[2]［名］《A. خبیث》(1) たちの悪い人；ひねくれ者 (2) 悪霊

ख़ब्त［名］《A. خبط》(1) 狂気；狂気の沙汰 (2) 熱狂；夢中 ख़ब्त सवार हो॰ 熱狂する；夢中になる；取り憑かれる；憑かれる

ख़ब्ती［形］《A. خبطی》(1) 狂気の；気の狂っている；きじるしの पड़ोसी भी उसे अजीब ख़ब्ती आदमी समझने लगते हैं 近所の人たちまでがおかしなきじるしと思い始める (2) 熱狂した

ख़ब्ती-जनूनी［形］《A. خبطی جنونی》頭のおかしい；気のふれた；きちがいの पर मैं देखता हूँ कि तू कोई खबती-जनूनी आदमी है जो यहाँ उल्टी-सीधी बातें करके बदअमनी फैला रहा है お前はここでいいかげんなことを言って治安を乱しているおかしな奴だと見受けるが

ख़ब्तुल हवास［形］《A. خبط الحواس》気の狂った；頭のおかしい

खब्बर［名］= दूब.

खब्बा［形+］(1) 左の；左手の；左側の (2) 左利きの；ぎっちょの

ख़म[1]［名］《P. خم》(1) 屈曲；曲がり (2) 傾斜；傾き (3) ねじれ (4) 巻き；カール ख़म खाना *a.* 曲がる；屈する *b.* 屈する；屈服する；負ける ख़म ठोकना 身構える；腕まくりする；意気込む= ख़म बजाना; ख़म मारना. कंधों में ख़म देकर चलना 肩をすぼめて歩く

ख़म[2]［形］《P. خم》(1) 曲がっている (2) 傾いている (3) ねじれている

ख़मदार［形］《P. خم دار》(1) 曲がった (2) 傾いた (3) ねじれた (4) 巻いた；カールした

खमध्य［名］〔天〕天頂〈zenith〉

खमर आलू［名］〔植〕ヤマノイモ科蔓草アカダイジョ（赤大薯）【*Dioscorea alata*】

ख़मसा［名］《A. خمسہ ख़म्सा》(1) 全体が５部より成る作品 (2)〔韻〕ウルドゥー語の詩で各連に５つの半句の含まれる詩；ハムサー

खमालु［名］= खमर आलू.

ख़मियाज़ा［名］《P. خمیازہ ख़म्याज़ा》(1) あくびをすること；伸びをすること (2) 処罰 (3) 結果；報い ख़मियाज़ा उठाना（खींचना; भुगतना）報いを受ける；罰を受ける लेकिन इसका जो ख़मियाज़ा मुझे भुगतना पड़ा वह मैं ही जानती हूँ でもそれでうける羽目になった報いは私にしかわからないものなのです

ख़मीदा［形］《P. خمیدہ》曲がった；屈曲した；傾いた= टेढ़ा.

ख़मीर［名］《A. خمیر》(1) 発酵 (2) パン種；イースト；酵母 ख़मीर उठना 発酵する ख़मीर उठाना 発酵させる फल सब्ज़ियों में ख़मीर उठाकर मदिरा बनाने की पद्धति 果物や野菜を発酵させて酒を作る方法 (3) 発酵したパン生地 (4) 本性

ख़मीरा[1]［形+］《P. خمیرہ》パン種の入った；発酵した；イースト菌を入れた ख़मीरी रोटी イースト菌の入ったパン

ख़मीरा[2]［名］(1) ハミーラー／カミラー（タバコの葉にハラミツ，イヌナツメの実などを加えて発酵させてこしらえた喫煙タバコの材料） (2) シロップを加えてこしらえた薬

ख़यानत［名*］《A. خیانت ख़ियानत》(1) 背信 (2) 着服；横領 (3) 不誠実；不正直

ख़याल［名］《A. خیال》(1) 考え；思うこと हाँ, ख़याल अच्छा है いいことを考えついた；それはいい考えだ यह मेरा अपना ख़याल नहीं है यह अकसीयत की आवाज़ है これは自分の考えではなくて多数派の声だ (2) 記憶；意識 ख़याल न रहना 失念する；忘れる (3) 配慮；気配り；心配り；意を用いること；注意すること；気を使うこと राजा रानी का बेहद ख़याल रखने लगा 王は妃にとても気を使うようになった बूआ जी का पूरा ख़याल रखते हैं おばさんのことによく気を配る ख़याल जा॰ 気がつく；注意が向く= आँख पड़ना. (4) 想像 (5)〔イ音〕カヤール／ハヤール（北インドの古典声楽様式の一） ख़याल ख़राब हो॰ 印象が悪い；感じが悪い= दिल बुरा हो॰. ख़याल दौड़ना *a.* 考えつく；思いつく *b.* 考える；思う ख़याल में मस्त हो॰ 熱中する；思いに耽る (-) ख़याल में रहना *a.*（－を）覚えている；記憶している；記憶にとどまる *b.*（－を）思っている；期待している；待っている ख़याल में लाना *a.* 配慮する；気を配る；気にかける *b.* 大切に思う (-का) ख़याल रखना（－のことを）気に留める；留意する；配慮する (-का) ख़याल रहना（－を）覚えている；（－が）記憶にとどまる (-) ख़याल से उतरना（－を）忘れる；忘却する ख़याल से बाहर 考えの及ばない；想像を絶する

ख़यालात［名, pl.］《A. خیالات←خیال ख़याल》दिल में हर वक्त नेक और अच्छे ख़यालात रखो 常に胸の内に正しく立派な考えを持つようにしなさい

ख़याली［形］《A. خیالی》(1) 頭の中の (2) 想像上の；空想の ख़याली तस्वीर 想像の産物 (3) 幻想的な ख़याली घोड़े की बाग ढीली क॰ ずっとこの先のことを想像する= ख़याली घोड़े दौड़ाना. ख़याली दुनिया 空想の世界；想像上の世界 ख़याली पुलाव 空想；夢想；空中楼閣 ख़याली पुलाव पकाना 夢想する；空想にふける；空中楼閣を築く वह ख़याली पुलाव पका रहा था 空想にふけっていた

खर[1]［名］(1)〔動〕ロバ（驢馬） (2)〔動〕ラバ（騾馬） (3)〔鳥〕カラス (4)〔鳥〕サギ (5)〔ラマ〕カラ（ラーヴァナの弟でラーマに退治されたラークシャサ）

खर[2]［形］(1) 堅い；固い (2) 激しい；強烈な (3) 密な (4) 不吉な；有害な (5) 無情な；無慈悲な (6) 鋭利な (7) 乾燥してかりかりした；ぱりぱりした

ख़र［名］《P. خر》〔動〕ロバ（驢馬）；ウサギ馬= गधा; गर्दभ; रासभ.

खरक［名］(1) 動物を入れておくための囲い；柵 (2) 牧場

खरका[1]［名］楊枝（竹ひごや小楊枝の形状のもの） खरका क॰ 楊枝を使う

खरका[2]［名］= खटका.

खरकोण［名］〔鳥〕キジ科シマシャコ【*Francolinus pondicerianus*】= तीतर.

ख़रख़शा［名］《P. خرخشہ》(1) 騒ぎ；騒動 (2) 争い；喧嘩；いさかい

ख़रगोश［名］《P. خرگوش》〔動〕ウサギ = शश; शशक; खरहा.

ख़रचंग［名］《P. خرچنگ》(1)〔動〕カニ= केकड़ा; कर्कट. (2)〔天・占星〕かに座（蟹座）；巨蟹宮= कर्कराशि.〈Cancer〉

ख़रच［名］《P. خرچ》= ख़र्च.

ख़रचना［他］《← P. خرچ ख़र्च》(1) 金を使う；金を費やす= व्यय क॰; ख़र्च क॰. (2) 用いる；使う；使用する= बरतना; व्यवहार में लाना; इस्तेमाल क॰.

ख़रचा［名］= ख़र्चा.

ख़रची[1]［名*］《P. خرچی ← خرچ》(1) 手当= ख़र्ची. (2) 売春の代償；花代 ख़रची जा॰ 売春で暮らしを立てる= ख़र्ची चलाना.

ख़रची[2]［形］= खरचीला.

खरचीला［形+］《P. خرچ ख़र्च + H. -ईला》(1) 出費のかさむ；高くつく (2) 浪費する；贅沢をする；贅沢な

खरज［名］〔音〕バス；低音；低音域= षड्ज. एक कुत्ता गहरी खरज आवाज़ में गुर्राता तो दूसरा पतली तीखी आवाज़ में 一頭の犬がうんと低い声で唸るともう一頭は鋭くかん高い声でほえる

ख

खरज़ूर[1] [名] = खजूर.
खरज़ूर[2] [名] = खर्जूर. (1) 銀 (2) 雄黄
खरतरगच्छ [名]〔ジャ〕カラタラガッチャ（ジャイナ教白衣派の僧団の一）
खरतल [形] (1) 歯に衣着せぬ；辛辣な (2) 激しい；強烈な；猛烈な
खरतुआ [名]〔植〕アカザ科草本【*Chenopodium blitum*】
खरदनी [名*] 旋盤 = ख़राद.
खरदला [名]〔植〕アオギリ科中高木【*Sterculia pallens; Erythropsis pallens*】
ख़रदिमाग़ [形] 《P.A. خردماغ》愚かな；愚昧な；愚鈍な
ख़रदिमाग़ी [名*] 《P.A. خردماغی》愚かさ；愚昧；愚鈍さ
खरदूषण [名] (1)〔ラマ〕ラーヴァナ (रावण) の弟のカラ (खर) とラーヴァナの配下の将軍ドゥーシャナ (दूषण) (2)〔植〕= धतूरा. チョウセンアサガオ
खरधार [名] 刃物
खरना [他] (1) きれいにする (2) 原毛（羊毛）を湯につけて洗う
खरनाद[1] [名] ロバの鳴き声 = रेंकना.
खरनाद[2] [形] ロバの鳴き声のような（調子はずれの）
खरनाल [名] = कमल; पद्म.
खरपत [名]〔植〕カンラン科中高木【*Garuga pinnata*】
खरपतवार [名] 雑草 खरपतवार न होने देने के लिए खेत की साल में कम-से-कम 3 जुताई कर देनी चाहिए 雑草を生やさないために一年のうち少なくとも 3 度は畑を耕さなくてはならない खेत से अवांछनीय खरपतवार उखाड़ना 雑草を抜く；除草する；草抜きをする
खरपा [名] = चौबगला.〔裁〕アチカン अचकन, ミルザイー मिरज़ई などの脇下のまち（襠）
खरपात्र [名] 鉄製の容器
खरपाल [名] = कठौता.
खरब [数] (1) 1000 億 = खर्व. (2) 100 億 (3) 無数
खरबानक [名]〔鳥〕イシチドリ科イシチドリ【*Burhinus oedicnemus*】
ख़रबूज़ा [名] 《P. خربوزه》〔植〕ウリ科蔓草マスクメロン【*Cucumis melo*】 ख़रबूज़े को देखकर ख़रबूज़ा रंग पकड़ता है〔諺〕人はつきあう相手からの影響を受けるもの
ख़रबूज़ी[1] [形] 《P. خربوزی》(1) マスクメロンの色をした (2) 網目模様の入った
ख़रबूज़ी[2] [名] マスクメロンの色
खरबोरिया [名] = खलबली.
खरब्बा [形] ←खराब. ふしだらな；不品行な（主に女性に対して用いられる）= बदचलन.
खरभर [名] (1) がたがた；ごとごと (2) 騒音 (3) 騒動
खरभराना[1] [自] (1) 怒る；不機嫌になる (2) あわてる (3) 騒がしくなる；騒々しくなる (4) がたがたごとごとなど混乱のために音が出る
खरभराना[2] [他] (1) 怒らせる (2) あわてさせる
खरमंडल [名] 《P. خر + H.》障り；障害；支障= विघ्न.
ख़रमस्त [形] 《P. خرمست》(1) みだらな；淫乱な (2) 下劣な；下品な；性の悪い；たちの悪い (3) 酔っぱらった
ख़रमस्ती [名*] 《P. خرمستی》(1) みだらな振る舞い (2) 下劣な行為；下品な行い；性の悪いこと (3) 酔っぱらうこと
खरमास [名]〔ヒ〕ヒンドゥー教徒にとって不吉な月とされるプース月 (पूस) とチャイト月 (चैत)（一般にこれらの月にはめでたい行事は行われない）
खरमुख [形] 醜い；みっともない
खरमुहरा [名] (1) 池や沼に生息する小さな巻き貝 (2) 一厘の銭；一文の金
खरमोर [名]〔鳥〕レンカク科ドウバネレンカク【*Metopidius indicus*】
खरल [名] 乳鉢= खल[3]. खरल क॰ 乳鉢ですり潰す
खरवाँस [名] = खरमास.
खरवात [名]〔医〕水虫= अलस.
खर वार [名] (1) 不吉な日；厄日 (2) 不吉とされる曜日；災難が起こるとされる特定の曜日
खरशाक [名]〔植〕クマツヅラ科低木ウスギクサギ【*Clerodendrum indicum; C. siphonanthus*】= भारंगी.
ख़रस [名] 《P. خرس ख़िर्स》〔動〕クマ；熊 = रीछ; भालू.
खरसा[1] [名] (1) 夏期；夏（北インドの一年を 3 つの季節に分けた際の一． चौमासा 雨季， जाड़ा 冬季と並ぶ）． (2) 日照り；旱魃= अकाल.
खरसा[2] [名] 《← P. خارش》= ख़ारिश.
खरसान [名] 刀を研ぐのに用いる砥石
खरस्पर्श [形] 激しい= तीक्ष्ण.
खरस्वरा [名*]〔植〕モクセイ科低木マツリカ【*Jasminum sambac*】= बनमल्लिका.
खरहर [名]〔植〕サトイモ科草本【*Plesmonium margaritiferum*】
खरहरा [名] (1) 馬ぐし（馬の手入れに用いる） अपने हाथ से खरहरा करते 手ずから馬ぐしを入れる (2)（植物の茎でこしらえた）ほうき
खरहा [名]〔動〕ウサギ（兎の雄）= ख़रगोश; शश.
खरही [名*]〔動〕ウサギ（雌）
खरा [形⁺] (1) 純粋な；まじりけのない खरी हिंदी 外来語の面から見て純粋なヒンディー語 (2) 誠実な；真面目な；信頼のできる खरा आदमी 誠実な人 लोग चौधरी को खरा और लेनदेन का साफ़ आदमी समझते थे 世間の人はチョードリーを信頼のできるきれいな商売をする人と思っていた (3) 本物の；真実の दुनिया के व्यवहार को खरा माने या खोटा この世のことを本物と考えるか偽物と考えるか (4) 歯に衣着せない；嘘や偽りのない；容赦のない；辛辣な मैं खरी कहती हूँ, इसी से बुरी मशहूर हूँ ずばずば言うものですから悪名が高いのよ私は (5) 正しい；良い；すぐれている；申し分のない；文句のない यह सिद्धांत सभी कसौटियों पर खरा उतरता है この説はあらゆる試験に合格する बुद्धिमत्ता की कसौटी पर भी वह खरा उतरा 知能面でも合格した (6) ぱりっとした；かりっとした；ぱりぱりした；かりかりの（食べ物）= करारा. (7) 現金の (8) 確実な कोई ऐसा खरा सौदा करना जिससे कुछ लाभ हो 儲けのあるような確実な取引をすること **खरा आदमी** *a*. 誠実な人；信頼のできる人 *b*. 歯に衣を着せない人 **खरा आसामी** *a*. 誠実な人；信頼のできる人 *b*. 取引のきれいな人 **खरा उतरना** *a*. 合格する；適合する *b*. 正しい **खरा क॰** *a*. 強く熱する *b*. 話を決める；取り決める *c*. 現金を取り立てる **खरा खेल** きれいな取引 **खरा-खोटा** *a*. 善し悪し；良いか悪いか *b*. 真贋；本物か贋物か **खरा-खोटा देखना** 真贋を判断する= खरा-खोटा परखना. （जी）**खरा-खोटा हो॰** よこしまな心が起こる；良からぬ考えが起こる **खरी खरी（बात）सुनाना** ずけずけ言う；遠慮なくはっきり言う；歯に衣着せずに言う **खरी-खोटी सुनना** 厳しく言われる；ずけずけ言われる खरी-खोटी सुननी न पड़े इस भय से चुप रही ずけずけ言われはせぬかと心配で黙っていた **खरी-खोटी सुनाना（कहना）** *a*. 歯に衣着せずに言う *b*. きびしくたしなめる *c*. ののしる मैंने भी उनको ख़ूब खरी-खोटी सुनाई 私も随分遠慮なく話した **खरी बात कहना** 本当のことをはっきり言う **खरी मजूरी चोखा काम**〔諺〕十分な労賃を払えば仕事の出来もそれだけ立派になるものなのだ；良い出来映えを期待するなら手間賃を惜しむな
खराई [名*] ← खरा. = खरापन.
खराऊँ [名*] = खड़ाऊँ.
खराज [名] → ख़िराज.
ख़राद [名] 《← A. خراد ख़र्राद》= लेथ; लैथ मशीन. 旋盤 **ख़राद पर उतरना** *a*. 形が整えられる；美しくなる；磨かれる；洗練される *b*. 思い通りになる；操られる *c*. 上達する；上手になる= ख़राद पर चढ़ना. **ख़राद पर चढ़ाना** *a*. 形を整える；美しくする；洗練する；磨きをかける *b*. 練る；丁寧に手を加えて直す *c*. おだてる；操る *d*. 経験を積む；上達する；達者になる
खरादन [名*] (1) 旋盤にかけること (2) 旋盤にかけて削ること
खरादना [他] ←ख़राद. (1) 旋盤にかける (2) 磨く；磨き上げる；洗練する
खरादिया [名] = ख़रादी.
खरादी [名] 旋盤工；研磨工
खरापन [名] ← खरा. खरापन बघारना 気取る；それらしい様子をする
ख़राब [形] 《P. خراب》(1) 良くない；悪い；好ましくない बच्चों की ख़राब आदतें 子供の悪い癖 ख़राब मौसम 悪天候 (2) 変な；おかしな；正常でない दिल ख़राब न हो जाए, परली तरफ़ खड़े हो जाएँ（男女間に）変な気が起きぬよう相手の反対側に立つこと चाय में अगर दूसरा चम्मच चीनी डाल दी गई तो इनका गला ख़राब हो

जाएगा 紅茶に砂糖をもう一さじ入れるとこの人ののどがおかしくなる (3) ひどい；悪い；悪質な；好ましくない आजकल ज़माना बड़ा ख़राब है, बात की बात में बालकों का अपहरण होता है ひどい世の中だ，あっという間に子供がさらわれる (4)（機能，調子，動き，具合，活動が）悪い；不都合な；好ましくない मेदा ख़राब हो० 胃の調子が悪くなる चुनावों का माहौल ख़राब करने की कोशिश करेंगे 選挙の雰囲気を悪化させようと試みる (5) 台無しの；傷んだ；くずれた；壊れた ख़राब क० 台無しにする；傷める；くずす；壊す उसने अपनी ज़िंदगी ख़राब कर डाली 一生を棒に振った ख़राब हो० 台無しになる；傷む；悪くなる；くずれる；壊れる पान खाने से दाँत ख़राब हो जाते हैं パーンを食べると歯が悪くなる ख़राब हो जाने पर भोजन की गंध में भी परिवर्तन हो जाता है 食べものは傷むと臭いにも変化が生じる (6) 故障した；差し障りのある；障害のある उनका फ़ोन चार दिन बिलकुल ख़राब पड़ा रहा あの方の電話が 4 日間全く故障したままになっていた बस ख़राब हो गई バスが故障した रास्ते में हमारा स्कूटर ख़राब हो गया 途中でスクーターが故障した (7) 汚れている；汚れた ख़राब हो० 汚れる जूता ख़राब हो गया 靴が汚れてしまった कुरता ख़राब हो गया クルターが汚れた भैया ने फिर कै कर दी है,सब कपड़े ख़राब कर डाले हैं 兄はまた吐いて服をみな汚してしまった (8) いじわるな बहुत ख़राब हैं आप! あなたはとてもいじわるね

ख़राबा [名] 《A. خرابہ》 (1) 廃墟；遺跡 (2) 荒野 (3) 敵国

ख़राबात [名] 《A. خرابات》 (1) 酒場= मदिरालय; मैख़ाना. (2) 賭場= द्यूतगृह; जुआख़ाना.

ख़राबाती [名] (←ख़राबात.) (1) 酒飲み (2) 博徒

ख़राबी [名*] 《P. خرابی》 (1) 良くないこと；悪いこと；好ましくないこと (2) 難；難点；欠陥；欠点 शायद लड़की में कोई ख़राबी है 多分娘に何か難があるのだ (3) 不調；故障；障害；困難；支障 जिगर की ख़राबी 肝臓の不調 पेट की ख़राबी ही तमाम बीमारियाँ पैदा करती है 胃の不調が万病のもと（胃の具合が悪いとあらゆる病気が生じる） उसके इंजिन में एकाएक कुछ ख़राबी आ गई それのエンジンに急に何か故障が生じた बस में कुछ ख़राबी थी, रुक-रुककर चलती थी バスに何か故障があった．走っては止まり走っては止まっていた

ख़रामाँ[1] [形] 《P. خراماں ख़िरामाँ》 (1) ゆっくりした（歩く様子） (2) 気取った；そりくり返った；もったいぶった किस ख़रामाँ तरीक़े से यह ताँगा हाँक रहा है 何と気取った様子で馬車を御していることか

ख़रामाँ[2] [副] (1) ゆっくりと；ゆっくりゆっくり (2) 気取って；そりくり返って；もったいぶって= ख़िरामाँ. ख़रामाँ-ख़रामाँ と重複されることが多い यह कहकर ये जिधर से आये थे, उधर ही ख़रामाँ-ख़रामाँ चले गये こう言って元来た方へそりくり返って戻って行った

खरारि [名] (1) ヴィシュヌ神 (2) ラーマ（राम） (3) クリシュナ（कृष्ण） (4) バララーマ（बलराम）

ख़राश [名*] 《P. خراش》 (1) すり傷；擦過傷 (2) 炎症 गले में ख़राश のどの炎症 (3) もやもやした感じ

खरास [名*] → ख़राश. किसी तरह अपने गले की ख़रास को वह मिटाती हुई बोली どうにか咳払いをしながら言った

खरिया[1] [名*] = खड़िया.

खरिया[2] [名*] (1) 草やわらを束ねたり包んだりするのに用いられる網 (2) 袋

खरिया[3] [名] カリヤー／カリアー（ビハール州，オリッサ州，マッディヤプラデーシュ州の接する地域を中心に居住する指定部族民でオーストロアジア系の言語を母語とする）

खरियान [名] = खलियान.

खरिहान [名] = खलियान.

खरी[1] [名*]〔動〕雌ロバ→ ख़र.

खरी[2] [名*] 油粕 = खली.

खरीता [名] 《← A. خریطہ ख़रीता》 (1) 袋；袋状のもの (2) 役所の書類を入れる大型封筒 (3) 裁縫道具入れ

ख़रीद [名*] 《P. خرید》 (1) 買うこと (2) 購入；買い入れ दवाओं की ख़रीद में घपला 薬の購入でいんちき सरकार कच्चे तेल की मौक़े पर ख़रीद करेगी 政府は原油のスポット買いを予定 (3) 値段

ख़रीददार [名] = ख़रीदार.

ख़रीददारी [名*] = ख़रीदारी.

ख़रीदना [他] 《← P. خرید》 (1) 買う；購入する (2) 身に受ける；買う；招く उसका स्वयं का ख़रीदा दर्द 自分自身が買った痛み **ख़रीद लाना** 買ってくる उससे बाँसुरी ख़रीद लाये その人から竹笛を買って来た **ख़रीद ले०** *a.* 買い取る；買い上げる *b.* 買収する **ख़रीदा हुआ ग़ुलाम** *a.* 買われた奴隷 *b.* 言いなりになる；他人の意のままになる

ख़रीद-फ़रोख़्त [名*] 《← P. خرید و فروخت ख़रीदो फ़रोख़्त》売買；売り買い= क्रय-विक्रय. ऐसी अराजक परिस्थिति में लोग अपनी जानमाल की सुरक्षा हेतु अवैध ढंग से शस्त्रों की ख़रीद-फ़रोख़्त करते हैं このような無政府状態では人は自分の生命財産を守るために武器の密売買をする ऊँट और बैलों की ख़रीद-फ़रोख़्त ラクダと役牛の売買 ज़मीन-जायदाद की ख़रीद-फ़रोख़्त 土地や地所の売買

ख़रीद-बेच [名*] 《P. + H.》= ख़रीद-फ़रोख़्त.

ख़रीदवाना [他・使] ←ख़रीदना. (1) 買わせる मुझे भी एक पिंजरा और दो तोते ख़रीदवा दो 私にも鳥かごを 1 つとオウムを 2 羽買わせて下さい (2) 買ってもらう

ख़रीदार [名] 《P. خریدار》= ख़रीददार. (1) 買う人；購入者；買い手；客 (2) 愛好者；評価する人

ख़रीदारी [名*] 《P. خریداری》 (1) 買うこと；買い入れ；購入；買い物；ショッピング ख़रीदारी क० 買い物をする；ショッピングする ख़रीददारी के लिए बाज़ार गए 買い物に市場へ行った छोटी-मोटी ख़रीदारी करने पर सौदेबाज़ी करने वाले ちょっとした買い物をするのに値引き交渉をする人たち (2) 買い物；買った物；買った品 दास क्लिनिक से लौटकर आए तो उसने अपनी ख़रीदारी दिखाई ダースが診療所から戻ると彼女は自分の買った物を見せた

ख़रीदो फ़रोख़्त [名*] 《P. خرید و فروخت》= ख़रीद-फ़रोख़्त. बाज़ मुक़ामात पर जानवरों की ख़रीदो फ़रोख़्त के लिए भी मेले लगते हैं 若干の場所では家畜の売買のためにもメーラー（祭礼市）が立つ

ख़रीफ़ [名*] 《A. خریف》 (1) カリーフの作物（6 月末から 10 月初までの間栽培される稲，トウジンビエ，トウモロコシなどの作物），秋作 (2) カリーフの作物の栽培される時期

खरी विषाण [名] ロバの角；実在せぬもの；架空のもの

खरे [名] 6.25 %の口銭（仲介料）

खरोंच [名*] (1) すりむくこと；擦過傷；すり傷 **खरोंच आ०** *a.* すりむける *b.* 引っかかれる；引っかき傷ができる हाथ पैरों में खरोंचें आ गई थीं 手足がすりむけた (2) 引っかいたあと；引っかき傷 शांति के शरीर पर छोटी खरोंच シャーンティの体にちょっとしたすり傷

खरोंचना [他] (1) すりむく (2) 引っかく；引っかき傷をつける；かきむしる

खरोंट [名*] = खरोंच.

खरोंटना [他] = खरोंचना.

ख़रोश [名] 《P. خروش》 (1) 大声；叫び声= हल्ला; शोर. (2) 騒ぎ；騒動

खरोष्ठी [名*] カローシュティー文字（インド北西地方などに前 3 世紀前後を中心に行われていた古代文字）= खरोष्ठी लिपि.

ख़र्च [名] 《P. خرچ》 (1) 消費；費やすこと；用いること (2) 出費 (3) 費用；経費 भोजन का ख़र्च 食費 ख़र्च का पैसा 小遣銭 जेब ख़र्च ポケットマネー；小遣銭 सरकारी ख़र्च 公費 **ख़र्च उठाना** 費用を負担する **ख़र्च क०** 用いる；費やす；消費する **ख़र्च का पलड़ा भारी हो०** 負担が重くなる；支出のほうが多くなる **ख़र्च चलना** 費用が賄われる (-का) **ख़र्च चलाना** （一の）費用を賄う सरकारी कालिजों का ख़र्च चलाना 官立大学の学費を賄うこと मिडिल स्कूल का ख़र्च चलाना उसकी माँ के बस की बात नहीं थी 中学の学費を賄うのは母親の力の及ぶところではなかった **ख़र्च तोड़ना** 費用を削る **ख़र्च पीट ले०** 出費ほどの分を稼ぐ **ख़र्च हो०** 用いられる；費やされる；消費される यह बच्चे के पोषण में ख़र्च होता है これは子供の養育費に費やされる ईंधन भी अधिक ख़र्च होता है 燃料もよけいに費やされる एक कौड़ी भी तो ख़र्च नहीं होती 一文の金も費やされない

ख़र्चना [他] 《←ख़र्च》費やす；使う；用いる सारा धन ख़र्चने की आज्ञा 全財産を費やす命令 दूसरी बात जो सरकार को करनी होगी, वह यह है कि किसी को कोई चीज़ या सेवा सरकार की ओर से मुफ़्त न मिले, सब के लिए दाम ख़र्चना पड़े もう一つ政府がなすべきことは物を手に入れるにも御上のサービスを手に入れるにも無料ではなくて金を使わなくてはならないようになすべきことである

ख़र्चा [名] 《P. خرچہ》 (1) 経費；費用 (2) 出費 आकस्मिक ख़र्चा 急な出費；不意の出費 अनावश्यक ख़र्चा 不必要な費用 **ख़र्चा चलना** 賄

われる इतने बड़े राज्य का ख़र्चा कैसे चलेगा これほどの大国の経費はどうやって賄われるのか ख़र्चा चलाना 賄う

ख़र्ची[1] [名*] 《P. خرچی》= ख़रची. **ख़र्ची चलाना** 売春の斡旋をする

ख़र्ची[2] [形] 《P. خرچی》= ख़रचीला; ख़र्चीला.

ख़र्चीला [形+] 《P. خرچیلا》(1) 浪費する；無駄使いをする；贅沢な；贅沢をする (2) 高価につく；高くつく

खर्जूर [名] (1)〔植〕ヤシ科高木サトウナツメヤシ【*Phoenix sylvestris*】= खजूर. (2) サトウナツメヤシの実 (3)〔植〕ヤシ科高木ナツメヤシ【*Phoenix dactylifera*】 (4) ナツメヤシの実 (5) 銀 = चाँदी.

खर्जूरक [名]〔節動〕クモガタ綱サソリ目サソリ（蠍）= बिच्छू; वृश्चिका.

खर्पर [名] = खप्पर.

खर्ब[1] [名・形] (1) 身体に障害や欠陥のある (2) 小さな；短い

खर्ब[2] [数] = खरब.

खर्र खर्र [名] いびきの音（ぐうぐうなど）→ ख़र्राटा.

खर्रा [名] 目録；表

ख़र्राच [形] 《خراج ← P. خرج ख़र्च》金遣いが荒い बड़े भारी ख़र्राच थे ひどく金遣いの荒い人だった

खर्राटा [名] いびき उनके खर्राटों के कारण मैं नहीं सो पाया था あの人のいびきのせいで眠れなかった **ख़र्राटे भरना** いびきをかく= खर्राटे मारना; खर्राटे ले°.

खर्व[1] [形] (1) 身体器官に障害があり不自由な身の；身体に不具合や障害のある (2) 小さな；短い (3) 小柄な (4) 取るに足らない

खर्व[2] [数] = खरब.

खर्वट [名] 山村

खर्वशाख [形] 小柄な = ठिंगना.

खर्वित [形] 小さくされた；縮められた；縮小された

खल[1] [形] (1) 人柄の悪い (2) 卑しい；卑賤な (3) 無恥な；恥知らずの (4) 詐欺師の；いんちきな (5) 陰口をきく

खल[2] [名] 悪人；悪党

खल[3] [名] (1) 太陽 (2) 地球；大地 (3) 場所 (4)〔植〕ナス科チョウセンアサガオ (5)〔植〕オトギリソウ科インドガムボジ (6) 乳鉢 = खरल. **खल क°** こまかく砕く；粉砕する **खल हो°** 砕かれる；粉砕される= चूर चूर हो°.

खलक [名] 水がめ；かめ（瓶）

ख़लक़ [名] 《A. خلق ख़ल्क़》(1) 世界；万有 (2) 創造物；被造物；宇宙

ख़लक़त [名*] 《A. خلقت》= ख़लक.

खलकना [自] (1) 液体を注いだりたぎらすような音が出る (2) あふれる；あふれ出る

खलकाना [他] あふれさせる；あふれ出させる

खलखल [名*] 液体を注いだり沸騰させたりした時に生じる音（どくどく，ごぼごぼ，ぐつぐつなど）

खलखलाना[1] [自] (1) 液体を注ぐ時に音が出る（どくどくなどの音がする） (2) 沸騰する；たぎる

खलखलाना[2] [他] (1) 液体が注がれる際に音をたてる (2) 沸騰させる；たぎらす

खलता[1] [名*] ← खल[1] 悪さ；悪辣さ= दुष्टता.

खलता[2] [名] 背嚢

खलत्व [名] 悪辣さ；性悪さ= खलता; दुष्टता.

खलधान [名] = खलियान.

खलना [自] (1) いやな感じがする；気に障る；気にかかる बालों का झड़ना नारी को सबसे अधिक खलता है, क्योंकि सफ़ेद बालों को तो रंगकर छिपाया भी जा सकता है 脱毛ほど女性にとっていやなものはない．白髪なら染めて隠すこともできるからだ निर्जनता अब उतनी न खलती 人気がないのはもうそれほどいやな感じではなかった कल से तुम लोगों की कमी मुझे बहुत खलेगी 明日からあなた達がいなくなれば随分淋しくなっていやな思いをするわね (2) 気に障る；腹が立つ；癪に障る हम लोग तो पचास ज़रूरी धंधे छोड़कर आए और आप को हमारा आना खल रहा है 私たちが山ほどある大切な仕事を放り出してやって来ているのにそれがあなたの気にくわない उसने कोई जवाब नहीं दिया, जो कि मुझे और भी खला 女は何一つ返事をしなかったので余計に癪に障った

खलनायक [名]〔演・映〕悪役 = प्रतिनायक.

खलनायिका [名*]〔演・映〕女性の悪役

ख़लफ़ [名] 《A. خلف》孝行息子= सपूत; सुपुत्र.

खलबल [名*] = खलबली. (1) 大騒ぎ；大騒動 (2) 騒音；喧騒 (3) うごめき

खलबलाना [自] (1) たぎる；沸騰する；煮えくり返る (2) うごめく= कुलबुलाना. (3) 混乱する

खलबलाहट [名*] 不安；動揺

खलबली [名*] (1) 騒ぎ；大騒動；動乱 (2) 混乱；動揺 (3) 急ぎ；せわしさ **खलबली मचना** = खलबली पड़ना. *a.* 騒ぎが起こる；大騒動になる जब ऐसे डाक्टरों का, जो एक एक स्थान पर बीस बाईस वर्षों से जमे हुए हैं, तबादला शुरू किया तो डाक्टरों के बीच खलबली मच गई 20 余年も同じ所に住みついてきていた医者たちを転勤させ始めると医者たちの間に大騒動が起こった *b.* 混乱が起こる पाचन प्रणाली में खलबली मचना 消化器系統に混乱が起こる पार्टी में सैद्धांतिक पक्ष को लेकर खलबली मच गई 党内に理論面での混乱が生じた

खलभल [名*] = खलबल.

खलभलाना [自] (1) 動揺する；動転する (2) 興奮する

खलभलाहट [名*] = खलभलाना.

खलभली [名*] = खलबली.

ख़लल [名] 《A. خلل》(1) 途切れ；中断；切れ目；裂け目 (2) 妨げ；妨害 ख़लल पड़ना 妨げが生じる；妨げられる；妨害される हमें पूरी कोशिश करनी चाहिए कि परिचित या संबंधी अथवा पड़ोसी की आज़ादी में हमारे कारण ख़लल न पड़े 知人，親類，あるいは隣人の自由が私たちのために妨げられないように十分努力しなくてはならない **ख़लल आ°** 混乱する；乱れる **ख़लल डालना** 妨げる；妨害する श्रमिक संगठन इस तरह की स्थिरता को नापसंद करते हुए उसमें ख़लल डालने की कोशिश करते हैं 労組がこの種の安定を好まず，それを妨害しようとする

ख़लल अंदाज़ [形] 《A.P. خلل انداز》混乱させる；妨害する；妨げる；干渉する

ख़लल अंदाज़ी [名*] 《A.P. خلل اندازی》妨げ；妨害；干渉

ख़लल दिमाग़ [名] 《A. خلل دماغ ख़लले दिमाग़》狂気

खलसा [名*]〔魚〕トウギョ科の淡水魚【*Trichogaster fasciatus*】= खलिश.

ख़ला [名] 《A. خلا》(1) から（空）；くう（空）；空虚；空間 (2) 虚空；宇宙= अंतरिक्ष.

ख़लाई [形] 《A. خلائی》(1) 空の；空虚な (2) 虚空の；宇宙の

ख़लाई कश्ती [名*] 《A.P. خلائی کشتی》人工衛星；宇宙衛星 ख़लाई कश्ती अपोलो 11 人工衛星アポロ 11 号

ख़लाई जहाज़ [名] 《A. خلائی جہاز》人工衛星= कृत्रिम उपग्रह.

खलाना [他] 《← A. خالی ख़ाली》(1) 空にする；中に入っているものを外に出す (2) 穴を掘る (3) へこませる；窪ませる

ख़लाबाज़ [名] 《A.P. خلاباز》宇宙飛行士

ख़लाल [名*] → ख़िलाल. (1) 楊枝；小楊枝 (2) 完敗；完全な負け ख़लाल मानना 脱帽する；負けを認める

ख़लास[1] [形] 《A. خلاص》(1) 解き放たれた；自由な；のびのびとした (2) 無一文の (3) 済んだ；完了した (4) 射精された

ख़लास[2] [名] 解放；自由

ख़लासी[1] [名*] 《A. خلاصی》(1) 解放；自由 (2) 免除 ख़लासी पाना 自由になる；解放される

ख़लासी[2] [名] 《A. خلاصی》(1) 船員 (2) テント張りの作業員 (3) 砲手 (4) 線路工夫 (5) ポーター

ख़लिया [名] 《A. خلیہ》細胞 जिस्म के हर ख़लिये के लिए 身体のすべての細胞にとって

खलियान [名] (1) 脱穀場 (2) 脱穀前の穀物を積んだもの (3) 堆く積んだもの；積み上げたもの **खलियान क°** *a.* 脱穀したものを積み上げる *b.* 散乱させる *c.* 台無しにする

खलिश [名*] = खलसा.

ख़लिश [名*] 《P. خلش》(1) 突き刺さるもの；とげ (2) 突き刺すような痛み；ちくちくさすような痛み (3) 心配= फ़िक्र.

खलिहान [名] = खलियान. खलिहान लगाना 積み上げる किसान फ़सल काटकर खलिहान लगा देता है 農夫は作物を刈り取って積み上げる

खली [名*] 油を搾る作物から油を搾ったかす；油の搾りかす；油かす सरसों की खली カラシナの実の搾りかす मवेशियों के लिए ताक़तवर खली 家畜に精のつく油かす

ख़लीज [名*] 《A. خلیج》湾＝खाड़ी.

ख़लीफ़ा [名] 《A. خلیفہ》(1) 後継者；代理人 (2)〔イス〕預言者の後継者；イスラム共同体の指導者の後継者；カリフ；ハリーファー；ハリーファ तुर्की का ख़लीफ़ा トルコのカリフ बग़दाद का ख़लीफ़ा バグダッドのカリフ पैगंबर के उत्तराधिकारी को ख़लीफ़ा की पदवी दी जाती थी 預言者の後継者にカリフの称号が与えられていた

ख़लील [名] 《A. خلیل》(1) とも；友人；真の友人；親友 (2) 預言者アブラハム

खलु [副] 実に；確かに；間違いなく

खलूरिका [名*] 武芸や体育の練習場；道場；体育館

खलेरा [形⁺] 《A. خلیرا》母方のおばの血統の

खलेल [名] 搾った油の沈殿物や濾過によって取り出される不純物やかす

ख़ल्क़ [名] 《A. خلق》(1) 創造物；万物；森羅万象 (2) 世界＝ख़लक़.

ख़ल्त मल्त [形] 《A. خلط ملط》(1) まざった；まじり合った；ごたまぜの (2) 混乱した

खल्लड़ [名] (1) 死獣からはいだ皮 (2) 革袋 (3) 乳鉢

ख़ल्लाक़ [名] 《A. خلاق》創造主

खल्ली [名]〔医〕リュウマチ

खल्व [名]〔医〕禿頭病＝खल्वाट

खल्वाट[1] [形] はげ頭の；禿頭の चमकती हुई खल्वाट खोपड़ी つるつるの禿げ頭

खल्वाट[2] [名] ＝खल्व.

खवा [名] 肩＝कंधा. **खवे से खवा छिलना** 押し合いへしあいの；立錐の余地もない

खवाई[1] [名*] ←खवाना. 食事を食べさせること＝खिलाना.

खवाई[2] [名*] 船の帆柱を立てる穴

खवाना [他] 食事をさせる；食べさせる＝खिलाना.

ख़वास[1] [名] 《A. خواص》(1) 家臣；侍従；従者；小姓 (2) 床屋；理髪師

खवास[2] [名*] (1) 侍女；奥女中 (2) 側女；妾

ख़वासिन [名*] 《← P. خواصی ख़वासी》(1) 侍女；奥女中 (2) 土侯の側妻；側女；妾

ख़वासी [名*] 《A. خواصی》(1) 従者や侍従などの職；小姓の身分 (2) 仕えること；宮仕え＝मुसाहिबत.

ख़वाहिश [名*] → ख़्वाहिश/ख़ाहिश

खविद्या [名*] 天文学＝ज्योतिर्विद्या.

खवैया[1] [名] 大食漢；大食らい

खवैया[2] [形] 食べさせる＝खिलानेवाला. → खवाना.

खश [名]〔史〕(古代インドの) カサ族 (खस). खशों के आने से पूर्व किन्नर और किरात साथ-साथ रहते थे カサ族の到来以前はキンナラ族とキラータ族は一緒に暮らしていた

ख़शख़श[1] [名] ＝ख़शख़ाश 《P. خشخش / خشخاش》(1)〔植〕ケシ (2) ケシの実

ख़शख़श[2] [形] もろくてくずれやすい；ぼろぼろの→ खसखसा.

ख़शख़ाश [名] ＝ख़शख़श

खशी[1] [形] 薄い空色の；水色の

खशी[2] [名] 薄い空色；水色

खस [名] (1) カサ (現今のウッタラーンチャル・プラデーシュ州ガルワール地方を中心にした地域の古名) (2) 同地の住人, カサ族

ख़स [名] 《P. خس》(1)〔植〕イネ科草本ベチベルソウ【*Vetiveria zizanioides*】芳香あり, 香料の原料になる (2)＝ख़स की टट्टी. **ख़स की टट्टी** ベチベルソウの側根で編んだ簀 (日よけに用いる)

खसकना [自] (1) いざる；にじり進む (2) 姿を隠す；ずらかる (3) ずれる

खसकाना [他] (1) ずらせる (2) かすめとる

खसखस[1] [名*] 《← P. خشخاش ख़शख़ाश》ケシの実

खसखस[2] [名] ←खस (1) イネ科草本ベチベルソウ【*Vetiveria zizanioides*】 (2) 旧重量単位の一 (約 0.0018 g ＝$\frac{1}{8}$चावल.)

खसखसा [形⁺] 砕けやすい；もろい；くずれやすい

खसखसी[1] [形] (1) 真珠色の；淡灰色の；ねずみ色がかった (2) とても小さい；とても短い खसखसी दाढ़ी とても短いあごひげ

खसखसी[2] [名] 真珠色；淡灰色

खसतिल [名]〔植〕ケシ＝पोस्ता.

खसम [名]〔ヨガ〕(1) (ハタヨーガにおいて) 世俗の一切の汚れに染まっていない心の状態 (2) 夫；最愛の人

ख़सम [名] 《A. خصم》(1) 夫＝पति；ख़ाविंद. (2) 主；主人＝स्वामी；मालिक. ख़सम क॰ 不貞を働く人；間男をする

खसर-खसर [名] ごしごしなど物をこすったり摩擦したりする音

ख़सरा[1] [名] 《A. خسرہ》(1) 地税台帳 (2) 草案

ख़सरा[2] [名]〔医〕**छोटा ख़सरा** 風疹＝जर्मन मीजल्स.

ख़सलत [名*] 《A. خصلت ख़स्लत》習性；性質＝स्वभाव；प्रकृति. जानवरों की अलग अलग ख़सलतें और ख़ूबियाँ होती हैं 動物にはそれぞれの習性と長所があるものだ

ख़सारा [名] 《P. خسارہ》(1) 損害；打撃＝हानि；क्षति；नुक़्सान. (2) 欠損；赤字＝घाटा.

ख़सासत [名*] 《A. خساست》(1) 卑劣さ；あさましさ＝नीचता；कमीनगी. (2) 強欲さ；吝嗇＝कृपणता.

ख़सिया[1] [形] 《← A. خصی ख़सी》(1) 去勢された＝बधिया. (2) 不能の；性的能力のない＝नपुंसक.

ख़सिया[2] [名] 《← A. خصی ख़सी》(1) 去勢された家畜 (2)〔動〕(去勢された) ヤギ＝बकरा. (3) 宦官

ख़सियाना [他] 去勢する＝बधिया क॰；नपुंसक बनाना.

ख़सी[1] [名] 《A. خصی》〔動〕(1) 去勢された動物 (2) 去勢されたヤギ＝ख़स्सी.

ख़सी[2] [形] 去勢された＝ख़स्सी.

ख़सीस [形] 《A. خسیس》(1) 卑しい；あさましい＝कमीना；पामर. (2) 強欲な；甚だけちな＝कंजूस；कृपण.

खसोट [名*] (1) むしること；引き抜くこと (2) むしり取ること

खसोटना [他] (1) むしる；引き抜く＝उखाड़ना. (2) むしり取る；奪い取る＝छीनना.

खसोटा [名] (1) むしり取ること；引き抜くこと (2) 追いはぎ

खसोटी [名*] ＝खसोट.

ख़स्ता [形] 《P. خستہ》(1) 調子の悪い；おかしい；不調の；具合の悪い；悪化した उसी समय उन पटरियों की हालत ख़स्ता थी ちょうどその時線路の状態が悪かった आर्थिक हालत भी ख़स्ता थी 経済状態も悪化していた आम तौर पर निम्न मध्यम वर्ग और मध्यम वर्ग के परिवारों की हालत विशेष रूप से ख़स्ता है 一般的に下層中流階級と中流階級の家庭の経済状態は特に悪い राज्य की निरंतर ख़स्ता हो रही वित्तीय हालत 悪化を続けている州の財政状態 (2) 劣った；傷んだ；ひどい；みじめな；劣悪な पिछले 28 वर्षों में खेतिहर मज़दूर की हालत निरंतर ख़स्ता ही हुई है 過去 28 年間農業労働者の境遇は絶えず悪化した लिबास बहुत ख़स्ता और मैला है 服が甚だ傷んでおり汚れている इससे देश की वर्तमान आर्थिक दशा और भी ख़स्ता हो जाएगी このため国の現在の経済状態は更にひどくなろう मकान ख़स्ता हालत में था 家屋はひどい状態になっていた (3) 傷ついた；負傷した；けがをした＝घायल；ज़ख़्मी.

ख़स्ताजिगरी [名*] 《P. خستہ جگری》＝ख़स्तादिली.

ख़स्तातन [形] 《P. خستہ تن》(1) 傷だらけの (2) 疲れ果てた

ख़स्तादिल [形] 《P. خستہ دل》悲嘆にくれた；やるせない

ख़स्तादिली [名*] 《P. خستہ دلی》悲嘆；やるせなさ

ख़स्ताहाल [形] 《P.A. خستہ حال》(1) 悲しんでいる；悲しみに満ちた (2) 景気の悪い；不景気な；不況の (3) いたんでいる；傷んでいる；打撃を受けている संगठनिक रूप से ख़स्ताहाल है 組織的にいたんでいる

ख़स्ताहाली [名*] 《P.A. خستہ حالی》(1) 悲嘆 (2) 貧窮；困窮 घर की ख़स्ताहाली 家庭の困窮

ख़स्लत [名*] → ख़सलत.

ख़स्सी [名] 《← A. خصی ख़सी》(1) 去勢された家畜 (2) 去勢されたヤギ (3) 宦官 **ख़स्सी क॰** 去勢する **ख़स्सी जान से गया और खानेवाले को मज़ा न आया**〔諺〕努力が徒労に終わり世間の評価も得られないことのたとえ＝ख़स्सी की जान जाए खवैये को स्वाद नहीं.

खह [名] 空

खहखह [名] ＝क़हक़हा.

ख़ाँ [名] 《P. خان》＝ख़ान 《T. خان》

-ख़ाँ [造語] 《P. خوان -ख़्वाँ》読む, 読誦する, 歌う, 詠唱するなどの意を有する合成語の構成要素＝ -ख़्वाँ. क़िस्साख़ाँ/क़िस्साख़्वाँ 語り手；講談師

खाँग[1] [名] (1) とげ (2) けずめ（蹴爪） (3) 角；動物の角状のもの (4) 芽
खाँग[2] [名*] (1) 減ること；磨滅すること (2) 欠如；不足
खाँगड़ [形] (1) 角や角状のものを持っている (2) 牙のある (3) 武装した；武器を持った
खाँगना[1] [自]（片足の不具合のため歩き方が普通でないありさまを言う）びっこをひく；ちんばをひく
खाँगना[2] [自] 減る；減少する
खाँगा [名] 剣 = खड्ग; खाँडा.
खाँगी [名*] 欠陥 = कमी; घाटा.
खाँच[1] [名] どろ；泥地；ぬかるみ；沼沢地
खाँच[2] [名] つなぎ目；接続点= जोड़; संधि.
खाँच[3] [名*] ← खाँचना. しるし；目じるし；目印
खाँच[4] [名] = खाँचा.
खाँचना [他] (1) しるしをつける (2) 書きなぐる；乱雑に書く
खाँचा [名] (1) 穴 (2) 割れ目；裂け目；溝 (3) 欠損 (4) かご（籠） (5) 鳥かご
खाँची [名*] 小さな籠；手籠 दो पहर के बाद वह अपनी खाँची और खुरपी लिये फिर उसी स्थान पर पहुँची 午後自分の手籠と草抜き道具を持ってまた同じ所にやって来た
खाँचेदार [形]《H.+ P. دار》溝のある；刻み目のある；ぎざぎざの
खांड [名] 分断；分離
खाँड [名*] サトウキビの搾り汁を煮つめて作られた粗糖；精糖の原料となる粗糖 खाँड का खिलौना〔ヒ〕砂糖でこしらえたお供えの品（ディーワーリー祭 दीवाली に供えて拝んだ後に食される砂糖でこしらえた様々な動物などをかたどったもの）→ खील-खिलौने.
खांडव [名]〔マハ〕カーンダヴァ（クルクシェートラ कुरुक्षेत्र にあったとされる森）
खांडसारी[1] [名*] 精製前の甘蔗糖；粗糖
खांडसारी[2] [名] サトウキビの搾り汁を煮つめて粗糖を作る業者；製糖業者
खांडसारी[3] [形] 粗糖の→ खँडसारी.
खाँडसाल [名*] 製糖所；砂糖製造工場
खाँडा [名] 両刃の剣= खग. खाँडा बजना いくさが起こる；戦争になる
खाँड़ी [名*]〔服〕サリー साड़ी
खाँप[1] [名*] 切片；断片；かけら= टुकड़ा; फाँक.
खाँप[2] [名] (1) 家系；血統 (2) ゴートラ (3)（サブ）カースト；ジャーティー एक राठौड़ अपना विवाह अपने ही कुल अथवा खाँप में नहीं कर सकता था あるラートールの男がカースト内で結婚相手を見つけられずにいた
खाँपना [他] (1) 押し込む；突っ込む；詰め込む= खोंसना. (2) はめこむ= जड़ना.
ख़ाँ बहादुर [名]《P. خان بہادر》カーン・バハードゥル／ハーン・バハードゥル（英領インドにおいて英当局より忠勤な一部のムスリムに与えられていた称号の一． ख़ाँ साहिब より上の格付け．ヒンドゥー教徒の राव बहादुर と並ぶ）
खाँभना [他] 封に入れる；封入する
खाँवाँ[1] [名]（城の周囲などの）堀割；濠= खाँवा.
खाँवाँ[2] [名] 土の囲い；あぜ（畦）
खाँसना [自] せきこむ；咳をする
ख़ाँ साहिब [名] カーン・サーヒブ／ハーン・サーヒブ（英領インド時代にイギリス当局から忠勤なムスリムの名士が授けられた称号の一． → ख़ाँ बहादुर.）
खाँसी [名*] (1) せき（咳） (2) 咳をすること **खाँसी आ॰** 咳が出る= खाँसी उठना; खाँसी हो॰. खाँसी-बुखार 咳と発熱 खाँसी व बंदनाक से राहत せきと鼻づまりが楽になること सूखी खाँसी 空咳 सूखी खाँसी आ॰ 空咳が出る= ठसका निकलना.
खाई [名*] (1) 防御用に掘られた堀 महल के आसपास की खाई 宮殿の周囲の堀 किले के चारों ओर एक खाई है 城の周囲に堀がある (2)〔軍〕塹壕 लड़ाई के मैदान में खाई 戦場の塹壕 (3) 比喩的に（へだたりの意の）溝 दो-चार दिनों में मदन और जगदीश के बीच की अजनबीपन की खाई दूर हो गई 2〜3 日のうちにマダンとジャグディーシュとの間の他人行儀の溝がなくなった **खाई खुदना** *a.* 溝ができる；溝や堀が掘られる *b.* へだたりができる；距離ができる इससे इंसान इंसान के बीच खाई खुद जाती है これにより人と人との間に溝ができる **खाई खोदना** *a.* 溝を作る；溝や堀を掘る *b.* へだたりを作る；距離を作る **खाई चौड़ी क॰** 溝を広げる；へだたりや距離を大きくする **खाई पाटना** へだたりをなくす；溝を埋める **खाई बढ़ना** 溝が大きくなる；へだたりが広がる **खाई में कूद पड़ना** わざと厄介な目に遭う **खाई में गिरना** 道を誤る；自分で自分の首を締める **खाई से निकल कर खंडक में गिरना**〔諺〕一難去ってまた一難；不運や危険が連続して生じることのたとえ
खाऊ [形] (1) 食いしん坊の；大食らいの；大食漢の (2) 欲張り；欲たれ ये सब खाऊ हैं この人たちはみんな欲たれだよ
ख़ाक[1] [名*]《P. خاک》(1) 土；地面；大地 ख़ाक को उसने सब्ज़ा बनाया（神が）大地を緑になされた ख़ाक का फ़र्श यह पानी पे बिछाया किसने? この土の敷物（大地）を水の上に敷いたのはだれ？ (2) 土埃 (3) 灰；灰燼 (4) 全く取るに足らないもの；全然値打ちのないもの **ख़ाक उड़ना** 荒れ果てる；荒廃する **(-पर) ख़ाक उड़ना**（－が）汚名を着る **(-पर) ख़ाक उड़ाना**（－を）破滅させる；荒廃させる **ख़ाक उड़ाते फिरना** あてどもなくうろつきまわる= ख़ाक फाँकना. **(-) ख़ाक क॰** *a.*（－を）灰にする；燃やし尽くす；焼き尽くす *b.*（－を）破壊する；荒廃させる जिसने इनसानियत, दया, धर्म और देश की आज़ादी को ख़ाक कर देने की ठान ली है 人道，慈悲，人倫，国家の独立を破壊することを決意した者 **ख़ाक का पुतला** もろく弱い存在としての人間 **ख़ाक चाटना** 哀願する；伏して願い上げる；拝み倒す= अनुनय विनय क॰. **(-की) ख़ाक छानना** *a.* 苦労する *b.* あてどもなくうろつく；流浪する= मारा-मारा फिरना. *c.* 探しまわる मैं जंगलों में ख़ाक छानता, मिन्नत-समाजत करके इसे लौटा लाया 森から森へ探しまわり頼みに頼んでこの人を連れ戻った **ख़ाक डालना** *a.* 許す；赦す；赦免する *b.* 隠す；隠蔽する **ख़ाक धूल** = ख़ाक पत्थर. **ख़ाक धूल समझना** = ख़ाक समझना. **ख़ाक न समझना** 全然理解しない **ख़ाक-पत्थर** *a.* 全然（…ない）；全く（…ない） *b.* つまらぬもの；無意味なもの= क्यों जी, लड़कों को तुम क्या पढ़ाते होगे ख़ाक-पत्थर?. お前さんが子供たちに教えているなんて全然なっていないよ जो समय का मूल्य नहीं जानता, वह ख़ाक-पत्थर कुछ नहीं कर सकता 時間の値打ちを知らない者は全く何もなしとげることはできぬものだ **(-) ख़ाक में मिलना** *a.*（－が）灰燼に帰す *b.* 滅びる；潰える；滅亡する；台無しになる；無駄になる सल्तनत ख़ाक में मिल गई 帝国は滅亡してしまった *c.* 死ぬ **(-) ख़ाक में मिलाना**（－を）台無しにする；無駄にする **(-) ख़ाक समझना**（－を）全く評価しない；全く見下す；全く侮る；屁とも思わない **(-) ख़ाक सियाह क॰**（－を）灰にする；灰燼に帰せしめる **ख़ाक सिर पर उड़ना** 悲嘆のあまり精神錯乱におちいる= ख़ाक सिर पर डालना. **ख़ाक हो जा॰** 全くなくなる；全滅する
ख़ाक[2] [副] 全然…（ない）；全く…（ない）；絶対…（ない） "हर इनसान अपनी तरफ़ से अच्छा सामान देता है." "ख़ाक अच्छा दिया है."「だれでも人にはいいものを贈るものだよ」「とんでもない．なにがいいものだ」 **क्या ख़ाक**（…）なんてない；全く…しない；全然…しない अब क्या ख़ाक समझ में आएगा もう何も全くわからない ऐसे में खेती क्या ख़ाक होती? こんな状態で農業なんてできるはずがない पर अम्माँ से कहती क्या ख़ाक! でも母さんに絶対言いはしない（母さんに話すわけがない） सच बात तो यह है कि जिसने प्यार नहीं किया वह क्या ख़ाक जिया 実は恋をしたことのない人間は全くこの世に生きたことにはならないんだよ "परीक्षाएँ नज़दीक आ गई हैं" "हाँ, तैयारी कैसी हो रही है?" "ख़ाक हो रही है.जैसे ही पढ़ने लगता हूँ, नींद आने लगती है"「試験が近づいたね」「そうだね，準備はどうだい」「さっぱりなんだよ．机に向かうと途端に眠くなるのさ」
ख़ाकरोब [名]《P. خاکروب》道路の清掃人；掃除人
ख़ाकशीर [名*]《P. خاکشیر》〔植〕アブラナ科草本クジラグサ【*Sisymbrium irio*】とその実= ख़ूबकलाँ. 〈London-rocket〉
ख़ाकसार[1] [形]《P. خاکسار》(1) 卑しい；取るに足らない；つまらない；貧弱な (2) 謙虚な；丁重な= विनम्र; आजिज़.
ख़ाकसार[2] [代] 卑下や謙遜の自称．手前，小生，拙者などの意や手紙の末尾に敬具などの意で用いられる
ख़ाकसार[3] [名] (1)〔イス〕ハークサール（カークサール）運動（1931 年に इनायतुल्लाह ख़ाँ 1888–1963 によって起こされた宗教・思想・政治運動） (2) ハークサール運動に参加した人
ख़ाकसारी [名*]《P. خکساری》卑下；謙遜= विनम्रता; आजिज़ी.
ख़ाकसीर [名*] → ख़ाकशीर.

ख़ाका [名] 《P. خاکہ/خاکا》(1) 下書き (2) 草案 (3) 図 (4) 概要；大筋；あらまし (5) 見積書 (6) グラフ；線グラフ (-का) ख़ाका उड़ाना (ーを) 茶化す；笑いものにする；からかう (-का) ख़ाका उतारना *a*. (ーを) 写す；模写する *b*. (ーを) 設計する (-का) ख़ाका खींचना *a*. (ーを) 描く= ख़ाका बनाना. *b*. (ーを) 笑いものにする；茶化す= ख़ाका बाँधना.

ख़ाक़ान [名] 《T. خاقان》(1) 皇帝；帝王；君主 (2) 中国やトルコの皇帝の称号

ख़ाकिस्तर [名*] 《P. خاکستر》灰；灰燼；燃えかす

ख़ाकिस्तरी [形] 《P. خاکستری》灰色の；ねずみ色の

ख़ाकी[1] [形] 《P. خاکی》(1) 土の (2) カーキー色の；薄茶色の सिपाही ख़ाकी वरदी पहनता है 兵士はカーキー色の制服（軍服）を着る ख़ाकी अंडा *a*. かえらない卵；孵化せずに腐った卵；無精卵 *b*. 混血の人（をののしる言葉） *c*. 不義の子（をののしる言葉）；くたばれ= हरामज़ादा.

ख़ाकी[2] [名] (1) カーキー色の制服 (2) カーキー（ヴィシュヌ派行者の一派で全身に聖灰を塗る．在家の信徒もあるとされる） (3)〔イス〕カーキー／ハーキー（スーフィー教団の指導者ハーキーシャーの信奉者） (4)〔イ史〕英領インドのシク教徒の歩兵連隊及びその兵士たちの制服

ख़ाग [名] 《P. خاگ》鶏の卵；鶏卵

खागना[1] [自] 刺さる；突き刺さる= चुभना; गड़ना.

खागना[2] [自] つく；ひっつく；くっつく

खागना[3] [他] つける；ひっつける；くっつける

ख़ागीना [名] 《P. خاگینہ》〔料〕(1) 卵フライ (2) オムレツ

खाज[1] [名*] (1)〔医〕田虫，はたけ（疥），疥癬などの皮膚病 (2)（動物の）皮癬 खाज-खुजली 疥癬，田虫などの皮膚病 कोढ़ की खाज〔諺〕泣き面に蜂；不都合や不運の重なって生じること

खाज[2] [名] 食物；食べもの；餌= खाद्य.

खाजा [名] (1) 食べもの；食物 (2) えさ（餌） (3) カージャー（菓子の一種．メリケン粉を材料にギーで揚げシロップにつける）

खाट [名*] (1) 寝台；ベッド；簡易ベッド；チャールパーイー（床の部分をひもなどで編んだもの） खाट-खटोला 家具；家財道具 (2) 屍体を火葬場や墓地に運ぶための棺架 खाट कट जा॰ 重い病気で寝込んで起き上がれなくなる खाट तोड़ना 仕事もなくごろごろする；働かずにごろ寝する；ぶらぶらする बाबू साहब अब खाट तोड़ रहे हैं 旦那は近頃ぶらぶらしていらっしゃる खाट निकलना〔ヒ〕出棺；棺架が出る खाट पकड़ना 病床につく；寝込む；病気になる；病臥する खाट पड़ना = खाट पकड़ना. खाट पर पड़ना = खाट पकड़ना. खाट पर पड़े खाना *a*. 居食いする *b*. 寝込んで働けなくなる खाट पर पड़े पड़े दिन बिताना 徒食する खाट लगना 病気や衰弱のために寝込む खाट से उठना 快復する；回復する खाट से उतारना〔ヒ〕息を引き取る直前にベッドから床や地面に降ろして寝かせる खाट सेना 病気になって床を離れられなくなる；病気で寝込む

खाटा [名*]〔ヒ〕ヒンドゥーが遺体を火葬場に運ぶために用いる竹で組んだ棺架= खाट/खाटि; अरथी.

खाड़ी [名*] (1) 湾 बंगाल की खाड़ी ベンガル湾 (2) 入り江 खाड़ी के देश 湾岸諸国；ペルシア湾岸諸国（ペルシア湾近辺の石油産出国）〈Gulf States〉 खाड़ी के देशों की तेल-राजनीति 湾岸諸国の石油政策

खाड़ू [名]〔建〕瓦桟

खात[1] [名] (1) 掘ること；発掘 (2) 溝 (3) 穴 (4) 堆肥を作るための穴 (5) 穀物を貯蔵しておく穴 (6) 井戸 (7)〔解〕穴；窩

खात[2] [名*] (1) くず；がらくた；廃物 (2) 腐ったもの；腐敗したもの (3) 肥料 = खाद.

खात[3] [名*] (1) 酒を作るために積まれたイリッペの花 (2) イリッペの花で酒を造るため発酵させる場所→ महुआ.

खातक[1] [名] (1) 掘る人 (2) 借りる人 (3) 借金する人

खातक[2] [名] (1) 小さな池 तलैया (2) 堀= खाई; परिखा.

ख़ातम [名] 《A. خاتم》(1) 印；印章 (2) 印鑑のついた指輪

ख़ातमकार [名] 《A.P. خاتم کار》象眼細工師= ख़ातमबंद.

ख़ातमा [名] 《A. خاتمہ ख़ातिमा》(1) 終わり；終末；終結 (2) 結果；結末 (3) 死；最期

खाता[1] [名] (1) 帳簿 (2) 元帳；台帳 (3) 経理 (4) 勘定科目；費目 खाता खोलना *a*. 取引を始める= खाता डालना. *b*. 新しい関係を持つ खाता पड़ना 取引が始まる खाता बक़ाया 元帳残高= खाता शेष.〈ledger balance〉 खाता मूल्य 帳簿価格〈book value〉

खाता[2] [名*] 人工池

खाता[3] [名] 穀物を保存するための穴蔵= बखार.

खाता-पीता [形+] → खाना-पीना.

खाता बही [名*]〔商〕元帳；台帳；総勘定元帳

ख़ातिमा [名] 《P. خاتمہ》(1) 終わり；終了；終結= समाप्ति; अंत; अख़ीर. मार्शल लॉ का ख़ातिमा कुछ ही दिन की बात? 近日中に厳戒令の撤廃か (2) 結果；結末= नतीजा; परिणाम. (3) 死；死亡；最期= मौत; मृत्यु. (-का) ख़ातिमा क॰ (ーを) 終える；終結する；撤廃する；廃止する हड़तालों और तालाबंदियों का ख़ातिमा ストとロックアウトの終結 मौजूदा इजलास के ख़ातिमे से पहले 現国会（期間）の終了以前に

ख़ातिर [名*] 《A. خاطر》(1) 接待；もてなし；歓待 बारात की ख़ातिर भी ठीक से नहीं की गई 結婚式参列者の接待もまともに行われなかった ख़ातिर क॰ 接待する；もてなす；歓待する चायदान से ख़ातिर करते हैं 茶菓でもてなす (2) 尊敬；敬意 (3) 配慮；気配り；思いやり (-) ख़ातिर = (-की) ख़ातिर. *a*. (ーの) ために；(ー) 故に उसने अपनी जवानी आप की इज़्ज़त की ख़ातिर अपने ससुर के कुल की लाज की ख़ातिर कुर्बान कर दी 若い命を自分の名誉・婚家の家名のために捧げた दो वक़्त की रोटी ख़ातिर महाभारत होता है 1 日 2 度の食事のために（生きんがために）大喧嘩が起こるのだ बच्चों की ख़ातिर मैं उनके सब ज़ुल्म अब तक सब्र से सहती आई हूँ これまでは子供たちのためにあの人のひどい仕打ちにみな耐えてきたのです *b*. (ーに) 免じて पैसे की ख़ातिर 金のために (-) ख़ातिर में रखना (ーを) 気にとめる；覚えておく (-) ख़ातिर में लाना (ー) を重んじる；敬う；尊ぶ

ख़ातिरख़्वाह[1] [形] 《A.P. خاطر خواه》望みの叶った；望み通りの；願い通りの

ख़ातिरख़्वाह[2] [副] 《A.P. خاطرخواه》望み通りに；願い通りに

ख़ातिरजमा [名*] 《A. خاطر جمع》安心；落ち着き；平静= संतोष; तसल्ली. ख़ातिरजमा क॰ 心を落ち着ける = ख़ातिरजमा रखना.

ख़ातिरदारी [名*] 《A.P. خاطرداری》(1) もてなし；接待；歓待 (2) 思いやり；配慮；気配り ख़ातिरदारी तो अच्छी कर ही देंगे जैसा वे कहेंगे（結婚式の）接待はあちらさんのおっしゃるように申し分のないように致しましょう

ख़ातिरी [名*] 《A. خاطری》(1) もてなし；接待= आवभगत; सत्कार. (2) 安心= इत्मीनान; संतोष; तसल्ली.

खाती[1] [名] (1) カーティー・カースト（木材を扱う職人カースト．木工，車大工，木彫り師など） (2) 穴掘りをする人

खाती[2] [名*] (1) 穴 (2) 小さな池

खाती[3] [名*] 過ち；科；罪科= अपराध; ग़लती.

खाती बही [名*] 元帳；原簿；会計元帳

ख़ातून [名*] 《T. خاتون》(1) 女史；教養があり洗練された女性（婦人）；淑女 साइंसदान ख़ातून 女性科学者 ख़ातूने काबा ファーティマー（फ़ातिमा 預言者ムハンマドの 4 女で第 4 代カリフとなったアリーと結婚．イスラム世界で理想の女性とされる）= ख़ातूने अरब. (2) 女性の名につける敬称；夫人；女史 ज़ुबेदा ख़ातून ズベーダー女史；ズベーダー夫人

ख़ातूने ख़ाना [名*] 《T. خاتون خانہ》主婦；刀自= गृहिणी; गृहस्वामिनी.

खातेदार [名] 《H. P. خاتہ دار》（銀行，郵便局などの）預金者や利用者．銀行側からは口座保有者，「お客」，「顧客」になる बैंक का समय खातेदारों के लिए समाप्त हो गया है 本日の（銀行）業務は終了致しました

ख़ात्मा [名] = ख़ातिमा.

खाद[1] [名*] 肥料；こやし बढ़िया खाद 良質の肥料 रासायनिक खाद 化学肥料 हड्डी की खाद 骨粉（肥料） खाद डालना 肥料を施す；施肥= खाद दे॰. खाद पड़े तो खेत, नहीं तो कूड़ा-रेत〔諺〕畑には肥料を十分に施さなくてはならないものだ

खाद[2] [形・名] 食用の；食べられる；食べ物；食物= खाद्य.

खादक[1] [形] (1) 食べる (2) 債務のある；借金する

खादक[2] [名] (1) 債務者 (2) 薬として食される金属灰

खादन [名] (1) 食べること；食事 (2) 食べ物；食物 (3) 歯

खादनीय [形] 食べられる；食用の= खाद्य.

खादर [名] 川や池沼の周辺の低い土地；低湿地= कछार; तराई. खादर लगना 牧草が生え出る

खादि [名] (1) 食物 (2) 鎧 (3) 手甲
खादित [形] 食べられた；食された= खाया हुआ.
खादिता [形] 食べる；食する
ख़ादिम [名] 《A. خادم》(1) 従者；家来；部下 बादशाह अलाउद्दीन ख़िलजी का ख़ादिम アラーウッディーン・ヒルジーの家来 (2) 使用人 (3)〔イス〕イスラム教寺院の寺番；モスクや聖者廟の世話係や案内人
खादिर [名] (1)〔植〕マメ科ペグノキ【*Acacia catechu*】= खैर; खैर का पेड़; कथकीकर. (2) ペグノキから採れるペグアセンヤク（ペグ阿仙薬）= खैर; कत्था; खादिरसार.
खादी[1] [名*] (1) 織り目の粗い綿布；カーディー (2) 手織りの織り目の粗い綿布；カーディー खादी आश्रम カーディー・アーシュラム（マハートマー・ガンディーの指導したインドの独立運動の象徴的な動きとして国産品愛用のための手織りの綿布の製造・販売の推進のため各地に設けられた）= खादी भंडार.
खादी[2] [形] (1) 食べる；食する (2) 保護する；守護する
खादीधारी [形・名] (1) 手織りの綿布（カーディー）を着用する（人） (2) カーディー愛用者（マハトマ・ガンディーのカーディー振興運動に関して）
खादी भंडार [名] カーディー（手織の綿布）衣料品の販売所
खादुक [形] 危害を加える；害を及ぼす
खाद्य[1] [形] 食べられる；食用の खाद्य तेल 食用油= खानेवाला तेल.
खाद्य[2] [名] (1) 食糧；食品 (2) 食事 केंद्रीय खाद्य एवं नागरिक आपूर्ति मंत्री 連邦政府食糧・生活必需品供給相 खाद्य उत्पादन 食糧生産 खाद्यनीति 食糧政策 खाद्य समस्या 食糧問題 खाद्य सामग्री 食糧 खाद्य निगम 食糧公社= सरकार का खाद्य निगम.
खाद्य पदार्थ [名] 食品；食糧 ख़राब खाद्य पदार्थों से भी बीमारियाँ फैलती हैं 悪い食品でも病気が広まる
खाद्यान्न [名] 穀物；穀類
खाधुक [形] 食べる；食する
खान[1] [名*] (1) 鉱山 (2) 宝庫 (3)（ものが）いっぱいある所；山ほどあるところ (4) 源泉 रत्नों की खान 宝石の庫 ब्राह्मण को अवगुणों की खान होने पर भी पूज्य बताया है バラモンはたとえ山ほど欠点があろうとも敬うべしと述べられている
खान[2] [名] (1) 食べること；食事 (2) 食べるもの；食物 खान-पान →見出し語
ख़ान [名] 《T. خان》(1) 主；首長；頭目 (2) ムガル族やパターン人の貴族に対する敬称 ख़ान अब्दुल ग़फ़्फ़ार ख़ाँ ハーン・アブドゥル・ガッファール・ハーン (3) パターン人；パシュトゥーン族の人 हींग वाला ख़ान アギを商うハーン（パターン商人）
खानक [名] (1) 坑夫；鉱員；鉱夫 (2) 煉瓦職人；建築職人
ख़ानक़ाह [名*] 《A. خانقاه》〔イス〕イスラム教スーフィー，すなわち，神秘主義の修道者たちが共同生活を営む修道場，ハーンカー
ख़ानख़ानाँ [名] 《P. خان خانان ख़ानख़ानान》(1) 大将軍 (2)〔イ史〕ムガル朝の将軍の称号の一 (3) 宰相
ख़ानख़ानी [名*] 《←ख़ानख़ाना》帝国= साम्राज्य.
ख़ानख़्वाह [副] = ख़्वाहमख़्वाह.
ख़ानगाह [名*] = ख़ानक़ाह.
ख़ानगी[1] [形] 《P. خانگی》(1) 家庭の；家庭内の；家族の= घरेलू. (2) 個人的な；私的な= निजी; जाती.
ख़ानगी[2] [名*] 《P. خانگی》(1) 売春婦；遊女 (2) 妾
ख़ानज़ादा [名] 《P. خان زاده》(1) 将軍の息子 (2) イスラム教に改宗したクシャトリヤ
ख़ानदान [名] 《P. خاندان》(1) いえ（家）；家柄；け（家）；家系 नेहरू ख़ानदान ネルー家 (2) 家族；家庭 हमारे ख़ानदान की बहुएँ कहीं बाहर निकलती हैं और वह भी खेतीबारी का काम देखने के लिए? 何，内の家の嫁が外へ出かけるだと，それも畑の見回りにだと？
ख़ानदानी[1] [形] 《P. خاندانی》(1) 名門の；由緒ある家柄の (2) 先祖代々の；累代の (3) 世襲の ख़ानदानी डाक्टर ホームドクター आपका ख़ानदानी डाक्टर कौन है? お宅のホームドクターはどなたですか ख़ानदानी निशान 家紋
ख़ानदानी[2] [名] 一族の人；家系の人 यार तुम्हारे ख़ानदानियों को ठाकुर का ख़िताब किसने दिया था, हो तो पूरे बनिये 君の家系に一体だれがタークルの称号をくれたんだね．根っからの商人なのに
खान-पान [名] (1) 飲食（すること） (2) 食事；食生活；食習慣 यह साफ़ रक्त संतुलित व पौष्टिक खान-पान से बनता है 均衡のとれた栄養のある食事でこの清浄な血液ができる
खान मंत्रालय [名] インド連邦政府鉱工業省〈Ministry of Mines〉
ख़ानम [名*] 《T. خانم》(1) 出自がハーン ख़ान/ख़ाँ，すなわち，ムガル（मुग़ल）とされるイスラム教徒の女性一般に対する敬称 (2) ハーナム（イスラム教徒の上流社会の女性に対する敬称）；（名門の）奥方；奥様；令夫人
ख़ानसामाँ [名] 《P. خانسامان》料理人；調理人；調理師= रसोइया.
खाना[1] [名] (1) 食物；食料；食べ物 ग़रीबों को खाना दिया जाता है 貧乏人には食べ物が支給される अम्मी खाना पका लेती हैं 母さんはご飯をこしらえる संतुलित खाना バランスのとれた食事 खाने की खोज में 食べ物をさがしているうちに (2) 食事；料理 मनपसंद खाना 好きな料理；好みの食事 दो खानों के बीच में कम से कम तीन घंटे का वक़्त होना चाहिए 2 度の食事の間に少なくとも 3 時間の合間がないといけない रात का खाना 夕食 खाना पकाना 料理をこしらえる= खाना बनाना. **अंग्रेज़ी खाना** 洋食= कुकरी. **खाना खाना** 食事をとる= भोजन क°. **खाना छोड़ना** 食べ残す **खाना लगना** 食膳が据えられる；膳が出る；料理がお膳に並べられる कुछ देर बाद मेज़ पर खाना लग गया しばらくすると食卓に食事が出た **खाना लगाना** 膳を据える；膳を出す (3) 食べること；食事をすること **खाने का सोडा** 重曹；重炭酸ソーダ **खाने की प्लेट** 皿；平皿；プレート **खाने की मेज़** 食卓
खाना[2] [他] (1) 食べる；食事する (2) 口を通して体に取り入れる；摂取する；用いる；服用する（飲む） किसी-किसी को नशा खाने से फ़ायदा होता है 人によっては酒や麻薬などを用いることで益がある खाने की चीज़ 食物；食べ物 कुनैन खाना キニーネを飲む（薬として服用する） खानेवाली गर्भनिरोधक गोलियाँ 経口避妊薬；ピル (3) 虫が食う दीमक खाई हुई लकड़ी 白蟻の食った木 (4)（虫などが）さす；かむ；食う (5) 身（体）に受ける；当たる एक दिन कड़ाके की सर्दी में बादशाह बीरबल के साथ अपने बाग़ में टहलते हुए धूप खा रहे थे ある日王は大変な寒さの中をビールバルと一緒に庭を散策しながら日光浴をしていた (6)（精神的，あるいは，肉体的に好ましくないものや打撃になるものを）食う；受ける；食らう；被る；当たる चाबुक खाकर 鞭を受けて；鞭打たれて कहाँ मैं जंगल का राजा और कहाँ एक दुबले-पतले ट्रेनर से चाबुक खा रहा हूँ ジャングルの帝王のこの自分がひょろひょろのこの調教師に鞭打たれているとはなんたることか जैसे गोली खाकर गिरे सिपाही हों 銃弾を受けて倒れた兵士みたいに मिट्टी का ढाई-तीन मीटर ऊँचा बांध जिसपर से कोई सवारी बमुश्किल हिचकोले खाते निकल सकती है 何かの乗り物がやっとのことで揺れながら通り抜けることのできる高さ 2〜3m の堤防 तिपहिया स्कूटर के हिचकोले खा 三輪オートバイに揺られて उसकी ठीक वही दशा हो जाती थी, जैसे कोई पानी में डुबकियाँ खा रहा हो ちょうど水に溺れかかっているような状態になるのだった मैं मार खाने से नहीं डरती 叩かれるのを恐れない एकाध थप्पड़ दादा से भी खाएगा 平手打ちも 1 つ 2 つ兄貴分から食らうだろう उसने आपके बदले लाठियाँ खाईं あの人はあなたの代わりにラーティー（警棒）で打たれた (7) こうむる（被る）；かぶる；浴びる；喫する（日本語では受動的な表現になることが多い） बहुत से ऐसे आयोगों की रिपोर्टें केंद्रीय तथा राज्य-सरकारों के दफ़्तरों में धूल खा रही हैं 多くのこの種の審議会の報告書は中央や地方の役所で埃を被っている (8)（不利なものや打撃，不利益なものなどを）受ける；被る；喫す कपूर और बलदेव ने भी मात खाई है カプールとバルデーオも敗北を喫した कौन पियक्कड़ों की गालियाँ खाए? だれが飲み助の悪口を浴びるものか धोखा खाना だまされる；欺かれる आप इसे यों नाज़ुक बना देंगी तो यह दुनिया में मार खाएगा この子をこんなにひ弱に育てると世間に出て打撃を受けることになる मैंने जहाँ कामयाबी पाई है तो कई बार बुरी तरह चोट भी खाई है, बहुत नुक़सान भी उठाया है 成功を収めた反面，幾度もひどい打撃を被ったこともあるし大損をしたこともある (9) 感じる；感受する；催す तरस खाना 哀れみを覚える；気の毒に感じる उसकी गहरी नींद पर तरस खाकर रह गया ぐっすり眠っているので可哀相になって思いとどまった उनपर तरस खाने के बजाय ग़ुस्से से मारने को दौड़ी その人たちを哀れむどころか怒って叩こうとした वह दुनिया वालों से कभी ख़ौफ़ नहीं खाता है 決して世間に恐怖を感じない उससे शाबाशी भी मिलती है और दूसरी विशिष्ट जाति के

लोग उस गिरोह से ख़ौफ़ खाने लगते हैं 他の特定カーストの人たちはその一味を恐れる（一味に恐怖を感じる）ようになる राजपूतों से हमारी फ़ौज कैसी ख़ौफ़ खाती थी わが軍はラージプートを随分恐れていたものだった भय खाना すくむ；おびえる (10) 無駄に費やす；食う चाय, खाना-पीना और टेलीफ़ोन दफ़्तरों में कर्मचारियों का अधिकांश समय खा जाते हैं और कार्यकुशलता पर इसका असर पड़ता है 茶を飲んだり飲食したり電話したりで職員の大半の時間が食われてしまい能率にその影響が及ぶ (11) 悩ませる；苦しめる；さいなむ；責める पिछले कई दिनों से जो चीज़ मुझे खाये जा रही थी, वह यही अस्पष्ट आशंका थी この数日来私を苦しめ続けているのはこの得体の知れない不安だった यही चिंता मुझे दिन-रात खाये जा रही है ほかでもないこの不安が私をさいなんでいる यह ग़म उन्हें खाए जा रहा था この悲しみがあの方をたえまなく苦しめていた (12) 不正な手段で取得する；使い込む；横領する；横取りする जाने किन-किन फ़ंडों का चंदा खाये बैठा है 一体どれだけの基金を使いこんだことやら वह हम लोगों का रुपया खा गया 我々の金を横取りした तुमने ठेकेदार से रुपये खाए हैं 君は請負師から賄賂を受けたな (13) むしばむ；侵す；損なう；害する；悪くする दहेज़ समाज को खा रहा है, उसकी कर्मशक्ति को खा रहा है 持参金が社会をむしばんでいる．社会の活力を害している उसे तो महानगर खा गया あの男は大都会につぶされた (14) なくす；つぶす；消す；奪う；取り去る मुद्दतों पहले वे झंडे रहे होंगे, लेकिन समय बारिश और धूप ने उनके रंगों को खा लिया था ずっと以前は旗であったろうが，年月と雨と日光が色を消してしまっていた कमबख़्त माँ बाप को खा गई 親の命を奪ってしまったろくでなしの娘 (15) 立てる；はっきりと示す लो शपथ रोहित की खाता हूँ さあ，ローヒトの命にかけて誓いを立てよう (16) 一致する；合う ताल मेल खाना 気が合う；調子が合う (17) ある動作をする कुछ पक्षी आकाश में कलाबाज़ियाँ खाते हैं 一部の鳥は宙返りをする (18) 得る；取得する ब्याज खाने वाले 金貸し；高利貸し **खाए तो पछताए, न खाए तो पछताए** 〔諺〕正体はよくないものでありながらだれしもが欲しがるもの **खाता-पीता** 裕福な खाते-पीते घर की कन्या 裕福な家庭の娘 अच्छा खाता-पीता とても裕福な；かなり裕福な माँ गाँव के खाते-पीते परिवारों के यहाँ मेहनत-मज़दूरी का काम कर 母は村の裕福な家庭で賃働きをして **खाते-पीते लात चलाना** 裕福な暮らしをしているのにいつも不平をもらす **खाना और गुर्राना** 恩義を受けた上に文句も言う **खाना और डकार तक न ले०** *a.* 満腹するまで食べてその気配すらない *b.* 気づかれぬように横取りや横領をする **खाना कमाना** 一生懸命に働いて暮らしを立てる **खाना ख़राब क०** 悪の道にそれる **खाना दाना चलना** なりわいが立つ **खाना न पचना** 安心しない；落ち着かない **खाना-पीना** *a.* 飲食する *b.* 飲食を共にする *c.* 楽しむ *d.* 収賄する खाने पीने की चीज़ें 飲食物 उसने मुझसे खाने-पीने का आग्रह किया 私を食事にさそった **खाना-पीना छूटना** 関係がなくなる；縁が切れる **खाना-पीना लहू क०** 家の中をめちゃくちゃにする **खाना हराम कर दे०** *a.* 食事をさせない *b.* ひどく困らせる；ひどく悩ませる **खाने कमाने का ठीकरा** 生活の糧 **खाने के दाँत और दिखाने के और हो०** 〔諺〕*a.* 本心と発言の異なるたとえ；本音と建て前は別だ；本音と建て前とが大違い *b.* 言行の不一致のたとえ **खाने के लाले पड़ना** 食うに困る **खाने को दौड़ना** *a.* 苦しめる *b.* 悩ます *c.* （小さなことに）ぷりぷりする；腹を立てる **खाने-पीने को अच्छा हो०** 暮らし向きのよい；裕福な＝खाने-पीने से ख़ुश हो०. **खाने-पीने को दे०** 賄賂を贈る；贈賄する **खाने भर को दे०** *a.* 満腹させる *b.* 思い知らせる **खानेवाला** *a.* 被扶養者 *b.* 収賄する人 **खाया पिया निकाल दे०** しこたま懲らしめる **खाया पिया ही आदमी का साथ देता है** 食べて身体についたものだけが人を助けるもの（健康だけが頼りになるもの）

ख़ाना ［名］《P. خانه》(1) 家 (2) 箱；容器；ケース；入れ物 (3) 仕切り；区画 (4) 列車の客室 (5) 区切り；項目；科目 (6) 棚

ख़ानाख़राब ［形］《P. خانه خراب》(1) 家産のつぶれた；落ちぶれ果てた；破産した；倒産した (2) 哀れな（人）；みじめな（人）；気の毒な（人）；不運な

ख़ानाख़राबी ［名*］《P.A. خانه خرابی》(1) 破産；倒産 (2) 不運

ख़ाना जंगी ［名*］《P. خانه جنگی》(1) 内戦 (2) 内輪喧嘩；内輪もめ＝गृहयुद्ध; अंतःकलह.

ख़ानाज़ाद ［形・名］《P. خانه زاد》(1) 家で生まれた；内で生まれた (2) 女中・侍女から生まれた（子） (3) 手前；拙者；わが輩

ख़ानातलाशी ［名*］《P.T. خانه تلاشی》家宅捜索；家の隅々まで調べること **ख़ानातलाशी ले०** 家宅捜索する；家の隅々まで調べ上げる

खाना-दाना ［名］《H.+ P.دانه》食糧

ख़ानादामाद ［名］《P. خانه داماد》妻の実家に住む夫＝घर जँवाई.

ख़ानादार ［形・名］《P. خانه دار》(1) 在家の；家庭生活を営む；世俗的生活を営む；所帯持ちの＝गृहस्थ; घरबार वाला. (2) 家の主人；戸主

ख़ानादारी ［名*］《P. خانه داری》(1) 家のきりもり；家政 (2) 家庭生活；在家生活；世俗生活

ख़ानानशीन ［形］《P. خانه نشین》隠遁の身の；世を避ける；遁世の

ख़ानानशीनी ［名*］《P. خانه نشینی》隠遁；世間や俗界を避けること；遁世

खाना-पीना ［名］(1) 飲み食い；飲食 (2) 日常生活 (3) 生活費 (4) 付き合い **खाना-पीना छूटना** 交際がなくなる；縁が切れる；付き合いがなくなる **खाना-पीना लहू क०** 台無しにする；めちゃくちゃにする **खाना-पीना लहू मिट्टी क०** ＝खाना पीना लहू क०. **खाना-पीना लहू मिट्टी हो०** ＝खाना पीना लहू हो०. **खाना-पीना लहू हो०** 台無しになる；めちゃくちゃになる

ख़ानापुरी ［名*］《P. خانه پری》(1) 書類や書式に書き入れること；書きこむこと (2) 義務的な仕事；申し訳ばかりの仕事；形だけの仕事＝ख़ानापूरी. **ख़ानापुरी क०** いいかげんに仕事をする；真剣にではなく義務的にする；申し訳ばかりの仕事をする；形だけのことをする

ख़ानापूरी ［名*］＝ख़ानापुरी.

ख़ाना बख़ाना ［副］《P. خانه بخانه》一軒一軒；軒ごとに＝दर-दर; घर-घर; हर घर में.

ख़ानाबदोश ［形］《P. خانه بدوش》(1) 移動する；定住しない (2) 放浪する (3) 遊牧の ख़ानाबदोश चरवाहा 遊牧民

ख़ानाबदोशी ［名*］《P. خانه بدوشی》(1) 住居の定まらない生活 (2) 放浪生活 (3) 遊牧生活

ख़ानाबरंदाज़ ［形］《P. خانه بر انداز》家を滅ぼす＝ख़ाना बरअंदाज़.

ख़ानाबरबाद ［形］《P. خانه برباد》＝ख़ानाख़राब.

ख़ानाबरबादी ［名*］《P. خانه بربادی》＝ख़ानाख़राबी.

ख़ानासियाह ［形］《P. خانه سیاه》(1) 不運な＝अभागा. (2) けちな；吝嗇な＝कंजूस; कृपण.

ख़ानासोज़ ［形］《P. خانه سوز》家産をつぶす

खानि[1] ［名*］＝खान. (1) 鉱山＝खान. (2) 洞穴＝कंदरा; गुफ़ा.

खानि[2] ［名*］(1) 方角；方位；向き (2) 様式；様子；方法

खापड़ ［名］＝खप्पड़.

ख़ाब ［名］《P.خواب ख़्वाब》(1) 夢＝सपना; स्वप्न. (2) 睡眠＝नींद. → ख़्वाब.

खाबड़ खूबड़ ［形］でこぼこの；凹凸のある；平坦でない＝ऊँचा नीचा.

खाम ［名］(1) 柱＝खंभा. (2) 帆柱＝मस्तूल.

ख़ाम ［形］《P. خام》(1) 熟していない；熟れていない；未熟の＝कच्चा. (2) 洗練されていない (3) 経験のない；未熟の (4) 不完全な；不十分な

ख़ामख़याल ［形］《P. خام خیال》(1) 愚かな (2) 誤解する (3) 誤った考えの；判断が間違っている；思慮の未熟な

ख़ामख़याली ［名*］《P. خام خیالی》(1) 愚かさ (2) 誤解 (3) 誤った考え；間違った判断；思慮の未熟なこと शायद तुम सोच रहे हो कि मैं तुमपर कोई अहसान कर रहा हूँ, नहीं तुम अपने दिल से इस ख़ामख़याली को निकाल दो 多分私が君に親切なことをしていると思っているだろうが，この間違った考えを君は取り払いなさい

ख़ामख़ा ［副］＝ख़ामख़ाह; ख़ाहमख़ाह; ख़्वाहमख़्वाह.

ख़ामख़ाह ［副］《P. خواه مخواه ख़ाहमख़ाह》(1) わざわざ；必要もないのに；一文の得にもならないのに मियाँ, अपना रास्ता लो ख़ामख़ाह कुत्ते के मुँह क्यों लगते हो? 旦那お引き取りなさって下さい．わざわざ犬に噛まれることもありますまい ख़ामख़ाह के लिए ख़तरा मोल लेने से कोई लाभ नहीं わざわざ危険な目に遭っても何の得もない (2) 無理に；しゃにむに；どうしても；がむしゃらに；否応なしに (3) とにかく；思わず；わけもなく उसकी कमर इतनी पतली थी कि ख़ामख़ाह हाथ में लेने को जी चाहने लगे 思わずかかえたくなるほどのほっそりした腰だった दूसरे लोग भी ख़ामख़ाह ही इस भावुकता में फँसे रहे हैं 他の人たちもわけもなくこの感傷にとらわれているのか (4) 一文の得にもならぬのに；無駄に

ख़ामना [他] (1) 粘土などで器の口をふさぐ (2) 糊で封筒の口を閉じる；封をする

ख़ामा [名] 《P. خامه》筆；ペン= क़लम; लेखनी.

ख़ामियाज़ा [名] 《خامیازه← P.خمیازه ख़म्याज़ा》 ऐसे में इन जजों की कुंठाओं से उपजे गुस्से का ख़मियाज़ा आम आदमी को ही भुगतना पड़ता है こうした状況でこれらの裁判官のストレスから生じた怒りの結果を一般大衆が受ける羽目となる

ख़ामी [名*]《P. خامی》(1) 欠点；欠陥= कमी. व्यवस्था में ही इतनी सारी ख़ामियाँ हैं 組織そのものにこれほど沢山の欠陥がある राजनीतिक ढाँचे की कतिपय ख़ामियाँ तथा कमज़ोरियाँ 政治体制の幾つかの欠点と弱点 (2) 未熟さ；至らなさ；不完全さ；不十分さ= कच्चापन; अपरिपक्व. (3) 熟していないこと आज जो आइडिया अंतिम जान पड़ता है, कल उसमें ख़ामियाँ दीखने लगेंगी 今日は最終的と思われるアイデアに明日になると不十分さが見えよう

ख़ामुशी [名*] 《P. خامشی ←ख़ामोशी》 ख़ामोशी の短縮形

ख़ामोश [形] 《P. خاموش》(1) 黙っている；沈黙している；無言の दोनों ख़ामोश बैठे थे 2人は黙って座っていた ख़ामोश (रहो)! 黙れ！；うるさい！ (2) 静かな；静寂な (3) 落ち着いて静かな；沈静な

ख़ामोशी [名*] 《P. خاموشی》(1) 沈黙；無言 अगर अपनी उस सहमी हुई ख़ामोशी को तोड़कर मैंने अपनी तमाम मजबूरियाँ उसके सामने रख दी होती 恐怖からの沈黙を破り一切の困難を打ち明けていたならば (2) 静寂；静けさ (3) 沈静 दीवारों पर लटकी ख़ामोशी 壁にかかっている静けさ

खाम्पा [形・名] (チベットの) カンパ族の (人) = खांपा.

ख़ाया [名] 《P. خایه》(1) 卵= अंडा. (2) 睾丸；金玉= अंडकोश.

ख़ायाबरदार [形・名] 《P. خایه بردار》へつらう (諂う)；媚びる；ぺこぺこする；恥知らずに世辞を言う；ご機嫌取りをする；追従する；追従者= चाटुकार.

ख़ायाबरदारी [名*] 《P. خایه برداری》諂い；媚び諂うこと；追従；御機嫌とり

ख़ायारेज़ [名] 《P. خایه ریز》オムレツ= आमलेट; ख़ागीना.

खार [名] → क्षार. (1) アルカリ (2) 硝石 (3) カリ (4) フラー土；酸性白土 (5) 灰

ख़ार [名] 《P. خار》(1) とげ (刺) や突き刺さるような突起物= काँटा; कंटक. (2) けづめ (蹴爪) = खाँग. (3) 妬み = डाह. (4) 恨み；怨念 = द्वेष. आँखों का ख़ार 目障りなもの (-से) ख़ार खाना a. (ーを) 恨む；憎む b. 嫉妬する；妬む；やく；やける ख़ार गुज़रना (心に) ひっかかる；心にわだかまりを感じる ख़ार दे॰ 苦しめる；悩ます ख़ार निकालना 恨みを晴らす ख़ार लगना ちくちくする；突き刺さる

ख़ारख़ार[1] [形] 《P. خار خار》考えこんでいる；心配な；悩んでいる；不安な

ख़ारख़ार[2] [名] 《P. خار خار》心配；不安；動揺

ख़ारदार [形] 《P. خار دار》(1) とげのある；突起物のある (2) やっかいな；面倒な；わずらわしい ख़ारदार तार 有刺鉄線

ख़ारपुश्त [名] 《P. خارپشت》〔動〕ヤマアラシ科ヤマアラシ (山荒らし)；インドヤマアラシ【*Hystrix indica*】〈Indian porcupine〉= साही; शल्लकी.

खारवा[1] [形] 塩気のある；塩分を含む

खारवा[2] [名]〔医〕水虫

खारवा माटी [名*] 塩分を含んだ土；アルカリ土

खारा [形+] (1) アルカリ性の；アルカリを含んだ (2) 塩辛い；塩気の；塩分を含んだ खारा पानी 塩水；海水；塩辛い水；塩気の水 समुद्र का जल स्वाद में खारा होता है 海水は塩辛い (3) 不快な；いやな

ख़ारा [名] 《P. خارا》火打ち石；燧石

खारा नमक [名] 硫酸ナトリウム；グラウバー塩〈Glauber's salt〉= खारा नोन.

खारापन [名] ← खारा. 塩分；塩度 समुद्रों का खारापन 海水の塩分

खारा पानी [名] ソーダ水；炭酸水

ख़ारा संग [名] 《P. خارا سنگ》(1) 火打ち石 (2) 花崗岩；みかげ石

ख़ारिज [形] 《A. خارج》(1) 外の；外部の；外側の (2) 排除された；排出された；出された；出た (3) 退けられた；拒まれた；却下された ख़ारिज क॰ a. 除く；排出する；出す b. 退ける (斥ける)；拒む ख़ारिज हो॰ a. 出る；出される；排出される उनके ज़रीये से पसीना ख़ारिज होता है それらを通って汗が出る बाल की जड़ से चिकनी रुतूबत ख़ारिज होती रहती है 毛根からすべすべした液体がいつも出ている b. 退けられた (斥けられた)；拒まれた；却下された सुप्रीम कोर्ट में चुनाव याचिका ख़ारिज हुई 最高裁で選挙申し立てが却下された

ख़ारिजा [形] 《A. خارجه》(1) 外部の (2) 外側の (3) 外国の；外国に関する

ख़ारिजी[1] [形] 《A. خارجی》(1) 外部の (2) 外国の；外国に関する

ख़ारिजी[2] [名] (1)〔イス〕ハーリジー派／ハワーリジュ派 (2) 異端者；異教徒 (3) 分離論者；分派主義者

ख़ारिश [名*] 《P. خارش》(1)〔医〕疥癬；皮癬 (2) のどのかすれや炎症

खारी[1] [形] 塩気のある；塩分のある खारी मिट्टी 塩分を含んだ土

खारी[2] [名*] 塩 (塩分を含んだ土から採った)

खारी झील [名*] 塩水湖

खारुआ [名] (1) カールアー (アカネ科ヤエヤマアオキ【*Morinda citrifolia*】から採れる赤い染料) (2) カールアー (ヤエヤマアオキから採った染料で黄色に染めた厚手の生地)

खारेजा [名]〔植〕キク科草本【*Carthamus oxyacantha*】

खाल[1] [名*] (1) 人間の皮膚；皮；肌 मनुष्य की खाल 人間の皮膚 बच्चे की नरम खाल 子供のやわらかい肌 (2) 鳥獣の皮となめした皮；革 भेड़ की खाल ओढ़ने से भेड़िया भेड़ नहीं हो जाता 羊の皮を着たからといって狼が羊になるわけではない खाल उतारना 皮を剥ぐ；皮剥ぎ खालें नरम क॰ 皮をなめす；皮なめし मश्क किसी जानवर की खाल से तैयार की जाती है 水を運ぶ革袋は動物の皮で作られる खाल के वस्त्र 皮でこしらえた服；革服 (3) ふいご **अपनी खाल में मस्त रहना** 自分の境遇に満足する (-की) **खाल उधेड़ना** (उपाड़ना; **खींचना**) a. (ーの) 皮を剥ぐ；皮をむく b. (ーを) 皮のむけるほど打ち叩く；打ちすえる c. (ーを) 厳しく罰する；厳しく懲らしめる；お仕置きする मैं आज इसकी खाल उधेड़ दूँगा 今日はこいつをうんと懲らしめてやる ज़रा सा पीटने को कहा था सो लगे खाल उधेड़ने ちょっと叩くように言っただけなのにひどく打ち叩き始めた (-की) **खाल ओढ़ना** (ーの) 皮を着る；(ーの) 面をつける；仮面を被る (-की) **खाल कढ़ना** (ーが) 厳しく罰せられる；懲らしめを受ける (-की) **खाल काढ़ना** (ーを) 厳しく罰する；懲らしめる **खाल खिंचना** 処罰を受ける (-की) **खाल खिंचाई क॰** a. (ーを) 厳しく懲らしめる b. 問いつめる；詰問する **खाल खिंचवाकर भूसी भरवाना** 厳罰に処する (皮を剥いで剥製にする) **खाल खिंचवाना** → खाल खींचना; खाल उधेड़ना. हुज़ूर, आप भी हमारे अफ़सर हैं, लेकिन कप्तान साहब खाल खिंचवा लेंगे 上官も私どもの上司でいらっしゃいますが大尉殿は私どもに厳罰を下すように命令されるでありましょう **खाल खींचना** = खाल उधेड़ना. **खाल बिगड़ना** 災難に遭う

खाल[2] [名*] (1) 入り江 (2) 湾 (3) 掘割；運河；水路

खालफूँका [名] ふいごで風を送る人

ख़ालसा[1] [形+] 《← A.ख़ालिस خالص》(1) 独占的な (2) 直轄の；御料地の (-) ख़ालसा क॰ a. (ーを) 台無しにする；めちゃくちゃにする b. (ーを) 差し押さえる

ख़ालसा[2] [名] (1) 直轄地；直轄領；御料地；御領地；天領 (2)〔シク〕カールサー党，もしくは，カールサー団 (シク教第十代のグルであったゴーヴィンド・シングが設立したシク教徒の組織) (3) カールサー党員；カールサー団員 (入信式を経た男子はパンジ・カッケー，すなわち，5つのKの頭文字のものケーシュ (髪)，カンガー (櫛)，カッチュ (短いズボン)，カラー (腕輪)，キルパーン (短剣) を身につけシングを名乗る．女子はコウル (कौर) という名をつける) (4) 藩王国政府 (5) 公衆；民衆 (6) 村の共有の牧草地= चरनोता (गाँव के मवेशियों के लिए छोड़ी गई चारा चरने की भूमि).

ख़ालसा[3] [形+] 《← A.خلاص ख़लास》(1) 解き放たれた；解放された；自由になった (2) 解脱を得た

ख़ालसा भूमि [名*] 《A. خالصه + H.भूमि》〔イ史〕天領 (ムガル朝の)；御料地；御領地

खाला [形+] (1) (高さが) 低い (2) (身分が) 低い **ऊँचा-खाला** a. でこぼこの；凹凸のある b. 身分の上下

ख़ाला [名*] 《A. خالہ》母の姉妹；母方のおば＝ मौसी. **ख़ाला का घर** *a.* 簡単なこと；容易なこと *b.* 何の妨げも障害もないところ；安心な場所 (-को) **ख़ाला (जी) का घर समझना** 簡単なこと；容易なことと判断する

ख़ालिक़ [名] 《A. خالق》創造主 अल्लाह ताला हमारे ख़ालिक़ हैं アッラーの神が私たちを創りたもうたのです

ख़ालिक़ बारी [名*] 《A. خالق باری》『ハーリクバーリー』(インドのペルシア語及びヒンダヴィー語の詩人で言語学者のアミール・フスロー अमीर ख़ुसरो 1253–1325?の編んだペルシア語ーヒンダヴィー語辞典)

ख़ालिक़े हक़ीक़ी [名] 《A. خالق حقیقی》〔イス〕創造神；創造主 **ख़ालिक़े हक़ीक़ी से जा मिलना** 人の死の丁重かつ婉曲な表現

ख़ालिस [形] 《A. خالص》(1) 純粋な；混じりけのない；生粋の＝ बेमेल; विशुद्ध. ख़ालिस पानी 純粋な水 ख़ालिस सोना 純金 ख़ालिस जिन पी रहा था ジンをストレートで飲んでいるところだった ख़ालिस घी 混じりけのないギー；純粋のギー；本物のギー (2) 一介の；ただの

ख़ालिस्तान [名]〔シク〕1980 年代を中心に一部シク教徒がインドのパンジャーブの地に要求した独立国家の名称，カーリスターン

ख़ालिस्तानी [形・名] カーリスターン，すなわち，シク教徒独立国家の要求運動に関わる（人）

ख़ाली[1] [形] 《A. خالی》(1) 中に入るものや入れるものがない；空の शराब की ख़ाली बोतल 空の酒びん ख़ाली शीशी 空びん दूध की ख़ाली शीशी 空の牛乳びん ख़ाली घोंसला 空き巣（明き巣） (2) 乗せるべきものがない；空の ख़ाली कार (टैक्सी) 空車のタクシー（客を乗せていないタクシー） (3) あるべきものやふだんはあるべきものがない；あいている；欠員になっている；空席の वहाँ जगह ख़ाली नहीं है そこには空席はない घोड़ी की टापें ख़ाली सड़क को बजाती चल रही थीं 馬が人通りのない道をひづめの音をひびかせながら進んでいた (4) 必要なものを備えていない；満たすものがなくなっている；空いている बीच बीच में ख़ाली जगह छोड़ना すかす；すきまを作る (5) 仕事をしない；働かない ख़ाली बैठे रहने से जो सुस्ती व बेचैनी-सी आ जाती है वह भी कुछ कम हो जाएगी 何もせずにじっとしていると生じるだるさや落ち着かぬ気分も少しは減じるだろう ख़ाली समय में चित्रकारी करती 暇な時に絵を描いている (6) 仕事についていない；無職の "क्या काम करता है बे?" "जी, ख़ाली हूँ.काम ढूँढने जा रहा हूँ" 「何の仕事をしているんだい」「無職なんです．仕事を探しに行くところです」 (7) 用のない；使用中でない (8) ない；存在しない कोई जगह भी हवा से ख़ाली नहीं है 空気のない所はない (9) 勤務中や任務遂行中でない；非番の ख़ाली दिन 非番の日 (10) 効果のない；無駄な；不首尾の；空振りの (11) 単なる；ただの；(ー) ばかり ख़ाली चिंता से कोई ठोस फल निकलता नहीं है 考えるばかりではなにも実質のある結果は得られない **ख़ाली क॰** 明ける；空にする；明け渡す **ख़ाली-ख़ाली** *a.* 手ぶらで；手みやげを持たずに；素手で ख़ाली-ख़ाली गाँव लौटते शरम आती है 手ぶらで田舎に帰るのは気がひける *b.* さびしい；人気のない *c.* 何もない；すっかり物のない आकाश बिल्कुल ख़ाली-ख़ाली था 空は隅なく晴れ渡っていた **ख़ाली जगह** *a.* 空き地 *b.* 空席（座席や欠員） *c.* 空間；すきま **ख़ाली जा॰** 効果のない；無駄になる；不首尾の；空振りの अब तक तो उनके सारे वार ख़ाली गए 今までのところあの方の攻撃はすべて不首尾になった **ख़ाली जेब** 無一文の；文なしの **ख़ाली दिन** 厄日 **ख़ाली दिमाग़** 愚かな；間抜けな **ख़ाली दे॰** 攻撃を避ける **ख़ाली धमकी दे॰** 虚仮威しをする **ख़ाली पेट** 空腹；腹の空いた **ख़ाली पेट कटारी मारना** 相手の弱り目に復讐したり攻撃を加えたりする **ख़ाली बैठना** 仕事がない；働かない；無職の；ぶらぶらする **ख़ाली हाथ** *a.* 素手で；手だけで；道具を持たずに *b.* 武器を持たないで *c.* 一文無しで；無一文で *d.* 資本を持たずに；素手で *e.* みやげを持たないで；素手で；手ぶらで यह मिशन बिना किसी ठोस बात पर पहुँचे ख़ाली हाथ वापस लौट गया この使節団は実のある結論に到達せず素手で帰って行った किसी के यहाँ ख़ाली हाथ जाने में अच्छा भी नहीं लगता 素手で人を訪ねるのは感じがいいものでもない ख़ाली हाथ तो तुम जा नहीं सकती (手みやげを持たず) 素手では（訪ねて）行けない **ख़ाली हाथ लौटना** 失敗する；不首尾に終わる **ख़ाली हो॰** *a.* 空く；空になる；すく（空く） *b.* 無職の；職のない *c.* 金を持たない；無一文の *d.* 仕事のない；手の空いている (-) **से ख़ाली हो॰** (ーを) 免れる परंतु इनका सेवन ख़तरे से ख़ाली नहीं है だがこれを服用するのは危険を免れないことなんだ

ख़ाली[2] [副] 単に；ただ；だけ ख़ाली लड़की से बात करते हैं 女の子とだけ話をする

ख़ाली[3] [名] (1)〔イ音〕ティーンタール तीन ताल の3つ目のヴィバーグ（区切り）；空拍；カーリー；ハーリー (2) 空拍

ख़ालीपन [名] ←ख़ाली. (1) 空の状態 (2) うつろさ；空しさ；空虚さ वहाँ जाता हूँ मैं, अपने ही ख़ालीपन को भरने 空しさを埋めるためにそこへ出かける

ख़ाली भार [名] 《ख़ाली ＋ H. भार》自重＝ ख़ाली वज़न.

ख़ालू [名] 《A. خالو》(1) 母の姉妹の夫＝ मौसा. (2) 母の兄弟

खाले [副] 下の方に；下方に

ख़ाले [形] 《A. خالع》(1) 夫に去られた (2) 妻に去られた

ख़ाविंद [名] 《P. خاوند》(1) 夫；主人 (2) 主人；主

ख़ाविंदी [名*] 《P. خاوندی》(1) 夫であること；主人であること (2) 主であること；主人であること

ख़ास[1] [形] 《A. خاص》(1) 独自の；独特の；固有の；特殊な；特異な ख़ास शकल 独自の姿 याक यहाँ का ख़ास जानवर है ヤクはこの地の固有の動物です हर फूल का एक ख़ास रूप होता है どの花にもそれ独特の形が備わっているものです कुछ ख़ास क़िस्म का व्यापारी 少し特異な商人 (2) 特別の ज़रूर कोई ख़ास बात हुई है きっと何か特別のことがあったのだ ख़ास मित्र 特別の友人 ख़ास रुक्का 特別の書きつけ हमारे दो त्यौहार ख़ास होते हैं 私たちの祭りで 2 つは特別のものです टमाटर और पालक तो इनका ख़ास पसंद है トマトとホウレンソウはこの人の特別の好物です कोई ख़ास मतलब होगा 何か特別の意図（下心）があるのだろう कोई ख़ास काम 何か特別の用事 (3) 大きな；大した；深刻な；取り立てて言うほどの फ़ेल हो गया था तो क्या ख़ास बात थी? 落第したのが何か大したことなのかい मेरी मित्र की यही ख़ास ग़लती है これこそが友人の大きなしくじりなのだ **ख़ास तौर से** 特に＝ ख़ास तौर पर. ख़ास तौर पर खाने पीने से पहले तो ज़रूर हाथ धो लिया करो 特に食事前には必ず手を洗うようにしなさい

ख़ास[2] [副] 特に；特別に；取り立てて ममी की उनसे कोई ख़ास नहीं पटती थी, पर वह दादी का निरादर भी नहीं करती थीं 母さんはおばあさんとは特にうまくいっていたわけではないけれどおばあさんを無視したりもしていなかった

ख़ासकर [副] 《A. خاص ＋ H.कर》とりわけ；特に；特別；なかんずく

ख़ासगी[1] [名] 《A.P. خاصگی》王の側近；近侍

ख़ासगी[2] [名*] 《A. خاصگی》側女＝ रखैल दासी; बाँदी.

ख़ासनवीस [名] 《A.P. خاص نویس》秘書＝ वैयक्तिक सहायक; पी॰ए॰; पर्सनल असिस्टेंट.

ख़ासबरदार [名] 《A.P. خاص بردار》楯持ち；小姓

ख़ासा[1] [名] 《A. خاصہ》(1) 王侯貴人に供される食事 (2) 侍者；侍従；付き人 (3) モスリン

ख़ासा[2] [形] 《A. خاصہ》(1) かなりの；相当な；かなり；相当に (2) 素敵な；立派な (3) 美しい；整っている (4) 十分な；たっぷりとした

ख़ासा[3] [副] 《A. خاصا》＝ ख़ासा[2]. इसी में उसका जिस्म ख़ासा थक जाएगा これで男の体は相当疲れるだろう ख़ासी लंबी दुम かなり長い尻尾

ख़ासियत [名*] 《A. خاصیت》(1) 特徴；特質 (2) 性質；本性

ख़ासीयत [名*] ＝ ख़ासियत.

ख़ास्सा [名] 《A. خاصہ》(1) 特質；特徴；特性 (2) 性質 (3) 癖；習癖

ख़ास्सियत [名*] ＝ ख़ासियत.

ख़ाह[1] [副] 《P. خواہ》仮に；たとえ ＝ चाहे.

ख़ाह[2] [接] 《P. خواہ》あるいは；もしくは＝ अथवा; या; ख़्वाहाँ.

ख़ाहमख़ाह [副] 《P. خاہ مخاہ》→ ख़ामख़ाह. तुम तो नाहक़ बिगड़ते हो ख़ाहमख़ाह अपना दुश्मन बना लेते हो 君はわけもなく腹を立てるししゃにむに仇を作り出すんだ

ख़ाहाँ [形] 《P. خاہاں》望む；願う；欲する＝ ख़्वाहाँ; चाहनेवाला; इच्छुक.

ख़ाहिश [名*] 《P. خواہش》願望；願い；欲求；意志；意欲＝ इच्छा; उत्कंठा; ख़्वाहिश.

ख

ख़ाहिशमंद[1] [形]《P. خواهش مند》欲する；願う；希望する＝ख़्वाहिशमंद.
ख़ाहिशमंद[2] [名] 希望者；志望者；志願者
खिंखिर [名] 寝台の脚
खिंगरी [名*]〔料〕キングリー（小麦粉をこね非常に薄くのばしてギーで揚げたもの）
खिंचना [自] (1) 引かれる；引っ張られる；引きのばされる；(車などが) ひかれる；引かれる खिंचा तीर 引かれた矢 जाल मुझसे खिंचे ही नहीं 自分の力では網は引けなかった इस प्रकार बाल्टी ऊपर की ओर खिंचती है こうしてバケツは上のほうに引っ張られる चाँदी के अत्यंत पतले तार खिंच सकते हैं とても細い銀の線はひきのばされる (2) 引き寄せられる；引きつけられる；引かれる（惹かれる）；魅惑される बस्तियों को बनाने के लिए जगह-जगह से राज-मज़दूर खिंचे आने लगे थे 町の建設のために各地から建築職人たちが引き寄せられて来るようになった अनेकों स्त्रियाँ अपनी मनोकामना पूर्ण हो जाने पर पूरी उमंग एवं आस्था के साथ खिंची चली आती हैं 無数の女性が願いが叶えられると喜びにあふれ深い信心を抱いて引き寄せられてやって来る उस अप्राप्य के प्रति उसका मन खिंच जाता है その得られぬものに対して心が惹きつけられる तुम बोलते हो तो दिल खिंचा चला जाता है 君が口をきくと心が引きつけられていく आप अपने पति को उधर खिंचने से रोक सकती हैं 夫がそちらへ引き寄せられるのを防ぐことができる (3) 引き出される；外へ出る；取り出される (4)（図や絵，線，写真などが）描かれる；写される；引かれる；撮られる；撮影される क़िलाबंदी का नक़्शा खिंच गया 城造りの図面が引かれた (5) 避ける；近づかない；逃げる मंजुला विमल से कुछ खिंची रहती है マンジュラーはヴィマルを少し避けている
खिंचवाना [他・使] ← खींचना. (1) 引かせる；引っ張らせる (2) 引き出させる；取り出させる；抽出させる (3)（図，線，写真などを）描かせる；描いてもらう；引いてもらう；撮ってもらう उसने केबिनेट साइज़ फ़ोटो खिंचवायी थी キャビネ判の写真を撮ってもらった वह वरवधू के साथ फ़ोटो खिंचवाएँगी あの娘は新郎新婦と一緒に写真を撮ってもらう गाड़ी खिंचवाना 車を引かせる
खिंचाई [名*] (1) ← खींचना. (2) からかい नए मुख्यमंत्री की पहले ही दिन खिंचाई 新（州）首相初日にからかわれる (-की) खिंचाई क॰（一を）からかう；嘲笑する；あざわらう（嘲笑う）；笑いものにする
खिंचाना [他] ＝खिंचवाना.
खिंचाव [名] ← खींचना. 緊張 वह संबंधों में खिंचाव भी लाता है それが関係に緊張ももたらす
खिंचावट [名*] (1) ← खींचना. 引くこと；引っ張ること (2) 引く力；引力 खिंचावट यानी आकर्षण शक्ति 引力，すなわち，引っ張る力
खिंडना [自] (1) 撒き散らされる；散乱する (2) 流れ出る
खिंडाना [他] 撒き散らす；散乱させる
खिचड़ी[1] [名*] (1)〔料〕キチュリー（米とひき割りにした豆を粥状に煮たもの，あるいは，やわらかく炊いたもの；豆がゆ；病人食ともなる豆粥） खिचड़ी या दलिया キチュリー（豆入りのかゆ）とかダリヤー（押しムギのかゆ）などの病人食 (2)〔ヒ〕キチュリー（結婚式の翌日ないしは翌々日に，花婿やその親を招いてキチュリーを共に食べる結婚式の一連の行事） (3)〔ヒ〕マカラサンクラーンティ（太陽がマカラ宮，すなわち，磨羯宮に入ること），及びその祝日（その当日親戚縁者に贈られるキチュリー及びその他の贈り物）＝मकरसंक्रांति. (4) ごたまぜ (5) 芸人に支払われる前金 (6) イヌナツメの花 **खिचड़ी कर दे॰** ごたまぜにする；まぜこぜにする **खिचड़ी खाते पहुँचा उतरना** とてもきゃしゃなこと **खिचड़ी खाना** 平手打ちを食う **खिचड़ी खिलाना**（結婚式の）キチュリーの行事 (-के बीच) **खिचड़ी पकना**（一の間に）密談がこらされる；陰謀がめぐらされる **खिचड़ी पकाना** 密談する；密談をこらす
खिचड़ी[2] [形] (1) ごたまぜの；まぜこぜの；混合の；統一性に欠ける खिचड़ी बोली まぜこぜの言葉 (2) しらが交じりの；ごましおの **खिचड़ी बाल** 白髪まじりの髪；ごましお頭
खिचड़ी संक्रांति [名*] ＝मकर संक्रांति.
खिजलाना[1] [自] いらだつ；いらいらする＝खीजना； झुँझलाना； चिढ़ना.
खिजलाना[2] [他] いらだたせる；いらいらさせる
ख़िज़ाँ [名]《P. خزاں》(1) 落ち葉の季節；木の葉の散る季節 (2) 秋 (3) 衰退期；落ち目；凋落の秋
खिजाना [他] ＝खिजलाना[2]； चिढ़ाना
ख़िज़ाब [名]《A. خضاب》毛染めの薬品；ヘアダイ；白髪染め ख़िज़ाब क॰ 毛染めする；毛染め薬をつける ख़िज़ाब लगाना 毛を黒く染める
ख़िज़ाबी [形]《A. خضابی》(1) 毛染め薬の；ヘアダイの (2) 毛を染めた；ヘアダイのついた
ख़िजालत [名*]《← A.خجالت ख़जालत》＝ख़जलत； लज्जा； शर्म. (1) 恥 (2) 恥じらい；はにかみ
ख़िज़्र [名]《A. خضر》(1) キズル，もしくは，ヒズル，（生命の泉の水を飲んで不死を得たとされるヘブライの預言者エリアと混同されることもある．聖者としてイスラム教徒及びヒンドゥー教徒の両方から信仰されてきている． ख़्वाजा ख़िज़्र ハージャー・ヒズルの名で水の神，雨の神としても崇拝されるほか森の支配者，道に迷った人の案内者ともされる） (2) カスピ海
ख़िज़्रसूरत [形・名]《A. خضر صورت》聖者ヒズルのように情け深い
ख़िज़्रे मंज़िल [名]《A. خضر منزل》道案内者；指導者＝ ख़िज़्रे राह《A.P. خضر راہ》 मार्गदर्शक； रहनुमा
खिझना [自] ＝खीजना.
खिझलाहट [名*] いらだち（苛立ち）；腹立ち；腹立たしさ；不機嫌 उसने खिझलाहट भरे स्वर में पूछा（眠っているところを起こされたので）ぷりぷりした声でたずねた
खिझाना [他] ＝खिजलाना.
खिझौआ [形[+]] (1) 怒りっぽい (2) 人をいらだたせる；腹立たしい；むかつかせる
खिड़कना [自] ＝खिसकना. 立ち去る；こそこそと姿をくらます
खिड़काना [他] (1) 追い払う；追いやる；退ける (2) 安く売り払う
खिड़की [名*] (1) 窓 मैंने खिड़की से झाँककर बाहर देखा तो स्तब्ध-सा रह गया 窓から外をのぞいてみて息をのんだ खिड़की का शीशा 窓ガラス (2) 戸；ガラス戸；板戸；扉 (3) 窓口（出納や売場；出札口；案内所などの） पूछताछ की खिड़कियाँ खुली रखेंगे 案内所の窓口は開けて置く (4)（乗り物の）昇降口；出入り口；扉 ड्राइवर की खिड़की से भीतर घुसा（混雑しているので後ろの扉からではなく）運転手のいる前方の扉から入った（乗りこんだ） (5) 通用門；勝手口；裏口
खिड़कीदार [形]《H.+ P. دار》完全に閉じられていない；口の開いている
खिड़कीबंद [形]《H.+ P. بند》一軒の家を一人が全部借りている；借切りの（家）
ख़ितान [名]《A. ختان》(1)〔イス〕イスラム教徒男子の割礼＝मुसलमानी； मुसल्मानी； ख़त्ना； सुन्नत. (2) 割礼により切除される包皮
ख़िताब [名]《A. خطاب》(1) 称号；肩書 लता के पति को तो शुरू से ही 'गऊ' का ख़िताब दे दिया गया है ラターの夫には最初から「臆病者」の称号が贈られている (2) 名称；称 'मिस दिल्ली' का ख़िताब ミス・デリーの称号 (3) タイトル；選手権 इतनी छोटी उमर में किसी अन्य खिलाड़ी ने यह ख़िताब नहीं जीता これほどの若輩でこのタイトルを得た選手は他にいない (4) 会話；話；対話；呼びかけ ख़िताब क॰ 話しかける；呼びかける
ख़िताबी [形]《A. ←خطاب ख़िताब》称や称号を得ている
खित्त [名] ＝क्षेत्र.
ख़ित्ता [名]《A. خطہ》(1) 地域；地方 (2) 州 (3) 区画
ख़िदमत [名*]《P. خدمت》(1) 仕えること；勤め；奉仕＝ सेवा； नौकरी. (2) 面倒を見ること；世話；介抱＝सेवा； शुश्रूषा. वह माँ-बाप और भाई-बहनों की ख़िदमत करती है 彼女は両親や兄弟の面倒を見る बूढ़ों की ख़िदमत करते हैं 年寄りの世話をする (-की) **ख़िदमत बजा लाना**（一に）お仕えする…जिसे करके मैं आपकी कुछ ख़िदमत बजा लाऊँ それをしていささかお仕え致しましょう हर तरह उनकी ख़िदमत बजा लाते हैं あらゆる形でお仕えする (-की) **ख़िदमत में**（一の）もとへ；（一に） ＝ (-की) सेवा में. मैंने आप की ख़िदमत में उसे भेजा है お手元にお送りしました जहाँपनाह की ख़िदमत में मेवाड़ का एक दूत आया है 陛下のもとへメーワールの使者が参っております
ख़िदमतगार [形・名]《A.P. خدمت گار》奉仕する（人）；仕える（人）；召使い；使用人＝ नौकर； नौकर-चाकर； सेवक.

ख़िदमतगारी [名*] 《A.P. خدمت گاری》仕えること；奉仕（すること）；勤め（ること）；世話；面倒を見ること= नौकरी; सेवा.

ख़िदमतगुज़ार [形・名] 《A.P. خدمت گزار》従順な（人）；忠実な（人）= आज्ञापालक.

ख़िदमतगुज़ारी [名*] 《A.P. خدمت گزاری》従順さ；忠実さ

ख़िदमती[1] [形] 《P. خدمتی》(1) 仕える；世話をする (2) よく仕える；世話の行き届く

ख़िदमती[2] [名] (1) 召使い；使用人 (2) 世話係

खिदिर [名] (1) 月 = चाँद; चंद्रमा. (2) 修行者；苦行者= तपस्वी.

खिन [名] = क्षण.

खिन्न [形] (1) 不機嫌な；立腹した；おかんむりの विपक्षी नेता उक्त इलाके राज्य को न दिए जाने से भी खिन्न है 野党指導者はその地区が州に与えられないことでも不機嫌である मैंने खिन्न होकर धोती को फेंक दिया （ドーティーがうまく巻けないので）腹を立ててドーティーを投げ捨てた (2) むっつりした；ふさぎこんだ；憂鬱な (3) いやな感じの；不快な

खिन्नता [名*] ← खिन्न. (1) 腹立たしさ；不機嫌さ उसके मुख पर पराजय की खिन्नता साफ़ झलक रही है 顔には敗北の腹立たしさがはっきりとのぞいていた (2) ふさぎこんだ感じ；憂鬱な感じ (3) 不快感；不快さ；いやな感じ रात को जब सोने का समय आया तो मुझे बेहद खिन्नता अनुभव होने लगी.पतलून समेत सोना मेरे बस से बाहर था 夜寝るときになるとひどく不快な感じがした. ズボンをはいたまま寝ることは私にはとうていできなかった

ख़ियानत [名*] 《A. خیانت》(1) 裏切り (2) 横領 **ख़ियानत क°** *a.* 裏切る अमानत में खियानत करना घोर अपराध माना जाता है 信頼を裏切ることは大罪と考えられている *b.* 横領する→ ख़यानत.

खियाना[1] [自] (1) すり減る；磨耗する (2) 弱る；衰弱する

खियाना[2] [他・使] 食べさせる；食事をさせる= खिलाना.

ख़ियाबाँ [名] 《P. خیابان》(1) 庭園= बाग; उद्यान. (2) 花壇= कियारी.

ख़ियार [名] 《A. خیار》〔植〕ウリ科キュウリ（胡瓜）= खीरा.

ख़ियाल [名] = ख़याल; ख़्याल.

ख़िरक़ा [名] 《A. خرقه》(1) ぼろ= गुदड़ी; कंथा. (2) 修行僧の衣服（ぼろ）

ख़िरक़ापोश [名] 《A.P. ख़िर्क़ापोश خرقه پوش》修行僧；苦行僧；托鉢僧

खिरकी [名*] = खिड़की.

ख़िरद [名*] 《P. خرد》頭脳；頭の働き= बुद्धि; मेधा; अक्ल.

खिरनी [名*] (1)〔植〕アカテツ科高木サワノキ【*Mimusops kauki*】(2) サワノキの実

ख़िरमन [名] 《P.خرمن ख़िर्मन》(1) 収穫物 (2) 刈り入れられたもの（脱穀されずに積まれたもの） (3) 脱穀場

ख़िरमन गाह [名*] 《P.ख़िर्मनगाह خرمن گاه》脱穀場 = खलियान.

ख़िराज [名] 《A. خراج ख़राज》(1) 歳入；国税 (2) 上納金；上貢金 वह लोदी बादशाह को खिराज देता है ローディー朝に上貢する

ख़िराम [名⁻] 《P. خرام》(1) 足取り；歩きぶり (2) 堂々とした歩きぶり (3) 気取った歩きぶり

ख़िरामाँ [副] 《P. خرامان》(1) 堂々と (2) 気取って= ख़रामाँ; खिरामा. ख़िरामाँ-ख़िरामाँ ゆっくりゆっくり；気取った足取りで

खिरिरना[1] [他] 箕でえりわける

खिरिरना[2] [他] こすり取る；削りおとす

खिरैंटी [名*]〔植〕アオイ科ホソバキンゴジカ= बरियारा.

खिरौरी [名*]〔薬〕アセンヤクの心材を煎じ出し煮つめてこしらえた丸薬

खिलंदरा [形] = खिलाड़ी; खेल खेलनेवाला.

खिलंदरी [名] = खिलाड़ी; खेल खेलनेवाली.

खिल [名] (1) 不毛の地 = ऊसर धरती. (2) 空地 = रिक्त स्थान.

ख़िलअत [名*] 《A. خلعت》(1) 衣服 (2) 高位の人が下臣や麾下に与える衣服；下賜された衣服 (3) 贈り物

ख़िलक़त [名*] 《A. خلقت》(1) 創造 (2) 創造物 (3) 世界 (4) 人々；大衆；民衆

खिलखिलाना [自] けらけら笑う；大声で笑う；げらげら笑う= खिलखिलाकर हँसना. युवती खिलखिला उठी 娘はけらけら笑いだした फुरती से उसे अपनी ओर खींचना चाहता है तो वह खिलखिलाती हुई दूर जा छिटकती है さっと引き寄せようとすると彼女はけらけら笑いながらぱっと遠のく

खिलखिलाहट [名*] 喜びやおかしさに高く明るく笑う声，けらけら，げらげらなど बच्चों की खिलखिलाहट 子供たちのけらけら笑う声

ख़िलजी वंश [名] 《A. خلجی ख़लजी/ख़िलजी+ H.》〔イ史〕ハルジー朝／ヒルジー朝（インドのデリー王朝の第 2. 1290–1320） अलाउद्दीन ख़िलजी ハルジー朝のアラーウッディーン（在位 1296–1316）

खिलना [自] (1) 花やつぼみが開く；咲く तरह-तरह के फूल खिले हैं いろんな花が咲いている (2) 映える；調和する；似合う केश-विन्यास आप के चेहरे की बनावट पर अधिक खिल सके あなたの顔の形により一層映えるような髪型 बादामी रंग का सूट उनपर बहुत खिलता है あの方にはアーモンド色のスーツがとても調和する शिखा तो हर लिबास में खिल उठती है シカーはなにを着てもよく似合う (3)（顔が）ほころびる；にこにこする；はればれとする；はれやかになる खिला हुआ चेहरा आपके व्यक्तित्व को आकर्षक और प्रभावशाली बनाता है にこやかな顔はあなたの個性を一層魅力的にかつまた印象深いものにします दोनों के चेहरे खिले हुए, दोनों प्रेम के नशे में मस्त 2 人の顔は晴れやかだった. 2 人とも恋の美酒に酔いしれていた उसका मुख खुशी से खिल गया 嬉しさに顔がほころんだ (4) うきうきする；嬉しくなる；はしゃぐ उसके आते ही श्यामा खिल उठी और वाणी मुखर हो जाती あの人が来るとシャーマーはとたんにうきうきして能弁になる पिता के उत्तर से दोनों ही लड़कियाँ खिल गईं 父親の返事を聞いて娘は 2 人とも大喜びした (5) 冴える आकाश में चाँद खिल उठा था 空には月が冴えていた मौसम सर्द था किंतु धूप खिली हुई थी 寒くはあったが日光は冴えていた (6) ひびが入る；ひびわれる；筋が入る (7) 割れる

ख़िलवत [名*] 《← A.خلوت ख़ल्वत》(1) 人気のないところ (2) 余人のいないところ (3) プライバシー (4) 私室 ख़िलवत क° 余人を退ける；人払いをする

ख़िलवतख़ाना [名] 《A.P. خلوت خانه ख़ल्वतख़ाना》私的な場所（建物，部屋など）；他人のいないところ

ख़िलवतनिशीन [形] 《A.P.خلوت نشین ख़ल्वतनशीन》隠遁した；遁世した= एकांतवासी.

खिलवाड़ [名] (1) もてあそぶこと；興じること；たわむれ खिलवाड़ क° もてあそぶ；興じる；たわむれる गेंद के साथ खिलवाड़ करना（サッカー）ボールをもてあそぶ (2) もてあそぶこと；身勝手な扱い जनता की आवाज़ से खिलवाड़ करना आसान नहीं 民の声をもてあそぶことは容易なことではない तुम मासूम औरतों की आबरू से खिलवाड़ करने वाले भेड़िये हो 君はか弱い女性の尊厳をもてあそぶ狼なんだ **खिलवाड़ हो°** もてあそばれる जिसके साथ मरीज़ों की ज़िंदगी के साथ खिलवाड़ हो रहा है それと共に患者の生命がもてあそばれている (3) ふざけ खिलवाड़ को समाप्त क° ふざけをやめる (4) とても簡単なこと；容易なこと

खिलवाड़ी [形] (1) 遊びたわむれるのが好きな；遊び好きな (2) 愉快な；おもしろい

खिलवाना[1] [他・使] ← खिलाना. 人を使って食べさせる；食わせさせる；食べさせしめる उसकी बात को परखने के लिए राजा ने एक कुत्ते को लड्डू खिलवाया 男の言葉を確かめるために王は一頭の犬にラッドゥーを食わせさせた उन दोनों बहनों ने उनसे कसम खिलवायी その 2 人の姉妹はその方に誓いを立てさせた（誓わせた）

खिलवाना[2] [他・使] ← खेलना. 遊ばせる；遊び相手にさせる= खेलवाना.

खिलवाना[3] [他] ← खिलना. 開かせる= फुलाना.

खिलवार [名] = खिलवाड़; खिलाड़ी.

खिलाई[1] [名*] (1) 食べること (2) 食べさせること (3) 食べさせる手間賃

खिलाई[2] [名*] (1) 遊ばせること (2) 子守り

खिलाई-पिलाई [名*] (1) 飲食 (2) 飲食させること

खिलाड़िन [名*・形*] (1) いたずら好きな（女性）；いたずらな（娘） (2) 尻軽な；浮気な

खिलाड़ी[1] [名] (1) 遊びや遊戯をする人 (2) 運動の選手；スポーツのプレーヤー पेशेवर खिलाड़ी プロ選手 हाकी खिलाड़ी ध्यानचंद ホッケープレーヤーのディヤーンチャンド (3) 芸人（手品や曲芸などの）

खिलाड़ी[2] [形] (1) 遊び好きな (2) よくふざける；陽気な

खिलाना[1] [他] ← खेलना (1) 遊ばせる；遊んでやる मैंने उसे गोदी में खिलाया था あの子を抱いて遊ばせたことがあった बच्चे खिलाना

ख

子供を遊ばせること；子守をすること (2) 一緒に遊ぶ；一緒に遊ばせる ‘हमें भी खिलाओ, नहीं तो बिगाड़ेंगे’ ‘हाँ-हाँ क्यों नहीं खिलाएँगे’ 「一緒に遊んでくれないと邪魔してやるぞ」「一緒に遊んでやるってば」 मैं तुम्हें अपने साथ नहीं खिलाऊँगा 一緒に遊ばせないよ（一緒に遊んでやらないよ） वे ख़ुद खेलते हैं हम सब को खिलाते हैं あの人は自分も遊び皆を遊ばせてくれる भाई जान गेंद खिलाते हैं 兄さんがボール遊びをしてくれる（ボールで遊んでくれる） (3) 運動（スポーツ）をさせる हमारे उस्ताद साहब हम को तरह तरह के खेल खिलाते हैं 先生は私たちにいろいろな運動をさせて下さいます

खिलाना[2] ［他］← खाना. (1) 食べさせる；食わせる बच्चे को कुछ खिलाना 子供に何か食べさせる खिलानेवाला 食べさせる人；養う人 (2) 食べ物を与える；食事を供する इन्हें कुछ खिलाया-पिलाया या बातों से ही पेट भर दोगी この方に何か食べさせたり飲ませたりしたのかい，それとも口先だけで腹を満たしてやるつもりかい (3) 打撃や苦痛，害などを与える；及ぼす

खिलाना[3] ［他］(1) 開かせる；開くようにする (2) ふくらませる (3) 喜ばせる

ख़िलाफ़ ［名・後置］《A. خلاف》(1) 反対 (2) 敵対 (3) 対抗 (4) 違反 (5) 対比 **-के ख़िलाफ़** の形で用いられて *a.*（−）に反して；（−）に反対して क्योंकि निज़ाम के रवैये को मैंने अपने उसूल के ख़िलाफ़ पाया 私はニザームの態度を自分の原則に反するものと受け取ったものだから कोई बात मन के ख़िलाफ़ हुई 何か意に反して生じたこと *b.*（−）に敵対する；（−）に対する उन्होंने भारत के ख़िलाफ़ आतंकवादी गतिविधियों पर गहरी चिंता ज़ाहिर की インドに対するテロ活動について深い憂慮を表明 अंग्रेज़ों के ख़िलाफ़ ज़बरदस्त घृणा और क्रोध 英人に対する激しい憎しみと怒り *c.*（−）に対抗する；（−）に対する；（−）に対して दहेज़ के ख़िलाफ़ 持参金に対する दहशतगर्दी के ख़िलाफ़ テロリズムに対して प्रशासन के ख़िलाफ़ उचित कार्रवाई करने की गुहार 当局に対してしかるべき措置を行うべしとの叫び *d.*（−）に違反する；（−）に反する नियम के ख़िलाफ़ 規則に反して क़ायदे के ख़िलाफ़ करने वालों पर जुर्माने करती थी 規則に違反する人に罰金を課していた *e.*（−）に対比して；（−）に比して

ख़िलाफ़त ［名*］《A. خلافت》(1)〔イス〕カリフの地位；カリフの位；カリフ制 (2)〔イ史〕ヒラーファット運動（第一次世界大戦後のカリフ制擁護のため生じたインドでの反英運動） (3) 反対 इस चुनाव में मैं रामू की ख़िलाफ़त कर रहा हूँ この選挙でラームーの反対をしている (4) 代理= प्रतिनिधित्व; नुमाइंदगी.

ख़िलाफ़ बयानी ［名*］《A. خلاف بیانی》嘘をつくこと；矛盾したことを言うこと；虚偽の陳述

ख़िलाफ़वर्ज़ी ［名*］《A.P. خلاف ورزی》違背；違反；無視；反抗 शरीअत की ख़िलाफ़वर्ज़ी कैसे की जा सकती है イスラム法にどうして違反できよう

ख़िलाफ़े उम्मीद ［副・形］《A. خلاف امید》予想外に；予想外の

ख़िलाफ़े क़ाइदा ［形・副］《A. خلاف قائده》規則に対して；規則に対抗する；不法な；違法な

ख़िलाफ़े तवक़्क़ो ［副・形］《A. خلاف توقع》意外に；意外な

ख़िलाफ़े दस्तूर ［副・形］《A.P. خلاف دستور》慣習に反して；慣習に反する

ख़िलाफ़े मिज़ाज ［副・形］《A. خلاف مزاج》意に反して；意に反する= मर्ज़ी के ख़िलाफ़; इच्छा के विरुद्ध.

खिलारी ［名*］アニスシードなど食後の口なおしに食べる煎った種や香辛料

ख़िलाल ［名］《A. خلال》(1) 間；中間；すきま（隙間） (2) 間隔 (3) ようじ；小楊枝；爪楊枝 (4) 負け（特にトランプでの負け）= ख़लाल.

खिलौना ［名］(1) おもちゃ；玩具；遊び道具 मिट्टी के खिलौने 瀬戸物のおもちゃ खिलौनों की दुकान おもちゃ屋；玩具店 (2) なぐさみの道具 (3) 取るに足らないもの **हाथ का खिलौना** 操り人形；意のままになるもの

खिलौनेवाला ［名］（行商の）おもちゃ売り；おもちゃ屋

ख़िल्क़त ［名*］《A. خلقت》(1) 創世；天地創造 (2) 創造 (3) 創造物；森羅万象；世界 (4) 民；民衆；大衆

खिल्ली[1] ［名*］からかい；嘲笑；冷やかし；冷笑= हँसी; दिल्लगी; हास्य. (-की) **खिल्ली उड़ाना**（−を）からかう；あざわらう（嘲笑う）；嘲笑する；冷やかす；冷笑する वह उस भावुकता की खिल्ली उड़ाकर पूछता है 感傷を嘲笑って問う

खिल्ली[2] ［名*］パーン（पान →）を楊枝でさしてとじたもの

खिवैया ［名］舟の漕ぎ手= खेनेवाला. → खेना

खिसकना ［自］(1) 姿をくらます；こそこそ姿を隠す；めんどうなことから逃れる；席をはずす；逃げる ख़ुशामदी भी एक-एक कर वहाँ से खिसक गए 取り巻き連中も一人また一人とそこから姿をくらました मैं भी कुछ ऐसी ही सलाह देकर खिसकना चाहता था 私もまあそんなことを言って逃げ出したいと思っていた (2) ものの底面（尻）をその下にあるもの（地面や床など）につけながら進む（移動する）；いざる (3) ずれる；はずれる；ずる；ずり動く हड्डी जगह से खिसक गई है 骨が少しずれている गाड़ी एक इंच भी नहीं खिसकती 列車は全然動かない गाड़ी धीरे-धीरे खिसकने लगी थी 列車はそろりそろりと動きだした एक पक्की कांक्रीट की जेटी है, नीचे से बालू खिसक गई है コンクリートの突堤だが，その下の砂がずり動いてしまっている पैरों के नीचे की ज़मीन खिसकने लगी 足元の土がずれ出した (4) すべる；滑り落ちる फ़र्न पहाड़ों में मिट्टी-चट्टानों को खिसकने से रोकता है シダは山の土や岩が滑り落ちるのを防ぐ ज़मीन का खिसकना 地滑り गाड़ी ऊपर को न चढ़ती और चढ़ती भी तो कुछ दूर चढ़कर फिर खिसककर नीचे पहुँच जाती 列車は登らない．たとえ登っても少し進んでまた滑り落ちて下へ戻る

खिसकाना ［他］(1) ものの底面を下にあるものと接しながら移動させる；ずらせる；ずり動かす；押しやる चुपचाप सिर झुकाये गिलास को मेज़ पर इधर-उधर खिसकाता रहा 黙ってうつむいてコップをテーブルの上であちらこちらへとずっとずり動かしていた ज़रा कुरसी इधर खिसका दो ちょっと椅子をこちらへずらせなさい उन्होंने चाय की प्याली सफ़िया की तरफ़ खिसकाई 紅茶のカップをサフィヤーのほうへ押しやった (2) こっそり取る；こっそり盗む

खिसलना ［自］= फिसलना.

खिसलाना ［他］= फिसलाना.

ख़िसारा ［名］《← P. خساره ख़सारा》(1) 損害 (2) 打撃 (3) 危害

खिसारी ［名*］= खेसारी.

खिसिआना[1] ［自］= खिसियाना[1].

खिसिआना[2] ［形］= खिसियाना[2].

खिसियाना[1] ［自］(1) 恥じる；きまりが悪くなる；しょげる；しょんぼりする अपनी इस प्रकार फ़ज़ीहत देखकर यह गोरा खिसिया गया このように自分の無様を見て白人は恥じ入った (2) くやしがる；腹を立てる；不機嫌になる；歯ぎしりする जागीरदारी प्रथा समाप्त होने से बड़े जागीरदार खिसियाये हुए हैं ジャーギールダール制が終わったので大きなジャーギールダールたちは腹を立てている (3) 苦笑いする；苦笑する；苦々しい；どうにもならず不愉快な；いらいらする थककर चूर हो गया और खिसियाकर अपने घर लौट गया くたくたに疲れいらいらして家に戻った

खिसियाना[2] ［形$^{+}$］(1) きまりが悪い；しょげた (2) 悔しい；はがゆい (3) 苦々しい；いらいらする खिसियानी हँसी हँसना 苦笑いする

खिसियानापन ［名］← खिसियाना[2]. दुलारी बहन के खिसियानेपन का आनंद उठाती हुई बोली ドゥラーリーは妹が悔しがっているのを楽しみながら言った

खिसियाहट ［名*］= खिसियानापन.

खींच ［名*］(1) ← खींचना. (2) = खींचतान.

खींचतान ［名*］(1) 奪い合い；引っ張り合い；取り合い (2) 争い；対立；もめごと；ごたごた एक के बाद एक खींचतान लगी ही रहती है और चैन नहीं मिल पाता 次から次にもめごとがあるので気が抜けない (3) 足の引っ張り合い (4) 牽強付会 **खींचतान क॰** *a.* 頑張る；無理をする；精一杯の努力をする；やりくりする बहुत खींचतान करने पर भी दो सौ से बेशी न मिलेंगे うんと頑張ってみても 200 以上は手に入るまい *b.* ごたごたさせる；ごたつかせる；紛糾させる **खींचतान में पड़ना** ごたごたに巻き込まれる

खींचना ［他］(1) 引っ張る；引く（曳く）；引き抜く；抜く गाड़ी खींचना 車を引っ張る ये अधिक भार खींच सकते हैं こちらはもっと多くの荷を引っ張ることができる उसने शलगम के पत्तों को पकड़कर खींचा カブラの葉をつかんで引っ張った रज़ाई खींचकर नहीं, प्यार से उठा देती 掛け布団を引きはがして起こすのではなくやさしく起こす खंजर खींचना 短刀を抜く (2) 引き寄せる；引っ張る यह

क्यों नहीं कहते कि कोई और ही चीज़ खींचे लिये जाती है 何か他のものが引っ張って行くんだとなぜ言わないんだ आतुर बाँहें बच्चे को खींचकर छाती लगा लेतीं 腕は待ち切れずに子供を引き寄せ胸にしっかり抱きしめる (3) 引きつける；魅する दूर से ही उसकी चमचमाहट आँखों को खींच लेती थी 遠くからでもその輝きが目を引きつけていた (4) 引き寄せる；集める हिंदुओं के वोट खींचना ヒンドゥー教徒の票を引き寄せる ये अन्य बीमारियों को भी खींच लाती हैं これらは他の病気まで引き寄せる (5) 吸い込む；息を吸ったりタバコを飲んだり吸い入れる बीड़ी के कश खींचते हुए ビーリーを吸いながら जब हम साँस अंदर खींचते हैं 人が息を吸い込む時 उसने गहरी साँस खींच ली 溜息をついた (6) 液体などを吸い取る；吸い込む；吸う；吸収する बहुत-सा तेल खींचना 大量の油を吸う (7)（下から上へ）吸い上げる इसमें जड़ें होती हैं जो ज़मीन से भोजन-पानी खींचती हैं これには根がついていて大地から食物や水を吸い上げる (8) 汲み上げる；汲み出す जब वह घड़ा लेकर कुएँ पर पानी खींचने के लिए जाती थी 水がめを持って井戸に水汲みに行く時は अब नलकूप लगाकर अधिक गहराई से पानी खींचकर 今や掘り抜き井戸を設けて更に深いところから水を汲み出して (9) 吸い取る；せびりとる हर एक बहाने से पैसा खींचते हैं なにやかやと口実を設けては金を吸い取る (10) 線や図面を引く；描く उसने ज़मीन पर अपनी लाठी से एक दायरा खींचा 地面に自分の棍棒で円を描いた मोटी रेखा खींच दो 太い線を引きなさい (11) 引きずる；長びかせる；引き延ばす झकझोरकर नींद से जगानेवाला कोई न होता तो सोलह-सोलह घंटे खींच ले जाता 揺り動かして起こす人がだれもいないと16時間もの間寝ている अभी ये लोग दो-चार साल और खींचेंगे まだまだこの連中は3〜4年間は更に引き延ばすだろう बात को खींचकर इतना बढ़ा देना 話をこんなに引き延ばして大きくする (12) 蒸留する शराब खींचना 蒸留酒を作る **खींच खाँचकर** なんとかして；どうにかして **खींचना-तानना** 引き締める चाय की दूकान पर बस्ती के बड़े-बूढ़े बैठते तो यही चर्चा रहती कि कैसे लौंडे-लौंडियों को खींच-तानकर रखा जाए 茶店に町の年寄りたちが集まると若者たちをどうして引き締めたものかという話になる

खींचातान [名*] = खींचतान.

खींचातानी [名*] = खींचतान. वह पार्टी आपसी खींचातानी के कारण कभी भी एकमत नहीं रही その党は内輪もめのためただの一度も意見がまとまらなかった

खीखर [名]〔動〕ネコ科ジャングルキャット【*Felis chaus*】= कटास; जंगली बिल्ली.

खी-खी [名] 下品な笑い声やいやらしい嘲る調子の笑い声；照れ笑いの声 कल्लू ने उसका यह रूप देखा तो बड़ी ज़ोर से खी-खी करके हँसने लगा カッルーはその子の恰好を見ると大声でけっけっけっと笑いだした खी-खी करके कुछ लोग हँस दिये けっけっと一部の人は笑いだした अपने मज़ाक़ पर ख़ुद ही खी-खी करके हँसने लगी 女は自分の言った冗談にへっへっと笑いだした

खीज [名*] = खीझ. (1) いらだち（苛立ち）；腹立ち (2) あせり

खीजना [自] = खीझना. (1) いらだつ；いらいらする；腹を立てる उनका झगड़ा सुनकर दादी खीज उठी その人たちの喧嘩の話を聞いて祖母は腹を立てた (2) あせる；せかせかする

खीझ [名*] (1) いらいら；いらだち（苛立ち）；腹立ち；腹立たしさ चालकों की खीझ 運転手たちのいらいら उन्हें अपने ऊपर खीझ हुई 自分自身に腹立たしくなった (2) あせり；せくこと→ खीज. (-की) खीझ निकालना （ーを）怒らせる；いらだたせる

खीझना [自] (1) 腹を立てる；いらいらする；いらだつ；くやしがる；歯ぎしりする मुझे लगा मोहन की पत्नी सचमुच खीझी हुई थी モーハンの妻はほんとにいらだっているように思えた हाथी ने खीझकर आम के पेड़ की दो-चार टहनियाँ तोड़ डालीं 象は腹を立ててマンゴーの枝を2〜3本折ってしまった जिन्हें उतरना नहीं था, वे उमस की बेचैनी में खीझ रहे थे （バスの中で）降りない乗客たちは蒸し暑さにいらいらしていた अपनी मजबूरी पर खीझ-खीझ जाती हूँ.आज कितना अच्छा मौका था सारी बात बता देने का! 自分の無力さにしきりにいらだつ．今日はすっかり話すのに絶好の機会だったというのに (2) あせる；落ち着きをなくす；せかせかする；せく माँ विनय के पास जाने के लिए खीझेंगी 母はヴィナヤのところへ行こうとしてせくことだろう

खीण [形] = क्षीण.

खीप [名] (1)〔植〕マメ科小低木【*Crotalaria burhia*】(2)〔植〕ガガイモ科低木【*Leptadeni pyrotechnica; L. sparatium*】(3)〔植〕ガガイモ科低木【*Orthanthera viminea*】

ख़ीमा [名]《P. خیمه》= ख़ेमा; ख़ैमा; तंबू. 天幕；テント ख़ीमा डालना テントを張る

खीर [名*] (1)〔料〕乳粥（米に砂糖を加えて牛乳で粥状に甘く煮た食べもの．ごちそうの一つでありデザートにもなる）；キール (2) ユウガオなどを牛乳で煮た料理 **टेढ़ी खीर** 難しいこと；難事業 यह बात साधारण व्यक्ति को समझना बहुत टेढ़ी खीर है このことを一般の人が理解することは大変難しい **खीर चटाना**〔ヒ〕（ヒンドゥー教徒の通過儀礼の一）食い初めに乳粥を食べさせる儀礼→ अन्नप्राशन. खीर-पूड़ी キールやプーリー（などの馳走）

खीर चटाई [名*]〔ヒ〕（ヒンドゥー教徒の通過儀礼としての）食い初め= अन्नप्राशन.

खीरा [名]〔植〕ウリ科の蔓草キュウリ【*Cucumis sativus*】とその実 **खीरा-ककड़ी** つまらないもの；取るに足らぬもの；ありきたりのもの (-को) **खीरा-ककड़ी समझना** （ーを）見くびる；見下す；あなどる

खीरी [名*]（牛，水牛，山羊など）四足獣の雌の乳房

खील[1] [名*] いり米（炒り米）；炒ってはじけさせた米= लावा. **खील-बताशे** 炒り米やカルメラなどの神への供物 **खील बरसाना** 炒り米を降らせる；炒り米を撒く（慶祝のため）**खील-खिलौने** ディーワーリー祭の際にガネーシャ神やラクシュミー神に供えられる砂糖で作った神像や動物の像や炒り米．祈りを捧げた後食べられる

खील[2] [名*] (1) 釘；ピン；鋲 (2) 楊枝 (3) 小さなかけら (4) 細かい筋状のもの (5) 女性の小鼻につける丁字の形をした金製の鼻飾り **खील खील क॰** 粉々にする；小さく砕く **खील खील हो॰** 粉々になる；こまかく砕ける उसका दिल खील-खील हो गया 彼女は胸が粉々に砕かれた

खीलना [他] 木の葉を楊枝でとめて木の葉の皿（दोना）などの食器をこしらえる

खीली [名*] = खिल्ली.

ख़ीश [代・名]《P. خویش》(1)（再帰代名詞）自分；自分自身 (2) 身内；身内の人→ ख़ेश.

खीस[1] [名*] (1) 牙 (2) 突き出た歯；そっ歯 **खीस (खीसें) काढ़ना** = खीस निकालना. **खीस (खीसें) निकालना (निपोरना)** *a.* にたにた笑う；歯をむき出して笑う（照れ笑いをする；苦笑いをする）*b.* 哀れみを乞う

खीस[2] [名*] 牛などの家畜の初乳

खीस[3] [名*] (1) 不快；不機嫌 (2) 怒り；腹立たしさ = खीज.

खीस[4] [名*]《← A. خساره ख़सारा》損害；損失= घाटा; हानि.

खीसना [自] 台無しになる；めちゃくちゃになる

खीसा [名]《← A. کیسه कीसा》(1) 小さな袋 = थैली. (2) 財布 (3) ポケット= जेब; पाकिट; पाकेट.

खीहा [名]〔鳥〕ヒタキ科マルハシ属の鳥 **दक्षिणी खीहा** コクテンマルハシ【*Pomatorhinus erythrocnemis*】**ललमुखी खीहा** マルハシ【*Pomatorhinus erythrogenys*】

खुँटकढ़वा [名] 耳垢取りを生業にする人= कनमैलिया. → खूँट.

खुँटिला [名] = कर्णफूल.

खुँडला [名] (1) 壊れかかった家；つぶれかけた家；あばら家 (2) 小屋

खुँदवाना [他・使] ← खूँदना. 踏みつぶさせる；踏みつぶしてもらう；踏みつけさせる

खुंबी [名*] = खुमी.

खुंभी [名*] = खुमी.

खुँसना [自] さしこまれる；つめこまれる चाबी उसकी कमर में खुँसे गुच्छे में पड़ी रहती थी いつも鍵は彼女の腰にさしこまれた鍵束に入っていた→ खोंसना.

खुक्ख [形] = खुख.

खुख [形] (1) 空っぽの；すっからかんの (2) 無一文の；一文無しの

खुखड़ी[1] [名*] 紡錘に巻いた毛玉= कुकड़ी.

खुखड़ी[2] [名*]《Np.खुकुरि》ククリー（ネパール人の携帯する短刀）

खुचड़ [名*] あら探し= खुचर. खुचड़ निकालना あら探しをする

खुचड़ी [形] あら捜しをする= खुचरी.

ख

खुजलाना[1] [他] 皮膚のかゆさのためにかく（掻く）；こする एक टाँग से दूसरी टाँग को खुजलाते हुए 片方の足で他方の足をかきながら तोंद खुजलाते हुए बोला 太鼓腹をかきながら言った तुमने बहुत ज़्यादा खुजला लिया 君はひどくかいたんだ **सिर खुजलाना** → सिर.

खुजलाना[2] [自] (1) かゆくなる；むずむずする；むずがゆい (2) なにかをしたくて落ち着かぬ状態；むずむずする；うずうずする अब साले को खुजली हुई है.जहाँ जाता है, खुजलाने लगता है 奴は殴られたくてうずうずしているんだ. どこへ行っても悪さをしたくてならないのだ

खुजली [名*] (1) かゆさ；むずがゆさ；かゆみ (2)〔医〕かいせん（疥癬） (3)〔医〕家畜の伝染病の一. ひせん（皮癬） **खुजली उठना** かゆくなる；むずがゆい；むずがゆくなる **खुजली हो॰** かゆい；かゆくてむずむずする बार बार खुजली होने से स्त्रियाँ सिर को ज़ोर ज़ोर से खुजाती हैं जिससे कई बार त्वचा छिल जाती है 女の人たちは絶え間なくかゆいので頭を激しくかくためしばしば皮がむけてしまう मच्छर के काटने के स्थान पर खुजली हो॰ 蚊にさされたところがかゆくなる

खुजवाना [他・使] ← खोजना. 捜してもらう；捜させる= खोजवाना.

खुजाई [名*] ↔ खोजना 捜すこと；探索すること；探求すること

खुजाना[1] [他] = खुजलाना. （かゆいところを）かく；こする उसने अपनी नाक खुजाई 鼻をこすった कुछ लोगों को कान खुजाते रहने की आदत होती है 耳をしょっちゅうかく癖のある人がいる सिर खुजाकर खड़ा होते हुए 頭をかいて立ち上がりながら

खुजाना[2] [自] = खुजलाना. कान खुजाता है 耳がかゆい

खुझर [名] (1) 地表に浮き出た木の根 (2) 繊維などのからまったもの= खुझरा.

खुटकना [他] むしる；むしり取る

खुट खुट [名*] 鳥がくちばしで突く音；こつこつ，こんこんなど बस एक चोंच थी, इससे खुट खुट करता ある物と言えばただ一つのくちばし，それでこつこつと突く

खुटचाल [名*] (1) 悪さ；いたずら；悪意に発する振る舞い (2) 不品行 (3) ごたごた；騒音

खुटाई [名*] = खोटाई; खोटापन.

खुटिला [名] → करनफूल.

खुट्ठी [名*] かさぶた= पपड़ी; खुरंड.

खुड़ला [名] (1) 鳥小屋；鶏小屋；鶏舎 (2) うろ（中が空になっているところ）

खुड़आ [名] 雨ガッパ= घोघी.

खुड्डी [名*] (1) 穴；地面に掘った穴 (2) すきま；隙間 (3) 排便用に掘った穴；糞壷 (4) 便器 (5) 便器の横の踏み台= खुड्ढी.

खुतबा [名] → ख़ुत्बा.

ख़ुतूत [名, pl.] 《A. خطوط ←ख़त》 手紙；書簡 अब्बा मियाँ के पास ख़ुतूत और पारसल आते हैं お父さんのところには手紙や小包が来る

ख़ुत्बा [名] 《A. خطبه》 (1)〔イス〕フトバ（集団礼拝やイードの礼拝の際に行われる説教） (2) 説教；説法；法話 (3) 序文；序 (4) 即位宣言 **ख़ुत्बा पढ़ा जा॰** 即位が宣言される；即位宣言が行われる

ख़ुत्वा [名] 《A. خطوه》 一歩；歩幅= एक डग.

ख़ुद[1] [代] 《P. خود》（再帰代名詞）自分；自分自身；自ら = स्वयं. ख़ुद ने कितनी फ़िल्में देखी हैं, यह भूल गए? 自分が何本映画を見たのか忘れたのかい ख़ुद के अनुभव से 自分自身の経験から **ख़ुद से** 〔演〕独白 = स्वयं.

ख़ुद[2] [副] 《P. خود》 自分で；自身で；自ら घर का बहुत-सा काम हम ख़ुद कर लेते हैं 家事の多くは自分自身がする अपना भोजन ख़ुद बनाते हैं 自分の食事は自分でこしらえる कोयल अपने अंडे ख़ुद नहीं सेती カッコウは自分の卵を自らは孵さない

ख़ुदकफ़ालत [名*] 《P. خود کفالت》 自立

ख़ुदकफ़ील [形] 《P.A. خود کفیل》 自立している= आत्मावलंबी; स्वावलंबी.

ख़ुदकाम [形] 《P. خود کام》 気ままな；のびのびとした= स्वच्छंद; निरंकुश.

ख़ुदकामी [名*] 《P. خود کامی》 気まま；のびやかさ= स्वच्छंदता; निरंकुशता.

ख़ुदकार [形] 《P. خودکار》 自動の；自動式の ख़ुदकार मशीनगन 自動機関銃

ख़ुदकाश्त[1] [形] 《P. خود کاشت》 自分で耕している；本人が耕作している

ख़ुदकाश्त[2] [名*]〔農〕自耕地

ख़ुदकुशी [名*] 《P. خود کشی》 自殺；自害= आत्महत्या; आत्मघात.

ख़ुदग़रज़ [形] 《P.A. خود غرض》 自分勝手な；身勝手な；勝手気ままな= स्वार्थपर.

ख़ुदग़रज़ी [名*] 《P.A. خود غرضی》 身勝手；気まま= स्वार्थपरता. आइए, हम ख़ुदग़रज़ी छोड़कर रिश्ते जोड़ें और कुछ कठिनाइयाँ सहकर भी उनकी लाज रखें 身勝手を去り連帯していささかの困難に耐えてもあの人たちの名誉を守ろう

ख़ुदग़र्ज़ [形] → ख़ुदग़रज़.

ख़ुददार [形] 《P. خود دار》 自尊心の強い；誇り高い= स्वाभिमानी

ख़ुददारी [名*] 《P. خود داری》 自尊心= आत्म-सम्मान; आत्म-गौरव.

खुदना [自] (1) 掘られる；掘削される (2) 耕される खेत खुद जाता तो सिंचाई का नंबर लगता 畑が耕されると次は灌水の番となる (3) 刻まれる；刻んで記される

ख़ुदनुमा [形] 《P. خود نما》 (1) 自己顕示的な；自分を見せびらかす (2) きざな（気障な） = आत्मप्रदर्शी.

ख़ुदनुमाई [名*] 《P. خود نمائی》 (1) 自己顕示 (2) 気障っぽさ

ख़ुदपरस्त [形] 《P. خود پرست》 自己中心の；自己中心的な；自己耽溺の；うぬぼれ深い

ख़ुदपरस्ती [名*] 《P. خود پرستی》 自己中心性；自己耽溺；うぬぼれ

ख़ुदपसंद [形] 《P. خود پسند》 ひとりよがりの；自己満足の；うぬぼれた

ख़ुदपसंदी [名*] 《P. خود پسندی》 ひとりよがり；自己満足；うぬぼれ

ख़ुदफ़रामोश [形] 《P. خود فراموش》 我を忘れる；忘我の

ख़ुदफ़रामोशी [名*] 《P. خود فراموشی》 忘我= आत्मविस्मृति.

ख़ुदफ़रेब [形] 《P. خود فریب》 自己を欺く；自己欺瞞的な= आत्मवंचक.

ख़ुदफ़रेबी [名*] 《P. خود فریبی》 自己欺瞞= आत्मवंचना.

ख़ुद-ब-ख़ुद [副] 《P. خود بخود》 ひとりでに；自ずから；自ずと；自動的に ख़ुद-ब-ख़ुद उसकी पलकें मुँद गईं ひとりでにまぶたが閉じた

ख़ुदबरदारी [名*] 《P. خود برداری》 自立= आत्मनिर्भरता.

ख़ुदबीन [形] 《P. خود بین》 うぬぼれの強い= ख़ुदबीं; अहंकारी; आत्मदर्शी; मग़रूर.

ख़ुदबीनी [名*] 《P. خود بینی》 うぬぼれ；慢心= अहंकार; अभिमान; ग़ुरूर.

खुदबुद-खुदबुद [名*・副] 煮物などのぐつぐつ煮え立つ音やその様子

ख़ुदमतलब [形] 《P.A. خود مطلب》 自分勝手な；勝手な；身勝手な；わがままな= ख़ुदग़रज़; स्वार्थ-साधक.

ख़ुदमतलबी [名*] 《P.A. خود مطلبی》 身勝手；わがまま

ख़ुदमुख़्तार [形] 《P.A. خود مختار》 (1) 自由な；独立の= स्वतंत्र; स्वाधीन. (2) 奔放な；勝手な= स्वेच्छाचारी; निरंकुश.

ख़ुदमुख़्तारी [名*] 《P.A. خود مختاری》 (1) 自由；独立= स्वतंत्रता; स्वाधीनता. (2) 奔放さ；身勝手= स्वेच्छाचारिता; निरंकुशता.

खुदरा [名] (1) こまごまとした品；小物 (2) 部分；一部分 (3) 小売り（の品） (4) 小銭；ばら銭 **खुदरा क़ीमत** 小売価格；小売値 **खुदरा दुकानदार** 小売商

ख़ुदराई [名*] 《P.A. خود رائی》 (1) 気ままなこと；気まま；自分勝手なこと (2) うぬぼれ

ख़ुदराए [形] 《P.A. خود رائے》 (1) 気ままな；わがままな；我の強い (2) うぬぼれの強い= ख़ुदराय. (3) ひとりよがりの；自分だけで思いこんだ；自分が勝手に決めつけた ख़ुदराए जानकारी 勝手な思いこみ

ख़ुदरू [形] 《P. خود رو》 ひとり生えの；自生の= ख़ुदरो.

खुदवाई [名*] ← खुदवाना. (1) 掘らせること；掘ってもらうこと (2) 掘らせる手間賃

खुदवाना [他・使] ← खोदना. सिंचाई के लिए कुआँ खुदवा दूँगा 灌漑のために井戸を掘ってもらう राजा अशोक की तरह सड़क पर कुएँ खुदवाएँगे アショーカ王のように道路に沿って井戸を掘らせる

ख़ुदशिकन [形] 《P. خود شکن》 謙虚な；慎み深い= विनम्र; विनीत; ख़ाकसार.

ख़ुदशिकनी [名*] 《P. خود شکنی》謙虚さ；慎み深さ= विनीतता; विनम्रता; ख़ाकसारी.

ख़ुदसर [形] 《P. خود سر》(1) 傲慢な= अक्खड़. (2) 反逆的な；反抗的な= बाग़ी; विद्रोही.

ख़ुदसरी [名*] 《P. خود سری》(1) 傲慢さ= उद्दंडता; उच्छृंखलता. (2) 反逆；反抗= बग़ावत; हुक्मनाफ़रमानी.

ख़ुदसाख़्ता [形] 《P. خود ساخته》(1) 自分でこしらえた；自作の= आत्म-निर्मित. (2) 空想の= मनगढ़ंत; कपोलकल्पित.

ख़ुदसुपुर्दगी [名*] 《P. خود سپردگی》降参；降伏= आत्मसमर्पण.

ख़ुदहवालगी [名*] 《P.A. خود حوالگی》= ख़ुदसुपुर्दगी.

ख़ुदा [名] 《P. خدا》(1) 神；最高神 (2)〔イス〕アッラーの神 ख़ुदा आपको तंदुरुस्त रखे! (使用人が主人に暇乞いに言う) お元気でお過ごし下さいませ ख़ुदा की ऐसी ही मरज़ी थी このようなことになるように運命づけられていたのだ **ख़ुदा का ग़ज़ब** とんでもないこと；大変なこと **ख़ुदा का घर** マスジド；モスク **ख़ुदा का नक़्क़ारा** 民衆の要望 **ख़ुदा का नूर** あごひげ **ख़ुदा का बंदा** 神の下僕 **ख़ुदा की क़सम** 神に誓って；断固として；是が非でも；絶対に ख़ुदा की क़सम! आज इधर से पैसा वसूल किए बग़ैर हिलने का नहीं है! 今日という今日は絶対に取り立ててやるんだ **ख़ुदा की पनाह** 神様！；神様仏様！ **ख़ुदा की मार** *a.* 不運；非運 *b.* 天罰 *c.* くたばれ；くたばってしまえ **ख़ुदा की राह पर** お願いだから；後生だから **ख़ुदा के घर से बच आ॰** 九死に一生を得る；死にそこなう **ख़ुदा के फ़रिश्ते** 天使 **ख़ुदा को हाज़िर व नाज़िर करके** 神に誓って **ख़ुदा ख़ुदा करके** *a.* 必死になって *b.* ようやくのことで；やっとのことで **ख़ुदा गंजे को नाख़ून न दे** 〔諺〕品性卑しい者が高い地位に就いて横暴を働くことを皮肉る表現 **ख़ुदा गवाह है** 本当だ；本当のことだ；本当に ख़ुदा गवाह है, आज तक मैंने ख़ालाजान को कोई तकलीफ़ नहीं दी 全く本当だよ，今までおばさんに迷惑をかけたことはなかったんだ **ख़ुदा दिखाई दे॰** 神にすがる **ख़ुदा देता है तो छप्पड़ फाड़कर देता है** 〔諺〕天からの授かり物はありとあらゆる方法で授かるもの；神の思し召しがあればどのような形でも授かるもの **ख़ुदा न करे** = ख़ुदा नाख़्वास्ता. **ख़ुदा न ख़्वास्ता** 《P. خدا نہ خواستہ》あってはならない；あって欲しくない；万が一 अगर ख़ुदा न ख़्वास्ता हमला हो भी गया तो बहुत ही हलका होता है 万が一襲われることがあってもごく軽微だ **ख़ुदा भूखा उठाता है, भूखा सुलाता नहीं** 〔諺〕神は万人にそして全ての生き物にその日の糧を授けられる **ख़ुदा रा** 神に；神へ；神に対して；神に向かって **ख़ुदा रा शुक्र** 神に感謝する **ख़ुदा लगती कहना** 本当のことを言う；誓って言う；真実を話す **ख़ुदा लगती न कहना, मुँह देखी कहना** 本当のことを言わず追従する **ख़ुदा लगती बोलना** = ख़ुदा लगती कहना. **(अपने को) ख़ुदा लगाना** (自分を) 神のように思う；万能と思う；うぬぼれる **ख़ुदा ही मालिक** 神にすがるしかない；救いがない हमारे मुल्क का अब ख़ुदा ही मालिक है もはやわが国には救いがない **मेरा ख़ुदा जानता है** 神のみぞ知る；だれにもわからない मैं जिन हालात में आपके ख़िलाफ़ खड़ा हुआ हूँ वे मेरा ख़ुदा जानता है, कितनी बड़ी मजबूरी थी 私があなたに反対して立ち上がったのがどんなに困った状況だったかはだれにもわかりません

खुदाई [名*] (1) 掘ること तालाब की खुदाई 池掘り हलदी को खुदाई के बाद पानी में उबाला जाता है ウコンは掘り出してからゆでられる (2) 掘る手間賃 खुदाई में निकलना 発掘される；掘り出される (3) 発掘；掘り出すこと हड़प्पा की खुदाई में चाँदी के बर्तन मिले हैं ハラッパーの発掘で銀の器が見つかっている (4) 彫刻；刻むこと कलात्मक खुदाई 芸術的な彫刻

ख़ुदाई[1] [名*] 《P. خدائی》(1) 神性；神格= ईश्वरता. (2) 森羅万象；自然；全世界= संसार; जगत्. जो ख़ुदाई का दावा करता था और अपने सामने किसी की हक़ीक़त न समझता था 自分が神であると言って人を人とも思わなかった人 **ख़ुदाई क॰** 神通力を現す；奇跡を行う **ख़ुदाई फिरना** 隆盛をみる；盛んになる；栄える **ख़ुदाई भर की ख़ाक छानना** 徹底的に探す；しらみつぶしに捜す **ख़ुदाई में ढेले फेंकना** 神にあだをなす

ख़ुदाई[2] [形] 《P. خدائی》神の；神による；神性を有する= दैवी; ग़ैबी. ख़ुदाई फ़ौजदार 信心深い；敬虔な

ख़ुदाई ख़िदमतगार [名] 《P. خدائی خدمتگار》〔イ史〕「神の下僕」の意．アブドゥルガッファール・ハーン अब्दुल ग़फ़्फ़ार ख़ाँ の組織した英領インドの北西辺境州（現今のパキスタン）の社会改革運動組織．後に政治活動の組織にもなる

ख़ुदाई रात [名*] 徹夜の礼拝

ख़ुदा ताला [名] 《P.A. خداتعلیٰ》〔イス〕イスラム教における唯一の神．アッラー

ख़ुदादाद [形] 《P. خدا داد》神から授かった；天賦の；天与の इस आदमी में कोई ख़ुदादाद ताक़त है この人には何か天賦の力が備わっている= देवदत्त.

ख़ुदा न ख़्वास्ता 〔句〕《P. خدا نخواستہ》ひょっとして；万が一；まさか= ख़ुदा ना ख़्वास्ता; ख़ुदा न ख़ास्ता.

ख़ुदा ना ख़्वास्ता 〔句〕《P. خدا نا خواستہ》= ख़ुदा न ख़्वास्ता; ख़ुदा ना ख़ास्ता.

ख़ुदापरस्त [形] 《P. خدا پرست》神を信じる；神を敬う；信心深い；敬虔な

ख़ुदापरस्ती [名*] 《P. خدا پرستی》信心深いこと；敬虔なこと

ख़ुदा या [感] 《P. خدا یا》神への呼びかけの言葉；ああ神様，ああ神よなど= हे ईश्वर; ऐ ख़ुदा.

ख़ुदावंद[1] [名] 《P. خدا وند》(1) 神= ईश्वर; ख़ुदा; ख़ुदावंद करीम. ख़ुदावंद करीम ने चाहा तो आनन-फ़ानन में दर्द रफ़ूचक्कर होगा 神様の思し召しがあればあっと言う間に痛みは消えてなくなるだろう (2) 主人；主= स्वामी; मालिक.

ख़ुदावंद[2] [感] 主人や相手への丁寧な呼びかけ．御主人様，殿，お殿さまなど ख़ुदावंद करीम 情け深い御主人様（呼びかけの言葉）

ख़ुदाशिनास [形] 《P. خدا شناس》(1) 神を知る (2) 慈悲深い

ख़ुदासाज़ [形] 《P. خدا ساز》天与の；夫から授かった；天賦の

ख़ुदा हाफ़िज़ [感] 《P.A. خدا حافظ》（主にイスラム教徒やウルドゥー語において用いられる）別れのあいさつの言葉；さようなら；失礼致します；おやすみなさい

ख़ुदी [名*] 《P. خودی》(1) 我；我意識= अहंकार; अहंवाद. (2) うぬぼれ；傲慢；自慢= अभिमान; घमंड; गर्व.

ख़ुद्दारी[名*]《P. خود داری ख़ुददारी》自尊心= आत्म-सम्मान; स्वाभिमान. धिक्कार है ऐसी ख़ुद्दारी पर जो भगवान की बराबरी करने पर तुल जाए 神様に対して意地を張るような自尊心は呪われるがよい

खुद्दी [名*] (1) 穀類の小さなかけらや屑 मौक़ा-बे-मौक़ा खुद्दी-चुन्नी, साग-सत्तू दे ही दिया जाता है 折々に穀物の屑や粉，野菜なんぞが与えられる (2) おり（澱）；沈殿物

खुनकी [名*] = ख़ुनुकी.

खुनखुना [名] がらがら（幼児の玩具）= झुनझुना; घुनघुना.

खुनस [名*] 怒り；腹立ち दफ़्तर से कोई साहब की डाँट खाकर निकले तो उसकी सारी खुनस कंडक्टर पर! 会社で上司の小言を食らって出ると一切の怒りはバスの車掌に向かう

खुनसाना [自] 腹立ちまぎれに荒れる；怒りをぶちまける；ぷりぷりする；人に当たる；当たりちらす

खुनसी [形] 怒りっぽい= क्रोधी; ग़ुस्सैल.

ख़ुनुकी [名*] 《P. خنکی》(1) 寒さ；冷気；冷たさ (2) 寒期；冬 (3) 性的不能

ख़ुफ़िया[1] [形] 《A. خفیہ ख़ुफ़ीया》隠れた；密かな；秘密の；内緒の **ख़ुफ़िया तौर पर** 密かに；こっそりと；内密に ख़ुफ़िया तौर पर मालूम क॰ 内偵する

ख़ुफ़िया[2] [副] 隠れて；密かに；秘密裡に；内緒で **ख़ुफ़िया ख़ुफ़िया** 内密に；人に知られぬように；内緒で；こっそりと ख़ुफ़िया ख़ुफ़िया मदद देते रहे 密かに援助を続けた

ख़ुफ़िया[3] [名] 諜報員；情報局員 ब्रिटिश सरकार का ख़ुफ़िया イギリスの諜報員（情報部員） ख़ुफ़िया अधिकारी 諜報機関幹部

ख़ुफ़िया पुलिस [名*] 《A.+ E. police》治安警察；秘密警察 ख़ुफ़िया पुलिस के लोग 秘密警察の人たち

ख़ुफ़िया फ़रोश [名] 《A.P. خفیہ فروش ख़ुफ़ीया फ़रोश》闇商人；密売人；密売買人；密輸者

ख़ुफ़िया फ़रोशी [名*] 《A.P. خفیہ فروشی ख़ुफ़ीया फ़रोशी》闇売買；闇取引

ख़ुफ़िया विभाग [名] 《A.+ H.》(1) 治安警察；秘密警察 (2) 情報局；情報機関

ख़ुफ़ीया [形・副] = ख़ुफ़िया. **ख़ुफ़ीया ख़ुफ़ीया** こっそり；内緒で；内々に；密かに

खुबना [自] = खुभना. मगर साड़ी लेना ज़रूरी था वह उसकी आँखों में खुब गई थी でもどうしてもサリーを買わなくてはならなかった．あのサリーが目に突き刺っていた

ख़ुबानी [名*] → ख़ूबानी. 《P. خوبانی》〔植〕バラ科小高木アンズ（杏）【*Prunus armeniaca*】= ज़र्दालू. 〈common apricot〉

खुभना [自] (1) 刺さる；突き刺さる फावड़े अब भी कछार की नम ज़मीन में अंदर खुभी रह गई थीं 犂の刃は今なお川べりの軟い土に突き刺さったままになっていた= चुभना; घुसना. (2) 強く印象づける वही सीधापन एक दम शूल की भाँति उनके अंतस में खुभ गया まぎれもなくその純朴さがまるでとげのようにあの人の胸に突き刺さった

ख़ुम [名] 《P. خم》(1) かめ（瓶）；甕= घट; घड़ा; मटका. (2) 酒を入れるかめ

ख़ुमख़ाना [名] 《P. خم خانہ》酒屋= मदिरालय; शराबख़ाना.

ख़ुमार [名] 《P. خمار》(1) 酒の酔い (2) 熱中；酔い；夢中；のぼせ **ख़ुमार उतरना** 酔いが覚める मुझे लगा जैसे अभी तक उसके सिर पर से ख़ुमार नहीं उतरा 男はまだ酔いしれたままのように私には思われた अब उनके रोमांस का ख़ुमार उतरने लगता है あの人はもはやロマンスの酔いが覚めかけている (3) 楽しくうっとりするような気持ち (4) 二日酔いなどによる頭痛や頭がぼんやりした状態

ख़ुमारी [名*] 《P. خماری》= ख़ुमार. इतना मैं पहले कभी नहीं सोता था.पता नहीं, कब की ख़ुमारी बाकी थी 以前はこんなに眠りはしなかった．一体いつの酔いが残っていたのやら **ख़ुमारी टूटना** 酔いが覚める；正気に戻る ख़ुमारी से पहले क्या होता है, और ख़ुमारी टूटने पर क्या होता है 酔う前にはどうなのか，酔いが覚めるとどうなるのか

खुमी[1] [名*]〔植〕胞子植物キノコ；マッシュルーム= खुभी; कुकुरमुत्ता.

खुमी[2] [名*] (1) 男子の上前歯の装飾のためにはめこまれた細く小さい金の飾り (2) 耳飾りの一

खुरंड [名] かさぶた= पपड़ी. **खुरंड जमना**（**बनना**）かさぶたができる नाक में खुरंड जमते हैं और बच्चा उन्हें खुरचकर ख़ून निकाल लेता है 子供は鼻の中にかさぶたができるのをほじって鼻血を出す

खुर [名] (1)〔動〕ひづめ（蹄）；偶蹄；分趾蹄〈cloven hoof〉 (2) 台座の足が床に接する先端部 **खुरोंवाले स्तनी**〔動〕有蹄類〈Ungulata〉

खुरक [名*] 不安；心配；思案；懸念= खटका; अंदेशा.

खुरखुंद [名] 不心得；性質の悪さ；悪辣さ= दुष्टता; पाजीपन.

खुरखुर [名*] (1) のどから出る音（寝息やいびき，あるいは，痰がつまったりして）．ぐうぐう，ごろごろ，ぜいぜいなど (2) 猫が喉を鳴らす音，ごろごろ

खुरखुरा [形[+]] なめらかでない；ざらざらした；がさがさした；でこぼこの= खुरदरा; नाहमवार.

खुरखुराना[1] [自] いびきや痰などでのどが音を立てる；のどが鳴る；ぐうぐういう；ごろごろ鳴る；ぜいぜいいう

खुरखुराना[2] [自] がさがさする；ざらざらする；凹凸のある

खुरखुराहट[1] [名*] のどの鳴る音

खुरखुराहट[2] [名*] ざらざらしていること；がさがさしていること；でこぼこしていること

खुरचन [名*] (1) 引っかいたりこそげたり剥がしたりしたもの यदि उस जगह से थोड़ी खुरचन लेकर काले रंग के कागज़ पर डालकर देखें तो बारीक-बारीक कीड़े चलते नज़र आएँगे そこから少しこそぎ取って黒い紙の上にのせてみるととても小さな虫が動いているのが見えよう इस खुरचन में दो तीन बूँदें नीबू का रस और एक चम्मच दही अच्छी तरह मिला लें このこそぎ取ったものにライムの汁を2〜3滴とヨーグルトを1さじよく混ぜること (2) かけら बर्फ़ की खुरचन 氷のかけら

खुरचना [他] (1) 引っかく；かきむしる चूहा साइनबोर्ड आदि पर चढ़कर उनके रंग खुरचता रहता ネズミはいつも看板などに登って塗料を引っかく (2) こそげる दूधवाले बरतन में बेसन डाल दें और फिर खुरच लें 牛乳の入った器にベーサンを入れてもう一度こそげてみなさい (3) 剥がす；引き剥がす；むく पत्थर का एक औज़ार - पाषाण युग का आदमी खालों को छील - खुरचकर कपड़ों या छाया के लिए काम में लाता था 石器時代の人間が皮をむいたり皮を剥がしたりして衣服や日除けを作るのに用いていた石器の一つ (4) ほじる；ほじくる नकसीर अधिकतर नाक को खुरचने से आती है 鼻血はたいてい鼻の穴をほじると出るもの

खुरचनी [名*] こそげるのに用いる道具（へら状のもの）

खुरचाल [名*] (1) 悪さ；いたずら (2) 妨害；妨げ (3) 性悪なこと

खुरचाली [形] (1) いたずらな；悪さをする (2) 妨害する (3) 性悪な

ख़ुरजी [名*] 《A. خرجی/خرجین ख़ुर्जी/ख़ुर्जी》荷をつけて運ばせる馬やロバなどの動物の背につける荷袋

खुरट [名]〔医〕蹄の化膿する病気；口蹄疫= खुरपका.

खुरतार [名*] (1) 蹄で踏んだり蹴ったりすること (2) 蹄の音

खुरदरा [形[+]] なめらかさのない；すべすべしていない；ざらざらした；ごわごわした；ごつごつした；でこぼこの फ़र्श खुरदरा था 床はでこぼこしていた खुरदरी अँगुलियाँ 節くれだった指 सख़्त और खुरदरा 硬くてごわごわした खुरदरी सतह ごつごつした表面 खुरदरे पत्थर ごつごつした石 खुरदरे जूट के रस्सों से がさがさしたジュートの綱で

खुरदार [形] 《H.+ P. دار》蹄を持った खुरदार जानवर 偶蹄類

खुरपका [名]〔医〕偶蹄類の罹る口蹄疫 गाय और भैंस में खुरपका 牛や水牛の口蹄疫

खुरपा [名] (1) こて（鏝）の形をした草抜きの道具，クルパー खुरपे से निराई クルパーでの除草 (2) こての形をした土掘りの道具 (3) 動物の皮を剥ぐ道具

खुरपी [名*] クルパーの小型のもの → खुरपा.

ख़ुरमा [名] 《P. خرما》(1)〔植〕ヤシ科のナツメヤシ【*Phoenix dactylifera*】の実= छोहारा. (2) 小麦粉，牛乳を原料にして作られるナツメヤシの実の形をした菓子

खुरली[1] [名*] かいばおけ

खुरली[2] [名*] (1) 軍事演習 (2) 演習場

ख़ुरशीद [名] 《P. خرشید》太陽= सूर्य.

ख़ुरशेद [名] = ख़ुरशीद.

खुरहा [名] = खुरपका.

खुरा[1] [名] = खुरपका; खुरहा.〔医〕口蹄疫

खुरा[2] [名] 流し場

ख़ुरा [名] 《P. خوره》〔医〕禿頭病

खुराई [名*] 家畜が遠方へ逃げ出さないように足と足とを結んでおく綱やひも

ख़ुराक [名*] 《P. خوراک》(1) 食物；食糧；食べもの；餌 पशुओं की ख़ुराक 動物の食物 (2) 一回の食事；食事の一回分 (3) 一回の服用量

ख़ुराकी[1] [名*] 《P. خوراکی》(1) 食糧費 (2) 生活費

ख़ुराकी[2] [形] 大食の；大食いの

खुराघात [名] 蹄で蹴ること

ख़ुराफ़त [名*] 《A. خرافت》(1) 馬鹿話 (2) 下品な話

ख़ुराफ़ात [名*, pl.] 《A. خرافات←خرافت ख़ुराफ़त》(1) 馬鹿げた話；馬鹿話；無駄話 फ़ुज़ूल की ख़ुराफ़ातों में दिमाग़ उलझाना 無駄話や馬鹿話に頭を使う (2) 下品な言葉 (3) いたずら；悪さ；悪事；愚行 ख़ुराफ़ात क॰ いたずらをする；悪さをする；悪事を働く हल्ला, भगदड़, मारपीट, ख़ूनख़राबा आगज़नी - सारी ख़ुराफ़ातों की छूट 大声で叫んだり狂ったように走り出したり殴り合いをしたり流血沙汰を起こしたり放火をしたり，ありとあらゆる愚かしい行為をしてよい ये सब ख़ुराफ़ातें न करो この一切の悪さをやめろ हर जगह यही ख़ुराफ़ात करता है どこでもかしこでも相変わらずの悪さをしている **ख़ुराफ़ात बकना** 馬鹿げたことや下品なことを口にする

ख़ुराफ़ाती [形] 《A. خرافاتی》(1) 馬鹿馬鹿しい；愚かしい (2) 下品な言葉遣いの (3) いたずらな

ख़ुरासान [地名] 《P. خراسان》（イラン東北部の）ホラーサーン

ख़ुरासानी [形] 《P. خراسانی》ホラーサーンの

खुरिया [名*]〔解〕膝の皿；膝小僧；膝蓋骨

खुरी[1] [名*] 蹄の跡

खुरी[2] [名]〔動〕偶蹄類= खुरवाला पशु.

खुरुक [名] = खटका.

खुरू [名] (1) 有蹄動物が蹄で地面を蹴ったり掘ったりする動作 (2) 騒ぎ；騒動

ख़ुर्द [形] 《P. خورد》(1) 小さい；小型の (2) 短い；短小な (3) 微小な；微細な

ख़ुर्दनी[1] [形] 《P. خوردنی》食べられる；食用の= खाद्य.

ख़ुर्दनी[2] [名*] 食べもの；食料= खाद्य.

ख़ुर्दबीन [名*] 《P. خردبین》顕微鏡= ख़ुर्दबीन शीशा.

ख़ुर्दबीनशीशा [名] 《P. خردبین شیشہ》顕微鏡= सूक्ष्मदर्शक यंत्र.

ख़ुर्दबुर्द [形] 《P. خورد برد》 (1) つぶされた；めちゃくちゃになった；破壊された (2) 奪われた

ख़ुर्दसाल [形] 《P.A. خرد سال》年少の；若冠の；若輩の= अल्पवयस्क; कमसिन.

ख़ुर्दसाली [名*] 《P.A. خرد سالی》年少；若年；若小；弱冠

ख़ुर्दा[1] [名] 《P. خرده》 (1) 小片；かけら；断片= खंड; टुकड़ा. (2) 欠陥= ऐब. (3) 釣り銭；小銭= रेज़गारी.

ख़ुर्दा[2] [形] 《P. خرده》 (1) 食べられた (2) 受けた；被った

ख़ुर्दाफ़रोश [形] 《P. خرده فروش》小売りの；小売商をする= फुटकरिया. → थोकफ़रोश 卸売りの

ख़ुर्दाफ़रोशी [名*] 《P. خرده فروشی》小売り（業）→ थोकफ़रोशी 卸売り

ख़ुर्दी [名*] 《P. خردی》小さいこと；短小なこと；短いこと

ख़ुर्मा [名] = ख़ुरमा.

ख़ुर्रम [形] 《P. خرم》 (1) 嬉しい；喜んでいる；上機嫌の；楽しい (2) はつらつとしている हमेशा ख़ुश व ख़ुर्रम रह सको いつも楽しくはつらつとしていられるように

ख़ुर्रमी [名*] 《P. خرمی》嬉しさ；喜び；上機嫌= प्रसन्नता; आनंद.

खुर्राट [形] (1) 老年の；年寄りの= बूढ़ा; वृद्ध. (2) 経験豊かな = अनुभवी. (3) 老獪な；ずる賢い **पुराना खुर्राट** 古狸；海千山千

ख़ुर्संद [形] 《P. خرسند》= ख़ुर्रम.

खुलता [形⁺] ← खुलना. (1) 明るい（色彩の） (2) 開いた；前面に障害物などのない

खुलना [自] (1) 閉じられていたものや閉められていたものが開く；あく；開ける；割れ目ができる；口があいたように開く द्वार कब खुलेंगे? 戸はいつ開くのか बाहर फाटक खुलने की आवाज़ सुनाई दी 門扉の開く音が聞こえた खुले कुओं का पानी ふたをしていない井戸の水 अमरीका के खुले समाज की तुलना में アメリカの開かれた社会に比べたら कड़ाके की सर्दी में खुला बदन 刺すような寒さの中にさらされた体 (2) 結ばれていたのが解ける；ほどける；解ける；ほつれる रस्सी अपने आप खुल गई ひもはひとりでにほどけた खुले बाल ほつれた髪 मुझे लड़की के खुले बाल बहुत अच्छे लगते हैं 私は女の子の髪は束ねられていないのが好きだ धोती भी फिर खुल गई ドーティーもまたほどけてしまった (3) 縫い目がほどける；ほころびる (4) 締められていたものがほどける；開く；元へ戻る जब ऐसी कमानी खुलती है तो वह घड़ी की सुइयाँ चला सकती है このようなぜんまいがほどけると時計の針を動かすことができる (5) 始まる；開かれる；開始される（開催される，開所される，開設される，開店されるなど） आजकल गाँव गाँव में पाठशालाएँ खुल गई हैं 近頃はどの村にも小学校が開校されている कई अनाथालय भी खुले 幾つかの孤児院も開設された नई दिल्ली में ज़ाम्बिया का उच्चायोग खुलेगा ニューデリーにザンビア大使館開設予定 तिब्बत में बौद्ध संस्थान खुला チベットに仏教研究所が開所 गाँव गाँव में बिजली पहुँच जाएगी और तरह-तरह के उद्योग-धंधे खुल जाएँगे どの村にも電気が行きわたりいろんな産業が起こるだろう (6) 不明だったことや問題や疑問の答えが見つかる；解ける अब ब्लैक बॉक्स से रहस्य खुलेगा あとはブラックボックスで謎が解けよう पुलिस के लाख हाथ पैर पटकने के बावजूद हत्या का रहस्य नहीं खुल पाया है 警察の必死の努力にもかかわらず殺人の謎は解けていない (7) 露になる；現れる；はっきりする；明らかになる अगर कहीं बात खुल गई तो? もしも事が露見したら? हाईकोर्ट फ़ैसले में लेनदेन और भ्रष्टाचार का खुला उल्लेख है 高裁判決に取引と汚職のことが明確に記されている जब प्रेम अग्नि शांत पड़ जाती और मतभेद खुलकर सामने आ जाते हैं 恋の焔が収まり考えの違いが明らかになって目の前に迫ってくると (8) 出る；動き出す；出発する जब गाड़ी खुली तो हमने "जय भारत माता" कहकर मनोहर को विदा दी 列車が動き出すと「インド万歳」と唱えてマノハールに別れを告げた (9) 動く；作動する；つく；成り立つ；止まったり停止していたものが動いたり活動を始める；始まる；(ーし) 出す；(ーし) 始める；よりつく रास्ता खुलना 通行が始まる सब्ज़ बत्ती जलती है तो रास्ता खुलता है लाल बत्ती जलती है तो रास्ता बंद हो जाता है 青信号になると通行が始まり赤信号になると止まる दफ़्तर दस बजे खुलता है オフィスは10時に始まる सुबह भाव खुला 1345 रुपये प्रति दस ग्राम से और शाम को बंद हुआ 1700 रुपये प्रति दस ग्राम（銀相場について）午前の寄り付きは10g 1345 ルピー，大引けは1700 ルピー (10) 覆っていたもの覆いかぶさっていたものがなくなる；あく；開く；晴れる；やむ；終わる；上がる बदली खुल गई थी 曇り空は晴れてしまっていた बादल खुल गया है, सुनहली धूप निकल आई है 雲が切れ金色の陽光が射してきている कई दिनों की लगातार बारिश खुलने के बाद 幾日も降り続いた雨が上がってから खुली हुई छत पर हम लोग अपने-अपने बिस्तरों पर लेटे हुए थे 屋上でそれぞれ自分の寝具に横たわっていた (11) 打ちとける；遠慮や気兼ねがなくなる；大胆になる स्त्री को वेश्या के समान खुलकर पार्ट लेने की सलाह दी गई है 娼婦のように大胆に振る舞うように教えられている (12) 明ける；次に移る；次の状態になる अगले दिन वह रात खुलने से पहले उठा 翌朝夜の明ける前に起床した एकाएक हेमांत को चीखते हुए सुनकर मेरी नींद खुल गई 突然ヘーマントの叫び声を聞いて目が覚めた (13) 新しく展開する；（運が）開ける；向く भाग्य खुलना 運が向く (14) 見通しがきく；見渡せる；開ける (15) 似合う；映える तमाशा यह है कि ये मुसलमान औरतें यहाँ शलवार नहीं पहनतीं, साड़ी ही पहनतीं और सच पूछिए तो इसमें ख़ूब खुलती भी हैं 面白いのはこの地のムスリム女性はシャルワールを着ずにサリーだけをまとっていることで，実際それが彼女たちによく似合うのだ **खुलकर** 打ちとけて；遠慮や気兼ねをせずに；思いきり；存分に मुझे देख लेगी तो खुलकर हाथ-पाँव भी न पटक सकेगी 私を見たら思いきり頑張れないだろう तुम खुलकर बोलो.मुझसे भला शरमाते क्यों हो? 遠慮なく言いなさい．私になぜ遠慮なぞするのかね खुलकर बात क॰ 打ちとけて話をする **खुलकर कहना** 歯に衣着せずに言う **खुला, खुले, खुली** で始まる慣用表現については→ **खुला**[1] [形].

खुलवाना [他・使] ← खोलना. दरवाज़ा खुलवाना 扉を開けてもらう（扉を開けさせる） मैंने बंधन खुलवा दिए 束縛を解いてもらった बचतखाता किसी भी बैंक या डाकख़ाने में खुलवा जा सकता है 預金の口座はどこの銀行でも郵便局でも開ける अब इस वक़्त मेरा मुँह न खुलवाओ もう私に口を開かせないでおくれ（これ以上言わせないでおくれ） ख़ैर मैं कोई राज की बात खुलवाना नहीं चाहता ともかく秘密を明らかにしてもらいたいと思っているわけではない इस धन से अस्पताल खुलवा दिया जाए この資金で病院を開設してもらえば

खुला[1] [形⁺] **खुलना** の完了分詞. (1) 開いた；あいた खुला छत्र（きのこの）開いたかさ (2) 制限のない；無制限な；束縛のない；完全な आंदोलन में भाग लेने की खुली छूट 運動への参加に完全な自由 (3) 束縛の解かれた；解放された；のびのびとした；広い；寛大な अत्यंत खुले मन तथा बड़े ही खुले हाथ का व्यक्ति था 大変心が広くとても気前のよい人だった (4) 視界や見通しの開けた；広々とした जब आप खुली ज़मीन पर पक्षियों के नज़दीक पहुँचना चाहते हों तो सीधे न चलकर 見晴らしのよいところで鳥に近づきたいのなら真っ直ぐ進まずに खुली धूप वाली जगह 開けた陽差しのあるところ (5) 覆いのない；覆われていない खुली छत पर 平屋根の上で；屋上で；上に構築物のない屋根で खुली हवा में 戸外で；屋外で；外気の中で खुली हवा में सो जाओगी तो तबीयत ठीक हो जाएगी 戸外で眠ると気分がすっきりする (6) 公然の；公然たる；大っぴらな बाक़ी मसलों पर बेइंसाफ़ी हमारे प्रदेश के साथ खुली धोखाधड़ी है その他の問題についての不公正はわが州に対する公然たる欺瞞だ (7) 公開の **खुला टेंडर** 公開入札〈open tender〉 **खुला पत्र** 公開書簡 **खुला बाज़ार** 公開市場〈open market〉 **खुला रहस्य** 公然の秘密 (8) 動いている；作動している；働いている；作用している；機能している **खुली अदालत** 公開裁判 **खुली चोट** 公然たる攻撃 **खुली छूट** 完全な自由 **खुली छूट दे॰** 自由にさせる；自由裁量を与える **खुली पुस्तक** 秘密のない（人）；隠しごとのない（人） **खुली बात** 明白なこと **खुली भाषा में** 明確に；はっきりと **खुली मुट्ठी का हो॰** 気前のよい **खुली मुट्ठी ख़र्च क॰** 惜しみなく費やす **खुली सोढ़ कहना** 公然と言う **खुली हवा** *a.* 新鮮な空気 *b.* 外気 खुली हवा में टहलने या चहलक़दमी से 外気の中をぶらぶら歩いたり散歩したりすると **खुले आम** *a.* 公然と；大っぴらに उनपर अत्याचार आज भी खुले आम चल रहे हैं その人たちに対する暴虐は今なお公然と続いている तब चीनी बाज़ार में खुले आम मिलती थी 当時砂糖は市場で大っぴらに手に入っていた *b.* 堂々と；平然と उसे लगता था कि राकेश ने खुले आम विश्वासघात किया है ラーケーシュが平然と裏切ったような感じがしていた **खुले ख़ज़ाने** 公然と；大っぴらに；堂々と **खुले तौर से** 明けっぴろげに **खुले दिल का** *a.* 気前のよい；

親切な *b.* 包みかくしのない；率直な **खुले दिल से** *a.* 気前よく；思い切り *b.* 心から；本心から *c.* 率直に पति ने बड़े खुले दिल से कहा था, 'तो फिर भई, इनकी ख़ातिर वातिर करो' 夫はえらく気前よく言った「それじゃしっかりこの方のもてなしをしろよ」 जहाँ सहयोग की ज़रूरत हो वहाँ खुले दिल से सहयोग दें 協力の必要なところでは思い切り協力すること **खुले बंदों** 無遠慮に **खुले बाज़ार** = खुले आम; खुले मैदान. **खुले मैदान** = खुले ख़ज़ाने. **खुले हाथों ख़र्च क॰** 惜しみなく金を使う；気前よく金を使う

खुला[2] [名] 開けたところ；野原 गाँव में लोग खुले में ही शौच जाते हैं 田舎の人たちは野原に用足しに行く

खुला खनन [名]〔鉱〕露天掘り

खुलापन [名] ← खुला[1]. खुलेपन का भास 広々とした感じ；開放的な感じ

ख़ुलासा[1] [名] 《A. خلاصہ》(1) 要約；要旨；要点；総括；レジュメ (2) 真髄；精髄 (3) 結果；成果 वहाँ वह अपने नेतृत्व का ख़ुलासा चाहते थे 氏はそこでは指導の成果を求めておられた **ख़ुलासा क॰** *a.* 要約する；抜粋する *b.* 説明する सरकारी वक्तव्य में यह ख़ुलासा किया गया कि…政府の声明では次のように説明されている (-का) **ख़ुलासा निकालना** (ーを) 引き出す；要約する **ख़ुलासा बयान क॰** 総括する (-का) **ख़ुलासा लिखना** 抄録する

ख़ुलासा[2] [形] (1) はっきりした；明らかな (2) 広々とした；開けた (3) 障害のない；妨げのない (4) 要約された **ख़ुलासा हाल** 現況要約

खुली खाड़ी [名*] 湾

खुली खान [名*] 石切場；採石場

ख़ुलूस [名]《A. خلوص》(1) 純粋；純粋性 (2) 誠心誠意；真心 जिन्होंने जंग के ज़माने में अपना अपना फ़र्ज़ बड़े ख़ुलूस, सचाई और ईमानदारी से अदा किया 戦時下に誠心誠意，忠実に自分の義務を果たした人たち बड़े ख़ुलूस से とても真剣に；大変真面目に

ख़ुल्अ [名] 《A. خلع》〔イス〕フルウ離婚，イスラム教徒の離婚の一方式（妻の側が望んでマフル，すなわち，花嫁料・婚資を返却する形式による協議離婚）

ख़ुल्क़ [名] 《A. خلق》(1) 気性；性質；性格 (2) 道徳；倫理 (3) 高潔さ

ख़ुल्त [名] 《A. خلت》性質の良さ

ख़ुल्ता [名] 《A. خلطہ》参加；協同= साझा; शिर्कत.

ख़ुल्द [名] 《A. خلد》(1) 天国= स्वर्ग. (2) 永遠

ख़ुल्दा [名] 《A. خلده》〔装身〕垂れ飾りのついた耳飾り= लटकन.

ख़ुल्ल [形] (1) 小さい (2) 卑しい= क्षुद्र.

खुल्लम [名] 大通り

खुल्लमखुल्ला [副] (1) 公然と；大っぴらに；堂々と；露に (2) 公に

ख़ुश [形] 《P. خوش》(1) 満足している；機嫌のよい；喜んでいる；嬉しい (2) 立派な；美事な；すぐれた；美しい；きれいな (3) 元気な；健康な (-) **ख़ुश क॰** (ーの) 機嫌を取る；(ーを) 喜ばせる वह मुझे ख़ुश करने के इरादे से मेरे कंधे पर हाथ रख देता है 機嫌取りに私の肩に手を置く **ख़ुश रहना** 祝福の言葉としてよく用いられる言葉 ख़ुश रहो 年少者などに対する手紙の書き出しに用いられる祝福の言葉 तू जहाँ रहे ख़ुश रहे, यही चाहता हूँ お前はどこにいようと幸せであっておくれ，これだけが私の願いなのだ（祝福の言葉） **ख़ुश हो॰** 喜ぶ；嬉しくなる；上機嫌になる

ख़ुशअख़्लाक़ [形] 《P.A. خوش اخلاق》(1) 気立ての良い；性質のよい (2) 慎み深い；丁重な (3) 品行正しい

ख़ुशअख़्लाक़ी [名*] 《P.A. خوش اخلاقی》(1) 気立ての良さ (2) 慎み深いこと；丁重なこと (3) 品行方正

ख़ुश अतवार [形] 《P.A. خوش اطوار》品行正しい = सदाचारी.

ख़ुशअमल [形] 《P.A. خوش عمل》品行の正しい；品行方正な= सदाचारी.

ख़ुश आमदीद [感] 《P. خوش آمدید》いらっしゃい（ませ）；ようこそいらっしゃいました= ख़ुश आमदेद; शुभागमन; स्वागत.

ख़ुश आवाज़ [形] 《P. خوش آواز》美声の；声の美しい

ख़ुश इक़्बाल [形] 《P.A. خوش اقبال》(1) 威厳のある (2) 幸運な

ख़ुशक़लम [形] 《P.A. خوش قلم》達筆な = अच्छा लिखनेवाला.

ख़ुशकलाम [形] 《P.A. خوش کلام》話し方の上品な；言葉遣いの美しい

ख़ुशक़ामती [形] 《P.A. خوش قامتی》姿のよい；姿の美しい

ख़ुशक़िस्मत [形] 《P.A. خوش قسمت》幸運な；運の強い मैं अपने आप को दुनिया का सबसे ख़ुशक़िस्मत इनसान समझूँगा 自分のことを世界一幸運な人と思う

ख़ुशक़िस्मती [名*] 《P.A. خوش قسمتی》幸運；運に恵まれること यह मेरी ख़ुशक़िस्मती है कि मेवाड़ की बहादुर रानी ने मुझे अपना भाई बनाया है メーワールの勇敢な王妃が私を兄弟としてくれたことはわが身の幸運である **ख़ुशक़िस्मती से** 幸運にも；運よく ख़ुशक़िस्मती से बच गया तो गिलटी पककर फूटती है 運よく助かればリンパ腺が化膿してつぶれる

ख़ुशख़त [形] 《P.A. خوش خط》達筆な；字の上手な

ख़ुशख़ती [名*] 《P.A. خوش خطی》達筆 यह आयतें इतनी ख़ुशख़ती से लिखी हुई हैं コーランの文句がこんなに達筆に書かれている= सुलेख.

ख़ुशख़बरी [名*] 《P. خوش خبری》嬉しい知らせ；朗報；吉報；めでたい知らせ ईद की ख़ुशख़बरी イード到来のめでたい知らせ

ख़ुशख़याल [形] 《P.A. خوش خیال》考えの正しい

ख़ुशख़ुराक [形] 《P. خوش خراک》食い道楽の；グルメの= खाने का शौक़ीन.

ख़ुशख़ुल्क़ [形] 《P.A. خوش خلق》礼儀正しい；丁重な

ख़ुशख़ुल्क़ी [名*] 《P.A. خوش خلقی》礼儀正しさ；丁重さ

ख़ुशख़ुश [副] ←ख़ुश. 気持ちよく；機嫌よく；上機嫌で हम ऐसे मेहमानों से भी ख़ुशख़ुश मिलते हैं 手前どもはこのようなお客さんとも気持ちよくお会いすることにしています

ख़ुशगुफ़्तार [形] 《P. خوش گفتار》(1) 言葉の美しい (2) 弁の立つ；雄弁な

ख़ुशगुलू [形] 《P. خوش گلو》のどのよい；美声の

ख़ुशगुवार [形] 鳥《P. خوش گوار》心地よい；快い；さわやかな；気持ちのよい ख़ुशगुवार सुबह さわやかな朝 ख़ुशगुवार घड़ियाँ さわやかな時

ख़ुशगुवारी [名*] 《P. خوش گواری》心地よさ；快さ；さわやかさ

ख़ुशतर [形]《P. خوشتر》とてもよい；上等の= बहुत अच्छा; बढ़िया; उत्तम.

ख़ुशदिल [形] 《P. خوش دل》愉快な；機嫌のよい；快活な

ख़ुशदिली [名*] 《P. خوش دلی》愉快なこと；機嫌のよいこと；快活さ **ख़ुशदिली से** 楽しく；愉快に；快活に ख़ुशदिली से अपने काम में लग जाओ 愉快に自分の仕事に励みなさい दोस्तों और अज़ीज़ों से मुसकराकर ख़ुशदिली से मिलो 友人や親しい人とにこやかにそして快活に接しなさい

ख़ुशनवीस [形・名] 《P. خوش نویس》(1) 文字の上手な；達筆な (2) 筆耕

ख़ुशनवीसी [名*] 《P. خوش نویسی》(1) 達筆 (2) 筆耕の仕事

ख़ुशनसीब [形] 《P.A. خوش نصیب》幸運な；運の強い= भाग्यवान. कितने ख़ुशनसीब हैं आपके पड़ोसी ご近所の方はほんとに運の強い人ですね ख़ुशनसीब जोड़ा 幸運な夫婦

ख़ुशनसीबी [名*] 《P. خوش نصیبی》幸運= सौभाग्य; ख़ुशक़िस्मती.

ख़ुशनीयत [形] 《P.A. خوش نیت》(1) 誠実な (2) 心がけの正しい

ख़ुशनीयती [名*] 《P.A. خوش نیتی》(1) 誠実さ (2) 正しい心がけ

ख़ुशनुमा [形] 《P. خوش نما》美しい；きれいな ख़ुशनुमा दरख़्त 美しい木 ख़ुशनुमा मेहराब 美しいミフラーブ

ख़ुशनुमाई [名*] 《P. خوش نمائی》美しさ = सुंदरता.

ख़ुशपोश [形] 《P. خوش پوش》おしゃれな；着道楽の

ख़ुशफ़हम [形] 《P.A. خوش فہم》(1) 楽観的な；安易な考えの；勝手な空想の (2) 好意的な (3) 頭の切れる；頭の鋭い

ख़ुशफ़हमी [名*] 《P.A. خوش فہمی》(1) 楽観；安易な考え；勝手な空想 जो लोग यह सोचकर ख़ुशफ़हमी में रहते हैं कि बच्चों की कमाई से उनके दिन फिरेंगे वे दर असल मूर्खों की दुनिया में रहते हैं 子供たちの稼ぎでよい日が戻ってくるものと安易に考えている人たちは実は愚かしいことをしているわけです (2) 好意的な判断 इसी ख़ुशफ़हमी में शायद उस रोज़ उसे मैं अपने साथ ले आया था こう気楽に考えてあの日あの方をお連れしたのだった

ख़ुशफ़ेली [名*] 《P.A. خوش فعلی》= ख़ुशफ़ैली. (1) 容易さ；安楽；簡単 ख़ुशफ़ेली (ख़ुशफ़ैली) से 楽に；気楽に；心配なく ढाई सौ में घर का ख़र्च ख़ुशफ़ैली से चल जाता है 250（ルピー）で家計は楽に営める (2) 楽しみ；楽しいこと；気晴らし；娯楽

ख़ुशबयान [形] 《P. خوش بیان》弁舌のさわやかな；弁の立つ；雄弁な＝ ख़ुशगुफ़्तार.

ख़ुशबयानी [名*] 《P. خوش بیانی》弁舌のさわやかなこと；雄弁

ख़ुशबू [名*] 《P. خوش بو》芳香＝सुगंध.

ख़ुशबूदार [形] 《P. خوش بو دار》香りのよい；匂いのよい；芳香を放つ ख़ुशबूदार फूल 香りのよい花 ख़ुशबूदार तेल 芳香油

ख़ुशमिज़ाज [形] 《P.A. خوش مزاج》(1) 明るい（性格の）；明朗な；愉快な；陽気な；快活な；楽しい；面白い＝ ज़िंदा दिल; हँसमुख; विनोदप्रिय. (2) 気立てのよい＝ सुशील.

ख़ुशमिज़ाजी [名*] 《P.A. خوش مزاجی》(1) 明朗さ；朗らかさ；愉快さ＝ ज़िंदादिली. (2) 気立てのよさ ＝ सुशीलता.

ख़ुशरंग[1] [形] 《P. خوش رنگ》色の美しい；色のきれいな

ख़ुशरंग[2] [名] 色の美しいこと；美しい色

ख़ुशरू [形] 《P. خوش رو》(1) 形のよい；姿のよい＝ रूपवान. (2) 美しい；美人の；美貌の；別嬪の＝ रूपवती; हसीना.

ख़ुशलिबास [形] 《P.A. خوش لباس》＝ ख़ुशपोश.

ख़ुशहाल [形] 《P.A. خوش حال》(1) 豊かな；金持ちの；富裕な＝ संपन्न; समृद्ध. बड़े ख़ुशहाल ज़मीनदार 大変裕福なザミーンダール (2) 繁栄している भारत का हर बाशिंदा ख़ुशहाल हो जाए インド人一人一人が豊かになりますように

ख़ुशहाली [名*] 《P.A. خوش حالی》(1) 豊かさ；富裕 (2) 繁栄 ईरान की ख़ुशहाली イランの繁栄 जनता के पास धन अधिक रहेगा तो देश की ख़ुशहाली बढ़ेगी 民衆の富が増せば国家はますます繁栄する

ख़ुशा [感] 《P. خوشا》素敵なことや立派なことなどに対する感動を表す言葉．やあ素敵，やあ見事だなど

ख़ुशामद [名*] 《P. خوشامد》おべっか；おべんちゃら；おせじ（お世辞）；追従；機嫌取り＝ चापलूसी; चाटुकारिता. (-की) ख़ुशामद क॰ （ーに）追従する；お世辞を言う；取り入る；（ーの）機嫌取りをする चली है अब मेरी ख़ुशामद करने 今度は私のご機嫌取りを始めたのかい वही मौलवी साहब की ख़ुशामद करके उन्हें यहाँ लाई 彼女が先生のご機嫌を取ってお連れした

ख़ुशामदी [形・名] 《P. خوشامدی》おべっかをつかう；おせじを言う；追従する；取り巻き＝ चापलूस; चाटुकार. ख़ुशामदियों की बात सुनते ही तुरंत विश्वास कर लेना 取り巻き連中の話を聞いていきなり信用すること उसे भी ख़ुशामदियों के कारण राजा का कोपभाजन बनना पड़ा था その人も追従する連中のために王の怒りを買う羽目になった **ख़ुशामदी टट्टू** おべっか者；おべっか使い；取り巻き कोई कहता, ख़ुशामदी टट्टू है おべっか使いだと言う人がいる

ख़ुशी [名*] 《P. خوشی》(1) 喜び；嬉しさ उसपर अमल भी आप लोग करें तो मुझे ख़ुशी होगी あなたがたがそれの実行もなさるのであれば嬉しく存じます वह दिन उनके लिए ख़ुशियों भरा दिन था その日は皆にとって嬉しくてたまらない日だった (2) 祝い；祝賀 आज तो इस ख़ुशी में पार्टी हो जाए! 今日はこれを祝って宴会をやろう त्योहार की ख़ुशी का सारा मज़ा किरकिरा हो गया था 祭りの喜びがすっかりめちゃくちゃになってしまった (3) 気に入った状態；好まれること सारे हिंदुस्तान में भी कश्मीर के सेब लोग बड़ी ख़ुशी से खाते हैं カシミールのリンゴはインドのどこでも好まれている **ख़ुशियाँ जुटाना** 喜ばせる **ख़ुशियाँ मनाना** 祝う；祝いをする **ख़ुशी का ठिकाना न हो॰** 嬉しくてたまらない **ख़ुशी का सौदा** 喜んでですること；進んですること **ख़ुशी के आँसू** 嬉し涙 एक दूसरे को देखकर दोनों की आँखों में ख़ुशी के आँसू भर आये 見つめ合った２人の目にはうれし涙があふれ出てきた **ख़ुशी-ख़ुशी** 機嫌よく；喜んで；大喜びで；気軽に राजा ने ख़ुशी-ख़ुशी उसे विदा किया 王は機嫌よく退出を許した ख़ुशी-ख़ुशी घर लौट आया 大喜びで家に戻った **ख़ुशी से** *a.* 嬉しさに；嬉しくて सब बच्चे उसे देखकर ख़ुशी से तालियाँ बजाने लगे 子供たちはみなそれを見て嬉しさに手を叩き始めた *b.* 喜んで；進んで；気軽に；気持ちよく वह बड़ी ख़ुशी से चलने के लिए तैयार हो गया 大喜びで出かける気になった जो कुछ मिले ख़ुशी से खा लो 手に入るものは何でも喜んで食べなさい *c.* どうぞ；お気に召すように；御都合のよいように ख़ुशी से रुकिए どうぞどうぞお留まり下さい **ख़ुशी से ज़मीन पर पाँव न पड़ना** 嬉しくてたまらない；欣喜雀躍する；小躍りする；手の舞い足の踏むところを知らず

ख़ुशोख़ुर्रम [形・副] 《P.A. خوش و خرم》(1) 上機嫌の；明るい；はつらつとした हर तरफ़ चहल पहल तमाम लोग ख़ुशोख़ुर्रम どちらを見ても賑やかで誰も彼も上機嫌 (2) 機嫌よく；明るく；はつらつとして दूसरे बच्चों की तरह हर वक़्त ख़ुशोख़ुर्रम रहने लगा 他の子供のようにいつもはつらつとしているようになった

ख़ुश्क [形] 《P. خشک》(1) 乾いた；乾燥した；乾かされた उसकी आँखें तो बिल्कुल ख़ुश्क थीं その人の目は全然濡れていなかった ख़ुश्क ख़ुबानी 干しアンズ；乾燥アンズ **ख़ुश्क ज़मीन** 陸；陸地＝ थल; स्थल. ख़ुश्क ज़मीन पर नौकादौड़ 陸でのボートレース (2) かさかさした；ひからびた；水分のない；水気のない ख़ुश्क नथुने かさかさの鼻孔 (3) うるおいのない；がさがさした；味気ない (4) 狭量な；心の狭い (5) 物惜しみする；けちな ख़ुश्क हो जा॰ 乾く；ひからびる；かさかさになる

ख़ुश्क मेवा [名] 《P. خشک میوه》乾燥果実；ドライフルーツ

ख़ुश्कसाली [名*] 《P. خشک سالی》(1) 旱魃；日照り (2) 飢饉

ख़ुश्का [名] 《P. خشکه》炊いただけの飯；煮ただけのごはん；米飯

ख़ुश्की [名*] 《P. خشکی》(1) 乾燥；乾き；かさかさ (2) 味気なさ；無味乾燥 (3) 旱魃 (4) おか（陸）；陸地；陸上 गले में ख़ुश्की のどのかさかさ ख़ुश्की का हिस्सा 陸（海に対して） ＝ थल; स्थल. दुनिया के ज़्यादा हिस्से पर ख़ुश्की नहीं समंदर ही समंदर है 地球の大半は陸地ではなく海だ ख़ुश्की के बड़े टुकड़े 大陸

ख

खुसफुस [名] ひそひそ話；ひそひそ声の話；声をひそめた話；内緒話 जहाँ कहीं लोग खुसफुस कर रहे होते ひそひそ話の行われているところでは

खुसफुसाहट [名*] ひそひそ話＝ कानाफूसी.

खुसर-फुसर [名*] ＝ खुसफुस; खुसुरफुसुर.

खुसरा [名] 《Pan.》ヒジュラー＝ हिजड़ा.

ख़ुसरा [名] ＝ ख़ुसिया.

ख़ुसरो 〔人名〕 → अमीर ख़ुसरो.

ख़ुसिया [名] 《A. خصیه ख़ुस्या》(1) 睾丸；金玉＝ अण्ड; अंडकोश की गुठलियाँ. (2) 陰嚢＝ अंडकोश; फ़ोता; वृषण.

ख़ुसुर [名] 《P. خسر》配偶者の父；舅；義父 ＝ श्वशुर; ससुर.

खुसुर-फुसुर[1] [名*] ＝ खुसर-फुसर. (1) 耳打ち (2) ひそひそ話；内緒話；ささやき लोगों की खुसुरफुसुर 人々のひそひそ話 फिर खुसुरफुसुर शुरू हो गई またひそひそ話が始まった खुसुरफुसुर की आवाज़ ひそひそ話の声；ささやきの声；ひそひそ声 खुसुरफुसुर क॰ ひそひそ話をする；耳打ちする；ささやく इसपर औरतों में खुसुरफुसुर होने लगी थी कि बड़ी बहू के यहाँ से कुछ नहीं आया है すると女たちの間で兄嫁の里からは何も送ってこなかったとささやきが始まった

खुसुर-फुसुर[2] [副] ひそひそと；小声で；声をひそめて

ख़ुसूमत [名*] 《A. خصومت》(1) 敵意；憎しみ；憎悪 (2) 敵対；戦い；闘争

ख़ुसूस [名] 《A. خصوص》特徴；特性＝ ख़ुसूसीयत; विशेषता.

ख़ुसूसन [副] 《A. خصوصاً》特に；特別に；とりわけ；主に

ख़ुसूसी [形] 《A. خصوصی》特別な；主な＝ विशेष; ख़ास.

ख़ुसूसीयत [名*] 《A. خصوصیت》特色；特徴；独自性＝ विशेषता. हाथ की बनी हुई चीज़ में अपनी ख़ुसूसीयत होती है 手作りのものには特色があるものだ

ख़ुस्याल [形] ←ख़ुशहाल. 喜んだ；喜んでいる；嬉しい＝ आनंदित; ख़ुशहाल.

ख़ूँ [名] 《P. خون》＝ ख़ून.

ख़ूँख़ार [形] 《P. خونخوار ख़ूँख़्वार》(1) 血を飲む；血を吸う (2) 獰猛な (3) 残忍な；残酷な ख़ूँख़ार जंतु 獰猛な動物 पहाड़ों के कुत्ते होते भी ख़ूँख़ार हैं 山岳地方の犬はもともと獰猛なのだ

ख़ूँ ख़ूँ [名] 咳をする声．こんこん，ごほんごほんなど और फिर उनपर खाँसी का दौरा पड़ गया ख़ूँ…ख़ूँ…そしてまた，咳の発作が起こった，「ごほん…ごほん…」

ख़ूँख़्वार [形] ＝ ख़ूँख़ार.

खूँट[1] [名] (1) 衣類の隅；かど；端；ふち；へり（縁） ग्यारह रुपए साड़ी के खूँट से निकालकर サリーの端（をまるめて包んだところ）から11ルピーを取り出して (2) 端；へり；きわ (3) 方角；方向；向き (4) 部分 (5) 礎石；隅石

खूँट[2] [名*] 耳垢 ＝ कान का मैल.

खूँटना[1] [他] (1) 引っ張る；引き抜く (2) 掘り出す (3) からかう

खूँटना[2] [自] (1) 減る；減少する (2) 尽きる；終わる；しまいになる

खूँटा [名] (1) 杭（特に動物や船などをつなぐためのもので木のものとは限らない．目印になるものも含む） (2) 杭のようなもの काला खूँटा にきび〈black head〉 (3) 犬歯= ऊपरी जबड़े के खूँटे. **खूँटा गाड़ना** *a.* 中心を定める *b.* 境界を定める **खूँटे के बल कूदना** 他人の力を借りて威張る；虎の威を借る

खूँटी [名*] (1) 小さな杭，テント杭など (2) 掛けくぎ；止めくぎ उसने बरसाती उतारकर खूँटी पर टाँग दी レーンコートを脱いで掛けくぎに掛けた (3) 切り株 (4) 毛髪やひげの根の部分 मैं आप तेरी मूँछ मूँड़ूँगी, खूँटी तक तो रखूँगी ही नहीं 私があんたのひげを剃ってあげるわ．根っこまで残さないから (5) 境界；限界点 **खूँटी के बल कूदना** 他人の力を借りて威張る；虎の威を借る

खूँदना [自] (1) 馬がひずめで地面をひっかく (2) 踏みつぶす (3) 踏みつける；踏みにじる

ख़ूँरेज़ [形] 《P. خون ریز》 (1) 血を流す；流血の (2) 殺害する (3) 残虐な

ख़ूँरेज़ी [名*] 《P. خون ریزی》 (1) 流血 (2) 殺害 (3) 残虐さ

खूखी [名*]〔昆・農〕大麦や小麦について胴枯れ病を起こす害虫 = खूख; कूकी.

ख़ूगीर [名] 《P. خوگیر》 (1) 鞍の下に入れる布 (2) 鞍 (3) 荷鞍 (4) つまらない物

खूच [名*] 岬 = जलडमरू मध्य.

खूझा [名] 野菜や果物のくず（食用にならない部分）

खूटना[1] [自] (1) 減る；尽きる अपने पास अब इतना धन हो गया है कि दोनों हाथों से फेंके तो भी अपनी ज़िंदगी भर खूटे नहीं 両手で投げ捨てても生涯尽きることのないほどの財産ができた (2) 止まる；停止する (3) 終わる

खूटना[2] [他] からかう；嘲る= चिढ़ाना; हँसी उड़ाना.

ख़ून [名] 《P. خون》 (1) 血；血液= रक्त; रुधिर; लहू. (2) 殺害；殺人= हत्या; वध; क़त्ल. **अपना ख़ून क॰** *a.* 自殺する；自害する **ख़ून आ॰** 出血する गोबर के साथ ख़ून आता है （牛が）糞と一緒に出血する मल-मूत्र में ख़ून आ॰ 血便や血尿が出る **ख़ून उतरना** かっとなる；激しく怒る；真っ赤になって怒る **ख़ून उबलना** = ख़ून उतरना. **(-का और = का) ख़ून एक क॰** 殺すか殺されるか；自分も殺される覚悟で相手を殺す **(-का) ख़ून क॰ (ख़ून कराना)** *a.* 人殺しをする；殺人を犯す；殺す（殺させる） इन क़ौमी गद्दारों ने अपना उल्लू सीधा करने के लिए भाई से भाई का ख़ून कराया この売国奴連中は自分たちの利益を図るために同胞を殺させた *b.* 夢や希望を打ち砕く इस नियम ने कितने युवकों की आकांक्षाओं का ख़ून किया, कौन कह सकता है この規則が一体どれほどの青年の希望を砕いたことか，それを言える人がいようか हृदय के अरमानों का ख़ून कर रही हो 君は胸に抱いた希望を打ち砕いているのだよ **ख़ून का घूँट** 大恥；赤面する **ख़ून का घूँट पीकर रह जा॰** = ख़ून का घूँट पीना. मैं ख़ून का घूँट पीकर रह गया 私は悔しさをぐっとこらえたのだった **ख़ून का घूँट पीना** *a.* 涙をのむ；残念な気持ちを抑える；ぐっとがまんする *b.* 怒りを抑える अगर आने दो आने की बात होती, तो ख़ून का घूँट पीकर दे देते 1~2 アンナのことなら涙をのんでくれてやるのだが **ख़ून का जमाव** 鬱血 **ख़ून का जोश** 血縁や血統への熱い思い **ख़ून का दरिया बहना** 大流血になる= ख़ून की नदी बहना. **ख़ून का दरिया बहाना** = ख़ून की नदी बहाना. **ख़ून का पानी क॰** *a.* 懸命に努力する *b.* 命を投げ出す **ख़ून का प्यासा** *a.* 血に飢えた *b.* 不倶戴天の敵 काफ़िर मेरे ख़ून के प्यासे हैं 邪教徒はわが不倶戴天の敵 **ख़ून का बदला ख़ून से ले॰** 血で血を洗う；人殺しの復讐を人殺しでする **ख़ून का बहाव** 流血；出血 **ख़ून का रिश्ता** 血縁；血縁関係 **ख़ून का रिश्ता हो॰** 血を分ける **ख़ून का संबंध** 血縁；血縁関係 **ख़ून का संबंध हो॰** 血を分ける；血を分けた間柄にある **ख़ून की उलटी हो॰** 血を吐く；吐血する；喀血する **ख़ून की कमाई** 血と汗の結晶= ख़ून पसीने की कमाई. **ख़ून की कमी** 貧血；貧血症 = एनीमिया; अरक्तता. शरीर में ख़ून की कमी हो॰ 貧血症の状態にある **ख़ून की जाँच** 血液検査 **ख़ून की नदी बहना** 血の雨が降る；大流血になる जो लोग कहते हैं कि स्वराज्य के लिए ख़ून की नदी बहेगी वे पागल हैं 国が独立するには大流血が起こると言う連中は頭がおかしいんだ **ख़ून की नदी बहाना** 血の雨を降らせる **ख़ून की लाल कोशिका** 赤血球 ख़ून की लाल कोशिका फटना 赤血球が壊れる **ख़ून की होली खेलना** 血を流す；血の雨を降らせる **ख़ून के आँसू बहाना (रोना)** 深く悲しむ；血の涙を流す **ख़ून के चित्ते** 血痕 **ख़ून के दाग़** 血痕 **ख़ून ख़ुश्क हो॰** おびえる；ぞっとする；ぞくっとする；震えあがる；戦慄を覚える **ख़ून खौलना** かっとなる；逆上する；腹わたが煮えくり返る संसार के किसी भी कोने में यदि दमन या अत्याचार की कोई घटना घटती तो उनका ख़ून खौलने लगता था 世界のどんな片隅であれ弾圧の事件があればあの方は激しい憤りを感じるのであった **ख़ून गरदन पर चढ़ना** 人殺しの罪を負う= ख़ून गरदन पर सवार हो॰. **ख़ून गर्म हो॰** *a.* 激怒する *b.* 若さに血が騒ぐ **ख़ून घूँटना** = ख़ून का घूँट पीना. **(-को) ख़ून चढ़ना** （ーが）殺意を抱く；殺意を感じる **(-को) ख़ून चढ़ाना** （ーに）輸血する आपरेशन के पहले लड़के को ख़ून चढ़ाना होगा 手術前に男の子に輸血しなければなるまい **ख़ून चूसना** *a.* 激しく苦しめる *b.* 強欲な **ख़ून चूसनेवाला** 吸血鬼；人非人；人でなし **ख़ून जमना** *a.* 恐ろしさのあまり血が凍る मैंने जो दृश्य देखा उससे मेरे शरीर का ख़ून जमने लगा 目にした光景に全身の血が凍り始めた *b.* 鬱血する **ख़ून जमा देने वाला** 血を凍らせる（ような）；血の凍るような परमाणु युद्ध की विभीषिका से संबंधित ख़ून जमा देनेवाले अन्वेषण 核戦争の脅威に関連した血の凍るような発明 **ख़ून जलना** 苦しむ；悩む；ひどく辛い思いをする कहते हैं कि चटकी चूड़ियों को न तोड़ने से भाई का ख़ून जलता है ひびの入ったチューリーを割らないと兄弟が苦しむことになると言う話だ **ख़ून जलाना** 苦しめる；悩ます **ख़ून ज़ोर क॰** 血縁・血統への思いから血がたぎる **ख़ून ठंडा पड़ना** *a.* 熱意を失う；気力がなえる *b.* ひどくおびえる *c.* 老いる= ख़ून ठंडा हो॰. **ख़ून दे॰** 命を投げ出す；命を捧げる **ख़ून पसीना एक क॰** ものすごい努力をする；血の出るような努力をする；血のにじむような努力をする **ख़ून पसीना बहाना** ものすごい苦労をする；血のにじむような努力をする **ख़ून पसीने की कमाई** 血と汗の結晶 जनता की ख़ून पसीने की कमाई 民衆の血と汗の結晶 **ख़ून पानी एक क॰** = ख़ून पसीना एक क॰. **ख़ून पानी हो जा॰** 気力を失う **(-का) ख़ून पीना** *a.* （ーを）殺す मैं उस दरिंदे का ख़ून पी जाऊँगा あの畜生めを殺してやる *b.* （ーを）苦しめる；悩ます；ひどい目に遭わせる फिर जो इस द्वार पर तेरी सूरत नज़र आई, तो ख़ून ही पी जाऊँगी もしもまたこの門口にお前の姿を見つけたら承知しないから **ख़ून पुकारना** *a.* 人殺しがひとりでに露見する *b.* 血のつながり（家族関係；親族関係）に引き寄せられる **ख़ून बहना** *a.* 出血する；血が出る；血が流れる कान से ख़ून बह रहा है 耳から血が出ている *b.* 戦死する；殺される **ख़ून बहाना** *a.* 血を流す；殺す *b.* 必死の努力をする；血のにじむような努力をする धर्म अपार ख़ून बहाता है ダルマとは限りない血を流させるものだ **ख़ून बिगड़ना** 血が汚れる **ख़ून मांस का संबंध** 血縁；血縁関係 **ख़ून माथे चढ़ना** 人殺しの罪を負う **ख़ून मुँह लगना** 味をしめる **ख़ून में आग लगना** = ख़ून उबलना. **ख़ून में गर्मी आ॰** 血がたぎる **ख़ून में जोश आ॰** = ख़ून में गर्मी आ॰. **ख़ून सफ़ेद हो॰** 薄情な；無慈悲な；血も涙もない **ख़ून सर्द हो॰** = ख़ून ठंडा हो॰. **ख़ून सवार हो॰** *a.* 人殺しの罪を負う *b.* 殺意を抱く बहू पर ख़ून सवार हो गया 嫁は人殺しの罪を負った **ख़ून सुखाना** 思い悩みやせ細る **ख़ून सूखना** 血の気が失せる；真っ青になる；ひどくおびえる उसने साहब का तमतमाया चेहरा देखा, तो उसका ख़ून सूख गया 主人の怒りに燃えた顔を見ると血の気が失せた **ख़ून से नहलाना** 殺す；殺害する **ख़ून से रंगना** 血で染める；血の雨を降らせる；大流血を起こす **ख़ून से लथपथ** 血まみれの **ख़ून से सींचना** 一生懸命なしとげる；血の汗を流す **ख़ून से हाथ रँगना** *a.* 刀に血を吸わせる *b.* 人殺しをする **ख़ून से होली खेलना** 血を流す

ख़ून-ख़च्चर[1] [形] 血まみれの = ख़ून से लथपथ. अन्यथा ख़ूनख़च्चर हो जाता そうでなかったら血まみれになっていたところだ

ख़ून-ख़च्चर[2] [名] 流血沙汰

ख़ूनख़राबा [名] 《P. خون خرابہ》 流血；殺戮；殺し合い 1947 में हुए ख़ूनख़राबे में 1947 年の殺戮で ख़ूनख़राबा क॰ 血の雨を降らせる；殺戮する

ख़ूनख़राबी [名*] 《P. خون خرابی》 = ख़ूनख़राबा.

ख़ूनी [形] 《P. خونی》 (1) 血の出る；血の流れる (2) 血走った；殺気立った；荒々しい इसी लिए यह आंदोलन दिन प्रतिदिन ख़ूनी होता जा रहा है だからこそこの運動は日一日と殺気立ったものになって行きつつある (3) 人殺しをする；殺人を犯す नहीं, मैं ख़ूनी नहीं हूँ, मैं ख़ूनी नहीं हूँ 私は人殺しではない，人殺しではないのです (4) 血の色をした；真っ赤な **ख़ूनी इनसान** 殺気立った人；人殺し；殺人者 आज के ख़ूनी इनसान के दिल में 今日の殺気立った人間の心には **ख़ूनी लाल** 真っ赤な；血の色をした= एकदम सुर्ख़.

ख़ूब[1] ［形］《P. خوب》(1) よい；正しい；適切な सुबह का सोना ख़ूब नहीं है 朝寝はよくない **ख़ूब (-) हो॰** （－したのは）よかった तुमसे ख़ूब भेंट हो गई 君と会えてよかった (2) 上等な；すてきな；素晴らしい；面白い；独特な；乙な फ़ौज का सवेरा भी ख़ूब होता है. रात को जो शहर चारों ओर बस गया था, वह सारा सिमटकर लारियों और ट्रकों में भर चुका है 軍隊の迎える朝もなかなか乙なものだ．夜中一面に広がっていた「街」は皆小さくなってトラックに積み込まれてしまっている (3)（反意的に）とんでもない आप भी ख़ूब बात करते हैं あなたもとんでもないことをおっしゃいますな

ख़ूब[2] ［副］(1) よく；沢山；たっぷり；うんと；十分に；しっかり मैं ख़ूब अमेरिका घूमा アメリカはうんと歩き回った अरे, मैं इन सालों को ख़ूब जानता हूँ ああこの連中がどういう手合いかよく知っているよ वह ख़ूब दिल लगाकर पढ़ती है あの娘は一生懸命勉強する (2) 上手に；うまく；運よく **ख़ूब मिलना** 久しぶりに会う अरे जमील काका! ख़ूब मिले やあジャミールさん，実にお久しぶりで（数年後の再会で）

ख़ूब[3] ［感］立派だ；やあすごい बहुत ख़ूब!（丁重に承諾の意を表す）かしこまりました；承知いたしました

ख़ूबसूरत ［形］《P.A. خوب صورت》(1) 美しい；きれいな；形のよい；姿のよい ख़ूबसूरत इमारत 美しい建物 ख़ूबसूरत मेज़पोश きれいなテーブルクロス गुलाब का फूल बहुत ख़ूबसूरत होता है ばらの花はとても美しい (2) 景観のよい；景色のすぐれた यह जगह बहुत ख़ूबसूरत थी とても景色のよいところだった (3) 美貌の；顔かたちの美しい (4) 立派な；見事な；素晴らしい

ख़ूबसूरती ［名*］《P.A. خوبصورتی》(1) 姿形の美しさ तोते की ख़ूबसूरती オウムの美しさ (2) 景観のよさ (3) 美貌 ख़ूबसूरती गोरे रंग में ही नहीं 美貌は色の白さばかりによるのではない (4) 立派さ；見事さ；素晴らしさ；優秀さ **ख़ूबसूरती से** 立派に；見事に；すばらしく

ख़ूबानी ［名*］《P. خوبانی》〔植〕バラ科アンズ（杏）【*Prunus armeniaca*】＝ ख़ुबानी; ज़रदालू; कुशमालू.

ख़ूबी ［名*］《P. خوبی》(1) よさ；美点；長所 उनकी सबसे बड़ी ख़ूबी यह है कि वह समय के बहुत पाबंद हैं あの方の一番の長所は時間を厳密に守られることです इस संस्कृति की कुछ अजीब ख़ूबियाँ この文化の独特の美点 (2) 美事さ；（行為の）完成；完熟；立派さ **ख़ूबी से** 美事に；立派に；申し分なく उसने फ़र्ज़ को ख़ूबी से अदा किया है 義務を立派に果たした

खूसट[1] ［形］(1) 役立たずの；ろくでもない；しようのない वोही अपने पुराने खूसट हिंदू-धर्म के ढर्रे के गीत गाये जाती है あの古ぼけたしようのないヒンドゥー仕立ての歌を続けて行く (2) 面白味のない；無味乾燥な；味気ない

खूसट[2] ［名］(1)〔鳥〕フクロウ科の鳥 (2) चितला खूसट〔鳥〕フクロウ科インドコキンメフクロウ【*Athene brama*】

ख़ृष्टीय ［形］《← Por. Christão?, E. Christ? + H. -ईय》(1) キリストの＝ ईसा मसीह का. (2) キリスト教の＝ ईसाई धर्म का.

खेंचना ［他］＝ खींचना.

ख़े ［名］《A. خ》ウルドゥー文字の第 10 字の字母 خ の名称

खेऊ ［名］〔植〕ウルシ科高木ビルマウルシ【*Melanorrhoea usitata*】〈Burmese lacquer tree〉

खेकसा ［名］＝ ककोड़ा.

खेखसा ［名］〔植〕ウリ科野菜モクベツシ＝ ककोड़ा.

खेचर[1] ［形］空を飛ぶ；飛行する；飛翔する

खेचर[2] ［名］(1) 天体 (2) 神 (3) 風 (4) 空中に浮くもの；飛行するもの

खेचरी ［名*］(1) 飛行することのできる神通力，もしくは，超能力 (2) 空中を飛翔するパリー→ परी.

खेचरी गुटिका ［名*］タントラ教で口に含むと飛行能力が得られるものと信じられてきた宝玉

खेचरी मुद्रा ［名*］〔ヨガ〕ハタヨーガの 5 種のムドラー मुद्रा，すなわち，印契の一（舌を反転させて口蓋につけ視線を眉間に集中させる）

खेजड़ी ［名*］〔植〕マメ科中低木【*Prosopis cineraria; Mimosa cineraria*】

खेट ［名］＝ खेटक. (1) 村 ＝ गाँव. (2) 部落 ＝ खेड़ा.

खेड़ा[1] ［名］(1) 部落；小村 (2) 日干し煉瓦の家 (3) 廃墟 **खेड़े की दूब** 全く取るに足らないもの

खेड़ा[2] ［名］ハトなどの飼料に用いられる雑穀

खेड़ापति ［名］村や部落の長；村長；部落長

खेड़ी ［名*］(1) 胎盤 (2)〔鉱〕かなくそ（金屎）

खेत ［名］(1) 畑；畠 मकई का खेत トウモロコシ畑 धान का खेत 田；稲田 (2)〔農〕立ち毛；刈り取り前の作物＝ खड़ी फ़सल. (3) 産地（家畜の） (4) 戦場；戦地 खेत-खलिहान की मज़दूरी 畑や脱穀場での仕事や作業 **खेत आ॰** 戦死する **खेत उबरना** 救いを得る＝ उद्धार हो जा॰. **खेत कमाना** 畑を肥やす；肥やしを入れて畑を肥沃にする **खेत क॰** 畑地をならす；畑を平らにする **(-को) खेत क॰** （－を）殺す；やっつける **(-से) खेत क॰** （－と）戦う；（－を）相手に戦う **खेत काटना** 刈り入れ ＝ फ़सल काटना. **खेत का धोखा** かかし；でくのぼう；生命のないもの **खेत का लिखा-पढ़ा** 愚かな農夫；無学な百姓 **खेत क्यारी क॰** 畑を耕す **खेत चढ़ना** 出陣；戦場に赴く；戦場に進む **खेत चर जा॰** 台無しにする；めちゃくちゃにする **खेत चुग जा॰** 時機を逃す；時機を逸する **खेत छोड़ना** 戦場から逃げ出す；卑怯な振る舞いをする **खेत जलाना** 甚だしい迷惑をかけるようなことをする；とんでもないことをする；めちゃくちゃなことをする **खेत जा॰** 戦死する ＝ खेत आ॰. **खेत देखना** 勝利する；戦勝する **खेत पड़ना** 戦死する ＝ खेत आ॰. **खेत पर ओले पड़ना** せっかくなしとげたことが台無しになる；努力が水泡に帰す **खेत पाटना** 畑に水を入れる **खेत मज़दूर** 農業労働者 भूस्वामी द्वारा खेत-मज़दूर की पिटाई ブースワーミー（地主）による農業労働者への暴行 **खेत माँडना** 戦いを決める；戦いを決意する；戦いの備えをする；戦闘準備をする **खेत में पछाड़ना** 打ち負かす；破る **खेत रखना** *a.* 勝つ；勝利を収める *b.* 畑の番をする **खेत रहना** ＝ खेत आ॰. **खेत हाथ में रहना** 戦に勝つ；勝利を収める＝ खेत हाथ हो॰.

खेतिहर[1] ［名］農夫；農民；百姓

खेतिहर[2] ［形］(1) 農業の；農業用の खेतिहर भूमि 農地 (2) 農業に従事する；農作業をする खेतिहर मज़दूर 農業労働者＝ खेतिहर श्रमिक.

खेती ［名*］(1) 耕作；農耕；農業 खेती के औज़ार 農機具＝ खेती की मशीनें. (2) 栽培 आम की खेती マンゴーの栽培 कपास की खेती 綿作 (3) 作物 **खेती क॰** 農業をする उन्हें न खेती करनी आए न जानवर पालना あの方は農業ができるわけでも家畜が飼育できるわけでもない **खेती काटना** 蒔いた種を刈る；報いを受ける；行為の結果を得る **खेती मारी जा॰** 作物が台無しになる；作物がふいになる **खेती लोट जा॰** 農作物が嵐や雹などで損害を受ける

खेती-किसानी ［名*］農業 ＝ काश्तकारी; कृषि; किसानी.

खेतीबारी ［名*］農業；農耕＝ कृषि; खेती; किसानी. **खेतीबारी क॰** 農業を営む；農業に従事する

खेद ［名］(1) 心残り；遺憾；残念 (2) 苦悩；悲嘆；苦衷 **खेद हो॰** *a.* 残念な；心残りがする *b.* 悩む；悲しむ；苦しむ मुझे बड़ा खेद है 大変申し訳ない；大変残念だ **खेद-प्रकाश** お詫び（新聞記事の訂正について新聞社の挨拶の言葉）

खेदजनक ［形］(1) 心残りのする；遺憾な；寒心に堪えない (2) 悲しむべき त्याग और सेवा भावना का खेदजनक अभाव 献身と奉仕精神の悲しむべき欠如

खेदना[1] ［自］(1) 残念に思う；遺憾に思う (2) 悲しむ；辛い思いをする

खेदना[2] ［他］獲物を追いかける；追跡する；狩り出す；追い出す

खेदा ［名］(1) 狩り出すこと；狩り込み (2) 狩り；狩猟＝ शिकार; अहेर; आखेट.

खेदाई ［名*］(1) 狩り込み (2) 狩り込みの報酬；勢子の得る報酬

खेदित ［形］(1) 悲しい；悲嘆にくれた (2) 疲れた；疲労した

खेना ［他］(1) こぐ（漕ぐ）；櫓を漕ぐ；櫂を操る नाव खेते हुए मल्लाह 櫓を漕ぐ船頭 नाव खेना 櫓を漕ぐ；船を漕ぐ (2) 過ごす＝ काटना; बिताना; गुज़ारना. (3) しのぐ；なんとか生活する

खेप[1] ［名*］(1) 運搬；輸送 (2) 一荷；一駄；一車；一度の運搬料 प्रति खेप एक करोड़ रुपए का मुनाफ़ा 一荷につき 1000 万ルピーの儲け **खेप डालना** 過ごす **खेप भर** 一荷；一荷分 **खेप भरना** 積み込む **खेप लदाना** 一荷分を積み込ませる **खेप लादना** *a.*（一荷分を）積み込む *b.* 運搬する **खेप हारना** *a.* 積み荷で欠損を出す *b.* 積み荷を失う *c.* 積み荷を損傷する *d.* 苦労が無駄になる

खेप[2] ［名*］びたせん（鐚銭）＝ खोटा सिक्का.

खेपना ［他］(1) しのぐ；やりくりする；過ごす (2) 耐える；忍耐する

खेपला जाल [名] 投網
खेम [名] ＝क्षेम.
खेमकरी [名*]〔鳥〕ワシタカ科シロガシラトビ【*Haliastur indus*】
खेमटा [名] (1)〔イ音〕ケームター（12 マートラーのターラ） (2) ケームター・ターラで歌われる歌
ख़ेमा [名]《P. خیمه》テント；天幕 ख़ेमा गाड़ना テントを張る；天幕を張る；天幕を張って野宿する；野営する；キャンプする ख़ेमे गाड़े गये テントが張られた क़ाफ़िला ख़ेमा गाड़कर वहीं ठहर गया キャラバンは天幕を張ってそこに野宿した ख़ेमा उखाड़ना 天幕を片付ける；テントを畳む
खेरमुतिया [名*]〔鳥〕ハヤブサ科チョウゲンボウ【*Falco tinnunculus*】
खेरा [名] ＝खेड़ा[1].
खेल [名] (1) 遊び；遊ぶこと；遊戯 यह लड़कों का खेल नहीं, युद्ध है これは子供の遊びではなくて戦争なのだ (2) 遊技 बिलियर्ड्स नामक खेल ビリヤードという遊技 आँखमिचौनी का खेल かくれんぼ遊び ताश का खेल トランプ遊び (3) 運動；競技；スポーツ；ゲーム；体育 क्रिकेट खेल クリケット हॉकी का खेल ホッケー खेल का मैदान 運動場 ओलम्पिक खेल オリンピック競技 खेल के नियम 競技の規則；運動競技のルール खेल के साधन 運動設備 खेल-जीवन 選手生活；競技生活；競技人生 इस दौड़ ने तो उनके खेल-जीवन को नया मोड़ दे दिया このレースが氏の選手生活に新しい転機をもたらした खेल जगत スポーツ界 खेल जगत की हलचल スポーツ界の動向 खेल-अधिकारी スポーツ協会の役員 (4) 競技会 आठवें एशियाई खेल 9 से 20 दिसंबर तक बैंकाक में हो रहे हैं 第八回アジア競技会は12 月 9 日から 20 日までバンコクで開催される (5) 演劇や芝居（の進行） खेल फिर शुरू हो गया, चलो अंदर चलें 芝居がまた始まった．中へ入ろう (6) 計画的にだまそうとする行為；企みとして行うこと；芝居 सारा खेल ही उलट चुका था 打った芝居はすべて裏目に出てしまっていた (7) 演技 खेल के वक़्त मेरे सिर पर टोपी और नीचे घाघरा पहना देते हैं 演技をする時には私の頭には帽子を被らせ腰にはガーグーラーを着せてくれる（サーカスの動物の演技） (8) 遊びごと；たわむれ；至極簡単なこと；遊戯 उन दिनों समुद्र को पार करना कोई खेल न था 当時海を渡るのは遊びごとではなかった विवाह कोई बच्चों का खेल नहीं है 結婚は子供の遊戯ではない (9) 賭け प्राणों का खेल खेलना मेरा धर्म है 命を賭してなすことそれが私の本分です **खेल खरमंडल हो॰** 中断される **खेल ख़राब क॰** 試みややりかけたことをだめにする **खेल ख़राब हो॰** 失敗する；しくじる；試みがだめになる **खेल खेल में** いとも簡単に；甚だ容易に；とてもたやすく **खेल खेलना** *a.* 策略を用いる *b.* からかう **खेल जमना** 競技や演技が順調に進む；調子に乗る **खेल निकालना** 策略を用いる；策を用いる **खेल बनाना** 自分のしたいことをする；目的を達する；目的を果たす **खेल बिगाड़ना** ＝खेल ख़राब क॰. **खेल रचना** 策略をめぐらす；陰謀を企てる
खेल-कूद [名] (1) 運動；体育；スポーツ (2) 陸上競技 (3)（子供の）遊び (4)（子供が）飛んだり跳ねたりすること；ふざけること **खेल-कूद प्रतियोगिता** 陸上競技
खेलघर [名] 児童遊技場；子供の遊び小屋；遊園地〈playhouse〉
खेल-तफ़रीह [名*]《H.खेल + A. تفریح तफ़रीह》遊び；遊びごと；娯楽＝मनोविनोद; मनोरंजन. खेल तफ़रीह में उन्हें शरीक करना चाहिए 遊びに参加させるべきだ
खेलना[1] [他] (1) 遊びや遊技をする चौसर खेलना チョウサルをする गेंद खेलना ボールで遊ぶ (2) 競技をする；運動をする यह खेल दुनिया के लगभग सभी देशों में खेला जाता है このスポーツはほとんど世界中の国で行われている टेस्टमैच में टीमें तीन या पाँच गेम खेलती हैं テストマッチでは 3 ゲームないし 5 ゲームを行う तीनों मैच उत्तर प्रदेश में खेले जाएँगे 3 試合ともウッタル・プラデーシュ州で行われる予定 (3) 狩る；狩りをする वे राज्य के उत्तरी पर्वतों पर आखेट खेल रहे थे 国の北方の山で狩りをしていた वह जंगल में शिकार खेलने गया ジャングルへ狩りに出かけた (4) 演じる；上演する उस मौसम में नाटक खेले जाते हैं その季節に芝居が演じられる (5) 弄する；もてあそぶ；いじる；いじくる चाल (चालें) खेलना 策を弄する उन लोगों ने सदैव वह चालें खेलीं कि दोनों एक-दूसरे से लड़ते रहें 連中は常に両者が争いを続けるような策を弄した (6) 賭ける；賭する जहाँ कम से कम काम करने की प्रवृत्ति हो, वहाँ काम के दिन घटा देना जुआ खेलने के समान है できるだけ働かないで済ませようという心情のあるところで労働日数を減らすことは博打を打つのと同じだ
खेलना[2] [自] (1) 遊ぶ；戯れる वहाँ एक लड़का खेलने आया そこへ一人の男の子が遊びに来た घर के बाहर खेलना 屋外で遊ぶ खेलना-कूदना 飛んだり跳ねたりする दो पहर तक खेलेंगे, कूदेंगे फिर नहा धोकर कपड़े बदलेंगे 昼まで遊んでから体を洗い服を着替えよう (2) 何かを玩具にして遊び戯れる；もてあそぶ पानी से खेलना 水遊びをする (3) ぶらぶらする (4) 現れる；浮かび上がる वे अपने शब्दों में करुणा भरकर बोल रहे थे, किंतु उनके चेहरे पर एक कुटिल मुसकान खेल रही थी 言葉では悲しげに話していたが，顔には狡猾な笑みが現れていた आसमान साफ़ था और सूरज की किरणें खुलकर खेलने लगी थीं 快晴だった．日光は思い切り降りそそぎ始めていた **खेलते-खेलते** とても簡単に＝खेल खेल में. **खेलना-खाना** 安楽に暮らす **खेलना-बोलना** 仲良くする；親しくする **खेलने के दिन** 遊びざかり＝खेलने-खाने के दिन. **खेला-खाया** (**खेली-खाई***) *a.* 海千山千；悪がしこい；したたかな *b.* 異性との交渉を経験した खेली-खाई 男を知っている＝खेली-खिलाई. **जान पर खेलकर** 決死で；決死の覚悟で＝प्राणों पर खेलकर. हमारे राजपूत सरदार अपने प्राणों पर खेलकर ख़िलजी के सैनिकों को रोके रहेंगे わがラージプートの将軍たちは命懸けでヒルジーの軍勢を押しとどめるであろう
खेलनी [名*] 遊び道具；遊具
खेल-नीति [名*] ゲームの作戦 टेनिस में खेल-नीति का भी बड़ा महत्त्व है テニスではゲームの作戦がとても重要だ＝स्ट्रेटजी.
खेल-परिषद् [名*] 体育協会 राजस्थान में खेल परिषद् के अध्यक्ष ラージャスターン州体育協会会長
खेल-प्रतियोगिता [名*] スポーツの試合
खेल-प्रेमी [名] スポーツ愛好者
खेलवाड़ [名] (1) 遊技；ふざけ；戯れ (2) 弄すること；もてあそぶこと
खेलवाड़ी [形] (1) いつもふざけている；ふざけてばかりいる (2) 愉快な；面白い
खेलवाना [他・使] ←खेलना. (1) 遊ばせる (2) 一緒に遊ぶ
खेलवार [名] (1) 遊ぶ人 (2) 狩人
खेल-शिक्षक [名]〔教〕体育教師 खेल-शिक्षक जेम्स 体育教師のジェームス
खेल-समारोह [名] 競技会；運動会
खेलाड़ी[1] [形] (1) 遊んでばかりいる；いつも遊んでいる (2) 尻軽な（女性）；不品行な
खेलाड़ी[2] [名] (1) プレーヤー (2) 芸人
खेलाना [他] ←खेलना. (1) 遊ばせる वह दुधमुँहे बालकों को खेला रही है 乳のみ子を遊ばせている (2) 一緒に遊ぶ；一緒に遊んでやる；仲間に入れて遊ぶ कोई उसे अपने साथ खेलाता भी न था だれも遊びに入れてくれなかった अपने साथ खेलाना 仲間に入れる (3) なぶる；なぶりものにする **खेला खेलाकर मारना** *a.* なぶり殺しにする *b.* さんざんな目に遭わせる
खेलौना [名] おもちゃ；玩具＝खिलौना.
खेवट[1] [名] (1) 農村での徴税事務に従事したパトワーリー पटवारी の管理してきた土地台帳（土地保有者の氏名，土地の枚数，地税額などを記録） (2) 共同相続地からの収入の分配額 खेवटदार 共同所有地の共同所有者
खेवट[2] [名] 船頭＝केवट; मल्लाह; माँझी.
खेवनहार [名] (1) 漕ぎ手；船乗り；船員 (2) 渡し守 (3) 困難から救う人；救い手
खेवा [名] (1)（舟での）渡し (2) 渡し賃 (3) 運搬 (4) 一荷 (5) 一回分の仕事の時間 **खेवा पार क॰** 舟を漕いで渡る
खेवाई [名*] (1) 船を漕ぐこと (2) 漕ぎ賃；渡し賃 (3) 櫓をつなぐ綱
खेवैया [名] (1) 船の漕ぎ手 (2) 船乗り；船員 (3) 救い出す人；救い手；救い主
खेश [代・名]《P. خویش》(1) 自分；自分自身＝स्वयं; ख़ुद; आप. (2) 身内＝स्वजन.
खेस [名] ケース（体に掛けたり敷物として敷いたりして用いる厚手の模様入りの綿布） काठ के तख़्त पर हथकरघे का मोटा खेस बिछा था 板の間に手織の厚手のケースが敷かれていた
खेसारी [名*]〔植〕マメ科食用スイートピー【*Lathyrus sativus*】＝लतरी; दुब्या मटर. खेसारी का सत्तू ケーサーリーの豆を煎って粉にしたもの

खेह [名*] (1) 土；土挨＝धूल-मिट्टी. (2) 灰＝राख；भस्म. **खेह खाना** *a.* 時間を浪費する；無駄な時間を過ごす *b.* みじめなありさまになる

खैंच [名*] (1) 〔ス〕ひねり (2) 引き

खैंचना [他] ＝खींचना.

खैंचाखैंची [名*] ＝खींचाखींची.

खैंचातान [名*] ＝खींचतान.

खैंचातानी [名*] ＝खींचतान.

खैकारा [形⁺] 壊す；破壊する＝नाशक；क्षयकारी；क्षयंकर；नाशक.

खैनी [名*] 嚙みタバコ 〈chewing tobacco〉

ख़ैबर 〔地名〕《A. خیبر》カイバル峠；ハイバル峠（パキスタンの北西端とアフガニスタンを結ぶ）＝दर्राए ख़ैबर.

ख़ैमा [名] 《A. خیمه》＝ख़ेमा. (1) テント；天幕 (2) 大型テント

ख़ैयात [名] 《A. خیاط》仕立屋；洋服仕立屋；洋裁師＝दर्ज़ी.

ख़ैयाम [名] 《A. خیام》(1) テント製造人 (2) 〔人名〕11～12 世紀のペルシア詩人オマル・ハイヤーム (عمر خیام)

खैर[1] [名] (1) 〔植〕マメ科ペグノキ【*Acacia catechu*】＝कथकीकर. (2) ペグアセンヤク

खैर[2] [名] 〔鳥〕ヒタキ科ジチメドリ【*Pellorneum ruficeps*】

ख़ैर[1] [名*] 《A. خیر》(1) 無事；安全；安泰；安寧 नौकरी की ख़ैर मनाते 勤めの安泰を念じる अब उसकी किसी तरह ख़ैर नहीं よし，もはや如何なる形でもあの男の安全は保たれない लेकिन बड़ी ख़ैर हो, अगर आँख की रोशनी इसी हालत में रोकी जा सके でも視力がこのままでとどめられるならとても有り難いんだが दो हज़ार से एक पैसा भी कम मिला तो तुम्हारी जान की ख़ैर नहीं よーし，2000 ルピーに 1 パイサーでも足らなかったらお前の命は危ないぞ (2) 幸せ；幸福；幸い；幸運

ख़ैर[2] [感] (1) よし；よろしい；結構だ（承認の意を表す言葉） (2) えい（決心や覚悟を表す言葉）

ख़ैरअंदेश [形] 《A.P. خیر اندیش》好意を寄せる；好意のある；善意の；親切な＝शुभचिंतक.

ख़ैरअंदेशी [名*] 《A.P. خیر اندیشی》好意を寄せること；好意；親切＝शुभचिंतन.

ख़ैरआफ़ियत [名*] ＝ख़ैरो आफ़ियत.

ख़ैरख़बर [名*] 《A.P. خیر خبر》様子や状況などの知らせ；ニュース；消息；情報 रात में गुप्तचर पुलिस और गृहविभाग के अधिकारियों से पूरे प्रदेश की ख़ैरख़बर लेकर अपनी दिनचर्या ख़त्म करता हूँ 夜，秘密警察と情報部の幹部から全州の情報を得て一日の日課を終える

ख़ैरख़्वाह [形] 《A.P. خیر خواه》＝ख़ैरअंदेश.

ख़ैरख़्वाही [名*] 《A.P. خیرخواہی》＝ख़ैरअंदेशी.

ख़ैरबाद [感] 《A.P. خیر باد》さようなら；別れの挨拶の言葉 ख़ैरबाद कहना 別れを告げる；さようならを言う

ख़ैरमक़दम [名] 《A. خیر مقدم》歓迎；歓待 (-का) ख़ैरमक़दम क。(ーを) 歓迎する लोगोंने मेरा ख़ैरमक़दम किया 皆は私を歓迎してくれた

ख़ैरसलाह [名*] 《A. خیر صلاح》健康；安全；無事（の知らせ） वह साल में एक बार नाई को भेजकर सब की ख़ैरसलाह मँगा लिया करता था 年に一度ナーイーを遣わしみなの無事を調べさせていた

खैरसार [名] ペグアセンヤク＝कत्था.

खैरा[1] [形⁺] 褐色の；暗褐色の

खैरा[2] [名] 褐色

ख़ैरात [名*] 《A. خیرات》(1) 〔イス〕きゅうじゅつ（救恤）；施し；恵み与えること；施与；喜捨＝ज़कात. (2) 寄付；寄進；布施 ख़ैरात क。寄進する；寄付する वह तमाम भीख में से आधी मज़ार पर ख़ैरात कर देता था 托鉢で得たものの半分を廟に寄進していた बुढ़ापे में ख़ूब ख़ैरात करूँगा 年をとったらうんと寄進するつもりだ

ख़ैरातख़ाना [名] 《A.P. خیرات خانه》救貧院；施食所＝लंगर；अन्नसत्र；मोहताजख़ाना. मेहमान चले आते हैं जैसे ख़ैरातख़ाना खुला हो 客はまるで救貧院が開かれているかのようにやって来る

ख़ैराती [形] 《A. خیراتی》(1) 慈善の；慈善目的の (2) 無償の；無料の **ख़ैराती अस्पताल** 慈善病院＝ख़ैराती हस्पताल.

ख़ैरियत [名*] 《A. خیریت》＝ख़ैरीअत. (1) 無事；安全；安否；消息＝कुशल；मंगल. (2) 安寧；幸福＝कल्याण.

खैरैया [名*] 〔鳥〕セキレイ科キセキレイ【*Motacilla cinera*】

ख़ैरो आफ़ियत [名*] 《A. خیرو آفیت》安否；無事；安全；消息 ख़ैरो आफ़ियत पूछना 安否（無事）をたずねる；消息をたずねる सब ने ख़ैरो आफ़ियत पूछी だれもが消息をたずねた

खैला [名] (1) 子牛 (2) 若い牛

खोंइचा [名] (1) ドーティー (धोती) やサリー (साड़ी) の縁（胸に当たる部分） (2) 親が結婚の際娘に与える財物 **खोंइचा भरना** 〔ヒ〕祝い事の際に（夫が健在の）幸運な妻に米，黒砂糖，ビンロウジなどのめでたい品を贈ること（サリーのアーンチャルに包んで贈る）

खोंखना [自] 咳をする＝खाँसना.

खोंखी [名*] 咳＝खाँसी.

खों खों [名*] (1) こんこん，ごほんごほんなど咳をする音 बूढ़ों की खोंखों 年寄りたちの咳の声 खों खों क。こんこん，ごほんごほんと咳をする (2) 猿が威嚇する声 खों खों करके दो बंदर बच्चों की ओर दौड़ पड़े きゃっきゃっと声を出して 2 匹の猿が子供たちの方に走り出した

खोंगा [名] 妨げ；障害＝रुकावट.

खोंच[1] [名*] (1) 衣服のかぎ裂き (2) 引っかき傷 खोंच लगना *a.* かぎ裂きになる *b.* 引っかき傷を負う

खोंच[2] [名*] 袋；手提げ袋

खोंच[3] [名*] (1) 握りこぶし (2) 穀物の一握り分

खोंचन [名*] (1) 突き刺すこと (2) 刺さるもの (3) 鋭く衝く言葉

खोंचा[1] [名] (1) 鳥もち竿 (2) 果実を枝からもぎ取るのに用いる竿，コーンチヤー (3) 突き刺すこと (4) 子牛や役牛の口に飲食できないようにつける網状の口輪

खोंचा[2] [名] → खोनचा.

खोंचिया[1] [名] (1) 使用人；商店の手伝いをする人 (2) 乞食

खोंचिया[2] [名] (1) コーンチヤー खोंचा[1] (2) を用いて木の枝から果実をもぎとる人 (2) とりもちで鳥を捕らえる猟師

खोंची [名*] (1) 詰め物 (2) 穀物を煎ってもらう時の謝礼（として払われる一握りの穀物） (3) 水汲み人への謝礼，もしくは，労賃 (4) 使用人や乞食などに与える片手一握り分の穀物

खोंचेवाला [名] → खोनचा.

खोंट[1] [名*] つむこと；つまみ取ること；摘み取ること；むしること

खोंट[2] [名] つんだもの（摘んだもの）；摘み取ったもの；むしったもの

खोंटना [他] (1) つむ（摘む）；摘み取る；むしる；むしり取る लकड़ी खोंटनेवाली चोंच （キツツキの）木をつついてむしるくちばし (2) つまむ भाभी नाख़ून से खोंटकर तरकारी परोसती है ねえさんは指先でつまんでおかずをよそう (3) 砕く

खोंडर[1] [名] 木のうろ

खोंडर[2] [名] 脱穀場に残った落ち穂

खोंड़ा [形⁺] （部分的に）欠けている；欠陥のある；瑕物の

खोंता [名] ＝खोथा. 鳥の巣＝घोंसला；नीड़.

खोंप [名] (1) 突き刺すこと (2) めりこませること (3) 刺し傷

खोंपना [他] (1) 尖った物で突き刺す (2) 力を加えてめりこませる

खोंपा[1] [名] 頭頂部に束ねたまげ＝खोपा.

खोंपा[2] [名] 〔農〕犂の刃をさしこむ犂の下の部分

खोंसना [他] (1) 挟みこむ；たくしこむ उसने अपना घाघरा खोंसा ガーグラーをたくしこんだ मैंने अपनी साड़ी का पल्लू कमर में खोंस लिया サリーの端を腰にたくしこんだ (2) さす（挿す；差す）；さしはさむ；入れ込む；さしこむ（射し込む；挿し込む）；突っこむ；押し込む बालों में खोंसे हुए फूल 髪にさした花 उसने साड़ी में ख़ूब सारे पिन खोंस लिए थे サリーに山ほどのピンをさしていた माथे पर झूलती बालों की लट को बालों में खोंसती हुई 額に垂れかかる前髪をかきあげながら आदमी ने उसको टेंट में खोंस लिया 男はそれをドーティーの腰（の部分）に突っこんだ

खोआ [名] → खोया.

खोइचा [名] ＝खोंइचा.

खोई[1] [名*] (1) サトウキビの搾りかす (2) 煎った米；煎り米＝खील；लाई.

खोई[2] [名*] (1) 失うこと (2) 損；損害；損失

खोखरा [名] 壊れた船

खोखला [形⁺] (1) 空っぽの；中空の；中が空の पेड़ों की मोटी शाखाओं को खोखला करके 木の太い枝をくり抜いて (2) 中身のない；虚な；

空っぽの；空虚な；見せかけの देश आर्थिक दृष्टि से खोखला हो चुका था 国は経済的に空っぽになってしまっていた खोखली हँसी के ठहाके 虚ろな大笑いだ नेताओं के खोखले भाषण 政治家連中の中身のない演説 खोखली औपचारिकता 慇懃無礼 (3) 虫歯の；虫食いの फ़्लोराइड दाँतों को खोखला होने से रोकता है フッ素化合物は歯が虫食いになるのを防ぐ खोखला दाँत 虫歯

खोखलापन [名] ←खोखला. (1) 空っぽなこと (2) 空虚さ हमारे दिमाग का खोखलापन 我々の頭脳の空虚さ

खोखा[1] [名] 売店 सड़क के किनारे एक खोखा किराये पर ले रखा था 道端に一軒売店を借りていた मेरा दोस्त वहाँ एक खोखे में दूकान करने लगा है 友人はそこの売店で店を始めている

खोखा[2] [名] 男の子；少年= लड़का; बालक; बाल.

खोखा[3] [名]〔商〕支払い済みの小切手（領収書代わりに保管される）

खोखा[4] [形+] = खोखला.

खो खो [名*] = खों खों. 猿が相手を威嚇する声 बंदर घुड़की देते समय खो खो करता है 猿は威嚇する時にコーコーと声を出す

खोज [名*] (1) さがすこと（捜すこと）；捜し；探索 वर की खोज 聟捜し सीता की खोज में シーターを探すのに कौत्स चौदह करोड़ स्वर्ण मुद्राओं की खोज करते करते सभी राजाओं के पास घूम लिया カウトサは 1 億 4000 万の金貨を探し求めてすべての王のもとを経巡った पानी की खोज में 水を探して；水を探しに खुफ़िया पुलिस इस किताब के लेखक की खोज में है 秘密警察がこの本の著者を探索している (2) 探究；探求；追究 ऊर्जा के नए स्रोतों की खोज 新しいエネルギー源の探究 खोज यात्रा 探索行 सत्य की खोज में इधर उधर भटकने लगे 真理の探究に歩きまわり始めた (3) 研究 धान, गेहूँ, गन्ना और कपास इत्यादि पर खोज 稲, 小麦, サトウキビ, 綿などについての研究 हाल की खोजों से 最新の研究により (4) 発見 आग की खोज 火の発見 यूरेनस की खोज दूरबीन से सन् 1781 ई॰में हर्शेल ने की 天王星は 1781 年にハーシェルが望遠鏡で発見した (5) 考案 (6) 足跡 (7) 追跡 (8) 轍 **खोज ख़बर ले॰** = खोज ले॰. **खोज मिटना** 跡かたもなくなる घर की खोज मिटना 家の跡かたもなくなる **खोज मिलना** 判明する；わかる；知れる **(-की) खोज ले॰** (－の) 消息をたずねる；安否をたずねる= (-की) खोज-ख़बर ले॰.

खोजकर्ता [名] (1) 探究者；追究者 (2) 研究者 अभिशप्त खोजकर्ता 呪われた研究者

खोज-ख़बर [名*]《H.+ A.خبر》消息；安否 **(-की) खोज-ख़बर ले॰** (－の) 消息をたずねる किसी ने उनकी खोज-ख़बर नहीं ली だれ一人あの人の消息をたずねなかった

खोजड़ा [名] (1) 足跡 (2) = खोज.

खोजना [他] (1) さがす（探す；捜す）；探し求める；探索する वह निकारागुआ पर हमले के बहाने खोज रहा है ニカラグア攻撃の口実を探している दोस्त खोजना 友達を探す उत्तर खोजना 答えを探す जीवन का उद्देश्य खोजते हुए 生き甲斐を探しながら व्यापारी श्रीपाल को खोजता फिर रहा था 商人はシュリーパールを探し回っていた उससे छुटकारा पाने का उपाय खोजने लगा その男から逃れる手立てを探し始めた (2) 研究する；追究する；究める कारणों को खोजना 原因を追究する (3) 詮索する= (-का) पता लगाना. **खोज निकालना** 探し出す；見つけ出す वह उसी दिन ही इस समस्या का समाधान खोज निकालेंगे その日にこの問題の解決策を探し出すだろう

खोजपूर्ण [形] 発見に満ちた लेख खोजपूर्ण है 記事は発見に満ちている नये खोजपूर्ण तथ्य 新発見の事実

खोज-बीन [名*] 調べ；調査；探査；探索 खोजबीन के लिए निकला 調査に出かけた सामाजिक समारोहों में आने-जाने से भी इस खोजबीन में सहायता मिल सकती है 集会に参加することでもこの調査に助力が得られる **खोज-बीन हो॰** 調べられる；調査される；探索が行われる खोज-बीन हुई （事情の）調査が行われた

खोजवाना [他・使] ←खोजना. 探させる；調べさせる；探してもらう；調べてもらう

खोजा [形+] 探す；追跡する；追求する सब से पहले खोजे लोग हाथियों के पद-चिह्नों से यह पता लगाते हैं まず最初に追跡者たちは象の足跡でこれを調べる

ख़्वाजा [名]《P.خواجه ख़्वाजा》(1) 主；主人 (2) 師；先生 (3) 名士；著名人 (4) 宦官；コージャー；フワージャー；ホージャー；ホジャ (5)〔イス〕イスマーイール派の流れをくむニザール派系統のホジャ派 (6)〔イス〕ナクシュバンディー教団の一派 (7)〔イス〕聖者廟の参詣人の案内係

खोजी [形・名] (1) 探す；追跡する उसकी खोजी आँखें दरार के अंदर अच्छी तरह किसी अच्छे टार्च की तरह देखने लग गईं 男の追求する眼は隙間をすぐれた懐中電灯のようにしっかり見つめ始めた (2) 探す人；探し手；追跡者；追っ手 जल्दी ही अँधेरा घिर आने के कारण खोजी ख़ाली हाथ वापस घर आने शुरू हो गए すぐに闇が迫ってきたので追っ手は何も得ずに家に戻り始めた

खोजू [形・名] = खोजी.

खोट [名⁻] (1) まぜもの；混ぜ物 (2) 欠点；弱点；悪いこと；欠陥 (3) 悪意；よこしまな気持ち **खोट पड़ना** 障害が生じる；支障が生じる **खोट मिलाना** 貴金属にまぜものをする

खोटा [形+] (1) 混ぜ物の；不純な वास्तव में इसमें लोहा खोटा लगा है 実際，これには不純な鉄が入っている (2) にせの；贋の；偽の खोटे पैसे 贋金；偽金；びたせん（鐚銭） (3) 悪い；良くない；不出来な；まともでない क़िस्मत खोटी हो तो बना-बनाया काम बिगड़ जाता है 運が悪いと完成したことまで台無しになってしまう ब्राह्मण बड़ी खोटी बुद्धि का था そのバラモンは悪知恵の働く人だった मेरे खोटे पेशे के कारण 私がよからぬ職についているので अपना ही माल खोटा हो तो परखनेवाले का क्या दोष? 自分の（息子）が出来が悪いのに（判断する）他人を怨むことはない (4) 悪意のある अंदर खोटा और बाहर उजला करनेवालों को तो दंड मिलना ही चाहिए 心の中は悪意に満ちているのに立派に見せかける人たちには当然罰が当たるべきだ **खोटा उतरना** 嘘偽りであることが判明する **खोटा-खरा** 良いのと悪いのと；善悪の；真贋 खोटा-खरे की परख 真贋の見分け **खोटी खरी** 小言；非難の言葉 क्या हम रात दिन उसकी खोटी खरी सुनते रहें? 日夜あの人の小言を聞くと言うわけかい **खोटी खरी बातें सुनाना** 叱りさとす **खोटा खाना** 悪事を働いて生活を営む；悪銭を稼ぐ **खोटा पैसा** *a.* 悪銭 *b.* よくないもの *c.* びた銭 **खोटा समय** 不運の時 = दुर्दिन. **खोटा सिक्का** *a.* 役立たずの *b.* びた銭（鐚銭） **खोटी क॰** 悪さをする；悪事を働く **खोटी कहना** 告げ口をする **खोटी बोलना** 悪口を言う；罵る **खोटे को खोटा कहना** ありのままに言う；正直に言う

खोटाई [名*] ← खोटा. (1) 欠陥；弱点 (2) 欺瞞；偽り (3) 不純 (4) 悪さ खोटाई क॰ 悪さをする；悪事を働く

खोटापन [名] = खोटाई.

खोड़[1] [名*] (1)（霊が）祟ること；祟り (2) 欠陥；短所

खोड़[2] [名*] 木のうろ = खोड़र.

खोड़र [名] 木のうろ= खोड़रा; कोटर.

खोता [名] 鳥の巣 = खोंता; घोंसला; नीड़.

खोद [名] (1) 掘ること；掘り出すこと (2) 根ほり葉ほりたずねること (3) 調べること；調査 **खोद कुरेल क॰** 詳しく調べる；調べ上げる= छान-बीन क॰.

ख़ोद [名]《P.خود》かぶと（兜）；鉄かぶと चेहरा ख़ोद में छिपा रक्खा था 顔はかぶとで隠していた

खोदना [他] (1) 掘る खोदी हुई परिखा (नहर) 掘られた溝（水路） उसने फावड़े से ज़मीन खोद दी 鍬で土を掘った (2) 削る；削りとる；くる（刳る）；えぐる लकड़ी के बड़े टुकड़ों को अंदर से खोदकर पहियों की सूरत में तब्दील किया 大きな木片をくり抜いて車輪の形に変えた (3) 掘りくずす दुर्दिनों की जड़ खोद डाली गई थी 逆境の根かたが掘りくずされた (4) ほじる；ほじくる；かく कान खोदना 耳をほじる (5) ほじる；ほじくる；ほじくり返す तू क्यों खोद-खोदकर पूछता है रे? 君はなぜ人に知られたくないことをほじくり返してたずねるんだい (6) 彫る；刻む；彫刻する (7) 突き刺す；刺しこむ **खोदकर गाड़ दे॰** *a.* 厳しく処罰する *b.* 命を奪う **खोद-खोदकर खाना** 家財やためこんだ金を頼りに暮らしをたてる；売り食いする **खोदा पहाड़ निकली चुहिया**〔諺〕*a.* 苦労や努力が無駄になることのたとえ *b.* 苦労多くして得るところが少ないことのたとえ

खोदनी [名*] ほじったりかいたりする道具（耳かきや楊枝など）

खोदवाना [他・使] ← खोदना. 掘らせる，掘ってもらうなど

खोद विनोद [名] 根ほり葉ほりたずねること；聞きただすこと= ज़िरह काढ़ना.

खोदाई [名*] (1) 掘ること；掘削 (2) 掘る手間賃や労賃 (3) 発掘 (4) 彫刻

खोनचा [名]《← P.خوانچه ख़्वानचा》(1) 盆 (2) ガラスケースなど，行商人が商いの品を頭にのせて運搬する様々な形や造りの容器や

ケース；コーンチャー **खोनचा लगाना** （主にスナック菓子などを売り歩くため）頭上にコーンチャーをのせて行商する **खोनचेवाला** コーンチャーで商いをする行商人

खोना[1] ［他］失う；なくす；なくする ईमान खोकर पैसे मिले तो क्या! 信用を失って金を儲けて何になる मैंने अभी अभी अपने पिता को खोया है ごく最近父を失った उनका खोया हुआ धैर्य मानो लौट आया था 失った忍耐力が戻って来たかのようだった

खोना[2] ［自］(1) 失う；なくなる पेन खो गया 万年筆がなくなった (2) 我を忘れる；（思い出などに）ひたる；没頭する；熱中する；物思いにふける प्रसाद और पंत की रचनाओं में खोयी रहनेवाली दीदी プラサードやパントの作品に熱中している姉さん यात्री इन शब्दों को सोचते-सोचते खो-सा जाता है 旅人たちはこれらの言葉を考えているうちに我を忘れたようになる मैं उधर ही देखती रहती हूँ - निरुद्देश्य-सी, खोयी-खोयी-सी あちらの方を見てばかりいる．あてもなく我を忘れたように और फिर ताश के खेल में खो गया 再びトランプ遊びに熱中した पिछले छह सालों के चित्र उसकी आँखों के सामने घूम रहे थे और वह उन्हीं में खोई बैठी रही 過去6年間の様子が回り灯籠のように次々と現れそれに没入して座り続けた (3) 行方知れずになる तब तू मेरा खोया हुआ भाई नाजिर ही है それじゃあんたは行方知れずの弟のナージルに違いない खोए हुए लोगों की खोज たずね人（行方知れずの人を探すこと） खोया हुआ व्यक्ति-उचित इनाम पाएँ 尋ね人ーご連絡いただいた方には相当の謝礼（新聞の広告記事） **खोया-खोया सा रहना** 物思いにふける；考えごとにふける；茫然とした हर वक़्त उदास और खोया खोया सा रहने लगा いつもふさぎこんでぼんやりするようになった

खोप ［名］＝खोंप. (1) 大きな縫い目で縫うこと (2) 仮縫い (3) 穴 (4) 裂け目 **खोप भरना** *a.* 大きな縫い目で縫う *b.* 仮縫いする

खोपड़ा ［名］(1) 頭蓋骨 ＝ कपाल. (2) 頭 (3) 頭脳 (4) ココヤシ (5) （ココヤシの実の）コプラ (6) オオミヤシの殻の半分でできた托鉢用の鉢

खोपड़ी ［名*］(1) 頭蓋；頭蓋骨；頭のはち；頭 सिर के बाल झड़ गये थे और खोपड़ी ऐसी साफ़-सुथरी निकल आई थी, जैसे ऊसर खेत! 毛髪が抜け落ちてしまい頭蓋がまるで不毛の地のようにはっきり現れたのだった (2) （顔や額などに対して）頭（の外形） लंबा, गोरा, बड़ी खोपड़ी 背が高く，色白で頭の大きい यह सारा तेल मेरी खोपड़ी सोख लेती है この油を全部頭が吸い取るんだ (3) 頭脳 अंधी खोपड़ी とんま उलटी खोपड़ी あほう；間抜け (4) 甲；甲羅 (5) 殻 **खोपड़ी खाना** 下らぬ話や馬鹿話をしてうんざりさせる **खोपड़ी ख़ाली क॰** ＝खोपड़ी खाना. **खोपड़ी खुजलाना** とても悪いことを考えたり悪事を働いたり生意気な振る舞いをする **खोपड़ी खुल जा॰** 頭が割れる **खोपड़ी गंजी क॰** 頭を激しく叩く；ひどい目に遭わせる **खोपड़ी गंजी हो॰** 頭をひどく叩かれる；ひどい目に遭う **खोपड़ी गढ़ना** *a.* 頭（脳）を授ける *b.*＝खोपड़ी चाटना (-की) **खोपड़ी गढ़ना** （ーから）金を巻き上げる **खोपड़ी चटकना** （暑さ，のどの渇き，痛みなどで）頭が痛くなる；気分が悪くなる **खोपड़ी चलना** 気がふれる；頭がおかしくなる **खोपड़ी चाटना** *a.* 馬鹿話をして相手を困らせる *b.* 何度も同じ説明を繰り返しても理解しない（で相手を困らせる） **खोपड़ी जगाना** 呪法を行う **खोपड़ी पर खड़ा हो॰** 待ちかまえる (-की) **खोपड़ी पर खड़ा हो॰** （ーの）すぐそばにいる (-की) **खोपड़ी पर ठेंगा नाचना** （ーに）思い知らせる (-की) **खोपड़ी पर पहुँच जा॰** *a.* （ーの）すぐそばにいる *b.* （問い詰めるためーに）にじり寄る；詰め寄る (-) **खोपड़ी पर बोलना** （ーが）重くのしかかる **खोपड़ी पर सवार हो॰** ＝खोपड़ी पर खड़ा हो॰. **खोपड़ी पिल पिली क॰** ひどく頭を叩く；さんざんな目に遭わせる **खोपड़ी बजाना** 頭をかち割る **खोपड़ी रंग दे॰** 頭をかち割って血を流す **खोपड़ी सहलाना** 頭をなでる（反語的に用いて頭を激しく叩く）

खोपरा ［名］＝खोपड़ा.

खोपा ［名］＝खोंपा.

खोभना ［他］突き刺す；刺す；突き立てる उन्हें भालों-संगीनों से खोभकर आग में ही डाल देते हैं 槍や剣で突き刺して火に投げ込む

खोभरना ［自］邪魔になる；妨げになる

खोभार ［名］(1) ごみを捨てるために掘った穴 (2) 豚小屋；豚舎

खोमचा ［名］＝खोनचा.

खोमचेवाला ［名］＝खोनचेवाला. コーンチャーを携えて商いの品を売り歩く行商人→ खोंचा.

ख़ोय ［名*］《P. خو ख़ू》(1) 性質；本性＝स्वभाव; प्रकृति. (2) 習慣；習癖＝आदत; बान.

खोया ［名］コーヤー（牛乳を加熱濃縮して固形にしたもの．菓子原料として用いられる）＝खोवा; मावा.

खोर[1] ［名*］路地；裏道＝कूचा; गली.

खोर[2] ［名*］かいばおけ＝नाँद.

खोर[3] ［名*］洞穴

खोर[4] ［名*］沐浴；体を洗うこと

खोर[5] ［名］〔植〕マメ科低木アラビアゴムノキ【*Acacia senegal*】〈gum arabic tree〉＝बनरीठा; साहीकाँटा.

-ख़ोर ［造語］《P. خور》（ーを）食べる，飲むなどの意を有する合成語の構成要素 गोश्तख़ोर 肉食の सब्ज़ीख़ोर 菜食の

खोरा ［形+］身体に障害のある；身体が不自由な；手足に障害のある＝लूला; लँगड़ा.

ख़ोरा ［名］《← P. خور?》コーラー（小さなカトーラー कटोरा）；カップ；コップ；わん（鋺）

ख़ोराक ［名*］→ ख़ुराक.

ख़ोराकी ［名*・形］→ ख़ुराकी[1,2].

खोरि[1] ［名*］路地＝खोर; तंग गली.

खोरि[2] ［名*］(1) 欠点；欠陥；欠けているもの＝ऐब; दोष. (2) 非難＝निंदा.

खोरिया ［名*］(1) コーリヤー（水飲み用の金属の小さい器）；わん（鋺）；コップ (2) コーリヤー（女性が額や顔面にはりつけるスパンコール） (3) バーオリー（階段式の井戸）の最も低い所

-ख़ोरी ［造語］《P. خوری》（ーを）食べること，飲むこと，摂取することなどの意を有する複合語の構成要素 गोश्तख़ोरी 肉食

खोरी भट्टी ［名*］反射炉〈puddling furnace〉

खोल[1] ［名］(1) 穴 (2) うろ (3) おおい（覆い）；カバー इन जानवरों के पेट के पास थैली जैसा खोल होता है これらの動物の腹のところに袋のような覆いがある ईंट का खोल 煉瓦の覆い बिजली के तारों के खोल 電線の覆い (4) 昆虫などの脱皮する表皮；から（殻） एक नई शक्ल का कीड़ा खोल से निकलता है 新しい姿の虫が殻から出る पाँच खोल बदलना 5回脱皮する (5) 甲；甲羅 (6) ケース；物を入れる箱や袋 (7) やっきょう（薬莢） ख़ाली खोल 空薬莢

खोल[2] ［名］かぶと（兜）；鉄かぶと＝खोद; शिरस्त्राण; कूँड.

खोल[3] ［名］うろこ（鱗）

ख़ोल ［名］《P. خول》カバー；ケース；さや→ खोल[1]

खोलना ［他］(1) つながれたものを解き放す（解き離す） खूँटे से बँधी घोड़ी को खोलना 杭につながれた馬を解き放す（ほどいてやる） (2) 結ばれたものをほどく；閉じられたものや縫いつけられたものをほどく पगड़ी खोलना ターバンをほどく (3) 閉じられたものや閉ざされたものを開く；開ける；広げる तितलियों के पंख खोलकर रखने होंगे （標本作りには）蝶の羽を広げておかなければならない किताब खोलना 本を開く वे उड़ने को पर खोल रहे हैं 飛ぼうとして羽を広げようとしている **आँख खोलना** *a.* 目を開ける *b.* 目を覚まさせる（目覚めさせる） ताला खोलना 錠前を開ける (4) 機器を分解する घड़ी खोलकर जाँच कर रहा है 時計を分解して検査しているところだ (5) 一般に開放する आम लोगों के आने जाने के लिए सड़क खोल दी गई 道路は一般の通行用に開放された (6) 遮っているものを取り除く；通るようにする；開ける；抜く；取りはずす कॉर्क को खोलते ही コルク栓をあけたとたんに (7) 着物や履物を脱ぐ；取り去る कुरता खोलना クルターを脱ぐ (8) 開設する；開く；興す；開店する；開所する एक सज्जन ने आकर गाँव में किसान सभा खोली 一人の人がやって来てキサーンサバーを設立した उच्च शिक्षा की संस्थाएँ खोली गई थीं 高等教育の機関が開設された पाठशाला खोलना 小学校を開く क्षेत्रीय प्रशिक्षण केंद्र खोले जाएँगे 地域の訓練所が開設される (9) いつもの活動を始める；開ける；開く दस बजे दूकान खोलना 10時に店を開ける (10) 作動させる；動いたり機能するようにさせる；つける दुकानदार अपनी दुकान के प्रचार के लिए टेलीविजन खोले रखते हैं 店主は宣伝のためテレビをつけたままにしておく उसने उठकर रेडियो खोला 起き上がってラジオをつけた (11) （内緒のこと，秘密のことなどを）明かす；明らかにする；さらける；打ち明ける मैं भी अपना राज खोल दूँ 私も自分の秘密を明かそう अब तक छिपाये इस भेद को उसने उसपर खोल दिया था それまで秘められていたこの秘密

を彼女に明かした (12)（忌み言葉として）終える；しまいにする；終了する व्रत खोलना ヴラタ（断食行）を終える

खोलिया [名*] のみ（鑿）；彫刻刀

खोली[1] [名*] 物を包んだり被せたり入れたりするためのカバー；ケース；枕カバー

खोली[2] [名*] 小さな部屋；小屋= छोटी कोठरी.

खोवा [名] = खोआ; खोया.

ख़ोशा [名] 《P. خوشه》(1) ブドウなどの房= गुच्छा. अंगूर के ख़ोशे ブドウの房 (2) 麦などの穂= बाली.

ख़ोशाचीं [形] 《P. خوشه چین》落ち穂を拾う；落ち穂拾いをする

ख़ोशाचीनी [名*] 《P. خوشه چینی》(1) 落ち穂拾い (2) 獲得；手に入れること；入手

ख़ोशीदा [形] 《P. خوشیده》乾いた；乾燥した；乾かされた= सूखा हुआ; सुखाया हुआ.

खोह [名*] (1) ほらあな（洞穴） (2) うろ बड़े पेड़ की खोह या दीवाल के किसी छेद में उगा हुआ पीपल का पौधा तुमने देखा होगा 君は大木のうろや建物の壁の裂け目に生えたボダイジュの若木を見たことがあるだろう (3) 深い穴 (4) 谷間；峠 = दर्रा.

खौं [名*] (1) くぼんだところ；窪地；穴 (2) 穀物を貯蔵する穴

खौंचा [名] 《P. خوانچه》= खोनचा.

ख़ौफ़ [名] 《P. خوف》(1) 恐れ；恐怖= भय; डर. (-से) ख़ौफ़ खाना （－に）おびえる；（－を）恐れる वह दुनियावालों से कभी ख़ौफ़ नहीं खाता 世間を決して恐れない人なんだ (2) 不安；懸念；疑念= शंका; संदेह.

ख़ौफ़ज़दगी [名*] 《P. خوف زدگی》恐れること；恐怖すること；おびえること

ख़ौफ़ज़दा [形] 《A.P. خوف زده》おびえた；恐れた；震えあがった तीन बजे रात को बहुत ख़ौफ़ज़दा घर वापस आया 夜中の３時にひどくおびえて家に戻った

ख़ौफ़नाक [形] 《A.P. خوف ناک》(1) 恐ろしい；恐怖におとしいれる；震え上がらせる (2) ものすごい；猛烈な ख़ौफ़नाक धमाके ものすごい爆発 खौफनाक भूत तथा राक्षस 恐ろしい幽霊や鬼 (3) 凶暴な ख़ौफ़नाक जानवर 凶暴な動物

ख़ौफ़नाकी [名*] 《A.P. خوف ناکی》恐ろしさ；恐怖；恐怖感= डरावनापन; भयानकता.

खौर [名] (1)〔ヒ〕ヒンドゥー教徒（シヴァ派）が前額部に白檀の粉を練ったもので横線や三日月形の筋に描く標識 (2) 上記の標識をつけるのに用いられる真鍮製の器具 (3) コウル（女性が額につける貴金属製の装身具）

खौरना [他] (1) 白檀の粉でティラク（तिलक）をつける (2) खौर の標識をつける

खौरहा [形⁺] (1) 頭のはげた (2) 禿頭病にかかった (3)（家畜が）皮癬に罹った

खौरा [名]〔医〕(1) 禿頭病 (2) 家畜の皮癬

खौलना [自] (1) 沸騰する；たぎる；煮えたぎる खौलता हुआ पानी 沸騰している湯；煮えたぎった湯 खौलता दूध 煮えたぎっている牛乳 खौलती हुई चाय की केतली 煮えたぎっているやかん（薬缶） (2)（感情が）激する；沸き立つ；（血が）さわぐ；たぎる बेपढ़ा आदमी जब इन घटनाओं को सुनता है तो उसका ख़ून खौलने लगता है 無学な人がこの種の事件の話を聞くと血がさわぎ始める रगों में ख़ून खौलने लग जाता है 血管の血がたぎり始める

खौलाना [他] (1) 沸かす；たぎらせる；沸騰させる चौड़े मुँह के बर्तन में पानी खौलाएँ 口の広い器に湯を沸かす पानी खौलाना 湯を沸かす (2) 感情を激しくさせる；高ぶらせる；興奮させる

खौहा [形⁺] (1) 大食いの；大食漢の (2) 口いやしい；いやしんぼう；食いしんぼう (3) 寄食する；他人の稼ぎをあてにする

ख्यात [形] 世に知られた；著名な；有名な；高名な= प्रसिद्ध; मशहूर.

ख्यातनाम [形] 著名な；有名な；世に知られた

ख्याति [名*] (1) 高名；著名；有名（なこと） उसने क्रिकेट में बड़ी ख्याति प्राप्त की थी クリケットで大変著名になった आलोचक के रूप में उन्होंने ख्याति अर्जित की है 評論家として高名になられた (2) 名称 = नाम; शीर्षक.

ख्यातिप्राप्त [形] 著名な；高名な；有名な ख्यातिप्राप्त विद्या-विशारद 高名な学者；傑出した学者

ख़्यानत [名*] → ख़ियानत.

ख्यापक [形] (1) 宣明する；明らかにする (2) 認める

ख्यापन [名] (1) 宣明；宣言 (2) 認めること

ख़्याल [名] 《← A. خیال ख़याल》→ ख़याल. प्रजा का ख़्याल रखना 民のことを思う；臣民に配慮する

ख़्याली [形] 《← A. خیالی ख़याली》(1) 空想の；想像上の ख़्याली दुनिया 空想の世界 (2) 気まぐれな；狂気の；異様に熱中した

ख्रिष्टागमन [名]〔キ〕キリスト降誕

ख्रिष्टान [名] 《← Por. Christão》〔古〕キリスト教徒；クリスチャン；キリシタン= ईसाई; क्रिस्तान.

ख्रिष्टीय[1] [形] 《Por.+ H.-ईय》〔古〕(1) キリストの = ईसाई. (2) キリスト教の= ईसाई; ईसाई मत का.

ख्रिष्टीय[2] [名]〔古〕キリスト教徒；クリスチャン；キリシタン

ख्रीष्ट [名] 《Por. Christo》イエスキリスト= ईसामसीह; हज़रत ईसा मसीह.

-ख़्वाँ [名・造語] 《P. خوان》→ ख़्वान[2]. ग़ज़लख़्वाँ ガザルを詠む人

ख़्वाँदा [形] 《P. خوانده》(1) 読まれた (2) 教育を受けた (3) 招かれた；呼ばれた

ख़्वाजा [名] 《← P. خواجه》→ खोजा. ख़्वाजा साहब की मजार ハージャー（フワージャー）の墓

ख़्वान[1] [名] 《P. خوان》盆；食べものを盛る金属製の盆

ख़्वान[2] [名・造語] 《P. خوان》(1) 読むこと；誦すること (2) 詠むこと；歌うこと；朗詠すること (3)（－を）読む（人）などの意を加える造語要素 (4)（－を）語る，詠む，歌う（人）などの意を加える造語要素= ख़्वाँ.

ख़्वानचा [名] 《P. خوانچه》→ खोनचा.

ख़्वानपोश [名] 《P. خوان پوش》盆に被せる布

ख़्वाब [名] 《P. خواب》= ख़ाब. (1) 夢 = स्वप्न. ख़्वाब देखना 夢を見る तुमने बड़ा अच्छा ख़्वाब देखा है 君はとても良い夢を見たのだよ (2) 眠ること；眠り = नींद. (3) うたた寝 (-का) ख़्वाब पूरा क。（－の）夢を果たす；夢を叶える वालिदैन के ख़्वाबों को पूरा क。親の夢を叶える क्या तुम चाचा नेहरू के ख़्वाब पूरे करोगे? 君はネルーおじさんの夢を叶えるかね ख़्वाब में भी नहीं 決してない；断じてない；夢にもありえない

ख़्वाबगाह [名*] 《P. خواب گاه》寝室；寝所= शयनागार.

ख़्वाम-ख़्वाह [副] → ख़्वाहमख़्वाह; ख़्वाह-म-ख़्वाह.

ख़्वार [形] 《P. خوار》(1) 辱められた；侮辱された (2) 悲惨な；みじめな (3) 台無しになった；めちゃくちゃになった

ख़्वारी [名*] 《P. خواری》(1) 侮辱；恥辱 (2) 悲惨さ；窮状；破滅

ख़्वास्त [名*] 《P. خواست》望み；願い；欲求= इच्छा; चाह.

ख़्वास्तगार [形] 《P. خواست گار》（－を）望む；願う；欲する= इच्छुक; चाहनेवाला.

ख़्वास्तगारी [名*] 《P. خواست گاری》願い；願望；欲求

ख़्वास्तगी [名*] 《P. خواستگی》望み；願い；欲求= इच्छा; चाह.

ख़्वास्ता [形] 《P. خواسته》望まれた；求められた= चाहा हुआ; माँगा हुआ.

ख़्वाह [接] 《P. خواه》(1) あるいは；それとも (2) たとえ；仮に देहात के मकान ख़्वाह किसी किस्म के हों 田舎の家はたとえどのような種類のものにせよ जहाँ उन्होंने कोई अच्छी चीज़ देखी खाने बैठ गए ख़्वाह पेट भरा हुआ हो たとえ満腹であろうとうまい物を見つけたら食べにかかるのだった ख़्वाह जीत हो या हार 勝つにせよ負けるにせよ ख़्वाह वह कालीनबाफ़ हो, शालबाफ़, बढ़ई हो या सुनार 仮にその人が絨毯職人であれショール織りの職人であれ大工であれ金細工師であれ

-ख़्वाह [造語] 《P. خواه》(1)（－を）願う，望むなどの意を有する合成語の構成要素 ख़ैरख़्वाह 人の幸せを願う (2)（－を）好く，好むなどの意を有する合成語の構成要素

ख़्वाहमख़्वाह [副] 《P. خواه مخواه》= ख़्वाह-म-ख़्वाह. (1) しゃにむに；否応なしに तो फिर मैं यों ही ख़्वाहमख़्वाह क्यों मर रहा हूँ それじゃ私がわけもなくしゃにむに死ぬほどの思いをしているのはなぜなのだ (2) きっと；必ずや；間違いなく कोई सुन लेगा तो ख़्वाह-म ख़्वाह झगड़ा करेगा だれかが聞けばきっと喧嘩をする

ख़्वाहाँ [形] 《P. خواهان》願う；望む；欲する；求める= इच्छुक; माँगनेवाला.

ख़्वाहिश [名*] 《P. خواهش》願い；願望；望み= ख़ाहिश; इच्छा.

ख़्वाहिशमंद [形] 《P. خواہش مند》望む；願う；欲する= ख़ाहिशमंद. यह कान पटाखों की आवाज़ को सुनने के ख़्वाहिशमंद नहीं 爆竹の音を聞きたくない

-ख़्वाही [造語] (ーを) 希望すること，望むこと，願うことなどの意を有する合成語の構成要素→ ख़ैरख़्वाही. → ख़्वाह.

ग

गंग[1] 〔人名〕ガング (16〜17 世紀のブラジ・バーシャー及びヒンディー語の詩人．ムガル朝のアクバルの宮廷に仕えたと伝えられる)

गंग[2] [名*] ガンガー (ガンジス川) = गंगा नदी; गंगा जी.

गंगई [名*]〔鳥〕ムクドリ科ハッカチョウ属【*Acridotheres ginginiamis*】= चही; गंगा सारिका; दरिया मैना.

गंगटिटी[名*]〔鳥〕チドリ科クロカタトサカゲリ【*vanellus duvacelli*】

गंग तिरिया [名*] 〔植〕ツユクサ科雑草【*Commelina salicifolia*】= जल पीपल; जल पिप्पली.

गंगधर [名] シヴァ神の異名の一= शंकर; महादेव.

गंग बरार [名] 川の堆積土

गंगरा [名*]〔鳥〕シジュウカラ科及びエナガ科の鳥 **काली गंगरा** カンムリシジュウカラ【*Parus melanolophus*】 **पीली गंगरा** キホウカンムリガラ【*Parus xanthogenys*】 **राम गंगरा** シジュウカラ【*Parus major*】 **ललसिरी गंगरा** ズアカエナガ【*Aegithalos concinnus*】 **हरी गंगरा** キバラシジュウカラ【*Parus monticolus*】

गँगरी [名*] ワタ (綿の木) の一品種 (ジェート月に収穫される) = जेठी.

गंगशिकस्त [名] 《H. गंग+ P.شکست》川の流れが削り取った所；川の浸食地

गंगांबु [名] (1) ガンジス川の水 = गंगाजल. (2) 聖水 = पवित्र जल. (3) 雨水

गंगा [名*] (1) その流域に多数の聖地のあるヒンドゥー教徒にとっての聖なる川ガンガー (ガンジス川)．その水は聖水として崇められ儀礼に用いられる (2)〔ヒ〕ガンガー女神 (神格化されたガンジス川) गंगा का मैदान ガンジス平原 गंगा जी ガンガージー (ガンジス川の尊称) वह गंगा जी में ख़ूब नहाई थी ガンジス川で存分に沐浴した **गंगा उठाना** ガンジス川の水を手にして誓う；ガンジス川に誓う；神かけて誓う **गंगा जमुना में जब तक जल रहे** いつまでも；いついつまでも；とこしえに；永遠に；未来永劫に **गंगा तुलसी दे॰** 〔ヒ〕臨終の人の口にガンジスの聖水とカミメボウキの葉を含ませること **गंगा-दुहाई** ガンジス川に誓って **गंगा नहाना** *a.*〔ヒ〕ガンジス川で沐浴する दादी उसे एक बार गंगा नहलाने ले गई थी 祖母がその子を一度ガンジス川での沐浴に連れて行った *b.*〔ヒ〕火葬を済ませた後で清めのために沐浴する *c.* 難しい仕事をやりとげる；困難な仕事を完成させる **गंगा पार उतारना** 窮地や困難から救い出す；救出する **गंगा पार कर दे॰** *a.* 国外へ追放する；所払いにする *b.* 窮地や困難から救い出す (-की) **गंगा बहना** (ーが) 満ちあふれる (豊かさや多さを象徴する表現) आप के पास धन की गंगा बह रही है あなたのお手元には富が満ちあふれている **गंगा मइया/ गंगा मैया** ヒンドゥーのガンジス川に対する尊称で母なるガンジスの意 शीलू उठ चल, गंगा मइया बुला रही है シーラー起きなさい．さあ行こう，ガンガーがお呼びだよ **गंगा मइया की जय** 「ガンガーに勝利あれ」ガンジス川をヒンドゥーが称える言葉 वह बोली, 'गंगा मइया की जय' 「ガンガーに勝利を」と唱えた

गंगागति [名*] (1)〔ヒ〕死；死去；逝去 (2)〔ヒ〕解脱

गंगाघाटी [名*] ガンジス川流域

गंगाजमुनी [形] (1) 2 種のものが混じった (色や金属などについて) (2) 白と黒との (3) 斑な

गंगाजल [名] ガンジスの水；ガンジス川の聖水 पवित्र गंगाजल 神聖なガンジスの水 **गंगाजल उठाना** ガンジス川の水を手に取る，すなわち，ガンジス川の聖水を手に誓って言う **गंगाजल छिड़कना** 〔ヒ〕清めのためにガンジスの聖水をふりかける **गंगाजल ले॰** 誓いを立てるためにガンジス川の聖水を手に取る；神かけて誓う

ग

मैं गंगाजल लेकर शपथ खा सकता हूँ 私は神かけて誓うことができる गंगाजल का तिरस्कार मुझसे नहीं हो सकेगा ガンジス川の聖水に誓ったことを反故にすることは私にはできない

गंगाजली [名*] ガンガージャリー，すなわち，ガンジス川の聖水を遠方に持ち運ぶための容器（ガラスびんや壷など） **गंगाजली उठाना** ガンジス川の聖水の入った容器を手に取る；ガンジス川に誓って言う；神に誓う；神かけて誓う

गंगातट [名] ガンジス川の岸辺

गंगादह [名] ＝ गंगाजली.

गंगाद्वार 〔地名〕ガンジス川の上流，ウッタラーンチャル・プラデーシュ州に位置する聖地ハリドゥワール（हरिद्वार），もしくは，ハルドゥワール（हरद्वार）の別名

गंगाधर [名] (1) シヴァ神の異名の一，ガンガーダラ (2) 海

गंगानहान [名]〔ヒ〕(1) ガンジス川のほとりの聖地で行われる沐浴 (2) ガンジス川の聖地で催される沐浴を主たる行事とする祭礼とその縁日

गंगापथ [名] 空＝ आकाश.

गंगापार [名] ガンジス川の対岸

गंगापुत्र [名]〔ヒ〕ガンガープットラ（聖なる川や聖地で巡礼者たちから布施を受けるのを生業とするバラモンやバラモン・カースト）

गंगापूजा [名*]〔ヒ〕結婚式や挙式後，新郎新婦が近隣の川や池，湖などに出向いて礼拝する儀礼

गंगा मैना [名*]〔鳥〕ムクドリ科ズグロコムクドリ【*Sturnus pagodarum*】

गंगायात्रा [名*]〔ヒ〕(1) 死の間近い人を解脱を願ってガンジス川など聖なる川や池，湖のほとりに連れて行くこと (2) 死；死去；逝去＝ मृत्यु; मौत.

गंगा राम [名] オウムに呼びかける言葉；オウムの愛称

गंगाल [名] ガンガール（貯水用の金属製の大きな容器） गंगाल में तो बरसाती पानी है ガンガールには雨水が入っている

गंगालाभ [名] (1)〔ヒ〕ガンジス川のほとりで死を迎えること（解脱を願うヒンドゥーにとっての願わしい死に方） **गंगालाभ क॰** 息をひきとる；死ぬ；逝去する＝ गंगा लाभ हो॰. (2) 死；死去；逝去 हमारे नाना का गंगालाभ हो गया 母方の祖父が逝去した

गंगावतरण [名]〔イ神〕バギーラタ王 भगीरथ の苦行の結果ガンジス川が天界から地上へ降下したこと

गंगावतार [名] ＝ गंगावतरण.

गंगासागर [名] (1)〔地名〕ガンガーサーガル（ガンジス川のベンガル湾に注ぐ河口にある島でヒンドゥー教の聖地）；ガンガーサーガル (2) 厚手の捺染の女性用のドーティー（15m ほどある）；サリー (3) 長い注ぎ口のついた水差し

गंगास्नान [名] ガンジス川での沐浴 गंगास्नान करने हरद्वार आते हैं ガンジスでの沐浴にハルドワールにやって来る

गंगेरन [名*]〔植〕アオイ科低木キンゴジカの一種【*Sida spinosa*】〈prickly sida〉＝ गुलशकरी.

गंगोतरी 〔地名〕ガンゴートリー／ガンゴーットリー峰（西部ヒマラヤ山中のガンジス川の源流ガンゴートリー氷河のあるヒンドゥーの聖地．標高 6672m）＝ गंगोत्तरी.

गंगोदक [名] ガンジス川の水；ガンジス川の聖水

गंगोदक सवैया [名]〔韻〕ガンゴーダク・サワイヤー（各パーダが 8 रगण の 24 音節から成る音節韻律）

गंगोल [名] ＝ गोमेदक.

गंज[1] [名] (1) はげ頭（禿げ頭） (2)〔医〕禿頭病 (3) 頭にできる湿疹

गंज[2] [名] 《P.گنج》(1) 倉；蔵；貯蔵所 (2) 宝庫 (3) 穀物倉；穀物貯蔵所 (4) 穀物市場 (5) 市場；商店街 (6) 積み重ねたもの；積み上げられたもの；山；堆積

गंज[3] [名*] ＝ गोंज.

गंजगोला [名]〔軍〕榴弾

गंजचाक़ू [名] 《H.+ P.چاقو》万能ナイフ

गंजन [名] (1) 軽蔑；侮蔑；侮辱 (2) 苦痛；苦しみ (3) 破壊 (4) 打破；打倒

गँजना[1] [他] (1) 軽蔑する；侮蔑する；侮辱する (2) 破壊する (3) 打倒する；打ち勝つ；打ち負かす

गँजना[2] [自] 堆くなる；山積みになる；積み重なる

गंजनी [名*]〔植〕イネ科草本コウスイガヤ【*Cymbopogon nardus*】〈Citronella grass〉

गंजफ़ा [名] ＝ गंजीफ़ा.

गंजबख़्श [形] 《P.گنج بخش》大変気前のよい；惜しみなく与える

गंजा[1] [形+・名] (1) 頭のはげた（人） (2) 禿頭病の（人） **ईश्वर गंजों को नाख़ून नहीं देता** 〔諺〕神は悪人に悪事をなす手立てをお授けにならぬもの **गंजी सत्ती ऊत पुजारी** 〔諺〕だれにもふさわしい相方があるものだ **गंजे के नाख़ून नहीं होते** 〔諺〕悪党はあまり権力や力を持ち得ないもの，それが摂理というもの **गंजे को ख़ुदा नाख़ून न दे** 〔諺〕神よその器量を持たぬ者に力を与え給うな

गंजा[2] [名]〔医〕禿頭病

गंजा[3] [名*] (1) 草葺きの小屋 ＝ पर्णकुटी. (2) 酒屋；飲み屋；居酒屋＝ मदिरालय; शराबख़ाना. (3) 杯；酒杯；盃

गँजाना [他・使] ← गाँजना. 積ませる；積み上げさせる；堆く積ませる

गंजापन [名] ← गंजा[1]. 頭がはげること और न ही इससे गंजेपन का ही कोई ख़तरा होता है それにまたこれで頭がはげる危険は全くない

गंजित [形] (1) 侮られた；軽蔑された (2) 苦しんでいる；悲しんでいる

गँजिया [名*] (1) 札入れ；財布 (2) 刈った草を束ねて入れるためのネット (3) 麻袋

गंजी[1] [名*] 堆；堆積；積み重なったもの；積まれたもの

गंजी[2] [名*] ＝ बनियान. ランニングシャツや半袖のアンダーシャツ

गंजीफ़ा [名] 《P.گنجیفہ गंजीफ़ा》(1) ガンジーファー（8 色 12 種合計 96 枚の円形カードを用いて 3 人で行う一種のトランプ遊び） (2) ガンジーファーのカード＝ गंजीफ़ा पत्ते. (3) トランプ遊び (4) トランプのカード

गंजेड़ी [形] 大麻（ガーンジャー）吸飲の常習者 → गाँजा.

गंटम [名] 貝葉に文字を書くのに用いられてきた鉄筆

गँठकटा [名] すり（掏摸）；巾着切り→ जेबकट; जेबकतरा.

गँठछोरा [名] かっぱらい（人）；ひったくり（人）＝ उचक्का.

गँठजोड़ [名] ＝ गठजोड़; गठबंधन/गठबंधन.

गँठबंधन [名] (1)〔ヒ〕結婚式の挙式の際，新郎のドゥパッターの端と新婦のチャーダルの端とを結び合わせる儀礼 (2) 挙式；結婚式 (3)〔ヒ〕宗教儀礼の際，夫婦の衣服の裾を結び合わせること (4) 結託；密約 (5) 同盟；協定 (6) 堅い結びつき；連帯

गँठिवन [名] ＝ गठिवन.

गंड[1] [名] (1) 頬 (2) こめかみ (3) 首に着用するお守りの黒い紐 (4) できもの (5) しるし (6) 結び目 (7)〔動〕サイ (8)〔占星〕インドの二十七宿による占いで月の位置が特定の行為に不吉とされる時間．特に第 1 宿アシュヴィニー अश्विनी, 第 10 宿マガー मघा 及び第 19 宿ムーラ मूल の初めの 3 ダンダ दंड（72 分）と第 18 宿ジェーシュター ज्येष्ठा, 第 19 宿アーシュレーシャー आश्लेषा 及び第 27 宿レーヴァティー रेवती の終わりの 5 ダンダ（120 分）のこと．これらの時間に生まれた息子は親にとって甚だ不吉な存在とされる

गंड[2] [形] 特に大きな；特大の；巨大な

गंडक [名] (1) 首につけるお守りのひも＝ गंडा. (2) 結び目 ＝ गाँठ. (3)〔医〕るいれき（瘰癧） (4)〔動〕サイ ＝ गैंडा.

गंडकी [名*] (1)〔動〕（雌の）サイ (2) ガンダキー川（ネパールとチベットの境の山地に源流を発する幾つかの川が合流してできた川でウッタル・プラデーシュとビハールの州境を流れパトナー市の北でガンジス川に合流するガンジス川の支流）

गंडदार [名] 《गंड + P.دار》象使い＝ महावत; फ़ीलवान.

गंडदूर्वा [名*] (1)〔植〕イネ科草本ベチベルソウ；ビーナラ【*Andropogon muricatus / Vetiveria zizanioides*】＝ गाँडर. (2)〔植〕イネ科草本ギョウギシバ【*Cynodon dactylon*】

गंडमंडल [名] こめかみ＝ कनपटी.

गंडमालक [名]〔医〕るいれき（瘰癧）

गंडमाला [名*] ＝ गंडमालक.

गंडमाली [形]〔医〕るいれき（瘰癧）に罹っている；瘰癧患者

गंडमूल [名]〔占星〕ガンダムーラ（星占いでジェーシュター，アーシュレーシャー，レーヴァティーの終わりの 5 ダンダ，すなわち，120 分及びムーラ，マガー，アシュヴィニーの最初の 3 ダンダの 72 分の時間 गंडमूल नक्षत्रों में संतानोत्पत्ति अशुभ मानी जाती है

（インドの星占いでは）ガンダムーラに生まれた人は不吉の運を持つものとされる
गँड़रा [名]〔植〕イネ科草本ベチベルソウ【*Vetiveria zizanioides / Andropogon muricatus*】その根から香水（カス खस）が抽出される= खसखस; सुगंधिमूल; गँड़ारी.
गँड़सल [形] = गाँडू.
गंडस्थल [名] こめかみ= कनपटी.
गंडा[1] [名] (1) 結び目 (2) 首や手首に巻くお守りのひも (3)（動物の）首輪 (-से) **गंडा बँधवाना** （ーの）弟子になる；（ーに）弟子入りする (-को) **गंडा बाँधना** （ーを）弟子にする
गंडा[2] [名] 4つをひとまとめにする計算の単位
गंडा[3] [名] (1) 横線；横縞（の模様）= आड़ी धारी. (2) 鳥の首のあたりに見られる横縞の模様
गंडा-तावीज़ [名] 《H.+ A.تعویذ तावीज़》お守り；護符 इस गलत धारणा के कारण ये लोग झाड़-फूँक करनेवाले सियानों या गंडे-तावीज़ देनेवालों के चक्कर में पड़कर この誤った考えのためにこれらの人たちはお祓いをする祈祷師やお守りを授けるいかさま師たちの罠にはまって **गंडा-तावीज़ क॰** 魔除けをする；悪霊祓いをする；まじないをする **गंडा-तावीज़ करवाना** 魔除けをしてもらう；悪霊祓いをしてもらう वह डाक्टरों के पास भी गई, गंडा-तावीज़ भी करवाया 医者のところへも行き悪霊祓いもしてもらった **गंडा-तावीज़ धारण क॰** お守りを身につける
गँड़ासा [名] 鉈；斧；チョッパー
गंडास्थि [名*]〔解〕頬骨
गंडि [名*] (1) 木の幹（तना） (2)〔医〕甲状腺腫 = घेघा.
गंडीर [名]〔植〕ツルムラサキ科蔓草ツルムラサキ【*Basella alba*】= पोई.
गंडु [名] (1) 結び目 (2) 結節；節 (3) 骨
गंडू [形] = गाँडू.
गंडूक [名] = गडूष.
गंडूल [形] (1) 結び目のある；節のある (2) 曲がった；曲がりくねった
गंडूष [名] (1) 象の鼻の先端 (2) 掌のくぼ (3) 口すすぎ
गंड़ेरी [名*] (1) サトウキビを短く切ったもの (2) 細長い切片
गंडोपधान [名] 枕= तकिया.
गंडोरा [名] 未熟のナツメヤシの実
गंडोल [名] (1) 粗糖 (2) 黒砂糖 (3) サトウキビ (4)（食物の）一口分
गंतरा [名] おしめ；むつき= पोतड़ा.
गंतव्य[1] [形] (1) 行くべき (2) 行く予定の (3) 到達できる
गंतव्य[2] [名] 目的地；目標 अपने गंतव्य पर पहुँचकर शांति प्राप्त कर रही है 目的地に到着してほっとしているところ जब गंतव्य आ गया तो 目的地に着くと गंतव्य से कोई पाँच मील पहले ही 目標の約5マイル手前に
गंता [名・造語] 行く（者）；進む（者）
गंतु [形・名] (1) 行く；進む (2) 旅人；旅行者 (3) 道；道路
गंत्री [名*] (1) 車 (2) 牛車 (3) 馬車
गंद [名*] 《P.گند》(1) 悪臭= बदबू; दुर्गंध. (2) 汚れ；不潔 (3) 不浄 (4) 欠陥 **गंद बकना** ののしる；汚らしい言葉遣いをする
गंदगी [名*] 《P.گندگی》(1) 不潔なこと；汚れ；汚れていること；汚いこと；腐敗 अस्पताल की गंदगी 病院の汚さ राजनीतिक गंदगी की सड़ाँध 政治腐敗の悪臭 (2) 汚いもの；廃棄物 मक्खियाँ पैर में गंदगी लगाकर आती हैं ハエは足に汚いものをつけてやって来る एक घर की गंदगी 家一軒から出るごみ कारखानों की गंदगियों से भी नदी का पानी गंदा होता रहता है 工場の廃棄物でも川の水はいつも汚染されている (3) 汚物；糞便；ごみ (4) 下品なこと；品のないこと；いやらしいこと (5) 不浄なこと；穢れていること **गंदगी उछालना** 人の悪口を言う；非難する
गंददहन [形] = गंदादहन.
गंदबगल [形] = गंदाबगल.
गंदबगली [名*] = गंदाबगली.
गंदना [名]〔植〕ユリ科の野菜リーキ【*Allium porrum*】
गंदम[1] [名]〔鳥〕ホオジロ科ズグロチャキンチョウ【*Emberiza melanocephala*】
गंदम[2] [名] 《P.گندم गंदुम》〔植〕イネ科コムギ（小麦）= गेहूँ; गोधूम.
गंदमगंदा [形+] 《← P.گندہ گندہ गंदा गंदा》非常に汚い；甚だ汚い
गँदला [形+] (1) 濁った गँदला पानी 濁り水；濁水 बरसाती गँदला पानी 雨季の濁り水 (2) 濁りのある；濁った；汚れた；透明でない उस गँदले आसमान के नीचे あの濁った空の下
गँदलापन [名] ← गँदला. (1) 濁り (2) 汚れ इससे गँदलापन दूर होता है これで汚れがとれる
गंदा [形+] 《P.گندہ》(1) 汚れた；汚れている；不潔な；汚い फ्राक गंदा क॰ ワンピースを汚す गंदी चीज़ 汚い物 गंदी हवा में साँस ले॰ 汚い空気の中で息をする；汚い空気を吸う उसके दाँत गंदे रहते हैं あの子はいつも歯が汚い गंदी सराय 不潔な旅籠 गंदा क॰ 汚す；汚くする अपने गंदे किए कपड़े 自分の汚した服 गंदा हो॰ 汚くなる；汚れる खिड़कियाँ बंद रखने से हवा गंदी हो जाती है 窓を閉めたままにしておくと空気が汚れる (2) いやらしい；下品な；汚らしい गंदे ढंग से बातें करता है いやらしい様子で口をきく ख़ूब गंदी-गंदी गालियाँ देता था とても汚らしいののしりの言葉を浴びせていた (3) 汚い；卑怯な；自己中心的な गंदी राजनीति 汚い政治 (4) 悪い；よくない；好ましくない यह एक गंदी आदत है これは悪い癖です माताओं की गलतियों से ही बच्चों में गंदी आदतों का सूत्रपात होता है 母親の過ちのために子供たちに悪い癖がつくようになる **गंदी बातें** 悪いこと；悪さ स्कूलों में न तो पढ़ाई अच्छी होती है - दूसरे गंदी बातें सीखते हैं 学校の教育もよくないしそれに悪いことも覚える (5) むさくるしい；汚らしい **गंदा-सड़ा** 汚れくさった नहीं तो रहो इन गंदे-सड़े कपड़ों में それじゃこの汚れくさった服のままでいなさい
गंदा दहन [形] 《P.گندہ دہن》(1) 口の臭い (2) 悪口を言う；ののしる
गंदा दहनी [名*] 《P.گندہ دہنی》(1) 口の臭いこと (2) 悪口を言う癖
गंदा पानी [名] (1) 汚水 गंदे पानी को शहर या गाँव से बाहर ले जाने के लिए नालियों की ज़रूरत होती है 汚水を町や村の外に出すために下水道が必要となる (2) 酒 (3) 陰水；精液 (4) 経血
गंदा फ़ीरोज़ा [名] 《P.گندہ فیروزہ》(1) 乳香（カンラン科ニュウコウ属の木，ニュウコウジュから採れる芳香の樹脂）〈Frankincense / Olibanum〉 (2) 松やに
गंदाबगल [形] 《P.گندہ بغل》わきが（腋臭）の；腋臭のある
गंदाबगली [名*] 《P.گندہ بغلی》わきが（腋臭）
गंदाबिरोज़ा [名] 《P.گندہ بیروزہ गंदाबीरोज़ा》= गंदाफ़ीरोज़ा.
गंदी बस्ती [名*] スラム
गंदुम [名] 《P.گندم》(1)〔植〕イネ科コムギ（小麦） (2) その実 = गंदम; गोधूम; गेहूँ.
गंदुमी [形] 《P.گندمی》(1) 小麦色の = गेहुँआँ; गेहुआँ; गंदुमी रंग का. (2) 小麦でこしらえた；小麦粉を用いた
गंदोलना [他] ← गंदा. 汚す；にごらせる（濁らせる）
गंध [名*] (1) におい（匂い；臭い） मछलियाँ तलने की गंध 魚を揚げる匂い आदमी की गंध 男の匂い (2) かおり（香り；薫り）；いい匂い= सुगंध. (3) 香水や芳香のために身体に塗布するもの (4) 気配 (5) かけら；ほんの少量 यह उसका विशुद्ध प्रेम था.उसमें स्वार्थ की गंध भी न थी 純粋な愛情に出たもので，私利私欲のかけらすらなかった (-की) **गंध आ॰** （ーの）気配がする；感じがする；（ーが）臭う= गंध खिलना; गंध मिलना. (-की) **गंध न सुहाना** （ーが）全く嫌いな；（ーを）見るのもいやな感じがする
गंधक [名*]〔化〕いおう（硫黄） = सल्फ़र. गंधक यौगिक 硫黄化合物 **गंधक का तेज़ाब** 〔化〕硫酸= सल्फ़्यूरिक अम्ल; सल्फ़्यूरिक ऐसिड; गंधक अम्ल.
गंधक अम्ल [名]〔化〕硫酸= गंधकाम्ल; सल्फ़्यूरिक अम्ल.
गंधक पीत [名] 硫黄色；黄緑色〈sulphur yellow〉
गंधक पुष्प [名]〔化〕硫黄華〈flowers of sulphur〉
गंधकारिता [名*] 香水製造
गंधकाश्म [名] 硫黄（のかたまり）
गंधकाष्ठ [名] (1) 沈香；伽羅 = अगरु. (2) 白檀
गंधकी[1] [形] (1) 硫黄の色をした；薄黄色の (2) 硫黄から製造された
गंधकी[2] [名] 硫黄の色
गंधकुसुमा [名*] = गनियारी.
गंधकेरिका [名*] = कस्तूरी.
गंधखद [名] = गंधतृण. = गंधखेदक.

गंधजल [名] 香料を入れた水
गंधजात [名] ＝तेज पत्ता.
गंधतृण [名]〔植〕イネ科草本レモングラス【*Cymbopogon citratus*】＝अगिनघास.
गंधतैल [名] 芳香油
गंधदायी [形] 匂い（臭い）のする गंधदायी पदार्थ 匂い（臭い）のする物質
गंधदारु [名] 沈香＝अगर.
गंधद्रव्य [名] 香料
गंधधारी [形] (1) 芳香のする (2) 芳香のするものをつけた
गंधनाड़ी [名*] 鼻＝नासिका; नाक.
गंधनाल [名] (1) 鼻 (2) 鼻の穴
गंधप [名]〔イ神〕一群の祖霊 एक पितृवर्ग
गंधपत्रा [名*] ＝कपूरकचरी.
गंधपत्री [名*] ＝अजवायन.
गंधपाषाण [名] 硫黄＝गंधक. 〈brimstone〉
गंधपुष्प [名] (1) 芳香のある花 (2) ＝केवडा. (3) ＝गनियारी.
गंधफल [名] ＝कपित्थ.
गंधफ़िरोज़ा [名] → गंधाफ़िरोज़ा.
गंधबबूल [名] ＝कीकर.〔植〕マメ科アカシア属アカシアゴムモドキ【*Acacia milotica; A. arabica; A. a.var. indica*】〈babul; black babool; Indian gum arabic tree〉
गंधबिरोज़ा [名] → गंधाफ़िरोज़ा; गंधाबिरोज़ा.
गंधबिलाई [名*] ＝गंधबिलाव; मुश्कबिलाव.〔動〕ジャコウネコ科インドジャコウネコ
गंधबेन [名]〔植〕イネ科草本【*Cymbopogon martini; Andropogon martini*】〈Rusa grass; Rosha grass〉
गंधमादन [名] (1)〔イ神〕インド神話上の山の名ガンダマーダナ山（その森はイラーヴリタ इलावृत とバッドラーシュヴァ भद्राश्व の間に位置するとされ芳香に満ちる） (2)〔イ神〕同上の森 (3)〔ラマ〕ガンダマーダナ（ラーマに味方した猿軍の将） (4) ガンジス川源流近くのお花畑
गंधमार्जार [名]〔動〕ジャコウネコ科ジャコウネコ＝गंधबिलाई.
गंधमूषिका [名*]〔動〕ジャコウトガリネズミ＝छछूंदर.
गंधमृग [名]〔動〕シカ科ジャコウジカ（麝香鹿）＝कस्तूरी मृग.
गंधरस [名] (1)〔植〕カンラン科インドデリアムノキ＝गुग्गुल. (2)〔植〕クマツヅラ科チーク＝सुगंधसार; सागौन; शालवृक्ष.
गंधराज [名] (1)〔植〕アカネ科低木コリンクチナシ【*Gardenia jasminoides*】〈Cape jasmine〉 (2)〔植〕ビャクダン＝चंदन.
गंधराल [名] ロジン〈rosin〉
गंधर्व [名] (1)〔イ神〕ガンダルヴァ（空中や水中に住むされる半神的存在. 天界で歌舞に関わる仕事をするものとされる） (2)〔仏〕八部衆の一であるけんだっぱじん（乾闥婆神） (3) 娘に歌舞の芸をさせたと伝えられるる一つのカーストの名称，ガンダルヴァ
गंधर्वविद्या [名*] 音楽＝संगीत शास्त्र; गंधर्व वेद.
गंधर्व विवाह [名]〔ヒ〕ガンダルヴァ婚（古代バラモン教徒の８種の結婚様式の一で男女双方の意志によってなされるもの，恋愛結婚）＝गांधर्व विवाह.
गंधर्विन [名*] ガンダルヴァの女＝गंधर्वी.
गंधलता [名*] ＝प्रियंगु.
गंधवह[1] [形] (1) 匂いを運ぶ (2) よい匂いのする；かぐわしい
गंधवह[2] [名] 風；空気
गंधसफ़ेदा [名] (1)〔植〕フトモモ科ユーカリ【*Eucalyptus*】 (2) ユーカリ油〈essential oil of Eucalyptus〉
गंधहर [名] 脱臭剤＝प्राकृतिक गंधहर 'क्लोरोफ़िल' मिला हुआ है. 天然脱臭剤のクロロフィル入り
गंधहरण [名] 脱臭〈deodorisation〉
गंधहारक [名] 除臭剤〈deodoriser〉
गंधहीन [形] 無臭の；臭いのしない
गँधाना[1] [自] (1) 臭いがする；臭う；臭いが出る (2) 悪臭がする；いやな臭いがする
गँधाना[2] [他] 臭わせる
गंधाफ़िरोज़ा [名]《H.+ P.فیروزه》(1) 乳香（樹脂） (2)〔化〕テルペンチン＝गंधफ़िरोज़ा; गंधबिरोज़ा; गंधाबिरोज़ा.

गंधार 〔地名・イ史〕ガンダーラ（現今のパキスタン北西部のペシャーワル地方を中心にした古代国家とその周辺及びアフガニスタン東部をも含む地域）＝गांधार. ガーンダーラ
गंधालु [形] よい匂いのする；芳香のする＝सुगंधित.
गंधाष्टक [名]〔ヒ〕プージャーの際に供えられたり護符を描くのに用いられる８種の香料を混合したもの（祀られる神によって８種の組み合わせが異なる. 主な材料は栴檀，伽羅，樟脳，サフラン，甘松など）
गंधिया [名] (1)〔昆〕カメムシ科クサガメ；カメムシ (2)〔昆〕ウンカ科の虫の総称
गँधियाना [自] 臭う；いやな臭いがする；臭い
गंधी [名] 香水製造・販売人；ガンディー＝अत्तार.
गंधेल [名]〔植〕ミカン科低木ナンヨウサンショウ；カリパッター【*Murraya koenigi*】〈curry leaf tree〉＝मीठा नीम; करीपत्ता; कठनीम.
गंधोदक [名] 香水
गंभारी [名*]〔植〕クマツヅラ科高木キダチヨウラク【*Gmelina arborea*】＝काश्मरी; भद्रा.
गंभीर [形] (1) 慎重な；重厚な；真剣な वृद्ध गंभीर और अनुभवी थे 老人は慎重で且つ経験豊かであった (2) 重大な गंभीर बात 重大事 गंभीर विषयों में 重大な事柄について गुप्तकालीन सभ्यता का गंभीर दोष グプタ朝文明の重大な欠陥 गंभीर भेद 重大な秘密 भ्रष्टाचार के गंभीर आरोप 汚職という重大な嫌疑 (3) 深刻な；憂慮すべき विशेषकर हिंदू समाज की गंभीर समस्या 特にヒンドゥー社会にとって深刻な問題 पंजाब में हालात सचमुच बहुत गंभीर है パンジャーブの事態は実に深刻である (4) 厳しい；きつい；厳格な गंभीर मुद्रा में खड़ा 厳しい表情で立っている "कैसी बात करते हो, कृष्ण?" शंकर गंभीर हो उठा 「何ということを言うんだ，クリシュナ」シャンカルはきっとなった (5) おごそかな；重々しい；荘厳な；荘重な उसने गंभीर स्वर में पूछा おごそかな声でたずねた (6)（症状などが）重い；重態の；重体の；容易ではない पाँच लोगों की हालत गंभीर बताई जाती है 5 人が重体と伝えられている गंभीर ज़ख़्म 重いけが；重傷 गंभीर ज़ख़्मों का प्राथमिक उपचार 重い傷の応急手当 **गंभीर रोगी** 重病人 **गंभीर चोट** *a.* 重い傷 *b.* 痛手；大打撃；深手 (7) 根元的な；深いところから出る गंभीर परिवर्तन 根元的な変化 (8) 深い；深々とした मेरे मुँह से एक गंभीर दुर्बल साँस निकलकर रह गई 深く弱々しい溜息が出たきりになった **गंभीर रूप से** 深く；深刻に；ひどく गंभीर रूप से अस्वस्थ हो गई 体調がひどく悪くなった
गंभीरता [名*] ←गंभीर. (1) 慎重さ；真剣さ (2) 重大さ (3) 深刻さ；重さ ज़ख़्म की गंभीरता 傷の重さ वस्तुस्थिति की गंभीरता 事態の深刻さ (4) 厳しさ；厳格さ (5) 重々しさ；荘厳さ；荘重さ (6) 深さ
गंभीरतापूर्वक [副] (1) 慎重に इस ओर गंभीरतापूर्वक विचार करे これについては慎重に考えるべし गंभीरतापूर्वक विचार करने का एक प्रमुख प्रश्न 慎重に考察すべき主要な問題 (2) 厳しく；厳格に (3) おごそかに；重々しく；荘厳に उसने गंभीरतापूर्वक धीरे से कहा おごそかに低い声で言った
गँवई[1] [名*] (1) 小さな村；小村 (2) 村；いなか（田舎） शहर हो तो कुछ किराया ही आए, पर गँवई में तो कोई सेंत में रहनेवाला भी नहीं 都会なら少々の家賃のあがりもあろうが，いなかではただでも借り手はない
गँवई[2] [形] (1) 村の (2) 田舎くさい；田舎っぽい；やぼな
गँवाना [他] (1) 失う；なくす；落とす पाँच महीने चले इस आंदोलन में अब तक 215 लोग जान गँवा चुके हैं 5 か月にわたるこの運動でこれまでにすでに 215 人の人が命を落としている इज़्ज़त गँवाकर बाल-बच्चों की परवरिश नहीं की जाती 名誉を失って子供を育てることはできない (2) 無駄にする；浪費する जो कुछ कमाता था, उसे मदिरा पीने और जुआ खेलने में गँवा देता 稼いだ分はみな酒とばくちに浪費していた ऊपर से वह अपनी अधिकांश जमापूँजी भी गँवा चुके थे そのうえ蓄財の大半も無駄にしてしまっていた
गँवार[1] [形] (1) 村の；田舎の (2) いなかっぽい；やぼな；洗練されていない (3) 礼儀作法をわきまえない；ぶしつけな；無作法な；趣味の低い；田舎者の (4) 知識のない；不慣れな इतनी पढ़ी-लिखी होकर भी गँवारों जैसी हरकतें करती है こんなに教育を受けていながら無学な人のような振る舞いをする
गँवार[2] [名]〔植〕マメ科フジマメの類【*Dolichos fabaeformis*】＝गवार; गुवार; गुआर.

गँवारपन [名] ←गँवार[1]. (1) 田舎くささ (2) 不作法；ぶしつけ (3) 趣味の低さ
गँवारिन [形*] ぶしつけな；粗野な；無作法な；礼儀知らずの
गँवारी[1] [形] (1) 田舎の；村の；田舎くさい；洗練されていない (2) ぶしつけな；不作法な (3) みっともない；ぶさいくな
गँवारी[2] [名*] (1) = गँवारपन. 田舎くささ；田舎っぽさ；粗野な感じ (2) 田舎女
गँवारू [形] (1) 田舎の；村の (2) 田舎の人の；村人の (3) 田舎くさい；野暮な；洗練されていない तुम्हारी कविता में कहीं-कहीं भाव अच्छे हैं, लेकिन भाषा गँवारू है 君の詩の発想はよいのだが，言葉が野暮だ (4) 不作法な；ぶしつけな
गँस [名*] やじり（鏃）= गाँसी.
गँसना[1] [自] (1) こびりつく；へばりつく；堅くひっつく उमस, जो चढ़ती गर्मियों की शाम धूप के गायब होने के बाद थोड़ी देर के लिए जैसे गँसकर ठहर जाती है 夏のはじめの夕方，日が沈んでからしばらくの間はまるでこびりついたかのように残るむし暑さ (2)（織りものの目が）つまる (3) びっしりつまる；ぎっしりつまる
गँसना[2] [他] (1) 堅くつける；ひっつける (2)（織物の目を）つめる (3) びっしりつめる；ぎっしりつめる
गँसीला[1] [形+] 先のとがった；突き刺さる
गँसीला[2] [形+] びっしり目のつまった
गइनी [名*] 牛肉 = गोमांस.
गई [自] → जाना の完了分詞 गया の女性形及び直接法過去時制単数女性形. **गई क॰** 目をつぶる；見て見ぬ振りをする；無視する；見逃してやる= जाने दे॰; छोड़ दे॰. **गई बात** *a.* 過ぎたこと；過ぎ去ったこと *b.* 昔の名声 **गई-गुज़री** → गया-गुज़रा.
गऊ[1] [名*] めうし（雌牛；牝牛）
गऊ[2] [形・名] (1) とてもやさしい；とてもおとなしい；大変温厚な (2) とてもやさしい人；仏様みたいな人；おとなしい人 तुम गऊ हो, इससे निबाह हो जाता है 全くおとなしい人だからうまくやって行ける **गऊ जाई** おとなしい娘
गऊघाट [名] 川や池の岸に作られた牛や水牛など家畜の水飲み場
गऊदान [名]〔ヒ〕(1) 宗教的な動機からヒンドゥーの間で行われるバラモンへの雌牛の贈与；ガウーダーン；ゴーダーン (2) 同じ動機からバラモンに贈られる金子 पाँच पैसे का गऊदान करके भवसागर पार उतरना चाहता है なんとわずか 5 パイサーのゴーダーンをして極楽に行きたいというわけかい→ गोदान.
गऊहत्या [名*]〔ヒ〕雌牛殺し= गोहत्या. गऊहत्या का पाप 雌牛殺しの罪
गगन [名] (1) 空；大空；天空 नील गगन में 青空に (2) 虚空
गगनकुसुम [名] 架空のもの；存在しないもの
गगनगति[1] [形] 空まで行く；天空を行く
गगनगति[2] [名] (1) 天体 (2) 神 (3) 風 (4) 鳥
गगनगिरा [名*] 天の声；神の声；神託；託宣
गगनचर[1] [形] 天空を行く；空を動く
गगनचर[2] [名] (1) 天体 (2) 神 (3) 鳥
गगनचुंबी [形] 天に達する；天に届く गगनचुंबी अट्टालिका 摩天楼 गगनचुंबी प्रासाद-सा 摩天楼のような गगनचुंबी विशाल महल 天にも届かんばかりの巨大な宮殿
गगनबाटिका [名*] ありえないこと= गगनवाटिका.
गगनभेदी [形] (1) 天を突き破る；耳を聾するばかりの गगनभेदी स्वर 耳を聾するばかりの声 गगनभेदी चीख मारकर 耳を聾するような叫び声をあげて (2) 天にそびえる；そびえ立つ
गगन मंडल [名] 天界
गगनरोमंथ [名] (1) 無意味なこと (2) 不可能事
गगनवाटिका [名*] ありえないこと；ありえないもの
गगनवाणी [名*] = आकाशवाणी.
गगनविहारी [形] 天を行く；天空を行く；空を飛ぶ
गगनस्पर्शी [形] = गगनचुम्बी. 天にそびえる；天を摩する；天に届く
गगनांगना [名*]〔イ神〕天界に住むとされる半神で水の精，アプサラー= अप्सरा; अच्छरा.
गगनेचर[1] [形] 天を行く；空を飛ぶ；飛行する
गगनेचर[2] [名] (1) 天体 (2) 鳥 (3) 神
गगरा [名]（銅，真鍮などの金属や瀬戸物製の）水瓶；ガグラー
गगरी [名*] 小型のガグラー（गगरा）；ガグリー
गच[1] [名*] 《P. گچ》(1) ガチ（石灰と焼煉瓦を砕いて混じて作られ漆喰のように用いられる建築資材）；チューナー・スルキー (2) チューナー・スルキーを塗った床や壁 (3) 石膏 (4) 焼き石膏 = पैरिस प्लास्टर.
गच[2] [名*] (1) やわらかくて厚みのあるものに突き刺す様子やその音．ぶすっ；ぶちっ；ぶちゅっ (2) どろんこの中を歩く音．ぴちゃっ；びちゃっ गच से/गच्च से ぶすっと；ぶちっと；ぶちゅっと
गचकारी [名*] 《P. گچکاری》ガチ（गच[1]）を塗ることやその作業
गचगर [名] 《P. گچگر》ガチ（गच）を作る職人
गचना [他] つめこむ；突っ込む= ठूँसना; ठूँस ठूँसकर भरना.
गचपच [形] = गिचपिच.
गचाका[1] [名] 激しい勢いで落下したり突き刺ささったりする音
गचाका[2] [副] 思いきり；勢いよく
गच्चा [名] ぺてん；詐欺；だまし= धोखा. **गच्चा दे॰** ぺてんにかける；だます पर हर बार वे उन्हें गच्चा दे गई あの人はいつもだまして行った गच्चा खाना ペテンにかかる；だまされる
गच्छ [名] (1) 木；樹木= पेड़; वृक्ष; दरख़्त. (2)〔ジャ〕ジャイナ教の僧院 (3)〔ジャ〕同じ師に従う兄弟弟子
गछना [他] (1) 引き受ける= अपने ज़िम्मे ले॰. (2) 装う；繕う；体裁を作る (3) わざとらしい口をきく
गछेबाज़ी [名*] 《H.गच्छ+ P.بازی बाज़ी》自慢；ほら；作り話
गज [名] 象；雄象= हाथी.
गज़ [名] 《P. گز》(1)（長さの単位）1 ヤード (36 インチ) の長さ 91.438cm. これは सरकारी गज़ サルカーリーガズとも लंबरी गज़ ランバリーガズとも呼ばれる. इलाही गज़ イラーヒーガズ（= 33 インチ= 83.8 センチ）は देसी गज़ とも呼ばれる．建築用に用いられてきた इमारती गज़ イマーラティーガズは 24 インチの長さ (2) ヤードのものさし；ヤード尺 (3) 楽器をひく弓；楽弓 (4) 先込め銃の銃口から弾丸に火薬を詰め込むのに用いる鉄や木の棒 **गज़ भर का हंसुआ, न निगलते बने न उगलते**〔諺〕行き詰まりの譬え；二進も三進も行かぬこと；抜き差しならぬこと；進退の窮まること= गुर भरा हंसिया. **गज़ भर की छाती क॰** 大変な勇気を出す；勇気をふりしぼる **गज़ भर की छाती हो॰** 大きな喜びを感じる；満悦する **गज़ भर की ज़बान हो॰** 大口を叩く **गज़-से-गज़** 1 平方ガズ
गज़ इलाही [名] 《P.A. گز الٰہی》ガズ（33 インチの長さ）= इलाही गज़; देसी गज़; अकबरी गज़.
गज़क [名] 《P. گزک》(1) 酒のさかな（肴）；つまみ (2) ゴマの実を中心にドライフルーツや香味料を加えたものをシロップで固めた甘味菓子；ガザク= तिलपट्टी.
गज़ख़ [名] = गज़क.
गजगति [名*] (1) 象の歩調；象の歩み (2) ゆっくりと悠々とした歩み
गजगामी [形] 象のようにゆったりとした歩調で歩む= मंदगामी.
गजगामिनी [形*] 象のようにゆったりした歩調で歩む（女性）
गज़ट [名] 《E. gazette》官報
गजदंड [名]〔植〕アオイ科小木サキシマハマボウ【*Thespesia populnea*】= पारिस पीपड़ा.
गजदंत [名] (1) 象牙 (2) 八重歯 (3) 壁釘
गजदंती [形] 象牙の；象牙製の= हाथीदाँत का.
गजनक्र [名] サイ= गैंडा.
ग़ज़नवी [形] 《P. غزنوی》（アフガニスタンの）ガズナ（ガズニ）の；ガズニー（ガズニーン）の（住人） महमूद ग़ज़नवी ガズニーのマフムード
ग़ज़ना 〔地名〕《P. غزنہ》ガズナ；ガズニ（ガズニー）；ガズニーン（アフガニスタン）
गजनाल [名*] 昔，象にひかせて運搬した大砲
गजनिमीलिका [名*] 知らないふりをすること；とぼけ；しらをきること
ग़ज़नीं 〔地名〕《P. غزنیں》ガズナ；ガズニー；ガズニーン（アフガニスタン東部の都市）= ग़ज़नी.
गजपति [名] (1) 巨象 (2) 多数の象を所有する王
गजपाल [名] 象使い= फ़ीलवान; महावत.
गजपिप्पली [名*] = गजपीपल.
गजपीपल [名]〔植〕サトイモ科着生蔓草【*Scindapsus officinalis*】

ग़ज़फ़ुट［名］《P. گز + E.foot》ものさし（ガズの単位で計るものさし）→ गज़.

ग़ज़ब［名］《A. غضب》(1) 激しい怒り；激怒；憤怒 (2) 大変なこと；災厄；災難；えらいこと；重大な事態 (3) 祟り；天罰 (4) めちゃなこと；道理に合わないこと；理不尽なこと तुम भी ग़ज़ब करती हो.बेचारी ने स्कूल से लौटकर अभी दम तक तो लिया नहीं और तुम उसपर बरस पड़ीं あんたもめちゃなことをするわね．あの子はほんの今しがた戻ったところで一息もついていないのにいきなり叱りつけて **ग़ज़ब का** ものすごい；とてつもない；猛烈な；たとえようのない；比類のない क्या ग़ज़ब के रंग पाये हैं मोर ने（クジャクは）なんと比類のない（羽の）色を授かっていることか **ग़ज़ब की पुड़िया** *a.* とんでもない；ひどい；めちゃな（もの，こと）*b.* とんでもないことをしでかす；ひどいいたずらをする **ग़ज़ब गिरना** 災厄に見舞われる；災難に見舞われる **ग़ज़ब गुज़ारना** = ग़ज़ब ढाना. **ग़ज़ब टूटना** = ग़ज़ब गिरना. **ग़ज़ब ढाना** *a.* 災厄をもたらす *b.* 重大なことをする；大変なことをする *c.* 理不尽なことをする **ग़ज़ब तोड़ना** = ग़ज़ब ढाना. **ग़ज़ब पड़ना** = ग़ज़ब गिरना. **ग़ज़ब में पड़ना** 苦境におちいる **ग़ज़ब हो जा॰** 大変なことになる；えらいことになる；とんでもない事態になる अरे भाई! ग़ज़ब हो गया ग़ज़ब! やあやあ，えらいことだ，えらいことだ बड़ा ग़ज़ब हो गया 大変だ；えらいことになった；大変なこと（事態）になった；とんでもないことになった

ग़ज़ब इलाही［名］《A. غضب الہی》神の怒り；神の祟り

ग़ज़बनाक［形］《A.P.غضب ناک》(1) 激怒した；怒り狂った (2) めちゃな；めちゃくちゃな；もってのほかの

गजमणि［名⁻］= गजमुक्ता. 象の額にあると考えられている真珠の玉

गजमुक्ता［名］= गजमणि.

गजमोचन［名］〔イ神〕アガスティヤ仙の呪いによって象の姿となったガジェーンドラ（象王，インドラディムナ王）を水中の魔物グラーハ ग्राह から救い出したヴィシュヌ神

गजमोती［名］= गजमुक्ता.

गजर[1]［名⁻］(1) チャイム；時報 पुलिस लाइन के घंटे ने बारह का गजर बजाया プリスラインの時計台の時計が 12 時の時報を打った (2) 午前 4 時の時報 (3) 目覚ましの装置；アラーム **गजर का वक़्त** 早朝；早暁= गजर दम; गजर बजे; सबेरा.

गजर[2]［名］大麦と小麦とを混ぜたもの= गोजर.

ग़ज़र［名*］《P. گزر》〔植〕セリ科野菜ニンジン= गाजर.

गजरथ［名］昔，象が牽引した戦車

गजर दम［副］朝早く；早朝；早暁= सवेरे; तड़के. **गजर दम क॰** さんざん叩く；叩きのめす

गजर बजर［名］(1) 雑多なものを混ぜること；ごたまぜ (2) 食べてはならぬもの；口にしてはいけないもの **गजर बजर क॰** 混乱させる；混乱を起こす **गजर बजर खाना** とんでもないものを食べる；いいかげんなものを食べる

गजरभत्ता［名］ニンジンを炊きこんだ米飯= गजरभात. → ग़ज़र.

गजरा［名］(1)〔植〕ニンジン (2) ニンジンの葉（飼料）→ ग़ज़र. (3)（金などの貴金属製の）ブレスレット；（花を編んだ）手首飾り；ガジラー (4)（貴金属製の）首飾り；ガジラー (5) 花を編んだ首にかける飾り；首にかける花輪；ガジラー फूलों के गजरे बनाओ और दुलहिन बनो 花のガジラーをこしらえて花嫁さんになりなさい कलाइयों में गजरे 手首にガジラー गले में गजरा डाल, इत्र लगाकर बाज़ार में घूमने निकल गया 首にガジラーをつけ，香水をつけ，商店街へぶらぶらしに出かけて行った (6) 絹と綿との混紡の布→ मशरू.

गजराज［名］大きな象；巨象

गजरी[1]［名*］〔装身〕貴金属製の女性の手首飾り；ガジャリー

गजरी[2]［名*］ニンジン（小さい品種）→ गजर, गाजर.

गजरौट［名］= गजरा[2]

ग़ज़ल［名*］《A. غزل》(1)〔イ文芸〕ウルドゥー語やペルシア語の定型詩の一，ガザル．これは 5 - 11 のシェール शेर, すなわち，対句より成り，多くは愛する男性が恋人に語りかける形式の叙情詩．対句相互の意味の関連はなく独立している．共通の脚韻（→ क़ाफ़िया と रदीफ़）を踏む (2)〔イ音〕旋律の一，ガザル क़व्वाली, ग़ज़ल, मुजरे का दौर वातावरण को और रंगीन बना गया カッワーリー，ガザル，ムジラーが一回りすると雰囲気はいっそうはなやかになった भारतीय ग़ज़ल गायकी インドの女流ガザル歌手

गजशाला［名*］象舎= फ़ीलख़ाना; हथिसाल.

गजस्नान［名］(1) 象の水浴び (2) 無駄なこと；無意味なこと

गजही［名*］(1) バターを取るために牛乳を撹拌するための竹の棒 (2) 牛乳を撹拌して泡を取り出すのに用いる木製の器具

गजा［名*］ガジャー（小麦粉をギーで煎ってシロップをかけた菓子）

गजानन［名］象面の神，すなわち，ガネーシャ神 गणेश の別名の一

गजारि［名］(1) ライオン (2) シヴァ神の別名の一

गजाल［名］壁などにものを掛けるフックや掛け釘

गजी［名*］雌象= हस्तिनी; हथिनी.

ग़ज़ी［名］《P. گزی》ガジー（織り目の粗い綿布） मगर अब की गज़ी की साड़ी न थी.ख़ूबसूरत-सी सवा दो रुपये की चुँदरी थी でも今度はガジーのサリーではなかった．とても美しい 2.25 ルピーのチュンダリーだった गजी गाढ़ा ごわごわした布

गजेंद्र［名］(1) 象の王；アイラーヴァタ（ऐरावत） (2)〔イ神〕鰐の襲撃からクリシュナ神に救われた象，ガジェーンドラ (3) 巨象

गजेट［名］《E. gazette》ガゼット= गज़ट.

गजेटिड［名］《← E. gazetted officer》官報に任官・退官の発表される高級官吏= राजपत्रित अधिकारी.

गजेटियर［名］《E. gazetteer》地名辞典；地誌

गज्झा[1]［名］液体中の多数の小さな泡= गाज. **गज्झा छोड़ना** 魚が水中で泡を吹く

गज्झा[2]［名］(1) 沢山集まったもの；集積；積み重ね；山；宝庫 (2) 豊富なこと；沢山あること **गज्झा दबा बैठना** = गज्झा मारना. **गज्झा मारना** 不正な手段で巨万の富を得る

गझिन［形］(1) 密な；すきまのない गझिन मूँछें 濃い口ひげ (2) 織り目のこまかな；密に織った

गझिनता［名*］← गझिन.

गट[1]［名］ごくり，ごくっなど液体を飲み込む時ののどの音 गट से 一気に；ごくっと → गटगट[1].

गट[2]［名］(1) 集まり；集合 (2) 群れ；集団

गटकना［他］(1) ごくっ（ごくん）と飲む；勢いよく飲み込む；がぶがぶ飲む；がぶりと飲み込む दूध गटकना 牛乳をごくんと飲む पानी पीते समय दक्षिण भारतीय पात्र को होठों से नहीं लगाते, ऊपर मुँह कर पानी गले से नीचे गटक जाते हैं 水を飲む際，南インドの人々は器に唇をつけず口を上に向け水をごくんと飲み込む खानेवाले बड़ी शीघ्रता से भात में सब कुछ सानकर उसके लंबे पिंड बनाकर गटकता जाता है 大急ぎでごはんになにもかもまぜてそれを細長く握りごくっと飲み込む (2) 奪い取る；引ったくる मैं दरवाज़ा खोलूँ और तू मुझसे ही गटक जाए तो क्या भरोसा こちらが戸を開ければお前がわしからさっと引ったくる．信頼できるものか

गटगट[1]［名］ごくごく，ごくんごくん，がぶがぶ（液体を続けて勢いよく飲み込む時ののどの音やその様子）

गटगट[2]［副］ごくごく（と）；ごくんごくん（と）；がぶがぶ गटगट पीना がぶがぶ飲む वह दूध का गिलास उठाकर एक साँस में गटगट पी गया 牛乳のコップを手に取り一息にごくごくと飲み干した

गटपट［名*］(1) 親密さ；親密な関係 (2) 混合；混淆 (3) 同衾；交接

गटर[1]［名］《E. gutter》溝；どぶ；下水溝；下水道

गटर[2]［名］大きな；大きい

गटर गूँ［名*］ハトの鳴き声

गटर पटर［名*］→ गिटपिट. जब कि मैं संस्कृत में थोड़ी गटर पटर करने लगा 私がサンスクリット語のまねごとを話すようになった時

गटा［名］(1) 節 = गाँठ. (2) 種；実

गटागट［副］= गटगट. गटागट पीना ごくごく飲む；ごくんごくんと飲む

गटापारचा［名］《E. guttapercha》グッタペルカ（アカテツ科）の樹液を乾燥させた物質で絶縁体などに用いられる

गट्ट［名］固いものにぶつかる音；ごつん；がつん यह वहीं एक पेच से टकराकर गट्ट की आवाज़ उत्पन्न करती है これはそこで一本のねじ釘にぶつかってこつんと音を立てる

गट्टा [名] (1) (手足などにできる) まめ，たこ，こぶなど चपटे, मज़बूत हाथ के गट्टे 幅の広く丈夫な手にできたまめ **गट्टा पड़ना** まめ (たこ) ができる (2) 手首 (の関節) (3) (かかとの) 距骨 (4) 節くれだったもの；固いもの **गट्टा उखाड़ना** やっつける；負かす；押さえつける **गट्टा पकड़ना** 相手の手首をつかんで強く迫る (争ったり強要したりする)

गट्टी[1] [名*] 川や池の岸；川べり；池のほとり

गट्टी[2] [名*] 土くれ；土のかたまり

गट्ठर [名] (1) 大きな布などの包み बोरों के अनगिनत गट्ठर पड़े थे 南京袋が山のように置かれていた (2) 束ねられたもの；ひとまとめにしたもの एक गट्ठर गन्ना 一束のサトウキビ；サトウキビ一束 दोनों आनन फ़ानन एक-एक गट्ठर ज्वार का तोड़ लाए 2 人は直ちにもろこしを 1 束ずつ取ってきた

गट्ठा [名] (1) (玉ねぎなどの) 球茎 (2) 束 (運搬用に同種のものを集めて束ねたもの) पतली-पतली लकड़ियों का एक गट्ठा とても細い木切れの束 1 つ

गठजोड़ [名] = गँठजोड़ा/गँठबंधन. इन देशों के बीच इस तरह के नए गठजोड़ से これらの国の間のこの種の新しい密約によって

गठजोड़ा [名] = गठजोड़.

गठन [名*] (1) 構造；構成；組織 स्वराज्य दल की गठन スワラージ党の構成 (2) 成り立ち；組織 रेशे में गठन 繊維の組成

गठना [自] (1) ひっつく；結ばれる；結びつく；ぴったりつく；密接な ये लोग आपस में गठे हुए थे この人たちは互いに密接に結びついていた (結ばれていた) (2) 縫いつけられる；縫われる (3) がっしりする；丈夫になる गठा हुआ बदन 引き締まった (がっしりした) 体 (格) गठे हुए बदन का व्यक्ति がっしりした体格の人 (4) 結託する (5) 交接する；交尾する；番う

गठबंधन [名] = गँठबंधन. (1) 〔ヒ〕結婚式の挙式やその他の儀礼で花婿と花嫁や夫婦の着物の裾を結び合わせる儀式 यही जापानी विवाह का गठबंधन है これが日本式の挙式だ (2) 結びつくこと；連帯 (3) 結託；密約 (**-के साथ/से**) **गठबंधन क॰** (一と) 結託する；結びつく विभिन्न राजनीतिक दलों से गठबंधन 諸々の政党との結託 अधिकारियों-ठेकेदारों और दलालों के गठबंधन ने योजना का पूरा रस चूस लिया है 高級官僚，請負人，仲介業者が結託して開発計画のうまみを全部吸い取ってしまった पूँजीपतियों और जमींदारों से गठबंधन करके 資本家及び地主と結託して (4) 協定；同盟 उसने साम्प्रदायिक राजनैतिक दल के साथ निर्वाचन में गठबंधन करके मुसलमानों के वोट खींचे コミュナル政党との間に選挙協定をしてムスリムの票を引き寄せた

गठरी [名*] (1) 包み；布で包んだもの (2) 稼ぎ；稼いだもの；財産；身上 (3) 相当な金額；かなりの金額 **गठरी उड़ाना** 身上を築く **गठरी क॰** 蓄える；貯める；貯め込む **गठरी काटना** 不誠実な方法で金儲けをする；よこしまなことをして稼ぐ **गठरी घूम जा॰** 財産を失う；身上がつぶれる **गठरी बाँधना** 旅立ちや出発の準備をする **गठरी मारना** だましとる；横領する；着服する **गठरी मिलना** 金が手に入る **गठरी सिर पर लदी हो॰** 経済的な負担を負う

गठरी मुटरी [名*] = गठरी मोतरी. 布で包んだもの；布で包んだ荷物

गठवाँसी [名*] 1 ビスワー (बिस्वा，すなわち，約 $126.4m^2$) の 20 分の 1 (約 $6.3m^2$)

गठवाई [名*] (1) 靴の修理 (2) 靴の修理代

गठवाना [他・使] ←गाँठना. (1) 縫ってもらう；縫わせる (2) しつけ縫いをさせる (3) つながせる；結ばせる (4) 番わせる

गठाना [他・使] = गठवाना.

गठित [形] (1) 組み立てられた；組み合わされた (2) 組織立った；編成された (3) 設置された；設立された गठित क॰ 組み立てる；組織する；編成する；設置する；設立する एक जाँच समिति गठित क॰ 調査委員会を組織する संसदीय आयोग गठित किये जाने की माँग 議会委員会設置の要求

गठिबंध [名] = गठबंधन.

गठिया [名*] (1) 南京袋；麻袋；ドンゴロス (2) 包み (3) 〔医〕リューマチ जोड़ों की गठिया 関節リューマチ

गठीला[1] [形+] (1) しっかりした体格の；がっしりした体の；頑丈な दोनों युवकों में एक लंबा, गठीला, रूपवान है 2 人の青年のうち一人は背が高く，体ががっしりしており容貌がすぐれている (2) 引き締まった

गठीला[2] [形+] 節の多い；ごつごつした；節くれだった

गठौंद [名*] (1) 結び合わせること (2) 預託= थाती; धरोहर.

गठौत [名*] (1) 結びつけること；結合；結び合わせること (2) 親密なこと；親密さ；親しさ (3) 計画；工夫 (4) 計略；策謀；陰謀 गठौत क॰ たくらむ (企む)；陰謀を企てる

गठौती [名*] = गठौत.

गड़ंग[1] [名] (1) 武器庫= शस्त्रागार. (2) 弾薬庫= मैगज़ीन.

गड़ंग[2] [名] (1) ほら (法螺)；大言壮語= शेखी; डींग. (2) 自慢；うぬぼれ (自惚れ) **गड़ंग मारना** *a.* 法螺を吹く *b.* うぬぼれる= गड़ंग हाँकना.

गड़ंत [名*] 呪法の一つとして四つ辻などにまじないをした物を埋めること

गड [名] (1) 衝立；目かくし；覆い= आड़. (2) 囲い= घेरा; चारदीवारी. (3) 堀；濠= गड्ढा; खाई. (4) 砦= गढ़.

गड़क [名] 《← A.غرق गर्क》 沈むこと；沈没

गड़कना[1] [自] (1) (雷雲などが) ごろごろ鳴る；ごろごろ音を立てる (2) 叱りつける；怒鳴りつける

गड़कना[2] [自] 《← A.غرق गर्क》 (1) 沈む；沈没する (2) ついえる (潰える)；なくなる；滅びる

गड़कना[3] [他] (借金などを) 踏み倒す= मार दे॰.

गड़काना[1] [他] (1) ごろごろ音を立てる；ごろごろ鳴らせる (2) 怒鳴りつける；叱りつける

गड़काना[2] [他] 沈める；沈没させる= डुबोना.

गड़गड़ [名] ごろごろ (という雷鳴などの物音)；うがいや車輪などのがらがら，ごとごとなどの音；物が水に沈んだり水ぎせるから出る音など水に気体の混じる，ごぼごぼといった音，割れんばかりの拍手の音など गड़गड़ गड़गड़ बादल गरजता है ごろごろと雷雲が鳴る बरतन के पानी में डूबते समय गड़गड़ का शब्द हुआ 器が水に沈む時ごぼごぼと音がした

गड़गड़ाना[1] [自] ごろごろと鳴る；がらがらと音を立てる；鳴り響く；どよめく；ごぼごぼと音が出る

गड़गड़ाना[2] [他] ごろごろ，がらがら，ごぼごぼなどの音を立てる；どよめかせる；鳴り響かせる

गड़गड़ाहट [名*] ごろごろ；ごろごろなどという音；激しい音；どよめき बादलों की गड़गड़ाहट 雷雲のごろごろ सारा दरबार तालियों की गड़गड़ाहट से गूँज उठा 宮殿には割れんばかりの拍手の音が轟いた तालियों की गड़गड़ाहट 雷鳴のような拍手の音

गड़गूदड़ [名] ぼろ；ぼろ切れ= चिथड़ा; लत्ता.

गड़दार [名] 《H. + P.دار दार》 象使い= महावत; फ़ीलवान.

गड़ना [自] (1) 埋まる；うずまる इस लिए छह माह बाद गड़े मुर्दे उखाड़े गये हैं このため半年後に埋められた死人が掘り出された गाँव में क्या कारूँ का ख़ज़ाना गड़ा है…वहाँ जाकर क्या खाएगा…ईंट पत्थर! 田舎に巨万の富が埋まっているとでも言うのか．そこへ行って何を食べるというのか…ろくなものはありゃしないだろう गड़े हुए ख़ज़ाने की खोज 埋もれた宝を探すこと (2) 刺さる；突き刺さる；突き立てられる；突き刺さって抜けなくなる उँगली में काँटा गड़ा 指にとげが刺さった निगाहें बहुत दूर जा गड़ी हैं 視線はうんと遠くに突き刺さっている (3) 触れてごつごつした感じがする；当たる；食い込む ज़मीन रात भर बुरी तरह गड़ती (地面に直接寝ているので) 地面が夜通しとてもごつごつ当たる (4) 好ましくないものや邪魔なものがある；障る；邪魔に感じられる；気に障る उन्हें अपने पर आत्मविश्वास अहं की सीमा तक था.इसी लिए वह निकट से निकट व्यक्ति को गड़ते थे 自信は我の極に達していた人だったので最も身近な人の気にも障るのだった (5) 非常に恥ずかしく感じる；身も魂も消え入る思いがする；恥じ入る वह गड़ गई 恥ずかしさのために消え入らんばかりになった **ग़ैरत में गड़ जा॰** 穴があったら入りたい देशद्रोही! क़ौमी ग़द्दार!! जिसे जन्म देकरके यह जन्मभूमि ग़ैरत में गड़ी जा रही है 売国奴め，お前を産んだ母なる国は穴があったら入りたい思いだ **ज़मीन में गड़ना** 恥ずかしくてたまらない；穴があったら入りたい दृष्टि ज़मीन में गड़ गई 恥ずかしさに顔を上げられなかった (顔を上げられず足元を見つめていた)

गड़पंख [名] (1) 大型の鳥 (2) ゆったりした，あるいは，だぶだぶの服を着る人 (3) 子供の遊び (手足を広げさせ自由を奪っておいていたずらをする) (**-को**) **गड़पंख बनाना** (一を) 馬鹿にする；からかう；なぶりものにする

ग

गड़प [名*] (1) 水や液状のものに物体が落ちたり沈んだりする音. ざぶん，ずぶっ，ちゃぼん，どぶんなど (2) ものを飲み込むことやその様子や音 **गड़प से** さっと；ぱっと；すぱっと；ずぶっと；いきなり

गड़पना [他] (1) 飲み込む；ごくっと飲む (2) 横領する；横取りする

गड़प्पा [名] (1) 大きな穴 (2) 落とし穴 (3) 悪巧み；陥穽

गड़बड़[1] [名*] (1) 変調；異常；異状；不調 हारमोन की गड़बड़ ホルモンの変調 (2) ごたごた；波乱；面倒；厄介なこと अगर उसने कोई गड़बड़ की तो मैं उसे गोली मार दूँगा あの男が何か面倒を起こしたらやっつけてやる（撃ち殺してくれる） (3) いざこざ；騒動 गड़बड़-सड़बड़ ごたごた तुम गंगाजल हाथ में लेकर कहो कि वहाँ कुछ गड़बड़-सड़बड़ न करूँगा あそこではごたごたは起こしませんと（ガンジスの聖水を手に）誓いなさい

गड़बड़[2] [形] (1) 混乱した；正常でない；不正常な；おかしい घर पर सब्ज़ी में कभी नमक गड़बड़ हो जाता था तो वह माँ पर बुरी तरह बिगड़ने लगता था おかずの塩加減がおかしくなるといつも母に対してとても腹を立てるのだった (2) 乱雑な；無秩序な；雑然とした (3) でたらめな；いいかげんな (-) गड़बड़ क॰ （ーを）なくす；行方知れずにする

गड़बड़ घोटाला [名] ＝ गड़बड़ झाला. ओ भगवान यह क्या गड़बड़ घोटाला है えらいことじゃ；大変だ

गड़बड़ झाला [名] 厄介なこと；面倒なこと；ごたごた；めちゃくちゃなこと；むちゃくちゃなこと

गड़बड़ाना[1] [自] (1) 混乱する；ごちゃごちゃになる；ごたつく；おかしくなる；狂う इससे बच्चों का पाचन तंत्र गड़बड़ा जाता これで子供たちの消化器系統がおかしくなる यंत्र गड़बड़ा गया है 機械の調子がおかしくなっている（狂ってしまっている） (2) とまどう；惑う (3) 間違える

गड़बड़ाना[2] [他] (1) 混乱させる；ごちゃごちゃにする；ごたつかせる；おかしくする；狂わせる (2) 惑わせる (3) 間違わせる

गड़बड़ी [名*] ＝ गड़बड़[1]. मरीज़ के खून, पेशाब की जाँच में कोई गड़बड़ी नज़र नहीं आई 患者の血液と尿の検査では何ら異常は見られない आँतों की गड़बड़ी धीरे-धीरे पूरे शरीर को खोखला बना देती है 腸（の調子）が不調だとだんだん全身がうつろになる यदि पौधे या प्राणी की किसी जाति में कोई गड़बड़ी होती है तो 草木や動物のいずれかの種に何らかの混乱が生じると आवाज़ में गड़बड़ी पैदा हुई 声が変調を来して

गड़रिया [名] (1) ガラリヤー・ジャーティ（羊飼いや毛織り物の製造を主な生業としてきた）；ガダリヤー (2) ガラリヤー・ジャーティの男性＝ गडेरिया.

गड़री [名*] かんわめ（頭上運搬の荷を安定させるための道具）＝ गेंडली.

गड़वाँत [名*] わだち（轍）＝ लीक; लकीर.

गड़वाट [名*] (1) 埋め込むこと (2) 穴掘り (3) わだち（轍）

गड़वाना[1] [他・使] ← गाड़ना. 埋めさせる；埋めてもらう

गड़वाना[2] [他・使] ← गड़ाना[1]. 突き刺させる；突き刺してもらう

गडहा [名] (1) 地面のくぼみや穴；穴ぼこ；へこんだところ＝ गर्त. (2) くぼみ；へこみ आँखों के नीचे भी गहरे काले गडहे दिखाई दे रहे थे 目の下にも深く黒いくぼみが見えていた (3)（比喩的に用いられて）胃；胃袋；腹；食欲 (-के लिए) **गडहा खोदना** （ーに対して）悪事を働く；害を及ぼす **गडहा पाटना** *a.* 穴を埋める *b.* 穴埋めする；欠損などを補う **गडहे में पड़ना** どうしようもなくなる；手立てがなくなる

गडही [名*] 小さなくぼみやへこみ

गड़ा[1] [名] (1) 積み重なり；積み重なった物；堆積 (2) 脱穀のため刈り取って積み重ねられたもの；刈り取った穀物の束

गड़ा[2] [名] 境界標識

गड़ाना [他] (1) 突き刺す उसने अपने नुकीले सींग दीवार में गड़ा दिये और ज़ोर मारा 鋭くとがった角を塀に突き刺した (2) 突き立てる धीरे-धीरे ख़ुशामदियों ने सारे दरबार में अपने पंजे पूरी तरह गड़ा लिये 次第に取り巻き連中が宮廷中に爪を深々と突き立てた गीदड़ ने ढोल की खाल में दाँत गड़ा दिये ジャッカルは太鼓の皮に歯を立てた (3) 激しく突く सिपाही अपने हाथ का डंडा उसकी पीठ पर ज़ोर से गड़ा देता 警官は手にした警棒で男の背中を激しく突いた (4) 据える；一か所に固定する **आँख गड़ाना** *a.* 見つめる；じっと見る；にらみつける；食い入るように見る दूरदर्शन के परदे पर दृष्टि गड़ाये बैठे थे テレビの画面を食い入るように見ていた रात की स्याही में अपनी आँखें गड़ाये 夜の暗闇に目を据えて *b.* 目をつける；狙いをつける

गड़ाप [名] (1) 重い物が落下したり飛び跳ねたりする大きな音；どん，どすん，がさっなど मैंने गड़ाप से बिस्तर में छलाँग लगा दी 寝床でどんと跳んだ (2) 重い物が水などに落下する音；ばしゃん

गड़ा बँटाई [名*]〔農〕収穫の刈り分け（脱穀前に収穫した穀物の束をそのまま割合に応じて分配する刈り分けの一方法）

गड़ारी[1] [名*] (1) 丸い線 (2) 円形；輪の形

गड़ारी[2] [名*] 横線；横筋＝ आड़ी धारी; आड़ी लकीर.

गड़ारी[3] [名*] (1)（井戸の）滑車＝ घिरनी. (2) 滑車のロープをかける溝

गड़ारीदार [形]《H.गड़ारी+ P.دار》(1) 横筋の入った；ぎざぎざのある (2) 輪の形の **गड़ारीदार पाजामा** ガラーリーダール・パージャーマー（裾の広いパージャーマー）

गड़ुआ [名] 呑み口のついたローター（लोटा）；ガドゥアー＝ गड़ुवा.

गड़ुई [名*] 小型のガドゥアー（गड़ुआ）；ガドゥイー

गड़ुक [名] (1) ＝ गड़ुआ. (2) 指輪

गड़ुल [名] せむし（くる病）の人

गड़ेरिया [名] ＝ गड़रिया.

गडोलना [名] 乳母車＝ बच्चागाड़ी.

गड्ड[1] [名] (1)（身体の）瘤状の物；瘤状に盛り上がった物 (2)〔医〕甲状腺腫＝ गलगंड.

गड्ड[2] [名] (1) 積み重なった物；積み重ね；堆く積んだ物；山 (2) ひとまとめ；一括；つっこみ（突っ込み） **गड्ड का गड्ड** 山のような；非常に多くの **गड्ड में** 突っ込みで；一括して；ひとまとめで

गड्डबड्ड [形] (1) ごたまぜの；まぜこぜの (2) ごちゃごちゃの；混乱した；ごしゃごしゃの (3) めちゃくちゃの；でたらめの；支離滅裂な

गड्डमड्ड [形] ＝ गड्डबड्ड. फ़िल्म में एक के बाद एक कई घटनाएँ घटती जाती हैं और गड्डमड्ड हो जाती हैं 映画では次から次に事件が起こってごちゃごちゃになってしまう कथा में प्रतीकों का इस्तेमाल गड्डमड्ड न हो गया होता ストーリーにおけるシンボルの使用が支離滅裂なものになっていなかったなら **गड्डमड्ड क॰** いろいろな物を混ぜる；混ぜ合わせる；まぜこぜにする

गड्डर [名] (1) 雄羊＝ भेड़ा; मेष. (2) 羊

गड्डरिक [名] ＝ गड़रिया; गडेरिया.

गड्डा [名] (1) 大きな束 (2) 土くれ (3) 塊 (4) 球根 (5) 境界標識

गड्डाम [形] ならず者の；不心得な；不埒な＝ बदमाश; लुच्चा.

गड्डामी [形] 不埒な；不心得な **गड्डामी जूता** ブーツ ＝ बूट.

गड्डी [名*] (1) 束；束ねたもの कागज़ की गड्डी 紙の束 नोटों की गड्डियाँ 札束 ताश की गड्डी トランプのカードの束 (2) 堆く積んだもの；山 पालक एक गड्डी ホウレンソウのひと山

गड्ढा [名] (1) くぼち（窪地）；くぼんだ土地 (2) 穴 गर्मी में या गर्मी के पहले ही गड्ढों को खोद लेना चाहिए 夏か夏の来る前に穴を掘るべきである खाद का गड्ढा 肥やしを入れる穴 (3) くぼみ；へこみ पेट तथा आँखें चिपककर धँस गई थीं और गालों में गड्ढे बन गये थे 腹がへこみ目が落ち込んでしまい頰がへこんでしまっていた（頰がこけてしまっていた） (4) えくぼ हँसने में एक गाल पर पड़ता गड्ढा 笑うと片方の頰に出るえくぼ **गड्ढा खोदना** 悪事を働く；悪事を企む **गड्ढा खोदने वाले के लिए कुआँ तैयार हो॰** 〔諺〕他人に害を与えようと企む者は自ら大きな害を受けるものだ；人を呪わば穴二つ **गड्ढा पड़ना** *a.* へこむ；くぼみができる *b.* えくぼができる **गड्ढा पाटना** *a.* 穴埋めをする *b.* どうにかこうにか生活を立てる **गड्ढे में गिरना** 悪の道に走る＝ गड्ढे में पड़ना.

गढ़ंत[1] [形] 作りものの；作り話の＝ कल्पित; बनावटी.

गढ़ंत[2] [名*] (1) 作り出すこと (2) 作り話 (3) 取っ組み合い

गढ़ [名] (1) 城；城塞；砦 (2) 中心地；メッカ बौद्ध धर्म का गढ़ 仏教の中心地 कलकत्ता को फुटबाल का गढ़ माना जाता है カルカッタはサッカーのメッカと認められている (3) 根城；根拠地；巣 **गढ़ जीतना** *a.* 困難なことをやりとげる *b.* 成功する **गढ़ ढह जा॰** 弱る；衰退する；衰弱する；弱体化する＝ गढ़ ध्वस्त हो॰.

गढ़न [名*] (1) ← गढ़ना. (2) 構造；作り

गढ़ना [他] (1) 切ったり彫ったり削ったりしてものを作る；加工する；作り出す पत्थर के गढ़े हुए औज़ार 石を加工した道具 (2) 入念な作業をする；彫啄する (3) 意図的にないものをあるように見せる；作りごとをする；作る；作り出す；口実や言い訳を作り出す **गढ़ी हुई बातें** 作り話 उसने देवी-देवताओं की झूठी-सच्ची कहानियाँ गढ़कर लोगों को ठगना शुरू कर दिया है いろいろな神様のいいかげんな話を作り出して世間の人たちをだまし始めた उसे भी बुलाने को कहो तो सौ बहाने गढ़ने लगते हो あの人も招くように言うと君は数知れぬほどの口実を作り出すんだ झूठी-सच्ची कहानियाँ गढ़कर लोगों को ठगना 嘘っぱちの話をこしらえて人をだます (4) 懲らしめる **गढ़ गढ़कर छोलना** 嘘話をする= गढ़ गढ़कर बातें क॰.

गढ़पति [名] 城主= क़िलेदार.

गढ़वाना [他・使] ← गढ़ना.

गढ़वाल 〔地名〕ガルワール（ウッタラーンチャル・プラデーシュ州の山岳地域）；ガルワール・ヒマラヤ

गढ़वाली [名*]〔言〕ガルワーリー語（ガルワール地方に話される中部パハーリー語の一）→ पहाड़ी[3] (2).

गढ़ा [名] = गड्ढा. पानी गढ़े और तालाब में भी होता है 水は窪地にも池にもある उसके कपोलों में हँसते समय गढे पड़ जाते थे あの人は笑うと両頬にえくぼができるのだった

गढ़ाई [名*] (1) 作ること；作り出すこと (2) 作り方 (3) 作り賃

गढ़ाना [1] [他・使] = गढ़वाना.

गढ़ाना [2] [自] 気に障る；不快に感じられる；突き刺さる；心にひっかかる

गढ़ाव = गढ़न.

गढ़ी [名*] (1) 砦；城塞 न्याय की गढ़ी में कोई शत्रु नहीं घुस सकता 正義の砦には如何なる敵も忍び込めない (2) 小さな穴 गढ़ी फ़तह क॰ = गढ़ जीतना.

गढ़ेला [名]〔植〕ナンヨウサンショウ；カリーパッター→ गंधेल.

गढ़ैया [形] 作り出す；創出する

गण [名] (1) 集合；集まり；群れ；集団 (2) 類；種類；種類分け；集合体 (3) 配下；部下；従者；手下；郎党；眷属 (4) 使用人 (5)〔ヒ〕シヴァ神の従者→ वेग (6)〔韻〕ヒンディー語の韻律のリズムの一まとまりの単位，ガナ．ヒンディー語の韻律は音節（वर्ण）の数と長短の音節の順序を基にした音節韻律（वर्णिक छंद）と音量，マートラー（मात्रा），すなわち，モーラの数を基にしたモーラ韻律（मात्रिक छंद）とに分けられる．音節韻律では3音節をひとまとめにしてその音節の軽（लघु ।），もしくは，短（ह्रस्व）と重（गुरु ऽ），もしくは，長（दीर्घ）の組み合わせを次の8種のガナに分ける． यगण ।ऽऽ, मगण ऽऽऽ, तगण ऽऽ।, रगण ऽ।ऽ, जगण ।ऽ।, भगण ऽ।।, नगण ।।।, सगण ।।ऽ. モーラ韻律では幾つかのモーラをひとまとめにする分け方がある．2〜6モーラの5種にはそれぞれ13-8-5-3-2種類の組み合わせがある．たとえば，4モーラ（मात्रा）をひとまとめにしたガナはその組み合わせにより次の5種に分けられる． सर्वगुरु (ऽऽ), आदिगुरु (ऽ।।), मध्यगुरु (।ऽ।), अंतगुरु (।।ऽ), सर्वलघु (।।।।)). → वर्णगण, मात्रागण. गण → मात्रा गण, वर्ण गण. (7)〔生〕（生物学上の）目（もく）〈order〉 (8)〔イ史〕古代インドの部族共和制国家，ガナ

-गण [接尾] サンスクリット語由来の名詞の複数形を作る接尾辞．ーたち，ー衆，ーども（共）など पाठकगण जान गए होंगे कि नियम किस प्रकार बनाए जाते हैं 読者諸氏は規則が如何にして作られるか知られたであろう दर्शन करने के बाद भक्तगण लौटे 信者たちは参拝後戻った मित्रगण 友人たち व्यापारीगण 商人たち श्रोतागणों ने जिन भाषणों को सबसे अधिक सराहा उनमें सभापति का भाषण भी शामिल है 聴衆が一番称えた演説の中に議長の演説も含まれている कर्मचारीगण 職員たち स्त्रीगण 女性たち；女ども अभिभावकगण भी अपनी संतानों को इस संबंध में जानकारी कराने में अधिक हिचकते हैं 保護者たちも自分の子供たちにこのことについて知識を与えるのを強くためらうものだ

गणक [形] 数える；計算する

गणगौर [名] → गनगौर.

गणचिह्न [名]〔文人〕トーテム

गणचिह्न स्तंभ [名]〔文人〕トーテムポール

गण-जाति [名*]〔イ史〕部族（古代インドの部族共和制の） महावीर लिच्छवि और गौतम शाक्य गण-जाति के थे マハーヴィーラはリッチャヴィ族，ガウタマはシャカ族の人であった

गणतंत्र [名] (1) 共和国 गणतंत्र उस देश को कहते हैं जिसका राज्याध्यक्ष जनता द्वारा निर्वाचित व्यक्ति होता है 元首が人民によって選出される国を共和国と呼ぶ (2) 共和制

गणतंत्र दिवस [名] インド連邦共和国記念日〈Republic Day〉(1929年のプールナスワラージ，すなわち，完全独立の宣言と1950年のインド連邦共和国の憲法施行を記念した同国の祝日．1月26日)

गणतंत्र-भगोड़ा [名] 政治亡命者= राजनीतिक शरणार्थी.

गणतंत्रवाद [名]〔政〕共和主義；共和政体主義〈republicanism〉

गणतंत्रवादी [形]〔政〕共和政体の；共和政体主義の；共和主義の〈republican〉

गणतंत्री [形] = गणतंत्रीय. (1) 共和国の (2) 共和制の (3) 共和主義の

गणदेवता [名]〔イ神〕ガナデーヴァター（神々の群れ；神群；一般に群神と訳される．インド神話では9つの神群が数えられる．すなわち， आदित्य 12神， विश्वेदेवा 10神， वसु 8神， तुषित 36神， आभास्वर 64神， अनिल 49神， महाराजिक 220神， साध्य 12神， रुद्र 11神）

गणन [名] (1) 数えること；計算 (2) 数

गणन संख्या [名*]〔数〕基数詞〈cardinal number〉

गणना [名*] (1) 計算；算数 गणना क॰ 計算する दूरी की गणना क॰ 距離を計算する (2) 数 (3) 国勢調査 = जनगणना. 〈census〉

गणनाथ [名] (1) 部族の長 (2) ガネーシャ神 (3) シヴァ神

गणनायक [名] (1) ガネーシャ神（गणेश） (2) シヴァ神

गणनीय [形] (1) 数えられる (2) 有数の；有名な；著名な

गणपति [名] = गणनाथ.

गणपूर्ति [名*] 定足数= कोरम. 〈quorum〉

गणराज्य [名] (1)〔イ史〕古代インドの部族共和制国家 (2) 共和国〈republic〉

गणवाद [名] = प्रजातंत्र.

गणवेश [名] 制服 स्कूल का निर्धारित गणवेश 学校の制服= वरदी/वर्दी.

गणाधिप [名]〔イ神〕ガネーシャ神= गणेश; गणाधिपति.

गणिका [名*] (1) 遊女；芸妓 (2) 売春婦= वेश्या.

गणित [1] [名] (1) 算数 (2) 数学〈mathematics〉

गणित [2] [形] (1) 数えられた (2) 計算された

गणितज्ञ [名] 数学者

गणित ज्योतिष [名] 天文学；数理天文学→ फलित ज्योतिष 占星術

गणित विद्या [名*] 数学= गणित शास्त्र.

गणेश [名]〔ヒ〕ガネーシャ神（厄除けと知恵の神で象の頭をしている民間の信仰の篤い神）= गणपति; विनायक.

गणेश चतुर्थी [名*]〔ヒ〕ガネーシャチャトゥルティー（インド暦6月 भादों及び11月 माघ の白分4日，もしくは，黒分4日．すなわち，日本の旧暦7月19日，もしくは，8月4日．ガネーシャ神を祀る祭日で斎戒断食行 व्रत が行われる．なお，ガネーシャ神の礼拝は陰暦の毎月の白分及び黒分の第4日にも行われており गणेश चतुर्थी と呼ばれるが，マーグ月，サーワン月，アグハン月の白分，もしくは，黒分の4日が最もよいとされる）

गण्य [形] (1) 数えられる (2) 有数の；屈指の एक ही विजय ने उसे संसार की सभ्य जातियों में गण्य बना दिया たった一度の勝利がこの国を世界の文明国の数の中に入れた

गण्यमान्य [形] 有数の；屈指の बाहर के गण्यमान्य व्यक्ति 外部からの名士

गत [1] [形] (1) 過ぎた；過ぎ去った गत रात 昨夜 गत मास 先月 गत वर्ष 去年；昨年 (2) 失われた；過ぎ去った (3) この世を去った；亡くなった；亡き；死去した

गत [2] [名*] (1) 状態 (2) 苦境；窮状 (3) メロディー；節 वायलिन पर गत बजाने लगी バイオリンでメロディーを奏で始めた (-की) **गत क॰** (ーを) ひどい目に遭わせる = (-की) बनाना. **गत बनाना** 身なりをする；なりをする；恰好をする (-की) **गत बनाना** (ーを) みっともない姿にする **गत भरना** 楽器に合わせて踊る

-गत [造語] (ーと) 関係のある，(ーに) 関わる，(ー) 的な，(ー) 上の，などの意を有する合成語の構成要素 भाषागत 言語上の वर्गगत 階級の जातिगत भेद समाप्त हो रहे हैं カーストの差別（ジャーティ間の差別）はなくなりつつある पूँजीगत 資本上の；資金上の पूँजीगत लाभ 資金上の利益 जातिगत नाम 〔生〕科名〈specific name〉 भूमिगत 地中の；地下の

ग

गतका [名] (1) ガトカー（革を被せた 1m ほどの棒で柄があり棒術に用いられる）; ガトカー（गदका） (2) ガトカーを用いて行われる棒術（ガトカーと革製の防具パリー फरी という盾を用いる）
गतकाल [名] 過去；過ぎ去った時
गतचेतन [形] 意識を失った；失神した
गतप्राय [形] ほぼ過ぎ去った；ほぼ完了した；ほぼ終わった
गतरस [形] 面白味のない；味気ない
गतांक [名] バックナンバー
गतागत [1] [名] (1) 往来；行き来 गतागत हो॰ 往来がある (2) 生と死
गतागत [2] [形] 去ったものと到来したもの
गतागति [名*] (1) 往来；行き来 (2) 生死
गतानुगत [名] 旧習墨守；伝統墨守
गतानुगतिक [形] (1) 旧習墨守の；伝統墨守の；因習的な (2) 伝統的な
गतायात [名] 往来；行き来= यातायात; आना-जाना; आवागमन.
गतायु [形] (1) 寿命の尽きた (2) 老いた；年老いた
गतार्थ [形] (1) 意味を失った；意味のなくなった (2) 無用になった (3) 財を失った
गतावधि [形] (1) 時機はずれの (2) 時代遅れの
गति [名*] (1) 動き；動作 गर्भस्थ शिशु की गति 胎児の動き；胎動 जल में गति 水の動き हृदय की गति 心臓の動き साँस की गति 呼吸（の動作） (2) 速度；速さ = वेग. 25 हज़ार किलोमीटर प्रति घंटे की गति से 時速 2 万 5000km の速度で बोलने की गति सही होनी चाहिए 話す速度が正しくなくてはいけない (3) 歩み；進み；進み具合；進度；移ろい；推移 पंजाब में गेहूँ की वसूली की गति तेज हो रही है パンジャーブ州での小麦調達の進度が速まりつつある समय की गति! विधाता की लीला 時の移ろい！神の戯れ！ (4) 運行 नक्षत्रों और ग्रहों की गति और स्थिति 星座と天体の運行と位置 (5)（ある事柄についての）堪能さ；知識；到達度 साहित्य और संगीत दोनों शास्त्रों में असाधारण गति 文学と音楽の 2 つの学問についての並はずれた知識 (6) 状態；状況 (7) 来世；来世の生まれ (8) 解脱 (9) 率 **गति क॰** 動く डिब्बा प्रतिकूल दिशा में गति करेगा 客車は反対方向に動くだろう **गति पकड़ना** スピードを上げる；速度に勢いがつく गाड़ी के गति पकड़ते ही 車がスピードを上げると同時に **गति पाना** 解脱を得る
गतिक [1] [名] (1) 動き (2) 道；道路
गतिक [2] [形] 動的な；ダイナミックな〈dynamic〉
गतिकी [名*] 力学；動力学〈dynamics〉 **सामाजिक गतिकी** 〔社〕社会動学〈social dynamics〉
गतिज [形] 運動の；運動学上の〈kinetic〉 गतिज ऊर्जा 運動エネルギー〈kinetic energy〉
गतिमात्रा [名*] はずみ（弾み）
गतिमान [形] (1) 動きのある；動いている (2) 機能している
गतिरुद्ध [形] 停滞した；動きの止まった
गतिरोध [名] (1) 停滞 राष्ट्र के जीवन में गतिरोध आ जाता है 国民生活に停滞が生じる (2) 行き詰まり कभी-कभी समाज में इतना गतिरोध आ जाता है तो 時に社会にこれほどの行き詰まりが生じると उनके उत्पादन में बहुत कमी हो जाएगी और देश के अनेक विकास कार्यों में गतिरोध उत्पन्न हो जाएगा それの生産が甚だ不足し国の発展活動に行き詰まりが生じるであろう
गति विज्ञान [名] 力学；動力学〈dynamics〉
गतिविधि [名*] 動き；活動；動向
गतिशील [形] (1) 動く；動いている；動きのある गतिशील वस्तु ऊर्जा का स्रोत है 動きのある物はエネルギーの源泉である (2) 活動している；機能している मस्तिष्क तो निद्रा में भी गतिशील रहता है 脳は睡眠中も活動している (3) 活動的な；活発な हमारे चारों ओर चुपचाप खड़ा रहनेवाला वनस्पति जगत् वास्तव में कितना गतिशील है 私たちの周辺に静かにしている植物界は実は動きがとても活発なものなのです
गतिशीलता [名*] ← गतिशील. (1) 移動〈mobility〉 सामाजिक गतिशीलता 〔社〕社会移動 (2) 異動 प्राध्यापकों की गतिशीलता 教員の異動 (3) 活動；活動性；動き
गतिहीन [形] (1) 動きのない；不活動の〈motionless〉 (2) 不活発な (3) 停滞した
गतिहीनता [名*] ← गतिहीन.
गत्ता [名] ボール紙= कुट.
गत्यवरोध [名] 停滞；行き詰まり；障害；隘路
गत्यात्मकता [名*] 移動；移動性 सामाजिक गत्यात्मकता 〔社〕社会的移動〈social mobility〉
गत्वर [形] (1) 動く；動いている；進行している (2) 滅びる；なくなる；はかない
गथना [他] (1) 合わせる；一緒にする；つなぎ合わせる；連結する (2) 口実を設ける
गद [名] 病気；病= रोग; बीमारी.
गदका [名] = गतका.
गदगद [形] = गद्गद.
गदगदा [名]〔植〕マメ科蔓草トウアズキ【*Abrus precatorius*】= रत्ती (रत्ती का पौधा).
गदन [名] 語ること；話すこと；述べること
गदना [他] 語る；述べる = कहना.
गदबदा [形⁺] ふっくらした；ふくよかな；柔らかくて膨らんでいる= गदराया; गुदगुदा.
ग़दर [名]《A. غدر》反逆；反乱= विद्रोह; बलवा.
ग़दर पार्टी [名*]《ग़दर + E. Party》〔イ史〕ガダル・パーティー（1913 年にアメリカ合衆国でハルダヤール हरदयाल らを指導者に革命的テロリズムによるインドの独立運動を志向して結成された政治組織）；反乱党
गदराना [自] (1) 若さに体がぴちぴちしている；ふくよかな；柔らかく膨らむ फोटोग्राफ़र ने काफ़ी मेहनत से टच, री-टच कर उसे और भी गदराया हुआ बना दिया था 写真屋が相当入念に修整を加えますますふくよかにした (2) 熟れかかる；熟しかかる (3) 暑気の充満する；むんむんする बरसात का गदराया मौसम, तीसरे पहर का समय 雨季のむんむんした季節，その昼下がり (4) 目やにが出る (5) 豊富にある；たっぷりある **गदराया फिरना** 浮かれ歩く
गदरी [名*]〔鳥〕サギ科ゴイサギ（五位鷺）【*Nycticorax nycticorax*】= वाक; नक्त बक.
गदला [他] = गँदला. मैले दाँत और गदली आँखें. 汚い歯に目やにのついた目
गदलाना [1] [他] (1) 濁らせる= गदला क॰. (2) 汚す= मटमैला क॰.
गदलाना [2] [自] (1) 濁る (2) 汚れる
गदह [名]〔動〕ロバ= गधा.
गदहपचीसी [名*] 16 歳から 25 歳ぐらいまでの年齢（未熟な年齢．分別の十分でない年齢）
गदहपन [名] 愚かさ；愚昧= मूर्खता; बेवकूफ़ी.
गदहलोटन [名] ロバが砂浴びのため背をつけて地面にごろごろひっくり返ること
गदहहेंचू [名] (1) ロバの鳴き声 (2) 子供の遊び（目隠しされた子が他の子供の隠れ場所を言い当てる．言い当てられなかった子が言い当てられた子の背に乗る）
गदहा [名]〔動〕ロバ（驢馬）= गर्दभ; गधा; खर. イディオムなどについては → गधा.
गदा [1] [名*] (1) 古代の武器の一つ．長い鉄棒の先に鉄球状のものがついている (2) 同上の形をした運動用具
गदा [2] [名]《P. گدا》物乞い；乞食= भिक्षुक; भिखमंगा; भिखारी; फ़क़ीर.
गदाई [1] [名*]《P. گدائی》物乞い（すること） मुकामे इश्क़ में एक है गदाई और सुलतानी 恋をする身には物乞いもスルターンの位も同じこと
गदाई [2] [形]《P. گدائی》(1) 卑しい；下劣な (2) 馬鹿げた
गदाका [名] 地面に投げ飛ばすこと गदाका सुनाना 叱りつける；怒鳴りつける= फटकारना.
गदागद [副] (1) 続けざまに；次から次に物体が柔らかいものや濡れたものの上に落ちた時の音を立てながら
गदाधर [1] [形] ガダー（गदा[1]）を持っている
गदाधर [2] [名] ヴィシュヌ神の異名の一
गदाला [名] 象の背に乗る際に敷く分厚い麻布
गदी [1] [形] 病気の；病気に罹っている
गदी [2] [形] ガダー（गदा）を持っている（ガダーを握っているヴィシュヌ神ないしはクリシュナ神）
गदेला[1] [名] (1)（綿や羽毛のいっぱい詰まった）厚い布団 (2) 象の背にのせる分厚い麻布

गदेला[2] [名] 幼児；児童；子供= बालक; बाल.
गदेली [名*] てのひら（掌）；たなごころ हाथ की गदेली से ढक दें 掌で覆いなさい
गद्गद [形]（喜びの強い感動に震える様子）がくがくする；大喜びの；喜びに震えている गद्गद हो जा॰ 大喜びする；感動に震える；欣喜雀躍する बेटे की इस सहृदयता और उदारता पर माँ का रोम रोम गद्गद हो गया 息子のこの優しさと心の広さに母親は全身が感動に震えた दोनों भावाभिभूत और गद्गद थे 2 人は感動に圧倒され打ち震えていた
गद्गदता [名*] 喜びに強く感動すること；喜びに震えること वह अपनी संतान पर बरसते हुए स्नेह को देखकर मन की गद्गदता उसके मुख पर छिपाये न छिप रही थी わが子に降り注ぐ愛情を見て打ち震える感動の表情を隠せないでいた
गद्द [1] [名] (1) 柔らかい物に物体が落下して生じる音；ぱしゃっ，ぺしゃっ，ぐしゃっ，ぽちゃっなど (2) 食物が胃にもたれるさま गद्द क॰ 胃にもたれる
गद्द [2] [名] 愚かな= मूर्ख; बेवक़ूफ़. (-को) **गद्द मारना** （一を）意のままに操る；思いのままに操る
गद्दर [形] (1) 十分に熟していない；未熟な= अधपका. (2) ふくよかな；ふっくらとした
गद्दा [名] (1) 敷き布団 सर्दियों में गद्दे और लिहाफ़ की जरूरत पड़ती है 冬には敷き布団と掛け布団が必要になる (2) = गदाला. (3) 草や綿などを束ねた物
गद्दार[1] [形]《A. غدار》(1) 裏切る；裏切りをする；不実な；不誠実な= कृतघ्न; नमक हराम. (2) 反乱する；謀反を起こす= देशद्रोही.
गद्दार[2] [名] (1) 裏切り者 (2) 謀反人；反逆者 देश के शत्रु तथा गद्दार 国家の敵であり裏切り者
गद्दारी [名*]《A. غداری》(1) 裏切り (2) 反逆；謀反 चूँकि भारत माता की कसम खाकर प्रतिज्ञा की थी, इस लिए कुछ भी बताना गद्दारी होगी 母なるインドにかけて誓ったのだから少しでも話すことは国を裏切ることになる अपने मुल्क के साथ गद्दारी 母国に対する裏切り；国賊行為= देश के साथ गद्दारी. गद्दारी क॰ 裏切る；寝首をかく
गद्दी [1] [名*] (1) 座布団や小さな敷き布団などの敷物；クッション रुई की गद्दी 綿の敷物 कुर्सी की गद्दियाँ 椅子のクッション (2) 柔らかい物を重ねた物 रुई की मुलायम गद्दी से आँख को ढक दिया जाना चाहिए 綿の柔らかい当てもので目を覆わなくてはならない (3) 座；占める位置；地位 गद्दी से उतारना 地位や座から下ろす मुख्य मंत्री को कांग्रेसी नेता किसी न किसी तरह गद्दी से हटाने में लगे हैं 会議派指導部は首相を何とかしてその座から退けることに取りかかっている (4) 代々受け継がれる地位 (5) 王座 सब से बड़ा राजकुमार गद्दी पर बैठेगा 皇太子が王座につく (6) 掌 (7) 土踏まず
गद्दी [2] [名] ガッディー（ヒマーチャル・プラデーシュに居住するインドアーリア系の半遊牧民）
गद्दीदार [形]《H. + P. دار》クッションのついた गद्दीदार कुरसी クッションのついた椅子；安楽椅子 चक्कर खानेवाली गद्दीदार कुरसी クッションのついた回転椅子
गद्दीनशीन [形]《H.गद्दी + P. نشین》(1) 王座についている (2) 座を占めている；地位を占めている 1980 में कांग्रेस के दुबारा गद्दीनशीन होने पर 1980 年にコングレスが再度政権につくや (3) 後継者の
गद्देदार [形]《H.गद्दा + P. دار》スプリングのついた；スプリングのきいた गद्देदार बिस्तर スプリングのきいた寝具 गद्देदार सीटों वाले कूपे 座席にスプリングのきいたクーペ
गद्य [名] 散文→ पद्य 韻文
गद्यकार [名] (1) 散文作家；散文家 (2) 随筆家 प्रतिनिधि गद्यकारों की रचनाएँ 代表的散文家たちの作品
गद्य काव्य [名]〔文芸〕(1) 散文詩〈prose poem〉 (2) サンスクリット文学ではカター कथा，アーキヤーイカー आख्यायिका などの散文小説や物語などをこの名称の下に含める
गद्यगीत [名]〔文芸〕散文歌（散文詩のうち一層律動感に富み句の配列も歌により近いものをこれに入れる）
गद्य शैली [名*]〔文芸〕散文体
गद्य साहित्य [名]〔文芸〕散文学
गद्यात्मक [形] (1) 散文の；散文に関する (2) 散文的な
गधा [名] (1)〔動〕ウマ科ロバ（驢馬）→インド野生ロバ घोड़खर (2) 間抜け；愚か者 किस गधे ने तुम्हें इंटर में पास किया था 君をインターミーディエートの試験に合格させた人はとんでもない間抜けだな **गधा चराना** 間抜けな；間が抜けている (-को) **गधा बनाना** （人を）馬鹿にする **गधे का हल चलना** 荒れ果てる；荒廃する **गधे की लादी** 大きな荷物 **गधे को बाप बनाना** 方便として愚か者に頭を下げる **गधे को हलुआ खिलाकर लातें खाना** 愚か者をつけあがらせたために自分がひどい目に遭う **गधे पर चढ़ना** 大恥をかく (-को) **गधे पर चढ़ाना** （一に）大恥をかかせる (-को) **गधे पर सवार क॰** = गधे पर चढ़ाना.
गधा कछुआ [名]〔動〕ウミガメ科【*Lepidochelys olivacea*】
गधागधी [名*] = गदहहेंचू.
गधापचीसी [名*] = गदहपचीसी.
गधापन [名] 愚かさ；蒙昧= गदहपन.
गधालोटन [名] ロバが地面に転がって砂浴びすること= गदहलोटन.
गधाहेंचू [名] = गदहहेंचू.
गधी [名*] 雌のロバ→ गधा.
गन [名*]《E. gun》銃；銃砲；小銃；ガン
गनगनाना [自] (1) 寒さにがたがた震える (2) 鳥肌が立つ；身の毛がよだつ
गनगौर [名*]〔ヒ〕(1) ガナゴール祭（インド暦の1月，すなわち，チャイト月の白分3日，主にラージャスターンで行われるヒンドゥー教の祭礼．ガネーシャ神とガウーリー女神 गौरी に祈りを捧げる） (2) パールヴァティー神= पार्वती; गिरिजा
गनबोट [名]《E. gunboat》砲艦= तोपवाही नौका.
गनाना [他] = गिनाना.
गनियारी [名*]〔植〕クマツヅラ科大低木マライハマクサギ【*Premna integrifolia*】= अगेथ; छोटी अरनी.
गनी [1] [名*] 計算；推定
गनी [2] [名*]《E. gunny》ツナソの繊維でこしらえた布；ドンゴロス；麻布；ズック
ग़नी [形]《A. غنی》(1) 金持ちの；裕福な；豊かな (2) 気前のよい
ग़नीम [名]《A. غنیم》(1) 略奪者 = लुटेरा. (2) 敵；仇= दुश्मन; बैरी.
ग़नीमत [名*]《A. غنیمت》(1) 略奪品 (2) 戦利品 (3) 儲けもの (4) 不幸中の幸い；御の字 आधे भी मिल जाए तो ग़नीमत है 半分でも手に入れば御の字だ ग़नीमत यही थी कि कमला अब तक मंगल के पास थी これまでカマラーがマンガルのそばにいたことが不幸中の幸いであった (5) 恩恵；有り難いもの；天恵 ग़नीमत है कि इन आदमियों में भी इंसाफ़ वाले मौजूद हैं これらの人たちの中にも正義を尊ぶ人がいることは天恵というべきことだ
गनेर [名]〔植〕イネ科カラスムギ（エンバク）【*Avena fatua*】
गनोरिया [名]《E. gonorrhea》〔医〕淋病= सूज़ाक.
गनौरी [名*]〔植〕カヤツリグサ科ハマスゲ= नागरमोथा.
गन्नर [名]《E. gunner》〔軍〕射撃手；砲手
गन्ना [名]〔植〕イネ科サトウキビ【*Saccharum officinarum*】〈sugarcane; noble cane〉【*Saccharum sinense*】〈North Indian canes; thin canes〉 गन्ने का रस サトウキビの搾り汁
गन्नी [名*]《E. gunny》= गनी. (1) 麻布；ズック (2) 麻などでこしらえた敷物
गप[1] [名*] (1) 世間話；雑談；無駄話；おしゃべり **गप लड़ाना** 世間話をする；雑談する (2) 噂話 **गप उड़ाना** 噂話をする (3) 軽口 **गप मारना** 軽口を叩く (4) 大げさな話 **गप हाँकना** 大げさな話をする (5) ほら；自慢話 **गप मारना** ほらを吹く
गप [2] [名] (1) 飲み込む時の動作とその音．ごくり，ごくっ，ごくんなど गप से ごくっと，ごくんと (2) 柔らかいものにとがったものを激しく突き刺す動作とその音．ずぶっ गप से ずぶっと **गप गप खाना** ぱくぱく食べる；がつがつ食べる
गपकना [他] (1) ぱくぱく食べる；さかんに食べる (2) よく噛まずに食べる；ぱくりと食べる；飲み込むように食べる (3) 横領する मछली गपकनेवाला पनकौआ 魚をごくっと飲み込むカワウ
गपड़चौथ [1] [名] 無駄話；おしゃべり
गपड़चौथ [2] [形] いいかげんな；でたらめな
गपना [他] (1) 世間話をする；無駄なおしゃべりをする；くだらないおしゃべりをする (2) 噂話をする
गपबाज़ी [名*]《H.+ P.بازی》おしゃべり **गपबाज़ी क॰** おしゃべりをする

गपशप [名] 世間話；雑談；無駄話；おしゃべり गपशप में डूबा हुआ था 雑談にふけっていた बाहर कुछ औरतें बैठी गपशप कर रही थीं 戸外には数人の女たちが腰を下ろして世間話をしていた
गपाटा [名] 無駄話をすること；駄弁
गपिया [形] 無駄話をする；駄弁に耽る
गपोड़[1] [形] おしゃべりな；無駄話をする
गपोड़[2] [名] (1) 大げさな話 (2) 根も葉もない話= गपोड़ा.
गपोड़बाज़ी [名*] 《H.+P. بازی》無駄話をすること；駄弁
गपोड़िया [形] 大げさなことを言う；ほら吹きの
गप्प [名*] = गप. गप्प हो रही थी 雑談が交わされていた गप्पें लड़ाना 無駄話をする；取り留めもない話をする वे अब भी दोनों समय आधा आधा घंटा गप्पें लड़ाते हैं 今でも二度とも半時間もの間おしゃべりをする अपनी सहेलियों के साथ घंटों गप्पें लड़ाया करती थीं いつも友達と何時間もの間無駄話をしていた
गप्पबाज़ी [名*] 《H.गप्प + P. بازی》おしゃべり；長話；無駄話 टेलीफ़ोन पर गप्पबाज़ी 電話での長話
गप्पा [名] だまし；詐欺 **गप्पा खाना** だまされる；しくじる
गप्पी [形] (1) おしゃべりな；無駄話の好きな= गप मारनेवाला. (2) 大げさな話やいいかげんな話をする；ほら吹きの；でたらめな話をする= झूठा. गप्पी आदमी 嘘つき男；ほら吹き
गप्फा [名] (1) 一口に入れる食べものの大きな塊 (2) 利益
गफ [形] (1) 密な (2) 織り目の細かい；密に織った= गाढ़ा.
ग़फ़लत [名*] 《A. غفلت ग़फ़्लत》(1) 前後不覚；意識を失うこと；意識喪失= बेख़बरी; संज्ञाहीनता. आदमी ग़फ़लत में पड़े सोते हैं तो 前後不覚になって眠っている人がいると (2) 不注意= असावधानी; लापरवाही. समझे, पानी का साँप है, विषैला न होगा.इस लिए पहले कुछ ग़फ़लत की गई 水の中にいる蛇なので無毒と思ったので最初不注意になった (3) 誤り；しくじり= भूल; चूक; त्रुटि.
ग़फ़ूर [形] 《A. غفور》情け深い；慈悲深い；寛容な= क्षमाशील
ग़फ़्फ़ार [形] 《A. غفار》大変情け深い；甚だ慈悲深い
गबदा [形+] (1) よく太った；ぶくぶく太った (2) 愚かな；愚鈍な
गबद्द [形] 愚昧な；間抜けな
ग़बन [名] 《A. غبن》使い込み；着服；横領 सरकारी धन के ग़बन के अपराध में 公金横領の咎で
गबर [副] 急いで
गबरू [1] [形] (1) 幼い；子供らしい (2) 純な；素直な；素朴な；純真な；頑是無い (3) 若さにあふれた；若々しい गबरू जवान 元気のよい若者；頑健な青年
गबरू [2] [名] (1) 子供；男の子 (2) 若者；青年 (3) 花婿
गबरून [名] 市松模様の粗製綿布の一種
गब्बर [形] (1) 横柄な；傲慢な (2) 強情な；意地っ張りな (3) 金持ちの；裕福な
गब्भा [名] ふとん（布団）；敷き布団
गब्र [名] 《P. گبر》拝火教徒= पारसी.
गभीर [形] = गंभीर.
गम [名] (1) 行くこと (2) 道；道路 (3) 動き (4) 立ち入り；到達
ग़म [名] 《A. غم》(1) 悲しみ；悲嘆；憂さ अब जान पड़ेगा कि बेटे का ग़म कैसा होता है これで息子を失った悲しみがどんなものかわかるだろう (2) 心配 (-पर) **ग़म क॰** （－を）悲しむ；嘆く；嘆き悲しむ **ग़म खाना** *a*. 悲しむ *b*. 気の毒に思う *c*. 辛さに耐える；怒りや悲しみや苦しみをこらえる उसका जी चाहा यह एक तमाचा कुली को जड़ दे, पर ग़म खाकर रह गया ポーターの頬に平手打ちを食わせてやりたいと思ったがぐっとこらえた ग़म खाना और कम खाना अच्छा होता है 腹を立てず食べ過ぎぬことが自分の心身のために大切なこと **कम खाना ग़म खाने से कहीं अच्छा है** 〔諺〕腹八分に医者要らず；食べ過ぎないようにするのが健康の秘訣 **ग़म ग़लत क॰** *a*. 悲しみを和らげる *b*. 悲しみを忘れる；悲しみを忘れようとする；辛さを忘れようとする *c*. 憂さを晴らす；憂さ晴らしをする शराब के साथ ग़म ग़लत कर रहे थे 酒で憂さ晴らしをしていた **ग़म ग़लत हो॰** 憂さが晴れる यह बहुत बड़ी ग़लतफ़हमी है कि नशा करने से ग़म ग़लत होता है 酒が憂さ晴らしになるというのは大変な錯覚だ
गमक [1] [名*] (1) 薫り；芳香；薫香 (2) 〔イ音〕せんおん（顫音）；装飾音
गमक [2] [形] (1) 行く；進む (2) 伝える；伝達する
गमकना [自] (1) かおる（香る；薫る）；いい匂いがする；芳香が立ちこめる मुहर्रम के दिनों में लोबान की गंध से क़सबा गमक उठता है ムハッラムの頃は町中に安息香の匂いが立ちこめる बरसात आने पर मिट्टी गमकने लगती है 雨季の到来で大地が香り始める हाथियों के संघर्ष से कोमल वृक्ष छिल जाते हैं और उनके दूध की गंध से वातावरण गमक उठता है 象のために擦りむけた小さい木の出す樹液の香りで辺り一面が匂う (2) こだまする (3) 浮き立つ；明るく賑やかになる रात को जब कमरे में रोशनी होती थी, छत गमकती थी 夜部屋に明かりがつくと屋上が活気に満ちるのであった
ग़मख़ोर [形] 《A.P. غمخور》耐える；忍耐する；耐え忍ぶ
ग़मख़ोरी [名*] 《A.P. غمخوری》耐えること；耐え忍ぶこと；忍耐
ग़मख़्वार [名・形] 《A.P. غم خوار》同情する；憐れむ；思いやる
ग़मख़्वारी [名*] 《A.P. غمخواری》同情；憐れみ；思いやり
ग़मगीन [形] 《A.P. غمگین》辛い；悲しい；陰鬱な；憂鬱な；重苦しい
ग़मगुसार [形] 《A.P. غم گسار》同情する；思いやりのある
गमछा [名] タオル；手拭い；ガムチャー（幅 60cm, 長さ 150cm ほどの平織りの薄手の綿布．入浴時の腰巻きやターバンの代わりに頭に巻いたりかけたりして用いられる）= अंगोछा.
ग़मज़दा [形] 《A.P. غم زده》悲しみに打ちひしがれた；悲しみに打ち沈んだ
गमत [名] (1) 道= रास्ता; मार्ग; सड़क. (2) 仕事；職業；職= पेशा; व्यवसाय.
गमतख़ाना [名] 《A. غمد ग़म्द? + P. خانه》あか（淦）の溜まる船底= बंधाल.
गमतरी [名*] = गमतख़ाना.
गमथ [名] (1) 道；道路= रास्ता; मार्ग. (2) 旅人= पथिक. (3) 商い；商売= व्यापार.
गमन [名] (1) 行くこと；旅立ち (2) 出発；出かけること (3) 道；道路
गमनपत्र [名] 通行証；通行許可書；通行手形；パス
गमना [自] (1) 行く (2) 失う (3) 船底に水が溜まる；あか（淦）が溜まる
ग़मनाक [形] 《A.P. غمناک》(1) 痛ましい；悲しい；悲惨な (2) 悲しげな；悲しそうな；憂いを帯びた
गमनागमन [名] (1) 行くことと来ること (2) 往来；行き来
गमनीय [形] 行くべき；行くにふさわしい
गमला [名] (1) 植木鉢 गमलों में उगाना 植木鉢に植える (2) 室内便器；おまる
गमागम [名] = गमनागमन.
गमाना [他] = गँवाना. (1) 失う；なくす (2) 無駄にする；つぶす；台無しにする जनम गमाया झूठी दुनियाँ के प्यार से 偽りのこの世の愛に一生を無駄にした
ग़मी [名*] 《A. غمی》(1) 身内の死；不幸 किसी के यहाँ ग़मी हो गई है どこかの家で不幸があった (2) 哀悼 (3) 喪；服喪 ख़ुशी और ग़मी के मौकों पर 祝祭と服喪の際に；冠婚葬祭に
गम्य [形] (1) 行ける；到達しうる (2) 届きうる；及びうる (3) 得られる；手に入れられる
गयंद [名] 大きな象；立派な巨象= गजेंद्र.
गयण [名] 空；大空= आकाश; गगन.
गयशिर [名] (1) ビハール州ガヤーにある山の名前，ガヤシル山 (2) ヒンドゥー教徒の聖地ガヤー गया
गया [1] [形+] जाना の完了分詞．形容詞的用法で「過ぎた，過ぎ去った，すんでしまったなど」の意味に用いられる गया दिन 過日 **गया-गुज़रा** = **गया-बीता** *a*. ひどいありさまの；惨めなありさまの *b*. つまらない；取るに足らない；ろくでもない；くだらない (-) **गयी क॰** （－を）過ぎ去ったこととして忘れ去る；過去のこととして問題にしない
गया[2] 〔地名・ヒ〕ガヤー（ビハール州中部の都市でヒンドゥー教徒の聖地の一．同地で先祖の供養が行われることで有名）= गया जी. **गया क॰** 〔ヒ〕ガヤーに行って先祖の供養をする
गया[3] [名*] 〔ヒ〕ガヤーで行われる先祖の供養
गयाना [国名] 《E. Guyana》ガイアナ協同共和国（南米）〈Co-operative Republic of Guyana〉

गयाल [名]〔動〕ウシ科ガヤール【*Bos frontalis*】(インドヤギュウ【*Bos gaurus*】の家畜化したものでアルナーチャル州地方に生息する)

गयावाल [1] [名]〔ヒ〕ヒンドゥーの聖地ガヤー गया[2] のパンダー → (पंडा).

गयावाल [2] [形] (1) ガヤーの (2) ガヤーにある (3) ガヤーに居住する;ガヤー出身の

ग़यास [名*] = ग़ियास.

गर [接]《P. گر ← اگر》もし;もしも;仮に= अगर. गर मिले जो जन्म दूसरा もし生まれ変わるなら

-गर [接尾]《P. گر》名詞に接続して(ーを)作る(人),(ーを)する(人),(ーの)仕事をする人,職にある人,(ーの)職業を持つ人,行為者,従事者などの意を持つ名詞や形容詞を作る जादू 魔術→ जादूगर 魔術師 सौदा 商い → सौदागर 商人 ज़र 金 → ज़रगर 金細工師

ग़रक़ [形]《A. غرق ग़र्क़》(1) 沈んだ;沈められた (2) 溺れた;溺れ死んだ;溺死した (3) つぶされた;台無しになった;滅ぼされた **ग़रक़ क॰** *a.* 沈める *b.* つぶす;滅ぼす;台無しにする यह कमबख़्त कुत्ते कहाँ-कहाँ से आ जाते हैं. म्युनिसिपैलिटी क्या कर रही है. ख़ुदा ग़रक़ कर दे उन्हें この犬ども一体どこからやって来るのか. 市役所は何をしているのか. 神様どうかやっつけて下さい चकला घरों में इनके जीवन को ग़रक़ किया जाता है 売春宿にこの人たちの人生が沈められる **ग़रक़ हो॰** *a.* 沈む *b.* 溺れる *c.* 滅びる;つぶれる

ग़रक़ाब [1] [形]《A.P. غرقاب ग़र्क़ाब》(1) 沈んだ;沈没した;水に浸かった (2) 溺れた;熱中した;没頭した

ग़रक़ाब [2] [名]《A.P. غرقاب ग़र्क़ाब》(1) 沈むこと;沈没 (2) 溺れること;熱中;没頭

गरकी [名*] 滑車= घिरनी; गराड़ी.

ग़रक़ी [名*]《A. غرقی ग़र्क़ी》(1) 沈没;沈むこと (2) 大雨 (3) 洪水 (4) 冠水したところ (5) 降水で水溜まりのできるところ **ग़रक़ी आ॰** 洪水になる;大水が出る (-को) **ग़रक़ी दे॰** (ーを) 苦しめる;悩ます= ग़रक़ी में डालना.

गरगज [名] (1) りょうほ (稜堡) (2) 塔 (3) 櫓 (4) 絞首台 (-का) **गरगज लगाना** (ーを) 積み上げる;積み重ねる;山積みする

गरगड़ी [名*] ヨーヨー

गरचे [接]《P. گرچه》= अगरचे.

गरज [名*] (雷鳴などの大きく深い音の) 轟き;轟く音;轟音 गरज-चमक 雷鳴と稲妻 ख़ूब गरज चमक के साथ मूसलाधार बारिश होती है 随分雷鳴が轟き稲妻が光ると共に土砂降りになる

ग़रज़[1] [名*]《A. غرض》(1) 目的;意図;考え;心組み;心づもり तिजारत की ग़रज़ से 商売の目的で विशेष जानने की ग़रज़ से पूछा 詳しく知りたくてたずねた तारीफ़ लूटने की ग़रज़ से 人にほめられようと思って पापा जी ने समझाने की ग़रज़ से कहा パパは言い聞かせようと思って言った शायद यह हमारा भेद लेने की ग़रज़ से आया है この男は恐らくこちらの秘密を探りにやってきたのだ (2) 必要;必要性 तोपों की ग़रज़ 大砲の必要性 **ग़रज़ अटकना** 自分の都合がある **ग़रज़ क॰** へつらう;お世辞を言う **ग़रज़ का बंदा** 身勝手な人 **ग़रज़ का बावला** 目的のためには手段を選ばない= ग़रज़ का यार. **ग़रज़ गाँठना** 自分の目的を達する **ग़रज़ पड़े पर गधे को भी बाप कहना** 自分の目的を達するためにはだれにでもへつらう

ग़रज़ [2] [副・接] (1) ついに;とうとう= आख़िरकार. (2) つまり;要するに ग़रज़ बातों बातों में हमें बहुत कुछ सिखा देते हैं つまり話をしながらいろんなことを私たちに教えて下さる **ग़रज़ कि** つまり = ग़र्ज़ कि. = अर्थात्; यानी; तात्पर्य यह कि; मतलब यह कि. ग़रज़ कि कुछ-न-कुछ रगड़ा-झगड़ा खड़ा किया つまり何らかのごたごたを起こしたと言うことだ

गरजना [自] (1) とどろく (轟く);大きく深い音が響く (稲妻などがごろごろ鳴るなど) अचानक बादल ज़ोर से गरजा にわかに雷雲が轟いた गड़ गड़ गड़ बादल गरजता है ごろごろと雷雲が轟く बादलों का गरजना 雷鳴 (2) 大声を出す;怒鳴る (3) ひび割れる;ひびが入る

ग़रज़मंद [形]《A.P. غرض مند》(1) (何かを) 求めている;望んでいる;必要としている;欲する;願う (2) 身勝手な;自分勝手な **ग़रज़मंद का बावला** 目的のためには手段を選ばない

ग़रज़मंदी [名*]《A.P. غرض مندی》(1) 要求;要望;必要;欲求;願い (2) 身勝手さ

ग़रज़ी [形]《A. غرض + H. -ई》= ग़रज़मंद.

गरट्ट [名] 群れ;集まり;集合;集団

गरद[1] [形] 毒を与える;毒を出す

गरद[2] [名] 毒 **गरद झर जा॰** 毒が抜ける

गरद[3] [名*]《P. گرد गर्द》土埃;砂埃 **गरद उड़ना** 土埃が立つ (-की) **गरद उड़ना** (ーが) 滅びる;衰退する;荒れる;荒廃する **गरद उड़ाना** 土埃を立てる **गरद व ग़ुबार/गर्दो ग़ुबार** 土埃や塵

गरदन [名*]《P. گردن गर्दन》(1) 首 = गला. (2) のど= कंठ; हल्क़. (3) 器物の首 (のような部分) **गरदन उठाकर** 胸を張って;誇らしげに= गरदन उठाये. गरदन उठाये चलते हैं 獅子のように誇らしげに歩む **गरदन उठना** 気をつける;注意を向ける **गरदन उठाना** *a.* 自慢する;誇る *b.* 背く;反旗を翻す **गरदन उठाने की फ़ुर्सत न हो॰** 息つく暇もない **गरदन उड़ना** 首がはねられる **गरदन उड़ाना** 首を刎ねる= गला काटना. **गरदन उतरना** = गरदन उड़ना. **गरदन उतारना** = गरदन उड़ाना. **गरदन ऊँची करके** 誇らしげに;胸を張って **गरदन ऐंठना** *a.* 首を絞める;首をひねる *b.* 苦しめる **गरदन ऐंठी रखना** *a.* 大変うぬぼれる *b.* 不機嫌な **गरदन कटना** *a.* 不名誉になる;面子を失う;不面目になる *b.* 損をする **गरदन काँपना** 老いる;老け込む **गरदन काटना** *a.* 首を切る *b.* 損害を与える *c.* 恥をかかせる **गरदन का बोझ** 責任;肩の荷 **गरदन का बोझ उतरना** 肩の荷が下りる;ほっとする;安堵の溜め息をつく **गरदन का मनका ढलना** 死期が近付く **गरदन छूटना** 肩の荷が下りる **गरदन झाड़कर निकल जा॰** 責任を免れる **गरदन झाड़ना** 叩く;殴る= मारना-पीटना. **गरदन झुकना** *a.* うなだれる;うつむく *b.* 恥をかく **गरदन झुकाना** *a.* うつむく;首うなだれる हम गरदन झुकाकर बोले うなだれて言った *b.* 恥をかかせる **गरदन टीपना** 絞め殺す **गरदन टेढ़ी क॰** 目をそらす;無視する **गरदन ढलकना (ढलना)** 事切れる;死ぬ (-की) **गरदन ढीली क॰** (ーを) ひどい目に遭わせる **गरदन तक न उठाना** *a.* 多忙を極める *b.* 体の具合が悪い (-की) **गरदन तोड़ना** 絞め殺す;ひねり殺す **गरदन दबाना** 強制する;押さえつける;無理強いする **गरदन न उठाना** 恥ずかしさに顔を上げられない (-की) **गरदन नापना** *a.* (ーの) 首をつかんで引きずり出す *b.* (ーを) ひどい目に遭わせる;害を与える *c.* (ーを) 辱める **गरदन नीची क॰ (हो॰)** 恥をかく;恥じ入る **गरदन पकड़कर निकालना** 首をつかんでつまみ出す;引きずり出す **गरदन पकड़ना** *a.* 捕まえる;逃げられないようにする *b.* 処罰する **गरदन पर कटार चलाना** ひどい目に遭わせる **गरदन पर चढ़ना** *a.* せかせる;急がせる *b.* 無理強いする *c.* ののしる= गरदन पर कुठार चलाना. (-की) **गरदन पर छुरी चलाना (फेरना)** (ーを) ひどい目に遭わせる;ひどく苦しめる **गरदन पर जूआ पड़ना** 責任を負う **गरदन पर तलवार चलाना** = गरदन पर छुरी चलाना. **गरदन पर बोझ रखना** 責任を負わせる **गरदन पर सवार हो॰** = गरदन पर चढ़ना. **गरदन (-के) पैरों के नीचे दबी हो॰** (ーに) 首を押さえられている **गरदन फँसना** 危難におちいる **गरदन मरोड़ना** *a.* 首を絞める *b.* 圧力をかける;強要する *c.* 苦しめる;苦痛を与える **गरदन मारना** *a.* 首を刎ねる;殺す *b.* 損害を与える **गरदन (-की) मुट्ठी में हो॰** (ーに) 首を押さえつけられる;(ーの) 意のままになる **गरदन में हाथ डालना** *a.* 侮辱する;侮蔑する *b.* 首を捕まえ引きずり出す= गरदनियाँ दे॰. *c.* 親しみを表す (-की) **गरदन रेतना** (ーに) 害を及ぼす;損害を与える **गरदन सही क॰** 平手打ちを食わせる **गरदन से उतार दे॰** 荷を下ろす;責任を果たす **गरदन से जुआ उतरना** 自由になる;解放される **गरदन हिलाना** 断る;拒否する

गरदन ऐंठा [名]〔鳥〕キツツキ科アリスイ【*Jynx torquilla*】

गरदना [名]《← P. گردن》(1) 太い首 (2) 首筋を殴ること **गरदना लगाना** 首筋を殴打する

गरदनियाँ [名*]《P. گردن + -इयाँ》首をつかんで引きずり出すこと;つまみ出すこと **गरदनियाँ दे॰** つまみ出す

गरदनी [名*]《P. گردن गर्दन + H. -ई》(1) えり (襟) (2) ハンスリー (首の回りにつける金もしくは銀製の首飾り);ガルダニー= हँसुली.

गरदा [名]《← P. گرد》土埃;砂埃= धूल; ग़ुबार.

गरदान[1] [形]《P. گردان गर्दा》(1) 回って元のところへ戻ってくる (2) 回転する (3) 回転させる

गरदान[2] [名]《P. گردان》(1) 回転 (2)〔言〕語形変化;屈折;活用

गरदानना [他]《← P. گردان》(1) 回転させる (2) 活用させる (3) 語形変化させる

गरब-गहेला [形+] うぬぼれが強い

ग

गरबा [名] (1) ガルバー（グジャラートの女性の民謡の一）(गरबी) (2) ガルバー・ダンス（グジャラート地方で行われるフォークダンス．側面に穴のあいた壷に灯明を灯してそれを中心に男女が輪になって踊る）

गरबी [名*] → गरबा(1)

गरबीला [形+] うぬぼれが強い＝ अभिमानी; घमंडी.

गरभ [名] (1) ＝ गर्भ. (2) ＝ गर्व.

गरभाना [自] (1) 妊娠する；懐妊する (2) 穂が出る

गरभी [形] ＝ घमंडी; अभिमानी.

गरम [形] 《← P. گرم गर्म》(1) 暖かい；温かい घर का बना गरम खाना 家庭の温かい料理 हलका गरम पानी ぬるま湯 गरम कपड़े 暖かい服；厚手の服；冬服 गरम क० 温める गरम हो० 温かくなる आधा गरम ぬるい (2) 熱い माँ गरम गरम फुलके सेंक कर दे रही थीं 母は熱々のプルカーを炙って食べさせているところだった गरम क० 熱する गरम पानी 湯 चारपाई पर ख़ूब गरम पानी डालिए チャールパーイーにかなり熱い湯をかけなさい गरम पानी क० 湯を沸かす प्रेशर कुकर में गरम पानी करें 圧力釜に湯を沸かす (3) 暑い (4) 体内で熱を生じたり体を温める（ものと考えられている食品や薬）(5) 気性の激しい (6) 興奮した；激した **गरम हो जा०** かっとなる；興奮する＝ गरम हो उठना. मिसेज शर्मा ने गर्म होकर कहा シャルマー夫人は興奮して言った (7) 血の気の多い；熱血の (8) 発情した；情欲に駆られた；色情に興奮した (9) 熱のこもった；熱心な (10) 激しい；盛んな；活発な **आँटी गरम हो०** 金回りが良い；懐の暖かい (-का) **बाज़ार गरम हो०** (一が) 活発な；盛んな (11) 過激な **गरम दल** 急進派；過激派；強硬派；タカ派 (12) 噂の高い (13) 直前の；ただ今の；最新の (14) 暖かな感じの **गरम रंग** 暖色 ↔ ठंडा रंग. **गरम आह** 深い悲しみ **गरम क०** *a.* 興奮させる；激させる；怒らせる *b.* 体に熱を出す；体を熱くする *c.* 熱する；加熱する＝ आग दे०. **गरम ख़बर** ほやほやの話題；今盛んに話題となっていること **गरम ख़ून** 血気 **गरम चर्चा हो०** しきりに話題とされる；盛んに行われている話題 **गरम चोट** 生傷 **गरम पानी** *a.* 湯 *b.* 精液 *c.* 酒 **गरम बहस** 激しい議論；激論 **गरम बाज़ारी** 盛んな需要 **गरम बात** *a.* 刺激的な話 *b.* 不快な話 **गरम मामला** *a.* 新しいこと *b.* 新しい知らせ *c.* きわどい問題 **गरम मिज़ाज** 気の短い；短気の **गरम हो०** *a.* 怒る *b.* 盛んな；激しい

गरम कपड़ा [名] 厚手の服；冬服

गरमजोशी [名*] → गर्मजोशी.

गरम मसाला [名] ＝ गर्म मसाला. (1)〔料〕ガラムマサーラー（トウガラシ，コショウ；チョウジ，コエンドロ，シナモンなどのインド料理に用いられる香辛料．これらを混ぜ合わせて粉末状にしたもの）बैंगन के भुरते में गरम मसाले पड़े थे ナスのブルター料理にはガラムマサーラーが入っていた (2) センセーショナルな話題

गरमागरम [形] 《P. گرماگرم गर्मागर्म》＝ गरमागर्म. (1) 熱が加わったばかりで熱い；料理などができたての；茶などが入れたての；でき上がったばかりの；ほかほかの；熱々の दिन भर बच्चों की चिंता नहीं रहती और शाम को घर लौटने पर गरमा-गरम चाय-नाश्ता मिल जाता है 一日中子供の心配はない．それに夕方家に戻るとほかほか熱々のスナックとお茶が待っている गरमागरम काफ़ी 熱々のコーヒー (2) 白熱した；熱気のこもった गरमागरम बातें 白熱した会話 गरमागरम विवाद में 白熱した論議で गरमागर्म बहस 激論 (3) 直前の；ただ今の

गरमागरमी [名*] 《P. گرماگرمی》(1) 熱意；熱心さ (2) 興奮；熱気 (3) 激論；激しい応酬 गरमागरमी से 熱心に＝ जोश से.

गरमाना[1] [他] 《P. گرم + H.》(1) 温める；暖める (2) 興奮させる (3) 活発にさせる (4) 袖の下を使う；賄賂を贈る

गरमाना[2] [自] (1) 温まる；暖まる (2) 興奮する (3) 活発になる；盛んになる (4) 発情する (5) 金銭的に恵まれる；経済的に余裕のある

गरमास [名*] 《P. گرم + H.आस》＝ गरमाहट. माँ के शरीर की गरमास ही उसे मिल रही हो 母親の体の温もりだけを得ているかのように

गरमाहट [名*] 《P. گرم + आहट》温かさ；暖かさ；温もり गद्देदार बिस्तर की गरमाहट दहकते अंगारों-सी लगने लगी ふわふわとクッションの入った寝床の温みは燃えさかる火のように感じられるようになった

गरमी [名*] 《← P. گرمی गर्मी》(1) 熱 सूरज की गरमी 太陽の熱 गरमी पहुँचाना 温める；熱を加える＝ आँच दिखाना. (2) 暑さ गरमी पड़ना 暑い；暑く感じられる बड़ी गरमी पड़ना とても暑い (3) 夏＝ गर्मियाँ; गरमी की ऋतु; गरमी के दिन; ग्रीष्म काल; ग्रीष्म ऋतु. गरमियों के शुरू में 夏の初めに **गरमी की छुट्टी** 夏休み＝ गरमियों की छुट्टियाँ. पिछली गरमी की छुट्टियों में 昨年の夏休みに गरमियों की छुट्टियों में इत्तफ़ाक़ से मैं शहर गया 夏休みにたまたま街に出た (4) 食物や薬などが体内に入って生じさせる熱や刺激，あるいは，その有害な影響 राजा के पेट में गरमी हो गई お殿さまの腹に「熱」が出た अधिक गरमी देनेवाले पदार्थ जैसे छुआरा, खोपरा, गुड़, तिल, खोया, कचालू आदि न खाएँ ナツメヤシの実，コプラ，黒砂糖，ゴマ，コンデンスミルク，サトイモなどのような「熱」の多いものは食べないようにすること (5) 熱情；熱意 गरमी से 熱心に＝ सरगर्मी से. (6) 熱中；高ぶった感情 (7) 情欲；色情；肉欲 (8)〔医〕梅毒 **गरमी आ०** *a.* 活気が出る *b.* 気勢が上がる *c.* 盛んになる **गरमी उतरना** *a.* 気力が落ちる *b.* 得意の鼻を折られる；へこまされる *c.* 静まる；鎮まる；治まる **गरमी निकलना** ＝ गरमी उतरना. **गरमी बरसना** 焼けつくように暑い **गरमी लाना** *a.* 激励する；励ます *b.* 熱気を生み出す *c.* 刺激する

गरमीदाना [名] 《P. گرمی دانہ गरमीदाना》あせも（汗疹）＝ अम्हौरी; अन्हौरी; अँधौरी.

गरल [名] 毒物や蛇毒などの生き物の持つ毒

गराँ [形] 《← P. گراں गिराँ》(1) 重い (2) 高価な；割高な

गराँडील [形] 大柄で体格のよい हमारे परदादा के भी पाँच बेटे थे. पाँचों के पाँचों ख़ूब गराँडील जवान. सुना है देखकर आँखें भरती थीं 曾祖父にも 5 人の息子があった．5 人が 5 人とも立派な体格でほれぼれするほどだったという話だ

गराँव [名*] 家畜をつなぐため首につける縄

गराज [名] 《E. garage》(1) 自動車修理工場 (2) ガレージ；車庫

गराड़ी[1] [名*] 滑車＝ गड़ारी; घिरनी; चरखी.

गराड़ी[2] [名*] 擦れたり磨滅したりしてできた深い溝

गराना[1] [他] ＝ गलाना.

गराना[2] [他] 搾る；絞る；絞り出す；押し出す

गरानी [名*] 《← P. گرانی गिरानी》(1) 重さ；重量 (2) 高価なこと (3) 不消化（による胃のもたれ）

गरामी [形] 《← P. گرامی गिरामी》(1) 尊敬すべき；尊い (2) 偉大な (3) 親愛なる

गरारा [1] [形+] (1) 高慢な (2) 強力な (3) 激しい；激烈な

गरारा [2] [名] (1)〔服〕ガラーラー（パージャーマーのゆったりした足首）(2)〔服〕ガラーラー（足首のゆったり広がったパージャーマー）

गरारा [3] [名]〔医〕家畜の肋膜肺炎

ग़रारा [名] 《A. غراره》(1) うがい ग़रारा क० うがいをする＝ गरगरा क०. (2) うがい薬

गरारी [名*] ＝ गराड़ी.

गराव [名] (1) 刈り取った穀物の束の山 (2) 鉈；まぐさ切りの道具

गरावा [名] やせた土地

गरासमोअर [名] 《E. grassmower》芝刈り機

गरिका [名*] コプラ＝ गरी. 〈copra〉

गरित [形] (1) 有毒の；毒のある (2) 毒の混じった

गरिमा [名*] (1) 品位；尊厳；威厳；重々しさ；貫禄；重厚さ भारतीय संस्कृति की गरिमा インド文化の尊厳 पति की गरिमा को बनाने के लिए 夫の威厳を生み出すために गांधी के मानवीय आदर्शों और मनुष्य की गरिमा पर आधारित कार्यशैली का समन्वय ガーンディーの説いた人間の理想及び人間の尊厳に基づいたやり方の調和 विधान सभा की गरिमा नहीं बनाए रख सकते 立法院の尊厳を保ち得ない बढ़ती उमर ने तो आपकी गरिमा ही बढ़ाई है 歳を召されたことであなたの貫禄が増した (2) 重さ (3) 体重を意のままに増やすことができるとされる超能力の一（神通力）→ सिद्धि.

गरिया [名]〔植〕ヒルガオ科蔓草ハリアサガオ【*Calonyction muricatum*】＝ मिचाई.

गरियाना [自] ののしる（ののしる）＝ गाली दे०; दुर्वचन कहना. दरबान को गरियाना 門番をののしる

गरियार [形] (1) 尻の重い (2) 役立たずの（牛馬）

गरियारा [名] ＝ गलियारा.

गरियालू [1] [名] インジゴと硫酸から作られる羊毛を染める青黒い色の染料
गरियालू [2] [形] 青黒い
गरिष्ठ [形] (1) こなれのよくない；消化しにくい गरिष्ठ व चिकनाई वाले पदार्थ こなれのよくない脂っこいもの रबड़ी या खोये से बनी गरिष्ठ चीज़ें (牛乳を煮詰めてこしらえた) ラブリーやコーヤーを材料にした脂っこい食べもの (2) 甚だ重い (3) 甚だ重要な (4) 重厚な
गरी [名*] (1) コプラ (2) 果物の大きな種の実（さね）；仁；胚
ग़रीब [形]《A. غریب》(1) 貧しい；貧乏な；経済的に乏しい ग़रीब परिवार में जन्म लेकर भी 貧しい家庭に生まれながらも (2) 哀れな；可哀相な；気の毒な (3) おとなしい；従順な माँ उसे बहुत समझाती थीं कि ग़रीब जानवरों को तंग नहीं किया करे おとなしい動物をいじめないようにと母親はいつもやかましく言い聞かせていた (4) 不思議な；一風変わった (5) 素敵な क्या ही ग़रीब और कैसी प्यारी सुबह है 何と素敵で気持ちのよい朝だ अमीर-ग़रीब 貧富；貧しい人と豊かな人 **ग़रीब की जोरू सब की भाभी** 〔諺〕貧しいとだれからもつけ込まれたり侮られたりするものである
ग़रीबख़ाना [名]《A.P. غریب خانہ》(1) 粗末な家；ぼろ家 (2) 自分の家の謙称；手前の家；拙宅；あばら屋 मेरे ग़रीबखाने से आप बिना कुछ लिए लौट जाएँगे? 拙宅から手ぶらでお帰りになるつもりでしょうか आप हमारे ग़रीबखाने पर तशरीफ़ लाए, इसकी हमें बहुत ख़ुशी है お出ましいただき誠に有り難うございます
ग़रीबनवाज़ [形]《A.P. غریب نواز》弱き者や哀れな人々を慈しむ；苦しみ多き者に憐れみを垂れる；情け深い
ग़रीबना [形*・名*] ग़रीब の女性形
ग़रीबपरवर [形]《A.P. غریب پرور》= ग़रीबनवाज़.
गरीबान [名]《P. گریبان गिरीबान; गिरीबाँ》えり（襟；衿）= गरेबान.
ग़रीबी [名*]《A. غریبی》貧しさ；貧困 जनता की ग़रीबी 民衆の貧しさ ग़रीबी दूर हो गई 貧しさがなくなった；貧困が消えた **ग़रीबी में आटा गीला** 〔諺〕*a.* 不幸な不運の重なることのたとえ *b.* 貧すれば鈍する= कंगाली में आटा गीला.
ग़रीबी रेखा [名*]《A.+ H.》〔経〕貧困線 ग़रीबी रेखा से नीचे बसर करनेवालों को 貧困線以下の生活をしている人たちに
गरीयस् [形] (1) より重い；更に重い；一層重い (2) より重要な (3) より大きい；更に大きい
गरु [形] (1) 重い (2) 重みのある (3) 重厚な
गरुड़ [名] (1)〔イ神〕ガルダ（ヴィシュヌ神の乗り物とされる鳥） (2)〔鳥〕ワシタカ科イヌワシ【*Aquila chrysaetos*】
गरुड़ पुराण [名]〔ヒ〕ガルダ・プラーナ（主要な 18 プラーナ，すなわち，マハープラーナの一に含まれるヴィシュヌ派のプラーナ）
ग़रूर [名]《A. غرور ग़ुरूर》(1) うぬぼれ；慢心；傲慢= अभिमान; गर्व; अहंकार. अक्सरियत के ग़रूर में 多勢を頼んで (2) 誇らしさ तुम उस शैतान को मारकर आये हो, मैं ग़रूर से फूली नहीं समाती 君があの仇をやっつけてきたので私は嬉しくて堪らない **ग़रूर तोड़ना** 慢心の鼻を折る；慢心を打ち砕く किसने उसका ग़रूर तोड़ा? だれが男の鼻を折ったのか कैसे अपने प्रतिपक्षी का ग़रूर तोड़ूँ? どのようにして相手側をへこませようか
गरेबान [名]《P. گریبان गिरीबान》(1) 首；襟首 = गला. (2)〔服〕えり（襟；衿）；カラー
गरेरी [名*] = गराड़ी; घिरनी.
ग़र्क़ [形]《A. غرق ग़र्क》沈んだ；沈没した；没した ऐसे जवाब से तो मेरा बेड़ा ग़र्क हो जाएगा こんな返事ではこちらの筏は沈んでしまう（助からない）
गर्ग [名]〔イ神〕ガルガ／ガルグ（ヴェーダ聖仙の一人）
गर्गर [名] (1) 渦 (2) 瀬戸物，もしくは，金属製の水入れ容器
गर्गरी [名*] (1) ヨーグルトをこしらえるのに用いる瓶 (2) ヨーグルトを攪拌するのに用いる棒= मथनी. (3) 小さな水入れ（瓶）= गगरी.
गर्ज [名] (1) 象のなき声；象の叫び声 (2) 雷鳴
ग़र्ज़ [接]《P. غرض》= ग़रज़[2] ; आखिरकार. ग़र्ज कि → ग़रज़ कि.
गर्जन [1] [名] ごろごろ，がらがらなどの腹に響くような深く大きな轟音や叫び声 सागर गर्जन 海の唸り मेघों का गरजन अथवा बिजली कैसे पैदा होती है どのようにして雷雲が轟いたり稲妻が発生するのか
गर्जन [2] [名]〔植〕フタバガキ科高木ガージャン【*Dipterocarpus turbinatus*】〈common Gurjun tree〉
गर्जनकारी [形] 轟音を発する；轟きわたる गर्जनकारी मेघ 雷雲
गर्जन-तर्जन [名] (1) 怒鳴ること；雷を落とすこと जब ऐसा होता, गर्जन-तर्जन करने लगता（使用人に対して）こんなことがあると雷を落とし始める (2) 雷が落ちること
गर्जना [1] [名*] = गर्जन. शेर की गर्जना ライオンの咆哮
गर्जना [2] [自] = गरजना.
गर्जराकार [形]〔建〕先のほうが次第に細くなる；先細りの मीनार या अट्टालिका जो ऊँचाई के साथ साथ छोटी होती जाती है जैसे गर्जराकार क़ुतुबमीनार クトゥブミーナールのように上に行くに従って細くなっていくミーナール，すなわち，尖塔
गर्जित [1] [形] 轟いた；響きわたった
गर्जित [2] [名] 雷鳴
गर्डर [名]《E. girder》〔建〕けた（桁）；大きな梁
गर्डल [名]《E. girdle》(1) 帯；ベルト (2)〔服〕ガードル（コルセット）
गर्त [名] (1) くぼみ；窪地；地面にできた穴；穴ぼこ；比喩的な意味での穴 अंधविश्वास के गर्त में जनसाधारण को क्यों धकेल रही है 迷信の穴に民衆を押しやるのはなぜか भ्रष्टाचार के गर्त में डूबे हुए हैं 汚職の穴に落ち込んでしまっている (2) くり抜かれた穴；ほらあな（洞穴） (3) 動物のすむ巣穴 = माँद. (4) 割れ目；裂け目 **गर्त में गिरना** 堕落する
गर्द [名*]《P. گرد》(1) ほこり（埃）；土埃；細かい土や砂 फ़र्श पर झाड़ू लगाते समय वायु में उड़नेवाली गर्द 床を掃く際に空中に浮く埃 (2) ちり；あくた；何の価値もないもの= गरदा. **गर्द उठना** ちりや埃が舞う；ちりや埃が立つ **गर्द उड़ाना** ちりや埃を立てる (-की) **गर्द को न पहुँचना** *a.* (ーに) 及ばない；対抗できない *b.* (ーに) 近づけない= (-की) गर्द को न पाना; गर्द को न लगना. **गर्द जमना** 埃がたまる；埃が積もる **गर्द झड़ना** *a.* ちりや埃が落ちる *b.* 軽く叩かれる；殴られる **गर्द झाड़ना** *a.* 埃を払う（軽く叩く）*b.* 叩く；殴る (-की) **गर्द तक न पाना** (ーの) 所在がまったく突き止められない **गर्द फाँकना** 寄る辺なく（当て所もなく）うろつき回る (-) **गर्द में मिलाना** (ーを) 滅ぼす= गर्द में समोना. **गर्द से अटना** 埃だらけになる；ちりや埃に覆われる **गर्द हो॰** *a.* 台無しになる *b.* 取るに足らない（もの）
गर्दख़ोर [形]《P. گرد خور》(1) 汚れにくい (2) 汚れが目につきにくい
गर्द-गुबार [名]《P.A. گرد غبار》ちり（塵）；土埃；細かい土や砂 अब 10-15 दिन बाद इस तूफ़ान का गर्द-गुबार कुछ कम होने पर ここ半月ほど後にこの嵐がもたらした砂塵が少し減少したら
गर्दन [名*] → गरदन. बालों के नीचे आगे की तरफ़ चेहरा और पीछे की तरफ़ गर्दन है 毛髪の下，前方には顔があり後方には首がある कौन अपनी गर्दन मुसीबत में डालता, विद्रोही से संबंध रखकर 謀反人と関わりを持って自分の首を危険にさらす者がいるものか **गर्दन अकड़ाना** （威張った気持ちから）反り返る；そりくり返る；ふんぞり返る；首をそらせる गर्दन अकडाकर बैठा था ふんぞり返って腰を下ろしていた गर्दन अकड़ाकर कहा そりくり返って言った **गर्दन उठाना** うつむいていた頭を上げる；顔を上げる उसने फिर पत्र समाप्त करते ही गर्दन उठाई それから手紙を読み終えるなり顔を上げた **गर्दन झुकना** （頭，首から上の部分）うなだれる उसकी गर्दन शर्म से झुक गई 恥ずかしさにうなだれた यह सोच उसकी गर्दन शर्म से झुक गई こう考えると恥ずかしさにうつむいてしまった **गर्दन दबाना** 首を絞める **गर्दन से स्वीकृति दे दे॰** 首を縦に振る **गर्दन हिलाना** うなずく（頷く） इस बात पर सभी ने गर्दन हिलाई これには全員がうなずいた
गर्दन ऐंठा [名]〔鳥〕キツツキ科アリスイ【*Jynx torquilla*】〈wryneck〉
गर्दभ [名]〔動〕ウマ科ロバ= गधा; गरदभ; गदहा.
गर्दभक [名]〔昆〕甲虫の一（ヒヨコマメの害虫）
गर्दभी [名*] 雌ロバ = गदही.
गर्दाबाद [形]《P. گرد آباد》(1) 埃だらけの；埃まみれの；埃にまみれた (2) 荒れ果てた；人気のない；荒廃した (3) 壊れた；破壊された (4) 意識を失った；失神した
गर्दालू [名] = आलूबुखारा.
गर्दालूद [形]《P. گرد آلود》(1) 埃まみれの；泥まみれの (2) 世俗に煩わされた；俗事にまみれた

ग

गर्दिश [名*] 《P. گردش》 (1) 回転 (2) 転変；変化；移ろい गर्दिश है जमाने की क्या खेल खिलाती है 有為転変の世の中何が起こるものやら सब तुम्हारी गर्दिश के फेर है これすべて神の為す転変の業なり (3) 反転；逆転；非運；不運；不幸 न जाने कौन-सी गर्दिश की घड़ी थी जो उन्हें घर से लिवा ले गई あの方を家から連れて行ったのは何という非運の時だったのか **गर्दिश आ॰** 不幸や災難に見舞われる= गर्दिश हो॰. **गर्दिश क॰** 回転する；ぐるぐる回る

गर्दोगुबार [名] 《P.A. گرد و غبار》 塵埃；ちりやほこり；土埃

गर्भंड [名] でべそ（出臍）

गर्भ [名] (1) 子供の宿る母親の腹；胎；子宮 जब कृष्ण गर्भ में थे クリシュナが胎内にあった時 दूसरे जन्म में एक मुर्गी के गर्भ में उत्पन्न हुए 次の生では雌鶏の腹から生まれた (2) 受胎；妊娠 गर्भ का नवाँ महीना 臨月 (3) 内部；中 इन समुद्रों के गर्भ में अनेक रसायन, बहुमूल्य धातुएँ और संजीवनी जड़ी बूटियाँ छिपी हैं これらの海の中には無数の化学物資，高価な金属，不老長寿の薬草が秘められている **गर्भ गिरना** 流産する **गर्भ गिराना** 堕胎する；堕ろす **गर्भ ठहरना** 受胎する；妊娠する；懐妊する गर्भ ठहर जाने का भय 妊娠の不安 **गर्भ धारण क॰** = गर्भ ठहरना. **गर्भ रहना** = गर्भ ठहरना.

गर्भ अपरा [名*] 胎盤 〈fetal placenta〉

गर्भकाल [名] (1) 懐妊にふさわしい時期 (2) 妊娠期

गर्भकालीन [形] 妊娠期の；妊娠中の गर्भकालीन अरक्तता 妊娠期に起こる貧血症

गर्भकेसर [名]〔植〕めしべ（雌蘂）

गर्भकोष [名]〔解〕子宮= गर्भाशय; कोख.

गर्भगृह [名] (1) 本殿；奥の院 मुख्य गर्भगृह में आदिनाथ की प्रतिमा है 本殿にはアーディナータの像が祀られている (2) 全体の中心になる部屋 (3) 産室= सौरी.

गर्भचलन [名] 胎動

गर्भज [形] (1)〔生〕胎生の (2) 生来の；生まれつきの；先天性の गर्भज रोग 先天的な病気

गर्भजल [名] 羊水= आँवल का पानी.

गर्भदिवस [名] 妊娠期間= गर्भकाल.

गर्भधारण [名] 受胎；妊娠；懐妊

गर्भनाल [名*]〔植〕めしべの花柱

गर्भनिपात [名] 流産= गर्भपात. गर्भनिपात न हुआ 流産は起こらなかった

गर्भनिरोध [名] 避妊 गर्भनिरोध का एक अचूक उपाय 絶対確実な避妊法

गर्भनिरोधक [形] 避妊の；避妊用の गर्भनिरोधक गोलियाँ 避妊薬（錠剤）；ピル

गर्भनिस्राव [名] 羊膜= आँवल; खेड़ी.

गर्भपात [名] (1) 流産 गर्भपात से सावधान रहना 流産に用心すること (2) 堕胎 गर्भपात कराना 堕胎手術を受ける；(女性が) 堕ろす किसी देश में प्रतिवर्ष दस लाख औरतें गर्भपात कराती हैं ある国では毎年百万人の女性が堕胎手術を受ける

गर्भपातक [形] 流産させる

गर्भपातन [名] 堕胎

गर्भमंडप [名] (1) 本殿 (2) 夫婦の寝室

गर्भवती[1] [名*] 妊婦= गर्भिणी.

गर्भवती[2] [形*] 妊娠している；妊娠中の गर्भवती हो॰ 妊娠する；懐妊する रानी गर्भवती हो गई 王妃は懐妊した गर्भवती स्त्री 妊婦；妊娠中の女性

गर्भवध [名] 堕胎= भ्रूणहत्या.

गर्भव्यूह [名]〔軍〕古代の陣立ての一 (大将を円陣の中央に囲んで敵と戦う)

गर्भशंकु [名] 鉗子

गर्भस्थ [形] 胎内にある；胎内の

गर्भस्थ-शिशु [名] 胎児 गर्भस्थ शिशु की मृत्यु 死産

गर्भस्थापन [名] 授精

गर्भस्राव [名] 流産

गर्भहत्या [名*] 堕胎= भ्रूणपात; भ्रूणहत्या.

गर्भांक [名] (1)〔演〕一場だけの一幕 (2)〔演〕劇中劇

गर्भाक्षेपक [名]〔医〕子癇= एक्लेम्पसिया. 〈eclampsia〉

गर्भाधान [名] (1) 妊娠；懐妊；懐胎；受胎；受精；授精 पशुओं का गर्भाधान 家畜の受精 कृत्रिम गर्भाधान 人工授精；授精 (2)〔ヒ〕受胎儀礼（ヒンドゥーの浄法，すなわち，人生儀礼中最初のもの）；受胎式= गर्भाधान संस्कार

गर्भावधि [名*] 妊娠期間

गर्भावस्था [名*] 妊娠；妊娠中 गर्भावस्था में 妊娠中に

गर्भाशय [名] 子宮= बच्चादानी. 〈uterus〉

गर्भिणी [形*] 妊娠している；妊娠中の；身ごもった= गर्भवती.

गर्भित [形] (1) 妊娠している= गर्भवती. (2) 秘めている；秘められている (3) 含まれている；包含されている

गर्म [形] → गरम.

गर्म कपड़े [名] 《P.+ H.》 厚手の服；冬服

गर्मजोशी [名*] 《P. گرم جوشی》 (1) 熱情；情愛 गर्मजोशी से 熱烈に；心から；心底から उसने मेरे साथ बड़ी ही गर्मजोशी से हाथ मिलाया 彼は私と熱烈に握手した (2) 真心；誠心；誠意 उन्होंने बड़ी गर्मजोशी से उस देहाती सज्जन को गले लगाया 氏はその村人を真心こめて抱き寄せた

गर्मदल [名] 《P.+ H.दल》 過激派；強硬派；タカ派；急進派

गर्ममसाला [名] 《P.A.گرم مصالح गर्ममसालिह》 チョウジ（丁子），コエンドロ，ショウズク，シナモン，クミンシード，トウガラシなどの多数の香辛料を混ぜ合わせて粉末状にした調味料（家庭で調合するものも商品として調合済みのものもある）；ガルムマサーラー；ガラムマサーラー= गरम मसाला.

गर्मा [名] 《P. گرما》 夏；夏季= ग्रीष्म ऋतु.

गर्मागर्म [形] → गरमागरम.

गर्मी [名*] → गरमी. गर्मी का मौसम 夏；夏季 गर्मियों में 夏に

गर्मीदाना [名] あせも；汗疹 → गरमीदाना.

गर्रा[1] [名] (1) 赤みがかった色；銅色 (2) 赤褐色；鹿毛色

गर्रा[2] [名] = गराड़ी.

ग़र्रा [名] 《A. غره》 自慢；慢心；うぬぼれ= अभिमान; घमंड.

गर्ल [名*] 《E. girl》 (1) 女の子；ガール；娘 (2) 若い娘

गर्लफ्रेंड [名*] 《E. girlfriend》 ガールフレンド

गर्लस्कूल [名] 《E. girls' school》= गर्ल्स स्कूल. 女学校= कन्या विद्यालय.

गर्व [名] (1) 誇り；誇らしい思い (-पर) गर्व क॰ (一を) 誇る अपनी विरासत पर गर्व करना अच्छी बात है 自分たちの受け継いだ遺産を誇ることはよいことだ (2) 自慢 उनकी पत्नी को अपने पति के अफ़सर होने का बहुत गर्व है 夫が将校であることがとても自慢だ (3) うぬぼれ（自惚れ） **गर्व चूर क॰** 自慢の鼻をへし折る；慢心を打ち砕く गर्व के मारे फूल जा॰ 鼻高だかになる= गर्व के हिंडोले में झूलना. **गर्व छोड़ना** 謙虚になる

गर्ववंत [形] うぬぼれが強い= घमंडी; अभिमानी; अहंकारी.

गर्वित [形] (1) 誇らしげな；誇らしい गर्वित स्वर से 誇らしげな声で (2) うぬぼれた；うぬぼれが強い

गर्वी [形] うぬぼれた；自慢している

गर्वीला [形+] (1) 誇り高い हिंदुस्तान को भी ऐसे गर्वीले अमीर ख़ुसरो पर गर्व है インドもこのような誇り高いアミールフスローを誇りとしている राजपूतों का सबसे गर्वीला गढ़ चित्तौड़गढ़ ラージプート族の最も誇り高い城塞チットール城 (2) うぬぼれが強い

गर्वोन्मत्त [形] 有頂天になった；驕り高ぶった गर्वोन्मत्त हो॰ 威張る；自慢する；高ぶる；驕る उसके बाद तो वह और भी गर्वोन्मत्त हो उठी それからは更に驕り高ぶってしまった

गर्हण [名] 非難；咎め= निंदा; शिकायत.

गर्हणीय [形] 非難すべき；非難に値する；咎められるべき；軽蔑すべき；唾棄すべき= निंदनीय.

गर्हा [名*] 非難= निंदा.

गर्हित [形] (1) 唾棄すべき；唾棄された；軽蔑された= निंदित. (2) おぞましい；いやらしい；ぞっとする गर्हित विचार いやらしい考え उन दिनों धर्म में गर्हित तत्त्व आ गये थे 当時宗教の中におぞましい要素が入り込んでいた

गलंश [名*] 相続人のいない財産

गल [名] (1) のど（喉．顎や頬の部分を含めることが多い） (2) 首

गल- [造語] 首，喉，頬などの意を有する合成語の構成要素（गला や गाल の縮小形） गलघोंटू 首を絞める；息の詰まる感じの；息苦しくていやな

गलका [名]〔医〕ひょうそ

गलगंजना[1] [自] 大きな音が出る；すさまじい音がする

गलगंजना[2] [他] 大声で叫ぶ

गलगंड [名]〔医〕甲状腺腫；甲状腺肥大= घेघा. 〈goitre〉

गलगल[1] [名*] (1)〔植〕ミカン科小木シトロン【*Citrus medica*】(2)〔植〕ワタモドキ科小木キバナワタモドキ【*Cochlospermum religiosum*】(3)〔鳥〕ムクドリ科カバイロハッカ【*Acridotheres fuscus*】= जंगली मैना. (4) パテ
गलगल[2] [名*] (1) うがいをする音；がらがら (2) 飲食する時にのどから出る音
गलगल मैना [名*]〔鳥〕ムクドリ科インドコムクドリ= गलार.
गलगला [形+] (1) 濡れた；湿った= आर्द्र. (2) 泣きぬれた；涙を湛えた (3) か細い；たおやかな
गलगलाना[1] [自] (1) 濡れる；湿る (2) 柔らかくなる (3) やさしくなる；やさしい気持ちになる
गलगलाना[2] [他] 無駄口をきく；つまらぬことをべらべら喋る；ぺちゃぺちゃ喋る
गलगलिया [名*] = गलगल. 〔鳥〕ムクドリ科カバイロハッカ
गलगाजना [自] (1) 嬉しさに沸きたつ；喜びのあまり大声で話す (2) 騒ぎ立てる (3) ほらを吹く
गलगुच्छा [名] 頰ひげ= गलमुच्छा.
गलगुथना [形+] ぷくぷく太った；ふっくらした；ぽっちゃりした
गलग्रंथि [名*] 甲状腺
गलग्रह [名] (1)〔占星〕黒分の4日，7日，8日，9日，13日，15日及び白分1日 (2) 甚だ厄介なこと；災厄 (3) 魚の骨
गलघंटी [名*] 動物の首につける鈴 गोरुओं की गलघंटी 牛の首に下げる鈴
गलघोंटू[1] [形] 首を絞める；首を絞めつける= गलघोटू
गलघोंटू[2] [名] (1) 苦痛を与えること (2) 意味のない厄介なこと (3)〔医〕ジフテリア डिप्थीरिया
गलछट [名*] えら（鰓）= गलफड़ा; गिल; क्लोमछिद्र.
गलजँदड़ा [名] (1) 吊り包帯 (2) つきまとう人
गलजोत [名*] (1) 2頭の役牛の首をつなぐ綱 (2) 首の動きを妨げるもの
गलझंप [名] 象の首につなぐ鉄の鎖
गलतंग [形] 意識の無い；失神した
गलतंस [名] (1) 相続人（跡継ぎ）がなく死ぬこと (2) 相続人の無い財産
ग़लत [形]《A. غلط》(1) よくない；不適当な；けしからぬ；不届きな；不都合な बेटा यह तो ग़लत बात है いいかい，これはよくないことなんだよ इसमें क्या ग़लत बात है? このことに何か不都合なことがあるのかい (2) 間違っている；誤っている；正しくない；不正な नीचे कुछ जुमले ग़लत लिखे हैं कुछ सहीह 下に幾つか間違った文章と正しい文章とが書かれている ग़लत क़दम उठाना 誤った措置を取る सड़कों व फुटपाथों के ग़लत इस्तेमाल 道路や歩道の不正使用 स्पिन गेंदबाज़ का चयन बिल्कुल ग़लत है スピンナー（回転ボールの投手）選びが全く間違っている ग़लत काम 不祥事 = अनर्थ. **ग़म ग़लत क°** 憂さ晴らしをする；気晴らしをする ग़म ग़लत करने के लिए शराब का सहारा ले° 憂さ晴らしを酒に求める **ग़लत कहना** 間違ったことを言う कहिए, मैं ग़लत कह रहा हूँ? そうではありませんか，私が間違ったことを申していますか **ग़लत ठहरना** 誤りが証明される **ग़लत रास्ता** 悪い道；悪の道 **ग़लत सुनना** 聞き間違う आपने ग़लत सुना, चाचा जी おじさん，それは聞き違いですよ
गलतकिया [名*] 小さな枕
ग़लतगो [形・名]《A.P. غلط گو》嘘つき（の）= झूठा.
ग़लतगोई [名*]《A.P. غلط گوئی》嘘をつくこと
ग़लतनामा [名]《A.P. غلط نامہ》正誤表= शुद्धिपत्र.
गलतनी [名*] 牛の手綱= पगहा.
ग़लतफ़हमी [名*]《A.P. غلط فہمی》誤解= भ्रम. ग़लतफ़हमी में रहना. 誤解する ग़लतफ़हमी पैदा हो° 誤解が生じる= ग़लतफ़हमी हो°.
ग़लतबयानी [名*]《A.P. غلط بیانی》嘘をつくこと；虚偽の申し立て ग़लतबयानी क° 嘘をつく= ग़लतगोई. मुख्य मंत्री ने विधान सभा के सामने ग़लतबयानी की （州）首相が議会で嘘の発言をした
ग़लताँ [形]《P. غلطان ग़ल्ताँ》転がる；転げ回る；回転する= ग़लतान
ग़लती [名*]《A. غلطی》(1) 間違い；過ち；しくじり；失策 ग़लती क° しくじる；失敗する；誤る प्रत्येक व्यक्ति से ग़लतियाँ होती हैं 人間はだれでも過ちを犯すものなのだ काका, मुझसे बड़ी ग़लती हो गई おじさん，私は大変な過ちを犯しました (2) 不正確なこと；正しくないこと (3) 嘘をつくこと；間違ったことを言うこと (4) 錯覚；誤解 ग़लती में पड़ना 錯覚する= भ्रम में पड़ना. अपनी ग़लती मान ले° 自分の非を認める **ग़लती खाना** 忘れる **ग़लती निकालना** あら探しをする हर समय उसकी ग़लती निकालता है 四六時中あの人のあら探しをしている **ग़लती में पड़ना** 間違える；錯覚する **ग़लती हो°** しくじる；間違う= पाँव फिसलना. मुझसे ज़रूर कोई ग़लती हो गई है 私がきっと何か間違ったのです
गलतुंडिका [名*]〔解〕扁桃腺〈tonsil〉
गलतुंडिकाशोथ [名]〔医〕扁桃腺炎〈tonsilitis〉
गलथैली [名*]〔動〕頰袋
गलदश्रु [形] 泣いている；涙を流している
गलन [名] ← गलना. 熔解；溶解；融解〈melting; fusion〉 **गलन-ऊष्मा** 融解点 = गलनांक. 〈melting point〉
गलना [自] (1) 熱や化学反応で固形物が液状になる；とける（溶ける；熔ける）；溶解する；熔解する (2) 熱せられて柔らかくなる；煮える (3) 脆くなる；壊れやすくなる；くずれやすくなる；ぼろぼろになる (4) 果物や野菜などが古びたり熟した後くずれる सड़ी गली सब्जियाँ 腐ったりくずれたりした野菜 (5)（形が）くずれる（崩れる）；固体のものが溶けたりくずれたりして本来の形や姿を失う；とろける एक रोग से उसके सारे अंग गल गये थे ある病気のためその男は全身がくずれてしまった एक रुपये के आकार का छिलका गल गया था 1ルピー硬貨の形の皮膚がくずれてしまっていた (6) ふやける पानी से पैरों की उँगलियाँ गल जाने पर 水で足の指がふやけると इस तरह चने अथवा मटर अच्छी तरह से गल जाएँगे このようにしてヒヨコマメやエンドウマメはよくふやける (7) 寒さに凍りつく गलते हुए जाड़े 凍り付くような寒さ (8) 衰弱する；弱る एक भयंकर रोग में गल गलकर मरे थे 恐ろしい病気で衰弱して死んだ (9) 無駄になる；駄目になる
गलनीय [形] 熔解する；融解する；融合する गलनीय डाट 安全プラグ गलनीय मिश्र धातु 融合金〈fusible alloy〉
गलनीयता [名*] 可溶性；可融性
गलपट्टी [名*] 吊り包帯 ज़ख्म अगर हाथ की कलाई में हो तो गलपट्टी बाँध रखें 手首に傷がある際には吊り包帯をすること
गलफड़ा [名] (1) えら（鰓） (2) あご（顎） (3) 頰の皮
गलफाँसी [名*] (1) 首に掛かったわな (2) 絶体絶命の危難
गलफुल्ली [名*]〔医〕耳下腺炎
गलफूट [名*] (1) 自慢したりほらを吹くこと (2) 寝ぼけて喚くこと
गलफूला [形+] 頰のふくれた
गलफेड़ [名] (1) 耳下腺 (2)〔医〕耳下腺炎
गलबंदनी [名*]〔装身〕ガルバンダニー（女性の金製の首飾りの一）= गुलूबंद.
गलबहियाँ [名*]（相手の首に両手をかけての）抱擁；抱き合うこと गलबहियाँ क° 抱擁する；抱き合う
गलबाँही [名*] = गलबहियाँ.
ग़लबा [名]《A. غلبہ》(1) 優勢；圧倒；支配；勝利 (2) 多勢；多数派 (3) 多数；多量
गलमँदरी [名*] (1) 無駄口 (2) シヴァ神に祈る際頰を膨らませて高い声を出すこと（礼拝の一様式）
गलमुच्छा [名] 頰髭
गलमुद्रा [名*]〔ヒ〕シヴァ神に祈る際に甲高い独特の発声をすること= गलमँदरी.
गलवाना [他・使] ← गलना.
गलशुंडिका [名*] = गलशुंडी.
गलशुंडी [名*]〔解〕のどひこ（喉彦）；のどちんこ；口蓋垂= कौआ; जीभी.
गलशोथ [名]〔医〕喉の炎症；のどの痛み；のどの腫れ
गलसरी [名*]〔装身〕ガルサリー／ガルシリー（女性の金製の首飾りの一）= गलसिरी
गलसुआ [名]〔医〕流行性耳下腺炎；おたふくかぜ
गलसुई [名*] 小さな枕；小型の枕
गलही [名*] へさき（舳先）；船首
गलांकुर [名]〔医〕扁桃腺肥大= टॉसिल.
गला [名] (1) 首= गरदन/गर्दन. (2) のど（のど） गले का कैंसर 喉頭がん (3) のど；声帯；声 गला बहुत ही अच्छा होने के कारण कीर्तन-समाज में उनका बड़ा आदर था のどがとてもよかったので

キールタンの世界では大変尊敬されていた (4) えり（襟；衿）；襟元 खुले गले वाले ब्लाउज या कमीज़ 開襟のブラウス **गला उतरना** 首を刎ねられる **गला ऐंठना** *a.* 害を与える；損害を与える *b.* 絞め殺す **गला कटना** *a.* 害を被る；被害を受ける *b.* えぐい；えぐみを感じる **गला कतरना** ひどい目に遭わせる；痛めつける (-का) **गला काटना** *a.*（ーの）首を刎ねる *b.*（ーを）ひどい目に遭わせる **गला खलास क॰** 大損害を与える **गला खुलना** *a.* 話す *b.* 声がはっきりする **गला गरमाना** 声が出る；声の調子が良くなる **गला घुटना** 息が詰まる **गला घोंटना** *a.* 絞め殺す *b.* ひどい目に遭わせる *c.* 押さえつける；抑圧する；滅ぼす अंगरेज़ बंगाल को टुकड़े कर बंगवासियों की राजनीतिक चेतना का गला घोंट देना चाहते थे イギリス人はベンガルを分割してベンガル人の政治意識を押さえつけようと思っていた **गला चटकना** のどが渇く **गला चलना** 声が調子よく出る **गला चाँपना** *a.* 損害を与える *b.* 無理強いする **गला छुड़ाना** 逃れる；責任を免れる **गला छूटना** 逃れる；免れる वह खुश होगा कि गला छूट गया あの男は逃れられたと思って喜んでいることだろう **गला जलना** 胸やけがする **गला जोड़ना** 仲良くする；親しくする；親密になる **गला टीप दे॰** 絞め殺す **गला तड़कना** = गला चटकना. **गला तर क॰** のどを潤す；酒を飲む गला तर करने के लिए हमेशा किसी न किसी पार्टी या व्यक्ति की तलाश में रहता है 飲もうと思っていつも宴会や相手を探している **गला दबाकर बोलना** 声をひそめて話す **गला दबाना** *a.* 首を絞める；絞め殺す *b.* 無理な要求をする；無理強いする；圧力を加える मैंने उसी के वास्ते सब का गला दबा दबाकर जोड़ा था あの人のために皆に無理強いして金を貯めた *c.* 押さえつける= गला दबोचना. **गला पकड़कर** 厳しく；厳格に **गला पकड़ना** *a.* 厄介な目に遭わせる *b.* 責任を問う *c.* 声の調子が出ない *d.* のどに支える **गला पकना** のどが痛む **गला पड़ना** 声の調子が悪い；声がかすれる **गला पाक हो॰** 命拾いする **गला फँसना** *a.* 困った状況になる *b.* 責任を負う *c.* 痰がつまる **गला फँसाना** *a.* 厄介な目に遭わせる *b.* 厄介なことに関わり合う= गला फाँसना. **गला फटना** 声がかすれる= गला बैठना; आवाज़ बैठना; गला फटना. **गला फाड़ना** 大声を出す；声を張り上げる कुछ मुसाहब गला फाड़-फाड़कर "वाह-वाह" चिल्ला रहे थे 幾人かの取り巻きが「すごい，すごい」と叫んでいた वह गला फाड़-फाड़कर रोती थीं いつも声を張り上げて泣いていた वह गला फाड़कर चिल्ला रहा था 大声で叫んでいる最中だった **गला फूटना** 声変わりがする **गला बंद हो॰** *a.* 飲食物がのどを通らない *b.* 声が出ない **गला बँधना** 縛られる；束縛を受ける **गला बँधाना** = गला फँसाना. **गला बाँधकर धन जोड़ना** 食費を切り詰めて金を貯める **गला बैठना** 声がかすれる；声がしわがれる उनका गला ज़ोर से चिल्लाने के कारण किंचित बैठ गया था 大声で叫ぶため声が少しかすれてしまっていた **गला भर आ॰** 感動にのどがつまる；感動のあまり声が出ない उसका गला फिर भर आया 感動に再びのどが詰まってしまった उसने भरे गले से मालिक से विदा ली 感動に声を詰まらせて主人に暇乞いをした **गला भर्राना** = गला भर आ॰. 涙に咽ぶ उसका गला भर्रा गया 彼女は涙に咽んでしまった **गला भारी हो॰** *a.* 声がかすれる *b.* 感動に声が詰まる **गला रुँधना** *a.* 感動に声が詰まる *b.* 声が出ない= गला भिंचना. कहते कहते उसका गला रुँध गया 話しているうちにのどが詰まってしまった **गला रेतना** = गला कतरना. **गला रोककर हँसना** 声を立てずに笑う；忍び笑いをする **गला साफ़ क॰** 咳払いをする हमने गला साफ़ किया और बोले 咳払いをして言った **गला साफ़ हो॰** のどがすっきりする；すっきりした声が出る **गला सींचना** *a.* のどを潤す *b.* 酒を飲む **गला सूखना** *a.* のどが渇く *b.* 酒が飲みたくなる **गले उतरना** 飲み込む；飲み下す；納得する；得心する बेटे की बात माँ के गले उतर गई 母親は息子の話に納得した मंत्री की मंत्रणा राजा के गले उतर गई 王は大臣の意見に納得した **गले के गुट्ठ** 扁桃腺 **गले का ज़वाल हो॰** 厄介なことになる；面倒なことになる **गले का ढोल** *a.* 厄介なもの *b.* 愛おしいもの；愛しいもの= गले का ढोलना. **गले का हार** *a.* 愛しいもの；愛おしいもの *b.* つきまとうもの **गले की फाँसी** 厄介なもの **गले की हड्डी** *a.* 鎖骨= हँसली; कालरबोन. *b.* 障碍；障害物 भविष्य में यह आंदोलन उसके लिए गले की हड्डी बन जाएगा 将来この運動があの人にとって障害物となるだろう **गले के नीचे उतरना** = गले उतरना. **गले चपेकना** 押しつける **गले डालना** 押しつける **गले तक आ॰** 限度を超える；我慢の限度にまで達する **गले तक भरना** *a.* 腹一杯食べる *b.* あふれんばかりになる **गले तले उतरना** = गले उतरना. **गले तले नहीं उतर सकता** 納得できない **गले पड़कर सौदा क॰** 押し売りする；無理矢理買わせる **गले पड़ना** （災難や厄介なことが）降りかかる जिस विपत्ति से बचना चाहते थे, वह ज़बरदस्ती गले पड़ गई 逃れたいと思っていたことがどうしようもなく降りかかってきた दोनों एक दूसरे को गले पड़ी मजबूरी समझकर निबाहते हैं 2人はお互いを降りかかった災難と思って我慢する (-के) **गले पड़ना** （ーに）面倒をかける；（ーの）厄介になる；（ーを）困らせる **गले पड़ा ढोल बजाना** 仕方なくする；やむなくする；渋々する；義務的に行う अब गले पड़ा ढोल तो बजाऊँगी ही.पर यह अच्छी तरह समझा दूँगी कि इस तरह न आया करें 義務とあれば仕方がないがこんなふうには来ないようによく言い聞かせよう **गले पड़ी ढोलकी बजाए सिद्ध** 〔諺〕災厄に見舞われた時には笑って耐えること；余儀なくするときにも精一杯することが肝要 **गले पड़े का ढोल बजाना** = गले पड़ा ढोल बजाना. केवल गले पड़े का ढोल बजाया था ただ仕方なくしたまでのことだった **गले पर का जुआ** 責務；責任 (-के) **गले पर कुठार दे॰** （ーを）殺す；殺害する (-के) **गले पर खांडा चलाना** （ーを）ひどい目に遭わせる；（ーに）大損害を与える= गले पर छुरी चलाना. (-के) **गले बाँधना** （ーに）押しつける (-के) **गले मढ़ना** = गले बाँधना. **गले मिलना** 胸と胸を合わせる；抱きしめる；抱き合う सब प्रेम से गले मिले 皆が親しく抱き合った स्त्रियाँ परस्पर विदाई लेती हुई गले मिलतीं 女性たちは別れの挨拶をしながら抱き合う **गले में अटकना** わだかまりを感じる；引っかかりを感じる；引っかかる **गले में उँगली डालकर निकाल ले॰** *a.* 無理矢理引き出す；力ずくで取り出す *b.* 言葉巧みに承知させる **गले में कपड़ा डालकर** うやうやしく **गले में कफ अटकना** 臨終になる；死を迎える **गले में खटकना** = गले में अटकना. **गले में घड़ा बाँधकर डूब मरना** 穴があったら入りたい **गले में चक्की का पाट हो॰** とても厄介なことになる **गले में चादर डालकर** = गले में कपड़ा डालकर. **गले में ज़ंजीर पड़ना** 所帯を持つ **गले में जुआ डालना** *a.* 所帯を持つ *b.*（仕事に）従事する **गले में ढोल डालकर डंका बजाना** 自分のことを触れ回る **गले में तागा डालना** 入信する **गले में तौक पड़ना** 束縛される **गले में थूक अटकना** 口がきけない **गले में दर्द हो॰** 胸にしみいるような声が出る **गले में नमक डला हो॰** 口がきけない **गले में पड़ा ढोल** 押しつけられたもの；避けられないもの；強制されたもの **गले में पत्थर लटका दे॰** とても迷惑なことを押しつける；甚だ厄介な目に遭わせる **गले में फंदा डालना** 束縛する **गले में फँदा पड़ना** *a.* いやいや責任を背負い込む *b.* 大損をする **गले में फाँसी दे॰** とても苦しめる **गले में फाँसी पड़ना** = गले में फंदा पड़ना. (-) **गले में बाँध ले॰** *a.*（ーを）大切にする *b.*（ーを）引き受ける **गले में बाँस जा॰** 声がとても高い **गले में बाँहें डालना** 首に抱きつく मैंने माँ के गले में बाँहें डाल दीं 母の首に抱きついた (-की) **बाँहें** (= के) **गले में डालना** （ーを＝に）嫁がせる；結婚させる **गले में बात उतरना** 納得される **गले में लकीर पड़ना** のどがかさかさする **गले में हाथ डालना** 親しくなる；親密になる (-) **गले में हो॰** （ーが）のどまで出かかって言葉が思い出せない **गले लगना** 抱きつく उनके गले लग फिर सिसक उठी あの人に抱きついてまたすすり泣きを始めた **गले लगाना** *a.* 抱きしめる；抱擁する *b.* 押しつける *c.* 受け入れる = गले लाना. **गले से उतरना** *a.* のどを通る；食べられる *b.* 受け入れられる；認められる **गले से उतारना** *a.* のどを通す；食べることができる *b.* 受け入れる；認める **गले से गला मिलाना** *a.* 声を合わせて歌う *b.* 賛成する；賛同する **गले से लगाना** 抱きしめる；抱き寄せる माता-पिता ने शांति को गले से लगा लिया 両親はシャーンティを抱きしめた

गलाना ［他］(1) 加熱したり化学反応で固形物や金属などをとかす（溶かす；熔かす；鎔かす）= पिघलाना. काँच तो सिलिकेटों को गलाकर प्राप्त किया जानेवाला पदार्थ है ガラスは珪酸塩を融解して得られる物質である (2) 煮る；煮て柔らかくする मटर के दाने गला ले॰ えんどう豆を煮る（煮て柔らかくする） (3) 潰す；台無しにする यह नहीं कि उस बूढ़ी की सेवा में अपनी फूल-सी कोमल जवानी ही गला दो あの老婆の面倒を見るのに花のようにきゃしゃなお前の若さをつぶしてしまいなさいと言うことではないんだよ (4)（固形のものを）流動体にする；形あるものを変形させる (5) 衰弱させる；衰えさせる कौन-सा दर्द है जो भीतर ही भीतर गलाए दे रहा है 内にこもって衰弱させる痛みとは一体どんなものなのだ (6) 寒さに凍えさせる

गलार[1] ［形］(1) 無駄口をよく叩く (2) 喧嘩早い

गलार[2] [名*]〔鳥〕ムクドリ科インドコムクドリ【*Sturnus malabaricus*】

गलावट [名*] ←गलाना. (1) 溶かすこと；熔かすこと；鎔かすこと；溶解；熔解 (2) 溶けてなくなるもの (3) 溶かすもの

गलित [形] (1) 古びたり腐ったりしてくずれた (2) 萎びた (3) ぼろぼろになった (4) 滴り落ちた

गलितांग [名] くずれた部分= गलित अंग. गलती वश, मोहवश, दुर्भाग्यवश जब से हमने गलितांग को अपना अंग जानकर काट फेंकने से इंकार कर गले से लगाना शुरू किया है 誤って，情に流されて，不運にもくずれた部分を自分の身の内と思って切り捨てるのを拒否するようになってから

गलिया[1] [名*] ひき臼の穀物の粒を入れる穴

गलिया[2] [形] 役立たずの（役牛）

गलियाना [他] ののしる；悪態をつく गाँव की भीड़ हमें गलियाती पीछे पीछे थी 村人たちが我々をののしりながら後についてきていた

गलियारा [名] (1) 狭い通路；路地；裏道 (2) 廊下；回廊；通路 (3) 競技路；コース दोनों देशों के चार-चार धावक मैदान के गलियारों में आकर खड़े हो गए 両国のランナーが 4 人ずつ出てコースに立った (4)〔政〕回廊地帯

गलियारी [名*] 狭い通路；路地

गली [名*] (1) 路地；裏通り；狭い通路= कूचा. केरल के गाँवों की गली-गली में स्वच्छता पाई जाती है ケーララ州の村ではいずれの路地も清潔だ (2) 界隈；横町 **गली कमाना** *a.* 路地の掃除をする；路地の掃除を生業にする *b.* 便所掃除をする **गली का भिखारी बनाकर छोड़ना** ひどい目に遭わせる；めちゃくちゃにする **गली कूचों की हवा खाना** うろつき回る **गली कूचों में कुत्ते लोटना** 町がさびれてしまう **गली-गली** 至る所に **गली-गली की ठोकरें खाना** *a.* 恥をさらして暮らしを立てる *b.* 恥をかく *c.* あちこちうろつき回る；用もなくうろうろする **गली गली छानना** *a.* あちこち探し回る *b.* = गली गली की ठोकरें खाना. **गली गली फिरना** = गली गली छानना. **गली गली मारे मारे फिरना** = गली गली की ठोकरें खाना. **गली झँकाना** いたずらに疲れさせる **गली-कूचा** 路地；横町 **गली-गलियारा** 路地；裏通り **गली-जहान** 横町 गली-जहान के किस्से 世間の噂；噂話 **गली मुहल्ला** *a.* 裏町；横町；下町 *b.* 近所；界隈

ग़लीचा [名] 《← P. غالیچه ग़ालीचा》 小さい絨毯；毛織りの敷物

ग़लीज़[1] [形] 《A. غلیظ》 (1) 汚い；不潔な；汚れた गोबर वगैरह से घर बहुत ग़लीज़ हो जाता है 牛糞などで家がとても不潔になる ग़लीज़ पानी 汚水 (2) 不浄な；けがれた (3) 濃い；濃密な (4) 粗野な；粗っぽい (5) いやらしい

ग़लीज़[2] [名*] (1) ごみ (2) 汚物；排泄物

गलीत [形] (1) 汚い (2) 良くない (3) 傷んだ；くずれた；ぼろぼろの；よれよれの

गलू [名]〔鉱〕月長石= चंद्रकांत (मणि). 〈moon stone〉

गलेबाज़ [形] 《H.गला + P.باز बाज़》 (1) 美声の (2) 歌の上手な (3) 口達者な

गलेबाज़ी [名*] ←गलेबाज़ (1) 美声 (2) 歌の上手なこと (3) 口達者なこと

गलौआ [名]〔動〕リスや猿などの動物の頬袋

ग़लताँ [形] 《P. غلطان》 = ग़लताँ.

गल्प [名*] (1) 噂話 (2) ほら（法螺） (3) 物語 (4) 短編小説 = कहानी. मैंने पहले-पहल 1907 में गल्पें लिखनी शुरू कीं 私が初めて短編小説を書き始めたのは 1907 年のことだった (5)〔文芸〕掌編；小編

गल्फ़ स्ट्रीम [名*] 《E. Gulf Stream》 メキシコ湾流 गर्म गल्फ़ स्ट्रीम की धारा 暖かいメキシコ湾流

गल्ल [名] 頬= गाल; कपोल.

गल्ला [名] 《P. گله》 羊や山羊などの動物の群れ

ग़ल्ला [名] 《A. غله》 (1) 穀物 ग़ल्ला तस्करी 穀物の闇商売 (2) 収穫 खेती का यह हाल था कि साल भर के लिए खाने का ग़ल्ला भी नहीं हो पाता था 農家と言っても収穫は一年分の食糧にも満たないほどのものだった (3) 一日の売上げ；売上高；収入 (4) 売上げの金を入れる箱や容器

ग़ल्लादान [名] 《A.P. غله دان》 穀物倉庫

ग़ल्लाफ़रोश [名] 《A.P. غله فروش》 穀物商

गल्वर्क [名] (1) 水晶 (2) 瑠璃 (3) ゴブレット

गवन [名] (1) 行くこと (2) 速度 (3) 結婚式後，花婿が同棲の開始のため花嫁を家に連れて来ること= गौना; द्विरागमन.

गवनचार [名]〔ヒ〕結婚式後，花嫁が婚家に初めて赴くこと= गौना.

गवना [名] = गौना.

गवमेंट [名] 政府；ガバメント= गवर्नमेंट; सरकार.

गवय [名]〔動〕ニールガーイ；ニルガイ；ウマシカ= नीलगाय. 【*Boselaphus tragocamelus*】〈nilgai〉

गवरनर [名] 《E. governor》 (1) 支配者；統治者 (2) 州知事= राज्यपाल. (3) 銀行総裁 रिज़र्व बैंक के गवरनर リザーブバンク（連邦準備銀行）総裁

गवरनर जनरल [名] 《E. Governor General》 (1)（英連邦内の諸国や植民地の）総督 (2)〔イ史〕英領インドの総督；インド総督

गवर्नमेंट [名] 《E. government》 (1) 政府 (2) 政治体制

गवल [名]〔動〕ウシ科ガウル（インド野生水牛）【*Bubalus bubalis*】 = अरना.

गवाक्ष [名] 建物の壁面に作られた小窓，覗き窓，換気口など= गोखा.

गवादन [名] (1) 牧草地；牧場 (2) 牛や水牛の飼料

गवादनी [名*] (1) 草 (2) 牧草地；牧場 (3) まぐさ桶；飼い葉桶

गवार [形] 《P. گوار गुवार》 (1) 消化される；こなれやすい (2) 食べられる；口に合う；味のよい (3) 快い

-गवार [造語] 《P. گوار गुवार》 認められる，受容される，具合のよい，快いなどの意を有する合成語の構成要素 ख़ुशगवार 気持ちの良い नागवार 不快な；厭な感じの

गवारा [形] 《← P. گواره / گوارا गुवारा》 (1) 耐えられる；我慢できる यहाँ तक तो ठीक है, पर प्रेम विवाह उसे गवारा नहीं होता そこまではよかったが，恋愛結婚には耐えられなかった सत्ता से हटना उन्हें गवारा नहीं था 氏は政権の座から退くことには耐えられなかった (2) 食べられる (3) 受け入れられる (4) 気持ちのよい；快い；心地よい

गवारिश [名*] 《P. گوارش गुवारिश》 消化剤

गवाशन [形] 牛を食べる；牛肉を食する = गोभक्षी.

गवास[1] [形] 牛を殺す；動物を殺す；屠殺する

गवास[2] [名] 屠畜（業）に従事する人= क़साई.

गवास[3] [名*] 歌を歌いたい気持ち；歌いたい衝動

गवाह [名] 《P. گواه》 (1) 証人；参考人 **ख़ुदा गवाह है** 誓って言う ख़ुदा गवाह है, आज तक मैंने ख़ाला जान को कोई तकलीफ़ नहीं दी これまでおばさんに迷惑を掛けたことはただの一度もないことを誓います (2) 目撃者 (3) 連署人；立会人

गवाही [名*] 《P. گواہی》 (1) 証言 **गवाही दे०** 証言する दो आदमी जात-बिरादरी के साथ बैठते हैं, ताकि गवाही दे सकें कि हाँ ब्याह हुआ है 結婚式が行われたことを証言できるように同カーストの人 2 人が同席する **गवाही ले०** 証言を求める न्यायालय में उसके बाद गवाहियाँ ली जाती हैं 裁判所でその後証言が求められる (2) 供述

गविष्टि [名*] (1) 意欲；欲求= इच्छा. (2) 闘争心= युद्धलिप्सा.

गवेधुक [名]〔植〕イネ科ジュズダマ（数珠玉）【*Coix barbata*】

गवेधुका [名*]〔植〕アオイ科キンゴジカ【*Sida alba*】

गवेषक [形・名] (1) 探究する（人）；調査する（人） (2) 捜索する（人） (3) 研究する（人）

गवेषण [名] = गवेषणा.

गवेषणा [名*] (1) 探究；調査 (2) 捜索 (3) 研究

गवेषित [形] (1) 探究された；調査された (2) 捜索された (3) 研究された

गवेषी [形] (1) 探究する；調査する (2) 捜索する (3) 研究する

गवैया [名] 歌い手；歌手= गायक.

गव्य [形・名] 雌牛から得られる（有用なもの)，すなわち，牛の乳，ヨーグルト，ギー，糞尿など

ग़श[1] [名] 《A. غش》 失神（すること）；気を失うこと= ग़श्श; मूर्च्छा; बेहोशी. **ग़श खाना** 失神する；気を失う अंत में ग़श खाकर गिर पड़ा とうとう失神して倒れてしまった

ग़श[2] [形] 《A. غش》 失神した；気を失った= बेहोश; मूर्च्छित.

गशन [名] 《P. گشن》 集まり；集合= समूह; जमाव.

ग़शी [名*] 《A. غشی》 失神= मूर्च्छा; बेहोशी; ग़श[1].

गश्त [名] 《P. گشت》 巡視；巡回；巡邏；警邏；視察；見回り；巡察 शहर के गश्त को 街の巡視に गश्त क० 巡視する；巡回する；見回

ग

る；巡察する＝ गश्त जा॰; गश्त मारना; गश्त लगाना. दो युवकों ने बंदूकें भरकर कंधे पर रक्खीं और चारों तरफ़ गश्त करने लगे 2 人の青年が銃を装填して肩に担ぎ四方の見回りを始めた

गश्ती[1] [形] 《P. گشتی》 (1) 巡視する；巡邏する；巡回する；巡察する；警邏する गश्ती दल 警邏隊 (2) 回覧される

गश्ती[2] [名*] (1) 巡視；巡邏；巡回；巡察 (2) 回状；回覧状 (3) = गश्ती सलामी. (4) 出歩いたりうろついたりする女性 (5) 浮気女；ふしだらな女 **गश्ती लगाना** 巡視する；巡回する；警邏する

गश्ती सलामी [名*] 《P. گشتی سلامی》 巡視に来る役人への付け届け

गसना [他] (1) 締めつける (2) 織り目を密にする

गसीला [形⁺] (1) 締めつけられた (2) がっしりした (3) 織り目の密な

गस्सा [名] 食物の一口分＝ ग्रास; कौर. दो एक गस्से पानी के साथ किसी तरह उतारे और उठ गई 一口二口を水と一緒になんとか飲み下すと立ち上がった

गहकना [自] (1) 強く望む；切望する (2) 躍り上がる；浮き立つ；興奮する

गहगच [名] (1) 泥；泥沼 (2) 面倒；厄介（事）；泥沼

गहगहाना [自] (1) 喜びにあふれる；嬉しさに躍り上がる (2) 青々とする；田畑が実って波打つ

गहगहे [副] (1) 大喜びで (2) 盛んに；盛大に (3) 激しく；勢いよく

गहन [形] (1) 深い；底の深い (2) 奥深い；（思索，思慮，知識などが）深い गहन तत्त्वचिंतन 深い思索 गहन अनुभूति 深い実感 (3) 深刻な गहन समस्या 深刻な問題 (4) 深遠な (5) 寄りつきがたい；険しい (6) 集中的な；濃密な **गहन चिकित्सा** 〔医〕集中治療 गहन चिकित्सा कक्ष 集中治療室 गहन पूछताछ के बावजूद 集中的な取り調べにもかかわらず (7) 集約的な **गहन कृषि** 集約農業 〈intensive agriculture〉

गहनता [名*] ← गहन.

गहना[1] [他] (1) 握る；つかむ दोनों आपस में हाथ गहे 2 人は手を握り合って (2) 手に取る；持つ (3) 取る；取り入れる मौन गहना 黙り込む＝ चुपचाप रहना.

गहना[2] [名] (1) 貴金属の装身具；宝飾品＝ ज़ेवर. गहने गढ़वाना 貴金属の装身具や宝飾品をこしらえて貰う (2) 抵当 ＝ रेहन; बंधक. (3) 〔農〕均しまんが（馬鍬）に形の似た除草機

गहबर [形] (1) 深い (2) 険しい (3) 動転した；あわてた (4) 落ち着きのない (5) 熱中した (6) 内部の；内側の→ गह्वर[2].

गहबरना [自] あわてる；あわてふためく；動転する＝ घबराना; व्याकुल हो॰.

गहबराना[1] [他] あわてさせる；動転させる＝ घबरा दे॰.

गहबराना[2] [自] あわてる；あわてふためく＝ घबराना.

गहमह [名*] 賑わい＝ चहलपहल; रौनक.

गहमहना [自] 大喜びする

गहमागहम [名*] ＝ गहमागहमी.

गहमागहमी [名*] (1) 賑わい；人出＝ चहल पहल. पाली हिल के चौराहे पर ख़ूब गहमागहमी थी パーリーヒルの四つ角ではかなりの人出があった (2) 人の集まり；人だかり；群衆＝ भीड़भाड़. (3) 応酬 बहस के दौरान अच्छी ख़ासी गहमागहमी हुई 議論の最中かなりの応酬があった (4) 繁忙；多忙さ गहमागहमी के तनाव के बाद 多忙さの緊張の後

गहर[1] [名*] 遅れ；遅滞＝ देर; विलंब.

गहर[2] [形] (1) 深い (2) 深みのある；奥深い (3) 深くて重々しい

गहरना[1] [自] 遅れる；遅滞する；遅延する

गहरना[2] [自] (1) 争う (2) 不機嫌になる；腹を立てる

गहरवार [名] 〔イ史〕ガハラワール族（11～12 世紀にガンジス平原の中央部の काशी, कन्नौज 地方を本拠地としていたとされるクシャトリヤの一氏族でガハラヴァーラ王朝を興した）

गहरा [形⁺] (1) 深い；底の深い गहरा समंदर 深い海 गहरे जल में 水の深みに आशा गहरे जल में डूब गई 希望は深みに沈んでしまった (2) 作用が深く達する；深部に及ぶ；深い गहरा प्रभाव 深い影響 इस क्षेत्र में गहरी दिलचस्पी लेने लगी है この分野に深い関心を寄せるようになられた (3) 鋭く見抜く；深い；観察力や洞察力のすぐれた गहरी अंतर्दृष्टि 深い洞察力 (4) 心の奥にまで及ぶ；感情や感動が深い इसपर गहरा दुःख प्रकट करते हुए これに対して深い悲しみを表明しながら गहरी घृणा 深い憎しみ समझौते के कुछ हिस्सों पर गहरी नाराज़गी ज़ाहिर की है 協定の一部について深い不快感を露にした (5) 根の深い；根源的な；根元的な；根本的な वर्णव्यवस्था की उत्पत्ति के विषय में विद्वानों में गहरा मतभेद रहा है 種姓制度の起源について学者の間に根元的な意見の違いが続いてきている (6) 意味の深い；意味深長な मैं समझा नहीं भैये, गहरी बात कह गये! 私にはわからなかった．意味深長なことを話してくれたんだが (7) 深刻な खांडसारी उद्योग गहरे संकट में 粗糖製造産業深刻な危機に (8) 親密な；親しい；情愛の深い；交わりの深い गहरा दोस्त 親友 गहरे प्यार में उपहारों का सहारा लेने की ज़रूरत नहीं हुआ करती 愛情が深ければ贈り物に頼る必要はないものだ गहरी दोस्ती 深い交友関係；親交 (9) 思慮深い；重厚な；慎重な (10) 十二分の；しっかりした；多い目の सुबह गहरा नाश्ता कर लिया है, इस लिए भूख न अब है और न तब लगेगी 今朝十分な朝食をすませたので今ひもじくないしこれからもひもじくなるまい (11) 色の濃い；深い गहरा नीला 深い青；ネイビーブルー गहरे नीले रंग की साड़ी 濃紺のサリー गहरा भूरा ダークブラウン गहरा रंग 濃い色 अधिक समय तक तेज़ धूप में रहने पर खुले भागों की त्वचा गहरे रंग की हो जाती है 長い間日光にさらされていると露な部分の皮膚は色が濃くなる गहरा हरा (रंग) 濃緑色 गहरा लाल 深紅の हलके तथा गहरे रंग की दो आई-ब्रो पेंसिलें 薄い色と濃い色の両方の黛 गहरा काला रंग 黒々とした色 (12) 眠りが深い नींद गहरी आ॰ ぐっすり眠る；熟睡する गहरी नींद 深い眠り；熟睡 (13) 大きな；重い；深い घाव गहरा न था 傷は深くはなかった गहरा ज़ख़्म 深い傷；深手；重い傷 (14) 奥深い；深部に達する गहरी साँस 深呼吸 (15) 重く響く；響きの重い घरघराती-सी आवाज़ आई थी और जो अब पहले से ज़्यादा गहरी हो गई थी 地響きのような音が聞こえてきた．そして今度はいっそう深い音になった **गहरा रंग चढ़ना** 深く影響する **गहरा रंग दे॰** 深める जिस युवक के साथ आप दोस्ती को गहरा रंग देना चाहें あなたが友情を深めたいと思われる若者 **गहरा रंग पकड़ना** 深まる；濃くなる **गहरा हाथ जमाना** (लगाना) 武器で激しく襲う **गहरा हाथ पड़ना** (मारना/ लगाना) *a.* 大金が手に入る *b.* 武器で激しく襲われる **गहरी घुटना** *a.*（大麻が）濃くすりつぶされる；濃いバーング भाँग が作られる *b.* 親密な交友関係になる **गहरी घोंटना** 大麻を大量に用いて濃いバーングを作る **गहरी चाल चलना** だます；ペテンにかける **गहरी चोट क॰** 深い影響を及ぼす **गहरी छनना** *a.* よく馬が合う；とても深密になる *b.* バーングをうんと飲む **गहरी छानना** ＝ गहरी घोंटना. **गहरी नींद आ॰** 深い眠りにつく；ぐっすり眠る；熟睡する＝ गहरी नींद सोना. **गहरी पैठ** 知識や理解の深いこと；造詣の深いこと；堪能なこと **गहरी बात** 重要なこと；大切なこと **गहरी रक़म हाथ लगना** 大儲けする；大金が手に入る **गहरी साँस भरना** 深い溜息をつく ＝ गहरी साँस ले॰. **गहरे उतरना** 熟慮する；熟考する **गहरे चलना** *a.* 策略をめぐらす *b.* 速く走る（馬が） **गहरे डूबना** 没頭する；没入する；沈潜する **गहरे पानी पैठना** 慎重に考える；熟考する；慎重に対処する **गहरे पानी में हो॰** 慎重な **गहरे पेट का** 胸の内を秘める；胸の内を明かさない **गहरे पैठना** ＝ गहरे उतरना. **गहरे में** とても；大変；非常に；甚だ **गहरे में हो॰** *a.* 金回りのよい *b.* 熱中する；没頭する **गहरे समुद्र में गोते लगाना** 浸る；没入する；沈潜する

गहराई [名*] ← गहरा. (1) 深さ साथ ही बीज सही दूरी और ठीक गहराई में बोया जाता है 同時に種は正しい間隔と適切な深さに蒔かれる गहराई कम हो॰ 浅くなる (2) 深部；深いところ इस रोग के जीवाणु उसके शरीर के भीतरी ऊतकों में पहुँचकर और अधिक गहराई तक अपनी जड़ जमा चुके हैं この病気の病原菌は体の内部の組織に入りこんで非常に深く根を下ろしてしまっている जानवरों की लाशों को ज़मीन के अंदर गहराई में गाड़ना 動物の死体を地中深く埋める गहराई तक खोदना 深く掘り下げる；深く掘る (3) 奥底 कहानी ने मन की गहराइयों को छू लिया 小説は心の奥底に（琴線に）触れた (4) 深刻さ (5) 濃さ (6) 深み उसमें आवेश रहता है पर स्थायित्व नहीं, गति रहती है पर गहराई नहीं 勢いはあるが安定がない，動きはあるが深みはない **गहराई तक जा॰** 慎重に考える；深く考える＝ गहराई तक पहुँचना. **गहराई से** 深く；奥深く गहराई से संगीत सीखने की ललक 音楽を深く学びたい希求

गहराना[1] [自] (1) 深まる；深くなる रात गहराती जा रही थी 夜が深まりつつあった गहराती साँझ का सन्नाटा झींगुरों की आवाज़ से और गहरा गया था 深まり行く夕暮れの静けさが虫の鳴き声で一

段と深まった गहराते हुए अंधेरे में 深まり行く闇の中で (2) 深刻になる；深まる क्यों गहराता है बार-बार हॉकी पर संकट なぜに幾度もホッケー界の危機が深まるのか राजधानी में बिजली संकट और गहराया 首都の電力危機が更に深まった (3) 密になる；親密になる दोनों की जान-पहचान बहुत पुरानी नहीं थी, थोड़े ही दिन की थी, पर धीरे-धीरे गहराती गई थी 2 人が知り合ったのはそんなに以前のことではなく少し前のことだったが次第に親密になって行ったのだった

गहराना[2] [他] (1) 深める；深くする (2) 深刻にする (3) 密にする (4) 濃くする

गहरापन [名] ←गहरा. 深さ，深み，親密さ，濃さなど= गहराई; गहराव.

गहरेबाज़ [形] 《H.गहरा + P.باز》（馬や馬車が）速く走る；疾走する；疾駆する

गहरेबाज़ी [名*] 《H.गहरा + P.بازی》馬車が早く走ること

गहलौत [名] ガフロート（ラージプートの一氏族名）

गहवर [名] (1) 洞窟= गुफा; गुहा; कंदरा; गह्वर. (2) 寺院

गहवरिया [形] (1) 深い (2) 密な

गहवाना [他] ←गहना. つかませる；握らせる；取らせる；手渡す= पकड़ाना.

गहवारा [名] ゆりかご（揺籠）= पालना; झूला; हिंडोला.

गहागह [副]（太鼓などを打つような）深く大きい音を立てながら；どーんどーんと

गहाना [他] ↔ गहना 握らせる；つかませる；手に取らせる；持たせる；手渡す= पकड़ाना; गहवाना; धराना. ना तुमको गहाऊँगी あんたには渡さないわ

गहिरा [形[+]] = गहरा.

गहिलाना[1] [他] (1) 流す (2) 洗い流す

गहिलाना[2] [自] (1) 流れる (2) 広がる

गहीला [形[+]] (1) 狂気の；気の狂った (2) うぬぼれの強い

गहेला [形[+]] (1) 強情な；意地張りの (2) 高慢な；傲慢な (3) 気の狂った；狂気の (4) 粗野な

गह्वर[1] [名] (1) 暗闇 महान संस्कृति-सभ्य भारतवर्ष किस अतीत के गह्वर में डूब गया? 偉大な文明のインドがいかなる過去の暗闇に沈んでしまったのか (2) 洞窟= गुफा; कंदरा. (3) 裂け目 (4) 木の茂み (5) 険しい場所

गह्वर[2] [形] (1) 険しい (2) 隠れた；秘められた (3) 密な；濃い

गांगट [名]〔動〕甲殻類カニ= केकड़ा.

गांगेय [形] (1) ガンガーの；ガンジス川の= गंगा का. (2) ガンジスから生じた (3) ガンジスの岸辺にある

गाँछना [他] 編む= गूथना; गूँथना; गाँथना.

गाँज [名] (1) 積み重ねること (2) 積み重なったもの；積み重ねられたもの (3) 堆くなったもの

गाँजना [他] 積み重ねる；積む；積み上げる

गाँजा [名] (1)〔植〕クワ科の草本アサ，もしくは，インドタイマ（大麻）【*Cannabis sativa*】 (2) その葉もしくは芽（乾燥させてタバコと共に吸飲する） **गाँजा-शराब** 大麻や酒；麻薬や酒 हम अपनी गाढ़ी कमाई के करोड़ों रुपये गाँजे-शराब में उड़ा देते हैं 我々は汗水流して稼いだ大金を大麻や酒に浪費する

गाँठ [名*] (1) 糸やひも，綱，布などを結び合わせること；結ぶこと；結び **गाँठ लगाना** 結ぶ पट्टी की आखिरी सिरे को कैंची से दो भागों में फाड़कर हलकी गाँठ लगा दें 包帯の端を鋏で 2 つに切り裂き軽く結ぶ (2) 結び目 पट्टी की गाँठ ज़ख्म के ऊपर रहनी चाहिए 包帯の結び目は傷の上になくてはならない टाई की गाँठ ネクタイの結び目 (3) 包み；包んだもの；包んであるもの कपड़े की दस गाँठें 布の包み 10 個 (4) 植物の茎，幹の節 गाँठों से शाखाएँ निकलती हैं 節から枝が出る (5) 関節，体の節 गाँठों में दर्द हो॰ 節々が痛む **गाँठ उखड़ना** 関節がはずれる (6) 硬くて丸いもの；ぐりぐりしたもの；球形のもの यदि काँटे का कुछ अंश त्वचा में ही गड़ा रह जाए तो वहाँ गाँठ-सी बन जाती है とげの一部が皮膚に刺さったままになるとぐりぐりしたものができる प्याज़ की गाँठ 玉ネギの鱗茎 (7) 着物の端に何か物を入れるために結んだ部分（和服の懐に相当する） गाँठ में कौड़ी नहीं, मगर दिल में दया और मुरव्वत 懐には一文もないが胸には憐れみと思いやり (8) 所有；所持 (9) わだかまり (10) もつれ **गाँठ उखड़ना** 脱臼する **गाँठ उलझना** こみいる；複雑になる **गाँठ कटना** すりにすられる；すりとられる **गाँठ कतरना** する（掏る）= जेब काटना; अंटी काटना. **गाँठ क॰** *a.* 心に刻みつける；銘記する *b.* 心にわだかまりを持つ *c.* 着物の端に結びつける **गाँठ का** 手もとの **गाँठ का खोना** 失う；損をする **गाँठ काटना** *a.* する；すりとる= गाँठ कतरना. *b.* だましとる **गाँठ का पक्का** けちな **गाँठ का पूरा** 裕福な；金持ちの कोई गाँठ का पूरा आदमी होता तो एक बात भी थी 裕福な人であれば別の話だったが **गाँठ का पूरा आँख का अंधा** 金持ちの愚か者 **गाँठ का पैसा** 懐；懐に持っている金；所持金 **गाँठ का पोढ़ा** 大金持ち **गाँठ ख़ाली हो॰** 無一文の **गाँठ खुलना** 問題が解決する；障害がなくなる；わだかまりがなくなる **गाँठ खोना** 損をする **गाँठ खोलना** *a.* わだかまりをなくす *b.* 疑念をはらす *c.* 包みかくさず話す *d.* 散財する **गाँठ गिरह में हो॰** 手もとにある **गाँठ जोड़ना (बाँधना)** *a.*〔ヒ〕結婚式の儀式で新郎新婦の着物の裾を結び合わせる儀礼 *b.* 親しい関係を結ぶ **गाँठ देकर रखना** 隠しておく；包みかくしておく **गाँठ दे॰** 誓う；誓いを立てる **गाँठ पकड़ना** *a.* 憎しみを抱く *b.* 悪く思う；不快に感じる *c.* 銘記される **गाँठ पक्की हो॰** 緊密になる；引き締まる **गाँठ पड़ना** *a.* わだかまりやしこりが生じる *b.* さしさわりが生じる मन में गाँठ पड़ना わだかまりが生じる **गाँठ बाँधना** 忘れないようにする；しっかり覚えておく；記憶にとどめる；肝に銘じる मेरी एक बात गाँठ बाँध लो 私の言うことをしっかり覚えておきなさい एक बात गाँठ बाँध ले 一つしっかり覚えておきなさい **गाँठ मज़बूत हो॰** *a.* 結びつきが緊密になる *b.* 友情が深まる *c.* 手もとに金がある **गाँठ मारना** = गाँठ काटना. **गाँठ में बाँधना** よく記憶にとどめる；しっかりと覚えておく；いつまでも忘れないようにする **गाँठ रखना** 妬ましく思う；妬みを感じる；悪意を持つ **गाँठ लगाना** しっかり心にとめる **गाँठ से** 自分の金から；自分の懐から **गाँठ से निकालकर ख़र्च क॰** 身銭を切る

गाँठकट [名] すり（掏摸）= गिरहकट; जेबकतरा.

गाँठ गोभी [名*]〔植〕アブラナ科野菜コールラビ；カブカンラン（蕪甘藍）；球茎カンラン（キャベツの栽培変種）【*Brassica oleracea var.gongylodes*】〈knol-khol; kohlrabi〉

गाँठदार [形] 《H.गाँठ+ P.دار》(1) 節のある；節くれだった；ごつごつした；堅くて丸いものや塊のある उसकी गाँठदार अंगुलियों के सिरे その人の節くれだった指の先 (2) 節のある गाँठदार टहनी 節のある枝

गाँठना [他] (1) 結ぶ；つなぐ；組み合わせる मैंने उससे दोस्ती गाँठ ली あの人と友情を結んだ स्त्रियों में करवा चौथ व्रत पर मिट्टी के बने जलपात्र ले-देकर बहिन के रिश्ते गाँठने की प्रथा भी मिलती है 女性の間にはカルワーチョゥトのヴラタの際には瀬戸物の器を交換して姉妹の関係を結ぶ風習も見られる (2) 引き入れる；引き込む हमारी कम्पनी ने भगवान को भी अपने साथ गाँठ रखा है わが社は神様までも自分たちの味方に引き入れている (3) つくろう；修理する；修繕する；つぎをあてる बाबा कल तक जूते गाँठता फिरता था 父は昨日まで靴の修理に歩き回っていた जूते गाँठनेवाला 靴を修理する人 (4) 強引に従わせる；言うことを聞かせる

गाँड़ [名*] (1) 肛門；尻の穴= गुदा. (2) 底；下の部分；底部= पेंदी; तला; तली. **गाँड़ चलना** 下痢をする；腹をくだす **गाँड़ फटना** ぎょっとする；震えあがる **गाँड़ फाड़ना** ぎょっとさせる；恐怖におとしいれる；震えあがらせる **गाँड़ मराना** 男色行為の相手となる行為（おかま，稚児，若衆，陰間などの） **गाँड़ मारना** 男色行為をする **गाँड़ में उँगली क॰**〔俗〕悩ます；苦しめる；しつこいいやがらせをする **गाँड़ में गू न हो॰**〔俗〕すかんぴん（素寒貧）な；一文無しの

गाँड़घिसनी [名*] 無駄な苦労；徒労

गाँड़ मरानी [名*] 売女；売春婦（ののしりの言葉）

गाँडर [名*]〔植〕イネ科草本ベチベルソウ；カスカスソウ【*Vetiveria zizanioides*】

गाँडा [名] (1) 幹や茎などを切ったもの (2) サトウキビを機械で搾るために短く切ったもの (3) サトウキビ= ईख.

गाँडाली [名*] = गाँडर.

गांडीव [名]〔マハ〕アルジュナが火神アグニから授かったと伝えられる弓

गाँडू [名] (1) おかま；陰間；男色の相手をする者 (2) 臆病者 **गाँडू का हिमायती हारा है**〔諺〕だれも臆病者には助力することができない

गाँती [名*] = गाती.

गाँथना [他] (1) 編む；結う (2) しつけ縫いをする (3) こねる

गांधर्व[1] [形] ← गंधर्व/गन्धर्व. (1) ガンダルヴァ（गंधर्व）の (2) ガンダルヴァ，ないしは，ガンダルヴァ族の (3) ガンダルヴァの国の

गांधर्व[2] [名] (1) 音楽の学問 (2) ガンダルヴァ族；ガーンダルヴァ・カースト (3) ガンダルヴァ式の結婚，ガンダルヴァ婚，恋愛結婚（古代インドの結婚様式の一．マヌ法典 3 - 32）= गांधर्व विवाह.

गांधर्व विवाह [名] ガンダルヴァ婚（マヌ法典 3 - 32）；恋愛結婚 → गंधर्व विवाह.

गांधर्व-वेद [名] 音楽学

गांधार[1] [形] ← गंधार/गन्धार. (1) ガンダーラ（गंधार/गांधार）地方の (2) 同地方に住む (3) 同地方にある **गांधार कला** ガンダーラ美術

गांधार[2] [名] (1) 古代のガンダーラ国やその領域（गंधार）（現今のパキスタン北西部ペシャーワル県を中心とする地域） (2) 同地方の住人 (3)〔イ音〕ガーンダーラ；オクターブの第 3 音；ガー = गा.

गांधारी [名*] ガンダーラ地方の女性

गांधिक [名] (1) 香料 (2) 香料製造販売人

गाँधी [名] (1) 香料製造販売人 (2) 香辛料・食品雑貨を商う商人 (3) グジャラート地方及びシンド，パンジャーブ地方に居住してきたガーンディー（ガンディー）・カースト及びそのカーストの人 (4)〔人名〕インド独立運動の指導者で思想家のモーハンダース・カラムチャンド・ガーンディー（ガンディー・ジー） मोहनदास कर्मचंद गाँधी (1869–1948) (5)〔昆〕カメムシ科クロカメムシ（イネの害虫） **गाँधी टोपी** ガーンディー帽；ガンジー帽（手織り綿の縦長でボート形の帽子） उजली धोती, उजली कमीज़, उजली गाँधी टोपी 白のドーティー，白のカミーズ，白のガンジー帽

गाँधीवाद [名] マハートマー・ガーンディーの思想と行動の総体；ガンディー主義（思想）；M.K. ガンディーの精神と行動理念

गाँधीवादी[1] [形] ガンディー主義の；ガンディー主義思想の गाँधीवादी समाजवाद ガンディー主義的社会主義

गाँधीवादी[2] [名] M.K. ガンディーの思想と行動の信奉者；ガンディー主義者

गांभीर्य [名] ← गंभीर/गम्भीर. 深み；荘重さ；重々しさ；威厳；重厚さ

गाँव [名] (1) 村；部落；村里；田舎（いなか） (2) 里；人里 छोटा गाँव 部落 (3) 故郷；（実家のある）田舎；出身地 गाँव के एक मामा को 田舎のおじさんに **गाँव मारना** 強盗団が村や部落全体の強奪・強盗に押し入る

गाँवटी [形] (1) 村の；田舎の；部落の (2) 田舎者の

गाँवटी पंचायत [名*] 村のパンチャーヤト（ग्राम पंचायत）；村会；村議会

गाँववाला [形⁺・名] 田舎の；田舎の人；村人 गाँववालों का क्या हाल है? 田舎の人たちはどうしているか

गाँव सभा [名*] 村会；村議会；村のパンチャーヤト

गाँस [名*] (1) やじりや槍の穂先など刃物の刃；刃 (2) 体に刺さったままになった刃やとげのかけらや破片 (3) 恨み；怨念；遺恨 (4) 心身に苦痛を与えるもの **गाँस क॰** 覚えておく；記憶にとどめる **गाँस की फाँस** 恨み；敵意；胸に刺さったとげ **गाँस निकालना** 昔の恨みを晴らす；遺恨を晴らす **(-को) गाँस में रखना** （ーを）思いのままにする；意のままにする

गाँसना [他] (1) 囲む；取り囲む (2) 突き刺す (3) 穴をあける (4) 糸を通す；ひもに通す (5) 詰める **(- मन में) गाँस कर रखना** （ーを）根に持つ

गाँसी [名*] = गाँस.

-गा [接尾] (1) 叙想法不定未来時制形に付加されて直説法未来時制形を作る活用語尾（一人称，二人称，三人称の男性単数形） मैं लिखूँ - लिखूँगा, तू लिखे - लिखेगा, वह लिखे - लिखेगा

गाइड[1] [名]《E. guide》(1) ガイド；道案内人；先達= पथप्रदर्शक; रहनुमा (2)（旅行）案内人；ガイド (3) 指導（教師としての） **गाइड क॰** 指導する तुम उसे थोड़ा गाइड कर दो तो मेरा काम हलका हो जाएगा あの子を君が指導するなら僕の仕事は楽になるだろう

गाइड[2] [名*]《E. guide》(1)（学習）参考書 (2) 手引き（書） (3) 案内書；便覧 नई मध्यप्रदेश गाइड उर्फ़ हमारा प्यारा मध्य प्रदेश 新中央州ガイド（案内／案内書），すなわち，「わが愛しの中央州」

गाइड डॉग [名]《E. guide dog》盲導犬

गाउन [名]《E. gown》(1) ガウン（婦人用） (2)（特定の職業の人たちがまとう）正服；法服；式服；職服；ガウン (3) 寝間着

गाऊघप्प [形] (1) 横領する (2) 金遣いの荒い；浪費する

गागर [名] 金属製もしくは陶器製の水入れ；瓶= घड़ा; गगरी. **गागर में सागर भरना** *a.* 小さなものや狭い所に非常に多くのものを盛ったり入れたりする *b.* 簡潔な言葉で非常に多くのものを表現する

गागरा [名] = गगरा.

गागरी [名*] = गगरी.

गाच [名*]《E. gauze》紗；絽

गाछ [名] (1) 小さな木；小木；低木；灌木 (2) 木；樹木

गाछी [名*] (1) 小さな木；小木；低木；灌木 (2) 小さな庭園 (3) ナツメヤシの若芽（食用）

गाज[1] [名*] (1) 雷 = बिजली; वज्र. (2) 轟き；轟音；轟きわたる声 बोलता तो मुँह से गाज निकलती 口を開くとその声は轟きわたる（声が出る） (3) 災難；災厄 **गाज गिरना** *a.* 落雷する *b.* 災厄が降りかかる= गाज पड़ना. अपने ऊपर ही कौन-सी गाज गिरी है 自分にだけ一体何という災厄が降りかかったのか

गाज[2] [名] (1) 泡 (2) 口のわきに出たつばの泡 मुँह के दोनों कोनों पर आये गाज को ज़बान से ऊपर खींचा 口のわきに出た泡を舌で口の中に入れた

गाज[3] [名*]〔装身〕チューリー（ガラス製のチューリー चूड़ी）

गॉज [名*]《E. gauze》ガーゼ；包帯 स्टरलाइज की हुई गॉज 消毒したガーゼ（सर्जिकल पट्टी）

गाजना [自] (1) 轟く；轟音がする (2) やかましくなる；騒音が起こる (3) 大喜びする

गाजर [名*]〔植〕セリ科野菜ニンジン（人参） गाजर का हलवा 人参をギーでいため砂糖で甘みを加えた菓子，もしくは，デザート **गाजर बेचना** 騒ぎ立てる **गाजर मूली की तरह काटना** いとも簡単に斬る；たやすく斬り殺す；ばったばったと斬り倒す बानर सेना को राक्षस गाजर मूली की तरह काटने लगे 鬼たちは猿軍をいとも簡単に斬り始めた **गाजर मूली की तरह मिलना** いとも簡単に手に入る वहाँ गाजर मूली की तरह मैट्रिक इंटर के प्रमाण-पत्र भी मिलते हैं 同地では高校・短大卒業の証明書はいとも簡単に手に入る **गाजर मूली समझना** （相手を）物の数に入れない；みくびる

गाजर आलू [名]〔料〕ジャガイモとニンジンのカレー煮 गाजर आलू की सब्ज़ी ジャガイモとニンジンの煮物

गाजरी [形] 黄赤色の = गेंदई.

ग़ाज़ा [名]《P. غازه》頬紅

गाजा बाजा [名] (1) 種々の楽器の合奏で一斉に出る音 (2) 音楽（器楽と声楽） (3) 楽隊

ग़ाज़ी [名]《A. غازی》(1)〔イス〕異教徒と戦う戦士；聖戦の戦士 ग़ाज़ी और मुजाहिदों की किस्मत में आराम कहाँ? 聖戦の戦士に安楽はなし (2) 殉教者 (3) つわもの；勇士；猛者

ग़ाज़ीमर्द [名]《A. غازی مرد》(1) 戦士；勇士 (2) 馬

ग़ाज़ी मियाँ [名]〔イス〕ガズニー朝のマフムード・ガズナヴィーの甥でバフラーイチで戦死したマスウードがピール（聖者・ピール पीर）信仰の対象となったもの；ガージーミヤーン

गाट [名]《E. GATT; General Agreement on Tariffs and Trade》ガット= गाट समझौता.

गाटर[1] [名] くびき（軛；頸木）

गाटर[2] [名]《E. girder》けた（桁）

गाट समझौता [名]《E. GATT》ガット→ गाट.

गाटा [名] 畑の小さな一区画；小さな畑地

गॉड [名]《E. God》(1)〔キ〕キリスト教の神；ゴッド；創造主 (2) 神

गाड़ [名*] (1) 地に掘った穴= गड्ढा; गड़हा. (2) 穀物を保存するために地面に掘った穴

गाड़ना [他] (1) 埋める（うめる；うずめる） एक टाइम कैप्सूल ज़मीन में गाड़ा गया タイムカプセルが地中に埋められた (2) いける（埋ける） बाँस गाड़कर मछली के जाल सुखाने की खड़ी मचान बनी है 竹竿を埋けて漁網を乾かすための垂直な台がこしらえられている ज़मीन पर पतली पतली शाखें गाड़ दे॰ 地面にとても細い枝を埋ける (3) 埋葬する मृतकों को गाड़ दे॰ 死者を埋葬する (4) 植えつける (5) さしこむ；打ちこむ；たたきこむ उसने तीन-चार खूँटे गाड़ दिये（動物をつなぐ）杭を 3〜4 本地面に打ちこんだ सड़क के

आज़ू-बाज़ू कील गाड़ देते हैं 道路の両側に杭を打ちこむ जहाँ कोई चश्मा नज़र आता है अपना खेमा गाड़ देते हैं オアシスが見つかるとそこに天幕を張る

गाड़ा[1] ［名］(1) 待ち伏せなどのため身を隠すために掘った穴 (2) 油やサトウキビなどの搾り汁を溜めるための容器を置く場所に掘った穴 गाड़े बैठना 待ち伏せする = घात में बैठना. गाड़े बैठाना 待ち伏せさせる；見張り番をつける

गाड़ा[2] ［名］(1) 大型の車 (2) 大型の牛車

गाड़ी ［名*］車（車輪によって動くものの総称，運搬用に牛や馬のひく車，自動車，電車，汽車などを含めていう） अब गाड़ी चलनेवाली है 発車するところだ गाड़ी आगे निकालना（車で）追い越す；追い抜く= ओवरटेक क°; ओवरटेकिंग. गाड़ी खड़ी क° 駐車する गाड़ी खड़ी करना मना है 駐車禁止 **गाड़ी आगे बढ़ाना** 進める；前進させる；進歩させる **गाड़ी के आगे काठ अटकाना** 妨害する；妨げる **गाड़ी खिंचना**（生活や暮らしが）立ち行く；成り立つ；働く；機能する；作動する **गाड़ी खींचे चलना** 力量以上のことを無理をして行う **गाड़ी चल निकलना** 動き出す；作動する **गाड़ी जोतना** 車に馬をつなぐ **गाड़ी ढकेलना** = गाड़ी खींचे चलना. **गाड़ी पटरी से उतरना** 脱線する；逸脱する；それる **गाड़ी भर** 山のように **गाड़ी रुकना** 順調に進んでいたものが止まる

गाड़ीख़ाना ［名］車を入れておく所；車庫

गाड़ीवान ［名］馬車や牛車を扱う人；馬方；牛方；馬車曳き

गाडो ［名］牛車；牛の曳く荷車= छकड़ा; बैलगाड़ी.

गाडोलियो ［名］ガードーリヨー／ガーローロー（牛車などに仕事の道具や家財道具をのせて移動しながら鉄鍛冶を生業としてきているラージャスターン地方の一カースト）= गाडोलो.

गाढ़[1] ［形］(1) 沢山の；とても多くの (2) 丈夫な；がっしりした (3) 深い (4) 密な (5) 激しい；強い (6) 難しい

गाढ़[2] ［名*］危難；危機；苦難

गाढ़ता ［名*］← गाढ़[1]

गाढ़ा[1] ［形[+]］(1) 濃い；成分が多い गाढ़ा दूध 濃い牛乳 ऊँटनी का गाढ़ा दूध ラクダの濃い乳 (2) 深い；濃い बाहर अँधेरा गाढ़ा हो गया है 外は闇が深くなっている ज्यों ज्यों मैं सोचता गया, मेरे हृदय का दुख गाढ़ा होता गया 考えていくうちにますます悲しみが深くなっていった गाढ़ा लाल 濃い赤色の (3) 濃い；厚い；濃厚な गाढ़े मेकअप में सजी-सँवरी साँवली कुँअरियाँ 厚化粧をした色黒の娘たち (4) 親密な；密接な；深い；濃密な गाढ़ी मित्रता 深い友情 (5) 頑固な；頑なな मैं बहुत गाढ़ा हिंदू हूँ 私はとても頑固なヒンドゥーだ (6) 苦労を重ねた；苦労の多い；辛い क्या मेरे जीवन की गाढ़ी कमाई वापस मिल जाएगी? 私の生涯の血と汗の結晶が戻るだろうか बड़ी गाढ़ी कमाई के पैसे हैं 大変な苦労のもたらした金；汗水流して稼いだもの；血と汗の結晶 (7) 激しい；強烈な **गाढ़ा काम पड़ना** 苦難の時がやってくる **गाढ़ा रंग चढ़ना** 深い影響が及ぶ **गाढ़ा समय** 逆境；不遇の時 **गाढ़ी कमाई** 血と汗の結晶；辛苦の結果稼ぎ出したもの **गाढ़ी छनना** *a.* 親密な *b.* 馬が合う **गाढ़ी छानना** = गहरी छानना. **गाढ़ी मेहनत** 必死の努力；猛烈な努力 **गाढ़े दिन** 逆境；不遇な時

गाढ़ा[2] ［名］(1) 苦境；苦難の時期；逆境 (2) 危機；危難 अपने बच्चे लेती गई, नहीं तो मेरी जान गाढ़े में पड़ जाती 自分の子供を連れて行った．そうでなかったら私の命が危なくなってしまっていた (3) 苦労；労苦 (4) 織り目の粗い厚手の綿布，ガーラー रेशमी साड़ियों की जगह गाढ़े की साड़ियाँ आई 絹のサリーの代わりに厚手の綿のサリーがきた गाढ़े की सलवार ガーラーのサルワール हमारे दादा-बाबा, छोटे-बड़े सब गाढ़ा-गजी पहनते थे 我々の先祖は身分の差なくみながガーラーやガンジーを着ていたものだ **गाढ़े का संगी** 逆境の際の友人；苦境にある時の友人 **गाढ़े की कमाई** 辛苦の結果稼いだもの；血と汗の結晶

गाढ़ापन ［名］(1) 濃さ (2) 深さ (3) 粘っこさ；粘り気 ख़ून में गाढ़ापन आए और थक्के की शक्ल लेने लगे 血が粘っこくなって血糊のようになりだした

गात ［名］(1) 体 (2) 女性の胸；乳房 = स्तन; कुच. (3) 陰部 = गुप्तांग. (4) 妊娠 **गात उमगना**（思春期に）胸がふくらむ **गात से हो°** 妊娠する = गर्भवती हो°.

गातानुगतिक ［形］盲目的な；無批判な；盲従する= गतानुगतिक.

गाती ［名*］(1) 肩掛け；肩衣 (2) チャーダル（चादर）やアンゴーチャー（अँगोछा）を身にまとう方法（体に巻き首のところで結ぶ）

गात्र ［名］体；身体

गाथा[1] ［名*］(1) 頌詩；頌詞；頌辞；賛歌 बिहार के गौरव की गाथा ビハールの栄光の賛歌 वीरों की गाथाएँ उन्हें बहुत पसंद थीं あの方は英雄賛歌が大好きだった (2) 賞賛；賛美 (3) 物語；語りもの (4) 物語詩；歌物語；バラッド (5)〔仏〕偈 (6)〔言〕ガーター・サンスクリット（混淆サンスクリットの一） (7)〔仏〕混淆サンスクリットによる ललित विस्तर（普曜経）や सद्धर्म पुण्डरीक（妙法蓮華経）の偈頌 (8)〔韻〕音節韻律のうち दंडक より長い韻律のものを指す = गीति. (9)〔韻〕ガーター（プラークリット語の韻律詩の総称） (10) ブラーフマナ ब्राह्मण やアーランニヤカ आरण्यक に含まれる説話に挿入されたシュローカ श्लोक や韻文

गाथा[2] ［名*］(1)〔言〕ガーサー（古代イラン語の古層を成す部分．アヴェスタ経典の最古層に属し教祖ザラトシュトラの教説と伝えられる韻文の部分） (2) ガーサー語（古代イラン語の古層をなすもの．古代イラン語の後期のものは後期アヴェスタ語として区別される）

गाद ［名*］(1) 沈殿物；おり；かす (2) 沈殿；シルト **गाद बैठना** 沈澱する

गादड़[1] ［名］羊；雄羊= भेड़ा; मेढ़ा; मेष.

गादड़[2] ［名］〔動〕ジャッカル= गीदड़; सियार.

गादड़[3] ［形］(1) 臆病な；小心な= कायर; डरपोक. (2) 鈍重な= सुस्त; मट्ठर.

गादड़ी[1] ［名*］〔動〕羊

गादड़ी[2] ［名*］← गादड़. 雌のジャッカル

गादप्रस्तर ［名］〔地〕シルト岩〈silt stone〉

गादर[1] ［形］熟しかけた；熟れかけた

गादर[2] ［形］臆病な；小心な= गादड़; डरपोक; कायर.

गादर[3] ［名］耕作に役立たない牛

गादर[4] ［名］ジャッカル= गीदड़; गादड़.

गादरी ［名*］← गादर. 雌のジャッカル

गादा ［名］(1) 未熟の穀物；熟れかけの穀物 (2) 食用にするため刈り取られた半熟の穀物

गादुर ［名］〔動〕コウモリ（蝙蝠） = चमगादड़.

गाध[1] ［名］(1) 場所 = स्थान; जगह. (2) 水底 = थाह. (3) 川の流れ = कूल. (4) 欲；欲望 = लोभ.

गाध[2] ［形］(1) 水深の浅い = छिछला. (2) わずかの；少しの

गान ［名］(1) 歌うこと；歌唱；詠唱= गाना. (2) 歌；歌謡 = गीत. (3) 声音 = आवाज़; ध्वनि. (4) 語ること (5) 称えること；称賛

गाना[1] ［他］(1) 歌う (2) 詠じる；詠ずる (3) 語る (4) さえずる (5) 称賛する；称える **अपनी ही गाना** 人の話を聞かず自分の話ばかりする；自分の言い分ばかり言う **गाकर कहना** 節をつけて言う **गाते गाते कलावंत हो जाते हैं**〔諺〕何事も倦まずに練習することが大切である **गाना गाना** *a.* 歌を歌う *b.* ほめたたえる；称賛する **गाना-बजाना** 歌舞音曲

गाना[2] ［名］(1) 歌うこと；歌唱 (2) 歌 = गीत.

गाफ़ ［名］《A. گاف》ウルドゥー文字の第 29 字母 گ の名称

ग़ाफ़िल ［形］《A. غافل》(1) 正気を失った；前後不覚の；意識を失った；正体のない पिओ, पिलाओ ग़ाफ़िल बनाओ 大いに飲んで飲ませて正体を失わせろ दिन के थके माँदे सैनिक ग़ाफ़िल पड़े हुए थे 昼間疲れ果てた兵士が前後不覚に横たわっていた (2) うっかりした；不注意な；ぼんやりした मुसाफ़िर ज़रा-सा ग़ाफ़िल हो जाए तो फिसलकर इतने नीचे गिरे कि हड्डी पसली का पता भी न चले 旅人が少しでもうっかりすれば滑って骨も粉々に砕けるほど下に転落する तुम्हीं ग़ाफ़िल रहो तो मेरा क्या क़सूर! お前がぼんやりしているのにこちらに何の罪があるのだ (3) ぐっすり眠っている；寝込んだ आधी रात में ग़ाफ़िल सोए हुए सैयद को 真夜中にぐっすり眠っているサイヤドを जागनेवालो, ग़ाफ़िलों को जगाओ 目覚めた人よ，寝込んだ人たちを起こしなさい

गाब ［名］〔植〕カキノキ科高木インドガキ【*Diosyros malabarica; D. embryopteris*】= काला तेंदू.

गाभ ［名］(1) 動物の胎児 (2) 妊娠；孕み (3) 若葉 **गाभ गिराना** 流産させる= गाभ डालना.

गाभा ［名］(1) 若葉 (2) 若芽 (3) 熟していない穀物の実 (4) 木の辺材 (5) 破れてはみ出たふとんの綿

गाभिन ［形*］妊娠している；孕んでいる（動物についていうことが多い） गाभिन भैंस 孕んでいる水牛

ग

गाभिनी [形*・名*] ＝गाभिन. 孕んでいる
गाम [名] ＝गाँव.
गामत [名*] (1) 出口 (2) 穴
गामा किरण [名*]〔物理〕ガンマ線〈gamma rays〉
-गामिनी [造語*] -गामी の女性形
-गामी [造語]（一へ）行く，進むなどの意を有する合成語の構成要素 स्वर्गगामी 天国，極楽に赴く
गाय [名*] (1)〔動〕雌牛（ヒンドゥー教徒にとっては崇拝及び保護の対象となってきた）＝गो. (2) とてもおとなしい人；大変従順な人 गायों का रँभाना 牛が鳴く **गाय का दूध सो माय का दूध**〔諺〕牛の乳は母の乳も同然 **गाय की रक्षा** 雌牛の保護（牛を屠殺から守ること，特に宗教的な動機から） **गाय की तरह काँपना** 震えあがる；極度におびえる **गाय को बछिया तले, बछिया को गाय तले क°** *a.* 入れかえる；置きかえる *b.* 混乱させる **गाय लगना** 牛が乳を出す **गाय सूख जा°** 牛が乳を出さなくなる
गायक [名] (1) 歌を歌う人 (2) 歌手；歌い手 (3) 称える
गायकवाड [名]〔イ史〕ガーイクワード家（グジャラート州のバローダー，もしくは，ヴァローダラーに拠ったマラーター同盟の諸侯の一）
गायकी [名*] (1) 歌唱；声楽；歌唱法 (2) 正しい歌唱
ग़ायत[1] [名*]《A. غایت》(1) 頂点；極；極端 (2) 目的；目標
ग़ायत[2] [形]《A. غایت》甚だしい；極端な
गायताल[1] [形] 役立たずの＝निकम्मा; रद्दी. **गायताल खाता** 貸し倒れ；焦げつき＝बट्टा खाता. **गायताल लिखना** 貸金を回収不能扱いにする；焦げつき扱いにする **गायताल खाते में जा°** 焦げつく＝बट्टे खाते में जा°.
गायताल[2] [名] (1) 役に立たない役牛 (2) 役に立たないもの
गायत्री [名*] (1)〔韻〕ガーヤトリー（ヴェーダの韻律. 8 アクシャラ अक्षर の 3 行，すなわち，24 音節から成る） (2) 太陽神サヴィトリ सवितृ/सविता に捧げられたリグ・ヴェーダの賛歌でサヴィトリ神の輝きが人の心と思いとを励ましてくれることを祈念するもの；ガーヤトリーマントラ（3.62.10）＝सावित्री.
गायन [名] (1) 歌うこと；歌唱 (2) 詠唱 गायन क° 歌う；詠唱する ढोलक और झाँझ पर रामायण का गायन करते हैं 太鼓とシンバルに合わせてラーマーヤナを詠唱する (3) 歌 (4) 歌手；歌い手 सामूहिक गायन 合唱 गायन-वादन 歌うことと奏すること；歌唱と演奏
ग़ायब[1] [形]《A. غائب ग़ाइब》(1) 消えた；消え失せた；なくなった＝लुप्त. ग़ायब हो° 消える；消え失せる；なくなる रंग जब तक ग़ायब न हो जाएँ 色が消え失せるまで दर्द और कमज़ोरी दोनों जैसे ग़ायब हो गईं 痛みと衰弱の両方ともまるで消え失せてしまったかのよう उसकी ख़ुशी ग़ायब हो गई 彼女の喜びは消え失せた (2) 姿を消した；行方不明の तुम पहले यह बताओ कि अचानक इस तरह क्यों ग़ायब हो गये थे? なぜこんなふうににわかに姿を消していったのかまずわけを話しなさい तब ऐसे लोग गधे के सिर से सींग की तरह ग़ायब थे するとそのような連中は影も形もなくすっかり消え失せていた राजकुमार के ग़ायब होने से खलबली मच गई 王子が行方不明になって大騒ぎになった (3) 紛失した ग़ायब हो° 紛失する स्वर्ण प्रतिमा ग़ायब हो गई 金像が紛失した (4) 盗まれた ग़ायब क° 盗む＝चुराना; चुरा ले°; उड़ा ले°. ग़ायब हो° 盗まれる＝चोरी जा°. **ग़ायब गुल्ला हो°** 全くの行方知れずになる；忽然と消える
ग़ायब[2] [名] (1) 未見のもの；未来 (2) 神 (3) チェスなどを盤面を見ずに指す遊び方
गाय बगुला [名]〔鳥〕サギ科アマサギ【*Bubulcus ibis*】＝सुरखिया बगला.
ग़ायबाना [副]《A.P. غائبانہ ग़ाइबाना》こっそり；密かに；人に隠れて
गायिका [名*]《←गायक》歌い手；女性歌手
गायिनी [名*] 歌手；女性歌手
गारंटी [名*]《E. guarantee》保証；ギャランティー और हालात बदलेंगे ही इस बात की क्या गारंटी है? 状況がきっと変わるだろうというがこれについて何の保証があるのか वार्ता उपलब्धि के साथ ख़त्म होगी, इसकी गारंटी नहीं है 会談が収穫があって終了するだろうと言う保証はない **गारंटी दे°** 保証する **गारंटी-पत्र** 保証書
गारंटीशुदा [形]《E. guarantee + P. شده》保証された गारंटी शुदा क्वालिटी 保証された品質
-गार [接尾]《P. گار》名詞に付加されて「一に関わる」意の行為者や抽象名詞を作る मदद → मददगार 援助者；協力者 रोज़ 日常 → रोज़गार 仕事；生業 गुनह 罪 → गुनहगार 罪人
ग़ार [名]《A. غار》(1) ほらあな；洞穴 (2) 穴；窪地 (3) 獣の巣穴 (4) 深い傷
ग़ारत[1] [名*]《A. غارت》(1) 荒らすこと；荒廃；破壊 (2) 略奪；強奪
ग़ारत[2] [形]《A. غارت》(1) 荒らされた；荒廃した；破壊された (2) 略奪された；強奪された **ग़ारत क°** *a.* 破壊する；荒らす *b.* 略奪する
गारद [名]《E. guard》(1) 警備隊；守備隊 (2) 見張り；番人 (3) 見張り；監視；警戒 **गारद बैठना** 見張る；番をする **गारद बैठाना** 見張りを立てる；見晴らせる；番をさせる (-) **गारद में क°**（一を）拘禁する；拘留する (-) **गारद में रखना**（一を）見張る；監視する；拘禁する；拘留する
गारना [他] (1) 絞り出す；押し出す；圧搾する＝निचोड़ना. (2) すりつぶす＝घिसना. (3) ふやかす (4) 取り出す；除去する＝निकालना; दूर क°. (5) 流す；落とす (6) 乳牛の乳を搾る＝दुहना.
गारा[1] [名] (1) 壁土に水を加えこねたもの (2) スラリー；懸濁液（壁土や煉瓦の粉，石灰などを混ぜた壁塗りや煉瓦を積み接着させる材料）；ガーラー（漆喰に相当） गारा-ईंट उठाने का काम スラリー（ガーラー）や煉瓦を（頭上）運搬する仕事 गारे-मिट्टी की अधकचरी झोंपड़ियों में ガーラーや粘土でできた掘っ立て小屋に **गारा क°** 壁土を塗る (3) 釣餌
गारा[2] [形+] (1) 濡れた；湿った (2) 不快な **गारा मालूम हो°** つまらない感じがする；うつろな感じがする
गारा[3] [名] 水溜まり（のできるところ）
गारी [名*] ガーリー（結婚式の祝いの際に歌われる人を揶揄する卑猥な文句の詠み込まれた戯れ歌）＝गाली. शादी ब्याह होता तो मंगल गीत और गारी गाने के लिए 結婚式があれば祝い歌とガーリーを歌うために
गारुड़[1] [名] (1) 蛇毒を取り除く呪文 (2) エメラルド (3) 金
गारुड़[2] [形] ガルダ（गरुड़）鳥の
गारुड़ी [名] 蛇毒を除くという呪術を行う人
गार्जियन [名]《E. guardian》保護者＝अभिभावक; संरक्षक.
गार्टर स्टिच [名]《E. garter stitch》〔手芸〕ガーター編み
गार्ड [名]《E. guard》(1) 見張り人；監視者 (2) 護衛＝बाडीगार्ड. (3)（鉄道の郵便列車）車掌＝मेलगार्ड.〈mailguard〉उसी समय गार्ड ने सीटी दी ちょうどその時車掌が笛を吹いた
गार्डन [名]《E. garden》庭園；ガーデン
गार्डन पार्टी [名*]《E. garden party》ガーデンパーティー；園遊会＝उद्यान भोज.
गार्डन शॉप [名]《E. garden shop》園芸店
गार्डन सिटी [名*]《E. garden city》田園都市
गार्हपत्य[1] [形] ←गृहपति. 家長の
गार्हपत्य[2] [名] 家長の地位
गार्हस्थ्य [名] ←गृहस्थ. (1) 在家 (2)〔ヒ〕家住期＝गृहस्थाश्रम. संन्यास और गार्हस्थ्य के बीच 出家と在家の間 गार्हस्थ्य जीवन 家庭生活；在家の生活
गार्हस्थ्य विज्ञान [名] 家政学；家政科；生活科学
गाल[1] [名] (1) ほお（頬）＝कपोल. (2) 口 (3) 一口分 गाल की हड्डी 頬骨 **गाल क°** 大きな口を叩く **गाल काढ़ना** ののしる **गाल चलना** 自慢する；威張る；大きな口を叩く **गाल चिपकना** 頬がこける **गाल चीरना** 話させない **गाल तमतमा उठना** かっとなる＝उत्तेजित हो°. **गाल थपथपाना** 愛情表現として相手の頬を手のひらで軽く叩く；なでる उन्होंने हमारे सिर पर हाथ फेरा.गाल थपथपाये और बोले, बेटे! तुम हमसे नाराज़ हो? 頭をなで頬をやさしく叩いて言った.「私に腹を立てているのかい」 **गाल पर गाल चढ़ना** ぶくぶく太る **गाल फुलाना** *a.* ふくれっ面をする *b.* 大きな口を叩く *c.* 誇らしげな表情をする **गाल फूलना** *a.* ふくれっ面をする；腹を立てる *b.* 太る；肥える **गाल बजाना** *a.* 大きな口を叩く *b.* 無駄口を叩く *c.* シヴァ神に祈る際に頬をふくらませ両手で軽く叩きバムバムと声を出す *d.* ののしる **गाल बैठना**＝गाल चिपकना. **गाल भरना** ほおばる；かき込む **गाल मारना** *a.* ＝गाल बजाना. *b.* ＝गाल भरना. **गाल में चावल भरना** しかめっ面をする (-के) **गाल में जा°** *a.*（一に）横取りされる *b.*（一に）食われる **गाल लाल हो°**

怒りや腹立ちのため頬が紅潮する **गाल सुजाना** ふくれっ面をする= गाल फुलाना. **गाल सेंकना** *a.* 頬を叩く *b.* 称える；称賛する
गाल[2] [名*] ののしり；ののしりの言葉；罵詈雑言= गाली.
गालगूल [名] 無駄話
गाला[1] [名] (1) 糸をよるための綿の玉 (2) 綿くず
गाला[2] [名] = गाल[1]. यदि अस्पताल पहुँचने में थोड़ा भी विलंब हो गया होता तो बेशक काल के गाले से उसकी रक्षा न हो पाती 少しでも遅れていたならば必ずや死の淵から助かることはできなかったろう
गालित [形] (1) ふやけた (2) こされた (3) しぼられた
ग़ालिब[1] [形] 《A. غالب》 (1) 支配的な；圧倒的な (2) すぐれている；勝る；先んじる (-पर) **ग़ालिब आ॰ (रहना/हो॰)** (—を) 支配する；圧倒する；圧する；負かす；凌ぐ
ग़ालिब[2] 〔人名〕ミルザー・アサドゥラー・ハーン・ガーリブ (1797–1869, 19 世紀の代表的なウルドゥー語詩人)
ग़ालिबन [副] 《A. غالباً》 (1) 多分；恐らく उन दिनों आपके शौहर ग़ालिबन काम ज़्यादा करते रहे हैं そのころご主人は多分仕事を多くしていらっしゃったのです (2) およそ；だいたい ग़ालिबन अठारहवीं सदी के आख़िर में およそ 18 世紀の終わりに
गाली [名*] (1) わるくち；悪口；悪口雑言；罵詈雑言；ののしり (2) 結婚式などの祝い事の際歌われる，わざと人を揶揄する卑猥な文句を詠みこんだ戯れ歌，ガーリー= गारी. **गालियों पर उतरना** 興奮してののしり始める **गाली आ॰** = गाली पड़ना. **गाली उठना** ののしられる；不名誉になる (-की) **गाली खाना (गालियाँ खाना)** (—の) ののしられる；悪口を言われる महाजन की गालियाँ खाते हैं 金貸しにののしられる (-को) **गाली दे॰ (गालियाँ दे॰)** (—を) ののしる；悪口を言う；罵倒する उन महाशय ने हमें गाली देना प्रारम्भ किया その人は私をののしり始めた **गाली निकालना** = गाली दे॰. **गाली पड़ना** 評判が悪くなる；評判を落とす **गाली लगना** = गाली पड़ना. (-पर) **गाली लाना** (—の) 名誉を傷つける
ग़ाली [名*] 《P. غالی ← P. قالی》 (1) 絨毯；カーペット (2) タペストリー
गाली गलौज [名*] ののしり合い；悪口の応酬= गाली गलौच; तू तू मैं मैं. (-से) **गाली गलौज क॰** (—と) ののしり合う एक पुलिस अधिकारी ने उनसे हाथापाई और गाली-गलौज की 警察幹部の一人がその人と殴り合いののしり合った **गाली गलौज पर उतारू हो॰** ののしり合いまで始める **गाली गलौज से पेश आ॰** 口汚く言う；ののしる **गाली गलौज हो॰** ののしり合いになる
ग़ालीगुफ़्ता [名] 《H.गाली + P.گفت ← P.گفتار》 (1) ののしり合い (2) 悪口；罵詈
ग़ालीचा [名] 《P. غالیچه》 小さな絨毯；小さなカーペット
गालू [形] (1) 大きな口を叩く= शेख़ीबाज़. (2) 無駄口を叩く= बकवादी.
गाव [名] 《P. گاو》 牛；雄牛；去勢牛；役牛；雌牛
गावकुशी [名*] 《P. گاو کشی》 牛を殺すこと गोवध; गोहत्या
गावकुस [名] 手綱 = लगाम.
गावख़ाना [名] 《P. گاو خانه》 (1) 家畜小屋；畜舎 (2) 家畜収容所 = काँजी हाउस.
गावख़ुर्द [形] 《P. گاو خورد》 (1) 砕かれた；破壊された；つぶれた；だめになった (2) 消えた；行方知れずの **गावख़ुर्द हो॰** *a.* 台無しになる *b.* なくなる；失せる；行方不明になる
गावघप [形] = गावघप्प. 《P. گاو + H.घप्प》 (1) 大食いの；大食漢の (2) 横領を働く
गावज़बाँ [名] 《P. گاو زبان》〔植〕ムラサキ科草本多年草アルネビア・ベンザミイ【*Arnebia benthamii; Macrotomia benthamii*】= गावज़बान
गावज़ोर [形] 《P. گاوزور》 (1) 大力の；剛力の (2) 横暴な
गावज़ोरी [名*] 《P. گاوزوری》 (1) 大力；剛力 (2) 暴力行為；殴り合い= भिड़ंत.
गाव तकिया [名] 《P. گاو تکیه》 ガーオタキヤー（脇息に相当するような利用をする牛が地に伏したような形の大きな枕状のもの．床に座った人が脇にもたれたり背もたれのように用いる）；マスナド；牛枕〈cow pillow〉= मसनद.
गावदी [形] 《P. گاودی》 (1) 愚かな；愚鈍な；間抜けた；のろまな (2) 純真な

गाव दुंबाला [名] 《P. گاو دنبال》 牛の尻尾
गावदुम [形] 《P. گاو دم》 先細りの（形をした）；一端が太く一端が細い（形をした）
गावदू [形] = गावदी. 間抜けな；とんまな
गावदोश [名] 《P. گاو دوش》 乳を搾る際に用いる桶；搾乳時に使用される桶= गावदोशा.
गावपैकर [形] 《P. گاو پیکر》 巨体の；巨躯の
गावल [名] 仲買人；ブローカー = दलाल; दल्लाल.
गावली [名*] 仲買い= दलाली.
ग़ाशिया [名] 《A. غاشیه》 馬の鞍に掛ける布；鞍下
गास [名] (1) 危難 (2) 苦難；苦痛；苦労
गासिया [名] 《← A.غاشیه ग़ाशिया》 鞍下 = ग़ाशिया.
गास्केट [名*] 《E. gasket》 ガスケット；パッキング फ़्रिज के दरवाज़े की रबर गास्केट 冷蔵庫の扉のゴムのパッキン
गाह[1] [名*] 《P. گاه》 (1) 場所 = स्थान; जगह. (2) 時；時間
गाह[2] [副] 《P. گاه》 いつか
गाह[3] [名] 爬虫類ワニ = ग्राह; मगर.
गाहक [名] (1) 手に取る人；捕らえる人；つかまえる人；にぎる人 (2) 受け取る人；受取人 (3) 買い手；購入者；客 (4) 真価を評価する人；目利き (5) ひいきにする人；好意的に評価する人 **जान का गाहक** *a.* 命を取る；命を狙う *b.* ひどく困らせる क्यों मेरी जान के गाहक हुए हो? なぜ私をこんなに困らせるのよあんたは (妻→夫) = जी का गाहक.
गाहकी[1] [名*] (1) 購入 = ख़रीदारी. (2) 販売；売り = बिक्री. (3) 購入者であること；客；顧客 **गाहकी पटना** 商談が成立する
गाहकी[2] [名] 購入者；客；顧客
गाहगाह [副] 《P. گاه گاه》 (1) 時々 (2) なんども；幾度も；繰り返し
गाहटना [他] (1) かきまぜる；攪拌する (2) 潰す；台無しにする
गाहन [名] 手に取ること；つかまえること；とらえること；にぎること
गाहना[1] [他] (1) 水の深さを測る (2) 測る；測量する (3) 調べる；調査する
गाहना[2] [他] 水漏れ防止のため麻などの繊維や（船体の隙間に）まいはだなどをつめる= कालपट्टी क॰.
गाहना[3] [他] 脱穀する
गाहा [名*] 語り；語りもの
गाही [名*] 5 個を一まとめにしたもの；五つのものを一括したもの；五個を一組に数える言葉 **गाही के गाही** 非常に多くの；沢山の；山のような；大量の
गाहे गाहे [副] 《P. گاهے گاهے》 = गाह गाह; कभी कभी; यदा कदा.
गाहे बगाहे [副] 《P. گاهے بگاهے》 (1) 頻繁に；至るところに；あちこちに सभी प्राचीन हिंदू धर्मग्रंथों में गाहे बगाहे अश्वमेध का वर्णन मिलता है すべての古い聖典にアシュヴァメーダの記述が至るところに見られる (2) 時たま；たまに
गाहे माहे [副] 《P. گاهے ماهے》 時々；たまに；時たま= कभी-कभी.
गिंगम [名] 《E. gingham》 ギンガム
गिंजना [自] くしゃくしゃになる；しわしわになる；傷む；損傷を受ける
गिंजाई [名*]〔節動〕ゲジ；ゲジゲジ= कनसलाई; कनखजूरा.
गिंदर [名]〔昆〕豆類やパラミツの害虫の一
गिंदौड़ा [名] 粗糖を大きな円筒形や円盤状に固めたもの（贈り物として用いられる）= गिंदौरा.
गिचपिच [形] (1) きちんと整理されていない；ごたごたの；乱雑な (2) びっしりつまった (3) びっしりつめて書かれた= गिचपिचा.
गिजगिजा [形+] (1) やわらかい；ぶよぶよの；ふにゃふにゃの (2) 肉づきのよい
गिज़र्ड [名] 《E.gizzard》 さのう（砂嚢）；すなぶくろ（砂袋）= पेषणी.
ग़िज़ा [名*] 《A. غذا》 (1) 食物；食事 (2) 食糧；食品 ग़िज़ा की नाली 食道
ग़िज़ाई [形] 《A. غزائی》 食物の；食品の= आहारसंबंधी.
ग़िज़ाईयत [名*] 《A. غذائیت》 栄養 = पोषकतत्त्व; आहार गुण.
गिटकरी [名*] 平たい小石や瀬戸物のかけら；荒石；がれき（瓦礫）
गिटकिरी [名*]〔音〕震え声；顫音（せんおん） गिटकिरी ले॰ 音を震えさせる

गिटकौरी [名*] 砂利；荒石；バラス
गिटपिट [名*] わけのわからない言葉；片言；はっきりしない言葉；不明瞭な言葉 **गिटपिट क॰** *a.* かたこと（片言）を話す；むにゃむにゃ言う *b.*（英語など外国語の）片言を話す
गिटार [名] 《E. guitar》ギター
गिट्टक [名*] (1) 雁首の火の下に置く石ころ (2) 石，煉瓦，焼き物などの小さなかけら (3) 果物の種の仁
गिट्टा [名] (1) 雁首の火の下に置く石などの小さなかけら (2) 石ころ (3) かかと
गिट्टी [名*] (1) 砂利；小石；バラス (2) 瓦礫；瀬戸物のかけら (3) リール；糸巻き
गिड़गिड़ाना [自] 哀願する；泣きつく；泣きおとす= चिरौरी क॰；चिरौरी-मिन्नत क॰．भेड़ ने गिड़गिड़ाते हुए भेड़िये से कहा 羊は狼に哀願しながら言った मैं पिघल गया.वह मेरे बाप की उमर का था.और मेरे सामने.धराशायी होकर गिड़गिड़ा रहा था ほろりとなった．自分の父親の年配の人が私の前にひれ伏して哀願していたのだ
गिड़गिड़ाहट [名*] (1) 哀願すること (2) すがりつく思い；哀願の表情 चेहरे पर बहुत गिड़गिड़ाहट थी 哀願の気持ちが強く現れていた
गिड्डा [形$^{+}$] 小柄な= नाटा；ठिंगना.
गितार [名] 《E. guitar》ギター= गिटार.
गिद्ध [名] (1)〔鳥〕ワシタカ科のハゲワシの総称 (2) 貪欲さを象徴する言葉として人に対しても用いられる ‘गिद्ध’ शब्द इसके लोभी होने का परिचायक है 「ハゲワシ」と言う言葉はこの人の貪欲なことを表している (3) 大型の凧 **गोबर गिद्ध**〔鳥〕エジプトハゲワシ【*Neophron perenopterus*】 **चमर गिद्ध**〔鳥〕ベンガルハゲワシ【*Gyps bengalensis*】 **पहाड़ी गिद्ध**〔鳥〕ヒマラヤシロエリハゲワシ【*Gyps himalayensis*】 **राजगिद्ध**〔鳥〕ミミハゲワシ【*Sarcogyps calvus*】
गिद्धदृष्टि [名*] 鵜の目鷹の目；すきを狙う眼差し (-पर) गिद्धदृष्टि बनाना（ーに）狙いをつける वे दौरों पर जानेवाले मंत्रियों और उनके सम्मान में होनेवाली दावतों पर गिद्धदृष्टि बनाए रखेंगे 連中は視察に出かける大臣やその接待の宴席にずっと狙いをつけるだろう
गिद्धराज [名]〔ラマ〕ラーヴァナにさらわれて行くシーター妃を救おうとして斃れたとされるハゲワシのジャターユ（ジャターユス）= जटायु.
गिद्धा [名] ギッダー（パンジャーブの農村の女性の間に行われる民族舞踊） भंगड़ा तथा गिद्धा नृत्य バングラー・ダンスとギッダー・ダンス
गिनगिनाना[1] [自] (1) 力をこめる；力む；力みで体が震える (2) 身の毛がよだつ；総毛立つ
गिनगिनाना[2] [他] 振りまわす= झकझोरना.
गिनतारा [名]（子供用の）そろばん गिनतारे से गिनती क॰ そろばんで計算する
गिनती [名*] (1) 数；かず (2) 数；数字 उन निशानों पर एक से बारह तक गिनतियाँ लिखी हैं それらのしるしに 1 から 12 までの数字を書いた (3) 数えること；計算 यहाँ सोने-चाँदी की खानों की तो कोई गिनती ही नहीं थी 同地には金や銀の鉱山は無数にあった (4) かず(数)；価値あるもの；ものの数 (5) 出席（の記録） **गिनती कराना** ものの数に入る **गिनती के** 数えるほどの；わずかの **गिनती गिनना** 計算に入れる；ものの数に入れる **गिनती गिनाने के लिये** 名ばかり = गिनती कराने के लिये. **गिनती गिनवाना** *a.* 数えてもらう；ものの数に入れてもらう *b.* 出席をとってもらう **गिनती पर जा॰** 出席をとってもらいに行く；顔を出しに行く **गिनती में आ॰** ものの数に入る (-) **गिनती में लाना**（ーに）敬意を抱く；（ーを）認める；ものの数に入れる= गिनती में समझना. **गिनती में हो॰** 屈指の = गिनती हो॰；गणमान्य हो॰.
गिनना [他] (1) 数を数える (2) 数に入れる；数える；（価値を）認める हम बाप-भाई को नहीं गिनते 親兄弟をものの数に入れないんだ **गिनगिनकर** *a.* きっちり；抜かりなし；しっかりと *b.* 用心深く *c.* ようやく；やっとのことで *d.* うんと；沢山 **गिन गिनकर गालियाँ दे॰** 激しく罵る **गिन गिनकर दिन काटना** やっとのことで暮らしを立てる；どうにかこうにか暮らしを立てる **गिन गिनकर पैर रखना** とても用心深く歩む；非常に用心深く行動する **गिन गिनकर बताना** 言い立てる **गिन गिनकर मारना** ひどく叩く；激しく殴る **गिन गिनकर सुनाना** = गिनगिनकर गालियाँ दे॰. **गिनी बोटी, नपा शोरबा**〔諺〕*a.* 甚だしい吝嗇をたとえた表現 *b.* 全く余裕のないかつかつの暮らし向きのたとえ *c.* 決まり切った収入しかない人のたとえ **गिने गिनाये** わずかの；少数の= बहुत थोड़े. **गिने-चुने** わずかの；少数の गिने चुने सैनिकों का छोटा-सा दल ほんの小数の兵士から成る一隊 गिनी-चुनी कारें तथा गिनी-चुनी मोटर साइकिलें ほんの少数の車とオートバイ
गिनवाना [他・使] ← गिनना.
गिनाना [他・使] ← गिनना. 数えさせる；人前で数える；数えあげる；数える；挙げる；示す；指摘する कोई पीने के लिए सर्वोत्तम पेयों में गाय का दूध गिनाता तो कोई पवित्र गंगाजल 最高の飲み物として牛乳を数える人もいればガンジスの水を数える人もいる समीक्षात्मक रिपोर्ट में कुछ खामियाँ गिनाई गई हैं 報告には幾つかの欠陥が数えられている मैं नाम गिनाने ही जा रहा था 名を挙げようとしているところだった सब को गिनाना तो कठिन है 全部を数えあげるのは難しい भारतवर्ष की समस्त छोटी-बड़ी सामाजिक समस्याओं का नाम गिनाने की आवश्यकता नहीं है インドの大小の社会問題をすべて数える必要はない
गिनी[1] [名*] 《E. guinea》ギニー金貨
गिनी[2] [名*] 《E. guinea grass》〔植〕イネ科キビ族ギニアキビ【*Panicum maximum*】
गिनीगोल्ड [名] 《E. Guinea gold》ギニアから輸入された金
गिनेकोलोजिस्ट [名] 《E. gyneaecologist》婦人科医= स्त्रीरोग विशेषज्ञ.
गिनेकोलोजी [名*] 《E. gynaecology》婦人科学= स्त्रीरोग विज्ञान.
गिन्ती [名*] = गिनती.
गिन्नी[1] [名*] 回転させること；回すこと **गिन्नी खाना** 回転する **गिन्नी खिलाना** 回転させる
गिन्नी[2] [名*] = गिनी[1].
गिफ़्ट [名] 《E. gift》贈り物；ギフト= उपहार；भेंट.
गिफ़्ट चैक [名] 《E. gift cheque》商品券
गिबन [名] = गिब्बन. 《E. gibbon》〔動〕ショウジョウ科テナガザル亜科テナガザル；ギボン
गिमटी[1] [名*] 《← E. dimity》浮き縞綿布；ディミティー
गिमटी[2] [名*] 踏切小屋= गुमटी.
गिमलेट [名] = गिमलैट. 《E. gimlet》(1) 木工ぎり (2) ギムレット（カクテル） एक नाजुक-से जाम में गिमलेट धरी हुई थी しゃれたグラスにギムレットが入っていた
गियर [名] 《E. gear》ギヤ = गेयर.
ग़ियास [名*] 《A. غياث》支援；救援
गिर [名] 山= गिरि；पहाड़；पर्वत.
गिरगट [名] = गिरगिट.
गिरगिट [名]〔動〕カメレオン【*Chamaeleon zeylonicus*】= गिरदौना. **गिरगिट की तरह रंग बदलना** とても無節操な **गिरगिट की तरह हो॰** ひょろひょろの；やせぎすの；かまきりのような
गिरगिट्टी [名*]〔植〕ミカン科低木ハナシンボウギ【*Glycosmis pentaphylla*】
गिरगिरी [名*] ギルギリー（弦楽器のチカーラー चिकारा やサーランギー सारंगी に似た玩具）
गिरजा[1] [名] 《Por. igreja》キリスト教の教会
गिरजा[2] [名]〔鳥〕ガンカモ科マメガン属ナンキンオシ；南京鴛鴦【*Nettapus coromandelianus*】
गिरद [名] = गिर्द.
गिरदा [名] = गिर्दा.
गिरदावर [形] = गिर्दावर.
गिरधर [形・名] = गिरिधर.
गिरना [自] (1) 高い位置から下方に落ちる；落下する；墜落する जमीन पर गिरे हुए पत्ते 地面に落ちた木の葉；落ち葉 उत्तरी पाकिस्तान में बिजली गिरने से 10 मरे パキスタン北部で落雷のため 10 人死亡 विकेट गिरना ウィケットが落ちる（クリケット） (2) 一端を固定された物が下がる；下りる धीरे धीरे यवनिका गिरना ゆっくり幕が下りる (3) 倒れる；ころぶ (転ぶ)；転げる अंधेरे में तो ठोकर खाकर गिर जाने की ही अधिक संभावना होगी 暗闇ではつまずいて倒れる可能性が高い गिर जाना कोई बुरी बात नहीं है.गिरकर उठ जाना और सावधानी से चलने लगना वीरों का काम है 倒れるのは悪いことではない．倒れてから起き上がり用心深く歩き出すことが勇者の行いだ वह चकराये और गिर पड़े（立っていたのが）目がまわって倒れた एक आदमी ने देवी जी को धक्का दे दिया.वे गिर

पड़ी 一人の男性が体をぶつけたので女性が倒れた केले के छिलके पर पैर पड़ते ही आदमी फिसलकर गिर सकता है バナナの皮を踏みつけたとたんにすべってころぶことがありうる (4) 倒壊する；つぶれる；崩壊する एक घर गिर जाने से एक परिवार के छह बच्चे मारे गए 家屋倒壊で一家の 6 人の子供が死亡 (5) 下がる；低下する；悪くなる；悪化する दिनों दिन उसका स्वास्थ्य गिरता चला गया 日一日と健康状態が落ちて行った कहीं, भाव और गिर जाए तो? 仮にもっと相場が下落するとなると रुपये का मूल्य गिरता है ルピーが下落する (6) 荒れる；荒廃する मंदिर की गिरी हुई हालत से पुजारी बड़ा चिंतित था 寺の荒れた様子を僧は大変案じていた (7) 堕落する；道義的に下落する，あるいは，品性が落ちる；堕ちる；堕する इस कहानी में देवताओं को मनुष्य के चरित्र से भी कहीं गिरा हुआ दिखाया गया है この物語には神々が人間の品行よりもはるかに堕落した姿に描かれている भारत में लोगों की नैतिकता इस हद तक गिर चुकी है インド人の道義はここまで落ちてしまっている (8) 入る；注ぐ；流れ込む；流入する बंगाल की खाड़ी में गिरनेवाली नदियाँ ベンガル湾に注ぐ川 (9) 入る；入り込む आँखों में कुछ गिर गया था 目の中になにかが入った（入り込んだ） (10) （生えていたものが）抜ける；抜け落ちる；なくなる उनके सारे दाँत टूटकर गिर चुके थे あの人は歯が全部抜け落ちていた (11) （城や都市などが戦いで敵の手に）落ちる；陥落する हमने जमालपुर ले लिया कि फिर ढाका को गिरते देर नहीं लगेगी わが方がジャマールプルを占領したのでダッカが落ちるのに時間はかかるまい (12) 降る；降りかかる **गिरता-पड़ता** *a.* よろけながら *b.* どうにかこうにか；なんとか；ようやくのことで कुछ लोग सिरों पर गट्ठर और कनस्तर उठाये, हड़बड़ी में गिरते-पड़ते ढलान उतरने लगे 一部の人は頭上に荷物の包みや缶をのせて大急ぎでよろけながら坂道を降り始めた **गिरती हालत** 不遇の時 (-में) **गिर पड़ना** （ーに）かかる；おちいる；おちこむ **गिरा पड़ा** *a.* 地に落ちている *b.* ぼろぼろになった；こわれた *c.* 無価値な *d.* 堕落した

गिरनार 〔地名・ジャ〕ギルナール（グジャラート州のジューナーガル近くの山上にあるジャイナ教の聖地）

गिरफ़्त [名*] 《P. گرفت गिरिफ़्त》 (1) 捕まえること；捕らえること；握ること；把握 मुसलमानों को अपनी गिरफ़्त में रखना イスラム教徒をしっかり把握して置くこと पुलिस की गिरफ़्त से भागकर महेश को मार डालता है 警察の手から逃れてマヘーシュを殺す (2) 魔手 (3) 過失や失策を見つけ出すこと；押さえること (4) 不平，不満，不賛成などを言うこと；文句を言うこと (5) （道具，刃物，武器などの）柄；つか；ハンドル；把手

गिरफ़्तगी [名*] 《P. گرفتگی गिरिफ़्तगी》 (1) 捕まえること (2) 声のかすれること (3) 気持ちの沈むこと；憂鬱

गिरफ़्तार [形] 《P. گرفتار फ़िरिफ़्तार》 (1) 逮捕された；捕らえられた；捕まえられた इन गिरफ़्तार महिलाओं का नेतृत्व この逮捕された女性たちの指導 (2) おちいった；はまった；落ち込んだ；囚われた

गिरफ़्तारी [名*] 《P. گرفتاری गिरिफ़्तारी》 (1) 逮捕；捕まること；捕らえられること (2) おちいること；はまること；落ち込むこと；囚われること (3) 逮捕状 **गिरफ़्तारियाँ दे॰** 抗議行動としてわざと警察に逮捕される（行動を取る） **गिरफ़्तारी निकलना** 逮捕状が出る (-की) **पूरी गिरफ़्तारी क॰** （ーを）一網打尽にする

गिरबान [名] 《P. گریبان गिरीबान》 (1) 喉；首 (2) えり（襟；衿）

गिरमाटी [名*] 赤土；しゃど（赭土）

गिरमिट[1] [名] 《E. gimlet》 木工ぎり；ギムレット ＝ गिरमट.

गिरमिट[2] [名] 《E. agreement》 (1) 契約書（特に 19 世紀から 20 世紀初めにかけて旧イギリス植民地の砂糖プランテーションへ年季契約でインドから出稼ぎに行った労務者たちが雇い主と交わした年季契約） (2) 請負い；契約

गिरमिटिया [名] 《← गिरमिट》 年季労働者（旧イギリス植民地の海外へ年季労働者として働きに行ったインド人労務者．クリーとも呼ばれた）

गिरवर [名] ＝ गिरिवर.

गिरवान [名] 《P. گریبان गिरीबान》 (1) えり (2) 首；のど

गिरवाना [他・使] ← गिराना. → गिरना.

गिरवी[1] [名*] 《P. گروی》 抵当；担保＝ बंधक; रेहन. **गिरवी पड़ना** 言いなりになる；指示通りにする **गिरवी रखना** 抵当に入れる；質に入れる पैसा न हो तो मेरे गहने गिरवी रख दो 金がなければ私の装身具を質に入れなさい

गिरवी[2] [形] (1) 抵当に入っている；質に入った (2) 抵当の

गिरवीदार [名] 《P. گروی دار》 抵当を預かっている人；質屋

गिरवीनामा [名] 《P. گروی نامه》 担保証書 〈mortgage deed〉

गिरवीपत्र [名] ＝ गिरवीनामा.

गिरस्त [名] ＝ गृहस्थ. （出家に対し）世俗生活を営む人；在家（生活者）

गिरस्ती [名*] (1) 所帯 अकेला आदमी है, इतनी बड़ी गिरस्ती, क्या करे 稼ぎ手は一人なのにこれだけの大所帯だ，どうにもならない गिरस्ती की हालत 暮らし向き＝ घर की हालत (2) 家財道具 (3) 農業 (4) 家住期

गिरह [名*] 《P. گره गिरिह》 (1) 結び目 ＝ गाँठ; ग्रंथि. (2) ドーティーなど着物のへりに物を突っ込んで結んだもの (3) かくし；ポケット；懐 (4) 関節 (5) ギラフ（長さの単位．16 分の 1 ガズの長さ．1 ガズをイラーヒーガズとすると 1 ギラフは約 5.238cm，1 ガズを 1 ヤードとすると約 5.714cm，すなわち，2.25 インチ） (6) でんぐり返し；宙返り **गिरह का दाम** 所持金 **गिरह का बल हो॰** 財産を鼻にかける **गिरह खाना** からまる；こんがらがる；めんどうなことになる **गिरह खुलना** *a.* 問題が解消される *b.* わだかまりがなくなる **गिरह टटोलना** 相手の具合や力量を探る **गिरह पड़ना** 気まずくなる；わだかまりが生じる；さしさわりができる；問題ができる **गिरह पर गिरह पड़ना** *a.* ますます混乱する；ますます複雑になる *b.* わだかまりが増す **गिरह बाँधना** しっかり持つ；大切にする **गिरह में कौड़ी न हो॰** 無一文の **गिरह में दम हो॰** 金を持っている；懐が暖かい

गिरहकट [名] 《P. گره गिरिह + H.》 (1) すり（掏摸）＝ जेबकतरा. (2) 詐欺師；ペテン師；いかさま師

गिरहदार [形] 《P. گره‌دار》 (1) 結び目のある (2) 節のある；節くれだった；ごつごつした

गिराँ [形] 《P. گران》 (1) 高価な；価の高い＝ महँगा. शहर के मुक़ाबले में बहुत गिराँ मिलती हैं 都会に比べてとても高価だ (2) 重い ＝ भारी.

गिरा [名*] (1) 弁説；弁（辯） (2) サラスヴァティー女神 (सरस्वती) (3) 舌；弁舌 ＝ जीभ; जिह्वा; ज़बान. (4) 言葉 ＝ बोल; वचन. (5) 言語 ＝ भाषा.

गिराज [名] 《E. garage》 (1) 自動車修理工場 (2) ガレージ ＝ गराज.

गिराना [他] (1) 高い位置から落とす；落下させる；下ろす；投下する पिता, अधिकार है तुमको, हमें गिरि से गिराने का 父よ，私を山から落とす権利をお持ちです दुकानदारों ने दुकानों के शटर गिरा दिये 店主たちが店のシャッターを下ろした राष्ट्रपति ने एटम बम गिराए जाने को एकदम सही ठहराया 大統領は原爆投下を全く正しいものとした (2) 立っているものを横にする；倒す (3) 倒す；ひっくり返す；滅ぼす सरकार गिराने की साज़िश रच रहे हैं 政府を倒す計略を企んでいる (4) 壊す；つぶす मकान गिराना 家を壊す मकान गिराकर ही उसकी जगह नया मकान बनाया जाता है 家を壊した上でその場所に新しい家が建てられる (5) 下げる；低下させる；減じる (6) 堕落させる (7) 入れる；注ぐ＝ डालना. (8) 投げ飛ばす；倒す＝ पटक दे॰. (9) 落とす；取り除く अनेक पक्षी वर्ष में केवल एक बार अपने पंख गिराते हैं 多くの鳥は年に一度だけ羽を落とす（生え返らせる）

गिरानी [名*] 《P. گرانی》 (1) 物価高；物価高騰＝ महँगी. (2) 胃のもたれ；胃の負担になること (3) 欠乏；不足 ＝ कमी; अभाव. (4) 飢饉 ＝ अकाल.

गिरापति [名] ブラフマー神 (ब्रह्मा) → गिरा; सरस्वती.

गिरामी [形] 《P. گرامی》 (1) 尊敬すべき (2) 偉大な；重要な (3) 親愛なる＝ नामी; प्रसिद्ध; मशहूर.

गिराव[1] [名] ＝ गिरावट.

गिराव[2] [名] 《E. grape; grapeshot》 〔軍〕ぶどう弾

गिरावट [名*] (1) 下落；低下 इसके मूल्य में गिरावट आई これの価格が低下した तेल, मूँगफली और बिनौले में भी गिरावट 油，落花生，綿実油も下落 शैक्षिक स्तरों में गिरावट 教育水準の低下 देश में उत्पादन में पिछले वर्षों में गिरावट हुई है わが国の生産は過去数年間減少している (2) 衰退；減退

गिरि [名] 山；山岳 ＝ पहाड़; पर्वत.

गिरिकूट [名] 山の頂き；山頂 ＝ पहाड़ की चोटी; पर्वतशिखर.

गिरिजन [名] (1) 山岳民 (2) インドの山岳地方に居住する部族民

गिरिजा[1] [名*] (1) パールヴァティー神（पार्वती） (2) ガンガー；ガンジス川
गिरिजा[2] [名] 《Por. igreja》キリスト教会 = गिरजा; गिरिजा घर.
गिरिजापति [名] マハーデーヴァ神（महादेव）；シヴァ神 → शिव; शंकर.
गिरिधर [名] クリシュナ神（ゴーヴァルダナ山を手で持ち上げたと伝えられることから）= कृष्ण; श्रीकृष्ण.
गिरिधारन [名] = गिरिधर.
गिरिधारी [名] クリシュナ神 श्रीकृष्ण の異名の一
गिरिनंदिनी [名*] (1) パールヴァティー神（पार्वती） (2) ガンガー川；ガンジス川（गंगा） (3) 川
गिरिनगर 〔地名〕→ गिरनार.
गिरिनाथ [名] (1) シヴァ神（शिव） (2) ヒマラヤ山脈 (3) ゴーヴァルダナ山（गोवर्धन）
गिरिपथ [名] 峠；峠道；山道 = दर्रा.
गिरिराज[名] (1) 大きな山；高山；最高の山 (2) ヒマラヤ山 गिरिराज हिमालय (3) ゴーヴァルダナ山（गोवर्धन） (4)〔イ神〕スメール山
गिरिवर [名] = गिरिराज.
गिरिशिखर [名] 山頂= गिरिकूट.
गिरिसुता [名*] パールヴァティー神（पार्वती）
गिरींद्र [名] (1) 巨大な山 (2) ヒマラヤ；ヒマーラヤ山 (3) シヴァ神
गिरी[1] [名*] 果実の仁（じん） बादाम की गिरी アーモンドの仁
गिरी[2] [接尾] → गीरी.
गिरीजन [名] = गिरिजन. 山岳民；山岳部族民
गिरीबाँ 《P. گریباں》 गिरीबान の短縮形
गिरीबान [名] 《P. گریبان》(1) 首 = गला; ग्रीवा. (2) 衿= गिरीबाँ; गरेबान.
गिरीश [名] (1) 巨大な山；大山 (2) ヒマーラヤ (3) スメール山（सुमेरु） (4) カイラーサ山（कैलास） (5) ゴーヴァルダナ山（गोवर्धन） (6) シヴァ神の異名の一
गिरेबान [名] = गरेबान.
गिरेवा [名] (1) 丘；小山 = टीला. (2) 山
गिरेश [名] (1) ブラフマー神（ब्रह्मा） (2) ヴィシュヌ神（विष्णु）
गिरैयाँ [名*] 杭につなぐため牛の首につける綱
गिरों[1] [名] 《P. گرو गिरौ》担保；質 **गिरों रखना** 担保に入れる；質に入れる कन्या के गहने गिरों रखे गये 娘の装身具が質に入れられた
गिरों[2] [形] 担保になった；質に入った= गिरौ.
गिरोंगट्ठा [名] 質；担保= गिरोगाठा; रेहन.
गिरोह [名] 《← P.گروه गुरोह》(1) 集団；グループ；団；一味；徒党 अपराधी गिरोह 犯罪者グループ；犯罪集団 डाकुओं का एक गिरोह 強盗の一団；強盗団 गिरोह के कई सदस्य 一味の数人のメンバー (2) 群れ लंगूरों का एक गिरोह ラングール猿の群れ
गिरोहबंदी [名*] 《P. گروه بندی गुरोहबंदी》(1) 派閥作り (2) グループ作り (3) 徒党を組むこと जातीय आधार पर हुई गिरोहबंदियों को उस जाति का समर्थन प्राप्त होता है カーストを基にした派閥作りにはカーストの支持が得られる
गिरोही [名] ←गिरोह. 仲間；一員；構成員
गिर्गिट [名]〔動〕爬虫類カメレオン科カメレオン= गिरगिट.
गिर्जा [名] 《Por. Igreja》= गिर्जाघर. キリスト教会→ गिरजा.
गिर्द [名] 《P. گرد》(1) 回り；囲い (2) あたり；周囲；周辺 (3) 近辺 (-के) गिर्द （ーの）周りに；ぐるりに；周囲に；四方に रजाई को अपने गिर्द अच्छी तरह से लपेट लिया ラザーイーを自分の体にしっかり巻きつけた संगमरमर की बड़ी बड़ी सिलों के गिर्द स्याह पत्थर का हाशिया 大理石の大きな石の周囲に黒い石の囲い जामा मस्जिद के गिर्द ジャーマーマスジッドのぐるりに
गिर्दावर [形] 《P. گرداور》巡回する；巡視する；巡察する= घूमने वाला; दौरा करने वाला. **गिर्दावर क़ानूनगो** 巡察カーヌーンゴー（タフシールダール तहसीलदार，もしくは，ナーイブタフシールダール नाइब तहसीलदार の下でパトワーリー पटवारी の指揮・監督に当たる県の税務官）→ क़ानूनगो, पटवारी.
गिर्दो पेश [副] 《P. گرد و پیش》あたり一面；周囲一面 गिर्दो पेश का मनाज़र あたりの光景；パノラマ
गिर्री [名*]〔鳥〕ガンカモ科ナンキンオシ【*Nettapus coromandelianus*】
गिल[1] [名] (1)〔動〕ワニ = मगर; घड़ियाल. (2)〔植〕ミカン科ジャンビーリー・レモン= जंबीरी नीबू.
गिल[2] [名*] 《P. گل》(1) 土 = मिट्टी. (2) 粘土 = चिकनी मिट्टी. (3) = गारा.
गिल[3] [名] 《E. gill》〔魚〕魚のえら（鰓）
गिल अर्मनी [名*] = गिले अरमनी.
गिल-आवरण [名]〔魚〕えらぶた（鰓蓋）〈operuculum〉
गिलकार [名] 《P. گلکار》煉瓦（煉瓦積みをする）職人；左官
गिलकारी [名*] 《P. گلکاری》煉瓦を扱う職；左官の仕事
गिलकिया [名*] = घियातोरी.
गिलगिल [名]〔動〕ワニ = नक्र.
गिलगिला [形+] (1) しっとりして軟らかい मेरा चेहरा गिलगिली-सी ठंडी खाल से सट गया था 顔がしっとり軟らかい感じのするひんやりした皮にひっついた एक ख़ास गिलगिले लहजे में ある独特のしっとり軟らかい口調で (2) 怒りや悲しみに身の毛が立った；肌に粟を生じた
गिलगिलिया [名*]〔鳥〕ムクドリ科インドハッカ【*Acridotheres tristis*】= किलहँटी.
गिलगिली [名*] = गिलगिलिया.
गिलचस्पाँ [名*] = गिलेचस्पाँ.
गिलट [名] 《E. gild》(1) めっき（滅金） (2) メッキ加工したもの (3) ニッケル गिलट की कड़ी. ニッケル製のリング
गिलटी [名*] (1)〔解〕リンパ腺 गिलटी निकलना リンパ腺が腫れる पिस्सू अगर पैर में काटे तो जाँघ में गिलटी निकलती है ノミが足をかめば股のリンパ腺が腫れる गले की गिलटी 扁桃腺 (2) 筋肉のこりやリンパ腺の腫れで生じるぐりぐり；しこり छाती में गिलटी का होना 胸（乳房）にしこりがある **गिलटी उभड़ना** しこりができる；こりができる；リンパ腺が腫れる；ぐりぐりができる = गिलटी फूलना. जाँघ में गिलटी फूल जाती है そけい部にぐりぐりができる (3)〔医〕腺ペスト= गिलटी रोग.
गिलटी प्लेग [名]〔医〕腺ペスト= गिलटी ताऊन.
गिलन[1] [名] 飲み込むと；飲み下すこと；嚥下
गिलन[2] [名] 《E. gallon》ガロン = गैलन.
गिलना [他] (1) 飲み込む；飲み下す = निगलना. (2) 隠す；うまく隠す
गिलबिल गिलबिल [形] ちんぷんかんぷんな；意味の通じない
गिलबिला[1] [形+] (1) ふにゃふにゃの (2) ぶよぶよの (3) とても柔らかい
गिलबिला[2] [形+] = गिलबिल.
गिलबिलाना [自] (1) わけのわからない言葉で話す；ちんぷんかんぷんな言葉で話す (2) 支離滅裂なことをわめく
गिलम [名*] 《← P. گلیم गिलीम》(1) 絨毯 (2) 敷きぶとんのように用いられる部厚い（分厚い）敷物
गिलमाँ [名] 《A. غلمان》〔イス〕ギルマーン（天国で高徳の人に奉仕する少年）
गिलहरा[1] [名] パーン（पान）を入れる容器
गिलहरा[2] [名] 雄のリス ↔ गिलहरी
गिलहरी [名*] (1)〔動〕リス科リス【*Funambulus palmarum*】 (2) 雌のリス गिलहरी की तरह リスのように（身軽さのたとえ）
गिला [名] 《P. گلہ》(1) 恨み；恨みつらみ= उपालंभ; उलाहना; शिकवा. गिला कुछ भी नहीं मुझको, हूँ हाज़िर सर उतारो तुम いささかの恨みもなし，いざ首を刎ねたまえ (2) 不平；不満 **गिला क°** 不平を言う；文句を言う；小言を言う；苦情を言う= उलाहना दे°. हूँ तो आप मुझसे मिलने नहीं, गिला करने आये हैं ああそう，それじゃ私に会いに来られたのじゃなくて文句を言いにおいでになられたわけですな
ग़िलाज़त [名*] 《A. غلاظت》(1) 汚れ；汚さ (2) 汚い物；汚物 (3) 大便；糞便；糞小便 मक्खियाँ ग़िलाज़त पर बैठती हैं ハエは汚物にとまる ग़िलाज़त उठाना 汚物の処理；ごみや汚物の収集
गिलाफ़ [名] 《A. غلاف》(1) カバー；覆い तकिये के गिलाफ़ 枕のカバー लिहाफ़ का गिलाफ़ ふとんカバー (2) 枕カバー (3) さや（鞘）
गिलास[1] [名] 《E. glass》(1) コップ；グラス पानी का गिलास 水を飲むコップ (2) コップやグラスに一杯の分量；杯 चार गिलास पानी コップ 4 杯の水 एक गिलास ताज़ा शहद コップ一杯分のとれたての蜂蜜
गिलास[2] [名]〔植〕バラ科サクラ属オウトウ（桜桃）；サクランボ (1) カンカオウトウ（甘果桜桃）【*Prunus avium*】 (2) サンカオウトウ（酸果桜桃）【*Prunus cerasus*】 = फया.

गिलिट［名］＝गिलट.
गिलित［形］飲みこまれた
गिलिम［名*］＝गिलम.
गिली［形］《P. گلی》(1) 土の；粘土の (2) 土でできた；粘土でできた
गिलीम［名］《P. گلیم》(1) 絨毯 (2) 毛布
गिले अर्मनी［名*］《P. گل ارمنی》(1) こうかいねんど（膠灰粘土）(2) 粘土；たいしゃせき（代赭石）
गिले चस्पाँ［名*］《P. گل چسپاں》壁土
गिलोय［名］〔植〕ツヅラフジ科蔓木＝सोमवल्ली.
गिलोल［名*］＝गुलेल. ぱちんこ（石などを飛ばす）；石弓
गिलौरी［名*］噛めるように準備されたパーン（पान）
गिलौरीदान［名］《H.＋P. دان》パーン（पान）を入れる容器；パーン入れ चाँदी के गिलौरीदान में नौकर ने पान सजाया 銀製のパーン入れに召使いがパーンを整えた
गिल्टी［名*］＝गिलटी.
गिल्ड［名］《E. guild》ギルド；座；同業組合
गिल्ला［名］＝गिला.
गिल्ली［名*］＝गुल्ली.
गींजना［他］くしゃくしゃにする；しわしわにする；もみくちゃにする；傷める
-गी［接尾］叙想法不定未来時制形に付加されて直説法未来時制形の女性単数形及び複数形を作る活用語尾 मैं देखूँ - देखूँगी, तुम देखो - तुम देखोगी, वे देखें - देखेंगी
गीआना〔国名〕《E. Guyana》ガイアナ；ギアナ＝गयाना.
गीजर［名］＝गीज़र. 《E. geyser》自動湯沸かし装置（ガス湯沸器や電気湯沸器）
गीत［名］(1) 歌詞；歌 फ़िल्मी गीत 映画主題歌 (2) 称賛 गीत की कड़ी 歌の一節 **अपना गीत गाना** 自分のことばかり話す；自分中心の話ばかりする **(-का) गीत गाना** *a.*（－の）歌を歌う *b.*（－を）称える；称賛する
गीतकार［名］作詞者；作詞家 फ़िल्मी गीतकार 映画主題歌の作詞家
गीत काव्य［名］〔文芸〕叙情詩
गीता［名*］(1) 歌 (2)〔ヒ〕（भगवद्गीता ヒンドゥーの聖典の一）バガヴァッド・ギーター गीता सुनाई जाती है バガヴァッド・ギーターが語られる
गीति［名*］(1) 歌 (2)〔文芸〕叙事詩 (3)〔韻〕音節韻律のうち दंडक より長い韻律のものを指す＝गाथा[1] (8).
गीतिआड़ा［名］〔文人〕若者宿（サンタル族の）
गीतिका[1]［名*］〔韻〕ギーティカー・チャンド（各パーダが 26 モーラから成るモーラ韻律. 14 - 12 で休止. パーダの終わりは लघु - गुरु
गीतिका[2]［名*］〔韻〕ギーティカー（各パーダが सगण ＋ जगण ＋ जगण ＋ भगण ＋ रगण ＋ सगण ＋ लघु ＋ गुरु の 20 音節から成る音節韻律）
गीतिकाव्य［名］〔文芸〕叙情詩〈lyric poetry〉＝प्रगीत काव्य.
गीतिरूपक［名］オペラ＝संगीतिका.
गीद［名*］目やに गीद निकलना（बहना）目やにが出る दाँत मेरे टूट गये हैं आँखों से सारा वक़्त गीद बहती रहती है 歯はみな抜け落ち四六時中目やにが出る
गीदड़［名］(1)〔動〕イヌ科ジャッカル【*Canis aureus*】＝सियार；शृगाल. (2) 臆病者；卑怯者 **गीदड़ रोना** さびれる；荒廃する＝गीदड़ बोलना. **गीदड़ों के बताये बेर** *a.* 手には入らぬもの *b.* うそ；いんちき
गीदड़ धमकी［名*］こけおどし（虚仮威し）；虚勢＝गीदड़ भभकी. **गीदड़ धमकी में आ॰** こけおどしにはまる
गीदड़ भभकी［名*］こけおどし；虚勢＝गीदड़ धमकी. यह गीदड़ भभकी हमसे नहीं चलेगी こんなこけおどしはおれには通用しないぞ
गीदड़ रुख［名］〔植〕バンレイシ科落葉中高木（その果実は食用になる）【*Miliusa velutina*】
गीदरी［名*］〔裁〕股下 गीदरी की लंबाई〔裁〕股下の丈＝सेकम.
गीध［名］(1)〔鳥〕ワシ；ハゲワシ＝गिद्ध. (2) 貪欲な人；貪欲で狡猾な人；貪婪な人
गीधना［自］(1) 強く欲しがる (2) 貪婪になる；欲を出す (3) 味をしめる
गीधराज［名］〔イ神〕ジャターユ जटायु.
-गीर［接尾］《P. گیر》名詞について，(1)（－を）捕らえる，捕まえる，取るなどの意を持つ形容詞や名詞を作る (2)（－を）支配する，統治するなどの意の名詞や形容詞を作る आलम 世界→ आलमगीर 世界を制覇する
-गीरी［接尾*］《P. گیری》名詞について仕事，職業などに関連した語を作る接尾辞 बैरागीरी ボーイの仕事《E. bearer ＋ गीरी》 उसने होटल में बैरागीरी कर ली ホテルでボーイをした मोचीगीरी 靴修理の仕事 वह मोचीगीरी करता था 靴修理の仕事をしていた राजगीरी ラージ राज の仕事（煉瓦や左官の仕事をする）बढ़ई 木工や大工 → बढ़ईगीरी 木工・大工の職 लुहार 鍛冶屋 → लुहारगीरी 鍛冶職
गीर्ण［形］(1) 語られた；述べられた (2) 詳述された；叙述された (3) 飲みこまれた＝निगला हुआ.
गीर्णि［名*］(1) 叙述 (2) 称賛 (3) 飲みこむこと
गीर्वाण［名］〔イ神〕アスラに対するスラ सुर；神；神格＝देवता；सुर.
गीर्वाणी［名*］サンスクリット語の尊称＝देववाणी；संस्कृत.
गीला［形+］(1) 湿りけを帯びた；湿った；湿っている गीली लकड़ी 湿っている木 ↔ सूखी लकड़ी 乾いた木 (2) 濡れている；濡れた गीला हाथ 濡れた手 (3) うるんでいる；うるんだ उसकी आँखें गीली हो गई थीं 目がうるんでしまっていた (4) じっとりした **गीला क॰** *a.* 湿らせる *b.* 濡らす **गीला हो॰** *a.* 湿る बरसात में ईंधन गीला हो जाता है 雨季にはたきぎが湿る *b.* 濡れる *c.* うるむ
गीलापन［名］← गीला. 湿り；湿り気
गीली［名*］〔植〕イチイ科イチイ【*Taxus baccata*】＝बरमी.
गीली मिट्टी［名*］粘土 आप गीली मिट्टी पेट पर लेपकर धूप में बैठिए 粘土を腹に塗って日向に座りなさい
गुँगबहरी［名*］〔魚〕トゲウナギ科海水魚【*Mastocembelus armatus*】＝बाम.
गुँगुआना［自］(1) うんうんとかおんおんとか不明瞭な声を出す (2) くすぶる；燻る
गुंचा［名］《P. غنچه》(1) つぼみ（蕾）＝कली；कलिका. (2) お祭り騒ぎ；歓楽 **गुंचा खिलना** *a.* 蕾が開く *b.* 浮かれ騒ぐ
गुंचादहन［形］《P. غنچه دہن》口元の小さく美しい；おちょぼ口の
गुंची［名*］＝घुंघची.
गुंज［名*］(1) こだま (2) ぶんぶんうなる音；低いうなるような声 (3) 虫の羽音 (4) 喜びはしゃぐ声
गुंजन［名］(1) こだま (2) 虫の羽音
गुँजना［自］＝गूँजना.
गुंजरना［自］(1) こだまする；反響する (2) 虫の羽音がする；ぶんぶんなる
गुंजल्क［名*］(1) しわ＝शिकन. (2) もつれ；からまり (3) 頭上運搬の際荷を安定させるため頭にのせる道具；かんわめ
गुंजा［名］(1)〔植〕マメ科トウアズキ【*Abrus precatorius*】＝घुंघची. (2) トウアズキの実
गुंजाइश［名*］《P. گنجائش》(1) 余地 शक की गुंजाइश 疑問の余地 (2) 余裕 (3) 力；力量
गुंजान［形］《P. گنجان》密な；濃い＝घना；सघन.
गुंजाना［他］こだまさせる；響かせる；轟かせる आकाश को गुंजाते नारों की आवाज़ें 天をとどろかせるスローガンの声
गुंजार[1]［形］響く；こだまする
गुंजार[2]［名］虫の羽音 मधुर गुंजार करती हुई मधुमक्खी 心地よい羽音を立てているミツバチ
गुंजारना[1]［他］心地よい音を立てる＝मधुर ध्वनि क॰
गुंजारना[2]［自］(1) ハチが羽音を立てる (2) 心地よい音がする
गुंजारित［形］＝गुंजित.
गुंजित［形］(1) こだましている；心地よい音の響いている (2) 虫の羽音のしている
गुंटा［名］池；溜め池＝ताल.
गुंठन［名］(1) 覆うこと (2) 隠すこと；包みかくすこと (3) 塗布すること
गुँठना［自］→ गुँथना.
गुंठा[1]［名］小型の馬
गुंठा[2]［形+］(1) 小柄な＝नाटा. (2) 矮小な＝बौना. (3) ずんぐりした

गुंठित [形] (1) 覆われた= ढका हुआ. (2) 隠された；秘められた = छिपा हुआ. (3) 塗布された；塗られた= लेपित. (4) 砕かれた
गुंड[1] [形] 砕かれた；粉にひかれた= पिसा हुआ; चूर्ण किया हुआ.
गुंड[2] [名] (1) 粉 (2) 花粉
गुंडई [名*] ごろつきの振る舞い；無頼行為→ गुंडा. = गुंडापन; बदमाशी.
गुंडली [名*] (1) (とぐろなどを) 巻くこと (2) ねじれ (ねじれること) (3) 頭上運搬の際荷を安定させるための道具；かんわめ→ गेंडुरी
गुंडा [名] ならず者；ごろつき；無頼漢 गुंडा तत्त्वों को उखाड़ फेंकूँगा ごろつきどもを根こそぎにするつもりだ
गुंडागर्दी [名*] 無頼行為；不法行為；悪事 स्थानीय असामाजिक तत्त्वों की गुंडागर्दी 地元の反社会分子の無頼行為
गुंडापन [名] ← गुंडा. = गुंडई.
गुंडित [形] (1) 砕かれた；粉々にされた (2) 埃にまみれた；どろまみれの
गुंथना [自] (1) 糸やひもなどに貫かれる；(その中を) 通される कौड़ियों से गुंथे हार 宝貝を貫いた (通した) 首飾り (2) 組まれる；編まれる；結われる गुंथी अंगुलियाँ 組まれた (組んだ) 指 (3) からまる；からみあう；つながる；連なる उनकी सारी प्रवृत्तियाँ एक दूसरे में गुंथी हुई थीं あの方の一切の傾向は一貫していた
गुंथाना [他・使] ← गूंथना/गूथना. बाल गुंथाती 髪を結ってもらう
गुंदना संस्कार [名]〔シク〕シク教徒の男児に対して行われる結髪式；グンドナー・サンスカール (通過儀礼) जिस प्रकार हिंदुओं में मुंडन संस्कार होता है, लगभग उसी प्रकार सिक्खों में 'गुंदना' संस्कार होता है ヒンドゥー教徒のムンダンにほぼ相当するのがシク教徒のグンドナーの儀礼です
गुंदला [名] = नागरमोथा.
गुंदीला [形[+]] やにを出す；樹脂を出す→ गोंद.
गुंधना[1] [自] こねられる；練られる गुंधे हुए आटे को बेलना こねられた (こねた) 小麦粉をのす
गुँधना[2] [自] (髪などを) 結う；編む= गुंथना.
गुंधवाना[1] [他・使] ← गूँधना[1] こねさせる；こねてもらう；練らせる；練ってもらう
गुँधवाना[2] [他・使] ← गूँधना[2] (1) 編ませる；編んでもらう (2) より合わせる；より合わせてもらう；結わせる；結って貰う；なわせる；なってもらう
गुँधाई[1] [名*] (1) こねること；練ること (2) こね賃；練り賃
गुँधाई[2] [名*] (1) 編んでもらうこと (2) 編み賃
गुफ [名] (1) からまり；からみ合い (2) 花束 (3) 口ひげ；頬ひげ
गुफन [名] (1) 編むこと (2) 糸やひもに通すこと
गुफना [名*] (1) 編むこと (2) 編んだもの；編み物
गुफित [形] (1) 編まれた (2) 練られた；洗練された
गुबज [名] 《← P. گنبد गुंबद》円天井；ドーム जामा मस्जिद का गोल गुंबज ジャーマーマスジッドの円天井= गुंबद.
गुंबद [名] 《P. گنبد》円天井；ドーム इस मस्जिद के तीन बड़े गुंबद हैं このマスジドは3つのドームを備えている लघु गुंबद 小丸天井；小丸屋根
गुंबदी[1] [形] ← गुंबद. ドーム形の
गुंबदी[2] [名*] ドーム形の一本柱のテント
गुंबा [名] 《← P. گنبد》頭にできた打ち身のこぶ (瘤) = गुलमा.
गुंभी[1] [名*] 芽
गुंभी[2] [名*] 綱
गुमज [名] = गुंबद.
गुगमढ़ी [名*] गुरु गुग्गा (グルグーガー／グルグッガー) を祀った祠→ गुगा की पूजा.
गुगली [名*]〔ス〕ググリー (クリケットで打者に遠い方から近い方へカーブする投球) वह लेग ब्रेक गेंदों की बजाय गुगली ज़्यादा फेंकता है レッグブレーク (ボール) よりもググリーの方を多く投げる गुगली गेंद फेंकनी बड़ी मुश्किल होती है ググリーの投球はとても難しい
गुग्गुल [名] (1)〔植〕カンラン科ミルラノキ属小木／低木インドデリアムノキ (ミルラ樹脂がとれる) 【*Commiphora mukul; Balsamodendron mukul*】 〈Indian bdellium tree〉 (2) デリアム；ブデリアム (インドデリアムノキなどカンラン科の植物からとれる芳香のある樹脂) (3)〔植〕カンラン科落葉高木【*Canarium sikkimense*】 गुरु ने गुग्गुल की धूनी लगाई उसकी भस्म को शरीर में मला 師 (グル) はグッグル (デリアム) を焚きその灰を体に塗りつけた (4)〔植〕カンラン科落葉高木ブラックダンマートリー【*Ailanthus malabarica; A. triphysa*】= गुग्गुल धूप. (5)〔植〕ニガキ科高木マラバルニワウルシ【*Canarium strictum*】= काला डामर; रालधूप; मंद धूप.
गुग्गुल धूप [名]〔植〕ニガキ科高木マラバルニワウルシ【*Ailanthus triphysa; A. malabarica*】
गुचगुचा [形[+]] ぐしょぐしょの；びしょびしょの；ひどく濡れている उनकी आँखें गुचगुची हो गई थीं 目がぐしょぐしょになっていた
गुची [名*] 嗜好品のパーン (पान) の葉を100個束ねたもの
गुच्ची[1] [名*] (1) 棒打ち遊びグッリーダンダー (गुल्ली डंडा) のために地面に掘られる細長い穴；グッリーを打つための穴；グッチー मैंने गुच्ची में गुल्ली रखकर उछाली グッチーの穴にグッリーを置いてはねとばした (2) 地に掘られた穴
गुच्ची[2] [形] 小さな；小さくて可愛い
गुच्चीपारा [名] = गुच्चीपाला. グッチーパーラー (地面に掘った穴に離れたところから子安貝を投げ入れる子供の遊び)
गुच्छ [名] (1) 束；花束 (2) 房 = गुच्छा. (3) 灌木；低木 = झाड़.
गुच्छफल [名]〔植〕ムクロジ= रीठा.
गुच्छा [名] (1) 房；穂；果穂 ज्वार का गुच्छा モロコシの穂 अंगूर का गुच्छा ブドウの房 (2) 束 कुंजियों का गुच्छा 鍵の束 (3) ふさ (総) कनपटी पर बालों के एक-दो गुच्छों को कुंडलों के रूप में लटका लें こめかみのところに髪のふさを一つ二つカールさせて垂らすこと
गुच्छी [名*] (1)〔植〕マメ科リスノツメ【*Caesalpinia bonduc; Guilandina bonducella*】 (2)〔植〕ムクロジ科ムクロジ = करंज. 【*Sapindus mukorossi*】 = रीठा.
गुच्छेदार [形] 《H.गुच्छा + P. دار》 (1) 房になっている (2) 房のついている
गुछिआ [名*]〔魚〕海水魚ツバメコノシロ科ミナミコノシロ【*Eleutheroneme tetradactylum Shaw*】
गुज़र [名] 《P. گزر》 (1) 通ること；通過すること बैलगाड़ी के सिवाय गंगा की कछारों में और किसी सवारी का गुज़र नहीं 牛車以外ガンジス川の岸辺での他の乗り物の通過はない एक बूढ़े आदमी का इधर से गुज़र हुआ 一人の老人がこちらを通った (2) 通り道 रोशनी और ताज़ा हवा का गुज़र नहीं होता 光や新鮮な空気の通り道がない (3) 暮らし；生活；生活の営み गुज़र क॰ 暮らしを立てる
गुज़र-औक़ात [名*] 《P.A. گزر اوقات》生活；生計 इससे कुछ आदमियों की गुज़र औक़ात हो जाती है これで一部の人たちの生計が立つ
गुज़रगाह [名*] 《P. گزرگاه》 (1) 出入り口；通り道 (2) 道；道路 (3) 渡し場
गुज़रना [自] 《← P. گزر》 (1) (ある場所を) 通過する；経由する；通る；経る (-से) गुज़रना (ーを) 通る；通過する वह उधर से गुज़रा あの人はあちらを通った गन्ने और चने के खेतों के बगल से गुज़रने वाली पगडंडी サトウキビとヒヨコ豆の畑のそばを通る道 छोटी-सी ख़बर आपकी निगाह से गुज़री या नहीं? 小さなニュースがお目にとまったかどうか बाज़ार की प्रायः प्रत्येक चीज़ कई व्यापारियों के हाथों से गुज़रती है 商店街に売られているほとんどすべての商品は幾人もの商人の手を経る आँखें फाड़-फाड़कर नीचे गुज़रते हुए जंगल-पहाड़ को देखता रहा 目を皿のようにして下のほうを通り過ぎて行く森や山をじっと見続けた गुज़रनेवाला 通る；通過する；通行する；通り過ぎて行く人；通行人 सामने से एक औरत गुज़री थी 前方を一人の女性が通り過ぎた (2) (時間が) 過ぎる；経過する सारी शाम गुज़रने को आई, लेकिन बात होंठों पर न आई 夕暮れ時も過ぎようとしているのに言葉が口から出なかった गुज़रा हुआ कल कभी नहीं आता 昨日は決して戻らない；過ぎた時は決して二度と来ない (3) (身の上に) 起こる；(苦難などが) 発生する；降りかかる；経過する शहर में उसपर जो-जो गुज़रा था, उन्हें वह याद नहीं करना चाहता था 町で身の上に起こったことを思い出したくなかった वहाँ के लोगों पर न जाने क्या-क्या गुज़रती होगी 同地の人たちには一体どんな苦難が降りかかるのだろうか (4) 経験される；体験される；思われる；思いがする；感じられる (-के दिल पर/-के हृदय पर) क्या गुज़रना (ーにとって) どんな思いがする उसके समीप आने में झिझकता है, कि कहीं देवी को नागवार न गुज़रे それのそばに来るのを躊躇する．女神に不快に感じられないよ

うに उस समय उस माँ के हृदय पर क्या गुज़री होगी, इसका सहज ही अनुमान लगाया जा सकता है その時母親がどんな思いをしたであろうか容易に推察することができる इन बच्चों के दिल पर क्या गुज़रेगी, जिन्होंने अभी-अभी अपने पिता को खोया है? 父親を失ったばかりのこの子らはどんな思いをするのだろうか गुज़र जा॰ 死ぬ；死亡する；あの世に行く＝ चल बसना; देहांत हो॰; मृत्यु हो॰.

गुज़रनामा ［名］《P. گزر نامه》通行証；通行手形

गुज़र-बसर ［名］《P. گزر + H.बसर》生活；生計；暮らし खेती उसके गुज़र-बसर करने का एक तरीका थी 農業があの人の生活の一つの手立てだった हम लोग उतने में ही गुज़र बसर कर लेंगे 私たちはそれだけで暮らしを立てましょう **गुज़र-बसर क॰** 暮らしを立てる；生活を営む सामाजिक ज़िम्मेदारियों से पिसते हुए जैसे-तैसे गुज़र-बसर कर रहा है 社会的責任に苦しみながら何とか暮らしを立てている

गुज़रबान ［名］《P. گزر بان》渡し守；船頭

गुजरात 〔地名〕(1) グジャラート（インド） (2) グジャラート州＝ गुजरात प्रदेश.

गुजराती[1] ［名］グジャラート地方の住民；グジャラート人

गुजराती[2] ［名*］〔言〕グジャラーティー（グジャラート語，インド・アーリアン語族の主要言語の一，グジャラート州を中心に用いられる）

गुजराती[3] ［形］グジャラートの；グジャラート地方の；グジャラート州の

गुज़रान ［名*］《P. گزران》暮らし；生活；なりわい；生計＝ गुज़र; निर्वाह.

गुज़रानना ［他］《← P. گزران》(1) 提出する；差し出す＝ पेश क॰. (2) 過ごす ＝ बिताना.

गुजरिया ［名*］グージャル（गूजर）の女性

गुजरी ［名*］(1) グージャル（गूजर）の女性；グージャルの妻 (2) 乳搾りの女性 (3) 金属製の手首飾りの一

गुजरेटा ［名］(1) グージャル（गूजर） (2) グージャルの男の子

गुजरेटी ［名*］(1) グージャル（गूजर）の娘 (2) グージャルの女性

गुज़श्ता[1] ［形］《P. گزشته》過ぎた；過ぎ去った；通り過ぎた；経過した；昔の；過去の＝ बीता（हुआ）; गया（हुआ）.

गुज़श्ता[2] ［名］《P. گزشته》過去；過ぎた時

गुज़ार ［接尾］《P. گزار》（－）する；（－を）行う शुक्रगुज़ार 感謝する

गुज़ारना ［他］《P. گزار》(1) 過ごす＝ बिताना; काटना. वक्त गुज़ारना 時を過ごす 1 जनवरी का दिन हम लोगों ने ह्वेल मारने के एक सुनसान अड्डे पर गुज़ारा 元旦を人気のない捕鯨基地で過ごした वह संध्याएँ एपार्टमेंट में बैठकर बीयर पीते और संगीत सुनते हुए गुज़ारता था あの頃の夕方はいつもマンションでビールを飲み音楽を聴きながら過ごしていた (2) 通す；通過させる (3) 提出する；差し出す；捧げる (4) もたらす

गुज़ारा ［名］《P. گزاره》(1) 通過；通り過ぎること；通過させること (2) 暮らし；生活；なりわい＝ निर्वाह. परिवार के गुज़ारे लायक पैदावार 一家の生活に足る生産 (3) 生計；生活費 उसकी आमदनी से आपका व शिष्यों का गुज़ारा चल सके それからの収入でご自分と弟子の生計が立つように गुज़ारे के लिए 生活費として (4) 船着き場；渡船場；渡し場 (5) 関所

गुज़ारा-भत्ता ［名］生活費；生活手当 तलाक के बाद गुज़ारे-भत्ते के लिए अदालत का दरवाज़ा खटखटाना 離婚後に生活費を得るために裁判所に頼る

गुज़ारिश ［名*］《P. گزارش》(1) 願い；依頼；頼み मेरी एक आरज़ू…या कहा जाए गुज़ारिश है…手前の一つのお願いなのです；お頼みなのです＝ गुज़ारिश है कि…. (2) 申し上げること；言上；奏上（-से）गुज़ारिश क॰（－に）依頼する；依願する；説得する；勧誘する

गुज़ारिशनामा ［名］《P. گزارش نامه》願書；申込書＝ प्रार्थना-पत्र.

गुजिया ［名*］ → गुझिया.

गुजुआ ［名］〔昆〕コガネムシ科マグソコガネ＝ गुजुवा; गोबरैला.

गुज्जर ［名］グッジャル（主にパンジャーブ州やヒマーチャル・プラデーシュ州に住むイスラム教徒の牧畜民）

गुज्झा[1] ［名］(1) 繊維の多い果肉 (2) 木や竹の合わせ釘；目釘

गुज्झा[2] ［形⁺］秘められた；隠れた；目に見えない

गुज्झाना ［他］隠す；秘める＝ छिपाना.

गुझरौट[1] ［名*］(1) へそのあたりでサリーのひだをとる部分 (2) 女性のへそのあたり

गुझरौट[2] ［名］着物のしわ

गुझिया ［名*］(1) メリケン粉と香辛料を材料にギーで揚げた料理，グジヤー (2) コーヤー（खोया）を材料にナッツなどを入れた甘味菓子；グジヤー

गुट[1] ［名］(1) 集まり；集団；グループ (2) 派閥；閥

गुट[2] ［名］鳩の鳴き声やそれに似た音など

गुटकना ［自］ごろごろとかぐるぐるといったような鳩などの鳴き声やそれに似たような音が出る

गुटका ［名］(1) 小型本；袖珍本 (2) 小さく堅く丸みをおびたもの (3) 口に含むと姿を消すことができると伝えられる魔法の玉 ＝ गुटिका. (4) パーン（पान）の中に入れたりそのまま食べられる種々の薬味（しょうずく，丁子，びんろうじなど）

गुटकाना ［他］(1) 鼓などをぽんぽん鳴らす (2) ごろごろ，ぐるぐるなどといったような音を立てる

गुटकी ［名*］小さな丸い粒や玉＝ गुटिका.

गुटनिरपेक्ष ［形］〔政〕非同盟の **गुटनिरपेक्ष देश** 非同盟国＝ निर्गुट देश; असंलग्न देश.

गुटनिरपेक्षता ［名*］〔政〕非同盟＝ असंलग्नता.

गुटबंदी ［名*］《H.+ P.بندی》(1) 党や党派を結成すること (2) 派閥を作ること；徒党を組むこと (3) 派閥争い

गुटरगूँ ［名*］鳩の鳴き声 कबूतर गुटरगूँ करते रहे 鳩がくっくうくっくうと鳴き続けた दिन भर वहाँ गुटरगूँ-गुटरगूँ चलती रहती そこでは鳩の鳴き声が一日中続いている

गुटार ［名］＝ किलहँटा. 〔鳥〕ムクドリ科インドハッカ【*Acridotheres tristis*】

गुटिका ［名*］(1) 小さな丸いもの；粒や玉 ＝ बटिका; बटी; गोली. (2) ヨーガの行で身につくとされる超能力の一でそれを口に含むと姿を消すことができるとされる宝玉

गुटीय ［形］←गुट. 派閥の；派閥上の；党派的な गुटीय राजनीति 党派政治；派閥政治

गुट्ट ［名］ ＝ गुट[1].

गुट्टा[1] ［形⁺］小柄の；背の低い；ちびの＝ नाटा; ठिगना.

गुट्टा[2] ［名］ラック製の四角いおはじき（女児の用いる玩具の一）

गुट्ठल[1] ［形］(1) 節くれだった；ごつごつした (2) 固い (3)（果実の）さねの大きい (4) 愚鈍な

गुट्ठल[2] ［名］(1) 固まったもの；固まり (2) リンパ節

गुठला[1] ［名］(1) 果実の大きな仁 (2) 身体にできた大きなしこり；固い塊のような腫れ

गुठला[2] ［形⁺］なまくらな；切れ味の悪い；鈍くなった

गुठलाना[1] ［自］固くなる

गुठलाना[2] ［自］（刃が）鈍くなる；なまくらになる

गुठलाना[3] ［他］（刃を）鈍くする；なまくらにする

गुठली ［名*］(1)（果実の）核；さね（核；実）；種（硬い内果皮） आम की गुठली में 8 प्रतिशत प्रोटीन होता है マンゴーの核には８％の蛋白質が含まれている आम की गुठलियों के गूदे की रोटी マンゴーの核を粉に挽いてこしらえたパン (2) 非常に殻の硬い種 खजूर की गुठली ナツメヤシの核果 (3) だま उबले हुए पानी में घोलकर फेंटिए कि गुठली न पड़े だまができないように湯に溶きなさい (4) リンパ節

गुठलीदार ［形］《H.गुठली + P. دار》〔植〕核果状の

गुडंबा ［名］＝ गुड़ांव. (1) 未熟のマンゴーをゆでてシロップにつけた食品 (2) 未熟のマンゴーを砂糖煮きにした食品

गुड[1] ［形］《E. good》(1) 良い；立派な；結構な；すぐれた (2) 善良な

गुड[2] ［感］《E. good》いいぞ；よし；結構だ；よろしい

गुड़ ［名］精製前の砂糖；粗糖；黒砂糖 **गुड़ का गुड़ और चीनी का चीनी हो॰** ものにはそれぞれの良さがある **गुड़ खाएँ गुलगुलों से परहेज़** 〔諺〕悪事を働いておきながら上辺を飾ることのたとえ **गुड़ खाएगा सो अंधेरे में जाएगा कान छेदाएगा** 良い思いをすれば困ることが起きる；しし食った報い **गुड़ खाकर गूंगा हो॰** 体験しても口では表現できないこと **गुड़ खाना गुलगुले से घिनाना**（परहेज़ क॰）同じ悪事を働くことなのに身勝手な口実を設けて断ること；偽善的な振る舞いを揶揄するたとえ **गुड़ गोंइठा क॰** ＝ गुड़ गोबर क॰. **गुड़ गोबर क॰** めちゃくちゃにする；台無しにする；すっか

り駄目にする तुमने सब गुड़ गोबर कर दिया यार, अब यह ग्यारह बजे तक नहीं सोएगा 君はすっかり駄目にしてくれたね．もうこの子は 11 時まで寝ないぞ **गुड़ चने** 黒砂糖とヒヨコマメ（祝いごとの際に親戚や知人などに内祝いとして配られるもの） **गुड़ चींटा हो॰** *a.* 切っても切れない関係 *b.* のめりこんでしまうこと **गुड़ दिखाकर ढेला मारना** 甘言で釣ってあとは知らぬ顔をする **गुड़ दिये से मरनेवाले को ज़हर न देना** 〔諺〕簡単に済むことには強硬策は取らないがよい＝ गुड़ दिये मरे तो ज़हर क्यों दीजे. **गुड़ दूध से नहाना** 贅沢三昧をする **गुड़ न तीता न मीठा** 〔諺〕何の効果もないことのたとえ；全く無駄なことのたとえ **गुड़भरा हँसिया, खाते बने न उगलते** 〔諺〕痛し痒し；板挟み；身動きできない状況のたとえ **गुड़ में कीड़े पड़ना** ごく親しい間柄に亀裂の入ること **गुड़ होने से चींटियों का आना (मक्खियों का आना)** 利権には人が群がることのたとえ

गुड अफ़्टरनून ［感］《E. good afternoon》午後の挨拶の言葉；今日は

गुड ईवनिंग ［感・名*］《E. good evening》晩の挨拶の言葉；グッドイヴニング；今晩は उसने मुझसे गुड ईवनिंग की और हाथ मिलाया 彼は今晩はの挨拶をし握手をした

गुड़क ［名］(1) 丸いもの (2) まり；ボール (3) 黒砂糖

गुड़गुड़ ［名*］(1) 泡立つ音．ごぼごぼ，ぼこぼこ，ぶくぶくなど (2) 腹の鳴ったりする音など閉じこめられた気体の動く音．ごろごろ，ぐるぐるなど

गुड़गुड़ाना[1] ［自］ गुड़गुड़ という音を立てる गुड़गुड़ と鳴る；ごぼごぼ言う；ぼこぼこ言う；ぶくぶく言う；ごろごろ鳴る；ぐるぐる鳴る पेट का गुड़गुड़ाना 腹がごろごろ鳴る

गुड़गुड़ाना[2] ［他］(1)（水ぎせるを）ごぼごぼとかぶくぶく鳴らす；吹かす हुक्का गुड़गुड़ाना フッカー（水ぎせる）をぶくぶく鳴らしながら吹かす (2) ぶくぶく，ごろごろ，ごぼごぼなどの音を立てる

गुड़गुड़ाहट ［名*］ぶくぶく，ぼこぼこ，ごろごろなどの音がすること

गुड़गुड़ी ［名*］グルグリー（小型の水ぎせる）

गुड नाइट ［感・名*］《E. goodnight》おやすみ（お休み）なさい，失礼します，さようならなど夜間に交わされる別れの挨拶とその言葉

गुड फ़्रायडे ［名］＝ गुड फ़्राइडे. 《E. Good Friday》〔キ〕キリスト受難記念日；受難日；聖金曜日；グッドフライデー गुड फ़्रायडे की छुट्टी グッドフライデーの休日

गुड बाई ［感・名*］《E. goodbye》さようなら，失礼しますなど別れの挨拶とその言葉

गुड मार्निंग ［感・名*］《E. good morning》グッドモーニング，おはよう（ございます），今日はなど朝の挨拶とその言葉 कहो साहनी, भैया! गुड मार्निंग ようサーニー，おはよう जाते ही गुड मार्निंग करना और हाथ मिलाना 行ったらすぐにグッドモーニングと挨拶をして握手をするのだよ

गुड़हर ［名］＝ गुड़हल. 〔植〕アオイ科低木ムクゲ【*Hibiscus syriacus*】〈rose of Sharon; shrubby〉

गुड़ाकू ［名］黒砂糖をまぜた喫煙タバコ

गुड़ाच ［名*］＝ गुडूची. 〔植〕ツヅラフジ科蔓木【*Tinospora sinensis; T. malabarica*】

गुड़िया ［名*］(1) 女の子の姿をした（布製の）人形 (2) おもちゃ；もてあそぶもの अरे भाई, जीवन कोई आपके मुन्ने की गुड़िया थोड़े ही है कि आप कह सकें कि बस यह है, इतना ही है 人生とはね，あなたの坊やのおもちゃじゃありませんよ．これが人生なのだとか，これだけのものだと言えるものですか (3) 愛らしい娘；幼女；童女；お嬢ちゃん（呼びかけに用いられる） अपनी नन्ही गुड़िया के लिए अवश्य पसंद करेंगी 可愛いお嬢ちゃんのためにきっとお買い求めになりましょう अरे, इतनी प्यारी गुड़िया की उँगली कट गई? あらまあこんなに可愛いお嬢ちゃんの指が切れたの？ **गुड़िया का खेल** *a.* 人形遊び（女の子の）*b.* 簡単至極なこと **गुड़िया का ब्याह** 女児の人形遊びでの結婚式 कल मेरी गुड़िया का ब्याह होगा.तू हमारे घर आना あした私のお人形の結婚式なの，うちに遊びにおいでね **गुड़िया खेलना** 人形遊びをする（幼いことのたとえ） **गुड़िया सँवारना** 財力に応じてできるだけ盛大に娘の結婚式をあげる **गुड़िया सरकार** 嬶天下

गुड़ियाघर ［名］人形館〈doll's house〉

गुड़िला ［名］特定の人の姿に似せてこしらえた人形；似姿＝ पुतला; मूर्ति.

गुड़ी[1] ［名*］(1) 丸くて硬いもの；ぐりぐりしたもの (2) 怨念；心のわだかまり；胸にできたしこり

गुड़ी[2] ［名*］たこ（凧）＝ पतंग; कनकौआ.

गुड़ीमुड़ी ［形］くしゃくしゃになった；丸められた गुड़ीमुड़ी क॰ 丸める；くしゃくしゃにする मैंने सारी शंका-कुशंकाओं को गुड़ीमुड़ी करके दूर फेंक दिया 一切の不安や悪い予感を丸めて遠くへ投げ捨てた

गुड़प ［名*］物が水に落ちた際の音．ぽちゃん，ちゃぽん，ぱしゃっなど

गुड्डा[1] ［名］(1) 男の子の姿をした人形 (2) 人形；似姿＝ पुतला. (3) 役立たずな人；でくのぼう **गुड्डे-गुड्डी का खेल** 人形遊び **गुड्डा बाँधना** 似姿をこしらえて人前でののしり歩く

गुड्डा[2] ［名］大きな凧

गुड्डी[1] ［名*］(1) 愛らしい女の子 (2) 愛らしい娘；愛娘

गुड्डी[2] ［名*］小さなたこ（凧） कागज़ की गुड्डियाँ 紙でこしらえた凧 **गुड्डी चढ़ना** *a.* 名が揚がる；有名になる *b.* 威勢のよい **गुड्डी ढील दे॰** 手綱をゆるめる（統制をゆるめる） **मन गुड्डी हो॰** 心がうきうきする इससे मैं बहुत खुश था और मेरा मन गुड्डी हो रहा था そのためとても嬉しかったしうきうきしていた

गुड्डी[3] ［名*］(1) 膝の皿；膝小僧 (2) 小型の水ぎせる（フッカー）

गुड्डू ［名］〔昆〕ウスバカゲロウの幼虫アリジゴク（蟻地獄）

गुड्स क्लर्क ［名］《E. goods clerk》（鉄道の）貨物取扱係

गुढ़कना ［他］（フッカーを吸うなどして水と空気などの混じり合うことで）ぶくぶく，ごぼごぼ，ごろごろなどの音を立てる

गुण ［名］(1) 性質 रासायनिक गुण 化学的性質 कौन-से ऐसे गुण हैं जो सभी द्रव्यों में सामान्य हैं? すべての液体に共通する性質はいかなるものがあるのか (2) 特性；美点；長所 प्लास्टिक में अनेक गुण हैं, जैसे, इसपर न जंग लगती है और न यह सड़ता है プラスチックには錆がつかないとか腐らないといった幾つもの特性がある वे अघाते नहीं थे कवि निराला के गुण गाते 同氏は詩人ニラーラーの美点を称えて飽きることがなかった (3) 品質 (4) 才能 असामान्य गुण 異能 (5) 成分 खाद्यपदार्थों के पोषक गुण 食品の滋養成分 (6)〔イ哲〕（特にサーンキヤ派において）万有の創造・帰滅を司る根本原質 प्रकृति の 3 種の構成要素（純質 सत्त्व, 激質 रजस, 暗質もしくは翳質 तमस्）；根本 3 原素；属性 (7)〔イ文芸〕グナ（काव्य गुण とも呼ばれるものでラサを喚起しカーヴィヤ काव्य に美しさをもたらすとされる特質の総称．一般にこれには 10 種のものがあるとされるが主なものには श्लेष, प्रसाद, माधुर्य, ओज/ओजस्などがある） **गुण क॰** 利く，効果を及ぼす＝ फ़ायदा क॰. **गुण गाना** 称賛する；ほめ称える सारी दुनिया ने उसके गुण गाए 世界中がその美点を称えた **गुण दे॰** ＝ गुण क॰. (-के) **गुण न भूलना** （一の）恩や親切を忘れない (-का) **गुण मानना** （一の）恩義を感じる；（一の）恩を着る **गुणों की खान** 美点を沢山備えた＝ गुण के धाम.

गुणक ［名］(1)〔数〕乗数〈multiplier〉 (2)〔数〕因数〈factor〉

गुणकर ［形］＝ गुणकारी.

गुणकारक ［形］＝ गुणकारी.

गुणकारी ［形］(1) 効能のある；有効な；効き目のある；効果のある वह स्वास्थ्य के लिए बेहद गुणकारी है それは健康に非常に効果がある (2) 有益な；役立つ गर्भवती के लिए गुणकारी 妊婦に有益な

गुणकीर्तन ［名］称賛；賛歎

गुणगाथा ［名*］称賛；賛歎；賛美

गुणगान ［名］(1) 賛歌 (2) 称賛 (-का) गुणगान क॰ （一を）称賛する；称える；賛える उनके शौर्यपूर्ण चरित्र का गुणगान करते हैं その方の勇気に満ちた生き方を称える

गुणग्राहक[1] ［名］眼力のある人；目利き；鑑識眼のある人

गुणग्राहक[2] ［形］眼力のある；目の利く

गुणग्राहकता ［名*］眼力；ものの価値や真偽を見極める力

गुणघाती ［形］嫉妬深い＝ ईर्ष्यालु.

गुणज ［名］〔数〕倍数〈multiple〉

गुणज्ञ ［形］目の利く；正しい評価のできる；眼力のある

गुणज्ञता ［名*］眼力＝ गुणग्राहकता.

गुणता ［名*］品質 गुणता नियंत्रण 品質管理 गुणता प्रमाणपत्र品質保証書

गुणदोष [名] 長所と短所；長短；功罪
गुणधर्म [名] 特質；特性
गुणन [名]〔数〕掛け算；乗法〈multiplication〉
गुणनखंड [名]〔数〕因数；因子 गुणनखंड क॰ 因数に分解する
गुणनखंडन [名]〔数〕因数分解〈factorization〉
गुणन चिह्न [名] 掛け算の記号 ×
गुणनफल [名]〔数〕積〈product〉
गुणना [他] (1) 掛ける；掛け算をする (2) 思う；考える；思考する；考察する= विचार क॰; मनन क॰; गुनना.
गुणमंत [形] = गुणवंत.
गुणवंत [形] 優秀な；すぐれた；有能な；才能に恵まれた= गुणवान.
गुणवती [形*] गुणवंत の女性形 राजकुमारी बड़ी सुंदर और गुणवती थी 王女はとても美しく才能豊かだった
गुणवत्ता [名*] (1) 質（しつ）；品質 मकानों की गुणवत्ता के बारे में शिकायतें होती रही हैं 住宅の質についての苦情が続いてきている (2) 良質；良さ；取り柄；長所
गुणवाचक [形]〔言〕修飾する；限定的な；抽象的な गुणवाचक नाम 抽象名詞
गुणवाचक विशेषण [名]〔言〕修飾形容詞；限定形容詞
गुणवाचक संज्ञा [名*]〔言〕抽象名詞= गुणवाचक नाम; भाववाचक संज्ञा.
गुणवाची [形] 抽象的な
गुणवान [形] 優秀な；すぐれた；有能な
गुणसम्पन्न [形] 優秀な；すぐれた
गुणसूत्र [名]〔遺伝〕染色体= क्रोमोसोम.〈chromosome〉
गुणसूत्री [形]〔遺伝〕染色体の गुणसूत्री विपथन 染色体異常
गुणहीन [形] 劣った；劣等な；稚い；稚拙な
गुणांक [名]〔数〕係数〈coefficient〉
गुणा[1] [名]〔数〕乗法；掛け算 गुणा का निशान ×掛け算の記号；罰点（日本の○印と同じ意味で用いられる） जिस उम्मीदवार को मैं चुनना चाहता था, उसके नाम के आगे मैंने गुणा का निशान × लगा दिया 選びたい候補者の名前の前に×印をつけた
गुणा[2] [形] 倍の；倍数の；掛けた लगभग पच्चीस गुणा およそ 25 倍の गुणा क॰ 掛け算をする；掛ける
गुणाकर [形] 多くの長所・美点を有する；才能豊かな；多数の徳を備えた
गुणाढ्य[1] [形] = गुणाकर.
गुणाढ्य[2] [人名] 後世のソーマデーヴァ सोमदेव の説話集カターサリットサーガラ कथासरित्सागर などの元となったと伝えられる説話集ブリハットカター बृहत्कथा の作者グナーディヤ
गुणातीत[1] [形]（性質，属性などを）超越した
गुणातीत[2] [名] 最高神 = परमेश्वर.
गुणात्मक [形] 質の；質的な गुणात्मक परिवर्तन 質的変化 गुणात्मक विश्लेषण〔化〕定性分析〈qualitative analysis〉
गुणावगुण [名] 長所と短所；長短 उम्मीदवारों के गुणावगुण पर 候補者たちの長所と短所
गुणित [形]〔数〕倍になった；掛けられた〈multiple〉
गुणी[1] [形] (1) 達者な；有能な；すぐれた (2) 有用な；役立つ ऐसा गुणी टाइप-राइटर こんなに役立つタイプライター
गुणी[2] [名] (1) 達人；名人 (2) 祈祷師
गुणीभूत [形] 二義的な；副次的な；付随的な
गुणोत्तर [形]〔数〕(1) 幾何学的な (2) 幾何数列的な〈geometrical〉 **गुणोत्तर अनुपात** 公比〈geometrical ration〉 **गुणोत्तर श्रेढ़ी** 等比数列〈geometrical progression〉
गुणोपेत [形] (1) 特性を持つ；特性を備えた (2) 熟達した；熟練した
गुण्यांक [名]〔数〕被乗数〈multiplicand〉
गुत्थमगुत्था [名] (1) からまり；もつれ (2) 組み打ち；つかみあい；取っ組み合い गुत्थम गुत्था क॰ 組みうちする；つかみあいをする；取っ組み合いする
गुत्थमगुत्थी [名*] = गुत्थम गुत्था. काफ़ी संघर्ष व गुत्थमगुत्थी के बाद かなり争いもみ合った後
गुत्थी [名*] (1) からまり；もつれ (2) 錯綜 (3) 謎 **गुत्थी पड़ना** からまる；もつれる **गुत्थी सुलझना** *a.* からまりがほどける；もつれがとける *b.* 謎が解ける हत्याकांड की गुत्थी सुलझी 殺人事件の謎が解けた **गुत्थी सुलझाना** からまりをほどく；もつれをほどく；面倒を解決する
गुथना [自] (1) からまる；もつれる；もつれ合う (2) 糸やひもを通される (3) ざっと縫われる (4) 取っ組み合う；組み打ちをする
गुथवाना [他・使] ← गूथना.
गुद [名*] 肛門= गुदा; मलद्वार; गाँड.
गुदकार [形] = गुदकार. (1) 果肉のある (2) 厚みがあって柔らかな；ふくよかな
गुदगुदा [形+] (1) ふわふわの；柔らかくふくらんでいる；ふっくらした गुदगुदा तकिया ふわふわの枕 गड्ढों में कोमल पत्तियों की मोटी तहें बिछाकर उन्हें गुदगुदा बना दिया जाता है 穴に柔らかい木の葉を厚く敷いてふわふわにする गुदगुदी रोटियाँ ふっくら焼けたローティー（パン） (2) ふくよかな；肉づきのよい उसने हाथ बढ़ाकर बच्चे को बाँहों में ले लिया.गुदगुदा, प्यारा-सा मांस का पुतला 両手をのばして子供を抱き取った．ふくよかで愛らしい体
गुदगुदाना[1] [他] (1) くすぐる；くすぐったくする= गुदगुदी क॰ (2) おだてる (3) 笑いをさそう सहेलियों की गुदगुदाती चुटकियाँ（結婚式での）心をくすぐる友だちのからかいの言葉 (4) 喜ばせる अकल बच्चों को तरह-तरह की बातें सुन सुनाकर गुदगुदा रहे थे 子供たちにいろいろな話を聞かせて喜ばせていた (5) 楽しませる；なごませる हमारे हृदय को गुदगुदाकर हमें जीवन के तनावों से मुक्ति दिलाते हैं 人の心をなごませ生活の緊張をほぐしてくれる
गुदगुदाना[2] [自] (1) 喜ぶ；楽しむ；なごむ सभी खुश थे.सभी के दिल गुदगुदा रहे थे みなが喜んでいた．みなの心はなごんでいた (2) うずうずする；むずむずする
गुदगुदाहट [名*] ← गुदगुदाना.
गुदगुदी [名*] (1) くすぐったさ；くすぐったい気持ち (2) 喜び；嬉しさ；しめたという喜び मेरे हृदय में गुदगुदी हुई.यह तो कोई शिकार मालूम होता है 嬉しくなった．いい鴨が見つかったぞ！ (3) 意欲；自分もしてみたいと思う気持ち；むずむずした感じ；うずうずすること (4) おかしさ (5) 欲情
गुदड़िया [名] (1) ぼろをまとう人 (2) 屑やぼろを売買する人 (3) 天幕や敷物の賃貸をする人
गुदड़ी [名*] (1) 古着やぼろを縫い合わせた着物や敷物 (2) 屑；がらくた **गुदड़ी का लाल** *a.* ごみためのルビー；思いもかけないところにあるすぐれたもの *b.* ぼろをまとった大金持ち；見かけに似ずすぐれたもの；姿形に似ずすぐれた人 **गुदड़ी में लाल नहीं छिपते**〔諺〕すぐれたものはどこにあっても光るもの（その存在が知られる）
गुदड़ीबाज़ार [名] 古物市場；古物市；蚤の市
गुदना[1] [自] (1) 突き刺さる (2) 入れ墨が彫られる उसकी दाहिनी कलाई पर गोदना गुदा था 男の右の手首には入れ墨が彫られていた
गुदना[2] [名] 入れ墨 गुदना क॰ 入れ墨をする गुदना गुदवाना 入れ墨を入れてもらう
गुद निर्गम [名]〔医〕脱肛= काँच निकलना.
गुदवाना [他・使] ← गोदना. (1) 突き刺させる；突き立てさせる (2) 入れ墨を入れてもらう；入れ墨をしてもらう
गुदांकुर [名]〔医〕(1) 痔核；いぼ痔 (2) 痔疾= बवासीर.
गुदा [名*] 肛門；尻の穴= गाँड; मलद्वार. गुदा में नासूर 痔瘻
गुदाज़ [形]《P. گداز》(1) 柔らかい；ふわふわした (2) 肉づきのよい；太っている；ふくよかな (3) 溶けた (4) 溶かす
गुदाना [他・使] ← गोदना. = गुदवाना.
गुदाम [名] = गोदाम.
गुदारा [名]《← P. گداره》(1) わたし（渡し）；川の対岸まで運ぶこと (2) 渡し；渡し場 **गुदारे लगना** *a.* 岸に着く *b.* 片付く；完了する
गुदी [名*] ドック；造船場
गुदेरा [名]〔鳥〕シギ科オグロシギ【*Limosa limosa*】
गुद्दा [名] 木の太い枝
गुद्दी [名*] (1) 果物の実；殻の中に入っている実 (2) 後頭部；首すじ (3) たなごころ；掌の肉= गद्दी. **गुद्दी की नागिन** 後頭部にある旋毛；つむじ（不吉なものとされる） **गुद्दी नापना** 後頭部を平手で叩く **गुद्दी पर बुद्धि हो॰** 間抜けな = गुद्दी पीछे मति हो॰. **गुद्दी में आँखें हो॰** *a.* 目の前のものを見ようとしない *b.* 間抜けな **गुद्दी से जीभ खींचना** *a.* 舌を引き抜く *b.* 厳しく罰する；厳罰に処する
गुनकारी [形] = गुणकारी.

ग

गुनगुना[1] [形⁺] 鼻声の；鼻声で話す
गुनगुना[2] [形⁺] (1) ぬるい；適温の；少し暖かい；なま暖かい गुनगुने पानी में शहद, नीबू व ग्लिसरीन मिलाकर गरारे करने से ぬるま湯に蜂蜜とライム，それにグリセリンをまぜてうがいをすると उबला हुआ गुनगुना दूध 乳児に飲ませるのに適温の牛乳 गुनगुना क० ぬくめる；少し暖める इसके अतिरिक्त नीबू का रस पानी में डालकर और उसे गुनगुना करके थोड़ा-थोड़ा करके दिन में दो बार पिलाएँ そのほかライムの汁を水に入れ少し暖めて一日 2 回飲ませること (2) 厳しくない；緩い；きつくない；激しくない इन दिनों तक धूप अपनी तेजी को भूलकर गुनगुनी हो जाती है このころになると日差しは激しさを忘れ緩くなる
गुनगुनाना [自] (1) ハチなどが羽音を立てる；ぶんぶんうなる (2) 鼻声で話す (3) 鼻歌を歌う स्नान करने के बाद कोई गाना गुनगुनाते हुए 沐浴の後で何かの歌を鼻歌で歌いながら पुलकित मन अनायास ही गुनगुनाने लगता है うきうきすると思わず知らず鼻歌が出る (4) 口ずさむ कोई फिल्म न थी जिसे ये नहीं देखते, कोई फिल्मी गीत नहीं था जिसे ये नहीं गुनगुनाते この人が見ない映画はなく口ずさむことのない映画主題歌はなかった दादू की पंक्तियाँ गुनगुना लेना बड़ा कारगर होगा ダードゥーの詩節を口ずさむのは大いに役立つ
गुनगुनाहट [名*] ←गुनगुना. (1) ぬるいこと (2) 温もり
गुनना[1] [自] 思いめぐらす
गुनना[2] [他] (1) 考える；思考する (2) 価値を認める；評価する
गुनना[3] [他] 掛け算をする；掛ける
गुनह [名] 《← P.گنہ》 गुनाह の短縮形→ गुनाह.
गुनहगार [形・名] 《P.گنہ گار》= गुनाहगार. (1) 罪を犯した（人）；罪深い（人）；罪人 (2) 犯罪を犯した（人）；犯人；犯罪人 (3) 欠陥のある；落ち度のある
गुनहगारी [名*] 《P.گنہ گاری》←गुनहगार.
गुना [名]〔数〕掛け算；乗法= गुणा; जरब.
-गुना [接尾] 基数詞について倍数を表す語を作る接尾辞（- से）= गुणा.（ーの）= 倍 देहातवालों की तादाद शहरवालों से नौगुनी है 農村部の人口は都市部の 9 倍である
गुनाह [名] 《P.گناہ》(1) 悪；悪事；（道徳，宗教に背く）罪；罪悪 दूध में पानी मिलाना गुनाह है 牛乳に水増しするのは罪悪だ (2)（法律に背く）罪；犯罪；罪悪 (3) とが（咎；科）；過ち；落ち度
गुनाहगार [形・名] 《P.گناہ گار》= गुनहगार.
गुनाहगारी [名*] 《P.گناہ گاری》罪悪；悪事
गुनाही [形] 《P.گناہ←گناہی》(1) 罪のある；罪を負う (2) 犯罪を犯した (3) 科のある
गुनिया[1] [名] = गुणवान.
गुनिया[2] [名*] 《← P.گونیا गूनिया》直角定規；かねじゃく（曲尺）
गुनी [形] = गुणी.
गुन्नी [名*] ひもをより合わせてこしらえた鞭
गुपचुप[1] [副] こっそり；密かに；ひっそり；こそこそと；内緒で दोनों ने गुपचुप बातें कीं 2 人はこっそり話をした गुपचुप रहने के कारण उनका नाम ही 'बउल' अर्थात् बावला पड़ गया था ひっそり暮らしているので呼び名そのものがバウル，すなわち，「頭のおかしい」ということになった अपनी जीजी से कहकर गुपचुप एक पतंग और डोर मँगा दो お姉さんに頼んで内緒で凧と糸を買ってちょうだい
गुपचुप[2] [名*] グプチュプ（練乳，小麦粉などを原料にしてギーで揚げシロップにつけた甘味菓子の一）
गुप्त [形] (1) 秘められた；隠された；秘密の；内緒の गुप्त अड्डा 秘密本部；隠れ家；アジト गुप्त पत्र 密書 गुप्त बात 内緒話= पेट की बात; हृदय की बात. गुप्त बैठक（क०）秘密会議（をする）गुप्त मंत्रणा 密議；密談 गुप्त खज़ाना 秘密にされた財宝 गुप्त खज़ाने का पता लगाना 宝探し (2) 知られていない；表面に現れていない；ひそんでいる (3) 難しい；難解な **गुप्त रूप से** 密かに；気づかれぬように गुप्त रूप से भारत से बाहर जाने की योजना बना रहे थे 密かにインドを脱出する計画を立てているところだった
गुप्त ऊष्मा [名*]〔物理〕潜熱 〈latent heat〉
गुप्तचर [名] スパイ；密偵；諜報員 **गुप्तचर विभाग**（各国の）情報機関，情報局，公安庁，諜報活動機関，秘密警察など सोवियत पुलिस का गुप्तचर विभाग ソ連国家保安委員会，KGB अमरीकी गुप्तचर विभाग 米国中央情報局；CIA अमेरिकी गुप्तचर विभाग का अध्यक्ष CIA 長官
गुप्तदान [名] 匿名で内容も世間に知られず行われる施与
गुप्तपत्र [名] 密書 〈secret letter〉
गुप्त बेरोज़गारी [名*]〔経〕潜在失業
गुप्त मतदान [名] 秘密投票 〈secret ballot〉
गुप्त रोग [名]〔医〕性病；花柳病= यौन रोग.
गुप्त लिपि [名*]〔言〕グプタ文字（ブラーフミー文字から 4,5 世紀に発展した古代インド文字の一）
गुप्त वंश [名]〔史〕グプタ朝 गुप्त काल グプタ朝時代
गुप्त समाज [名] 秘密結社= गुह्य समाज.
गुप्त साम्राज्य [名]〔イ史〕グプタ帝国；グプタ朝（c. 320–550）
गुप्तांग [名] 陰部；恥部；局部= उपस्थ.
गुप्ति [名*] (1) 隠すこと；秘すること；秘匿；隠匿 (2) 保存 (3) 保護
गुप्ती [名*] (1) 仕込み杖 (2) 仕込み杖などの仕掛け
गुप्तीदार [形] 《H.+ P.دار》仕込みのついている；仕掛けのついている
गुफा [名*] 洞穴；洞窟；横穴= गुहा; कंदरा. अजंता की गुफाएँ アジャンターの洞窟 पहाड़ की गुफाओं में 山の洞窟に **गुफा मानव** 穴居人 〈caveman〉 **गुफा मंदिर** 窟院
गुफ़्त[1] [形] 《P.گفت》語られた；話された= कथित.
गुफ़्त[2] [名*] 話；言葉= कथन; बात.
गुफ़्तगू [名*] 《P.گفتگو》会話；話；相談；話し合い= बातचीत; वार्तालाप. वकील साहब कुछ मुवक्किलों से गुफ़्तगू कर रहे हैं 弁護士が弁護依頼人たちと相談しているところです भला ऐसी गुफ़्तगू भी कोई करता है 一体こんな話し合いをする人がいるものだろうか
गुफ़्तार [名*] 《P.گفتار》(1) 声= आवाज़; वाणी. (2) 会話；話；相談= बातचीत.
गुबरीला [名] = गुबरैला〔昆〕コガネムシ科のマグソコガネなどの総称
गुबार [名] 《A.غبار》(1) ほこり（埃）；土砂をふくんだ埃；土埃；砂埃；砂塵 बालू के गुबार लगातार उड़ रहे थे 砂塵が絶えず舞っていた (2) 舞い上がったもの；舞い立ったもの धुएँ के गुबार-सा もくもくと立ち昇った煙のような (3) わだかまり；悪感情 (4) 目のかすみ **दिल（मन）का गुबार निकालना** 怒りや悲しみをぶちまける
गुबारा [名] = गुब्बारा.
गुब्बार [名] (1) = गुबार. सीने के गुब्बार पी जाओ 胸のわだかまりを抑えなさい (2) = अफ़शाँ.
गुब्बारा [名] 《A.غباره》(1) 気球；飛行船 गुब्बारानुमा हवाई जहाज़ 飛行船 (2) 風船 (3) 落下傘 (4) ものの詰まった球形のもの；グッバーラー लड़कियाँ लड़कों को गुब्बारे मार मारकर अपने पुराने बदले चुकाती हैं 女の子たちは男の子たちにグッバーラー（ホーリー祭に色水の入ったビニール袋）を投げつけては以前の仇をとる (5) 打ち上げ花火の一種
गुम[1] [形] 《P.گم》(1) 消えた；目の前から消えた= लुप्त; छिपा हुआ; अप्रकट. (2) 失われた；失せた；なくなった (3) 行方知れずの；行方不明の (4) 隠れた；隠された (5) 没頭した；耽っている वह सोच में गुम है 考え込んでいる；思いに耽っている
गुम[2] [名] 風がやむこと；なぎ（凪）
गुमटा[1] [名] (1) 打ち身で出来た瘤 (2) 瘤のように盛り上がったもの
गुमटा[2] [名]〔農・昆〕ワタキバガ（ワタノキの害虫）〈pink bollworm〉
गुमटी [名*] 踏切番の詰め所；踏切警手の小屋= गिमटी.
गुमना [自] ←गुम[1]. 失われる；なくなる गुमी हुई आज़ादी की कीमत सबने पहचानी थी 失われた自由独立の価値をだれもが認識していた
गुमनाम [形] 《P.گمنام》(1) 匿名の；名前を秘した गुमनाम पत्र 匿名の手紙 (2) 無名の；名前を知られていない
गुमनामी[1] [名*] 《P.گمنامی》無名；名前や存在を世間に広く知られていないこと
गुमनामी[2] [形] 匿名の；名前を秘した गुमनामी पत्र 匿名の手紙
गुमर [名] 《← P.گمان》(1) 自慢；驕り= अभिमान; घमंड. (2) わだかまり（蟠り）= गुबार; मनमुटाव. (3) ひそひそ話= कानाफूसी.
गुमराह [形] 《P.گمراه》(1) 道に迷った；方向を見失った（人）；道を間違えた（人） गुमराह आदमी जब विवाद करने पर उतर आए तो समझ लो, वह रास्ते पर आ जाएगा 方向を見失った人が議論に乗って来れば元へ戻って来るものと考えるべきだ (2) 惑った；

迷った गुमराह क॰ 迷わす；惑わす गुमराह करने वाली कहानी 心を惑わす話 वह मानव समाज को गुमराह करता है それは人間社会を惑わす (3) ぐれた；道をはずれた；道を踏みはずした；よくない道へそれた एक अधिकारी का गुमराह बेटा さる高官のぐれた息子

गुमराही [名*] 《P. گمراہی》(1) 道に迷うこと (2) 人の道をはずれること (3) ぐれること；よくない道へそれること；道を踏み外すこと

गुमशुदगी [名*] 《P. گمشدگی》(1) 紛失 (2) 道に迷うこと

गुमशुदा [形] 《P. گمشده》(1) 失われた；紛失した (2) 行方知れずの गुमशुदा की तलाश 尋ね人（新聞の欄）

गुमसुम[1] [形] 《گمسم P. گم + H.सुम》(1) 黙り込んだ；黙っている；一言も口をきかない；無口な；口数の少ない यार दोस्तों में तो खूब कहकहे लगाते हैं, पर घर में आते ही, 'गुमसुम' से हो जाते हैं 友達や仲間と一緒の時は随分と賑やかにしているのに家に戻ると途端に黙りこんでしまう बाल्यावस्था में वह बहुत गुमसुम रहता था 子供の頃はとても無口だった (2) 意識の集中していない状態や判断力を失った状態にある；ぼんやりした；ぼうっとした वह गुमसुम-सा सामने की खिड़की में बैठा है ぼんやりしたように正面の窓のところに座っている (3) 茫然とした वे बच्चे जो बमों के धमाके से चेतना खो गुमसुम बैठे हैं 爆弾の破裂で意識が茫然となり瞬きもせず見つめている子供たち

गुमसुम[2] [副] (1) 黙り込んで；無口で (2) ぼんやりと (3) 茫然と

गुमान [名] 《P. گمان》(1) 推定；推測；想像 इसी कारण सवेरा हो जाने पर भी दिन का गुमान नहीं होता था だからこそ朝になっても昼間のことが想像されなかった नौकरी पाना इतना मुश्किल है, इसका मुझे गुमान तक नहीं था 仕事を見つけるのがこんなにも難しいものとは想像もしなかった (2) 意見；所見；考え (3) うぬぼれ；得意；自慢 उसे अपनी शक्ल-सूरत पर बड़ा गुमान था 自分の姿形を大変自慢していた गुमान से 得意げに (4) 疑い；疑念；嫌疑 (5) 悪評 (6) 錯覚 रात पर दिन का गुमान हो॰ 夜に昼間のような感じがする

गुमाना [他] ←गुमना. 失う；なくす＝खोना; गँवाना.

गुमानी [形] 《P. گمانی》うぬぼれが強い＝घमंडी; अहंकारी.

गुमाश्ता [名] 《P. گماشته》代理人；代理；エージェント

गुमाश्तागीरी [名*] 《P. گماشته گیری》代理；代理職；代理人の仕事

गुम्बज [名] ＝गुंबद.

गुम्बद [名] ＝गुंबद.

गुरंबा [名] ＝गुड़ंबा.

गुर [名] 秘訣；秘密；秘術；こつ；秘法 तो फिर सुना दे लीडर बनने का नुसखा, हम भी समझ लें तेरे गुर की बात それじゃリーダーになる方法を話しておくれ．わしもお前の秘訣を知りたいものよ दो ही गुर हैं - समझ और लगन 秘訣はたった２つだけ．判断力と執念さ तैरने के गुर 泳ぎのこつ

गुरगा [名] (1) 弟子 (2) 従者 (3) 付け人；付き人 (4) 従僕；使用人 (5) ならず者；ごろつき **गुरगे छूटना** 使者や密偵などの任務を帯びた人が任務を果たしに赴く

गुरगाबी [名*] (1) 先端部の反り返った靴やつっかけ (2) 先端部がとがらずひもで結ばない短靴＝मुंडा जूता.

गुरच [名] ＝गुरुच.

गुरची [名*] (1) しわ（皺） (2) よじれ（捩れ） (3) ひもなどの絡まり

गुरजा [名]〔鳥〕ミフウズラ科インドミフウズラ【*Turnix maculatus*】＝लवा.

गुरदा [名] 《P. گرده》(1) 腎臓 (2) 度胸；勇気→गुर्दा. बड़े गुरदे का 度胸のある；肚の据わった गुरदे की सूजन 腎臓炎 (-का) **गुरदा तोड़ना** （－の）鼻をへし折る **गुरदे का काम** 勇気と力のいること

गुरबत [名*] 《A. غربت गुर्बत》(1) 移住 (2) 異郷暮らし (3) 苦難；不幸；逆境；苦境；落魄 (4) 貧困；貧窮

गुरबतज़दगी [名*] 《A.P. غربت زدگی》(1) 移住 (2) 異郷暮らし (3) 逆境；落魄 (4) 貧困；貧窮

गुरबतज़दा [形] 《A.P. غربت زده》(1) 異郷に暮らす (2) 逆境にある；落魄した；落ちぶれた (3) 貧困に打ちひしがれた；貧窮におちいった

गुरमुख [形] 弟子入りした；入門した

गुरमुखी [名*]〔言〕グルムキー文字（主にシク教徒がパンジャーブ語を書写するのに用いる）＝गुरुमुखी.

गुरल [名]〔動〕ウシ科ゴーラル【*Nemorhaedus goral*】

गुरसल [名]＝किलहँटा.〔鳥〕ムクドリ科インドハッカ【*Acridotheres tristis*】

गुरसुम [名] 金細工師の用いるたがね

गुराब[1] [名] (1) 砲車 (2) 一本マストの船

गुराब[2] [名] (1) まぐさを刻む作業 (2) まぐさを刻む鉈

गुरिंदा [名]《P. گوینده गोइंदा》スパイ；密偵；諜報員＝गुप्तचर; जासूस.

गुरिया [名*] (1) ビーズ，ナンキン玉のように糸などを通して飾りの輪をこしらえるのに用いられる玉 (2) 脊椎骨

गुरिल्ला[1] [名] 《E. gorilla》〔動〕ヒトニザル科ゴリラ＝गोरिल्ला.

गुरिल्ला[2] [名] 《E. guerilla》ゲリラ

गुरु[1] [形] (1) 重い；重量の相当ある (2) 重要な；重きをなす गुरु भार 重責；重要な任務 (3) 尊敬すべき；敬うべき (4) 責任の重い (5) 重量の大きい；長い (6)〔韻〕ヒンディー語では次の音節が重い（गुरु），もしくは，長い（दीर्घ）とされる *a.* 長母音（आ, ई, ऊ, ॠ）を含む音節．これには歴史的に二重母音とされる母音（ए, ऐ, ओ, औ）を含む音節も含まれる．ただし ए と ओ とは短母音とみなされることもある *b.* アヌスヴァーラ अनुस्वार 及び子音とアヌスヴァーラとから成る音節も गुरु である *c.* ヴィサルガを含む母音も गुरु とされる *d.* 重子音や複合子音を含む短母音も गुरु とされる→लघु; ह्रस्व.

गुरु[2] [名] (1) 師；先生；教師；師匠；グル राजनैतिक गुरु 政治上の師 (2) 宗教上の儀式を司る師 (3) 偉い人；尊敬すべき人 (4) 兄貴（年長者や先輩に対して） (5)〔イ音〕グル（8 アクシャラの拍） **गुरु (तो) गुड़ चेला शक्कर** *a.* 師を凌ぐこと；出藍の誉れ *b.*（皮肉な意味で）うわて（上手）なこと＝गुरु गुड़ चेला चीनी; गुरु गुड़ ही रहे, चेले चीनी हो गए. **गुरु सेर भर तो चेला सवा सेर** ＝गुरु गुड़ चेला शक्कर.

गुरुआइन [名*] (1) 師匠の妻；師の妻 (2) 女教師

गुरुआई [名*] (1) 師の本分 (2) 師の務め (3) 狡猾さ；したたかさ

गुरुआनी [名*] (1) 師の妻 (2) 女教師＝गुरुआइन.

गुरुकंठ [名] クジャク；孔雀＝मोर; मयूर.

गुरुकार्य [名] (1) 重大な任務；重責 (2) グル（師）の務め

गुरुकुल [名] (1) 師（グル）の家系 (2) グルクラ（古代インドの教育機関としての学校．師のもとに寄宿し働きつつ学んだとされる）；グルクル；師の家＝गुरुगृह. (3) 学舎；グルクラ（古代インドの教育理念に則った教育の行われる学校）；グルクル

गुरुकुल कांगड़ी〔地名〕グルクル・カーングリー（ヒンドゥー教の聖地 हरिद्वार の近く कनखल と ज्वालापुर との間にあるアーリア・サマージの設立になる大学 गुरुकुल कांगड़ी विश्वविद्यालय の所在地）

गुरुगृह [名] グルの家；師の家＝गुरुकुल.

गुरुग्रंथ साहिब [名] 《Pan.+ A.صاحب》〔シク〕シク教聖典；グルグラントサーヒブ

गुरुघंटाल [名] 名うての悪者；煮ても焼いても食えぬ奴；いかさま師；わる（悪）；したたかな悪者 वे तो गुरुघंटाल और पूरे चालाक होते हैं 奴等は名うての悪，全く抜け目のない連中なのだ

गुरुघ्न [形・名] 師を殺す（者）

गुरुच [名*]〔植〕ツヅラフジ科蔓木イボナシツヅラフジ【*Tinospora cordifolia*】＝गुलोह; गुड़ुच.

गुरुजन [名] 親，師，先輩，長老，重鎮などの尊敬すべき人たち सभी गुरुजनों की सलाह すべての目上の人たちの助言

गुरुडम [名] 《H. + E. -dom?》親分風；先輩面；偉ぶる振る舞い

गुरुता [名*] ←गुरु[1]. (1) 重さ；重量 (2) 師であること (3) 重要性；偉大さ

गुरुत्व [名] ←गुरु[1]. (1) 重さ (2) 師であること (3) 重要性；偉大さ (4) 引力；地球引力；重力

गुरुत्वकेंद्र [名]〔物理〕重心〈centre of gravity〉

गुरुत्वबल [名]〔物理〕引力；重力〈force of gravity〉

गुरुत्वमापी [名]〔物理〕重力計〈gravimeter〉

गुरुत्वाकर्षण [名]〔物理〕地球引力；重力 पृथ्वी का गुरुत्वाकर्षण 地球の引力

गुरुत्वाकर्षण क्षेत्र [名]〔物理〕重力場〈gravitational field〉

गुरुत्वाकर्षण बल [名]〔物理〕引力；地球引力；万有引力

ग

गुरुत्वाकर्षण शक्ति [名*]〔物理〕引力= गुरुत्वबल.
गुरुत्वाकर्षणीय [形] 万有引力の 〈gravitational〉
गुरुत्वाकर्षणीय नियतांक [名]〔物理〕万有引力定数
गुरु दक्षिणा [名*] 恩師への謝礼 गुरु दक्षिणा में 恩師への謝礼に
गुरुद्वारा [名] (1)〔シク〕シク教寺院；グルドゥワーラー (2) 師の住む住居
गुरुपत्नी [名*] 師の妻；恩師の妻
गुरुपत्रक [名] スズ（錫）= राँगा.
गुरुपाक [形] (1) 煮えるのに時間のかかる (2) 消化されるのに時間がかかる；こなれにくい
गुरुपूर्णिमा [名*]〔ヒ〕グルプールニマー（恩師を礼拝する日．アーシャール月の白分 15 日）
गुरुबहन [名*] 相弟子；姉妹弟子→ गुरुभाई 兄弟弟子.
गुरुभक्ति [名*] 恩師に対する敬愛の念 उनकी गुरुभक्ति गुरु पूजा की सीमा तक पहुँच गई थी あの方の恩師に対する敬愛の念は崇拝の域にまで達していた
गुरुभाई [名] 相弟子；兄弟弟子 → गुरुबहन.
गुरुमंत्र [名] (1) 授戒の師から授けられる真言マントラ (2) 秘伝
गुरुमार [形] (1) 師の位を奪う (2) 師を凌ぐ
गुरुमुख [形] 師から戒を受けた
गुरुमुखी [名*] グルムキー文字（パンジャーブ語書写の）→ गुरमुखी.
गुरुरत्न [名] (1) トパーズ (2) ジルコン = गोमेद.
गुरुवर [名] (1) 最高の師；恩師 (2) = बृहस्पति.
गुरुवार [名] 木曜日= बृहस्पतिवार; जुमेरात.
गुरुवासर [名] = गुरुवार.
गुरू [名] (1) = गुरु. (2) 抜け目のない人；狡猾な人；いかさま師；ペテン師；ずるい奴 (3) 極めて親密な男性の友人間に感動詞のように用いられるぞんざいな呼びかけの言葉；よう，やあなど मूर्ख निष्ठावान जनसेवक कौन होता है, गुरू? 愚かで誠実な人民の奉仕者とは一体だれのことなのだい，おい君
गुरूघंटाल [名] = गुरुघंटाल.
गुरेज़ [名] 《P. گریز》 (1) 嫌悪；嫌うこと (2) 逃避；避けること
गुरेर [名*] ←गुरेरना. 睨みつけること；睨み
गुरेरना [他] にらみつける= घूरना.
गुरेरा [名] (1) にらみつけること；睨み (2) 対抗
गुरेरा-गुरेरी [名*] 睨み合い
गुर्ग [名] 《P. گرگ》〔動〕イヌ科オオカミ（狼）= भेड़िया; वृक.
गुर्ग आशनाई [名*] 《P. گرگ آشنائی》 上辺だけの友情
गुर्गा [名] = गुरगा.
गुर्जर [名] (1)〔地名〕グルジャラ（グジャラート地方）= गुजरात. (2) 同地の住民= गुजराती. (3) グルジャラ人（グージャル・カーストの人）= गूजर.
गुर्जराट 〔地名〕グジャラート地方= गुजरात देश.
गुर्जरी [名*] (1) グジャラート地方の女性 (2) グージャル・カーストの女性 (3)〔イ音〕グルジャリー・ラーガ
गुर्दा [名] = गुरदा. गुर्दे की बीमारी 腎臓病 गुर्दा-प्रत्यारोपण 腎臓移植
गुर्बत [名*] 《A. غربت》 = गुरबत. पूरे मुल्क में गुर्बत और बेरोज़गारी फैली थी 国中に貧困と失業とが広がっていた
गुर्रा [名] ねじれ（捻れ）；よじれ（捩れ） गुर्रा दे॰ ねじる；よじる
गुर्रा [名] 《A. غره》 (1)〔イス〕陰暦の一日；朔日；月初め（インド暦の白分 2 日，もしくは 3 日） (2) 最もすぐれた部分；精粋 (3) 額 (4) 馬の額の白斑 **गुर्रा क॰** *a.* 断食する *b.*= **गुर्रा दे॰**. **गुर्रा दे॰** *a.* 延期する；引き延ばす *b.* 除く；取り除く；捨てる；廃する *c.* 暇を出す；解雇する *d.* 怠ける；怠る *e.* 途中を抜かす *f.* 断食する= गुर्रा क॰. **गुर्रा बताना** = गुर्रा दे॰.
गुर्राना [自] (1) 獣がうなる；うなり声をあげる बिल्ली गुस्से से गुर्रा रही थी ネコが怒ってうなっていた (2) 怒鳴る；がなる；喚く；うなるように言う "तुम कहना क्या चाहते हो?" वह गुर्राया 何が言いたいのだ，と怒鳴って言った बालक ने कहीं कुछ गलती की नहीं कि अध्यापक या माता-पिता गुर्राकर कहते हैं, 'ऐसा क्यों किया?' 子供が何か失敗をするが早いか教師や親が怒鳴りつけて言う．「どうしてこんなことをしたのだ」
गुर्राहट[1] [名*] ←गुर्राना. (1) うなること；うなり声をあげること (2) 怒鳴ること；怒鳴りつけること
गुर्राहट[2] [名*] 煎った大麦
गुर्विणी [形*・名*] 妊娠している；身ごもっている；孕んでいる；妊婦= गर्भवती.
गुर्वी [形*] 妊娠している
गुलंचा [名] ツヅラフジ科蔓木イボナシツヅラフジ= गुलबेल.
गुल[1] [名] 《P. گل》 (1) 花 (2)〔植〕バラ；バラの花 (3) 灯心の黒くなった部分 (4) えくぼ (5) 動物の体に見られる花の形の斑点 (6) 焼き印 (7) キセルに残ったタバコの灰 (8) 靴底のかかとの部分 (9) 燃えているもの；燃えさかっているもの **गुल कतरना** *a.* 変わったことや風変わりなことをする *b.* 灯心を切る **गुल क॰** 消す चिराग गुल क॰ 明かりを消す；灯火を消す **गुल काटना** = गुल कतरना. **गुल खिलना** *a.* 変わったことや思いがけないことが起こる *b.* 面倒なことが持ち上がる तीन चार दिन बाद एक और गुल खिला 3〜4 日後にはもう一つ面倒な事が持ち上がった **गुल खिलाना** *a.* 変わったことや思いがけないことをしでかす *b.* 厄介なことをしでかす आशिकी इतनी जल्दी गुल खिलाएगी यह क्या जानते थे 恋がこんなに早く新しい展開を示すとは知らなかった **गुल खोदना** 石に彫刻する **गुल झाड़ना** タバコの灰を落とす；灰を払う **गुल तराशना** 灯心を切る **गुल दिखाना** 目を見張るようなことをする **गुल दे॰** （痛むところに）灸をすえる **गुल फूलना** 新しいことが起こる；新しい展開がある **गुल बँधना** 金が溜まる **गुल बनाना** 石に彫刻する **गुल ले॰** 灯心を切る **गुल हो॰** *a.* （明かりや照明が）消える तभी मंच का प्रकाश गुल होता है ちょうどその時舞台の照明が消える *b.* 終わる；尽きる；消える राजपूतों की हुकूमत का चिराग गुल हो गया ラージプート族の支配が終わった
गुल[2] [名] (1) 菓子屋のかまど (2) こめかみ = कनपटी. (3) 灌漑用水路
गुल [名] 《A. غل》 (1) 騒音；どよめき (2) 喧噪；騒ぎ；大騒ぎ **गुल मचना** *a.* 騒がしくなる *b.* 騒ぎが起こる；騒動が起こる **गुल मचाना** *a.* 騒がしくする *b.* 騒ぎを起こす；騒動を起こす
गुल अजायब [名] 《P.A. گل اجائب》〔植〕アオイ科低木フヨウ（芙蓉）【*Hibiscus mutabilis*】
गुल अब्बास [名] 《P.A. گل عباس》〔植〕オシロイバナ科草本オシロイバナ（白粉花）【*Mirabilis jalapa*】= गुले अब्बास.
गुल अशरफ़ी [名] 《P. گل اشرفی》〔植〕キク科キンセンカ【*Linum trigynum*】= गेंदा.
गुल आचीन [名] 《P. گل آچین》〔植〕キョウチクトウ科低木トガリバインドソケイ【*Plumeria acuminata; P. alba*】
गुल आफ़्ताब [名] 《P. گل آفتاب》〔植〕キク科ヒマワリ【*Helianthus annuus*】= सूरजमुखी.
गुल औरंग [名] 《P.A. گل اورنگ》〔植〕ヒユ科センニチコウ【*Gomphrena globosa*】〈globe amaranth〉
गुलक़ंद [名] 《P. گلقند》 グルカンド（バラの花弁の砂糖漬け．通じ薬になる）〈conserve of roses; candied roses〉= गुलशक्कर.
गुलकट [名] 《P. گل + H. कट》 捺染に用いる版木
गुलकदा [名] 《P. گل کده》 花園；庭園
गुलकारी [名*] 《P. گلکاری》 刺繍= बेल-बूटे.
गुलकीस [名] = गुलकेश.
गुल कूज़ा [名] 《P. گل کوزه》〔植〕バラ科落葉低木ローザカニナ【*Rosa canina*】〈wild rose〉
गुल केश [名] 《P. گل+ H.》〔植〕ヒユ科草本スギモリケイトウ【*Amaranthus cruentus*】
गुलख़ैर [名] 《P. گل خیر》〔植〕アオイ科ウスベニアオイ【*Malva sylvestris*】
गुलख़ैरू [名] 《P. گل خیرو》〔植〕アオイ科草本タチアオイ【*Althea rosea*】
गुल गपाड़ा [名] 《P. غل+ H.》 どよめき；大きな叫び声；喧噪 गुल गपाड़ा क॰ 大騒ぎをする；騒ぎ立てる
गुलगश्त [名*] 《P. گل گشت》 (1) 庭園の散策 (2) 散策の場所；遊園地
गुलगा [名]〔植〕ヤシ科ニッパヤシ【*Nipa fruticans; Nypa fruticans*】
गुलगीर [名] 《P. گل گیر》 蝋燭の芯切り鋏
गुल गुथना [形⁺] = गुल गोथना.
गुलगुला[1] [名] グルグラー（小麦粉に砂糖，ヨーグルト，カーダモン，アニスなどを加えて油で揚げた菓子）
गुलगुला[2] [形⁺] ふわふわの；柔らかい；ふんわりした= मुलायम; कोमल.

गुलगुलाना[1] [他] もんで柔らかくする；もみほぐす
गुलगुलाना[2] [自] 柔らかくなる
गुलगुलिया [名] 猿回し
गुलगूँ [形] 《P. گلگوں》バラ色の；赤い= गुलाबी.
गुलगूना [名] 《P. گلگونہ》紅白粉
गुलगोथना [形+] 頬のふっくらした；ぽっちゃりした；ぽちゃぽちゃした
गुलचश्म [形] 《P. گل چشم》白そこひに罹った→ गुलेचश्म.
गुलचाँदनी [名*] 《P. گل+ H.》(1)〔植〕ヒルガオ科蔓草トゲヨルガオ【*Calonyction aculeatum*】 (2) 同上の花
गुलचा [名]《P. گل+ H.》親愛の情の表現として相手の頬を軽く，あるいは，やさしく叩くこと गुलचा खाना 軽く頬を叩かれる गुलचा मारना 軽く頬を叩く
गुलचिकान [名] 《P. گل چکان》〔植〕アカテツ科高木イリッペ【*Bassia latifolia*】
गुलचीं [名] 《P. گلچیں》(1) 花を摘む人 (2) 庭師= माली.
गुलचीन [名]《P. گلچین》〔植〕バラ科ローザカニーナ【*Rosa canina*】
गुलछर्रा [名] 大いに飲み食い騒ぐこと；遊興に耽ること；贅沢に耽ること **गुलछर्रे उड़ाना** *a.* 贅沢三昧をする बेचारे वे मेहनत करेंगे और मसनद पर बैठे गुलछर्रे उड़ाएँगे तुम्हारे ज़मींदार 貧乏人は汗水流しそれに引き換え地主はマスナドにもたれて贅沢三昧と言うわけか *b.* どんちゃん騒ぎをする；飲めや歌えやで騒ぐ *c.* 酒色に耽る；遊蕩する；放蕩する
गुलज़ार[1] [名] 《P. گلزار》(1) 庭；庭園 (2) バラ園；薔薇園 (3) 繁盛している街；賑わいのあるところ
गुलज़ार[2] [形] (1) 茂っている；繁茂している मैं अपने उजड़े चमन को गुलज़ार करने का असफल प्रयत्न करने लगी 荒れた花園を茂らせる実りのない努力を始めた (2) 花の咲き誇っている；栄えている；賑やかな；繁盛している गुलज़ार बस्ती 繁盛している街
गुलझटी [名*] (1) 糸などがからまり合って球のようになったもの (2) わだかまり **गुलझटी निकालना** わだかまりをなくす **गुलझटी पड़ना** わだかまりができる (3) しわ；よじれ= सिकुड़न; शिकन.
गुल तराश [名] 《P. گل تراش》(1) 灯心の芯切り鋏 (2) 灯心の芯切りをする使用人 (3) 剪定鋏 (4) 庭師 (5) 石を切ったり刻むためののみ（鑿）；石のみ；彫刻に用いるのみ
गुलता [名] 石弓やパチンコで弾き飛ばす弾
गुलतुर्रा [名]《P.A. گل طره》(1)〔植〕ヒユ科草本ケイトウ【*Celosia cristata*】の花= गुले तुर्रा. (2)〔植〕マメ科デロニクス属高木【*Poinciana pulcherrima*】
गुलतेरा [名] 《P. گل تیره》(1)〔植〕キク科センジュギク【*Tagetes erecta*】= गेंदा. 〈Aztec marigold; African marigold〉 (2)〔植〕キク科コウオウソウ【*Tagetes patula*】
गुलदस्ता [名] 《P. گل دسته》(1) 花束 उन लोगों ने गुलदस्ते हमारे हाथों में दिए その人たちは花束を私に手渡してくれた (2) 花を束ねたもの मुँह धुला हो या मैला सिर पर गुलदस्ता ज़रूर होगा 顔がきれいであろうが汚かろうが髪には必ず花かんざしがついている (3) 精選したもの (4) 雑誌
गुल दाऊदी [名*] 《P.A. گل داودی》(1) キク科キク= गुल दावदी. (2)〔植〕キク科シュンギク（春菊）= गुले चीनी.
गुलदान [名] 《P. گلدان》花びん；花生け；花立て；花筒
गुल दावदी [名*]〔植〕キク科キク【*Chrysanthemum indicum*】= गुलदाऊदी.
गुल दुपहरिया [名*] = गुल दोपहरी. (1)〔植〕オシロイバナ科オシロイバナ【*Mirabilis jalapa*】 (2) その花
गुलदुम बुलबुल [名] 《P.A. گلدم بلبل》〔鳥〕ヒヨドリ科シリアカコウラウン【*Pycnotus cafer*】
गुल नसरीन [名] 《P. گل نسرین गुलनस्रीन》〔植〕バラ科ローザカニーナ；ヨーロッパイバラ【*Rosa canina*】〈dog rose〉
गुलनार [名] 《P. گلنار》(1) ザクロの花 (2) ザクロの花の色
गुल प्यादा [名] 《P. گل پیاده गुले प्यादा》(1) 野バラ（野薔薇） (2) 野の花〈wild flower〉
गुल फ़ाम [形] 《P. گل فام》花のような；とても美しい；花のようにきゃしゃな
गुलफ़िशाँ[1] [形] 《P. گل فشاں गुलफ़िशाँ》バラの花などの花をまき散らす
गुलफ़िशाँ[2] [名*] 花火の一種= फुलझड़ी.
गुल बकावली [名*] 《P. گل بکاولی》〔植〕ショウガ科草本ハナシュクシャ【*Hedychium coronarium*】〈common ginger lily〉
गुलबदन[1] [形] 《P. گل بدن》(1) バラの花のようにきゃしゃな体つきの (2) きゃしゃで愛らしい女性
गुलबदन[2] [名] 絹織物の一種
गुलबर्ग[1] [名] 《P. گل برگ》(1) バラの葉 (2) 花びら (3) 美女の唇
गुलबर्गा[2] 《P. گل برگ》〔地名〕グルバルグ（カルナータカ州北部の都市）
गुल बांग [名*] 《P. گل بانگ》(1) 歓声 (2) ナイチンゲールなど鳴き声の美しい鳥の声 (3) 評判 (4) 鬨の声
गुल बाज़ी [名*] 《P. گل بازی》花を掛け合う遊び
गुलबुन [名] 《P. گلبن》バラの木；バラの木の茂み
गुल बूटा [名] 《P. گل+ H.》(1) 草花や木 (2) 絵画や彫刻の草花の絵柄
गुलबेल [名] 《P. گل + H.》〔植〕ツヅラフジ科蔓木イボナシツヅラフジ【*Tinospora cordifolia*】
गुलमख़मल [名*] 《P. گل مخمل गुल मख़्मल》〔植〕ヒユ科センニチコウ【*Gomphrena globosa*】
गुल महंदी [名*] 《گل مہندی P. گل + H.मह्दी》ホウセンカ（鳳仙花）→ गुलमेंहदी.
गुलमा[1] [名] 打ち身のためにできた頭部のこぶ（瘤）；たんこぶ
गुलमा[2] [名] 山羊の腸に香辛料で調味した挽き肉を詰めた食品；腸詰め；ソーセージ= दुलमा.
गुलमुहर [名] 《P. گل مہر》〔植〕マメ科高木ホウオウボク（鳳凰木）【*Delonix regia; Poinciana regia*】= गुलमोहर.
गुलमेंहदी [名*]〔植〕ツリフネソウ科草本ホウセンカ（鳳仙花）【*Impatiens balasamina*】〈garden balsam〉
गुलमेख़ [名*] 《P. گل میخ》頭の大きい釘；大釘
गुल मोहर [名]〔植〕マメ科ホウオウボク= गुलमुहर.
गुल रंग [形] 《P. گل رنگ》バラ色の；赤い
गुल रुख़ [形] 《P. گل رخ》バラの花のような美しい顔立ちの；花のように美しい顔をした
गुलरू [形] 《P. گلرو》= गुलरुख़.
गुलरेज़ [名*] 《P. گلریز》線香花火
गुल शकर [名*] = गुल शकरी 《P. گل شکر》バラの花びらの砂糖漬け= गुलकंद.
गुल शकरी [名*] 《P. گل شکری》(1) = गुलशकर. (2) = गंगेरन.
गुलशन [名] 《P. گلشن》(1) バラ園 (2) バラの花壇 (3) 花壇
गुलशब्बो [名]《P. گل شبو》(1)〔植〕リュウゼツラン科草本ゲッカコウ（月下香）；チューベローズ【*Polianthes tuberosa*】= रजनीगंधा; सुगंधराज. (2) 同上の花
गुलसुम [名] 《P. گل+ H.》金細工師の用いるたがね（鏨）
गुल हज़ारा [名]《P. گل ہزارہ गुले हज़ारा》〔植〕ケシ科ヒナゲシ（雛罌粟）【*Papaver rhoeas*】
गुलाब [名] 《P. گلاب》(1)〔植〕バラ科バラの総称 गुलाब【*Rosa alba*】 देसी गुलाब 【*R.bourboniana*】ブルボンローズ काँटा गुलाब【*R. chinensis*】コウシンバラ फ़सली गुलाब 【*R. damascena*】ダマスクローズ (2) バラの花 (3) バラ香水 **गुलाब की पत्ती** *a.* バラの葉 *b.* 薄く美しい唇 **गुलाब चटकना** *a.* バラの蕾が開く *b.* 娘が年頃になる **गुलाब छिड़कना** バラ香水をふりかける（**चेहरा खिलकर**）**गुलाब हो जा॰** 嬉しさに顔や表情がほころぶ ये शब्द सुनकर बुढ़िया का चेहरा खिलकर गुलाब हो गया これを聞いて老婆の顔はほころんだ
गुलाबचश्म[1] [形] 《P. گلاب چشم》やさしい目をした
गुलाबचश्म[2] [名] 《P. گلاب چشم》〔鳥〕ムシクイ科キンメセンニュウチメドリ【*Chrysomma sinense*】
गुलाब छिड़काई [名*] 《P. گلاب+ H.》結婚式の際，新郎側と新婦側の両方が互いにバラ香水を掛け合い花嫁側が花婿側に贈り物をする儀式
गुलाबजल [名] 《P.+ H.》バラ香水（バラの花のエッセンスを用いた香水）
गुलाब जामुन [名] 《P.+ H.》(1)〔植〕フトモモ科小木フトモモ【*Eugenia jambos*】 (2) 同上の実 (3) フトモモの実に似た形をし

ग

た甘味菓子（牛乳を煮詰めたものに小麦粉やヒシの実の粉などを混ぜて団子状にしギーで揚げシロップに浸して作る）；グラーブジャームン

गुलाबपाश ［名］《P. گلاب پاش》バラ香水をふりかける道具；香水吹き

गुलाबपाशी ［名*］《P. گلاب پاشی》バラ香水をふりかけること

गुलाबाँस ［名］＝ गुल अब्बास.

गुलाबी[1] ［形］《P. گلابی》(1) バラの (2) バラの花の (3) バラの花の色をした；バラ色の；淡紅色の **गुलाबी लाल** ローズレッド **गुलाबी स्फटिक** 紅石英〈rose quartz〉 गुलाबी साड़ियाँ バラ色のサリー गुलाबी रंग की बिकनी ピンクのビキニ गुलाबी नगर ピンクシティー（ジャイプル市の美称） (4) 程よい；多からず少なからず；適度の अक्टूबर का महीना था.बड़ा गुलाबी जाड़ा था 十月で程良い寒気だった

गुलाबी[2] ［名］バラ色

गुलाबी[3] ［名*］(1) フラゴン（酒やバラ香水を入れる） (2) バラ香水の香りをつけた菓子

गुलाम ［名］《A. غلام》(1) 奴隷 (2) 隷従の地位にあるもの；隷属しているもの इस समय हमारा देश गुलाम है 現在わが国は隷属している (3) 走り使い；使用人；召使い (4)〔トラ〕トランプのジャック (5) 書簡で相手への敬意を表すために述べる言葉．頓首など भला यह कहाँ का इंसाफ़ है कि इंसान इंसान का गुलाम रहे 人間が人間の奴隷であり続けるとはこれは一体何たる正義だ गुलाम देश 奴隷国；属国 ब्रिटेन के पिछले दिनों के गुलाम देश イギリスの昔の属国 उस ज़माने में भारत अंगरेज़ों का गुलाम था 当時インドはイギリスに隷属していた मैं आप का गुलाम हूँ जो चाहिए वह ला दूँ? 私があなたの走り使いで必要なものを私に持って参れと言うのですか

गुलामगर्दिश ［名*］《A.P. گلام گردش》(1) 邸宅のそばに建つ使用人の住まい (2) 遊廓の目隠し用の塀

गुलामचोर ［名］《غلام چور A.غلام + H.चोर》〔トラ〕ジャック抜き

गुलामज़ादा ［名］《A.P.غلام زاده》(1) 奴隷の子 (2) わが子の謙称．豚児，愚息など

गुलाम माल ［名］《A. غلام مال》大変丈夫で安価な物

गुलामी ［名*］《A. غلامی》隷従；隷属 मुल्क को गुलामी से आज़ाद कराना 国を隷属から解放する अब हमने गुलामी की ज़ंजीरों को तोड़ने का फ़ैसला कर लिया है 今や我々は隷従の鎖を断ち切る決意をしている

गुलाल ［名］グラール（ホーリー祭の際に相手の顔などに塗りつけたり投げ合ったりする色粉で米，麦，ヒシなどの粉を赤く色づけしたもの） **गुलाल उड़ाना** グラールを投げつける **गुलाल मलना** グラールを塗りつける

गुलाली[1] ［形］(1) グラール色の；赤い (2) グラールで色づけした

गुलाली[2] ［名*］カルミン；洋紅

गुलिका ［名*］(1) 小さなまり（毬）；小さな玉 (2) 小さな丸薬 (3) 小さな弾薬 (4)〔植〕小塊茎

गुलिया[1] ［名］イリッペの種子の仁

गुलिया[2] ［形］イリッペの種子から採れる

गुलिस्ताँ ［名］《P. گلستاں》（गुलिस्तान の短縮形）(1) 庭園 (2) 花園

गुलिस्तान ［名］《P. گلستان》(1) 庭園 (2) 花園；バラ園 (3) 13 世紀のペルシア語詩人サアディーの教訓詩『バラ園』

गुलीवर ［名］《E. Gulliver》〔文芸〕ガリバー（J. Swift 原作のガリバー旅行記 Gulliver's Travels : Travels into several remote nations of world by Lemuel Gulliver の主人公）

गुलू[1] ［名］《P. گلو》(1) 首 (2) のど (3) 声

गुलू[2] ［名］アカテツ科高木イリッペ【*Bassia latifolia*】の莢

गुलू[3] ［名］〔植〕アオギリ科中高木【*Sterculia urens*】

गुलूख़लासी ［名*］《P.A. گلو خلاصی》解放；自由になること

गुलूबंद ［名］《P. گلوبند》(1) えりまき；首巻き (2) ネッカチーフ (3) 女性の貴金属の首飾りの一，グルーバンド

गुलूला ［名］《P. گلولہ》(1) パチンコで弾き飛ばす弾 (2) 銃弾 (3) 丸薬

गुलेंदा ［名］イリッペ महुआ の熟した実

गुले चश्म ［名］《P. گل چشم》〔医〕白内障；白そこひ

गुले चीनी ［名］《P. گل چینی》〔植〕キク科草本シュンギク（春菊）【*Chrysanthemum coronarium*】

गुलेटन ［名］刃物研ぎに用いる鋼玉石

गुले तुर्रा ［名］《P. گل طره》〔植〕ヒユ科草本ケイトウ（鶏頭）＝ मुर्ग़केश.

गुले दाऊदी ［名］《P. گل داؤدی》〔植〕キク科キク；菊→ गुल दाऊदी.

गुलेनार ［名］＝ गुलनार.

गुले यासमन ［名］《P. گل یاسمن》〔植〕モクセイ科ソケイ＝ चमेली; गुले यास्मीन.

गुले राना ［名］《P. گل رعنا》〔植〕花が美しく芳香のあるバラの一種

गुलेल ［名*］石などの弾をはじき飛ばすパチンコ；石弓

गुलेलची ［名］《H. + P. چی》パチンコで撃つ人；パチンコでの射撃の上手な人

गुलेलबाज़ी ［名*］《H. + P. بازی》(1) パチンコで撃つこと (2) パチンコで鳥獣を撃つこと

गुलेला ［名］(1) パチンコの弾 (2) パチンコ

गुले लाला ［名］《P. گل لالہ》〔植〕ケシ科ケシ

गुले सदबर्ग ［名］《P. گل صدبرگ》＝ गेंदा.

गुलैंदा ［名］＝ गुलेंदा.

गुलौर ［名］サトウキビの搾り汁を煮詰めて黒砂糖を製造するところ；製糖工場＝ गुलौरा.

गुल्गा ［名］〔植〕ヤシ科ニッパヤシ【*Nipa fruticans; Nypa fruticans*】〈Nipa palm〉

गुल्डॉक कुत्ता ［名］《← E. bulldog》〔動〕ブルドッグ＝ बुलडॉग.

गुल्फ ［名］(1) くるぶし（踝） (2) 足根骨

गुल्म ［名］(1) イネ科やタケ亜科の植物の総称 (2) やぶ（藪） (3) 体にできた腫瘍（特に脾臓の腫れ） (4) 体にできたしこり (5) 古代インドの軍隊の構成の一単位（9 頭の象，9 台の戦車，27 頭の馬，45 人の歩兵より成る）

गुल्मकेतु ［名］〔植〕タデ科ギシギシ属【*Rumex vesicarius*】

गुल्मकेश ［形］縮れ毛の

गुल्मभूमि ［名*］(1) やぶ（藪）；雑木林 (2) 雑木地帯

गुल्म वन ［名］(1) やぶ（藪）；竹藪 (2) 雑木林

गुल्मवात ［名］〔医〕脾臓の病気

गुल्मी[1] ［名*］茂み；木立；低木の林

गुल्मी[2] ［形］低木の茂みのような

गुल्मेंधी ［名*］〔植〕ツリフネソウ科草本ホウセンカ（鳳仙花）【*Impatiens balasamina*】＝ गुल मेंहदी.

गुल्मोदर ［名］＝ गुल्मवात.

गुल्य ［名］甘み；甘味＝ मिठास; मीठापन.

गुल्लक ［名］（日銭などの）銭入れ（の箱や袋）

गुल्ला[1] ［名］《← A.غل》騒音；騒ぎ

गुल्ला[2] ［名］(1) サトウキビなどの茎を短く切ったもの＝ गँडेरी; गाँडा. (2) 竹の棒 (3) 棒

गुल्ला[3] ［名］(1) गुलेल，すなわち，パチンコで撃つ弾 (2) ラスグッラー（रसगुल्ला）

गुल्ला[4] ［名］＝ गुलेल.

गुल्ली ［名*］(1) 木や金属の棒 (2) グッリーダンダー（गुल्ली डंडा 棒打ち遊びに用いる短い棒） (3) トウモロコシの穂軸 (4) サトウキビの茎を短く切ったもの (5) 果物の実の仁 (6) ハチの巣の蜜のたまる部分

गुल्लीडंडा ［名］(1) グッリーダンダーの遊び（ダンダーと呼ばれる棒で小さな木片グッリー गुल्ली を打って遠くへ飛ばすことを競う男の子の遊び） (2) グッリーダンダーに用いられるグッリーとダンダー **गुल्ली डंडा खेलना** *a*. グッリーダンダー遊びをする *b*. ぶらぶら怠けて無駄に時を過ごす

गुवाक ［名］ビンロウジ（檳榔子．ヤシ科ビンロウジュ檳榔樹【*Areca catechu*】の種子）＝ सुपारी.

-गुवार ［造語］＝ -गवार.

गुवारपाठा ［名］〔植〕ユリ科多年草アロエ＝ ग्वारपाठा; घीकुआर.

गुवाहाटी ［地名］グワーハーティー／ゴーハーティー（アッサム州西部の都市）

गुसल ［名］《A. غسل गुस्ल》水や湯で体を洗うこと；水浴び；入浴；風呂に入ること；湯浴み जिस्म को ठीक रखने के लिए रोज़ाना गुसल करना चाहिए 健康を保つには毎日入浴しなくてはならない

गुसलख़ाना [名] 《A.P. غسل خانہ गुस्लख़ाना》水や湯で体を洗う場所（バスルーム，風呂場，浴場，洗面所など）＝स्नानघर; बाथरूम.

गुसाँई [名] ＝गोसाईं; गोस्वामी.

गुसैल [形] ←गुस्सा. 怒りっぽい＝गुस्सैल.

गुस्ताख़ [形] 《P. گستاخ》生意気な；横柄な；無礼な；思い上がった；つけあがった तुम बड़े गुस्ताख़ हो गये हो 君はひどく横柄になったな

गुस्ताख़ी [名*] 《P. گستاخی》(1) 生意気なこと；無礼；思い上がり (2) 生意気な振る舞い；無礼な行い गुस्ताख़ी माफ़ हो तो अर्ज़ करूँ 失礼とは存じますが申し上げます अगर हमारा भेद बताने की गुस्ताख़ी की तो जहन्नुम पहुँचा दिये जाओगे おれの秘密をばらそうなんて生意気なことをしたら地獄に送り込まれるぞ

गुस्ल ＝गुसल; स्नान.

गुस्लख़ाना [名] ＝गुसलख़ाना; स्नानघर; स्नानगृह; बाथरूम.

गुस्लसेहत [名] 《A. غسل صحت गुस्ले सेहत》大病の後，初めての入浴

गुस्सा [名] 《A. غصہ》怒り；腹立ち＝क्रोध; कोप. बेहद गुस्सा 憤激；激しい怒り；憤怒 (-पर) **गुस्सा आ॰** （－に）腹が立つ；(－が) むかつく；かん（癇）に障る；しゃく（癪）に障る **गुस्सा उड़ना** 怒りが鎮まる；怒りが消える **गुस्सा उतरना** 怒りが鎮まる (-पर) **गुस्सा उतारना** *a.* （－に）怒りをぶつける *b.* （関係のない人に）怒りをぶつける；八つ当たりする **गुस्सा उबलना** いきり立つ；かっとなる (-पर) **गुस्सा क॰** （－に）腹を立てる "मुझे मालूम हुआ कि तुम गुस्सा भी कर सकती हो और इतना मधुर गुस्सा" "क्यों, क्या मुझे गुस्सा होने का अधिकार नहीं है?" 「あんたが腹を立てられるのがわかったわ．それもこんなにやさしい腹立ちなのね」「何よ，私には腹を立てる権利がないの」 **गुस्सा काफ़ूर हो॰** ＝गुस्सा उड़ना. **गुस्सा खाना** 立腹する (-पर) **गुस्सा चढ़ना** （－に）怒りがこみあげる मुझे उसकी शेख़ी पर गुस्सा चढ़ गया その男のほら話に怒りがこみあげた **गुस्सा दिलाना** 怒らせる；腹立たしい思いをさせる **गुस्सा नाक पर रहना** 怒りっぽい＝गुस्सा नाक पर हो॰. **गुस्सा निकलना** ＝गुस्सा उड़ना. **गुस्सा निकालना** ＝गुस्सा उतारना. **गुस्सा पिघलना** 怒りがやわらぐ **गुस्सा पीना** 怒りを抑える；怒りを我慢する अमिता की बात का ध्यान रखकर वह गुस्सा पी गई アミターのことを考えて怒りを抑えた **गुस्सा बल खाना** かっとなる；激怒する **गुस्सा बलना** かんかんになる；怒りが燃えあがる **गुस्सा भड़कना** 怒りが再びこみあげる **गुस्सा मारना** 怒りをこらえる **गुस्सा हवा हो जा॰** ＝गुस्सा उड़ना. **गुस्सा हो॰** 立腹する मास्टर जी गुस्सा होकर उसपर हाथ उठाते तो 先生が腹を立てて手を掛けようとすると **गुस्से में आ॰** 腹を立てる；向かっ腹を立てる **गुस्से में पगना** 激怒する **गुस्से से बोटियाँ काटना** 激しく怒る **गुस्से से लाल हो॰** かんかんに怒る；真っ赤になって怒る＝आग भभूका हो॰.

गुस्सावर [形] ＝गुस्सेवर 《A.P. غصہ ور》怒りっぽい；気むずかしい क्या आपके अल्लाह बहुत गुस्सेवर हैं? 君の信じている神様はとても気むずかしいのかい

गुस्सैल [形] ←गुस्सा 怒りっぽい माँ उसकी बड़ी गुस्सैल थी 母はひどく怒りっぽい人だった

गुह[1] [名] (1) 〔イ神〕カールティケーヤ神（कार्तिकेय）；スカンダ (2) シヴァ神の別名の一 (3) ヴィシュヌ神の別名の一 (4) 洞穴；空洞 (5) 〔ラマ〕ニシャーダ族（निषाद）の王でラーマの盟友

गुह[2] [名] 大便；糞＝गूह; गू; मैला. (-पर) **गुह उछालना** （－の）恥ずべきことを言い触らす **गुह उठाना** *a.* 便を取り除いたり便器や便所の掃除をする *b.* 卑しめられるようなことをする **गुह खाना** 破廉恥なことをする (-को) **गुह में घसीटना** *a.* （－に）大恥をかかせる *b.* （－を）ひどい目に遭わせる **गुह में ढेला फेंकना** 卑しい者と関わりを持って自分が損をしたり笑われたりする

गुहड़ा [名] 〔医〕口蹄疫＝खुरपका.

गुहना [他] ＝गूँथना; गूँधना.

गुहरी [名*] 〔医〕ものもらい

गुहवाना [他・使] ←गुहना.

गुहांजनी [名*] 〔医〕ものもらい＝बिलनी.

गुहा [名*] (1) 洞穴；洞窟＝गुफा; कंदरा. (2) 動物の巣穴＝माँद. (3) 隠れ家；隠れ所＝गुप्तस्थान.

गुहाई [名*] (1) 編むこと；編む作業 (2) 編み賃；編む手間賃

गुहा कला [名*] 洞窟画

गुहाना [他] ＝गुहवाना.

गुहामानव [名] 穴居人 ⟨caveman⟩

गुहार [名*] (1) 救いを求める大きな叫び声；訴え叫ぶ声；叫び声 (2) 大声で人を呼び集めること (3) 騒ぎ；大騒動 (4) 喧噪

गुहारना [他] 叫ぶ；助けを求めて叫ぶ

गुहाशय [名] (1) 巣穴にすむ動物 (2) 最高神

गुहिन [名] 森；ジャングル

गुहिल[1] [名] グヒラ族（ラージプートの一氏族名）；ガフロート（गहलोत）

गुहिल[2] [名] 富；財＝संपत्ति; धन-दौलत.

गुहेर [名] 保護者；守護者＝अभिभावक; रक्षक.

गुहेरा[1] [名] グヘーラー（装身具に糸やひもを通してまとめる仕事を主な生業としてきたカーストの人）；パトワー（पटवा）

गुहेरा[2] [名] 〔動〕爬虫類インドオオトカゲ＝गोध.

गुह्य[1] [形] (1) 秘すべき；秘密の；内緒の (2) 深遠な；難解な (3) 神秘的な

गुह्य[2] [名] (1) 偽り；欺瞞 (2) 秘密 (3) 陰部

गुह्यक [名] 〔イ神〕グヒャカ（クベーラ神の財宝の番をする半神半人）

गुह्यद्वार [名] (1) 肛門＝गूदा; मलद्वार. (2) 裏口

गुह्यपति [名] 〔イ神〕クベーラ神 कुबेर

गुह्य भाषण [名] 密談＝गुप्तवार्ता; गुप्त मंत्रणा.

गुह्य समाज [名] 秘密結社

गुह्य साधना [名*] 〔宗〕タントラ教などで秘密裡に行われた修法；秘儀

गूँ [名] 《P. گوں》＝गून[2].

गूँगा[1] [形$^+$] 《← P. गुंग گنگ》(1) （器質的，精神的などの理由で）言葉での表現のできない；おしの；唖の；聾唖の (2) 物が言えない；言葉を持たない＝मूक.

गूँगा[2] [名] 言葉での表現ができない人；おし（唖）；唖者 **गूँगे का गुड़** えも言われぬ；言い表せない；言葉で表現できない＝अवर्णनीय. **गूँगे का गुड़ खाना** 言葉で言い表せない経験をする **गूँगे का सपना** ＝गूँगे का गुड़. **गूँगे के गुड़ के समान हो॰** 言い表せぬこと；たとえようのないこと

गूँच [名*] 〔植〕トウアズキ＝गुंजा.

गूँछ [名*] 〔魚〕ナマズ科淡水魚

गूँज [名*] (1) 虫の羽音（のうなり） (2) 響き；反響 शंखों और घंटध्वनि की गूँज 法螺貝や鐘の響き (3) 評判；噂 (4) 反応 (5) 独楽の心棒

गूँजना [自] (1) 虫の羽音がする；ぶんぶん鳴る；ぶーんと羽音を立てる (2) 響く；こだまする वह ललकार सब कानों में गूँजती है その挑戦の声が皆の耳に響く यह सुनते ही बस में एक ठहाका गूँज उठा それを聞くなりバス中に爆笑が響いた (3) 轟く उनके यश और वीरता की कहानियाँ युग युगों तक भारत की धरती पर गूँजती रहेंगी その方の名声と武勇の物語は幾百年もの間インドの大地に轟き続けるだろう हिंदुस्तान के कोने-कोने में मेरी शोहरत गूँज उठेगी インドの隅々にまでわが名声が轟くであろう

गूँथना [他] (1) 結ぶ；編む；結びつける；つなぐ＝टाँकना. (2) （髪を）結う；編む बालों को ढीला गूँथें 髪をゆるく結う (3) 糸やひもに通してつなぎ合わせる；つなぐ (4) つづる（綴る） (5) 縫い合わせる यह स्थान भारत को एक सूत्र में गूँथता है この場所がインドを一本のひもに結びつける

गूँदना [他] ＝गूथना.

गूँधना[1] [他] （粉に水を加えて）こねる＝माँड़ना. वह आटा गूँध रही है 小麦粉をこねているところ

गूँधना[2] [他] ＝गूथना.

गू [名] 大便；糞＝गूह; मैला; मल; टट्टी. (-पर) **गू उछालना** *a.* （－に）汚名を着せる；泥を塗る；泥をかける *b.* 汚名を着るようなことをする；不名誉なことをする **गू उठाना** *a.* 便所掃除をする *b.* 卑しい仕事をする **गू कर दे॰** 汚す **गू का कीड़ा** *a.* うじ（蛆）；蛆虫 *b.* つまらない奴 **गू खाना** 恥ずべきことをする；卑しいことをする **गू मुँह में दे॰** *a.* 化けの皮を剥がす *b.* 嘘をばらす *c.* 叱りつける **गू में ढेला फेंकना** 下劣な人間と親しんだり関わりを持って笑いものになる **गू में नहलाना** *a.* ひどい目に遭わせる *b.* 大恥をかかせる **गू में नहाना** *a.* ひどい目に遭う *b.* 大恥をかく

गूगल [名] ＝गुग्गुल.

गूगा-थान [名] 〔ヒ〕グーガーターン（グッガーピール，もしくは，グルグッガー गुरु गुग्गा を祀った祠） साँप के डसने पर रोगी

को गूगा-थान पर पहुँचाकर 蛇が噛みつくと噛まれた人をグーガーターンに連れて行き→ गोगा जी.

गूगा पीर 〔人名〕→ गोगा जी.

गूजर [名] グージャル（グジャラート地方から北インド地方にかけて居住し，牧畜と農耕を主たる生業としてきたカースト）

गूजरनी [名*] = गूजरी.

गूजरी [名*] (1) グージャリー（グージャル गूजर の女性） (2) グージャルの妻 (3) グージャリー（女性が足首につける装身具の一） (4) 〔イ音〕グージャリー（ラーギニー）

गूझा [名]〔料〕グージャー（小麦粉の皮にナッツなどの具を詰めてギョーザの形にして揚げた食べ物）

गूढ़ [形] (1) 隠されている；秘められている (2) 深い；奥深い गूढ़ अर्थ 深い意味 गूढ़ मतलब 奥深い意図 इस प्रथा के पीछे एक गूढ़ विश्वास कार्य करता है この風習の背後にはある深い信仰が作用している गूढ़ रहस्य 奥義 (3) 深遠な गूढ़ महत्त्व की बातें 深遠なこと (4) 難しい；難解な；複雑な；錯綜した ऐसे गूढ़ विषयों के संबंध में भी वह किसी विशेषज्ञ जैसी सहजता से बात करता है このような複雑な問題についても専門家のように楽々と論じる जब कोई गूढ़ समस्या आ जाती 錯綜した問題が出てきたら

गूढ़चर [名] スパイ；密偵 गुप्तचर; भेदिया; गूढ़चारी

गूढ़ज [名]〔ヒ〕婚姻中の妻が不義により生んだ男児

गूढ़ता [名*] ← गूढ़.

गूढ़त्व [名] = गूढ़ता.

गूढ़ पुरुष [名] 密偵；スパイ= भेदिया; जासूस.

गूढ़मार्ग [名] トンネル

गूढ़ लेख [名] 暗号

गूढ़ संहिता [名*] 暗号通信法

गूढ़ांग [名] (1) 陰部 = गुप्तांग. (2) 亀 = कछुआ.

गूढ़ार्थ [名] 含蓄

गूढ़ोक्ति [名*]〔修辞〕伝えたいことを相手に直接ではなく第三者に語りかける形式で伝達する婉曲な表現法

गूढ़ोत्पन्न [名]〔ヒ〕グードートパンナ（妻の不義のため出生した子．妻の正式の夫の子となる．マヌ法典 9 - 170）

गूथना [他] (1) 糸やひもを通してつなぎ合わせる= पिरोना. (2) 結びつける；くくりつける (3) 縫いつける (4) 大ざっぱに縫う

गूद [名*] (1) 穴；窪地= गड्ढा; गर्त. (2) しるし；跡= निशान.

गूदड़ [名] ぼろ；ぼろ切れ；襤褸

गूदड़शाह [名] 《H.+ P.شاہ》ぼろをまとう修行者= गूदड़ साँई.

गूदा [名] (1) 果肉 (2) 穀物などの殻を除いた身の部分 (3) 髄 (4) 脳味噌 (5) コプラ (-का) **गूदा निकालना** （一を）ひどく殴る；打ち据える

गूदेदार [形] 《H.गूदा + P. دار》(1) 果肉のある (2) 髄のある (3) 多肉の **गूदेदार तना** 〔植〕多肉茎

गून[1] [名] 船の曳き綱

गून[2] [名] 《P. گون》(1) 色 (2) 種類 (3) 方法；様式

गूनर [名] = गेनुर.

गूना [名] 《P. گونه》(1) 色；色彩 (2) 種類 (3) 方法 (4) 様式

गूनागून [形] 《P. گوناگون》(1) 色とりどりの (2) 様々な；多様な；種々な

गूनिया [名] 《P. گونیا》(1) 直角定規；曲尺 (2) 錘重；下げ振り

गूम [名]〔植〕シソ科草本メハジキ【*Leonurus sibiricus*】

गूमट [名] = गुंबद.

गूमड़ा [名] 打ち身でできた瘤= गुमडा.

गूमा [名] (1)〔植〕シソ科草本メハジキ【*Leonurus sibiricus*】 (2)〔植〕シソ科 1 年草雑草ホソバセイロンハッカ【*Leucas lavandulifolia*】= कुंभा.

गूलड़ [名] = गूलर.

गूलर [名] (1)〔植〕クワ科フサナリイチジク【*Ficus glomerata; F. racemosa*】= उदुम्बर. (2) その実 **गूलर का कीड़ा** *a.* 未熟な；経験のない *b.* 井の中の蛙 **गूलर का पेट फड़वाना** 秘密を明らかにさせる **गूलर का पेट फाड़ना** 秘密を明かす **गूलर का फूल** *a.* 高嶺の花 = दुर्लभ वस्तु. *b.* 滅多に見られないもの बरसात में कभी-कभी सूर्य देवता गूलर के फूल हो जाते हैं 雨季にはしばしば太陽は滅多に見られなくなる *c.* あり得ないこと；不可能事 **गूलर का भुनगा** = गूलर का कीड़ा.

गूलू [名]〔植〕アオギリ科落葉中高木【*Sterculia urens*】

गृवाक [名] = गुवाक.

गृषणा [名*] クジャクの尾羽に見られる半月の模様

गृह [名] = गुह; गू.

गृहन [名] 秘めること；隠匿すること；隠すこと；秘匿

गृहाछीछी [名*] ののしり合い；醜い争い；泥仕合

गृंजन [名] (1) ニンニクの一種= लहसुन. (2) カブラ= शलजम. (3) ニンジン= गाजर.

गृद्ध [形] (1) 願う；欲する (2) 熱中した；夢中の

गृधु[1] [形] 好色な= कामी; विषयी.

गृधु[2] [名]〔イ神〕カーマ神= कामदेव.

गृध्र[1] [名]〔鳥〕ワシの総称= गिद्ध.

गृध्र[2] [形] 貪欲な；業突張りな

गृध्रकूट [名]〔仏〕グリドゥラクータ山（霊鷲山．ビハール州ラージギール近くにある仏跡の一）

गृध्री [名*]〔鳥〕雌のワシ

गृह [名] (1) 家；住居；住宅 गृहनिर्माण 住宅建設 गृहनिर्माण समिति 住宅建設組合 (2) 家庭 (3) 外や外部に対する内や内部；内側

गृह उद्योग [名] 家内工業〈home industry〉

गृहकर [名] 家屋税

गृहकर्म [名] (1) 家庭内の仕事や作業 (2) 〔ヒ〕在家の者がなすべき務め

गृहकलह [名] (1) 家庭内のいざこざ= घरेलू झगड़ा. (2) 内輪もめ (3) 内戦= गृहयुद्ध; अंतःकलह.

गृहकार्य [名] (1) 家事 गृहकार्य में दक्ष 家事に堪能な अगर कोई आपके घर आता है और उस समय आप किसी गृहकार्य में व्यस्त हैं だれか来客のあった際に家事に忙しいのであれば (2) 宿題= होमवर्क. अपनी पाठशालाओं में दिया गया गृहकार्य करने में भयंकर विघ्न पड़ता है 学校の宿題をするのに大変邪魔になる

गृहकार्यदक्ष [形] 家事に堪能な गृहकार्यदक्ष वधू 家事に堪能な嫁

गृहजन [名] (1) 家族；家人= परिवार; कुटुंब. (2) 家族の構成員；家族の一員= परिवार के सदस्य.

गृहणी [名*] = गृहिणी. सर्वगुण संपन्न गृहणी あらゆる徳を備えた妻

गृहत्याग [名] 出家（のため家を出ること） गहरी रात में सिद्धार्थ गृह-त्याग कर रहे हैं 深夜にシッダールタ（王子）が家を出ようとしている

गृहत्यागी [名・形] 出家した（人）；出家（者）；世捨て人

गृहदेवी [名*] 主婦；刀自= गृहिणी; गृहस्वामिनी.

गृहदेहली [名*] 家の敷居（の枠）

गृहनगर [名] 故郷；ホームタウン

गृहप [名] 家の主人；家の主；戸主

गृहपति [名] (1) 主人；戸主；家長 (2) 家の持ち主 (3)〔仏〕居士

गृहपत्नी [名*] 主婦；刀自；妻= गृहदेवी; गृहिणी.

गृहपाल [名] (1) 門番；守衛；警備員 (2) 犬 = कुत्ता.

गृह प्रबंध [名] 家事；家のきりもり गृह प्रबंध में निपुणता 家事に堪能なこと

गृह प्रवेश [名] (1) 新築の家に入ること (2) その儀式や祝いの行事 (3)〔ヒ〕新婦が新郎の家に初めて入ること नई बहू को गृह प्रवेश से पहले 新婦が新郎の家に入る前に

गृहप्रांत [名] 出身地；出身県；出身州；故郷

गृहभूमि [名*] 宅地；住宅地

गृहभेद [名] (1) 家庭争議による一家離散 (2) 泥棒の忍び込み

गृहभेदी [形] (1) 家庭内に争いを起こす (2) 家に忍び込む

गृहभोज [名]〔ヒ〕新婦が初めて新郎の家に入る際の新郎側の親戚縁者を招いての会食

गृह मंत्रालय [名] インド連邦共和国の内務省〈Ministry of Home Affairs〉

गृह मंत्री [名] 内務大臣；国務大臣

गृह मक्षी [名*]〔昆〕イエバエ科イエバエ（家蝿）

गृहयुद्ध [名] 内戦；内訌；内輪もめ गृहयुद्ध छिड़ना 内戦が起こる

गृहरक्षक [名] (1) 国防市民軍 (2) 国防市民軍兵士；ホームガード〈homeguard〉

गृह राज्यमंत्री [名] インドの州の内務大臣

गृहलक्ष्मी [名*] 主婦；刀自

गृह विज्ञान [名]〔教〕生活科学〈home science〉

गृहशिल्प कला [名*] 家内工芸

गृहसचिव [名] 内務次官；国務次官

गृहसज्जा [名*] (1) 室内装飾 (2) 室内装飾の資材
गृहस्थ [名] (1) 家住期（गृहस्थाश्रम）にある人→四住期 आश्रम. (2) 在家（の人）；所帯持ち (3) 農業を営む人；農民 **गृहस्थ जीवन** 家庭生活；在家の生活
गृहस्थ आश्रम [名]〔ヒ〕グリハスタ・アーシュラマ（バラモン教徒・ヒンドゥー教徒にとっての四住期 आश्रम の第 2 の家住期. 学生期のあと結婚し家庭生活を営みながら家庭での祭儀を行うべき期間とされる）＝ गृहस्थाश्रम.
गृहस्थी [名*] (1) 所帯；世帯 लंबी गृहस्थी 大所帯 (2) 所帯持ち；一家を構えての暮らし (3) 所帯道具 (4) 農業 (5) 家住期 गृहस्थी के काम 家事 गृहस्थी की गाड़ी ठीक प्रकार से चला सकना बहुत ही कठिन हो गया है 所帯の切り回しがとても難しくなった गृहस्थी का ख़र्चा 家計費 अलग गृहस्थी बसाना 別居する
गृहस्वामी [名] 家長；戸主；世帯主
गृहागत [名] 客；客人＝ अतिथि; मेहमान.
गृहाधिपति [名] 戸主；所帯主
गृहाश्रम [名] ＝ गृहस्थाश्रम.
गृहिणी [名*] (1) 主婦；刀自＝ घर की मालकिन. (2) 妻；家内＝ पत्नी; स्त्री.
गृहीत [形] (1) 受け取られた；受容された (2) 捕らえられた；把握された
गृहोपयोगी [形] 家庭用の；家庭向けの
गृह्य[1] [形] (1) 家の (2) 家庭の；家庭内の
गृह्य[2] [名]〔ヒ〕家庭祭火（家庭内での祭儀のために保たれた火）
गृह्य[3] [形] (1) 受け取られるべき；受容されるべき (2) 家に置かれる；家で育てる
गृह्यकर्म [名]〔ヒ〕家庭祭式；家庭で行うべき祭祀
गृह्य सूत्र [名]〔ヒ〕グリヒヤ・スートラ；家庭経（家庭内で行うべき祭祀を規定したバラモン教の経典）
गेंटा [名]〔動〕甲殻類カニ（蟹）＝ केकड़ा.
गेंड़ना [他] (1) 畑の境界を決めるため四囲に囲いの畦を作る (2) 囲う＝ घेरना.
गेंड़ली [名*] (1) 輪の形；円形に巻いたもの＝ कुंडल; फेटा. (2) とぐろ
गेंड़ा [名] (1)〔植〕サトウキビ (2) サトウキビの先端の葉 (3) サトウキビの茎を短く切り分けたもの (4) サトウキビの苗（切り株）
गेंडु [名] ＝ गेंडुक.
गेंडुक [名] まり（鞠）；ボール＝ गेंद; कंदुक.
गेंडुरी [名*] (1) ゲーンドゥリー（頭上運搬の際，荷を安定させるために頭と荷物の間に用いるひもでこしらえた円形のもの）；かんわめ；かぶし＝ इँडुरी; इँडुआ. (2) ぐるぐる輪の形に巻いたもの (3) 蛇のとぐろ गेंडुरी मारना 蛇がとぐろを巻く＝ गेंडुरी मारकर बैठना.
गेंडुलिया [名*] とぐろ＝ गेंडुली. **गेंडुलिया मारना** とぐろを巻く जैसे दो बड़े-बड़े अजगर गेंडुलिया मारे पड़े हैं まるで 2 匹の大蛇がとぐろを巻いているかのように
गेंडुली [名*] ＝ गेंडुरी.
गेंती [名*] (1) つるはし＝ गैंती. (2) 鍬 **गेंती मारना** つるはしや鍬を振るう छत पर खड़ा बार बार गेंती मार रहा है 屋上に立って幾度もつるはしを振るっている
गेंद [名⁻] ボール；まり＝ कंदुक. गेंद खेलना ボールで遊ぶ；ボールゲームをする **गेंद छीनना** （競技で相手の）ボールを奪う **गेंद फेंकना** ボールを投げる＝ गेंद मारना. सिर से गेंद मारना （サッカーの）ヘディング
गेंदई[1] [形] (1) キンセンカの (2) キンセンカの花の色をした；黄色の；紅黄色の；赤黄色の
गेंदई[2] [名] 黄色；紅黄色；赤黄色
गेंदघर [名] (1) 球技場 (2) ビリヤード室；ビリヤード場
गेंदतड़ी [名*] ボールのぶつけ合い（遊び）
गेंद बल्ला [名] (1) バットとボール (2) クリケット（の真似事）कभी हम कबड्डी खेलते हैं.कभी गेंद बल्ला カバッディーをすることもあればクリケットをすることもある
गेंदबाज़ [名]《H.गेंद + P. باز》〔ス〕クリケットの投手；ボーラー〈bowler〉 असली मुकाबला तो बल्लेबाज़ और गेंदबाज़ में होता है 真の勝負は打者とボーラーとの間に行われる
गेंदा [名] (1)〔植〕キク科キンセンカ属トウキンセン（唐金盞）【*Calendula officinalis*】〈pot marigold〉 (2)〔植〕キク科マンジュギク属マリーゴールド（センジュギク／千寿菊）【*Tagetes erecta*】〈African marigold〉＝ गुलतेरा. (3)〔植〕キク科マンジュギク属クジャクソウ；コウオウソウ（紅黄草）【*Tagetes patula*】〈French marigold〉 (4) 花火の一種
-गे [接尾] 叙想法未来時制形に付加されて直説法未来時制男性複数形を作る活用語尾（हम, वे, आप）लिखें - लिखेंगे；（तुम）लिखो - लिखोगे
गेगला [形⁺・名] (1) 愚かな（人）；間抜けな（人） (2) 強情な（人）
गेगलाना [自] 意地を張る；他人の言葉に耳を貸さない
गेगलापन [名] ← गेगला. (1) 愚かさ (2) 強情さ
गेज [名]《E. gauge》(1) 計器；計量器 (2) 鉄道の軌間；ゲージ
गेट [名]《E. gate》ゲート；門；出入り口 स्कूल के गेट से निकलता हुआ 校門を出ながら
गेट आउट [感]《E. get out》出て行け；失せろ गेट आउट मिस्टर.आई से गेट आउट 君出て行きなさい. 出て行けと言っているんだ
गेटकीपर [名]《E. gatekeeper》(1) 門番；守衛 (2) 踏切番 (3) 木戸番 सिनेमाहाल का गेटकीपर 映画館の木戸番
गेटपास [名]《E. gate pass》通行許可証
गेट वेल सून का कार्ड [名]《E. get well soon + H. + E. card》病気見舞いに添えるカード
गेटिस [名]《E. gaiter》(1) ゲートル (2) ガーター；靴下止め
गेड़ाना [他] (1) 線で囲む；円形に線を引く (2) ぐるりを囲う；囲いを作る (3) ぐるりを回る
गेदा [名] 生まれたばかりの鳥；ひな；羽の生える前の雛鳥
गेनुर [名]〔植〕イネ科キビ属雑草ブルーパニック【*Panicum antidotale*】＝ गूनर; गोनर.
गेम [名]《E. game》(1) ゲーム (2) 試合 आम तौर पर तीन गेमों में मैच का फ़ैसला होता है 一般に 3 ゲームで試合が決まる
गेय [形] (1) 歌われる (2) 歌うことのできる (3) すぐれた
गेयर [名]《E. gear》ギア；ギヤ
गेयरबॉक्स [名]《E. gearbox》(1) ギヤボックス (2) 変速装置
गेयर लीवर [名]《E. gear lever》ギヤレバー；変速レバー；チェンジレバー
गेरुआ[1] [形⁺] (1) 代赭色の；赤土色の；紅土色の (2) 代赭色に染めた；紅土で染めた गेरुए लिबास में 出家の身なりで भिक्षु का गेरुआ चीवर 比丘の紅土色の袈裟
गेरुआ[2] [名] (1) 紅土色；代赭色 (2)〔農〕アカサビ（赤錆）病
गेरुआ बाना [名] 出家者の装い
गेरुई [名*]〔農〕さび病；赤さび病
गेरू [名] 赤土；赭土；代赭石；赤鉄鉱〈red ochre〉＝ गेरू मिट्टी.
गेर्रिला [名]《E. guerrilla》ゲリラ＝ गुरिल्ला. गेर्रिला युद्ध ゲリラ戦
गेलिस [名]《E. gallows》ズボン吊り
गेली [名*]《E. galley》〔印〕活字の棒組盤；ゲラ；組盆 गेली प्रूफ़ ゲラ刷り
गेसू [名]《P. گیسو》(1) 巻き毛 (2) 肩や背に垂れる長髪 (3) 頭髪
गेसूदराज़ [形]《P. گیسو دراز》長髪の
गेस्ट [名]《E. guest》客；来客＝ आगत; अतिथि; मेहमान.
गेस्ट हाउस [名]《E. guest house》(1) 下宿 (2) ゲストハウス＝ अतिथि गृह.
गेस्टापो [名]《E. ← Ger. Gestapo》ゲシュタポ（ナチスドイツの秘密警察）
गेह [名] 家；家屋；住居＝ घर; मकान.
गेहवाला [名]〔鳥〕ヒレアシシギ科エリマキシギ【*Philomachus pugnax*】
गेहुँअन [名]〔動〕インドコブラ＝ गेहुवन.
गेहुआँ[1] [形] 小麦色の गेहुआँ वर्ण 小麦色
गेहुआँ[2] [名] 小麦色
गेहूँ [名] (1)〔植〕イネ科コムギ（小麦） (2) コムギの粒 गेहूँ का खेत 小麦畑 **गेहूँ के साथ घुन पिसना** 無力な者が有力者の巻き添えを食う
गेहेशूर [名] 内弁慶
गैंग [名]《E. gang》(1) 道路工夫 (2) ギャング；暴力団

ग

गैंगवे [名] 《E. gangway》船のタラップ；舷門

गैंडा [名]〔動〕サイの総称

गैंती [名*] つるはし（鶴嘴） गैंती से मिट्टी खोदना 鶴嘴で土を掘る

गैंद [名] = हाथी.

गैजेट [名] 《E. gazette》(1) 官報 (2) = गैजेटियर.

गैजेटियर [名] 《E. gazetteer》地名辞典

गैजेटेड अफ़सर [名] 《E. gazetted officer》任命が官報に掲載される役人= राजपत्रित अधिकारी.

ग़ैन [名] 《A. غین》ウルドゥー文字第 25 字の字母غの名称，ガイン

गैनोकोलॉजिस्ट [名] 《E. gynecologist》婦人科医= स्त्रीरोग विशेषज्ञ.

ग़ैब[1] [名] 《A. غیب》(1) 隠されたもの；目に見えぬもの ग़ैब से 内々に (2) 天界

ग़ैब[2] [形] (1) 隠された (2) 目に見えない (3) 秘められた (4) 居合わせていない

ग़ैबत [名*] 《A. غیبت》(1) 不在 (2) 目に見えぬこと (3) 隠されていること (4) 秘められていること (5) 陰口；中傷

ग़ैबदाँ [形] 《A.P. غیب داں》(1) 内密のことを知る；すべてを知る (2) 未来を予見する= भविष्यवेत्ता.

गैबर [名]〔鳥〕コウノトリ科コウノトリ【*Ciconia ciconia*】

ग़ैबी [形] 《A. غیبی》(1) 天の；天空の；空の= आसमानी. (2) 神の ग़ैबी इम्दाद 天佑 (3) 見知らぬ

गैया [名*] 雌牛= गाय; गो.

ग़ैर [形] 《A. غیر》(1) 別の (2) 他の；外の (3) 見知らぬ (4) 親縁関係のない；他人の；身内以外の मुसीबत में पड़े इंसान की तो ग़ैर भी मदद कर देता है 困っている人がいれば他人であろうとも助けるものだ (5) 異質な

ग़ैर- [造語] 他の，外の，外部のなどの意を有する合成語の構成要素 ग़ैरमुल्क 外国；異国 ग़ैरसाम्यवादी विपक्ष 共産党を除く野党 ग़ैरकम्युनिस्ट देश 非共産主義国 ग़ैर कांग्रेसी राज्य सरकार 非コングレス系州政府

ग़ैरअदायगी [名*] 《A. غیر ادائگی》不払い；未納

ग़ैरआईनी [形] 《A.P. غیر آئینی》法律に反する；違法な；非合法的な

ग़ैरआबाद [形] 《A.P. غیر آباد》(1) 人の住んでいない；無人の (2) 土地が荒れ果てた

ग़ैरइंसानी [形] 《A. غیر انسانی》非人道的な；人道に反する ग़ैर इंसानी व्यवहार 非人道的な扱い

ग़ैरक़ानूनी [形] 《A. غیر قانونی》違法な；非合法的な；不法の；法律違反の ग़ैरक़ानूनी तरीक़े से 非合法的に

ग़ैरकारआमद [形] 《A.P. غیر کار آمد》不適当な；役に立たない

ग़ैरज़मानती [形] 《A. غیر ضمانتی》〔法〕保釈の許されない= अज़मानतीय. 〈non-bailable〉

ग़ैरज़रूरी [形] 《A. غیر ضروری》不必要な；不用な；無用の वे इसे ग़ैरज़रूरी समझते थे これを無用と考えていた

ग़ैरजानिबदार [形] 《A.P. غیر جانب دار》中立の；公正な；公平な；不偏な；どちらにも与しない

ग़ैरजानिबदारी [名*] 《A.P. غیر جانب داری》中立；公正；不偏

ग़ैरज़िम्मेदार [形] 《A.P. غیر ذمہ دار》(1) 無責任な；投げやりな (2) 責任のない；責任を負わない

ग़ैरज़िम्मेदाराना [形] 《A.P. غیر ذمہ دارانہ》無責任な；投げやりな ग़ैरज़िम्मेदाराना व्यवहार 無責任な行動 ग़ैरज़िम्मेदाराना रुख़ 無責任な態度= ग़ैरज़िम्मेदाराना रवैया.

ग़ैरज़िम्मेदारी [名*] 《A.P. غیر ذمہ داری》(1) 無責任さ (2) 責任のないこと

ग़ैरज़िराअतपेशा [形] 《A.P. غیر زراعت پیشہ》農業以外の職業の जिसकी वजह से हिंदुओं की कुछ जातियाँ ग़ैरज़िराअतपेशा मानी गई हैं और उन्हें ज़मीन ख़रीदने के हक़ से वंचित कर दिया गया है そのためヒンドゥーの一部のカーストは農業外の職業のものと認められており土地を購入する権利を奪われている

ग़ैरत [名*] 《A. غیرت》(1) 恥；恥じらい；はにかみ (2) 自尊心 उसने मेरी ग़ैरत को ललकारा 私の自尊心に挑みかかった

ग़ैरतदार [形] 《A.P. غیرت دار》(1) 誇り高い (2) はにかみやの

ग़ैरतनख़्वाहदार [形] 《A.P. غیر تنخواہ‌دار》無給の

ग़ैरतमंद [形] 《A.P. غیرت مند》= ग़ैरतदार.

ग़ैरपसंदीदा [形] 《A.P. غیر پسندیدہ》(1) いやな；不快な (2) 不適当な

ग़ैरपुख़्ता [形] 《A.P. غیر پختہ》(1) 未熟な；熟していない (2) 不確実な (3) 日干し煉瓦で作られた（建てられた）

ग़ैरफ़सीह [形] 《A. غیر فصیح》洗練されていない

ग़ैरफ़ानी [形] 《A. غیر فانی》不朽の；永遠の

ग़ैरफ़ित्री [形] 《A. غیر فطری》不自然な；自然でない= अप्राकृतिक.

ग़ैरबराबरी [名*] 《A.P. غیر برابری》不平等= असमानता.

ग़ैरमंक़ूला [形] = ग़ैरमनक़ूला.

ग़ैरमक़्बूल [形] 《A. غیر مقبول》(1) 人気のない；不人気な (2) 認められない (3) 不承認の；承認されていない

ग़ैरमख़्सूस [形] 《A. غیر مخصوص》ありきたりの；普通の；ありふれた；通常の；特別でない

ग़ैरमज़रूआ [形] = ग़ैरमज़्रूआ. 《A. غیر مزروعہ》耕作されていない क़रीब 70 फ़ी सदी ज़मीन ग़ैरमज़रूआ है 約 7 割の土地は耕作されていない ग़ैरमज़रूआ ज़मीन 耕作に用いられず公共の使用に供される土地；共用地

ग़ैरमनक़ूला [形] 《A. غیر منقولہ ग़ैरमन्क़ूला》不動の；不動産の= अचल.

ग़ैरमम्नून [形] 《A. غیر ممنون》恩知らずの；恩義知らずの；忘恩の= कृतघ्न.

ग़ैरमर्द [名] 《A.P. غیر مرد》(1) 見知らぬ人 (2) 夫以外の男性

ग़ैरमशहूर [形] 《A. غیر مشہور》知られていない；名のない；無名の

ग़ैरमश्कूक [形] 《A. غیر مشکوک》明白な；疑念のない= स्पष्ट; असंदिग्ध.

ग़ैरमामूली [形] 《A. غیر معمولی》(1) 並はずれた；一通りでない；一方ならぬ= असाधारण. ग़ैरमामूली ज़हीन 英才；俊英 (2) 異常な (3) 重要な；大切な **ग़ैरमामूली तौर पर** 異常に उसका चेहरा तो ग़ैरमामूली तौर पर तमतमाया हुआ था 男の顔は異常に赤くなっていた

ग़ैरमाहिर [形] 《A. غیر ماہر》未熟な；不慣れな

ग़ैरमिलनसार [形] 《A. غیر + H.मिलन P. سار》非社交的な；社交性のない

ग़ैरमिसिल [形] 《← A.P.غیر مثال ग़ैरमिसाल》不適切な；不適当な

ग़ैरमुकम्मल [形] 《A. غیر مکمل》不完全な；中途半端な= अधूरा; अपूर्ण.

ग़ैरमुक़र्रर [形] 《A. غیر مقرر》= ग़ैरमुक़र्ररा. 不確定な；定まっていない= अनिश्चित.

ग़ैरमुक़र्ररा [形*] 《A. غیر مقررہ》= ग़ैरमुक़र्रर.

ग़ैरमुनासिब [形] 《A. غیر مناسب》(1) 不適当な；不適切な= अनुचित. (2) 下品な= अश्लीलतापूर्ण.

ग़ैरमुमकिन [形] 《A. غیر ممکن》不可能な；あり得ない= असंभव.

ग़ैरमुमालिक [名, pl.] 《A. غیر ممالک》（諸）外国；いろいろな外国

ग़ैरमुल्क [名] 《A. غیر ملک》外国= विदेश.

ग़ैरमुल्की [形] 《A. غیر ملکی》外国の= विदेशी; बिदेसी. ग़ैरमुल्की बाशिंदा 外国人 ग़ैरमुल्की बाशिंदों को 外国人にとって

ग़ैरमुस्तक़िल [形] 《A. غیر مستقل》一時の；一時的な；暫定的な；当座の；当面の= अस्थायी.

ग़ैरमुहज़्ज़ब [形] 《A. غیر مہذب》無礼な；横着な= धृष्ट.

ग़ैरमौजूद [形] 《A. غیر موجود》(1) 不在の= अविद्यमान. (2) 欠席の= अनुपस्थित; ग़ैरहाज़िर.

ग़ैरमौजूदगी [名*] 《A.P. غیر موجودگی》(1) 不在= अविद्यमानता. (2) 欠席= अनुपस्थिति; ग़ैरहाज़िरी.

ग़ैरमौरूसी [形・名] 《A. غیر موروثی》(1)〔法〕非相続の；相続権を持たない= अपैतृक. (2)〔農〕占有権を持たない（小作人）

ग़ैररस्मी [形] 《A. غیر رسمی》非公式な= अनौपचारिक.

ग़ैरवसूल [形] 《A. غیر وصول》まだ受領していない；未払いの= अप्राप्त.

ग़ैरवाजिब [形] 《A. غیر واجب》不適当な；不当な= अनुचित; बेजा; अयोग्य.

ग़ैरवाज़ेह [形] 《A. غیر واضع》(1) ぼんやりした；はっきりしない = अस्फुट. (2) 不明確な= अस्पष्ट.

ग़ैरवारिस [形] 《A. غیر وارث》〔法〕相続人のいない；相続人のない

ग़ैरशरीफ़ [形] 《A. غیر شریف》(1) 名門でない= अकुलीन. (2) 洗練されていない= असंस्कृत; अशिष्ट. (3) 卑しい= अधम.
ग़ैरसरकारी [形] 《A.P. غیر سرکاری》(1) 民間の；非政府の ग़ैरसरकारी संस्था 民間団体 (2) 非公式の ग़ैरसरकारी सूत्रों के अनुसार 非公式筋によれば
ग़ैरसहीह [形] 《A. غیر صحیح》(1) 嘘の (2) 誤っている (3) 体の具合の良くない= अस्वस्थ.
ग़ैरहाज़िर [形] 《A. غیر حاضر》(1) 欠席している；不在の= अनुपस्थित. एक दिन भी ग़ैरहाज़िर न रहने के लिए 一日も欠席しないために (2) 存在しない；ない= अविद्यमान.
ग़ैरहाज़िरी [名*] 《A. غیر حاضری》(1) 欠席；不在= अनुपस्थिति. (2) 不存在；非存在= अविद्यमानता.
गैरिक[1] [名] (1) 赤土；赭土 (2) オーカー (3) オーカー色；黄土色 (4) 金；黄金
गैरिक[2] [形] (1) オーカー色の；黄土色の (2) 赤黄色の गैरिक पीत 黄土色
गैरेज [名] 《E. garage》(1) 車庫；ガレージ (2) 自動車修理工場= मोटर गैरेज. मोटरों की मरम्मत करने वाले गैरेज का मालिक सरदार 自動車修理工場経営者のシク教徒
गैल [名*] (1) 道；道路= रास्ता; मार्ग; राह. (2) 路地= गली; कूचा. (-को) **गैल क॰** (ーを) 同行させる；一緒に行かせる；つけてやる (-की) **गैल जा॰** (ーを) 真似る (-के) **गैल जा॰** (ーに) 同行する；(ーと) 一緒に行く (-की) **गैल पड़ना** (ーを) さえぎる (遮る)；妨げる；(ーの) 行く手を阻む (-को) **गैल बताना** (ーに) 道を指し示す；立ち去るように言う；(ーを) 無視する (-की) **गैल फिरना** (ーの) 後について回る；つきまとう (-को) **गैल ले॰** (ーを) 道連れにする；連れて行く
गैलड़ [名] 母親の連れ子
गैलन [名] 《E. gallon》ガロン
गैलपिंग [形] 《E. galloping》〔医〕奔馬性の गैलपिंग निमोनिया 奔馬性肺炎
गैलरी [名] 《E. gallery》(1) ギャラリー；(映画館などの) 上階の桟敷 (2) 回廊；柱廊 गैलरी में एक शीशा लगा है 回廊に鏡が一枚はまっている
गैला [名] (1) わだち (轍) (2) 牛車の通る道
गैलिक अम्ल [名]〔化〕没食子酸 〈gallic acid〉 = गैलिक एसिड.
गैलियम [名] 《E. gallium》〔化〕ガリウム
गैलिलियो [人名] 《Galileo Galilei》イタリアの天文学者・物理学者ガリレオ・ガリレイ (1564–1642)
गैलिस [名] 《E. gallows》ズボン吊り= गेलिस. मैं जल्द से जल्द गैलिस बाँधकर सूट पहनना चाहता हूँ 大急ぎでズボン吊りをつけてスーツを着ようと思う
गैली कीट [名] 《E. galley (worm) + H.कीट》〔節動〕ゲジ；ゲジゲジ 〈house centipede〉
गैलेक्सी [名*] 《E. galaxy》星雲= नीहारिका.
गैलेक्सीय [形] (1) 星雲の (2) 天の川の 〈galactic〉
गैल्वैनीकरण [名] 《← E. galvanize + H.करण》電気メッキ (鉄製品に亜鉛の膜をつける)
गैस [名*] 《E. gas》(1) 気体 (2) 都市ガス，プロパンガス，天然ガスなど燃料用のガス (3) ガス灯 (4) メタンガス गैस का रिसना ガス洩れ प्राकृतिक गैस 天然ガス गोबर गैस 牛糞ガス (牛や水牛などの糞尿を用いて製造される燃料用ガス) जलनेवाली गैस 燃料用のガス गैस कम्पनी ガス会社
गैसकिट [名] 《E. gasket》ガスケット
गैसकुकर [名] 《E. gas cooker》ガスレンジ
गैसचूल्हा [名] 《E. gas + H.चूल्हा》ガスコンロ
गैसचैंबर [名] 《E. gas chamber》ガス室；ガス処刑室
गैसच्यवन [名] 《E. gas + H.》ガス洩れ= गैस-लीक.
गैसटरबाइन [名] 《E. gas turbine》ガスタービン
गैसटेबल [名] 《E. gas table》ガスコンロ
गैसनक़ाब [名] 《E.gas + A. نقاب》防毒マスク；防毒面；ガスマスク= गैसमास्क; गैसमुखपट.
गैसनली [名*] 《E. gas + H. नली》ガスパイプ；ガス管
गैसपाइपलाइन [名] 《E. gas pipeline》ガスパイプライン
गैसबर्नर [名] 《E. gas burner》ガスバーナー
गैसभट्टी [名*] 《E. gas + H. भट्टी》ガス炉
गैसमापी [名] 《E. gas + H. मापी》ガス計量器
गैसमुखपट [名] 《E. gas + H. मुखपट》ガスマスク
गैसलैंप [名] 《E. gas lamp》ガス灯
गैससिलेंडर [名] 《E. gas cylinder》ガスボンベ
गैसोलीन [名] 《E. gasoline》ガソリン= पेट्रोल. गैसोलीन का टैंकर タンクローリー
गैस्ट्राइटिस [名] 《E. gastritis》〔医〕胃炎= आमाशयशोथ.
गैस्ट्रिक अल्सर [名] 《E. gastric ulcer》〔医〕胃潰瘍
गैस्ट्रोकैमरा [名] 《E. gastrocamera》〔医〕胃カメラ
गैस्ट्रोप्टोसिस [名] 《E. gastroptosis》〔医〕胃下垂
गैस्ट्रोस्कोपी [名] 《E. gastroscope》〔医〕胃内視鏡
गोइँठा [名] (1) 乾燥した牛糞 (牛や水牛の糞) (2) 燃料用に乾燥させた牛糞
गोंइड़ [名] (1) 村の境界 (2) 村の境界付近の土地
गोंचना [他] = कोंचना; धँसाना.
गोंछ [名*] (1) 頬髭= गलमोछ. (2) 長い口ひげ
गोंज [名*]〔植〕マメ科蔓木シダレトバ【*Derris scandens*】
गोंजना [他] 押しこむ；突っ込む
गोंठ [名*] ドーティーの腰に巻きつける部分
गोंठना[1] [他] とがっている部分を丸くする；角をけずる
गोंठना[2] [他] (1) ぐるりに線を引いて囲む (2) 周囲を回る
गोंड[1] [名] (1) ゴンド族 (デカン高原の中北部を中心に住むインド最大の先住部族民．ドラヴィダ語系統の言語を母語とする) (2) ゴンド族の人
गोंड[2] [名] (1) 突き出たへそ；でべそ (出臍) (2) 出臍の人
गोंडरा [名] (1) 丸い物；丸い形の物 (2) 丸い囲い (3) ぐるりに丸く描いた線
गोंडवाना [地名] ゴンドワーナー (マッディヤプラデーシュ州東部地方の名称)
गोंडवाना लैंड [名] 《E. Gondwana land》ゴンドワーナー大陸
गोंडवानी[1] [形] ゴンドワーナー地域の
गोंडवानी[2] [名*] ゴンドワーナー地方の言語の意であるが，ブンデールカンド地方に話されるドラヴィダ語系の言語ゴンドワーニー語 (ゴーンディー गोंडी) 及びインドアーリアン語系の言語バゲーリー語 बघेली のマーンドラ地方に話されるゴーンドワーニー語の 2 言語を指す
गोंड़ा [名] (1) 囲い；柵で囲んだところ (2) 部落 (3) 中庭
गोंडी [名*]〔言〕ゴーンド語 (ゴンドワーナー地方に話される中部ドラヴィダ語系の言語の一)
गोंद [名] (1) やに；樹脂；樹液 चीड़ का गोंद 松脂 (2) ゴム糊；アラビア糊 मोटे काग़ज़ पर गोंद से चिपका दो 厚い紙にゴム糊で貼りつけなさい
गोंददानी [名*] ゴム糊入れ
गोंदपँजीरी [名*] 産婦に食べさせる滋養菓子 (小麦粉にコエンドロ，クミンなどの香辛料を加えて炒めて作る)；パンジーリー
गोंदला [名]〔植〕サトイモ科浮き草ボタンウキクサ【*Pistia stratiotes*】
गोंदा [名] 煎ったヒヨコマメの粉に水を加えてこね粒状にした鳥の餌 **गोंदा दिखाना** 争わせる；喧嘩をさせる
गोंदी [名*]〔植〕ムラサキ科スズメイヌジシャ【*Cordia dichotoma*】
गोंदीला [形+] (1) 樹脂の出る；ゴム糊の出る (2) ゴム糊のついた
गोंयचना [名] ヒヨコマメとコムギとを一緒に混ぜてひいた粉
गोंयठा [名] = गोइँठा.
गो[1] [名*] (1) 雌牛 (2)〔天〕牡牛座 = वृष राशि.
गो[2] [名*] 《P. گو》雌牛= गाय.
गो[3] [名] 雄牛 = साँड; बैल.
गो[4] [数] ボージプリー語などの一部の言語で用いられる助数詞の一
गो[5] [接] 《P. گو》断定を保留する意の接続詞．もっとも，ただし，でもなどの意に用いられる= गोकि. मुझे उसके ये झूठे उलाहने बहुत पसंद हैं, गो मैं उनसे ज़्यादा ख़ुश नहीं हो पाता あの人の恨み言めいた言葉が大好きだ．もっともそれで大して嬉しくなれるわけではないんだが
गो[6] [感] 《E. go》ゴー (かけ声)

-गो [造語] 《P. گو》 (ーを) 述べる，言う，話す，語るなどの意を有する合成語の構成要素 साफ़गो きっぱりという；遠慮なく言う ग़ज़लगो ガザルのすぐれた詠み手
गोआ 〔地名〕《Goa》 (ポルトガルの旧植民地) ゴア；インド連邦共和国のゴア州
गोआ，दमन व ड्यू [名] 《Goa, Daman & Diu》 ゴア，ダマン・ディウ (旧ポルトガル領で現在はゴアを除き連邦直轄地) = गोआ，दमन और दीव.
गोइँठा [名] (1) 乾燥した牛糞 (牛や水牛の糞) (2) 燃料用に乾燥させた牛や水牛の糞) = उपला；कंडा.
गोइँठौरा [名] 乾燥牛糞を製造販売する人
गोइँड़ [名] (1) 村の境界 (2) 村の境界付近の土地
गोइंदा[1] [形] 《P. گوئنده》 言う；述べる；語る
गोइंदा[2] [名] 《P. گوئنده》 スパイ；密偵
गोइँयार [名]〔鳥〕シギ科チュウシャクシギ【*Numenius phaeopus*】
गोइयाँ [名] 仲間 हम सब उसे दूर से आते देख，उसका दौड़कर स्वागत करते थे और उसे अपना गोइयाँ बना लेते थे 私たち皆はあの子が遠くからやってくるのを見つけると駆け寄って出迎え自分たちの仲間にするのだった
-गोई [造語] 《P. گوئی》 (ーを) 言うこと，述べることなどの意を有する合成語の構成要素
गोकंटक [名] (1) = गोखरू. (2) 牛の爪
गोकर्ण[1] [形] 耳の大きい；耳の長い
गोकर्ण[2] [名] (1)〔動〕ラバ (騾馬) = ख़च्चर. (2) 牛の耳 (3) = नीलगाय.
गोकर्णी [名*]〔植〕キンポウゲ科蔓草インドセンニュウソウ【*Clematis triloba*】 = मूर्वा.
गोकि [接] 《P. گو کہ》 = गो[5].
गोकिल [名] (1) 犂 (2) 杵
गोकुल [名] (1) 雌牛の群れ (2) 牛小屋 (3)〔地名・イ神〕ヴィシュヌ神の権化クリシュナがナンダとヤショーダーに育てられたマトゥラー近くの土地のゴークラ (ゴークル)
गोकुलनाथ [名] クリシュナ神= श्री कृष्ण.
गोकुलपति [名] クリシュナ神の異名の一
गोकुलाधिपति [名]〔イ神〕ナンダ नंद/नन्द (クリシュナを養育した牛飼い)
गोकुशी [名*] 《P. گوکشی》 牛を殺すこと (特に雌牛を殺すこと)
गोक्ष [名]〔動〕ヒル科ヒル (蛭) = जोंक.
गोक्षीर [名] 牛乳 = दूध；दुग्ध.
गोक्षुर [名] (1) 牛の蹄 (2) = गोखरू.
गोखग [名] 動物；畜生
गोखरू [名] (1)〔植〕キツネノマゴ科草本【*Ruellia longifolia*】 (2) 同上の実 (3)〔植〕キク科雑草オナモミ【*Xanthium strumarium*】 (4)〔植〕ハマビシ科ハマビシ【*Tribulus terrestris*】 (5) ゴークルー (手首や足首につける菱形の装身具) (6)〔装身〕ゴークルー (金糸のレースを編んだ女性や幼児の衣服の飾り) (7) 菱 (武器としての使用のほか野生の象を捕らえるのに用いられた)；車菱
गोखा[1] [名] (1) 銃眼 गोलाबारी के लिए इसमें 446 गोखे हैं 射撃用にここには 446 の銃眼がある (2) 出窓
गोखा[2] [名] 雌牛や役牛の生皮
गोखुर [名] (1) 牛の足 (2) 牛の足跡；牛の爪痕
गोखुरा [名]〔動〕コブラ科インドコブラ；アジアコブラ【*Naja naja*】 = करैत；काला साँप.
गोगा जी〔人名〕ゴーガージー，もしくは，グルグッガー (गुरु गुग्गा) (ラージャスターンやウッタル・プラデーシュ州などの北西部インドの民間信仰で様々な伝説の伝えられている聖者ピール पीर で गूगा पीर とも呼ばれる．蛇の危険から守ってくれるとも伝えられ，ヒンドゥーもムスリムも共に信仰を寄せてきた) → गूगा；गुग्गा.
गोगा पीर〔人名〕ゴーガーピール= गूगा पीर；गोगा जी.
गोगृह [名] 牛舎= गोशाला.
गोग्रास [名]〔ヒ〕法事などの際，調理されたものの中から雌牛に与えるためにあらかじめ取り分けられる分 (穀類)
गोघात [名] (雌) 牛を殺すこと= गोहत्या.
गोघातक [名] 牛を殺す人；畜殺者；屠畜人= कसाई；बूचर.
गोघाती [名] = गोघातक.
गोघ्न [形・名] (1) 牛を殺す (人) (2) 牛殺し (牛に有害な)
गोचंदना [名*]〔動〕ヒル (蛭) の一種
गोचना [名] コムギとヒヨコマメを半々程度に混ぜたもの (経済的な理由や季節や栄養上の理由からこれを一緒に粉に挽いて食する)；ゴーチャナー
गोचनी [名*] = गोचना.
गोचर[1] [形] (1) 知覚や感覚の及ぶ (範囲の) (2) 感じられる；感知される (3) 見える；目に見える (4) 聞こえる कोई तथ्य गोचर नहीं होता 何も見えない
गोचर[2] [名] (1) 感覚や知覚の対象 (2) 牧場；牧草地
गोचरभूमि [名*] 牛の牧草地；牧草地= चरागाह.
गोचरी [名*] こつじき (乞食)；托鉢= भिक्षावृत्ति.
गोचर्म [名]〔ヒ〕儀式に用いた牛の皮の敷物
गोचर्या [名*] 食物を乞い求めて歩くこと；乞食すること
गोचारक [名] 牛飼い (の人)；牧夫
गोचारण [名] 牛に草をはませること
गोचारी [名] 牛飼い；牧夫= ग्वाला.
गोज़ [名] 《P. گوز》 屁= पाद；अपान वायु；अधोवायु.
गोजई [名*] 大麦と小麦とを半分ずつ混ぜたもの (これを粉にしてパンを焼いて食する)
गोजर[1] [名] 老いた牛；老いた役牛
गोजर[2] [名]〔動〕節足動物ムカデ (百足) = शतपदी.
गोजरा [名] 大麦と小麦とを半分ずつ混ぜたもの= गोजई.
गोजल [名] 雌牛の尿= गोमूत्र.
गोजी [名*] 家畜を逐うための棍棒
गोझा [名] (1) グジヤー → गुझिया. (2) ポケット (3) 合わせ釘
गोट[1] [名*] (1) (ドーティーなどの) へり (縁) 飾り गले व बाँहों पर सफ़ेद गोट लगी है 襟と袖に白い縁飾りのついている (2) へり (縁)；ふち (縁)；周辺
गोट[2] [名*] = गोटी. कैरम बोर्ड की गोट キャロムボード (carom board) に用いる玉
गोट[3] [名] 村；部落；小集落
गोट[4] [名*] (1) 集まり；集合 (2) ピクニック；遊山；遠足
गोटा[1] [名] (1) (衣類の) 縁飾り (2) 金糸や銀糸のレース गोटे वाला दुपट्टा 金銀のレースのついたドゥパッター (3) 金襴のリボン
गोटा[2] [名] ゴーター (食後の口直しに食べるショウズク，カーダモン，コリアンダーの種子，ココヤシの胚，ビンロウジなどを混ぜたもの)
गोटा[3] [名] (1) チョウパルのゲーム चौपड़ の駒= गोटी. (2) 砲弾
गोटा-किनारा [名] = गोटा किनारी. ज़री या गोटे-किनारे की पोशाक 金糸・銀糸のレースの縁飾りのついた服
गोटा किनारी [名*]〔服〕ゴーターキナーリー (金糸・銀糸のレースの縁飾り) लाल रंग के गोटा किनारी किये दुपट्टे (रहीड़े) पहना करतीं 赤いゴーターキナーリーをしたドゥパッターをいつも着ている किसी मांगलिक अवसर पर गोटे किनारी वाली साड़ियाँ लुभावनी लगती हैं 晴れ着に着るゴーターキナーリーのサリーは魅力的です
गोटा-ठप्पा [名] 金糸や銀糸を用いた幅広のレース；縁飾り
गोटा-पट्ठा [名]〔手芸〕アップリケ
गोटिका [名] = गुटिका.
गोटिया चाल [名*] 策謀；術策；計略；術数
गोटी [名*] (1) 遊びやチェスなどに用いる玉や駒 गोटी चलाना 駒を進める (2) 策；計略 **गोटी उखड़ जा॰** チェスなどの駒が死ぬ **गोटी चित्त पड़ना** 策が成功を収める **गोटी जमना** 策が当たる；計略がうまく行く **गोटी पक्की हो॰** うまく行く；首尾よく行く；成功する；当たる **गोटी पिट जा॰** しくじる；駄目になる **गोटी बैठना** *a.* = गोटी जमना. *b.* 勝つ；勝利を収める **गोटी मरना** *a.* 駒が死ぬ；駒が取られる *b.* 失敗する；しくじる **गोटी मारना** *a.* 相手の駒をやっつける *b.* 負かす；敗る **गोटी मारी जा॰** = गोटी मरना. **गोटी लाल हो॰** うまく行く **गोटी सर क॰** 勝つ；勝利を収める **गोटी हाथ लगना** 計略がうまく行く；首尾よく行く **गोटी हाथ से जा॰** 失敗する= गोटी हाथ से निकल जा॰.
गोटुल [名]〔文人〕ゴートゥル (ナガ族，ムンダー族，ゴーンド族などの部族民の習俗である若者宿；男宿；青年男子の集会所；合宿所) = घोटुल.

गोठ [名*] (1) 家で雌牛をつないでおくところ；牛舎；牛小屋；牛置場= गोशाला; गोस्थान. (2) ピクニック；遊山；遠足 शौकीन गोठ के लिए नाव से भी जाया करते थे 風流な人たちは舟遊びにも出かけていたものだった

गोठिल [形]（刃物が）なまった；なまくらになった= कुंद; कुंठित.

गोड़ [名] (1) 足 = पैर; पाँव. (2) 脚 **गोड़ गिरना** *a.* 相手の足に額や手を触れての丁寧な挨拶をする *b.* 哀願する；頼み込む **गोड़ टूटना** *a.* 足が折れる *b.* 疲れで足が動かない *c.* 気力がなくなる *d.* がっかりする **गोड़ धरना** = गोड़ गिरना. (-का) **गोड़ धो धोकर पीना** （ーに）うやうやしく仕える **गोड़ निकालना** 家の外に出る；戸外を歩き回る **गोड़ पड़ना** = गोड़ गिरना. **गोड़ पसारना** *a.* 死ぬ *b.* 発展する *c.* 気力を失う *d.* 多くの場所を占める **गोड़ भरना** 足にマハーワル महावर を塗る **गोड़ लगना** = गोड़ गिरना.

गोड़इत [名] (1) 飛脚 = हरकारा. (2) 村に駐在する警備員；村の番人

गोड़धरावन [名] 尊大ぶること；偉そうに振る舞うこと

गोड़धरिया [名*] 目上の人や身分の高い人の足（膝下から足の甲にかけて）に手を触れて最敬礼をすること；人に対してぺこぺこすることや哀願すること अपने देवताओं और पितरों की निंदा करते हैं, सिगरेट पीते हैं, बाल बनाते हैं और हाकिमों की गोड़धरिया करते हैं 自分たちの神様やご先祖様はないがしろにするくせにタバコは吸うし髪は飾る．そのくせにお役人にはぺこぺこする

गोड़ना [他] (1) 鍬などの道具で土を掘り返す (2) 畑の土を掘り返す；耕す खेत गोड़ना 畑を耕す बोने से पहले खेतों को गोड़ना 種を蒔く前に畑を耕す (3) なぞる अपने ही गाँव के एक स्कूली बच्चे से उन्होंने अपना नाम लिखवाया और बार बार गोड़ती रहीं उसको सीख गयीं अपने हस्ताक्षर 村の学童に書いてもらった自分の名前を幾度もなぞって自分の名前の書き方を覚えた

गोड़वाँस [名] 家畜の足に結んで杭につないでおく綱

गोड़वाना [他・使] ←गोड़ना.

गोड़ा[1] [名] ひざ（膝）= घुटना.

गोड़ा[2] [名] (1) 足 (2) 家畜の足を結んでおく綱 (3) 足枷 (4) イスや寝台などの脚

गोड़ा[3] [名] 草木の苗や苗木を植えたりいけこんだりするための穴やくぼみ

गोड़ाई [名*] ←गोड़ना. (1) 掘り返し；掘り返すこと (2) 耕すこと

गोड़ाना [他・使] ←गोड़ना. (1) 掘り返させる；掘り返してもらう (2) 耕させる；耕してもらう

गोड़ापाही [名*] (1) 周回 (2) 繰り返し訪れること

गोड़िया[1] [形・名] 抜け目のない（人）；狡猾な（人）；手練手管を用いる（人）

गोड़िया[2] [名] 船乗り；船員= मल्लाह.

गोड़ी[1] [名*] (1) 儲け；利益= लाभ; फ़ायदा. (2) 儲けの段取り (3) 盗み；窃盗 **गोड़ी क०** *a.* 盗む；とる *b.* 稼ぐ；儲ける **गोड़ी जमना** うまく行く；首尾よく行く；成功する **गोड़ी लगना** = गोड़ी जमना. **गोड़ी लगाना** = गोड़ी जमाना; युक्ति भिड़ाना. 手を打つ；工夫をする；工作をする；策をめぐらす **गोड़ी हाथ से जा०** （獲物を）逃す；しくじる；やり損なう

गोड़ी[2] [名*] 足= पैर; चरण. **गोड़ी पड़ना** お出ましになる；おいでになる；いらっしゃる；訪問される

गोड़ी[3] [名*] →गोटी. परिंदे पर छोड़ी गई गोड़ी ने बालक की जान ले ली 鳥に向けて発射された弾が子供の命を奪った

गोणी [名*] (1) 麻袋；南京袋= बोरा; गोन. (2) ものを漉したり篩うための布

गोत [名] (1) = गोत्र. 〔文人〕ゴートラ（氏族の名称で族外婚の集団単位） (2) 家系；家；家柄

गोतम [名]〔イ神〕ゴータマ（ガウタマ）聖仙= गौतम ऋषि.

गोता [名] 《A. غوطه》(1) 水に飛び込むこと；飛び込み (2) 水に潜ること；潜水；潜り (3) 没頭；没入；心を打ち込むこと (4) 雲隠れ **गोता खाना** *a.* 没頭する；没入する *b.* だまされる；一杯食わされる *c.* 大失敗をする *d.* 大変な間違いをする **गोता दे०** *a.* 水に漬ける *b.* 一杯食わす **गोता मारना** = गोता लगाना. **गोता लगाना** *a.* 水に潜る；頭まで水に漬ける त्रिवेणी में गोता लगाना 聖地トリベーニーで沐浴する यह कहकर मछली पानी में गोता लगा गई こう言って魚は水に潜った *b.* 静まり返る *c.* 雲隠れする

गोताख़ोर [名] 《A.P. غوطه خور》(1) 潜水者；潜水夫；ダイバー (2) 飛び込み（競技）選手 (3) 潜水艦

गोताख़ोरी [名*] 《A.P. غوطه خوری》(1) 潜水 (2) 飛び込み（競技）

गोतिया [形] = गोती.

गोती [形] 同じゴートラ गोत्रの；ゴートラを同じくする

गोतीत [形] 知覚や感覚を超越した

गोत्र [名] (1) ゴートラ（祖先と考えられているリシ ऋषि の名にちなんだ名称を持つ氏族．外婚単位で血縁集団とされる） (2) 家系；系譜 बंगाली ब्राह्मण शाण्डिल्य गोत्र シャーンディリヤ・ゴートラのベンガル人ブラーフマン

गोत्रकर [名] ゴートラの祖= गोत्रप्रवर्तक.

गोत्रप्रवर्तक [名] ゴートラの祖

गोत्री [形] 同じゴートラの= गोती.

गोत्रोच्चार [名]〔ヒ〕結婚式の儀式の中で大声で新婦の先祖の名を読み上げて行われる宣言及び紹介の儀礼

गोद [名*] (1) 立ったり座ったりして子供やものを抱いたりのせたりする際に体の接する部分．すなわち，胸，脇腹，股や膝の上など (2) サリーの胸の部分 (3) 母親の懐のように心のやすらぎの得られるところ；頼りになるところ；寄る辺；庇護 उसके हाथ गोद में रक्खे थे 男の合わせた両手は胸に当てられていた नन्हे मुन्ने को तो अम्मी गोद में लिए फिरती थी 赤ん坊はいつも母親が抱いて歩いていた अधिकांश माताओं की आदत होती है कि वे बच्चे को गोद में लिटाकर दूध पिलाती हैं たいていの母親は子供を抱いて授乳する तब तक विषयुक्त भोजन खाकर मृत्यु की गोद में पहुँच चुका था その時までに毒入りの食物を食べて死の懐に抱かれてしまっていた **गोद का** *a.* 養子にとった *b.* 身の回りの **गोद का बच्चा** 乳飲み子= दूध पीता बच्चा; छोटा बच्चा. **गोद के खेलाए** （その人を）子供の頃から見知っている；（その人の）成長の過程を知っている **गोद ख़ाली हो०** *a.* 子のないこと रानियों की गोद अभी तक ख़ाली थी 王妃たちにはまだだれにも子がいなかった *b.* 子に死なれること **गोद जुड़ाना** *a.* 子を授かる *b.* 子が無事に育つ (-) **गोद दे०** （ーを）養子にやる **गोद पसारना** うやうやしく依頼する；丁重に依頼する **गोद फलना** 子を授かる **गोद फैलाना** = गोद पसारना. **गोद बैठना** 養子になる (-) **गोद बैठाना** （ーを）養子にする **गोद भरना** *a.* 子を授かる *b.*〔ヒ〕めでたい折に有夫の夫人に幸せを祈ってココヤシの実などを贈る儀式 **गोद में** 末子（として） (-की) **गोद में छिपना** （ーに）救いを求める；頼る (-की) **गोद में झूला झूलना** （ーに）大切にされる (-की) **गोद में डालना** （ーに）委ねる (-की) **गोद में पड़ना** 〔ヒ〕有夫の婦人が幸せを祈ってココヤシの実などを贈られる→ गोद भरना. (-की) **गोद में पलना** （ーの）庇護を受ける **गोद में बैठकर आँख में उँगली** 〔諺〕恩を仇（で返す） (-की) **गोद में बैठकर आँखों में उँगली क०** 忘恩の行為をする；恩を仇で返す (-की) **गोद में बैठना** *a.* 抱かれる *b.* 甘やかされる；甘える अम्माँ जी की गोद में बैठ जा ना बेशरम お母さんに抱っこしてもらいなさいな，甘えん坊さん (-को) **गोद में भर ले०** （ーを）抱きしめる (-को) **गोद में ले०** （子供を）胸や脇腹に抱き抱える；脇腹にまたがらせて抱える एक दिन पोती को गोद में लिये ある日孫娘を抱いて उसे गोद में लेकर घर लाए その子を抱いて家に連れてきた (-) **गोद में समा ले०** （ーを）滅ぼす (-) **गोद ले०** （ーを）養子にする= दत्तक ले०. उस सुनीता की, जिसे उन्होंने बेटी के तौर पर गोद लिया था 養子とした件のスニーターの गोद लेने की व्यवस्था 養子制度 **गोद सूनी हो०** = गोद ख़ाली हो०. **तुम्हारी गोद भरी रहे** 子のある女性への祝福の言葉（挨拶を受けた時の返事に）

गोदन [名]〔鳥〕クイナ科ウズラクイナ【*Crex crex*】

गोदनशीं [形]《H.गोद+ P. نشين》養子になった；養子にもらわれた

गोदनशीनी [名*]《H. गोद+ P. نشينی》養子になること；養子にもらわれること

गोदनहरा [名] (1) 入れ墨をする人；入れ墨師；彫物師 (2) 種痘を植える人= टीका लगाने वाला.

गोदनहारी [名*] 他人に入れ墨をする女性（कंजड़ カンジャル・カーストの女）→ कंजड़.

गोदना[1] [他] (1) 突き刺す；刺す；差し込む किसी नुकीली छुरी की तरह उसके कलेजे को गोदती रहीं 何か鋭利なナイフのように彼の胸を突き刺し続けた कुछ लोगों ने उन्हें दबोच लिया और छुरों से उन्हें गोद डाला 何人かの人が押さえ込んでナイフで突き刺した (2) 刺

ग

激する；刺激を与える (3) 入れ墨をする (4) 引っかく (5) 掘り返す

गोदना[2] [名] (1) 入れ墨 = गुदना. (2) 種痘の接種に用いる針 (3) 鍬 **गोदना गोदना** (**गोदना गुदवाना**) 入れ墨を入れる（入れてもらう）

गोदनी [名*] (1) 突き刺す道具 (2) 入れ墨に用いる針

गोदनेवाला [名] 天然痘の予防接種をする人= गोदनहरा.

गोदर [形] (1) ふっくらした；ふくよかな；ふわふわした；ふんわりした (2) 熟した；熟れた (3) 成熟した

गोदा[1] [名] ウドンゲ，バンヤンジュなどの熟した実；熟果 जंगल से पके गोदे लाकर खाते थे 森からバンヤンジュの熟果を採ってきては食べていた

गोदा[2] [名] (1) 新しく出た枝 (2) 細長い枝

गोदा[3] [名*] ゴーダーヴァリー川= गोदावरी.

गोदान [名] (1)〔ヒ〕ゴーダーン（ヒンドゥー教徒が宗教的な動機や結婚などの慶事に際してバラモンに雌牛を贈ることであるが，雌牛に限らず分相応の金子の場合が多い．功徳を積む行為とされてきた） (2) 特に死に際にそれを贈ることやその贈り物（六道銭，すなわち，三途の川の渡し賃になるものとされた） पंद्रहवीं-सोलहवीं शताब्दियों में यूरुप के पादरी नियत मूल्य लेकर ईसा के नाम पर पापमुक्ति का प्रमाण-पत्र बेचा करते थे, यह गोदान क्या उसी की भारतीय प्रतिलिपि नहीं है? 15～16 世紀のヨーロッパでは神父たちは決まった額の金を受け取って免罪符を売っていた．ゴーダーンはこれのインド版ではないのか मरने के पहले गोदान करना अनिवार्य माना गया है 死ぬ前にゴーダーンを行うことが絶対必要なこととされてきている

गोदाना [他・使] ← गोदना[1].

गोदाम [名]《E. godown ← Malay. gadong》（商品を保管するための）倉庫；貯蔵所；蔵；土蔵；物置

गोदावरी [名*] ゴーダーヴァリー川（ムンバイ東北方の西ガート山脈に源流を持ちアーンドラ・プラデーシュ州のラージムンドリーを経てベンガル湾に注ぐヒンドゥーの聖なる川）

गोदी[1] [名*] (1) ドック；造船所 (2) 波止場；桟橋 **गोदी मज़दूर** 沖仲士；港湾労働者

गोदी[2] [名*] = गोद. बच्चों को गोदी में लेना और प्यार करना 子供を抱いてあやす गोदी में पिल्ला था 子犬は抱かれていた

गोदूनिया [名*]〔植〕トウ（籐）の一種

गोदोहन [名] 牛の搾乳

गोदोहनी [名*] 搾った牛乳を入れる容器= दोहनी.

गोद्रव [名] 牛の尿= गोमूत्र.

गोध [名*]〔動〕爬虫類インドオオトカゲ= गोह.

गोधन [名] (1) 雌牛の群れ (2) 雌牛の形での財産

गोधा [名*]〔動〕トカゲ亜目インドオオトカゲ= गोह; गोह साँप.

गोधि [名] (1) 額；前額部；前頭部 (2)〔動〕ガリヤールワニ= घड़ियाल.

गोधिका [名*] (1)〔動〕ヤモリ = छिपकली. (2)〔動〕ガリヤールワニ（メス）

गोधी [名*]〔植〕小麦の一種【*Triticum aestivum Linn.; T. sativum Lam.*】

गोधूम [名]〔植〕コムギ（小麦）= गेहूँ.

गोधूलि [名*] (1) 牛の群れの移動で立つ土埃 (2) 夕暮れ時；黄昏時

गोधूलिवेला [名*] 夕暮れ時；黄昏時

गोधूली [名*] = गोधूलि.

गोन [名*] (1) 役畜の背に振り分けにしてのせる荷袋（麻袋，南京袋） (2) 麻袋；南京袋

गोनरा [名]〔植〕イネ科多年草ブルーパニック【*Panicum antidotale*】〈blue panic〉

गोनर्द [名] (1) = नागरमोथा. (2) = सारस.

गोना[1] [他] 隠す；秘める= छिपाना; लुकाना.

गोना[2] [名] = गौना.

गोनाश [名]〔動〕イヌ科オオカミ（狼）= भेड़िया; वृक.

गोनिया[1] [名*]《P. گونیا गूनिया》曲尺；T 定規 **गोनिया बस हो॰** 寸法が正しく合う

गोनिया[2] [名] (1) 荷物の運搬を生業とする人 (2) 役畜で荷物の運搬をする人

गोनी [名*] (1) 南京袋；麻袋 (2) ジュート麻

गोप [名] (1) 牛飼い；牛を飼う人 ग्वाला (2) アヒール・カーストの人 अहीर (3) 牛舎の番人 (4) 王；国王

गोपकन्या [名*] 牧女= गोपी.

गोपज [名] 牛飼いの男；牧夫

गोपति [名] (1) ヴィシュヌ神 (2) シヴァ神 (3) クリシュナ神 (4) 雄牛 = साँड़; वृष.

गोपद [名] (1) 牛のいるところ (2) 牛の蹄の跡

गोपदल [名]〔植〕ヤシ科高木ビンロウジュ（檳榔樹）；ビンロウ = सुपारी का पेड़.

गोपन [名] (1) 隠すこと；秘匿 (2) 保護；守護

गोपना [他] 隠す；秘める= छिपाना; लुकाना.

गोपनीय [形] (1) 隠すべき (2) 秘すべき；内緒の；内密の (3) 守るべき；守護すべき गोपनीय विद्या 秘密の学問 गोपनीय बातें 内緒話 गोपनीय कागज़ात 秘密書類 गोपनीय स्थान プライバシー गोपनीय स्थान का अभाव プライバシーの欠如

गोपनीयता [名*] 秘密；秘密性；内密；内緒 तकनीकी गोपनीयता 技術に関する秘密

गोपा [名*] (1) 牛飼いの女；牧女 (2) アヒール・カーストの女性；アヒーリン अहीरिन (3)〔仏〕釈迦の妻ヤショダラー妃 यशोधरा

गोपाल [名] (1) 牛飼い (2) アヒール・カーストの男 अहीर (3) クリシュナ कृष्ण; गोपाल कृष्ण

गोपालक [名] (1) 牛飼い (2) 酪農家 किसान व गोपालक 農家兼酪農家

गोपालिका [名*] 牛飼いの女

गोपिका [名*] (1) 牛飼いの女 = गोपी. (2) アヒール・カーストの女性 = अहीरिन.

गोपी [名*] (1) 牛飼いの女性 (2) アヒール・カーストの女性（अहीरिन） (3)〔イ神〕クリシュナに恋をした牛飼いの女性たち；ゴーピー

गोपीचंद [名] (1)〔イ音〕ゴーピーチャンド（一弦の楽器） (2) ゴーピーチャンド（出家してナート派の遊行者になったと伝えられるベンガルのラングプルの王．その生涯に題材をとった唄がジョーギーと呼ばれる放浪芸の人たちによってサーランギーを伴奏にして歌われてきている）→ नाथ.

गोपीचंदन [名] (1) ドゥワールカー द्वारका/द्वारिका 近辺で得られる白色粘土（ヴィシュヌ派信徒がこれでティラクを描く），ゴーピーチャンダン (2) 同上に似せて黄土で作られたもの

गोपीनाथ [名] クリシュナ神の異名の一；ゴーピーナータ= श्री कृष्ण.

गोपीयंत्र [名] サーランギー（弦楽器， सारंगी）

गोपुच्छ [名] 牛の尻尾= गौ की पूँछ.

गोपुटा [名*]〔植〕ショウガ科ラージカーダモン → इलायची (बड़ी इलायची).

गोपुर [名] (1) 都市や城の大門 (2)〔建〕塔の形をした南インド様式のヒンドゥー寺院の巨大な門；塔門；ゴープラム（本殿の正面，もしくは，四辺に建てられる）= गोपुरम; मंदिर द्वार. (3) 天国= स्वर्ग; गोलोक.

गोपेंद्र [名] (1) クリシュナ神 (2)〔イ神〕ナンダ → नंद; नन्द.

गोप्य [形] (1) 隠すべき；秘すべき (2) 隠されている；秘密の जो अभी तक उससे गोप्य रखा है, उसे अब कहने की ज़रूरत भी क्या! あの娘にこれまで隠しておいたものを今になって話すことはなかろう (3) 守られるべき；保護されるべき

गोफ[1] [名] 下僕= दास; सेवक.

गोफ[2] [形] (1) 秘すべき；隠すべき (2) 守るべき；守護すべき

गोफण [名] = गोफन.

गोफन [名] 作物を鳥獣から守るためや武器として用いられる投石の道具；投石機；カタパルト= फन्नी.

गोफा[1] [名] (1) サトイモ，バナナなどの開く前の葉 (2) 指と指を重ねた形

गोफा[2] [名*]〔植〕シソ科一年草ヤンバルハッカ属【*Leucas aspera*】= छोटा हलकुस.

गोबर [名] 牛や水牛の糞 भैंसों के गोबर 水牛の糞 गोबर का गोयठा 燃料に用いる乾燥牛糞 गोबर की खाद 牛糞の肥料 **गोबर क॰** *a.* 牛や水牛が糞をする *b.* 牛や水牛などの糞を片付けたりそれを用いて乾燥燃料をこしらえる *c.* 台無しにする；めちゃくちゃにする → गुड़ गोबर क॰. तुमने तो सारा ही गुड़ गोबर कर दिया お前は何

もかもすっかり駄目にしてしまった **गोबर का चोंथ** *a.* 間の抜けた *b.* 不恰好な；不細工な **गोबर खाना** 〔ヒ〕ヒンドゥーとしての罪滅ぼし（に儀礼の中で牛糞を食べる）；贖罪 **गोबर पाथना** *a.* 牛糞を燃料にするために乾燥などの加工をする *b.* 無駄なことをする；台無しにする；駄目にする *c.* 愚かしいことをする **गोबर बढ़ाना** ＝ गोबर क॰. **गोबर बीनना** 燃料用に牛や水牛の乾燥した糞を拾い集める **गोबर में फूल खिलना** 〔諺〕掃き溜めに鶴

गोबरकढ़ा [形⁺] (1) 牛や水牛の糞を片付けたり掃除する（人） (2) 乾燥牛糞を作るために壁に張りつける（人）＝ गोबरकढ़िन.

गोबर गणेश [形・名] (1) とんま（な）；のろま（な）；大馬鹿（の） (2) 不恰好なもの；みっともないもの＝ गोबर गनेस.

गोबर गिद्ध [名]〔鳥〕ワシタカ科エジプトハゲワシ【*Neophron percnopterus*】＝ गोबरगिद्धा.

गोबर गैस [名*] 牛糞ガス（牛や水牛の糞尿を用いて発生させたバイオガス．農村部などで燃料として用いられる）

गोबरी[1] [名*] (1) 燃料用の乾燥牛糞 (2) 床面や壁面に牛糞を混ぜた粘土を塗布すること

गोबरी[2] [名*] 舟底の穴 **गोबरी निकालना** 舟底に穴を開ける

गोबरैला [名]〔昆〕甲虫目の昆虫の総称，カブトムシ，クワガタ，マグソコガネ（食糞コガネムシ）など＝ गुबरैला; गोबरौला.

गोबिया [名]〔植〕イネ科タケ亜科イガフシダケ【*Cephalostachyum pergracile*】

गोबी [名*] ＝ गोभी.

गोभा [名*] (1) 波 (2) 気持ちの高まり

गोभी [名*] (1)〔植〕アブラナ科野菜キャベツ【*Brassica oleracea*】 (2)〔植〕アブラナ科野菜ハナキャベツ【*Brassica oleracea var. botrytis*】＝ फूलगोभी. (3)〔植〕キク科草本ミスミグサ【*Elephantopus scaber*】

गोमक्षिका [名*]〔昆〕ウマバエ；ウシアブ＝ डाँस.

गोमगो [形] 《P. گومگو》 (1) 曖昧な；不明瞭な；はっきりしない；どっちつかずの＝ अस्पष्ट. (2) 秘すべき；内密の＝ गोपनीय; न कहने लायक.

गोमटी [名*] ＝ गुमटी. 踏切番小屋

गोमती [名*] ゴーマティー川（ネパール西端に源を発しウッタル・プラデーシュ州の州都のラクナウ市など州の中央部を経てバナーラス東北方でガンジスに合流する） **क्या गोमती का पानी पिया है** （ラクナウ風の）慇懃な振る舞いを皮肉る表現

गोमांस [名] 牛の肉；牛肉

गोमा [名] (1)〔植〕シソ科草本【*Leucas cephalotes*】 (2)〔植〕シソ科ホソバセイロンハッカ【*Leucas lavandulfolia*】

गोमाछी [名*]〔昆〕ウシアブ；ウマバエ＝ डाँस.

गोमाता [名*]〔ヒ〕雌牛を崇めて言う呼び方．母なる雌牛；母の如き聖牛

गोमुख[1] [名] (1) 牛の顔 (2) 牛の口 (3) 楽器の一（金管楽器），ラッパ→ नरसिंघा. (4)〔動〕ワニ＝ मगर. (5) ゴームク（ガンジス川の源流バギーラティー川の水源）

गोमुख[2] [形] 雌牛のような顔をしている；雌牛のように優しい顔をしている

गोमुखनाहर [名] 外見はおとなしそうで心は甚だ残忍な人（牛面の虎，あるいは，牛面の獅子の意）

गोमुखी [名*] (1) ゴームキー（その中に手を入れ数珠を繰る布袋） ये सब चरखा कातते हुए भेड़िये हैं जिन्होंने अपने ख़ूनी नख गोमुखी में छुपा रखे हैं この連中は血塗れた爪をゴームキーに隠して糸車を回している狼なのだ (2)〔地名・ヒ〕ゴームキー（ガンジス川の源流バギーラティー川の水源でガンゴートリー गंगोत्तरी 氷河の流れ出る場所．ヒンドゥー教徒の聖地）

गोमूत्र [名]〔ヒ〕雌牛の尿（贖罪の儀式の際飲んだり，あるいは，薬として用いられる） गोमूत्र प्रसूति शुद्धि के लिए प्रयुक्त किया जाता है 雌牛の尿は出産の不浄を清めるのに用いられる

गोमृग [名]〔動〕ウシ科ニールガーイ；ウマシカ（大型のレイヨウ）【*Boselaphus tragocamelus*】〈nilgai; blue bull〉＝ नीलगाय.

गोमेद [名] (1) めのう（瑪瑙） (2)〔植〕コショウ科蔓木ヒッチョウカ【*Piper cubeba*】＝ कबाब चीनी; शीतल चीनी.

गोमेदक [名] めのう（瑪瑙）

गोमेध [名]〔ヒ〕古代において牛（の肉）を用いて行われた，と伝えられる供犠；牛祠祭

गोयंदा [名] ＝ गोइंदा.

गोया [副] 《P. گویا》まるで；あたかも＝ मानो; मानों. पढ़नेवाला महसूस करे गोया वह उसे आँखों से देख रहा हो 読む人がまるで自分の目で見ているかのように感じる आप तो ऐसी बात करते हैं, गोया ज़िंदगी से बेज़ार हो गए हैं まるで生きているのがすっかりいやになったようなことをおっしゃいますね है जन्नत का गोया नज़ारा वतन 祖国はまるで天国を見るようだ यूँ रोब गाँठते हैं गोया हम उनके बाबा के नौकर हों まるでこちらがあの男の先祖代々の使用人でもあるかのように威張る दोनों खड़े खड़े इन किरणों को इस तरह देखते रहे गोया उनपर जादू कर दिया गया हो 2人はまるで魔法にでもかけられたかのようにその光線を見続けていた जिसको मिली शराब तो राहत ही मिल गई, गोया कि इस जहान में जन्नत ही मिल गई 酒を得ることは幸せを得ること，あたかもこの世で極楽を得たかのように

गोर [名*] 《P. گور》 (1) 埋葬のための墓の穴；墓穴＝ क़ब्र. (2) 荒野；荒れ野＝ जंगल. **गोर खोदना** 墓穴を掘る **गोर में पाँव लटकाए बैठना** 棺桶に片足突っ込む **गोर में लात मारकर खड़ा हो॰** 九死に一生を得る

गोरकन [名] 《P. گورکن》 (1) 墓穴掘りの人夫 (2)〔動〕アナグマ【*Arctonyx collaris*】〈hog badger〉＝ बिज्जू.

गोरकनी [名*] 《P. گورکنی》墓穴掘り（作業と職）

गोरक्षक[1] [名] 牛飼い＝ गोपालक; ग्वाला.

गोरक्षक[2] [形] 雌牛を保護する

गोरक्षनाथ 〔人名・ヨガ〕ゴーラクシャナータ，もしくは，ゴーラクナート（मत्स्येंद्रनाथ の弟子で 9〜13 世紀頃の在世と伝えられているゴーラクナート派 गोरखनाथ पंथ 及びハタヨーガの創始者と伝えられる）＝ गोरखनाथ.

गोरक्षा [名*] 雌牛の守護；牛の保護（牛の屠殺を防ぐこと）

गोरख अमली [名*] ＝ गोरख इमली. 〔植〕パンヤ科大木バオバブ【*Adansonia digitata*】

गोरखडिब्बी [名*] 温泉；熱泉＝ गर्म सोता.

गोरखधंधा [名] (1) 複雑に入り組んだもの (2) 難題；難問；錯綜した問題 (3) 知恵の輪の類のもの；仕掛けの複雑な玩具 (4) この世のしがらみ

गोरखनाथ 〔人名・ヨガ〕ゴーラクナート；ゴーラクシャナータ＝ गोरक्षनाथ. → गोरख पंथ.

गोरखपंथ [名]〔ヒ〕 मत्स्येंद्रनाथ の弟子で 9 世紀後半以降から 13 世紀頃までとされるゴーラクシャナータ／ゴーラクナートを宗祖とする．パーシュパタ派 पाशुपत の流れを汲みハタヨーガ हठ योग を重んじたヒンドゥー教の一派（本山はウッタル・プラデーシュ州北東部のゴーラクプル गोरखपुर にある）；ゴーラクナート派＝ नाथ संप्रदाय.

गोरखपंथी [形・名] ゴーラクナート派の（信徒）

गोरखपुर 〔地名〕ゴーラクプル（ウッタル・プラデーシュ州の北東部に位置する都市で同名の県の県都でもある）

गोरखमुंडी [名*]〔植〕キク科草本芳香植物【*Sphaeranthus indicus*】

गोरखर [名] 《P. گورخر》〔動〕ウマ科野生ロバ【*Equus hemionus*】

गोरखा [名] (1)〔地名〕ゴールカー（ネパールの首都カトマンドゥー近くに位置） (2) ネパールのグルカ族，もしくは，ゴルカ族（の男子） गोरखा जवान グルカ兵；ゴルカ兵

गोरखाली [名*]〔言〕ゴールカーリー語（インドアーリアン系の言語で東部パハーリー語群に属する．一般にネパール語と呼ばれるもの）

गोरचकरा [名]〔植〕リュウゼツラン科草本チトセラン【*Sansevieria roxburghiana; S. zeylanica*】〈Indian bowstring hemp〉

गोरटा [形⁺] 色白の＝ गोरा.

गोरड़ी [名*] 色白の女性；美女

गोरन [名] (1)〔植〕ヒルギ科小木コヒルギ【*Ceriopus tagal*】 (2) コヒルギの木材 (3) コヒルギの樹皮

गोरपरस्त [形・名] 《P. گورپرست》 (1) 墓を拝む (2)〔イス〕聖者の墓に詣でて礼拝をするイスラム教の一派；聖廟参詣をする人

गोरल [名] ＝ गुरल. 〔動〕哺乳類偶蹄目ヒマラヤカモシカ；ゴーラル【*Nemorphaedus goral*】

गोरव [名] サフラン＝ केसर; ज़ाफ़रान.

गोरवा [名]〔植〕タケ亜科（水ぎせるのラウ，もしくは，ラオに用いられる）竹の一種

गोरस [名] (1) 牛乳 (2) ヨーグルト (3) バターミルク (4) 感覚器官から得られる快感

गोरा[1] [形+] (1) 色白の (2) 白人の भारतीय बाल सहम गया.वह कातर दृष्टि से गोरे बालक की ओर देखता रहा インド人の子供はびくっとした．おびえた目つきで白人の子供のほうをじっと見ていた **गोरी चमड़ी** 肌の白い人間；白人；白んぼう（黒んぼうに対して） रविशंकर हों या भगवान शंकर, स्वदेश में मर्यादा तभी बढ़ती है जब गोरी चमड़ियाँ दाद देने लगें わが国ではラヴィシャンカルであれ神様のシャンカルであれ，白んぼうにほめられるようになってからでないと値打ちはあがらないんだ गोरी सरकार 白人（イギリス）政権・当局 गोरा तोपख़ाना पलटन 白人砲兵隊

गोरा[2] [名] 白人

गोराई [名*] ←गोरा. (1) 色白なこと= सुंदरता. उनकी कोहनी की गोराई दिखलाई पड़ी ひじの白さが目に入った (2) 美しいこと= सुंदरता.

गोरा-चिट्टा [形+] 色白の；肌の白い；肌の色が明るい；雪肌の；もち肌の पंजाबी तो वैसे भी गोरे-चिट्टे होते हैं それでなくてもパンジャーブ人は色白だ

गोराटी [名*] = मैना.

गोरान [名]〔植〕ヒルギ科小木コヒルギ【*Ceriops tagala; C. candolleanaa*】= चौरी. बड़ा गोरान ヒルギ科低木【*Ceriops burghiana*】

गोरा पत्थर [名] せっけん石

गोरा भभूका [形+] とても色白の

गोराशाही [名*]（有色人種に対する）白人の支配；白人による統治

गोरिल्ला[1] [名]《E. gorilla》〔動〕ヒトニザル科ゴリラ

गोरिल्ला[2] [名]《E. guerilla》ゲリラ = गुरिल्ला.

गोरिस्तान [名]《P. گورستان》墓地 → क़ब्रिस्तान.

गोरी [名*] (1) 色白の女性 (2) 美人；美女

गोरू [名] 牛や水牛，山羊などの家畜

गोरूचोर [名] 家畜泥棒

गोरोचन [名] = गोरोचना.〔薬〕ゴーローチャン（牛の尿や胆汁などから作られたり牛の胆嚢結石の形で得られる黄色顔料・染料や薬剤．顔料としてはティラク तिलक を描くのにも用いられる．薬剤としては鎮静剤，駆虫剤，強壮剤，熱病に有効とされる高貴薬，五黄）

गोर्खा [名] = गोरखा.

गोर्खाली [名*] = गोरखाली.

गोलंदाज़ [名]《گول انداز←H.गोला + P.انداز अंदाज़》砲手 = गोलांदाज़.

गोलंदाज़ी [名*]《گول اندازی←H.+ P.اندازی अंदाज़ी》(1) 砲術 (2) 投球（クリケットの）

गोलंबर [名] ドーム；丸屋根；丸天井

गोल[1] [名] (1) 円；円形 (2) 丸い物体；球；球形；球体

गोल[2] [形] (1) 丸い；輪の形をした आपकी आँखें थीं तो छोटी लेकिन बिलकुल गोल その方の目は小さいけれど真ん丸の目だった गोल चेहरा 丸顔 गोल गले का 丸首の गोल गले का स्वेटर 丸首セーター गोल क॰ 丸くする；丸める गोल किया हुआ बिस्तर 丸められた（丸くたたまれた）寝具 (2) 球形の ज़मीन गेंद की तरह बिल्कुल गोल नहीं है 地球はボールのように全くの球形ではない गोल पत्थर 丸い石 (3) 丸みを帯びた；曲線を描いた；なだらかな線をした गोल कंधे なで肩 **गोल-गोल** *a.* 真ん丸な गोल-गोल आँखें 真ん丸な目 *b.* まるまると太った (4) 円柱や円筒の形をした **गोल क॰** *a.* うやむやにする *b.* くすねる तुलसीदास अयोध्या कांड में इस प्रसंग को गोल कर गए हैं トゥルシーダースはアヨーディヤー篇でこの件をうやむやにしてしまっている वह तुम्हारा सब सामान गोल कर देगा あの男は君の荷物を全部くすねてしまうだろう **गोल डालना** *a.* 面倒をおこす *b.* 隊を組む **गोल बदन** 頑健な体 **गोल बाँधना** 隊を組む **गोल बात** つかみどころのない話；あいまいな話 **गोल मारना** *a.* = गोल डालना. *b.* だます **गोल रहना** 黙りこくっている **गोल हो जा॰** 姿を消す；姿をくらます；こっそりいなくなる

गोल[3] [名]《E. goal》(1)〔ス〕ゴール（決勝線） (2) ゲート；ゴール (3) 得点；ゴール गोल के बाद खेल पुनः शुरू करने के लिए हारी हुई टीम का खिलाड़ी मैदान के बीच में से गेंद किक करता है 得点後試合を再開するには敗れたチームの選手がグランドの中央でキックをする **गोल क॰** ゴールを決める विपक्षी टीम पर गोल करने की व्यूह-रचना बनाते हैं ゴールを決めるのに戦陣を組む **गोल पर निशाना** ゴールキック（サッカー）

गोल[4] [形]《P. گول》愚かな；間の抜けた；馬鹿な= मूर्ख.

ग़ोल [名]《P. غول》(1) 群れ；集まり (2) 集団；集まり

गोलक [名] (1) 球；球形のもの (2) 目玉 (3) 瞳 (4) 貯金箱；銭入れ मेरे गोलक से एक रुपया वाला नोट किसी ने निकाल लिया 私の貯金箱からだれかが１ルピー紙幣を抜き出した= गुल्लक. (5) 基金；資金

गोल क़लम [名*]《H. गोल + قلم》金属を彫るのみ；たがね

गोलकीपर [名]《E. goalkeeper》〔ス〕ゴールキーパー

गोलकृमि [名]〔動〕カイチュウ（回虫）〈round worm〉

गोल खंभा [名]《E.goal + H.》〔ス〕ゴールポスト

गोलगप्पा [名]〔料〕ゴールガッパー（小麦粉を原料にギーや油で薄い球状に揚げたスナック．酸味の汁をつけて食べる）

गोलचक्कर [名] ロータリー（交差点の）

गोल पंजा [名] 先が丸みを帯びた靴= मुंडा जूता.

गोल पत्ता [名] (1) ニッパヤシの葉 (2)〔植〕ニッパヤシ गुल्गा

गोलपोस्ट [名]《E. goalpost》〔ス〕ゴールポスト

गोलफल [名] ニッパヤシ【*Nipa fruticans*】 गुल्गा の実

गोल मटोल [形] (1) 丸みのある；丸っぽい；ふっくらした चेहरा गोल मटोल, मूँछ बड़ी बड़ी ふっくらした顔にとても長い口ひげ गोल मटोल, रंग बिरंगे और चमकदार पत्थर 丸っぽく斑の光沢のある石 देखने में छोटा-सा, गोल मटोल और मासूम लगता था 見かけは小さくふっくらして無邪気な感じ (2) 丸々とした；丸々と太った= गोल-गोल; मोटा ताज़ा. (3) ずんぐりした

गोलमाल [名] (1) ごまかし；いかさま；いんちき अनगिनत पैसा पैदा करने के लिए बिजनेस में गोलमाल करना पड़ता है 商売で大金を儲けようと思えばいんちきをやらなくてはならないものさ (2) 混乱；めちゃくちゃ अब उधर भी कुछ गोलमाल हो गया है 今度はあちらのほうも何かおかしくなった **गोलमाल क॰** *a.* ごまかす *b.* 混乱させる；めちゃくちゃにする；台無しにする *c.* 盗む；くすねる

गोल मिर्च [名*] 黒コショウ = काली मिर्च.

गोलमेज़ [名*] 円卓；丸テーブル〈round table〉 **गोलमेज़ कान्फ्रेंस** 円卓会議= गोलमेज़ सम्मेलन.

गोलयंत्र [名] 昔の天球儀

गोलरक्षक [名] ゴールキーパー《E.goal + H.रक्षक》= गोलकीपर; रक्षक.

गोलरक्षण [名]《E. goal + H.रक्षण》〔ス〕ゴールの守備

गोलांदाज़ [名]《H.गोला + P.انداز》砲手 = गोलंदाज़.

गोला[1] [名] (1) 丸い形のもの；球形のもの；玉；丸めたもの；巻き（巻いた物） ऊन का गोला 毛糸の玉；かせ ऐसे रेशों के गोले このような繊維の玉 (2) 大砲などの弾；弾丸；爆弾 तोप का गोला 大砲の弾 गोले चलाना 砲弾を発射する गोले बरसाना 弾雨を降らせる आँसू गैस के गोलों का आयात बंद 催涙弾の輸入停止 (3)（スポーツに用いる）砲丸 (4) 輪（例えば五輪旗の） ओलंपिक ध्वज की पृष्ठभूमि सफ़ेद है, और उसपर एक-दूसरे में गुँथे हुए पाँच गोले हैं オリンピックの旗には白地に連なりあった５つの輪が描かれている (5) 時刻を知らせる号砲；正午の号砲；どん；時刻を知らせる大砲 अब तो हाथ नहीं चलता भाई! गोला भी छूट गया होगा, चबेना कर लें もう手が動かないよ．どんも鳴ったろうし弁当にしようぜ (6) ココヤシの実の皮をむいたもの〈coconut shell〉 (7) 穀物や食料品の卸市場 (8) 梁 **गोला उठाना** 身の潔白を証明する（ために昔，熱せられた鉄の玉を手に持ったこと） **गोला चढ़ाना** 大麻をすりつぶしたものを飲む

गोला[2] [名] 鳥獣の群れ

गोला[3] [名] (1) ゴーラー（中世にラージャスターンの支配階層の側妻から生まれた人たちやその子孫の集団） (2) 奴隷

गोलाई [名*] ←गोला. (1) 丸み तना गोलाई लिए हुए 幹は丸みを帯びている (2) 球形（であること）；丸いこと वह धरती की गोलाई को मानता है 地球が丸いことを認める (3) 円形（であること）；輪の形（であること） गोलाई में 輪を描いて；円形に गोलाई में पक्षियों का मंद गति से मँडराना उसे बहुत अच्छा लगा 鳥がゆっくりと輪を描いて飛ぶのがとても気に入った कपोलों पर ठीक कान के नीचे, गोलाई में पाउडर ब्रुश करते हुए 耳のちょうど下，頰に円形におしろいを刷毛で塗りながら

गोलाकार[1] [形] (1) 丸い；円い；円形の गोलाकार सरोवर 円い池 गोलाकार डिब्बा 円い器 (2) 球形の；球状の；丸い
गोलाकार[2] [名] (1) 円形 गोलाकार में बैठे थे 円陣をつくって腰を下ろしていた (2) 球；球形
गोलाफेंक [名]〔ス〕砲丸投げ 〈shot-put〉
गोलाबारी [名*]《P. گولہ باری》砲撃；銃撃 गोलाबारी क॰ 砲撃する；砲撃を加える
गोलाबारूद [名*]《P. گولہ بارود》弾薬 बड़े पैमाने पर हथियार और गोलाबारूद भी बरामद किया गया है 大量に武器弾薬が押収されている
गोला मेथी [名*]〔植〕カヤツリグサ科草本【*Cyperus corymbosus; C. tegetiformis*】
गोलार्ध [名] (1) 球の半分；半球 (2) 地球を中央で2つに分けた一方；半球 उत्तरी गोलार्ध 北半球 दक्षिण गोलार्ध 南半球
गोलिका [名*] 小球体；小滴 〈globule〉
गोली[1] [名*] (1) 小さく丸いもの；たま；玉 (2) 銃弾 बंदूक की गोली 銃の弾；鉄砲の弾 (3) 遊技に用いる小さい玉 काँच की गोली ガラスの玉；ラムネ玉 (4) 丸めた薬剤；丸薬 चूहे मारनेवाली गोलियाँ 殺鼠剤の粒 नींद की गोली 睡眠薬の粒 गर्भनिरोधक गोलियाँ ピル（経口避妊薬） (5) 頭を打ってできるこぶ इससे हमारे सिरों में कभी-कभी गोलियाँ निकल आती हैं それでしばしば頭にこぶができる **कच्ची गोलियाँ खेलना** へたなことをする；へまなことをする；幼稚なことをする मैंने कच्ची गोलियाँ नहीं खेली हैं. चोर जब चोरी करता है तो भागने का रास्ता पहले देख लेता है おれはへまなことはやってはいない．泥棒は盗みを働く時には先に逃げ道を見つけておくものなのだ **गोलियाँ चलाना** 弾雨を降らせる **गोली का शिकार हो॰** 銃弾に当たって死ぬ **गोली खाना** 銃弾に当たる **गोली खेलना** *a.* ラムネ玉の遊びをする *b.* 幼稚なことをする **गोली चलना** 銃が発射される；発砲される **गोली चलाना** 発砲する **गोली पिलाना** *a.* 弾を詰める；弾をこめる *b.* 射殺する **गोली बचाना** *a.* 弾をよける *b.* 難を逃れる **गोली मारना** *a.* 弾を発射する；射撃する；撃つ उसे 20 अगस्त को यहीं गोली मारी गई थी 男はこの場所で8月20日に射たれた देखते ही गोली मारने का आदेश 発見次第銃撃の命令 *b.* 驚きや相手の発言に対する否定的な反応を表す；なあに；なになに；何だと；放って置く；放置する；放ったらかしにする；相手にしない अजी, रुपयों को मारो गोली なあに金のことはどうでもいいんだよ मारो भी गोली काम को 仕事なんぞ放っておけ **गोली लगना** 弾に当たる＝गोली खाना. **गोली सर क॰** ゲームに勝つ (-को) **गोली से उड़ा दे॰** (−を）射殺する；射ち殺す＝गोली से मारना.
गोली[2] [名*] (1) 下女；侍女 (2) ゴーリー（主家の娘の嫁入りについて行きそこで仕えた奉公人の女性；女中；お手伝い） (3) 側妻 (4) गोला[3](1) の女性
गोली[3] [名]《← E. goal》〔ス〕ゴールキーパー
गोलीकांड [名] 発砲事件 पठानकोट और नकोदर में हुए गोलीकांड के विरोध में パターンコートとナコーダルで発生した発砲事件に抗議して
गोलीबार [名]《H.＋P. بار बार》発砲；銃撃 लुधियाना गोलीबार में ルディヤーナーでの（暴徒による）発砲事件で
गोलीबारूद [名*]《H. + P.بارود बारूद》弾薬；武器弾薬
गोलीय [形] 球形の；球状の；丸い गोलीय पृष्ठ 球面 गोलीय त्रिकोणमिति 球面三角法 गोलीय पृष्ठ 球面 〈spherical surface〉
गोलीरोधी [形] 防弾の；防弾用の गोलीरोधी जाकिट 防弾チョッキ＝बुलेटप्रूफ़ जाकिट.
गोलोक [名] (1) ヴィシュヌ神の天界 (2) 天国；極楽
गोलोकवास [名] 他界；逝去＝देहांत.
गोलोकेश [名] クリシュナ神
गोल्ड [名]《E. gold》金；ゴールド＝सोना; स्वर्ण; ज़र.
गोल्डन [形]《E. golden》(1) 金の；黄金の；金製の＝सोने का. (2) 金色の；黄金色の；ゴールデン＝सुनहरा.
गोल्डफ़िश [名*]《E. goldfish》金魚
गोल्ड मेडल [名]《E. gold medal》金メダル गोल्ड मेडल पाना 金メダルを授かる गोल्ड मेडल ले॰ 金メダルを取る
गोल्फ़ [名]《E. golf》〔ス〕ゴルフ
गोल्फ़कोर्स [名]《E. golf course》ゴルフコース；ゴルフ場
गोल्फ़लिंक्स [名]《E. golf links》ゴルフリンク；ゴルフコース
गोल्फ़ स्टिक [名]《E. golf stick》ゴルフクラブ

गोवध [名] 牛を殺すこと＝गोहिंसा. गोवध निवारण कानून (雌) 牛屠殺禁止法
गोवर्द्धन [名] (1) 牛の増殖 (2)〔ヒ・イ神〕ヴリンダーヴァンにある山の名．ゴーヴァルダナ山＝गोवर्धन. → वृंदावन. (3) 同上の山の近くの村
गोवर्धन [名] ＝गोवर्द्धन.
गोवर्धनधारण [名]〔イ神〕クリシュナ神が傘代わりにゴーヴァルダナ山を手で支えてインドラ神の降らせた大雨に対抗したという神話＝गोवर्द्धनधारण.
गोवर्धनधारी [名]〔イ神〕(ゴーヴァルダナ山を手で持った) クリシュナ神
गोवर्धन पूजा [名*]〔ヒ〕ゴーヴァルダナ・プージャー（家畜の安全と繁殖を祈願する祭り．カールティカ月の白分1日，すなわち，日本の旧暦の10月1日でディーワーリー祭の翌日に当たる）→ दीवाली; दीपावली.
गोविंद [名] (1) 最高神 (2) クリシュナ（神）の異名の一
गोविंददास〔人名・文芸〕ゴーヴィンダダーサ（1554-?ヴァッラバ派の信徒でクリシュナ信仰を謳ったブラジバーシャーの詩人）
गोविंदसिंह〔人名・シク〕グル・ゴーヴィンド・シン（シク教第9代のグル．テーグバハードゥルの子でシク教第10代のグル 1666–1708）
गोश [名]《P. گوش》耳＝कान. गोश क॰ 聞く；耳を傾ける＝सुनना.
गोशगुज़ार [形]《P. گوش گزار》耳に達した；耳に入った；報告された；通知された गोशगुज़ार क॰ 聞かされる；話す；語る；報告する；通知する
गोशगुज़ारी [名*]《P. گوش گزاری》報告；通知
गोशदार [形]《P. گوش دار》(1) 耳を傾ける；注意する (2) 監視する
गोशपेच [名]《P. گوش پیچ》(1) 耳覆いのついた帽子 (2) 頭を巻くショール
गोशमाल[1] [形]《P. گوش مال》（処罰として人の）耳をひねる
गोशमाल[2] [名] ＝गोशमाली.
गोशमाली [名*]《P. گوش مالی》(1)（処罰に）耳をひねること (2) 懲罰；折檻；懲らしめ (3) 叱責
गोशवारा [名]《P. گوشوارہ》(1) 耳飾り；イヤリング (2) ターバンにつけて飾りとして用いられる刺繍を施した布 (3) 計算・勘定の摘要
गोशा [名]《P. گوشہ》(1) 角；かど (2) 隅；コーナー (3) 人目につかないところ；引っ込んだところ；奥まったところ (4) コーナー（刺繍）
गोशानशीन [形・名]《P. گوشہ نشین》(1) 隠遁した（人）；世を捨てた（人）；独居する（人） (2) 引退した（人）＝गोशानशी.
गोशानशीनी [名*]《P. گوشہ نشینی》隠遁；俗世から独り離れて暮らすこと
गोशाला [名*] 牛舎あるいは牛が集めて置かれる場所（建物とは限らない）
गोश्त [名]《P. گوشت》(1) 肉；身＝मांस. (2) 食肉＝मांस.
गोश्तख़ोर [形]《P. گوشت خور》肉を食べる；肉食する＝मांसाहारी.
गोश्तख़ोरी [名*]《P. گوشت خوری》肉食＝मांसाहार; मांसभक्षण.
गोष्ठ [名] (1) 牛舎；牛を集めて置く場所 (2) 家畜を集めて置く場所 (3) 集まり；集団 (4) 相談
गोष्ठी [名*] (1) 牛や家畜の置き場 (2) 集会；集合；会合 (3) 研究会；研究集会；ワークショップ समारोह होते थे, गोष्ठियाँ होती थीं 集会が開かれ研究会が行われていた
गोष्ठी कक्ष [名]（議会の）ロビー
गोष्पद [名] (1) 牛を集めて置く所 (2) 牛の蹄の跡
गोसती [名*] 帆船にとっての向かい風；逆風
गोसर्प [名]〔動〕インドオオトカゲ＝गोह.
गोसल [名] ＝गुस्ल; गुसल; गोसल्ल.
गोसा[1] [名] (1) 牛糞 (2) 燃料用の乾燥牛糞
गोसा[2] [名]《← P. گوشہ गोशा》(1) 弓筈 (2) かど（角）；すみ（隅）
गोसाईं [名] (1) ゴーサーイン（出家や修行者に対する呼びかけの言葉）＝गोस्वामी. (2) 感官を制御した人 (3) ゴーサーイン・カースト（の人） (4) 最高神 (5) 主；主人

गोसिया [名]〔古〕〔ス〕ピンポン；卓球
गोसी [名*] 大型の帆船
गोसुत [名] 子牛= बछड़ा.
गोस्वामी [名] (1) 五感を制した人 (2) ゴースワーミー（聖者，上人などに対する敬称） (3) ヴィシュヌ信仰の諸派の宗祖の後継者
गोह[1] [名*]〔動〕トカゲ亜目インドオオトカゲ【*Varanus bengalensis*】〈common Indian monitor〉= गोह साँप.
गोह[2] [名] (1) 家 (2) 隠れたりひそんだりする穴
गोहत्या [名*] 牛の屠殺；牛殺し= गोवध. अपने पति और भगवान में अंतर समझने वाली स्त्री को गोहत्या का पाप लगता है 夫と神とを別のものと考える妻は牛殺しの罪を負うことになる
गोहन[1] [名] (1) 仲間；友；連れ= साथी; संगी. (2) つきあい；交際；交友= संग; साथ.
गोहन[2] [副] 共に；一緒に
गोहने [副] 一緒に；共に
गोहर [名]〔動〕爬虫類コモチカナヘビ【*Lacerta iguana*】= बिसखपरा.
गोहरा [名] 牛や水牛の糞を燃料用に乾燥させたもの；乾燥牛糞 = कंडा; उपला.
गोहराना [自] (1) 呼ぶ；呼びかける= बुलाना. (2) 叫ぶ；大声を出す= पुकारना.
गोहरोरा [名] (1) 燃料用の乾燥牛糞を積み上げたもの (2) 乾燥牛糞を積んで置く場所
गोहार [名*] = गुहार. (1) 助けを求める叫び声 (2) 叫んで人を呼び集めること (3) 騒ぎ **गोहार पड़ना** 救いや助けを求める声があがる **गोहार मारना** 助けを求めて大きな叫び声をあげる **गोहार लगना** 求めた助けが得られる **गोहार लगाना** = गोहार मारना. **गोहार लड़ना** 次々と挑んで戦う **गोहार हो°** = गोहार पड़ना.
गोहारी [名*] (1) = गोहार. (2) 弁償金
गोहुवन [名] インドコブラ= गेहुँवन.
गौं [名*] (1) 好機 (2) 利欲；私利；利己；魂胆 (3) 必要；必要性；用 (4) やり方；方法；様式；型 **गौं का** *a.* 利己的な *b.* 都合のよい **गौं का यार** 利己的な（人） **गौं गाँठना** 自分の利益のみをはかる **गौं ताकना** 機会をうかがう **गौं देखना** = गौं ताकना. **गौं निकालना** = गौं गाँठना. **गौं पड़ना** 必要になる；必要が生じる **गौं से** *a.* ちゃんと；きちんと *b.* 折を見て
गौ [名*] 雌牛 = गाय.
गौखा [名] (1) 小窓；のぞき窓= गवाक्ष. (2) = चौपाल.
ग़ौग़ा [名]《A. غوغا》(1) 喧騒；どよめき；大きな叫び声= कोलाहल; शोर. (2) 騒ぎ；叫び；悲鳴= हाहाकार; कोहराम.
गौगाई [名*]〔鳥〕ムシクイ科モリチメドリ属ハイビタイモリチメドリ【*Turdoides malcolmi*】
ग़ौज़ [名]《A. غوز》決意；決心= संकल्प; निश्चय.
गौड [名] = गौड़. (1)〔地名〕ガウダ（現今の西ベンガル地方を中心にする地域の古名，厳密には限定されない） (2) ガウダ（ブラーフマンの集団名．これにはサーラスヴァト सारस्वत，カーンニャクブジャ कान्यकुब्ज，ウトカラ उत्कल，マイティラ मैथिल，ガウダ गौड の各ブラーフマン集団が含まれる） (3) ガウダ・ブラーフマン（デリーからラージャスターン近辺のブラーフマンの一集団名） (4) ガウダ・カーヤスタ（カーヤスタ・ジャーティのサブカーストの一）
गौड़िक [形] (1) 黒砂糖の (2) 黒砂糖でこしらえる (3) 黒砂糖の入っている→ गुड़.
गौडी [名*] (1)〔イ文芸〕ガウディー・リーティ（गौड़ी रीति/गौडी रीति 合成語は長くかつ多用されそり舌音や響きの強い音，力強さを感じさせるような子音や子音連続が用いられる特徴のあるリーティ→ रीति，あるいは，ヴリッティ वृत्ति） (2) 糖蜜から製造される酒，ラム酒の類
गौड़ीय[1] [形] ガウダ地方の
गौड़ीय[2] [名]〔ヒ〕チャイタンニヤ चैतन्य (1485–1533) の開いたヴィシュヌ信仰の一派；チャイタンニヤ派
गौण [形] (1) 重要でない；二義的な；第二義的な；副次的な；従属的な；付属的な भारत के नागरिकों की आवश्यकताएँ सरकार के लिए गौण हो गई हैं インドの市民にとって大切なものは政府にとっては重要ではなくなっている (2) 第２の；２番目の；二次的な गौण डाटा 二次資料 गौण लैंगिक लक्षण 二次性徴 गौण उद्योग 第二次産業 (3) 派生的な；派生した (4) 比喩的な (5) 補助の；補助的な

गौण अभिनेता [名] 脇役
गौण आघात [名]〔言〕第二アクセント〈secondary accent〉
गौण कर्म [名]〔言〕間接目的語〈indirect object〉
गौणिक [形] (1) 性質に関する；特質に関する；属性に関する (2)〔イ哲〕トリグナ（त्रिगुण 三徳ないしは３構成要素）に関する (3) 優れた；徳を備えている
गौणी [形*] = गौण.
गौतम [名] (1) ゴータマ（गोतम）聖仙の血統の者 (2)〔イ神〕ガウタマ聖仙 (3) ニヤーヤ学派の開祖ガウタマ (4) ガウタマ・ブッダ（गौतम बुद्ध）
गौतमी [名*]〔イ神〕アハリヤー（ガウタマ聖仙の妻= अहल्या）
गौनहार [名*] 花嫁のゴーナー（→ गौना）の際花嫁に従って婚家に行く女性
गौनहारी [名*] 歌を歌ったり楽器を奏したりする放浪芸をなりわいとする女性たちのグループ；ガウナハーリー
गौना [名]〔ヒ〕花嫁の家での結婚式の後，花婿が花嫁を初めて自分の家に連れて行くこと及びその儀式（幼児婚の場合挙式とこの儀式との間には数年のへだたりが存在した）；ガウナー **गौना दे°** 花嫁を花婿と一緒に婚家へ送り出すこと **गौना लाना** 挙式後初めて花婿が花嫁を婚家へ連れて来ること
गौमुखी [名*] その中に数珠を入れて繰るためのがま口の形の布袋
गौर[1] [形] (1) 色白の；肌の白い (2) 白い；白の (3) 明るい；きれいな
गौर[2] [名] (1) 白色 (2) 明るい肌の色
गौर[3] [名]〔動〕ウシ科ガウル（インドヤギュウ）【*Bos gaurus*】= गौर गाय; गौरी गाय.
गौर[4] [名]〔鳥〕ヒレアシシギ科オバシギ【*Calidris tenuirostris*】
ग़ौर [名]《A. غور》(1) 深く考えること；熟慮；深慮= सोच-विचार. (2) 注意；配慮；慎重さ= ध्यान; ख़याल. **ग़ौर क°** 深く考えること；熟慮する इसपर तो हमने कभी ग़ौर ही नहीं किया था 当方はこのことについては今まで深く考えたことがなかった **ग़ौर से** 注意して；注意深く；慎重に पत्र में लिखी बातों को ग़ौर से देखिए 手紙に書かれていることを注意して見てみなさい उनकी एक एक चीज़ ग़ौर से देखें それらの一つ一つを注意深くご覧になって下さい
गौरक्षक [名]（雌）牛の守護者 पाबू जी गौरक्षक के रूप में पूजे जाने लगे パーブージーは牛の守護者として拝まれるようになった
गौरक्षा [名*]〔ヒ〕雌牛の保護（宗教的な動機から牛を食用のための屠殺や虐待から守ること）
ग़ौरतलब [形]《A. غور طلب》慎重に考えるべき；考慮すべき；熟慮すべき= विचारणीय. यह ग़ौरतलब है कि बच्चों को बड़े हो जाने पर उन्हें अपने पास नहीं सुलाना चाहिए 子供が大きくなったらそばに寝させてはならないことは考慮すべきことです
गौरमिंट [名]《← E. government》〔俗〕政府；お上= सरकार.
गौरव [名] (1) すぐれていること；立派なこと；偉さ भारत का गौरव インドの偉大さ；インドの尊厳 (2) 誇り भाखड़ा बाँध हमारे देश का गौरव है バークラーダムはわが国の誇りです (3) 尊厳 (4) 名誉；栄誉；誉れ उन्होंने पिछड़ी जाति के लोगों को भी अपने भाई एवं साथी का गौरव प्रदान किया 後進カーストの人たちにまで自分の兄弟や仲間としての名誉を贈った गौतम ने भी मिथिला का गौरव बढ़ाया ガウタマもミティラーの名誉を高めた हिंदी को राष्ट्रभाषा का गौरव दिलाने के लिए ヒンディー語に国語という栄誉を得させるために गौरव की बात 名誉なこと (5) 重さ (6) 深み；深さ
गौरव-गरिमा [名*] 栄誉 राजस्थान समूचे भारत के लिए प्रेरणा और गौरव-गरिमा देनेवाला प्रदेश है ラージャスターンはインド全体に鼓舞と栄誉を与える州なのです．
गौरवमय [形] (1) すぐれた；立派な (2) 尊厳がある (3) 名誉がある गौरवमय पद 名誉ある地位
गौरवर्ण [名] 肌の色の白いこと；色白（なこと）
गौरवर्णीय [形] 色白の；肌の白い
गौरवान्वित [形] (1) 誇らしい；光栄な यदि आप अपने बच्चों में शुरू से ही ऐसी आदतें डालेंगे तो निश्चय ही एक सुखद एहसास के साथ साथ स्वयं को गौरवान्वित महसूस करेंगी ご自分の子供に小さい時からこのような習慣をおつけになると必ずやさわやかな感じと共に誇らしくお感じになられることでしょう गौरवान्वित होने का मौका 誇らしく感じる機会 (2) 尊厳のある (3) 誉れ高い

गौरांग[1] [名] (1) ヴィシュヌ神 (2) クリシュナ神 (3)〔人名〕チャイタンニヤ (→ चैतन्य)
गौरांग[2] [形] (1) 色白の (2) 白人の गौरांग प्रभु 白人の上司= साहब.
गौरा [名*] (1) パールヴァティー (पार्वती)；ガウリー (गौरी)；ガウラー (2) 色白の女性 = गोरे रंग की स्त्री.
गौरिका [名*] = गौरी. 8 歳の少女
गौरी [名*] (1) 色白の女性 (2) シヴァ神の神妃パールヴァティー神 (पार्वती)；デーヴィー神 (3) 8 歳の少女(マヌ法典などのヒンドゥー教の古法典). ちなみに 8 歳前の少女はナグニカー नग्निका, 9 歳の少女はローヒニー रोहिणी, 10 歳の少女はカニヤー कन्या, 10 歳以上の少女はラジャスワラー रजस्वला と呼ばれた
गौरी गाय [名*]〔動〕ウシ科ガウル（インドヤギュウ）【*Bos gaurus*】
गौरी शंकर [名] (1) パールヴァティーを伴ったシヴァ神 (2) ガウリーシャンカル山（ヒマーラヤ山脈東部, チョモランマ（エベレスト）の近くの高峰 7146m）
गौरीश [名] シヴァ神の異名の一
गौरैया [名*]〔鳥〕ハタオリドリ科イエスズメ【*Passer domesticus*】= चटक. **पहाड़ी गौरैया**〔鳥〕ニュウナイスズメ【*Passer rutilans*】
गौशाला [名*] 牛舎；牛小屋 = गोशाला.
गौसम [名]〔植〕ムクロジ科高木セイロンオーク【*Schleichera oleosa*】= कुसुम.
गौहत्या [名*] (雌) 牛殺し；(雌) 牛の屠殺 गौहत्या घोर पाप है 雌牛殺しは大罪なり
गौहर [名] 《P. گوہر》真珠= मुक्ता; मोती.
ग्यारस [名*] 陰暦の白分 11 日, もしくは, 黒分 11 日
ग्यारह [数] 11 = एकादश. ग्यारहवाँ 第 11 番の；11 番目の
ग्रंथ [名] (1) 結び目；綴じたところ (2) 本；書物；典籍 (3) 浩瀚な書物
ग्रंथकर्ता [名] 著者；筆者
ग्रंथकार [名] 著者；筆者= ग्रंथकर्ता.
ग्रंथन [名] (1) 結ぶこと；綴じること (2) 糸やひもを通すこと (3) 著述
ग्रंथमाला [名*] 双書；シリーズ= ग्रंथावली.
ग्रंथलिपि [名*] グランタ文字（ブラーフミー文字の南方書体からサンスクリット語の書写のために発達した文字）→ ब्राह्मी.
ग्रंथ साहब [名] 《Pan.》= ग्रंथसाहिब. 〔シク〕シク教聖典グル・グラント・サーヒブ गुरु ग्रंथ साहब
ग्रंथसूची [名*] 書誌；文献；ビブリオグラフィー〈bibliography〉
ग्रंथागार [名] 図書館= पुस्तकालय; कुतुबखाना.
ग्रंथालय [名] (1) 書庫 (2) 図書館
ग्रंथावलि [名*] 双書= ग्रंथावली.
ग्रंथि [名*] (1) 結び目 (2) しこり (3) 腺 दुग्ध ग्रंथि 乳腺 स्तन ग्रंथि 乳腺 (4) コンプレックス
ग्रंथित [形] (1) 結び目のある (2) 結ばれている；綴じられた (3) 束ねられた；結われた एक सूत्र में ग्रंथित होकर 一本のひもに束ねられて
ग्रंथिबंधन [名] (1) 結ぶこと；結び合わせること (2) 束ねること (3)〔ヒ〕結婚式の際, 新郎新婦の着物の裾を結び合わせること（夫婦の結びつきの堅い絆を象徴するもの）
ग्रंथि भावना [名*]〔心〕コンプレックス= मनोग्रंथि. हीनता की ग्रंथिभावना 劣等感；インフェリオリティー・コンプレックス
ग्रंथिल [形] (1) 結び目のある；結ばれた (2) 結節のある；節のある (3)〔解〕腺の
ग्रंथी [名] (1)〔シク〕グランティー（グルドゥワーラー, すなわち, シク教寺院で経典を読誦し, 礼拝や式を司るなど諸種の儀式を執り行い寺院の管理をする人） (2) 著者；著作者
ग्रथन [名] 束ねること；綴じること
ग्रसन [名] (1) 食べること；食すること (2) 飲みこむこと；飲み下すこと (3) 捕らえこと；捕まえること (4) しっかり押さえこむこと
ग्रसना [他] (1) しっかりつかまえる；つかまえて離さない；とりおさえる；とりつく अंधविश्वास चाहे हमें अनचाहे हमें ग्रस लेते हैं 迷信はこちらが望もうが望むまいが人を捕らえて離さないものである पर धीरे-धीरे उसे एक अपराध बोध-सा ग्रसने लगा でも次第にいわば罪悪感のようなものがその人をじわじわとつかまえにかかった (2) 苦しめる；苛む
ग्रसनी [名*] 咽頭〈pharynx〉= हलक.
ग्रसन्य [名・形]〔言〕咽頭音〈pharyngal/pharyngeal〉
ग्रसिका [名*]〔解〕食道= ग्रासनली.
ग्रसित [形] = ग्रस्त. किसी विशेष रोग से ग्रसित なにか特異な病気に罹った वह हीनभाव से ग्रसित हो जाता है 劣等感にとらわれる असुरक्षा की भावना से ग्रसित 不安な気持ちにとらえられた
ग्रस्त [形] (1) とらえられた；つかまえられた यह तो भयग्रस्त मन की कल्पना मात्र थी これは恐怖にとらわれた心の空想にしか過ぎなかった नाना प्रकार के पूर्वाग्रहों से ग्रस्त いろいろな偏見にとらわれた जहाज़ दुर्घटनाग्रस्त हो गया 船は遭難した (2) 苦しめられた；さいなまれた अकालग्रस्त 飢饉に襲われた अकालग्रस्त क्षेत्र 飢饉に襲われた地域 (3) 食べられた (4) 飲みこまれた (5)〔天〕食（蝕）になった
ग्रह [名] (1) 捕らえること；つかまえること；支配すること；補足；把握 (2) 捕らえるもの；捕まるもの；捕らえるもの；支配するもの (3) 惑星 (4) 日食と月食とを起こさせる存在と信じられてきた悪魔ラーフ (5) 9 つの天体（太陽のほか太陽の周囲を公転する天体, もしくは, 天体と考えられてきたもの, すなわち, 火星, 水星, 木星, 金星, 土星, ラーフ राहु, ケートゥ केतु, 太陽, 月） पृथ्वी सूर्य का एक ग्रह है 地球は太陽の一惑星です (6) = ग्रहदशा (2). ग्रह अच्छे हो。 運勢がよくなる ग्रह का फेर हो。 運が悪くなる राजा के ग्रह खराब हैं 王の運勢はよくない
ग्रहण [名] (1) 捕獲；捕らえること；把握；捕捉 (2) 把握；理解 (3) 受領；収受 (4)〔天〕食 ग्रहण लगने से कुछ पहर पूर्व और कुछ पहर उपरांत उसकी छाया मानते हैं और छाया काल में अन्न जल ग्रहण नहीं करते 食の前後の時間に食の影響が及ぶものと考え, その間飲食しない (5) 陰り **ग्रहण क。** *a*. 受け入れる；受け取る；摂取する क्यों न यहीं अन्न ग्रहण करूँ ここで穀物を受け取ってみてはどうだろうか *b*. 把握する；理解する बच्चे बातों को बड़ी जल्दी ग्रहण कर लेते हैं 子供たちはすぐにものごとを理解する *c*. 迎える；受け入れる；歓迎する सब महाशयों ने इस क्षुद्र लेख को सानंद ग्रहण किया みながこの小論を歓迎してくれた **ग्रहण को देखना** 食を見ること；食を目にすること（俗信では不吉なこととされ避けられる） **ग्रहण पड़ना** *a*. 汚点がつく *b*. 障りが生じる= ग्रहण लगना.
ग्रहणशीलता [名*] 理解力 छात्रों की ग्रहणशीलता 生徒の理解力
ग्रहणि [名*] = ग्रहणी. 〔解〕十二指腸〈duodenum〉
ग्रहणीय [形] (1) 受け入れられるべき；承認されるべき (2) 従うべき
ग्रहदशा [名*] (1)〔占星〕惑星の位置 (2)〔占星〕惑星の位置が人間に及ぼすとされる影響；運勢；星 (3) 不運
ग्रहदाय [名*] 占星術で人の誕生時の惑星の位置によって決められるとされる寿命
ग्रहराज [名] (1) 太陽 (2) 月 (3) 木星
ग्रहशांति [名*]〔占星〕(1) グラハ (→ ग्रह) によって生じるとされる災厄を鎮めること (2) グラハによって生じるとされる災厄がない状態
ग्रहागम [名]〔占星〕グラハ (ग्रह) や幽霊の起こすとされる障り
ग्रहामय [名] グラハや幽鬼の障りによって生じるとされる病気
ग्रहीत [形] → गृहीत.
ग्रांट [名] 《E. grant》助成金= अनुदान.
ग्रांड फ़्लोर [名] 《E. ground floor》1 階；地階= प्रथम थल; ग्राउंड फ़्लोर.
ग्रां प्री [名] 《E. ← F. grand prix》グランプリ
ग्राइंडर [名] 《E. grinder》粉砕機
ग्राइंडिंग व्हील [名] 《E. grinding wheel》丸砥石= सान का चक्का.
ग्राउंड [名] 《E. ground》運動場；グラウンド स्कूल का ग्राउंड 校庭
ग्राउंड ग्लास [名] 《E. ground glass》磨りガラス；曇りガラス
ग्राउंड फ़्लोर [名] 《E. ground floor》一階；地階
ग्राफ़ [名] 《E. graph》グラフ；表 एक ग्राफ़ खींचकर यह बताते हैं グラフを一つ描いてこう言う
ग्राम[1] [名] (1) 集落；人里 (2) 村里；部落；村；村落 (3) 集団；グループ (4) 集まり；集会
ग्राम[2] [名] 《E. gram》グラム ऊन 4 से 5 गोले (125 - 150 ग्राम) 毛糸 4～5 かせ (125–150g)
ग्रामचैत्य [名] 村の聖樹（インドボダイジュ）
ग्रामणी [名] (1) 村の長；村長 (2) 指導者；頭；頭目

ग

ग्रामदेव [名] = ग्राम देवता.
ग्राम देवता [名] 村の守護神；産土神；鎮守
ग्राम पंचायत [名*] グラーム・パンチャーヤット（古代からの農村の自治機関とは別個の村落パンチャーヤット．独立インドにおける村落の自治発展・振興のため法制化された自治組織で保健，衛生，医療，灌漑，牧畜，治安維持，教育，農業振興，等々生活の万般にわたる業務を行う．村会，執行機関，一定範囲の司法機能を果たす農村裁判所などから成る） ग्राम पंचायत के कार्य 農村パンチャーヤットの業務
ग्राम प्रधान [名] 村長
ग्राम मुखिया [名] 村長
ग्रामवासी[1] [形] (1) 村の；村に住む (2) 飼育されている
ग्रामवासी[2] [名] 村民；村人 = ग्रामनिवासी.
ग्राम विकास [名] 農村振興；農村発展
ग्राम सभा [名*] グラームサバー（農村の行政自治体としての村の議会）；村議会；村会 ग्राम सभा के सदस्य 村会議員
ग्राम सेवक [名]（農村振興計画の一環として農業指導や生活改善に当たる）農村指導員
ग्रामीण[1] [形] 農村の；村落の ग्रामीण स्वशासन 村落自治 ग्रामीण क्षेत्र 農村地域；農村部 ग्रामीण जीवन 農村生活
ग्रामीण[2] [名] 村人
ग्रामीण विकास मंत्रालय [名] インド連邦政府農村開発省〈Ministry of Rural Development〉
ग्रामीय [形] 村の；農村の；村落の ग्रामीय जनसंख्या 農村人口 ग्रामीय प्रदेश 農村地域
ग्रामोद्योग [名] 農村工業 खादी और ग्रामोद्योग कमीशन 手織り及び農村工業審議会
ग्रामोफ़ोन [名] 《E. gramophone》蓄音機；レコード
ग्रामोफ़ोन रिकार्ड [名] 《E. gramophone record》レコード；レコード盤
ग्राम्य [形] (1) 村の；農村の (2) 田舎の；田園の (3) 田舎風の；田舎じみた (4) 野卑な；下品な；粗野な (5) 自然な
ग्राम्य देवता [名] = ग्राम देवता.
ग्राव [名] (1) 石 (2) 山 (3) 雹= ओला.
ग्रावस्तुत् [名]〔ヒ〕ヴェーダの祭式を司った祭官の一，グラーヴァストゥット（ソーマ搾りの石を称えた）
ग्रास [名] (1) 食べもの；餌食 (-का) ग्रास बनना（ーの）餌食になる मृत्यु का ग्रास बनना 死の餌食になる अकाल मृत्यु का ग्रास बनना 不慮の死の餌食になる (2) 一口；一口分 भोजन के ग्रास में भूल से आया हुआ कोई बाल अथवा कंकड़-पत्थर 食べものの中に間違って入った髪の毛や小石のかけら (3)〔天〕食；蝕
ग्रासनली [名*]〔解〕食道 = ग्रसिका. 〈esophagus〉
ग्रासना [他] (1) 捕らえる；捕まえる (2) 苦しめる；痛めつける
ग्राह [名] (1)〔動〕ワニ (2)〔イ神〕ヴィシュヌ神の信徒であった象の王ガジェーンドラ गजेंद्र を捕らえたとされる怪物のワニ गज और ग्राह लड़ते जल भीतर 象王とグラーハの水中での戦い (3)〔天〕食；蝕 (4) = ग्रहण.
ग्राहक [名] (1) 受け取る人；受け入れる人 (2) 買い手；取引先；客 (3)（高く）評価する人 (4) 顧客；得意；客
ग्राही[1] [形] (1) 受け取る (2) 受容する (3) 評価する
ग्राही[2] [名]〔生〕レセプター；受容体〈receptor〉
ग्राह्य [形] (1) 受け取れる (2) 受け取るに価する (3) 認められる；受諾できる；満足な (4) 感じられる；感受できる
ग्राह्यता [名*] 応諾；受諾；受容；容認性 प्रस्ताव की ग्राह्यता 提案の受諾
ग्रिट [名] 《E. grit》グリット；砂；砂粒
ग्रिनिच का माध्य समय [名] 《← E. Greenwich Mean Time; GMT》グリニッジ標準時
ग्रिप [名*] 《E. grip》〔ス〕グリップ；握り；握り方 अच्छी ग्रिप यानी पकड़ का आम तरीक़ा よいグリップ，すなわち，一般的な握り方
ग्रिल [名] 《E. grill》グリル
ग्रीक[1] [形] 《E. Greek》ギリシアの = यूनानी; यूनान देश का.
ग्रीक[2] [名] ギリシア人 = यूनानी.
ग्रीक[3] [名*]〔言〕(1) 古典ギリシア語= क्लासिकल ग्रीक. (2) 近代ギリシア語= आधुनिक ग्रीक.
ग्रीकवाद [名]〔史〕ヘレニズム= यूनानीवाद. 〈Hellenism〉
ग्रीकोरोमन [名] 《← E. Greco-Roman wrestling》〔ス〕グレコ・ローマン（スタイル）レスリング ग्रीकोरोमन की प्रतियोगिताओं में グレコ・ローマンの競技で→ फ्री स्टाइल की कुश्ती フリースタイルのレスリング
ग्रीज़ [名] 《E. grease》グリース；潤滑剤
ग्रीटिंग कार्ड [名] 《E. greeting card》グリーティングカード；賀状 नये साल का ग्रीटिंग कार्ड 年賀状
ग्रीन कार्ड [名] 《E. green card》(1) グリーンカード；永住権 (2)（アメリカへの）入国許可書
ग्रीन रूम [名] 《E. greenroom》楽屋；出演者控え室
ग्रीनलैंड〔地名〕《E. Greenland》グリーンランド島
ग्रीन हाउस [名] 《E. greenhouse》温室
ग्रील [名] 《E. grille》鉄格子；格子窓 ग्रील से घिरा 鉄格子に囲まれた
ग्रीवा [名*] 首；頸 गर्भाशय की ग्रीवा 子宮頸（管）
ग्रीवा घंटा [名] 牛の首につける鈴
ग्रीवा धमनी [名*]〔解〕頸動脈〈carotid artery〉
ग्रीष्म [名] (1) 夏；夏季 = गर्मी के दिन. (2) 一年を 6 季節に分けたうちの一で，インド暦の 3 月（ज्येष्ठ）と 4 月（आषाढ़）にあたる．雨季前の最も暑い季節 (3) 熱
ग्रीष्म ऋतु [名*] 夏；夏季（ज्येष्ठ と आषाढ़）
ग्रीष्म काल [名] = ग्रीष्म ऋतु.
ग्रीष्मकालीन [形] 夏期の；夏季の ब्रिटिश राज की ग्रीष्मकालीन राजधानी（शिमला）英領インド時代の夏季の首都（シムラー） ग्रीष्मकालीन ओलंपिक खेल 夏期オリンピック 23 वें ग्रीष्मकालीन ओलंपिक खेलों में 第 23 回夏期オリンピック競技会において
ग्रीष्म शिविर [名] サマーキャンプ
ग्रीष्मावकाश [名] 夏休み；夏季休暇
ग्रीस[1]〔国名〕《E. Greece》ギリシア = यूनान.
ग्रीस[2] [名] 《E. grease》グリース = ग्रीज़.
ग्रीसिंग [名] 《E. greasing》注油
ग्रूप [名] 《E. group》グループ；集団；団体 ग्रूप जीवन बीमा グループ生命保険；団体生命保険
ग्रे[1] [形] 《E. gray》灰色の；グレーの；ねずみ色の ग्रे पट्टी グレーのリボン
ग्रे[2] [名] 灰色；グレー；ねずみ色
ग्रेच्यूटी [名*] 《E. gratuity》(1) 退職金= उपदान; आनुतोषिक. (2) 祝儀
ग्रेजुएट [名] 《E. graduate》大学卒業生；学士= स्नातक.
ग्रेट ब्रिटेन [名] 《E. Great Britain》(1) 英本国；グレートブリテン (2) 英国；イギリス
ग्रेन [名] 《E. grain》グレーン（重量単位）
ग्रेनाइट [名] 《E. granite》花崗岩；御影石
ग्रेशम की कहावत [名*] 《E. Gresham's law》〔経〕グレシャムの法則 = ग्रेशम नियम. **खोटा सिक्का अच्छे सिक्के को बाज़ार से बाहर कर देता है** 悪貨は良貨を駆逐する
ग्रैजुएट [名] 《E. graduate》= ग्रेजुएट.
ग्रैम [名] 《E. gram》グラム = ग्राम.
ग्लब्स [名] 《E. gloves》手袋；グラブ
ग्लाइकोजन [名] 《E. glykogen》〔化〕グリコーゲン；糖原
ग्लाइकोसूरिया [名] 《E. glycosuria》〔医〕(病理) 糖尿 = शर्करामेह. मूत्र में ग्लूकोज निकलने को ग्लाइकोसूरिया कहते हैं 尿中にぶどう糖の出るのを糖尿と呼ぶ
ग्लाइडर [名] 《E. glider》グライダー
ग्लानि [名*] (1) 苛責；自責（の念） फिर स्वयं ही उसे अपने व्यवहार पर लज्जा तथा ग्लानि आएगी 本人自身が自分の行動に恥ずかしさと呵責を覚えよう (2) 後悔；悔恨 अपनी असफलता से उसे ग्लानि हुई 失敗を後悔した बाद में मुझे अपने कार्य पर बहुत ही ग्लानि और पश्चात्ताप हुआ 後に自分のしたことに強く自責と後悔の念を覚えた
ग्लानित [形] 悲しい；悲しげな；気分の沈んだ
ग्लास [名] 《E. glass》= गिलास.
ग्लासनोस्त [名] 《Ru. glasnost》グラスノスチ；情報公開
ग्लिसरीन [名] 《E. glycerine》〔化〕グリセリン
ग्लूकोज़ [名] 《E. glucose》ぶどう糖（葡萄糖） रक्त में मौजूद ग्लूकोज़ 血中のぶどう糖

ग्लूकोस [名] 《E. glucose》ぶどう糖；グルコース
ग्लूटामिन [名] 《E. glutamine》〔化〕グルタミン
ग्लूटामिनिक अम्ल 《E. glutaminic + H.》〔生化〕グルタミン酸〈glutaminic acid〉
ग्लूटेन [名] 《E. gluten》〔化〕グルテン
ग्लूटैमिक अम्ल [名] 《E.glutamic + H.》グルタミン酸〈glutamic acid〉
ग्लेज़ [名] 《E. glaze》うわぐすり（釉薬）；グレーズ
ग्लेशर [名] 《E. glacier》氷河= ग्लेशियर.
ग्लेशियर [名] 《E. glacier》氷河= ग्लेशर; हिमनद; हिमानी.
ग्लैमर [名]《E. glamour; glamaour girl》グラマー；グラマーガール
ग्लैमर गर्ल [名*] 《E. glamour girl》グラマーガール
ग्लोब [名] 《E. globe》(1) 地球儀；天体儀 (2) 地球 (3) 天体
ग्वाटेमाला〔国名〕《E. Guatemala》グアテマラ共和国
ग्वार [名*]〔植〕マメ科草本クラスタマメ【*Cyamopsis psoralioides; C. tetragonoloba*】
ग्वारककड़ी [名*]〔植〕ノボタン科小木ソメモノコメツブノボタン【*Memecylon edule*】
ग्वाल [名] (1) アヒール・カーストの人（अहीर） (2) 牛飼い (3) 牛乳屋
ग्वालदाड़िम [名]〔植〕キシキギ科低木【*Gymmosporia royleana; Celastrus spinosas*】
ग्वाला [名] (1) アヒール・カーストの人（अहीर） (2) 牛飼い (3) 牛乳屋
ग्वालिन [名*] (1) アヒールの女性；グワール（ग्वाल）の女性 (2) 牛飼いの女性
ग्वालियर〔地名〕グワーリヤル（マッディヤ・プラデーシュ州北部の都市．インドの独立までは同名の藩王国の首都）
ग्वाली [名*] = ग्वालिन.

घ

घँघोलना [他] (1) 液体の中に手や道具などを入れてまぜる；かきまぜる (2) 液体の底に沈んだり沈殿しているものをかきまわして濁らせる
घंट[1] [名] (1) 水がめ = घड़ा; घट. (2)〔ヒ〕人の死後 10 日余り死者の霊に水を供えるためにインドボダイジュに吊るす壺
घंट[2] [名] = घंटा. एक ही घंट में たった 1 時間で
घंट[3] [名] シヴァ神の異名の一
घंट धातु [名*]〔鉱〕鐘青銅；ベルメタル
घंटा [名] (1) 鐘；釣鐘 मंदिर का घंटा 寺の鐘 घंटे की टकोर 鐘の音 (2) 叩き鐘；鉦 (3) 鐘や鉦の鳴る音 (4) 時報 घंटा बोलना 時間を告げる鐘が鳴る；時報が鳴る (5) 1 時間，すなわち，60 分 चौबीस घंटों में 24 時間以内に (6) 授業時間など時間の区切り；時限；限 खेल के घंटे में बड़ा मज़ा आता है 体育の時間はとても楽しい (7) 授業 वह भी उनके साथ स्कूल से घंटे छोड़कर जाने लगा था 彼もその連中と一緒に授業をサボるようになった (8) にべもなく断ること；その合図としての親指 (9)〔俗〕男根 **घंटा चटाना** = घंटा दिखाना. **घंटा ठोंकना** 時報の鉦を鳴らす= घंटा दे॰. **घंटा दिखाना** にべもなく断る **घंटा मारना** = घंटा ठोंकना. **घंटा मिलना** 断られる；にべもなくはねつけられる **घंटा हिलाना** *a.* つまらぬことをする *b.* 何もせずにぼんやりする *c.*（鐘や鉦を鳴らすなどして行われるヒンドゥーの礼拝）プージャーをする **घंटे पर मारना** 相手にしない；問題にしない= घंटे पर रखना. **घंटे पर रखना** = घंटे पर मारना. **घंटे मोरछल से उठाना** 天寿を全うして亡くなった人の遺骸を楽隊などで盛大に葬送する（火葬場へ運ぶ） **घंटों** 何時間も；幾時間も वह महल के बगीचे में घंटों बैठी प्रकृति के सुंदर रूप को निहारती रहती 宮殿の庭に何時間も腰を下ろして自然の美しさに見とれている वहाँ घंटों क़याम करके そこに何時間も留まって
घंटाकरन [名]〔植〕マメ科草本オオミツバタヌキマメ【*Crotalaria striata; C.mucronata*】= सन.
घंटाघर [名] 時計台 घंटाघर की घड़ी सुबह के नौ बजा रही थी 時計台の時計が午前 9 時を告げているところだった
घंटानाद [名] 鉦の音
घंटापथ [名] 市街の大通り
घंटाबीज [名] (1) トウダイグサ科低木ハズ【*Croton tiglium*】= जमालगोटा. (2) その種子
घंटाशब्द [名] (1) 鐘の音 (2) 鐘青銅
घंटिका [名*] (1) 小さな鐘 (2) 鈴 (3) ペルシア井戸の汲揚機につけられる水がめ
घंटी [名*] (1) 小さな釣鐘 बौद्ध घंटी 梵鐘 बौद्ध घंटियों की आवाज 梵鐘の音 (2) 鐘の形をした振って鳴らす鈴（りん） (3) たたきがね（鉦） (4) 鈴（すず） ऊँटों के गले में लटकती घंटियाँ ラクダの首に掛けられている鈴 (5) ベル；電鈴；呼び鈴；ブザー घंटी बजी 呼び鈴が鳴った；ブザーが鳴った उसने द्वार की घंटी बजाई 玄関のベルを鳴らした टेलीफ़ोन की घंटी बज उठी 電話のベルが鳴り出した (6) のどぼとけ（喉仏） (7) のどひこ；口蓋垂；のどちんこ
घंटील [名]〔植〕イネ科多年草【*Eleusine flagellifera*】（牧草になる）
घघरा [名]〔服〕ガグラー／ガーグラー（→ घाघरा）.
घघरी [名*]〔服〕ガグリー（小型のガーグラー घाघरा）
घच [名*] 鋭利なものやとがったものが柔らかい物に突き刺さった時出る音 घच से ぶすっと；ぶちっと
घट[1] [名] (1) 水瓶（など水を入れて置く瓶） (2) 肉体；身体 (3) 心；胸 (4)〔天〕水がめ座 (5)〔イ音〕ガタ（陶製の壷太鼓） **घट का पट खोलना** 蒙を啓く；（これまでわからなかったことを）はっきり理解させる **घट घट का वासी** 遍在する **घट घट में** 万人の心の中に；万人の胸に **घट घट में समाना** 遍在する **घट फूटना** 死ぬ

घ

घट में बसना (रमना) *a.* 胸に刻まれる *b.* 気にかかる **घटवादन** ガタの演奏
घट[2] [名] 雲 = मेघ; बादल; घटा.
घटक [名] (1) 構成要素；構成単位；単位；構成員 संयुक्त वामपंथी मोर्चे के सबसे शक्तिशाली घटक 左翼連合戦線の最も強力な構成員 हम जिस समाज व्यवस्था में हज़ारों सालों से जी पल रहे हैं वहाँ घर हमारे विशाल जीवन का पहला घटक, पहली यूनिट है 私たちがその中で幾千年来生活し養われてきている社会制度の中では家庭が生涯全体を構成する最初のまとまりであり基本単位なのです (2) 要因 (3) 党派；派閥 पार्टी के घटकों में आंतरिक लड़ाई के समय भी 党内の派閥争いの際にも (4) 仲人 = बरेखिया. (5) 仲介者；仲裁者 = मध्यस्थ. (6) 仲買人 = दलाल.
घटकवाद [名] 派閥争い अगर पार्टी में घटकवाद का बोलबाला रहा तो अगले चुनाव तक पार्टी का नाम-निशान नहीं रहेगा もしも党内の派閥争いが猖獗を極めれば次の選挙までに党は跡かたもなくなるだろう
घटका [名] 臨終；死に際にのどに痰の絡んだ状態= घर्रा.
घटज [名]〔イ神〕アガスティヤ聖仙 (अगस्त्य मुनि) の異名
घटती [名*] (1) 減少 (2) 低下；減退 (3) 衰退；衰微 (4) 不足；欠乏 **घटती का पहरा** 衰えた際；衰退した際；落ち目 **घटती के पहर चढ़ना** 落ち目になる
घटना[1] [自] (1) 減る；減少する；かける (欠ける) ↔ बढ़ना. राज्य की शक्ति बढ़ेगी तो जनता की शक्ति घटेगी 国家の力が増大すれば人民の力は減少する उनकी संख्या घटती जा रही है それらの数が減少しつつある चंद्रमा दो हफ़्तों के बाद घटना शुरू होता है 月は半月後に欠け始める चंद्रमा का घटना-बढ़ना 月の満ち欠け (盈虧) (2) 下がる；低下する；低くなる；少なくなる ऊँचे पर्वत पर वायुमंडलीय दाब घटता है 高い山の上では気圧が低くなるものだ थोक मूल्य सूचक अंक भी घटने लगा है 卸売物価指数も下がり始めている **घटना-बढ़ना** 一進一退の；増減する；高下する
घटना[2] [自] (1) 起こる；生じる；発生する घटना ऐसे घटी 事件はこんなふうに起こった जो आज किसी के साथ घटा है, वह कल हमारे अपने साथ भी घटित हो सकता है 今日だれかに起こったことは明日我々自身にも起こりうる बड़ी घटना घट गई 大事件が発生した (2) 合う；合致する；あてはまる；ぴったりする
घटना[3] [名*] (1) 出来事 ग्रहण को एक अशुभ घटना मानकर (日・月の) 食を不吉な出来事と考えて (2) 事件 चोरी की घटनाएँ 窃盗事件 हिंदू-मुस्लिम झगड़े, दंगे तथा अन्य अशोभनीय घटनाएँ ヒンドゥーとムスリムの争い, 暴動その他なげかわしい事件
घटनाक्रम [名] (1) 一連の出来事 (2) 状況；様子 चीन का वर्तमान घटनाक्रम 中国の現況 (3) 事の経過；成り行き；展開 किसी हद तक घटनाक्रम ने इस मुद्दे पर गाँधी को सही साबित किया है ある範囲内では事の経過がこの意味においてマハートマー・ガーンディー (の立場) を正しいものと証明した
घटनाचक्र [名] 事件の展開；事件の進展；成り行き लेकिन घटनाचक्र उसे दूसरी ओर ले गया だが事件の成り行きはそれを違う方向に導いた
घटनापूर्ण [形] 出来事や事件の多い；波瀾に富む；変化の激しい；起伏の多い；波瀾万丈の
घटनावली [名*] 一連の出来事
घटनास्थल [名] 現場；事故現場；事件現場
घट-बढ़[1] [名*] (1) 増減 (2) 上下すること；昇降 वायुमंडलीय दाब की घट-बढ़ से वायु में गति उत्पन्न होती है 気圧の上下により空気が動き出す (3) 変動 कीमत की घट-बढ़ 価格の変動
घट-बढ़[2] [副] 多かれ少なかれ；およそ
घटयोनि [名]〔イ神〕リグヴェーダに現れるアガスティヤ聖仙の異名の一 घटज; अगस्त्य मुनि
घटवाई[1] [名] 渡し場の通行税を徴収する役人
घटवाई[2] [名*] 渡し場の通行税
घट वादन [名]〔イ音〕ガタ घट (壷太鼓) やさかさまにした水がめを楽器として奏すること
घटवाना [他・使] ←घटाना. 減らさせる；減らしてもらう
घटस्थापना [名*]〔ヒ〕ヒンドゥーの祭礼に際して依り代としての水がめに水を入れて式場に据える儀礼
घटा [名*] (1) 密雲；黒雲 (黒髪になぞらえられる) दुख की घटाओं का अँधेरा है 悲しみのもたらした密雲の暗がり (2) 集まり；群れ；集団 (3) 山のように集まったもの **घटा घिरना (छाना)** 密雲が覆う；黒雲が広がる आसमान पर काली घटाएँ छाई हुई थीं 空を黒雲が覆っていた
घटाटोप[1] [名] (1) 密雲 (の広がり) बरसते पानी के घटाटोप में सारे किनारे छुप गये थे 降りしきる密雲に岸辺はすっかり隠れてしまっていた (2) 乗物や輿をすっぽり覆い隠すもの；目隠し
घटाटोप[2] [形] ぐるりと取り囲んだ；すっぽり覆う；覆いかぶせる घटाटोप अंधकार すっぽり覆いつくす暗闇
घटाना[1] [他] (1) 減らす；減少させる；下げる；引き下げる मुनाफ़ा घटाना 利益を減らす ओपेक ने तेल के दाम घटा दिए हैं オペックが石油価格を引き下げた वह फ़सलों को बीमार बनाकर पैदावार को घटाती है それらが作物を病気に罹らせ収穫を減少させる (2) 低下させる；減退させる हैसियत घटाना 地位を低下させる घटाना-बढ़ाना 加減する；増減させる तदानुसार दवा की मात्रा घटाई बढ़ाई जाती है それに基づき薬の量が加減される (3) 引き算をする= व्यवकलन क॰.
घटाना[2] [他] (1) 起こす (2) 適用する；応用する
घटाना[3] [名] 引き算= व्यवकलन.
घटाव [名] (1) 減ること；減少 (2) 低下 (3) 衰退
घटाव-बढ़ाव [名] (1) 増減 (2) 上下
घटिका [名*] (1) 時計 (2) 時間の単位 (一日の時間を 60 等分した長さ, すなわち, 24 分に相当) (3) 形の小さい壷やかめ
घटित [形] (1) 発生した；起こった；生じた उस रात विचित्र घटना घटित हुई 当夜不思議な出来事が起こった त्रासदी घटित हो॰ 悲劇が生じる (2) あてはまった；ぴったりした
घटिया [形] (1) 劣っている；質の悪い；劣等な；下等な；粗悪な कितनी घटिया और सस्ती चीज़ें なんと粗悪で廉価な品 घटिया किस्म का साबुन 品質の劣るせっけん घटिया क्वालिटी का अनाज 品質の良くない穀物 घटिया माल लगाया गया है 粗悪品が使用されている (2) 下等な；下級の；劣等な；劣っている नौकरी को खेती और व्यापार से बहुत घटिया कहा गया है 人に使われることは農業や商業に比べてひどく劣ったことと言われてきている (3) 下品な；品のない；下劣な；さもしい इस तरह का घटिया व्यवहार このような下品な振る舞い कितनी घटिया मनोवृत्ति है यह なんとも下劣な心性だ
घटी[1] [名*] (1) ガティー (時間の単位で 24 分に相当) = घटिका. (2) 水時計 (3) 時計 = टाइमपीस. (4) ペルシア井戸の揚水機 (→ रहट) につける水がめ
घटी[2] [名*] (1) 減少 (2) 欠損；損 (3) 損害；打撃 भाव के बार-बार कमी होने के कारण उसे अपने स्टाक पर हमेशा घटी उठानी पड़ी है 相場が幾度も下がったので在庫品でいつも損害を被らねばならなかった
घटी[3] [名]〔天〕水瓶座= कुंभराशि.
घटी यंत्र [名] (1) 時計 (2) 水時計 (3) ペルシア井戸の揚水機
घटौती [名*] 払い戻し；リベート
घट्ट [名] (1) → घाट. (2) 渡し場などの徴税所
घट्ट कर [名] 渡し場で徴収される通行税；通関税；関税
घट्टा [名] = घट्ठा.
घट्ठा [名] (1) たこ, まめ, うおのめなど皮膚が固くなったり盛り上がったりしたもの घट्ठा पड़ना たこ (など) ができる (2) せん (栓)；コルク栓 (-को =का) **घट्ठा पड़ना** (ーが=に) 慣れる；癖がつく；習熟する
घड़घड़ [名*] 機械, 車輪, 雷鳴, 列車などが立てるようなけたたましい音, 激しい音, 轟音. がらがら, ごとごと, ごとんごとん, ごろごろ, がらんがらんなど
घड़घड़ाना [自] घड़घड़ (→) と言うようなけたたましい音や激しい音が出る；轟音を立てる घड़घड़ाती ट्रेन आ पहुँची 轟音を立てて列車が到着した नहाकर निकले ही थे कि फ़ोन की घंटी घड़घड़ा उठी 風呂から出たとたんに電話がけたたましく鳴り出した
घड़घड़ाहट [名*] (1) घड़घड़ といった喧しい音や轟音を立てること；がらがら, がたんがたん, がたごとなど इंजन की सीटी और गाड़ी की घड़घड़ाहट 機関車の警笛と列車の轟音 रहट की घड़घड़ाहट ペルシア井戸の揚水機のがらがら (2) 死に際などにのどに痰が詰まったために生じる音 गले में घड़घड़ाहट आई のどに痰が絡んだ
घड़न [名*] ←गढ़ना. 作り出すこと；創作；創出

घड़ना [他] = गढ़ना. लोगों ने आकाश में सप्त ऋषियों, आकाश गंगा, ध्रुवतारा आदि के विषय में अनेक मिथक घड़े हैं 人々は北斗七星，天の川，北極星などに関する数多くの神話を作り出している लकड़ी से प्रतिमा घड़ना 木像を彫る

घड़ा [名] 水がめなど水を汲み置いたり穀類を保存したりする金属や焼き物の丸く底の深い容器の総称 **घड़ा छलकना** 限度を越える **घड़ा फूटना** 秘密が暴かれる；暴露される **घड़ा भर जा०** 限界に達する **घड़े को ठोंकना** 確かめる；確認する；検査する **घड़ों नशा चढ़ना** すっかり魅了される (-पर) **घड़ों पानी पड़ जा०** (－が) 赤恥をかく；赤面する；冷や汗をかく；冷汗三斗 यह सुनकर दोनों के ऊपर घड़ों पानी पड़ गया これを聞いて 2 人は全く赤面した **चिकना घड़ा** 鉄面皮；厚顔無恥な人

घड़ाना [他・使] ← घड़ना.

घड़िया [名*] (1) 水を汲み置いたりする水がめなど（→ घड़ा）の小さなもの (2) ペルシア井戸の揚水機につけられる小さなかめ (3) 子宮

घड़ियाल[1] [名] 鉦（かね），銅鑼（どら）など（楽器や時報の合図などに用いられるもの） फ़ौजी घड़ियाल ने बारह बजाये 兵営の鉦が 12 時を打った

घड़ियाल[2] [名]〔動〕爬虫類ワニ科ガリアール；ガンジスワニ；ガビアル【*Garial Gavialis gangeticus; Lacerta gangetica*】

घड़ियाली[1] [名] たたき鉦（घड़ियाल）で時報を鳴らす役目の人

घड़ियाली[2] [名*] घड़ियाल[1] の小さな型のもの

घड़ी [名*] (1) 時計の総称（腕時計，掛け時計など） घड़ी की टिकटिक 時計のかちかち鳴る音；チックタック (2) 24 分に相当する時間の単位 (3) 時；タイミング；時期；頃合 इस आपदा की घड़ी में この危急の時に दुख की घड़ियाँ 悲しい時 जिंदगी की आखिरी घड़ियों में 人生の最後の時に एक बड़ी नाज़ुक घड़ी 甚だ微妙な頃合 (4) わずかの時間 **घड़ी में - घड़ी में** = －したかと思うと＝する घड़ी में छूटना, घड़ी में पकड़ना 釈放されたかと思うとすぐに捕らえられる **दो घड़ी** しばし；しばらく कोई भी नहीं जिसके पास दो घड़ी बैठकर बातें कर सकती और कुछ देर मन हलका कर सकती しばらく横に腰を下ろして話をし気晴らしのできるような相手がだれもいない (5) 今際の際に；臨終 माँ ने कहा है कि आज तुरंत चले आना.मेरी घड़ी समीप है 「今日すぐに来なさい．もう長くないから」と母が言った **घड़ी आ०** 機会が訪れる；好機が訪れる **घड़ी की कमानी** 時計のぜんまい **घड़ी की सूई देखते रहना** 首を長くして待つ；今か今かと待つ；鶴首する **घड़ी की सूई बराबर** きっかり；ぴったり **घड़ी कूकना** 時計のねじを巻く **घड़ी गिनना** *a*. 待ち構える *b*. 死期を迎える；死期が迫って来る **घड़ी घड़ी भर पर** 少し間をおいて **घड़ी घड़ी में** = घड़ी घड़ी भर पर. **घड़ी टलना** 機会や特定の時が去る **घड़ी तोला घड़ी माशा क०** （考えや意見が）定まらないこと；安定しないこと；変わってばかりいること；ころころ変わること **घड़ी देखकर** 定刻に；時間通りに **घड़ी देखते रहना** *a*. 時間や時刻を気にする *b*. 急ぐこと *c*. 待つ；待ち遠しく思う **घड़ी देखना** （行動を起こす際に吉凶の判断から）吉祥の時刻を定める **घड़ी दे०** 吉祥の時刻を告げる（教える；知らせる） **घड़ी पल** しょっちゅう；四六時中；絶えず；たえまなく **घड़ी पल छिन** = घड़ी पल. **घड़ी पूरी हो०** 死期が来る **घड़ी मिलाना** 時計の時刻を合わせる **घड़ी मुहूर्त देखना** = घड़ी देखना. **घड़ी में कुछ घड़ी में कुछ** 刻々と変化する；次から次へと変化して行く **घड़ी में घड़ियाल बजना** *a*. またたく間に大変化が起こる *b*. 人の命のはかないこと **घड़ी में तोला घड़ी में माशा** 機嫌がころころと変わる人 **घड़ी सायत का मेहमान हो०** = घड़ी सायत पर हो०. **घड़ी सायत पर हो०** 死に際が近づく；死期が迫る

घड़ी दीया [名]〔ヒ〕死後 10〜13 日間，死者の霊に水を供えるため水のしたたる小さな水がめに水を入れて供える儀式，そのかたわらで灯明を点し続ける

घड़ीसाज़ [名]《H.घड़ी + P. ساز》時計屋；時計修理工

घड़ीसाज़ी [名*]《H. + P.سازی》時計修理（業）

घड़ोला [名] 小さな水がめ

घड़ौंचा [名] 水がめをのせる木製の台 घड़ौंची それの小型のもの

घण[1] [名] = घन[1]

घण[2] [形] = घन[2]

घणचित्रण शैली [名*]〔芸〕立体派；キュービズム（美術運動）= क्यूबिज़्म. 〈cubism〉

घतिया[1] [名*] 攻撃；襲撃

घतिया[2] [名] (1) 襲う人 (2) 殺害者 (3) 裏切り者 = विश्वासघाती.

घन[1] [名] (1) 雲= बादल; मेघ. सावन के घन आओ サーワン月の雲よ来い (2) 鉄 (3) 金槌 (4) 集まり；集合 (5) 立方体

घन[2] [形] (1) 密な；濃密な (2) びっしりつまった (3) 固い (4) 団体の；固形の जल घन होकर 水が固体になって (5) 厚い (6) 立方の वहाँ लगभग 60 हज़ार घन फुट गैस का प्रति घंटा उत्पादन हो सकता है そこでは一時間当たり 6 万立方フィートのガスの製造が可能である (7) 立体の；立方体の (8)〔数・幾〕3 次の；立方の；3 乗の घन ज्यामिति 立体幾何学 घन इंच 立方インチ घन मीटर 立方メートル घन सेंटीमीटर 立方センチメートル

घन अवस्था [形] (1)〔物理〕固体物理の (2)〔電子工学〕ソリッドステートの〈solid state〉

घनकंद [名]〔植〕球茎〈corm〉

घनकना[1] [自] 轟く；轟きわたる；大音響を発する

घनकना[2] [他] 打つ；叩く；襲う；襲撃する

घनकोदंड [名] 虹= इंद्रधनुष.

घनक्षेत्र [名] 体積；容積

घनगरज [名] 雷鳴

घनघटा [名*] 密雲；黒雲

घनघनाना [自] 鐘や鉦の鳴る音がする；かんかんと鳴る

घनघनाहट [名*] 鐘の鳴る音；かんかん

घनघोर [形] (1) 厚く重なった；密な घनघोर घटा छा जाती है 密雲が覆う (2) 猛烈な；ものすごい

घनचक्कर [名] (1) ぐるぐる回転するもの (2) こま；独楽 (3) まぬけ；のろま (4) 面倒；厄介 (5) 錯綜；ごたごた (6) ねずみ花火 **घनचक्कर में पड़ना** 面倒に巻き込まれる；厄介な目に遭う

घनज्यामिति [名*] 立体幾何学〈solid geometry〉

घनता [名*] (1) 密度 पानी की घनता 水の密度 (2) 強度 (3) 立体

घनताल [名] (1)〔鳥〕ホトトギス科シロハラカンムリカッコウ = घनतोल; चातक. (2) カスタネット

घनत्व [名] = घनता.〈density〉 शनि का घनत्व तो पानी से भी कम है 土星の密度は水よりも低い

घननाद [名] (1) 雷鳴= बादलों की गरज. (2)〔ラマ〕メーガナーダ मेघनाद

घनपति [名] インドラ神

घनफल [名] (1)〔数〕3 乗；立方 (2) 体積；容積；体積の度量法〈cubic measure〉

घनबहेड़ा [名] = अमलतास.

घनमान [名] 容積；体積

घनमीटर [名] 立方メートル〈cubic metre〉

घनमूल [名]〔数〕立方根〈cube root〉

घनरस [名] (1) 水 (2) = कपूर 樟脳

घनवाद [名]〔芸〕立体派；キュービズム〈cubism〉= घनचित्रण शैली.

घनश्याम[1] [名] (1) 黒雲 (2) クリシュナ神

घनश्याम[2] [形] 青黒い；黒紫の；なす紺（茄子紺）の

घनसार [名] (1) = कपूर. (2) = चंदन. (3) = जल.

घन सेंटीमीटर [名] 立方センチメートル〈cubic centimetre〉

घनांत [名] 秋；秋季= शरद् ऋतु.

घना [形[+]] (1) 密な；隙間がない；密度の高い घने काले मेघ 密な黒雲；真っ黒な雲 वायुमंडल पृथ्वी की सतह के निकट अधिक घना है 大気は地表に近いほうが密である ↔ विरल. (2) 密に生えた；密生した；生い茂った；こんもりした；びっしり生えた घने बाल 密生した毛 घना वन 密林 (3)（人口が）密な；（人口）稠密な घनी आबादी वाले नगरों में, अनेक मंज़िल वाले मकान होते हैं 人口稠密な都市には高層の建物が多い (4) 濃い；濃厚な घना अँधेरा छाया था 大変な暗闇だった；真っ暗闇だった (5) 激しい；甚だしい

घनाकार [名] (1) 立方形〈cuboid〉 (2) 直方体 बाट जो चौकोर घनाकार है 直方体の分銅

घनाक्षरी [名*]〔韻〕ガナークシャリー（各パーダが 31 音節から成りパーダ末が गुरु の音節韻律． मुक्तक दंडक の一）= कवित्त.

घनाघन [名] (1) インドラ神 (2) 雨雲

घनात्मक [形] (1) 立方体の；直方体の (2) 体積の；容積の

घनिष्ठ [形] 大変親しい；親密な

घनिष्ठता [名*] ← घनिष्ठ. 親密さ हम लोगों में बहुत घनिष्ठता बढ़ गई थी 私たちはとても親密な仲になっていた

घनीभवन [名] (1) 凝固 (2) 濃縮 (3) 濃密化
घनीभवनबिंदु [名] 氷点 घनीभवनबिंदु के नीचे氷点下に
घनेरा[1] [形+] (1) 凝固した (2) 濃縮した (3) 激しくなった；激化した
घनेरा[2] [形+] (1) 非常に多くの；甚だ多くの (2) 無数の (3) = घना.
घनेरे [副] 大変；大量に；多数
घपचिआना[1] [自] (1) 目がまわる (2) 気が動転する；あわてふためく
घपचिआना[2] [他] (1) 驚かす (2) あわてさせる
घपची [名*] 両手でしっかりつかむことや握ること **घपची बाँधना** 両手でしっかり握る；しっかりつかむ **घपची बाँधकर पानी में कूदना** *a.* 両膝をかかえて水に入る *b.* 意を決して取り組む
घपला [名] (1) ごたごた；混乱；いざこざ शुक्रवार को हुए चुनाव में घपले हुए हैं 金曜日の選挙で混乱があった (2) いんちき；いかさま；ごまかし दाखिलों में घपला 裏口入学などの入学に関する不正行為 घपला क。 いかさまをする；いんちきをする
घपलेबाज़ [形] 《H.घपला + P.باز》混乱を起こす；めちゃくちゃにする；台無しにする
घपलेबाज़ी [名*] 《H.+ P.بازی》混乱させること；めちゃくちゃにすること
घबड़ाना [自] = घबराना. मंच पर घबड़ाना 舞台であがる
घबराना[1] [自] (1) 心配する；案じる；不安がる；動じる；動揺する सच, तुझे न देखकर मैं घबरा रही थी कि तुम्हारे घर भी कैसे पहुँचूँगी 本当なのよ．あんたが見当らなかったのであんたの家までどうやって行ったらよいものかと心配していたのよ घबराओ मत, हम सब मिलकर काम निबटा देंगे 心配なさらないで．みんなが力を合わせて処理しますから देखो, घबराओ मत - भगवान सब ठीक करेगा いいか案じるでない．神様がなにもかもちゃんとして下さるから वे प्रसव के बारे में तरह-तरह की सुनी-सुनाई बातों से गर्भधारण करने से घबराती हैं あの人は出産に関するいろんな伝聞のため妊娠に動揺する (2) あわてる；落ち着きを失う；狼狽する；びっくりしてあわてる；あがる (3) せく；あわてる；急ぐ；せかせかする घबराओ मत あわてることはない घबराओ मत, सड़क की सुर्ख़ सब्ज़ बत्तियों की बात भी अब तुम्हारी समझ में आ जाएगी 道路の赤や青の信号のことも今にわかるようになるさ (4) いやになる；うんざりする；あきる；飽き飽きする एक ही जगह पड़े रहने से घबरा जाते हैं 一か所にじっとしていると退屈する
घबराना[2] [他] (1) 心配させる (2) あわてさせる；狼狽させる；あわてふためかせる (3) せかせる；急がせる (4) 飽き飽きさせる；うんざりさせる
घबराहट [名*] ←घबराना. 驚き；不安；動揺；狼狽；あわてること；せかせかすること
घमंड [名] 驕り；慢心；うぬぼれ；思い上がり घमंड क。 驕る；慢心する；うぬぼれる उन्होंने हमारे देश का घमंड चूर कर दिया あの人がわが国の驕りを粉砕した（慢心を打ち砕いた）
घमंडी [形] うぬぼれ（自惚れ）が強い；自分を実力以上に思いこむ；思い上がった；威張った= अभिमानी; मगरूर; मग़रूर.
घम[1] [名] 暑さ；暑気；暑熱
घम[2] [名] やわらかい面に固い物が当たって生じる音．ばしっ，びしっなど
घमकना [自] (1) ばしっと音を立てる；ばしっとかびしっという音が出る (2) 轟く
घमका [名] 手や物で打ったり叩いたりする音
घमर [名] 太鼓などの深くこもった音；腹に響くような音；どんどん
घमरौल [名*] 大混乱；ひどい混乱
घमसा [名] (1) 蒸し暑さ (2) 濃さや密度の高いこと
घमसान [名・形] = घमासान.
घमाका [名] 物の激しくぶつかる音．ばーん，ばしん，どしんなど
घमाघम [副] ばしっとかびしっとか，どんとかどすんとかの激しい音を立てて
घमाघमी [名*] (1) ひっきりなしに続く激しい音 (2) 激しいなぐり合い (3) 押し合いへしあい
घमाना [自] (1) 暖を取る；火にあたる；ひなたぼっこをする (2)（果物が）熟れる
घमायल [形] 日光などの熱で熟した
घमासान[1] [名] 激戦；激しい戦闘；激闘 "तब तो बड़ा घमासान होगा" घमासान किससे होगा? लंका में लड़नेवाला कौन है? 「ならば大激戦になろう」「だれと激戦になろうか．ランカー島に戦う者がいようか」
घमासान[2] [形] 激しい；猛烈な；激烈な घमासान युद्ध 激戦
घमोय [名]〔植〕ケシ科草本アザミゲシ【*Argemone mexicana*】〈Mexican poppy; prickly poppy〉= सत्यानासी; भड़भाँड़.
घमौरी [名*] あせも= अम्हौरी.
घर [名] (1) 家；家屋；住居；内（うち）；住まい；住みか आरामदेह घर くつろげる家 वे दूसरी जातिवालों के घर खाना भी नहीं खाते हैं あの人はカーストの違う人の家では食事もとらない (2) 家；家庭；所帯 मैंने शराब के कारण अनेक घर उजड़ते देखे 酒のために崩壊した家庭を幾つも見た मेरे घर बच्चा होनेवाला है わが家には子供が産まれる सपन्न घरों के नवयुवक 裕福な家庭の青年 घर में सब सही सलामत तो है? बोलो भई क्या बात है? お宅ではみなさんお元気ですね．どうかしたの अलग घर बसाना 別居する；家をわける (3) 家屋敷；家財 सारा घर 家財一切 (4) 家柄；家の格式 मैंने घर देखा भाला है 家柄はよく見てある (5) 家内；妻；内（うち） लालची कुत्ते की तरह इधर-उधर घूमा करता था, सो हमारे घर में दया आ गई あの人はあさましい犬みたいにあちこちうろつき回っていたのです．それで家内は可哀相に思ったのです (6) 巣 (7) 茂み (8) 元；源；原因 ये झोंपड़ियाँ क्या हैं बीमारियों के घर हैं これらは小屋というものではなくて病気の元になるものだ (9) 故郷；出身地；ふるさと；田舎 अलीगढ़ घर है किंतु राजपूताना, मध्य भारत और दिल्ली की खाक छानते रहे アリーガルの出身だが，ラージプターナー，中央インド，それにデリーを徘徊し続けた "तेरा घर कहाँ है?" "रामपुर का रहनेवाला हूँ" 「田舎はどこだい」「ラームプルです」 वह घर पर तो शाकाहारी था लेकिन दिल्ली आकर यकायक मांसाहारी बन गया था 故郷では菜食だったがデリーに来るとにわかに肉食になった (10) ところ；所；特定の設備や目的のための場所 चाय घर 茶店・茶屋= चाय की दूकान. जुलाहे का करघा घर 織工の機織り場 (11) 仕切り；仕切ったもの；棚 (12) 入れ物；容器；(−) 入れ；ケース；さや (13) 縦横の線の区画；目 शतरंज की बिसात के घर チェスの盤の目 (14)（ものを囲んだりふちどったりするための）わく（枠；框）；ふち（縁） (15) 溜まる所 (16) 手；攻撃や防御の方法 **घर आई गंगा**〔諺〕努力せずに幸運に恵まれるたとえ；棚からぼたもち；棚ぼた **घर आबाद क。** 所帯を持つ；嫁を取る **घर उजड़ना** *a.* 家が傾く；家運が衰える *b.* 一家のまとまりがなくなる *c.* 妻や子供に死なれる **घर उजाड़ना** 家運を衰えさせる **घर उठना** 家が建つ **घर उठाकर दे दे。** 一切のものを与える **घर क。** 根を下ろす；根づく；定着する भारतीय जनता के सभी वर्गों में यह विचार घर करता जा रहा है कि सुखी जीवन के लिए छोटा परिवार होना चाहिए インド人のあらゆる階層に幸せな生活のためには家族は小さいほうがよいという考えが定着しつつある जिनके अंदर असुरक्षा की भावना हद दर्जे तक घर कर गई है 胸に不安感が極度に根を下ろしてしまっている人たち कच्ची बुद्धि में बातें कभी जड़ें ग़लत तरीके से घर कर जाती हैं 知性の未熟な場合，しばしば物事が非常に間違って根づくものだ **घर का** *a.* 内輪の；内部の *b.* 家庭内の **घर का अच्छा** 裕福な **घर का आंगन हो जा。** *a.* 家産が傾き潰れてしまう *b.* 後継ぎの男児が生まれる **घर का आदमी** 身内や親友などごく親しい人；内輪の人 **घर का उजाला** *a.* 孝行息子 *b.* 家名をあげる人 **घर का घर में रहना** 損得なし **घर का घरवा क。** 家産を傾ける；家を破滅させる= घर का घरौंदा क。. **घर का चिराग़** = घर का उजाला. **घर का दीपक बुझ जा。** 跡継ぎが絶える **घर का न घाट का** *a.* 住居や居所の定まらない；どこのものともつかない *b.* 役立たずの = बेकाम; निकम्मा. **घर का नाम उछालना** *a.* 家名をあげる *b.* 家名をけがす **घर का नाम डुबोना** 家名をけがす **घर का बबर** = घर का बहादुर. **घर का बहादुर** 内弁慶 **घर का बोझ उठाना** 家のきりもりをする；所帯を営む **घर का भेदिया लंका ढाहे** *a.*〔諺〕獅子身中の虫 *b.* 内密に通じた人 *c.* 内輪もめで全体が滅びる= घर का भेदी लंका ढावे. **घर का भेदी** = घर का भेदिया. **घर का भेदी लंका दाहे**〔諺〕内部密告者が組織を滅ぼす；獅子身中の虫 **घर का भोला** 甚だ素朴な；純朴な **घर का मर्द** = घर का बहादुर. **घर का मामला** *a.* 内輪のこと；内部のこと *b.* 家庭内の問題 **घर का रास्ता जानना** ごく普通のことか甚だ容易なことと判断する= घर का रास्ता समझना. **घर का रास्ता नापना** *a.* おとな

しく（無言で）立ち去る b. 余計な口出しをしない **घर का रास्ता पकड़ना** = घर का रास्ता नापना. **घर का रास्ता ले॰** = घर का रास्ता नापना. **घर का वीर** = घर का बबर; घर का शेर. **घर का हिसाब** a. 自分の始末 b. 自分が勝手にしたこと **घर काट खाना** 家の中がひっそりとする；家の中がひどくさびしく感じられる **घर काटने दौड़ना** = घर काट खाना. **घर की अक़्ल** 頭の働き；判断力 **घर की आंत** = घर की अक़्ल. **घर की इज़्ज़त धुली जा॰** 家名にきずがつく **घर की खेती** a. 勝手気ままなこと b. 自分の思い通りになるもの **घर की चहारदीवारी के अंदर क़ैद कर रखना** 家の中に閉じ込めておく **घर की तरह बैठना** わが家のようにくつろぐ= घर की तरह रहना. **घर की तलाशी** 家宅捜索 घर की तलाशी ले॰ 家宅捜索する **घर की देहली छोड़कर बाहर का पहाड़ पूजना** 遠くのものを有り難がり身近なものを軽んじるたとえ **घर की पुटकी बासी साग** 〔諺〕身近なものは有難みが少ないこと；身近なものは軽んじられることが多い **घर की पूँजी** 元手 **घर की फूट** 内輪もめ **घर की बछिया** 身近なもの **घर की बदनामी क॰** 家名をけがす= घर का नाम डुबाना (डुबोना). **घर की बात** 内輪のこと；内輪話 **घर की मुर्ग़ी** = घर की बछिया. **घर की मुर्ग़ी दाल बराबर (हो॰)** 〔諺〕あまりにも身近なものは軽んじられることが多い；身近なために評価されないもの= घर की मुर्ग़ी साग बराबर. मगर मैं तो तुम्हारे लिए घर की मुर्ग़ी का बासी साग हूँ でもわしはお前にとっては何の値打ちもないものさ **घर की मुर्ग़ी हो॰** = घर की मुर्ग़ी दाल बराबर हो॰. **घर की रक़म** 元手 **घर की लक्ष्मी** 円満な家庭を営む妻；良妻；良妻賢母 **घर की लौंडी** 思いのままになるもの；意のままになるもの **घर की शोभा** 家に福をもたらす妻 **घर की समझ** = घर की अक़्ल. **घर की हालत** 暮らし向き **घर के आले लेते फिरना** 家探しする **घर के घर** a. こっそりと b. 多くの家；多くの家庭 c. 家族全員 **घर के घर बंद हो॰** 一家全滅のような状態になる **घर के घर रहना** 損傷なし **घर के घर साफ़ हो॰** = घर के घर बंद हो॰. **घर के लोग** a. 家族 b. 家内；細君；おかみさん तब तक घर के लोगों की तबीयत अच्छी हो जाएगी それまでには細君のご機嫌もよくなるだろう **घर को सिर पर उठाना** a. 騒がしくする；やかましく騒ぐ b. みなを困らせる **घर खड़ा क॰** 家を建てる **घर खा जा॰** 一家を滅ぼす **घर खाये जा॰** = घर काट खाना. **घर ख़ाली छोड़ दे॰** a. ありとあらゆる手立てをする b. 試みが不成功に終わる **घर खोकर तमाशा देखना** 無駄なことに全財産を使い果たす；蕩尽する **घर खोद डालना** 繰り返し訪れる **घर खोना** a. 家名をけがす b. 家財を一切なくす **घर घर** a. 家ごとに b. 至る所に इस प्रकार घर-घर कही जाती है このように至る所で語られている **घर घर हो॰** = हर जगह पर हो॰. 至る所にある **घर घर का भौंरा** 欲深い人 **घर घर की मौसी** だれからも敬愛される人（婦人） **घर घर के हो॰** a. だれからも敬われる b. あてどもなくさまよう **घर घर तक पहुँचना** みなに知られる **घर घर शादी, घर घर ग़म** 〔諺〕どの家にも慶弔があるもの **घर घलना** 家名をけがす；家が破滅する **घर चलना** 家計が営まれる **घर चलाना** 家計を営む **घर छोड़कर घूरा बुझाना** 自分の不利益に気がつかぬこと **घर छोड़ना** a. 家出をする उसने घर छोड़कर अच्छा नहीं किया 彼が家出をしたのはよくなかった b. 隠遁する **घर जमना** 家（家財道具）が片付く **घर जमाना** 家（家財道具）を片付ける **घर जा॰** 家が破滅する (-) **घर डाल दे॰** （女を）囲う **घर डुबाना** a. 家名をけがす b. 家財をすっかりなくす **घर डूबना** a. 家の名がけがれる b. 一家破滅する **घर तक पहुँचना** a. 家族の耳に入る b.（先祖の悪口まで口にするほど）激しくののしる **घर तक पहुँचाना** a. 終わらせる；終結させる b. 正気に戻らせる **घर तोड़ना** 夫婦を不仲にする；夫婦仲を割く **घर देखना** a. 家事を見る b. しきりに家を訪ねる；頻繁に訪ねる **घर पकड़ना** 深く入りこむ (-के) **घर पड़ना** （ーと）同棲する **घर पर गंगा आ॰** 労せずして順調に行く **घर पर हाथी झूमना** 大変裕福なたとえ **घर पूछते चले आ॰** 招かれずして訪れる；押しかける **घर फूँककर तमाशा देखना** 家財を贅沢に使い果たす；蕩尽する **घर फूँककर हाथ तापना** 家財を使い果たしてまで贅沢にふける **घर फूँककर हाथ सेंकना** = घर फूँककर हाथ तापना. **घर फूँक तमाशा देखना** 〔諺〕a. 虚栄心から浪費するたとえ b. 財力も省みず派手に金を使うたとえ c. 家財を酒色に蕩尽するたとえ **घर फूँकना** a. 蕩尽する b. 家名をけがす **घर फटना** 家族内でもめごとが生じる **घर फोड़ना** 家族内にもめごとを生じさせる **घर बंद हो॰** 家への出入りが禁じられる；出入りが止められる **घर बनना** a. 豊かになる；富む b. 家庭内がうまくおさまる c. 所帯ができる **घर बनाना** a. 所帯を持つ b. 定住する；住みつく c. 家計をうまくやりくりする **घर बसना** 嫁が来る **घर बसाना** 結婚する；嫁を取る；所帯を持つ नासिर ने शबनम के साथ ख़ुशी से अपना घर बसा लिया ナーシルはシャブナムと喜んで結婚した **घर बहाना** 家名をけがす **घर बाहर** 至る所で **घर बैठना** 仕事をしない；働かない；職につかない (-के) **घर बैठना** （ーの）妾になる (-को) **घर बैठा ले॰** （ーを）妾にする；女を囲う **घर बैठी रोटी** 働かずに得る金 **घर बैठे अंडा सेना** 家でぶらぶらする；働かずにぶらぶらする **घर बैठे की तनख़्वाह** 働かずに得る金= घर बैठे की नौकरी. **घर बैठे की शीरनी** いとも簡単な **घर बैठे गंगा आ॰** 労せずして得をする **घर बैठे माल मारना** 働かずして金を儲ける **घर बैठे रोटी मिलना** 働かずしてなりわいが立つ **घर बैठे शिकार खेलना** = घर बैठे माल मारना. **घर बैठे ही** a. なにもせずに；労せずに= घर बैठे माल मारना. तुमने तो मुझे घर बैठे ही मुनियों के दर्शन का अवसर दे दिया 君は私に労せずしてムニたちを拝む機会を与えてくれた b. しゃにむに **घर भरना** 稼ぐ；儲ける **घर भाँय भाँय क॰** 家に人気がなくひっそりかんとする **घर में** a. 妻；家内 b. 家族；家族の成員 **घर में आग लगने पर कुआँ खोदना** 〔諺〕どろなわ **घर में आग लगाकर हाथ सेंकना** = घर फूँककर तापना. **घर में आग लगाना** a. 家庭内にもめごとを起こさせる b. 家財を台無しにする c. 自分の害になることをする **घर में आ॰** 得をする；利益になる **घर में गंगा बहना** 家が裕福なこと **घर में घाम आ॰** 災難や苦難に遭う **घर में चूहे कलाबाज़ी खाना** 食べ物が全くない（ほど極めて貧しい） **घर में चूहे लोटना** = घर में चूहे कलाबाज़ी खाना. **घर में छदाम भी न हो॰** 全くの無一文 **घर में दिया जलाने वाला** 世継ぎ **घर में नहीं चूर, बेटा माँगे मोतीचूर** 〔諺〕身の程知らずの振る舞いを揶揄する言葉= घर में नहीं चने का चूर, बेटा माँगे मोतीचूर. **घर में पड़ना** a. 嫁入りする b. 同棲する **घर रखना** 俗事にかかずらわる **घर सिर पर उठा ले॰** a. 猛反対する b. 騒ぎ立てる；ひどく騒々しくする **घर से** a. 妻 b. 手もと **घर से खोना** 損をする **घर से दे॰** a. 自分の懐から出す；身銭を切る b. 損害を被る；損をする **घर से पैर निकालना** a. 外出する b. 力量以上のことをする c. 格式を破る **घर सेना** 家にこもる；家にひっこむ **घर से भागना** 家出する बड़े भाई और भाभी से लड़कर घर से अयोध्या भाग गया 兄及び兄嫁と喧嘩してアヨーディヤーへ家出した **घर सेना** 何もせずに家にこもる；家にこもりきりになる **घर हिला दे॰** とても騒がしくなる

घर-आँगन [名] 家屋敷 अगर अपने घर-आंगन को साफ़ रखना चाहते हो तो पहले गलियों को साफ़ रखना सीखे 自分の家屋敷を美しくしておこうと思うのであればまずは路地を美しくしておかなくてはなりません **घर-आँगन एक क॰** 一所懸命になる；大いに励む **घर-आँगन हो॰** よく馴染んだもの；良く知っているもの

घरऊ [形] (1) 内輪の (2) 家庭内の= घरेलू. **घरऊ द्वेष** 親しい者，内輪の者同士の憎しみ合い；骨肉の争いや憎しみ

घर-गिरस्ती [名*] 世俗生活；普通人の生活 योग-साधना करने वाले को घर-गिरस्ती छोड़ देना चाहिए ヨーガの修行をする人は世俗の生活を捨て去らねばならない

घरगृहस्थ [名] 所帯持ち；在家

घरगृहस्थी [名*] (1) 家族と財産 (2) 所帯道具 (3) 家庭生活；世俗生活；在家の生活 घरगृहस्थी के काम 家事 घरगृहस्थी देखना 家のきりもりをする；家庭を営む

घरघमंडी [形] 自惚れの強い

घरघर [名] ままごと遊び घरघर खेलना （家族の成員の役割を演じる子供の遊戯） आज घरघर खेलेंगे 今日はままごと遊びをしよう

घरघराना [自] ごとごと，ごろごろ，がらがらなどの騒がしい音を立てる बस घरघराती हुई अंधेरे में आगे बढ़ती जा रही थी バスががたがたと音を立てながら暗闇の中を進んでいた घरघराती-सी आवाज़ ごとごと，がらがらなどのやかましい音

घर-घराना [名] (1) 名家；名門の家 (2) 格式

घरघराहट [名*] ←घरघराना. がらがら，ごろごろ，ごとごとなどの騒がしい音 इस नदी की घरघराहट मीलों दूर तक सुनाई देती है この川の激しい音は何マイル先まで聞こえる

घर-घाट [名] (1) 生まれ；家庭環境；素性 (2) 所在；ありか（在処）；居場所 (3) 本質；本性；性格；性質 (4) やり方；型；様式；方式 **घर-घाट एक क॰** とても忙しく働く；かけずり回る **घर-घाट का** きちんとした；ちゃんとした；れっきとした **घर-घाट जानना** 本質を知る；全容を知る **घर-घाट देखना** a. 家庭の状況や家の様

子を見てみる *b.* くわしく見る；見極める **घर-घाट न पाना** 見当がつけられない **घर-घाट बराबर हो॰** *a.* 損得なし *b.* 家の中も外も変わりのないこと **घर-घाट बसना** 結婚する；所帯を持つ **घर-घाट से खोना** 一切のものが台無しになる；めちゃくちゃになる；破滅する

घरघालक [形] (1) 家名をけがす (2) 家を破滅させる

घरघुसना [形+] 家にひっこんでばかりいる；出不精の

घरघुसा [形+] = घरघुसना.

घरघुस्सू [名] 出不精の人；家にこもってばかりいる人= घरघुसना.

घरजँवाई [名] 妻の実家に定住する婿（婿養子のような存在）= घरजमाई; घरदमाद.

घरजुगत [名*] 家計のやりくり

घरद्वार [名] 家屋敷；家財一切 बेटी वाले चाहे अपना घरद्वार बेचकर दे दें, पर बेटे वालों की नाक-भौं सिकुड़ी ही रहती है 嫁側が家屋敷を売り払って納めようとも婿側はしかめ面のままだ

घरनिकली [名*] 床上げ

घरनी [名*] 妻；主婦；家内 पास में थोड़ी-सी जमीन थी, मकान था लेकिन घरनी के बिना सब कुछ सूना था 少々の土地があり屋敷があったが妻がいなくて全くさびしいものだった

घर-पत्ती [名*] 戸別に割り当てられる寄付金

घर-परिवार [名] 家；家庭；所帯 घर-परिवार सँभालने की समस्या 一家を支える問題

घरबंदी [名*] 《H.+ P. بندی बंदी》自宅軟禁

घरबसा [名] 情夫= यार; उपपति.

घरबार [名] (1) 家；住居；家屋敷 (2) 家族 न घरबार मेरा, न उद्देश्य मेरा 家族もなければなんのあてもない (3) 家財一切 सब धन-संपत्ति और घरबार ज़ब्त करके 財産と家財一切を没収して

घरबारी [名] 家庭生活を営む人；所帯持ち；在家 घरबारी हो॰ 所帯を持つ

घरर [名] = घरर घरर. 堅くて重い物体が触れ合って生じる音. ごろごろ，がらがら，がたんがたん，ごとごと，ごとんごとん，がらんがらんなど= घर्र घर्र.

घररना[1] [自] ごろごろ，がらがら（घरर घरर）などという音が出る

घररना[2] [他] がらがら，ごろごろ（घरर घरर）などという音を立てる

घरवाला [名] (1) 家長；所帯主 (2) 夫；亭主 मेरे घरवाले मुझसे बहुत तंग रहते हैं うちの主人（夫）は私のことでとても困っている (3) 家族；家族の構成員 बीमार मनुष्य के घरवाले 病人（患者）の家族 घरवाले राह देख रहे होंगे 家族が待っていることだろう

घरवाली [名*] (1) 主婦 (2) 家内；妻（夫が自分の妻のことをいう） घरवाली तक को तो मैं एक पैसा देता नहीं दूसरों की बात ही क्या है 私は家内にさえ一銭の金もやらぬのだから他人のことなど問題にもならない तेरी घरवाली ने मोहन से मिठाई मँगवाई お前の嫁がモーハンに菓子を買ってこさせたんだ（息子の嫁のことを姑がいう） मेरी घरवाली गुज़र गई 家内は亡くなりました

घराँव [名] 親交；親密な関係= घनिष्ठता.

घराड़ी [名*] 先祖代々住みついている土地

घराना [名] (1) 家柄；家系；家 पुराना घराना 旧家 (2) 流派 संगीत के घरानों में 音楽の流派にあっては

घराव [名] = घराँव. मुहल्ले की स्त्रियों से घराव-सा हो गया था 界隈の女たちと親しい間柄になっていた

घरिया [名*] (1) 焼き物の小さな容器；壷 (2) 土鍋 (3) 土鉢 (4) るつぼ（坩堝）

घरी[1] [名*] 層；膜= तह; परत.

घरी[2] [名*] 時；時間；時刻= घड़ी.

घरू [形] (1) 家の (2) 家庭内の (3) 内輪の

घरेलू [形] (1) 家庭の；家庭内の；家の中の घरेलू चीजें 家庭用品 घरेलू कचरे 家庭ごみ घरेलू मुलाज़िम 使用人；家事労働者 घरेलू मक्खी イエバエ（家蠅） (2) 家庭で行われる；家庭に関する घरेलू उपचार 家庭療法 घरेलू नुसखा 家庭療法= घरेलू इलाज. घरेलू कार्यों के लिए विद्युत्शक्ति 家庭用電力 (3) 家庭的な घरेलू वातावरण 家庭的な雰囲気 (4) 内部の；内輪の घरेलू मामला 内部問題 (5) 私的な；私の घरेलू जीवन 私生活 ↔ सार्वजनिक जीवन (6) 家で飼われる

घरैत [名] (1) 間貸しをしている人；家主 (2) 家長；所帯主 (3) 夫；主人

घरौंदा [名] (1) ちっぽけな家 (2) 粘土や紙などで子供がままごと遊びに作る小さな家 घरौंदे बनाने का खेल ままごと遊びの家をこしらえる (3) おもちゃの家；ままごとの家 (4) 鳥の巣 घरौंदा बनाना（鳥が）巣を作る

घर्घर [名] = घरर; घरर घरर. がらがら，ごろごろ，がたがた，ぐるぐる，ごとごと，ぐうぐうなど重く響く音

घर्म [名] (1) 火の発する熱 (2) 太陽の熱 = घाम; धूप. (3) 陽光 (4) 夏 = ग्रीष्म काल; गर्मियाँ; गर्मी के दिन. (5) 汗 = पसीना.

घर्र घर्र [名] (1) がたがた，がらがら，ごろごろ，ごとごとなど重く響く音 (2) のどに痰のつまった音. ごろごろ，ぜいぜいなど (3) いびきの音. ぐうぐう

घर्रा [名] (1)〔医〕ものもらいの際に用いる種々の薬草などでこしらえた練り薬 (2) のどに痰のつまった音. ごろごろ，ぜいぜい घर्रा चलना 死に際に痰がのどにひっかかりごろごろぜいぜい言うこと= घर्रा लगना.

घर्राटा [名] がたがた，がらがら，ごろごろなどの喧しい音；騒音 = घर्र घर्र. घर्राटा मारकर सोना ぐうぐう寝る；ぐっすり寝込む घर्राटा मारना 深い眠りでぐうぐう言う；ぐうぐういびきをかく

घर्रामी [名] 屋根葺き職人= छपरबंद; छप्परबंद.

घर्ष [名] (1) 摩擦 (2) 衝突 (3) 争い (4) 粉砕

घर्षण [名] (1) 摩擦；こすること；こすれ合い द्रुमों के परस्पर घर्षण से 木と木がこすれて घर्षण बल 摩擦力 (2) 対立；衝突；軋轢 (3) 抵抗

घर्षणी[1] [形] (1) 摩擦の (2) 摩擦によって生じる घर्षणी दियासलाई 黄燐マッチ घर्षणी प्रतिरोध 摩擦抵抗〈frictional resistance〉

घर्षणी[2] [名*] = हलदी.

घर्षित [形] (1) 摩擦された；こすられた (2) 粉砕された (3) 磨かれた घर्षित काँच すりガラス

घर्षी [名] (1)〔言〕狭め音〈spirant〉 (2)〔言〕摩擦音 = संघर्षी.〈fricative〉

घलना [自] (1) 入れられる (2) のせられる；置かれる (3) とりつけられる (4) 撃たれる；発射される；射られる (5) つぶされる；壊される；砕かれる

घसिटना [自] (1) 引きずられる (2) 引きずり込まれる；巻きぞえになる (3) 無理に引っ張られる (4) なぐり書きされる

घसियारा [名] 野山で家畜の餌になる草を刈り取って売る人

घसियारिन [名*] 家畜の餌の草を刈り取って売る女性

घसियाला कोर्ट [名]《H. + E. court》〔ス〕ローン・コート〈lawn court〉

घसीट [名*] (1) 引きずること (2) なぐり書きすること (3) なぐり書き

घसीटना [他] (1) 引きずる；ずり動かす उसे जमीन पर घसीटना बड़ी मेहनत का काम था それを地面で引きずるのはとてもきつい作業だった पैर घसीटना 足を引きずる भारी वस्तु को सीधे घसीटकर ले जा॰ 重いものを真っ直ぐ引きずって行く तब पछताए क्या होगा जब यम घसीट ले जाए 閻魔大王が冥界へ引きずって行く時になって悔やんで何になろう (2) 引きずり込む；引っ張り込む；巻きぞえにする；からませる मैं तो आपको इस काम के लिए घसीटना उचित नहीं समझता あなたをこれに引きずりこむことは適当でないと思う अमरीका द्वारा खेलों में इस तरह राजनीति को घसीटना उचित क़दम नहीं है アメリカがこのようにスポーツに政治をからませるのは適当な対処法ではない आप को मैं बीच में घसीटना नहीं चाहती あなたを引きずりこみたいとは思いません (3) 無理に引っ張る；引きずる पुलिसवाला उसे पकड़कर थानेदार के पास घसीट ले गया 警官が捕らえて警部の所へ引きずって行った मैं सुनते ही लखनऊ भागा और उसे घसीट लाया 話を聞くと直ちにラクノウへ駆けつけあの男を引っ張って来た (4) 書きなぐる；なぐり書きする

घहराना[1] [自] (1) 轟音がひびく (2) うなる (3) 押し寄せる；囲まれる (4) 立ち込める；覆われる

घहराना[2] [他] (1) 轟音を響かせる (2) 覆う= छाना. (3) 囲む= घेरना.

घाँघरा [名] = घाघरा.

घाँटी [名*] (1) のどひこ；のどちんこ；口蓋垂= कौआ; ललरी. (2) のど **घाँटी फूटना** 声変わりする= कंठ फूटना.

घाई[1] [名*] (1) 指と指との間の境目；指のつけねどうしの間；指の股 (2) 2 本の線の交わるところ

घाई[2] [名*] (1) 打撃；打つこと (2) 傷；けが (3) 狡猾な手段 **घाइयाँ बताना** 欺く；だます

घाऊ [名] (1) 打撃 (2) 傷；けが

घाऊघप[1] [形] (1) ごくごく飲む (2) がつがつ食べる (3) その日暮らしの (4) 浪費する；先々のことを考えない (5) 他人のものを勝手に使う；横領する

घाऊघप[2] [名] (1) 浪費家；金遣いの荒い人 (2) 横領する人

घाग [名] = घाघ.

घाघ [名] (1)〔人名〕ガーグ（北部インドにこの人の名で伝えられる農業，季節，天文，俗信などに関する諺が多くある） (2) 海千山千（の人）；したたかな人；世間師 (3) 手品師 **पुराना घाघ** 古狸

घाघरा [名]〔服〕ガーグラー（20 ヤールほどの生地を用いるくるぶしまでの丈がある非常にゆったりしたひだスカート）= घाँघरा; लहँगा.

घाट[1] [名] (1) ガート（川や池などの岸に主に水浴，沐浴，洗濯，水汲み，船着き場などの目的で設けられた場所．普通，石などで階段状になっている．したがって，沐浴場，洗濯場，水汲み場，舟着き場，渡船場，桟橋などとも訳すことができる） (2) 細く険しい山道 (3) 山 (4) 方向；方角 (5) 方法；形式；様式 (6) 形；型 **घर का न घाट का** 何の役にも立たない；役立たずの= बेकार. **घाट उतारना** *a.* 味わわせる；経験させる *b.* 渡す **घाट का मुर्दा घाट पर छोड़ दे॰** すんだことは忘れる；過ぎ去ったことでいつまでもくよくよしない **घाट कुघाट फिरना** 悪事を重ねる **घाट गहना** 川を渡らせない **घाट घाट का पानी पीना** *a.* 様々な経験を積む；経験豊かな *b.* 海千山千の दुनिया देखे हुए, घाट-घाट का पानी पिये हुए पूरा चालाक और मक्कार! 世間師，海千山千の全く抜け目のない奴，ペテン師め *c.* 地理に詳しい *d.* 放浪する **घाट धरना** 通せんぼをする；行く手をはばむ **घाट नहाना** 人の死後追悼のため 10 日間にわたり聖なる川で沐浴し故人に水を供える儀礼 **घाट मारना** 渡し賃を払わない **घाट में आ॰** わなにひっかかる **घाट रोकना** ガートを通らせない **घाट लगना** *a.* 舟着き場に着く；渡し場に着く *b.* 落ち着く；安定する *c.* 決着する *d.* ある状態になる；一段落する

घाट[2] [名*] だまし；欺瞞；あざむき

घाटभाड़ा [名] 波止場使用料〈wharfage〉

घाटवाल [名] (1) ガート（घाट）の所有者，主人 (2)〔ヒ〕巡礼地のガートで沐浴者から喜捨を受けるのを生業とするバラモン；ガートワール→ घाटिया.

घाटा [名] (1) 減少 (2) 欠損；損；赤字 घाटे का सौदा 欠損の出る商い घाटे का बजट 赤字予算 **घाटा आ॰** 欠損が生じる；赤字になる；欠損を被る= घाटा खाना. **घाटा उठाना** 欠損を出す；赤字になる= घाटा खाना. **घाटा दे॰** 欠損を出す；赤字を出す अकेले राष्ट्रीय कपड़ा निगम 100 करोड़ रुपए से अधिक का घाटा देता है 衣料公社だけで 10 億ルピー以上の赤字を出す घाटा-नफ़ा 損得 घाटा तो बहुत रहेगा 大損だろうよ घाटा-नफ़ा तो ज़िंदगानी के साथ है 損得は人生についてまわるもの **घाटा पड़ना** = घाटा आ॰; घाटा बैठना. **घाटा भरना** 欠損を埋める **घाटे का बजट** 赤字予算〈deficit budget〉 **घाटे का सौदा** 欠損にしかならない取引 **घाटे पर** 赤字で भारत सरकार व राज्य सरकारों के सैकड़ों संस्थान घाटे पर चलाए जा रहे हैं インドの連邦政府や州政府関連の幾百の団体が赤字で運営されている

घाटिया [名]〔ヒ〕アラーハーバード，バナーラスなどのヒンドゥー巡礼地で沐浴する巡礼者達にヒンドゥー教の儀式を執り行って報酬を得るバラモン．ガーティヤー・ブラーフマンとかガンガープットラ गंगापुत्र などと呼ばれる

घाटी[1] [名*] (1) 狭い山道 (2) 急な山の坂道 (3) 谷；谷間；渓谷 **घाटी पवन** 谷から吹いてくる風 **घाटी मैदान**〔地理〕谷床平地 (4) 盆地 कश्मीर घाटी के लोगों को カシミール盆地の住民たちを (5) 流域 नदी की घाटी 川の流域

घाटी[2] [名*] 盆の窪

घाटी मार्ग [名] (1) 山あいの道 (2) 峠

घाणी [名*] = कोल्हू. 油搾り機；搾油機

घात[1] [名] (1) 攻撃；襲撃 ऋतुओं के घात-प्रतिघात सहने पर भी इसमें जंग नहीं लगा 季節の移り変わりにさらされてもこれには錆がつかなかった (2) 殺害；殺すこと **घात क॰** 殺害する；殺す बुंदेला शरणागत के साथ घात नहीं करता, इस बात को गाँठ बाँध लेना ブンデーラー族は助けを求めて来た者を殺しはせぬ．よく覚えておけ

घात[2] [名*] (1) 好機 रात-दिन ताक-झाँक में रहता, पर घात न मिलती थी 日夜その機会を狙っていたのだが，好機が見つからなかった (2) 待ち伏せ (3) 待ち伏せの場所 (4) 策謀 (5) 方法；やり方 (6)〔数〕次元；累乗；べき（冪） **घात ताकना** 好機を窺う **घात देखना** すきを狙う；好機を狙う；狙い定める (-के) **घात पर चढ़ना** （－の）意のままになる；思うつぼにはまる **घात पाना** すきを突く；油断を突く **घात में आ॰** 好機が訪れる；機が熟す (-के) **घात में पाना** （－の）すきを見つける **घात में फिरना** 待ち構える **घात में बैठना** = घात में फिरना. **घात में रहना** = घात में फिरना. **घात में हो॰** 待ち構えている **घात लगना** 好機を得る；好機が見つかる घात ही न लग पाता था 好機がどうしても見つけられなかった **घात लगाना** 好機を狙う；すきを狙う；狙いをつける；待ち伏せる बिल्ली की तरह घात लगाए खड़ा है 猫のように狙いをつけている वह चुपके से घात लगाकर बैठ गई 彼女は気づかれぬように待ち伏せにかかった ये रोगाणु भी घात लगाए बैठे रहते हैं कि कब कहीं त्वचा कटे या फटे और ये भीतर घुसें これらの病原菌も皮膚に切り傷ができたり擦り傷ができたりすれば直ちに体の中に入ろうと待ち構えている

घातक[1] [形] (1) 攻撃する；襲撃する (2) 致命的な；命取りの；致死の घातक रोग 命取りの病気；致命的な病気 (3) 危険な；有害な यह आघात उनके लिए बड़ा घातक सिद्ध हुआ この打撃があの人にとって甚だ危険なものであることが証明された समाज व राष्ट्र के लिए घातक 社会と国家にとって危険な साम्राज्य के लिए घातक संघर्ष 帝国にとって危険な戦い (4) 激しい；猛烈な；激烈な घातक विष 劇毒；猛毒 कठघरा तो घातक जंतुओं का ही निवास स्थान है 檻は猛獣だけの住みかだ आज सुबह यहाँ तीन घातक दुर्घटनाएँ हुई 今朝ここで 3 件の惨事が発生した

घातक[2] [名] (1) 襲撃者；攻撃者 (2) 危害を及ぼす人 (3) 敵；仇；敵対者

घाता [名] (1) 商品のおまけ (2) もうけもの；おまけ **घाते में** おまけに घाते में यह बच्चा भी मिल गया おまけにこの子も得た

घाती [形] (1) 襲う；襲撃する (2) 殺す；殺害する (3) 破滅的な

घान[1] [名] (1) 機械を用いた，様々な作業や加工に用いられる一回分の分量，ひとかたまり，ひと山など (2) 一度や一回に作られる分量 (3) 一回の作業；作業の一回分 **घान उतरना** 一回分が出来上がる；一回分が仕上がる **घान डालना** 一回分を入れる；一回分をしこむ **घान निकलना** = घान उतरना. **घान पड़ना** 作業が始まる

घान[2] [名] (1) 大きな金槌 (2) 大打撃

घान[3] [名] (1) 嗅ぐこと；臭いをかぐこと (2) におい

घाना〔国名〕《E. Ghana》ガーナ共和国

घानी [名*] (1) 去勢牛や水牛の蓄力による油搾りの機械や工場；作業所 (2) サトウキビを搾る機械や工場；作業所 (3) 石灰を砕く機械や工場；作業所 (4) 上記の作業に用いられる原料の荷 (5) 上記の作業に用いられる原料の一回分 **घानी क॰** *a.* 搾る *b.* 砕く *c.* 押しつぶす

घाप-घाप [名*] 水などの液体を勢いよく飲み込む音やその様子 घाप-घाप कर लहू पीना ごくごくと血を飲む

घाम [名] (1) 日光 (2) 日光の熱 (3) 苦労；苦難；災厄；難 **घाम आ॰** 困ったことになる；災厄に見舞われる **घाम खाना** ひなたぼっこをする **घाम छाँह सहना** 喜びや悲しみに耐える **घाम छाना** = घाम आ॰. **घाम बचाना** 難を逃れる；苦難を免れる **घाम लगना** 暑熱や熱風に当たる；日射病に罹る **घाम ले॰** = घाम खाना. **घाम सेना** = घाम खाना.

घामड़ [形] (1) 暑熱に当たった；暑熱に苦しんでいる (2) 愚かな；鈍い (3) わからずやの (4) 怠け者の तुम जैसा घामड़ आदमी भगवान ने क्यों रचा あんたみたいなわからずやの男を神様はどうしてこの世に作り出されたのだろうか

घायल [形] (1) けがをした；負傷した；手負いの；傷ついた (2) 精神的な苦痛を受けた；魂や心が傷ついた；心に痛手を受けた घायल हुआ पड़ा है 負傷して臥っている घायल हो॰ 傷つく= ज़ख्मी हो॰.

घाल[1] [名] (1) 商品のおまけ (2) つまらぬもの **घाल न गिनना** ものの数に入れない

घाल[2] [名] 打撃= आघात; प्रहार.

घालक [形] (1) 殺す；殺害する (2) 破壊的な；破滅をもたらす

घ

घालना [他] (1) 押しやる；さしこむ (2) 置く；当てる (3) ぶつける (4) 放つ；投げる (5) 壊す；潰す

घालमेल [名] (1) まぜこぜ；ごたまぜ (2) 不正；ごまかし；いんちき चुनाव नतीजों में घालमेल पर संसद में बातचीत नहीं की जा सकती 選挙結果のごまかしについては議会では討議できない (3) 親しみ；仲の良いこと **घालमेल रखना** 親しくする

घाव [名] (1) 傷；けが= ज़ख़्म; चोट. (2) 傷跡 (3) 心の傷；胸の痛み उनके जातीय घमंड पर गहरा घाव लगा था 氏のカーストの誇りに深い傷がついた **घाव आ॰** *a.* けがをする；負傷する *b.* 心に傷を受ける **घाव क॰** ひどく苦しめる **घाव कुरेदना** 傷口をほじくる भगवान के लिए इन घावों को मत कुरेदिए お願いだからこの傷をほじくらないでおくれ **घाव खाना** = घाव आ॰. **घाव छीलना** 苦痛を激しくする **घाव ताज़ा हो॰** *a.* 古傷が痛む *b.* 心の傷が新しいこと **घाव दे॰** = घाव क॰. **घाव पर घाव खाना** 次から次へと心の傷を受ける **घाव पर नमक छिड़कना** 傷口に塩をかける；苦しみを深める **घाव पर नमक पड़ना** 傷口に塩をかけられる；苦痛が深まる；痛みが激しくなる **घाव पर नमक सींचना** = घाव पर नमक छिड़कना. **घाव पर फाहा रखना** 傷の手当をする；慰める；苦痛を和らげる **घाव पर मरहम रखना** = घाव पर फाहा रखना. **घाव पालना** 心の痛みや傷をいつまでも胸に抱く **घाव पूजना** *a.* 傷が癒える *b.* 悲しみが癒える *c.* わだかまりがなくなる **घाव बजना** 傷つく；負傷する **घाव भरना** = घाव पूजना. **घाव मथना** *a.* 痛みが激しくなる *b.* 悲しみが深まる **घाव में ज़हर दे॰** 更に苦痛や害を与える **घाव लगना** 心に衝撃を受ける **घाव सूखना** 次第に悲しみが消えていく **घाव हरा क॰** 昔の悲しみを思い出させる **घाव हरा हो॰** = घाव ताज़ा हो॰.

घास [名*] (1) 草 घास छीलकर बेचना 草を刈り取って売る सूखी घास 枯れ草 (2) 無価値なもの；取るに足らないもの **घास काटना** *a.* 草刈りをする；草を刈る= घास छीलना. *b.* 無駄なことをする *c.* いいかげんなやり方でする；やっつけ仕事をする **घास खाना** *a.* しがない仕事をして糊口を凌ぐ；質素な暮らしをする चाहे जनता को घास खाकर गुज़ारा करना पड़े 民衆が草を食べて（粗食で）過ごさなくてはならなくなろうとも *b.* 頭がおかしくなる；正常な判断力を失う **घास खोदना** *a.* 草抜き *b.* = घास काटना. **घास गढ़ना** = घास काटना. **घास चरना** = घास खाना. तुम्हारी बुद्धि कहीं घास चरने गई है? 君は頭がおかしくなったのかい **घास छीलना** = घास काटना. केवल घास ही छीलना जानती है 何も知らない；何もできない **घास डालना** 食べさせる；食事を与える；養う हम तो बूढ़े हो गए हैं.अब हमें कौन घास डालता है? わしはおいぼれた．この先だれが飯を食わせてくれようか **घास बेचकर खाना** しがない稼業をする

घास कच्छ [名] 沼沢地；湿地

घासकाटा [名] = घसियारा.

घासपात [名] (1) 草木；植物 (2) 落葉 (3) ごみ；くず；がらくた

घास-पौध [名] 草木；植物

घास-फूस [名] (1) 草木 (2) 干し草；わら घास-फूस के छप्पर 草葺きの屋根；わら屋根 (3) ごみ；くず；がらくた घास-फूस जैसा खाना （豚の餌のような）粗末な食事

घास-भूसा [名] (1) 家畜の飼料 (2) ごみ；くず

घासलेट [名]《E. gaslight》(1) 灯油；石油= मिट्टी का तेल. (2) 取るに足らない物 (3) 下等な品；安っぽい物；安物

घासलेटी [形] ←घासलेट. (1) ありきたりの (2) 三文の値打ちもない (3) 卑猥な

घासवाला [名] 飼料の草を刈って売る人（それを生業にする人）

घासस्थल [名] (1) 牧草地；牧場 (2) 大草原

घासहरित [形] 若草色の；萌葱色の

घिग्घी [名*] (1) しゃくりあげること；肩を震わせて激しく泣くこと = हिचकी; सुबकी. **घिग्घी बँधना** しゃくりあげる बस जैसे घिग्घी बँध गई हो まるでしゃくりあげているみたいに माँ बार बार, "बोल! बोलता क्यों नहीं?" पूछ रही है, पर बच्चे की घिग्घी बँध रही है 母親が何度も「言いなさい．なぜ黙っているの」とたずねるが子供は泣きじゃくるばかり (2) 恐ろしさに声が出なくなることや息のつまること **घिग्घी बँधना** 恐ろしさに声が出ない；息を呑む

घिघिआना [自] = घिघियाना.

घिघियाना [自] (1) 哀れな声で言う；哀願する；頼みこむ；泣きつく बूढ़ा घिघियाता हुआ बोला 老人は泣き声で言った (2) しくしく泣く

घिचपिच[1] [名*] (1) ぎっしりとつまっている様子；びっしりとつまっている状態 (2) 物が乱雑に置かれた状態；整理されていない様子 (3) びっしり書き込まれていること

घिचपिच[2] [副] ぎっしりと；びっしりと घिचपिच लिखना びっしり書き込む

घिचपिच[3] [形] 曖昧な；はっきりしない；不明瞭な= अस्पष्ट.

घिचपिचाना [自] ためらう；躊躇する

घिचरपिचर [名*] ああでもないこうでもないといった言い逃れ

घिड़ौंची [名*] 水がめを置く台

घिन [名*] (1) 不快感；気持ちの悪さ；けがらわしさ；気味悪さ；避けたい気持ち；嫌悪感；おぞましさ घिन से दूसरी ओर मुँह फेर लेती थी （病気の人を見ては）いつも気味悪さに顔を背けていた (2) 吐き気；むかむかすること；むかつくこと **घिन आ॰** *a.* 嫌いになる；いやになる；嫌悪感を持つ जिस काम को करने का किसी का भी साहस नहीं होता - सब को घिन आती है - ऐसा कठिन काम आप लोग करते हैं だれもやる勇気の出ない，だれもが嫌うそんな厄介なことをあなた方はなさっているのです *b.* むかつく；吐き気がする मक्खियाँ मेरे खाने पर बैठ जाती हैं.मुझे घिन आती है 食べ物にハエがとまって吐き気がする **घिन खाना** いやがる；嫌う；嫌悪する

घिनावना [形⁺] 不快な；気持ちの悪い；気味の悪い；いやな；けがらわしい；おぞましい；虫酸が走るような= घिनौना. यह कितनी घिनावनी आदत है これはなんともおぞましい癖なんだ

घिनौंची [名*] = घिड़ौंची.

घिनौना [形⁺] = घिनावना. घिनौनी आरक्षण व्यवस्था 不快な予約制度 निहित स्वार्थों की एक घिनौनी साजिश 既得権益者たちのおぞましい策謀

घिन्नी [名*] = घिरनी.

घिया [名*]〔植〕ウリ科蔓草ユウガオ= घीया.

घिया तुरई [名*]〔植〕ウリ科蔓草ヘチマ【*Luffa aegyptica*】= घिया तोरी. काली तोरी トカドヘチマ【*Luffa acutangula*】= झींगा तोरी.

घिरथ [名] ギラト（ヒマーチャル・プラデーシュ州に居住する農耕カーストの一）

घिरना [自] (1) 囲まれる；取り囲まれる；とりまかれる；包囲される पहाड़ियों से घिरा नगर 丘に囲まれた街 पृथ्वी चारों ओर हवा से घिरी है 地球は大気に取り巻かれている वह आशंकाओं से घिरने लगी 心配でいっぱいになってきた तालाब बड़े-बड़े पहाड़ों से घिरा हुआ था 沼は幾つもの高い山に囲まれていた मनुष्य चारों ओर से पशु-पक्षियों से घिरा हुआ था 人間は鳥やけものにぐるりと囲まれていた (2) 巻き込まれる；つかまる जहाज़ तूफ़ान में घिर गया 船が嵐に巻き込まれた (3) 近づく；迫る；迫って来る होटल पहुँचते तक शाम घिर आई है ホテルに着くまでに夕刻が迫って来ていた अँधेरा घिरने लगा था 夕闇が迫って来た रात काफ़ी घिर आई थी 夜がかなり迫って来ていた मंच पर अंधकार घिरने लगता है 舞台が暗くなり始める (4) 覆う；包まれる इससे बच्चा अपराध भावना से घिर सकता है このため子供は罪の意識に包まれうる

घिरनी[1] [名*] (1) 滑車 = गराड़ी; चरखी. (2) ひもや綱をよるための車 (3) こま（独楽） (4) 回転すること = चक्कर; फेरा. **घिरनी खाना** ぐるぐる回る；回転する

घिरनी[2] [名] = किल किला.

घिरवाना [他・使] ←घेरना.

घिराई [名*] (1) 囲むこと (2) 家畜に牧場で草を食ませること (3) 家畜に牧場で草を食ませる労賃

घिरायँद [名*] 尿の臭い；尿の発する悪臭

घिराव [名] (1) 囲むこと (2) 囲まれること (3) 囲い (4) つるしあげ（吊し上げ）= घेराव.

घिरिया [名*] (1) 勢子の囲み（狩猟で獲物を追い出し取り囲むこと） (2) 危難 **घिरिया में घिरना** 危難におちいる

घिर्री [名*] (1) ぐるぐる回ること (2) 滑車 = घिन्नी. बाहर लगी घिर्री रस्सी के आते जाते आवाज़ करती थी 外についている滑車は綱の動きにつれて音を立てていた **घिर्री खाना** 駆け回る；駆け回って努力する；駆けずり回る

घिसघिस [名*] (1) 怠惰；ぐずぐずすること；ぐずなこと；だらだら仕事をすること (2) 決断力のないこと **घिसघिस क॰** *a.* 言い逃れをする；口実を設ける *b.* 仕事をいいかげんにする；だらしない仕事をする

घिसटना[1] [自] (1) いざる；這う सारी उमर घिसट-घिसट कर भीख माँगता फिरेगा 一生いざりながら乞食をする (2) 引きずられる उनके पैर रकाबों में फँस गये थे.वह खेतों में घिसटते गए 両足は鐙にかかったままで畑を引きずられて行った घिसट घिसटकर चलना 足を引きずって歩く घिसटे घिसटे फिरना 放浪する；うろつく；徘徊する；あてどもなく歩き回る

घिसटना[2] [他] 引きずる बैसाखी के सहारे अपने अधूरे शरीर को घिसटते हुए आ रहा था 松葉杖にすがって不自由な体を引きずりながらやってくるところだった टाँग घिसटते हुए 足を引きずりながら

घिसना[1] [自] (1) すれる；すりへる；磨滅する हमारी त्वचा तेज़ी से घिसती है 我々の肌は急速にすりへる लकड़ी के हरूफ़ जल्दी घिस जाते हैं 木版はすぐにすりへる घिस घिसकर कट जा॰ 擦り切れる घिस घिसकर चलना とても長持ちする (2) 古びる अदालतों में चल रहे क़ानून और न्यायिक प्रक्रिया इतनी ज़्यादा घिस चुकी है 裁判所に通用している法律と法手続はあまりにも古びてしまっている

घिसना[2] [他] (1) こする；しごく यदि पेंसिल की नोक घिसकर कुंद हो गई हो तो उसे पत्थर आदि पर घिसकर पुनः नोकदार बनाया जा सकता है 鉛筆の先がすりへって丸くなったらそれを石などでこすってもう一度とがらせることができる (2) 磨く (3) (かみそりで) そる रेज़र से अपनी दाढ़ी घिसते हुए かみそりであごひげをそりながら **घिसकर लगाने को भी न हो॰** ほんのわずかさえない；かけらほどもない；全然ない **घिस दे॰** 追いはらう

घिसनी [名*] (子供が) 這うこと घिसनी चलना 這う

घिसपिस [名*] (1) 和合；調和 (2) だらだらすること；怠惰 **घिसपिस क॰** 内緒話をする

घिसवाना [他・使] ←घिसना[2].

घिसाई [名*] (1) 摩擦 (2) こすったり磨いたりすることやその手間賃

घिसा काँच [名] すりガラス

घिसापिटा [形+] 古めかしい；使い古しの；すりへった；すりきれた इस फ़िल्म का हरेक प्रसंग घिसापिटा ही है この映画のどこをとっても古めかしいものだ घिसी पिटी चाल 常套手段= पुरानी चाल; घिसी-पिटी तरकीब.

घिसाव [名] こすったり磨いたりこすれたり磨かれたりすること

घिसावट [名*] (1) 摩擦 (2) 研磨する手間賃= घिसाई.

घिसिर पिसिर [名*] = घिसपिस.

घिसी घिसाई [形] = घिसा पिटा.

घिस्समघिस्सा [名] 幾度もこすること；繰り返しこすること；激しく押し合うこと；押し合い；もみ合い

घिस्सा [名] (1) こすること；摩擦 (2) 衝突すること；ぶつかること (3) だますこと；だまし **घिस्सा दे॰** だます；ごまかす；欺く= धोखा खिलाना; चकमा दे॰.

घी [名] ギー；精製バター；バターオイル (煮沸した牛や水牛などの乳を凝固させたものやヨーグルトを撹拌して得られるバターを加熱溶解した後濾過して得られる．調理のほかヒンドゥー教の祭儀に際しても用いられる)；酥= घृत; नवनीत. आजकल के महँगाई के ज़माने में जब खाने के लिए ही आम आदमी को घी तेल मिलना दुर्लभ हो रहा है 普通の人には食用のギーや油が手に入れにくい物価高の時代に वनस्पति घी 植物油からこしらえたギー **घी का कुप्पा** 大金持ち **घी का कुप्पा ढरकना** = घी का कुप्पा लुढ़कना. **घी का कुप्पा लुढ़कना** *a.* 大金持ちが死ぬ *b.* 大損する；大損害を被る **घी का घड़ा ढरकना** = घी का कुप्पा लुढ़कना. **घी का डोरा दे॰** よそった料理にギーをかける **घी का लड्डू** 貴重な物；高価な物；金目の物 **घी का लड्डू टेढ़ा भी भला होता है** 〔諺〕*a.* ものの真価は外見ではない；外見より中身が大切 *b.* 腐っても鯛 *c.* いかようであれわが子は可愛いもの **घी की आहुति दे॰** 大切な物を犠牲にする **घी की मक्खी** *a.* すぐに死ぬもの *b.* 捨てさるべきもの **घी के चिराग़ जलना (जलाना)** 念願が叶えられたのを喜ぶ；祝う **घी के दीये जलना (जलाना)** = घी के चिराग़ जलना (जलाना). **घी के दीये भरना** 祝う **घी खिचड़ी में ही गिरना** *a.* 損なことと得なことが同時に起こる *b.* しくじったことが無駄にならないたとえ **घी खिचड़ी हो॰** *a.* 親密なこと *b.* 大変愉快なこと **घी तेल का दीपक जलाना** 大喜びする **घी दूध की नदी बहना** 大変裕福なこと **पाँचों उँगली घी में हो॰** 大満足 **घी लगे बिना सुहारी (सोहाली) हो॰** 金を使わずにうまく事が運ぶ **घी सँवारे काम, बड़ी बहू का नाम** 〔諺〕実際に苦労した人ではなく他の人の手柄になるたとえ **देसी घी** 植物油からこしらえたギーに対して牛乳から本来の製法でこしらえたギー；デーシー・ギー देशी घी की मिठाइयाँ デーシー・ギーを使ってこしらえた (インド風の) 甘味菓子

घीकुआँर [名] = घीकुआर. 〔植〕ユリ科アロエ【*Aloe barbadensis*】= ग्वारपाठा; घृत कुमारी.

घीया [名]〔植〕(1) ウリ科蔓草ユウガオ【*Lagenaria syceraria*】= लौकी; घिया. (2) 同上の実

घीयाकश [名] (ユウガオ，トウガンなどをおろすのに用いる) おろし金；大根おろし= घियाकश; कद्दूकश.

घीया तोरी [名*]〔植〕ウリ科蔓草ヘチマ【*Luffa aegyptica*】

घीव [名] = घी.

घीसना [他] = घसीटना.

घुँइयाँ [名*]〔植〕サトイモ科サトイモ = घुइयाँ; अरवी.

घुँगची [名*] (1)〔植〕マメ科トウアズキ【*Abrus precatorius*】(2) その実

घुँगुरियाला [形+] = घुँघराला. 縮れた (毛) घुँगुरियाले बालों वाले सियाहफ़ाम लोगों से 縮れ毛の黒人たちに

घुँघनियन [名]〔植〕マメ科雑草コガネタヌキマメ【*Crotalaria retusa*】

घुँघनी [名*]〔料〕水にひたしておいて油で揚げた豆類

घुँघराला [形+] ちぢれた；(毛の) 縮れた状態の；巻き毛の；カールした= छल्लेदार. काले घुँघराले बाल 黒いちぢれ毛

घुँघरी [名*] 小さな鈴 पाजेब चाँदी की पैरों में पहनने की चेननुमा होती है जिसमें छोटी छोटी घुँघरियाँ लगी होती हैं और चलने पर बजती हैं パージェーブとは足につける銀製のチェーンのようなもので小さな鈴がついており歩くと鳴る

घुँघरू [名] (1) 金属製の鈴 (2)〔装身〕グングルー (鈴のついた足首飾り) (3) 死に際にのどに痰のからんだ音 **घुँघरू बाँधना** *a.* (踊りの) 弟子にする *b.* 踊りの準備をする **घुँघरू बोलना** *a.* 踊りが行われる *b.* 臨終に痰がのどにからむ；最期の時にのどがぜいぜい言う

घुँघरूदार [形]《H.+ P. دار》鈴のついた；グングルーのついた

घुँघरू मोतिया [名*]〔植〕モクセイ科低木マツリカの一種【*Jasminum sambac*】

घुंडी [名*] (1) くるみぼたん (2) 玉房；ポンポン (3) 丸みを帯びて突き出たもの स्तन की घुंडी 乳首 (4) わだかまり (5) 面倒；面倒なこと；複雑なこと (6) ノブ；取っ手；把手 (7) (刺激の) つぼ **घुंडी खोलना** わだかまりをなくす

घुंडीदार [形] (1) 玉房のついた (2) 面倒な；厄介な；複雑な

घुइयाँ [名*]〔植〕サトイモ科サトイモ= अरुई; अरवी.

घुग्घी [名*] (1) あまがっぱ (頭から被る雨合羽) = खड़ुआ; घोंघी. (2)〔鳥〕セネガルキジバト= फ़ाख़्ता; पंडुक.

घुग्घू [名*] (1)〔鳥〕フクロウ科ワシミミズク属ワシミミズク【*Bubo bengalensis*】= घुघुआ. 〈eagle-owl〉 (2) 愚か者

घुघची [名*] (1)〔植〕マメ科蔓草トウアズキ【*Abrus precatorius*】(2) トウアズキの実

घुघरू [名] = घुँघरू.

घुघुआना [自] (1) ミミズクが鳴く (2) はっきりしない声で話す；ぼそぼそとしゃべる

घुघ्घू [名] = घुग्घू.

घुटकना [他] ごくりと飲む；ごくごくと飲む；ごくんごくんと飲む आँसू घुटकते और फफक फफककर रोते हुए 涙をごくりと飲みおいおい泣きながら

घुटकी [名*] 食道= ग्रासनी.

घुटन [名*] (1) 息苦しさ；息のつまる感じ；いきれ वहाँ उस रोज़ माहौल में घुटन रही そこでその日息苦しい感じがしていた यह घुटन ब्लडप्रैशर की वजह से है この息苦しさは血圧のせいだ दिल की घुटन 胸のつまる感じ (2) フラストレーション

घुटना[1] [名] ひざ；膝；膝頭 घुटनों को आधा मुड़ा हुआ रखें 膝を半分まげておくこと (-के) **घुटने टूटना** (ーが) 打ち砕かれる अन्याय के घुटने टूट जाएँगे 無法は打ち砕かれよう **घुटने टेकना** *a.* ひざまずく= घुटनों के बल बैठना. *b.* 屈服する；屈する；服従する जब पति घुटने टेकता है 夫が屈する時 मैंने उसके सामने घुटने न टेकने का निश्चय कर लिया あの男には屈するまいと決心した (-के) **घुटने तोड़ना** (ーに) 害を与える；(ーを) 害する हमारे कई एक साथियों को उसने गिरफ़्तार कराके हमारे आंदोलन के घुटने तोड़ दिये हैं あの

घ

男は我々の幾人かの仲間を捕らえさせ我々の運動に害を与えた **घुटनों के बल चलना** *a.*（幼児が）這う *b.* 初期の段階にある **घुटनों के बल बैठना** ひざまずく दीवार पर बनी भारतमाता के सामने सिर नवाकर बहुत देर तक हम घुटनों के बल बैठे रहे 壁に描かれたインドの像の前に頭を垂れ長い間ひざまずいていた **घुटनों चलना** ＝ घुटनों के बल चलना. **घुटनों में सिर दबाना** *a.* 甚だしくふさぎこむ；しょげ返る；しょんぼりする *b.* ひどく恥じ入る **घुटनों में सिर देकर बैठना** ＝ घुटनों में सिर दबाना. **घुटनों में सिर दे॰** ＝ घुटनों में सिर दबाना. **घुटनों से लगकर बैठना** いつも一緒にいる；側から離れない

घुटना[2] ［自］(1)（息が）つまる；窒息する उनको कुछ घूमने-फिरने की आज़ादी नहीं होती, ताज़ी हवा नहीं मिलती तथा एक ही घर में घुटी घुटी सी रहती है 少しも出歩く自由がない．新鮮な空気が得られない．同じ家に息がつまったようにしている (2) こもる मानो कुछ है, जो उसके मन में घुट रहा है, उसे मथ रहा है, पर वह कह नहीं पा रहा है まるで胸にこもっている何かがある．それを攪拌している．だが表現できないでいる (3) ふさぎこむ पत्नी बेचारी दिन भर घुटी-घुटी रहती あわれ妻は一日中ふさぎこんでいる (4) 悩み苦しむ；悶々とする (5) こまかくすりつぶされる；砕かれる；どろどろになる；ぐじゃぐじゃになる यहाँ तुम्हारी भाँग घुट रही है ここでは君のために大麻がすりつぶされている घुटी हुई खिचड़ी どろどろの豆がゆ (6) こすれる；すれてつるつるになる；こすれてぴかぴかになる (7) 仲のとてもよいこと；とても親密なこと (8) 親しく言葉を交わす (9) 上達する (10)（頭髪が）剃りおとされる；剃られる **घुट घुटकर बातें क॰** 親密に言葉を交わす **घुट घुटकर मर जा॰** *a.* 悶々として死ぬ *b.* もだえ死ぬ；悶死する **घुट घुटकर रह जा॰** 大変くやしがる；切歯扼腕する **घुटा हुआ** したたかな；抜け目のない

घुटना[3] ［他］きつく締める；締めつける

घुटन्ना ［名］(1)〔服〕膝までの丈があるパーイジャーマー（पायजामा）(2)〔服〕裾の狭いパーイジャーマー (3)〔服〕半ズボン

घुटरूँ ［副］這って；四つ這いになって

घुटलड़ा ［形⁺］内わにの；内股の

घुटवाना ［他・使］← घोटना. (1) 砕かせる；粉砕させる；すりつぶさせる (2) 棒暗記させる；機械的に丸暗記させる तीसरी कक्षा से बच्चों को किताबें घुटवाने की क्या तुक है 3 年生から子供に本を棒暗記させて何になる

घुटाई ［名*］← घोटना. (1) こすること (2) こすってすべすべ，つるつるにしたりぴかぴかにすること (3) 磨いたり光らせたりする作業やその労賃

घुटाना ［他・使］← घोटना.

घुटाला ［名］＝ घोटाला.

घुटिकास्थि ［名*］〔解〕距骨

घुटुरुआँ ［名］這うこと

घुटुरुन ［副］（手と膝で）這いながら；這って

घुट्टमघुट्ट ［形］頭髪が剃られた；剃髪されている

घुट्टी ［名*］グッティー（俗信では新生児の胎便を取り除くためとされ，最初の授乳前に与えられる民間薬．アロエや香辛料，硼砂などでこしらえる．乳幼児の消化増進，整胃整腸のためにも用いられる）**घुट्टी के साथ पिलाना** 生まれた時から教えこむ；幼時から叩き込む **घुट्टी पिलाना** *a.* グッティーを飲ませる शिशु को घुट्टी पिलाना 赤ちゃんにグッティーを飲ませる आम तौर से घुट्टी पिलाने से बच्चे को कब्ज़ी नहीं रहती 一般にグッティーを飲ませると子供は便秘しないものだ *b.* 教えこむ धर्म शास्त्र और धर्माधिकारी रोज़ यही घुट्टी पिलाते हैं 宗教経典と宗教家たちが毎日これを教えこむ **घुट्टी में पड़ना** 乳のみ子の時からなれ親しむ；習性となる；生まれつきのものになる；天性のものになる **घुट्टी में पिलाया जा॰** 生まれつきの；天性の शरारत करना तो जैसे उसे घुट्टी में पिलाया गया था いたずらはまるで彼の天性のものだった

घुड़- ［造語］馬の意の घोड़ा の短縮形で合成語の構成要素 घुड़दौड़ 競馬 घुड़सवार 騎乗の；騎馬の

घुड़कना ［他］(1) 叱りつける；どなりつける "चुप भी रह" रूपा ने माधो को घुड़कते हुए कहा 「お黙りってば」ルーパーがマードーを叱りつけながら言った अपने होश में उन्होंने कभी मुझे घुड़का तक नहीं था 記憶する限りあの方は私を叱りつけたことさえなかった (2) おどす

घुड़की ［名*］(1) 叱りつけること；叱責 (2) 叱りつける言葉 (3) おどし **घुड़कियाँ जमाना** 叱りつける **घुड़की-धमकी** 叱責やおどし उनमें तो अधिकांश ऐसे लोग होते हैं, जिन्हें घुड़की धमकी के सिवा और किसी शक्ति के सामने झुकने की आदत नहीं それらの人の大半は叱責やおどし以外にはいかなる力にも屈することのない連中なのだ **घुड़की खाना** 叱られる；叱りつけられる **घुड़की दे॰** おどす；おどしをかける वह इस तरह खाँसने लगे, जैसे बंदर घुड़की देते समय खो-खो करता है 猿がおどしをかける時にコーコーとうなるように彼は咳をしはじめた **घुड़की पाना** 叱られる हाँ, पुलिस की एक घुड़की पा जाएँ तो फिर कभी इधर भूलकर भी न आएँ 警察に一度叱られれば間違っても二度とこちらに来ることはあるまい

घुड़च ［名］弦楽器のこま；じ（柱）

घुड़चढ़ा ［形⁺］騎乗の；馬に乗っている；乗馬している

घुड़चढ़ी ［名*］(1)〔ヒ〕結婚式の儀式の一で花婿を式に行くために馬に乗せ寺院へ連れて行き祈りを捧げ布施などをさせる；グルチャリー निमंत्रण-पत्र के अनुसार घुड़चढ़ी साढ़े छः बजे होनी थी 招待状によればグルチャリーは 6 時半の予定だった (2)〔軍〕騎兵隊 (3)〔軍〕野砲隊

घुड़दौड़ ［名*］(1) 競馬 घुड़दौड़ का घोड़ा 競馬馬；競走馬 (2) 馬の走り

घुड़नाल ［名*］〔軍〕馬上から発射する砲

घुड़बहल ［名*］四輪馬車

घुड़मक्खी ［名*］〔昆〕ウマバエ（馬蠅）

घुड़मुँहा ［形⁺］馬面の；長顔の

घुड़ला ［名］(1) 遊具の馬 (2) 小型の馬

घुड़सवार[1] ［形］馬に乗った；騎馬の घुड़सवार लड़के 馬に乗った少年たち घुड़सवार हरकारे 騎馬の伝令

घुड़सवार[2] ［名］騎乗の人；騎馬の人；馬乗り

घुड़सवारी ［名*］(1) 馬乗り（馬に乗ること）(2) 乗馬（遊びやスポーツ）घुड़सवारी का कौशल 馬術

घुड़सार ［名*］＝ घुड़साल.

घुड़साल ［名*］馬屋；馬小屋；厩；厩舎

घुड़िया ［名*］小さな雌馬

घुण ［名］＝ घुन.

घुणाक्षर ［名］白蟻の食べたあと（文字のように見えたりすることから）

घुणाक्षर न्याय ［名］意図してなされたのではない行為から偶然によい結果の生じることのたとえ；偶然にうまく行くことのたとえ

घुन ［名］(1)〔昆〕シロアリ科シロアリ（白蟻）उनमें घुन नहीं लगता これらには白蟻はつかない (2)〔昆〕木材につく虫 (3)〔昆〕オサゾウムシ科コクゾウムシ **घुन लगना** *a.* やせおとろえる；やつれる *b.* 空洞になる；うつろになる *c.*（穀物に）虫がつく；虫が食う

घुनघुना ［名］がらがら（幼児の玩具）

घुनना ［自］(1) やせおとえる；やつれる (2)（穀物や果物などが）虫に食われる；（穀物や果物に）虫がつく

घुना ［形⁺］(1) 虫食いの घुने अखरोट 虫食いのクルミ घुने उड़द 虫のついたケツルアズキ (2) 中身のない；空虚な

घुनाक्षरन्याय ［名］＝ घुणाक्षरन्याय.

घुन्ना ［形⁺］陰険な；陰湿な；腹黒い जब सास ने उसे घुन्नी, मतलबी व स्वार्थी कहा तो वह चुप न रह पाई 姑に陰険で身勝手な女と言われると黙っておれなくなった

घुप ［形］全くの；完全な（暗がりや闇を表すのに用いられる）＝ घुप्प.

घुप अँधेरा ［形⁺］＝ घुप्प अँधेरा. 真っ暗な；暗闇の＝ अंधेरा घुप.

घुमंतू ［形］常に移動する；定住しない；放浪の；流浪の

घुमक्कड़ ［形］(1) 歩き回る；よく出歩く (2) 放浪の；流浪の अपने विपन्न और घुमक्कड़ जीवन में 苦難の放浪生活の中で

घुमटा ［名］目のくらみ；めまい（眩暈）**घुमटा आ॰** めまいがする；目が回る；目がくらむ

घुमड़ना ［自］(1) わく；涌く；湧く；わき出る मन में प्रश्न घुमड़ता है 心の中に疑問が涌く उसके मन में दसियों सवाल घुमड़ रहे थे 彼の胸中には数え切れぬほどの疑問が湧き出ていた (2) 渦巻く उस रात जब वह सोई तो भीतर ही भीतर उसके कुछ घुमड़ता रहा था その夜床につくと胸の中に何かが渦巻いていた युवकों में घुमड़ता असंतोष 若者たちの間に渦巻く不満 दिल में घुमड़ना 胸の内に渦巻く (3)

押し寄せる；次々と出て来る；湧き出て来る उमड़ घुमड़कर अभी ये बादल बरसे हैं 今しがたこの雲が湧き出てきて雨を降らせた
घुमड़ी [名*] (1) 回転すること (2) 周囲を回ること (3) 目が回ること (4) 渦
घुमरना[1] [自] (1) 回る；回転する＝ घूमना. (2) 錯覚する
घुमरना[2] [自] ＝ घुमड़ना.
घुमरना[3] [自] すさまじい音が出る；轟音が響く
घुमरी [名*] ＝ घुमड़ी.
घुमाना [他] ↔घूमना. (1) 回す；回転させる कलाई को एक ख़ास तरह से घुमाना होगा 手首を独特の方法で回さなくてはならない ताले में चाभी घुमाना （錠前の）鍵を回す（錠前に鍵をかける） बैठक की सजावट पर अपनी दृष्टि घुमाने लगीं 居間の装飾を見回す ट्रांजिस्टर की सुई इधर-से-उधर घुमाती रही （トランジスタ）ラジオのダイヤルを回し続けた (2) 振り回す；動かす कभी कभी तलवार भी घुमाई जाती 時々刀も振り回される क़लम घुमाने की तो देर है あとはあの人が筆を動かすだけだ（あの人の筆先一つにかかっている） (3) （見物，散歩，散策などに）案内する；連れて行く；連れ歩く；連れ回る स्टीमर में घुमाना 蒸気船に乗せて案内する दिल्ली घुमाने का वादा デリー見物をさせるとの約束 अनूप को रोज़ बाज़ार घुमाने ले जाते हैं アヌープを毎日商店街へぶらつきに連れて行く मुझे घुमाने अपने साथ ले गए थे 私を遠足に連れて行った एक साल तक घोड़े को घुमाने के बाद 1 年間馬を連れ歩いた後 दसवें दिन के बच्चे को उसे मुहल्ले भर में घुमाते हैं 生後 10 日目の赤子を町中連れ回る (4) 向きを変える；向ける (5) 戻らせる；返す；戻す (6) 回り道をさせる；故意に遠回りさせる（タクシーなどの運転手がわざと回り道をして料金を多く取る） (7) なでる दाढ़ी में उँगलियों को घुमाना あごひげをなでる **घुमाकर नाक पकड़ना** 簡単にできることを回り道をして行う **घुमा घुमाकर पूछना** 遠回しに言う；婉曲に言う **घुमा दे०** 盗む；ごまかす；ちょろまかす **घुमा फिराकर कहना** 遠回しに言う；それとなく婉曲に言う **घुमा फिराकर पूछना** ＝ घुमा घुमाकर पूछना.
घुमाव [名] (1) 回ること；回転すること (2) うねり (3) 曲がり角 (4) 遠回し；婉曲なこと सड़कें सीधी रहें और उनमें कम-से-कम घुमाव हो 道が直線で道のうねりが最も少なければ
घुमावदार [形] 《H. + P. دار》 (1) うねりのある；うねっている घुमावदार रास्ता うねった道；くねった道 (2) 曲がっている；湾曲している शकरखोरों की घुमावदार चोंच タイヨウチョウの曲がったくちばし स्प्रिंग की तरह घुमावदार ぜんまいのようにうず巻き状に曲がった (3) 回りくどい；遠回しの
घुमाव-फिराव [名] (1) 回りくねり (2) 回りくどいこと；遠回し
घुरघुर [名] (1) （猫や豚などの）動物が鼻を鳴らしたり，うなったり，息をしたり，のどを鳴らしたりする音 घुरघुर क० 豚がぶうぶう鼻を鳴らす (2) 痰がのどにひっかかった音
घुरघुरा [名] (1) 〔昆〕コオロギなどの昆虫 (2) 〔医〕甲状腺腫
घुरघुराना [自・他] 動物がのどを鳴らしたりごろごろ，ぐるぐるなどの音を出す कुत्ते का घुरघुराना 犬がのどを鳴らす
घुरघुराहट [名*] ← घुरघुराना. घुरघुर といった音を出すことやその音
घुरड़ [名] 〔動〕レイヨウ科ウマシカ；ニールガーイ【*Boselaphus tragocamelus*】〈Nilgai; blue bull〉＝ नील गाय.
घुरना[1] [自・他] ＝ घुरघुराना.
घुरना[2] [自] ＝ घुलना.
घुरबिनिया[1] [名*] ごみ箱あさり；ごみ箱やごみ捨て場で食べものをあさること
घुरबिनिया[2] [名] ごみ箱やごみ捨て場から食べものをあさる人；極貧の人
घुराना[1] [自] 押し寄せる
घुराना[2] [他] 鳴らす；音を立てる
घुराना[3] [他] ＝ घुलाना.
घुरिका [名*] 大きいいびきなどの音
घुरुष [名] 〔植〕マメ科シマツルアズキ【*Vigna umbellata; Dolichols umbellatus*】〈rice bean〉
घुर्घुरा [名] ＝ घुरघुरा.
घुर्राना [自] 動物がうなる；うなり声を出す＝ गुर्राना.
घुलनशील [形] 溶解しやすい；溶けやすい पानी में घुलनशील 水に溶けやすい यह विटामिन B6 पानी में घुलनशील है このビタミン B_6 は水に溶けやすい
घुलनशीलता [名*] ← घुलनशील. 溶解性；溶解度
घुलना [自] (1) 溶ける；溶融する अगर यह मिट्टी आदि पानी में घुलने वाली चीज़ों का बना होगा तो पानी से घुल जाएगा もしもこれが土など水に溶けるものでできているのであれば水に溶けるであろう पानी में घुले नमक को 水に溶けた塩を ये चीज़ें मुँह में जल्दी नहीं घुलतीं これらの物は口の中ですぐに溶けない (2) 溶け込む；なじむ नाइट्रोजन की अधिकाधिक मात्रा रक्त में घुलती जाती है 窒素のより多くの量が血中に溶け込んで行く पानी में घुला हुआ ऑक्सीजन 水に溶け込んだ酸素 (3) 軟らかくなる (4) 熟する；熟れてやわらかくなる (5) 和らぐ；解ける；解消する उसे उस मुसकराहट में अपने मन का सारा तनाव घुलता हुआ प्रतीत हुआ 彼女にはその微笑の中に心の一切の緊張が解消して行くように感じられた (6) やつれる；衰弱する；衰える यदि इस तरह चिंता करके घुलती रही तो मैं बेटी से ही हाथ धो बैठूँगा もしこんなふうに心配してやつれて行くならば私は娘自身を失うことになる घुलता जाता उसका उदास मुखड़ा कभी कभी तो मोहन को भी विचलित कर जाता था やつれていく彼女の悲しげな顔は時折モーハンまでも動揺させるのであった (7) 無駄になる；失われる **घुलकर काँटा हो०** ひどく衰弱する；やせこける **घुल घुलकर जान दे०** ＝ घुल घुलकर मरना. **घुल घुलकर बातें क०** 打ち解けて話す **घुल घुलकर मरना** もだえ苦しんで死ぬ；悶死する；苦しみ抜いて死ぬ **घुलना मिलना** *a.* 打ち解ける；溶け込む ऐसे बच्चे अन्य साथी बच्चों के साथ न तो घुल मिल पाते हैं और न ही प्रसन्न रह पाते हैं このような子供は他の子供たちと打ち解けることも楽しくすることもできない कुछ देर बाद वह हमसे इस तरह घुल मिल गई जैसे हमारे ही परिवार की सदस्या हो しばらくするとまるで家族の一員のように溶け込んでしまった *b.* 溶け込む；なじんで一体となる भारतीय कहानियाँ स्थानीय कथाओं के साथ घुल मिल गईं インドの物語が地元の話に溶け込んでしまっている **घुल मिलकर** 親密に；打ち解けて；仲よく＝ मेल जोल से.
घुलवाना [他・使] ← घोलना.
घुलाना [他] (1) 溶かす；溶解させる (2) 軟らかくする；ほぐす (3) やつれさせる；衰弱させる यह रोग रोगियों को निर्दयतापूर्वक घुला घुलाकर मार डालता है この病気は病人を残酷に衰弱させて死に至らしめる (4) 苦しめる；悩ます (5) 過ごす (6) まぶたのふちにカージャルやスルマーをつける मुँह का पान घुलाता रहा 口の中でパーンをほぐしていた
घुवा [名] ＝ घूआ.
घुसना [自] (1) （建物，家，穴，隙間などに）入る；入り込む घर में घुसते ही 家に入ったとたん चूहे का बिल में घुसना ネズミが穴に入る उसके नथुनों में एक साथ धूल के कण और अजीब सी बासी गंध घुस गई 鼻の穴に土埃と異様なすえた臭いとが同時に入り込んだ (2) 刺さる；中に入る；突き刺さる इस लगाये बल के कारण कील का पैना सिरा लकड़ी के अंदर घुस जाता है この加えられた力のために釘の鋭くとがった先端は木の中に入って行く (3) 侵入する；押し入る घर में चोर घुस आये 家に盗人が侵入してきた तभी कुछ नक़ाबपोश सशस्त्र डकैत बैंक में घुसते हैं ちょうどその時凶器を持った数人の覆面強盗が銀行に押し入る इस तरह मेरे घर में घुस आनेवाले तुम कौन हो? こんなふうにわが家に押し入ってくるお前はだれだい (4) 割り込む (5) 本来あるべきでない場所に入る बाढ़ का पानी अनेक गाँवों में घुस गया है जिससे 50 हज़ार से भी अधिक लोग प्रभावित हैं 洪水で多数の村が浸水し 5 万人以上の人が影響を受けている (6) 引っ込む；へこむ **घुसकर तमाशा देखना** しゃしゃり出る；出しゃばる；なにかにつけて口出しする **घुसकर बैठना** *a.* 割り込む；割り込んで腰をおろす *b.* 隠れる；ひそむ；引っ込む；籠もる
घुसपैठ [名*] (1) 入り込むこと (2) 侵入；押し入ること (3) 出入りすること
घुसपैठिया [名] 侵入者；越境侵入者；潜入者 चार घुसपैठिये मारे गए 侵入者 4 人殺さる जनसंख्या में एक तिहाई लोग बाहर से आए घुसपैठिए थे 人口の 3 分の 1 が隣国からの越境侵入者だった
घुसपैठी [名] ＝ घुसपैठिया.
घुसवाना [他・使] ← घुसाना.
घुसाना [他] (1) 入れる；入らせる；突っ込む (2) 刺し込む；突き刺す；めりこませる
घुसेड़ना [他] (1) 突っ込む；押して入れる；詰める；詰め込む मैंने रुई के मोटे मोटे फाहे बनाकर दोनों कानों में घुसेड़े 綿を太く丸めて両

घ

耳に突っ込んだ छोटे बच्चे खेल खेल में गोली कंचा या ऐसी ही कोई वस्तु नाक में घुसेड़ लेते हैं 小さな子は遊んでいるうちにラムネ玉やその種のものを鼻の穴に突っ込む उसने पाँव चप्पल में घुसेड़ा つっかけに足を突っ込んだ (2) 突き刺す；突き出たものや刃物などを突き立てる；対象物の中に突き刺す बगल से उसके पेट में सींग घुसेड़ देता है 脇から腹に角を突き立てる जंगली सूअर पास आए और पेट में अपने ख़ूँखार दाँत घुसेड़ दिये イノシシが近づき腹部に血に飢えた牙を突き立てた छाती में छुरा घुसेड़ने ही वाला है まさに胸に短刀を突き刺すところだ (3) 挟む；割り込ませる उन लोगों ने हमारे ग्रंथों में गलत चीज़ें घुसेड़ दीं 連中は我々の経典に間違ったものを割り込ませた

घूँगची [名*] ＝ घुँगची.

घूँघट [名] (1) 顔と頭とを隠すもの；特に女性が対人関係において様々な基準で様々な程度に顔を覆い隠すために用いる着衣の一部（サリーの端やチュヌリー चुनरी などを頭の上から顔面に引き下げて行う）；グーンガト；ベール (2) グーンガトをすること घूँघट सँभालना しきたりに従ってグーンガトを守る（グーンガトで顔を隠す） उस साठ बरस की वय में भी घूँघट सँभालती चली गई 60 歳になってもまだグーンガトを守り続けた **घूँघट उठाना** 顔を覆っているグーンガトを頭のほうにかき上げる；グーンガトをのける **घूँघट क॰** ＝ घूँघट काढ़ना. घूँघट कर दे बहू का ちょっと嫁の顔をグーンガトで隠しなさい **घूँघट काढ़ना** グーンガトで顔を隠す；グーンガトをする उसकी पत्नी ने घूँघट काढ़ रखा था その男の妻はグーンガトをしていた **घूँघट खाना** 戦場で敵に背を向ける；敵の前から逃げる；退却する；敗れる；負ける **घूँघट खोलना** ＝ घूँघट उठाना. **घूँघट निकालना** ＝ घूँघट काढ़ना. तुम घूँघट निकालती हो, घर की चारदीवारी में रहती हो あんたはグーンガトをして家の中に閉じこもっている **घूँघट ले॰** 顔をグーンガトで隠す वह बड़ों के सम्मुख घूँघट लेती है 目上の人たちの前では顔をグーンガトで覆う **घूँघट हटाना** グーンガトをかき上げる पूर्णिमा ने मुँह पर का घूँघट हटाते हुए कहा プールニマーは顔にかかったグーンガトをかき上げながら言った

घूँघर [名] 髪の波打つこと；髪の毛のウエーブ

घूँघराला [形⁺] 髪の波打った；髪の縮れた；ウエーブのかかった ＝ घुँघराला.

घूँघरू [名] ＝ घुँघरू.

घूँ घूँ [名*] 蚊や蝿などの虫の羽音；ぶーん，ぶーん，ぶんぶんなど कमरे के अंदर घूँ घूँ करते मच्छरों की आवाज़ 部屋の中でぶんぶん鳴っている蚊の羽音

घूँचा [名] ＝ घूँसा.

घूँट [名] 一度に飲み込む分量；一飲みの分量 जहर के घूँटों की तरह वह चाय पीता रहा 毒を飲み下すように紅茶を飲み続けた **आँसू के घूँट पीना** 辛さをがまんする；悲しさをこらえる लोग आँसू के घूँट पीने को मजबूर थे 人々は辛さをがまんせざるを得なかった **ख़ून का घूँट पीना** 激しい怒りをぐっとがまんする；ぐっとこらえる；耐え忍ぶ＝ रक्त का घूँट पीना. हम ख़ून का घूँट पीकर रह गए 我々はただじっとこらえるばかりだった **घूँट पीना** 怒りを抑える；耐える；耐え忍ぶ **घूँट भरना** ちびちび飲む；少しずつ飲む जल्दी जल्दी चाय का घूँट भरकर भागने लगी 急いで紅茶をちびっと飲んで逃げ出しにかかった **घूँट ले॰** ＝ घूँट भरना.

घूँटना [他] 少し飲む；少しずつ飲む；ちびりちびり飲む

घूँटी [名*] ＝ घुट्टी.

घूँस[1] [名*] 賄賂 ＝ घूस; रिश्वत.

घूँस[2] [名*]〔動〕ネズミ科インドオニネズミ＝ घूस.

घूँसा [名] (1) げんこつ；拳骨；握り拳＝ मुक्का. (2) 拳骨で殴ること **घूँसा तानना** おどす；おどしをかける **घूँसा पिलाना (लगाना)** 拳骨を振るう；拳骨を食らわす；拳骨で殴る **घूँसा मारना** 拳骨で殴る **घूँसे का जवाब घूँसे से दे॰** 目には目を歯には歯の対応をする **घूँसों का क्या उधार**〔諺〕殴られたらすぐに殴り返せ **घूँसों लड़ना** 拳骨で殴り合う

घूँसेबाज़ [名] 《H.घूँसा + P. باز》ボクサー；拳闘家＝ मुक्केबाज़.

घूँसेबाज़ी [名*] 《H.घूँसा+P. بازی》(1)〔ス〕ボクシング；拳闘＝ मुक्केबाज़ी; बॉक्सिंग. (2)（拳骨での）殴り合い

घूआ [名] (1) 葦などの穂の綿毛のような花 (2)〔昆〕キクイムシ（木食虫） (3)〔動〕環形動物多毛類ゴカイ科の虫

घूक [名] ＝ घुग्घू. ワシミミズク

घूगस [名]〔軍〕(1) 稜堡 (2) 外堡

घूघ[1] [名*] かぶと（兜，冑，甲）；鉄かぶと＝ खोद.

घूघ[2] [名]〔鳥〕ワシミミズク ＝ घुग्घू.

घूघस [名] ＝ घूगस.

घूघू [名] ＝ घुग्घू.

घूम[1] [名*] (1) 回ること (2) ぐるり (3) 曲がり角 **घूम घुमाना** 口実を設けて何度も足を運ばせる

घूम[2] [名*] 眠り；睡眠

घूमघुमाव [形] 遠回りの

घूमघुमौआ [形] 遠回りの

घूम चक्कर [名] ターンテーブル

घूमना [自] (1) 回る；円形を描きながら動く；回転する；ぐるぐる回る पृथ्वी सूर्य के चारों ओर घूमती है 地球は太陽のぐるりを回る घूमता हुआ लट्टू 回っているこま；回転しているこま (2) 向く；向きを変える；向きが変わる；曲がる；方向が変わる；方向を変える लंबे लंबे कान जो हर तरफ़ घूम सकते हैं どちらのほうにも向くことのできる長い耳 (-की ओर) घूमना （一の方を）向く कच्ची सड़क गाँव से होकर जाती है.मगर सीधे नहीं, ज़रा घूमकर 舗装されていない道が村を通っている．でも直線ではなく少し曲がっている वहाँ से बसस्टॉप की ओर घूम जाएँगे そこからバス停のほうへ曲がろう क्या? दादी उसकी ओर और घूम गई「なんだって」祖母は一層彼女のほうに向いた सब लोग उसकी ओर घूम पड़े みながさっと男のほうを振り向いた (3) 回る；順々にたどって行く；巡回する भूख से व्याकुल हुआ घर घर अन्न की खोज में घूमने लगा ひもじさにたまらなくなって一軒一軒穀物をもらいに回り始めた हंटर हाथ में लिए घूमते 鞭を手に巡回する (4) 歩き回る अपने रहने योग्य स्थान की खोज में सारी पृथ्वी में घूमा 住む場所を求めて世界中を歩き回った गलियों में घूमता हुआ 路地を歩き回りながら दोनों एक दूसरे के मन की बात ताड़ रहे थे, बाज़ार में इधर उधर घूमते रहे 二人はお互いの腹の中を探りながら，商店街をあちらこちらとぶらぶら歩き回った (5) 散歩する；ぶらつく；徘徊する；行楽や小旅行に出かける रोज़ ही शाम को हम घूमने जाते हैं 毎日夕方に散歩に出かける सलीम की पीठ पर सवार होकर घूमने जा रहे हैं サリームに背負われて散歩に出かけるところ कंधे पर कैमरा लटकाया और घूमने निकल गया （ホテルに泊まっていて）カメラを肩にぶらつきに出かけた बस दिन भर घोड़े पर बैठकर घूमते और शिकार खेलते ただただ一日中馬に乗ってぶらついたり狩りをしたりしている पिछले दिनों हम लोग भैया और भाभी के साथ नैनीताल घूमने गए हुए थे この間，兄夫婦とナイニータールに遊びに行っていた (6) うろつく；徘徊する एक भूखी लोमड़ी खाने की खोज में इधर उधर घूम रही थी 飢えた狐が食べものを探してあちこちうろついていた बिना टिकट स्टेशन पर घूमने वाले 196 लोगों को पकड़ा गया 切符を持たずに駅をうろつく 196 人が捕まった गलियों में घूमनेवाले सूअर 路地をうろつく豚 सादे वेशधारी अनेक जासूस भी घर के इर्द-गिर्द घूम रहे थे 多数の私服の刑事も家のぐるりを徘徊していた (7) 戻る；返る वह बात जब घूमकर मेरे सामने आई その言葉が自分のところへ戻ってきた時 (8) 遠回りをする；回って進む (9) 思い出される；思い起こされる；（目の前を）よぎる सुमित्रा के सामने अपने पोते का भोला-भाला चेहरा घूम गया スミトラーの眼前を孫の頑是ない顔がよぎった（思い出された） पिछले छह सालों के चित्र उसकी आँखों के सामने घूम रहे थे 過ぎた 6 年間の様子が目の前をよぎっていた (10) ずれる；はずれる अदीबों का दिमाग थोड़ा-सा तो ज़रूर ही घूमा हुआ होता है 文学者の頭は間違いなく少しはずれているものだ **घूमकर देखना** 振り向く **घूम घूमकर घटा आ॰** 四方から雲が押し寄せる；四方八方から雲が湧き出る **घूम जा॰** 姿をくらます；行方をくらます **घूमना टहलना** ぶらぶらする；ぶらつく；散策する；散歩する थोड़ी देर में उधर से एक जिराफ़ घूमता टहलता हुआ गुज़रा しばらくすると向こうを 1 頭のキリンがぶらぶらしながら通りかかった **घूमना फिरना** ＝ घूमना टहलना. **घूमना-घामना** *a.* 歩き回る घूम घामकर मैंने सब देख लिया है 歩き回ってすべてのものを見た चारों ओर घूम घामकर बेचारी चौधरी के पास आई あちらこちらを歩き回ってからチョードリーのもとへやって来た *b.* ぶらつく कहीं घूम घामकर आएँ どこかぶらついて来よう उन्हीं दिनों एक अंगरेज़ घूमता घामता दिल्ली आया ちょうどその頃一人のイギリス人がぶらぶらしながらデリーへやって来た दोस्तों के साथ घूमना फिरना 友人たちと散歩する **घूमने टहलने जा॰** 散歩に

出かける **घूम पड़ना** *a.* きっとなる；厳しい表情をする；むかっとする *b.* 不都合なことになる
घूमाघामी [名*] ぐるぐる回ること；次から次へ回転すること लगातार घूमाघामी करते हुए ひっきりなしにぐるぐる回りながら
घूर [名] (1) ごみの山 (2) ごみ捨て場
घूरना [他] (1) じっと見る；見つめる；じろじろ見る चाचा अपनी आँखों में वही चमक लिये उसे घूर रहे थे おじは目にあの変わりない輝きをたたえて彼女をじっと見つめていた देर तक उसकी ओर घूरती रही 長い間その女をじろじろ見つめていた (2) 睨む；睨みつける उसकी तेज़ आँखें उन दोनों को बारी-बारी से घूरने लगीं 鋭い目がその2人を交互に睨み始めた क्रोध से आँखें फाड़ फाड़कर घूर रहे थे 怒りで目を見開きじっと睨んでいた **घूरकर देखना** *a.* じっと見つめる；食い入るように見つめる *b.* 驚いて見る *c.* 睨みつける= आँखें फाड़कर देखना. शिक्षक ने बच्चे को घूरकर देखा, तो बच्चा सहमकर चुप हो गया 教師が睨みつけると子供は震えあがって黙ってしまった
घूरा [名] (1) ごみの山 (2) ごみ捨て場 = कतवारख़ाना. **घूरे के दिन फिरना** どんな人にも何らかのよい変化があるもの；だれでもどんな人でも日の目を見ることがあるものだ
घूराघारी [名*] (1) 見つめること；じっと見つめること (2) 見つめ合うこと
घूर्ण[1] [名] (1) あちこち歩き回ること (2) ぐるぐる周囲を回ること；周回 (3) 迷い
घूर्ण[2] [形] (1) 回る；ぐるぐる回る；回転する；周回する (2) 迷った
घूर्ण चुंबकत्व [名]〔物理〕磁気回転〈gyromagnetism〉
घूर्णन [名] (1) 周回 (2) 回転 घूर्णन अक्ष 回転軸〈axis of rotation〉घूर्णन क॰ 回転する घूर्णन गति 回転運動〈rotary motion〉घूर्णन वेग 回転速度
घूर्णनी [形] 回転する
घूर्णवायु [名]〔気象〕竜巻
घूर्णावर्त [名] 渦
घूर्णिका [名*] ジャイロスタット（回転儀，すなわち，ジャイロスコープの一）
घूर्णित [形] (1) 回った；周回した (2) 回転した
घूर्णी [形] (1) 周回している (2) 回転している；回転する घूर्णी गति 回転運動= घूर्णी संचलन. घूर्णी भट्टी. 回転炉
घूर्णी इंजन [名]《H. + E. engine》ロータリー・エンジン〈rotary engine〉
घूर्णी भट्टी [名*] 回転炉〈rotating furnace; rotary furnace〉
घूर्णी मंच [名] 転車台（鉄道）
घूर्णी मंडल [名] 回転盤〈rotating disc〉
घूस[1] [名] 賄賂；袖の下 **घूस खाना** 収賄する **घूस दे॰** 贈賄する **घूस ले॰** 収賄する
घूस[2] [名*]〔動〕ネズミ科インドオニネズミ【*Bandicota indica*】〈bandicoot rat〉
घूसख़ोर [形]《گهوس خور H.घूस + P. خور》賄賂を受け取る；収賄する आजकल के डाक्टर घूसख़ोर हो गये हैं 近頃の医者は袖の下を取るようになった
घृणा [名*] (1) 嫌気；不快感；吐き気 नगर के जीवन से घृणा हो॰ 都会生活に嫌気がさす युद्ध से घृणा हो जा॰ 戦争がいやになる (2) 嫌悪 विदेशी गुलामी के विरुद्ध घृणा एवं क्रोध उत्पन्न करने का श्रेय 外国への隷属への嫌悪と怒りを生じさせる功績 (3) 憎悪；憎しみ घृणा की निगाहों से देखना 憎悪の眼差しで見る दहेज जैसी कुप्रथा से उसे बड़ी घृणा थी 持参金制のような悪習をひどく憎んでいた
घृणास्पद [形] (1) 嫌いな；嫌らしい；唾棄すべき (2) おぞましい；いまわしい；気味の悪い (3) 憎らしい；憎い उसे यह सारा कार्य बड़ा घृणास्पद लगने लगता है この一切の行為がおぞましいものに感じられ始めた
घृणित [形] (1) おぞましい；気味の悪い सारा शरीर निहायत गंदा एवं घृणित 全身はひどく汚れており気味が悪い अस्पृश्यता की यह घृणित भावना 不可触というこのおぞましい感情 (2) いやな；いまわしい इतना घृणित और अश्लील वार्तालाप करते हैं こんなにいまわしくいやらしい会話をする (3) 憎むべき ये लूटमार घृणित, अत्यंत घृणित कार्य हैं この略奪は憎むべき，甚だ憎むべき行為だ
घृण्य [形] = घृणित.
घृत [名] ギー；バターオイル= घी.
घृतकुमारी [名*] = घी कुँवार. 〔植〕ユリ科アロエ
घृतान्न [名] ギー घी を用いてこしらえた料理
घृताहुति [名*]〔ヒ〕ヒンドゥーの護摩を焚く際にギーを火にくべる儀礼
घृतेली [名*]〔昆〕油虫；ゴキブリ= तिलचट्टा; तेलचट्टा.
घृष्ट [形] こすられた；摩擦された；磨かれた
घृष्टि [名*] (1) 摩擦 (2) 磨き (3) 争い (4) 競争
घेंघ [名]〔医〕甲状腺腫 = घेघा. = घेंघा.
घेंटा [名] 豚の子；雄の子豚
घेंटी [名*] 雌の子豚
घेगा [名] = घेघा.
घेघा [名] (1) 食道 (2) のど (3)〔医〕甲状腺腫= गलगंड.
घेर [名] (1) 囲むこと；囲い (2) 囲い；囲うもの ईंटों के घेर में पौधे लगाए गए हैं 煉瓦の囲いの中に苗木が植えられている (3) 周囲；円周
घेरघार [名*] (1) 包囲；取り囲むこと (2) 取りすがること；すがること；懇願 (3) 広がり
घेरदार [形]《H.घेर + P. دار》幅の広い；幅広な；広がりの大きい
घेरना [他] (1) 取り囲む；包囲する；取り巻く；囲む；押し寄せる सिपाहियों ने उसे घेर रखा था 兵士たちが男を取り囲んでいた उसे बहुत-से लोग घेरे खड़े थे 沢山の人たちがその人を取り囲んで立っていた (2)（空間を）占める；占拠する；囲い込む कनातें और शामियाने पूरी सड़कों को घेर लेते हैं जिनसे रास्ता चलने वालों को बहुत कष्ट होता है 幔幕や天幕が道路全体を占めるので通行人には大変不都合だ चारपाई की आधी जगह सरला ने घेर रखी थी チャールパーイー（簡易寝台）の半分はサルラーが占めていた उन लोगोंने सड़कों को भी घेर रखा है 連中は道路まで占拠している (3) つきまとう；まつわる；まつわりつく बच्चे तो उसे दिन भर घेरे ही रहते हैं 子供たちは一日中その人にまつわりついていた दोनों ने स्कूल से लौटते ही राजेश को जा घेरा 2人は学校から戻るなりラージェーシュにまとわりついた परछाईं की भाँति उसे घेरे रहते 影の形に添うようにつきまとって離れない (4) 覆う；包む उस रोज़वाली घटना के भय ने एक बार फिर वज़ीर को घेर लिया था あの日の出来事の不安がもう一度大臣を包んだ तरह तरह की आशंकाएँ घेरने लगीं いろいろな不安が覆いはじめた करुणा ने सब को घेर लिया 悲しみがみなを包んだ (5) せがむ；ねだる；無理に頼む **आ घेरना** とりつく ऐसे में कई बीमारियाँ आ घेरती हैं そうなるといろいろな病気がとりつく **घेर घारकर** 無理を押して；むりやりに **घेर ले॰** *a.* せがむ *b.* 押さえ込む
घेरा [名] (1) 囲むこと；取り囲むこと (2) 囲い；囲った場所 दिन भर गृहस्थी के घेरे में क़ैद रहने से आदमी ऊबने लगता है 一日中家庭の囲いの中に閉じこめられていると飽き飽きし始める भारतीयों का समय एक उत्सव से दूसरे उत्सवों में गोल घेरे के बीच घूमता है インド人の時間は一つの祭りから次の祭りへと丸い囲みの中を回るものだ (3) 包囲；囲み बड़ी वीरता और बड़ी कुशलता से घेरे से बाहर निकल जाते थे 甚だ勇敢にかつ巧みに包囲から脱していくのであった (4) 円；円形；輪 आँखों के चारों ओर जो कालिमा का घेरा है 目のぐるりの隈 (5) 回り；周囲；回りや囲いの長さ कमर का घेरा 胴回り (6)〔裁〕まえたて（前立） **घेरा डालना** 包囲する；取り囲む；ピケを張る **घेरा तोड़ना** 制限や束縛を取り除く **घेरा पड़ना** 包囲される；取り囲まれる **घेरा बनाकर बैठना** 車座になる **घेरे में पड़ना** わなにかかる
घेराबंदी [名*]《H.घेरा + P. بندی》घेरेबंदी (ob.) (1) 包囲 (2) 囲むこと घेरेबंदी में हो॰ 包囲される；囲まれる क्या अपने इर्द-गिर्द जमा हो गई चौकड़ी की घेराबंदी तोड़ सकेंगे? 自分のぐるりに集まった4人組の包囲網を突き破ることができようか
घेराव [名] = घिराव.
घेवर [名] ゲーワル（メリケン粉と砂糖にギーを多量に用いてこしらえた菓子の一）
घैया [名] (1) 乳牛の乳搾りの際筋をひいて出る乳 (2) 搾ったばかりの牛乳の表面に浮く脂肪分をすくい集める作業 (3) 樹液の採取のため木の幹に入れられた刻み目
घैर [名] (1) 悪名；不名誉 = अपयश. (2) 告げ口 = चुग़ली. (3) 不平；不満；小言 = शिकायत.
घोंगा [名] = घोंघा.

घोंघा[1] [名]〔動〕(1) カタツムリ；蝸牛（などマイマイ科の動物）(2) タニシ科の巻き貝の総称 (3) マキガイ（巻き貝）
घोंघा[2] [形⁺] (1) 空虚な；中身のない；空っぽの (2) 愚かな；愚鈍な
घोंघाकार [形] らせん形の；らせん状の
घोंघाबसंत [名] 大馬鹿；大まぬけ= तुम्हें चाहती…नहीं नहीं, घोंघाबसंत मानती हूँ. 私あんたが好きなの…いや違うわ，大馬鹿だと思うわ
घोंघिल [名]〔鳥〕コウノトリ科スキハシコウ属スキハシコウ【*Anastomas oscitans*】〈openbill stork〉
घोंघी [名*] ← घोंघा[1]. 形の小さな घोंघा の意
घोंट[1] [名]〔植〕クロウメモドキ科ナツメ属大低木もしくは小木【*Ziziphus xylopyra*】
घोंट[2] [名] (1) = घोंटना. (2) = घूँट.
घोंटना [他] (1) = घूँटना. (2) = घोटना.
घोंटा[1] [名] がり勉 = रट्टा.
घोंटा[2] [名] = सुपारी.
घोंपना [他] 突き刺す；突き立てる दुश्मन ने उसके जिस्म में संगीन घोंप दी 敵がその人の体に銃剣を突き刺した पीठ में छुरा घोंपना 背中に刃物を突き立てる
घोंसला [名] (1) 鳥の巣；ねぐら= नीड़; खोता. (2) ねぐら（人の寝るところ）= रैनबसेरा. बेसहारों के घोंसले 寄る辺のない人たちのねぐら (3) ちっぽけな家（自分の家の卑下した言い方）
घोखना [他] まる暗記する = रटना; घोटना.
घोघा[1] [名] (1) 雨よけに頭上から合羽をかぶる被り方 (2) 畑の見張り台 (3) 鳥を捕らえるための網
घोघा[2] [名]〔昆〕ヒヨコマメにつく害虫
घोघी [名*] あまがっぱ（雨合羽）として用いる毛布
घोट[1] [名] (1)〔動〕馬= घोड़ा; अश्व. (2) 精力・馬力のある人；精力的な人；元気旺盛な人
घोट[2] [名] = घोटना.
घोटक [名]〔動〕馬= घोड़ा; अश्व.
घोटना[1] [他] (1) すり潰す；砕く；粉にする；粉々にする；粉砕する；すり潰す；おろす मैंने भाँग घोटी और गोला चढ़ाया 大麻の（乾燥した）葉をすりつぶし球にして飲んだ भाँग घोटनेवाला バーングを飲むためにインド大麻の葉をすりつぶす人 (2) 磨く；磨き上げる；こする；こすりつける (3) 押さえつける；絞める；窒息させる दम घोटना 窒息させる；首を締める (4) 暗誦する；暗記する (5) 練習する；繰り返す (6) 繰り返し言う अक्षर घोटना 丸暗記する= हरफ़ ब हरफ़ घोटना. (7) そる；そりおとす सिर घोटना 頭をそる；剃髪する
घोटना[2] [名] (1) すりつぶしたり砕いたりする道具 (2) 磨いたりつや出しをする道具
घोटवाना [他・使] ← घोटना[1].
घोटा [名] (1) すりつぶすのに用いる道具 (2) 粉にすること；粉砕 (3) 磨くこと；こすること；つやを出すこと (4) つや出しの道具 (5) 暗唱 (6) 反復練習 (7) 髪の手入れ
घोटाई [名*] ← घोटा.
घोटाला [名] (1) 不正；いんちき；ごまかし；悪用；疑獄 परीक्षा में अंकों के घोटाले के मामले में 試験成績のいんちき（改竄）について चारा घोटाला 飼料疑獄 हाल में राष्ट्रीय बैंकों में घोटालों के मामले काफ़ी बढ़ गए हैं 最近国立銀行の不正事件がかなり増加している विदेशी मुद्रा का घोटाला 外貨のごまかし (2) ごたごた；混乱 **घोटाले में डालना** ごたつかせる；混乱させる；紛糾させる **घोटाले में पड़ना** ごたごたする；ごたつく；混乱する；紛糾する
घोटिका [名*] 雌馬= घोटी; घोड़ी.
घोटुल [名]〔文人〕一部の部族民の間に行われて来た若者宿→ गोटुल; घौटुल.
घोड़- [造語] घोड़ा（馬）の短縮形で，馬，馬のようななどの意を有する合成語の構成要素= घुड़. घोड़मुहा 馬面の = घुड़मुँहा.
घोड़चढ़ा [名] 騎馬の人；騎乗の人= घुड़चढ़ा.
घोड़दौड़ [名*] 競馬 = घुड़दौड़.
घोड़बच [名*] ショウブ（菖蒲）からとれる薬の成分で馬に与えるもの
घोड़मुहा [名] (1) 馬面の人 = घुड़मुँहाँ. (2) 身体が人間で首から上が馬という想像上の動物
घोड़ सवार [名・形] = घुड़सवार.
घोड़ा [名] (1) 馬 = अश्व; घोटक; तुरंग. घोड़े की ताक़त 馬力 सात घोड़ों की ताक़त 7 馬力 (2)（銃の）引き金；撃鉄 घोड़ा दबाना 引き金を引く (3)〔ス〕跳び箱 (4) チェスのナイトの駒；桂馬 (5) 掛け鍵 **घोड़ा उठाना (घोड़ा उड़ाना)** 馬に速駆けをさせる **घोड़ा कसना** 馬具をつける **घोड़ा खोलना** *a.* 馬具をはずす *b.* 馬を盗む **घोड़ा छोड़ना** *a.* 馬を駆けさせる *b.* 馬具をはずす *c.* 馬を番わせる **घोड़ा ठोंकना** あぶみを蹴って走らせる **घोड़ा डोलना** 馬を走らせる **घोड़ा दौड़ाना** 馬を出してさがし物をさせる **घोड़ा निकालना** *a.* 馬を馴らす；調教する *b.* 人を訓練する *c.* 他の馬を追い越させる **घोड़ा फेंकना** 馬を疾走させる **घोड़ा फेरना** *a.* 馬の向きを変える *b.* 馬を調教する **घोड़ा (घोड़े) बेचकर सोना** 安心してぐっすり眠る；正体なく眠る；眠りこける तुम तो बस घोड़ा बेचकर सोते हो 君はひたすら眠りこけるのだね **घोड़ा मारना** = घोड़ा ठोंकना. **घोड़े का रोग बंदर के सिर पर पड़ना**〔諺〕他人の落ち度の咎めを受ける；巻き添えを食う **घोड़े के आगे गाड़ी रखना** 順序が逆のことをする；さかさまのことをする **घोड़े चढ़कर आ॰** 大急ぎ；甚だ忙しいこと= घोड़े सवार आ॰.
घोड़ागाड़ी [名*] 馬車；荷馬車
घोड़ाचढ़ी [名]（馬で移動する）歌や踊りの放浪芸人
घोड़ा डाक्टर [名] 獣医
घोड़ानस [名*]〔解〕アキレス腱= कूँच; पै.
घोड़ानीम [名*] = बकाइन/बकायन.〔植〕センダン科高木タイワンセンダン
घोड़ाबेल [名*]〔植〕マメ科蔓木インドクズ【*Pueraria tuberosa*】
घोड़ी [名*] (1) 雌馬 (2)〔ヒ〕ゴーリー（花婿が雌馬に乗って花嫁の家へ赴く結婚の儀式）(3)〔ヒ〕ゴーリー（結婚式の一連の儀礼に際して花婿の家で歌われる歌）(4) 障害物競走に用いられるハードル **घोड़ी चढ़ना**〔ヒ〕挙式のために花婿が雌馬に乗って花嫁の家に赴くこと
घोड़ी बन्ना [名]〔ヒ〕結婚の儀式でグルチャリー（घुड़चढ़ी）の際に歌われる歌 → घुड़चढ़ी.
घोड़ीसवार [名] 花婿
घोणा [名*] (1) 鼻 = नाक; नासिका. (2) 動物の突き出た口 = थूथन.
घोमरा [名]〔鳥〕カモメ科チャガシラカモメ【*Larus brunnicephalus*】
घोर [形] (1) 極度の；途方もない；甚だしい；すごい；ものすごい；猛烈な；激しい；大変な；際立った "अच्छा?" रेखा ने घोर आश्चर्य व्यक्त किया「ええっ」レーカーは大変な驚きを表した ईश्वर प्राप्ति के लिए घोर साधना 見神のための猛烈な修行 घोर असमानता 際立った不平等 यह ग़रीबों के साथ घोर अन्याय है これは貧しい人たちに対する甚だしい不当行為だ घोर त्रुटि 大間違い मुझे लाल के कर्मों पर घोर खेद हुआ ラールの行為を甚だ残念に思った हिंदू स्मृतिकारों ने इस प्रकार के विवाह की घोर निंदा की है ヒンドゥー教の聖伝作家たちはこの種の結婚を激しく非難している घोर आपदा 大災難 घोर मूर्खता 途方もない愚かさ गौहत्या घोर पाप है（雌）牛殺しは大罪なり घोर वर्षा 豪雨 घोर अपराध 大犯罪；極悪の犯罪 (2) 恐ろしい；恐るべき घोर अकाल 恐ろしい飢饉 (3) 生い茂った (4) 巨大な
घोरल [名]《Np.》〔動〕ウシ科ゴーラル属ゴーラル（ゴーラル属のカモシカ）【*Nemorhadus goral*】〈Himalayan wildgoat〉
घोल[1] [名] (1) 溶液 चीनी के 10～20 प्रतिशत घोल में 10～20 %の砂糖溶液に दीवारों पर चूने या चिकनी मिट्टी का घोल पोत देने से सफ़ाई भी हो जाती है 壁に石灰とか粘土を溶かしたものを塗布するときれいになる लगभग 50 ग्राम फिटकरी को पीसकर उसमें इतना पानी मिला लें कि गाढ़ा घोल बन जाए 濃い溶液ができるように約 50g の明礬を粉にしてそれに同量の水を混ぜること (2) バターミルク **घोल में डालना** → घोले में डालना. **घोल में पड़ना** → घोले में पड़ना.
घोल[2] [名*]〔植〕スベリヒユ科スベリヒユ【*Portulaca oleracea*】
घोलना [他] (1) 溶かす；溶解する शक्कर को पानी में घोलना 砂糖を水に溶かす बहुत थोड़े पोटेशियम नाइट्रेट और गोंद को लेकर थोड़े पानी में घोलो ごく少量の硝酸カリウムと樹脂を少量の水に溶かすこと (2) 分解する वहाँ पर मौजूद भोजन को ये एंजाइम घोल देते हैं これらの酵素がそこにある食べ物を分解する (-) **घोलकर पी जा॰** *a.*（－を）ものの数としない；（－を）問題としない *b.*（－を）やっつけてしまう；（－を）圧倒してしまう (-) घोल पीना = घोलकर पी जा॰.

घोलवा [名] (1) 料理の汁；汁気 (2) = घोला.
घोला[1] [名] (1) アヘンやバーング भाँग などを水に溶かした飲み物 (2) 溶液；混合した液体 **घोले में डालना** *a.* 混乱させる；とまどわせる *b.* 引き延ばす **घोले में पड़ना** 面倒におちいる；厄介なことにはまる
घोला[2] [形+] (1) 混ぜられた；かきまぜられた (2) 混合された
घोलुआ[1] [名] = घोला[1]
घोलुआ[2] [形] = घोला[2]
घोष [名・形] (1) 激しい音；轟音 (2) 叫び声；わめく声 (3) スローガン (4)〔言〕声帯の振動による声の；有声音の 〈voiced〉 = सघोष. → अघोष 無声音の 〈voiceless〉
घोषक [名] 宣言する人；宣言者；布告者
घोषणा [名*] (1) 宣言 आपातकालीन स्थिति की घोषणा 非常事態宣言 (2) 声明 (3) 布告；発布；公布 (4) 発表
घोषणा-पत्र [名] (1) 宣言書 (2) 声明書
घोषतंत्री [名*]〔解〕声帯 〈vocal chords〉
घोषित [形] (1) 宣言された (2) 声明された (3) 布告された；公布された (4) 発表された 1929 में हम लोगों ने देश की पूर्ण स्वतंत्रता की प्राप्ति अपना लक्ष्य घोषित किया 我々は1929年に完全独立の達成を目標と宣言した इस निर्णय से सरकार के घोषित उद्देश्यों की पूर्ति कहाँ तक होती है この決定により政府の宣言した目標がどこまで達成されるか पिछड़ी जातियों को भी आरक्षण की सुविधा घोषित की गई है 後進カーストに対しても留保の優遇措置が発表された
घोसी [名] 乳業，牧畜を生業とするイスラム教徒の 1 カースト名
घोहरा [名] 《Br.》 (1) アヒール・カーストの住む集落 (2) アヒール・カーストの人；アヒールの男性→ अहीर.
घौं घौं [名] 咳をする声．ごほんごほん
घौटुल [名] = घोटुल; गोटुल.
घौद [名] バナナなどの果物の房
घौह [名] きずのついた果物
-घ्न [造語]（－を）滅ぼす，破壊する，殺害するなどの意を有する複合語の構成要素 विषघ्न 毒消し
घ्राण [名*] (1) 嗅覚 (2) 鼻
घ्राण तंत्रिका [名*]〔解〕嗅覚神経 〈olfactory nerve〉
घ्राण पालि [名*]〔解〕きゅうよう（嗅葉） 〈olfactory lobe〉
घ्राणेंद्रिय [名*] 鼻；嗅覚器官= नाक; नासिका.
घ्रात [形] 嗅がれた= सूँघा हुआ.
घ्रातव्य [形] 匂いを嗅ぐことのできる
घ्राता [形] 嗅ぐ
घ्राति [名*] (1) 嗅ぐこと = सूँघना. (2) 芳香 = सुगंध; ख़ुशबू. (3) 鼻 = नाक; नासिका.
घ्रेय [形] 嗅ぐことのできる

ङ

軟口蓋鼻子音を表す क 行の第 5 文字

च

चंक[1] [形] (1) 完全な；全くの (2) 全体の；すべての；一切の
चंक[2] [名] 北中部インドで行われる収穫儀礼（脱穀場に穀物を積み上げる際に行われる）= चाँक.
चंक्रम [名] (1) 散歩；散策 (2) 散策の場所
चंक्रमण [名] (1) 散歩；散策 (2) 歩き回ること (3) 横断
चंग[1] [名] 《P. چنگ》 (1) 指先を少し曲げて広げた手 (2) 獣の爪；かぎつめ（鉤爪） (3) チャング（タンバリンの一種）
चंग[2] [名] 大きな凧 **चंग उमहना (चढ़ना)** *a.* 有名になる；名があがる *b.* 威厳が増す **चंग पर आ॰ (चढ़ना)** 元気づく (-) **चंग पर चढ़ाना** *a.*（－を）おだてる；けしかける *b.* 元気づける (-) **चंग पर लाना** = चंग पर चढ़ाना.
चंग[3] [名*] 《Tib.》 チャン（大麦から作られるチベット酒）
चँग [形] (1) 上手な；達者な (2) 健康な= स्वस्थ; तंदुरुस्त.
चँगना [他] 締める；引っ張る；引き締める= कसना; खींचना.
चंगबाई [名*] = चंगवायु.〔医〕リューマチ
चंगा [形+] (1) 健康な；元気な= स्वस्थ. (2) すぐれた；良い；立派な= अच्छा; भला. (3) 清らかな；清浄な= निर्मल; शुद्ध.
चंगुल [名] 《P. چنگل》 (1)（鳥獣の）鉤爪；猛禽の爪 (2) 物をつかむために指先を少し内側に曲げ掌を開げた形 (3) 支配；掌握；鷲掴み (4) 毒手；悪巧み；罠 बिचौलियों के चंगुल से वह छुटकारा पाता है 仲買人たちの毒手から逃れる **चंगुल में आ॰** 罠にかかる；毒手にかかる **चंगुल में पड़ना** = चंगुल में आ॰. **चंगुल में फँसना** = चंगुल में आ॰. अंधविश्वास के चंगुल में फँसना 迷信の罠にかかる हम लोग कहीं ख़ुफ़िया विभाग के किसी आदमी के चंगुल में तो नहीं फँस गये 我々は秘密警察のだれかの罠にかかっているのではなかろうか **चंगुल से छूटना** 罠から逃れる；毒手から逃れる **चंगुल से निकलना** = चंगुल से छूटना. **चंगुल से बचना** = चंगुल से छूटना.
चंगेज़ ख़ान [名] = चंगेज़ ख़ाँ. 《T.P. چنگیز خان / چنگیز خاں》 (1)〔人名・史〕ジンギス汗；チンギス・ハン；チンギス・ハーン；成吉思汗（1167–1227） (2) 暴君や専制支配者（の代名詞として用いられる） चंगेज़ ख़ाँ या नादिर शाह का समर्थन करने वाले लोगों को チンギス・ハーンやナーディルシャーを支持する人たちに
चंगेज़ख़ानी [形] ← चंगेज़ ख़ान. 専制的な；チンギス・ハーンのような；専横な इसका असामाजिक तत्त्वों ने लाभ उठाया और उन्होंने चंगेज़ख़ानी व्यवस्था चालू कर दी これを反社会的分子が利用し専制的な制度を開始した
चँगेर [名*] (1) 竹ひごで編んだ浅いかご (2) 花かご (3) 水を入れる革袋
चँगेरी [名*] = चँगेर.
चंगेल [名*]〔植〕イネ科一年草【*Leptochloa chinensis*】= चंहेल.
चँगेली [名*] = चँगेर.
चंचरी [名*] (1)〔昆〕ミツバチ科マルハナバチ属のハチの総称 = भ्रमर; भौंरा. (2)〔韻〕チャンチャリー（各パーダが रगण + सगण + जगण + जगण + भगण + रगण の 18 音節から成る音節韻律）
चँचरीक [名]〔昆〕マルハナバチ（丸花蜂）= भ्रमर; भौंरा.
चंचल [形] (1) じっとしていない；動き回っている；うろつく चंचल तितली 飛び回る蝶 (2) 安定のない；落ち着きのない；そわそわしている चंचल मन 落ち着きのない心；むら気 (3) 忙しくしている；忙しい；じっとしていない (4) いたずらな (5) 軽はずみな；浮気な；色っぽい
चंचलता [名*] ← चंचल. (1) 不安定；落ち着きのなさ= अस्थिरता. (2) 気まぐれ (3) いたずら= शरारत. (4) 色っぽさ
चंचला [名*] (1) ラクシュミー神；チャンチャラー हमारे यहाँ लक्ष्मी को चंचला कहते हैं , बराबर चलती रहती है 私たちのほうではラク

シュミー神のことを常に動き回ってじっとしていないのでチャンチャラーと呼んでいる (2) 稲光；稲妻；雷光 (3)〔韻〕チャンチャラー（各パーダが रगण + जगण + रगण + जगण + रगण + लघु の 16 音節から成る音節韻律）

चंचलाहट [名*] = चंचलता.

चंचा [名*] (1) かかし；案山子= चंचा पुरुष. (2) 竹や籐を編んでこしらえたかごや敷物

चंचु[1] [名*] (1) くちばし；嘴 (2) 突き出たもの；先のとがったもの；ノズル

चंचु[2] [名]〔植〕トウダイグサ科低木トウゴマ【*Ricinus communis*】

चंचुका [名*] くちばし；嘴= चोंच; चंचुपुट.

चंचुभ [形] くちばし状の；鉤状の；鉤形の

चंचुर [形] 上手な；達者な；器用な；上達した

चंचू [名*] くちばし = चोंच.

चँचोरना [他] しゃぶる= चचोड़ना.

चंट [形] (1) ずる賢い；狡猾な；抜け目のない= चालाक. हॉस्टल का सबसे चंट नौकर 学生寮の従業員の中で一番抜け目のない (2) したたかな；策をめぐらす= चालबाज़.

चंटई [名*] ← चंट. ずる賢さ；狡猾さ；抜け目のなさ

चंड[1] [形] (1) 激しい；激烈な उसके तेज़ स्वभाव के कारण लोग उसके नाम के आगे चंड लगाने लगे 激しい気性のために皆はその男の名前のあとにチャンドとつけて呼ぶようになっていた (2) 厳しい；困難な (3) 強力な；強い (4) 激しやすい；気性の激しい

चंड[2] [名] (1) 熱= ताप; गरमी/गर्मी. (2) 怒り；忿怒 (3) シヴァ神 = शिव जी.

चंडकर [名] 太陽 = सूर्य; सूरज.

चंडता [名*] ← चंड[1] = चंडत्व. (1) 激しさ；すさまじさ (2) 力；力量

चंडमुंड [名]〔イ神〕ドゥルガー神に退治されたラークシャサ (राक्षस) のチャンダとムンダ

चंडा[1] [名*] (1) ドゥルガー神= चंडी. (2) 気性の激しい女性

चंडा[2] [形*] 気性の激しい

चंडाल[1] [名] (1) チャンダーラ（シュードラの父とブラーフマンの母との間に生まれた者が属したとされるカースト．旃陀羅；蔑視され差別の対象となった） (2) チャンダーラ（同上カーストの人，旃陀羅） (3) 賤しい人；卑賤な人 (4) 無情な人；残酷な人；冷酷な人

चंडाल[2] [形] (1) 卑賤な；卑しい；あさましい (2) 残忍な；無情な；冷酷な

चंडालता [名*] ← चंडाल. (1) チャンダーラの身分（であること） (2) 卑しさ；下賤なこと= चंडालत्व.

चंडालिका [名*] ドゥルガー女神 = दुर्गा.

चंडालिनी [名*] (1) チャンダーラの女性；旃陀羅の女→ चंडाल (2) 下賤な女性；下品な女性；下劣な女性

चंडावल [名] (1)〔軍〕後衛→ हरावल 前衛 (2) 勇者；つわもの (3) 番人；番兵

चंडासा [名] 急がせること；せきたてること；せかせること **चंडासा चढ़ाना** 急がせる；せきたてる；せかせる

चंडिका [名*] (1) チャンディカー（ドゥルガー神の一異名） (2) 口やかましい性悪女

चंडिमा [名*] (1) 熱 = गर्मी; उष्णता. (2) 激しさ；激烈なこと (3) 怒り (4) 残忍さ；残虐さ

चंडिल [名]〔イ神〕ルドラ神 रुद्र

चंडी [名*] (1)〔イ神〕マヒシャーアスラ (महिषासुर) を退治したドゥルガー神 (2) 気性が激しく口やかましく性悪の女

चंडीगढ़ 〔地名〕チャンディーガル市（インド連邦直轄地．パンジャーブ州並びにハリヤーナー州の州都）

चंडीपति [名] チャンディーの夫，すなわち，シヴァ神= शिव; महादेव.

चंडीश [名] シヴァ神 शिव = महादेव.

चंडु [名]〔動〕ネズミ（鼠） = चूहा.

चंडू [名] 吸飲用のアヘン（阿片）；鴉片

चंडूख़ाना [名] 《H. चंडू + P. خانه》阿片窟 = चंडोली. चंडूख़ाने की गप 根も葉もない噂話

चंडूबाज़ [名] 《H. चंडू+ P. باز》阿片常用者；阿片吸飲者

चंडूल[1] [名] 大馬鹿；大変な間抜け

चंडूल[2] [名]〔鳥〕ヒバリ科カンムリヒバリ【*Galerida cristata*】

चंडेश्वर [名] シヴァ神 शिव

चंडोल [名] (1) 4 人で担ぐみこし（御輿）のような形をしたかご（轎） (2) チャンドール（ディーワーリー祭の頃，子供用のお菓子入れとして売られる素焼きの 4 個の小さな壺を相互にひっつけた形のもの．その中にいろいろな菓子を入れる）

चंडोला [名] 4 人で担ぐ轎= पालकी; मियाना

चंडोली[1] [名*] 小型の轎

चंडोली[2] [名*] 阿片窟（ボンベイ／ムンバイ） = चंडूख़ाना.

चंद[1] [形] 《P. چند》(1) 幾つかの；若干の (2) どれだけの；どれほどの **चंद एक** 若干の वे उन चंद एक अभिनेताओं में से थे जो हर वक़्त अपने होने का एहसास करा देते थे 常に存在感を感じさせる若干の俳優の一人だった **चंद दर चंद** *a.* 幾つかの；なにかしらの；いろいろな *b.* 沢山；とても；大変 *c.* 幾重にも

चंद[2] [名] 月；太陰= चंद्र; चंद्रमा.

चंदक [名] (1) 月 = चंद्रमा. (2) 月光 = चाँदनी.

चंदन [名] (1)〔植〕ビャクダン科小木ビャクダン（白檀）【*Santalum album*】；センダン（栴檀） (2) 白檀の心材 (3) 白檀の木を水につけてすりつぶしたもの（ティーカー टीका に用いられる） चंदन का टीका लगाना 白檀の粉のティーカーをつける **चंदन उतारना**（ティーカーのために）水につけた白檀をすりつぶす **चंदन चढ़ाना** すりつぶした白檀を塗る（ティーカー）

चंदनगिरि 〔地名〕西ガーツ山脈南部のマラヤ山

चंदनयात्रा [名*] ヴァイシャーク月，すなわち，インド暦の 2 月白分 3 日（日本の旧暦 4 月 3 日） = अक्षय तृतीया; अखै तीज.

चंदनसार [名]〔化〕塩化アンモニウム = नौसादर.

चंदन हिलसा [名*]〔魚〕ニシン科タイセイヨウニシン【*Hilsa toli*】

चंदबरदाई 〔人名・文芸〕チャンドバルダーイー（初期のヒンディー文学作品の一である पृथ्वीराज रासौ の作者と伝えられる 12 世紀末の叙事詩詩人）

चंदरोज़ा [形] 《P. چند روزه》(1) 短時日の；短期の (2) 短命の；はかない

चँदला [形+] 頭のてっぺんの禿げた；禿頭の= गंजा.

चँदवा [名] (1) 天蓋 = चँदोवा. (2) 日よけなどの覆い (3) クジャクの尻尾に見られる半月，もしくは，目の模様

चंदा[1] [名] 月 = चंद्रमा. नील गगन में देखो चंदा 見よ藍の空に月を

चंदा[2] [名] 《P. چندا》(1) 寄付金；寄金 चंदा करके पाठशाला खोलनी चाहिए 寄付金を募って学校を開設すべきである उत्सव के लिए चंदा 祭りのための寄付金 (2) 購読料や会費などの代金 (3) 保険料；掛け金

चंदामामा [名] 幼児が月を呼ぶ愛称，お月さん

चंदा मामूँ [名] = चंदामामा. बच्चे चंदा मामूँ कहते और दूध मलाई माँगते हैं 子供たちはお月さまと呼んでミルクやクリームをお願いする

चंदावल [名]〔軍〕後衛（の兵士）；しんがり（殿） = चंडावल.

चँदिया [名*] (1) 頭のてっぺん；頭頂部 (2) 最後に残ったパン生地でこしらえた小さいローティー（रोटी） **चँदिया खाना** *a.* 馬鹿話で困らせる *b.* 何もかも奪い取る **चँदिया खुजलाना** *a.* 殴られるようなことをする *b.* 殴られたくなる **चँदिया पर बाल न छोड़ना** *a.* 打ちすえる；叩きのめす *b.* 何もかも剥ぎ取る；一切のものを奪い取る= चँदिया मूड़ना

चँदिरा [名*] 月光 = चाँदनी; ज्योत्स्ना.

चँदेरी 〔地名〕チャンデーリー（チェーディ国王シシュパーラ王の都であったと伝えられるマッディヤプラデーシュ州の都市．絹と綿の織物で有名） चँदेरी सारी チャンデーリーで製造されたサリー

चंदेल [名] チャンデール（10 世紀頃から 16 世紀頃にかけてブンデールカンド，すなわち，北緯 25 度，東経 79 度を中心とする地域を支配したクシャトリヤの一氏族名）；チャンデーラ氏族

चँदोवा [名] = चँदवा.

चंद्र [名] (1) 月 (2) 水 (3) 金 (4) 樟脳 (5) 月の神

चंद्रक [名] (1) 月 (2) 月のように輪の形をしたもの (3) 月光

चंद्रकर [名] 月光= चाँदनी; ज्योत्स्ना.

चंद्रकला [名*] (1)（月の満ち欠けの観点から）月面の 16 分の 1 (2) 月光 (3) 女性が前額部につける貴金属の装身具の一 (4)〔韻〕チャンドラカラー（各パーダが 8 सगण + गुरु から成る音節韻律の一）

चंद्रकांत [名] (1) チャンドラカーンタ（想像上の宝石） (2) 白檀 = चंदन.

चंद्रकांतमणि [名] 月長石

चंद्रकांता [名*] (1)〔イ神〕月神の妃 (2) 夜 = रात; रात्रि.

चंद्रकांति [名*] (1) 銀 = चाँदी. (2) 月光 = चाँदनी.

चंद्र कैलेंडर [名]《H. + E. calender》太陰暦；旧暦

चंद्रक्षय [名] 陰暦の黒半月の末；黒分（望から朔までの半月）の終わり；つごもり

चंद्रगुप्त〔人名・イ史〕(1) チャンドラグプタ王（マウリヤ王朝の創始者） (2) チャンドラグプタ王一世（グプタ朝の創始者） (3) チャンドラグプタ王二世（サムドラグプタの子，グプタ朝第３代）

चंद्रग्रहण [名] 月食 आंशिक चंद्रग्रहण 月の部分食；部分月食

चंद्रतल [名] 月面；月の表面

चंद्रदर्शन [名] 月を見ること；月見；月を拝むこと भादों मास की द्वितीया का चंद्रदर्शन फलदायक होता है バードン月の２日の月を拝むと御利益がある

चंद्रदेवता [名] 月の神；ソーマ神 वर्षा तथा सूखा चंद्र देवता की इच्छा पर है 降雨と日照りは月の神の意向による

चंद्रपंचांग [名] 陰暦の暦

चंद्रप्रभा [名*] 月光 = चाँदनी; चंद्रिका.

चंद्रबिंदु [名] (1) チャンドラビンドゥ（デーヴァナーガリー文字で母音の鼻音化を表す記号で三日月に小さな点の形で記される ँ）= चंद्रविंदु. (2)〔韻〕ヒンディーの韻律ではこれを含む音節は लघु に扱われる. → ह्रस्व.

चंद्रभाग [名] (1) = चंद्रकला. (2) 16 の数

चंद्रमंडल [名] 月面；月の表面

चंद्रमणि [名] = चंद्रकांत.

चंद्रमा [名] (1) 月 चंद्रमा का घटना-बढ़ना 月の満ち欠け（盈虚） (2)〔イ神〕月神

चंद्रमास [名] 陰暦の１か月

चंद्रमुख [形] 月のように美しい顔をした

चंद्रमूल [名]〔植〕ショウガ科草本バンウコン【*Kaempferia galanga*】

चंद्रलोक [名] (1) 月の世界 (2) 月のあるところ

चंद्रवंश [名]〔イ神〕チャンドラヴァンシャ（アトリ聖仙 अत्रि をその祖とするクシャトリヤの一系譜の名称，クシャトリヤの月種族．クリシュナやバララーマはこの王統のヤーダヴァ यादव に属したとされる）

चंद्रवंशी [形] チャンドラヴァンシャ（月種族）の

चंद्रवदन [形] 月の（面の）ように美しい顔をしている

चंद्रवार [名] 月曜日 = सोमवार.

चंद्रविंदु [名]〔言〕デーヴァナーガリー文字で鼻音化母音を記す三日月に小さな点の形の記号 ँ = चंद्रबिंदु.

चंद्रशाला [名*] (1) 月光 (2) 屋根裏の部屋

चंद्रशेखर [名] マハーデーヴァ神；シヴァ神

चंद्रहार [名]〔装身〕チャンドラハール（半月形の金の珠を繋いだ女性の首飾り・中央に満月の形の珠がある）= नौलखा हार.

चंद्रहास [名] (1) 刀 (2)〔ラマ〕ラーヴァナの刀（シヴァ神から授かった）

चंद्रा[1] [名*] (1) ショウガ科多年草ショウズクとその果；カーダモン；カルダモン= इलायची; छोटी इलायची. (2) 天蓋 = चँदोवा.

चंद्रा[2] [名*] 臨終の様子（白眼をむき，痰がのどにからんだ状態）

चंद्रातप [名] (1) 月光 (2) 天蓋

चंद्रानन [形] 月のような美しい顔立ちの（人）

चंद्रायण [名] → चांद्रायण.

चंद्रार्द्ध [名] = चंद्रार्ध. 月面の半分；月の半分；半月= अर्धचंद्र.

चंद्रालोक [名] 月光；月の光= चंद्रिका; चाँदनी.

चंद्रास्त [名] 月の入り चतुर्थी का चंद्रास्त देखकर 陰暦４日の月の入りを見て

चंद्रिका [名*] (1) 月光 = चाँदनी; ज्योत्स्ना. (2) クジャクの尾に見られる半月形，もしくは，目の模様

चंद्रिकोत्सव [名] インド暦７月の満月（すなわち，日本の旧暦９月 15 日）の祭り= शरद पूनो/शरदपूर्णिमा.

चंद्रोदय [名] (1) 月の出 (2) 天蓋 = चँदोवा; चँदवा.

चंपई [形] 金香木の花の色をした；橙黄色の चंपई रंग 橙黄色

चंपक [名]〔植〕(1) モクレン科キンコウボク；金香木= चंपा (2)= चंपाकली.

चंपकमाला [名*] チャンパー（キンコウボク）の花をつないでこしらえた首飾りの環

चंपकली [名*] = चंपाकली.

चंपकोश [名]〔植〕ジャックフルーツ= कटहल.

चंपत [形] (1) 姿をくらました；雲隠れした= गायब; अंतर्द्धान. बहू को देखते ही बिल्ली चंपत 若嫁を見たとたん猫はどろん (2) 紛失した चंपत हो॰ *a.* 姿をくらます；雲隠れする *b.* 紛失する

चँपना [自] (1) 重荷に押さえつけられる；腰をかがめる (2) 親切に身を縮める；恐縮する (3) 恥ずかしさに身を縮める

चंपा[1] [名] (1)〔植〕モクレン科高木キンコウボク（金香木）【*Michelia champaca*】 (2) キンコウボクの花

चंपा[2]〔地名〕チャンパー（古代インドのアンガ国の都で現在のビハール州東部のバーガルプル市 भागलपुर 周辺に位置したとされる）

चंपा[3] [名*]〔魚〕サワラ科ヨコジマサワラ【*Scomberomorus sommersonii*】

चंपाकली [名*]〔装身〕チャンパーカリー（金香木の蕾の形をした金製の飾りを糸でつないだ女性の首飾り）

चंपाकेला [名]〔植〕チャンパーケーラー（芳香のある小型バナナの一種）

चंपापुरी〔地名〕チャンパープリー = चंपा[2]

चंपारण्य〔地名〕チャンパーランニャ／チャンパー・アランニャ（古代の地名，現今のビハール州北部 चंपारन チャンパーランのあたりにあったとされる森）

चंपावती〔地名〕= चंपापुरी

चँपी [名*] もみほぐすこと；軽くもむこと；マッサージ सिर में चँपी कर देती है 頭をもむ → चाँपना.

चंपू [名]〔イ文芸〕チャンプー（サンスクリット文学で美文体の詩と散文とを交互に同等に用いた作品）

चंबई[1] [名] 濃い青紫色

चंबई[2] [形] 濃い青紫色の

चंबल [名*] (1) チャンバル川（マッディヤプラデーシュ州のインドール इंदौर 近くのヴィンディヤ विंध्याचल 山中に源を発し北東へ，後に南西に流れウッタル・プラデーシュ州のイターワー इटावा 近くでヤムナー川 यमुना に合流する） (2) 灌漑用の水を川から汲み上げる装置（木製の揚水桶） (3) 洪水；大水 चंबल लगना 洪水になる；大水が出る

चंबा〔地名〕チャンバー（ラーヴィー川沿いのヒマーチャル・プラデーシュ州の県・元藩王国）

चंबी [名*] 捺染の際染色しない部分にあてる紙や防水布の切れ

चंबू [名] (1)〔ヒ〕口の狭い銅や真鍮などの金属製の水差し，神に供える水を入れる (2)〔植〕陸稲の一種

चँवर [名] (1)（ヤクや犛牛の尻尾の毛でこしらえた）払子（ほっす） गाय का चँवर 犛牛の尻尾でこしらえた払子 (2) 馬や象の頭につける飾り चँवर झुलाना 払子を振る **चँवर डुलाना** *a.* 払子を揺らす；払子を振る चमरी गायों की पूँछ का चँवर सम्राटों पर डुलाया जाता है ヤクの尻尾の払子が皇帝に向けて振られる *b.* うやうやしく仕える；うやうやしくもてなす **चँवर ढरना**（ढुरना）勢いの盛んなこと；威勢のよいこと

चँवरदार [名]《H.चँवर + P. دار》王侯，貴人などのために払子を振る任務の従者

चँवरी [名*] (1) 小さな払子 (2) 馬の背にたかるウシアブ（牛虻），ウマバエ（馬蝿）などを払うのに用いられる払子の一種（馬の尻尾で作られる）

चँवला [名] マメ科蔓草ジュウロクササゲ【*Vigna sinensis*】= लोबिया.

चंसुर [名]〔植〕アブラナ科野菜コショウソウ【*Lepidium sativum*】〈garden cress〉= हालम/हालिम.

चंहेल [名*]〔植〕イネ科１年草【*Leptochloa chinensis*】

च [感] च...च...च... のように用いる舌打ちする音（不愉快な気持ちや残念な気持ちなどを表す）ひどい話だ（なんということだ）；ちぇっ

चऊतरा [名] = चबूतरा.

चक [名] (1)〔鳥〕ガンカモ科アカツクシガモ→ चकवा. (2) チャクラ（円盤状の古代武器の一） (3) ろくろ（轆轤） (4) 土地区画

(5) 土地保有（権） (6) 保有地 (7) 耕地 (8) 部落 (9) ヨーヨー = चकई[2]
चकई[1] ［名*］〔鳥〕雌のアカツクシガモ= मादा चकवा.
चकई[2] ［名*］ヨーヨー（玩具）
चकचकाना ［自］(1) しみ出る；にじむ；にじみ出る (2) 濡れる；湿る = भीगना.
चकचकी ［名*］ = करताल.
चकचून ［形］粉砕された；粉々になった= चकनाचूर.
चकचूर[1] ［形］ = चकचून.
चकचूर[2] ［形］我を忘れた；有頂天になった= मस्त.
चकचूरना ［他］粉砕する；粉々にする= चकचूरा क॰.
चकचूरा ［形+］ = चकचून.
चकचोहा[1] ［形+］(1) 汁気のたっぷりある (2) すべすべの
चकचोहा[2] ［名*］ふざけ；冗談
चकचोही ［名*］ふざけ；たわむれ（戯れ） = हँसी-मज़ाक.
चकचौंध[1] ［形］驚いた；びっくりした；たまげた
चकचौंध[2] ［名*］ = चकाचौंध.
चकचौंधना[1] ［自］強い光に目がくらむ
चकचौंधना[2] ［他］強い光で目をくらませせる
चकचौबंद ［形］《H.चक + P. چوبند》 = चाकचौबंद.
चकचौहना ［自］熱い視線を注ぐ
चकचौहाँ ［形］(1) 目をくらませせる (2) まばゆい (3) 美しい
चकडोर ［名］ヨーヨーに用いられるひも；こまひも
चकत ［名*］くわえること **चकत मारना** 食い切る；食いちぎる；噛み切る= बकोट मारना.
चकता ［名］ = चकत्ता.
चकती ［名*］(1) 物の破れたり壊れたりした部分をふさぐもの；継ぎ；当て；補強するもの वज़नदार धातु की चकती 重い金属の当て (2) 布や皮革を丸や四角形・長方形に切り取ったもの (3) 丸く平たいもの (4) 盾 (5) サイ（犀）のなめし皮 **आसमान में चकती लगाना** *a.* 不可能なことをしようとする（天の裂け目に継ぎを当てる） *b.* 大ぼらを吹く= बादल में चकती लगाना.
चकत्ता[1] ［名］(1) 丸い形の皮膚のしみや斑点；発疹；吹き出物 गालों पर पड़े काले-काले चकत्ते ほっぺたのどす黒い斑紋 सारे बदन पर लाललाल चकत्ते-से पड़ जाते थे और खुजली होने लगती थी 全身に赤い斑点のようなものが現れてかゆくなった (2) 噛まれた痕；傷痕 (3) かゆみがあってかいたために皮膚に出るぶつぶつ **चकत्ता भरना** 噛みきる；食いちぎる= चकत्ता मारना.
चकत्ता[2] ［名］《← T. چغتائی》(1)〔人名・史〕チャガタイ（在位 1227–1242），チャガタイ汗国の創始者 (2) チャガタイの血統の人；チャガタイの末裔 (3) オーラングゼーブ（ムガル朝第６代皇帝）
चकत्ता[3] ［名］《← T.چغتا चग़त्ता》チャカッター／チャガッター；チャガターイー（トルコ化・イスラム化したモンゴル族）→ चग़ताई.
चकदार ［名］《H.चक+ P. دار》(1) 土地保有権者 (2) 農民
चकना ［自］(1) びっくりする；たまげる；茫然とする= चकित हो॰; भौचक्का हो॰; विस्मित हो॰. (2) 恐れる；怯える；不安になる= चौंकना.
चकनाचूर ［形］(1) 粉々になる；粉々に砕けた काँच की पट्टी को चकनाचूर क॰ ガラス板を粉々にする गिलास चकनाचूर हो गया コップが粉々に砕けた (2) くたくたの；ぐったりした (3) だめになった इसने मुझे बिना लड़े चकनाचूर कर दिया この人は戦わずして私をやっつけた **चकनाचूर क॰** *a.* 粉々にする *b.* くたくたにする *c.* 台無しにする；駄目にする
चकनामा ［名］《H.चक+ P. نامہ》〔農〕土地台帳；地籍台帳
चकपक ［形］あわてふためいた= हक्का-बक्का; भौचक्का.
चकपकाना ［自］(1) あわてふためく；茫然とする= भौचक्का हो॰. (2) びくびくする；恐れる= भीत हो॰; भयभीत हो॰. (3) びっくりする = चौंकना.
चकफेरी ［名*］なにかの周囲を回ること；ぐるぐる回ること；回転；周回= परिक्रमा; भँवरी. **चकफेरी क॰** 回る；回転する= चकफेरी खाना. **चकफेरी दे॰** 回す；回転させる
चकबँट ［名*］大きな土地区画の分割
चकबंदी ［名*］《H.+ P.بندی》(1)〔農〕耕地整理（特に，統合，区画変更） (2) 土地区画の決定
चकबक ［名］ = चकमक.
चकबस्त[1] ［名］土地区画や境界の決定
चकबस्त[2] ［名］チャクバスト（カシミールのブラーフマンの一集団の名）
चक़मक़ ［名］《← T.چقماق चक़माक़》 = चकमक. (1) 火打ち石；燧石 (2) 皮肉
चकमकना ［自］驚く；たまげる；びっくりする
चक़मक़ पत्थर ［名］ひうち石；火打ち石；燧石= चक़मक़; चक़माक़.
चकमा ［名］(1) ごまかし；ぺてん；企み；策略 (2) 人目を引くための行動 **चकमा उठाना** = चकमा खाना. **चकमा खाना** *a.* だまされる；ぺてんにかかる *b.* 損をする；損害を被る **चकमा दे॰** *a.* だます；ぺてんにかける；欺く यह सिर्फ़ मेरी तारीफ़ करके मुझे चकमा देना चाहते हैं ただ私のことをほめてだますつもりなんだ पीछा करते हुए मगर को चकमा देकर 追いかけているワニを欺いて *b.* フェイントをかける（バレーボール） स्मैश लगाते समय कई खिलाड़ी दूसरी टीम को चकमा देने के लिए हवा में ही घूम जाते हैं スパイクの際には幾人かのプレーヤーが相手チームにフェイントをかけるために空中に舞う **चकमे में आ॰** だまされる；ぺてんにかかる；策略にかかる
चक़माक़ ［名］《T. چقماق》火打ち石；燧石= चक़मक़.
चक़माक़ी[1] ［名*］《T. چقماق》火縄銃
चक़माक़ी[2] ［形］《T. چقماق》火打ち石の；燧石の
चकर ［名］〔鳥〕ガンカモ科アカツクシガモ = चकवा; चक्रवाक.
चकरघिन्नी ［名*］滑車 चकरघिन्नी की तरह 滑車のように
चकर मकर ［名］いかさま；いんちき；欺瞞= भुलावा; धोखा.
चकरवा ［名］(1) 茫然自失 (2) 争い；ごたごた
चकराई ［名*］幅；幅の大きさ= चौड़ाई.
चकराना ［自］(1) 目が回る；目が回って頭がふらつく；めまいがする；目がくらむ खड्डों की गहराई देखकर सिर चकरा गया 断崖の深さを見てめまいがした ख़ून की कमी के बाइस वह चकराया 貧血のため頭がふらふらとなった (2) まごつく；困惑する (3) 歩き回る；うろつく (4) 驚く；びっくりする
चकरी ［名*］(1) ひきうす（碾き臼）；石臼= चक्की. (2) 碾き臼の上下２枚の石 (3) 円形の平べったいもの कार्बन की चकरी カーボンマイクロホン (4) ヨーヨー（玩具）
चकला[1] ［名］(1) チャクラー（ローティーなどを作るためのパン生地を麺棒で押しのばす木や石でこしらえた円形の台あるいはビャクダンをすりつぶすのに用いる石） (2)〔イ史〕チャクラー（幾つものパルガナー परगना を含む行政・収税単位） (3) 遊郭 (4) 女郎屋；売春宿= चकला घर.
चकला[2] ［形+］幅の広い；幅広の = चौड़ा.
चकलाना[1] ［他］（草木を）移植する；土のついたまま移し替える
चकलाना[2] ［他］幅を広げる
चकली ［名*］(1) 滑車 (2) 小型のチャクラー（चकला 小さな物をすりつぶすのに用いられる平たい石）；チャクリー
चकलेदार ［名］《H.+ P. دار》(1)〔イ史〕チャクラー चकला [1] (2) の長；チャクラー（चकला）の徴税長官；チャクレーダール मेरे दादा नवाबी में चकलेदार थे 祖父はナワーブの統治下ではチャクレーダールを務めていた (2) 楼主
चकल्लस ［名*］(1) ごたごた；いざこざ；騒動；争い इस बात को लेकर परिवार जनों में कई तरह की चकल्लस शुरू हो जाती है このことをめぐって家族内にいろいろとごたごたが起こる (2) 冗談；ふざけ
चकवँड़[1] ［名］〔植〕マメ科の雑草エビスグサ【*Cassia tora*】= पमार; पवाड़.
चकवँड़[2] ［名］陶工がろくろを使用する際に手を湿らせる水を入れておく器
चकवा[1] ［名］〔鳥〕ガンカモ科アカツクシガモ【*Tadorna ferruginea*】 = सुर्ख़ाब. → चकवी; चकई.
चकवा[2] ［名］〔植〕シクンシ科高木バトントリー【*Anogeissus acuminata*】〈button tree〉
चकवार ［名］かめ（亀） = कछुआ.
चकवी ［名*］〔鳥〕アカツクシガモ（चकवा）の雌
चकश ［名］《P. چکش चक्श》トビ（鳶）など鳥の巣や止まり木
चकाचक[1] ［名*］刀剣や刃物のかち合う音．ちゃりん，かちんなど金属のぶつかる音

चकाचक[2] [副] たっぷりと；十二分に；いっぱい **चकाचक घुटना** バーング（大麻）をたっぷり味わう **चकाचक खाना** *a.* 沢山食べる *b.* ごちそうを食べる

चकाचक[3] [形] (1) ぐっしょり濡れた；びしょびしょの (2) 満足した；堪能した (3) ぴかぴかの फूफा जी के उठने से पहले ही हम घर को एकदम साफ़ कर देंगे, एकदम चकाचक कर देंगे おじさんが起きられる前に家をすっかりきれいにしよう．全くぴかぴかにしよう

चकाचौंध [名*] (1) 眩しさ (2) 惑わされ正常な判断力を失うこと आधुनिकता की चकाचौंध में पड़कर 近代性に眩惑されて

चकाबू [名] (1) 円陣（古代インドの兵法で守護すべきものを囲んだ輪の形の陣立て）；チャカーブー；チャクラヴューハ＝ चक्रव्यूह. (2) 迷路 चकाबू में पड़ना（फँसना）惑わされる；迷路に入り込む

चकार[1] [名] (1) च の文字と発音 (2) 声（うんとかすんとかいう声）

चकार[2] [名] 盗人；ぬすっと

चकारी [名*] 盗み＝ चोरी. चोरी-चकारी क॰ 盗みを働く

चकित [形] (1) 驚いた；びっくりした；たまげた (2) あわてた；動転した；落ち着きを失った

चकिया [名*] ひき臼；碾き臼；石臼＝ चक्की.

चकेठ [名] ろくろ台（轆轤台）

चकेड़ी [名*] ＝ चकवँड़[2]

चकोट [名] つねること→ चकोटना. ＝ चिकोटी काटना.

चकोटना [他] つねる＝ चिकोटी काटना.

चकोतरा [名] (1)〔植〕ミカン科小木ザボン；ブンタン（文旦）【*Citrus decumana; C. grandis; C. pummelos*】 (2) ザボンの果実

चकोत्री [名*]〔鳥〕キジ科アカキョケイ【*Galloperdix spadicea*】

चकोर [名]〔鳥〕キジ科アジアイワシャコ【*Alecoris chukar*】 **राम चकोर** キジ科ヒマラヤセッケイ【*Tetragallus himalayensis*】

चकौंड [名] ＝ चकौंड़; चकवँड.

चकौटा [名] (1)〔農〕土地の査定や面積によるのではなく一括支払いの定額の地代 (2) 借金の代わりに差しだされる家畜

चक्क [名] (1)〔鳥〕アカツクシガモ＝ चकवा; चक्रवाक. (2) ろくろ＝ चाक. (3) 方角＝ दिशा.

चक्कर [名] (1) 車輪；輪 (2) 輪；円形のもので回転するもの (3) 円形；円の形 (4) 円形の道路 (5) 周回 एक चक्कर लगाना 一周する (6) 往復；往き来；行って戻ること गाड़ी दो चक्करों में सामान स्टेशन छोड़ आयी थी 車は二度往復して荷物を駅に置いてきた (7) 面倒；厄介；問題；ごたごた या तो मेरी घड़ी तेज़ है या फिर कुछ और चक्कर है 私の時計が進んでいるのかそれとも何かほかに厄介なこと（問題）があるかだ (8) だまし；欺き (9) 困惑 (10) めまい **चक्कर आ॰** *a.* 目がまわる *b.* めまいがする *c.* 困難に襲われる；困る पत्र पढ़कर उसे चक्कर आ गया 手紙を読むとめまいがした अरक्तता से पीड़ित व्यक्ति को चक्कर भी आ सकते हैं 貧血症の人にはめまいがすることもある सिर में चक्कर आ गया めまいがした；頭がふらっとした；頭がふらふらした **चक्कर काटना** *a.* うろつく；うろうろ歩き回る *b.* 周囲を回る वह मेरे घर के बीसियों चक्कर काट चुका है 私の家のまわりも何十回もうろついたことがある **चक्कर का रास्ता** 回り道；迂回道路；遠回り＝ चक्करदार मार्ग. **चक्कर खाना** *a.* 回転する；回る *b.* 回り道をする *c.* 道に迷う *d.* うろたえる；あわてる माथा चक्कर खाने लगा 頭がくらくらしはじめた **चक्कर चलाना** 策を行う；はかりごとをする तुमने झूठे धन का चक्कर चलाकर इन्हें ठगने की कोशिश की 君はにせ資産の策を弄してこの人をだまそうとした **चक्कर दे॰** *a.* 回す；回転させる *b.* ぐるりを回る **चक्कर पड़ना** *a.* 遠回りになる；回り道になる *b.* 面倒なことになる；厄介なことになる；困ったことになる **चक्कर में आ॰** *a.* びっくりする；たまげる；驚きのあまり目がまわる *b.* 困る；とまどう *c.* とても忙しい अक्ल चक्कर में आ॰ 驚きのあまり目がまわる (-के) **चक्कर में आ॰** （ーに）だまされる (-को) **चक्कर में डालना** （ーを）困らせる；困惑させる **चक्कर में पड़ना** *a.* 厄介なこと面倒なことにかかずらわる *b.* びっくりする；たまげる *c.* 板挟みになる；どうしようもなくなる (-के) **चक्कर में पड़ना** *a.*（ーに）心を奪われる；熱中する *b.*（ーに）かかずらう；面倒にかかわる；とらわれる आप भी अपने प्राकृतिक रंग को और अधिक गोरा दिखाने के चक्कर में पड़कर 自分の本当の肌の色をもっと白く見せようとして आप भूलकर भी इन नीम हकीम ख़तरे जान के चक्कर में न पड़ें この「生兵法はけがのもと」にかかずらわることが決してないようになさって下さい **चक्कर में फँसना** だまされる (-के) **चक्कर में फँसना** （ーに）心を奪われる **चक्कर में हो॰** ＝ चक्कर में पड़ना. **चक्कर लगाना** *a.* 繰り返し訪れる *b.* ぐるりを回る；ぐるりを回る *c.* 巡視する *d.* ぶらつく；歩き回る；ドライブする जब तक संध्या समय सुलतान पर चढ़कर आठ दस मील का चक्कर न लगा लेते, उन्हें चैन न आता 夕方スルターン号に乗って 10 マイルほど走らないと気分が落ち着かない

चक्करघिन्न/ चक्करघिन्नी [形・副] (1) 糸車や滑車のようにくるくる回る；独楽のように回転する；きりきり舞いする अपने पीछे हाथ रखे दर्द से चक्करघिन्न घूम जाता है 後ろに手を回して痛みのあまりきりきり舞いする (2) かけずり回る；奔走する ज्योंही लड़की ने बारहवाँ साल पार किया, त्योंही लड़की का पिता वर ढूँढ़ने में चक्करघिन्नी हो जाता था 娘が 12 歳を越えたとたんに娘の父親は婿探しにかけずり回り出すのであった

चक्कर चौक [名] ロータリー；環状交差路〈rotary〉＝ गोल चक्कर.

चक्करदार [形]《H.+ P. دار》回り道の；遠回りの चक्करदार मार्ग 回り道；遠路

चक्कल [形] まるい；円形の＝ गोल.

चक्कवै [形] ＝ चक्रवर्ती; चक्रवर्ती राजा.

चक्कस [名]《P. چکش चक्श》＝ चकश.

चक्का [名] (1) 車の輪；車輪 (2) 輪の形をしたもの；円形のもの (3) 円盤 हमें औद्योगिक उन्नति के चक्कों के साथ दौड़ते वक़्त के साथ आगे बढ़ना है 我々は産業発展の車輪と共に急速に過ぎて行く時にあわせて前進しなくてはならない

चक्का-प्रक्षेपण [名]〔ス〕円盤投げ चक्का-प्रक्षेपण प्रतियोगिता 円盤投げ競技

चक्का-फेंक [名]〔ス〕円盤投げ

चक्की[1] [名*] (1) ひきうす（碾き臼）；石臼 चक्की चलाना 碾き臼をひく；碾き臼を回す＝ चक्की पीसना. (2) 粉砕機 **चक्की का पाट** *a.* 碾き臼の上下それぞれの石の盤 *b.* 醜い *c.* あばた面（痘痕面）の人 **चक्की का बैल बनाना** こき使う；酷使する **चक्की की मानी** *a.* 碾き臼の心棒 *b.* 北極星 **चक्की के दो पाटों में आ॰** 板挟みになる；どうしようもなくなる **चक्की चलाना** 臼をひく **चक्की चूल्हे की चिंता क॰** 生計や暮らしの心配をする **चक्की छूना** *a.* 碾き臼を回す *b.* 身の上話をする **चक्की पिसवाना** 投獄させる；臭い飯を食わせる (-) **चक्की पीसना** （ーを）碾き臼でひく；粉にひく (-) **चक्की पीसना** *a.* 激しく働く *b.* 辛い仕事をする *c.* 臭い飯を食う；刑務所に入れられる **चक्की में जुटना** 辛い仕事をする＝ चक्की में जुतना. **चक्की में पिसना** *a.* 馬車馬のように働く *b.* 板挟みになる **चलती चक्की** この世；現世

चक्की[2] [名*]〔解〕膝の皿；膝蓋骨 **चक्की पकड़ना** 膝が痛む

चक्की[3] [名*] ＝ चकई.

चक्की घर [名] (1)（粉ひきの）水車 (2) 水車小屋 (3) 工場

चक्की रहा [名] 碾き臼製造の職人；碾き臼の石に刻みを入れる職人（石工）

चक्कू [名] ＝ चाकू.

चक्खी [名*] (1) 塩やトウガラシなどで味付けした嗜好食品 (2) 酒のつまみになる塩辛くぴりぴりしたもの

चक्र [名] (1) 車輪；車の輪 (2) ろくろ (3) 円形のもの；輪（の形のもの）；チャクラ＝ पहिया चरखे का चक्र 紡ぎ車の輪 चक्र काल का प्रतीक है, इसी लिए इसे काल-चक्र कहते हैं.व्यक्ति के भाग्य के साथ भी चक्र संयुक्त है 輪（チャクラ）は時間の象徴である．故にこれをカーラチャクラ（時輪）と呼ぶ．人の運命にもチャクラはつながっている (4) 鋭利な刃を持つ飛び道具（円盤形の古代の武器）；チャクラ (5) 碾き臼；石臼 (6) サトウキビや油などを搾る機械 (7) 渦 (8) 竜巻；旋風；つむじ風 (9) 集団；グループ；集まり (10) 円形の囲み (11) 周期；サイクル एक ही खेत से साल में दो फ़सलें लेने का यह चक्र 同じ畑から年 2 度収穫を得るこのサイクル मासिक चक्र 月経周期 (12)〔ス〕ラウンド（ボクシングなどの）〈round〉 पाँचवें चक्र में第 5 ラウンドに (13) 一斉射撃 (14) 弾薬の一発分 उग्रवादियों ने 8 राइफ़लें, 2 कारबाइन, 1 पिस्तौल तथा 800 चक्र गोलियाँ लूट लीं 過激派がライフル 8 丁，カービン銃 2 丁，ピストル 1 丁，800 発の弾丸を奪った (15)〔ヨガ〕チャクラ（ハタヨーガにおいては小宇宙としての肉体を大宇宙につなぐとされる気道／脈管としてイラー／イダー इडा とピンガラー पिंगला を，その中心にスシュムナー気道／脈管 सुषम्ना/सुषुम्ना を

च

認める．このスシュムナーの下部にはクンダリニー कुंडलिनी と呼ばれる性力シャクティが眠っている．プラーナと呼ばれる気，すなわち，生命エネルギーがヨーガの調気法によりチャクラというエネルギー中枢，もしくは，エネルギーの集結点を通過しやすくなる．個の微細身の会陰部，すなわち，脊椎の基底に位置する第１チャクラ मूलाधार चक्र に眠っているクンダリニーは目覚めさせられ次第に生殖器近くの第２チャクラ स्वाधिष्ठान चक्र，臍近くの第３チャクラ मणिपूर चक्र，心臓近くの第４チャクラ अनाहत चक्र，咽喉近くの第５チャクラ विशुद्ध चक्र，眉間の第６チャクラ आज्ञा चक्रという階梯を経て上昇する．さらにそれは頭頂部のブラフマランドラと呼ばれる穴から出て頭頂部の上に位置する第７チャクラ सहस्रार चक्रへと導かれ大宇宙の象徴たるブラフマン，すなわち，純粋意識シヴァと合一するものとされる）

चक्रक ［名］〔植〕輪生〈verticil〉

चक्रकी ［形］〔植〕輪生の

चक्रक्रम ［名］循環；周期的な反復；周回

चक्रज ［形］円形の；環状の

चक्रण ［名］回転；回転運動；スピン〈spin〉 चक्रण-अक्ष 回転軸

चक्रताल ［名］〔イ音〕チャクラターラ（チョウターラの一）

चक्रधर[1] ［形］チャクラ（→ चक्र (4)）を持っている

चक्रधर[2] ［名］(1) ヴィシュヌ神 (2) クリシュナ神

चक्रधारी ［形・名］＝ चक्रधर.

चक्रनाभि ［名*］車軸

चक्रपथ ［名］轍

चक्रपूजा ［名*］タントリズム（タントラ教）の輪坐儀礼

चक्रमुद्रा ［名*］〔ヒ〕チャクラムドラー（その昔ヴィシュヌ神のチャクラなどの象徴を焼き印などで信徒が腕などの身体に印したもの）

चक्ररथ ［名］太陽 सूर्य को चक्ररथ कहा गया है 太陽はチャクララタと呼ばれている

चक्रवर्ती[1] ［形］全世界を支配する；全土を支配下に置く

चक्रवर्ती[2] ［名］(1) 全世界を支配する王 (2) 長；頭 (3)〔仏〕転輪王；転輪聖王

चक्रवर्ती ब्याज ［名］複利法

चक्रवर्ती ब्याज दर ［名*］複利の利率 सेवानिवृत्ति पर बीमाधारी को बचत चक्रवर्ती ब्याज दर से लौटाई जाएगी 退職時に保険加入者は貯金を複利で返還される

चक्रवाक ［名］〔鳥〕アカツクシガモ ＝ चकवा.

चक्रवाकी ［名*］＝ चकवी.

चक्रवात ［名］〔気象〕(1) サイクロン ＝ साइक्लोन. (2) 旋風；つむじ風

चक्रवाती ［形］(1) サイクロンの (2) つむじ風の चक्रवाती तूफ़ान サイクロン

चक्रवातीय ［形］(1) サイクロンの (2) 旋風の；つむじ風の चक्रवातीय वर्षा サイクロンによる雨

चक्रवाल ［名］(1)〔イ神〕大地の四方を取り囲んでいて日夜の境になるとされたチャクラワーラ山 (2) 囲い (3) 月の暈

चक्रवृद्धि ［名*］複利法

चक्रवृद्धि ब्याज ［名］複利法による利息＝ सूद दर सूद.〈compound interest〉

चक्रव्यूह ［名］(1) 古代インド兵法の円陣；円形の陣立て→ चकाबू. (2) 堅陣；難攻不落の陣

चक्रसाधना ［名*］タントリズム（タントラ教）の輪坐儀礼＝ चक्रपूजा.

चक्रांक ［名］〔ヒ〕昔ヴィシュヌ派信徒が信心の証として身体に押したとされるヴィシュヌ神の持つチャクラの形の焼き印

चक्रांकित ［形］〔ヒ〕ヴィシュヌ派のチャクラの形の焼き印を押した

चक्रांग ［名］(1)〔鳥〕アカツクシガモ＝ चकवा. (2) 車；乗り物用の車

चक्रांगी ［名*］〔植〕ヒガンバナ科インドハマユウ【*Crinum latifolium*】＝ मधुपर्णिका.

चक्राकार ［形］(1) 円形の；輪の形の (2) 回転する

चक्रिक ［形］(1) 循環の (2) 周期的な (3) 円盤状の

चक्रिका ［名*］(1)〔解〕膝蓋骨；膝の皿 (2) 集団 (3) 術策 (4) 円盤

चक्रिकाभ ［形］円盤状の

चक्री[1] ［名］〔ヒ〕チャクラ（→ चक्र (4)）を持つ者；ヴィシュヌ神；クリシュナ神

चक्री[2] ［形］(1) 車輪のついている (2) 円形の；輪形の (3) チャクラ（चक्र (4)）を持っている

चक्रीय ［形］(1) 車輪の；輪の (2) 循環の；周期的な (3) 循環する

चक्श ［名］→ चकश.

चक्षण ［名］(1) 酒の肴 ＝ गज़क. (2) 好意

चक्षु ［名］(1) 目；眼＝ आँख; नयन; नेत्र. (2) 視力

चक्षुप्रिय ［形］美しい；うるわしい；目を楽しませる कांगड़ा घाटी का सौंदर्य चक्षुप्रिय लगता है カーングラー渓谷の美は目を楽しませてくれる

चक्षुरिंद्रिय ［名*］視覚

चक्षुर्मल ［名］目やに；目くそ＝ कीचड़.

चक्षुर्विषय ［名］(1) 目に見えるもの (2) 視界 (3) 地平線

चक्षुष्मान् ［形］(1) 目のある；視力を有する；晴眼の (2) 目の良い (3) 先見の明のある

चक्षुस् ［名］＝ चक्षु.

चख ［名］目；眼＝ आँख.

चख़ ［名*］《P. چخ》争い；喧嘩；いさかい＝ झगड़ा; टंटा; कलह.

चख़चख़ ［名*］《P. چخ چخ》(1) 言い争い；口喧嘩＝ तकरार/तक़ार; झकझक; कहासुनी. ठीक है आज से घर में खाऊँगा ही नहीं.फिर यह रोज़ रोज़ की चख़चख़ भी नहीं होगी よろしい．今日からは家では食事をしない．そうしたら毎日の口喧嘩もなくなろう (2) 争い；いさかい；角突き合わせること

चखना ［他］(1) 味見する；味わう；玩味する वह आप के भोजन को बस चखना चाहता है あの人はあなたの料理をただ味見したいだけなのです (2) 味わう；体験する

चखवाना ［他・使］← चखना. (1) 味見させる किसी भी तरह तू मुझे भोजन चखवा दे どうしても私に味見をさせてくれ (2) 味わせる；体験させる

चखाचखी ［名*］(1) 激しい口喧嘩 (2) 激しい憎しみ

चखाना ［他・使］← चखना. **मज़ा चखाना** 味わわせる；思い知らせる；体験させる देख लूँगा साले को, ऐसा मज़ा चखाऊँगा कि याद रखेगा बच्चू あの（ひどい）野郎を生涯忘れられないような目に遭わせてやろう

चखिया ［形］喧嘩や争いを好む＝ झगड़ालू.

चखोड़ा ［名］子供の魔除けに額につけるビンディー（→ बिंदी）

चखौती ［名*］ぴりっとしたうまいもの；香辛料のきいた美味なもの

चग़ताई ［名］《T. چغتائی》〔史〕チャガターイー；チャガタイ・ハーン（汗）の末裔；チャガタイ汗の血統；チャガタイ家

चग़ताई ख़ाँ 〔人名・史〕《T. چغتائی خان》チンギス・ハーンの第２子チャガタイ・ハーン；チャガターイー・ハーン

चग़त्ता ［名］《T. چغتا》〔史〕チャガッター（チャガタイの血統；チャガタイ家）→ चकत्ता[3].

चघड़ ［形］ずるい；こすい；悪賢い＝ धूर्त; चालाक. तुम लोग बड़े चघड़ हो.आप तो मज़े से सवारी करेंगे और मैं घोड़ा ही बना रहूँगा 君たちはずるいぞ，自分たちは楽しく乗ってぼくはいつまでも馬なんだから

चचरा ［名］〔植〕マメ科小木ハナモツヤクノキ【*Butea frondosa*】

चचा ［名］＝ चाचा. (1) 父の弟；おじ（叔父） (2) 中年の男性や年長の男性に対する呼びかけの言葉，おじさん **चचा बनना** 偉そうにする；威張る चचा बनकर कुछ न मिलना 威張ったり偉そうにしても得られるものはない **(-का) चचा बनना** （ーを）凌ぐ；（ーの）上手になる；（ー）顔負けの振る舞いをする **(-को) चचा बनाकर छोड़ना** （ーを）ひどい目に遭わせる；さんざんな目に遭わせる＝ चचा बनाना.

चचाज़ाद ［形］《H.चचा ＋ زاد》父の弟の子供である；父方の चचाज़ाद भाई-बहन 父方のいとこ

चचिया ［形］父方のおじやおばの血筋の चचिया ससुर 夫のおじ；妻のおじ चचिया सास 夫のおば；妻のおば

चचींडा ［名］(1)〔植〕ウリ科蔓草ヘビウリ【*Trichosanthes anguina*】(2)〔植〕ヒユ科雑草インドイノコズチ【*Achyranthes aspera*】＝ चिड़चिड़ा; चिचड़ा; अपामार्ग.

चची ［名*］父方のおじ（चचा）の妻；おば（叔母）＝ चाची.

चचेरा [形$^+$] (1) 父方の叔父の；父方の (2) 父方の叔父や叔母の चचेरा भाई 父方のいとこ
चचोड़ना [他] しゃぶる；口にくわえて食べたり吸ったりする
चच्चा [名] = चचा; पितृव्य.
चच्चाज़ाद [形] = चचाज़ाद. वह हमारे परदादा का चच्चाज़ाद भाई था あの人はうちの曾祖父の父方のいとこだった
चच्ची [名*] 父方のおじ（चाचा）の妻；叔母= चाची.
चट[1] [副] さっと；ぱっと；すぐさま；じきに；直ちに और किसानों से फिर चट राय-बात हुई そして農民と再びすぐさま相談が行われた **चट मंगनी पट ब्याह क॰** ぱっぱっと（手早く；あっという間に）する इन्होंने तो चट मंगनी पट ब्याह कर दिया この方はぱっぱっとなさった **चट मंगनी पट ब्याह हो॰** 間髪を入れずに行われる चट मंगनी पट ब्याह हो गया 間髪を入れずになされた；すぐさま行われた **चट से** すぐさま；直ちに；即刻
चट[2] [名*] かちっ，ぱちっ，ぽきっなどといった物音 कमरे में 'चट' की आवाज़ के साथ बिजली जल उठी かちっという音と同時に室内に電灯がともった
चट[3] [形] (1) 平らげられた；食べてしまわれた (2) なくなってしまった **चट क॰** *a.* 平らげる；貪り食う；がつがつ食べる；食い尽くす जल्दी से अचार चट करने के लालच में すぐさま漬け物を平らげたいと欲張って *b.* なくしてしまう रुपये तो तुमने चट कर दिये お金はお前がなくしてしまった **चट कर जा॰** *a.* 平らげる आधी बोतल ह्विस्की चट कर गया था ボトル半分のウイスキーを平らげてしまった *b.* 横領する；横取りする *c.* なくしてしまう
चट[4] [名] (1) しみ (2) 傷あと (3) 斑点 (4) 欠陥 (5) 汚点
चटक[1] [形] (1) はっきりした；あざやかな；鮮明な भैया के चेहरे पर झुर्रियाँ कुछ अधिक चटक हो आयी थीं 兄の顔のしわが以前より少しはっきりしてきていた (2) 強烈な；激しい；きつい जलने पर यह चटक प्रकाश उत्पन्न करती है これ（マグネシウム）は燃えると強烈な光を放つ (3) 塩やトウガラシなどの刺激の強い；ぴりぴりする；ひりっとする
चटक[2] [名*] (1) 鮮明さ；あざやかさ (2) 激しさ (3) ぴりぴりとかひりひりなど味覚の強い刺激
चटक[3] [名] (1)〔鳥〕ハタオリドリ科スズメ属の鳥；イエスズメ = गौरैया.【*Passer domesticus*】 (2)〔植〕コショウ科蔓木ジャワナガコショウ【*Piper longum*】の根= पिपलामूल.
चटक[4] [名*] (1) ひび割れ；ひび (2) 物の折れたり割れたりする音；ぱちっ，ぱりっ，ぱりんなど **चटक पड़ना** ひびが入る；ひび割れる
चटकदार [形]《H. चटक+ P. دار》(1) 明るい；輝きのある (2) ぎらぎらしている；きらきらしている (3) 速い；素早い
चटकना[1] [自] (1) 割れる；ひび割れる；ひびが入る ज़मीन जगह जगह से चटक गई 地面が至る所で割れてしまった भूकम्प के झटके के कारण चट्टान बीच में चटककर दो हिस्सों में बँट गई थी 地震の衝撃で岩が真ん中から割れて二つになった सड़क की तरफ़ खुलनेवाली खिड़कियों के शीशे चटके हुए थे 道路に面したガラス窓のガラスはひび割れていた (2) 散る；散乱する；散らばる (3) 熱が加わってぱちぱち音を立てる；ぱちぱちはじける सब मसालों के चटकने पर 香辛料がみな（油で）はじけたら (4) 音を立てて折れる；音を立てて割れる (5)（つぼみが）ほころぶ；はじける (6) ぷりっとする；ふくれる；ふくれっ面をする (7) 不仲になる
चटकना[2] [名] 平手打ち= चपत; तमाचा; थप्पड़.
चटकनी [名*] 扉の掛け金 = सिटकिनी.
चटक मटक [名*] (1) 気取った振る舞い= नाज़ नखरा. (2) 化粧や身の装い= बनाव सिंगार.
चटकल [名*] ジュート工場
चटका[1] [名] (1) ぴりぴりした味 (2) うまい目に遭って覚えた味；面白み；うまみ **चटका लगना** 味をしめる
चटका[2] [名] (1) 割れたり燃えてはじけたりすること (2) 嫌気；うんざりすること (3) 平手打ち
चटका[3] [名] (1) しみ (2) 斑点
चटका[4] [名] 未熟なヒヨコマメのさや（莢）
चटका[5] [名] 素早いこと；敏捷さ= फ़ुरती; शीघ्रता.
चटका[6] [副] すぐさま；素早く चटका-चटकी またたく間に
चटकाई [名*] 輝き= चटकीलापन.
चटकाना [他] (1) 音を立てて割る；ひびを入れる (2) 熱を加えてはじけさせる；はじかせる कितनी बार बताया कि पहले सरसों के दाने चटका लिया करो, प्याज़ पहले डालने से वे ठीक से नहीं चटकते まずはカラシナの実をはじかせるようにしなさいと何度も言ったでしょうが. 玉ネギを先に入れるとちゃんとはじけないんだよ (3) 音を立てて折る；ぽきっと折る (4) からかう (5) 嫌気を起こさせる
चटकारना [他] 舌を鳴らす；舌鼓を打つ दही खाकर जीभ चटकारना ヨーグルトを食べて舌鼓を打つ
चटकारा[1] [名] (1) 舌鼓み बार बार चटकारा लगा रहे थे 何度も舌鼓を打っていた (2) 舌なめずり **चटकारे भरना** *a.* 舌鼓を打つ *b.* 舌なめずりをする
चटकारा[2] [形$^+$] (1) ぴかぴか光る；光り輝く (2) 動き回る
चटकारी[名*]指を鳴らす音. ぱちっ，ぴしっなど= चुटकी. चटकारी बजाना 指を鳴らす
चटकाली [名*] (1) むらすずめ（群雀） (2) 群がっている鳥
चटका-शिरा [名*] ジャワナガコショウの根= पिपरामूल.
चटकाहट [名*] (1) 物がはじける音；物が破れる音 (2) はじけたり破れたりすること (3) つぼみの開く音
चटकीला[形$^+$](1) 色のあざやかな बच्चों को चटकीले रंगों के कपड़े ही फबते हैं 子供にはあざやかな色の服が似合うものだ चटकीला लाल 真っ赤な (2) きらきらした；きらびやかな तेरा रूप-रंग चटकीला おまえの姿形のきらびやかなこと（蝶） (3) 派手な；けばけばしい派手な服 चटकीले और भड़कीले रंग के वस्त्र न पहनें 派手でけばけばしい色の服は着ないように अधिक चटकीले और भड़कीले वस्त्र 一段とどぎつくけばけばしい服 (4) 香辛料のよくきいた；ひりっとした；ぴりぴりした (5) 魅惑的な；魅力的な；しゃれた；気の利いた कोई चटकीला-सा गाना सुनाकर मेरा दिल बहला 何かしゃれた歌を歌って私の気を晴らしておくれ
चटकीलापन [名] ← चटकीला.
चटख [形] = चटक[1]. चटख धूप きつい日差し चटख हरा रंग あざやかな緑 चटख शोख रंग どぎつい色
चटखना[1] [自] = चटकना[1]. लकड़ी के चटखने की आवाज़ 木が燃えてはじける音 वह बगुलों की कतार की तरह चटखने लगी それはサギの群れのように乱れ出した
चटखना[2] [名] = चटकना[2]
चटखनी [名*] 掛け金；さし金；かんぬきさん（閂桟）= चटकनी; सिटकिनी. चटखनी चढ़ाना 掛け金を掛ける
चटखारा [名] = चटकारा. **चटखारा मारना** 食べる際に舌が鳴る जीभ चटखारा मार रही थी 舌がぱちぱち鳴っていた（舌鼓を打っていた） **चटखारे ले॰** *a.* 食べ物に舌鼓を打つ अपने परिवार जनों के साथ बैठकर चटखारे लेकर खाएगा 自分の家族たちと一緒に腰を下ろして舌鼓を打って食べる *b.* 面白がる औरतें चटखारे ले लेकर उसके किस्से सुनती-सुनाती 女たちは面白がって彼女の話を聞いたり語ったりする वे ज़्यादा से ज़्यादा इसे कुतूहल के रूप में लेते हैं और चटखारे लेकर एक दूसरे को सुनाते हैं あの人たちはこの話をせいぜい好奇の目で受け取り舌鼓を打って語り合うばかりである
चटगाँव 〔地名〕チッタゴン（バングラデシュ）→ चिटगाँव.
चटचट [名*] 物が割れたり折れたり，はじけたり，ひび割れたり燃えたりする音. ぱちぱち，ぱりぱり，ぽきぽきなど चटचट लकड़ियाँ तोड़ना ぽきぽきと木を折る चटचट हड्डियाँ चबाना ばきばき骨をかじる **चट चट बलैया ले॰** 人の幸せを祈るために指を鳴らす → बलैया.
चटचटा [名] (1) 割れたり折れたり燃えたりはじけたりする音が続けざまに出ること (2) 同上の音
चटचटाना [自] 割れたり折れたりはじけたり燃えたりして音が出る चटचटाकर जलना ぱちぱち燃える
चटना [自] なめられる←चाटना なめる（舐める）. कटोरी साफ़ चटी हुई थी カトーリー（金属製の小鉢）はきれいになめられていた
चटनी [名*] (1) ハッカやコエンドロの葉や果物などに塩，タマリンド，トウガラシなどを加えて一緒にすりつぶしてこしらえた薬味；チャトニー；チャツネ कच्चे आम की चटनी 未熟のマンゴーのチャトニー हरे पुदीने की चटनी ハッカの青葉のチャトニー (2) チャツネ（野菜や果物を香辛料などと一緒に煮込んだ薬味やソース） (3) なめて食べるもの (4) 歯がため (-) **चटनी कर डालना** (–

を）細かい粉にひく；小さくすりつぶす (-की) **चटनी कर डालना** *a.* （－を）打ちのめす；叩きのめす *b.* （－を）ひどい目に遭わせる **चटनी चटाना** ひどく殴る (-की) **चटनी बनाना** = (-की) चटनी कर डालना. (-) **चटनी समझना** （－を）簡単なもの，やさしいものと判断する (-) **चटनी हो॰** *a.* （－が）全くすりつぶされる *b.* （－が）すっかり平らげられる *c.* （－が）すっかりなくなる；尽きてしまう

चटपट ［副］(1) すぐさま；即刻；直ちに；ぱっと；さっと जाकर चटपट लाओ すぐに持ってきなさい चटपट उठा さっと起き上がった (2) 急いで；急ぎ；すぐさま；早く उन्हें चटपट कुछ जलपान करा दे 急いで何か軽く飲み食いさせなさい **चटपट से** すぐさま；直ちに；即刻 नौका पर चटपट से चढ़ जा॰ 舟にすぐさま乗りなさい

चटपटा ［形⁺］= चरपरा. (1) ぴりっとした；ぴりっと薬味のきいた चटपटे अचार के मर्तबान ぴりっとした漬け物の入ったかめ चटपटा सालन बनाने के लिए मसालों की और मीठी चीज़ें तैयार करने के लिए गुड़ या शक्कर की ज़रूरत होती है ぴりっとした煮物をこしらえるには薬味が必要であり甘いものを作るには黒砂糖や白砂糖が必要だ (2) 人をひきつける；刺激のある；面白い；面白味のある दर्जन भर से ऊपर रोचक और चटपटी कहानियाँ 10 数話の興味深く，面白い物語 अनेक मज़ेदार और चटपटी घटनाओं से भरपूर उपन्यास 面白く刺激的な出来事の一杯入った小説 (3) 度ぎつい；強烈な（印象を与える）；センセーショナルな ख़बरें बड़े चटपटे ढंग से छपती थीं （新聞や雑誌にゴシップ記事が）いつもどぎつく出ていた चटपटी ख़बरें センセーショナルなニュース

चटपटी[1] ［名*］(1) 急なこと (2) 急ぐこと；性急なこと (3) あわてること；不安 (4) 気が動転すること चटपटी पड़ना 不安になる；落ち着きがなくなる= चटपटी लगना.

चटपटी[2] ［名*］薬味のきいた食べ物

चटर-चटर ［名*・副］(1) 硬いものの折れる音やさま．ぱきぱき，ぼきぼき，ばりばりなど हड्डियों को चटर-चटर चबाना 骨をばりばりかむ (2) げたをはいて歩く音やさま．かたかた，からんころん，からころなど

चटर-पटर ［名*・副］せわしい様子，ぱたぱた，ばたばた वही सारा वक़्त चटर-पटर करती रहती थी 彼女一人が四六時中せわしなくしていた

चटवाना ［他・使］←चाटना. (1) なめさせる (2) 研がせる；研いでもらう

चटशाला ［名*］〔教〕チャトシャーラー（近代教育の始まる以前のインドの伝統的な低学年の学校，わが国の寺子屋などに相当）= चटसाल; चित्रशाला.

चटसार ［名*］= चटशाला.

चटसाल ［名*］= चटशाला.

चटा ［名］チャトシャーラー（चटशाला）で学ぶ子供；生徒；弟子 → चट्टा[1]

चटाई[1] ［名*］草，わら，竹などを材料に編んだ敷物．むしろ（筵）やござ（莫蓙）など

चटाई[2] ［名*］なめたりなめさせたりすること

चटाक[1] ［名］物がぶつかったり壊れたり切れたり倒れたりして出る音，あるいは，物を打ったり叩いたりして出る音．がしゃん，がちゃん，ぱしっ，ばしっ，ぱたん，ばたん，かき，ぱきっ，ぼきっなど रस्सी चटाक से टूट गई ひもがぷつんと切れた

चटाक[2] ［副］上記のような音を立てながら；上記のような音を立てる様子で **चटाक-पटाक** *a.* 物音を立てながら *b.* すぐさま；直ちに；即刻

चटाका[1] ［名］(1) 物の折れたり壊れたりする音や叩いた音．ぱきっ，ぼきっ，ぱしっなど (2) 激しさ **चटाके का** 強烈な；激しい；激烈な；猛烈な

चटाका[2] ［副］すぐさま；直ちに；即刻

चटाख ［名］= चटाक[1]. गाड़ी का रुकना था कि कुछ पता न चला कि क्या हो रहा है.होहल्ला वह कि क्या पूछिए! जहाँ तहाँ चटाख-पटख और उठा-पटक 列車が止まったとたんに何が起こったのか全く見当がつかなかった．たとえようのない喚声，至るところでぶつかりあう音や投げつける音

चटाचट[1] ［名*］続けざまに物の折れたり壊れたり叩いたりする音 उसने तमाचे लगाए चटाचट ぱしぱしぱしと平手を食らわせた

चटाचट[2] ［副］続けざまに

चटाना ［他］←चाटना. (1) なめさせる (2) ほんの少量ずつ食べさせる उसका रस निकालकर शहद के साथ मिलाकर दिन में तीन चार बार चटाओ それの汁を取り出して蜂蜜とまぜて一日 3〜4 回与えなさい（食べさせなさい） बहेड़े की गिरी पीसकर शहद के साथ चटाएँ セイタカミロバランの実をすりつぶして蜂蜜と一緒になめさせること (3) 賄賂を贈る；袖の下を渡す；飴をなめさせる (4) 刃物を研ぐ

चटापट ［副］直ちに；すぐさま；さっと

चटापटी ［名*］急なこと；急ぎ= शीघ्रता; फुरती.

चटावन ［名］←चटाना. (1) なめさせること；なめてもらうこと (2) 〔ヒ〕ヒンドゥーの食い初め式= अन्नप्राशन.

चटिक ［副］すぐさま；直ちに；即刻= उसी समय; तत्काल.

चटिका ［名*］ジャワナガコショウの根= पिपरामूल; पिप्पलीमूल.

चटियल ［形］草木の生えていない；裸の；不毛の；荒野の

चटिया ［名］(1) チャトサール（चटसाल）の生徒；寺子屋の生徒 (2) 弟子

चटी[1] ［名*］= चटसार.

चटी[2] ［名*］= चट्टी[2]

चटु ［名］(1) 追従の言葉；お世辞 (2) 胃；腹 (3) 修行者の用いる座具

चटुक ［名］椀= कठौता.

चटुकार ［形］追従する；お世辞を言う；へつらう（諂う）

चटुल ［形］(1) 落ち着きのない；動き回る= चंचल. (2) 振動する；震える (3) きれいな；美しい= सुंदर.

चटुला ［名*］雷；稲妻= बिजली.

चटुलालस ［形］追従を好む；追従されるのを好む

चटुलित ［形］(1) 振り動かされた (2) 整えられた；飾られた；装われた

चटोर ［形］(1) 美食の；食通の；グルメの；口のおごった (2) 食いしんぼうの；大食いの；大食の (3) 欲張りな

चटोरपन ［名］(1) 美食；食通 (2) 大食 (3) 欲張りなこと= चटोरापन.

चटोरा ［形⁺］= चटोर. एक स्त्री बड़ी चटोरी थी とても食いしんぼうの女がいた

चटोरापन ［名］= चटोरपन.

चट्ट ［形］(1) 食べ尽くされた；残らず食べられた；平らげられた (2) 残りのない；さっぱりした **चट्ट कर जा॰** *a.* 平らげる *b.* 借りたものを返さない；借りたものをわがものにする

चट्टा[1] ［名］生徒；弟子= चेला; शिष्य.

चट्टा[2] ［名］(1) すりむいた傷；擦過傷 (2) 皮膚の斑点 (3) にきび（面皰）

चट्टा[3] ［名］(1) 中傷；告げ口 (2) 不運；打撃 (3) 不毛の地 (4) 煉瓦をひとまとまりに積み重ねたものやその列 **चट्टा लगाना** 仲違いをさせる；喧嘩をさせる；争わせる= चट्टा पट्टा भिड़ाना.

चट्टा[4] ［名］割り竹を編んでこしらえた敷物；簀

चट्टा[5] ［形⁺］= चिट्टा. 色白の

चट्टान ［名*］(1) 岩；巌= शिलाखंड. (2) 岩のようなもの (3) 動じないもの；不動のもの

चट्टानी ［形］(1) 岩の；岩でできた；岩からなる चट्टानी पहाड़ी 岩山 चट्टानी सौंदर्य का धनी जोधपुर 岩の美しさに恵まれたジョードプル（市） (2) 岩のような；頑丈な चट्टानी दीवारें 頑丈な塀 (3) 断固とした；堅い；堅固な；不動の；巌のような चट्टानी संकल्प 不動の決意；不退転の決心 दहेज़ न लेने-देने का चट्टानी संकल्प 持参金をやり取りしない堅い決意

चट्टा-बट्टा ［名］おしゃぶりとかがらがらなどの幼児のおもちゃ **एक ही थैली के चट्टे बट्टे** 同類；仲間；同じ穴の狢 इस विभाग के छोटे-बड़े सभी अधिकारी एक ही थैली के चट्टे बट्टे हैं この部局の役人は上から下まで皆同じだ（同じ穴の狢だ） **चट्टे-बट्टे लड़ाना** 告げ口をして仲違いさせる

चट्टी[1] ［名*］はたご（旅籠）；宿屋；宿泊所= पड़ाव; मंज़िल; टिकान.

चट्टी[2] ［名*］つっかけ；スリッパ घर में लकड़ी की खड़ाऊँ या चट्टी पहनता हूँ 家ではげたや木製のつっかけを履く

चट्टी[3] ［名*］(1) 損害；被害 (2) 罰金 **चट्टी धरना** 罰金を課す **चट्टी भरना** 弁償する

चट्टू[1] ［名］(1) 歯がため；おしゃぶり= चुसनी. (2) 薬研

चट्टू[2] ［形］= चटोरा.

चड़ चड़ [名] 木などの折れたり割れたり焼けたりする様子やその音．ぱりっ，ぱりん，ぽきっ，ぱちぱちなど

चड़-बड़ [名*] 無意味な言葉や下らないことをしゃべること；ぺちゃくちゃ話すこと＝टें टें; बक बक.

चड़स [名] ＝चरस.

चड़ाक[1] [名] 物の壊れたり割れたり落ちたりする音

चड़ाक[2] [形] 割れた；壊れた；砕けた

चड़ी [名*] 飛び上がって蹴ること；飛び（跳び）蹴り चड़ी मारना 飛び上がって蹴る＝चड़ी लगाना.

चड़डा [名] もも（腿；股）；足のつけね；そけい部（鼠蹊部）＝जाँघ की जड़.

चड़्डी [名*] (1) パンツ＝जाँघिया. लड़के की चड़्डी 男の子のパンツ (2) パンティー＝चड्ढी.

चड्ढी [名*] (1) 動物や人の背に乗ること (2) 負けた者が相手を背負う子供の遊戯，チャッディー (3) パンツ；パンティー **चड्ढी गठना** 目的が達せられる **चड्ढी गाँठना** *a.* 背負われる；負われる *b.* 目的を達する **चड्ढी दे॰** 背負う＝चड्ढी ले॰.

चढ़त [名*] 供え物；お供え शुक्र यह कि चढ़त ठीक समय पर हो गई お供えが時間通りにできたのはよかった

चढ़ती [名*] (1) 神へのお供え；供物；神饌 (2) 上昇；向上

चढ़न [名*] (1) ←चढ़ना. (2) 供え物；供物；お供え

चढ़ना [自] (1) 高いところへ上がる；上る；登る तुम कल पेड़ पर काहे को चढ़े थे 昨日は何のために木に登ったのだい सीढ़ी से हम ऊपर चढ़ जाते हैं 階段を通って上がる (2) 上がる；上昇する；昇る खड़ी नली में पानी ऊपर की ओर चढ़ेगा 垂直な管の中の水が上昇する कॉर्क को शीशी पर दबाते ही ड्रोपर में पानी चढ़ेगा コルクをびんの上に押さえるとすぐさまスポイトの中の水が上がる सूर्य का चढ़ना 日が昇る (3) 上がる；つり上がる आँखें चढ़ना 目がつり上がる (4) 上に置かれる；載せられる；乗せられる；掛けられる；つけられる खराद मशीन पर चढ़ी वस्तु को 旋盤に掛けられた物を दरवाज़े पर भी मोटा ताला चढ़ा था 扉にもでかい錠が掛かっていた भट्टियों पर कड़ाह चढ़ रहे थे かまどに鍋が掛けられるところだった टिप्पणीकार की आँख पर जो चश्मा चढ़ा है 批評家の掛けている眼鏡 (5) 供えられる चढ़ावा चढ़ने लगा 供物が供えられ始めた (6) 上に乗る；被さる；覆われる (7) 塗られる；塗布される (8) 上がる；上昇する；順位や程度が上になる；高まる；次の段階に入る चावल का दाम चढ़ा 米価が上がった चढ़ती गर्मियों की शाम 暑さに向かう夏の夕方 जेठ की चढ़ती धूप में ジェート月の激しい日差しの中 चढ़ते भोर की रोशनी की तरह 明け行く陽光のように (9) 増加する；増す；勢いが増す चढ़ता भाटा 満ち潮；上げ潮 सावन-भादों के चढ़े हुए नदी और नाले サーワン月やバードン月の増水した大小の川 (10)（乗り物や人や動物の背に）乗る बसों में चढ़ने के लिए バスに乗るため साइकिल पर चढ़कर बाज़ार जाते हैं 自転車に乗って市場へ行く लड़का घोड़ी पर चढ़ा 花婿は馬に乗った (11) 取りつけられる；装置がなされる；つがえられる；つけられる；加えられる；付加される；掛かる；重なる；重ねられる जो घोंसले तोड़ता है उसे पाप चढ़ता है 鳥の巣を毀す者には罪がかかる (12) 出る；始まる；起こる नया साल चढ़ गया है すでに新年に入っている इसके परिणाम स्वरूप शरीर सुस्त पड़ जाता है और अनावश्यक रूप से मोटापा चढ़ने लगता है その結果体のしまりがなくなり太りすぎになり始める कँपकँपी चढ़ना 震えが起こる；震えが始まる；震え出す (13) 攻める；襲う (-पर) **चढ़ आ॰** *a.*（ーを）襲う；襲撃する；攻める सुबाहु नाम राक्षस तपोवन पर चढ़ आया スバーフという悪鬼が苦行者の修行場の林に攻め込んできた *b.*（ーについて）争う；喧嘩をする (-से) **चढ़कर**（ーを）凌ぐ；（ーに）勝る **चढ़ जा॰** ＝चढ़ आ॰. **चढ़ दौड़ना** ＝चढ़ आ॰. **चढ़ना-उतरना** ある基準の上になったり下になったりする；上がったり下がったりする；上下する；昇降する दोनों के मस्तिष्क में बचपन के दृश्य चढ़ने उतरने लगे 2 人の頭の中には子供時分の光景が現れたり消えたりし始めた **चढ़ बनना** *a.* 好機に恵まれる *b.* 優勢になる；勢いを得る *c.* 大挙して来る (-पर) **चढ़ बनना** 攻める；攻撃する (-पर) **चढ़ बैठना**（ーに）襲いかかる दोनों ही झल्लाए हुए कुत्ते की तरह चढ़ बैठते 両人ともいきり立った犬のように襲いかかった **चढ़ बैठना** *a.* 攻める；攻撃する；襲撃する *b.* かっとなる；いきり立つ；激しく怒る **चढ़ती आयु** 青春；青年期 **चढ़ती जवानी** 青春；思春期 चढ़ती जवानी की पहली सीढ़ी पर 青春の第一歩で

चढ़वाना [他・使] ←चढ़ाना. राजन ने विवाह से पहले ही अपने बैंक के एकाउंट में उसका नाम भी चढ़वा दिया है ラージャンは結婚前に自分の銀行通帳に彼女の名前も記入してもらっている（名義に加えてもらっている）

चढ़ाई [名*] (1) 登ること；上がること；上昇すること←चढ़ना. (2) 上り坂＝चढ़ाई का रास्ता. → उतराई का रास्ता. चढ़ाई इतनी मुश्किल कि साँस फूलने लगता है あまり急な坂で息切れする (3) 攻撃；襲撃；侵略；侵犯 (-पर) **चढ़ाई क॰**（ーを）攻撃する；襲撃する；侵略する；侵犯する उसने दक्खन के राज्यों पर चढ़ाई करनी चाही デカンの諸王国を攻撃しようと思った

चढ़ाई-उतराई [名*] 荷役 चढ़ाई-उतराई ख़र्च 荷役料 चढ़ाई-उतराई सुविधाएँ 荷役設備

चढ़ा-उतरी [名*] (1) 繰り返し上がり下がりすること (2) ＝चढ़ा-ऊपरी.

चढ़ा-ऊपरी [名*] (1) 競争；競り合い；対抗 (2) 入札 चढ़ा-ऊपरी लगाना 競争する；競り合う＝होड़ाहोड़ी क॰.

चढ़ाचढ़ी [名*] ＝चढ़ा-ऊपरी.

चढ़ान [名*] ＝चढ़ानी.

चढ़ाना [他] (1) 登らせる；上がらせる；乗せる (2) 上げる；上にする；たくし上げる；高くする；高める मस्तूल पर पाल चढ़ाना 帆柱に帆をあげる **चढ़ाना-उतारना** 上げ下げする (3) 物の上に置く；載せる；かける उसने स्टीरियो पर बीटोफेन के रिकार्ड को चढ़ा दिया ベートーベンのレコードをステレオにかけた (4) つり上げる；上げる शारदा ने आँखें चढ़ाकर कहा シャールダーは目をつり上げて言った तेवर चढ़ाना 眉をつり上げる；眉をひそめる वह फिर तेवर चढ़ाकर बोले, "कौन जात ?" 眉をつり上げて言った.「お前のカーストは何だ」 (5) かける；掛ける；つける；取り付ける；装着する चश्मा आँखों पर चढ़ाकर 眼鏡を掛けて राइफ़लों पर संगीन चढ़ाना ライフルに銃剣をつける पुराने कपड़े का गिलाफ़ चढ़ाकर 古切れのカバーを掛ける (6) 供える；供する；奉じる；何かの用に提供する शिव जी को रोज़ाना जल चढ़ाते थे シヴァ神に毎日水を供えていた ग्रामदेवता को चढ़ाए गए बकरे के माँस को 村の社の神様に供えられた山羊の肉を एक युवक की बलि चढ़ाई गई थी 若者が生け贄に供された मुझे शीश अपना चढ़ाना पड़ेगा 自分の首を神に供えなくてはなるまい इसे किराये पर चढ़ा दिया これを賃貸に供した (7) 物の表面や上に掛ける；上からつける；被せる；覆う；着せる लकड़ी के ढाँचे पर सोने का पतरा चढ़ा दिया गया था 木枠に金箔が被せられていた जस्ते की पतली परत चढ़ाई जाती है 亜鉛の薄い膜が被せられる ऊपर चमड़े का आवरण चढ़ाकर बनाई गेंद 皮の覆いを被せてこしらえたボール **अहसान चढ़ाना** 恩を着せる (8) 塗る；塗布する；塗りつける；つける काले कंबल पर रंग चढ़ाना 黒い毛布を染める उसपर गाते का लेप चढ़ाया जाता था それに粘土が塗られていた (9) 入れる；注入する；点滴（注射）する ग्लूकोज़ चढ़ाना ブドウ糖の点滴をする (-को) **ख़ून चढ़ाना**（ーに）輸血する उन सज्जनों को रक्त चढ़ाना その人たちに輸血する (10) のせる；掲載する अपना नाम बेरोज़गारों की सूची में चढ़ाए रखते हैं 失業者の名簿に自分の名前を載せておく (11) 取りつける；つける；装着する；つがえる बाण चढ़ाना 弓に矢をつがえる (12) おだてる；調子に乗せる；煽る सुंदर को बाबू जी कहकर चढ़ाया जाने लगा スンダルは旦那と呼んでおだてられだした (13) 酒や大麻などを飲む；やる；引っかける उसने ख़ूब चढ़ाई और बेहोश हो गई 女はうんと引っかけて意識不明になった बस एक गिलास चढ़ाकर अभी आया（大麻飲料を）コップ一杯引っかけて今しがたやって来たところだ

चढ़ानी [名*] 上り坂＝चढ़ाई.

चढ़ाव [名] (1) 登ることや上がることなど占める位置の高くなること ←चढ़ना. (2) 登らせたり上げさせたりすること←चढ़ाना. (3) 上昇；向上；上向き；発展 (4) 高くなること (5) 上流 **चढ़ाव-उतार** 起伏の多い場所

चढ़ावा [名] (1) 神へのお供え；供物 **चढ़ावा चढ़ना** 供物が供えられる दरगाह की मज़ार पर अनेक प्रकार के चढ़ावे चढ़ते हैं ダルガー（イスラムの聖者廟）ではいろんな供物が供えられる **चढ़ावा चढ़ाना** 寺社に供物を供える (2) 結婚に際して花婿側から花嫁に贈られる装身具 (3) 上記の装身具を花嫁に着用させる儀式 (4) 昂揚；増進 (5) 魔除けや厄払いのために四つ角や村の境に捨てられる物 **चढ़ावा बढ़ावा दे॰** 励ます；気力を奮い立たせる；気合を入れる

च

चणक [名]〔植〕マメ科ヒヨコマメ= चना.
चतुः- [造語]《Skt.》4つ，4つの，4個などの意を有する合成語の構成要素．接続する語の頭音により चतुर्，चतुश्，चतुष्，चतुस् となる चतुःपाद 4脚の
चतुर्- [数・造語]《Skt.》4；4の意を表す造語要素= चतुः；चार.
चतुरंग[1] [形] 4つの部分から成る；4部門を有する
चतुरंग[2] [名] (1) 古代インドの軍の4つの部門（象軍，騎馬軍，戦車軍，歩兵軍） (2) 上記の4軍を備えた軍勢（= चतुरंगिणी） (3) 上記の軍の将軍や司令官
चतुरंग[3] [名] = शतरंज.
चतुरंगिणी[1] [形*] 4部門から成る
चतुरंगिणी[2] [名*] 象軍，騎馬軍，戦車軍，歩兵軍の4部門を有する軍= चतुरंगिनी सेना.
चतुरंगी [形] = चतुर. 4つの部門から成る
चतुर [形] (1) 聡明で有能な；利口で器用な；優秀な；勝れた (2) 器用な；達者な；上手な；優秀な；すぐれた；腕の立つ सबसे चतुर हकीम 最も優秀なハキーム（アラビア医術の医者） चतुर चितेरा 腕のよい画家；すぐれた絵描き (3) 抜け目のない (4) ずるい；こすい；狡猾な
चतुरता [名*] ← चतुर.
चतुराई [名*] (1) = चतुरता. (2) 器用さ；熟達 (3) 狡猾さ = धूर्तता.
चतुरानन[1] [形] 4つの顔を持つ；四面の
चतुरानन[2] [名] ブラフマー神
चतुराश्रम [名]〔ヒ〕ヒンドゥー教徒の人生の四住期（आश्रम）→ ब्रह्मचर्य；गार्हस्थ्य，वानप्रस्थ，संन्यास.
चतुर्गति [名] (1) 亀 (2) ヴィシュヌ神
चतुर्गुण [形] (1) 4つの特性を有する (2) 四重の (3) 4倍の
चतुर्थ [形]《Skt.》第4の；4番目の
चतुर्थांश [名] 4分の1；四半分= एक चौथा हिस्सा.
चतुर्थाश्रम [名]〔ヒ〕四住期→（आश्रम）の第4；遊行期（人は第3の林住期・隠棲期を経て専ら解脱への修行に務める遊行期に入るべきとされた）= संन्यास.
चतुर्थी [名*] (1) 陰暦の白分，黒分の各半月の第4日= चौथ. (2)〔言〕サンスクリット語文法の第4格（与格）とその格語尾
चतुर्दश [数]《Skt.》14; 十四 = चौदह.
चतुर्दशी [名*] 陰暦の白分，黒分の各半月の第14日= चौदस.
चतुर्दिक्[1] [副] 四方に；四方八方に चतुर्दिक स्वर्ण-राशि बिखरी हुई है 四方に金塊が散乱している
चतुर्दिक्[2] [名] 四方
चतुर्दिश[1] [名] 四方；四方八方= चारों दिशाएँ.
चतुर्दिश[2] [副] 四方に；四方八方に= चारों ओर.
चतुर्धाम [名]〔ヒ〕ヒンドゥー教の四大聖地，すなわち，グジャラート州のドゥワールカー，द्वारका धाम タミル・ナードゥ州のラーメシュワル（ラーメシュワラム），रामेश्वरम धाम（रामेश्वरम्）オリッサ州のジャガンナートプリー，जगन्नाथपुरी धाम ウッタル・プラデーシュ州のバダリーナート（バダリカーシュラム） बदरीनाथ（बदरिकाश्रम धाम）
चतुर्बाहु[1] [形] 4本の腕を持つ
चतुर्बाहु[2] [名] (1) シヴァ神 (2) ヴィシュヌ神
चतुर्भद्र [名]〔ヒ〕人生の四目標，すなわち，अर्थ 財，काम 性愛，धर्म 法，मोक्ष 解脱
चतुर्भुज [形・名] (1) 4本の腕を持つ मंदिर में भगवान नारायण की कमल आसन पर चतुर्भुज मूर्ति है 寺には蓮華に座す4本の手を持つナーラーヤナ神像がある (2) 四角の；四角形 समचतुर्भुज 正四角形
चतुर्भुजदास〔人名・文芸〕チャトゥルブジャダーサ（C. 1528–? ヴァッラバ派の信徒でクリシュナ信仰を謳ったブラジバーシャー語の詩人）
चतुर्भुजी [形] 4本の腕を持つ
चतुर्मास [名] 北インド地方の雨季に当たるインド暦の4月アーシャール月 आषाढ の白分11日からインド暦の8月カールティク月 कार्तिक の白分11日までの4か月（すなわち，आषाढ，सावन，भादों，कुआर，कार्तिक. にまたがる4か月間．この間，結婚式などの祝い事が禁じられている）= चौमासा.
चतुर्मुख[1] [形] 4つの顔を有する；四面の
चतुर्मुख[2] [名] (1) ブラフマー神（ब्रह्मा） (2) ヴィシュヌ神（विष्णु） (3) シヴァ神（शिव）
चतुर्मुखी [形] 4つの顔を持つ；四面の चतुर्मुखी ब्रह्मा की मूर्ति 四面のブラフマー神像
चतुर्वर्ग [名]〔ヒ〕ヒンドゥーにとっての人生の四大目標（अर्थ 財，काम 性愛，धर्म 法，मोक्ष 解脱）
चतुर्वर्ण [名] ヒンドゥーの四種姓（ブラーフマン，クシャトリヤ，ヴァイシュヤ，シュードラ）
चतुर्विंश [形]《Skt.》第24番の；24番目の = चौबीसवाँ.
चतुर्विंशति [名*・数]《Skt.》24 = चौबीस
चतुर्विद्या [名*] 四つのヴェーダに関する学問や知識
चतुर्विध[1] [形] (1) 4つの方法の；4つの様式の；4つの型の (2) 4種の (3) 四方の；四方に及ぶ
चतुर्विध[2] [副] (1) 4つの方法で (2) 4種に
चतुर्वेद [名]〔ヒ〕(1) 四ヴェーダ ऋग्वेद，यजुर्वेद，सामवेद，अथर्ववेद (2) 最高神 (3) = चतुर्वेदी.
चतुर्वेदी[1] [形]〔ヒ〕四ヴェーダに通暁している
चतुर्वेदी[2] [名]〔ヒ〕チャトゥルヴェディー（バラモンの一グループの名）
चतुर्व्यूह [名] (1) 4つのものの集まり (2) 4人の集まり；四人組
चतुश् [造語] = चतुः-.
चतुश्चत्वारिंश [形]《Skt.》44番目の；第44の= चौवालीसवाँ.
चतुश्चत्वारिंशत् [名*・数]《Skt.》44 = चौवालीस.
चतुश्चरण[1] [形] (1) 4本の足を持つ (2) 4つの部分から成る
चतुश्चरण[2] [名] 四足獣；獣
चतुष् [造語] = चतुः-.
चतुष्क[1] [形] 四面の；四面から成る= चौपहल.
चतुष्क[2] [名] 4つのものの集まり
चतुष्कल [形]〔韻〕4マートラー मात्रा，すなわち，4モーラから成る（語）
चतुष्कोण[1] [形] 四角の；四辺形の
चतुष्कोण[2] [名] 四辺形
चतुष्टय [名] (1) 四；4の数 (2) 4つのものの集まり
चतुष्पद[1] [形] (1) 四つ足の；4本足の (2) 四行の (3) 4韻脚から成る
चतुष्पद[2] [名] 四足獣= चौपाया；चौपाया जानवर.
चतुष्पदा [名*]〔韻〕チャトゥシュパダー（各パーダが30マートラーから成るモーラ韻律）= चौपैया.
चतुष्पदी [名*]〔韻〕チャトゥシュパディー（各パーダが15マートラーから成るモーラ韻律詩で最後が長＋短） = चौपाई.
चतुष्पाणि[1] [形] 4本の手を持つ
चतुष्पाणि[2] [名] ヴィシュヌ神= विष्णु.
चतुस् [造語] = चतुः-.
चत्ती [名*] 継ぎ；継ぎ切れ चत्ती लगाना 継ぎをあてる= पैवंद लगाना.
चत्वर [名] (1) 四角形 (2) 四つ辻；十字路 (3) 祭壇
चत्वाल [名] ホーマ（護摩）を行うために掘った穴
चद्दर [名*]《← P. چادر चादर》(1) 男女が衣服や正装の一部として肩や頭から掛けたり包むようにして身にまとう大きな布，チャッダル (2) シーツ（寝具として敷布，掛け布になる） पलंग पर बिछी चद्दर और ऊपर पड़े कंबल से लिपटी मेरी देह ベッドに敷かれたシーツと上に掛かった毛布にくるまった私の体 (3) 金属の延べ板 एल्युमिनियम चद्दर アルミの延べ板
चनकट [名*] 平手打ち= थप्पड़. मैंने उसके गाल पर चनकट जड़ दी थी あの男の頬に平手打ちを食わせた मम्मी उसे पकड़कर दो तीन चनकट मार देती ママはその子を捕まえて2～3発平手打ちを食わせる
चनकना[1] [自] (1) はじける；割れたりひびが入って飛び散る (2) ほころびる；開く (3) 割れる；ひび割れる；裂ける
चनकना[2] [自] = चनखना.
चनका [名] 背や腰の痛み पीठ का चनका 背中の痛み वह कमर में चनका आ जाने के कारण सीधा चल भी नहीं पा रहा था 腰痛が生じたので真っ直ぐ歩けないでいた
चनखना [自] いらだつ；立腹する；むかつく
चनचना [名]〔昆〕タバコの葉につく害虫

चनचनाना [自] ひりひりする；ちくちくする；ずきずきする क्वाँर की धूप ऐसी तेज़ थी कि सिर और आँखें चनचना जाती クワール月の太陽の光線は頭や目がちくちく痛みを覚えるほど強烈だ

चना [名] (1)〔植〕マメ科草本ヒヨコマメ；ガルバンソ【*Cicer arietinum*】 (2) ヒヨコマメの実= छोले; बूट. भुना हुआ चना 煎ったヒヨコマメ **चना-चबेना** 朝食代わりになるような煎った豆のような食べ物；質素な食物 **चने का मारा मरना** とても衰弱する **चने के पेड़ पर चढ़ाना** おだてる；煽る **चने चबाओ या शहनाई बजाओ**〔諺〕(煎った) ヒヨコマメを噛むかシャフナーイーを吹くかどちらかにしろ，すなわち，2つのことを同時になすことはできない **चने-सा भुनना** (病気のため) 高熱が出る **नाकों चने चबाना** さんざんな目に遭わせる **लोहे का चना** 至難のこと

चनाब [名*] チナーブ川／チャナーブ川 (パンジャーブの5大河川の一でパンジャーブ・ヒマラヤのラダック山中に発しパキスタンの北部を流れ最終的にインダス川に注ぐ)

चनार [名] 《P. چنار》〔植〕スズカケノキ科スズカケノキ (鈴掛けの木)；プラタナス【*Platanus orientalis*】= चिनार.

चनेठ [名] 家畜に与えられる薬草

चन्ना [名]〔魚〕セントロポミ科淡水魚インドグラスフィッシュ【*Ambassis ranga*】

चप[1] [形] 《P. چپ》左の；左側の= बायाँ; वाम.

चप[2] [名] 《P. چپ》左；左側；左方= बायाँ हाथ; वाम पक्ष.

चप[3] [名*] 混ぜ合わせたもの；混合物

चप[4] [名*] = चाप.

चपकन [名*]〔服〕チャプカン (体にぴったりした長袖，前あきで膝下までの丈がある男子の正装用のコートの一) = अचकन.

चपकाना [他] = चिपकाना.

चप चप [名*] 飲食時に口から出る音やぺちゃぺちゃ，ぴちゃぴちゃなど液体と物とが軽く当たる様子やその音 वह उसका रस चूस रही है, चप चप それの汁をちゅうちゅうと吸っている कुछ देर बाद बिल्ली चप-चप करके दूध पी रही थी しばらくすると猫がぴちゃぴちゃと牛乳を飲んでいた सूख रहे मुँह को खाना खाने की तरह चप-चप चलाकर 乾いてきた口を食べる時のようにぱちぱちと動かして

चपट [名] 平手打ち= चपत; तमाचा.

चपटा [形+] (1) 平らな；平たい；平べったい；のっぺりした；凹凸の目立たない पाँव का वह ऊपरी चपटा भाग होता है जहाँ पर जूते का तस्मा बाँधा जाता है 靴ひもを結ぶ足の甲の平たいところ चपटा चेहरा のっぺりした顔 (2) 低い；高さの少ない；厚さの少ない चपटी नाक 低い鼻 फीते जैसी चपटी देह ひものように厚みのない体 (3) 浅い；深さの少ない चपटे डिब्बों में पैक किया हुआ 浅い箱にパックされた चपटी प्लेट 平皿

चपटाना [他] (1) = चिपकाना. (2) = चिमटाना.

चपटी [名*] (1)〔動〕(扁形動物寄生虫) 条虫；真田虫 (2) 拍手 = ताली. (3) 女陰 = योनि.

चपटे कृमि [名]〔動〕扁形動物〈Platyhelminthes〉

चपड़चपड़[1] [名*] (1) ぺちゃくちゃうるさくしゃべること माधुरी ने चीखते हुए कहा, "ज़्यादा चपड़चपड़ की तो ज़बान खींच लूँगी" (子供が減らず口を叩くので) マードゥリーは金切り声を上げて言った.「あんまりうるさく言うと舌を引き抜くわよ」 (2) ぴちゃぴちゃ (水などを飲む音)

चपड़चपड़[2] [副] (1) ぺちゃくちゃよくしゃべる様子 चपड़चपड़ बातें क॰ ぺちゃくちゃしゃべる बेहया शर्म तो नहीं आती चपड़चपड़ बातें करते हुए ぺちゃくちゃしゃべって恥ずかしくもないのかい (2) (犬などの動物が) 水を飲む様子やその音. ぺちゃぺちゃ

चपड़ा [名] (1) シェラック लाख का कीट चपड़ा बनाता है ラックカイガラムシはシェラックを作る (2) 帆柱に結ぶ綱

चपत [名] (1) 平手打ち= थप्पड़; तमाशा. (2) 打撃 (3) 害；損害 **चपत चलाना** 侮蔑する；辱める **चपत जड़ना** 平手打ちをする= चपत जमाना; चपत झाड़ना. **चपत पड़ना** 損害を被る；損をする= चपत लगना.

चपतियाना [他] 平手打ちを食わせる= चपत लगाना.

चपती [名*] (1) 線を引くのに用いる木製の器具 (2) 添木；あて木

चपना [自] (1) へこむ；くぼむ= दबना. (2) つぶれる= कुचल जा॰. (3) 台無しになる= नष्ट हो॰. (4) 気後れする= लज्जित हो॰; शरमाना.

चपनी [名*] (1) ふた (やかんや鍋などの) (2) 浅いカトーリー कटोरी (浅い金属製のわん) (3) オオミヤシの殻でこしらえた鉢 (4) 膝の皿；膝蓋骨= चक्की. **चपनी चाटना** ごくわずかなもので満足する **चपनी भर पानी में डूब मरना** 大恥をかく

चपरकनाती [形] ありきたりの；ありふれた；並みの；そこらの；そこいらの

चपरगट्ट [形] (1) 破滅的な= सत्यानाशी. (2) 不運な= अभागा. (3) 絡みついた；絡まった= उलझा हुआ.

चपरना [他] (1) 塗りつける；塗布する= चुपड़ना. (2) 混ぜる；混ぜ合わせる；まぜこぜにする= सानना.

चपरा[1] [形+] 嘘つきの；前言を翻す；言葉の信用ならない

चपरा[2] [名] = चपड़ा.

चपराना[1] [他] = झुठलाना.

चपराना[2] [自] 逃げる；退く；退却する

चपरास [名] (1) ベルトにつける徽章；バッジ (2) バックル

चपरासी [名] 小使い；用務員；校務員；従僕

चपरी [名*]〔植〕イネ科雑草・牧草インドスズメノヒエ【*Paspalidium flavidum*】

चपरैला [名]〔植〕イネ科雑草・牧草【*Panicum psilopodium*】= कुरी.

चपल[1] [形] (1) 動き回る；じっとしていない पक्षी तो उससे भी अधिक चपल और चौकन्ने होते हैं 鳥はそれよりもっと動き回り用心深い (2) 落ち着きのない；不安定な (3) はかない；移ろいやすい (4) きびきびしている；活発な (5) せかせかする；あわて者の；無思慮な；浅薄な (6) 抜け目のない；狡猾な (7) 軽はずみな；浮気な

चपल[2] [名] (1) 水銀 = पारा. (2) 魚 = मछली. (3)〔鳥〕シロハラカンムリカッコウ= चातक.

चपलक [形] (1) 落ち着きのない；じっとしていない (2) 考えのない；思慮のない；無計画な；浅薄な

चपलता [名*] ← चपल. 動き回ること；落ち着きのないこと；はかないこと；安定のなさ；機敏さ आशाओं की चपलता 希望のはかなさや頼りなさ

चपलत्व [名] = चपलता.

चपलस [名]〔植〕クワ科高木チャプラシュ【*Artocarpus chaplasha*】〈chaplash〉

चपला[1] [名*] (1) ラクシュミー神 (2) 雷 (3) 尻軽女 (4) 舌 (5)〔植〕ジャワナガコショウ= पिप्पली. (6) すり潰した大麻の葉を混ぜた飲料；バーング

चपला[2] [形*] 機敏な；すばしっこい；抜け目のない

चपलाई [名*] = चपलता.

चपलाना[1] [自] 動く；揺れる；揺れ動く

चपलाना[2] [他] 動かす；揺らす

चप व रास्त[1] [名] 《P. چپ و راست चपोरास्त》左右；右左；右と左

चप व रास्त[2] [副] 《P. چپ و راست चपोरास्त》左右に；左右の両方に

चपवाना [他・使] ← चापना.

चपाक [副] (1) にわかに；不意に；突然= अचानक; एकाएक. (2) 直ちに；即刻= तुरंत; फ़ौरन.

चपाट [名] 《Por. çapato; Mar. चपात》踵の低い靴；ヒールのついていない靴やつっかけ= चपौर जूता.

चपाती [名*] チャパーティー (ふすまをふるい分けせずにそのまま残した小麦粉をこね発酵させずに薄く伸して油を用いず鉄鍋や直火で炙ったもの) चपाती तोड़ना (食べるために炙った) チャパーティーをちぎる चपातियाँ सेंकना チャパーティーをこしらえる；チャパーティーを鉄鍋などで焼く (炙る)

चपाना[1] [他・使] ← चापना. (1) 押さえさせる；押さえてもらう (2) もませる；もんでもらう (3) 恥じ入らせる

चपाना[2] [他] (ひもを) つなぐ；つなぎ合わせる

चपेकना [他] 貼りつける；貼付する= चिपकाना.

चपेट [名*] (1) 押さえ込み (2) 巻き込み (3) 引き込むこと (4) 打撃 (5) 平手 (6) 平手打ち **(-की) चपेट में आ॰** *a.* (ーに) 巻き込まれる；(災害や災難などに) おちいる आठ दस वर्ष की लड़की तूफ़ान की चपेट में आ गई है 10歳くらいの女の子が嵐に巻き込まれている अकाल की चपेट में वह गाँव भी आ गया その村も飢饉に巻き込まれた *b.* (ーに) 引き入れられる；引き込まれる मनुष्य व समाज परिवर्तन की चपेट में आते रहते हैं 人や社会は常に変化に引き込ま

च

れる *c.*（ーに）ひかれる（轢かれる） वह इंजिन की चपेट में आ गया 機関車にひかれた *d.*（ーの）打撃を受ける；（ーの）損害を被る

चपेटना ［他］(1) 押さえ込む；取り押さえる (2) 追い払う (3) 叱りつける；脅かさんばかりに叱りつける；どやす

चपेटा[1] ［名］＝ चपेट. (1) 平手 (2) 平手打ち (3) 打撃 (4) 災難；不運 चपेटे सहता हुआ 不運に耐えながら

चपेटा[2] ［名］異カースト間に生まれた者＝ वर्णसंकर; दोगला.

चपेटिका ［名*］平手打ち＝ थप्पड़; तमाचा.

चपेटी ［名*］〔ヒ〕インド暦６月，すなわち，バードン月の白分６日（ヒンドゥー女性のヴラタ व्रत を行う日で子の安全無事を祈願する）

चपोरास्त ［名・副］→ चप व रास्त.

चप्पन ［名］チャッパン（小さく浅い金属製の鉢）

चप्पल ［名*］(1) サンダル (2) スリッパ

चप्पा[1] ［名］(1) ４分の１ (2) かけら；一部分；わずかの部分 (3) 寸土 **चप्पा चप्पा** 隅々 केरल की चप्पा चप्पा ज़मीन आबाद है ケーララ州は隅々まで拓かれている दिन भर गाँववालों ने एक-एक चप्पा-चप्पा छान डाला 村人たちは一日中隅々まで調べ上げた

चप्पा[2] ［形］４分の１の

चप्पी ［名*］（目上の人などの）手足の疲れをとるためにもむこと；手足を按摩すること；マッサージ

चप्पू ［名］かい（櫂）；オール；櫓

चफाल ［名］沼沢地に囲まれたところ

चबक[1] ［名*］ずきずきする痛み；続けざまに起こる痛み＝ टीस; हूक; शूल.

चबक[2] ［形］臆病な；小心な＝ डरपोक; बुज़दिल; दब्बू.

चबकना ［自］ずきずき痛む；続けざまに痛みが生じる＝ टीसना; चमकना; हूल मारना.

चबका ［名］＝ चाबुक.

चबकी ［名*］女性の髪を束ねるひも＝ पराँदा.

चबर चबर ［名*］(1) 物を噛む音；くちゃくちゃ噛む音 (2) ぺちゃくちゃ無駄話をすること；無駄話

चबवाना ［他・使］← चबाना. 噛ませる；噛んでもらう

चबाई ［名*］噛むこと；噛み砕くこと← चबाना.

चबाना ［他］(1) 噛む；噛み砕く दाँतों से हम खाना चबाते हैं 人は歯で食べ物を噛む (2) 噛みつく (3) 噛みしめる हम अपनी गिज़ा को दाँतों से काटते और दाढ़ से ख़ूब चबाते हैं 私たちは歯で噛みきり奥歯で噛みしめる (4) 台無しにする；めちゃくちゃにする (5) しゃぶる；吸う नाखून चबाना 爪を噛む（指しゃぶり） **चबा चबाकर बातें क°** *a.* ゆっくり話す；一語一語言葉を切ったようにして話す *b.* 気取って話す；気取って喋る **चबे को चबाना** 二番煎じ；新味のないもの

चबूतरा ［名］(1) チャブータラー（家の表や庭などの戸外に少し高く築かれ煉瓦や石などで固めたりしっくいで塗り固められた四角い壇．腰を下ろして話をしたりする） आम के पेड़ के नीचे एक चबूतरा बना हुआ है マンゴーの木の下にチャブータラーがこしらえられていた मौलसिरी के नीचे बने हुए चबूतरे पर बैठ गया ミサキノハナの根方に作られたチャブータラーに腰を下ろした (2) 壇；基壇 ताज महल एक बहुत बड़े और ऊँचे चबूतरे पर बना हुआ है タージマハルはとても大きく高い壇の上に建っている (3) 神や死者の霊を祀る壇；祠 (4)；塚；墓 (5) 中世の警察本部や裁判所

चबेना ［名］チャベーナー（弁当などの携帯用の軽い食事．往時はヒヨコマメや穀類を煎ったもの） बुढ़िया ने एक पोटली में थोड़ा-सा चबेना बाँधकर दिया （旅行く人の弁当に）老婆は包みに少しのチャベーナーを包んでやった

चब्बू ［形］(1) 大食の；食い意地の張った (2) 食い道楽の＝ चभ्भू.

चभक ［名*］(1) 虫などが刺すこと (2) 物が水に落ちる音．ばしゃっ，ぱちゃっ，ざぶん，ずぶっなど

चभड़चभड़ ［名*］食べたり飲んだりする時の音．むしゃむしゃ，ぺちゃぺちゃ，ぱちぱち，ちゃぷちゃぷ，くちゃくちゃなど

चभना ［自］(1) 噛まれる (2) 食べられる (3) 砕かれる；粉にされる；粉砕される

चभाना ［他・使］← चाभना. (1) 噛ませる (2) 食べさせる；食事を出す

चभोरना ［他］（液体に）ひたす；沈める；浸ける

चमक ［名*］(1) 光ったり輝いたりすること (2) つや；光沢；光 बालों में चमक 髪のつや अगर गाजर और टमाटर के रस से चेहरा साफ़ किया जाए तो चेहरे पर चमक आ जाती है ニンジンとトマトのジュースで顔を拭くと顔につやが出る (3) 輝き；きらめき；きらめく様子；ぴかぴか；ちかちか नेत्रों में चमक 目の輝き बादलों के इस धोखे ने एक क्षण के लिए मेरे किसानों की आँखों में चमक पैदा की 雲にだまされて一瞬農民たちの目がきらりとした (4) きりきりと急に差し込むような痛み (5) 怯えること；たまげること **चमक आ°** 光る；輝く ग्रामसेवक को देखते ही सब के मुँह पर चमक आ गई 農村指導員の顔を見たとたん皆の顔が輝いた (-पर) **चमक दे°** （ーを）光らせる；光沢を出す＝ आब दे°.

चमक-चमक ［名*］ぴかぴか，ちかちか光る様子

चमकदमक ［名*］(1) きらびやかさ；華麗さ चमकदमक वाली साड़ी きらびやかなサリー एकदम घटिया किस्म का ऊपरी चमकदमक वाला माल 全く劣悪な品質で見かけはきらびやかな商品 (2) 華美；栄耀栄華 ऊँचे पदों की चमकदमक तो कभी भी समाप्त हो सकती है 高位高官の栄華は何時でも終わりになりうるものだ

चमकदार ［形］《H.चमक + P. دار》(1) つやのある；光沢のある；つやつやした चमकदार बाल つやのある髪 (2) きらきら光る काले चमकदार पर 黒くつやのある羽

चमकना ［自］(1) 光る；輝く उसके साँवले चेहरे पर पसीने की बूँदें चमक रही हैं 色黒の顔に汗の滴が光っている रात में आसमान पर चाँद चमकता है 夜には空に月が光る उसी समय श्रेष्ठिपुत्र आ गया. उसकी आँखें चमक उठीं ちょうどその時長者の息子がやって来た．娘の目がきらりとした आकाश में चमकनेवाला 空に光るもの (2) つやのある；光沢のある चमकते हुए काले बाल つやつや光っている黒髪 (3) よくなる；よいほうに向く；幸運に向かう；勢いがつく उनकी किस्मत तब चमकी जब तिमूर लंग दिल्ली में तशरीफ़ लाये ティームールがデリーに来ると彼の運が開けた वहाँ तेरी किस्मत चमकेगी あちらでお前の運が開けよう वह पार्टी एक लंबे अरसे के बाद चमकी 党は久しぶりに政権の座に返り咲いた (4) 激しくなる；強まる भूख पहले से भी ज़्यादा चमककर लगने लगी थी ひもじさが前よりも一層激しく感じられるようになった (5) 繁盛する；勢いを得る；輝く एकदम उसका कारोबार चमक उठा にわかに商売が繁盛しだした चमकती हुई वकालत को छोड़कर 繁盛している弁護士業を捨てて (6) 強い光に目がくらむ (7) 不機嫌になる；腹を立てる यह पीछे से आकर चमककर बोला था 後ろからやって来て腹を立てて言った (8) （馬や象が）怯える；尻込みする；驚いて暴れる＝ चौंकना; भड़कना. (9) しな（品／科）を作る

चमकवाना ［他・使］← चमकाना. 光るようにさせる；磨かせる

चमकाना ［他］(1) 光らせる；輝かせる (2) 磨く चाँदी, पीतल या ताँबा चमकाने के लिए उसपर सिगरेट की राख मलिए 銀，真鍮，銅を磨くにはタバコの灰をこすりつけること (3) 煽り立てる；煽る；けしかける (4) 驚かす (5) （くりくり，くるくるなどとすばやく）動かす (6) 盛んにする；勢いづける आँखें चमकाना 目配せする；色目を使う＝ आँखों से इशारा क°.

चमकार ［名*］光；輝き＝ चमक.

चमकारा[1] ［名］眩しい光線；ぎらぎらした光；きらめき

चमकारा[2] ［形+］きらきら輝く；ぎらぎら輝く；眩い；眩しい

चमकी ［名*］金糸，銀糸などの飾りに用いる金属の糸や金属片

चमकीला ［形+］(1) ぴかぴかの；光り輝く चमकीले गहने ぴかぴかの装身具 (2) つやのある；光沢のある；てかてかの；つやつや光る कौवे के काले चमकीले पर カラスの黒光りのする羽 (3) 鋭く光る चमकीली आँखें 鋭く光る眼 (4) あざやかな

चमकीलापन ［名］← चमकीला. एल्यूमिनियम का चमकीलापन アルミの光沢

चमकौवल ［名*］しな（品／科）を作ること；あだっぽさ；あだっぽいしぐさをすること

चमक्को ［名*］(1) あだっぽい女性 (2) はすっぱな女 (3) ふしだらな女；品行の悪い女 (4) 喧嘩好きな女

चमगादड़ ［名］(1) 〔動〕コウモリ（蝙蝠）の総称 (2) 態度のはっきりしない人；二股膏薬 चमगादड़ लक्ष्मी को प्रिय है コウモリはラクシュミー神のお気に入りだ **चमगादड़ झूलना** さびれる；荒れはてる；閑古鳥が鳴く

चमचम[1] ［形］ぴかぴかの；きらきら光る；てかてかの चमचम सोना ぴかぴか光る金

चमचम[2] [副] ぴかぴか，きらきら，てかてかなど光る様子 चमका चमचम सूरज प्यारा お日様きらきら輝いた हाथ की चूड़ियाँ भी वैसी ही चमचम चमक रही थीं 手首につけたチューリーも同じようにきらきら輝いていた उसने पुरानी कुरसी को झाड़-पोंछकर चमचम चमका दिया 古い椅子をぴかぴかに磨き上げた

चमचम[3] [名*] チャムチャム（凝乳を原料とした甘味菓子の一）

चमचमाना[1] [自] (1) ぴかぴか光る；光り輝く；照り輝く इतने चमचमाते कपड़ों में से これほどのぴかぴかの服の中から चमचमाती कार ぴっかぴかの自動車 सोने की चमचमाती दुनिया 黄金のぴかぴかの世界 उनका मुँह चमचमा आया 彼女の顔が輝き出していた (2) 激しくなる；強まる；募る दिन भर कुछ भोजन न किया था, तो भूख चमचमा उठी थी 一日中何も食べていなかったので急にひもじさが募った

चमचमाना[2] [他] ぴかぴかにする；光り輝かす；ぴかぴかに磨き上げる

चमचमाहट [名*] きらめき；輝き स्वर्ण मंदिर की चमचमाहट 黄金寺の輝き

चमचा [名] 《P. چمچہ चम्चा》 (1) スプーン；さじ（匙）= चम्मच. (2) 柄杓 (3) 櫂の先端部 (4) 取り巻き（連中）；追従者；おべっかもの；おべっか使い；ごますり संसदसदस्यों के मित्र, नातेरिश्तेदार, चमचे आदि 国会議員の友人，親戚縁者，追従者たちなど

चमचागीर [名・形] 《P.+ P. گیر》 へつらう（諂う）；おべっかを使う；追従する；取り巻き；ごますり

चमचागीरी [名*] 《P.+ P.گیری》 へつらい（諂い）；おべっか；追従；ごますり प्रशंसा करना और चमचागीरी या चापलूसी करने में बहुत फ़र्क़ है 称賛とへつらいには大差がある वह अध्यापकों की चमचागीरी करती है あの人は教師におべっかを使う

चमचिच्चड़ [形] ダニのようにしつこく離れない；しつこくつきまとう；まつわりつく

चमची [名*] (1) 液体などを掬い取るための小さい匙；小さいスプーン；小匙 (2) ギーなどを塗るのに用いる先端部の平たいへら状の匙 (3)（小型の火箸や火挟み，トングなど）ものを挟むための道具

चमजुई [名*]〔動〕（動物や人につく）ダニ= चिचड़ी; किलनी.

चमटा [名] = चिमट.

चमड़ा [名] (1) 皮膚；肌= त्वचा; चर्म; जिल्द. (2) 獣皮= खाल. (3) なめし革；皮革 (4) 木の皮；樹皮= छाल; छिलका. कमाया हुआ चमड़ा なめし革；皮革 (-का) **चमड़ा उधेड़ना (खींचना)** *a.*（ーの）皮を剥ぐ *b.*（ーを）打ちのめす；ひどく叩く；叩きのめす **चमड़ा खींचना** = चमड़ा उधेड़ना. **चमड़ा पकाना** 皮をなめす= चमड़ा सिझाना. **चमड़े का काम** 革細工 **चमड़े का कारख़ाना** 皮革工場 **चमड़े का जहाज़ चलाना** 女のひもになる **चमड़े की बीमारियाँ** 皮膚病 = चर्मरोग.

चमड़ी [名*] 皮；皮膚；肌= चर्म; खाल; त्वचा. ज़ख़्म के चारों ओर की चमड़ी को 傷の回りの皮膚を **चमड़ी उतर जा॰** 皮が剥ける；肌が剥けるほど打ち据えられる (-की) **चमड़ी उधेड़ना (- खींचना)** （ーを）打ち据える；ひどい目に遭わせる पापा उसकी चमड़ी उधेड़ देंगे パパがあの子をひどい目に遭わせるよ **चमड़ी जाए पर दमड़ी न जाए**〔諺〕極度に吝嗇なことのたとえ **चमड़ी नोचना** *a.* 肌をつねる *b.* 責め苛む；ひどく苦しめる (-की) **चमड़ी बचाना** （ーを）守る；（ーの）身を守る अपनी और अपने धर्मग्रंथों की चमड़ी बचाना 己と己の経典とを守る

चमत्करण [名] 驚かすこと；驚嘆させること

चमत्कार [名] (1) 奇跡；奇蹟 (2) 不思議な出来事；不可思議 (3) 驚異；驚異的な力 (4) 霊験 (5) 驚嘆すべきこと

चमत्कारिक [形] (1) 奇跡に関する；奇跡的な संत की चमत्कारिक कथाएँ 聖者の奇跡についての物語 (2) 不思議な；不可思議な (3) 驚異的な；驚異の चमत्कारिक परिवर्तन 驚異的な変化 (4) 霊験にまつわる (5) 驚嘆すべき

चमत्कारित [形] 驚いた；驚嘆した；驚かされた

चमत्कारिता [名*] 驚異；驚嘆

चमत्कारी [形] (1) 奇跡的な चमत्कारी घटना 奇跡的な出来事 (2) 不思議な；不可思議な चमत्कारी लोग 不思議な人たち (3) 驚異的な पेनीसिलीन तथा स्ट्रैप्टोमायसिन जैसी चमत्कारी एंटीबायोटिक दवाइयाँ ペニシリンやストレプトマイシンのような驚異的な抗生物質 (4) 霊験あらたかな；霊験のある आजकल की फ़िल्में भी चमत्कारी मंदिर और दरगाह दिखाकर अंधविश्वास को बढ़ावा देती हैं 近頃の映画も霊験あらたかな寺院や聖者廟を見せて迷信を助長している (5) 驚嘆すべき उनका घोड़ा भी बड़ा चमत्कारी था その人の馬も驚嘆すべきものだった

चमत्कृत [形] 驚いた；驚嘆した；吃驚した

चमत्कृति [名*] (1) = चमत्कार. (2) 驚き；驚嘆

चमन [名] 《P. چمن》 (1) 庭；庭園 मदरसे के चमन में हमने फलफूल और तरकारियाँ लगा रखी हैं 僕たちは学校の庭に草木や野菜を植えている (2) 花壇；花園

चमनबंद [形] 《P. چمن بند》 庭，庭園，花壇などを作る；造園する

चमनबंदी [名*] 《P. چمن بندی》 造園；造園業；造園作業

चमर [名] (1)〔動〕ウシ科ヤク【*Bos grunniens*】= सुरा गाय. (2) ヤクの尻尾でこしらえたほっす（払子）= चँवर; चामर.

चमर- [造語] चमार の短縮形で，チャマール（चमार）の，チャマール・カーストに関わる，いやしいなどの意を有する合成語の構成要素 चमरटोला チャマールの住む集落や部落，あるいは，村内の居住区

चमरख [名*] 糸車に用いられる革ひも

चमरगिद्ध [名]〔鳥〕ワシタカ科ベンガルハゲワシ【*Gyps bengaalensis*】

चमरघेंच [名]〔鳥〕コウノトリ科オオハゲコウ【*Leptoptilos dubius*】 छोटा चमरघेंच コウノトリ科コハゲコウ【*Leptoptilos javanicus*】

चमरचलाक [形] 《← H.चमर + P.چالاک चालाक》 卑しく狡猾な；卑しく狡い；あさましい

चमरचलाकी [名*] 《← H.चमर + P.چالاکی चालाकी》 卑しく狡猾なこと

चमरटोला [名] 村落の中のチャマール・カースト（चमार）の居住区域

चमरटोली [名*] (1) チャマールの居住区域 (2) チャマールの集団

चमरढेंक [名] = चमरघेंच.

चमरपुच्छ[1] [形] ヤクのような尻尾を持つ

चमरपुच्छ[2] [名] (1) ほっす（払子） (2) リス = गिलहरी. (3) キツネ = लोमड़ी.

चमरबथुआ [名]〔植〕アカザ科草本= खरतुआ.

चमरबली [名*]〔鳥〕サギ科サンカノゴイ【*Botaurus stellaris*】

चमररग[1] [形] 品性の卑しい；下品な；下賤な

चमररग[2] [名*] 卑しさ；下品な性質

चमरशिखा [名*] 馬の頭につける飾りもの

चमरस [名] 靴擦れ（の傷）

चमरावत [名*] 村落共同体の中でチャマール・カーストに委ねられる農機具などの製造や修理に関わる皮革関係の作業の労賃

चमरिया[1] [形] チャマールのような（差別的な表現）；下品な；賎しい

चमरिया[2] [名*] チャマリヤー（疱瘡神シータラーの姉妹の一）

चमरी [名*] (1)〔動〕ウシ科ヤク= चमर; सुरा गाय. (2) ほっす（払子）

चमरी गाय [名*]〔動〕ウシ科ヤク（の雌） चमरी गाय की पूँछ का चँवर सम्राटों पर डुलाया जाता है 雌ヤクの尻尾の毛でこしらえた払子が皇帝の頭上で振るわれる

चमरेशियन [名] 卑しさ；卑賤なこと= नीचपन.

चमरोर [名]〔植〕ムラサキ科低木【*Ehretia laevis*】

चमरौट [名*] チャマールに皮革加工，死獣処理などのカーストとしての生業の報酬として与えられる現物給付

चमरौटी [名*] 村落でのチャマールの居住区域→ टोला; टोली.

चमरौधा [名] チャムローダー（靴底が革ひもで縫いつけられた靴）

चमला [名]（ココヤシの殻など）托鉢に用いる鉢= भिक्षापात्र.

चमस [名] (1) チャマサ（古代インドにおいてソーマ सोम を飲む際に用いられたという匙の形をした木製の器） (2) 杓子 (3)〔植〕ザクロソウ科雑草ザクロソウ【*Mollugo pentaphylla*】 (4) パーパル（पापड़）

चमसा [名] = चमचा.

चमसी [名*] (1)〔ヒ〕ヒンドゥー教の儀式に用いる匙の形をした木製の器，チャムシー (2) 豆粉

चमाइन [名*] チャマール・カーストの女性= चमारिन.

चमाचम[1] [形] 清潔でぴかぴかの；美しくぴかぴか光っている

चमाचम[2] [副] ぴかぴか；清潔でぴかぴかに（光る様子） कपड़े चमाचम सफ़ेद 服はぴかぴかの白 चट्टान धूप में चमाचम चमक रही थी 岩は日差しに白くぴかぴか光っていた
चमार [名] (1) チャマール（以前皮革業を主たる生業としてきたカースト及びそのカーストの人） (2) 生まれや素性の卑しいとされる人の意の差別的な表現 **चमार चौदस** *a.* チャマールの人たちの祭礼 *b.* 大騒ぎ；馬鹿騒ぎ；喧噪 **चमार चौदस मचना** 大騒ぎになる **चमार चौदस मनाना** わずかの金を得ると遊興に使い果たすこと **चमार-सियार** カーストや社会階層の低い（人）；身分の低い（人） चमार-सियार डाँट-डपट पाते ही रहते हैं 身分の低い人たちは叱りつけられたり怒鳴られたりするばかりだ
चमारिन [名*] チャマール・カースト चमार の女性
चमारी[1] [名*] (1) チャマールの女性 (2) チャマールの仕事 (3) チャマールのような性分
चमारी[2] [形] (1) チャマールの (2) チャマールのような
चमू [名*] (1) 軍；軍隊 (2) 古代インドの軍隊の一単位（象 729 頭，戦車 729 台，騎兵 2187 人，歩兵 3645 人を含む）
चमूकन [名]〔動〕家畜などにつくダニ
चमूनाथ [名] 将軍；軍司令官＝ सेनानायक.
चमूपति [名] ＝ चमूनाथ.
चमेलिया [形] (1) ソケイの花の色の (2) ソケイの花の香を漂わせた
चमेली [名*] (1) モクセイ科低木ソケイ（素馨）【*Jasminum officinale forma grandiflorum*】
चमोई [名*]〔植〕ジンチョウゲ科低木【*Daphne papyracea*】＝ सतपुरा; सतबरसा.
चमोटा [名] (1) 大きいかわと（革砥） (2) 大きな鞭
चमोटी [名*] (1) 鞭 (2) 杖 (3) 小さい革砥
चमौवा [名] ＝ चमरौधा.
चम्प [名] → चंपा[1]
चम्पई [形] ＝ चंपई.
चम्मच [名] 《← P. چمچه चमचा》 さじ（匙）；スプーン बड़ा चम्मच 大匙 खाने के चम्मच 食事に使うスプーン चाय का चम्मच 茶匙；小匙 ＝ चाय का छोटा चम्मच; छोटा चम्मच.
चय [名] (1) 集まり；集合；堆積 (2) 丘 (3) 砦；城；城塞 (4) 城壁 (5) 礎石
चयन [名] (1) 選択 पति का चयन सही था अथवा ग़लत 夫の選択が正しかったか誤っていたか उच्च सदन का चयन 上院の選択 पाठों के चयन में レッスンの選び方に (2) 選抜 शासक के उत्तराधिकारी का चयन 支配者の後継者の選抜 बढ़िया खेल के आधार पर खिलाड़ी का चयन プレーの優秀さによる選手の選抜 (3) 選集；抜粋 रचनाओं का चयन 選集 लेखों का चयन 論文選集
चयनक [名] 委員団；審査員団；講師団
चयनकर्ता [名] 選考者；選考委員 चयनकर्ता निष्पक्ष रहें 選考者は中立を保つべきこと
चयनिका [名*] 選集；精選
चयनीय [形] 選ばれるべき；選択されるべき；選抜されるべき
चयापचय [名] 代謝；新陳代謝 वनस्पतियों की सामान्य चयापचय प्रक्रिया 植物の通常の代謝作用
चयित [形] 選ばれた；選択された；選抜された
चरंद [名] 《← P. چرنده चरिंदा》 草を食べる動物；草食動物
चर[1] [形] (1) 歩き回る (2) 動く；移動する
चर[2] [名] (1) スパイ；間諜；密偵 (2) 使者
चरक [名] (1) 使者 (2) スパイ；間諜 (3) 旅人 (4)〔人名〕チャラカ（インドの古典医学の基本文献の一であるチャラカ・サンヒターの編者と伝えられる医学者）
चरकटा [名] (1) 飼料を刻む人 (2) 経済力のない人 (3) 能なし；無能な人
चरकसंहिता [名*] チャラカ・サンヒター（チャラカ चरक の編んだとされるインド古典医学の基本文献の一）
चरका [名] (1) 傷；軽い傷 (2) 焼き印；烙印 (3) 損害；害；打撃 (4) 詐欺；だまし（騙し） **चरका खाना** だまされる；欺かれる **चरका दे०** *a.* だます；欺く *b.* 損害を与える；害を及ぼす
चरख [名] 《← P. چرغ चर्ग़》〔動〕ハイエナ＝ लकड़बग्घा.
चरख़ [名] 《P. چرخ》 (1) 輪；車輪 (2) 旋盤 (3) 糸巻き (4) ろくろ（轆轤） (5) 天；天空
चरख़अंदाज़ [名] 《P. چرخ انداز》 弓術家
चरखपूजा [名*]〔ヒ〕チャラクプージャー（チャイトラ月に行われるシヴァ神に祈りを捧げる祭礼）
चरख़ा [名] 《P. چرخه》 (1) 輪；輪の形のもの；車輪 (2) 糸車；紡ぎ車 (3) 滑車 (4) 糸巻き (5) サトウキビを搾る機械 (6) 輪形の砥石；丸砥石
चरख़ी [名*] 《P. چرخی》 (1) 小型のチャルカー चरखा (2) ねずみ花火 (3) 風車（玩具のかざぐるま） (4)〔鳥〕ムシクイ科スジカブリモリチメドリ【*Turdoides caudatus*】 **कलसिरी चरख़ी** ムシクイ科ズグロインドチメドリ【*Rhopocichla atriceps*】 **सितसिरी चरख़ी** ムシクイ科サメモリチメドリ【*Turdoides affinis*】 **सिलेटी चरख़ी** ムシクイ科ハイガシラメジロチメドリ【*Alcippe poioicephala*】
चरग़ [名] ＝ चर्ग़.
चरचना[1] [他] (1) 体に塗る；塗布する (2) 塗る；塗りつける (3) 察する；推察する；推量する
चरचना[2] [他] 拝む；崇拝する＝ पूजन क०.
चरचर [名*・副] 物の折れたり燃えたりする音や様子；ぽきぽき；ぽきっ
चरचरा [名]〔鳥〕カエデチョウ科キンパラ属の鳥シマキンパラ【*Lonchura punctulata*】など
चरचराटा [名] 支配；権勢＝ दबदबा; रोबदाब.
चरचराना [自] (1) 物が燃えてはじけたり折れたりするために音が出る；ぱちぱち，ぱりぱり，ぽきぽき，びりびりなどの音を立てる (2) ぺちゃぺちゃしゃべる (3)（傷口やささくれなどが）ぴりぴりする；ひりひりする；ひりっと痛む
चरचराहट [名*] ← चरचराना. ぱちぱち，ぱりぱり，ぽきぽきなどはじけたり折れたり裂けたりすることやその音
चरचरी [名*]〔鳥〕セキレイ科マミジロタヒバリ【*Anthus novaeseelandiae*】
चरचा [名⁻] → चर्चा.
चरचित [形] ＝ चर्चित.
चरचिरा [名*]〔医〕デング熱＝ लँगड़ा बुख़ार.
चरज [名] 《← P. چرغ चर्ग़》〔鳥〕ワシタカ科ハイタカ【*Accipiter nisus*】
चरट [名]〔鳥〕セキレイ科ハクセキレイ【*Motacilla alba*】
चरण [名] (1) 足；脚＝ पैर; पाँव. (2) 4 分の 1 ＝ चतुर्थांश; चौथाई भाग; चौथा हिस्सा. (3) チャラナ／チャラン（これはパーダ पाद，あるいは，パダ पद とも呼ばれるが，本来は 1 篇の詩の 4 分の 1 を構成する韻律の単位のことである．普通ヒンディーの詩は 4 つのチャラナ（チャラン）が集まり 1 篇の詩を構成するので四行詩と考えてよいが，詩形によってはチャラナが四より多かったり少なかったりするので休止を伴った韻律の基本単位とすべきである） (4) 段階；階梯 उन चरणों का कुछ साधारण ब्यौरा दिया जा रहा है, जिनमें से हर बच्चे को शिशुकाल व किशोरावस्था के बीच गुज़रना पड़ता है どの子供も幼年期から少年期の間に通過しなければならない階梯について以下に一般的な説明を行う **(-के) चरण चूमना** *a.*（ーに）うやうやしくする；うやうやしく接する；（ーに対して）へりくだる *b.* 容易に手に入る；簡単に手に入る **(-के) चरण छूना**（相手の足の）爪先に手を触れて挨拶する；うやうやしくお辞儀をする；最敬礼をする；頂礼する；帰命頂礼＝ प्रणाम क०. **चरण टेकना** うやうやしく申し述べる；丁重に申し上げる；懇願する **चरण दे०** *a.* 足を置く（の丁寧な表現） *b.* 来る（の丁寧な表現．お出でになる，いらっしゃるなど） **चरण धरना** 来る（の丁寧な表現．お出で下さる，いらっしゃるなど） **(-के) चरण धो-धोकर पीना**（ーを）深く敬う **(-के) चरण पड़ना** ＝ (-के) चरण छूना. **(-के) चरण परसना** ＝ (-के) चरण चूमना. **(-के) चरण पूजना**（ーを）深く敬う **(-के) चरण मनाना** ＝ (-के) चरण छूना. **(-के) चरण में चित्त लगाना**（ーを）念じる；思念する **(-के) चरण लगना** ＝ (-के) चरण छूना. **(-के) चरण ले०** ＝ (-के) चरण छूना. **(-के) चरण से लगना** ＝ (-के) चरण छूना. **(-का) चरण सेना**（ーに）仕える **(-के) चरणों का दास हो०**（ーに）敬服する；心服する＝ (-के) चरणों की गुलामी क०. **(-के) चरणों की दासी** かしこ（आप के चरणों की दासी のように夫や恋人宛の手紙に用いられてきた） **चरणों की धूलि** *a.* 取るに足らぬもの *b.* 心服する者 **(-के) चरणों की धूलि ले०**（ーに）心服する उसने महावीर के चरणों की धूलि ली マハーヴィールに心服した **(-के) चरणों की**

बलि जा॰ （ーに）すっかりほれこむ **चरणों की भेंट** 差し上げるもの；献上するもの यह आपकी चरणों की भेंट है これをどうぞお受け取り下さい **(-के) चरणों के नीचे आँख बिछाना** （ーに）敬服する；心服する **(-के) चरणों पड़ना** （ーに）最敬礼する；帰命頂礼 **(-के) चरणों पर न्यौछावर हो॰** = (-के) चरणों के नीचे आँख बिछाना. **(-के) चरणों पर मस्तक रखना** = (-के) चरणों के नीचे आँख बिछाना. **(-के) चरणों पर लुट जा॰** （ーに）心身を捧げる **(-के) चरणों पर लोटना** （ーに）服従する；屈服する **(-के) चरणों पर सिर झुकाना** = (-के) चरणों के नीचे आँख बिछाना. हम लोगों का कर्त्तव्य इसके चरणों पर सिर झुकाना है, इसे समझाना नहीं 我々の務めは服従することであって説得することではない **(-के) चरणों में आँख बिछाना** = (-के) चरणों के नीचे आँख बिछाना. **(-के) चरणों में गिर पड़ना** （ーの）足元にひれ伏す लक्ष्मी के पीछे-पीछे भागा और चरणों में गिर पड़ा ラクシュミーの後を追って走り寄り足元にひれ伏した **(-) चरणों में चढ़ाना** （ーを）捧げる；供える **चरणों में झुकना** = (-के) चरण छूना. **(-) चरणों में डालना** （ーを）庇護する；匿う **(-के) चरणों में पड़ रहना** *a.* （ーに）仕える *b.* （ーに）頼る **(-के) चरणों में बैठना** （ーの）保護の下に入る；（ーの）膝下に入る **(-के) चरणों में लोटना** （ーの）足元に感激のあまり泣き伏す；感動のあまりひれ伏す；感謝の気持ちで胸がいっぱいになる **(-के) चरणों में सिर झुकाना** （ーに）服従する सारा संसार इसके चरणों में सिर झुकाएगा 全世界がこれに服従するだろう

चरणकमल ［名］（相手に対する敬意を表するために用いられる表現）御足（蓮の花のようにうるわしい足）

चरणगत ［形］(1)（ーの）足元にひれ伏した (2)（ーに）頼った；すがった；服従した

चरणचिह्न ［名］(1) 足の裏の相 (2) 足跡 (3) 神仏などの足の裏の相を模して刻まれた石など；仏足石 **(-के) चरण चिह्नों पर चलना** （ーの）後塵を拝する；（ーの）指し示した道を進む；（ーの）切り開いた道を歩む

चरणचुंबन ［名］(1) 敬服 (2) 服従 रूसी चरणचुंबन वाली सरकार ロシアに服従する政府

चरणजोहारी ［名*］（相手の）足に触れてうやうやしく敬礼すること

चरणतल ［名］足の裏

चरणदास[1] ［名］下僕；従者；しもべ（僕）

चरणदास[2] 〔人名・ヒ〕チャランダース（19 世紀のラージャスターン出身のヒンドゥー教聖者．チャランダース派を興す）

चरणदासी[1] ［名*］(1) 下女；侍女 (2) 妻

चरणदासी[2] ［名］チャランダースの信奉者；同派の信徒

चरणपर्व ［名］足首の関節；くるぶし（踝）= टखना.

चरणपादुका ［名*］(1) 木製の履き物 (2) 金属や石でこしらえた神や聖者の足の模型（崇拝・礼拝の対象となるもの）= चरणपीठ.

चरणप्रक्षालन ［名］尊敬すべき人の足を洗うこと；足洗い；洗足 महंत जी का चरणप्रक्षालन होता है マハントの足洗いが行われる

चरणरज ［名*］尊敬すべき人の足についた埃（大変有り難いもの；御足） चरणरज माथे से लगाना その（御足の）埃をうやうやしく（自分の）額につける；拝む；最敬礼をする **(-की) चरणरज पड़ना** （ーが）お出でになる；来られる；足を運ばれる；御来駕 **(-की) चरणरज ले॰** （ーに）最敬礼をする= (-के) चरण छूना.

चरणसेवा ［名*］(1) 目上の人や尊敬する人の足をもむこと (2) 仕えること；お世話をすること **(-की) चरण-सेवा क॰** *a.* （ーの）足をもむ *b.* （ーに）仕える；（ーの）世話をする

चरणसेवी ［名］(1) 仕える人；世話をする人= सेवक. (2) 下僕；従者= नौकर.

चरणस्पर्श ［名］目上の相手の足に手を触れて，あるいは，額をつけて行う丁重な挨拶 **(-के) चरणस्पर्श क॰** （ーに）丁重な挨拶をする अंदर आकर उसने पहले मंत्री जी के चरणस्पर्श किए 中に入るとまずは大臣の足に触れて挨拶をした

चरणागति ［名*］目上の人の足元にひれ伏すこと；（平伏して）懇願すること

चरणानुग ［形］(1)（ーの）後について行く；（ーに）追随する (2)（ーを）信奉する (3)（ーに）帰依する

चरणामृत ［名］(1) 神像や聖者，尊敬すべき人の足を洗った水（尊いものとして飲まれることがある），すなわち，チャラナームリタ（チャラナ・アムリタ） (2) 牛乳，ヨーグルト，ギー，砂糖，蜂蜜を混じた物（これで神像を沐浴させ残りを飲む），チャラナームリタ **चरणामृत ले॰** *a.* チャラナームリタを飲む *b.* ほんのわずかの分量飲む **चरणामृत माथे या सिर लगाना** （ーに）最敬礼する

चरणारविंद ［名］= चरणकमल.

चरणार्द्ध ［名］(1) 4 分の 1 の半分，すなわち，8 分の 1 (2) 詩の半行

चरणोदक ［名］= चरणामृत.

चरत[1] ［名］〔ヒ〕(1) ヴラタ（व्रत）などの断食日に断食をせずに過ごすこと (2) 断食をしない通常の日

चरत[2] ［名］〔鳥〕タマシギ科タマシギ【*Rostratula bengalensis*】

चरता[1] ［名*］動くこと

चरता[2] ［名*］大地；地球= पृथ्वी.

चरथ ［形・名］動く（もの）；移動する（もの）= चलनेवाला; जंगम.

चरन ［名］= चरण.

चरना[1] ［自］(1) 草食動物が草をはむ बकरी चर रही थी ヤギは草をはんでいる最中だった (2) ぶらぶら歩く

चरना[2] ［他］(1) 動物が餌を食べる मुर्गियाँ भी दाना चर रही थीं 雌鶏たちも餌をついばんでいるところだった (2) がつがつあさましく食べる

चरना[3] ［名⁻］男子が膝近くまでたくし上げて着用するドーティー

चरनी ［名*］(1) 牧場 (2) まぐさ桶；飼い葉桶；家畜に飼料を食べさせる設備や場所

चरपट ［名］(1) 平手打ち= चपत; थप्पड़. (2) かっぱらい（をする人）；掻っ払い= उचक्का; चाई.

चरपरा[1] ［形⁺］(1) トウガラシや塩，酸味などの激しい刺激による感じがある；からい（辛い） (2) ひりひりぴりぴりと刺激の強い（食べ物）

चरपरा[2] ［形⁺］きびきびした；敏捷な= चुस्त; फुरतीला.

चरपराना[1] ［自］かさぶたが乾いてひきつる

चरपराना[2] ［自］ちくちくする；ひりひりする；刺激があって痛みが生じる

चरपराहट ［名*］← चरपरा[1]. (1) ぴりぴりした刺激的な味 (2) ちくちくする痛み (3) 憎しみ (4) 嫉妬

चरब ［形］= चर्ब.

चरबन ［名］= चबेना.

चरबाँक ［形］《← P. چرب चर्ब+ H.बाँक》(1) 口先のうまい；口の達者な (2) 抜け目のない；気のきいた；鋭い (3) 厚かましい；横着な चरबाँकदीदा 厚かましい

चरबा ［名］《P. چربہ चर्बा》(1) トレーシングペーパー；複写紙；透写紙 (2) 複写 (3) 概略；概要 **(-का) चरबा उतारना** *a.* 模写する *b.* 人の真似をする *c.* 嘲笑する；嘲る

चरबाक ［形］= चरबाँक.

चरबी ［名*］《P. چربی चर्बी》(1) 脂肪（分） इस उमर में शरीर में एकाएक चरबी जमना शुरू होने लगती है この年齢になると急に体に脂肪が溜まり始める (2) 脂身；獣脂 **आँखों में चरबी छाना** 驕り高ぶる；慢心のため目が見えなくなる **चरबी चढ़ना** 太る；肥える = मोटा हो॰.

चरबीदार ［形］《P. چربی دار》脂肪の多い；脂肪のついた

चरम[1] ［形］(1) 限界に達した；極みの；究極の；極限の आनंद के चरम बिंदु तक 快楽の絶頂まで (2) 最高の；無上の；極致の यौन सुख की चरम अनुभूति オルガスムス (3) 終極の；最後の；最終の (4) 過激な；過度の

चरम[2] ［名］(1) 終わり；終点；終着点；終局 (2) 老年；晩年 (3) クライマックス (4) 西方

चरमकाल ［名］最期；臨終

चरमपंथ ［名］過激主義；過激論

चरमपंथी ［名］過激論者；過激派

चरमपत्र ［名］遺言書= वसीयतनामा; रिक्थपत्र.

चरमपुष्टि ［名*］至上の満足感；絶頂感

चरमर ［名・副］きしみ（軋み）；物が軋む音や様子．ぎしぎし，ぎーぎーなど ताँगा चरमर-चरमर करता खेत से गुजर रहा था ターンガーはぎしぎしと音を立てながら畑を通り過ぎていた

चरमरा ［形⁺］きしむ（軋む）；きしる（軋る）

चरमराना[1] ［自］(1) 物と物とがこすれ合って音を出す；軋む；軋みを立てる；軋る पैरों में चरमराती चमड़े की जूतियाँ きゅっきゅっと鳴る靴を履き (2) 耳障りな音や具合の悪い音を立てる；軋る

च

कुल्हाड़ी के एक ही वार में किवाड़ का पल्ला चरमराकर गिर पड़ा 斧で一撃しただけで扉はぎいっと軋んで落下した कुर्सी थी कमज़ोर चरमराकर टूट गई ぐらついていた椅子は軋んで潰れてしまった (3) 関係が悪くなる；軋む；軋みが生じる रिश्ते भले ही कितने आत्मीय हों, बेवजह के दखल से चरमराने लगते हैं どれだけ近しい親戚関係にあろうともやたらと口出しすると軋み出すものだ (4) ぐらつく；傾く；かしぐ；軋む；不具合になる लोकतांत्रिक ढंग से काम करने का सारा ढाँचा चरमरा जाएगा 民主的なやり方の屋台骨が全部ぐらつくだろう पारंपरिकता चरमराकर आधुनिकता के साथ मिलने लगी 伝統が軋みながら現代の流れに合流しかかった

चरमराना[2] ［他］軋ませる；軋みを生じさせる

चरमसीमा ［名*］極限；頂点；極地 व्यक्तिवादिता अपनी चरमसीमा पर पहुँच गई है 個人主義がその頂点に達している

चरमावस्था ［名*］(1) 限界；極限 (2) 頂点；極致；クライマックス

चरमोत्कर्ष ［名］極；極点；最高点

चरवा ［名］〔植〕イネ科草本牧草【*Cenchrus ciliaris*】= धमन.

चरवाई ［名*］家畜に草をはませること

चरवाना ［他・使］← चराना.

चरवाहा ［名］(他人の家畜を預かって) 草をはませる牧夫

चरवाही ［名*］牧夫 चरवाहा の仕事やその労賃

चरस[1] ［名*］(1) チャラス (灌漑用水汲み上げ用の大きな革の袋) चरस की सहायता से सिंचाई チャラスを用いての灌漑= चरसा. (2) チャラス (大麻の樹脂のエキス．タバコに用いて吸飲する麻薬の一種)；ハシーシュ= सुलफ़ा. चरस-गाँजा チャラスやガーンジャー → गाँजा.

चरस[2] ［名］〔鳥〕タマシギ科タマシギ【*Rostratula benghalensis*】= चरत.

चरसा ［名］(1) 牛や水牛の皮 (2) 靴底に用いられる丈夫な革 (3) チャルサー (=チャラス चरस)；灌漑用の革袋 **चरसा भर ज़मीन** 2 頭の牛で灌水できる広さの畑

चरसी ［名］(1) チャラスを用いて灌漑する人 (2) チャラスを吸飲する人

चराई ［名*］(1) 草をはむこと (2) 草をはませること

चरागाह ［名*］《P. چراگاه》牧場；牧草地= चरनी.

चराचर[1] ［形］(1) 生命あるものと生命なきもの (2) 意識あるものと意識なきもの

चराचर[2] ［名］森羅万象；万物；全世界；この世の一切のもの

चरान[1] ［名］塩田

चरान[2] ［名］= चराना.

चरान[3] ［名］牧場；牧草地= चरागाह.

चराना ［他］(1) 家畜に牧草地で草をはませる；はませる वह गाँव के जानवर चराया करता था いつも村の家畜に草をはませていた अब न गायें चराओगे? もう牛に草をはませないのかい (2) 牧場で飼う；牧草を食べさせる；遊牧する गाय, भैंस, भेड़, बकरियाँ चराना 牛，水牛，羊，山羊を飼う भेड़-बकरियाँ चरानेवाले 山羊や羊に草をはませる人；山羊や羊を飼う人 आर्य पशु चराने वाले ख़ानाबदोश थे アーリア人は遊牧民だった (3) 馬鹿にする；愚弄する；欺く；手玉に取る= मूर्ख बनाना.

चराव ［名］= चरागाह.

चरावर ［名］牧場= चरागाह.

चरिंदा ［名］《P. چرنده》草食動物

चरित ［名］(1) 行動 (2) 伝記 (3) 所業；所行

चरितकार ［名］伝記作者；伝記作家= चरितलेखक.

चरितार्थ ［形］(1) 実現された；実践された；目的が達せられた उन्होंने अपने वचन के अनुसार ही देश-धर्म पर बलिदान होकर इस बात को चरितार्थ भी कर दिया 自分の発言通りに国の大義に身を捧げてこのことも実践した व्यावहारिक ज्ञान का अर्थ है अर्जित ज्ञान को अपने व्यवहार में चरितार्थ करना 実際的な知識とは獲得した知識を現実に実践することである (2) 証明された खोदा पहाड़ निकली चुहिया की कहावत चरितार्थ करते हुए 大山鳴動して鼠一匹の諺を証明しながら (3) あてはまった；該当した यह कहावत यहाँ पर पूरी तरह से चरितार्थ हो रही है この諺がここではぴったりあてはまる चोर चोर मौसेरे भाई वाली कहावत यहाँ पर पूरी तरह से चरितार्थ हो रही है 類は友を呼ぶという諺がここでは全くぴったりする

चरित्तर ［名］所業；仕業；けしからぬ行い

चरित्र ［名］(1) 行為；行動；行い；品行；身持ち；行状 इस विभाजन से पार्टी का चरित्र बदला हो, ऐसा नहीं है この分裂によって党の性格が変わったということはない उसका परिवार अच्छे चरित्र के लोगों से भरा होना चाहिए その人の家族には身持ちの良い人たちが沢山いなくてはならない (2) 立派な品行 (3) 一生の事績；伝記 (4) 文学作品の人物

चरित्र-अभिनेता ［名］〔映・演〕性格俳優

चरित्र-चित्रण ［名］〔文芸〕性格描写 पात्रों के चरित्र-चित्रण में 人物の性格描写に

चरित्रदोष ［名］性格上の欠陥

चरित्रनायक ［名］性格俳優 = चरित्र-अभिनेता.

चरित्रनिर्माण ［名］人格形成；性格形成 संतान के चरित्रनिर्माण का दायित्व बहुत कुछ माताओं पर ही होता है 子供の人格形成の責任は大部分は母親にある

चरित्रवान् ［形］品行正しい；品行方正な

चरित्रहत्या ［名*］= चरित्रहनन.

चरित्रहनन ［名］中傷；人身攻撃；誹謗

चरित्रहीन ［形］不行跡な；品行の悪い；不品行な

चरी[1] ［名*］(1) 無料で地主から貸与される牧草地 (2) 牧草地 (3) 飼料に供されるモロコシやトウジンビエなどの茎を刻んだもの

चरी[2] ［名*］(1) 使いをする女性；(男女の間の) 知らせや連絡を届ける女性 (2) 侍女；下女

चरु ［名］(1) チャル (供物として供するために煮た穀物) = हव्यान्न. (2) チャルを煮る釜や鍋 (3) 供犠 (4) 牧草地

चरुपात्र ［名］供物を煮たり保存したりするための器

चरुस्थाली ［名*］= चरुपात्र.

चरेरा ［形+］(1) 堅くごつごつした；堅くごわごわした；がさがさした (2) 荒々しい；そっけない= कर्कश; रूखा.

चरैया[1] ［名］(1) 家畜に草をはませる人 (2) 草をはむ動物

चरैया[2] ［名*］鳥= चिड़िया.

चरोखर ［名*］牧草地；牧場

चरौआ ［名］(1) 牧草地；牧場 (2) 牧夫

चर्ख ［名］《P. چرخ》= चरख.

चर्ख हिंडोला ［名］メリーゴーランド

चर्खा ［名］《P. چرخه》= चरखा. चर्खा कातना 糸車で糸を紡ぐ

चर्खी ［名*］《P. چرخی》= चरखी.

चर्खी फ़ानूस ［名］《P.A. چرخی فانوس》回り灯籠

चर्ग ［名］《P. چرغ》(1)〔鳥〕ハイタカなどの猛禽 (2)〔動〕ハイエナ= लकड़बग्घा.

चर्गद ［名］《P. چرغد》〔昆〕コオロギなどの虫= झींगुर.

चर्च ［名］《E. church》(1) キリスト教教会 (2) (キリスト教) 教派；教会

चर्चक ［形］(1) 話す (2) 噂する (3) 論議する；論じる

चर्चर ［形］進む；行く

चर्चरी ［名*］(1) ホーリー祭の頃に歌われる俗謡 (2) ホーリー祭 = फाग.

चर्चा ［名⁻］(1) 話；会話；対話；言及 कुछ लड़के भूत-प्रेत की चर्चा कर रहे थे 幾人かの少年が幽霊や化け物の話をしているところだった (2) 話；噂；噂話 बोटक्लब की रैलियों के चर्चे ボートクラブでの政治集会の話 (3) 話；話題 घर में हर वक़्त आदाब व शेर का चर्चा रहता था 家ではいつも文学や詩が話題になっていた वह राम-सीता जी की चर्चा करता था ラーマ王子とシーター妃のことを話題にしていた (4) 論議；議論；討議 मित्र साहित्यचर्चा में आनंद लेते हैं 友人たちは文学論議を楽しんでいる **चर्चा छिड़ना** 話題が出る；話が持ち上がる

चर्चित ［形］(1) 話題になった सारे संसार में इतना चर्चित होते रहे 世界中にこれほどまでに話題になり続けた (2) 噂された

चर्चिल 〔人名〕《Sir Winston Churchill》イギリスの政治家 W. チャーチル (1874–1965)

चर्पट[1] ［名］(1) 開いた掌；平手 (2) 平手打ち = चपत.

चर्पट[2] ［形］大きな；巨大な= विपुल.

चर्ब ［形］《P. چرب》(1) 脂ぎった；脂っこい；すべすべした；脂でぬるぬるした (2) 生い茂った (3) 口の達者な (4) 鋭い；きつい

चर्बज़बाँ [形]《P. چرب زبان》(1) 世辞を言う；追従する；口先のうまい= चापलूस; चाटुकार. (2) よくしゃべる；口数の多い；多弁な；おしゃべりな= वाचाल; बातूनी; मुखर.
चर्बज़बान [形]《P. چرب زبان》= चर्बज़बाँ.
चर्बज़बानी [名*]《P. چرب زبانی》(1) お世辞；へつらい (2) 甘言
चर्बदस्त [形・名]《P. چرب دست》(1) 熟練した；熟達した；巧みな；上手な；上達した (2) 職人
चर्बदस्ती [名*]《P. چرب دستی》上達；熟練
चर्बपहलू [形]《P. چرب پہلو》太った；肥えた
चर्बी [名*]《P. چربی》(1) 脂肪；動物から採れる脂 उस ज़माने में जानवरों की चर्बी जलाकर चिराग़ जलाते थे その時代には動物の脂を燃やして明かりを点していた (2) 脂身；獣脂→ चरबी.
चर्बू [名*]《P. چربو》= चरबी; चर्बी.
चर्भट [名] = ककड़ी.
चर्म [名] (1) 皮；皮膚 हिरन का चर्म 鹿の皮；鹿革 (2) 盾
चर्म उद्योग [名] 皮革産業；皮革工業 कानपुर में चर्म उद्योग カーンプルの皮革産業
चर्म करंड [名] 皮袋の筏
चर्मकार [名] 皮革業を主たる生業としてきたカーストとその成員の人たち= चमार.
चर्मकार्य [名] 皮革業；皮革加工・製造業
चर्मकील [名]〔医〕痔疾= बवासीर.
चर्मकूप [名] 毛穴= रोमछिद्र.
चर्मरोग [名]〔医〕皮膚病
चर्मवृक्ष [名]〔植〕カバノキ科高木インドシラカバ【*Betula utilis*】〈Himalayan silver birch; Indian paper birch〉= भोजपत्र.
चर्मशोधन [名] 皮なめし（皮鞣し）
चर्मिक [名] (1) 盾を持って戦う戦士 (2) = चर्मवृक्ष.
चर्य [形] (1) 行うに値する；なすべき価値のある (2) 行うべき；なすべき
चर्या [名*] (1) 実行；遂行 (2) 行為；行動 (3) 職業；生業 (4) 行（ぎょう） (5)〔仏〕行；法行；修行
चर्र[1] [名] 紙や布を引き裂く音 चर्र-चर्र फाड़ना びりっと（びりびり）引き裂く
चर्र[2] [名] 物の軋む音（きいきい，ぎいぎい，ぎしぎしなど） नाव के डंडे से निकली हुई चर्र चर्र की आवाज़ 船の櫓から出たぎーぎーという音
चर्राना [自] (1) 物が裂けたり折れたり擦れたりする際の音が出る धोती ऐसी चर्रा रही है जैसे पुरानी हो ドーティーがまるで古びたような音を立てている (2) 裂ける；割れる (3) 折れる (4) 痛みがある；ひりっとする；ぴりっとする；ちくっとする (5)（何かを）無性にしたくなる；激しくしたくなる→ शौक़ चर्राना. उसने कवियों की तरह बाल बढ़ा लिये हैं यह क्या शौक़ चर्राया? 詩人みたいに髪を伸ばしているが一体これは何の趣味にとりつかれたんだね
चर्वण [名] (1) 食べ物を噛み砕くこと；咀嚼 (2) 噛み砕いて食べる物 (3) 煎った穀物
चर्वणक [名] 臼歯
चर्वणा [名*] (1) 咀嚼 (2) 臼歯
चर्वा [名*] (1) 平手打ち= थप्पड़. (2) 咀嚼
चर्वित [形] (1) 噛まれた；咀嚼された (2) 味わわれた
चलंत [形] (1) 動いている (2) 動く
चलंता [形+] (1) 動いている；動き続ける (2) 動く
चल[1] [形] (1) 動く；移動する (2) 動いている；移動している；振動している；震動している (3) 不安定な (4) 落ち着きのない
चल[2] [名] (1) 動くこと (2) 震動；揺れ (3) 水銀 (4) シヴァ神 (5) ヴィシュヌ神 (6) 欠陥 (7) 落ち度 (8) 失敗
चल[3] [感] (1) चलना[1] の命令法二人称単数形 (2) 相手に行動を促したり相手の注意を引いたりするのに用いられる言葉．そら，ほら，さあなど चल, बैठ इधर さあ，ここに座れ चल, भाग यहाँ से そら，さっさとあっちへ行け (3) 止せ，止めろ अच्छा-अच्छा चल, अपना लेक्चर अपने पास रख 止せ，もう止せ．お説教は結構だ
चलकना [自] 光る；輝く= चमकना.
चलचलाव [名] (1) 出発 (2) 死；死出の旅= मृत्यु; मौत.
चलचा [名]〔植〕ハナモツヤクノキ= ढाक.
चलचाल [形] 動き回る；落ち着きのない；安定しない
चलचित्त [形] 心の落ち着きのない；心の動揺している
चलचित्र [名] 活動写真；ムービー；映画
चलचूक [名*] 偽り；欺き= धोखा; छल.
चलता[1] [名*] (1) 動き；活動 (2) 不安定
चलता[2] [形+] ← चलना. (1) 動いている (2) 通用している (3) 機能している；作動している (4) はやっている；繁盛している (5) 移動式の (6) ありきたりの (7) 通行中の；通行のある (8) 間に合わせの；大まかな；お座なりな；その場限りの
चलता[3] [名] (1)〔植〕ビワモドキ科小木ビワモドキ【*Dillenia indica*】(2) 同上の実
चलता आदमी [名] = चलता पुरजा
चलताऊ [形] 間に合わせの；いいかげんな；ぞんざいな चलताऊ ढंग से いいかげんに；ぞんざいに महीने दो महीने बाद ऐसे ही चलताऊ ढंग से बता दिया गया 1〜2 か月後にいいかげんに伝えられた
चलता खाता [名] 当座預金口座；当座預金勘定
चलता गाना [名]〔イ音〕正統的なラーガやラーギニーに拠らないダードラーやカヤール（ハヤール）などの声楽様式の歌
चलता पुरज़ा [名]《H. + P. پرزه पुर्ज़ा》抜け目のない人；狡猾な人
चलता पुस्तकालय [名] 移動図書館
चलता फिरता [形+] (1) 移動する；移動式の；移動可能な चलता फिरता तोपख़ाना 野砲 (2) 巡回する **चलता फिरता अस्पताल** 移動病院；巡回病院 **चलता फिरता काठ का पुतला** 操り人形 **चलता फिरता नज़र आ॰** 姿を消す= चलता बनना. **चलता फिरता पुस्तकालय** 移動図書館 **चलते फिरते** ついでに；片手間に
चलता लेखा [名] = चलता खाता.
चलता समय [名] 老年；老齢；晩年
चलता समाँ [名] = चलता समय.
चलती[1] [形] → चलता[2], चलना[1].
चलती[2] [名*] 権限；権力
चलतू [形] (1) = चलता[2]. चलतू माल 需要のある商品 (2) 耕作の行われている（土地）
चलते-चलते [副] とうとう；ついに；やがて
चलदल [名]〔植〕クワ科高木インドボダイジュ= पीपल.
चलदस्ता [名] 機動隊〈mobile squad〉
चलद्वीप [名] 浮島
चलन [名] (1) 動き= चाल; गति. (2) しきたり；風習；習い；習わし；慣行 जहाँ का जैसा चलन है, वैसे ही रहना पड़ेगा 土地それぞれのしきたりに従って暮らさなくてはならない (3) 風；様式；式 राजस्थानी चलन के अनुसार ラージャスターン様式に沿って；ラージャスターン風に (4) 普及；通用 तब हवाई जहाज़ों का इतना चलन नहीं था 当時，飛行機はそれほど普及していなかった (5) 行動；（言行の）行 केवल वचन ही नहीं, वचन के अनुसार ही उनका चलन भी है 単に口で言うばかりでなく言葉に伴った行動もある人 (6) 発行 नई मुद्रा का चलन 新通貨の発行 **चलन उठ जा॰** 廃れる；はやらなくなる **चलन चल पड़ना** はやる；流行する；はやりだす **चलन से चलना** 決まりに従う；しきたりや慣行に従う
चलना[1] [自] (1) 進む；動く；移る；移動する；向かう；進行する भाप से इंजन चलता है 機関車は蒸気で動く रेल पटरी पर चलती है 汽車は線路の上を進む यदि पृथ्वी चलती है तो もし地球が動くのであれば हवा तेज़ चल रही थी 風が激しく吹いていた केरल के मछुआरों का मामला वहाँ के उच्च न्यायालय में चला ケララの漁民の問題は同地の高等裁判所に移った प्रकाश तो बड़ा तेज़ चलता है 光は大変速く進む（伝わる） पूँजी और श्रम दोनों राज्य के हाथ में चले जाएँ 資本と労働との両方が国の手に移るべきこと (2) 歩く；歩む अब तो वह गाय चल सकती है और दौड़ सकती है もうその雌牛は歩けるし走ることもできる थके माँदे वे दो पहर तक चलते बैठते राजधानी में पहुँच गए くたくたに疲れ歩んだり腰を下ろしたりしながら昼までに都に到着した बीस किलो मीटर चलने की प्रतियोगिता 20km 競歩 लोग कहते हैं कि माया किसी के साथ नहीं चलती 世間の人は財産や富は死んだ人にはついて行かぬと言う (3) 進む；進行する；展開する；はやる；行われる टेलिविजन कार्यक्रम चल रहे थे テレビの番組が進行中だった चलती ट्रेन रोककर 走行中の列車を止めて राजनैतिक उठापटक चल रही है 政治的な組打ちが進行中である व्यक्तिपूजा की परंपरा के चलते सभी पार्टियाँ वंशवाद की

च

शिकार हो गई 個人崇拝の伝統が続くうちにどの党も世襲制の餌食となった समझौते की वार्ता चली 話し合いが行われた चलती हुई वकालत はやっている弁護士業 इतने बड़े शहर में उसका धंधा और भी अच्छा चलेगा こんな大きな都市では彼の商売はもっと順調に行くだろう आजकल ऑडिट चल रहा है このところ会計検査が進行中だ (4) 行く；向かう；出掛ける；動く फिर मैंने रिक्शे वाले से स्कूल चलने को कहा 次に車夫に学校へ行くように言った चलो, अपना काम देख, बहुत टर टर कर रही है 向こうへ行きなさい．自分の仕事をしていなさい．うるさいぞ तीसरे पहर वह उन लोगों के साथ सुलतानगंज चली 午後夫人はその人たちとスルタンガンジに出掛けた चलो, बाहर जाकर खेलो 行きなさい．表へ行って遊びなさい चली है अब मेरी ख़ुशामद करने 今度はご機嫌取りにというわけかい मैं भी आपके साथ चलूँगा 私もご一緒に参ります मैं अब चलूँ, देर हो रही है 失礼するわ，遅くなったから（もう遅くなったので帰るよ） अब मैं भी चलूँ じゃもう私も失礼します（暇乞い） (5) 続く；継続する；経過する；展開する；進行する हाँ, कुछ खाँसी वग़ैरह चल रही थी うん，そう．少し咳なんかが続いていたんだよ रात के ग्यारह बजे तक गाने बजाने का कार्यक्रम चला था 夜の11時まで歌や演奏の番組が続いた प्रशासन की तैयारी अभी भी चल रही है 当局の準備は現在も進行中だ आम की खेती भारत में बहुत पुराने समय से चली आ रही है インドではマンゴーの栽培は非常に古い時代から行われてきている खाना-पीना चल रहा था 飲食が続いているところだった बाद के वर्षों में तो भाई-भतीजावाद का ऐसा दौर चला कि सरकार और जनता के बीच एक लंबी-चौड़ी खाई खुद गई 後年には政府と民衆との間に大きな溝ができてしまうような縁故主義の展開となった (6) 機能や役割を果たす；機能する；働く；動く；作動する शरीर अब कुछ ठीक से चलता नहीं もう体があまり思うように動かない दिन रात रहट चलती रहती है ペルシア井戸の揚水機は一日中動いている नल चलने की आवाज़ 水道の水の流れる音 जाड़े के मौसम में भी पंखे चल रहे थे 冬でも扇風機が回っていた (7) 力や影響力が及ぶ；働く；作用する；通用する；通じる；機能する；使われる राम और लक्ष्मण पर उसका जादू नहीं चल सका ラーマとラクシュマンには彼の魔法は通じなかった कुछ न चलना 力の及ばない；どうにもならない＝ वश न चलना. डाकखाने में जो टिकट चलते हैं 郵便局で通用する切手 चाय नहीं चलेगी （定められた時間以外）お茶を飲んではいけない हाँ, ये तो सब चलता है, बड़े लोगों को इन बातों की ज़्यादा परवाह नहीं होती まあそんなものさ．偉い人たちはこんなことはあまり気にかけないんだ यह सब तो चलता ही रहता है.पढ़ेगा तो इस वर्ष पास भी हो जाएगा こんなこともあるさ．（くよくよするな）勉強すれば今年合格もするさ शनीचरी बहुत चलती देवी है シャニーチャリーはえらい力持ちの女神様だ (8) 用が足りる；間に合う；まかなわれる；うまく行く；足りる उसी से साल भर का ख़र्च भी चलता था それで1年分の費用もまかなわれていた इतनी मजूरी किसको मिलती है कि रोटी कपड़ा भी चले और दारू-शराब भी उड़े? 衣食が足り一杯引っかけられる賃金をだれがもらっているだろうか यह नहीं चलेगा これはいけない（通用しない） पानी देर से भी मिले तो चलेगा 水は後で見つかっても間に合う कान के बदले नाक पकड़ लूँ तो चलेगा 耳の代わりに鼻をつまんだらいいだろうか（それで間に合うだろうか） (9) もつ（耐用）；状態が続く；持続する यह अन्य गद्दों की तुलना में ज़्यादा समय तक चलता है これは他のマットレスよりも長く持つ यह तो ज़्यादा दिन नहीं चलेगा これは長持ちするまい (10) 立つ；成り立つ；達せられる；合う；引き合う श्मशान घाट की कमाई से इनका जीवन चलता है 火葬場の収入でこの人の暮らしが立っている इससे उनकी रोटी रोज़ी चलती रहेगी これであの方の生業が成り立って行くだろう इससे हमारा काम चल जाएगा これでこちらの目標は達せられる (11) なる；できる；でき上がる；（力や機能が）通用する；発揮される लाचार अपना कुछ वश न चलते देख 自分の力ではどうにもならないのを見て यात्री का कुछ वश नहीं चलता था 旅人にはどうすることもできなかった इतना तो चलता ही है この程度のことは間々あることです (12) （話題などに）のぼる；出る；持ち出される जेलों में व्याप्त भ्रष्टाचार की बात चली तो 刑務所にはびこっている汚職の話が出ると (13) 起こる；始まる；動く अपने ख़िलाफ़ चले हस्ताक्षर अभियान से 自分に対して起こった署名運動で (14) 刃物や凶器などが使われる आए दिन दोनों में चाकू और छुरियाँ चलते रहते हैं 来る日も来る日も両派の間で刃物が使われている बाबू के सामने दो आदमियों में चाकू चल गए 父の目の前で2人の男の間でナイフが使われた **अपने चलते** できるだけ；力の及ぶ限り **चल जा॰** *a.* 間に合う *b.* 行われる；用いられる；流通する *c.* 駄目になる **चलता क॰** *a.* 退ける；排除する；除く；追い払う अफ़सर ने बिना बात सुने चलता कर दिया था 上司は話を聞かずに追い払った *b.* 去らせる；行かせる उसने रिक्शावाले को पैसे देकर चलता कर दिया 車夫に金を与えて去らせた *c.* 発送する；送り出す *d.* 片付ける；処理する；始末をつける **चलता काम** お座なりの仕事；やっつけ仕事 **चलता पहिया** 進行中のこと；進行中の仕事＝ चलती गाड़ी. **चलता-फिरता** →別項見出し語 चलता फिरता नज़र आ॰ ＝ चलता बनना. **चलता बनना** *a.* 立ち去る；出発する；出掛ける उनको नमस्कार कर मैं वहाँ से चलता बना あの方にお辞儀をしてそこから立ち去った *b.* 姿を消す；失せる "कौन है बे साला, चलता बन, नहीं तो मारते मारते भूसा बना दूँगा" 「どこのどいつだ．とっとと失せろ．でないと叩きのめしてくれるぞ」 *c.* 逃げ出す；こっそり逃げ出す；姿をくらます वह साइकिल लेकर चलता बना 男は自転車に乗って姿を消した कल हमारे मित्र का रसोइया बिना ख़बर दिए ही चलता बना 昨日友人の家の料理人が黙って行方をくらました **चलता रखना** 続けておく；持続させておく **चलता सिक्का** 認められている **चलता हिसाब** 継続中の取引；進行中の話 **चलता हो॰** 出発する；出掛ける ＝ चल दे॰. **चलती गाड़ी** 進行中のもの；進捗しているもの **चलती गाड़ी के आगे रोड़ा अटकाना** 妨害する；妨げる **चलती गाड़ी पर पैर रखे हो॰** 多忙を極める **चलती चक्की** この世 **चलती दूकान** 繁盛している店 **चलती बेला** *a.* 最後に；終わりに *b.* 最期に **चलती भाषा** 口語 **चलती हवा से लड़ना** だれにでも何事についても喧嘩をふっかける **चलते-चलते** やがて；とうとう **चलते जांगर** 力の限り；力の続く限り **चलते-फिरते** ついでに；片手間に **चलते वक़्त** ＝ चलते समय. **चलते समय** *a.* 出掛けに；去りしなに *b.* 死に際に **चलते हाथ** 力の続く限り **चल दे॰** *a.* 出掛ける；出発する＝ रवाना हो॰. वे स्टेशन चल दिये 駅にお出掛けになった *b.* あの世へ旅立つ；死ぬ；亡くなる **चल निकलना** 順調な；調子が出る；うまく行く **चल पड़ना** *a.* 出る；出発する；出掛ける；進む *b.* 興る；始まる；広まる हरी बत्ती का मतलब है, चल पड़ो 青信号は「進め」ということ नये उद्योग धंधे चल पड़े 新しい産業が始まった **चल बसना** 死ぬ；亡くなる कुछ ही दिनों बाद वह चल बसा ほんの数日後になくなった **चला आ॰** *a.* やって来る；移ってくる उनका जब भी मन करता है बिना सूचना दिए चली आती है 気が向けば何時でも連絡無しにやって来る तुम अपनी नौकरी छोड़कर शांति निकेतन चले आओ 勤めを辞めてシャンティニケータンにやって来なさい पाकिस्तान से बहुत से हिंदू भारत चले आए パキスタンから多数のヒンドゥーがインドへやって来た *b.* 伝わってくる；伝承されてくる；受け継がれてくる **चला चलना** 過ぎ去って行く；過ぎて行く **चला जा॰** *a.* 立ち去る；去る；退場する；離れる आते हैं , पाँच-सात रोज़ यहीं रहते हैं, काम ख़त्म कर चले जाते हैं やってきては5〜6日ここにいて用事を済ませて去っていく सेब लुढ़कता हुआ दूर नीचे तक चला गया リンゴは転げて遠く下の方へ行ってしまった *b.* なくなる；失われる；駄目になる；潰れる मिलावटी शराब से एक आदमी की नेत्रज्योति चली गई 密造酒で一人が失明 यात्रा में बहुत-से पक्षियों की जानें भी चली जाती हैं 渡りの間に多数の鳥が命を落としさえするものだ बिजली चली गई 停電になった *c.* 去る（痛みが）；とれる（取り除かれる）；なくなる बिनौले का तेल माथे पर मलने से सिरदर्द चला जाता है 綿実油を額に擦り込むと頭痛がとれる मेरी भी एक आँख चली गई 私も片方の目が駄目になってしまった **(-में) चला जा॰** （ーに）入る；入り込む आँख में धूलि अथवा कोयले का कण चला गया 目の中に土埃か炭の粉が入った **चले चलना** 進む；前進する；どんどん進む वह सीधा अपनी राह चले चला 男は真っ直ぐ脇目もふらず歩んで行った अच्छा चलो, अब चलें.रुको मत, चले चलो.वक़्त पर पहुँचना है じゃもう行こう．立ち止まるな．どんどん行こう．時間に間に合うように **चले जा॰** 死ぬ；亡くなる

चलना[2] ［助動］次のように助動詞として用いられる．(1) 主動詞の語根に付加されて主動詞の動作・状態への移行の相を述べる．（ーが）始まる；（ーし）かかる；（ーし）出す मस्तिष्क थक चला है 頭が疲れてきている（頭の働きが鈍くなってきている） बादशाह बूढ़े हो चले थे 王様は老年にさしかかっていた मेरी बात सुनना था कि उनके तेवर बदल चले 私の言葉を聞いたとたんにいきり立った

अपने अपने निर्दिष्ट लक्ष्यों की ओर बढ़ चलेंगे それぞれ自分の決められた目標に進み出すだろう परंतु अब इनकी आशा टूट चली है しかしもう希望はくずれだしている डेढ़ महीना तो गुजर चला है 1か月半は過ぎ去ってしまった (2) 主動詞の未完了分詞に付加されて主動詞の動作・状態が進行する相を述べる．深まって行く；増して行く；進んで行く；進行する；(–して) 行く दोनों के बीच घनिष्ठता बढ़ती चली गई 2人の仲はどんどん親密になっていった दिनों-दिन उसका स्वास्थ्य गिरता चला गया あの人の健康は日に日に衰えていった

चलना[3] [他] (1) チェスなどの駒やトランプの札などを使ったり動かしたりする (2) (方法，方策，手段などを) 用いる；使う उन्होंने एक भी राजनैतिक चाल गलत नहीं चली है あの方が政治的な策略を間違って使われたことは一度もない

चलना[4] [名] (1) 大きなふるい (篩) → चलनी 篩= छलनी. (2) (揚げ物などの液体に浮いているかすなどを取るための) 穴杓子

चलनिका [名*] 〔服〕ガーグラー= घाघरा.

चलनी[1] [名*] ふるい (篩) = छलनी. **चलनी दूसे सूप को, जिसमें बहत्तर छेद** 〔諺〕目くそ鼻くそを笑う

चलनी[2] [名*] = चलनिका.

चलनौस [名] ふるい (篩) に残ったかす

चलमुद्रा [名*] 通貨

चलमूर्ति [名*] 1か所に安置されるのではなく移動される神像 शीत ऋतु में बदरीनाथ के मंदिर की चलमूर्ति जोशीमठ में लाकर रखी जाती है 冬期にはバダリーナート寺院の神像はジョーシーマトに移して安置される

चल रेखा [名*] 波

चलवंत [名] 〔軍〕歩兵= प्यादा.

चलवाना [他・使] ← चलाना. क्यों भई कंडक्टर, बस चलवा क्यों नहीं रहे हो? 車掌さん，バスをなぜ走らせないんだい उसने गोलियाँ चलवाना शुरू कर दिया 発砲を始めさせた पंखा चलवा दीजिए 扇風機を回させなさい

चलविचल[1] [形] (1) ずれた；ずり動いた (2) 混乱した (3) 落ち着かない；不安定な

चलविचल[2] [名*] 違反

चलवैया[1] [形] 動かす；操る

चलवैया[2] [形] 動く；作動する

चलसंपत्ति [名*] 動産= जंगम संपत्ति; जायदादे मंकूला. → अचल संपत्ति 不動産= स्थावर संपत्ति; जायदादे ग़ैरमंकूला.

चला [名*] (1) 電光；稲光 (2) 大地 (3) ラクシュミー神 लक्ष्मी

चलाऊ [形] (1) 差し当たり間に合う；間に合わせの (2) 長持ちする；丈夫な；頑丈な= टिकाऊ; मज़बूत.

चलाक [形] = चालाक.

चलाका [名*] 雷；稲妻= बिजली; वज्र.

चलाचल[1] [形] じっとしていない；動き回る；定まらない；不安定な

चलाचल[2] [名*] (1) 出掛けること；出発；動くこと；移動 (2) 動き

चलाचली [名*] (1) 動き出すこと (2) 出発 (3) 出発準備 बड़े साहब की चलाचली है! 旦那様のお出掛けだぞ

चलान [名*] (1) 動いたり動かしたりすること (2) 出荷；発送 (3) 入荷 (4) 起訴 (5) 送り状 = रवन्ना.

चलाना [他] (1) 歩かせる；歩ませる；進ませる घोड़ा चलाना 馬を歩ませる (2) (手足や身体の一部を) 動かす；振る；振り動かす；振るう उन्होंने ख़ूब ज़ोर ज़ोर से हाथ पैर चलाये かなり激しく手足を動かした भैंस ने उसे गिराने के लिए एक दो बार अपनी पूँछ चलाई 水牛はそれを落とそうとして1～2度尻尾を振った (3) (道具や機械を) 動かす；用いる；作動させる；操る；扱う；操縦する；運転する；走らせる पंखा चलाना 扇風機を回す रिक्शा और साइकिल को आदमी पैर से चलाते हैं 輪タクと自転車は人が足で動かす चक्की चलाना 碾き臼を回す आरा चलाना 鋸を挽く (4) 進める；前進させる；走らせる；進行させる；移動させる；運転する；操る ताँगा चलाना ターンガーを走らせる (5) 振るう；振る；振り動かす हवा में चाबुक चलाता आगे बढ़ जाता है 空中に鞭を振るいながら前進していく खंजर चलाना 短剣を振るう अंधे ने बड़ी तेज़ी से लाठी चलायी 盲人はとても素早くラーティーを振った सिर पर कोई हथौड़ा-सा चला रहा है 頭に金槌のようなものを振るっている (6) 扱う；使う；用いる；操る हँसिया चलाना 鎌を使う हथियार चलाने की शिक्षा 武器取り扱いの訓練 तीर, कमान, भाला चलाने में निपुण 弓矢，槍の扱いの上手な मैं घोड़ी भी चला सकता हूँ 私は馬にも乗れる (7) 進める；進行させる；持ち出す；推進する बात चलाना 話を持ち出す उसने राजकुमारी के साथ चौपड़ खेलने वाली बात चलायी 王女にチョウパルの遊びをする話を持ち出した ऐसे ढंग से बातचीत चलाएँ जिससे पति को ऐसा महसूस न हो 夫に気づかれないように話を進めること शराबबंदी का अभियान चलाना 禁酒運動を推進する (8) 機能させる；働かせる；作用させる；仕掛ける दिमाग को चलाना 頭を働かせる；知恵を絞る जादू मंतर चलाने की विद्या 呪法をかける術 (9) 通す；通らせる；進ませる；流す मोरी चलाना 詰まっていた下水を通す (10) 始める；興す；開始する；持ち出す बौद्ध धर्म को चलाने वाले गौतम बुद्ध 仏教を興したガウタマ・ブッダ पत्रिका चलाना 雑誌を出す (始める；発刊する) उन्होंने इस्लामी कैलेंडर के स्थान पर पहलवी कैलेंडर चला दिया イスラム暦に代わってパフレヴィー暦を始めた (11) 営む；運営する；経営する；賄う कुछ गाँवों में पंचायत छोटे-छोटे पुस्तकालय भी चलाती है 一部の村ではパンチャーヤットが小さな図書館も運営している सिनेमाघर चलाना 映画館を経営する संगठन चलाने की योग्यता 組織を運営する能力 अर्थव्यवस्था समाज के हित में चलाई जानी चाहिए 経済活動は社会の利益のために営まれなくてはならない सरकारी कालिजों का ख़र्च ग़रीब जनता से टैक्स वसूल करके चलाया जाता है 官立大学の費用は貧しい民衆から税金を徴収して賄われる अपने परिवार का ख़र्च ठीक प्रकार चलाना 家計をうまく賄う (12) もたせる；保たせる एक साल तक चलाना 1年間もたせる (13) 広める；普及させる अमरीकी मिशनरियों ने इस सदी के शुरू में यह खेल भारत में चलाया アメリカ人の宣教師たちが今世紀の初めにこのスポーツをインドに広めた (14) 実施する；施行する (15) 発射する；飛ばす अपने प्रक्षेपास्त्र शत्रु पर चलाना ही काफ़ी नहीं है 飛び道具を敵に発射するだけでは十分ではない (16) かき回す；かき混ぜる उसकी पत्नी उसी की बगल में खड़ी दाल में करछुल चला रही थी 妻は夫の横に立ってダールを玉杓子でかき混ぜていた

चलायमान [形] (1) 動く；動いている (2) 落ち着きのない；不安定な

चलार्थ [名] 通貨

चलाव [名] (1) 動くこと；移動 (2) 行くこと (3) = गौना.

चलावा [名] (1) しきたり；慣行；慣習= रस्म; रीति. (2) = गौना; द्विरागमन. (3) 〔ヒ〕葬列をなして遺体を火葬場に運ぶこと (4) 疫病を村から排除するための呪法 (病魔のしるしを村の境界に持って行きそこに放置する)

चलित [形] (1) 動いている；動揺している；不安定な (2) 行われている；流通している；広まっている (3) 通常の；普通の；一般の

चलें [自・感] (1) चलना の叙想法現在一人称および三人称複数形，同二人称 आप 対応形 (2) 相手に行動を促したり相手の注意を引いたりするのに用いられる言葉．そら，ほら，さあなど

चलो [自・感] (1) चलना の命令法及び叙想法二人称複数形 (तुम 対応形) (2) 相手に行動を促したり，相手の注意を引いたりするのに用いられる言葉．そら，ほら，さあなど चलो माँ, आज होटल में दोसा खाने जाते हैं さあ，母さん，今日はレストランにドーサーを食べに行くよ (3) 承諾や決意の意を表す言葉．よし，よしよし，オーライなど चलो, न सही.लेकिन... よし，駄目なら駄目でよいが，でもなあ…

चलो चलो [感] オーライオーライ

चलौना [名] 調理の際に煮物をかき回す道具

चवना[1] [自] = चूना.

चवना[2] [他] = चुआना.

चवन्नी [名*] 4アンナ硬貨 (旧貨幣単位の硬貨．現今の25パイサーに相当) दो चवन्नी 4アンナ硬貨2枚= 8アンナ (現今の50パイサーに相当)

चवपैया [名*] 〔韻〕チャワパイヤー (1パーダが30モーラから成るモーラ韻律) = चौपैया; चतुष्पदी.

चवर [名] = चँवर.

चवरा [名] = लोबिया.

चवाई[1] [形] (1) 陰口をきく (人)；悪評を立てる (人) (2) 根も葉もない噂話をする

चवाई[2] [名*] (1) 悪評 (2) 根も葉もない噂話

च

चवालीस [数] 44 = चौवालीस. चवालीसवाँ 第 44 番の；44 番目の
चवाव [名] (1) 噂；風評= अफ़वाह; प्रवाद. (2) 悪評= बदनामी.
चव्य[1] [名] = चाब.
चव्य[2] [名]〔植〕インドナガコショウから作られる滋養剤→ पीपलामूल.
चशम [名*] = चश्म.
चश्म [名*]《P. چشم》(1) 目；眼 (2) 希望 **चश्म बद दूर** = चश्मे बद दूर. 美しいものを見た際に言う言葉.「邪視の目近寄ることなかれ」,「魔に取り憑かれぬように」,「祟りのある目が災いをもたらさぬように」,「美しいもの素敵なものに災いのないように」などの意を表す表現であるが，婉曲に素敵な，素晴らしいなどの称賛の言葉にもなる तेरी प्यारी प्यारी सूरत को किसी की नज़र न लगे, चश्मे बद दूर 汝の愛しき姿に邪視の目近寄ることなかれ
चश्मक [名*]《P. چشمک》(1) 目配せ= आँख का इशारा. (2) 眼鏡 = चश्मा; ऐनक. (3) わだかまり
चश्मकज़न [形]《P. چشمک زن》目配せする
चश्मकज़नी [名*]《P. چشمک زنی》目配せ（すること）
चश्मख़ाना [名]《P. چشم خانه》眼窩
चश्मज़दन [名]《P. چشم زدن》(1) 瞬き= पलक झपकना. (2) 瞬時；瞬間
चश्मदीद[1] [形]《P. چشم دید》目撃した；目前で起こった चश्मदीद घटना 目撃した事件
चश्मदीद[2] [名] 目撃者= साक्षी.
चश्मदीद गवाह [名]《P. چشم دید گواه》〔法〕目撃証人 चश्मदीद गवाह होते हुए भी 目撃証人でありながら
चश्मनुमाई [名*]《P. چشم نمائی》(1) 目を剥いてにらみつける= आँख दिखाना. (2) 脅す；怯えさせる= डराना; धमकी.
चश्मपोशी [名*]《P. چشم پوشی》見逃すこと
चश्मबंद [名]《P. چشم بند》眠気覚ましのまじないや呪文
चश्मा [名]《P. چشمه》(1) 泉；噴水 (2) めがね（眼鏡） चश्मा उतारना 眼鏡をはずす चश्मा लगाना 眼鏡をかける
चश्माफ़रोश [名]《P. چشمه فروش》眼鏡屋；眼鏡士
चश्मे ज़ाहिर [名*]《P. چشم ظاهر》肉眼
चश्मे नम [名*]《P. چشم نم》涙に潤んだ目；涙目
चश्मे बद [名*]《P. چشم بد》悪魔の眼；災いをもたらすとされる邪視→ चश्म.
चश्मे बद दूर (रहे) [感] → चश्म (चश्म बद दूर).
चश्मे बातिन [名*]《P.A. چشم باطن》心眼= अंतर्दृष्टि; दिल की आँख.
चश्मे बीना [名*]《P. چشم بینا》晴眼
चश्मे बेआब [名*]《P. چشم بے آب》無恥の目；恥知らずの目
चश्मे बेदार [名*]《P. چشم بیدار》覚めた目；注意深い目
चश्मे शब [名*]《P. چشم شب》月；太陰= चाँद; चंद्र; चंद्रमा.
चष [名] 目；眼；まなこ
चषक [名] (1) 杯；盃；酒杯= प्याला. (2) 蜂蜜= मधु; शहद.
चसक [名*] 軽い痛み
चसकना [自] 軽い痛みが生じる
चसका [名] = चस्का.
चसना[1] [自] 死ぬ= मरना.
चसना[2] [自] ひっつく；くっつく；貼りつく= चिपकना.
चस्का [名] (1) 味；うまみ (2) 癖；習癖 (3) 悪癖 (-का) **चस्का पड़ना** = चस्का लगना. (-का) **चस्का लगना** (ーに) 味を占める जुआ खेलने का चस्का लग जाने से 賭博に味を占めて
चस्पाँ [形]《P. چسپاں》貼られた；貼りつけられた；ひっつけられた= चिपकाया हुआ. चस्पाँ क॰ 貼る；貼りつける
चस्सी [名*] 掌や足の裏のこそばゆさ；むずがゆさ
चह [名] (1) 桟橋 (2) 仮設の橋
चहक [名*] 鳥のさえずり（囀り）
चहकना [自] (1) さえずる（囀る） (2) 浮かれる；うきうきする；はしゃぐ；意気込む；張り切る "जानते हो आज हमारे स्कूल में कौन आया था?" उसने चहककर कहा 「今日私たちの学校にだれが来たのか知っているかい」その子は意気込んでたずねた कैसी उन्मुक्त पंछी-सी चहकती फिरती थी हर तरफ़ 放たれた鳥のようにあちらこちらへとはしゃぎ回っていた आज उसके हर्ष की सीमा न थी. गाती थी, चहकती थी 今日は嬉しくて嬉しくてたまらなかった. 歌を歌いはしゃいでいた (3) 賑わう；さざめく；(人の声が) 賑やかに響く चहकता हुआ आँगन बुझा-सा पड़ा था いつも賑やかな中庭が火が消えたようになっていた
चहका[1] [名] 石や煉瓦を敷いた床
चहका[2] [名] 泥= कीचड़.
चहका[3] [名] (1) 燃えている木；火のついた木= लुका. (2) = बनेठी.
चहकार [名*] 鳥のさえずり
चहकारा [名] = चहक.
चहचहा[1] [名]《P. چہچہہ》(1) 鳥のさえずり (2) 笑いさざめき
चहचहा[2] [形+] (1) 賑やかな (2) 楽しい；愉快な (3) 最近の；最新の
चहचहाना [自]《← P. چہچہہ》(1) さえずる चहचहाते परिंदे さえずっている小鳥たち (2) 子供がぺちゃくちゃおしゃべりする；さえずる
चहचहाहट [名*]《P. چہچہہ + H. -आहट》(1) さえずり；さえずること (2) さえずる声；さえずり पक्षियों की चहचहाहट 鳥たちのさえずり
चहटा [名] (1) 泥 = कीचड़. (2) ぬかるみ= दलदल.
चहनना [他] 踏みつける；踏みつぶす；踏みにじる= रौंदना; कुचलना.
चहबच्चा [名]《P. چه بچه ← چاه چاह》(1) 貯水槽 (2) 下水槽 (3) 財物を隠しておくための地下室
चहर[1] [名*] (1) 大きな音 (2) 騒音；けたたましい音 (3) 騒ぎ；騒動
चहर[2] [形] (1) すぐれた；優秀な (2) 動き回る (3) 鋭い；激しい
चहर[3] [名*] 市場= बाज़ार.
चहल[1] [名*] (1) 泥 (2) ぬかるみ；泥濘 (3) 泥地
चहल[2] [名*] 賑わい；賑やかな騒ぎ；陽気にはしゃぐこと；歓楽
चहल[3] [数]《P. چہل》40 = चालीस.
चहलक़दमी [名*]《چہل قدمی H. चहल + A. قدمی》(1) 散歩；散策；遊歩 (2) ぶらぶら歩くこと；歩き回ること चहलक़दमी करते हुए उन्होंने गंभीर स्वर में कहा （室内で）歩き回りながらおごそかな声で言った नंगे पैर घास पर चहलक़दमी करो 裸足で草の上をぶらぶら歩きなさい
चहलना [他] 踏みつける；踏みつぶす；踏みにじる= रौंदना; दबाना.
चहलपहल [名*] (1) 行き来；往来 (2) 人出 चहलपहल कम होने से चढ़ावा, भेंट, सीधा, प्रसाद आदि में बहुत कमी आ गई थी 人出が少なかったので供物や贈り物などが随分と減っていた (3) 賑わい；賑やかさ；活気 हाट के दिन गाँव में एक अलग तरह की चहल पहल रहती है 市の立つ日には村には一種独特の活気があるものだ बूआ जी के आने से घर में ख़ूब चहलपहल थी おばさんが来たので家の中がうんと賑やかだった **चहलपहल मचना** 賑やかになる घर में बड़ी चहलपहल मच गई （来客があって）家が賑やかになった **चहलपहल हो॰** 人出がある；賑やかになる；活気がある
चहला [名] (1) 泥 (2) ぬかるみ
चहली [名*] 井戸で釣瓶に使用される滑車= गराड़ी; घिरनी; चरख़ी.
चहलुम[1] [数]《P. چہلم चिहिलुम》第 40 の；40 番目の
चहलुम[2] [名]《P. چہلم चिहिलुम》(1)〔イス〕死後 40 日目の追悼日 (2)〔イス〕同上の追悼儀式 (3)〔イス〕タージヤー（ताज़िया）を葬った日から 40 日目とその日に行われる儀式（カルバラーの殉教者の追悼儀式）= चेहलुम; चिहिलुम. → करबला.
चहा[1] [名]〔鳥〕ヒレアシシギ科タシギ【*Gallinago gallinago*】 **छोटा चहा** シギ科コシギ【*Lymnocrytes minimus*】 **बन चहा** ヒレアシシギ科ヤブジシギ【*Gallinago nemoricola*】
चहा[2] [名*] 願い；欲求；欲望
चहार [数]《P. چہار》4 = चार.
चहार कोना स्टिच [名]《P.+ H. कोना + E. stitch》〔手芸〕角ステッチ
चहारदीवारी [名*]《P. چہار دیواری》(1) 四方の囲い；四方を囲む囲いの塀 मेरे मकान में चहारदीवारी भी नहीं थी わが家には囲いの塀もなかった (2) 女性隔離；深窓；パルダーの風習→ पर्दा. **चहारदीवारी तोड़ना** *a.* 自由になる *b.* 解放される **चहारदीवारी से बाहर आ॰** *a.* パルダー（女性隔離）の外に出る *b.* 広い世界に出る
चहारपहलू [形]《P. چہار پہلو》四角の= चौखूटा; चतुष्कोण.

चहारमीर [名] 《P.A. چہار میر》〔イス〕4 代まで 4 人の正統ハリーファ（カリフ），すなわち，初代正統カリフ・アブーバクル，第 2 代カリフ・ウマル，第 3 代カリフ・ウスマーン，第 4 代カリフ・アリー
चहारयारी [名*] 《P. چہار یاری》(1)〔イス〕シーア派 (2)〔イス〕シーア派の人；シーア派の信徒
चहार शंबा [名] 《P. چہار شنبہ》水曜日= बुधवार.
चहारुम[1] [形] 《P. چہارم》(1) 第 4 の= चतुर्थ; चौथा. (2)（暦の）4 日
चहारुम[2] [名] 《P. چہارم》4 分の 1 = चतुर्थांश; चौथाई भाग; चौथा हिस्सा.
चही [名*]〔鳥〕ムクドリ科ハッカチョウ属【*Acridotheres ginginianus*】
चहीचहा [名] 見つめ合い
चहीता [形+・名] = चहेता. 好きな；好みの；気に入りの वह पेट-पोंछना था, इस लिए माँ का चहीता था 末っ子で母さんのお気に入りだった
चहुँ [形] 4 つの= चार; चारों. चहुँ ओर 四方に= चारों तरफ़.
चहुँमुखी [形+] = चौमुखा. 四方に向かった；全面的な चहुँमुखी प्रगति 全面的な発展
चहुरा[1] [名] = चौघड़ा.
चहुरा[2] [形+] = चौहरा.
चहुवान [名] = चौहान.
चहूँ [形] = चहुँ.
चहूँटना [自] 引っつく；結合する= सटना; लगना.
चहेटना [他] (1) 搾る；絞る；絞り出す (2) 追い出す (3) = चपेटना. **चहेटकर खाना** 腹一杯食べる **चहेटकर मारना** さんざん殴る
चहेता[1] [形+] (1) 好きな；好みの；愛好する स्कीइंग उनका चहेता खेल रहा है スキーがあの人の好きなスポーツだった (2) 気に入りの आपके सबसे चहेते चेले हज़रत अमीर ख़ुसरो 師の最愛の弟子のハズラト・アミールフスロー
चहेता[2] [名] (1) お気に入り；気に入られた人 धीरे धीरे आप देखेंगे कि आप रिश्तों के दायरे में रहनेवाले बच्चों, बूढ़ों, स्त्री-पुरुषों सभी के चहेते हो गए हैं やがてご自分が親戚の輪に入る子供たち，老人たち，男性，女性，すべての人に気に入られているのがわかるでしょう कुलपति के चहेते और परम विश्वासपात्र 学長の気に入りで最も信頼されている人物 (2) 恋人；愛人
चहेल [名*] (1) 泥濘 (2) 沼地；湿地
चहोड़ना [他] = चहोरना.
चहोड़ा [名] = चहोरा.
चहोरना [他] (1) 植え替える；移植する= रोपना. (2) 大切にする；大切に扱う= सँभालना; सहेजना.
चहोरा [名]〔農〕直播きでなく移し植え（田植え）で育てられる種類のイネ
चाँइयाँ [名] (1) 掻っ払い；引ったくり= उचक्का. (2) 狡猾な人= चालाक; छली.
चाँई[1] [名] = चाँइयाँ.
चाँई[2] [名*]〔医〕禿頭病
चाँई[3] [形] 頭の禿げた
चाँक [名]〔農〕(1) 脱穀された穀物の山につける目印（邪視と盗難とを免れるための工夫） (2) 同上の目印の板切れ（それに粘土を塗って呪文を記す） (3) 脱穀された穀物を山積みする際，脱穀場で行われる儀式
चाँकना [他] (1) 脱穀場に積まれた穀物に目印をつける (2) しるしをつける；目印をつける→ चाँक.
चांगरी [名*]〔植〕スベリヒユ科スベリヒユ= अमलोनी.
चाँगला [形+] (1) 健康な；元気な= स्वस्थ; तंदुरुस्त. (2) 頑健な；頑丈な= हृष्टपुष्ट. (3) 気のきいた= चतुर.
चाँचर[1] [名*] = चाचर.
चाँचर[2] [名*] 休耕地
चाँचर[3] [名] 出入り口に立てられる目隠しや衝立
चाँचल्य [名] 落ち着きのないこと；不安定なこと；動揺すること
चाँचिया[1] [名] (1) 泥棒；盗人 (2) 掻っ払い；引ったくり (3) 強盗 (4) 油断も隙もならない人物
चाँचिया[2] [形] (1) 盗人の；盗みを働く (2) 強盗の；強盗を働く
चाँचिया जहाज़ [名] 《H.+ A. جہاز》海賊船
चाँचु [名*] くちばし= चोंच.
चाँटा[1] [名]〔昆〕アリ（蟻）= च्यूँटा; चिउँटा.
चाँटा[2] [名] 平手打ち **चाँटा जड़ना; चाँटा मारना; चाँटा लगाना; चाँटा रसीद क॰** 平手打ちを食わせる；平手で打つ जेल में उसने दारोगा को अपशब्द कहने पर चाँटा लगाया था 男は刑務所でののしった看守に平手打ちを食わせた
चाँटी[1] [名*] 中世に商人や職人から取り立てられた場所代（借地料）や税金
चाँटी[2] [名*]〔昆〕アリ（蟻） = च्यूँटी; चींटी.
चाँड़ [名*] (1) 支柱；柱；支え；つっかい (2) 強い要求；激しい要請 (3) 圧力 (4) 激しさ **चाँड़ चढ़ाना** 圧力をかける；無理やり押しつける；強制する **चाँड़ दे॰** 支える；つっかいをする= चाँड़ लगाना. **चाँड़ सरना** 願いが叶えられる
चाँड़ना [他] (1) 支えをする；つっかいをする (2) 掘り出す (3) 掘って深くする
चांडाल[1] [名] (1) チャンダーラ（古代インドにおいて下賤とされ差別された人たち．シュードラの男性とブラーフマンの女性との間に生まれたとされる）；梅陀羅；栴荼羅 (2) げす（下司；下賤）
चांडाल[2] [形] (1) 下賤な；賤しい (2) 残酷な；残忍な；無慈悲な
चांडाल चकड़ी [名*] 悪党；悪者たち；悪人共
चांडाली [名*] (1) チャンダーラの女 (2) チャンダーラの身分 (3) チャンダーラの性質→ चांडाल.
चाँड़िला [形+] (1) 激しい；激烈な；強烈な (2) 横着な；横柄な
चाँद[1] [名] (1) 月；太陰 (2) 陰暦のひと月 (3) 月の形のもの (4) 三日月の形をしたもの；半月の形のもの (5) イスラム暦の白分の 2 日 (6) 射撃の的；標的 **चाँद का कुंडल बैठना** 月が暈を被る **चाँद का खेत क॰** 月の出る前に空が明るくなる **चाँद का टुकड़ा** とても美しい；大変美しい **चाँद का मंडल बैठना** = चाँद का कुंडल बैठना. **चाँद किधर निकला है?** 久しぶりに訪れた人に対する挨拶の言葉（これはお珍しい） आज किधर चाँद निकला है? これはこれはお珍しいお出ましだ **चाँद को ग्रहण लगना** 玉に瑕がつく **चाँद खिलना** 月光が冴え渡る उस समय आकाश में चाँद खिला था その時空には月光が冴え渡っていた **चाँद चढ़ना** *a.* 月が出る *b.* 運が開ける；つく **चाँद ढलना** 月が沈む **चाँद पर ख़ाक डालना** 有能な人を辱めようとしてしくじる **चाँद पर थूकना** = चाँद पर ख़ाक डालना. **चाँद पर धूल उड़ाना** = चाँद पर ख़ाक उड़ाना. **चाँद लगाना** *a.* 名をあげる *b.* 美しくする **चाँद-सा** 大変美しい；とても器量のよい चाँद-सा लड़का 眉目秀麗な男の子
चाँद[2] [名] (1) 頭のてっぺん；頭頂部 (2) 頭；頭蓋；頭蓋骨 **चाँद गंजी क॰** ひどく殴る；叩きのめす **चाँद पर बाल न छोड़ना** *a.* 激しく叩く *b.* 何もかも奪い取る；丸裸にする **चाँद पर बाल न रहना** *a.* 激しく殴られる *b.* 何もかも剥ぎ取られる= चाँद पर बाल न छोड़ना.
चाँदतारा [名] (1) 月や星の模様の刺繍を施した上等のモスリン (2) 月や星の描かれた凧
चाँदना [名] (1) 光；光線；明るさ；光明= प्रकाश. (2) 月光= चाँदनी. **(-पर) चाँदना कर दे॰** （－を）丸裸にする；（－から）すべてを奪う；何もかもなくしてしまう
चाँदनी [名*] (1) 月光 (2) 天蓋= छतगीर. (3)（絨毯の上に広げる）白い敷布 (4)〔植〕キョウチクトウ科サンユウカ／ヤエサンユウカ【*Tabernaemontana coronaria*】 (5)〔医〕破傷風= टैटेनस. **चाँदनी खिलना** 月光が冴える= चाँदनी छिटकना. **चाँदनी छिटकना** = चाँदनी खिलना. **चाँदनी मार जा॰** *a.* 月光のため傷が治りにくいこと（俗信） *b.* 月光のために馬に腰の麻痺が起こる（俗信） **चाँदनी में छिप जा॰** 大変きゃしゃで色白なこと **चार दिन की चाँदनी** はかない栄華
चाँदनी चौक [名] (1) 大通り (2) 商店街 (3)〔地名〕オールドデリーの大通りと大商店街
चाँदनी रात [名*] 月夜
चाँदबाला [名]〔装身〕チャーンドバーラー（半月形の垂れのついた女性の耳飾り）
चाँदमारी [名*] (1) 標的を射つこと (2) 射撃練習 (3) 射撃場
चाँदला[1] [形+] (1) 三日月の形の；三日月のように湾曲した；曲がりくねった (2) 頭の禿げた；頭頂部の禿げた

चाँदला[2] ［名］〔装身〕チャーンドラー（女性が前額部につける装身用の箔）

चाँद सूरज ［名］〔装身〕チャーンドスーラジ（女性が束ねた髪に結ってつける装身具）

चांदा ［名］(1) 分度器 (2) 経緯儀による土地測量の基点

चाँदी ［名*］(1) 銀＝रजत. चाँदी का थाल 銀の大皿；銀の盆 चाँदी का रुपया 銀貨 चाँदी का वरक़ 銀箔 चाँदी की तश्तरी 銀の皿；銀のプレート (2) 富；財；金 (3) 儲け (4) 頭頂部；頭のてっぺん (-) **चाँदी क°** （ーを）燃やして灰にする (-) **चाँदी क°** （ーを）売り払う；売り払って金に換える (-की) **चाँदी कटना** （ーが）安楽に暮らす；左うちわで暮らす **चाँदी का चश्मा** 賄賂；袖の下 **चाँदी का चश्मा लगाना** 賄賂を受け取る；収賄する **चाँदी का जूता** *a.* 賄賂；袖の下 *b.* 金の力 **चाँदी का जूता मारना** (- लगाना) *a.* 贈賄する；賄賂を贈る *b.* 金をやる **चाँदी का पहरा** 幸せな日々 **चाँदी की मार** ＝ चाँदी का जूता. **चाँदी के टुकड़े** かね（金） **चाँदी के बटखरों से तौलना** 金の威力で判断したり考えたりする (-की) **चाँदी बनना** 大儲けする；大稼ぎする＝ (-की) चाँदी हो°. **चाँदी गलना** 大金がかかる；費用がかかる **चाँदी बरसना** 景気がよい；大儲けする (-की) **चाँदी रहना** 嬉しくてたまらないような幸運や好機に恵まれる；ほくほくする＝ (-की) चाँदी हो°. पाँच दिन उस बगुले की चाँदी रही そのサギ（鷺）は５日間ほくほくだった इससे इनकी चाँदी-ही-चाँदी है これでこの人が大儲けする शहर के बढ़इयों और धुनकियों की चाँदी हो गई 町の大工と綿屋たちが大儲けした (-की) **चाँदी-ही-चाँदी हो°** （ーが）大儲けする

चांद्र[1] ［形］← चंद्र. 月の；太陰の

चांद्र[2] ［名］(1) ＝ चांद्रायण व्रत. (2) ＝ चंद्रकांत मणि.

चांद्रमसी ［形］月の；太陰の

चांद्रमास ［名］太陰月の１か月（地域によっては異なるが，北部インドでは一般に黒分の最初，すなわち，わが国の太陰太陽暦の 16 日から始まり翌月の白分の 15 日，すなわち，満月に終わる，満月終わりのひと月 (पूर्णिमांत)．地域により晦日終わり（अमांत）になる）

चांद्रवत्सर ［名］＝ चांद्रवर्ष. 太陰年（太陰暦による一年）

चांद्रायण व्रत ［名］〔ヒ〕チャーンドラーヤナ・ヴラタ（ヴラタ，すなわち，戒行・誓戒として月の満ち欠けに合わせて１か月にわたり食事を増減する断食の方法．中間の新月の日に完全な断食を行う）

चाँप[1] ［名⁻］(1) もむこと；マッサージ；力を入れて押さえること (2) 押し合い **चाँप चढ़ाना** 圧力を加える；強く要請する＝ चाँप दे°. (-के) **चाँप में हो°** （ーの）圧力を受ける

चाँप[2] ［名］(1) 弓 (2) 銃の発射装置；銃の安全装置 (3) 銃台 (4) 銃床 **चाँप चढ़ाना** *a.* 弓を構える *b.* 銃の打ち金を起こす

चाँपदार बंदूक़ ［名*］《H.＋ P. دار ＋ A. بندوق बंदूक़》火打ち石銃

चाँपना ［他］もむ；マッサージする；力を入れて押さえる

चायँ चायँ[1] ［名*］小鳥のさえずり（囀り）

चायँ चायँ[2] ［名*］無駄話；無駄口 **चायँ चायँ मचाना** *a.* ぺちゃくちゃ無駄話をする *b.* 騒がしくする

चाँव चाँव ［名*］＝ चाँय चाँय[2]

चाँवर[1] ［名］米＝ चावल.

चाँवर[2] ［名*］ほっす（払子）＝ चँवर.

चांसलर ［名］《E. chancellor》大学総長

-चा ［接尾］《P. چہ》指小辞として名詞に付加されて「小さいもの，小型のものなど」の意を持つ名詞を作る ग़ाली カーペット；タペストリー→ ग़ालीचा 小さいカーペット

चाइना ［名］《E. China》中国；支那＝ चीन.

चाइना इंक ［名*］《E. China ink》墨 चाइना इंक घिसना 墨をする उसने दो बूँद पानी डालकर चाइना इंक घिसना शुरू की 水を二滴たらして墨をすりだした

चाइना सिल्क ［名*］《E. China silk》チャイナシルク（無地織り絹生地） चाइना सिल्क का अचकन チャイナシルク製のアチカン

चाउत्सू ［名］《E. chaotzu》ギョーザ（餃子）

चाक[1] ［名］(1) 回転する円盤状のもの (2) ろくろ (3) 車輪 (4) 井戸の滑車 (5) 刃物研ぎに用いる車輪の形をした砥石 (6) 脱穀場に積まれた穀物につけるしるし कुम्हार का चाक 陶工の用いるろくろ

चाक[2] ［名］《P. چاک》(1) 割れ目；裂け目 (2) スリット；切り込み **चाक क°** (- दे°) 切り裂く；切り込みを入れる **चाक हो°** 切り裂かれる；切り込みが入る

चाक[3] ［名］＝ चॉक. 《E. chalk》(1) チョーク＝ खड़िया. (2) チャコ＝ चकपट्टी; टेलर्स चॉक.

चाक़ ［形］《T. چاق》(1) 活発な；敏捷な (2) 元気な (3) 気合のある；気力のある

चाक़चक ［形］《T. چاق ＋ H.》(1) 安全な (2) 頑丈な；丈夫な (3) 敏捷な

चाक़चौबंद ［形］《T.P. چاق چوبند》(1) 元気な；健康な (2) 頑健な；丈夫な (3) 敏捷な；きびきびしている；はつらつとした (4) 申し分のない；しっかりした

चाकना[1] ［他］(1) 囲みのしるしをつける；囲みの線を引く (2) 境界線を引く (3) 脱穀場に積まれた穀物にしるしをつける (4) 目印をつける

चाकना[2] ［他］裂く；切り裂く；切り込みを入れる

चाकपट्टी ［名*］《E. chalk ＋ H.》チャコ

चाकर ［名］《P. چاکر》(1) 使用人；召使い；下男 (2) 従者；家来

चाकरानी ［名*］← चाकर. 使用人；女中；下女；お手伝い＝ नौकरानी; दासी; लौंडी.

चाकरी ［名*］《P. چاکری》(1) 勤め；勤務 (2) 世話；面倒を見ること (3) 報償として与えられた土地 **चाकरी क°** *a.* 勤める *b.* 服従する *c.* 世話をやく；面倒を見る **चाकरी बजाना** 仕える

चाकलेट ［名*］《E. chocolate》チョコレート；チョコ मैंने आइसक्रीम और चाकलेट खा ली アイスクリームとチョコレートを食べた चाकलेट रंग チョコレート色 चाकलेट रंग का स्कर्ट チョコレート色のスカート

चाकलेटी ［形］← चाकलेट. チョコレートの चाकलेटी रंग チョコレート色

चाकसू ［名］(1)〔植〕マメ科雑草イヌセンナ【*Cassia absus*】＝ बनकुलथी. (2) イヌセンナの実

चाका ［名］(1) ＝ चाक. (2) ＝ चक्का.

चाकी ［名*］(1) 雷 (2) 棒術に用いる棒で頭を殴ること

चाक़ू ［名］《T. چاقو》小刀；ナイフ；折りたたみナイフ；果物ナイフ चाक़ू मारना ナイフで切りつける；ナイフで襲う；ナイフで刺す आज एक और व्यक्ति को चाक़ू मारा गया 今日もう一人がナイフで襲われた

चाक़ूबाज़ी ［名*］《T.P. چاقو بازی》刃傷；刃傷沙汰

चाक्र ［形］(1) 車輪の (2) 車輪の形の；輪形の (3) 車輪で動く

चाक्रिक[1] ［形］(1) 車輪の (2) 車輪形の；輪形の (3) 集団に属する

चाक्रिक[2] ［名］(1) 陶工 (2) 植物の種や実から油を搾る人＝ तेली. (3) 荷車をひく人 (4) 仲間

चाक्षुष ［形］(1) 目の (2) 視覚による

चाख ［名］〔鳥〕インドブッポウソウ＝ नीलकंठ.

चाखना ［他］＝ चखना.

चाचर ［名*］(1) ホーリー祭に歌われる歌やラーガ＝ चाँचर. (2) ホーリー祭のお祭り騒ぎ；無礼講の騒ぎ＝ हुल्लड़; धमार. (3) 騒動；騒ぎ＝ हल्ला गुल्ला; दंगा; उपद्रव.

चाचा ［名］(1) おじ（父の弟）＝ काका; पितृव्य. (2) 中年男性や自分より年配の男性に対する敬意と親愛感をこめた呼びかけの言葉．おじさんなど

चाचा ससुर ［名］夫の父方の叔父

चाची ［名*］(1) おば（父の弟 चाचा の妻）；叔母 (2) 中年の女性に対する敬意をこめた呼びかけの言葉．おばさんなど

चाट ［名*］(1) なめること；なめたり食べたりすること (2) 塩気や辛味などの薬味をきかせた種々の食べ物（間食として食べる物や酒のつまみなど）；チャート आजकल बाज़ारों में चाट व अन्य खाद्य सामग्री खाने का फ़ैशन बढ़ रहा है 近頃は市場で（外で，露店で）チャートなどを食べるのがはやってきている वह अब चाट का खोंचा लगाकर गुज़र बसर करता था 今ではチャートを売り歩いて暮らしている (3) うまい物を食べたい気持ち (4) 味を占めること (5) 強い欲望 (6) 癖 **चाट चाटना** 美食する (-की) **चाट दे°** （ーの）癖をつける **चाट पकौड़ी** チャートやパコーリー（など露店で売っている薬味のきつい食べ物） (-की) **चाट पड़ना** （ーの）味を占める (-को) **चाट पर लगाना** （ーに）味を覚えさせる **चाट-मिठाइयाँ** チャートや菓子 बाज़ार की चाट मिठाइयाँ 露店で売っているチャー

トや菓子（衛生上，健康上，良くないという含みで）＝ (-की) चाट लगना; (-का) चसका पड़ना.

चाटना ［他］(1) なめる बार बार होंठ चाटती थी 幾度も唇をなめ回していた गाय बछड़े को चाट रही है 雌牛が子牛（の体）をなめている (2)（舌で）味見する (3) 虫が木の葉や紙などを食べる ये कीड़े साखू, बहेड़ा, पियार, कुसुम, बेर इत्यादि पेड़-पौधों की पत्तियाँ चाटते हैं これらの虫はチーク，セイタカミロバラン，カッダフ・アーモンド，ベニバナ，イヌナツメなどの草木の葉を食べる दीमकों से चाटी गई फटी पुरानी किताबें 白蟻の食ったぼろぼろの古書 **चाट जा॰** *a.* 平らげる *b.* 食い物にする इतनी बड़ी जमींदारी है... सब दीवान कारिंदे चाट जाएँगे こんなに大きな地所のこと，何もかも執事や手代が食いものにするさ *c.* やっつける；滅ぼす *d.* 熟読する **चाट पोंछकर** すっかり；完全に；全く **चाट पोंछकर खाना** 平らげる；食べつくす **चाटना-चूमना** 愛撫する

चाटवाला ［名］チャート चाट (2) を売る行商人

चाटा ［名］(1) サトウキビの搾り汁を入れる容器 (2) かめ（瓶）

चाटी ［名*］小さなかめ（瓶）

चाटु ［名］(1) 甘言；うまい言葉 (2) お世辞

चाटुआ ［名*］← चाटु. おべっか；追従；ごますり

चाटुक ［名］甘言 = मीठी बात.

चाटुकार ［名］おべっか使い；お世辞を言う人；ごますり；甘言で釣る人

चाटुकारिता ［名*］追従；おべんちゃら；機嫌取り；ごますり；甘言で釣ること

चाटुकारी ［名*］= चाटुकारिता; चापलूसी.

चाटुपटु ［名］(1) おべっか使い；ごますり (2) 太鼓持ち；道化師 = भाँड़.

चाटुलोल ［形］世辞のうまい= चाटुकार.

चाटूक्ति ［名*］= चाटुकारिता.

चाठ ［名］食べ物；食物；食品= खाद्यवस्तु.

चाड 〔国名〕《E. Tchad; Republic of Chad》チャド

चाड़ ［形］陰口をきく = चुगलखोर.

चाड़ी ［名*］陰口 = चुगली. चाड़ी खाना 陰口をきく；陰口を叩く

चाडू ［名］= चाटुकार.

चाढ़[1] ［名*］(1) 意欲；欲；欲求 (2) 愛情

चाढ़[2] ［名*］攻撃；襲撃 = चढ़ाई.

चाढ़[3] ［名］足場（建築工事のための）

चाणक ［名］(1) 抜け目のなさ (2) 狡猾さ；ずるさ (3) 妬み

चाणक्य 〔人名〕チャーナキヤ（マウリヤ朝の創始者チャンドラグプタの宰相を務め政治論『アルタシャーストラ』を著したと伝えられる）= कौटिल्य.

चातक［名］〔鳥〕(1) ホトトギス科チャバラカッコウ【*Cuculus varius*】（伝承では渇しても特定の時期に降ってくる雨水しか飲まないとされることから強い願望やひたすらな願いをたとえるのに引用されることが多い）= पपीहा. (2) ホトトギス科シロハラカンムリカッコウ【*Clamator jacobinus*】= पपीहरा; सारंग चातक.

चातकी ［名*］〔鳥〕シロハラカンムリカッコウ（चातक）の雌

चातर ［名］(1) 大きな漁網 (2) 陰謀；策略

चातुर[1] ［形］目に見える

चातुर[2] ［形］(1) 賢明な；利口な (2) ずるい；狡猾な (3) 世辞のうまい

चातुर[3] ［名］(1) 四輪車 (2) 牛枕；脇息，あるいは，背もたれのように用いられる甚だ大きなクッションや枕= मसनद.

चातुरता ［名*］← चतुर[2] = चतुरता.

चातुरी ［名*］(1) 賢明さ；利口さ (2) 狡猾さ；ずるさ (3) 器用さ

चातुर्थक ［形］4 日目ごとの；4 日目ごとに生じる

चातुर्मास ［形］(1) 4 か月間の；4 か月にわたる (2) 4 か月で完結する

चातुर्मासिक ［形］4 か月に及ぶ；4 か月間の

चातुर्मास्य ［名］(1)〔ヒ〕4 か月ごとに行われたヴェーダ時代の供犠 (2)〔ヒ〕雨季の 4 か月にわたって行われるヴラタ व्रत (3) = चौमासा.

चातुर्य ［名］= चतुरता. सेठ जी की बुद्धि-चातुर्य 豪商の知恵

चातुर्वर्ण्य[1] ［名］(1) ブラーフマン，クシャトリヤ，ヴァイシュヤ及びシュードラの四種姓 (2) 四種姓の守るべき務め

चातुर्वर्ण्य[2] ［形］四つのヴァルナ，すなわち，ブラーフマン，クシャトリヤ，ヴァイシュヤ及びシュードラという四種姓の；四種姓に関する चातुर्वर्ण्य व्यवस्था ヴァルナ制度，いわゆる，四姓制度（ブラーフマン，クシャトリヤ，ヴァイシュヤ，シュードラ）

चात्वाल ［名］(1)〔ヒ〕護摩壇= हवनकुंड. (2)〔ヒ〕祭壇= उत्तर वेदी. (3)〔植〕イネ科クサソウ／インドキチジヨウソウ【*Desmonstachya bipinnata*】

चादर ［名*］《P. چادر》(1)（寝る時に敷いたり掛けたりする）シーツ；チャーダル चादर फेंककर उठ बैठा チャーダルをはねのけて起き上がった (2) 女性が体にまといその上端で頭を覆う布；チャーダル (3) 金属の薄い板；金属板 अल्यूमिनियम की चादर アルミ板 टीन की चादर トタン板 (-की) **चादर उतारना** （－に）恥をかかせる (-को) **चादर ओढ़ाना** 寡婦を嫁にする **चादर की लाज रखना** 名誉を保つ；面目を保つ；恥をかかないようにする **चादर की लाज रहना** 名誉が保たれる **चादर की शिकन गिनना** 時間を浪費する **चादर के बराबर पैर फैलाना** 分相応のことをする **चादर चढ़ाना** 〔イス〕（イスラム教徒が敬虔な気持ちから）墓石にチャーダルを被せる（チャーダルをお供えする） उनकी मज़ार पर पुष्प एवं चादर चढ़ाते हैं あの方の墓に花とチャーダルを供える **चादर-चूड़ी रख ले॰** 寡婦にならないようにする（守る） (-को) **चादर डालना** = चादर ओढ़ाना. **चादर तानकर सोना** 安心する；安心して眠る **चादर देखकर पाँव पसारना** 自分の力量（経済力，甲斐性）に応じたことをする= चादर देखकर पाँव फैलाना. **चादर फिराना** 白旗を揚げる；白旗を振る；降参する **चादर फैलाना** 物乞いをする = भीख माँगना. **चादर रहना** = चादर की लाज रहना. **चादर से बाहर पैर पसारना** （**पैर फैलाना**） 身分不相応なことをする वह इतनी मूर्ख नहीं थी कि चादर से बाहर पैर पसारती 身分不相応なことをするほど愚かな女ではなかった **चादर हिलाना** = चादर फिराना.

चादरा ［名］(1) 男子用の大きなチャーダル（चादर） (2)〔シク〕シク教徒の未亡人を亡夫の弟や親族に再婚させる儀式

चाप[1] ［名］(1) 弓 = धनुष; कमान. (2)〔幾〕弧

चाप[2] ［名*］(1) 押さえること；圧すること；圧力 (2) 足音 घोड़े ने अपने स्वामी के पाँवों की चाप को पहचान लिया 馬は自分の主人の足音を判別した

चाप[3] ［名］《E. chop》(1)〔ス〕チョップ (2) 肋骨つきの羊の厚切り肉

चापक ［名］(1) 弓 = धनुष. (2) 弓の弦

चापकर्ण ［名］〔幾〕弦

चाप जरीब ［名］《H.चाप + P. جریب》土地の大まかな測量

चापट ［名*］(1) 穀類の殻 (2) ぬか；ふすま

चापड़[1] ［形］(1) ひしゃげた (2) つぶれた (3) 駄目になった

चापड़[2] ［名*］十分に耕されていない固い土

चापड़[3] ［名］《E. chopper》チョッパー；なた（鉈）；おの（斧）

चापड़[4] ［名*］（穀物の）ふすま；ぬか= चोकर; भूसी.

चापना ［他］(1) 押さえつける उसके रूखे फ़ौलादी हाथ, मानो मेरी गर्दन चापने लगे ごつごつした鋼のような手がまるで私の首を押さえつけ出したかのように (2) 抱きしめる

चापर[1] ［形］= चापड़[1]

चापर[2] ［名］ヘリコプター चापर पंख फड़फड़ा कर उड़ जाता है ヘリコプターは羽をばたばたふるわせて飛び立つ

चापल[1] ［形］= चपल.

चापल[2] ［名］= चपलता.

चापलूस ［形・名］《P. چاپلوس》おべっかを使う（人）；へつらう（人）；機嫌取りをする（人）

चापलूसी ［名*］《P. چاپلوسی》おべっか；へつらい；追従；機嫌取り；おだて चापलूसी क॰ へつらう；おべっかを言う= मक्खन लगाना. अच्छा, रहने दो यह चापलूसी うまいこと（口先だけのことを）言うのは止めにしてちょうだい

चापवक्र ［形］アーチ形の；弓形の

चापाकार ［形］弓の形をした；弓形の；アーチ形の चापाकार पुल 太鼓橋；反り橋

चापाना ［他］(1) おさえる；おさえつける (2) へこませる (3) 重ねる；積み重ねる (4) やりこめる；恥をかかせる

चापी ［名］(1) 弓を持つ人 (2) シヴァ神（शिव）

चापुड़-चापुड़ ［副］上品ではない音を立てて食べる様子（むしゃむしゃと，くちゃくちゃと，ぱちぱちと舌を鳴らしてなど）

चापू [名]〔動〕カシミア種の山羊

चाब[1] [名*] (1)〔植〕コショウ科蔓木ジャワナガコショウ【*Piper retrofractum*】 (2) 同上の実

चाब[2] [名*] ← चाबना. (1) 噛むこと；噛んで食べること (2) あご (3) 臼歯

चाबना [他] (1) 噛む；噛んで食べる= चबाना. (2) 腹一杯食べる；たらふく食べる (3) 横領する

चाबी [名*] (1) 鍵= कुंजी; ताली. चाबी दे॰ 鍵をかける= चाबी लगाना. (2) (ぜんまいを巻く) ねじ चाबी दे॰ ねじを巻く इसमें आठवें दिन चाबी दी जाती है これには8日目ごとにねじが巻かれる (3) ぜんまい चाबी से चलने वाले खिलौने ぜんまいで動くおもちゃ

चाबुक[1] [名] 《P. چابک》 (1) 鞭= कोड़ा; हंटर; सोंटा. (2) 刺激を与えたり励ましたりするもの **चाबुक खाना** *a.* 鞭打たれる *b.* 侮蔑される；侮辱される **चाबुक खाकर भी दुम हिलाना** 鞭打たれても尻尾を振る；侮辱されても追従する **चाबुक जड़ना** 鞭打つ= चाबुक दे॰; चाबुक फटकारना; चाबुक मारना; चाबुक लगाना. **चाबुक लगना** *a.* 鞭を受ける *b.* 罰が当たる *c.* 教訓を得る

चाबुक[2] [形] (1) 速い；素早い；機敏な；敏捷な (2) 巧みな；器用な

चाबुक ख़िराम [形] 《P. چابک خرام》 速い；素早い；敏速な；速度の速い；速く進む

चाबुकज़न [形] 《P. چابک زن》 鞭を打つ；鞭打つ

चाबुकज़नी [名*] 《P. چابک زنی》 鞭打ち= कोड़ा मारना.

चाबुकदस्त [形] 《P. چابک دست》 (1) 器用な；巧みな (2) 仕事の速い；能率的な；熟達した

चाबुकदस्ती [名*] 《P. چابک دستی》 (1) 器用さ；巧妙さ；巧みさ；要領のよさ= अपनी समस्त सतर्कता और चाबुकदस्ती के बावजूद. ありとあらゆる警戒と要領のよさにもかかわらず (2) 仕事の速さ；能率の良さ；熟達；熟練

चाबुकसवार [名] 《P. چابک سوار》 (1) 乗馬の巧みな人 (2) 馬の調教師

चाबुकसवारी [名*] 《P. چابک سواری》 (1) 馬の調教 (2) 調教師の仕事 (3) 乗馬の巧みなこと

चाबुकी[1] [名*] 《P. چابکی》 器用さ；巧みさ= निपुणता; दक्षता.

चाबुकी[2] [名] 《P. چابکی》 駿馬

चाभ [名*] = चाब[2].

चाभना [他] 食べる；噛んで食べる **माल चाभना** *a.* 美食をする *b.* 贅沢をする

चाभी [名*] = चाबी. एंजाइम वह चाभी है जो अपने ही ताले को खोलती है 酵素は自らの錠前を開く鍵である **चाभी उमेठना** = चाभी दे॰. **चाभी घुमाना** = चाभी दे॰. **चाभी दे॰** *a.* ねじを巻く *b.* 方向づける *c.* 適応させる **चाभी भरना** = चाभी दे॰. **(-की) चाभी (=के) हाथ में हो॰** (一の) 鍵を (=が) 握る

चाम [名] 皮= चमड़ा. **चाम उकेलना** *a.* 皮をはぐ *b.* ひどい目に遭わせる；さんざんな目に遭わせる **चाम के दाम** *a.* 革でこしらえた貨幣 *b.* 二足三文で **चाम के दाम चलाना** *a.* 革製の通貨を通用させる *b.* 権勢に任せてめちゃくちゃなことや横暴なこと，無法なことをする；権力の座につき理不尽なことをする *c.* 体を売る **चाम खींचना** = चाम उकेलना.

चामचोरी [名*] (男性の) 不義；密通

चामड़ी [名*] = चमड़ी.

चामर [名] (1) ほっす (払子) = चँवर. (2)〔韻〕チャーマル (各パーダが रगण + जगण + रगण + जगण + रगण の15音節から成る音節韻律)

चामरिक [名] 払子 (ほっす) を振る役目の人

चामरी [名*]〔動〕ウシ科ヤク = सुरागाय.

चामीकर[1] [名] (1) 金 = सोना; स्वर्ण. (2)〔植〕シロバナチョウセンアサガオ= धतूरा.

चामीकर[2] [形] (1) 金の；金製の (2) 金色の

चामुंडा [名*] チャームンダー女神 (シュンバ शुंभ，ニシュンバ निशुंभ のアスラ兄弟の将チャンダ चंड，及びムンダ मुंड を退治した दुर्गा ドゥルガー神)

चाय [名*] 《P. چاے चाए》 (1)〔植〕ツバキ科低木チャノキ【*Thea sinensis*】 (2) 同上の葉；茶の葉 (3) 同上の葉からこしらえる飲み物の総称．お茶，茶 (4) 紅茶 (普通ミルクティー) काली चाय 紅茶 हरी चाय 緑茶 चाय पीना 茶を飲む；紅茶を飲む रेस्त्रां में चाय-काफ़ी पीते हैं レストランで紅茶やコーヒーを飲む चाय की दूकान 茶店 चाय की पत्तियाँ 茶の葉 चाय बनाना お茶を入れる；お茶をたてる वह हम दोनों के लिए चाय बनाने लगी 彼女は私たち二人にお茶を入れにかかった चाय की चुनाई 茶摘み= चाय की पत्तियों की चुनाई. **चाय का बाग़** 茶畑；茶園 **चाय-नाश्ता** お茶と軽食 चाय-नाश्ता तैयार हो गया お茶と軽食の準備ができた **चाय पर आ॰** お茶に呼ばれる；お茶に招かれる **चाय पर बुलाना** お茶に招く

चायख़ाना [名] 《P. چاے خانہ》 茶店；喫茶店

चायघर [名] 茶店；喫茶店= चाय की दूकान.

चायचम्मच [名] 《← P.چاے چمچہ चाय चम्चा》 茶さじ；ティースプーン एक चाय चम्मच के बराबर 茶さじ一杯分 (に相当する)

चायदान [名] 《P. چاے دان》 = चायदानी.

चायदानी [名*] 《P. چاے دانی》 茶びん；急須；ティーポット

चाय-नाश्ता [名] 《P. چاے ناشتا》 紅茶 (お茶) と軽食 रसोई घर में जा चाय नाश्ता बनाने लगी 台所へ行ってお茶と軽食の支度を始めた चाय नाश्ते की ट्रे 紅茶とスナックや軽食を載せた盆

चाय-पान [名] 紅茶やパーン→ पान. चाय-पान से ख़ातिर करते हैं 紅茶やパーンでもてなす

चाय-पानी [名] 軽い食事；軽い飲食；軽食= जलपान. चाय-पानी की दूकान 茶店；軽食堂；スナック

चायपार्टी [名*] 《P.+ E. party》 お茶の会；茶話会；ティーパーティー परमा के सम्मान में एक छोटी-सी चायपार्टी का आयोजन किया गया パルマーのために小さなティーパーティーが催された

चाय बाग़ान [名] 《P. چاے باغان》 (1) 茶畑 (2) 大規模な茶園 〈tea plantation〉

चायबाज़ी [名*] 《P. چاے بازی》 ろくに仕事をせずにお茶を飲んで休憩ばかりすること

चाययज्ञ [名] (日本の) 茶道 〈Tea ceremony〉 のヒンディー語訳

चाय-वाय [名*] 《चाय + H. echo word の वाय》 お茶など (お茶と茶菓子や軽食；軽い飲食物) कुछ चाय-वाय बना दूँ तेरे लिए? なにかこしらえてあげようかあんたに कुछ चाय-वाय मिलेगी या नहीं? お茶かなんぞ出してもらえるのかい

चार[1] [数・形] (1) 4つ；四；4 (2) 4つの (3) 若干の (4) 多くの **चार अक्षर पढ़ना** 少し学ぶこと；少しの教育；わずかの学歴 तुमने चार अक्षर पढ़ लिया तो बड़े समझदार हो गये? 少し教育を受けたからといってうんと頭がよくなったのかい **चार आँखें क॰** 恋をする **चार आँखें हो॰** *a.* 目と目が合う *b.* 目が開かれる **चार आँसू गिराना (बहाना)** 悲しむ；悲しみを表す **चार आदमी** *a.* 一部の人 *b.* みな；全員 **चार उँगलियाँ तक सिर पर न रखना** 全く気にとめない **चार क़दम** わずかの距離 **चार क़दम आगे हो॰** 進む **(-के) चार कान हो॰** (一が) 耳が早い；耳聡い **चार के आदर की चादर पड़ना** 尊敬される；慕われる **चार के कंधों पर चढ़ना** = चार के कंधों पर चलना. **चार के कंधों पर चलना (जा॰)**. 棺架に載せて担がれる；火葬場に担がれて行く **चार के कान पड़ना** 話や噂が広まる **चार के सामने** 皆の前で；人前で **चार गाल हँसना - बोलना** 冗談を言う **चार गुणा 400 मीटर रिले दौड़** 1600m リレー महिलाओं की चार गुणा 400 मीटर रिले दौड़ 女子 1600m リレー **चार गुरदेवाला** 非常に勇ましい；肚の据わった；肝っ玉の大きい **चार घर का भौंरा** どこの家にも顔を出す人 **(-में) चार चाँद लगना** (一が) 引き立つ；映える；花を添える；いやます；いやまさる；一層高まる उससे इस आंदोलन की सफलता में चार चाँद लग गये これによってこの運動の成功が引き立った नंदा प्रसाद जैसे प्रकांड पंडित के दरबार में होने से राजा की प्रसिद्धि में चार चाँद लग गए थे ナンダー・プラサードのような大学者が宮廷にいることで王の名声はいやました अपने चेहरे की आकृति के अनुसार उपयुक्त केश-विन्यास करके सजाने से आप की सुंदरता में चार चाँद लग जाएँगे 自分の顔の形に合わせた髪型になさるとあなたの美しさはいっそう引き立つでしょう **(-को) चार चाँद लगाना** (一を) 引き立てる；(一に) 花を添える；一段とはなやかにする उसके गिर्द दिलकश सब्ज़ाज़ार ने बगीचे की ख़ूबसूरती को चार चाँद लगा दिये हैं 周囲の魅力的な芝生が庭園の美しさを引き立てた मैं अपने ख़ानदान को चार चाँद लगाना चाहता हूँ 家名をあげたいと願っている **चार चार आठ सुनना** 相手の言う通りに従う **चार चोर की तरह मार पड़ना** 厳しい罰を受ける **चार जानू बैठना** 足を組んで座る **चार जामा कसना** 着替えて準備する

चार दिन 短い時間；わずかの間；短時日 चार दिन का मेला 短い間の楽しみ चार दिन का मेहमान *a.* 短命の；はかない命の *b.* 短期の；短期間の；かりそめの चार दिन की चाँदनी わずかの間の楽しみ；はかない幸せ चार दिन की चाँदनी, फेर अंधेरा पाख〔諺〕栄華ははかなくして永くは続かぬもの चार दिन की ज़िंदगी はかない命 चार पग = चार कदम. चार पाँच क॰ *a.* 口を濁す；曖昧なことを言う；いいかげんなことを言う *b.* 口答えをする；言い争う = चार पाँच लगाना; चार पाँच लाना. चार पाँच लगाना = चार पाँच क॰. चार पैसे はした金；はした銭 चार पैसे कमाना わずかの金を稼ぐ；はした金を稼ぐ；はした銭を稼ぐ चार पैसे हाथ में हो॰ 小銭を持つ चार बरतन होने से खटकना 人が多ければその分いさかいや衝突が生じるもの चार बातें कहना 文句を言う；小言を言う चार बातें सुनना 文句を言われる；小言を言われる；叱られる चार बातें सुनकर ग़म खाना 叱られて我慢する चार शब्द 一言 प्रशंसा के चार शब्द आपकी लोकप्रियता में चार चाँद लगा देंगे おほめの一言があなたの人気を高めることになりましょう चार सौ बीस, चार सौ बीसी →別項（見出し語） (-पर) चार हरफ़ भेजना（ーを）呪う चारों →見出し語

चार[2]［数・造語］《P. چار》 चहार の短縮形. 4；4つ= चहार.

चार[3]［名］(1) 動き (2) しきたり；慣習 (3) 間者；間諜；隠密 (4) 監獄；牢；牢獄 (5) 下僕

चार[4]［名］《P. چار》(1) 手当；治療 (2) 手段；方法= चारा[2]

चारक［名］(1) 動かすもの (2) 動き (3) 牧夫 (4) 密偵；間諜 (5) 仲間

चारकर्म［名］スパイ活動；密偵の仕事；隠密の活動

चारकोल［名］《E. charcoal》炭；木炭

चारख़ाना[1]［名］《P. چار خانه》(1) 格子柄；チェック (2) 格子柄の布；チェックの布 चारख़ाने वाली साड़ी 格子柄のサリー चारख़ाने की खादी का झोला チェックの手織の布でこしらえた手さげ袋

चारख़ाना[2]［形］格子柄の；チェックの

चारचश्म［形］《P. چار چشم》(1) 恥知らずの (2) 不親切な (3) 恩知らずな

चारज［名］《E. charge》= चार्ज.

चारजामा［名］《P. چار جامه》(1) 布製の鞍 (2) 革製の鞍

चारण［名］(1) チャーラン・カースト（中世に主君やその一統の武勇を称賛する歌を作り歌い聞かせることをなりわいとしたカースト） (2) チャーラン・カーストの人 (3) 吟遊詩人 (4) 放浪者

चारणी［名*］チャーラン・カースト（चारण）の女

चारदीवारी［名*］《P. چاردیواری》(1) 囲い塀；周りの塀；四囲の高い塀 घर की चारदीवारी 家の四方を囲む塀 हवेली की चारदीवारी 邸宅の四方の囲い घर की चारदीवारी में बंद रहनेवाली लड़की 家のぐるりの高い塀に閉じこめられている娘（深窓に育つ娘） (2) 城壁 (3) 都市を囲む壁 (4) 囲い

चारन［名］= चारण.

चारपा［名］《P. چار پا》= चारपाया; चौपाया.

चारपाई［名*］《چارپای H.चार + P. پایه पाया?》チャールパーイー（四脚と木枠以外の部分を綱やひもなどで編んだ軽量の寝台で担架やベンチの代用にもなる） चारपाई तोड़ना ぶらぶらする；遊ぶ；怠ける मेरी दोनों भाभियाँ रानी की तरह बैठकर चारपाइयाँ तोड़ती थीं 兄嫁2人はお姫さんみたいに仕事もせずにぶらぶら過ごしていた चारपाई धरना 病気で寝込む；床につく；病に臥す चारपाई पकड़ना *a.* チャールパーイーに寝そべる *b.* 病気で寝込む；臥す इस सब का परिणाम यह हुआ कि बी॰ए॰में जाते-जाते उसने चारपाई पकड़ ली こうしたことが積もり積もって学士課程に進む頃に臥すことになってしまった चारपाई पर पड़ना = चारपाई धरना. चारपाई में कान निकलना チャールパーイーがゆがむ（形が崩れる） चारपाई ले॰ = चारपाई धरना. चारपाई से पीठ लगना = चारपाई धरना. चारपाई (से) लगना = चारपाई धरना.

चारपाया［名］《P. چار پایه》獣；四足獣= चौपाया; पशु; मवेशी.

चारपारा［名］《P. چار پاره》鹿玉；大粒の散弾

चारपाल［名］間諜；間者；スパイ

चार पुरुष［名］間諜；間者

चारबाग़［名］《P. چار باغ》(1) 宮殿 (2) 宮殿の大庭園 (3) 4つの四角形から成るそれ自体も四角形の大庭園 (4) 全体が4つの四角形に染め分けられたショールやルーマール रूमाल

चारबालिश［名］《P. چار بالش》座してもたれかかるようにして用いられる大きな枕，マスナド；牛枕= मसनद; गावतकिया.

चारमारग［名］汚いやり方；ひきょうなやり方 चारमारग बूझना 秘密を知る= चारमारग ले॰.

चारमेख़［名*］《P. چار میخ》中世の刑罰の一（手足を4本の杭に縛りつけた刑罰）

चारयार［名］《P. چار یار》〔イス〕アブー・バクル，ウマル，ウスマーン，アリーの4代の正統カリフ= चहारमीर.

चारयारी［名*］《P. چار یاری》〔イス〕（シーア派から見て）スンニー派 चारयारी का सिक्का 正統カリフ4人の名を刻んだ四角い銀貨

चार सौ बीस[1]［形］いかさまな；いんちきな；人を欺く；詐欺行為を働く

चार सौ बीस[2]［名］(1) 詐欺 (2) 詐欺師；いかさま師；ぺてん師（インド刑法第420条の規定より）

चार सौ बीसी［名*］いかさま；いんちき；ぺてん；詐欺行為（インド刑法第420条を犯すこと）

चारा[1]［名］(1) まぐさ（秣）；家畜の餌料；餌 (2) 鳥や魚などを捕らえるための餌 मछली चारा कुतरने लगी 魚が釣り餌を食い出した (3) 人を利用したりおびき寄せるための手段；餌 चारा डालना（人を）釣る= चारा दिखाना; चारा फेंकना.

चारा[2]［名］《P. چاره》(1) 手立て；方法= उपाय; तदबीर. कोई चारा नज़र न आया. 何一つ手立ては見つからなかった तंग आकर भाग जाने के सिवा और क्या चारा था? 困って逃げ出す以外に何の方法があったろうか (2) 手段 (3) 手当；治療法 (4) 努力= प्रयत्न; कोशिश. चारा न चलना 手の打ちようがない；どうにもならない

चारागर［形］《P. چاره گر》(1) 手当をする；治療をする (2) 助ける；救援する

चाराजोई［名*］《P. چاره جوئی》(1) 努力；工夫 (2) 救済申し立て

चारा-पानी［名］(1) 家畜の飲食するもの；餌；餌料 गाय ने चारा-पानी छोड़ दिया 牛が餌を食べなくなった (2) 食べもの；食糧 तुम लोगों के चारे-पानी का इंतज़ाम 君たちの食べものの手配

चारासाज़［形］《P. چاره ساز》= चारागर.

चारि［数］= चार.

चारिका［名*］侍女；下女= दासी.

चारिणी[1]［造語*］-चारी の女性形

चारिणी[2]［名*］チャーラン（चारण）の女性

चारित[1]［形］(1) 動かされた；活動させられた (2) 蒸留された= खींचा हुआ.

चारित[2]［名］のこぎり；鋸

चारितार्थ्य［名］達成；目的達成；完成

चारित्र［名］(1) 家風 (2) 品行の正しいこと (3) 振る舞い；品行

चारित्रिक［形］(1) 品行の；品行上の चारित्रिक, आध्यात्मिक एवं नैतिक बल 品行，精神，道義の力 (2) 品行の正しい= सदाचारी.

चारित्री［形］品行の正しい= सदाचारी.

चारित्र्य［名］品行= चरित्र.

चारी［名］歩兵 = पैदल सिपाही.

-चारी［造語］(1)（ーを）進む；歩む，行く，進む，移動するなどの意を有する合成語の構成要素 (2)（ーを）行う，行動するなどの意を有する合成語の構成要素 ब्रह्मचारी 梵行者

चारु［形］美しく愛らしい；うるわしく魅力的な

चारुता［名*］←चारु. 美しさ；うるわしさ

चारुदर्शन［形］美しい；うるわしい；容貌のすぐれた= सुंदर; सुंदर लगनेवाला.

चारुधामा［名*］インドラ神妃のシャチー शची = चारुधारा.

चारुनेत्र［形］眼の美しい

चारुफला［名*］ブドウの木の蔓

चारुलोचन［形］眼の美しい；うるわしい眼をした

चारुशील［形］気立てのよい= अच्छे स्वभाव का.

चारुसार［名］金= सोना; स्वर्ण.

चारों［数］数詞 चार の強調形. 4つのものすべて，4つが4つともなど चारों ओर *a.* 四方に；四方八方に *b.* 至る所に लड़ाई के मैदान में जब चारों ओर गोलाबारी हो रही होती है 戦場で辺り一面に爆撃の行われている時 हम चारों ओर वायु से घिरे हुए हैं 私たちは四方を大気に囲まれている चारों ओर देखना 辺りを見回す；

च

周囲を見る = चारों तरफ़ देखना. **चारों ओर अंधकार दिखाई दे॰** 絶望的な状況や見通し **चारों ओर से बौछारें पड़ना** みなからとがめられる；四方八方から攻撃される；集中砲火を浴びる **चारों ओर हरा ही दिखना** 万事好調に思える；万事順調に思える **चारों खाने चित्त आ॰** = चारों खाने चित्त हो॰. **चारों खाने चित्त गिरना** = चारों खाने चित्त हो॰. **चारों खाने चित हो॰** 惨敗する；完敗する **चारों खाने पड़ना** = चारों खाने चित्त हो॰. **चारों तरफ़** = चारों ओर. **चारों पदार्थ पाना** 人生の四大目標（धर्म, अर्थ, काम, मोक्ष）を達成する **चारों पदार्थ हाथ में हो॰** = चारों पदार्थ पाना. **चारों फल पाना** 完全な勝利を収める；完勝する= चारों पदार्थ पाना; चारों हाथ सर क॰.

चार्ज[1] [名] 《← E. charge》(1) 料金 (2) 非難 (3) 管理 (4) 業務；責任 (5) 任務 (6) 突撃；突進 बेंत चार्ज（警官隊による竹や籐などの）警棒行使 कोल्हापुर में बेंतचार्ज से 20 छात्र घायल コールハープルで警棒行使により学生 20 人負傷

चार्ज[2] [形] 《← E. charge》(1) 詰められた (2) 充電された चार्ज क॰ 充電する

चार्जशीट [名] 《E. charge sheet》(1)〔法〕起訴用犯罪者名簿 (2) 雇用者が与える解雇理由書

चार्ट [名] 《E. chart》(1) 表；図表；グラフ；チャート पंचायत राज की संस्थाओं का चार्ट パンチャーヤト制度の機構図 एक चार्ट जिसमें तंदुरुस्त रहने के बुनियादी उसूल लिखे हुए थे 健康保持の原則が書かれた表 (2) 海図；水路図 (3) 料金表

चार्टर [名] 《E. charter》(1) 憲章 (2) 許可状；公式の許可（書） (3) チャーター；貸し切り契約

चार्टरित [形] 《E.charter + H. -इत》チャーターされた〈chartered〉 चार्टरित वायुयान チャーター機

चार्टर्ड [形] 《E. chartered》特許を受けた；公認の

चार्टर्ड एकाउंटेंट [名] 《E. chartered accountant》公認会計士= सनदी लेखापाल; चार्टरित लेखापाल.

चार्टर्ड एकाउंटेंसी [名*] 《E. chartered accountancy》公認会計士業 चार्टर्ड एकाउंटेंसी का कोर्स 公認会計士コース

चार्वाक [名] (1)〔人名〕チャールヴァーカ（古代インドの唯物論者，思想家アジタ・ケーサカンバリン अजित केसकम्बलिन्） (2)〔イ哲〕同上の説いた唯物論哲学，ローカーヤタ（लोकायत）

चार्वाक दर्शन [名]〔イ哲〕古代インドの唯物論哲学

चार्वाक मत [名]〔イ哲〕チャールヴァーカ派；ローカヤタ派；（仏典では）順世外道

चाल[1] [名*] (1) 動き；動かし方 (2) 活動 (3) 歩き；歩き方；歩きぶり；歩み；足取り；足の運び चाल में एक अनोखी मस्ती थी 歩き方に一種独特のうきうきした感じがあった मस्तानी चाल से झूमता हुआ うきうきとした足取りで घोड़े की चाल 馬の歩き方 पुरानी चाल पर चलना 昔ながらの歩みで歩む (4) 速さ；速度 उसकी तेज धार हवा की चाल को भी मात कर देने का दम भरती है それの速い流れは風の速ささえ負かすと豪語する गेंद की चाल ボールの速度 चाल कम क॰ スピードを下げる चाल तेज क॰ スピードを上げる (5) 慣行；慣例；風習；しきたり；習わし ऐसी चाल चली आती है このような風習が伝わってきている (6) 型；様式；形 (7) 方法；しかた；やり方 (8) 手段；対策；策；手立て (9) 策；策略；策謀；術策；手；手の内；計略；はかりごと इस तरह सारी चाल मैं समझ गया このようにして手の内はみなわかった अंग्रेज़ों की चाल काम कर गई イギリス側の策謀が功を奏した एक दूसरे को नीचा दिखाने की चाल 互いに辱め合う策略 (10) 手練手管 उन्हें ऐसे दुकानदारों की चालों का पता था このような商店主たちの手練手管はわかっていた वह राजनीतिबाज़ों की चालों से भी भली भाँति परिचित हो चुकी है 彼は政治屋どもの手練手管もすでによくわきまえている (11) 手；一手 उसने 38 वीं चाल में अपनी हार स्वीकार की 38 手目で負けを認めた मुहब्बत में भी शतरंज की सी चालें होती हैं 恋愛にもチェスのような手があるものだ (12) 身のこなし (13) 行い；振る舞い；行動 (14) 故障 **(-की) चाल उड़ाना**（人の）真似をする **चाल उलटी पड़ना** 打った手が順調に進まない **चाल क॰** 策略をめぐらす **चाल खा जा॰** 失敗する **चाल खेलना** *a.* 策をめぐらす *b.* だます **चाल चलना** *a.* 計略をめぐらす मंत्रिमंडल में दुबारा आने से लेकर अब तक उन्होंने एक भी राजनैतिक चाल गलत नहीं चली है 再度の入閣後これまでに氏がめぐらしたただ一つの政治上の計略も間違ったことはなかった उसने अपना प्रेमी खोजने की अद्भुत चाल चली 恋人探しの奇想天外な計略をめぐらした *b.* 行う；振る舞う *c.* 手を打つ **चाल चूकना** 間違いを犯す；誤る **चाल ठीक क॰** *a.* 行いを正す *b.* 速度を調節する **चाल दे॰** 速度を上げる；速度を速める **चाल धरना** = चाल पकड़ना. **चाल पकड़ना** 調子よく動く；調子に乗る；調子が出る **चाल पट पड़ना** 失敗する；しくじる **(-की) चाल पड़ना**（ーが）はやる；流行する **चाल पड़ना** *a.* 故障する *b.* 講じる **चाल पर आ॰** = चाल पकड़ना. **(-की) चाल पर चलना**（ーを）追う；（ーに）追随する **चाल फँसना** 自分の罠にはまる **चाल बैठ जा॰** 功を奏する；うまく行く **(-की) चाल मिलना** *a.*（ーの）手の内を見抜く *b.*（ーの）調子が合う *c.*（ーの）足音が聞こえる **(-की) चाल में आ॰**（ーに）だまされる；（ーの）ぺてんにかけられる；（ーの）策にはまる；（ーの）策略にかかる **(-की) चाल में फँसना** = चाल में आ॰.

चाल[2] [名*] 屋根 = छत; छाजन.

चाल[3] [名] 低家賃の共同住宅；長屋

चालक[1] [形] (1) 動かす；移動させる (2) 策を弄する；策謀家の；狡猾な

चालक[2] [名] (1) 動かす人 (2) 乗り手；乗る人 साइकिल का चालक 自転車乗り (3) 乗り物を操る人，運転手，パイロットなど जापानी विमान का चालक 日本の飛行機のパイロット (4) 伝達するもの (5) 伝導体；導体 चाँदी विद्युत की सर्वोत्तम चालक है 銀は電気の最良の伝導体だ

चाल-चलन [名] 品行；行状；行為 स्त्रियों के चालचलन को 女性の品行を

चालढाल [名*] (1) 振る舞い；行状；品行；行い (2) 態度；物腰 क्या वे अपनी पुरानी चालढाल को छोड़ेंगे? これまでの振る舞いをやめるだろうか

चालन[1] [名] (1) 動き（動いたり動かしたりすること） (2)〔物理〕伝導 (3) 巧みな取り扱い

चालन[2] [名] ← चालना. (1) ふるい（篩）にかけること；篩うこと (2) 選り分け；選抜 (3) 篩= चलनी; छलनी.

चालनहार[1] [形] (1) 動かす (2) 運ぶ；運搬する

चालनहार[2] [形] 動く；移動する

चालना[1] [他] (1) 動かす (2) 揺する (3) 連れて行く (4) 連れて来る

चालना[2] [他] (1) ふるいにかける；ふるう（篩う） (2) 選り出す；選り分ける दाल-चावल चाल बीनकर ひき割り豆や米をふるいにかけたりごみを取り出したりして **चाल डालना** *a.* 穴だらけにする；ぼろぼろにする *b.* 虱潰しにさがす

चालबाज़ [形] 《H. चाल+ P. باز》滑稽な；ずるい；悪賢い मतलबी या चालबाज़ लोग यदि उनके भोलेपन का नाजायज़ फ़ायदा उठा रहे हों तो 利己的な人や狡猾な人があの方の純朴さを不当に利用しているのであれば

चालबाज़ी [名*] 《H. + P. بازی》(1) 狡猾さ；ずるさ उसकी सारी चालबाज़ियाँ समाज के असली चेहरे का आइना बन जाती हैं あの男のあらゆる狡猾さは社会の本当の顔を映す鏡になる (2) 奥の手；機略縦横 पुलिस की चालबाज़ी 警察の奥の手 नेताओं के चालबाज़ी भरे वक्तव्य 幹部連中の機略縦横の声明

चाला [名] (1) 出発；出立= प्रस्थान; कूच. (2) 花嫁が初めて婚家に赴くこと，もしくは，婚家から実家に赴くこと (3) 出発のための吉時；吉祥の時刻= यात्रा का मुहूर्त.

चालाक [形] 《P. چالاک》(1) ずるい；狡猾な= चतुर; चालबाज़. (2) 抜け目のない；はしこい；やり手の छोटी, चंचल तथा चालाक आँखें 小さくてきょろきょろ動く抜け目のない目 (3) 巧みな；巧妙な **चालाक बनना** 抜け目なく振る舞う；巧みに振る舞う बड़ी चालाक बनती है.न पंडित, न गवाह.बड़ा ब्याह कर आयी 大したことをするものよ，バラモンにも立会人にも頼まず結婚式を挙げてくるとは

चालाकी [名*] 《P. چالاکی》(1) ずるさ；狡猾さ (2) 抜け目のなさ；はしこさ (3) 巧みさ；巧妙さ वह चालाकी से कौवे के घोंसले में अपने अंडे रख आती है その鳥は巧みにカラスの巣に自分の卵を置いてくる **चालाकी खेलना** ずるいことをする= चालाकी दिखाना.

चालान [名] (1) 送り状；仕切り状；貨物運送状；インボイス (2) 送金 (3) 発送；送付 (4) 送検 **चालान क॰** *a.* 送検する थानेदार ने रंगनाथ का चालान हत्या के आरोप में किया 署長はラングナートを殺人容疑で送検した *b.* 送付する；提出する **चालान किया जा॰** *a.* 送付される *b.* 送検される

चालानदार [名] 《H.चालान + P. دار》商品の出荷や送金に付き添う人

चालानबही [名*] 出荷もしくは入荷の記録簿

चालित [形] 動かされた व्यक्तिचित्त सब समय आदर्शों द्वारा चालित नहीं होता 人の心はいつも理想通りには動かないものだ

चालिया [名] = चालबाज़.

चालिस [数] 40 = चालीस.

चाली [形・名] = चालबाज़.

चालीस [数] 40 चालीस सेर 完全に；全く；百パーセント

चालीसवाँ [形・名] (1) 40 番目の (2)〔イス〕イスラム教徒の死後 40 日目に行われる追悼の儀式= चहलुम.

चालीससरा [形⁺] = चालीस सेरा. (1) 混じりけのない；純粋な (2) 全くの；極度の；徹底した

चालीसा [名] (1) 40 個のものを集めたもの (2) 40 日 (3) 40 年 (4) = चालीसवाँ (5) 40 篇の詩を収めた詩集

चालुक्य [名]〔イ史〕チャールキヤ朝 पूर्व प्रतीच्य चालुक्य 前期西チャールキヤ朝 (6 世紀) प्राच्य चालुक्य 前期東チャールキヤ朝 (7〜11 世紀) उत्तर प्रतीच्य चालुक्य 後期チャールキヤ朝 (10〜12 世紀)

चालू [形] (1) 動いている；作動している；作用している **चालू क॰** 動かす सुबह सुबह जब वह कैसेट चालू करता तो 朝っぱらからあの人がカセット (テープ) レコーダーを動かすと (2) 機能している；活動している दफ़्तरों को चालू किया गया 事務所が開かれた **(-की) सेवा चालू क॰** (ーを) 運行する；運航する (3) 通用している；流通している；行われている (4) 今の；現今の；現在の；現行の；進行中の चालू वित्तीय वर्ष 今会計年度 बिहार विधानसभा के चालू सत्र में ビハール州議会の今会期中に (5) 抜け目のない；やり手の= चालाक; धूर्त. **चालू रहना** 続く；持続する रक्तस्राव यदि तीन दिन की बजाय पाँच छह दिन तक चालू रहे तो 出血が仮に 3 日ではなく 5〜6 日も続くなら **चालू हो॰** 動く；機能する；通用する；開通する；運行される

चालू खाता [名] 当座預金口座〈current account〉

चालू ज़बान [名*] 《H.+ P.زبان》話し言葉；口語= चालू भाषा.

चालू जमा [名] 《H.चालू + A. جمع》当座預金〈current deposit〉

चालू पूँजी [名*] 運転資金

चालू माल [名] 《H.+ A.مال》需要のある品

चाव [名] (1) 好むこと；愛好 वहाँ की स्त्रियों में फूलों का अधिक चाव है 同地の女性にはとりわけ花が愛好される (2) 愛情；愛着 (3) 願い；望み；願望 प्राण देने का चाव 命を捧げたい気持ち；命を投げ出したい願望 (4) 意欲；熱意；熱望；切望 **चाव चोंचला क॰** 甘やかす **चाव निकलना** 願いが叶えられる **चाव निकालना** 願いを叶える；思いを遂げる；願いを果たす **चाव में आ॰** 調子に乗る；調子づく **चाव से** *a.* 好んで वह मक्खन बड़े चाव से खाता है バターを好んで食べる बच्चे इन्हें बड़े चाव से चूसते हैं 子供はこれを好んで吸う हरियाणा की स्त्रियाँ चाँदी के गहने चाव से पहनती हैं ハリヤーナー地方の女性は銀製の装身具を好んで着用する *b.* 熱心に；一生懸命に जनता यह बातें बड़े चाव से सुनती थी 民衆はこれらの話を大変熱心に聞いていた

चाव-चोचला [名] 愛撫

चाव-भाव [名] 愛情

चावल [名] (1) 米→ धान イネ (稲) (2) めし (飯)；米のご飯；米飯 = भात. (3) 旧重量単位の一で रत्ती の 8 分の 1 の重量，チャーワル (約 0.0151g) **चावल चबाना** 盗人を見つけるために疑わしい人にまじないをした米を噛ませる **चावल भर** *a.* ほんのわずかの；ごく少量の *b.* チャーワルの重量の；米粒 1 粒分の

चावल तेल [名] 米ぬか油

चावल मिल [名*] 《H. + E. mill》精米所

चाशनी [名*] 《P. چاشنی》(1) 味；味わい；風味 (2) 味見 (3) 味見に飲んだり食べたりするもの (4) 金銀の純度を調べるため溶かしたもの (5) 試し (6) シロップ (7) 味を占めること **चाशनी चटाना** 思い知らせる= मज़ा चखाना. **चाशनी देखना** 見本に取っておく **चाशनी देखना** 確認する；詳しく調べる；調べ上げる **चाशनी दे॰** 味付けする **चाशनी में पगा** 大変甘い；シロップ漬けの

चाशनीगीर [名] 《P. چاشنی گیر》味見役；毒味役

चाशनीदार [形] 《P. چاشنی دار》甘酸っぱい

चाशनी लगना संस्कार [名]〔シク〕シク教の児童が初めてシク教聖典を読む際の儀式

चाष [名] (1)〔鳥〕ブッポウソウ科インドブッポウソウ= नीलकंठ. (2)〔鳥〕タシギ = चहा.

चासनी [名*] = चाशनी.

चाह[1] [名*] (1) 願い；願望 घने लंबे बालों की चाह हर औरत में होती है ふさふさした長い髪は女性だれしもが願うもの मेरे मन में वर्षों से तीर्थ यात्रा की चाह थी 何年も前から聖地に詣でたいと願っていた (2) 欲；欲望 सुलतान की चाह मुझे खींच लाई スルターン号 (馬) が欲しくてね (ここまで) 来たのさ (3) 望まれること；必要 (とされること)；要請 (4) 好むこと；好くこと；好きなこと；心が引きつけられること；愛すること；愛着；愛情；恋 **चाह की आँख से देखना** 恋する；愛する；ほれる **चाह भरी आँख** 愛情に満ちた眼差し

चाह[2] [名] 《P. چاه》(1) 井戸 = कुआँ; कूप. (2) 穴；くぼみ

चाह[3] [名*] = चाय.

चाहक [形] (1) 欲する；欲しがる (2) 愛する；恋する

चाहत [名*] (1) 欲しがること मेरी ऐसी किसी चाहत पर बचपन से एक चाँटा मिलता आया था 私が何かこんなものを欲しがると子供のころから平手打ちをもらったものだった (2) 好み आप की चाहत के बिल्कुल अनुरूप 全くあなたのお好み通りに (3) 愛着；愛；恋；恋い慕うこと लड़कियों के प्रति वासना भरी चाहत मुझ में घृणा जगाती है 女の子に対する欲情に満ちた愛は私に嫌悪感を抱かせる

चाहना[1] [他] (1) 望む；願う；欲する；欲しがる कवि ने जीविका के लिए ऐसी वृत्ति ग्रहण करनी चाही 詩人は生活のためにこのような仕事を選びたいと願った बहुत ही जी चाह रहा था कि आज आलू के पराँठे खाने को मिलें 今日はジャガイモ入りのパラーンターが食べられたらとしきりに思っていたところです वह अध्यापिका बनना चाहती थी 女教師になりたがっていた पशु-पक्षी सभी अपना ही भला चाहते हैं 鳥や獣もすべて自分の幸せを願うもの हर कोई जिसको चाहता है उसको वोट देता है だれしも自分の望む人に票を投じる मैं दिलचस्प किताबें पढ़ना चाहता हूँ 面白い本を読みたい **चाहो तो** なんなら；(あなたの) 望みならば (2) 好む；好く；心が引きつけられる इस लिए सब उन्हें चाहते थे だからみながあの方を好いていた वह भी शरबती घोड़ी को बहुत चाहता था 男も栗毛の馬が大好きだった बात के धनी लोगों को भला कौन नहीं चाहता 約束を守る人が人に好かれないはずがない (3) 好く；異性に心が引かれる；異性を好く；愛する अब मैं तुम्हें और ज़्यादा चाहता हूँ 以前よりもっと君が好きなんだ तुम मुझे चाहते हो और मैं भी तुम्हें चाहती हूँ あなたは私が好きだし私もあなたが好きなの इन्हीं गुणों के कारण दशरथ कैकेयी को दूसरी दोनों रानियों से ज़्यादा चाहते थे これらの長所のためダシャラタ王はカイケーイーを他の 2 人の王妃たちより一層愛していた मैं सिर्फ़ उसे चाहता हूँ, उसकी जायदाद को नहीं ただあの人が好きなのであってあの人の資産を望んでいるのではない (4) 求める；必要とする जौ और चना ऐसी फ़सलें हैं, जो पानी बहुत कम चाहती हैं 大麦とかヒヨコマメのような作物はほんの少しの水しか必要としない

चाहना[2] [助動] (1) 主動詞の無変化の完了分詞に付加されて主動詞の動作の緊迫や接近している相を示す ट्रेन आया चाहती है 列車はもうすぐ来る (2) 主動詞の不定詞形に付加されて主動詞の動作が切迫して発生する相を表す पैर ज़मीन से उखड़ना चाहते हैं 足が今にも浮き上がりそうだ

चाहा [名] = चहा. 〔鳥〕タシギ

चाहिंदा [形⁺] 《Pan.》 = चाहिए. दिल के बीच में मैल नहीं रहनी चाहिंदी 心の中に汚れがあってはならない

चाहि [格助] (ーに) 比べて；(ーに) 比して；ーより= से.

चाहिए [形・助動] √चाह् に発する語で本来は「求められる，望まれるなど」の意に用いられるために一部にはこれを形容詞ではなく自動詞や助動詞に分類する説もある．今日の一般的な用法は次の通り (1) 名詞類に接続して用いられて，それが必要とされる，求められる，望まれる，欲しいなどの意を表す．必要としたり望む主体は与格形で表される． मुझे एक कॉपी चाहिए ノートが 1 冊欲しい (買いたい，売ってほしい，必要だ) आप को क्या चीज़ चाहिए? 何をお求めですか (2) 主動詞の不定詞に付加して用いられその動作，状態が当然のこと，必要なこと，義務的なこと，適切なこととして要求されたり求められたりすることを表す．「ーであるべし」，「ーしなくてはならない」，など． *a.* 主動詞が他動詞の場合，不定詞は目的語の性・数・格に応じて -ना (男性単数

及び目的語が को を従える場合)， -ने (男性複数)， -नी (女性) と変化する．意味上の主語（動作の主体）は与格 (dative case) で表される अब मुझे क्या करना चाहिए さて私は何をなすべきであろうか उन चीज़ों का उपभोग हमें नहीं करना चाहिए それらを私たちは享受してはならない उनकी इन आदतों को छुड़ाने का प्रयत्न करना चाहिए あの人にこの癖をやめさせる工夫をしなくてはいけない खाना खाने के दौरान दो तीन बार पानी ज़रूर पीना चाहिए 食事中に必ず 2〜3 度は水を飲まなくてはいけない अपनी पसंद के व्यक्ति का चुनाव आँख मूँदकर नहीं, आँखें खोलकर किया जाना चाहिए 自分の好きな人の選択は目をつむってではなく目を見開いてしなくてはならない *b.* 主動詞が自動詞の場合，不定詞は不変化とされる． तुम्हें हर रोज़ मुझसे मिलना चाहिए 君は毎日僕に会うようにしなければいけない．しかし，時に次のように主語の性に一致して変化する標準的ではない用法も見られる．すなわち，आपकी वेशभूषा चुस्त होनी चाहिए 服装はぴったりしていなくてはならない उनकी जानकारी हर दिशा में बढ़नी चाहिए 知識は各方面にわたって増えなくてはならない *c.* 過去に関して चाहिए を用いる表現は次のようになる． तुमको तो लड़की होना चाहिए था.पता नहीं कैसे लड़के हो गए 君は女の子に生まれるべきだった．どうして男の子に生まれたのかわからないね तुम्हें अपने अधिकारों के लिए लड़ पड़ना चाहिए था 君は自分の権利のために戦いを挑むべきだった उन्हें और कोई धंधा अपनाना चाहिए था あの人はなにか他の職業に就くべきだった *d.* また，これは चाहिए तो (なんなら；お望みならば）のようにも用いられる

चाहिये → चाहिए.

चाही [名*]〔農〕井戸水で灌漑される畑

चाहे [接] 仮定や譲歩を表す従属節を導く接続詞として用いられる．たとえ；たとえ…しても；たとえ…しようとも；仮に…であろうとも चाहे उसका परिणाम कुछ भी हो たとえそれがどんな結果になろうとも चाहे कोई कितना भी अमीर क्यों न हो 仮にどんな金持ちであろうとも चाहे कितना ही कष्ट क्यों न उठाना पड़े たとえどんなに辛い思いをしなければならぬとも मेरा दोस्त चाहे वह कितना ही कठिन हो उसे पूर्ण करता है 友人はそれがどんなに困難なことであろうともやり遂げる चाहे दुःख बुढ़ापे का हो या मौत का, दुनिया में सब जगह दुःख है 老いの苦しみであれ死の苦しみであれこの世にはいずこにも苦があるものなのです चाहे प्राण ही क्यों न चले जाएँ たとえ命を失うことがあろうとも कन्या चाहे फ्रांस की हो, चाहे अमेरिका की フランスの娘であれアメリカの娘であれ

चिआँ [名] タマリンドの実= चीयाँ. → इमली.

चिउँटा [名]〔昆〕アリ（蟻．特に大型の種類のアリ）= च्यूँटा.

चिउँटी [名*]〔昆〕アリ（小型のアリ）= च्यूँटी.

चिंकारा [名]〔動〕ウシ科ガゼル；インドガゼル【*Gazella gazella*】〈Indian gazelle〉

चिंगट [名]〔動〕甲殻類エビ= झींगा; झींगा मछली.

चिंगना [名] (1) ひよこ；ひな；ひなどり= मुर्गी का बच्चा; पक्षी का बच्चा. (2) 幼児= छोटा बच्चा; छोटा बालक.

चिंगारी [名*] (1) 火の粉 (2) 火花 मैं वह चिंगारी हूँ जो सारे गाँव को फूँककर राख कर सकती है 私は村全体を焼き払うことのできる火花なのです (3) 炎；激情 देश भक्ति की चिंगारी मेरे हृदय में बचपन से थी 愛国の炎は子供時分から私の胸の内に燃えていた

चिंगुड़ना [自] (1) しわがよる；しわになる (2) ちぢむ（縮む） (3) しびれる

चिंगुरना [自] = चिंगुड़ना.

चिंगुला [名] (1) ひな（雛）；ひなどり（雛鳥） (2) 子供；幼児

चिंघाड़ [名*] (1) 叫び声 (2) 象など大型動物の叫び声；咆哮 हाथी घोड़ों की चिंघाड़ （戦場での）馬や象のいななきや叫び声

चिंघाड़ना [自] (1) 象（など）が大きな声で叫ぶ；叫び声をあげる；吼える हाथी चिंघाड़ता हुआ दौड़ पड़ा 象は咆哮しながら走り出した हाथी सहसा चमक गए और ज़ोरों से चिंघाड़ते हुए शहर के बाहर की ओर भाग चले 象がにわかに後ろ足で立ち上がりものすごい叫び声をあげながら市外へ向かって走り出した (2) 叫び声をあげる；大声で叫ぶ

चिंघाना [自] = चिंघाड़ना.

चिंचा [名] (1)〔植〕タマリンド= इमली. (2) タマリンドの実= चिआँ; चीआँ.

चिंचाड़ा [名]〔植〕ヒユ科雑草インドイノコズチ【*Achyranthes aspera*】

चिंचाम्ल [名] = चूका.

चिंचिनी [名*] (1)〔植〕マメ科高木タマリンド【*Tamarindus indica*】= इमली. (2) タマリンドの実

चिंचियाना [自] (1) 子犬などがきゃんきゃんなく (2) 哀れな声を出す；悲鳴をあげる

चिंची [名*] = गुंजा.

चिंचोड़ना [他] しゃぶる；かじる= चचोड़ना. वह किसी जानवर की मारी पास पड़ी लोमड़ी की अधखाई लाश की हड्डियाँ चिंचोड़ रहा था それはそばに落ちていた他の動物が殺した狐の半分食われた死骸の骨をしゃぶっているところだった

चिंजा [名] (1) 息子 = पुत्र; बेटा; लड़का. (2) 男の子 (3) 動物の子

चिंतक [形] (1) 思索する；考える；思考する (2) 心配する (3) 願う

चिंतन [名] (1) 熟慮；熟考 (2) 思索；思考 (3) 思想 विश्वविद्यालयों में गाँधी-चिंतन की पढ़ाई हो 大学でガンディー思想を教授すべし

चिंतन-मनन [名] (1) 思索 जितना अधिक अध्ययन और चिंतन-मनन किया जाए, निबंध उतना ही श्रेष्ठ होगा 学習と思索とを深めれば深めるほど論文はすぐれたものになる (2) 観照

चिंतनशील [形] 思索的な；思慮深い

चिंतना [名*] (1) 思索すること (2) 考察 (3) 心配

चिंतनीय [形] (1) 思索されるべき (2) 考えるべき；考えられるべき (3) 心配されるべき；案ずるべき

चिंता [名*] (1) 配慮；気遣い (2) 心配；悩み；煩い；憂慮 (3) 思考；考察；熟慮 प्रजा की भलाई की चिंता 臣民の幸福についての配慮 भावी जीवन की चिंता 将来の生活の不安 चिंता का विषय 悩みの種 नींद न आने को चिंता का विषय न बनाएँ 眠れないことを悩みの種にしないこと कुछ चिंता नहीं 全く安心な；全く心配のないこと **चिंता क॰** 心配する चिंता मत करो, सब ठीक हो जाएगा 心配するな．全部うまく行くさ **चिंता खाये जा॰** 心配でならない；大変心配な= चिंता घेरना; चिंता मारे डालना. **चिंता दूर क॰** 安心させる；心配を取り除く **चिंता-फ़िकर** 悩み；心配ごと और फिर वही हारी-बीमारी, चिंता-फ़िकर またまた例の病気とか心配ごととか **(-की) चिंता लगना** （ーが）不安になる **चिंता सवार हो॰** = चिंता खाये जा॰. **चिंता से चतुराई घटे, दुख से घटे शरीर** 〔諺〕悩みがあれば頭の働きが鈍り悲しみがあれば身が細るもの

चिंताकुल [形] 不安にかられている；不安・心配で動揺している；不安でたまらない

चिंताग्रस्त [形] 心配にとりつかれている；思い煩っている

चिंताजनक [形] 心配な；不安な；憂慮すべき

चिंतातुर [形] 不安にかられた；不安げな उसने चिंतातुर स्वर में कहा 不安げな声で話した

चिंतामग्न [形] 考え込んだ；物思いに沈んだ；深く悩んでいる

चिंतामणि [名*] (1) あらゆる願いごとを叶えてくれるとされた伝説上の宝珠 (2) なにもかも必要を満たしてくれるもの

चिंताशील [形] (1) 心配性の चिंताशील मनुष्य प्रफुल्लित चित्त का साथ ढूँढता है 心配性の人は陽気な仲間を欲しがるものだ (2) 思索的な；思慮深い

चिंतित [形] 心配な；不安な；思い悩んでいる उसने चिंतित स्वर में कहा 心配げな声で話した

चिंत्य [形] (1) 考えるべき；思慮すべき (2) 憂慮すべき

चिंदी [名*] 小さなかけら；小片；びりびりに裂かれたもの **चिंदी चिंदी क॰** *a.* 粉砕する；粉々にする तुम्हारे सामान की चिंदी-चिंदी बिखेर देंगे 君の持ち物を砕いて撒き散らしてやる *b.* びりびりにする；びりびりに引き裂く **हिंदी की चिंदी निकालना** 重箱のすみをほじくる

चिंपांजी [名] = चिंपैंजी.

चिंपा [名]〔動〕キマメやタバコの葉の害虫= चेंपा.

चिंपैंजी [名] 《E. chimpanzee》〔動〕チンパンジー

चिउँटा [名] = च्यूँटा.

चिउँटी [名*] = च्यूँटी.

चिउड़ा [名] = चिउरा; चिड़वा. 焼き米（収穫したばかりの青い籾米をゆでた後煎って押しつぶし籾殻を取り除いたもので携行食にもなる）；焼き米；チウラー

चिउरा[1] [名] (1) = चिड़वा; चिउड़ा. (2) = चिउली.

चिउरा[2] [名]〔昆〕トンボ科の昆虫の総称

चिउली [名*]〔植〕アカテツ科高木インドバターノキ【*Bassia butyracea; Diploknema butyracea; Madhuca butyracea*】〈E. Indian butter tree〉

चिक[1] [名] 腰や背の痛み
चिक[2] [名] 肉屋；屠畜業者；食肉店主
चिक़ [名*] 《T. چق》すだれ；よしず= चिलमन.
चिकचिक [名*] いさかい（諍い）；争い；けんか（喧嘩）；衝突 यहाँ की रोज़ की चिकचिक से तो मेरा मन ऊब गया है ここでの毎日のいさかいにすっかり嫌気がさしている तब दोनों देशों के बीच कुछ चिकचिक हुई थी そこで両国間に若干衝突が起こった
चिकट[1] [形] = चिक्कट.
चिकट[2] [名] 絹織物や柞蚕絹布の一種= चिकटा.
चिकटना [自]（汚れなどのため）ぬるぬるする；ねちねちする；ねとねとする；くっつく；ひっつく；固まる अगर सफ़ाई की तरफ़ तवज्जा न की गई तो जुएँ पड़ जाएँगी या बाल चिकट जाएँगे 清潔に注意しないと虱がわいたり毛髪が固まるようになる
चिकटा[1] [形+] = चिक्कट.
चिकटा[2] [名] = चिकट[2].
चिकड़ी [名*]〔植〕ツゲ科ツゲ属常緑小高木【*Buxus wallichiana; B. sempervirens*】
चिकन[1] [名*] 《← P. چکن चिकिन》(1) モスリン，あるいは，絹布や綿布に施された唐草模様の刺繍（特にラクノウのムスリムの職人の手になるもの）；チカン (2) 刺繍 (3) 刺繍をした薄手の綿布 = चिकिन.
चिकन[2] [名] 《E. chicken》= चिकिन[1].
चिकनकारी [名*] 《P. چکن کاری》チカン刺繍
चिकनगर [名] 《P. چکن گر》チカン刺繍をする人；チカン刺繍の職人
चिकनदोज़ [名] 《P. چکن دوز》チカン（刺繍）をする職人→ चिकन.
चिकनरोश [名] 《← E. chicken roast》〔料〕ローストチキン
चिकना [形+] (1) すべすべしている；つるつるしている；なめらかな ढलान के तख़्ते बड़े चिकने हैं すべり台の板がとてもすべすべしている चिकनी त्वचा すべすべした肌；つるつるの肌 चिकनी सीमेंट की सड़क すべすべのコンクリート道路 (2) つるつるした；つるつるすべる मैं चिकने फ़र्श पर छपाक से ढेर हो गया つるつるの床の上にすってんころりとひっくり返った (3) てかてかの；つるつるの सभापति ने अपनी चिकनी खोपड़ी सहलाते हुए कहा 議長はつるつるの頭をなでながら言った चिकनी तोंदवाले पंडे-पुजारी 脂ぎった太鼓腹をしたパンデーやプジャーリー (4) きれいな；清潔な；さっぱりしている；すっきりしている घर ख़ूब साफ़ और चिकना रहता 家は随分清潔でさっぱりしていた (5) ねばねばする；ねばりけのある चिकना पदार्थ（गोंद, स्टार्च, आदि）ねばねばするもの（やにとか洗濯糊とか） (6) 油脂のついた；油脂を塗った (7) 口先だけの (8) 上辺ばかりの；上っ面の；表面的な चिकनी-सी मुसकान にたっとした笑み **चिकना खाना, चिकना पहनना** うまいものを食べきれいな着物を着る；美食をして着飾る **चिकना घड़ा** 恥知らずな वह तो चिकना घड़ा है, जिसपर किसी बात का असर नहीं होता あの人は恥知らずな人．何を言っても効き目がない **चिकना-चुपड़ा** *a.* 油じみた；脂っこい *b.* すべすべの *c.* 着飾った；ぱりっとした *d.* 見かけや上辺ばかりの；実のない *e.* 口先のうまい *f.* 面白い；楽しい **चिकना देख फिसल पड़ना** *a.* 上っ面に魅せられる *b.* 一目ぼれする *c.* 欲に目がくらむ **चिकना मुँह** *a.* 美しい顔 *b.* 言葉遣いのやさしい **चिकनी चुपड़ी बातें क॰** へつらう；世辞を言う；心にもないことを言う= चिकनी चुपड़ी बातें बनाना. **चिकनी ज़बान** 口のいやしい；いやしんぼうの；食い意地の張った **चिकने घड़े पर पानी न ठहरना** *a.* 馬耳東風と聞き流す *b.* 恥知らずな人はどのような仕打ちにも平気なことのたとえ= चिकने घड़े पर पानी न रुकना. **चिकने घड़े पर पानी पड़ना** = चिकने घड़े पर पानी न ठहरना. **चिकने मुँह का ठग** うまいことを言ってだます人；甘言を弄して人を欺く者
चिकनाई [名*] ← चिकना. (1) すべすべ，するする，つるつる，てかてかなど उन बालों की चिकनाई. その髪の毛のつや (2) ねばねば；ねちねち (3) 脂肪分；脂気；油っ気；油脂 चिकनाई वाले पदार्थ 脂肪分を含む物質 उसमें प्रोटीन एवं घी-चिकनाई की मात्रा कम है それには蛋白質と脂肪の分量が少ない
चिकनाना[1] [他] (1) なめらかにする；すべすべにする；つるつるにする बाँस की तीलियों को चिकनाना 竹ひごをすべすべにする (2) きれいにする；光らせる；輝かせる
चिकनाना[2] [自] (1) すべすべする；するするする；なめらかになる；つるつるする (2) ふっくらする；ふっくらしている
चिकनापन [名] ← चिकना.
चिकनाहट [名*] ← चिकना. खाल में चिकनाहट 動物の皮膚がすべすべしていること
चिकनिया [形] しゃれた；おしゃれな= छैला; बाँका; शौक़ीन.
चिकनी छालिया [名*] = चिकनी छाली; चिकनी सुपारी.
चिकनी छाली [名*] = चिकनी सुपारी.
चिकनी डली [名*] = चिकनी सुपारी.
चिकनी मिट्टी [名*] (1) 壁土；粘土 गोबर और चिकनी मिट्टी से कभी-कभी लीप देना चाहिए 牛糞と壁土を塗らなくてはならない (2) 陶土；白色粘土 (3) 埴
चिकनी सुपारी [名*] 牛乳に入れてゆでて薄く刻んだビンロウジ（キンマの葉やパーンと一緒に食される）
चिकरना [自] (1) 大声で叫ぶ= चीखना. (2) 吼える= चिंघाड़ना.
चिकरी [名*]〔植〕イラクサ科草本カワリバイラクサ【*Girardinia heterophylla*】
चिकवा[1] [名] 屠畜業や食肉の製造・販売を生業とする人；肉屋= बूचड़; चिक.
चिकवा[2] [名] (1) さくさん（柞蚕）の繭の糸；柞蚕糸 (2) けんちゅう（絹紬；繭紬）
चिकाचिक [名*] いさかい；争い；喧嘩；衝突；角突き合わせること= चिकचिक.
चिकार [名] (1) 大声の叫び；叫ぶこと= चीत्कार. (2) 咆吼= चिंघाड़. चिकार क॰ 大声で叫ぶ；咆える
चिकारना [自] (1) 大声で叫ぶ (2) 咆吼する；咆える
चिकारा[1] [名]〔イ音〕チカーラー（3本の馬毛，もしくは，ガット弦の主弦と5本の共鳴弦を持つサーランギーの種類の弦楽器．弓で弾く）
चिकारा[2] [名]〔動〕ウシ科ガゼル；インドガゼル【*Gazella gazella*】= चिंकारा.
चिकारी[1] [名*]〔昆〕カ（蚊）やブユ（蚋）などの小さな虫
चिकारी[2] [名*] チカーリー（小型のチカーラー चिकारा[1]）
चिकारी[3] [名*] 狩猟用ナイフ
चिकित्सक [名] 治療する人；医者 पुरोहित गाँव के चिकित्सक भी होते थे 祭官は村の医者でもあった
चिकित्सकीय [形] 治療のための；医療用の
चिकित्सा [名*] (1) 治療；医療 (2) 治療法；療法 चिकित्सा उपकरण 医療機械 आयुर्वैदिक चिकित्सा アーユルヴェーダの医療 प्राकृतिक चिकित्सा 自然療法 चिकित्सा अभिलेख कार्ड カルテ चिकित्सा उपकरण 医療器具 चिकित्सा छुट्टी 医療休暇 चिकित्सा निकाय 医学部 चिकित्सा पद्धति 治療法 चिकित्सा भत्ता 医療手当 चिकित्सा व्यय 医療費 चिकित्सा सहायता 医療援助
चिकित्सा अवकाश [名] 医療休暇
चिकित्सालय [名] 病院；医院 मानसिक चिकित्सालय 脳神経病院；精神病院
चिकित्सा विज्ञान [名] 医学
चिकित्सा व्यवस्था [名*] 医療制度 भारतीय चिकित्सा व्यवस्था インドの医療制度
चिकित्सा शास्त्र [名] 医学
चिकित्सा सुविधा [名*] 医療；治療 चिकित्सा सुविधाएँ मुफ़्त मिलती हैं 医療が無料で受けられる
चिकित्सा सेवा [名*] 医療 चिकित्सा सेवाओं की व्यवस्था 医療制度
चिकिन[1] [名] 《E. chicken》鶏肉；チキン
चिकिन[2] [名*] = चिकन[1].
चिकिल [名] 泥；泥土= कीचड़; पंक.
चिकीर्षा [名*] 意欲；欲求
चिकुर [名] (1) 髪；毛髪；頭髪= केश; सिर के बाल. (2) 山 = पहाड़; पर्वत. (3) 蛇などの爬虫類= सरीसृप. (4) = छछूँदर.
चिकुर पक्ष [名] (1) 分けた髪 (2) 髪のふさ；髪の束
चिकूर [名] = चिकुर.
चिकोटी [名*] つまんでねじること；つねること；つねり；ひねること；ひねり **चिकोटी काटना** *a.* つねる；ひねる *b.* 皮肉を言う आपस में चिकोटियाँ काट 皮肉を言い合って पेट में चिकोटियाँ काटते या गुदगुदी चलाते 腹をつねったりくすぐったりして
चिक्क[1] [名] = छछूँदर.
चिक्क[2] [形] 鼻の低い；鼻のひしゃげた
चिक़्क़ [名*] = चिक़.

च

चिक्कट [形] (1) 油脂などで汚れてどろどろになったりぬるぬるしている；油染みた；ぬるぬると黒く汚れた (2) ねちねちしている；べとべとしている

चिक्कण[1] [形] すべすべしている；するするしている；つるつるしている= चिकना.

चिक्कण[2] [名] (1) = सुपारी. (2) = हरीतकी.

चिक्कणी [名*] (1) = सुपारी. (2) = हड़.

चिक्करना [自] 大声で叫ぶ；大きな声で叫び声をあげる

चिक्कस [名] (1) 大麦の粉 (2) 大麦の粉でこしらえた食べ物 (3) 油とウコンを大麦の粉に混ぜたもの (ヤジュノーパヴィータ यज्ञोपवीत や挙式前のハルディーの儀式 (हलदी) の際，体に塗布される)

चिक्का[1] [名] ビンロウジ = सुपारी.

चिक्का[2] [名] = छछूँदर.

चिक्कार [名] = चिकार.

चिक्कारी [名*] = चिकार.

चिक् चिक् [名] リスの鳴き声

चिक्लिद [名] (1) しめりけ；湿気= नमी. (2) 月= चंद्रमा.

चिखर [名] ヒヨコマメの豆殻 (飼料)

चिखल्ल [名] (1) 泥；泥土= कीचड़. (2) ぬかるみ；泥沼；沼地= दलदल.

चिखुर [名] = चिखुरा.

चिखुरन [名*] 畑の雑草

चिखुरना [他] 草抜きをする；除草する

चिखुरा [名]〔動〕リス (の雄) = गिलहरी.

चिखुराई [名*] (1) 除草 (作業) (2) 除草の手間賃

चिखुरी [名*]〔動〕リス (の雌) = गिलहरी.

चिखौना [名] 酒のさかな (肴)；酒のつまみ

चिखौनी [名*] (1) 味見 (2) 酒のさかな；酒のつまみ

चिग्ग [名*] すだれ = चिक.

चिग्घाड़ [名*] 大きな叫び声；咆哮

चिग्घाड़ना [自] 大声で叫ぶ；咆哮する

चिचड़ा [名] (1)〔植〕ヒユ科雑草インドイノコズチ【*Achyranthes aspera*】= चिड़चिड़ा; अपामार्ग. (2)〔節動〕クモ類イヌダニ= किलनी; किल्ली.

चिचड़ी [名*]〔節動〕イヌダニ = किलनी; किल्ली. **चिचड़ी-सा चिमटना** 食らいついて放さない；ダニのように食らいつく；しつこくつきまとう

चिचरी [名*]〔鳥〕セキレイ科マミジロタヒバリ【*Anthus novaeseelandiae rufulus*】= चरचरी; भारत तुलिका.

चिचिंडा [名]〔植〕ウリ科蔓草ヘビウリ【*Trichosanthes anguina*】

चिचिड़ाना [自] 乾いてひびわれる；乾燥のためひびが入る

चिचियाना [自] 叫ぶ；大声を出す；繰り返し大声で叫ぶ；大騒ぎをする

चिचेड़ा [名] = चिचिंडा.

चिचोड़ना [他] = चचोड़ना. (1) しゃぶる (2) かじる जूती चिचोड़ना (犬が) 靴をかじる= चिचोरना.

चिजारा [名] 煉瓦職人；煉瓦工；左官= राज; मेमार.

चिट [名*] (1) 紙切れ；紙片 (2) 紙や布の細長いきれ

चिटक [形] 汚らしい；汚れた；汚れ腐った

चिटकना [自] (1) ぱちっ，かちっなどの音を立ててひびわれる；ひびが入る；乾燥のためひびが入る (2) 木がぱちぱちとはじけて燃える (3) 蕾が開く (4) いらだつ

चिटकाना [他] (1) ひびを入れる；乾燥したものを割る (2) ぱちぱちと燃やす (3) いらだたせる

चिटकी [名*] = चुटकी.

चिटखनी [名*] 掛け金= सिटकिनी. मैंने चिटखनी लगा दी 掛け金をかけた

चिटगाँव 〔地名〕チッタゴン (バングラデシュ南東部の都市) = चटगाँव.

चिटनवीस [名] 《چٹ نویس H.चिट + P. نویس नवीस》書記；文書記録係；記帳係

चिटनीस [名] 《Mar.》(1) = चिटनवीस. (2) マラーター人の姓の一

चिट्टा[1] [形+] (1) 白い；明るい色の (2) 色白の

चिट्टा[2] [名] 銀貨

चिट्टा[3] [名] おだて；けしかけること **चिट्टा लड़ाना** おだてる；けしかける

चिट्ठा [名] (1) 覚え書き；書き留め (たもの)；メモ；控え (たもの) (2) 表；明細書；目録；リスト (3) 帳簿；取引日記帳；出納簿 (4) 貸借対照表；バランスシート (5) 費用明細書；請求書；出費一覧表 (6) 地代帳；貸し付け台帳 (7) 家事使用人や日雇いなどへの給与や労賃，ないしは，現物支給の食糧 (8) 草案；原案 (9) 記録 हाकिमों की करतूतों का चिट्ठा 役人の行動の記録 भगवान हर आदमी के जीवन के क्रिया-कलापों का चिट्ठा देखते हैं 神様は各人の一生の行動の記録をご覧になる **कच्चा चिट्ठा** *a.* 仮勘定；粗計算；概算 *b.* 大体 (のこと)；大まかな見当；あらまし *c.* ありのままのこと；実情 *d.* 秘密；内密；内幕 (-का) **कच्चा चिट्ठा खोलना** *a.* (一の) 秘密を暴く；(一を) 暴露する *b.* (一の) 昔語りを長々とする；(一の) つまらぬ話をくだくだとする *c.* (一の) 泣きごとを言う **चिट्ठा उतारना** *a.* 貸し付け帳をこしらえる *b.* 貸し付けを取り立てる **चिट्ठा क॰** 目録を作る；リストを作成する **चिट्ठा तैयार क॰** 見積もる；見積書を準備する **चिट्ठा बँटना** (労賃や給与が) 支払われる；支払いがなされる **चिट्ठा बही** 〔簿〕試算表 ⟨trial balance⟩ **चिट्ठा बाँटना** (使用人や労務者などに) 労賃や給金を支払う；給与を支払う **चिट्ठा बाँधना** 〔商・簿〕精算する；帳簿の貸借を対照する；決算する **चिट्ठे पर चढ़ना** 名簿や帳簿に記される

चिट्ठी [名*] (1) 手紙；書簡 (2) 手形；約束手形；支払い依頼書 **चिट्ठी आ जा॰** 死に際が近づく **चिट्ठी कटना** = चिट्ठी आ जा॰. (-में) **चिट्ठी डालना** 手紙を投函する (-के नाम) **चिट्ठी डालना** (一に) 手紙を出す रंजीत के नाम चिट्ठी डालना ランジートに手紙を出す **चिट्ठी भरना** (支払い依頼書に応じて) 支払う (-में) **चिट्ठी लगाना** 手紙を届ける

चिट्ठी-पत्री [名*] (1) 手紙 जयपुर जाकर चिट्ठी-पत्री देती रहना ジャイプルに行ったら手紙を欠かさず出すようにしなさい (2) 手紙のやりとり；文通；通信 चिट्ठी-पत्री का आदान-प्रदान 手紙のやりとり

चिट्ठी-बही [名*] 発信控え；通信控え

चिट्ठी-रसाँ [名] 《H.चिट्ठी + P. رساں》郵便配達人；郵便集配人 = डाकिया; पोस्टमैन; हरकारा.

चिट्ठी राहदारी [名*] 《H. + P.راہ داری》(1) 通行証；通行手形 (2) 通関許可

चिड़[1] [名*] 鳥 = चिड़िया.

चिड़[2] [名*] = चिढ़.

चिड़चिड़ [名*] 猿のきゃっきゃっという叫び声

चिड़चिड़ा[1] [形+] (1) いらいらする；いらだっている स्वास्थ्य गिरने लगता है, स्वभाव चिड़चिड़ा रहने लगता है 体調が衰え出し元気がなくなりいらいらするようになる उनकी पत्नी इन दिनों बहुत चिड़चिड़ी हो गयी है あの方の夫人は最近非常にいらだっている (2) 怒りっぽい；短気な；癇の強い；癇癪持ちの वृद्धावस्था में कुछ चिड़चिड़ा स्वभाव हो जाने के कारण 年をとって少し怒りっぽくなったために चिड़चिड़ा पति 怒りっぽい夫 बहुत-से बच्चे चिड़चिड़े और जिद्दी होते हैं 多くの子供は癇が強くて強情なのだ (3) よく乾燥した；ぱりぱりに乾いた

चिड़चिड़ा[2] [名] = चिचड़ा.

चिड़चिड़ाना [自] (1) いらだつ；いらいらする；ぷりぷりする पिता जी अलग चिड़चिड़ाएँगे お父さんはお父さんでいらいらなさるだろう चिड़चिड़ाती बूढ़ी ぷりぷりしている老婆 (2) ぱりぱりになる；ぱりぱりに乾く (3) 乾いてはじける (4) 木がはじけて燃えたり油に水が混じってはじけて燃える音がする

चिड़चिड़ापन [名] いらいら；いらだち；怒りっぽいこと；短気 बच्चों में चिड़चिड़ापन 子供たちのいらだち

चिड़वा [名] 焼き米 = चिउड़ा.

चिड़ा [名]〔鳥〕スズメの雄→ चिड़िया; गौरैया.

चिड़ाना [他] = चिढ़ाना.

चिड़िया [名*] (pl. が चिड़ियाँ以外に चिड़िएँ/चिड़ियें という形で見られることがまれにある) (1)〔鳥〕ハタオリドリ科イエスズメ【*Passer domesticus*】= गौरैया；スズメ (2) イエスズメの雌 (3) 鳥 आकाश में बहुत दूर उड़ने वाली चिड़ियाँ うんと空高く飛ぶ鳥 घरेलू चिड़ियाँ 人家の近くに来るような鳥 (インコ，キュウカンチョウ，スズメ，ハトなど) शिकारी चिड़ियाँ 小動物や小鳥を捕食する猛禽や魚を捕食する水鳥 चिड़ियों की बोलियाँ 鳥の鳴き声 (4) バドミントンの羽；シャトル (5) トランプのクラブ (6) 若い娘 **किस**

चिड़िया का नाम है 全然知らない；聞いたこともない मैंने आज तक न जाना, प्रेम किस चिड़िया का नाम है 今日まで「恋」なんて聞いたこともない चिड़िया उड़ जा॰ *a.* 死ぬ *b.* (人に) 逃げられる；(人を) 失う चिड़िया का दूध あり得ないこと चिड़िया का नाम न हो॰ 全く人気のないこと चिड़िया का पूत न हो॰ = चिड़िया का नाम न हो॰. चिड़िया की चाल भी पहचानना 見抜く；見通す चिड़िया के छिनाले में पकड़ा जा॰ つまらぬことにかかずらわる चिड़िया चुगाना 手なづける चिड़िया दाने पर आ॰ だまされる；はめられる चिड़िया लड़ाना 告げ口をする

चिड़ियाख़ाना [名] 《H. + P. خانه》動物園 = चिड़िया घर; ज़ू.

चिड़िया घर [名] 動物園 = ज़ू.

चिड़िया चुनमुन [名] 小さな生き物；小動物

चिड़िया चोथन [名] あちこちから借金の返済の催促をされること

चिड़िया नोचन [名] = चिड़िया चोथन.

चिड़ी [名*] (1) 鳥 दिल चिड़ी जितना छोटा है とても小心な (2)〔トラ〕クラブ

चिड़ीख़ाना [名] = चिड़ियाख़ाना.

चिड़ीमार [名] 鳥を捕らえる人；鳥刺し= बहेलिया.

चिड़क्का [名]〔鳥〕カエデチョウ科ギンバシ【*Uroloncha malabarica*】

चिड़ैया [名*] = चिड़िया.

चिड़ैया-स्नान [名] カラスの行水

चिढ़ [名*] (1) 腹立たしさ；むかつき；いらだち；いらいら बेतरतीबी से उन्हें चिढ़ है あの方はきちんとしていないことが腹立たしいんだ (2) いやなこと；嫌いなこと चंदर को दूध से चिढ़ है チャンダルは牛乳が嫌い चिढ़ निकालना 人を腹立たせるようなことをわざわざ言う

चिढ़ना [自] (1) 腹を立てる；腹が立つ；しゃくにさわる；いらいらする；いらだつ तुम्हें कोई देता नहीं, तभी चिढ़ती हो だれもくれないものだからあんたは腹を立てているんだ यह सुन राजकुमारी चिढ़ गई 王女はこれを聞いてぷりっとした (2) 嫌う；いやがる

चिढ़वाना [他・使] ← चिढ़ाना.

चिढ़ाना [他] (1) からかう；怒らせる इस नाम से उसे चिढ़ाया जाता था この名前でからかわれる सावित्री को चिढ़ाने की गरज से उलटी बात बोला サーヴィトリーをからかうつもりででたらめを言った (2) 真似をして馬鹿にする；馬鹿にして真似をする (-का) मुँह चिढ़ाना 相手の口真似や表情を真似て馬鹿にしたりからかったりする

चित् [名*] (1) 考え；思い (2) 意識 (3) 心情 (4) 心；胸 (5) 魂；精神 (6)〔イ哲〕知；智；思；精神

चित[1] [形] (1) 積まれた；積み重ねられた= संचित. (2) 覆われた = ढका हुआ; आच्छादित. (3) 集められた

चित[2] [形] 仰向けに横たわった= पीठ के बल पड़ा हुआ. चारों खाने चित हो॰ *a.* 仰向けに横たわる *b.* 完敗する चित क॰ 投げとばす = पटकना; पछाड़ना. चित पड़ना या पट पड़ना うまく行くか行かぬか；吉と出るか凶と出るか चित भी मेरा, पट भी मेरा (और) अंटा मेरे बाप का 〔諺〕自分の利益のみを考えたり図ったりするする人やそのような考え方や行動（について言う） चित हो॰ *a.* 仰向けに横たわる *b.* 失神する

चित[3] [副] 仰向けに

चित[4] [名] → चित्त.

चित[5] [名] 眼差し；目つき= चितवन; दृष्टि; नज़र.

चितकबरा [形[+]] (1) (白無地に) まだらな (2) ぶちの；斑の；斑点のある (3) 色とりどりの गरमी या बरसात के मौसम में ऐसा पाउडर पसीने के कारण चितकबरा-सा हो जाता है 夏や雨季にはこのようなおしろいは汗で模様が入ったようになる नारंगी आँखों वाली चितकबरी बिल्ली 橙色の目をした斑猫

चितचोर [名] 心や魂を奪うもの；魅了するもの；最愛のもの；恋人

चितपट [名] (1) 硬貨や貝殻などをほうり投げ（表か裏などで）勝負や順序などを決めること；トス (2) レスリング चितपट क॰ *a.* びっくりさせる；あわてさせる *b.* 硬貨や貝殻などを投げ上げて勝負などを決する चितपट हो॰ 勝負などが決まる

चितभंग [名] 精神集中のできない状態；頭の混乱すること

चितरना [他] (1) 絵をかく（描く）；えがく（描く） (2) 模様などを描く

चितरा [名]〔動〕シカ科アクシスジカ= चीतल.

चितरोखा फ़ाख़ता [名] 《H.+ P. فاختة ← A.》〔鳥〕ハト科キジバト属カノコバト【*Streptopelia chinensis*】

चितरोला [名]〔動〕イタチ科ヒマラヤテン【*Martes flavigula*】〈Himalayan yellowthroated marten〉= चितराला; चित्रोला.

चितला [形[+]] まだらな；ぶち (斑) の；斑点のある= कबरा; चितकबरा.

चितली चिलचिल 〔鳥〕ムシクイ科ミヤマスジチメドリ【*Garrulax lineatus*】

चितवन [名*] (1) 眼差し；視線= दृष्टि; नज़र; निगाह. आँख की चितवनों से 眼差しで (2) 色目 चितवन चढ़ाना 眉をつり上げて怒りの表情を見せる चितवन डालना 見る；見つめる

चिता [名*] (1) 火葬のため積み上げられたたきぎ (薪)；火葬壇 चंदन की चिता में उनका पार्थिव शरीर भस्म हो गया 白檀の積み重ねられた火葬壇であの方の現身は灰に化した (2) 火葬場 चिता चुनना 火葬のため薪を積み重ねる；火葬壇を積み上げる चिता पर चढ़ना *a.* 火葬の薪に横たわる *b.* 女性が夫の火葬の際殉死する चिता पर पैर रखना 死にかかる चिता में बैठना = चिता पर चढ़ना. चिता सजाना 根絶する；根絶やしにする；根こそぎにする

चिताना[1] [他] = चेताना. (1) 注意を向けさせる；注意させる (2) 目を覚まさせる；覚醒させる

चिताना[2] [自] 絵にかかれる；えがかれる（描かれる）；かかれる

चिताना[3] [他] 絵にかく（描く）；えがく（描く）

चिताभस्म [名] 火葬の後に残った灰；遺灰

चिताभूमि [名*] 火葬場 = श्मशान.

चितारना [他] (1) 思う；念じる (2) 思い出す；思い起こす

चितावनी [名*] 警告 = चेतावनी. चितावनी दे॰警告する

चिति [名*] (1) 積み重ねること；積み上げること (2) 火葬のために積み上げた木 (3) 積み重ねたもの；積み上げたもの

चितिका [名*] 腰帯；腰ひも= करधनी; मेखला.

चितिया [形[+]] 斑点のついた

चितिया गुड़ [名] ナツメヤシの果汁から作られる砂糖

चितेरा [名] 絵描き；画家；絵師 सब से चतुर चितेरा 一番腕のよい絵師

चितेरिन [名*] (1) 女性の画家；女流画家；女絵師 (2) 画家の妻

चितेरी [名*] = चितेरिन.

चितेला [名] = चितेरा.

चितौन [名*] = चितवन.

चित्त[1] [名] 心；精神；気；気持ち अस्थिर चित्त 落ち着きのない心 चित्त अटकना *a.* 気がかりになる *b.* 何かに心を奪われる *c.* 引きつけられる；心ひかれる चित्त आ॰ *a.* 思い出す；思い出される *b.* 気に入る चित्त उचटना *a.* いやになる；気が乗らない；うんざりする *b.* 落ち着かない चित्त उतरना 心が離れる；気が進まない；嫌気がさす चित्त उदास हो॰ 悲しむ；ふさぎこむ；重苦しい気持ちになる चित्त क॰ *a.* 望む；欲する *b.* 思い出す；思い浮かべる चित्त खींचना *a.* 魅了する *b.* 気にかけない चित्त चढ़ना *a.* 心を占める *b.* 熱中する；のぼせる；熱を上げる *c.* 気に入る；乗り気になる चित्त चाक पर चढ़ा हो॰ 心が定まらない；迷う चित्त चुराना 魅了する；魅惑する चित्त चूर हो॰ 大変悲しい思いをする；胸が張り裂ける= चित्त चूर चूर हो॰. चित्त चेतना 思う；思い浮かべる चित्त जोड़ना 好きになる；ほれる चित्त टूटना 心にわだかまりができる चित्त ठिकाने न रहना 気がめいる चित्त डिगना いやになる；嫌気がさす；うんざりする चित्त डुलाना 気をそらす चित्त दुखी क॰ 悲しませる चित्त धरना *a.* 決意する *b.* 思い浮かべる चित्त पर खचित कर दे॰ 胸に刻む；胸に刻みこむ चित्त पर खचित हो जा॰ 胸に深く刻みこまれる चित्त पर चढ़ना *a.* 思いを寄せる *b.* 思う *c.* 強く思う चित्त फटना 悲しい思いをする；胸が張り裂ける चित्त बँटना 気が散る चित्त बँटाना 気を散らせる चित्त बसना 好きになる；ほれる चित्त बाँधना 恋をする चित्त बिकना 心を奪われる चित्त भंग हो॰ 気が散る चित्त में आ॰ = चित्त आ॰. चित्त में उठना 思う；思い浮かぶ；思い浮かべる चित्त में जमना *a.* 深い印象を残す *b.* のみこむ；理解する चित्त में धँसना いつも気にかかる चित्त में धरना *a.* 気にとめる *b.* 恋する चित्त में बसना = चित्त में धँसना. चित्त में रखना *a.* わだかまりを感じる；ひっかかる *b.* 気にかける；気にとめる चित्त में लाना *a.* 考える；思う *b.* 気になる；意欲が起こる *c.* 恋する चित्त में शूल हो॰ 妬ましくなる；妬みを感じる चित्त में समाना = चित्त में धँसना. चित्त मैला क॰ 良からぬことを思う；悪い考えを起こす；心に迷いが生じる चित्त रखना *a.* 好きになる；恋する

b. 熱中する；熱を上げる **चित्त लगना** *a*. 恋する；恋をする *b*. 専心する；精神集中する **चित्त लगाना** *a*. 恋をする *b*. 注意を向ける *c*. 精神を集中する **चित्त लाना** 恋する **चित्त ले॰** *a*. 引きつける；魅惑する *b*. 腹を探る **चित्त समा रहना** ずっと思う；思い続ける **चित्त से उतरना** *a*. 忘れる；忘却する *b*. 嫌気がさす；いやになる **चित्त हटना** いやになる；嫌気がさす；飽きる= चाह न हो॰；जी फिरना；जी फिर जा॰． **चित्त हरना** 心を奪われる **चित्त हलका हो॰** 気が楽になる

चित्त[2] ［形］= चित[2]． **चित्त पड़ना** *a*. 仰向けになる धरती पर चित्त पड़कर 地面に仰向けになって *b*.（勝負に）勝つ **चित्त लेटना** 仰向けに横たわる

चित्तचारी ［形］（―の）意に従う；（―の）意に従って行動する

चित्तचौर ［名］恋人 = चित्तचोर.

चित्तज[1] ［名］(1) 恋 (2) カーマ神

चित्तज[2] ［形］心に生まれた

चित्तजन्मा ［名］カーマ神= कामदेव.

चित्तज्ञ ［形］人の心を知る

चित्तनिवृत्ति ［名*］心の平静；心の落ち着き

चित्तपट ［名］= चितपट.

चित्तप्रसादन ［名］〔ヨガ〕心が他人の幸・不幸をわがものとし他人の善行を喜び悪行を無視するようになること

चित्तभू ［名］(1) 恋 (2) カーマ神

चित्तभूमि ［名*］心の状態

चित्तभ्रम ［名］心の混乱

चित्तल ［名］〔動〕シカ科アクシスジカ【*Axis axis*】= चीतल.

चित्तवान् ［形］高邁な

चित्त-विक्षेप ［名］心の動揺；心の乱れ

चित्त-विद् ［形］人の心を見通す；人の心を見抜く

चित्त-विप्लव ［名］狂気；乱心 = उन्माद.

चित्तवृत्ति ［名*］(1) 感情 (2) 精神状態 (3) 志向 (4) 性向；性質；傾向

चित्त-शुद्धि ［名*］心を清めること तपस्या और चित्त-शुद्धि की साधना 苦行と心を清める修行

चित्तहारी ［形］心を奪う；魅力的な；魅惑的な

चित्ताकर्षक ［形］魅する；魅了する；魅惑する

चित्तापहारक ［形］= चित्तहारी.

चित्ती ［名*］(1) 斑点；斑 (2) きず (3) しみ (4)〔鳥〕カエデチョウ科シマキンパラ तेलिया मुनियाँ のメス【*Lonchura punctulata*】 **चित्ती खाना** しみがつく **चित्ती पड़ना** しみがつく (-की) **चित्ती पड़ना**（賭博で―の）勝ちになる

चित्तीदार ［形］《H. + P. دار》斑入りの；斑点の入っている इन पक्षियों के पर चित्तीदार होते हैं これらの鳥の羽には斑点がある

चित्ती रोग ［名］〔農〕モザイク病 तंबाकू की पत्ती में चित्ती रोग फैलाने वाले विषाणु タバコの葉にモザイク病を広げるウイルス

चित्तोद्रेक ［名］慢心；驕り = घमंड；अहंकार.

चित्तौड़ = चित्तौर.

चित्तौर ［名］〔地名〕チットール（ラージプート族のシソーディヤー氏族がウダイプルに移る前に本拠地としたラージャスターン州南部の都市．ラージプートの栄華を物語る古都）= चित्तौड़.

चित्र[1] ［名］(1) 絵；絵画 **चित्र उतारना** 絵を描く= चित्र बनाना. (2) 写真 **चित्र ले॰** 写真を写す इस बार मैंने अपने कैमरे से उनके कई चित्र लिए थे 今度は自分のカメラであの方の写真を幾枚か撮った गुप्तकालीन समाज का स्पष्ट चित्र グプタ時代の社会の明確な姿 दुर्लभ चित्र 珍しい写真 (3) 図；図形；図表 (4) 像；映像；影像 (5) 姿；様相；状態 गाँवों का चित्र बदल रहा है 農村の姿が変わりつつある (6)〔修辞〕ふざけた問答形式による地口表現

चित्र[2] ［形］(1) 色とりどりの (2) まだらな (3) 多様な (4) 特異な；風変わりな

चित्रक ［名］(1)〔ヒ〕ティラク（額にセンダンの粉末などでつけるヒンドゥー教の宗派などを示す標識） (2)〔植〕イソマツ科セイロンマツリ【*Plumbago zeylanica*】 (3)〔動〕ネコ科チーター= चीता.

चित्रकला ［名*］絵画（美術）；絵画（絵を描くこと）= चित्रकारी.

चित्रकार ［名］絵描き；画家；絵師

चित्रकारी ［名*］(1) 絵画（絵を描くこと） (2) 絵付け मिट्टी के बरतन पर तरह-तरह की चित्रकारी 陶器の様々な絵付け (3) 絵描き（の仕事） चित्रकारी क॰ 絵を描く；絵付けをする

चित्रकाव्य ［名］〔イ文芸〕チトラカーヴィヤ（サンスクリット文学で表現の暗示性を基準にしたカーヴィヤの分類の一で低級なものとされる．修辞の奇を衒ったり過度な修辞を用いる詩）

चित्रकुष्ठ ［名］〔医〕白なまず；白癩= सफ़ेद कोढ़；श्वेत कुष्ठ.

चित्रकूट 〔地名・ラマ〕チトラクータ／チトラクート（『ラーマーヤナ』の中でラーマやシーターたちが森へ追放された間この地でかなりの期間過ごしたとされる．ウッタル・プラデーシュ州バーンダー बाँदा 県南部）

चित्रगुप्त ［名］チトラグプタ（冥界のヤマ王 यम の配下ですべての人の善悪の行為の記録をとるとされる）

चित्रण ［名］(1) 絵を描くこと (2) 彩色；色付け (3) 描写；描くこと उसने अपनी पुस्तकों में समाज की बुराइयों का खुलकर चित्रण किया 著書の中で社会悪を包み隠さず描いた जीवंत चित्रण क॰ 活写する मर्मस्पर्शी चित्रण 感動的な描写 मार्मिक चित्रण 心を打つ描写

चित्रदर्शी लालटेन ［名*］《H.+ E. lantern》(1) 幻灯機 (2) スライド映写機

चित्रदर्शी स्लाइड ［名］《H.+ E. slide》スライド〈lantern slide〉

चित्रनिर्माण ［名］作画

चित्रपट ［名］(1) 画布 (2) 幕 (3) 画面；絵の描かれた面 (4) 銀幕；映写幕；スクリーン (5) 網膜

चित्रपटी ［名*］画布

चित्रप्रक्षेपी लालटेन ［名*］《H.+ E. lantern》幻灯機〈magic lantern〉

चित्रफलक ［名］画面；絵の描かれた面

चित्रमय ［形］絵入りの；挿し絵入りの

चित्रमृग ［名］= चीतल[1]

चित्रल ［形］色とりどりの；まだら模様の= चितकबरा；रंगबिरंगा.

चित्र लिपि ［名*］(1) 絵文字；象形文字〈pictography / hieroglyphic〉 (2) 映画の脚本；シナリオ

चित्रलेख ［名］絵文字；象形文字 उनकी भाषा चित्रों की तरह चिह्नों में लिखी जाती थी जो चित्रलेख कहलाते थे 彼らの言葉は象形文字と呼ばれる絵のような記号で書かれていた

चित्रलेखन ［名］絵や文字を書くこと（描くこと）

चित्रलेखनी ［名*］絵筆= कूँची；चित्रलेखा.

चित्र-विचित्र ［形］(1) 色とりどりの (2) 多様な (3) 独特な；特異な；目立つ

चित्रशाला ［名*］(1) 美術館 (2) 画廊

चित्र सामग्री ［名*］画材

चित्रसारी ［名*］(1) 絵を描くこと (2) 美術館

चित्रांकन ［名］(1) 絵を描くこと (2) 描写

चित्रांकित ［形］(1) 絵に描かれた (2) 描写された

चित्रांग ［名］(1)〔動〕シカ科アクシスジカ (2)〔動〕チーター (3)〔植〕イソマツ科草本セイロンマツリ【*Plumbago zeylanica*】

चित्रा ［名*］〔占星〕チトラー चित्रा तारा मंडल（インドの二十七宿で第 14 番目の星宿．漢名は角）

चित्राक्षर ［名］象形文字〈pictogram / pictograph〉

चित्रात्मक ［形］描写的な；絵のような

चित्रात्मकता ［名*］← चित्रात्मक. 描写力

चित्राधार ［名］(1) アルバム；写真帳 (2) 画布 (3) 背景

चित्रालय ［名］= चित्रशाला.

चित्रावली ［名*］画集；絵画集 यह समूची चित्रावली ऐसी सजीव है मानो सारा दृश्य हम अपनी आँखों देख रहे हों この画集全体がまるで情景を目の当たりに見るように生き生きとしている

चित्रावल्लरी ［名*］(1)〔建〕フリーズ (2)〔建〕（建築上部の）帯状装飾；装飾帯〈frieze〉

चित्रिणी ［名*］チトリニー（古代インドの性愛学書 अनंग रंग において体形，容貌，性質による女性の 4 分類の 1 で第 2 位）

चित्रित ［形］(1) 絵に描かれた (2) 絵で示された (3) 模様の入った；柄のついた (4) 描写された；描かれた

चित्रोला ［名］〔動〕イタチ科ヒマラヤテン【*Martes flavigula*】〈Himalayan yellowthroated marten〉

चिथड़ा[1] ［名］(1) ぼろ (2) ぼろぎれ **चिथड़ा लपेटना** ぼろをまとう **चिथड़े चिथड़े हो जा॰** ずたずたになる；ぼろぼろになる **चिथड़े लगना**

a. ぼろをまとう *b.* 落ちぶれる；生活に困窮する **चिथड़े लगाना** = चिथड़े लगाना. **चिथड़े लपेटना** ぼろをまとう= चिथड़े लगाना.

चिथड़ा[2] ［形⁺］ぼろになった；ぼろぼろの

चिथड़ा-गुदड़ा ［名］ぼろ；ぼろぎれ

चिथाड़ना ［他］(1) ずたずたにする (2) 叱りとばす

चिदात्मा ［名］〔イ哲〕純粋知

चिद्रूप[1] ［形］(1) 知から成る (2) 賢明な；聡明な

चिद्रूप[2] ［名］〔イ哲〕純粋知

चिन ［名］(1)〔植〕タデ科ダッタンソバ【*Fagopyrum tataricum*】= कसपत. (2)〔植〕イネ科キビ【*Panicum miliaceum*】

चिनक ［名*］(1) 炎症及び炎症に伴うひりひりした痛み (2) 尿道の炎症による劇痛= चिनग.

चिनगारी ［名*］(1) 火花 संघर्ष की चिनगारी 衝突の火花 (2) 火の粉 (3) 火種（比喩的な意味で） **चिनगारियाँ लगना** 気に障る；癪に障る（**आँखों से**）**चिनगारी छूटना** 激怒する；目をむいて怒る **चिनगारी छोड़ना** 怒らせる **चिनगारी डालना** = चिनगारी छोड़ना.

चिनगी ［名*］= चिनगारी.

चिनचिनाहट ［名*］= चुनचुनाहट. ちくちくしたりひりひりしたりする感じや痛み धूप में चिनचिनाहट थी 日差しはひりひり痛かった

चिनना ［他］= चुनना. (1) 集める；寄せ集める (2) 積み上げる；築く (3) 詰める；詰め込む (4) 生き埋めにする

चिनाई ［名*］(1) ← चिनना. (2) 石工や煉瓦を扱う専門職 〈masonry〉

चिनाब ［名］チナーブ川（パンジャーブ・ヒマラヤから流れ出る5大河の一でパキスタン北部を経てパンジャーブ平原を流れる）= चंद्रभागा.

चिनार ［名］《← P. چنار चनार》〔植〕スズカケノキ科高木スズカケノキ；プラタナス【*Platanus orientalis*】

चिनिया[1] ［形］(1) 中国の (2) 中国産の (3) 中国製の

चिनिया[2] ［形］(1) 白砂糖でできた (2) 白砂糖の混じった (3) 白砂糖の味のする (4) 白砂糖の色をした

चिनिया[3] ［名］絹の一種

चिनिया केला ［名］小さいバナナの一品種

चिनिया बादाम ［名］《H.+ P. بادام》〔植〕マメ科ラッカセイ（落花生） = मूँगफली.

चिनिया बेगम ［名*］《H. + T. بیگم》〔俗〕アヘン；阿片 = अफ़ीम; अहिफेण.

चिनौटिया ［形］ひだのついた= चुन्नटवाला.

चिनौती ［名*］= चुनौती.

चिन्न ［名*］〔植〕マメ科ヒヨコマメ= चना.

चिन्मय ［名］〔イ哲〕最高我= परमात्मा.

चिन्ह ［名］= चिह्न.

चिन्हना ［自］= पहचानना.

चिन्हवाना ［他・使］← चिन्हना. = पहचनवाना.

चिन्हानी ［名*］(1) 記念物= स्मारक; यादगार. (2) しるし；目印；特徴

चिन्हार ［形］(1) 見知っている (2) なじみの；面識のある

चिन्हारना ［他］しるしをつける

चिन्हारी[1] ［名］(1) 知人；知り合い；知己 (2) しるし

चिन्हारी[2] ［名*］なじみ；面識= जान-पहचान.

चिन्हित ［形］= चिह्नित. しるしのついた；しるしをつけられた चिन्हित क॰ しるしをつける अनेक किस्मों के बीजों को जमा करो और उन्हें चिन्हित करो 幾種類もの種を集めそれにしるしをつけなさい

चिप ［名］《← E. chip shot》〔ス〕チップショット= चिप शॉट.

चिपकना ［自］(1) 物と物とが引っつく；くっつく；密着する कमीज़ भीगकर उसके शरीर से चिपकी थी シャツが濡れて体にべったり引っついていた उनके होंठ इस बार भी आपस में चिपक कर रह गए थे 唇は今度も引っついたままになった (2) 付着する；こびりつく；貼りつく दाँतों से चिपकनेवाली मीठी चीज़ें 歯に引っつく甘いもの (3) 寄り添う；近寄る दस वर्षीय बेटा और चार वर्षीय बेटी माँ से चिपके बैठे थे 10 歳の息子と 4 歳の娘が母親にぴったり寄り添って座っている (4) 巻きつく；からみつく；抱きつく (5) (―に) 熱中する；のぼせる；没頭する फिर से कॉमिक में चिपक गई またまた漫画に熱中してしまった (6) しがみつく；強くつかんで放さない पेड़ के तने से चिपकना 木の幹にしがみつく (7) しがみつく；地位や職分に執着して離れない सत्तर पचहत्तर वर्ष की आयु का होने पर भी कई राजनीतिज्ञ अपनी कुर्सियों से चिपके रहने के लिए 古稀を越えても一部の政治家はその椅子にしがみ続けるので (8) へこむ；くぼむ；落ちくぼむ；こける कुएँ से उतरते समय गिर गये.पानी तो ख़राब हुआ ही, गगरा भी टूट-चिपक गया 井戸端から下りる際に倒れた．水が駄目になったのはもちろんだが水入れも壊れてへこんでしまった आँखें चिपककर धँस गई थीं 目が落ちくぼんでしまっていた गाल चिपके हुए こけてしまった頬

चिपकाना ［他］(1) 引っつける；くっつける ढक्कन पर कील बीचों बीच रखकर तार से चिपका दो ふたの真ん中に釘を置いて針金で引っつけなさい (2) 貼る；貼付する；貼りつける गोंद से टिकट चिपका देता हूँ のりで切手を貼る हर डिब्बे पर नाम तथा उपयोग की परचियाँ चिपकाई गईं すべての箱に名称と用法の説明書が貼付された (3) 抱きしめる बंदरिया की तरह मरे हुए बच्चे को चिपकाये 雌猿のように死んだ子を抱きしめて छाती से चिपकाना 胸に抱きしめる अब भी पुराने दकियानूसी विचारों को छाती से चिपकाए रखना बुद्धिमानी नहीं है 今なお古めかしい時代遅れの考えを後生大事にすることは賢明なことではない (4) 巻きつける；からめる इंसुलेशन टेप चिपकाना 絶縁テープを巻きつける (5) 仕事につける

चिपचिप ［名*］(1) ねちねち (2) ねばねば (3) ねとねと चिपचिप क॰ ねちねちする；ねばねばする；ねとねとする

चिपचिपा ［形⁺］(1) ねちねちした；ねちゃねちゃした (2) ねばねばした；ねばねばの (3) ねとねとした；べたべたした；粘っこい चिपचिपा पदार्थ ねばねばした物質 चिपचिपा माद्दा 粘液

चिपचिपाना ［自］ねちねちする；ねとねとする；ねばねばする；べたべたする

चिपचिपाहट ［名*］(1) 粘り気があってよく引っつく様子；ねちねち；ねばねば；べたべた；べとつき (2) 粘着力；粘着性；粘性 कच्चे तैल की भी चिपचिपाहट होती है 精製していない油にも粘着力がある

चिपट ［形］鼻の低い

चिपटना ［自］(1) 引っつく；くっつく；密着する (2) 抱きつく माँ के शरीर से चिपटते हुए 母親に抱きつきながら (3) からまる；からみつく यह अंकुर बढ़ते-बढ़ते किसी भी हरे पौधे तक पहुँचकर उससे चिपट जाता है この芽は成長して行くうちに何らかの草木のところに達するとそれにからみつく (4) 没頭する；熱中する

चिपटा ［形⁺］(1) 平たい；平べったい；平らな (2) ひしゃげた；ぺちゃんこの；低い चिपटी नाक 低い鼻

चिपटाना ［他］(1) 引っつける；くっつける (2) 抱き寄せる；だく（抱く）；抱きしめる छाती से चिपटाना 胸に抱きしめる (3) からませる；からみつかせる

चिपटी ［名*］(1)〔装身〕チプティー（耳たぶにつける輪形の耳飾り） (2)〔俗〕女陰 **चिपटी खेलना** 女性の同性愛行為；貝合わせ= चिपटी लड़ाना.

चिपड़ा[1] ［形⁺］沢山の目やにの出ている；目やにだらけの

चिपड़ा[2] ［名］燃料用に乾燥させた牛糞の大きなかたまり

चिपड़ी ［名*］乾燥牛糞の小さい形のもの→ चिपड़ा.

चिपिट[1] ［名］(1) 焼き米= चिड़वा. (2) 鼻の低い人

चिपिट[2] ［形］= चिपटा.

चिप्प ［名］〔医〕ひょうそ（ひょう疽）

चिप्पक ［名*］〔鳥〕ヨタカ科ヨタカ【*Caprimulgus indicus*】

चिप्पख ［形］(1) ひしゃげた；つぶれた (2) 平たい (3) ひょろひょろの；がりがりにやせた

चिप्पड़ ［名］(1) 物のかたまりの剥落した平たいかけら（दीवार से） मिट्टी का एक चिप्पड़ निकल आया（壁から）壁土のひとかけらが剥げ落ちた चकमक कठोर होता है, लेकिन आसानी से इसके चिप्पड़ हो जाते हैं 火打ち石は固いのだが，容易に剥がれて平たいかけらになる (2) 平たい物；薄片

चिप्पस ［名］《← E. potato chips》ポテトチップス= चिप्स.

चिप्पी ［名*］(1) ラベル；ステッカー；レッテル (2) 平たいもの；平たい切れ कागज़ की ऐसी चिप्पियाँ तैयार की जाएँगी, जिनके प्रयोग से ख़ून या पेशाब में अल्बूमिन और शर्करा का पता लगाया जा सकेगा 血液と尿の中のアルブミン及び糖の存在を調べることのできる紙片が準備される

चिबिल्ला ［形⁺］= चिलबिल्ला.

चिबुक ［名］したあご（下顎）；おとがい（頤）

चिमगादड़ ［名］〔動〕コウモリ；蝙蝠= चमगादड़.

चिमटना [自] (1) 抱きつく；すがりつく；しがみつく वह लपककर माँ से चिमटकर रो पड़ा 飛びつくように母親に抱きついて泣き出した चूँकि वह मरना न चाहता था, इस लिए जोंक की तरह ज़िंदगी से चिमटा रहा 死にたくなかったのでヒルのように生きることにしがみ続けた (2) 引っつく；くっつく；へばりつく वह दरवाज़े के बाहर ही एक कोने में चिमटकर बैठ गया 戸の外で隅っこにへばりついて腰を下ろした अगर वे तौलिये से हाथ पोंछ लेते तो उन्हें कौन-सी बीमारी चिमट जाती あの人がタオルで手を拭いたらといってどんな病気が引っつくというのだ (3) からみつく साँप की तरह चिमटना 蛇のようにからみつく (4) くっついて離れない；食いつく；くらいつく；しがみつく (5) しつこくつきまとう

चिमटा [名] (1) 火箸；火や炭を挟む道具；火挟み；トング (2) 鉗子 (3) ピンセット

चिमटाना [他] (1) 抱きしめる；抱き寄せる (2) 引っつける；くっつける (3) からませる

चिमटी [名*] चिमटा (火箸, 火挟み, ピンセット, 鉗子など) の小型のもの

चिमड़ा [形+] = चीमड़.

चिमन [名] = चमन.

चिमनी [名*] 《E. chimney》(1) 煙突 (2) ほや (火屋) लैंप की चिमनी साफ़ क॰ ランプの火屋をきれいにする

चिमि [名] = तोता.

चिमीट [名*] = चिमटना.

चिमोटा [形+] = चमोटा.

चिम्पैंजी [名] 《E. chimpanzee》〔動〕チンパンジー

चियर्स [感] 《E. cheers》乾杯 चियर्स चियर्स 乾杯！乾杯！

चिरंजीव[1] [形] (1) 長命の；長寿の (2) 不死の；不滅の

चिरंजीव[2] [名] (1) 令息；ぼっちゃん (2) 年少者を指す祝福の気持ちをこめた言葉（二人称, 三人称）

चिरंजीव[3] [感] 年少者に対する祝福の言葉, あるいは, 年少者の挨拶に対する返答の言葉

चिरंजीवी [形] (1) 長命の；長寿の (2) 不滅の (3) 永遠の चिरंजीवीभूयाः 長命を祈願する気持ちをこめた年少者への祝福の言葉の一

चिरंटी [名*] (1) 若い娘 (2) 成人の未婚の女性

चिरंतन [形] 古来の；不変の；永遠の चिरंतन सत्य 永遠の真理 वह इस समूची सृष्टि में एक चिरंतन तत्त्व के रूप में व्याप्त है それは不変の要素としてこの全宇宙に遍満している

चिर[1] [形] (1) 永久の；永久不変の；永続する；古代から未来にわたる (2) 長期の；長い間の

चिर[2] [副] (1) 永遠に；永久に (2) 長期にわたって चिर अभिलाषित स्वप्न 宿願 चिर अभिलाषित स्वप्न साकार हो गया 宿願が達成された

चिरई [名*] = चिड़िया. वहाँ एक चिरई का पूत भी नज़र नहीं आया そこには一羽の小鳥さえ見当たらなかった

चिरकना [自] 少しずつ排便する

चिरकार [形] のろい；のろのろした；のろまな

चिरकारिक [形] のろのろした；のろまな

चिरकारी [形] = चिरकार.

चिरकाल [名] 長期；長期間 चिरकाल से 大昔から；太古から

चिरकालिक [形] (1) 古来の；古くからの；昔からの (2) 永続する (3) 古くからの (4) 慢性の

चिरकालीन [形] = चिरकालिक.

चिरकुट [名] ぼろ = चिथड़ा; गूदड़.

चिरकुमार [形] 独身を通す（男性）

चिरक्रिय [形] のろい；のろのろしている；のろまの；鈍重な

चिरचिटा [名]〔植〕ヒユ科雑草インドイノコズチ【*Achyranthes aspera*】= चिचड़ा; अपामार्ग.

चिरचिरा[1] [形+] = चिड़चिड़ा.

चिरचिरा[2] [名] = चिचड़ा.

चिरचिरा[3] [名]〔鳥〕ヒバリ科クロスジチャバネヤブヒバリ【*Mirafra assamica*】= अगिन.

चिरचिराहट [名*] = चिड़चिड़ापन.

चिरजीवक [形] = चिरजीवी[1].

चिरजीवन [名] 長命；不死；不滅

चिरजीवी[1] [形] (1) 長命の；長寿の (2) 不滅の (3) 永遠の (4) 不老不死の

चिरजीवी[2] [名] (1) ヴィシュヌ神 (2) 神話において不死とされた神々や聖仙たち (3)〔鳥〕カラス= कौवा.

चिर-ज्ञान [名] 永遠の知識；不変の知識= स्थायी ज्ञान.

चिरटा [名]〔鳥〕ホオジロ科の鳥の総称 **चोटीदार पथर चिरटा**〔鳥〕ホオジロ科レンジャクノジコ【*Melophus lathami*】 **छोटा चिरटा**〔鳥〕ホオジロ科アレチシトド【*Emberiza striolata*】 **पथर चिरटा**〔鳥〕ホオジロ科シロズキンシトド【*Emberiza stewarti*】 **पहाड़ी चिरटा**〔鳥〕ホオジロ科ハイガシラホオジロ【*Emberiza cia*】 **ललसिरा चिरटा**〔鳥〕ホオジロ科チャキンチョウ【*Emberiza bruniceps*】

चिरतुषार रेखा [名*]〔地理〕雪線〈snow line〉

चिरत्व [名] (1) 永遠性 (2) 安定；不変性

चिरना [自] (1) 裂かれる；切り裂かれる（引っ張ったり刃物で切ったりのこぎりで挽いたりして） (2) 裂ける चिरी हुई पूँछ 裂けたように分かれた尻尾

चिरनिद्रा [名*] 永遠の眠り；死

चिरनूतन [形] いつまでも新しい；朽ちることのない；不朽の

चिरपरिचित [形] 以前から知られている；いつもの；なじみの वह अपनी चिरपरिचित शांत मुद्रा में बोले いつもの落ち着いた表情で話した चिरपरिचित स्वर なじみの声；聞きなれた声

चिरपाकी[1] [形] (1) 熟するのに時間のかかる；熟しにくい (2) 消化に時間がかかる；消化しにくい

चिरपाकी[2] [名] = कपित्थ.

चिरपुष्प [名]〔植〕アカテツ科高木ミサキノハナ【*Mimusops elengi*】= मौलसिरी.

चिरप्रतीक्षित [形] 待望の；久しく待ち望まれた

चिरबत्ती [形] ぼろぼろの（衣服）= चिथड़ा-चिथड़ा; टुकड़ा-टुकड़ा. **चिरबत्ती कर डालना** びりびりに引き裂く；こまかく引き裂く= चिथड़े-चिथड़े कर डालना.

चिरम [名*] = गुंजा; घुंघुची.

चिरमिटी [名*] = गुंजा.

चिरमिराहट [名*] ちくちく；ちくちく刺すような痛みや刺激 इस छिद्र में कुछ चिरमिराहट-सी भी होने लगती है この穴に少しちくちくしたような痛みも生じ出す

चिरला [名]〔植〕クロウメモドキ科クロウメモドキ属低木クロウメモドキ【*Rhamnus pentapomica*】

चिरवल [名]〔植〕アカネ科雑草アカネムグラ【*Hedyotis umbellata*】

चिरवादार [名] 《H. + P. دار》馬丁

चिरवाना [他・使] ← चीरना. (1) 切り裂かせる；切り裂いてもらう (2) 裂かせる；裂いてもらう

चिरविस्मृत [形] 久しく忘れられている；忘れさられて久しい

चिरशांति [名*] (1) 永遠の寂静；死 (2) 解脱

चिरसंचित [形] 久しく蓄えてきた चिरसंचित स्वत्वों का बलिदान क॰ 久しく蓄えてきた権利を犠牲にする

चिरसमाधि [名*] 死；永遠の三昧

चिरस्थ [形] = चिरस्थायी.

चिरस्थायित्व [名] 耐久性；耐久力〈durability〉

चिरस्थायी [形] (1) 永続的な；永久的な；永遠の；不朽の उन दोनों का नाम कैसे चिरस्थायी हो, वे यह सोचने लगे どうすれば2人の名が不朽になろうかと考え始めた चिरस्थायी रूप से 永続的に；永久的に；恒久的に (2) 耐久性のある (3)〔植〕多年生の〈perennial〉 (4) 一年中絶えることのない

चिरस्मरणीय [形] (1) 忘れてはならない (2) 忘れられない उस यात्रा का अनुभव भी चिरस्मरणीय है その旅での経験も忘れられないものだ

चिरहँटा [名] 鳥を捕らえる人；鳥刺し= चिड़ीमार; बहेलिया.

चिराँदा [形+] 気むずかしい；短気な；怒りっぽい= चिड़चिड़ा.

चिराइन [名*] = चिरायँध.

चिराई [名*] ← चीरना. (1) 裂くこと（引き裂いたり切り裂いたり鋸で挽いたりして） (2) そのような作業の手間賃

चिराक [名] = चिराग़.

चिराग़ [名] 《P. چراغ》= चराग़. (1) 油皿；油坏 (2) ランプ (3) 灯火；ともしび **चिराग़ का हँसना** 灯火の燃え尽きる前に芯から火の粉が出る **चिराग़ गुल पगड़ी ग़ायब** 油断も隙もない状況 **चिराग़ गुल हो जा॰** *a.* ともしびが消える *b.* 全滅する *c.* 家系が絶える **चिराग़ जल चुकना** 力が尽きる；体力も気力も尽き果てる **चिराग़ जलना** *a.* 明かりがともる *b.* 息子が生まれる *c.* 発展する；盛んになる；栄

える चिराग़ जले 夕暮れ（時）に；日暮れに चिराग़ ठंडा क॰ 明かりを消す；灯火を消す चिराग़ ठंडा हो॰ *a.* 明かりが消える；灯火が消える *b.* 精力がなくなる चिराग़ तले अंधेरा〔諺〕灯台下暗し；然るべきところにかえってあるべきことや姿がないこと；本来あるべきことと反対のことがあること चिराग़ बढ़ाना 明かりを消す चिराग़ बुझना 生命の灯火が消える；息が絶える अब चिराग़ बुझने में विलंब नहीं 間もなく生命の灯火が消える चिराग़ लिये（लेकर）ढूँढ़ना たんねんに探し求める；必死に探し求める उस पुरी में कामी, कापुरुष, क्रूर, कुबुद्धि और नास्तिक चिराग़ लिये ढूँढ़ने पर भी दिखाई नहीं देते その街には好色な者，怯懦な者，残忍な者，愚かな者，神を信じぬ者はどれほど探し求めても見当たらない चिराग़ रोशन हो॰ = चिराग़ जलना. चिराग़ शेर क॰ 燭台の光を強くする

चिराग़ गुल［名］《P. چراغ گل》灯火管制による消灯

चिराग़दान［名］《P. چراغ دان》(1) 油皿をのせる台 (2) 燭台

चिराग़ बत्ती［名*］《P.+ H.》灯火；明かり चिराग़ बत्ती क॰ 灯火を点す；明かりをともす चिराग़ बत्ती का वक़्त 火ともし頃；夕方；夕暮れ

चिराग़ी［名*］《P. چراغی》(1)〔イス〕墓守りへの謝礼 (2) 灯明料

चिरातन［形］(1) 古来の；昔からの (2) 古びてぼろぼろになった

चिराना[1]［他・使］← चीरना.

चिराना[2]［形+］(1) 古い；古くからの (2) 古びた；衰えた；衰弱した

चिरायँध［名*］(1) 肉や髪，皮革などの焼ける悪臭 (2) ひどい悪評 चिरायँध उड़ना 悪臭がする चिरायँध फैलना 不名誉な噂が広まる

चिरायता［名］〔植〕リンドウ科草本チレッタセンブリ【*Swertia chirata*】

चिरायु［形］長命の；長寿の= दीर्घायु.

चिरैया［名*］鳥 = चिड़िया.

चिरौंटा［名］〔鳥〕スズメの雄→ गौरैया.

चिरोड़ी［名*］石膏

चिरौंजी［名*］(1)〔植〕ウルシ科高木カッダフ・アーモンド【*Buchanania lanzan; B. latifolia*】 (2) 同上の実の仁

चिरौटा［名］= चिरौंटा.

चिरौरी［名*］哀願；懇願；泣きつくこと= प्रार्थना. चिरौरी क॰ 哀願する；懇願する（-की）चिरौरी क॰（－に）哀願する；懇願する；頼み込む；泣きつく अमलों की चिरौरी क्यों करते हो? 役人になぜ懇願するのか

चिर्क［名］《P. چرک》(1) 汚れ；あか (2) 汚物；糞；大便 (3) 膿 (4) 目やに

चिर्म［名］《P. چرم》皮；皮革= चर्म; चमड़ा.

चिर्मटी［名*］= ककड़ी.〔植〕ウリ科蔓草ヘビウリ【*Cucumis melo var. utilissimus*】〈snake cucumber〉

चिर्राहिन［名*］肉や髪，皮などの焼ける悪臭= चिराइन; चिरायँध.

चिर्री［名*］雷 = बिजली; वज्र. चिर्री गिरना 落雷する= चिर्री पड़ना; बिजली गिरना. चिर्री मारना 雷が落ちる；落雷する

चिलक［名*］(1) 閃光= चमक; झलक. (2) きりきりと刺しこむような痛み

चिलकना［自］(1) きらきらと光る；ぴかぴかと光る (2) きりきりと痛みが走る

चिलका［名］ぴかぴか光る銀貨

चिलकाना［他］(1) 光らせる；輝かせる= चमकाना; झलकाना. (2) 磨いて光らせる

चिलकी［名*］(1) 銀貨= चाँदी का रुपया. (2) 絹布の一種

चिलग़ोज़ा［名］《P. چلغوزه》(1)〔植〕マツ科ピヌス属中高木チルゴーザーマツ【*Pinus geradiana*】〈Chilgoza pine〉 (2) 上記チルゴーザーの実（食用） भुने हुए गिलगोजे 煎ったチルゴーザーの実

चिलचिल[1]［形］光っている；輝いている

चिलचिल[2]［名］(1) 雲母；きらら (2) 滑石

चिलचिल[3]［名*］〔鳥〕ムシクイ科ガビチョウ属の鳥 चितली चिलचिल ムシクイ科ミヤマスジチメドリ【*Garrulax lineatus*】 पहाड़ी चिलचिल ムシクイ科マミジロアカハラガビチョウ【*Garrulax cachinnans*】 ललसिरी चिलचिल ムシクイ科ズアカキンバネガビチョウ【*Garrulax erythrocephalus*】 सतरंगी चिलचिल ムシクイ科マミジロガビチョウ【*Garrulax variegatus*】 सितकंठी चिलचिल ムシクイ科チャガシラ【*Garrulax albogularis*】

चिलचिलाना［自］(1) 焼けつくように照りつける；激しく照りつける (2) 光り輝く चिलचिलाता 焼けつくほどの；じりじりと照りつける；激しく照りつける चिलचिलाती धूप 焼けつくような日差し；焼けつくような陽光 वे चिलचिलाती धूप में भी काम कर रही हैं 女たちは焼けつくような陽光の下で働いている ढाई पहर की चिलचिलाती धूप 昼下がりの焼けつくような陽光 ज्येष्ठ की आग फैलाती चिलचिलाती धूप ジェーシュタ月の火を撒き散らし焼けつくような日差し

चिलड़ा［名］〔料〕チルラー（ヒヨコマメやエンドウマメなどの粉を油を引いた鍋で焼いたもの）= उलटा.

चिलता［名］《P. چلته》鎧；鎖かたびら（鎖帷子）= कवच; ज़िरिह.

चिलपों［名*］= चिल्लपों.

चिलबिल[1]［名］〔植〕ニレ科高木【*Heloptelea integrifolia*】

चिलबिल[2]［形］= चिलबिला.

चिलबिल चिलबिल［副］常に動き回りじっとしていない様子を表す言葉 चिलबिल चिलबिल करती रंग बिरंगी मछलियाँ（水槽の中を）動き回る色あざやかな魚たち

चिलबिला［形+］落ち着きのない；素早く動き回る；ちょろちょろする；いたずらな

चिलबिल्ला［形+］= चिलबिला.

चिलम［名*］《P. چلم चिलिम》チラム（陶製のきせる，もしくは，雁首に相当する部分でタバコ，大麻などを詰めて直接手に持って吸ったり水ぎせるの管の先端につけて用いたりする） चिलम चढ़ाना チラムの用意をしたりチラムにタバコをつめたりする（-की）चिलम चढ़ाना（－に）仕える चिलम जगना チラムが吸えるように準備されている चिलम पीना チラム（きせる）を吸う चिलम भरना = चिलम चढ़ाना.

चिलमगर्दी［名*］《P. چلم گردی》水ぎせるの雁首を支える竹の筒；ラウ（羅宇）= चिलमगर्दा.

चिलमची［名*］《T. چلمچی》洗面器

चिलमन［名*］すだれ；簾= चिक. चिलमन डालना すだれを下げる= चिलमन लटकाना.

चिलमपोश［名］《P. چلم پوش》チラムに被せるふた；チラムポーシュ

चिलमबरदार［名］《P. چلم بردار》チラムの用意をしたりチラムにタバコをつめたりする役目の世話係や使用人

चिलमे［名］〔鳥〕キジ科ベニキジ【*Ithaginis cruentus*】

चिलवा［名］= चिल्लड़.

चिल्ड्रन होम［名］《E. children home》少年院

चिल्लड़［名］〔昆〕シラミ（虱）

चिल्लपों［名*］騒々しい声；けたたましい声；騒ぎ声；喧騒 बच्चों की चिल्लपों 子供たちの騒ぎ声 चिल्लपों क॰ 騒ぎ立てる；騒々しくする चिल्लपों मचना 騒がしくなる；騒がしい；けたたましい；けたたましくなる नल पर सुबह घड़े भरने की चिल्लपों मची रहती थी 共同水道栓のところでは毎朝水がめに水を汲む音が騒がしかった

चिल्ला[1]［名］《P. چله》(1) ゆづる／ゆみづる（弓弦）= धनुष की डोरी; पतंचिका. तीर चिल्ले पर चढ़ाकर चलाना चाहिये 矢は弓弦に張って射なくてはならない (2) ターバンの耳もしくは織り布の端の金糸による刺繍のある部分

चिल्ला[2]［名］《P. چله》(1) 40日間 (2)〔イス〕イスラム教において断食などの行を行う40日間（キリスト教の四旬節にあたる） (3) 出産の穢れがあるとされる40日間 (4) 忌中の40日間 (5) 死後40日目の追悼会 (6) インド暦10月（プース पूस）の後半からの40日間 चिल्ले का जाड़ा 厳しい寒さ；猛烈な寒気

चिल्लाना［自］(1) 大声で言う；叫ぶ；大声を出す उसने चिल्ला चिल्लाकर गालियाँ देनी शुरू कर दीं 大声でののしり始めた इतना चिल्लाकर क्यों बोलता है? तुझसे धीरे-से नहीं बोला जाता? なぜそんな大声で話すんだい．静かに話せないのかい ज़रा धीरे से बोलो, इतना चिल्ला क्यों रहे हो! 少し小声で話しなさい．なぜそんなに声を張り上げるのだ (2) わめく बच्चे को छाती से लगाये वह चिल्लाए जा रही थी 子供を抱きしめてわめき続けていた (3) 騒がしくする；騒ぐ चिल्ला-चिल्लाकर कहना 声高に言う；大声で言う

चिल्लाहट［名*］(1) 叫び；叫び声；大声 (2) わめき声 (3) 騒音；騒がしさ चिल्लाहट उठना 叫び声があがる

चिल्लिका［名*］眉間

चिल्ली[1] [名*] 雷= बिजली; वज्र. चिल्ली गिरना 落雷 = वज्रपात.
चिल्ली[2] [名*] (1)〔昆〕コオロギなどの虫= झिल्ली. (2)〔植〕アカザ科シロザ／シロアカザ【*Chenopodium album*】= बथुआ.
चिल्ली[3] [名] まぬけ；うすのろ
चिल्लू [名]〔鳥〕セキレイ科ムジタヒバリ【*Anthus campestris*】
चिवड़ा [名] 焼き米= चिउरा.
चिवि [名*] したあご（下顎）；下顎の先端部
चिविट [名] 焼き米= चिउडा; चिड़वा.
चिवुक [名] 下あご = चिबुक.
चिश्ती [形]《P. چشتی》(1)（アフガニスタン北西部ヘラート近くの）チシュトの (2)〔イス〕（イスラム教神秘主義教団の一である）チシュティー教団の（12 世紀末にムイーヌッディーンがアジュメールに修道場を開いた）
चिहिल [数]《P. چهل》40 = चहल; चालीस.
चिहुँक [名*] 驚き
चिहुँकना [自] 驚く；たまげる；びっくりする
चिहुँटना [他] (1) つねる (2) 抱きしめる
चिहुँटी [名*] = चुटकी; चिकोटी.
चिहुर [名] 毛髪；髪；頭髪
चिहूँटना [他] = चिहुँटना.
चिह्न [名] (1) 標識；標示 (2) しるし（印）；マーク (3) 汚れや傷などの跡 तारक-चिह्न アステリスク；星標；星印
चिह्नित [形] (1) 標識のついた (2) しるしのつけられた (3) 跡のついた
चीं [名*] (1) 小鳥の鳴き声 (2) 幼児の小さな声 (3) 不平や不満，悲しみや苦痛を表す声 **चीं क॰** 言い返す；言葉を返す；口答えをする **चीं बुलाना** 降参させる；参ったと言わせる **चीं बोलना** 降参する；負けを認める
चींचख [名*] 叫び；泣き叫ぶこと
चींचपड़ [名*] = चींचपाड़. 口答え **चींचपड़ क॰** 口答えをする；言い返す तेरी क्या बिसात जो रमेसर के आगे चीं-चपड़ करे お前がラメーサルの前で口答えできる柄かい
चीं-चाँ [名*] = चीं-चाँ चीं-चाँ. （スズメなどの）小鳥の鳴き声；小鳥のさえずり
चींचीं [名*] (1) 小鳥や鼠，子犬などの小動物の鳴き声 चिड़ियाँ चींचीं करती हुई スズメがちゅんちゅん鳴きながら नन्ही चिड़िया बोली चींचीं 小鳥がちいちい鳴きました पिल्ले चीं-चीं कर रहे थे 子犬がくんくん鳴いていた (2) 幼児の小さな声 (3) ひそひそ話
चींटा [名] = च्यूँटा; चिउँटा. 〔昆〕大型のアリ（蟻） **चींटे को पर लगना** 死が迫る；死に際に近づく
चींटी [名*] = च्यूँटी; चिउँटी. 〔昆〕アリ（蟻） **चींटी का पैर न टिक पाना** （道が）この上なく険しい **चींटी की चाल** のろのろとした歩み；牛歩 चींटी की चाल चलना のろのろ歩む **चींटी को पर निकलना** 死に際が迫って来る **चींटी भरा कबाब** 厄介なこと；扱いや処理に困ること
चींटीख़ोर [名]《H.चींटी + P. خور》〔動〕アリクイ科アリクイ（蟻食）
चींटीघर [名] アリの巣；アリ塚
चींपों-चींपों [名*] ロバの鳴き声= चीपों-चीपों; हेंचू-हेंचू.
-ची[1] [接尾]《P. چی》接尾辞 चा چہ の女性語尾化したもの बग़ीचा 庭園→ बग़ीची 小庭園
-ची[2] [接尾]《T. چی ← T》名詞に付加されて「(ーに) 関係のある人，(ーに) 関わる人など」の意の名詞を作る तोप 大砲 → तोपची 砲手
चीउँटी [名*] = च्यूँटी. चीऊँटी काटना つねる
चीक[1] [名] = चीख.
चीक[2] [名] = चिक.
चीक[3] [名]《E. cheek》ほお（頬） = गाल; कपोल.
चीकट [形] (1) 脂じみた；脂でぬるぬるしたりべとべとした उसका काला चीकट शरीर 脂で黒ずんだその男の体 (2) どろどろに汚れた；汚れ切った；ねとねとした；ねちねちした अपने चीकट हुए लाल अँगोछे से माथा पोंछकर 脂でどろどろに汚れた赤い手拭いで額をふいて चीकट मैली धोती जगह जगह से फट गई थी 脂染みてどろどろのドーティーはあちらこちらが破れかけていた जौहड़ का पानी मैला चीकट था 池の水は汚らしくどろどろしていた
चीकना[1] [形+] = चिकना. **होनहार बालक के चीकने पात** 〔諺〕栴檀は双葉より芳し
चीकना[2] [自] (1) うめく；悲鳴をあげる (2) 叫ぶ (3) けたたましい音や声を出す
चीकबोन [名]《E. cheekbone》ほお骨（頬骨）
चीकर [名]〔農〕灌漑で井戸から汲み上げた水を用水路などへ流す場所
चीख़ [名*] (1) 驚きの声；叫び声 माँ के मुँह से चीख़ निकल गई 母の口から叫び声があがった (2) けたたましい声や音 चीख़ पड़ना 悲鳴があがる चीख़ मारना 大声で叫ぶ；大きな叫び声をあげる गगनभेदी चीख़ मारकर 天にも達する叫び声をあげて थोड़ी दूर चलने के बाद ही उसने चीख़ मारी 少し歩むとたんに悲鳴をあげた
चीखना [他] 味見する = चखना.
चीख़ना [他] (1) 悲鳴をあげる；うめく (2) 叫ぶ "क्या!" सब आश्चर्य से चीख़ पड़े「どうしたんだ」みなが驚いて叫んだ कपड़े बदलकर वह वहीं से चीख़ने लगा - एक बात याद आ गई भाभी 着替えてそこから大声で話しかけた「姉さん，一つ思い出したわ」 (3) けたたましい声や騒音を出す रेडियो का चीख़ना ラジオが故障のため，がりがり，があがあ，ぴーぴーなどと高い騒音を出す **चीख़कर बोलना** 大声で叫ぶ= गला फाड़ना. **चीख़ना-चिल्लाना** 大声を出す；声を張り上げる；わめきちらす घर के अंदर भी चीख़-चिल्लाकर बातचीत करता है 家の中でも大声で話す
चीख़-पुकार [名*] 悲鳴；泣き叫び आदमियों की चीख़-पुकार 人々の悲鳴 स्त्री, पुरुष और बच्चे चीख़-पुकारों के साथ इधर-उधर भागने लगे 女も男も子供たちも悲鳴をあげながらあちこちへと逃げ出した उसकी चीख़-पुकार सुनकर गाँववासी भी दौड़ पड़े 女の悲鳴を聞いた村人たちも走り出した
चीज़ [名*]《P. چیز》(1) 物；物体；物品 अमूल्य चीज़ かけがえのないもの खाने पीने की चीज़ें 飲食物 खाने की चीज़ें 食べ物；食物 (2) 部分；物品の一部 (3) こと कुछ चीज़ें ऐसी भी हैं जिनमें कोई परिवर्तन नहीं हुआ है 何一つ変化の生じなかったようなことも幾つかある अप्रत्याशित चीज़ 予期せぬこと (4) 道具 मैदान में खेल की बहुत-सी चीज़ें हैं グラウンドには運動器具が沢山ある (5) すぐれた作りもの कोई चीज़ 馬鹿にできないこと；無視できないもの；侮れないもの सब जानते हैं कि स्वास्थ्य के ये दुश्मन होते हैं, किंतु लोक व्यवहार भी कोई चीज़ है.उसका निर्वाह करना पड़ता है だれもが，これらが健康を害するものであるのをわきまえているが，世間の習わしというのも無視できないものであり，それを守らなくてはならぬ
चीठ [名*] 汚れ；汚物；糞便
चीठा [名] = चिट्ठा.
चीठी [名*] = चिट्ठी.
चीड़ [名]〔植〕マツ科マツ属高木ヒマラヤマツ（黒松）【*Pinus roxburghii; P. longifolia*】= सरल; चीढ़. 〈chir pine〉→ चिलगोज़ा【*Pinus gerardina*】, केल【*Pinus excelsa; P. wallichiana*】〈blue pine; Bhutan pine〉 **चीड़ का गोंद** 松脂 **चीड़वन** 松林
चीड़ गंधराल [名] ロジン
चीड़ रोज़िन [名]《H. + E. rosin》ロジン = चीड़ गंधराल.
चीढ़ [名] = चीड़.
चीत [名] 鉛= सीसा.
चीतना[1] [他] (1) 思う；考える (2) 念じる；願う (3) 思い出す
चीतना[2] [自] 正気に戻る；我に返る= चेतना; होश में आ॰.
चीतर [名]〔動〕爬虫類クサリヘビ科ラッセルクサリヘビ【*Vipera russelli*】〈Russell's viper〉= चीतल[2] (2).
चीतल[1] [形] 斑点のある；まだら模様の
चीतल[2] [名] (1)〔動〕シカ科アキシスジカ【*Axis axis; Cervus axis*】(2)〔動〕ラッセルクサリヘビ= चीतर.
चीता[1] [名]〔動〕ネコ科チーター【*Acinonyx jubatus*】〈cheetah; hunting leopard〉
चीता[2] [名] (1) 心；胸 (2) 意識
चीता[3] [名]〔植〕イソマツ科草本セイロンマツリ【*Plumbago zeylanica*】
चीता बिल्ली [名*]〔動〕ネコ科ベンガルヤマネコ【*Felis benghalensis*】= बन बिलार.

चीतावती [名*] 記念
चीत्कार [名] (1) 悲鳴をあげること रात का अंधकार अपनी छाती फाड़कर चीत्कार कर रहा था 夜の闇が胸を引き裂き悲鳴をあげていた (2) 叫ぶこと；絶叫すること ऐसी लड़कियों का भावुक मन अंदर-ही-अंदर चीत्कार कर उठता है このような娘たちの感受性の強い心は奥深く叫び出すのだ
चीथड़ा [名] ぼろ；ぼろぎれ = चिथडा. चीथड़ा चीथड़ा क॰ びりびりに引き裂く；ぼろぼろに引き裂く नैपकिन उठाकर चीथड़े चीथड़े कर दिया ナプキンを手に取りびりびりに引き裂いた चीथड़ा लपेटना ぼろをまとう चीथड़ों लगना 赤貧洗うが如し
चीथना [他] (1) ずたずたに裂く；びりびりに引き裂く (2) 粉々にする；砕く (3) 噛み砕く
चीथरा [名] = चीथड़ा.
चीन[1] [名] (1) 中国（現代の中華人民共和国及び大略その版図に含まれる広大な地域に栄えた諸王朝及びその領土を含めた呼称）；支那 (2) 鉛丹；光明丹 (3)〔植〕イネ科キビ चीन की दीवार 万里の長城
चीन[2] [名*]《P. چین》(1) しわ (2) ひだ
चीनक [名] (1) 樟脳 = चीनी कपूर. (2)〔植〕キビ = चेना.
चीन कर्पूर [名] 樟脳= चीनी कपूर.
चीन की दीवार [名*] (1) 万里の長城 (2) 甚だ厄介なもの
चीन पिष्ट [名] 鉛丹；光明丹
चीनवास [名] 中国産の絹
चीनांशुक [名] (1) 中国製毛織物 (2) 中国製絹織物
चीना[1] [形] (1) 中国の；支那の (2) 中国産の；中国製の
चीना[2] [名] (1) 中国人 (2) 支那人
चीना[3] [名]〔植〕イネ科キビ（黍）
चीना बादाम [名]〔植〕マメ科ナンキンマメ；ラッカセイ= मूँगफली.
चीनिया [形] (1) 中国の (2) 中国産の
चीनी[1] [形] (1) 中国の (2) 支那の चीनी बजरा ジャンク चीनी युद्धपोत हिंद महासागर में 中国軍艦インド洋に
चीनी[2] [名] (1) 中国人 (2) 支那人
चीनी[3] [名*] (1) 砂糖；白砂糖 (2)〔言〕中国語 (3) 陶土（चीनी मिट्टी）の略で，陶器，陶磁器，陶製品を指す चीनी के कप या प्लेट 陶器のカップやプレート चीनी की तश्तरी 陶器の皿
चीनी कपूर [名] 樟脳
चीनी कबाब [名*]〔植〕コショウ科蔓木ヒッチョウカ【*Piper cubeba*】= कबाब चीनी.
चीनी तीतर [名]〔鳥〕キジ科コモンシャコ【*Francolinus pintadeanus*】
चीनी तुर्किस्तान〔地名〕中国領東トルキスタン（新疆ウイグル自治区）
चीनी भाषा [名*]〔言〕中国語= चीनी. शास्त्रीय चीनी भाषा 漢文
चीनी मिट्टी [名*] (1) 陶土；白土 (2) 粘土 चीनी मिट्टी उद्योग 製陶産業；陶業 चीनी मिट्टी के बर्तन 陶器；陶磁器
चीनी मोम [名] イボタろう（イボタ蝋）〈Chinese wax〉
चीन्हा [名] (1) = चिह्न. (2) 面識 = परिचय.
चीप[1] [名] 火葬壇に集められ積まれた薪
चीप[2] [形]《E. cheap》(1) 安価な；安い (2) 安っぽい= सस्ता.
चीपड़ [名] (1) 目やに (2) = चिप्पड़.
चीपों-चीपों [名*] ロバの鳴き声
चीफ़ [形・名]《E. chief》チーフ；主任；責任者；主長；頭
चीफ़ कमिश्नर [名]《E. chief commissioner》(1) 中央政府直轄地の長官 (2)（英領インドの）小さな州の長官（マディヤ・プラデーシュ等の）
चीफ़ कोर्ट [名]《E. chief court》〔イ史〕初期の英領インドのアワド，パンジャーブなどの地方の最高裁判所
चीफ़ जज [名]《E. chief judge》高等裁判所の裁判長= मुख्य न्यायाधीश.
चीफ़ जस्टिस [名]《E. Chief Justice》高等裁判所の裁判所長= मुख्य न्यायमूर्ति.
चीफ़ नर्स [名*]《E. chief nurse》婦長；看護婦長；看護師長 नर्सिंग होम में चीफ़ नर्स ナーシングホームの婦長
चीफ़ मिनिस्टर [名]《E. chief minister》現代インドの州首相 = मुख्यमंत्री.
चीफ़ सुपरिंटेंडेंट [名]《E. chief superintendent》警視正
चीमड़ [形] (1) 丈夫な；しっかりしている；引きの強い；腰の強い चीमड़ लकड़ी 丈夫な木材 चीमड़ काग़ज़ 引きの強い紙 (2) しつこい；つきまとう
चीयाँ [名] タマリンドの実（酸味料）= चियाँ. → इमली.
चीर[1] [名] (1) 衣服 (2) 織り上げたままの布；織物 (3) 布の端 (4) ぼろ (5) 樹皮；木の皮
चीर[2] [名] (1) 切り開くこと；切開；切り裂くこと (2) 切り目；裂け目 (3) 線；筋 (4) 裂傷
चीरना [他] (1) 切り裂く；切り開く；切り離す दातौन को चीर डालो（歯磨き用のインドセンダンの）小枝を引き裂きなさい भगवान ने खम्भे को चीरकर प्रह्लाद को उबारा 神は柱を引き裂きプラフラーダを救われた वह बढ़ई एक मोटी लकड़ी को बीचों बीच से चीर रहा था その大工が太い木を真ん中から切り裂いているところだった (2) 医療で切開する (3) 道を開く；かきわける；かきわけて進む वह सब को चीरता हुआ आगे जाकर खड़ा हो गया 人混みをかきわけて前へ出て立った (4) 貫く；貫通する गोली टेबिल को चीरकर 弾丸はテーブルを貫通して चीरना-फाड़ना 裂く；引き裂く；切り裂く तेज़ मुड़ी हुई चोंच और मज़बूत पंजों से शिकार को पकड़ते और उसे चीरते-फाड़ते हैं 鋭い曲がったくちばしと頑丈なかぎ爪が獲物をつかまえて引き裂く वे आदमियों या जानवरों को पाएँ तो चीर-फाड़कर खा जाएँ 人間や動物を見つけると噛みちぎって食べてしまう
चीर-फाड़ [名*] (1) 切り開くこと；切開すること (2) 切開；手術 (3) 外科医療= शल्य-चिकित्सा
चीरहरण [名]〔イ神〕クリシュナ神がヤムナー川で沐浴中の牧女たちの衣服を持って木に登ったという伝説
चीरा[1] [名] (1) 切開 (2) 手術 चीरा दे॰ (चीरा लगाना) 切開する；手術する विभिन्न ऑपरेशन के लिए अलग अलग प्रकार का चीरा लगाया जाता है 手術に応じて様々な切開が行われる (3) 切り口 (4) 裂け目；割れ目 (5) 処女性 चीरा उतारना 処女を奪う；処女性を犯す = चीरा तोड़ना.
चीरा[2] [名] (1) 縞や波紋の雑色の布 (2) 上記の布で作られたターバン (3) 左右の側頭部が均等になるように巻きつけるターバンの巻き方の一
चीरा[3] [名]〔医〕牛疫
चीराबंद[1] [名*・形]《H.चीरा[1] + P. بند》〔俗〕処女；乙女= कन्या; कुँवारी; कुमारी; दोशीज़ा.
चीराबंद[2] [名]《H.चीरा[2] + P. بند》(1) ターバンを巻く人 (2) ターバンを巻いてやる人 (3) 医者
चीरी[1] [形] (1) 木の皮をまとう (2) ぼろをまとう
चीरी[2] [名*]〔昆〕コオロギ（などの虫）= झींगुर; झिल्ली.
चीरी[3] [名*] 鳥 = चिड़िया; पक्षी.
चीरी[4] [名*] 手紙= चिट्ठी.
चीरू [名] 赤い糸
चीरेवाला [名] 獣医
चील [名*]〔鳥〕ワシタカ科トビ【*Milvus migrans*】 काली चील ハイイロトビ【*Elanus caeruleus*】 दोगरा चील カンムリワシ【*Spilornis cheela*】 चील का मूत 不可能なほど得難い物；甚だ得難いもの चील के घोंसले से मांस छीनना 至難のことをする；甚だ難しいことを試みる
चीलगाड़ी [名*] ヘリコプター = हेलीकॉप्टर. वह चीलगाड़ी में आई थी あの人はヘリコプターでやって来た
चीलड़ [名] = चीलर.
चीलर [名]〔昆〕シラミ= चिल्लड़; चीलड़.
चीलिका [名*] コオロギなどの虫= झींगुर.
चीलू [名] (1)〔植〕バラ科小高木アンズ (2) アンズの実
चील्लक [名] = झींगुर.
चील्ह [名*] = चील.
चीवर [名] (1) 修行者や乞食僧がまとうぼろ（衣） (2)〔仏〕比丘の上衣；けさ（袈裟） भिक्षुक का चीवर → निवास; निवासन.（下衣）
चीवरी [名] (1) 托鉢する人；托鉢者；乞食= भिखमंगा. (2)〔仏〕比丘 = बौद्ध भिक्षु.
चीसना [自] = चीखना.
चुंग [名*] くちばし（嘴）= चोंच; चंचु.
चुंगल [名] (1) 動物のかぎ爪 = चंगुल. (2) 粉などをこぼれ落ちないように掌にのせるため指を折り曲げた形 = चंगुल; बकोटा. (3) 手の一握り（でつかんだ物や分量）

च

चुंगली [名*]〔装身〕チュングリー（女子が小鼻につける鼻飾り）；ナト（नथ）

चुंगी [名*] (1) 物品入市税 नगरपालिकाएँ बाहर से आनेवाले माल पर चुंगी लगाती है 市役所は市外から入る物品に物品入市税を課す चुंगी की चौकी 物品入市税徴収所 (2) 掌にひとすくい（一掬）の物；ひとつまみ（一抓）の分量；ひと握り（の分量）

चुंगीकर [名] = चुंगीघर.

चुंगीघर [名] 物品入市税徴収所

चुँघाना [他] (1) 吸わせる= चुसाना. (2) 人や動物が子に乳を飲ませる；授乳する

चुंच [名*] くちばし（嘴） = चोंच.

चुंचु [名]〔動〕食虫目ジャコウトガリネズミ= छछूँदर.

चुंटली [名*] = घुंघची.

चुंडा [名] 井戸 = कुआँ; कुँआ; कूप.

चुंदरी [名*] = चुनरी. チュヌリー（赤地に白の玉が浮くような絞り染めの布）

चुंदरीगर [名]《H.+ P. گر गर》 चुंदरी を染める染め物屋；絞り染めの職人

चुंदी[1] [名*] 売春を斡旋する女性；遣り手= कुटनी.

चुंदी[2] [名*] = चोटी.

चुंधलाना [自・他] → चुँधियाना[1,2].

चुँधियाना[1] [自] まぶしさのあまり見えなくなる；まぶしさに目がくらむ आँख का हलके रंग का चश्मा आपको चुँधियाने से बचाएगा 浅い色の色眼鏡はまぶしさを防いでくれる राजा के वस्त्रों में हीरे-जवाहरात जड़े हुए थे, जिन्हें देखकर सूरज की आँखें चुँधिया रही थीं 王様の着物には宝石や貴金属がついておりそれを見てお日様の目がくらんでいた

चुँधियाना[2] [他] 強い光線で目をくらませる；まぶしがらせる उनकी छाया के बिना बाहर की तेज़ रोशनी मछलियों की आँखें चुँधिया देगी それらの陰がないと外の強い光線が魚の目をくらませる

चुंब [名] 口づけ；接吻= चुंबन/चुम्बन.

चुंबक[1] [名] (1) 天然磁石= चुंबक पत्थर. (2) 磁石 (3)〔鉱〕磁鉄鉱 (4) 吸引力（人を引きつける力）のある人；魅力のある人 **चुंबक का बल** 磁力

चुंबक[2] [形] (1) 口づけする；接吻する (2) 好色な；色好みの

चुंबकत्व [名] 磁気；磁性

चुंबकीय [形] (1) 磁石の (2) 磁性のある；磁気を帯びた (3) 磁力の चुंबकीय ऊर्जा 磁力 चुंबकीय अभिलेखन 磁気記録

चुंबकीय क्षेत्र [名] 磁場；磁界〈magnetic field〉

चुंबकीय टेप [名] 磁気テープ〈magnetic tape〉 फ़्लाइट डाटा रिकार्डर के चुंबकीय टेप フライトレコーダーの磁気テープ

चुंबकीय प्रभाव [名] 磁力

चुंबन [名]（愛情の表現に相手の口，額，頬，手などに対して行われる）口づけ；接吻；キス विदा के चुंबन लेते-देते 別れの口づけをしながら **(-का) चुंबन ले॰** （ーに）キスをする；接吻する；口づけする मैंने उस बालक को गोद में ले लिया और इतने प्यार से उसका चुंबन लिया कि शायद अपने बच्चों का भी न लिया होगा その子を抱き上げ恐らく自分の子供にもしたことのないようなやさしいキスをした

चुंबित [形] (1) 口づけされた；接吻された；キスをされた और हम दोनों एक-दूसरे के आलिंगन में बँधे रहते हैं - चुंबित, प्रति-चुंबित そして私たち2人は互いに抱き合っている．口づけし口づけされて (2) 触れている；触れられた；接している

चुंबी [形] (1) 口づけをする；接吻する (2) 触れる；接する

चुआ[1] [名] = चौपाया. 四足獣；けだもの；四つ足；獣類

चुआ[2] [名] 髄；骨髄 = गूदा.

चुआई [名*] (1) したたらせること (2) 乳搾り

चुआक [名] 水もれの穴や隙間

चुआन [名*] 用水路；溝；水の流れ道

चुआना [他] (1) 滴らせる (2)（蒸留酒などを）蒸留する

चुकंदर [名]《P. چقندر》〔植〕アカザ科テンサイ（甜菜）；サトウダイコン（砂糖大根）；ビート【*Beta vulgaris*】

चुकचुकाना[1] [自] したたる；にじみ出る；しみ出る

चुकचुकाना[2] [自] 終わる；しまいになる；完了する= समाप्त हो॰; पूरा हो॰; ख़त्म हो॰.

चुकटा [名*] = चंगुल.

चुकता [形] (1) 清算された (2) 支払われた；支払いの済んだ **चुकता क॰** *a.* 清算する；決済する *b.* 支払う वह जितना भोजन करते उसका दूना चुकता कर देते 食事分の倍額を支払う वे बीज व खाद लेते हैं और फ़सल आने पर उसे चुकता करते हैं 種と肥料を受け取り収穫が済むと清算する

चुकना[1] [自] (1) 尽きる；なくなる उसे लगा जैसे उसके अंदर की शक्ति तेज़ी से चुकती जा रही है 体の中の力が急速に尽きて行くように感じた प्यार चुक जाता है, भावनाएँ मर जाती हैं 愛は尽き感情は死んでしまう (2) 終わる (3) 完済する；支払いが済む (4) 片付く；解決する

चुकना[2] [助動] 主動詞の語根に付加されて主動詞の動作の完了・終了の相を表す सारे टिकट बिक चुके थे 切符はみな売り切れてしまっていた दिन ढल चुका है 日が暮れてしまっている क्या तुम चाय पी चुके? お茶を飲んでしまったのかい

चुकरैंड़ [名]〔動〕爬虫類メクラヘビ科メクラヘビ= दोमुहाँ साँप.

चुकवाना [他・使] ← चुकाना.

चुकाना [他] (1) 支払う；納める；納入する अनार की क़ीमत अभी चुकाई या नहीं ザクロの代金をもう支払ってしまったかどうか अब इसकी क़ीमत तुम्हें ही चुकानी पड़ेगी さあこれの代価は君が支払わなくてはならぬ लोग उससे छोटा-बड़ा काम लेकर इच्छानुसार उसको मज़दूरी चुका देते いろんな仕事をさせて自分の思う通りに労賃を支払う (2) 済ませる；片付ける अपना सब हिसाब चुकाना 一切の計算を済ませる (3) 返す；返済する；返却する आज तक हिंदू इस प्रकार के ऋण को चुकाना आवश्यक मानते हैं 今日までヒンドゥー教徒はこの種の恩を返すべきものと考えている (4) 償う

चुकाव [名] ← चुकना.

चुकौता [名] 借金の返済 **चुकौता लिखना** 返済済みの証文を書き与える

चुक्कड़ [名] 陶製のカップ；茶わん；杯

चुक्का [名] = चुक्कड़.

चुक्कार [名] ほえること；咆哮= गरज; सिंहनाद.

चुक्की [名*] (1) 過ち；失敗；失策 (2) 欺き；だまし

चुक्र [名] (1) タマリンドから作った酸味の汁や酢 (2)〔植〕タデ科スイバ【*Rumex vesicarius; R. montanus*】

चुक्रफल [名] タマリンド = इमली.

चुक्रिमा [名*] 酸味 = खट्टापन; खटास.

चुखाना [他] (1) 搾乳開始のために子牛に少し先に吸わせる (2) 味わわせる= चखाना.

चुगद[1] [名]《P. چغد चुग़द》(1) フクロウ科の鳥の総称 (2)〔鳥〕フクロウ科オオコノハズク【*Otus bakkamoena*】 जंगली चुगद モリスズメフクロウ

चुगद[2] [形]《P. چغد चुग़द》大変愚かな；大変間の抜けた

चुगना [他] (1) 鳥が餌を食べる；ついばむ；くちばしで突いて食べる वह धरती पर बिखरे हुए गेहूँ के दानों को एक-एक करके चुगता और खाता है 地面に落ちている小麦の粒を一つずつついばむ (2) 拾う；拾い集める वह गोबर चुगने चली गई 牛糞を拾い集めに行った

चुग़ल [名]《P. چغل चुग़ुल》(1) 陰口をきく人= लुतरा. (2) 告げ口をする人；告げ口屋 (3) チラム（चिलम）の底に置く小石= गिट्टी.

चुग़लख़ोर [名]《P. چغل خور चुग़ुलख़ोर》= चुग़ल; लुतरा.

चुग़लख़ोरी [名*]《P. چغل خوری》(1) 陰口（をきくこと） (2) 告げ口（をすること）= चुग़ली; चुग़ली.

चुग़ली [名*]《P. چغلی चुग़ुली》(1) 告げ口；中傷 (2) 陰口 इसने कल बहिन जी से मेरी चुग़ली भी की थी この子が昨日先生に私のことを告げ口までしたんだ **चुग़ली खाना** 告げ口する；言いつける；中傷する

चुगा [名] (1) 鳥の餌 (2) 人をおびきよせるもの= चुग्गा.

चुग़ा [名]《T.چوغا》〔服〕アンガルカーの一種= चोग़ा.

चुगाई [名*] 鳥に餌を与えること

चुगाना [他] 鳥に餌を与える；鳥の餌を撒く

चुगुल [名] = चुग़ल.

चुग़ुलख़ोर [形・名]《P. چغلخور》= चुग़लख़ोर.

चुग़ुलख़ोरी [名*] = चुग़लख़ोरी.

चुग़ुली [名*] = चुग़ली.

चुग्गा[1] [名] (1) 鳥の餌= चुगा. जेब में बहुत-सा चुग्गा भरकर लाया 鳥に食べさせる餌をポケットにいっぱい詰めてきた (2) 鳥獣を捕らえたり人をおびきよせるために用いられる道具や物 **चुग्गा**

डालना *a.* 餌を与える *b.* 餌で釣る भारतीय जनता को चुग्गा डालकर लुभाने के उपाय インドの民衆を餌で釣っておびきよせる手段

चुग्गा[2] ［名］＝ चोगा.

चुचकना ［自］(1) 含まれている水分がなくなってしわくちゃになる；しなびる (2) ひからびる (3) 肉などが落ちてやせる；細る；こける गाल चुचक गया 頬がこけてしまった

चुचकारना ［他］口の中でちゅっちゅっという音を立てながら頬などを愛撫する＝ पुचकारना; चुमकारना.

चुचाना ［自］したたる；したたり落ちる＝ चूना; टपकना.

चुचि ［名*］乳房；乳首＝ स्तन; चूँची.

चुचुआना ［自］＝ चुचाना.

चुचुक ［名］乳首＝ कुचाग्र; ढिपनी.

चुचुकना ［自］＝ चुचकना.

चुचुकारना ［他］＝ चुचकारना.

चुटक ［名*］＝ चुटकी.

चुटकना[1] ［他］(1) つまんで抜く；つまんで引き抜く；つまみ取る；つむ（摘む） (2) つねる (3) 蚊が刺す (4) 鞭打つ

चुटकना[2] ［自］指を鳴らす

चुटका ［名］(1) 親指と中指，もしくは，人差し指で大きくつまむこと (2) ひとつまみ（一摘みの分量）

चुटकारी ［名*］＝ चुटकी.

चुटकी ［名*］(1) 指先で（親指と人さし指の先）でつまむこと；つまみ नाक को चुटकी से दबाकर रखें 鼻をつまんで押さえておきなさい चुटकी से पकड़कर हटा दिया गया है つまんで取り除かれた काँटे को चुटकी से निकाल दे。 とげをつまんで抜く **चुटकी में ले。** つまむ **चुटकी से ले。** つまむ；つまみ取る (2) つまんだ量；つまみ (3) つねること；つねり (4) 指を鳴らすこと (5) 絞り染めの絞った部分 (6) 約２セール（सेर）の穀物 (7) 撃鉄 (8) 女性が足の指につける銀製の飾り (9) 施し；施し物 (-) **चुटकियों पर उड़ा दे。** （ーを）ものともしない；相手にしない (-की) **चुटकियों पर नाचना** （ーの）意のままに操られる **चुटकियों पर मुहिम सर हो。** 簡単に勝つ **चुटकियों में** *a.* 直ちに；即刻 *b.* いとも簡単に (-) **चुटकियों में उड़ाना** *a.* （ーを）ものともしない *b.* （ーを）たやすくやっつける *c.* 気にとめない *d.* 笑いとばす **चुटकी उड़ाना** ＝ चुटकी ले。. **चुटकी काटना** *a.* つねる *b.* 皮肉を言う **चुटकी चुटकी जमा क。** ほんのわずかずつ金を貯める **चुटकी दे。** *a.* 施しを与える *b.* 指を鳴らす **चुटकी बजाते** 直ちに；即刻；またたく間に **चुटकी बजाना** *a.* 指を鳴らす *b.* 非難する **चुटकी भर** ひとつまみの；ほんのわずかの **चुटकी भरना** *a.* つねる；抓る *b.* 人の胸を突き刺すようなことを言う **चुटकी माँगना** 乞食をする；食べ物を乞う＝ भीख माँगना; भिक्षा माँगना. **चुटकी लगाना** *a.* 指先でつかむ *b.* 指で裂く *c.* すりを働く；すりとる *d.* 硬貨の真贋を指で弾いて確かめる **चुटकी ले。** *a.* からかう *b.* 嫌味を言う；皮肉を言う；当てこすりを言う；当てこする *c.* 感情を傷つける（ことを言う）

चुटकुला ［名］(1) 冗談；しゃれ (2) 小話；冗談話 (3) 特効薬 (4) 特殊療法 **चुटकुला छोड़ना** *a.* 冗談を言う *b.* 冗談話をする *c.* 問題になるようなことを話す

चुटचुटिया［名*］〔鳥〕ムシクイ科チフチャフ【*Phylloscopus collybita*】

चुटपुट[1] ［名*］雑費 ＝ छुटफुट.

चुटपुट[2] ［形］(1) こまごました；雑多な (2) 散発的な＝ छुटफुट.

चुटला ［名］(1) 女性のまげ（髷）；束ねた髪 (2) 髪を束ねる飾りひも；リボン (3) つけまげ（付け髷）；かつら（鬘）

चुटाना ［自］傷つく；けがをする；負傷する＝ घायल हो。; चोट खाना.

चुटिया ［名*］(1)〔ヒ〕チュティヤー（一部のヒンドゥーの男子が頭頂部近くに剃ったり切ったりせずに長いまま残しておく一房の髪）＝ चुंदी; शिखा. बड़ी-सी चुटिया सिर के पीछे झूल रही थी 随分長いチュティヤーが頭の後ろに揺れていた (2) 女性の髪の毛に編み込んで背に垂らす髪飾り；チュティヤー **चुटिया दबना** 頭を押さえられる；押さえつけられる；抑圧される **चुटिया पकड़कर निकाल बाहर क。** 引きずり出す；つまみ出す **चुटिया से पकड़कर** 遮二無二 वह तुझे चुटिया से पकड़कर घर ले जाएगा あいつはあんたをむりやりに家に連れていくだろう (-की) **चुटिया हाथ में हो。** （ーを）支配下に置く；（ーを）思いのままに操る

चुटियाना[1] ［他］(1) 傷つける；けがを負わせる；傷を負わせる (2) 動物が噛みつく；噛む；咬む

चुटियाना[2] ［自］怪我をする；負傷する

चुटीलना ［他］傷を負わせる；けがを負わせる；負傷させる

चुटीला[1] ［形+］(1) 傷ついた；けがをした (2) 強烈な；猛烈な；危害を加える；打撃を与える चुटीला वार 猛烈な攻撃

चुटीला[2] ［形+］最高の；頂上の ＝ चोटी का.

चुटैल ［形］(1) 傷ついた；負傷した (2) 攻撃的な

चुट्टा ［名］大きなまげ

चुड़क्का ［名］〔鳥〕カエデチョウ科ギンバシ＝ चिड़क्का.

चुड़िया ［名*］〔装身〕チューリー ＝ चूड़ी.

चुड़िहारा ［名］(1) チューリー（चूड़ी）を製造する人；チュリハーラー (2) チューリーを売る人；チュリハーラー

चुड़िहारिन ［名*］チュリハーリン（チュリハールのカーストの女性や妻）

चुड़ुक्का[1] ［名］〔鳥〕カエデチョウ科ギンバシ【*Lonchura malabarica*】＝ चिड़क्का.

चुड़ुक्का[2] ［形+］狡猾な；したたかな

चुड़ैल ［名*］(1) チュライル（出産など血の穢れのあるとされる際に死んだ女性の幽霊；人々に多大の危害を及ぼすとされる）＝ डायन. (2) 悪魔；魔女 (3) 性悪女；残酷な女；ののしりの言葉としても用いられる（あいつめ，あの女郎など） (4) 醜い女；醜女 जाकर देख तो, क्या दशा है उसकी? चुड़ैल का फ़साद होगा, और क्या? あの女どうしているか見てきてごらん．あの性悪女のしわざに決まっているわ

चुड्ड ［名*］女陰 ＝ भग; योनि.

चुड्डो ［感・名*］〔俗〕女性に対するののしりの言葉（売女，尻軽女など）

चुत ［名］肛門 ＝ गुदा का द्वार.

चुत्थल ［形］冗談を言う；ふざける；からかう；冷やかす

चुत्थलपना ［名］冗談（を言うこと）；ふざけること；からかい；冷やかし＝ ठठोली; हँसी.

चुत्था[1] ［名］（ウズラを戦わせる）鳥合わせで負傷したウズラ

चुत्था[2] ［形+］（鳥合わせで羽を）むしられたり傷ついた

चुथना ［自］(1) ひっかかれる；むしられる；つねられる (2) 傷つく；負傷する

चुदक्कड़ ［形］過淫の；性欲の盛に過ぎる

चुदना ［自］（女性が）交接する；交わる

चुदवाई ［名*］女性の交接及びそれによって得られる報酬

चुदवाना ［自］（女性が）交接する；交わる＝ चुदाना.

चुदवास ［名*］女性の交接欲；性欲；欲情

चुदवैया ［名］(1) 交接する（男） (2)〔俗〕（罵詈として）夫

चुदाई ［名*］(1) 交接 (2) 交接の代価として女性に支払われる金

चुदाना ［自］（女性が）交接する；交わる

चुदास ［名*］男性の交接欲

चुदौवल ［名*］性交；交接

चुन ［名］(1) 穀物の粉 ＝ आटा. (2) 粉；粉にしたもの；粉末＝ चूर; चूर्ण.

चुनचुना[1] ［名］〔動〕ギョウチュウ科ギョウチュウ（蟯虫）【*Enterobius vermicularis*】〈thread worm〉＝ थ्रेड वर्म. **चुनचुने लगना** *a.* 蟯虫がわく *b.* 落ち着かない；いらいらする *c.* 不快に思う；腹が立つ

चुनचुना[2] ［形+］むずがゆさとひりひりした痛みのある；痛痒い

चुनचुनाना［自］(1) むずむずする मेरी पीठ चुनचुना रही है कोई कीड़ा-मकोड़ा हो तो चुनकर फेंक दे 背中がむずむずしている虫でもいればつまみ取って捨てておくれ (2) むずがゆくなる (3) ひりひりする (4) しくしく泣く

चुनचुनाहट［名*］＝ चुनचुनी. उनकी बात सुनते ही गाल पर चाँटे लगने जैसी चुनचुनाहट हुई あの人の言葉を聞いたとたんに頬に平手打ちを食ったような痛みを覚えた

चुनचुनी ［名*］(1) むずむずした感じ (2) むずがゆさ (3) ひりひりした感じ；ひりっとした痛み

चुनट ［名*］(1) 折り目 (2) ひだ（襞）

चुनन ［名］(1) 抜き出すこと；選び出すこと (2) 選り出すこと (3) つまみとること (4) 折り目 (5) ひだ（襞）

चुननदार ［形］《H. + P. دار》ひだ（襞）のついた；ひだつきの

चुनना[1] ［他］(1) 選ぶ；選出する मित्र चुनना 友を選ぶ (2) （穀粒を小石などのまじりものと）選り分ける；選り出す；とり出す इसी तरह दाल चावल चुन दें このようにひきわり豆と米をまじり

ものと選り分けること उसने कई पत्थर चुने 幾つかの石を選り出した उन फटी हुई डोडियों में से कपास चुनते हैं その開裂したさく果から綿花を取り出す (3) つまみとる；つむ（摘む）；つみとる कीड़ा चुनना 虫をつまむ फूल चुनना 花を摘む चुने हुए फूल 摘んだ花；摘まれた花 (4) 積み重ねる；積む (5) 集める；寄せ集める (6) 拾う；拾い集める वन की आग से अंगारे चुनकर 森の火から火種を拾って सीपियाँ चुनना 貝殻を拾い集める फूल चुनना 火葬の後の骨拾い（骨揚げ） (7) ついばむ (8) 折り目をつける (9) ひだをとる **चुन-चुनकर** 余すところなく；余さず；全部が全部 चुना हुआ すぐれた；選りすぐりの；選別された

चुनना[2] [他] = चिनना. वह दीवार जिसमें उनके दो वीर बेटे जीते जी चुन दिये गए थे あの方の勇敢な２人の息子が生き埋めにされたあの壁

चुनमुन [名] = चुन्नूमुन्नू. आपके चुनमुन की खिलखिलाहट あなたの坊やの明るい笑い声

चुनरी [名*] (1) チュヌリー（絞り染めの赤い布．女性がサリーやチャーダルとして着用） (2) ルビーの小さなかけら= चुँदरी.

चुनवट [名*] = चुनट.

चुनवाँ [形] (1) 選ばれた；選り抜きの (2) 上等の

चुनवाना [他・使] ← चुनना. 選んでもらう；選ばせる；選出させる केंद्रीय संसद के स्तर पर भी अपने प्रतिनिधि चुनवाने का भरसक प्रयत्न किया जाता है 中央議会の段階においても自分たちの代表が選出されるよう精一杯の努力がなされる

चुनाँ[1] [形] 《P. چنان / چنان》 (1) そのような (2) それほどの；それだけの (3) このような (4) これほどの；これだけの

चुनाँ[2] [副] (1) そのように (2) それほど (3) このように (4) これほど；これだけ

चुनाँ कि [接] 《P. چنانکہ》 = चुनाँचे.

चुनाँचि [接] 《P. چنانچہ》 = चुनाँचे. चुनाँचि उन्होंने अपने लिए एक अलग हुकूमत का नक़्शा अपने ज़ेहन में बनाना शुरू किया そこで彼らは自分たちのために別個の政府を樹立することを考え始めたのであった

चुनाँ चुनीं[1] [副] 《P. چنان چنین》 あのように；このように

चुनाँ चुनीं[2] [名*] (1) 言い抜け；ごまかし (2) 回避 (3) 無駄話 (4) 大言壮語 (5) 欠点；弱点；あら **चुनाँ चुनीं क॰** *a.* 言い抜けをする *b.* あら探しをする

चुनाँचे [接] 《P. چنانچہ》 (1) そこで；だから；ゆえに；しかるが故に；したがって इसके इक्के-दुक्के नेताओं को छोड़कर किसी के पास जनाधार नहीं. चुनाँचे उन्हें चुनावों में समाज के इन्हीं अपराधी तत्त्वों पर निर्भर रहना पड़ता है このうちほんのわずかの指導者を除き民衆の支持を得ている者はいない．したがって彼らは選挙の際，社会のこれらの犯罪者分子に頼らざるを得なくなる (2) ので（日本語の順接の接続助詞に相当） खिड़की और रोशनदान का कोई एहतमाम नहीं होता चुनाँचे अँधेरा रहता है 窓とか明かり取りの設備が全くないのでいつも暗い चुनाँचे हिंदुस्तानियों ने अपने तर्ज़ तरीक़े छोड़कर अंग्रेज़ों के तौर तरीक़े अख़्तियार करने शुरू कर दिये インド人が自分たちの様式を捨てイギリス人の様式を採り始めたので

चुनाई [名*] ← चुनना[1,2] 選ぶこと；選り出すこと；集めること；拾うこと；ついばむこと；摘むこと；摘む作業 कपास अगर चुनाई से अच्छी होती है तो खेत बनता है जोतने-कोड़ने से 摘み取りがよければよい綿がとれよく耕せば畑がよくなる पहली चुनाई की चाय की पत्तियाँ 新茶；一番茶

चुनाव [名] (1) 選ぶこと；選択 वर-वधू का चुनाव 婿や嫁を選ぶこと इनमें से अपनी पसंद के व्यक्ति का चुनाव この人たちの中から自分の好きな人を選び出すこと मित्रों का चुनाव 友を選ぶ (2) 選挙 चुनाव में हारना 落選する चुनाव लड़ना 選挙戦を戦う；立候補する चुनाव लड़ने की तैयारियाँ 選挙準備 (3) 選んだもの；選択したもの (4) 淘汰 **प्राकृतिक चुनाव** 〔生〕（ダーウィンの）自然淘汰

चुनाव-अभियान [名] 選挙運動；選挙キャンペーン；選挙戦 कांग्रेस का चुनाव अभियान चलाने के लिए コングレスの選挙戦を推進するのに

चुनाव आयुक्त [名] 選挙管理委員 मुख्य चुनाव आयुक्त 選挙管理委員会委員長

चुनाव आयोग [名] 選挙管理委員会

चुनाव-क़ानून [名] 公職選挙法 चुनाव क़ानून में संशोधन 選挙法の改正

चुनाव क्षेत्र [名] 選挙区

चुनाव घोषणापत्र [名] 選挙公約；マニフェスト〈election manifests〉

चुनाव निशान [名] 《H. + P. نشان》 選挙の投票用の政党や候補者のシンボルマーク；選挙標識 चुनाव निशान अनपढ़ लोगों की सहूलियत के लिए होते हैं 選挙標識は文字の読めない人のためのものである

चुनाव पर्ची [名*] 投票用紙

चुनाव पेटी [名*] 投票箱

चुनावी [形] 選挙の；選挙に関する；選挙上の चुनावी पैंतरा 選挙戦略 चुनावी गठजोड़ 選挙提携 चुनावी नारा 選挙スローガン चुनावी सभा 選挙演説会 चुनावी समझौता 選挙協定 चुनावी हथकंडा 選挙の手練手管

चुनिंदा [形] 《← P. چنیده चुनीदा》 (1) 選ばれた；選び抜かれた (2) すぐれた；優秀な

चुनिया[1] [形] (1) 小さな (2) 年少の；若年の

चुनिया[2] [名*] 〔鳥〕カエデチョウ科ベニスズメの雌【*Amandava amandava*】

चुनी [名*] (1) 雑穀の粉 (2) ルビーなどの宝石の小さなかけら

चुनीदा [形] 《P. چنیده》 (1) 集められた；拾われた (2) 選ばれた；選り出された (3) すぐれた

चुनी भूसी [名*] 雑穀の粉やふすま

चुनौटिया [名] 赤黒い色

चुनौटी [名*] (1) パーン（पान）につける生石灰を入れておく小さな容器 (2) 上記の生石灰を取り出すための小さなスプーン

चुनौती[1] [名*] (1) 鼓舞；励まし；激励；督励 (2) 挑戦；反抗 (3) 無視；侮り भारतीय लोकतंत्र के समक्ष चुनौतियाँ インドの民主主義に対する挑戦 उस चुनौती को आज तक कोई स्वीकार करने नहीं आया その挑戦に応じるものはこれまで一人も現れなかった **चुनौती दे॰** *a.* 挑む；挑戦する *b.* 刃向かう；対抗する

चुनौती[2] [名*] (1) 折りたたむこと；折り目をつけること；ひだ（襞）をとること (2) 折り目；襞= चुनट; चुन्नट.

चुनौतीपूर्ण [形] 挑戦的な चुनौतीपूर्ण काम 挑戦的な行為

चुन्नट [名*] = चुनट. परदे की चुन्नट カーテンのひだ चुन्नट की हुई धोती 折り目をつけた（たたみ皺をつけた）ドーティー

चुन्नटदार [形] 《H. + P. دار》 (1) 折り目のついた (2) ひだのついた

चुन्ना[1] [名] 回虫= पेट के कीड़े. चुन्ने

चुन्ना[2] [名] = चूना.

चुन्नी[1] [名*] (1) 宝石；特にルビーの小さなかけら (2) 穀物のくず (3) おがくず (4) 女性が飾りに額や頬につける金銀箔の小さなスパングル；スパンコール (5) 〔動〕ギョウチュウ科の寄生虫ギョウチュウ（蟯虫）

चुन्नी[2] [名*] = चुनरी.

चुन्नू-मुन्नू [名] ぼっちゃん；ぼうや；ぼんぼん

चुप[1] [形] (1) 黙っている；無言の；沈黙している (2) 隠れた；密かな (3) 静かな **चुप क॰** 黙る；沈黙する चुप करेगी या हथकड़ी लगा दूँ? 黙れ，手錠をかけるぞ चुप करो, मनु, बताओ किसने कहीं तुम्हें ये उलटी-सीधी बातें? マヌ黙りなさい．一体だれがこんないいかげんな話をしたんだい **चुप कराना** 黙らせる；泣きやませる अगर छोटे बच्चे रोते हैं तो उनको चुप कराते हैं 小さな子が泣くと泣きやませる **चुप नाधना** 黙る；無言でいる；沈黙を守る **चुप मारना** = चुप नाधना. **चुप रहना** = चुप नाधना. **चुप साधना** 黙っている；沈黙を守る **चुप हो॰ / चुप हो जा॰** 返答に窮する；答えられなくなる

चुप[2] [名*] 無言；沈黙= मौन; ख़ामोशी. **सब से भली चुप** 沈黙は金

चुपका[1] [形+] (1) 無言の (2) 口数の少ない；寡黙な；言葉数が少ない (3) 人に知られぬようにする；こっそりとする

चुपका[2] [名] 〔鳥〕シギ科タカブシギ【*Tringa glareola*】

चुपकाना [他] (1) 黙らせる = ख़ामोश क॰. (2) 言葉を遮る

चुपकी [名*] 無言；沈黙= मौन; ख़ामोशी; चुप्पी. चुपकी साधना 黙りこむ；沈黙する चुपकी लगाना 無言でいる

चुपके [副]（चुपके सेの形で多く用いられる）(1) 無言で；黙って (2) 密かに；こっそり（と） (3) そっと；静かに **चुपके चुपके** こっそりと；密かに चुपके चुपके अंदर आकर こっそりと中に入って来て **चुपके से** *a.* 黙って *b.* 静かに वह अपनी पलंग पर चुपके से उठ बैठा ベッドから静かに起き上がった *c.* こっそり（と）；密かに **चुपके से ले॰** ちょろまかす= अंटी मारना.

चुपचाप [副] (1) 無言で；黙って；黙々と (2) 密かに；こっそり（と）；人目を盗んで (3) 静かに हमारी बातों को चुपचाप सुनने में こちらの言い分を静かに聞く上で (4) じっと（して）；何もせずに
चुपचुप [副] = चुपचाप.
चुपचुपाते [副]（चुपचुपाते मेंの形でも用いられる）= चुपचाप. हमारे लड़के ने चुपचुपाते में यह विद्या सीख ली 家の息子はこれをこっそり学びとった
चुपचुपाना [他] = चिपचिपाना.
चुपड़ना [他] (1) 塗りつける；なでつける；こすりつける；なすりつける तेल को बालों में चुपड़ने से कोई लाभ नहीं होता, तेल बालों की जड़ों और सर की खाल में सोखाना चाहिए 油を髪になでつけても何の得にもならない．油を毛根と頭皮に吸いこませなくてはいけない इसे चेहरे पर चुपड़ दें これを顔に塗ること उसने वह ठंडा पानी मेरी ठोड़ी पर चुपड़ दिया 冷たい水を私のあごになでつけた (2) なすりつける；かぶせる (3) 世辞を言う **चुपड़ी** *a.* 炙ってギーをつけたチャパーティー *b.* お世辞；甘言= चुपड़ी बात. **चुपड़ी और दो दो हो॰** 調子のいいこと；いいことづくめ **चुपड़ी खाना**（**चुपड़ी मिलना**）*a.* うまいものを食べる *b.* うんと儲かる
चुपड़ा [形$^+$] 目やにがいっぱいの；目やにだらけの；目くそだらけの
चुपना [自] 黙る；口を閉ざす= चुपाना[2]. शीला चुपती नहीं シーラーは黙らない
चुपरना [他] = चुपड़ना.
चुपाना[1] [他] 黙らせる दादी उसे चुपाती और फिर घर पर पहुँचा जाती 祖母は彼女を黙らせた後，家に送って行く
चुपाना[2] [自] 黙る；口を閉ざす；静かにする
चुप्पा[1] [名] 無言；沈黙
चुप्पा[2] [形] (1) 無口な；寡黙な (2) 心の内を明かさない
चुप्पी [名*] 無言；沈黙 हवेली के अंदर मरघट की सी चुप्पी थी 屋敷の中には火葬場のような沈黙があった **चुप्पी तोड़ना** 沈黙を破る **चुप्पी साधना** 沈黙を守る
चुबलाना [他] 舌先で転がすようにして味わう；じっくり味わう इसे चुबलाकर ही मिठास का आनंद लिया जा सकता है これは舌の先で転がさなくては甘みが楽しめない
चुबिया [名*]〔鳥〕カワガラス科カワガラス【*Cinclus pallasii*】
चुभकना [自] (1) 潜る；潜水する (2) 浮いたり潜ったりする；ぶくぶく泡を立てながら潜る
चुभकी [名*] (1) 潜り；潜ること (2) 浮いたり潜ったりすること जिसमें मेरे ऐसे बच्चे भी बड़े मज़े से डुबकियाँ लगा सकते थे, चुभकियाँ ले सकते थे そこは私みたいな子供さえゆうゆうと潜れたし水中で遊ぶことができた
चुभन [名*] (1) 突き刺さること (2) 胸に突き刺さること (3) 突き刺さった痛み आँख में कोयले के कण की चुभन चैन से नहीं बैठने देती 目に石炭くずが入った痛みでじっとしていられない
चुभना [自] (1) 物が刺さる；突き刺さる；食い込む हाथ में कई जगह झाड़ू की सींकें चुभ गई थीं 手のあちこちにほうきのささくれが突き刺さっていた क्लिप का एक सिरा मांस में निरंतर चुभ रहा था クリップの一方の端が身に絶え間なく食いこんできている (2) ちくちくする；ちくちく刺す उसके हाथों का खुरदरापन फाँस की तरह चुभता महसूस हुआ ごつごつした手がささくれのようにちくちく刺す感じがした (3) 言葉や視線などが心や胸に突き刺さる；突き刺す；激しく刺さる यह बात उसके कलेजे में तीर की तरह चुभ गया この言葉が心や胸に突き刺さった राजतिलक की सारी तैयारियाँ काँटे की तरह चुभ रही थीं 即位式の準備の一切が胸にとげのように突き刺さっていた उसने चुभती हुई आँखों से सेठ जी को देखा 男は突き刺すような目つきで商人を見た वह ठोस सत्य एक शलाका की भाँति उसके कलेजे में चुभ गया その動かし難い真実が矢のように胸に突き刺さった (4) 奥深く入り込む；心にしみこむ；胸にしみる उन्हें सही बातें चुभने लगीं 本当のことが心にしみこみだした (5) 目を射る；ちかちかする गरमी के मौसम में गाढ़े, शोख़ रंग के कपड़े आँखों को चुभते हैं 夏は色の濃く派手な服は目を射る
चुभर चुभर [副] 舌を使って飲んだりなめたりする様子やその音；ぺちゃぺちゃ，ぱちぱち，ぴちゃぴちゃなど口から音の出る様子
चुभलाना [他] = चुबलाना.
चुभवाना [他・使] ← चुभाना.
चुभाना [他] 突き刺す；突き立てる= चुभोना; गड़ाना.
चुभीला [形$^+$] (1) 刺さる；突き刺さる (2) 先端のとがった (3) 心に引っかかる (4) 心に深く入る；心を引きつける；魅力的な；魅惑的な हलका-सा गड्ढा लिये हुए चुभीली चिबुक 少しくぼんだえくぼのある魅惑的なおとがい
चुभोना [他] = चुभाना. हमने उसे पेंसिल चुभो दी それに鉛筆を突き立てた सुइयाँ चुभोती ठंडी हवा 針で突き刺すような冷たい風
चुभौना [形$^+$] = चुभीला.
चुमकार [名*] ← चुमकारना. (1) 動作= चुमकारना. (2) 口づけする時の音，ちゅっちゅっと舌先で立てる音
चुमकारना [他] 子供や動物などに口づけするような音を舌先で立てながらあやしたりなだめすかしたり，あるいは，愛情を表す動作をしたりする
चुमकारी [名*] = चुमकार.
चुमवाना [他・使] ← चूमना. 口づけさせる；口づけしてもらう
चुम्बक [名] → चुंबक.
चुम्बकीय [形] → चुंबकीय. चुम्बकीय क्षेत्र 磁場
चुम्बन [名] → चुंबन.
चुम्मा [名] 口づけ；接吻= चुंबन.
चुम्मा-चाटी [名*] 愛情を示すために繰り返し口づけしたりなめたりすること
चुर[1] [形] 盗みを働く；盗む
चुर[2] [名] 野獣の巣穴
चुर[3] [名] 薄くて軽いものや乾いたものが砕ける音．ぱりっ；ぱりん；ぱりぱり；ぽりぽり；ぽきっ
चुरकना[1] [自] (1) 粉々になる= चुर हो॰; चूर चूर हो॰. (2) ひび割れる；割れる= फटना.
चुरकना[2] [自] (1) 楽しげにしゃべる；はしゃいでしゃべる (2) さえずる
चुरकुट [形] (1) 粉々になった；小さく砕けた；粉砕された (2) 動転した；あわてふためいた
चुरकुस[1] [形] 粉々に砕けた= चूर चूर.
चुरकुस[2] [名] 粉；粉末= चूर्ण; बुकनी.
चुरगना [自] (1) はしゃいで話す (2) さえずる
चुरगम [名*] (1) 楽しい語らい (2) ひそひそ話；内緒話
चुरचुरा[1] [形$^+$] (1)（薄くて軽いものや乾いたものについて）ぱりぱりした；ぱりっとした (2)（力を加えると）ぱりぱりとかぽりぽりとか音のする
चुरचुरा[2] [名]〔鳥〕ムシクイ科インドチメドリ【*Demetia hyperthra*】
चुरचुराना[1] [自] (1) 薄くて軽いものや乾いたものが砕けたり割れたりする (2) 同上のものがぱきっ，ぽきっなどの音を立てる；ぱりぱり鳴る
चुरचुराना[2] [他] (1) 薄くて軽いものや乾いたものを砕いたり割ったりする (2) そのような音を立てる
चुरट [名]《E. cheroot》両切り葉巻タバコ= चुरुट.
चुरना[1] [自] (1)（ぐつぐつ）煮える (2) ひそひそ話す；ひそひそ話をする；密談する
चुरना[2] [自] 盗まれる；取られる= चोरी जा॰.
चुरमुर [名] 薄くて堅いものや乾いたものが砕けたりつぶれたりする音．ぱりぱり，ぽりぽり，ぽきぽき，かさかさ，がさがさなど
चुरमुरा [形$^+$]（薄くて堅いものや乾いたものについて）かりかりの，ぱりぱりの，ぽりぽりのなど
चुरमुराना [自] (1) 薄くて堅いもの乾いたものが砕けたりつぶれたりする (2) その時ぱりぱり，かさかさ，がさがさなどの音を立てる नीचे पीले पत्ते पड़े हैं जो उसके पैरों से दबकर चुरमुराने लगते हैं 地面に黄色い枯葉が落ちている．踏まれてかさかさと音を立て始める
चुरवाना[1] [他・使] ← चुराना. 盗ませる；盗みとらせる
चुरवाना[2] [他・使] 煮させる；焚かせる→ चुरना[1].
चुरस[1] [名*] しわ（皺）= शिकन; सिकुड़न.
चुरस[2] [名] = चुरुट.
चुराई[1] [名*] 煮ること；煮込み
चुराई[2] [名*] 盗み；窃盗
चुराना[1] [他] (1) 盗む；くすねる；取る हमारे पुराने मंदिरों से मूर्तियाँ चुरा ली जाती हैं わが国の古い寺社から神像が盗まれる (2) 他人のものをわがもののように見せる；盗む；剽窃する (3) 隠す；見え

च

ないようにする सब से जैसे मुँह चुराता फिरता है まるで人に顔を隠すかのように振る舞っている (4) 伏せる；秘める **आँख चुराकर देखना** 気づかれないように見る；盗み見る；こっそり覗く मुझसे आँख चुराने के लिए वह बाहर देखने लगा 目をそらせるために外の方を見はじめた (5) そらす；背ける (-से) **आँख चुराना** *a.* 隠れる *b.* 目をそらす (-की) **आँख चुराना** (ーを) 魅了する आँख (आँखें) चुराना 目を伏せる；目をそらせる उसने आँखें चुराते हुए देखा था 目をそらしながら見た；横目で見た **जी चुराना** 怠ける= जान चुराना. पढ़ने से जान चुराते हैं 勉強を怠ける (-से) **मुँह चुराना** (ーから) 逃れる；(ーを) 避ける；(ーに) そっぽを向く कर्म या विचार के स्तर पर नयी चुनौतियों से मुँह चुराते हुए 行動や思考の面で新しい挑戦を避けながら

चुराना[2] [他] 煮る；炊く

चुरिहारा [名] = चुड़िहारा.

चुरी [名*] 小さな井戸

चुरुट [名] 《E. cheroot》両切り葉巻タバコ चुरुट-सेवन 葉巻を吸うこと

चुरू [名] = चुल्लू.

चुरैल [名*] = चुड़ैल.

चुल[1] [名*] (1) かゆみ；むずがゆさ；むずむずする感じ (2) 何かをしたくて生じるうずうずした感じやむずむずした感じ (3) 性欲のうずき；(性的衝動の) むらむら

चुल[2] [名*] = चुर.

चुलचुलाना [自] (1) (かゆみで) むずむずする；かゆい；むずがゆい (2) (何かをしたくて) うずうずする；むずむずする (3) (性的衝動で) むらむらする (4) ちょろちょろうろうろする

चुलचुलाहट [名*] ← चुलचुलाना.

चुलचुली [名*] (1) かゆみ = चुलबुलाहट. (2) (性欲の) うずきやむらむら

चुलबुल [名*] = चुलबुलापन.

चुलबुला [形⁺] (1) 落ち着きのない；ちょろちょろする；素早く動き回る बड़ा शरीर और चुलबुला जानवर とてもいたずらで落ち着きのない動物 कितने प्यारे, कितने चुलबुले なんとかわいくて動きの素早い (ウサギについて) (2) いたずらな；ちゃめな आप भी बड़ी चुलबुली तबीयत रखती हैं あなたもなかなかいたずらな性格でいらっしゃる चुलबुली लड़की おちゃめな娘 एक बहुत ही चुलबुले और जानदार अभिनेता के रूप में 大変ちゃめで威勢のいい俳優として

चुलबुलाना [自] (1) 落ち着きのない；じっとしていない；ちょろちょろ動き回る；素早く動く (2) ちゃめをする；いたずらをする

चुलबुलापन [名] (1) 落ち着きのなさ (2) ちゃめなこと；いたずらなこと

चुलबुलाहट [名*] = चुलबुलापन.

चुलबुलिया [形] = चुलबुला.

चुलहाई [形*・名*] 好色な (女)

चुलहाया [形⁺] 好色な；色好みの

चुलाना [他] = चुआना.

चुलाव[1] [名] ← चुलाना.

चुलाव[2] [名] 野菜ピラフ

चुलुक [名] (1) ぬかるみ = दलदल; कीचड़. (2) 掌の中央をくぼませた形= चुल्लू.

चुल्ल[1] [形] 目やにをためた；目やにだらけの

चुल्ल[2] [名*] かゆみ = चूल; खुजलाहट. चुल्ल उठना かゆくなる

चुल्लक [名] = चुल्लू.

चुल्लकी [名*] 〔動〕イルカ科ガンジスイルカ= शिशुमार; सूंस. 【*Platanista gangetica*】

चुल्ली[1] [形] (1) 動き回る (2) いたずらな

चुल्ली[2] [形] みだらな；好色な

चुल्ली[3] [名] (1) 好色な人 (2) 男色の相手をする少年；稚児

चुल्ली[4] [名*] (1) かまど (竈) (2) 煙突

चुल्लू [名] (1) (水などをすくうためにこしらえた) 掌の中央をくぼませた形 चुल्लू में ज़रा-सा पानी लो 掌にほんの少しの水をすくいなさい (2) 上記の形にした掌に入る分量；掌一掬の分量 झरने का जल बस दो-चार चुल्लू उसने पिया था 滝の水をたなごころに 2～3 度すくって飲んだ (-का) **चुल्लुओं ख़ून पीना** (ーを) ひどく苦しめる；責めさいなむ **चुल्लुओं रोना** ひどく泣く；おいおい泣く；わんわん泣く (-का) **चुल्लुओं लहू पीना** = चुल्लुओं ख़ून पीना. (-पर) **चुल्लू उछालना** (ーに) 恥をかかせる **चुल्लू चुल्लू साधना** 倹約して貯める **चुल्लू भर** ほんの少量の；ほんのわずかの चुल्लू भर पानी ほんのわずかの水；掌に一掬の水 **चुल्लू भर पानी को भी न पूछना** 何の役にも立たない **चुल्लू भर पानी दे॰** 供養に水を手向ける **चुल्लू भर पानी देने वाला** *a.* 供養の水を手向ける人 *b.* 世継ぎ；後継者 **चुल्लू भर पानी में डूब मरना** *a.* 大恥をかく *b.* 甚だ不名誉な死に方をする **चुल्लू में उल्लू हो॰** ほんのわずかの酒に正体を失う；わずかの酒に酔いしれる **चुल्लू में समुद्र न समाना** 小さい器には大きな物は収まらないもの

चुवना [自] = चूना.

चुवाना [他] = चुआना.

चुसकी [名*] = चुस्की.

चुसना [自] (1) 吸われる；吸いとられる (2) 吸いとられて殻だけになる (3) ひからびる；吸いとられてひからびる (4) 搾取される

चुसनी [名*] (1) 吸いとること；しゃぶること (2) おしゃぶり (乳児に吸わせる) (3) 哺乳びん

चुसवाना [他] ← चूसना. (1) 吸わせる (2) 搾取を受ける

चुसाई [名*] (1) 吸うこと (2) 吸われること

चुसाना [他] = चुसवाना.

चुस्की [名*] (1) 少しずつ飲むこと；ちびりちびり飲むこと (2) ひとすすり；一口 (3) 盃 चाय की चुस्कियों के बीच お茶をすすりながら **चुस्की भरना** すする= सिप क॰; सुड़कना. **चुस्की लगाना** なめるように楽しみながら少しずつ飲む；ちびりちびりやる **चुस्की ले॰** すする；ちびりちびり飲む चाय की चुस्की लेते हुए お茶をすすりながら

चुस्त [形] 《P. چست》(1) ぴったりした；ぴったりの；たるみのない चुस्त जींस पहनकर वैष्णोदेवी की यात्रा पर निकले युवक ぴっちりしたジーンズを穿いてヴァイシュノーデーヴィーの巡礼に出た青年 चुस्त पतलून 肌にぴっちりのズボン (2) 敏捷な；きびきびした；素早い；てきぱきとした= चुस्त-चालाक. खिलाड़ी को बड़ा चुस्त होना चाहिए तभी वह गेंद को ठीक समय पर हिट कर सकता है 選手はとてもきびきびしていないといけない．そうしてはじめてボールをタイミングよく打つことができる (3) 引き締まった；たるみのない；隙のない；きっちりした छोटे-छोटे चुस्त वाक्य 短くてしまった文章 (4) しゃきっとしている；しゃんとしている；はつらつとした；すっきりした चलता शरीर चुस्त रहता है 体は動かしているほうがよいものだ हलकी फुलकी वर्जिश से जिस्म चुस्त और फुरतीला रहता है 軽い運動をしていると体はしゃきっとしはつらつとしているものだ (5) 聡い = चुस्त-चालाक. केदार की बुद्धि चुस्त थी, माधव का शरीर चुस्त ケーダールは聡くマーダヴァはきびきびしていた (6) 丈夫な；頑丈な

चुस्त-दुरुस्त [形] 《P. چست درست》(1) 機敏な；はしっこい；敏捷な यह पिल्ला बाकी चारों पिल्लों की अपेक्षा काफ़ी चुस्त-दुरुस्त लग रहा था この子犬は他の 4 匹に比べるとかなりはしっこい感じがしていた (2) 元気な；健康な；健全な हम जब तक ऐसा करते रहे तब तक समाज का स्वास्थ्य चुस्त-दुरुस्त था 我々がこうしている限り社会は健全だった

चुस्ती [名*] 《P. چستی》(1) 機敏さ；敏捷さ (2) 引き締まっていること；締まり बाहर जाने से शरीर में चुस्ती रहती है 屋外へ出ると体がしゃきっとする इसे पीने से आपको थोड़ी चुस्ती आ जाएगी これを飲まれると少しすっきりしますよ **चुस्ती से** *a.* ぴっちりと；ぴったりと *b.* きびきびと；てきぱきと；はきはきと *c.* しゃきっと इसमें चुस्ती से बराबर लगे वैसा रबड़ का कार्क लो これにぴっちりとはまるようなゴム栓を求めなさい कहानी में चुस्ती के अभाव के कारण ストーリーにぴりっと引き締まったところが欠けているので बच्चों के साथ खेलने से आपको चुस्ती फुरती भी आएगी 子供たちと遊ぶとぴちぴちはつらつとなる

चुहचुहाता [形⁺] 興味の尽きない；面白い；楽しい

चुहचुहाना[1] [自] (1) (色が) ぱっと光り輝く；(色が) 燃える (2) 赤く燃え立つ (3) きらめく；ぎらぎらする；きらきらする (光) टिमटिमाती, चुहचुहाती रोशनियों के बीच डिस्को संगीत ज़ोर पकड़ रहा है ぴかぴかきらきら輝く中でディスコ音楽が激しくなる

चुहचुहाना[2] [自] 汁気のたっぷりある；汁のしたたる

चुहचुहाना[3] [自] 鳥がさえずる；囀る

चुहट [名*] ← चुहटना[1].

चुहटना[1] [他] (1) 踏みつぶす (2) つねる
चुहटना[2] [自] = चिमटना.
चुहड़ा [名] (1) = भंगी; मेहतर. (2) = चमार. (3) 下賤の者；身分のいやしい者
चुहल [名*] 冗談；ひやかし；からかい；ふざけ；おどけ न मुझे कुछ खाना पीना अच्छा लग रहा था, न ननदों-देवरों की चुहल 飲み食いするのも楽しくなかったし義弟や義妹の話す冗談も面白くなかった सभी उसे छेड़ते थे, चुहलें करते थे みながその人をひやかしたりからかったりしていた जो दूल्हा पत्नी की सहेलियों से चुहलें करे 花嫁の友人たちと冗談を言い合うような花婿 मेरे सास ससुर में इतना प्रेम और मधुर संबंध है कि अभी भी दोनों आपस में चुहल करते रहते हैं 私の舅と姑との間には今でもからかい合えるような愛情となごやかな関係が保たれている
चुहलबाज़ [形] 《H.+ P. باز बाज़》 (1) ふざける；たわむれる；からかう (2) 愉快な；陽気な；楽しい；面白い；朗らかな；ちゃめっけのある
चुहलबाज़ी [名*] 《H.+ P. بازی बाज़ी》 (1) ふざけ；たわむれ；からかい (2) 愉快さ；陽気さ इन गीतों के माध्यम से स्त्री-पुरुष संबंधों पर आधारित चुहलबाज़ी शुरू हो जाती है これらの歌を介して男女関係に基づいたからかいが始まる उसके स्वर में अब चुहलबाज़ी आ गयी थी और वह पहले की अपेक्षा उत्साह में आ गया था 声にはもう陽気な感じがあった. 以前よりは元気になっていた **चुहलबाज़ी क**॰ ふざける；たわむれる；からかう
चुहिया [名*] (1) 雌のネズミ (2) 子ネズミ
चुहिल [形] (1) 美しい (2) にぎやかな；活気のある
चुहुँटना[1] [他] (1) つねる= चिकोटी काटना. (2) つまむ= चुटकी से पकड़ना.
चुहुँटना[2] [形+] (1) つねる (2) 強くつかむ；ぎゅっと握る
चुहुँटना[3] [自] ひっつく
चुहुकना [他] 吸う = चूसना.
चूँ[1] [名*] (1) 小鳥の鳴き声. ちゅん, ちゅんちゅん, ちっちっぴっぴっなど (2) (恐る恐る) 不平を訴える言葉 **चूँ क**॰ 口答えする；言い返す कोई चूँ नहीं कर सका だれも口答えできなかった
चूँ[2] [副] 《P. چوں》 なぜ；なぜに；どうして= क्यों.
चूँकि [接] 《P. چونکہ》 …ので (理由を表す)；…ものだから (理由を表す) चूँकि सर्दी अधिक पड़ने लगी थी, मैं घर ही में था 一段と寒くなってきたので私は家の中ばかりにいた
चूँच [名*] くちばし = चोंच.
चूँ चकार [名] 口答え **चूँ चकार क**॰ 口答えする；言い返す
चूँचपड़ [名*] 口答え；異論を唱えること；反対すること；反論 बिना चूँचपड़ किये गाँधी जी का कहना मानने वाले भी संशय में पड़ गये 従順にガンディージーに従う人たちも疑念を抱いた किसी ने कोई चूँचपड़ नहीं की है だれも何も反対しなかった उसने कुछ चूँचपड़ की तो उसकी हत्या कर दी गई है 少し言い返したために殺害された
चूँ-चर्र [名*・副] 車軸などの軋む音. ぎしぎし, ぎーぎーなど तेल का कोल्हू चूँ-चर्र बोल रहा है 搾油機がぎーぎーと音を立てている
चूँ-चिड़ चूँ-चिड़ [名*] 小鳥の囀り→ चूँचूँ.
चूँची [名*] = चूची.
चूँ चूँ [名*] 小鳥の鳴き声. ちゅんちゅん, ちゅっちゅっ, ちっちっ, ぴっぴっ, ぴーぴーなど **चूँ चूँ क**॰ *a.* 小鳥が鳴く；さえずる *b.* 小声で反論する；異論を唱える
चूँटना [他] (1) つみとる；つむ (摘む) (2) つまむ；指先でつかむ बड़ियाँ चूँटना バリーをつまむ
चूक[1] [名*] (1) 失敗；しくじり (手仕事の見習いで) यदि लड़का कहीं चूक करता तो वह तुरत उसकी भूल सुधरवा देता 少年が何かしくじれば直ちに改めさせる जहाँ भी ज़रा चूक हुई कि बस नीचे खड्ड में ちょっとした失敗をしようものなら間違いなく穴の中 (2) 過ち；間違い मुझसे भारी चूक हुई है, मुझे क्षमा करो 大変な過ちを致しました. どうぞお許し下さい (3) 脱落；遺漏 **चूक पड़ना** しくじる；失敗する；過つ **बिना चूक** 間違いなく；必ず；怠りなく
चूक[2] [名] (1) レモンなどの果実からこしらえた酢 (2)〔植〕タデ科ヒメスイバ【*Rumex acetosella*】
चूकना [自] (1) しくじる；失敗する；過つ；間違う आज की रात किसी तरह चूकना नहीं चाहिए 今夜は何としてもしくじってはならない एक दिन चूक गए, शोरबा कुर्ते पर गिरा ある日しくじって肉汁がクルターにかかった (2) ぬかる；(ーの) 機会を失う；(ーし) そこなう इस आदत के कारण ही हम अच्छी मित्रता, पड़ोसी-धर्म और सुखद संपर्क को बनाने से चूक जाते हैं この癖のために良い友達関係や近所付き合いあるいは気持ちのよい人との出会いをつかみそこなう (-से) **क़तई नहीं चूकना** 間違いなく (ー) する अगर ये लोग फिर अपनी हरकतें करने लगे तो सरकार उनपर कार्रवाई करने से क़तई नहीं चूकेगी この人たちがまた同じ行動をとり始めるならば政府はぬかりなく処置をとるだろう कुछ विद्यार्थी स्कूल की चीज़ों को तोड़ने से नहीं चूकते 一部の生徒は間違いなく学校の器物を壊すものだ (3) それる；はずれる；逸脱する उसका ध्यान तो किसी चीज़ से चूकनेवाला नहीं था あの人は何事にも油断することはない ज़रा भी ध्यान चूक जाए तो वे जलकर कोयले जैसे हो जाते हैं ちょっとでも油断すると焼けて炭のようになってしまう निशाने से चूकी गोली 逸れ弾 (4) 終わる；尽きる (-से) **नहीं चूकना** 抜かりなく (ー) する；間違いなく (ー) する ज़रा-सा बहाना हाथ लगते ही वह आसपास के लोगों को अपना महत्व जताने से नहीं चूकता 何かの口実があれば抜かりなく自分の偉さを身の回りの人に知らせる人だ
चूका [名] (1)〔植〕タデ科ギシギシ【*Rumex visicarius*】 (2)〔植〕カタバミ科カタバミ【*Oxalis corniculata*】= त्रिपाती.
चूची [名*] (1) 乳房 (2) 乳首 (3) 女性の胸 **चूची पीना** 乳を吸う
चूचुक [名] 乳首 = कुचाग्र; चुची की ढेपनी.
चूज़ा [名] 《P. چوزه / چوزا》 (1) ひよこ (2) 鳥のひな (3) 青二才 (4) 稚児
चूड़ [名] (1)〔ヒ〕チョーティー (宗教的な動機から一部のヒンドゥー男子の頭頂部に残すひとつまみの長い髪の房) (2) 鳥の冠毛 (3) ヒンドゥー女性が手首につけるブレスレット (4) 柱頭 (5) 山頂
चूड़ा [名] (1) ヒンドゥー男子が頭頂部に残す一房の長髪；チョーティー (2) 鳥の冠毛 (3) もののてっぺん；一番上の部分 (4) 頭 (5)〔装身〕チューラー (象牙製の手首飾り)；チューリー जोधपुर के हाथी दाँत के चूड़े ジョードプル製の象牙のブレスレット (6)〔装身〕チューラー (貴金属製の女性の手首飾り)；カラー
चूड़ाकरण [名]〔ヒ〕ヒンドゥー教徒の4歳前後の男児に行われる通過儀礼の一でチョーティーを初めて残す剃髪式= मुंडन. → चूड़ा.
चूड़ाकर्म [名] = चूड़ाकरण.
चूड़ामणि [名] (1)〔装身・ヒ〕チューラーマニ (頭頂部にヒンドゥー女性のつける宝石などの装身具) सीता ने चूड़ामणि देते हुए हनुमान को भरी आँखों विदा किया シーターはチューラーマニを手渡しながら涙をためた目でハヌマーンに別れを告げた (2) 最高位のもの；頂点に立つもの (3) = घुँघची.
चूड़ार [形] (1) 頭にチューラーのある (2) チューラーマニ (चूड़ामणि) をつけている (3) 冠毛のある (鳥)
चूड़िया [名] 縞模様の布
चूड़ी [名*] (1)〔装身・ヒ〕チューリー (ヒンドゥー女性が手首につける主にガラス, ラック, 動物の角などでこしらえたリング状の飾りもの, 女性にとっては夫が存命の象徴とされる. 未亡人はこれの着用が許されない) (2) リング；リング状のもの (3) 初期蓄音機の蝋管 (4) レコード盤 **चूड़ियाँ ठंडी क**॰ = चूड़ियाँ तोड़ना. **चूड़ियाँ तोड़ना** 夫の死のためにチューリーをはずすこと, もしくは, 叩き割ること **चूड़ियाँ पहनना** *a.* めめしく振る舞う *b.* 女性の姿になる；女装する जब तुम इतना भी नहीं कर सकते, तो चूड़ियाँ पहन लो これほどのこともできぬお前はチューリーでもはめろ (それでも男かい) **चूड़ियाँ पहनाना** *a.* 未亡人と結婚する；未亡人を妻にする *b.* 未亡人を結婚させる **चूड़ियाँ फूटना** 夫に先立たれる；夫に死なれる；未亡人になる **चूड़ियाँ फोड़ना** = चूड़ियाँ तोड़ना. **चूड़ियाँ बँधाना** チューリーをはずす **चूड़ियाँ बढ़ाना** = चूड़ियाँ बँधाना. **चूड़ियाँ मैली हो**॰ 気後れする (-से) **चूड़ी (चूड़ियाँ) पहन ले**॰ (ーに) 嫁ぐ；(ーと) 所帯を持つ；(男と) 同棲する उसने देवर से चूड़ी पहन ली (夫の死後) 義弟と結婚した **लाल चूड़ियाँ पहनना** 赤いチューリーをつける (結婚する) अपनी ख़ुशी के लिए फिर से लाल चूड़ियाँ पहनकर किसी और के दरवाज़े पर चली जाऊँ? 自分の都合で再婚してどこかの家に入るということなの

च

चूड़ीगर [名] 《H. + P. گر》婦人の手首につける装身具チューリーを作る仕事を主な生業にしてきた職人（カースト名）
चूड़ीदार [形] 《H.+ P. دار》輪（チューリー）の形の線の入った
चूड़ीदार पाजामा [名] 《चूड़ीदार+ P. پاجامہ》〔服〕チューリーダールパージャーマー（パージャーマーの一種で，穿くと足首にかけて細くぴったりとしまる）
चूत[1] [名] マンゴーの木= आम का पेड़.
चूत[2] [名*] 女性の性器；女陰= भग; योनि.
चूतक [名] マンゴーの木
चूतड़[1] [名] 尻；臀部 **चूतड़ के नीचे दबा बैठना** わがものにする **चूतड़ के पीछे लगे रहना** 四六時中ついてまわる；金魚の糞 **चूतड़ घिसना** へつらう **चूतड़ टेकना** 腰を下ろす **चूतड़ ढँकने को न हो०** 極めて貧しい；赤貧 **चूतड़ तोपना** 服を着る **चूतड़ दिखाना** 背を向けて逃げる；恐れをなして逃げ出す；尻尾を巻いて逃げる **चूतड़ पीटना** ひどく喜ぶ；大喜びする **चूतड़ पोंछना** へつらう；こびる **चूतड़ बजाना** = चूतड़ पीटना. **चूतड़ मटकाना** *a.* 尻を振る *b.* 下品な振る舞いをする **चूतड़ लगाना** = चूतड़ टेकना. **चूतड़ सिकोड़ना** のろのろ歩く **चूतड़ों का लहू मरना** 特定の場所から移り住めなくなる；よそに動けなくなる
चूतड़[2] [名] マンゴーの木= आम का पेड़.
चूतर [名] = चूतड़[1]
चूतिया [形] 間抜けの；大馬鹿の (-को) **चूतिया बनाना** （ーを）馬鹿にする；こけにする
चूतिया खाता [形+] = चूतिया.
चूतिया चंपई [名] = चूतिया चक्कर.
चूतिया चक्कर [形] 間抜けの；大馬鹿の
चूतिया पंथी [名*] 愚かさ；愚昧= मूर्खता.
चूतिया शहीद [名] 《H. + A. شہید》間抜け；大馬鹿
चून [名] (1) 穀物の粉 = आटा. (2) 粉；粉末 = चूर्ण.
चूनरी [名*] = चुनरी.
चूना[1] [名] 石灰；消石灰 कच्चा चूना 生石灰〈quicklime〉 भुना चूना 消石灰〈slaked lime〉 **चूना क०** しっくい（漆喰）を塗る **चूना छूना** = चूना क०. **चूना फेरना** 漆喰を塗る **चूना बुझाना** 石灰を消和する；石灰を沸化する (-को) **चूना लगाना** *a.* （ーを）こけにする；愚弄する= मूर्ख बनाना. *b.* （ーに）損害を与える प्रकाश को उनका एक अज्ञात रिश्तेदार दंपति सात हज़ार रुपये का चूना लगा गए プラカーシに見知らぬ縁者の夫婦が 7000 ルピーの損害を与えた (-में) **चूना लगाना** *a.* （ーに）石灰を塗る *b.* （ーを）くじく *c.* （ーを）中傷する **चूना हो जा०** *a.* 損害を被る *b.* 台無しになる；めちゃくちゃになる；駄目になる राष्ट्रीय कपड़ा निगम को करोड़ों का चूना 衣料公団に数千万の損害 **चूने की डिबिया से बाहर निकलना** 経験を積む **चूने की भट्टी** 生石灰製造のため石灰岩を焼成するためのかまど（竈）
चूना[2] [自] (1) したたる；垂れ落ちる；垂れる उसके माथे पर बलि के लाल लहू का टीका चू रहा था 男の額には生け贄の赤い血のティーカーが滴っていた (2) もれる；もれ落ちる；もれ出す मेरी आँखों के आँसू चू पड़ने से पहले वाली स्थिति में थे 涙が今にもしたたり落ちようとしていた (3) しみ出る (4) 流産する
चूनादानी [名*] 《← H.चूना + P. دان》= चूनेदानी. パーン（पान）につける生石灰を入れるための小さな容器
चूनापज़ [名] 《H. + P. پز》石灰石を焼成するためのかまど（竈）；石灰を焼くための竈〈lime-kiln〉
चूना पत्थर [名] 石灰石
चूना लेप [名] モルタル
चूनाश्म [名] 石灰石
चूनी [名*] (1) 穀粒のくず अपने दोनों बैलों को खली, चूनी सब कुछ दी 2 頭の牛には油かす，穀粒のくずなどみな与えた (2) 宝石の小さなかけら
चूनी-भूसी [名*] 雑穀を粉にしたもの
चूने का पत्थर [名] 〔鉱〕石灰岩；ライムストーン〈lime stone〉
चूने का पानी [名] 石灰水；石灰液 दूध से उसे दस्त न लगे, इसके लिए दूध में एक बड़ा चम्मच चूने का पानी मिला लेना चाहिए 牛乳で下痢が起こらないようにするには牛乳に大さじ一杯の石灰水を混ぜなくてはならない
चूनेदानी [名*] 《H.+ P.دانی दानी ←دان दान》= चुनौटी.
चूनेदार [形] 《H.+ P.دار》炭酸カルシウムの；石灰質の
चूमना [他] (1) 口を吸うこと；キスをする；接吻する；口づけする (2) 親愛の情や尊敬の気持ちを表すために唇を相手の様々な部分につける；キスをする；接吻する；口づけする उसने उठकर रूपा का माथा चूमा और बाहर निकल गया 立ち上がってルーパーの額に口づけし，それから出て行った उसने फ़ोटो को चूम लिया 写真に口づけした **चूमकर छोड़ दे०** 中途でやめる **चूमना-चाटना** 口づけしたりなめたりする；愛撫する；いちゃつく；いちゃいちゃする (3) 触れる；接触する आकाश चूमना そびえる（聳る）；そびえ立つ
चूमा [名] 口づけ；接吻；キス= चुंबन; चुम्मा. चूमा दे० 口づけする चूमा ले० 口づけを受ける
चूमाचाटी [名*] 愛撫；いちゃつき；いちゃいちゃ
चूर [形] (1) 砕けた；砕かれた；粒になった **चूर क०** 砕く；打ち砕く；粉砕する ये ही दोनों पहलवान नासिर ख़ाँ का घमंड चूर करने के लिए गये そうなのだ．この 2 人のレスラーがナーシルカーンの鼻をへし折りに行ったのだった **चूर हो०** 砕ける；砕かれる；粉砕される सेठ का अहंकार चूर हो गया 大商人の慢心が砕かれた (2) くたくたに疲れた；疲れ果てた चलते-चलते दोनों थककर चूर हो गए 歩くうちに 2 人は疲れ果ててしまった (3) 熱中した；没頭した (4) 我を忘れた；正気を失った (5) 酔いしれた；酔っ払ってしまった **चूर-चूर** 粉々になった；打ち砕かれた；粉微塵の；木っ端微塵の उसका अभिमान चूर-चूर हो गया 自慢が粉微塵に砕かれた उसके सामने रखा शीशे का गिलास बाईं ओर की दीवार से टकराकर चूरचूर हो गया 前に置いてあったガラスのコップが左側の壁に当たってこなごなに砕けた
चूरण [名] = चूरन; चूर्ण.
चूरन [名] (1) 粉 (2) 消化薬（粉薬）
चूरमा [名] チュールマー（ローティー，すなわち，イースト菌の入っていないインド風のパンをほぐしギーやバターと砂糖を加えて作られる菓子）
चूरमूर[1] [名] 刈り取り後，畑に残った麦の切り株
चूरमूर[2] [形] つぶれた；つぶされた；砕かれた **चूरमूर क०** つぶす；打ち砕く；粉砕する **चूरमूर हो०** つぶれる；砕ける；粉々になる；砕け散る
चूरा [名] (1) 破片；断片；かけら यह लें थोड़ा-सा चूरा पड़ा है, ज़रा चख तो सही ほら小さなかけらがあるからまずは味を見てごらんよ (2) のこなどで切った時に出る木屑；おがくず；鋸屑 श्वेत चंदन का चूरा ビャクダンのチューラー **चूरा क०** 砕く；つぶす；粉にする；粉々にする
चूरामणि [名] = चूड़ामणि.
चूरी [名*] (1) こまかい粉；粉末 (2) = चूरमा.
चूर्ण[1] [名] (1) 粉；粉末 (2) 粉薬 (3) 粉末の消化剤 (4) 色粉 = अबीर.
चूर्ण[2] [形] (1) 粉になった；粉末状の (2) 砕かれた；打ち砕かれた
चूर्णक [名] 煎った大麦やヒヨコマメなどの穀物を粉にしたもの（これに水を加えて食べる）；はったい粉；麦焦がし= सत्तू.
चूर्णखंड [名] 石ころ；砂利
चूर्णन [名] 粉末にすること；粉砕
चूर्णशील [形] 砕けやすい；もろい
चूर्णि [名*] 宝貝；子安貝 = कौड़ी.
चूर्णिका [名*] (1) はったい粉= सत्तू; सतुआ. (2) 註釈（書）
चूर्णित [形] (1) 粉にされた；砕かれた；粉砕された (2) つぶされた
चूर्णी[1] [名*] 宝貝；子安貝
चूर्णी[2] [形] 粉の；粉状の
चूल[1] [名*] (1) とまら（枢） (2) 回転軸；旋回軸；枢軸 गेंद को अपने हाथों में ही रखकर वह पाँव को चूल बनाकर घूम सकता है ボールを手にのせたまま足を回転軸にして回転することができる (3) 中心（点）；かなめ (-की) **चूल ढीली क०** （ーを）くたくたにさせる；へたばらせる (-की) **चूल ढीली हो०** （ーが）くたくたになる；へたばる **चूल मिलाना** 計算をぴったり合わせる **चूल से चूल मिलाना** = चूल मिलाना. **चूल हिल जा०** 弱る **चूल हिला दे०** 弱める
चूल[2] [名] 〔ヒ〕ヒンドゥー教徒の男性の頭の頂きに宗教的な意味からわざと切らずに残される髪の一房= चोटी.
चूल्हा [名] (1) かまど（竈）；へっつい；くど चूल्हा अग्नि देवता का निवास かまどはアグニ神の宿るところ (2) こんろ（焜炉）．ガスこんろ，電気こんろなど **चूल्हा अलग हो०** かまどが別々になる

(家族のまとまりとしてのかまどを別にするようになること)；事情により合同家族，すなわち，大家族が分かれる **चूल्हा गरम हो॰** 食事が準備される तब कुछ पैसे मिलते，तब हमारे घर चूल्हा चेतता，मुँह निवाले लगते するとわずかの金が手に入りそれでわが家のかまどに火が入り，おまんまが食べられるというわけだ **चूल्हा चेताना** かまどに火をつける；食事の用意をする **चूल्हा जलाना** かまどに火をつける अम्मी फ़ज्र के बाद ही चूल्हा जला देती है 母さんは空が白みはじめるとすぐにかまどに火をつける **चूल्हा झोंकना** = चूल्हा चेताना. **चूल्हा ठंडा क॰** かまどの火を消す **चूल्हा जलना** 食事の用意ができる **चूल्हा न जलना** *a.* (理由があって) 料理が作られない *b.* (貧しくて) 食事を作れない **चूल्हा न्यौतना** 家族全員を食事に招く **चूल्हा फूँकना** 食事をこしらえる **चूल्हा बंद हो॰** (食糧がなくて) 食事の用意ができない **चूल्हे का उपाय क॰** = चूल्हा बंद हो॰. **चूल्हे पर तवा न हो॰** = चूल्हा बंद हो॰. **चूल्हे भाड़ में जा॰ (पड़ना)** 台無しになる；めちゃくちゃになる **चूल्हे में जलना** 食事の用意に忙しくする **चूल्हे में जा॰** めちゃくちゃになる；くたばる **चूल्हे में डालना** やっつける **चूल्हे में पड़ना** = चूल्हे में जा॰. **चूल्हे में लगना** = चूल्हे में जा॰. **चूल्हे से निकलकर भट्ठी में पड़ना** 小さな難を逃れて大難におちいる

चूल्हा - चौका [名] 台所仕事 मेरी पत्नी चूल्हे - चौके में लगी हुई थी 妻は台所仕事をしているところだった

चूषकांग [名]〔植〕(寄生植物の) 吸根；寄生根

चूषण [名] 吸うこと；吸い出すこと

चूषणीय [形] 吸える；吸われる；吸い出せる；しゃぶれる

चूसना [他] (1) (汁などを) 吸う；吸い出す वह आदमियों का ख़ून चूसकर ज़िंदा रहता है それは人の血を吸って生きている शहद की मक्खी शहद चूसने लगी 蜜蜂が蜜を吸い始めた तितलियाँ फूलों का रस चूसती हैं 蝶は花の蜜を吸う (2) しゃぶる अंगूठा चूसना (おや) ゆびをしゃぶる；指を吸う (3) (水分などを) 吸い取る (4) 搾取する；搾り取る；食いものにする ग़रीबों को चूसकर 貧しい人たちを搾取して ज़मींदारोंने किसानों को चूस रखा है ザミーンダールたちが農民たちを搾取している हिंदुओं के अधिकांश तीर्थ स्थानों में पंडे - पुजारी जनता को निर्ममतापूर्वक चूसने के अगणित तरीके काम में लाते हैं ヒンドゥー教の巡礼地ではパンダーやプジャーリーが民衆を残酷に食いものにする無数の方法を用いる सूद - दर - सूद के ज़रीये से उस आबादी का ख़ून चूस रहे थे 複利の利子でその地の住民を搾り取っていた **चूस डालना (चूस ले॰)** 吸い取って丸裸にする

चूसनी [名*] (1) おしゃぶり (2) 乳首

चूहड़ा [名] (1) 便所掃除をする (カーストの) 人；チューフラー；バンギー (भंगी)；メヘタル मेहतर (2) 下劣な人；下賎

चूहर [名] = चूहड़ा.

चूहरी [名*] = चुड़िहारिन.

चूहा [名]〔動〕ネズミ (鼠) の総称 चूहा गणेश का वाहन है ガネーシャ神の乗り物はネズミ **चूहे का बिल ढूँढना** 逃げ場や隠れ場所を探す **चूहे की कबड्डी हो॰** = चूहों का डंड पेलना. **चूहों का डंड पेलना** *a.* 家に食物が不足すること *b.* 甚だひもじいこと

चूहादंती [名*]〔装身〕チューハーダンティー (金製のブレスレット)

चूहादान [名] 《H.+ P. دان》ねずみとり＝ चूहेदानी.

चूहामार गोली [名*] 殺鼠剤

चूहेदंतियाँ [名*, pl.] = चूहादंती.

चूहेदानी [名*] ねずみとり (器具)

चें [名*] スズメなど小鳥の鳴き声．ちゅんちゅん，ちっちっなど = चीं. **चें - चें** *a.* = चीं - चीं. *b.* つまらぬおしゃべり *c.* 泣いたりわめいたりする声 **चें बोलना** 気力を失う = चीं बोलना.

चेंगड़ा [名] 子供；小児；ちび

चेंगा [名] = चेंगड़ा.

चेंचर [形] 無駄口を叩く

चेंचुला[1] [名]〔料〕チェーンチュラー (こねた小麦粉を薄くのしてギーや油で揚げたもの)

चेंचुला[2] [名] 雛；鳥の子；ひよこ

चेंचें [名*] (1) 小鳥の鳴き声 (2) 無駄口

चेंज [名] 《E. change》(1) 両替 (2) 小銭 (3) 乗り換え (4) 転地療養 (5) 変化；変貌；チェンジ मुझ में ज़रा भी चेंज नहीं आया है 私は少しも変わってはいないわ

चेंप [名] = चेप.

चेंपा [名] 魚釣りの餌

चेंबर [名] 《E. chamber》(1) 会議場 (2) 会館；会議所

चेंबर ऑफ़ कामर्स [名] 《E. chamber of commerce》商工会議所＝ वाणिज्य मंडल.

चेंया [名] = चिंया. タマリンドの実 → इमली.

चे [名] 《چ》ウルドゥー文字の第 8 字の字母 چ の名称

चेअर [名*] 《E. chair》(1) 椅子；チェアー (2)〔教〕(大学の) 講座 (3) 学科長 (職) = चेयर.

चेक[1] [名] 《E. check》(1) 検査；調査；取り調べ；取り締まり (2) 照合；確認；点検 (3) チェック；格子縞；碁盤模様

चेक[2] [名] 《E. cheque》小切手；チェック रायलटी का चेक 印税の小切手 पिछला चेक रिज़र्व बैंक से कैश कराना है この前の小切手は (インド) 準備銀行で現金に換えてもらわなくてはならない **चेक काटना** 小切手を切る

चेक[3] 〔国名〕《E. Czech》チェコ共和国

चेक - अप [名] 《E. check-up》(1) 健康診断〈medical check-up〉= स्वास्थ्य परीक्षण; डाक्टरी जाँच. शारीरिक रोगों के लिए तो हम उनके लक्षण प्रकट होते ही डाक्टर के पास मुआयने या चेक - अप के लिए पहुँच जाते हैं 身体の病気については症状が現れると直ちに医者のもとへ健康診断を受けに行く चेक - अप के लिए कहना 健康診断を受けるように言う (2) 機器の点検

चेक - आउट [名] 《E. check-out》チェックアウト

चेक - इन [名] 《E. check-in》チェックイン

चेक - इन रजिस्टर [名] 《E. check-in register》宿帳

चेकपोस्ट [名] 《E. checkpost》検問所

चेक - बुक [名*] 《E. cheque book / checkbook》小切手帳 मेरी चेकबुक खो गई है 小切手帳を失った

चेकिंग [名*] 《E. checking》(1) 検査 दवा कारख़ानों की दवाओं की चेकिंग के लिए 製薬工場の薬剤の検査のために (2) 取り調べ；取り締まり ट्रेफ़िक पुलिस कभी कभी रस्मी तौर पर चेकिंग करती है 交通警察はたまに儀礼的に取り締まりをする (3) 照合；査照 (4) 検札 बिना टिकट यात्रा करनेवालों के विरुद्ध चेकिंग 無賃乗車の旅行者に対する検札

चेकोस्लोवाकिया 〔国名〕《E. Czechoslovakia》(旧) チェコスロバキア連邦共和国

चेचक [名*] 《P. چیچک》〔医〕(1) 天然痘；痘瘡＝ शीतला. चेचक का टीका 種痘 (2) 牛痘 (家畜の病気) = माता. चेचक के दाग़ = माता के दाग़. あばた (痘痕) छोटी चेचक 水痘

चेचकरू [形] 《P. چیچک رو》あばた面の

चेजा [名] 穴＝ छेद; छिद्र; सूराख़.

चेजारा [名] 煉瓦で建物を作る職人；煉瓦職人；左官＝ राजगीर.

चेट [名] (1) 使用人 (2) 従者；付き人 (3) 夫；主人 (4) 密通の手引きをする男

चेटक[1] [名] (1) 従者；下僕；下男；使用人 (2) 使者

चेटक[2] [名] (1) 奇跡；目を見張るような事 (2) 魔法 (3) 惑わし；欺き

चेटक[3] [名] (1) 考え；配慮；心配 (2) 懸念

चेटक[4] [名] (1) 勤勉 (2) 活発さ

चेटकनी [名*] 付き人；おつき；お供

चेटका [名*] (1) 火葬壇 (火葬のため薪を積み上げたもの) (2) 火葬場

चेटकी [名] 魔術師；手品師＝ जादूगर; इंद्रजली.

चेटिका [名*] 腰元；侍女；お供 = दासी.

चेटिया [名] (1) 弟子 (2) 従者；付き人；使用人

चेटी [名*] 侍女；下女＝ दासी; लौंडी.

चेटुवा [名] 鳥の子；ひな (雛)；ひなどり (雛鳥)

चेट्टी [名] チェッティー (主に金融業や商業を生業としてきた南インドの代表的な商人カースト) とそのカーストの成員；チェッティヤール

चेड़ [名]〔鳥〕キジ科カンムリキジ【*Catreus wallichi*】

चेत् [接] (1) もしも；仮に＝ यदि; अगर. (2) 恐らく；多分＝ शायद.

चेत [名] (1) 意識；知覚 (2) 知 (3) 警戒；注意；用心 (4) 記憶 (5) 心

चेतक [形] 意識を覚ます

चेतकी [名*] (1) = हड़. (2) = चमेली.

चेतन[1] [名] (1) 意識；知覚 (2) 精神 (3) 友情 (4) 人間

चेतन[2] [形] 意識のある；知覚のある

च

चेतना[1] [自] (1) 意識が戻る；気がつく (2) 用心する；警戒する；注意する आइंदा ऐसा करते चेतेगा 今度こんなことをする時には用心するだろう (3) 正気に戻る；自覚を持つ；我に返る；目を覚ます मुझ-जैसा मरा हुआ आदमी भी चेत उठा 私ごとき死んだも同然の者までも正気に戻った तू अब भी चेत 今でも遅くない．目を覚ましなさい (4) 火がつく；火が燃える→ चूल्हा चेतना.

चेतना[2] [他] 思う；考える जो मेरा भला चेते उसका मज़ाक उड़ाऊँ 私のためを思ってくれる人を馬鹿にするなんて कुछ धर्म भी तो चेतो 少しはダルマのことも考えたまえ

चेतना[3] [名*] (1) 意識；正気 आँखें तो उसकी फ़ौरन खुल गईं लेकिन चेतना लौटने में देर लगी 目はすぐに開いたが意識が戻るのに時間がかかった (2) 認識；意識 सामाजिक एवं सांस्कृतिक चेतना 社会意識と文化意識 सामाजिक चेतना संपन्न लेखक 社会意識の豊かな書き手 राष्ट्रीय चेतना जगाना 民族意識を目覚めさせる (3) 精神 मैं इस दुनिया में क्या कर सकता हूँ? क्या सचमुच मुझमें स्वतंत्र चेतना नहीं? この世の中で自分に何ができるのだろうか，自分はほんとうに束縛のない自由な精神を備えていないのだろうか

चेतनाशून्य [形] 意識を失った；気を失った；意識のない；失神した；知覚のない पार्वती चेतनाशून्य-सी अपनी खटिया पर ढह गई 気を失ったかのようにベッドに崩れ落ちた

चेतनाहरण [名] (1) 意識を奪うこと；知覚を奪うこと (2) 麻酔 चेतनाहरण औषधि 麻酔薬

चेताना [他] (1) 目覚めさせる；意識を戻す मैंने तर्कशक्ति से अपने सुप्त पड़े मस्तिष्क को चेताया 理屈で麻痺した頭を目覚めさせた (2) さとす（諭す）；理非を教える अंगद ने उसके भले के लिए उसे फिर चेताया यदि वह युद्ध में उतरा तो वंश में कोई नामदेवा भी नहीं बचेगा もしも彼が戦場に臨むならば一族の後継者の一人も助かるまいと，アンガダは彼のためにもう一度諭した (3) 警告する；注意する；注意を与える उसके लिए हर घटना क़ानून और व्यवस्था का मामला है इस लिए हर बार होली पर वह लोगों को डराती और चेताती है 彼女にとってはどの事件も法と秩序の問題なのでホーリー祭の折にはいつも民衆を脅し警告することになる (4) 火をつける；点火する अग्नि चेताना 火をおこす

चेतावनी [名*] (1) 警告；注意 चेतावनी पाकर वह अयोग्य हो गया （反則の）警告を受けて失格になった (2) 戒め；訓戒 चेतावनी दे॰ 警告する；注意する；注意を与える

चेदि [名]〔イ神・イ史〕チェーディ国（ヤムナー川とナルマダー川との間に位置したと伝えられる古代国家の一）

चेन [名*]《E. chain》(1) 鎖；チェーン साइकिल की चेन 自転車のチェーン (2) 首飾り (3) 列車の非常ブレーキを作動させる鉄の鎖 चेन खींचना チェーンを引いて非常ブレーキをかける (4)〔手芸〕鎖目

चेन स्मोकर [名]《E. chain smoker》チェーンスモーカー；ヘビースモーカー

चेना [名]〔植〕イネ科キビ【*Panicum miliaceum*】

चेन्नै 〔地名〕チェンナイ（タミル語の呼称で旧マドラス市 मद्रास のこと）

चेप [名] (1) 濃くねばりけのある汁やねばねばするもの（イチジクやマンゴーの熟していない実をちぎった時に出る汁など） (2) とりもち

चेपदार [形]《H. + P. دار》ねばねばした；ねばりけのある

चेपना [他] (1) ねばねばをつける (2) 貼りつける

चेबुला[名]〔植〕シクンシ科高木ミロバランノキ【*Terminalia chebula*】= हर्रा.

चेय [形] 選ばれるべき；選り出されるべき

चेयर [名*]《E. chair》椅子；チェアー= चेअर.

चेयर कार [名*]《E. chair car》(1) チェアカー（リクライニングシート付きの客車） (2) チェアカー・クラス（インドの列車の等級の一）

चेयरमैन [名]《E. chairman》(1) 議長 (2) 主席 चेयरमैन माओ त्से तुंग 毛沢東主席 (3) 頭取 बैंकों के चेयरमैन 銀行頭取 (4) 市議会議長兼市長 ढाका म्युनिसिपल्टी का चेयरमैन ダーカー（ダッカ）市長

चेयर लिफ़्ट [名]《E. chair lift》リフト（椅子式の運搬機）

चेरना [名] のみ（鑿）；たがね（鏨）

चेरा [名] (1) 従者 (2) 弟子 (3) 奴隷

चेरापूँजी 〔地名〕チェーラープーンジー（メーガーラヤ州の都市．年間雨量の極めて多いことで世界的に有名）

चेरी[1] [名*] (1) 腰元；侍女 (2) 弟子

चेरी[2] [名]《E. cherry》(1)〔植〕バラ科高木オウトウ；サクランボ【*Prunus*】= गिलास. (2)〔植〕バラ科高木サクラ

चेरी लाल [形] サクランボ色の；鮮紅色の

चेरू [名] チェールー（ウッタル・プラデーシュ州ミルザープル地方に住む指定部族民）

चेल [名] (1) 布 (2) 衣服；衣類

चेला [名] (1)（学業や修業上の）弟子；門弟 (2) 子分；手下；部下 (3) 使用人 चेला क॰ 弟子にする चेला बनना 弟子になる；弟子入りする चेला मूड़ना *a.* 弟子にする；弟子を作る；改宗させる *b.* 馬鹿にする

चेला-चाँटी [名] = चेला-चाटी. 弟子；使用人；下男；下女；配下 = चेले-चाँटी; दास-दासी.

चेलान [名] スイカのつる

चेलिक [名] 弟子 = शिष्य; शागिर्द.

चेलिन [名*] 弟子 = शिष्या.

चेली [名*] 女弟子；女性の弟子

चेले-चपाड़े [名] 子分；配下；手下

चेष्टक [形・名] 努める；努力する；努力家

चेष्टा [名*] (1) 努力；試み दोनों पक्षों के हित के लिए आखिरी चेष्टा करके देखें 両派のために最後の努力をしてみよう कम ख़र्च तथा बिना परिश्रम के अधिक लाभ प्राप्त करने की चेष्टा より少ない経費で苦労せずにより多くの利益を上げる試み कोई भी राजा उनकी आज्ञा का उल्लंघन करने की चेष्टा नहीं कर सकता था いかなる王も彼の命に反する試みをなすことはできなかった थोड़ा-बहुत लिखने की चेष्टा करता हूँ 少々書こうと努めている अनधिकार चेष्टा क॰ 自分の力量にないことをする（柄にもないことを試みる） भरसक चेष्टा क॰ 最善を尽くす चेष्टा करने पर भी वह सो नहीं पा रही थी 眠ろうとしたが眠れないでいた (2) 活動；働き；工作 युद्धविराम की चेष्टा 休戦工作 युद्धविराम की चेष्टा की जा रही है 休戦工作が進行中 (3) 表情 (4) 身のこなし；動作；挙動 (5) 働き；活動；機能 बूढ़ी काकी में जिह्वास्वाद के सिवा और कोई चेष्टा शेष न थी 老いたおばの体には味覚の他にはなんの機能も残っていなかった

चेष्टित [形] 努力のなされた；試みられた

चेस [名]《E. chess》チェス= शतरंज.

चेसबोर्ड [名]《E. chessboard》チェス盤= शतरंज की बिसात.

चेस्टड्रावर [名]《← E. chest of drawers》たんす

चेस्टनट [名]《E. chestnut》(1)〔植〕ブナ科高木クリ（栗） (2) クリの実

चेस्टनट भूरा [名]《E.+ H.》くり色；栗色

चेस्टर [名]《← E. Chesterfield》〔服〕チェスターフィールド（隠しボタン片前の男物オーバー） काले चेस्टर से आवृत एक नवयुवक 黒のチェスターフィールドに身を包んだ一人の青年

चेहरा [名]《P. چهره》(1) 顔 चेहरा एकदम सफ़ेद हो गया 顔が真っ青になった चेहरे में ऊपर पेशानी, नीचे ठोड़ी, दाईं बाईं सुनने के लिए दो कान हैं 顔の上の方には額，下にはあご，左右には耳がある चेहरे की आकृति 顔の形；顔形 गोल चेहरा 丸顔 लंबा चेहरा 面長な顔；瓜実顔 चेहरे का भाव 顔の表情 मैंने अमर के चेहरे का भाव पढ़ने की कोशिश की थी アマルの表情を読みとろうとした बच्चे का-सा चेहरा 童顔 (2) 人相 (3) 表になる部分やその形 घड़ी का चेहरा गोल है 時計は丸い形をしている (4) 面；お面；仮面 (5) 表；表面 **चेहरा उतरना** （元気を失って）しおれる；しょげる；うつむく उसका चेहरा उतरा हुआ था 悲しさにうつむいていた **चेहरा कस जा॰** 顔がひきつる **चेहरा खिंचा हो॰** 緊張した表情になる **चेहरा खिल उठना** にっこりする；にこやかな顔になる **चेहरा गुलनार हो जा॰** 大喜びする **चेहरा ज़र्द हो॰** = चेहरा पीला हो॰. **चेहरा ढीला हो॰** 顔がほころぶ **चेहरा नीला पड़ जा॰** *a.* 顔が青ざめる；顔面蒼白になる *b.* 血の気が失せる **चेहरा पीला पड़ना** 顔色がなくなる；青ざめる **चेहरा फक हो जा॰** 顔色を失う **चेहरा बदलना** 模様替えをする **चेहरा बिगड़ना** 元気のない顔になる；顔が曇る；表情が曇る **चेहरा बिगाड़ना** （顔の形が歪むほど）ひどく打ちのめす；人相が変わるほど殴る **चेहरा बुझ जा॰** しょげかえる **चेहरा भाँप ले॰** 表情を読みとる **चेहरा मुरझाना** しょげる；がっくりする बच्चों के मुरझाए हुए चेहरे 子供たちのしょげかえった顔 **चेहरा-मोहरा** 顔；顔かたち；

顔立ち बालक चेहरे-मोहरे से एकदम ही विदेशी लग रहा था 男の子は顔立ちから全く外国人のような感じがしていた मेरे चेहरे-मोहरे से उसने पहचान लिया था कि मैं उसी की तरफ़ के एक गाँव का हूँ 私が男と同じ方面のある村の者だということを顔立ちで見て取った आवाज़ मिलती है, चेहरा-मोहरा भी वही 声が似ているし顔立ちもそっくりだ **चेहरा लटकना** しょげる；しょんぼりする माँ का चेहरा लटक आया था 母の顔はしょんぼりしてきた **चेहरा सफ़ेद पड़ जा॰** (恐怖のため) 真っ青になる；顔色を失う **चेहरा सूखना** しおれる；しょげる；しょんぼりする उसके सिर पर पट्टी बँधी थी और उसका चेहरा सूख गया था 頭には包帯が巻かれておりしょげていた **चेहरा स्याह पड़ना** = चेहरा फक हो जा॰. **चेहरा हरा हो॰** *a.* はつらつとした顔になる；いきいきとした表情になる *b.* 喜ぶ **चेहरे का पानी उड़ जा॰** 顔色がなくなる；顔が青ざめる；顔面蒼白となる **चेहरे का रंग उड़ जा॰** = चेहरे का पानी उड़ जा॰. **चेहरे का रंग बदलना** 表情が変わる **चेहरे पर बल पड़ना** けわしい表情になる **चेहरे पर मक्खी भिनभिनाना** とても怠惰な **चेहरे पर मुर्दनी छाना** 大変憂鬱な表情になる **चेहरे पर मैल आ॰** けわしい表情になる **चेहरे पर शिकन न आ॰** 顔色一つ変わらない **चेहरे पर सुर्ख़ी आ॰** 血色が良くなる **चेहरे पर स्याही पुतना (फिरना)** (顔に墨を塗られるような) 恥をかく；名誉を失う；面子を失う **चेहरे पर हवाइयाँ उड़ना** あわてふためいたり動転した表情になる；顔色を失う；青ざめる **चेहरे से ख़ून चूना** 顔面が真っ赤になる= चेहरे से ख़ून टपकना. **चेहरे से टपकना** 顔に出る **चेहरे से नक़ाब उतर जा॰** 正体が現れる；正体が暴かれる

चेहरेशाही [名*] 《P. چہرہ شاہی》 チェフレーシャーヒー (硬貨の種類で皇帝の顔の刻まれたもの) एक चेहरेशाही तो मिली ही होगी せめてチェフレーシャーヒーの一枚は手に入ったろう

चेहल [数] 《P. چہل चिहिल》 40；四十 = चिहिल; चालीस.

चेहलुम[1] [形] 《P. چہلم चिहिलुम》 40 番目の= चिहिलुम; चालीसवाँ.

चेहलुम[2] [名] 〔イス〕 (1) 死後 40 日目に行われる追悼の儀式 (2) ムハッラム祭の 40 日目に行われるカルバラー (कर्बला) の殉教者の追悼儀式= चिहिलुम.

चेंज [名] 《E. change》 (1) 転地；気分転換 (2) 列車の乗り換え (3) 換金 (4) 釣り銭；小銭

चैंपियन [名] 《E. champion》 チャンピオン = चैम्पियन. आनंद सबसे कम उम्र के राष्ट्रीय शतरंज चैंपियन 最年少の全国チェスチャンピオンのアーナンド विश्व चैम्पियन 世界チャンピオン

चैंपियनशिप [名*] 《E. championship》 (1) 選手権 हमारी टीम ने एशियाई वालीबाल चैंपियनशिप जीती わがチームはアジアバレーボール選手権を獲得 (2) 選手権大会；選手権試合 राष्ट्रीय खेलों की लान टेनिस चैंपियनशिप 22 से 25 नवंबर तक 全国ローンテニス選手権大会は 11 月 22 日から 25 日まで

चैंपियनशिप गेम [名] 《E. championship game》 争覇戦

चैंसेलर [名] 《E. chancellor》 (1) 大学総長= कुलाधिपति; चांसलर. (2) 首相 (西ドイツ) (3) 大使館一等書記官

चै [名] 集まり；集積；集合= चय.

चैक [名] = चेक[1]. **चैक का फ्राक (चैकवाला फ्राक)** チェックのフロック (子供用ワンピースのドレス) मैं आपका ब्लडप्रेशर चैक कर लूँ? 血圧をチェック致しましょうか

चैकिंग [名*] → चेकिंग.

चैत [名] チャイト月 (ヒンドゥーの太陰太陽暦の第 1 月で満月終わりの暦では日本の太陰太陽暦の 2 月 16 日に始まる)

चैतन्य[1] [形] (1) 意識のある= सचेत. (2) 自覚のある；覚醒した

चैतन्य[2] [名] (1) 意識；自覚 (2) 精神；霊魂 (3) 智；知性 (4) 〔イ哲〕 最高我 (5) 〔人名・ヒ〕 チャイタニヤ (1485–1533, ヒンドゥー教ヴィシュヌ (クリシュナ) 信仰の一派であるチャイタニヤ派の開祖) = श्रीकृष्ण चैतन्यचंद्र; चैतन्यदेव.

चैतन्यता [名*] = चेतनता.

चैता[1] [名] チャイター (チャイト月に歌われる民謡)

चैता[2] [名] 〔鳥〕 ガンカモ科シマアジ【*Anas querquedula*】

चैती[1] [形] (1) チャイト月 चैत の (2) チャイト月に関わる

चैती[2] [名*] (1) 春作= रब्बी; रबी. (2) 〔鳥〕 ガンカモ科コガモ【*Anas crecca*】

चैती गुलाब [名] 《H. चैती + P. گلاب》 〔植〕 バラ科ダマスクローズ【*Rosa damascena*】 = फ़सली गुलाब.

चैत्य [名] (1) 神社；社；寺；堂 (2) 塚；墓所；廟 (3) 〔仏〕 釈迦像；釈迦の遺骨を収納したストゥーパなどの礼拝対象；チャイティヤ；支提 (4) 比丘 (5) (仏教の) 僧院 चट्टानों को काटकर बनाये गये चैत्य 岩を刻んで作られたチャイティヤ

चैत्यक [名] 〔植〕 インドボダイジュ= पीपल; अश्वत्थ.

चैत्यतरु [名] (1) 〔植〕 インドボダイジュ= पीपल. (2) 村の聖木

चैत्यद्रुम [名] (1) 〔植〕 インドボダイジュ= पीपल; अश्वत्थ. (2) 〔植〕 ムユウジュ (無憂樹) = अशोक.

चैत्यस्थान [名] (1) 釈迦像の祀られた所 (2) 聖地

चैत्यालय [名] 寺院 बौद्ध चैत्यालय 仏教寺院

चैत्र [名] チャイトラ月；チャイト月 (→ चैत)

चैत्रावली [名*] (1) チャイトラ月の満月 (チャイト月の満月) (2) チャイトラ月の白分 13 日

चैन [名] (1) 安心；心配や不安のないこと (2) 静穏；平静；落ち着き (3) 安穏；平穏；平穏無事；落ち着いた暮らし हाँ भाई, यहाँ तो ख़ूब चैन है うん，こちらは平穏無事だよ (4) 楽しみ；安楽；くつろぎ (5) 慰め **चैन आ॰** 安らぐ；安らぎを得る；安心する **चैन उड़ाना** 安楽に過ごす；楽しむ क्या स्वयं चैन उड़ाना उसका उद्देश्य है? 自分が楽しむのがあの人の目的なのか **चैन क॰** くつろぐ；楽にする **चैन की छनना** = चैन की बंशी बजाना. **चैन की नींद सोना** *a.* 安心して眠る；安眠する；ぐっすり眠る कई दिन से न तो उसने भरपेट खाया था और न चैन की नींद ही सोया था 数日来腹一杯食べていなかったしぐっすり眠っていなかった *b.* 安心する **चैन की बंशी बजाना** 安楽に暮らす；贅沢な暮らしをする **चैन की रोटी खाना** 安楽に暮らす **चैन की साँस ले॰** ほっとする；安心する **चैन दे॰** 慰める **चैन न आ॰** = चैन न पड़ना. **चैन न पड़ना** 気分が落ち着かない；安らげない पान बिना खाए चैन ही नहीं पड़ता パーンを噛まないと全然落ち着かない **चैन मिलना** ほっとする；安らぐ **चैन ले॰** 安らぐ；安心する；くつろぐ；気楽にする जब तक देश आज़ाद नहीं हो जाएगा, मैं चैन नहीं लूँगा 国が独立を達成するまでは私は安らぐことはない यह कमबख़्त तुम्हें चैन नहीं लेने देता こいつがお前を安心させないんだ **चैन से** 安穏に；気楽に हम चैन से न रह सके 安穏にしておれなかった **चैन से कटना (काटना)** 安楽に暮らす；心配なく暮らす；左うちわ

चैनल [名] 《E. channel》 (1) 海峡 (2) 水路 (3) 周波数帯；チャンネル (4) チャンネル；回路；経路

चैम्पियन [名] → चैंपियन. チャンピオン एशियाई चैम्पियन アジアチャンピオン；東洋チャンピョン

चैरिटी [名] 《E. charity》 チャリティー；慈善；慈善行為；施し

चैरिटी शो [名] 《E. charity show》 チャリティー・ショー

चैल [名] (1) 布；きれ (2) 服；衣服

चैला [名] 薪 (にする大きな木切れ)

चैली [名*] (1) おがくず；のこくず (2) 小さな木ぎれ (3) 鼻血のかたまり **चैली गिरना** 鼻血が出る= चैली पड़ना.

चैलेंज [名] 《E. challenge》 チャレンジ；挑戦= चुनौती. **(-को) चैलेंज दे॰** (ーに) チャレンジする；挑む；挑戦する हमने मज़दूर नेताओं को चैलेंज दे रखा है おれは労組幹部に挑戦している **चैलेंज मिलना** 挑戦される；挑まれる

चोंकना[1] [他] (1) (乳房をくわえて) 乳を飲む (2) 飲む

चोंकना[2] [他] 刺す；突く；突き刺す

चोंका [名] (1) 吸うこと (2) 牛や水牛の乳首から噴射させた乳を直接口に注ぐこと **चोंका पीना** *a.* 乳児が母乳を飲む *b.* 牛や水牛の乳首から噴射させた乳を直接口に注ぐ

चोंगा [名] (1) 容器になっている竹筒 (などの筒) (2) 円筒状のブリキの容器 (3) 銃身 (4) じょうご (漏斗) (5) 旧式の電話の受話器

चोंगी [名*] ふいごの送風の筒

चोंघना [他] 鳥に餌を与える= चुगाना.

चोंच [名*] (1) くちばし (嘴) (2) (話したり意志表示の媒体として，あるいは，ふざけたり卑しめたりする表現で) 人間の口 (3) 大馬鹿 **चोंच खोलना** 口を開く **चोंच चलाना** 言い争う；口喧嘩をする **चोंच बंद क॰** *a.* 口を閉じる (口を閉じて話さない；口をきかない) *b.* 話させない；しゃべらせない **चोंच सँभालना** 慎みをもって話す **(-से) चोंच हो॰** (ーと) 言い争う；口喧嘩をする= दो दो चोंचें हो॰. **चोंचों का मुरब्बा** 雑多なものの混じりもの

चोंचला [名] = चोचला.

च

चोंचाल [形] (1) 落ち着きのない；動き回る (2) いたずらな= चंचल; नटखट.

चों-चों [名*] 言い争い；角突き合わせ；衝突

चोंटना [他] つまみ取る；摘む；摘み取る；むしる= नोचना; तोड़ना.

चोंड़ा [名] (1) 女性の頭髪= जूड़ा; झोंटा. (2) 頭= सिर. (-के) **चोंड़े पर चढ़कर** 催促して；せき立てて；急かせて

चोंथना [他] (1) ひきちぎる；引き裂く= चोथना. (2) 引っかく (3) 剥ぎ取る；むしり取る；奪い取る（人の財産を）

चोंधना [他] = चोंघना.

चोंधर [形] (1) 目がとても小さい (2) 間抜けな；愚かな

चोंप[1] [名] = चोप[2]; चोपी[2].

चोंप[2] [名*] = चोब.

चोआ [名] チョーアー（沈香，栴檀，ヒマラヤスギ，サフラン，麝香などの数種の原料を混ぜてこしらえた液体の香料）

चोक [名] アザミゲシの根（薬用）→ भड़भाँड़.

चोकर [名] (1) ふすま（麸）；小麦のくず चोकर सहित रोटी ふすま入りのパン (2) ぬか（糠） चावल का चोकर 米糠

चोका [形+] = चोखा.

चोकी गोभी [名*]〔植〕アブラナ科野菜メキャベツ（芽キャベツ）【*Brassica oleracea var. gemmifera*】

चोक्ष [形] (1) 清浄な；清らかな= शुद्ध; पवित्र. (2) 上手な；器用な；巧みな= दक्ष; निपुण. (3) 鋭い= तेज़. (4) 称えられた

चोख[1] [名] = चोखापन.

चोख[2] [形] = चोखा.

चोखना [他]（動物が乳房から）乳を飲む；乳を吸う

चोखा[1] [形+] (1) 鋭利な；鋭くてよく切れる चोखे हथियार 鋭利な刃物 (2) 純粋な；混じりけのない चोखा सोना 純金 (3) 正しい；よい；良い；いい (4) 誠実な

चोखा[2] [名] チョーカー（ゆでたジャガイモやナス，サトイモなどをつぶして香辛料を強くきかせた料理） **चोखे में हो॰** 儲ける；儲かる；得をする

चोखाई [名*]（動物が子に）乳を吸わせること；授乳

चोखाना [他] 乳を乳房から飲ませる；（動物が子に）乳を飲ませる；吸わせる

चोगा [名]《T. چوغا》〔服〕チョーガー（膝までの男子用上着，ゆったりしたマント状のもの） अफ्रीका देशों के खिलाड़ी लंबे-लंबे चोगों में होते हैं アフリカの選手たちは丈の長いチョーガーを着ている गेरुआ लंबा चोगा 代赭色の丈の長いチョーガー

चोगान [名] = चौगान

चोच [名] (1) 木の皮；樹皮 (2) 動物の皮 (3) ココヤシの実 (4) バナナ

चोचला [名] (1) ふざけ；戯れ；遊び；冗談；気まぐれ यह सब विवाह के पहिले के चोचले हैं. युवतियाँ विवाह के पहिले ऐसा ही इनकार करती हैं これはみな結婚前の気まぐれなんだ．娘たちは結婚前によくこんなふうに断るものなのさ (2) 気取り；しな（品） (3) 媚び पाँचदिवसीय कार्यसप्ताह सरकारी चोचला है 週5日制は政府の媚びだ **चोचले दिखाना** 品を作る= चोचले बघारना.

चोज [名] (1) 機知；ウイット (2) 風刺や機知に富んだ言葉や話

चोट [名*] (1) 傷；けが（怪我） पैरों में चोट 足のけが गंभीर चोट 大けが；大きな痛手 पैर फिसलने से गिरकर हड्डी या किसी जोड़ में गंभीर चोट खा जाए 足を滑らせて骨や関節に大けがをするならば (2) 精神的な苦痛；精神的に傷つくこと；苦痛を受けること मेरे आत्माभिमान को चोट लगी 自尊心が傷つけられた (3) 打つこと；打撃（を加えること）；叩くこと गेंद पर किसी चीज़ से चोट करना ボールを何かで打つ हथौड़े की चोट की तरह ハンマーで打ったように (4) 攻撃；襲撃 इन लेखों में सामाजिक, राजनीतिक और कानूनी पहलुओं पर एक खास अंदाज़ में चोट की जाती है これらの論説では社会，政治，法律といった側面に独特の方法で攻撃が加えられる लाला ने कुँवर पर तुरंत चोट की ラーラーはクンワルにすぐさま攻撃を加えた उन शब्दों में जो कटुता और चोट थी, उनमें अब उसे सहानुभूति और स्नेह की सुगंध आ रही थी 厳しさと攻撃のこめられた言葉に今や同情と愛情の芳香が感じられるのであった **चोट आ॰** けがをする；負傷する तुझे कहीं चोट तो नहीं आई? けがはしなかったかね **चोट उठाना** = चोट आ॰. **चोट क॰** *a.* 叩く；打つ；打撃を加える हथौड़े की चोट क॰ ハンマーで叩く दिल की बड़ी चोट क॰ 胸や心を強く打つ；泣かせる *b.* 攻撃する (-की) **चोट का** （ーと）並ぶ；肩を並べる；比肩する **चोट की चलना** (-हो॰) いさかい（諍い）が起こる **चोट खाना** *a.* けがをする चोट खाये व्यक्ति को けが人を *b.* 精神的に傷を負う चोट खाया हुआ साँप 手負いの蛇（比喩的な意味で激怒した人） *c.* 殴られる बुरी चोट खाओगे ひどい目に遭うぞ **चोट ख़ाली जा॰** 攻撃が的を外れる **चोट चलाना** = चोट क॰. **चोट पड़ना** 打たれる；打撃を被る नगाड़े पर चोट पड़ी ナガーラーが打たれた **चोट पर आ॰** 攻撃に立ち向かう **चोट पर चढ़ाना** 励ます；勢いをつける **चोट पर चोट लगना** 次から次に困難に見舞われる **चोट पहुँचना** 傷つく मेरी बात से तुम्हें चोट पहुँची, इसके लिए मुझे दुःख है 私の言葉で君が傷ついたことを遺憾に思う **चोट पहुँचाना** *a.* 傷つける *b.* 悲しませる **चोट बचाना** 攻撃を逃れる **चोट लगना** けがをする；傷つく；負傷する；心や気持ちを傷つける इसके पैर में चोट लग गई この人は足にけがをした चोट लगने में सिर्फ़ खरोंच आ सकती है या चमड़ी कट सकती है けがにもただ擦りむくだけのものと切り傷とがある **चोट लगाना** *a.* けがを負わせる *b.* 心や胸を傷つける *c.*（自分に）傷をつける；けがをする；負傷する कहीं ऐसा न हो कि उठते बैठते गिर पड़ें और गंभीर चोट लगा बैठें 日常の中で大けがをすることがないように **चोट सहना** 負傷する；けがをする **चोट हो॰** 争いになる；いさかいが起こる

चोटा [名] (1) サトウキビの搾り汁 (2) 糖蜜

चोटिया [名*] = चोटी.

चोटियाना[1] [他] (1) 叩くために髪の毛やチョーティー（चोटी）をつかむ (2) 力ずくで言うことをきかせる

चोटियाना[2] [自] 女性が髪を編む

चोटी [名*] (1)〔ヒ〕在家のヒンドゥーの男子が宗教的な意図から頭頂部に長いまま切らずに残しておく一房の髪．チョーティー (2) 女性の編んだ髪；お下げ髪 चोटी कमर तक पहुँचती हुई 腰まで届くお下げ（髪） (3) 女性が毛髪に編み込んで美しく結うのに用いる綿の黒い飾りひも；チョーティー (4) かんざし (5) 頂き；頂点；頂上；てっぺん；最高位 एक छोटी पहाड़ी की चोटी पर ある小さな山の頂きに फुटबाल की दो चोटी की टीमों के बीच मुकाबला है サッカーのトップクラスの2チームの対戦 1350 ～ 1600 रुपये की चोटी पर जा पहुँची 1350～1600ルピーの最高値に達した चोटी से एड़ी तक 頭のてっぺんから踵まで (6) 鳥の冠毛 (7) 出っ張り；突き出し；突き出たもの **चोटियाँ नोची जा॰** 侮辱される；侮蔑される **चोटी एड़ी एक क॰** 必死に頑張る；必死に努力する **चोटी कट जा॰** 恥をかく **चोटी का** 素晴らしい；最高の；（超）一流の；第一級の विश्व की चोटी की टीम 世界最高のチーム वे चोटी के वकील थे あの方は一流の弁護士でいらっしゃった **चोटी का पसीना एड़ी पर आ॰** 汗水垂らして働く；必死になって働く **चोटी की लाज रखना** 上位カーストの体面を保つ **चोटी खड़ी हो॰** 興奮する；髪が逆立つ **चोटी दबना** 他人の意のままになる **चोटी पकड़कर नचाना**（人を）意のままに操る **चोटी पर पहुँचना** 頂点に立つ **चोटी पैर के नीचे रखना** = चोटी पकड़कर नचाना. **चोटी पैरों के नीचे दबना** = चोटी दबना. **चोटी मुड़ाना** 恥も外聞もない (-की) **चोटी** (=के) **हाथ में हो॰** （ーが=の）意のままになる；思いのままになる

चोटीदार [形]《H.+ P. دار》チョーティー（चोटी）のある；チョーティーのついている

चोटीदार बतासी [名*]〔鳥〕アマツバメ科カンムリアマツバメ【*Hemiprocne coronata*】

चोटी पोटी [形*] (1) 甘言に満ちた；世辞に満ちた (2) 作り話の = झूठी बात.

चोटीवाला [名] 幽霊や化け物などを指す忌み言葉

चोट्टा [名] (1) こそ泥 (2) 人をののしる際用いられる言葉 चोट्टा, अभी किसी की जेब काटकर भागेगा あの野郎，今に人様の懐からすり取って逃げるようになるだろうよ

चोट्टिन [名*] चोट्टा の女性形 'बेईमान, चोट्टिन' 女性をののしる言葉

चोट्टी [名*] = चोट्टिन. 女性をののしる言葉

चोड़ [名]〔服〕= उत्तरीय.

चोथना [他] = चोंथना.

चोदक्कड़ [形] 大変好色な；過淫な

चोदना[1] [他] 男が女と交わる；性交する；交接する

चोदना[2] [名*] (1)〔古・言〕命令文= विधि-वाक्य; आज्ञार्थक वाक्य. 〈imperative sentence〉 (2) 刺激 (3) 努力

चोदास [名*] 激しい欲情；激しい性欲
चोदू [名] 好色な男；色欲の強い男= चोदक्कड़.
चोप[1] [名] (1) 意欲；意気込み；熱意；張り切り **चोप चढ़ना** 意気込む；張り切る (2) 刺激；励まし **चोप दे०** 刺激する；励ます
चोप[2] [名] = चोपी[2].
चोपी[1] [形] 意欲的な；意気込んだ；熱心な；熱意あふれる
चोपी[2] [名*] 未熟なマンゴーの実やへたから出る汁（口元のかぶれのもととなる）
चोब [名*] 《P. چوب》(1) 材木；木材 (2) テントの柱 (3) 棒 (4) ばち (5)（インドの宮廷の王権を象徴した）金箔や銀箔のついた権標；チョーブ
चोबचीनी [名*] 《P. چوب چینی》〔植〕ユリ科蔓性低木サンキライ（山帰来）【*Smilax china*】
चोबदार [名] 《P. چوب دار》チョーブダール（先導役，案内役．チョーブ चोब を持って王を先導する）
चोबदारी [名*] 《P. چوب داری》チョーブダールの身分や職
चोबा [名] 《P. چوبہ》矢 = बाण; तीर.
चोबी [形] 《P. چوبی》木の；木製の；木造の
चोभ [名*] (1) 突き刺さること (2) 突き刺さるもの (3) 人の心を突き刺す言葉
चोभना [他] = चुभाना.
चोभा [名] (1) 突き刺すこと (2) 木の柄の先端に金属の突起釘がついている道具（ジャムなどの製造に際して材料の果実などを突き刺すのに用いる） (3) 患部に当てて温湿布をするための薬剤を詰めた袋
चोर[1] [名] (1) 泥棒；盗人；盗賊 **काला चोर** 大盗賊；大泥棒= बड़ा चोर. (2) 遊びの中での鬼 (3) 詐欺師；いんちきをする人；いかさまをする人 वह कहता था कि सभी कारीगर चोर होते हैं あの男の言うには職人は誰も彼もいかさま野郎だ (4) やましい考え；やましい気持ち；後ろめたい思い दिल में चोर है 心にやましいところがある (5) 不十分な部分；欠陥；瑕 (6) 表面に現れない弱点や傷 **चोर का दिल आधा हो०** 泥棒はいつも怯えているものだ **चोर का धन** 秘密の宝 **चोर की दाढ़ी में तिनका हो०**〔諺〕悪事を働いたものは心のやましさのために怯えて自らことを露見させるものだ **चोर चोर मौसेरे भाई**〔諺〕*a.* 類は類を呼ぶ *b.* 同じ穴の狢 **चोर चोरी से गया तो क्या हेराफेरी से भी गया?**〔諺〕悪癖は改めにくいもの **चोरों की तरह** こっそりと；こそこそと；秘密裡に
चोर[2] [形] 外見ではわからない；隠れた；人目につかない；外見と違う；密かな एक चोर आक्रमण 密かな攻撃
-चोर [造語] 目につかない，外見では見当のつかない，隠れた，密かな，内密のなどの意を持つ合成語の構成要素 उम्रचोर 見かけでは年齢のわからない
चोर-उचक्का [名] 泥棒や掻っ払い（のような人間） मैं चोर- उचक्का नहीं हूँ 泥棒や掻っ払いいじゃないぞ僕は तुम्हें तो हर आदमी चोर-उचक्का नजर आता है 君にはだれもが泥棒や掻っ払いに見えるのだ
चोरख़ाना [名] 《H. + P. خانہ》(1) 隠し引きだし (2) 付属部屋
चोरखिड़की [名*] 裏口；表に対して裏の出入り口
चोरगली [名*] (1) 抜け道= चोररास्ता. (2) 狭い路地
चोरघंटी [名*] 盗難警報機
चोरचकार [名] 泥棒；盗人
चोरचमार [形] 賤しい；下司の；下賤な
चोरचाई [名] 盗人；泥棒 मुझे संदेह हुआ कि वह कोई चोर-चाई है 私にはあの男が盗人ではないかと疑念がわいた
चोरछेद [名] ほんのわずかの隙間
चोरज़मीन [名*] 《H.+ P.زمین》地盤の緩い土地
चोरजहाज़ [名] 《H.+ A.جہاز》海賊船
चोरटा [名] 盗人；泥棒
चोरताला [名] 隠し錠
चोरदंत [名] 親不知；知歯= चोरदाँत; अक्ल का दाँत.
चोरदरवाज़ा [名] 《H. + P. دروازه》裏門；裏口
चोरदाँत [名] 親不知
चोरद्वार [名] = चोर दरवाज़ा.
चोरना [他] = चुराना.
चोरपहरा [名] 覆面警察など私服での警備や警護
चोरपानी [名] 伏流水
चोरपुष्पी [名*]〔植〕イネ科１年草【*Chrysopogon aciculatus*】
चोरपेट [名] (1) 外見では妊娠がわかり難い妊婦の腹 (2) 外見では小さいが大食できる腹
चोरबज़ारिया [名] ← चोरबाज़ार. 闇商人；闇屋
चोरबत्ती [名*] 懐中電灯= टार्च.
चोरबदन [形] 《H. + A. بدن》見かけと違って丈夫な体の
चोरबाज़ार [名] 《H. + P. بازار》闇市
चोरबाज़ारी [名*] 《H. + P. بازاری》← चोरबाज़ार. 闇取引；闇売買 टिकट चोरबाजारी 切符や入場券などの闇売買；ダフ屋の商売
चोरमहल [名] 《H.+ A. محل》(1) 王侯などの側室を囲った建物 (2) 家の表からは見えにくい部屋
चोरमहीचनी [名*] = चोरमिहीचनी.
चोरमिहीचनी [名*] かくれんぼ= आँखमिचौली.
चोररास्ता [名] 《H.+ P.راستہ》抜け道= चोरगली.
चोररेत [名] 流砂
चोरसी [名*] = चौरसी. のみ（鑿，木工道具）
चोरिका [名*] 盗み；窃盗= चोरी.
चोरी [名*] (1) 盗み；盗むこと；窃盗 (2) 盗まれること；盗難 (3) 隠すこと；隠匿 (4) 不正行為 परीक्षा में चोरी करने से रोकनेवाले प्रोफ़ेसरों -शिक्षकों को 試験での不正行為を止めようとする教師たちを (5) 不正な方法で納入すべきものや義務を免れること कर की चोरी = करों की चोरी 脱税 तीन लाख रुपए के सेल्ज़टैक्स की चोरी 30 万ルピーの売上税の脱税 **चोरी और सीनाज़ोरी**〔諺〕盗人猛々しい **चोरी का माल मोरी में जाता है**〔諺〕悪銭身につかず **चोरी लगना** 盗みの嫌疑をかけられる **चोरी लगाना** 盗みの疑いをかける **चोरी से** 隠れて；密かに；内緒で；こっそりと चोरी से आम तोड़ना こっそりマンゴーをちぎる वह चोरी से कोकीन बेचता था コカインを密売していた मैं शराब पीता हूँ और वह चोरी से 私は酒を飲む．それも人に隠れて (-) **चोरी हो०** (ーが) 盗まれる एक साइकिल चोरी हुई 自転車が１台盗まれた
चोरी-चकारी [名*] 盗み；窃盗 क्या मालूम वह चोरी-चकारी करने लगी हो あの女は盗みを働くようになっているかも知れない
चोरी-चपाटी [名*] 盗み；窃盗 चोरी-चपाटी क० 盗む；盗みを働く
चोरी-चमारी [名*] 盗みなどの悪事や犯罪行為 यह चोरी-चमारी नहीं है बुआ जी! これは盗みなんぞじゃないのよおばさん
चोरी-चुपके [副] こっそりと；密かに किसी तरह अंदर चोरी-चुपके घुस गया 何とかこっそり入り込んだ
चोरी-चोरी [副] (1) こっそりと；密かに (2) 内緒で；人に知られぬように；人に知らせず आप पति से चोरी-चोरी अपना ख़र्च बढ़ाती हैं तो 夫に内緒で出費を増すのであれば (3) そろそろ；ゆっくりと
चोरी-छिपे [副] 内緒で；こっそり；気づかれぬように यह तो मेरा पर्स है! यह पैसे तो मैंने तुमसे चोरी छिपे घर ख़र्च से बचाकर रखे थे このお金はあなたに内緒で生活費とは別に取っておいたもの **चोरी छिपे सुनना** 盗み聞きする；こっそり聞く；盗聴する
चोरी-ठगी [名*] 窃盗や詐欺 उन शहरों में चोरी-ठगी की घटनाएँ कम हैं それらの都市では窃盗や詐欺事件は少ない
चोल [名] (1)〔イ史〕チョーラ王朝（9 世紀から 13 世紀にかけての南インドの王朝名） (2)〔服〕= चोली. (3) = मंजीठ.
चोलना [他] 少し食べる；少量食べる
चोला [名] (1)〔服〕チョーラー（行者たちのまとう丈の長くゆったりした上衣） (2) 新生児に最初に着せる縫った服 (3)〔ヒ〕それを着せる儀式 (4) からだ（体）；肉体；うつせみ（この世に生きている体；現身） यहाँ तो चोला भस्म हो रहा था こちらでは現身が灰と化しつつあった **चोला छोड़ना** 死ぬ；この世を去る **चोला बदलना** *a.* 今までの肉体を離れ新しい体に生命が入る；生まれ変わる；死ぬ उन्होंने अपना चोला बदल लिया है この世を去られた *b.*（動物が）変態する चार पाँच दिन बाद वह सिकुड़ने और चोला बदलने लगते हैं 4〜5 日後に縮まり変態をし始める（幼虫が蛹になる） *c.* 着替える *d.* すっかり変わる；大きく変わる；変貌する
चोली [名*] (1)〔服〕チョーリー（中世の女性の丈の短い上衣．打ち合わせて着用し脇でひもを結ぶ） (2)〔服〕チョーリー（サリーやガーグラーを着用する際に上半身につける丈の短い半袖ブラウス） **चोली दामन का नाता** = चोली दामन का साथ. **चोली दामन का साथ** *a.* 切っても切れない関係；親密な関係 *b.* 親交

च

चौंकना [自] (1) 驚く；吃驚する；たまげる (2) あわてる；動転する (3) はっとする；びくっとする；ぎくっとする；ぎくりとする नींद में ही जैसे माया की आवाज़ सुनी, चौंककर मेरी आँख खुल गई 眠っている最中にまるでマーヤーの声を聞いたかのようにびくっとして目が覚めた यकायक जब नौ के घंटे की आवाज़ कान में आई तो चौंक पड़ी और लपकी हुई घर की ओर चली 不意に9時の鐘の音が聞こえるとはっとして急ぎ足で家に向かった (4) 急に目が覚める；飛び起きる (5) 警戒する；用心する (6) 怯える उस भीड़ को देखकर मेरी दहशत जैसे और बढ़ जाती है.तभी किसी के हाथ के स्पर्श से मैं बुरी तरह चौंक जाती हूँ その群衆を見ると一層恐怖感がつのる．するとだれかの手に触れてひどく怯えてしまう

चौंकाना [他] (1) 驚かせる；びっくりさせる माँ को चौंकाने के लिए 母を驚かせようと एक और बात भी चौंकाने वाली है もう一つの話も驚くべき話だ (2) あわてさせる (3) びくっとさせる；ぎくりとさせる；怯えさせる (4) 目を覚まさせる (5) 用心させる；警戒させる

चौंटना [他] つまむ（摘む）；指先で摘む；摘み取る；つまみ取る

चौंडा [名]〔農〕灌漑用に井戸から汲み上げた水を流し出すところ= चौढ़ा.

चौंतरा [名] = चबूतरा.

चौंतिस [数] 34 = चौंतीस.

चौंतीस [数] 34 चौंतीसवाँ 第34の；34番目の

चौंध [名*] 閃光に目がくらむこと

चौंधना [自] (1) ぴかっと光る；きらっと光る (2) 閃光に目がくらむ

चौंधा [名] 強烈な光線に目のくらむこと **चौंधा लगना** （強い光線に）目がくらむ बंद कर दो खिड़की, बहुत चौंधा लगता है とても眩しいから窓を閉めなさい

चौंधियाना[1] [自] 強い光線に目がくらむ वहाँ का दृश्य देखकर उनकी आँख चौंधिया गई そこの光景を見て目がくらんでしまった जो पक्षी पत्तियों के बीच रहते हैं, उनके रंग चटक नीले, हरे-पीले या लाल होते हैं और धूप में इतना चमकते हैं कि दुश्मन की आँखें चौंधिया जाती हैं 木の葉の間に棲息している鳥たちの羽の色はあざやかな青，黄緑，あるいは，赤であり日光に当たるとあまりにも強く輝くので敵の目がくらんでしまう

चौंधियाना[2] [他] 強い光線で目をくらませる अपनी तलवारों की चमक से दुश्मन की आँखों को चौंधिया दो 刀のきらめきで敵の目をくらませろ

चौंधी [名*] = चौंध.

चौंर [名] (1) ほっす（払子．王や神像の頭上にハエがとまらないようにするため振られる道具．ヤクの尻尾の毛で作られる）= चामर; चँवर. **चौंर क॰** 払子を振る= चौंर डुलाना. **चौंर ढलना** 払子が振られる= चौंर ढुरना. **चौंर ढालना** 払子を振る= चौंर ढुराना. (2) アザミゲシ（भड़भाँड़）の根（薬用）= चोक.

चौंरगाय [名*]〔動〕ウシ科ヤク= सुरागाय.

चौंरा[1] [名] 地下に掘った穀物貯蔵用の穴

चौंरा[2] [名] = चौंर; चँवर.

चौंराना [他] (1) 払子を振る= चँवर डुलाना. (2) 箒を使う；箒で掃く= झाड़ू दे॰; बुहारना.

चौंरी [名*] (1) 小さな払子→ चौंर. (2) 馬の尻尾の毛でこしらえたハエを払う道具 (3) 女性の髪を結ぶ絹や綿のひも (4)〔動〕ヤク (5) 尻尾の毛の白い雌牛

चौंवालिस [数] 44 = चवालीस.

चौंसठ [数] 64 = चौंसठवाँ 第64の；64番目の चौंसठ घड़ी 四六時中；しょっちゅう

चौंह [名] 魚類のえら（鰓）= गलफड़ा.

चौ- [造語] 4の意味を有する合成語の構成要素 चौकोर 四角の

चौआ[1] [名] 四足獣；獣= चौपाया.

चौआ[2] [名] (1) 4つのものの組 (2) 賽の目やトランプの4 (3) 親指以外の4本の指を合わせた横幅（長さの単位の一）

चौक[1] [名] (1) 四角形 (2) 建物で囲まれた中庭 (3) 四角形に囲まれたところ (4) 市の中心の広場 (5) 上記の広場の周囲の商店街や盛り場 चौक की चहलपहल 盛り場の賑わい (6) ヒンドゥーの祭式の際，色粉や小麦粉で床面に描かれる四角の床面装飾；チョーク (7) 4つのものの集まり **चौक पूरना**〔ヒ〕ヴラタ（व्रत），祭礼，通過儀礼などの際に玄関，中庭，室内などの平らな床面に米粉，赭土 गेरू मिट्टी，石灰，色粉などを用いて女性が指で象徴的な文様や絵を描く．そこで儀式も行われる आटे से चौक पूरना 穀物の粉（や米粉）を用いてチョークを描く

चौक[2] [数] 掛け算で4倍の（ただし3から9までの数に× 4の場合） तीन चौक बारह(3 × 4=12) → चौका.

चौकड़ [形] 適正な；良い；すぐれた；立派な

चौकड़ा [名] (1) ザミーンダール（जमींदार）の受け取る収穫物の4分の1 (2) 2個ずつ真珠の玉のついた耳飾り；チョウカラー

चौकड़ी [名*] (1) 4つのもの；4つの組；4つ揃ったもの；四人組 ताश की चौकड़ी トランプのカードの四つ組 बदनाम चौकड़ी की गिरफ़्तारी से 悪名高い四人組の逮捕で अगले दिन चौकड़ी फिर बैठी 翌日4人はまた集まった (2) 四頭立ての馬車 (3) あぐら（胡座），もしくは，けっかふざ（結跏趺坐） (4) チャールパーイー（चारपाई）のひもの編み方（4本のひもをよりあわせたもの） (5) 四角の区画 पूरा नगर नौ वर्गाकार चौकड़ियों में बँटा हुआ है 都市全体は9つの四角の区画に分割されている **चौकड़ियाँ भूलना** 茫然とする；茫然自失する **चौकड़ी भरना** *a.* 鹿などの四つ足の動物が足を揃えて跳び上がりながら走ること चौकड़ी भरते हिरनों की लंबी कतारें 疾走しているレイヨウの長い列 *b.*（嬉しさや喜びのあまり）跳ね回る；飛んだり跳ねたりする；欣喜雀躍する हिरन कुटी के सामने चौकड़ी भरने लगे レイヨウたちが庵の前で飛んだり跳ねたりするようになった **चौकड़ी भुला दे॰** 茫然とさせる **चौकड़ी मारकर बैठना** あぐらや結跏趺坐のように足を組んで座る；あぐらをかく

चौकन्ना [形[+]] 注意深い；用心深い；油断のない；警戒している；目を光らしている घोड़ी का स्वर जब उसके कानों से टकराया तो ये एकदम चौकन्ने हो गए 馬のいななきが聞こえるとにわかに注意深くなった मेरी नींद तो वैसे ही चौकन्नी है, तुरंत उठ जाऊँगा そうでなくても眠りが浅いからすぐさま起き上がる कुत्तों के भूँकने पर चौकन्नी होकर भागती है 犬が吠えると警戒して逃げる

चौकल [名]〔韻〕4マートラー मात्रा（4モーラー）の集まりの総称．次の5種がある． ऽऽ, ।।ऽ, ।ऽ।, ऽ।।, ।।।।

चौकस [形] (1) 注意深い；用心深い；鋭い；抜け目のない；慎重な लोगों की चौकस निगाहों से वह बच नहीं सकती 世間の鋭い眼差しを免れることはできない (2) 良い；立派な；正しい；ぴったりした；適切な

चौकसी [名*] 用心；注意；警戒；見張り；監視 सीमाओं की कारगर चौकसी 国境線の効果的な警戒 सैनिक चौकसी 軍事的警戒 चौकसी विभाग 監視部門 **चौकसी क॰** 警戒する；見張る；監視する= चौकसी रखना. इनकी चाहे कितनी ही चौकसी करें, परंतु येनकेन प्रकारेण माल में चोरी कर ही लेते हैं この連中をたとえどれだけ見張っていようともありとあらゆる方法で盗みを働く **चौकसी रखना** 用心する；注意する；警戒する उस घर में जाने वाले प्रत्येक व्यक्ति पर चौकसी रखी जाती थी その家に行く人全員に注意が払われた अतः तुम पूरी चौकसी रखो だから十分に用心しなさい

चौका[1] [名] (1) 4つのものの集まり；4つのものの組（になったもの） (2) 四角い物；四角形の物 (3) ローティー（रोटी）を作るためパン生地を伸す台（石や木の円形もしくは四角形の物） (4) 台所兼食堂（本来料理をこしらえる前に粘土と牛糞を混ぜたもので清めるべき所であった） एक ही चौके में लोग भोजन करते हैं 同じ台所で食事をする (5) 粘土と牛糞を用いて特定の場所を清めるために同上のことを台所以外のところで行うこと (6) トランプの4（の札） (7) = चौसिंघा. (8) 敷物として用いる厚手の四角の布；チョウカー लाल और सफ़ेद रंग के चौके बिछे थे 赤と白のチョウカーが敷かれていた (9)〔ス〕クリケットの4点打（フォア） **चौका अलग क॰** *a.* 同じ所帯だったものを分ける；大家族を分ける *b.* のけ者にする；よそよそしくする；他人扱いにする **चौका घोलना** *a.* 平らに塗る *b.* めちゃくちゃにする；台無しにする **चौका दे॰** *a.* = चौका घोलना. *b.* 台所をきれいにする **चौका पानी हो॰** 料理ができ上がる **चौका बर्तन/ चौका बरतन** *a.* 食後に台所兼食堂を清掃し食器洗いをすること（仕事） *b.* 上記の仕事を人に雇われてすること मनोरमा दो तीन घरों में चौका बरतन का काम करती है マノーラマーは2〜3軒の家で食器洗いの仕事をしている **चौका लगाना** = चौका घोलना. **चौका लीपना** = चौका दे॰.

चौका[2] [名]〔動〕ウシ科ヨツヅノレイヨウ= चौसिंघा.

चौका[3] [数] 掛け算で× 4；4倍の（ただし2 × 4の場合のみ， दो चौका आठ 2 × 4=8) → चौक.

चौकी [名*] (1) (四脚の) 腰掛け；床机；いす (2) 物を載せる台 खाना आम तौर पर छोटी-छोटी चौकियों पर परोसा जाता है 食事は普通小さな台によそわれる（日本の銘々膳の説明） कमरे में सोने के लिए पत्थर की चौकी होती थी 部屋には寝るための石の台があった (3) 見張り；監視 (4) 派出所；出張所；支所 (5) 監視所 (6) 宿場；休憩所 (7) 供物；お供え (8)（神像などを載せる）台座 (plinth) **चौकी दे°** *a.* 見張る *b.* もてなす；座を勧める **चौकी पड़ना** *a.* 野営する *b.* 見張りが立つ **चौकी बैठना** 警備が立つ；見張りが立つ **चौकी बैठाना** 警備を立てる；見張りを立てる **चौकी भरना** 神を招請するためにお供えの品をあげ祈りを捧げる

चौकीघर [名] 監視所；見張り台

चौकीदार [名] 《H. + P. دار》(1) 見張り番；警備員；守衛；ガードマン；管理人 (2) 農村に常駐して警察機構の末端を担う職員；チョウキーダール

चौकीदारी [名*] 《H + P. داری》(1) 警備；見張り (2) 警備員，守衛，チョウキーダールなどの職や職務

चौकी दौड़ [名*]〔ス〕リレー（競技）

चौकुर [名]〔農〕収穫物を 4 分割してその 3 をザミーンダールに，残りの 1 を小作人に分ける方式の小作

चौकोन [形] = चौकोना. (1) 四角の；四角形の (2) 四辺形の

चौकोर[1] [形] (1) 四角の；四角形の (2) 四辺形の चौकोर घनाकार 四辺六面体

चौकोर[2] [名] (1) 四角形 (2) 四辺形

चौखंड[1] [形] (1) 4 つの部分からなる (2) 4 つの部分に分かれている

चौखंड[2] [名] (1) 4 階建ての建物 (2) 4 階建ての建物の 4 階

चौखंडी [名*] 村の集会所として用いられる東屋= चौपाल.

चौखट [名*] (1) ドアの上下左右の枠；かまち（框） (2) 上記の枠の上と下の横木；鴨居と敷居；まぐさ（目草） (3) 婚家など自他の家の象徴として意識された敷居 ब्याह कर मैं उनकी चौखट पर पहुँची तो सास ने आरती के थाल से स्वागत किया 嫁入りして婚家の敷居を跨いだ時姑がアールティーで迎えて下さった पति की ठोकरें खाकर भी ससुराल की चौखट से चिपटे रहना आप जैसी नारियों का ही काम है 夫に蹴飛ばされても婚家の敷居にしがみついていることはあなたのような女性だけのなさることですわ

चौखटा [名] (1) = चौखट. (2) 枠；フレーム (3) 額縁；縁

चौखना [形] 4 階建ての

चौखूँट[1] [名] (1) 四方 (2) 地球全体

चौखूँट[2] [副] (1) 四方に (2) 至る所に (3) 各方面に

चौखूँटा [形$^{+}$] (1) 四角の；四角形の= चौकोना. (2) 四辺形の

चौगड़ा[1] [名] (1) ウサギ（兎）= ख़रगोश. (2) = चौघड़ा[1].

चौगड़ा[2] [形$^{+}$] 四つ足の；四足の= चार पैरों वाला.

चौगड्डा [名] (1) 4 つのものの集まり (2) 4 つの村の相接する境界

चौगड्डी [名*] 竹でこしらえた動物を捕らえるための仕掛け

चौगान [名] 《P. چوگان》(1)〔ス〕チョーガーン；ポロ (2) ポロに用いる打球槌；マレット

चौगानगाह [名*] 《P. چوگان گاه》ポロ競技場

चौगानी [名*] 《P. چوگانی》水ぎせるの吸い口の管

चौगिर्द [副] 《چوگرد H.चौ + P. گرد》ぐるりに；周囲に；周りに；周辺に

चौगुना [形$^{+}$] 四倍の **चौगुना हो°** *a.* 大いに元気が出る *b.* 勇気が湧く *c.* 盛んになる

चौगोड़ा[1] [形$^{+}$] 四つ足の

चौगोड़ा[2] [名]〔動〕ウサギ= ख़रगोश; ख़रहा.

चौगोड़िया [名*] (1) 踏み台；足継ぎ (2) 竹ひごで作った鳥を捕らえる道具

चौगोशा [名] 《H. P. گوشہ》チョウゴーシャー（贈り物の容器として用いられる四角の盆）

चौगोशिया [形] 《← H. चौ + P. گوشہ गोशा》四角の；四角形の

चौघड़ [名] 大臼歯= चौभड़.

चौघड़ा[1] [名] (1) 水がめ 4 個もしくはそれ以上を用いてこしらえた筏 (2) 内側が 4 つに仕切られている容器 (3) 4 つの油皿が載せられる燭台

चौघड़ा[2] [名] 《Mar. चौघडा》〔イ音〕チョウガラー（マハーラーシュトラ地方に行われる大小 2 個のケトルドラムの組み合わせの 2 組，合計 4 個の鼓から成る合奏楽器．2 人によって演奏される）

चौघड़िया[1] [名*] 四脚の台；踏み台；足継ぎ

चौघड़िया[2] [形] 4 ガリー（घड़ी 時間の単位，24 分に相当）の

चौघड़िया मुहूर्त [名] 短い日時の間有効な吉祥の時；吉祥の時刻

चौघड़ी [形] 四重の；四層の

चौड़ा [形$^{+}$] 幅の広い；幅広の चौड़ी छाती 広い胸 चौड़ा ललाट 広い額 आधा इंच चौड़ा और तीन इंच लंबा टुकड़ा 幅半インチ長さ 3 インチの切れ端

चौड़ाई [名*] 幅；横幅；広さ चौड़ाई कम हो° 狭まる

चौड़ा-चकला [形$^{+}$] (1) 幅の広い चौड़ी चकली सड़क 幅の広い道 (2) がっしりした体格の

चौड़ाना [他] 幅を広げる；拡げる

चौड़ाना [自] 幅が広くなる；広がる

चौड़े [副] 公然と；大っぴらに

चौतरफ़ा[1] [副] 《چوطرفہ H.चौ + A. طرف》四方に；四方八方に= चारों तरफ़.

चौतरफ़ा[2] [形$^{+}$] 四方の

चौतरा[1] [名]〔イ音〕チョウタラー（サーランギーに似た四弦の弦楽器）

चौतरा[2] [名] 《P. چوتره》= चबूतरा.

चौतार [名] 四足獣= चौपाया.

चौताल [名] (1)〔イ音〕チョウターラ（拍節法ターラの一） (2)〔イ音〕チョウターラで歌われる歌

चौताला [形]〔イ音〕4 つのターラを持つ

चौताली [名*] 綿花の入っている綿の実のさや

चौथ [名] (1) 4 分の 1 (2)〔イ史〕マラーター支配下の土地収入の 4 分の 1 税= दक्कन का चौथ. (3) 陰暦の白分と黒分のそれぞれの第 4 日

चौथ दर्शन [名] チョウト，すなわち，バードラ（भादों インド暦）月白分 4 日の月を見ること（俗信では病気や災難を招くことになるとされてきた）

चौथपन [名] (1) ヒンドゥー教の人生観による四住期 चतुराश्रम の第 4，すなわち，人生の 4 区分の最後である遊行期，ないし，遍歴期= संन्यास. (2) 老齢期；晩年= बुढ़ापा.

चौथा[1] [形$^{+}$] 4 番目の；第 4 の= चतुर्थ. **चौथा काल** *a.* 遊行期・遍歴期（四住期の第 4） *b.* 老齢期；晩年

चौथा[2] [名]〔ヒ〕一部のカーストに行われる死後 4 日目の法事（遺族に金品を贈ったりする）

चौथाई [名*] 4 分の 1；四半分 तीन चौथाई भाग 4 分の 3；7 割 5 分

चौथापन [名] = चौथपन. सन 1951 के बाद आए लोगों की अवस्था तो अब चौथेपन तक पहुँच गई होगी 1951 年以降に来た人たちはすでに老齢期に達しているだろう

चौथिया [名]〔医〕熱が 4 日目ごとに出るマラリア熱

चौथी[1] [名*] (1)〔ヒ〕ヒンドゥー教の婚礼儀式の一部で挙式 4 日目に行われる行事（新郎・新婦がお互いのカンガン कंगन をはずす）；チョウティー (2) 以前ザミーンダールが得ていた収穫量の 4 分の 1 **चौथी का जोड़ा** 挙式 4 日目に新郎側から花嫁に贈られるラハンガー लहँगा などの衣類 **चौथी खेलना** チョウティーの日に新郎新婦がお互いに果物などを掛け合う儀礼

चौथी[2] [形*] 第 4 の；4 番目の= चतुर्थ.

चौदंता [形$^{+}$] (1) 4 本歯の (2) 4 本の歯の生えた（だけの） (3) 歯の生えかけたばかりの；全く幼い

चौदंती [名*] (1) 幼さ；幼稚さ (2) 生意気なこと (3) 厚かましさ

चौदस [名*] 陰暦の各半月の 14 日（目）

चौदह [数] 14 चौदहवाँ 14 番目の；第 14 の

चौदहवीं [名*] イスラム暦による十五夜 **चौदहवीं का चाँद** *a.* 満月；十五夜の月 *b.* とても美しい女性

चौधराई [名*] चौधरी チョウドリーの地位や身分，すなわち，何らかの社会集団やカーストなどの指導的な立場，身分，あるいは，地位→ चौधरी.

चौधरानी [名*] चौधरी の妻；チョウドラーニー

चौधराहट [名*] = चौधराई; चौधराना.

चौधरी [名] (1) チョウドリー（カースト集団，もしくは，カーストの自治組織であるビラーダリーの長） (2) 集団の長；頭；頭

च

目；ボス (3) ジャート जाट，クルミー कुर्मी など幾つかのカーストの男子に対する敬称
चौपई [名*]〔韻〕チョウパイー（各パーダが 15 モーラから成りその終わりは गुरु + लघु で終わるモーラ韻律の一）
चौपट [形] 台無しの；めちゃくちゃになった；駄目になった；破滅した ओलों की बहुत ही वर्षा से वहाँ की सब खेतीबाड़ी चौपट हो गई 雹が沢山降ったので同地の農作物はすっかり駄目になった भयंकर सूखे से फ़सल चौपट हो गई 猛烈な旱魃で作物がすっかりやられた **चौपट क॰** 台無しにする；駄目にする कारोबार चौपट क॰ 商売を台無しにする वरना आप अपना भविष्य चौपट करते そうでなければ自分の将来を台無しにしてしまうことになろう स्वास्थ्य चौपट करने वाली शराब 健康をすっかり駄目にする酒
चौपड़ [名*] (1) チョウパル遊び（チョウサル→ चौसर） (2) チョウパル遊びの盤に用いる十字形の布） (3) 十字形のもの (4) 鉄道の踏み切り इस मुख्य मार्ग को तीन सड़कें समकोणों पर काटती हैं, जहाँ तीन चौपड़ें बनी हुई हैं このメインロードを 3 本の道が直角に横切っており 3 つの踏切ができている
चौपड़बाज़ [名] チョウパル遊びをする人
चौपत [形] 四重に重ねた；四重になった
चौपतना [他] (1) 四重にする (2) 四重に畳む
चौपतिया[1] [形] 4 枚の葉を持つ；4 枚の葉から成る
चौपतिया[2] [名*] 四つ葉の模様；四つ葉の柄
चौपथ [名] 十字路；交差点；四つ角
चौपर [名*] = चौपड़.
चौपरतना [他] = चौपतना.
चौपहरा[1] [形+] (1) 昼間を通しての；日中通しての (2) 夜中通しての；夜通しの
चौपहरा[2] [副] (1) 昼間通して；日中通して (2) 夜通し
चौपहल [形] 四面の；四面体の
चौपहिया[1] [形] 四輪の；四輪車の
चौपहिया[2] [名] 四輪車
चौपाई [名*]〔韻〕チョウパーイー（モーラ韻律の一．各パーダが 16 モーラから成る．パーダの第 1 と第 2，第 3 と第 4 がそれぞれ脚韻を踏む．パーダの終わりには जगण と तगण は禁じられる）
चौपाड़ [名] = चौपाल.
चौपाया[1] [形] (1) 四本の足のある (2) 四足獣の चौपाया जानवर 四足獣
चौपाया[2] [名] 四足獣；けだもの
चौपाल [名] (1) 農村で人々の寄り集う場所．屋根は葺かれているが，壁はなく柱だけの東屋風の集会所；チョウパール (2) 農村で客間に相当する家の表の柱と屋根だけのある部分；チョウパール भीगते-भीगते लोग उठे, चारपाइयाँ उठाईं और चौपाल में जा बैठे 濡れながら立ち上がりチャールパーイーを抱えてチョウパールに入って腰を下ろした आज भी भारतीय ग्रामों में जाटों, अहीरों के घरों में बैठक या चौपाल होता है 今日でもインドの農村ではジャートやアヒールの家にはバイタクすなわちチョウパールがある
चौपेजी [形]《← H.+ E.page》(1) 4 ページある；4 ページから成る (2) 四つ折り（判）の
चौपैया [名]〔韻〕チョウパイヤー（各パーダが 30 モーラから成るモーラ韻律．10 - 8 - 12 で休止，最後は गुरु）
चौफेर[1] [副] 四方に
चौफेर[2] [形] 四方が折られた；四方が折れた
चौबंदी [名*]《H. + P. بندی》(1) 四方から結ぶこと (2) 馬の 4 本の足のひづめに蹄鉄をつけること
चौबग़ला[1] [名]《← H. + P. بغل》〔裁〕脇の下のまち（襠）
चौबग़ला[2] [副] 四方に
चौबग़ली [名*]《H. + P. بغلی》= बगलबंदी.
चौबच्चा [名] = चहबच्चा.
चौबरदी [名*] 4 頭の役牛が引く荷車
चौबरसी [名*] (1) 出来事や事件などから 4 年目に行われる行事や祝典 (2)〔ヒ〕死後 4 年目に行われる法事
चौबरा [名]〔農〕ザミーンダールの得る収穫物の 4 分の 1
चौबाइन [名*] バラモンの一グループに属するチョウベー चौबे の妻；チョウベーの女性→ चौबे.
चौबाई [名*] (1) 方向の定まらぬ風 (2) 四方に広がる噂話や風評 (3) 四方に広がる悪評
चौबाछ [名] = चौबाछा.〔イ史〕デリーのサルタナット時代に行われた税制（成人男子，男児，所帯，家畜に課税された）
चौबारा[1] [名] (1) 最上階にあって四方に扉のついている部屋 (2) 東屋；四阿；亭 (3) 家の表の屋根と柱だけのある応接場所 (4) ポーチ कभी-कभी चौबारे तक चढ़ आती नाले की धारा 川の水は時にはポーチのところまで上がってくる
चौबारा[2] [副] 4 度目に
चौबीस [数] 24 **चौबीस घंटे/ चौबीसों घंटे** 四六時中；一日中；しょっちゅう चौबीस घंटे शराब के नशे में धुत रहता है 四六時中酔いしれている चौबीसवाँ 第 24 の；24 番目の
चौबे [名] チャトゥルヴェディー・ブラーフマン（ウッタル・プラデーシュ州マトゥラー मथुरा 近辺のブラーフマンの一グループ）
चौबोला [名]〔韻〕チョウボーラー（各パーダが 8 + 7 の 15 マートラーから成るモーラ韻律，パーダ末が लघु-गुरु で終わる）
चौभड़ [名*] 大臼歯= चौघड़.
चौभी [名*] 刃を取りつける犂の木の部分
चौमंज़िला [形+]《H. + A. منزل》4 階建ての
चौमसिया [形] (1) 雨季の（4 か月の） (2) 雨季に関する (3) 季節の→ चौमासा.
चौमाप [名*] 縦・横・高さ・時間；四次元；時空
चौमासा[1] [名] (1) 雨季；雨期（の 4 か月間．地域差はあるが概ね北インドではインド暦の 4 月，すなわち，アーシャール月 आषाढ़ から 7 月，すなわち，アーシュヴィン月 आश्विन までの 4 か月間） चौमासा तो हो जाने दो 雨季が過ぎるまで待とう (2) 雨季に歌われる民謡 (3)〔ヒ〕妊娠 4 か月目に行われる儀式
चौमासा[2] [形+] (1) 雨季に行われる (2) 4 ヶ月にわたる
चौमासी [形] = चौमासा[2].
चौमुख [副] 四方に；四方八方に
चौमुखा [形+] (1) 四方にある；四面にある (2) 四面にわたる；全方角の；全方向の (3) 四面の顔を持つ चौमुखा दीया 四面に灯心の燃える灯火 चौमुखा दीया जलाना 破産する= दिवाला निकालना.
चौमुहाना [名] 十字路；四つ辻；四つ角 शहर के चौमुहाने पर 街の四つ角に
चौमुहानी [名*] = चौमुहाना; चौरस्ता.
चौमेन [名]《E. chow mein》チョウメン；五目焼きそば
चौरंग[1] [形] (1) 4 色の (2) 一様な (3) 刀で幾つにも切断された
चौरंग[2] [名] 4 つに切断する刀の使い方 **चौरंग उड़ाना** 刀などを用いて見事に断ち切る
चौरंगा [形+] (1) 4 色の (2) 美しい (3) 色とりどりの
चौरंगी [名*] (1) 四つ辻；四つ角；十字路 (2)〔地名〕チョウロンギー・ロード（カルカッタ，すなわち，コルカタ市の目抜き通り）
चौर[1] [名] 盗人；盗賊= चोर.
चौर[2] [名] 雨期に水溜まりのできる窪地
चौरठा [名] = चौरेठा.
चौरस [形] (1) 一様な (2) 平らな；平坦な；凹凸のない (3) 四角形の
चौरसाई [名*] (1) 平らなこと；平坦なこと (2) 平らにすること；平坦にすること；地均し (3) 地均し作業の労賃
चौरसाना [他] 平らにする；平坦にする；均す
चौरस्ता [名]《← H. + P. راستہ》十字路；四つ辻；四つ角= चौराहा.
चौरा [名] = चबूतरा; चौतरा.
चौराई [名*] = चौलाई.
चौरानबे [数] 94 चौरानबेवाँ 第 94 の；94 番目の
चौरानयन [名] 密輸
चौरासी[1] [数] 84 चौरासीवाँ 第 84 の；84 番目の
चौरासी[2] [名] (1) 生類のすべて；一切の生類（840 万とされる）= चौरासी लाख योनि. (2) 踊りの際に足首につける鈴 (3) 石切に用いるたがね（鏨） **चौरासी का जाल** 輪廻転生の罠（解脱を妨げるもの） **चौरासी पर नाचना** = चौरासी में पड़ना. **चौरासी में पड़ना** 解脱に到達できずいつまでも輪廻転生を繰り返す **चौरासी में भरमना** = चौरासी में पड़ना. **चौरासी लाख का फेर** = चौरासी में पड़ना.
चौराहा [名]《←H.चौ + P.راه》(1) 十字路；四つ辻；四つ角 (2) 岐路 जीवन के चौराहे पर 人生の岐路で **चौराहा नाटक**〔演〕街頭での演劇；街頭芝居；アングラ演劇= चौराहा मंचन; नुक्कड़ नाटक.

चौराहे की चर्चा 噂；噂話 चौराहे पर खड़ा हो॰ 進路を決めかねる चौराहे पर बेच आ॰ 抜け目なく人を操る
चौरी[1]［名*］＝चोरी.
चौरी[2]［名*］(1) 小さなチャブータラー（चबूतरा） (2) 結婚式場
चौरी[3]［名*］〔植〕ヒルギ科コヒルギ＝गोरान.
चौरेठा［名］(1) 米の粉 (2) 水を加えた米をすりつぶしたもの
चौर्य［名］(1) 盗人であること (2) 盗み；窃盗
चौर्यवृत्ति［名*］盗癖；盗み癖
चौलकर्म［名］〔ヒ〕ヒンドゥー男子の人生儀礼の一である剃髪式＝चूडाकर्म; मुंडन.
चौलड़ा［形+］四連の（首飾りなど）
चौला［名］(1)〔植〕マメ科蔓草インゲンマメ（隠元豆）；フジマメ【*Phaseolus vulgaris*】＝बोड़ा; लोबिया. (2) マメ科蔓草ジュウロクササゲ【*Vigna sinensis*】＝लोबिया.
चौलाई［名*］(1)〔植〕ヒユ科ヒユ【*Amaranthus gangeticus*】 (2)〔植〕ヒユ科ハゲイトウ【*Amaranthus polygamus*】
चौली［名］〔植〕マメ科インゲンマメ＝लोबिया.
चौलुक्य［名］＝चालुक्य.
चौवन［数］54 चौवनवाँ 第 54 の；54 番目の
चौवालीस［数］44 ＝चवालीस; चौंवालीस. चौवालीसवाँ 第 44 の；44 番目の
चौसठ［数］64 ＝चौंसठ. चौसठवाँ 第 64 の；64 番目の
चौसर[1]［名］(1) チョウサル（4 色各 4 個の駒と長方形の 3 個のさいころを用いて 2 人で遊ぶさいころ遊び）＝चौपड़. (2) この遊びに用いる十字形の布製の盤
चौसर[2]［名］四連の首飾り＝चौलड़ी.
चौसल्ला［名］棚板
चौसा［名］チョウサー（マンゴーの一品種名）
चौसिंगा［形+］4 本の角のある；4 本の角を持つ
चौसिंघा[1]［形+］＝चौसिंगा.
चौसिंघा[2]［名］〔動〕ウシ科ヨツヅノレイヨウ（四つ角羚羊）【*Tetracerus quadricornis*】
चौसिंहा［名］4 つの村の接する境界
चौहट्टा［名］(1) 四方に商店のあるところ (2) 四つ辻；四つ角
चौहत्तर［数］74 चौहत्तरवाँ 第 74 の；74 番目の
चौहद्दी［名*］《← H.चौ+ A.حد हद》境界；境 उसकी चौहद्दी अच्छी तरह खिंची हुई है それの境界線がうまく引かれている
चौहरा[1]［形+］(1) 4 重の (2) 4 倍の
चौहरा[2]［名］4 重に重ねたもの
चौहान［名］(1) チョウハーン（ラージプート族の氏族名の一）＝चौहान वंश. (2) この氏族の成員
च्यवन［名］(1) 滴ること；垂れ落ちること (2)〔イ神〕ヴェーダの聖者ブリグ भृगु とヴァイシュヴァーナラ・ダイティヤ वैश्वानर दैत्य の娘プローマー पुलोमा との間に生まれたと伝えられる聖仙チュヤワナ・リシ
च्यवनप्राश［名］〔アユ・薬〕チュヤワンプラーシュ（トウダイグサ科小木マラッカノキの果汁を原料にしたアーユルヴェーダの滋養強壮剤）
च्याङ काई शेक〔人名〕中国の政治家蒋介石（1887–1975）
च्युइंगम［名］《E. chewing gum》チューインガム＝च्यूइंग गम.
च्युत［形］(1) 落ちた；落下した；垂れた；垂れ落ちた (2) 失墜した (3) 堕落した क्षात्रधर्म से च्युत करानेवाला クシャトリヤの本分から堕落させる (4) 破滅した
च्युतात्मा［形］精神の堕落した
च्युताधिकार［形］権利を失った；地位を失った
च्युति［名*］(1) 落下；下落；垂れ落ちること (2) 失墜 (3) 堕落 (4) 怠慢 (5) 肛門 (6) 陰門
च्यूँटा［名］＝चिउँटा.
च्यूँटी［名*］＝चिउँटी. च्यूँटी की चाल चलना のろのろ歩く；のろのろ進む च्यूँटी के पर निकलना 最期が迫る；死期が迫り来る
च्यूइंग गम［名］《E. chewing gum》チューインガム
च्यूत［名］(1) マンゴーの木 (2) マンゴーの実→ आम.
च्योत［名］＝च्युति.

छ

छंग［名］＝गोद.
छँगुनियाँ［名*］小指＝छँगुली; छिगुनी; छिगुनी; कनिष्ठिका.
छँगुलिया［名*］小指＝छँगुली; छिगुनी.
छँछला［名］鈴のしゃんしゃんと鳴る音
छंछाल［名］(1) 象 ＝हाथी. (2) 象の鼻＝हाथी की सूँड.
छँट［副］急ぎ；すみやかに；速く
छँटना［自］(1) 切れる；ちぎれる；切られる；切り取られる；刈られる；刈り取られる सिर के बाल छँटना 頭髪が刈られる (2) とれる；離れる；離れ落ちる；なくなる；消える；ちぎれる मानो मन का काठिन्य छँट गया हो 頑なさがとれたかのように वह अँधेरा छँटने का इंतजार करने लगा 闇が消えゆくのを待ちにかかった (3) 散る；散らばる बादलों के छँटने के बाद आसमान साफ़ हो जाता है 雲が散り空が晴れ上がる दोनों के जाते ही भीड़ अपने-आप छँट गयी 2 人が去ると同時に人だかりはひとりでに散ってしまった (4) 選ばれる；選び出される；選りすぐられる (5) 剪定される (6) 消える；薄れる धुँध छँटने लगी थी 靄が消え始めた (7) きれいになる (8) やせる；細る छँटा गुर्गा 札付き；悪党 छँटा छँटा फिरना よそよそしく振る舞う；距離を置く；近寄らない＝छँटा छँटा रहना. छँटा हुआ *a*. 選ばれた；選りすぐりの；選り抜きの *b*. 札付きの；したたかな वह सब छँटे हुए गुंडे हैं 連中はみな札付きのならず者だ साला छँटा हुआ चोर है 奴はしたたかな盗人だ
छँटनी［名*］(1) 選ぶこと；選別；整理＝छाँटना; छँटाई. (2) 人員整理 वे मजदूरों की बिना कारण बताए छँटनी कर देते हैं 連中は理由を述べずに労働者の人員整理をする सरकार वर्तमान कर्मचारियों में कोई छँटनी न करके यह कोशिश करेगी कि... 政府は現在の職員を全く整理せずに次の工夫をする…
छँटवाना［他・使］←छाँटना
छँटाई［名*］←छाँटना. (1) 選ること；選り分けること；選別 (2) 仕分け (3) 洗練；仕上げ (4) 整理；手入れ (5) 剪定；刈り込み (6) 取り除くこと；除去
छँटाना［他・使］＝छँटवाना
छँटाव［名］(1) ＝छँटाई. (2) 取り出されたもの；選別されたもの (3) 取り除かれたもの
छँटुआ［形+］(1) 選び出された；選り出された (2) 取り除かれた
छँटैल［形］(1) 選り抜きの；選び抜かれた (2) たちの悪い；札付きの；名うての (3) したたかな；手強い；抜け目のない
छँड़ना[1]［他］捨てる；手放す＝छोड़ना.
छँड़ना[2]［他］(1) 穀物を杵と臼でつく（搗く）＝कूटना. (2) 打ちのめす；叩きのめす
छँड़ना[3]［他］吐く；嘔吐する＝कै क॰; वमन क॰; उलटी क॰.
छँड़ुआ[1]［形+］(1) 解き放された (2) 免除された (3) 自由な
छँड़ुआ[2]［名］(1) 神に供えるために解き放された家畜 (2) 免除額
छंद[1]［名］(1) 意；意志；意欲 (2) 意向；意図
छंद[2]［名］(1) 韻律 (2) 韻文 (3) ヴェーダ **मात्रिक छंद**〔韻〕各行のモーラ（音節の長さの単位）を基準として律する韻律＝जाति. **वार्णिक छंद**〔韻〕各行の音節数と音歩の配列を基準として律する韻律＝वर्णिक छंद; वृत्त.
छंदक［名］(1)〔人名・仏〕チャンダカ（シャカムニ，すなわち，釈迦牟尼の出家前に仕えた御者の名） (2)〔イ神〕クリシュナ神の異名の一
छंदना［自］(1) 韻文を作る (2) 詩を詠む
छंदबद्ध［形］韻律で律せられた；韻律による；韻文の
छंद शास्त्र［名］韻律学＝छंदः शास्त्र.
छंदित［形］喜んでいる；満足している

छ

छंदी[1] [名*]〔装身〕チャンディー（貴金属製の女性の手首飾りの一）

छंदी[2] [形] 人を欺く；いんちきな

छंदेली [名*] = छंदी[1]

छंदोग [名]〔ヒ〕サーマヴェーダの吟唱者→ सामवेद.

छंदोबद्ध [形] 韻を踏んだ；韻律による；韻文の

छंदोभंग [名]（韻文の）破格

छः [数] 6；六= छह; छ; छै; षट्. जब लंदन जाने में छः-सात दिन बाक़ी रह गए ロンドン行きまでに１週間ほどしかなくなると

छ [数] 6 = छः; छै; षट्.

छई[1] [名*] 子孫

छई[2] [名*] = क्षयी.

छकछक [名*] 蒸気機関車の発する蒸気の音；しゅっしゅっ= छक छक छक; छुक छुक. इस बीच गाडी की छक छक छक बिल्कुल गायब हो गई この間に列車のしゅっしゅっがすっかり消えてしまった छक छक फक फक しゅっしゅっぽっぽ उन इंजनों और गाडियों की छक छक और फक फक सदा गूँजती रहती थी それらの機関車と列車の音がいつも響いていた

छकड़ा [名] 1 頭の去勢牛のひく荷車；荷物運搬用の二輪の牛車 शहर में से निकलकर सरकस के छकडों की पाँत सड़क पर आ गई サーカス団の荷車の列が街の中から道路に出てきた

छकड़ी [名*] (1) 6 つのものの集まり；6 つのものの集合（体） (2) 6 人の担ぎ手で担ぐ駕籠

छकना[1] [自] (1) 堪能する；十分満足する ऐसे लोगों ने देखा जो हर तरह से छके थे あらゆる意味で堪能した人たちが見た (2) 悩まされる；苦しめられる；もてあそばれる **छककर** 腹一杯；堪能するほど；飽きるほど；思いきり沢山 पहले आप छककर खाएँ और फिर हम लोग भोजन करेंगे まずあなたがしっかりお召し上がり下さい．その後で私どもが頂きます छककर भोजन क॰ 満腹する（まで食べる） भोजन के समय ब्राह्मण जजमान के यहाँ पधारे और छककर भोजन किया 食事時にバラモンは檀家に赴き腹一杯食べた आर्य लोग छककर दूध पीते थे और ख़ूब मक्खन और घी खाते थे アーリア人はたらふく牛乳を飲みバターやギーを食べていた पंडे-पुजारी दिन में कई कई बार छककर पकवान, भाँग, गाँजा, शराब आदि का प्रयोग करते हैं パンダーやプジャーリーたちは一日幾度も飽きるほどご馳走を食いバーング，ガーンジャー，酒などをやっている

छकना[2] [他] (1) 満腹するほど飲んだり食べたりする चारों ख़ूब माल छकते 4 人とも（うまい物に）堪能する (2) 酔いしれる；酔っぱらう

छकना[3] [自] (1) 驚く；たまげる；あわてふためく (2) 困る；困惑する

छकाछक [形] (1) 満足した；満ち足りた (2) 満ちた；満ち満ちた (3) 酔った；酔いしれた；のぼせあがった

छकाना[1] [他] (1) 堪能させる；大いに満足させる (2) 満腹させる (3) 酔わせる

छकाना[2] [他] (1) 驚かす；あわてさせる (2) だます；裏をかく；フェイントをかける उसने राधा को छकाने की सोची ラーダーに一杯食わせようと考えた एक दूसरे को छकाने का お互いに裏をかく；だましあう दूसरे विरोधी खिलाड़ियों को छकाने का अनोखा तरीका 相手チームの選手の裏をかく独特のやり方 (3) 悩ませる；苦しめる；もてあそぶ；やっつける；いじめる；可愛がる；痛めつける बढ़िया गेंद-नियंत्रण ने जर्मन खिलाड़ियों को पूरी तरह छका दिया うまいボール捌きにドイツの選手たちは完全に翻弄された

छकीला [形+] 酔った；酔いしれた= मस्त; नशे में चूर.

छक्का [名] (1) 6 つのものの集まり (2) 6 つの部分から成り立つもの (3) さいころやトランプの 6 の目や札 इस बार मैंने देखा तीनों पाँसों में छक्के ही निकले 今度は 3 つのさいころとも 6 が出ているのを見た **छक्का हाथ मारना** 大仕事を成し遂げる；偉業を成し遂げる (-के) **छक्के चढ़ना** (ーに) 支配される；圧倒される **छक्के छुटाना/ छुड़ाना** 意気沮喪させる；狼狽させる；圧倒する；撃退する हमारे उड़ाकों ने स्टारफ़ाइटर के उड़ाकों के छक्के छुड़ा दिये わが軍のパイロットたちがスターファイターのパイロットたちの意気を沮喪させた वे डटकर लड़े और शत्रु के छक्के छुड़ा दिये 彼らは頑強に戦い敵を撃退した बड़े बड़े शेर, चीते, हाथी अपनी गर्जना और चिंघाड़ों से बड़े बड़े वीर शिकारियों के भी छक्के छुटा देते हैं ライオンやチーターや象はそのうなり声や咆哮で，勇ましさではひけを取らないハンターたちさえもひるませる (-के) **छक्के छूटना** (ーの) 士気がくじかれる；狼狽する；圧倒される；気力を失う क्या कहते हैं उनके? ऐसे गरजते हैं , ऐसे गरजते हैं कि मुख़ालिफ़ पार्टी के छक्के ही छूट जाते हैं あの人には勝てないよ．その咆哮ぶりといったら相手の党は士気沮喪してしまうほどだ

छक्का-पंजा [名] 手練手管；策略；策謀= दाँव-पेंच. **छक्का-पंजा क॰** *a.* 賭博をする；ばくちを打つ *b.* 策略をめぐらす **छक्का-पंजा चलाना** 術策を弄する；策を弄する；悪巧みをする **छक्का-पंजा भूलना** 圧倒されて茫然とする **छक्के-पंजे उड़ाना** 大いに楽しむ (-के) **छक्के पंजे होना** (ーの) 策略がうまく行く；しめしめ；しめたしめた बिल्ली के छक्के पंजे हैं 猫はしめしめだ

छक्के [数]（掛け算で）6 を掛ける；× 6；6 倍の छः छक्के छत्तीस 6 × 6=36 सात छक्के बयालीस 7 × 6=42

छक्केबाज़ [形]《H.+ P. باز》甚だ狡猾な；とてもずる賢い

छग [名] 雄の山羊= छाग; बकरा.

छगड़ा [名] 雄の山羊（雄山羊）= बकरा.

छगण [名] 燃料となる乾燥牛糞

छगन [名] 子供；小児；童

छगन मगन [名] 愛らしい幼児；可愛い幼児

छगरा [名] 雄の山羊= बकरा.

छगरी [名*] 小さな雌の山羊= छोटी बकरी.

छगल [名] 雄の山羊= बकरा; छाग.

छगुन [形] 6 倍の= छह गुना.

छगुनिया [名*] 小指= छगुनी; छँगुली.

छगोड़ा[1] [形+] 6 本足の

छगोड़ा[2] [名]〔節動〕大型のクモ（蜘蛛）

छछंद [名] だまし；欺瞞；いんちき= छलछंद.

छछिहारी [名*] ダヒー（ヨーグルト）を攪拌する女性；アヒールカーストの女性

छछुँदर [名] = छछूँदर.

छछूँदर [名] = छछुँदर.〔動〕食虫目トガリネズミ科ジャコウトガリネズミ【*Suncus murinus*】〈grey musk shrew〉 **छछूँदर का चमेली का तेल लगाना** *a.* 柄にもないことや能力外のことをすることのたとえ *b.* 派手に過ぎる装いをするたとえ **छछूँदर की तरह नाचना** *a.* 怒り狂う；狂い回る *b.* 我慢できなくなる **छछूँदर के सिर में चमेली का तेल** 柄にもないこと；不釣り合いなこと **छछूँदर छोड़ना** *a.* 仲違いをさせる *b.* ごたごたを起こす *c.* デマを飛ばす **छछूँदर न निगलते बनना न छोड़ते बनना** 痛し痒し；どうにもこうにもならない状態におちいる **छछूँदर बनना** あちらこちらにぶつかる

छजना [自] 映える；調和する；似合う= शोभा दे॰; सोहना.

छजली [名*]〔建〕のきじゃばら（軒蛇腹）；コーニス

छज्जा [名] (1) バルコニー वह छज्जे पर सूख रहे कपड़े उठाने आई バルコニーに乾かしてある服を取り入れに来た स्त्रियाँ चिकों को उठाकर छज्जों पर से नीचे झाँकने लगतीं 女性たちが簾を上げてバルコニーから下を覗き出す (2) 庇；軒

छटंकी [名*] チャターンク（छटाँक）の重量の分銅

छटकना [自] (1) 飛び出る；はじかれる (2) 抜ける；抜け出る；はみ出る (3) 離れる；退く；尻込みする；逃げ腰になる (4) 跳ぶ (5) 逃げる मैं चौंका, सत्य की खोज करने वालों से मैं छटकता हूँ.वे अक्सर सत्य की तरफ़ पीठ करके उसे खोजते रहते हैं 私はびっくりした．真理の探究をする人は私の苦手にする人だ．その人たちはしばしば真理に背を向けてそれを探し求めているんだ

छटकाना [他] (1) 振り払う；振りほどく (2) 飛び出させる；弾き飛ばす (3) 抜く；引き抜く (4) 解き放つ；ほどく

छटना [自] = छँटना. शाम को शो ख़त्म होने के बाद भी भीड़ नहीं छट रही थी 夕方，ショーが終わっても群衆は散らずにいた

छटपट [名] あがき；もがくこと；のたうち回ること

छटपटाना [自] (1) のたうち回る कुछ देर छटपटाया और मर गया しばらくのたうち回った．そして死んでしまった गलफुल्ली में बीमार छटपटाता और कराहता रहता है ジフテリアに罹ると患者はのたうち回り呻き続ける पीड़ा से छटपटाते मरीज़ को 苦痛にのたうち回っている患者を दर्द से छटपटाना 痛みにのたうち回る (2) あがく；もがく；手足をばたばたさせる उसने मेरे दोनों हाथों को अपने घुटने के नीचे दबाया और मेरी छाती पर सवार हो गई.मैं छटपटाने लगा 私の両手を膝で押さえ胸に馬乗りになった．私はあがき始めた (3) もだえる（悶える）；悶え苦しむ मेरी तबीयत

दर्द और क्रोध के एक दूसरे ही संसार में छटपटा रही थी 私は苦痛と怒りの別世界で悶えていた वह बेचैन था और छटपटा रहा था（病気のため）不安だった．そして悶え苦しんでいた मन छटपटाना 悶々とする＝दिल छटपटाना. क्या बताएँ, मेरा दिल छटपटाकर रह गया どう言えばよいのか，悶々とするばかりだった (4) 熱望する；切望する；強く思う；焦がれる；憧れる उसका मन अपने-आप इंदिरा से मिलने के लिए छटपटाने लगा インディラーに会いたくて会いたくて堪らなくなってきた आज भी उसका मन गाँव के लिए कितना छटपटाता है 今も心は激しく田舎に憧れている

छटपटाहट [名*] (1) のたうち回ること (2) あがくこと；あがき (3) 悶え एक अजीब प्रकार की छटपटाहट और बेचैनी 何とも言えぬ独特の悶えと不安 (4) 熱望；切望；激しい思い；強い憧れ；恋い焦がれる気持ち जिस चोर ने एक प्रकार से उसे मार ही डाला था, जिसने उसके आभूषण तक चुरा लिये, उसी के लिए इतनी छटपटाहट いわば殺したも同然のことを為し衣類や装身具までも盗んだ人をこれほどまでに恋い焦がれるとは

छटपटी [名*] ←छटपटाना (1) あわてふためくこと；動揺すること；不安 (2) 渇望

छटाँक [名] (1) 1 チャターンクの重量（16 分の 1 セール．1 セールを 1kg とする単位では 62.5g であるが旧重量単位では約 58.31g）कुछ समय पूर्व तक भारत में एक सेर सोलह छटाँक में विभक्त था 少し以前までインドでは 1 セールは 16 チャターンクとされていた आधा छटाँक नमक 半チャターンクの塩 (2) 1 チャターンクの重量の分銅 **छटाँक भर** ほんのわずかの；ほんの少量の；雀の涙ほどの

छटा [名*] (1) 美しさ इसी तीर्थ सरोवर की आकर्षक छटा ने मुगल सम्राट जहाँगीर को भी अभिभूत किया था 他でもないこの聖地の池の魅惑的な美しさがムガル朝のジャハンギール帝をもうならせた वहाँ हमें भील संस्कृति की मनोहारी छटा दिखाई देगी そこではビール族の文化の魅惑的な美しさが目にはいるだろう (2) 彩り；光彩；光輝；輝き तरह-तरह के फल फूलों की छटा बिखरी हुई थी いろいろな果物や花が光り輝いていた श्रावण शुक्ला तृतीया को जयपुर में जो मेला लगता है उसकी छटा ही निराली होती है シュラーワナ月の白分 3 日にジャイプルでメーラー（縁日）があるがその彩りは実に独特のものだ

छटाई [名*] ＝छँटाई. संगमरमर की कटाई-छटाई की कला 大理石の加工技術

छटूंद [名]〔イ史〕実収入の 6 分の 1 の税率による租税で 6 回分納

छट्टा [名]〔農〕播種法の一（手蒔き）

छट्ठी [名*] ＝छठी.

छठवाँ [形⁺] 6 番目の；第 6 の（6 の序数詞は標準形が छठा であるが，この形も見られる） वह छठवीं कक्षा में पढ़ता था その子は 6 年生だった

छठा [形⁺] 6 の序数詞．第 6 の；6 番目の **छठे कान में पड़ना** 内緒話が人に聞かれる；人の耳に入る；第三者の知るところとなる **छठे-छमासे/ छठे-छमाहे** たまに；稀に **छठे छमासे का संबंध हो॰** *a.* 争いになる *b.* わだかまる（蟠る）；わだかまりが生じる

छठी [名*] (1) 陰暦の白分及び黒分それぞれの第 6 日 (2)〔ヒ〕誕生 6 日目に行われる祝い事（この日は子供の運命が神により定められる日として家族や親類などが寄り集まり，まる一日間眠らずに見守る風習がかつて存在した） **छठी का खाया पिया निकलना** *a.* 大変苦しむ；とても苦しい目に遭う；ひどく悩まされる *b.* 大変疲れる；大いにくたびれる；くたくたになる **छठी का खाया पिया निकालना** *a.* さんざん苦しめる；ひどく悩ます *b.* くたくたに疲れさせる **छठी का दूध निकलना** ＝छठी का खाया पिया निकलना. **छठी का दूध निकालना** ＝छठी का खाया पिया निकालना. **छठी का दूध याद आ॰** とても困難な状況におちいる；甚だ苦しい状況になる；進退窮まる **छठी का दूध याद क॰** ＝छठी का खाया पिया निकलना. **छठी के पोतड़े न धुलना** 全くの青二才；嘴の黄色い；おしめの取れない **छठी में न पड़ना** *a.* 運勢にない *b.* 性分に合わない

छड़ [名*] 木や金属などの棒，あるいは，棒状のもの झाड़ू में लगी लंबी छड़ 箒の長い柄 धातु की छड़ 金属棒 लोहे की छड़ 鉄棒；鉄の棒 आठ लाख की सोने की छड़ें 80 万ルピーの金の延べ棒 छड़ से वे ऊँचे-ऊँचे पेड़ों से पत्ते तोड़ते हैं 棒でうんと高い木の葉を落とす

छड़ना [他] (1) 脱穀する＝छाँटना；छँड़ना. (2) 激しく打つ；ひどく叩く；叩きのめす

छड़ा[1] [形⁺] (1) 単独の；単一の；孤独の (2) 別の；別個の **छड़ी छटाँक** 一人で；単独で **छड़ी सवारी** ＝छड़ी छटाँक.

छड़ा[2] [名] 未婚男子；チョンガー

छड़ा[3] [名]〔装身〕真珠の耳飾り

छड़ा-छाँड़ [形] (1) 単独の (2) 孤独な (3) 独り身の

छड़ाबाँस [名] メインマストに掲げる旗

छड़िया[1] [形] ステッキや杖を持っている

छड़िया[2] [名] 門番；守衛

छड़ी [名*] ステッキ；杖（金属製のものも含む） इस समय में वर और वधू को लोहे की कोई चीज़ जैसे चाकू, छड़ी या कटार सदैव अपने साथ रखनी होती है その際，花婿や花嫁は鉄製の物，例えば，小刀，ステッキ，あるいは，短刀を携えていなくてはならない **जादू की छड़ी** 魔法の杖 **सफ़ेद छड़ी** 盲人の持つ白い杖

छड़ीदार[1] [形]《H. + P. دار》(1) 杖を持つ (2) 縞模様の入った；縦縞の

छड़ीदार[2] [名] 先導役；案内役；チョーブダール（चोबदार）

छड़ीबरदार [名]《H. + P. بردار》＝छड़ीदार；चोबदार.

छण [名] 瞬間；刹那；瞬時＝क्षण.

छत[1] [名*] (1) 天井 (2) 屋根；屋上 छत पर चढ़कर 屋上に上がって कभी सामाजिक विवशताएँ दोनों को न चाहते हुए भी एक छत तले जीवन बिताने पर मजबूर कर देती हैं 時には社会的に止むを得ぬ状況のため 2 人は望んでいなくても同じ屋根の下で暮らさざるを得なくなる **छत की कड़ियाँ** 無為に過ごす **छत टपकना** 雨漏りがする **छत डालना** 屋根を作る；屋根を覆う **छत पटना** 屋根が葺かれる＝छत पड़ना. **छत फाड़ ठहाका** 大声での笑い；哄笑 **छत बाँधना** 雲が覆う；雲が広がる **छत बैठ जा॰** 屋根が落ちる；屋根が崩落する

छत[2] [名] けが；傷＝क्षत；घाव；ज़ख़्म.

छत[3] [形] 傷をした；けがをした；負傷した＝क्षत；घायल.

छतगीर [名]《H. + P. گیر》(1)（天井に張る）飾り天幕 (2) 露よけのためベッドの上に張る天幕や天蓋

छतगीरी [名*]《H. + P. گیری》＝छतगीर.

छतदार [形]《H. + P. دار》屋根のついている；屋根つきの छतदार रास्ता アーケード

छतना[1] [他] (1) 屋根を葺く (2) 天井をつける

छतना[2] [自] 傷つく；けがをする＝घायल हो॰.

छतनार [形] キノコ型の；キノコの形をした；傘の形をした उस वृक्ष की शाखा इतनी लंबी और छतनार थीं 木の枝はとても長くキノコの形をしていた चतुर्थी का चंद्रमा नदी पार के सघन छतनार गाछों के ऊपर टिका था 三日月は川向こうの鬱蒼と長く枝の伸びた木の上にとどまっていた

छतनारा [形⁺] ＝छतनार. लोग झुंड बनाकर किसी सघन छतनारे गाछ के नीचे सिमट आये थे 人々は 1 本の鬱蒼と茂った傘の形の木の下に寄り集まって来ていた

छतरदुमा [名]〔鳥〕ヒタキ科マミジロオウギビタキ【*Rhipidura aureola*】

छतराना [自] (1) 四方八方に広がる (2) 広がる

छतरी [名*] (1) かさ；雨傘＝छाता. छतरी की डंडी 傘の柄 (2) 寝台などに取り付ける覆い；天蓋 (3) 覆い；乗り物の幌 (4) 碑；記念碑；石碑（忠魂碑なども） सती स्थल पर एक भव्य छतरी का निर्माण होगा 女性の殉死した場所には立派な記念碑が建てられよう उन के समाधि स्थल पर एक छतरी बनी हुई है その方の入定の地には石碑が建っている (5) あずまや（四阿；東屋） (6) パラシュート＝पैराशूट；हवाई छतरी. (7) キノコ＝कुकुरमुत्ता；खुमी. (8) 傘の形をしたもの

छतरीधारी [名]〔軍〕落下傘兵＝छतरी सैनिक.

छतरी फ़ौज [名*]《H.+ A.فوج》〔軍〕空挺部隊；落下傘部隊

छतरीबाज़ [名]《H.+ P.باز》＝छतरी सैनिक.

छतरी सेना [名*] ＝छतरी फ़ौज.

छतरी सैनिक [名]〔軍〕落下傘兵＝पैराशूट सैनिक.

छतविहीन[1] [形] 屋根のない

छतविहीन[2] [形・名] ホームレス（の）；住む家のない（人） छतविहीन गरीबों के बीच 貧しいホームレスの間に

छति [名*] 損害；被害＝हानि；नुक़सान；क्षति.

छतिया [名*] 胸；胸部＝ छाती; सीना.
छतियाना [他] (1)（何かを）胸に当てる；(銃などを) 胸に構える इतना कहते ही पहले सवार ने बंदूक छतिया ली そう言うが早いか先頭の騎馬兵は銃を構えた (2) 抱き寄せる
छतिवन [名]〔植〕キョウチクトウ科高木ジタノキ【*Alstonia scholaris*】
छतीस [数] 36 = छत्तीस.
छतीसा [形+] (1) 抜かりのない；抜け目のない；狡猾な；ずる賢い (2) とぼける；欺く；欺瞞的な
छतीसी [形*・名*] (1) したたかな（女）；海千山千の（女） (2) ふしだらな（女）；好色な（女）
छत्ता [名] (1) 雨傘；傘＝ छाता; छतरी. (2) 王や貴人の頭上にさしかける傘；天蓋 (3) ミツバチなどの巣 (4) ハスの花托
छत्तीस [数] 36 छत्तीसवाँ 第 36 の；36 番目の **छत्तीस का आँकड़ा बनाना** 対立する；不仲；対立関係＝ छत्तीस का अंकन रिश्ता हो॰; छत्तीस का रिश्ता हो॰; छत्तीस का संबंध हो॰. जब माँ बेटी छत्तीस का आंकड़ा बनाकर चलती है 母と子とが対立する際
छत्तीसगढ़ 〔地名〕チャッティースガル（マッディヤ・プラデーシュ州とマハーラーシュトラ州の東側，ジャールカンド州及びオリッサ州の西側に位置しビラースプル बिलासपुर，ラーイプル रायपुर などのある東経 82 度，北緯 22〜20 度を中心とする地域） **छत्तीसगढ़ प्रदेश** チャッティースガル州（州都ラーイプル）
छत्तीसगढ़ी [名*]〔言〕チャッティースガリー語（チャッティースガル地域に話される言語．東部ヒンディー語の一）
छत्तीसा [形+] = छतीसा.
छत्तीसी [形*・名*] = छतीसी.
छत्तेदार [形]《H. + P. دار》(1) 傘のついた (2) ハチの巣の形をした
छत्र[1] [名] (1) 傘＝ छाता; छतरी. (2) 王や貴人の頭上にさしかける天蓋 (3) キノコ＝ खुमी; कुकुरमुत्ता. (4) キノコの傘；菌傘
छत्र[2] [名] 貧窮者に食事を施すところ
छत्रक [名] (1)〔植〕真菌類；菌類 (2) キノコ (3) マッシュルーム＝ कवक.
छत्रछाया [名*] = छत्रच्छाया. (1) 庇護；保護；傘 माता की छत्रछाया 母親の庇護のもと माँ का प्यार और पिता की छत्रछाया बचपन में बहुत आवश्यक है 母親の愛情と父親の庇護は子供時分に欠かせない (2) 後ろ盾 उनकी छत्रछाया में उनके दामाद बहुत कुछ कर जाते हैं あの人を後ろ盾にして娘婿が相当なことをしてのける अंग्रेज़ों की छत्रछाया में चलने वाली देशी रियासत イギリスを後ろ盾にしてやって行く藩王国
छत्रपति [名] (1) 大王＝ राजा. (2) マラータ王国の創始者シヴァージー शिवाजी (1627–80) が名乗った王の称号，チャットラパティ
छत्रसाल 〔人名・イ史〕チャットラサール（ブンデールカンド地方 बुंदेलखंड の王 (–1658) बुंदेला सरदार छत्रसाल)
छत्री[1] [名*] 王や貴人などにさしかける日傘
छत्री[2] [形] 傘を持っている；傘をさしかける
छत्री[3] [名] クシャトリヤ＝ क्षत्रिय.
छद [名] (1) 覆い＝ आवरण. (2) 皮 (3) 樹皮 (4) さや（莢） (5) 魚のえらぶた（鰓蓋）〈operculum〉 (6) 植物の葉 (7) 鳥の羽
छदन [名] (1) 覆い (2) ふた (3) 葉 (4) 鳥の羽
छदम्मी [名*] = छदाम.
छदाम [名] (1) 6 ダーム，すなわちチャダーム（旧通貨単位．4 分の 1 パイサー） (2) 4 分の 1 パイサー硬貨
छदि [名*] (1) 幌 (2) 屋根
छद्म [名] (1) 覆うこと；覆いかくすこと＝ गोपन. (2) 覆い (3) 欺瞞；偽り＝ धोखा. (4) 屋根
छद्मनाम [名] (1) 筆名；ペンネーム (2) 変名；偽名
छद्मवेश [名] (1) 変装；偽装 छद्मवेश में कोई सैनिक होगा だれか変装した兵士だろう (2) 仮装
छद्मवेशी [形] (1) 変装した；偽装した (2) 仮装した
छद्मावरण [名] (1) 偽装 (2)〔軍〕カムフラージュ；偽装
छद्मी [形] (1) 変装している (2) 人を欺く＝ छली; कपटी.
छन[1] [名] 時；時間；時刻＝ क्षण.
छन[2] [名] (1) 熱せられた金属などが水などの液体に触れて発する音 (2) 高温の油で揚げ物をする際に出る音
छनक[1] [名*] (1) 鈴などの発する音．しゃんしゃん，しゃらんしゃらんなど (2) = छन[2].
छनक[2] [形] (1) はかない (2) 考えの変わりやすい＝ क्षणिक.
छनक[3] [副] 一瞬間＝ एक क्षण.
छनकना[1] [自] (1) 鈴などがしゃんしゃんと鳴る गोपियों के पाँवों की पैंजनियाँ छनकती हैं ゴーピー（牧女）たちの足首につけたパインジャニーがしゃんしゃんと鳴る पाँवों में छनकती पाजेब 足首で鳴るパージェーブ (2) 強く熱せられた鉄板や鍋などに水滴がはじけて音が出るなど熱せられた金属に水などの液体が触れた際に音を発する
छनकना[2] [自] 驚く；怯える＝ चौंकना; भड़कना.
छनक-मनक [名*] = छनक-मनक. 装身具の貴金属などが触れ合って出る音
छनकाना[1] [他] (1) 沸かす；煮え立たせる (2) 煮詰める；蒸発させる
छनकाना[2] [他] 金属片や硬貨などをぶつけ合わせて音を出す
छनकाना[3] [他] 驚かす；怯えさせる
छनछन [名・副] 小さい鈴やチューリーのような比較的軽い様々な物の鳴ったりかち合う音やその鳴る様子；ちゃらちゃら，ちゃりんちゃりん，しゃんしゃんとなど छन छन बजती चूड़ियाँ しゃんしゃんと鳴るチューリー
छनछनाना[1] [自] (1) 熱せられた金属に水滴などが触れて音が出る (2) 油で揚げ物をしたりバターで炒めものをする際などに音が出る (3) 金属が高い音で鳴る (4) かっとなる；激しく怒る
छनछनाना[2] [他] (1) 熱せられた金属板などに水滴などを当てて音を出す (2) 金属を鳴らせる
छननमनन [名] バターや油などを用いて調理する際，料理の品に含まれている水分が高温のため発する音，じゅっ，じゅー，じゅーじゅーなど
छनना[1] [自] (1) 篩われる；篩にかけられる (2) 漉される (3) 人間関係が深まる；親密になる (4) バング／バーング (भाँग) が作られる；すりつぶして漉される (5) 大麻や酒が飲まれる होली के दिन पंडित की बारह दरी में भंग छन रही थी ホーリー祭の日にパンディットのバーラーダリーでバングが飲まれているところだった (6) 穴があく；穴だらけになる；隙間ができる；隙間だらけになる；とぎれる；ちぎれる आकाश में बादल छनने लगे और धूप खिलने लगी 空では雲がちぎれ出し日が射し始めた (7) 篩い分けられる (8) ちらりと見える；覗く (9) 光線などが洩れる；隙間を通過する खिड़की में से छन छन कर आने वाली मद्धिम-सी रोशनी में 窓から洩れてくる薄明かりの中で (10) 透けて見える；明らかになる；はっきりしてくる बाद में ब्यौरा छन छन कर आया है 後刻詳細がだんだんはっきりしてきた (11) だまされる；一杯食わされる；罠にかかる **गहरी छनना** 親しい；親密な；仲がよい；親交がある＝ गाढ़ी छनना. प्रसाद से भी उनकी गहरी छनती थी プラサードとも親密な仲だった
छनना[2] [自] 食べものが油で揚げられる；揚げ物が揚がる पूड़ियाँ छन छन कर तैरती होंगी プーリーがじゅっじゅっと揚がって浮いていることだろう
छनना[3] [自] (1) 覆われる；囲まれる (2) 巻かれる；包まれる
छनवाना [他・使] ← छानना
छनाई [名*] ← छनना. 濾過；濾すこと
छनाना[1] [他・使] ← छानना. (1) 漉させる (2)（大麻入りの飲物などを）飲ませる दूधिया बूटी तो छनाओ せめてミルク入りのバーングぐらいは飲ませてくれよ
छनाना[2] [他] 揚げ物を揚げさせる；揚げてもらう
छनिक[1] [形] はかない；脆い；長持ちしない；持久力のない；永続性のない＝ क्षणिक.
छनिक[2] [名] 瞬間；一瞬間＝ क्षण.
छनिक[3] [副] またたく間に；一瞬にして＝ क्षण भर.
छनी [名*] ふるい（篩）＝ चलनी.
छन्न[1] [名] (1) = छन. (2) = क्षण.
छन्न[2] [形] (1) = आच्छन्न. (2) = छिन्न.
छन्न[3] [名*] 高温に熱せられた金属が水に触れて発する音
छन्ना [名] (1) 篩（建築用の砂を篩う大きなものなど） (2) 漉し器；濾過器 (3) 漉し布 (4) 金属製（特に鐘青銅製）のコップや深い鉢

छन्नी [名*] (1)（目の細かい）篩 (2)（茶漉しなどの）漉し器
छप[1] [名*] (1) 水などの液体に物が落ちたり入ったりする音．ぱしゃっ，ばしゃっなど (2) 水や泥などが激しく打ち当たった音．ぴちゃっなど．いずれも छप छप の形でも用いられる
छप[2] [形] 消えた；見えなくなった= ग़ायब; लुप्त.
छपक [名*] 隠れること；潜むこと= छिपना.
छपकना[1] [自] 隠れる；潜む= छिपना.
छपकना[2] [他] (1) 杖などを用いて叩く；打つ (2) 刃物で切り落とす
छपकना[3] [自] ちゃぷちゃぷ，ぴちゃぴちゃなど水など液体のはねる音が出る
छपकली [名*]〔動〕爬虫類ヤモリ科ヤモリ= छिपकली.
छपका[1] [名] (1) 竹ひご (2) 細い棒
छपका[2] [名] (1) 水や泥などが飛び散ること；はねること (2) とばしり；とばっちり；しぶき (3) はねの掛かった汚れやしみ
छपका[3] [名]〔鳥〕ヨタカ科タンビヨタカ【*Caprimulgus asiaticus*】
छपका[4] [名]〔イス・装身〕チャプカー（イスラム教徒の女性が頭髪から前額部に垂らしてつける金製の装身具の一）
छपका[5] [名]〔医〕口蹄疫= खुरपका.
छप छप [名*] 水などの液体に物が当たって出る音；ちゃぷちゃぷ，ちゃぽちゃぽ，ぱしゃっ，ぴちゃっなど
छप छपाक [名*] 水に物が勢いよく当たったり水がはねたりする音 पोखर में मछलियों के उछलने की छप छपाक आवाज़ 池の中で魚たちがぴちゃっとはねる音
छपछपाना [自] 水などの液体に物がぶつかって音が出る；ちゃぷちゃぷ音を立てる；ぱちゃぱちゃ，ぴちゃぴちゃなどと音を立てる पक्षी कभी पानी में छपछपाएँगे 鳥はたまに水に入ってぴちゃぴちゃ（水浴び）するだろう वह पानी छपछपाता है या उलट जाता है その水はちゃぷちゃぷ音を立てるかこぼれてしまう
छपटना [自] (1) 引っつく；くっつく；貼りつく= चिपकना. (2) 抱かれる；抱き寄せられる；抱きしめられる
छपटाना [他] (1) 引っつける；つける；貼る= चिपकाना; चिमटाना. (2) 抱く；抱きしめる；抱き寄せる= छाती से लगाना.
छपद [名]〔昆〕ハナバチ；マルハナバチ= भ्रमर; भौंरा.
छपन [名] なくなること；滅亡；破滅= नाश; विनाश.
छपना [自] (1) 印刷される；刷られる डाक-टिकट कब से छपना शुरू हुए? 郵便切手が印刷されるようになったのは何時からか (2) 刻印などで記されたり版木などで染めつけられたりする नायलॉन की साड़ी पर छपे फूल ナイロンのサリーについている花柄 (3) 出版される；刊行される
छपरखट [名*] 蚊帳のついたベッド= छपरखाट; मसहरीदार पलंग.
छपर छपर[1] [名*] = छप छप.
छपर छपर[2] [副]（水などの液体に物がぶつかって発する）ぱしゃっ，ちゃぽん，ちゃぷちゃぷなどと音を立てて
छपर छपर[3] [形] 濡れている
छपरबंद[1] [形]（村内に）家を持つ；家屋を持つ；定住の= छप्परबंद[2].
छपरबंद[2] [名] = छप्परबंद[1].
छपरबंदी [名*] (1) 屋根葺き（作業） (2) その労賃= छप्परबंदी.
छपरिया [名*] = छपरी.
छपरी [名*] (1) 草葺きの小さな家= मढ़ी. (2) 小屋；掘っ立て小屋= झोंपड़ी; झुग्गी; मढ़ी.
छपवाई [名*] = छपाई.
छपवाना [他・使] ←छापना. किसी पत्रिका में छपवाने के लिए いずれかの雑誌に掲載してもらうために
छपाई [名*] (1) 捺染 सांगानेर की छपाई के परदे व चादरें サーンガーネールの捺染のカーテンやチャーダル (2) 押捺 (3) 印刷；印刷術 छपाई का ज्ञान 印刷の知識；印刷術 छपाई की मशीन 印刷機 (4) 捺染の手間賃や労賃 (5) 印刷代
छपाकर [名] (1) 月= चंद्रमा; चाँद. (2) 樟脳
छपाका [名] (1) 水などの液体に物が落ちたり当たったりして出る音．ぴちゃっ，びちゃっなど (2) しぶき；はねかかったもの；とばしり
छपाकी [名*]〔医〕発疹 शरीर में छपाकी निकलना 体にアレルギー性の発疹が出る
छपाना[1] [他・使] ←छापना. (1) 捺染してもらう；捺染させる (2) 捺印してもらう；捺印させる (3) 刷ってもらう；刷らせる；印刷させる；印刷してもらう
छपाना[2] [他] 秘める；隠す= छिपाना.
छप्प-छप्प [名*] 水などの液体に触れる音．ぴちゃぴちゃ，ぴちゃっなど
छप्पन [数] 56 **छप्पन टके ख़र्च हो०** 大変な費用がかかる **छप्पन टके मिलना** 大儲けする छप्पनवाँ 第 56 の；56 番目の
छप्पन छुरी [形*] (1) 人を欺く；だます；偽善的な (2) 美しくおしゃれで魅惑的な
छप्पन भोग [名] (1) 56 種の料理 (2) 様々な料理 (3) ヒンドゥー寺院で 56 種の神饌を供える儀式
छप्पय [名]〔韻〕チャッパヤ（最初の 4 パーダ पाद がローラー रोला(11+13=24 × 4) で最後の 2 पाद がウッラーラー उल्लाला の合計 6 パーダから成るモーラ韻律．उल्लाला は 26 モーラ (13+13=26)，もしくは，28 モーラ（15+13=28）の 2 種あるが普通 26 モーラ）
छप्पर [名] (1) 煉瓦や瓦ではなく茅や藁などで葺いた屋根；草葺き（の屋根）；茅葺き；苫葺き झोंपड़े, फूस के छप्परों से ढके जाते थे 小屋は藁で葺かれることになっていた (2) 草葺きや藁葺きの家や建物；苫屋 (3) 覆い **छप्पर टूट पड़ना** （ーが）ひどい災難に見舞われる **छप्पर पर एक खपड़ा न छोड़ना** 壊滅させる **छप्पर पर फूस न हो०** 大変貧しいこと (-को) **छप्पर पर रखना** （ーを）さておく；(ーを) 別にする；捨て置く；放置する；見捨てる；取り上げない；ものの数に入れない **छप्पर पर हो०** 役に立たないこと；何の値打ちもないこと (-को) **छप्पर फाड़कर दे०** 予期以上に沢山与える (-पर) **छप्पर रखना** *a.*（ーに）恩を着せる *b.*（ーに）汚名を着せる **छप्पर से टपक पड़ना** 天から降ってくる；思いもかけず手に入る；棚ぼた；棚からぼたもち（牡丹餅）
छप्पर-छाजन [名] 草葺き屋根；藁葺き屋根；苫葺き
छप्परबंद[1] [名]《H. + P. بند》(1) 屋根葺き職人 (2)〔農〕居住する村の土地を耕作する小作人
छप्परबंद[2] [形]（村内に）住居を定める；住居を持つ；定住する
छप्परबंदी [名*]《H. + P. بندی》屋根葺き（作業や職業）
छब [名*] 美しさ；うるわしさ（麗しさ）= छवि.
छबड़ा [名] 竹や籐，葦などで編んだかご= टोकरा; डला.
छबड़ी [名*] (1) = खोंचा. (2)（竹や蔓，籐などで編んだ）かご；竹かご；つづら（葛籠）
छबना [自] (1) 美しく見える；映える (2) ひっつく；つく
छबरा [名] = छबड़ा.
छबि[1] [名*] 美しさ；うるわしさ（麗しさ）= छवि; शोभा; कांति.
छबि[2] [名*] = शबीह.
छबिकंद [形] とても美しい= छबिरास.
छबीना [名] 宿駅；宿場
छबीला [形+] (1) 優美な；しとやかな；しとやかな कहाँ 20 साल पहले की छबीली श्यामा जो हर समय पति पर जान देती थी और आज की मोटी बेडौल श्यामा いつも夫に首っ丈でしとやかだった 20 年前のシャーマーと今の太って不恰好なシャーマー，何という違いだ (2) 容姿の整った；美しい (3) おしゃれな；粋な जवान थी, छबीली थी 若くておしゃれだった
छब्बीस [数] 26 छब्बीसवाँ 26 番目の；第 26 の
छब्बीसी [名*] (1) 26 個のものをひとまとめにしたもの (2) 26 個をひとまとめにしたものを 5 つまとめて 100 個とする果物の計算法
छब्बे [名] チャッベー（ドゥベー दुबे/द्विवेदी とかチョウベー चौबे/चतुर्वेदी といったバラモンの姓をもじって作られた言葉．それぞれ 2 と 4 とを暗示するのに対してチャッベーは 6 を暗示する） **छब्बे होने गये थे, दुबे भी न रहे** 儲けるつもりが大損になるたとえ
छम [名*] (1) しゃんしゃんとかちりんちりんとか鈴の鳴る音 (2) 激しく雨の降る音．ざあざあなど= छमाछम.
छमकना [自] (1) 装身具の鈴などから音が出る．しゃんしゃんと鳴る，ちゃらちゃら鳴る，しゃらんしゃらんと鳴るなど (2)（女性の身なりや振る舞いが）ちゃらちゃらする
छम छम[1] [名*] (1) 金属製の装身具や鈴などがしゃんしゃんと鳴る音 (2) 雨が激しく降る音や様子；ざあざあなど= झमझम. पानी छमछम बरस रहा है 雨が激しく降っている
छम छम[2] [副] 足首につけた金属製の装身具がしゃんしゃんなどと音を立てる様子 अब देख तो कैसी बढ़िया साड़ी पहनकर घूम रही

है, छम छम करती जा रही है ほらね，素晴らしいサリーを着てしゃんしゃんと音を立てながら歩き回っているわ
छमछमाना[1] [自] (1) छम छम という音が出る；しゃんしゃんと鳴る (2) (女性が) 足首飾りをしゃんしゃんと鳴らしながら歩む
छमछमाना[2] [他] छम छम という音を立てる
छमता [名*] 力量；能力= क्षमता.
छमा[1] [名*] 赦し；赦免；寛恕= क्षमा; मुआफ़ी; माफ़ी.
छमा[2] [名*] 大地= पृथ्वी; धरती; मही.
छमाछम[1] [名*] (1) 宝飾品の鈴などが鳴る音 (2) 激しく雨の降る音；ざあざあ= छम छम.
छमाछम[2] [副] (1) छम छम という音を出しながら；しゃんしゃん，ちゃりんちゃりんなどと音を立てながら (2) ざあざあ（と）मेंह छमाछम बरस रहा था 雨がざあざあ降っていた (3) 勢いよく流れ出る様子 उसकी आँखों से छमाछम आँसू बह रहे थे 男の目から激しく涙が流れていた
छमाशी [名*] 6 マーシャー（1 マーシャー माशा は約 1.08g，すなわち，約 6.5g）の分銅
छमासी[1] [名*]〔ヒ〕死後半年に行われる法事
छमासी[2] [形] 6 か月間の= छ: मास का.
छमाही[1] [形] 《← H.छ+ ماه माह》半年ごとに行われる；半年ごとの छमाही परीक्षा 中間試験
छमाही[2] [名*] (1) 半年；半年間；6 か月間 (2) 半年ごとに給付される手当 (3) 死後半年に行われる法事
छय [名] 破滅；滅亡= क्षय; नाश.
छयना[1] [自] (1) 滅びる；無くなる；滅する= नाश हो॰. (2) 衰える；衰弱する；弱る= छीजना.
छयना[2] [他] 滅ぼす；滅する= (-) नष्ट क॰; (-का) नाश क॰.
छयना[3] [自] = छाना.
छयना[4] [他] = छाना.
छयासठ [数] 66 = छियासठ.
छर [名] = छल.
छरकना[1] [自] 音を立てて小さなかけらが散らばる
छरकना[2] [自] = छलकना.
छरकीला[1] [形+] (1) やせた；ひょろひょろの (2) 大変長い
छरकीला[2] [形+] 遠ざかる；距離をおく
छरछर [名] (1) 小さなかけらや砂利などが激しい勢いで飛び出たり落下したりする音 (2) 鞭が激しく当たる音．ばしっ，びしっなど
छरछराना[1] [自]（塩や薬品など刺激性のものが傷などに触れて）しみる；ひりひりする
छरछराना[2] [自] 粒状のものや小さなかけらなどが激しく散らばったり落下したりする
छरछराहट [名*] (1) かけらや破片が激しく一斉に飛び散るさま (2) 傷がひりひりする痛み
छरद [名*] 吐くこと；嘔吐= छर्द; उलटी; वमन.
छरन[1] [形] 欺く；だます
छरन[2] [名] (1) 滅亡 (2) 腐食= क्षरण; नाश.
छरना[1] [他] 箕で選り分ける；選り出す
छरना[2] [自] (1) 選り分けられる；選り出される (2) なくなる；除かれる (3) 滴る；洩れ出る
छरना[3] [他] = छलना.
छरहरा [形+] (1) 細い；ほっそりした；やせている；体の引き締まった छरहरा बदन ほっそりした体 आज की नारी एकदम छरहरी रहना चाहती है 近頃の女性は全くほっそりしていたがるものだ (2) きびきびした；敏捷な= फुरतीला; चुस्त.
छरिया [名] = चोबदार.
छरी [名*] 杖；ステッキ= छड़ी.
छरीदा [形] 《← A.جريده जरीदा》(1) 一人ぼっちの；孤独な (2) 手ぶらの
छरीला [名]〔植〕地衣類= शैलेय; पथरफूल. ⟨lichens⟩
छरेरा [形+] = छरहरा.
छर्द [名] 吐くこと；嘔吐= उलटी; क़ै; वमन.
छर्दन [名] = छर्द.
छर्दि [名*] 嘔吐= वमन; उलटी.
छर्र-छर्र [副] 激しく流れ出る様；勢いよく流れ出す様子 मुँह और नाक से छर्र-छर्र ख़ून बह रहा है 口と鼻からどくどくと血が流れ出している
छर्रा [名] (1) 石のかけら；小石；砂利 (2) 弾；弾丸 कारतूस के छर्रे 実弾 (3) 散弾 **छर्रेवाली बंदूक़** 散弾銃 **छर्रा उड़ाना** *a.* まくしたてる *b.* マダクを飲む → मदक. **छर्रा खींचना** = छर्रा उड़ाना. **छर्रा चलाना** = छर्रा उड़ाना. **छर्रा पिलाना** 弾を込める
छल [名] (1) 欺くこと；欺瞞；瞞着；いんちき；いかさま (2) 狡猾さ；ずるさ；悪知恵 (3) 奸計；悪巧み；策略；計略 (4) 口実 **छल क॰** だます（騙す）；欺く अपनी माँ से छल करके कहाँ चला गया था तू? 自分の母親をだましてどこに行っていたんだいお前は **छल पिलाना** いんちきを教える उसने छल से मुझे पकड़वाया だまして私を捕まえさせた
छलक [名*] ← छलकना. = छलकन.
छलकन [名*] (1) あふれ出ること；あふれること आँखों ने आँसू की छलकन से अपने को पवित्र कर あふれ出た涙で目が自らを清めて (2) こぼれること (3) ほとばしること；迸り
छलकना [自] (1) あふれる（溢れる）；あふれ出る सुनीता की आँखों में जैसे दीदी की सारी कथा छलकी हुई थी スニーターの目にはまるで姉の一切の話があふれ出ているかのようだった उन तीनों की आँखों में आनंद के अश्रु छलक उठे にわかに 3 人の目にはうれし涙があふれ出た छलकते हुए आँसू あふれ出る涙 **छलक आ॰** あふれ出る；あふれ出す मणि की आँखों में आँसू छलक आये 母さんと兄さんの目に涙があふれ出てきた (2) こぼれる उसका हाथ पानी के गिलास पर छू गया जिससे थोड़ा-सा पानी छलककर रेखा की साड़ी पर गिर गया 手が水の入ったコップに触れたため水が少しこぼれてレーカーのサリーにかかった मग में से चाय छलककर फ़र्श पर गिर गई マグから紅茶がこぼれて床に落ちた घबराहट में उसके हाथ में चाय का कप छलक गया 気が動転して手に持ったカップのお茶がこぼれた (3) にじみでる；ひとりでに表面に現れる；ほとばしる；みなぎる **छलका पड़ना** 現れる；現れ出る उल्लास उसके स्वर में छलका पड़ रहा था 嬉しさが彼女の声に漲っていた उसके हर काम से उसके मन का उल्लास छलका पड़ रहा था 男のすること全てから胸にわきたつ喜びがほとばしっていた उन बड़ी आँखों में अभयदान की भावना छलक रही थी その大きな目には安心を与える気持ちが滲み出ていた
छलकपट [名] 偽り；ごまかし；計略；欺瞞 छलकपट उन्हें आता न था 偽りやごまかしのできないお方だった
छलकाना [他] (1) あふれさせる (2) こぼす (3) みなぎらせる（漲らせる）
छलछंदी [形] 計略をめぐらす；狡猾な；人を欺く= कपटी; धूर्त.
छलछद [名] 計略；欺き；手練手管= चालबाज़ी; धूर्तता.
छलछद्म [名] = छलकपट.
छल छल [名*] 水のこぼれる音；水のあふれ出す音；水の流れる音 छल छल करती नदी का शीतल पानी さらさらと流れる川のひんやりとした水
छलछलाना [自] (1) 涙や汗があふれ出る दोनों बैलों की आँखों में आँसू छलछला आये थे 2 頭の牛の目に涙があふれ出てきた जाड़े में भी माथे पर पसीना छलछला आया था 冬なのに額に汗があふれ出てきた (2) ひどく濡れる；ぐしょ濡れになる；ぐしょぐしょになる अपनी इस बेबसी पर मेरी आँखें छलछला आती हैं 己の無力さに目が涙でぐしょぐしょになった
छलछाया [名*] マーヤー，すなわち，幻，幻力によって作り出された罠；幻影の罠；計略の罠
छलछिद्र [名] 欺き；ごまかし；だまし；いんちき；狡猾な振る舞い= धूर्तता; धोखेबाज़ी.
छलछिद्री [形] いんちきな；人を欺く；狡猾な
छलतर्क [名] 詭弁；奇弁
छलन [名] ← छलना. 欺くこと；だますこと；ごまかすこと；瞞着
छलना[1] [他] 欺く；だます；かつぐ बाक़ी सब झूठ है, अपने को भूलने का, भरमाने का, छलने का असफल प्रयास है! 他は皆嘘だ．自分自身を忘れ，惑わせ欺くための空しい努力だ जैसे मैंने तुम्हें छला वैसे ही तुमने मुझे छला 私が君をだましたように君も私をだました चाणक्य के जासूस मेरे मित्र बनकर छलते रहे チャーナキヤの送り込んだ密偵が私の友となって私を欺き続けていた इतने दिनों तक उसे छलती आई, अपने को छलती आई, पर अब नहीं 今までずっと彼をだまして来た．そして自分自身をだまして来たが，もうだめだわ

छलना[2] [名*] (1) 欺瞞；欺き चमत्कारी छलना 驚くべき欺瞞 (2) 幻；幻影 प्रीति की आशा छलना मात्र होकर रह गई プリーティの希望は単なる幻となってしまった

छलनी [名*] (1) 篩 (2) 漉す道具 चाय छानने की छलनी 茶漉し (-) **छलनी कर डालना** (**छलनी कर दे॰**) *a.* (ーを) 穴だらけにする *b.* (ーを) 台無しにする **छलनी में डाल छाज में उड़ाना** 針小棒大に言う＝बात का बतंगड़ क॰. **छलनी हो॰** *a.* 穴だらけになる *b.* 傷だらけになる तुम्हारा सारा शरीर तो पहले ही घावों से छलनी हो रहा है 元々君の体は全身傷だらけになっている तेरी सारी पीठ छलनी हो रही है (鞭打たれたので) 背中全体にみみず腫れができた मेरा दिल कैसा छलनी हो रहा है, यह कोई नहीं देख पाता 私の胸の内がどんなにずたずたになってきているかだれも見ることはできない

छल-प्रपंच [名] 嘘；偽り；欺瞞 ज़माने के छल-प्रपंच के वशीभूत होकर 浮き世の嘘や偽りに引きずり込まれて मंत्री ने छल-प्रपंच से राजा को गद्दी से उतार फेंका 大臣は策略をめぐらし王を王座から追放した

छल-फ़रेब [名] 《H. + P.فریب》策略；計略；陰謀

छलबल [名] 手練手管＝छलछद.

छलमलाना [自] ＝छलकना.

छलविद्या [名*] 魔術＝मायाजाल.

छलहाया [形+] 欺く；だます

छलाँग [名*] (1) 飛び上がること；飛び跳ねること；跳躍 (2) 飛躍 **छलाँग** (**छलाँगें**) **मारना** *a.* 飛び跳ねる सामने से एक हिरण छलाँगें मारता चला गया 目の前を1頭の鹿が飛び跳ねながら通り過ぎた वह ट्रैक्टर से छलाँग मारकर नीचे आ गया トラクターからひょいと飛び降りてやってきた *b.* 飛ぶ；跳ぶ；飛び越える बिल्ली ने छलाँग मारी ネコが跳んだ *c.* とんとん拍子に出世する **छलाँग लगाना** *a.* 飛び跳ねる；跳ねる；跳躍する कस्तूरी मृग छलाँग लगाते फिरते थे ジャコウジカは飛び跳ねながら歩き回っていた उमंग में आकर गधी की तरह छलाँगें लगाती हुई भाग जाती 浮かれてロバのように跳ねながら走って行く उसने भवन की छठी मंज़िल से छलाँग लगा दी ビルの6階から飛び降りた *b.* 飛躍する

छला [名*] 輝き；光輝＝आभा; चमक.

छलाना [他・使] ←छलना. 欺かせる；欺かれる；だまさせる；だまされる

छलाव [名] ＝छलावा.

छलावा [名] (1) 幻；幻影＝मायादृश्य. यह सब छलावा है これはみな幻だ (2) 幽霊が急に現れ消えること (3) 鬼火；狐火；燐光＝अगिया बैताल; उल्कामुख प्रेत. **छलावा खेलना** *a.* あちこちに鬼火が現れること *b.* 幽霊などが出没すること **छलावा-सा** 全く落ち着きのない **छलावा हो जा॰** 消える；消え去る **छलावे में आ॰** 惑わされる；だまされる मगर किसी तरह के छलावे में तुम न आना でもどんなだましにも惑わされるな

छलित [形] だまされた；欺かれた＝छला हुआ.

छलिया [形] 欺く；だます；いんちきな＝कपटी; धोखेबाज़.

छली [形] 欺く；だます；偽る＝कपटी; धोखेबाज़.

छलौरी [名*]〔医〕ひょうそ

छल्ला [名] (1) 手や足の指につける金属製の指輪 (2) 輪の形のもの；リング状のもの गोल-गोल छल्ले के रूप में सिगरेट का धुआँ उगलना タバコの煙を輪の形に吐く बालों में पड़े छल्ले 髪のウェーブ (3) リング (鳥の足首につける) छल्ला बाँधना 鳥の足首にリングをつける (4) 避妊リング **छल्ला फेंकना** 輪投げ遊び

छल्ली[1] [名*] (1) 樹皮 (2) 蔓草や樹木の小枝などを用いて作られたかご (3) トウモロコシの穂

छल्ली[2] [名*] 日干し煉瓦の壁を保護するために積み上げられた焼き煉瓦

छल्लेदार [形] 《H. + P.دار》輪の形の；リング状の；環状の

छवाई [名*] (1) 覆ったり覆わせたりすること；被せたり被せさせたりすること (2) そのような作業の労賃

छवाना [他・使] ←छाना. 覆わせる；被せさせる；覆ってもらう；被せてもらう

छवि [名*] (1) 美しさ；麗しさ (2) 輝き；光輝 (3) イメージ；姿；形；印象 जनता में सरकार की छवि सरकारी कर्मचारियों से ही बन सकती है 民衆にとってお上の印象は役人によって作られる सरकार इस वृद्धि के लिए अपनी छवि निखारने के लिए व्यापारियों को दोष देती है 政府はこの値上げについて自分のイメージをよくするために商人を非難する साफ़ सुथरी छवि वाले प्रधान मंत्री द्वारा इस प्रकार के आयोजन को प्रोत्साहन दिया जाना तर्कसंगत नहीं है 清潔なイメージの首相によってこの種の計画が奨励されることは理屈に合わない (4) 偶像；象徴 प्रधान मंत्री को अपनी अंतरराष्ट्रीय छवि बनाने, जगत गुरु बनाने की धुन 首相を国際的な偶像に仕立て世界の盟主とする熱狂 (5) 写真

छविकार [名] 写真家；フォトグラファー

छविगृह [名] 映画館＝सिनेमाघर.

छहरना [自] 散らばる；撒かれる；広がる；拡がる

छहराना[1] [他] 撒く；撒き散らす；広げる；拡散させる बिखराना; छितराना; फैलाना

छहराना[2] [他] 焼く；燃やす；焼尽する＝भस्म क॰.

छहरीला [形+] (1) ほっそりした＝छरहरा. (2) 敏捷な；素早い；軽やかな＝फुरतीला. (3) 散らかる；散らばる；散乱する；広がる＝बिखरनेवाला.

छहियाँ [名*] ＝छाँह; छाया.

छहों [数] 6 (छह) の強調形. 6つ全部, 6個が6個, 6つともなど तब बादशाह ने पूछा - गर्मी, बरसात, जाड़ा, हेमंत, शिशिर और बसंत इन छहों ऋतुओं में सर्वोत्तम ऋतु कौन है? すると王が訊ねた.「夏, 雨季, 冬, 寒季, 冷季, 春, これら6つの季節のうちで一番良い季節はいずれか」

छाँ [名*] ＝छाँह.

छाँई [名*] ＝छाया; परछाँही.

छाँक [名] 《← P.چاک चाक》部分；断片＝टुकड़ा; खंड.

छाँगना [他] (1) 絶つ；断ち切る＝काटना. (2) 枝を切り落とす；枝を払う；枝打ちをする＝काटना.

छाँछ [名] (1) バターミルク＝छाछ. (2) それを入れる容器

छाँट[1] [名*] (1) 選り出すこと；選別 (2) 選り出したもの；選別したもの (3) 人員整理 **छाँट क॰** 減らす；削る

छाँट[2] [名*] 吐くこと；嘔吐＝उलटी; कै; वमन. **छाँट क॰** 吐く；吐き出す＝उलटी क॰.

छाँटन [名] (1) 選り出されたもの；選り分けられたもの (2) 取り除かれたもの

छाँटना [他] (1) 選り分ける；分別する；選別する；仕分ける；取り出す डाकघर में इन चिट्ठियों को छाँटा जाता है 郵便局でこれらの手紙が仕分けられる घर आकर सभी फूलों को छाँटो 家に戻って花を全部選り分けなさい भूसी छाँटना 籾殻を取り除く (2) 選り出す；選りすぐる；選び出す；選ぶ अपने दरबार में छाँट-छाँटकर मंत्री रखना चाहते थे 自分の宮中には選りすぐった大臣を抱えておきたかった इन बैलों में से सब से अच्छा एक बैल छाँट लो この中から一番すぐれた牛を選び出しなさい पिल्ला छाँटना आसान नहीं है 子犬を選ぶのは容易ではない (3) (一部を) 切り取る；剪定する；切り離す (4) (一部を) 取り除く；整理する (5) 切り抜く (6) 推敲する (7) ひけらかす；見せびらかす तू भी क़ानून छाँटने लगा 君も法律の知識をひけらかし始めたのかい

छाँटा[1] [名] ←छाँटना.

छाँटा[2] [名] ＝छींटा.

छाँटा[3] [名] だまし (騙し)；欺き＝धोखा.

छाँड़ना [他] ＝छोड़ना.

छाँद [名*] (1) 遠くへ歩けないように家畜の2本の足を緩く縛る綱 (2) 乳搾りの際, 牛の足をつないでおく綱

छाँदना [他] (1) (綱などで) 縛る；縛り上げる (2) 家畜が遠方へ行けないように2本の足を緩く縛る

छांदस [形] (1) ヴェーダの＝वैदिक. (2) ヴェーダの知識を持つ；ヴェーダを熟知した；ヴェーダに通暁した

छाँदा [名] 分け前；分配される分

छांदिक [形] (1) 韻律の；韻律上の (2) 韻律的な

छांदोग्य [名]〔ヒ〕チャーンドーギヤ・ウパニシャッド (古ウパニシャッドの一)

छाँव [名*] (1) 光の届かない陰；蔭 वृक्ष की ठंडी छाँव 涼しい木陰 शीतल छाँव ひんやりした蔭 (2) 影＝परछाईं. (3) 映像；ものに映った影＝प्रतिबिम्ब. (4) 覆い；覆うもの (5) 庇護；保護；庇護や保護の得られるところ

छाँह [名*] ＝छाँव. **छाँह क॰** 助ける；援助する；庇護する **छाँह की तरह रहना** 片時も離れずにいる (-की) **छाँह गहना** (ーに) 寄り掛かる；頼る；(ーの) 庇護を受ける (-की) **छाँह छूना** (ーの)

छ

そばに行く；(ーに) 近づく (-की) **छाँह तले बसना** = छाँह गहना. **छाँह दे॰** = छाँह क॰. (-को) **छाँह न छूने दे॰** (ーを) 寄せつけない (-की) **छाँह न पड़ने दे॰** (ーの) 感化や影響が及ばないようにする (-की) **छाँह बचाना** (ーを) 避ける **छाँह में कमाना** 楽に金を稼ぐ **छाँह में बसना** = छाँह गहना. **छाँह में बैठकर कमाना** = छाँह में कमाना. (-की) **छाँह में हो॰** *a.* (ーの) 庇護を受ける *b.* (ーに) 隠れる (-की) **छाँह से दूर रहना** = छाँह बचाना.

छाँहगीर [名] 《H. + P. گیر》(1) 王の頭上にさしかける天蓋 (2) 鏡= दर्पण; आइना.

छाँही [名*] = छाँह.

छाक [名*] (1) 昼食（の弁当）= दुपहरिया; टिफिन. (2) 満足；充足感 (3) 酔い (4) 酒の肴

छाकना[1] [自] (1) 満足する；堪能する (2) 酔う；酔いしれる

छाकना[2] [自] 驚く；びっくりする；驚嘆する；たまげる

छाकना[3] [他] (1) 清める (2) 澄ます

छाग [名] (1) 雄山羊 (2) 山羊の乳 (3)〔天・占星〕牡羊座；白羊宮

छागर [名] 雄の山羊；雄山羊= छागल.

छागल[1] [名] 雄の山羊= बकरा.

छागल[2] [名*] 水の運搬に用いられる山羊の革で作られた革袋= डोल; मशक.

छागल[3] [名]〔装身〕鈴のついた女性の足首飾り

छागिका [名*] 雌山羊；雌の山羊= बकरी.

छागी [名*] 雌の山羊；雌山羊= बकरी.

छाछ [名] バターミルク= मठा; मही. दही से छाछ और मक्खन बनते हैं ヨーグルトからバターミルクとバターができる

छाछठ [数] 66 = छियासठ.

छाज [名] (1) 箕 = सूप. (2) 草葺き屋根 (3) 庇 (4) バルコニー (5) 御者（馭者）の足置き台 **छाज बोले सो बोले, चलनी भी बोले जिसमें बहत्तर सौ छेद** 〔諺〕自分を省みず他人の欠点をあげつらうことをたとえて言う言葉；目くそ鼻くそを笑う **छाज-सी दाढ़ी** 長いあごひげ **छाजों मेंह पड़ना** 土砂降りになる= छाजों मेह बरसना.

छाजन[1] [名*] (1) 草葺き屋根= छप्पर. (2) 屋根；瓦屋根 (3) 覆い；覆うこと (4)〔医〕水虫

छाजन[2] [名] 衣服= कपड़ा; वस्त्र.

छाजना[1] [自] (1) 映える= सुशोभित हो॰. (2) 似合う= शोभा दे॰; अच्छा लगना.

छाजना[2] [他] 屋根を葺く；屋根を覆う

छाजना[3] [他] (1) 装う (2) 飾る

छाजा [名] = छज्जा.

छाड़ना [他] 吐く；吐き出す= उलटी क॰; कै क॰.

छात [名*] (1) 天井 (2) 屋根= छत.

छाता[1] [名] (1) 王の頭上にさしかける日傘= राजछत्र. (2) 雨傘；蝙蝠傘；日傘= छाता; छतरी. छाता दे॰ 傘をさす= छाता लगाना.

छाता[2] [名] (1) 広い胸 (2) 胸囲；胸回り

छाती [名*] (1) 胸；胸部= सीना. छाती में जमी कफ़ 胸に溜まった痰 (2) 乳房；女性や母親の胸 (3) バスト；胸回り；胸幅 (4) 胸；心；胸の内；胸の中 (5) 度胸；勇気

छाती अड़ाना 対抗する **छाती उछलना** 胸がふさがる；胸がつまる **छाती उठना** (年頃になって娘の) 胸がふくらむ **छाती उड़ी जा॰** (不安などで) 胸がどきどきする **छाती उभरना** = छाती उठना. **छाती उभारकर चलना** 気取って歩く **छाती उमगना** 感動に胸がつまる；胸がいっぱいになる **छाती उमड़ना** = छाती उमगना. **छाती ऊँची बनना** 誇らしく感じる **छाती ऊँची हो॰** = छाती ऊँची बनना. **छाती कठोर हो॰** 冷酷な；薄情な **छाती कड़ी क॰** 気を引き締める **छाती क॰** 勇気を奮う；勇気を出す **छाती काँपना** 怯える；震えあがる **छाती का काँटा** 苦しい；辛い；苦痛をもたらす **छाती का कैंसर** 乳がん= स्तन का कैंसर. **छाती का नाप** 胸回り；バスト **छाती का फ़ीडर** よだれ掛け **छाती का पत्थर** *a.* とても辛い；苦しみをもたらす；苦痛を与える *b.* 心配 **छाती का फोड़ा** 胸の痛み **छाती का बोझ** = छाती का पत्थर. **छाती का हाड़ तोड़कर** 必死になって；一生懸命に **छाती की हड्डियाँ** 肋骨 **छाती कुलिश हो॰** 無慈悲な；残酷な **छाती कूटना** ひどく悲しむ；とても残念に思う；大変悔しがる वे लगीं अपना सिर पीटने और छाती कूटने 悔しがって自分の頭を叩き胸を打ち始めた **छाती के किवाड़** 胸；心 **छाती के किवाड़ खुलना** *a.* 悟る *b.* 大いに喜ぶ *c.* 胸襟を開いて語る *d.* とても苦しむ **छाती के पट खुलना** = छाती के किवाड़ खुलना. **छाती खाना** とても悩ます；大変厄介な **छाती खोलकर खड़ा हो॰** 断固として立ち向かう **छाती खोलकर चलना** 臆せずに進む；恐れずに進む **छाती खोलना** *a.* 包み隠しをしない；隠し立てをしない *b.* 勇気を持つ；臆しない *c.* 金を惜しまない **छाती गज़ भर की हो॰** 大変得意な；わが意を得た；とても誇らしい **छाती गर्व से फूल उठना** 誇らしい；誇らしく感じる **छाती चढ़ना** 母乳が出始める；乳が張る **छाती चलनी क॰** ひどく苦しめる；心をずたずたにする **छाती चलनी हो॰** 甚だ悲しむ；大変辛い思いをする；心がずたずたになる **छाती चूर चूर क॰** = छाती चलनी क॰. **छाती छलनी क॰** = छाती चलनी क॰. **छाती छलनी हो॰** = छाती चलनी हो॰. **छाती छुड़ाना** 離乳させる；乳離れさせる **छाती जलना** *a.* 胸が張り裂ける *b.* 妬む *c.* ひどく腹が立つ *d.* 胸焼けがする **छाती जलाना** 苦しめる；悩ます **छाती जुड़ाना** 願いが叶う；念願が叶えられる；思いが叶う= इच्छा पूरी हो॰. **छाती टुकड़े-टुकड़े हो॰** 胸が張り裂ける **छाती टूक टूक हो॰** = छाती टुकड़े-टुकड़े हो॰. **छाती टूटना** 大変悲しい；胸の張り裂けるような思いがする **छाती ठंडी पड़ना** = छाती जुड़ाना. **छाती ठंडी हो॰** = छाती जुड़ाना. **छाती ठुकना** 勇気が出る；気力が湧く **छाती ठोंककर कहना** 胸を張って言う；自信を持って言う；断固として言う **छाती ठोंककर खड़ा हो॰** 断固として立ち向かう **छाती ठोंकना** 勇気を持って立ち向かう **छाती ढलना** (年齢のため) 女性の胸の張りがなくなる **छाती तनी रहना** 誇りを持ち続ける **छाती तले रखना** 片時も手放さない；大切にする（大切にされる）= छाती तले रहना. **छाती तानकर खड़ा हो॰** 勇気を持って立ち向かう **छाती तानकर चलना** 得意げに振る舞う **छाती थामकर रह जा॰** 耐え難い悲しみに襲われる；言葉に表せない悲しみを味わう **छाती दबाना** 母乳を飲む **छाती दरकना** *a.* 胸が張り裂ける *b.* 激しい妬ましさをおぼえる；妬ましくて仕方がない= छाती फटना. **छाती दहना** = छाती जलना. **छाती दहलना** 怯える；恐ろしくなる；震えあがる **छाती दूनी हो॰** *a.* 誇らしく感じる *b.* 嬉しくなる **छाती दे॰** *a.* 頼らせる *b.* 乳を飲ませる；乳房を含ませる **छाती दो टूक हो॰** = छाती टुकड़े टुकड़े हो॰. **छाती धक धक क॰** 不安になる；胸がどきどきする **छाती धड़कना** 恐怖を感じる；胸がどきどきする **छाती निकालकर चलना** 気取って歩く **छाती निकालकर रख दे॰** *a.* 犠牲を厭わない *b.* 胸の内を包み隠さず打ち明ける **छाती पक जा॰** とても悲しくなる **छाती पकड़कर बैठ जा॰** = छाती थामकर रह जा॰; छाती पकड़कर रह जा॰. **छाती पकड़ना** 母親の乳を飲む；母の乳房を吸う **छाती पक्की क॰** 堅く決心する **छाती पत्थर की क॰** 辛さや苦しみに耐える固い決意をする；悲しみに耐える決心をする **छाती पत्थर-सी हो॰** 無慈悲な；冷酷な；非情な **छाती पर अंगार दहकना** *a.* 怒りに燃える；怒りが治まらない *b.* 嫉妬に狂う；ひどく妬ましい **छाती पर आ चढ़ना** 四六時中つきまとって迷惑をかける；いつも押し掛けて来て面倒をかける **छाती पर आ जा॰** 押し掛けてくる **छाती पर आ धमकना** = छाती पर आ जा॰. **छाती पर का पत्थर** 大きな負担；大変な重荷 **छाती पर का बोझ उतरना** 大きな心配ごとがなくなる；安堵する **छाती पर कुलिश रखना** 意を決する **छाती पर कोदों दलना** 苦しめる；辛い思いをさせる **छाती पर घूँसे लगना** 人の言葉や行為に深く傷つく **छाती पर चढ़कर** しゃにむに；むりやり；厚かましく दस साल तक छाती पर चढ़कर बैठे रहे, हिले तक नहीं 押し掛けてきておいて 10 年の間立ち上がる気配さえ見せなかった **छाती पर चढ़कर ढाई चुल्लू लहू पीना** *a.* 殺す；殺害する *b.* 復讐する= छाती पर चढ़कर लहू पीना. **छाती पर चढ़ना** *a.* 執念深く苦しめる；しつこく悩ませる *b.* 目的を果たすためしつこくつきまとう **छाती पर चढ़ बैठना** 力ずくでする；むりやりにする **छाती पर छुरी चलना** とても辛い思いをする **छाती पर झेलना** 辛さに耐える **छाती पर दाल दलना** = छाती पर कोदों दलना. **छाती पर धरा हो॰** = छाती पर रखा हो॰. **छाती पर नमक दलना** = छाती पर कोदों दलना. **छाती पर नारियल फोड़ना** わざと苦しめる **छाती पर पत्थर रखना** じっと我慢する **छाती पर पहाड़ हो॰** とても気がかりな；大変心配な **छाती पर पैर रखकर** 無視したり軽蔑したりして；侮蔑して **छाती पर फिरना** 忘れられない；いつまでも思い出される **छाती पर बने रहना** *a.* そばを離れない *b.* しょっちゅう訪れる **छाती पर बाल हो॰** 信頼できる；頼りになる **छाती पर बैठना** 悲しみの原因を作る (-की) **छाती पर मूँग दलना** *a.* 嫌みを言ってわざと苦しめる；癇に障ることを言って苦しめる *b.* 苦しめる；悩ます **छाती पर रखकर ले जा॰** 死んでから持って行く；あの世へ持って行く **छाती पर रखा हो॰** 食べものが不消化の

ため胸につかえる **छाती पर लादकर ले जा॰** = छाती पर रखकर ले जा॰; छाती पर धरकर ले जा॰. **छाती पर लिखा हो॰** 胸に深く刻まれる **छाती पर लोटते साँप** 激しい嫉妬の炎 **छाती पर सवार रहना** (- सवार हो॰) せがむ；無理強いする；執拗に迫る；強く求める (-की) **छाती पर साँप फिरना** = छाती पर साँप लोटना. (-की) **छाती पर साँप लोटना** (ーが) 妬ましくてならない **छाती पर सिल रखना** = छाती पर पत्थर रखना. **छाती पर से पहाड़ उतरना** 心配がなくなる；安堵する **छाती पर से बोझ उतरना** = छाती पर से पहाड़ उतरना. **छाती पर हाथ मारना** とても悲しむ；悲嘆に暮れる **छाती पर हाथ रखकर कहना** 胸に手を当てて真実を語る कौन है जिसे गेहूँ नहीं चाहिए? कहे तो कोई छाती पर हाथ रखकर... 小麦の要らない者がいようか. いれば胸に手を当てて言ってみろ **छाती पर हाथ रखना** 嘆く；溜め息をつく **छाती पर होला भूनना** 辛い思いをさせる；ひどく苦しめる **छाती पिलाना** 乳を飲ませる **छाती पीटकर रह जा॰** 悔やむばかり **छाती पीटना** 胸を打って大変悲しむ；激しく悲しむ अपना जलता हुआ घर देखा तो वह बेचारी छाती पीट-पीटकर रोने लगी 燃えている自分の家を見て胸を激しく叩いて泣き出した **छाती फटना** 胸が張り裂ける **छाती फाड़कर मर जा॰** *a.* とても苦しむ；死ぬような思いをする *b.* 死ぬ **छाती फाड़कर चिल्लाना** (-रोना) 激しく嘆き悲しむ **छाती फाड़ना** *a.* ひどく苦しむ *b.* 一生懸命努力する **छाती फुलाना** 胸を張る；誇らしくする **छाती फूल उठना** = छाती फूल जा॰. **छाती फूल जा॰** *a.* 嬉しくてたまらない *b.* 誇らしく感じる= छाती फूलना. मछुआइन की छाती फूल गई 漁師の妻は嬉しくてたまらなくなった **छाती भर आ॰** *a.* 感動に胸が震える *b.* 乳房が張る **छाती भर जा॰** 悲しさに胸がふさがる **छाती मसोसना** 胸の奥で悲しむ **छाती माथा पीटना** = छाती पीटना. **छाती में काँटा छिंटना** 胸が痛む= छाती में काँटा बिछना. **छाती में छाले पड़ना** 悲しい思いをする；悲しくなる **छाती में छुरी भोंकना** ひどい目に遭わせる **छाती में छेद क॰** ひどく苦しめる；とても辛い思いをさせる；胸をずたずたにする **छाती में छेद पड़ना** 辛い思いをする；胸がずたずたになる **छाती में जलन हो॰** 妬ましく思う **छाती में झंझरी पड़ना** = छाती चलनी हो॰. **छाती में दूध उमड़ आ॰** 子供への愛おしさがつのる（母親） **छाती में लिख रखना** 一生忘れない；胸に深く刻む **छाती लगाना** *a.* 抱き寄せる *b.* 乳を飲ませる= छाती लाना. **छाती शीतल हो॰** = छाती जुड़ाना. (-की) **छाती सराहना** (ーを) 褒め称える；励ます **छाती सिराना** = छाती जुड़ाना. **छाती सुलगना** = छाती जलना. **छाती से चिपकाये रहना** 片時も手放さない (-की) **छाती से छाती और आँख से आँख मिलाना** (ーと) 対抗する；(ーに) 立ち向かう **छाती से पत्थर टलना** = छाती से भार उतरना. **छाती से भार उतरना** 胸の重荷がとれる；安堵する；ほっとする；安心する (-को) **छाती से लगाकर रखना** (ーを) 大変かわいがる (-को) **छाती से लगाना** = छाती से लगाकर रखना. (-को) **छाती से लाना** = छाती से लगाकर रखना.

छात्र [名] (1) (男子) 生徒；学童；学生 (2) 弟子= शिष्य; चेला; शागिर्द. **छात्र आंदोलन** 学生運動 **छात्र संगठन** 学生組織

छात्रवृत्ति [名*] 奨学金= स्कलर्शिप; वजीफ़ा.

छात्रसंघ [名] 学生自治会 = यूनियन. छात्रसंघ का अध्यक्ष 学生自治会委員長

छात्रा [名*] (女子) 生徒；女学生；女子学生

छात्रालय [名] 学生寮；(学生) 寄宿舎= छात्रावास.

छात्रावास [名] 学生寮；(学生) 寄宿舎

छाद [名] (1) 屋根 = छत. (2) 草葺き屋根= छप्पर; छाजन.

छादक [形・名] (1) 覆う (2) 屋根を葺く；屋根葺き職人

छादन [名] (1) 覆うこと (2) 覆うもの；覆い (3) 布 (4) 体を覆ったり被ったりする布. チャーダル चादर など (5) 隠すこと；秘めること

छादनी [名*] 皮 = चमड़ा; खाल.

छादित [形] (1) 覆われた (2) 隠された；覆い隠された= आच्छादित.

छान[1] [名*] 藁葺きや草葺きの屋根= छप्पर; घास-फूस की छाजन. **छान-छप्पर** 家屋敷 **छान पर होरहा भूँजना** 不可能なことを試みる

छान[2] [名*] (1) ふるい (篩) にかけてふるう (篩う) こと (2) こす (漉す；濾す) こと；濾過

छान[3] [名*] 家畜が牧草を食べるためにあまり遠くへ行けぬよう両前足を少しゆるめに結んでおく綱 **छान-पगहा तुड़ाना** 逃げ出そうとする；脱出を試みる

छानना [他] (1) ふるう (篩う)；篩にかける बिना छाने आटे की रोटी ふすま入りの (粉にひいたまま篩われていない) 小麦粉でこしらえたパン (2) こす；漉す；(濾過) する चाय की पत्तियों को छानकर अलग करते हैं 茶の葉を漉して取り出す छानने के कागज़ 濾過紙 कीचड़ छानने की चोंच 泥水を漉すくちばし सभी लोग पानी उबालकर और छानकर पियें 皆が水を沸騰させ漉して飲むこと (3) 調べ上げる；残らず調べる हर सड़क छान लेने के बाद 全部の道路を調べ上げてから (4) 酒やバーング (大麻) などを飲む वे निश्चिंत होकर गाढ़ी छानते रहे 安心して濃いバーングを飲み続けた हम दोनों ने मिलकर सुरा ख़ूब छानी थी 我々2人してしこたま飲んだ **छानकर पानी पीना** 用意周到に行う **छान डालना** = छान मारना. ऐसा लगता है कि इसने तमाम दुनिया छान डाली है この人は世界中を歩き回ったみたいに思える दिन भर गाँववालों ने एक एक चप्पा-चप्पा छान डाला, लेकिन कोई सुराग न मिला 村人たちは一日中隅から隅まで徹底して探し回ったが手がかりは全く得られなかった **छान मारना** *a.* 調べ上げる；残らず調べる；徹底的に調べる；しらみつぶしに調べる उसने सारा पहाड़ छान मारा, पर न कहीं रानी का पता लगा और न उस महल का 山の中をくまなく調べたが王妃の居所も宮殿の所在もわからなかった कुटिया का और आस-पास का कोना-कोना उन्होंने छान मारा 小屋とその周辺をしらみつぶしに調べた सारा घर छान मारा, कहीं उसका नामोनिशान न था 家中を探し回り調べ上げたがそれの跡かたもなかった *b.* 歩き回る उसने सारा शहर छान मारा 街中を歩き回った

छान-परताल [名*] = छान-बीन.

छान-बीन [名*] (1) 調べ；調査 मामले की छान-बीन की गई 事件が調査された उपयुक्त पात्र का चुनाव करने में उचित छान-बीन करने में अधिक शर्म या झिझक ठीक नहीं है 適当な人物を選ぶのに適切な調査を行うことをあまりためらわないがよい (2) 捜査 सब्ज़ी मंडी पुलिस छानबीन कर रही है サブジーマンディー署 (の警察) が捜査中である

छानबे [数] 96 = छियानबे. छानबेवाँ 第96の；96番目の

छाना[1] [自] (1) 覆われる；覆う आसमान में बादल छाए हुए थे 雲が空を覆っていた (2) 一体 (一面) に広がる；覆う बरसात में खंडहर पर हरियाली छाती है 雨季には廃墟を緑が覆う ज़मीन पर जहाँ पानी पड़ा हरियाली छा गई 雨の降った地面には緑が広がった मौत का-सा सन्नाटा छा गया 死のような沈黙が広がった यह भय उनपर बुरी तरह छा जाता है この恐怖感がその人たちの間にひどく広がる (3) 漂う फिर भी उसके चेहरे पर भय छाया रहा それでも彼女の顔には恐怖が漂っていた एक सुगंध-सी सारे घर में छायी रहती थी なにか良い香りのようなものが家中に漂っていた (4) 包まれる；囲まれる घना अँधेरा छाया था 真っ暗闇に包まれていた हलकी चाँदनी छायी हुई थी 淡い月の光に包まれていた चारों ओर सन्नाटा छा गया あたり一面沈黙に包まれた (5) みなぎる सब तरफ़ प्रसन्नता छा गई थी 喜びの気配がみなぎっていた ख़ुशियाँ छाईं झाँसी में ジャーンシーの町に喜びがみなぎった (6) 圧倒する；支配的になる；跳梁する अब तो मिट्टी का तेल छा गया है 今では石油が圧倒的になってきている (7) とらえる गोगा जी आज भी जनमानस में छाए हुए हैं ゴーガージーは今日も民衆の心をとらえている

छाना[2] [他] (1) おおう (覆う, 被う)；おおい (覆い, 被い) をつける；覆いを被せる (2) 日よけをかける；張る；広げる (3) 建てる

छानी[1] [名*] 草葺きの屋根

छानी[2] [形] 隠れた；隠された；秘められた

छाप [名*] (1) 刷ること (2) 刷るための印や版や型 (3) 印；刻印 प्राचीन सिक्कों में भी स्वस्तिक चिह्न की छाप पाई जाती है 古銭にも万字の印が見出される (4) しるし (印)；マーク；記号；ブランド अपनी प्रिय पंडा छाप सिगरेट पी रहे थे 好みのパンダ印の巻きタバコを吸っているところだった (5) 印章のついた指輪 (6) 影響 इसकी छाप उनके गद्य पर भी पड़ी है あの方の散文にもこれの影響が及んでいる उनके विचार, व्यवहार और वेशभूषा में भारतीयता की अमिट छाप थी 同氏の思考，行動，服装にインド精神の不滅の影響が及んでいた (7) 感銘 ताकि उसपर आपकी शिष्टता की छाप बनी रहे あの人にもあなたの上品さが感銘を残し続けるように (8) 詩の最後によみこまれた詩人の雅号 **छाप क॰** 捺印する；判を押す；スタンプを押す **छाप छोड़ना** 影響を与える；影響を及ぼす **छाप**

डालना = छाप छोड़ना. (-की) **छाप पड़ना** (一の) 影響が及ぶ (-की) **छाप लगाना** = छाप क॰.

छापना [他] (1) 印や爪印，拇印を押す；印す；しるしをつける अँगूठा छापना 拇印を押す हेमा देवी को अँगूठा छापना अच्छा नहीं लगता ヘーマーさんは拇印を押すのに気が進まない (2) 印刷する；刷る；摺る कागज़ पर हरूफ़ भी वही मशीन छापती है 紙にもその同じ機械が文字を刷る उन्होंने किताबें छापने का तरीक़ा ईजाद किया その人が（本の）印刷術を発明した (3) 複写する (4) 出版する；刊行する；発行する

छापा [名] (1) 版（木版など)；刻印；印；スタンプ (2) 版や印で印したもの；印；印影；スタンプ (3) ヴィシュヌ派の人が体につけるヴィシュヌ神の標識の焼き印；チャーパー；ティラク छापा तिलक チャーパーやティラク→ (तिलक). माथे पर छापा-तिलक लगाकर मनमाना मुनाफ़ा वसूल करता है 額にチャーパーやティラクをつけておきながら思いのままの利益を得る (4) 急襲；奇襲；夜襲 (5)（警察の）手入れ यह छापा मुझे समाज में बदनाम व लोगों के बीच जलील करने की एक सुनियोजित चाल है この手入れは私に対する社会の評価をおとしめ悪名をとどろかせるための非常に計画的な陰謀だ **छापा डालना** *a.* 急襲する；奇襲する *b.* 手入れをする= छापा मारना. इस लिए पुलिस ने यह छापा डाला था それで警察がこの手入れをしたのだった **छापा मारना** *a.* 急襲する；奇襲する *b.*（捜査の）手入れを行う उस संस्था के कार्यालय पर भी छापा मारा गया その協会の事務所にも手入れが行われた

छापाख़ाना [名] 印刷所 = मुद्रणालय.

छापामार[1] [形] 急襲する；奇襲する；ゲリラ的な（活動をする） छापामार कार्यवाही ゲリラ活動 छापामार कार्यवाही करके ゲリラ活動をして

छापामार[2] [名] ゲリラ

छापामार युद्ध [名] ゲリラ戦= छापामार लड़ाई; गुरिल्ला युद्ध.

छापामारी [名*] 急襲；奇襲；ゲリラ活動

छाबड़ [名] チャーバル，すなわち，形の大きなチャーブリー छाबड़ी.

छाबड़ी [名*] 行商に持ち歩く商品を入れるかごや盆のような器，チャーブリー

छायांक [名] 月；太陰 = चंद्रमा.

छायांकन [名] (1) 写真撮影；映画の撮影；カメラ技術；撮影技術 छायांकन : अशोक （写真）撮影：アショーク (2) 複写

छायांकित [形] (1) 撮影された (2) 複写された छायांकित प्रतिलिपि 複写；コピー दस्तावेज़ों की छायांकित प्रतिलिपि असली है या नहीं 書類のコピーは本物かどうか

छाया [名*] (1) 陰；物陰 फूल छाया में ही सूखें 花は陰で乾くのがよい (2) 影 फ़र्श पर गिरती उनकी छायाओं को それらの物の床に落ちた影を किसी वस्तु पर प्रकाश पड़ता है तो उस वस्तु की छाया बनती है 何かに光線が当たるとそれの影ができる देवताओं की छाया नहीं होती 神様には影がないものである (3) 鏡などの表面に写った姿；投影；反映；影像 (4) 模造；コピー (5) 名残り；影 सीता की छाया तक न मिली シーター妃の影も形も見えなかった (6) 祟り；災厄 राजा पर शनि की छाया पड़ रही है 王にはシャニ（土星）の祟りが生じている रात को बार-बार जागने, चिल्लाने, चौंकने की स्थिति में बच्चे पर किसी की छाया अथवा नज़र लगने की आशंका बढ़ती है 子供が夜中に何度も目を覚ましたり叫んだり怯えたりするような際には何かに祟られたり邪視に取り憑かれたりする不安が増すものだ (7) 影響；影 (8) 写真（छायाचित्र）もしくは写真撮影（छायांकन）の略 छाया : अरविंद 写真（撮影）：アルヴィンド

छायाकार [名] 写真家；カメラマン

छायाकृति [名*] 人影

छायाग्रह [名] 鏡= आइना; शीशा.

छायाचित्र [名] (1) 陰画 (2) 写真 (3) 影絵

छायाचित्रण [名] 写真術

छायातरु [名] = छायादार वृक्ष.

छायादान [名]〔ヒ〕食によって生じたとされる身体の障りや苦痛を取り除くために行われる喜捨や贈与（真鍮製の容器に自分の影を見た後その中に金子を入れる）

छायादार [形]《H. + P. دار》(1) 陰を作る (2) 茂っている छायादार वृक्ष （茂った）木；日よけの木 घना छायादार जंगल 密林 छायादार ज़मीन पर 木陰に

छायानाट्य [名]〔芸〕影絵芝居

छायानुवाद [名] 意訳

छायापथ [名] (1) 天の川= आकाश गंगा. (2) 天空

छायापात्र [名]〔ヒ〕チャーヤーパートラ（影の器の意，チャーヤーダーン छायादान に用いられる容器）

छाया पादप [名] 日よけの木；陰を作る木

छायापुरुष [名]〔ヨガ〕ハタヨーガにおいて虚空を凝視することにより現れるとされる人影，もしくは，幻影（予兆を知る術となると言う）

छायाभ[1] [形] (1) 陰のある；陰を持っている (2) 影の映った

छायाभ[2] [名*] 光と陰

छाया मंत्रिमंडल [名]〔政〕影の内閣 〈shadow cabinet〉

छायामय [形] 陰のある；陰を作る= छायादार.

छाया यंत्र [名] 日時計= धूपघड़ी.

छायालोक [名] 見えない世界

छायावाद [名]〔文芸〕チャーヤーワード（幻影主義の意であるが，近代ヒンディー文学における神秘主義的文芸のほか象徴主義文学，ロマン主義文学を含む理念とそれによる作品を総合的に述べる言葉）

छायावादी [形] チャーヤーワードの；チャーヤーワード的な

छाया सरकार [名*]〔政〕影の内閣 → छाया मंत्रिमंडल.

छार[1] [名] (1) 灰 (2) アルカリ

छार[2] [名] (1) 埃 (2) 粉 (3) 小さいかけら；小片 **छार क॰** = छार छार क॰. **छार खार क॰** = छार छार क॰. **छार छार क॰** *a.* 粉々にする；小さく砕く；粉砕する *b.* 台無しにする；駄目にする **छार छार हो॰** *a.* 粉々になる；小さく砕ける；粉砕される यह धरती की वही मिट्टी है, जो गर्मी में मुट्ठी में लेने से छार-छार होकर बिखर जाती है これは夏，手に握ると粉々になって砕け散るあの土なのです *b.* 台無しになる；駄目になる **छार लगाना** 遁世する **छार हो॰** = छार छार हो॰.

छाल[1] [名*] 木の皮；樹皮 पेड़ों की छाल के ऊपर 樹皮の表面に

छाल[2] [名] 皮；皮膚；膚 = चर्म.

छाला [名] 水ぶくれ；水疱 ज़बान के नीचे, मसूड़ों पर छोटे-छोटे छाले निकल आते हैं 舌の下や歯槽にとても小さい水ぶくれができる **छाला पड़ना** 水ぶくれができる उसके हाथों में छाले पड़ गए 手に水ぶくれができた

छालित [形] 洗われた；洗滌された= क्षालित; धोया हुआ.

छालिया [名] (1) ビンロウジ= सुपारी. (2) ビンロウジを小さく刻んだもの= छाली.

छावँ [名*] = छाँह.

छावना [他] = छाना.

छावनी [名*] (1) 屋根葺き（作業） (2) 草葺きの屋根 (3) 宿営；泊まること；宿泊 (4)〔軍〕宿営地；兵営地区；カントンメント **छावनी छवाना** 長く逗留する **छावनी छाना** 宿泊する；旅の途中で宿をとる；逗留する **छावनी डालना** 宿営する；野営する；陣営を張る रात को छावनी डालना 夜営する

छिंकना [自] 止められる；妨げられる= रोका जा॰.

छिंगुनी [名*] 手足の小指= छिगुनी. “अच्छा लो” कहकर शिव जी ने अपनी छिंगुनियाँ काटकर उसके भाई पर ख़ून छिड़क दिया 「よし」と言ってシヴァ神は自分の小指を切ってその人の兄に血を振りかけてやった

छि: [感] = छि 不快感，嫌悪感，軽蔑などの感情を表すことば. ちぇ，ちぇっ，なんだなんだなど छि छि/छि: छि: と反復した形でもよく用いられる छि: छि: पतिव्रता नारियाँ ऐसी होती हैं क्या? なんだって，貞節な女性がこんなものなのだろうか

छिकना [自] (1) 囲まれる (2) 止められる；遮られる (3) 消される

छिकनी [名*]〔植〕ガガイモ科蔓木ワタカカ【*Wattakaka volubilis; Dregea volubilis*】= नकछिकनी.

छिकरा [名]〔動〕ウシ科インドガゼル= चिंकारा; चिकारा.

छिक्का[1] [名*] くしゃみ；くさめ = छींक.

छिक्का[2] [名] = छींका.

छिगुनियाँ [名*] 手足の小指= छिगुनी.

छिगुनी [名*] 手足の小指= छिगुली.

छिछकारना [他] 撒く；撒き散らす；散布する= छिड़कना.

छिछड़ा [名] (1) 皮；表皮 (2) かさぶた (3) 包皮 (4) 内臓；はらわた= छीछड़ा. (5) 肉の切れはし；肉のくず

छिछड़ी [名*] 陰茎の包皮

छिछला [形⁺] (1) 浅い (2) 深味のない；浅い；浅薄な；軽薄な；薄っぺらな आज के काव्य का स्तर कितना ही छिछला क्यों न हो 今日の詩の水準がいかに浅いものであろうとも (3) 下劣な；下賤な；卑しい सभ्य और भद्र कहे जाने वाले व्यक्तियों की छिछली मानसिकता 洗練されたとか上品なとか呼ばれる人たちの卑しい心性

छिछली [名*] 水切り（子供の遊び） छिछली खेलना 水切り遊びをする＝ छिछली मारना.

छिछोरपन [名] ← छिछोरा. 軽薄さ；軽々しさ；軽率さ

छिछोरा [形⁺] 軽薄な；軽々しい प्रलोभन जो तुम्हें उच्छृंखल और छिछोरा बनाने के लिए 君を軽率かつ軽薄にするための誘惑 घरवाले भी सोचते होंगे, कितनी छिछोरी तबीयत है इसकी 夫もこの人はなんと軽薄な性格なんだろうと思っているに違いない

छिछोरापन [名] ＝ छिछोरपन.

छिजाना [他] つぶす；なくす ↔ छीजना

छिटकना[1] [自] (1) 飛び散る；はじける；散らばる बीज सब इधर उधर छिटके हुए थे 種は全部あちこちに飛び散っていた उस कैन्वस में एक तरफ छिटके हुए कुछ बिंदुओं की तरह そのカンバスの一方に飛び散っている幾つかの滴のように तारे आकाश में छिटके हुए हैं 星は天空に散らばっている कभी आग के एक ही गोले से छिटक कर यह सारी सृष्टि बनी थी いつか同じ火の塊から飛び散ってこの全宇宙が出来上がったのです (2) 砕け散る स्वप्न शीशे-सा छिटक गया था 夢はガラスのように砕け散ってしまっていた (3) 広がる；広まる आनदपुर के निवास काल में गुरु तेगबहादुर के यश और देश-प्रेम की कहानियाँ चारों ओर छिटक पड़ी थीं アーナンドプル在住期にグル・テーグバハードゥルの名声と愛国心にまつわる話が四方に広まっていた (4) 散り敷く चारों ओर राजस्थानी रंग छिटके रहते 一面にラージャスターンの色彩が散り敷いている (5) 飛び退く；逃げ去る；逃げ腰になる；尻込みする हड़बड़ाहट में वह छिटक कर दूर खड़ी हो गई थी あわてふためいて遠くへ飛び退いた यदि मैं उसे ज़बरदस्ती पकड़ने या पकड़कर भींचने की कोशिश करता हूँ तो एकदम नाराज़ होकर दूर छिटक जाता है （ウサギは）僕がむりやりに捕まえたり捕まえて抱き寄せようとするとにわかに不機嫌になって遠くへ飛び退いてしまう (6) （光が）差し込む；入り込む बरामदे में छिटकी चाँदनी ベランダに差し込んだ月光 (7) 照る；照らす；光を放つ चारों ओर छिटकी चाँदनी बहुत ही प्रिय लग रही थी 四方を照らしている月光はとても心地よかった धरती पर उस दिन शरत्पूर्णिमा की चाँदनी छिटकी हुई थी その日大地をシャラドの満月が照らしていた (8) はずれる；離れる चश्मा हाथ से छिटककर अचानक ही ज़मीन पर जा गिरा 眼鏡はふいに手からはずれて地面に落ちた

छिटकना[2] [他] ＝ छिड़कना.

छिटकाना [他] ＝ छिड़कना.

छिटपुट[1] [副] (1) ぽつぽつ；ぽつりぽつり दिन का व्यापार छिटपुट शुरू हो गया था 昼間の商いはぽつぽつ始まっていた (2) ちらほら कहीं-कहीं छिटपुट नगण्य रूप में 所々にちらほら取るに足らぬ形で

छिटपुट[2] [形] (1) 散発的な एजेंसियों के मुताबिक़ छिटपुट वारदातों के अलावा किसी बड़ी गड़बड़ी की ख़बर नहीं मिली थी 通信社によれば散発的な事件のほかは特に大きな混乱に関する報道はなかった छिटपुट आक्रमण 散発的な攻撃 (2) 少数の वही छिटपुट चेहरे いつもの数人の顔ぶれ (3) まばらな

छिटफुट [副・形] ＝ छिटपुट.

छिड़कना [他] (1) まく（撒く）；振りかける फ़र्श पर पानी छिड़क कर सोते हैं. 床に水を撒いて寝る उसपर झाग देने वाला पाउडर छिड़कना चाहिए それに泡を立てるパウダーを振りかけなくてはいけない उनपर गंगाजल छिड़ककर उन्हें पवित्र कर लिया जाता है それにガンガージャル（ガンジスの水＝聖水）を振りかけて清める (2) 撒き散らす；散布する；振りかける कीटनाशक दवा छिड़कना 殺虫剤を散布する कुओं व तालाबों में दवाइयाँ छिड़कना 井戸や池に薬剤を散布する मिट्टी का तेल छिड़ककर 灯油を散布する डी॰डी॰टी॰छिड़कना DDT を散布する नाक छिड़कना 手ばなをかむ (3) おしろいなどをつける；はたくようにつける；塗りつける पाउडर भी छिड़कती थी おしろいまでもつけていた लिपस्टिक लगाने से पहले होठों के ऊपर हलका हलका-सा पाउडर छिड़क लेना चाहिए 口紅をつける前に唇の上にほんの少しおしろいをつけなくてはいけない

छिड़काई [名*] ＝ छिड़काव.

छिड़काव [名] (1) 散布すること；まくこと（撒くこと） पानी का छिड़काव 水撒き छिड़काव क॰ 撒く पानी का छिड़काव क॰ 撒水（する） (2) 振りかけること (3) 散布（薬剤の） बी॰एच॰सी॰का भी छिड़काव कर देना चाहिए BHC も散布しなければならない (4) 塗りつけ；塗布 चंदन का छिड़काव चारों तरफ़ हुआ है 一面に栴檀のペーストが塗布されている छिड़काव-यंत्र 薬剤散布器（スプレー）＝ स्प्रेयर.

छिड़ना [自] (1) 起こる；発生する जब से पंजाब आंदोलन छिड़ा है パンジャーブ運動が起こって以来 (2) 勃発する；起こる सन् 1939 ई॰में द्वितीय विश्वयुद्ध छिड़ा 西暦 1939 年に第二次世界大戦が勃発した नया आंदोलन छिड़ा 新しい運動が起こった परमाणु युद्ध का छिड़ना 核戦争の勃発 (3) （話などが）始まる；（話題が）出る；持ち上がる एक दिन आपस में कुछ पहेली बुझौवल की बातें छिड़ी ある日謎なぞの話が出た किसी बात का सिलसिला छिड़ने पर なにか話題が出ると एक और बहस छिड़ी हुई थी もう一つ別の話題が持ち上がっていた राजू की बात छिड़ने पर मेरी बीवी अवश्य हँस देती है ラージューの話が出ると妻は必ず笑い出す रेडियो पर धुन छिड़ी है ラジオで音楽が始まった (4) つつかれる वहाँ यात्रियों का मधुमक्खियों के छिड़े छत्ते जैसा दृश्य そこでは旅行者たちが蜂の巣がつつかれたような状況になっていた

छितरना [自] (1) 散らばる；散乱する；散る；散らかる घोंसले में से तिनके और थिगलियाँ टूट टूटकर हवा में छितरने लगते 巣からわらやぼろがちぎれて空中に散らばり始める फटी-पुरानी किताबें छितरी पड़ी रहती थीं いつも破損した本が散らばっていた (2) 撒き散らされる आधा आटा कीच के ऊपर छितर गया 小麦粉の半分は泥の上にまき散らされた (3) 乱れる；まとまりがなくなる；ばらばらになる；形や姿が崩れる；だらしない形になる हाँफते चेहरे पर बाल छितरे हुए थे 息を切らした顔に髪が乱れていた घाघरा छितर आया था ガーグラーがだらけていた विपक्ष के छितरे डेरे ばらばらになった野党陣営 (4) 隙間ができる；離れ離れになる；まばらになる छितरे-छितरे दाँत 隙間だらけの歯；幾本も欠けた歯 यदि आपकी भौंहें छितरी हुई हैं तो 眉毛がまばらになっているのであれば (5) 散る；ちりぢりになる；四散する

छितराना[1] [自] ＝ छितरना. नीचे खड़े लोग छितरा गये, हर तरफ़ भागते हुए नजर आने लगे 下に立っていた人たちはちりぢりになり四方八方に走って行くのが目に入ってきた उसने लैम्प की टोपी को घुमाकर प्रकाश का मेज़ पर छितराना कम कर दिया ランプのフードを回して光がテーブルにあまり広がらないようにした राजनीति के बादल भी दूर छितराये नजर आएँगे 政界を覆った雲も散ったように見えよう खुलकर छितराने दो कंधों पर （髪が）ほどけて肩に乱れるにまかせなさい बाजीगर अपने छितराये हुए सामानों को समेटने लगा 手品師は散らばった道具を片付け始めた दो ही घूँट में देह छितरायी-सी हो गई 水を二口飲んだだけで体がばらばらになったようになった

छितराना[2] [他] (1) 散らす；散らかす；散乱させる (2) 撒き散らす；拡散する (3) 乱す；ばらばらにする (4) 隙間を作る；離す (5) 散らす；ちりぢりにする；四散させる

छितराव [名] ← छितरना/छितराना. छितराव-फैलाव 拡散 बीज तथा फलों का छितराव-फैलाव हवा, पानी तथा जानवरों द्वारा भी होता है 種子や果実は空気や水，それに動物によっても撒き散らされ広がる

छिति [名*] 大地＝ क्षिति; भूमि; पृथ्वी.

छितिज [名] 地平線＝ क्षितिज.

छित्ति [名*] 切断すること＝ छेदन.

छिदना [自] (1) 穴があく सुई की नोक से जितनी ज़मीन छिद सकती है 針の先で穴があくほどの広さの土地 (2) 突き抜ける；貫通する (3) 突き刺さる

छिदवाई [名*] (1) 穴をあけること；突き通すこと (2) 穴をあけてもらうことなどの手間賃

छिदवाना [他・使] ← छेदना.

छिदाना [他・使] ＝ छिदवाना. 先端のとがった物で穴をあけたり突き通したりすることをさせる（してもらう） लौंग पहनने के लिए बचपन में ही बालिकाओं की नाक छिदा दी जाती है ローング（鼻飾りの一）をつけるには幼少の間に女の子の小鼻に穴をあけてもらう→ छेदना.

छिदिर [名] (1) 斧 ＝ कुल्हाड़ा; कुठार. (2) 刀 ＝ तलवार.

छ

छिद्र [名] (1) 穴；突き抜けたところ＝ छेद; सूराख़. दो छिद्रों वाला कॉर्क 2 つ穴のあるコルク नाक के छिद्र 鼻の穴 छिद्र क॰ 穴をあける＝ छेदना. शीशी के ढक्कन के बीचों बीच छिद्र करो びんの栓の真ん中に穴をあけなさい (2) へこんだところ；くぼんだところ；穴＝ गड्ढा; विवर; बिल. (3) 隙間；空間＝ अवकाश; ख़ाली जगह. (4) 欠点；欠陥；きず；あら＝ दोष; त्रुटि.

छिद्रक [名] 穴をあける道具；穴あけの器具；木工ぎり

छिद्रकर्ण [形] 耳たぶに穴のあいている

छिद्रण [名] 穴をあけること；穿孔

छिद्रता [名*] 欠陥；欠点＝ दोष; कलंक.

छिद्रदर्शी [形] あら探しばかりする

छिद्रधारी [形] 穴のあいている；穴を持つ

छिद्रधारी प्राणी [名]〔動〕海綿動物＝ पोरिफेरा.

छिद्रल [形] (1) 多孔性の (2) 浸透性の

छिद्रान्वेषण [名] あら探し＝ नुक्ताचीनी; ऐबजोई.

छिद्रान्वेषी [形・名] あら探しをする（人）＝ नुक्ताचीन.

छिद्रित [形] (1) 穴のあいた；穴のあけられた (2) 欠陥のある；きずのある छिद्रित कार्ड パンチカード

छिद्री [形] 穴をあける；貫く

छिन [名] ＝ क्षण.

छिनक[1] [名] 一瞬 ＝ एक क्षण.

छिनक[2] [副] 一瞬；しばし＝ एक क्षण.

छिनकना[1] [自]（完了形では能格表現 ने を用いる）くしゃみをする

छिनकना[2] [他] 鼻をかむ नाक छिनको, साफ़ करो 鼻をかみなさい. きれいにしなさい

छिनना[1] [自] ↔ छीनना. (1) 引きちぎられる (2) 奪われる (3) 横取りされる मंत्रीपद छिन गया 大臣の椅子を奪われた

छिनना[2] [自]（石が鑿などで）刻まれる；刻み目を入れられる；削られる

छिनरा [形・名] ふしだらな（男）；好色な（男）；身持ちの悪い（男）＝ लंपट.

छिनवाना[1] [他・使] ← छीनना. (1) 引きちぎらせる；引きちぎってもらう (2) 奪わせる (3) 横取りさせる

छिनवाना[2] [他]（石を）刻ませる；刻んでもらう；削らせる；削ってもらう

छिनाना[1] [他・使] ← छीनना. ＝ छिनवाना[1].

छिनाना[2] [他] ＝ छीनना. 奪う；ひったくる

छिनाल [形*・名*] 多情な；不品行な；浮気な；多情な女；不品行な女；浮気な女性

छिनाला [名] 不品行；浮気 इसे छिनाला करते शरम नहीं आती この人は浮気をして恥ずかしいとも思わない

छिन्न [形] (1) ちぎれた；引きちぎられた；分断された (2) 欠けた；不完全な (3) 離れた；分離した；つながりのない；ばらばらの (4) つぶれた；壊れた (5) 衰えた；衰弱した (6) 疲れた；疲れ果てた

छिन्नक [形] 欠けた；欠損した；不完全になった；欠陥のある

छिन्न धान्य [形] 兵糧攻めにあっている

छिन्न नासिक [形] 鼻を削がれた；鼻を削ぎ落とされた

छिन्न-भिन्न [形] (1) ちぎれた；切断された (2) 散乱した；ばらばらの (3) 分解した；分裂した；崩壊した अशोक के उपरांत पचास वर्षों के भीतर ही मौर्य साम्राज्य छिन्न-भिन्न हो गया アショーカ王の死後 50 年のうちにマウリヤ王国は分裂してしまった कुछ समय के पश्चात् ये साम्राज्य कमज़ोर होकर छिन्न-भिन्न हो जाते थे しばらくするとこれらの国は衰えて崩壊してしまうのだった

छिपकली [名*]〔動〕ヤモリ科ヤモリ【*Hemidactylus flaviviridis*】〈northern house gecko〉＝ गृहगोधा.

छिपना [自] (1) 隠れる；ひそむ चोर यहाँ छिपा है ここに泥棒が隠れている छिपे हुए पक्षी 隠れている（ひそんでいる）鳥 दाँतों में छिपे अन्न कणों से 歯と歯の間にひそんだ（挟まった）食べかすのために उससे मेरी कोई कमज़ोरी छिपी नहीं あの人には私の弱点はみな知られている बदी नेक आमाल देखे तू सब के, नहीं छिपता तुझ से छिपाया हुआ है 万人の一切の善悪の行いを知る神よ主には隠せども隠し得ず (2) 秘められる；ひそむ；内部にある परमाणुओं के अंदर भी ऊर्जा छिपी रहती है 原子の中にもエネルギーがひそんでいる (3) 秘められる；こめられる；こもる；内部に含まれる जैसे उसी एक बात में सारी बातें छिपी हों まるでその一言にすべてがこめられているかのように (4) 見えなくなる；沈む सूर्य छिप चुका था 太陽はすでに沈んでしまっていた छिपकर देखना 盗み見する＝ कनखियों लगना. **छिप छिपकर** こっそりと；人目につかぬように；内緒で छिप छिपकर खाना 盗み食いする छिप जा॰ 姿をくらます＝ ग़ायब हो जा॰; चंपत बनना. छिपा रहना ひそむ；姿を消す **छिपे-छिपे** こっそり；ひそかに **छिपे तौर पर** 隠れて；こっそり（と）＝ चोरी-चोरी. **छिपे धन** 隠し財産；秘匿財産 **छिपे रूप में** 隠れて；地下に潜行して；密かに छिपे रूप में काम करने लगे 地下活動を開始した

छिपाके [副] 密かに；こっそりと；内緒で＝ छिपाकर.

छिपाछिपी [副] こっそり；密かに；内緒で＝ छिपाकर; चुपचाप.

छिपाना [他] (1) かくす（隠す） गुफ़ा में छिपाना 洞窟に隠す आँसू छिपाने की कोशिश क॰ 涙を隠そうとする (2) 秘める (3) 覆い隠す；覆う इस तरह की वारदातें छिपाये कहीं छिपती हैं この種の事件を隠そうとして隠せるものだろうか **पाप भी कभी छिपाये छिपता है?** 〔諺〕罪悪は決して隠しおおせぬものと知れ **छिपाकर** こっそり；内緒で；密かに अपने पति से छिपाकर कोई लेन-देन न करें 夫に内緒では金の貸し借りをしないこと

छिपा रास्ता [名] 《H. + P.راستہ》裏道

छिपा रुस्तम [名] 《← H. + P. رستم》(1) 名の知られていない有能な人物；世間に知られていない実力者；ダークホース (2) 隅に置けない人→ रुस्तम.

छिपा-लुकी [名*] 隠れんぼ（遊び）

छिपाव [名] (1) 隠れること；ひそむこと (2) 隠すこと；秘めること उनके काम करने की पद्धति में छिपाव, दुराव अथवा असत्य का भाव नहीं रहा その方の活動のしかたに隠しごととか秘めごととか不実といったものはなかった

छिपी [名] ＝ छीपी. インドサラサの染物屋

छिपे-छिपे [副] こっそり（と）；内緒で；密かに

छिप्र [副] ＝ क्षिप्र.

छिय छिय [感] 相手を非難し軽蔑を表す際に発せられる言葉

छिया [名*] (1) くそ（糞）；大便＝ गुह, गूह, मल. (2) おぞましいもの；気持ちの悪いもの **छिया छरद क॰** 忌みきらって遠ざける

छियाछी [名*] 隠れんぼ＝ आँखमिचौनी.

छियानबे [数] 96 ＝ छानबे. छियानबेवाँ 第 96 の；96 番目の

छियालीस [数] 46 ＝ छियालिस. छियालीसवाँ 第 46 の；46 番目の

छियासठ [数] 66 ＝ छासठ; छाछठ. छियासठवाँ 第 66 の；66 番目の

छियासी [数] 86 छियासीवाँ 第 86 の；86 番目の

छिरकना [他] ＝ छिड़कना.

छिरेटा [名]〔植〕リンドウ科草本チレッタセンブリ【*Swertia chirayita; S. chirata*】〈chiretta〉

छिलका [名] (1) 果実の皮 केले का छिलका バナナの皮 संतरे के छिलके ポンカンの皮 (2) 殻 अंडे का छिलका たまごの殻

छिलन [名*] (1)（皮や皮膚，殻や物の表面などが）むけたりすりむけたりすること；はげること；こすれること；すれること；削られること (2) すりむけてできる傷；すり傷；擦過傷

छिलना [自] (1) 動植物の皮や皮膚がむける；果物の皮がむける ज़ोर ज़ोर खुजाने से कई बार त्वचा छिल जाती है あまり強く掻くと肌がすりむけることがある (2) すれる（擦れる）；擦れ合う；こすれる；こすれ合う (3) すれたためにむけたり傷がつく；すりむける दूध पीते समय उसके मसूड़े छिल सकते हैं 乳を飲む際に（赤子の）歯茎がすりむけることがありうる (4) すれている；すりへる；削られる पेंसिल छिलकर हलकी हो जाती है 鉛筆が削られて軽くなる छिली पेंसिल 削られた鉛筆

छिलवाना [他・使] ← छीलना. むかせる；むいてもらう；こすらせる；削らせる；削ってもらう

छिलहिंड [名] ＝ छिरेटा.

छिलाई [名*] (1) ＝ छीलना. (2) ＝ छिलना. (3) むいたり削ったりする手間賃

छिलाना [他] ＝ छिलवाना.

छिलाव [名] ← छिलना, छीलना. ＝ छिलाई. यह छिलाव नाव के आकार का होता है その削り方は舟形のものだ

छिलौरी [名*] 水ぶくれ

छिहत्तर [数] 76 छिहत्तरवाँ 第 76 の；76 番目の

छिहरना [自] 広がる；広まる＝ छितराना.

छिहारना [他] 重ねる；積み重ねる
छींक [名*] (1) くしゃみ；くさめ (2) くしゃみの音 **छींक आ॰** くしゃみが出る छींकें सभी को आती हैं くしゃみはだれにでも出るもの **छींक पड़ना (-पड़ना)** くしゃみが出る（不吉な兆し）
छींकना [自]（完了形は能格 नेをとる）くしゃみをする तभी बहादुर ने ज़ोर से छींका ちょうどその時バハードゥルが激しいくしゃみをした मैंने छींका くしゃみをした；くしゃみが出た छींकने और खाँसने पर मुँह और नाक से बलगम के छींटे निकलते हैं くしゃみをしたりせきをしたりすると口や鼻から鼻汁のとばしりが出る
छींका [名] ＝छीका. (1) チーンカー（食べものを猫やネズミなどから守るため天井からひもで吊るす装置・網の袋やかご） (2) 吊り橋（とそれに用いるかご） (3) 牛や水牛を使役する際に口につける口輪 **बिल्ली के भाग से छींका टूटना** 思いもかけず幸運に恵まれる；たなぼた
छींट [名*] (1) しずく मुँह पर पानी की छींटें डालते हैं, तब कहीं उठता है 顔に水を振りかけるとようやく起き上がる (2) しぶき；とばしり；はね；はねかけ (3) しみ（染み） (4) さらさ（更紗）；インド更紗；チンツ；捺染綿布＝मोमी छींट. (5) 唐草模様
छींटना [他] まく（撒く）；散らす；撒き散らす＝छिड़कना; छितराना.
छींटा [名] (1) しぶき；とばしり；はね घी-तेल के छींटे ギーや油のはね पुताई का छींटा 壁塗りのとばしり (2) とばっちり；泥（水） (3) はね；しみ（染み）；汚れ (4) 小雨；ぱらぱらと降る雨；通り雨 बरसात के पहले छींटे 雨季の最初の通り雨 (5) 水などのしずくやそれを振りかけること छींटे देकर आँख धोओ 水を振りかけて目を洗いなさい (6) 嫌み；皮肉の言葉；からかいの言葉 हास्य-व्यंग्य के सरस छींटे 冗談や皮肉の愉快な言葉 **छींटा आ॰** とばっちりがかかる；非難される；文句をつけられる **छींटा उड़ाना** 非難する；泥をかける；中傷する **छींटा कसना** 嫌みを言う；皮肉をいう **छींटा छोड़ना** ＝छींटा कसना. **छींटा जमाना** ＝छींटा कसना. **छींटा डालना** ＝छींटा कसना. **छींटा दे॰ (छींटे देना)** *a.* 水などを振りかける साग पर पानी के छींटे देने लगी 野菜に水を振りかけ始めた *b.* 相槌を打つ **छींटा पड़ना (छींटे पड़ना)** *a.* ぱらぱらと雨が降る *b.* 少し影響がある *c.* 嫌みを言われる *d.* とばっちりを受ける；巻きぞえを食う मैं नहीं चाहता कि आपके उजले कपड़ों पर छींटे पड़ें あなたにご迷惑がかからぬようにと念じているのです **छींटा फेंकना** ＝छींटा कसना. **छींटा मारना** ＝छींटा दे॰. वहाँ बैठा पुजारी कुंड के जल से यात्रियों को छींटा मारता रहता है そこに座っているプジャーリーが池の水を参詣者に振りかけている
छींटाकशी [名*] 《H. + P. کشی》(1) 嫌み，皮肉，非難の言葉を発すること उसमें सुधार की भावना कम और मुझपर छींटाकशी की भावना अधिक थी 改めようという気持ちよりも私に対する嫌みの気持ちのほうが強かった (2) 冷やかし जवान लड़के लड़कियों पर छींटाकशी करते हैं 若者たちが娘たちを冷やかす
छींटाकसी [名*] ＝छींटाकशी.
छींबी [名*] (1) さや（莢）；豆類のさや；豆類 (2) エンドウ豆の莢 (3) 乳を搾る家畜の乳頭＝छीमी.
छी[1] [感] 嫌悪，憎悪，軽蔑，ののしりなどの気持ちを表す感動詞 छी छी, あるいは， छी छी छी のように重ねて用いられることも多い＝छिः छिः. छी छी छी! आज मक्खियाँ बहुत भिनक रही हैं ひやっ，今日はひどいハエだぜ **छी छी क॰** *a.* 憎悪や嫌悪を表す छी とか छी छी という声を出す；憎む；嫌悪する नारद ने सुनते ही तमककर घृणा से छी छी करते हुए कहा ナーラダ仙はそれを聞くとかっとなり憎しみに舌打ちしながら言った
छी[2] [名*] 糞；大便；ばば；うんこ
छीका [名] ＝छींका.
छीछ [形] 弱った；衰弱した；衰えた
छीछड़ा [名] (1) くず肉 (2) 動物の臓物，特に腸
छीछना [自] 弱まる；弱くなる；衰弱する
छीछलेदर [名*] みじめなさま；あわれなさま；無様；不面目＝दुर्दशा; दुर्गति. **(-की) छीछलेदर उड़ाना** *a.* (ーの) 化けの皮を剥がす *b.* (ーに) 恥をかかせる *c.* (ーを) 笑いものにする **छीछलेदर क॰** ＝छीछलेदर उड़ाना.
छी छी[1] [名・感] ＝छी[1]
छी छी[2] [名*] 糞；大便；ばば；うんこ；うんち（幼児語）＝छी[2]. **छी छी फिरना** （幼児が）便をもらす
छीज [名*] (1) 減った部分 (2) 不足；欠損
छीजन [名] (1) 衰弱；衰え；減退 (2) 減少；すりへり
छीजना [自] (1) 衰える；減退する；弱まる；衰弱する बादशाह की ताकत जितनी छीजती 王の力が衰えるだけ (2) 減る；すり減る (3) 損する；損害を被る (4) 駄目になる
छीट [名] ＝छींट.
छीटना [他] ＝छींटना.
छीटा [名] (1) 竹や小枝などを材料に編んだかご＝टोकरा. (2) すだれ＝चिलमन; चिक.
छीड़ [名*] 人気（ひとけ）の少ないこと
छीत [名] (1) 触ること；触れること (2) 関係を持つこと；接触
छीतना [他]（サソリや蚊などが）刺す；かむ（咬む）
छीत स्वामी 〔人名・文芸〕チータスワーミー（C.1510–1585. ヴァッラバ派の在家信徒でクリシュナ信仰を詠んだブラジバーシャーの詩人）
छीदा [形+] (1) 織り目や編み目の粗い (2) 隙間の多い；穴だらけの (3) まばらな＝विरल; बिरल.
छीन[1] [形] (1) やせた；細い＝दुबला; पतला. (2) ゆるい；たるんだ＝शिथिल.
छीन[2] [名] 瞬間；瞬時＝क्षण.
छीन-झपट [名*] 奪い取ること＝छीना-झपटी.
छीनना [他] (1) ちぎる；ちぎりとる；引きちぎる (2) とる；奪う；奪い取る；ひったくる गेंद छीनने की कोशिश ボールを奪い取ろうとすること मुग़लों से छीनी हुई तोप ムガル軍から奪った大砲 मैंने अपना पुत्र उनसे छीन लिया 自分の息子をその人たちから力ずくで引き離した वह टेलीफ़ोन कर रही महिला कर्मचारी से रिसीवर छीनकर ज़मीन पर पटक देता है 電話をしている女性職員から受話器をひったくって床に投げつける (3) 取り上げる；没収する अगर ऐसा नहीं किया, तो ज़बरदस्ती छीन लिया जाएगा もしそうしないと力ずくで取り上げられよう यह स्त्री, पुत्र, धन, वैभव, महल, अटारी, राज्य कोष आदि सभी कुछ एक दिन निश्चय ही हमसे छीन लिया जाएगा 妻，子供，財，栄華，宮殿，邸宅，国庫などこれらのあらゆるものがいつの日か必ずや我々の手から取り上げられよう (4) 奪う；剥奪する उसकी नागरिकता छीनी गई その人は市民権を剥奪された (5) 横取りする
छीना-खसोटी [名*] ＝छीन-झपट.
छीना-झपटी [名*] 奪い取ること；奪取＝छीन-झपट.
छीपा [名] 竹ひごなどでこしらえたかご（籠）；竹籠
छीपी [名] 捺染する人；捺染の職人＝छींट छापने वाला.
छीबर [名*] さらさ（更紗）；インド更紗
छीमी [名*] 豆のさや＝छींबी.
छीया [名] 糞；大便
छीयो-छीयो [名・感] ドービー（洗濯屋）が洗濯物を洗濯用の石に打ちつける作業時の掛け声 इस किनारे पर धोबियों ने अपने पत्थर रख लिये थे और दिन भर छीयो-छीयो किया करते थे 洗濯屋たちはこちら側の岸に洗濯用の石を置き一日中えいやーえいやーの掛け声をかけていた
छीर[1] [名] 牛乳＝क्षीर.
छीर[2] [名*] 端
छीरज [名] (1) 月＝क्षीरज; चंद्रमा. (2) ヨーグルト＝दही.
छीरप [名] 乳飲み子；乳児；幼児；乳幼児；赤子＝दूध पीता बच्चा; दुधमुँहा बालक.
छीर सागर [名]〔イ神〕神々と魔神とが不死の霊水アムリタを取り出すために攪拌したと伝えられる乳海＝क्षीर सागर.
छीलन [名*] (1) 果物の皮や木の皮などを剥ぐこと；むくこと (2) 表面を削ること (3) 表面に出ているものを切り取ること；ひっかくこと；むしること (4) 剥ぎとったりむいたりしたもの (5) 削りかす；削りくず पुआल या लकड़ी की छीलन 藁やかんなくず लोहे की छीलन 鉄の削りくず
छीलना [他] (1) 野菜や果物，木，生きものの皮や卵の殻などをむく（剥く） मूँगफली छीलना 落花生の殻をむく आलू छीलना ジャガイモの皮をむく गन्ना छीलकर खाने से サトウキビをむいて食べると चिलगोज़े छीलने में मसरूफ़ 松の実をむくのに忙しい प्याज़ छीलना 玉ねぎをむく केले के छिलके को छीलकर バナナの皮をむいて (2) 削る पेंसिल को चाकू से छीलना 鉛筆を小刀で削る (3) むしる；むしり取る घास छीलना 草をむしる (4) ひっかく；かく（掻く）

छ

छीलर[1] [名] 小さな水溜まり；浅い水溜まり
छीलर[2] [形] 浅い= छिछला.
छुआ [他] → छूना の完了分詞→ छुये (छुए); छुयी (छुई); छुयीं (छुईं).
छुआई [名*] 触れること；接触すること；触れさせること；接触させること
छुआ-छूत [名*] 浄・不浄の思想；浄・不浄の観念（ヒンドゥー教徒の可触・不可触という考えに発した観念）
छुआना [他] 触れさせる；あてる（当てる）= छुलाना. छड़ी उठाकर पीठ पर छुआते हुए 杖を持ち上げて背中に当てながら कप से कप छुआते हुए コップとコップを触れさせながら **छुआ दे॰** *a.* ほんのわずかのものを与える *b.* ただ触らせるだけ
छुआरा [名] = छुहारा.
छुईं [他] छूना の完了形. 目的語が女性複数形= छुयीं.
छुई [他] छूना の完了形. 目的語が女性単数形= छुयी.
छुईमुई[1] [名*]〔植〕マメ科草本オジギソウ【*Mimosa pudica*】= छुई-मुई.
छुईमुई[2] [形・名] (1) 神経質な（人） (2) 繊細な（人）；はにかみや（の）
छुए [他] छूना の完了形. 目的語が男性複数形= छुये.
छुक-छुक [名*] しゅっしゅっ（汽車・機関車の音） गार्ड ने सीटी दे दी.लो, इंजन की छुक-छुक भी सुनाई देने लगी 車掌が発車の笛を吹き機関車の蒸気の音も聞こえだした
छुच्छी [名*] (1) 中空の細い管 (2) じょうご = कीप. (3)〔装身〕チュッチー（女性が小鼻につけるチョウジの形をした金製の飾り物）= लौंग.
छुच्छू [形] (1) 愚かな (2) 卑小な
छुछकारना [他] 犬をけしかける
छुछमछली [名*]〔動〕オタマジャクシ
छुछुँदर [名] = छछूँदर.
छुट [後置]（一の）他に；（一）以外；（一を）除き；（一を）除いて हिंदवी छुट और किसी बोली का पुट न मिले ヒンダウィー語以外何ら他の言葉の混じりものが見られない
छुट- [造語] छोटा の短縮形で合成語の構成要素 छुटपन 幼少期
छुटकारा [名] (1) 自由（になること）；（束縛や拘束から）解放（されること） कैद से छुटकारा 拘禁を解かれること पाप से छुटकारा 罪悪から解放されること मुसीबत से छुटकारा पाना 災厄から逃れること (2) 面倒なことや困ったことから逃れること；脱すること पेट में पलते कीड़े - छुटकारा कैसे पाएँ? おなかにわいた虫をどうして退治するか तृष्णा से मनुष्य का छुटकारा अष्टांगिक मार्ग के अभ्यास द्वारा हो सकता है 人は八正道を実行してこそ煩悩から逃れることができる पुनर्जन्म से छुटकारा 輪廻転生から脱すること मुँहासे से छुटकारा にきびにおさらば (-से) **छुटकारा दिलाना** （一から）自由にする；解放する कुरीतियों और अंधविश्वासों से छुटकारा दिलाना 因習や迷信から解放すること षड्यंत्र से आखिर उसने अपने को छुटकारा कैसे दिलाया? 結局，陰謀からどのようにして逃れたのか (-से) **छुटकारा पाना** （一から）自由になる；解放される；逃れる；脱する
छुटना [自] = छूटना. 離れる；（身心についているものが）とれる；はずれる छुटा नहीं मैल मन का जा नहाया त्रिवेनी में トリベーニー（聖地）で沐浴しても心の汚れはとれず
छुटपन [名] (1) 小さいこと (2) 小さい時；幼少時 (3) 少年期 छुटपन से ही आपके किसी बच्चे का झुकाव इतिहास की ओर हो जाए お子さんが小さい時から歴史に興味を持つことがあれば
छुटपुट [形] = छुटफुट (1) ちょっとした；大したことのない (2) まばらな；散在する (3) 散発的な；時たまの छुटफुट झपड़ 小競合い
छुटभैया[1] [形] 下っ端の；けちな；ちんぴらの；つまらない；三下の；駆け出しの जो छुटभैये जुआरी वहाँ उपस्थित थे そこに居合わせた三下奴たち छुटभैये छात्र नेता 学生運動のちんぴら幹部
छुटभैया[2] [名] 下っ端；ちんぴら；駆け出し；三下
छुटाना [他] = छुड़ाना.
छुटौती [名*] = छूट.
छुट्टा[1] [形+] (1) 解き放たれた；束縛のない；自由な (2) 野放しの (3) 群れを離れた (4) 単独の；連れのない
छुट्टा[2] [名] 小銭；ばら銭

छुट्टी [名*] (1) 制約とか束縛，拘束，不都合なこと，面倒なことなどから自由になること；解放されること；免れること；逃れること；退くこと इस ठंड से छुट्टी पाती है この寒さを逃れる राम की अस्पताल से छुट्टी ラームの退院 (2)（定められた課程とか仕事あるいは課業が）終わること；放課 मदरसे की छुट्टी हुई 授業が終わった（放課後になった） छुट्टी के बाद 放課後 छुट्टी की घंटी 終了のベル (-से) छुट्टी हो जा॰ 勤務から解放される；仕事が終わる दो पहर के दो बजे स्कूल से छुट्टी हो जाती है 昼の２時に授業が終わる (3) 休み；休憩；暇 लंबी छुट्टी 長い休み टेलीफ़ोन ऑपरेटर की छुट्टी 電話交換手の休憩 दो पहर की छुट्टी 昼休み गर्मी की छुट्टियाँ 夏休み जबरी छुट्टी レイオフ；一時解雇 (4) 休日 मुझे भी इतवार को ही छुट्टी मिलती है 私も日曜日だけが休日になる छुट्टी का दिन 休日 आधी छुट्टी 半どん；半日の休み सार्वजनिक छुट्टी 公休日 (5) 休暇 छुट्टी की अर्जी दे॰ 休暇願いを出す (6) 暇を出すこと；休暇を許すこと **छुट्टी क॰** *a.* 休みにする आज छुट्टी कर दो.गाँव से भाई आया है 今日は休みにしておくれ．田舎から弟が出て来ているんだ *b.* 暇を出す；免職にする जो मज़दूर फ़ालतू होंगे, उनको मुआवज़ा देकर छुट्टी कर दी जाएगी 過剰の工員には補償金を払って暇を出すことになろう **छुट्टी दे॰** 暇を出す（勤務を辞めさせる）；解雇する मुझे आप छुट्टी दे दें.मैं आपकी नौकरी अब न कर सकूँगा どうぞ暇を出して下さい．私はもうお仕えできません **छुट्टी पाना** *a.* 解き放たれる；自由になる；逃れる *b.* 休みをもらう；休暇をもらう *c.* 首になる；解雇される；暇を出される **छुट्टी मनाना** 休暇を楽しむ **छुट्टी मिलना** = छुट्टी पाना. **छुट्टी ले॰** 休む；休みを取る मैंने दफ़्तर से छुट्टी ले ली 勤めを休んだ (-से) **छुट्टी हो॰** 面倒がなくなる
छुड़वाना [他・使] ← छोड़ना. 放させる；放してもらう；解き放たせる；解放させる；釈放してもらう किसी तरकीब से दोस्त को व्यापारी की कैद से छुड़वाना 友人をようやくのことで商人のところから解放してもらった मैं भैया को छुड़वाकर लाऊँगा 兄を警察から貰い下げてくる ऐसी ही एक औरत उसे जमानत पर छुड़वाने भी आई थी 同じような女性が一人その人を保釈してもらいにもやって来た गायों को छुड़वाकर मैं यहाँ उपस्थित हो जाऊँगा 牛を放してもらってからここに戻る शराबी पति से पीछा छुड़वा लेने के बजाए वह उसे सुधारने की कोशिश अधिक करती है 酒飲みの夫から逃れるのでなく更生させるのに励む मैंने उसका आश्रम में पढ़ना छुड़वा दिया था 私はあの子の修道場での学業をやめさせた क्या उन्होंने तुम्हें यहाँ छुड़वा दिया है? あの方が君をここで釈放させたのか
छुड़ाना [他] (1)（束縛や拘束から）解き放つ；解放する；救い出す；逃がす राम ने सीता को कैद से छुड़ाया ラーマはシーターを囚われの身から救い出した चंदन को छुड़ाने के लिए कोई आ रहा है チャンダンを救い出しにだれかがやって来る कैद से छुड़ाना 逃がす；逃がしてやる；拘禁を解いてやる अपने भाई को दुश्मन के हाथ से नहीं छुड़ा सकी 彼女は兄を敵の手から救い出せなかった भीमसिंह को किस तरह कैद से छुड़ाना चाहिए? ビームシンをどのようにして救い出すべきか चेला उसी समय ज़ोर की चीख़ मारकर उसे छुड़ाकर ऊपर ले आया है 弟子がちょうどその時大声で叫んでその人を解き放って上へ連れて来た (2) 引き離す；放す；はずす；剥がす；払いのける；祓う ख़राब आदतें छुड़ाना 悪い癖をやめさせる पाप छुड़ाने के लिए 罪障を祓うために अम्माँ ने किसी तरह अपने को छुड़ाते हुए कहा 母はなんとかして逃れようとしながら言った नाथ छुड़ाने की नाकाम कोशिश 鼻輪をはずそうとの無駄な努力 ऊँट ने छुड़ाने के लिए ज़ोर लगाया ラクダは罠をはずそうと力を入れた मैंने उसे फंदे से छुड़ाया それを罠からはずした (3) 取り除く；除く；除去する；落とす इस ढंग से प्रत्येक अंग को लगभग पाँच-पाँच मिनट तक अच्छी तरह रगड़कर उसपर से मैल छुड़ा लें このようにしてそれぞれの個所を５分ずつぐらいよくこすって垢を取り除くこと（落とすこと） (4) 手渡してもらう；受け取る；もらう；引き取る वी॰पी॰पी॰छुड़ाने के लिए 受取人払いの小包を受け取るのに मुझे पकड़ ले चलो, सरकार तुमको रुपया देकर मुझे छुड़ाएगी 私を捕らえて連れて行きなさい．お上はお前に金を与えて私を引き取るだろう (5) やめさせる；解雇する；免職にする；暇を出す (6) 放つ；発射する；（花火などを）上げる पटाखे सदा घर के आंगन या खुले मैदान में ही छुड़ाएँ 爆竹は必ず家の庭か広場で鳴らすこと देखो सब के घर दीप जलाये जा रहे हैं, आतिशबाज़ी छुड़ा रहे हैं ごらん，どの家でも（祭礼の）灯火を点し花火を上げている

छुड़ैया[1] [形] 解き放つ
छुड़ैया[2] [名*] (1) ←छोड़ना. (2) 凧を揚げる手伝い（最初に持ってやり凧にのせて揚げてやること）
छुतहा [形⁺] = छुतिहा (1) 伝染性の；疫病の；感染症の छुतही बीमारी 伝染病 छुतहा अस्पताल 伝染病隔離病院 छुतहा रोग 伝染病 चमड़ी के छुतहे रोग 伝染性の皮膚病 (2) 不可触の（→ छूत）；けがれた；不浄の (3) 触れてはいけない
छुतिहा [形⁺] = छुतहा.
छुद्र [形] = क्षुद्र.
छुधा [名*] = क्षुधा. 飢え；ひもじさ= भूख.
छुन [名*] 熱せられた金属などが水などに触れて発する音 छुन से बुझ जा॰ しゅんとかじゅっとか音を立てて消える
छुनछुनाना [自] ちりん，ちゃりん，じゃん，じゃらんなどと金属の高い音が出る
छुप [名] 低木；灌木= क्षुप.
छुपना [自] ひそむ；隠れる= छिपना. औरतों का चेहरा छुपा रहता है いつも女性の顔は隠されている **छुपा** *a.* ひそんだ；隠れた *b.* 知らされていない；秘められた **छुपा रुस्तम** *a.* ダークホース *b.* 一般に知られていない実力者；隅に置けない人= छिपा रुस्तम.
छुपाना [他] = छिपाना. छुपाइए नहीं क्या बात है? おかくしなさいますな．何事でございますか पूछताछ करनेवाले यह समझते थे कि मैं जानकारियाँ छुपा रहा हूँ 問い合わせの人たちは私が情報を隠していると思っていた पानी को लंबी अवधि तक अपने शरीर में छुपाये रखने की क्षमता 水分を長い間体内に秘めておく能力 उसने माँ की गोद में अपना सिर छुपा लिया 母親の胸に顔を隠した मैंने चादर से मुँह छुपा लिया チャーダルで顔を隠した
छुये [他] छूना の完了形= छुए. उसके द्वारा छुये भोजन その人が手で触れた食事
छुरा[1] [名] 短刀，大きな包丁，大型ナイフ，かみそりなどの刃物
छुरा[2] [名*] 石灰 = चूना.
छुरिका [名*] = छुरी.
छुरी [名*] (1) 小刀，果物ナイフ，ナイフ（鉛筆を削るようなものも含める），医療用メスなどの刃物 छुरी-चाकू 刃物 (2) 食事用のナイフ छुरी-काँटा ナイフとフォーク छुरी-काँटे का उपयोग ナイフとフォークの使用 (3) 短刀 **छुरी चलना** 刃傷沙汰になる；斬り合う **छुरी चलाना** 裏で悪企みをする (-पर) **छुरी चलाना** *a.* (ーを) 激しく苦しめる *b.* (ーに) 大損害を与える (-) **छुरी तले दबाना** (ーを) 大変苦しめる **छुरी तेज़ क॰** *a.* 苦しめる；悩ます；害を与える *b.* ナイフで切る **छुरी दे॰** 殺す **छुरी पर सान दे॰** 喧嘩に備える (-के) **गले पर छुरी फेरना** *a.* (ーに) のど元に刃物を突きつける *b.* (ーを) 苦しめる；危害を加える जो अपना मित्र हो, वह शत्रु का व्यवहार करे और गले पर छुरी फेरे 自分の仲間が仇の振る舞いをしのど元に刃物を突きつけるとは **छुरी कटारी सताना** ひどく苦しめる **छुरी कटारी दिखाना** 殺しの脅しをかける **छुरी कटारी रहना** 争いが起こる；いさかいが起こる **छुरी कटारी लिये फिरना** 喧嘩腰でいる **छुरी कटारी हो॰** = छुरी चलना. **छुरी मारना** 刃物で突き刺す **छुरी से बात क॰** 殺す；殺害する
छुरेबाज़ी [名*] 刃傷沙汰；刃傷事件 पालमपुर में कर्फ़्यू के बावजूद छुरेबाज़ी パーラムプルで外出禁止令にもかかわらず刃傷事件
छुलकना [自] 少しずつ放尿する
छुलकी [名*] 少しずつ放尿すること
छुलाना [他] 触れさせる；接触させる= छुवाना.
छुवा-छुवौवल [名] かくれんぼ（遊び）
छुवाना [他] 触れさせる；触らせる；接触させる= छुलाना.
छुहाना [他] 水漆喰を塗る
छुहारा [名] (1)〔植〕ヤシ科ナツメヤシ【*Phoenix dactylifera*】の一種；チュハーラー (2) 同上の実（固く乾燥したもの）；チュハーラー
छुही [名*] 白土 = खड़िया; सफ़ेद मिट्टी.
छूँछा [形⁺] = छूछा.
छू [名] (1) 洗濯屋たちの作業時の掛け声 (2) 呪文を唱えた後に吐いたり吹きかけたりする息やその音 (3) 犬をけしかける声 (-पर) **छू क॰** (ーに対し) 呪文を唱え息を吹きかける **छू बनना** こっそり黙って逃げ去る；黙って姿を消す **छू हो॰** = छू बनना.
छू-आ-छू [名*] 洗濯屋の作業時に出す息や掛け声→ छीयो-छीयो.
छूआछूत [名*] = छुआछूत.
छूईमूई [名*]〔植〕オジギソウ= छुईमुई.
छू-छक्का [名] 見世物
छूछा [形⁺] = छूँछा. (1) 空の；空っぽの= ख़ाली; रीता; रिक्त. (2) 素手の（金も武器も何も持たない）= छूँछा हाथ. (3) 空虚な；見せかけだけの；中身のない；内容のない；空っぽの= निःसार; निर्धन.
छू-छा [名] (1) 呪文を唱えた後吹きかけたり吐いたりする息やその音 (2) まじない；呪文；魔術
छूछू[1] [形] 愚かな；間抜けな
छूछू[2] [名*] 子守；乳母
छूट [名*] (1) 制限，束縛，拘束，禁止などからの解放；解かれること；解き放たれること；解除 (2) 自由；勝手；気まま रोज़गार की छूट 職業選択の自由 हर केन्द्रीय अधिकारी को यह छूट थी कि वह अपनी इच्छानुसार चाहे भारत में रहे, चाहे पाकिस्तान जाए 自分の意志でインドに留まってもパキスタンへ移ってもよい自由を中央の役人は得ていた अपने मनपसंद साइड चुनने की छूट रहती है 自分の好きなほうを選ぶ自由がある जीवन के दो टुकड़े नहीं कि एक में धर्म का आसन और दूसरे में छल और प्रपंच के लिए छूट रहे 人生は一方では神信心，もう一方では嘘偽りの自由というように二分されないものだ **छूट दे॰** 自由を与える；自由にさせる उन्हें अधिक छूट न दें あの人にあまりなれなれしくさせないように (3) 許し；許可 जनजातियों में बड़ी भाभी से ब्याह करने की छूट है 部族民の間には（夫に死なれた）兄嫁と結婚することが許されている (-की) **छूट दे॰** (ーを) 許可する；(ーの) 許可を出す मेडिकल कालिज के प्राचार्यों को भी यहाँ इस बात की छूट दे दी गई है कि वे निजी प्रैक्टिस कर सकते हैं 医大の教授たちにも個人診療を行う許可が出されている स्वतंत्रता के बाद क्या हम ऐसी सरकार बनाएँगे, जिसमें धनी लोगों को गरीबों पर ज़ुल्म करने की छूट हो? 金持ちが貧乏人に無法を働くことが許されるような政府を我々は独立後に作るのか (4) 免除；免れること；減免 एम्बुलेंस को इस प्रकार की छूट मिली होती है 救急車はこの種のことを免除されている कर से छूट (मिलना) 税金を免除（される） सरकारी कर्मचारियों को यह छूट नहीं होनी चाहिए 官吏にはこの免除はあってはならない (5) 容赦 छूट क॰ 容赦する सेठ के साथ कुछ छूट कर दीजिए 商人に対して少しご容赦をお願いします (6) 緩和；軽減 पूर्वघोषणा के बावजूद कर्फ़्यू में आज कोई छूट नहीं दी गई 予告されたにもかかわらず今日は外出禁止令は全く緩和されなかった (7) 割引；減価；ディスカウント (8) 不注意；脱落；見落とし (9)〔農〕地税（地代・小作料）の免除されている土地
छूटना [自] (1)（制約，制限，拘束，束縛などから）脱する；出る；自由になる；解かれる；釈放される जेल से छूटना 刑務所から出る；出獄する कैद से छूटना 拘置を解かれる पंजाब में 100 और लोग छूटे パンジャーブでさらに 100 人が釈放された ऐसे रोगों से छूटना このような病気から逃れること (2) ある位置や場所からはずれる；離れる उसकी पिस्तौल छूटकर गिर पड़ी 彼のピストルがはずれて落ちた उसके हाथ से बंदूक छूटकर गिर पड़ी 銃は手から落ちてしまった धनुष से छूटा तीर और ज़बान से निकली बात वापस नहीं आती 弓をはなれた矢と舌から出た言葉とは元へ戻らぬもの (3) 吹き出す；吹き出る；噴出する；ほとばしる सुषमा ने मंगल के शरीर से वासना की लौ छूटती देखी तो छिटककर दूर हो गई マンガルの体から欲情の炎が吹き出ているのを見てスシャマーは飛びのいた (4) 中から出る；出てくる；にじみ出る；もれ出る डर के मारे उसका पसीना छूट रहा है 恐ろしさに冷や汗が出てきている ठंड के दिनों में भी मुझे पसीना छूट रहा था 冬にもかかわらず汗が出てくるのだった (5) へだたる；離れる；去る；離れ離れになる；遠ざかる；はぐれる तो फिर हमेशा-हमेशा के लिए छूट जाते हैं そうなると永久に離れ離れになることになる जब लंदन काफ़ी पीछे छूट गया ロンドンがかなり遠ざかってしまうと (6) 戻る；戻される；返る；返却される (7)（ひっついたり密着したりしていたものが）はずれる；とれる；離れる；剥げる；剥げ落ちる；剥がれる；めくれる दाँत का पीलापन नहीं छूटता 歯の黄ばみがとれない धीरे धीरे उसकी काम करने की आदत छूट गई 次第に働く習慣が失われていった हिम्मत छूटना ひるむ (8) 発射される；飛び出る；噴射される (9) 取り残される；脱落する；落伍する；忘れられる（遺失物になる）；置き去りになる；置かれたままになる उसके साथी पीछे छूट गये 仲間が取り残されてしまった कोई कुर्सी, मेज या स्टूल बाहर तो नहीं रह गया, फटट्े मैदान में तो नहीं छूट गये

椅子やテーブルなどが外に置かれたままになったのではないか，板が広場に取り残されたのではないか (10) 出る；出発する；発車する उस दिन मेरी एक सहेली की बस छूट गई その日友人の乗る予定のバスが出てしまった गाड़ी तो छूट गई 列車は出てしまった (11) 後をつけられる；後を追う；つきまとう；つき従う；尾行する (12) (保持されてきたものや保たれてきたものが) とれる；なくなる；離れ落ちる विदेश का मोह नहीं छूटता 外国への憧れの気持ちがなくならない (13) (これまで存在していたものが) 失せる；失われる；なくなる उसे अपना यह आश्रय भी छूटा प्रतीत हुआ 男にはこの支えさえ失われるように思えた हिम्मत छूटना ひるむ (14) 鈍る；なまる अभ्यास छूट गया 腕が鈍ってしまった (15) 止まる；やむ；停止する खाना पीना छूट गया 全く飲み食いしなくなってしまっていた (16) しくじる；し損なう；すべる；してはならないことをする जबान छूटना 言うべきでないことを言う；人をののしる (17) 抜ける；漏れる；抜け落ちる अगर एक काम भी छूटा तो もし一つでも漏れると (なすべき仕事がなされないと) (18) そのままになる；残る (仕事や任務から) はずされる；解かれる；解雇される；首になる **छूटकर** 熱心に；一生懸命に **छूटते ही** いきなり；即刻；すぐさま उन्होंने छूटते ही कहा いきなりおっしゃった उन्होंने छूटते ही उत्तर दिया すぐさま答えた "कहाँ है छोकरी?" उसने छूटते ही पूछा 男はいきなりたずねた.「小娘はどこだ」 कुत्ते ने छूटते ही हिरन को मार डाला 犬はいきなり鹿を殺してしまった **छूटा तीर** *a.* 発せられた言葉 *b.* してしまったこと **छूटा साँड़** 何にも縛られたり抑制を受けない人；野放図な人 **छूटी हत्या गले पड़ना** 面倒なことや不名誉なことが降りかかる **बराबरी पर छूटना** 引き分ける；引き分けになる

छूत [名*] (1) 触れること；接触すること (2) 不潔なものやけがらわしいものに触れること (3) 伝染；感染 छूत की रोक के उपाय 伝染防止策 **छूत का रोग** 伝染病 = छुतहा रोग. छूत के रोगों का अस्पताल 伝染病患者を収容・治療する病院；伝染病隔離病院 छूतवाले रोग 伝染性の病気；感染する病気 (4) 不浄なもの；穢れ (特にヒンドゥー教徒の浄・不浄の観念に発するものを指すことが多い) कल तक उसी का खून पीकर पला अब उसमें छूत घुस गई 昨日までその人の乳 (血) を飲んで育ったくせにその人が今度は不浄になったというわけか बुरी संगति की छूत से बचो 悪い交際という穢れを避けなさい (5) 不浄；汚染 छूत या अपवित्र होने का विचार 不浄とか汚染とかいう観念 **छूत उतरना** 穢れがとれる **छूत उतारना** 祟りを祓う **छूत क°** 浄・不浄の意識を持つ；浄・不浄の制約を守る **छूत छुड़ाना** 申しわけ程度にする **छूत झाड़ना** = छूत उतारना. **छूत पैठना** = छूत लगना. **(-की) छूत फैलना** (ーが) 広がる；広まる；(ーの影響が) 広く及ぶ **(-की) छूत लगना** *a.* (ーに) 感染する *b.* (ーに) かぶれる *c.* (ーで) けがれる

छूतछात [名*] 〔ヒ〕ヒンドゥー教徒の浄不浄の観念や意識；穢れの観念 उस ज़माने में छूतछात का बहुत ज़ोर था 当時浄不浄の意識がとても激しかった

छूना[1] [他] (1) 手や指で触る；触れる उसके द्वारा छुये भोजन その人が (手で) 触れた食事 वह उसे हाथ से छूकर देखने लगा 今度はそれに手で触ってみはじめた (2) かする (掠る) किसी प्रकार का गर्व तो उन्हें छू भी नहीं गया था いかなる慢心も氏を掠りさえしていなかった (3) 手で触れて (浄不浄の観念で) 汚染する यह क्या किया तूने? मेरी गंगाजली छू दी なんということをしてくれた. わしのガンガージャリーに触れて汚したな (4) 心に触れる；感動を与える；心を動かす जनमानस को छूनेवाला कोई बड़ा आंदोलन 大衆の琴線に触れる何らかの大きな運動 इतना होने पर भी घमंड उसको छू नहीं पाया それでもその人は慢心に少しも動かされなかった मन को छूने वाला 感動させる；心琴に触れる；心を揺り動かす उनकी भाषा सरल और मन को छूने वाली है あの方の言葉はやさしくて心を動かす मन की गहराइयों को छूना 心の奥底に触れる इस कहानी ने मन की गहराइयों को छू लिया この小説は心の奥底を動かした (5) 届く；及ぶ；達する；到達する उद्देश्य होगा यह प्रमाणित करना कि कुछ सत्य ऐसे भी होते हैं जिन्हें कल्पना तक छू नहीं सकती 空想力が及びもつかないような真実が幾つかあるものだということを証明するのが目標になろう उसे शिखर छूने में सफलता मिली 男は (山の) 頂上に首尾よく到達した

छूना[2] [自] (1) 触る；接する；触れる；接触する；触れ合う (2) かすめる (掠める)

छूमंतर [名] 呪文；まじない；魔法 **छूमंतर क°** *a.* 呪文を唱える छूमंतर करने और भूत उतारने के बहाने 呪文を唱え憑き物を祓う口実で *b.* ごまかす；盗みとる；消してしまう；なくしてしまう **छूमंतर हो°** 消え失せる；さっと消える；ぱっと消えてなくなる शाम तक घर में छाई मुर्दनी एकदम छूमंतर हो गई 家の中を夕方まで覆っていた陰気さは全く消え失せてしまった सुख-शांति छूमंतर हो गई 心の平静さがぱっと消え失せてしまった

छेंक [名*] ← छेंकना.

छेंकना [他] (1) 占める；占拠する (2) 囲む；取り囲む；包囲する (3) 遮る；妨げる；ふさぐ；押し止める (4) 没収する；差し押さえる；押収する (5) 確保する；取って置く उसने गाँव के लोगों की राय से एक एकड़ ज़मीन श्मशान के लिए छेंक रखी थी 村人たちの意見に従って1エーカーの土地を火葬場用に取って置いた (6) 消す；抹消する बही से तुम्हारा नाम छेंकूँगा (帳簿に書いてある) お前の名前を (線を引いて) 消すことにしよう **छेंक दे°** *a.* 帳簿の記載を消す；帳消しにする；棒引きにする *b.* 縁談を取り決める

छेकानुप्रास [名]〔修辞〕複数の子音が同じ順序で一度反復される押韻

छेकापह्नुति [名*]〔修辞〕真実を否定したり隠したりするために別の説明をする修辞法

छेकोक्ति [名*]〔修辞〕掛け言葉；両義性を持った表現

छेड़ [名*] (1) 触れること；いじること (2) いじめること；なぶること (3) からかうこと；からかい (4) 争い；喧嘩 (5) 手出し (6) 口火 **छेड़ क°** いじめる；なぶる；からかう **छेड़ निकालना** *a.* いやがる話をする *b.* 争いの起こるような話やそのようなことをする **छेड़ में** からかって；からかうために

छेड़खानी [名*] からかい；(悪) ふざけ लड़कियों से छेड़खानी करनेवाले 女の子を冷やかしたりからかう連中

छेड़छाड़ [名*] (1) 挑発 (2) いたずら；悪ふざけ；からかい (3) いじめ (4) 女性に対するからかいやいやがらせ；セクシャルハラスメント **छेड़छाड़ क°** からかう；悪ふざけをする उसने बहुत छेड़छाड़ की 奴は随分悪ふざけをした

छेड़ना [他] (1) 触る；なぶる भीड़ को देखकर साँप कितने चौंकेंगे और रात के समय उन्हें छेड़ा जाना कितना बुरा लगेगा 蛇たちは人だかりを見てどれほど驚くことかそれに夜中になぶられるのがどれほどいやな感じのすることか (2) いじめる सुमन उसे छेड़ती है スマンがあの子をいじめている (3) からかう；冷やかす वहाँ सरे आम औरतों को कोई नहीं छेड़ता そこでは人前で女性をからかう者はだれもいない औरतों को छेड़ना 女性を冷やかす (4) 喧嘩をしかける；ちょっかいをかける；手出しをする मैं तो अच्छी-भली काम कर रही थी, इसीने मुझे छेड़ा 私はちゃんと仕事をしていたのにこの人がちょっかいをかけたのよ (5) 起こす；始める；開始する；(ー) しかける सन् 1920 ई°में राष्ट्रपिता महात्मा गांधी ने असहयोग आंदोलन छेड़ा 1920年に国父マハートマー・ガンディーは非協力運動をしかけた सामाजिक, धार्मिक, राजनीतिक एवं शैक्षनिक सभी क्षेत्रों में संघर्ष छेड़ें 社会，宗教，政治及び教育のあらゆる分野で闘争を起こそう सुधार आंदोलन छेड़ना 改革運動を起こす अब जब ज़िक्र छेड़ ही दिया है तो कह ही डालो もう話し始めたんだから話してしまいなさいよ (6) 持ち出す；出す मैं जिज्ञासावश कई प्रश्न छेड़ देता 知りたいので私は幾つか質問を持ち出す शादी का ज़िक्र भूलकर भी न छेड़ो 結婚の話は決して持ち出すな (7) 調律する संगीतज्ञ अपने साज़ छेड़ रहे हैं 音楽家たちが (楽器を) 調律しているところだ (8) 奏でる पक्षी सुरीली तान छेड़ रहे हैं 鳥たちが甘美な旋律を奏でている

छेड़ा[1] [名] ひも；紐 = रस्सी.

छेड़ा[2] [名] = घूँघट.

छेती [名*] (1) 分離 (2) 間隔；へだたり；距離

छेत्ता [形] (1) 切断する (2) 除く；排除する

छेद[1] [名] ← छेदना. (1) 穴をあけること；物体を貫くこと (2) 切り離すこと (3) 切断すること (4) 分離すること；分断すること (5) 部分；断片

छेद[2] [名] (1) 物体を貫いたりくり抜いた穴 सूई का छेद めど；針の穴 (2) へこんだ所 (3) すきま (4) 欠陥；きず；あら **छेद क°** *a.* 穴をあける *b.* 損害を与える；害を及ぼす **छेद ढूँढ़ना (- निकालना)** あら探しをする

छेदक[1] [形] (1) 穴をあける；貫く；貫通する (2) 切断する (3) 分断する

छेदक[2] [名] 屠畜を生業とする人；肉屋 = कसाई. अश्व को काटते समय छेदक के हाथों, नखों में 馬を殺す際に殺す人の手や爪に

छेदक रेखा [名*]〔幾〕セカント；正割；割線〈secant line〉

छेदन [名] 切断；分断；切開= छेदना.

छेदना [他] (1) 穴をあける；くる（刳る）；くり抜く；抉る असह्य ध्वनियाँ मेरे कानों के परदे को छेदने लगती हैं 耐えがたい音が鼓膜に穴をあけだした (2) 貫く；突き通す；貫通する एक गोली आई और उनके जिस्म को छेदती हुई दूसरी तरफ़ निकल गई 一発の弾が飛んで来てあの方の体を貫通した (3) 突き刺す；刺し通す (4) 切り裂く；切断する छेद छेदकर मार डालना ひどく苦しめる；大変悩ます；さんざんな目に遭わせる

छेदनीय [形] (1) 穴のあけられる；穴をあけうる (2) 切断される；切断可能な

छेदा [名] (1)〔昆〕ゾウムシ科ゾウムシ（象虫） (2) ゾウムシによる穀物の被害 (3) 穴

छेदित [形] (1) 穴をあけられた (2) 切り離された；切断された

छेद्य [形] = छेदनीय.

छेना[1] [名] (1) 牛乳に酸汁が加わり乳漿と分離してできた凝乳（の白い塊）；凝乳；乳漿と分離してできたヨーグルトの残りの塊；カード (curd)；ホワイト・チーズ= पनीर. (2) カードを原料にした甘味菓子= छेना-बड़ा.

छेना[2] [名] 牛や水牛の糞を乾燥させて燃料にしたもの= उपला; कंडा.

छेना[3] [自] (1) すり減る；すり切れる；磨耗する (2) 裂ける；ちぎれる (3) 変質する

छेना[4] [他]（斧などを用いて樹皮などを）剥ぐ；削る；刻む；切る→ छेवना.

छेनी [名*] たがね（鏨）；のみ（鑿）；くさび（楔） पत्थर काटने की छेनी 石を切るのに用いるたがね

छेम [名] = क्षेम.

छेरा[1] [名] 下痢；軟便

छेरा[2] [名]〔動〕ヤギ；山羊；雄山羊 = बकरा.

छेरी [名*] 雌山羊 = बकरी.

छेव [名] (1) 切除；切り取り (2) 切り込み；刻み目 (3) 削り取ること (4) 切れ端 (5) 削りくず (6) 打撃；攻撃；襲撃 (7) 傷；切り傷；すり傷 **छेव मारना** *a.* 切り込む；切り取る；削る；刻む *b.* 目印やしるしをつける；マークをつける **छेव लगाना** *a.* = छेव मारना. *b.* 襲う；襲撃する

छेवना[1] [他] (1) 切り取る；切断する (2) 切り込む；刻み目を入れる (3) 削り取る (4) しるしをつける (5) パルミラヤシの樹液を取る→ छेना[4].

छेवना[2] [名*]〔植〕ヤシ科パルミラヤシ = ताड़ी.

छेवनी [名*] のみ（鑿）；錐

छेवा [名] (1) 切ること；切り取ること；切断する (2) 皮を剥ぐこと (3) 切ったり剥いだりした跡 (4) 帳消しのしるし；棒引きの線

छै[1] [数] 6 = छः; छह.

छै[2] [名*] = क्षय.

छैल [名・形] = छैला. (1) 男前（の）；美男（の）；美男子；二枚目；色男 (2) おしゃれな；しゃれ男

छैलचिकनियाँ [名] しゃれ男；しゃれ者= शौकीन.

छैल छबीला [形[+]・名] おしゃれな；しゃれ好きな；しゃれ男= छैला. साहूकार का छैल छबीला बेटा 大商人のしゃれ男の息子

छैलपन [名] おしゃれ（お洒落）；しゃれっ気；粋さ

छैला [形[+]・名] おしゃれな（若者）；しゃれ好きな男；しゃれ男；粋な男= बाँका; सजीला; शौकीन

छैलाना [自] だだをこねる；だだをこねてねだる= (-के लिए) मचलना; हठ क॰.

छैलापन [名] = छैलपन.

छो [名] (1) 情愛；愛情；親愛の情= छोह; प्रेम. (2) 憐れみ；情 = दया; कृपा. (3) 腹立たしさ；怒り = क्षोभ.

छोकड़ा [名] (1) 男の子 = लड़का; बालक. (2) 小僧；がき（餓鬼）；子供の卑称として用いられる言葉= छोकरा.

छोकड़िया [名*] 女の子；娘；小娘 = लड़की; कन्या.

छोकरा [名] (1)（子供や若者の卑称）小僧；がき（餓鬼）；はなたれ वे तो अभी लड़के हैं तेरह-तेरह, चौदह-चौदह साल के छोकरे まだまだ子供なのだ．13〜14 歳のはなたれ小僧だ **कल का छोकरा!** 青二才めが；若僧めが；はなたれ小僧めが अबे छोकरे この餓鬼め (2)（見習い奉公の）小僧；ボーイ；丁稚 होटल के छोकरे ने 4 बिस्कुट एक प्लेट में सजाकर रख दिए 茶店の小僧がビスケットを 4 枚皿に盛って置いた (3)（人をののしって言う）奴；奴さん

छोकरी [名*] (1) 女の子；娘= लड़की; कन्या. (2) 下働きの女の子 (3) 少女や若い娘をののしって呼ぶ呼び方．あま，あまっちょなど

छोटभैया [形・名] = छुटभैया.

छोटा[1] [形[+]] (1) 小さい（形や規模が） छोटा ताल 小さい池 छोटे-छोटे देश 小さい国々；小国 छोटी उँगली 小指 हाथ की छोटी उँगली 手の小指 छोटी आँतें 小腸 छोटा चम्मच 小匙 कड़ाही में एक छोटा चम्मच घी डालें なべに小匙一杯のギーを入れる (2) 小規模の छोटे किसान 小農 (3) 短い सर्दी में दिन छोटे और रातें बड़ी होती हैं 冬には昼が短く夜が長い सुख के दिन कितने छोटे 幸せな日はなんと短いことか छोटी 'इ' व बड़ी 'ई' 短い इ（短母音の इ）と長い ई（長母音の ई） छोटे-छोटे वाक्यों का प्रयोग 短い文章の使用 छोटी बाँह का = छोटी बाँह वाला. 袖の短い तार छोटा पड़ गया है コードが足りなくなっている (4) 狭い（面積や広がり，視野や考え方の幅などが） यह मकान छोटा पड़ता था この家は狭かった क्या सचमुच स्त्रियों की मति बहुत छोटी होती है? 本当に女性の考えはとても狭いものなのか (5) 少い；低い राष्ट्रीय विद्यालय के छोटे वेतन में से जो कुछ बचता 国立学校の低い賃金の中から残るもの (6) 年少の；年下の；年齢の小さい；若い छोटी आयु के बच्चे 年少の子供たち छोटी उम्र का पहलवान 年下のレスラー (7) 軽い；大したことのない अनेक छोटे-बड़े रोगों की शुरुआत いろいろな重い病気や軽い病気の始まり (8) 重要でない；ちょっとした छोटी भूमिका 端役 (9)（家柄，身分，社会的な地位や立場などが）低い；下の；卑しい छोटा कुल 身分の低い **छोटा आदमी** *a.* 身分の低い人 *b.* しがない人 **छोटा क॰** *a.* 短くする *b.* 縮める；縮小する *c.* 低く見る **छोटा जी** 狭量な；度量の小さい **छोटा दिल** = छोटा जी. **छोटा मुँह बड़ा निवाला**〔諺〕*a.* 能力以上のことをなそうとすることを揶揄する言葉 *b.* 自分の力に余る他人の所有物を横領しようとするたとえ *c.* 相性の悪い関係のたとえ **छोटा मुँह बड़ी बात**〔諺〕大言壮語するたとえ；身の程をわきまえず大きな口をきくたとえ **छोटा-मोटा** *a.* 普通の；通常の；並の；ありふれた；ちょっとした；ありきたりの उसके लिए छोटे-मोटे कामों की कमी न थी ちょっとした仕事には事欠かなかった छोटा-मोटा युद्ध ありふれた戦争 छोटी-मोटी चीज़ हुई तो पैसा, दो पैसे, पाँच पैसे, दस बीस पैसे देने से काम चल जाए ありふれたものならば，1 パイサーとか 2 パイサー，5 パイサー，10 パイサー，あるいは，20 パイサー出せば用は足りよう यह कोई छोटी-मोटी राशि नहीं होगी これは並の金額ではないだろう *b.* つまらない；大したことでない；ささいな छोटी-मोटी पारिवारिक शिकायतों से उसके कान भरते रहना 大したことではない家族間の不満をいつもその人の耳に入れること **छोटी जाति** 低カースト（シュードラとされるカースト） **छोटी तबीयत** = छोटा जी. **छोटी बात** なんでもないこと；つまらないこと **छोटी बुद्धि** *a.* 卑しい考え；あさましい考え *b.* 度量の狭いこと **छोटी हाज़िरी** 朝食（朝の軽い食事） **छोटे दिल का आदमी** *a.* 度量の小さい人 *b.* 料簡の狭い人 **छोटे पैमाने का उद्योग** 小企業 **छोटे मियाँ तो छोटे मियाँ, बड़े मियाँ सुभान अल्ला**〔諺〕下の者以上に上の者に欠陥のあるたとえ **छोटे मुँह बड़ी बात** = छोटा मुँह बड़ी बात. **छोटे मुँह बड़ी बात कहना** 偉そうな口をきくこと **छोटे लोग** 身分の低い者；げす（下種；下衆；下司）

छोटा[2] [名] (1) 子供 ↔ 大人 (बड़ा). छोटों के साथ मुहब्बत से पेश आते हैं 子供たちにやさしく接する (2) 貧しい人 ↔ 富める人 (बड़ा) शहर के तमाम छोटे-बड़े अच्छे-अच्छे लिबास पहने वहाँ पहुँच गए 貧富を問わず誰も彼もが晴れ着を着てそこへやってきた (3) 卑賤な人 = नीच. (4) 身分の低い人 ↔ 身分の高い人 (ऊँच) **छोटे-बड़े** *a.* 大人も子供も *b.* 身分の高い人も低い人も *c.* 富める者も貧しい人も **छोटों के मुँह लगना** *a.* 品性の下劣な人と親しくする *b.* 卑しい人と言い争う

छोटाई [名*] = छोटापन.

छोटा कठफोर [名]〔鳥〕キツツキ科ヒマラヤアカゲラ【*Picoides himalayensis*】

छ

छोटा चमरघेंच [名]〔鳥〕コウノトリ科コハゲコウ【*Leptoptilos javanicus*】

छोटा चहा [名]〔鳥〕シギ科コシギ【*Lymnocryuptes minimus*】

छोटा नागपुर 〔地名〕チョーター・ナーグプル（ジャールカンド州，マッディヤ・プラデーシュ州東部などの東経 84 度北緯 23 度を中心に広がる山岳丘陵地）

छोटापन [名] (1) ← छोटा. 小さいこと ＝ छोटाई. (2) 小さい頃；幼小時；子供時分 जैसे छोटेपन में मैं किया करता था 子供の頃していたように (3) 卑小なこと

छोटा हलकुस [名]〔植〕双子葉植物シソ科一年草ヤンバルハッカ属【*Leucas aspera*】

छोटी इलायची [名*]〔植〕カーダモンの一種→ इलायची.

छोटी चेचक [名*]〔医〕水痘；みずぼうそう（水疱瘡）

छोटी हाज़िरी [名*]《H.+ A.حاضری》朝食（朝食べる軽い食事）

छोड़ना [他] (1)（制約，制限，拘束，束縛などから）放す；自由にする；解く；解き放す；解き放つ बीमारी के कारण वे जेल से छोड़ दिए गए 病気のため刑務所から釈放された उस समय हज़ारों कबूतर छोड़ दिए जाते हैं その際数千羽の鳩が放たれる (2) 出す；吐き出す；流し出す；放出する आदमी की छोड़ी हुई ज़हरीली हवा 人間の出した有毒な空気 उन्होंने हुक्के की कश का धुआँ लंबी मूँछों से छोड़ते हुए कहा 水ぎせるで吸い込んだ煙を長い口ひげの間から吐き出しながら言った बड़े-बड़े कारख़ानों की चिमनियाँ वायु मंडल में सल्फ़रयुक्त गैसें छोड़ती हैं 大きな工場の煙突は大気中に硫黄分の混ざったガスを出している धुएँ के छल्ले बनाकर छोड़ने लगी （タバコの）煙の輪をこしらえて口から出し始めた 214 उद्योगों के जल साफ़ करके इस नदी में छोड़ने को कहा गया है 214 の工場の排水を浄化してこの川に流すように通達された (3) やめる；断つ；絶つ यदि मैं नौकरी छोड़ दूँ तो 私がもし仕事を辞めたら आदत छोड़ना 癖をやめる बस का इंतज़ार छोड़ वे वापस लौट पड़े バスを待つのをやめて戻った उसने पाठशाला जाना ही छोड़ दिया 登校そのものをやめた जो निश्चय कर लेते, उसे पूरा करके ही छोड़ते थे 決めたことはいつも最後までやり遂げていた वह सिगरेट पीना छोड़ता है たばこをやめる शराब पीना छोड़ देना ही चाहिए 酒はどうしてもやめなくてはいけない छोड़ो よせよ；やめろよ；いいかげんにしろ अब दिल्लगी छोड़िए もう冗談はやめにして下さいよ छोड़िए इन बातों को この話はやめにしましょう यह आवाज़ सुनी तो खेल छोड़कर अम्माँ के पास आया この声を聞くと遊びをやめて母親のそばに来た नौकरी छोड़ना 勤めを辞める गाय ने चारा-पानी छोड़ दिया और दिन-रात रँभाने लगी 雌牛は飲むのも食べるのもやめてしまって夜昼なく鳴くようになった (4) 捨てる；放棄する；やめる；諦める हम अपना धर्म छोड़ बैठे, उसी का फल है कि आज हम गुलाम हैं 自分たちの宗教を捨て去った．だからこそ今日我々は奴隷でいる तीस वर्ष की आयु में घर छोड़ कर संन्यासी हो गये 30 歳にして家を捨て出家になった पति पत्नी को छोड़ने की धमकी दे तो 夫が妻を捨てると脅しをかけたら गाँव छोड़कर यहाँ क्यों चला आया? 村を捨ててなぜここにやって来たのか गाँधीवादी ‘समाजवाद’ की नीति छोड़कर ガンディー主義的「社会主義」の政策を捨てて उस जैसे कई परिवार मैदान छोड़कर भाग गए हैं そのような家族が幾つもそこから逃げ出して行ってしまっている (5) ある状態のままにしておく；放置する；置き去りにする इन दो मछुओं ने अपनी किश्ती लहरों में छोड़ दी この 2 人の漁師が小舟を波間に置き去りにした इस आसन में शरीर के एक एक अंग को निश्चल छोड़ देते हैं この姿勢で身体の各部位を動かぬようにしておく किसीने बच्चे को वहीं छोड़ दिया あそこにだれかが子供を置き去りにした (6) 除く；取り外す；はずす；別にする；とっておく मामा जी को छोड़ सभी हँस पड़े おじさん以外はみな吹き出した (-को) **छोड़/छोड़कर** (ーを) 除いて；(ー) 以外に क़िबले की सिम्त छोड़कर メッカの方角を除き देहातियों को तो छोड़िए शहरी मुसलमानों ने भी इस तरफ़ तवज्जोह न की 田舎の人たちは別にして，都市部のムスリムたちまでがこちらには注意を向けなかった लोक सभा की कुल 39 सीटों में उस दल के लिए 7 सीटें छोड़ने का फ़ैसला किया है 下院の 39 議席中 7 議席をその党にとっておく決定をした (7) 残す；遺す उसके बाप दादा ने इतना रुपया छोड़ा है कि उसको उम्र भर कमाने की ज़रूरत नहीं है あの人には一生働かなくてよいほどの金を先祖が遺している प्राचीन काल के उन लोगों के जीवन का ज्ञान हमें उन पदार्थों से होता है जिन्हें वे छोड़ गए हैं 古代の人たちの生活についての知識はその人たちの遺物から得られる बिना किसी तरह का प्रमाण छोड़े 何らの証拠を残さずに सीसा काला निशान छोड़ने वाली भारी धातु है 鉛は黒い痕跡を残す重金属だ बेयरा आकर पैसे लौटाता है तो आदमी कुछ टिप छोड़ता है जिसे महिला गौर से देखती है ウエイターがやって来て釣り銭を返すと男が幾らかチップを残す．それを女がじっと見つめている शीला के सब्जी छोड़ने पर भी माँ ने कुछ नहीं कहा シーラーがおかずを食べ残したけれど母さんは何も言わなかった (8)（時間や空間の）間隔をとる；間隔を保たせる मैं एक दिन छोड़ हजामत बनाता हूँ 一日おきに（隔日に）ひげをそる (9) 離れる；去る यहाँ की जलवायु कुछ ठीक लगती है, इस लिए इंगलैंड छोड़कर यहाँ बस गया है 当地の気候が少しいいように思えるのでイングランドを去ってここに住みついている गाड़ी प्लेटफ़ार्म छोड़ रही है 列車はプラットホームを離れようとしている (10) まかせる；委ねる अन्य अनेक कार्य हैं जो निजी व्यक्तियों पर नहीं छोड़े जा सकते हैं 個人にまかせられない業務がほかに多数ある फ़ैसला उसपर छोड़ दीजिए 決定はあの人にまかせて下さい नेता का चुनाव विधायकों पर छोड़ दिया गया है 指導者の選出は州議会議員にまかされている मेरी स्त्री है, उसे किसपर छोड़ूँ? 妻なのです．妻をだれに委ねましょうか (11) 許す；赦す；容赦する；見逃す；免除する हम दक्षिणा किसी पर नहीं छोड़ते 相手がだれであれ謝礼を免除しないことにしている जो गद्दारी करते उनको हम नहीं छोड़ते 裏切る者を赦さない वह मेरे अलावा यहाँ किसी आदमी को नहीं छोड़ता あの人は私以外はここのだれ一人も容赦しない छोड़ो, इसकी बुद्धि अभी छोकरों वाली है 見逃してやれ．こいつの頭はまだがきのままなんだ (12) 送り届ける；送って行く；つれて行く；見送る वह उन्हें छोड़ने के लिए दरवाज़े तक गया 見送りに扉のところまで行った आइए, आप को कालिज छोड़ दूँ さあどうぞ，大学までお届けします आज आप इसे छोड़ने आई हैं 今日はこの人を送り届けにいらっしゃったのですね होटल तक छोड़ने आ गया ホテルまで送って来た (13) 発射する；打つ（撃つ）；（花火などを）打ち上げる फुलझड़ी छोड़ना 花火を上げる 9 अक्तूबर 1971 को इस रेंज से रोहिणी-125 रॉकेट छोड़ा गया 1971 年の 10 月 9 日にこの発射台からローヒニー 125 号ロケットが発射された उसने ऐसी बंदूक़ बनाई थी जो एक ही वक़्त में बारह गोलियाँ छोड़ती थी 一度に 12 発発射する銃をこしらえた (14) 後を追わせる；追跡させる；（人の後を）つけさせる (15) 放置する；ある状態にしておく；ある状態を保つ दुश्मन को ज़िंदा नहीं छोड़ेंगे 敵を生かしては置かない खाने पीने की चीज़ें खुली न छोड़ें 飲食物をむき出しにして置かないこと (16) 出す；送る；送り出す；発送する पत्र छोड़ना 手紙を出す；投函する **छोड़ना-छाड़ना** 捨て置く；放置する उस वक़्त ऐसा वैराग्य सवार हुआ कि सब छोड़-छाड़कर निकल भागूँ あの時は何もかも捨て置いて家を出ようと思ったほど厭世的な気持ちにとらわれていた **छोड़ जा॰** 後に遺す **छोड़ दे॰** *a.* 捨てる；縁を切る *b.* 釈放する **छोड़ बैठना** やめる；止めてしまう **छोड़ मारना** ＝ छोड़ जा॰. (-को) **पीछे छोड़ दे॰** (ーを) 追い抜く

छोड़वाना [他・使] ＝ छुड़वाना. ← छोड़ना.

छोनी [名*] 大地＝ क्षोनी; पृथ्वी; भूमि; ज़मीन.

छोप [名] (1) しっくい，壁土，半流動体のものなどを塗りつけること；塗りこめること (2) 塗りつけたもの；塗りつけた部分 (3) 穴やくぼみに埋めたり詰めたりすること (4) 修理；修繕 **छोप चढ़ाना** 塗りつける；塗布する **छोप-छाप क॰** *a.* 修理や修復をする；家の修繕をする *b.* 上辺を取りつくろう；湖塗する *c.* 穴埋めをする；穴ふさぎをする

छोपना [他] (1) 塗る；塗りつける；塗布する (2) 色を塗る；色付けする (3) 穴やくぼみに埋め込む；埋める；詰める＝ छोपना-छापना. 穴埋めをする；穴をふさぐ (4) 修理する；修繕する (5) 隠す；被せる；覆う (6) 覆い被せる

छोपाई [名*] ← छोपना.

छोभ [名] 心の動揺；心の乱れ＝ क्षोभ.

छोर [名] (1) 端；先端；末端 शहर के एक छोर से दूसरे छोर तक 町のこちらの端からあちらの端まで गुब्बारे का बंद छोर 風船の閉じた端（口） रस्सी के दोनों छोर मिलाकर 綱の両端を合わせて टेढ़ी नली का बाहर वाला छोर 曲がった管の外側の端 (2) はて；際限 क्षितिज के उस छोर पर 地平線のあのはてに (3) かど（角）

छोरटा [名] ＝ छोर.

छोरना[1] [他] (1) ほどく；(結びや結ばれているものを) 解く (2) 脱ぐ (3) 奪う；奪い取る
छोरना[2] [他] = छोड़ना.
छोरा [名] = छोकरा. 若僧；青二才；餓鬼
छोरी [名*] = छोकरी. 小娘；あま；あまっちょ छोरी चौदह बरस की है 14 歳の小娘だ
छोलदारी [名*] 小さなテント；小型テント
छोलना [他] (1) 切る；削る；切り取る；切り払う (2) むく；剥ぐ (3) こする；削る；こすりとる；削り落とす
छोला [名] (1) マメ科ヒヨコマメの実 (2) エンドウマメ (3) サトウキビの葉を打ち払う作業をする労務者 छोले भटूरे 〔料〕煮たヒヨコマメとメリケン粉の揚げパン→ भटूरा.
छोह [名] (1) 愛情；やさしさ；やさしい気持ち (2) 憐れみ；なさけ (3) 動揺
छोहना [自] いとおしむ (愛おしむ)；可愛がる
छोहरा [名] = छोकरा.
छोहरी [名*] = छोरी. あま；あまっこ；あまっちょ
छोहारा [名] = छुहारा.
छौंक [名*] ← छौंकना. (1) 料理の香辛料での香りづけ；風味づけ (2) それに用いられる香辛料
छौंकना[1] [他] ダール (ひき割り豆の汁) や野菜の煮物や穀類の炒めものなどの料理に香りをつけるためにクミン, アギ, トウガラシ, フェヌグリーク (コロハ) などの香辛料を油で熱してかける रसोई घर में से दाल छौंकने की आवाज़ आई 台所からダールに香りづけをする音が聞こえてきた
छौंकना[2] [自] 跳びかかる；襲いかかる
छौंक-बघार [名*] (1) ← छौंकना[1]. 香辛料での香りづけや味付け (2) おもしろおかしく脚色すること；枝葉をつけること；潤色
छौंड़ा[1] [名] 男の子；少年= बालक; लड़का; छोकरा.
छौंड़ा[2] [名] 穀物保存のために地面に掘った穴= खत्ता.
छौंड़ी [名*] 女の子；小娘= लड़की; छोकरी.
छौना [名] (1) 動物の子 (仔) सूअर के छौने 豚の子；子豚 मृग-छौना レイヨウ (など) の子； ऊँट के छौने ラクダの子 (2) 人間の子供；幼児= बालक; शिशु.
छौरा [名] 飼料になるヒエやキビなどの茎
छौलदारी [名*] = छोलदारी.

ज

जंकशन [名] = जंक्शन.
जंक्शन [名] (1) 《E. junction》接続駅；乗り換え駅；連絡駅 सोनपुर एक बड़ा जंक्शन है, जहाँ चारों ओर से गाड़ियाँ आती हैं ソーンプル (駅) は大きな乗り換え駅で四方から列車がやって来る (2) 〔言〕ジャンクション= उद्देश्य-संबंध.
जंग [名*] 《P. جنگ》 (1) いくさ；戦い；戦争 (国家間の) (2) 社会生活上の激烈な競争；戦い；争い चुनाव के वक़्त एक दूसरे के ख़िलाफ़ जंग घोषित कर देते हैं 選挙に際してはお互いに対する戦いを宣言する जंग क॰ 戦う；戦争をする；いくさをする जंग चढ़ना 戦いが起きる；いくさが始まる जंग मचाना = जंग क॰. जंग ले॰ 争いを起こす；戦いを起こす
ज़ंग [名⁻] 《P. زنگ》 (1) さび (錆；銹) ज़ंग खा जा॰ 錆がつく；錆つく= ज़ंग लगना. (2) 汚れ (3) 悪；悪事 ज़ंग लगना *a.* 錆がつく इसपर ज़ंग नहीं लगती これには錆がつかない तलवार में ज़ंग लग गई थी 刀は錆ついてしまっていた ज़ंग लगी हुई पिन 錆ついたピン *b.* 錆つく；衰える；役立たずになる ज़ंग हटाना 錆をおとす；錆おとし
जंगआज़्माई [名*] 《P. جنگ آزمائی》 (1) 戦になれていること (2) 戦に従っていること；戦闘中の
जंगआज़्मूदा [形] 《P. جنگ آزموده》 歴戦の；百戦錬磨の
ज़ंगआलूदगी [名*] 《P. زنگ آلودگی》 錆つき；錆ついて不都合が生じること
ज़ंगआलूदा [形] 《P. زنگ آلوده》 錆のついた；錆ついた= मोरचा खाया हुआ; ज़ंग लगा हुआ.
जंगआवर[1] [形] 《P. جنگ آور》 勇敢な；勇猛な；戦闘的な
जंगआवर[2] [名] 勇士；戦士
जंगजू [形・名] 《P. جنگ جو》 (1) 戦闘的な；好戦的な (2) 戦士；兵士
जंगजूई [名*] 《P. جنگ جوئی》 (1) 好戦性；戦闘性 (2) 戦い；戦争
जंगपसंद [形] 《P. جنگ پسند》 好戦的な；戦いや争いを好む
जंगपसंदी [名*] 《P. جنگ پسندی》 好戦性
जंगबाज़ [形] 《P. جنگ باز》 好戦的な；戦闘的な；武断的な
जंगबाज़ी [名*] 《P. جنگ بازی》 好戦性；武断主義
ज़ंगबार [名] 《P. زنگ بار》 (1) 黒インク (2) 〔地名〕ザンジバル (タンザニア)
जंगम[1] [形] (1) 動く；動ける；移動する (2) 動かせる；移動できる (3) 動物の；生物による जंगम संपत्ति 動産 = चल संपत्ति.
जंगम[2] [名] 〔ヒ〕ジャンガム；ジャンガマ (リンガーヤトシャイヴァ派のグル, すなわち, 師の称号)
जँगरा [名] 飼料になる豆類の茎
जँगरैत [形] 勤勉な；努力家の= परिश्रमी; मेहनती.
ज़ंगरोधी [形] 《P. زنگ رودهی زنگ + H. रोधी》錆止めの ज़ंगरोधी धातु 錆止めの金属 ज़ंगरोधी इस्पात ステンレススチール
जंगल [名] 《Skt., P. جنگل》 (1) ジャングル；密林 (2) 茂み (繁み)；密集して生えたところ सरकंडे के जंगल 葦の茂み (3) 森；林；森林 चीड़ और देवदार के जंगल 松とヒマラヤスギの林 (4) 砂漠 (5) 荒野 (6) 野原；草原 महानगरों की बहुमंज़िली इमारतों के जंगल में 30 वीं या 40 वीं मंज़िल पर 大都市の高層建物というジャングルの 30 階, 40 階で जंगल का क़ानून ジャングルのおきて；弱肉強食 जंगल का तीतर 臆病な；小心な जंगल की आग की तरह फैलना 野火のように勢いよく広がる शांति के गुम होने का समाचार जंगल की आग की तरह चारों तरफ़ फैल गया シャーンティの失踪の報はあっという間に一帯に広がった जंगल की हवा 清浄な空気 जंगल जा॰ 用足しに野原や畑などに行く जंगल फिरना = जंगल जा॰. जंगल

में मंगल 人気のないところでの賑わい；ふだんはさびしいところが賑わうこと जंगल में रोना 聞く人のいない無駄な嘆き；荒野の叫び जंगल मैदान हो॰ （朝の野原での）用足しをする जंगल हो॰ 荒廃する

जंगल जलेबी [名*] (1) マメ科高木キンキジュ（金亀樹）【*Pithecellobium dulce*】 (2)〔俗〕大便（渦状の形の野糞）= गू; गलीज़.

जंगला[1] [名] (1) 手摺り (2) 鉄柵 कटीले तार का जंगला 有刺鉄線の柵 (3) ガードレール (4) 鉄格子

जंगला[2] [名]〔イ音〕ジャンガラー（ラーガ）

जंगली [形] ← जंगल. (1) 野生の；野の；栽培されていない जंगली घास 野の草（いわゆる雑草） जंगली पौधे 野草 जंगली बेर 野生のナツメ जंगली हाथी 野生の象 (2) 未開の；野生の；野蛮な जंगली अवस्था 未開状態 (3) 粗野な；下品な；無作法な अरे यह तो पूरा जंगली है こりゃまあ全くの無作法者だ

जंगली अंगूर [名]《H. + P. انگور》〔植〕ブドウ科蔓草【*Ampelocissus arnottiana; Vitis indica*】

जंगली अरंडी [名*]〔植〕トウダイグサ科低木ナンヨウアブラギリ【*Jatropha curcas*】

जंगली एरांडी [名*]〔植〕トウダイグサ科低木【*Jatropha glandulifera*】

जंगली कंदा [名]〔植〕サトイモ科草本【*Dracontium polyphillum*】

जंगली कबूद [名]〔鳥〕ノガン科ノガン【*Otis tarda*】

जंगली काली मिर्च [名*]〔植〕ミカン科低木【*Toddalia asiatica*】〈wild orange tree; lepez tree〉

जंगली कुत्ता [名]〔動〕イヌ科ドール；クオン；アカオオカミ【*Cuon alpinus*】〈dhole〉

जंगली कौव्वा [名]〔鳥〕カラス科ワタリガラス【*Corvus corax*】

जंगली खजूर [名]〔植〕ヤシ科【*Phoenix acaulis*】= खजूर.

जंगली गिलहरी [名*]〔動〕リス科インドオオリス【*Ratufa indica*】

जंगली चंपा [名*]〔植〕キョウチクトウ科低木シロバナインドソケイ【*Plumeria alba*】

जंगली चचींडा [名]〔植〕ウリ科蔓草カラスウリ【*Trichosanthes cucumerina*】

जंगली चुगद [名]〔鳥〕フクロウ科モリスズメフクロウ【*Glaucidium radiatum*】

जंगली जमालगोटा [名] トウダイグサ科低木ハズ【*Croton tiglium*】の一種

जंगली दारचीनी [名*]〔植〕クスノキ科高木イヌニッケイ【*Cinnamomum iners*】

जंगली धान [名]〔植〕イネ科水草ライスグラス【*Leersia hexandra; Homalocenchrus hexandrus*】〈rice grass〉

जंगली निंबू [名]〔植〕ミカン科小木【*Atalantia monophylla*】

जंगलीपन [名] (1) 野生 (2) 野性；野蛮性 (3) 粗野なこと；無作法

जंगली प्याज़ [名*]《H. + P. پیاز प्याज़》〔植〕ユリ科カイソウ属インドカイソウ【*Urginea indica*】〈Indian squill; true squill; sea onion〉= बन प्याज़ी.

जंगली फुदकी [名*]〔鳥〕ムシクイ科オナハウチワドリ【*Prinia sylvatica*】

जंगली बादाम [名] (1)〔植〕カンラン科高木クナリカンラン【*Canarium commune*】野生のアーモンド (2)〔植〕アオギリ科高木ヤツデアオギリ【*Sterculia foetida*】

जंगली बिल्ली [名*] ヤマネコ（山猫）

जंगली भिंडी [名*] (1)〔植〕アオイ科トロロアオイ【*Hibiscus manihot*】= बनकपासी. (2)〔植〕アオイ科トウニウナ属小木【*Azanza lampas; Thespesia lampas; Thespesia macrophylla*】

जंगली भैंस [名*]〔動〕ウシ科インドヤギュウ（インド野牛）【*Babalus bubalis*】

जंगली मटर [名]〔植〕マメ科レンリソウ（連理草）属【*Lathyrus aphaca*】〈yellow vetchling〉

जंगली मदनमस्त [名]〔植〕ソテツ科小木ジャワソテツ= जंगली मदनमस्त का फूल.【*Cycas circinalis*】

जंगली मुरगी [名*]〔鳥〕キジ科セキショクヤケイ【*Gallus gallus*】

जंगली मेथी [名*]〔植〕マメ科多年草【*Desmodium triflorum*】

जंगली मैना [名*]〔鳥〕ムクドリ科カバイロハッカ【*Acridotheres fuscus*】= गलगल.

जंगली मोथर [名*]〔植〕マメ科ナンバンクサフジ【*Tephrosia purprea*】

जंगली सरु [名*]〔植〕モリマオウ科高木モクマオウ【*Casuarina equisetifolia*】

जंगली सुपारी [名*]〔植〕ヤシ科ムラダチビンロウ【*Areca triandra*】

जंगली सूअर [名]〔動〕イノシシ科イノシシ（猪）

जंगली सूरन [名]〔植〕サトイモ科ゾウゴンニャク【*Amorphophallus campanulatus*】= जिमीकंद; ज़मीनकंद.

जंगली हलदी [名*]〔植〕ショウガ科ウコン属【*Curcuma aromatica*】〈wild turmeric〉

ज़ंगार [名]《P. زنگار》(1) 緑青= तांबे का कसाव; तूतिया. (2) 緑青色

ज़ंगारी [形]《P. زنگاری》緑青色の

जंगाल [名] = ज़ंगार.

जंगी [形]《P. جنگی》(1) 戦闘に関する；戦争に関する जंगी क़ैदी 捕虜 जंगी कारनामा 戦闘行為 (2) 戦略上の (3) 軍事上の जंगी सामान 兵器；武器；軍事物資 (4) 好戦的な (5) 体の大きな；体格のよい；大型の

ज़ंगी [形]《P. زنگی》(1) アビシニアの；エチオピアの (2) 肌の色がとても黒い

जंगी जहाज़ [名]《P.A. جنگی جہاز》軍艦

जंगी बेड़ा [名]《P. جنگی + H.》艦隊

जंगी लाट [名]《P. جنگی + E. lord》（インド）軍総司令官

जंगुल [名] 毒 = विष; ज़हर.

जंगूरिया तीतर [名]〔鳥〕キジ科ユキシャコ【*Lerwa lerwa*】

जंगे आज़ादी [名*]《P. جنگ آزادی》独立戦争= स्वाधीनता संग्राम.

जंगे ज़रगरी [名*]《P. جنگ زرگری》見せかけの争い

जंगे बर्री [名*]《P.A. جنگ بری》陸地での戦闘；地上戦= स्थल-युद्ध.

जंगे बह्री [名*]《P.A. جنگ بحری》海戦= जल-युद्ध.

जंगे मैदान [名*]《P.A. جنگ میدان》戦闘 इन कानों ने जंगे मैदान की ख़ूँखार आवाज़ें सुनी हैं この耳は戦闘の残忍な音を聞いたことがある

जंगे हवाई [名*]《P.A. جنگ ہوائی》空中戦 = वायु-युद्ध; आकाश-युद्ध.

जंगो जदल [名]《P.A. جنگ و جدل》流血；戦闘；喧嘩= लड़ाई-झगड़ा; मारकाट.

जंघ [名*] = जंघा.

जंघा [名*] (1) もも（股） (2) ふともも（太股） (3) 鋏の柄

जंघा त्राण [名] 敵の攻撃から大腿部を保護する防具

जंघामथानी [名*] (1) 不貞な女；姦婦；淫婦；多情な女 (2) 売春婦；淫売

जंघार [名*]〔医〕ねぶと（根太）

जंघारा [名] ジャンガーラー（ラージプートの一氏族名）

जंघाल[1] [名] 急使；飛脚

जंघाल[2] [形] 速く走る

जंघिल [形] 速い；素早い；走りが速い

जँचना [自] (1) 調べられる；調査される (2) 納得がいく；もっともだと思える；気に入る；合点が行く यह बात जँचती नहीं これは納得できぬ यह बात बहुत जँची この話はとても気に入った यह बात राजा को जँच गई この話は殿の気に入った (3) 似合う；合う；ぴったりする वह शराबी व धूर्त व्यक्ति की भूमिका में अच्छा जँचा है 彼は飲み助で狡猾な人物の役柄にぴったりしている नये कपड़ों में शकुंतला बहुत जँच रही थी 新しい服がシャクンタラーにとても似合っていた (4) 思える；感じられる अपनी अंतरात्मा के अनुसार जो भी ठीक जँचे, वही लिखो 自分の良心に正しいと思えることを書きなさい एक दिन उनको न जाने क्या जँची कि उन्होंने अप्सरा के महल में छिपकर पुत्र व अप्सरा को देखना चाहा ある日のこと何を思ったのかアプサラーの宮殿にひそんで息子とアプサラーに会いたくなった

जँचा [形+] ← जँचना. (1) 調べられた；良く調べ上げた (2) 熟達の

जँचा-तुला [形+] 確かな；確実な；間違いのない；ぴったりの

जंज [名*]〔ヒ〕花婿側の結婚式参列者の行列

जंजघर [名]〔ヒ〕挙式に向かう花婿側の行列参列者の接待所・宿泊所

ज़ंजबार〔地名〕《A. زنجبار》ザンジバル（タンザニア連邦共和国）〈Zanzibar〉

ज़ंजबील [名]《A. زنجبیل》ひねしょうが= सोंठ; शुंठि.

जंजाल [名] (1) 世事；俗事；世の中の煩わしさ बाप के जमाने में खाते थे और खेलते थे.अब तो गिरस्ती का जंजाल सिर पर है 父親の存命の間はのんきに飲み食いし遊んでいたが，今では一家の切り盛りに追われている क्यों रोता है बेटा, खुश हो कि वह माया जाल से मुक्त हो गई, जंजाल से छूट गई なぜ泣くのだい．あの人は迷妄の罠から解かれたのだ．人の世の煩わしさから解き放たれたのだ (2) 煩わしさ；面倒；厄介 (3) 渦；渦巻き (4) 大型マスケット銃 **जंजाल पालना** 厄介なことを引き受ける；面倒なことに関わりを持つ **जंजाल में पड़ना** 面倒におちいる；厄介な目に遭う＝ जंजाल में फँसना. **जंजाल मोल ले॰** わざわざ厄介なことや面倒なことにかかずらう

जंजालिया [形] ＝ जंजाली[1]

जंजाली[1] [形] (1) 面倒を起こす；ごたごたをおこす；厄介な (2) 面倒におちいった；世俗の面倒に関わっている

जंजाली[2] [名*] 帆綱

ज़ंजीर [名*]《P. زنجیر》(1) 鎖 हथकड़ियों की ज़ंजीर 手錠の鎖 (2) つなぎ止めておく者；束縛するもの；桎梏；自由を奪うもの गुलामी की ज़ंजीर 隷従の鎖 (3) 首飾りのチェーン उसने महिला की ज़ंजीर छीनी 男は女性の首飾りをひったくった (4) 囚人の足をつないでおく鉄の鎖 (5) 戸の掛け金の鎖 ज़ंजीर लगाना 掛金の鎖を掛ける (6) つなぎ合わせるもの；つなぐもの **ज़ंजीर डालना** 閉じこめる；束縛する **ज़ंजीर में बाँधना** 鎖につなぐ हमारा मालिक हमको दिन-भर ज़ंजीर में बाँधकर रखता है 主人は私たちを一日中鎖につないで置く **ज़ंजीर से जकड़ा हो॰** （鎖で）がんじがらめになっている；身動きできない（状態）

ज़ंजीरदार [形]《P. زنجیردار》〔裁〕鎖縫いの

ज़ंजीरमू [形]《P. زنجیر مو》ちぢれ毛の；巻き毛の＝ घुँघराले बालों वाला.

ज़ंजीरा [名]《P. زنجیره》(1)〔裁〕鎖縫い (2)〔手芸〕鎖模様（刺繍） (3) 波 ＝ तरंग; मौज; लहर.

ज़ंजीरी [形]《P. زنجیری》(1) 鎖でつながれた；囚われている；囚人である；囚われの身の (2) 狂気の；気の狂った；正気を失った ＝ पागल; दीवाना.

जंट [名]《← E. Joint Magistrate》県副長官（県行政長官 District Magistrate の補佐役）＝ जंट मजिस्ट्रेट.

जंटी [名*]《← E. Joint Magistrate》県行政副長官の職や身分

जंड [名]〔植〕マメ科常緑樹【*Prosopis cineraria; Mimosa cineraria*】

जंत [名] ＝ जंतर.

जंतर [名] (1) 首から下げる金属製のお守り；魔除け (2) 天体測候所；天文台 (3) 機械；機器

जंतर-मंतर [名] (1) 天文台；天体観測所 (2) 魔法；まじない＝ टोना टोटका.

जंतरी[1] [名] (1) 魔法使い＝ जादूगर. (2) 魔法陣 (3) 楽士；演奏家

जंतरी[2] [名*] (1) 暦；カレンダー (2) 小型の機具 (3) 金銀細工に用いる針金を作る道具（鉄板に大小様々な穴があけられており任意の太さにしたり引き延ばしたりできる） **जंतरी ढीली हो॰** 機械や器具が使えなくなる **जंतरी में खींचना** *a.* 引っ張って延ばす *b.* 真っ直ぐにする *c.* 痛い目に遭わせる；苦しめる＝ जंतरी में निकालना.

जंतसर [名] ひき臼をひく際の作業歌；粉碾き歌

जंतसार [名*] 2人でひく大型のひき臼の地面に固定されている場所

जंता [名] (1) 機械；器具 (2) → जंतरी[2]

जँताना [自] (1) ひきうす（碾き臼）でひかれる (2) 人混みに激しく押される；押しつぶされる

जंती[1] [名] 金細工師の針金を作る道具＝ जंतरी[2] (3).

जंती[2] [名*] 母；母親 ＝ माँ; माता.

जंतु [名] (1) 生き物；生命のあるもの；動物；生き物＝ जानवर; प्राणी. (2)〔イ哲〕アートマン；霊魂；自我＝ जीवात्मा; आत्मा. (3) 虫などの下等生物；虫けら

जंतुका [名*] ラック；シェラック＝ लाक्षा; लाख.

जंतु जगत [名] 動物界〈animal kingdom〉→ वनस्पति जगत 植物界

जंतुफल [名]〔植〕クワ科小高木ウドンゲ（優曇華）＝ उदुंबर.

जंतुमारी [名*] ＝ जंबीरी नीबू; जंभीरी.

जंतुला [名]〔植〕イネ科ワセオバナ＝ काँस.

जंतु विज्ञान [名] 動物学

जंतुशाला [名*] 動物園 ＝ चिड़िया घर; ज़ू.

जंत्र [名] (1) お守り；護符＝ बौद्ध-धर्मी स्त्रियों में गर्भ रक्षा हेतु कागज अथवा भोजपत्र पर लिखे जंत्र गर्दन पर बाँधे जाते हैं. 仏教徒の女性の首には胎児の安全のため紙もしくはペーパーバーチの樹皮に書かれた護符が結ばれる (2) 機械 (3) 鍵 (4) 弦楽器

जंत्रना [名*] ＝ यंत्रणा.

जंत्र-मंत्र [名] ＝ जंतर-मंतर.

जंत्री[1] [名]（弦楽器の）奏者；演奏者；演奏家

जंत्री[2] [名] 楽器

जंत्री[3] [名*] 暦；カレンダー＝ जंतरी; कैलेंडर.

ज़ंद [名]《P. زند》(1) ゾロアスター教経典 (2)〔言〕アヴェスタ語

ज़ंद अवेस्ता [名]《P. زند اوستا ज़ंदो उस्ता》ゾロアスター教経典；ゼンド・アヴェスタ

जंदरा [名]《P. جندرا》(1) 機械；器具 (2) 錠 (3) 碾き臼 **जंदरा ढीला हो॰** *a.* 機械や器具がつぶれる *b.* 疲れ果てて手足が思うように動かなくなる

जंपना [他] (1) 言う；語る；しゃべる (2) わけのわからぬことを言う；ぶつぶつつぶやく

जंपर [名]《E. jumper》プルオーバー；セーター

जंब [名] 泥；ぬかるみ＝ कीचड़; पंक.

ज़ंब [名]《P. ذنب》罪；罪悪 ＝ पाप; गुनाह.

जंबाल [名] (1) 泥；ぬかるみ ＝ कीचड़; पंक. (2) 土 ＝ मिट्टी. (3) 水草；藻＝ सेवाल; शैवाल.

जंबाला [名*] ＝ केतकी.

जंबीर [名]〔植〕レモン【*Citrus limon*】＝ जंबीरी नीबू; बड़ा निंबू; पहाड़ी निंबू.

जंबीरी नीबू [名] ＝ जंभीरी.

जंबील [名]《A. جنبیل》(1) 袋 (2) 特に托鉢や行乞で得たものを入れる袋（状のもの） (3) かご

जंबु [名]〔植〕フトモモ科ムラサキフトモモとその実＝ जामुन.

जंबुक [名] (1)〔植〕フトモモ科タイワンフトモモ【*Eugenia formosa*】 (2) その実＝ बड़ा जामुन; फरेंदा.

जंबुखंड [名] ＝ जंबूद्वीप; जम्बुद्वीप.

जंबुद्वीप [名]〔イ神〕ジャンブドヴィーパ／ジャムブードヴィーパ（プラーナの説く7つの州の一で人間が住むとされる．バーラタ भारत はそのなかにある）；えんぶだいしゅう（閻浮提洲）＝ जम्बुद्वीप; जम्बूद्वीप.

जंबुल [名] (1) ＝ जंबू; जामुन. (2) ＝ केतकी.

जंबू [名] (1)〔植〕フトモモ科高木ムラサキフトモモ (2) 同上の実 (3)〔植〕キク科草本ヨモギ【*Artemisia vulgaris*】 (4)〔地名〕ジャンムー（ジャンムー・カシミール州の冬期の州都）

जंबूका [名] 干しブドウ ＝ किशमिश.

जंबू खंड [名] ＝ जंबूद्वीप.

जंबू नदी [名*]〔イ神〕ジャンブーナディー（ジャンブードヴィーパを流れる川）

ज़ंबूर[1] [名]《P. زنبور》(1) スズメバチ；クマンバチ (2) ミツバチ (3)〔軍〕回転砲；旋回砲

ज़ंबूर[2] [名]《P. زمبور जम्बूर?》万力；やっとこ；ニッパー＝ जम्बूर.

ज़ंबूरक [名*]《T. زنبورک》(1) 回転砲；旋回砲 (2) 砲車

ज़ंबूरख़ाना [名]《P. زنبور خانه》スズメバチの巣

ज़ंबूरा [名]《← P. زنبور》(1) スズメバチ (2) 回転砲；旋回砲

जंबूल [名] (1)〔植〕タコノキ科小木アダン【*Pandanus odoratisimus*】 (2) ムラサキフトモモ＝ जंबू.

जंभ [名] (1) 臼歯 (2) あご (3) あくび (4) ＝ जंबीरी नीबू; जंभीरी.

जंभक[1] [名] ＝ जंबीरी नीबू; जंभीरी.

जंभक[2] [形] (1) あくびの出る；眠気を催す (2) 獰猛な ＝ हिंसक. (3) 好色な

जंभका [名*] あくび ＝ जंभाई.

जंभा [名*] ＝ जँभाई; जम्हाई.

जँभाई [名*] あくび ＝ जम्हाई; जँभाई; उबासी. **जँभाई आ॰** あくびが出る **जँभाई ले॰** あくびをする

जँभाना [自] あくびをする＝ जँभाई ले॰; जम्हाई ले॰.

जंभीर [名*] ＝ जंभीरी.

जंभीरी [名*]〔植〕ミカン科ジャンビーリー（レモンの一種）【*Citrus jambhiri; C. acida; C. limon*】＝ जंबूरी; खट्टी; जट्टी खट्टी.

जँवाई [名] 娘の夫；娘婿＝ दामाद; जामाता; जमाई. घरजँवाई 入り婿

ज

-ज［造語］（－から）生まれた，生じたなどの意を有する合成語の構成要素 आत्मज 息子 पंकज ハス

जई［名*］(1)〔植〕オートムギ；カラスムギ【*Avena byzantina; A. sterilis*】 जहाँ थोड़ी बारिश हो जाती है वहाँ लोग जौ जई उगा लेते हैं 少し雨の降るところでは大麦やカラス麦を植える (2) オートムギの粒 (3) 大麦の芽やもやし (4) 植物の若芽

ज़ईफ़［形］《A. ضعيف》(1) 老いた；年老いた= बूढ़ा; वृद्ध. (2) か弱い；衰弱した；弱い；無力な；貧弱な= कमज़ोर; निर्बल. ज़ईफ़ इनसान 老人

ज़ईफ़ी［名*］《A. ضعيفی》(1) 老い；老齢；晩年= बुढ़ापा; वृद्धा अवस्था. (2) 衰え；衰弱= निर्बलता; कमज़ोरी.

जक[1]［名］(1) 強情；意地；片意地；いこじ（依怙地）= ज़िद; हठ. (2) 熱中；のぼせ= धुन; रट. **जक पकड़ना** 意地を張る；片意地はる；いこじになる **जक पड़ना** 夢中になる；熱中する；のぼせる **जक बँधना** = जक पड़ना.

जक[2]［名*］(1) 安楽 (2) 安心；平静 जक पड़ना 心が落ち着く；心が平静になる；気持ちが静まる

ज़क［名*］《P. زک》(1) 敗北；負け (2) 損；損害；欠損 (3) 恥；恥辱；不名誉 (4) 軽蔑；侮辱 **ज़क उठाना** 侮辱される；恥をかく；面目を失う **ज़क पाना** = ज़क उठाना.

जकड़［名*］← जकड़ना[1,2] (1) きつく縛ること；固く縛り上げること；緊縛；がんじがらめ（雁字搦め） जुए की इस ज़बरदस्त जकड़ में मेरा भाई इस क़दर पड़ गया कि भाभी के सारे गहने बिक गए या अंत में बिक जाने के लिए गिरवी रख दिये गए 賭博のこのきつい縛りにあって兄嫁の一切の装身具は売り払われるかしまいには売られるために質に入れられた (2) こわばること；こわばり；硬直すること

जकड़न［名*］(1) = जकड़. (2) こわばり；硬直 छाती में भी किसी प्रकार की जकड़न के लक्षण नहीं थे 胸部にも何らの硬直の徴候はなかった

जकड़ना[1]［他］(1) がんじがらめにする；動けなくする；きつく縛る；固く縛りつける कोमल शरीर को खुरदरे जूट के रस्सों से जकड़कर बाँध रहे हैं きゃしゃな体をごつごつしたジュートの綱で縛り上げてつないでいる "मैं ही हूँ" की बीमारी ने इस परिवार को जकड़ रखा है 「おれが一番だ…」というこの病気がこの家族をがんじがらめに締めつけている (2) 握りしめる；締めつける；強く構える；きつくつかむ पौधे की जड़ मिट्टी के कणों को जकड़े रखती है 植物の根は土をしっかりとつかまえておく आलिंगन में जकड़ना 強く抱きしめる उसने लता को बाहुपाश में जकड़ लिया ラターを胸にきつく抱きしめた सहसा आशा ने सहेली को अपने स्नेहिल बाहुपाश में जकड़ लिया アーシャーは突然友達を愛情あふれる腕にきつく抱きしめた छोटे छोटे दो धागे भी जानी दुश्मन को मुहब्बत की ज़ंजीरों में जकड़ देते हैं とても短い 2 本のひもさえ不倶戴天の仇を愛の鎖にきつく締めつけるものだ निर्जन स्थान में मुझे ऐसी दहशत जकड़ लेती, जिसका बयान नहीं कर सकता 人気のない所に行くと口では言い表せないような恐怖感に締めつけられる उसने पार्वती को बलपूर्वक जकड़ लिया और कपड़े खींचने लगा パールヴァティーをむりやりにつかまえ着物を引っ張り出した सामाजिक बंधनों की लौह शृंखला से नारी को इतना जकड़ कर कस दिया गया है कि वह टस से मस नहीं हो सकती 全く身動きできないほどに社会的制約の鉄鎖に女性は縛りつけられている

जकड़ना[2]［自］(1) がんじがらめになる；からまる；からめられる；動けなくなる；身動きできなくなる धर्म के शिकंजे में जकड़ा हुआ हमारा मुसलिम समाज 宗教の締め金にがんじがらめになったわが国のイスラム社会 सामाजिक मर्यादाओं, अनुशासन, नैतिकता में जकड़ा आदमी 社会規範，規律，道徳にがんじがらめになった人 ब्रिटिश सरकार की ओर से यह सभा कई बंधनों से जकड़ी हुई थी この会は英当局の課した幾つもの制約によって動けなくなっていた शुक्र करो, मैं उस वक़्त वहाँ न था, वरना तुम अस्पताल के बिस्तर पर पट्टियों पलस्तर में जकड़े पड़े होते その時私がそこに居合わせなかったのは幸いだった．そうでなけりゃ君は今時包帯やギプスで身動きできずに横たわっているはずだった (2) 縛りつけられる；締めつけられる；強くつかまえられる अंग्रेज़ों की पराधीनता में भारत माँ जकड़ी हुई थी 母なるインドはイギリスへの隷従に縛りつけられていた पुराने विचारों व धार्मिक धारणाओं से जकड़े हुए धार्मिक व्यक्ति 古い考えや信仰に縛りつけられている宗教的な傾きを持った人たち अमरीका के खुले समाज की तुलना में हमारा भारतीय समाज अभी तक परंपराओं में जकड़ा हुआ है アメリカの開かれた社会に比べるとわが国の社会は今なお伝統にがんじがらめに縛られている वह इन सरकारी विभागों के शिकंजे में बुरी तरह जकड़ा हुआ था 彼はこれらの役所という締め金にひどく締めつけられていた अभी हमारा देश गुलामी में जकड़ा हुआ था 未だわが国は隷属の身の上に縛りつけられていた आज का हिंदू समाज कर्मकांड व पंडे पुजारियों के जाल में किस क़दर जकड़ा हुआ है 今日のヒンドゥー社会は祭式と僧や祭官の罠にどこまで囚われているのか हमारा देश विदेशी हुकूमत के पंजों में जकड़ा सदियों से कराह रहा था わが国は外国人による統治に締めつけられて幾百年と呻吟していた आर्थिक अभावों से जकड़ा जीवन 窮乏に身動きができなくなった暮らし (3) こわばる；硬直する जैसे उसके घुटने जकड़ गये हों 膝がこわばってしまったかのように **जकड़ जा॰** からまる；からめられる；固まる

जकड़बंद［形］《H. + P. بند》締めつけられている；強く縛りつけられている

ज़क़न［名*］《A. ذقن》あご（顎）；おとがい= चिबुक; ठुड्डी.

ज़कर［名］《A. ذکر》(1) 男根 = शिश्न; लिंग. (2) おす；雄 = नर; पुरुष.

ज़करिया〔人名・イス〕《A. ذکریا》預言者ザカリヤ

ज़कात［名］《A. زکاة》(1)〔イス〕（イスラム法に定められた）喜捨；ザカート；救恤 एक काफ़िर के दल को इस्लाम के उजाले से रोशन कर देने का सवाब सारी उम्र के रोज़े-नमाज़ और ज़कात से कहीं ज़्यादा है 異教徒の集団にイスラムの光明を当てることによって得られる功徳は生涯断食をしたり喜捨をすることによって得られるものよりはるかに多い (2) 税；税金

ज़काती［形・名］《← A. زکات》(1) 徴税する (2) 税務官；徴税官

जकी［形］(1) 強情な= ज़िद्दी; हठी. (2) 驚いた；びっくりした= चकित.

जक्की［名*］〔鳥〕ムシクイ科サメビタキ属コサメビタキ【*Muscicapa latirostris*】

जक्षण［名］(1) 食べること；食事；食事をとること= भक्षण. (2) 食べ物；食事= भोजन.

ज़ख़म［名］《P. زخم ज़ख़्म》けが；傷 = ज़ख़्म; घाव.

ज़ख़मी［形］= ज़ख़्मी.

ज़ख़ीम［形］《A. ضخیم》(1) 太い = मोटा. (2) 大きい；巨大な= स्थूल.

ज़ख़ीर［名］《← A. ذخیره》集められたもの；集積；蓄積

ज़ख़ीरा［名］《A. ذخیره》(1) 山積みされたもの；堆積；いっぱい集まったもの；集められたもの；貯蔵 दवाओं का इतना बड़ा ज़ख़ीरा これほどの薬の山 (2) 蔵；倉庫；貯蔵庫 **ज़ख़ीरा लगाना** 集める；募集する；蓄積する

ज़ख़ीरा अंदोज़［形・名］《A.P. ذخیره اندوز》= ज़ख़ीरेबाज़.

ज़ख़ीरा अंदोज़ी［名*］《A.P. ذخیره اندوزی》= ज़ख़ीरेबाज़ी.

ज़ख़ीराबाज़［形］《A.P. ذخیره باز》(1) 貯蔵する；蓄積する (2) 買いだめをする；退蔵する

ज़ख़ीराबाज़ी［名*］《A.P. ذخیره بازی》(1) 貯蔵；蓄積 एटमी हथियारों की ज़ख़ीरेबाज़ी से 核兵器の貯蔵により (2) 買いだめ；退蔵

ज़ख़ीरेदार［名］《A.P. ذخیره دار》買いだめする人；退蔵する人

ज़ख़ीरेबाज़［形・名］= ज़ख़ीराबाज़.

ज़ख़ीरेबाज़ी［名*］= ज़ख़ीराबाज़ी.

जखेड़ा［名］(1)= ज़ख़ीरा. (2) 集まり；集積

ज़ख़्म［名］《P. زخم》(1) けが；負傷= क्षत; चोट; घाव. (2) 痛みを生じさせるもの **ज़ख़्म खाना** 傷つく；けがをする；負傷する **ज़ख़्म ताज़ा क॰** 古傷を思い出させる **ज़ख़्म ताज़ा हो॰** 古傷が思い出される **ज़ख़्म पड़ना** 傷つく；負傷する **ज़ख़्म पर नमक छिड़कना** 傷に塩をかける；悲しみを倍加させる；傷口に塩を塗る **ज़ख़्म पर नमक छोड़ना** = ज़ख़्म पर नमक छिड़कना. **ज़ख़्म पर फाहा रखना** *a.* 傷の手当をする *b.* 慰める；慰藉する= ज़ख़्म पर मरहम रखना. **ज़ख़्म भरना** 傷が癒える；傷が治る अनूप का पैर तो ऐसा छिला कि महीनों लगेंगे ज़ख़्म भरते アヌープの足のすり傷が癒えるのには数か月を要するだろう **ज़ख़्म हरा क॰** = ज़ख़्म ताज़ा क॰. **ज़ख़्म हरा हो॰** = ज़ख़्म ताज़ा हो॰. **ज़ख़्मों से चूर** 傷だらけの

ज़ख़्मी［形］《P. زخمی》傷ついた；けがをした；負傷した= क्षत; घायल. ज़ख़्मी दिल को 傷ついた心を ज़ख़्मी अंग 傷；傷をしたと

ころ；負傷個所 ज़ख्मी क॰ けがをさせる；傷害を与える；傷つける

जग[1] [名] (1) 世界；全世界；天下 सारा जग शांत था 世界中が平穏だった (2) 世の中；世間；世間の人；世人 (3) 宇宙 **जग का फेरा** 輪廻転生 **जग खारा लगना** 世の中が空しく感じられる **जग जीत ले॰** 大仕事をする；大変なことや立派なことをする **जग में नाम स्थापित क॰** 天下に名を馳せる；世界中に称賛される

जग[2] [名]《E. jug》水差し；ジャグ

जगजग [形] 強く光り輝く；きらきら輝く；ぎらぎら輝く

जगजगा[1] [名] 金属を薄く平たく延ばしたもの；箔= पत्री.

जगजगा[2] [形+] きらきら光る；光輝く；きらめく

जगजगाना [自] きらめく；きらきら光る；ぎらぎらする；ぎらぎら光る

जगज़ाहिर [形]《H.जग + A. ظاهر》世間に知られている；周知の = सर्वविदित. जगज़ाहिर हो॰ 世間に知れわたる

जगजीवन [名] 最高神= ईश्वर; परमेश्वर.

जगजोनि [名]〔イ神〕ブラフマー神= जगयोनि; ब्रह्मा.

जगज्जननी [名*]〔イ神〕ドゥルガー神= जगदंबा; भवानी.

जगज्जयी [形] 世界を制した；世界を制覇した= विश्वविजयी.

जगण [名]〔韻〕ジャガナ（ヴァルナガナ वर्ण गण による，すなわち，3 音節を単位とする詩脚の分類の一で， लघु गुरु लघु 短 ।－長 ऽ－短 । の順序による組み合わせ）

जगत् [名] → जगत[2]

जगत[1] [名*] 井戸枠のぐるりを石や煉瓦などで固めた少し高い台；井戸枠の周囲のたたき；井側の縁 कुएँ की जगत ऊँची और पक्की हो, यह ज़रूरी है 井筒は高く煉瓦造りでなくてはならない

जगत[2] [名]（サンスクリットにならって जगत्と記されることがある）(1) 世界；天下 (2) 場所；範囲；界；世界；限定された社会 वनस्पति-जगत्植物界 फफूँद को वनस्पति-जगत, यानी पेड़-पौधों के कुटुम्ब में शामिल किया जाता हैかびは植物界，すなわち，木や草の家族の一員に入れられる फ़ैशन जगत ファッション界 शिक्षा जगत में 教育界において खेल जगत スポーツ界 अरब जगत アラブ世界 (3) 世間；世の中

जगत गुरु [名] → जगद्गुरु.

जगत विख्यात [形] = जगद्विख्यात.

जगतसेठ [名] 豪商；大商人

जगतारण [形] (1) 世界を救う (2) 世界を守護する

जगती [名*] (1) = जगत[2] (2) 大地；地球 (3)〔建〕基壇

जगतीतल [名] 大地；地面

जगत्प्रसिद्ध [形] 世に知られた；世界に知られている；天下に名を馳せた जगत्प्रसिद्ध महारानी क्लियोपेट्रा 天下に名を馳せた女王クレオパトラ

जगदंबा [名*] = जगदंबिका.〔ヒ〕ジャガダムバー女神（世界の母）；ドゥルガー神= दुर्गा; भवानी.

जगदात्मा [名] (1) 最高神 = परमात्मा. (2) 空気；風 = वायु.

जगदादि [名] (1) ブラフマー神 (ब्रह्मा) (2) 最高神 = परमेश्वर.

जगदादिज [名] シヴァ神の異名の一

जगदाधार[1] [名] (1) 最高神 = परमेश्वर. (2) 空気；風 = वायु; हवा.

जगदाधार[2] [形] 世界を支える = परमेश्वर; वायु; हवा.

जगदानंद [名] 最高神= परमेश्वर.

जगदायु [名] 空気；風 = वायु; हवा.

जगदीश [名] (1) 最高神 = परमेश्वर. (2) ヴィシュヌ神 (विष्णु)

जगदीश्वर [名] 創造主；最高神 = परमेश्वर; जगदीश.

जगद्गुरु [名] (1) 最高神（ブラフマー，ヴィシュヌ，シヴァ） (2) 全世界から師と仰がれる人 (3) 8 世紀の哲学者 शंकराचार्य シャンカラーチャーリヤの法灯を継ぐ人の称号 शृंगेरी शारदापीठ के जगद्गुरु शंकराचार्य シュリンゲーリー僧院長のジャガットグル・シャンカラーチャーリヤ (4) 世界の指導者；世界の盟主 केवल जगद्गुरु बनने की लालसा ただただ世界の盟主になりたいという欲望

जगद्गौरी [名*]〔ヒ〕ジャガッドガウリー（シヴァ神妃パールヴァティーの異名の一）

जगद्धाता [名] (1) ブラフマー神 (2) ヴィシュヌ神 (3) シヴァ神

जगद्योनि[1] [名] (1) 最高神 (2) ブラフマー神 (3) ヴィシュヌ神 (4) シヴァ神

जगद्योनि[2] [名*] 大地 = पृथ्वी; धरा.

जगद्विख्यात [形] 世界中に知られた；全世界に知られている जगद्विख्यात ग्रंथ 世界的な名著

जगद्विनाश [名] 世界の破滅；世界の終末

जगना [自] (1) 目が覚める；眠りから覚める；目を覚ましている；起きている “मुन्नी भी सो रही है क्या?” “नहीं, सब जग रहे हैं” 「あの子も眠っているのかい」「いや，みな目を覚ましている」 (2) 警戒する；用心する (3) 生まれる；起こる；生じる；湧く；湧き出る；湧き上がる अच्छी भावना जगती है 好意が生まれる एक राष्ट्रभाषा की संकल्पना भी जग रही थी 一つの国語という観念も生まれつつあった (4) よくなる；開ける；よい方向に向く भाग्य जगे तो पैदावार, नहीं तो सब किया कराया बेकार 運が向けば実りがあり，運がなければなしたことは全て無駄になる (5) 光る；燃え出る；火がつく；発火する；輝く **जग उठना** 生まれる；生じる

जगन्नाथ [名] (1) 最高神 = ईश्वर. (2) ヴィシュヌ神 विष्णु (3)〔ヒ〕ヒンドゥーの四大聖地の一であるオリッサ州（ジャガンナート）プリーのジャガンナート寺院に祀られている神格ジャガンナータ（とその木製の神像）；クリシュナ神 (4) それを祀っている寺院（ジャガンナート寺院）

जगन्नाथ धाम [名]〔地名・ヒ〕ヒンドゥー教の聖地ジャガンナート= जगन्नाथपुरी.

जगन्नाथपुरी 〔地名・ヒ〕ジャガンナートプリー（ジャガンナート神の祀られている都，ヒンドゥーの四大聖地の一・オリッサ州プリー） जगन्नाथपुरी कलियुग का धाम है ジャガンナートプリーはカリユガにおける聖都なり

जगन्नियंता [名]〔ヒ〕最高神 = परमात्मा; ईश्वर.

जगन्निवास [名] (1)〔ヒ〕最高神= परमेश्वर; ईश्वर. (2) ヴィシュヌ神 विष्णु

जगन्मयी [名*] (1) ラクシュミー神 लक्ष्मी (2)〔ヒ〕天地を動かす力；全世界を動かす力

जगन्माता [名*] (1)〔ヒ〕シヴァ神妃；ドゥルガー神 दुर्गाの異名の一 (2)〔ヒ〕全世界を動かす力

जगन्मोहिनी [名*] (1)〔ヒ〕ドゥルガー神 दुर्गा (2)〔ヒ〕幻力，もしくは，呪術的力の根源の神格，マハーマーヤー महामाया，すなわち，ドゥルガー女神

जगबीती [名*] 世間の話；世間の出来事；世間話 कहानी के मूल में आपबीती सुनाने और जगबीती सुनने की अभिलाषा रहती है 小説の根底には身の上話を語り世間話を聞きたいという欲求がある

जगमग [形] きらきら光る；ぴかぴかの；ちかちか輝いている；जगमग क॰ きらきらする；ぴかぴかする राजा को अपने जगमग करते कोष पर बहुत गर्व था 王はぴかぴか輝く宝の庫が大変自慢だった **जगमग जगमग क॰** きらきら光る；ぴかぴか光る；ちかちか光る；輝く तारे जगमग जगमग करते हैं 星がちかちか輝いている मशालों की रोशनी से गवर्नर का महल जगमग जगमग कर रहा था 松明の明かりで知事の館はきらきら光っていた

जगमगाना [自] (1) ぴかぴか光る；きらきら光る；ぴかぴかする；ちかちかする；輝く दूर दूर तक कलकत्ता की जगमगाती बत्तियाँ दिखाई देती हैं ずっと遠くまでカルカッタのちかちか光っている灯火が見える यह महान घटना भारत के इतिहास में स्वर्णाक्षरों की भाँति सदा जगमगाती रहेगी この事件はインドの歴史に記された金文字のように常に輝き続けるだろう बिजली के प्रकाश से सारा मैदान जगमगा रहा था 電灯の明かりで広場全体が明るく輝いていた (2) 映える एक बेंच पर शीला बैठी नज़र आई, आभूषणों और रंगों से जगमगाती हुई ベンチに腰を下ろしているシーラーが見えた．装身具と色彩に映えて

जगमगाहट [名*] ← जगमगाना. 輝き；光り輝くこと；照り映えること

जगमोहन[1] [名] 寺院の中庭

जगमोहन[2] [名]〔ヒ〕兄嫁 (भाभी) に対し義姉妹 (ननद) が兄嫁の男子出生の祝いものを催促する歌

जगर-मगर [形] = जगमग. असंख्य छोटे-मोटे दीयों से वह जगर-मगर कर रही थी それは無数の油皿の灯火できらきら輝いていた

जगरा [名*] ナツメヤシの果汁からこしらえた砂糖

जगरानी [名*] 疱瘡神；シータラー= सीतला/शीतला.

जगवाना [他・使] ← जगाना. 目を覚まさせる；眠りから覚めさせる；起こさせる；起こしてもらう

जगहँसाई [名*] 世間の笑いもの；世の中の笑いものになること；不名誉 जगहँसाई करवाने से कहीं बेहतर है 世間に笑われるよりははるかによい
जगह [名*]《جگہ←P. جائگاہ जाएगाह》(1) 場所；所 (2) 座席；席；居場所 जगह अच्छी मिल गई? 良い座席がとれたのかい (3) 空間；隙間；余裕 तने और प्लास्टिक के बीच कोई जगह न रह जाए जिससे कि कीड़े उसके बीच से ऊपर पहुँच सकें 幹とプラスチックの間に虫がそこを通って登って行けるような隙間が残らないように (4) 地位；職；ポスト दिल्ली के राज्यपाल की जगह बहुत महत्त्वपूर्ण है デリーの知事の地位は非常に重要である (5) 立場 **अपनी जगह** 独自に；別個に；(ー) なりに भालू अपनी जगह परेशान था 熊は熊なりに（熊は熊で）困っていた **इस जगह** ここに；こちらに **उस जगह** そこ（に／へ） **किस जगह** どこに；いずこに किस जगह क्या है? どこに何があるのか **किसी जगह** どこか（に／へ） **(-की) जगह** (ーの) 代わりに；(ーに) 代わって (-की) जगह हो॰ (ーの) 立場にある मगर तुम्हारी जगह मेरा पुत्र होता 仮に君の立場に私の息子がいたとしても यदि मैं तुम्हारी जगह होता तो もしも私が君の立場にあったなら मृत्युदंड की जगह उम्रकैद 死刑の代わりに終身刑 **जगह जगह** あちらこちらで；至るところで；そこかしこで जगह जगह सभाएँ हो रही हैं 至るところで集会が行われている कमीज जगह-जगह से फटी हुई थी シャツはあちらこちらが破れていた **जगह क॰** *a.* 住みつく *b.* 足場を持つ **जगह कर जा॰** 影響を残す **जगह ख़ाली क॰** *a.* 席を譲る；席を空ける *b.* 仕事をやめる；辞職する **जगह ख़ाली हो॰** 席が空く；空席ができる；欠員ができる **जगह छोड़ना** = जगह ख़ाली क॰. **जगह तोड़ना** 地位（職）をなくす **जगह दिलाना** 職を与える；仕事を与える **जगह दे॰** 職を与える；仕事をやる **जगह बना ले॰** 出世する；高い地位や職を得る **जगह पकड़ना** = जगह क॰. **जगह मिलना** 職を得る；仕事が見つかる **(-की) जगह ले॰** (ーに) とってかわる फिर उस आश्चर्य की जगह घृणा ने ले ली それから憎しみがその驚きにとってかわった **(-की) जगह ले॰** (ーに) 就任する；就く **(अपनी) जगह से हो॰** 本来の場所に収まる **सब जगह** 至るところに= जगह जगह.
जगात [名] = ज़कात.
जगाती [名] (1) 徴税官 (2) 徴税→ ज़काती.
जगाना [他] (1) (眠りから) 目覚めさせる；起こす；目を覚ませる इधर बजनेवाला अलार्म उन्हें जगा देता है ここで鳴る目覚ましがあの方を起こす उसने जाकर ख़रगोश को जगाया 近づいてウサギを起こした (2) 目覚めさせる；覚醒させる；意識させる；起こす；呼びおこす देश में राजनीतिक चेतना जगाने का निश्चय किया 国内に政治意識を目覚めさせることを決意した मनुष्य के मन में मुक्ति की आकांक्षा जगाई है 人々の心に自由への希求心を目覚めさせた शोषित में आत्मसम्मान और तेजस्विता जगानेवाला しいたげられた人に自尊心と威厳とを目覚めさせる (3) 起こす；かきたてる；起こさせる भोले छात्रों में अंधश्रद्धा जगाने के लिए 純朴な生徒たちの心に盲目的な敬慕の念をかきたてるために बच्चों में उत्सुकता जगाना 子供たちに好奇心を起こさせる (4) ともす；点す जागरण की नई ज्योति जगाई 覚醒の新しい光を点した
जगार [名*] 目覚め；覚醒 **जगार पड़ना** 夜中に物音で目が覚める
जगुअर [名]《E. jaguar》〔動〕ネコ科ジャガー；アメリカヒョウ【*Panthera onca*】
जग्मि[1] [名] 風= वायु; हवा.
जग्मि[2] [形] 動いている；動きのある
जग्य [名] = यज्ञ.
जग्योपवीत [名] = यज्ञोपवीत.
जघन [名] (1) 下腹；下腹部 (2) 太股 (3) 臀部 (4) 後方部隊；しんがり
जघनचपला [名*] 好色な女；尻軽女；ふしだらな女
जघनास्थि [名*]〔解〕恥骨〈pubis〉
जघनी [形] 尻の大きい
जघन्य[1] [形] (1) おぞましい= गर्हित. जघन्य अपराध おぞましい犯罪 नरबलि जैसे जघन्य अपराध 人身御供のようなおぞましい犯罪 (2) 卑しい；卑賤な= क्षुद्र; नीच; निकृष्ट (3) 最後の = अंतिम.
जघन्य[2] [名] (1) シュードラ (शूद्र) (2) ヴァルナ वर्ण, すなわち，四姓制度の下位やジャーティ जाति の低位
जघन्यता [名*] ←जघन्य[1] おぞましさ；卑しさ；あさましさ
जचकी [名*] ←जचगी. (お) 産；出産
जचगी [名*]《←P. زچگی जच्चगी》(お) 産；出産= प्रसव की अवस्था; प्रसूतावस्था. माधो की बहू की जचगी हुई マードーの若嫁がお産をした
जचना [自] = जँचना. गर्मियों में हलके रंग के और जाड़ों में गहरे रंग के कपड़े अधिक जचते हैं 夏には浅い色の服が冬には濃い色の服がよく似合う
जचा [名*] = ज़च्चा.
ज़च्चा [名*]《P. زچہ》出産した女性；(産後 40 日までの) 産婦= प्रसूता स्त्री. अस्पताल में जच्चा को लगभग दो सप्ताह का पूर्ण विश्राम मिल जाता है 産婦には病院でおよそ 2 週間の間完全な安静が与えられる
ज़च्चाख़ाना [名]《P. زچہ خانہ》(1) 産院 (2) 産室= सूतिकागृह; सौरी
ज़च्चागरी [名*]《P. زچہ گری》助産婦の仕事；助産婦業；産婆の仕事= धात्रीकर्म.
ज़च्चा-बच्चा [名]《P. زچہ بچہ》(1) 産婦と産まれた子 (2) 産科 ज़च्चा-बच्चा डाक्टर 産（婦人）科医 उनके ख़ास ज़च्चा-बच्चा पारसी डाक्टर सेठना 彼女の最屓の産科医で拝火教徒の医師セートナー
जच्छ [名] = यक्ष.
जच्छपति [名] ヤクシャ (यक्ष) たちの主 (यक्षपति)；富の神クベーラ कुबेर
जज [名]《E. judge》裁判官；判事 = न्यायाधीश.
जज़बा [名] = जज़्बा.
जज़बात [名] = जज़्बात.
जजमनिका [名*]〔ヒ〕ヒンドゥー教の家庭祭官としてのバラモンの仕事= पुरोहिती.
जजमान [名] (1) ヒンドゥー教の家庭祭事における施主（家庭祭官の仕事をするバラモンにとっての客） (2) ヒンドゥー教徒間ばかりでなくインドの村落社会の中で相互依存的な役務提供関係にあるカーストにとっての客ないしは顧客（床屋カーストであるナーイーにとっての客，占い師や家庭祭官としてのバラモンにとっての顧客や檀家など）= यजमान.
जजमानी [名*] (1)〔ヒ〕上記の जजमान (1,2) すなわち，施主であること，もしくは顧客であること（カースト的役務提供関係） (2)〔ヒ〕上記の関係で成り立つバラモンの職業や生業（家庭祭官の仕事） = यजमानी. **जजमानी वृत्ति** バラモンの家庭祭官としての仕事 एक भानुप्रताप तिवारी को छोड़ बाक़ी सभी ब्राह्मण जजमानी वृत्ति वाले थे ただ一人バーヌプラタープ・ティワーリーを除くと他のバラモンはジャジマーニーの仕事（家庭祭官）をしていた
जजमेंट [名]《E. judgement》〔法〕審判；判決= निर्णय; फ़ैसला.
जज़ा [名*]《A. جزا》報いること；報復；返報= बदला; प्रतिकार.
जजिमान [名] = जजमान; यजमान.
जज़िया [名]《← A. جزیہ जिज़्या》(1) ジズヤ（イスラム法に定められた人頭税） (2) イスラム教徒統治下の被征服民非ムスリムに課された税金 घृणित जज़िया को ख़त्म कर दिया गया 憎むべきジズヤが廃止された
जजी [名*]《← E. judge + H. -ई》(1) 裁判官職；裁判官の身分= जज का काम. जजी क॰ 裁判官の職務につく (2) 裁判所
जज़ीरा [名]《A. جزیرہ》島 = द्वीप; टापू.
जज़ीरानुमा [名]《A.P. جزیرہ نما》半島 = प्रायद्वीप.
जज्ज [名]《E. judge》= जज; न्यायाधीश.
जज़्ब[1] [名]《A. جذب》(1) 引くこと；引っ張ること；引き寄せること；誘引；吸引 (2) 吸収；吸入；吸い込むこと；同化 प्यास से मुँह बाये धरती फ़सलों और जानवरों को निगलने के बाद लोगों को अपने अंदर जज़्ब करने को तैयार 大地は渇きのため口を開け作物と動物を飲み込んでしまうと次は人間を吸い込んでしまおうと構えている (3) 魅力；魅惑 (4) 破滅
जज़्ब[2] [形]《A. جذب》吸いとられた；吸い込まれた；吸収された **जज़्ब क॰** 吸いとる；吸収する उथले कुएँ आसपास का गंदा पानी जज़्ब कर लेते हैं 浅い井戸は近くの汚れた水を吸いとる（吸い込む） जज़्ब हो॰ 吸いとられる；吸収される राख में तमाम चिकनाई और मैल कुचैल जज़्ब हो जाता है 一切のぬめりと汚れは灰に吸収される इससे ग़िज़ा अच्छी तरह जिस्म में जज़्ब हो जाती है これによって食べたものが体によく吸収される
जज़्बा [名]《A. جذبہ》(1) 感情；気持ち (2) 熱情；情熱；激しい感情 (3) 激情；憤怒 ईसार का जज़्बा 献身の熱情

जज़्बात [名, pl.]《A. جذبات←جذبہ》(1) (諸々の) 感情 इंसानी जज़्बात की समझ 人間の感情の理解 (2) 激情；激しい感情 उसने जज़्बातों पर काबू करते हुए एक गिलास पानी पिया (激情を抑えながら) コップ 1 杯の水を飲んだ अभी ये जज़्बात से भरे हुए हैं この方は今なお激情にかられている

जज़्बाती [形]《A. جذباتی》感情に動かされる；感情的な；感情の激しい＝भावुक. मौलवी लोग जज़्बाती होते हैं マウルヴィーたちは感情的な人が多い

जज़्बे इश्क़ [名]《A. جذب عشق》恋情；恋心

जज़्बे दिल [名]《A.P. جذب دل》感情；感動

जज़्र[1] [名]《A. جذر》(1) 根 (2) 根本；根元 (3)〔数〕平方根

जज़्र[2] [名]《A. جزر》引き潮；干潮 ＝ भाटा.

जज़्रोमद्द [名]《A. جزر و مد》海の干満；潮の満干＝ ज्वार भाटा.

जट [名] ジャト／ジャート（カースト名．主にパンジャーブ，ハリヤーナー，ラージャスターン地方に居住し，農耕に従事してきた）＝ जाट.

जटना [他] だます；欺く

जटल [名*] 馬鹿話；無駄話＝ गप；बकवाद；बकवास. **जटल काफ़िये उड़ाना** 馬鹿話をする＝ जटल काफ़िये मारना.

जटलबाज़ [形]《H. + P. باز》馬鹿話をする；無駄話の好きな；無駄話をする

जटा [名*] (1) とても長く伸びてもつれた髪；ほうはつ（蓬髪）；たぶさ；もとどり（髻）；巻いて束ねた髪；結髪 भगवान शंकर ने गंगा को सँभालकर अपनी जटाओं में ले लिया シャンカラ（シヴァ）神は（降下してきた）ガンジス川を受けとめ髻の中に収めた (2) 繊維などが密に重なり合ったもの；総 भुट्टे की जटा トウモロコシの花柱の総 (3) 網目状になったりからみ合っている草木の根や根毛＝ झकरा. (4)〔植〕オミナエシ科カンショウ（甘松）【*Nardostachys jatamansi*】＝ जटामाँसी. (5)〔植〕ジュート ＝ जूट. (6) 枝

जटाजूट [名] 長く伸びてもつれた髪

जटाधर[1] [形] 長く伸びてもつれた髪をしている；蓬髪の

जटाधर[2] [名] シヴァ神の異名の一

जटाधारी[1] [形] 長く伸びてもつれた髪をしている

जटाधारी[2] [名] (1) シヴァ神 (2) 長くもつれた髻をしている修行者や苦行者

जटाधारी[3] [名*]〔植〕ヒユ科草本ケイトウ【*Celosia cristata*】＝ मुर्गकेश；लाल मुर्गका；कोकन.

जटाना [自] だまされる；欺かれる＝ ठगा जा॰.

जटामांसी [名*]〔植〕オミナエシ科カンショウ（甘松）【*Nardostachys jatamansi*】＝ बालछड़；बालूचर.

जटामाली [名] シヴァ神 ＝ शिव；महादेव.

जटामासी [名*] ＝ जटामांसी.

जटामूल [名]〔植〕植物の気根〈aerial roots〉

जटायु [名]〔ラマ〕ジャターユ／ジャターユス（ラーマーヤナの中でさらわれて行くシーターを救おうとしてラーヴァナに殺されたハゲワシ，もしくは，ヒゲワシ）

जटाल[1] [形] (1) 大きな髻をつけた＝ जटाधारी. (2) 気根を持っている

जटाल[2] [名]〔植〕クワ科ベンガルボダイジュ＝ वट；बरगद.

जटाला [名*] ＝ जटामांसी.

जटाव [名*] 陶器の原料となるはに（埴）

जटाशंकर [名] シヴァ神

जटासुर [名]〔マハ〕ジャター・アスラ（パーンダヴァ 5 王子及びドラウパディーに危害を加えようとしてビーマに殺されたアスラ）

जटि [名*] (1)〔植〕クワ科ベンガルボダイジュ；バンヤンジュ बरगद (2)〔植〕 ＝ पाकर. (3) ＝ जटा.

जटित [形] ちりばめられた；象眼（象嵌）された；はめこまれた

जटियल [形] (1) 役立たずの (2) 見せかけの；外見のみの

जटिल [形] (1) 髻が長くもつれている (2) 錯綜している；複雑な；入り組んでいる सामाजिक परिवर्तन बहुत जटिल होते हैं 社会の変化は非常に複雑なものだ नगरों की समस्याएँ अधिक जटिल होती हैं 都市問題はとても入り組んでいる एंजाइम जटिल रचना वाले रसायन हैं 酵素は複雑な構造の化学物質だ जटिल पारिवारिक समस्याएँ 入り組んだ家庭問題 (3) 手のこんだ；難しい；複雑な；面倒な यह एक लंबा और काफ़ी जटिल आपरेशन था 長時間にわたる難しい手術だった

जटिलता [名*] ←जटिल. (1) 錯綜；複雑さ (2) 難しさ；面倒；困難

जटी[1] [形] ＝ जटाधारी[1].

जटी[2] [名] (1) シヴァ神 (2)〔植〕クワ科高木ベンガルボダイジュ (3)〔植〕オミナエシ科カンショウ（甘松）

जटुल [名] あざ（痣） ＝ लच्छा；लक्षण.

जट्टी [名*] ジャート（जाट）の女性

जठर[1] [名] (1) 腹 (2) 胃；胃腸 (3) 内部；内側

जठर[2] [形] 年老いた；老いたる

जठर गुहा [名*]〔解〕胃腔

जठर ज्वाला [名*] (1) 空腹感；ひもじさ＝ भूख；क्षुधाग्नि. (2) 飢えのつらさ

जठर निर्गम [名]〔解〕幽門〈pylorus〉

जठरपाद [名]〔動〕腹足類の動物〈gastropod〉

जठरपाद गण [名]〔生〕腹足類〈gastropoda〉

जठररस [名] 胃液〈gastric juice〉

जठरशोथ [名]〔医〕胃炎

जठरांत्र शोथ [名]〔医〕胃腸炎〈gastroenteritis〉

जठरांत्रीय [形] 胃腸の

जठराग्नि [名*] 食物を消化する力となると考えられている腹（胃腸）の熱

जठरानल [名] ＝ जठराग्नि.

जठरामय [名] (1)〔医〕赤痢 (2)〔医〕腹水症

जठरीय [形] 胃の

जठेरा [形+] 年長の；年上の＝ बड़ा；जेठा.

जड़[1] [名*] (1) 植物の根；根元 (2) つけね（つけ根）；根元 जीभ की जड़ के पास 舌のつけ根の近くに पूँछ की जड़ में किसी प्रकार का चिह्न है? 尾のつけ根に何かのしるしがありますか (3) 基；基になっている部分；根 बाल की जड़ 毛根 इससे दाँतों की जड़ें कमज़ोर हो जाती हैं このため歯根が弱くなる (4) 根源；根元；根；元 लोभ पाप की जड़ है 貪欲は罪悪の根源なり भ्रष्टाचार की असली जड़ 汚職の根元 झूठ ही तमाम बुराइयों की जड़ है 嘘があらゆる悪の根元です अंधविश्वास की जड़ें इतनी गहरी हैं 迷信の根はこんなに深い क़ब्ज़ सब बीमारियों की जड़ है 便秘が万病の元 (5) 根底；基盤 वे समाज की जड़ें खोखली कर रहे हैं それらが社会の基盤を空虚にしている उस घटना ने दोस्ती की जड़ हिला दी その事件が友情の基盤を揺るがした सांप्रदायिकता की जड़ में コミュナリズムの根底に **जड़ उखड़ना** *a.* 根こそぎになる；根絶される *b.* 害を受ける；害を被る **जड़ उखाड़ना** *a.* 根こそぎにする；根絶する *b.* 害を及ぼす；危害を加える **जड़ क॰** 根を下ろす；とりつく **जड़ कटना** ＝ जड़ उखड़ना. **जड़ काटना** ＝ जड़ उखाड़ना. **जड़ खोदना** ＝ जड़ उखाड़ना. मेरी जड़ खोदने पर तुला हुआ है 何とかして私に害を及ぼそうとしている **जड़ गहराई तक आ॰** *a.* 深く根を下ろす；しっかり根を下ろす *b.* 原因の根が深い **जड़ छोड़ना** 長居する **जड़ जमना** 落ち着く；根がつく；安定する **जड़ जमाना** 定着する；根づく；根を下ろす अधिकतर अरब व आज के इस्लामी देशों में इस्लाम धर्म के जड़ जमाने से पहले ही ほとんどのアラブや今日のイスラム諸国にイスラム教が定着する前に इस रोग के जीवाणु उसके शरीर के भीतरी ऊतकों में पहुँचकर और अधिक गहराई तक अपनी जड़ जमा चुके हैं この病気の病原菌はその人の体の内部の組織に入りこみ更に深く根を下ろしてしまっている **जड़ ढीली क॰** ＝ जड़ उखाड़ना. **जड़ पकड़ना** *a.* 根を下ろす；根づく *b.* 定着する क़लम का जड़ पकड़ना 挿し木が根づく **जड़ पड़ना** 根づく；基礎ができる **जड़ पाताल में हो॰** 土台がしっかりしている **जड़ मारना** ＝ जड़ उखाड़ना. **जड़ में तेल डालना** 根絶しようとしている **जड़ में मठा डालना** ＝ जड़ में तेल डालना. **जड़ से** 根こそぎに；完全に **जड़ से उखाड़ना** 根こそぎにする；根絶する＝ जड़ से ख़त्म क॰. **जड़ से खोदकर फेंक दे॰** 全滅させる；潰滅させる **जड़ से जा॰** *a.* すっかりなくなる；跡形も無くなる *b.* 根治する；完治する केवल दो चार दिन इलाज करने से यह रोग जड़ से नहीं जाता この病気は 2〜3 日治療しただけでは完治しない **जड़ हिल जा॰** 根底が揺らぐ；基盤が揺らぐ **जड़ हिला दे॰** 根底を揺るがす

जड़[2] [形] (1) 生命のない；感情を持たない；非情の (2) 感覚のない (3)〔物理〕自動力のない (4)〔化〕活性のない (5) 意識のない；茫然とした एक अस्पष्ट आशंका और भय ने मुझे जड़-सा कर

दिया था 一種捕らえどころのない不安と恐怖に意識を奪われたかのようになった मैंने अपनी दृष्टि उठाकर उसके रोआंसे चेहरे को देखा, जो अपने स्थान पर जड़ खड़ी थी 目を上げ，茫然とその場に突っ立っていた彼女の泣き出しそうな顔を見た (6) 愚かな；愚昧な हे जड़ जनक! इस धनुष को तोड़कर भगवान शंकर का अपमान करनेवाला दुष्ट कौन है? 愚昧なるジャナカ王よ！この弓を折ってシャンカラ神を侮辱する不心得者はだれなるぞ (7) 冷たい (8) 寒さや冷たさに震え上がった

जड़ता [名*] ← जड़. (1) 不活動；不活溌 (2) 自動力の欠如 (3) 活性のないこと (4) 無感覚 (5) 呆然となること；茫然自失 शरीर में थकान और मस्तिष्क में जड़ता लिए वह खटिया पर पड़ी रही 体は疲れ頭は茫然となり床にずっと横たわっていた (6) 愚昧

जड़त्व [名] (1) = जड़ता. (2)〔物理〕慣性；惰性；惰力〈inertia〉

जड़त्व आघूर्ण [名]〔物理〕慣性モーメント〈moment of inertia〉

जड़त्वीय [形] 慣性の；惰性の〈inertial〉 जड़त्वीय बल 慣性力〈inertial force〉

जड़त्वीय द्रव्यमान [名]〔物理〕慣性質量〈inertial mass〉

जड़ना [他] (1) 打ち込む (2) はめこむ फ़र्शों पर 'ततामी' अथवा चटाइयाँ जड़ी हुई हैं 床には「タタミ」というかござのようなものがはめられている (3) ちりばめる（鏤める）；象眼（象嵌）する हीरे मोती से जड़े आभूषण ダイヤや真珠のちりばめられた装身具 राजा के वस्त्रों में हीरे-जवाहरात जड़े हुए थे 王の衣服にはダイヤや宝石がちりばめられていた (4) 打つ；叩く उसके पिता ने एक थप्पड़ और जड़ा 父親が平手打ちをもう一発食らわせた ऐसा लग रहा था मानो किसी ने मेरे गाल पर तमाचा जड़ दिया हो だれかが私の頬に平手打ちを食らわせたような感じがしていた (5) 告げ口をする；こっそり告げる

जड़ पदार्थ [名] 無生物

जड़मति [名] 痴呆；白痴

जड़-मूल [名] 根；根本；根底 उग्रवादियों के जड़-मूल से सफ़ाया के लिए 過激派の根絶のため

जड़लग [名*] 刀 = तलवार.

जड़वत् [形] 茫然とした；茫然自失の उनका पत्र पाते ही मैं एक अभूतपूर्व भय और आशंका से जड़वत् हो गया あの方の手紙を受け取ったとたんに経験したことのない恐怖と不安のため茫然となった

जड़वाद [名] (1) 唯物論 (2) 唯物主義

जड़वादी[1] [形] 唯物論の；唯物主義の

जड़वादी[2] [名] 唯物論者；唯物主義者 मद्रास उस समय नास्तिकों और जड़वादियों का केंद्र बन रहा था マドラスは当時，無神論者と唯物論者の中心地になりつつあった

जड़वाना [他・使] ← जड़ना. मैंने हीरे-पन्नों से जड़वाकर सोने के अनेक पशु-पक्षी बनवाए ダイヤやエメラルドをはめこませて様々な金製の鳥獣をこしらえさせた

जड़हन [名] 田植え（रोपना; बैठाना）による栽培を行うイネ；苗を植えて育てるイネ जड़हन के पौधे रोपना 田植え= जड़हन के पौधे बैठाना.

जड़ाई[1] [名*] (1) はめこむことやその手間賃 (2) ちりばめることやその手間賃；象眼（象嵌）やその手間賃 एक-एक ईंट की जड़ाई 煉瓦を一個ずつはめこむ作業

जड़ाई[2] [名*] = जड़ता.

जड़ाऊ [形]（宝石や金銀などの）はめこまれた；ちりばめられた；象眼（象嵌）された जड़ाऊ कंगन 宝石のちりばめられたカンガン（金製の首飾り） जड़ाऊ सिंहासन 宝石のちりばめられた玉座

जड़ाऊ कला [名*] モザイク

जड़ाऊ काम [名] インレイ；象眼（象嵌）；象眼（象嵌）細工

जड़ाना[1] [他・使] = जड़वाना.

जड़ाना[2] [自] 寒さに縮みあがる；震えあがる

जड़ाव [名] (1) はめこみ；はめこむこと；切りはめ細工 (2) ちりばめること

जड़ावर [名]〔服〕(1) 冬着；冬服= गरम कपड़े. (2) 使用人などの冬季用のおしきせ जड़ावर दे。 冬のおしきせを与えたりそれの購入費を援助すること

जड़ित [形] (1) はめられた；はめこまれた (2) ちりばめられた रत्नजड़ित दुशाला 宝石のちりばめられたドゥシャーラー

जड़िमा [名*] = जड़ता.

जड़िया [名] 宝石を装身具にちりばめる細工をする職人（金細工師）；象眼細工師= कुंदनसाज़.

जड़ी [名*] 根が薬として用いられる植物

जड़ी-बूटी [名*] 薬草

जड़ीभूत [形] 茫然となった；茫然自失の= स्तब्ध; निश्चल.

जड़ीला [形+] 根のついている= जड़दार.

जड़ुआ [名]〔装身〕女性が足の親指にはめる銀製の飾りもの

जड़ैया [名*]〔医〕発熱前に寒気のするマラリア

जढ़ता [名*] = जड़ता.

जतन [名] = यत्न.

जतलाना [他] = जताना. ग़रीबों का समर्थन जतलाना 貧しい人たちの支持を知らせる बड़ी फूहड़ थी, लेकिन होशियारी बहुत जतलाती थी 女性はとてもだらしないくせに器用なところを大いに見せようとしていた

जताना [他] (1) 気づかせる；覚らせる；知らせる कैसे उस मेहमान को जताए कि उसने उसे चोरी करते देख लिया 盗みを働いているところを見てしまったことをどうやって客人に知らせるか वह पहचान जताता हुआ कहता है 顔見知りであることを気づかせようと話す अनेक बार चाहने पर भी मुँह से उसे न जता सका कि वह उसके लिए कितनी प्रिय है 幾度も願いながらもどんなに好きなのかを表情で知らせることができなかった (2) 表す；示す；表明する हमदर्दी जताते हुए कहा 同情を示しながら言った अनेक संगठनों ने इस बात पर आश्चर्य जताया है 多数の団体がこれに対して驚きを表明している (3) 見せつける；知らしめる अपना महत्त्व जताने के लिए 自分の偉さを見せつけるために यह जताती रहती कि वह बेहद थक गई है とても疲れてしまっていることをいつも見せつけていた स्वयं ही बेटी पर अधिक लाड़ प्यार जताकर बहू के मन में बेकार ही द्वेष उत्पन्न नहीं करना चाहती 自ら娘に対する過度な愛情を見せつけて嫁の心に無駄に憎しみを生み出したくなかった मंत्री जी ने एहसान जताते हुए कहा 大臣は恩着せがましく言った

जति [名] (1) 苦行者；感官を制御した人 (2) ジャイナ教の苦行者や修行者= यति.

जतु[1] [名] (1) やに；樹脂 = गोंद. (2) ラック = लाख.

जतु[2] [名*]〔動〕コウモリ（蝙蝠）= चमगादड़.

जतुक [名] (1)（オオウイキョウから採れる）アギ = हींग. (2) ラック (3) あざ = लच्छन.

जतुनी [名*]〔動〕コウモリ= चमगादड़; जतू.

जतू [名*]〔動〕コウモリ（蝙蝠）

जत्था [名] (1) 集団；団；グループ；隊 उसने पाँच सौ स्त्रियों के एक सत्याग्रही जत्थे का नेतृत्व किया 彼女は500人の女性のサティヤーグラヒー隊の指揮をした उगांडा से भारतीयों का पहला जत्था ウガンダからのインド人（引揚者）の第一団 जत्था बाँधना 隊を組む (2)〔シク〕ジャッター／ジャター（キールタン，すなわち，シク経典の賛歌を楽器の伴奏を伴って歌う集団） (3)〔シク〕ジャッター（カールサーへの入信式を執行する集い）

जत्थेदार [名]《H. जत्था + P. دار》(1) 指揮者；指導者；隊長 (2)〔シク〕ジャッテーダール（シローマニ・グルドゥワーラー・パルバンダク・コミティ शिरोमणि गुरुद्वारा प्रबंधक कमेटि の役員） (3)〔シク〕ジャッテーダール（ジャッターのリーダー）

जत्रु [名]〔解〕鎖骨= हँसली; हँसिया.

जथा[1] [副] → यथा.

जथा[2] [名*] 集合；集団

जथाजोग [形] = यथायोग्य.

जथारथ [形] = यथार्थ.

जद[1] [副・接] (1) = जब. (2) = यदि; अगर.

जद[2] [名]《A. جد》(1) 父方の祖父 (2) 母方の祖父

ज़द [名*]《P. زد》(1) 打つこと；打撃 (2) 目印；目標

जदल [名]《A. جدل》(1) 戦争；いくさ= लड़ाई; संघर्ष; युद्ध. (2) 争い = झगड़ा; लड़ाई. (3) 口論 = हुज्जत.

ज़दा [形]《P. زده》(1) 打たれた；殴られた；打撃を受けた (2) 苦しめられた

जदीद [形]《A. جديد》(1) 新しい= नया; नवीन. (2) 現代の；近代の

जदु [名] = यदु.〔イ神〕チャンドラヴァンシャ（月種族）のヤヤーティの子ヤドゥ（ヤーダヴァ王朝／ヤドゥ族の祖）

जदुकुल [名]〔イ神〕= जदुवंश.

जदुपति [名]〔イ神〕ヤドゥ族の王；クリシュナ

जदुपुरी [名]〔イ神〕ヤドゥ王の都；ヤドゥ族の都マトゥラー (मथुरा) もしくはドゥワールカー (द्वारका)

जदुबंशी [名] ヤドゥ族の人 = यदुवंशी.

जदुराज [名]〔イ神〕ヤドゥ族の王，クリシュナ= यदुराज.

जदुराय [名] クリシュナチャンドラ；クリシュナ神

जदुवीर [名] = जदुराय.

जदों [副] = जब.

जद्द [名]《A. جد》(1) 父方及び母方の祖父= जद. (2) 祖先

जद्दा [名*]《A. جده》父方及び母方の祖母

जद्दी [形]《← A. جد》(1) 遺産の；先祖から遺産として受け継ぐ (2) 先祖伝来の

जद्दोजहद [名*]《A. جد و جهد》= जिद्दोजहद. 奔走すること；休む間もなく走り回ること；忙しく走り回ること；急がしく動き回ること

जद्यपि [接] = यद्यपि.

जन [名] (1) 人；人々= लोग; लोक. तीन जन 3 名；3 人 परिवार-जन 家族の人たち जो लोग जेल में रहते हैं, उनके परिवार-जनों के प्रति 獄中にある人たちの家族（の人々）に対して (2) 人民；大衆；民衆 (3) 臣民 (4) 従者 (5)〔イ史〕部族 गोत्रों का समूह विश कहलाता था और उस जाति के लोग जन कहलाते थे 同姓大家族の集まりはヴィシュ（氏族）と呼ばれておりその集団に属する人たちはジャナ（部族）と呼ばれていた

ज़न [名*]《P. زن》(1) 女；女性；女子 (2) 妻；家内

जन आंदोलन [名] 大衆運動；民衆運動 अंगोला की मुक्ति के जन आंदोलन में アンゴラ解放の民衆運動において

जनक [名] (1) 父；父親 (2)〔生〕親 (3)〔ラマ〕ラーマの后シーターの父ジャナカ王（ミティラー国王）

-जनक [造語]（－を）生み出す，生じさせる，作り出すなどの意を有する合成語の構成要素 आपत्तिजनक 不都合な अपमानजनक 侮蔑する；侮辱する；侮蔑的な अधिकारी से अपमानजनक ढंग से बोलना その筋の人に対して侮蔑的な口をきく अपमानजनक बातें 侮蔑的な事柄 संतोषजनक 満足な

जनकतनया [名*]〔ラマ〕ジャナカ王の王女シーター (सीता)

जनकपुर [名]〔ラマ〕ジャナカプル（ジャナカプラ．古代インドのミティラー国 मिथिला のジャナカ王 जनक の都で現今のネパール南東部ジャナクプルと伝えられる）

जनकल्याण [名] 公共の福利 जनकल्याण के कार्य 公共の福利事業

जनकसुता [名*]〔ラマ〕シーター (सीता)

ज़नख़दाँ [名]《P. زنخدان》あご；あぎと= चिबुक; ठुड्डी.

ज़नख़ा [形・名]《زنخه ← P. زنکه जंका》(1) 女々しい；男らしさのない (2) 性的に不能の (3) 女性的な感じのする男；おとこおんな（男女） (4) 男性としての性的能力を持たぬ人

जनगणना [名*] 国勢調査 = मर्दुमशुमारी. जनगणना अधिकारी 国勢調査員 जनगणना पर्ची 国勢調査票

जन-जाति [名*] (1) 部族 आर्य अनेक जन-जातियों में बँटे हुए थे アーリア人は多くの部族に分かれていた (2) 部族民〈tribe〉 **अनुसूचित जनजातियाँ**（インド憲法付表に指定された）指定部族〈Scheduled Tribes〉

जनजीवन [名] 生活；暮らし द्वीपों के इन आदिवासियों के जनजीवन के प्रति 島々のこの先住民たちの暮らしに対して भारतीय जनजीवन インド人の生活 भारत का जनजीवन कृषि पर निर्भर है インドの民衆の暮らしは農業に依存している

जनतंत्र [名] 共和制；共和政治；民主政治；民主主義〈democracy〉

जनतंत्रीय [形] 共和制の；民主政治の；民主主義の जनतंत्रीय बहुमत का शासन 民主主義的多数決の政治

जनता [名*] 民衆；人民；大衆= जनसमूह.

जनताई [形] 人民の；人民的 जनताई संस्कार 人民精神

जनता जनार्दन [名] 国民；人民；民草；蒼氓

जनता दल [名]〔イ政〕インドの政党名，ジャナターダル（1988年10月に結成）

जनता पार्टी [名*]〔イ政〕ジャナター・パーティー（インドの政党名．1977年3月に発足）

जनता मोर्चा [名] 人民戦線

जन धन [名] 人と財産

जनन [名] (1) 生殖 (2) 繁殖 (3) 発生 (4) 出現 **लैंगिक जनन**〔生〕有性生殖

जननकोशिका [名*]〔生〕生殖細胞 नर जननकोशिका 男性生殖細胞 मादा जननकोशिका 女性生殖細胞

जननक्षमता [名*]〔生〕生殖力；繁殖力

जननगति [名*] 出生率

जननशक्ति [名*] 生殖力；繁殖力；増殖力 प्रत्येक कैंसर कोशिका में बीज के समान जननशक्ति होती है 個々のがん細胞には種子のような増殖力がある

जननांग [名] 生殖器官

जननांगी [形] (1) 生殖の (2) 生殖器の；生殖器官の

जनना [他] 生む；産む；子をもうける किसने मुझे जना था? だれが私を産んだのか मैं एक औरत हूँ - बच्चे जन सकती हूँ 私は一人の女性，子供を産むことができます

जनना शौच [名]〔文人〕出産の穢れ；白不浄

जननिर्देश [名]〔政〕国民投票

जननी [名*] (1) 母親；母 हमारे पुराणों में जननी को बड़े आदर की दृष्टि से देखा गया है プラーナ聖典には母親に対しては非常に高い敬意が払われている (2) 生みの親；母親；母胎 यह व्यवस्था ही आधुनिक जाति व्यवस्था की जननी कही जा सकती है 正にこの制度を近代のカースト制度の母胎と呼ぶことができる **जननी जन्मभूमिश्च स्वर्गादपि गरीयसी**〔句〕母と故郷とは天国よりも愛しきものなり

जननीय [形] 生殖の；生殖に関する

जननेंद्रिय [名*] 性器；外部生殖器〈genital; genitalia〉

जननेता [名] 大衆指導者；民衆指導者

जनपद [名] (1) 県（行政区画の一，州に次ぐ単位）= ज़िला. गोरखपुर जनपद ゴーラクプル県 (2) 地方；田舎 (3) 聚落 (4)〔イ史〕部族国家；ジャナパダ ईसा के बाद की प्रारम्भिक शताब्दियों में तीन-चार सौ साल तक यहाँ कुछ जनपद थे 西暦紀元の初めの300〜400年間当地には幾つかの部族国家が存在した

जनपदीय [形] (1) 県の (2) 地方の；田舎の (3)〔史〕部族国家の；ジャナパダの

ज़नपरस्त [形]《P. زن پرست》(1) 女性を崇める；女性を崇拝する (2) 妻の言いなりになる；恐妻家の

जनप्रतिनिधि [名] (1) 民衆の代表（公職にある人） **जनप्रतिनिधित्व** 公職にあること जनप्रतिनिधित्व अधिनियम 公職選挙法 (2) 旧ソ連の人民委員

जनप्रिय[1] [形] (1) 人気のある；大衆人気のある (2) 評判のよい

जनप्रिय[2] [名] (1)〔植〕セリ科コリアンダー；コエンドロ= धनिया (2)〔植〕ワサビノキ= शोभांजन (3) シヴァ神 (शिव)

जनप्रियता [名*] ← जनप्रिय[1]. (1) 人気；評判 राजनीतिज्ञ की जनप्रियता 政治家の人気 (2) 好評

जनभावना [名*] 民衆感情 भारतीय जनभावना का द्योतक インドの民衆感情を示すもの

जनम [名] (1) 出生；誕生= जन्म. (2) 生涯= जीवन; ज़िंदगी. (3) 生まれ変わるものとしてとらえた生；生涯= जीवन; ज़िंदगी. **जनम जनम का** *a.* 前世からの；宿世の *b.* 大昔からの जनम भर आपका गुलाम रहूँगा 生涯下僕としてお仕え致します तू उस जनम में कोई देवी रही होगी あんたは前世では女神だったのだろうよ

जनमघूँटी [名*] 消化器官をきれいにするために新生児に飲ませるアロエの汁，硼砂，薬味，などを混ぜた飲みもの **जनमघूँटी में पड़ना** 生来のものとなる；生まれながらのものとなる

जनमजला [形⁺] 不運な；運に見放された= भाग्यहीन; अभागा.

जनमत [名] 世論；民意〈public opinion〉 जनमत की चिंता 世論への配慮 जनमत की उपेक्षा करना 世論を無視する जनमत जाग्रत क॰ 世論を喚起する रंगभेद के विरुद्ध जनमत जाग्रत क॰ 人種差別に対して世論を喚起する

जनमत-संग्रह [名] (1) 国民投票；一般投票〈plebiscite〉 (2) 世論調査 अप्रैल के महीने में लिये गये जनमत-संग्रह में 4月に行われた世論調査で

जनमदिन [名] ← जन्मदिन. 誕生日

जनमना[1] [自] (1) 生まれる；生を享ける मृत्यु के बाद मैं कई घृणित योनियों में जनमता भटकता फिरा 死後幾つものおぞましい生類に生まれては迷いさすらった (2) 生きかえる

जनमना[2] [他] 生む；産む

जनमपत्ती [名*] 茶の新芽

ज

जनमपत्री [名*] = जन्मपत्री.
जनम-मरन [名] 生死= जीवन-मृत्यु. जनम-मरन का साथी 親友；刎頸の友 जनम-मरन मेटना 解脱を得る
जनमसंगी [形] 人生の伴侶となる（夫）→ जनमसंगिनी 妻.
जनमसंघाती [形] (1) 生まれた時からの (2) 生涯にわたる
जनमानस [名] 人心；民衆の心 जनमानस में छाना 民衆の心をつかむ अपने धर्म एवं कर्तव्य की वेदी पर बलिदान हो जाने के कारण ही उनका आज भी जनमानस में छाए हुए हैं 己の本分及び義務のために命を投げ出したのであの方は今日なお人心をとらえているのだ
जनमाना [他] お産を助ける；出産を助ける；助産の仕事をする
ज़नमुरीद [形]《P.A. زن مرید》かかあ天下の；女房の尻に敷かれた（夫）= जोरू का गुलाम; पत्नीपरायण.
जनमेजय [名] = जन्मेजय.
जनरंजन [形] 人を喜ばせる；人を楽しませる
जनरल[1] [名]《E. General》(1) 将軍 (2) 陸軍大将= सेनापति; सेनानायक; जरनैल. जनरल फ्रांको フランコ将軍
जनरल[2] [形]《E. general》(1) ゼネラル；一般の；全般の；普遍的な (2) 一般的な；雑多な (3) 概括的な；大体の
जनरल दुकान [名*]《E. general + A. دكان》雑貨店= जनरल स्टोर. 〈general store〉
जनरल मर्चेंट [名]《E. general merchant》雑貨商
जनरल स्टोर [名]《E. general store》雑貨店
जनरव [名] (1) 喧騒 = शोरगुल; हल्ला. (2) 噂；噂話 = अफ़वाह. (3) 悪評；悪名；汚名
जनरवमय [形] 騒々しい；喧騒に満ちた जनरवमय वातावरण 喧騒に満ちた雰囲気
जनरेशन [名]《E. generation》世代 = पीढ़ी. जिस जनरेशन में मेरे भाई साहब पैदा हुए थे 兄の生まれた世代
जनवरी [名*]《E. January》1月
जनवाई [名*] (1) 助産婦や産婆の仕事 (2) その労賃= जनाई.
जनवाना[1] [他] 出産を助ける= प्रसव कराना; जनमाना.
जनवाना[2] [他] 知らせる；知らしめる= जताना.
जनवाना[3] [他・使] ←जानना. 人を介して知らせる
जनवास [名] (1) 住居 (2) 宿舎；宿 (3) = जनवासा.
जनवासा [名] 花嫁側の住居の近くで行われる結婚式への婿側の結婚式参列者の宿泊ないしは休憩の場所
जनव्यवहार [名] 風習；習わし
जनशक्ति [名*] 人的資源；人力〈man power〉
जनशून्य [形] 人気のない；淋しい= जनहीन; निर्जन.
जनश्रुत [形] (1) 民間に伝承されてきている (2) 有名な
जनश्रुति [名*] (1) 伝承；民間伝承 जनश्रुति के अनुसार 伝承によると (2) 噂；噂話；風評
जनसंख्या [名*] 人口 जनसंख्या घनत्व 人口密度 जनसंख्या का औसत घनत्व बहुत कम है 人口の平均密度が甚だ低い जनसंख्या वृद्धि 人口増加
जनसंघ [名]〔イ政〕インドの政党名，ジャン・サング党（バーラティーヤ・ジャナター党=インド人民党の前身，1950–1980）
जनसंघर्ष [名] 民衆闘争；大衆闘争
जनसंघी [名]〔イ政〕ジャンサング党（जनसंघ）の党員
जनसंचार [名] マスメディア
जनसंपर्क [名] (1) 広報；広報活動 (2) 渉外；渉外事務 रचनात्मक कार्यों से ही जनसंपर्क स्थापित किया जा सकता है 建設的な活動によってのみ広報活動は確立される जनसंपर्क विभाग 広報課；渉外課 नगर निगम जनसंपर्क विभाग 市の広報課
जनसंहार [名] 大虐殺；集団虐殺；大量虐殺
जनसभा [名*] 大衆集会；民衆集会；人民集会 वह मार्शल ला जारी रखने के विरोध में कल जनसभाएँ आयोजित करेंगे 戒厳令の継続に抗議して明日人民集会を開催の予定
जनसमुदाय [名] (1) 群集 (2) 公衆；一般大衆= आम जनता.
जनसमूह [名] 群集；群衆 संगम पर अपार जनसमूह एकत्र था サンガム（川の合流点）には無数の群衆が集まっていた
जनसांख्यिकी [名*] 人口統計学 जनसांख्यिकीय 人口統計学の
जनसाधारण [名] 大衆；民衆；一般大衆 तभी जनसाधारण को जान सकोगे その時初めて民衆を知ることができよう
जनसुविधा [名*] 公共施設（水道，電気，道路，清掃などの）；公益事業；公共事業
जनसेवक [名] 社会奉仕家；公共奉仕家
जनसेवा [名*] 社会奉仕；公共奉仕 जनसेवा और देशसेवा 公共奉仕と国家奉仕
जनसेवी [名] 社会奉仕家；公共奉仕家= जनसेवक.
जनस्वास्थ्य [名] 公衆衛生；環境衛生 शुद्ध पानी के अभाव में जनस्वास्थ्य को ख़तरा पैदा हो गया है 清浄な水の不足により公衆衛生が危険にさらされている
जनहित [名] 公共の福利；公共の福祉；公益
जनहीन [形] 無人の；人気のない；淋しい= निर्जन; जनशून्य.
जनांदोलन [名] 民衆運動；大衆運動
जना [名] = जन. 人 भाई-बहन मिलाकर हम चार जने 弟妹を合わせて私たち4人
जनाई[1] [名*] (1) 助産；出産の世話 (2) 助産婦；産婆 (3) 助産婦，産婆への謝礼
जनाई[2] [名*] 知らせること；通知；通達
जनाकर [形] 人で満ちた；人がいっぱいの
ज़नाकार [形]《A.P. زناکار ज़िनाकार》ふしだらな；不貞な
जनाकीर्ण [形] (1) 人口密度の高い (2) 人口密集の
जनाचार [名] 習わし；慣習
जनाज़ा [名]《A. جنازه》(1) 屍衣に包まれた遺体 (2) 棺 जनाज़े का जुलूस 葬列 जनाज़ा उठना *a*. 終わる；終了する；終結する उसपर तो पहले ही क़यामत टूट चुकी है. पहले ही उसकी ख़ुशियों का जनाज़ा उठ चुका है あの人はすでに大変な事態におちいっている．もう楽しい時は終わってしまっている *b*. 棺が出る；出棺= जनाज़ा निकलना.
जनाती [名]（結婚式の際の）花嫁側（の人）= घराती.
जनाधार [名] 民衆の支持；大衆の支持 इक्के-दुक्के नेताओं को छोड़कर किसी के पास जनाधार नहीं 1〜2 の指導者を除き民衆の支持を得ている人はいない
जनाधिप [名] 王；国王；皇帝
ज़नानख़ाना [名]《P. زنانخانه》(1) 女性部屋；家の中で女性が過ごすところや部屋 (2) ハレム；後宮
जनाना[1] [他・使] ←जनना. 出産させる；お産を助ける；助産する
जनाना[2] [他] 知らせる；認識させる；通知する；教える
ज़नाना[1] [形]《P. زنانه》(1) 女性的な；女のような (2) 女性らしい (3) 女性用の；女性のための；女子の ज़नाने हमाम में 女性の浴場で ज़नाना डिब्बा 女性専用車両
ज़नाना[2] [名]《P. زنانه》(1) おとこおんな（男女）；女のような男 = जनखा; मेहरा. (2) 去勢された男 (3) 性的不能者= नामर्द. (4) = ज़नानख़ाना.
ज़नाना[3] [名*]《P. زنانه》妻；家内
ज़नानाख़ाना [名]《P. زنانه خانه》(1) 女性部屋 (2) 後宮= रनिवास.
ज़नानापन [名]《زنانه پن P. زنانه + H.पन》(1) 女性であること (2) 女性的なこと；女性らしさ
ज़नानी[1] [形]《← P. زنانه》女性の
ज़नानी[2] [名*] (1) 女；女性 (2) 妻
ज़नाने बाज़ारी [名*]《P. زنان بازاری》街の女；売春婦；遊女= वेश्याएँ; रँडियाँ.
जनाब [名]《A. جناب》男性に対する丁重な敬称や尊称= श्रीमान; महोदय; महाशय. जनाब, अगर इजाज़त दें तो एक बात कहना चाहता हूँ 先生，もしよろしければ一言申し上げたいのですが
जनाब आला [名]《← A. جناب عالی》 जनाबे आली の訛ったもの．男性に対する改まった呼びかけの言葉（例えば被告が弁護士や裁判長に向かって） नहीं, जनाब आला 裁判長さま，さようではございません
जनाब आली [名] = जनाबे आली.
जनाबे आली [名]《A. جناب عالی》(1) サー，閣下，殿などの意の高位高官に対する尊称 (2) 揶揄的用法もある इतनी सुबह सुबह जनाबे आली किधर तशरीफ़ ले जा रहे हैं, क्या मैं पूछ सकती हूँ?（夫に対して妻が）「閣下，このような朝まだきいずこへお出ましになられまする．おたずねしてよろしうございますか」
जनाबे मुकर्रम [形]《A. جناب مکرم》= जनाबे आली.
जनाबे मोहतरम [名]《A. جناب محترم》= जनाबे आली.
जनाबे वाला [名] = जनाबे आली.
जनार्दन[1] [名] ヴィシュヌ神 जनता-जनार्दन की सेवा 民草（というヴィシュヌ神）に仕えること
जनार्दन[2] [形] 民を苦しめる；民草を悩ます

जनाव[1] [名] 助産婦や産婆の仕事 = जनाई[1].
जनाव[2] [名] 知らせること；教えること；通知すること= जनाई[2].
जनावर [名] = जानवर
जनाशन[1] [形] 人を食べる；食人の
जनाशन[2] [名]〔動〕オオカミ（狼）= भेड़िया.
जनाश्रम [名] 休憩所；宿泊所
जनाश्रय [名] (1) 家；住宅 (2) 宿泊所
जनि[1] [名*] (1) 出生；誕生= जन्म; उत्पत्ति. (2) 女；女性= नारी; स्त्री; औरत. (3) 妻= पत्नी; भार्या. (4) 母；母親= माता; माँ.
जनि[2] [副] 禁止を表す= मत; न. इन्हें छाँडि जनि बिसहियो आन この方を除き他の人を信じてはならない
जनिक [形] (1) 生み出す；産む (2) 産出する；作り出す
जनित [形] (1) 生まれた (2) 生じた；発生した；(−に) よる；(−に) 帰因する असह्य अपमानजनित पीड़ा 耐えがたい侮蔑による苦痛 अंधविश्वासजनित 迷信から生じた
जनिता[1] [名] 生み出すもの；作り出すもの；父親
जनिता[2] [名*] 生み出すもの；母；母親
जनित्र [名] (1) 出生地；誕生地= जन्मभूमि; जन्मस्थान. (2) 発生装置〈generator〉
जनित्री [名*] 生み出すもの；母= माँ; माता; जनिता[2]
जनिमा [名*] (1) 出生；誕生；生誕= उत्पत्ति; जन्म; पैदाइश. (2) 子孫
जनी [名*] (1) 天然；大自然 (2) 母；母親 (3) 女；女性
जनीवा [地名]《E. Geneva; F. Genève》ジュネーブ（スイス）
जनु [副] あたかも；まるで；ちょうど= मानो; मानों.
जनुक[1] [接] すなわち= अर्थात्; यानि.
जनुक[2] [副] あたかも；まるで= जनु; मानो; गोया.
जनूँ [名] → जुनून; जनून.
जनून [名]《← A. جنون जुनून》(1) 狂気；気の狂うこと；狂い= पागलपन; सनक. (2) 熱狂；熱中；狂気の沙汰 इन्हें तो ताश का जनून है जनून この人はトランプに狂っているのだよ，全く狂ってなあ (3) 正気を失ったり憑依の状態になること जनून का दौरा पड़ना 憑依する
जनूब [名]《A. جنوب》南；南方= दक्षिण; दक्खिन; दकन.
जनूबी [形]《A. جنوبی》南の；南方の= दक्खिनी; दक्षिणी.
जनूबी अफ़्रीका [名]《A. جنوبی + E.》南アフリカ共和国；南ア= दक्षिण अफ़्रीका.
जने [名] 人 = आदमी; व्यक्ति. → जना.
जनेऊ [名]〔ヒ〕(1) ジャネーウー（ヒンドゥー上層カーストの男子の通過儀礼．ブラーフマン，クシャトリヤ，ヴァイシュヤの男子のヴェーダ学習のための入門式で学生期の始まりとなる．ウパナヤナ（→ उपनयन）ともヤジュニョーパヴィータ（→ यज्ञोपवीत）とも呼ばれる）(2) それ以降首の左から右脇腹にかけて着用される（木綿や麻，羊毛などの）聖紐；ジャネーウー **जनेऊ का हाथ** けさぎり（袈裟斬り）= जनेवा（तलवार का वार）.
जनेत [名*] 結婚式に参列する婿側の一行= वरयात्रा; बरात.
जनेता [名] 父；父親
जनेवा [名] (1) ジャネーウー（→ जनेऊ）のかかる左肩から右脇腹にかけての部分）(2) けさぎり（袈裟斬り）(3)〔植〕イネ科コヌカグサ属【*Agrostis linearis*】= दूब.
जनेश [名] 王；国王 = राजा; भूपति.
जनो [副] = जनु; मानो.
जनौध [名] 群集 = भीड़.
जन्नत [名*]《A. جنت》(1)〔イス〕（イスラム教の）天国；楽園；極楽= बिहिश्त. (2) 庭；庭園 जन्नत का टुकड़ा हमारा वतन わが祖国は天国なり楽園なり जन्नत की ग़िज़ा 牛乳= दूध.
जन्नतनशीं [形]《A.P. جنت نشین》天国にいる；故人の= स्वर्गवासी.
जन्नती [形]《A. جنتی》(1) 天国の= स्वर्गीय; स्वर्ग का. (2) 天国に到った；故人の= स्वर्गीय. (3) 行いの正しい；品行の正しい= सदाचारी.
जन्नतुलफ़िर्दौस [名]《A. جنت الفردوس》〔イス〕天国；楽園
जन्म [名] → जनम. (1) 生まれること；生を享けること；出生；誕生；生まれ= उत्पत्ति; पैदाइश. **जन्म दे॰** *a.* 生む；産む；出産する भद्रा ने एक ख़ूबसूरत पुत्र को जन्म दिया バドラーは玉のような男の子を生んだ यहाँ एक 27 वर्षीय महिला ने एक साथ पाँच बच्चों को जन्म दिया है 当地で 27 歳の女性が 5 つ子を出産した *b.* 作り出す；生み出す कुछ ही लोगों के हाथों में धन का संचय शोषण को जन्म देता है 一部の人たちだけに富が集まると搾取を生み出すことになる **जन्म ले॰** 生まれる；生を享ける उनके यहाँ एक कन्या ने जन्म लिया その方の家に女の子が生まれた **(-का) जन्म हो॰** (−が) 生まれる；誕生する शहरों का जन्म हुआ था 都市が誕生した (2) 作られること；できること；生まれること；出現 (3) 起源；発生 बैडमिंटन का जन्म भारत में हुआ バドミントンの起源はインド (4) 一生；生涯 (5) 生まれ変わるものとしての生 **अगला जन्म** 来世；後世= दूसरा जन्म. इस जन्म में धन जोड़ता रहा この生では金を貯め続けた **सात जन्मों तक** 七生の間；七度生まれ変わる間 सात जन्मों तक इस पाप से छुटकारा न मिलता 七生の間この罪を赦されない जन्म-जन्म का साथ 現世ばかりでなく前世及び来世にまたがる関係 (6) 生まれ；家柄；素性 जन्म के आधार पर 生まれ（出生）に基づき जन्म-आधारित भेदभाव 生まれ（出生）による差別
जन्म-कुंडली [名*]〔占星〕ホロスコープ図；運勢図；占星用天宮図 **जन्मकुंडली बनाना** 運勢図を作る **जन्मकुंडली में लिखा हो॰** 運命づけられている
जन्मक्षेत्र [名] 出生地；誕生地
जन्मगत [形] 出生にともなう；生まれながらの；出生に基づく
जन्म-जन्मांतर [名] 生まれ変わり；転生；現世と来世 जन्म-जन्मांतर के संचित संस्कार 生まれ変わりつつ身についたもの जन्म-जन्मांतर का 永遠の
जन्म-जरा-व्याधि-मरण [名]〔仏〕四苦（生老病死）
जन्मजात [形] (1) 生まれながらの；生来の जन्मजात भिखारी 生まれながらの乞食 हर भारतीय एक जन्मजात डाक्टर है インド人はみな生来の医者だ (2) 生まれによる；生得の जन्मजात नागरिकता 生得の市民権 **जन्मजात शत्रु** 天敵
जन्मतिथि [名*] 誕生日；生年月日
जन्मदर [名*] 出生率〈natality〉 कम जन्मदर 低出生率
जन्मदाता [名] (1) 生みの親 ओलंपिक खेलों का जन्मदाता オリンピックの生みの親 रेडियो का जन्मदाता ラジオの生みの親 (2) 父；父親 = पिता. अपनी आर्थिक-सामाजिक पिछड़ेपन की स्थिति का जन्मदाता 自分たちの経済的，社会的後進性を作り出すもの
जन्मदात्री [名*] (1) 生みの親 (2) 母；母親= माता; जननी.
जन्मदिन [名] 誕生日 जन्मदिन मनाना 誕生日を祝う जन्मदिन की केक バースデーケーキ जन्मदिन की पार्टी 誕生日のパーティー जन्मदिन मनाना 誕生日を祝う
जन्मदिन पत्थर [名] 誕生石 जनवरी - गार्नेट, फ़रवरी - अमेथिस्ट, मार्च - ब्लडस्टोन, अप्रैल - पीला पुखराज, मई - पन्ना, जून - सुलेमान, जुलाई - माणिक, अगस्त - गोमेदक, सितंबर - नीलम, अक्तूबर - चंद्रकांत, नवंबर - टोपाज़, दिसंबर - वैदूर्यमणि
जन्मदिवस [名] 誕生日 = जन्मदिन. जन्मदिवस मनाना 誕生日を祝う= जन्मदिन मनाना.
जन्मनक्षत्र [名] = जन्मराशि.
जन्मना[1] [自] 生まれる；誕生する वह भी कहीं जन्मा होगा あれもどこかに生まれているだろう मुन्नी जब जन्मी थी 愛娘が生まれた時 सालों साल मिन्नत-मनौती के बाद उसके घर बेटी जन्मी 幾年も幾年も願掛け祈願をした後その人の家にやっと娘が生まれた
जन्मना[2] [他] 生む；産む；出産する इसकी माँ जन्मते ही मर गई थी この子の母親は出産と同時に死んでしまった
जन्मना[3] [副] 出生によって；生まれながらに；生来 जन्मना सभी मनुष्य समान हैं 生来万人は平等である वह जन्मना किसान है 生まれながらの農夫だ
जन्मनाम [名]〔ヒ〕生後 11 日目，ないしは，12 日目につけられる名前
जन्मपंजी [名*] 出生届
जन्मपत्र [名] = जन्मपत्री.
जन्मपत्रिका [名*] = जन्मपत्री.
जन्मपत्री [名*] (1)〔占星〕ホロスコープ；運勢図；占星用の天宮図 (2) 顛末；成り行き जन्मपत्री मिलाना 花婿・花嫁候補のホロスコープ（運勢図）を比べてみる（ホロスコープによる相性を見る） अतः लड़की के लिए वर की जन्मपत्री मिलाना अब ज़रूरी नहीं रह गया है そのため娘（側）にとっては婿のホロスコープ（運勢図）を比べてみることはもはや不要になってしまっている
जन्मपादप [名] 系譜；家系図；系統樹 = वंशवृक्ष.

ज

जन्मभूमि [名*] (1) 出生地；生誕地 (2) 故郷 कवि गेटे की जन्मभूमि 詩人ゲーテの出生の地
जन्मयोग [名] = जन्मकुंडली.
जन्मराशि [名*]〔占星〕人の出生時における東の地平線上の星座
जन्मरोगी [形] 生まれつき病弱な
जन्मलग्न [名] = जन्मराशि.
जन्मविधवा [名*]〔ヒ〕幼児婚のため同棲に至る前に夫に死なれた女性
जन्मवृत्तांत [名] = जन्मपत्र.
जन्मशताब्दी समारोह [名] 生誕百年祭 इस वर्ष दक्षिण भारत के दो प्रमुख राजनीतिक स्तम्भ के जन्मशताब्दी समारोह पूरे देश में आयोजित किये जा रहे हैं 今年南インド出身の２人の偉大な政治家の生誕百年祭が全国的に計画されている
जन्मसिद्ध [形] 生得の स्वराज्य हमारा जन्म-सिद्ध अधिकार है 独立は我らの生得権
जन्मस्थान [名] 出生地；誕生地；生誕地
जन्मांतर [名] 後世；来世
जन्मांध [形] 先天的に目の見えない；生来盲目の
-जन्मा [造語] 生じた，生まれたなどの意を有する合成語の構成要素 पूर्वजन्मा 兄
जन्माष्टमी [名*] インド暦６月バードラパダ月黒分の８日（日本の旧暦で７月23日，クリシュナ生誕日）；ジャンマーシュタミー／ジャナムアシュタミー
जन्मेजय [名] (1) ヴィシュヌ神（विष्णु）の異名の一 (2)〔イ神〕ジャンメージャヤ王／ジャナメージャヤ王（クル族のパリークシット王の子）
जन्मोत्सव [名] (1) 生誕祝い；出生の祝い (2) 誕生日の祝い
-जन्य [造語]（－から）生じた，生まれた，（－に）起因する，（－に）発するなどの意を有する合成語の構成要素 कृमिजन्य यकृत रोग 寄生虫による肝臓病 तज्जन्य それから生じた दुःखजन्य 苦から生じた
जप [名] (1) 祈祷の言葉をつぶやくこと；誦唱；念誦 (2) 祈祷の言葉；念誦の文句 (3) 念誦しながら数珠をくること
जपजी [名]《Pan.》〔シク〕ジャプジー（シク教徒が毎日読誦すべきものとされるグルナーナクの詩で聖典グルグラント・サーヒブに収められている．瞑想に用いられる賛歌）
जपतप [名] 祈祷礼拝；念誦礼拝
जप-ध्यान [名] 念誦と瞑想 प्रातः चार बजे उठकर वे जप-ध्यान में लग जाते あの方はいつも早朝４時に起床して念誦と瞑想を行われる
जपना [他] (1) 祈祷の言葉をつぶやく；唱える；念誦する कौन-सा मंत्र जप रहे हो? 何のマントラを唱えているか (2) 数珠をくる (3) 横領する
जपनी [名*] (1) 念誦；誦唱 (2) 念珠；数珠 (3) 念誦の際その中に手を入れて数珠をくる袋
जपनीय [形] 念誦すべき；誦唱すべき
जपमाला [名*] 念珠；数珠
जपा [名*] (1)〔植〕フウチョウソウ科雑草キバナヒメフウチョウ【*Cleome viscosa*】 (2)〔植〕アオイ科低木ブッソウゲ【*Hibiscus rosa-sinensis*】= जवा.
जप्त [形] = ज़ब्त.
ज़फ़र [名*]《A. ظفر》(1) 勝利 = जय; विजय. (2) 成功 = सफलता.
जफ़ा [名*]《P. جفا》無法；非道；横暴
जफ़ाकश [形]《P. جفاکش》(1) 忍耐強い；我慢強い (2) 勤勉な；努力家の
जफ़ाकार [形]《P. جفاکار》非道なことを行う；残酷な
ज़फ़ीर [名*]《زفیر ← A. صفیر सफ़ीर》(1) 口笛；指笛（指をくわえて鳴らす） (2) 口笛を吹くこと；指笛を鳴らすこと
ज़फ़ीरी [名*] = ज़फ़ीर.
ज़फ़ील [名*]《زفیل ← A. صفیر सफ़ीर》= ज़फ़ीर. ज़फ़ील बजाना 口笛を吹く；指笛を鳴らす
जब [副・接] (1)…する時；…した時 ऐसा भी एक ज़माना था, जब इस देश का एक बहुत बड़ा जनसमाज ब्राह्मण-धर्म को नहीं मानता था この国の民衆の多くがバラモン教を信奉していなかった時代がかつてあった तब…と相関的に用いられる जब मैं 7 - 8 वर्ष की थी, तब संयुक्त परिवार में रहती थी 私は7〜8歳の頃合同家族の中で暮らしていた गर्मियों में जब ज़रा बरफ़ पिघलती है 夏に雪が少し溶ける時 उसे होश तब आया जब उसने अपने आपको एक नदी के किनारे पाया 男は気がついたときには川岸にいた (2)…する時に；…すると तो や तब …と相関的に用いられる जब किसी कारणवश इन कोशिकाओं की क्षति हो जाती है, तब इनमें इन्स्युलिन नहीं बन पाती 何らかの理由でこれらの細胞が傷つけられるとその中でインシュリンが作られなくなる जब तुम स्वयं मुझे ग़लत समझने लगे हो तब तुम्हारे पास मेरा रहना उचित नहीं 君が僕を誤解するようになったら僕が君のそばにいるのはよろしくない जब उससे एक क़दम भी आगे बढ़ना दूभर हो गया, तो एक जगह…あと一歩進むのさえ難しくなるとあるところで… **जब ओखली में सर दे ही दिया तो मूसल से क्या डरना**〔諺〕危険に立ち向かう決意をしたからには今さら恐れるものなし **जब कभी**……する都度；…する際；…した際；…した場合 जब कभी कोई दूसरी बीमारी, उग्र संक्रमण आदि हो जाए तो अविलंब चिकित्सक से संपर्क करें 何かほかの病気，すなわち，猛烈な伝染病などに罹った場合には直ちに医者のところへ行くこと **जब कभी भी**…いつでも；好き勝手な時に；自分の都合で **जब का** 大昔の **जब कि**…*a.*…する時に；…する際に आज जब कि हमारा देश एक नई मंज़िल की तरफ़ जा रहा है तब शिक्षित महिलाओं का कर्तव्य है कि वे पिछड़ी महिलाओं को शिक्षित बना कर उन्हें उनके अधिकारों से अवगत कराएँ わが国が新しい目的地に向かって進みつつある時に教育のある女性たちは立ち遅れた女性たちに教育を与え自分たちの権利を知らせることが責務である तुम्हें तो बस मज़ाक सूझ रहा है, जब कि बेचारी तभी से बुख़ार में पड़ी है 可哀相にあの子はその時から熱を出して寝込んでいるのにあんたは冗談ばかり思いつくんだから *b.* ところが…；他方… मौसी की आदत बहुत बोलने की है, जब कि इसके ठीक विपरीत मौसा जी को कम बोलने की आदत है おばの癖はよくしゃべることだがその正反対に叔父はあまりしゃべらない मैदान में तो गर्म-गर्म लू चलती है जब कि पहाड़ों में ठंडी हवाएँ ठिठुरा देती हैं 山間部では冷たい風が震えあがらせる時なのに平野では猛暑の熱風が吹く **जब जब**……する時は必ず；…するときまって= जब कभी…. **जब तक**…(**तब तक**)…*a.*…する間…*b.*…する限り… जब तक जी चाहे 気の向く間 गाँववालों को यह आगाह कर देना कि जब तक सफ़ाई का काम पूरा नहीं हो जाता, तब तक सब सावधान रहें 村人たちに清掃作業が完了するまで全員注意するよう警告しなさい रहने दो यार जब तक यह बात भूले रहें अच्छा है 構うな．このことを忘れている限りいいのさ **जब तक…तब तक**……（する）までに…；…する間に… जब तक दाल बनेगी तब तक वह सब्ज़ी काट लेगी और आटा भी गूँथ लेगी ダールができるまでに野菜を刻んでしまい小麦粉もこねてしまうだろう **जब तक**…その間に；それが終わるまでに मैं उसके दाँत साफ़ कराती हूँ तुम जब तक नाई को बुलाओ あの子に歯を磨かせるからその間に床屋を呼んで来なさい माँ गई खाना लाने जब तक ज़रा खेल लें 母さんが食事を取りに行った間ちょっと遊ぼう हमें संतुष्टि उस समय तक न हुई, जब तक हमने शेर न देख लिया 私たちはライオンを目にするまでは満足感を覚えなかった मैं जब तक चित्तौड़ के क़िले पर अपना झंडा नहीं फहरा दूँगा, तब तक मैं सोने चाँदी के बर्तनों में भोजन न करूँगा チットールの城に自分の旗をひるがえすまでは金銀の器で食事をするまい **जब तक गंगा जमुना की धारा है** いつまでも；いついつまでも；とわに **जब तक चाँद सूरज हैं** 永遠に；永久に；とわに；いついつまでも= जब तक गंगा की धारा है. **जब तक जान में जान है** 命の続く限り；命の限り **जब तब** *a.* 時々；時折；たまに *b.* ちょいちょい；折にふれ शायद माँ इसी बात को लेकर जब तब मेरे पिता से लड़ती रहती थी 多分母はこのことを持ち出して父とちょいちょい喧嘩をしていた यों तो महीनों शायद मेरी सूरत नहीं देखती पर बच्ची को जब-तब मेरा सिर खाने को भेज देती है 普段は何か月も私の姿を見ないくせにちょいちょい私を困らせに子供を寄こす *c.* いつも；常に；しょっちゅう तुम भी सोचोगे कि मैं जब-तब बस पैसे का ही रोना रोती हूँ いつもお金の愚痴を言っているとあなたは思うでしょう **जब देखो तब** いつも；常に；絶えず；いつもかも जब देखो तब बेढंगी बात! いつもかもおかしな話をするんだ **जब देना होता है, तो छप्पर फाड़कर देता है**〔諺〕神様は授けられる時にはどのようにしてもお授けになるものだ；運命には逆らえられぬものである **जब न तब** = जब कभी भी. **जब भी**… …する都度；…する度に **जब से**… …してから；…以来 भुवन जब से लखनऊ आया है तब से रोज़ विमल के साथ काफ़ी हाउस आता है ブ

ヴァンはラクノウに出て来て以来毎日ヴィマルと喫茶店にやって来る उसने जब से यह समाचार सुना है, न खाती है, न पीती है, न किसी से बोलती है, न शृंगार करती है この話を聞いてからというものあの人は何も食べず何も飲まずだれとも口をきかずお化粧もせずにいる **जब होता है तब** いつも；いつでも；たいてい

जबड़ा [名] あご (顎)；あぎと मुँह के अंदर ऊपर नीचे दो जबड़े हैं 口の内側の上下にあごがある ऊपरी जबड़ा 上あご = ऊपर का जबड़ा. ऊपरी जबड़े के खूँटे (धारदार दाँत) 上あごの犬歯；糸切り歯 **जबड़ा तोड़ जवाब** 遠慮会釈のない返事 **जबड़ा फाड़ना** 口を開く；口を開ける= मुँह खोलना. **जबड़े में आ०** 罠にかかる；落とし穴にはまる **जबड़े में पड़ना** = जबड़े में आ०. **जबड़े में फँसना** = जबड़े में आ०.

जबर [名] → जब्र.

ज़बर[1] [形] 《P. زبر》(1) 力持ちの；強力な बजरंगबली बड़े ज़बर थे ハヌマーンは大変な力持ちだった (2) 頑丈な；がっしりした；丈夫な बप्पा का ज़बर हाथ हवा में लहराया और हंसराज के गाल पर पड़ा - तड़ाक् おやじのがっしりした腕が空を舞いハンスラージの頬に当たった. ばしっ… (3) 上の；上部の

ज़बर[2] [名] 《P. زبر》ウルドゥー文字で短母音の a 音を表す記号. 文字の上に短い斜線で記される اَ

जबरई [名*] 《جبرئی ← A. جبر जब्र》(1) = जबरदस्ती. (2) = ज़्यादती.

ज़बरदस्त [形] 《P. زبردست》(1) ものすごい；すごい；強力な；猛烈な；強烈な；激しい；非常に大きな ज़बरदस्त तैयारी ものすごい準備 ज़बरदस्त थकान ものすごい疲れ ज़बरदस्त खिलाड़ी ものすごい選手 ज़बरदस्त दुर्घटना ものすごい事故；大事故 ज़बरदस्त गर्मी すごい暑さ；猛暑 ज़बरदस्त बारिश 豪雨 ज़बरदस्त घृणा 激しい憎悪 उन लोगोंने ज़बरदस्त एतराज किया 彼らは猛烈に反対した ज़बरदस्त लड़ाई 激戦 उसने ज़बरदस्त एतराज़ और शोर किया 彼は激しく異を唱え大騒ぎをした (2) 圧倒的な；圧倒する दुश्मन पर ज़बरदस्त फ़तह हासिल हुई 敵に圧倒的な勝利を得た (3) とても厳しい；とても厳格な **ज़बरदस्त का अँगूठा सिर पर (हो०)** 強い者はいつも自分の意のままになる

ज़बरदस्ती[1] [名*] 《P. زبردستی》(1) 無法；不法；めちゃ (2) 無理強い；強制 ज़बरदस्ती से むりやりに；強引に

ज़बरदस्ती[2] [副] (1) 力ずくで (2) 無理に；むりやりに；強制的に；強引に मेरी सहेली ने ज़बरदस्ती ही प्रोग्राम बना लिया है 友達がむりやりに計画を立てた

जबरन [副] 《← A. جبراً》力ずくで；むりやり；しゃにむに= बलात्; ज़बरदस्ती. उसने जबरन और परोस दिया むりやりもっとよそってやった

जबरा[1] [形+] 《← P. زبر》力のある；力持ちの；強力な

जबरा[2] [名] 《E. zebra》〔動〕ゼブラ；シマウマ= ज़ेब्रा.

जबरा[3] [名] 穀物を貯蔵するのに用いる口の広いかめ (瓶)

जबरिया [形] 《← A. جبر》強制的な जबरिया जोत 強制的な耕作 (栽培)

जबरी [形] 《A. جبری जब्री》強制的な；力による；力ずくの；無理強いの= ज़बरदस्ती का.

जबरी छुट्टी [名*] レイオフ；一時休職；一時解雇

जबरूत [名*] 《A. جبروت》素晴らしさ；見事さ；崇高さ；優秀さ

ज़बर्दस्त [形] → ज़बरदस्त.

ज़बर्दस्ती [名・副] → ज़बरदस्ती.

जबल [名] 《A. جبل》山；山岳 = पहाड़; पर्वत.

जबलपुर 〔地名〕ジャバルプル市 (マッディヤ・プラデーシュ州の中央部に位置するジャバルプル県の県都)

जबहा [名] 度胸；勇気= साहस; हिम्मत.

ज़बाँ [名*] 《P. زبان》= ज़बान.

ज़बाँगीर [名] 《P. زبان گیر》スパイ；密偵= गुप्तचर; जासूस.

ज़बाँज़द [形] 《P. زبان زد》有名な；著名な

ज़बाँदराज़ [形] → ज़बानदराज़.

ज़बाद [名] 《A. زباد》(1) 〔動〕ジャコウネコ (2) ジャコウネコからとれるジャコウ (麝香)；シベット 〈civet〉；ジャコウネコ香

ज़बान [名*] 《P. زبان》(1) 舌 = जीभ; जिह्वा. (2) 言葉 = बात; बोल. (3) 言葉；言語 = भाषा. (4) 約束の言葉；約束= वादा; क़ौल; प्रतिज्ञा. मुर्दा ज़बान 死語 **ज़बान आ०** 無口な人がしゃべり出す **ज़बान इधर उधर दे मारना** 考えなしになんでも言う **ज़बान उलटना** 前言をひるがえす= ज़बान उलट दे०. **ज़बान एक हो०** 約束を違えない **ज़बान कट जा०** 言うのをためらう；発言をためらう **ज़बान कतरनी की तरह चलना** 慎しみなくしゃべる；べらべらしゃべる；厚かましい口をきく **ज़बान क०** ののしる (罵る) **ज़बान काँटा हो०** のどがからからに渇く **ज़बान का कच्चा** 約束の言葉が信頼できない；言葉があてにならない **ज़बान का कड़वा** 遠慮会釈のない言葉遣いをする；辛辣な言葉遣いをする **ज़बान का चसका लगना** 口がおごる **ज़बान काटना** *a.* 驚いた表情をする *b.* 口をきけなくする *c.* 約束する **ज़बान का तेज़** 歯に衣着せぬ **ज़बान का धनी** 約束を守る；約束を違えない= ज़बान का पक्का; ज़बान का पूरा. **ज़बान का मीठा** *a.* 言葉遣いのやさしい *b.* おべっかを使う **ज़बान का शेर** 雄弁な **ज़बान की कतरनी (कैंची) चलना** = ज़बान कतरनी की तरह चलना. **ज़बान कुंद कर रखना** *a.* しゃべらせない *b.* 話したくない **ज़बान के आगे लगाम नहीं** 〔諺〕思ったことを何でも話すことのたとえ **ज़बान के नीचे ज़बान रखना** *a.* 約束を破る *b.* 二枚舌の (人) **ज़बान के नीचे ज़बान हो०** = ज़बान के नीचे ज़बान रखना. **ज़बान कैंची हो०** = ज़बान कतरनी की तरह चलना. **ज़बान को लगाम दे०** *a.* 口を閉ざす；黙る *b.* 言葉を慎む **ज़बान ख़राब क०** ののしる **ज़बान ख़र्च क०** *a.* 話す；しゃべる *b.* 求める；要求する **ज़बान ख़ाली जा० (- हो०)** 言葉が無駄になる；約束が果たされない **ज़बान खींच ले०** 無作法な言葉や横着な口を聞く人を懲らしめる；口がきけないようにする **ज़बान खुलना** *a.* しゃべる；口をきく *b.* 口がきけるようになる **ज़बान खुलवाना** 言いたくないことや不快なことを言わせる；そのようなことを話題にする **ज़बान ख़ुश्क हो०** 激しくのどが渇く= बहुत प्यास लगना. **ज़बान खोलकर कहना (- खोलना)** *a.* (人前や目上の人に対し) 口を開く；しゃべる；意見を言う किसी ने उनके सामने अपनी ज़बान नहीं खोली だれ一人あの方の前で意見を述べる者はいなかった *b.* 反対する；拒否する *c.* 求める；要求する；欲しがる **ज़बान गज़ भर की हो०** *a.* よく議論する；理屈っぽい；理屈をこねまわす *b.* 口の卑しい **ज़बान घिसना** 同じことを繰り返し言ってくたびれる；口が酸っぱくなるほど繰り返し言う **ज़बान चटोरी बनाना** 口がおごる；食べ物に贅沢になる **ज़बान चलाना** *a.* 横柄な口をきく साली, ज़बान चलाती है このあま偉そうな口をきくではないか (口答えをしやがる) *b.* 口をきく；話す；しゃべる **ज़बान चाटना** あまりのおいしさにもっと食べたくなる **ज़बान चिकनी हो०** 口がおごる；美食家の **ज़बान चूकना** 口がすべる；言ってはならないことを言ってしまう **ज़बान छूटना** ののしる = गाली दे०. **ज़बान छोड़ना** 約束を破る；前言をひるがえす **ज़बान जड़ हो जा०** 口がきけなくなる；しゃべれなくなる **ज़बान टूटना** *a.* (子供が) 口をきくようになる；しゃべり始める *b.* のどが渇く *c.* 死期が迫る；死に際が近づく **ज़बान डालना** *a.* たずねる；問う *b.* 求める；要求する **ज़बान डुलाना** *a.* 反対する *b.* 口をきく；声を出す **ज़बान तड़ाक-फड़ाक चलना** よくしゃべる；べらべらしゃべる **ज़बान तालू से अटकना** 全く口がきけない **ज़बान तालू से चिपटना** = ज़बान तालू से अटकना. **ज़बान तेज़ हो०** *a.* 無遠慮な口をきく *b.* 口がおごる **ज़बान तोड़ना** (幼児が) 口をきこうとする；しゃべろうとする **ज़बान थामना** しゃべらせない；口を開かせない **ज़बान दबाकर कहना** *a.* こわごわ言う；恐る恐る言う *b.* 小声で言う मैंने दबी ज़बान से पूछा,महाराज! क्या मैं यह समझूँ कि आप गाँधी और मार्क्स के क़रीब से बोल रहे हैं? 恐る恐るたずねた.「ガンジーやマルクスに近い立場からお話になっていると理解してよろしいでしょうか」 **ज़बान दाँतों से काटना** 驚いた表情をする；びっくりした顔をする **(-को) ज़बान दे०** (ーに) 約束する मैं आपको ज़बान देती हूँ あなたにお約束致します एक दफ़ा जो ज़बान दे दी वह दे दी 一度した約束は約束なのだ (ひるがえすことはない) ज़बान दो, करोगे? 約束しろ, するかい **ज़बान धरना** *a.* しゃべらせない；相手に口を開かせない；人の口をふさぐ；口に戸を立てる *b.* 言葉尻をとらえる **ज़बान न थकना** 飽きることなく言う；幾度も繰り返し言う **ज़बान न हिलना** (恐れや威圧のため) 口をきく (ものを言う) ことができない **ज़बान न हो०** ものを言う勇気がない **ज़बान निकालना** ものを言う；口をきく **ज़बान पकड़कर खींच ले०** 二度と口がきけないようにする；二度と口がきけないように懲らしめる **ज़बान पकड़ना** = ज़बान धरना. आप दुनियाँ की ज़बान पकड़ सकती हैं, लेकिन अपने माथे से यह कलंक मिटा सकेंगी कभी? あなたは世間の口に戸を立てることができましょうが自分の額についたこの汚点をいつか拭い去れましょうか **ज़बान पत्थर की हो०** 全く口がきけない **ज़बान पर आ०** 口にする；言ってしま

う；しゃべってしまう **ज़बान पर क़ाबू रखना** 口を慎む **ज़बान पर काँटा पड़ना** 発熱のため舌が荒れる= ज़बान पर काँटा हो०. **ज़बान पर चढ़ना** *a.* 暗誦される；そらんじられる *b.* 舌に（味覚に）合う；口に合う **ज़बान पर ताला डालना** 口を閉ざす；口をつぐむ **ज़बान पर ताला पड़ना** = ज़बान पर ताला डालना. **ज़बान पर ताला लगना** = ज़बान पर ताला पड़ना. **ज़बान पर धरा हो०** *a.* 暗記している；暗誦している；そらんじている *b.* いつも口にする；いつも唱える **ज़बान पर नाचना** いつも口にする；いつも思う；常に念じる = ज़बान पर मँडराना. (-) **ज़बान पर पहुँचना** （ーが）世人の口の端にのぼる；（ーが）噂になる；人の知るところになる；（ー）噂される (-) **ज़बान पर मंज जा०** （ーを）そらんじる；暗誦してしまう **ज़बान पर मँडराना** = ज़बान पर नाचना. **ज़बान पर मुहर लगाना** = ज़बान पर ताला डालना. **ज़बान पर मुहर हो०** = ज़बान पर ताला डालना. **ज़बान पर रखना** *a.* 味わう *b.* 覚えておく；記憶しておく **ज़बान पर रहना** = ज़बान पर धरा हो०. **ज़बान पर (- में) लगाम दे०** = ज़बान को लगाम दे०. **ज़बान पर (- में) लगाम लगाना** = ज़बान को लगाम दे०. **ज़बान पर लाना** *a.* 口に出す；言う *b.* 味わう **ज़बान पर सरस्वती हो०** 常に本当のことを言う (-की) **ज़बान पर हो०** （ーの）噂にのぼる；（ーに）噂される；（世間の）口の端にのぼる；（ーが）口にする；話題にする；知っている राजा मोरध्वज की कहानी इधर के गाँवों में बच्चे-बच्चे की ज़बान पर है モールドゥワジャ王の話はこのあたりの村の子供たちまでもが知っている **ज़बान पलटना** 約束を破る；前言をひるがえす (-की) **ज़बान पाना** （ーの）許しを得る；許可をもらう **ज़बान फिसलना** 口がすべる उन्होंने क्या जान बूझकर कही थी या फिर उनकी ज़बान फिसल गई थी わざと述べられたことなのかそれとも再び口がすべったのか **ज़बान फेरना** 話を断る **ज़बान बंद क०** 口を閉ざす；黙る (-की) **ज़बान बंद कर दे०** *a.* （ーを）黙らせる उसने अब प्रवीण की ज़बान बंद कर देने का निश्चय किया 今度はプラヴィーンを黙らせようと決心した *b.* （ーを）言いまかす **ज़बान बंद रखना** 口を閉ざす；ものを言わない **ज़बान बंद हो०** 口がきけない；しゃべれない **ज़बान बदलना** = ज़बान पलटना. **ज़बान बिगड़ना** *a.* ののしる *b.* 食いしん坊になる *c.* 味覚がおかしくなる **ज़बान बुरी हो०** 口が悪い；物言いがきつい **ज़बान बेलगाम हो०** 横柄な口をきく **ज़बान मिल जा०** 言葉や表現を思いつく (-से) **ज़बान मिलाना** （ーと）対等な口をきく **ज़बान मीठी हो०** 言葉のやさしい **ज़बान मुँह में रखना** 黙る **ज़बान मुँह से निकालना** 口を開く；しゃべる **ज़बान में खुजली हो०** 文句を言いたくなる；文句を言いたくてうずうずする；喧嘩腰になる **ज़बान में जादू हो०** 人を魅了する言葉遣い **ज़बान में पड़ना** 完全に記憶する；全く暗誦する **ज़बान में लगना** おいしい；うまい **ज़बान में लगाम दे०** 口を慎む **ज़बान में लगाम न हो०** = ज़बान बेलगाम हो०. (-की) **ज़बान रख ले०** （ーの）話を受け入れる；申し出を聞き入れる；応諾する **ज़बान रह जा०** 話が聞き入れられる **ज़बान रुकना** 言葉がつかえる；すらすら話せない **ज़बान रोकना** = ज़बान धरना. **ज़बान लगना** = ज़बान रुकना. **ज़बान लड़खड़ाना** *a.* ろれつがまわらない *b.* 口がちゃんときけない **ज़बान लड़ाना** 口答えする；言い返す अम्माँ को छोड़कर कोई बप्पा से ज़बान नहीं लड़ाता 母さん以外父さんにはだれも口答えしないんだ **ज़बान सम्हालना** 言葉を慎む **ज़बान साफ़ हो०** 明瞭な言葉を話す **ज़बान सीना** 口を閉ざす **ज़बान से कहना** 口で言う；はっきりした言葉で表現する (-) **ज़बान से निकलना** （ーを）言う；（ーを）口にする；（ーが）口に出る **ज़बान से निकला बस ज़मीन पर न गिरने पाए** すぐさま言った通りになる (-) **ज़बान से निकालना** （ーを）言う；（ーを）口にする **ज़बान से फिर जा०** 約束を破る **ज़बान से बाहर निकलना** 口にする；言う **ज़बान से लाम काफ़ निकालना** でたらめを言う；いいかげんなことを言う **ज़बान हारना** = ज़बान दे०. **ज़बान हिलना** = ज़बान डुलाना. **ज़बान हिलाना** = ज़बान डुलाना.

ज़बानदराज़ ［形］《P. زبان دراز》生意気な口をきく；横柄な口をきく；大きな口をきく

ज़बानदराज़ी ［名*］《P. زبان درازی》生意気な口をきくこと；横柄な物言い；無礼な言葉遣い ज़बानदराज़ी क० 生意気な口をきく；横柄な物言いをする= बढ़ बढ़कर बातें क०.

ज़बानबंदी ［名*］《P. زبان بندی》(1)〔法〕宣誓書；宣誓口述書；宣誓証言 (2) 沈黙

ज़बानी[1] ［形］《P. زبانی》(1) 言葉の；言語の (2) 口頭の；口を介しての (3) 言葉だけの；言葉の上の **ज़बानी जमाख़र्च बताना** *a.* 口先だけが達者なこと；実行の伴わないこと *b.* 上辺だけの同情を示すこと；口先だけのことを言うたとえ

ज़बानी[2] ［副］(1) 言葉で；口頭で किसी को दूसरे से कोई बात करनी होती वह ज़बानी करता だれかと話をする必要があれば口頭でする (2) 暗誦して；空で बालक उसका उत्तर झट से ज़बानी बता देता 少年はそれの答えをすぐさま空で言う **ज़बानी क०** そらんじる（諳んじる）；暗記する (-) **ज़बानी याद क०** （ーを）暗誦する；暗記する यह नज़्म ज़बानी याद करके सुनाइए この詩を暗誦して聞かせておくれ **ज़बानी याद हो०** 暗記する；暗誦する；諳んじる दो चार मर्तबा शेर को दुहराया तो वह उन्हें ज़बानी याद हो गया 2〜3 度詩を反復すると暗誦してしまった **ज़बानी हिसाब** 暗算

ज़बून ［形］《P. زبون》劣った；劣悪な= निकृष्ट; निकम्मा.

ज़बूर ［名*］《A. زبور》〔イス〕預言者ダーウード（ダヴィデ）に下された啓典，ザブール（詩篇）

ज़ब्त[1] ［名］《A. ضبط》(1) 忍耐 (2) 順序 (3) 秩序；規律 (4) 統制；統御 (5) 没収；押収 (6) 没収物；押収物

ज़ब्त[2] ［形］(1) 抑えられた；抑制された (2) 統制された；統御された (3) 没収された；押収された；差し押さえられた **ज़ब्त क०** *a.* 抑制する *b.* 統制する；統御する *c.* 没収する；押収する；差し押さえる ख़्वाजा साहब की अनेक रचनाओं को ब्रिटिश सरकार ने ज़ब्त कर लिया ハージャーサーヒブの多数の著作をイギリス政府（当局）が没収した निरीक्षक के घर से एक किलो सोना ज़ब्त किया गया 管理者の住居から 1kg の金が押収された सारी संपत्ति ज़ब्त क० 全財産の没収 **ज़ब्त हो०** *a.* 統制される；統御される *b.* 没収される；押収される

ज़ब्तशुदा ［形］《P. A. ضبط شده》没収された；押収された ज़ब्तशुदा किताब 発行が禁じられた書；発禁処分を受けた書物；禁書

ज़ब्ती ［名*］《A. ضبطی》(1) 抑制 (2) 統制 (3) 没収；押収；差し押さえ पिछले दस साल के ज़ब्ती के कुल आँकड़े 過去 10 年間の押収の総計 (4)〔農〕かつてサトウキビ，トウモロコシ，飼料などの作物につき現金での納入の求められた地税

ज़ब्ते अश्क ［名］《A.P. ضبط اشک》涙をこらえること；涙を抑えること

ज़ब्ते ग़म ［名］《A.P. ضبط غم》悲しみをこらえて表さないこと；嘆声を出さないこと

ज़ब्तो नज़्म ［名］《A. ضبط و نظم》秩序 वह दर्जे में ज़ब्तो नज़्म क़ायम रखता है 教室内の秩序を保つ

जब्र ［名］《A. جبر》(1) 強制 (2) 力 (3) 非道；無法 (4)〔イス〕予定説 जब्र क० 抑えつける；抑制する；強制する लड़की के माँ-बाप अपने दिल पर जब्र करके ख़ामोश रहे 娘の親は気持ちを抑えて沈黙を守った

जब्रन ［副］《A. جبراً》力ずくで；強制的に；むりやりに= ज़बरदस्ती; बलात्.

जब्री ［形］《A. جبری》強制的な；力ずくの= ज़बरदस्ती का.

जब्रीया[1] ［形］《A. جبریہ》(1) 強制的な = जब्री. (2)〔イス〕予定説の；予定説に立つ

जब्रीया[2] ［名］〔イス〕ジャブル派（この世の一切が神の意のままに生じるのであって人は何もなし得ないとする予定説を唱える一派）

ज़बह् ［名］《A. ذبح》〔イス〕(1) 首を切って殺すこと (2) アッラーの御名を称えながら動物の頸動脈と喉笛とを一気に切る，すなわち，イスラム教に則って正しく畜殺すること (3) 殺害= ज़बह.

जभी ［接］だから；それだから；だからこそ क्या अभी झाड़ू नहीं दी गई? जभी मक्खियों का ज़ोर है まだ掃除がすんでいないのかい．だからハエがすごいのだ महाशय इस वक़्त नशे में हैं, जभी यों बहक रहे हैं 奴さんは今酔っぱらっているんだ．だからおかしなことをわめいているんだ

जभी तो ［接］だから；それだから；だからこそ खाने में जल्दी नहीं करते.ख़ूब चबा चबा कर खाते हैं जभी तो हमारे पेट में दर्द नहीं होता せかせか食べない．よく噛んで食べるからこそおなかが痛くならない जभी तो मेरे ख़याल में उन्हें दवा से ज़्यादा आराम व सुकून की ज़रूरत है だからこそあの方には薬よりも静養と安静が必要なんだ

जम ［名］〔ヒ・仏〕死界の王；冥界の支配者ヤマ；閻魔（天）= यम.

जमघट [名] (1) 人だかり；群集 मेरे घर पर जमघट था わが家に大勢の人が集まっていた (2) 集まり；集団 यह नहीं है, तो वह पड़ौस नहीं चमगादड़ों का जमघट है そうでなければ近隣ではなくてコウモリの集まりに過ぎない **जमघट लगना** 集まる；群れる；群がる रियासत में राजकुमारों का अच्छा-ख़ासा जमघट लग गया 王国には王子たちがかなり集まった

जमघटा [名] = जमघट. सुहृद मित्रों के जमघटे आँखों में घिरने लगे 親友の集まりが目に浮かび始めた

ज़मज़म [名] 《A. زمزم》〔イス〕メッカ（マッカ）のカーバ神殿の近くにある聖なる泉（聖モスクの中庭の地下にある）

जमडाढ़ [名*] 先のとがった刀

जमदग्नि [名]〔イ神〕ジャマダグニ（ヴェーダの聖仙，七大聖仙の一）

जमना[1] [自] (1) 凍る पानी के जम जाने से 水が凍ると (2) 堅くなる；固まる；こわばる बाबा का चेहरा देखकर सहम गया.उनका चेहरा बर्फ़ की तरह जम गया था 祖父の顔を見てびくっとなった．顔が氷のようにこわばってしまっていた (3) 液体が固体になる；固まる；凝固する कुछ द्रव आसानी से जम जाते हैं 一部の液体は容易に凝固する (4) 安定する；落ち着く；確立される；しっかりする；固まる हम लोग विदेशी आधिपत्य को अब जमने नहीं देंगे 外国勢力による支配の確立を許さない उनके प्रति विश्वास जमता गया あの方への信頼が確かになって行った उसे दवा पर विश्वास भी नहीं जमा 薬に対する信頼感が固まらなかった (5) 止まる；とどまる；固定される；釘付けになる पंडित जी की नज़रें पुन: पंचांग पर जम गईं バラモンの視線は再び暦の上に釘付けになった बद्दुओं की तरह एक जगह जमकर नहीं रहते ベドウィンのようにひとところにじっとしていない (6) 熟達する；上達する；熟練する (7) 引き立つ；映える；調子が出る；調子に乗る；決まる आज तुम्हारा खेल जमा क्यों नहीं? 今日は調子が出なかったけどどうしてなの (8) 順調に行く；盛んになる；栄える बरसों का जमा व्यापार इस तरह से कैसे छोड़ा जा सकता था 何年も栄えた商売をこんなふうにやめるわけには行かぬものだ मेरा काम ज़रा जमने दो ちょっと私の仕事が順調に行くまで待ってくれ (9) たまる（溜まる）；集まる；集合する दाँतों की जड़ों में मैल जमा हुआ था 歯根のところに歯垢がたまっていた आम तौर पर जाड़े में शरीर पर बहुत मैल जमता है जिसकी वजह से त्वचा जल्दी फटने लगती है 一般に冬の間体に垢が沢山たまるので皮膚がすぐにひび割れするようになる वह गड्ढा जिसमें बरसाती जल जमा होता 雨季の雨がたまる窪地 (10) たまる（溜まる）；ふえる इस उमर में शरीर में एकाएक चरबी जमना शुरू होने लगती है この年齢になると急に体に脂肪がたまり始める (11) 合う；ぴったりする मस्जिद मेरी सौंदर्य प्रियता को कभी नहीं जमती モスクは私の美意識に決して合わない (12) 賑わう उन दिनों बड़े-बड़े साधु-संतों का अखाड़ा भी यहाँ जमने लगता है そのころ偉い行者たちの道場が賑わう **जमकर** *a.* 本格的に；腰を据えて；しっかりと *b.* 激しく；猛烈に भरे दरबार में विद्वानों के सामने दोनों का जमकर शास्त्रार्थ हुआ 満場の宮廷で学者たちを前にして２人の議論が激しく行われた दोनों में जमकर लड़ाई हुई 両者の間には激しい戦いがあった **जम जा॰** 心に刻みこまれる

जमना[2] [自] はえる；生える गीली रोटी पर काली-पीली फफूँदी जम आती है よく焼けていないパンには黒ずんだ黄色いかびが生えてくる पानी या पहाड़ पर जमने वाली रेशे जैसी पतली चिकनी घास 水上や山に生える繊維のような細くすべすべした草

जमनोत्तरी 〔地名〕ジャムノーッタリー（ヤムナー川の発源地，ウッタラーンチャル・プラデーシュ州のテヘリー・ガルワール県にある）= यमुनोत्तरी.

जमपुर [名]〔イ神〕ヤマ王 यम の支配する冥界= यमपुर.

जमरस्सी [名*]〔植〕ニシキギ科小木【*Elaeodendron glacum*】= चौरी.

जमराई [名] 冥界の支配者ヤマ= यमराज.

जमरूद [名] = जमरूल.

जमरूल[名]〔植〕フトモモ科小木ジャワフトモモ【*Eugenia javanica; Syzygium samarangense*】

जमशेद [名] 《P. جمشید》ジャムシェード／ジャムシード（ペルシアの伝説上の王）

जमशेदपुर 〔地名〕ジャムシェードプル市（ジャールカンド州）

जमहूर [名] 《A. جمہور जुम्हूर》大衆；民衆；一般大衆；人民

जमहूरियत [名*] 《A. جمہوریت जुम्हूरियत》民主主義；民主政治；民主制= जुम्हूरियत.

जमहूरिया [名*] 《A. جمہوریہ जुम्हूरिया》共和国

जमहूरी [形] 《A. جمہوری जुम्हूरी》(1) 大衆の；民衆の= सार्वजनिक; सार्वजनीन. (2) 民主主義の；民主制の

ज़माँ [名] 《A. زماں》(1) 時代 (2) 世界；世の中；世間

जमा[1] [形] 《A. جمع जम्अ》(1) たまった；ためられた；集まった；集められた (2) 納められた；納入された (3) 預けられた (4)〔簿〕貸し方の；貸し方記入の (5) 加えられた；足された **जमा क॰** *a.* ためる शहरों में पानी जमा करनेवाले जलाशयों में 都市の貯水池に तुमने कितने रुपये जमा किये हैं いくら金をためたのだい वह दो चार आने जो कुछ कमाता, वह अपनी बुआ के यहाँ जमा करता जाता 2〜3 アンナであれ稼いだものはおばのところにためて行く *b.* 集める；呼び集める；結集する；招集する मुसलमानों को जमा करके イスラム教徒を結集して *c.* 納める सरकार के पास जमा क॰ 上納する **जमा कराना** *a.* 納める；納入する अग्रिम आयकर जमा कराने की अंतिम तिथि 15 जून 所得税の前納期限は6月15日 *b.* 預ける；預かってもらう यह दस हज़ार रुपया हम तुम्हारे नाम में जमा करा देंगे この１万ルピーは君の名義で（銀行に）預ける मैंने पाँच रत्न जमा कराए थे 宝石を５個預けた तुम रोज़ पैसे बचाना और उस खाते में जमा करा देना 毎日金を貯めてその口座に預けなさい **जमा हो॰** 集まる；集合する यहाँ दुश्मन अपने हथियारों के साथ जमा थे この地に敵が武器を携えて集合していた आज पंच लोग आपके काम पर विचार करने के लिए यहाँ जमा हुए हैं 仲裁人たちが検討するためここに集まっている पटना जंक्शन पर उनके समर्थकों की भीड़ जमा थी パトナー接続駅に同氏の支持者たちが大勢集まっていた

जमा[2] [名*] 《A. جمع जम्अ》(1) 元手；資本 (2) 財；金；資産 (3) 地税；地代 (4) 合計 (5) 足し算 (6)〔農〕小作人またはザミーンダールが納める地代・地税とその他の租税を合わせたもの (7)〔簿〕貸し方〈credit side〉 (8)〔言〕複数形 अश्या यानि शय की जमा アシュヤー अश्या とはシャイ शय の複数形である **जमा की चिट्ठी**〔商〕貸し方票〈credit note〉 **जमा गायब** 財産が消えてなくなる **जमा मारना** 横領する= जमा हज़म क॰ **जमा में खोट पड़ना** 元手を減らす；元手まで減る **जमा में टूट पड़ना** = जमा में खोट पड़ना.

जमाअत [名*] 《A. جماعت》(1) 集団；集まり；一団；団体 ख़ुशामदियों की पूरी जमाअत वहाँ एकत्र हो गई थी そこには追従者たちが大勢集まっていた चूहों की जमाअत मेला देखने जा रही थी ネズミたちの一団が縁日の見物に出かけるところだった (2) 階層；階級 (3) 組；クラス (4) 教室 सब लड़के अपनी जमाअतों से निकलकर भागे 生徒たちはみなそれぞれの教室から駆け出した आस-पास की जमाअतों के उस्ताद बाहर निकल आते 近くの教室の教師が教室の外へ出てくる (5) 学年 वह पहली जमाअत में है あの子は１年生です (5) 列；隊列；隊伍

जमाई[1] [名*] ← जमना.

जमाई[2] [名*] ← जमाना.

जमाख़र्च [名] 《A.P. جمع خرج》(1) 収入と支出；収支 (2) 借り方貸し方 (3) 当座預金口座；当座預金勘定 **जमाख़र्च क॰** 記帳する **जमाख़र्च मिलाना** 決算する；（帳簿の）貸借を対照する

जमाख़र्च नवीस [名] 《A. P. جمع خرج نویس》簿記係 = बही लेखक.

जमाख़ोर [名] 《A.P. جمع خور》退蔵しておいて不当に高く売る人

जमाख़ोरी [名*] 《A.P. جمع خوری》〔経〕退蔵 गेहूँ की जमाख़ोरी और तस्करी के ख़िलाफ़ 小麦の退蔵と密輸に対して जमाख़ोरी से बाज़ार में चीज़ों का अभाव हो जाता है 退蔵により市場の商品が不足する

जमा-गड़ी [名*] 《A. جمع + H.गड़ी》ためたもの；貯蔵したもの；ためたりしまいこんだもの；ためこんだもの यह लो, तो फिर क्या यहाँ जमा-गड़ी है, कि मैं खोद-खोदकर तुझे खिलाता रहूँगा? ほう，それじゃわしの手許に掘り出してお前に食わせ続けられるような溜めこんだものがあるというのかい

जमाजथा [名*] (1) 財産；資産 (2) 蓄財

जमात [名*] = जमाअत.

जमादार [名] 《A.P. جمعدار》(1)〔軍〕特務少尉（特別勤務や特別任用による少尉） (2)〔軍〕陸軍曹長 (3) 作業現場などの監督者；現場監督；班長；係長 (4) 巡査部長 (5) ジャマーダール（カーストもしくは職業としての掃除人の婉曲な表現）

जमादारिन [名*] (1) ジャマーダーリン（カーストもしくは職業としてのジャマーダールの女性） (2) ジャマーダールの妻←जमादार.

जमादारी [名*] 《A.P.جمعداری》 (1) ジャマーダールの地位 (2) 現場監督の仕事 (3) 掃除人の仕事

ज़मान [名] 《← A.ضامن ज़ामिन》 = ज़ामिन.

ज़मानत [名*] 《A. ضمانت》 (1) 担保；保証 किसान की उपज की ज़मानत पर उसे ऋण देती है 農民の収穫物を担保に金を貸す (2) 保釈 ज़मानत मंज़ूर हुई 保釈が認められた **ज़मानत पर छुड़वाना** 保釈してもらう **ज़मानत पर छोड़ना** 保釈金で保釈する **ज़मानत राशि** 保釈金；保釈金額 **ज़मानत ले०** 保釈を得る इस प्रदेश के कुछ पश्चिमी ज़िलों में ही लगभग एक लाख अपराधी ज़मानत लेकर बेधड़क घूम रहे हैं この州の西部の数県だけで約 10 万人の犯罪者が保釈を得て大手を振って歩いている

ज़मानतदार [名] 《A.P.ضمانت دار》 保証人=ज़ामिन.

ज़मानतनामा [名] 《A.P. ضمانت نامہ》 (1) 保証書 (2) 保釈証書

ज़मानती[1] [名] 《A. ضمانتی》 保証人

ज़मानती[2] [形] (1) 保証に関する (2) 保釈に関する

जमाना[1] [他] (1) 固める；固まらせる；液体を固形にする दही जमाना ヨーグルトを作る；ヨーグルトを固まらせる (2) 固める；確かにする स्थानीय लोगों के मन में यह धारणा जड़ जमा चुकी है 地元の人たちはこう確信している जब कोई युवा पुरुष अपने घर से बाहर निकलकर बाहरी संसार में अपनी स्थिति जमाता है 若者が家を離れて外の世界に足場を固める時 धार्मिक अंधविश्वास हमारे समाज में आज भी गहराई से अपनी जड़ें जमाए हुए हैं 宗教に関わる迷信が今日もなお私たちの社会にはしっかりと根を張っている (3) 凍らせる बर्फ़ जमाने वाला यंत्र 冷凍機 (4) 据える；安定させる；据えつける (5) 引き立たせる；見せつける；固める कभी कभी बड़े लोग बच्चे पर अपना रोब जमाने के लिए ही उसके अकारण थप्पड़ या घूँसा जमा देते हैं しばしば大人は子供に威厳を見せつけるためにわけもなく掌や拳骨で殴りつける (6) 結果を挙げる；収める；得点する；点を入れる ईस्ट बंगाल ने दूसरे हाफ़ में जमाए एकमात्र गोल से イースト・ベンガルがセカンド・ハーフに挙げた唯一のゴールで (7) 激しく打つ；勢いよく当てる उसने क्यों गालियाँ दीं, क्यों छड़ी जमाई? なぜののしり，なぜステッキで激しく打ったのか खोपड़ी पर एक लट्ठ जमा दिया जिससे उसका प्राणांत हो गया 頭に棍棒の一撃を食わせたためその男は死んでしまった (8) 練習する；腕を上げる；技を磨く

जमाना[2] [他] 生やす जहाँ घास न जमती हो, वहाँ केसर जमा दें 草も生えないところにサフランを生やす

ज़माना [名] 《A. زمانہ》 (1) 時代 **उलटा ज़माना** 道義の行われなくなった時代や世の中；秩序の狂った時代；秩序のない世の中=बुरा ज़माना. **एक ज़माने में** かつては एक ज़माने में औरतें सिर्फ़ घर में ही सीमित थीं かつては女性は家庭の中にだけいた **ज़माने की हवा** 時代の成り行き；時代の風潮 आज ज़माने की हवा बड़ी उलटी चल रही है 今日，時代の成り行きはひどく途方もない方向に向かっている **बुरा ज़माना** 道義の行われなくなった時代；末世 (2) 時；時期；期間；頃 हैज़े के ज़माने में コレラの流行期に वह अपने ज़माने में बला की ख़ूबसूरत थी 若かった頃は絶世の美人だった (3) 世の中；世間 ज़माना बदल गया तो क्या हुआ, उसका मन तो वही है 世の中が変わったからどうした．あの人の心は昔のままだ हेड मास्टर साहब तो ज़माना देखे आदमी थे 校長は世間を知っていた मेरे सुहाग पर ज़माने ने नज़रें उठाईं तो 私の幸せに世間が悪意を抱くならば **ज़माना उलटना** 世の中がすっかり変わる；時代が大きく変わる **ज़माना गुज़रना** 大昔になる；大昔のことになる **ज़माना छानना** 詳しく調べる；ずいぶん探究する **ज़माना देखना** 経験を豊かにする；大いに経験を積む；経験を積み重ねる **ज़माना पलटना** = ज़माना उलटना. **ज़माना फिर जा०** = ज़माना उलटना. **ज़माना बिगड़ना** 経済的に苦境におちいる **ज़माना बीत जा०** 盛りが過ぎる；最盛期が過ぎる **ज़माना याद आ०** 昔のことが思い出される **ज़माना लद जा०** = ज़माना बीत जा०. **ज़माने का** 大昔の；時代物の **ज़माने का थूक चाटना** 限りなく卑屈になる；ひどくいじける **ज़माने का रंग देखना** 世間の趨勢を見る **ज़माने का लहू सफ़ेद हो०** 薄情になる **ज़माने की गर्दिश** *a.* 運勢；運命の移り変わり；人生の浮き沈み *b.* 不運 **ज़माने की मार** *a.* 時代の悪い風潮 *b.* 世間の冷たい態度 **ज़माने की हवा देखना** = ज़माने का रंग देखना. **ज़माने की हवा लगना** 時代の影響を受ける **ज़माने के साथ चलना** 世間の人と同じことをする **ज़माने भर का** 山のような；山ほどの **ज़मानों से** 久しく मैंने तो ज़मानों से ऐसी कोई ज़रूरत महसूस नहीं की 久しくそんな必要を感じなかった

ज़मानाशनास [形] 《A.P. زمانہ شناس》 時代を見抜く；時代を見通す

ज़मानासाज़ [形] 《A.P.زمانہ ساز A.》 (1) 時代に適応する (2) 日和見の= अवसरवादी.

जमापूँजी [名*] 《A. جمع + H.पूँजी》 (1) 蓄え；貯蓄 उसकी सारी जमापूँजी खाने पीने में व्यय हो गई その男の全ての蓄えが飲み食いに費やされてしまった वह इस जमापूँजी से भविष्य में खा-पी सकेगा これから先あの人はこの蓄えで生計を立てて行けるだろう (2) 財産

जमाप्रविष्टि [名*] 《A. جمع + H.प्रविष्टि》 〔簿〕貸方勘定

जमाबंदी [名*] 《A.P. جمع بندی》 〔農〕 (1) 地税台帳；小作帳；地代帳 (2) 政府と耕作者との間の地税取り決め

जमामार [形] 《A. جمع + H.मार》 資産を横領する（人）

जमाल [名] 《A. جمال》 (1) 美；美しいこと (2) 美貌

जमालगोटा [名] (1) 〔植〕トウダイグサ科低木ハズ【*Croton tiglium*】 (2) ハズの実

जमालेखा [名] 《A. جمع + H. लेखा》 〔簿〕貸方勘定；貸方記入

जमाव [名] (1) 集まり；集合；集めること；集まること अब सत्संग का जमाव करो, नहीं तो देर हो जाएगी もうキールタンの集まりをしなくては遅くなってしまう उस दूकान में छोटा-मोटा जमाव ज़रूर होता था その店にはいつもちょっとした人だかりがしていた (2) 凍ること (3) 固まること (4) たまること वह फेफड़ों में बलगम के जमाव को कम करता है それが肺に痰がたまるのを少なくする (5) 人だかり

जमावड़ा [名] (1) 集合；集まり；集会 कबीरपंथी साधुओं का जमावड़ा カビール派のサードゥたちの集会 (2) 集結；集中 सड़क व फ़ुटपाथों पर दूधियों की भैंसों का जबरन किया जमावड़ा 道路や歩道での牛乳屋の水牛の強制的な集結 (3) 人だかり；人の集まり तब से यह जमावड़ा वहाँ होने लगा था それ以来そこに人だかりがするようになった (4) 混雑；込み合い；雑踏

ज़मींकंद [名] 《P.H.زمین کند》 〔植〕サトイモ科ゾウゴンニャク【*Amorphophallus campanulatum*】= सूरन.

ज़मींदार [名] 《P. زمین دار》 (1) 地主；土地保有者；土地保有権者 (2) 〔史〕ザミーンダール（英領インドの北部を中心に行われたザミーンダーリー制度による地主．地税納入の中間介在者として所有権を認められていた地主の一呼称）；大地主

ज़मींदारी [名*] 《P. زمین داری》 (1) ザミーンダールの仕事や職，地位，身分 (2) ザミーンダールの所有地 (3) 〔イ史〕ザミーンダーリー制度（英領の北部インドを中心に行われた土地保有納税制度．地税額を永久に固定した永代ザミーンダーリー制） ज़मींदारी उन्मूलन ザミーンダーリー制撤廃 (4) 所有と経営を共同で行う農地．共同所有共同経営の農地（収益は地税やその他の経費を差し引いた残りを決まりにより割り前に従い配分される．地税は構成員の代表者であるランバルダール，別名ナンバルダールによって納入される）

ज़मींदारी प्रथा [名*] 〔イ史〕ザミーンダーリー制；ザミーンダーリー制度

ज़मींदोज़ [形] 《P. زمین دوز》 (1) 地下の；地中の (2) 地に伏した；地面に落ちてつぶれた= भूमिगत. 5 करोड़ की लागत से बना आफ़िसर्स ट्रेनिंग स्कूल भवन ज़मींदोज़ हो गया 5000 万ルピーをかけて建設された幹部養成学校の校舎がつぶれてしまった ज़मींदोज़ क० 潰滅させる；台無しにする

ज़मीन [名*] 《P. زمین》 (1) 地球 ज़मीन गोल है 地球は球形だ ज़मीन का सबसे तेज़ पशु 地上で一番速く走る動物 (2) 地；地面；地表 बाबा के पूछने पर वह ख़ामोश रहा और नज़रों से ही ज़मीन कुरेदता रहा 彼は祖父がたずねると黙っていた．そして視線を地面に向けじっと見つめていた ज़मीन खिसकना 地滑り (3) 土地；地所 तुम भी इस कालोनी में ज़मीन ले लो 君もこの団地に土地を求めたまえ (4) 地（じ）；基 (5) 地色 (6) 下地；基盤；土台；基礎；基底；基本；根底 (7) 下塗り (8) 地；現実；現実世界 **ज़मीन आसमान एक कर दे०** *a.* 猛烈に励む *b.* 大騒ぎする **ज़मीन-आसमान का अंतर (हो०)** = ज़मीन आसमान का फ़र्क़ (हो०). दोनों के आचार-विचार, रहन-सहन, रुचि आदि में ज़मीन-आसमान का अंतर था.फिर भी कितना स्नेह था दोनों में 2 人の行動，考え方，生活様式，趣味などには大

きな違いがあったが２人の間には随分深い愛情があった **ज़मीन आसमान का फ़र्क़** 天地の差；桁違いの差；大差；雲泥の差 मेरी और तुम्हारी मौत में ज़मीन आसमान का फ़र्क़ होगा 私が死ぬのと君が死ぬのとでは天地の差があろう **ज़मीन आसमान के कुलाबे मिलाना** *a.* 懸命に励む *b.* 遠大なことを考える；途方もないことを考える *c.* 大きな口をきく；甚だ冗舌なことや大嘘つきのたとえ **ज़मीन उठना** 土地の借り手が見つかる **ज़मीन क°** 場所を作る；場所を空ける **ज़मीन का पैबंद हो°** 死ぬ **ज़मीन के गज़ बने घूमना** うろつく；うろつきまわる；徘徊する **ज़मीन चूमकर सलाम क°** 最敬礼する；うやうやしく挨拶する **ज़मीन चूमना** *a.* 倒れる；地に伏す *b.* 完敗する **ज़मीन छुआ दे°** 負かす；破る **ज़मीन तैयार क°** 下地をこしらえる **ज़मीन तोड़ना** 懸命の努力をする；必死になって努力する **ज़मीन दिखाना** *a.* 倒す *b.* 破る；負かす **ज़मीन देखना** *a.* 恥ずかしさにうなだれる；恥じ入る *b.* 負ける；敗れる **ज़मीन नापना** 移動する **ज़मीन पकड़ ले°** *a.* 腰を落ち着ける *b.* 安定する；落ち着く **ज़मीन पर आ रहना** *a.* 悔やむ；後悔する *b.* ひどい目に遭う；みじめなさまになる **ज़मीन पर उतरना** 現実を見つめる；足を地につける **ज़मीन पर गिरा दे°** 負かす；破る **ज़मीन पर पैर न टिकना** 有頂天になる；のぼせあがる；大得意になる **ज़मीन पर पैर न पड़ना** *a.* 得意になる *b.* 上機嫌になる；嬉しくてたまらなくなる *c.* 心配のあまり足が進まない **ज़मीन पर पैर न रखना** *a.* うぬぼれる；驕りたかぶる *b.* ひどく甘やかされている **ज़मीन पर लोटने लगना** *a.* 大喜びする *b.* 大変悲しむ **ज़मीन पर सिर धरना** (- रखना; - लाना) *a.* うやうやしくお辞儀をする *b.* 丁重に行う **ज़मीन पर सुला दे°** 殺す；眠らせる **ज़मीन पर सोना** 敷物を敷かずに（地面や）床にじかに寝る（願掛けの行として） **ज़मीन पैरों तले खिसक जा°** ひどく驚きあわてる **ज़मीन बनाना** = ज़मीन तैयार क°. **ज़मीन बाँधना** *a.* 下絵を描く *b.* 下塗りをする *c.* 準備をする；用意をする **ज़मीन में गड़ जा°** 恥ずかしさにうなだれる；恥じ入る **ज़मीन में समा जा°** = ज़मीन में गड़ ज°. **ज़मीन सूँघते हुए पहुँच जा°** 探しあてる **ज़मीन सूँघना** = ज़मीन चूमना.

ज़मीनजायदाद [名*]《P. زمین جائداد》土地財産；地所；資産 ज़मीन जायदाद का मुक़दमा 土地（資産）に関する訴訟 उसने ज़मीन-जायदाद ख़रीदी 地所を購入した ज़मीन-जायदाद वाला 地所持ち；大きな地所を持つ資産家 हमारे बाप-दादा भी ज़मीन-जायदाद वाले थे うちの先祖も資産家だったのだ

ज़मीनदार [名] → ज़मींदार.

ज़मीनबोस [形]《P. زمین بوس》大地に口づけした；地面に伏した **ज़मीनबोस हो°** *a.* 地に口づけする；地に伏す *b.* 平伏する；最敬礼する

ज़मीनी [形]《زمینی ← P.زمین ज़मीन》(1) 地球の；大地の (2) 土地の

ज़मीम [形]《A. ضمیم》良くない；悪い；劣った；劣悪な

ज़मीमा [名]《A. ضمیمہ》付録= परिशिष्ट.

जमीयत [名*]《A. جمعیت》(1) 集まり；集団；グループ (2) 会；集会；協会；協議会 तुल्बा की एक जमीयत या पंचायत 学生たちの会（議）

ज़मीर [名]《A. ضمیر》(1) 心；胸 (2) 良心 (3) 魂；精神

जमील [形]《A. جمیل》美しい；きれいな= सुंदर; रूपवान; ख़ूबसूरत.

जमुआर [名] ジャームン（ムラサキホトウ जामुन）の林

जमुना [名*] ヤムナー川；ジャムナー川= यमुना.

जमुनोई [名*]〔植〕バラ科中高木ウワミズザクラ；ヒマラヤウワミズザクラ【*Prunus padus*】〈Himalayan bird cherry〉

जमुरका[1] [名] ちょうつがい（蝶番）= कुलाबा.

जमुरका[2] [名]《← P.زنبور जंबूर》〔軍〕回転砲

ज़मुरी [名*]《← P.زنبور जंबूर》(1) 釘抜き；やっとこ (2) 鉗子 (3) 馬のひづめを切る道具

ज़मुर्रद [名]《A. زمرد》エメラルド

ज़मुर्रदी[1] [形]《← A.ज़मुर्रदीन زمردین》エメラルド色の

ज़मुर्रदी[2] [名] エメラルド色

जमुवाँ [名] ムラサキフトモモ जामुन の実の色；濃い紫；紫黒色 = जामुनी.

जमूरा [名]《← P. زنبورک जंबूरक》〔軍〕回転砲；旋回砲

जमैयत [名*] = जमीयत.

जमोई [名*]〔植〕バラ科中高木ウワミズザクラ；ヒマラヤウワミズサクラ【*Prunus cornuta; P. padus*】〈himalayan bird cherry〉 = जमुनोई.

जमोग [名] 債務の移転（土地保有者が自己の債務を小作人を介して果たすこと）

जमोगदार [名]《H. + P. دار》土地保有者の債務を代わって引き受ける人

जमोगना [他] (1) 帳簿を調べる；帳簿をつける；簿記をつける (2) 利子を元金に加える (3) 債務を移転する

जमोगनामा [名]《H.जमोग + P. نامہ》債務移転証書

जमोगवाना [他・使] ← जमोगना.

जम्पर [名]《E. jumper》〔服〕(1) セーター；プルオーバー (2) ブラウス（セーターの上に着る婦人の胴着．袖無しもしくは短い袖がついている） (3) 婦人用の短いジャケツ

जम्बुकी [形] 黒紫色の = जंबुकी.

जम्बू द्वीप [名] (1)〔イ神〕ジャンブードゥヴィーパ（プラーナ文献の伝えるヒンドゥーの世界観で７つの海と６つの大陸からなる地上世界の中心部分で人間の住むところ．その中心にメール山 मेरु がある） (2)〔仏〕閻浮提（えんぶだい．須弥山の南方にある四大州の一）= जम्बू द्वीप.

जम्बूरी [名*]《E. jamboree》ジャンボリー；大会；集会= समारोह; रैली.

जम्बो जैट [名]《E. jumbo jet》ジャンボジェット機

जम्मू 〔地名〕ジャンムー（ジャンムー・カシミール州の南部地方及び同州の冬季の州都）

जम्मू और कश्मीर 〔地名〕ジャンムー・カシミール州（インドの州名）

जम्हाई [名*] あくび = जँभाई. जम्हाई ले° あくびをする मैं जम्हाई ले रहा था ちょうどあくびをしているところだった सोफ़े पर बैठकर जम्हाई लेते हैं ソファーに腰を下ろしてあくびをする

जम्हूर [名]《A. جمہور जुम्हूर》民衆；大衆；一般大衆= जनसाधारण; सर्वसाधारण.

जम्हूरियत [名*]《A. جمہوریت जुम्हूरियत》民主主義；民主政治= गणतंत्र; जनतंत्र; प्रजातंत्र. हमारे मुल्क में जम्हूरियत की बहाली わが国に民主主義の復活 सैनिक तानाशाही समाप्त कर फिर से जम्हूरियत लाने के कार्यक्रम को लेकर 軍事独裁を終結して民主主義を復活させる計画をめぐって

जम्हूरी [形]《A. جمہوری जुम्हूरी》一般大衆の；民衆の；公共の= सार्वजनिक; सार्वजनीन.

जयंत[1] [形] 勝利する= विजयी.

जयंत[2] [名] (1)〔イ神〕ジャヤンタ（インドラ神の息子）；ウペーンドラ उपेंद्र (2)〔イ神〕シヴァ神とパールヴァティー神との子である軍神スカンダ स्कंद；カールティケーヤ神（कार्तिकेय）

जयंती [名*] (1) 祝典 (2) 記念日 (3) 生誕記念日；誕生祝い गाँधी जयंती マハートマー・ガンディー生誕記念日 स्व°मदनमोहन मालवीय की जयंती 故マダンモーハン・マーラヴィーヤ氏の生誕記念日 जयंती समारोह 生誕記念集会（祝典） चैतन्य जयंती समारोह शुरू チャイタンニヤ大師生誕記念祝典開始 (4)〔植〕マメ科ツノクサネム【*Sesbania sesban*】 (5)〔イ神〕ジャヤンティー（インドラ神の娘）

जय[1] [名*] (1) 勝利；征服= जीत. (2) 成功；大成功；上首尾 जय बोलना 勝利や成功を祈念する= जय मनाना.

जय[2] [感] (-की) जय の形で用いられる= (-की) जय हो. (1) 万歳（慶賀，祝福，歓呼，歓迎や祈願などを表す言葉として唱えられる； जय-जय と反復して用いられることも多い), (ーに) 栄光あれ（かし)，勝利あれなど महाराज की जय हो 王侯等への挨拶に भारत माता की जय, गाँधी जी की जय 母なるインド万歳，ガンディージー万歳 **गंगा मैया की जय** 〔ヒ〕ガンジス川万歳（ヒンドゥーにとっての聖なる川ガンジスに祈りを捧げる言葉） = जय गंगे. (2) バラモンが答礼に述べる挨拶の言葉

जयकार [名*] (1) 万歳を唱えること（(-की) जय）と唱えること） जयकार होती है 万歳が唱えられる (2) 慶賀・祝福の言葉；歓呼 **जयकार बोलना** *a.* 万歳を唱える *b.* 慶賀・祝福の言葉を唱える；歓呼の声をあげること देवी के विभिन्न रूपों में मनौतियाँ करते श्रद्धालु माँ के चरणों में दंडवत-प्रणाम करते जयकारें बोलते 女神の様々な姿に祈願を捧げる信心深い人たちは女神の像の足もとに五体投地の礼をなし女神を称える

जयखाता [名]〔簿〕仕訳帳

ज

जयगान [名] 万歳を唱えること；万歳三唱 गूँज रहा है दिशा-दिशा में भारत देश जयगान 四方八方に轟きわたるインド万歳の声
जयगोपाल [感・名] ヒンドゥーの挨拶の言葉の一（ゴーパールとはクリシュナ神の異名の一） जयगोपाल क॰ （ジャイゴーパールと唱えて）挨拶をする；挨拶を交わす
जयघोष [名] 万歳の声；万歳三唱 जयघोष गूँज उठा 万歳の声がこだました आकाश के देवता जयघोष कर रहे हैं 天上の神々が万歳を唱えている
जयचंद 〔人名・イ史〕ジャヤチャンダ王（ガーハダヴァーラ朝 गाहड़वाल の最後の支配者．私怨を晴らすためにデリーのプリトゥヴィーラージ王を斃すためにイスラム勢力に味方した，とされ，売国奴や卑怯者の代名詞ともされてきた）
जयजयकार [名*] (1) 万歳を唱えること；万歳三唱 अभी तो जयजयकार और तालियों के स्वप्न देख रहे होंगे 今時は万歳を唱えられ拍手される夢を見ていることだろう भारत माता की जयजयकार 母国インドの万歳を三唱する गुरु के सिंह राशि में प्रवेश के अवसर पर लाखों की संख्या में भक्त एकत्र और शिप्रा मैया की जयजयकार से धरती आकाश गुंजा देंगे 木星が獅子宮に入る際には幾十万人の信徒が集まりシプラー川の万歳を唱え天地をどよめかすだろう (2) 勝鬨 जयजयकार के नारे लगाते रहे 勝鬨をあげ続けた
जय दुंदुभी [名*] 勝利を祝して打たれる太鼓
जयदेव 〔人名・文芸〕ジャヤデーヴァ（12 世紀のサンスクリット詩人．抒情詩ギータゴーヴィンダが著名）
जयद्रथ [名]〔マハ〕ジャドラタ王（सिंधु सौवीर 国の王．ドリタラーシュトラ王 धृतराष्ट्र 王の娘婿でアルジュナに殺された）
जयध्वज [名] = जयपताका.
जयपताका [名] 勝利を祝って掲げられる旗 **जयपताका फहराना** *a.* 勝利する；勝利を収める *b.* 席捲する
जयपत्र [名] (1) 敵国の王に送る自分の敗北を認めた書簡；降伏文書 घोड़े के कपाल पर जयपत्र बाँधकर 馬の頭にジャヤパトラを結んで (2) 勝訴を通知する裁判所の通知書 (3) 昔，訴訟に関する国王の裁定を記した文書
जयपाल [名] (1)〔植〕ハズの木と実= जमालगोटा. (2) ヴィシュヌ神 (3) 王
जयपुर 〔地名〕ジャイプル（ラージャスターン州州都）
जयपुरी [形] (1) ジャイプルの；ジャイプル市の (2) ジャイプル地方の；ジャイプル風の जयपुरी वेशभूषा में नृत्य करती नज़र आती है ジャイプル風の服装で踊っているのが目に入る
जयमंगल [名] (1) 戦勝に際して王の乗る象 (2) 王の乗る象
जयमाल [名*] = जयमाला. (1) 勝利者の首にかけられる花輪 (2)〔ヒ〕新婦が結婚式の際新郎の首にかける花輪 (3) 昔，婿選び式を行った女性が自ら選んだ男子の首に掛けた花輪
जययज्ञ [名]〔ヒ〕馬祀祭（アシュヴァメーダ）= अश्वमेध यज्ञ.
जय राम [感] = जय राम जी की.〔ヒ〕年配で信心深いヒンドゥー教徒の日常的な挨拶の言葉の一（普通，出会った際に用いられる） जय राम जी की 旦那さま，今日は→ जय; जै.
जयलक्ष्मी [名*] = जयश्री.
जयश्री [名*] (1) 勝利= विजय; जीत. (2) 勝利の女神= विजय लक्ष्मी.
जयस्तम्भ [名] 戦勝記念塔
जय हिंद [感] (1) インド万歳；ジャイヒンド (2) インド独立前後の一時期，日常の挨拶の言葉としても用いられた
जया [名*] (1) ドゥルガー神 (दुर्गा) の異名の一 (2)〔イ神〕パールヴァティー神の異名の一 (3) = अरणी. (4) = जयंती. (5) = शमी. (6) 〔植〕アオイ科ブッソウゲ= अड़हुल
जयिष्णु [形] (1) 勝利をもたらす (2) 常に勝つ；常勝の
जयी [形] 勝った；勝利を収めた
जर[1] [名] (1) 古びること (2) 年老いること (3) 磨耗すること；消耗すること
जर[2] [形] (1) 年老いる (2) 衰微させる；衰えさせる
जर[3] [名] = जड़.
ज़र [名] 《P. زر》 (1) 金（きん） (2) 財；財貨；財産；富 **ज़र, ज़मीन, ज़न झगड़े की जड़** 〔諺〕金と土地と女は争いのもと
जरई [名*] (1) 蒔かれた種から出た芽 (2) 籾米や大麦，小麦などの穀粒を水に浸して発芽させたもの；発芽させた種もみ（籾）；もやし（ヒンドゥーが祭礼に際してこれを拝むことがある）
ज़रकश[1] [形] 《P. زرکش》金糸や銀糸を用いた細工をする
ज़रकश[2] [名] 金糸や銀糸の細工（金糸・銀糸を用いた刺繍）をする職人
ज़रकशी [名*] 《P. زرکشی》金糸・銀糸を用いた刺繍
ज़रकस [形] = ज़रकसी. ←ज़रकशी. 金糸・銀糸の刺繍の施された
ज़रकान [名] 《← A. زرقون ज़र्कून/ زرگون ज़र्गून》〔鉱〕ジルコン
ज़रकार [形] 《P. زرکار》 (1) 金細工師；金銀細工師 (2) 金糸・銀糸による刺繍
ज़रकोब [形・名] 《P. زرکوب》金箔や銀箔をこしらえる（職人）
ज़रकोबी [名*] 《P. زرکوبی》金・銀の箔をこしらえる作業や職業
ज़रख़रीद[1] [形] 《P. زرخرید》買われた；金で買われた；買い取られた ज़रख़रीद लौंडियों की तरह खटती 金で買われた奴隷女のように忙しく働く मैं अंग्रेज़ों का ज़रख़रीद गुलाम हूँ 手前はイギリス人に買い取られた奴隷なのです
ज़रख़रीद[2] [名] 《P. زرخرید》奴隷
ज़रख़ेज़ [形] 《P. زرخیز》地味の肥えた；肥沃な= उर्वरा. यहाँ के बाज़ इलाके बहुत ज़रख़ेज़ हैं この地の一部の地域は地味が大変肥えている
ज़रख़ेज़ी [名*] 《P. زرخیزی》地味の肥えていること；肥沃なこと = उर्वरता; उपजाऊपन.
ज़रगर [名] 《P. زرگر》金細工師；金銀細工師
ज़रगरी [名*] 《P. زرگری》金細工；金銀細工
जरजर [形] = जर्जर.
जरठ[1] [形] (1) 年老いた；老いた；老けた (2) 古びた；くたびれた (3) 堅い；固い (4) 激しい；厳しい (5) 無慈悲な；情け容赦のない
जरठ[2] [名] 老い；老年；老年期= बुढ़ापा; वृद्धावस्था.
जरण [名] (1)〔植〕= हींग. (2)〔植〕クミン= जीरा. (3) 老齢
जरत् [形] (1) 年老いた= बूढ़ा; बुड्ढा; वृद्ध. (2) 衰えた；弱った (3) 古い= पुराना; जीर्ण.
ज़रतार [名] 《P. زرتار》 (1) 金糸 (2) 銀糸
ज़रतारी [名*] ←ज़रतार. 金糸や銀糸による刺繍 गुड्डे की ज़रतारी टोपी 金糸の刺繍の施された人形の帽子
जरतुवा [形] 嫉妬する；妬み深い；嫉妬心の強い
ज़रतुश्त 〔人名〕《P. زرتشت》ゾロアスター；ザラトゥシュトラ；ツァラツストラ= ज़रदुश्त.
ज़रथुस्त्र 〔人名〕ゾロアスター；ザラトゥシュトラ；ツァラツストラ **ज़रथुस्त्र धर्म** ゾロアスター教
ज़रद [形] 《P. زرد ज़र्द》黄色い；黄色の= पीला; पीत.
ज़रदक[1] [名*] 《P. زردک ज़र्दक》〔植〕ニンジン= गाजर.
ज़रदक[2] [名] 《P. زردک ज़र्दक》〔鳥〕コウライウグイス科ズグロオウチョウ【*Oriolus xanthornus*】
ज़रदा[1] [名] 《P. زرده ज़र्दा》 (1) 肉の入っていないピラフ (2) パーンと一緒に用いられたり噛みタバコとして用いられるタバコの葉 (3) 卵の黄身；卵黄
ज़रदा[2] [名] = ज़रदक[2].
ज़रदार [形] 《P. زردار》金持ちの；金満家の；富裕な
ज़रदालू [名] 《P. زرد آلو》〔植〕バラ科アンズ（杏） = ख़ूबानी.
ज़रदी [名*] 《P. زردی ज़र्दी》 (1) 黄み；黄色 (2) 卵の黄身；卵黄 (3)〔鳥〕チドリ科キトサカゲリ【*Vanellus malabaricus*】 (-पर) **ज़रदी छाना** *a.* (一の) 顔色が悪くなる；血色が悪くなる *b.* (一が) 青ざめる；顔色を失う
ज़रदुश्त 〔人名〕《P. زردشت》ゾロアスター；ザラトゥストラ；ツァラツストラ→ ज़रतुश्त.
ज़रदोज़ [名] 《P. زردوز》金糸や銀糸での刺繍をする人；金糸や銀糸の刺繍をする職人
ज़रदोज़ी [名*] 《P. زردوزی》ザルドージー（金糸・銀糸での刺繍）
जरनल [名] 《← E. General》= जनरल.
जरनलिस्ट [名] 《E. journalist》ジャーナリスト= जर्नलिस्ट; पत्रकार.
जरना [自] = जलना.
ज़रनिगार [形] 《P. زر نگار》 (1) 金色の (2) 金で飾った（金をちりばめたり金箔を施したり金メッキをした）
ज़रनिगारी [名*] 《P. زر نگاری》金による加工や細工
ज़रनिशाँ [名] 《P. زرنشان》鉄の表面に金・銀をはめ込む象眼

जरनैल[1] [名] 《← E. General》 (1)〔軍〕将軍；ゼネラル (2)〔軍〕陸軍大将
जरनैल[2] [名] 《E. journal》ジャーナル= जरनल; जर्नल.
ज़रपरस्त [形・名] 《P. زر پرست》けちな（人）；吝嗇な（人）；守銭奴= कृपण; कंजूस; सूम.
ज़रपोश [形] 《P. زر پوش》金糸の刺繍を施した布；錦；金襴
ज़रपोस [形] = ज़रपोश.
ज़रब [名*] 《A. ضرب जर्ब》 (1) 打つこと；打撃；攻撃を加えること= चोट; आघात; प्रहार. (2) 楽器などを叩くこと；打つこと (3) 掛け算；乗法= गुणा. (4) 捺印 (5) 捺染 (6) 硬貨の鋳造 (7) 布の刺繍や捺染の文様 ज़रब दे० 打つ；叩く；打撃を加える= पीटना; चोट लगाना; आघात क०.
ज़रबकस [形] 《P. زر بکس / زر بخش ज़रबकस/ज़रबख़्श》物惜しみをしない；気前のよい= उदार; दानी.
ज़रबफ़्त [名] 《P. زر بفت》錦；金襴
ज़रबफ़्ती [形] 《P. زر بفتی》錦の；金襴の
ज़रबाफ़ [形] 《P. زر باف》錦織；錦織の職人
ज़रबाफ़ी [形] 《P. زر بافی》 (1) 錦の；金襴の (2) 錦織の
जरमन[1] [名] 《E. German》 (1) ドイツ人= जर्मन. (2) ゲルマン人
जरमन[2] [名*] 《E. German》〔言〕ドイツ語= जर्मन.
जरमन[3] [形] 《E. German》ドイツの= जर्मन.
जरमन सिल्वर [名] 《E. German silver》洋銀
जरमनी〔国名〕《E. Germany》ドイツ
जरमेनिक [形・名] → जर्मेनिक.
ज़रर [名] 《A. ضرر》 (1) 損害；被害 (2) 打撃 (3) 災難
जरस [名] 《A. جرس》鐘；鉦；鈴= घंटा; घड़ियाल.
जरा [名*] (1) 老い；老年 (2) 老衰 (3)〔イ神〕ジャラー（マガダ国王ジャラーサンダが生まれた時体が2つに分かれていたのを結合したと伝えられるラークシャシー राक्षसी 羅刹女） (4)〔植〕アカテツ科サワノキ【*Mimusops kauki*】= खिरनी का पेड़.
ज़रा [形・副・名] 《ذرا ← A. ذره ज़र्रा》 (1) 少し（の）；ちょっと（の）；わずかの；わずかに ज़रा छोटा 小振りな；幾分小形の ज़रा भी わずかでも；少しでも；いやしくも (2) 少しの間；ちょっとの間 ज़रा सब उपस्थित सज्जन गौर करें ご出席のみなさん，ちょっとお考え下さい (3) わずかのもの；少しのもの ज़रा भी…नहीं 少しも…しない；全く…しない मैंने उनकी ज़रा भी परवाह न की あの人のことは全く気に留めなかった उनके मुख पर ज़रा भी शिकन नहीं थी 顔には皺一つなかった इसी उधेड़बुन में कब नींद ने मुझे धर दबाया मुझे ज़रा भी याद नहीं このようにあれこれ考えているうちに何時眠気にとらわれたのか自分には全く記憶がない ज़रा-सा *a.* ほんのわずかの；ほんの少しの *b.* とても小さな；ちょっとした；取るに足らない इस ज़रा-सी बात में このちょっとしたことに ज़रा-सी ग़लती पर ほんのちょっとした間違いについて
ज़राअत [名*] 《A. زراعت ज़िराअत》農業= कृषि; खेतीबाड़ी.
जराग्रस्त [形] 老いた；老け込んだ；年老いて衰えた；老衰した
जराजीर्ण [形] (1) 老衰した；よぼよぼになった (2) 古びてぼろぼろになった
जरातुर [形] 老衰した；老いぼれた；よぼよぼの
ज़राफ़ [名] 《A. زراف》〔動〕キリン科キリン（麒麟）；ジラフ= ज़िराफ़.
ज़राफ़त [名*] 《A. ظرافت》滑稽なこと；剽軽さ= हँसी; मसखरापन; ठठोल.
ज़राफ़तअंगेज़ [形] 《A. P. ظرافت انگیز》おかしい；滑稽な
ज़राफ़तपसंद [形] 《A. P. ظرافت پسند》愉快な；陽気な；剽軽な= विनोदप्रिय; हँसोड़.
ज़राफ़ा [名] 《← A. زراف ज़राफ़》〔動〕ジラフ
जरायम [名, pl.] 《A. جرائم जराइम ← A. جریمہ जरीमा》犯罪= अपराध.
जरायमपेशा [形] 《A.P. جرائم پیشہ जराइमपेशा》 (1) 犯罪癖のある (2) 犯罪行為を生業とする
जरायु [名] (1) 羊膜= आँवल; खेढ़ी; उल्व. (2) 子宮= गर्भाशय.
जरायुज [形・名]〔生〕胎生の（動物）= पिंडज. 〈viviparous〉
जरायुजता [名*]〔生〕胎生← जरायुज. 〈viviparity〉
जराव[1] [形] = जड़ाऊ.
जराव[2] [名] = जड़ाव.
जराशोष [名] 老衰
जरासंध [名]〔イ神〕マガダ国のブリハドラタ王の子ジャラーサンダ王（体が2つに分かれて生まれたのをラークシャーシー राक्षसी のジャラーがつなぎ合わせたとされることからこの名がある．マトゥラーの王カンサの2人の妻の父親）
जरासीम [名, pl.] 《A. جراثیم ← جرثومہ जुर्सूमा》細菌；病原菌= बीमारियों के जरासीम. मलेरिया के जरासीम マラリア病原菌 गले में जरासीम होते हैं のどに細菌がいる
जरित[1] [形] (1) 老いた；年老いた= वृद्ध; ज़ईफ़. (2) 弱い；力のない；非力な
जरित[2] [形] = जड़ित.
जरिमा [名*] 老い；老年；晩年= बुढ़ापा; जरा.
जरिया [形] 焼成された
ज़रिया [名] 《A. ذریعہ ज़रीआ》 (1) 手段；媒介；機関；仲介= साधन; माध्यम; मारिफ़त; मारफ़त. (2) 方法= उपाय. (3) 媒介物；媒体= माध्यम. (-के) ज़रिये （－を）介して；（－を）通して；（－に）よって；（－）で= (-के) द्वारा/(-) द्वारा. यह काम तो जन-आंदोलन के ज़रिये करना होगा これは大衆運動を介してなすべきこと एक कहानी के ज़रिये 一つの物語を介して हवा के ज़रिये हमारा शरीर आक्सीजन प्राप्त करता है 空気を介して酸素を得る साँसों के ज़रिये वही हवा हमारे फेफड़ों में पहुँचती है 呼吸によってその空気が肺に達する नाव के ज़रिये ही उसपर जाना सम्भव था 船でしかそこには行けなかった नहर के ज़रिये से 用水路を介して यह धूप के ज़रिये खुद-ब-खुद बिजली पैदा करने लगती है これは太陽光線によって自ら電気を作り出す
जरी [形] 老いた；年老いた= बूढ़ा; बुड्ढा; वृद्ध.
ज़री[1] [名*] 《P. زری》 (1) 錦 (2) 金糸 सोने की ज़री के कशीदेवाले कपड़े 金糸の刺繍を施した布
ज़री[2] [形] 《P. زری》金色の；黄金色の；山吹色の
ज़रीआ [名] → ज़रिया.
जरीद [名] 《A. جرید》 (1) 飛脚= पत्रवाहक. (2) 密偵= जासूस.
ज़रीफ़ [形] 《A. ظریف》 (1) 愉快な；剽軽な (2) 諧謔の ज़रीफ़ शायर 諧謔詩人 (3) 機知に富んだ
ज़रीफ़ाना [形] 《A.P. ظریفانہ》楽しい；軽妙な
जरीब [名*] 《A. جریب》 (1) 土地測量用の鎖（55ヤードの長さ）；ジャリーブ (2) 1平方ジャリーブの面積（0.625エーカー）=標準ビーガー बीघा (3) 杖；棍棒
जरीबकश [名] 《A.P. جریب کش》検地をする人；農地の測量をする人；土地測量士
जरीबकशी [名*] 《P. جریب کشی》検地；農地の測量；土地測量
जरीबा [形] ← जरीब. 土地測量の行われた；検地の行われた
जरीबाना [名] 《← A. جرمانہ जुरमाना》罰金
जरीमाना [名] 罰金= जुरमाना. ऐसी ही एकता होती तो दारोग़ा इतना जरीमाना करने पाता? こんなふうに団結していたならば警部がこれほどの罰金を課すことができただろうか
ज़रीबाफ़ [名] 《P. زری باف》錦織の職人
ज़रीया [名] 《A. ذریعہ》= ज़रिया. पानी भी हैज़ा फैलाने का बहुत बड़ा ज़रीया है 水もコレラを広げる大きな媒体である आलात के ज़रीये पैमाइश करके यह भी मालूम किया जा सकता है これも機器による計測で調べられる कुछ मिसालों के ज़रीये 幾つかの実例を介して
ज़रूर[1] [副] 《A. ضرور》きっと；必ず；是非；間違いなく；もちろん；（－）とも= अवश्य; निश्चित रूप से. ज़रूर-ज़रूर きっと；必ずや；間違いなく；絶対に
ज़रूर[2] [形] (1) 必要な；欠かせない (2) 避けられない (3) 重要な；大切な
ज़रूरत [名*] 《A. ضرورت》必要；必要性；要求；要請= आवश्यकता. ज़रूरत की चीज़ें 生活必需品；必需品 ज़रूरत से ज़्यादा 必要以上に एक कुशल, तेज़ व्यक्ति की ज़रूरत है 堪能で鋭い人が求められている (-की) ज़रूरत पड़ना （－が）必要になる；求められる；要請される ज़रूरत पड़ने पर いざという時に；必要な時に
ज़रूरतन [副] 《A. ضرورتاً》当然；必然的に
ज़रूरत-बेज़रूरत [副] 《A. ضرورت بے ضرورت》わけもなく；理由もなく मैं ज़रूरत-बेज़रूरत जिस-तिस के आगे उबल उठता हूँ わけもなく相手の誰彼なしにかっとなる

ज

ज़रूरतमंद [形] 《A.P. ضرورت مند》 (1) 必要のある；不足している；欠乏している (2) 乏しい；貧しい ज़रूरतमंद देशों को आर्थिक सहायता तक देने के लिए 貧しい国に経済的な援助までするために निर्धन तथा ज़रूरतमंद व्यक्तियों की सहायता 貧しく援助を必要とする人たちを助けること ज़रूरतमंद नेत्रहीन 貧しい盲人 (3) (−を) 必要とする；(−を) 望む；(−が) 求められる

ज़रूरियात [名*] 《A. ضروریات》 (1) 必要；必要性 (2) 必要品；必需品 (3) 用足し ज़रूरियात से फ़ारिग़ होकर हाथ मुँह अच्छी तरह धोओ 用を足してから手や顔をよく洗いなさい ज़रूरियात की चीज़ें 日用品；必要品；必需品；生活必需品

ज़रूरियातए ज़िंदगी [名*] 《A.P. ضروریات زندگی》 生活に必要なもの；生活必需品 तमाम ज़रूरियातए ज़िंदगी की माँग あらゆる生活必需品の要求

ज़रूरी [形] 《A. ضروری》 (1) 入り用な；必要な；欠かすことのできない；不可欠な；切実な हमारी ज़िंदगी बरकरार रखने के लिए पानी भी निहायत ज़रूरी है 私たちの生活を維持するのに水は絶対に欠かせない निहायत ज़रूरी 絶対不可欠な (2) 重要な；大切な；どうしても逃すことのできない मुझे ज़रूरी प्रसारण सुनना है 重要な放送を聞かなくてはならない ज़रूरी तार 重要な電報 (3) 避けられない मेरा वहाँ रहना ज़रूरी है 私はどうしてもそこにいなくてはならぬ कुछ ज़रूरी बातें करनी हैं 幾つか大切な話をしなくてはならない (4) 緊急の；急を要する

जरूल [名]〔植〕ミソハギ科高木オオバナサルスベリ【*Lagerstroemia flosreginae*】

जरोटन [名]〔動〕環形動物ヒル科ヒル（蛭）= जोंक.

जरोल [名] = जरूल.

जर्क [名] 《E. jerk》〔ス〕ジャーク（重量挙げ）

ज़र्क़ बर्क़ [形] 《A. زرق برق》 (1) ぴかぴかした；きらきらした (2) けばけばしい；派手な

जर्कोन [名] 《A. زرقون ज़र्कून, A. زرگون ज़र्गून》 ジルコン= जरकान.

जर्जर [形] (1) 古びてぼろぼろになった= जीर्ण. पुरानी-धुरानी जर्जर हड्डियों से ぼろぼろになった骨で；ぼろぼろの体で (2) 古くなった；時代遅れの (3) 砕けた；壊れた= टूटा; फूटा. (4) 老いさらばえた= वृद्ध.

जर्जरता [名*] ←जर्जर.

जर्जरित [形] (1) 古い；古びた (2) ぼろぼろになった；壊れた；つぶれた

ज़र्द [形] 《P. زرد》 黄色の；黄色い= ज़रद; पीला; पीले रंग का. ज़र्द रंग की बत्ती 信号機の黄色い信号灯；黄信号

ज़र्दा [名] 《P. زرده》 = ज़रदा[1]. गमकौआ ज़र्दा 芳香のする嚙みタバコ

ज़र्दालू [名] 《P. زرد آلو》〔植〕バラ科アンズ= ज़रदालू; खुबानी.

ज़र्दी [名*] 《P. زردی》 = ज़रदी.

ज़र्दोज़ [名] 《P. زردوز》 = ज़रदोज़.

जर्नल [名] 《E. journal》 ジャーナル= जरनल.

जर्नलिज़्म [名] 《E. journalism》 ジャーナリズム= पत्रकारिता.

जर्नलिस्ट [名] 《E. journalist》 ジャーナリスト= पत्रकार.

जर्नैल [形・名] = जनरल; जरनैल.

ज़र्फ़ [名] 《A. ظرف》 (1) 器；容器；入れ物；食器 (2) 器量；能力 (3) 忍耐力

जर्मन[1] [形・名] 《E. German》 (1) ドイツの (2) ドイツ製の；ドイツ産の (3) ドイツ人の (4) ドイツ人 (5) ゲルマン人= जरमन.

जर्मन[2] [名*] 《E. German》〔言〕ドイツ語= जर्मन भाषा.

जर्मन मीज़ल्स [名] 《E. German measles》〔医〕風疹

जर्मन सिलवर [名] 《E. German silver》 洋銀（銅，ニッケル，亜鉛の合金） पानी का जर्मन सिलवर का चमकता लोटा दूर से ही दिखलाई देता था 水の入った洋銀製のぴかぴか光るローターがうんと遠くから見えていた

जर्मनी [国名] 《E. Germany》 ドイツ जर्मनी यह नहीं चाहती ドイツはこれを望んでいない

जर्मैनिक [形・名] 《E. Germanic》 ゲルマン（の）；ゲルマン民族（の）

जर्मैनिक विधि [名*]〔法〕ゲルマン法〈Germanic law〉

जर्मैनियम [名] 《E. germanium》〔化〕ゲルマニウム

ज़र्रा [名] 《A. ذره》 (1) 原子；微細なもの；(微) 粒子；小さな粒；小さなかけら；小さなくず रोटी और सालन के ज़र्रे パンやおかずの小さなくず (2) ほこり（埃）；塵 कार्बन के ज़र्रे 炭素の粒子 दुनिया का ज़र्रा-ज़र्रा जिसके क़दमों को चूम चुका है, उसी से सवाल करता है, तुम कौन हो? 世界のありとあらゆる微小なものがその足元にひれ伏している相手に，「あんたはだれ」と訊ねる

ज़र्राक़ [形] 《A. زراق》 二枚舌の= द्विजिह्व.

ज़र्रात [名, pl.] 《A. ذرات ← A. ذره ज़र्रा》 微粒子；微小なもの हवा में मिले हुए गरद के ज़र्रात 空気に混じった土埃の粒子

ज़र्राद [名] 《A. زراد》 甲冑を作る職人；具足師；甲冑師

जर्रार [名] 《A. جرار》 (1) 大軍 (2) ゆっくり進む大群集

जर्रारा [名] 《A. جراره》 大軍

जर्राह [名] 《A. جراح》 外科医= सर्जन; शल्यचिकित्सक.

जर्राही [名*] 《A. جراحی》 外科（治療）= सर्जरी; शल्यचिकित्सा.

जर्सी [名*] 《E. jersey》 (1) ジャージー（服地） (2) カーディガン；セーター

जलंग [名]〔植〕ウリ科蔓草フトエカラスウリ【*Trichosanthes bracteata; T. palmata*】= महाकाल; लाल इंद्रायन.

जलंधर[1] [名]〔イ神〕ジャランダラ（魔神，もしくは，ラークシャサの一）

जलंधर[2] [名] = जलोदर.

जल [名] 水= पानी. कठोर जल 硬水 मृदु जल 軟水 **जल में पत्थर तिरना** 石が水に浮く；あり得ないことが起こる

जल अलि [名*] (1) うず（渦）= पानी का भँवर. (2)〔昆〕ミズスマシ科甲虫ミズスマシ

जलकंटक [名] (1) = सिंघाड़ा. (2) = कुंभी.

जलकंडु [名]〔医〕水虫

जलक [名] (1)〔貝〕ホラガイ（法螺貝）= शंख. (2)〔貝〕タカラガイ（宝貝）= कौड़ी.

जलकन्या [名*] 人魚= जलपरी; जल में रहनेवाली कन्या.

जलकपि [名] (1)〔動〕イルカ (2)〔動〕ガンジスイルカ【*Platanista gangetica*】= सूँस.

जलकर [名] (1) 水利税 (2) 池沼でとれる魚やヒシなどの水産物に課される税 (3) 水道代；水道利用料

जलकल [名] (1) 水道管；給水管 (2) 水道設備 (3) 水道局= जलकल विभाग.

जलकाँच [名] (1) 水槽 (2) 水中眼鏡；(水中を見る) 箱メガネ

जलकांतार [名]〔イ神〕ヴァルナ神= वरुण.

जलकाक [名] = जलकौआ.

जलकिराट [名]〔動〕爬虫類ワニ科ガリヤールワニ

जलकुंड [名] (1) 泉 (2) 貯水池

जलकुंतल [名]〔植〕ドチカガミ科沈水草クロモ【*Blyxa octandra*】

जलकुंभी [名*]〔植〕サトイモ科浮き草ボタンウキクサ【*Pistia stratiotes*】= कुंभी.

जलकुक्कुट [名]〔鳥〕クイナ科バン【*Gallinula chloropus*】= मुर्गाबी.

जलकूपी [名*] (1) 井戸= कुआँ; कूप. (2) 泉= सोता. (3) 池= तालाब.

जलकूर्म [名]〔動〕ガンジスイルカ= सूँस.

जलकृषि [名*]〔農〕水耕；水耕栽培〈aqua-culture〉

जलकेलि [名*] = जलक्रीड़ा.

जलकेश [名] = जलकुंतल.

जलकौआ [名]〔鳥〕ウ科カワウ【*Phalacrocorax carbo*】

जलक्रिया [名*]〔ヒ〕神や聖仙，祖霊などに水を供えるヒンドゥーの儀礼= तर्पण.

जलक्रीड़ा [名*] 水辺での遊びや戯れ

जलक्षेत्र [名] 水域 **क्षेत्रीय जलक्षेत्र** 領海

जलखर [名] 果物などを入れる網の袋

जलखुंभी [名*]〔植〕サトイモ科浮き草ボタンウキクサ【*Pistia stratiotes*】

जलगुल्म [名] (1) 渦 (2)〔動〕爬虫類カメ（亀）= कछुआ; कूर्म.

जलगैस [名*] 水生ガス；燃料ガス

जलघड़िया [名*] 水時計= जलघड़ी.

जलघुमर [名] 渦= पानी का भँवर.

जलचक्की [名*] 水車

जलचक्र [名] 水の循環

जलचर [名] 水生動物= जलजंतु.

जलचरी [名*] 魚= मछली.

जलचारी [名] 水生動物= जलचर.
जलचिह्न [名] (1) 紙のすかし(模様) (2) 量水標;水位標 (3)〔動〕ワニ= कुंभीर; कुम्भीर.
जलजंतु [名] 水生動物= जलचर.
जलज[1] [形] 水に生じる;水中に生じる
जलज[2] [名] (1)〔植〕ハス(蓮) (2) 水生動物 (3) 真珠 (4) ホラガイ(法螺貝) (5) 魚
ज़लज़ला [名] 《A. زلزل》地震= भूकंप; भूडोल. ज़लज़ला आ॰ 地震が起こる
जलजलाना [自] ぴかぴかする;ぴかぴか光る
जलजात[1] [形] 水に生まれた;水中に生じた= जलज.
जलजात[2] [名]〔植〕ハス(蓮) = कमल.
जलजातरा [名*] 船旅= जलयात्रा.
जलजावलि [名*] 真珠の首飾り
जलज़ीरा [名] 《H. + P. زیره》ジャルジーラー(ハッカの葉,ショウガ,チリーパウダー,クミンシード,その他の香辛料や塩をレモンジュースの入った水に加えてこしらえる清涼飲料) आज शाम को जलज़ीरा बने तो कैसा? 今日の夕方ジャルジーラーはどうかしら
जलजीव [名] 水生動物
जलजीवशाला [名*] 水族館= मछली घर. 〈aquarium〉
जलडमरूमध्य [名] 海峡〈strait〉
जलडाकू [名] 海賊 = जल दस्यु.
जलडिंब [名]〔貝〕巻き貝
जलतरंग [名] (1) 水の揺れ;波 **जलतरंग न्याय** 名称は異なっても本質は同じことのたとえ (2)〔イ音〕ジャルタラング/ジャラタラング(幾つかのコップに分量の異なる水を入れ指でこするかスティックで軽く打って音を出す楽器);水琴
जलतरोई [名*] 魚(婉曲にあるいはふざけて言う言い方)
जलतल [名] 水位
जलताडन [名] (1) 水を打つこと (2) 無意味なこと;徒労
जलताल [名]〔植〕カンラン科ニュウコウ属中高木インドニュウコウジュ【*Boswellia serrata*】= सलई; कुंदुर.
जलत्रास [名]〔医〕恐水病;狂犬病
जलथंभ [名] (1) 水をせきとめること (2) 築堤
जलद [名] 雲= बादल; मेघ.
जलदर्शी [名] 水中メガネ;水中覗き箱
जलदस्यु [名] 海賊= समुद्री डाकू.
जलदाता [名] 祖霊などに水を供えて供養する人→ जलदान.
जलदान [名] 神や聖仙,祖霊に水を供える供養や儀式= जलक्रिया.
जलदाशन [名] = साखू का पेड़.
जलदूषण [名] 水の汚染;水質汚染 जलदूषण समस्या 水質汚染問題
जलदेव [名] (1) 水の神;ヴァルナ神 वरुण (2)〔占星〕インドの二十七宿の第 20;箕 पूर्वाषाढ़ा
जल देवता [名]〔イ神〕水の神;ヴァルナ神 वरुण
जलदेवी [名*] 水の女神;水神
जलदोदय [名] 雲の発生;雲が出ること;曇ること अकाल जलदोदय 季節外れの曇天;時ならぬ雲が出ること
जलधारा [名*] 水の流れ
जलधारी [名] 雲= बादल; मेघ.
जलधि [名] 海= समुद्र.
जलधिज [名] 月= चंद्रमा; चंद्र.
जलधिजा [名*] ラクシュミー神= लक्ष्मी.
जलन [名*] (1) 燃えること;焼けること;燃焼 (2) 火傷 (3) 炎症;ただれ धूप में त्वचा की जलन होने की आशंका है तो 日光で皮膚がただれる心配があれば (4) 炎症による痛み मूत्र-त्याग करते समय बड़ी जलन और पीड़ा होने लगती है 排尿時にひどくひりひりと痛み出す (5) 妬み;嫉妬= ईर्ष्या; दाह. **जलन निकालना** 嫉妬の憂さ晴らしをする **जलन हो॰** 妬ましい;妬ましく感じる;妬む;羨む
जलनकुल [名]〔動〕イタチ科カワウソ= ऊदबिलाव.
जलनलिका [名*] 水道管
जलनशील [形] 燃えやすい;発火しやすい= ज्वलनशील.
जलना [自] (1) 燃える;火がつく;火が入る;燃焼する जलती हुई टहनी 燃えている小枝 इंजन में पेट्रोल जलता है エンジンの中ではガソリンが燃焼する (2) (灯火が) つく;ともる(点る) = (बत्ती/दिया/चिराग) जलना. बस्ती की सड़कों पर जलती ट्यूब लाइटें 街路に点っている蛍光灯 (3) 焼ける उसका घर भी जल गया 男の家も焼けてしまった (4) 焦げる;焦げつく (बर्तन में) जला चावल おこげ;焦げついた飯 चावल जल रहे हैं ご飯が焦げている जली रोटी 焦げたパン(ローティー) ताप को बराबर फैलाकर दुग्ध एवं दुग्ध पदार्थों तथा पकवानों को जलने नहीं देता 熱を散らして牛乳や乳製品や料理を焦げつかせない रोटी जल जाएगी パンが焦げてしまう ज़रा भी ध्यान चूक जाए तो वे जलकर कोयले जैसे हो जाते हैं 少しでも油断すると焦げついて炭のようになる (5) 火傷をする शाहज़ादी एक दफ़े जल गई.अधिक नहीं जली थी.हाथ में थोड़ा-सा जल गई थी 王女はある時火傷をした.大した火傷ではなかった.手に少々火傷をしたのだった जले हुए स्थान पर शहद लगा लेने से फफोले नहीं पड़ते 火傷に蜂蜜をつけると水膨れにならない शरीर का कोई हिस्सा जल जाए तो उसे बर्फ़ के पानी में रहने दें.छाले नहीं पड़ेंगे 体のどこかを火傷したならばその部分を氷水に浸しなさい.水膨れになりません (6) 枯れる;しおれる;萎びる पानी न पाने के कारण वहाँ की दूब जल गई थी और भीतर की मिट्टी निकल आई थी 水が得られなかったため芝が枯れてしまい土がむき出しになっていた (7) 妬ける;妬ましくなる बहुत-से विद्यार्थी उनसे जलने लगे 多くの生徒がその人を妬ましく思うようになった मैं ईर्ष्या से जल गया 嫉妬心に燃えた जी में जलना 妬む;妬く (8) 怒りに燃える;かっとなる;かっかする दर्वेश ने जलकर यह बददुआ दी थी ダルヴェーシュ(托鉢僧)は怒りに燃えて次のような呪詛を発した लाल जलती हुई आँखें 怒りに赤く燃えている目 (9) 病気で体温が高くなる;発熱する;燃える;焼ける उसने उनका माथा छुआ - थोड़ा जलता हुआ-सा लगा その方の額に手を触れると少し焼けつくような感じがした **जलकर कोयला हो॰** *a.* ひどく怒る;怒り狂う;激怒する *b.* すっかり駄目になる;全滅する **जलकर ख़ाक हो॰** = जलकर कोयला हो॰. **जलकर पतंगा हो जा॰** = जलकर कोयला हो जा॰. **जलकर राख हो॰** = जलकर कोयला हो॰. **जल जलकर** 怒り狂って;激しく興奮して **जल जलकर भस्म हो॰** 怒りや妬み,悲しみにひどく苦しむ **जलती आग** 危難;危機 **जलती आग में कूद जा॰** わざわざ危険に赴く;わざと危地に向かう **जलती आग में गिरना** = जलती आग में कूद जा॰. **जलती आग में घी का काम क॰** 怒りを更にかき立てる **जलती आग में घी डालना** 火に油を注ぐ= जलती आग में तेल डालना. **जलते तवे की बूँद की तरह नचाना** なぶりものにする;責め苛む **जलते तवे की बूँद-सा** 大変はかない **जलते हुए घर में हाथ सेंकना** 他人の不孝につけ込む **जलना बलना** 台無しになる **जलना-मरना** 喜びと悲しみを味わう **जल बर जा॰** = जल जलकर भस्म हो॰. **जल भुन ख़ाक हो जा॰** 激怒する **जल भुन जा॰** 激怒する;かんかんに怒る;かっかする जब उसने यह देखा तो क्रोध से जल भुन गई 彼女はそれを見ると怒りに燃えた चाची कई कारणों से जली-भुनी रहती थी मुरली से 叔母は幾つかの理由でムルリーに腹を立てていた ईर्ष्या से जल-भुन गया ねたましさに妬けた **जल-भुनकर कबाब हो॰** = जल जलकर भस्म हो॰. **जल मरना** 激しい嫉妬心や憎しみにとても苦しい思いをする **जली-कटी** 怒りのこもったひどい言葉;きつい言葉 **जली-कटी कहना** きつい言葉でいやみを言う **जली-कटी बात** 激しいいやみ **जली-कटी बोलना** = जली-कटी कहना. **जली-कटी सुनाना** = जली-कटी कहना. **जली-भुनी कहना** = जली-कटी कहना. **जले को जलाना** 悲しんでいる人を更に悲しませる;怒っている人を更に怒らせる **जले घाव पर नमक छिड़कना** 苦しんでいる人を更に苦しめる **जले दिल के फफोले** 胸に溜まった怒りや激しい感情 **जले पर चूना छिड़कना** = जले घाव पर नमक छिड़कना. **जले पर नमक छिड़कना** = जले घाव पर नमक छिड़कना. **जले फफोले फोड़ना** = जले घाव पर नमक छिड़कना. **जले शब्द** 怒りのこもった言葉
जलनाथ [名] (1) インドラ神 इंद्र (2) ヴァルナ神 वरुण (3) 海
जलनाली [名*] (1) 水路 (2) 下水道= मोरी; नाली.
जलनिकास [名] (1) 水はけ (2) 排水= ज़मीन जितनी समतल तथा अच्छी जलनिकास वाली हो उतनी अच्छी. 土地は平らで水はけがよければよいほどよい जलनिकास तंत्र 排水設備
जलनिकासी [名*] (1) 水はけ (2) 排水
जलनिधि [名] 海;大洋;海洋;海原 इसी जलनिधि के अंधकारपूर्ण वातावरण में जीवन की पहली किरण फूटी この海の闇に満ちた中で生命の最初の光が輝いた
जलनिर्गम [名] 水の出口;水のはけ口

ज

जलनीम [名]〔植〕ゴマノハグサ科餉餉草オトメアゼナ【*Herpestes monniera*】
जलनीलिका [名*] = जलनीली.
जलनीली [名*]〔植〕ドチカガミ科沈水草；藻【*Blyxa octandra*】= सेवार.
जलपक्षी [名] 水鳥；水禽
जलपति [名] (1) ヴァルナ神 वरुण देवता (2) 海；海洋= समुद्र; सागर.
जलपथ [名] (1) 水路 (2) 用水路 (3) 運河
जलपना [自] (1) 無駄口を叩く (2) ほらを吹く
जलपम्प [名] 手押しポンプ
जलपरिशोधन [名] 水の浄化；浄水 1983 में यहाँ 40 लाख रुपए की लागत से जलपरिशोधन संयंत्र लगाया गया था 1983 年にここに 400 万ルピーをかけて浄水設備が設置された
जलपरी [名*] 人魚；マーメード
जलपाई [名*]〔植〕ホルトノキ科高木セイロンオリーブ【*Elaeocarpus serratus*】
जलपाटल [名] = काजल.
जलपान [名] (1) 朝食や夕方に間食として食べる軽い食事（本来 भोजन と呼ばれるものは一日 2 度，昼と夜のみ）= कलेवा; नाश्ता. (2) 軽食；スナック
जलपिंड [名] 火= आग; अग्नि.
जलपिंशु [名]〔動〕節足動物ミジンコ科ミジンコ〈water flea〉
जलपिस्सू [名] = जलपिंशु.
जलपीपल [名*]〔植〕ツユクサ科雑草【*Commelina salicifolia*】
जलपुरुष [名] = जलमानुष.
जलपूर्ति [名*] 水の供給= मद्रास शहर को जलपूर्ति करने वाली झील रेडहिल लेक. マドラス市に水を供給するレッドヒルレーク湖
जलपोत [名] 船；船舶= जहाज़; पानी का जहाज़.
जलपोताश्रय [名] 港湾；港
जलप्रदान [名]〔ヒ〕死者の霊，祖霊に水を供養すること
जलप्रदाय [名] 水の供給 जलप्रदाय विभाग 水道局 जलप्रदाय संस्थान 水供給公社
जलप्रपा [名] 無料で通行人に水を飲ませるところ；給水所（慈善行為として行われることが多い）= प्याऊ; पौसरा.
जलप्रपात [名] 滝= झरना.
जलप्रलय [名] = जलप्लावन.
जलप्रवाह [名] (1) 水に流すこと (2) 水の流れ
जलप्रांगण [名] 領海 = भूभागीय समुद्र. 〈territorial waters〉
जलप्रांत [名] 水郷
जलप्राय [形] 川や湖，池などの多い地域の；水郷の
जलप्रिय [名] (1) 魚 = मछली. (2)〔鳥〕ホトトギス科シロハラカンムリカッコウ【*Clamator jacobinus*】= चातक; पपीहरा. (3) ホトトギス科チャバラカッコウ= पपीहा. (4)〔鳥〕ホトトギス科ジュウイチ【*Cuculus fugax*】
जलप्रेत [名] 水死者の亡霊
जलप्लव [名]〔動〕イタチ科カワウソ（川獺）= ऊदबिलाव; पानीकुत्ता.
जलप्लावन [名] (1) 洪水；大水 (2)〔イ神〕世界帰滅の際生じるとされる大洪水
जलफल [名] (1)〔植〕ヒシ科水草トウビシ【*Trapa natans*】 (2) トウビシの実= सिंघाड़ा. 〈waterchestnut〉
जलफेफड़े [名, pl.]（潜水用の）アクアラング〈Aqua-Lung〉
जलबंधक [名] 堤防= बाँध.
जलबम [名] 《H. + E. bomb》水雷= सुरंग.
जलबाधा दौड़ [名*]〔ス〕（水溜まりのある）障害物競走
जलबाला [名*] 雷= विद्युत्; बिजली.
जलबालिका [名*] 雷= जलबाला.
जलबिंब [名] 水泡= पानी का बुलबुला.
जलबिडाल [名]〔動〕イタチ科カワウソ（川獺）= ऊदबिलाव.
जलबिल्व [名]〔節動〕甲殻綱十脚目カニ（蟹）= केकड़ा.
जलबुद्बुद [名] 水泡= बुलबुला; पानी का बुल्ला.
जलबेंत [名]〔植〕ヤシ科蔓木トウ（籐）の一種【*Calamus rotang*】
जलबोदर [名*] クイナ科の鳥 छोटी जलबोदर〔鳥〕クイナ科コクイナ【*Porzana parva*】
जलभालू [名]〔動〕アシカ科オットセイ〈fur seal〉
जलभीत [形] 狂水病の；狂犬病に罹った
जलभीति [名*]〔医〕狂水病；狂犬病= जलत्रास.
जलभू [名*] 湿原；低湿地= कच्छ.
जलभृत् [名] 雲= बादल; मेघ.
जलभौंरा [名]〔昆〕ゲンゴロウ科ゲンゴロウ
जलमंडल[1] [名] 水界；水圏 वायुमंडल और जलमंडल 大気圏と水圏
जलमंडल[2] [名]〔動〕毒グモの一種
जलमखानी [名*]〔鳥〕レンカク科ドウバネレンカク【*Metopidius indicus*】
जलमग्न [形] 水浸しの；水没した सारी धरती जलमग्न हो गई 地面がすっかり水浸しになった
जलमय[1] [形] 水浸しの
जलमय[2] [名] 月= चंद्र; चाँद.
जलमल [名] 泡= फेन; झाग.
जलमसि [名] 雲= बादल; मेघ.
जलमानुष [名] 上半身が人，下半身が魚の姿をしているとされる空想上の生き物；人魚= जलपुरुष.
जलमाया [名*] 逃げ水；蜃気楼
जलमार्ग [名] (1) 水路 (2) 海路
जलमार्जार [名]〔動〕イタチ科カワウソ= ऊदबिलाव.
जलमाला [名*] 叢雲= मेघमाला.
जलमुरग़ा [名] 《← H.+ P. مرغا मुर्ग़ा》〔鳥〕クイナ科バン= जलमुर्ग़ा.
जलमुरग़ी [名*] 《← H. + P. مرغی मुर्ग़ी》〔鳥〕クイナ科バン【*Gallinula chloropus*】= जलमुर्ग़ी.
जलमुर्ग़ा [名]〔鳥〕クイナ科バン= जलकुक्कुट.
जलमोर [名]〔鳥〕レンカク科レンカク【*Hydrophasianus chirurgus*】
जलयंत्र [名] (1) ポンプ (2) 噴水 (3) 水時計
जलयात्रा [名*] (1) 船旅 (2)〔ヒ〕聖水を汲みに行く巡礼の旅
जलयान [名] 船；船舶= जहाज़; नाव; जलपोत.
जलयुद्ध [名] 水上の戦闘；海戦
जलरंक [名] = बगुला.
जलरंकु [名]〔鳥〕クイナ科バン= जलकुक्कुट.
जलरंग [名] (1) 水彩絵の具 (2) 水彩画〈water colour〉
जलरंड [名] (1) 渦 (2) 水滴 (3) 蛇
जलरस [名] 塩= नमक.
जलराक्षसी [名*]〔ラマ〕シンヒカー सिंहिका（空を飛ぶ生き物の影を捕らえて水中に引きずり込んだと伝えられる水中の魔物．ハヌマーンも捕らえられたが自力で脱出したとされる）
जलराशि [名*] (1) 非常に深い水 (2) 海；大海= समुद्र; सागर.
जलरुद्ध [形] (1) 水に囲まれた；水に閉ざされた (2) 防水の；耐水の= जलरोधी.
जलरुह [名] (1) 水辺（池，沼など）に生じる植物 (2) ハス（蓮）= कमल.
जलरोधी [形] 水を通さない；防水の；防水加工の〈watertight〉
जललता [名*] 波= तरंग; लहर.
जलवनस्पति [名*]〔植〕水生植物；水草
जलवल्ली [名*]〔植〕ヒシ科オニビシ= सिंघाड़ा.
जलवा [名] 《A. جلوہ जल्वा/जिल्वा》(1) 見せびらかし；誇示 (2) 目立って見えること；顕著なこと (3) 見栄 (4)〔ヒ〕盛装した花嫁をベールをはずして花婿に見せる儀礼 (5)〔イス〕花婿がコーランの一節を読み初めて花嫁の顔を鏡に映して見る儀礼 (6)〔ヒ〕花嫁と花婿が親族の前で初めて会う儀礼 जलवे का गीत 結婚の祝い歌
जलवागर [形] 《A.P. جلوہ گر》(1) はっきりした；はっきり見える；明らかな；明白な (2) 人目につく；目立った
जलवाना [他・使] ← जलाना. 焼かせる；焼いてもらう；燃やさせる；燃やしてもらう
जलवायस [名]〔鳥〕カワセミ科ヒメヤマセミ【*Ceryle rudis*】= कौड़िल्ला.
जलवायु [名] 気候= आबहवा; आबोहवा; मौसम. जलवायु संबंधी 気候上の；気候の
जलवायुयान [名] 水上飛行機= हाइड्रोप्लेन. 〈hydroplane〉
जलवायु विज्ञान [名] 気候学；風土学〈climatology〉
जलवाष्प [名] 水性ガス
जलवास [名] (1) 水中に住むこと；水中を住みかとすること (2) 呼吸を止めて水中に潜る行 (3) 水以外の食物を断つ断食行 (4) = खस; उशीर.

जलवासी [形・名] (1) 水中に住む (2) 水中に潜る (3) 水だけを摂取する बापू को कई बार जलवासी होना पड़ा バープー（マハートマー・ガーンディー）は幾度か断食をしなければならなくなった
जलवाह [名] 雲= बादल; मेघ.
जलविद्युत् [名*] 水力電気 जलविद्युत् की विशाल योजनाएँ 水力発電の大規模計画 जलविद्युत् का उत्पादन 水力発電 जलविद्युत् परियोजना 水力発電計画 जलविद्युत् संयंत्र 水力発電所；水力発電プラント
जलविभाजक [名] 分水嶺；分水界
जलविभाजक रेखा [名*] 分水線 वर्ष 1985 भारतीय अर्थव्यवस्था के विकास में जलविभाजक रेखा की तरह है 1985 年はインド経済の発展上分水線のようなものである
जलविलय [名]〔物理化学〕ヒドロゾル；水膠液 〈hydrosol〉
जलविलेय काँच [名] 水ガラス 〈waterglass〉
जलविश्लेषण [名]〔化〕加水分解 〈hydrolysis〉
जलविहार [名] 水遊び；水辺での遊び
जलव्याघ्र [名]〔動〕食肉目アザラシ科アザラシ
जलशयन [名]〔ヒ〕ヴィシュヌ神
जलशाला [名*] 水族館= मछलीघर.
जलशीर्ष [名]〔医〕脳水腫
जलशुष्कक [形・名] 乾燥させる；乾燥剤
जलशोफ [名]〔医〕水腫症
जलशोष [名] 旱魃= सूखा; अनावृष्टि.
जलशोषक [形・名] 乾燥させる；乾燥剤
जलश्वसनिका [名*]〔生〕えら（鰓）
जलसंग्रह [名] 水の貯蔵；貯水
जलसंचयन [名] 貯水 जलस्रोतों की जलसंचयन की क्षमता 水源の貯水力
जलसंधि [名*] 海峡 मन्नार जलसंधि マンナール海峡（ポーク海峡）
जलसंरक्षण [名] 水の保存
जलसंवर्धन [名]〔農〕水耕= हाइड्रोपॉनिक्स. 〈hydroponics〉
जलसंस्कार [名] (1) 水で体を洗うこと；水浴びすること；水浴 (2) 洗うこと；洗い (3) 水葬
जलसमाधि [名*] (1) 水死 जलसमाधि लगना 川や海など水辺で死ぬ (2) 水葬 (-को) जलसमाधि दे॰ (ーを) 水葬にする
जलसर्पिणी [名*]〔動〕環形動物ヒル（蛭）= जोंक.
जलसह [形] 防水の
जलसा [名]《A. جلسہ जल्सा》集まり；集会 कल किसानों का एक बहुत बड़ा जलसा होनेवाला था 昨日は農民たちの大集会が予定されていた आज हमारा जलसा था 今日私たち（子供会）の集まりがあった
जलसागाह [名*] 《A.P. جلسہ گاہ जल्सागाह》集会所；集会場所
जलसाही [名]〔動〕棘皮動物ウニ（海胆）
जलसिंह [名] (1)〔動〕アシカ科アシカ；トド (2)〔鳥〕ペリカン科ハイイロペリカン【*Pelecanus philippensis*】
जलसीप [名*]〔貝〕シンジュガイ（真珠貝）；アコヤガイ
जलसीम [名*] 魚= जलतरुई.
जलसुत [名] (1)〔植〕ハス（蓮） (2) 真珠= मोती; मुक्ता.
जलसेक [名] 灌水
जलसेतु [名] 水路
जलसेना [名*] 海軍= नौसेना. **जलसेनापति** 海軍大将= नौसेनापति.
जलस्तंभ [名] (1) 雨樋；樋口 (2) 水上に発生した竜巻 〈water spout〉
जलस्थलचर[1] [形・名] 両生類（の） 〈amphibian〉
जलस्थलचर[2] [形] (1) 水陸両生の (2) 水陸両用の
जलस्रोत [名] 水源= सोता; चश्मा.
जलहस्ती [名]〔動〕アザラシ科ゾウアザラシ
जलहायासिंथ [名]〔植〕ミズアオイ科水草ホテイソウ；ホテイアオイ【*Eichornia crassipes*】 〈water hyacinth〉
जलहास [名] 泡= झाग; फेन.
जलांजलि [名*] (1) 水を満たした掌 (2) 祖霊の供養に供えられる掌に汲んだ水 **जलांजलि दे॰** 関係を絶つ；絶縁する；縁を切る
जलांटक [名]〔動〕ワニ= मगर; नक्र.
जलांश [名] 水分；湿気
जला[1] [形⁺] → जलना の完了形 (1) 焼けた；燃えた (2) 火傷をした **जला-भुना** ひどく腹を立てた；ぷりぷり怒った；かんかんに怒った **जली-कटी** →別項. **जले घाव पर नमक छिड़कना**〔諺〕既に苦しんでいる人を重ねて苦しめる= जले को जलाना, नमक मिर्च लगाना.

जला[2] [名] やけど（火傷）→ जलना. जले का दाग़ ケロイド
जलाऊ [形] (1) 燃やす (2) 燃やすための；燃料用の जलाऊ लकड़ी たきぎ；薪
जलाका [名*]〔動〕環形動物ヒル（蛭）= जोंक.
जलाक्रमणता [名*] 浸水 = जलाक्रांति. 〈waterlogging〉
जलागार [名] 海= समुद्र; समंदर; सागर.
जलाजल [形] ぴかぴか光る；きらきら輝く
जलाटीन [名] 《E. gelatin》ゼラチン= जेलाटीन.
जलाक्रांत [形] 浸水した；水に浸かった
जलाक्रांति [名*] 浸水
जलातंक [名]〔医〕狂水病；狂犬病
जलातन[1] [形] (1) 大変苦しんだ (2) 怒りっぽい (3) 嫉妬深い
जलातन[2] [名] 苦しめること；悩ますこと
जलाधार [名] 池，貯水池，湖，川，用水路など水のあるところや水の溜まっているところ；水辺
जलाधिप [名]〔ヒ〕ヴァルナ神 वरुण; वरुण देवता
जलाना [他] (1) 燃やす；たく（焚く）；焼く；焼き払う पेड़ जलाना 木を燃やす शवों को जलाने के लिए 荼毘に付すため (2) 灯火を灯す；灯火をつける वे ऐसा दीपक जला गए हैं, जो आनेवाली पीढ़ियों के लिए भी देश-सेवा का मार्ग आलोकित करता रहेगा 次の世代のためにも国家への奉仕の道を照らし続けるような灯火を灯して去られた (3) 点火する；火をつける लैंप जलाना ランプをつける स्टोव जलाना ストーブに火をつける पत्नी ने लाइटर उठाया और सिगरेट जला दी 妻はライターを手に取りタバコに火をつけた (4) 焦がす；焦げつかす (5) 水分を蒸発させる (6) 酸などの化学反応で焼く；変質させる；蒸発させる (7) ののしる；罵倒する (8) 立腹させる (9) 妬ましく思わせる；妬かせる
जलापा [名] 嫉妬；妬み；そねみ
जलापात [名] 滝= जलप्रपात.
जला-भुना [形⁺] → जला[1].
जलार्णव [名] (1) 雨季= वर्षाकाल; बरसात. (2) 海= समुद्र.
जलाल [名] 《A. جلال》(1) 栄光；誉れ (2) 偉大さ (3) 威風 (4) 力；威力= प्रताप; तेज़; अज़मत/अज़्मत; हैबत.
ज़लाल [名] = ज़लालत.
जलालत [名*] 《A. جلالت》偉大さ；卓越；栄誉= जलाल.
ज़लालत[名*]《A. ضلالت》(1) 過ち (2) 悪 कोई दुख, पाप या ज़लालत है तो पराधीनता それは隷従ということだ (3) 不名誉；不面目；恥辱 मैं तुम्हें शराफ़त और ज़लालत की मौत का फ़र्क़ दिखाने आया हूँ 君に名誉ある死と不名誉の死との違いを教えに来たんだ
जलाव[1] [名] ← जलना/जलाना. 燃えること；燃やすこと；燃焼
जलाव[2] [名] 発酵 जलाव आ॰ 発酵する
जलावतन [形・名] 《A. جلا وطن》(1) 亡命した（人）；亡命者 (2) 国外追放になった（人）；遠島になった（人）
जलावतनी [名*] 《A. جلاوطنی》(1) 亡命 (2) 国外追放；遠島
जलावतरण [名] 進水 हाल में इसका जलावतरण किया गया 最近進水した船
जलावतार [名] 桟橋
जलावन [名] (1) 燃料= ईंधन. (2) 燃えさし
जलावर्त [名] 渦；渦巻き
जलाशय [名] 池，貯水池，湖，川，用水路など水のあるところや水の溜まっているところ
जलाहल[1] [形] 水浸しの= जलमय.
जलाहल[2] [形] ぴかぴかの；ぴかぴか光る；きらきら光る
जली [形]《A. جلی》(1) はっきりした；明白な= प्रकट; व्यक्त. (2) 太字の；太字で書かれた
जली-कटी [名*] (1) 辛辣な言葉；痛烈な批評；いやみ (2) ののしりの言葉 **जली-कटी सुनाना** *a.* 辛辣なことを言う；痛烈なことを言う *b.* ののしる；罵声を浴びせる= जली-भुनी सुनाना.
जलीय [形] (1) 水の जलीय घोल 水溶物 (2) 水生の जलीय जीव (-प्राणी) 水生動物 जलीय पौधे 水生植物
जलीय क्षेत्र [名] 領海
जलील [形] 《A. جلیل》尊敬すべき；尊い
ज़लील [形] 《A. ذلیل》(1) 辱められた；卑しめられた अगर दीदी ने हमेशा की तरह मुझे ज़लील किया तो मैं चुप नहीं रहने की いつものように姉が私を辱めたら黙ってはいないから लोगों के बीच मुझे ज़लील करने की चाल 人前で私に恥をかかせようという企み बच्चों

के समक्ष भूलकर भी कभी उनकी माँ को ज़लील नहीं करना चाहिए 間違っても子供のいる前で妻を辱めてはならない (2) 卑しい；賎しい；あさましい；下品な；下賎な；卑賎な मैं ज़लील हूँ, बेग़ैरत हूँ, मैं बेहया हूँ मैं…僕は卑しいんだ，卑劣なんだ，恥知らずなんだ… ज़लील, बेशर्म! नीच!! 卑しく，恥知らずであさましい奴だ (3) ろくでなし；しようのない奴；奴 इस ज़लील-से तौलिये को このタオルの奴を

जलुका [名*]〔動〕ヒル科ヒル（蛭）= जोंक.

ज़लू [名*]《P. زلو》〔動〕ヒル（蛭）= जोंक.

ज़लूक [名*]《P. زلوک》= ज़लू.

ज़लूम [形]《A. ظلوم》甚だしく横暴な

जलूस [名]《A. جلوس जुलूस》(1) デモ；示威行進；デモ行進 वहाँ जलूस निकलते हैं そこでデモ行進が行われる जलूसों में भाग लेने पर पाबंदी デモ参加に制限 (2) 行列；行列の行進 (3) 即位

जलूसी [形]《A.P. جلوسی जुलूसी》(1) デモに関する；示威行進に関する (2) 行列の (3) 紀元の；即位に関わる

जलेचर [形]〔動〕水中に住む；水生の= जलचर.

जलेतन [形]《H.+ P. تن》(1) 大きな苦痛を受けた (2) 苦悶した (3) 甚だ怒りっぽい (4) 激しく嫉妬する

जलेब [名]《A. جلیب》(1) 従者；供回り；随行員 (2) 近隣

जलेबा [名]《P. زلیبا जिलेबा》形の大きいジャレービー；ジャレーバー→ जलेबी

जलेबी[1] [名*] ジャレービー（発酵させたメリケン粉の生地を細い穴から押し出してギーで揚げた後，シロップにつけてこしらえる渦巻き形のスナック菓子）→ जलेबा; जिलेबा.

जलेबी[2] [形] ← जलेब 従者の；随行員の

जलेश्वर [名] (1) ヴァルナ神 वरुण (2) 海= समुद्र.

जलोका [名*] ←जलूक. 〔動〕ヒル（蛭）= जोंक.

जलोढ [形] 沖積の；堆積土砂の ⟨alluvial⟩ **जलोढ मृदा** 沖積土

जलोढक [名]〔地質〕沖積層；沖積土 ⟨alluvium⟩

जलोदर [名]〔医〕腹水；腹水症

जलोद्भिद [名]〔植〕水生植物

जल्द[1] [形]《A. جلد》(1) 速い (2) 活発な；きびきびした (3) 性急な

जल्द[2] [副]《A. جلد》急いで；急ぎ；すぐさま；直ちに；即刻 मुझे जल्द ले चलो すぐ連れていって頂戴

जल्दबाज़ [形・名]《A.P. جلد باز》(1) 活発な（人）；きびきびした（人） (2) 性急な（人）；せかせかした（人）

जल्दबाज़ी [名*]《A.P. جلد بازی》(1) 活発さ；きびきびしていること (2) 性急さ；早計 जल्दबाज़ी और अदूरदर्शिता 性急さと先見のなさ सरकार की जल्दबाज़ी 政府の早計 जल्दबाज़ी से काम न लें 性急に事に当たらぬこと

जल्दी[1] [副]《A.P. جلدی》(1) 時刻より前に；早く रात को जल्दी सो जाओ और सुबह जल्दी उठो 夜早く寝て朝早く起きなさい (2) 早く；早期に；時期より早く किसी के दाँत जल्दी निकल आते हैं 歯が早く生えてくる子がいる (3) 速く；すぐさま；さっと जल्दी काम करो さっさとしなさい (4) 容易に；すぐに；簡単に जल्दी ही रोग का शिकार बन जाना すぐに病気の餌食になる **जल्दी-जल्दी** 大急ぎで मैंने जल्दी-जल्दी नाश्ता तैयार किया 大急ぎで朝食をこしらえた **जल्दी-से-जल्दी** 早くても **जल्दी-ही** 近いうちに；近々 = आज कल में; एक आध दिन में.

जल्दी[2] [名*] (1) 早いこと (2) 速いこと (3) 急ぐこと (4) 性急なこと **जल्दी का काम शैतान का** 〔諺〕急いては事をし損じる

जल्प [名] (1) 語ること；発言 (2) 無駄話 (3) 詭弁；屁理屈

जल्पक [形] (1) 語る（人）；発言する（人） (2) 無駄話をする (3) 屁理屈をこねる

जल्पन [名] ←जल्प. (1) 話すこと；語ること (2) 無駄話をすること (3) 屁理屈をこねること (4) ほら（法螺）

जल्पना [自] (1) 語る；話す (2) 無駄話をする (3) 屁理屈をこねる (4) ほら（法螺）を吹く

जल्ला [名] (1) 池= तालाब. (2) 湖= झील. (3) 貯水池= हौज़.

जल्लाद [名]《A. جلاد》(1) 処刑人；死刑執行人 (2) 残忍な人；無慈悲な人 पूरे जल्लाद हैं, ज़रा-सा पीटने को कहा था सो लगे खाल उधेड़ने 全く残忍極まりない人だよ．ちょっと叩いてやれと言ったら皮をひんむきにかかるんだから

जल्लादी [名*]《A.P. جلادی》(1) 処刑人の職や仕事；死刑執行人の職 (2) 残忍さ；無慈悲さ

जल्वा [名]《A. جلوه जल्वा/जिल्वा》→ जलवा. (1) 自己顕示；自己表現 (2) 輝き；光輝 (3) 花嫁を花婿に見せること (4)〔イス〕花婿がコーランを読み花嫁を鏡の中で初めて見る結婚式の儀礼

जल्सा [名] = जलसा.

जव[1] [名] (1) 勢い= वेग. (2) 急ぎ= जल्दी.

जव[2] [形] (1) 勢いのある= वेगवान. (2) 急ぐ= जल्दी करनेवाला.

जव[3] [名]〔植〕イネ科オオムギ（大麦）= जौ; यव.

जवन[1] [形] 激しい；勢いのある= वेगवान.

जवन[2] [名] = यवन.

जवनिका [名*] = यवनिका.

जवाँ [形]《P. جوان》 जवान の短縮形= युवा; युवक.

जवाँई [名] 娘婿= दामाद. घरजवाँई 妻の実家に定住する婿；入り婿

जवाँमर्द[1] [名]《P. جوان مرد》(1) 若々しい人；若者 (2) 勇敢な人；勇気ある人；男の中の男 (3) 志願兵

जवाँमर्द[2] [形]《P. جوان مرد》(1) 勇気ある；勇敢な；男らしい；気力のある (2) 度量の大きい；雅量のある；太っ腹の

जवाँमर्दी [名*]《P. جوان مردی》(1) 勇ましさ；男らしさ；剛勇= वीरता; बहादुरी. (2) 度量の大きいこと；太っ腹なこと जवाँमर्दी से लड़ना 勇敢に戦う

जवा[1] [名*]〔植〕アオイ科低木ブッソウゲ【*Hibiscus rosa-sinensis*】= जपा.

जवा[2] [形] 大麦の粒の大きさの

जवा[3] [名] (1) 大麦の粒 (2) ニンニクの一片

जवाइन [名*] = अजवाइन.

जवाकुसुम [名] ブッソウゲの花→ जवा; जपा[1].

जवाखार [名] 純度の低い硝酸塩= यवक्षार.

जवादि [名] ジャコウネコからとれる香料

जवान[1] [形]《P. جوان》(1) 若い；青年の (2) 成人した；成人に達した (3) 勇ましい；勇敢な (4) 男前の；美男子の

जवान[2] [名]《P. جوان》(1) 若い人；若者；青年 (2) 兵士；兵卒；軍人 सेना के जवान 兵士たち वे उन दिनों भारतीय सेना में जवान थे その頃同氏はインド軍の兵士だった (3) 警察や郷土防衛隊などの若い警察官や隊員 पुलिस के जवान 警官たち होमगार्ड जवान 郷土防衛隊の隊員

जवानमर्द [形] → जवाँमर्द.

जवानमर्दी [名*] → जवाँमर्दी.

जवानी[1] [名*]《P. جوانی》(1) 若さ；青年期= युवावस्था; यौवन. (2) 成人すること (3) 分別のつくこと भरी जवानी में 若い盛りに बेटी, इस भरी जवानी में वैधव्य का बोझ तुम सह नहीं पाओगी あんたがこの若い盛りに後家の重荷にどうやって耐えて行けようか．無理だよ **उठती जवानी** 思春期 **जवानी आ॰** *a.* 青年になる *b.* 色気づく *c.* 成人する **जवानी उठना** 青年期に入る；若者になる **जवानी उतरना** 若さの盛りを過ぎる **जवानी उभरना** = जवानी उठना. **जवानी की नींद** 熟睡 **जवानी चढ़ना** = जवानी आ॰. **जवानी ढलना** = जवानी उतरना. **जवानी में माँझा ढीला हो॰** 若いのに元気のない；若いのに年寄りじみている

जवानी[2] [名*]〔植〕セリ科１年草アジワーイン【*Trachyspermum ammi*】= अजवाइन/अजवान.

जवाब [名]《A. جواب》(1) 答え；返事；返答；答弁 जवाब दे॰ 答える；返事する माँ ने जवाब दिया 母が答えた उनको क्या जवाब दूँ? 何と返事をしたものか (2) 答え；答案 हमारे हाथ दुख गए जवाब भरते भरते （答案に）書き込んでいるうちに手が痛くなった (3) 返報；お返し；仕返し；対抗策 जंग का जवाब 錆止め (4) 対比すべきもの；並ぶもの तलवार बनाने में इस लोहार का कोई जवाब नहीं था 刀鍛冶では並ぶもののない人だった अहा! अहा! क्या बात है, जवाब नहीं やあやあ，素晴らしいものじゃ．たまらぬわい **जवाब क॰** 対抗する **जवाब खाना** 解雇される；首になる；解職される जवाब खाने के डर से 首を切られるのが心配で **जवाब दे॰** *a.* 答える；返答する；答弁する；口答えする ममी को जवाब न देना कोई शैतानी भी न करना ママに口答えしないこと．いたずらも全然してはいけない *b.* 感応する *c.* 駄目になる；力が尽きる；機能しない；役立たない एक निर्जन सुनसान स्थान में बस ने जवाब दे दिया 人気のない寂しいところでバスがエンストを起こした थकान से

उसके पैर जवाब दे रहे थे 疲れで足が動かなくなった *d.* 限度を越える；限界になる उनका सब्र जवाब दे गया あの方の忍耐は限度を越えた उनकी हिम्मत जवाब देने लगी 気力の限界になってきた *e.* 見放す ख़ुदा ने जवाब दे दिया 神様に見放された सब ने जवाब दे दिया है だれからも見放された *f.* 首を切る；解職する；解雇する **जवाब न सूझना** 言い負かされる **जवाब पाना** 解雇される；解職になる；首を切られる **जवाब माँगना** = जवाब तलब क॰. **जवाब मिलना** *a.* 首になる；解雇される *b.* 断られる；拒否される *c.* 返事が戻る

जवाबतलब [形] 《A. جواب طلب》返答すべき；返事を求められる；説明や釈明を求められる **जवाबतलब क॰** 釈明を求める；弁明を求める；問責する

जवाबतलबी [名*] 《A. جواب طلبی》(1) 答弁を求めること；説明を求めること；釈明を求めること；責任の追及；問責 (2) 弾劾

जवाबदारी [名*] 《A. P. جواب داری》責任；責務= उत्तरदायित्व.

जवाबदावा [名] 《A. جواب‌دعویٰ》〔法〕告訴状に対する答弁書

जवाबदिही [名*] 《A.P. جواب دہی》責任；責務= जवाबदेही.

जवाबदेह [形] 《A.P. جواب دہ》(1) 責任のある；責任を負う；責任を持つ अपने आप को उसके सामने जवाबदेह समझना चाहिए 彼に対して自分自身に責任があると思うべきだ जीवन परमात्मा को अपने कामों का जवाबदेह है या नहीं 人生は神に対して己のなしたことについて責任を負うのか否か साहित्य तो मनुष्य के सामने जवाबदेह है 文学は人間に対して責任を負うもの (2) 答える；答えを出す；返答する

जवाबदेही [名*] 《A.P. جواب دہی》(1) 答えること；返事をすること；返答すること (2) 責任；責務= उत्तरदायित्व. (-पर) **जवाबदेही आ॰** (ーが) 責任を負う；責任を被る **जवाबदेही क॰** *a.* 問いただす जवाबदेही करने के लिए मुझे बुलाया गया है 問いただすために私が呼ばれた *b.* 弁護する *c.* 答える **जवाबदेही से बरी क॰** *a.* 責任を解く *b.* 非難を免れさせる

जवाब-सवाल [名] 《A. جواب سوال》(1) 質疑応答 (2) 議論；論争 **जवाब-सवाल क॰** 議論する；論議する；論争する

जवाबी [形] 《A. جوابی》(1) 答えの；返事の；返答の (2) 返報の；報復的な **जवाबी पोस्टकार्ड** 往復葉書 **जवाबी हमला** 報復攻撃 **जवाबी हमला क॰** 報復する；切り返す (3) 対抗の；対抗的な जवाबी कार्यवाही 対抗措置 (4)〔ス〕(表に対して) 裏の；攻撃に対して守備の जवाबी पारी 裏のイニング；ゲームの裏の回

जवार [名] 《A. جوار जिवार/जुवार》(1) 近隣；近辺= पड़ोस. (2) 周囲 घर-परिवार गाँव-जवार की बातें 家や家族，村や近所の話

जवारा [名] (1) 大麦を発芽させたもの；大麦のもやし= जई. (2) ジャワーラーの儀式 (ナヴァラートラ祭 नवरात्र の9日目に集団で大麦を芽生えさせたものを川や池などに流す儀式やダシャラー दशहरा の日に姉妹が兄弟に対して，あるいは，祭式を司るバラモンが檀徒に対して大麦を芽生えさせたものを用いて行う儀式)

जवारिश [名*] 《P. جوارش》アラビア医術で胃腸の病気の際消化剤として用いられる薬の１種

जवारी [名*] 弦楽器のじ (柱)；駒

ज़वाल [名] 《A. زوال》(1) 下落= अवनति. (2) 衰退；下向 (3) 衰微；減少 **ज़वाल आ॰** 厄介なことが生じる **ज़वाल छूटना** 厄介から免れる **ज़वाल में डालना** 困らせる；厄介な目に遭わせる **ज़वाल में पड़ना (फँसना)** 厄介な目に遭う

जवासा [名]〔植〕マメ科低木【*Alhagi pseudalhagi; A. camelorum; A. maurorum*】〈camel thorn; Persian manna plant〉

जवाहर [名] 《A. جواہر जवाहिर》 (जौहर جوہر の pl. だが，単数形に用いられる) (1) 宝石；宝玉 (2) 宝石のついた装身具；宝飾品

जवाहर ख़ाना [名] 《A.P. جواہر خانہ》貴金属や宝石などの装身具の保管庫や保管所

जवाहरात [名, pl.] 《A. جواہرات ← جواہر जवाहर/जवाहिर》宝石；宝石類；宝飾品

जवाहिर [名] 《A. جواہر》= जवाहर.

जवाहिरात [名] = जवाहरात.

जवी[1] [形] 速い= वेगवान.

जवी[2] [名] (1) 馬= घोड़ा. (2) ラクダ (駱駝) = ऊँट.

जशन [名] = जश्न.

जश्न [名] 《P. جشن》(1) 祭り；祭礼 (2) 宴会；宴席；祝宴

जस[1] [形] = जैसा. **जस का तस** そっくりの；そっくりそのままの；以前の；以前のままの अंग्रेज़ बहादुर की तस्वीर शासन से चली गई, मगर उसकी व्यवस्था जस की तस रही イギリスの統治はなくなったがイギリスの残した制度はそっくりそのままに残った **जस के तस हो जा॰** 元に戻る；元通りになる；回復する **जस को तस** 〔諺〕目には目を歯には歯を

जस[2] [副] = जैसे.

जसद [名] 亜鉛= जस्ता.

जसन [名] = जशन.

जसामत [名*] 《A. جسامت》(1) 体の大きさ；体格 (2) 肥満；肥大；太り具合

जसारत [名*] 《A. جسارت》(1) 勇敢さ (2) 厚かましさ；厚顔さ

जसीम [形] 《A. جسیم》体の大きい；太っている；肥えている；肥え太っている= मोटा; स्थूल; पीन.

जसु[1] [名] 武器 = हथियार; अस्त्र-शस्त्र.

जसु[2] [名*]〔イ神〕ヤショーダー यशोदा

जसुमति [名*]〔イ神〕ナンダ नंद の妻でクリシュナの養母ヤショーダー यशोदा = जसोमति.

जसोदा [名*] = यशोदा.

जसोमति [名*] = यशोदा.

जस्टिस[1] [名] 《E. justice》高等法院判事= न्यायमूर्ति.

जस्टिस[2] [名*] 《E. justice》正義；公正さ

जस्टिस पार्टी [名*] 《E. Justice Party》〔イ政〕ジャスティス党 (1916〜17年にマドラース州の非バラモン，すなわち，いわゆる不可触民を除く中間カーストの人たちによって設立された政治団体．別名南インド自由連合)

जस्त [名] = जस्ता.

जस्तई [形] (1) 亜鉛製の (2) 亜鉛色の

जस्ता [名] 亜鉛= ज़िंक. **काला जस्ता** 硫化亜鉛 **जस्ता चढ़ाना** 亜鉛メッキをする

जस्तेदार [形] 《H. + P. دار》亜鉛の加わった；亜鉛引きの **जस्तेदार लोहा** 亜鉛引きの鉄板（トタン板など）

जहँ [副] 場所を表す関係副詞= जहाँ.

जहकना [自] (1) はしゃぐ= प्रसन्न हो॰. (2) のぼせあがる；興奮する= उन्मत्त हो॰.

जहका [名*]〔動〕食肉目ジャコウネコ科インドジャコウネコ【*Vivierra zibetha*】= कटास; खीखर.

जहटना [自] だます；欺く= ठगना.

जहद [名] 《A. جہد जह्द》(1) 努力；骨折り；苦労 (2) 勤勉；丹精

जहदना [自] (1) ぬかるむ= कीचड़ हो॰. (2) 疲れる；ぐったりする= थक जा॰.

ज़हन [名] 《A. ذہن जिह्न》頭脳；頭；頭の働き；知能= ज़ेहन; बुद्धि; दिमाग़. सैकड़ों दिलकश वाक्य आज भी उनके ज़हन पर उसी तरह से ताज़ा हैं 無数の興味深い言葉が今日もそのまま氏の記憶に新しい

जहन्नम [名] 《A. جہنم》(1)〔イス〕地獄 (2) 苦しみの多いところ；地獄= नरक; दोज़ख़. **जहन्नम की आग में झोंकना** 地獄の責め苦を与える；ひどく苦しめる **जहन्नम की सैर कराना** = जहन्नम की आग में झोंकना. **जहन्नम की हवा खाना** やっつけられる；くたばる；さんざんな目に遭う **जहन्नम के घाट उतारना** = जहन्नम की आग में झोंकना.

जहन्नमी [形] 《A.P. جہنمی》(1) 地獄の (2) 地獄に住む= नरकवासी. (3) 地獄に堕ちるべき

जहन्नुम [名] = जहन्नम.

जहन्नुमी [形] = जहन्नमी.

ज़हमत [名*] 《A. زحمت》(1) 苦痛；苦労 = कष्ट. (2) 苦難；災難 = क्लेश. (3) 面倒；厄介 = तकलीफ़. **ज़हमत उठाना** 苦労する；苦しみを受ける **ज़हमत क॰** 苦労する；面倒なことをする **ज़हमत में डालना** 厄介な目に遭わせる मैंने ही आप को इस ज़हमत में डाला あなたをこの厄介な目に遭わせたのはこの私です **ज़हमत मोल ले॰** わざわざ面倒に関わる；わざわざ苦労の多いことをする

ज़हर [名] 《P. زہر जह्र》(1) 毒 (2) 有毒なもの= विष. **ज़हर उगलना** 毒づく **ज़हर उतरना** 毒が抜ける **ज़हर क॰** 有害なものにする **ज़हर का घूँट** ひどく苦い；猛烈に苦い **ज़हर का घूँट उतारना** 涙を呑んでこらえる；耐え難いほど辛いことを我慢する **ज़हर का प्याला** 毒杯 **ज़हर का बुझा बाण** ひどい苦しみを与えるもの **ज़हर का बुझाया**

(हुआ) *a*. 毒汁につけた *b*. 非常にたちの悪い *c*. 悪意に満ちた **ज़हर का बुताया छुरा** = ज़हर का बुझा बाण. **ज़हर की गाँठ** 大変悪質な；悪質極まりない **ज़हर के दाँत तोड़ना** 悪質な者を厳しく懲らしめる **ज़हर खाना** *a*. 毒をあおる；自殺する उसने ज़हर खाकर आत्महत्या कर ली 服毒自殺した *b*. 自分に害になることをする **ज़हर खिलाना** 毒を盛る **ज़हर घोलना** 憎しみをかき立てる；憎しみを抱かせる **ज़हर चढ़ना** *a*. 怒る；腹を立てる *b*. 毒が回る **ज़हर दिखाई दे॰** 甚だ不快な感じがする **ज़हर दे॰** = ज़हर खिलाना. **ज़हर फाँकना** 毒をあおる；毒を食らう **ज़हर बोना** *a*. 悪い企みをする；悪事を企む *b*. 仲違いをさせる **ज़हर बोलना** きつい言葉を言う；厳しいことを言う **ज़हर मारना** *a*. 毒を抜く *b*. 害のあるものを取り除く **ज़हर मालूम हो॰** = ज़हर दिखाई दे॰. **ज़हर मीन जा॰** 全身に毒が回る **ज़हर मिलाना** = ज़हर घोलना. **ज़हर में बुझाना** 毒物を用いて刃物に焼きを入れる **ज़हर लगना** = ज़हर दिखाई दे॰.

ज़हरदार [形] 《P. زہر دار ज़हरदार》有毒な；毒を持つ；毒に汚染された

ज़हरबाद [名] 《P.A. زہر باد ज़हरबाद》〔医〕丹毒などの化膿性疾患

ज़हरमार[1] [形] 《P. زہر + H.मार》解毒のための；解毒作用のある

ज़हरमार[2] [名] 解毒剤

ज़हरमोहरा [名] 《P. زہر مہرہ》糞石（解毒剤）

ज़हरी [形] 《P. زہری》毒のある；有毒な

ज़हरीला [形+] 《P.H. زہریلا ← P. زہر》有毒な；毒を持つ；害のある ज़हरीला पदार्थ 有毒物質 अंगीठी का ज़हरीला धुआँ コンロから出る有毒な煙 **ज़हरीली गैस** 有毒ガス ज़हरीली चीज़ 毒物= ज़हरीली वस्तु.

ज़हरीलापन [名] ←ज़हरीला. 有毒物；有毒なもの；毒気；毒性 तब हवा में जहरीलापन आ जाता है すると空気中に有毒物が現れる

जहल [名] 《A. جہل जहल》(1) 愚かさ；愚昧= मूर्खता. (2) 無知= अज्ञानता. (3) 不作法；粗野な振る舞い= असभ्यता.

जहाँ[1] [副] (1) 通常 वहाँもしくは तहाँ と相関的に用いられる関係副詞 जहाँ कोई चश्मा नज़र आता है अपना ख़ेमा वहीं गाड़ देते हैं 泉の見えるところにテントを張る जहाँ नहरें होती हैं, वहाँ धान की पैदावार बहुत अच्छी होती है 灌漑用水路のあるところではイネの収穫が多い जहाँ ये जाते, वहीं बस्तियों को जला देते, लूट लेते, वहाँ के निवासियों को या तो कत्ल कर देते या दासदासियाँ बना लेते この者たちは行く先々の街を焼きつくし略奪しそこの住民を殺すか奴隷にするのであった जहाँ बहुत बड़ा परिवार हो, वहाँ भी माता पिता सब बच्चों की ओर पूरा ध्यान नहीं दे पाते 家族があまりに大きいと両親はすべての子供に十分な注意を向けられない जहाँ जी चाहेगा खा लूँगा 好きなところで（気に入ったところで）食べる (2) 関係代名詞的に機能して格助詞を従える जहाँ का - 一するところの, जहाँ तक - 一する範囲で；一の限界でのように用いられる जहाँ का पानी ठीक नहीं मिलता 良い水の得られない所 जहाँ तक हो सकता है 可能な範囲で जहाँ से पानी निकल रहा है 水の流れ出している場所から (3) 事情や状況を説明する接続詞的な表現に用いられる जहाँ उसको एक कै हुई कि उन लोगों ने उसको अपने यहाँ से खदेड़ दिया 一度嘔吐したとたんにその人たちは彼を家から追い出した **जहाँ-कहीं (भी)** どこでも；どこにでも；至る所に पक्षी अपना घोंसला जहाँ-कहीं भी नहीं बना लेते 鳥はどこにでも巣をこしらえるというものではない **जहाँ-का (की)-तहाँ** *a*. 同じ所に；元の場所のまま उसकी चारपाई जहाँ-की-तहाँ थी チャールパーイーは元の所にあった मेरी साँस जहाँ-की-तहाँ रुक जाती है आगे के शब्द सुनने के लिए その先が聞きたくて私の呼吸はそのまま止まってしまう **जहाँ-के-तहाँ जड़ हो जा॰** その場に釘付けになる हम लोग जहाँ-के-तहाँ जड़ हो गए थे 私たちはその場に動けなくなっていた *b*. ぴたっと；ぴたりと；ぴたりと一点に **जहाँ चाह वहाँ राह** 〔諺〕志があれば事は成る **जहाँ तक**……に関する限り **जहाँ तक - का सवाल है** 一に関する限り जहाँ तक पुनर्जन्म का सवाल है 転生の問題に関する限り **जहाँ तक हो सके** できるだけ；可能な限り **जहाँ-तहाँ** ところ構わず；至る所に यह जहाँ-तहाँ थूकते रहना ठीक नहीं ところ構わず唾を吐くのはよくない **जहाँ… तहाँ…** 一方では…他方では… जहाँ तनाव पैदा करता है, वहाँ संबंधों में खिंचाव भी लाता है 一方では緊張を作り出し他方では関係を引き締めることにもなる **जहाँ…वहीं** 一方で…する他方で…= जहाँ… वहीं…; जहाँ…तहाँ….

जहाँ[2] [名] 《P. جہاں ← P. جہان जहान》(1) 世界 (2) 世の中；世間= संसार; दुनिया; लोक.

जहाँ आरा [形] 《P. جہاں آرا》世界を美しくする

जहाँगीर[1] [形] 《P. جہاں گیر》世界を支配する；世界を征服する

जहाँगीर[2] [名] 《P. جہاں گیر》(1) 世界征服者 (2)〔人名・イ史〕ムガル朝第 4 代皇帝ジャハーンギール（在位 1605–27）

जहाँदीदा [形] 《P. جہاں دیدہ》経験豊かな；経験を積んだ= बड़ा अनुभवी; बहुदर्शी; तजरिबाकार.

जहाँपनाह [形] 《P. جہاں پناہ》(1) 世界を守護する者 (2) 閣下，陛下，お殿様などと呼びかけに用いられる言葉 अभी लाया जहाँपनाह ただ今持参いたします

जहा [名*]〔植〕キク科草本【*Sphaeranthus indicus*】= गोरखमुंडी.

जहाज़ [名] 《A. جہاز》(1) 大型の船 (2) 飛行機= हवाई जहाज़; वायुयान. जहाज़ के मुलाज़िमीन 船員 **जहाज़ का काग** = जहाज़ का पंछी. **जहाज़ का पंछी (पक्षी)** 頼りとするものや寄る辺がただ 1 つしかないもの **जहाज़ को रास्ता बताना** 水先案内する **जहाज़ पार उतारना** 救い出す；解脱を得させる；度する；済度する

जहाज़गोदी [名*] 《A.+ H.》造船所

जहाज़घाट [名] 《A.+ H.》ドック

जहाज़डाकू [名] 《A.+ H.》海賊 = जहाज़ी डाकू.

जहाज़मार [形] 《A. + H.》対空の= विमानवेधी. जहाज़मार तोप 対空砲= विमानवेधी तोप.

जहाज़राँ [名] 《A.P. جہازراں》船長= जहाज़रान

जहाज़रानी [名*] 《A.P. جہازرانی》(1) 航海；航行 (2) 海運（業） जहाज़रानी कंपनी 船会社；海運会社= शिपिंग कम्पनी.

जहाज़ी[1] [形] 《A. جہازی》(1) 船の；船舶の (2) 船員の **जहाज़ी कौआ** = जहाज़ का पंछी. **जहाज़ी डाकू** 海賊 **जहाज़ी बेड़ा** 船隊；艦隊 **जहाज़ी लोग** 船乗り；船員 **जहाज़ी वज़न** *a*.（船の）容積トン数 *b*.（船の）積み荷トン数

जहाज़ी[2] [名] (1) 船員；船乗り；乗組員 एक जहाज़ी की कहानी ある船員の話 (2) 船客

जहाद [名] = जिहाद.

जहादी = जिहादी.

जहान [名] 《P. جہان》世界= जहाँ[2].

ज़हानत [名*] 《A. ذہانت》(1) 才能= प्रतिभा. (2) 知能= बुद्धि.

जहालत [名*] 《A. جہالت》(1) 愚かさ；愚昧 (2) 無知；蒙昧 धार्मिक जहालत से भरपूर ग्रंथ 宗教的な蒙昧に満ちた書物 (3) 無学 देहातवालों की जहालत और नादानी 田舎の人たちの愚かさと無知 जहालत का अँधेरा छाया हुआ था 無知の闇が覆っていた

जहीं [副] जहाँの強意形

ज़हीन [形] 《A. ذہین》頭脳のすぐれた；聡明な；頭のよい；利口な= बुद्धिमान; प्रतिभाशाली. बेहद मेहनती और ज़हीन とても勤勉で聡明な ज़हीन और मेहनती बच्चे 利口で努力家の子供

ज़हूर [名] 《← A. ظہور ज़ुहूर》(1) 出現 (2) 発生 **ज़हूर में आ॰** 現れる；出現する **ज़हूर में लाना** 現す

ज़हूरा [名] 《← A. ظہور ज़ुहूर》見かけ；見せかけ；外見= दिखावा.

जहेज़ [名] 《A. جہیز》= दहेज.

ज़हेन [形] → ज़हीन. ज़हेन वाला 聡明な；利口な；頭のよい

जह्नु [名] (1) ヴィシュヌ神 (2)〔イ神〕ジャフヌ（リグヴェーダの聖仙）

जह्नुतनया [名*] ガンジス川= गंगा.

जह्नुसुता [名*] ガンジス川

ज़ह्र [名] 《P. زہر》毒= ज़हर; विष.

जाँगर[1] [名] (1) 脚 (2) 体 (3) 体力；精力 **जाँगर चुराना** 怠ける **जाँगर तोड़ना** 一生懸命に働く；営々と努力する **जाँगर थकना** 老衰する；老け込む

जाँगर[2] [名] 藁

जाँगरचोर [形・名] 怠け者= कामचोर.

जांगल[1] [名] (1) 荒れ地；荒野 (2) 荒れ地の動植物 (3)〔鳥〕キジ科シマシャコ= तीतर.

जांगल[2] [形] (1) ジャングルの (2) 荒野の；荒れ地の (3) 野生の

जांगलिक [形] (1) ジャングルの (2) 荒れ地の；荒野の (3) 野生の
जांगली [形] (1) 野生の (2) ひなびた；風光に富む
जांगलू [形] (1) ジャングルの (2) 荒れ地の；荒野の (3) 野生の (4) 粗野な
जाँघ [名*] (1) もも (股)；大腿 (大腿部) (2) 太股 दोनों बेटों को जाँघों पर बिठाकर 2 人の息子を膝に座らせて **जाँघ उघाड़ना (उघारना)** 恥ずかしいことをする；破廉恥なことをする **जाँघ का कीड़ा** 虫けらのようなもの **जाँघ का भरोसा** 自信 **जाँघ की हड्डी** 大腿骨 **जाँघ मोटी हो॰** 力持ち **जाँघ हिलना** 弱る
जाँघा [名] 井戸の滑車を吊るす柱
जांघिक [形] (1) 股の (2) 足の速い
जाँघिया [名] (1)〔服〕パンツやパンティーなど男女の下着 लड़की का जाँघिया パンティー (2)〔服〕ジャーンギヤー (男子の下穿きで膝上までの丈があり上はひもで結ぶ. その上にランゴート लंगोट をつけることもある)
जाँघिल[1] [形] 速く走る
जाँघिल[2] [名*]〔鳥〕コウノトリ科インドトキコウ【*mycteria leucocephala*】
जाँच [名*] (1) 検査；確認 सच्चाई की जाँच क॰ 真実を確かめること **डाक्टरी जाँच** 健康診断；身体検査；検診 पेशाब की जाँच 検尿 मल की जाँच 検便＝ स्टूल टेस्ट. (2) 調べること；調査；鑑定 कई जगह जाँच करने के बाद उसने एक जगह बाँस गाड़ दिया 何か所かの調査をしてから 1 か所に竹を埋けた न्यायिक जाँच 司法調査 (3) 取り調べ
जाँच आयोग [名] 調査委員会
जाँच कमेटी [名*] 《H.+ E. committee》調査委員会＝ जाँच समिति.
जाँच दल [名] 調査団
जाँचना [他] (1) 調べる；調査する (2) 検査する；確かめる (3) 評価する；鑑定する (4) 取り調べる
जाँच-पड़ताल [名*] (1) 調査；取り調べ；捜査 (2) 検査
जाँच-परख [名*] 詳しい調査；精査；精密な検査 निकट भविष्य में सामने आनेवाले परिणामों का विश्लेषण किए बिना भारत में इसकी सार्थकता की जाँचपरख करना जल्दबाजी है 近い将来に現れてくる結果を分析せずにインドにおけるこれの意義を精査するのは早計である
जाँच रिपोर्ट [名*] (1) 調査報告 (書) (2) 鑑定報告 (書) घटना स्थल पर मिले खून के नमूनों की जाँच रिपोर्ट आ गई 現場で見つかった血液の鑑定報告 (書) が出た
जाँच समिति [名*] 調査委員会
जाँत [名] ＝ जाँता. 碾き臼；石臼；製粉機
जाँनिसार [形] 《P. جاں نثار/جان نثار जाँनिसार/जाननिसार》命知らずの；命を投げ出した；勇猛果敢な；勇猛無比な；身を捧げる；献身的な जाँनिसार सिपाही 勇猛なる兵士 जाँनिसार दोस्त 刎頸の友
जाँनिसारी [名*] 《P. جاں نثاری》勇猛さ；命を惜しまないこと；献身；他人のために命を投げ出すこと हमारी फ़ौज बहादुरी, दिलेरी और जाँनिसारी में अपनी मिसाल आप है わが軍隊は勇猛さ，剛胆さ，献身において比類がない जियेंगे ज़िंदा दिल होकर, मरेंगे जाँनिसारी से 明るく生き他人のために命を捧げよう
जाँब [名] (1)〔植〕フトモモ科ムラサキフトモモ【*Eugenia jambolana; E. cumini*】 (2) 同上の果実＝ जामुन.
जाँबाज़ [形] 《P. جاں باز》命がけの；命知らずの；命を惜しまない वायुसेना के जाँबाज हवाबाज 空軍の命知らずの飛行機乗り
ज़ांबिया 〔国名〕《E. Zambia》ザンビア共和国
जाँबु [名] ＝ जामुन.
जा[1] [名*] (1) 母；母親 (2) 義弟の嫁
जा[2] [名*] 《P. جا》場所；ところ
जा[3] [造語] 生じた (もの)；生まれた (もの) の意を有する合成語の構成要素 आत्मजा 娘 गिरिजा パールヴァティー神の異名の一
ज़ाइद[1] [形] 《A. زائد》(1) 他と比較して多い；(ー) より多い；(ーを) 越える；(ー) 以上の；程度が一層高い सालाना आमदनी एक हज़ार से ज़ाइद न थी 年収は 1000 ルピーを越えなかった (2) 余分の
ज़ाइद[2] [名] 《A. زائد》〔農〕夏作 (春作，秋作とは別に夏季にメロン，スイカなどを栽培すること．現金収入となる)
ज़ाइदा [名] 《A. زائده》身体の部分的な突起；突き出たもの；盛り上がったもの
ज़ाइर 〔国名〕＝ ज़ाइरे 《E. Zaire》ザイール共和国
ज़ाइरीन [名, pl.] 《A. زائرین←زائر ज़ाइर》〔イス〕ザーイル；ジヤーラー，すなわち，ジヤーラト (イスラム教において聖者やイマームなどの墓所や聖所への参詣) をする人たち
ज़ाइलोफ़ोन [名] 《E. xylophone》木琴；シロホン
जाई [名*] 娘＝ कन्या; पुत्री.
जाएगाह [名*] 《P. جائگاه》場所；ところ；位置＝ जगह; स्थान.
जाएदाद [名*] 《P. جائداد》＝ जायदाद.
ज़ाक [名*] 《P. زاک》みょうばん (明礬) ＝ फिटकरी.
जाकड़[1] [名] (1)〔商〕商品点検売買；現物点検売買；仮勘定；未決算勘定 (2)〔商〕商品点検売買で購入した物品 जाकड़ बेचना 委託販売
जाकड़[2] [形] 在庫の
जाकड़ बही [名*]〔簿〕仮勘定帳簿 〈suspense account book〉
जाकिट [名*] 《E. jacket》ジャケット；カーディガン
जॉकी [名] 《E. jockey》騎手；ジョッキー
जाकेट [名*] 《E. jacket》ジャケット＝ जाकिट.
जाग[1] [名]〔ヒ〕ヴェーダの儀式 (祭火と供犠を行うバラモン教の儀礼；ヤジュニャ) ＝ यज्ञ.
जाग[2] [名]〔鳥〕カラス科ベニハシガラス【*Pyrrhocorax pyrrhocorax*】
जाग[3] [名*] 目覚めていること；覚醒＝ जागरण.
जागता [形+] ← जागना. (1) 起きている；目を覚ましている (2) 用心している；警戒している；注意深い
जागना [自] (1) 目が覚める；眠りから覚める；起きる (2) 起きている；目を覚ましている (3) 用心する；警戒する **जाग पड़ना** 目を覚ます＝ उठ बैठना. जागते रहने की चेष्टा क॰ 眠らぬように努力する (4) 起こる；生じる उसके हृदय में रसोइया के प्रति सम्मान जाग उठा 調理人に対して尊敬の念が生じた (5) 目覚める；働き始める उस अनजान बनिए के प्रति श्रद्धा जाग उठी その見知らぬ商人に対して敬虔な気持ちが目覚めた (6) 呼び覚まされる；呼び起こされる सीता की आज्ञा लेकर हनुमान लौटने ही वाले थे कि पके फलों को देखकर उनकी भूख जाग उठी シーターの命令を受け戻ろうとした時に熟れた木の実を見てハヌマーンはひもじさが呼び覚まされた अगर औरतें महीन या पारदर्शी कपड़े पहनेंगी तो पुरुष के भीतर का शैतान जागेगा ही 女性が薄手のすけすけの服を着ると男の心の中に悪魔が呼び起こされるに決まっている (7) 神が力を顕す
जागरण [名] (1) 目を覚ますこと；眠りから目を覚ますこと (2) 眠らずにいること (3) 徹宵 (4) 覚醒 यह युग राष्ट्रीय जागरण का युग था この時代は国民的覚醒の時代だった
जागरित [形] (1) 目を覚ました (2) 働き始めた；目覚めた स्वतंत्रता की भावना भी जागरित होने लगी 独立への意識も目覚め始めた
जागरूक [形] (1) 眠りから覚めている (2) 用心深い；警戒する；目覚めている；注意深い；気をつける；気を配る जनता को अपने अधिकारों के प्रति जागरूक बनाना 民衆を自分の権利について注意深くさせること समाज की समस्याओं के प्रति जागरूक 社会問題に目覚める टंडन जैसे जागरूक नागरिक タンダン氏のような目覚めた市民 सामाजिक और राष्ट्रीय समस्याओं के प्रति जागरूक 社会問題と民族問題に注意深い अमेरिका की जनता स्वास्थ्य के मामले में शायद सारी दुनिया में सब से अधिक जागरूक है 健康について多分世界で一番気をつけているアメリカの民衆 अपने अधिकारों तथा कर्तव्यों के प्रति जागरूक 自分の権利や義務に注意を向ける
जागरूकता [名*] ← जागरूक. (1) 自覚；意識すること；物事についての明確な認識 उन स्त्रियों में अभी तक राजनैतिक जागरूकता बहुत कम है 今なお彼女たちの政治意識は甚だ低い अपने बच्चों की शिक्षा-दीक्षा के प्रति जागरूकता 自分の子供の教育に対する意識 (2) 覚醒；意識の高さ
जागर्ति [名*] (1) 目覚め＝ जागरण. (2) 覚醒＝ जागरण. (3) 意識すること＝ चेतनता.
जागा [名] 宗教的な動機での徹宵
जागीर [名*] 《P. جاگیر》〔イ史〕ジャーギール (ムガル朝やそれ以前のトルコ系やアフガン系の王朝などで奉仕義務の代償として支配者から臣下に与えられた封土)
जागीरदार [名] 《P. جاگیر دار》(1)〔イ史〕ジャーギールダール (ジャーギールを所有する者；ジャーギールを賜与された者) (2)

ज

〔イ史〕ジャーギールダール（イギリス統治下のインドで地税徴収の中間介在者として所有権を認められていた地主の呼称の一）

जागीरदारी [名*]《P. جاگیر داری》←जागीरदार. (1)〔イ史〕ジャーギールダール制；土地封与制 (2)〔イ史〕封建制

जागुड़ [名]〔植〕アヤメ科多年草サフラン= केसर.

जागृति [名*] (1) 目を覚ましていること；目の覚めていること (2) 覚醒 इस वर्ग में जागृति पैदा करने में この階層に覚醒をもたらすのに

जाग्रत [形] (1) 目を覚ました जाग्रत अवस्था में साधु को जब स्वप्न की बात याद आई तो サードゥは目覚めた状態で夢の中のことを思い出すと (2) 注意深い；用心深い (3) 自覚した；覚醒した (4) 起こった；生じた मेरे हृदय में जबरदस्त अभिमान का भान जाग्रत हुआ 心の中にものすごいうぬぼれの気持ちが起こった (5) 呼び覚まされた；呼び起こされた मन में क्रोध जाग्रत हुआ 怒りが呼び覚まされた

जाग्रति [名*] (1) 目を覚ましていること (2) 注意深いこと (3) 自覚 (4) 生起

जाचक [形・名] = याचक.

जाज़ [名]《E. jazz》〔音〕ジャズ

जाज़ बैंड [名]《E. jazz band》ジャズバンド

जाजम [名*]《P. جاجم जाजिम》(1) 絨毯の上に敷く模様入りの亜麻製の布 (2) 床に敷く敷物；ジャージム दालान में जाजम बिछी है 中庭にジャージムが敷かれている

जाज़िब [形]《A. جاذب》(1) 引き寄せる；惹きつける；魅力的な (2) 吸い取る；吸い込む→ जज़्ब.

जाजिम [名*] = जाजम.

जाज्वलित [形] 輝いている；光っている

जाज्वल्यमान [形] (1) 光り輝いている (2) 明白な；明々白々な

जाट [名] (1) ジャート（カースト名，もしくは，部族名．パキスタン領も含むパンジャーブ，ラージャスターン，ハリヤーナー，ウッタル・プラデーシュなどに多く居住．主として農業に従事してきた） (2) ジャートの人；ジャートの男性= जट.

जाटू [名*]〔言〕ジャートゥー語（西部ヒンディー語のバンガールー方言 बंगारू の一．デリー市や近くのハリヤーナー州に行われる）

जाठ [名] サトウキビの汁を搾り出すための圧搾機の圧搾棒

जाठर[1] [形] ←जठर. 胃の；胃腸の；腹の

जाठर[2] [名] (1) 胃；胃腸；腹 (2) 空腹感 (3) 胃の中で消化に作用するとされる火，すなわち，胃液

जाड़ [形] 激しい；甚だしい= बहुत; अत्यंत.

जाड़ा [名] (1) 冬 (2) 寒さ；寒気 जाड़ा पड़ रहा था 寒い最中だった जाड़े के कपड़े 冬服 जाड़े के बिस्तर 冬の寝具 जाड़े का मौसम 冬 जाड़े के दिन थे 冬のことだった

जाड़ा-बुख़ार [名]《H.+ P. بخار》(1) 寒気（による震え）と発熱 मलेरिया से उन्हें जाड़ा-बुख़ार आ गया マラリアで寒気と発熱とがあった (2) マラリア熱 मलेरिया का दूसरा नाम जाड़ा-बुख़ार है マラリア熱の別名がジャーラーブカールである

जात[1] [形] 生まれた；生じた

जात[2] [名] 息子= बेटा; पुत्र.

जात[3] [名*] (1) = जाति. छोटी जात का आदमी 低いカースト（ジャーティ）の男 (2) 集団；集まり；ひとまとめにしたり複数を表す語（ーたち，ーどもなど） रीछ बंदर की जात 熊や猿ども औरत जात का क्या भरोसा? 女性（女たち）があてになろうか **जात दिखाना** 本性を現す **जात दे°** *a.* カーストの地位を失う *b.* 品位を下げる **जात पहचानना** 正体や本性を見抜く **जात बोलना** 願掛けをする **जात में बट्टा लगना** 品位が下がる

जात [名*]〔ヒ〕聖地巡礼；聖地巡拝= तीर्थयात्रा.

ज़ात [名*]《P. ذات》(1) 本質 (2) 本性 (3) 実在 (4) カースト；ジャーティ；ザート (5) 家系；血統 (6) 個人；本人 (7) 性 तू औरत ज़ात, ऊपर से ज़माना ख़राब है お前は女ときている．おまけにひどい時代だ

जातक [名] (1) 新生児；赤子；嬰児 (2) 子供 (3) 出生時の星辰の位置を基にした運勢判断 (4)〔仏〕ジャータカ；本生経 (5) 昆虫のさなぎ（蛹）

जातकर्म [名]〔ヒ〕生誕式（男児出生の際，出生直後にへその緒を切る前に行われるヒンドゥーの通過儀礼の一．父親の沐浴，マントラを唱えながら出生児に米と大麦の粉，ギーをなめさせるなどの儀礼などを伴う） = जातिकर्म.

जातक्रिया [名*] = जातकर्म.

जातदोष [形] 欠陥のある；瑕のある

जातना [名*] = यातना.

जात-पाँत [名*] (1) カースト；カーストによる身分差= जाति; बिरादरी. (2) カースト差別= जातिभेद.

ज़ात-पात [名*]《P. ذات + H.》= जातपाँत.

जातबाहर[1] [名] (1) ジャーティからの追放，絶縁，排除 (2) 村八分的な集団社会からの排斥や差別

जातबाहर[2] [形] (1) ジャーティから追放された (2) 集団社会から追放・排斥された

ज़ातबाहर [形]《A.H. ذات باہر》ザート（カースト）から追放・排斥された= जातबाहर[2]. ज़ातबाहर क° ザート（カースト）から追放する

जात-बिरादरी [名*] カースト；ジャーティ；ビラーダリー ब्याह पंडित करवाता है.दो आदमी जात-बिरादरी के साथ बैठते हैं 結婚式はパンディットが執り行う．同カーストの者 2 名が同席する

जातरा [名*] = जात्रा. विभिन्न धर्मों के लोग परस्पर मिलते जुलते एक-दूसरे के धार्मिक समारोहों -पूजा-जातराओं में सम्मिलित होते हैं 様々な信仰の人たちが親しみ合い宗教的な集まりやプージャーとかジャートラーに参加する

जातरूप [名] (1) きん（金）= सोना; स्वर्ण. (2) = धतूरा.

जाता[1] [名*] 娘= कन्या; पुत्री; बेटी.

जाता[2] [形] 知識を持つ；精通した= ज्ञाता.

जाति [名*] (1) 生まれ；出自；出生 (2) カースト；ジャーティ；種姓 उच्च जातियाँ 高カースト；高いカースト；高いジャーティ निम्न जातियाँ 低カースト；低ジャーティ पिछड़ी जाति के लोग 後進カーストの人たち **जाति गतिशीलता** 〔社〕ジャーティ移動 (3) 民族 सभी जातियों के आदमियों में जापानी सब से अधिक दुर्बोध हैं 日本人はあらゆる民族のうちで一番わかりにくい जाति-हित के लिए प्राण देनेवालों को बेवकूफ़ बनाना मुझसे नहीं सहा जाता 民族のために命を投げ出す人を馬鹿にすることは私には耐えられない (4) 人種= प्रजाति. (5)〔生〕種（しゅ） (6) 類；部類 (7) 種類 (8) 家系 (9)〔韻〕各パーダが 32 モーラまでのモーラ韻律を जाति छंद，あるいは， साधारण छंद と呼ぶ；マートラー韻律詩；モーラ韻律詩= मात्रिक छंद.

जाति उपनाम [名] カースト名 अपने नाम के आगे अपना जाति उपनाम या संक्षिप्त विवरण देने की परंपरा 自分の名前の後に所属するカースト名とか簡単な説明を添えるしきたり

जातिक [名]〔韻〕1 パーダが 26 までの音節で成る音節韻律の総称

जातिकर्म [名] = जातकर्म.

जातिकोश [名]〔植〕ニクズク科の高木ニクズクの種子及びそれから得られる香料；ナツメグ；メース= जातिकोष; जातीफल; जायफल.

जातिगत [形] ジャーティの；カーストの；カースト上の；カーストに関する जातिगत समूह カースト集団 जातिगत भेदभाव カースト差別 जातिगत आधार पर カーストを基準に

जातिगत नाम [名]〔生〕種名（生物の）〈specific name〉

जातिगत पंचायत [名*] カースト・パンチャーヤト（カーストの内部の問題について決定権を持つ自治組織）；ジャーティ・パンチャーヤト= जाति पंचायत.

जातिगतिशीलता [名*]〔社〕ジャーティ移動〈caste mobility〉

जातिच्युत [形] カーストから追放された

जाति छंद [名]〔韻〕ジャーティチャンド（各パーダが 32 モーラまでのモーラ韻律の総称 = साधारण छंद）

जातित्व [名] = जातीयता.

जातिधर्म [名] (1) 属性 (2) 種姓（カースト）の本分

जाति पंचायत [名*] ジャーティ・パンチャーヤト（各ジャーティの自治組織）；カースト・パンチャーヤト

जातिपत्र [名] = जावित्री.

जाति-पाँति [名*] = जातपाँत. जाति-पाँति की समस्या カースト問題

जाति प्रथा [名*] カースト制度

जातिफल [名]〔植〕(1) ニクズク科高木ニクズク（肉豆蔻）；ナツメグの木【*Myristica fragrans*】= जायफल. (2) その種子

जातिबंधन [名] カースト上の制約（結婚などに関しての） जातिबंधन नहीं カースト上の制約なし；カーストを問わず；カースト不問
जातिबहिष्कार [名] カースト追放；カーストからの追放
जातिबहिष्कृत [形] カーストから追放された
जाति-बाहर [名] カースト制度の規律違反への制裁としてのジャーティからの追放；カースト追放→ ज़ातबाहर.
जातिभेद [名]〔古〕人種差別= प्रजातीय भेदभाव.
जातिभ्रंश [名] カーストからの追放 = जातिबहिष्कार.
जातिभ्रष्ट [形] カーストから追放された = जातिबहिष्कृत.
जाति लक्षण [名] カースト標識
जाति वंशवृक्ष [名]〔生〕系統樹〈phylogenetic tree〉
जातिवाचक [形] (1) カーストを表す (2) 部類を表す
जातिवाचक संज्ञा [名*] (1)〔言〕普通名詞〈common noun〉= जातिवाचक नाम. (2)〔生〕属名= जातिवाचक शब्द.
जातिवाद [名] (1)〔社〕カースト優先主義；カースト最屓（カーストに基づく配慮を政治上，社会生活上などの種々の場面で優先させる考え方）〈casteism〉 जातिवाद का नासूर इस प्रदेश में बरसों से पल रहा है カースト優先主義の宿痾が幾年もの間この州の政治に育てられてきている (2) 人種差別主義= प्रजातिवाद.
जातिवादी [形・名] (1) カースト優先主義の（人） जातिवादी कौन, नेता या जनता？ カースト優先主義を煽るのは政治家かそれとも民衆か (2) 人種差別主義の（人）
जातिविज्ञान [名] 人類学= नृजातिविज्ञान.
जातिविद्वेष [名] (1) 天敵関係 (2) カースト間の憎悪
जातिवृत्त [名]〔生〕系統発生論〈phylogenesis; phylogeny〉
जातिवैर [名] = जातिविद्वेष.
जातिव्यवसाय [名] カーストによる専業
जातिव्यवस्था [名*] カースト制度
जातिशास्त्र [名] 人類学= प्रजाति विज्ञान.
जातिसंकर[1] [形] カーストの入り交じった；カースト混淆の
जातिसंकर[2] [名] (1) 混血 (2) 異カースト間に生まれること
जाति संगठन [名] ジャーティ組織；カースト組織〈caste organization〉
जाति-संघर्ष [名] カースト間抗争
जातिसार [名]〔植〕ニクズク科ニクズクとその種子= जायफल.
जातिहीन [形] (1) 低カーストの；低ジャーティの= निम्नजाति का (2) カースト外の；カーストからはずれた= जातिभ्रष्ट; जातिच्युत.
जाती [名*] (1)〔植〕モクセイ科低木ソケイ【*Jasminum officinale forma grandiflorum*】= चमेली. (2) = मालती. (3) = जायफल.
ज़ाती [形]《A. ذاتی》(1) 本質的な；固有な (2) 生来の；生得的な (3) 私的な；個人的な ज़ाती तअल्लुक़ 私的な関係；個人的な関係 ज़ाती तौर पर 個人的に；私的に ज़ाती बात 私事 ज़ाती मुआमला 私事；プライバシー ज़ाती हैसियत 個人的な資格 (4) 民族的な；国民的な
जातीपूग [名] = जायफल.
जातीय [形] (1) 民族的な；国民的な जातीय एकता 民族団結 (2) 人種的な；種族的な जातीय घृणा 人種間（やコミュニティー間）憎悪 (3) 宗教集団などの小社会（コミュニティー）に関する；コミュナルな；共同体的な जातीय दंगा （ヒンドゥーとムスリム，ヒンドゥーとシクなどの間の）コミュナル暴動 जातीय भेदभाव 人種差別〈racial discrimination〉
जातीयता [名*] (1) 民族性；民族的特性；民族的特徴；国民性 (2) 人種的特性；種族的特性 (3) コミュニティー意識；社会集団的意識 (4) 同類；類似
जातुक [名]〔植〕セリ科オオウイキョウ属多年草フェルラ（これから香辛料でアギと呼ばれるゴム性樹脂がとれる）〈ferula〉→ हींग.
जातुज [名] = दोहद.
जातुधान [名]〔イ神〕アスラ असुर；ラークシャサ（राक्षस）；魔物
जात्य [形] (1) ジャーティを同じくする；同一カーストの；同ジャーティの (2) 家柄の；身分の高い；カーストの高い= कुलीन. (3) 立派な；すぐれた= श्रेष्ठ.
जात्य त्रिभुज [名]〔幾〕直角三角形
जात्रा [名*] (1) 旅；旅行 (2) 巡礼；聖地巡礼 (3) 祭礼の神体や山車の巡行や練り歩きなどの行列；ジャートラー (4) 祭礼 (5) 縁日；ジャートラー；メーラー (6) 見せ物；芝居；ジャートラー जात्रा (मेला) वाले मैदान में 縁日の立つ広場で→ यात्रा.
जात्री [名] 旅人；旅行者→ यात्री.
ज़ाद [名]《A. ضاد》ウルドゥー文字第 21 字の字母ضの名称= ज़्वाद.
जादव [名] (1)〔イ神〕クリシュナが属したとされるヤドゥ族（यदु）= यादव. (2) ジャーダヴァ・カーストとそのカーストの人
जादवपति [名] ヤドゥ族の主であるクリシュナ= यादवपति.
ज़ादा [形・副]《← P.زیاده》= ज़्यादा.
-ज़ादा [接尾]《P. زاده》生まれた，誕生した，（ー）の子などの意を表す名詞や形容詞を作る शाह 王 → शाहज़ादा 王子 चचा 父方のおじ→ चचाज़ादा 父方のいとこ（従兄弟）
-ज़ादी [接尾]《P. زادی》-ज़ादा の女性形. शाहज़ादी 王女 चचाज़ादी 父方のいとこ（従姉妹）
जादुई [形]《P. جادوئی》(1) 魔法の；呪法の (2) 魔術の；奇術の (3) 魔力の (4) 驚嘆すべき जादुई ढंग से 驚嘆すべき方法で जादुई रफ़्तार से 驚嘆すべき速度で **जादुई छड़ी** 魔法の杖= जादू की छड़ी. **जादुई पिटारा** 魔法の箱 **जादुई शक्ति** 魔法の力；魔力
जादुई अभिचार [名] 魔法；妖術；呪法；呪術= जादू-टोना.
जादुई अभिचारी [名] 魔術師；魔法使い；妖術使い
जादुई वर्ग [名] 魔法陣
जादू [名]《P. جادو》(1) 魔法；呪法；呪術 उसने जादू का असर किया それが魔法のような効果（薬効）を顕した **अनुकरी जादू**〔文人〕類感呪術 **काला जादू** 邪術 **संक्रामक जादू**〔文人〕感染呪術 (2) 手品；魔術；奇術= जादू की विद्या; जादू की कला. (3) 魔力；不可思議な力 उनके वीणा वादन में जादू था 氏のヴィーナーの演奏には魔力があった खिलौना तीन अक्षरों का छोटा-सा शब्द है, पर पता नहीं कितना जादू है इसमें 「おもちゃ」という言葉は 3 音節の短い言葉だが，これにはどれだけの魔力がひそんでいるのかわからない **जादू उतरना** 魔法（の力）が解ける **जादू उतारना** 魔法を解く **(-पर) जादू कर दे॰** （ーに）魔法をかける；（ーを）思いのままに操る **जादू का काम क॰** = जादू का-सा असर क॰. **जादू का पिटारा** 風変わりなものの集まり；珍奇なものの集まり **जादू का -सा असर क॰** 驚くべき威力を発揮する **जादू की छड़ी** 魔法の杖 यह क़ानून जादू की छड़ी नहीं है この法律は魔法の杖ではない जादूगर ने जादू की छड़ी से उसे छू दिया 魔法使いは魔法の杖でそれに触れた **जादू की छड़ी घुमाना** 魔法をかける；意のままに操る **जादू चढ़ना** 魔法がかかる；影響が及ぶ **जादू चलाना** 魔法にかける；意のままに操る **जादू जगाना** 呪文を唱える；呪文を唱えて霊を呼ぶ **जादू जमाना** = जादू चलाना. **(-पर) जादू डालना** （ーを）思いのままに操る **(-पर) जादू मारना** *a.* （ーに）魔法をかける *b.* （ーを）魅了する；魅惑する **जादू सिर पर चढ़कर बोलना** 魅する；魅了する；魔法にかける **(-में) जादू हो जा॰** （ーが）魔法にかかる जैसे आज उसमें जादू हो गया हो 今日の彼はまるで魔法にかかったみたいに
जादूगर [名]《P. جادوگر》(1) 魔法使い (2) 手品師；奇術師
जादूगरनी [名*] ← जादूगर. (1) 女性の魔法使い (2) 女性の手品師；奇術師
जादूगरी [名*]《P. جادوگری》(1) 魔法；呪術 (2) 邪術 (3) 手品；奇術
जादू-टोना [名]《P.+ H.》(1) 呪法；呪術；まじない；加持 (2)〔文人〕邪術 **(-पर) जादू-टोना क॰** *a.* （ーに）魔法をかける；（ーを）思いのままに操る बहू ने उसपर जादू-टोना कर दिया है 若嫁があの男に魔法をかけたのだ *b.* 呪いをかける；呪う；邪術を行う कहीं वह हमारे ऊपर ही जादू-टोना न कर दे ひょっとしてあの男がこちら様に呪いをかけたりしないように **जादू-टोना खिलाना** 呪う；呪いをかける प्रायः दूध, मांस, तले पदार्थों आदि में जादू-टोना खिलाने के विश्वास इस क्षेत्र के प्रत्येक वर्ग में परंपरित हैं 牛乳や肉，揚げ物などに呪いをかける信仰はこの地域のあらゆる階層に伝承されている
जादूनज़र [形]《P.A. جادو نظر》魅惑的な眼をした
जादूनिगाह [形]《P.A. جادو نگاه》= जादूनज़र.
जादूफ़रेब [形]《P. جادو فریب》魅惑的な；誘惑的な
जादूबयान [形]《P. جادو بیان》弁舌に魔力のある；大変雄弁な
जादूबयानी [名*]《P. جادو بیانی》弁舌に魔力のあること；大変雄弁なこと
जादो [名] = जादौ. ジャードー；ヤドゥ यदु族（出身）の人；ヤドゥ= यादव.

ज

जादौराई [名]〔イ神〕ヤドゥ族の王，すなわち，クリシュナ

जान[1] [名*]《P. جان》(1) 命；生命 (2) 本質；ものの中心や基本となるもの；生命；真髄；根本的要素 (3) 活力；生命力 (4) 愛しい人；恋人；愛人 (5) 親しみをこめて人を呼ぶ時につける言葉．さん，ちゃんなど हमारे भाई जान हैं 僕には兄さんがいるんだ ख़ाला जान ने अपनी जायदाद मेरे नाम हिब्बा कर दी थी おばさん（母の姉妹）は自分の資産を私の名義にしてくれていた **एक जान दो क़ालिब** 親友；一心同体の間柄 **जान आँखों में आ जा०** 死にかける；臨終；死に際；息を引き取る **जान आ०** *a.* 目立って良くなる；ぱっとする *b.* よみがえる；元気を取り戻す；元気になる सब में फिर जान आ जाती है すべての草木がよみがえる यात्रियों में फिर जान आई 旅人たちは再び元気を取り戻した *c.* 活気が出る；熱気がこもる चाय की चुस्कियों के बीच बहस में और भी जान आ जाती 茶をすすりながらの議論に一段と熱がこもる **(-की और अपनी) जान एक कर दे०** (－と) 命の取り合いをする **जान क़फ़स में फँसना** 困った事態になる **जान का** 生命に関わる；生死に関わる **जान का अज़ाब** 厄介なこと；面倒なこと **जान का काल** 天敵＝ जानी दुश्मन. **जान का गाहक (ग्राहक) बनना** (－を) 激しく憎む；(－にとって) ひどく厄介なものとなる **जान का जंजाल** 甚だ厄介なこと；大変邪魔なもの **जान का टुकड़ा** とても愛しい（もの） **जान का दुश्मन** 命を惜しまない；命知らずの **(-की) जान का दुश्मन** (－を) 激しく憎む विकास राकेश की जान का दुश्मन बन गया ヴィカースはラーケーシュの天敵となった **जान की अमान हो०** 神に命乞いをする **जान की क़सम** 後生だから；お願いですから＝ पैरों पड़ता (पड़ती) हूँ. **जान की ख़ैर मनाना (माँगना)** ＝ जान की अमान हो०. **जान की तरह रखना** とても大切にする；非常に大切に保管する **जान की दर पर हो०** ＝ जान की नौबत आ०. **जान की नौबत आ०** 命に関わる；甚だ危険な＝ जान पर आ बनना. **जान की पड़ना** 命が心配な状態にある **जान की बाज़ी लगाना** 命がけでする **जान की मनाना** 命の心配をする **जान के क़दमों में रख दे०** (－に) 全く従う **जान के पीछे पड़ना** 大変苦しめる；責め苛む वह तो जैसे मोहन की जान के पीछे पड़ गया था 彼はまるでモーハンを責め苛むことに熱中しているかのようになっていた **जान के बदले जान ले०** 目には目を歯には歯を **जान के बराबर रखना** ＝ जान की तरह रखना. **जान के लाले पड़ जा०** 命が危うくなる；生命の危険にさらされる मनुष्य और पशु दोनों को जान के लाले पड़ गए 人畜ともに生命の危険にさらされた **जान के साथ** 命の次に **जान के साथ खेलना** 命をかけてする；命がけでする **जान को आ पड़ना** 災難に遭う **(-में) जान को जान न समझना** *a.* (－に) 身命を賭す；命をかける *b.* 一生懸命に努力する **जान को दाँव पर लगाना** 命をかける；命を惜しまずにする **(-की) जान को पड़ना** (－を) ひどく苦しめる；大変悩ます；激しくいじめる **(-की) जान को रोना** (－を) 恨む **(-की) जान को लगना** ＝ जान को पड़ना. **जान को लागू हो०** ＝ जान का गाहक हो०. **जान ख़तरे में हो०** 命が危ない **जान खपाना** *a.* 必死になる *b.* 命を惜しまない **(-की) जान खाना** (－を) 悩ませる；苦しめる＝ (-को) परेशान क०. **जान खोना (जान गँवाना)** 命を失う；命を捧げる **(अपनी) जान गाढ़े में डालना** 困る；窮する；困った事態におちいる **जान गाढ़े में पड़ना** 困る；窮する **जान घपले में पड़ना** 命が危ない；命の危険にさらされる **(-से) जान चुराना** (－を) いやがる；避ける **(-की) जान चुराना** (－を) 魅了する；惹きつける；心を奪う **जान चोटी पर आ०** 困る **जान छिड़कना** 熱烈に愛する；熱愛する **जान छिपाना** ＝ जान चुराना. **जान छुड़ाना** *a.* 命の危険から脱する；危険を脱する *b.* 肩の荷を下ろす；重荷を下ろす **जान छूटना** *a.* 肩の荷が下りる；ほっとする；安堵の溜め息をつく *b.* 危険を免れる；危ないところを逃れる लो, आज आख़िरकार जान छूटी さあ，今日やっと苦しい思いから解放された **जान छोड़कर भागना** 一目散に逃げる जान छोड़कर किस तरह भाग रहा था いやはや一目散に逃げるありさまは何ともたとえようがなかった **जान छोड़कर लड़ना** 命がけで争う；命がけで戦う **(-की) जान छोड़ना** (－を) 苦しめるのを止める；悩ますのを止める **(-की) जान जलाना** (－を) 苦しめる；悩ます **जान जा०** *a.* 命を失う；死ぬ；命を落とす＝ मरना; प्राणों से हाथ धोना. 600 पशुओं की जानें गईं 家畜600頭が死んだ **जान जाने का ख़तरा** 落命の危険 **जान जाए, माल न जाए**〔諺〕極度の吝嗇のたとえ *b.* 懸命に努力する；大変な苦労をする；必死に頑張る **(-पर) जान जा०** (－に) 惚れ込む；魅了される；魂を奪われる **जान जोखिम में डालना** 命を危険にさらす **जान जोखिम में पड़ना** 命が危なくなる **जान डालना** *a.* 命を与える；生命を与える अल्लाह मियाँ ने फूलों में जान डाल दी है 神様が花に命を与えた यहाँ की सफलता ने भारत भर के किसान आंदोलन में नई जान डाल दी ここの成功が全インドの農民運動に新しい生命を吹き込んだ *b.* 復活させる；よみがえらせる *c.* 生命を吹き込む；生き生きとさせる **जान तोड़कर कोशिश क०** 一生懸命に努力する **जान तोड़ना** 死ぬ **(-पर) जान दिये दे०** (－のために／－に) 命を投げ出す **जान दूभर हो०** *a.* 厭世的になる；世の中が疎ましくなる *b.* 命が危なくなる **जान दे०** 死ぬ；命を絶つ जब पुलिस पकड़ने आएगी तो पोटेशियम साइनाइड खाकर जान दे दूँगा 警察が捕らえに来たら青酸カリを飲んで死んでやる **(-को) जान दे०** (－に) 命を捧げる **(-पर) जान दे०** *a.* (－に) 熱をあげる；熱愛する एक समय था जब यह मुझपर जान देती थी あの人が私に熱をあげていた頃もあった *b.* (－が) 大好きな；(－を) 大変愛好する अमीर और ग़रीब सब के सब फूलों पर जान देते हैं 貧しい人も金持ちも誰も彼も花が大好きだ **जान देना-लेना** 命のやり取りをする；命の取り合いをする **जान नहों में समाना** 恐ろしさに震えあがる **जान नाक में कर दे०** ひどく悩ます；ひどく苦しめる **जान नाख़ून में समाना** ＝ जान नहों में समाना. **जान निकलना** *a.* ひどく辛い；とても苦しい *b.* 恐ろしさに震えあがる उसकी गरदन पर साँपों को लिपटते देखकर उसकी जान निकली जाती थी 首に蛇が巻きつくのを見て息が止まりそうだった **(-की) जान निकाल ले०** (－を) こき使う；酷使する **(-में) जान पड़ना** 活気が戻る；よみがえる **जान पर आ पड़ना** ＝ जान पर आ बनना. **जान पर आ बनना** ＝ जान पर बन आ०. **जान पर आ बीतना** ＝ जान पर आ बनना. **जान पर खेलकर** 命がけで；命を危険にさらして **जान पर खेलना** 命をかける；命を惜しまない＝ जान की परवाह न क०. **जान पर गुज़रना** 大変苦しむ；ひどく苦しい思いをする；大変な苦しみに耐える；大変な苦労をする **जान पर नौबत आ०** ＝ जान पर आ बनना. **जान पर पड़ना** 命が危なくなる **जान पर बन आ०** *a.* 生命が危険にさらされる；命が危うくなる हवा के बग़ैर एक मिनट भी ज़िंदा रहना मुश्किल है.फ़ौरन दम घुटने लगता है और जान पर बन आती है 空気がなくては1分間も生きてはおれない．直ちに息が止まって命が危うくなる *b.* 大変苦しくなる；とても辛い思いをする **जान पर बीतना** ＝ जान पर गुज़रना. आया था कि कुछ कमाकर जाऊँगा, सो यहाँ जान पर बीता चाहती है 少し稼いで帰るつもりだったのにさんざんな目に遭っている **जान फूँकना** 魂を入れる；よみがえらせる **जान बख़्शना** *a.* 命を助ける；助命する मैं तेरी जान बख़्शता हूँ お前の命を助けてやろう *b.* 赦免する；解放する **जान बचना** ＝ जान छूटना. शायद कोई मित्र पधारे हैं, अच्छा ही है.मेहमानों से जान बची どなたか友人がお出でになったわい．有り難い．お客から解放されたぞ **जान बचाकर भागना** 命辛々逃げる；必死に逃げる **जान बवाल में डालना** 面倒なことに関わる **(-में) जान बसना** (－を) 大変愛好する；とても好む **जान बाज़ी पर लगा दे०** ありとあらゆる方法を試みる **जान भारी हो०** 生きているのがいやになる；厭世的になる **जान भिड़ाना** 必死になる **जान मारकर काम क०** 懸命に努力する **जान मार काम क०** 必死に努力する **जान मारना** *a.* (－を) とても悩ます；ひどく苦しめる *b.* (－を) 酷使する；こき使う **जान माल** 生命財産＝ जानो माल. **जान माल का ग्राहक** 生命財産を狙う **जान मुँह को आ०** *a.* 恐ろしさに震えあがる；恐怖に息をのむ；肝がつぶれる *b.* 非常な危険が生じる **जान मुफ़्त में गँवाना** 無駄死にする **जान मुसीबत में डालना** ひどく困らせる **(-की) जान में जान आ०** (－が) ほっとする；安堵する；安心する＝ दम में दम आ०. रमणी को जाते देखकर उसकी जान-में-जान आई ラマニーが去るのを見て男はほっとした **जान लब पर आ०** 恐ろしさに息が止まりそうになる **जान ले०** *a.* (－の) 命を奪う；殺す हमारी जान लेकर रहेगा どうしてもこちらの命を奪うだろう *b.* (－を) 大変困らせる **जान लेकर भागना** 恐ろしさに命辛々逃げる **जान सटकना** 恐ろしさに震えあがる **जान सन्न से हो जा०** 震えあがる；寿命が縮む **जान सस्ती समझना** 命を惜しまない **जान सांसत में हो०** 困り果てる **जान सुई की नोक पर हो०** 命が危ない；甚だ危険な **जान सुखाना** 恐怖に震えあがる；怯える **जान सूख जा०** *a.* 肝を冷やす；たじたじとなる；震えあがる उन्होंने घूरकर उसे देखा, तो उसकी जान सूख गई あの方が振り向かれると男は震えあがった *b.* いやがる；いやな思いをする **जान सूली पर चढ़ी हो०** 困り果てる **जान से गुज़र जा०** 死ぬ；命を落とす **जान से जहान है**〔諺〕命あっての物

種 **जान से जा॰** *a.* 死ぬ；命を失う हैंडिल उखड़े तो बीसियों जान से जाएँ ハンドルが狂ったら何十人もが命を失う *b.* 大変困る **जान से बेज़ार हो॰** 世の中が疎ましくなる；生きているのが厭になる **जान से मार डालना** 殺す；殺害する बहुत-से लोग जान से मार डाले गए 多数の人が殺された **जान से मार दे॰** ＝जान से मार डालना. **जान हथेली पर रखकर** 命がけで；決死の覚悟で जान हथेली पर रखकर वह शहर को चल पड़ा 命がけで街に向かった **जान हथेली पर लिये** 命がけで；命を投げ出して；命をかけて अपने देश के लिए जान हथेली पर लिये फिरते थे 母国のために命をかけていた दोनों मित्र जान हथेलियों पर लेकर लपके 2 人の友人は命がけで突進した **जान हलाकान क॰** 激しく悩ます；ひどく苦しめる **जान हाज़िर हो॰** すべてを捧げる（覚悟をする） **जान हाथों पर लिए** ＝जान हथेली पर लिये. **जान हाथों पर आ॰ (हो॰)** *a.* 甚だ困窮している *b.* 死にかける **जान है तो जहान है** 〔諺〕命あっての物種 **जान होम क॰** *a.* 必死になってする；懸命にする *b.* 命を捧げる

जान[2] [名*] (1) 知っていること；承知；知識；認識；情報 कौन है तू? न जान न पहचान 見たことも聞いたこともない．お前は一体だれなんだ (2) 理解；判断；考え **अपनी जान में** 私の考えでは；思うに；手前の考えるところでは＝मेरी जान में.

जानकार [形] (1) 知っている；知識を持っている वे कई भाषाओं के जानकार मालूम हुए この方が幾つもの言語に通じておられることがわかった (2) 情報を持っている；事情に詳しい (3) 知り合いの (4) 特殊な知識に詳しい；通の；専門の知識を持つ कानूनी जानकार की सलाह 法律専門家の助言 राजनैतिक जानकारों के मुताबिक 政治の消息筋によると **जानकार सूत्र** 消息筋 जानकार सूत्रों के अनुसार 消息筋によると；情報筋によると

जानकारी [名*] 認識；知識；情報 लोगों को इस बात की जानकारी न थी 人々はこのことを知らなかった तकनीकी जानकारी ノーハウ नई जानकारी को न अपनाने का पूर्वाग्रह 新しい知識を取り入れない偏見 पैसा सही ढंग से ख़र्च कर सकने की जानकारी お金を正しく使える知識 पालने की पूरी जानकारी 飼い方の詳しい知識 अधिक जानकारी के लिए 詳しくは；詳細については＝और जानना चाहें तो. अधिक जानकारी के लिए हमारे बैंक की निकटतम शाखा में पधारिए 詳しくは当行の最寄りの支店にお出かけ下さい **जानकारी के मुताबिक** 情報によれば（新聞報道の表現の一つ） **(-को) जानकारी कराना** （ーに）知らせる；教える अपनी लड़की को यह जानकारी कराने में कतराते हैं 自分の娘にこれを知らせるのをはばかっている **जानकारी दे॰** 教える；伝える；情報を提供する चिड़ियों के बारे में जानकारी देनेवाली कोई पुस्तक 鳥に関する知識を与える何かの本 उपभोक्ता को उसके अधिकारों की जानकारी देना 消費者に消費者の権利を知らせる उन्होंने मध्य प्रदेश की जेलों एवं क़ैदियों के संबंध में काफ़ी सनसनीख़ेज़ जानकारी दी 氏はマッディヤ・プラデーシュ州の刑務所と受刑者についてかなりセンセーショナルな情報を提供した

जानकी [名*]〔ラマ〕ジャーナキー (सूर्यवंश, すなわち，日種族の王ジャナカ王 जनक ＝ सीरध्वज のシーター姫 सीता の別名の一) ＝जनकतनया.

जानकीजीवन [名]〔ラマ〕ラーマチャンドラ रामचंद्र

जानकीनाथ [名]〔ラマ〕ラーマ (राम)；ラーマチャンドラ रामचन्द्र; श्री रामचंद्र

जानकीप्राण [名] ＝जानकीनाथ.

जानकीमंगल [名]〔文芸〕ジャーナキー・マンガラ (तुलसीदास の作と伝えられるラーマチャンドラの結婚を歌ったアワディー語の詩)

जानकीवल्लभ [名] ラーマチャンドラ (रामचंद्र) の別名の一

जानजोखिम [名*]《P. جان + H.》＝जानजोखों 生命の危険 **जानजोखों का काम क॰** 命がけでする＝आँच से खेलना.

जानदार[1] [形]《P. جاندار》(1) 生命ある；生きている (2) 元気な；勢いのある；勢いのよい；力のある；力強い (3) 素晴らしい；素敵な जानदार भेंटवार्ता 素敵なインタビュー

जानदार[2] [名]《P. جاندار》(1) 生き物；生物＝प्राणी; जीवधारी. (2) 人；人間＝मनुष्य; मानव.

जानना [他] (1) 知る；認識する；心得る तू मुझे जानती नहीं? あんた私のことを知らないの अरे, जानते नहीं, रमा को हैज़ा हो गया है ラマーがコレラに罹ったのを知らないのかい (2) 認める；気がつく；気づく (3) 覚える；習得する；体得する；身につける **जान पड़ना** *a.* 思える；思われる किसी ने उठाकर उसे पटक दिया जान पड़ता था だれかが持ち上げて投げつけたように思えていた *b.* わかる；判明する भला जान पड़ना 似合う **जानकर** わざと；知っていながら＝जान बूझकर; जानते हुए. **जान बूझकर** わざと；故意に；知っていながら；承知の上で यदि कोई खिलाड़ी किसी खिलाड़ी को जानबूझकर चोट लगाने या धक्का देने की कोशिश करता है तो 選手がわざと他の選手に傷を負わせたりぶつかったりしようとするならば संस्कृत में जुआरी का नाम जानबूझकर ही 'साहसिक' रखा गया है サンスクリット語では博徒のことをわざとサーハシカ，すなわち，向こう見ずと名づけている **जान बूझकर आग में कूदना** わざと身を危険にさらす；向こう見ずなことをする；無思慮なことをする **जान बूझकर कुएँ में गिरना** ＝जान बूझकर आग में कूदना. **जान बूझकर तो मक्खी नहीं निगाली जाती** 〔諺〕わざわざ不利益を蒙ることはない **जान बूझकर मक्खी निगलना** ＝जान बूझकर आग में कूदना.

जाना-परखा よく調べた；調べ上げた भला क्या बुराई है राजेंद्र में? जाना परखा है, उसके परिवार वाले भी यह संबंध चाहते हैं 一体ラージェンドラに何の不足があるのだ．よく調べてあるんだよ．それに向こうの家族もこの縁組みを望んでいるし **जाना-पहचाना** 見覚えのある；見知っている वहाँ जाने-पहचाने चेहरे भी दिखाई पड़ जाते थे そこには見覚えのある顔も見かけられるのだった **जाना-बूझा** よく知っている；なじみの उसके हाथ की रेखा-रेखा हमारी जानी-बूझी थी あの人のことは何でも詳しく知っていた **जाना-माना** 有名な；著名な；名うての；一流の शास्त्रार्थ में देश-विदेश के जाने-माने विद्वानों को आमंत्रित किया गया 論戦には内外の著名な学者たちが招待された हिंदी फ़िल्मों के जाने-माने निर्देशक ヒンディー映画の著名な監督 वर के पिता अपने इलाक़े में बहुत जाने माने आदमी हैं 花婿の父親は地元で有名な方です **जाने** *a.* जानना の叙想法不定未来時制三人称単数形 *b.* → जाने（別項．→見出し語）

जानपद [形] ジャナパダ (जनपद) の；地方の；地域の

जान-पहचान [名*] 知り合い；見知り；面識；顔見知り इस कारण आपस में जान-पहचान थी したがってお互い知り合っていた मेडिकल कालिज में कुछ मेरी भी जान पहचान है 医大にはいささか私の知り合いもある तुम्हारी पहले से उनसे जान-पहचान है? あの方は以前から君の知り合いだったのかね जान-पहचान की स्त्री 知り合いの女性 जान-पहचान के लोग 知り合い；知り合いの人たち；顔見知りの人たち

जान-पहचानी [形] 知り合いの；知己の

जानबख़्शी [名*]《P. جان بخشی / جاں بخشی जानबख़्शी / जाँबख़्शी》जाँबख़्शी/जानबख़्शी》死刑の赦免；死刑免除

जानबाज़ [形・名] → जाँबाज़.

जानबाज़ी [名*] → जाँबाज़ी.

जान बीमा [名]《P. جان + H.बीमा》生命保険＝जीवन बीमा.

जा नमाज़ [名*]《P.A. جا نماز》〔イス〕イスラム教徒が礼拝時に使用する敷物；ジャーナマーズ

जान-माल [名]《P.A. جان مال》生命財産＝जानोमाल. जान-माल की रक्षा 生命財産の保護 जान-माल को कोई क्षति नहीं हुई 生命財産には何らの被害なし **जानमाल का ग्राहक** 生命財産を狙う；命まで奪おうとする **जानमाल को रोना** 被害を悲しむ

जानलेवा [形]《P. جان لیوا P.جان + H.लेवा》(1) 命を奪う；致命的な；命取りの कुछ व्यक्तियों के लिए पेनिसिलीन जैसी जीवनदायिनी औषधि भी जानलेवा सिद्ध हो सकती है 一部の人にとってはペニシリンのような命を救う薬も命取りのものとなりうる जानलेवा बीमारियाँ 命取りの病気；致命的な病気 (2) 甚だ危険な；危険極まりない कुछ क़ानूनी पेचीदगियाँ और बढ़ गई जो और भी जानलेवा सिद्ध हुई 幾つか法律上の煩瑣なことが更に増した．それがもっと危険なものとなった यह दौड़ बड़ी जानलेवा होती है この競争はとても危険なものだ (3) ものすごい；猛烈な दुश्मन पर जानलेवा हमला 敵に対する猛烈な襲撃

जानवर [名]《P. جانور》(1) 生き物；生物 (2) 動物 (3) 獣；四足獣 (4) 畜生のような人間

जानशीन [名]《P. جا نشین》(1) 代理；代理者；代理人＝काइम मुकाम; नाइब नुमाइंदा. (2) 後継者

जानहार[1] [形] (1) 行く (2) 失われる (3) 滅びる；なくなる

जानहार[2] [形] 知っている；認識している＝जाननेवाला.

जानहु [副] まるで；あたかも＝मानो.

जाना[1] [自]（完了分詞は不規則変化で単数男性形 गया, 単数女性形 गई (गयी), 複数男性形 गए (गये), 複数女性形 गईं (गयीं) と

ज

なる．ただし करना[3] を従える場合には規則的な完了分詞 जाया となる）(1) 行く；進む；移動する हवा के साथ गर्दो गुबार जिस्म के अंदर न जा सकें 空気と一緒に塵や埃が体内に入らないように अच्छा जाइए, देखिए, मैं ज़रा काम पूरा कर लूँ それじゃどうぞあちらへおいで下さい．私は仕事を片付けてしまうから अभी कुछ नहीं लेना है, जाओ 今のところ何もいらないよ（行商人に対して断りの言葉） जाओ, निकल जाओ あっちへ行け，出て行け (2) 何かの目的で行く；出かける；向かう पिछले शनि स्कूल जाते वक्त कहने लगा 先週の土曜日に学校へ行く時言い出した "कहो बेटा कहाँ जा रहे हो?" "कहीं नहीं, बाज़ार" 「どこへ出かけるのだ」「うん，市場だよ」 मुझे वहाँ जाते ही ज़ुकाम हो गया そこへ行った途端に風邪を引いてしまった पति के घर जाने पर उसके भाई-बहन से भी आपका वास्ता पड़ेगा 婚家へ行くと夫の兄弟姉妹とも関わりができる माँ, मैं बाज़ार जा रही हूँ 母さん，私市場へ出かけます परीक्षा केंद्र पर ड्यूटी देने जा रहा था 試験場での仕事に向かうところだった (3) 出る；出発する यह बस कितने बजे जाएगी バスは何時に出るのだろうか (4) 立ち入る；取り上げる；問題にする इस बालक की गलती पर मत जाओ この子供の過ちについては取り上げられませんように मैं उच्च न्यायालय के फ़ैसले के गुण दोष में नहीं जा रहा 私は高等裁判所の判決の長短については立ち入らない (5) 届く；行き着く मुहब्बत का यह तोहफ़ा चोरी से नहीं जाएगा この愛情の贈り物は内緒では届けられない (6)（一へ）通じる；（一へ）届く यह राह सीधे रियासत को जाती है この道は真っ直ぐ藩王国へ通じている (7) 通る；先へ進む；通過する यह उत्तरी रेलवे प्रदेश में पूर्व से लेकर पश्चिम तक जाती है この北部鉄道は州の東部から西部まで通っている सड़कें सीधी जाती थीं 道路は真っ直ぐ通っていた बायें कंधे के ऊपर और दाईं भुजा के नीचे से गया है それは左肩から右腕の下を通っていた (8)（一）しなくなる；（一を）やめる नतीजा यह हुआ कि बच्चा मर गया और फिर गाय भी दूध देने से गई その結果，子供は死んでしまいおまけに牛も乳を出さなくなってしまった (9) 所在の場所が変わる；移動する；行く मेरा पर्स न जाने किधर गया 財布は一体どこへ行ったのだろうか (10)（身についているものが）はずれる；とれる；なくなる；去る इसका तो बचपना अभी तक नहीं गया है この人の幼さはまだとれていない यह बचपना कब जाएगा? この子供っぽさは何時とれるのだろうか यह आदत तो मरने के साथ ही जाएगी この癖は死ななくてはなくならないものだ लगता है तुम्हारी यह बीमारी गई नहीं 君のこの病気は治っていないようだな (11) 失われる सिर जाए तो भले ही चला जाए, पर देश का गौरव देश की लाज कभी न जाने पाए 命を落とすなら落としてもよい．でも国の尊厳，国の名誉は決して失われてはならない (12) 去る；過ぎ去る；出て行く；出る；離れる 'तो मैं चलूँ?' 'अच्छा, ठीक है.तुम जाओ' 「それでは失礼致します」「そうかい，それじゃ」 जाना तो था ही एक दिन いずれ去らなくてはならなかったのだから गये हुए पैसे दूसरे रास्ते से लौट आते हैं 出ていった金は他の道を通って戻って来る गया वक्त लौटकर नहीं आता 去りし時は再びは戻り来ず (13) 失せる；衰えてなくなる；潰える इनकी तो आँखों की ज्योति ही जा रही है この人は視力そのものが失せつつある (14) 亡くなる；死ぬ；死去する उनके जाने के बाद あの方の亡くなられた後 तुम मुझे छोड़कर नहीं जा सकते, नहीं जा सकते あんたは私を残して死ねないわよ，絶対死ねないわ (-में) **जाकर निकलना**（一へ）通じる उस तहखाने से एक सुरंग जंगल में जाकर निकलती थी その地下室から 1 本の地下道がジャングルへ通じていた **जा जा** 止せ；止せ止せ；やめておけ **जा डटना** 訪れた先でどっかと腰を落ち着ける **जा धमकना** 突然現れる；予告なしに行く **जा निकलना** 出る；行き着く；到達する घूमते-घूमते वह एक बाग़ में जा निकली 歩き回っているうちにとある庭園に出た **जा पड़ना** *a.* 襲いかかる *b.* 行ってしまう मेरा भाग्य मुझसे दूर, मुझसे अलग जा पड़ा है運勢は私を見放して遠いところへ行ってしまった **जा पहुँचना** 到着する；たどり着く；行き着く；(一に) 出る दो पहर होते-होते मौसी स्कूल के फाटक पर जा पहुँची 昼になるかならぬかに小母さんは校門のところに到着した बियाबान और बीहड़ वन्य प्रदेशों से गुज़रते हुए, भूख-प्यास सहते हुए आखिर वह कामरूप देश जा पहुँचा 荒涼として人気のない森林地域を通り飢えと渇きに耐えながらとうとうカーマルーパの国にたどり着いた मैदान के सामने की ढलान पर जा पहुँचा 広場の前の坂に出た **जाता रहना** *a.* なくなる；失われる नाम बताने से उसका असर जाता रहेगा 名前を呼ぶとその効果がなくなる तन-मन की सारी थकान जाती रही 心身の疲れがすっかりなくなった आँखों का जाती रहना 失明すること कुछ बीमारियाँ तो मामूली दवा, इलाज और परहेज़ से जाती रहती हैं 若干の病気は通常の薬や治療，それに節制でよくなるものです *b.* 死ぬ **जाने दे॰** *a.* なくす；失う आत्मसंयम हाथ से न जाने दें 自制心を失わないように *b.* 許す；赦す；赦免する；見逃す **गया-गुज़रा** → गया（見出し語） **गया बीता** → गया（見出し語）

जाना[2]［助動］(1) 主動詞の語根に付加されて動作や状態の終了，完了，移行を強調的に述べたり動作の結果が意に添わないことを表したりする दस साल बीत गये 10 年が過ぎ去ってしまった गाड़ी तो छूट गई 列車は出てしまった पहाड़ के साये दूर-दूर तक घाटी को ढक गए 山の影がはるか遠くの谷間を覆ってしまった शादी धूमधाम से हो गई 結婚式は盛大に行われた दोनों बेंच पर बैठ गये थे 2 人はベンチに腰を下ろしていた बरसात बीत गई थी 雨季はもう過ぎ去っていた वे एक पेड़ के नीचे रुक गए 一本の木の下に立ち止まった क्षेमेन्द्र नाम का एक महाकवि काश्मीर में हो गया है クシェーメーンドラという大詩人が昔カシミールにいた जंगल में छिप जाओ ジャングルに隠れろ दशहरा और दीवाली बीत गये ダシャラー祭とディワーリー祭はすんでしまった साँप भी अपने मालिक से हिल गया था 蛇も自分の主人になじんでしまっていた लड़कियाँ भी पढ़-लिख जाने पर 女の子も学業を身につけてしまうと लगभग एक घंटे में सफ़ाई हो गई およそ 1 時間で掃除は完了した सो जा मुन्ना सो जा 坊やよい子だねんねしな ऐसे जीवन से तो मर जाना अच्छा है こんなふうに生きているよりは死んでしまったほうがよい सारी रात खुजाते खुजाते बीत गई 体をかいているうちに夜が明けてしまった मैं झूठ बोल गया 私は嘘をついてしまった चावल तली में लग गया 米が鍋底に焦げついてしまった आज इतने सवेरे माया कैसे उठ गई マーヤーは今日はこんなに朝早くどうして起きたのだろう＊この用法のものは一部主動詞の位置に जाना が用いられることがある　कुदाल मिट्टी में जा धँसी 鍬は土に突き刺さった हम दोनों भी नाली के किनारे छिटककर जा गिरे थे 我々は 2 人とも弾き飛ばされて川岸に落ちてしまった नौका पानी में जाने की बजाए किनारे जा लगी 船は水の方へ行く代わりに岸にひっついてしまった (2) 主動詞の未完了分詞に付加されて習慣的でない動作・状態の進行・継続の相を表す ज़िंदगी दिन-ब-दिन कठिन होती जा रही है 生活は日一日と苦しくなって行く तू कब तक पढ़ती जाएगी? いつまで勉強を続けて行くつもりなの भर्ती होने के बाद उसकी तबीयत बिगड़ती गई 入学後健康がどんどん悪化して行った स्वभाव चिड़चिड़ा होता जा रहा था 性格はますます怒りっぽくなって行きつつあった दिन बीतते गए 日はどんどん過ぎて行った (3) 主動詞の性と数に一致して変化した完了分詞に付加されて用いられ主動詞の動作が急激に起こり進行・発展していくことを強調的に表す गोरा जहाज़ आगे भागा जा रहा था, दूसरा जहाज़ उसका पीछा किये जा रहा था 白い船はどんどん前方に進んで行くところだった．もう 1 隻の船はそれを追いかけて進んで行くところだった शर्म से गड़ी जा रही थी 恥ずかしさのあまりますます身のすくむ思いだった दस मिनिट में ही भोजन बना जाता है わずか 10 分間で食事が用意される (4) 主動詞の完了分詞（-ए 化）に付加されて，*a.* 継続してきた動作・状態の進行を更に強調的に表す．रोये जा॰ 泣き続ける सरदी से ठिठुरे जा रहा था 寒さにますます縮みあがっていくのだった इसी लगन से काम किये जाना これまで通りの熱意で仕事を続けて行きなさい गिरिजा कहे जा रही थी ギリジャーはどんどん話を続けていた आदमी चोट से कराहे जा रहा है फिर भी सिपाही उसे मारे जा रहे हैं 男は打たれて呻いていたがそれでも警官は打ち続けていた वह चहके जा रही थी 浮かれてますますしゃべりまくっていた अभी भी हँसे जा रही थी まだ笑いが止まらずにいた यह दोनों अपने दिल में मस्त गाये जाते थे 2 人はいい気になって歌い続けて行った वह अभी भी उसके चेहरे की ओर घूरे जा रही थी まだ彼女の顔をにらみ続けていた *b.* 直ちに動作を完了させることを表す बाबू साहब थोड़े पैसे तो आज दिये जाइये.पच्चीस रुपये से ऊपर हो चुके हैं 旦那さん，今日は少し（の金）は入れて下さいな．もう（付けの金は）25 ルピー以上にもなっていますから

जाना[3]［助動］(1) 主動詞（他動詞）の完了分詞に接続して受動態を作るのに用いられる दरी के ऊपर बिछाई जानेवाली बहुत बड़ी चादर

ダリーの上に敷かれるとても大きなチャーダル बहुत-से गाँवों में डाकघर खोले गए हैं 多数の村に郵便局が開設されている तीज के अवसर पर बनाई जानेवाली विशेष प्रकार की मिठाई ティージュの祭りの際こしらえられる特別の菓子 पहाड़ों को काट काटकर संकरी सड़कें बनाई गई हैं 山々を削って狭い道路が建設されている रोज़ रोज़ का तनाव अब मुझसे सहा नहीं जाता 毎日の緊張はもう私には耐えられない दूसरे दिन हम लोग छोड़ दिये गये その翌日我々は釈放された क्या अभी झाड़ू नहीं दी गई? たった今掃除したところではなかったのかい मुझसे जीवन की कुछ आशा न रही.उस दिन न मुझसे खाया गया और न कुछ पिया ही गया 私には生きる望みが全くなくなった. その日は私には食べることも飲むことも全くできなかった क्या किया जाए? どうしたらよいのやら ऐसी फ़िल्म देखी जाती है? とても見られるような映画じゃないだろう (2) 主動詞（自動詞）の完了分詞に付加されて非人称受動態（非人称構造）を作るのに用いられる इस समस्या से निबटने के लिए मात्र सरकारों के भरोसे नहीं रहा जा सकता この問題に対処するのに政府当局のみを頼りにはしていられない अब मुझसे जल्दी चला नहीं जाता 私はもうこれ以上速くは歩けない अब चुप रहा नहीं जाता もう黙っておれない तुमसे तमाखू पिये बिना कैसे रहा जाता है お前がタバコをやらずにいられるものかい

जाना[4] [他] 産む；生む；出産する तुझे मैंने जाया नहीं रे, बल्कि पाया है 私はお前を生んだのではないのだよ. 授かったんだよ दूसरों के जाए बच्चे को 他人の生んだ子を

जाना[5] [自] 生まれる；産まれる क्या नई रानी को पिल्ला जाया है? 何だと, 新しい后の腹から子犬が産まれただと

जानि [名*] 妻= स्त्री; पत्नी; औरत; घरवाली.

जानिब [名*] 《A. جانب》 (1) 方；方角；方向 जब आईना भी देखे मेरी जानिब 鏡さえも私の方を向く時 हिमालय पहाड़ की जानिब से आनेवाली हवाएँ ヒマラヤの方から吹いてくる風 (2) 面；側；側面 (-की) जानिब （ーに）向かって；（ーの）方へ；（ーの）面で；（ーの）関係で बाईं जानिब 左手；左側 (3) 領域

जानिबदार [形・名] 《A. P. جانب دار》 (1) 傾いた；傾きのある (2) ひいきをする；味方や支援をする= तरफ़दार; पक्षपाती.

जानिबदारी [名*] 《A.P. جانب داری》 (1) 支持 (2) 傾き；偏り；偏向；ひいき（贔屓）= तरफ़दारी; पक्षपात. **(-की) जानिबदारी क॰** *a.* （ーを）支持する *b.* （ーを）ひいきにする

जानी [形] 《P. جانی》 (1) 命に関する；命の जानी नुक़सान हुआ 人命が失われた (2) 命に関わる；致命的な (3) 心底からの；心からの (4) 親愛なる；親密な **जानी दुश्मन** 不倶戴天の敵

जानीवाकर [名*] 《E. Johnny Walker》〔商標〕ジョニー・ウォーカー

जानु [名] (1) 膝 = घुटना. (2) 太股= जाँघ; रान.

जानु पाणि [副] 膝と手で；這って；這いつくばって

जानु पानि [副] = जानु पाणि.

जानुफलक [名]〔解〕膝蓋骨；膝皿；膝の皿= जानुमंडल.

जानू [名] もも（股）；ふともも（太股）= जाँघ.

जाने [他] (1) जानना の叙想法不定未来時制三人称単数形であるが次のようにも用いられる (2) 何か, 何かしら；わからない；見当がつかない；一体全体どういう訳なのかわからないが= न जाने; ख़ुदा जाने; भगवान जाने. दूर खड़े दो आदमी बड़ी देर से जाने क्या खुसुर फुसुर कर रहे थे 遠くに立っている 2 人は長い間何かしらひそひそ話をしていた **कौन जाने** = जाने. **ख़ुदा जाने** = जाने. **जाने अनजाने** 知らず知らずに；知らぬ間に；知らぬうちに；気づかぬうちに वास्तव में हम यह सब अपने दैनिक जीवन में जाने-अनजाने करते रहते थे 実のところこれは皆私たちが知らぬ間に日常的にしていることです **जाने क्या-क्या** 一体どれほどなのか；数知れず वह सचमुच एकदम जड़ था.दुनिया के सारे ऐब उसमें थे.चोरी करना, डाका डालना, शराबखोरी, हत्या करना और जाने क्या क्या この世のありとあらゆる弱点を備えていた人だった. 盗み, 強盗, 飲酒, 人殺し, 更に数知れぬこと **जाने क्यों** なぜなのか；なぜか知らぬが；なぜかわからぬが जाने क्यों, अक्सर मुझे भ्रम हो जाता है कि ये फूल नहीं हैं なぜか知らぬが私にはこれが花ではないような錯覚がしばしば起きる **न जाने** = जाने. न जाने कहाँ मर गई है, अभी तक आई नहीं 一体全体どこでくたばったのやらまだ戻ってこない न जाने क्या सोचकर उसका हृदय एकदम खिल उठा 一体何を考えてのことかわからぬが男は急に嬉しくなった **भगवान जाने** = जाने.

जानेमन [名*] 《P. جان من》「わが命」の意. 大好きな人や親密な人に対する呼びかけの言葉= मेरी जान.

जानो[1] [感] जानना [他] の命令法二人称複数形（तुम 対応形）から転じた語. そう思いなさい；そう理解しなさい；そう覚悟しなさい；よいか अच्छा, तो जानो और तुम्हारा काम जाने それじゃ君の好きなようにしろ

जानो[2] [接] あたかも；まるで

जाप[1] [名] 神の名やマントラ मंत्र を誦すること；唱すること；持誦 जलतारिणी मंत्र का जाप ジャラターリニー・マントラの誦唱 **जाप क॰** 誦する；唱する；唱える；持誦する चार पंडित विधिपूर्वक जाप कर रहे थे 4 人の学僧が儀規に則り持誦していた

जाप[2] [名*] 念珠；数珠= जपमाला.

जापन [名] 誦すること；唱えること

जापा [名] (1) 出産 (2) 産室；産所

जापान [国名] 《E. Japan》日本

जापान मोम [名] 《E.+ P.موم मोम》木蝋〈Japan wax〉

जापानी[1] [形] (1) 日本の；日本に関する (2) 日本産の；日本製の

जापानी[2] [名] 日本人

जापानी[3] [名*]〔言〕日本語= जापानी भाषा; जापानी ज़बान.

जापानी एनसेफ़ेलाइटिस [名]〔医〕日本脳炎〈Japanese encephalitis〉

जापानी पोदीना [名]〔植〕シソ科ハッカ【*Mentha arvensis*】

जापानी लट्ठा [名] 日本製ナンキン木綿（南京木綿）

ज़ाफ़त [名*] → ज़ियाफ़त.

जाफना 〔地名〕ジャフナ（スリランカの北端部に位置する県と同名の市）

ज़ाफ़रान [名] 《A. زعفران》 (1)〔植〕アヤメ科多年草サフラン (2) サフランの花柱を乾燥して得られる薬や食品用の黄色染料

ज़ाफ़रानी [形] 《A. زعفرانی》 (1) サフランの入った；サフランの混じった (2) サフラン色の

जाफ़ा [名] = इज़ाफ़ा.

जाब [名]〔農〕脱穀などの作業中に役牛が食べないようにするため鼻から口にかけてつける網状の口輪, くつこ（口籠）

जॉब [名] 《E. job》 (1) 仕事；手間賃や賃金をもらう仕事 (2) 職；職業；勤め口

जा बजा [副] 《P. جا بہ جا》至る所で；どこでもかしこでも= जगह जगह; इधर उधर; हर जगह.

ज़ाबता [名] → ज़ाबिता/ज़ाब्ता. (1) きまり；規則 (2) 法律 मैं आपसे कहता हूँ यहाँ से चले जाइए वरना मुझे ज़ाबता की कार्रवाई करनी पड़ेगी 申し上げます. ここから立ち退いて下さい. さもなければ法律上の処置を取らねばなりますまい

जॉब प्रिंटर [名] 《E. job printer》〔印〕端物印刷屋

जॉब प्रेस [名] 《E. job press》〔印〕端物印刷機

जाबराना [形] 《A. جابرانہ》横暴な；むちゃくちゃな

जाबालि [名]〔イ神〕ジャーバーリ聖仙（アヨーディヤー अयोध्या のダシャラタ王 दशरथ の宮廷の司祭）

ज़ाबित [形] 《A. ضابط》 (1) 忍耐強い (2) 自制心の強い (3) 正確な；精密な (4) 厳密な

ज़ाबिता [名] 《A. ضابطہ》 (1) 法；掟；きまり；慣習 (2) 法律；規則 (3) 規定

ज़ाबिताए अदालत [名] 《A. ضابطہ عدالت》〔法〕訴訟手続き〈legal procedure〉= क़ानूनी कार्रवाई.

ज़ाबिताए दीवानी [名] 《A.P. ضابطہ دیوانی》〔法〕(1) 民事訴訟手続き = सिविल कार्रवाई. 〈civil procedure〉 (2)〔法〕民事訴訟法〈code of civil procedure〉

ज़ाबिताए फ़ौजदारी [名] 《A.P. ضابطہ فوجداری》〔法〕(1) 刑事訴訟手続き〈criminal procedure〉= दंडविधि प्रक्रिया. (2) 刑事訴訟法〈Code of Criminal Procedure〉 सन् 1865 में, जब पहली बार ज़ाबिताए फ़ौजदारी और भारतीय दंड संहिता व्यवहार में लाई गई 初めて刑事訴訟法とインド刑法が施行された 1865 年に

जाबिर [形] 《A. جابر》 (1) 専横な；横暴な (2) 非道な

जाबी [名*] 動物の口につける口輪

जा बेजा [副] 《P. جا بے جا》所を選ばず；委細構わず；適不適にかかわらず जा बेजा का फ़र्क़ किये बिना 所構わず；場所をわきまえず

ज़ाब्ता [名] → ज़ाबिता.

जाम[1] [名] 《P. جام》(1) ゴブレット (2) 盃；酒杯 **जाम चढ़ाना** 祝杯（祝盃）をあげる सतीश जी तथा भगवान बाबू अपनी सफलता के जाम चढ़ा रहे थे サティーシュとバグワーンさんとが自分たちの仕事の成功の祝杯をあげているいるところだった **जाम टकराना** 杯と杯とを合わせて乾杯する；酒盛りが行われる；酒宴が行われる **सलामती का जाम पीना** 祝杯をあげる；祝杯を飲む

जाम[2] [形・名] 《E. jam》(1) 動きのとれない；麻痺した यद्यपि यह आंदोलन शांतिपूर्ण रहा लेकिन इससे असम के सामाजिक और राजनीतिक जीवन को जाम-सा कर दिया この運動は穏健なものであったがアッサム州の社会生活，政治生活を麻痺させたも同然であった उसने उठने का प्रयास किया पर उसके पैर जाम हो गए 起き上がろうとしたが，足が麻痺していた (2) 渋滞した (3) 雑踏；交通渋滞 (4) 故障；停止

जाम[3] [名] = जामुन. 〔植〕フトモモ科高木ムラサキフトモモ【*Eugenia jambolana; E. cumini*】

जाम[4] [名] = याम.

जामदानी [名*] 《← P. جامه دانی जामादानी》(1) 衣装箱；衣装函 (2) おもちゃ箱 (3) 刺繍 (4) 刺繍を施したモスリン

जामन[1] [名] ヨーグルトを発酵製造するために牛乳に入れる種

जामन[2] [名] (1)〔植〕フトモモ科高木ムラサキフトモモ【*Eugenia cumini; E. jambolana*】 (2) 同上の実 (3)〔植〕バラ科高木ウワミズザクラ【*Prunus padus; P. cornuta*】

जामना[1] [自] = जमना.

जामना[2] [他] 生む；産む

जामनी[1] [名*] 夜；夜中= यामिनी; रात.

जामनी[2] [形]（古代）ギリシアの= यावनी. ← यवन.

जामबेतुआ [名]〔植〕葦簀や屋根葺きなどの材料に用いられる竹の一種

जामा [名] 《P. جامه》(1) 着物；衣類= कपड़ा; वस्त्र. (2) クルター（कुरता） (3) 花婿が結婚式の際着用する丈が膝まである礼服；ジャーマー

जामाता [名] 娘婿= दामाद.

जामा मसजिद [名*] = जामा मस्जिद.

जामा मस्जिद [名*] 《A. جامع مسجد जामे मस्जिद》= जुमा मस्जिद. 〔イス〕金曜日集団礼拝の行われる大モスク；金曜モスク हमारे शहर में एक जामा मस्जिद है 私たちの町には金曜モスクがある जामा मस्जिद का गुम्बद ジャーマーマスジドのドーム

जामि [名*] (1) 姉妹 (2) 娘；乙女；少女；処女 (3) 若嫁；息子の嫁 (4) 親族の女性

ज़ामिन [名] 《A. ضامن》(1) 保証人；身元引受人= प्रतिभू. (2) ヨーグルトを凝固させるのに用いる乳酸菌の種 मैं इसका ज़ामिन हूँ 私がこの人の保証人です उनके माल के ज़ामिन あの方の商品の保証人 **ज़ामिन दे॰** *a.* 抵当を入れる *b.* 保証人になる **ज़ामिन हो॰** *a.* 保証人になる *b.* 保釈金を納める

ज़ामिनदार [形・名] 《A.P. ضامن دار》(1) 保証された；保証付きの (2) 保証人

जामिनी [名*] 夜 = यामिनी.

ज़ामिनी [名*] 《A. ضامنی》(1) 保証 (2) 保釈

जामुन [名] (1)〔植〕フトモモ科高木ムラサキフトモモ【*Eugenia cumini; E. jambolana*】 (2) 同上の果実= जाम; जंबू.

जामुनी[1] [形] (1) ムラサキフトモモの (2) 紫色の；紫黒色の जामुनी रंग 紫黒色

जामुनी[2] [名] 濃い紫色；紫黒色

जामे मस्जिद [名*]〔イス〕金曜モスク = जामा मस्जिद.

जाम्बवन्त [名]〔ラマ〕ジャームバヴァント（ラーマに味方した熊族の王スグリーヴァの宰相）= जाम्बवत्; जांबवान्.

जाम्बवान [名] = जाम्बवन्त.

ज़ाम्बिया 〔国名〕《E. Zambia》ザンビア

जायँ [自]〔古〕= जाएँ. जाना の不定未来時制の叙想法一人称及び三人称複数形

जाय [自]〔古〕= जाए. जाना の叙想法不定未来時制二，三人称単数形

ज़ाय [副] → ज़ाया. 無駄に= व्यर्थ; वृथा.

ज़ायक़ा [名] 《A. ذائقه》味；味わい；旨味= स्वाद; मज़ा; लज़्ज़त. वनीला का स्वादिष्ट ज़ायक़ा बच्चों को बहुत पसंद है バニラの旨味が子供たちの大好物です

ज़ायक़ेदार [形] 《A.P. ذائقه دار》うまい；おいしい；美味な= स्वादिष्ट; मज़ेदार; लज़ीज़. ज़ायक़ेदार खाना おいしい食事 ज़ायक़ेदार मिठाई うまい菓子

ज़ायचा [名] 《P. زائچه》〔占星〕運勢図；ホロスコープ= जन्मकुंडली; जन्मपत्री.

जायज़ [形] 《A. جائز》(1) 正当な；正しい जायज़ हुक़ूक़ 正当な権利 (2) もっともな；当然な；当たり前の आप की नाराज़गी जायज़ है お怒りはごもっともです

जायज़ा [名] 《A. جائزه》(1) 調査 चीन और पाकिस्तानी सेनाओं का जायज़ा 中国とパキスタンの軍隊についての調査 (2) 検査；試験 (3) 評価 उर्दू कथा साहित्य का जायज़ा ウルドゥー物語文学の評価 (4) 点呼 **(-का) जायज़ा दे॰** （ーの）説明をする **(-का) जायज़ा ले॰** *a.*（ーを）調べる；調査する ज़रा आसपास का जायज़ा लीजिए तो सचाई का पता चल जाएगा ちょっと周辺について調べてみると真実が判明するだろう वे स्वदेश लौटकर इन मामलों का जायज़ा लेंगे 自分の国に帰ってこれらの問題点について調べてみるだろう *b.* 検査する *c.* 試す

ज़ायद [形] 《A. زائد ज़ाइद》(1) より多くの= अधिक; ज़्यादा. (2) 余分な= अतिरिक्त; फ़ालतू. → ज़ाइद.

जायदाद [名*] 《A. جائداد जाएदाद》(1) 財産；資産；所有物 चंद बड़ी जायदाद वालों के अलावा आम लोगों के यहाँ इतना गल्ला पैदा नहीं होता 若干の大資産家以外，一般の人たちのところではこれだけの穀物は生産されない (2) 所有地；地所

जायदादे ग़ैरमंक़ूला [名*] 《P.A. جائداد غیرمنقول जाएदादे ग़ैरमंक़ूला》不動産= अचल संपत्ति.

जायदादे ग़ैरमह्‌ना [名*] 《P.A. جائداد غیر مرہونہ》抵当（の土地・財産）

जायदादे मंक़ूला [名*] 《P.A. جائداد منقول》動産= चल संपत्ति.

जायदादे मक्फ़ूला [名*] 《P.A. جائداد مکفول》抵当（物件）

जायदादे मह्‌ना [名*] 《P.A. جائداد مرہونہ》= जायदादे मक्फ़ूला.

जायदादे मुश्तरका [名*] 《P.A. جائداد مشترکہ》共有財産

जायदादे मौरूसी [名*] 《P.A. جائداد موروثی》相続財産

जाय नमाज़ [名*] 《P.A. جاے نماز》(1)〔イス〕礼拝所；礼拝場所 (2)〔イス〕イスラム教徒が礼拝時に地面や床に敷く敷物

जायनवाद [名] 《← E. Zionism + H.》シオニズム= यहूदीवाद.

जायपत्री [名*] = जावित्री.

जायफल [名]〔植〕ニクズク科小木ニクズク【*Myristrica fragrans*】

जायरे 〔国名〕《E. Zaire》ザイール共和国

ज़ायल [形] 《A. زائل ज़ाइल》(1) 滅びた；潰えた= नष्ट; बरबाद. (2) 終わった；尽きた= समाप्त; ख़त्म.

जायस 〔地名〕ジャーイス（ウッタル・プラデーシュ州ラーエバレーリー रायबरेली 県内の郡 तहसील の一）

जायसवाल [名] (1) जायस の住人 (2) 商人カーストの一グループの名称．ジャーイスワール

जायसी[1] [形] ジャーイス जायस に居住する

जायसी[2] [名] (1) ジャーイスの住人；同地出身の人 (2)〔人名・文芸〕マリク・ムハンマド・ジャーイスィー मलिक मुहम्मद जायसी (16 世紀前半に古アワディー語 अवधी による物語詩を著した．その著 पद्मावत が特に著名なイスラム教神秘主義の流れを汲む詩人)

जाया[1] [名*] (1) 既婚婦人= पत्नी; जोरू. (2) 経産婦 (3) 妻

जाया[2] [名] (1) 生まれたもの (2) 息子；男の子 उन्होंने मुझे अपनी कोख के जाए से बढ़कर चाहा 自分の腹を痛めた子供以上に私を可愛がってくれた

जाया[3] [自] जाना[1] の完了分詞の一． करना[3] を従えて習慣的，反復的な動作を表す複合動詞を作る際に जाना の完了分詞は通常の गया ではなく जाया となる→ जाना[1].

ज़ाया [形] 《A. ضائع》(1) 無駄な；無益な (2) 滅びた；滅した；失われた (3) 効果のない **ज़ाया क॰** *a.* 無駄にする *b.* なくす；滅ぼす *c.* 効果を失わせる **ज़ाया जा॰** *a.* 無駄になる *b.* 失われる；滅びる *c.* 効果が無くなる **ज़ाया हो॰** *a.* 無駄になる *b.* 失われる इस मूज़ी मरज़ से हमारे मुल्क की हज़ारों लाखों जानें ज़ाया होती हैं この性悪の病気でわが国の数十万，数百万の人々の命が失われる

ज़ाये [形] = ज़ाया.

जार[1] [名] 情夫；愛人；男妾= यार; आशना.

जार[2] [名] 燃えること；燃焼
जार[3] [名]《E. jar》ジャー；水差し पानी का जार 水の入ったジャー
जार[4] [名]《A. جار》近所；近隣
ज़ार[1] [名]《P. زار》(1) 嘆き；悲嘆 (2) 集まり；集団
ज़ार[2] [形]《P. زار》(1) 嘆く；苦悶する (2) 呻く；うめき声をあげる (3) 力のない；弱い；やせた（痩せた）
ज़ार[3] [名]《E. Tsar》ツァー；旧ロシア皇帝
-ज़ार [造語]《P. زار》場所，所，繁茂する場所などの意を有する複合語の構成要素 सब्ज़ाज़ार 草原
जारक [形] (1) 燃やす (2) 滅ぼす (3) 消化する
जारकर्म [名] 不貞；不貞行為；不義
जारज [名] 母親の不義によって生まれた子；不義の子
जारजन्मा [形・名] 母親の不義によって生まれた= जारज.
जारजात [名] = जारज.
ज़ार ज़ार [副]《P. زار زار》悲嘆に暮れて；ひどく嘆き悲しんで；おいおいと（泣く） ज़ार ज़ार रोना おいおい泣く
जारजेट [名]《E. georgette》ジョーゼット；ジョーゼットクレープ जारजेट की साड़ी ジョーゼットのサリー
जारन [名] (1) 燃やすこと (2) たきぎ（薪）= ईंधन.
जारना [他] = जलाना.
जारिणी [名*] 情夫を持つ女性
जारी[1] [形]《A. جاری》(1) 続いている；機能している；作用している यह खोज साढ़े तीन वर्ष तक जारी रही この研究は3年半続いた (2) 発せられた；発行された (3) 発表された (4) 通用している；行われている；流通している (5) 流れている **जारी क°** *a.* 発する；発行する सरकार ने इस आंदोलन को दबाने के लिए एक अध्यादेश जारी किया 政府はこの運動を抑圧するために法令を発した *b.* 発表する；出す संयुक्त विज्ञप्ति जारी करना 共同声明を発表する *c.*（通貨を）発行する अगले वर्ष 500 रुपए का नोट जारी किए जाने की संभावना है 来年500ルピー紙幣が発行される可能性がある **जारी रखना** 続ける；継続する लड़ाई जारी रखना 戦争を続ける यदि उन्होंने लेखन-कार्य जारी रखा होता तो あの方が執筆活動を続けていたならば
जारी[2] [名*] 不義；密通
जारी[3] [名]〔植〕クロウメモドキ科低木【*Ziziphus nummularia*】
ज़ारी [名*]《P. زاری》(1) 嘆き；悲嘆= विलाप; रोना. (2)〔イス〕ムハッラム祭（イマーム・フサインの追悼祭）の際，ムスリムの女性がタージヤー ताज़िया の前で歌う哀悼歌
ज़ारोक़ितार [副]《P.A. زار و قطار》悲嘆に暮れて；おいおいと；わあわあ（泣く）= ज़ार-ज़ार. एक दरख़्त के नीचे खड़ा ज़ारोक़ितार रो रहा था 木の下に立ちおいおいと泣いているところだった
जारोब [名*]《P. جاروب》ほうき（箒）= झाड़ू.
जालंधर [名] (1)〔イ神〕ジャーランダラ聖仙 (2)〔イ神〕ジャーランダラ・ダイティヤ→（दैत्य）. (3)〔地名〕ジャーランダル市（インドのパンジャーブ州の都市）
जालंधर दैत्य [名]〔イ神〕ジャーランダラ（もしくは，ジャランダラ・ダイティヤ魔神） पुराणों में जालंधर दैत्य के वध की कथा プラーナのジャーランダラ・ダイティヤ殺害の話
जालंधरी विद्या [名*] 魔法；魔術；妖術= इंद्रजाल; माया.
जाल[1] [名] (1) 網（鳥や魚などを捕らえる網，クモの張る巣など） (2) 網状のもの；ネット (3) 網目のように張り巡らしたもの；もう（網）；ネットワーク (4) 草木の根のように絡み合ったもの (5) 格子 (6) ペテン；詐欺；罠 मत्स्य जाल 漁網= मछली पकड़ने का जाल. नावों पर से जाल फेंकते समेटते मछुआरे 船の上から網を打ち引き上げる漁師 तितली पकड़ने का जाल チョウを捕らえる網（捕虫網） **जाल डालना** 網を入れる नदी में जाल डालना 川に網を入れる **जाल फेंकना** 網を打つ；投網を打つ **जाल फैलाना** 罠にかける；だます；ペテンにかける= जाल बिछाना. **जाल में फँसना** 罠にかかる；だまされる= चंगुल में आ°. इस उलझन के जाल में फँसी पढ़ी-लिखी लड़कियों को この厄介な罠にかかった教育のある娘たちを **जाल में फँसाना** 罠にかける；だます विज्ञान का नाम लेकर लोगों को अपने जाल में फँसाए रखना 科学の名を用いて世間の人を罠にかけておく
जाल[2] [名]《A. جعل》(1) 策略；陰謀 (2) 詐欺；欺瞞 (3) 作りごと；偽物；偽造文書 **जाल रचना** 策略を立てる；陰謀をめぐらす
ज़ाल [名]《ذال》ウルドゥー文字第13字の字母 ذ の名称
जालक [名] (1) 様々なものを捕らえるための網= जाल. (2) 網目になっている袋 (3) 椅子
जालकीट [名]〔動〕クモ類クモ（蜘蛛）
जाल जंजाल [名] からまり（絡まり）；もつれ；紛糾 अंधविश्वासों के जाल जंजाल में उलझ रहे लोग 迷信に絡められた人たち
जालदार [形]《H. + P. دار》(1) 網目になっている；目の開いている (2) メッシュの
जालसाज़ [形・名]《A.P. جعل ساز》(1) 偽物を作る；偽造する（人）；偽造者；贋造者 (2) 贋金を作る；贋金を作る人 (3) いかさまの；いんちきな；ペテン師
जालसाज़ी [名*]《A.P. جعل سازی》(1) 偽物作り；偽造；贋造 (2) 贋金造り (3) いかさま；いんちき
जालसूत्र [名] 網の目を作る糸やひも एक व्यापक जालसूत्र में एक दूसरे से इतना अधिक संबद्ध है 大きな網のひものように互いにこれほど密に関わり合ってつながっている
जाला [名] (1) 刈り取った草や藁などを束ねたり包んだりするための網袋 भूसी-चुन्नी रखने के लिए मूँज की रस्सी के बड़े-बड़े जाले 藁くずなどを入れておくためのムンジャ草の縄でこしらえた大きな網状の袋 (2) クモの巣 (3)〔医〕白内障；白そこひ (4) 白かび (5) 大きな水がめ **जाले पूरना** クモが巣を張る कीड़े मकोड़ों ने जाले पूरे クモが巣を張った
जालाक्ष [名] (1) 格子 (2) 格子窓
जालिक [名] (1) 網を作る職人 (2) 網で鳥獣を捕らえる猟師 (3)〔動〕クモ類クモ (4) 手品師
जालिका [名*] (1) 網目の物 (2) メッシュ (3) 罠 (4)〔動〕クモ (5) 鎧 (6) 群
जालिनी [名*] (1) 網 (2) 画廊 (3) = तरोई.〔植〕ウリ科蔓草トカドヘチマ【*Luffa acutangula*】
जालिनी फल [名] = तरोई.〔植〕ウリ科蔓草トカドヘチマ【*Luffa acutangula*】
ज़ालिम [形]《A. ظالم》(1) 専横な；暴虐な (2) 残酷な；残忍な वह बहुत ज़ालिम है, हर बात की तह तक पहुँचने का क़ायल, और भावुकता से उसे सख़्त नफ़रत है 残酷な男，何事も徹底して行う男，感情に流されるのを激しく憎む男
ज़ालिमाना [形]《A.P. ظالمانہ》(1) 横暴な；専横な (2) 残酷な；無慈悲な；情け知らずの；めちゃな；もってのほかの ज़ालिमाना बर्ताव めちゃくちゃな扱い；大変ひどい振る舞い
जालिया [名] ← जाल[2] = जालसाज़.
जाली[1] [名*] (1) 網目になっているもの (2) 金網；網戸の網 (3) 格子；格子窓 (4)〔ス〕ネット जाली की बनियान メッシュのシャツ **जाली का काम** 格子細工 झरोखों की खिड़कियाँ मेहराबदार हैं जिनमें सुंदर जाली का काम है 格子窓はアーチ形になっており美しい格子細工が施されている
जाली[2] [形]《A. جعلی》(1) 贋の；偽造の；贋造の (2) まがいの；模造の जाली दवा 贋薬 **जाली पुस्तक** *a.* 無断複製本 *b.* 海賊版の本
जालीदार [形]《جالی دار H. + P. دار》(1) 網のついた (2) 網目になっている जालीदार बनियाइन メッシュのシャツ (3) 格子の；格子になっている जालीदार झरोखा 格子窓 **जालीदार कपड़ा** ガーゼ = गॉज. **जालीदार खिड़कियाँ** 網戸のついた窓
जाल्म [形] (1) 卑しい；あさましい；下賤な (2) 愚かな (3) 無慈悲な
जावक [名] ラックカイガラムシからとれる赤色の顔料
जावा[1] 〔地名〕ジャワ島（インドネシア）
जावा[2] [名] 酒造のため発酵させた物= बेसवार.
जावित्री [名*] ニクズク（जायफल）の外皮を乾燥させた香味料；メース
जावे [自]〔古〕→ जाना の叙想法不定未来形二・三人称単数形= जाए.
जावेद [形]《P. جاوید》常なる；永遠の；永久の；恒久の
जासूस [名]《A. جاسوس》(1) 探偵 (2) スパイ；間諜；密偵 जासूसों का जाल बिछाना スパイの網を張り巡らす **जासूस ले°** 探りを入れる；内偵する
जासूसी[1] [形]《A. جاسوسی》(1) 探偵の；探偵活動の (2) スパイの；間諜の；スパイ目的の (3) 秘密調査の जासूसी केस का फ़ैसला スパイ事件の判決 **जासूसी उपग्रह** スパイ衛星；偵察衛星 **जासूसी उपन्यास**

ज

推理小説；探偵小説 **जासूसी कांड** スパイ事件 **जासूसी फ़िल्म** スパイ映画

जासूसी[2] [名*] (1) 探偵の仕事 (2) スパイ行為；スパイ活動 देश में जासूसी का कारोबार 国内でのスパイ活動 (3) 秘密裡に調査すること (-की) **जासूसी क॰** (－を) 密かに調べる；こっそり調べる；(－に) 探りを入れる तुम हमारी जासूसी कर रही थीं? 君はわしのことをこっそり調べていたのかい

जास्ती [副・形] 《← P. زیادہ》多く (の)；より多く (の)；もっと多い；もっと多く；更に पाँच-चार सेर दाने जास्ती चाहिए 4～5セールの穀物が更に必要だ

जाहर पीर [名] ジャーハルピール (グル・グッガー गुरु गूगा とも जाहिर पीर とも呼ばれるイスラム教の聖者ピール．伝説しか伝わっていないが蛇の咬害から守る力があるとされ今日もラージャスターンからパンジャーブ地方にかけてイスラム教徒，ヒンドゥー教徒の両方に信奉されている)

ज़ाहिर [形] 《A. ظاہر》(1) 表された；表明された (2) 明らかな；明白な उपर्युक्त उदाहरणों से साफ़ ज़ाहिर है 上記の例から明々白々である **ज़ाहिर क॰** *a.* 表す；表明する；表現する मुहब्बत ज़ाहिर करने का एक तरीका 愛情を表現する 1 つの方法 *b.* 明らかにする उसने दूसरे नगर में जाने की इच्छा ज़ाहिर की 他の街に行く意志を明らかにした **ज़ाहिर तौर पर** まことしやかに **ज़ाहिर हो॰** *a.* 表される；表明される *b.* 明らかになる यह ज़ाहिर हुआ कि यदि भारत के पक्ष में प्रस्ताव होगा तो भारत इसे सहर्ष स्वीकार कर लेगा インドに有利な提案であればインドが快諾するだろうことが明らかになった

ज़ाहिरदार [形] 《A.P. ظاہردار》見せかけの；上辺の；表面的な

ज़ाहिरदारी [名*] 《A.P. ظاہرداری》見せかけ；上辺

ज़ाहिरपरस्त [形] 《A.P. ظاہر پرست》見せかけや表面的なことにのみ目を奪われる

ज़ाहिरपरस्ती [名*] 《A.P. ظاہر پرستی》外見や見せかけに目を奪われること

ज़ाहिरा[1] [形] 《A. ظاہرا》目に見える；表に現れている；明確な **ज़ाहिरा तौर पर** 目立って

ज़ाहिरा[2] [副] 表面的に；外見上；見たところ；明らかに＝ देखने में; ज़ाहिर में.

ज़ाहिरी [形] 《A. ظاہری》(1) 表面の；外面の；外側の (2) 見かけの；表面的な；上辺の

जाहिल [形] 《A. جاہل》(1) 無学な；無知な；無知蒙昧な (2) 愚かな (3) 粗野な (4) 不躾な (5) 傲慢な

जाहिली [名*] 《A. جاہلی》(1) 無知；無学 मैं ज़िंदगी के इतने बरिस जाहिली में बिता चुकी हूँ 生涯のうちのこれほどの長い年月を無知の中に過ごしてきています (2) 愚かさ；愚昧 (3) 粗野なこと (4) 不躾なこと (5) 傲慢さ

जाहिलीयत [名*] 《A. جاہلیت》＝ जाहिली; जहालत.

जाही [名*]〔植〕モクセイ科低木ソケイ【*Jasminum officinale*】

जाह्नवी [名*] ガンガー；ガンジス川＝ गंगा.

ज़िंक [名] 《E. zinc》亜鉛＝ जस्ता.

ज़िंक ऑक्साइड [名] 《E. zinc oxide》酸化亜鉛；亜鉛華

ज़िंक फ़ास्फ़ाइड [名] 《E. zinc phosphide》〔化〕燐化亜鉛

ज़िंगनी [名*]〔植〕ウルシ科高木ウダノキ【*Odina wodier*】＝ ज़िंगिनी.

जिंगी [名*]〔植〕アカネ科草本インドアカネ【*Rubia cordifolia*】＝ मजीठ.

जिंजर [名] 《E. ginger》(1)〔植〕ショウガ；ジンジャー＝ अदरक. जिंजर बिस्कुट ジンジャービスケット (2) ＝ जिंजर एल.

जिंजर एल [名] 《E. ginger ale》ジンジャーエール (炭酸清涼飲料)

जिंद [名] 《← A. جن》〔イス〕ジン (アラブの俗信で特別の地位を占める存在．善性のものと悪性のものとがあり，精霊，悪鬼などの訳語があてられる) ＝ जिन.

ज़िंद [名*] ＝ ज़िंदगी.

ज़िंदगानी [名*] 《P. زندگانی》＝ ज़िंदगी; जीवन.

ज़िंदगी [名*] 《P. زندگی》(1) 生命；命 (2) 生きていること；命あること；存命 (3) 生涯；一生；人生 पानी का बुलबुला तेरी ज़िंदगी 汝の生涯はうたかたなり (4) 生活；生活の営み；暮らし ज़िंदगी की हर ज़रूरत का सामान 一切の生活必需品 **ज़िंदगी अपार हो॰** 生きているのが辛い **ज़िंदगी और मौत का सवाल** 死活問題 **ज़िंदगी और मौत के बीच** 生死の間 **ज़िंदगी कटना** 暮らす **ज़िंदगी काटना** 暮らす；暮らしを立てる आज वे दोनों मज़े से ज़िंदगी काट रहे हैं 今日 2 人は楽しく暮らしを立てている **ज़िंदगी का मोड़** 人生の転換点；人生の転機；人生の節目 **ज़िंदगी क़ुर्बान क॰** 全身全霊を捧げる **ज़िंदगी के दिन काटना** 苦しい生活を送る；何とか暮らしを立てる＝ ज़िंदगी के दिन पूरे क॰; ज़िंदगी भरना. **ज़िंदगी के लाले पड़ना** 甚だ貧しくなる；困窮する ज़िंदगी के लाले पड़ जाएँगे. रोटी के एक एक टुकड़े को तरस जाओगे ひどく生活に困りパンのひとかけらを乞い求めるようになるぞ **ज़िंदगी ख़राब क॰** 人生を無駄にする；人生を台無しにする वह बिना मतलब ज़िंदगी ख़राब कर रही है あの人は意味もなく人生を台無しにしている **ज़िंदगी ख़ाक में मिला दे॰** 一生を棒に振る **ज़िंदगी खेना** ＝ ज़िंदगी के दिन काटना. **ज़िंदगी तल्ख़ हो॰** 人生が疎ましく感じられる **ज़िंदगी देखना** 人生経験を積む；様々な経験をする **ज़िंदगी पहाड़ हो॰** すっかり人生が厭になる **ज़िंदगीबख़्श** *a.* 生命を与える *b.* 命を延ばす；延命する **ज़िंदगी बढ़ाना** 延命する बाक़ी रोगियों की ज़िंदगी बढ़ाई जा सकती है 他の患者たちは延命が可能だ **ज़िंदगी बनना** 生き甲斐のある人生になる मेरी ज़िंदगी बन जाएगी, आगे भगवान की मर्ज़ी 生き甲斐ができようし，それから先は神の命じるままさ जिनपर अमल करने से ज़िंदगी बन जाती है それを実行すると人生は有意義なものとなる **ज़िंदगी बोझ हो॰** ＝ ज़िंदगी पहाड़ हो॰. **ज़िंदगी भर** 一生；生涯にわたって अपनी लापरवाही के लिए ज़िंदगी भर पछताना 己の不注意のため生涯悔やむ **ज़िंदगी भारी हो॰** ＝ ज़िंदगी पहाड़ हो॰. **ज़िंदगी में मौत का मज़ा चखना** 死ぬほどの苦しみを味わう **ज़िंदगी लगा दे॰** 身命を賭す **ज़िंदगी से बेज़ार हो॰** 生きるのが厭になる **ज़िंदगी से हाथ धोना** 命を失う；無駄死にする

ज़िंदा [形] 《P. زندہ》(1) 生きている；生命のある जब तक ज़िंदा रहूँगा यह रहस्य किसी पर प्रकट नहीं करूँगा 命ある限りこの秘密をだれにも明かすまい (2) 生き生きしている；活発な (3) 新鮮な；新しい (4) 機能を保っている ज़िंदा कारतूस 実包；装弾 **ज़िंदा गाड़ना** 生き埋めにする कोतवाल तो ऐसा आदमी है कि ज़िंदा गाड़ देता है 本部長は人を生き埋めにするほどの残忍な奴よ **ज़िंदा जलाना** 焼き殺す एक पेट्रोल पंप को आग लगाकर एक कर्मचारी को ज़िंदा जला दिया गया 石油スタンドの放火で職員が 1 人焼き殺された **ज़िंदा पकड़ ले॰** 生け捕る

ज़िंदादिल [形] 《P. زندہ دل》(1) 快活な；朗らかな；愉快な；楽しい हँसमुख ज़िंदादिल मित्र にこやかで朗らかな友人 (2) 活発な；はつらつとした

ज़िंदादिली [名*] 《P. زندہ دلی》(1) 快活さ；朗らかさ (2) 活発なこと；はつらつとしていること ज़िंदादिली की तस्वीर 快活さそのもの

ज़िंदाबाद [感] 《P. زندہ باد》万歳；永遠であれ；永遠に栄えますように नेता जी ज़िंदाबाद! ネータージー (スバスチャンドラ・ボース) 万歳

जिंस [名*] 《A. جنس》(1) 物；物品 आवश्यक जिंस 生活必需品 (2) 穀物；穀類 (3) 作物 (4) 品種；種類 **जिंस अदायगी** 物納

जिंसख़ाना [名] 《A.P. جنس خانہ》穀物倉庫

जिंसवार [名] 《A.P. جنس وار》耕作中の作物の記録されている徴税台帳

जिंसी[1] [形] 《A. جنسی》(1) 現物の (2) 物納の **जिंसी लगान** *a.* 現物で納入される税金や小作料 *b.* 物納

जिंसी[2] [名*]〔農〕収穫物の物納による刈り分け小作＝ जिंसी बटाई.

ज़िकर [名] → ज़िक्र.

ज़िक्र [名] 《A. ذکر》(1) 話；話題；述べること；言及 ज़िक्र भी शराब का ही हो रहा था ちょうど酒の話をしているところだった (2)〔イス〕ジクル (イスラム教，特にイスラム教神秘主義における称名．神の偉大なことや栄光を称えたり神の御名を独特の方法で繰り返し唱え賛美すること．また，そのことにより忘我の神秘体験へ至る修行方法．集団的にも行われる)

ज़िगज़ैग [名・形] 《E. zigzag》(1) ジグザグの形 (2) ジグザグの；Z 字形の **ज़िगज़ैग स्टीच** 〔手芸〕ジグザグ・ステッチ

जिगर [名] 《P. جگر》(1) 肝臓＝ यकृत. जिगर के बढ़ने से बच्चे का पेट भी बड़ा हो जाता है 肝臓が腫れると子供の腹も突き出てくる (2) 勇気；度胸 **जिगर कबाब हो॰** 激しく怒る；烈火の如く怒る **जिगर का ख़ून पीना** *a.* 苦しめる *b.* 苦しむ；苦しみに耐える *c.* 殺す **जिगर का टुकड़ा** 大変愛しい (もの)；愛児 जिसे आपने जिगर

के टुकड़े-सा पाला 愛児のように育てたもの **जिगर का फफोला** 胸の痛み **जिगर का रोग** 肝臓病 **जिगर जलना** 悲しみに打ちひしがれる **जिगर जिगर है, दिगर दिगर है** 〔諺〕血は水よりも濃い．身内は身内，他人は他人 **जिगर फटना** = जिगर जलना. **जिगर में ज़हर उड़ेलना** 大変な危害を加える

जिगरा [名] 《← P. جگر जिगर》きも（肝，胆）；肝っ玉；はら（腹，肚）；度胸 बड़े जिगरे की औरत 肝っ玉の太い女 तेरा ही जिगरा है जो अभी तक चुप है まだ黙っているとは大した度胸だなお前は

जिगरी [形] 《P. جگری》(1) 肝臓の (2) 心の中の；心からの (3) 大変親密な；肝胆相照らす अर्जुन मेरा भाई ही नहीं, मेरा जिगरी दोस्त भी था アルジュンは兄弟であるばかりでなく大の親友でもあった

जिगीषा [名*] (1) 支配欲；征服欲 (2) 闘争心

जिगीषु [形] 闘争心の強い；激しい闘争心の

जिघांसक [形] 殺意を持つ；殺気立った

जिघांसा [名*] 殺意

जिघांसु [形] = जिघांसक.

जिच[1] [名*] (1) （チェスでの）詰み (2) 手詰まり（状態）；行き詰まり व्यापारिक वार्ता जिच के दौरे से गुज़र रही है 通商会談が行き詰まっている状態 **जिच पकड़ना** 仲違いする

जिच[2] [形] (1) 困った；どうしようもない；術のない；手立てのない (2) 返答に窮した

जिच्च [名・形] = जिच.

जिजीविषा [名*] 生きる意欲；生への執着

जिजीविषु [形] 生きる意欲に満ちた；生命欲にあふれた

जिज्ञासा [名*] (1) 知りたい気持ち；好奇心；詮索心 (2) 知識欲；探求心 मेरी जिज्ञासा बढ़ी 私の知識欲が増した

जिज्ञासु [形] (1) 知識欲に満ちた (2) 知りたがりやの；詮索好きな；探求心に満ちた；好奇心一杯の मोहिनी का जिज्ञासु मन शांत नहीं रह सका モーヒニーの詮索好きな気持ちは収まらなかった चारों ओर से जिज्ञासु उनके पास पहुँचते और अपने-अपने नगर में पधारने का अनुरोध करते 四方八方から好奇心一杯の人たちがやってきて自分の町へ来てくれと頼む

जिज्ञासू [形] = जिज्ञासु.

जिज़्य [名] 《A. جزیہ》= जज़िया.

जिठानी [名*] 夫の兄の妻；義姉= जेठानी.

-जित् [造語]（ーを）征服する，負かす，（ーに）勝つなどの意を有する合成語の構成要素 सर्वजित् 一切のものを凌ぐ；最もすぐれた विश्वजित् 世界を制覇する

जित[1] [形] 勝った；打ち勝った；征服した

जित[2] [副] 《Av.,Br.》= जिधर.

जितना [代形・代・副] 表現される語ないしは被修飾語の性・数・格に応じて जितने(mas. sg. obl., pl.), जितनी(fem.) となる．उतना と相関的に用いられることが多いが単独でも用いられる．関わりのある数や量，程度の（もの）を表す (1)**जितना...उतना**〜…（する）ほどの〜（ほどに）；…程度の〜（程度に） आज उस दिन की बात याद कर मुझे जितनी ग्लानि हो रही है, उसे प्रकट नहीं कर सकता 今あの日のことを思い起こしてどれほど呵責を感じているか言葉では表現できない जितनी जल्दी हो सके, तुम्हारी मनोकामना पूरी करूँ できるだけ早急に君の願いを叶えてやろう मालिक चाहता है कि इससे जितना काम लेते बने, लेना चाहिए 主人はこの男を使えるだけ使いたいと思っている (2)…の分量（〜）；…の数量の（〜） मेरे पति ने जितनी जायदाद छोड़ी उससे ज़्यादा क़र्ज़ छोड़ा 夫は遺した財産以上の借金を遺した कोयल कौवे के घोंसले में जितने अंडे रखती है, कौवे के उतने ही अंडे नष्ट कर देती है カッコウはカラスの巣に産み落とす自分の卵と同数のカラスの卵を潰してしまう इस बात की जितनी प्रशंसा की जाए, कम है このことはどれほど誉めようとも誉め足りない (3) **जितना…उतना**〜…（する）だけの〜 दूसरे मज़दूर जितने समय में एक बार ईंटें ले जाते, रामू उतने समय में तीन बार ईंटें पहुँचा देता 他の人夫が１度煉瓦を運ぶ間にラームーは３度運び終わる (4) (-) जितना の形で用いられて（ーと）同じだけの；（ー）ほどの；ほど मंगल मोहन जितना साहसी है マンガルはモーハンと同じぐらい勇敢だ प्रवेश कम से कम गत वर्ष जितना तो हो 入学は少なくとも昨年と同数（昨年程度）が望ましい इस राज्य की स्थिति अन्य राज्यों जितनी बदतर नहीं この州の状況は他の州ほどには悪くない **जितना…उतना**〜…に比例して〜；…に応じて〜 गेहूँ का खेत तो जितना जोतो उतना अच्छा 小麦畑は耕せば耕すほど良くなるものだ गेंद को जितने ज़ोरों से पटका जाता है गेंद उतनी ही ऊँची उछलती है ボールは激しく投げつければ投げるほど高く跳ね返る रक्त की कमी का निदान जितनी शीघ्रता से होगा, उसका इलाज उतना ही सरल होगा 貧血症の診断が早ければ早いほどその治療は容易になる मोर के पर जितने ख़ूबसूरत और दिलकश है पैर उतने ही भद्दे クジャクの羽が美しく魅惑的なのに反比例してその足は醜い **जितना गुड़ डालना उतना मीठा हो॰** 〔諺〕努力や費用を費やした分結果が良くなるものだ **जितना छोटा, उतना खोटा** 〔諺〕小兵はその分油断ならず जितना छोटा, उतना खोटा, परमाणु के बारे में तो यह पूरी तरह सच है「小兵は油断ならず」とは正に原子についてぴったりの表現だ **जितना भी……**（する）限りの संसार में जितने भी नगर थे घूम डाले, पर उसे रहने के लिए कोई भी नगर ठीक न लगा 世界中のありとあらゆる街を歩き回ったが暮らしてよいと思う街は１つもなかった **जितना चादर उतना पैर फैलाना** 自分の力量の範囲のことをする **जितना पानी पिलाए उतना पीना** 言われたり命じられた通りにする **जितनी डफली उतने राग हो॰** 〔諺〕人それぞれの考えや意見があるもの；世間は百人百様 = जितने मुँह उतनी बातें हो॰. 人それぞれ好みや考えがちがうもの **जितने मुँह उतनी ही बातें होती हैं** 〔諺〕人それぞれに意見や考え方が異なるものである

जितनी → जितना.

जितने → जितना.

जितरा[1] [名] 農民間の相互支援制度；ゆい（結い）

जितरा[2] [名] → जितेरा.

जितवाना [他] ← जीतना. 勝たせる；勝利を得させる；勝たせてやる；勝つように協力する उस पार्टी को हमने पैसा देकर जितवाया है, अब वही लोग हमें लाठियों और बंदूकों से डरा धमका रहे हैं その党には我々が金を与えて勝たせてやった．その連中が今は我々を棍棒と銃とで脅している

जितवैया [形] (1) 勝利を収める (2) 勝たせる；勝利を得させる

जितात्मा [形] 官能を制した；感官を制御した= जितेंद्रिय.

जिताना [他] (1) 勝たせる；勝利を得させる उन उम्मीदवारों को जिताने का अंतिम प्रयास सरकारी अधिकारियों ने मतगणना केंद्रों में किया その候補者たちに勝たせる最後の努力を政府高官たちが開票所で行った (2)（自分を）負かす

जितेंद्रिय [形] 感官を制御した；官能を制した ऋषि जो बड़े धर्मात्मा और जितेंद्रिय थे 高徳にして感官を制したリシ（聖仙）

जितेरा [名]〔農〕他の農民に役務を提供する代わりに農機具や役牛を借りて自分の土地を耕作する農民（बुंदेलखंड 及び रोहिलखंड 地方）

जितैया [形] = जितवैया.

जितैला [形] 勝つ；勝利する

जित्ता [形+]〔俗〕 जितना の俗語形

ज़िद [名*] = ज़िद्द.

ज़िद्द [名*] 《A. ضد》(1) いこじ（依怙地）；片意地；意地 (2) 言い張ること；しつこく言うこと；強情を張ること **(-को) ज़िद्द आ॰** （ーが）意地を張る **ज़िद्द क॰** *a.* 言い張る；強情を張る *b.* だだをこねる；（子供が）言うことを聞かない；わがままを言う；ねだる；せがむ अपनी मम्मी के गले से झूलते हुए राजू ने मीठी-मीठी ज़िद्द की ラージューはママの首にぶら下がりながら甘えてねだった उसने स्कूल न जाने की ज़िद की 学校へ行かないとだだをこねた वह आइसक्रीम खाने की ज़िद्द करने लगा アイスクリームを食べたいとせがみ始めた **(-को) ज़िद्द चढ़ना** = ज़िद्द आ॰. **ज़िद्द ठानना** 依怙地になる；意地を張る कई व्यक्तियों का स्वभाव होता है कि वे ज़िद्द ठानकर बैठ जाते हैं, भूल हुई है तो अभी न्याय करो 世の中には間違ったのなら今すぐそれを正せと意地を張りにかかるような性分の人がいるものだ **ज़िद्द पकड़ना** 意地を張る；強情を張る= हठ पकड़ना. **ज़िद्द पर अड़े रहना** = ज़िद्द क॰. **ज़िद्द बाँधना** = ज़िद्द पकड़ना. **(-की) ज़िद्द रखना** （ーの）意地を張る= आन रखना.

जिद्दत [名*] 《A. جدت》(1) 新しさ= नवीनता. (2) 新奇なこと；珍奇なこと= अनोखापन. (3) 発明= आविष्कार; खोज; ईजाद.

जिद्दतपसंद [形] 《A.P. جدت پسند》新しがり屋の

ज़िद्दन [副] 《A. ضداً》意地になって= ज़िद्द के कारण; हठ करते हुए.

जिद्दा [地名] 《A. جده》ジッダ（サウジアラビアの港湾都市）

ज

ज़िद्दी [形] 《A.P. ضدی》強情な；頑固な= हठी; अड़नेवाला.

जिद्दो जहद [名*] 《A. جد و جہد》一生懸命の努力；激しい努力；熱心に努めること；刻苦勉励

जिधर [副] उधर を伴ったり単独で用いられたりする関係副詞 **जिधर… (उधर)** ～…する方角に～ जिधर उसका मुँह उठा उसी ओर दौड़ता चला गया 顔の向いたほうへ走って行った जिधर देखिए उधर हरियाली ही हरियाली नज़र आ रही है どの方角を見ても緑ばかり जिधर देखो जंगल ही जंगल है どちらを見てもジャングルばかり जिधर देखो बरफ़ ही बरफ़ नज़र आती है どちらを見ても雪ばかり **जिधर तिधर** あちこちに；いたる所に

जिन[1] [名] (1) ヴィシュヌ神 (2)〔仏〕仏陀 (3)〔ジャ〕ジナ；修行完成者；勝者；マハーヴィーラ

जिन[2] [形] (1) 勝利を収めた (2) 官能を制した

जिन[3] [代] 関係代名詞兼関係代名形容詞 जो の複数斜格形の語基. जिनको, जिनसे, जिनका, जिनपर, जिनमें など. जिनकी जीवन प्रणाली नियमित होती है 生活様式の一定している人たち

जिन[4] [名] 《A. جن》〔イス〕ジン

जिन[5] [名*] 《E. gin》ジン（蒸留酒）

जिनशियन [名] 《E. ginseng/genseng ← C. 人参》〔植〕ウコギ科多年草ヤクヨウニンジン（薬用人参）

ज़िना [名] 《A. زنا》不倫；姦通；不貞行為= व्यभिचार.

ज़िनाकार [形] 《A.P. زناکار》不倫の；姦通をする；不貞を働く= व्यभिचारी.

ज़िनाकारी [名*] 《A.P. زناکاری》不倫；姦通；不貞行為= व्यभिचार.

जिनाज़ा [名] = जनाज़ा.

जिनिसवार [名] = जिसवार.

जिनिस्टा [名] 《E. genista ← L. Genista》〔植〕マメ科エニシダ属低木エニシダ【*Cystisus scoparius*】〈broom; Scotch broom〉

जिन्न [名] → जिन[4]. 〔イス〕ジン वह मेरे नन्हे-से दिमाग में जिन्न की तरह छाया रहता था それは私のひ弱い頭にジンのように覆い被さっていた

जिन्नात [名, pl.] 《A. جنات ← جن》〔イス〕ジンの複数形 इन फ़िरंगियों ने जिन्नात पाल रक्खे हैं.जिन्नात सब कुछ कर सकते हैं この毛唐どもジンを養っている. ジンは何でもできるのだ

जिन्नाह 〔人名〕《محمد علی جناح मुहम्मद अली जिन्नाह》ジンナー，ムハンマド・アリー (1876–1948) パキスタン建国の父とされる政治家. カーイデ・アッザムقائد اعظمの尊称で呼ばれる

जिन्नी [形] 《A. جنی》ジンの

जिन्हें [代] 関係代名詞 जो の複数斜格形（目的格形及び与格形）= जिनको. हो सकता है उनमें कुछ ऐसे गुण हों, जिन्हें आप नहीं देख पाते あの方にはあなたがお気づきになれないような美点が備わっている可能性がございます जिन्हें नियोजन के अवसर उपलब्ध नहीं है 就職の機会の得られられない人たち मौसमी हवाएँ जिन्हें हम मानसून कहते हैं 私たちがモンスーンと呼ぶ季節風

जिन्हों [代] 関係代名詞 जो の複数能格 (pl. ergative case) の語基. すなわち， जिन्होंने となる

जिप [名*] 《E. zip》ファスナー；チャック

जिप्सम [名] 《E. gypsum》ギプス

जिप्सी [名] 《E. Gypsy》ジプシー；ローム；ロマ

ज़िबह [名*] 《A. ذبح ज़िबह्》= ज़बह्.

जिब्भा [名*] 舌= जीभ; जिह्वा; ज़बान.

जिब्रील [名] 《A. جبریل》〔イス〕ジブラーイール（天使ガブリエル）

ज़िब्ह् [名] 《A. ذبح》〔イス〕イスラム教所定の畜殺法（「アッラーの御名においてアッラーは偉大なり」と唱えながら一気に頸動脈とのど笛とを切開する）= ज़बह्. ज़िबह् क॰ イスラム教所定の方法で畜殺する

जिमख़ाना [名] 《E. gymkhana》(1) 庭球，体操などの運動競技の競技場 (2) 体育館；ジム〈gymkhana〉

जिमनार [名] 会食= भोज; समष्टिभोज.

जिमनास्टिक[1] [名*] 《← E. gymnastics》体操；体操競技 लोगों की जिमनास्टिक - डम्बल से की जानेवाली कसरत 万人にできる体操，ダンベルで行われる体操

जिमनास्टिक[2] [形] 《E. gymnastic》体操の；体育の जिमनास्टिक प्रतियोगिताएँ 体操競技

जिमनेजियम [名] 《E. gymnasium》体育館；ジム

जिमाना [他] ↔ जीमना 食事を提供する；食べさせる；食べてもらう；食べていただく（特にヒンドゥー教における宗教儀礼の一環として祖霊の世界とのつながりでバラモンに食事を供する） दसवें दिन ब्राह्मणों को जिमाया जाता था 10日目にバラモンに食事が供されていた

जिमि [副] あたかも；まるで= मानों; मानो. **जिमि टिटिभ खग सूत उताना** 〔句〕不遜な行為（チドリ科の鳥インドトサカゲリは天が地上に落ちてくるのを防ぐため夜眠るとき足を上げて仰向けに眠るという言い伝えから. トゥルシーダースの句 रामचरितमानस 6-40-3）

ज़िमींदार [名] = ज़मींदार.

जिमीकंद [名]〔植〕サトイモ科ゾウゴンニャク【*Amorhophallus campanulatus*】〈elephant-foot yam〉

जिम्नास्ट [名] 《E. gymnast》(1) 体操選手 (2) 体育教師

जिम्बाब्वे 〔国名〕《E. Zimbabwe》ジンバブエ共和国

ज़िम्मा [名] 《A. ذمہ》責任；責務= अन्यथा किसी हादसे का ज़िम्मा सरकार का नहीं होगा. さもなくば如何なる事故の責任も政府は負わない (-) **अपने ज़िम्मे ले॰** (ーを) 引き受ける सारा काम उसने अपने ज़िम्मे ले लिया 彼は一切の責任を引き受けた (-का) **ज़िम्मा ले॰** (ーを) 引き受ける；請け合う= (-का) ठीका ले॰. (-के) **ज़िम्मे आ॰** *a.* (ーの) 責任になる *b.* (ーが) 借金する (-के) **ज़िम्मे डालना** *a.* (ーに) 責任を負わせる *b.* (ーに) 貸す (-के) **ज़िम्मे निकलना** = (-के) ज़िम्मे आ॰. (-के) **ज़िम्मे पड़ना** = (-के) ज़िम्मे आ॰. (-के) **ज़िम्मे लगा दे॰** (ーに) 帰する；責任を負わせる (-के) **ज़िम्मे हो॰** (ーが) 責任を持つ；(ーを) 委ねられている मस्जिद की सफ़ाई और देखभाल मुवज़्ज़िन के ज़िम्मे है モスクの清掃と管理の責任はムアッジンが負う

ज़िम्मादार [形] = ज़िम्मेदार.

ज़िम्मेदार [形] 《A.P. ذمہ دار》(1) 責任ある；責任を負う= उत्तरदायी. (2) 責任感の強い

ज़िम्मेदारी [名*] 《A.P. ذمہ داری》責任；責務= उत्तरदायित्व. ज़िम्मेदारी की भावना 責任感

ज़िम्मेवार [形] 《A.P. ذمہ وار》= ज़िम्मेदार.

ज़िम्मेवारी [名*] 《A.P. ذمہ واری》= ज़िम्मेवारी.

ज़ियन [名] 《E. Zion》(1) シオン山；シオンの丘（エルサレム）(2) イスラエル；ユダヤ民族の故国 (3) ユダヤ民族

ज़ियनवाद [名] 《E.+ H.वाद》シオニズム= यहूदीवाद. 〈Zionism〉

जियरा [名] 心；胸= मन; हृदय; चित्त.

जिया[1] [名*] 乳母= दूध पिलानेवाली दाई.

जिया[2] [名] = जी; मन.

ज़ियादत [名*] 《A. زیادت》(1) 過多；過度= अधिकता; बहुतायत. (2) 暴虐；無法行為= ज़्यादत; ज़ुल्म.

ज़ियादती [名*] = ज़्यादती; अनीति.

ज़ियादा [形] 《P. زیادہ》= ज़्यादा; अधिक; बहुत.

ज़ियादातर [形] 《P. زیادہ تر》= ज़्यादातर.

ज़ियान [名] 《P. زیان》(1) 害；危害 (2) 損害；打撃= क्षति; घाटा.

ज़ियाफ़त [名*] 《A. ضیافت》(1) 歓迎；もてなし= आतिथ्य. (2) 宴会；饗宴；馳走= दावत; प्रीतिभोज. **ज़ियाफ़त क॰** *a.* 歓待する；もてなす *b.* 馳走する

ज़ियाफ़तख़ाना [名] 《A.P. ضیافت خانہ》宴会場

ज़ियारत [名*] 《A. زیارت》(1)〔イス〕聖者，イマームなどの墓廟への参詣；参拝；巡礼；ジヤーラト；ジヤーラ ज़ियारत के लिए हम लोग जा रहे हैं 巡礼に出かけるところ कहीं कुछ पैसे बचा पाऊँ और उस पाक जगह को ज़ियारत कर आऊँ 少しでもお金が貯められたらあの聖地に参拝して来よう (2) 拝見；見ること उस बेनज़ीर अजूबा आलम की ज़ियारत को かの類いなき不可思議な世界を拝みに

ज़ियारतगाह [名*] 《A.P. زیارت گاہ》〔イス〕イスラム教徒がジヤーラトに出かける場所；聖者廟などのある聖地；巡礼地；参詣地

ज़ियारती [形] 《A.P. زیارتی》〔イス〕(1) 聖者の墓や廟に参詣する (2) 巡礼の；巡礼に向かう (3) ジヤーラトに出かける（人）

जियो [自] जीना の命令法二人称 तुम 対応形 = जीओ. **जियो और जीने दो** 〔句〕共存共栄

जिरगा [名] 《P. جرگہ जिर्गा/जर्गा》(1) 集団；グループ (2) 群れ (3) パターン人（パシュトゥーン人）の部族集会，もしくは，部族議会；ジルガ पठानों के जिरगे パターン人のジルガ
जिरह [名*] 《A. جرح जर्ह》(1) 詰問 (2) 反対尋問 दोनों पक्षों की जिरह सुनने के बाद 両方の反対尋問の聴取後 **जिरह क॰** *a.* 詰問する；根ほり葉ほりたずねる *b.* 反対尋問する किसी से भी जिरह नहीं की गई 誰からも反対尋問を受けなかった **जिरह काढ़ना** = जिरह क॰. **जिरह का सवाल क॰** 反問する **जिरह निकालना** = ज़िरह क॰.
ज़िरह [名*] 《P. زرہ ज़िरिह्》くさりかたびら（鎖帷子）
ज़िराअत [名*] 《A. زراعت》農業= खेती；कृषिकर्म；काश्त.
ज़िराअतपेशा [名]《A.P. زراعت پیشہ》農夫；農民= खेतिहर；किसान；कृषक.
ज़िराअती [形] 《A. زراعتی》農業の；農業に関連した；農業上の
जिराफ़ [名] 《E. giraffe》〔動〕キリン科ジラフ；キリン
ज़िरायत [名*] = ज़िराअत.
ज़िरार [名] 《A. ضرار》危害を加え合うこと；攻撃し合うこと
जिराहत [名*] 《A. جراحت》(1) 傷；けが= घाव；ज़ख़्म. (2) 手術；外科治療= शल्यक्रिया.
ज़िरिह [名*] 《P. زرہ》くさりかたびら（鎖帷子）；鎧= ज़िरह.
ज़िरिहपोश [形] 《P. زرہ پوش》鎖帷子や鎧を着用した= कवचधारी.
ज़िरिहबाफ़ [形・名] 《P. زرہ باف》鎖帷子や鎧を製造する（職人）= ज़िरिहसाज़.
जिरेनियम [名] 《E. geranium》フウロウソウ科フウロウソウ（風露草）属の草本の総称；ゼラニウム
ज़िर्स [名] 《A. ضرس》大臼歯= डाढ़.
ज़िल [名] 《A. ظل》陰；蔭；物陰= छाया；साया；परछाईं.
ज़िलक़ादा [名] 《A. ذی القعدہ》イスラム暦の 11 月
ज़िलहिज्जा [名] 《A. ذی الحجہ》イスラム暦の 12 月
जिला [名*] 《A. جلا》光沢；つや= आभा；प्रभा；चमक.
ज़िला [名] 《A. ضلع》(1) 地域；地区；地方 (2) 州の下位区分で तहसील 郡の上位；県，ジラー（英語では District と訳される） ज़िला विद्यालय निरीक्षक 県視学官 ज़िला स्कूल 県立学校
जिलाकार [名] 《A.P. جلاکار》研磨工
ज़िला कार्यालय [名] 県庁；県の政庁〈district court office〉
ज़िला कोर्ट मार्शल [名] 《E. D.C.M.; District Court Marshall》県軍法会議
ज़िला जज [名] 《A. ظلع ज़िला+ E. judge》県（ジラー／ディストリクト）判事（県裁判所判事）
जिलादार [形] 《A.P. جلادار》光沢のある；つやのある= चमकदार.
ज़िलादार [名] 《A.P. ضلع دار》= ज़िलेदार.
ज़िलाधिकारी [名] 《A. ضلع + H.》県行政長官 कुछ स्थानों पर ज़िलाधिकारी को मजिस्ट्रेट का काम भी करना होता है 一部の地域では県行政長官は判事の職務も果たさなくてはならない
ज़िलाधीश [名] 《A. ضلع + H.अधीश》県長官；県行政長官= ज़िला मैजिस्ट्रेट (मजिस्ट्रेट). 〈district magistrate〉
जिलाना [他] (1) 生き返らせる；よみがえらせる मेरे बच्चे को जिला दो 私の子供を生き返らせておくれ अभी जिलाती हूँ 今すぐ生き返らせます (2) 元の活発な状態にする；よみがえらせる रंगभेदी सरकार के खिलाफ़ अहिंसात्मक संघर्ष की याद जिलाए रखनेवाले 人種差別に対する非暴力闘争の記憶をよみがえらせておく (3) 飼う（オウム，犬，猫のように愛玩動物についてのみ）
ज़िला न्यायाधीश [名] = ज़िला मजिस्ट्रेट. 〈district magistrate〉
ज़िला न्यायालय [名] 県裁判所〈District Court〉
ज़िला परिषद् [名*] (1) ジラーパリシャッド（県レベルの地方自治組織の最高機関．パンチャーヤット委員会の長，当該地区の州議会議員，国会議員などから成るジラーボード ज़िला बोर्डの評議会→ ज़िला बोर्ड）〈District Council〉 (2) パンチャーヤット制度の制定により従来のジラーボード ज़िला बोर्डに代わるものとして誕生した農村パンチャーヤットの各県の最高組織． पंचायत समिति の長，当該地域を選挙区とする下院議員及び州議会議員などにより構成され पंचायत समिति の活動の指揮・監督に当たる पंचायती राज व्यवस्था के शिखर पर प्रत्येक ज़िले में एक ज़िला परिषद् होती है パンチャーヤット制の頂点に各県に１つのジラーパリシャッドがある सामुदायिक विकास ज़िले के स्तर पर विकास कार्य ज़िला परिषदों द्वारा किया जाता है 県水準での開発事業はジラーパリシャッドによって行われる
ज़िला बोर्ड [名] 《ज़िला + E. board》ジラーボード，すなわち，県参事会（インドの県水準の地方行政のため 1870 年に定められ 1962 年のパンチャーヤット自治制の実施まで機能した組織． ज़िला परिषद्と呼ばれた評議会 council と議長により運営され管轄区域の建設，教育，保健衛生，医療などの業務の管理・振興の任に当たった．州によっては ज़िला कौंसिल，ताल्लुक़ बोर्डと呼ばれた）〈district board〉
ज़िला मुख्यालय [名] 県庁；ジラー庁舎= ज़िला कार्यालय.
ज़िला मैजिस्ट्रेट [名] 《ज़िला + E. magistrate》県長官
जिलासाज़ [名] 《A.P. جلا ساز》（金属製の器具の）研磨工；研ぎ師
जिलेटिन [名] 《E. gelatin; gelatin》ゼラチン
ज़िलेदार [名] 《A.P. ضلع دار》(1) 差配（人）= सरबराहकार. (2) 県収税吏 (3) 灌漑局の役人
जिलेबी [名*] = जलेबी.
जिल्द [名*] 《A. جلد》(1) 皮膚；皮= खाल；चमड़ा. (2) カバー (3) 冊 (4) 巻
जिल्दगर [名] 《A.P. جلد گر》= जिल्दसाज़.
जिल्दबंद [名] 《A.P. جلد بند》= जिल्दसाज़.
जिल्दबंदी [名*] 《A.P. جلد بندی》= जिल्दसाज़ी.
जिल्दसाज़ [名] 《A.P. جلد ساز》製本工；製本屋
जिल्दसाज़ी [名*] 《A.P. جلد سازی》製本；製本術
जिल्दी [形] 《A. جلدی》皮膚の；皮の
ज़िल्लत[1] [名*] 《A. ذلت》辱め；侮辱 तुमने फिर क्यों इतनी ज़िल्लत बर्दाश्त की? それじゃなぜこれほどの侮辱を君は我慢したのだ **ज़िल्लत उठाना** 辱められる；恥をかく (-की) **ज़िल्लत क॰** (ーを) 辱める；侮辱する= (-को) ज़िल्लत दे॰. ज़िल्लत पाना = ज़िल्लत उठाना.
ज़िल्लत[2] [名*] 《A. زلت》(1) しくじり；失敗；過ち (2) 罪；罪科
ज़िल्लत[3] [名*] 《A. ضلت》(1) 道を間違えること；道に迷うこと (2) 罪
जिल्ली [名] アッサム地方に産する竹の１種
जिवड़ा [名] 命；生命= जीव.
जिवाना [他] (1) = जिलाना. (2) = जिमाना.
जिवार [名] 《A. جوار》= जवार.
जिष्णु [形] 勝利する；勝利を得る= विजयी.
जिस [代・代形] 関係代名詞兼関係代名形容詞 जो の単数斜格形語基 जिसने, जिसको, जिससे, जिसका, जिसपर, जिसमेंなど． जिस बात को वे स्वयं बोलना-कहना चाहते थे, राजा ने वही बात अपने मुँह से कह डाली थी その方自身が言いたかったことを王様がそっくり自らの言葉で言ってしまわれたのだった जिस तिस को, जिस तिस सेなど रिश्तेदारी के हौए के कारण अल्पपरिचितों और जिस तिस से तो संबंध गाँठ लेते हैं 縁結びに怯えてあまり知らない人との間や誰彼なしに関係を結ぶ **जिस कल बैठाना, बैठना** 言われる通りにする；言いなりになる；唯々諾々として従う **जिसका खाना उसका गाना** 〔諺〕恩義ある人を称える **जिसका खाना उसी को आँख दिखाना** 〔諺〕恩を仇で返す **जिसकी लाठी उसकी भैंस** 〔諺〕力は正義なり **जिस किसी** ← जो कोई. だれであれ；だれでも；何であれ **जिस डाल पर बैठना उसी को काटना** 自分で自分の首を絞める **जिस तिस** (← जो सो 誰彼なし；何であれ誰彼なしの意）の語基． **जिस थाली में खाना उसी में छेद करना** 〔諺〕恩を仇で返す **जिस पत्तल में खाना उसी में छेद करना** 〔諺〕忘恩の行為 **जिस पर भी** それにもかかわらず= तिस पर भी. = जिस थाली में खाना उसी में छेद करना. **जिस पाँव आना उसी पाँव वापस जाना** 訪れて直ちに帰る **जिस बल चाहना बैठाना** 思い通りに操る **जिससे** そのため；故に **जिस हाँड़ी में खाना उसी में छेद करना** 〔諺〕= जिस थाली में खाना उसी में छेद क॰.
जिसे [代] 関係代名詞 जो の単数目的格形及び与格形= जिसको. जिसे तुम आज से पहले नहीं जानते थे, उससे मित्रता करना अच्छा नहीं 君が今日まで知らなかった人と親しくするのは感心しないね **जिसे देखो वही** 誰も彼もが

ज

जिस्म [名]《A. جسم》(1) 身体；肉体；体＝शरीर; देह; बदन. जिस्म से तगड़ा 体の頑丈な जिस्म में बड़ा 体の大きい (2) 大きさ (3) 陰部

जिस्मानी [形]《A. جسمانی》体の；身体の；肉体の＝शारीरिक. जिस्मानी काम न करने से 肉体労働をしないと जिस्मानी ख़ूबसूरती 肉体美 जिस्मानी मेहनत 肉体労働 देहात के लोग जिस्मानी मेहनत करते हैं 田舎の人は肉体労働をする जिस्मानी रिश्ता 肉体関係

जिस्मी [形]《A. جسمی》＝जिस्मानी.

ज़िहन [名]＝ज़ेहन.

जिहाद [名]《A. جہاد》(1)〔イス〕聖戦；イスラム教徒にとっての邪教徒との戦い；護教のための戦い；ジハード (2) 神聖な目的のための戦争；聖戦 **जिहाद का झंडा खड़ा क॰** 聖戦を起こす；聖戦を始める

जिहादी [形]《A. جہادی》(1)〔イス〕ジハードの；イスラム教の聖戦の；聖戦に関する (2) 聖戦を戦う；聖戦に参加する

ज़िहार [名]《A. ظہار》〔イス〕イスラム教徒の男性が妻に離縁を告げる言葉「お前は私にとっては母の背中だ」 "तू मेरे लिए माँ की पीठ है"

जिहालत [名*]《A. جہالت जहालत》愚かさ；愚昧；蒙昧＝मूर्खता; अज्ञान; बेइल्मी.

जिहेज़ [名]＝जहेज़.

जिह्म [形] (1) 斜めの；傾いた (2) 曲がった (3) 残酷な (4) 欺く (5) 質の悪い；ひねくれた＝कुटिल; टेढ़ा; दुष्ट.

जिह्मग [名] 蛇＝साँप.

जिह्वा [名*] (1) 舌＝जीभ; ज़बान. (2) 炎＝आग की लपट.

जिह्वाग्र[1] [名] (1) 舌の先；舌端 (2)〔言〕舌先；舌尖〈apex〉

जिह्वाग्र[2] [形・名] (1) 舌先の；舌尖の；舌尖音；舌先音〈apical〉 (2) 暗誦している；暗記している

जिह्वामूल [名]〔言〕舌根〈root of the tongue〉

जिह्वामूलीय [形・名] (1) 舌の根の；舌根の (2)〔言〕舌根の；咽頭音〈pharyngal/pharyngeal〉 (3) サンスクリット語で母音の後で喉音 क्, ख् に先行する位置のヴィサルガ विसर्ग

जिह्वास्वाद [名] 味覚＝ग्रसन्य.

जिह्वीय [形] 舌の

जिह्वोपाग्र [名]〔言〕前舌＝उपाग्र.〈front of the tongue〉

जींगनजुग [名]〔昆〕ホタル科ホタル＝जुगनू; खद्योत.

जींस[1] [名*]《E. jeans》ジーンズ नीली जींस ブルー・ジーンズ

जींस[2] [名]《E. genes》遺伝子→ जीन.

जी[1] [名] (1) 心；胸 (2) 気分 (3) 心性 (4) 度量 (5) 命 **जी अच्छा हो॰** 気分がよい तुम्हारा जी अच्छा नहीं है, मत जाओ 気分がよくないのだから行くな (-पर) **जी आ॰** (ーが) 好きになる **जी उकताना** 気が進まない **जी उचटना** 嫌気がさす **जी उठना** *a.* 乗り気になる *b.* 嫌気がさす **जी उठाना** 退く；縁を切る **जी उड़ना** *a.* 気持ちが落ち着かない *b.* びくびくする **जी उड़ा जा॰** 落ち着きがなくなる (-को) **जी उड़ा जा॰** (ーしたくて) 仕方がない；強くーしたい **जी उमगना** 悲しくなる **जी उमड़ना** *a.* うずうずする *b.* ひどく悲しい思いがする **जी उलझना** あわてる；気が動転する **जी उलट जा॰** *a.* 気が動転する *b.* 気が変わる＝होश हवास ठीक न रहना. **जी ऊपर तले हो॰** *a.* どぎまぎする *b.* 吐き気がする **जी और हो जा॰** 気分が変わる；気分転換になる **जी कचोटना** 辛い思いをする **जी कड़वा क॰** *a.* 悲しませる *b.* 悪意を抱く **जी कड़ा क॰** 勇気を出す；気を強く持つ；気をしっかり持つ **जी करना** 勇気を出す (-को) **जी करना** (ー) したくなる आज घर का खाना खाने को जी नहीं कर रहा था 今日は家で食事をしたくなかった **जी कलपना** 悲しくなる；悲しむ **जी कलपाना** 悲しませる **जी कल बेकल हो॰** 気が落ち着かない **जी काँपना** 恐ろしさに震えあがる **जी का** 勇気のある；胆力のある；肚の据わった **जी का अमान माँगना** 命乞いをする **जी का उबाल निकालना** 胸につかえていたものや溜まっていたものを吐き出す；鬱憤を晴らす **जी का कच्चा** 臆病な；小心な **जी का काँटा कढ़ना** 胸に突き刺さっていたものや胸の痛みが取れる＝जी का काँटा निकलना. **जी का गुबार निकालना** 胸のつかえを吐き出す **जी का ग्राहक** *a.* 苦しめたり悩ますもの *b.* 命をつけ狙う **जी का छोटा** こせこせした；度量のない **जी का जंजाल** 厄介なもの **जी का जोखम हो॰** 生命の危険がある **जी काटना** 悔やむ；後悔する **जी का धनी** 度量の大きい；心の広い **जी का फेर** 解釈の違い；考え方の違い **जी का बुख़ार निकालना** 胸につかえている思いを吐き出す＝जी का बुख़ार उतारना. **जी का बोझ** 心の重荷 **जी का बोझ हलका हो॰** 安堵する；ほっとする **जी का भार** ＝जी का बोझ. **जी की आग** 妬み；嫉妬心 **जी की कली खिलना** 嬉しくなる；楽しくなる **जी की कसक मिटना** 辛い思いがなくなる **जी की कसर निकालना** *a.* 怒りをぶちまける *b.* 憎しみをなくす **जी की कहना** 胸の内を明かす **जी की गाँठ** 悪意 **जी की घुंडी खोलना** 憎しみを消す；憎しみの気持ちをなくす **जी की जलन बुझना** 悲しみが消える **जी की जी में रहना** 心残りがする **जी की निकलना** 願いが叶えられる **जी की निकालना** 思い通りにする；念願を果たす＝इच्छा पूरी क॰. **जी की पड़ना** 生命が危うくなる；命の危険を感じる **जी की बुझाना** 心を鎮める；心を落ち着かせる **जी की भड़ास निकालना** 怒りをぶちまける；胸にこもった怒りを晴らす **जी की लगी** 胸中；本心 (-के) **जी के पीछे पड़ना** (ーを) ひどく悩ませる；とても苦しめる (-के) **जी के पैंड़े पड़ना** ＝जी के पीछे पड़ना. **जी के फफोले फोड़ना** ＝जी का गुबार निकालना. **जी के बदले जी** 目には目を歯には歯を **जी को आ बनना** 命が危うくなる；生命が危険におちいる ＝जी को आ लगना. **जी को जी समझना** 気の毒に思う；同情する ＝दूसरे के कष्ट का अनुभव क॰ **जी को जी न समझना** 命を惜しまない **जी को पड़ना** ＝जी के पीछे पड़ना. **जी को भरोसा आ॰** 元気が出る **जी को मारना** *a.* 我慢する *b.* 欲望を抑える **जी को लगना** 胸にこたえる；胸に響く (-के) **जी को लगना** ＝जी के पीछे पड़ना. **जी खट्टा क॰** がっかりさせる；うんざりさせる **जी खट्टा हो॰** 嫌気がさす；がっかりする **जी खट्टा-मीठा हो॰** 欲しくなる；欲が出る (-में) **जी खपाना** (ーに) 必死に取り組む；懸命になる **जी खरा खोटा हो॰** 魔が差す；悪い考えが起こる；不届きな気持ちになる＝बुरी नीयत हो॰. **जी ख़राब हो॰** いやな思いをする बच्चे का जी ख़राब हो जाएगा 子供がいやな思いをするだろう **जी खिलना** 嬉しくなる **जी खुलना** 打ち解ける **जी ख़ुश हो जा॰** 気分が良くなる；気が晴れる जिधर नज़र डालते हैं जी ख़ुश हो जाता है どちらを見ても気分が良くなる **जी खोना** 心を奪われる；上の空の **जी खोलकर** *a.* 張り切って；熱心に श्रेष्ठ समाज वह है जिसके सदस्य जी खोलकर श्रम करते हैं 構成員が熱心に働く社会が良い社会なのです *b.* 遠慮なく；気兼ねなく **जी खोलकर कहना** ずけずけ言う **जी गँवाना** 命を失う **जी गले को आ॰** 肝がつぶれる ऐसा दृश्य था कि देखते ही जी गले को आए まるで肝のつぶれそうな光景だった **जी गिरना** *a.* がっかりする；落胆する *b.* 気分がすぐれない **जी घटना** 愛情が冷める **जी घबराना** いやになる；飽きる；飽き飽きする **जी चलना** *a.* 気が進む；気乗りする＝इच्छा हो॰. *b.* 元気が出る **जी चला जा॰** 命が危うくなる；身に危険が迫る (-को) **जी चाहना** *a.* (ー) したくなる；(ー) したい कुछ रूमानी होने को जी चाहता है いささかロマンチックになりたい ककड़ी और खीरा खाने को जी चाहता है ヘビウリとキウリが食べたい उसके इस कार्य पर धन्यवाद देने को जी चाह रहा था 彼のこの働きに対して感謝の言葉を述べたい気持ちがしていた *b.* (ーに) 気が進む नहीं, मेरा जी नहीं चाहता (映画を見に行こうとの誘いに対して)「いや，気が進まないんだ」 जो जी चाहे बनाऊँ 好きな物をこしらえる (-से) **जी चुराना** (ーを) 一生懸命にしない；(ーを) いやがる；(ーから) 逃げ腰になる；(ーを) 怠ける मेहनत से वह जी नहीं चुराता था いやがらずに熱心に働いた कमेटी में भी 30 मेम्बर हैं, मगर सब-के-सब जी चुरा रहे हैं 委員会には 30 人もメンバーがいるが皆逃げ腰だ पढ़ाई से जी चुराता है 勉強をいやがる (-का) **जी चुराना** (ーを) 魅了する；心を奪う＝मन मोहित क॰. **जी छिलना** 胸が痛む **जी छीनना** 魅了する；うっとりさせる **जी छुड़ाना** どうにかして逃れる；何とかして免れる **जी छूटना** *a.* がっかりする；失望する；落胆する *b.* 疲れる；くたびれる **जी छोटा क॰** *a.* しょげる；がっかりする；気を落とす＝हतोत्साह हो॰. जाने दो बेटी, जी छोटा मत कर.मेले से ख़रीद कर भेज दूँगी 構わないよ．気を落とすのではないよ．縁日で買って送ってあげるからね *b.* 物惜しみする；けちけちする **जी छोड़कर** 命をかけて；命を投げ出して **जी छोड़कर भागना** 一目散に逃げる **जी छोड़ना** *a.* がっかりする；落胆する *b.* 死ぬ **जी जमना** 意を決する；決意する **जी जमाना** 専念する；意識を集中させる **जी जलना** 悲しみや怒り，嫉妬のために苦しい思いをする **जी जान एक क॰** 必死の努力をする **जी जान लगाना** ありとあらゆる努力をする **जी जान लड़ाना** 死力を尽くす＝जान की परवाह न क॰. **जी जान से** 命がけで；必死に (なって)；懸命

に मैं जी जान से अपने प्रण पर डटी रही 必死になって誓いを守った जी जान से लड़ रहा है 必死になって戦っている (-में) **जी जान से लग जा॰** (ーに) 懸命になる；必死になる अत्याचारी का जी जान से सामना करना चाहिए 暴虐者には命がけで対抗しなければならない **जी जान होम क॰** 一生懸命努力する **जी जिलाना** なんとか暮らしを立てる **जी जी उठना** 嬉しくて躍り上がる；小躍りする **जी जीना** 暮らす **जी जुड़ाना** = जी ठंडा हो॰. **जी टँगा रहना** 気がかりな；気が気でならない；心配でたまらない **जी टटोलना** 心を探る；腹を探る **जी टूटना** がっかりする；気落ちする **जी टेढ़ा हो॰** 不機嫌になる **जी ठंडा हो॰** *a.* 気持ちが落ち着く *b.* 願いが叶う **जी ठहरना** 病状や気分が落ち着く；安定する **जी ठिकाने न हो॰** 気が動転する；落ち着きがなくなる **जी ढुकना** *a.* 納得する *b.* 元気が出る **जी डालना** *a.* 生き返らせる；よみがえらせる *b.* 好きになる；惚れ込む；愛する **जी डूबना** *a.* 死にかける *b.* 気が動転する **जी डोलना** 心が揺れる；動揺する **जी ढहा जा॰** 心身がなえそうになる **जी तपना** = जी जलना. (-को) **जी तरसना** (ーを) 切望する **जी तले ऊपर हो॰** *a.* 吐き気がする；むかむかする *b.* 動転する；動揺する **जी तोड़कर** 懸命に；必死に= जी जान से. **जी तोड़कर काम क॰** 頑張る；一生懸命になる= दिल लगाकर क॰. जी तोड़कर काम करते हैं 一生懸命に仕事に励む **जी दब जा॰** がっかりする；しょげる；元気がなくなる **जी दहलना** おののく；戦慄する；震えあがる (-का) **जी दुखाना** (ーを) 苦しめる；悲しませる= दिल दुखाना. मनु ने रोहिणी का बड़ा जी दुखाया था マヌがローヒニーをひどく悲しませた **जी दे॰** *a.* 熱中する；懸命になる *b.* 死ぬ；命を投げ出す *c.* 惚れる **जी दौड़ाना** 欲張る；欲を出す= मन चलाना; लालच क॰; लोभ क॰. **जी धँसा जा॰** がっかりする；力が抜ける；へなへなとなる **जी धक से हो जा॰** どきっとする；びっくりする **जी धक्‌धक् क॰** 胸騒ぎがする **जी धड़कना** びくびくする；どきどきする **जी धरना** 注意を払う；注意を向ける = ध्यान दे॰. **जी धुकुर पुकुर क॰** どきどきする；ひやひやする **जी न भरना** 満ち足りない；満足が得られない **जी न लगना** *a.* 嫌気がさす= चित्त उचटना. *b.* 気乗りしない；気が進まない पढ़ने में भी जी नहीं लगा 勉強にも気乗りしなかった **जी निकलना** *a.* 死ぬ *b.* 心配になる；不安になる *c.* とても辛い；大変苦しい思いをする **जी निकाल ले॰** とても辛い思いをさせる **जी पक जा॰** *a.* 飽き飽きする；うんざりする *b.* 慣れてしまう **जी पकड़ ले॰** 覚悟を決める **जी पकड़ा जा॰** 疑念が湧く **जी पड़ना** 希望が湧く **जी पत्थर क॰** 気をしっかり持つ；覚悟を決める= दिल कड़ा क॰; जी पकड़ ले॰. **जी पर आ बनना** 命が危うくなる **जी पर खेलना** 命をかける= जी पर झेलना. **जी पर बनना** 危険が生じる；危険が迫る (-का) **जी पाना** *a.* (ーの) 人柄を理解する *b.* (ーの) 胸の内を知る (-का) **जी पानी क॰** (ーに) 哀れみを感じさせる **जी पानी हो॰** 哀れを催す= द्रवित हो॰. **जी पिघलना** *a.* 哀れを催す *b.* すぐに魅了される **जी पीछे पड़ना** 気が紛れる **जी पोढ़ा क॰** 気力をかき立てる；気を引き立てる；気合を入れる **जी फट जा॰** *a.* 愛想が尽きる *b.* 悲しくなる **जी फड़कना** *a.* 元気が出る *b.* 気が晴れる；気分が良くなる **जी फिरना** いやになる；うんざりする **जी फिसलना** 惹きつけられる；魅せられる **जी फीका हो॰** 気がふさがる **जी बँटना** 気が散る (-की ओर से) **जी बंद हो॰** (ーが) 嫌いになる；いやになる **जी बटोरना** 自制する **जी बढ़ना** *a.* 驕る；鼻が高くなる；傲慢になる；奢り高ぶる *b.* 元気が出る **जी बहलना** 気が紛れる **जी बहलाना** 気を紛らす **जी बिखरना** *a.* 気が散る *b.* 失神する **जी बिगड़ना** 気分が悪くなる **जी बुरा क॰** *a.* 気分を害する *b.* 印象を害する *c.* 吐く **जी बुरा हो॰** 嫌いになる；嫌気がさす= घृणा उत्पन्न हो॰. **जी बैठना** = जी धँसा जा॰. **जी बैठा जा॰** *a.* 気が沈む *b.* 頭がふらふらする **जी भटकना** *a.* 気が散る= ध्यान बँटना. *b.* 気分が悪くなる；いやな感じがする **जी भर आ॰** 胸が詰まる；悲しみに胸がふさがる；悲しみがこみ上げる **जी भरकर** 思いきり；思う存分；存分に वहाँ उनको जी भरकर देख लेती थी 彼女はそこでその方を存分に見るのだった उसने जी भरकर पानी पिया 思う存分水を飲んだ जाओ न अपनी चहेती के पास.जी भरकर आँखों की प्यास बुझाओ 好きな人のそばに行きなさいよ．思う存分目の渇きを癒すがいいわ **जी भरके** = जी भरकर. **जी भर जा॰** *a.* 満足する；堪能する *b.* 飽き飽きする；うんざりする यह तमाशा किसी और को दिखाइयो.यहाँ जी भर गया そんなお芝居は他の人にでも見せなさい．こちらはうんざりだ *c.* 胸がふさがる *d.* 安心する；安堵する

जी भरना *a.* 満足する；堪能する उसपर गहनों से भी जी नहीं भरता その上装身具にも満足しない *b.* 飽きる；飽き飽きする；うんざりする **जी भरभरा उठना** 戦慄を覚える；ぞくっとする；鳥肌が立つ (-से) **जी भागना** (ーを) いやがる；(ーから) 逃げる **जी भारी क॰** *a.* ふさぎ込む *b.* 気分を悪くする **जी भारी हो॰** *a.* 気が沈む；憂鬱になる *b.* 気分が悪い= तबीयत ख़राब हो॰. **जी भिटकना** 気分が悪くなる；気持ちが悪くなる；気味が悪い **जी भुरभुराना** ほれぼれする；すっかり魅せられる **जी मचलना** 大変気乗りする；やる気になる **जी मचलाना** *a.* 吐き気がする；むかつく；むかむかする पीलिया के प्रारंभ में कुछ लोगों को उलटियाँ होने अथवा जी मचलाने की शिकायतें हो सकती हैं 肝炎のため一部の人は最初吐いたり吐き気がしたりすることがある *b.* 不快な感じがする；むかつく **जी मठा कर डालना** 悩ませる **जी मतलाना** 吐き気がする= जी मचलाना. **जी मरोड़ खाना** = जी मरोड़ना. **जी मरोड़ना** 辛い思いをする **जी मलमलाना** 悔やむ **जी मसोसना** ひたすら後悔する **जी मारकर रह जा॰** ぐっと我慢する；じっと我慢する **जी मारना** = जी मारकर रह जा॰. **जी मालिश क॰** 吐き気がする **जी मिचलाना** *a.* 吐き気がする *b.* つわりで胸がむかむかする *c.* いやな感じがする；むかつく；吐き気がする ऊँचे जलवायु के कारण जी मिचलाना 高地性の気候のため気分が悪くなる (-से) **जी मिलना** (ーと) 気が合う **जी में आ॰** *a.* 気が向く；その気になる जी में आए तो ख़र्च भी देना 気が向けば費用を出しておくれ *b.* 気にいる *c.* 思いつく जो जी में आए कह ले 思ったことを全部口にするがよい **जी में उबाल आ॰** 頭に血がのぼる；かっとなる **जी में कसर हो॰** 悪意を抱く **जी में खटका हो॰** *a.* 不安になる；心配になる *b.* 懸念が生じる；疑念が湧く **जी में खुभना** = जी में गड़ना. **जी में गड़ना** *a.* 胸に突き刺さる *b.* 深い印象を残す；深い感動を与える *c.* 確信する；思いこむ **जी में गाँठ पड़ना** 心にわだかまりができる **जी में घर क॰** *a.* いつも念頭にある *b.* 心に深く刻みこまれる **जी में चुभना** = जी में गड़ना. **जी में जगह क॰** = जी में घर क॰. **जी में जमना** 納得する **जी में जलना** *a.* 羨む= जलना. *b.* 腹を立てる；腹立たしくなる= कुढ़ना. **जी में जी आ॰** 人心地がつく；ほっとする **जी में जी डालना** *a.* 信頼させる *b.* 安心させる **जी में धँसना** = जी में बैठना; दिल में असर क॰; हृदय में अंकित हो॰; चित्त से न हटना. **जी में धरना** *a.* 悪くとる；悪く解釈する= बुरा मानना. *b.* 記憶する；記憶に留めておく；覚えておく= याद रखना. **जी में पैठना** = जी में गड़ना. **जी में फफोले पड़ना** 胸が痛む **जी में फिरना** いつまでも忘れられない；脳裏に深く刻まれる **जी में फूलना** 嬉しくなる；楽しくなる **जी में बसना** いつまでも記憶される；心に深く刻まれる **जी में बैठना** = जी में गड़ना. **जी में मैल जमना** 邪な気持ちが起こる；邪心が生じる **जी में रखना** *a.* 悪く思う；不快に感じる *b.* 胸に秘める；隠す *c.* 記憶に留める *d.* 大切に胸にしまっておく **जी में रह जा॰** 願いが叶えられぬままになる；残念に思う；心残りな **जी में लेना** 悪く思う；悪くとる；悪く解釈する **जी में शूल हो॰** 胸に突き刺さる **जी में समाना** 心の中に場所を占める **जी में सुई चुभाना** 胸に突き刺さるようなことを言う (-का) **जी रखना** (ーの) 願いを聞き入れる；(ーに) 配慮する；気を配る (-का) **जी रुकना** *a.* 躊躇する；ためらう *b.* 気持ちが落ち着かない **जी लगना** *a.* 気持ちが落ち着く मुझे अपना साथी बना लो.अकेले जी नहीं लगता 私を仲間にしておくれ．ひとりでは落ち着かないんだ लेकिन घरनी के बिना सब कुछ सूना था.इस लिए घर पर जी नहीं लगता था でも妻がいなくては家はがらんとしていた．だから家では落ち着かなかった *b.* 好きになる；恋をする *c.* 気が進む；乗り気になる पढ़ने में भी जी नहीं लगा 勉強にも気が進まなかった **जी लगाकर** 一生懸命に = मन लगाकर. (-से) **जी लगाना** (ーが) 好きになる；(ーに) 惚れる **जी लड़ाना** *a.* 命をかける *b.* 一生懸命にする；必死になってする **जी लरजाना** 恐ろしく感じる；怖い；恐ろしい **जी ललकना** うずうずする **जी लहालोट हो॰** 欲しくなる；欲しくてたまらなくなる **जी लाना** 好きになる **जी लुटना** 心を奪われる；うっとりする= चित्त मोहित हो॰. (-का) **जी लूटना** (ーを) 魅了する；うっとりさせる **जी लेकर भागना** 一目散に逃げる；命からがら逃げ出す (-का) **जी ले॰** *a.* 殺す；命を奪う *b.* 死ぬほどの苦しい目に遭わせる *c.* 秘密を探り出す **जी लोटना** *a.* とても苦しむ *b.* 喜ぶ **जी लोटपोट हो॰** *a.* 大喜びする *b.* 欲しくてたまらなくなる **जी शूली पर टँगा हो॰** 心配でたまらない；不安でならない **जी सनसनाना** 怯える；不安になる **जी सन्न हो॰** 恐ろしさに震えあがる；肝がつ

ぶれる；肝を冷やす **जी समेटना** = जी बटोरना. **जी साँय साँय क॰** = जी सनसनाना. **जी साफ़ हो॰** 全く邪心のないこと **जी सूख जा॰** *a.* ひどく怯える *b.* ひどくがっかりする；ひどく落胆する **जी से** 心をこめて= मन लगाकर. **जी से उतर जा॰** *a.* 敬意を払われなくなる *b.* いやになる **जी से उतार दे॰** 諦める **जी से गुज़र जा॰** 駄目になる **जी से जा॰** *a.* 死ぬ *b.* とても悲しい思いをする **जी से जी मिलना** 愛し合う **जी से जी लगाकर** 注意して **जी हट जा॰** 嫌気がさす；いやになる；飽きる **जी हलका हो॰** *a.* 気が楽になる *b.* 気分が良くなる；さっぱりした気分になる **जी हवा हो जा॰** *a.* 心配になる；気が気でなくなる *b.* 死ぬ **जी हाथ में रखना** 気持ちを制御する= जी हाथ में ले॰. **जी हारना** *a.* 落胆する；がっかりする；失望する *b.* 惚れ込む *c.* うんざりする；嫌気がさす；飽き飽きする **जी हिलना** 動揺する **जी है तो जहाँ है**〔諺〕命あっての物種；命が一番大切なもの= जी जान से जहान है. **जी (-को) होना** (ーし) たくなる；(ーし) そうになる；(ーし) かかる प्रभा का जी रोने को हो जाता プラバーは泣き出しそうになる

जी[2] [感] 単独で用いられるほかに हाँを従えることが多い．また，そのように使うと一層丁寧になる *a.* はい，ええ（返答）*b.* はい，ええ（相槌）*c.* はい，ええ（肯定や承諾）*d.* 相手の注意を引く言葉．あの，もし，もうし जी साहब, क्या कहा आपने? あのう，なんとおっしゃいましたか जी, मैं अंदर आ सकती हूँ? あのう，お部屋に入ってよろしいですか **जी सर** 《H.+ E. sir》自分より高い身分の男性に対する丁重な返事の一つ．はい，そうです；はい，かしこまりました，はい，承知致しましたなど= जी सरकार; जी हुज़ूर. *e.* ええ，あのうなど表現を曖昧にしたり濁すための言葉 जी जी, रुपये की तो कोई बात नहीं हुई えー，えー，お金のことは何も話題になりませんでした

जी[3] [終助] 文節や文の終わりに用いられて話者の次のような気持ちや判断を表す (1) 親しい間柄の人に呼びかけたり注意を向けさせたりする際に用いられる言葉 कहो जी, तुम यहाँ कैसे आये हो? ねえあんた，ここにどうして来たの (2) 話者の意志や気持ち，判断などを相手に訴えかけたり相手の同意や納得を求めたりしようとする言葉 छोड़ो जी, चूहों को तो निकाल नहीं पाये, अब चिड़ियों को निकालोगे! （妻→夫）ねえ，あなたおやめなさいよ．ネズミさえ追い出せなかったのに今度は鳥を追い出すだなんて हाय जी, आप तो पप्पू को भूल ही गए ありゃまあ，あなたはパップーを忘れてしまったのだわ अब कुछ मत कहो जी もう何も言わないでね अब की माफ़ कर दो जी もうしませんから今度はごめんして下さい．お願いです पर जी, आजकल तो डालडा भी बड़ी मुश्किल से मिलता है でもね，近頃じゃ人造バターさえなかなか手に入らないからね (3) 質問や確認の気持ちを表す言葉 क्या करते हो जी? 一体何をなさるの मैं पूछ रहा हूँ जी वह कहाँ से बोल रहे थे あの方はどこから話しかけていたんですかとたずねているんですよ किसका उल्लू बना रहे हो जी? だれをからかっているんだい君は कहाँ चले गये थे जी, साढ़े नौ हो रहा है どこへ出かけていたんだい．9時半になるところだよ देख क्या रहे हो जी, कर दो कमबख़्त को पुलिस के हवाले 何をぼんやり見ているんだい．こいつを警察に引き渡したまえ

जी[4] [接尾] 人の名前や聖地，聖なる川，身分や地位を表す言葉などにつけて用い敬意や崇敬の念を表す．人名には男女の区別なく用いられる गाँधी जी ガンジーさん गुप्ता जी グプターさん गंगा जी ガンジス川 यहाँ गंगा जी दिखाई दे रही थीं ここにはガンガーが見えていた गया जी （ヒンドゥー教の聖地）ガヤー（ビハール州） अयोध्या जी アヨーディヤー（ウッタル・プラデーシュ州） पिता जी お父さん माँ जी, मुझे माफ़ कर दीजिए お母さん，赦して下さい（嫁が姑に） ये अपने गाँव के नये ग्रामसेवक जी हैं この方がうちの村の新任の指導員さんです मंत्री जी 大臣閣下 सरदार जी シク教徒の男性に対する敬称 भगवान जी की तस्वीर 神様の絵；神様を描いた絵画

जी॰आई॰पी॰रेलवेज़ [名]《E. G.I.P. Railways; Greater Indian Peninsular Railways》大インド半島鉄道（英領インドの初期の鉄道会社の一）

जी-चला [名] (1) 風流人 (2) つう（通）；通人

जी-चोर [名] 怠け者

जी-जला [形+] 苦しめられた；苦しんだ

जीजा [名] 姉婿 बड़ी बहिन का पति = बहनोई; बड़ा बहनोई.

जीजी [名*] (1) 姉= दीदी; जीजी. (2) 姉に対する敬称 (3) 他人の女性に呼びかける際に用いる敬意をこめた言葉

जीत [名*] (1) 戦いでの勝ち；勝利；戦勝；征服= जय; विजय; फ़तह. (2) 勝負事や競技などでの勝ち；勝利= सफलता. (3) 勝ち取ること；成果を得ること；獲得

जीतना[1] [他] (1) 得る；手に入れる；獲得する；勝ち取る；博する；抽選や籤，賭けなどで当てる उसने 'मिस्टर हिमालय' की उपाधि जीती थी 「ミスターヒマラヤ」の称号を勝ち取った उसने तीसरा स्वर्ण जीता 3つ目のメダルを獲得した 400 मीटर दौड़ में भी भारत ने रजत जीता 400m 競走でもインドが銀メダルを獲得 (-का) विश्वास जीत लेना （ーの）信用を得る；信用を勝ち取る इससे करोड़ों दिलों को जीता जा सकता है これによって幾千万の人の心を勝ち取ることができる हमारे दल ने राजस्थान की सभी 25 सीटें जीती थीं わが党はラージャスターンの25席全部を獲得した (2) 征服する；従える；乗り越える इन सब भावनाओं को उन्होंने बहुत पहले ही जीत लिया था これら一切の感情をずっと以前に征服していらっしゃった घृणा को प्रेम से जीतना ही सच्ची जीत है 憎しみを愛情で従わせることが真の勝利なのです (3) 勝利する；勝利を収める अब तक हम बहुत सारे मैच जीत चुके हैं これまで随分沢山の試合に勝利している उसमें आस्ट्रेलिया ने सभी मैच जीते थे そこではオーストラリアが全ての対戦で勝利を収めた **जीता जा॰** 攻め落とされる；敵の手中に入る；おちいる；討ち取られる **जीता दाँव हारना** 九仞の功を一簣に虧く **जीती बाजी हारना** = जीता दाँव हारना.

जीतना[2] [自] 勝つ；勝利を収める अब तक हर स्थान पर शास्त्रार्थ में जीता हूँ これまでいずこでも議論に勝ってきている हम लोग डाकुओं से जीत नहीं पाए 我々は強盗団に勝てなかった

जीत-हार [名*] 勝ち負け；勝敗；判定 हमारी जीत-हार का फ़ैसला करनेवाला 勝敗の判定をする人

जीता [形+] ←जीना[1]. (1) 生きている (2) 新鮮な **जीता ख़ून** 鮮血；新鮮な血液 **जीता चुनवा दे॰** *a.* 生きたまま壁や塀に塗りこめる *b.* 厳罰に処する **जीता झूठ** 根も葉もない嘘；全くの虚言 **जीता लहू** = जीता ख़ून. **जीती मक्खी निगलना** 承知の上で後に打撃を被るようなことをする **जीते जी** →別項（見出し語）

जीता-जागता [形+] (1) 生きている सभी लोग मुझे मरा समझे हुए थे.जीता-जागता लौटा हुआ देखकर सभी प्रसन्न हो गए 皆は私が死んでしまったものと思っていたが生きて戻ったのを見て喜んだ (2) 健康で元気の良い；はつらつとしている；ぴんぴんしている मेरी घरवाली तो जीती-जागती मौजूद है 家内はぴんぴんしていますよ यह तुम्हारी ही तरह जीती-जागती लड़की की मूर्ति है जिसकी आयु भी तुम्हारी जितनी ही थी これはあんたのようにはつらつとしていた娘の姿で年齢もちょうど同じぐらいだった (3) 生き生きとした वह सुंदरता-शालीनता की जीती-जागती तस्वीर 美しさと上品さの生き生きとした姿 (4) 鮮明な；明白な；目にはっきり見える जीता-जागता सुबूत 明白な証拠 जीता-जागता उदाहरण はっきりわかる例；まざまざと目に見える例 रानी स्वयं देश-प्रेम, साहस और वीरता की जीती-जागती तस्वीर थीं 王妃は自らが愛国心，勇気，勇猛さを体現していた

जीतालू [名]〔植〕クズウコン科草本クズウコン= आरारोट.

जीता लोहा [名] 磁石= चुंबक.

जीति[1] [名*]〔植〕ガガイモ科蔓植物ツナガイモ【*Marsdenia tenacissima*】

जीति[2] [名*] 勝利 = जय; विजय.

जीते जी [副] (1) 生きている限り；命ある限り；一生 गंगू जीते जी तुमसे बेवफ़ाई नहीं करेगा ガングーは一生君を裏切ることはなかろう जीते जी हम उसे बिगड़ने न देंगे わしの目の黒いうちはあの人には手出しはさせぬ (2) 生きたまま **जीते जी मर जा॰** *a.* 自分の存在を忘れる；自分を無にする *b.* 死ぬほど苦しい目に遭う जीते जी मर जाऊँगा 死んだも同然になるでしょう **जीते जी मर मिटना** 人のために苦労を厭わない

जीदार [形]《H.+ P. جی دار》勇気のある；胆力の備わった

जीन[1] [名]《E. jeans》ジーンズ；綾織り綿布= जीस.

जीन[2] [名]《E. gene》〔生〕遺伝子= वाहकाणु.

ज़ीन [名]《P. زین》(1) 鞍 (2) 鞍敷きの布；鞍敷きなどに用いる丈夫な綿布= जीनपोश. **ज़ीन कसना** 鞍を置く= ज़ीन खींचना.

ज़ीनत [名*]《A. زینت》(1) 飾り；装飾 (2) 輝き= शोभा; रौनक़.

ज़ीनपोश [名] 《P. زین پوش》(1) 鞍敷き (2) 鞍敷きに用いる厚手の木綿の布

ज़ीनसवारी [名*] 《P. زین سواری》裸馬ではなく鞍を置いての乗馬

ज़ीनसाज़ [名] 《P. زین ساز》鞍作り（職人）；馬具職人

जीना[1] [自] (1) 生きる；命を保つ ओह, प्रणाम बेटे, जीते रहो, खुश रहो「やあ坊や, 今日は」(知人の孫に対して挨拶の答礼の言葉．一種の祝福の言葉) (2) 暮らしを立てる；暮らす **जियो और जीने दो** 共に生きる；共存 'जियो और जीने दो' हमारा आदर्श होना चाहिए「共存共栄」が我々の理想でなくてはならぬ **जी उठना** よみがえる；生き返る **जीता**→別項．**जीता-जागता**→別項．जीता-जागता खिलौना 命のあるおもちゃ **जीती मक्खी नहीं निगली जाती** 〔諺〕*a.* 間違っているのを知りながら悪事は働けないもの *b.* 自ら進んで危難におちいる者はいない *c.* 明々白々の事実を否定することはできないものだ **जीते-जी** 別項．**जीना भारी हो॰** 生きるのが辛い；生きるかいがない= जीवन में दुख ही दुख हो॰．**जीना-मरना** 生死；喜びと悲しみ उन्हें भी तो अब भारत में जीना-मरना है あの人たちも今やインドで喜びと悲しみを分かたねばならない **जीना हराम करना** 死ぬほど辛い思いをさせる कमला का तो उस सास ने जीना ही हराम कर दिया है あの姑がカマラーに死ぬほど辛い思いをさせている **जीने के लाले पड़ना** 助かる見込みがなくなる

जीना[2] [他]（同義目的語をとる）生きる ज़िंदगी लोगों को जीनी है या हमें? 人生を生きねばならぬのは世間の人なのか我々なのか शोषणमुक्त, स्वस्थ और सुरक्षित जीवन जी सकें 搾取のない，健康で安全な生活を生きられるように वह कुत्ते-सूअर का जीवन जीता है あの人は犬畜生のような（犬や豚のような）みじめな人生を生きている

ज़ीना [名] 《P. زینہ》(1) 階段 (2) はしご

जीनिया [名] 《E. zinnia》〔植〕キク科草本ヒャクニチソウ（百日草）；ジニア【*Zinnia elegans*】

जीनी [形] 《← E. gene》遺伝子の

जीनोम [名] 《E. genome》〔生〕ゲノム（遺伝）＝संजीन．

जीन्स [名] 《E. jeans》ジーンズ＝जींस．

जीप [名*] 《E. jeep》ジープ थोड़े फ़ासले पर जीप खड़ी थी 少し離れたところにジープが停止していた

जीभ [名*] (1) 舌；べろ (2) 舌のような形をしたもの कलम की जीभ ペン先 (3) 弁舌；舌先 **छोटी जीभ** のどひこ；のどちんこ；口蓋垂；懸壅垂 **जीभ ऐंठ जा॰** *a.* 舌が動かない；しゃべれない；話せない *b.* のどがからからに渇く **जीभ क॰** 横柄な口をきく；口答えをする **जीभ कटकर गिर पड़ना** 口にするのがとても恥ずかしい **जीभ कतरनी हो॰** まくし立てる **जीभ का कैंसर** 舌がん **जीभ काटना** 厳しく罰する= जीभ काढ़ ले॰．(-की) **जीभ काटना** (ーを）黙らせる **जीभ की खुजली मिटाना** 思い切りしゃべる **जीभ के आगे नाचना** いつも噂（話）をする；いつも噂にのぼる **जीभ के नीचे जीभ हो॰** 二枚舌を使う；言葉が信用ならない **जीभ खींचना** = जीभ काटना．**जीभ खुजलाना** しゃべりたくてうずうずする **जीभ गलना** 口にするのがとても恥ずかしい= जीभ गिरना．**जीभ चटकारना** 食べた後にいやしく舌なめずりする **जीभ चलना** *a.* 大きな口を叩く *b.* 舌なめずりする **जीभ जम जा॰** 口がきけなくなる；舌が回らなくなる **जीभ जल जा॰** つまらぬことを言ったことで罰が当たる **जीभ तालू से चिपक जा॰** 口がきけない；ものが言えない **जीभ थोड़ी क॰** 口数が少ない；寡黙な **जीभ दबा ले॰** 黙り込む **जीभ न हिलाना** 一言も口をきかない **जीभ निकलना** 欲を出す **जीभ निकाल ले॰** ＝ जीभ काटना．**जीभ पकड़ना** *a.* 口を開かせない *b.* 言いまかす **जीभ पतली हो॰** わけのわからぬことを話す；支離滅裂なことを言う **जीभ पनिया जा॰** 欲が出る；欲張る **जीभ पर रखना** 味見をする **जीभ पर रहना** いつも念じる **जीभ पर सरस्वती बसना** *a.* 常に真実を語る *b.* 言葉の才に恵まれる **जीभ पीपल का पत्ता हो॰** わけのわからないことを言う (-की) **जीभ बंद क॰** (ーを）黙らせる **जीभ बढ़ाना** 口をおごらせる (-की) **जीभ बिगाड़ना** *a.* (ーの）口をおごらせる *b.* (ーを）無作法にする；礼儀知らずにする **जीभ में आग लगना** 天罰が当たる= जीभ जल जा॰．तुम्हारी बढ़ी हुई जीभ में आग लगे お前には天罰が当たればよい **जीभ में ताला पड़ना** = जीभ जम जा॰．**जीभ में पानी आ॰** よだれが出る；欲しくなる **जीभ लड़खड़ाना** 舌がまわらない；舌がもつれる **जीभ लड़ाना** *a.* 言い争う *b.* べらべらしゃべる **जीभ लपलपाना** 舌なめずりする **जीभ सम्हालकर बोलना** 口を慎む **जीभ हिलाना** 口を開く；話す

जीभा [名] (1) 舌の形をしたもの (2)〔医〕家畜類の舌に腫れ物のできる病気

जीभिकाकार [形] 舌の形をした；舌状の

जीभी [名*] (1) 舌の汚れを取る道具；舌こき；タンクリーナー (2) 舌こきで舌をきれいにすること (3) ペン先

जीम [名] 《جیم》ウルドゥー文字第７字の字母 ج の名称

जीमट [名] 草木の茎の髄 = गूदा．

जीमना [他] 食べる = खाना; भोजन क॰．

जीमूत [名] (1) 山 = पहाड़; पर्वत． (2) 雲 = बादल; मेघ．

जीमूतवाहन [名] インドラ神（इंद्र）の異名の一

जीर [名] (1) = ज़ीरा． (2) 雌ずい = केसर．

जीरक [名] = ज़ीरा．

ज़ीरक [形] 《P. زیرک》(1) 利口な；賢い (2) 抜け目のない；狡猾な

जीरना [自] (1) 古びる (2) しおれる

जीरह [名] = ज़िरह．

जीरा[1] [名]〔鳥〕チドリ科コチドリ【*Charadrius dubius*】

जीरा[2] [名] = ज़ीरा．

ज़ीरा [名] 《P. زیرہ》(1)〔植〕セリ科クミン【*Cuminum cyminum*】(2) クミンの種子；クミンシード ज़ीरे का तेल クミンオイル **ज़ीरे का पानी** クミンシードのほかハッカ，ショウガ，香辛料，レモンジュースなどを材料にしてこしらえる清涼飲料

ज़ीराए सफ़ेद [名] 《P. زیرہ سفید》クミン

ज़ीराए सियाह [名] 《P. زیرہ سیاہ》〔植〕セリ科キャラウエイ= काला ज़ीरा．

ज़ीरूह [形] 《A. ذی روح》生きている；命のある；命を持つ

ज़ीरो [名] 《E. zero》ゼロ；零 = शून्य．

जीर्ण [形] (1) 古びた；古びてぼろぼろの；古くて傷んだ= फटा-पुराना．यहाँ कई मंदिर भी हैं, जो अब जीर्ण अवस्था में हैं ここにはもう古びてぼろぼろの寺院も幾つかある (2) 衰弱した वह स्वयं रोगों से जीर्ण हो रही थी 本人が幾つかの病気で衰弱して行くところだった (3) 慢性の जीर्ण रोग 慢性の病気；持病 गुलामी से मुक्त होते ही मैं नौ साल के जीर्ण रोग से मुक्त हो गया 隷従の身の上から解放されたとたんに９年来の持病から解放された (4) 老衰した；老年期に入った

जीर्णक [形] = जीर्ण．

जीर्ण ज्वर [名]〔医〕発熱の長く続くマラリア

जीर्णता [名*] ← जीर्ण．(1) 古びていること；古びてぼろぼろな状態 (2) 老い；老齢；老境 (3) 老化

जीर्ण-शीर्ण [形] ぼろぼろの；おんぼろの；とても古くて傷んだ；ぼろぼろになった यहाँ के मंदिर की हालत जीर्ण-शीर्ण हो गई थी この地の寺はぼろぼろになってしまっている

जीर्णावस्था [名*] 老齢；老境

जीर्णोद्धार [名] 再建；修復；改修；改築 मंदिर का जीर्णोद्धार किया गया 寺院の修復が行われた

जीर्यमान [形] 老境にかかった；老年期に入った

जील [名*] 《← P. زیر》(1)〔音〕低音 (2)〔イ音〕バーヤーン（一般に右手で打たれるタブラーと対にして左手で演奏される片面太鼓）

जीवंत [形] (1) 生き生きとした इनकी परंपरा को जीवंत बनाए रखना 伝統を生き生きと保つ ग्रामीण जीवन का जीवंत चित्रण 農村生活の活写 (2) 実際の वह उपग्रहों की जासूसी का जीवंत उदाहरण है それは衛星によるスパイ活動の実例 (3) 血の通った；人間らしい；ぬくもりのある चाचा भतीजे का जीवंत संबंध 叔父と甥との人間らしい交わり

जीवंतता [名*] ← जीवंत 活気；生き生きとしていること

जीवंतिका [名*] (1)〔植〕ラン科着生植物【*Epidendron tesseloides*】(2)〔植〕ヤドリギ科半寄生低木【*Viscum articulatum*】(3) ツヅラフジ科蔓木【*Menispermum glabrum*】

जीवंती [名*] (1)〔植〕シクンシ科高木ミロバランノキ【*Terminalia chebula*】(2)〔植〕ラン科着生植物【*Desmotrichum fimbriatum; Dendrobium macraei*】(3)〔植〕ガガイモ科低木【*Hilostemma annularis*】

जीव [名] (1) 生き物；生類；動物 कितने प्रेमी जीव हैं ये なんとやさしい生き物だ (2) 生命；命 (3) 魂；霊魂 (4)〔イ哲〕ジーヴァ；個我

जीवक [名] (1) 生き物；生物；生類 (2) 金貸し (3) 生涯；経歴；履歴 (4)〔人名〕ジーヴァカ（古代インドのアーユルヴェーダの名医と伝えられる）

जीव-जंतु [名] 生き物；生物；生類 गिर के वन और उनमें रहनेवाले जीव-जंतु ギルのジャングルとそこに住む生き物たち

जीव-जगत् [名] 生物界すべての生き物；一切の生類= संपूर्ण जीव-जगत्

जीवजीव [名] = चकोर. 〔鳥〕キジ科アジアイワシャコ【*Alectoris chukar*】

जीवट [名] きも（肝）；勇気；度胸；剛毅；気力；気概 इस दुर्गम क्षेत्र में जाकर चित्र लेना जीवट का काम है この険しい所へ行って写真を撮影するのは勇気のいることだ बड़ी जीवट की औरत 大した度胸のある女性 वह जीवट वाली लड़की थी, खुद को टूटने से बचा गई 勇気のある娘で自らつぶれないように努めた उसमें जीवट वाले जीव-जंतु ही ज़िंदा रह पाते हैं その中では気力のある生き物しか生きて行けない

जीवड़ा [名] (1) 生命 (2) 勇気；きも；気力；気概 (3) 小さな生き物

जीवत्पति [名*] 夫が存命の女性= सधवा स्त्री.

जीवत्पुत्रिका [形*・名*] 子供が存命の（女性）

जीवत्वारोपण [名]〔宗〕アニミズム〈animism〉

जीवदया [名*] (1) 生類憐れみ (2) 動物愛護

जीवदया समिति [名*] 動物愛護会 मध्य प्रदेश जीवदया समिति. 中央州動物愛護協会

जीवदान [名] (1) 助命= प्राणदान. (2) 救命

जीवद्रव्य [名]〔生〕原形質〈protoplasma〉

जीवधन [名] 家畜の形での財産

जीवधातु [名*] = जीवद्रव्य.

जीवधारी [形・名] 生命のあるもの；生き物 वह अब केवल जीवधारी है もはや単に息をしているだけのものだ समुद्र में जीवधारी 海の生き物

जीवन [名] (1) 生き物；生命あるもの जाग उठा है जीवन सारा すべての生き物が起きた मंगल पर जीवन की खोज 火星で生き物を探すこと कहीं न कहीं जीवन ज़रूर होगा どこかに生き物がいるに違いない (2) 生命；命；一番大切なもの जीवन का प्रारंभ सब से पहले जल में हुआ 最初の生命は水中で生まれた जीवन कैसे आरम्भ हुआ? 生命はいかにして始まったか पानी जीवन के लिए कितना ज़रूरी है 水が生命にどれほど大切か (3) 生涯；一生；一期 (4) 寿命（生き物や物の）；活動の続く期間 आर्यभट्ट का जीवन 人工衛星アーリヤバッタの寿命 (5) 暮らし；生活；日々の暮らし गाँव के जीवन पर क्या प्रभाव पड़ा? 農村の生活に何の影響が及んだのか वैवाहिक जीवन 結婚生活 दैनिक जीवन 日常生活 नगर जीवन 都市生活 (6) 生きていること；生命のあること उसके जीवन में मज़ा नहीं रहा 生きているのが面白くなくなった दाम्पत्य जीवन 夫婦生活；家庭生活 (7) 活動；生活の一面；生活 साहित्य के जीवन में विशेष परिवर्तन साहित्य-निर्माण के केंद्र में परिवर्तन में सम्भव होता है 文学活動の特別の変化は文学創造の中心が変化することで可能になる जनतंत्र जीवन का एक ढंग है 民主主義は1つの生き方なのです तैराकी जीवन का श्रीगणेश 水泳選手生活の開始 सामाजिक और राजनीतिक जीवन में व्याप्त भ्रष्टाचार एवं शोषण 社会生活と政治生活に蔓延している汚職と搾取 (8) 生計；なりわい（生業） **जीवन की घड़ियाँ गिनना** 死が迫る；死にかける；寿命が尽きる **जीवन के लाले पड़ना** ひどく困る **जीवन के साथ मज़ाक़ क॰** 甚だ危ないことをする；命を危険にさらす **जीवन खेना** 暮らす；生活を営む **जीवन खोना** 人生を無駄にする **जीवन फूँकना** よみがえらせる；新しい生命を与える **जीवन भरना** = जीवन खेना. **जीवन भार हो॰** = जीवन भारी हो॰. **जीवन भारी हो॰** 生きているのが辛い **जीवन में उतार दे॰** 生活に実現する **जीवन में विष घोलना** 憎悪や嫉妬の感情に身をゆだねる **जीवन से खिलवाड़ क॰** 危険なことをする

जीवन-अवधि [名*] ライフスパン；生涯；寿命

जीवन-कथा [名*] 履歴；経歴 तुम्हें इस स्त्री की जीवन-कथा मालूम है? この女性の履歴を知っていますか

जीवनकाल [名] 生涯；一代

जीवनक्रम [名] 人生；人生の過程 जीवनक्रम के सभी महत्त्वपूर्ण अवसरों पर 人生のあらゆる重要な節々において

जीवनक्षम [形] 生存できる；生育できる

जीवनक्षमता [名*] 生存能力；生育力；生活力

जीवनगाथा [名*] 履歴

जीवनचक्र [名] ライフサイクル；生活環；生涯〈life cycle〉 फ़र्न अपना जीवनचक्र दो अवस्थाओं में पूरा करते हैं シダはそのライフサイクルを2つの時期で終える

जीवनचक्र संस्कार [名]〔文人〕通過儀礼；終身儀礼

जीवनचरित [名] (1) 伝記 (2) 生涯事跡

जीवनचरितकार [名] 伝記作家

जीवनचरित्र [名] = जीवनचरित. हर्ष का जीवनचरित्र ハルシャ王の伝記 लेनिन का जीवनचरित्र レーニンの事績

जीवनचर्या [名*] 日常

जीवनदर्शन [名] 人生哲学；人生観；生き方 महात्मा गाँधी का जीवनदर्शन マハートマー・ガーンディーの人生観 लोकतंत्र एक शासन प्रणाली है, तथा एक जीवन दर्शन भी है 民主主義は一つの統治様式であり一つの人生哲学でもある

जीवनदान [名] (1) 助命 सावित्री द्वारा अपने पति के लिए यमराज से जीवनदान माँगने की कहानी サーヴィトリーが夫の助命を閻魔大王に願う話 (2) 命を救うこと आपने मुझे जीवनदान दिया है 貴方が私の命を救って下さいました (3) 命を捧げること；命を投げ出すこと

जीवनदायक [形] 命を救う；よみがえらせる；起死回生の；活力を与える जीवनदायक औषधि 命を救う薬；起死回生の薬

जीवनदायिनी [形*] よみがえらせる；活力を与える；起死回生の = जीवनदायक. उनकी बताई बातें अमृत की तरह जीवनदायिनी लगीं あの方の言葉はアムリタのように活力を与えるものに感じられた

जीवनदृष्टि [名*] 人生観 ईसाई जीवनदृष्टि बड़ी लचीली होती है キリスト教の人生観はとても柔軟性に富んでいる

जीवननिर्वाह [名] 生計；生活；暮らしを立てること उसने जीवन निर्वाह के लिए एक छोटी-सी दुकान खोल ली थी 暮らしのために小さな店を開いていた कठिनाई से जीवन-निर्वाह कर पाते हैं ようやくのことで暮らしを立てることができる

जीवननौका [名*] (1) 救命ボート；ライフボート (2) 暮らし；生活 अपनी जीवननौका को खेने के लिए 暮らしを立てるために

जीवनपद्धति [名*] 生活様式 जनजातीय क्षेत्रों की अपनी जीवन पद्धति है 部族民の居住地域には独自の生活様式がある

जीवनपर्यंत [副] 一生；生涯；生涯にわたって जीवनपर्यंत उसका शोषण किया जाता その人は一生搾取される

जीवनप्रणाली [名*] 生き方；生活様式

जीवनप्रत्याशा [名*] 平均余命

जीवनबीमा [名]《H.जीवन+ P.بیمہ》生命保険 जीवनबीमा करवाना 生命保険を掛ける；生命保険に入る आप के पति ने अगर आप के नाम पर जीवनबीमा करवा रखा है, तब तो आपका मामला और भी मज़बूत हो जाएगा もしあなたの夫があなたを受取人にした生命保険を掛けているならあなたの立場はさらに強くなるでしょう

जीवनबीमा एजेंट [名]《जीवन बीमा + E. agent》生命保険代理業者

जीवनबीमा निगम [名] 生命保険公社

जीवनबूटी [名*] (1) 死人を蘇生させることのできるとされる薬草 (2) 生きる支え；生きる糧 (3) 最愛のもの；最も大切なもの

जीवनमूरि [名*] = जीवनबूटी.

जीवनयात्रा [名*] 生涯；一生 जीवनयात्रा समाप्त क॰ 生涯の幕を閉じる；死ぬ

जीवनयापन [名] 暮らし；生活（を営むこと） इस राज्य के किसान के जीवनयापन का यह उद्योग この州の農民のこの生業 जीवनयापन क॰ 暮らす；生活する इस प्रकार दोनों आनंद के साथ जीवनयापन करने लगे こうして2人は幸せに暮らし始めた जीवनयापन के तरीके 生活様式 जीवनयापन के तरीकों में भी परिवर्तन हुए 生活様式にも変化が生じた

जीवनरक्षा [名*] 人命救助

जीवनरस [名] 生活の精華 व्यापार और वाणिज्य देश की सभ्यता के मापदंड ही नहीं, जीवनरस भी है 商業は一国の文明の尺度であるばかりでなく，生活の精華でもある

जीवनरेखा [名*]（手相の）生命線= ख़ते ज़िंदगी.

जीवनलीला [名*] 人生；生涯；一生（人の生涯を芝居や演劇にたとえた表現） उनकी जीवनलीला समाप्त हो गई. 同氏の生涯の幕が閉じられた

जीवनवृत्त [名] (1) ライフヒストリー；生活史；一生= मक्खी का जीवनवृत्त. ハエの一生 (2) 伝記；事績；生涯 रानी लक्ष्मीबाई का जीवनवृत्त ラクシュミーバーイー妃の伝記
जीवनवृत्तांत [名] = जीवनवृत्त.
जीवनवृत्ति [名*] なりわい（生業）；生計；生活；暮らし
जीवनशक्ति [名*] 生命力；活力；バイタリティー〈vitality〉
जीवनशैली [名*] 生き方；生活；生活様式 ग्राम में प्रभावी जाति की जीवन-शैली 村の有力ジャーティ（ドミナント・カースト）の生活様式
जीवनसंगिनी [名*] 人生の伴侶；配偶者；妻
जीवनसंघर्ष [名] 生存競争〈struggle for existence〉
जीवनसंचारिणी सत्ता [名*] 生命力；生命を動かす力
जीवनसंस्कार [名]〔文人〕人生儀礼；通過儀礼
जीवन साथी [名] 人生の伴侶；配偶者；夫 बहुत-सी लड़कियाँ अपनी इच्छा के अनुसार अपने किसी सहपाठी को पसंद कर जीवन साथी बना लेती हैं 多数の女生徒が自分の意志でだれか同級生を選んで伴侶にする
जीवन स्तर [名] 生活水準 गाँवों का जीवनस्तर 農村の生活水準
जीवनांत [名] 死 = मृत्यु; मौत.
जीवनावधि [名*] 寿命 वर्ष 1960 में भारत में औसत जीवनावधि 44 वर्ष थी 1960 年にインド人の平均寿命は 44 歳であった
जीवनाशी [形] 生き物を殺す；虫や菌を殺す；殺虫・殺菌の
जीवनाशी दवा [名*] 殺虫剤；殺菌剤
जीवनी [名*] 人生の記録；生涯の記録；伝記
जीवनीकार [名] 伝記作家= जीवनीलेखक.
जीवनी साहित्य [名] 伝記文学
जीवनोपयोगी [形] 生活に役立つ；実用的な जीवनोपयोगी विषय 実用的な事柄
जीवन्मुक्त [形] 生前に解脱した；存命中に解脱を得た
जीवन्मुक्ति [名*] 存命中に解脱を得ること；生前解脱；即身解脱
जीवन्मृत [形] 死んだも同然の
जीवपत्नी [名*] 夫が存命の（幸福な）女性
जीवपुत्रा [名*] 息子が存命の女性
जीवभार [名]〔生〕バイオマス〈biomass〉
जीवभौतिकी [名*] 生物物理学；生物理学〈biophysics〉
जीवमंडल [名]〔生〕生物圏〈biosphere〉
जीवयोनि [名*] 生類；生き物
जीवरक्त [名] 経血= रज.
जीवरसायन [名] 生化学〈biochemistry〉
जीवलोक [名] 生物のいる世界；地界
जीववाद [名]〔宗〕アニミズム= जीवत्वारोपण.
जीवविकास [名]〔生〕進化 जीवविकास सिद्धांत = जीव विकास का सिद्धात. 進化論
जीवविज्ञान [名] 生物学〈biology〉
जीवविज्ञानी [名] 生物学者
जीवविष [名] 毒素〈toxin〉
जीवहत्या [名*] (1) 屠畜；畜殺 (2) 殺生；生き物を殺すこと
जीवहिंसा [名*] = जीवहत्या.
जीवांतक[1] [形] 命を奪う；殺す；殺害する
जीवांतक[2] [名] (1)〔イ神〕冥界の王ヤマ；死者の王ヤマ (2) 殺害者 (3) 狩人
जीवा [名*] (1)〔幾〕弦 (2) 弓弦
जीवाणु [名] (1) バクテリヤ；細菌= बैक्टीरिया. (2) 微生物 अतिसूक्ष्म जीवाणु 極めて小さな微生物 जीवाणुओं को नष्ट करने के लिए 殺菌のため जीवाणुरहित क॰ 殺菌する
जीवाणुनाशण [名] 殺菌
जीवाणुनाशी [形] 殺菌する；殺菌力のある；殺菌効果のある
जीवाणु विज्ञान [名] 細菌学〈bacteriology〉
जीवातु [名] 蘇生させる薬；生き返らせる薬
जीवात्मा [名*]〔イ哲〕個我 जीवात्मा को नारी रूप में, परमात्मा को पुरुष रूप में देखना 個我を女性に，最高我を男性に見立てる
जीवादान [名] 失神= बेहोशी; मूर्च्छा.
जीवाधार [名] 心臓
जीवावशेष [名] 化石= जीवाश्म. 〈fossil〉
जीवाश्म [名] 化石〈fossil〉
जीवाश्मन [名] 化石化〈fossilization〉
जीवाश्मविज्ञान [名] 古生物学〈palaeontology〉
जीवाश्मविज्ञानी [名] 古生物学者
जीवाश्मिकी [名*] 古生物学= जीवाश्म विज्ञान.
जीवाश्मीभवन [名] 化石化〈fossilization〉
जीवाश्मीय [形] 古生物学の
जीविका [名*] 暮らし；生計；なりわい；生業 जीविका चलाना 生活を営む जीविका लगना 仕事につく；職場を得る；生活の糧を得る
जीविकोपार्जन [名] 生活の糧を得ること जीविकोपार्जन के साधन なりわい；生業
जीवित[1] [形] (1) 生きている；生存している；存命の उसका पिता जब तक जीवित रहा 彼の父親の存命中は (2) 機能している；機能を保っている 9 बंदूकें और विदेशी मार्का के 156 जीवित कारतूस 9 丁の銃と外国製の 156 個の実弾 (3) 継続している जीवित परम्परा 引き継がれてきている伝統 **जीवित जलना** 焼け死ぬ अपने सौंदर्य के लिए महारानी पद्मिनी को जौहर की ज्वाला में जीवित जलना पड़ा パドミニー妃はその美貌のためにジョウハルの火で焼死しなければならなかった **जीवित रखना** 生かしている；保存する इन यज्ञों को जीवित रखने की कोशिश これらの供犠の祭式を保存するための努力
जीवित[2] [名] (1) 生物 (2) 生命 (3) 生涯
जीवित काल [名] 寿命
जीवितेश [名] (1) 生命を司るもの；生命の主 (2) 冥界の支配者ヤマ= यम; यमराजा. (3) 恋人
-जीवी [造語]（ーで）生きる，生活を営む，（ーを）なりわいとするなどの意を有する合成語の構成要素 बुद्धिजीवी インテリ；知識人
ज़ीस्त [名*]《P. زیست》生活；人生；生涯
ज़ीहयात [形]《A. ذی حیات》= जीरूह.
जी-हुज़ूर [名]《H.जी + A. حضور》傀儡；イエスマン；追従者
जी-हुज़ूरी [名*]《H. जी + A. حضوری》言いなりになること；追従（すること） दर्जनों नौकर उसकी जी-हुज़ूरी कर रहे हैं 幾十人という手下たちがあの男の言いなりになっている ऐसे जजों की तलाश थी जो उनकी जी-हुज़ूरी करें, उनके इशारों पर नाचें 言いなりになり思い通りに操られるような裁判官が求められていた
ज़ीहोश [形]《A. ذی ہوش》(1) 意識のある；目覚めた；覚醒した (2) 賢明な (3) 先見の明のある；先見性のある
जुंबिश [名*]《P. جنبش》(1) 動き= गति; चाल. (2) 震え；震動 हाथों में इतनी जुंबिश आ जाती 手がこんなに震える जुंबिश खाना かすかに動く；震える；震えるように動く
जुआँ [名]〔昆〕シラミ（虱）= जूँ. जुआँ हेरना シラミ探し；シラミ取り
जुआ[1] [名] (1) ばくち；賭博 (2) 危険の多いこと；ばくち= जूआ; द्यूत. **जुआ खेलना** ばくちを打つ；賭博 जुआ खेलना उनका सब से प्रिय मनोरंजन जान पड़ता है ばくちを打つのがあの人の一番の楽しみのように思える **जुए का अड्डा** 賭場；博打場 जुए का अड्डा खोलकर 賭場を開いて **जुए का फड़** *a.* 賭け（の対象）*b.* 賭場 **जुआ हारना** ばくちに負ける
जुआ[2] [名] (1) くびき（軛）；頸木 (2) 碾き臼の把手= जूआ. **जुआ गले में डालना** 責任を負う **जुआ डाल दे॰** 努力をやめる；諦める **जुए को कंधे से उतारना** 自由になる **जुए में गला दे॰** 首を突っ込む；参加する；はまりこむ；はまる **जुए में सिर डाल दे॰** = जुए में गला दे॰.
जुआख़ाना [名]《जुआ + P.خانہ》賭博場；賭場
जुआचोर [名] (1) 勝ち逃げするばくち打ち (2) 詐欺師
जुआचोरी [名*] 詐欺；欺く；いかさま；いんちき
जुआठा [名] 犂を引かせる際に役牛の首にかける頸木
जुआड़ी [名] = जुआरी.
जुआर[1] [名*] = ज्वार[1].
जुआर[2] [名] = जुआड़ी; जुआरी.
जुआर भाटा [名] 潮の干満= ज्वारभाटा.
जुआरा [名] 2 頭の牛が一緒に引く犂で一日に耕すことのできる広さの土地
जुआरी [名] 博打打ち；賭博師；博徒
जुइना [名]（草の繊維やわらなどをなった）縄

जुईं [名*] (1)〔昆〕小さなシラミ→ जुआँ; जूँ. (2)〔動〕豆のさやにつく小さな虫

ज़ुकाम [名] 《A. زکام》〔医〕かぜ；風邪 = सरदी/सर्दी. ज़ुकाम हो॰ 風邪を引く

जुग[1] [名] 対；対になったもの；一対（になったもの） **जुग टूटना (फूटना)** *a.* 一対のものの片方が欠ける *b.* 離れ離れになる **जुग बैठना** *a.* 対になる；対のものができる *b.* 調子が合う

जुग[2] [名] = युग.

जुगजुग [副] いついつまでも；永遠に= बहुत दिनों तक. **जुग जुग जियो** 子供や年少者の日常的な挨拶に対する親や年長者の返礼の言葉，ないしは，祝福の言葉

जुगजुगाना [自] 光がちらちらする；ちかちかする；かすかに点滅する दूर अमराई के पार रेलवे स्टेशन की जुगजुगाती हुई लाल बत्तियाँ 遠くのマンゴー園の向こうの駅にまたたく赤い灯り

जुगजुगी [名*] (1)〔鳥〕タイヨウチョウ科クリセタイヨウチョウ【*Nectarinia zeylonica*】= शकरखोरा. (2) 首飾り = जुगनूँ.

जुगत [名*] (1) くふう（工夫）；念入りなこと (2) やりくり (3) 手練 बड़ी जुगत के साथ 大変用心深く；念入りに **जुगत भिड़ाना** 工夫する；細工をする；小細工をする ग्वालियर लौटने की जुगत भिडाने में सफल रहे グワーリヤルに戻る細工に成功した= जुगत मिलाना; जुगत लगाना. **जुगत लड़ाना** 工夫をこらす

जुगती[1] [名] (1) 工夫をこらす人 (2) やりくりの上手な人

जुगती[2] [名*] = जुगत; युक्ति; उपाय.

जुगनी [名*] = जुगनूँ. ホタル

जुगनूँ [名] (1)〔動〕ホタル（蛍） (2) 首飾りの垂れ飾り；ペンダント

जुगल [形] = युगल.

जुगलबंदी [名*]〔音〕二重奏

जुगवाना [他] (1) 少しずつ貯める；こつこつ貯める；やりくりして貯める (2) 大切にする；保存する

जुगाड़ [名] (1) 工面；やりくり手配；準備；段取り पढ़ने-लिखने का अच्छा जुगाड़ हो गया था 教育の段取りが立派に整えられていた (2) 手立て दिल्ली में चले आओ, शहर बड़ा है, रोज़गार का जुगाड़ हो जाएगा, तुम चले आओ デリーに来なさい．大都会だから仕事は何とかなるだろう，出て来なさい (-का) **जुगाड़ क॰** *a.* 工面をする मैं 30 रुपयों का भी जुगाड़ नहीं कर पाई थी 私はたった 30 ルピーの工面もできなかった शाम तक वह कुछ न कुछ जुगाड़ कर भी लेगा 夕方までに何らかの工面もするだろう *b.* 手立てをする अपनी रोज़ी का जुगाड़ करने लगे थे 生活の手立てをしはじめた **जुगाड़ बिठाना** = जुगाड़ बैठाना. **जुगाड़ बैठना** *a.* 工面がつく *b.* 手立てができる (-का) **जुगाड़ बैठाना** = जुगाड़ लगाना. (-का) **जुगाड़ लगाना** （-の）工面をする；（-の）手立てを講じる इधर उधर से जुगाड़ लगाकर पानी का इंतज़ाम करते あちこちに手配して水を用意する अपने एम॰ए॰पास लड़के के लिए नौकरी का जुगाड़ लगाने आया था 修士課程を終えた息子の仕事の口を求めてやって来た

जुगादरी [形] 大昔の；太古の

जुगादि [名] = युगादि. (1) ユガ（युग）の初め (2) 大昔；太古

जुगाना [他] = जुगवाना. ज्यों-त्यों वे लोग द्विवेदी जी की सौंपी हुई थाती को अनमोल रत्न की तरह जुगाने लगे その人たちはドゥヴィヴェーディーさんのゆだねた遺産をかけがえのない宝玉のように大切に保存するようになった

जुगारना [自] = जुगालना.

जुगालना [自] はんすう（反芻）する；にれがむ= पागुर क॰.

जुगाली [名*] 反芻；にれがみ जुगाली क॰ 反芻する

जुगुत [名*] = जुगत.

जुगुति [名*] = जुगुत; युक्ति.

जुगुप्सा [名*] (1) 嫌悪 = घृणा. (2)（古典インド文学の詩論におけるラサ（रस）の一で，बीभत्स रस の基になる感情）嫌悪 (3) 非難 = निंदा.

जुगुप्सापूर्ण [形] おぞましい；嫌悪すべき कुछ लोग तो सिद्धियाँ हासिल करने के लिए श्मशान में जाकर तमाम घृणित और जुगुप्सापूर्ण क्रियाएँ करते हैं 一部の人は超能力を得ようと火葬場へ行ってありとあらゆる不気味でおぞましい行を行う

जुगुप्सित [形] とてもいやな感じのする；甚だ嫌悪すべき；不快極まる= घृणित.

जुग़राफ़िया [名] 《A. جغرافیہ》(1) 地理 (2) 地理学

जुग़राफ़ियादाँ [名] 《A. جغرافیہ داں》地理学者

जुज़[1] [名] 《A. جز》(1) 部分 वह गिज़ा के अच्छे जुज़ को ख़ून में तब्दील करके फ़ुज़्ले को बड़ी आँतों में भेज देती है それは食物の良い部分を血に変えてかすを大腸に送り出す (2) 冊；巻 (3) 章 (4) 組版

जुज़[2] [後置] 《P. جز》（ーを）別に；（ーを）除き= - के अतिरिक्त; - के अलावा; बजुज़.

जुज़बंदी [名*] 《A.P. جز بندی》製本 **जुज़बंदी सिलाई** 本の背を糸で綴じる製本；背綴じ पुस्तक में जुज़बंदी सिलाई दी गई है 本は背を糸で綴じられている

जुज़रस [形] 《A.P. جز رس》(1) 倹約する；倹約家の= मितव्ययी. (2) けちな= कंजूस.

जुज़रसी [名*] 《A.P. جز رسی》(1) 倹約 (2) けち；吝嗇

जुज़वी [形] = जुज़्वी.

जुज़ाम [名] 《A. جزام》ハンセン病；癩病 = कुष्ट रोग; कोढ़.

जुजुत्सु [名] 《E. jujutsu ← J.》柔術；やわら= जूजुत्सु. → जूडो.

जुज़्वी [形] 《A. جزوی》(1) 一部の；部分的な (2) わずかの

जुझाऊ [形] (1) 戦闘的な (2) 戦闘用の (3) 士気を高める；士気を鼓舞する

जुझार[1] [名] 戦士；闘士= वीर; बहादुर; लड़ाका.

जुझार[2] [形] 勇ましい；勇敢な；戦う；戦闘する；戦闘的な

जुझारू [形] 勇ましい；勇敢な；勇猛な；戦闘的な；果敢な

जुझारूपन [名] ← जुझारू. 勇ましさ；勇敢さ；勇猛さ；戦闘性；好戦性 इसी नेतृत्व से ऐसे जुझारूपन की अपेक्षा नहीं की जा सकती この指導の下ではかような勇猛さは期待できない

जुट [名] (1) 一対；対になっているもの (2) 一揃い；一揃いになっているもの (3) 対抗するもの；並ぶもの (4) 一束；一房 (5) 集まり；集団；集合

जुटना [自] (1) ひっつく；接する (2) つながる；結合する (3) 集まる；集合する；集う；集結する भीड़ मैच देखने जुट गई थी 試合見物に大勢の人が集まっていた इसी मौसम में दुनिया भर से लोग सैरसपाटे के लिए वहाँ जुटते हैं ちょうどこの季節には世界中から観光のため人々がそこに集まってくる इसी बीच वहाँ काफ़ी भीड़ जुट गई थी そうこうするうちにそこにはかなりの人が集まってきていた ख़िलाफ़त कमेटियों में मुसलमान नेता गाँधी जी के नेतृत्व में जुट गए ヒラーファト委員会にイスラム教徒の指導者たちがガンディージーの指導の下に集結した (4) 一生懸命にとりかかる；取り組む；やっきになる；励む；必死になる सवेरे से उठकर रात तक काम में जुटी रहती 朝早く起きて夜中まで仕事に取り組んでいる वह भाई के कारनामों का उल्लेख कर यदा कदा किशन को नीचा दिखाने में जुट गया 兄の品行に触れて折にふれキシャンを辱めようとやっきになっていた बाढ़ से लोगों को बचाने में वायुसेना जुटी 空軍が洪水被災者の救助に取り組んだ होड़ में एक दूसरे को नीचा दिखाने में जुटे हुए थे 競争で互いに相手をやっつけようと必死になっていた चुपचाप अपने काम में जुटा रहता いつも黙って自分の仕事に取り組んでいる जेल से छूटकर वे निर्भयतापूर्वक देश-सेवा के कार्यों में जुट गए 出獄後恐れることなく国家への奉仕に励んだ (5) 取りかかる；掛かる；就く पार्टी की तैयारी में फिर जुट गई パーティーの準備にまた取りかかった वह जी जान से शादी की तैयारी में जुट गया 真剣に結婚の準備に取りかかった घर के कामकाज को कभी हाथ न लगाएँ फिर पड़ोसियों या रिश्तेदारों को आते ही काम में जुट जाएँ 家の中の仕事は一度もしたことがないのに近所の人や親戚の者が来たとたんに仕事に取りかかるとはね

जुटली [形] 大きなまげ（髷）のある

जुटाना [他] (1) つなぐ；合わせる；結合させる= जोड़ना. (2) 引っつける；接するようにする= भिड़ाना; सटाना. (3) いろいろなものをある目的のために準備する；揃える；集める；募る；整える；用意する；調達する बराती जुटाना 結婚式の行列の人たちを揃える सामान जुटाना 道具を揃える माता पिता उसके दहेज़ जुटाने की चिंता से बौखलाकर बार-बार उसे कोसते रहते हैं 両親は娘の持参金を調達するのに心配のあまり動転して幾度となく娘をののしる उसने सारी आवश्यक सामग्री जुटाई 必要な物を全部揃えた ऐसी हालत में विमान के टुकड़ों, शवों आदि से ही प्रमाण जुटाने होंगे こういう状況では飛行機の破片や遺体などだけで証拠を揃えなくてはなるまい मैंने इधर-उधर से फिर पैसा जुटाया またあちこちから金を集めた इतना समय नहीं मुझको जीवन में मिलता अपनी ख़ातिर सुख के कुछ सामान जुटा लूँ 少しの家財道具を揃えるほどの暇が私

には得られない युद्ध के लिए सामग्री और जनशक्ति जुटाना 戦争に備えて物資や人を揃える छोटे-बड़े, धनी-निर्धन सभी त्यौहार हेतु अभीष्ट सामग्री जुटा कर मनाते हैं 身分や財産に関係なくすべての人が欲しい品を揃えて祭りを祝う विज्ञान ने इस दिशा में नलकूपों का साधन जुटा दिया 科学はこの方面では掘り抜き井戸という手段を用意した ख़र्च जुटाना 費用を調達する आधुनिक राज्य सामाजिक सुविधाएँ जुटाने का कार्य करता है 近代国家は社会福利を整える活動をしている सड़क-निर्माण तथा मनोरंजन संबंधी सुविधाएँ जुटाना 道路建設と娯楽設備を整える लकड़ी बेचकर कुछ पैसे जुटा लूँ たきぎを売って金を準備する उन दिनों उस बालक को एक-एक पैसा जुटाना भी भारी पड़ जाता था 当時その少年にとっては1パイサーの金をやりくりすることさえ大変なことだった (4) 奮い起こす；充実させる जो खाना तो चाहते हैं, पर खाने की हिम्मत नहीं जुटा पाते 食べたいのだが，食べる勇気を奮い起こせない人たち इस बारे में कुछ कहने की हिम्मत नहीं जुटा पाती これについてはものを言う勇気を奮い起こせない

जुटाव [名] ←जुटाना. (1) 集めること (2) 揃えること (3) 整えること (4) 準備すること (5) 組み合わせ

जुट्टा [名] (1) 草やわら，小枝などの大きな束 (2) ひとむら（一叢）の草

जुट्टी [名*] (1) 束ねたもの；束 (2) 草やわらなどの束 (3) 同種のものを積み重ねたもの (4) 対になったもの

जुठारना [他] (1) 食いさす；食べ残す (2) 飲みさす；飲み残す (3) ほんの少し食べたり飲んだりする；口をつけるばかりで実際には殆ど飲食しない

जुठिहारा [名] 他人の食べ残したものや残飯を食べる人；他人の食べさしを食べる人

जुड़ना [自] (1) ひっつく；結合する；接合する；結びつく；結びつけられる（あることがらと他のことがらとが） अगर ये प्रस्ताव कानून में जुड़ गए तो हर तरह के किराएदार मारे जाँएगे これらの提案が法律と結びつけられるならあらゆる借家人は大打撃を被るだろう (2) 関わる；関連する；連なる；つながる；関係ができる इससे जुड़ी कथा-कहानियाँ これに関連した物語 उस जाति से जुड़ी हुई सामाजिक पद स्थिति そのカーストに関わる社会的地位 देवी-देवताओं से जुड़े मेलों के बारे में 神々に関係のある縁日について इसी स्मृति से जुड़ा एक और प्रसंग है 正にこの思い出につながるもう1つのことがある हाथ कंधों के पास धड़ से जुड़े हुए हैं 腕は肩のところで胴体とつながっている 1961 में स्थापना के बाद उपलब्धियाँ और कमियाँ दोनों ही एन॰आई॰एस॰के साथ जुड़ी रही हैं 1961 年の設立以降の成果と欠陥の両方が国立スポーツ協会につながってきている (3) 集まる；集う पान सिगरेट की दुकान पर जुड़े दोस्तों से गप्पें मारकर パーンやタバコを売る店に集う友人たちとおしゃべりをして (4) 加わる（何かがある上に付け加わること）；増える；増す；加えられる उस विरोध में सत्ता और जनता का नया विरोध जुड़ गया その対立に権力と人民との間の新しい対立が加わった कानून बदलते रहते हैं और अपराध जुड़ते या समाप्त होते रहते हैं 法律は常に変わり犯罪は増えたりなくなったりする (5) 組み合わされる；合う；結ばれる माधो के जुड़े हुए हाथ マードーの組んだ（組まれた）手 (6) 加わる；参加する

जुड़वाँ[1] [形] (1) 双子の (2) シャム双生児の；二重体の (3) 本来別個のものが結合したり2つあったりする **जुड़वाँ बच्चे** 双子

जुड़वाँ[2] [名] 双子；双生児

जुड़वाई [名*] ←जुड़वाना. つないだり結び合わせたりしてもらうことやそのための手間賃

जुड़वाना[1] [他・使] ←जोड़ना. (1) つながせる（繋がせる）；つないでもらう（繋いで貰う）；結び合わせる (2) 結合させる；引っつけてもらう पंचर जुड़वाने के पैसे パンクの修理代 (3) 加えさせる；つけ加えさせる

जुड़वाना[2] [他・使] ←जुड़ाना. (1) 冷やしてもらう；冷やさせる；さましてもらう；涼しくしてもらう (2) 鎮めさせる；鎮めてもらう；平静にさせる；落ち着かせる；満足させる

जुड़वाना[3] [他] (1) 冷やす；冷たくする (2) 鎮める；平静にさせる (3) 満足させる；喜ばせる

जुड़ाई[1] [名*] = जोड़ाई.

जुड़ाई[2] [名*] (1) 冷たさ；冷涼；冷気；涼しさ (2) 満足；納得；得心

जुड़ाना[1] [他] (1) 冷やす；冷ます (2) 鎮める (3) 喜ばせる；満足させる

जुड़ाना[2] [自] (1) 冷える；冷たくなる；覚める；涼む (2) 落ち着く；満ち足りる；満足する दिन की झुलसी हुई प्रकृति इस अमृत-वर्षा में जुड़ा रही थी 昼間に焼けついた自然はこの慈雨に涼んでいた

जुड़ाना[3] [他・使] (1) つながせる（繋がせる）；つないでもらう（繋いで貰う） (2) 結合させる；接合させる (3) 加えさせる→ जुड़ना; जोड़ना.

जुतना [自] (1) 牛馬などが車や犂につながれる बैल का गाड़ी में जुतना 牛が車につながれる (2) 熱心に従事する；懸命に仕事に就く दिन भर काम में जुता रहता 一日中仕事に熱心に従事している गर्मी, सर्दी और बरसात की परवा किए बग़ैर दिन भर काम में जुते रहते हैं 暑さ寒さ雨天にお構いなしに一日中仕事にかかりっきりでいる दिन रात बैलों की तरह काम में जुते रहते हैं 日夜馬車馬のように仕事に忙しくしている (3) 犂で耕される

जुतवाना [他・使] (1) 牛馬を車につながせる (2) 人を使って犂で耕させる

जुताई [名*] (1) 犂で耕すこと；耕作 गहरी जुताई से अकाल का डर सचमुच जाता रहता है 深く耕すと凶作の心配が全くなくなる जुताई का समय आ गया है 畑に犂を入れる時期が訪れた जुताई क॰ 耕す जुताई-बुआई 耕作と播種 (2) 犂で耕す労賃= जोताई.

जुताना [他・使] = जुतवाना.

जुतियाना [他] (1) 靴で叩く= जूतों से मारना; जूते लगाना. (2) 激しくののしって侮辱する

जुदा [形] 《P. جدا》 (1) 離れた；離れている= अलग; पृथक्. जुदा क॰ 引き離す उसका सिर धड़ से जुदा कर दिया जाएगा 首をはねられるだろう；首をちょんぎられるだろう (2) 離れ離れの；別れている；人と人が別れ別れになっている तुम से एक पल भी जुदा रहना तो मैं भी नहीं चाहती, पर सोच समझकर ही कदम बढ़ाने चाहिए 私もあなたとは一瞬たりとも別れていたくはないけれどよくよく考えて歩を進めるべきよ (3) 別の；異なった；違う= भिन्न; अन्य; दूसरा. अन्य उपकरणों का हाल भी इससे जुदा नहीं है 他の器物の状態もこれと違わない अम्मी के हाथ से पंखा एक मिनट के लिए भी जुदा नहीं होता うちわは母の手から片時も離れない (4) 親しい人と別れている；別離の状態の= विरही. **जुदा जुदा** いろいろな；様々な；種々な= समाज के जुदा जुदा रीति व्यवहार और दस्तूर को. 社会の様々な風習や慣習を

जुदाई [名*] 《P. جدائی》 (1) 離れていること；分離 (2) 別離 (3) 違い；相違

जुदागाना [形] 《P. جداگانہ》 (1) 別々の；離れ離れの= अलग अलग; पृथक् पृथक्. (2) 別個の；分離された जुदागाना इंतिख़ाब का उसूल 分離選挙の原則

जुनरी [名*] (1)〔植〕イネ科トウモロコシ【*Zea mays*】= जोन्हरी. (2)〔植〕イネ科モロコシ；ソルグム【*Sorghum*】→ ज्वार.

जुनून [名] 《A. جنون》狂気；狂乱；乱心 एक अजीब जुनून-सा कमला पर सवार था カマラーは一種独特の狂気のようなものにとりつかれた मज़हबी जुनून 宗教的狂乱 (-पर) **जुनून का दौरा पड़ना** （－に）狂気の発作が起こる **जुनून चढ़ना** 狂乱におちいる；狂気にとりつかれる

ज़ुन्नार [名] 《A. زنار》〔ヒ〕ヒンドゥーの再生族と呼ばれるいわゆるカースト・ヒンドゥーの男子がヒンドゥーとしての生を受けたしるしとして入門式 उपनयन の儀式後左肩から右脇腹へかけて掛ける聖紐，ジャネーウー= जनेऊ; यज्ञोपवीत.

ज़ुन्नारदार [形・名] 《A.P. زنار دار》ヒンドゥー；ヒンドゥー教徒

जुन्हरी [名*] = ज्वार.

जुन्हाई [名*] (1) 月光 (2) 月

जुपिटर [名] 《E. Jupiter》 (1)〔天〕木星 (2)（ローマ神話）ジュピター；ユピテル

ज़ुबाद [名] 《A. زباد》= ज़बाद. (1)〔動〕ジャコウネコ (2) ジャコウネコからとれるジャコウ

ज़ुबान [名*] 《P. زبان》= ज़बान. **ज़ुबान खुलना** *a.* 口が開く；話す；しゃべる मैं स्तंभित-सी उसकी ओर देख रही थी.कुछ भी बोला नहीं जा रहा था.ज़ुबान खुल ही नहीं रही थी, अजीब स्थिति थी 呆然となったかのように彼を見つめて口が開かなかった．全く口がきけなかった．なんとも言えないありさまだった *b.* 言葉を返す；言い返す **ज़ुबान खुलवाना** 話したくないことを話すように仕

向ける；重い口を開かせる；無理に言わせる；言うようにしむける **ज़ुबान खोलना** 言う；話す；口を割る उसने ज़ुबान नहीं खोली 男は口を割らなかった **ज़ुबान चलाना** 大きな口を叩く；横柄な口をきく कैसी ज़ुबान चलाती है! よくもそのような口がきけるものだ **ज़ुबान जलना** 天罰が当たる तेरी ज़ुबान जले! तू मेरी भैंस के मरने की कल्पना करता है और ऊपर से घी माँगता है わしの水牛が死ねばよいと思っているくせにギーをよこせとは．天罰が当たればよいのだ，お前には

ज़ुबानदराज़ी [名*]《P. زبان درازی》= ज़बानदराज़ी. और जब रास्ते में मजबूरी हो तो ज़ुबानदराज़ी नहीं किया करते, सिर झुकाया करते हैं もしも途中に余儀ないことがあるのなら大きな口は叩かぬことだ．頭を下げていることだ

ज़ुबानी [形]《P. زبانی》= ज़बानी.

जुमला [名]《A. جملہ जुम्ला》(1) 文；文章= वाक्य. नीचे कुछ जुमले ग़लत लिखे हैं कुछ सहीह 下記の文の一部は正しく一部は誤っている (2) 合計；総計；全体

जुमा [名]《A. جمعہ जुमुआ；जुमुआ》金曜日= शुक्रवार. जुमे को 金曜日に

जुमादल उख़रा [名]《A. جمادی الاخریٰ》〔イス〕イスラム暦の第 6 月

जुमादल ऊला [名]《A. جمادی الاولیٰ》〔イス〕イスラム暦の第 5 月

जुमान [名]《A. جمان》真珠= मोती；मुक्ता.

जुमा मस्जिद [名*]《A. جمعہ مسجد जुमुआ मस्जिद》〔イス〕金曜日にイスラム教徒が集合して祈りを捧げるマスジド（イスラム教寺院）；金曜モスク

जुमुआ [名]《A. جمعہ》金曜日 = जुमुआ；शुक्रवार.

ज़ुमुर्रुद [名]《A. زمرد》エメラルド= ज़ुमुर्रद；पन्ना.

जुमेरात [名*]《A. جمعرات》木曜日 = बृहस्पतिवार.

जुमेराती [名*]《A. جمعراتی》〔イス〕ジュメーラーティー（木曜日ごとに支給される給金や謝礼金）

जुम्मा[1] [名]《A. جمعہ जुमुआ》金曜日 = शुक्रवार.

जुम्मा[2] [形]《← A. جمع जमा》すべての；全部の；合計の **जुम्मा जुम्मा आठ दिन** *a.* ほんの数日間；短時日 *b.* 合計してもわずかの **जुम्मा जुम्मा आठ दिन की पैदाइश** 経験を積んでいない；経験の浅い；不慣れな；新米の；くちばしの黄色い

जुम्हूर [名]《A. جمہور》民衆；人民；一般大衆= जमहूर；जनसाधारण；जनता.

जुम्हूरियत [名*]《A. جمہوریت》民主主義= जम्हूरियत；लोकतंत्र；प्रजातंत्र；गणतंत्र.

जुम्हूरी [形]《A. جمہوری》(1) 民主主義の = जम्हूरी；लोकतांत्रिक；लोकतंत्रात्मक. (2) 一般民衆の；大衆の= सार्वजनिक；सार्वजनीन.

जुयांग [名] ジュヤーング／ジュアング（オリッサ州のキョンジャルやビハールのシングブーム地方に居住する指定部族民．オーストロ・アジア系の言語を母語とする）

जुरअत [名*]《A. جرات जुरअत/जुरअत》(1) 勇気 (2) 蛮勇；向こう見ず（な勇気や行為） वह हमारे वतन की तरफ़ आँख उठाने की जुरअत न कर सके 連中はわが国に目をつけるような向こう見ずをする勇気は出せなかった

जुरमाना [名] = जुर्माना.

ज़ुराफ़ [名]《A. زراف》〔動〕ジラフ = ज़राफ़.

ज़ुराफ़ा [名] = ज़ुराफ़.

जुराब [名*]《A. جراب》= जुर्राब. 靴下

ज़ुरूर [副] = ज़रूर.

जुरैसिक [形]《E. Jurassic》〔地〕ジュラ紀の जुरैसिक युग ジュラ紀

जुर्म [名]《A. جرم》(1) 犯罪；罪 (2) 過ち (3) 罪

जुर्माना [名]《A.P. جرمانہ》(1) 罰金 ढाई सौ रुपये का जुर्माना 250 ルピーの罰金 (2) 罰金刑= अर्थ दंड. **जुर्माना क°** 罰金を課す पंचायत को जुर्माना करने का अधिकार है, जेल भेजने का नहीं パンチャーヤトには罰金を課す権限はあるが投獄する権限はない **जुर्माना कटना** 罰金を徴収される；罰金を取られる ऐसा शायद ही कोई महीना जाता कि उसके वेतन से कुछ जुर्माना न कट जाता 給料から罰金を全く取られないような月はまずない **जुर्माना भरना** 罰金を納める；罰金を支払う= जुर्माने के रुपये भरना.

जुर्मे ख़फ़ीफ़ [名]《A. جرم خفیف》〔法〕軽微な犯罪；微罪= ज़मानती अपराध.

जुर्मे शदीद [名]《A. جرم شدید》〔法〕死刑に値する犯罪= जुर्मे अज़ीम；जुर्मे कबीरा.

जुर्रत [名*]《A. جرات जुरअत》= जुरअत. अब दिन दहाड़े शहर में यह कांड करने की जुर्रत कर डाली 今や大胆にも昼日中に街中でこの事件を起こした

जुर्रा [名]《P. جره》〔鳥〕ワシタカ科オオタカの雄= नर बाज़.

जुर्राब [名*]《A. جراب》靴下 = मोज़ा.

जुर्री [名*]《P. جری》〔鳥〕ワシタカ科オオタカの雌= बाज़；मादा बाज़.

जुल [名] 欺き；詐欺；欺瞞；詐り；嘘；ぺてん= छल；धोखा；चकमा. **जुल खेलना** だます；欺く **जुल दे°** *a.* だます；欺く *b.* けしかける **जुल में आ°** だまされる；ぺてんにかけられる

ज़ुलक़र्नैन [名]《A. ذو القرنین》アレクサンダー大王（सिकंदर）の称号

जुलना [自] 親しくする；親しむ；交わる

जुलफ [名*] = ज़ुल्फ़.

जुलबाज़ [形]《जुल + P.باز》人を欺く；だます

जुलबाज़ी [名*]《H. + P.بازی》欺くこと；詐欺；欺瞞

जुलाई[1] [名*]《E. July》7 月

जुलाई[2] [形] 嘘をつく；人をだます；欺く；ぺてんにかける

जुलाब [名]《A. جلاب जुल्लाब》下剤 हलका-सा जुलाब देने से 緩下剤を与えると **जुलाब दे°** *a.* 下剤を飲ませる *b.* よい教訓を与える；相当痛い目に遭わせる

जुलाहा [名]《P. جولاہ जौलाह》(1) 機織り（職人）；織工 (2) 機織りを専業としてきたムスリムのカースト（の人）；ジュラーハー (3)〔昆〕トンボ (4)〔昆〕アメンボウ **जुलाहे का गुस्सा दाढ़ी पर उतारना** 的はずれのところに怒りを向ける **जुलाहे का तीर** 嘘 **जुलाहे की सी दाढ़ी** 山羊ひげ= जुलाहे की दाढ़ी.

जुलूस [名]《A. جلوس》(1) 行列 काली का जुलूस カーリー神の行列 जनाज़े का जुलूस 葬列 (2) デモ行進；示威行進 जुलूस का नेतृत्व デモ行進の指揮 **जुलूस निकालना** *a.* 行列を出す *b.* デモ行進する

ज़ुल्फ़ [名]《P. زلف》(1) 髪の房 (2) びん（鬢） (3) 垂れ髪

ज़ुल्फ़िक़ार [名]《A. ذو الفقار》ズルフィカール（第 4 代正統カリフのアリーが預言者ムハンマドから授かった剣）= ज़ुलफ़क़ार.

ज़ुल्फ़ी [名*]《P. زلفی》= ज़ुल्फ़.

ज़ुल्म [名]《A. ظلم》(1) 暴虐；残虐行為 पुलिस के ज़ुल्म 警察の残虐行為 (2) 乱暴；ひどい仕打ち मैंने बड़े ज़ुल्म सहे हैं ひどい（嫁いびりの）仕打ちに耐えた (3) 不正 (4) 非道 (-पर) **ज़ुल्म टूटना** (ーが) 災厄に見舞われる **ज़ुल्म ढाना** めちゃをする；横暴なことをする；暴虐を働く= ज़ुल्म तोड़ना. लोगों पर ज़ुल्म ढाने लगे 人々に暴虐を働くようになった

ज़ुल्मत [名*]《A. ظلمت》闇；暗闇

ज़ुल्मत आबाद [名]《A.P. ظلمت آباد》(1) 暗黒の場所 (2) この世；現世= संसार；दुनिया.

ज़ुल्मतकदा [名]《A.P. ظلمت کده》= ज़ुल्मतआबाद.

ज़ुल्मात [名]《A. ظلمات》(1) 暗黒；暗闇；闇 (2) 不死の水があるとされる闇の世界

ज़ुल्मी [形]《A. ظلمی》(1) 暴虐な ज़ुल्मी हकूमत 暴虐な政府 (2) 激烈な；猛烈な

जुल्लाब [名] = जुलाब.

जुवजन [名] 青年；若者 = युवक；नौजवान.

जुवती [名*] 若い女性；娘= युवती.

जुवराज [名] 皇太子= युवराज.

जुवा[1] [形] 若い；若々しい = युवा.

जुवा[2] [名*] 若い娘= युवती.

जुवार[1] [名]《A. جوار》近隣；周辺；近辺

जुवार[2] [名*] = ज्वार.

जुशांदा [名]《P. جوشانده जुशांदा》煎じ薬= काढ़ा；क्वाथ；जोशांदा.

जुस्तजू [名*]《P. جستجو》探すこと；探究；捜査= खोज；तलाश；गवेषणा.

जुस्तोजू [名*]《P. جست و جو》= जुस्तजू.

ज़ुहर [名] = ज़ुह्र.

जुहार [名*] (1) 挨拶 (2) 敬礼；うやうやしく挨拶すること

जुहारना [自] (1) 挨拶する (2) 敬礼する；うやうやしく挨拶する
जुही [名*] = जूही; यूथी.
जुहराण [名] 月；太陰 = चंद्रमा; चाँद.
जुहू [名]〔ヒ〕儀式に用いられる柄杓
ज़ुहूर [名]《A. ظہور》(1) 出現= आविर्भाव. (2) 発生= उत्पत्ति.
जुहूवान [名] 火 = आग; अग्नि.
ज़ुह्र [名]《A. ظہر》〔イス〕イスラム教で正午のナマーズ（礼拝）を行う時間；ズフル ज़ुह्र की नमाज़ ズフルの礼拝
जूँ [名*]〔動〕〔昆〕シラミ（虱）= यूका. **जूँ की चाल** 遅い歩み；牛歩 **जूँ की टाँग नोचना** 根掘り葉掘りたずねる **जूँ की तरह रेंगना** 甚だゆっくり歩む **जूँ दिखाना** シラミをとってもらう (**कान/ कानों पर**) **जूँ न रेंगना** 影響や効果が全くない；影響を全く受けない；全くこたえない मगर जूँ कहाँ रेंगती है आपके कानों पर? でもあなたには何もこたえないんだから **जूँ पड़ना** シラミがわく **जूँ मारना** 無為に過ごす；無駄な時間を過ごす= मक्खी मारना.
जूँमुँहाँ [形+] 見かけとは反対に腹黒い
जू[1] [名]《E. zoo》動物園 = चिड़िया घर.
जू[2] [名] = जी. (1) 尊敬すべき相手の名の後につける敬称 (2) 呼びかけに用いられる言葉 दाऊ जू, एक विनती है おじさん，一つお願いなのです
जूआ[1] [名] (1) くびき（軛） (2) 碾き臼の把手
जूआ[2] [名] (1) ばくち；博打；賭博 (2) 失敗する危険の多いこと；ばくち= जुआ; द्यूत.
जूआख़ाना [名]《H.+ P.خانہ》賭場 = जूआघर.
जूआचोर [名] = जुआचोर.
जूक़ [名*]《T. جوق》集まり；集団；群れ= समूह; झुंड.
जूजी [名*] 耳たぶ；耳朶= कर्णपाली; कान की ललरी.
जूजू [名] (1) 想像上の恐ろしい動物（子供を恐ろしがらせるのに用いられる言葉） (2) 忌み嫌われるもの；蛇蝎= हाऊ.
जूजू बाबा [名] 怒りっぽい人；癇癪持ち
जूझना [自] (1) 組み討ちをする；取っ組み合う；つかみ合う (2) 戦う；闘争する；格闘する समुद्र की भयंकर लहरों से जूझने के कारण 海のものすごい波と戦うので पिछले वर्षों में देश कुछ गम्भीर आंतरिक समस्याओं और संकटों से जूझता रहा है この数年来わが国はいくつかの深刻な国内問題及び危機と戦っている भूकम्प से जूझते बिहार को बचाने 地震と戦っているビハールを救うために हज़ारों लोग अपने-अपने ढंग से अमानुषिकता की शक्तियों से जूझ रहे थे 幾千の人々がそれぞれ独自の方法で非人道的な勢力と戦っていた खाद्य-समस्या से जूझ रहे विकासशील देश 食糧問題と格闘している開発途上国
जूट[1] [名] (1) 長く伸びて絡み合った髪 (2) 長く伸びた髪を束ねたもの
जूट[2] [名]《E. jute》(1)〔植〕シナノキ科ジュート；黄麻；ツナソ（綱麻）；印度麻= पटसन. जूट के तने से रेशे निकालना ツナソの茎から繊維を取り出す (2) 同上の繊維
जूट मिल [名*]《E. jute mill》ジュート工場 जूट मिल के मालिक ジュート工場主
जूठन [名*] (1) 食べ残したり飲み残したりしたもの；食いさし；飲みさし भोजन की जूठन 食事の残りもの (2) 使用されたことのあるもの；使い古し **जूठन खाकर रहना** *a.* 他人に養育される *b.* 寄食する (**-के यहाँ**) **जूठन गिराना** （ーに）食事に招かれる **जूठन छोड़ना** 食べ残す；食いさす；飲み残す；飲みさす शीला को थाली में जूठन छोड़ना पसंद नहीं.न वह स्वयं छोड़ती है シーラーは食器に食べ残すのが嫌いで自分も食べ残しはしない **जूठन पर टूटना** *a.* 食いさしに飛びつく *b.* あさましい振る舞いをする **जूठन से पलना** = जूठन खाकर रहना.
जूठा[1] [形+] (1) 食べ残しの；飲み残しの जूठा खाना 食べ残しの食事 सुरेश की जूठी मिठाइयाँ スレーシュが食べ残した菓子 उसके प्रेम में जूठे बेर भी बड़े चाव से खाते रहे その人への愛情から食べ残しのイヌナツメさえとてもおいしそうに食べていた (2) 口をつけた；口をつけて汚した तू हमारे पीने का पानी जूठा क्यों कर रहा है? おれさまの飲む水に口をつけてなぜ汚すのだい (3) 新味のない；二番煎じの (4) 他人が用いた；使いさしの जूठे बरतन 使用済み（使いさし）の食器 (5) 最後に残った；使いものにならない जूठा कूठा बचा खुचा 残りかすの **जूठी जान पड़ना** 二番煎じに思える；新味のないものに思える **जूठी पत्तल चाटना** *a.* 人の使い古した物を用いる *b.* 人に養われる；寄食する *c.* 追従する **जूठी पत्तल-सा फेंक दे॰** ごみのように捨てる；全く無用のものとして捨て去る **जूठी रसोई** しかるべき人が先にすませた食事 **जूठे हाथ से कुत्ता न मारना** 極度にけちなことのたとえ
जूठा[2] [名] = जूठन.
जूड़[1] [形] 冷たい；冷えた= ठंडा; ठढा; शीतल.
जूड़[2] [名] = जूड़ा.
जूड़ा [名] (1) まげ；丸く束ねたりまげた髪 सारे दिन के बाद जूड़ा ढीला होकर नीचे गर्दन पर टिका है まる一日たつとまげがゆるんで後頭部に垂れている वे बालों के जूड़े में फूल अवश्य लगाती हैं その女性たちは必ずまげ（髷）に花を挿している पीछे जूड़ा बँधा हुआ 後頭部に髷を結った (2) 鳥の冠毛；とさか (3) ターバンの後部
जूडिशियल [形]《E. judicial》司法の；裁判の= न्यायिक. **जूडिशियल मजिस्ट्रेट** 判事；治安判事= न्यायिक मजिस्ट्रेट.
जूड़ी[1] [名*] (1) 激しい悪寒と震えの後に生じる高熱（発作） (2)〔医〕マラリア熱（特に熱帯熱マラリア） **जूड़ी चढ़ आ॰** *a.* マラリア熱が出る *b.* 震えが出る；恐ろしさに震える *c.* かっとなる；怒りに震える सेठ जी को मानो जूड़ी चढ़ आई 商人はまるでぞくぞくと震えが出たような感じがした
जूड़ी[2] [形] 冷たい；ひんやりした；冷えた；涼しい
जूडो [名]《E. judo ← J.》〔ス〕柔道
जूण [名*] 女陰；女性の陰部 = योनि.
जूत [名] 靴 = जूता; जोड़ा; पनही. **जूत पड़ना** 損をする；欠損を生じる
जूतम पैजार [名] 殴り合い；暴力沙汰 जायदाद को लेकर जूतम पैजार 地所をめぐっての暴力沙汰
जूता [名] (1) 靴（サンダルやスリッパなども含めることがある） जूतों का दूकानदार 靴屋の主人 जूते की पालिश क॰ 靴を磨く (2) 痛手；損害；打撃 **जूता उछलना** （靴を握って）殴り合いをする **जूता उठाना** 殴るために靴を手に取る (**-का**) **जूता उठाना** （ーに）仕える；（ーに）へつらう **जूता काटना** 靴が足に合わずまめなどができて痛む；靴があたる **जूता खाना** ののしられる；罵声を浴びる (**-का**) **जूता खाना** （ーに）殴られる **जूता गाँठना** *a.* 靴の修理をする *b.* つまらぬ仕事をする；しがない職に従事する जूते गाँठनेवाले चमार जाति के हुए 靴を修理する人はチャマール・カーストの人だった कल तक जूते गाँठता फिरता था きのうまではあちこちでしがない仕事をしていた **जूता घिसना** （靴がすりへるほど）幾度も訪れる；繰り返し訪ねる **जूता चलना** 殴り合いになる **जूता चलवाना** 争わせる **जूता चलाना** 靴で殴る **जूता चाटना** （ーに）追従する；へつらう **जूता जड़ना** = जूता चलाना. (**-को**) **जूता ढोना** （ーに）仕える (**-को**) **जूता दिखाना** （ーを）侮辱する **जूता दे॰** = जूता चलाना. **जूता पड़ना** *a.* （靴などの履物で頭を）殴られる *b.* 侮辱される *c.* 損をする；打撃を蒙る **जूता पहनना** *a.* 靴を履く *b.* 靴を買う；靴を購入する= जूता मोल ले॰. **जूता पहनाना** *a.* 靴を履かせる *b.* 靴を買い与える **जूता पोंछना** = जूता ढोना. **जूता बरसना** （頭を靴で）激しく殴られる **जूता बरसाना** （頭を靴で）ひどく殴る；叩きのめす；打ちすえる **जूता बेचना** しがない稼業をする **जूता बैठना** *a.* （頭を靴で）激しく殴られる *b.* ひどく侮辱される **जूता मारना** *a.* 靴などの履き物でなぐる *b.* 侮辱する *c.* 厳しい言葉を返す **जूता लगना** 侮辱される；辱められる **जूता लगाना** 侮辱する；辱める；恥をかかせる **जूते का आदमी** = जूते का यार. **जूते का यार** 強制されなければ（あるいは殴られなければ）仕事をしない人；怠け者 ये सब जूते के यार हैं, बिना उसके बाज़ थोड़े ही आते हैं こいつらは蹴飛ばさなければ手に負えない奴らだ **जूते मारना** = जूता मारना. **जूते सीधे क॰** こびへつらう；追従する **जूते से रौंदना** やっつける；踏みつぶす **जूतों मारना** （頭を靴で）激しく殴る इतने जूतों मारूँगा कि उसकी सात पुश्तें भी गंजी पैदा होंगी 7 代先まで禿頭が生まれるようにひどく殴ってやる **जूतों से आ॰** （頭を）靴などの履き物で殴る（甚だ侮辱的な行為） **जूतों से ख़बर ले॰** （頭を）靴などで殴る **जूतों से ठीक क॰** 力ずくで行う；腕ずくでする **जूतों से ठुकराना** さんざんに侮辱する **जूतों से पूजा क॰** = जूतों से ख़बर ले॰; जूतों से बात क॰. (**-को**) **भिगो-भिगोकर जूते मारना** （ーを）さんざんな目に遭わせる यह देखिए, उसने अपनी रिपोर्ट में भिगो-भिगोकर जूते मारे हैं मिस्टर शर्मा को これこの通り報告書の中で奴さんシャルマー氏をさんざんな目に遭わせている

जूताख़ोर [形]《H. + P. خور》恥知らずの；無恥な= निर्लज्ज; बेहया.

जूताचोर [名] こそどろ

जूती [名*] 女性用の靴 (小さな靴やサンダル，スリッパなども含める) (-की) **जूतियाँ उठाना** (ーに) へつらう；こびへつらう **जूतियाँ चटकारते फिरना** *a.* ぶらぶらする；ぶらぶらうろつきまわる *b.* あちこちでへつらう (-की) **जूतियाँ चूमना** (ーに) へつらう；世辞を言う **जूतियाँ तोड़ना** 懸命に努力する；必死の努力をする **जूतियाँ दबाकर भागना** こそこそ逃げ出す **जूतियाँ बग़ल में दबाकर भागना** = जूतियाँ दबाकर भागना. (-के सिर पर) **जूतियाँ रखना** (ーを) 辱める **जूतियाँ सहना** 侮辱に耐える (-की) **जूतियाँ सिर पर रखना** (ーに) 仕える **जूतियाँ सीधी क०** = जूतियाँ उठाना. (-की) **जूतियों की बदौलत** (ーの) 情けで (-की) **जूतियों के कारण** = (-की) जूतियों की बदौलत. **जूतियों पर बैठना** 下座に座る **जूतियों पर बैठाना** 下座に席を与える；侮辱する；辱める **जूती का यार** 強制されなければ働かない人；怠け者 **जूती की नोक पर मारना** 全く無視する；歯牙にもかけない；ものの数に入れない；問題にしない **जूती की नोक पर रखना** = जूती की नोक पर मारना. उन्होंने उन सब लांछनों को जूती की नोक पर रखा था それらの非難を全然問題になさらなかった **जूती की नोक बराबर न समझना** ものの数に入れない；歯牙にもかけない **जूती को तेल चुपड़ना** へつらう **जूती चलना** 殴り合う **जूती पर जूती चढ़ना** 旅行が間近な兆し **जूती पर रखना** = जूती की नोक पर मारना. **जूती बराबर न समझना** ものの数に入れない तुझे कोई जूती बराबर भी नहीं समझेगा だれもお前をものの数にも入れないだろう

जूतीख़ोर [形] = जूताख़ोर.

जूतीछिपाई [名*] (1) 花嫁の姉妹や友人たちが花婿の靴を隠す結婚式の行事の一 (2) その際隠した人たちに贈られる祝儀

जूतीपैज़ार [名*]《H.+ P. پیزار》(1) 靴での殴り合い (2) 取っ組み合いの喧嘩

जूथ [名] = यूथ.

जून[1] [名] 時；時間；時刻 दो जून खाना = दो जून भोजन. (インド式で 1 日) 2 度の食事，すなわち，三度三度の食事；1 日のまともな食事 बहुतों को दो जून भोजन नहीं मिलता 多くの人はまともな食事にありつけない कई दिनों से दो जून खाना नहीं खाया है 数日来まともな食事をしていない

जून[2] [名]《E. June》6 月 = जून का महीना. महँगाई भत्ता की यह दर एक जून 1974 से लागू मानी जाएगी 物価手当のこの率は 1974 年 6 月 1 日から適用されるものとする

जून[3] [名] 草；わら；わらすぼ

जून[4] [名*] = योनि.

जूना[1] [名] (1) 草やわらなどの植物繊維で編んだ縄 (2) わらなどを束ねたもの (器物を洗ったり磨いたりするのに用いる)；たわし

जूना[2] [形+] (1) 古い；古びた (2) 年老いた

जूनियर [形]《E. junior》(1) 下級の；ジュニアの；次席の；後輩の (2) 若い；ジュニアの जूनियर वकील 後輩の弁護士 एशियाई जूनियर बॉक्सिंग アジア・ジュニアボクシング जूनियर हाईस्कूल ジュニアハイスクール

जूप[1] [名] 祭儀の犠牲に供される動物をつなぐ杭

जूप[2] [名] (1) 賭け；賭けごと；賭博 (2) 新郎・新婦の間に儀式の一部として行われる賭けごと遊び

जूमना [自] 集まる；集合する；集う

जूर [名] (1) 寄せ集めたもの；ためたもの (2) 集積

जूरना [他] 合わせる；寄せ集める；積み重ねる

जूरर [名]《E. juror》陪審員団の 1 人；陪審員= जूरी सदस्य.

जूरा [名] = जूड़ा.

जूरिस्ट [名]《E. jurist》法律専門家；法学者= विधिशास्त्री.

जूरिस्डिक्शन [名]《E. jurisdiction》(1) 司法権；裁判権 (2) 管理権= अधिकार-क्षेत्र; अधिकारिता.

जूरी[1] [名]《E. jury》陪審；陪審員団 **जूरी बैठना** 陪審裁判が行われる

जूरी[2] [名*] たば (束)

जूरीमैन [名]《E. juryman》陪審員= जूरी सदस्य.

जूल [名]《E. joule》〔物理〕ジュール (エネルギーや仕事などの単位)

जूलाई [名*]《E. July》7 月 = जुलाई.

जूलियस कैलेंडर [名]《E. Julius calender》ユリウス暦

जूस[1] [名] (1) 煮物の汁 (2) スープ (3) 病人に与えるためにやわらかく煮たもの，特にダール (→ दाल).

जूस[2] [名]《E. juice》ジュース मैंगो जूस マンゴージュース **जूस मिक्सर** ジュース・ミキサー

जूस[3] [形]〔数〕偶数の= सम संख्या; युग्म संख्या.

जूसताक [名] つかみ取った子安貝の数が奇数か偶数かで勝敗を決める子供の遊びやばくち (丁半)

जूसर [名]《E. juicer》ジューサー

जूसी [名*] サトウキビの汁を煮つめて濃くした汁

जूह [名] 集まり；集団

जूही [名*] (1)〔植〕モクセイ科低木【*Jasminum auriculatum*】花に芳香あり香水や髪油の原料となる (2) 線香花火

जृंभ [名] (1) あくび = जँभाई; जम्हाई. (2) 疲労；疲れ

जृंभक [形] あくびをする= जम्हाई लेनेवाला.

जृंभण [名] (1) あくびをすること (2) 伸びをすること

जृंभा [名*] あくび = जम्हाई; जँभाई.

जृंभिका [名*] (1) 上顎；顎骨 (2) 上顎骨

जृंभी [形] あくびをする

जेंगरा [名] 豆類やヒエ，キビなどの茎やつる

जेंटलमैन [名]《E. gentleman》ジェントルマン；ゼントルマン；紳士；礼儀正しい人= जेंटिलमैन.

जेंटू [名]《E. gentoo ← Por. gentio》(1)〔古〕ポルトガル人が異教徒の意味でヒンドゥーを呼んだ呼称；ヒンドゥー教徒 (2) ヒンドゥーの言葉

जेंताक [名]〔アユ〕発汗作用を利用して行われる治療法

जेंवना[1] [他] 食べる= खाना; खाना खाना; भोजन क०.

जेंवना[2] [名] 食べ物；食物；食事

जेंवनार [名*]〔ヒ〕(宗教的・社会的意味を持つ) ヒンドゥーの会食= ज्योनार.

जेंवाना [他] 食べさせる；食べてもらう；食事を出す；食事をしてもらう；馳走する= जिमाना.

जे [代] Br. 及び Av. における関係代名詞兼関係代名形容詞直格複数形= जो.

ज़े[1] [名]《زے》ウルドゥー文字第 16 字字母 ز の名称

ज़े[2] [名]《ژے》ウルドゥー文字第 17 字字母 ژ の名称= ज़ाए फ़ारसी.

जेट[1] [名*] (1) 集まり (2) 積み上げたもの；堆積

जेट[2] [名]《E. jet》(1) ジェット；噴射 (2) ジェット機 (3) ジェットエンジン

जेट-नोदन [名] ジェット推進〈jet propulsion〉

जेट-प्रवाह [名]〔気象〕ジェット気流〈jet stream〉

जेट विमान [名] ジェット機

जेटी [名*]《E. jetty》(1) 桟橋 (2) 防波堤 पक्की कांक्रीट की जेटी コンクリートの防波堤

जेठांस [名] (1) 長男の相続分= ज्येष्ठ पुत्र का अंश. (2) 長男の相続する権利

जेठ[1] [名] (1) インドの太陰太陽暦の 3 月 (日本の旧暦 4 月 16 日からの 1 か月；ジェート月 (陽暦の 5 月〜6 月の 1 か月) (2) 夫の兄 (義兄) = भसुर.

जेठ[2] [形] (1) 年長の；年配の；年上の (2) 目上の

जेठरा [形+] = जेठा.

जेठरैत [名] (1) 村の最長老 (2) 村の長= गाँव का मुखिया.

जेठवा[1] [形] (1) ジェート月の (2) ジェート月に行われる

जेठवा[2] [名] ジェート月に収穫される綿花

जेठा [形+] (1) 年長の；年上の (2) すぐれた；優秀な

जेठाई [名*] (1) 年長であること；年上であること (2) すぐれていること；優秀さ

जेठानी [名*] 夫の兄の妻 (義姉)

जेठी[1] [形] (1) ジェート月の；インド暦 3 月の (2) ジェート月に行われる (3) ジェート月に収穫される

जेठी[2] [名*] (1) 長女 (2) ジェート月に収穫される稲 (3) ソルグムの一種 (ジェート月に播種される) (4) ジェート月に収穫される綿= टिकड़ी; जुड़ी; गँगरी.

जेठी मधु [名*]〔植〕マメ科多年草カンゾウ (甘草) = मुलेठी.

जेठौत [名] (1) 夫の兄の息子 (おい) (2) 夫の兄 = भसुर.

जेड [名]《E. jade》ひすい (翡翠)；ぎょく (玉)

जेडाइट [名]《E. jadeite》ひすい (翡翠)；輝石；硬玉

जेतव्य [形] (1) 勝つべき (2) 勝つことのできる
जेता[1] [形] 勝つ；勝利を収める= विजयी; जीतनेवाला.
जेता[2] [形・副] = जितना.
जेनरल[1] [形] 《E. general》(1) 一般の；一般的な；ゼネラル (2) 総括的な；概括的な= जनरल; जेनेरल.
जेनरल[2] [名] 《E. general》〔軍〕大将；将軍
जेनरल इलेक्शन [名] 《E. general election》総選挙= आम चुनाव.
जेनरल मर्चेंट [名] 《E. general merchant》雑貨商
जेनरल स्टैफ़ [名] 《E. general staff》〔軍〕参謀；参謀部；幕僚
जेनेरल स्टोर [名] 《E. general store》雑貨店
जेनेरेटर [名] 《E. generator》発電機 जेनेरेटर कार 電気車；発電車
जेनेवा 〔地名〕《E. Geneva》ジュネーブ（スイス）
जेपाल [名] = जमालगोटा.
जेपेलिन [名] = जेप्लिन.
जेप्लिन [名] 《E. Zeppelin》ツェッペリン式の硬式飛行船；ツェッペリン型飛行船
जेब [名*] 《A. جیب》(1) ポケット；かくし（隠し）= पाकेट; पाकिट. (2) 懐；懐の金 उसे कोट की जेब में रखकर सो गया था それを背広のポケットに入れて眠ってしまっていた **जेब कटना** *a.* すられる（掏られる） उनकी जेब कट गई あの人はすられた *b.* 金が出る；出費される **जेब कतरना** する（掏る） **जेब काटना** = जेब कतरना. **जेब ख़ाली कराना** 金を出させる；一文なしにする येन केन प्रकारेण लोगों की जेबें ख़ाली कराते हैं なんとかしてみなに金を出させる **जेब ख़ाली हो॰** 一文なしの (-की) **जेब गरम क॰** (ーに) 賄賂を贈る；贈賄する उसने खत्री की जेब गरम नहीं की あの男はカトリーに賄賂を贈らなかった (अपनी) **जेब गरम क॰** *a.* しこたま儲ける *b.* 収賄する **जेब टटोलना** 金を取り立てる (अपनी) **जेब देखना** (自分の) 懐（具合）を考える दूसरों की नकल करने की बजाए अपनी जेब देखिए 人の真似をする代わりに自分の懐具合を考えなさい (-की) **जेब भरना** (ーに) 賄賂を贈る；贈賄する **जेब भारी हो॰** 懐具合がよい；金回りがよい；景気がよい (-की) **जेब में जा॰** (ーの) 懐に入る (-की) **जेब में डालना** (ーに) 賄賂を贈る；袖の下を使う (-की) **जेब में पड़े रहना** (ーの) 意のままになる；意のままに操られる (-की) **जेब में पहुँचना** = जेब में जा॰. **जेब हलकी क॰** 金を費やす
जेबकट [名] = जेबकतरा.
जेबकतरा [名] すり（掏摸）；きんちゃくきり（巾着切り）
जेबकतराई [名*] (1) すること；すりとる（掏り取る）こと；掏摸 (2) 金をだましとること；詐取
जेब-ख़र्च [名] 《A.P. جیب خرچ》小遣い；小遣銭；ポケットマネー कल डैडी जेब-ख़र्च देंगे, तो मैं आप की कौड़ी कौड़ी लौटा दूँगा 明日，パパがお小遣いをくれたら一銭残らずお返しするよ
जेबख़ास [名] 《P.A. جیب خاص》国王手許金；お手元金= शाही थैली; शाही भत्ता; प्रीवी पर्स.
जेबघड़ी [名*] 懐中時計= जेबी घड़ी; वाच.
जेब चाक़ू [名] 《A.P. جیب چاقو》ポケットナイフ
जेबतराश [名] 《A.P. جیب تراش》すり = जेब कतरा.
जेबतराशी [名*] 《A.P. جیب تراشی》すりを働くこと= पाकेटमारी.
ज़ेबदार [形] 《P. زیب دار》美しい；形のよい
ज़ेबरा [名] 《E. zebra》〔動〕ウマ科シマウマ；ゼブラ
ज़ेबा [形] 《P. زیبا》(1) 美しい；きれいな；うるわしい= सुंदर; मनोरम. (2) 素敵な；立派な (3) 良い；適切な
ज़ेबाइश [名*] 《P. زیبائش》飾り；装飾= सज्जा; शृंगार. गरीबों के आँसू मोती बनकर बादशाह सलामत के गले की ज़ेबाइश बने हैं 貧しき者たちの涙が真珠になってお殿さまの首を飾るものになっている
जेबी [形] 《A. جیبی》(1) ポケットの (2) ポケットに入る；ポケットサイズの；小型の；袖珍の जेबी आकार का ポケットサイズの जेबी आकार की पुस्तकें ポケットブックス
जेबी कुत्ता [名] 愛玩犬
जेबी घड़ी [名*] 懐中時計= जेब घड़ी; वाच.
ज़ेबो ज़ीनत [名*] 《P.A. زیب و زینت》(1) 身なり；服装 (2) 化粧 (3) 装飾；飾りつけ = सजावट.
जेम[1] [副] あたかも；まるで= जैसे; मानो.
जेम[2] [名] 《E. jam》= जैम. अपने हाथों से ब्रेड पर जेम लगाकर 自分の手でパンにジャムを塗って
जेमन [名] (1) 食事（をすること） (2) 馳走をすること
जेय [形] 勝つことのできる；勝利する；勝利を収める
ज़ेयर 〔国名〕《E. Zaire》ザイール共和国
जेर [名*] (1) 羊膜 (2) 胎盤；後産 गाय ने जेर कई घंटे बाद गिराई 雌牛は数時間後に後産をした
ज़ेर[1] [形] 《P. زیر》(1) 下の；下方の (2) 無力な (3) 負けた；敗れた **ज़ेर क॰** 抑える；抑えつける；従える；負かす जैसे हम लोगों को ज़ेर करने में उनको मज़ा आ रहा हो まるで我々を負かすのが楽しいかのように
ज़ेर[2] [副] 《P. زیر》下に；下方に
ज़ेर[3] [名] 《P. زیر》ウルドゥー文字で短母音の i 音を表す記号. 文字の下に短い斜線で記される ِ
ज़ेरगुल [名] 《P. زیر گل》〔植〕キク科キンセンカ属トウキンセン（唐金盞）【*Calendula officinalis*】〈pot marigold〉
ज़ेरजामा [名] 《P. زیر جامه》(1) 下半身につける下着；下半身につける肌着 (2) 鞍の下に敷くもの
ज़ेरदस्त [形] 《P. زیر دست》(1) 下位の；支配下の；圧倒されている (2) 寄る辺ない
ज़ेरबंद [名] 《P. زیر بند》馬の股綱
ज़ेरबार [形] 《P. زیر بار》(1) 圧倒されている；支配されている (2) 負債のある (3) 恩義のある
ज़ेरबारी [名*] 《P. زیر باری》(1) 負債；債務 (2) 恩義
जेरी[1] [名*] (1) 家畜を逐うために牧夫の持つ棍棒 (2) 農作業用の熊手
जेरी[2] [名*] (1) 羊膜= पानी की थैली; आबी थैली. (2) 胎盤；後産
जेल [名⁻] 《E. jail》(1) 刑務所；監獄= कारागार; क़ैदख़ाना. (2) 投獄；刑務所生活 आयकर-चोरों को जेल होगी 所得税の脱税者は投獄されよう सज़ा के रूप में पति को जेल हो सकती है 罰として夫は投獄されうる **जेल काटना** 刑務所に入る；臭い飯を食う；豚箱に入る **जेल की रोटियाँ तोड़ना** = जेल काटना. **जेल की हवा खाना** = जेल काटना. **जेल की हवा खिलाना** 刑務所に入れる；豚箱に入れる **जेल तोड़कर भागना** 脱獄する **जेल में डालना** 投獄する जेल में सड़ना 牢屋に入れられる；獄中で苦しむ；臭い飯を食う नत्थूराम को उसके साथ जेल में सड़ना चाहिए ナットゥーラームはあいつと一緒に刑務所で苦しむべきなんだ जेलों में सड़ जाओगे 刑務所でさんざんな目に遭うぞ जेल से छूटना 刑期を終えて出所する；刑務所を出る
जेलख़ाना [名] 《E. jail + P.خانه》刑務所= कारागार; क़ैदख़ाना.
जेल-तोड़ [名*] 《E. jail + H. तोड़ ← तोड़ना》脱獄
जेल भरो आंदोलन [名] 《E. jail + H.भरो आंदोलन》政府への抗議運動として行われる積極的な入獄運動
जेल-यात्रा [名*] 《E. jail + यात्रा》入獄 राष्ट्रीय आंदोलन में जेलयात्रा 民族運動での入獄
जेलर [名] 《E. jailor》看守
जेलाटीन [名*] 《E. gelatin》ゼラチン
जेली[1] [名*] 《E. jelly》ゼリー
जेली[2] [名*] 〔農〕農作業用の三つ又や熊手 = पाँचा.
जेवड़ा [名] 綱；太い綱；太綱= जौड़ा.
जेवड़ी [名*] ひも；紐= जेवरी.
जेवनार [名*] (1) 会食= सहभोज (2) 料理；調理= भोजन; रसोई.
ज़ेवर [名] 《P. زیور》装身具（宝石や貴金属の装身具，財産を象徴するものでもある）= गहना; आभूषण. सोने चाँदी के ज़ेवर 金銀製の装身具；貴金属製の装身具；宝飾品 ज़ेवर-कपड़े 貴金属の装身具と衣服 तुम ज़ेवर जायदाद की बातें कर रही हो? 君は宝飾品や財産の話をしているのかい
जेवरा [名] 太い綱 = जेवड़ा.
ज़ेवरात [名, pl.] 《P. زیورات←زیور ज़ेवर》宝石や貴金属製の装身具；宝飾品= गहना; आभूषण; अलंकार.
जेवरी [名*] ひも；細い綱；細綱
जेवाँ [名] 食事
जेष्ठ[1] [名] ジェーシュタ月／ジェート月（インド暦の 3 月. 日本の旧暦 4 月 16 日からのひと月；陽暦の 5〜6 月）= ज्येष्ठमास; जेठ.

जेष्ठ[2] [形] 年長の；年上の= बड़ा; जेठा.
जेष्ठ[3] [名] 義兄（夫の兄）= जेठ; भसुर.
जेष्ठा [名*] = ज्येष्ठा.
जेह [名] (1) 弓弦の中心部で矢をつがえるところ (2) 壁の下部の厚くなったモルタル
जेहड़ [名] 水を入れて積み重ねられたかめ
ज़ेहन [名] 《A. ذہن ज़िह्न》(1) 頭；頭脳= बुद्धि. (2) 才能 (3) 記憶力 **ज़ेहन पर चढ़ना** 記憶される；記憶に残る **ज़ेहन में रखना** 考える；考察する；考慮する दूसरी चीज़ जो इस सिलसिले में ज़ेहन में रखनी चाहिए これに関連してもう 1 つ考慮すべきこと
ज़ेहनदार [形] 《A.P. ذہن دار ज़िह्नदार》聡明な；頭の良い
ज़ेहननशीन [形] 《A.P. ذہن نشین ज़िह्नशीन》解った；理解された；納得された；了解した चंद बातें ज़ेहननशीन करा लो 幾つかのことを納得させなさい
जेहल[1] [名*] 《A. جہل》(1) 愚かしさ (2) 無知 (3) 無作法；粗野
जेहल[2] [名] 《← E. jail》刑務所；監獄= जेल.
जेहलख़ाना [名] 《E. + P.خانہ》刑務所；監獄= जेलख़ाना; जेल.
जेहादी [形] 《A. جہادی जिहादी》(1) 聖戦の (2) 聖戦を戦う
ज़ेहानत [名*] 《A. ذہانت ज़िहानत》聡明さ；賢さ；賢明さ उसके चेहरे से ज़ेहानत और शराफ़त बरस रही थी あの人の顔には聡明さと上品さとがあふれていた
जैंता [名] = जैत.
ज़ैंथोफ़िल [名] 《E. xanthophyll》〔生化〕葉黄素
जैंप [名] 《E. jump》〔ス〕ジャンプ
ज़ैंबिया [国名] 《E. Zambia》ザンビア〈Republic of Zambia〉
जै [名*] (1) 勝利 = जय. (2) 勝利を祝ったり祝福や慶祝の言葉として唱える言葉；万歳 भारत माता की जय インド万歳；インド国万歳
जैक [名] 《E. jack》(1) ジャッキ (2)〔トラ〕ジャック
जैकार [名*] जै (= जय) と唱えること；万歳を唱えること= जयकार; जयजयकार.
जैकिट [名] = जैकेट. 《E. jacket》ジャケット，チョッキ，ブルゾン，ジャンパーなどの総称= जाकिट.
जैचंद [名] = जयचंद.
जै-जै [感] = जय-जय. 万歳 → जय/जै.
जैजैकार [名*] = जयजयकार. 勝利を祝ったり慶祝の意を表して万歳を唱えること
जैट [名] 《E. jet》ジェット = जेट.
जैट विमान [名] 《E. jet + H.》ジェット機〈jet; jet plane〉
जैढक [名] 大きな陣太鼓= जंगी ढोल.
जैत[1] [名*] 勝利；勝ち
जैत[2] [名]〔植〕マメ科草本ツノクサネム【*Sesbania aegyptica*】= जयत.
ज़ैत [名] 《A. زیتون / زیت जैतून/ज़ैत》(1)〔植〕モクセイ科高木オリーブ = ज़ैतून. (2) その木材 (3) オリーブの実 (4) オリーブ油
जैतू [名] 《← A. زیتون ज़ैतून》オリーブ油
ज़ैतून [名] 《A. زیتون》(1)〔植〕モクセイ科高木オリーブ【*Olea europaea*】(2) その木材 (3) オリーブの実 (4) オリーブ油 **ज़ैतून का तेल** オリーブ油
जैत्र [形] 勝利を収める= विजेता; विजयी
जैत्री [名*] = जैत; जैत का पेड़.
जैन[1] [名] (1) ジャイナ教；ジナ教= जैन धर्म. (2) ジャイナ教徒 = जैनी.
जैन[2] [形] (1) ジャイナ教の (2) ジャイナ教徒の जैन भिक्षु ジャイナ教徒の出家修行者；ジャイナ教の比丘. 白衣派（श्वेताम्बर）の出家は यती と呼ばれる. जैन मंदिर ジャイナ教寺院 जैन मुनि ジャイナ教のムニ
जैन धर्म [名] ジャイナ教；ジナ教 जैन धर्म में स्वीकृत चौबीस चिह्न ジャイナ教に認められている 24 の標識
जैनाचार्य [名] ジャイナ教のアーチャーリヤ（学僧）；ジャイナ教の学匠
जैनी[1] [形] (1) ジャイナ教の (2) ジャイナ教徒の
जैनी[2] [名] ジャイナ教徒；ジャイナ教信者 रणकपुर के जैन मंदिर जैनियों के पाँच प्रमुख तीर्थों में से एक है ラナカプルのジャイナ教寺院はジャイナ教徒の五大聖地の一である आजकल जैनियों की संख्या लगभग 15.2 लाख है 現今のジャイナ教徒の人口は約 152 万人である
जैमंगल [名] (1) 王の乗る象 (2)〔植〕ノウゼンカツラ科中高木【*Radermachera xylocarpa*】
जैम [名] 《E. jam》ジャム जैम और मक्खन ジャムとバター
जैमिनि〔人名・イ哲〕ジャイミニ（ミーマーンサー学派の開祖とされる，前 200–100）
जैयद [形] 《A. جید》(1) 巨大な；とてつもなく大きい (2) 強力な (3) 猛烈な；ものすごい
जैरामजी की [名*・感] = जय राम जी की. ラーマ，すなわち，ヴィシュヌ神を称える言葉でありヒンドゥー教徒の日常的な挨拶の言葉の一でもある दीनू ने बाबा को जैरामजी की की ディーヌーは祖父に挨拶した→ जै/जय.
ज़ैल [名] 《A. ذیل》(1) 下方；下の方；下部 (2) 衣服の裾 (3) 後に続くもの；後続のもの (4) ザイル（行政単位のジラー ज़िला，すなわち，県の下位区分で数か町村より成る単位）；イラーカー **ज़ैल में** 以下の通り；次の通り
ज़ैलदार [名] 《A.P. ذیلدار》〔史〕ザイルダール（ザイル ذیل の管理を担当する下級役人の一）
जैली [名*] 《E. jelly》ゼリー
जैव [形] (1) 生物の；生き物の (2) 生物学的な (3) 有機物の (4) 生命の जैव खाद 有機肥料= आर्गेनिक खाद. जैव नियतकालिकता 生物時計
जैव इलेक्ट्रानिकी [名*] 《E. bio + H.इलेक्ट्रानिकी ← E. electronics》生物工学；バイオニクス = बायोनिकी; इलेक्ट्रान जैविकी. 〈bionics; bioelectronics〉= बायोनिकी; इलेक्ट्रान जैविकी.
जैव रसायन [名] 生化学〈biochemistry〉
जैव रासायनिक [形] 生化学の；生化学上の
जैव विकास [名] 生物進化〈organic evolution〉
जैव विष [名] 毒素〈toxin〉
जैव शक्ति [名*] 生命力；活力〈vital force〉
जैविक [形] (1) 生物学的な；生物的な (2) 生命の；生き物の जैविक प्रक्रियाएँ 生命活動
जैविकी [名*] 生物学〈biology〉
जैविकीय [形] 生物学的な；生物学の〈biological〉 जैविकीय कारक 生物学的ファクター
जैसा [代形・代・副] 関係代名形容詞・関係代名詞・関係副詞として次のように用いられる (1) 先述のものや既知のものなどについての類似や例示・提示を表す（一の）ような（もの），（一に）似た（もの），（一）みたいな（もの），（一の）ように，（一に）似て，（一）みたいになど. 被修飾語の性・数・格に応じて जैसे (mas., sg. obl.; pl.), जैसी (fem.,sg.; pl.) と変化する महल जैसा बड़ा घर 王宮のように大きな家 इससे आग में घी जैसा असर होता これにより火に油を注ぐような影響が及ぶ भारत जैसे संघीय देशों में インドのような連邦国家において पाँच वर्ष पहले तक सब काम आराम से हो भी जाता था, पर कुछ वर्षों से उनका शरीर पहले जैसा परिश्रम नहीं कर पाता है 5 年前までは一切の仕事は容易にすませられたのだがこの 2〜3 年来同氏の身体は以前のように動かせなくなっている मेरे जैसे लेखक के पास 私のような作家の手元に देहाती किसान जैसी कद्दावर काया 農夫のような大柄な体 जैसा भी होगा, हम उसे सहर्ष और तुरंत कर डालेंगे 如何様なものであれ拙者はそれを喜んで致そう कोयल का अंडा रंग-रूप और वज़न में कौवे के अंडे जैसा नहीं होता カッコウの卵は色や形，重さがカラスの卵に似てはいない सेठ को उसका ऐसा कहना चुनौती जैसा लगा 長者にはその男がこのようなことを言うのが挑戦的なものに感じられた वे मुँहासों जैसी दिखाई पड़नेवाली फुँसियों के रूप में प्रकट होने लगते हैं それはにきびのようなものに見える吹き出物として現れ始める जैसा सिनेमा में होता है 映画にあるような；映画で見かけるような वैसलीन जैसा चिकना पदार्थ ワセリンのようにすべすべした物 देवरानी और जेठानी का रिश्ता तो बहनों जैसा होता है 兄弟の嫁同士（の関係）は姉妹のような関係だ फूल जैसा बच्चा 花のように愛くるしい子供 मोरनी मोर जैसी सुंदर नहीं होती 雌のクジャクは雄のクジャクほど美しくはない दहेज़ जैसी कुप्रथा ダヘーズ（持参金制）のような悪習 कैसी पागल जैसी बातें करते हैं आप? なんとまあ狂人のような話をなさるのですね इस पक्षी की चोंच टेढ़ी,

नुकीली और एक हथियार जैसी लगती है この鳥の嘴は曲がって尖っており一種の武器のように思える जापान जैसी छोटी फ़ार्म प्रणाली पर ज़ोर 日本のような小規模な農業方式を強調 मुझ जैसे दरिद्र के साथ 私みたいな貧乏人に対して बरफ़ जैसे पानी में 氷のような水に सिंह के बच्चे शुरू में बिलकुल बिल्ली के बच्चों जैसे ही लगते हैं ライオンの子は最初まるで猫の子そっくりに思えるものだ युद्ध जैसी स्थिति 戦争のような状況 कुदरत के बीच जब हम बालक जैसे दिखाई दें 大自然の中で人間が子供のように思える時 जैसी आपकी इच्छा お好きなようになさって下さい= आपकी जैसी मर्ज़ी. (2) ऐसा -जैसा =や जैसा - वैसा =の形で−と=とが同じことを表す；−通りの=；−そっくりの= एक बादशाह ने एक ऐसा महल बनवाया जैसा तब तक किसी ने नहीं देखा-सुना था ある殿様が今までだれも見たことも聞いたこともないような宮殿を造営させた मेरे लिए जैसा रमेश वैसे ही तुम 私にとってはラメーシュも君も全く同じだ तोते जैसा सुनते हैं वैसा ही बोलने लगते हैं オウムは聞いた通りにしゃべり出す जैसे उत्तर मुझे देने चाहिएँ वैसे नहीं दे पाई 私は答えるべき返答ができなかった आप जैसा सोच रहे हैं, वैसी कोई बात नहीं है お考えになっていらっしゃるようなことは何もありません जैसा ईसा मसीह ने कहा था, वैसा…イエスの言葉通りの… इसमें जैसा लिखा है वैसा करना これに書かれている通りにしなさい फिर जैसा आप चाहेंगी, मैं बिलकुल वही करूँगा それからお望みの通りに致します जल्दी से वही करो जैसा सपने में कहा है すぐさま夢の中で言った通りにしなさい मैं जैसी हूँ, अच्छी हूँ 私に構わないでちょうだい **जैसा करना वैसा भरना** 〔諺〕因果応報= जैसा करोगे वैसा भरोगे; आग खाना अंगार हगना. **जैसा का तैसा** 元のままの；元通りの；そっくりそのままの；旧態依然たる जगह-जगह घूमा और धन ख़त्म होने पर जैसा का तैसा घर लौट आया あちこち歩き回り金が尽きるとそのまま家に戻った समस्या अभी जैसी की तैसी थी 問題は今なお元のままだった **जैसा का वैसा** = जैसा का तैसा. **जैसा देश वैसा वेश (बनाना)** 〔諺〕郷に入りては郷に従え；所変われば品変わる= जैसा देश वैसा भेष (भेस). जैसा नाम वैसा रूप - जैसे पत्थर से फोड़कर निकाला हो その名の通りまるで原石を砕いて取り出したかのような **जैसा बोना वैसा काटना**, **जैसी करनी वैसी भरनी** 〔諺〕因果応報 **जैसा मुँह, वैसा थप्पड़** 〔諺〕*a*. 相手に応じた対応をすべきである *b*. 相手の行為に相応しい処罰をすること **जैसा सावन वैसा भादों** 〔諺〕常に変わらぬこと **जैसा सुई चोर, वैसा बज्जुर चोर** 〔諺〕何を盗もうと盗みは盗みである（物の大小とは関係ない） **जैसा ही** （−に／と）そっくりな；まるで同じの सभी के दिल हमारे जैसे ही हैं みなの心は私たちとまるで同じ वे दोनों चीज़ें एक जैसी ही होती हैं その２つの物は全くそっくりだ यह खिलौनेवाला भालू जैसा ही दिखाई पड़ता है このおもちゃ売りの男は熊にそっくりに見える **जैसी करनी वैसी भरनी** = जैसा बोना वैसा काटना. **जैसे को तैसा** 〔諺〕*a*. 相手に相応しい対応をすべきである；目には目を歯には歯を *b*. 己の行為に応じてその果を得るものである *c*. 自分の心がけ次第で他人の姿も見えるものである **जैसे को तैसा देना** = जैसे को तैसा. **जैसे दाम, वैसा काम** 〔諺〕職人に良い仕事を期待するのであればそれに見合った労賃を払うこと **जैसे से तैसा करना** = जैसे को तैसा. **जैसे देवता तैसी पूजा** 相手に応じて対処すべし

जैसा-तैसा [形$^+$] (1) 平凡な；ありきたりの；並みの；つまらない；まあまあの (2) いいかげんな；ろくでもない (-) **जैसा-तैसा कर डालना** （−を）不面目な目に遭わせる；やっつける

जैसे[1] [代形・代] → जैसा.

जैसे[2] [副] 関係副詞として次のように用いられる (1) （−する）ように जैसे हम देखते आये हैं これまで見てきたように मैं रुँधे गले से जैसे पूछने को कहता हूँ 声をつまらせてまるでたずねるように言う (2) まるで；あたかも；まるで−のように लेकिन हसन तो जैसे कुंभकर्णी नींद में सोया था ハサンはまるで前後不覚になったように眠りこんでいた लगता है, जैसे किसी ख़ूँख़ार जानवर के पिंजड़े में सो रहे हों まるで何か猛獣の檻の中で眠っているかのように खड्ड से गहरी धीमी-सी आवाज़ आई - जैसे कुएँ में बड़ा-सा पत्थर फेंकने पर आती है 穴の中からこもった低い声が聞こえて来た．まるで井戸に大きな石を投げこんだ時のように लगा जैसे उसके पैरों के नीचे से धरती ही खिसक गई हो まるで足もとからくずれ落ちるような感じがした जैसे बरातियों ने भी उनके मन की बात ताड़ ली 花婿行列の参加者たちもまるであの人の腹の中を察知したかのように अरे, तुम तो ऐसे टपक पड़े, जैसे कहीं पास ही छिपे बैठे थे! なんだ君はまるでどこかにひそんでいたみたいにひょっこり現れたな साँस फूली हुई है जैसे बहुत दौड़ लगा कर आया हो 随分と走ってきたかのように息切れしている उसके बाद विमला जैसे खो गई それからヴィマラーはあたかも行方不明のようになった जैसे आसपास में किसी फ़ोटोग्राफ़र ने ग्राउंडग्लास लगा रखे हों まるで写真屋が空にすりガラスをはめたかのように वह तो मोहन के शब्द सुन जैसे जड़ बन गई हो 彼女はモーハンの言葉を聞いてまるで硬直したかのようになった मैं चिल्लाना चाहता था, पर भीतर-ही-भीतर कलेजा जैसे बैठ रहा हो 叫びたかったのだが，体の中からまるで力が抜け出て行くみたいだった लोगों ने जैसे साँस लेना तक बंद कर दिया था まるで皆は呼吸までも止めたかのようだった (3) 例えば−；（−）とか सफ़ेद रंग की चीज़ें, जैसे? 白いものと言ったら例えばどんなもの？ गाँवों में बहुत-से कृषि-कार्य जैसे सिंचाई, बुआई तथा मड़ाई आज भी सामूहिक रूप से किये जाते हैं 村では灌漑とか種蒔きとか脱穀とかの多くの農作業は今日も集団で行われる **जैसे आया वैसे गया** 〔諺〕悪銭身につかず **जैसे ऊपर** 同上= यथोपरि. **जैसे चाहे नचाना** 思い通りに操る **जैसे जाना वैसे ही लौट आना** 訪れてすぐさま戻る **जैसे बने** なんとしても；いかようにしても；どうあっても；是が非でも **जैसे भी हो** なんとかして；どうにかして जैसे भी होगा, गुज़ार लूँगी どうにかしてやり過ごします

जैसे-जैसे [接]（文節を導いて）−につれ；−につれて；−に従って；−と共に जैसे-जैसे शाम गहराती जाती 夜が深まるにつれて जैसे-जैसे समाज जटिल होता जाता है 社会が複雑化するにつれて जैसे-जैसे आदमी बढ़ते जाते हैं, पेड़ कम होते जाते थे 人口が増えるにつれて樹木は減少して行く **जैसे-जैसे**…,**वैसे-वैसे**…のようにも用いられる जैसे-जैसे सूरज घूमता है, वैसे-वैसे सूरजमुखी भी घूमता है 太陽が回るにつれてヒマワリの花も回る

जैसे-तैसे [副] どうにかこうにか；なんとか；ようやくのことで；やっとのことで गाँव वालों ने रात आग और तमाखू के सहारे जागकर जैसे-तैसे काटी 村人たちはたき火とタバコで眠らぬようにしてどうにか夜を過ごした जैसे-तैसे गुस्सा पी गई やっとのことで怒りを我慢した पाँच रुपये कुली को देकर जैसे-तैसे मैंने पिंड छुटाया ポーターに５ルピー払ってなんとか厄介払いをした जैसे-तैसे उन्होंने बालक का अंतिम संस्कार किया ようやくのことで息子の葬儀を出した

जैसे ही [接] …と同時に；…したとたん（に）；(…) するが早いか जैसे ही सूरज छिपता है 日が沈むと同時に जैसे ही राजकुमार राजकुमारी के सामने उपस्थित हुआ, राजकुमारी ने पहला प्रश्न किया 王子が王女の前に進み出るが早いか王女は最初の質問をした जैसे ही घड़ी ने चार के घंटे बजाए, ज्योति जैसे तंद्रा से जागी 時計が４時を打つと同時にジョーティはまどろみから覚めた जैसे ही टोकरे को हाथ लगाया, अपशकुन हुआ 籠に手が触れたとたん不吉な徴候が起こった

जैस्पर [名] 《E. jasper》碧玉

जै हिंद [感] = जय हिंद/जय हिंद की インドに勝利あれ，の意（インドの独立前後にはインド万歳の意や日常の挨拶にも用いられた）→ जै; जय.

जै हिन्द [感] インド万歳 = जय हिंद/जय हिंद की が転訛したもの

जों [副] = ज्यों.

जोंक [名*] (1)〔動〕ヒル科ヒル（蛭）= जलूका; जलाका. (2) しつこくつきまとって自分の目的を達成する人；ダニ **जोंक की तरह चिपकना** しつこくつきまとう **जोंक की तरह पीछे लगना** = जोंक की तरह चिपकना. **जोंक की तरह लिपटना** = जोंक की तरह चिपकना.

जोंकी [名*] (1)〔動〕ヒル= जोंक. (2) かすがい（鎹）

जोंग [名]〔植〕アロエ= अगरु; घीकुवार.

जोंगट [名] = दोहद.

जों-जों [接] = ज्यों-ज्यों.

जोंदरी [名*] = जोधरी.

जोंधरिया [名*]〔植〕イネ科トウジンビエ【*Pennisetum typhoides*】

जोंधरी [名*]〔植〕イネ科モロコシ；ソルグム= जुन्हरी.

जो[1] [代] 関係代名詞で直格形は単数形も複数形も同じ．同形の関係代名形容詞については→ जो[2]. sg.dir. जो, sg.obl. जिस. なお sg. ac., da. जिसको = जिसे.；pl.dir. जो, pl.obl. जिन. なお pl. ac., da. जिनको = जिन्हें. 複数能格形は जिन्होंने となる ऐसे भी लोग हैं जो देर रात तक काम करते हैं और कम नींद लेते हैं 夜遅

くまで仕事をし睡眠時間の少ない人たちもいる तुझे जिंदगी में जो तू चाहेगा सब मिलेगा 君は人生において欲するものを全て手に入れよう जो हो गया है, उसे भूल जा すんでしまったこと（起こってしまったこと）を忘れてしまいなさい जिसने कभी तलवार नहीं चलाई, वह इरादा करने पर भी तलवार नहीं चला सकता 一度も刀を振るったことのない人はその気になっても刀を振るえないものだ माँ! यह तुम्हारा ही पुण्य प्रताप है, जो सुधा इस घर में आई है 母さん，スダーがこの家に来たのは母さんの積んだ功徳のおかげなんだ जो अपने प्रण पर दृढ़ रहता है तो ईश्वर भी उसकी सहायता करता है 自分の誓いを断固として守る人を神様までがお助け下さるものなのだ अब जो भी हो, यह जाएगी नहीं この先何があろうともこの人は行くまい सब का अपना अपना काम होता है, जिसे आसानी से कर सकता है だれしも容易にすることのできる自分の仕事があるものだ हमारे देस के उत्तर की तरफ़ पहाड़ ही पहाड़ हैं जिनकी चोटियाँ हमेशा बरफ़ से ढकी रहती हैं わが国の北の方角には山また山がありその頂きはいつも雪に覆われている इसमें कई खिलाड़ी ऐसे हैं जिन्हें दो या तीन टेस्ट ही खेलने का अनुभव है そのうち幾人かの選手はまだ 2〜3 回しかテストマッチの経験がない लेकिन जो मैं कहूँ, कुछ उसपर भी तो गौर करना चाहिए न でも私が申すことについても少しは考えてもらわなくてはね चाचा जो कहें , मान जा, बेटा.यह तेरे भले ही की कहेंगे おじさんのおっしゃることを聞きなさい．お前のためになることばかり仰るんだから लड़की जिसकी किसी के साथ मँगनी हुई हो 婚約した娘 ऐसी रोचक कहानियाँ जिन्हें पढ़कर बहुत आनंद आता है 読んでみるとうんと楽しくなる興味深い物語 इसके अलावा वे प्रतिवर्ष कई करोड़ रुपये का भुगतान उन ग्राहकों को करती हैं जिनका सामान मालगाड़ियों से या तो चोरी चला जाता है या ख़राब हो जाता है このほか貨車から物品が盗まれたり傷んだりした顧客に毎年数千万ルピーを支払っている तुम कौन हो बीच में पड़नेवाले? हम तो जो हैं सो हैं 君が口出しすることはない．おれはおれなんだ **जिसकी गोद में बैठे उसकी दाढ़ी नोचे** 〔諺〕恩を仇で返す **जिसकी न फटी बिवाई, वह क्या जाने पीर पराई** 〔諺〕苦痛を経験した人にしか他人の苦しみはわからない **जिसकी लाठी उसकी भैंस** 〔諺〕力は正義なり **जिसके हाथ में डोई, उसका सब कोई** 〔諺〕金持ちや権力者には皆がへつらう **जिसको राखे साइयाँ, मार न सके कोई** 〔諺〕神の加護があればだれも何 1 つ手出しできないもの **जो आँख से दूर, वह दिल से दूर** 〔諺〕別れた人は次第に遠い存在になってしまうもの；去る人は日々に疎し **जो नाच नचाओ सो सही** 好きなようにしろ（こちらではどうすることもできない） (-) **जो करना सो थोड़ा** （ーが）何をしようとも（その人の）意のままだ **जो कहा जाए सो थोड़ा** 言葉に言い尽くせない **जो किसी के लिए गढ़ा खोदे, उसके लिए कुआँ तैयार है** 〔諺〕人を呪わば穴二つ **जो गरजता है, वह बरसता नहीं** 〔諺〕大きな口を叩く人は仕事ができないもの **जो गुड़ खाएगा वही कान छेदाएगा** 〔諺〕苦労なしによいことはない；楽あれば苦あり **जो बोता है वही काटता है** 〔諺〕努力する人が報われるもの **जो भी हो** どうあろうとも；何はさておき **जो हुआ सो हुआ** 済んだことは済んだこと；済んでしまったことは忘れてしまえ= जो हो गया सो हो गया. **जो है** あの；その（つなぎの言葉として用いられる） यह जो है हमारे भाई का पता है これは，あの，僕の兄の住所なんだ

जो[2] ［代形］関係代名形容詞として用いられる．数及び格の変化は次の通り sg.dir. जो, sg.obl. जिस. pl.dir. जो, pl.obl. जिन. जो लोग एक दिन उससे डरते थे, वे उसकी इज़्ज़त करने लगे और साथ उठने-बैठने लगे かつては怖がっていた人たちが尊敬するようになり交際するようになった जो टीम ज़्यादा गोल कर लेती है वही जीतती है ゴールを多く決めたチームが勝つ जिस व्यक्ति को वह पैरों से ठुकरा रही है, वही उसका एकमात्र अवलंब है 自分が足蹴にしている人が唯一の頼りだ जो वस्तु मुझे मिली है, वह मेरी है 私の手に入ったものは私のものなのだ जो नुस्खा मैं बताऊँ, उसे तुम लोग काम में भी ला सकोगे? わしの言うやり方を君たちは実行できるかね शरीर को चलाने के लिए जिस शक्ति या ऊर्जा की ज़रूरत पड़ती है, उसे कैलोरी कहते हैं 体を動かすのに必要な力，すなわち，エネルギーをカロリーという उसके बारे में पूछ-ताछ करके जो भी बातें जान सको उन्हें अपनी डायरी में नोट कर लो それについてたずねて知ることのできたことは何であれ手帳に書きとめなさい जिस तरह उतावली होकर मैं गौरी की राह देख रही हूँ, उसी तरह तुम्हारी माँ भी शीला की राह देख रही होगी 私がガウリーを必死に待っているように母もシーラーを待っているに違いない जो शख़्स जिस्मानी मेहनत के काम नहीं करता 肉体労働をしない人 यूँ तो अब तक जो बातें भी हुई हैं वह भी कारामद बातें और याद रखनेवाली बातें हैं これまでの話は役に立つしまた記憶しておくべき話だ **जिस टहनी पर बैठे, उसी को काटो** 〔諺〕恩を仇で返す **जिस बरतन में खाना, उसी में छेद करना** 〔諺〕食べるのに使う器に穴をあける，すなわち，忘恩の行為のたとえ **जो आज्ञा** （ご命令）承知致しました；かしこまりました = जो हुक्म. जो हुक्म सरकार का （命令に対して）かしこまりました

जो[3] ［接］(1) もしも；仮に ख़बरदार जो आवाज़ निकाली よいか；もしも声を出したら承知しないから ज़ुकाम जो हो जाएगा 風邪を引いたら डेंगू बुख़ार ने जो पकड़ा तो デング熱が一旦とりつくと जो आप मेरे आधार हैं तो 仮にあなたが私の拠り所であるのなら (2) 理由を説明する文節を導く；ーなので；ーので अन्य मज़दूरों के कान खड़े हो गए क्योंकि ये सब कामचोर जो थे 他の労務者たちは恥じ入った．この連中はみな怠け者だったので राजकुमारी बेहोशी की दशा में पड़ी थी.कई दिन से खाना जो न मिला था 王女は失心して横たわっていた．幾日もの間食べ物が手に入らなかったので हम तुम्हें पीट सकते हैं, हम तुमसे बड़े जो ठहरे 僕は君をやっつけることができる．僕のほうが君より年上だから आपसे पुरानी जान-पहचान जो है, हमें तो यहीं पर अपना -सा लगता है あなたとは古いなじみですからここはわが家のような感じがします हाँ, मैं कह जो रहा हूँ そうだ．私が言っているだろう मैं जानती हूँ - तुम कुछ नहीं कहोगे, सदा के ही मितभाषी जो हो わかっているわよ．あんたは何も言わないわ．いつも言葉が少ない人なんだから "क्यों, अब क्यों नहीं लगेगा डर?" "अब आप जो हैं" 「なぜもう怖くないんだ」「もうあなたがいらっしゃるからなの」 नहीं, एक बार कह जो दिया.तुम केवल एक बार हाथ फेर सकते हो.इससे ज़्यादा नहीं だめだめ，一旦言っただろう．一度だけ手を回してよいがそれ以上はだめ तू घर से भागकर जो आई है.तेरे बाप को पता चल गया तो वह तुझे चुटिया से पकड़कर घर ले जाएगा お前は家出をしてきているのでもしも親父に知れたらお前を引きずって家に連れて帰るだろう घर में बहरे बसते हैं जो कमबख़्त इस ज़ोर से कुंडी खटखटाता है? 耳の悪い人が住んでいるみたいにドアの掛け金をやかましく鳴らしてくれて

जोइ[1] ［名*］妻；家内= पत्नी; स्त्री; जोरू; घरवाली.

जोइ[2] ［代］= जो[1] 関係代名詞

जोइआ ［名］《E. zoea》〔動〕ゾエア（甲殻類の幼生段階の一）

जोई ［名*］妻 = जोइ[1].

-जोई ［造語*］《P. جوئی》探す，探し出すなどの意を加える造語要素 ऐबजोई あら探し

जोउ ［代］= जो[1].

ज़ोए ［名］《ظوے》ウルドゥー文字第 23 字の字母 ظ の名称

जोकर ［名］《E. joker》(1) おどけもの；道化師 (2)〔トラ〕ジョーカー

जो कि[1] ［代］= जो[1]. उन लोगों के साथ जो कि उसका परिवार है その人の家族であるそれらの人たちに対して बाहर जाते समय वे बुर्क़ा पहनती हैं जिससे कि सारा शरीर ढक जाता है 女たちは外出時には全身が隠れるブルカーを着用する

जो कि[2] ［接］理由を表す文節を導く接続詞．…なので；…ので

जो कि[3] ［感］つなぎの言葉．あの，その，ええと；つまりなど वे डाक तार के एक उच्चाधिकारी के जो कि उनके मित्र हैं, यहाँ ठहरे हुए थे あの人は郵便・逓信局の偉いさんの，あの，その，友だちなんだ．ここに泊まっておられたんだ

जो कुछ ［代］直格単数形のみ用いられる．（…が／は）なんであれ；何でも；すべて जो कुछ उसके हाथ लगा その男の手に入った物は何であれ हमारे भाग्य में जो कुछ है, वही होगा どのようなものであれ運命に定められている通りにしかなるまい जो कुछ घट रहा था वह सच भी था 起こりつつあったことはすべて真実でもあった मैं जो कुछ भी हूँ, अपने परिवार की बनाई हुई हूँ 私がどうあろうとも自分の家族が作り上げたものなのです जो कुछ भी उसकी समझ में नहीं आता था, वह उसे मोहन से समझ लेता था わからないことはなんでもモーハンを介して理解するのだった यह सब जो कुछ हुआ है, तुम्हारे ही कारण हुआ है 生じたことの一切は実に君のせいなんだ मुझसे जो कुछ अपराध हुआ हो, क्षमा कीजिएगा 私の犯した罪を何もかもお赦し下さい तुमने जो कुछ किया ठीक किया है 君のしたことは何もかも誠に正しいことだ **जो कुछ भी हो** ど

うあろうとも；なにごとがあろうとも；どうあれ；なんであれ **जो कुछ हो** ともあれ；とまれ वहाँ पर जो कुछ हुआ, उसका अनुभव करके उसका दिल दहल गया そこで起こったことをすべて体験して震えあがった उसके जाने के समय ही जो कुछ कहना हो कहना 彼が去る時に言うべきことは何でも言いなさい

जो कोई[1] [代] 関係代名詞, sg. obl. は जिस किसी （…が）だれであれ；誰彼なしに；（…する）すべての人

जो कोई[2] [代形] 関係代名形容詞として जो कोई[1] と同様に用いられる

जोख [名*] (1) 計量 तौल (2) 重量

जोखना [他] (1) 計る；計量する (2) 長短や得失を考える；おもんぱかる（慮る）；思慮をめぐらす

जोखा[1] [名] (1) 計量 (2) 評価

जोखा[2] [名*] 妻 = स्त्री; जोरू; लुगाई.

जोखाई [名*] (1) 計量 (2) 計量の手間賃

जोखिम [名*] (1) 危険；危険性 यह सफ़र भी जोखिम का है この旅も危険の伴うものだ उसमें जान की जोखिम थी それには命の危険もあった जोखिम का काम 危険なこと；危険を伴うこと जान की जोखिम का काम क° 命がけでする जोखिम में हो° 危ない；危険な जान जोखिम में हो° 命が危ない (2) 企て；冒険 (3) 損害；損失 (4) リスク (5) 貴重品 (-की) **जोखिम उठाना** 危険を冒す अनेक जोखिम उठाकर वहाँ से उन्होंने जो वृत्तांत हमारी पत्रिका में प्रस्तुत किया 多くの危険を冒し氏が本誌に送ってきた情報 आँख के ज़ख़्म को छूने या उसकी सफ़ाई करने की जोखिम डाक्टर के सिवाय और किसी को न उठाने देना चाहिए 目のけがに触れたりそれをきれいにしたりする危険は医者以外は冒さないこと **जोखिम में जान पड़ना** 命が危ない；生命の危険がある **जोखिम ले°** = जोखिम उठाना; जोखिम सहना. **जोखिम सहना** = जोखिम उठाना.

जोखिमी [形] 危険な；危険を伴う

जोखुआ[1] [名] 計量する人；計量係；計量員

जोखुआ[2] [形] 計量された

जोखों [名*] = जोखिम; जान-जोखिम. जान की जोखों हो° 命が危険にさらされる；生命が危うい

जोग[1] [名] (1) 結合；連結 (2) 組み合わせの (3) 適合；適切 (4) 合計 (5) 一致；合一 (6) ヨーガ→ योग. (7) 呪法

जोग[2] [形] 適切な；ふさわしい；合致する；似合う = (-के) योग्य; (-के) लायक. सुशीला के लिए जोग बर スシーラーにふさわしい婿

जोग[3] [格助]〔古〕書簡の宛名につける言葉；(ー) へ；(ー) に；(ー) 宛= को, के पास.

जोगड़ा [名] (1) ヨーガ行者を卑しんで呼ぶ言葉 (2) えせヨーガ行者；にせ行者

जोगन [名*] = जोगिन.

जोगमाया [名*] = योगमाया.

जोगवना [他] (1) ヨーガの行を行う；ヨーガを修行する (2) 難しいことを懸命に行う (3) 大切に保管する (4) 貯める；蓄える

जोगसाधन [名] (1) 苦行 (2) 困難なこと；難事業

-जोगा [造語]（ーに）ふさわしい，（ーに）値するなどの意を有する合成語の構成要素= योग्य.

जोगानल [名*] ヨーガによって得られた力で点じられた火= योगानल.

जोगिंग [名*]《E. jogging》ジョギング

जोगिंदर [名] = जोगींद्र/योगीन्द्र.

जोगिन [名*] (1) ヨーガの行を行う遁世生活の女性；女性苦行者 (2) ヨーガ行者のように戒行に励む女性 (3) ジョーギン（ジョーギー जोगी (4) の妻）

जोगिनिया [名*] = जोगिनी/जोगिन.

जोगिनी[1] [名*] = जोगिन.

जोगिनी[2] [名*] ホタル = जुगनू; खद्योत.

जोगिया[1] [形] (1) ヨーガ行者の (2) ヨーガ行者の着る衣の色をした；赤褐色の；黄褐色の जाड़ों के मौसम में लाल, जोगिया, केसरी, पीला, जामुनी, चटक हरा, चाकलेटी या काला रंग अधिक अच्छा लगता है 冬には赤色，赤褐色，サフラン色，黄色，紫色，鮮緑色，チョコレート色，黒が映えるものだ जोगिया कपड़े 赤褐色の服

जोगिया[2] [名] (1) 赤褐色 (2) 赤褐色のヨーガ行者の衣；ジョーギヤー यह जोगिया क्यों पहन रखा है? 何故ジョーギヤーをまといたるか (3) ヨーガ行者 (4) ホーリー祭にちなんで歌われる歌 = जोगीड़ा. (5)〔イ音〕ジョーギヤー（ラーガの一，夜明け） (6) 似非ヨーガ行者

जोगींद्र [名] = योगींद्र/योगीन्द्र. (1) 卓越したヨーガ行者 (2) シヴァ神の異名の一

जोगी [名] (1) ヨーガ行者= योगी. (2) 遁世者 (3) ナート派の修行者 (4) ジョーギー（織工の一カースト） (5) ジョーギー（カーストの一，行者姿で宗教歌を歌って門付けをする） (6) 手品，蛇使いなどの大道芸を行う芸人 **जोगी बनना** 頭を丸める；剃髪する；出家する

जोगीड़ा [名] (1) ジョーギーラー（ホーリー祭に際して歌われる俗謡） (2) ジョーギーラーを歌い歩く人，あるいは，その人たちの連れ

जोगेश्वर [名] = योगेश्वर. (1) クリシュナ神 (2) シヴァ神

जोगेसर [名] = योगेश्वर.

जोगौटा [名] (1) ヨーガ行者；ジョーギー (2) ヨーガ行者が行の際全身にまとう布 (3) ジョーギーの携える袋；頭陀袋

जोग्य [形] = योग्य.

जो-जो [代・代形] 関係代名詞兼関係代名形容詞 जो の強調形. …する人はだれでも，…関わる物は皆など. उस दिन जो-जो स्कूल में आये 当日学校に来た者はだれしも जो-जो चीज़ें उस लड़की के पास थीं その娘の持っていた物すべてが

जोट[1] [名] (1) 対；一対= जोड़ा. (2) 仲間；相棒；同僚= साथी. (3) 群れ (4) 集まり (5) 犂をひく一対の役牛

जोट[2] [形] 等しい；対等な= समान.

जोटा [名] (1) 対；一対= जोड़ा. (2) 仲間；相棒 (3) 役畜の背に振り分けにしてのせる荷物の袋

जोटिंग [名] シヴァ神

जोड़ [名] (1) 集まること (2) 連なること；連結 (3) 結合；接続 (4) つなぎ目；結合部分；接合部分 बीच में जोड़ लगाना 間をつなぐ (5) 節；関節 मेरा जोड़-जोड़ दुख रहा था 体の節々が痛かった जोड़ों के दर्द 関節の痛み कोहनी या घुटने जैसे जोड़ों पर ひじとか膝のような関節に जोड़ों का घटिया 関節リューマチ (6) 対抗するもの；並ぶもの；対等のもの；比 एक विद्वान ऐसा था जिसका कोई जोड़ नहीं था 並ぶ者のない学者がいた रणथम्भोर की ये शहादतें, ये बलिदान, ये कुर्बानियाँ वीरता के इतिहास में अपना जोड़ नहीं रखतीं ラナタンボールにおけるこれらの殉難，これらの犠牲，これらの献身は勇敢さの歴史にその比がないものだ वह मुझे अपना जोड़ नहीं समझता あの人は私を対等な者だとは思っていない (7) 相手になる者；対；対になるもの बैल का जोड़ （二頭立ての牛車や犂をひく）相手の牛（役牛） (8) 一揃い (9) 好一対；好敵手 (10) 足し算 जोड़-घटा व गुण-भाग 加減乗除 (11) 和；合計 कुल जोड़ 総計；総合計 यदि कुल जोड़ + 20 और + 45 के बीच है तो もし総計が+20〜+45の間なら (-के) **जोड़ का** （ーと）肩を並べる；（ーと）並ぶ；（ーに）対抗する **जोड़ का जोड़ मिलना** 好敵手が見つかる **जोड़ का तोड़** 好敵手 **जोड़ खाना** *a*. 合う；合致する *b*. つがう；番う **जोड़ चलाना** 策略をめぐらす **जोड़ जोड़ टूटना** 体の節々が痛む；全身が痛む **जोड़ न रखना** 対抗するものや敵がない；無比の **जोड़ निकालना** 足す；足し算をする **जोड़ बंद लगाना** 策略をめぐらす **जोड़ बदना** 試合（勝負；一戦）が決まる **जोड़ बैठना** *a*. はずれた関節が元に収まる *b*. 工面がつく **जोड़ मिलना** 韻を踏む

जोड़-तोड़ [名*] (1) 工面；工夫 जाने कहाँ-कहाँ से जोड़-तोड़ कर पैसा लाता हूँ और घर के लोग हैं कि इतराते घूमते हैं こちらはありとあらゆる工面をして稼いで来るのに家族ときたら偉そうに振る舞っている (2) 細工；小細工；手練手管 सभी लोग फ़िल्मी दुनिया में प्रवेश करने की जोड़-तोड़ में जुटे हैं 誰も彼も映画界に入ろうと手練手管を弄している (3) 細工；企み；陰謀；策謀；策略 **जोड़-तोड़ क°** *a*. 策略をめぐらす；細工をする *b*. 工夫する *c*. 註釈を加える **जोड़-तोड़ का हो°** 好敵手 **जोड़-तोड़ चलाना** = जोड़-तोड़ क°. **जोड़-तोड़ मिलाना** = जोड़-तोड़ क°. **जोड़-तोड़ लगाना** = जोड़-तोड़ क°. **जोड़-तोड़ से** 手練手管で

जोड़दार [形]《H. + P. دار》継ぎ目のある

जोड़ना [他] (1) 継ぐ；つなぐ；つなぎ合わせる उसने नंगे तार को हाथ से पकड़कर जोड़ने का प्रयास किया 裸線を手でつかんでつなごうとした (2) 結ぶ；結びつける；関連づける；関係づける उससे संबंध जोड़ना それと関係を結ぶ आम तौर पर प्रेम का मतलब काम क्रीड़ा से जोड़ दिया जाता है 一般に「愛」の意味は性愛と結びつけ

ज

られる सारे मुहल्ले की छोटी जातियों की औरतों से उसने भौजाई का संबंध जोड़ लिया है 界限の低いカーストの女性たちとねえさん（姉さん）の関係を結んでいた (3) 付け加える；付加する (4) 足す；合わせる；合計する；合算する；差し引きする इन सब को जोड़िए तो अंत में जनता को कुछ लाभ नहीं होता これらを全て合計すると結局民衆には何の得にもならない (5) 集める；寄せる；寄せ集める＝ बटोरना. (6) ためる（貯める；溜める）；蓄える जब जब उसने पूँजी जोड़ी, वह ख़र्च हो गई 資金をためた度毎に使ってしまった पैसे जोड़ना 金をためる (7) 修理する；修繕する **जोड़ जोड़कर** 少しずつ；わずかずつ **जोड़ जोड़ धरना** ＝ जोड़ जोड़ रखना. **जोड़ जोड़（कर）रखना** けちけちして金をためる **जोड़नेवाली कड़ी** つなぎ目 **जोड़ना-बटोरना** *a.* かき集める *b.* つなぎ合わせる ये सारे संकेत अतीत के बिखरे हुए टुकड़ों को जोड़ने-बटोरने में सहायक होते हैं これらの手がかりは散り散りになった断片をつなぎ合わせるのに役立つ **जोड़ बटोरकर** かき集めて

जोड़पट्टी ［名*］（鉄道の）継ぎ目板

जोड़वाँ ［形］双子の；双生児の＝ जुड़वाँ; यमज.

जोड़वाना ［他・使］← जोड़ना.

जोड़ा ［名］(1) 一対のもの；対；対になったもの एक जोड़ा जूता 靴一足 (2)（例えばカミーズ कमीज़ とパージャーマー पाजामा などの）一揃いの衣服；上下一対の服；スーツ मेरा नया जोड़ा सिलकर आ गया 私の新しい揃いが縫い上がってきた तीन जोड़े कपड़े スーツ３着 (3) つがい（番い） कौओं का एक जोड़ा 一つがいのカラス；カラスのつがい एक हंसों का जोड़ा 一つがいのコブハクチョウ ख़रगोश का जोड़ा ウサギのつがい (4)（一足の）靴＝ एक जोड़ा जूता. (5) 組み合わせ (6) つがうこと (7) 交接 **जोड़ा क॰** 交接する **जोड़ा खाना** *a.* つがう（番う）；交尾する *b.* 交接する＝ संभोग क॰. **जोड़ा खिलाना** つがわせる **जोड़ा फ़ूटना** 配偶者に死なれる **जोड़ा बढ़ाना** 服を脱ぐ **जोड़ा बाँधना** つがいになる नर-मादा जोड़े बाँधते हैं. 雄と雌とはつがいになる **जोड़ा लगाना** ＝ जोड़ा खिलाना.

जोड़ाई ［名*］(1) つなぎ合わせること (2) 結びつけること；関係づけること (3) 付加すること；加えること

जोड़ाजामा ［名］《H. + A. جامہ》(1) 結婚式に花婿が着用する一揃いの服 (2) 王が下臣に下賜した衣服

जोड़ासंदेश ［名］ジョーラーサンデーシュ（牛乳を原料とした甘味菓子の一．ベンガル地方の菓子の一）

जोड़ी ［名*］(1) つい（対）；一対のもの；同種の２つのもの＝ जोड़ा. एक जोड़ी दुशाला ドゥシャーラー２枚（一組） बैलों की जोड़ी 2頭の役牛 (2) 男女の一組 (3) 雌雄のつがい (4) 揃いの衣服 एक जोड़ी चोला-घाघरा チョーラーとガーグラーの一揃い (5) 二頭立ての馬車，もしくは，二頭立ての役牛がひく牛車 (6) 2人の組合せ；組 श्रीवर-पीटर की जोड़ी जीती シュリーバー・ピーター組の勝利 (7) 一対のムグダル（鍛錬や運動に用いるクラブ）；インディアンクラブ (8) カスタネット

जोड़ीदार ［名］《H. + P. دار》相手；相棒；対抗者；対になるもの；並ぶもの

जोत[1] ［名*］(1) 光；輝き；光明 (2) 光線 (3) 灯明 जोत है तेरी जल और थल में 水と地の上に神よ汝が輝きあり (4) 視力；光明 फिर से जोत आ जाएगी तेरी इन आँखों में 再び汝の眼に光明が戻るであろう (5) 霊魂；魂→ ज्योति. **जोत चढ़ाना** 光明をともす **जोत जगाना** 明かりをともす；きっかけを作る तब तुम अपनी जोत जगाते टिम टिम टिम प्रकाश फैलाते するとおまえは明かりをともしちかちかちかと光を放つ（ホタル） **जोत से जोत मिलाना** 〔ヒ〕神と合一する；アートマー（個我）がパラマートマー（最高我）と合一する **जोत में जोत समाना** ＝ जोत से जोत मिलाना.

जोत[2] ［名*］(1) 耕すこと；耕作 (2) 耕作権 (3) 耕地 (4) 小作地 (5) 土地保有 (6) 地代；地税；小作料 (7) 牛や水牛などを車や犂につなぐこと (8) 牛馬の引き綱；引き綱；綱；革ひも (9) 棹秤の天秤皿のひも **जोत सीमा क़ानून** 耕地保有制限法

जोतखी ［名］＝ ज्योतिषी.

जोतदार ［名］《H. + P. دار》(1)〔史〕ジョトダール／ジョートダール（ベンガル地方の土地所有農民でザミーンダーリー制度下に任意小作人バルグダールとの間に小作関係を持ってきた） (2) 小作人 ＝ असामी; काश्तकार.

जोतना ［他］(1) 牛馬などの使役のため役畜を車や機械などにつなぐ एक्के और तांगे में घोड़े जोते जाते हैं エッカーやターンガーには馬がつながれる (2) 無理に行わせる；強制する；縛りつける (3)（犂で畑を）耕す；すく हल जोतना 犂で耕す अपने खेतों को जोतते 自分の畑を犂で耕す जोतना बोना 耕す；すく（犂を入れる）；耕作する जोता 耕された；すき（犂）の入った

जोतनी ［名*］軛にかける手綱

जोतसी ［名］＝ ज्योतिषी.

जोता[1] ［名］(1) 耕作者；農夫；農民；百姓 (2)〔農〕2日間は雇い主の畑で働き3日目は雇い主の役牛を使用して自分の畑で働く小作人 ＝ हरजोता; तिहारा. (3) 役牛の首につけられる綱

जोता[2] ［名］(1) 間仕切り（壁） (2) 梁

जोताई ［名*］← जोतना. 犂で耕すことやその耕作労働の労賃

जोताना ［他・使］← जोतना.

जोति ［名*］(1) 灯明 (2) ＝ ज्योति.

जोतिख ［名］＝ ज्योतिष.

जोतिखी ［名］＝ ज्योतिषी.

जोतिभोग ［名］〔ヒ〕灯明を灯し神饌を供えること

जोतियोड़ा ［名］サトウキビの圧搾機を回転させる役牛の軛につながれる革ひも

जोतिलिंग ［名］＝ ज्योतिर्लिंग.

जोतिहा ［名］(1) 農業労働者 (2) 農民；農夫

जोती ［名*］(1) 馬や役牛の手綱 (2) 役牛の首と軛とをつなぐ革ひも (3) 天秤皿を棒から下げるひも

जोत्स्ना ［名*］＝ ज्योत्स्ना.

जोधपुर 〔地名〕ジョードプル市（ラージャスターン州中西部の県都で元は藩王国の都）

जोधपुरी ［形］(1) ジョードプルの (2) ジョードプル風の **जोधपुरी कोट** 〔服〕ジョードプリー・コート（長袖詰め襟の男子上着）

जोधा ［名］戦士；武士＝ योद्धा.

जोन ［名*］＝ योनि.

ज़ोन ［名］《E. zone》(1) 地帯 (2) 地域 (3) 区域 ज़ोन डिफ़ेंस〔ス〕ゾーンディフェンス

जोना ［他］(1) 見る；見つめる (2) 待つ；待機する＝ देखना; जोहना.

जोनि ［名*］＝ योनि.

जोन्ह ［名*］月光＝ चंद्रिका; चाँदनी; ज्योत्स्ना.

जोन्हरी ［名*］＝ जोंधरी; ज्वार.

ज़ोफ़ ［名］《A. ضعف》(1) 弱ること；衰弱 (2) 老衰；老齢；老化

ज़ोफ़े जिगर ［名］《A.P. ضعف جگر》〔医〕肝臓障害

ज़ोफ़े दिमाग़ ［名］《A. ضعف دماغ》記憶力減退

ज़ोफ़े नज़र ［名］《A. ضعف نظر》視力減退

जोबन ［名］(1) 若さ；青春＝ यौवन. (2) 成熟 (3) 若々しさ (4) 若い女性の色気 (5) 若い娘の胸；乳房＝ कुच; स्तन. **जोबन उतरना** *a.* 女性の胸のふくらみが衰える *b.* 若さが過ぎる **जोबन चढ़ना** 思春期になる；青春を迎える **जोबन ढलना** ＝ जोबन उतरना. **जोबन पर आ॰** 青春の盛りになる **（-का）जोबन लूटना** （若い娘と）愛欲に耽る

ज़ोम ［名］《A. زعم》(1) うぬぼれ；傲慢＝ अहंकार. (2) 考え；意見＝ धारणा; ख़याल. (3) 断言；断定 (4) 熱意＝ जोश; उमंग; उत्साह.

जोय ［名*］(1) 妻；家内＝ जोरू; औरत; स्त्री; पत्नी. (2) 女；女性

ज़ोर ［名］《P. زور》(1) 力＝ बल; शक्ति; ताक़त. भाप में ज़ोर होता है 水蒸気には力がある (2) 体力 (3) 気力 (4) 威力 (5) 効力 (6) 勢い (7) 激しさ हमारे मुल्क में इस बीमारी का बड़ा ज़ोर था わが国ではこの病気が激しかった उस ज़माने में छूतछात का बहुत ज़ोर था 当時カースト差別が非常に激しかった बड़े ज़ोर की आवाज़ 非常に激しい音 (8) 隆盛 (9) 支え；頼り लाठी के ज़ोर पर किसी का हक़ छीनना 棍棒に頼って，すなわち，力ずくで人の権利を奪う (10) 影響力；支配力 (11) 負担 **ज़ोर आज़माना** 力を入れる **ज़ोर क॰** *a.* 力を入れる；力を加える *b.* 激しくなる *c.* 努力する *d.* 体操する；運動する **ज़ोर चलना** 力が及ぶ；影響力が及ぶ **（-पर）ज़ोर जताना** （ーに対して）威張る **ज़ोर-ज़ोर से** *a.* 激しく *b.* 大声で ज़ोर-ज़ोर से हँसना 大声で笑う सास के ज़ोर-ज़ोर से रोने के कारण 姑が大声で泣くものだから **ज़ोर टूटना** 力が衰える；弱くなる **ज़ोर डालना** *a.* 圧力をかける；力を加える；力を入れる *b.* 強調する；強く言う；言い立てる；やかましく言う **ज़ोर दे॰** ＝ ज़ोर डालना. अधिक ज़ोर देने पर ही वे बड़ी अनिच्छा से इसकी सहमति देती हैं 強く言うとようやくいやいやながらこれに同意する रचनात्मक कार्यक्रम पर ज़ोर

दे॰ 建設的な計画を強調する प्रधानाचार्य ने एक बार फिर ज़ोर देकर कहा 校長はもう一度力を入れて言った **ज़ोर पकड़ना** *a.* 勢いを得る；盛んになる；勢いづく उनमें अपनी ही जाति में विवाह करने की प्रथा ज़ोर पकड़ चुकी है 彼らの間では同一カースト内での結婚の風習が盛んになってしまっている असहयोग आंदोलन ज़ोर पकड़ता गया 非協力運動が盛んになって行った क्रिकेट ने सबसे पहले ज़ोर पकड़ा इंग्लैंड में クリケットは一番最初に英国で盛んになった *b.* 熱を帯びる बहस और भी ज़ोर पकड़ लेती 議論はさらに熱を帯びる **ज़ोर पड़ना** 負担がかかる इतना काम न कीजिये. आपके दिमाग़ पर ज़ोर पड़ेगा そんなに仕事をなさらないで．頭によくないですよ **(-के) ज़ोर पर कूदना** （ーの）威を借りる；有力者の威力を借りていばる；虎の威を借りた振る舞いをする **ज़ोर पर चढ़ना** 盛んになる **(-को) ज़ोर पहुँचाना** （ーを）力づける；勢いをつける **(-पर) ज़ोर पहुँचाना** （ーに）圧力をかける **ज़ोर फटना** 勢いが余る；元気があり余る बहुत ज़ोर फट रहा है तो मज़बूत लड़कों से क्यों नहीं लड़ते 元気が余るほどあるのならなぜ強い子と戦わないのだ **ज़ोर बाँधना** 激しくなる；勢いづく **ज़ोर मारना** *a.* 一生懸命励む；必死に努力する *b.* 力を入れる；力む **ज़ोर में आ॰** 勢いを得る；盛んになる **ज़ोर में हो॰** 盛んな；勢いを得る **ज़ोर लगाना** ＝ ज़ोर मारना. हर टोली जीतने के लिए ज़ोर लगाती है 各チームとも勝利を得ようと必死になる उसने बहुत ज़ोर लगाया, परंतु शलगम न उखड़ा 男は更に力を入れたが，かぶらは抜けなかった **ज़ोर से** *a.* きつく；固く；力を加えて यदि किसी डिब्बे का ढक्कन बहुत ज़ोर से बंद हो गया हो तो もし容器の蓋がとてもきつくしまったならば *b.* 激しく；激しい勢いで *c.* 大声で जोश में आकर ज़ोर से बोलने लगती है 熱が入ると大声で話し始める मैंने ज़ोर से कहा 大声で言った मुर्ग़े ने फिर ज़ोर से बाँग दी 雄鶏が再び大声で時を告げた हाथी ज़ोर से चिंघाड़ता इधर उधर भागने लगा 象がけたたましい叫び声をあげながらあちこち走り出した

ज़ोर-आज़मा [形]《P. زور آزما》争う；競う；対抗する；競い合う

ज़ोर-आज़माई [名*]《P. زور آزمائی》争い；対抗；競い合い उतरनेवालों और चढ़नेवालों में ज़ोर आज़माई होने लगी 降りる人と乗る人の間で争いが始まった खेत की मेड़ पर किसी चीज़ से ज़ोरआज़माई कर रहे थे 畑のうねで何かで争っているところだった

ज़ोर-ज़बरदस्ती [名*]《P. زور زبردستی》強制；むりやり एक प्रकार की ज़ोर ज़बरदस्ती 一種の強制 ज़ोर ज़बरदस्ती का सहारा 力ずく；力に頼ること **ज़ोर-ज़बरदस्ती क॰** 無理強いする；強要する **ज़ोर-ज़बरदस्ती में** 強制的に；むりやりに निश्चय ही यह बयान ज़ोर-ज़बरदस्ती में दिलवाया लगता है 確かにこの弁明は強制的にさせられたもののようだ **ज़ोर-ज़बरदस्ती से** しゃにむに；わけもなく；無理に

ज़ोर-ज़ुल्म [名]《P.A. زور ظلم》暴虐；非道；暴力行為；無法行為

ज़ोर-दबाव [名]《P. زور + H.》圧力；圧迫；ごりおし राजनैतिक दल का ज़ोर-दबाव 政党の圧力

ज़ोरदार [形]《P. زور دار》(1) 強力な；力強い (2) 激しい；猛烈な；強烈な；ものすごい मुक़ाबला ज़ोरदार होगा 試合は激しいものとなろう उसने ज़ोरदार ठहाका लगाया ものすごい豪傑笑いをした (3) 盛大な राजतिलक के लिए नगर-भर में ज़ोरदार तैयारियाँ की जाने लगीं 即位式のために都中に盛大な準備が始められた

ज़ोरशोर [名]《P. زور شور》(1) 意気込み；熱意；熱心さ (2) 激しさ (3) 盛大なこと (4) 騒ぎ；騒動 **ज़ोरशोर से** *a.* 激しく अब तो वह आंदोलन और भी ज़ोरशोर से चलेगा これからはその運動は更に激しくなるだろう *b.* 熱心に；熱をこめて एक बार डाक्टरों ने बड़े ज़ोरशोर से रक्तदान के महत्त्व पर भाषण दिया 非常に熱心に献血の重要性について語った *c.* 盛大に अपनी बिटिया का जन्मदिन कितने ज़ोरशोर से मनाया था 自分の娘の誕生日をどれほど盛大に祝ったことか *d.* 盛んに；活発に；精力的に ज़ोरशोर से तैयारियाँ चल रही थीं 盛んに準備が行われていた हर क्षेत्र में नई नीति की ज़ोरशोर से चर्चा हो रही है 各地域で新政策について盛んに論じられている

ज़ोराज़ोरी[1] [名*]《← P. زور》力ずく

ज़ोराज़ोरी[2] [副] むりやりに；力ずくで

ज़ोरावर [形]《P. زور آور》(1) 強力な；力強い (2) 猛烈な；ものすごい；すさまじい

ज़ोरावरी [名*]《P. زور آوری》(1) 強力な様子；力強いこと (2) 猛烈なこと；ものすごさ；すごさ

जोरू [名*] 妻；女房；家内；ワイフ；つれあい जिसकी अपनी जोरू ज़िंदगी भर नहीं रही 終生妻を持たなかった男 **जोरू का ग़ुलाम** 女房の尻に敷かれている男 वे यह भी पसंद नहीं करतीं कि उनका पति सरे आम जोरू का ग़ुलाम कहलाए 女性たちは世間で自分の夫が妻の尻に敷かれていると言われるのもいやだ **जोरू-जाँता** 妻子と家庭

ज़ोरे बाज़ू [名]《P. زور بازو》(1) 腕力 (2) 自分の努力

ज़ोरोशोर [名]《P. زور و شور》＝ ज़ोरशोर.

जोर्दन 〔国名〕《E. Jordan》ヨルダン＝ उर्दन اردن. → युर्दान.

जोलाहा [名] 機織り；織工＝ जुलाहा.

जोली[1] [名*] 親しい人；親密な人；仲間

जोली[2] [名*] (1) ハンモック (2) 帆布の上げ下ろしに用いる綱

जोवना [他] (1) 見つめる；注意深く見る (2) 待つ (3) 探す＝ जोहना.

जोवार [名]〔鳥〕キジ科ハイイロジュケイ【*Tragopan melanocephalus*】

जोशंदा [名] 煎じ薬＝ जोशांदा; काढ़ा; क्वाथ.

जोश [名]《P. جوش》(1) 沸騰；たぎること (2) 熱；熱気；たぎるもの；熱を出すもの अंदरूनी जोश 地熱 (3) 情熱；熱意；気力の充実；熱心なこと；意気込み जोश भरे स्वर में बोलीं 熱のこもった声で話した वह जोश में हाँफने लगा 意気込みのあまり息が激しくなり始めた जवानी के जोश में सब से ग़लतियाँ होती हैं 青春の情熱のあまりだれしも失敗を冒すものだ लोगों ने इतने जोश के साथ मेरा स्वागत किया है 皆はこれほど熱烈に私を歓迎してくれた **जोश खाना** *a.* 沸騰する *b.* 興奮する **जोश ठंडा पड़ना** 気合が抜ける；熱が冷める **जोश दिलाना** 元気づける；活を入れる＝ उत्साहित क॰. **जोश दे॰** *a.* 沸かす；煮る *b.* かきたてる **(-में) जोश भरना** （ーに）気合を入れる；活を入れる इस ललकार ने वहाँ के किसानों में नया जोश भर दिया この呼びかけが同地の農民たちに新しい活力を与えた **जोश मारना** *a.* 沸き立つ *b.* 沸騰する **जोश में आ॰** *a.* 気合が入る；元気づく；奮い立つ *b.* かっとなる；腹を立てる；興奮する **जोश में भरना** 張り切る；気力が充実する वह जोश में भरा था 張り切っていた **जोश से** 熱心に；熱をこめて

जोश-ख़रोश [名]《P. جوش و خروش जोशो ख़रोश》(1) 熱意；意気込み；熱心＝ उत्साह. सार्वजनिक प्रदर्शन एवं सभाओं का संगठन करता और उनमें जोश-ख़रोश के साथ भाग लेता デモや集会を組織し集会に熱心に参加する जोश-ख़रोश से 熱心に；熱烈に **जोश-ख़रोश के साथ** 熱烈に；全身全霊を注いで नट-नटी ने पूरे जोश-ख़रोश के साथ अपनी आत्मा इस खेल में उँडेलकर काम आरंभ किया 軽業師の夫婦は全身全霊を注いで演技を始めた (2) 激しさ；盛んなこと

जोशज़न [形]《P. جوش زن》沸騰している＝ उबलता हुआ; उफनता हुआ.

जोशज़नी [名*]《P. جوش زنی》沸騰（すること）＝ जोश मारना.

जोशन [名]《P. جوشن》(1) 鎧；鎖帷子；胴よろい (2)〔装身〕ジョーシャン（女性が両方の上腕に 1 つずつ着ける中空の玉をひもに通した金銀製の腕飾りの一）＝ भुजबंद; बाज़ूबंद.

जोशांदा [名]《P. جوشانده》薬草を煎じた飲み薬；煎じ薬→ जोशंदा.

जोशी [名] (1) ＝ ज्योतिषी. (2) ガルワール・ヒマーラヤ，グジャラート，マハーラーシュトラなどの一部の地方のバラモンの集団名

जोशीमठ 〔ヒ・地名〕ジョーシーマト；ウッタラーンチャル・プラデーシュ州のガルワールに所在するヒンドゥー教の聖地（北緯 30 度 33 分，東経 79 度 35 分）

जोशीला [形+] (1) 意気盛んな；熱気のこもった (2) 威勢のよい (3) 興奮しやすい；激しやすい जोशीला भाषण 熱気のこもった演説 काफ़ी जोशीले नारे लगाये जा रहे थे かなり威勢のよいスローガンも叫ばれていた

जोशोख़रोश [名]《P. جوش و خروش》＝ जोश-ख़रोश.

जोष [名] (1) 喜び ＝ प्रीति. (2) 安心；満足 ＝ संतोष. (3) 安楽 ＝ सुख; आराम.

जोषी [名] ＝ जोशी.

जोह [名*] (1) 注視 (2) 待つこと ＝ प्रतीक्षा. (3) 探すこと ＝ तलाश. (4) 思いやりの眼差し＝ कृपादृष्टि. **जोह लगाना** 探す

जोहड़ [名] (1) 雨水の溜まるところ (2) いつも水の溜まるところ (3) 涸れた川の川床

जोहना [他] (1) 注視する；見つめる (2) 待つ＝ राह देखना; इंतज़ार क॰. किसकी बाट जोह रही हो? だれを待っているの (3) 窺う；

ज

探し求める पेट भरने के लिए औरों का मुँह जोहती है 生活の糧を得るのに人を頼りにする

ज़ोहरा [名] 《A. زہره ज़ुहा》〔天〕金星 = शुक्र; शुक्र तारा.

जोहार[1] [名*]（長上の人の足元に平伏する）挨拶；お辞儀；最敬礼= नमस्कार; प्रणाम; अभिवादन.

जोहार[2] [名] = बावली.

जोहारना [自] 平伏して挨拶する；丁重に挨拶をする；お辞儀をする；敬礼をする

जोहारी [名*] 丁重な挨拶；敬礼= नमस्कार; प्रणाम.

जो है [感] 言葉のつなぎとして用いられる言葉．あの，あのう，ええとなど． ओह! लीजिये बस चला.हाँ तुम भी यहाँ क्या करोगी? नीलम जो है, यहाँ आओ ज़रा ああ，じゃ失礼するわ，そうだお前もここにいてすることもあるまい．ニーラム，あのうちょっとこちらへおいで

जौं [接] もし；もしも；仮に= यदि; अगर.

जौंकना [他] (1) どなりつける；叱りつける；どやす (2) ののしる

जौंची [名*]〔農〕黒穂病

जौंडा [名] 畑の見張台 = मचान.

जौंड़ा [名] 村落共同体の中で役務を提供するカーストに食料などの現物で支払われる報酬

जौंरा [名] = जौंडा.

जौंरा भौंरा[1] [名] 宮殿や城の地下の宝物庫

जौंरा भौंरा[2] [名] (1) 双生児 (2) いつも一緒にいる２人；親密な２人の友人

जौ[1] [名] (1)〔植〕イネ科オオムギ（大麦）【*Hordeum vulgare*】= यव. (2) オオムギの粒 जौ का आटा 大麦の粉 (3) ジョウ（重量単位．オオムギ１粒もしくはカラシ粒約６個分の重さ） (4) ジョウ（長さの単位．オオムギの粒の幅．गिरह の 24 分の 1．ガズを 91.438cm とする単位では 0.238cm．旧ガズでは 0.218cm） **जौ जौ (करके)** ほんの少しずつ；わずかずつ；徐々に **जौ जौ हिसाब लेना** （オオムギの粒１つずつを数えるように）一銭一厘残りなくきっちり計算する **जौ बराबर** *a.* ごく短い；微小な *b.* ごくわずか；ほんの少し **जौ भर** ほんのわずか；微少；微量 **जौ भर भी न टलना** 全く約束の通り；約束を少しも違えない

जौ[2] [副] = जब.

जौ[3] [副] もしも；仮に= यदि; अगर; जो.

जौक़ [名] 《← T. جوق ज़ूक़》集まり；集団；群れ= झुंड; गिरोह.

ज़ौक़ [名] 《A. ذوق》(1) 味わい= स्वाद; मज़ा. (2) 喜び；楽しみ = आनंद. ज़ौक़-ज़ौक़ 大きな喜び；歓喜

जौकी [名] 《E. jockey》(1) 騎手；ジョッキー डेविड रेसकोर्स में एक मशहूर जौकी है デーヴィド競馬場の有名なジョッキーがいる (2) ディスクジョッキー

जौकुट [形] 粗びきの；半分ほどに砕いた；碾き割りの（穀物）

जौ केराई [名*] エンドウマメ（の一品種，小粒のもの）と一緒に播かれた大麦= जौ किराई; जौ मटर.

ज़ौक़ो शौक़ [名] 《A. ذوق و شوق》大喜び；喜悦

जौखार [名] (1) 大麦のわらを焼いたものから作るアルカリ液の薬剤 (2) 硝酸カリ

जौचनी [名*] (1) 大麦 जौ とヒヨコマメ चना とを一緒に育てたもの (2) 大麦とヒヨコマメとを混ぜたもの

ज़ौज [名] 《A. زوج》夫 = पति; स्वामी; ख़ाविंद; शौहर.

ज़ौजा [名*] 《A. زوجہ》妻；家内；嫁= जोरू; औरत; पत्नी.

ज़ौजीयत [名*] 《A. زو جیت》(1) 夫であること (2) 妻であること

जौठाहन [名]〔農〕春作と秋作の二毛作の可能な農地= जौठहन; जुठहन; दोसही.

जौतुक [名]〔ヒ〕結婚に際して親から花嫁に与えられる財物．これはその女性の私産とされた= यौतुक; यौतक; दहेज; जहेज़.

जौन[1] [代] = जो.

जौन[2] [名] = यवन.

जौनार[1] [名*] (1) 料理（調理されたもの） (2) 宴会；饗宴= ज्योनार; ज्यौनार.

जौनार[2] [名*] = जौनाल.

जौनाल [名*]〔農〕(1) オオムギの茎 (2) オオムギ畑 (3) 春作と秋作とが交互に植え付けられる畑 (4) オオムギの収穫後にサトウキビの植付けられる畑

जौबन [名] = जोबन; यौवन.

जौर [名] 《A. جور》横暴；非道；無法= अत्याचार; ज़ुल्म.

जौरडन〔国名〕《E. Jordan》ヨルダン= जोर्डन.

जौरा[1] [名] = जौंडा.

जौरा[2] [名] 太い綱；太綱

जौलाई [名*] 《E. July》= जुलाई. ７月

जौशन [名] = जोशन.

जौहड़ [名] (1) 雨季に雨水の溜まるところ（窪地） (2) 小さな池；溜め池

जौहर[1] [名] (1) 中世のラージプート族の妻女が一族の危機に際して行った集団自決，もしくは，ラージプートが自らの手で妻子を殺害し決戦に臨んだ風習 रानियों और राजपूतानियों का जौहर 王妃たちやラージプート女性たちによるジョウハル (2) 上記の目的のためにしつらえた火葬壇 (3) 体面を保つための自決 जौहर की चिता ジョウハルのための火葬壇 **जौहर होo** 火葬壇に上り焼身自殺をする

जौहर[2] [名] 《A. جوہر》(1) 宝石；宝玉 (2) 真価，真骨頂，本領，精華，精髄 मैं भारतीय ख़ून का जौहर दिखाती हूँ インドの血潮の真価をご覧に入れましょう (3) よく鍛造された刃物に見られる刃の波形の文様 **जौहर खिलना** 真価が発揮される **जौहर खुलना** 真価が発揮される उनके सामने ज्यों-ज्यों कवि का जौहर खुलता गया 同氏の目の前で詩人の真価が発揮されるにつれ **जौहर दिखाना** 本領を発揮する；真価を発揮する जर्मन खिलाड़ियों को खेल में थोड़ा जौहर दिखाने का मौका मिल गया ドイツの選手たちは試合の中でいささか本領を発揮する機会を得た

जौहरी [名] 《A. جوہری》(1) 宝石商 (2) 宝石鑑定人 (3) 鑑定家；眼識のある人；眼力のある人 मनुष्यों का जौहरी 人を見抜く眼力のある人

ज्ञ [名] (1) ज् と ञ との結合文字 (2) 知覚 (3) 理知 (4) 水星 = बुध. (4) 火星 = मंगल. (5) ブラフマー（ब्रह्मा）

-ज्ञ [造語]（－を）知っている，（－の）知識を有するなどの意を有する合成語の構成要素 सर्वज्ञ 全知の；博識の

ज्ञपित [形] 知らされた；教えられた；伝えられた

ज्ञप्ति [名*] (1) 知ること (2) 知ったこと (3) 知らされたこと

ज्ञात[1] [形] = मालूम. 知られている；判明している；明らかな डायबिटीज प्राचीन काल से ज्ञात रोग है 糖尿病は古代から知られている病気です

ज्ञात[2] [名] = ज्ञान.

ज्ञातयौवना [名*]〔文芸〕ジュニャータヤウヴァナー（नायिकाभेद の内，スワキーヤー स्वकीया の分類の一）思春期を迎えたことを自覚するようになった娘→ नायिकाभेद; स्वकीय.

ज्ञातव्य [形] (1) 知るべき；知っておくべき सामान्य रोगियों के उपचार के बारे में कुछ बातें ज्ञातव्य हैं 一般の病人の治療については幾つか知っておくべきことがある (2) 知ることのできる (3) 知らせるべき

ज्ञाता [形・名] 知っている人；知者；専門家 प्रोफ़ेसर साहब अपने विषय के ज्ञाता हैं 教授はその専門の知識を持っていらっしゃる

ज्ञाति [名] (1) ゴートラ（→ गोत्र）を同じくする人 (2) 親戚；親族

ज्ञातिपुत्र [名] (1) ゴートラを同じくする親戚の子 (2)〔ジャ〕マハーヴィーラ・ティールタンカラの異名の一→ महावीर.

ज्ञातिबंधु [名] 親類；親戚

ज्ञान [名] (1) 知覚 (2) 感覚 (3) 知識 (4) 真実や真理についての知識，真智，悟り उन्हें इस घटना से क्षणभंगुर संसार का ज्ञान हो गया この事件でこの世のはかなさを知った यात्रा से भी बहुत ज्ञान बढ़ता है 旅をしてもうんと知識が増えるものだ व्यावहारिक ज्ञान 実際的な知識 **ज्ञान का पुतला** 物知り；博識な人 **ज्ञान की भूख** 知識欲 = जिज्ञासा. **ज्ञान खाना** 理解する **ज्ञान छाँटना** 物知り顔をする；知ったかぶりをする **ज्ञान झाड़ना** = ज्ञान छाँटना. **ज्ञान दौड़ाना** 頭を働かせる；頭を使う **ज्ञान भिड़ाना** = ज्ञान दौड़ाना. **ज्ञान लड़ना** = ज्ञान खाना.

ज्ञानकांड [名]〔イ哲・ヒ〕ヴェーダ聖典中，哲理に関する知識を述べたり哲学的考察を説いた部分（主にウパニシャッド）；知識部→ कर्मकांड 祭事部

ज्ञानगम्य [形] 知ることのできる；知覚できる

ज्ञानगोचर [形] = ज्ञानगम्य.

ज्ञानचक्षु [名] (1) 心眼（肉眼とは別の心に備わる眼） (2) 賢者

ज्ञानद [形・名] 知識を与える（師）＝ ज्ञानदाता.

ज्ञानधाम [形] 最高の知識を備えている（英知の持ち主）

ज्ञानपिपासा [名*] 知識欲

ज्ञानपिपासु [形] 知識欲の盛んな；知識欲の旺盛な

ज्ञानप्राप्ति [名*] 知識を得ること

ज्ञानमय [形] 知を持つ；知識に満ちた

ज्ञानमूढ़ [名] 知識を持っていながら愚者のように振る舞う人

ज्ञानयोग [名]〔ヒ〕真理に関する知識によって解脱を得るとするヨーガの行

ज्ञानलिप्सा [名*] 知識欲

ज्ञानवर्द्धक [形] 知識を増進させる ज्ञानवर्द्धक लेख 知識を増進させる記事

ज्ञानवान् [形] (1) 博識の (2) 学識豊かな (3) 真理についての知識を有する；真知を有する

ज्ञान-विज्ञान [名] 一切の知識；一切の学問

ज्ञान-साधन [名] (1) 知覚器官＝ इंद्रिय. (2) 知識の獲得

ज्ञानासन [名]〔ヨガ〕ヨーガの座法の一（脚を組み右の大腿部に左足の裏がくる）

ज्ञानी[1] [形] (1) 知識を持つ；博識の आप कितने ज्ञानी हैं ほんとに学識豊かな方でいらっしゃいます (2) 英知で真理を見きわめた；真理を悟った **ज्ञानी बनना** 知ったかぶりをする

ज्ञानी[2] [名] 真理を悟った人；知者；覚者 आप ज्ञानी हैं, संसार के सुख कितने अनित्य हैं, आप ख़ूब जानते हैं あなたは悟りを開いていらっしゃる．現世の喜びがいかにはかないものかをよくご存じでいらっしゃいます

ज्ञानेंद्रिय [名*] 知覚器官；感覚器官；五官

ज्ञानोदय [名] 啓発；啓蒙

ज्ञापक [形] (1) 知らせる；伝える；通知する；伝達する (2) 知識を与える

ज्ञापन [名] (1) 覚え書き (2) 要請書；請願書 **ज्ञापन दे॰** *a.* 覚え書きを手渡す *b.* 要請書を手渡す किसान संघ ने हाल ही में राष्ट्रपति को एक ज्ञापन दिया है 農民組合がごく最近大統領に要請書を提出した

ज्ञापन-पत्र [名] (1) 覚え書き (2) 規約

ज्ञापित [形] 通知された；通告された

ज्ञाप्य [形] 通知されるべき；通告されるべき

ज्ञेय [形] (1) 知るべき；学ぶべき (2) 知りうる；学びうる

ज्या [名*] (1) 弓弦 (2) 弧（曲線の一部） (3)〔幾〕サイン；正弦

ज़्यादती [名*]《A. زيادتی ज़ियादती》(1) 多いこと；多すぎること；過剰＝ अधिकता. (2) 度の過ぎること；過度；行き過ぎ；横暴＝ अत्याचार; अनीति. पानी की ज़्यादती से 水分が多すぎること वह इस ज़्यादती के लिए विद्रोह-सा करता है この横暴に対して男は反乱のようなものを起こす

ज़्यादा[1] [形]《A. زياده ज़ियादा》多い；多くの；余分の काम ज़्यादा होने से कुछ परेशानी-सी महसूस हो रही है 仕事が多いので少し困ったような感じがしている **ज़्यादा-से-ज़्यादा** 更に多くの；もっと多くの **सब-से ज़्यादा** 最も多く（の）；最高の；最高に；最も激しく वह सब से ज़्यादा काम की बात होगी それが最も大切なことでしょう

ज़्यादा[2] [副] もっと多く；さらに；もっと；一層；より一層 अभी तो वह अपने फ़र्ज़ के प्रति ज़्यादा जागरूक और वफ़ादार होगा 今のところは自分の義務に対してより一層注意深くかつ忠実だろう ज़्यादा-से-ज़्यादा 精々；多くとも＝ अधिक-से-अधिक.

ज़्यादागो [形]《A.P. زياده گو》おしゃべりな；べらべらよくしゃべる；口数の多い＝ गप्पी; वाचाल.

ज़्यादागोई [名*]《A.P. زياده گوئی》おしゃべりなこと；口数の多いこと；饒舌＝ वाचालता.

ज़्यादातर[1] [形]《A.P. زياده تر ज़ियादातर》より多くの；大方の；大多数の＝ अधिकतर; बहुधा. ज़्यादातर लोग गाँवों में रहते हैं 大多数の人は村に住んでいる ज़्यादातर वक़्त 多くの時間；ほとんどの時間

ज़्यादातर[2] [副] ほとんど；大半は；とかく；たいていは＝ प्रायः.

ज़्यान [名]《P. زيان》(1) 損失；損害 (2) 危害；害＝ ज़ियान.

ज़्याफ़त [名*]《A. ضيافت ज़ियाफ़त》(1) 宴会；うたげ（宴）＝ प्रीतिभोज; दावत. (2) 歓待；もてなし；接待＝ मेहमांदारी. **ज़्याफ़त खाना** もてなしを受ける；歓待される **ज़्याफ़त दे॰** もてなす；歓待する

ज्यामिति [名*] 幾何学＝ रेखागणित. 〈geometry〉 ज्यामिति की थ्योरम की तरह 幾何学の定理のように

ज्यामितीय [形] ←ज्यामिति. (1) 幾何学の (2) 幾何学的な ज्यामितीय आकार 幾何学的図形＝ ज्यामितीय आकृति. ज्यामितीय अभिकल्प 幾何学模様＝ ज्यामितीय प्रतिरूप.

ज्यामेट्रिक [形]《E. geometric》(1) 幾何学上の (2) 幾何学的な＝ ज्यामेट्रिक रेखा. 幾何学的線

ज़्यारत [名*]《A. زيارت ज़ियारत》〔イス〕(1) 参詣；参拝 (2) 聖地巡礼 ज़्यारत करनेवाले 聖地巡礼者→ ज़ियारत.

ज्यूरी [名]《E. jury》(1) 陪審；陪審員；陪審員団 (2) 審査員会

ज्येष्ठ[1] [形] (1) 最年長の；一番年上の (2) 年長の；年上の (3) 老いた；年老いた (4) 上級の；シニアの；身分が上の；上席の＝ वरिष्ठ. ज्येष्ठ पुत्र 長子；長男 ज्येष्ठ पुत्री 長女

ज्येष्ठ[2] [名] インド暦の第３月（陽暦５〜６月）＝ जेठ.

ज्येष्ठक [名]〔史〕古代インドの都市の最高位の官吏

ज्येष्ठता [名*] ←ज्येष्ठ. (1) 年長であること (2) 年配であること；老いていること (3) すぐれていること；優秀なこと

ज्येष्ठांश [名] (1) 長子の受け取る配分 (2) 長子が他の兄弟よりも多く受け取る分

ज्येष्ठा[1] [名*] (1)〔天・占星〕ジェーシュター宿（二十七宿の第18番目の宿，心宿） (2)〔天〕アンターレス（蠍座の主星） (3) 複数の妻の中で最愛の妻 (4) 中指

ज्येष्ठा[2] [形*] ←ज्येष्ठ.

ज्यों [副] 以下のように用いられる相関関係を表す副詞 (1) 単独もしくは त्यों を従えて用いられる．…のように；…の通りに (2) 名詞に従って．－のように；－みたいに **ज्यों-का-त्यों** そっくりそのまま；元のまま；変わりない लौटकर अपना कमरा खोलती हूँ, तो देखती हूँ सब-कुछ ज्यों-का-त्यों है 家に戻って自分の部屋を開けてみるとなにもかもそっくりそのままだ घर पहुँचकर मैंने माँ को बहन का संदेसा ज्यों-का-त्यों सुना दिया 家に着くと母に姉の伝言をそっくりそのまま伝えた उन दिनों की मधुर स्मृति ज्यों-की-त्यों ताज़ी है 当時の楽しい思い出は元のまま新鮮である सिर का दर्द ज्यों-का-त्यों था 頭痛は全然変わりなし समस्या ज्यों-की-त्यों ही रही 問題はそのままに残った **ज्यों-ज्यों...** のみで，もしくは，त्यों-त्यों... を従えて用いられる．…につれて ज्यों-ज्यों फ़ासला कम हो रहा था, उसका कम होना भी उसे अखर रहा था 距離が短くなるにつれてそれが短いことも気に障るのだった ज्यों-ज्यों आग फैलती जा रही थी बकरी का मिमियाना दर्दनाक होता जा रहा था 火が広がって行くにつれ山羊の鳴き声は悲痛なものとなって行くのであった ज्यों-ज्यों वह सहता गया, लता की ज़्यादतियाँ बढ़ती गईं 彼が耐えれば耐えるほどラターの度を越えた行動は増して行った **ज्यों-त्यों करके** *a.* ようやくのことで；どうにかこうにか；やっとのことで *b.* なんとかして；どうにかして *c.* いやいやながら；しぶしぶ ज्यों-त्यों करके मेरी साँसत तो छूट गई どうにかこうにか苦しみは去った **ज्यों ही...** …すると同時に；…するが早いか；…するや否や ज्यों ही वह बालक के बराबर आई（前へ進んで）少年と並ぶなり उस सभा में ज्यों ही यह घोषणा की गई पंत अब तक नहीं आये हैं और अब आने की कोई उम्मीद भी नहीं है, त्योंही आधे से अधिक लोग चलते बने パント氏が来場されていないしもうその見込みはないとその会で発表されたとたんに半数以上の人が立ち去ってしまった

ज्योतिःशास्त्र [名] (1) 天文学＝ खगोल विज्ञान. (2) 占星学＝ ज्योतिष.

ज्योति [名*] (1) 光；輝き；光輝 आँखों में ज्योति नहीं 目に輝きがない आशा की ज्योति बुझी नहीं है 今なお希望の光は消えないでいる तुम्हारे चेहरों पर विजय की ज्योति दमक रही है 君たちの顔には勝利の光がきらきらと輝いている (2) 明かり उन्होंने जागरण की नई ज्योति जगाई 覚醒の明かりをともした (3) 火 एक छतरी बनी हुई है जिसमें शुद्ध घी से अखंड ज्योति जलती रहती है 覆いが作られておりその中に純粋なギーで不滅の火が燃え続けている (4) 視力 इनको तो आँखों की ज्योति ही जा रही है この方は視力そのものが失われつつある (5) 光度 **ज्योति जगाना** *a.* 明るくする *b.* 灯明をともす **ज्योति जलाना** 灯明をともす **ज्योति बुझना** 逝去される；亡くなられる；お隠れになる **ज्योति में ज्योति मिलना** 個我が最高我と合一する

ज्योतिऊर्जा [名*]〔物理〕可視光線〈luminous energy〉

ज्योतिफ़्लक्स [名]〔物理〕光束〈luminous flux〉

ज्योतिर्मय [形] 輝いている；輝きわたっている तिमिर-निमज्जित हर कोने को ज्योतिर्मय कर देंगे 闇に沈んだ隅々までを輝かせる
ज्योतिर्मयता [名*] (1) 輝きわたっていること (2)〔光〕輝度〈luminance〉
ज्योतिर्लिंग [名] (1) シヴァ神；マハーデーヴァ (2)〔ヒ〕インドの各地に祀られてきた 12 のシヴァリンガ रामेश्वरम् का रामनाथस्वामी मंदिर भारत के बारह ज्योतिर्लिंगों में प्रमुख मंदिर है ラーメーシュワラムのラーマナータスワーミー寺院はインドの 12 ジョーティルリンガを祀った寺院のうちの代表的な寺院である．12 のシヴァリンガの所在地は次の通り 1. सोमनाथ (सौराष्ट्र), 2. मल्लिकार्जुन (श्रीशैल, कृष्णा नदी तट, आंध्र प्रदेश), 3. महाकाल (उज्जयिनी), 4. ओंकार (अमरेश्वर, नर्मदा तट, मध्य प्रदेश), 5. केदारेश (केदारनाथ, हिमालय), 6. भीमशंकर (डाकिनी, पुणे, महाराष्ट्र), 7. विश्वेश्वर/विश्वनाथ (काशी), 8. त्र्यंबक (गोमती किनारे), 9. वैद्यनाथ/ देवघर (चिताभूमि, संथाल परगना, बिहार), 10. नागेश्वर (द्वारका), 11. रामेश्वर (सेतुबंध), 12. घृष्णेश्वर-/घुश्मेश्वर (शिवालय; एलोरा)
ज्योतिर्लोक [名]〔イ神〕北極星の位置するとされる世界；ジョーティルローカ
ज्योतिर्विज्ञान [名] (1) 天文学= खगोल शास्त्र. (2) 占星学
ज्योतिर्विद् [名] (1) 天文学者 (2) 占星術師
ज्योतिर्विद्या [名*] (1) 天文学 (2) 占星学
ज्योतिष [名] (1) 天文学= गणितज्योतिष; खगोल विज्ञान; खगोल शास्त्र. (2) 占星術；占星学= फलित ज्योतिष. **ज्योतिष की वेधशाला** 天文台
ज्योतिष विद्या [名*] (1) 天文学 (2) 占星学；占星術
ज्योतिषी [名] (1) 天文学者= गणित ज्योतिषी. (2) 占星術師；手相見= फलित ज्योतिषी. मैंने ज्योतिषी को हाथ दिखाया था 手相見に手相を見てもらった राज ज्योतिषी 王室付き占星術師
ज्योतिष्पथ [名] 空；天空
ज्योतिष्पुंज [名] 天体の集まり；星座
ज्योतिष्मती [名*] (1) 夜= रात्रि. (2)〔植〕ニシキギ科半蔓木インドツルウメモドキ【*Celastrus paniculata*】= माल कँगनी.
ज्योतिष्मान [形] (1) 光のある；光る；輝く (2) 輝きに満ちた
ज्योतिहीन [形] 光のない；輝きのない；暗黒の
ज्योत्स्ना [名*] (1) 月の光；月光= चाँदनी. (2) 月夜 = चाँदनी रात.
ज्योनार [名*] (1) 料理；調理された食事 (2) 客を招いて共に食事をすること（特に一列に並んで床に腰を下ろしての伝統形式の会食）(3) 宴；宴会；饗宴 **ज्योनार बैठना** 上記の会食の席につく **ज्योनार लगाना** 会食の席に食事を出す
ज्योरा [名] カースト制度の保たれてきた村落共同体で労役・役務を提供するカーストに収穫時に与えられてきた穀物の現物給付
ज्योरी [名*] ひも（紐）；綱 = रस्सी; डोरी.
ज्यौं [副] = ज्यों. 相関関係を表す副詞
ज्यौत्स्नी [名*] 十五夜 पूर्णिमा की रात
ज्यौनार [名*] = ज्योनार.
ज्यौरा [名] = ज्योरा.
ज्वर [名] (1) 体の不調や病気に伴う発熱 प्रसवोत्तर काल में होनेवाला ज्वर 産後の発熱；産褥熱 (2)〔医〕マラリア熱 (3) 熱；熱中 (4) 怒り **ज्वर उतरना** *a.* 熱が下がる *b.* 怒りが鎮まる **ज्वर चढ़ना** *a.* 熱が出る；発熱する *b.* 熱中する *c.* 怒りがこみあげる
ज्वरग्रस्त [形] 熱病のため発熱している；発熱中の
ज्वरघ्न [形]（病気による発熱の）熱冷ましの；熱を下げる；解熱のための
ज्वरनाशक [名]〔薬〕アンチフェブリン；解熱剤；熱冷まし
ज्वरनाशी [形・名] (1) 解熱の；熱冷ましの (2) 解熱剤
ज्वरांतक[1] [形] 熱を下げる；解熱の
ज्वरांतक[2] [名] (1) = चिरायता. (2) = अमलतास.
ज्वरा [名*] 死 = मृत्यु; मौत.
ज्वरित [形]（病気で）熱のある；発熱している
ज्वरी [形] 病気による熱の出ている；発熱中の
ज्वलंत [形] (1) 燃えている (2) 輝いている；光っている (3) 明確な；鮮明な；明白な ज्वलंत उदाहरण 明々白々の例；明確な実例
ज्वल [名] (1) 火 (2) 光；輝き
ज्वलका [名*] 炎；火炎 = आग की लपट; अग्निशिखा.
ज्वलन [名] (1) 焼けること；燃えること；燃焼 ज्वलन के लिए ज़रूरी ऑक्सीजन 燃焼に不可欠な酸素 (2) 発火
ज्वलनशील [形] よく燃える；燃えやすい；引火しやすい；可燃性の जो ज्वलनशील हो 引火しやすいもの ज्वलनशील पदार्थ 可燃物
ज्वलनशीलता [名*] 引火性；可燃性
ज्वलनांक [名] 発火点〈ignition point〉
ज्वलित [形] (1) 燃えている (2) 燃えた (3) 光り輝く (4) 明白な；明確な；歴然とした ज्वलित क॰ 点火する；火をつける
ज्वलिनी [名*]〔植〕キンポウゲ科蔓草インドセンニンソウ= मूर्वा.
ज्वाइंट [形]《E. joint》(1) 共同の；合同の (2) 補佐の；次の；次席の ज्वाइंट मैजिस्ट्रेट 次席判事 = संयुक्त मैजिस्ट्रेट.
ज्वाइन [形]《E. join》加わった；着任した；就任した **ज्वाइन क॰** 着任する；就任する मैंने पहली तारीख से इंस्टिट्यूट ज्वाइन कर लिया 1 日に研究所に着任した
ज़्वाद [名]《ضواد》ウルドゥー文字第 21 字の字母ض の名称= ज़ाद.
ज्वार[1] [名*]〔植〕イネ科ソルグム属の植物とその実〈sorghum〉；モロコシ；トウキビ；タカキビ．ソルグムには【*Sorghum durra*】,【*S. cernuum*】,【*S. subglabrescens*】,【*S. roxburghii*】,【*S. dochna*】（サトウモロコシ）,【*S. bicolor*】（モロコシ）,【*S. subglabrescens var. latum*】（ミロ）【*S. nervosum*】（コーリャン）が含まれる ज्वार का गुच्छा モロコシの果穂
ज्वार[2] [名] (1) 満潮；上げ潮 यदि मनुष्य ज्वार, तूफ़ान, भूकम्प जैसी प्राकृतिक बलों पर नियंत्रण पाने के तरीकों को खोज सकते 人間がもしも満干の潮の動きや嵐，地震のような自然の力を統御できる方法を見つけだせるなら (2) 盛上がり भावनाओं का अदम्य ज्वार 情感の抑えがたい盛上がり (3) 増加；増えること ज्वार आ॰ 洪水のように押し寄せる；急増する
ज्वार-भाटा [名] (1) 潮の干満；上げ潮下げ潮 ज्वार-भाटे से जल-विद्युत उत्पादन 潮力発電 (2) 感情の上がり下がり
ज्वारी [名] = जुआरी.
ज्वाल [名] 炎；火炎 = लौ; लपट; अग्निशिखा.
ज्वालक[1] [形] (1) 燃やす（もの） (2) 点火させる（もの）
ज्वालक[2] [名] バーナー
ज्वाला [名*] (1) 炎；火炎 (2) 焼けつくような熱気 (3) 激痛
ज्वाला जिह्वा [名*] 炎；火炎
ज्वाला देवी [名*]〔ヒ〕ジュワーラーデーヴィー（ヒマーチャルプラデーシュ州のカーングラー काँगड़ा の山中に祀られている女神）
ज्वालामुख [名] クレーター；火口 ज्वालामुख झील 火口湖
ज्वालामुखी[1] [形] 火を吹く；火を吐く；噴火する
ज्वालामुखी[2] [名] (1) 火山；噴火山= ज्वालामुखी पर्वत (2) 比喩的に，火を吹くように激しいもの उसके सीने में एक भयंकर ज्वालामुखी दबा पड़ा है その男の胸中にはものすごい火山が秘められている ज्वालामुखी उद्गार 火山爆発 ज्वालामुखी काँच 黒曜岩 ज्वालामुखी कुंड カルデラ ज्वालामुखी झील 火山湖；クレーター湖 ज्वालामुखी धूल 火山塵 ज्वालामुखी विवर クレーター
ज्वालामुखीय [形] = ज्वालामुखी[1].
ज्वालामुखी विज्ञान [名] 火山学 ज्वालामुखी विज्ञानी 火山学者
ज्वालामुखी शैल [名] 火山岩
ज्वैल [名]《E. jewel》(1) 石（時計などの軸受石） (2) 宝石

झ

झं [名] 金属製の器物や楽器が衝撃を受けて発する音= झंकार.
झंकार [名*] (1) 鈴や金属製の器物や楽器が物に当たるなどして生じる音．ちりん，ちゃりん，ちんちん，しゃんしゃんなど पायलों की झंकार パーヤルの鳴る音． (2) 虫の鳴く澄んだ音声，りんりん，ちりっちりっなど **झंकार उठना** *a.* こだまする *b.* 鳴り響く
झंकारना[1] [自] (1) 金属製の器物や楽器が物に当たって音が出たり鳴ったりする (2) 鳴り響く；反響する；共鳴する
झंकारना[2] [他] (1) 金属製の器物や楽器を物に当てて音を出す（音を立てる；鳴らす） (2) 響かせる；反響させる
झंकारिणी [名*] ガンジス川= गंगा.
झँकिया [名*] (1) 小窓；覗き窓 (2) 格子
झंकृत [形] 金属が物に当たって音が出た（鳴った） **हृत्तंत्री को झंकृत क॰** 心琴を鳴らす उन्होंने भारतीयों की हृत्तंत्री को झंकृत कर दिया あの方はインド人の心琴をかき鳴らされた
झंकृति [名*] = झंकार.
झंखन [名*] 泣き喚くこと
झंखना [自] 大変悔やむ；ひどく悔しがる
झंखाड़[1] [名] (1) いばら（茨）；とげのある低木 (2) 茨の茂み；とげのある低木の生い茂ったところ (3) 葉の落ちてしまった木
झंखाड़[2] [形] 落葉してしまった **झंखाड़ हो॰** *a.* 落葉する *b.* 老いる；年をとる；老け込む
झंगुला [名] (1)〔服〕ジャングラー（幼児の着るゆったりしたクルター）= झगा. (2) 着物；衣服
झंगुली [名*] 小さなジャングラー
झंजोड़ना [他] = झंझोड़ना.
झंझ [名] = झाँझ.
झंझट [名*] 手間のかかること；面倒；厄介；手数のかかること；煩雑さ छोटी-सी चीज के लिए इतनी झंझट इतनी परेशानी こんなちっぽけな物のためにこれほどの苦労これほどの迷惑 कल काम की झंझट में तुम्हें बुला ही नहीं पाई 昨日は仕事に手間がかかったのであなたを呼べなかったわ तुम किस झंझट में पड़े हो.यह उमर शिक्षा प्राप्त करने की है 一体何の面倒に巻き込まれているんだい．今は学業に励む年齢だよ **झंझट उठाना** 面倒にかかずらう；厄介なことに立ち向かう **झंझट खड़ी हो॰** 面倒なことが持ち上がる **झंझट मोल ले॰** わざと面倒なことにかかずらう
झंझटिया [形] = झंझटी.
झंझटी [形] (1) 面倒な；厄介な；煩わしい；込み入った (2) ごたごたを起こす (3) 喧嘩早い；戦闘的な
झंझनाना[1] [自] = झनझनाना[1].
झंझनाना[2] [他] = झनझनाना[2].
झंझर[1] [名] = झज्झर.
झंझर[2] [名*] = झँझरी.
झँझरा [名] 牛乳を煮る鍋に用いられる小さな穴の数多くあいた陶製の鍋蓋；ジャンジャラー
झँझरी [名*] (1) 網目のように多数あいた小さな穴 (2) 格子窓 (3) 格子；鉄格子 (4) さな (5) ふるい（篩）
झँझरीदार [形] 《H. + P. دار》小さな穴のあいた
झंझा [名*] (1) 激しい風；強風；大風；突風 (2) 嵐；暴風雨 (3) 砂嵐
झंझानिल [名] (1) 強風；大風 (2) 嵐
झंझार [名] 炎；火炎= लपट; अग्निशिखा.
झंझावर्षा [名*] 突風を伴った雨；スコール
झंझावात [名] 嵐；突風= झंझानिल.
झँझोड़ना [他] (1) 激しく揺り動かす；激しく振る；激しく揺する उसने अपने पति को झँझोड़कर जगाया 夫を激しく揺すって起こした मैंने उसे झँझोड़ते हुए कहा - बोलती क्यों नहीं? 女を激しく揺すりながら言った．「なぜ黙っているのだい」 (2) 心の奥深くを突き動かす
झंड [名*] 剃髪式（मुंडन संस्कार）を済ませる前の産毛（髪） **झंड उतारना** 〔ヒ〕剃髪式→ मुंडन संस्कार.
झंडा [名] 旗= पताका; निशान; ध्वजा. **झंडा खड़ा क॰** *a.* 旗を立てる；新しく事を始める；新しく事を起こす；旗揚げする；旗を揚げる *b.* 兵を集める；旗を揚げる *c.* 名を高める **झंडा गाड़ना** *a.* 名を挙げる *b.* 広める *c.* 勝利のしるしに軍旗を立てる *d.* 支配する；圧倒する **झंडा झुकाना** *a.* 半旗を揚げる *b.* 服従する；支配に従う **झंडा नीचा क॰** = झंडा झुकाना. **झंडा फहराना** *a.* 勝利の旗を翻す *b.* 広める **(-के) झंडे के नीचे आ॰** （一の）統率に従う；（一の）下に結集する **(-के) झंडे के नीचे हो॰** （一の）傘下に入る **झंडे को सलामी दे॰** 旗（国旗）に敬礼する **झंडे तले आ॰** = झंडे के नीचे आ॰. **झंडे तले की दोस्ती** 行きずりに知り合うこと **झंडे तले के दुष्ट** 名うての悪者= झंडे तले के शोहदे.
झंडा कप्तान [名] 《H. + E. captain》旗艦の艦長〈flag captain〉
झंडा जहाज़ [名]〔軍〕旗艦〈flag ship〉
झंडा दिवस [名]（慈善募金の）旗の日〈flag day〉
झंडा बरदार [名] 《H. + P. بردار》旗手；旗持ち = ध्वजवाहक.
झंडी [名*] (1) 小旗；旗 (2) 手旗 लैनमैन ने झंडी हिला दी （サッカーの）ラインキーパー（ラインズマン）が手旗を振った **झंडी दिखाना** *a.* 旗を振って合図する *b.* いざと言う時に拒否する（断る） **लाल झंडी** *a.* 赤い手旗 *b.* 赤信号；危険信号 **हरी झंडी** *a.* 緑の手旗 *b.* 出発信号 हरी झंडी मिली 出発信号が出た
झंडीदार [形] 《H. + P. دار》旗のついている
झंडूला[1] [形[+]] (1) 産毛のままの (2)〔ヒ〕剃髪式（मुंडन）の済んでいない (3) 生い茂っている
झंडूला[2] [名] (1) 産毛のままの子供（剃髪式の済んでいない子供） (2) 産毛 (3) 生い茂った木
झंडोत्तोलक [形] 旗を揚げる；旗の掲揚をする
झंडोत्तोलन [名] 旗を揚げること；旗の掲揚= ध्वजोत्थान.
झंप [名] (1) 飛び上がること；飛び跳ねること；跳躍 (2) 飛躍的な発展 झंप दे॰ 跳ぶ；跳躍する= झंप मारना.
झंपण [名] 半眼；目を半分ほど開くこと
झंपणी [名*] 睫= बरौनी.
झंपन[1] [名] 飛び上がること；飛び跳ねること
झंपन[2] [名] 覆うこと；隠すこと
झंपना[1] [自] (1) 飛び上がる；飛び跳ねる；跳躍する (2) 襲いかかる (3) 押し寄せる (4) 隠れる；ひそむ（潜む） (5)（瞼が）ふさがる（塞がる）；閉じる
झंपना[2] [他] (1) 隠す (2) 覆う；被せる (3) 閉じる
झँपरी [名*] かご（駕籠）の上から掛ける布
झंपान [名] (1) 山岳地域で用いられる4人がかりで担ぐかご（駕籠）；ジャンパーン (2) 飛び上がること；飛び跳ねること
झंपित [形] (1) 隠れた；隠された (2) 覆われた；被さった
झँवन [名*] ← झँवाना.
झँवा [名] = झाँवाँ.
झँवाना[1] [自] (1) 日焼けする；日に焼けて黒ずむ (2) しおれる；しなびる；衰える (3) 火が消えかかる；火が消える
झँवाना[2] [他] (1) 日焼けしたような色に黒ずませる (2) 火力を弱める (3) 弱める；下げる；低くする (4) しおれさせる；なえさせる (5) 焼けすぎた煉瓦片（軽石の代用）で体の汚れや垢を取る
झँसना[1] [他]（油などを肌に）塗り込める；擦り込む
झँसना[2] [他] (1) 脅し取る；ゆすり取る (2) だまし取る
झक[1] [名*] (1) 衝動的になること；発作的になること (2) のぼせること；熱中すること；熱狂 **(-की) झक चढ़ना** （一に）熱中する；熱狂する；のぼせる；夢中になる= झक समाना; झक सवार हो॰.
झक[2] [形] (1) きれいな；ぴかぴかの；清潔な (2) 輝いている；ぴかぴか光っている
झक[3] [名*] = झख.
झकझक[1] [名*] (1) 無意味な言い争い；つまらぬ口喧嘩 (2) 喧嘩；争い झक-झक क॰ ごたごた言い争う
झकझक[2] [形・副] (1) 美しくきれいな；清潔で光っている；きらきらした；ぴかぴかの नाइलोन की झक-झक साड़ी ナイロンのぴ

झ

かぴかのサリー (2) 光っている；輝いている；つやつやしている (3) 光り輝く様子；きらきら（と）；ぴかぴか（と）

झकझकाहट [名*] 光；輝き；つや

झकझोर [名] (1) 揺り動かすこと；揺すぶること (2) 突き動かすこと (3) 衝撃；衝突；ぶつかること

झकझोरना [他] (1) 激しく揺り動かす；強く揺する；揺すぶる सहयात्रियों ने कंधे झकझोरकर सूचना दी 道連れが肩を揺すって知らせてくれた चादर खींचकर सोती हुई अरुणा को झकझोर कर उठा दिया チャーダルを剥ぎ取って眠っているアルナーを揺すり起こした (2) 突き動かす；震わせる；衝撃を与える；震撼させる यह हृदय को झकझोर डालती है これは胸を突き動かす इस घटना ने सारे देश को झकझोर डाला この事件は全国を震撼させた इस उफान और तूफ़ान ने बहादुर की आत्मा को भी झकझोर दिया この騒乱と嵐とがバハードゥルの魂を突き動かした

झकझोरा [名] (1) 衝突；ぶつかること；衝撃 (2) 吹きつけること；激しく吹いて当たる

झकझोरी [名*] 奪い取ること；奪取＝ छीना-झपटी.

झकझोलना [他] ＝ झकझोरना.

झकझोला [名] ＝ झकझोरा.

झकना [自] (1) べらべらしゃべる；訳のわからないことをしゃべる (2) 喚く

झकाझक [形] (1) 美しくきれいな；清潔な (2) ぴかぴかの；輝いている सफ़ेद झकाझक कुरता 白くぴかぴかのクルター आज किसी भी रास्ते से गुज़र जाइए, सब कुछ झकाझक नज़र आता है この日はどの道を通っても何もかもぴかぴかに輝いて見える

झकूटा [名] 灌木；低木＝ झाड़ी.

झकोरना [自] (1) 動かす；揺り動かす；揺さぶる；揺すぶる (2) 突き動かす (3) 吹きつける (4) 打ちつける

झकोरा [名] (1) 揺り動かすこと；揺さぶり；揺すぶり (2) 突き動かすこと (3) 風の吹きつけ **झकोरा खाना** 揺り動かされる；揺すぶられる **झकोरा दे॰** 揺り動かす；揺すぶる

झकोलना [他] ＝ झकोरना.

झकोला [名] ＝ झकझोर.

झक्क[1] [名*] ＝ झक[1].

झक्क[2] [形] ＝ झक[2]. एकदम सफ़ेद झक्क, मुलायम मखमली बालोंवाला यह दब्बू मेरा ख़रगोश दोस्त 真っ白けでふんわりふかふかビロードの毛に包まれた意気地なしのウサギさん，私のお友達

झख [名*] (1) 訳のわからぬ言葉 (2) ぶつぶつ愚痴を言うこと (3) 支離滅裂なこと；筋道の立たぬこと **झख मारकर** *a.* 否応なしに；仕方なしに；余儀なく；むりやり दादा के पास रुपये तो हैं ही, झख मारकर दे देंगे おじいさんのところにはお金はあるんだから仕方なく下さるだろうよ झख मारकर बताना पड़ा कि रोज़-रोज़ ताँगे का ख़र्च मारे डालता है 仕方なく毎日の馬車賃が高くつくと言わなくてはならなかった *b.* 必死になって；どのようにしても **झख मारना** *a.* ぶつぶつ愚痴を言う；愚痴る *b.* ぶつぶつ言う；訳のわからぬことを言う झख-सी मार नीचे उतर आया つぶやくようにしながら降りてきた *c.* つまらぬことをする；無駄なことをする；ぶらぶらする ख़ामोश! अबे, मैं पूछता हूँ कि साल भर तुमने पढ़ाई की है या झख मारी है? 黙れ，馬鹿者め．1年間勉強をしていたのかぶらぶら遊んでいたのかとたずねているんだわしは

झखना [自] (1) ぶつぶつ言う；訳のわからぬことを言う (2) ぶつぶつ愚痴を言う

झगड़ना [自] 言い争う；口喧嘩をする＝ हुज्जत क॰; तकरार क॰. माँ उस दिन मासी से ख़ूब झगड़ी थीं 母さんはその日おばさんと随分言い争った

झगड़ा [名] (1) 言い争い；口喧嘩 आज सुशीला से उसका बहुत ज़ोर का झगड़ा हो गया था 今日はスシーラーとひどい口喧嘩になった (2) 争い；もめごと；喧嘩 पति पत्नी में तो झगड़ा होता ही रहता है 夫婦喧嘩はしょっちゅうあるものだ (3) 訴訟 खेतीबाड़ी के झगड़े 農業をめぐる訴訟 **झगड़ा उठाना** もめごとを起こす **झगड़ा ख़रीदना** 喧嘩をしかける；喧嘩をふっかける **झगड़ा चुकना** 争いが収まる；もめごとが収まる＝ झगड़ा ठंडा हो॰. **झगड़ा चुकाना** 争いを収める；もめごとを収める＝ झगड़ा ठंडा क॰. **झगड़ा डाल दे॰** 争いを収める；もめごとを処理する **झगड़ा नहीं रगड़ा क॰** ごたごたをいつまでも続ける **झगड़ा पसारना** 事を荒立てる；もめごとを大きくする **झगड़ा पाक क॰** *a.* もめごとを処理する；争いに決着を付ける *b.* 障害をなくす *c.* 大仕事を処理する **झगड़ा बचाना** 争いを避ける **झगड़ा मिटाना** *a.* 仲直りをする；握手する *b.* 仲裁する **झगड़ा मोल ले॰** ＝ झगड़ा ख़रीदना. (-में) **झगड़ा लगाना** (−に) 仲違いをさせる；(−を) 争わせる **झगड़ा समेटना** 争いを収める；喧嘩を収める

झगड़ा-झंझट [名] ＝ झगड़ा-टंटा.

झगड़ा-टंटा [名] もめごと；ごたごた；いさかい（諍い）；悶着 तुम्हें क्या ज़रूरत पड़ी है लोगों से झगड़ा-टंटा करने की? 何が不足で世間の人と悶着を起こすのだ君は झगड़ा टंटा खड़ा हो॰ 悶着が起こる

झगड़ा-फ़साद [名] ＝ झगड़ा-बखेड़ा.

झगड़ा-बखेड़ा [名] ごたごた；争い；もめごと बिना किसी झगड़े-बखेड़े 何のごたごたもなく इस प्रकार एक छोटे-से नुसख़े ने बिना किसी झगड़े-बखेड़े और बिना रक्त बहाये सहज में ही इतना बड़ा काम कर डाला かようにちょっとした処理方法でなんの争いもなく流血もなくいとも簡単にこれだけの大仕事をしてしまった

झगड़ालू [形] 喧嘩好きな；喧嘩っ早い

झगला [名] 幼児に着せるゆったりしたクルター＝ झगा.

झगा [名] (1) 幼児の着るゆったりしたクルター (2) 衣服；着物

झज्झर [名] (1) 口が広く首が短い素焼きのかめ（水入れや油入れに用いられる） (2) 上部の四方に穴の開いた素焼きの燭台（ディワーリー祭の時その中に油皿を入れて灯火を点す）

झझक [名*] (1) たじろぎ；ひるむこと (2) 癇癪 (3) 癇癪を起こすこと (4) 発作 (5) ぷんと鼻につくいやな臭い

झझकना [自] (1) たじろぐ；ひるむ＝ बिदकना; ठिठकना. (2) いらいらする；いらだつ；癇癪を起こす＝ झुँझलाना; खिजलाना.

झझकाना [他] (1) たじろがせる；ひるませる (2) いらだたせる

झझकारना [他] (1) 叱る；叱りつける；怒鳴る；怒鳴りつける＝ डपटना; डाँटना. (2) 追い払う＝ दुरदुराना. (3) 見くびる；見下す

झझरी [名*] 格子窓＝ झाड़ीदार खिड़की; झँझरी.

झट [副] (1) すぐさま；即刻；いきなり；間をおかずに＝ तुरंत; फ़ौरन. ज़रा उन्होंने जूते बेढंगे ढंग से रखे देखे, झट लड़ने की मुद्रा में 靴が乱雑に置かれているのを見たが早いか喧嘩腰で (2) さっと；素早く इस लिए वह झट अंदर कमरे में चली गई そのため素早く部屋の中へ入って行った **झट से** *a.* すぐさま मैंने झट से बताया कि मैं ब्राह्मण हूँ すぐさま自分がバラモンだと告げた *b.* 素早く

झटकन [名*]〔ス〕ジャークホールド（レスリング）〈jerk hold〉

झटकना[1] [他] (1) ぐいと引いたり突いたりする；激しい衝撃を与える；ぐいと突く；ぐいと動かす (2) 激しい勢いで振る；振り払う；払い落とす；払いのける；引っついているものを激しい力を加えて離す；振りきる；断ち切る उसने अतीत को झटक देना चाहा 過去を断ち切りたいと思った कुछ खीज उठा, हाथ झटकते हुए बोला いささか不機嫌になり手を激しく振りながら言った वह सिर झटककर उठ बैठा 頭を激しく振って立ち上がった वह मुझे ख़ुश करने के इरादे से मेरे कंधे पर हाथ रख देता है.मैं झटककर हाथ हटा देती あの人は機嫌をとろうと私の肩に手を掛ける．私はその手を払いのける (3) 引ったくる；奪い取る；引っつかむ；もぎ取る पहली पारी में पाँच विकेट झटकना 初回に5ウィケットを奪い取る (4) ねだってもらう；無理を言って手に入れる；たかる पैसा झटकना 金をねだる **झटककर** *a.* 激しく；激しい勢いで *b.* むりやりに；強引に

झटकना[2] [自] (1) 弱る；衰弱する (2) やせる；やせ細る

झटका [名] (1) ぐいと突いたりねじったりすること (2) ショック；驚愕；心への衝撃 (3) 一撃で首をはねて畜殺する方法 (4) 上記のようにして殺された動物の肉＝ झटके का माँस. (5) 激しく動かすこと (6) 引ったくること；引ったくり (7)〔ス〕フォワードプッシュ（レスリング） **झटका उठाना** 打撃に耐える；忍耐する **झटका खाना** *a.* 突かれる；衝撃を受ける；押される；押しやられる *b.* 耐え忍ぶ；忍耐する *c.* やせこける；衰弱する *d.* 厳しく叱られる **झटका झेलना** 打撃を被る **झटका दे॰** 衝撃を与える；ショックを与える **झटका लगना** 衝撃を受ける；打撃を受ける **झटके का माल** 奪い取った物；分捕った物 **झटके से** いきなり激しく；急激に तेज़ी से अपना सिर मत घुमाइए और न ही झटके-से अपने हाथ हिलाइए 急に首をひねったり急激に手を振らないようにしなさい **बिजली का झटका** 電流のショック；感電 बिजली का झटका लगना 感電する

झटकारना [他] 激しく動かす；激しく振る；振り払う अपने सिर को पीछे झटकारा, लेकिन वह अपनी चाल तेज़ ही नहीं कर सका 頭を後ろに振ったが歩調を早めることはできなかった

झटपट [副] すぐさま；直ちに；即刻；すかさず

झड़ [名*] ＝झड़ी.

झड़झड़ाना[1] [他] (1) 激しく動かす (2) 揺り動かす (3) 叱りつける (4) ぱたぱた；ぼとぼと音を立てる；ざあざあなど激しい雨音がする (5) 投げ落とす；投げつける

झड़झड़ाना[2] [自] ぱたぱた，ぼとぼとなどと音が出る

झड़न [名*] (1) 散ること；落ちること；落下 (2) 口銭；仲介料

झड़ना [自] (1) 抜ける；抜け落ちる बालों का झड़ना व सफ़ेद होना 髪が抜け落ちたり白くなること दाँत झड़ जाने की बात 歯が抜け落ちること पुराने पंख झड़ जाते हैं और नये उग आते हैं 古い羽毛が抜けて新しいのが生えてくる बाल झड़ना तथा उनका निराकरण 抜け毛とその防止（法） (2)（付着しているものが）落ちる；剥げて落ちる；剥落する；とれる दीवारों का पलस्तर झड़ रहा था 壁土が剥げ落ちかかっていた (3) 花や木の葉などが散る जिस ऋतु में पेड़ों की पत्तियाँ झड़ जाती हैं 木の葉の散る季節に (4) 思わず精液が洩れ出る；遺精

झड़प [名*] (1) 襲いかかること；襲撃 (2) つかみ合い；小競り合い；衝突；争い कुछ धार्मिक रिवाजों के कारण आपसी झड़पें हो जाती हैं 若干の宗教上の習わしのために衝突が起こる सत्याग्रह के दौरान अनेक मौकों पर पुलिस से झड़पें भी हुईं サティヤーグラハの続いた間多くの場所で警察と小競り合いも生じた (3) 言い争い；口喧嘩 कल क्लब में विनोद से झड़प हो गई 昨日クラブでヴィノードと口喧嘩になってしまった

झड़पना[1] [自] (1) 襲う；襲いかかる；つかみかかる＝हमला क॰；आक्रमण क॰. (2) 突進する (3) 言い争う；口喧嘩する

झड़पना[2] [他] 引ったくる；奪い取る

झड़पा [名*] つかみ合い；取っ組み合い；殴り合い＝हाथापाई.

झड़पा-झड़पी [名*] (1) 襲いかかること (2) つかみ合い；殴り合い

झड़पाना [他] けしかける；けしかけて争わせる；鳥を争わせる；鳥に喧嘩をさせる

झड़पी [名*] ＝झड़पा.

झड़बेर [名] イヌナツメの実

झड़बेरी [名*] (1)〔植〕クロウメモドキ科低木イヌナツメ【*Zizyphus jujuba*】 (2) 同上の実 **झड़बेरी का काँटा** わけもなく喧嘩をしかけたり絡んだりする人

झड़वाई [名*] ←झाड़ना.

झड़वाना [他・使] ←झाड़ना.

झड़ाई [名*] ←झाड़ना.

झड़ाका[1] [名] 急速；大急ぎ **झड़ाके से** 急速に；直ちに；即刻；大至急

झड़ाका[2] [副] 急いで；直ちに；即刻

झड़ाका[3] [名] 動物同士の喧嘩；動物同士のぶつかり合い

झड़ाझड़ [副] (1) 絶えず；絶え間なく＝लगातार; बराबर. (2) 急速に；急激に＝जल्दी जल्दी.

झड़ी [名*] (1) 雨の降り続くこと；長雨 यह तो रात भर की झड़ी मालूम होती है これは夜通し降りそうだ (2) 立て続け；連続 **आँसुओं की झड़ी लगना** 涙が止めどなく流れる इतना कहकर माँ की आँखों से आँसुओं की झड़ी लग गई ここまで言うと母の目からは止めどなく涙が流れだした **झड़ी बँधना** *a.* とぎれずに話が続く *b.* 雨が降り続く (-की) **झड़ी बँधना** （ーが）続く；連続する (**बातों की**) **झड़ी बाँधना** とぎれずに話を続ける (-की) **झड़ी लगना** *a.*（ーが）降り続く वहाँ भी इस समय बूँदों की झड़ी लग रही होगी あそこも今時ぽつりぽつり降り続いていることだろう *b.*（ーが）続けざまに流れる；次から次に流れる

झड़्स [名] 唾棄すべき人物

झणझण [名*] 金属にものの当たる音；金属の触れ合う音＝झनझन.

झन [名*] 金属が物に当たって発する音；金属片がものに当たって発する音

झनक [名*] 物と金属のかち合う音＝झन; झनकार.

झनकना [自] (1) 金属品に物が当たって音が出る (2) 怒鳴る；怒鳴りつける；叱りつける झनकती हुई बोली 怒鳴って言った (3) ぷりぷりする (4) 癇癪を起こす

झनकमनक [名*] 貴金属の装身具の触れ合って出る音

झनकार [名*] ＝झंकार. चारों ओर मेढकों की टर्रटर्र और झींगुरों की झनकार सुनाई पड़ती है 辺り一面に蛙のけろけろと虫たちのころころりんりんが聞こえる

झनझनाना[1] [自] (1) 金属などが高くけたたましい音を立てる；からん，からんからんなどと鳴る अंदरूनी कहानी पढ़कर दिमाग़ के तार झनझना उठे 内幕話を読んで頭ががーんと鳴った विचारों की कड़ियाँ झनझनाकर टूट गईं（物思いに耽っていたのが時計の時報を聞いて）考えの鎖の輪が音を立ててちぎれてしまった बूँद पड़ने की देर थी कि उसके कान झनझनाने लगे. डरकर उसने दोनों हाथ कानों पर रख लिये 滴が落ちるが早いか耳ががーんと鳴り出した．怖くなって両手で耳を押さえた (2) 恐怖，戦慄，歓喜のあまり生じる感情のため身が震える；身震いする चारों ओर एक झनझनाती शांति 辺り一面に一種のぞくっとするような静けさ

झनझनाना[2] [自] しびれる；しびれが来る；じーんとしびれる सीधा एक तमाचा उड़ता हुआ उसके गाल पर पड़ा और वह सिर से पाँव तक झनझना उठी（頬に平手打ちを食って）頭から爪先までじーんとしびれてしまった＝झुनझुनाना.

झनझनाहट[1] [名*] 金属が物体に当たって立てる音．かん，かんかん，からん，ちゃらん，きーん，じゃらんなど फूल का कटोरा झनझनाहट की आवाज़ के साथ फ़र्श पर गिर पड़ा 鐘青銅の鉢がかんと音を立てて床に落ちた

झनझनाहट[2] [名*] しびれ＝झुनझुनी. हाथ-पैरों में झनझनाहट 手足のしびれ

झनाझन[1] [名*] ＝झंकार.

झनाझन[2] [副] ちゃらん，ちゃりん，きーんなどの音を立てて；じゃらんじゃらんと音を立てながら

झप[1] [副] いきなり；急に；すぐさま＝जल्दी से; झट; तुरंत.

झप[2] [名*] 急降下する；急に落下すること **झप खाना**（凧が）急降下する

झपक [名*] ←झपकना. (1) 瞬き (2) 瞬きの間；瞬間；瞬時

झपकना[1] [自] (1) またたく（瞬く）；まばたく（瞬く）；しばたたく चंद्रमा के उज्ज्वल प्रकाश में आभूषणों को देखा.उनकी आँखें झपक गईं 月の明るい光の中で装身具を見た．瞬きをした बीड़ी फूँकते-फूँकते बात करता तो दाईं आँख बार-बार झपक-झपक जाती थी ビーリーを吸いながら話をすると右目が何度も瞬くのだった झपकती आँखों से 眠気でしょぼしょぼした目で **आँख झपकते में** またたく間に；一瞬にして आँख झपकते में वह बिजली के खंभे के पास था 一瞬にして電柱のそばにいた (2) **आँखें झपकना** の形で用いられる．まどろむ；うとうとする；うつらうつらする；眠気がする；居眠りする＝आँखें टिमटिमाना. उसकी आँखें झपकने लगीं うとうとし始めた जब भी आँख झपकती यही सपने देखता まどろむといつも同じこの夢を見る (3) 怯える；ひるむ (4) はにかむ；恥じらう

झपकना[2] [他] (1) 揺らす；揺り動かす (2) 扇ぐ；煽ぐ उन चिनगारियों को झपको मत その火の粉を扇ぐではない

झपकना[3] [自] ＝झपटना. टहनी झपककर ऊपर उठी, और खरगोश हवा में लटकने लगा 枝が勢いよく（ぴーんと）跳ね上がるとウサギは宙に浮いた **झपककर** 飛びかかって＝झपटकर.

झपकाना [他] 睫や目をしばたたく；瞬きする वह पलकें झपकाना भूल गई थी 瞬きを忘れてしまっていた उन्होंने आँखें झपकाते हुए गर्दन से स्वीकृति दे दी 瞬きをしながら首を振って承認した करीब 1 करोड़ रुपए ख़र्च करवा दिए बिना आँख झपकाए और आज आँख दिखा रहे हैं? 瞬き一つせず 1000 万ほどの金を使わせておきながら今となって目を剥いて怒るのかい

झपकी [名*] (1) まばたき（瞬きすること）；またたき（瞬くこと） (2) まどろみ；うたた寝 धीरे-धीरे उसकी आँखें मुँदने लगीं; और उसे झपकी-सी आने लगी 徐々に目が閉じてきてうつらうつらし始めた **झपकी खाना** うとうとする；うつらうつらする；まどろむ；居眠りする；船を漕ぐ **झपकी ले॰** ＝झपकी खाना. संसद तक में सदस्यों के झपकी लेने का समाचार 国会でも議員の居眠りの報道 शाम को कमरे में आती हैं तो थकी माँदी होने के कारण झपकियाँ लेने लगती हैं 夕方部屋に戻ると疲れているのでうつらうつらし始める

झप-झप [副]（明滅・点滅する様子）ちかちか；ぴかぴか झप-झप क॰ 点滅する；明滅する；点いたり消えたりする

झपट [名*] ←झपटना[1].

झपटना[1] [自] (1) 飛びかかる；躍りかかる；襲いかかる वह बाज़ की तरह झपटी और विमला को औरत की गोद से छीनकर बोली 彼

झ

女は鷲のように飛びかかりヴィマラーを抱いていた女の腕から引ったくって言った चील और गिद्ध उसी पर झपटते हैं 鳶と鷲とがそれに襲いかかる पहलवान क्रोध में भरकर उस आदमी पर झपटा レスラーは激しく怒りその男に襲いかかった (2) 飛び上がる；飛びつく लिफ़ाफ़ा लेने के लिए झपटी 彼女は封筒を取ろうと飛びついた (3) 突き進む；突進する रीछ बच्चे की ओर झपटा 熊は子供のほうに突進した

झपटना[2] [他] 奪い取る；引ったくる；突き進んで取る गोली ने आगे बढ़कर गेंद को झपट लिया है ゴールキーパーは突進してボールをキャッチした

झपटाना [他] (1) 飛びかからせる；襲わせる (2) 突き出す；突き進ませる बिल्ली ने चिड़िया पर मुँह झपटाया 猫は鳥に向かって口を突き出した

झपट्टा [名] (1) 飛びかかること；襲いかかること (2) 飛び上がること；飛びつくこと (3) 突き進むこと；突進 (4) かっさらうこと **चील झपट्टा** 鳶のように襲いかかってさらうこと **झपट्टा मारना** *a.* 飛びかかる；襲いかかる इस तरह की मौत से जो झपट्टा मारकर आई このように襲いかかって来た死のために लोमड़ी ने मुर्गी पर झपट्टा मारा 狐が雌鶏に襲いかかった *b.* 飛びつく *c.* 突進する हमारा विमान सहसा चील की तरह झपट्टा मारता है 我々の乗った飛行機は急に鳶のように急降下する *d.* かっさらう

झपड़ियाना [自] 続けざまに平手打ちを食わせる→ झापड़.

झपना[1] [自] (1) 瞼がふさがる；目が閉じる (2) 急降下する (3) 恥じる；恥じ入る

झपना[2] [名] 蓋= ढकना.

झपनी [名*] 小さい蓋= ढकना.

झपवाना [他・使] ←झपाना. 閉じさせる；ふさがせる

झपसट [名*] だまし；いかさま；いんちき= धोखा; कपट.

झपसना [自] 茂る；枝葉をのばす

झपाक [副] さっと；すぐさま；またたく間に

झपाका[1] [名] 急速なこと；速いこと；遅滞のないこと

झपाका[2] [副] 直ちに；即刻；急速に；一瞬に；またたく間に

झपाटा[1] [名] = झपट्टा.

झपाटा[2] [副] 直ちに；すぐさま

झपाना[1] [他] (1) 目を閉じる；瞼を閉じる (2) 下げる；下ろす；下向きにする

झपाना[2] [自] はにかむ；恥じらう

झपाना[3] [他] 恥ずかしがらせる；恥じ入らせる

झपित [形] (1) 閉じた；閉じられた (2) 開いたり閉じたりしている；開閉する (3) はにかんだ；恥じ入った

झपिया [名*] 〔装身〕ドーム・カースト डोम の女性が首から胸に下げる半月形をした金・銀製の首飾り

झपेट [名*] = झपट. **झपेट में आ**॰ *a.* 襲われる；襲撃される *b.* 引ったくられる *c.* 押さえ込まれる *d.* 打撃を受ける

झपेटना [他] (1) (急に) 襲いかかる；急襲する (2) 奪い取る；引ったくる (3) 押さえ込む (4) 打撃を加える

झपेटा [名] (1) 襲撃 (2) 奪い取ること (3) 押さえ込むこと (4) 風の吹きつけること

झप्पी [名*] 目配せ **झप्पी दे**॰ 目配せする

झबड़ा [形⁺] = झबरा.

झबरा [形⁺] (1) むく毛の；尨毛の (2) 毛むくじゃらの **झबरा कुत्ता** むく犬；尨犬 **झबरा बाल** むく毛；尨毛

झबरीला [形⁺] = झबरा.

झबा [名] = झब्बा.

झबिया [名*] (1) 小さな房 (2) 装身具につけられる房のような飾り

झब्बा [名] 房；飾り房 रंगीन सुतलियों में झब्बे डालकर 色のついた房をつけて

झमक [名*] ←झमकना. (1) ぴかぴかちかちかと強く輝くこと (2) 強い光 (3) 飛んだり跳ねたりする音

झमकना [自] (1) 断続して強く光ったり照り輝く；きらきら光る；ぎらぎら輝く (2) 音を立てて動いたり飛んだり跳ねたりする (しゃんしゃん，じゃらんじゃらんなどの音を立てる) (3) 押し寄せる

झमकाना [他] (1) 断続的に強く光ったり輝くようにする；きらきら光らせる；ぎらぎら輝かせる= चमकाना. (2) どんどん，じゃらんじゃらんなどの音を立てる

झमकारा [形⁺] ざあざあと激しく雨を降らせる (雲)

झमझम[1] [名*] (1) 鈴などの鳴る音．しゃんしゃん，じゃんじゃんなど (2) 雨の激しく降る音．ざあざあ (3) 強い光

झमझम[2] [副] (1) 鈴などの鳴る様子 (2) 雨が激しく降る様子；ざあざあ झमझम वर्षा होने लगी थी 雨がざあざあ降り出した (3) 物の強い光を発する様子；きらきら，ぎらぎらなど

झमझमाना [自] (1) 鈴などが鳴る；しゃんしゃんと鳴る；じゃんじゃんと鳴る (2) 雨が激しく降って音を立てる；ざあざあなど激しい雨音がする (3) きらきら光る；ぎらぎら光る

झमना[1] [自] (1) 下がる；垂れ下がる (2) うやうやしく体をかがめる

झमना[2] [自] 集まる；寄り集まる

झमाझम [副] (1) ざあざあなど物の落下する音を立てる様子 बाहर श्रावण झमाझम बरस रहा था 外ではサーワンの雨がざあざあ降っていた झमाझम पानी बरसना ざあざあ雨が降る (2) 強い光を放つさま；ぴかっと；ぴかぴかと (3) 鈴などの金属が激しく音を立てるさま；しゃんしゃんと；じゃんじゃんと

झमाना[1] [自] (1) 下がる；垂れる；垂れ下がる (2) 閉ざされる；ふさがる；ふさがれる

झमाना[2] [他] (1) 下げる；垂らす (2) 閉ざす

झमाना[3] [自] 集める= इकट्ठा क॰; एकत्र क॰.

झमूरा[1] [形⁺] けむくじゃらの；もじゃもじゃと毛の生えた

झमूरा[2] [名] けむくじゃらの動物 (熊や犬など)

झमेला [名] (1) いざこざ；もめごと；ごたごた= झंझट; टंटा; बखेड़ा. (2) 面倒；厄介 मैं इस झमेले में नहीं पड़ता. 私はこの面倒には関わらない (3) 手間のかかること；世話のやけること (4) 人だかり；群衆 **झमेले में पड़ना** *a.* 面倒にかかずらう；面倒に関わる *b.* 忙しい；多忙な **झमेले में फँसना** = झमेले में पड़ना.

झमेलिया [形・名] (1) わざとごたごたを起こす (人) (2) 喧嘩腰の (人)；喧嘩早い (人)

झर[1] [名*] (1) 炎；火炎 (2) 熱

झर[2] [名*] (1) 滝；瀧 (2) 続けざまに落下すること

झरकना [自] (1) = झिड़कना. (2) = झलकना.

झरझर[1] [名*] 強い風の発する音やその様子；強い風が物に当たって出す音やその様子

झरझर[2] [副] 風が吹いたり水が流れたり続けざまに落ちたりする様子．ざあざあ，さらさらなど झरझर झरता झरना ざあざあ流れ落ちる滝 रसोई में से पानी गिरने की झरझर आवाज़ आ रही थी お勝手から水が激しく落ちる音がしていた श्यामा की आँखों से झरझर आँसू बहने लगे थे シャーマーの目から涙が激しく流れだした

झरन [名*] ←झरना.

झरना[1] [名] (1) 滝 (2) 噴水；泉；人工滝

झरना[2] [自] 続けざまに落ちる；流れ落ちる गाय के थनों से स्वतः ही दूध झरना शुरू हो गया 牛の乳首からひとりでに乳が流れ出した उसकी उज्ज्वल, तरल आँखों से आंतरिक उल्लास की आभा झरती थी 明るくつやのある目から心の底からの喜びがこぼれ落ちていた उसकी आँखों से टपटप आँसू झरने लगते 女の目からぽたぽたと涙が落ちる

झरना[3] [自] = झड़ना. जब वह हँसती थी, तो उसके मुँह से फूल झड़ते थे और जब कभी रोती तो आँखों से मोती झरते थे (娘が) 笑うと口元から花が散り，泣くと目から真珠の玉がこぼれ落ちるのだった

झरना[4] [名] (1) 大きなふるい (篩) = छलनी. (2) 穴杓子= पौना.

झरपना [自・他] = झड़पना.

झरबेरी [名*] = झड़बेरी.

झरहराना[1] [自] (木の葉などが音を立てて) 散る；はらはらと落ちる

झरहराना[2] [他] (1) (枝を揺するなどして木の葉を) 散らす (2) 払い落とす

झराझर [副] (1) 激しく音を立てて水の流れたり風の吹いたりするさま (2) 激しく (3) 続けざまに

झरार [形] ぴりぴりする (味)；ひりひり辛い= चरपरा.

झरी[1] [名*] (1) 滝 (2) 人工滝 (3) 泉；噴水

झरी[2] [名*] 商人などの支払う場所代

झरोखा [名] (1) 銃眼；はざま；覗き穴 (2) 格子窓 (3) 開き窓

झर्झर [名] = झाँझ[1].

झर्झरी [名*] = झाँझ[1].

झर्री [名]〔鳥〕ハタオリドリ科キムネコウヨウジャク【*Ploceus philippinus*】= बया.
झर्राटा [名] 布の破れたり引き裂かれる音．びりびり，びりっ，びりりなど
झल [名] (1) 熱；火の熱 (2) 激しい情欲 (3) 熱烈な気持ち (4) 激情；怒り (5) 熱狂
झलक [名*] (1) ひとめ（一目） लोग उनकी झलक पाने के लिए मंजिलें तय करके आते थे 人々は一目見ようと遠い道のりをやって来るのだった (2) ちらりと見えること；覗けること उनकी चौड़ी, उभरी पेशानी पर एक उल्लास की झलक 同氏の広く盛り上がった額にちらりと見える喜びの表情 अपने पिता की एक झलक मात्र मेरी आँखों में है ほんのちょっと見ただけの父親の記憶がある (3) 似ていること；類似 उसके चेहरे में बंदर की झलक अधिक थी 顔が猿によく似ていた男 (4) 光；輝き **झलक आ॰** = झलक मिलना. **झलक दिखलाई पड़ना** = झलक मिलना. **झलक दे॰** ちらりと見せる；ちらりと現れる अपने कपड़े-लत्ते की झलक भी देना चाहती थी 自分の衣裳もちらりと見せたかったのだ **झलक मिलना** *a.* ちらりと見える；覗ける；覗かせる；一端が見える इसमें बापू के प्रेममय व्यवहार की एक झलक मिल जाती है この中にマハートマー・ガーンディーの愛情に満ちた振る舞いの一端が見える अपने भाई की भी हलकी-सी झलक मिली 兄の姿もちらりと見えた *b.* 少しの影響が見られる
झलकदार [形]《H. + P.دار》光る；光っている；輝きのある
झलकना [自] (1) 一瞬間見える；ちらりと見える；顔を覗かせる；ちらちらする इसमें भी पुरुषों की ही साजिश झलकती है これにも男たちの策謀がちらりと見える इस आत्मकथा में उनके स्वभाव की विशेषताएँ झलकती हैं この自伝の中に同氏の性格の特徴が顔を覗かせている उनके चेहरे पर नाराज़गी झलक आई थी あの方の顔に不快感がちらちらし始めていた यह कहते-कहते महीप की आँखों में अदम्य विश्वास झलक आया था こう話しているうちにマヒープの目には断固とした自信が覗きだした (2) 見える；現れる；見えるようになる；差す चेहरे पर कमज़ोरी स्पष्ट रूप से झलक रही थी 顔には衰弱した感じがはっきり現れていた चेहरे पर पीलापन स्पष्ट रूप से झलकने लगा था 顔には黄疸の徴候がはっきりと見え始めていた (3) 浮かぶ；浮かび上がる；表面に出る अब तुम्हारे चेहरे पर ख़ुशी तो झलकेगी これであんたの顔に喜びの表情が浮かぶことでしょう (4) 光る；輝く= चमकना.
झलका [名] 皮膚の表面に火傷や摩擦のために生じる水膨れ= छाला.
झलकाना [他] (1) 覗かせる；ちらりと見せる (2) 暗示する (3) 光らせる；輝かせる
झलकी [名*] (1) スケッチ；風景；光景 चुनाव-झलकियाँ 選挙風景 (2) = झलक. (3) ハイライト
झलझल[1] [名*] 貴金属などの光や輝き，ぴかっ，ぴかぴか，ぴかぴかなどで表現される輝き具合
झलझल[2] [形] ぴかぴかの；ぴっかぴかの；ぴかぴか輝いている
झलझल[3] [副] 眩しいように光り輝く様子；ぴかぴかに，ぴかぴかとなど
झलझलाना[1] [自] 強く光り輝く
झलझलाना[2] [他] 強烈に光り輝かせる
झलना[1] [他] (1) 扇ぐ दिन भर इतना अवकाश भी नहीं था कि जरा पानी पी ले अथवा पंखा लेकर झले 1日中水を飲んだり扇子で扇ぐ暇さえなかった (2) 押しやる；突いて押す
झलना[2] [他] = झेलना.
झलना[3] [自] 威張る；大きな口を叩く = डींग हाँकना.
झलना[4] [自]（金属が）熔接される
झलमल[1] [名*] 明るくなったり暗くなったりすること；明滅；ちかちかすること；ぴかぴかすること
झलमल[2] [形] 明るくなったり暗くなったりする；明滅する；ちかちかする；ぴかぴかする
झलमलाना[1] [自] 持続的に明滅する；ちかちかする；ぴかぴかする；ぴかぴか光る मैंने झलमलाते जल को देखा ぴかぴか光る水を見た
झलमलाना[2] [他] 明滅させる；点滅させる
झलराना [他] (1) 房の形にする (2) 房をつける
झलरी [名*] (1) 小さな鼓= हुडुक. (2) ジャーンジ（シンバルの一種）= झाँझ.
झलवाना[1] [他・使] ← झलना. 扇がせる；扇いでもらう
झलवाना[2] [他・使] ← झालना. (1) はんだづけさせる；はんだづけしてもらう (2) 熔接させる；熔接してもらう
झलहल [形] 光っている；輝いている
झला[1] [名*] 日差し；強い日差し
झला[2] [名] (1) 小雨= झल्ला; हलकी वर्षा. (2) うちわ= पंखा; बीजना.
झलाई[1] [名*] はんだづけ
झलाई[2] [名*] (1) 扇で扇ぐこと (2) その労賃
झलाझल[1] [形] ぴかぴかの；ぴっかぴかの झलाझल सफ़ेदी（洗濯物が）輝くような白さ；純白
झलाझल[2] [副] ぴかぴかになど，強く光り輝く様子を述べる
झलाझली[1] [名*] ぴかぴかに光り輝くこと
झलाझली[2] [副] = झलाझल[2].
झलाबोर [名・形] = झलाझल[1].
झलामल[1] [名*] 光；輝き
झलामल[2] [形] ぴかぴか輝く；ぴかぴかの；光り輝く
झलारा [形+] トウガラシのようにぴりぴり辛い= तीखा; झालवाला.
झलासी [名*] 乾いた細い木の枝や木材
झलाहा [形+] (1) ぴりぴり辛い (2) 嫉妬深い；妬み深い
झल्ल [名] (1) = व्रात्य. (2) 道化師 (3) 小鼓 = हुडुक.
झल्लक [名] (1) = झाँझ. (2) = मँजीरा.
झल्लड़ [形] 織り目の粗い ↔ गफ़.
झल्लरा [名*] (1) = हुडुक. (2) = झाँझ.
झल्ला[1] [名] 大きな籠= बड़ा टोकरा; खाँचा.
झल्ला[2] [名] (1) 吹き降り (2) 雨；降雨
झल्ला[3] [形+] 成分がとても水っぽい；水気の大変多い
झल्ला[4] [形+] (1) 間抜けな；愚かしい= बेवकूफ़; मूर्ख. (2) 精神状態の正常でない；狂った
झल्लाना[1] [自] (1) いらだつ；憤る；かっとなる；いきり立つ；むらむらする उसे उठाते हुए झल्लाकर बोली その子を起こしながらいらだって言った झल्लाई थी अंदर ही अंदर वह 内心むらむらしていた हम बहुत झल्लाए（ひどい仕打ちにあって）いきり立った बार-बार फाटक की तरफ़ देखते थे और किसी को आते न देखकर मन-ही-मन झल्लाते थे 何度も何度も門のほうを見る．そしてだれも来ないのを見てむらむらしていた (2) 憤って言う दबे स्वर में झल्लाई थी, "यह क्या हो रहा है तुझे" 押し殺した声で憤って言った．「君，こりゃ一体どうしたんだ」
झल्लाना[2] [他] いらだたせる；憤らせる
झल्ली[1] [名*] (1) びく（魚籠）= कंडी; कंडुरी; कुत्री; कोत्री. (2) 大きな籠 = झाबा.
झल्ली[2] [名*] 小さな鼓
झल्लेदार [名]《H.झल्ला + P.دار》大きな籠 झल्ला に荷を担ぐ人夫
झवा [名] = झाँवा.
झष[1] [名] (1) 魚 = मछली. (2)〔動〕ワニ = मगर. (3)〔天・占星〕マカラ宮；磨羯宮= मकर. (4)〔天・占星〕ミーナ宮；双魚宮= मीन राशि.
झष[2] [名*] = झख.
झहनना [自] (1) じゃんとかじゃんじゃん झन झन など金属のかち合う音がする (2) 鳥肌が立つ (3) ぞくっとする；びくっとする
झहनाना [他] (1) झन झन など金属がかち合って音を立てる (2) ぞくっとさせる；びくっとさせる
झहरना[1] [自] (1) झर झर[2] という音がする (2) 力が抜けたようにくたくたになる；へなへなとなる
झहरना[2] [自] = झल्लाना.
झहराना[1] [自] へなへなとなって崩れ落ちる
झहराना[2] [自] いらだつ（苛立つ）；いらいらする
झाँई [名*] = झाँई. (1) 影 (2) 闇；暗闇 (3) 欺き；偽り (4) しみ；斑点 कई झाँइयाँ आ गई 何か所もしみができた (5) しみ；そばかす（雀斑） **झाँई (झाँइयाँ) पड़ना** *a.* しみができる *b.* 雀斑ができる *c.* 目の縁に隈ができる चेहरे पर झाँई-मुहाँसे 顔のしみやにきび **झाँई बताना** だます；欺く；ぺてんにかける= धोखा दे॰; छल क॰.
झाँई-झप्पा [名] 口車；甘言= धोखा-धड़ी. **(-के साथ) झाँई-झप्पा क॰** （ーを）だます；ぺてんにかける；口車に乗せる；甘言で釣る
झाँई माँई [名*] 子供の遊びの一（झाँई माँई कौवों की बरात आई と唱えながら練り歩く） **झाँई माँई हो॰** 視界から消え失せる；見えなくなる；消える；消え失せる

झाँक [名*] (1) ←झाँकना. (2) = झलक.

झाँकड़ [名] 灌木；低木

झाँकना[1] [他] (1) 狭いところからあたりの様子を見る；覗く；覗き見る दबे पाँव जाकर खिड़की से झाँक आती 忍び足で行って窓から覗いて来る कुएँ में झाँक कर देखा 井戸を覗き込んだ उत्सुकता बढ़ जाने से उसने कमरे की खिड़की की झिरी से चुपचाप अंदर झाँका 好奇心が増したので部屋の窓の隙間からそっと中を覗いた शशि की उन प्यार-भरी आँखों में झाँकते हुए उसने कहा था シャシの愛情溢れる目を覗き込みながら言った सभी घरों में झाँक-झाँककर घरवालों की कुशल-क्षेम पूछती है 一軒一軒覗いては家族の安否を尋ねる (2) 覗く；ざっと見る महँगाई का कारण जानने के लिए हमें देश के अतीत में झाँकना होगा 物価高騰の原因を知るには国の歴史を覗いて見なくてはなるまい (3) 覗き見る；そっと見る दूसरे के निजी जीवन में झाँकने की जरूरत ही क्या थी? 他人の私生活を覗き見る必要は私にはあるはずもなかった

झाँकना[2] [自] (1) 一部分が見える；覗く；ちらりと見える जेब से झाँकते नोट ポケットから覗いているお札 नुकीली मूँछों के बीच झाँकता ओजस्वी चेहरा ぴんとはね上がった口ひげの間に覗いている気力あふれる顔 पिता जी की चश्मे के भीतर से झाँकती हुई सजल आँखें सामने आकर खड़ी हो गईं 父の眼鏡越しに覗いている涙に潤んだ目が真っ正面に来て止まった (2) 臨む；面する झील में झाँकता सफ़ेद संगमरमर का महल 湖に臨む大理石の宮殿

झाँकर [名] 茨；とげのある木の総称 बबूलों के झाँकरों के गट्ठे バブール（アラビアゴムモドキ）の枝の束

झाँका [名] 覗き窓= झरोखा.

झाँकी [名*] (1) 覗くこと；覗き見ること (2) 一目見ること；一目見えること；一見 (3) 尊いものを拝むこと (4) 好きな人を見ること (5) 美しい景色 (6) 概観 (7) 小窓 (8) 覗きからくり (9) 見世物 (10) 場面；シーン **झाँकी दे॰** 姿をお現しになる；お出ましになる (-की) **झाँकी मिलना** (ーの) 概要がわかる；(ーが) 概観される

झाँकी-सवारी [名*] (1) 行列；パレード；行列行進 (2) 祭礼や祝典の山車 आज बड़े महंत की झाँकी-सवारी निकल रही थी 今日大僧正を乗せた山車が出発するところだった

झाँकृत [名] (1)〔装身〕ジャーンクリット，もしくは，ジャーンジャン（銀などでこしらえた女性の足首飾り，輪形のもの） (2) 金属の触れ合う音；じゃらんじゃらんなど

झाँख [名]〔動〕シカ科アキシスジカ【*Cervus axis; Axis axis*】⟨chital⟩ = चीतल.

झाँखर[1] [名] (1) キマメ（अरहर）の切り株 (2) いばらの茂み

झाँखर[2] [形] (1) 大きな穴のいっぱいあいている (2) 緩く編んだ；編み目や織り目が粗い

झाँगला [形+] ゆったりした（衣服）

झाँझ[1] [名*]〔イ音〕ジャーンジ（シンバル）

झाँझ[2] [名*] (1) 怒り= क्रोध; गुस्सा. (2) 争い；喧嘩= लड़ाई; झगड़ा. (3) 不届き；心得違い；けしからぬこと अंगरेज बनने की झाँझ में अपनी बीवियों को क्लबों में लाकर बैठा देते हैं イギリス人を真似るという心得違いから嫁さんたちをクラブに連れてきて座らせておく

झाँझन [名*]〔装身〕女性が足首につける銀製で輪形の装身具；ジャーンジャン

झाँझर [形] (1) 大変薄手の；透けて見える (2) やつれた (3) 悲しげな；悲しみに打ちひしがれた झाँझर मुख निकला बाहर 悲しげな顔が現れた

झाँझरी [名*] (1) = झाँझ[1]. (2) = झाँझन.

झाँझा [名] (1) 毛虫 (2) 穴杓子 (3) ギーで揚げて砂糖にまぶした大麻の葉

झाँझिया [名] ジャーンジ झाँझ を奏する人

झाँझी [名*] (1) ジャーンジー（多数の穴のあいた瀬戸物の器） (2) アーシュヴィン月の夜，ジャーンジーに灯明を灯して頭にのせた女の子たちが歌を歌いながら一軒一軒訪ね歩いて金子や穀物をもらう農耕儀礼に関連した行事；ジャージー (3) その際歌われる歌

झाँट [名*] (1) 陰毛；秘毛= पशम. (2) 取るに足らないもの；実につまらないもの (-की) **झाँट उखड़ना** *a.* (ーが) 恥をかく；(ーの) 不名誉になる *b.* (ーが) 損をする；(ーが) 損害を被る **झाँट उपड़ना** = झाँट उखड़ना. (-की) **झाँट उखाड़ना** *a.* (ーに) 恥をかかせる *b.* (ーに) 損をさせる；損害を与える **झाँट का बाल** 全くつまらないもの；取るに足らぬもの **झाँट की झुटल्ली** = झाँट का बाल. **झाँट गिनना** 無駄に時間を過ごす **झाँट जलकर कलाबत्तू हो जा॰** = झाँट जल जा॰. **झाँट जलकर राख हो जा॰** = झाँट जल जा॰. **झाँट जल जा॰** 甚だ不快に感じる **झाँट बराबर** 全くつまらない **झाँट भी न कर सकना** 指一本触れることができない；手も足も出ない **झाँट में बँधे रहना** 四六時中つきまとう

झाँटा [名] = झंझट.

झाँप[1] [名*] (1) 覆い (2) 日除け；ブラインド；シェード (3) ひさし（庇）；のき（軒） (4) 衝立

झाँप[2] [名*] = झपकी.

झाँपड़ [名] 平手打ち= थप्पड़; तमाचा. मुझे बाप का झाँपड़ याद आया 父から食らった平手打ちを思い出した

झाँपना [他] (1) 覆う；覆いをつける (2) こする

झाँपा [名] (1) 大きな蓋付きの籠 (2) 大きな籠

झाँपी [名*] (1)〔鳥〕セキレイ科ハクセキレイ= खंजन. (2) 尻軽女

झाँवर[1] [形] (1) 黒い；黒みがかった；黒ずんだ (2) 汚れた (3) 萎れた झाँवर हो॰ 黒ずむ= काला पड़ जा॰.

झाँवर[2] [名] (1) 湿地 (2) 水利の良い水田；低地にある水田

झाँवर[3] [名*] = झाँझ.

झाँवली [名*] (1) ちらりと見えること；一瞬間見えること= झलक. (2) 一見 (3) 横目 झाँवली दे॰ 目配せする

झाँवाँ [名] (1) 焼けすぎて黒ずんだ煉瓦 (2) 体の垢を取ったりするのに軽石代わりに用いられる上記の煉瓦片

झाँसना [他] (1) だます；欺く= धोखा दे॰; ठगना. (2) だまし取る (3) 女を不貞行為に誘う

झाँसा [名] (1) 甘言を弄すること (2) お為ごかし (-को) झाँसा दे॰ お為ごかしを言う यह झाँसे अब किसी और को देना もうお為ごかしはおれには通じないぜ (3) 気休め；当てにならぬ約束 छोड़िये चाचा जी, आप तो इतने साल से झाँसे ही देते आ रहे हैं おじさんもうやめて下さいよ．こんなに何年も気休めばかりおっしゃってきているじゃありませんか लेकिन सरकारी झाँसों की पोल जल्दी ही खुलने लगी でも政府の気休めの言葉の正体がすぐに明らかになりだした (4)〔ス〕フェイント प्रतिद्वंद्वी को झाँसा देने के लिए खिलाड़ी में चुस्ती होनी चाहिए 相手にフェイントをかけるには選手が機敏でないといけない (-को) **झाँसा दे॰** (ーを) だます；欺く छोटी कमज़ोर चिड़ियाँ बड़े पक्षियों की नकल करके उन्हीं की तरह दीखने लगती हैं और शत्रुओं को झाँसा दे देती हैं 小さく弱い鳥は大きな鳥の真似をして大きな鳥のように見せかけて敵をだます（敵の目を欺く） **झाँसा पढ़ाना** = झाँसा दे॰. **झाँसा बताना** = झाँसा दे॰.

झाँसा पट्टी [名*] (1) 甘言で釣ること (2) だますこと；詐欺

झाँसी 〔地名〕ジャーンシー（ウッタル・プラデーシュ州西南端にマッディヤ・プラデーシュ州に突出する形で位置する同名県の県都）

झाई [名*] = झाँई/झाँई. しみ मुँह पर पड़ी काली झाइयाँ 顔にできた黒いしみ यदि त्वचा पर फुँसियाँ, झाइयाँ, झुर्रियाँ या दाग़-धब्बे-से हों तो もし肌ににきび，そばかす，しわ，しみみたいなものがあれば

झाऊ [名]〔植〕ギョリュウ科ギョリュウ属の低木【*Tamarix dioica; T. gallica, T. troupi*】など

झाऊ चूहा [名]〔動〕ハリネズミ科ハリネズミ= काँटेदार झाऊ चूहा. ⟨hedge hog⟩

झाग [名] (1) 液体の泡 साबुन से झाग उठना せっけんの泡が立つ (2) 口から出る泡 देखते-देखते उसके मुख से झाग निकलने लगा 見る見るうちに男の口から泡が出始めた **झाग उठना** 泡立つ

झागदार [形]《H. + P. دار》泡立った झागदार काफ़ी 泡立ったコーヒー

झागना[1] [自] 泡立つ

झागना[2] [他] 泡を立てる；泡立てる

झाझ [名*] = झाँझ.

झाझन[1] [名] = झाऊ.

झाझन[2] [名] = झाँझन.

झाट [名] (1) 木立 = कुंज. (2) 茂み (3) 東屋；四阿

झाटा [名] (1) = जूही. (2) = झाटिका.

झाटिका [名*]〔植〕イイギリ科大低木ルカムモモ【*Flacourtia cataphracta; F. jangomas*】

झाड़[1] [名*] (1) 掃くこと ←झाड़ना. (2) はたくこと (3) 清め；浄化 (4) 土砂降り (5) 悪魔などを祓うこと (6) 叱責の言葉 **झाड़ का काँटा** 屁理屈をこねる喧嘩好きな人；うるさく絡む人 **झाड़ खाना** 厳しく叱責される **झाड़ पड़ना** = झाड़ खाना. **झाड़ बाँधना** 雨が降り続く

झाड़[2] [名] (1) いばら；灌木；低木 (2) シャンデリア

झाड़खंड [名] (1) 森；森林；ジャングル；密林 (2) イヌナツメなどとげのある低木の生い茂る林 (3) ジャールカンド州 (州都ラーンチー. チョーターナーグプル丘陵を中心としてビハール州, 西ベンガル州, オリッサ州, ウッタル・プラデーシュ州, マッディヤ・プラデーシュ州と境界を接する. 先住部族民と呼ばれる人たちが多く住む) = झारखंड.

झाड़-झंखाड़ [名] (1) 低木, 特にいばらなどの役に立たない草木 ज़मीन को यूँ ही बेकार पड़ी रहने दिया जाए तो उसमें बेकार के झाड़-झंखाड़ उग ही आएँगे 地面をそのまま放置しておくと役に立たない草木が生い茂ってくる (2) 邪魔物；がらくた जाहिली के ये भद्दे झाड़-झंखाड़ और ज़हरीली नागफनियाँ हटाए बगैर प्रगति की राह प्रशस्त नहीं हो सकती 無知蒙昧と言うこの見苦しいがらくたと毒のあるサボテンを取り除かない限り進歩の道は確かなものとはならない

झाड़दार [形]《H. + P.دار दार》(1) 枝葉のいっぱい茂った (2) とげのある；とげだらけの (3) いばらの形が描かれている

झाड़न [名*] (1) 塵；埃 (2) 塵をはたく道具 (通常布製のもので, 雑巾の代用にもなる) (3) かす；ごみ；(穀物などの) 屑

झाड़ना [他] (1) 付着しているものを取り除くために叩く；払う；はたく；払いのける；掃く उसने कुरसी पर जमी धूल को छोटे रूमाल से झाड़ा 椅子の埃を小さなハンカチで払った उसने तरकारी पर से धूल झाड़ी 野菜についた泥を払った पहले सारे घर की गर्द झाड़ दे まず家中の埃をはたき落とす अपना कमरा झाड़ने में तुम्हें लज्जा आती है? 自分の部屋を掃くのが恥ずかしいのかい (2) 落とす；払い落とす；揺すって落とす उसने सिगरेट की राख झाड़ी タバコの灰を払い落とした उसने राखदानी में सिगरेट झाड़ी 灰皿にタバコの灰をはじき落とした (3) 巻き上げる；脅し取る वह नौ नौ रुपये हमसे झाड़कर ले गया あの男は我々から9ルピーずつ巻き上げて行った (4) 激しくぶつける；叩きつける；叩く；ぶつ गधा भी कभी कभी तकलीफ़ पाकर दोलत्तियाँ झाड़ने लगता है ロバでさえ痛い目に遭えば (後脚での) 蹴りを見舞うものだ एक बार तो अनेक झाड़ू उन्होंने मुझपर झाड़ भी डाले थे あの人が一度は私を箒で叩いたことがあった ख़ूब थप्पड़ झाड़ता है しこたま平手打ちを食わせる (5) すく；櫛を入れる；くしけずる (梳る) बालों में तेल न लगाये, उन्हें झाड़े भी नहीं 髪に油をつけず櫛も入れなかった (6) 叱りつける；怒鳴りつける；どやす मामा जी को पता चला तो उनके बदन में आग लग गई.लड़कियों को बुरी तरह झाड़ा उन्होंने 伯父は事情を知ると烈火の如く怒り娘たちを激しく叱りつけた जब वह झाड़ने लगी तो सब दुम दबाकर भाग गये 彼女が叱り出すと皆はすごすごと退散した (7) 見せびらかす；ひけらかす उसने दंभी मर्द की तरह तुम पर रोब झाड़ा うぬぼれ深い男のように君に威張って見せたのだ (8) 語る, 演説するなどの強調的な表現；ぶつ चुनावों के समय उम्मीदवार बाहर से ही भाषण झाड़कर चले जाते हैं 選挙時には候補者たちは戸外で演説をぶって去って行く आप तो हिंदू पंडितों वाला उपदेश झाड़ने लगे あなたはいわゆるバラモンのお説教をぶち始められたわけですな अपनी वीरता की गप्पें झाड़ा करता 自分の勇気についての自慢話をする (9) (悪霊など憑き物を) 祓う भूत प्रेत झाड़नेवाला सयाना 幽鬼を祓う祈祷師 गाँव को लौटता हुआ देवता का रथ काँटेदार झाड़ियों से झाड़ा जाता है 村へ戻る山車はいばらで祓われる (10) 射精する **झाड़-झटककर** ありとあらゆる手段で；あらゆる手を使って；強引に **झाड़ना-झटकना** *a.* 奪い取る；手練手管を用いて手に入れる；引ったくる *b.* 叱りつける；厳しく叱る；どやす **झाड़ना-पोंछना** 埃を払ったり汚れを拭いたりする；はたいたり拭いたりする दुकान का सारा सामान झाड़-पोंछकर 店の品を全部はたいたり拭いたりして **झाड़-पोंछकर** 何もかもさらえて；ごっそり **झाड़ना-फटकारना** *a.* ののしる *b.* 叱りつける **झाड़ना-फूँकना** → झाड़-फूँक.

झाड़-पोंछ [名*] はたくこと；振り払うこと；払いのけること；払ったり拭ったりすること；掃いたり拭ったりすること झाड़-पोंछ क॰ 掃除する ठीक से झाड़पोंछ भी नहीं कर सकती हो? ちゃんと掃除もできないのかい

झाड़-फ़ानूस [名]《H. + A. فانوس》シャンデリア छत पर तरह-तरह के क़ीमती झाड़-फ़ानूस लटक रहे थे 天井には様々な高価なシャンデリアが吊り下げられていた राजमहलों में लगे झाड़-फ़ानूस 宮殿のシャンデリア **झाड़-फ़ानूस लगाना** 飾り立てる；きらびやかに装う

झाड़-फूँक [名*] 呪文を唱えて悪霊, 病魔, 憑き物などを祓い落とすこと；お祓い= भूतापसारण. **झाड़-फूँक क॰** お祓いをする；憑き物を落とす झाड़-फूँक द्वारा बीमारी का इलाज क॰ お祓いで病気治療をする झाड़-फूँक कराना お祓いを受ける；憑き物を落としてもらう

झाड़-बुहार [名*] 掃除 (掃き掃除と拭き掃除)；清掃= झाड़-बुहारी. झाड़-बुहार क॰ 掃除する

झाड़ा [名] (1) 悪霊や病魔などを呪文などで祓うこと；お祓い (2) 所持品などの検査 (3) 排便 (4) 便所；手洗い (5) 大便

झाड़ी [名*] (1) 低木；灌木 (2) 低木の茂み；雑木林

झाड़ी-झंखाड़ [名*] = झाड़-झंखाड़. वृक्ष एवं झाड़ी-झंखाड़ इतने घने हो चले थे कि दिन को भी अँधेरा था 樹木や灌木があまりにも生い茂り昼間でも暗いほどだった

झाड़ीदार [形]《H. + P.دار》(1) とげのある= काँटेदार; कँटीला. (2) 茨の生い茂っている (3) 低木のような

झाड़ू [名] (1) くさぼうき (草帚；草箒)；帚 (2) ほうき星 (箒星) **झाड़ू की सींक से भी न छूना** 激しく嫌う **झाड़ू दे॰** *a.* 箒をかける；箒を当てる *b.* ごっそり (何もかも) 盗み出す *c.* 全滅させる；何もかも台無しにしてしまう **झाड़ू फेरना** = झाड़ू दे॰. **झाड़ू मारना** *a.* 追い出す；追い払う= दूर हटाना. *b.* 侮辱する；辱める **झाड़ू लगाना** = झाड़ू दे॰. **झाड़ू लेकर पीछे पड़ना** 大変悩ませる **झाड़ू से बात क॰** 喧嘩腰になる

झाड़ू बरदार [名]《H. + P.بردار》(1) 掃除をする人；清掃員；掃除夫 (2) 掃除に従事するいわゆる低カーストの人 (भंगी, मेहतर, चमार など)

झाड़ू बुहारी [名*] 掃き掃除

झाड़ू वाला [名] (1) 掃除人；掃除夫 (2) 掃除に従事する, いわゆる, 低カーストの人 (भंगी, मेहतर, चमार など)

झाण [名] (1)〔ヨガ〕ヨーガの行法の第7階梯であるジャーナ, すなわち, 静慮 (2)〔ヨガ〕ハタヨーガにおいて微細身の5つの元素と五大とを併せて思念して上昇せしめること→ सूक्ष्म शरीर.

झापड़ [名] 平手打ち = थप्पड़; तमाचा. **झापड़ कसना** 平手打ちを食わせる= झापड़ जड़ना; झापड़ मारना; झापड़ लगाना. रामू ने भी उस लड़के के दो-दो झापड़ जड़े थे ラームーもあの子に平手打ちを2発も食わせた

झाबर [名] 泥地；沼地；沼沢地

झाबा [名] (1) 油を保存するのに用いられる革袋；油入れの革袋 (2) 大きなシャンデリア (3) キマメ (木豆 अरहर) の乾燥した蔓で編まれた大きな籠

झाम [名] (1) ふさ (房)；たば (束) (2) 井戸や川の底をさらえるのに用いられるショベルの一種；ジャーム (3) 叱責 (4) 欺き；欺瞞

झामक [名] 焼き損なった煉瓦= झावाँ.

झामर[1] [名] 紡錘や針などを研ぐための砥石

झामर[2] [名]〔装身〕女性が足首につける銀製のアンクレット

झामर-झूमर [名] (1) けばけばしさ= चमक-दमक. (2) 中身のないもの；外見だけのもの；見せかけ；虚飾= झूठा प्रपंच; ढकोसला.

झामरा [形+] (1) 黒ずんだ；焼けこげた色をした (2) 汚れたりくすんだりした

झार[1] [形] (1) 全部の；全体の (2) 純粋の (3) 唯一の；ただ1つの

झार[2] [名] 集まり；集団

झार[3] [名] 穴杓子

झार[4] [名*] (1) トウガラシなどのぴりぴりした辛さや焼けつくような刺激 (2) 炎；火炎 झार बरना 炎があがる (3) 熱

झार[5] [名] 木；樹木= पेड़; वृक्ष.

झार[6] [名] 滝；急流= झरना.

झार[7] [形・副] (1) 唯一の；偏に；単に (2) 全ての；全くの；完全に

झारखंड [名] ＝झाड़खंड.
झारन [名*] ＝झाड़न.
झारना [他] ＝झाड़ना. मुँह पोंछने के रूमाल से साहबों के बूट की गर्द झारना 顔を拭うハンカチで英人旦那方のブーツの埃を払う
झारल[名]《Np.》〔動〕ウシ科ヒマラヤタール【*Hemitragus jemlabicus*】〈Himalayan tahr〉
झारा [名] (1) み（箕）＝सूप. (2) ふるい（篩）
झारी[1] [名*] 水差し（ジョウロのような形で真鍮などの金属製. 神像に水を供えたり手足を洗うのに用いられる）；ジャーリー
झारी[2] [名*] ＝झाड़ी.
झारू [名] ＝झाड़ू.
झार्झर [名] 太鼓を打つ人；太鼓打ち
झाल[1] [名*] 臭気や味覚の強い刺激
झाल[2] [名*] (1) はんだ（半田；盤陀；ハンダ）；しろめ (2) はんだづけ
झाल[3] [名*] (1) 熱 (2) 燃焼 (3) 炎；火炎 (4) 情熱 (5) 激しい情欲；欲情
झाल[4] [名] ヒンドゥー寺院で用いられる大きなシンバル；ジャール
झाल[5] [名] 2〜3 日降り続く雨
झालड़ [名*] (1) ＝झालर. (2) 鉦
झालना [他] (1) はんだづけをする (2) 容器の口を閉じる (3) 飲み物を容器に入れて冷やす
झालर [名*] (1)〔裁〕襞飾り；縁飾り；フリル；房飾り वह वस्त्रों, पुष्पहारों तथा मोतियों से जड़ी झालरों के बीच झिलमिला रही थीं それは着物や花環や真珠のちりばめられた縁飾りの間にぴかぴか輝いていた (2) へり（縁）；ふち（縁） (3) 花綱；ひも飾り（祝い事の際に戸口に飾るマンゴーの花や葉の） दीवाली पर अब बिजली की रंगबिरंगी झालरें लगाकर रोशनी करने का रिवाज बन गया है 今日ではディーワーリー祭の祈りに色とりどりの電飾をつけて輝かせるのが風習になってしまっている (4) ヒンドゥー教徒の礼拝時に打ち鳴らされる鉦；ジャーラル घंटा-झालर और शंख आदि के बजने की आवाज़ 鉦やほら貝などの鳴る音
झालरदार [形] 《H. + P. دار》縁飾りのついた；房飾りのついた झालरदार पंखा 房飾りのついた扇子
झालरना [自] (1) 房飾りが風に揺れる (2) 風に揺れる (3) 枝や葉や実がいっぱい茂ったり実ったりする
झालरा[1] [名] 四角形のバーオリー（水面に向かって階段状の傾斜のつけられた井戸）
झालरा[2] [名] (1) 女性の銀製の首飾り；ジャールラー (2) シンバル
झालरी [名*] シンバル；ジャーラリー
झाला[1] [名] (1) ジャーラー（ラージャスターン南部からグジャラートにかけて居住してきたラージプートの一氏族名） (2) ジャーラー氏族の男子
झाला[2] [名] (1)（耳たぶにつける）耳飾りの一；ジャーラー (2)〔イ音〕弦楽器の共振；ジャーラー
झावु [名] ＝झाऊ.
झिंगन [名]〔植〕ウルシ科高木ウダノキ【*Lannea grandis*】
झिंगवा [名*]〔動〕甲殻類エビ＝झींगा.
झिंगाक [名]〔植〕ウリ科トカドヘチマ＝तरोई; तोरई.
झिंगिनी[1] [名*]〔植〕ヤブコウジ科低木, もしくは, 小木【*Myrsine semiserrata*】
झिंगिनी[2] [名*]〔昆〕ホタル科ホタル＝जुगनू; खद्योत.
झिंझरिष्टा[名*]〔植〕シナノキ科雑草カジバラセンソウ【*Triumfetta rhomboidea*】
झिंझिरिस्टा [名*] ＝झिंझरिष्टा; झिंझिरीटा.
झिंझी [名*] ＝झींगुर.
झिंझोटी [名*]〔イ音〕ジンジョーティー（ラーガの一. 時間帯は夜, 情感は愛）
झिंझोड़ना [他] ＝झंझोड़ना; झिंझोरना. निर्दोषों की जल समाधि ने मन को झिंझोड़कर रख दिया 無辜の人々の水死に心を激しく揺すぶられた उसने मेरे अंदर की भावुक औरत को झिंझोड़ दिया 私の内面の感受性の強い女性を突き動かした उसे ऐसे लगता है कि मानों किसीने उसके सारे शरीर को बुरी तरह झिंझोड़कर रख दिया है まるでだれかが全身を激しく揺り動かしたかのように感じられる
झिंझोरना [自] ＝झिंझोड़ना. फिर अचानक ही कहीं से गहरी हूक-सी उठी और उसका सारा शरीर झिंझोर गई それから突然にどこからともなく深い苦悶の声のようなものが出て彼女の全身は激しく揺れた
झिंटी [名*]〔植〕キツネノマゴ科草本クビナガバレリヤ【*Barleria cristata*】
झिझक [名*] ためらい；躊躇；迷い；気後れ उस दरवाज़े पर जाते हुए झिझक होती है その戸口に行くのがためらわれる मन में झिझक अभी बाकी है और तभी मैं अपने से पूछ रहा हूँ 今なお心に引っかかるもの, ためらいがある. だから自分の胸に問うているところだ उसे हम लोगों के साथ बैठने में झिझक हो रही थी あの人は皆と一緒に腰を下ろすのをためらっていた एक क्षण के लिए जैसे सारी झिझक गायब हो गई 一瞬まるで迷いがすっかりなくなったかのようだった **बिना झिझक (के)** 迷わずに；ためらわずに अपनी कठिनाइयाँ बिना झिझक के औरों के सामने रखो 自分の抱えている問題をためらわずに人前に出しなさい बिना झिझक चली आ॰ 迷わずに来なさい जब आपको किसी के विशिष्ट गुणों का पता चले, तो बिना किसी झिझक के उसकी प्रशंसा करें 人の美点を見つけたら思いきりその人を誉めなさい
झिझकना [自] ためらう；躊躇する；迷う；遠慮する；気後れする नारी जानकर उसपर वार करने से झिझक रहे थे 相手を女性と知って攻撃をためらっているところだった यहाँ कुछ देर के लिए मैं झिझका, फिर हड़बड़ाकर बोला （困ったことをたずねられたので）そこでしばしためらった. それからあわてて言った वह पक्षी अपने से बड़े पक्षियों तक पर आक्रमण करने से नहीं झिझकता その鳥は自分より大型の鳥にさえ躊躇なく襲いかかる उस समय अगर कोई और साथ होता है, तब तो बाहर आने में वह थोड़ा झिझकता है その際, 私と一緒にだれかがいると外に出るのを少しためらう **झिझकते हुए** ためらいながら；遠慮しながら उसने झिझकते हुए उसके आगे शादी का प्रस्ताव रखा ためらいながら縁談を持ち出した
झिटकना [他] 払い落とす；突き落とす；振り切る；断ち切る→झटकना.
झिड़कना [他] (1) 叱る；叱りつける अब पिता जी ने मुझे झिड़क कर कहा, "तू खड़ा क्या देख रहा है? जा, दोनों दरवाज़े बंद कर दे" 今度は父が私を叱りつけて言った.「何をぼんやり突っ立っている. 扉を 2 つとも閉めなさい」 लड़के अम्माँ-अम्माँ करके दौड़े, मगर उसने दोनों को झिड़क दिया 男の子は, 母さん, 母さんと叫んで走ったが母親は 2 人を叱りつけた कभी-कभी नौकर झुँझलाकर उसे झिड़क देते, धकिया देते しばしば使用人たちはいらだってその男を叱りつけたり突き飛ばしたりする (2) たしなめる；注意を与える माँ को झिड़क दिया - झूठ-मूठ के लिए रो रही है? कोई फाँसी पर चढ़ने जा रहा हूँ? बहुत जल्दी आ जाऊँगा 母親をたしなめて言った.「わけもなく泣いたりして. 処刑場に行くわけじゃなし. すぐに戻って来るんだから」
झिड़की [名*] (1) 叱りつけること；叱ること मेरी झिड़की से घबराकर भाग गया था 私に叱られてあわてて逃げて行った (2) 小言；文句；たしなめ **झिड़की खाना** 叱られる；叱りつけられる；たしなめられる **झिड़की दे॰** 叱る；叱りつける मेरी पत्नी ने उसे भाभी जी को न लाने के लिए मीठी झिड़की दी 家内は彼が夫人を連れてこなかったのでやさしくたしなめた "चलो हटो, पागल कहीं के"उसने प्यार से झिड़की दी「のいた, のいた. とんだお馬鹿さんね」と優しく叱った "यार, बड़ा शैतान है तू" मनोहर ने झिड़की दी「お前は相当な悪だな」マノーハルが叱った **झिड़की मिलना** 小言を食う；文句を言われる；たしなめられる；叱られる；叱責される उसे मिलती थीं सास की मीठी झिड़कियाँ いつも姑からやさしくたしなめられていた छोटी जातियों की औरतों से गालियाँ-झिड़कियाँ सुनने को मिल जातीं 低いカーストの女たちからののしられたり文句を言われたりする
झिपझिप [副] しとしとと（雨が降るさま）＝रिमझिम.
झिपना [自] 恥じ入る；はにかむ＝झेंपना.
झिपाना [他] 恥じ入らせる；恥ずかしい目に遭わせる＝लज्जित क॰; शरमिंदा क॰.
झिमिटना [自] 集まる；集合する＝इकट्ठा हो॰.
झिर [名*] 滴；小さな水滴＝बूँद.
झिरकना [他] ＝झिड़कना.
झिरझिर [副] (1) ゆっくり；じわじわ；そろそろ＝धीरे-धीरे. (2) そよそよと；緩やかに＝मंद मंद.
झिरझिराहट [名*] ゆっくりした様子；緩やかな様子

झिरना[1] [名] (1) = झरना[1]. (2) = झिरी[1].
झिरना[2] [自] = झरना. 落下する；落ちる；流れ落ちる= गिरना.
झिरना[3] [名] (1) 穴；隙間= छेद; सूराख. (2) 滝；急流= झरना.
झिराना[1] [自] = झुरना.
झिराना[2] [他] = झुराना.
झिरी[1] [名*] (1) 隙間；小さな穴や裂け目 दरवाज़ों की झिरी में झाँक-झाँक कर देखने लगे 扉の隙間から覗き始めた (2) 水の流れ込む水溜まり (3) 池などの近くに水の湧き出るところ (4) 霜 (5) 霜害に遭った作物
झिरी[2] [名*] = झींगुर; झिल्ली[2].
झिलँगा[1] [形+] (1) やせ細った；やつれた (2) 細い；こまかな (3) ぼろぼろの (4) たるんだ（弛んだ）；弛みの生じた
झिलँगा[2] [名] (1) 編み目の粗い簡易ベッド (2) 編み目に弛みの生じた簡易ベッド
झिलना [自] (1) 耐えられる；忍ばれる= सहा जा॰; झेला जा॰. (2) めり込む= धँसना. (3) 満足する；満ち足りる= संतुष्ट हो॰; तृप्त हो॰. (4) 熱中する；没頭する= मग्न हो॰;तल्लीन हो॰.
झिलम [名*] (1) 鎧兜；甲冑= झिलम टोप. (2) 兜のしころ（錣）
झिलमिल[1] [形] ちかちかする；明滅する；点滅する झिलमिल क॰ ぴかぴかする；きらきらする；ちかちかする पास ही में झिलमिल झिलमिल करती निर्मल जल की नदी थी すぐそばにきらきら輝く清らかな水の流れる川があった
झिलमिल[2] [名*] = झिलमिला. (1) ちかちかする明かり；点滅する明かり (2) 点滅；明滅 (3) 閃光；きらめき (4) 紗；絽
झिलमिला[1] [形+] (1) 薄明かりの；かすかに明るい (2) 薄暗い (3) 明滅している；点滅している；ちかちかする (4) ぼんやりしている；はっきりしていない (5) 隙間の多い；透けて見える (6) 粗織りの (7) 濃淡のある
झिलमिला[2] [名*] (1) 薄明かり；薄明 (2) 薄暮 (3) 明滅；点滅；ちかちか (4) 輝き；きらきら光ること；きらめき (5) 紗；絽；粗織り (6) モスリン
झिलमिलाना[1] [自] (1) 点滅する；明滅する；ちかちかする；きらきらする；きらめく झिलमिलाते तारे फैले हैं きらきら光る星が広がっている अंगूठी के हीरे सूरज की रोशनी में झिलमिलाते रहे 指輪のダイヤが陽光にきらきらと輝いていた प्रत्येक पर के अंतिम सिरे के समीप झिलमिलाते रंगोंवाली आँख （クジャクの）それぞれの羽の１本１本の端に近いところにぴかぴか輝く目の模様 झिलमिलाते साफ़ पानी वाले झरने के किनारे きらきら輝くきれいな水の流れ落ちる滝のほとり झिलमिलाता हुआ धीमा धीमा प्रकाश 明滅している弱い光 चाँदी का झिलमिलाता रुपया きらきら光る銀貨 चाँदी की झिलमिलाती पालकी きらめく銀の輿 नीली सिल्क की कामदानी के काम की झिलमिलाती हुई साड़ी シルクの青い糸の刺繍がきらきら光るサリー (2) 揺れる；揺らぐ
झिलमिलाना[2] [他] (1) ぴかぴか光らせる；きらめかせる (2) 揺らす= हिलाना.
झिलमिलाहट [名*] ←झिलमिलाना. (1) 明滅；点滅；ちかちか (2) 揺れ；揺れること
झिलमिली [名*] (1) 板すだれ；シャッター；ブラインド= खड़खड़िया. (2) すだれ= चिक; चिलमन. (3) 耳飾りの一；ジルミリー (4) 絽；紗
झिलवाना [他・使] ←झेलना. 耐えさせる；忍耐させる
झिली [名*] = झींगुर; झिल्ली[2].
झिल्ल [名]〔植〕マメ科低木【*Indifofera oblongifolia*】
झिल्लड़ [形] 織り目の粗い
झिल्ली[1] [名*] (1) 膜 फेफड़ों की ऊपरी झिल्ली 肺を包んでいる膜；胸膜；肋膜 इस स्थान पर एक कोमल पतली झिल्ली लगी होती है जो आवाज़ उत्पन्न करती है この場所に声を出す１枚の柔らかい薄い膜がついている (2) 皮膜 (3) 羊膜
झिल्ली[2] [名*]〔昆〕様々な鳴き声を出すコオロギなどの昆虫の総称
झिल्लीदार [形]《H. + P. دار》水掻きなどの膜のついている उनके पाँव बतख की तरह झिल्लीदार थे それの足にはアヒルのように膜（水掻き）がついていた
झींकना [自] = झींखना/झीखना. अंदर ही अंदर वह झींक रही थी 胸の内で悲しんでいた
झींका [名] (1) ひき臼に入れてひく穀物の一度に入れる分量 (2) 食物をネコやネズミに食べられぬように天井から吊り下げるひもで編んだネットや籠= सींका; छींका.
झींख [名*] ←झींखना. 嘆き；悔やみ；後悔
झींखना[1] [自] かこつ；嘆く；悔やむ；愚痴を言う；愚痴る；不平を言う；ぶつぶつ言う मामा जी लाख झींखें, पर निष्ठुर से याचना कर क्या फ़ायदा? おじは随分と文句を言ったのだが，情け知らずに何の効き目があろう औरतें चहक सकती हैं, मर्द लोग सारा वक्त झींखते झुँझलाते रहते हैं 女たちははしゃぐことができる．男たちはいつも愚痴を言ったりぶつぶつつぶやいたりしている कायर लोग किसी-न-किसी कमी का बहाना कर पीछे ही रोते झींखते रहते हैं 小心者は何かしら不足があると口実を設けては事が済んでから泣き言や愚痴を言うものだ
झींखना[2] [名] 嘆き；繰り言；愚痴；後悔 झींखना झींखना 嘆く；嘆きを語る
झींगट [名] (1) 舵手 (2) 船頭
झींगन [名]〔植〕ウルシ科高木ウダノキ【*Lannea grandis*】
झींगा [名]〔動〕甲殻類エビの総称= झींगा मछली; झींगा माछी.
झींगा तोरी [名*]〔植〕ウリ科蔓草トカドヘチマ【*Luffa acutangula*】= काली तोरी.
झींगुर [名]〔動〕コオロギ，スズムシ，カンタン，クサヒバリなどコオロギ科の虫の総称 झींगुर सीटी बजाते हैं झीं झीं 虫が笛を鳴らす
झींझो [名] = झाँझी; झिंझिया.
झींपना[1] [自] はにかむ；恥ずかしがる= झेंपना.
झींपना[2] [他] 覆う；覆い隠す= ढकना.
झींसना [自] きりさめ（霧雨）が降る；ぬかあめ（糠雨）が降る
झींसी [名*] 霧雨；糠雨；小糠雨 झींसी पड़ना 霧雨が降る；小糠雨が降る
झींसी-फुही [名*] 霧雨；糠雨；小糠雨
झीका [名] = छीका; झींका.
झीख [名*] = झींख.
झीखना[1] [自] = झींखना.
झीखना[2] [名] ぼやき；繰り言
झीना [形+] (1) 織り目の粗い；粗織りの（織物） उसने झीनी साड़ी पहनी 粗織りのサリーを着た झीना कपड़ा 粗織りの布 (2) すいて（透いて）見える；透けて見える तंग और झीने कपड़े जिन्हें शायद एक सभ्य परिवार का लड़का भी पहनने में शर्म खाए 多分良家の子も着るのを恥ずかしがるようなぴっちりしたすけすけの服 (3) かすかな；弱々しい ओठों पर झीनी हँसी आ गई 唇にかすかな笑みが現れた (4) やせた；やせ細った (5) 大変繊細な；細い
झील [名*] (1) 湖 (2) 人造湖
झीलना [他] = झेलना.
झीलर [名] 小さな湖；池沼；沼
झीली [名*] (1) 牛乳などの上に浮いたクリーム (2) = झिल्ली.
झीवर [名] (1) 漁夫；漁師= धीवर; मछुवा. (2) 船頭= मल्लाह; माँझी.
झुँझलाना [自] 腹を立てる；不機嫌になる；いらだつ（苛立つ）；じりじりする सास बिना बात उसपर झुंझलाने लगी 姑はわけもなく彼女に腹を立てた हम झुँझलाकर बोले いらだって言った बात-बात पर झुँझलाती, लड़कों को डाँटती, पति को कोसती, अपने नसीबों को रोती 事ごとに不機嫌になり子供たちを叱り夫を呪い運命を嘆く घर में अपनी नाजुक स्थिति का एहसास करते हुए भी झुँझलाए स्वर में वह बोल पड़ी 家の中での自分の微妙な立場を感じながらもいらだった声で言い放った
झुँझलाहट [名*] 腹立ち；いらだち（苛立ち）；いらいら；不機嫌 आपको अपने पति की गलतियों और असफलताओं पर इस लिए झुँझलाहट आती है कि वह समझदारी से व्यवहार नहीं करते あなたは思慮深く行動しないということで夫の過ちや失敗にいらだちを感じるわけです उनपर तो मुझे गुस्सा आ ही रहा था, लेकिन अपने ऊपर भी कम झुँझलाहट न थी あの人に対しては腹立たしい思いをしていたが，自分に対しても少なからず腹が立っていた (-पर)
झुँझलाहट आ॰ （ーに）腹が立つ；いらいらする；いらだつ；不快な思いをする
झुँझलिया [形] 苛立ちやすい；怒りっぽい；気むずかしい
झुंड [名] (1) 動物の集まり；群れ；群集；集団 हिरनों का झुंड レイヨウの群れ पक्षी झुंड के झुंड जमा होने लगते हैं 鳥たちが群れだす (2) 人の集まり；群集；群衆 यात्रियों के झुंड के झुंड आते और

झ

जाते थे 旅人が群をなして続々とやって来ては去っていくのだった झुंड में रहना 群棲する；群れをなして棲む

झुंडी [名*] (1) 切り株 (2) カーテンやすだれを吊り下げるためのフック

झुकना [自] (1) 下がる；垂れる；垂れ下がる ऐसी भौंहें कोयों के ऊपरी भाग पर एक किनारे से होकर दूसरे किनारे तक पलकों के घुमाव के साथ नीचे की तरफ़ झुकती जाती हैं このような眉は眼窩の上部の縁を瞼の湾曲に沿って端から端へ下がって行く आँखें झुकना うつむく＝आँखें नीची हो॰. गर्दन झुकना うなだれる (2) しなう；たわむ；曲がる वृक्ष कभी फलों के गुच्छों से झुक जाते हैं 木は時には果実の房の重みでしなうものだ (3) 曲がる；真っ直ぐでなくなる；屈曲する कमर झुकना 腰が曲がる पीठ झुककर कूबड़ निकल आया था 背中が曲がり猫背になっていた (4) 傾く；一方へよる；向く बस फिर क्या था, भीड़ उधर झुक पड़ी そうするとどうだろう．群衆はそちらへなだれ込んだ (5) かがむ（屈む）；身をかがめる；腰をかがめる；身を縮める उनके पैर छूने को झुका その方の爪先に手を触れよう（敬礼しよう）と身をかがめた बाबा ने झुककर धन्यवाद दिया था 祖父は身をかがめて礼を述べた फिर मंत्री जी के पाँवों पर झुक गया それから大臣の足元にかがみ込んだ हम सब झुककर उसे सलाम करते हैं 私たちは皆かがんで挨拶をする वह शर्म से झुक गया 恥ずかしさに身を縮めた (6) 屈する；屈服する；服従する；従う वे अन्याय और अत्याचार के सामने कभी झुके नहीं あの方は不正と横暴の前に決して屈しなかった इस अपमान से झुके नहीं この侮辱に屈しなかった शासन धमकी के सामने नहीं झुकेगा 当局は脅迫に屈しない साधु संन्यासी, शिक्षित व्यक्ति और बड़े-बड़े कवि व लेखक तक 'भाग्य' अथवा 'नियति' के आगे झुकने लगे サードゥやサンニャーシー，教育のある人，偉大な詩人や作家までもが「運命」や「運勢」の前に屈し始めた (7) もたれる；寄り掛かる；前かがみになる लाठी पर झुककर चलता हुआ 棍棒に寄り掛かって歩きながら बाबा मेज़ पर झुककर पत्र लिखने लगे 机にかがみこんで手紙を書き始めた (8) 突っかかる；食ってかかる (9) 熱中する；没頭する；没入する；熱をあげる；傾倒する (10) 南中する

झुकवाना [他・使] ←झुकाना.

झुकाना [他] (1) 下げる；下ろす；降ろす वह ऐसी वस्तु नहीं, जिसके सामने सिर झुकाया जाए それはそのために頭を下げなくてはならないようなものではない अल्लाह के आगे सर झुकाएँ アッラーの神の前に頭を下げよう सिर झुकाये बैठी हुई थी うつむいて座っていた (2) しなわせる；たわませる (3) 曲げる；折り曲げる (4) 向ける；向かわせる；傾かせる उसकी बढ़ती हुई लोकप्रियता ने उसे राजनीति की ओर भी झुका दिया 人気の高まりが彼を政治の方にも向かわせた (5) かがませる；かがめさせる (6) 屈服させる；服従させる；従わせる

झुकाव [名] (1) 垂れること；垂れ下がること (2) 曲がること；湾曲 (3) 傾き；傾斜；傾向 लेखक का राजनीतिक झुकाव 作家の政治的傾き सास का झुकाव भी किसी बहू की ओर अधिक हो सकता है 姑もだれか一人の嫁により傾いているかもしれない

झुकावट [名*] ＝झुकाव.

झुग्गी [名*] (1) 掘っ建て小屋 (2) 庵 झुग्गी-झोंपड़ी 掘っ建て小屋；バラック

झुग्गी-बस्ती [名*] スラム；貧民街

झुटपुटा [名] (1) 薄明かりと薄暮 (2) 薄暗がり प्रभात का झुटपुटा 日の出前の薄明かり गोधूलिवेला का झुटपुटा 日暮れ時の薄暗がりだった झुटपुटा होने पर 薄暗くなると आकाश में साँझ का झुटपुटा-सा छा गया था 空には日暮れの薄暗がりのようなものが覆っていた शाम हो रही थी और गोदाम के अंदर झुटपुटा-सा छाया था 夕暮れになるところだった．倉庫の中は薄暗い感じになっていた

झुटलाना [他] ＝झुठलाना.

झुठकाना [他] だます；欺く＝धोखा दे॰.

झुठलाना [他] (1) 間違っていることを示す；反証する；論駁する अच्छे या बुरे मुहूर्त के प्रचलित अंधविश्वास को झुठलाने के लिए 時刻の吉凶に関する一般に広まっている迷信の間違っていることを示すために रेशीले काँच (ग्लास फ़ाइबर) ने काँच की मूलभूत निर्बलता को झुठला दिया है グラスファイバーはガラスが本質的に弱いということが間違いであることを示した इसके झुठलाए जाने पर हमारा अब तक का सारा ज्ञान उलटपुलट हो जाएगा これが間違いであることが証明されればこれまで我々が持ってきている一切の知識がひっくり返るであろう (2) 偽る；事実を曲げる；ごまかす इस तथ्य को बाहर से सामान आयात करके थोड़ी देर तक झुठलाया भी जा सकता है 外国から輸入してしばらくの間はこの事実を偽ることができる सचाई को झुठलाने का प्रयास 真実を曲げようとすること लेकिन वास्तविकता को वह कब तक झुठला सकता था しかし現実をいつまでごまかすことができただろう (3) だます；欺く；裏切る हम अपने को सैयद कहते हैं, फिर वायदा करके झुठलाने के क्या मायने? おれはサイイドを名乗っている．それなのに約束をしておきながらそれを破るとはどういうことなのだ आज का आदमी अब झुठलाया नहीं जा सकता 今日の人間はもうだませない वह रोज़ कहती है और मैं रोज़ झुठला देता हूँ 彼女は毎日言い私は毎日裏切る

झुठाई [名*] ←झूठ. 偽り；虚偽；いんちき；欺瞞

झुठाना [他] ＝झुठलाना.

झुठालना [他] (1) ＝झुठलाना. (2) ＝जुठारना.

झुन [名*] ＝झुनझुनी.

झुनक [名*] 足首飾りなどの鈴の音．しゃんしゃん，ちりんちりんなど

झुनकना [自] 足首飾りの鈴などが鳴る；しゃんしゃん鳴る；しゃらんしゃらんと音が出る

झुनझुन [名*] 足首飾りの鈴などの音．しゃんしゃん，しゃらんしゃらんなど

झुनझुना [名] がらがら（幼児のおもちゃ）＝खुनखुना.

झुनझुनाना[1] [自] (1)（鈴などが）しゃんしゃん鳴る (2) しびれる

झुनझुनाना[2] [他] 鈴などをしゃんしゃん鳴らす

झुनझुनियाँ [名*] (1)〔装身〕ジュンジュニヤーン（小さな鈴のついた足首飾り） (2) 鉄の足枷

झुनझुनी [名*] (1)（手足の）しびれ (2) ＝झुनझुना. **झुनझुनी चढ़ना** しびれが切れる

झुबझुबी [名*]〔装身〕ヒンドゥーとムスリムの女性が前額部に髪から垂らしてつける金製もしくは銀製の装身具の一；ジュブジュビー；ジューマル＝झूमर.

झुमका [名] (1)〔装身〕ジュムカー（真珠や宝石の玉の下がりのついた耳飾り） (2) 花の束 (3) 果物の房 (4) 飾り房 (5) 髪の房 (6)〔植〕ユリ科蔓性草ユリグルマ【*Gloriosa superba*】 (7)〔天文〕北斗七星

झुमरा [名] 鉄鍛冶屋の用いる大型のハンマー

झुमरी [名*] 木槌＝काठ की मुँगरी.

झुमाना [他] 揺る；揺り動かす；揺さぶる→ झूमना.

झुरकट [形] (1) 小さく切られた；こまかく切られた；細切りの (2) 切り取られた；切断された

झुरकुट [形] (1) しおれた（萎れた）；しなびた（萎びた） (2) やせた；やせ細った

झुरझुरी [名*] (1) 戦慄；恐怖から感じる寒気；ぞくっとした感じ उसके पूरे बदन में झुरझुरी-सी दौड़ गई 全身に戦慄のようなものが走った उसकी पीठ की ओर देखा और मेरे बदन में झुरझुरी हुई その男の背を見ると全身に戦慄が走った (2) 悪寒；ぞくっとした寒気；病気の発熱前の寒気 उसने बाँहें फैलाईं तो शरीर का एक भाग उघड़ गया और ठंड से पूरे बदन में झुरझुरी आ गई 腕を広げると体の一部が露になって寒けに全身がぞくっとした

झुरना [自] (1) 悩みや苦しみでやつれる＝घुलना. (2) 大変悲しむ；悲嘆に暮れる (3) ひからびる；乾く＝सूखना; खुश्क हो॰. (4) しおれる（萎れる）；しなびれる（萎びれる）

झुरमुट [名] (1) こむら（木叢）；低木，茨などの茂み；木立；茂み बाँसों के झुरमुट 竹叢；竹林；竹藪 दूर पेड़ों के झुरमुट में दीये की रोशनी दिखाई दी 遠くの木立の中に灯火が見えた हरे पत्तों का सब्ज़ झुरमुट 緑の葉の青々とした茂み झुरमुट में दो झोंपड़ियाँ दीखती हैं 木立の中に苫屋が 2 軒見える (2) 集まり；群れ；集団 तारों के झुरमुट में चाँद उनका सरदार मालूम होता है 星の集まりの中で月はその頭のように見える झोंपड़ियों के झुरमुट उठ खड़े हुए 掘っ建て小屋が群れをなして建った

झुरवाना[1] [他] (1) やつれさせる (2) しおれさせる (3) 乾かす

झुरवाना[2] [他・使]（人を使ったり人に頼んで）乾燥させる

झुरसना[1] [自] ＝झुलसना[1].

झुरसना[2] [他] ＝झुलसना[2].

झुराना [他] (1) やつれさせる (2) 乾かす；乾燥させる

झुर्री [名*] (1) 顔にできる皺 उसके मुँह पर झुर्रियाँ ही झुर्रियाँ फैल गई हैं あの人の顔は皺だらけになっている (2) 物の表面に出来る皺 (मुँह पर) **झुर्रियाँ पड़ना** 顔に皺が寄る；老ける；老いる；老け込む **झुर्रियाँ पैदा हो॰** 皺ができる **झुर्रियों वाला** 皺だらけの；皺くちゃの झुर्रियों वाले चेहरे पर 皺だらけの顔に

झुलका [名] = झुनझुना.

झुलना [名]〔服〕ジュルナー（女性の着るゆったりしたクルターの一種）= झुल्ला; झूला.

झुलनी [名*] (1)〔装身〕ジュルニー（女性が小鼻につける真珠の玉のついた金の輪）= झुल्ला. (2) = झूमर.

झुलमुलाना[1] [自] = झिलमिलाना.

झुलमुलाना[2] [自] めまい（目眩）のためふらふらする；めまいがしてよろける

झुलसन [名*] ← झुलसना.

झुलसना[1] [自] (1) 火や高熱，熱風などで焦げる；炭になる；黒焦げになる लू से सारा शरीर झुलस जाता था ルー（盛夏に吹く熱風）のため全身が焼け焦げるのだった (2) 火傷する；火傷を負う दो गाँवों में बिजली गिरने से सात व्यक्तियों की मृत्यु हो गई और 21 अन्य ग्रामीण बुरी तरह से झुलस गए 2 か村で落雷のため 7 人が死亡したほか 21 人がひどい火傷をした (3) 日焼けする धूप की वजह से त्वचा झुलस जाए तो 日焼けしたら (4)（熱や霜などで）枯れる；しぼむ；しおれる；霜枯れする दोनों लड़कियों के मुँह पाले से झुलसे हुए पौधों की तरह कुम्हला गए 2 人の娘の顔は霜枯れした草木のようにしぼんでしまった मगर जाड़ों में पाले से और गर्मियों में तेज़ धूप और पानी की कमी से घास झुलस जाती है でも冬には霜で夏には強烈な日差しと水不足で草は枯れてしまう (5) 精神的に激しく苦しむ अब वह बदले की आग में झुलसने लगता है 今や復讐の火に身を焦がし始める (6) 肉体的に激しい苦痛を受ける；苦しむ वे एक के बाद एक करके भूख की आग में झुलसते, जलते और मरते जा रहे हैं 1 人また 1 人と飢えの火に焼かれて苦しみ死に絶えて行く लेकिन यह ज़माना बदलेगा, जरूर बदलेगा.इसे धूप और जाड़े में झुलसा हुआ किसान बदलेगा だがこの時代はきっと変わる．これを暑熱と寒さに苦しんだ農民が変えるのだ

झुलसना[2] [他] = झुलसाना. झुलसती हुई लू（北インドの平野部で 5～6 月に吹く）肌を焦がすようなルー（熱風）

झुलसवाना [他・使] ← झुलसना.

झुलसाना [他] 日光や火，高熱や熱風などで焦がす；黒焦げにする；炭化させる लूओं से मत मुँह झुलसाना ルーで顔を焦がさないこと कुछ ही देर में लपटों ने कौवे के चोंच और मुँह को झुलसा दिया 間もなく炎がカラスの嘴と顔を焦がした

झुलाना [他] (1) 揺する；揺り動かす दोनों हाथों से पकड़कर झूले की तरह झुला दें 両手でつかんでブランコのように揺すりなさい तब तक अम्माँ उस बच्चे को बाँहों में झुलाती रहीं その時まで母親はその子供を腕の中で揺すり続けた (2) 振る बाज़ू झुलाना 腕を振る महिलाएँ चँवर झुला रही हैं 女たちが払子を振っている टाँग को झुलाते हुए गेंद को ठोकर मारते हैं 足を振ってボールを蹴る ड्राइव के लिए रैकेट को पीछे झुलाया जाता है ドライブをかけるためラケットを後ろに振る (3) ぶら下げる；下げる；吊るす हाथ में लैम्प झुलाते हुए हवेली की ओर बढ़ता जा रहा था 手にランプを下げて邸宅の方へどんどん進んで行くところだった (4) 引き延ばす；保留する；延期する；宙ぶらりんにする；気をもたせる **झूला दे॰** 縛り首にする；絞首刑にする

झुलावा [名] シーソー

झुल्ला [名]〔服〕ジュッラー（女性の古い型のクルター）

झूँटा[1] [名] ブランコの一漕ぎ= पेंग.

झूँटा[2] [形+] = झूठा.

झूँठ[1] [名] = झूठ.

झूँठ[2] [形] = झूठा.

झूँठा [形+] (1) = झूठा. (2) = जूठा.

झूँसना [他] だます；ペテンにかける；甘言で釣る；たらしこむ（誑し込む）

झूँसा [名] = झूसा.

झूझना [自] = जूझना.

झूट[名] = झूठ. जावेद झूट नहीं बोलता 嘘をつかないジャーヴェード

झूठ[1] [名] 嘘；作りごと；作り話 = झूट. व्यापारी के झूठ पर क्रोध आया 商人の嘘に腹が立った झूठ कहना 嘘をつく= झूठ बोलना. **झूठ का पुल बाँधना** = झूठ के पुल बाँधना. **झूठ की रोटी खाना** 嘘をついて生活を営む **झूठ के छप्पर उड़ाना** 嘘で固める；嘘ばかり言う **झूठ के पाँव न हो॰** 嘘はすぐ露見するもの **झूठ के पुल बाँधना** = झूठ के छप्पर उड़ाना. **झूठ सच आगे आ॰** 真実が明らかになる；本当のことがわかる **झूठ सच कहना** *a.* 嘘をつく *b.* 無駄話をする **झूठ सच जोड़ना** 本当のことに嘘を混ぜて言う；虚実ない交ぜにする **झूठ सच लगाना** 根も葉もないことを告げ口する

झूठ[2] [形] = झूठा.

झूठन[1] [名*]〔農〕二毛作のできる農地= दोफ़सली (दोफ़सली) ज़मीन; दोसाही; जौठाहन.

झूठन[2] [名*] 食べ残し；食いさし= जूठन.

झूठमूठ [副] (1) 無駄に；意味もなく；無意味に (2) わけもなく (3) いいかげんに；でたらめに **झूठमूठ का खेल** ろくでもない遊び

झूठ सच [形・名] (1) 虚実ない交ぜにした (2) 不正確なことや不確かな話 (3) 中傷

झूठहन [名*] = झूठन; दोफ़सली.

झूठा[1] [形+] (1) 事実に反する；嘘の；根拠のない；いわれのない；無実の ज्योतिषी कभी झूठा नहीं हो सकता 占い師が嘘つきのはずがない वे मुझपर चोरी का झूठा आरोप भी लगा सकते थे あの人は私に窃盗の罪をなすりつけることができた झूठी शहादतें तक बनानी पड़ती हैं 嘘の証言までしなければならない **झूठी बात** 根も葉もないこと；とんでもないこと (-की) **झूठी बुराई** (क॰) (－について）根拠のないことで非難する；中傷する **झूठी शिकायत** 根拠のない悪口；事実に反する文句；中傷 (2) 見せかけの；表面的な；上辺の；内実のない；中身のない झूठी शान 虚飾 फ़िज़ूलखर्ची और झूठी शान तथा दिखावे से दूर रहने में ही आपकी भलाई है 浪費と見栄や虚栄から遠ざかっているのがあなたの身のためだ झूठी लज्जा या शर्म छोड़कर 内実のない体面とか面子を捨て去り **झूठा प्रहार** 陽動作戦 (3) 贋の；偽りの झूठा पंडित 贋の学者；贋学僧 (4) 予期に反した；はずれた；裏切った झूठा हो॰ 予期に反する；はずれる；裏切る दामोदर का ज्योतिष कभी झूठा नहीं होता ダーモーダルの占いははずれることがない (5) 取るに足らない；つまらない；ものの数に入らない (6) こわれた；故障した **झूठा ठहरना** 嘘が露見する= झूठा निकलना. **झूठा पड़ना** *a.* はずれる *b.* 空回りする **झूठा-सच्चा** 嘘っぱちの **झूठा सपना** 叶わぬ夢 **झूठी क़सम खाना** 嘘の誓いを立てる= झूठी गंगा उठाना. क्या उसने झूठी क़सम खाई है? あの男は偽りの誓いを立てたのかい **झूठी गंगा उठाना** 嘘の誓いを立てる **झूठी गंगा में तैरना** 嘘をつく **झूठी ज़बान दे॰** 嘘の約束をする **झूठे मुँह कहना** 口先だけのことを言う；本心でないことを言う

झूठा[2] [名] 嘘つき；不誠実な人 **झूठे के पाँव न हो॰** 嘘はすぐに露になるもの **झूठों का बादशाह** 大嘘つき= झूठों का राजा; झूठों का सरदार; झूठों का बादशाह.

झूठा[3] [形+] = जूठा. (1) 口汚しの अपनी प्लेट में इतना कम भी न लें कि मुँह झूठा हो जाए बस, या दोबारा मेज़ तक जाना पड़े ただ口汚しになるだけとかもう一度テーブルに取りに行かなければならないほどのほんのわずかの分量を自分のプレートに取らないこと (2) 食べ残しの；食べかけの；飲み残しの；飲みさしの झूठा पानी 飲みさしの水

झूठे [名]〔装身〕（ラージャスターン地方の）女性の耳飾りの一種；トップス

झूठों [副] (1) わけもなく；これと言うこともなく (2) 名目的に；名ばかり；口先だけ (3) いいかげんに；でたらめに **झूठों न पूछना** 間違っても言わない；間違っても頼まない **झूठों भी** 見せかけだけでも；恰好だけでも；体裁だけでも

झूम[1] [名*] ← झूमना.

झूम[2] [名]〔農〕焼畑 झूम कृषि 焼畑農耕

झूमक [名*] (1) 集団；集まり；密集 (2) 勢揃い；整列 (3) 集団舞踏 (4) 集団舞踏の際歌われる歌 (5)〔装身〕ジューマク（オールニーやサリーなどの頭にかかる端の部分につける金銀製の垂れ飾りや真珠の玉のふさ）

झूमड़ [名] 集まり；集合= जमघटा.

झूमड़झामड़ [名] 見せかけ；虚飾= ढकोसला.

झूमना [自] (1) 揺れる तथाकथित भाव आने के दौरान पुष्पा देवी की आँखें लाल हो जाती थीं.उसके बँधे हुए बाल खुलकर बिखर जाते थे और वह ज़ोर ज़ोर से झूमने लगती थी いわゆる憑依の間プシュパーの目は充血し束ねられていた髪はほどけてばらばらになり体は激し

く揺れ出すのであった (2) 揺れるように動く；ゆっくりと動く झूम झूमकर किताब पढ़ते 体を揺らしながら本を読む न तो इतनी मोटी हो कि भैंस की तरह झूम झूमकर चले 水牛のようにのっしのっしと体を揺すりながら歩くほど太っていないこと (3) (喜び，嬉しさ，得意で) 体を揺らす；体が揺れる तितली, तू मस्ती में झूम रही है 蝶さんあんたはうきうきゆらゆら飛んでいる खुशी से झूम उठा 嬉しさに体が揺れ動いた मस्तानी चाल से झूमता हुआ 得意げに体を揺すりながら खुशी में झूम रहा था 嬉しさに体が揺れていた घर जाते हुए वह विजय के उल्लास में झूम रहा था 家に向かう途中勝利の喜びに体が揺れ動いていた (4) 浮き立つ लोकनृत्य तथा लोक गीतों से सारी घाटी झूम उठती है 民族舞踊と民謡とで盆地一体が浮き立つ मोरों की कुहुक के साथ रानी का मन भी झूम उठता クジャクの鳴き声と共に女王の心も浮き立つ (5) 沸き立つ खबर सुनते ही सारा राज्य खुशी से झूम उठा 知らせを聞いたとたん国中が喜びに沸き立った **झूम उठना** *a.* 浮き立つ；うきうきする इसकी भरपूर बुलंद और सुरीली आवाज़ पर आप सचमुच झूम उठेंगे これの思いきり高く美しい音に本当にうきうきなさるでしょう *b.* 沸き立つ भारतवासी अपनी विजय पर झूम उठे インド人は勝利に沸き立った **झूम झूमकर** 得意げに झूम झूमकर चलते हैं 得意げに歩いている **झूम झूमकर बादल आ॰** 雲が四方八方から押し寄せてくる；次から次へ雲が湧き出てくる

झूमर [名] (1) 集まり；集合 (2) ヒンドゥー女性が結婚式などの祝い事に際して輪になって踊る踊り；ジューマル (3) 同上の踊りに伴って歌われる歌；ジューマル (4)〔装身〕ジューマル (女性の頭頂部から前額部にかけてつける金の鎖状の飾り) (5)〔装身〕ジューマル (耳たぶから垂らす装身具の一) (6) 車大工の用いる木槌 (7) = झूमरा.

झूमरा [名]〔イ音〕ジュームラー (3, 4, 3, 4 の 14 拍から成るターラ)

झूमा-झूमी [名*] シーソー= झूमा-झूमी टेबुल.

झूरा [形+] (1) 乾いた；乾燥した；ひからびた (2) 味気ない (3) 単独の

झूरे [副] (1) なんとなく (2) 道具なしで；素手で

झूल [名*] (1) ← झूलना. (2) ブランコ= झूला. (3) 牛馬などの背にかける装飾用の衣；馬衣；ジュール बैलों की पीठ पर कामदार झूलें पड़ी थीं 牛の背に刺繍の施されたジュールが掛けられていた (4) だぶだぶの不恰好な服

झूलन[1] [名*] ← झूलना.

झूलन[2] [名]〔ヒ〕(1) ジューラン (サーワン月にクリシュナ神像などを揺りかごに乗せてその前で歌ったり踊ったりする宗教行事) (2) その際歌われる歌

झूलन पट [名]〔ス〕サイスウィング (レスリング) 〈thigh swing〉

झूलना[1] [自] (1) 揺れる；揺られる पंखे की तेज़ हवा से खिड़की का परदा इधर उधर झूल रहा था 扇風機の強い風で窓のカーテンが揺れていた कामना और आशा के झूले पर इधर से उधर झूलने वाले 願いと希望のブランコに揺られる人たち दायें हाथ में सिगरेट झूल रही थी 右手にタバコが揺れていた पता नहीं किन सपनों में झूल रही हो 何の夢を見て揺られていたのやら (2) 2つのものの間を移動する；行き来する；揺れ動く वह तो मौत और ज़िंदगी के बीच झूल रहा था 彼ときたら生と死の間を揺れ動いているところだった (3) ぶら下がる；垂れ下がる；(コウモリなどが) ぶら下がるようにとまる；下がる अपनी मम्मी के गले से झूलते हुए उसने मीठी-मीठी जिद्द की ママの首にぶら下がりながら甘えた फंदा गरदन में कस जाता है और आदमी झूल जाता है 罠が首に締まる，そして男がぶらりと下がる कमर से भी नीचे तक झूलती चमकीली काले बालों की बहुत मोटी-सी चोटी से ウエストよりも下まで垂れ下がるつやつやした黒髪の太い束から बंदर वृक्षों की डालों पर अधिक फुर्ती से झूल झालकर यहाँ-वहाँ आ जा सकते थे 猿たちは以前は木の枝にもっと素早くぶら下がって移動できていた (4) 途中にとどまる；中途半端な状態になる；宙に浮く अधर में झूलना 宙に浮く；宙吊りになる **झूल जा॰** *a.* 首を吊る；首吊り गले में फाँसी का फंदा डालकर झूल जा॰ 首に輪を掛けて首を吊る *b.* 絞首刑になる *c.* 体が弛む；体力がおとろえる

झूलना[2] [他] (ブランコを) 漕ぐ；揺らす

झूलना[3] [形+] 揺れる；宙に浮く झूलना पुल 吊り橋

झूला [名] (1) ブランコ झूला डालना ブランコを吊り下げる (2) 揺りかご (3) ハンモック；吊り床 (4) 吊り橋 = झूला पुल; झूलना पुल.

झूली [名*] (1)〔農〕風選や穀物の選り分け作業に使用される大きな布 (これを用いて扇ぐ) = परती. (2) ハンモック；吊り床

झूसा[1] [名]〔植〕イネ科雑草 (牧草になる) 【*Eragrostis plumosa; E. tenella var. plumosa*】

झूसा[2] [名] 霧雨；(小) 糠雨

झेंप [名*] ← झेंपना. 照れ；恥じらい；ばつの悪さ；はにかみ；きまりの悪さ= लाज; हया; शर्म. उसे झेंप हुई, पर वह झट से सँभल गई 照れたが，すぐに気を取り直した गलत बोल जाने की झेंप मिट गई 間違ったことを言ったきまりの悪さが消えた

झेंपना [自] 照れる；恥ずかしくなる；ばつが悪い；きまりが悪い；はにかむ 'जी? 'उसने झेंपकर कहा 「ええっ」彼は照れて言った जलसे में कोई अकेला श्रोता बेमौके नारा लगा दे और अपनी बेवकूफ़ी पर खुद ही झेंप जाए 集会の席で1人だけが間をはずしてスローガンを叫び己の間抜け加減に恥ずかしい思いをする इस कटाक्ष से झेंप गई この流し目にはにかんだ आसपास खड़े उनके सगे संबंधी झेंप रहे थे कि इनको क्या हो गया है そばに立っていた親類縁者は一体どうしたんだろうかときまりの悪い思いをしていた जब उन्हें अपनी गलती का आभास हुआ तो वह बुरी तरह झेंप गए 自分の過ちに気がつくととてもはにかんだ इसके विपरीत बातूनी, हँसमुख, न झेंपने वाला व्यक्ति सूचक के लिए अपेक्षाकृत अधिक उपयुक्त होता है これに反してよく話しにこやかで照れない人がインフォーマントとしてはよりふさわしい

झेंपू [形] 照れ屋の；はにかみやの；内気な

झेलना[1] [他] 体験する；経験する；堪える；忍ぶ；我慢する；耐え忍ぶ उसका स्वयं का खरीदा दर्द था, जिसे स्वयं ही झेलना था 自ら招いた苦しみで自ら忍ぶべきものだった बड़ी गरीबी झेली है मैंने ものすごい貧困を体験しているのだ僕は उन्होंने बड़े-बड़े कष्ट झेले 幾つもの大きな苦難に耐えた अब तो जो कुछ सिर पर आएगी, खुशी से झेल लूँगी もうこれから先はどんなことが降りかかってこようとも喜んで堪えよう स्वयं यातनाएँ झेलकर अपने परिवार को टूटने से बचाने के उपाय करती है 自らは苦痛を忍んで家族の崩壊を防ぐ手立てをする कुछ लोग तेज़ बारिश से हुई सर्दी के कारण काँपने लगे और बारिश का प्रकोप झेल नहीं सके 一部の人は激しい雨による寒さで震えだし雨の暴威に堪えることができなかった

झेलना[2] [他] = झलना.

झेलनी [名*]〔装身〕耳飾りの重量を支えるために髪につける装身具の留め金具の鎖

झोंक [名*] ← झोंकना. (1) 投げ込むこと；投げ入れること (2) 衝動= मन की झोंक. (3) 衝撃；激しい突然の打撃 (4) 熱中；熱狂 (5) 激しい勢い (6) 傾き；傾斜 (7) 重さ；重量 (8) 突風；一陣の風 **झोंक आ॰** 眠気が襲う **झोंक मारना** *a.* 棹秤の棹を叩いて量目をごまかす= डंडी मारना. *b.* こみ上げる；わき上がる (-की) **झोंक में आ॰** (ーに) 熱中する

झोंकदार [形] 《H. + P. دار》傾斜のついた；傾いている

झोंकना[1] [他] (1) 投げ入れる；投げ込む；ぶち込む वे आसपास की आँखों में धूल ही नहीं मानो सचमुच मिर्च झोंकते हैं 近所の目をくらますばかりでなくまるでほんとにトウガラシをぶち込んだみたいだ उन्हें 'सी' क्लास में झोंक दिया गया 同氏はC級 (受刑者の分類) にぶち込まれた (2) つぎ込む；見境なしに費やす जितना रुपया इसके पेट में झोंक चुके, उतने से तो अब तक गाँव मोल ले लेते この男の腹につぎ込んだ金でならもうとっくに村全体を買い取っていただろうに (3) 集中する；投入する；傾注する इस खेल में खिलाड़ी को तन मन की पूरी ताक़त झोंक देनी पड़ती है このゲームではプレーヤーは体と精神のすべての力をそそぎ込まなくてはならない यद्यपि जर्मनी ने पूरी तरह अपने को आक्रमण में झोंक दिया फिर भी ドイツは攻撃に全力を投じたのだが (4) 投げ込む；押しつける；強制する；引きずり込む अंग्रेजों ने भारत को भी युद्ध में झोंक दिया イギリスはインドまで戦争に引きずり込んだ

झोंकवा [名] = झोंकिया.

झोंकवाना [他・使] ← झोंकना.

झोंका [名] (1) 突風；一陣の風 ठंडे-ठंडे, भीगे-भीगे हवा के झोंके とても冷たくじっとりした突風 (2) 激しい俄雨 (3) 衝撃 (4) 激しい振動や揺れ (5) 眠気や酔いが激しく襲うこと (6)〔ス〕ダウ

ンホールド（レスリング） **झोंका खाना** *a.* 衝撃を受ける；突かれる；突き飛ばされる *b.* 衝撃を受けてふらふらしたりよろけたりする **झोंके आ॰** 眠気のために船を漕ぐ **झोंकेदार पवन** 突風＝झोंकीला पवन.

झोंकाई ［名*］(1) ＝झोंकना. (2) 物を投げ込む作業 (3) そうした作業の手間賃

झोंका भट्टी ［名*］熔鉱炉；鎔鉱炉；高炉

झोंकिया ［名］窯や竈に火をくべる人；かま焚き；火夫；火手

झोंकी ［名*］(1) 危険；危険の恐れ＝जोखिम. (2) 大博打（危険の多い取引） (3) 責任；責務＝जवाबदेही. (4) 負担 **झोंकी उठाना** 発作的に行う；衝動的に行う＝झोंकी खाना.

झोंकीला पवन ［名］突風

झोंझ ［名］(1) 鳥の巣＝घोंसला; खोता. (2) かゆみ＝खुजली.

झोंट ［名］(1) 茨；低木；灌木 (2) 茂み；木立 (3) 草や藁などの束 (4) 集まり

झोंटा[1] ［名］頭の頂きの長い髪の房；ざんばら髪 **झोंटा खसोटना** 髪の毛を鷲づかみにして引っ張る **झोंटा पकड़कर घसीटना** 髪をつかんで引きずり出す（人を侮辱する振る舞い） **झोंटा पकड़कर निकालना** ＝झोंटा पकड़कर घसीटना. **झोंटा पकड़ना** 毛髪をつかむ

झोंटा[2] ［名］(1) ブランコの一漕ぎ；一往復 (2) 衝撃＝झटका. **झोंटा दे॰** ブランコを漕ぐ＝झोंटा मारना.

झोंटा[3] ［名］(1) 水牛の雄＝भैंसा; महिष. (2) 水牛の子＝पड़वा.

झोंटी[1] ［名*］＝झोंटा[1].

झोंटी[2] ［名*］＝झोंका.

झोंप ［形］覆う；覆い隠す

झोंपड़-पट्टी ［名*］スラム；貧民街 झोंपड़-पट्टी के गरीब スラムの貧しい人たち

झोंपड़ा ［名］(1) 茅葺きや藁葺きなど草葺きの家（床は土間，壁は日干し煉瓦もしくはただの粘土を固めたもの）＝पर्णशाला; कुटी. (2)（比喩的に）小屋；粗末な家 (3) 庵 बाबा के झोंपड़े में サードゥーの庵において **अंधा झोंपड़ा** 腹；胃袋 **अंधे झोंपड़े में आग लगना** ひもじくなる；空腹を感じる

झोंपड़ी ［名*］(1) 小さな小屋；苫屋；粗末な建物 (2) 自宅を卑しめて言う言い方；掘っ建て小屋；掘っ立て小屋；ぼろ家＝कुटिया; पर्णशाला. **कच्ची झोंपड़ियों की बस्ती** スラム → झुग्गी-झोंपड़ी.

झोंपा ［名］(1) 飾りものの房＝गुच्छा; झब्बा. (2) 房

झोक ［名*］＝झोंक.

झोकना ［他］＝झोंकना.

झोका ［名］＝झोंका.

झोझ[1] ［名］(1) 余って突き出たり垂れ下がったもの (2) 布袋腹；太鼓腹

झोझ[2] ［名］鳥の巣

झोझा ［形+］布袋腹の；太鼓腹の

झोटा ［名］＝झोंटा. झोटा लगवाना ブランコを漕いでもらう（漕がせる）

झोटिंग[1] ［形］頭頂にぴんと突き出た長い髪のある

झोटिंग[2] ［名］髪の長く直立した幽霊；幽鬼

झोड ［名］〔植〕ヤシ科ビンロウジュ＝सुपारी का वृक्ष.

झोपड़ा ［名］＝झोंपड़ा.

झोपड़ी ［名*］＝झोंपड़ी.

झोरना ［他］(1) 揺る；揺さぶる；揺り動かす (2) 揺すって落とす आम झोरना マンゴーの実を木から揺すって落とす (3) 集める＝इकट्ठा क॰; एकत्र क॰.

झोल[1] ［名］(1) 料理の煮汁；汁気 (2) 果実などの汁；汁気；水分 (3) 米飯の煮汁 (4) メッキ（鍍金） झोल क॰ メッキをする；鍍金をする＝चढ़ाना; फेरना. **झोल दे॰** 誘い込む；引きずり込む＝झोल मारना.

झोल[2] ［名］(1) 着物の弛んだ部分 (2) 着物の弛み (3) ひだ (4) カーテン (5) 着物の縁 **झोल डालना** ひだを取る；縫い上げをする **झोल निकालना** 縫い上げを下ろす

झोल[3] ［名］(1) 羊膜 (2) 一孵り；一腹 बकरी एक झोल में तीन चार बच्चे देती है ヤギは一腹で 3～4 匹の子を産む **झोल निकालना** 子を産む

झोल[4] ［名］過ち；間違い＝भूल; गलती.

झोल[5] ［名］灰＝राख; भस्म.

झोल[6] ［形］(1) 弛んでいる；弛みのある；だらんとしている (2) だらしのない

झोलझाल[1] ［名］着物の弛み

झोलझाल[2] ［形］弛んでいる；だらんとしている

झोलदार[1] ［形］《H. + P. دار》(1) 煮汁のある；汁気のある (2) メッキされた

झोलदार[2] ［形］《H. + P. دار》(1) 弛んでいる；弛みのある झोलदार त्वचा 弛んだ肌 (2) ひだを取った；つぼめた；すぼめた किसी का उतारा हुआ झोलदार कुरता ひだを取った，だれかのお下がりのクルター

झोलना[1] ［他］振る；揺らす＝झुलाना. चँवर झोलना 払子を揺らす

झोलना[2] ［他］燃やす；焼く

झोला[1] ［名］(1) 肩に掛けたり手に提げる鞄や袋 चमड़े का झोला कंधे पर डाले 革の鞄を肩に掛け उसने झोला उठाया और चल पड़ा （旅行者が持っている）鞄を手に取ると歩き出した (2) 布袋；通学や買い物などに用いる布製の手提げ袋 लोग तरकारियाँ लाने झोले हाथ में लिये निकल चुके थे 皆は野菜を買いに買い物袋を手に提げて出掛けてしまっていた किताबों का झोला （肩から下げる）通学鞄 (3) サードゥ（साधु）の着用するクルター कुरता の一種

झोला[2] ［名］衝撃＝झोंका.

झोलाहल ［名］光；輝き；光輝＝चमक; प्रकाश.

झोली[1] ［名*］(1) 小さな袋；小袋；布袋 (2) 四角い布の四隅を持って袋のようにしたもの (3)〔農〕風選や穀物の選り分け作業に使用される大きな布 (4) 草や藁などを束ねる網 (5) ハンモック **झोली उठाना** 物乞いする＝झोली डालना; झोली फैलाना. **झोली छोड़ना** 老いのために肌が弛む **झोली डालना** *a.* こつじき（乞食）する；托鉢する *b.* 出家する **झोली भर** 沢山の；一杯の **झोली भरना** *a.* 願いを叶える *b.* 沢山与える *c.* 施しを与える

झोली[2] ［名*］灰＝राख; भस्म. **झोली बुझाना** 「灰を消す」，すなわち，事の済んだ後で不必要なことや無駄なことをする；余計なことや余分な事をする；しなくてもよいことをする **झोली बुताना** ＝झोली बुझाना.

झोली[3] ［名*］(1)〔ス〕バックスピン（レスリング）〈back spin〉 (2)〔ス〕サイツイスト（レスリング）〈thigh twist〉

झौंरना ［自］(1) ぶーんとうなる＝गूँजना. (2) こだまする

झौंराना ［自］(1) 黒ずむ；くすんだ色になる (2) しおれる

झौंसना ［他］＝झुलसना.

झौआ ［名］＝झौवा.

झौड़ ［名*］(1) 言い争い；口論＝तकरार; विवाद; हुज्जत. (2) 叱責＝डाँट; फटकार. (3) ごたごた；面倒；厄介事＝बखेड़ा; झंझट.

झौर[1] ［名*］＝झौड़.

झौर[2] ［名］(1) 束ねたもの；房状のもの (2) 飾り房 (3) 集まり；群れ

झौरना[1] ［他］押さえ込む＝दबा ले॰.

झौरना[2] ［自］群がる；群れをなす

झौरा ［名］(1) ＝झौड़. (2) ＝झौर[2]

झौरे ［副］(1) そばに；近くに＝पास (में); निकट; नज़दीक. (2) 共に；一緒に＝साथ.

झौवा ［名］ギョリュウ（御柳）の小枝を用いてこしらえた土運び用の円形のバスケット；かご（一種のもっこ）＝खँचिया. दोनों ने सिर पर झौवा उठाते हुए कहा 2 人は頭にかごをのせながら言った **झौवा भर** 山のような；非常に沢山の

ञ

デーヴァナーガリー文字の第 10 子音字で硬口蓋鼻子音を表す

ट

टंक[1] [名] (1) 銀の重量単位の一，タンカ．4 マーシャ（माष）に相当．（約 3g） (2) 同上の重量の分銅 (3) 同上の重量の銀貨 (4) たがね（鏨） (5) 斧 (6) 鍬 (7)〔化〕硼砂

टंक[2] [名]《E. tank》(1) タンク；水槽 (2) 池 (3) 戦車；タンク= टैंक.

टंकक[1] [名] (1) 銀貨 (2) たがね（鏨）= टाँकी; छेनी.

टंकक[2] [名] タイピスト= टाइपिस्ट.

टंककशाला [名*] 造幣所；造幣局；貨幣鋳造所

टंकण [名] (1) 鏨で切ったり彫ったり刻んだりすること (2) 縫い合わせること (3) タイプライターで印書すること (4)〔化〕天然硼砂

टंकण यंत्र [名] タイプライター= टाइपराइटर.

टँकना [自] (1) 縫われる (2) 縫いつけられる；縫い合わされる रंग बिरंगे मखमली टुकड़े पर टँके सलमा सितारे, जरी व रेशम के धागे 色とりどりのビロードの布に縫いつけられた金糸，銀糸，錦や絹の糸 (3) 引っつけられる；つながれる；つなぎ合わされる (4) はんだづけされる (5) 道具として用いられる石などの表面に刻み目が入れられる；ぎざぎざに刻み目が入る

टंकर [名]《E. tanker》(1) タンカー；油送船；油槽船= टैंकर. (2) 牛乳運搬車

टँकवाना [他・使] ← टाँकना.

टंकशाला [名*] 造幣局；造幣所；硬貨鋳造所= टकसाल.

टंका[1] [名] (1) 古代インドの銀の重量単位の一（1 トーラー तोला に相当．約 11.66g） (2)〔イ史〕タンカー銅貨（ムガル朝アクバル皇帝治下に発行された銅貨の一で 1 ルピー銀貨の 20 分の 1 に相当した） (3) 硬貨= सिक्का.

टंका[2] [名*] 大腿部；大腿；太股= जंघा.

टंका[3] [名] 金属片や金属製の食器などのかち合うような音，ちゃりん，ちりん，かちん，かちゃん，じゃらんなど

टंकाई [名*] = टाँकना.

टँकाना [他・使] ← टाँकना. = टँकवाना. (1) 縫わせる；縫ってもらう (2) 縫いつけてもらう；縫いつけさせる (3)（鏨などで刻んで）刻み目を入れてもらう；ぎざぎざにしてもらう

टंकार [名*] (1) 張った弓の弦を急に離したり弾いたりした際に生じる音 (2) 金属片や金属品などの衝撃を受けて生じる音，ちりん，ちゃりんなど= झनकार.

टंकारना [他] 弓弦や金属の弦，金属片などに振動を与えて鳴らす

टंकिका [名*] 石材加工に用いるのみ（鏨）；石切りのみ；石のみ = टाँकी; छेनी.

टंकी [名*]《← E. tank》(1) 水槽 (2) 水入れ（容器）；水桶；たらい（盥）= चौबच्चा.

टंकी जहाज़ [名]《← H.टंकी + A. جہاز》タンカー；油送船；油槽船

टंकोर [名*] = टंकार.

टंकोरना [他] = टंकारना.

टंकौरी [名*] 硬貨などを計量するための小さな秤

टंग[1] [名] = टंक.

टंग[2] [名] (1) = कुल्हाड़ी. (2) 硼砂 = सुहागा.

टंगक्लीनर [名]《E. tongue cleaner》舌の汚れを取るためのへら状の器具；舌掻き；舌抜き；タンクリーナー= जीभी.

टँगड़ी [名*] (1) 膝から足首までの部分；すね（臑）；脚 = टाँग. (2)〔ス〕レスリングのレッグジャンプ〈leg jump〉 **टँगड़ी मारना** *a.* 相手の足に足掛けをする *b.*〔ス〕レッグジャンプをかける *c.* 邪魔する；妨げる；妨害する= टँगड़ी पर उड़ाना; अड़ंगा मारना.

टंगण [名]〔化〕天然硼砂= टंकण; सोहागा.

टँगना[1] [自] (1)（フックなどに）掛かる；掛けられる；下がる；下げられる दीवार पर स्वामी विवेकानंद का बड़ा-सा चित्र टँगा था 壁にスワーミー・ヴィヴェーカーナンダの大きな額が掲げられていた एक जगह खूँटी पर उसका कोट टँगा था コートが掛け釘に掛けられていた (2) 吊るされる；吊り下げられる मान्यताओं की सलीब पर टँगा हुआ, लहू-लुहान 価値観の十字架に磔にされ血塗れの状態 (3) ぶら下がる पथराई हुई आँखें ऊपर टँगी हुई थीं とろんとした目は上瞼に釣り上がっていた (4) 引っ張られる；引かれる；引き寄せられる स्कूल में जी न लगता था.दिल उधर ही टँगा हुआ था 学校には全く気が向かなかった．その方にばかり心を奪われていた (5) 寄りかかる；かかる；係る；依存する；もたれかかる तुम्हारा सारा भविष्य इस किताब पर टँगा हुआ है 君の未来はすべてこの書物にかかっている

टँगना[2] [名] 物干し用の竿やひもや台

टँगरी [名*] = टँगड़ी. अब की बार बाहर गया तो मैं उसकी टँगरी तोड़ दूँगा 今度外出したらあいつの足をへし折ってやる

टँगवाना [他・使] ← टाँगना.

टँगाना [他・使] = टँगवाना.

टंग्स्टेन [名]《E. tungsten》〔化〕タングステン

टंच [形] (1) 大変けちな；ひどく吝嗇な (2) 全く狡猾な；ずる賢い (3) 残忍な；残酷な (4) 満腹した (5) 心配のない；安心した

टंट घंट [名] (1) 見せかけ；虚栄；虚飾 (2) 取るに足らないもの **टंट घंट क॰** 見栄を張る；外見をつくろう

टंटा [名] (1) 手間のかかること；面倒なこと；厄介なこと；難題 इतना टंटा कौन करे こんなに面倒なことをだれがするものか आये दिन टंटे-बखेड़े होंगे, नयी-नयी उलझनें पैदा होंगी 来る日も来る日も面倒なことが起こり次から次に問題が起こるだろう (2) つまらぬ争いやもめごと；騒動；騒ぎ (3) がらくた **टंटा खड़ा क॰** 騒動を起こす；もめごとを起こす；争いを起こす；ごたごたを起こす

टक [名*] (1) 見つめること；じっと見ること；目を凝らすこと；凝視 (2) 大型の天秤の四角形の皿 **टक टक देखना** 瞬きせずに見つめる；じっと見つめる **टक बँधना** (- बाँधना) *a.* 見つめる；じっと見る；凝視する *b.* 待ちこがれる；待望する **टक लगना** (- लगाना) = टक बँधना (- बाँधना).

टकटक[1] [名*・感] (1) 水牛を追ったり扱う時舌打ちして発する音声 बस पंडित जी लगे टकटक करने और भैंस को पुकारने するとパンディットは舌を打ち鳴らし水牛を呼び始めた (2) 下駄の立てる音．かたかた，からころなど पाँवों में खड़ाऊँ पहने टकटक करता हुआ 下駄を履いてかたかたと音を立てながら

टकटक[2] [名*] = टकटकी.

टकटकी [名*] じっと見つめること；凝視 **टकटकी बँधना** (- बाँधना) 目を凝らす；じっと見つめる；凝視する वह टकटकी बाँधे उसे ही निहार रही है じっと目を据えてその人ばかり見つめている **टकटकी लगना** (-लगाना) = टकटकी बँधना (- बाँधना). कौन है वह व्यक्ति जिसपर इन दोनों की टकटकी लगी हुई है? この 2 人がじっと見つめている人はだれですか जब तक बूढ़े को मोटर दिखाई दी, वह खड़ा टकटकी लगाये उस ओर ताकता रहा 老人は自動車が見えなくなるまで立ったままじっとその方角を見つめていた

टकटोरना [他] 手で触れて調べる；手探りで調べる；手で探る= टटोलना; टकटोलना.

टकटोलना [他] = टकटोरना.

टकटोला [名]〔鳥〕キツツキ科ヒマラヤアオゲラ【*Picus squamatus*】〈scaly bellied green woodpecker〉

टकटोहना [他] = टकटोरना; टकटोलना.

टकना [名] くるぶし；踝= टखना.

टकबीड़ा [名] 小作人たちがザミーンダールの家の祝い事に際して贈ることになっていた贈り物= शादियाना.

टकराना[1] [自] (1) ぶつかる；かち合う；衝突する；当たる स्नान करते समय पानी गिरने और गंगाल से लोटा टकरा जाने की आवाज़ लगातार आ रही थी 水浴びの際水の落ちるのとガンガール（金属製の大きな水入れ）とローターがかち合う音がしていた एक न एक दिन आपके परिवार की नैया आर्थिक कठिनाइयों के चट्टान से टकरा कर चूर-चूर हो जाएगी いつの日かあなたの家族という小舟は経済的な困難の岩にぶち当たって粉々に砕けるでしょう शिलाखंडों से टकराता हुआ पानी 岩にぶつかる水 आवाज़ का टकराकर लौटना 音がぶつかって戻る（反響する） एक-दूसरे के पंख टकराएँ नहीं 羽

と羽がぶつからないように ये रेडियो तरंगें मार्ग में आनेवाली वस्तु से टकराकर वापस आती हैं この電波はその途中に位置するものとぶつかって戻って来る हवा राजमहल की पहाड़ियों से टकराती हुई बंगाल में प्रवेश करती है 風はラージマハルの山々にぶつかりながらベンガルに入る अगली सीट पर बैठा हुआ एक लड़का सो रहा था और उसका सिर बगल में बैठी बुढ़िया से टकरा रहा था 前の座席に1人の少年が眠っており，その少年の頭が隣の老婆にぶつかっていた बस दरख़्त से टकराई バスが立木に衝突した पुलिस का सिपाही न हो तो गाड़ियाँ आपस में टकरा जाएँ 警官がいないと車同士が衝突するかも知れない उनके स्वार्थ आपस में टकराते हैं 連中の欲と欲とが衝突する पत्थरों के आपस में टकराते वक़्त शोले निकलते हैं 石と石とがぶち当たる時に火花が出る (2) 喧嘩をする；喧嘩を売る；喧嘩をふっかける；突っかかる；衝突する मुझसे टकराने चला आया？ 喧嘩をふっかけに来たのかい

टकराना[2] [他] ぶつける；当てる；衝突させる；ぶち当てる चकमक के दो टुकड़ों को टकराकर उसने चिनगारी उत्पन्न की होगी 火打ち石の2つのかけらを打ち合わせて火花を作り出したに違いない दो पत्थरों को टकराते वक़्त 2つの石をかち合わせると

टकराव [名] ←टकराना. ぶつかること；ぶち当たること；衝突（すること）；対立（すること） उनका जोर्डन के शाह से भी टकराव हुआ 同氏はヨルダンの国王とも衝突した एक समूह का दूसरे समूह से टकराव 1つの集団が他の集団と対立すること

टकराहट [名*] = टकराव. खाते समय चम्मच से प्लेट की टकराहट की आवाज़ कम से कम हो या यथासंभव हो ही नहीं 食事の際スプーンとプレートがかち合う音は最も少なく，あるいは，できることなら音がしないようにすること पुरानी और नई पीढ़ी में सीधी टकराहट 古い世代と新しい世代の正面衝突

टकसार [名*] = टकसाल.

टकसाल [名*] (1) 造幣局；造幣所 (2) 本物；正真正銘の物；本場の物 **टकसाल का खोटा** *a.* 生まれからして良くない *b.* 鐚銭 **टकसाल क़ायम क॰** 基準や標準を設ける **टकसाल क़ायम हो॰** *a.* 本物と認められる *b.* したたかな悪や恥知らずになる *c.* 評価される **टकसाल-बाहर** 標準的でない；正式でない

टकसाली [形] (1) 造幣局の (2) 造幣局で鋳造された (3) 格調正しい；標準的な；正式の；正真正銘の；本物の；本場の；格式ある टकसाली अंग्रेज़ी 格調正しい英語 **टकसाली भाषा** 本場の言葉；格調正しい言葉；標準語

टकहाई [形*・名*] 下級の遊女（番茶女郎，夜鷹など）；女郎

टकहाया [形⁺] = टकाहा.

टका [名] (1)（インドの古代硬貨の一）タカー（銀貨） (2) タカー（英領インド時代の半アンナに相当．旧2パイサー銅貨） (3) かね（金）；ぜに（銭）；銭金 (4) 財産；富；資産 (5) ルピー（通貨単位） **टका का सारा खेल है** 〔諺〕金の支配する世の中；金の世の中 **टका पास न हो॰** 一文無し；素寒貧 **टका भर** *a.* ほんのわずかの；ほんの少量の *b.* 3トーラー（तोला 重量単位）の **टका-सा** 取るに足らない **टका-सा जवाब दे॰** *a.* にべもなく断る；素っ気ない返事をする；つっけんどんに答える；きっぱり断る；無愛想な振る舞いをする रामा कुछ टोकती या समझाती तो वह टका-सा जवाब दे देता ラーマーがたしなめたり言い聞かせたりしようものなら素っ気ない返事をする *b.* 素知らぬ顔をする **टका-सा मुँह लेकर रह जा॰** 大恥をかく；面子がまるつぶれになる；恥じ入る **टका सेर भाजी टका सेर खाजा** 〔諺〕→ अंधेर नगरी चौपट राजा, टके सेर भाजी टके सेर खाजा. **टके ऐंठना** 不正な手段で金儲けをする **टके का** *a.* ありふれた；並の *b.* 取るに足らない **टके की औक़ात** *a.* 甲斐性のない人；並の経済力の人 *b.* 取るに足らない人物 **टके की मुर्गी छः टके महसूल** 〔諺〕目的のものよりもそれに付随する物に費用がかさむこと **टके के दो सेर वाला** *a.* 安っぽい；二束三文の *b.* 低級な；低俗な टके के दो सेर वाले राजनीतिबाज़ 低級な政治屋 **टके को न पूछना** 全く相手にしない；全く問題にしない；全く無視したり軽んじるたとえ **टके गज़ की चाल** *a.* 質素な暮らし向きや生活様式 *b.* 牛歩 **टके टके को मुँह ताकना** 赤貧洗うが如し **टके टके को मुहताज हो॰** = टके टके को मुँह ताकना. **टके पर लौटना** 本音を言う **टके में तीन तीन मिलना** ありきたりの；安っぽい **टके-सी जान** 全くのひとりぼっち；天涯孤独の身；たった1人の；全く独力の；孤独な= अकेला दम. **टके सीधे क॰** 稼ぐ **टके सेर ककड़ी, टके सेर खाजा** → अंधेर नगरी चौपट राजा. **टके सेर बिकना** 二束三文の **टके सेर भाजी टके सेर खाजा** → अंधेर नगरी चौपट राजा. **टके सेर लगा दे॰** 何もかも同じ値段にする；どれもこれも同じ扱いにする

टका बीड़ा [名] 慣習的に小作がザミーンダールの家での結婚式に贈る贈り物= टकबीड़ा.

टकासी [名*] 3.125％の利子

टकाहा [形⁺] 二束三文の；安っぽい

टकाही [形*・名*] = टकहाई.

टकुआ [名] つむ；紡錘

टकुली[1] [名*] つむ；紡錘

टकुली[2] [名*] 石切用のたがね（鏨）

टकुवा [名] = टकुआ.

टकैत [形] 金持ちの；金満家の；裕福な= धनी; रुपए पैसे वाला.

टकैया [形] 安っぽい；二束三文の

टकोर[1] [名*] (1) 弓弦の鳴る音 (2) 弾いたり叩いたりすること लटकते चम्मच पर दूसरे चम्मच से धीरे-धीरे टकोर लगाने को कहें ぶら下がっているスプーンをもう1つのスプーンでそっと叩くように伝えなさい (3) 鐘や時計の鳴る音 (4) ナガーラー नगाड़ा を打つこと

टकोर[2] [名] あんぽう（罨法）；パップ

टकोरना[1] [他] 弾く；叩く；打つ；弾くように打つ

टकोरना[2] [他] あんぽう（罨法）する= सेंक क॰.

टकोरा [名] 叩いたり弾いたり打ったりすること **टकोरा दे॰** 軽く突く；軽く叩く अपनी लंबी उँगली से किसुन के दाहिने गाल पर टकोरा दिया 長い指でキスンの右の頬を突いた

टक्कर [名*] (1) ぶつかること；ぶつかり；衝突 गाड़ियों की टक्कर 列車の衝突 (2) 対抗；匹敵；比肩；対等になること (-की) **टक्कर का** （−に）並ぶ；対抗する；拮抗する यूरोप के सर्वोन्नत देशों के जीवन-स्तर की टक्कर की सुविधाएँ ヨーロッパの最先進国の生活水準に並ぶ便宜 उनकी टक्कर का फल तो संसार में दूसरा नहीं それに匹敵する果物は世界中にない उनकी टक्कर के खिलाड़ी 彼らに対抗する選手；連中と並ぶプレーヤー **टक्कर खाना** *a.* 当てもなくうろつき回る *b.* ぶつかる *c.* 努力する；努める *d.* 対抗する **टक्कर झेलना** *a.* 耐える；堪える；耐え忍ぶ *b.* 損をする；害を受ける **टक्कर दे॰** 対抗する；競う देशभक्ति को टक्कर दे॰ 愛国心と競う **टक्कर मारना** *a.* 努力する *b.* 熟慮する *c.* 頭をぶつける；頭突きをする *d.*（−と）戦う देश के दुश्मन से टक्करें मार मारकर मर जाऊँ 国の敵と激しく戦って死ぬつもり **टक्कर लगाना** 対抗する；立ち向かう **टक्कर लड़ाना** 頭と頭とをぶつける **टक्कर ले॰** *a.* 対抗する *b.* 匹敵する；拮抗する；並ぶ *c.* 戦う；争う；競争する अपने आख़िरी दम तक तो मैं मौत से टक्कर लूँ 息を引き取ってしまうまで死と戦う *d.* 喧嘩をする

टक्कारी [形] 対抗する；拮抗する；競い合う

टखना [名] くるぶし（踝）= गुल्फ़.

टगण [名]〔韻〕マートラー韻律，すなわち，モーラ韻律 मात्रिक गण で लघु - गुरु の配列による分類で6モーラの13種の韻歩の総称

टगर [名] (1) 硼砂 (2) 道楽= विलास. (3) = तगर.

टघरना [自] 熱のために固体が熔ける；熔解する= पिघलना.

टघराना [他] 熱を加えて固形の物を熔かす；熔解させる= पिघलाना.

टघार [名] (1) 熔けること；熔解 (2) 熔け出した物；熔解した物

टच [名]《E. touch》〔写〕タッチ；修正；仕上げの加筆

टचटच [名*] 火の燃える音；ぱちぱち

टचना [自] ぱちぱち火が燃える

टचनी [名*] 真鍮細工に用いる鏨

टटका [形⁺] (1) 採れたての；収穫したばかりの；新鮮な (2) 最新の；つい先刻の；つい先ほどの अभी वह घटना टटकी है 事件はまだほんの最近のことだ (3) 新しい；未使用の；あらの

टटपूँज्यौ [形] = टुटपुँजिया.

टटल बटल [形] でたらめの；いいかげんな；ばかばかしい= अँटसँट, अटसट; अंडबंड; ऊटपटाँग.

टटांबरी [形] タート（普通敷物に用いるジュート麻などで織った布）を身にまとう（出家者，苦行者など）→ टाट.

टटावली [名*]〔鳥〕チドリ科インドトサカゲリ= टिटिहरी.

टटिया [名*] = टट्टी.

टटियाना [自] ひからびる；乾いて捻れる

ट

टटीरी [名*]〔鳥〕チドリ科インドトサカゲリ= टिटिहरी.
टटुआ [名]〔動〕ポニー = टट्टू; टाँगन.
टटुई [名*] 雌のポニー→ टटुआ.
टटोरना [他] = टटोलना.
टटोल [名*] ← टटोलना.
टटोलना [他] (1)（見えないところにあるものを）探る；手で探る；手探りする उसने अपनी जेब टटोली 自分のポケットを探った तकिए के आसपास टटोलने के बाद 枕元を探ってから टटोलते हुए रास्ते चलते हैं 手探りしながら道を行く टटोलती हुई खाट के पास पहुँच गई 手探りしながらベッドのそばに近づいた उनकी आँखें काँच के परे उस धुंधुलके और खामोशी को मानो टटोल-सी रही थीं 彼の目はガラスの向こうのその薄暗がりと沈黙を探っているかのようだった अँधेरे में ही वह निर्मला को टटोलता है 暗闇の中で手探りでニルマラーを探す मैंने पिटारी को फिर टटोला.उसमें कुछ खुरचनें गिरी थीं バスケットの中をもう一度探った．その中には幾つか剥げ落ちたかけらがあった (2)（隠されていることや知らないことを）探る；探りを入れる；様子を探る कुँवर साहब ने बात को टटोलने की कोशिश की 若旦那は探りを入れようとした **मन टटोलना** 腹を探る；本心を探る
टटोहना [他] = टटोलना.
टट्टनी [名*]〔動〕爬虫類ヤモリ科ヤモリ= छिपकली.
टट्टर [名]（農家の戸口に戸の代わりに立てかけて用いられる簀のように割り竹などで編んでこしらえた）衝立 टट्टर दे॰ 戸口をふさぐ= टट्टर लगाना.
टट्टरफाँद दौड़ [名*]〔ス〕ハードル競走= हार्डल रेस.
टट्टरी [名*] (1) 鼓や太鼓などの音 (2) 長々とした話や説明 (3) 軽口；冗談
टट्टा [名] (1) 大きな衝立→ टट्टर. (2) 木製の扉 (3) 隠れ場所
टट्टी [名*] (1) 竹や葦などを編んで四角い枠や形にこしらえたもの．衝立，目隠し，囲いなどの目的に用いられる बाँस की टट्टियाँ 竹製の衝立；こまい（木舞） दीवारों के बजाए बाँस और नरकल की टट्टियाँ खड़ी करते और उनपर मिट्टी लीपकर 壁の代わりに竹や葦の木舞を立ててそれに壁土を塗りつけて (2) 植物の蔓を這わせるため竹などを編んでこしらえた棚 (3) 目隠しで囲ったところ (4) 便所；手洗い；御不浄 (5) 大便 (6) すだれ（簾）= चिक; चिलमन. **टट्टी क॰** 大便をする；排便する यदि आप की गोद में ही बच्चे ने टट्टी कर दी あなたに抱かれている赤子が排便したら **टट्टी कमाना** 便所掃除をする= पाखाना साफ़ क॰; टट्टी की सफ़ाई क॰. **टट्टी का शीशा** 板硝子 **टट्टी की आड़ में शिकार खेलना** 陰謀をめぐらす；自らは表に出ず悪事を働く= टट्टी की ओट में शिकार खेलना. **टट्टी की जगह** お尻（婉曲表現） टट्टी की जगह पानी से धोने से न तो बच्चे को ठंड लगती है और न वह जगह लाल होती है（赤子の）お尻を水で洗うことで子供が風邪を引くこともないしお尻がただれて赤くなることもない **टट्टी जा॰** 手洗いに行く；用足しに行く；便所に行く **टट्टी में छेद क॰** *a.* 秘密を暴く *b.* 騒ぎを起こす *c.* 害を与える *d.* 恥も外聞もなくしてしまう **धोखे की टट्टी** *a.* 見せかけ *b.* 人を欺く道具や手段 *c.* 隠れ蓑 *d.* 狩猟の際動物の目から身を隠す道具 *e.* カムフラージュ
टट्टीघर [名] 便所；手洗い；トイレ= पाखाना.
टट्टी-पेशाब [名] 大小便；人間の排泄物
टट्टी सम्प्रदाय [名]〔ヒ〕タッティー派（ニンバールカ派の流れを汲む 15〜16 世紀のスワーミー・ハリダース स्वामी हरिदास が創始したクリシュナ信仰の一派）
टट्टू [名] (1)〔動〕ポニー= टाँगन. (2)〔俗〕男根 **टट्टू पार हो जा॰** 目的が達せられる **भाड़े का टट्टू** 雇われている人
टन[1] [名*] 鐘，時計，ベルなどの鳴ったり，硬い物が落下して生じる音 **टन से** 上記の音が生じる様子 घड़ी में टन टन 12 बज चुके थे 時計は 12 時をすでに打っていた टन टन घंटियाँ बजाती हुई दमकल गाड़ियाँ かんかんと鐘を鳴らしている消防車 साइकिल सवारों की टनटन 自転車乗りたちの鳴らすちりんちりん टन टन बोलते चाँदी के रुपये ちゃりんと音のする銀貨 एक मोहर टन से नीचे गिर पड़ी 1 枚の金貨がちゃりんと音を立てて落ちた मदरसे की घंटी टन टन बज रही है 学校の鉦がかんかんかんと鳴っている **टन बोलना** ころっと死ぬ；あっけなく死ぬ साल पूरा होते-होते अचानक टन बोल गए 1 年経つか経たぬかにころっと死んだ **टन हो जा॰** ころっと死ぬ；あっけなく死ぬ
टन[2] [名]《E. ton》トン
टनकना [自] (1) 鐘やベル，時計などが鳴る (2) 暑気のために頭痛がする；暑さのために頭がずきずき痛む
टनकार [名*] = टंकार.
टनटन [名] ちりんちりん，かんかんなど（自転車のベルの音，鐘，時計，ベルなどの鳴る音）りんりん，ちりんちりんなどとベルが鳴る→ टनटनाना[1] घंटी का टनटन ぼんぼんという時計の時報 घड़ी ने टनटन पाँच का घंटा बजाया 時計がぼんぼんと 5 時の時報を打った टनटन करके りんりん（ちりんちりん）と उसने टनटन करके घंटी बजा दी ちりんちりんと（自転車の）ベルを鳴らした
टनटनाना[1] [自] (1) ベルや時計，金属などが鳴る；音を立てる बाहर लगी घंटी ज़ोर से टनटना उठी 外についているベルが激しく鳴りだした टनटनाते हुए लोहे के मर्तबान からんからんと音を立てている鉄の容器 (2) 頭が激しく痛む；がんがんする अधकपाली दर्द से माथा टनटना रहा है 偏頭痛で頭ががんがんする
टनटनाना[2] [他] 鐘，ベル，金属などを鳴らせたり音を立てたりする
टनमन [名] まじない，呪法，呪術= टोना; जादू.
टनमना [形+] はつらつとした；元気はつらつの；生き生きとした；気分爽快な
टनमनाना [自] 気分が爽快な；はつらつとする
टना [名] (1) 陰核；クリトリス；実 (2) 女陰= भग; योनि.
टनाका[1] [名] 鐘や鉦などの大きな音；大きな टन の音
टनाका[2] [形+] 激しい；厳しい；きつい
टनाटन[1] [名*] 鐘などが続けざまに鳴る音；かんかんかん
टनाटन[2] [副] (1) 鐘などが続けざまに鳴りながら (2) 調子よく；快調に；元気に；はつらつと
टनी [名*] = टना.
टनेल [名]《E. tunnel》トンネル；隧道
टन्नाना[1] [自] = टनटनाना.
टन्नाना[2] [自] 不機嫌になる；腹を立てる
टप[1] [名*] (1) 液体の滴が滴り落ちて生じる音；ぽたっ，ぽたり，ぽとりなどの音 (2) 重みのある物が落下して生じる音；ぽたっ，ぽとっ，ぽたっなどの音 आम गिरा टप マンゴーの実がぽとっと落ちた **टपटप** ぽたぽた（と） आकाश से पानी टप-टप गिरना शुरू हुआ 雨滴がぽたぽた落ち出した= टपटप करके. टप टप टप गिर रहा पसीना ぽたぽたぽたと滴り落ちる汗 उनकी आँखों से टप-टप आँसू गिरने लगे その人の目から涙がぽたぽた落ち始めた **टप से** さっと；ぱっと；にわかに；突然；忽然として= चट से; झट से.
टप[2] [名] (1) 幌 (2) ランプの笠
टप[3] [名]《E. tub》（金属製の）おけ；たらい（盥）
टपक [名*] (1) 滴の滴り落ちること (2) 滴の滴り落ちたり落下したりする音 (3) ずきずきする痛み
टपकना [自] (1) 液体が滴り落ちる；滴る；垂れ落ちる पत्नी की आँखों से आँसू की बूँद टपक पड़ी 妻の目から涙の滴が落ちた प्यार के मारे आँखों से आँसुओं की बूँदें टपकने लगीं 愛おしさのあまり涙が滴り落ち始めた मुँह से झाग और लार टपकती है 口から泡とよだれが垂れ落ちる टपकते आँसुओं के बीच ぽたぽた滴り落ちる涙の中に (2) 物が落下する；熟れた果物がぽとりと落ちる टपकती हुई काली जामुन ぽとりと落ちる黒いフトモモの実 (3) ひょっこりやって来る；にわかに出現する；忽然と現れる．（多くは टपक पड़ना の形で用いられる） अरे, माया तुम! आज अचानक कैसे टपक पड़ीं こりゃまあマーヤーじゃないか．今日はまたどうして突然のお出ましじゃ कहीं से घूमते-टहलते शेर सिंह वहाँ टपक पड़े どこからか知らぬが歩き回ってライオンがそこへひょっこりやって来た (4) にじみ出る；表に現れる हर वस्तु में से टपकती हुई वीरानी あらゆるものから現れる荒涼とした感じ (5) あふれ出る；ほとばしる जब कभी वे परमहंस जी की चर्चा करते तो एक-एक शब्द से श्रद्धा और सम्मान टपकता था パラマハンサ師の話をする時には言葉の端々から尊崇の念があふれ出ていた उसके प्रत्येक शब्द से दिल का दर्द टपक रहा था 彼女の話す一語一語から胸の痛みがほとばしっていた चेहरे से नूर टपकता, मुँह से शहद झरता 顔からは光，口からは蜜がほとばしる (6) ほれぼれする；うっとりする (7)（膿が）出る (8) 傷が化膿してずきずき痛む **टपक पड़ना** *a.* ひょっこりやって来る；突然訪れる；にわかに現れる वह अकेले यहाँ क्योंकर टपक पड़े? どうしてまたひとりでここに突然やって来たのだ लो, फिर

आ गई तुम्हारी माँ, जब भी कहीं जाने को तैयार होते हैं, तो टपक पड़ती है ほらまた君の母さんのお出ましだ. こちらがどこかへ出かける用意ができるとひょっこり現れるんだ *b.* 激しく欲しがる；飛びつくように欲を出す；追い求める **बीच में टपक पड़ना** 嘴を入れる；口出しする；嘴を挟む；差し出口をきく＝ बीच में कूदना. ओह, किस क़दर जल्दबाज़ हैं आप कि पूरी तरह बात नहीं सुनते और बीच में टपक पड़ते हैं あなたも随分とせっかちなお方ですね. こちらの話をろくにお聞きにならずに嘴を入れられるのですから

टपका ［名］ (1) 滴ること；滴り落ちること (2) 滴り落ちる物 (3) 熟して地面に落ちた果物 (4) ぺてん；だまし（騙し） **टपके का डर है** 〔諺〕実体のないものに対する恐怖心のあまり無抵抗になったり何もできなくなることのたとえ；古屋の漏り

टपका-टपकी[1] ［名*］ (1) ぽたぽた，ぽとりぽとりなどと落ちること (2) ぽつぽつと雨の降ること टपका-टपकी लगना ぽつぽつ雨が降る

टपका-टपकी[2] ［形］ わずかな；僅少の；ぽつぽつとある；ぽつりぽつりとある；点在する；１つ２つの；数えるほどの

टपकाना ［他］ (1) 滴を垂らす；滴を落とす；滴らせる नभ पर थे बादल मँडराते, कभी-कभी बूँदें टपकाते 空に漂う雲は時々雨滴を落としていた (2) 蒸留する＝ चुआना.

टपकाव ［名］ (1) 滴り落ちること (2) 滴らせること

टपकी ［名*］ (1) ← टपकाना. (2) 突然の死

टपकेबाज़ ［名］ 《H. + P. باز》 ペテン師

टपटप ［副］ (1) 滴の滴り落ちる音や様子；ぽたぽた，ぽとりぽとりなど उसकी उँगली से ख़ून टप-टप टपकने लगा その人の指から血がぽたぽたと落ち出した (2) 早く；急いで (3) 続けざまに

टपना[1] ［自］ (1) 飲まず食わずでじっとしている (2) 何もせずにじっとしている；あてもなく待つ；ぼんやり待つ

टपना[2] ［自］ (1) 飛び跳ねる；跳ねる (2) つがう

टपना[3] ［他］ 覆う；かぶせる；蓋をする

टपाटप ［副］ ＝ टपटप.

टपाना[1] ［他］ 盗む；かっぱらう；くすねる आप सामान रखकर शरीर खुजलाने लगेंगे, उधर लड़का आप का सामान टपा देगा 荷物を置いて体を掻き始めると男の子があなたの荷物をくすねる

टपाना[2] ［他］ (1) 待ちぼうけを食わせる；飲まず食わずにさせる (2) 無駄に期待させる

टपाना[3] ［他］ 飛び越えさせる；乗り越えさせる

टप्पा ［名］ (1) 一跳び；一跳ね (2) 跳んだ幅 (3) （球の）バウンド गेंद के दूसरा टप्पा खाने से पहले ツーバウンドする前に गेंद जहाँ टप्पा खाती है यहाँ से लगभग छः फुट की दूरी पर 球がバウンドするところから約６フィートのところに (4) 距離；へだたり；間隔 (5) 間；中間 (6) 目の粗い縫い (7) 駕籠かきの立て場；宿駅 **टप्पा खाना** バウンドする；跳ねる；弾む；跳ねかえる **टप्पा खिलाना** （ボールなどを）バウンドさせる；弾ませる；跳ねかえさせる；つく टप्पा खिलाकर गेंद को ड्रिबिल किया जा सकता है ボールをバウンドさせてドリブルすることができる **टप्पा दे॰** *a.* 大股で歩く *b.* 差別する **टप्पे डालना** 大きな縫い目で縫う＝ टप्पे भरना; टप्पे लगाना.

टब ［名］ 《E. tub》 (1) おけ；たらい (2) 浴槽；風呂桶；タブ

टमकी ［名*］ 〔イ音〕 (1) 小さな鼓；触れ太鼓＝ डुगडुगी. (2) タンバリン；ティンブレル (3) 銅鑼や銅鑼の形のプレート

टमटम ［名］ 《← E. tandem》 車輪の大きい一頭立て二輪馬車；タムタム

टमाटर ［名］ 《E. tomato》 〔植〕ナス科野菜トマトとその実＝ विलायती भंटा.

टमाटो ［名］ 《E. tomato》 トマト＝ टमाटर. पहले टमाटो को कोई खेत में भी न पूछता था 以前はただであってもだれもトマトに見向きもしなかったものだ

टम्पू ［名］ 乗合いの大型オート三輪＝ टेंपो.

टर ［名*］ (1) 叫び声；甲高い声；耳障りな声 (2) ぺちゃくちゃしゃべること (3) 蛙の鳴き声．けろけろ，ころころなど (4) 横柄な言葉や態度；尊大な振る舞い (5) 強情 (6) イード祭 **टर टर क॰** *a.* ぺちゃくちゃしゃべる *b.* 横柄な口をきく अपना काम देख, बहुत टरटर कर रही है 自分のなすべきことをしろ．横柄な口をきいているじゃないか **टर टर फ़िस हो॰** 駄目になる；めちゃくちゃになる；役立たずになる **टर टर लगाना** ＝ टर टर क॰.

टरकना[1] ［自］ 退く；立ち去る；姿を消す＝ टलना.

टरकना[2] ［自］ (1) ぺちゃくちゃ無駄話をする (2) 耳障りな音がする；うるさい

टरकाना ［他］ (1) 退ける＝ हटाना; खिसकना. (2) のける；取り除く＝ हटाना. (3) 追い返す；退ける＝ टाल दे॰. चाय की एक प्याली में ही टरका दिया जाता 一杯のお茶で追い返される उसने डेपुटेशन को बड़ा रूखा-सा जवाब देकर टरका दिया 代表団をひどく素っ気ない返事で追い返した (4) 遅らせる；遅延させる (5) 無視する；見逃す；問題として取り上げない＝ जाने दे॰.

टरकी[1] 〔国名〕 《E. Turkey》 トルコ＝ तुरकी.

टरकी[2] ［名］ 《E. turkey》 〔鳥〕キジ科シチメンチョウ（七面鳥）

टरकुल ［形］ ありきたりの；並の；ありふれた＝ बिलकुल मामूली.

टरगी ［名*］ 〔植〕イネ科１年草雑草・牧草【*Dichantium annulatum; Andropogon annulatus*】＝ पलवन.

टरटर ［名*］ → टर.

टरटराना ［自］ (1) 耳障りな音を立てる；けたたましい音が出る (2) 横柄な口をきく

टरन-टरन ［名*］ 電話のベルの音；りんりん；ちりんちりん टरन-टरन बोलना りんりん（ちりんちりんと電話が）鳴る

टरना ［自］ ＝ टलना.

टरपों-टरपों ［名*］ ＝ टरटर.

टरबाईन ［名］ 《E. turbine》 タービン＝ टरबाइन इंजन.

टर्की 〔国名〕 《E. Turkey》 トルコ

टर्न ［名*］ 《E. turn》 順番；番 अब 'आ' से! मधु तुम्हारी टर्न है さあ次はアーから，マドゥ，あんたの番よ

टर्न ओवर ［名］ 《E. turnover》 取引高；総売上高

टर्न टेबिल ［名］ 《E. turn table》 ターンテーブル；回転台＝ घूमचक्कर; घुर्णी मंच; घूर्णिका.

टर्नर ［名］ 《E. turner》 旋盤工

टर्पिनीन ［名］ 《E. terpinene》 〔化〕テルピネン

टर्पीन ［名］ 《E. terpene》 〔化〕テルペン

टर्बोजेट ［名］ 《E. turbojet》 ターボジェット（エンジン） **टर्बोजेट वायुयान** ターボジェット機＝ टर्बोजेट जहाज़.

टर्म ［名］ 《E. term》 (1) 学期 मदरसे का पहला टर्म 学校の第１学期 (2) 期間；期限

टर्म पेपर ［名］ 《E. termpaper》 〔教〕学期末論文；学期末レポート＝ उपसत्र-लेख; उपसत्र-निबंध.

टर्मिनस ［名］ 《E. terminus》 (1) 終点 (2) 終着駅；ターミナル

टर्र-टर्र ［名*］ (1) 蛙の鳴き声．けろけろなど (2) 馬鹿話 (3) 横柄な言葉；不躾な言葉遣い बित्ता भर का तोता और मुझसे टर्र-टर्र कर रहा है ちんちくりんのインコのくせしておれ様に対してでかい口をきく

टर्रा ［形+］ (1) 耳障りな (2) 横柄な口をきく (3) 喧嘩腰の

टर्राना ［自］ (1) 蛙が鳴く मेंढक टर्राते हैं 蛙はけろけろと鳴く (2) 横柄な口をきく；大きな口を叩く

टर्रू ［名］ (1) けたたましいほどにしゃべる人；ぺちゃくちゃよくしゃべる人 (2) けんか腰で話す人 (3) 横柄な口をきく人 (4) カエル（蛙）；かわず（蛙）＝ मेंढक.

टलन[1] ［名］ 心の動揺；不安；困惑

टलन[2] ［名*］ ← टलना.

टलना ［自］ (1) 遅れる；のびる（延びる）；延期になる；延期される काम अगले सप्ताह पर टल जाएगा 作業は来週に延びる पंजाब में चुनाव और भी टल सकते हैं パンジャーブでの選挙は更に延期になりうる लड़कियों का विवाह कैसे टल सकता था 娘たちの結婚はどうしても延期されてはならなかった (2) 去る；離れる；取れる झगड़ा टल गया 争いは去った जंगल में आग फैलने का बहुत बड़ा ख़तरा टल गया 森の火事が広がる大きな危険が去った मैंने समझा था, बला टल गई 災厄が去ったと思ったのだった (3) 遠ざかる；遠くに離れる；遠のく शोक से मृत्यु नहीं टल सकती 悲しんだら死が遠ざかるものではない हवाई हमले का ख़तरा टलने के बाद 空襲の危険が遠のいてから परमाणु युद्ध का ख़तरा फ़िलहाल टल गया है 核戦争の危機はさし当たり遠のいた (4) 退く；引き下がる मुझे सत्य से जौ भर भी टलना उचित नहीं 真理の道からほんのわずかでも退くのは私には肯んじられない न जौ भर अब टलेंगे もう１歩も引き下がりはしないぞ (5) 違う；違える बात से टल जा॰ 約束を違える

ट

टलमल[1] [形] (1) 震える (2) 動き回る；じっとしていない (3) よろめく；よろよろする；不安定な；揺れている
टलमल[2] [副] 音を立てて水の流れる様子
टलमलाना [自] (1) 震える (2) よろめく；揺れる
टलाटली [名*] = टाल-मटोल; टालटूल.
टलाना [他・使] ← टालना.
ट वर्ग [名] デーヴァナーガリー文字の ट 行 (वर्ग), すなわち，反り舌音 (ट, ठ, ड, ढ, ण)
टवाई [名*] うろつくこと；ぶらつくこと；徘徊= आवारगी.
टस [名*] (1) 重い物がずり動く音 (2) 硬い物が加熱などによっても全く変化しないこと (3) 他人の言葉に全く耳を貸さないこと (4) 布などの破れる音．びりっ，びりびり，ばりっなど **टस-से-मस न हो॰** *a.* 重くて全く動かない；微動だにしない वह इतना भारी था कि उससे टस-से-मस नहीं हुआ びくとも動かぬほど重かった *b.* 考えや意見，意志が堅くて全く動かない；動じない उसको टस-से-मस न होते देखकर 彼が全く意見を変えないのを見て वह अपनी शर्त से टस-से-मस नहीं हुआ 彼は自分の出した条件から全く動じなかった
टसक [名*] ← टसकना. (1) ずり動くこと (2) 心の動かされること (3) ずきずきした痛み= कसक; टीस.
टसकना [自] (1) 位置が変わる；重い物がずり動く；ずれる (2) 心が動く；考えが少し変わる (3) ずきずき痛む (4) 熱して柔らかくなる (5) 涙が流れる
टसकाना [他] ずらす；ずり動かす；ずらせる；位置を変える अब कोई एक तिनका भी न टसकाता था もはやだれも藁すべ 1 本ずり動かす者はいなかった= खिसकाना; सरकाना.
टसर [名] (1) さくさんし（柞蚕糸．ヤママユガ科のガの繭から採れる糸）；タッサーシルク (2) けんちゅう（絹紬）；柞蚕絹布；タッサーシルク〈tussah/ tassar/ tasar〉 **टसर का कीड़ा** サクサン（柞蚕）ヤママユガ科のガ（蛾）【*Antheraea paphia*】その繭からタッサーシルクが採れる．ヤママユ（山繭，ヤママユガ科）【*Antheraea mylitta*】
टसरी [形] 淡褐色の；黄褐色の
टसुआ [名] (1) 涙= आँसू. (2) 嘘の涙；嘘涙 **टसुए बहाना** 嘘泣きする；嘘涙を流す= झूठमूठ आँसू गिराना. → टिसुआ.
टहकन [名*] (1) ずきずき痛むこと (2) ずきずきした痛み= चसक.
टहकना [自] (1) ずきずき痛む= टीस मारना. (2) 固形の物が熱で溶ける；溶解する= पिघलना.
टहकाना [自] 熱を加えて溶かす；熔解させる= पिघलाना.
टहटहा [形+] (1) 青々とした；緑滴る (2) 新鮮な；生き生きとした
टहटहाना [自]（植物が）青々とする；生き生きとする
टहना[1] [名] 細い枝；細枝；小枝= पतली डाल.
टहना[2] [名] 膝 = घुटना.
टहनी [名*] とても細い枝；小枝；細枝
टहल [名*] (1) 散歩すること；ぶらつくこと (2) 人の面倒を見ること；世話をすること；なでたりさすったりもんだりする世話；ケア= सेवा; सेवा-शुश्रूषा. **टहल बजाना** 仕える；奉仕する
टहल-टई [名*] 世話；奉仕；看護；介護= टहल-टकोर; सेवा; देखभाल.
टहल-टकोर [名*] 奉仕；世話；介護= सेवाशुश्रूषा.
टहलना [自] 散歩する；散策する；ぶらぶら歩く；ぶらつく= हवा खाना. कल शाम टहलने जाऊँगा तो उधर जरूर आऊँगा 明日の夕方散歩に出かけたらそちらに必ず行くつもりだ टहलता हुआ अल्पना के बंगले पर पहुँच गया 散歩しながらアルプナーのバンガローに行った हम झील के किनारे टहल रहे थे 湖の畔を散策しているところだった सुबह-शाम खुली हवा में टहलने निकलें 朝夕新鮮な空気の中を散歩に出かけるようにしなさい घर से थोड़ी दूर पर टहल रहा है-वह समय के पहले ही आ गया 家から少し離れたところをぶらぶら歩いている．時間前にやって来たのだ साहब बँगले पर टहल रहे थे 旦那は屋敷の中をぶらついておられた वह दिन भर होटल में काम करता और फिर खाना खाकर थोड़ी देर टहलता 一日中ホテルで働き，食事を済ませるとしばらく散歩する सुबह शाम टहलने जाती हूँ 朝夕散歩に出掛ける
टहलनी [名*] (1) 身辺の世話をする女性；付き人；侍女= लौंडी; दासी. (2) お手伝い；女中= नौकरानी; चाकरानी.
टहलाना [他] (1) 散歩に連れ出す= हवा खिलाना. (2) おびき出す；誘い出す (3) ゆっくり歩かせる；ぶらぶら歩きをさせる **टहला ले जा॰** くすねる；かっぱらう；盗む；盗み取る= उड़ा ले जा॰; चुरा ले॰; गायब क॰.
टहलुआ [名] 付き人；身辺の世話や面倒を見る人；使用人；サーバント= सेवक; नौकर; खिदमतगार.
टहलुई [名*] = टहलनी; दासी; लौंडी; चाकरानी.
टहलुनी [名*] = टहलनी.
टहलुवा [名] = टहलुआ.
टहलू [名] 使用人；召使い；付き人；介護人= नौकर; सेवक.
टही [名*] (1) 積み上げたもの；積み重ねたもの (2) 小細工= जोड़ तोड़; घात; ताक. **टही में रहना** 機会を窺う= ताक में रहना. **टही लगाना** 細工する；小細工をする
टहूकना [自] 音がする；音が出る；鳴る उस लोमड़ी का मीठा कंठ, उस बेसुरी गूँज में भी कोयल-सा टहूकता そのキツネの美声ののどからは調子はずれの響きの中にもカッコウのような声がした
टहूका [名] (1) なぞなぞ；謎謎 (2) 小話= चुटकुला.
टहोका [名] (1) 手足で突くこと；押しやること (2) ショック；衝撃 **टहोका खाना** *a.* 突かれる；押される *b.* 衝撃を受ける；ショックを受ける **टहोका दे॰** 突く；押しやる= ठेलना; ढकेलना.
टाँक[1] [名*] (1) 宝石商の用いる重量単位= 4 माशा. (2) 弓弦の強度を調べるための 25 सेर の重量の分銅 (3) 調査；検査
टाँक[2] [名*] (1) 書くこと；書きつけること；筆跡 (2) 筆先
टाँकना [他] (1) 縫う；縫いつける；縫い合わせる पोशाक में एल्यूमिनियम धातु के बटन टाँककर इतराता था アルミのボタンを縫いつけて得意げだった उसपर दादी ने गोटा-ठप्पा टाँका था それに祖母がレースを縫いつけた वह नीले रंग के पल्ले पर सफ़ेद झिलमिलाते सितारे टाँक रही थी 青色の縁に白くぴかぴか光るスパンコールを縫いつけているところだった (2) 留める；つける；引っつける फड़फड़ाती तितली में पिन खोंसकर उसे अपनी कापी में टाँक लेना 羽をぱたぱたさせている蝶にピンをさして自分のノートにとめる (3) さす；突き刺す बालों में फूल टाँकना 髪に花をさす (4) 掛ける；引っかける खूँटी पर टाँकना 掛け釘に掛ける (5)（道具の石などに刻み目や溝を）彫る；刻む；刻み込む (6) 目立てをする (7) 書きつける；書き留める (8) ピンハネする
टाँकली[1] [名*] 帆を巻くための滑車
टाँकली[2] [名*] 大きな太鼓の一種
टाँका[1] [名] (1) 留め針 (2) 待ち針 (3) 縫い目 (4) 刺繍の針目；鉤針編みのステッチ कश्मीरी टाँका カシミール・ステッチ (5) 縫い合わせ；縫合（布や傷の） (6) つぎ（布） (7) はんだづけ (8) はんだ（半田・盤陀・ハンダ）；しろめ **टाँका चलाना** *a.* 針を通す；針を通して縫う *b.* 待ち針で留める **टाँका दे॰** = टाँका चलाना. **टाँका भरना** = टाँका चलाना. **टाँका लगाना** *a.* 縫う；縫い合わせる *b.* はんだづけする **टाँके उधड़ना** *a.* 縫い目がほころぶ *b.* 秘密が暴かれる **टाँके उधेड़ना** *a.* 縫い目をほどく *b.* 秘密を暴く **टाँके खाना** 傷口を縫ってもらう **टाँके खुलना** = टाँके उधड़ना. **टाँके खोलना** = टाँके उधेड़ना. **टाँके टूटना** 縫い目がほどける (-के) **टाँके ढीले क॰**（ーを）叩きのめす；打ちのめす **टाँके लगाना** *a.* 縫う；縫い合わせる *b.* 手術後の縫合をする त्वचा में रेशम या नाइलॉन के धागे द्वारा टाँके लगाए जाते हैं 皮膚は絹糸かナイロン糸で縫い合わされる *c.* はんだづけする；熔接する
टाँका[2] [名] 石工の用いる鑿
टाँका[3] [名] (1) 水を溜めておく四角に囲った水槽；貯水槽 (2) 水を入れておく大きな容器；ターンカー
टाँकाटूक [形] 量目通りの
टाँकी [名*] (1) 石工の用いる鑿 (2) 鋸などの歯 (3) 目盛りの目；刻み目；切り目 (4) 牛の尻尾などの先端の房 (5)〔医〕腫れ物；結節 (-पर) **टाँकी बजना**（ーに）鑿が打ち込まれる **टाँकी मारना** 秤の目盛り（秤量）をごまかす तो कम्बख़्त, तू टाँकी मारता होगा こいつ，秤をごまかしているに違いない
टाँग [名*] (1) 動物の足（付け根から足首まで．限定的には膝から足首までを指す） मक्खी की टाँग 蝿の足 मच्छर की पिछली टाँगें 蚊の後足 कबूतर की टाँग 鳩の足 एक टाँग की दौड़ 片足競走 तीन टाँग की दौड़ 二人三脚（の遊び） इस तरह दोनों तीन टाँगों से दौड़ते हैं このようにして 2 人が 3 本の足で走る (2)〔ス〕足技（足を用いるレスリングなどの技） (3) 4 分の 1 (-में) **टाँग अड़ाना** *a.*

(－に) 足を踏み入れる वैद्यक और ज्योतिष में भी टाँग अड़ाने की योग्यता रखते थे 医術や占星術にも足を踏み入れる能力を持っていた *b.* (－に) 出しゃばる *c.* (－の) 邪魔をする **टाँग उघारना** 恥ずべきことをする＝ जाँघ उघाड़ना. **टाँग उठाना** *a.* 外出する *b.* 急ぎ足で歩く *c.* 交接する；つるむ；つがう **(-की) टाँग की राह निकल जा॰** *a.* (－の) 股をくぐる *b.* (－に) 屈服する **(-की) टाँग के रास्ते निकल जा॰** ＝ टाँग की राह निकल जा॰. **(-की) टाँग खींचना** (－の) 名誉をけがす **(-की) टाँग घसीटना** ＝ (-की) टाँग खींचना. **(-की) टाँग घसीटना** ＝ (-की) टाँग खींचना. **टाँग टूटना** *a.* 多忙なこと；忙しく働く *b.* 疲れで足が痛む *c.* 頼りを失う **टाँग तले से निकलना** ＝ टाँग की राह निकल जा॰. **टाँग तोड़कर बैठ जा॰** へたばる；ぐったりする **(-की) टाँग तोड़ना** *a.* (－を) 台無しにする *b.* (－を) ひどい目に遭わせる **टाँग तोड़ना** 一生懸命努力する **टाँग पकड़कर खींचना** ＝ टाँग खींचना. **टाँग पकड़ना** やっつけようとする **टाँग पसारकर सोना** *a.* 大の字になって寝る *b.* 安楽な日を過ごす **टाँग पसारना** 死が迫る **टाँग फैलाकर सोना** ＝ टाँग पसारकर सोना. **टाँग बराबर** とても小さな；大変小さな **टाँग मारना** ＝ टाँग अड़ाना. **टाँग रह जा॰** *a.* 足がくたくたに疲れる *b.* リューマチのために足が動かなくなる **टाँग सिर पर रखकर भागना** 一目散に逃げる **(-की) टाँगें ले॰** *a.* (－に) 哀願する *b.* (－に) しつこくせがむ

टाँगन [名]〔動〕ポニー＝ टट्टू.

टाँगना [他] (1) (何かに掛けて) つるす (吊るす)；ぶら下げる；下げる पिंजरा टाँगना 鳥かごを吊るす (2) 掛ける；引っかける कोट को खूँटी पर टाँगकर उसने अँगड़ाई ली コートを掛け釘に掛けて伸びをした खूँटी में किताबों का झोला टाँगते हैं 掛け釘に通学鞄を掛ける (3) 絞首刑にする；縛り首にする＝ फाँसी चढ़ाना; फाँसी लटकाना.

टाँगा[1] [名] ターンガー (一頭立て小型二輪馬車. 牛がつながれることもある) ＝ ताँगा.

टाँगा[2] [名] 大きな斧；まさかり (鉞)

टाँगी [名*] 斧；鉞；手斧

टाँगुन [名*]〔植〕イネ科アワ＝ कँगुनी; चीनक. 【*Setaria italica*】〈Italian millet〉

टाँग्स [名] 《E. tongs》鋏の形をしたものでものをつまんだり挟んだりする道具；トング；トングス

टाँच[1] [名*] 人を惑わせ妨害する言葉 **टाँच मारना** 邪魔をする；妨げる

टाँच[2] [名] (1) 縫うこと；縫い合わせ (2) 継ぎ当て (3) 穴＝ छेद; सूराख़.

टाँच[3] [名*] 手足のしびれ＝ सुन्न पड़ जा॰. टाँच धरना しびれる＝ टाँच पकड़ना; टाँच हो॰.

टाँचना[1] [他] (1) 縫う；縫い合わせる (2) 切り取る

टाँचना[2] [他] 惑わすような言葉を言って妨害する

टाँची [名*] 金を入れて身につけるための胴巻き＝ बसनी; न्यौली.

टाँट [名] 頭頂部；頭のてっぺん；頭蓋＝ खोपड़ी; कपाल. **टाँट के बाल तक उड़ना** *a.* ひどく殴られる *b.* 頭髪が抜ける *c.* 無一文になる；丸裸になる **टाँट के बाल उड़ाना** 頭を靴などの履き物で殴る；頭髪が抜け落ちるほど叩く **टाँट ख़ाली हो॰** 頭が空の；頭が空っぽの；全然理解できない **टाँट खुजलाना** 殴られても仕方のないようなことをする；殴られたがる；ひどい目に遭いたがる＝ टाँट खुजाना. **टाँट गंजी क॰** *a.* 頭髪が抜けてしまうほど叩く＝ टाँट के बाल उड़ाना. *b.* 大変な出費をさせる；人に大金を費やさせる **टाँट गंजी हो॰** *a.* さんざん叩かれる *b.* 大変な出費のため丸裸になる

टाँटर [名] 頭；頭蓋骨＝ खोपड़ी; कपाल.

टाँठ [形] (1) 乾いてかちかちになった；かちかちに固い＝ कड़ा; करारा; कठोर. (2) がっしりした；頑丈な＝ दृढ़; तगड़ा.

टाँठा [形⁺] ＝ ठाँठ.

टाँड़ [名*] (1) 棚＝ परछत्ती. (2) 畑の見張り台＝ मचान. (3) グッリーダンダーの遊びで棒で木切れの端を打ってそれを飛ばすこと→ गुल्ली डंडा. मैं दोबारा टाँड लगाता 再び棒で叩く

टाँड़ा[1] [名] (1) 隊商の荷を運ぶ役牛などの家畜の群れ (2) 隊商による荷の運搬 (3) キャラバン隊；隊商 (4) キャラバン隊の出発や移動 (5) 隊商や流浪民, 漂泊民の宿営地 (6) 家族＝ कुटुम्ब; परिवार.

टाँड़ा[2] [名] (1) 積み重ねたもの उपलों का टाँडा 乾燥牛糞を堆く積んだもの (2) 集まり＝ समूह.

टाँड़ा[3] [名] 砂利の混じった土＝ कंकरीली मिट्टी.

टाँड़ा[4] [名]〔装身〕女性が上腕につける貴金属製の装身具の一；ターンラー

टाँड़ी [名*]〔動〕バッタやイナゴの類の虫＝ टिड्डी.

टाँय टाँय [名*] (1) けたたましい声；いやな音声や不快な言葉 (2) けたたましく騒ぎ立てること；大声で騒ぎ立てること टाँय टाँय क॰ 大騒ぎする；騒ぎ立てる **टाँय टाँय फिस्स** *a.* 大騒ぎしたのに何の結果も得られない；努力した結果が何もないこと *b.* 竜頭蛇尾 **टाँय टाँय मचाना** ＝ टाँय टाँय क॰.

टाँस [名*] (1) 手足が長時間曲げたり捻れていたために起こるひきつり (2) 上記のひきつりによる痛み

टांसिल [名*] 《E. tonsils》扁桃腺＝ गलतुंडिका; टांसिल्स; टांसिल्ज़. टांसिल बढ़ना 扁桃腺の肥大 गले की टांसिलें भी ऐसी ही गिलटियाँ हैं 扁桃腺も同様な腺である टांसिल शोथ〔医〕扁桃腺炎＝ गलतुंडिका शोथ.

टा [名*] (1) 大地 ＝ पृथ्वी. (2) 誓い ＝ शपथ.

टाइटस्कर्ट [名] 《E. tight skirt》〔服〕タイトスカート

टाइटिल [名] 《E. title》タイトル

टाइटिल पेज [名] 《E. title page》題扉；本の扉；表題紙；タイトルページ＝ आवरण पृष्ठ.

टाइप [名] 《E. type》(1) 活字；活版；印刷活字＝ छपाई के टाइप. (2) 様式；型；型式 (3) タイプの仕事；印書 टाइप या शार्टहैंड タイプもしくは速記 टाइप क॰ タイプを打つ；タイプする；印書する＝ टंकण क॰. टाइप कराना タイプを打たせる；タイプを打ってもらう；タイプしてもらう

टाइप कास्टिंग मशीन [名*] 《E. type casting machine》〔印〕活字鋳造機

टाइप मोल्ड [名] 《E. type mould》〔印〕活字鋳型

टाइपराइटर [名] 《E. typewriter》タイプライター；印書機＝ टंकण यंत्र.

टाइपिस्ट [名] 《E. typist》タイピスト

टाइप्राइटिंग [名] 《E. typewriting》タイプ；印書 (すること)；タイプライターを打つこと＝ टंकण.

टाइफ़ाइड[1] [名] 《E. typhoid fever》〔医〕腸チフス＝ मोतीझरा; टाइफ़ायड.

टाइफ़ाइड[2] [形]〔医〕腸チフスの；腸チフス性の टाइफ़ाइड बुख़ार 腸チフス＝ मियादी बुख़ार.

टाइफ़ून [名] 《E. typhoon》台風＝ टाइफ़ोन.

टाइम [名] 《E. time》(1) 時間；時 (2) 時刻 अब टाइम क्या? 今何時だい

टाइम कीपर [名] 《E. timekeeper》(1) 作業時間係；タイムキーパー कारख़ाने का टाइमकीपर 工場のタイムキーパー (2)〔ス〕時間記録係；タイムキーパー；計時係

टाइम कैप्सूल [名] 《E. time capsule》タイムカプセル टाइम कैप्सूल ज़मीन में गाड़ा गया タイムカプセルが地中に埋められた

टाइम टेबुल [名] 《E. timetable》(1) 時刻表 (2) 予定表 (3) 時間割

टाइमपीस [名] 《E. timepiece》置き時計

टाइल [名] 《E. tile》タイル चमकदार रंगीन टाइल 釉薬をかけたタイル

टाई [名*] 《E. tie》(1) ネクタイ＝ नेकटाई. (2)〔ス〕タイ記録 (3)〔ス〕タイ得点；同点；互角；引き分け

टाईपिन [名*] 《E. tie pin》ネクタイピン

टाउन [名] 《E. town》(1) 町 (2) 都市 (3) 都会

टाउनस्कूल [名] 《E. town school》町立学校

टाउन हाल [名] 《E. town hall》(1) 公会堂 दिल्ली नगर निगम ने टाउन हाल में होली मंगल मिलन किया デリー市当局は公会堂でホーリー祭祝典を催した (2) 市議事堂 (3) 市庁舎；市役所

टाओवाद [名] 《← E. Taoism》道教

टाकरी [名*]〔言〕タークリー文字 (パンジャーブ語の一方言であるドーグラー／ドーグリー語の筆写に用いられてきた文字) ＝ टाकरी लिपि; टाक्री लिपि.

टॉक्सिन [名] 《E. toxin》毒素；トクシン बैक्टीरिया में विष (टॉक्सिन) バクテリアの毒素

टाट [名] (1) ジュート麻やロゼルソウなどの繊維で織った麻布；麻布ズック (でこしらえた敷物, カーテンなど) (2) 同一カースト (同一サブカースト) ＝ बिरादरी. (3) 同一カーストの人 (4) 金

ट

貸しなどの商人の用いる敷物 **टाट पर रेशम की सिलाई क॰** 不釣り合いな装いや装飾 **टाट बंद हो॰** 取引が停止される **टाट बाहर क॰** *a.* カーストから追放する *b.* (村八分などの形で) 仲間外れにする；追放する；排斥する पंचायत जिसे टाट बाहर करे パンチャーヤットが追放する人 **टाट में पाट की बखिया क॰** = टाट पर रेशम की सिलाई क॰. **विलायती टाट** 帆布

टाटबाफ़ [名] 《H. + P.باف》(1) 麻布，麻布ズックを織る職人 (2) 金糸，銀糸，絹糸を用いる刺繍の職人

टाटबाफ़ी [名*] 《H. + P.بافی》(1) 麻布を織る作業 (2) 金糸，銀糸，絹糸を用いる刺繍

टाटा [名] ターター (ターター一族，ターター財閥. J.N.Tata जमशेद जी टाटा(1839–1904) の興したインドの巨大財閥) टाटाओं ने अनेक सरकारी तथा सार्वजनिक प्रतिष्ठानों से व्यापारिक सौदा करना बंद कर दिया है ターターが多くの官公庁との取引を停止した **टाटा समूह** ターターグループ (企業名)

टा-टा [感] 《E. ta-ta》バイバイ टा-टा…बीबी जी, टा-टा…बाई-बाई 奥様，さようなら…バイバイ

टाठा [形+] (1) 頑健な；元気はつらつとした (2) 激しい；激烈な

टाड़ [名*]〔装身〕タール (女性が上腕につける金製の幅広の腕輪)

टाड़ा [名] 石油を入れる容器

टाड़ी [名*] 斧

टान[1] [名*] (1) 引っ張ること；緊張= टान. (2) 魅力；引力

टान[2] [名] = टाँड़.

टान[3] [名] 《E. turn》逆字；伏せ字

टानना [他] (1) 張る (2) 引っ張る；引く

टॉनिक [名] 《E. tonic》(1) 強壮剤；トニック；栄養剤 (2) 化粧料；トニック स्निग्ध त्वचा के लिए यह एक बढ़िया टॉनिक है 肌をすべすべにする上等のトニック स्किन टॉनिक スキン・トニック

टाप [名*] (1) (奇蹄類の) ひづめ (蹄) (2) 馬，ラバ，ロバなどの足音；蹄の音 खच्चर की टाप मेरे बायें हाथ पर पड़ी ラバの足音が左手に聞こえた घोड़ों के दौड़ने की टापें सुनाई पड़ीं 馬の走る蹄の音が聞こえた (3) 台座の脚などの床に接する部分 (4) 魚を捕らえるための籠 **टाप दे॰** 大股で歩く

टॉप[1] [名] 《E. top》(1) トップ；頂点；頂上；最高点；一番；最高位 (2) 最高位にある人；首位；首席；主席；トップ

टॉप[2] [形] 《E. top》(1) 最高の；一番上の；トップの (2) 首位の；首席の；主席の；トップの

टापदार [形] 《H. + P.دار》台の脚などの上端や下端が幅広く大きい

टापना[1] [自] (1) 馬が前足で地面を蹴る (2) 悔しがる；残念がる；地団駄を踏む (3) 無駄に待つ；待ちぼうけを食う (4) 願いが叶えられずじまいになる

टापना[2] [自] 飛び越える；乗り越える= फाँदना; कूदना; उछलकर लाँघना.

टापना[3] [自] (1) 飲まず食わずでじっとしている यह पानी ठंडा भी है मीठा भी.पीते क्यों नहीं? यों टाप क्यों रहे हो? この水は冷たくてうまい. なぜ飲まずにぼんやりしているんだい (2) 無駄に待つ；当てもないことを待つ (3) 待ちぼうけを食う

टापर[1] [名] (1) 肩に引っかけて着用する厚手の布；チャーダル；チャッダル (2) 馬の背に寒さよけのために掛ける厚手の布

टापर[2] [名] ポニーなどに乗ること

टॉप सीक्रेट [形] 《E. top secret》極秘の；マル秘の= परम गुप्त; अतिगुप्त.

टॉप सीडिंग [名] 《E. top seeding》〔ス〕1 位のシード कमलेश को टॉप सीडिंग カムレーシュに 1 位のシード

टॉप स्टार [名] 《E. topstar》〔映〕トップスター

टॉपस्पिन [名] 《E. topspin》〔ス〕トップスピン (テニス)

टापा [名] (1) 広場；野原 (2) 荒れ地 (3) 飛んだり跳ねたりすること (4) 覆うもの；被せるもの (魚捕りなどに用いる割竹で編んだ籠状のもの) (5) = टाप.

टापू [名] 島= द्वीप; जज़ीरा. दक्षिण-पूर्वी एशिया के सुदूर टापू 東南アジアの僻遠の島

टॉप्स [名] 《E. tops》〔装身〕tops and drops の略で，飾り玉付きの耳飾りのこと कान में चाँदी का टॉप्स 耳に銀のトップス

टॉफ़ी [名*] 《E. toffee》トフィー；キャンディー

टाबर[1] [名] (1) 子供 (2) 家族；家庭

टाबर[2] [名] 沼；池；湖

टामक [名] (1) 太鼓= डुग्गी. (2) 太鼓の音

टामन [名] 呪法；まじない= टोटका; तंत्रविधि.

टॉमी [名] 《E. tommy》英国陸軍兵士；白人兵士

टायर [名] 《E. tire》タイヤ रबड़ का टायर ゴムタイヤ

टायलेट [名] 《E. toilet》(1) トイレ；トイレット；便所 (2) 化粧室 (3) 化粧

टॉयलेट पेपर [名] 《E. toilet paper》トイレットペーパー；落とし紙

टायलेट सीट [名*] 《E. toilet seat》便座

टायलेट सोप [名] 《E. toilet soap》化粧せっけん

टार[1] [名] (1) 馬= घोड़ा; घोटक. (2) 男色の相手をする男；おかま= गाँडू; लौंडा. (3) 売春の客引き；ポン引き= दलाल; कुटना; भँडुआ.

टार[2] [名] 積み重ねられたもの；積み上げられたもの= ढेर; राशि.

टार[3] [名] 《E. tar》タール；コールタール

टारकोल [名] 《← E. coal tar》コールタール；タール

टार टार क्रीम [名] 《E. tartar cream; cream of tartar》酒石英

टारन [名] ← टारना. 除くこと；除けること；避けること

टारना [他] = टालना.

टारनेडो [名] 《E. tornado》トルネード；大竜巻

टारपीडो [名] 《E. torpedo》魚雷；水雷 टारपीडो छोड़ना (- मारना) 魚雷を発射する

टारपीडो कैचर [名] 《E. torpedo catcher》駆逐艦= टारपीडो बोट डेस्ट्रायर; डेस्ट्रायर; विध्वंसक जहाज़.

टारपीडो बोट [名] 《E. torpedo boat》魚雷艇；水雷艇

टार्च [名] 《E. torch》懐中電灯

टार्टर [名] 《E. tartar》(1) 歯石 (2) 酒石

टार्टरिक अम्ल [名] 《E. tartaric + H.》〔化〕酒石酸= टार्टरिक एसिड. 〈tartaric acid〉

टाल[1] [名*] (1) 積み重ねたもの；積み上げたもの **टाल क॰** 積み重ねる (2) 薪炭店 लकड़ी की टाल पर 100 क्विंटल का स्टाक 薪炭店に 100 キンタルの在庫

टाल[2] [名*] 牛などの家畜の首につける鈴

टाल[3] [名] = टार[1] (3).

टाल[4] [名*] ← टालना. 言い逃れ；口実= टालमटोल. **टाल बताना** 言い逃れをする；口実を設ける

टालना [他] (1) 先に延ばす；引き延ばす；延期する；中止する；棚上げする शादी को टालना ठीक नहीं 結婚式を引き延ばすのは良くない नहीं, यह टालने की बात नहीं いやいや，これは先に延ばすことではない परीक्षाओं को अनिश्चित काल के लिए टालना 試験の無期限延期 (2) 退ける；断る；拒む दशरथ गुरु की आज्ञा टाल नहीं सकते थे ダシャラタ王は師の命を断るわけには行かなかった वह भी बादशाह की बात कभी नहीं टालते थे その人も王の命令を断ったことは一度もなかった उस आदेश को वे टाल नहीं सके その指令を断れなかった (3) 避ける；回避する युद्धों को टालना 戦争を回避すること यदि हम अपनी हैसियत के अनुसार ही जीवनयापन करें तो ऐसी मुसीबतों को टाला जा सकता है 身分相応に暮らすならばこのような困難は避けることができるものだ (4) そらす；話をそらす；はぐらかす；紛らす；紛らわす बात टालो मत 話をそらすな आप हर बात को मज़ाक में टाल जाते हैं あなたはどんな話も冗談に紛らしてしまわれる तुम मुझे हर वक्त टालने की कोशिश क्यों करते हो! あんたはなぜいつも私をはぐらかそうとするの हम लोग रोज़ इस बात को हँसकर टाल जाते 我々はいつもこの話を笑い飛ばしてしまう (5) あしらう；適当に扱う；いいかげんに処理する；その場凌ぎのことをする घर का काम तो करना ही पड़ता था, लेकिन अब इस काम में उसे आनंद न आता था.बेगार-सी टालती थी 家の仕事はしなければならなかった. でももはや仕事に面白さは感じなくなっていた. 苦役みたいにあしらっていたのだった संपादकों की बात मैंने कभी नहीं टाली 私は編集者たちの話をあしらったことは一度もない (6) 遠ざける；除く；取り除ける यह संकट कैसे टाले? この危険を遠ざけるにはどうしたらよいものか **अशुभ टालना** 験直し；縁起直し यदि अचानक कोई ऐसा नाम सुना दे तो तुरंत मुँह में खाँड़ या गुड़ डालकर अशुभ टालने का प्रयास किया जाता है 突然こんな名前を聞かせる人がいるとすぐさま黒砂糖や粗糖を口に放り込んで験直しをしようとする

टाल बटाल [名*] = टाल मटोल.
टाल मटूल [名*] = टाल मटोल.
टाल मटोल [名*] (1) 延引；引き延ばすこと (2) 言い訳；言い逃れ；ごまかし；口実 **टाल मटोल क॰** 言い逃れをする；言い訳をする；口実を作る ज़रा-सी बात के लिए इतना टाल-मटोल कर रहे हो ほんのちょっとしたことにこれだけの言い訳をするのかい
टाला[1] [形+] 半分の= आधा; अर्द्ध; अर्ध.
टाला[2] [名] = टाल[4]
टालाटूली [名*] = टालमटूल; टालमटोल.
टाला-बाला [名] (1) 言い逃れ (2) だまし **टाला-बाला दे॰** *a.* 言い逃れをする；口実を設ける *b.* だます；欺く= टाला-बाला बताना.
टाली[1] [名*] (1) 牛などの動物の首につける鈴 (2) 若い雌牛
टाली[2] [名*] 8 アンナ硬貨（旧硬貨）
टाली[3] [名*] = शीशम.
टालू [形] 言い逃ればかりする；ごまかしてばかりいる；その場凌ぎの
टावर [名] 《E. tower》タワー；塔= मीनार; बुर्ज; लाट.
टावेल [名] 《E. towel》タオル= तौलिया.
टावेल क्लाथ [名] 《E. towel cloth》タオル地
टॉस [名] 《E. toss》(1)〔ス〕トス（順番，すなわち，先攻を決めたりサッカーなどのコートやサイドを決めるための）；硬貨投げ टॉस जीतना トスに勝つ सिक्का उछालकर टॉस किया जाता है コインを弾きあげてトスが行われる टॉस जीतनेवाली टीम का कप्तान トスで勝ったチームのキャプテン
टिंगू [名] 体格の小さなことを嘲って言う言葉．ちび；ちび助 तभी तो सब उसे टिंगू कहकर पुकारते थे だからこそ皆はその子をちびと呼んでいたんだ
टिंचर [名] 《E. tincture》〔薬〕チンキ
टिंचर आयोडीन [名]《E. tincture of idodine》〔薬〕ヨードチンキ
टिंड [名*] (1) ペルシア井戸の水車に付いている水がめ (2)〔植〕ウリ科蔓草とその実【*Citrullus vulgaris var. fistulosus*】（煮て食べられるほか漬け物にも利用される）
टिंड फूड [名]《E. tinned food》缶詰食品= टिन के डब्बे में बंद भोजन.
टिंडा [名] (1)〔植〕ウリ科蔓草【*Citrullus vulgaris var. fistulosus*】スイカの一種であるが形は小さく実は煮て食べられるほか漬け物やシロップ漬けになる (2) その実
टिंडी [名*] (1) 犂の柄 (2) 碾き臼の柄 (3) 二の腕
टिक[1] [名] 小麦粉を発酵させずに焼いた平たく丸い形のパン= टिक्कड़.
टिक[2] [名*] 《E. tick》時計などの機械の出す音．ちくたく，かちかちなど
टिकट [名]《E. ticket》(1) 切符；乗車券；入場券；チケット सिनेमा का टिकट 映画の切符 बिना टिकट सफ़र क॰ 無賃乗車する मजिस्ट्रेट पर बिना टिकट सफ़र करने पर जुर्माना 無賃乗車の判事に罰金 टिकट लेकर 入場券を買って (2) 切手；スタンプ (3) 公認選挙候補者名簿；選挙時に受ける政党の公認 (-के) **टिकट पर खड़ा हो॰ (लड़ना)** (ーの) 公認候補として選挙に出る पहले कांग्रेस के टिकट पर लड़े 以前コングレスの公認候補として出馬した
टिकट इंस्पेक्टर [名] 《E. ticket inspector》鉄道の検札係
टिकट कलेक्टर [名] 《E. ticket collector》鉄道駅の集札係
टिकट खिड़की [名*] 出札口；切符売場（の窓口）
टिकटघर [名] (1) 券売所；入場券売場 (2) 出札口
टिकट चेकर [名] 《E. ticket checker》鉄道の検札係
टिकट निरीक्षक [名] 検札係= टिकट इंस्पेक्टर.
टिकट बाबू [名] 出札係
टिकट संग्रह [名] 集札 टिकट संग्रह करनेवाले 集札係
टिकटिक[1] [名*] 舌を打って出す牛馬への掛け声．はい，どう，どうどうなど वह टिकटिक करके बोला - चल घोड़े, चल! 舌を打って馬に掛け声をかけて言った「はいどうはいどう」
टिकटिक[2] [名*] 《E. tick》(1) 時計などの動く音．かちかち，こちこちなど घड़ी की टिकटिक 時計のこちこち鳴る音 (2) 馬方が馬を扱うときに鳴らす舌の音
टिकटिकी[1] [名*] 見つめること；凝視；目を凝らすこと= टकटकी.
टिकटिकी[2] [名*]〔動〕爬虫類ヤモリ科ヤモリ
टिकटिकी[3] [名*] (1) 三角；三角形 (2) 三脚台
टिकटिकी[4] [名*]〔鳥〕ムシクイ科ハッコウチョウ【*Sylvia curruca*】
टिकटिकी[5] [名*] = टिकठी.
टिकठी [名*] (1) 鞭打ちの刑に際して用いられる枷 उसे नंगा करके बेंत लगाने वाली टिकठी से बाँध दिया गया 男は裸にして鞭打ちにするための枷に縛りつけられた (2) 処刑台 (3) 棺架；遺骸を火葬場まで運搬するのに用いられる担架（木や竹でこしらえたもの）(4) 三脚台
टिकड़ा [名] (1) 平べったく丸い形の物体 (2) 火に炙って焼かれたいささか厚めの小麦粉のパン **टिकड़ा लगाना** 直火で小麦粉の薄く丸い形のパンを焼く
टिकड़ी[1] [名*] टिकड़ा の形の小さなもの
टिकड़ी[2] [名*]〔植〕オシロイバナ科匍匐草ベニカスミ【*Boerhavia diffusa*】
टिकड़ी[3] [名*]〔植〕ワタの一品種でジェート月（インド暦の 3 月）に収穫される= जेठी.
टिकना [自] (1) 座る；動きがなくなる；とどまる（止まる）；定まる；動じない सारे अतिथियों की आँखें उन्हीं पर टिक गईं すべての客の目はその人に止まった इनकी निगाहें उस व्यक्ति पर हमेशा टिकी रहती हैं この方の視線はいつもあの人の上に止まっている तुम एक जगह टिककर बैठे रहो 1 か所にじっと座っていなさい (2) 宿泊する；泊まる कुछ दिनों तक वह एक साथी के यहाँ टिका रहा 数日間ある友人の家に泊まっていた वह कमरा नं॰दस में टिका हुआ है あの人は 10 号室に泊まっている (3) とどまる；滞留する；逗留する；居座る काफ़ी दिनों से टिके मेहमान से かなり前から逗留している客人に स्वभाव से उन्हें एक जगह टिककर बैठना भी अच्छा नहीं लगता था 性格的に 1 か所に留まっているのも気にくわない उस दिन की पिटाई के बाद भी वह मुहल्ले में टिके रहने की हिम्मत कैसे कर सका? あの日あれほど打ち据えられたのに界隈にどうやって居座る度胸ができたのか (4) 居着く इन्हीं आदतों के कारण उसके पास कोई नौकर टिकता ही नहीं था この性癖のためにあの人の家では使用人がだれも居着かなかった (5) 載る；寄りかかる；かかる；支えられる；つく हाथ कुर्सी पर टिके थे 手は椅子に載っていた दोनों पैर आगे रखे एक काले स्टूल के सहारे टिके थे और मुँह अख़बार में डूबा हुआ था 両足は前に置かれた黒い椅子に載っていた．顔は新聞にうずまっていた वास्तव में तीसरे प्रकार के ही लोगों से समाज टिका हुआ है.वही समाज में स्नेह, सहानुभूति देकर उसे गति देने का काम करते हैं 実のところ第 3 の部類の人たちによって社会は支えられている．その人たちこそが社会に愛情と同情をもたらし社会に活力を与える働きをしているのだ राइफ़ल के ज़मीन से टिकने की आवाज़ आई ライフルが地面につく音がした ऐसे ही व्यक्तियों के बल पर देश व समाज ही नहीं, यह पूरी दुनिया टिकी है 正にこのような人たちの力に国家や社会ばかりか全世界が支えられているのだ (6) 持ちこたえる；持つ अपने सेनापति के मरने के बाद उसकी सेना भी कब तक टिकती 将軍の死後，軍隊もいつまで持ちこたえるか (7) 続く；永続する；持続する बुरी बातें हमारी धारणा में बहुत दिनों तक टिकती हैं 悪いことは我々の頭の中に長い間持続するものだ इसके आगे मेरा क्रोध टिक नहीं पाता この人の前では怒りが続かない सर्वाधिकार के बिना ऐसी राज्य व्यवस्था टिकेगी कैसे? 全権力を持たずしてこのような統治制度が一体持続するものだろうか (8) 持ちこたえる；立ち向かう उसको छोड़कर इस क्रम में हमारा कोई अन्य बल्लेबाज़ वास्तविक तेज़ गेंदबाज़ी के समक्ष टिक नहीं सकता 我がチームの彼以外の打者はこの場面で強烈な投球には対抗できない
टिकरी[1] [名*]〔鳥〕クイナ科オオバン【*Fulica atra*】〈common coot〉
टिकरी[2] [名*] ティクリー（ベーサン，すなわち，ヒヨコマメの粉と小麦粉を原料にして油で揚げた食品）
टिकरी[3] [名*] = तिकली.
टिकली [名*] (1)〔装身〕女性が額につけるガラスやエメラルドなどでこしらえたぴかぴか光る飾り物；ティクリー (2) 小さなティーカー → टीका.
टिकाऊ [形] 持ちのよい；長持ちする；耐久性のある रेशम के कपड़े मज़बूत और टिकाऊ होते हैं 絹の服は丈夫で長持ちする इससे 'मेक अप' थोड़ा टिकाऊ हो जाता है これで化粧が少し長持ちします 'सिलिकोन' के कारण टिकाऊ シリコンで長持ちする टिकाऊ कपड़े 長持ちする服 सर्वाधिक टिकाऊ 一番長持ちする；耐久性が最高の
टिकाऊपन [名] 持ちのよさ；耐久性
टिकान [名*] (1) ← टिकना. (2) 逗留地；滞在地；宿泊地

टिकाना [他] (1) 据える；動かないようにする；定める；留める अंतिम समय चलने के पूर्व आँसू भरी आँखें मेरे मुँह पर टिकाते हुए उसने पूछा 息を引き取る前に涙をいっぱい溜めた目で私の顔を見据えながらたずねた उसने अपनी प्रश्नसूचक दृष्टि मुझपर टिका दी いぶかしげな目を私に据えた (2) あてる；つける；つく；固定する उसने भी पीछे कुर्सी से पीठ टिका दी 彼も背中を椅子につけた आँखों के नीचे 'चीक-बोन' पर दो उँगलियाँ टिकाकर ज़रा दबाएँ 目の下の頬骨に2本の指をあてて軽く押さえてごらん छाती से सिर टिकाना 頭を胸につける एक गाल हथेली पर टिकाकर 片方の頬杖をついて (3) 泊める；宿泊させる (4) 逗留させる；滞在させる (5) もたせかける；あてがう (6) 支える

टिकानी [名*] 牛車のながえ（轅）を支える横木

टिकाव [名] (1) 留まること (2) 安定 (3) 宿泊地

टिकिट [名] → टिकट.

टिकिया[1] [名*] = टिकियाँ. (1) 丸くて平たい形の小さい固形物（錠剤，せっけんなど） साबुन की चंद टिकियाँ せっけん数個 (2) ティキヤー（バターとメリケン粉を材料にギーや油で揚げシロップにつけてこしらえる丸く平たい形の菓子） (3) 水ぎせるの火種に用いる炭粉の小さい塊；ティキヤー (4) 小さく厚めに焼いた無発酵の小麦粉の円形のパン

टिकिया[2] [名*] (1) 額；前額部= माथा; ललाट. (2) 額につけたビンディー（बिंदी）

टिकुला [名]〔ヒ〕一部のヒンドゥー教徒が前額部，胸，腕などにウコンの粉，石灰，白檀の粉末，サフランなどを用いて描く信仰する宗派を表す標識

टिकुली [名*] → टिकली.

टिकैत [名] (1) 皇太子= युवराज. (2) 指導者；領袖

टिकोरा [名] = टकोर. मंदिर में संध्या-आरती का टिकोरा गूँजा 寺では夕べの献灯の際の鐘の音が響いた

टिक्कड़ [名] (1) 丸く平べったい形のもの (2) 手で丸めて火に炙って焼いた厚めの小麦粉のパン

टिक्का [名] (1) 丸くて平たい物 (2)〔ヒ〕ティーカー（ヒンドゥー教徒の宗派標識として額に描かれる）= टीका; तिलक; बिंदी.

टिक्की[1] [名*] 小さい形のティキヤー टिकिया [1]. आलू की टिक्की ジャガイモのティキヤー

टिक्की[2] [名*] = टिकिया[2].

टिघलना [自] 熱で溶ける；熔ける；溶け出す；溶解（熔解）する= पिघलना.

टिचन [形]《← E. attention》(1) 用意のできた；準備のできた；備えた；構えた；構えのある (2) 順調な

टिटंबर [名] (1) 見せかけ पूजा-पाठ का टिटंबर तुम अपने मायके में ही किया करो 祈祷とか礼拝の見せかけは自分の実家でだけするようにしなさい（この家ではやめなさい） (2) ごたごたした面倒なこと；厄介なこと

टिटकार [名*] 牛馬を追ったりする際の舌打ち उसकी टिटकार पर दोनों बैल उड़ने लगते थे 男の舌打ちに2頭の牛は飛ぶように走り始めるのだった

टिटकारना [他] 牛馬などを舌打ちやかけ声を掛けて追ったり御したりする

टिटकारी [名*] (1) 牛馬などの家畜を追う際に合図に舌を打ち鳴らす音 टिटकारी पर लगना 牛馬が舌打ちや掛け声に反応する (2) 人の注意を引くために舌を鳴らす音

टिटनस [名]《E. tetanus》〔医〕破傷風= धनुक-बाई; टिटनेस; धनुर्वात. लड़की का घाव धीरे-धीरे बढ़ता गया और बाद में टिटनस में बदल गया 少女の傷はだんだんひどくなって行き最後には破傷風になってしまった

टिटिंबा [名] (1) 厄介なこと；手数のかかること；ごたごた面倒なこと (2) 見せかけ；実のないこと= टिटंबर.

टिटिहरी [名*]〔鳥〕チドリ科インドトサカゲリ【*Vanellus indicus*】

टिटिहा [名]〔鳥〕インドトサカゲリのオス

टिटिहारोर [名] (1) インドトサカゲリの鳴き声 (2) 叫喚= चिल्लाहट. (3) 泣き喚き= रोना-पीटना; क्रंदन.

टिटेनस [名]《E. tetanus》〔医〕破傷風

टिट्टिभ [名] (1) チドリ科インドトサカゲリ= टिटिहरी. (2) イナゴ，バッタの類の昆虫= टिड्डी.

टिड्डा [名]〔昆〕バッタ，イナゴなどの総称（大型のもの） धान का टिड्डा イナゴ

टिड्डी [名*]〔昆〕イナゴ，バッタなどの総称 **टिड्डी दल** *a.* バッタやイナゴの大群 खिलजी के सैनिक टिड्डी दल की भाँति किले की ओर दौड़ पड़े ヒルジーの兵は雲霞の如く城塞に向かって押し寄せた औरंगज़ेब की टिड्डी दल की भाँति असंख्य सेना के सम्मुख मुट्ठी भर मेवाड़ी वीर オーラングゼーブのバッタの大群のような大軍に対する一握りのメーワールの勇者たち *b.* 大群

टिढ़-बिडंगा [形[+]] くねくね曲がった；不恰好な

टिथोनिया [名]《E. tithonia》〔植〕キク科チトニア；メキシコヒマワリ；ヒロハヒマワリ【*Tithonia rotundifolia*】〈Mexican sunflower〉

टिन [名]《E. tin》(1) スズ（錫） टिन की पत्री スズ箔 (2) ブリキ = टिनप्लेट. (3) ブリキ缶；缶詰の缶= टीन का डिब्बा.

टिनकटर [名]《E. tin cutter》缶切り（缶詰の缶を切り開く道具）

टिनप्लेट [名]《E. tinplate》ブリキ

टिनशेड [名]《E. tinshade》トタン屋根

टिप [名*]《E. tip》チップ；心付け；祝儀= बख़्शीश. टिप में चवन्नी अठन्नी भी पकड़ा जाते チップとして4アンナ（硬貨）や8アンナ（硬貨）さえも握らせる टिप पकड़ाना チップを与える；チップを握らせる

टिपटॉप [形]《E. tiptop》(1) 最高の；飛びきり上等の；一流の；最上等の；最高級の बात यह थी कि हमारे हेडमास्टर साहब ज़रा टिपटॉप आदमी थे 私たちの学校の校長先生は最高の人だったというわけなんだ (2) ぱりっとした

टिपटिप [名*] (1) 水滴の落下する音；ぽたりぽたり；ぽとぽと；ぽとりぽとり (2) 小雨

टिपवाना [他・使] ← टीपना.

टिपाई [名*] (1) ← टीपना. (2) 下絵；素描；デッサン

टिपारा [名] 3本の冠毛のついた王冠の形をした被り物

टिपिर टिपिर [副] ぽとぽと；ぽたりぽたり（滴の落ちる音）

टिपुर [名] (1) うぬぼれ；慢心 (2) 大げさな振る舞い；仰々しいこと

टिप्पण [名] 添え書き；書き込み अब फ़ाइलों में टिप्पण भी हिंदी में लिख रहे हैं 近頃は書類の書き込みもヒンディー語でしている

टिप्पणी [名*] (1) 覚え書き；メモ (2) 注釈；注；注解 (3) 論評；評言；コメント जस्टिस के फ़ैसले की विपरीत टिप्पणियाँ हटाने के लिए 判決に対する批判的な論評を退けるために (4) 批評 आप के केश-विन्यास पर कोई प्रतिकूल टिप्पणी न हो あなたの髪型が批判されないように (5) 解説（放送などでの） (6) = जन्मपत्री.

टिप्पणीकार [名] (1) 注釈家 (2) 解説者（放送などの）；コメンテーター अमेरिकी प्रसारण संस्था सी॰बी॰एस॰के टिप्पणीकार アメリカの放送局 C.B.S. のコメンテーター

टिप्पन [名] (1) 注釈 (2) 説明 (3) ホロスコープ = जन्मपत्री; जन्मकुंडली.

टिप्पस [名*] (1) 工夫；手立て；企て (2) 策；細工；小細工 **टिप्पस जमाना** 工夫をする；手立てをする；企てる；細工をする；策を練る= टिप्पस भिड़ाना; टिप्पस लगाना.

टिफ़िन [名]《E. tiffin》(1) 軽食 (2) 昼食 (3) 弁当

टिफ़िन कैरियर [名]《E. tiffin-carrier》弁当箱

टिब्बा [名] 土や砂の山；土や砂が山のように盛り上がったところ；砂丘= टीबा.

टिमकी [名*] = टमकी.

टिम टिम [副] 明るくなったり消えたりする様子；明滅する様子；ちかちか；きらきら；ぴかぴか टिम टिम टिम टिम नन्हे तारे। क्या हो तुम चमचम उजियारे॥ きらきら小さなお星さま／ぴかぴかあなたはどなたです

टिमटिमा [名]〔鳥〕シギ科アオアシシギ【*Tringa nebularia*】

टिमटिमाना [自] (1) 明滅する；ちかちかする；瞬く；光や火が強くなったり弱くなったりする मोमबत्ती की टिमटिमाती रोशनी 強くなったり弱くなったりするロウソクの光 आसमान में टिमटिमाते सितारों को देखा 空に瞬く星を見た तारे क्यों टिमटिमाते हैं? 星はなぜ明滅するのか (2) 明かりがついたり消えたりする；点滅する टिमटिमाते जुगनुओं की तरह 光ったり消えたりするホタルのように (3) 炎や灯火が消えそうになる（揺らぐ） टिमटिमाती लालटेन लिये प्रवेश करती है 消えそうなランタンを手にして入ってくる आँख टिमटिमाना うつらうつらする= झपकी ले॰.

टिमाक [名*] (1) 化粧；装い (2) 気取り；気取った振る舞い
टिम्पनी [名*] 《E. timpani》ティンパニー
टिरफिस [名*] 口答え；言い返すために屁理屈をこねること= चींचपड़. टिरफिस क॰ 口答えする；言い返すために屁理屈をこねる
टिरिकबाज़ी [名*] 《E. trick + P.بازی》ずるいことを行うこと；いんちきをすること；だまし
टिर्रर [名*] 汽車や電車の汽笛や警笛．ぴー，ぽーなど
टिलवा[1] [名] (1) 捻れて節のある木切れ= तिलुवा; टिलिवा. (2) 小柄な人
टिलवा[2] [名] 追従する人；おべっか使い= तिलुवा.
टिलीलिली [名*] 子供が仲間のしくじりをからかう際に掌を立て中指を動かしはやし立てて言う言葉
टिलुआ [名]〔鳥〕シギ科コアオアシシギ【*Tringa stagnatilis*】
टिलुवा [名] = तिलवा[1, 2].
टिल्ला[1] [名] 衝撃；突くこと= धक्का; टकोर.
टिल्ला[2] [形+] のらくら；ぐうたらな；役立たずの；だらしのない= निठल्ला.
टिश्यू कामदार [名] 《← E. tissue + H.P.》ティッシュ（金糸・銀糸を織り込んだ薄地の織物）
टिश्यू पेपर [名] 《E. tissue paper》ティッシュペーパー
टिसुआ [名] (1) 嘘泣きの涙；嘘涙；空涙= टसुआ. (2) 涙= आँसू. टिसुए बहाना 嘘泣きする；嘘涙を流す= टसुवे बहाना. मुझे इन टिसुए बहाने वालों से नफ़रत है, सख़्त नफ़रत! 嘘涙を流す人たちが嫌いなの．大嫌いよ
टिस्को [名] 《TISCO/ Tata Iron and Steel Company》ターター鉄鉱社（ターター製鉄所）
टिस्यु पेपर [名]《E. tissue paper》ティッシュペーパー= टिश्यू पेपर.
टिहक [名*] = ठिठक.
टिहकना [自] = ठिठकना.
टिहुकना [自] (1) = ठिठकना. (2) = चौंकना.
टींड [名*] = टिंड(1).
टींडा[1] [名] = टिंडा.
टींडा[2] [名] 碾き臼の取っ手
टी [名*] 《E. tea》(1) 茶 (2) 紅茶 टी पार्टी ティーパーティー
टी॰ए॰ [名] 《E. T.A.; travelling allowance》出張手当
टीक [名] (1)〔装身〕ティーク（女性が首につける金製の装身具）(2)〔装身〕ティーク（女性が額につける金製の装身具の一）
टीकन [名*] 支柱；つっかい棒；突っ張り= चाँड़. टीकन दे॰ 苗木に手をつける
टीकना [他] (1) 額にティーカーをつける= टीका लगाना; तिलक दे॰. (2) 指先に色や墨をつけて描いたりしるしをつける
टीका[1] [名] (1)〔ヒ〕ヒンドゥー教徒が額，腕，胸部などに白檀，ウコンの粉，石灰，サフラン，粘土などを用いて描く宗派標識や宗教上，信仰上のしるし，あるいは，装飾的なしるし= तिलक. हर बार बलि देने के बाद गर्म गर्म लहू का टीका देवी के माथे पर लगाया जाता था 犠牲を捧げる都度暖かい血のティーカーが女神像の額につけられるのであった (2) 新婦側が新郎側に婚約のしるしとして金品を贈る儀式；婚約の儀式及びその贈り物（持参金や物品）(3) ヒンドゥーの祭礼の際，親類などへ贈られる贈与品 (4) 支配者，地主などへの贈り物 (5) 即位式 (6) 皇太子；王位継承者 (7) 人の眉間や額の中央部 (8) 馬の額の中央部 (9) 女性が前額部につける装身具；ティーカー (10)〔装身〕ティーカー（ラージャスターン地方で夫が存命の女性が髪から垂らして下げるメダルのような形の装身具） (11) 予防接種 माता रानी का टीका マーターラーニー（天然痘神）の予防接種；種痘 **टीका क॰** 即位式に際してティラク（तिलक）をつける **टीका कढ़ाना** *a.* 後継者になる；跡目を継ぐ *b.* 責任を負う **टीका चढ़ना** 婚約式が行われる **टीका दे॰** *a.* 玉座に据える；王位を譲る *b.* ティラクをつける **टीका पाना** 後継者になる；跡目を継ぐ **टीका भेजना** 婚約式の贈り物を届ける **टीका लगाना** （予防）接種をする **टीका लगवाना** （予防）接種をしてもらう；接種を受ける माता-पिता अपने बच्चों को सही समय पर ये टीके लगवा लें 親は子供にしかるべき時にこれらの予防接種をしてもらうこと **टीका लगानेवाला** *a.* （以前の職名として）種痘の接種をする人 *b.* 予防接種をする人 **टीका ले॰** *a.* = टीका लगवाना. *b.* 謝礼（金）を受け取る

टीका[2] [名*] (1) 注釈；注解；註解 (2) 注釈者；文献解説者 **टीका क॰** *a.* 説明を加える；解説する *b.* 批判する；批評する
टीकाकार[1] [名] 予防接種を施す人（昔行われた天然痘の）
टीकाकार[2] [名] 注釈者；解説者= व्याख्याकार.
टीका-टिप्पणी [名*] (1) 批評；批判 प्रयोग की शुरुआत में ही कोई टीका-टिप्पणी करना उचित नहीं है 実験を始めると同時に批判をするのは良くない वे आपकी किसी बात पर टीका-टिप्पणी करने लग जाएँ あの方があなたの何かについてあれこれ批判を始めたら (2) 意図的な批判；あら探し
टीकोजी [名] 《E. tea cosy》ティーポットカバー；ティーコージー
टी गार्डन [名] 《E. tea garden》茶園= चाय बाग़ान; चाय बग़ीचा.
टीचर [名] 《E. teacher》教師；教員；ティーチャー
टीटा [名] 陰核；クリトリス；実= टना.
टी॰टी॰ [名] 《E. T.T.; T.T.I.; travelling ticket inspector》鉄道の車内検札係
टीन [名⁻] 《E. tin》→ टिन. (1) スズ（錫） एक किलो का टीन 錫 1kg (2) ブリキ= टीन की चद्दर; टीन का पत्तर. (3) かん（缶；罐）；ブリキ缶；缶詰めの缶= टीन का डिब्बा. (4) トタン लकड़ी के खम्भे पर टीन छायी थी 木の柱にトタン屋根が葺かれていた छतों के टीन उड़ जाते हैं 屋根のトタンが吹き飛ばされる
टीनकार [名] 《E.+ H.》ブリキ職人；ブリキ屋= कलईगर.
टीनबंद [形] 《E.+ P. بند》缶詰の= टिंड.
टीनशेड [名] 《E. tin shade》トタン屋根；トタン葺きの建物 रात में थका-हारा अपने टीनशेड में पहुँचता 夜にはくたくたに疲れてトタン屋根の下に帰る
टीप[1] [名*] (1) もむこと；なでること (2) 軽く叩くこと (3)（継ぎ目に）塗ること；詰めること；埋めること (4)〔音〕高い音調 **टीप का बंद लगाना** 裏付ける；裏打ちする **टीप जड़ना** 頭を叩く= टीप जमाना. **टीप लगाना** *a.* 支持して言う；賛意を表する；同意を表す "जी हाँ इस में क्या शक है" की टीप लगाना「そうだ，間違いない」と賛意を表する *b.* 高い音調で歌う
टीप[2] [名*] (1) 書き留めること；メモすること (2) 覚え書き (3) 小切手 (4) ホロスコープ
टीप[3] [形] 最高の；最上等の；優秀な
टीपटाप [名*] (1) 繕い (2) 仕上げ (3) 派手なこと；華々しさ (4) 華麗さ **टीपटाप क॰** *a.* 繕う；仕上げる *b.* 飾り立てる **टीपटाप झाड़ना** 自慢の鼻をへし折る **टीपटाप दिखाना** 派手に振る舞う **टीपटाप से** 派手な出で立ちで；きらびやかに
टीपदार [形] 《H. + P.دار》（音声の）心地よい；きれいな
टीपना[1] [他] (1) 手や指で押さえる；もむ（揉む） उँगलियाँ उसकी देह टीपते-टीपते दर्द करने लगतीं その人の体を揉むうちに指が痛くなりだす (2) 軽く叩く (3) 声を張り上げて歌う (4) 壁や床の隙間に詰め物をする；詰める；埋める (5) 揉む；鍛える；可愛がる；ひどい目に遭わせる साले को यहीं टीप दें? 奴をここで揉んでやろうか
टीपना[2] [他] (1) 書き留める；書き付ける (2) 書き写す；模写する (3) しるしをつける (4)（塗りつけるようにして線などを）引く；塗りつける लाल रंग की रेखाओं से चित्र टीपे जाते थे, जिन में बाद में रंग भरा जाता था 赤色の線が引かれた後で色が塗られるのだった
टीपना[3] [名*] ホロスコープ= जन्मपत्री.
टी पार्टी [名*] 《E. tea party》ティーパーティー；お茶の会
टीपू सुलतान 〔人名・イ史〕《ٹیپو سلطان》ティープー・スルターン（1753–99 セリンガパタムに都してマイソール地方を支配したムスリムの支配者．在位 1782–99）
टीबा [名] (1) 砂の山；砂丘= भीटा. (2) 丘 टीला
टी॰बी॰ [名]《E. T.B., TB ← tuberculosis》〔医〕結核；肺結核 आपको टी॰बी॰हो गया है この方は結核に感染された टी॰बी॰का（की）मरीज़ 結核患者 टी॰बी॰के नए मरीज़ 結核の新患 **टी॰बी॰सेनीटोरियम** 結核療養所〈T.B. sanatorium〉
टी बैग [名] 《E. tea bag》ティーバッグ
टीम [名*] 《E. team》チーム；組；団体 **टीम भावना** チーム精神 फ़ुटबाल का खेल टीम-भावना का खेल है サッカーはチーム精神のスポーツだ पंजाब को टीम चैंपियनशिप パンジャーブが団体優勝

टीम-टाम [名*] (1) 華やかさ (2) 虚栄；見栄；虚飾；見せびらかし (3) きらびやかさ= टीम-टिमाक. **टीम-टाम क॰** (- रखना) 上辺を飾る；上辺を飾りたてる

टीला [名] (1) 丘；丘陵 (2) 小高い山 रेत का टीला 砂丘；砂山= टीबा.

टी॰वी॰ [名] 《E. TV; Television》(1) テレビ；テレビ受像機 टी॰वी॰ख़रीदना हो तो テレビを買うのなら (2) テレビ放送；テレビ番組；テレビ मैंने भी टी॰वी॰देखा है 私もテレビを見た **टी॰वी॰एंटीना** テレビアンテナ **टी॰वी॰कार्यक्रम** テレビ番組 टी॰वी॰कार्यक्रम सुधारना テレビ番組を改める **टी॰वी॰कैमरा** テレビカメラ

टी॰वी॰ट्यूब [名] 《E. TV tube》ブラウン管= कैथोड-किरण नालिका.

टी॰वी॰स्क्रीन [名] 《E. TV screen》テレビ画面

टीशन [名*] 《E. station》鉄道の駅

टी शर्ट [名] 《E. T shirts》T シャツ= टी शर्ट्स.

टीस[1] [名*] (1) ずきずきした痛み；差し込むような痛み (2) 胸の痛み；悲しみ महाराज के मन में एक गहरी टीस उठी 大王の胸に1つの深い悲しみが生じた

टीस[2] [名*] 《E. stitch》本の綴じ

टीसना [自] ずきずき痛む；差し込むように痛む

टीसा [名]〔鳥〕ワシタカ科メジロサシバ【*Butastur teesa*】

टी सिरेमोनी [名*] 《E. tea ceremony》茶の湯

टी हाउस [名] 《E. tea house》喫茶店；茶店= चायख़ाना; चाय की दूकान.

टुँगना [他] = टूँगना.

टुच [形] (1) 取るに足らない；卑小な= टुच्चा. (2) 下品な；下劣な= नीच.

टुंटा [形+] (1) 手のない；腕のない= लूला. (2) 枝や葉の枯れてなくなった（木）= ठूँठा.

टुंटिया [名*] = टुंडा.

टुंड [名] (1) 枝のなくなった木 (2) 葉のなくなった木 (3) 切り落とされた手 (4) 断片

टुंडा[1] [形+] (1) 枝葉の落ちてしまった (2) 手のない（両腕や片腕のない） (3)（動物の）角のない（両方または片方の角の欠けた） (4)（一部が）欠けた；きず（瑕疵）のある

टुंडा[2] [名] (1) 枝葉の落ちた木 (2) 手のない人 (3) 片方の角の欠けた役牛

टुंडी[1] [名*] へそ（臍）；ほぞ= नाभि; ढोंढी.

टुंडी[2] [名*] 腕= बाँह; भुजा. **टुंडी कसना** 後ろ手に縛り上げる= मुश्कें बाँधना.

टुंड्रा [名] 《E. tundra》〔地理〕ツンドラ

टुआँ [名]〔植〕アブラナ科キバナスズシロ= तरामीरा.

टुइयाँ[1] [形] (1) とても小さい (2) ちびの；ちんちくりんの ठीक है, चलो! टुइयाँ से तो हो, तुम क्या तेज़ दौड़ोगे? よし，見たところちびじゃないか．なに君が速く走れるものか

टुइयाँ[2] [名*]〔鳥〕オウム科コセイインコ【*Psittacula cyanocephala*】= टुइयाँ तोता; सुग्गी; तोती.

टुक[1] [形] わずかな；少しの= थोड़ा; ज़रा-सा; तनिक.

टुक[2] [副] わずかに；少し；些か；ちょっと= थोड़ा; ज़रा; तनिक. पुराने अंधकार को छोड़ टुक नये उजेले में आइये 古き闇を去りしばし新しき光の中に来れ यदि पाठकगण टुक ध्यान दे सोचेंगे तो यह बात उनके मन में सहज ही आ सकती है もしも読者諸氏が些か注意を向けられるならばこのことはいとも簡単に了解可能なのである

टुक-टुक [副] じっと瞬きもせず（見つめる様子）= टुकुर-टुकुर. टुक टुक देखना じっと見る；見つめる；目を凝らす

टुकड़ख़ोर [形・名] 《H. + P.خور》食べ物を恵んでもらう；寄食する（人）= टुकड़तोड़.

टुकड़गदा[1] [形] 《H.टुकड़ + P.گدا》(1) 身分の低い；下っ端の (2) ひどく貧しい；極貧の

टुकड़गदा[2] [名] (1) 乞食；食べ物を乞い求めて歩く人= भिखमंगा; भिखारी. (2) 寄食する人

टुकड़तोड़ [形・名] 寄食する（人） = टुकड़ख़ोर.

टुकड़ा [名] (1) かけら；断片；破片 रोटी का टुकड़ा ローティー रोटी のちぎったかけら；パンのかけら काँच का टुकड़ा ガラス片 कागज़ का टुकड़ा 紙切れ कपूर का टुकड़ा 樟脳のひとかけら (2) 部分；一部分；一部 (3) 他人から恵まれた食べ物や食事，あるいは，そのような生活の糧 जिस घर के टुकड़ों से तेरा पेट पलता है, उस घर की बहन बेटियों पर हाथ डालते शर्म नहीं आई तुझे? 恩義ある人（食事を恵んでもらっている家）の娘に手を出して恥ずかしくないのか हरामज़ादा हमारे टुकड़ों पर पला わが家の残飯を食って命をつないだ奴が (4) なりわい（生業）；職業；稼ぎ मैं ज़लालत के टुकड़ों पर पनपी हूँ.मेरे बाप ने भारतीयों की शान पर कलंक लगा दिया है 恥ずべき稼ぎで栄えてきたのです．父はインド人の面汚しをしたのです (-का) **टुकड़ा खाना** （ーに）寄食する；養われる；食べ物を恵んでもらう **टुकड़ा छिनना** 生業を失う **टुकड़ा तोड़कर जवाब दे॰** *a.* 素っ気なく断る *b.* きっぱりとした返事をする **टुकड़ा तोड़कर हाथ में दे॰** = टुकड़ा तोड़कर जवाब दे॰. **टुकड़ा तोड़ जवाब दे॰** きっぱりと返事をする **टुकड़ा तोड़ना** = टुकड़ा खाना. **टुकड़ा दे॰** 食べ物を恵んでやる **टुकड़ा माँगना** 食べ物を乞う；物乞いをする **टुकड़ा लगना** 生業が立つ **टुकड़ा-सा जवाब दे॰** = टुकड़ा तोड़कर जवाब दे॰. **टुकड़ा** (-के) **सामने फेंकना** （ーを）餌で釣る；おびき寄せる (-के) **टुकड़े उड़ना** *a.* （ーが）ばらばらになる；粉々になる *b.* （ーが）砕ける；砕け散る；打ち砕かれる (-के) **टुकड़े उड़ाना** *a.* （ーを）ばらばらにする；粉々にする *b.* （ーを）砕く；打ち砕く (-के) **टुकड़े क॰** （ーを）切ったりちぎったりする；ばらばらにする **टुकड़े के लिए तरसना** 食うに困る (-के) **टुकड़े-टुकड़े उड़ाना** （ーを）細かくする；ちぎる (-के) **टुकड़े-टुकड़े क॰** （ーを）粉々にする；粉砕する **टुकड़े-टुकड़े को मुहताज हो॰** 食うに困る有り様になる (-के) **टुकड़े खाना** （ーに）養われる；寄食する；食べ物を恵んでもらう (-के) **टुकड़ों का पला** （ーに）食べ物を恵まれて育った；（ーに）養い育てられた；（ーの）恩義を受けた **टुकड़ों का सांसा पड़ना** 食うに困る (-के) **टुकड़ों पर जीना** = टुकड़ों पर पलना. (-के) **टुकड़ों पर पड़ना** = (-के) टुकड़ों पर पलना. (-के) **टुकड़ों पर पलना** （ーに）養われる；食べ物を恵まれる；（ーの）世話になって暮らす

टुकड़ी [名*] (1) 小さなかけら；小片；少量（のもの） (2) 小さな集まり；小集団；小さな群れ (3) 分隊 पुलिस की एक टुकड़ी के साथ 警察の分隊と一緒に (4) 小隊 एक टुकड़ी के सरदार, पर थे बड़े बुद्धिमान 小隊の隊長ではあったが，なかなか頭が切れた (5) 支隊；特派部隊；特殊部隊 एक टुकड़ी ने आज यह तिमंज़िली इमारत उड़ा दी 特殊部隊が3階建てのこの建物を爆破した

टुकड़ेख़ोर [形] 《H.टुकड़ा + P.خور》= टुकड़ख़ोर.

टुकनी [名*] 小さなかけら；小片；切れ端= छोटा टुकड़ा.

टुकुर-टुकुर [副] (1) じっと（見つめる様子）；目を凝らして सड़क के किनारे झोंपड़ी के बाहर बैठा टुकुर-टुकुर देखता रहता 道ばたで小屋の外に腰を下ろしてじっと見つめている (2) 手をこまぬいて；手をこまねいて घास अनाज के भाव के बराबर बिकती रही और सरकार टुकुर-टुकुर देखती रही 牧草が穀物の値で売れ続けていたのにお上は手をこまぬいて見ているばかりだった

टुक्कड़ [名] = टुकड़ा.

टुक्का [名] (1) とても小さなかけら (2) 4分の1 **टुक्का-सा जवाब दे॰** きっぱり断る **टुक्का-सा मुँह लेकर रह जा॰** 赤恥をかいて黙り込む

टुच्चा [形+] (1) 賎しい；あさましい；下司の；下品な (2) 下劣な (3) みっともない；下品な感じのする (4) ちんちくりんの（着物）

टुटका [名] = टोटका.

टुटनी [名*] 水差しなどの細長い注ぎ口

टुटपुँजिया [形+] (1) わずかな資本による टुटपुँजिया धंधा 小商い (2) つまらない；けちな；三流の；みすぼらしい उन खिलाड़ियों के बीच में मैं टुटपुँजिया बनकर कैसे खेलूँ? その選手たちに混じってみすぼらしい姿でどうやってプレーをしようか टुटपुँजिया देश 三等国；三流の国々

टुटरूँ [名] = टुटरूँ फ़ाख़्ता. 〔鳥〕ハト科キジバト属セネガルキジバト【*Streptopelia senegalensis*】= छोटा फ़ाख़्ता; पंडुक.

टुटरूँ-टूँ[1] [名*] セネガルキジバトなど鳩の鳴き声

टुटरूँ-टूँ[2] [形] (1) ひとりぼっちの (2) たった1つの (3) ほんのわずかの (4) ひょろひょろの (5) 取るに足らない **टुटरूँ-टूँ-सा** ひとりぼっちの；連れや仲間のいない

टुटियल [形] (1) ぼろぼろの；ぼろぼろになった (2) 弱々しい；虚弱な (3) 小商いの

टुटुआरी [名*]〔鳥〕シギ科クサシギ【*Tringa ochropus*】〈green sandpiper〉

टुड़ी[1] [名*] (1) へそ (2) あご；あぎと；下顎

टुड़ी[2] [名*] = टुकड़ी.
टुथपेस्ट [名*] 《E. toothpaste》 練り歯磨き = टूथपेस्ट.
टुन [名] ちりん，ちん，かちゃん，かちんなどという金属の発する音や金属的な高い音 टुन की घंटी के साथ मीटर डाउन होता है かちんと言う音と共にタクシーのメーターが倒される टुन-टुन-टुन ピアノを弾く音
टुनटुनाना [自] 鈴やベルなどの音がする；鈴が鳴る बाहर फिटन की घंटी टुनटुना रही थी 家の外ではフェートン（二頭立て四輪馬車）の鈴が鳴っていた टुनटुनाती-सी हँसी जो फट से उसके मुँह से निकल आई थी 鈴の鳴るような笑い声がいきなり彼女の口から出た
टुनटुनी [名*]〔鳥〕ムシクイ科セッカ【*Cisticola juncidis*】
टुनहाया [名] 呪術師= टोनहाया; टोना करनेवाला.
टुनिहाया [名] = टुनहाया.
टुन्ना [名] (1) 茎 (2) 握り；取っ手；ノブ (3) 陰核
टुम्मा [名] 仮領収書
टुरा [名] 男の子 = लड़का; बच्चा.
टुर्रा [名] (1) かけら；小片；一部；一塊= टुकड़ा. (2) 雑穀の穀粒
टूँ [名*] 放屁の音
टूँगना [他] (1)（草食動物が枝先の葉を）食いちぎる；むしるように食べる (2) かじるようにしてちびちび食べる
टूँगा [形⁺] 高い；丈の高い= ऊँचा.
टूँड़ [名] (1) のぎ（芒）= सींगुर. (2) 果物や実の先端部 (3) ものの細長くとがった部分 (4) 虫のとがった口吻 (5) へそ（臍）= नाभि; ढोंढ़ी.
टूँड़ी [名*] = टूँड़.
टू-इन-वन [名] 《E. two-in-one》 ラジカセ；ラジオカセットテープレコーダー
टूक [名] (1) 一部；部分；断片= टुकड़ा. (2) 一定の大きさの布 **टूक-टूक क॰** 粉々にする；粉砕する；打ち砕く **टूक-टूक हो॰** *a.* 砕ける；粉々になる *b.* くたくたになる；疲れはてる；ふらふらになる मैं थककर टूक-टूक हो रहा हूँ 疲れてふらふらだ **टूक-सा** *a.* わずかの *b.* 小さな；ちっぽけな **दो टूक क॰** 明確にする；明白にする；判然とさせる **दो टूक जवाब** *a.* 無遠慮な返答；つっけんどんな返事；きっぱりとした返事 *b.* きっぱりとした拒絶
टूट [名] (1) 砕けたり，つぶれたり，壊れたりすること← टूटना. (2) 破片；断片 (3) 欠けること (4) 途中が飛んでいること；途中が欠けていること (5) 損；欠損；赤字 (6) 不足；欠乏 **टूट में पड़ना** *a.* 損をする；赤字になる；欠損になる *b.* 不足する；欠乏する **टूट हो॰** 対立が生じる；いさかいが生じる；仲違いが起こる
टूटदार [形] 《H.+ P. دار》 折りたたみの；折りたたみ式の；屈伸式の
टूटन [名*] ← टूटना. (1) ちぎれること；分断；分裂；決裂 दोनों देशों के संबंधों में इस तरह की टूटन आई ही क्यों? 両国関係にこのような決裂が生じたのはなぜか (2) 崩壊；挫折；失敗 मध्यवर्ग की टूटन, पराजय, हताश से वे सर्वथा अपरिचित थे 中産階級の挫折，敗北，失望を全くご存じなかった देखते-देखते उनका चेहरा मुरझा-सा गया, टूटन उभर आई 見る見るうちに表情がしおれてしまい落胆の色が現れた **टूटन पड़ना** ひびが入る
टूटना [自] (1) 切れる；ちぎれる डोरी के टूट जाने का डर है ひもの切れる恐れがある दोनों स्थितियों में ही बालों में कंघी करने से बाल ज़्यादा टूटते हैं いずれの場合でも櫛を入れると髪が沢山ちぎれる रस्सी जलकर टूट गई ひもが燃えて切れてしまった (2) 砕ける；割れる टूटे काँच की किरचनें 割れたガラスの破片 खिड़की के शीशे टूट जाते हैं 窓ガラスが割れる खोपड़ी टूटना 頭が割れる आकाश से टूटकर गिरे हुए नक्षत्र-जैसा 大空から砕けて落下した星のような टूटनेवाली चीज़ 割れ物 नहीं तो शीशे की तरह लैला का दिल टूट जाएगा でないとライラーの胸はガラスのように砕けてしまう (3) つぶれる；壊れる पेंच के चारों ओर के कॉर्क का कुछ टुकड़ा भी टूटकर बाहर आ गया ねじのぐるりのコルクの一部もつぶれて出て来た टूटी चारपाई つぶれたチャールパーイー（簡易ベッド） दर असल वह भीतर से टूट चुका था 実の所それは内部から壊れてしまっていたのだ (4) 折れる पेड़ टूट गया 木が折れた हड्डी का टूटना 骨折 हमारे ज़माने में लकड़ी की कंघी चलती थी. बरसों तक चलाते रहने पर भी एक दाँत नहीं टूटता था 昔は木の櫛が使われていたが，何年使っても歯の一本も欠けなかったものだ उसका सामने का दाँत टूट गया あの人の前歯が折れた (5) 断たれる；関係などが切れる；途切れる；途絶する वर्षा के दिनों में तो इन गाँवों का संबंध आसपास के सभी जगहों से टूट जाता था 雨季にはこれらの村は周辺のすべての地域との連絡が絶たれてしまうのであった संबंधों के टूटने का ख़तरा 関係が断たれる危険 बेहद कम ख़र्च में घर सुंदर लगने लगता है. इससे आगंतुकों को तो अच्छा लगता ही है, अपनी एकरसता भी टूटती है うんとわずかの経費で家が美しく感じられるようになり客人にも感じが良いのでその単調さも断たれるわけです (6) ある形や状態のものがその機能や形態を失う；崩壊する；崩れる；つぶれる；ついえる（潰える）；駄目になる；機能しなくなる उनकी पूर्वनिर्मित कल्पना टूट जाने से कुछ निराशा-सी हुई 前もって立てた計画が潰えたのでいささかがっかりした टूटते परिवार की परिणति 崩れて行く家族の行く末 आज संयुक्त परिवार टूट चुके हैं 今や合同家族は崩壊してしまっている इससे बालक का साहस टूटा नहीं それで少年の勇気が潰えたわけではなかった भाव 50 से 100 रु॰प्रति क्विंटल तक टूट गए 1 キンタルにつき 50 から 100 ルピーまで相場が崩れた एक बार विश्वास टूट जाए तो निभाना मुश्किल हो जाता है 一度信頼が潰えると続けてやって行くのが難しくなる (7) はずれる；離れる；別れる；去る；抜ける दाँत टूटना 歯が抜ける बच्चों की 7 से 12 वर्ष तक के बीच की आयु में दूध के दाँत टूटने लगते हैं 子供が 7 歳から 12 歳の間に乳歯が抜け始める (8) 破れる；つぶれる；断ち切られる；（希望や望みが）絶える आस जब दिल की टूट जाती है तो 望みが絶たれると (9) 終わる；治まる；収まる；終わりになる；終息する लेकिन लड़के का ज्वर न टूटा でも男の子の熱は治まらなかった (10) 衰える；衰弱する；弱る；くたびれ果てる；疲れはてる वे स्वयं बहुत बूढ़े हो चले थे, शरीर और मन से टूट गये थे 自身がえらく年をとり心身ともに弱っていらっしゃった इन तकलीफ़ों से वह बुरी तरह टूट चुकी थी これらの悩みでとても弱ってしまっていた (11) 減退する；衰退する (12) 殺到する；押し寄せる；一時に多く集まって来る उनके उपदेश सुनने के लिए जनता टूटती थी その方のお説教を聞こうと民衆が殺到するのだった पर भूख में बेहोश होकर वह बुरी तरह उनपर टूटता でもひもじさのあまり正気を失ってあさましくそれに飛びつく लोग जूठन पर भी किस बुरी तरह टूट सकते हैं 人は残飯にさえすさまじい勢いで押し寄せかねない (13) 襲いかかる；攻め寄せる यहाँ दुश्मन एक मुट्ठी है, इस लिए आप टूटने को उतावले हैं ここには敵は一握りしかいないのであなたは襲いかかりたくてうずうずしていらっしゃる एक दिन जब पति पर मुसीबत टूटती है तब उन्हें पता चलता है いつか夫に災難が襲いかかると夫には判るのです (14) 落城する；攻め落とされる (15)（スポーツのプレーなどで）失敗する；しくじる पहले दो सैटों में उनकी सर्विस टूटी 最初の 2 セットでサービスに失敗 (16)（迷惑なことや困ったことなどが）降りかかる；及ぶ भाग्य का कोप उसपर टूटा तो वह क्या करेगी? 不運が降りかかったら彼女はどうするのだろうか (17) ぐらつく；不安定になる；砕ける मंगल कुछ दूर तक तो चला, लेकिन उस बोझ से उसकी कमर टूटी जाती थी マンガルは少し先までは歩いたが重さに腰が砕けそうになっていった (18)（記録などが）破られる；越される (19) 高額の貨幣が小額のものと代えられる；砕かれる；壊れる；崩れる (20) 手形が現金化される；おちる (21)（病気などで体が）激しく痛む क्यों, बदन टूट रहा है क्या? どうしたんだい，体が痛むのかい **टूटकर** *a.* 沢山，うんと，山のように इस राजनीति से लोग टूटकर गुस्से में आते हैं この政治には人々はうんと腹を立てる *b.* 思いきり愛情を込めて **टूट जा॰** 腰砕けになる= मौके पर टूट जा॰ **टूट टूटकर बरसना** 土砂降り **टूटते तारे** 流れ星 = उल्कापात. **टूटना-टाटना** ひどく壊れる；めちゃくちゃになる；激しくつぶれる पेड़-पौधे टूट-टाटकर तहस-नहस हो गए 草木は折れたりつぶれたりしてめちゃくちゃになってしまった दो चार टूटी-टाटी तिपाइयाँ つぶれた 2～3 脚の三脚台 **टूट पड़ना** *a.* 躍りかかる；襲いかかる；突進する；飛びかかる= धावा बोलना. कभी गाय-भैंस पर बीमारी टूट पड़ती है 時には牛や水牛に病気が襲いかかる माँ पर भयानक विपत्ति टूट पड़ी है 母には恐ろしい災難が襲いかかってきている *b.* 好物や獲物に飛びつく；飛びかかる वह भूखा तो था ही, भोजन देखकर एकदम उसपर टूट पड़ा もちろんひもじかったので食事を見るとさっと飛びついた *c.* 押し寄せる；殺到する *d.* いきり立つ *e.* 虜になる；惚れ込む **टूटा दिल** *a.* 悲嘆に暮れた *b.* わだかまりのできた **टूटा-फूटा** *a.* つぶれた；ぼろぼろになった；ひどいありさまの टूटा-फूटा पुराना सामान つぶれた古

い家財道具 टूटी-फूटी चप्पल つぶれたサンダル टूटी-फूटी झोंपड़ी ぼろぼろの小屋；崩れかかった小屋；あばら屋 टूटी-फूटी सड़कें 悪路 टूटा-फूटा मंदिर 朽ち果てた寺 *b.* いいかげんな；めちゃめちゃな *c.* ありきたりの；並の *d.* 不明瞭な **टूटा-फूटा स्वर** ＝ टूटा स्वर. **टूटा स्वर** ぼそぼそと不明瞭な声 **टूटा हाथी भी नौ लाख का** 〔諺〕腐っても鯛 **टूटी कड़ी जोड़ना** 修復する；つなぎ合わせる **टूटी बाँह गले पड़ना** 役立たずや無能な人のために迷惑を被る **टूटी हँसी** うつろな笑い

टूट-फूट [名*] 破損；損壊；損傷；毀損 हड्डी की टूट-फूट 骨の損傷 सड़कों की टूट-फूट से 道路の損壊により आँखों को रक्त पहुँचानेवाले महीन कोमल स्नायुओं में टूट-फूट होने लगती है 目に血液を送り込む毛細血管が壊れ始める

टूटा[1] [自] टूटना の完了分詞及び完了形

टूटा[2] [名] ＝ टोटा.

टूटा-फूटा [形+] → टूटना.

टू-टायर [形・名] 《E. two-tier》寝台車の上下２段式の寝台（の） टू-टायर का डिब्बा 上下２段式の寝台車（鉄道）

टूथपेस्ट [名] 《E. tooth paste》練り歯磨き

टूथब्रुश [名] 《E. toothbrush》歯ブラシ

टूम [名*] (1)（宝石や貴金属製の）装身具；宝飾品 (2) 装い；化粧 (3) 美人；美女 (4) 金満家の女性 (5) 狡猾な人 (6) いやみ；皮肉 **टूम छल्ला** ありきたりの装身具；並の装身具

टूमटाम [名] (1) 装身具；宝飾品 (2) 化粧道具

टूमना [他] (1) 突く；押す；押しやる；軽く押す＝ धक्का दे०; झटका दे०. (2) 皮肉を言う；皮肉る＝ व्यंग्य बोलना; ताना मारना. **टूम दे०** 鳩舎に飼っている鳩を飛ばせる

टूर [名] 《E. tour》(1) 旅行；周遊；ツアー (2) 巡業；遠征

टूरनामेंट [名] 《E. tournament》〔ス〕トーナメント＝ टूर्नामेंट.

टूरिंग [名] 《E. touring》営業活動のための旅行；出張；巡業

टूरिंग ड्यूटी [名*] 《E. touring duty》出張販売

टूरिज़्म [名] 《E. tourism》(1) 観光業；観光事業 (2) 観光旅行＝ पर्यटन.

टूरिस्ट [名] 《E. tourist》ツーリスト；観光客＝ पर्यटक.

टूरिस्ट एजेंट [名] 《E. tourist agent》観光旅行業者；旅行業者

टूरिस्ट गाइड [名] 《E. tourist guide》ガイド；案内人；通訳案内人＝ पर्यटक परिदर्शक.

टूरिस्ट बंगला [名] 《E. tourist bungalow》ツーリスト・バンガロー（観光客のための官営の宿泊設備）

टूरिस्ट लॉज [名] 《E. tourist lodge》ツーリスト・ロッジ（観光客のためのホテル）；観光ホテル

टूरिस्ट वीज़ा [名] 《E. tourist visa》ツーリスト・ビザ；観光ビザ＝ पर्यटक वीज़ा.

टूर्नामेंट [名] 《E. tournament》〔ス〕トーナメント

टूर्स [名] 《E. tours》ツアー

टूर्स पैकेज [名] 《E. tours package》パック旅行

टूल[1] [名] 《E. tool》道具；機具；器具

टूल[2] [名] 《E. stool》三脚の椅子；スツール＝ तिपाई.

टूलबक्स [名] 《E. toolbox》道具箱；道具入れ

टूलमटूल [名*] ＝ टालमटूल.

टूसा [名] (1) アコン，すなわち，カロトロピス・ギガンテア（मंदार）の実＝ डोडा. (2) 繊維 (3) クワ科イチジク属のフィクス・ラコル【*Ficus lacor*】の花

टूसा[2] [名] ＝ टुकड़ा.

टूसी [名*] 蕾＝ कली.

टें [名*] (1) インコの鳴き声 (2) 甲高い声；けたたましい声 **टें बोलना** ＝ टें हो०. **टें हो०** ころりと死ぬ；ころっと死ぬ；すぐに死ぬ；あっけなくくたばる；簡単にお陀仏になる अभी एक गेंद लगेगी, वह टें हो जाएगा ほんの今ボールが当たればそれでお陀仏だ तीन दिन में ही टें हो गई わずか３日間であの世に行ってしまった→ टें टें.

टेंकर [名] 《E. tanker; tank car》(1) タンカー；油送船；油槽船 (2) タンク車＝ टैंकर.

टेंगरा [名*]〔魚〕ギギ科の淡水魚【*Mystus vittatus / Macrones vittatus*】

टेंट[1] [名*] テーント（ドーティー धोती の腹部に当たる上端の部分で懐やポケットに相当する．金や貴重品などを包み込んで持つのに役立つ） टेंट में खोंसे एक छुरे को 懐に忍ばせたドスを बूढ़े ने दो पैसे टेंट से निकाल कर कहा ２パイサーの金をテーントから取り出して言った **टेंट मारना** する（掏摸を働く）；すり取る **टेंट में कुछ हो०** 手元に少し金を所持する **टेंट में हो०** 手元にある **टेंट से** 手元から

टेंट[2] [名*] (1) 綿の入った綿の木の果実（莢）＝ कपास की ढोंढ. (2) カリール（करील）の実 (3)〔医〕白内障

टेंट[3] [名] 《E. tent》テント टेंट के अंदर जमीन पर बिस्तर लगाकर सोते थे テントの中で地面に寝具を敷いて寝ていた

टेंटा [名] (1)〔植〕フウチョウソウ科低木カリール（करील）【*Capparis decidua*】 (2) 同上の熟果 (3) 線香花火

टेंटी [名*] (1)〔植〕フウチョウソウ科低木カリール＝ टेंटा. (2) カリールの熟果

टेंटुआ [名] ＝ टेंटुवा. 首；のど；気管 टेंटुआ दबाना 首を絞める

टें टें [名*] (1) インコの鳴き声 टें टें क० インコが鳴く (2) けたたましい声 (3) 無駄話 **टें टें क०** 無駄話をする；馬鹿話をする；屁理屈をこねる **टें टें फिस हो०** めちゃくちゃになる；台無しになる ＝ बेकार हो०.

टेंडर [名] 《E. tender》請負見積もり書；入札＝ निविदा. **टेंडर पेटी** 入札箱

टेंडर नोटिस [名] 《E. tender notice》入札公告＝ निविदा सूचना.

टेंडरर [名] 《E. tenderer》入札者＝ टेंडरदाता; निविदाता.

टेंथ [名] 《E. tenth》〔教〕（小学課程から数えて）第十学年

टेंपर [名] 《E. temper》(1) 機嫌；気分＝ मिज़ाज; मनोदशा. (2) 癇癪；怒り **टेंपर लूज क०** 癇癪を起こす

टेंपरेचर [名] 《E. temparature》(1) 温度；気温＝ तापमान. (2) 体温 **टेंपरेचर चढ़ जा०** 怒る；腹を立てる；立腹する **टेंपरेचर ले०** 温度を測定する；体温を測る

टेंपेरा [名] 《E. tempera》〔芸〕(1) テンペラ（画） (2) テンペラ画法 (3) テンペラ絵の具

टेंपो [名] 大型の乗合オート三輪車

टे [名] 《ٹے》ウルドゥー文字の第５字の字母 ٹ の名称

टेक[1] [名*] ← टेकना. (1) もたせかけること；よりかけさせること；つっかえをすること；支えること；突っ張ることなど (2) つっかえ棒；支柱；支えの棒 (3) もたれるもの；寄りかかるもの (4) 支え (5) 杖 (6) 意地を張ったり突っ張ったりする対象 (7) 癖；習慣 (8) 歌の折り返し；リフレーン **टेक क०** 意地を張る **(-की) टेक दे०** （ーに）もたせかける बिस्तर या कंबल की टेक दे दे 敷き布団や毛布にもたせかけること **टेक पकड़ना** 意地を張る＝ हठ क०. **टेक पड़ना** 癖になる；習慣になる **टेक निभना** 誓いが果たされる **टेक निभाना** 誓いを果たす **(-पर) टेक लगाना** （ーに）もたれる वह एक सीट पर टेक लगाकर आराम से बैठ गया 椅子にもたれてゆったり腰を下ろした खाट की बाँही से टेक लगाकर फ़र्श पर बैठ गई ベッドにもたれて床に座ってしまった **(-की) टेक ले०** （ーに）つかまる；寄りかかる लकड़ी के डंडे की टेक लेकर सँभलते हुए बेंच से उठा 杖につかまって用心しながらベンチから立ち上がった

टेक[2] [名] 《E. take》〔映〕(1) ショット (2) 本番

टेकड़ी [名*] ＝ टेकरी.

टेकन [名*] 大きな支え；支柱

टेकना [他] (1) もたせかける；寄りかけさせる (2) 支える；つっかえをする；突っ張る मामूली मच्छर बैठते वक्त पीछे के दोनों पैर भी टेक देता है 普通の蚊はとまる時に２本の後足もつける (3) 突く；（支えにするために）突く छड़ी टेकती हुई 杖を突きながら डोली के पीछे एक बूढ़ा लाठी टेकता चला आता था 駕籠の後から１人の老人がラーティーを突きながらやって来た जमीन पर हाथ टेककर उठे और फिर चले 地面に手を突いて立ち上がりまた歩いた (4) つける；引っつける **माथा टेकना** 頭を地面につける；ひれ伏す；最敬礼をする；五体投地の礼をする (5) 突っ張る；意地を張る

टेकनॉलाजी [名*] 《E. technology》科学技術；テクノロジー＝ तकनोलोजी; औद्योगिकी; प्रौद्योगिकी.

टेकनी [名*] ＝ टेकन.

टेकनीशियन [名] 《E. technician》(1) 技術者；専門家 (2) 職人；職工 मिलों एवं फ़ैक्टरियों में काम करने वाले टेकनीशियन 工場で働く職工

टेकर [名] (1) 丘；丘陵；小山 (2) 小さい山；低い山

टेकरा [名] 丘；丘陵；台地

टेकरी [名*] 小高いところ；丘；小高く盛り上がったところ；小山；塚= टेकर. हम दूर निकलकर अपनी प्रिय टेकरी पर जाकर बैठ जाते हैं 遠くへ出掛けお気に入りの丘の上で腰を下ろす
टेकान [名*] (1) 支えること；もたせかけること (2) 支えられること；もたれること (3) 支えになるもの；支えるもの；もたれかかるもの
टेकाना [他] (1) 支えにする；つっかえにする (2) もたせかける
टेकी [形] (1) 信念を貫く (2) 意地を張る；意地張りな；強情な
टेकुआ [名] つむ；紡錘= तकला.
टेकुरी [名*] (1) つむ；紡錘 (2) 突き錐
टेक्नॉलोजी [名*] 《E. technology》テクノロジー；科学技術
टेक्निकल [形] 《E. technical》(1) 工業の；工芸の (2) 技術の；技術上の；技術に関する (3) 専門の；専門的な
टेक्निकल स्कूल [名]《E. technical school; secondary technical school》〔教〕テクニカルスクール；実業中等学校；技術学校
टेक्नीशियन [名]《E. technician》専門家；技術者 औद्योगिक प्रतिष्ठान टेक्नीशियन 工業会社の技術者
टेक्नौलोजी [名*] 《E. technology》= टेकनॉलोजी; टेक्नॉलोजी.
टेक्स्टाइल [名] 《E. textile》テキスタイル；織物；布地 टेक्स्टाइल निगम テキスタイル公社
टेटेनस [名] 《E. tetanus》〔医〕破傷風= टिटनस; धनुर्वात.
टेढ़ [名*] (1) = टेढ़ापन. (2) 喧嘩腰；好戦的な態度；意地を張ること **टेढ़ की ले॰** 突っかかる；喧嘩腰になる；挑戦的になる；意地を張る；盾突く
टेढ़ा [形$^+$] (1) 曲がった；湾曲した सफ़ाई करते करते उसकी कमर टेढ़ी हो गई थी 長年の掃除の仕事で腰が曲がってしまった (2) 偏った；一方へ傾いた **टेढ़ी माँग निकालना** 髪のわけぎわが中央ではなく右か左へ寄っていること (3) ねじれた भद्दा और टेढ़ा दाँत 不恰好なねじれた歯 (4) 厄介な；面倒な；複雑な；難しい मामला ज़रूर टेढ़ा होगा 問題はきっと厄介だろう यह प्रश्न टेढ़ा था. किसी ने इसपर विचार न किया था 面倒な問題だった．だれも考えたことがなかった (5) 歪んだ उसने क्रोध में भरकर अपना मुँह टेढ़ा किया है 激しい怒りに顔を歪めた (6) ひねくれた；素直でない；質の悪い；意地の悪い；意地悪な= कुटिल. (7) 屈折した；婉曲な उन्हें टेढ़े ढंग से ऐसे बीभत्स यज्ञों की निंदा करनी ही पड़ी 婉曲にこのようなおぞましい供犠を非難しなければならなかった **टेढ़ा काम** 厄介なこと；難しいこと **टेढ़ा पड़ना** *a.* 困難な事態になる *b.* 不機嫌になる；つむじ（旋毛）を曲げる；へそを曲げる；不平や文句を言う；ごてる **टेढ़ा-मेढ़ा** [形] →別項. **टेढ़ा हिसाब** 込み入ったこと；錯綜していること **टेढ़ा हो॰** *a.* 不機嫌になる；旋毛を曲げる；不平や不満を言う *b.* 横柄な態度をとる **टेढ़ी आँख क॰** 憎しみをこめた目で見る；憎む **टेढ़ी आँखों से देखना** = टेढ़ी आँख क॰. **टेढ़ी उँगली से घी निकालना** *a.* 状況に応じて行動する；臨機応変に処する *b.* ずるいことをする；いんちきをする **टेढ़ी खीर** 困難なこと；難物；難航；難事業 इनको लाइन पर लाना टेढ़ी खीर होगी この方をそこへお連れするのは難事業だろう पाँच हज़ार नर्सों के लिए नौकरी जुटाना भी भारत के लिए फ़िलहाल टेढ़ी खीर होगा 5000 人の看護婦に職を用意することもインドにとってはさし当たりなかなか困難だろう **टेढ़ी चितवन** 流し目 **टेढ़ी टाँगों वाला** がに股の **टेढ़ी टोपी लगाना** 粋な恰好をする **टेढ़ी-तिरछी सुनाना** = टेढ़ी सुनाना. **टेढ़ी नज़र से देखना** 憎しみや怒りの眼差しで見る **टेढ़ी निगाह** 怒りの眼差し；憎しみの眼差し **टेढ़ी बात** いやなこと；不快な話 **टेढ़ी भवें सीधी हो॰** 怒りが鎮まる **टेढ़ी भृकुटि क॰** 眉間にしわを寄せる；不機嫌になる **टेढ़ी राह चलना** *a.* わざと厄介な方法を選ぶ *b.* 間違った道を歩む **टेढ़ी-सीधी सुनाना** = टेढ़ी सुनाना. **टेढ़ी सुनाना** ののしる **टेढ़े चलना** *a.* うぬぼれる *b.* 間違ったことをする **टेढ़े-टेढ़े चलना** 威張る；気取る= इतराना; घमंड क॰. **टेढ़े-टेढ़े जा॰** = टेढ़े-मेढ़े चलना. → टेढ़ा-मेढ़ा.
टेढ़ापन [名] ← टेढ़ा.
टेढ़ा-मेढ़ा [形$^+$] (1) 曲がりくねった；蛇行している (2) 厄介な；難しい **टेढ़ा-मेढ़ा क॰** *a.* なんとかやり遂げる；何とかしてやり遂げる *b.* 台無しにする
टेढ़े-मेढ़े [副] くねくねと；曲がりくねって **टेढ़े-मेढ़े चलना** 威張る；気取る= टेढ़े-मेढ़े जा॰.
टेन कमांडमेन्ट्स [名] 《E. Ten Commandments》モーゼの十戒
टेना [他] (1) 研ぐ= सान चढ़ाना. (2) 口髭をひねる；口髭をねじる= ऐंठना; उमेठना.
टेनिस [名] 《E. tennis》〔ス〕テニス दुनिया के ज़्यादातर देशों में टेनिस खेला जाता है 世界のたいていの国ではテニスが行われている रायल टेनिस コートテニス；ローヤルテニス
टेनिस कोर्ट [名] 《E. tennis court》〔ス〕テニスコート
टेनी [名*] 小指= छोटी उँगली. **टेनी मारना** （棹秤の棒を小指で打って）秤をごまかす；秤量をごまかす；量目をごまかす
टेनेंट [名] 《E. tenant》テナント
टेप [名] 《E. tape》(1) テープ；録音テープ टेप क॰ 録音する (2) 録画テープ (3) ひも (4) 巻き尺；メジャー (5) ばんそうこう
टेप रिकार्डर [名] 《E. taperecorder》テープレコーダー
टेप रिकार्डिंग [名] 《E. taperecording》テープ録音
टेप रूल [名] 《E. taperule》巻き尺
टेपवर्म [名] 《E. tapeworm》〔動〕真田虫；条虫
टेपस्केल [名] 《E. tapescale》（金属製の）巻き尺
टेपारा [名] = टिपारा.
टेपिओका [名] 《E. tapioca》タピオカ（食用澱粉の一）
टेफ़लॉन [名] 《E. Teflon》〔商標〕テフロン（フッ素樹脂）
टेबल [名*]《E. table》(1) テーブル；机；食卓 (2) 表= टेबिल; टेबुल.
टेबल क्लॉक [名*] 《E. table clock》置き時計
टेबल टेनिस [名] 《E. table tennis》卓球；ピンポン
टेबल फ़ैन [名] 《E. table fan》卓上扇風機
टेबल रिंग [名] 《E. table ring》鍋敷き
टेबल लैंप [名] 《E. table lamp》電気スタンド उसने टेबललैंप जला दिया 電気スタンドを点灯した
टेबलेट [名] 《E. tablet》(1) 錠剤；タブレット (2) 銘板（金属や石，木などの平たい板状のもの．記念碑など）
टेबिल [名*] 《E. table》= टेबल. (1) テーブル，机，食卓など種々の台 (2) 表；目録；目次
टेबुल [名*] 《E. table》= टेबल; टेबिल.
टेबुल क्लाथ [名] 《E. table cloth》テーブルクロス= मेज़पोश.
टेम[1] [名*] 炎；火炎；ランプの炎
टेम[2] [名] 《E. time》時刻= समय; वक़्त.
टेम्परेचर [名] 《E. temparature》→ टेंपरेचर. (1) 温度 (2) 気温 (3) 体温
टेम्पू [名] 乗合オート三輪車= टेंपो.
टेर[1] [名*] (1) 呼びかけ यहाँ प्रकृति की इस टेर की अवहेलना की जाती है ここでは自然のこの呼びかけが無視される (2) 呼び声 (3) 叫び声；救いを求める叫び声
टेर[2] [名*] 過ごすこと= गुज़र; निर्वाह. **टेर क॰** 過ごす；送る= गुज़ारना; बिताना; काटना.
टेर[3] [形] すがめの；眇の；斜視の= ऐंचाताना.
टेरक [形] すがめの；眇の；斜視の
टेरना[1] [他] (1) 大きな声で歌う (2) (大声で) 呼ぶ；叫ぶ दीनबंधु, दीन दुखिया टेरते हैं आपको 寄る辺なきものの味方よ，寄る辺なきものたちがあなたを大声で呼んでいるのです नरक की यातना भोगते हुए प्राणियों ने दीन स्वर में टेरना शुरू किया 地獄の責め苦を受けている者たちが哀れな声で叫び始めた (3) 高い音を出す
टेरना[2] [他] (1) やり遂げる；成し遂げる；完成させる (2) 過ごす；送る
टेरवा [名] フッカー（水ぎせる）の雁首を支えるラウ（羅宇）
टेरा[1] [名] (1) 〔植〕トウダイグサ科高木ククイノキ【*Aleurites moluccana*】= अकोला. (2) 茎；木の幹= तना; धड़. (3) 枝= शाखा.
टेरा[2] [形$^+$] すがめの；眇の= ऐंचाताना; भेंगा.
टेराकोटा [名]《E. terra cotta》テラコッタ टेराकोटा के दो सुंदर हाथी テラコッタの素晴らしい 2 頭の象
टेरिऊल [名] → टेरीऊल.
टेरिकाट [名] = टेरीकॉट.
टेरिटोरियल फ़ोर्स [名] 《E. territorial force》国防義勇軍= प्रादेशिक सेना.
टेरिलिन [名] 《E. Terylene》→ टेरीलीन. 〔商標〕テリレン
टेरी[1] [名*] 小枝；細い枝= टहनी.
टेरी[2] [名*] = कुती.

ट

टेरीऊल [名]《E. Terywool》〔商標〕テリウール（テリレンとウールの混紡）
टेरीकॉट [名]《E. Terycot》〔商標〕テリコット（テリレンと綿との混紡）
टेरीलीन [名]《E. Terylene》〔商標〕テリレン（ポリエステル系合成繊維）
टेरीसिल्क [名]《E. Terysilk》テリシルク（テリレンと絹との混紡） साड़ी टेरीसिल्क की पहनती है サリーはテリシルクのものを着る
टेरेस [名]《E. terrace》テラス
टेरोरिज़्म [名]《E. terrorism》テロリズム= आतंकवाद.
टेरोरिस्ट [名]《E. terrorist》テロリスト= आतंकवादी.
टेल एंडर [名]《E. tailender》びり；最下位；どんじり；最後尾
टेल-कोट [名]《E. tailcoat》燕尾服= ड्रेसकोट.
टेलपेल [名*] 押し合い；押し合いへし合い= ठेलपेल; ठेलठाल.
टेलर [名]《E. tailor》テーラー；洋服仕立屋= दर्ज़ी. टेलर मास्टर 仕立屋さん
टेलरिंग [名]《E. tailoring》洋服仕立業
टेलर्स कर्व [名]《E. tailor's curve》雲形定規；曲線規〈curved ruler〉
टेललाइट [名*]《E. tail light》テールライト= पीछे की लालबत्ती.
टेलिग्राफ़ [名]《E. telegraph》電信；電報
टेलिग्राम [名]《E. telegram》電報= तार; टेलीग्राम.
टेलिपैथी [名*]《E. telepathy》テレパシー
टेलिप्रिंटर [名]《E. teleprinter》テレタイプ= टेलीप्रिंटर; दूरमुद्रक.
टेलिफ़ोटोग्राफ़ी [名*]《E. telephotography》望遠写真術= दूरचित्री फ़ोटोग्राफ़ी.
टेलिफ़ोन [名]《E. telephone》(1) 電話 टेलीफ़ोन आया है 電話がかかって来ている (2) 電話機= फ़ोन; टेलीफ़ोन; टेलीफ़ून.
टेलिविजन [名]《E. television》(1) テレビ；テレビジョン= टेलीविजन. (2) テレビ受像機= टेलीविजन सेट.
टेलिविजन प्रसारण [名] テレビ放送
टेलिस्कोप [名]《E. telescope》望遠鏡= दूरबीन; दूरदर्शक.
टेली [名*]〔植〕フタバガキ科高木ガージャン【*Dipterocarpus turbinatus*】〈common gurjun tree〉
टेली- [造語]《E. tele-》遠いとか遠方の意を表す造語要素= टेलि
टेलीकाम [名]《E. telecom; telecommunication》遠距離通信；遠距離電気通信；テレコム
टेलीकास्ट [名]《E. telecast》テレビ放送 फ़िल्मों के टेलीकास्ट की दरें बढ़ीं 映画のテレビ放送料金増額
टेलीग्राफ़ [名]《E. telegraph》電信；電報
टेलीग्राफ़ी [名*]《E. telegraphy》電信術= तारसंचार.
टेलीग्राम [名]《E. telegram》電報
टेलीप्रिंटर [名]《E. teleprinter》テレタイプライター
टेलीफ़िल्म [名*]《E. telefilm》テレビ用映画
टेलीफ़ोन [名]《E. telephone》電話；テレホン；電話機= टेलिफ़ोन. टेलीफ़ोन के तार. 電話線
टेलीफ़ोन-ऑपरेटर [名]《E. telephone operator》電話交換手
टेलीफ़ोन एक्सचेंज [名]《E. telephone exchange》電話交換局；電話交換台= टेलीफ़ोन केंद्र.
टेलीफ़ोन कनेक्शन [名]《E. telephone connection》電話開設
टेलीफ़ोन खंभा [名]《← E. telegraph pole》電信柱
टेलीफ़ोन जासूसी [名*]《E. telephone + A. جاسوسی》電話の盗聴
टेलीफ़ोन डायरेक्टरी [名*]《E. telephone directory》電話帳= टेलीफ़ोन निर्देशिका.
टेलीफ़ोन प्रचालक [名] 電話交換手= टेलीफ़ोन ऑपरेटर.
टेलीफ़ोन बूथ [名]《E. telephone booth》公衆電話ボックス
टेलीविजन [名]《E. television》(1) テレビジョン；テレビ (2) テレビ受像機 श्वेत श्याम टेलीविजन 白黒テレビ रंगीन टेलीविजन カラーテレビ
टेलीविज़न [名]《Ur. ٹیلیوژن》テレビジョン
टेलीविजन कैमरा [名]《E. television camera》テレビカメラ
टेलीविजन मीनार [名*]《E. television + A. مینار》テレビ塔〈television tower〉
टेलीविजन सेट [名]《E. television set》テレビ受像機
टेलीवीज़न [名]《Ur. ٹیلی ویژن ← E. television》(1) テレビジョン；テレビ放送 (2) テレビ受像機；テレビ
टेलेक्स [名]《E. telex》テレックス
टेल्क [名]《E. talc》タルク；滑石= सिलखड़ी.
टेव [名*] くせ（癖）；習癖 (-की) टेव पड़ना (- लगना)（ーが）癖になる；（ーの）癖がつく
टेवा [名] (1) 運勢図 (2) 結婚式の行事に関する吉祥の日時を記した書状
टेसुआरी [名*]〔鳥〕ムクドリ科モモイロハッカ【*Sturnus roseus*】
टेसू [名] (1)〔植〕マメ科ハナモツヤクノキ【*Butea frondosa*】= पलाश; पलास. (2) 同上の花 (3)〔ヒ〕テースー（アーシュヴィン月の白分 10 日，すなわち，ヴィジャヤーダシャミーの日から 5 日後の同月末までの間続く集団行事を伴った男児の祭り） (4) この祭の際子供たちによって歌われる歌
टेस्ट [名]《E. test》(1) テスト；試験 (2)〔ス〕テストマッチ〈test-match〉= टेस्ट मैच.
टेस्ट ट्यूब [名*]《E. testtube》試験管 लंबी टेस्ट ट्यूब 細長い試験管
टेस्ट पाइलट [名]《E. test pilot》テストパイロット
टेस्ट मैच [名]《E. testmatch》(1)〔ス〕(英連邦内のオールスターチーム間の) 国際クリケット優勝決定戦 (2)〔ス〕国際選手権試合
टेहुना [名] 膝= घुटना; टहना.
टेहुनी [名*] ひじ（肘） = कोहनी.
टैंक [名]《E. tank》(1) 池；貯水池 (2) タンク（水や油などの貯蔵用. 水槽や石油タンクなど） तेल भंडार टैंक 石油貯蔵タンク काँच का टैंक（ガラス製の）魚の水槽 = फ़िश टैंक. (3)〔軍〕戦車；タンク
टैंक टॉप [名]《E. tanktop》〔服〕タンクトップ
टैंकर [名]《E. tanker》(1) タンカー；油送船 (2) タンクローリー (3) 水や牛乳などの運搬車
टैंपो [名] 乗合オート三輪車= टेंपो.
टैक्निकल [形]《E. technical》テクニカル；技術上の= टेकनिकल. संपूर्ण टैक्निकल जानकारी 完全な専門知識情報
टैक्निकल फ़ाउल [名]《E. technical foul》〔ス〕テクニカルファウル
टैक्स [名]《E. tax》税；税金= कर; महसूल. टैक्स लगना 課税される；税金がかかる टैक्स लगाना 課税する；税金をかける मकानों पर टैक्स लगाना 住居に課税する；家屋税を課す
टैक्सी [名*]《E. taxi》タクシー
टैक्सी ड्राइवर [名]《E. taxi driver》タクシー運転手
टैक्सीवाला [名]《E. taxi + H.》タクシー運転手= टैक्सी ड्राइवर.
टैक्सी स्टैंड [名]《E. taxi stand》タクシーの待機する駐車場；タクシースタンド
टैग [名]《E. tag》(1) 札；付け札；下げ札；タッグ；タグ कीमत टैग 正札；値札 (2) 荷札
टैना [名] かかし（案山子）
टैपियोका [名]《E. tapioca》タピオカ（カッサバから採れる澱粉） = टैपिओका स्टार्च.
टैपिर [名]《E. tapir》〔動〕バク科バク
टैपिस्ट्री [名*]《E. tapestry》タペストリー；綴れ織り
टैबू [名]《E. taboo》タブー= निषेध; वर्जन; वर्जना.
टैम्पो [名] 乗合三輪オート= टेम्पो; टैंपो.
टैरीसिल्क [名]《E. Terysilk》= टेरीसिल्क.
टैल्क [名]《E. talc》滑石；タルク
टैल्कम [名]《← E. talcum powder》タルカン；タルカムパウダー
टैस्ट मैच [名]《E. testmatch》〔ス〕テストマッチ= टेस्ट मैच.
टोंक [名*] = टोक.
टोंगा〔国名〕《E. Tonga》トンガ王国
टोंगू [名]〔植〕ガガイモ科蔓植物ツナガイモ【*Marsdenia tenacissima*】
टोंच [名*] (1) 縫うこと；針を刺すこと (2) 先端のとがったもので突き刺すこと；さし込むこと
टोंचना[1] [他] (1) 縫う (2) 針など先のとがったものを突き刺す；さし込む
टोंचना[2] [名] (1) 皮肉= ताना. (2) 忠言；忠告；諫言= उपालंभ.
टोंट [名*] くちばし（嘴） = चोंच.
टोंटा [名] (1) 筒；筒形のもの (2) 薬莢
टोंटी [名*] (1) 蛇口；コック= तुलतुली. (2) 筒先 (3) 動物の突き出た口= थूथन.

टोआ [名] (1) 手探り (2) 触ること= टोह. **टोआ टोआ क॰** *a.* 手探りする *b.* 探る；調べる

टोक[1] [名*] (1) 他人の言葉を遮ること (2) 口出し；差し出口 (3) 他人の仕事中に声をかけること (4) たしなめの言葉 (5) 邪視による災い **टोक पड़ना** 邪視に見入られる (-की) **टोक में आ॰** 邪視に見入られる（ために不吉なことや災いを受ける） **टोक लगना** = टोक पड़ना.

टोक[2] [名] ひとこと（一言）

टोकन [名]《E. token》(1) トークン；代用貨幣 (2) 引換券 मेरे पास टोकन नहीं है, फिर भी एक बोतल दे देते हैं 僕は引換券を持っていないのだが一本もらえるんだ

टोकना[1] [他] (1) 相手の言葉を遮る वह क्रोधित होकर बीच में ही टोकते हुए गरज उठा 怒って言葉を遮って怒鳴った (2) 口を挟む；差し出口をきく；水を差すような口のききかたをする यह तुममें बुरी आदत है कि हर काम में टोक देती हो どんなことにも口を挟むのは君の悪い癖だ (3) 人が何かの仕事や動作をしているときに声をかける（声をかけて中断させる） (4) たしなめる बड़े चाव और सतर्कता से अपना प्रसाधन करती हूँ, और बार-बार अपने को टोकती भी जाती हूँ - किसको रिझाने के लिए यह सब हो रहा है? 甚だ念入りにお化粧するが同時に幾度も自分をたしなめても行く…一体だれを喜ばせるためのものかと गलतियों पर टोके तो बुरा न मानना चाहिए 過ちをたしなめられたのを悪く取ってはいけない (5) 叱りつける टोक देते, ऐ बे छोकरे, बहुत ढीला है おい小僧ぐずぐずするな，と叱りつける हर समय बच्चों को किसी न किसी बात के लिए टोकती रहती हैं 四六時中何かにつけて子供を叱りつけている (6) 問いただす माँ ने अल्पना का उदास चेहरा देखकर टोका アルプナーのふさぎ込んだ顔を見て問いただした संतरियों को स्पष्ट आदेश था कि वे मिलने-भेंट करने वालों को रोकें-टोकें नहीं 見張り番たちには面会に来る人たちを妨害したり問いただしたりしないようにとはっきり指示が出されていた

टोकना[2] [名] (1) 籠 (2) 水入れ

टोकनी [名*] (1) 真鍮製の大きな水入れ (2) 大鍋

टोकरा [名]（割竹，籐，葦，蔓などで編んだ）口の大きな籠= खाँचा; झाबा. सेबों का टोकरा リンゴの入った籠 एक टोकरा सेब 籠一杯分のリンゴ

टोकरी [名*] (1) 小さな籠 सब्ज़ी वाली टोकरी 野菜籠 फलों की टोकरी 果物籠 (2) バスケット，買い物籠など手提げの籠 (3) 屑籠= कूड़े की टोकरी. उन्होंने मेरी पहली कहानी बिना पढ़े ही कूड़े की टोकरी में डाल दी थी あの人は私の最初の小説を読みもせずに屑籠に投げ込んだ

टोका[1] [名] (1) 先端 (2) 端

टोका[2] [名] まぐさを刻む鉈などの道具

टोकाटाकी [名*] (1) やたらと口出しすること बात बात में टोकाटाकी करते रहते हैं 何事につけても口出しする (2) 妨害；中断

टोकारा [名] (1) 声をかけること (2) たしなめること (3) 催促（の言葉） **टोकारा दे॰** *a.* 声をかける *b.* たしなめる *c.* 催促する

टोक्यो 〔地名〕東京= तोक्यो.

टोगुस [名] ガガイモ科蔓植物【*Marsdenia tenacissima*】の茎から採れる繊維（ロープや弓の弦を作る）

टोटकहाई [名*] = टोटकेहाई.

टोटकहाया [名] まじないをする人；呪術師；祈祷師

टोटका [名] (1) まじない；呪法 बच्चे तो बस इन्हीं टोटकों से ठीक हो जाते हैं 子供たちはこのまじないで元気になる **टोटका क॰** まじないをする (2) 畑を邪視から守るために煤をつけた土鍋をさかさまにして畑に置く **टोटका करने आ॰** 来てすぐに帰る；訪れるが早いかすぐに引き返す **टोटका हो॰** すぐに終わる

टोटकेहाई [名*] 呪法を行う女性；女性呪術師；女性霊媒師

टोटनी [名*] 水差しなどの注ぎ口のように突き出た部分 हज़ारे की टोटनी ジョウロの筒先

टोटल [名]《E. total》合計；総計 **टोटल मिलाना** 決算する

टोटा [名] (1) 欠損；損失；赤字 (2) 不足；欠乏 (3) 切れ；切れ端；半端なもの प्राणी का वैसे और दुनिया में टोटा नहीं, कोई प्राणी बड़ा नहीं , कोई प्राणी छोटा नहीं そもそも生き物は，それにこの世では半端なものはないんだ．偉いものもいなければ卑しいものもいないんだ (4) 燃えかす；燃え残り सिगरेट का टोटा タバコの吸殻 (5) 薬莢 **टोटा उठाना** 欠損を出す；赤字を出す **टोटा दे॰** 返還する；賠償する (-का) **टोटा पड़ना** （ーが）不足する；足らなくなる **टोटा भरना** = टोटा दे॰. **टोटा सहना** = टोटा उठाना.

टोटी [名*] = टोंटी. टोटी लगवाना 蛇口を取りつけて貰う

टोटेम [名]《E. totem》〔文人〕トーテム= कुलचिह्न; गणचिह्न.

टोटेमपॉल [名]《E. totem pole》〔文人〕トーテムポール= गणचिह्न स्तम्भ.

टोडरमल 〔人名・イ史〕トーダルマル（ムガル朝アクバル治下の徴税制度の確立に大きな役割を果たした官僚）

टोड़ा [名] (1) 庇 (2) 庇の支え

टोड़ी [名*]〔イ音〕トーリー（ラーガの一．時間帯は朝，情感は悲哀）

टोना[1] [名] (1) まじない；呪い；呪法 (2)〔ヒ〕結婚式の際，歌われる歌の一種 **टोना क॰** まじないをかける **टोना चलाना** まじないをする；まじないをかける= टोना डोलना; टोना पढ़ना; टोना मारना. (-का) **टोना लगना** （ーの）まじないがかかる；（ーに）まじないをかけられる **टोना लाना** = टोना क॰.

टोना[2] [他] 手探りをする；手で触って調べる= टटोलना; छूना; टोहना.

टोना-टोटका [名] まじない；呪法 शिकार की सफलता के लिए टोना-टोटका 狩りの成功を祈るまじない टोना-टोटका कराना まじないをしてもらう

टोप [名] (1) 大きな帽子；兜 (2) 鉄兜 (3) 指ぬき लोहे का टोप *a.* 鉄兜 *b.* ヘルメット

टोपा[1] [名] (1) 形の大きな帽子；ヘルメット；鉄兜 (2) かご

टोपा[2] [名] 針で縫うこと；縫い合わせること= टाँका; सीवन. **टोपा दे॰** 縫う **टोपा भरना** = टोपा दे॰.

टोपा[3] [名] 液体の滴やぽとりと落ちた液状のもの

टोपी [名*] (1) 帽子 (2) 王冠 (3) 蓋 (4) びんの口金；キャップ (5) 犬の口につける無駄吠え防止具 (6) ゆびぬき（指貫） (7) 雷管；起爆装置 (8) 亀頭 **टोपी उछलना** *a.* 喜びに沸き立つ *b.* 辱められる (-की) **टोपी उछालना** *a.* 喜びに沸き立つ *b.* （ーを）辱める **टोपी पहनना** (- **उतारना**) 帽子を被る（脱ぐ） **टोपी** (-**के**) **पैर पर रखना** （ーに）屈服する；降参する **टोपी बदलना** *a.* 為政者や上に立つ者がかわる *b.* 親しくなる；親密になる

टोपीदार [形]《H. + P. دار》帽子や蓋，キャップなど被せるもののついている

टोर [名]〔化〕硝酸カリ溶液

टोरना[1] [他] あちこちへ動かす；移動させる

टोरना[2] [他] = तोड़ना.

टोरेनिया [名]《L. Torenia》〔植〕ゴマノハグサ科トレニア【*Torenia fournieri*】

टोर्सो [名]《E. torso》〔芸〕トルソー

टोल[1] [名] (1) 学校；小学校；寺子屋 (2) サンスクリット文法学，インド論理学などをヒンドゥー教徒が伝統的な学問を基盤に教授した塾や学問所

टोल[2] [名] = टोला[1](1), (2).

टोला[1] [名] (1)（都市の）地区；街；街区 (2) 町や村などの中の特定の社会集団や職業やカーストの人たちなどが居住する区域 (3) 群れ भेड़ों के टोले 羊の群れ

टोला[2] [名] (1) グッリー・ダンダー गुल्ली-डंडा の遊びで木切れを棒で打つこと (2) 拳骨をとがらせて叩くこと (3) 煉瓦や石のかけら (4) 鞭打ちによる皮膚の内出血の跡

टोली [名*] (1) 町や村などの小区域 (2) 集団；グループ；仲間；一行；チーム यात्रियों की टोलियाँ 旅行者の一行 बच्चों की टोलियाँ 子供の集団 हाथ में लाठी लिये गाते-नाचते हुए नौजवानों की टोलियाँ 手に棍棒を持ち歌い踊っている青年たちの集団 वैज्ञानिकों की टोली 科学者チーム (3)（四角い）大きな石；岩

टोस्ट[1] [名]《E. toast》トースト

टोस्ट[2] [名]《E. toast》乾杯；祝杯 **टोस्ट पीना** 乾杯する；祝杯を挙げる

टोस्टर [名]《E. toaster》トースター

टोह [名*] (1) 手で探ること；手で触って確かめること (2) 手探り；探りを入れること；調べ（ること） (3)（様子を）探ること；窺うこと；探すこと (4) 様子；ありさま；事情 (-की) **टोह में रहना** （ーを）探す；探し求める；追い求める ख़ुफ़िया पुलिस के लोग सदा उनकी टोह में रहा करते थे 秘密警察の連中がいつもあの人を追い

かけていた **टोह लगना** 様子が知れる；事情がわかる इससे यह भी कुछ टोह लगती थी これによってこのことも少し様子が知れるのだった टोह लेने लगे कि कोई उधर से आए तो पूछें कि क्या बात है 向こうからだれかが来れば何事なのかとたずねようと様子を窺い始めた एक लंबी अवधि से गुम हुई किसी वस्तु के पुराने चिह्नों से टोह लेते रहे हों 久しく失われていた物を古い痕跡で探し続けてきているかのように **(-की) टोह ले॰** (ーに) 探りを入れる；(ーを) 探る；調べる；窺う वे भारतीय तटों व साथ ही भारत के भीतर के महत्त्वपूर्ण ठिकानों की रोज़ाना टोह लेते हैं インドの海岸及び内陸部の重要な場所を常に探っている रामकुमारी के घर जाकर हाल-चाल की टोह लेने की इच्छा ग़ायब हो गई 家に行って様子を窺いたいという気持ちもなくなってしまった **(-की) टोह हो॰** (ーを) 探す；探し求める मुझे जिस शिकार की टोह थी, वह आज मिलता हुआ जान पड़ा 探し求めていた獲物が今日は手に入るように思えた

टोहना [他] (1) 手で探る；手で触る (2) 調べる；探る (3) 探す

टोहिया [形] (1) 調べる；探る (2) スパイ活動をする

टोही[1] [形] 調べるための；調査用の；探査用の टोही उपकरण 探査機器

टोही[2] [名] 密偵；スパイ

टौनहाल [名] 《E. townhall》 (1) 市庁舎 (2) 公会堂= टाउन हाल.

टौरना [他] (1) 調べる；調査する (2) 探査する；確かめる

टौरिया [名*] 小高い丘；小山= ऊँचा टीला.

टौरी दल [名] 《← E. Tory (Party)+ H.》トーリー党 (英国)

ट्यूटर [名] 《E. tutor》 (1) 家庭教師 (2)〔教〕チューター (大学の個別指導教員) = अनुशिक्षक.

ट्यूटोरियल [形] 《E. tutorial》 (1) 家庭教師の (2) チューター (大学の個別指導教員) による

ट्यूटोरियल क्लास [名] 《E. tutorial class》〔教〕個別指導授業時間= अनुशिक्षण कक्षा.

ट्यूनर [名] 《E. tuner》チューナー

ट्यूना [名] 《E. tuna》〔魚〕サバ科マグロ (鮪)

ट्यूनीशिया 〔国名〕《E. Tunisia》チュニジア共和国

ट्यूब [名*] 《E. tube》 (1) 管；筒；チューブ= नली; नलकी. (2) 地下鉄 (3) タイヤのチューブ साइकिल की ट्यूब 自転車のチューブ (4) 蛍光灯管= ट्यूब लाइट.

ट्यूब पैकिंग [名] 《E. tube packing》チューブ入り वह तो ट्यूब पैकिंग में मिलता है それはチューブ入りが手に入る

ट्यूब लाइट [名*] 《E. tubelight》蛍光灯 बिजली की बचत करनेवाली ट्यूबलाइट 電気の節約になる蛍光灯 बस्ती की सड़कों पर जलती ट्यूबलाइटें 町の道端に点いている蛍光灯 कहीं भी सजावट नहीं थी, सिर्फ़ ट्यूबलाइट की भरमार से पैदा की गई चकाचौंध いずこにも装飾というべき物はなかった. ただやたらと多い蛍光灯で作り出された目のくらむ光

ट्यूब वैल [名] 《E. tubewell》〔農〕(動力揚水式の灌漑用) 深井戸；チューブウエル= नल कूप.

ट्यूमर [名] 《E. tumor》〔医〕腫瘍 बच्चेदानी में ट्यूमर 子宮の腫瘍 मस्तिष्क में ट्यूमर 脳腫瘍

ट्यूशन [名] 《E. tuition》(家庭教師などの) 個人教授；個人指導 ट्यूशन क॰ 個人教授 (家庭教師) をする

ट्रंक [名] 《E. trunk》トランク；(ブリキの) 衣裳缶= कपड़ों का ट्रंक.

ट्रंककॉल [名] 《E. trunk call》長距離電話 (での通話)

ट्रंपकार्ड [名] 《E. trump card》切り札

ट्रंपेट [名] 《E. trumpet》トランペット

ट्रक[1] [名] 《E. truck》 (1) トラック；貨物自動車 (2) 無蓋貨車 (3) トロッコ

ट्रक[2] [名] 《E. track》〔ス〕トラック

ट्रक एंड फ़ील्ड [名] 《E. track and field》〔ス〕トラックとフィールド競技

ट्रक और फ़ील्ड प्रतियोगिता [名*] 《← E. track & field meeting》〔ス〕トラックとフィールド競技；陸上競技選手権

ट्रक-ड्राइवर [名] 《E. truck driver》トラック運転手

ट्रजिडी [名*] 《E. tragedy》 (1)〔演〕悲劇= त्रासदी; दु:खांतक; दु:खांत नाटक. (2) 悲惨な出来事；惨事；悲劇= ट्रेजिडी; ट्रैजेडी; त्रासद घटना.

ट्रफ़िक [形・名] 《E. traffic》= ट्रैफ़िक. (1) 交通；往来 (2) 運輸 (3) 交通の वहाँ ट्रफ़िक जाम होता था そこではいつも交通渋滞が起こっていた **ट्रफ़िक पुलिस** 交通警察

ट्रम्पेट [名] 《E. trumpet》トランペット= ट्रंपेट. तब ट्रम्पेट और बिगुल बजते हैं その時トランペットとラッパが鳴る

ट्रस्ट [名] 《E. trust》 (1) 信託 (2) 委託 (3) 信託機関；信託委員会；保管委員会；トラスト

ट्रस्ट कंपनी [名*] 《E. trust company》信託会社；信託銀行= न्यास कंपनी.

ट्रस्टी [名] 《E. trustee》 (1) 受託者 (2) 管財人；保管委員

ट्रांजिट [名・形] 《E. transit》 (1) 乗り継ぎ；トランジット；通行；通過 (2) 乗り継ぎ用の；通過のための

ट्रांजिस्टर [名] 《E. transistor》 (1) トランジスタ (2) トランジスタラジオ

ट्रांजिस्टर बम [名] 《E. transistor bomb》トランジスタ爆弾

ट्रांजिस्टर रेडियो [名] 《E. transistor radio》トランジスタラジオ

ट्रांसपोर्ट [名] 《E. transport》運輸；運送= परिवहन.

ट्रांसपोर्ट उद्योग [名] 《E. transport + H.》運輸業；運送業

ट्रांसपोर्ट कम्पनी [名*] 《E. transport company》運送会社

ट्रांसपोर्टर [名] 《E. transporter》運送業者

ट्रांसफ़र [名] 《E. transfer》 (1) 転任；転勤= बदली; स्थानांतरण. (2) 転送；移動；移転 (3) 為替；振替 **ट्रांसफ़र क॰** *a.* 転任させる；転勤させる *b.* 転送させる；移転させる **ट्रांसफ़र हो॰** *a.* 転任になる；転勤になる *b.* 転送される；移転される

ट्रांसफ़ार्मर [名] 《E. transformer》〔電〕トランス；変圧器

ट्रांसमिटर [名] 《E. transmitter》〔通信〕送信機；発信機= प्रेषी.

ट्रांस मिशन [名] 《E. transmission》〔通信〕送信；発信= प्रेषण.

ट्रांसमिशन टॉवर [名] 《E. transmission tower》〔通信〕放送塔；送信塔 आकाशवाणी का ट्रांसमिशन टॉवर アーカーシュヴァーニー (インド国営放送) の送信塔

ट्रांसलेटर [名] 《E. translator》訳者；翻訳者= अनुवादक; तरजुमान; भाषांतरकार.

ट्रांसलेशन [名] 《E. translation》翻訳= अनुवाद; तरजुमानी.

ट्रांसिट [名・形] = ट्रांजिट; पारगमन; संक्रमण.

ट्राई [名] 《E. try》試し；試み ट्राई दे॰ 試みる；試験を受ける；受験する

ट्राट्स्की 〔人名〕《Lev Davydovich Trotskii》トロツキー, レフ D. ロシアの革命家, 政治家 (1879–1940)

ट्राट्स्कीवाद [名] 《Trotskii + H.》〔史〕トロツキー主義

ट्राट्स्कीवादी [形・名] トロツキー主義の (人)；トロツキスト；トロツキー主義者

ट्राफ़ी [名*] 《E. trophy》トロフィー；優勝杯；カップ फ़ुटबाल की राष्ट्रीय प्रतियोगिता को संतोष ट्राफ़ी प्रतियोगिता कहा जाता है 全国サッカー選手権をサントーシュ杯選手権と言う

ट्राम [名] 《E. tram》市街電車；路面電車 ट्राम में सफ़र करते हैं 路面電車で移動する

ट्रायल [名] 《E. trial》 (1) 試み；試し (2) 試練 (3)〔法〕裁判；公判；審理 (4)〔ス〕予選競技；トライアル

ट्राली [名*] 《E. trolley》 (1) ワゴン (料理などを運ぶためのもの) (2) 手押し車 (3) トロッコ

ट्रिक [名] 《E. trick》トリック ट्रिक फ़ोटोग्राफ़ी トリック写真術

ट्रिकोमा [名] 《E. trachoma》トラホーム；トラコーマ= कुकरे रोग.

ट्रिनट्रिन [名*] 電話などのベルの音. りんりん, ちりんちりんなど

ट्रिपल एंटीजन [名] 《E. triple antigen》三種抗原 **ट्रिपल एंटीजन के (डी॰पी॰टी॰) तीन टीके** 〔医〕三種混合予防接種 (ジフテリア, ポリオ, 破傷風の予防接種)

ट्रिब्यूनल [名] 《E. tribunal》裁判所；法廷

ट्रे [名*] 《E. tray》 (1) 盆；トレー चाय के प्यालों की ट्रे ティーカップをのせた盆 चाय नाश्ते की ट्रे お茶やスナックをのせたトレー (2) 盆やトレーのようなもの, 底の浅い整理箱など पिंजरे के तले में लगी खींचनेवाली ट्रे 鳥かごの底についている引き出し式のトレー फ़्रिज के निचले हिस्से में ट्रे होती है 冷蔵庫の下部にトレーがある

ट्रेकोमा [名] 《E. trachoma》〔医〕トラホーム；トラコーマ

ट्रेक्टर [名] 《E. tractor》トラクター= ट्रैक्टर.

ट्रे क्लाथ [名] 《E. tray cloth》ランチョンマット

ट्रेजरर [名] 《E. treasurer》会計係；出納官；収入役＝ खज़ानची; कोषाध्यक्ष.

ट्रेजेडी [名*] 《E. tragedy》＝ ट्रजिडी; ट्रैजेडी. मानवता इतिहास की इस सबसे बड़ी ट्रेजेडी पर लहू के आँसू बहा रही है 今や人類は歴史上最大の悲劇に血の涙を流している

ट्रेड [名] 《E. trade》商売；商い；売買；通商＝ व्यापार.

ट्रेड मार्क [名] 《E. trademark》トレードマーク；商標

ट्रेड यूनियन [名] 《E. trade union》労働組合 ＝ मजदूर संघ; श्रमिक संघ. ट्रेड यूनियन नेता 労働組合幹部

ट्रेन [名*] 《E. train》列車 ट्रेन दुर्घटना 列車事故 ट्रेन छूटना 列車が出る；発車する ट्रेन पकड़ना 列車を捕まえる；列車に乗る；発車に間に合う

ट्रेनर [名] 《E. trainer》調教師；訓練者；トレーナー सर्कस का ट्रेनर サーカスの調教師

ट्रेनिंग [名*] 《E. training》(1) 訓練 ट्रेनिंग उड़ान 訓練飛行 (2) 練習 (3) 調教 कुत्तों की ट्रेनिंग 犬の調教

ट्रेनिंग कैम्प [名] 《E. training camp》(1) 合宿 (2) 合宿所＝ शिविर.

ट्रेनिंग स्कूल [名] 《E. training school》(1) 養成所 (2) 教習所 (3) 教員養成所；師範学校＝ प्रशिक्षण महाविद्यालय; प्रशिक्षण केंद्र.

ट्रेनी [名] 《E. trainee》訓練生＝ प्रशिक्षणार्थी; प्रशिक्षु.

ट्रेफ़िक [名] 《E. traffic》→ ट्रैफ़िक.

ट्रेवल एजेंसी [名*] 《E. travel agency》旅行代理店 अनधिकृत ट्रेवल एजेंसी 無認可旅行代理店

ट्रैंकुलाइजर [名] 《E. tranquillizer》〔薬〕トランキライザー；精神安定剤

ट्रैक [名] 《E. track》(1) 通路；進路 (2) 軌道；鉄道；線路 (3)〔ス〕競走路；トラック

ट्रैक एंड फ़ील्ड [名] 《E. track and field》〔ス〕陸上競技

ट्रैक्टर [名] 《E. tractor》トラクター＝ ट्रेक्टर.

ट्रैजेडियन [名] 《E. tragedian》〔演〕(1) 悲劇俳優＝ त्रासदी अभिनेता. (2) 悲劇作家＝ त्रासदीकार.

ट्रैजेडी [名*] 《E. tragedy》〔演〕悲劇＝ दुःखांत नाटक; त्रासद नाटक; त्रासदी; दुःखांतक.

ट्रैप [名] 《E. trap》(1) 罠 (2)〔ス〕トラップ射撃の放鳥器 (3)〔ス〕(サッカー) トラップ ट्रैप शूटिंग クレー射撃 ट्रैप क॰ トラップする

ट्रैफ़िक [名・形] 《E. traffic》＝ ट्रफ़िक; ट्रेफ़िक. (1) 交通；往来；通行＝ यातायात. रास्ते का सारा ट्रैफ़िक 道路の一切の通行 ट्रैफ़िक बंद है.ज़रा पैदल चलें 車の通行が止められている．歩いて行こう (2) 交通運輸；運輸 (3) 取引；売買；商業 (4) 交通の **ट्रैफ़िक जाम** 交通渋滞 〈traffic jam〉＝ ट्रेफ़िक जैम. ट्रैफ़िक जाम में फँस जा॰ 交通渋滞に巻き込まれる

ट्रैफ़िक पुलिस [名*] 《E. traffic police》交通警察＝ यातायात पुलिस.

ट्रैफ़िक पुलिसमैन [名] 《E. traffic policeman》交通巡査

ट्रौली [名*] 《E. trolley》(1) トロッコ (2) 手押し車＝ ट्रॉली.

ट्वायलेट [名] 《E. toilet》(1) トイレ (2) 化粧 ट्वायलेट क॰ 化粧する वह ट्वायलेट कर चुकी थी 女性は化粧を済ませていた

ट्विस्ट नृत्य [名] 《E. twist + H.》〔芸〕ツイスト（ダンス）

ट्वीजर [名] 《E. tweezers》ピンセット

ठ

ठंठ [形] (1) 枝や葉の枯れて落ちてしまった（木）＝ ठूँठा. (2) 乳の出なくなってしまった（牛や水牛） (3) 一文なしの；素寒貧の＝ धनहीन; निर्धन. **ठंठ गिनना** 見下す

ठंठार [形] (1) 何１つ手元に残っていない (2) 空っぽの；すっからかんの

ठंठी[1] [名*] 脱穀後も実の残った穀物や豆類の穂やさや

ठंठी[2] [形*] 子を産めなくなったり乳の出なくなった（牛や水牛）

ठंड [名*] (1) 寒さ；寒気；冷気＝ ठंढ. ठंड के दिन थे 寒季だった；冬のことだった जाड़े की ठंड 冬の寒さ ठंड के दिनों में अच्छी दही जमाने के लिए 冬期に良いヨーグルトを作るのに (2) 寒け（寒気）；悪感 (3) 風邪＝ सर्दी; जुकाम. **ठंड खाना** 体が冷える **ठंड चढ़ना** 悪寒がする **ठंड लगना** *a.* 寒けがする *b.* 体が冷えこむ नहीं तो ठंड लग जाएगी でないと体が冷えるぞ *c.* 風邪を引く

ठंडई [名*] (1) 体に不都合な熱を鎮めたり除いたりすると考えられている，ウイキョウ，カーダモン，チコリ，カボチャ，マスクメロンなどの実，黒コショウ，バラの花弁などの数種類の薬味や種子を混ぜてすりつぶして粉にしたもの (2) 同上を混ぜた種々の飲み物 (3) バーング（大麻の葉から作る飲料）に同上を混ぜた飲み物；タンダイー महाराज ठंडई माँग रहे हैं 殿がタンダイーをご所望になっている

ठंडक [名*] (1) 寒さ；寒気 मेरे पैरों में ज़ोर की ठंडक लग रही थी 足に激しい寒気を感じていた हवा में ठंडक बढ़ गई थी 風がさらに冷たくなっていた (2) 冷え (3) 涼しさ；涼気 (4) 安らぎ；楽になること **ठंडक पड़ना** *a.* 冷え込む *b.* 寒くなる（季節が移って）＝ सरदी/सर्दी पड़ना. **ठंडक पहुँचना** *a.* 涼しくなる；ひんやりする *b.* 冷える जब पसीना सूखता है तो उससे शरीर को ठंडक पहुँचती है 汗が乾くと体がひんやりする *c.* 楽になる；痛みが和らぐ उस दवा से जले हुए हाथ में ठंडक पहुँची その薬で火傷した手が楽になった **ठंडक पहुँचाना** 冷たくする；冷やす（やけどの箇所などを）

ठंडा[1] [名] ＝ ठंढा. 冷たい飲み物；コールドドリンク ठंडा पीने की नली（स्ट्रो）冷たい飲み物を飲むための管（ストロー） **ठंडा-गर्म** 飲み物，冷たい飲み物（か）温かい飲み物（のいずれか） कुछ देर के लिए मेरी फ़ैक्टरी में भी पधारिए...कुछ ठंडा-गर्म... 少しの間うちの会社にもいらっしゃって下さい…なにかお飲み物を…"आप बताएँ कि ठंडा पिएँगी या चाय बनवाऊँ?" "आप जो भी पिलाएँगी, पी लूँगी" 「冷たいのを召し上がりますかそれともお茶を入れ（させ）ましょうか」「どちらでも結構です」

ठंडा[2] [形+] (1) 冷たい；寒い आँगन में घड़े में भी तो पानी ठंडा नहीं होता 中庭の水がめの水さえ冷たくない ठंडा पेय 冷たい飲み物 (2) 涼しい पेड़ों की ठंडी छाया 木立の涼しい蔭 (3) ひんやりした सुबह की ठंडी हवा उसे बहुत अच्छी लग रही थी ひんやりした朝の風がとても心地よく感じられた चाँद की रोशनी ठंडी होती है 月の光はひんやりしている ठंडी-ठंडी हवा चल रही थी.आसमान में बादल छाये हुए थे ひんやりした風が吹いていた．雲が空を覆っていた (4) 消えた；燃えてしまった；燃え尽きた (5) 冷えている；冷めている (6)（体温が通常より）低い；冷たい (7) 涼しさを感じさせる；寒い感じを与える ठंडा रंग 寒色 ↔ गरम रंग 暖色 (8)（食べると体を）冷やす（と考えられている食べ物） (9) 落着いた；冷静な पैसा दिल को ठंडा और शरीर को गरम रखने की अद्भुत दवा है 金（かね）は心を落ち着かせ体を温める不思議な薬だ ठंडे दिमाग से सोचो 冷静に考えなさい उसने विमला से विवाह करने का निश्चय बहुत ठंडी तरह सोचने-विचारने के बाद किया 冷静に考えをめぐらしてからヴィマラーとの結婚を決意した (10) 満足した；納得した (11) 全く不自由のない；全く心配のない；幸せな (12) 元気のない；弱った；弱々しい ठंडे स्वर से 弱々しい声で

(13) 気力のない；無気力な (14) 上辺ばかりの；表面的な；見せかけの (15) 内面や実際には激しさやきびしさを秘めている (16) くたばった；死んだ；のびてしまった；へたばった (17) 活気のない；沈滞した (18) 性感のない；性的不能の **ठंडा क०** *a.* (熱を帯びたものを) 冷ます；冷やす कुछ चीज़ें ठंडी कर खाने में ज़्यादा लज़्ज़तदार होती हैं ものによっては冷ましてから食べたほうがおいしいものだ *b.* 鎮める；(怒りや激しい感情などを) 落ち着かせる；鎮静する *c.* 抑える；鎮める；圧倒する इस मामले को ठंडा न करेंगे तो इतने बड़े राज्य के नष्ट हो जाने का डर है この問題を鎮めないとこれほどの大国が潰滅する恐れがある *d.* (神像など特別なものを川などに) 流す **ठंडा खाना** 疱瘡神などの願掛けのため祭りの当日疱瘡神の嫌うとされる火を使わず (調理をせず) 作り置きの食べ物を食べる **ठंडा गोदाम** 冷蔵倉庫 = शीत कक्ष. **ठंडा दिमाग़** 冷静さ；沈着さ ठंडे दिमाग़ से 冷静に；沈着に **ठंडे दिल से** 冷静に；沈着に；悪びれずに ज़रा ठंडे दिल से सोचिए ねえ，冷静にお考えになって下さい **ठंडा पड़ना** (興奮，熱気，怒りなどが) 静まる；鎮静する；冷める；下火になる आंदोलन के ठंडा पड़ जाने पर 運動が下火になること वह भी ठंडा पड़ गया あの人も (興奮していたのが) おとなしくなった लेकिन 1-2 दिन में उसका यह उत्साह भी ठंडा पड़ गया 2 日経つか経たぬかのうちにあの人のこの熱意も冷めてしまった **ठंडा प्यार** 情のこもらない見せかけのやさしさ **ठंडा बुख़ार** 恋患い **ठंडा मुलम्मा** 溶融金属にひたす鍍金 **ठंडा युद्ध** 冷戦 = शीत युद्ध. **ठंडा रंग** 寒色 (↔ गरम रंग 暖色) **ठंडा लहू** 無気力な人 **ठंडा हृदय** = ठंडा दिमाग़. **ठंडा हो०** *a.* 鎮静化する；静まる；静穏になる इसपर भी उसका गुस्सा ठंडा नहीं होता था それでもその人の怒りは鎮まらなかった *b.* 死ぬ；冷たくなる ऐसा दबाओ बाबू जी, कि साला ठंडा हो जाए 冷たくなるまで奴を締めてやりなよ，旦那 *c.* 冷める；冷える चाय ठंडी हो रही है お茶が冷める **ठंडी आग** *a.* 氷；雪 *b.* 霜 *c.* 内面を痛めつける狡猾な手段 **ठंडी आग में जलना** もだえ苦しむ **ठंडी आह** 嘆き；嘆息；溜め息 तुम क्या समझते हो मैं ठंडी आहों का मतलब नहीं समझती? 私にはあんたの溜め息の意味がわからないと思っているの **ठंडी आह भरना** 溜め息をつく मैं कब ठंडी आहें भरता हूँ? いつ私が溜息をつきますか **ठंडी गरमी** 上辺だけの愛情 **ठंडी मार** *a.* 表面的には見えないが深い傷 *b.* 心にぐさりと突き刺さる皮肉 **ठंडी मिट्टी** *a.* いつまでも若い体質 *b.* 性感のない人；性的不能の人 **ठंडी साँस** 溜め息；深い溜め息；長嘆息 **ठंडी साँस खींचना** 溜め息をつく = ठंडी साँस भरना.

ठंडाई [名*] = ठंडई; ठंढाई.

ठंडाना [自] 冷たくなる；冷える；冷却する बावजूद सुमित्रा की उन्मुखता के, विजय का मन इस संपर्क की तरफ़ से ठंडाता जा रहा था. スミトラーの積極性にもかかわらずヴィジャヤの心はこの接触に冷えて行くのだった

ठंडापन [名] ← ठंडा. 冷静さ；落ち着き；沈着 बड़े ठंडेपन से कहकर とても冷静に述べて

ठंडी[1] [名*] 疱瘡 (天然痘) や疱瘡神を指す忌み言葉 = शीतला. **ठंडी ढलना** 疱瘡の症状が盛りを過ぎる **ठंडी निकलना** 疱瘡にかかる

ठंडी[2] [名*] = ठंड.

ठंडी आग [名*] →別項 (ठंडा の項)

ठंढ [名*] = ठंडक.

ठंढक [名*] = ठंडक; ठंढ; शीत; सरदी; सर्दी.

ठंढा [形⁺] = ठंडा. ठंढे देश में 寒い地方で **ठंढी साँस खींचना** (-भरना) 深い溜め息をつく = सर्द आहें भरना.

ठंढाई [名*] = ठंडई; ठंडाई.

ठंढाना [自] 冷える वातावरण ठंढाना 大気が冷える

ठई [名*] (1) 様子；状態；ありさま；事態 (2) 状況；情況；事情

ठऊ [数] = ठो. (ウッタル・プラデーシュ州やビハール州などヒンディー語地域の東部の諸言語に用いられる助数詞) दो ठऊ गायें 雌牛 2 頭

ठक[1] [名*] 物を叩く音．こん (こん)，かた (かた)，とん (とん) など 'ठक, ठक, ठक ' किसीने कमरे का दरवाज़ा बजाया かた，かた，かたとだれかが戸を鳴らした

ठक[2] [名] アヘン塊を加熱して吸引するのに用いた鉄製のはし；アヘン吸引用のきせる

ठक[3] [形・名*] 茫然となったり動転したりする様子 ठक से हो० 茫然となる；驚きあわてる

ठकठक [名*] 物を叩く音→ ठक. मंगल के शब्द उसके मस्तिष्क में ठकठक बजते रहे マンガルの話した言葉が頭の中でいつまでも鳴り続いた

ठकठकाना [他] こつこつ，こんこんなどと物を叩く；物を叩いて音を立てる उसने पिंजरे को ठकठकाकर फिर पूछा 鳥かごをとんとんと叩いてまたたずねた

ठकठकिया [形] (1) 小さなことで不平や不満を並べ立てる；ごてる (2) 強情を張る

ठकठौआ[1] [名] 小船

ठकठौआ[2] [名]〔イ音〕タクトーアー (カスタネットの一種)

ठकना[1] [他] (物を) 叩く；打つ

ठकना[2] [自] もたれる；よりかかる

ठकमुर्री [名*] 茫然とすること；我を忘れること ठकमुर्री लगना 茫然とする；茫然となる

ठकुरसुहाती [名*] = ठकुरसोहाती. おせじ (お世辞)；おべんちゃら；おべっか = ख़ुशामद; लल्लो चप्पो.

ठकुराइन [名*] (1) 主人の妻 = मालकिन; स्वामिनी. (2) クシャトリヤ (タークル) の妻 = क्षत्राणी. (3) ナーイー (नाई 床屋・理髪業を主な生業としてきたカーストの人) の妻

ठकुराई [名*] (1) 神性 (2) 領主の地位 (3) (大) 地主の地位 (4) 主人であること，主人の身分；首領の地位 (5) クシャトリヤの身分；タークルの地位や身分 (6) 支配；支配権 (7) 偉大さ

ठकुराना [名] 町や村でタークル (クシャトリヤ) の多く居住する地域や地区

ठकुरानी [名*] (1) ठाकुर タークル (クシャトリヤ) の女 (2) 支配者，地主，領主などの妻 (3) 主人の妻；奥様；奥方

ठकुरायत [名*] (1) 支配；支配権；支配力 (2) 領主や首長の地位 (3) タークルなどの領主の支配する土地；領地

ठकुरास [名*] 領地；支配地

ठकोरना [他] 突く；押す लाठी से सड़क ठकोरना 棍棒で道路を突く उन्होंने लाठी ऊँची उठाकर पंखे के गोले को ठकोरा 棍棒をかざして (天井の) 扇風機の中心部を突いた

ठकोरा [名] 突くこと；押すこと = आघात; चोट.

ठकोरी [名*] 荷物や体をもたせかけたり腰掛け代りに用いられる棒；つっかい棒

ठक्कर [名*] = टक्कर.

ठग [名] (1) 詐欺師 (2)〔イ史〕タグ (中・近世インドのデカン地方や北部地域において旅人などをだまして接近し盗んだり強奪したりすることを専業とした者や集団) (3) 暴利をむさぼる人や貪欲な人

ठगण [名]〔韻〕モーラ韻律の韻歩マートラー・ガナ मात्रिक गण のうち 5 マートラー मात्रा の 8 種の総称

ठगना[1] [他] (1) だまし取る；かたりとる (騙り取る) वह साइकिल के साथ साथ रुपए भी ठगकर ले गया 自転車共々金までだまし取って行った वह लोगों को संतोषी माता के नाम पर ठगता था サントーシー・マーター (女神) の名を用い人々から騙り取っていた (2) だます；ペテンにかける；あざむく (欺く) ग्रामीण महिलाओं ने व्यवसायी को ठगा 田舎の女たちが商人を欺いた ज्योतिषी ने तुम्हें ठगा है 占い師が君を欺いたのだ (3) ぼる；ふんだくる；不当な利益を上げる (4) たらしこむ **ठगा-सा** あっけ (呆気) にとられた；茫然となった；放心した；ぽかんとなった यंत्रचालित -से मेरे हाथ जुड़ जाते हैं, वह लौट पड़ता है और मैं ठगी-सी देखती रहती हूँ 機械仕掛けのように私は合掌する．彼は戻って行き私は茫然となって見つめるばかり

ठगना[2] [自] (1) だましとられる (2) だまされる (3) 茫然となる；呆気にとられる

ठगनी [名*] (1) タグ (→ ठग (2)) の妻 (2) 詐欺や騙りをする女 (3) 迷妄 (女性に擬人化されたもの) (4) やり手；やり手ばばあ = कुटनी.

ठगपना [名] ← ठग. (1) 詐欺；欺瞞 (2) 狡猾さ；ずるさ

ठगबाज़ी [名*] 《H.+ P.بازی》(1) 欺き (2) 狡猾さ

ठगमूरि [名*] = ठगमूरी. タグ (→ ठग) が人を失心させるのに用いた薬草 ठगमूरि खाना 頭がおかしくなる；正気を失う

ठगमोदक [名] タグ (→ ठग) が人を失神させるのに用いた薬品の入った菓子

ठगलाड़ू [名] = ठगमोदक. **ठगलाड़ू खाना** 正気を失う；頭がおかしくなる **ठगलाड़ू दे॰** 正気を失わせる（失神させる）；物を与える（食べさせる）

ठगलीला [名*] 詐欺；だますこと

ठगवाना [他・使] ←ठगना. (1) だまさせる；欺かせる (2) 自らだましに乗る；だまされる隙を作る

ठगाई [名*] = ठगपना.

ठगाठगी [名*] 詐欺；騙り= धोखेबाज़ी; धोखाधड़ी.

ठगाना [自] (1) だましとられる (2) だまされる；欺かれる；一杯くう (3) ぼられる；暴利をむさぼられる कभी किसीसे ठगाना मत.ठगना तो खैर, बहुत बुरा है ही, लेकिन ठगाना भी अच्छा नहीं है 決してぼられてはならない．ぼるのがよくないのは確かだがぼられるのもよくない (4) たらしこまれる

ठगिन [名*] = ठगनी. (1) タグ（ठग）の妻 (2) 欺いて奪い取る女 (3) 狡猾な女；抜け目のない女

ठगिनी [名*] = ठगनी; ठगिन.

ठगिया [形] 欺く；だます= ठगनेवाला; छलनेवाला.

ठगी [名*] (1) 詐欺；詐欺行為 इस ठगी से बचना この詐欺行為にひっかからぬようにすること इस गिरोह ने पाँच सात लाख रुपयों से भी अधिक की ठगी की है この一味は50万～70万ルピー以上の詐欺を働いた (2) いかさま；いんちき；狡猾さ (3) タグ（→ ठग）の強奪行為

ठगोरी [名*] (1) だますこと；だまし (2) だまされること (3) だます手段 (4) まじない (5) 迷わすこと；たぶらかすこと (-पर) **ठगोरी डालना** たぶらかす

ठट [名] (1) 集合；集積= समूह. (2) 集団；集まり= समूह; झुंड. (3) 作り；構造 **ठट के ठट** 大きな集まり；大集団= झुंड के झुंड; बहुत-से.

ठटकीला [形⁺] 飾り立てられた；派手な

ठटना[1] [他] (1) 定める；決める；確定する (2) 整える；調整する；準備する

ठटना[2] [自] (1) 突っ立つ (2) 立ち向かう (3) 整う；用意ができる

ठटरी [名*] (1) 骨ばかり残った体；骸骨；骨格；骨組み **ठटरी हो जा॰** 骨と皮だけになる；極度にやせる (2) 骨組み；構成；全体の仕組み बाँसों की ठटरी 竹を組んだ骨組み (3) ヒンドゥーが死体を担いで火葬場に運ぶために竹などを組み合わせてこしらえる棺架 (4) ワラや草などを束ねるための網= ठठरी.

ठट्ट [名] (1) 人の群れ；集団；群集 (2) 集団；集合

ठट्टी [名*] 骸骨；人の骨格

ठट्ठ [名] = ठठ्ठ.

ठट्ठा [名] (1) 冗談；からかい (2) ふざけること (3) 大声を出して笑うこと；大笑い (4) たやすいこと (-का) **ठट्ठा उड़ाना** （ーを）からかう；（ーを）嘲る= (-का) उपहास क॰; दिल्लगी क॰. (-का) **ठट्ठा क॰** （ーを）からかう **ठट्ठा मारकर हँसना** 大笑いする= ठट्ठा मारना. गलियों में ठट्ठा मारते हैं 路地裏で大声をはりあげて笑う (-का) **ठट्ठा मारना** （ーを）からかう；嘲る；笑いものにする **ठट्ठा मारना** 大声で笑う；哄笑する यह कहकर उसने ज़ोर का ठट्ठा मारा こう言って大声で笑った **ठट्ठा लगाना** *a.* 嘲る *b.* 大声で笑う इसपर मित्रों ने ठट्ठा लगाया すると友人たちが大声で笑った **ठट्ठे का भट्ठा हो॰** 冗談から喧嘩になる **ठट्ठे में उड़ाना** 笑い飛ばす；冗談にとる= हंसी में उड़ाना.

ठट्ठाबाज़ [形] 《H. + P.باز》= ठट्ठेबाज़. 冗談好きな；よく冗談を言う；からかう

ठट्ठाबाज़ी [名*]《H. + P.بازی》冗談；からかい= ठट्ठेबाज़ी. अकबर बादशाह को ठट्ठेबाज़ी का बड़ा शौक़ था アクバル王は冗談を言うのが大好きだった

ठट्ठा-मज़ाक़ [名] 《H. + A. مذاق》冗談；冷やかし；からかい

ठठई[1] [形] 冗談を言う；からかう

ठठई[2] [名*] 冗談；からかい

ठठकना [自] = ठिठकना.

ठठना[1] [自] (1) 立つ (2) 止まる (3) 定まる (4) 飾られる

ठठना[2] [他] (1) 立てる (2) 止める (3) 定める (4) 飾る；装う (5) こしらえる；しつらえる

ठठरी [名*] = ठटरी. **ठठरी हो जा॰** 体力がすっかり衰える；衰弱してしまう；がりがりにやせる；骨と皮だけになる

ठठा [名] = ठट्ठा.

ठठाना[1] [自] 普通 **ठठाकर हँसना** の形で用いられる．大声で笑う；あっはっは，わっはっはと大声を出して笑う；哄笑する पहरेदारों ने उसकी बात सुनी तो ठठाकर हँस पड़े 番人たちは男の話を聞くと大声で笑い出した बाक़ी सब ठठाकर हँस रहे थे 他の人たちはみな大声で笑っていた

ठठाना[2] [他] (1) 打つ；叩く (2) 叩きのめす

ठठाना[3] [自] 盛んになる；勢いを得る

ठठियाना [他] (1) 飾る；飾り立てる (2) 丸裸にする

ठठियार [名] 骨格= ढाँचा; टट्टर.

ठठेरा [名] (1) 真鍮や銅の細工をする人；真鍮細工師；タテーラー (2) 真鍮の器具を商う商人 (3)〔鳥〕ゴシキドリ科ムネアカゴシキドリ【*Megalaima haemacephala*】 **ठठेरे की बिल्ली** *a.* ほんのわずかの物音も聞きわける *b.* たいていのことには驚かない；悪事を見なれている；随分としたたかな **ठठेरे की बिल्ली खटके से नहीं डरती** 〔諺〕四六時中小言を言う人をだれも恐れない **ठठेरे ठठेरे बदलाई** *a.* 狐と狸の化かし合い *b.* 互いに負けず劣らずの関係にあること *c.* 同業者同士が商品を口銭無しで融通しあうこと；相互扶助；相身互い= ठठेरे ठठेरे बदलौवल.

ठठेरी[1] [名*] (1) タテーラー（ठठेरा）の妻 (2) タテーラー・カーストの女性 (3) タテーラーの職や仕事

ठठेरी[2] [形] タテーラーの→ ठठेरा.

ठठोल[1] [形] おどけた；こっけいな；ひょうきんな；ふざける；おもしろおかしく話す

ठठोल[2] [名*] = ठठोली.

ठठोली [名*] おどけること；こっけいなこと；ひょうきんなこと；ふざけ；からかい；冷やかし；冗談= हँसी; दिल्लगी.

ठठ्ठ [名] (1) 集まり；集合 (2) 人だかり；群衆；群集

ठठ्ठा [名] = ठट्ठा.

ठड्डा [名] (1) 背骨 = रीढ़. (2) 凧の縦骨 (3) 骨組み；枠= ढाँचा; टट्टर.

ठढ़ा [形⁺] 垂直の；縦の；立っている= खड़ा.

ठढ़िया [名*] (1) 木製の深い臼 (2)〔植〕ヒユ科野菜ハゲイトウ（葉鶏頭）【*Amaranthus oleraceus*】= मरसा.

ठन [名*] 金属が物に触れて発する音．かん，ちゃりんなど

ठनक [名*] (1) 金属が物に触れて発する音．ちゃりん，ちゃらん，かんかんなど (2) 鼓，太鼓などの鳴る音，どんどん，ばんばんなど (3) ずきずきした痛み

ठनकना [自] (1) 金属が物に触れて鳴る (2) 鼓や太鼓が鳴る (3) ずきずきと痛む **माथा ठनकना** ふっと悪い予感がする；不安がよぎる；はっと不安な気持ちが浮かぶ

ठनका [名] (1) 金属や太鼓などの打ち鳴らされる音 (2) 打撃；衝撃 (3) ずきずきした痛み

ठनकाना [他] (1) 金属を打ったり叩いたり打ち当てたりして鳴らす (2)（鼓，太鼓などを）鳴らす；打つ；叩く **रुपया ठनकाना** 金を取り立てる

ठनकार [名*] = ठनक. 衝撃で金属の発する音

ठनगन [名*] (1) 祝い事の際に祝儀の金品を執拗に要求すること (2) 執拗なこと；意地を張ること；強情なこと= हठ.

ठनठन [名*] → ठन. 金属が物に触れて生じる音；かんかん，きんきん，ちゃりんちゃりんなど

ठनठन गोपाल[1] [形] (1) 一文なしの；すかんぴんの（素寒貧の） (2) 中身のない；空っぽの；うつろな

ठनठन गोपाल[2] [名] (1) 一文なし (2) 中身のないもの

ठनठनाना[1] [他] (1) 金属を打って音を立てる（鳴らす） (2) 太鼓などの皮革を用いた打楽器を打ち鳴らす

ठनठनाना[2] [自] 金属の物体が物に当たって音が出る（鳴る）

ठनना [自] (1) 勃発する；急に起こる (2) 勢いよく始まる (3)（心が）決まる；（意志が）定まる (4) 乗り気になる **बात पर ठनना** （ーに）乗り気になる；やる気になる

ठनाका [名] (1) 金属が激しく鳴る音 (2) 金属の鳴り続く音= ठनकार.

ठनाठन [副] 硬貨や金属が鳴ったり音を立てる様子（かんかん，ちゃりんちゃりんなどと）

ठप[1] [形] (1) 完全に停止した (2) 行き詰まった；停頓した (3) さらの；未使用の **ठप कर दे॰** 止める；停止する；終える

ठप[2] [名] (1) 開いていたものが閉じたりしまったりする音 (2) 動いていた物が停止するさま (3) 機能していたものが行き詰まったさま

ठ

ठपका [名] (1) 本など開いている物を閉じる音 (2) 開いている本を閉じること (3) 押したり突いたりすること

ठपना [他] (1) 物を音を立てて閉じる (2) 終える；しまいにする (3) 掌で叩いたり張りつけたりする

ठप्प [形] = ठप. (1) 停止した；閉じた；麻痺した पूरे शहर का कामधाम कई दिन तक ठप्प रहा था 全市の活動は数日間完全に停止していた **ठप्प क॰** (機能や活動を) 停止させる；麻痺させる (2) 行き詰まった भाई का व्यापार धीरे-धीरे ठप्प पड़ने लगा 兄の商売は次第に行き詰まり始めた यदि नदियाँ न हों तो हमारे अधिकांश उद्योग धंधे ठप्प हो जाएँ 川がなければほとんどの産業は停止してしまうだろう

ठप्पा [名] (1) スタンプ；印章；刻印；印判 व्यापारी इसे अपने माल पर ठप्पा लगाने के लिए इस्तेमाल करते थे 商人たちは自分の商品に刻印するのにこれを用いていた (2) 印判のしるし (3) 型；鋳型 **ठप्पा लगाना** 保証する；請け合う；太鼓判を押す

ठबकना [自] 気取って歩く；肩で風を切るような歩き方をする

ठमक [名*] (1) 急に立ち止まる様子 (2) 気取った歩き方

ठमकना [自] (1) (恐怖感や不安感から急に) 立ち止まる；はっとして止まる काका को अपनी ओर देखते पाकर वह ठमक गया おじが自分の方に近づいてくるのを見つけてはっとして立ち止まった (2) = ठुमकना.

ठमकाना [他] ↔ ठमकना. 立ち止まらせる；止まらせる= ठहराना; रोकना.

ठरकना [自] ぶつかる；衝突する；ぶち当たる

ठरना [自] (1) 凍える；寒さにふるえる (2) ひどい寒さになる

ठराना [自] 止まる；停止する= टिक जा॰; ठहरना.

ठरारा [形$^+$] 冷たい；冷えた

ठर्रा [名] (1) マフアの酒 (アカテツ科高木イリッペの花を発酵させてつくる酒) (2) 半焼きの大型の煉瓦 (3) 伝統的な靴の一種 (4) 形のよくない真珠の玉

ठर्री [名*] 〔農〕(1) 直蒔きにする籾 (2) 籾の直蒔き

ठलुआ [形$^+$] = ठलुवा. なまけものの；ぐうたらな= निठल्ला.

ठवन [名*] 姿勢；ポーズ= आसन; मुद्रा.

ठस [形] (1) ぎっしり詰まった；びっしり詰まった (2) 織り目の密な；織り目の詰まった (3) ずっしりと重い (4) けちな；締まり屋の= कंजूस. (5) 怠け者の (6) 強情な **ठस दिमाग** 間抜けな；愚かな

ठसक [名*] (1) うぬぼれ；高慢さ；思い上がり (2) 威張ること (3) 気取り (4) 咳 (5) せきこむ声 **ठसक दिखाना** うぬぼれる；自慢する= घमंड क॰.

ठसकदार [形] 《H. + P.دار》 (1) 高慢な (2) 威張った；威張る (3) 気取った；気取っている

ठसका[1] [名] (1) ショック；衝撃 (2) せきこむ声 (3) 空咳；乾咳 **ठसका मारना** 突く；押しやる

ठसका[2] [名] = ठसक.

ठसकी [名*] = ठसका[1]. मुझे बड़ी ज़ोर की ठसकी लगी 激しい空咳が出た

ठसाठस [形・副] ぎっしり詰まった；ぎっしりと (ものが詰まっている，倉庫にあふれている)；びっしりと ठसाठस भरे संसद में びっしり満席の議会で तिजोरी धन से ठसाठस भरी थी 金庫には財貨がびっしり詰まっていた रेशम की कोठरी ठसाठस भरी है 絹の入った物置はぎっしりと詰まっていた

ठस्सा [名] (1) 彫刻用ののみ= रुखानी. (2) うぬぼれた振る舞い= ठसक. (3) 慢心；驕り= घमंड; अहंकार.

ठहकना [自] 音が出る；鳴る= बोलना; आवाज़ क॰.

ठहना[1] [自] (1) いななく= हिनहिनाना. (2) 鐘が鳴る

ठहना[2] [自] 慎重に振る舞う；丁寧に行う

ठहनाना [自] (1) いななく= हिनहिनाना. (2) 鐘が鳴る= घनघनाना; ठनठनाना.

ठहर [名] (1) 場所；ところ= स्थान; जगह. (2) 〔ヒ〕(牛糞を混ぜた粘土を塗って清めた) 台所；お勝手 (3) 台所を牛糞を混ぜた粘土で清めることや塗布すること **ठहर दे॰** 〔ヒ〕台所を清める

ठहरना [自] (1) 止まる；停止する उसकी निगाह कुछ दूरी पर बनी बिल्डिंग की बालकनी में जाकर ठहर गई 視線はちょっと先に建ったビルのバルコニーのところへ行って止まった "बचाओ बचाओ" "ठहरो" 「助けてくれ」(と言いながら逃げて行くのに対し)「待て」 (2) よどむ ठहरा हुआ पानी よどんだ水 (3) とどまる；じっとしている；動かずにいる तुम यहीं ठहरो, मैं पास के गाँव से तुम्हारे और अपने खाने के लिए कुछ ले आता हूँ ここにじっとしていなさい．近くの村から何か食べものを手に入れてくるから **गर्भ ठहरना** 受胎する कोई शुक्राणु डिम्ब से मिल गया तो गर्भ ठहर सकता है 1つの精子が卵子と結合すると受胎できる (4) とどまる；(面影や印象などが) 残る काफ़ी देर तक वह मेरी आँखों में भी ठहरी रही かなりの間面影が私の目の中にも残っていた (5) 落ち着く；安定する लेकिन ठहरे जमे मन से उपजनेवाली बुद्धि के अभाव में しかし，落ち着いた気持ちの時に生まれる知恵がない状態で (6) 宿に泊まる；宿泊する क्या तुम यहीं ठहरी हो? ここに泊まっているのかい आप मेरी अतिथिशाला में ठहर जाएँ 当方のゲストハウスにお泊まり下さい क्या रात भर भी न ठहरोगी? 一夜だけでも泊まらないのか वह अब की मसूरी की सैर करने गया हुआ था और एक होटल में ठहरा था 今度はマスリーへ旅行に出かけておりあるホテルに宿泊していた (7) 時間を間に置く；待つ；待機する ज़रा ठहरो ちょっと待て नहाने के बाद ज़रा ठहरकर खाएँ 入浴後しばらくしてから食事をすること खाना अभी खाएँगे या ठहरकर? あなた今すぐ食事になさる，それともしばらくしてからに (8) 支えられる；載る (9) 決定される；まとまる；決まる；落ち着く；決着する पाँच रुपये वेतन ठहरा 月給は5ルピーと決まった (10) 持ちこたえる；耐える；持久力のある；持つ ऐसी चीज़ें जो सूखी हों और ठहर सकती हों 乾いていて長持ちするようなもの 1.92 रुपए की बरामदगी इसके सामने कहाँ ठहरती है 1.92ルピーの収入がこれに持ちこたえられるはずがない (11) 話者の断定的な判断を示す表現．－だ；定まる；決まる；明らかになる；来る बेशरम ठहरा...चाहे जितना दुतकारे, दिल्ली का यही इलाका मुझे पसंद है 私は恥知らずなのさ…どんなにののしられようと．デリーのこのあたりが好きなのだ हम तो भुच्च गँवार ठहरे わしは全くの田舎者なのさ आप इतने बलवान और मैं ठहरी कमज़ोर! あなたがこんな力持ちで私が弱虫ということだわ भैंस तो आख़िर भैंस ही ठहरी.बिगड़ गई.वह गुस्से में बोली 水牛はやっぱり水牛だった．不機嫌になり怒って言った मैं ग़रीब आदमी ठहरा न.इस बुढ़ापे में भी इतनी मेहनत मसक्कत कर रहा हूँ どうせ私は貧乏人なんだ．こんなに年をとってもこれだけきつい仕事をしているんだ दोस्त जो ठहरा 友達なんだから

ठहराई [名*] ← ठहराना.

ठहराऊ [形] (1) 持続する；継続する (2) 丈夫な；頑丈な

ठहराना [他] (1) (走っているものや動いているものを) 止める；停止させる；停車させる (2) 泊める；宿泊させる होटलों में ठहराने के बजाए ホテルに泊める代わりに जिस होटल में हमें ठहराया गया था 私たちが泊められていたホテル (3) (－に) 帰す；帰する；(－の) せいにする；決めつける；(－に) 負わせる असफलता के लिए किसे ज़िम्मेदार ठहराएँ 失敗の責任をだれに帰せしめるか उसने चीनी के भाव बढ़ने के लिए सरकार की कथित गलत नीतियों और दोषपूर्ण वितरण प्रणाली को ज़िम्मेदार ठहराया है 白砂糖のレートの上昇について政府のいわゆる間違った政策や欠陥だらけの流通制度に責任があると決めつけた कुछ दूसरी किस्म के मार्क्सवादी साम्यवादी देशों के निरंकुश तंत्रों के लिए उन देशों के आर्थिक पिछड़ेपन को दोषी ठहराते हैं 一部別派のマルキストたちは共産主義諸国の専制はそれらの国々の経済的立ち遅れに科があると決めつけている (4) 決める；定める；取り決める उन्होंने धार्मिक बलि के लिए पशुओं की हत्या करना वर्जित ठहराया 宗教上の供物に殺生をタブーとした (5) 支える；つっかいをする；突っ張る (6) 定める；動かぬようにする

ठहराव [名] (1) 決着 (2) 取り決め；協定；協約 (3) 結論 (4) 決定；決断 (5) 安定；落着き (6) 耐久性；持久力 (7) 停止 (8) 休止；中断

ठहरौनी [名*] (1) 結婚に際して当事者間の贈答の取り決め (2) 取り決め

ठहाका [名] (1) 大きな笑い声= अट्टहास. (2) 大声で笑うこと **ठहाका मारना/ठहाका मारकर हँसना** 大声で笑う；どっと笑う；あごを外して笑う ज़ोर से ठहाका मारकर या ताली पीट-पीटकर हँसना महिलाओं को शोभा नहीं देता 大声をあげたり手を打ったりして笑うのは女性には似つかわしくない इस उत्तर को सुनकर कक्षा के सभी बच्चे ठहाका मारकर हँस पड़े この返答を聞いてクラス中の子供がどっと笑った **ठहाका लगाना** = ठहाका मारना.

ठहियाँ [名*] = ठहिया. 場所 = जगह; स्थान; ठिकाना.

ठाँ[1] [名] = ठाँव. 場所 = जगह; स्थान; ठाँव. ठाँ ठाँ 至るところに= स्थान स्थान पर.

ठाँ[2] [名*] = ठाँय. 銃弾の発射音；ぱん ठाँ ठाँ ぱんぱん

ठाँउँ [名] = ठाँव.

ठाँठ [形] (1) ひからびた；かさかさになった (2) 乳の出なくなった（牛や水牛などの家畜）

ठाँय [名*] 銃発射音やものが破裂したり爆発したりする音．ぱん，ぱーん，ばーんなど **ठाँय ठाँय** *a.* 銃弾を連続して発射する音；ぱんぱん *b.* いざこざ；ごたごた **ठाँय ठाँय हो०** 言い争いになる；口喧嘩になる

ठाँव [名] (1) ところ；場所= स्थान; जगह. (2) 所在；ありか= ठिकाना. (3) 止まる場所；泊まるところ (4) 機会；折 **ठाँव कुठाँव** 微妙な事柄；微妙な点 **ठाँव-ठाँव** 至るところに= जगह-जगह; हर जगह. यहाँ ठाँव-ठाँव पर मंदिर हैं, मस्जिदें हैं 至るところに寺がありマスジッドがある **ठाँव-ठिकाना** 身を寄せるところ

ठाँसना[1] [他] = ठूँसना. (1) 押し込む；詰め込む (2) ぎっしり詰める

ठाँसना[2] [自]（こんこん，こほんこほんと）咳をする；せきこむ

ठाई [名*] = ठाँव.

ठाक [名*] (1) 障害；妨げ (2) 禁止

ठाकना [他] (1) 止める；妨げる (2) 禁じる；禁止する

ठाकुर [名] (1)〔ヒ〕神像，特にヴィシュヌ神やヴィシュヌ神の化現であるラーマやクリシュナの神像 (2)〔ヒ〕最高神；イーシュワル；バグワーン (3) 主；主人 (4) 頭；頭目 (5) 領主；大地主 (6) クシャトリヤの称号やクシャトリヤに対する敬称 (7) ナーイー（理髪業）カーストの男に対する呼びかけの言葉 **ठाकुर जी** 神，特にヴィシュヌ神；ヴィシュヌ神像

ठाकुर, रवीन्द्रनाथ〔人名・文芸〕タゴール（タクル），ロビンドロナト（1861–1941 ベンガル語及び英語の詩人，教育者，思想家）

ठाकुरद्वारा [名] (1)〔ヒ〕神を祀ってあるところ；神の社；神社；ヒンドゥー寺院= देवालय. (2)〔シク〕シク教徒の寺院= गुरुद्वारा. (3) ジャガンナート寺院→ जगन्नाथ जी का मंदिर.

ठाकुरधाम [名]〔ヒ〕天国，特にヴィシュヌ神の天界；極楽 उसने यह भवलोक छोड़ ठाकुरधाम की यात्रा आरम्भ की この世を去ってヴィシュヌ神の天界への旅を始めた

ठाकुरप्रसाद [名] 神饌；神に供える食べ物；みけ（御食，御饌）

ठाकुरबाड़ी [名*] (1)〔ヒ〕寺院；神社；祠 (2) 家屋内や部屋の一隅などにしつらえられた神を祀る場所（神像が置かれたり神像の絵が飾られているものも含める．礼拝，プージャーを行うところ） बौद्धों की ठाकुरबाड़ी 仏壇・仏像を安置する祭壇

ठाट[1] [名] = ठाठ. नफ़ा न होता, तो यह ठाट कहाँ से निभाता 儲けがないのならこんなに派手なことがしておれようか

ठाट[2] [名] (1) 集まり；集団；群れ (2) 豊富なこと；多いこと (3) = ठाठा.

ठाटना [他] (1) 作る；こしらえる (2) 定める；決める

ठाटबंदी [名*]《H. + P. بندی》茅葺き屋根や仕切り，囲い，衝立などに用いる茅や葦などを編み込んだ木や竹の枠をこしらえる作業

ठाट-बाट [名⁻] = ठाठ-बाट.

ठाटर [名] (1) 茅葺き屋根や衝立などに用いる茅や葦などを編み込んだ木や竹の枠；仕切り；囲い= ठाट; ठाठ. (2) 骨組み；骨格 = ठठरी; पंजर.

ठाठ[1] [名⁻] (1) 茅などを編み込んで作られる屋根や衝立の木や竹の枠 (2) 骨組；骨格；枠組み (3) 型；形式；様式 (4) 一式；一揃い；必需品；必要物 (5) 飾り立て；飾りつけ；装い फागुन का ठाठ パーグン月の装い (6) 華麗（な様子)；堂々たること；壮観 **ठाठ का** 堂々とした；ぱりっとした ऐसे ठाठ की ज़िंदगी ぱりっとした暮らし उनके पिता जी ने बड़े ठाठ की थानेदारी की थी あの人の父親は堂々たるターネーダール（警視）の職を勤め上げたものだった（役得が多くて何不自由のない職務だった） (7) 派手なこと；派手さ (8) 威勢のよいこと；勢いのあること (9) 用意；準備 **ठाठ खड़ा क०** *a.* 骨組みをつくる *b.* 飾り立てる **ठाठ ठाठना** 準備する；用意する **ठाठ पर रह जा०** くたびれ儲けになる；何も得るものがない **ठाठ बदलना** *a.* 着替える *b.* 姿勢を変える *c.* 威張る **ठाठ बाँधना** *a.* 襲う；身構えをする *b.* 威圧する **ठाठ बिगड़ जा०** 衰える；衰退する **ठाठ मारना** 大いに楽しむ；安楽に過ごす **ठाठ से** *a.* 立派に；堂々と *b.* 派手に *c.* 気楽に；安楽に यहाँ ठाठ से सर्राफ़े की दूकान खोल ली और लखपती बन बैठा ここに堂々と両替商の店を出し長者になった **ठाठ से रहना** 安楽に過ごす；気楽に暮らす **ठाठें मारना** 勢いを得る；盛んになる अमेरिका और उसके साथी देशों में आत्मविश्वास ठाठें मार रहा है 目下アメリカと同盟国は自信にあふれている हम लड़कों में भी उर्दू का जोश ठाठें मार रहा था 子供たちの間にさえウルドゥー語学習熱が盛んだった

ठाठ[2] [名] = ठाठा; बैल और साँड का कूबड़.

ठाठना[1] [他] (1) 骨組みをつくる；骨格をこしらえる (2) 飾る (3) 準備する；用意する

ठाठना[2] [自] (1) 骨組みができる；骨格ができる (2) 飾られる (3) 準備ができる；用意される

ठाठबंदी [名*] = ठाटबंदी.

ठाठ-बाट [名] (1) 華やかさ；壮観；華麗 हम लोगों ने सेठ की हवेली के ठाठबाट देखे 豪商の屋敷の華麗なさまを見た (2) 安穏；安楽；気楽 राजसी ठाठ-बाट छोड़कर कहीं चले जाओ 王侯のような安楽を捨てて去りどこかへ立ち去れ (3) 見せびらかし；虚飾；虚栄 (4) 飾り立て；装飾 **ठाठ-बाट से रहना** 派手な暮らしをする ख़ूब ठाठ-बाट से रहने लगा うんと派手な暮らしを始めた

ठाठर [名] = ठाठ.

ठाठा [名] ゼブ牛の背のこぶ（瘤）= कूबड़.

ठाड़ा [名]〔昆・農〕大麦や小麦の根を食うジムシ（地虫）の総称

ठाढ़ [形] = ठाढ़ा.

ठाढ़ा [形⁺] (1) 直立している；直立の；垂直の (2) 本来の；元通りの (3) 精白や製粉されていない (4) 元気な；丈夫な；頑健な (5) 目前の；目前にある；出現している **ठाढ़ा दे०** *a.* 定める *b.* 保持する

ठान[1] [名] 場所 = स्थान; ठाँव; जगह.

ठान[2] [名*] ← ठानना. (1) 開始 (2) 決意；決心= निश्चय; संकल्प. (3) 身のこなし= चेष्टा. **ठान ठानना** 堅く決意する

ठानना [他] (1) しかける；挑む；ふっかける तुमने रार किस लिए ठानी? なぜ喧嘩をしかけたのだ वह मेरी ख़ातिर मनमोहन से लड़ाई ठान लेगा あの人は私のためにマンモーハンに喧嘩を挑む माँ-बाप से लड़ाई ठान देते 親に喧嘩をふっかける (2)（－を）決心する；決意する (-की) ठानना (ठान ले०) の形で用いられることが多い वहीं रतजगा करने की ठान ली そこで徹夜することを決心した गिलहरी ने चूहे से बदला लेने की ठान ली リスはネズミに対する復讐を心に決めた **मन में ठानना** 決心する；決意する= इरादा क०; निश्चय क०. मैंने भाग्य आज़माने की ठानी 運試しを決意した（運を天に任せようと決めた） (3)（意地を）張る；貫く；押し通す उसने ज़िद्द ठान ली 男は意地を張った

ठाना[1] [他] = ठानना.

ठाना[2] [名] = थाना.

ठायँ [名*] 銃砲の発射音= ठाँय.

ठार [名] (1) 雪 (2) 霜 (3) 厳しい寒さ

ठाला[1] [名] (1) 失業；無職 (2) 無収入の状態 (3) 活気のないこと；不活発な状態 (4) 不足；欠乏 **ठाला ठुलिया** からの（空の）；からっぽの；中空の= ख़ाली; रीता **ठाला बताना** 何も与えず追い返す **बैठे ठाले** 仕事のない時；暇な時；無為に過ごしている時

ठाला[2] [形⁺] 働かずにあるいは怠けてぶらぶらしている；怠けている= निठल्ला; बेकाम.

ठावँ [名] = ठाव. 場所；所= ठाँव.

ठिंगना [形⁺] (1) 標準より背の低い；ちびの；矮小な ठिंगना आदमी (2) 矮性の ठिंगने क़द के गेहूँ 矮性小麦

ठिक[1] [名*] 金属板の切片

ठिक[2] [名*] 安定；落ち着き= ठहराव; स्थिरता.

ठिक[3] [形] = ठीक.

ठिकाना[1] [名] (1) 場所；所= स्थान; जगह. (2) 所在；ありか= पता. (3) 要所 (4) 目標 (5) 本来の場所；あるべきところ；本来の姿；常態；常規 (6) きちんとしていること；秩序正しいこと；折り目正しいこと सब ने ख़ैरो आफ़ियत पूछी. ठिकाने से बिठाया みなはご機嫌をうかがい，折り目正しく席をすすめた (7) 頼り；頼るべきもの；当て；寄る辺；見込み दूसरी ओर लाखों-करोड़ों की संख्या में अपार जनता है, जो ग़रीब है, जिसके खाने, पहनने और रहने का कोई ठिकाना नहीं, जिसके बच्चों के पढ़ने का कोई बंदोबस्त नहीं 他方には貧しくて衣食住の頼りを何ら持たず子供たちの教育の手配も全くない数百万数千万という大衆がいる न रहने का

ठिकाना, न खाने का 住む当てもなければ食べる当てもない बच्चों के प्रेम का ठिकाना ही क्या? 子供の愛情は当てになるものか कहाँ जाऊँ मैं? मेरा यहाँ कोई नहीं.मेरा कोई ठिकाना नहीं どこへ行けばよいのやら，ここには知る人もなく寄る辺もない (8) 信頼 (9) 限度；限界；限り；極限 (10) 藩王たちが下賜した封土；ジャーギール **ठिकाना क°** *a.* 場所を定める *b.* 職につける *c.* 嫁がせる **ठिकाना ढूँढना** *a.* 仕事を探す；職を探す *b.* 住む場所を探す **(-का) ठिकाना न रहना** *a.* (－の) 限度がない；(－の) きりがない；(－の) とどまるところを知らない *b.* (－の) 寄る辺がなくなる यह सारा दृश्य देखकर श्यामू जी के क्रोध का ठिकाना न रहा 全体の状況を見てシャームー氏は怒りに怒った अम्माँ की तो खुशी का ठिकाना ही न रहा 母の喜びようといったらなかった **ठिकाना पाना** 住む所や住所を見つける **(-का) ठिकाना पाना** (－の) 所在や住所をつきとめる **(-का) ठिकाना लगना** *a.* (－の) 所在が判明する *b.* (－の) 住所が定まる *c.* (－の) 段取りがつく *d.* (－の) 仕事が見つかる **(-का) ठिकाना लगाना** (－を) 嫁がせる **ठिकाने आ°** *a.* 本来のところに至る；元通りになる；正常になる *b.* まともになる जब साल भर जेल में चक्की पीस लेंगे और वहाँ से तपेदिक लेकर निकलेंगे, या पुलिस के डंडों से सिर और हाथ पाँव तुड़वा लेंगे, तो बुद्धि ठिकाने आएगी 1 年もの間刑務所で重労働をし肺病に罹って出所するか警察の警棒で頭か手足を割られたり折られたりすれば正気に戻るさ **ठिकाने की बात** あたりまえの事；まともなこと；正常なこと **ठिकाने न रहना** 落ち着きのない；動揺している **ठिकाने न हो°** 正常でない मेरे होश ठिकाने न थे 私は正気ではなかった **ठिकाने पर आ°** = ठिकाने आ°. जब मेरे होश ठिकाने पर आए तो पेशाब बर्दाश्त से बाहर होने लगा 意識が戻ると小便がこらえきれなくなってきた **ठिकाने पहुँचना** *a.* 終わる；終了する；終結する *b.* 死ぬ；果てる **ठिकाने पहुँचाना** *a.* 終える；終結させる；完結させる *b.* 片付ける；整頓する；処理する *c.* 滅ぼす；やっつける *d.* 殺す *e.* 処理する **ठिकाने लगना** = ठिकाने पहुँचना. **ठिकाने लगाना** = ठिकाने पहुँचाना. अब मैं नत्थूराम की अकड़ ठिकाने लगाने की ही सोचता हूँ ナットゥーラームの慢心を打砕いてやろうと思っているところだ जितना नकली माल है वह आज रात चुपचाप यहाँ भिजवा दो, मेरे पास.मैं उसे ठिकाने लगा दूँगा 模造品は全部今夜こっそりここに私の手元に届けてもらいなさい．私が処理するから **ठिकाने से** きちんと；ちゃんと खाना ठिकाने से खाओ, पंद्रह दिन में ठीक हो जाओगे 食事はきちんと食べなさい．半月すれば元気になるだろう सड़कें ठिकाने से निकाली जाती थीं 道はきちんと引かれるのだった **ठिकाने से रखना** 片付ける जो चीज जहाँ पड़ी थी, वहीं पड़ी रहती.कौन उठाकर ठिकाने से रखे 落ちていたものはそこにそのままになる．だれも拾って片付ける者はいない **ठिकाने से लगना** よい職に就く；まともな仕事を得る **ठिकाने हो°** 正常な；常規の；本来の दिल ठिकाने हो° 気持ちが落ち着く；落ち着いた気分になる

ठिकाना[2] [他] (1) 落ち着かせる (2) とどまらせる (3) 定める= ठहराना; स्थिर क°. (4) はねる；かすめとる (5) (女を) 囲う

ठिकानेदार [名] 《H.ठिकाना + P.دار》ラージャスターンの藩王国内の領主（ティカーナーの主）(→ ठिकाना (10)) = जागीरदार.

ठिगना [形+] 小柄な；ちびの= ठिंगना.

ठिठक [名*] ← ठिठकना. (1) 突然に立ち止まること (2) 身じろぎしないこと

ठिठकना [自] (1) 急に立ち止まる；驚いたりはっとして立ち止まる；立ちすくむ；ぎくっとして立ち止まる दूर से ही देखकर ठिठक गए 遠くから見ただけで立ち止まった वह शायद शोभा से कुछ कहने जा रही थीं, पर अपने बारे में बात होते देखकर ठिठककर वहीं रुक गई थीं ショーバーに何か話しに行くところだったが自分のことについて話されているのを知ってその場に急に立ち止まった मौसी का नाम सुनकर हम ठिठककर खड़े हो गए おばの名前を耳にしてはっと立ち止まった उस काले-कलूटे बूढ़े फ़कीर को देखकर ठिठक गया.वह वापस लौटने का विचार कर ही रहा था その真っ黒な肌の年老いたファキール（遊行僧）を見て立ちすくんだ．正に引き返そうと考えているところだった． नवजात बच्चे को सड़क पर पड़े देखा, तो ठिठक गया 一人の赤子が道端に捨てられているのを見つけるとびくっとして立ち止まった (2) 急に動きが止まる कुछ क्षण बाद उसकी उँगलियाँ ठिठक गईं（タイプを打っていた）指が直後に突然ぴたりと止まった थोड़ी देर ठिठका खड़ा रहता है, फिर मुसकराकर बोलने लगता है しばらくの間じっと動かず立ったままでいる，それからにっこりして話し始める अकसर किसी झाड़ी में छुपकर पेड़ हिलाते हैं.अजनबी ठिठककर खड़ा हो जाता है たいてい何かの木の茂みに隠れて木を揺する．見知らぬ人はびくっとして立ち止まる

ठिठकान [名*] = ठिठक.

ठिठरना [自] = ठिठुरना. जहान की कोई ताकत जाड़े की उन ठिठरी रातों को नहीं रोक सकती この世のいかなる力も寒さに震えあがった冬の夜を押し止めることはできないのだ

ठिठुरना [自] (1)（寒さで）縮みあがる；震えあがる；震える पूस के महीने की ठिठुरती ठंड プース月の体の縮みあがる寒さ मारे शीत के बुरी तरह ठिठुर रहे थे 寒さにひどく震えていた सरदी की ठिठुरती रातों में 寒さに縮みあがった夜に सर्दी की वजह से ठिठुरे हुए लिहाफ़ों में पड़े रहते हैं 寒さに縮みあがりふとんにくるまったままでいる (2) かじかむ；寒さにこわばる ठिठुरती हुई उँगलियों से 寒さにかじかんだ指で

ठिठुराना [他] (1) 震えあがらせる；縮みあがらせる (2) 凍えさせる हाथ-पैरों को ठिठुरा देने वाली सर्दी में 手足を凍えさせる寒さの中で

ठिठोली [名*] = ठठोली. からかい；ふざけ；冗談 ठिठोलियाँ क° からかう；ふざける；冗談を言う पहले तो आते ही बतियाने-चहकने लगती थीं, ठिठोलियाँ करती, घर में क़दम रखते ही इधर-उधर फुदकने लगती थीं 以前はやって来るなり賑やかにおしゃべりを始めはしゃぎふざけ，家の中に足を踏み入れるなりあちこち跳ねまわるのだった

ठिनकना [自] (1) 子供が泣き声を出す (2) 鼻声を出してせがむ

ठिर [名*] (1) 寒さに震えあがること；縮みあがること (2) 甚だしい寒さ；ものすごい寒気や冷気

ठिरना [自] = ठिठुरना.

ठिलना [自] (1) 押される；突かれる ↔ ठेलना. (2) めりこむ；食いこむ= धँसना.

ठिलाना [自] 押される；押しやられる；退けられる= ठेला जा°.

ठिलिया [名*] ティリヤー（小型の水がめ）= घड़ा; गगरी.

ठिलुआ [形+] (1) 役立たずの = निकम्मा; निठल्ला. (2) 仕事のない；無職の；ぶらぶらしている= बेकाम.

ठिल्ला [名] 水がめ；かめ（瓶）= घड़ा; गगरी.

ठिल्ली [名*] = ठिलिया.

ठिहार [形] (1) 信頼すべき；確実な；安心な；頼りになる (2) 正しい (3) 確定した；定まった

ठीक[1] [形] (1) 適切な；よくあてはまる；ふさわしい；似つかわしい (2) 折り目正しい；秩序正しい；きちんとした **ठीक ढंग से** 正しく；きちんと；秩序正しく राज्य में ठीक ढंग से चुनाव कराने के लिए 州での選挙を秩序正しく行わせるために ठीक ढंग से सिली हुई ब्रेसरी きちんと縫製されているブラジャー (3) 正しい；道理に合っている；基準に合っている नानक ठीक थे ナーナクが正しかった ठीक है 結構だ；承知した "ठीक है, आ जाऊँगा" "ज़रूर आना" "अच्छी बात है"「結構です．(わかりました) 参ります」「きっとだよ」「承知しました」 (4) 本当の；真実の (5) 定まった；決まった；確かな ठीक समय पर 時間通りに (6) 間違いのない；ちゃんとした (7) 調子がよい；好調な；順調な इससे आपका यकृत ठीक रहेगा そうするとあなたの肝臓の調子は良くなりましょう (8) 元気な；達者な घर में सब ठीक हैं? पिता, भाई-बहन? みなさんお元気ですか．お父さん，兄さん，姉さんも (9) まともな；普通の；通常の **ठीक तरह** まともに；ちゃんと कई दिनों तक उसने ठीक तरह भोजन तक नहीं किया 何日間も（心配のあまり）まともに食事すらしなかった (10) 目的通りの；都合のよい सब काम अपने-आप ठीक हो जाएगा なにもかもひとりでにうまく行くだろう **ठीक आ°** ぴったりする；似つかわしい **ठीक उतरना** うまく行く；うまく完成する；うまく完了する **ठीक क°** *a.* 整える；きちんとする तुम बस्ता ठीक करके नाश्ता करो かばんを整えてから食事をしなさい मुँह-हाथ धोकर साड़ी तथा बाल आदि ठीक करें 手と口とを洗ってサリーや髪などを整えること चलो, समुद्रतट पर एक अच्छे होटल में कमरा ठीक किया है 行こう，海辺の素敵なホテルに部屋をとってあるんだ *b.* 修理する टेलिफ़ोन ठीक कराना 電話を修理してもらう *c.* 処罰する **ठीक निशाने पर बैठना** 的を射る **ठीक बनाना** = ठीक क°. **ठीक बैठना** ぴったりする；きちんと収まる **ठीक रास्ते पर आ°** まともになる **ठीक रास्ते पर लगाना** まともにする；正しい方向に向ける **ठीक लगना** 適切に思える **ठीक**

हैよろしい，結構だ，わかった，わかりました，承知しましたなど相手の発言を承諾する表現 ठीक है और कोई ख़ास हिदायत तो नहीं है? 承知いたしました．何か他に特別のご指示はございませんか

ठीक[2] [副] (1) 適切に；正当に；適正に वह कवि तो अपने जीते-जी ठीक-ठीक परखा ही नहीं गया その詩人は存命中に正当に評価されなかった ठीक बोलो, इतने दामों में कोई कोट लेने यहाँ क्यों आएगा? वह कुछ पैसे और मिलाकर नया ही ख़रीद लेगा 掛け値は止めなさいよ，そんな値ならだれがここにコートを買いに来るものか，少し金を足して新しいのを買うよ (2) よく；十分に (3) きちんと **ठीक उसी प्रकार** 正しくそれと全く同様に (4) 調子よく；順調に काम तो ठीक चल रहा है 仕事は順調に進んでいる (5) ちょうど；正しく ठीक सामने 真ん前に＝बिलकुल सामने. (6) よく；うまく ठीक ही कहा है कि कागज़ की नाव अधिक समय तक पानी में नहीं तैर सकती 紙の舟は長い間水に浮かんでおれないものとはよく言ったものだ **ठीक ठीक** 正確に；精密に **ठीक पहले**直前に

ठीक[3] [名] (1) 適切さ (2) 正しいこと तुम ठीक कह रही हो そうだね，その通りだね (3) 正確さ；確かさ **ठीक से** 正確に；きちんと अगर आप को कोई बात ठीक से न पता हो तो चुप हो जाएँ 何ごとも正確にわかっていないのなら黙りなさい (4) 確かな話 (5) しっかりした手配 (6) 合計；計 **ठीक दे॰** *a.* 決意する；決心する；意を決する；堅く心に決める *b.* 支える *c.* 合計する **ठीक लगाना** ＝ ठीक दे॰.

ठीक-ठाक[1] [形] (1) 適切な；ぴったりの उगने के लिए ठीक-ठाक वातावरण 生えるのに適切な環境 (2) 整った；整えられた；きちんとした；ちゃんとした **ठीक-ठाक क॰** きちんとする；ちゃんとする；整える तुम कमरे को ठीक-ठाक कर 部屋を片付けなさい चलो छोडो इतना ही हो जाए कि चार छः हज़ार एक बार मिल जाएँ घर ज़रा ठीक-ठाक कर लें せめて 5000 ほどの金ができればよいが．家の手入れをするのだが (3) 決まった **ठीक ठाक हो॰** 決まる＝निश्चित हो॰. (4) 順調な；調子のよい

ठीक-ठाक[2] [副] きちんと；ちゃんと；まともに；順調に इन बच्चों को खाना तक ठीक-ठाक नहीं मिलता है この子たちには食事さえまともに手に入らない कुछ दिन सब ठीक-ठाक चलता रहा しばらくの間なにもかも順調に進んだ

ठीकरा [名] (1) 土器，瀬戸物，瓦などのかけら；陶器の破片＝सिटकी. (2) 托鉢・乞食のための器＝भिक्षापात्र. (3) 取るに足らないもの；つまらないもの **ठीकरा टूटना** 不名誉になる；不名誉を被る **ठीकरा फूटना** ＝ठीकरा टूटना. (-पर) **ठीकरा फोड़ना** (ーに) 汚名を着せる；(ーを) 非難する；とがめる (-को) **ठीकरा समझना** (ーを) ものの数に入れない；無価値なものや無用なものとして扱う **ठीकरे चुनना** つまらぬことをする；無用の仕事をする；無駄な仕事をする (-से) **ठीकरे पकवाना** (ーを) 一文なしにする；丸裸にする

ठीकरी [名*] (1) 焼き物の小さなかけら；土器の破片 (2) 無用のもの；役に立たぬもの

ठीका [名] (1) 契約；請け負い；請け負うこと (2) 賃貸（契約） (3) (酒類，麻薬類など専売品の) 販売許可 (4) 同上の許可を得た店 (-का) **ठीका उठाना** *a.* (ーの) 責任を負う；(ーを) 引き受ける；請け負う *b.* (ーの) 許可を得る **ठीका दे॰** 賃貸する (-का) **ठीका ले॰** ＝ठीका उठाना. देश के हित-साधन का ठीका लेना 国の安寧を請け負う **ठीके पर ले॰** 賃借する

ठीका-पत्र [名] 契約書

ठीकुरी [名*] ＝ठीकरी.

ठीकेदार [名] 《H. ठीका + P. دار》 (1) 請負人（徴税請負人，中間介在者，建築請負人，酒・麻薬など専売品の販売兼納税請負人など） (2) 責任者

ठीकेदारी [名*] ←ठीकेदार. (1) 請負人の仕事；請け負い仕事 (2) 責任＝ठेकेदारी.

ठीठा [名] ＝ठेठा.

ठीठी [名*] 下品な笑い声 ठीठी क॰ 下品な笑い声を出す

ठीलना [他] ＝ठेलना.

ठीस [名*] ＝टीस.

ठीहँ [名*] 馬のいななき＝हींस; हिनहिनाहट का शब्द.

ठीहा [名] (1) 境界標識 (2) 鍛冶屋や大工などの使用する半分地面に打ち込んだ作業用の杭の台 (3) 木工の作業台 (4) 露天商が座る盛土したところ

ठुंठ [名] (1) 枯木 (2) 枝葉の落ちてしまった木 (3) 切断された手 (4) 腕を失った人＝लूला.

ठुंड [名] ＝ठुंठ.

ठुक [名*] (1) 固い物体で打たれること (2) 打ちこまれること (3) 打たれる音 (4) 打ちこまれる音

ठुक ठुक [名*] こつこつ，こつんこつん，ごつんごつん，かんかんなど物を打ったり打ちこんだりする音

ठुकना [自] (1) 打たれる；叩かれる (2) 打ちこまれる；めりこむ (3) なぐられる；叩かれる (4) 負ける；敗れる (5) 足かせをはめられる (6) 物音がする (7) 損害を被る→ ठोकना; ठोकना.

ठुकराना [他] (1) 足，特に爪先で蹴る；蹴飛ばす पत्थरों को पैर से ठुकराना 石を蹴飛ばす（蹴る） (2) はねつける；つっぱねる；蹴飛ばす；退ける；はねのける उसने परिणाम की कुछ भी परवाह किए बिना डोम राजा के प्रस्ताव को ठुकरा दिया 結果を全く無視してドームの王の提案を突っぱねた मैं उसके अनुरोध को ठुकरा न सका 私は彼の依頼を退けることができなかった अगर तुम में ज़रा भी इनसानियत है, तो ठुकरा दो इस नीच पेशे को もしもお前の心にほんのわずかでも人の心が残っているならこのいやしい仕事を蹴飛ばしてしまえ वकीलों और बैरिस्टरों ने मोटी-मोटी कमाइयों को ठुकरा दिया 弁護士たちは巨額の収入の途を退けた (3) のけ者にする；ひどい仕打ちをする；足蹴にする जिस व्यक्ति को वह पैरों से ठुकरा रही है, वही उसका एकमात्र अवलंब है 自分が足蹴にしている人が唯一頼りになる人なのだ अगर आप के बच्चे वृद्धावस्था में आपको ठुकराकर अपना अलग घर बसाने लगें तो もしもあなたの子供が年老いたあなたをのけものにして別に所帯を持つようになったとしたら

ठुकवाना [他・使] ←ठोंकना/ठोकना.

ठुकाई [名*] ちょうちゃく（打擲）；打ちすえること (-की) **ठुकाई क॰** (ーを) 打ちすえる जाट की ख़ूब ठुकाई करो ジャートの男をしこたま打ちすえろ

ठुड्डी[1] [名*] 下あご；おとがい；あぎと＝चिबुक; ठोढ़ी.

ठुड्डी[2] [名*] トウモロコシなどの穀物を煎ったもの

ठुनक ठुनक [名*] 気取った身のこなしで歩くために貴金属や宝石の装身具が立てる音

ठुनकना [自] (1) 甘えた口ぶりで話す；甘えた様子を見せる；気を引こうとする；媚びる "हुँह, मैं आई और तुमने मुझे परेशान करना शुरू कर दिया" वह ठुनकती 「へえそうなの，私が来ると私をいじめにかかるのね」甘えた口調で言った (2) 子供が泣き声で言う；泣き声を出してぐずる＝ठिनकना.

ठुनकाना [他] (1) 軽く指で突く；指先で叩く (2) ものを叩いて音を立てる；とんとんとかこんこんとかの音を立てる

ठुनठुन [名] (1) 金属のものに当たって鳴る音，かんかん，きんきんなど (2) 子供の断続的に泣く声

ठुमक-ठुमक [副] 気取った様子で；気取った歩き方をして बंदर कैसा ठुमक-ठुमककर चलता था (見世物の) 猿がなんと気取って歩いたことか

ठुमकना [自] (1) (幼児が心うきうきして) 小刻みに足を高くあげ勢いよく振りおろして歩く；小躍りする (2) (踊りの際) 高くあげた足を勢いよく振りおろす पेड़ों की डालों में फुदकते हुए वह कभी अचानक रुक जाता है और ठुमक-ठुमककर नाचने लगता है 木立の枝の間をぴょんぴょん跳びながら時にはにわかに立ち止まり足を高く上げて踊り出す (3) じだんだを踏む (4) 動物が足を高く上げて勢いよく地面を踏む घोड़ा-घोड़ी तो ठुमकते अच्छे नहीं लगते, दौड़ते अच्छे लगते हैं 馬が脚を高く上げるのはいい感じがしない．馬は駆ける姿がいいもんだ

ठुमका [名] 軽く押したり突いたりすること；軽く力を加えること **ठुमका लगाना** 軽く力を加える उसने गंभीरता से कमर पर हाथ रखकर ठुमके लगाकर गाना शुरू किया 彼はおもむろに腰に手をあて軽く力を入れて歌い出した

ठुमकी [名*] (1) 足を高く上げ勢いよく踏みつけて歩くこと (2) 軽くたたくこと

ठुमठुम [副] ＝ठुमक-ठुमक.

ठुमरी [名*] 〔イ音〕トゥムリー（ヒンドゥスターニー音楽の抒情歌曲）

ठुर्री [名*] 煎った際にはじけなかった穀物の粒

ठुस [形] 劣った；劣悪な；全く役立たずの

ठ

ठुसकना [自] = ठिनकना.

ठुसना [自] (1) 詰められる；詰め込まれる；押し込められる (2) なんとか入る；ようやく入りこむ

ठुसवाना [他・使] ← ठूसना. (1) 詰め込ませる；詰め込んでもらう (2) 入れてもらう；無理に入れさせる

ठुसाना [他・使] ← ठूसना. (1) 詰め込ませる (2) 無理に入れさせる (3)〔俗〕腹一杯食わせる

ठुस्सी [名*]〔装身〕真珠の玉の首飾りの一種

ठूँग [名*] (1) くちばし＝ चोंच. (2) くちばしで突くこと (3) とがらせた拳骨で叩くこと＝ टोला[2].

ठूँगना [他]（鳥が）ついばむ＝ चुगना.

ठूँगा [名] = ठूँग.

ठूँठ [名] (1) 枯木（特に枝の落ちてしまい幹だけになったもの） यदि उनके ठूँठों में बने उन खोखलों को ध्यानपूर्वक देखें 木や枯木にできているうろを注意深く見るならば (2) 切り株 देखिए गर्मी में किसान ने इस वृक्ष को काटकर फेंक दिया था और यहाँ एक ठूँठ भर बाकी था.आज पानी का स्पर्श पाकर उसकी बगल से कुछ कोंपल छूट आई है 夏に農夫がこの木を切り捨ててしまいここには切り株ばかりが残っていた．今，水を得て切り株の脇からいくつかの芽が出てきている (3) 切断された手 (4) 手を切断された人；手を失った人 (5) サトウキビやトウモロコシなどにつく害虫

ठूँठा [形[+]] (1) 枝葉を失った पतझर में ठूँठे तरु से ज्यों 落ち葉の季節に枝葉を失った木のように (2) 手を失った；手のない (3) 空っぽの (4) 空虚な；空しい

ठूँठी [名*] ヒエ，アワ，マメなどの穀物を刈り取った後の切り株 = ठूँठ.

ठूँसना [他] (1) 容量以上に入れる；詰め込む；突っ込む；押し込む उन तक में कैदी ठूँस दिये गये थे その中にまで囚人たちが詰め込まれていた फ़िल्म में आखिरी दो गीत बेकार में ठूँसे गए प्रतीत होते हैं 映画の最後の 2 曲は意味もなく詰め込まれているように思える बसें निर्धारित सीमा से अधिक ठूँसी जाती हैं バスは定員以上に（客が）詰め込まれる बक्से के अंदर रखे नोटों को अपने साथ लाये बैग में ठूँस लेते हैं 缶に入れてあるお札を持ってきたバッグに詰め込む मैंने अपना सामान अटैची में ठूँसा 荷物をトランクに詰め込んだ (2)（口に）詰め込む；突っ込む；押し込む मुँह में कपड़ा ठूँसकर चुप रहने में ही 口の中にきれを詰め込んで黙っていることこそが एक ही बार ठूँसकर खाने की बजाय दिन में तीन-चार बार खाएँ 一度に詰め込んで食べる代わりに 1 日に 3〜4 度食べるようにしなさい मुँह में ठूँसा हुआ लड्डू 口の中に詰め込まれたラッドゥー ठूँस-ठूँसकर खाना 腹一杯詰め込むように食べる किसी पेटू ने इतना ठूँस-ठूँसकर खाया है कि अब मुँह से निकल पड़ रहा है 口いやしい男が口からはみ出るほど詰め込んで食べた **ठूँस ले॰** = ठूँस ठूँसकर खाना.

ठूसना [他] = ठूँसना.

ठूसा [名] げんこつ；拳骨

ठेंगना [形[+]] = ठिंगना. 小柄な = नाटा.

ठेंगा [名] (1) 棍棒 (2) 人をからかったり挑発したりするために手を握って突き立てた親指 (3)〔俗〕男根 **ठेंगा दिखाना** *a.* つっけんどんにあるいはきつい態度で拒否する *b.* 馬鹿にする；からかう लोगों को लग रहा है कि उन्हें ठेंगा दिखाया गया है みなは自分たちが馬鹿にされていると感じている **ठेंगा पुजवाना** 自分の利益をはかる **ठेंगा बजना** *a.* 殴り合いになる *b.* 失敗する；ひどいしくじりをする **ठेंगा बजाना** *a.* 殴り合いになる；殴り合いをする；暴力沙汰になる＝ मारपीट हो॰. *b.* 努力が無駄になる (-पर) **ठेंगा मारना** （ーを）ものの数に入れない **ठेंगा सिर पर ले॰** いやな思いでする **ठेंगे की परवाह न हो॰** 全く気にとめない (-के) **ठेंगे के नीचे हो॰** （ーに）支配される；（ーの）言いなりになる (-को) **ठेंगे पर नचाना** （ーを）ものの数に入れない；（ーを）思いのままに操る = (-को) ठेंगे पर मारना. **ठेंगे से** こちらの知ったことではない；自分の勝手にしろ；好きなようにしろ

ठेंगुर [名] 飼っている牛や水牛などが暴れたり遠方に行かぬように首にぶら下げる太い棒

ठेंठ [形] = ठेठ.

ठेंठा [名] 枯れた草の茎 = सूखा हुआ डंठल.

ठेंठी [名*] (1) 耳垢 = कान की मैल. (2) 耳栓 (3) びんなどの栓＝ डाट; काग.

ठेक [名*] (1) つっかえをすること (2) つっかえ；支え (3) 穀物を収納する囲い (4) 穀物を収納する大きな麻袋

ठेकना[1] [他] もたせる（凭せる）；寄り掛からせる；支える；つっかえをする

ठेकना[2] [自] もたれる（凭れる）；寄り掛かる

ठेकवा बाँस [名] ベンガル，アッサム地方に産する竹の一種（屋根葺きや床の敷物を作るのに用いられる）

ठेका[1] [名] = ठीका. (1) 契約；請け負い कपास उपलब्ध कराने का ठेका 綿花仕入れの請け負い ठेका पत्र 契約書 जोधपुर में स्कूल बनाने का ठेका ジョードプルでの学校建設の契約 (-का) **ठेका दे॰** （ーを）請け負わせる (-का) **ठेका ले॰** *a.* （ーを）請け負う；（ーの）責任を持つ मैंने उसकी दशा का ठेका नहीं लिया है 私はあの人のことについて責任を引き受けてはいない *b.* 賃借する＝ ठेके पर ले॰. (2) 賃貸（契約） (3)（専売品の）販売取り扱い許可；ライセンス (4) 酒屋など同上の販売許可を得た店 वहाँ शराब के ठेके पर शाम को भारी भीड़ के कारण सड़क पर यातायात ठप्प हो जाता है 同地で夕方に酒屋にものすごい人だかりができるため通行止めになってしまう

ठेका[2] [名] (1) 支え；支えるもの (2) 休息所；休憩所 (3) 軽く打つこと；軽く叩くこと (4)〔イ音〕テーカー（タブラーのバーヤーン बायाँ） = डुग्गी. (5)〔イ音〕テーカー（タブラーなどの演奏法．バーヤーンでターラのみ打つ）

ठेकाई [名*] ← ठेकना, ठेकाना.

ठेकाना[1] [他] ← ठेकना. もたせ掛ける；寄り掛からせる

ठेकाना[2] [名] = ठिकाना.

ठेकी [名*] (1) 支え；つっかえ (2) 支柱

ठेकेदार [名]《H. + P. دار》(1) ある業務を契約で請け負う人；請負師（建築業や工務店を営む人）= ठीकेदार. मरघट के ठेकेदार 火葬場の運営や管理を行う人 किसी शहर में एक ठेकेदार ने एक इमारत बनाने को ठेका लिया ある町で請負師がある建物の建設を請け負った बड़े बड़े ठेकेदार और उच्चाधिकारी अवश्य मालामाल हो जाएँगे 大手の建設業者や高官たちは間違いなく金満家になるだろう (2) 中間介在者；請負人；仲介業者 धर्म के ठेकेदार 悪徳宗教家；宗教を食いものにする人 उस लेख ने समाज के ठेकेदारों पर कटाक्ष किया है その記事は社会の顔役たちを皮肉った लोगों ने ठेकेदारों के पक्ष में उनकी ज़मीन छीन ली みなはテーケーダール（土地所有者の中間介在者）に味方してその人の土地を奪った (3) 酒屋など，販売に当たり免許やライセンスの必要な専売品の取り扱いや販売をする人

ठेघुना [名] ひざ；膝 = ठेहुना; घुटना.

ठेठ[1] [形] (1) 生粋の；純粋の；まじり気のない (2) 全くの；完全な ठेठ किसान 全くの農夫 (3) 正真正銘の；本当の ठेठ अकिंचन मनुष्यता 正真正銘の無一物のヒューマニズム (4) 借用語の混じらない **ठेठ बोली** *a.* 純粋な方言 *b.* 口語

ठेठ[2] [名*] 全くの口語；純粋な話し言葉

ठेठ[3] [名] 始まり；初め；開始

ठेठर [名]《← E. theatre》劇場；芝居小屋＝ थिएटर.

ठेप [名] 灯火；明かり＝ दीपक; चिराग.

ठेपी [名*] (1) 栓 (2) 小さなふた

ठेल [名*] ← ठेलना.

ठेलठाल [名*] 押し合い；押し合いへしあい

ठेलना [他] (1) 押す；押しやる सींग मिलाये और एक दूसरे को ठेलने लगे 角を突き合わせ押し合いを始めた ठेला ठेलना 手押し車を押す (2) 突く；突いて押す गश्त वाले सिपाही ने उसे अपने डंडे से ठेलकर टार्च की रोशनी डाली थी 巡回の兵士は男を棍棒で突いてから懐中電灯で照らした (3) 押しのける

ठेलमठेल [名*] = ठेलठाल.

ठेला [名] (1) 押すこと；突いて押すこと；押し (2) 手押し車；行商人が商品をのせ売り歩くのに用いる台車 (3) トロッコ = ट्रॉली. (4) 人だかり；群集 वह मेलों-ठेलों में घूमने तथा खेल तमाशे देखने को बड़ा आतुर रहता है 縁日や人だかりの中を歩き回って見世物を見て歩きたくてしかたがない

ठेला गाड़ी [名*] 手押し車；台車；ワゴン

ठेलाठेल [名*] = ठेलमठेल.

ठेलेवाला [名] (1) 手押し車を押す人（労務者や人夫） (2) 手押し車に商品をのせて商う行商人 मैंने ठेलेवाले से चार भटूरे लेकर छोले

के साथ खा लिए 屋台でバトゥーラーを 4 枚買い求めチョーレーと一緒に食べた

ठेवका [名] 灌漑のため井戸から汲み上げた水を畑に流し込む所

ठेस [名*] (1) 軽い衝撃 (2) 精神的な打撃；ショック；心の痛み；苦しみ (3) 損害；痛手 **ठेस आ॰** 心が痛む；心に痛みを感じる；ショックを受ける；苦しむ **ठेस दे॰** 辛い思いをさせる；ショックを与える；苦しめる **ठेस पहुँचना** = ठेस आ॰. अपनी ससुराल में आये दिन तरह-तरह की बातें सुनने से इसके चाबुक मन पर बड़ी ठेस पहुँची 嫁ぎ先で来る日も来る日もいろいろなことを聞き感じやすい胸に大きなショックを受けた **ठेस पहुँचाना** = ठेस दे॰. **ठेस लगना** = ठेस आ॰. हाथी ने कह तो दिया पर उसने सोचा कि इससे कुत्ते के दिल को ठेस लगी होगी 象は口では言った．でも犬はこれできっと胸に痛みを感じたに違いないと思った सीधे विरोध से पति के अहंकार को ठेस लगती थी 直接的に反対すると夫の自尊心が打撃を受けるのだった **ठेस लगाना** = ठेस दे॰.

ठेसना[1] [自] 寄りかかる；もたれる

ठेसना[2] [他] = ठूँसना/ठूसना.

ठेहुना [名] ひざ；膝 = घुटना. **ठेहुना लगना** 大変衰弱する

ठेहुनी [名*] ひじ；肘 = कोहनी.

ठोंक [名*] ←ठोंकना. (1) 打つこと；叩くこと；打ち込むこと (2) 穀物の粒や果実に虫や鳥がつけたきず

ठोंकना [他] (1) 打ち込む；打つ；叩いて入れる प्रवेशद्वारों पर लोहे की कीलें ठोंकी जाती हैं 戸口に鉄釘が打ち込まれる घोड़ी के पैरों में नई नालें ठोंकना 馬の蹄に新しい蹄鉄を打ち込む कील लकड़ी के टुकड़े में ठोंको 木ぎれに釘を打ちなさい (2) 叩く；打つ समाधि के पास खड़ा जोगी लोहे या चाँदी की कलाई वाली साँकल से प्रत्येक यात्री की पीठ ठोंकता रहता है 廟の近くに立ったヨーギーが鉄や銀メッキをした鎖ですべての巡礼者の背中を叩いている मंदिर के प्रस्तर-स्तंभ को हाथ से ठोंकने पर 寺の石柱を手で叩くと (3) 激しく殴る；打ちすえる उस दिन उसने लालू को जी भरके ठोंका その日ラールーを思いきり打ちすえた (4)（荒々しく）はめる；はめこむ；かける उसने मकान में ठोंक दिया ताला 家にがちゃんと錠をかけてしまった (5) 掌を打つ；掌を打って鳴らす；手を打つ (6) 掌で叩いて引きのばす (7) 念入りに調べる **ठोंक-बजाकर** 念入りに (8)（訴えなど，状況に変化を）起こす；突きつける；持ち出す इस बातचीत के टूट जाने के बाद भारत सरकार ने अमरीका की कोर्ट में मुआवजे का एक मुकदमा ठोंक दिया है この話し合いの決裂後インド政府はアメリカの裁判所に賠償の訴訟を起こした (9) 相手の望まないものを与える；食らわす；ぶちかます अदालत ने दो महीने की क़ैद की सज़ा ठोंक ही दी उस गरीब पर 裁判所はそのあわれな男に 2 か月の懲役刑を食らわせた (10) いいかげんに，あるいは，いいかげんな気持ちで行う **ठोंककर वैद्य बनाना** なんとかして一人前にする **ठोंक ठठा ले॰** 念入りに調べる **ठोंक ठठाकर** *a.* ためつすがめつ *b.* 無理やりに **ठोंकना-बजाना** 詳しく調べる；念入りに調べる मैंने उसे बड़ी अच्छी तरह ठोंक बजाकर खरीदा था よく調べ上げて買ったのだった **ठोंक पीटकर** = ठोंक ठठाकर. **(-की) पीठ ठोंकना** *a.*（－を）ほめる；称える *b.*（－を）励ます；激励する→ पीठ.

ठोंग [名*] (1) くちばし = चोंच. (2) くちばしで突くこと= चोंच की मार. (3) 拳骨（のとがった中指）で突くこと

ठोंगना [他] (1) くちばしで突く (2) 拳骨（のとがった中指）で突く

ठोंगा[1] [名] 客に品物を入れて渡す紙袋

ठोंगा[2] [名] = ठोंग.

ठोंठ [名] (1) = होंठ. (2) くちばし；くちばしの先端

ठोंठा [名] トウモロコシ，サトウキビ，ヒエなどの穀物につく害虫

ठोंठी [名*] 植物の実の殻やさや

ठो [数] ビハールにかけてのヒンディー語地域の東部に行われる諸言語に用いられる助数詞．個数を表すものとして数詞に接続して用いられる→ ठऊ.

ठोक [名*] = ठोंक.

ठोकना[1] [名] マンゴーの核の外皮

ठोकना[2] [他] = ठोंकना.

ठोकर [名*] (1) 道を歩く人がつまずく物．通行の邪魔になる物 (2) 障害物 (3) つまずき（躓き） (4) 失敗 (5) 爪先で蹴ること；足蹴り **ठोकर उठाना** 苦労する；苦労に耐える **ठोकर खाता फिरना** 物乞いのために歩き回る **ठोकर खाना** *a.* つまずくこと；つまずいて倒れる *b.* 蹴飛ばされる；蹴られる खेल दफ़्तर के अप्रेंटिस की तरह ठोकरें खाने लगा ゲームが始まりボールはどこかの役所の見習いのように蹴飛ばされ始めた *c.* 苦労する；苦労を重ねる *d.* つまずく；しくじる；失敗する= भूलचूक क॰. इनसान ठोकर खाकर ही सीखता है 人はつまずいてこそ学ぶもの क्या जानता था, एक दिन यह ठोकरें खानी पड़ेंगी いつの日かこんなつまずきを犯す羽目になるとは知る由もなかった *e.* だまされる = धोखे में आ॰. दर-दर की ठोकरें खाना 門に立って物乞いする किस किस दर की ठोकरें नहीं खाईं? 食べ物を求めて（あるいは物乞いに）訪ね歩かぬ家とてなかった **ठोकर जड़ना** *a.* 蹴る；蹴飛ばす *b.* 侮蔑する *c.* 害を及ぼす；危害を与える **ठोकर जमाना** 蹴る；蹴飛ばす खिलाड़ी ने ज़ोर से गेंद में ठोकर जमाई プレーヤーはボールを強く蹴った **ठोकर दे॰** 蹴る；蹴飛ばす **ठोकर पर ठोकर खाना** *a.* つまずきやしくじりを重ねる *b.* 苦労を重ねる **ठोकर पर पड़ा रहना** 恥辱の中で生きる **ठोकर मारना** = ठोकर जड़ना. चलती हुई वकालत को ठोकर मारकर स्वतंत्रता संग्राम में कूद पड़े はやっていた弁護士業を足蹴にして独立運動に飛びこんだ पत्थरों को ठोकर मारना 石を蹴飛ばす उसे पाँव से ठोकर मारकर उठा देना あの子を蹴飛ばして起こしなさい（眠っているのを） **ठोकर लगना** *a.* つまずく खेतों की मेड़ पर लगे पत्थर से अकसर किसी-न-किसी को ठोकर लग जाती थी いつも畦道にある石でだれかがつまずいていた *b.* 打撃を受ける；打撃を被る；苦労をする；損害を被る **ठोकर ले॰** = ठोकर खाना. **ठोकर हो॰** 甚だしく衰弱する **ठोकरों पर पड़ा रहना** みじめなありさまで人に仕えて命をつなぐ；恥辱に耐えつつ人に仕え露命をつなぐ **ठोकरों में उड़ाना** ものの数に入れない；全く無視する

ठोठ[1] [形] 愚かな；愚鈍な；間抜けな

ठोठ[2] [形] からの（空の）；中空の；空っぽの；中身のない

ठोठरा [形+] 中空の；からっぽの；中身のない

ठोड़ी [名*] 下あご = चिबुक; ठुड्डी. घुटने पर ठोड़ी रखी और आँखें मींचकर बोली ひざにあごをのせ目を閉じて言った **ठोड़ी उठाना** = ठोड़ी पकड़ना. बड़े दुलार के साथ लड़के की ठोढ़ी उठाकर कहता है とても優しく男の子のあごをなでながら言う वह कुरसी सहित मुझे घुमाकर अपने सामने कर लेता है, और बड़े दुलार के साथ ठोढ़ी उठाकर कहता है 椅子ごと私を自分の方に向け，とてもやさしく下あごに手を当てて言う **ठोड़ी पकड़ना** *a.*（子供の）下あごに手をやったりなでたりする；（子供の）頭をなでる（に相当） *b.* 相手の下あごに手をやる（愛情表現） *c.* なだめたり機嫌をとる（しぐさ） **ठोढ़ी पर हाथ धरकर बैठना** 頬杖を突く；物思いに耽る **ठोढ़ी में हाथ दे॰** = ठोढ़ी पकड़ना.

ठोड़ी-तारा [名] 女性の下あごについているほくろやほくろのような入れ墨（美しさを増したり美容のため）

ठोढ़ी [名*] = ठोड़ी.

ठोप [名] しずく；水滴= बूँद; बिंदु.

ठोर[1] [名*] くちばし = चोंच. **ठोर से मारना** くちばしで突く

ठोर[2] [名] トール（小麦粉をギーで揚げシロップで調味した甘味菓子）

ठोला [名] 拳骨（中指をとがらせた） **ठोला जमाना** 拳骨を食らわせる

ठोस [形] (1) 固体の ठोस पैराफ़िन 固体パラフィン ठोस बनाना 固体化する；凝固させる ठोस वस्तु 固体 = ठोस पिंड. (2) 固形の ठोस वस्तुएँ 固形物（食） जब बच्चे ठोस वस्तुएँ खाने के योग्य हो जाते हैं 子供が固形物（固形食）を食べられるようになったら= ठोस पदार्थ. (3) 実のある；実質的な；中身のある；中身のつまった बिना किसी ठोस आर्थिक आधार के 何ら実質的な経済的基盤がなくて इसके लिए ठोस काम करने की आवश्यकता है だから実のある仕事をしなければならない (4) 確かな；確実な；しっかりした；堅実な ठोस आधार पर 確実な根拠を基に आवरण के नीचे जो ठोस सत्य है 外被の下にある確たる真実 ठोस प्रमाण 確証 एक और ठोस दलील यह है もう 1 つ確かな論拠はこの通り (5) 信頼できる वह ठोस बल्लेबाज़ी कर सकता है 信頼できるプレー（クリケットの）ができる **ठोस क़दम उठाना** 実効のある措置をとる स्थिति में स्थायी सुधार के लिए ठोस कदम उठाए गए 状況を長期にわたって改めるために実効のある措置がとられた

ठोस अवस्था [形] (1)〔物理〕固体物理の (2)〔電〕ソリッドステートの (3) 固体の **ठोस अवस्था भौतिकी** 固体物理学 〈solidstate physics〉

ठोसा [名] (1) からかいの言葉 (2) からかう時に立てて指し示す親指 **ठोसा दिखाना** *a.* 期待を抱かせておいて裏切る *b.* からかう (मेरे) **ठोसे से** 勝手にしろ；こちらの知ったことではない；こちらには何の関わりもない

ठौड़ [名] ＝ठौर.

ठौर [名] (1) 場所；ところ हमारे ही रहने को ठौर नहीं 自分たち自身が住む場所がない (2) 機会；チャンス；好機= मौका; अवसर; घात. (-के) **ठौर आ॰** (－の) 近くに来る；(－に) 近寄る **ठौर कुठौर** *a.* 所かまわず *b.* 時を選ばず **ठौर-ठिकाना** *a.* 宿；宿る所；頼る所 रात गुज़ारने का कोई ठौर-ठिकाना था नहीं 夜を過ごす所とてなかった *b.* 所在；ありか；行方 **ठौर ठिकाने की बात** もっともなこと；もっともな話；まともな話 (-को) **ठौर ठौर तोड़ दे॰** (－を) 叩きのめす；ひどい目に遭わせる (-का) **ठौर न ठिकाना** (－の) 見込みが全くない (-को) **ठौर रखना** (－を) 殺す；殺害する (-के लिए) **ठौर रखना** (－に) 場所を残す；余裕を残す **ठौर रहना** *a.* じっとして動かない；身動きしない *b.* 死ぬ；くたばる

ठौहर [名] 場所；所= स्थान; ठौर; ठाँव.

ड

डंक [名] (1) ハチやサソリなどの虫の毒針 (2) 虫の細長い口器 (3) とげのある言葉 (4) ペン先 **डंक मारना** *a.* 毒針で刺す *b.* 苦痛を与える

डंकदार [形] 《H. + P.دار》 毒針を持つ；毒針のある

डंका[1] [名]〔イ音〕ダンカーのほかナッカーラー नक्कारा, ナガーラー नगारा/नगाड़ा とも呼ばれる一種の大型太鼓；ケトルドラム（胴は釜や水がめの形の鉄や銅製，あるいは，焼き物に革を被せてこしらえる．2本のスティックで打ち鳴らす．昔は戦場で用いられたり触れを出すのにも用いられた） **डंका डालना** *a.* 闘鶏で鶏を闘わせる *b.* 鶏が嘴で突く **डंका दे॰** ＝ डंका पीटना. **डंका पीटना** *a.* 世間一般に知らせる；触れを出す *b.* ダンカーを叩いて触れ回る (-का) **डंका बजना** (－の) 支配するところとなる；支配が及ぶ；支配下に入る **डंका बजाना** *a.* ＝ डंका पीटना. *b.* 呼び集めるために太鼓を打つ **डंका बजाकर कहना** 皆に知れるように言う **डंके की चोट** (**पर**) *a.* 公然と；大っぴらに उन्होंने कुलपति बनने पर डंके की चोट पर मनमानी नियुक्तियाँ की 学長になると公然と自分勝手な人事（任命）を行った *b.* 触れ回って **डंके की चोट कहना** 公然と言う；大っぴらに言う मैं डंके की चोट कहता हूँ 内緒話ではない，大っぴらに言うのだ

डंका[2] [名] 《← E. dock》 ドック

डंका निशान [名] 《H.+ P.نشان》 王の行列や行進を先導する太鼓と並んで進む王権の標識の旗

डंकिनी [名*] ダーキニー；鬼女= डाकिनी.

डंकिनी बंदोबस्त [名] 《← A. دوامی दवामी + P.بند و بست》〔農〕永代固定地税制度= दवामी बंदोबस्त.

डंग [形] 半熟のナツメヤシの実

डंगर [名] けだもの；四つ足；四足獣= चौपाया; ढोर.

डँगरी [名*] 鬼女；ダーキニー；チュライル；ダーイン= चुड़ैल; डाइन.

डंगवारा [名] 農民間の相互扶助（家畜や農具の貸し借りなど）

डंगू [名] 《← E. Dengue fever》〔医〕デング熱= डंगू ज्वर; लंगड़ा ज्वर.

डँगोरी [名*] (1) 棍棒 (2) 杖

डंठल [名]（細長い）茎 ज्वार का डंठल モロコシの茎

डंड [名] (1) 棒；竿；棍棒= डंडा. (2) 腕= बाँह; बाहु. (3) 罰；刑罰= दंड; सज़ा. (4) 罰金= जुरमाना. (5) 弁償；賠償= हरजाना. (6)〔ス〕ダンド（腕立て伏せや同種の体操） (7) ダンド（長さの単位，約 83.8cm）；ダンダー (डंडा) (8) 背骨；脊椎；脊柱= रीढ़; मेरुदंड. (9) 損害；損失= हानि; नुक़सान. **डंड डालना** *a.* 罰金を科する *b.* 無駄金を使う **डंड पड़ना** *a.* 罰金を科される= जुरमाना पड़ना. *b.* 無駄な金がかかる；無駄な出費になる *c.* 損をする；損を被る **डंड पेलना** *a.* ダンド（一種の腕立て伏せの体操）をする *b.* 仕事をせずにぶらぶらする **डंड भरना** 償いを払う；弁償する；賠償する

डंडपेल [名] (1) ダンド（腕立て伏せの体操）をよくする人 (2) 力持ち；頑丈な体格の人；屈強な人；頑健な人 (3) 遊興に耽る人；仕事をせずにぶらぶらする人

डंडबैठक [名]〔ス〕腕立て伏せと足腰の屈伸運動を併せてするヒンドゥー・スクワット（体操）＝ डंडबैठकी. → बैठक; बैठकी.

डंडवत [名] → दंडवत्.

डंडवारा[1] [名] 高い塀；高い柵 **डंडवारा खींचना** 塀をこしらえる；塀をめぐらせる

डंडवारा[2] [名] 南風 ＝ दखिनैया.

डंडा [名] (1) 棒；棒状のもの लकड़ी का डंडा 木の棒 कपड़े कूटने का डंडा उठाकर （洗濯の際）洗濯物を叩く棒を手にして डंडा हिलाता

हुआ 棒を振り回しながら (2) 棍棒 (3) 竿秤の竿 (4) 櫓 नाव के डंडे से निकलती हुई चर्र-चर्र की आवाज़ 櫓の立てるぎーぎーという音 (5) スポーツに用いる打球棒；クラブ (6) 長さの単位（約 83.8cm）；ダンダー (7) 踏み段；ステップ；はしごの足がかりの段 बस के डंडे バスのステップ जीवन की सीढ़ी का सब से निचला डंडा है 人生の階段の最初の一段 (8) 囲いの低い塀 **डंडा खाना** 棒で叩かれる；棍棒で打たれる **डंडा चलना** 棒で殴り合いになる **डंडा चलाना** 棒で殴る；棒で襲う **डंडा डालना** 苦しめる；悩ます **डंडा दिखाना** 脅す；脅迫する **डंडा बजाते फिरना** あてもなくぶらぶら歩き回る= मारा मारा फिरना. **डंडा रसीद क॰** 棒で殴る **डंडा लगना** 棒で打たれる **डंडा लगाना** 棒で殴る **डंडा लेकर पीछे पड़ना** 無理強いする；無理にさせる；しゃにむにさせる；強引にさせる माँ तो बेकार डंडा लेकर पीछे पड़ जाती है 母はわけもなく無理強いする **डंडे का यार** 痛い目に遭わないとまともにならない人 **डंडे के आगे नाचना** 痛い目に遭うのが怖くて何かをする **डंडे के ज़ोर से** 無理やりに；しゃにむに；力ずくで **डंडे से ठीक रहना** 殴られたり痛い目に遭わないとまともにならない

डंडा डोली [名*] ダンダードーリー，もしくは，ドーリーダンダー（子供の遊戯；2 人の子供が向かい合って手首を握り合いもう 1 人の子供をそれにのせて歩き回る डोली とは駕籠の意）= डोली डंडा.

डंडा-बेड़ी [名*] 刑罰に用いられる足かせの棒と鎖

डंडाल [名]〔イ音〕ダンダール（太鼓）；ドゥンドゥビー；ナガーラー（नगाड़ा）；ダンカー（डंका）

डंडिया[1] [名] 入市税などを徴収する徴税吏

डंडिया[2] [名*]〔服〕縞模様のサリー

डंडी[1] [名*] (1)（細い）棒；棒状のもの；道具の柄 छतरी की डंडी भी टूट गई थी 傘の柄 बुनाई की डंडी 編み棒 (2) 竿；竿状のもの；棹 तराज़ू की डंडी 竿秤（棹秤）の竿 (3) 茎 (4) 葉柄 (5) かご（駕籠）の一種 (6)〔俗〕男根；竿 **डंडी तौलना** 商いをする；バニヤー（小商人）の商いをする **डंडी मारना**（竿秤の竿を指で叩いて）計量（秤量）をごまかす→ डंडीमार.

डंडी[2] [形] 中傷する；告げ口をする= चुगलख़ोर.

डंडीमार [形] 計量（秤量）をごまかす（商人）→ डंडी मारना.

डंडूल [名] 竜巻 = बवंडर.

डँडोलना [他] 詳しく調べる；徹底的に探す；探しまわる

डंडौत [名] = डंडवत्.

डंबर [名] (1) 見せかけ= आडंबर. (2) 大げさなこと (3) 大きな集まり= समूह.

डंबल [名]《E. dumbbell》ダンベル = डंबेल.

डंबेल [名]《E. dumbbell》(1) ダンベル；亜鈴 (2) ダンベルを用いた体操

डंस [名]〔昆〕ブヨ，アブ，ウマアブなどの総称

डँसना [他] (1) 虫が毒針を刺す (2) 蛇などが咬む= डसना.

डक[1] [名] (1) キャンバス；帆布 (2) 芯地

डक[2] [名]《E. dock》ドック；船渠= गोदी; डॉक.

डक[3] [名]《E. dock》〔法〕被告人席

डक कुली [名]《E. dock coolie》港湾，船着き場に働くポーター；沖仲仕；港湾労働者

डकबिल [名]《E. duckbill》〔動〕カモノハシ科カモノハシ

डकरना [自] (1) = डकराना. (2) = डकारना.

डकरा [名] 干上がってひび割れした池の底の泥

डकराना [自] (1) 牛や水牛が鳴く (2) げっぷをする (3) 低くうなるような声を出す；うめく；うめき声をあげる；うなり声をあげる उस दिन बाप के हाथों पिटी तो ज़ोर से डकरायी थी あの日父親に打たれると激しくうめき声をあげた

डकार [名*] (1) げっぷ कुछ लोग सीने में होनेवाली जलन और खट्टी डकारों को बदहज़मी समझते हैं 一部の人は胸やけと酸っぱいげっぷを消化不良と考えている (2) げっぷの音 (3) 猛獣の咆哮 **डकार आ॰** げっぷが出る **डकार न ले॰** すました顔して横領する；他人のものをかすめとる **डकार ले॰** *a.* げっぷをする= डकार आ॰. *b.* トラやライオンなどの猛獣や大型の動物が吼える；咆哮する= दहाड़ना.

डकारना[1] [自] (1) げっぷする (2) トラやライオン，牛や水牛など大型の動物が吼えたり鳴いたりする

डकारना[2] [他] 横領する；横取りする वहाँ की कंपनी ने इन मजदूरों की 60 लाख डालर से अधिक की रकम डकार ली है 同地の会社はこれらの労働者たちに支払われるはずの 600 万ドル以上の金を横領した मुफ़्त की खाकर डकारने वाले ढीठ साधु संन्यासी ただめしを食って人のものを横取りする横着なサードゥ，いわゆる，行者，修行者

डकैत [名]（常習的な強盗団に属する）強盗；ダカイト；ダコイト〈dacoit〉

डकैती [名*] 強盗（集団的な強盗行為）；強盗 चलती ट्रेन में डकैती（走行中の）列車強盗

डकौत [名] ダコート（占い師，手相見，巡礼案内などに従事してきた自称バラモンの一カースト） = भड्डर; भड्डरी.

डकौना [名] つわり

डग [名*] (1) 歩み；歩むこと；ほ（歩） (2) 一歩；歩幅 **डग दे॰** 歩を進める **डग बढ़ाना** 急ぎ足で歩く **डग भरना** 歩む；歩を進める；歩く लंबी डग भरते हुए 大股で歩きながら **डग मारना** *a.* 大股で歩く *b.*（安定が悪く）揺れる

डगडगाना [自] [他] = डगमगाना.

डगडौर [形] 不安定な；安定のない= डाँवाडोल.

डगण [名]〔韻〕モーラ韻律でマートラー・ガナ मात्रिक गण，すなわち，モーラ韻歩の内 4 マートラー मात्रा のものをひとまとめにし，その長短の配列により 5 種に分類したもの．*a.* सर्वगुरु गुरु-गुरु, *b.* आदिगुरु गुरु-लघु-लघु, *c.* मध्यगुरु लघु-गुरु-लघु, *d.* अंतगुरु लघु-लघु-गुरु, *e.* सर्वलघु लघु-लघु-लघु-लघु

डगना [自] (1) よろめく；よろける (2) ふらつく；足元が定まらない (3) しくじる= भूल क॰; चूकना.

डगबेड़ी [名*] 足をつなぐ鎖；足かせの鎖

डगमग[1] [形] (1) よろめく；よろける (2) 揺れる (3) 心がしっかりしていない；ふらふらしている

डगमग[2] [名] (1) よろめき；よろけ (2) 揺れ (3) 心の動揺；ふらつき आप की डगमग करती जीवन-नौका भँवर से बाहर निकल आएगी 揺れ動くあなたの人生の小舟は渦から外へ出ることでしょう

डगमगाना[1] [自] (1) よろめく；よろける；ふらつく；ふらふらする पाँव डगमगा गये 足がふらついた (2) 揺れる जब कोई नाव डगमगाती है 舟が揺れる時 (3) 不安定になる；ふらつく；揺らぐ साम्राज्य की एकता और स्थिरता डगमगा गई 帝国の統一と安定が揺らいできた पार्टी का आधार डगमगाया है 党の基盤が揺らいでいる (4)（心が）揺れ動く；動揺する अपने डगमगाते मन को स्थिर करके 揺れ動く心を落ち着かせて इस तरह वे भ्रष्टाचार के आरोपों में डगमगा रहे मुख्यमंत्री को एक धक्का और देना चाहते हैं 汚職の告発で動揺している州首相にもう一撃を加えたいと思っている

डगमगाना[2] [他] よろめかせる；ふらつかせる

डगर [名*] (1) 道= रास्ता; मार्ग. जीवन की सूनी और काँटों भरी डगर 人生の孤独ないばらに満ちた道 समय की डगर पर हमारे आदिपूर्वजों की लंबी यात्रा 時間の道を進む我々の先祖の長い旅 (2) 細道；小道 **(-की) डगर** （ーを）通って वह पिछवाड़े की डगर निकल गया 裏口を通って出て行った **डगर बताना** *a.* 方法を教える *b.* さとす；教訓を与える

डगरा[1] [名] 道；道路= रास्ता; मार्ग.

डगरा[2] [名] 割竹を編んでこしらえた底の浅いかご

डगराना [他] (1) 連れて行く (2) 牛馬などの家畜を追う= हाँकना.

डगरी [名*] = डगर.

डगा [名] 太鼓を打つためのばち

डगाना [他] = डिगाना.

डग्गर [名]〔動〕ハイエナ科ハイエナ【*Hyaena hyaena*】= लकड़बग्घा; लग्घड़.

डग्गा [名]〔イ音〕ダッガー（タブラーと並べて奏される一面太鼓．これとタブラーとを併せたものもタブラーと呼ばれる）= डग्गी; बायाँ.

डच[1] [名]《E. Dutch》オランダ人 = डच लोग.

डच[2] [形] オランダの= हालैंड का; हालैंड संबंधी.

डच धातु [名*]《← E. Dutch metal》オランダ金箔；ダッチゴールド〈Dutch gold〉

डट [名] 的；標的；目標= निशाना.

डटना [自] (1) 踏みとどまる；踏ん張る अपने पद पर डटे रहे 自分の地位に踏ん張り続けた (2) 腰を据える；構える उस दिन भी ढेर

सारे परिचित और मित्र सुबह से शाम तक डटकर बैठे रहते हैं やはりその日も数多の知人や友人が朝から晩まで腰を据えて座り続ける **डटकर** *a.* 断固として；しっかりと दुश्मन का डटकर मुकाबला क॰ 断固として敵に立ち向かう *b.* 思う存分；たっぷりと；しっかりと；十分に；十二分に परीक्षा के लिए डटकर तैयारी करनी चाहिए しっかり試験準備をしなくてはならない काम बटा हुआ है.हर एक अपना काम डटकर करती है 分業制になっている．各人は自分の仕事をしっかりとする एक बार डटकर पानी पी ले और थैली भर जाए तो कई कई दिन बग़ैर पानी के रह सकता है 一度たっぷりと水を飲み袋が満たされると幾日間も水がなくても生きておれる उन्होंने विदेशी सत्ता का डटकर सामना किया 外国政権に対して断固たる戦いをした (-पर) **डटा रहना** （－に）どっしりと構える；（－を）固持する；（－を）押し通す

डटाना ［他］(1) 踏みとどまらせる；踏ん張らせる (2) 止める；とどめる (3) ぶつける

डट्टा ［名］(1) 水ぎせるの火皿を支える竹筒（ラウ）＝ नैचा. (2) 栓＝ डाट. (3) 捺染の版木＝ छींट छापने का ठप्पा.

डड्ढ ［形］焼けた；燃えた＝ दग्ध; जला हुआ.

डड्ढार[1] ［名］＝ डड्ढाल.

डड्ढार[2] ［形］長いあごひげを蓄えた

डड्ढाल ［名］〔動〕イノシシ；猪＝ वाराह; शूकर.

डढ़ना ［自］(1) 燃える；焼ける＝ जलना; बलना. (2) 熱に苦しむ＝ जलन हो॰. (3) 激しく悩み苦しむ＝ संतप्त हो॰.

डढ़ाना ［他］(1) 燃やす；焼く＝ जलाना. (2) 熱で苦しめる＝ जलाना. (3) ひどく悩ませる；とても苦しめる＝ संतप्त क॰.

डढ़ारा ［形⁺］(1) あごひげを生やした (2) あごひげを長く伸ばした (3) 勇猛な；勇ましい

डढ़ियल ［形］長いあごひげを蓄えた

डढ्ढ ［形］(1) 焼けた；燃えた (2) 苦しんだ；悩んだ

डपट ［名*］(1) 叱ること；叱りつけること；どなりつけること＝ डाँट; झिड़की. (2) 叱責の言葉

डपटना[1] ［他］叱りつける；厳しく叱る；どなる；どなりつける＝ डाँटना. "तू यहाँ क्या कर रहा है?"भेड़िये ने डपटकर मेमने से पूछा 「そこで何をしているのだ」狼が子羊にどなって言った प्रश्नों को वह डपटकर चुप करा लेता 質問に対して叱りつけて黙らせる मुझे संदेह हुआ कि वह कोई चोर-चाई है, इस लिए मैंने डपटकर पूछा, "कौन है रे, क्या चाहता है?" 泥棒ではないかと疑わしく感じたのでどなりつけて問うた．「だれだい．何の用だい」

डपटना[2] ［自］速く走る；疾走する

डपोर संख ［名］(1) ほら吹き (2) 図体ばかりでかくて間の抜けた人

डप्पू ［形］(1) 大変大きい；でかい；どでかい＝ बहुत बड़ा. (2) 大変太い

डफ़ ［名］《← A. دف दफ़》(1) タンバリン＝ डफला. (2) チャング＝ चंग.

डफर ［名］《← E. draper》帆

डफला[1] ［名］《← A. دف》タンバリン

डफला[2] ［名］ニシ族（アルナーチャル州に住むチベットビルマ語派の言語を話す部族民）；ダフラー

डफली ［名*］小型のタンバリン **अपनी अपनी डफली अपना अपना राग** 〔諺〕みなの意見がそれぞれ異なること；各人が自分勝手なことを言うこと

डफारना ［自］(1) 大声で叫ぶ；わめく (2) 大声で泣く；泣き叫ぶ

डफालची ［名］《H.+ P.چی ची》＝ डफाली.

डफाली ［名］(1) タンバリンを鳴らす人 (2) タンバリンを奏でるのを職にする人

डफोरना ［自］＝ डफारना.

डफ़्फ़ ［名］＝ डफ़.

डब[1] ［名］(1) ドーティーやルンギーなどの前面の上端（たくしこんでポケット代わりに用いる） (2) ポケット (3) 袋 (4) なめし革 (5) 首すじ **डब क॰** *a.* 懐に入れる；しまいこむ *b.* 従わせる；服従させる **डब पकड़कर कराना** むりやりさせる；強制する **डब में आ॰** 従う；命令や指示などに従う；服従する

डब[2] ［名］力；力量

डबकना[1] ［他］平たい物を叩いたり押したりしてボウルの形に加工する

डबकना[2] ［自］(1) 痛む (2) びっこをひく

डबकना[3] ［自］涙があふれる；涙がこぼれる

डबकना[4] ［自］輝く；きらめく

डबकौंहा ［形⁺］涙のあふれ出ている；涙にぬれた

डबडबाना ［自］涙があふれる；涙がにじむ；目がうるむ दादा की बड़ी-बड़ी आँखों में आँसू डबडबा आए 祖父の大きな目に涙があふれ出て来た

डबरा ［名］(1) 水溜まり (2) 湿地 (3) 水田

डबरी ［名*］小さな水溜まり

डबल[1] ［形］《E. double》(1) 倍の；2 倍の；ダブルの (2) 二重の；ダブルの

डबल[2] ［名］《E. double》英領インドの旧 1 パイサーの銅貨

डबल अर्ज़ ［名］《E. double + A. عرض》（生地の）ダブル幅

डबल क्रोशे ［名］《E. double crochet》〔手芸〕ダブルクローシェ

डबलचिन ［形］《← E. double-chinned》二重あごの यदि आपकी ठोड़ी मुटाई के कारण 'डबल चिन' का आभास दे रही है तो 下あごが厚くて二重あごの感じであれば

डबल ट्रैक ［名］《E. double track》複線；ダブルトラック

डबलनिमोनिया ［名］《E. double pneumonia》〔医〕両側肺炎

डबल बरेस्ट ［形］《← E. double breasted》〔服〕ダブルの；両前の；ダブルブレストの＝ डबल ब्रेस्टेड. डबल बरेस्ट कोट ダブルのコート＝ डबल ब्रेस्टेड कोट.

डबल बेड ［名］《E. double bed》ダブルベッド

डबल ब्रेस्ट ［形］《E. double breasted》〔服〕ダブルの；両前の

डबल रोटी ［名*］《E. double + H.》食パン → रोटी. **डबल रोटी वाला** パン屋（食パン製造・販売業者）

डबिंग ［名*］《E. dubbing》(1) 吹き替え फिर भी कई हीरोइनों की डबिंग तो मैं करती ही रही それでも私は幾人もの女優たちの吹き替えを続けていた (2) 再録音；追加録音 (3) 録音したものの再録音；ダビング

डबोना ［他］＝ डुबोना.

डब्बा ［名］＝ डिब्बा. (1)（装身具などの入っている）手箱；小箱 शृंगार का डब्बा （化粧品・化粧道具の入った）化粧箱 (2) かん（缶／罐） टिन का डब्बा 缶詰の缶 (3) 車両 रेलगाड़ी के डब्बे में 鉄道の車両の中で (4) 客車の仕切られた客室；コンパートメント अपने डब्बे में जबरन खींचकर बैठा लिया 自分のコンパートメントにむりやり引っ張って行って座らせた

डब्बाबंद ［形］《H. + P.بند》缶入りの；缶詰の＝ डिब्बाबंद. बच्चों का डब्बाबंद दूध 粉ミルク

डब्बी ［名*］小さな容器；小さな箱 सिगरेट की डब्बी 巻きタバコの箱＝ डिब्बी.

डब्बू ［名］食べ物を入れる蓋つきの容器

डबल्स ［名］《E. doubles》〔ス〕ダブルス＝ युगल मैच; युगल. डबल्स फ़ाइनल ダブルス決勝戦；ダブルスファイナル

डभक ［形］収穫直後の（もの）；もぎ立てのもの；採れ立ての

डभका[1] ［名］井戸から汲みたての水

डभका[2] ［名］エンドウマメやヒヨコマメを少し煎ったもの

डम ［名］ダム（カースト名）＝ डोम.

डमडम ［名*］でんでん；どんどん（でんでん太鼓の音）

डमर ［名］(1) 恐怖心から逃げ出すこと (2) 騒動；騒ぎ

डमरु ［名］＝ डमरू.

डमरुआ ［名］〔医〕リューマチ；リウマチ；リョーマチ＝ गठिया.

डमरुमध्य ［名］＝ डमरूमध्य.

डमरु यंत्र ［名］蒸留器；蒸留装置

डमरू ［名］(1) ダマルー（胴の中央のくびれた両面を打つ鼓．これを振ってひもの先についた子安貝や豆などで両面を打つ）；でんでん太鼓 (2) 中央部がくびれた形のもの

डमरूमध्य ［名］(1) 胴の部分や中央部のくびれたもの (2)〔地理〕地峡〈isthmus〉

डमरूयंत्र ［名］蒸留器

डमी ［名*］《E. dummy》(1)〔裁〕ダミー；ボディー；人台 (2) 替え玉 (3) 手先；ロボット

डमी कैंडीडेट ［名］《E. dummy candidate》泡沫候補＝ डमी अभ्यर्थी.

डमी सरकार ［名*］《E. dummy + P.سرکار》〔政〕傀儡政府

डर ［名］(1) 恐れ；恐怖；恐怖心 प्राणों के डर से. 生命の恐怖から डर से काँपना 恐ろしさに震えあがる (2) おそれ多いこと；畏怖（の念）；恐れ ख़ुदा का डर 神の恐れ (3) 心配；不安；懸念 इससे

बीमारी फैलने का डर रहता है これで病気が広まる心配がある **डर खाना** 恐れる；怖がる **डर दिखाना** 脅す；怖がらせる；恐れさせる；脅迫する= धमकी दे॰.

डरना [自] (1) 恐れる；怯える；怖がる (2) 畏怖する；畏れる भगवान से डरना 神様を畏れる (3) 不安になる；心配になる (4) 威圧される；気後れする किससे डरते हो だれを怖がっているのだ **डरते डरते** こわごわ；恐れながら **डरे डरे** こわごわ；おずおずと

डरपक [形] 木になったまま熟した（果物）

डरपना [自] 恐れる；怖がる= डरना; भयभीत हो॰.

डरपोक [形] (1) 怖がりの；臆病な；気の小さい；小心の= बुज़दिल; भीरु. डरपोक जानवर 臆病な動物 बकरी बहुत डरपोक होती है 山羊はとても臆病だ (2) 弱気な

डराना [他] (1) 怖がらせる；恐れさせる वह अंधेरे में आकर सब को डराता है あの人は暗がりにやって来てみなを怖がらせる मैं उसे भो करके डराऊँगा आज 今日はワッと言ってあいつを怖がらせてやろう (2) 脅す झूठ के डराए से हरगिज़ डरे नहीं こけおどしに決してひっかからないように अधिकारी वर्ग को डरा-दबाकर उनसे अपनी जाति के सदस्यों के हित के कार्य करवाये जाएँ 幹部に脅しをかけたり強要したりして自分たちのカーストの人たちのためになることをさせること माया ने भी उसको डरा-धमकाया マーヤーも彼女を脅したり脅迫したりした **डरा फुसलाकर** 脅したりすかしたりして

डरावना [形⁺] (1) 恐ろしい；怖い；恐ろしがらせる भय तो डरावनी चीज़ों से लगता है 怖いものに恐怖を感じるものだ डरावनी ख़ामोशी 恐ろしい沈黙 (2) 気味の悪い；醜くて恐ろしい डरावना चेहरा 醜くて恐ろしい顔

डरावा [名] (1) 脅しの言葉；脅し文句 (2) かかし（案山子）= खटखटा.

डरैला [形⁺] (1) 恐ろしい；怖い= भयानक; डरावना. (2) 臆病な；小心な= डरपोक; बुज़दिल.

डर्बी [名*] 《E. Derby》 (1) ダービー競馬 (2) 大競馬

डल[1] [名*] (1) 湖 = झील. (2) スリーナガル市（カシミール）東部のダル湖

डल[2] [名] 断片；かけら；部分 **डल का डल** 山のような

डलई [名*] = डलिया[1].

डलक [名] = डला[2].

डलना [自] (1) 入れられる；注がれる；注入される；さされる（差される）；投入される (2) 置かれる (3) 委ねられる；任される (4) 用いられる；使われる；使用される ये रंग के डिब्बे सफेदी में डलेंगे この塗料は壁塗りに用いられる (5) 置かれる；設けられる；設置される पड़ाव डल जाने के बाद 宿営がなされる (6) 掛ける；掛けられる；ぶらさがる झूला डलना ブランコが掛けられる (7) 糸などが通される；縫われる "रज़ाई में तागे डाल दूँ?" "नहीं, यहाँ मशीनों पर डलते हैं, तुम आराम करो" 「掛けぶとんを縫いましょうか」「いや，ここではミシンで縫われるのだから休んでいなさい」 (8) 覆われる；掛けられる

डलवा [名] かご（籠，果物売りの持つかごなど） → डला.

डलवाना [他・使] ← डालना. नाते-रिश्तेदारों का दबाव डलवाकर 親類縁者の圧力をかけさせて उसने राजकुमारी को बंदी बनाकर तहख़ाने में डलवा दिया 王女を捕らえて地下室に入れさせた माँ जी, बच्चे के दिल में फूट क्यों डलवा रही हैं なぜ子供の心に仲違いを起こさせているのですか लोग अपने बच्चों को गोद में उठाकर उनसे मालाएँ डलवाते हैं 子供たちを抱き上げて子供に花輪をかけさせる बताया जाता है कि यह धनराशि विश्वविद्यालय के कुछ वरिष्ठ अधिकारियों की मिली भगत से उस खाते में डलवा दी गई है この金額は大学の幹部職員との結託によりその口座に入れさせられたという話だ उसकी दोनों आँखों में दवा की दो दो बूँदें डलवाकर 目薬を2～3滴ずつ両眼にさしてもらって छापा डलवाना 急襲させる → छापा डालना.

डला[1] [名] (1) かたまり；塊 बोरों में तो सोने-चाँदी के डले रखे हुए थे 麻袋には金や銀の塊が入っていた (2) 一部分；部分

डला[2] [名] 割竹や竹ひご，植物の蔓などを編んでこしらえたかご（籠）

डलिया[1] [名*]（割竹や竹ひごなどでこしらえた）小さなかご；ざる（笊） मछली डलिया में डालकर 魚を魚籠に入れて फूल रखने की एक हलकी डलिया 花を入れる軽いかご

डलिया[2] [名*] 小さな塊；小片

डलिया[3] [名*] 小枝→ डाल, डाली.

डली[1] [名*] 小さなかご = डलिया[1].

डली[2] [名*] 小さな塊；かけら；小片；断片 मिश्री की डली 氷砂糖の粒や塊

डवलपर [名] 《E. developer》〔写〕現像液；現像薬

डवलपर्स [名] 《E. developers》〔写〕現像液；現像液剤；現像薬

डवलपिंग [名] 《E. developing》〔写〕現像

डस [名*] (1) 天秤皿を吊りさげるひも (2) 織物の端= छोर. (3) ラム酒

डसन [名*] (1) 毒針で刺すこと (2) 虫や蛇などが咬むこと

डसना [他] (1) 毒針で虫などが刺す (2) 虫や蛇などが咬む वहाँ उसे एक भयंकर साँप ने डस लिया そこで１匹の恐ろしい蛇が男を咬んだ

डसवाना [他・使] ← डसना.

डसाना [他・使] ← डसना. (1)（虫に）刺させる (2)（蛇などに）咬ませる；噛ませる；かんでもらう

डसी [名*] しるし；目印

डस्टर [名] 《E. duster》ぞうきん；ダスター= झाड़न.

डहकना[1] [他] (1) だます；欺く= धोखा दे॰; ठगना; छल क॰. (2) 見せびらかす；欲しがらせる

डहकना[2] [自] (1) 泣きわめく= बिलखना. (2) 吠える；咆哮する = दहाड़ मारना; गरजना.

डहकना[3] [自] 散らばる；広がる；散乱する；飛散する= छितराना; छिटकना.

डहकाना[1] [他] 失う；無駄にする= खोना; गँवाना.

डहकाना[2] [自] だましとられる= ठगा जा॰.

डहकाना[3] [他] (1) だます；だましとる= ठगना; धोखा दे॰. (2) 欲しがらせておいて与えない；見せびらかす= ललचाकर न दे॰.

डहडहा [形⁺] (1) 緑あふれる；緑したたる= हरा-भरा. (2) 喜びあふれる；嬉々とした= प्रसन्न. (3) 新しい；直前の；新鮮な= ताज़ा.

डहडहाना [自] (1) 緑したたる (2) 喜んでいる；嬉々とする

डहडहाव [名] ← डहडहा.

डहन [名] 羽；翼= डैना; पर; पंख.

डहना[1] [自] (1) 焼ける；燃える (2) 腹を立てる；むかつく；むかむかする

डहना[2] [他] (1) 焼く；燃やす (2) 苦しめる；悩ます

डहर [名*] (1) 道；道路= रास्ता; मार्ग. (2) 天の川；銀河= आकाश गंगा.

डहराना[1] [自] 歩く；歩行する；歩き回る= चलना; फिरना; टहलना.

डहराना[2] [他] 動かす；走らせる= चलाना; दौड़ाना.

डहलिया [名] 《E. dahlia》〔植〕キク科ダリヤ

डहुडहु [名] (1)〔植〕クワ科高木リンゴパンノキ【*Artocarpus lakoocha*】= लकुच. (2)〔植〕ムラサキ科【*Cordia latifolia*】

डाँक[1] [名*]（宝石の下に入れる）箔；銀箔や銅箔 चाँदी की डाँक 銀箔

डाँक[2] [名] 《← E. dock》ドック；波止場；突堤；桟橋= डॉक.

डाँक[3] [名*] 吐くこと；嘔吐；吐きもどすこと

डाँकना[1] [他] (1) またぐ (2) 飛び越える (3) 途中を飛ばす；途中を抜かして進む

डाँकना[2] [自] 吐く；もどす；嘔吐する= कै क॰; उलटी क॰.

डाँकना[3] [自] 大声で言う；叫ぶ；叫び声をあげる；大声で呼ぶ = ज़ोर से पुकारना.

डाँग [名*] (1) 頂き；頂上；山頂；峰 (2) 尾根 (3) 高地；山岳地 (4) 棍棒

डाँगर[1] [名] (1) 牛や水牛，ラクダなどの家畜= चौपाया; ढोर. अच्छी-ख़ासी रकम देकर डाँगर ख़रीदता था 相当な金額を払って家畜を購入していた (2) 死獣= मरा हुआ चौपाया जानवर. **डाँगर घसीटना** *a*. 死獣を片付ける *b*.〔ヒ〕不浄なことをする

डाँगर[2] [形] (1) やせ細った；やせこけた；がりがりにやせた (2) 愚かな

डाँट [名*] (1) 叱ること；叱りつけること；叱責 उसे अपनी माँ की डाँट की चिंता थी 母親に叱られるのが心配だった (2) 脅し **डाँट खाना** 叱られる；叱りつけられる बच्चे अब डाँट ज़्यादा खाने लगे थे 今や子供たちはよく叱られるようになっていた **डाँट पड़ना** 叱られる गलती करने पर सब बच्चों को डाँट पड़ती है 間違いを犯すと

子供はみな叱られる **डाँट पिलाना** たしなめる；叱る；叱りつける पर माँ उसे अब भी नासमझ कहकर घर के मामले में न बोलने की डाँट पिला देती थी 母は彼をまだわからず屋と呼んで家のことについては口をは挟まないようにとたしなめていた उन्होंने उलटे डा॰ राय को ही डाँट पिलाई 逆にラーイ博士の方を叱りつけた **डाँट बताना** = डाँट पिलाना. कुली को एक डाँट बताओ तो सिर से बोझ फेंककर अपनी राह लेगा ポーターを一言叱りつければ，頭にのせた荷物を投げ捨てて立ち去るだろう **डाँट में रखना** 従わせる；言うことをきかせる；服従させる **डाँट लगाना** = डाँट पिलाना.

डाँट-डपट [名*] (1) 叱りつけること；叱責 **डाँट-डपट क॰** 叱りつける ऐसे बच्चों की डाँट डपट न करें このような子供を叱りつけないこと **डाँट-डपट सुनना** 叱られる (2) しつけ **डाँट-डपट क॰** しつける बच्चों को प्रारम्भ से ही डाँट-डपट कर रखना चाहिए 子供は小さい時からしつけておかなくてはならない

डाँटना [他] (1) 叱る；叱りつける दादी अम्माँ अच्छी नहीं लगती.वह मुझे बात बात पर डाँटती है おばあちゃんは嫌いなの，何事につけても叱るんだから इस्कूल में उस्ताद ने भी बहुत डाँटा 学校で先生も随分叱った कल रात को देर से आये तो उनके बाबू जी ने उनको डाँट दिया きのう遅く戻ったら父親も叱りつけた (2) とがめる

डाँटना-डपटना 叱りつける；叱責する फिर माला ने मौका पाते ही मुझे अलग ले जाकर डाँटना-डपटना शुरू कर दिया था 次にマーラーは折を見つけるとすぐに私を連れ出して叱責しはじめた थोड़ी देर यों ही डाँटने-डपटने के बाद वह फिर चिल्लाए 少しの間わけもなく叱りつけるとまた叫び声をあげた **डाँटना-फटकारना** 叱責する；叱る；叱りつける कभी वे आपको कुछ डाँट-फटकार भी बैठें तो भी 時にあの人があなたを少し叱りつけることがあろうとも

डाँट-फटकार [名*] (1) 叱責 (2) 立腹 **डाँट-फटकार क॰** *a.* 叱る；叱りつける *b.* 腹を立てる；怒る **डाँट-फटकार दे॰** = डाँट-फटकार क॰; डाँट-फटकार बताना.

डाँट वॉरी डैट [感] 《E. Don't worry that》気にしないでよい；だいじょうぶだ；心配ない

डाँड़ [名] (1) 棒= डंडा. (2) 棒術に用いる棒；棍棒= गदका; गतका. (3) 竿；旗竿 (4) はり（梁）；けた (5) 境界のあぜ（畦）= मेंड़. (6) ろ（櫓）；さお（竿；棹）；櫂；オール= डंडा; चप्पू. (7) 罰金= अर्थ दंड; जुरमाना. (8) 弁償；弁償金；賠償（金）= हरजाना. (9) 境界；境界線 (10) 砂浜 (11) 背骨；脊椎= रीढ़ की हड्डी. (12) 囲い；低い塀 (13)（長さの単位の一，66 インチ，約 167.6cm）ダーンル **डाँड़ चलाना** *a.* ろ（櫓）を漕ぐ *b.* 調べる；測る **डाँड़ पड़ना** 罰金を科される **डाँड़ भरना** *a.* 賠償を払う；弁償する *b.* 罰金を払う **डाँड़ लगना** = डाँड़ पड़ना. **(-को) डाँड़ लगाना** （－に）罰金を科する जो दारू-भाँग पिये उसे डाँड़ लगाना चाहिए 酒や大麻を飲む人には罰金を科すべきだ **(-से) डाँड़ ले॰** （－から）罰金を取る

डाँड़ना [他] = डाड़ना. 罰金を科する= जुरमाना क॰.

डाँड़-मेंड़ [名] = डाँड़ा-मेंड़. 土地の境界 कुछ डाँड़-मेंड़ का झगड़ा था 何か境界をめぐる争いだった

डाँड़ा [名] = डाँड़. (1) 棒；柱；竿；棒術に用いる棒；棍棒 (2) 櫓；櫂；オール (3) 境界 (4) 砂浜 (5) 川岸の絶壁や切り立ったところ **होली का डाँडा** バサント・パンチャミー（बसंत पंचमी）の日からホーリー祭のどんど焼きのために集められる木ぎれや枯れ草など

डाँड़ा-मेंड़ा [名] (1) 畑や村落の境界（線） (2) 接近していること **डाँड़े-मेंड़े का** すぐ近くの；すぐそばの

डाँड़ा-मेंड़ी [名*] = डाँड़ा-मेंड़ा. **डाँड़ा-मेंड़ी क॰** 競う；競争する

डाँड़ी[1] [名*] (1) 細い棒；細い木ぎれ (2) 枝；小枝 (3) 茎 (4) 道具の柄 (5) 棹秤の棹（竿） (6) 花や実の柄 (7) 境界；境 (8) かご（轎）の棒 (9) 轎 = पालकी. (10) 2 人でかく駕籠= झप्पान. **डाँड़ी अच्छी हो॰** （買い手にとって）穀物の相場が良い **डाँड़ी तेज़ क॰** 相場が高くなる **डाँड़ी मारना** （商人が棹秤の棹を叩いて）秤量をごまかす

डाँड़ी[2] [名] 櫓の漕ぎ手

डाँबू [名]〔植〕イネ科草本ヨシ；アシ【*Phragmitis communis*】= डिला; मोथा.

डाँवरा [名] 息子；男の子= बेटा; लड़का.

डाँवरी [名*] 娘 = बेटी; लड़की.

डाँवाँडोल [形] (1) 安定していない；揺れている；動揺している (2) 心の落ち着きのない；優柔不断な सेनापति के डाँवाँडोल होने से सेना भी अपना पराक्रम नहीं दिखला सकेगी 指揮官が優柔不断なので軍もその武勇を発揮することができない

डांस [名] 《E. dance》ダンス

डाँस [名]〔動〕ブヨ，ウシアブなど人畜を刺したり咬んだりする虫

डांस डायरेक्टर [名] 《E. dance director》〔映〕ダンス・ダイレクター；ダンス・ディレクター

डाँस फ़्लोर [名] 《E. dance floor》ダンスフロア= नृत्य का क्षेत्र.

डांसर [名] 《E. dancer》ダンサー = नर्तक.

डाँसर [名] タマリンドの実

डांस हॉल [名] 《E. dance hall》ダンスホール

डाइ-ऑक्साइड [名] 《E. dioxide》〔化〕二酸化物

डाइ-ऑक्सिन [名] 《E. dioxin》〔化〕ダイオキシン

डाइक [名] 《E. dike》(1) 水路 (2) 堤防

डाइटिंग [名*] 《E. dieting》(1) 体重調節のため規定食をとること；ダイエット डाइटिंग करने का सही ढंग 正しいダイエットの仕方 (2) 食事療法；食事制限

डाइटीशियन [名] 《E. dietician; dietitian》栄養士

डाइन [名*] (1) 鬼女；魔女；ダーイン，すなわち，呪術を行う女（呪術によって人に危害を及ぼすと考えられている） (2) 醜女 (3) 性悪女；あばずれ

डाइनामाइट [名] 《E. dynamite》ダイナマイト

डाइनिंगकार [名*] 《E. dining car》食堂車

डाइनिंग टेबिल [名*] 《E. dining table》食卓 = डाइनिंग टेबुल; खाने की मेज़.

डाइनिंग रूम [名] 《E. dining room》食堂

डाइनिंग सेट [名] 《E. dining set》ダイニングセット（台所用品一式）

डाइनिंग हाल [名] 《E. dining hall》ダイニングホール；食堂

डाइनोसार [名] 《E. dinosaur》恐竜= डाइनोसोर.

डाइबिटीज [名] 《E. diabetes》〔医〕糖尿病 = मधुमेह.

डाइबीटीज [名] 《E. diabetes》〔医〕糖尿病 = मधुमेह.

डाइरेक्टर [名] 《E. director》(1) 理事；重役，局長，長官などの管理者の地位にある人 फ़िल्म कंपनी के डाइरेक्टर 映画会社の重役 (2) 研究所や教育機関などの長；所長，主事などの責任者 (3) 演出家 (4) 映画監督

डाइरेक्टरी [名*] 《E. directory》住所氏名録；電話帳

डाइवोर्स [名*] 《E. divorce》離婚 = तलाक़; विवाह-विच्छेद.

डाई [名] 《E. die / dies》(1) さいころ = पासा. (2) 打ち型；鋳型 = साँचा. (3) ダイス型（工具）；ねじ型 (4) ダイス回し（工具）= डाई स्टाक. 《E. diestock》

डाउक [名]〔鳥〕クイナ科シロハラクイナ【*Amaurornis phoenicurus*】

डाउन [形] 《E. down》(1) 下り；下り列車の；下り線の डाउन ट्रेन 下り列車 (2) 下の；下方の घंटी के साथ मीटर डाउन होता है ちーんというベルの音と共にメーターが下がる

डाक[1] [名*] (1) 駅伝（の制度） (2) 郵便（制度） डाक व्यवस्था 郵便制度 डाक में भेजना 郵送する = डाक से भेजना. डाक का थैला 郵袋 = डाक थैला. (3) 郵便物；郵便（で配達されるもの） मैंने कल की आई हुई डाक उसके सामने रख दी きのうの郵便を彼の前に置いた **डाक आ॰** 郵便（物）が来る **डाक बैठना** *a.* 駅伝の制度が設けられる；駅伝の手配がなされる *b.* 連続して起こる；続けざまに起こる **डाक बैठाना** 駅伝の手配をする **डाक लगना** 続けざまに郵便が来る **डाक लगाना** = डाक बैठाना.

डाक[2] [名*] (1) 叫ぶこと (2) 叫び声 (3) 競売で値をつけること；入札 **डाक बोलना** 競売で買い値を言う

डाक[3] [名] 《E. dock》= डॉक/डॉक. (1) ドック (2) 波止場；突堤；桟橋；埠頭 डाक पर कुलीगीरी क॰ 沖仲士をする

डाक[4] [名*] 吐くこと；もどすこと；嘔吐

डाकख़ाना [名] 《H. + P. خانه》郵便局= डाकघर; पोस्ट आफ़िस.

डाकगाड़ी [名*] (1) 郵便列車（急行列車） (2)〔史〕駅馬車（郵便物と乗客を運んだ）〈post chaise〉

डाकघर [名] 郵便局= डाकख़ाना; पोस्ट ऑफ़िस.

डाक चौकी [名*] (1) 宿場；宿駅 (2) 飛脚便の宿場や立場

डाक टिकट [名] 《H. + E. ticket》郵便切手；切手 50 पैसे के डाक टिकट के साथ अपना नाम-पता लिखकर इस पते पर भेजिए 50 パイサーの切手を添えて住所・氏名御記入の上，下記宛お送り下さい

डाक-तार विभाग [名] 郵政電信省
डाकना[1] [他] (1) またぐ (2) 飛び越える= लाँघना; फाँदना.
डाकना[2] [自] 吐く；嘔吐する= वमन क॰; उलटी क॰; कै क॰
डाक-पता [名] 郵送先
डाक पार्सल [名] 《H. + E. parcel》郵便小包
डाकपाल [名] 郵便局長 = पोस्टमास्टर.
डाकबँगला [名] 《E. dak bungalow / dawk bungalow》ダークバンガロー（巡回視察の官吏の宿泊所）
डाक बक्स [名] 《H. + E. box》(1) 郵便ポスト (2) 私書箱= पोस्ट बक्स; पी॰ओ॰बी॰; पोस्ट आफ़िस बॉक्स.
डाक महसूल [名] 《H.+ A. محصول》郵送料；郵便料金
डाक मित्र [名] ペンパル = पेनपल.
डाकमुंशी [名] 《H.+ A.منشی》郵便局長 = पोस्टमास्टर.
डाकमैन [名] 《H. + E. man》郵便集配人 = डाकिया; पोस्टमैन.
डाकर [名] 池が干上がってひび割れした泥土
डाकव्यय [名] 郵便料金；郵送料
डाका [名]（強盗団による）強盗 **डाका डालना**（強盗団が）強盗に入る；強盗をする；強奪する= डाका मारना. **डाका पड़ना** 強盗が入る；強盗団に襲われる
डाकाज़नी [名*] 《H. + P.زنی》強盗（行為）；強盗事件 डाकेज़नी के बारे में महत्त्वपूर्ण सुराग 強盗事件に関する重要な糸口
डाकिन[1] [名*] = डाकिनी.
डाकिन[2] [名*] (1) 女強盗；女性強盗 (2) ダークー（強盗）の妻 → डाकू.
डाकिनी [名*] (1)（人肉を食うと伝えられる）ダーキニー；鬼女；魔女；呪術を行う女= डाइन. (2) 口やかましい女；がみがみ女 (3)〔仏〕荼加女
डाकिया [名] 郵便配達（人）；郵便集配人= पोस्टमैन.
डाकी[1] [名*] 吐くこと；嘔吐= वमन; उलटी; कै.
डाकी[2] [名] (1) 大食の；大食いの= पेटू. (2) = डाकू.
डाकी[3] [形] 郵便の डाकी टिकट. 郵便切手= डाकटिकट.
डाकू [名] (1) 強盗；追い剥ぎ= लुटेरा; बटमार. (2) 大食漢 = पेटू. **जहाज़ी डाकू** 海賊 **डाकू-लुटेरा** 強盗や追い剥ぎ रास्ते में डाकू-लुटेरों का भी भय है 途中強盗や追い剥ぎの出る心配もある
डाकेट [名] 《E. docket》（文書の）内容摘要
डाक्टर [名] 《E. doctor》(1) 博士 (2) 医学博士 (3)（西洋医術の）医師；内科医 मेडिकल डाक्टर (एम॰डी॰) 医学博士 डाक्टर को दिखाना 医者にみてもらう；診察を受ける；受診する डाक्टर की फ़ीस 診察料 डाक्टर साहब お医者さん（先生） घोडा डाक्टर 獣医= जानवरों का डाक्टर. प्राइवेट डाक्टर 開業医 डाक्टर का परामर्श 診断= डाक्टर की सलाह. डाक्टर का बैग 診察かばん
डाक्टरी[1] [名*] 《E. doctor + H.》(1) 医術；医療；西洋医術 डाक्टरी का काम अब मुख्यत: 'सेवा' का न रहकर व्यवसाय का रूप धारण कर गया है 今や医療はほとんど奉仕活動ではなくなり職業の姿をとってしまっている (2) 医学；西洋医学 डाक्टरी पढ़ी हुई लड़कियाँ 医学を学んだ女性 हाँ, तुझे डाक्टरी पढ़ाऊँगी そうお前に医者の勉強をさせよう (3) 医者の仕事；医者の職務 दाँतों की डाक्टरी का काम 歯医者の仕事 (4) 保険契約のための健康診断
डाक्टरी[2] [形] (1) 西洋医術の；西洋医学の डाक्टरी इलाज (2) 医療の（西洋医術の治療の） डाक्टरी औज़ार 医療器具 समय पर डाक्टरी सहायता न मिलने के कारण 然るべき時に医療の手助けが得られないので **डाक्टरी जाँच** 健康診断 **डाक्टरी परामर्श** 診断（医者の指示や指導） **डाक्टरी परीक्षा** 健康診断 पति-पत्नी दोनों की डाक्टरी परीक्षा 夫婦の健康診断 **डाक्टरी प्रमाण पत्र** 健康診断書 **डाक्टरी रुई** 脱脂綿 = सर्जिकल कॉटन.
डॉक्टरेट [名*] 《E. doctorate》博士号；博士号の学位 डॉक्टरेट ले॰ 博士号を得る
डाक्युमेंटरी[1] [形] 《E. documentary》ドキュメンタリーの
डाक्युमेंटरी[2] [名*] 《E. documentary》ドキュメンタリー
डाक्युमेंटरी फ़िल्म [名*] 《E. documentary film》ドキュメンタリー映画；記録映画 मिल्खा सिंह पर एक डाक्युमेंटरी फ़िल्म ミルカーシンについての記録映画
डॉक्स [名] 《E. docks》波止場；桟橋；埠頭
डाग [名*] ナガーラー（太鼓）を打つのに用いられるばち= डागा. डाग दे॰ ばちで打つ
डॉग [名] 《E. dog》犬；ドッグ= कुत्ता.
डॉग स्क्वॉड [名] 《E. dog squad》警察犬チーム
डॉज बॉल [名] 《E. dodgeball》〔ス〕ドッジボール
डाट[1] [名*] (1) せん（栓） दवात में डाट लगी हुई है インクびんには栓がついている (2)（アーチの頂上の）かなめ石；くさび石 (3) つっかえ；つっかい；つっぱり
डाट[2] [名*] = डाँट.
डाटना[1] [他] (1) つっかえをする；つっぱりをする (2) 栓をする；口や穴を閉じる (3) 定める (4) 詰める；詰め込む；ぎっしり詰める हुक्के फिर डाट लिये गये 水ぎせるは再び（タバコの葉が）詰められた (5) 腹一杯食べる；腹に詰め込む (6) 着飾る；身なりを飾る；めかす कभी सलवार कमीज़ डाटे और बनी-ठनी 時にはサルワールとカミーズで着飾りぱりっとした
डाटना[2] [他] = डाँटना. सेठानी का नौकरों को डाटना 女主人が使用人を叱りつける
डाटाबेस [名] 《E. database》データベース कंप्यूटर डाटाबेस コンピューター・データベース
डाड़ना[1] [他] 罰金を科す= डाँड़ना.
डाड़ना[2] [自] ほえる；咆哮する = दहाड़ना.
डाडाइज़्म [名] 《E. Dadaism》〔文芸〕ダダイズム
डाढ़ [名*] (1) 大臼歯= दाढ़; चौभड़. (2)〔植〕気根= बरोह. **डाढ़ गरम हो॰** *a.* 賄賂をもらう *b.* 出来たての食事をする **डाढ़ मारकर रोना** 大声で泣く；わんわん泣く
डाढ़ना [他] 焼く；燃やす= जलाना.
डाढ़ा[1] [名] (1) 森の火事；山火事= दावानल. (2) 火 = आग; अग्नि. (3) 熱 = ताप; जलन. (4) 荼毘 = दाह. **डाढ़ा फूँकना** ひどく暑い **डाढ़ा हो॰** = डाढ़ा फूँकना.
डाढ़ा[2] [名] 大臼歯
डाढ़ी [名*] (1) おとがい；下あご= ठोड़ी; ठुड्डी; चिबुक. (2) あごひげ= दाढ़ी. **डाढ़ी का एक एक बाल क॰** ひどい目に遭わせる；さんざんな目に遭わせる；大恥をかかせる **डाढ़ी को कलंक लगाना** 晩年に汚名を着せる **डाढ़ी छोड़ना** あごひげを生やす；ひげをそらずにおく **डाढ़ी फटकारना** *a.* あごひげをなでる *b.* ひげをなでる；得意げな様子をする **डाढ़ी रखना** あごひげを蓄える **पेट में डाढ़ी हो॰** 年の割に物知りで大人びた言動をする **पेशाब से डाढ़ी मुड़वाना** 大変な恥辱を与える；赤恥をかかせる
डाढ़ीजार [名] = दाढ़ीजार.
डॉन [名] 《E. don》ドン；親玉；頭；首領 कुख्यात अंडरवर्ल्ड डॉन दाऊड इब्राहीम ダーウード・イブラーヒーム，すなわち，悪名高い暗黒街のドン
डाब [名]〔植〕イネ科クサソウ= डाभ.
डाबर[1] [名] (1) 低地；低湿地；雨季の水の溜まるところ (2) イネを植える田；稲田 (3) 池 (4) 汚水 = मैला पानी; गंदा पानी. (5) 洗面器 = चिलमची.
डाबर[2] [形] (1) 泥の混じった (2) 濁った= गदला. (3) 土色の= मटमैला.
डाबी [名*] → दाबी.
डाभ [名] (1)〔植〕イネ科草本クサソウ／インドキチジョウソウ【*Desmonstachya bipinnata*】(2) マンゴーの花芽 (3) マンゴーの花の房
डाभक [形] 井戸から汲み立ての（水）
डाभर [名] 雨季にできる水溜まり
डामचा [名] 畑の見張り台= माचा; मचान.
डामर[1] [名] (1) 樹脂（特にサラノキの樹脂 साल का गोंद） (2) ダマール（樹脂） (3) タール；ピッチ
डामर[2] [名] (1)〔ヒ〕シヴァ神が語ったと伝えられるタントラ聖典 (2) 賑わい = हलचल. (3) 華麗さ = ठाटबाट.
डामल[1] [名] 《← A. دائم الحبس दाइमुलहब्स》(1) 終身刑；終身禁錮= आजीवन कारावास; जनम कैद. (2) 流刑；遠島；島流し（特に英領統治下で行われたアンダマン島への） = देशनिकाला.
डामल[2] [名] コールタール；ピッチ= तारकोल.
डामल[3] [名] = डायमंडकट.
डामाडोल [形] = डाँवाँडोल.
डामिल [名] = डामल[1].
डायँ डायँ [副] あてもなく，あるいは，ぶらぶら（仕事もせずに）
डायग्राम [名] 《E. diagram》(1) 図形 (2) 図表；ダイヤグラム
डायट [名] 《E. Diet; diet》国会；議会 = संसद.

डायन [名*] = डाइन; डाकिनी. **डायन को बच्चा सौंपना** 〔諺〕 *a.* 猫に鰹節；人を危険にさらすたとえ；甚だ不用心なたとえ *b.* この上なく愚かしく危険なことのたとえ **डायन न मरे न माँचा छोड़े** 嫌われ者の老女がいつまでも口出しをしたり干渉をしたりすることについて言う；憎まれっ子世にはばかる **डायन भी सात घर छोड़ देती है** 〔諺〕鬼もどれほどの悪人もどんな無慈悲な人も近所や身近な人には害を及ばさぬもの= डायन भी सात घर छोड़ देती है.

डायनामो [名] 《E. dynamo》= डाइनमो. (1)〔電〕発電機；ダイナモ साइकिल डायनामो 自転車用の発電機 (2) 自動車発電機

डायनासोरस [名] 《E. dinosaur》恐竜 डायनासोरस वंश के सरीसृप 恐竜の血を引く爬虫類

डायनेमो [名] 《E. dynamo》ダイナモ = डायनामो.

डायबिटीज़ [名] 《E. diabetes》糖尿病 डायबिटीज़ से कैसे बच सकता है? 糖尿病を免れるには

डायबीटीज़ [名] 《E. diabetes》〔医〕糖尿病= मधुमेह.

डायमंड [名] 《E. diamond》ダイヤモンド；ダイヤ= हीरा.

डायमंड कट[1] [名] 《E. diamondcut》ダイヤモンドカット

डायमीटर [名] 《E. diameter》直径 = व्यास.

डायमोनियम फ़ॉस्फेट [名] 《E. diammonium phosphate》〔化〕リン酸水素アンモニウム；第二リン酸アンモニウム

डायरिया [名] 《E. diarrhea》下痢 = दस्त; अतिसार.

डायरी [名*] 《E. diary》手帳；日記帳 जेब से डायरी निकालकर उसने अगले दिन की मुलाकातों के बारे में जान लेना चाहा ポケットから手帳を取り出し翌日の面会について知ろうと思った डायरी में नोट क॰ 手帳に書き込む

डायरेक्ट [形] 《E. direct》直接の；ダイレクトの

डायरेक्टर [名] 《E. director》= डाइरेक्टर; निदेशक.

डायल [名] 《E. dial》(1) 文字盤 (2) ダイヤル（電話機の） (3) 目盛り盤（ラジオ，テレビの） डायल क॰ 電話のダイヤルを回す；電話をかける

डायलिसिस [名] = डायलेसिस. 《E. dialysis》(1)〔医〕透析；人工透析 पिछले सात महीने से उनका अस्पताल में सप्ताह में दो बार डायलिसिस होता है この7カ月来病院で週2回の透析を受けている (2)〔医〕人工透析機

डायस [名] 《E. dais》演壇 = मंच.

डायाफ्राम [名] 《E. diaphragm》〔電〕振動板

डायाबेस [名] 《E. diabase》〔鉱〕輝緑岩

डायार्की [名*] 《E. diarchy》〔政〕両頭政治；二頭政治= द्वैधशासन; द्विशासन.

डायास्टेस [名] 《E. diastase》ジアスターゼ

डायोड [名] 《E. diode》〔電子工学〕ダイオード

डार[1] [名*] (1) 線；列；一連のもの (2) 群れ हिरनों की डार 鹿の群れ **डार की डार** 全部；全部揃って；みながみな

डार[2] [名*] 枝 = डाल.

डारा [名] 物干しに用いるひもや竹竿= अलगनी.

डार्क रूम [名] 《E. darkroom》〔写〕暗室；ダークルーム

डार्क स्लाइड [名] 《E. dark slide》〔写〕引き蓋；ダークスライド

डार्क हॉर्स [名] 《E. dark horse》ダークホース

डार्लिंग [名] 《E. darling》大好きな人；ダーリン（呼びかけにも用いられる） उठ भी जाओ डार्लिंग ねえあなた起きなさいよ

डाल[1] [名*] (1) 枝；木の枝 (2) 枝のように本体から分かれて突き出たもの **डाल का चूका बंदर** 機会を失った人 **डाल का टूटा** *a.* もぎたての；とれたての *b.* 最新の；新鮮な；ほやほやの *c.* 上等の **डाल का पका** 木になったまま熟した **डाल झुकना** 具合がよくなる **डाल डाल पात पात** 至るところ **डालवाला** 猿 **डाल सींचना** 筋違いのことをする；間違ったことをする

डाल[2] [名*] (1) 花や果物を入れる小さなかご= डलिया; चँगेरी. (2) 結納の品（花婿側から花嫁側に贈られる装身具，衣類，果物など）

डाल[3] [名] 《ڈال》ウルドゥー文字第12字母 ڈ の名称.

डालना[1] [他] (1) 液体を入れる；注入する；注ぐ；流し込む；差す उनके जिस्मों में ख़ून डालकर उनकी जान बचाई जाए あの方に輸血して命を救うこと साँझ होते ही भूखे-प्यासे पेट में एक प्याली चाय डाल ट्यूशन को निकल पड़ते हैं 夕方になるとすぐ空っぽの腹に1杯の紅茶を流し込み家庭教師に出かける नये प्याले में चाय डालते हुए पूछा 新しいカップに紅茶を入れながらたずねた उसने अपने हाथ से चिराग़ में तेल डाला 自らランプに油を注いだ **जलती आग में घी डालना** 〔諺〕火に油を注ぐ (2) 激しい勢いで行う；荒々しい行為をする डाका डालना 強盗をする (3)（空間や隙間に）入れる；挿入する；突っ込む बाज़ गंदे बच्चे हर वक़्त नाक में उँगली डाला करते हैं 一部の不潔な子供たちは四六時中鼻の穴に指を突っこんでいる बड़े पिंजड़े में कई तोते उसने डाल रखे थे 数羽のオウムを大きな鳥籠に入れておいた मुँह में खिलौना डालना おもちゃを口に入れる हम पीने के पानी में हाथ नहीं डालते 飲み水には手を突っこまないことになっている (4) 入れる；差し込む；突っ込む；捻って入れる；ねじ込む कार्क में पेंचकस की सहायता से एक पेंच को थोड़ा अंदर डालो ねじ回しでコルクにねじ釘を1本少しねじこみなさい (5) 込める；入れる；吹き込む अल्लाह मियाँ ने फूलों में जान डाल दी है 神様が花に命を吹き込まれた एक छोटी-सी चींटी में भी हम जान नहीं डाल सकते ちっぽけなアリ1匹にさえ生命を吹き込むことは人間にはできない (6)（水などに）つける；（液体の中に）入れる काग़ज़ को गरम पानी में डाल दो 紙を湯につけなさい (7) 入れる；投げこむ；放り込む；投入する；突っ込む रद्दी की टोकरी में डालना 屑かごに入れる नमक को पानी में डालना 塩を水に入れる चाय ज़्यादा मीठी है. चीनी ज़रा कम डाला करो 紅茶が甘すぎるから砂糖を少し控え目に入れるようにしなさい खिलाड़ी जब बास्केट में गेंद डाल देता है तो プレーヤーがバスケットに球を入れると दूसरे बैल ने तीन दिन तक नाँद में मुँह नहीं डाला もう1頭の牛は3日間まぐさ入れに首を突っ込まなかった बची हुई सिगरेट ऐशट्रे में डालकर उन्होंने नई सिगरेट जलाई 吸い残したタバコを灰皿に突っこんで新しいのに火をつけた (8) おとしいれる；ある状態に入れる तुम्हें भी भ्रम में डाल रखा था 君までも錯覚におとしいれた (9) かける（衣類などを）；被せる；覆う वह मुँह पर साड़ी का पल्ला डालकर सारे दिन लेटी रही 顔にサリーの端をかけて1日中横になったままだった परदा डालना 覆いをする；覆いをかける；隠す (10)（身に）つける；着る；着用する；はめる गंदे कपड़े ही शरीर पर डाले रहते हैं いつも汚れた服ばかり身につけている नाक और कानों में चाँदी की बालियाँ डाले थीं 鼻と耳とに銀の飾りをつけていた सुनार कान की बाली डालता है 金細工師はバーリー（耳輪の一）をつける (11)（履き物を）履く पैर में चप्पल डालकर वह बाहर मैदान में चली गई サンダルを履いて広場に出かけて行った (12)（習慣的なものとして身に）つける बच्चों में शुरू से ही डाली गई ये आदतें 幼時からつけられたこれらの習慣 बचत की आदत डालना 貯蓄の習慣をつける (13) 撒く；かける；やる；与える；入れる；ひっかける अच्छा हो, ऊपर चूना भी डाल दिया जाए 上に石灰も撒くとよい उर्वरक डालना 肥料をやる（入れる；撒く） ईंटों पर पानी डालना 煉瓦に水をかける (14) かける；加える दबाव डालना 圧力（物理力）を加える；抑制する；抑制力をかける चारों ओर से सरकार पर दबाव डाला जा रहा है कि पुलिस संघ को मान्यता दी जाए 警察官組合を承認するようにと各方面から政府に圧力がかけられている यह भी कहा जाता है कि जनता की विशाल शक्ति को ग़लत रास्ते पर डाल दिया गया 民衆の巨大な力が間違った方向に加えられたとも伝えられている वह अच्छी गिज़ा जो साफ़ न हो नुक्सान करे और तुम्हें बीमार डाल दे 上等の食べ物も清潔でなければ害を与え人を病気にする (15) 取りつける；つける；はめる इन छोरों के नाक में नकेलें डालो このがきたちの鼻に鼻輪をつけろ（言うことを聞かせろ） (16) 掛ける；ひっかける；ぶら下げる अलगनी पर डाले हुए कपड़े 物干しにかけられた服 (17) 投げかける；投じる；投げる；及ぼす；届かせる；当てる；照射する पानी की सतह पर अल्ट्रावायलेट प्रकाश डालकर 水面に紫外線を投じて टार्च की रोशनी डालकर 懐中電灯の光線を当てて (18) 降ろす；下げる कुछ फ़ासले पर मछुए अपनी नौका लहरों में डाल रहे हैं 少し離れたところでは漁師たちが小船を波間に降ろしている परदा डालना カーテンを下ろす (19) 置く；下ろす आप इस कचरे को रास्ते के किनारे डाल आएँगे न? このごみを道端に置いてきてくださいますね आँगन में चारपाई डाल दो 中庭にチャールパーイー（ベッド）を置きなさい (20) 構える；こしらえる；作る；設ける मुझे अलग झोंपड़ा डाल दे, मैं वहीं रहूँगी 私には別の小屋をこしらえておくれ．私はそこに住むから दरार डालना 割れ目を入れる；裂け目を作る= शिगाफ़ डालना. (21) 課す；与える（負担を）；かける यह भावना लड़कियों के विकास पर बोझ डालती है この気持ちが女の子たちの成長に負担をかける (22) 移す；移動させる अगर ग़लती से कोई

शख़्स इधर उधर डाल दे तो जिसकी निगाह पड़े वह उठा कर चीज़ को उसकी असली जगह रख दे 人が間違ってあちこちに移したら見つけた人が元通りに置くこと (23) 漬ける；漬け物を漬ける अचार डालना 漬け物を漬ける

डालना[2] [助動] (1) 主動詞の語根に付加されて用いられ，なす，なしとげるなど全部，全体について完結する，完了するなどの意を主動詞に加える अपने लिए गेहूँ रखकर शेष मंडी में बेच डालता है 自家用の小麦を残し他は市で売り払ってしまう जन्म और वंश का प्रमाण खोल डाला गया 出生と血統に関する証拠が公表されてしまった उचित समय से हज़ारों खर्च कर डाले तो भी... たとえ適時に幾千の金を使ってしまったとしても सारा पढ़ डालना 読破する माँ ने एक साथ कई सवाल कर डाले 母は一度に幾つもの質問をしてしまった अब तुम अपने संस्मरण लिख डालो 回想記を書き上げたまえ आप इलाज बताएँ.जैसा भी होगा, हम उसे सहर्ष और तुरंत कर डालेंगे 手立てをおっしゃって下さい．なんであれすぐさまやってしまいますから उनको जो तुमने नाना प्रकार की पीड़ा पहुँचाई है, उसका प्रायश्चित्त उन्हें उनका राज्य देकर कर डालो あの方をいろいろなことで苦しめたことの償いは領土を返す形でしなさい मज़दूरों ने बहुत-सी मिट्टी खोद डाली 労務者たちが随分多くの土を掘り出した उसकी शिक्षा के लिए उन्होंने घर का सामान तक बेच डाला （息子の）学資のために家財道具まで売り払った (2) 主動詞の語根に付加されて，徹底して行う，徹底的になすなどの意を主動詞に加える संसार में जितने भी नगर थे घूम डाले 世界中のあらゆる都市を歩き回った पूरे कमरे में देख डाला है, पर न जाने कहाँ 部屋中をくまなく見てみたがどこにあるのかわからない फ़र्ज़ ने दौलत को पाँवों तले कुचल डाला 義務の念が富を踏みつぶしてしまった जिस बात को वे स्वयं बोलना-कहना चाहते थे, दोस्त ने वही बात अपने मुँह से कह डाली थी 氏自身の言いたかったことを友人がそっくり自分の口から言ってしまった मैंने होमियोपैथिक, आयुर्वेदिक, ऐलोपैथिक सभी इलाज तो कर डाले 同種療法，アーユルヴェーダ療法，異種療法，あらゆる医療をやった (3) 主動詞の語根に付加されて用いられ，不注意や不用意に行動する意を主動詞に加える तुमने यह क्या कर डाला? お前さん，一体なんということをしでかしたのだ यह...यह मेरे...मेरे एक सेनापति ने...मेरे एक सेनापति ने क्या क्या कर डाला? これは…私の…私の配下の将軍の1人が…なんたることをしでかしたのだ (4) 主動詞の -ए (-ये) 化した完了分詞に付加されて用いられて，切迫した状況で動作を完了する意を加える भेड़िये उस मेमने को खाए डालेंगे 狼たちは今すぐその子羊を食い尽くしてしまうだろう

डॉलफ़िन [名] 《E. dolphin》〔動〕イルカ= डॉलफ़िन मछली.

डॉलर [名] = डालर. 《E. dollar》ドル अमरीकी डालर アメリカドル；U.S. ドル（ダラー） डॉलर संकट ドル危機 डालर की कमज़ोरी ドルの弱さ

डालिम [名]〔植〕ザクロ = दाड़िम; अनार.

डाली[1] [名*] (1) かご；ざる (2) 果物，菓子などの贈り物に用いられる竹籠 (3) 贈り物をすること (4) 付け届け (5) 風選 **डाली दे॰** 付け届けをする= डाली लगाना.

डाली[2] [名*] (1) 小枝；細枝 (2) 葉柄 लंबी डाली वाला पत्ता 葉柄の長い葉

डाल्डा [名]〔商標〕ダールダー（植物油を原料としたギー，すなわち，バターオイルの商品名の一）

डॉल्फ़िन मछली [名*] 《E. dolphin + H.》〔動〕イルカ

डावरा [名] (1) 息子= लड़का; बेटा. (2) 男の子= लड़का.

डावरी [名*] (1) 娘 = बेटी; लड़की. (2) 女の子 = लड़की.

डासन[1] [名] (1) 敷物= बिछावन; बिछौना. (2) 床；寝床= बिस्तर.

डासन[2] [名] ヘビ（蛇） = साँप.

डासना[1] [他] 敷く；敷物を広げる= बिछाना.

डासना[2] [他] = डसना.

डासनी [名*] (1) 寝台；寝床= पलंग; खाट; चारपाई. (2) 敷物= बिछौना.

डाह [名*] (1) 妬み；妬み心；妬ましさ；嫉妬心= ईर्ष्या; जलन. डाह ने इतना भयानक रूप ले लिया 妬み心がこれほど恐ろしい姿をとった (2) 悪意；恨み (-से) **डाह खाना** （ーを）妬む；嫉妬する；妬く= डाह क॰; डाह रखना.

डाहना [他] (1) 羨ましがらせる；嫉妬させる (2) ひどく悩ます；ひどく苦しめる= तंग क॰; दिक क॰.

डाही [形] 嫉妬心の強い；妬み深い= ईर्ष्यालु.

डाहुक [名*] (1)〔鳥〕クイナ科シロハラクイナ【*Amaurornis phoenicurus*】 (2) ホトトギス科シロハラカンムリカッコウ【*Clamator jacobinus*】= चातक; पपीहा.

डिंक्स [名] 《E. DINKS; double income no kids》夫婦共稼ぎ子供なし（家族構成の一形態を表す言葉）

डिंगर [名] (1) 奴隷 (2) 悪者；悪漢；わる (3) げす (4) でぶ；太っている人

डिंगल [名*]〔言〕ディンガル語（ラージャスターンの西部を中心に行われてきたマールワーリー語 मारवाड़ी の文語形で 13 世紀半から現代に至る）

डिंगो [名] 《E. dingo》ディンゴ（オーストラリアの野生犬） डिंगो नामक एक जंगली कुत्ता ディンゴと言う野生犬

डिंडिम [名] (1) 小太鼓 (2)〔植〕キョウチクトウ科低木カリッサ【*Carissa carundas*】 (3) カリッサの実

डिंडिर [名] (1) 海水に浮かぶ泡 (2) 水の泡 (3) イカの船

डिंढोरा [名] = ढिंढोरा.

डिंब [名] (1) 悲鳴 (2) 騒乱；騒動 (3) 騒音 (4) 肺；肺臓 (5) 脾臓 (6) 卵子 (7) 卵

डिंब प्रणाली [名*] = डिंबवाहिनी नली.

डिंबवाहिनी नली [名*]〔解〕卵管；輸卵管；ラッパ管

डिंबाणु [名] 卵子

डिंबाशय [名]〔解〕卵巣

डिंभ [名] (1) 幼児；小児 (2) 動物の子；仔 (3) 幼虫 (4) 幼生

डिंभक [名] (1) 幼児；小児 (2)〔生〕幼虫 (3)〔生〕幼生 डिंभक अवस्था 幼生期

डिंभकी [形] (1) 幼虫の (2) 幼生の

डिओडोरेंट लोशन [名] 《E. deodorant lotion》防臭ローション；デオドラント・ローション

डिकामाली [名*]〔植〕アカネ科低木【*Gardenia gummifera*】

डिकेथ्लॉन [名] 《E. decathlon》〔ス〕十種競技

डिकोर [名] 《E. decor》室内装飾

डिक्की[1] [名*] (1) 攻撃 (2) 角で突くこと；角での攻撃

डिक्की[2] [名*] 《E. dicky; dickey》(1) 車のトランク= कार की डिक्की. (2) 御者台；馭者台

डिक्टेटर [名] 《E. dictator》独裁者= तानाशाह; अधिनायक.

डिक्टेटरशिप [名] 《E. dictatorship》独裁；独裁制= तानाशाही; अधिनायकत्व.

डिक्टेशन [名] 《E. dictation》書き取り；口述筆記= श्रुतलेख; इमला. श्रुतलेख अभ्यास 書き取り練習

डिक्टेशन नोट बुक [名] 《E. dictation notebook》速記ノート

डिक्री [名*] 《E. decree》(1)〔法〕裁判所の命令；判決（民事） (2)〔法〕命令= डिगरी.

डिक्लेरेशन [名] 《E. declaration》(1) 宣言= घोषणा; एलान. (2) 供述= बयान. (3) 申告= घोषणा. (4) 申告書= घोषणा-पत्र.

डिक्शनरी [名*] 《E. dictionary》辞書= शब्दकोश; डिसनरी.

डिग [名*] 《E. dig》下宿

डिगडाल [名*]〔鳥〕カラス科キバシシロエリサンジャク【*Urocissa flavirostris*】

डिगना [自] (1) よろめく；よろける (2) 揺れ動く；揺らぐ；揺れる (3)（心が）揺らぐ；揺れる；動揺する वह अपने प्रण से ज़रा भी डिगा नहीं 決意が全く揺るがなかった

डिगमिगाना [他] (1) 揺する；揺り動かす；揺らす= डगमगाना. (2) はずす

डिगरी[1] [名*] = डिक्री; डिग्री[1].

डिगरी[2] [名*] = डिग्री[2].

डिगरी कालिज [名] 《E. degree college》〔教〕（学士課程までの）カレッジ

डिगरीदार [名] 《E. decree + P. دار》〔法〕有利な判決を得た人；判決債権者 〈decree-holder; judgement creditor〉 → डिग्री.

डिगाना [他] (1) よろめかす；よろけさせる किसी की वस्तु पर चित्त को डिगाना पाप है 他人の物に心を動かす（向ける）のは罪悪である (2) 揺らす；揺する；動かす (3) 揺るがせる

डिग्गी[1] [名*] 小さな池 = पोखरा.

डिग्गी[2] [名*] 《E. dicky》乗用車のトランク

ड

डिग्री[1] [名*] 《E. decree》= डिक्री; डिगरी. (-को) डिग्री दे。〔法〕(ーに) 有利な裁定をする डिग्री पाना 有利な裁定を得る
डिग्री[2] [名*] 《E. degree》 (1) 学位；称号 बी॰ए॰की डिग्री B.A. の学位（文学士号） (2) 学士号 (3) (温度や経度や緯度を表す) 度
डिजनीलैंड [名] 《E. Disney land》ディズニーランド बिल्कुल अमेरिका के डिजनी लैंड जैसा बना है アメリカのディズニーランドそっくりに造られている
डिजर्ट [名] 《E. dessert》デザート = मीठा.
डिजाइन [名] 《E. design》 (1) 意匠；図案；デザイン जेवरों के पुराने डिजाइन （貴金属）装身具の古いデザイン (2) 設計；計画；デザイン डिजाइन क॰ デザインする
डिजिटल फ़्लाइट डाटा रिकार्डर [名] 《E. digital flight data recorder》フライトレコーダー
डिटर्जेंट [名] 《E. detergent》洗剤；中性洗剤
डिटाल [名] 《E. Dettol》〔薬〕〔商標〕ディトール（消毒・殺菌用の外用薬品，商品名） उसे डिटाल आदि से धोकर या स्टरलैज करके प्रयोग में लाया जाए それをディトールなどで洗うか消毒してから用いること
डिटैरजैंट पाउडर [名] 《E. detergent powder》洗剤；中性洗剤
डिटोल [名] = डिटाल.
डिठोहरी [名*] タリポットヤシ (बजर बट्टू) の実を糸に通して数珠状にしたもの（子供を邪視から守るものとされる）
डिठौना [名] 子供を邪視から守るために子供の額につける黒いしるし (बिंदी)
डिडका [名*] にきび；面皰 = डिडिका; मुहाँसा.
डिढ़या [名*] (1) 貪欲；激しい欲= लालसा. (2) 貪欲な目つき
डिनर [名] 《E. dinner》ディナー
डिनर डांस [名] 《E. dinner dance》ディナーダンス；正式の晩餐会
डिनर सेट [名] 《E. dinner set》ディナーセット；正餐用食器一式
डिपटी[1] [名] 《E. deputy》= डिप्टी; नायक; सहायक; सहायक; सहकारी.
डिपटी[2] [形] = डिप्टी; उप-; नायक; सहायक. डिपटी कलेक्टर 県徴税次官= उपसमाहकर्ता; उपकलक्टर; डिप्टी कलक्टर.
डिपाजिट [名] 《E. deposit》= डिपॉजिट. (1) 預金；供託金= जमा; निक्षेप. लंबे समय के डिपाजिट पर अधिक ब्याज 長期預金に高利子 (2) 手付け金；頭金
डिपार्टमेंट [名] 《E. department》 (1) 部門；部；局= विभाग; मुहकमा. (2) 課；科= विभाग; मुहकमा; शोबा. डिपार्टमेंट स्टोर 百貨店；デパート
डिपार्टमेंटल [形] 《E. departmental》部門別（部門毎）の= विभागीय. डिपार्टमेंटल स्टोर デパート= बहुविभागीय भंडार.
डिपो [名] 《E. depot》 (1) 車庫（バスや電車の車庫） इधर पीछे जहाँ बसों का डिपो है バスの車庫のあるこちらの後ろの方に (2) 倉庫；貯蔵所 दूध का डिपो 牛乳貯蔵所 (3)〔軍〕連隊本部
डिपोजिट [名] 《E. deposit》= डिपाजिट.
डिप्टी[1] [形] 《E. deputy》代理の；副の；代行の डिप्टी वाइस प्रेसिडेंट 副社長代理 〈deputy vice-president〉
डिप्टी[2] [名] 《E. deputy》代理，副官など代理や副あるいは補佐の地位にある官職の略語として用いられる
डिप्टी कमिश्नर [名] (1) 《E. deputy commissioner》警視副総監 (2)〔イ史〕英領インドの行政区分で non-regulation district の長官 (regulation district のコレクター collector に相当)
डिप्टी कलेक्टर [名] 《E. deputy collector》デピュティー・コレクター，すなわち，コレクターの補佐役．(インドの州内の行政区分である) 県の徴税次官 (ただし旧 Central Province など一部の州では collector と同等の役職者であった．タフシールダール तहसीलदार の上に立ってコレクターの補佐役を務め行政・国税・司法関係の責務を負う) = उपसमाहकर्ता.
डिप्थीरिया [名] 《E. diphtheria》〔医〕ジフテリア= गलघोटू.
डिप्रेशन [名] 《E. depression》 (1)〔医・心〕神経衰弱；憂鬱= अवसाद. (2)〔経〕不景気；不況= मंदी.
डिप्लोमा [名] 《E. diploma》 (1) 免状；ディプローマ；資格免状 (2) 卒業証書；修業証書；修了書；履修証書
डिप्लोमैट [名] 《E. diplomat》外交官 = कूटनीतिज्ञ; राजनयज्ञ.
डिफ़ेंस [名] 《E. defence》防衛；防御= सुरक्षा; आरक्षा.
डिफ़ेमेशन [名] 《E. defamation》〔法〕名誉毀損= मानहानि; हत्के इज़्ज़त.
डिफ्थीरिया [名] 《E. diphtheria》〔医〕ジフテリア= गलघोटू.
डिफ़्रोस्टिंग [名] 《E. defrosting》 (1) 霜とり (2) 解凍
डिबिया [名*] (1) 箱；小箱；手箱 (2) ケース；小さな入れ物；小さな容器 तम्बाकू की डिबिया タバコケース पुराने गहनों को डिबियों से निकालकर पहनती है 古い装身具を手箱から取り出して身につける
डिबेंचर [名] 《E. debenture》債務証書= ऋण पत्र.
डिबेंचर बांड [名] 《E. debenture bond》社債
डिबेंचर स्टॉक [名] 《E. debenture stock》社債券
डिबेट [名] 《E. debate》 (1) 弁論 (2) 討論；論争
डिबेटिंग क्लब [名] 《E. debating club》弁論部
डिब्बा [名] = डब्बा. (1) ふたつきの小さな容器；入れ物（缶なども含める）；ケース टीन का डिब्बा 缶詰の缶 (2) 鉄道の車両；客車；貨車 (3) 列車の客室；コンパートメント **डिब्बे का दूध** 粉ミルク
डिब्बाबंद [形] 《H. + P. بند》缶詰にした；缶詰の डिब्बाबंद फल-सब्ज़ी 果物や野菜の缶詰
डिब्बी [名*] = डिबिया. 小箱；手箱；小さな入れ物；小さな容器；ケース कागज़ में लगी पिन निकालकर सावधानी से अपनी डिब्बी में रख ली 紙についているピンを抜き取って注意深くケースに入れた
डिम [形] 《E. dim》 (1) ほの暗い；薄暗い (2) ぼんやりしている डिम क॰ 薄暗くする
डिमडिम [名*] でんでん（でんでん太鼓の鳴る音）
डिमडिमी [名*]〔イ音〕ディムディミー（小型の太鼓） = डुग्गी; डुगडुगिया.
डिमरेज [名] 《E. demurrage》 (1) 滞船料 (2) 滞貨料
डिमांस्ट्रेटर [名] 《E. demonstrator》〔教〕実験助手；実験授業の助手
डिमाई[1] [名*] 《E. demy》〔印〕デマイ判
डिमाई[2] [形] デマイ判の डिमाई आकार デマイ判
डिमोक्रेसी [名*] 《E. democracy》民主主義= जनतंत्र; लोकतंत्र.
डिम्ब [名] = डिंब; डिंभ.
डिला[1] [名*]〔植〕イネ科ヨシ；アシ（葦）【*Phragmites communis*】
डिला[2] [名] 毛糸の玉
डिलारा [形+] 大柄な= डीलडौल वाला.
डिलिवरी [名*] 《E. delivery》= डिलीवरी.
डिलीवरी [名*] 《E. delivery》 (1) 配達= वितरण. (2) 出産= प्रसव. चौथे बच्चे की डिलीवरी के वक्त 4 人目の子供の出産時に (3) 引き渡し；荷渡し= सुपुर्दगी; डिलिवरी. मिल डिलीवरी 工場渡し मिराज की डिलीवरी ミラージ機の引き渡し
डिल्ला[1] [名] インド牛（ゼブ牛）の背のこぶ
डिल्ला[2] [名]〔韻〕(1) ディッラー（各パーダが 16 マートラーから成り最後に भगण の来るモーラ韻律） (2) ディッラー（各パーダに सगण が 2 つ来る音節韻律）
डिवाइडेड स्कर्ट [名] 《E. divided skirt》〔服〕キュロットスカート
डिविजन [名] 《E. division》= डिवीजन.
डिविजनल [形] 《E. divisional》州の下位区分の一で幾つかの県から成る地区の；コミッショナリー〈Commissionary〉の **डिविजनल अफ़सर** 《E. divisional officer》 *a.* 州の下位区分である幾つかの県を統括したディヴィジョン division の長であるコミッショナー *b.* 州の構成単位である県 district の長官 collector を補佐した役人 deputy collector
डिविडेंड [名] 《E. dividend》配当；配当金= लाभांश.
डिवीजन [名] 《E. division》 (1)〔軍〕(陸軍) 師団 सीमा पर 2 डिवीजन सेना रखी गई है 国境に 2 個師団が配置されている (2) ディヴィジョン（コミッショナーの管轄する行政・徴税上の区域で州と県との中間の区分） (3) 大学での成績評価区分 हमको खूब पढ़कर अपना डिवीजन बनाना था うんと勉強をして優秀な成績を収めなくてはならなかった (4) その他，借用語として英語での意味に用いられる
डिवीजनल [形] 《E. divisional》= डिविजनल.
डिसकाउंट [名] 《E. discount》ディスカウント；割引= कमीशन; दस्तूरी.
डिसपेंसरी [名*] 《E. dispensary》= डिस्पेंसरी.

डिसपोजेबल सूई [名*]《E. disposable + H.》〔医〕使い捨ての注射針

डिसमिस [形]《E. dismiss》(1) 免職になった；解雇された= बरखास्त; पदच्युत. इस्तीफ़ा नहीं देता तो मेरे कर्म ऐसे थे कि डिसमिस होता 辞表を出さなければ免職処分になるほどのことをしていた (2) 却下された= ख़ारिज.

डिसलायल [形]《E. disloyal》不忠実な；不忠義な= अराजभक्त; राजद्रोही.

डिसीडेंट [形]《E. dissident》意見を異にする（もの）；反体制の（もの） वहाँ कोई असंतुष्ट या डिसीडेंट नहीं है そこには不満分子も異存のある者もだれもいない

डिसीप्लिन [名]《E. discipline》(1) 規律= अनुशासन. (2) 秩序 = व्यवस्था. (3) 懲戒= दंड; सज़ा. (4) 専門分野；学問分野= विद्याशाखा.

डिस्क[1] [名]《E. disc》(1) 円盤 (2)〔ス〕競技用円盤 (3) レコード盤 (4) コンパクト・ディスク (5) 磁気ディスク

डिस्क[2] [名]《E. DISK; Double Income Single Kid》夫婦共稼ぎ子供一人（家族構成を表す言葉）→ डिंक्स.

डिस्क जॉकी [名]《E. disc jockey》ディスクジョッキー

डिस्कस [名]《E. discuss》〔ス〕競技用の円盤

डिस्कस थ्रो [名]《E. discus throw》〔ス〕円盤投げ= चक्का फेंक.

डिस्को [名]《E. disco》(1) ディスコ音楽もしくはそれに伴う踊り डिस्को और भंगड़ा का मिला जुला नृत्य ディスコとバングラーのミックスしたダンス (2) ディスコテーク

डिस्कोथीक [名]《E.discotheque》ディスコテーク；ディスコ

डिस्कोथेक [名]《E. discotheque》ディスコテーク

डिस्टर्ब [形]《E. disturb》妨げられた；邪魔された डिस्टर्ब क॰ 邪魔をする；わずらわす

डिस्टिलेशन [名]《E. distilation》蒸留；蒸溜 = आसवन.

डिस्टिल्ड [形]《E. distilled》蒸留された= आसुत; आसवित. डिस्टिल्ड पानी 蒸留水

डिस्टिल्ड पानी [名] 蒸留水= आसुत जल; स्वच्छ पानी.

डिस्टेम्पर [名]《E. distemper》水性塗料

डिस्टोमाटोसिस [名]《E. distomatosis》〔医〕肝ジストマ病

डिस्ट्रायर [名]《E. destroyer》〔軍〕駆逐艦

डिस्ट्रिक्ट [名]《E. district》行政上，州の下位区分である県= ज़िला.

डिस्ट्रिक्ट जज [名]《E. district judge》県裁判官；県判事；治安判事

डिस्ट्रिक्ट बोर्ड [名]《E. district board》ディストリクト・ボード（1960 年代にパンチャーヤット制度に取って代わられるまでインドの農村地域の自治体の最高機関で執行部及び議会 (council) から構成され医療機関の開設，衛生水準の保持，道路の建設と管理，教育の振興などの機能を果たしてきた）= ज़िला बोर्ड.

डिस्ट्रिक्ट मजिस्ट्रेट [名]《E. district magistrate》県行政長官= ज़िला मजिस्ट्रेट.

डिस्ट्रिब्यूटर [名]《E. distributor》(1) 卸売業者；販売代理店 (2)〔印〕インキ練りローラ (3)〔印〕解版装置；原函返還装置 (4)〔電〕分配器

डिस्पेंसरी [名*]《E. dispensary》(1)（公費で運営される）診療所兼施薬所 (2) 診療所 उसने डिस्पेंसरी खोली है, न कि धर्मादाखाता あの人は診療所を開いたのであって施薬所を開設したのではない

डिहाइड्रेशन [名]《E. dehydration》〔医〕脱水症状

डिहुड़ी [名*] 入り口；敷居

डींग [名*] 自慢；ほらを吹くこと **डींग उड़ाना** = डींग हाँकना. **डींग की ले॰** 自慢する；ほらを吹く= डींग हाँकना. **डींग मारना** = डींग हाँकना. **डींग हाँकना** 自慢する；ほらを吹く अरे, जा...जा...किसी और के सामने डींग हाँकना やめろやめろ，自慢なら他の人のところでしろ

डी एन ए [名]《E. DNA; deoxyribonucleic acid》〔生化〕デオキシリボ核酸

डीजल [名]《E. diesel》ディーゼル

डीजल इंजन [名]《E. diesel engine》(1) ディーゼルエンジン 5 हार्सपावर का डीजल इंजन 5 馬力のディーゼルエンジン (2) ディーゼル機関車 डीजल इंजन की तीखी सीटी की आवाज़ ディーゼル機関車の鋭い汽笛の音

डीठ [名*] (1) 見ること (2) 眼差し；視線 (3) 視力 (4) 洞察力；眼力 (5) 邪視；邪眼；凶眼 **डीठ क॰** *a.* 見る *b.* 注意を向ける；注視する **डीठ चुराना** 目をそらす；横を向く；相手を避ける **डीठ छिपाना** = डीठ चुराना. **डीठ जोड़ना** *a.* 向かい合う；面と向かう；目を合わせる *b.* 目と目を合わせる (-) **डीठ पड़ना** （−が）見える；目に見える；視界に入る **डीठ बाँधना** 魔法使いが魔法で見せたいものだけを見せる（現実にないものを見せたり存在するものを見えなくしたりする） **डीठ मारना** *a.* 邪視の目で見る *b.* ちらっと見る *c.* 目くばせする **डीठ रखना** 検査する；監視する；見張る **डीठ लगना** 邪視に見入られる **डीठ लगाना** 邪視の目で見る；害を及ぼす；邪視の眼差しで見る

डीठ-बंध [名] (1) 人の視力をくらます魔術 (2) 魔術師；魔法使い

डीठि [名*] = डीठ.

डी॰डी॰ए॰ [名]《E. D.D.A.; Delhi Development Authority》デリー市開発公社

डी॰डी॰टी॰ [名]《E. DDT; dichloro-diphenyl-tricoloroethane》〔薬〕DDT डी॰डी॰टी॰छिड़कना DDT を撒布する

डीन[1] [名] (1) 鳥の飛ぶこと；飛翔 (2) 羽音

डीन[2] [名]《E. dean》〔教〕学部長 = संकाय-अध्यक्ष.

डीप फ्रिज [名]《E. deep fridge》食品冷凍機

डी॰पी॰ [名*]《E. Delhi Police》デリー警察 = दिल्ली पुलिस.

डी॰पी॰टी॰ [名]《E. DPT; diphtheria, pertussis and tetanus》DPT ワクチン（ジフテリア・百日咳・破傷風の三種混合ワクチン）

डीपो [名]《E. depot》= डिपो.

डीफ्रास्टिंग [名]《E. defrosting》= डिफ्रॉस्टिंग. (1) 霜取り (2) 解凍

डीबी [名*] (1) 力 (2)〔ヨガ〕クンダリニー= कुंडलिनी.

डील [名] (1) 身長 (2) 体格；体 छोटे डील का आदमी था 小柄な人だった (3) 身体

डीलक्स [形]《E. deluxe》デラックスな；豪華な डीलक्स होटल デラックスホテル；豪華ホテル

डीलडौल [名] (1) 図体；体格 इतना बड़ा डीलडौल तो है, पर अक्ल रत्ती भर भी नहीं पाई こんなにでかい図体なのに知能はかけらほどもない इतने बड़े डीलडौल का इनसान こんなに大きな図体の人 (2) 体；身体

डीलर [名]《E. dealer》取引先；得意先；取引業者；ディーラー

डीला [名]〔植〕カヤツリグサ科ハマスゲ【*Cyperus rotundus*】

डीलिंग [名*]《E. dealing》売買 शेयरों की डीलिंग 株の売買

डी॰लिट॰ [名]《E. D.Litt.; Doctor of Literature》文学博士 डी॰लिट॰की मानद उपाधि 名誉文学博士号

डीसेंटरी [名*]《E. dysentery》〔医〕赤痢= अतिसार.

डीह [名]《← P. دیہ देह》(1) 人里；居住地= बस्ती; आबादी. (2) 小村；部落= छोटा गाँव; खेड़ा.

डुंडुल [名]〔鳥〕フクロウ科オオコノハズク【*Otus bakkamoena*】〈collared scops owl〉

डुंब [名] = डोम.

डुंबर [名] みえ；見せかけ；虚飾= आडंबर.

डुक [名] げんこつ= घूँसा; मुक्का.

डुकाडुकी [名*] かくれんぼう= आँखमिचौनी.

डुकिया [名*] 油を入れる椀や器

डुकियाना [他] (1) げんこつで殴る (2) 打ち据える

डुक्का डुक्की [名*] げんこつでの殴り合い= घूँसेबाज़ी.

डुगडुगाना[1] [他] でんでんとかどんどんと鳴らす；ばんばんと打つ（太鼓などの打楽器を打つ，どんどんと鳴らす；ぽんぽんと鳴らすなど）

डुगडुगाना[2] [自] 太鼓などの打楽器が音を立てる；どどん，どんどんなどと鳴る

डुगडुगी [名*]〔イ音〕ドゥグドゥギー（小型のケトルドラム）；触れ太鼓= डुग्गी. **डुगडुगी पीटना** 触れ太鼓を打つ；触れ回る= ढिंढोरा पीटना; मुनादी क॰. **डुगडुगी फेरना** = डुगडुगी पीटना.

डुगा [名]〔イ音〕ナガーラー（नगाड़ा）を打つばち

डुगुर डुगुर [副] よぼよぼと；足元の危なっかしい様子で डुगुर डुगुर लाठी टेकती हुई よぼよぼと杖をついて

डुग्गी [名*]〔イ音〕ドゥッギー= डुगी; डुगडुगी.

डुप्लिकेट [形・名]《E. duplicate》(1) 重複の (2) そっくり同じの (3) 複製の (4) 副本；控え (5) 写し；複製；複写= अनुलिपि.

डुबकी [名*] (1) 水中に潜ること= बुड़की; गोता. (2)〔ヒ〕ヒンドゥー教徒が呪文を唱えながら川や池，湖などで頭まで水面下につける沐浴儀礼；ドゥブキー (3) 潜水して進むこと **डुबकी खाना** 行方をくらます；姿をくらます；身をひそめる；潜行する= लापता हो॰. **डुबकी मारना** = डुबकी लगाना. **डुबकी लगाना** *a.* 潜水する *b.* しばらくの間突然姿をくらます *c.* 沈潜する लगा, जैसे चिंतन-सागर में डुबकियाँ लगा रहे हों 思索の海に沈潜しているかのような感じであった

डुबडुबी [名*]〔鳥〕カイツブリ科カイツブリ【*Poediceps ruficollis*】

डुबडुभी [名*] = दुंदुभी.

डुबवाना [他・使] ← डुबाना.

डुबाना [他] (1)（水の中など液体に）入れる；沈める；つける नली का एक छोर चूने के पानी में डुबाकर दूसरा छोर मुँह में रखकर ज़ोर से हवा फूँको 管の一端を石灰水に沈めもう一方の端を口にくわえて強く吹きなさい हाथ को गरम जल में डुबाओ 手を湯につけなさい (2) 溺れさせる (3) 台無しにする；めちゃめちゃにする；失う मैंने गहने तक डुबा दिये 私は装身具までも失った (4)（名を）けがす（汚す）；（名誉を）そこなう（損なう）

डुबाव [名] (1) 沈むこと (2) 沈めること (3) 沈む深さ

डुबोना [他] = डुबाना. जलाशय में डुबोना 池に沈める गेहुँए रंग में डुबोई कूँची 小麦色の顔料に浸した筆

डुब्बा [名] 潜水夫= पनडुब्बा.

डुब्बी [名*] (1) 潜水；潜り (2) 潜水艦= पनडुब्बी.

डुलना [自] (1) 動く；移動する；ずれる (2) 揺れる (3) 揺り動かされる；揺れる (4) 扇がれる；煽がれる→ डोलना.

डुलाना [他] (1) 動かす；移動させる (2) 揺する；揺らす चोबदार ने उन्हें हिलाया, डुलाया, झुककर देखा दोनों की साँसें बंद थीं チョーブダール（権標奉持者）は 2 人を揺り動かした．かがんで見ると 2 人とも息が切れてしまっていた (3) 振る；扇ぐ हाथ में खुरपी डुलाता हुआ 握った移植ごてをぶらぶらさせながら चँवर डुलाना 払子を振る

डुलि [名*] (1) 小さな亀 (2) 雌亀

डूँगर [名] (1) 小さな山；低い山；小山= टीला; ढूह. (2) 丘 (3) 石や砂利などを積み上げたもの

डूँगरी [名*] 低い山；小山

डूँगा [名] (1) さじ；スプーン= चम्मच; चमचा. (2) くり船（刳船）；丸木船= डोंगा.

डूँड [名] 丸太

डूँड़ा [形⁺] (1) 片方の角のかけた（牛） (2) 手や足のない（人）

डूक [名*] しくじり；失敗= चूक.

डूकना [自] しくじる；失敗する = चूकना.

डूब [名*] ← डूबना. (1) 沈むこと (2) 潜水；潜り

डूबना [自] (1) 水などの液体に沈む (2) 比喩的にある物体の中にすっかりつかる；沈む इस खोजबीन से मालूम हुआ कि हमारी पृथ्वी मानो वायु के समुद्र में डूबी हुई है この調査から地球はまるで空気の海に沈んでいることがわかる (3) 水死する；溺れる；溺死する (4)（ーに）没頭する；耽る अखबार, फ़ाइलों या किताबों में डूबे रहते हैं 新聞や書類あるいは書物を読み耽っている प्रतिक्षण वह पुस्तकों में डूबा रहता 四六時中書物に没頭している (5)（太陽などの天体が）沈む दिन डूब रहा था 日が沈みかけていた (6)（心配や物思いなどに）沈む；浸る चिंता में डूबी हुई 物思いに沈んでいた बीबी की बातें सुनते हुए उसका दिल डूब डूब जाता था 夫人の話を聞いているうちに気持ちはどんどん沈んでいくのであった व्यर्थ के भय और शोक में न डूबी रहें 無駄な不安や悲しみに浸ったままにならぬよう (7) ある状態に深く入る उन्हें लगा कि वह अंधकार की अतल गहराइयों में आधारहीन हो कर डूबते जा रहे हैं 暗闇の底知れぬ深みにずんずん沈んでいくように感じられた दूसरी ओर मुँह करके गहरी नींद में डूब जाती है 顔を反対側に向けて深い眠りに陥る (8) なくなってしまう；台無しになる；つぶれてしまう；失われる；貸した金が戻らなくなる；貸し倒れになる ये रुपये तो डूबे समझो この金は永久に戻らないものと思いなさい मन का अकेलापन डूब गया था 孤独感がなくなってしまった **डूबकर मरना** 水死する；溺死する **डूब मरना** *a.* 顔向けできないこと；この上ない恥さらし；破廉恥なこと पिता जी, आगे आपको इसके लिए कुछ कहना पड़े तो यह हमारे लिए डूब मरने की बात होगी 父上，この先またこのことで何かおっしゃらなくてはならぬようになったら私にはこの上ない恥です *b.* 溺死する；溺れて死ぬ **डूबते का हाथ पकड़ना** 困難に瀕した人を助ける= डूबते की बाँह पकड़ना. **डूबते को तिनके का सहारा बहुत है**〔諺〕困難におちいっている人にはわずかの手助けでも大変力になる **डूबते से बचा ले॰** 危難に瀕した人を助ける **डूबना-उतराना** 考えこむ **डूबने के लिए पानी ढूँढना**（穴があったら入りたいほどあるいは溺れて死にたいほど）大変恥ずかしい **डूबने को जगह न हो॰** この上なく恥ずかしい **डूबा आसामी** 破産者 **डूबा नाम उछालना** 名誉挽回；名誉回復 **डूबी जायदाद उबरना** 失った資産が戻る **डूबी रक़म उबरना** 失った金が戻る **डूबे रहना** 考えに耽る；熱中する

डूमणे [名] ドゥームネー（ヒマーチャル・プラデーシュ州に居住する竹細工を主たる生業としてきたカースト）

डूयल [名]《E. duel》決闘

डूश [名]《E. douche》〔医〕灌水；注水

डेंचर [名]《E. denture》義歯 डेंचर बनवाना 義歯をこしらえてもらう

डेंटल क्रीम [名]《E. dental cream》練りはみがき（練り歯磨）

डेंटल क्लिनिक [名]《E. dental clinic》歯科医院

डेंटिस्ट [名] 歯科医師；歯医者

डेंड़सी [名*] (1)〔植〕カキノキ科小木リュウキュウコクタン（琉球黒檀）【*Diospyros melanoxylon*】= तेंदू. (2) 同上の実

ड़े [名]《ڑے》ウルドゥー文字第 15 字の字母 ڑ の名称

डेक[1] [名] = बकायन; महानिंब. 〔植〕センダン科高木タイワンセンダン

डेक[2] [名]《E. deck》(1)（船の）デッキ；甲板 जहाज़ के डेक पर デッキの上で निचले डेक पर 下甲板で जहाज़ के डेक पर घूमने के लिए जाते थे デッキでの散歩に行っていた (2) テープデッキ；デッキ

डेकरॉन [名]《E. Dacron》〔商標〕ダクロン（ポリエステル系合成繊維） टेरीलीन को अमेरिका में डेकरॉन कहते हैं テリレンをアメリカではダクロンと呼ぶ

डेकाथ्लोन [名]《E. decathlon》〔ス〕十種競技= दस खेल.

डेक्सट्रोज [名]《E. dextrose》右旋糖；精製グルコース；ブドウ糖

डेग[1] [名] = देग.

डेग[2] [名] = डग.

डेगची [名*] = देगची.

डेजर्ट [名]《E. dessert》デザート = डिजर्ट; मीठा.

डेज़र्ट [名]《E. desert》砂漠 = रेगिस्तान.

डेज़र्ट कूलर [名]《E. desert cooler》デザート・クーラー（ベチベルソウの根を箱につめたものに水滴を垂らし扇風機で送風して冷却する方式のクーラー．乾期にのみ使用可能）

डेज़ी [名*]《E. daisy》〔植〕キク科デージー；ヒナギク（雛菊） **डेज़ी स्टीच**〔手芸〕レゼーデージーステッチ

डेट [名*]《E. date》(1) 日付；年月日= तिथि; तारीख़; दिनांक. डेट (दिनांक) 28 जून, '96 日付 1996 年 6 月 28 日 (2) 面会や会合の約束；デート

डेड बॉडी रूम [名]《E. dead body room》遺体安置所；霊安所；霊安室

डेड बॉल [名]《E. dead ball》(1)〔ス〕（クリケットの）デッドボール (2)〔ス〕野球のデッドボール

डेड सी [名]《E. Dead Sea》= मृत सागर. 死海

डेढ़ [形] 1 個と半分の；1.5 倍の（後接する数単位の 1.5 倍の数を表す डेढ़ रुपया 1.5 ルピー（1 ルピー 50 パイサー） डेढ़ सौ 150 डेढ़ हज़ार 1,500 डेढ़ गाँठ 片結び；片蝶結び= मुद्दी. डेढ़ पाव 1 セール सेर の 8 分の 3 डेढ़ पौवा 8 分の 3 セール（सेर）の重量 डेढ़ सेर 1.5 セール（सेर）の重量 **डेढ़ ईंट की जुदा मस्जिद बनाना** = डेढ़ ईंट की मस्जिद अलग बनाना; अपनी डेढ़ ईंट की मस्जिद चुनना. **डेढ़ ईंट की मस्जिद अलग बनाना** 自分勝手な振る舞いをする；協調性の全くないこと **डेढ़ चावल की खिचड़ी अलग पकाना** 頑なに自分の考えや意見を貫いたりこだわること→ डेढ़ ईंट की जुदा मस्जिद बनाना. **डेढ़ चुल्लू लहू पीना** *a.* 厳しく罰する *b.* 命を奪う= डेढ़ चुल्लू लोहू पीना. **डेढ़ पसली का** *a.* やせた；やせこけた；ひょろひょろの *b.* 小さな *c.* 並の **डेढ़ पसली का पहलवान** 力のないくせに強がる人 **डेढ़ बित्ते का कलेजा हो॰** 度胸のある；肚の据わった **डेढ़ बीते का कलेजा क॰** いい度胸を持つ；肚を据える **डेढ़ हड्डी का** = डेढ़ पसली का.

डेढ़ खम्मन [名*]（木工用の）のみ；鑿

डेढ़ गाँठ [名*] 片結び；片蝶結び= मुद्दी; डेढ़ गिरिह.
डेढ़ गोशी [名] 《H. + P.گوشی》デールゴーシー（小型の船の一種）
डेढ़रा [名]〔動〕カエル（蛙）= मेंढक.
डेढ़ा[1] [形+] 1.5 倍の；1 倍半の= ड्योढ़ा.
डेढ़ा[2] [名] 1.5 倍の数値を出す九九
डेढ़ी [名*]〔農〕播種時に農民が借りた穀物の 1.5 倍を返す約束で借りる貸借契約
डेन [名] 《E. Dane》デンマーク人 डेन स्त्री デンマーク人女性
डेनमार्क〔国名〕《E. Denmark》デンマーク= डेन्मार्क. डेनमार्कवासी デンマーク人= डेनमार्की.
डेनिम [名] 《E. denim》デニム
डेपूटेशन [名] 《E. deputation》(1) 代理；代理派遣 (2) 代表団 जो आजकल डेपूटेशन पर है 現在代理派遣されている
डेबरी [名*] 小さな缶やびんに油を入れて灯りをともす照明器具
डेबिट [名] 《E. debit》〔簿〕借方 = नामे. डेबिट में डालना 借り方記入= नामे डालना.
डेबू [名] 《E. debut》デビュー
डेमरेज [名] 《E. demurrage》(1) 滞船料 (2) 貨物引き取り遅滞料
डेमोक्रेसी [名*] 《E. democracy》デモクラシー；民主主義= लोकतंत्र; जनतंत्र.
डेमोक्रैट [形] 《E. democrat》(1) 民主主義的な= लोकतंत्रवादी; प्रजातंत्रवादी. (2) 民主的な= लोकतंत्रात्मक; लोकतंत्रीय; जनतंत्रीय.
डेयरी [名*] 《E. dairy》(1) 搾乳場 (2) 酪農場= डेयरी फ़ार्म. 〈dairy farm〉
डेरा[1] [名] (1) 旅人の休息所や宿泊所 (2) 宿営；野営；仮の宿や仮の住居 (3) 住所；居住地 (4) 住居 (5) 芸人や芸者のたむろする場所 (6) テント；パヴィリオン（パビリヨン） **डेरा उठाना** 宿を払う；宿を引き払う；チェックアウトする= डेरा उखाड़ना. **डेरा क॰** = डेरा डालना. **डेरा कूच क॰** あの世に旅立つ **डेरा जमाना** *a.* 投宿する；泊まる；宿をとる *b.* 転がりこむ；居つく **डेरा-डंडा** キャンプや野営の道具（テントや支柱など） **डेरा डंडा उखाड़ना** 宿を引き払う **डेरा-डंडा जमाना** = डेरा जमाना. **डेरा-डंडा हटाना** = डेरा उखाड़ना. **डेरा डालना** *a.* （ーに）宿泊する；投宿する；宿をとる；止宿する；寄留する जहाज़ों से उतरकर एक जज़ीरे में डेरा डाल दिया था 船から下りて一つの島に宿泊した श्री पाल ने वहीं डेरा डाल दिया パール氏はまさにそこに止宿された *b.* 住みつく；居つく；居すわる उस हवेली के किस्से सुना रहे थे, जहाँ भूत डेरा डाले थे 化け物が住みついた屋敷の話をしているところだった *c.* 野営する；野宿する **डेरा दे॰** *a.* とどまる= ठहरना; टिका रहना. *b.* とまらせる；宿を与える **डेरा पड़ना** *a.* 宿泊する；泊まる *b.* 住みつく **डेरे ठीक क॰** 住居を定める；住居を安定させる
डेरा[2] [名]〔植〕キョウチクトウ科小木【*Wrightia tomentosa*】
डेरावाली [名*] めかけ（妾）；そばめ（側女）= रखैल; उपपत्नी.
डेरी[1] [名*] 《E. diary》手帳；日記帳= डायरी.
डेरी[2] [名*] 《E. dairy》(1) 搾乳場；バター・チーズ製造場= डेयरी. (2) 酪農場= डेयरी फ़ार्म.
डेल[1] [名*]〔鳥〕フクロウ科オオバコノハズク= डुड्डल.
डेल[2] [名] (1) 土くれ；土の塊 (2) 石や煉瓦のかけら डेल क॰ 台無しにする；めちゃくちゃにする
डेल[3] [名*] 春作のために耕して準備された畑
डेल[4] [名] = डेला[2]
डेलटा [名] = डेल्टा. デルタ；三角州
डेला[1] [名] (1) 眼球= आँख का कोया. (2) 白眼；白目 (3) かたまり；塊= ढेला.
डेला[2] [名] 猟師が獲物の鳥獣などを入れる蓋付きの大きな竹籠 → डेली[1].
डेला[3] [名] = ठेंगुर; डैगना.
डेलिगेट [名] 《E. delegate》代表；使節= प्रतिनिधि.
डेलिगेशन [名] 《E. delegation》代表団 = प्रतिनिधि मंडल; शिष्ट मंडल.
डेलिया [名] 《E. dahlia》〔植〕キク科ダリア／ダリヤ
डेली[1] [名*] 猟師や漁夫が獣，鳥，魚などを入れるのに用いる竹籠
डेली[2] [形] 《E. daily》(1) 毎日の；日々の (2) 日刊の **डेली पेपर** 日刊紙= दैनिक समाचार-पत्र. 〈daily paper〉
डेल्टा [名] 《E. delta》デルタ；三角州 कृष्णा नदी के डेल्टा पर क़ब्ज़ा クリシュナー川のデルタを占拠 नदियाँ बंगाल की खाड़ी में गिरने से पहले डेल्टा बनाती हैं 川はベンガル湾に注ぐ前にデルタを作る
डेवढ़[1] [名] 段取り；準備；順序；順番= क्रम; सिलसिला. **डेवढ़ बाँधना** 段取りをする；準備を整える；準備をする **डेवढ़ बैठना** (-लगना) 段取りができる；準備が整う
डेवढ़[2] [形] 1.5 倍の；1 倍半の = डेढ़ गुना; डेवढ़ा.
डेवढ़[3] [名*] 連なり；つながり；関係；脈絡= सिलसिला; क्रम.
डेवढ़ना[1] [自] (1) 1.5 倍になる (2) ローティー（रोटी）が火に炙られてふくらむ
डेवढ़ना[2] [他] (1) 1.5 倍にする (2) 幾重かに折りたたむ (3) ローティーを火に炙ってふくらませる
डेवढ़ा[1] [形+] 1.5 倍の = डेढ़ गुना.
डेवढ़ा[2] [名] (1) 1.5 倍の数を計算するための九九 (2) 5 割の利率 (3)〔農〕1.5 倍の穀物を返済する条件の穀物の借用→ ड्योढ़ा.
डेवढ़ी [名*] (1) = ड्योढ़ी. (2) = डेढ़ी.
डेवलप [名] 《E. develop》〔写〕現像 डेवलप क॰ 現像する
डेवलपर [名] 《E. developer》〔写〕現像液；現像薬
डेसिग्राम [名] 《E. decigram; decigramme》デシグラム
डेसिमल[1] [形] 《E. decimal》(1) 十進法= दशमलव; दशमिक. (2) 小数の = दशमलव.
डेसिमल[2] [名] 《E. decimal》小数
डेसिमीटर [名] 《E. decimeter; decimetre》デシメートル
डेसिलिटर [名] 《E. decilitre》デシリットル
डेसीलीटर [名] 《E. decilitre》デシリットル
डेसू [名] 《E. DESU; Delhi Electric Supply Undertaking》= दिल्ली विद्युत प्रदाय संस्थान. デリー市電力供給会社
डेस्क [名] 《E. desk》デスク；机
डेहरी[1] [名*] (1) 敷居= दहलीज. (2) 故郷 **डेहरी पूजना** 〔ヒ〕結婚式の儀礼の一（花嫁が婚家の戸口の敷居を礼拝する）
डेहरी[2] [名*] 穀物を入れる焼き物の容器
डेहल [名] 敷居 = देहली; दहलीज.
डेहुड़ा [形+] 1.5 倍の= ड्योढ़ा.
डेंगू फ़ीवर [名] 《E. Dengue fever》〔医〕デング熱= डेंगू ज्वर; लंगड़ा बुख़ार.
डैगना [名] 遠方へ行ったりよく暴れる牛や水牛などの首に下げる木や竹の棒= ठेंगुर; लंगर.
डैड [形] 《E. dead》〔ス〕デッドの；試合一時中止の（ボール）；インプレーでない= डेड. तब गेंद डैड हो जाती है するとボールはデッドになる
डैडी [名] 《E. daddy》お父さん；お父ちゃん（呼びかけにも用いられる） डैडी, स्वाभिमान क्या है? 「お父さん，自尊心というのは何のこと」 हम डैडी जी को सुनाएँगे 「ぼくお父さんに話すよ」 जोज़फ़ का डैडी ジョーゼフのお父さん
डैना [名] (1) 翼= पक्ष; पंख; पर; बाज़ू. (2) ろ（櫓）；櫂
डैनिम [名] 《E. denim》デニム
डैपिलेटरी वैक्स [名] 《E. depilatory wax》脱毛剤
डैम फूल [名・感] 《E. damn fool》とんでもない愚か者
डैरूँ [名]〔イ音〕ダマルー= डमरू.
डैश [名] 《E. dash》ダッシュ（符号ー）
डैशबोर्ड [名] 《E. dashboard》ダッシュボード
डोंगर [名] 丘；小高い山= पहाड़ी; टीला; भीटा; डूँगर.
डोंगा [名] (1) 鉢，ボウル，どんぶりなどの容器（金属製のものも含む） कई मेज़ें या एक बड़ी मेज़ पर विभिन्न किस्मों के व्यंजन अलग अलग डोंगों में रखे रहते हैं 幾つかのテーブルや一つの大きなテーブルにいろいろな料理が別々のボウルに入れられている (2) ひしゃく；しゃくし（杓子．ココヤシの実の殻で作られたもの） (3) カヌー；丸木船；ボート **डोंगा खेये चलना** なんとかやりとげる；どうにかこうにかやりくりする **डोंगा चलना** 家のやりくりが立つ **डोंगा पार लगाना** 完了する；やりとげる；片付ける **डोंगा बोर दे॰** 台無しにする；めちゃくちゃにする **डोंगा मझधार में डूबना** 中途半端になる
डोंगी [名*] ボート；カヌー；スキフ
डोंड़ा [名] (1)〔植〕ラージカーダモン（のさく果）= बड़ी इलायची. (2) さく；さく果= डोडा; ढोंढा. (3) カートリッジ；薬莢= टोंटा.

ड

डोंडी[1] ［名*］触れ太鼓 = डुग्गी; डौंडी. डोंडी पीटना 触れ太鼓をうつ **डोंडी पिटवाना** 触れ回らせる सोच-विचार करने के पश्चात् उसने डोंडी पिटवा दी कि अमुक तिथि को नगर के सेठ के एकमात्र पुत्र की शादी है 熟慮してから某日に街の豪商の一人息子の結婚式が行われると触れ回らせた

डोंडी[2] ［名*］= डोड़ी. さく

डोंडी[3] ［名*］弾薬筒；カートリッジ；薬莢= टोंटी.

डोंब ［名］ドーム・カースト（の人）= डोम.

डोंबी ［名*］ドーンビー（タントリズムの性的儀礼，すなわち，輪座儀礼において男性の相手方を勤める不可触民の女性；ドームの女性）= डोम्बी; डोमनी; डोमिन.

डोई ［名*］木製の玉杓子

डोक ［名*］吐くこと；吐き出すこと；嘔吐

डोकना ［自］(1) 吐く (2) げっぷをする (3) 吐いたりげっぷをしたりするような声を出す

डोकर ［名］= डोकरा.

डोकरा ［名］(1) 年寄り；老人 (2) 老父 (3)（老齢の）祖父

डोकरी ［名*］(1) 老女 (2) 老母 (3) 年老いた祖母 (4) 妻 (5) 娘

डोका ［名］油などの液体を入れる木製の容器

डोकी ［名*］油などを入れる木製の小さな容器

डोगर ［名］= डूंगर.

डोगरा[1] ［名］ドーグラー（主にヒマーチャルプラデーシュ州及びジャンムー・カシミール地方のカーングラーやジャンムー地方に居住するカースト）

डोगरा[2] ［名*］〔言〕ドーグラー語= डोगरी.

डोगरी ［名*］〔言〕ドーグリー語（ドーグラーの話すパンジャーブ語の一方言）

डोज ［名］《E. dose》服用量 = खुराक; मात्रा.

डोड ［名］〔鳥〕カラス科ワタリガラス【*Corvus corax*】= डोम कौआ. 〈raven〉

डोडा ［名］さく；さく果 पोस्त का डोडा ケシのさく

डोडा सूँडी ［名*］〔昆〕次のような一部の蛾の総称 चितकबरी डोडा सूँडी ヒトリガ（火取蛾）科の蛾 गुलाबी डोडा सूँडी メイガ（螟蛾）科の蛾

डोडी ［名*］= डोंडी. さく；さく果；ケシや棉の花の咲いた後にできる丸いふくらみの部分 फिर इन फूलों से डोडियाँ बनती हैं.यह डोडियाँ पकने पर फट जाती हैं するとこれらの花にさくができる. これらのさくは熟すとはじける

डोडो ［名］《E. dodo》〔鳥〕ドードー（絶滅した Rhaphus 属及び Pezophas 属の鳥の総称）【*Didusineptus*】

डोनेशन ［名］《E. donation》寄付；寄付金 कहीं डोनेशन देकर उसका दाखिला न कराना पड़े ひょっとして寄付金を出してあの人を入学させる羽目になるのではないか

डोब ［名］液体に沈めること；液体に浸すこと

डोबना ［他］沈める = डुबाना; डुबकी दे॰. डोब दे॰ 沈める

डोबा ［名］潜水；潜り = गोता; डुबकी.

डोम ［名］ドーム・カースト（掃除；火葬，奏楽，ざる作りなどを主な生業としてきた被差別カースト）

डोम कौआ ［名］〔鳥〕カラス科ワタリガラス【*Corvus corax*】= डोम काक; डोमकाग. 〈raven〉

डोमड़ा ［名］ドーム・カーストの人（डोम）（を軽蔑して呼ぶ呼び名）

डोमनी ［名*］(1) ドーム（डोम）カーストの女性，ドームニー (2) 不潔とされる仕事をする女性を軽蔑して言う呼び方

डोमसाल ［名］〔植〕バンレイシ科中高木【*Miliusa velutina*】= गीदड़ रुख.

डोमिन ［名*］ドーム・カーストの女性= डोमनी.

डोमिनिकन प्रजातंत्र 〔国名〕ドミニカ共和国〈Dominican Republic〉

डोमिनिका 〔国名〕ドミニカ〈Commonwealth of Dominica〉

डोमिनियन ［名］《E. dominion》= डोमीनियन.

डोमीनियन ［名］《E. dominion》(1)〔史〕英帝国領内の自治領 (2) 支配権 = आधिपत्य. (3) 領土 = राज्य.

डोमीनियन पद ［名］〔史〕英帝国領内の自治領の地位= डोमीनियन स्टेटस. 〈dominion status〉

डोर ［名*］(1) 綱（井戸の水を汲むための綱など） उसने लोटा और डोर उठाया ローターと綱を手に取った (2) ひも（紐）；太い糸 पतंग की डोर たこ糸 (3) ひも状のもの；ひもや糸のように連なったもの；すじ（筋） **डोर पर लगाना** 調節する；うまく合わせる **डोर भरना** *a.* 導火線に点火する *b.* 縫う **डोर मज़बूत हो॰** *a.* しっかりしている；頑丈な *b.* 長命の (-) **डोर में बाँधना** （ーを）調整する；調和させる (-) **डोर में लाना** （ーを）手なずける **डोर लगना** 恋がめばえる (-पर) **डोर हो॰** （ーに）夢中になる；我を忘れる

डोरा[1] ［名］(1) 太い糸やひも गले में काले डोरे से बंधी एक ताबीज लटक रही है 首から黒いひもに結ばれたお守りが下がっている (2) 細長く続いているもの；筋 उसकी अधमुँदी आँखों में लाली के डोरे उतर आये 半分閉じた目に血走った赤い筋が浮き出てきた **आँख का डोरा** 充血した眼球の血走った筋 (3) 手がかり；いとぐち (-में) **डोरा डालना** （ーに）糸を通す (-पर) **डोरा डालना** （ーを）誘惑する；そそのかす；（男女関係で）ひっかける；（ーに）ちょっかいを出す；（ーに）手を出す नीच जाति की बहू बेटियों पर भी डोरे डालते हैं 低いカーストの人妻や娘たちにまで手を出す मेरे घरवाले पर डोरे डालने आई है あの女はうちの人をひっかけに来ている (-का) **डोरा लगना** （ーと）恋に落ちる (-में) **डोरे डालना** 〔裁〕（ふとんなどを）刺し縫いする

डोरा[2] ［名］玉杓子

डोरा[3] ［名］さく；さく果；さっ果= डोडा.

डोरिया[1] ［名］(1) 一定間隔で太糸の用いられている綿布 (2) 縞模様の入ったモスリン

डोरिया[2] ［名*］〔鳥〕ムシクイ科ハイイロハウチハドリ【*Prinia gracilis*】

डोरिया[3] ［名］ドーリヤー（狩猟のため猟犬の飼育・調教に当たってきたカーストの人；犬飼；犬飼人）

डोरियाना ［他］(1) ひもや綱で結ぶ；つなぐ (2) 家畜を綱でつないで連れて行く (3) 従える；服従させる

डोरिहार ［名］= डोरीहार; पटवा. ドーリハール（ひも作りや房飾りなどの製造を生業としてきた職人カースト）

डोरी[1] ［名*］(1) 植物せんいやその材料によるひもや綱，手綱など= रस्सी. रबड़ की डोरी ゴムひも (2) 組みひも；飾りひも (3) 手首や腕に巻く飾りひも (4) 釣り糸 (-की) **डोरी खींचना** （ーを）呼び寄せる；おびき寄せる **डोरी ढील दे॰** = डोरी ढीली छोड़ना. **डोरी ढीली क॰** = डोरी ढीली छोड़ना. **डोरी ढीली छोड़ना** 手綱をゆるめる (-की) **डोरी लगना** （ーが）気がかりでならない (-की) **डोरी हाथ में हो॰** （ーを）完全に支配している；意のままにしている **डोरी हिलाना** 合図をする；指図をする

डोरी[2] ［名*］小さい玉杓子

डोल[1] ［名］(1) 井戸の水汲みに用いる革，もしくは，鉄製の容器（釣瓶）；バケツ；バケット；つるべ（釣瓶） कुएँ का पानी डोल रस्सी से निकलता है 井戸の水はつるべと綱で汲み出される (2) 帆柱；マスト

डोल[2] ［名］(1) 揺れ；揺れること；振動；震動 (2) 揺れ動くもの（ブランコ，揺りかごなど） (3) かご（駕籠）

डोल[3] ［名*］地味の肥えた黒土

डोलचा ［名］《H. + P.چا》革製や鉄製のバケツ；つるべ

डोलची ［名*］《H. + P.چی》(1) 井戸などからの水汲みに用いる小さな革製や鉄製などの容器；バケツ，手提げの牛乳入れなどの容器 (2) 摘んだ花や果物を入れる竹や籐などで編んだかご

डोलडाल ［名］(1) 動き；移動 (2) 戸外での排便= दिसा. डोलडाल क॰ 戸外で用を足す

डोलड्रम्ज़ ［名］《E. doldrums》(1)〔地理〕赤道無風帯= विषुवतीय निम्नदाब कटिबंध. (2)〔気象〕赤道無風帯気象

डोलढाल ［名］〔植〕マメ科中高木コバナデイコ【*Erythrina suberosa*】= पँगरा.

डोलना ［自］(1) 左右や上下に揺れる；揺らぐ；揺るぐ इनके भारी तप से देवलोक के राजा इंद्र का सिंहासन डोलने लगा この人が猛烈な苦行をしたので天界の王インドラ神の玉座が揺れ出した (2) 安定がなくなる；揺らぐ；揺るぐ；（心の）平静を失う；動揺する；揺れる अवधूतराज शिव का मन डोल गया シヴァ神の心が揺れた (3) うろつく；うろうろする；ぶらつく；歩き回る बच्चे सारा वक़्त गली की नालियों पर डोलते रहते हैं 子供たちは四六時中路地の下水のあたりでうろうろしている स्कूल से लौटकर सड़क पर डोलता रहता है 学校から帰ると道端でいつもうろうろしている रास्ते में गाँवों कस्बों से आये अनेक लोग डोल रहे थे 路上には村や町からやってきた大勢の人たちが歩き回っていた

डोला [名] (1) 覆いを掛けた女性用のかご（駕籠） (2) 揺りかご (3) ブランコ (4) ブランコをこぐこと **डोला आ॰** *a.*〔ヒ〕花嫁が嫁ぎ先に来ること *b.*〔ヒ〕花婿が新婦の家を訪れて行われる通常の挙式ではない，新婦が花婿の家に来る形式での結婚式（経済的な理由から花嫁の家で挙式ができないため） **डोला दे॰** *a.*〔ヒ〕中世に行われた結婚形式の１つで経済的に力のない親が娘を有力者のもとへ贈与する形で嫁がせたもの *b.*〔ヒ〕新婦を新郎の家へ連れて行って挙式すること **डोला भेजना** = डोला दे॰. **डोला ले॰**〔ヒ〕贈与の形式で嫁をとること→ डोला दे॰.

डोलाना [他] = डुलाना.

डोलियाना [他] (1) 駕籠に乗せて運ぶ (2) 新婦を嫁ぎ先に届ける (3) かっぱらう；盗みとる

डोली [名*] (1) ドーリー（人の運搬に用いられる小型の駕籠，特に花嫁を嫁ぎ先に送る駕籠） दो कहार एक डोली लिए आते दिखाई दिये 2 人のカハールが駕籠を担いでやって来るのが見えた (2) 新婦を新郎の家へ送り届けること **डोली क॰** *a.* 厄介払いをする *b.* かっぱらう **डोली निकालना** 新婦を実家から新郎の家へ送り出す **डोली में पैर डालना** ゆっくり歩く；のろのろ歩く

डोली डंडा [名] 2 人の子供が手を取り合ってそれにもう 1 人の子供を乗せる「駕籠乗せ」遊び

डोलू [名*] (1)〔植〕タデ科カラダイオウ属草本【*Rheum emodi*】〈Himalayan rhubarb; Indian rhubarb〉 (2)〔植〕タケ亜科タケ（竹）の一種【*Neohouzeaua dullooa; Teinostachyum dullooa*】

डोलोमाइट [名]《E. dolomite》〔鉱〕はくうんせき（白雲石）；苦灰石；ドロマイト

डोसा [名]《Tm.》〔料〕ドーサー；ドーサイ（米と緑豆やケツルアズキなどの豆を水にひたした後すりつぶし発酵させたものを薄焼きにした南インド起源の料理．単純なものから種々の具を混ぜたものまである）= दोसा.

डोहली [名*] かご（轎）= डोली.

डौंकना [自] = डोकना. अरे! यह क्या? कोई साँड डौंकता चला आ रहा है こりゃ何事だい．雄牛がうなりながらやって来るぞ

डौंड़ी [名*] (1) 触れ太鼓；ドゥッギー= डुग्गी; ढिंढोरा. (2) 触れ太鼓での触れ **डौंड़ी दे॰** *a.* 触れ太鼓で触れる *b.* 触れ回る मियाँ, खोये हुए हो, तो डौंड़ी पिटवाओ या पुलिस में रिपोर्ट लिखाओ 行方不明なら触れ回ってもらうか警察に届けるかしなさい **डौंड़ी पिटना** 触れ太鼓が打たれる दूर से डौंड़ी पिटती आती है 遠くから触れ太鼓がやって来る **डौंड़ी पीटना** *a.* みなに触れ回る；言いふらす *b.* 宣言する **डौंड़ी बजना** *a.* 宣言される *b.* 知れわたる

डौआ [名] 木製のさじ

डौका [名*]〔鳥〕ハト科コキジバト【*Stretptopelia turtur*】

डौर [名] = डौल.

डौल [名] (1) 姿；恰好；形 (2) 型 (3) 方法；手段 (4) 様式；形式 (-का) **डौल क॰** (ーの) 工夫をこらす；(ーの) 工夫をする；(ーを) 工夫する **डौल जमना** うまく進む；うまく進行する；計画通りに進む **डौल डालना** 大枠を決める (-) **डौल पर लाना** *a.* (ーを) 整える；きちんとする *b.* (ーを) 納得させる **डौल बाँधना** = डौल क॰. **डौल बैठना** うまく行く；うまく事が運ぶ **डौल लगाना** = डौल क॰.

डौलडाल [名] 方法；手立て；工夫= उपाय; युक्ति; ब्योंत.

डौलदार [形]《H. + P. دار》形のよい；恰好のよい= सुडौल; ख़ूबसूरत.

डौलियाना [他] (1) 形を整える；整える (2) 言いくるめる

ड्यूक [名]《E. Duke; duke》公爵

ड्यूटी [名*]《E. duty》(1) 義務；本分 उनको तो अपनी ड्यूटी करनी होती है あの方は自分の義務を果たさなくてはならない (2) 職務；任務；務め；勤務 यहाँ माली ड्यूटी पर रहता है 庭師が仕事についている ड्यूटी पर मृत्यु होने के कारण 勤務中に死亡したので रात की ड्यूटी 夜勤 जिस दिन रात की ड्यूटी होती थी 夜勤のあった日には (3) 関税 **ड्यूटी दे॰** 勤務する मिल से थका थकाया दस घंटे की ड्यूटी देकर आता 10 時間の勤務をして工場から疲れ果てて戻る (-की) **ड्यूटी बजाना** *a.* (ーに) 仕える；奉仕する *b.* (ーに) 勤務する **ड्यूटी बाँधना** 義務づける

ड्यूटी फ़्री [形]《E. dutyfree》免税の；無税の= शुल्कमुक्त.

ड्यूस [名]《E. deuce》〔ス〕ジュース

ड्योढ़ा[1] [形+] 1.5 倍の；1 倍半の= डेढ़गुना. **ड्योढ़ी गाँठ** 片結び；片蝶結び= मुद्दी.

ड्योढ़ा[2] [名] (1) 1.5 倍の計算法（1 から 9 までの数に 1.5 倍を掛け合わせる九九の数え方） (2) 5 割の利率 (3)〔農〕借用した穀物の 1.5 倍の穀物を返済する条件の借用= डेवढ़ा.

ड्योढ़ी[1] [名*] (1) 門口；玄関；入り口；敷居 कोई शरणागत बप्पा रावल के वंशजों की ड्योढ़ी से विमुख लौटा है?. 助けを求めて来た者がバッパー・ラーワルの末裔の玄関から失望して戻ったためしがあるかい (2) ポーチ **ड्योढ़ी की मिट्टी खोद डालना** （何かの用事や目的で）頻繁に訪れる **ड्योढ़ी खुलना** 宮廷や身分の高い人の家などの交際の場や社交場への出入りが許される；そのような行き来が始まる；出入りが始まる **ड्योढ़ी खोद डालना** = ड्योढ़ी की मिट्टी खोद डालना. **ड्योढ़ी छूटना** 行き来がなくなる；出入りが止まる；交際が止まる (-की) **ड्योढ़ी झाँकना** (ーを) 訪ねる (-की) **ड्योढ़ी पर** (ーの) ところで；(ーの) 家で (-की) **ड्योढ़ी पर सिर झुकाना** (ーに) 参上する (-की) **ड्योढ़ी पर हो॰** (ーに) 仕える= (-की) नौकरी में हो॰. **ड्योढ़ी बंद हो॰** 出入りが止められる→ ड्योढ़ी खुलना. (-) **ड्योढ़ी लगना** (ーに) 門番が立つ；守衛が立つ

ड्योढ़ी[2] [形*] → ड्योढ़ा[1].

ड्योढ़ीदार [名]《H. + P. دار》玄関番；門番；守衛

ड्योढ़ीवान [名] = ड्योढ़ीदार.

ड्यौढ़ी [名] = ड्योढ़ीदार.

ड्रग [名]《E. drug》(1) 薬= दवा; औषध. (2) 麻薬；やく（薬）= मादक द्रव्य; नशा.

ड्रग-इंस्पेक्टर [名]《E. drug inspector》麻薬取締官

ड्रग रोड [名]《E. drag road》林道

ड्रम [名]《E. drum》(1) ドラム缶= पीपा. तेल से भरा ड्रम 油の一杯入ったドラムかん (2) ドラム；太鼓

ड्रा [名]《E. draw》(1) くじ引き；抽選 ड्रा की तिथि 抽選日 (2)〔ス〕引き分け（対局・対戦の） बाज़ी ड्रा समाप्त हुई 対局は引き分けになった

ड्राइंग [名]《E. drawing》(1) 図画 (2) 図画（学科目） तब तो मासी, तुम ज़रूर ड्राइंग में फ़र्स्ट आती होगी それじゃおばさんはきっと図画では一番だったのね (3) くじ引き；抽選

ड्राइंग पिंग [名]《E. drawing pin》画鋲

ड्राइंग बोर्ड [名]《E. drawing board》画板；製図板

ड्राइंगरूम [名]《E. drawing room》応接間；客間= बैठक.

ड्राइ [形]《E. dry》ドライ= ड्राई.

ड्राइ प्लेट [名]《E. dry plate》〔写〕乾板

ड्राइव [名]《E. drive》(1) 運転；操縦 (2) ドライブ (3)〔ス〕ドライブ ड्राइव क॰ 運転する；操縦する

ड्राइवर [名]《E. driver》運転者；運転手；操縦者；ドライバー；機関士；機関手= चालक.

ड्राइविंग [名*]《E. driving》運転；操縦

ड्राइविंग लाइसेंस [名]《E. driving licence》運転免許証

ड्राई आइस [名]《E. dry ice》ドライアイス= सूखी बर्फ़; ठोस कार्बन-डाइआक्साइड.

ड्राई क्लीनर [名]《E. dry cleaner》クリーニング屋；ドライクリーニング屋

ड्राई क्लीनिंग [名]《E. dry cleaning》ドライクリーニング

ड्राई प्लेट [名]《E. dry plate》〔写〕乾板

ड्राई बैटरी [名*]《E. dry battery》乾電池= ड्राई सेल.

ड्राई मिल्क [名*]《E. dry milk》ドライミルク；粉ミルク；粉乳

ड्राई सेल [名]《E. dry cell》乾電池

ड्रान [形]《E. drawn》〔ス〕引き分けの

ड्रॉपर [名*]《E. dropper》= ड्रोपर.

ड्रॉपवाली [名*]《E. drop volley》〔ス〕ドロップボレー

ड्रॉपशाट [名]《E. dropshot》〔ス〕ドロップショット

ड्रॉप सीन [名]《E. drop scene》〔演〕(1) 垂れ幕 (2) 最終場面

ड्राप्सी [名*]《E. dropsy》〔医〕水腫症；浮腫症

ड्राफ़्ट [名]《E. draft》(1) 草案 = प्रारूप. ड्राफ़्ट तैयार क॰ 起案する (2) 設計図面；図案；下絵 (3)〔裁〕型紙 (4) 小切手；為替手形

ड्राफ़्ट्स मैन [名]《E. draftsman》製図工；製図者

ड्राम [名]《E. dram》ドラム（重量単位）

ड्रामा [名]《E. drama》ドラマ = नाटक; रूपक.

ड्रामाई [形] 《E. drama + H.》(1) ドラマのような；劇的な (2) 芝居がかった；大仰な；大げさな ड्रामाई अंदाज़ में 大仰に；大げさに；芝居がかった口振りや身振りで

ड्रायर [名] 《E. dryer / drier》(1) 乾燥機 (2) ヘアー・ドライヤー

ड्रिंक [名]《E. drink》(1) 飲み物；飲料；ドリンク (2) 飲酒 = मद्यपान. ड्रिंक क॰ 酒を飲む；飲酒する (3) 酒類

ड्रिंक्स [名] 《E. drinks》飲料；飲み物

ड्रिबल [名] 《E. dribble》〔ス〕ドリブル= ड्रिबिल.

ड्रिब्लिंग [名] 《E. dribbling》〔ス〕ドリブル（すること）

ड्रिल [名*] 《E. drill》(1) ドリル；錐= ड्रिल मशीन. (2) 削岩機 (3) 反復練習；演習；ドリル= अभ्यास. (4) 教練；軍事訓練= कवायद.

ड्रिल मास्टर [名] 《E. drill master》〔教〕軍事教練指導教官

ड्रिलिंग [名*] 《E. drilling》ボーリング；試掘 यूरेनियम की ड्रिलिंग का कार्य यहीं हो रहा है ウランの試掘が正にこの地で行われている

ड्रेज [名] 《E. dredge》浚渫船

ड्रेजिंग [名] 《E. dredging》浚渫

ड्रेटनाट [名] 《E. dreadnought; dreadnaught》〔軍〕ドレッドノート型軍艦；弩級戦艦

ड्रेन [名] 《E. drain》下水管；排水渠= मोरी; नाली; परनाला.

ड्रेस [名*] 《E. dress》(1) 服装；衣服= पोशाक; वेशभूषा. लोग मुझे बैरा की ड्रेस में देखकर क्या सोचेंगे 私がボーイの服装をしているのを見て世間の人はなんと思うだろうか (2) 婦人服；ドレス (3) 正装；礼服 (4)（傷などの）手当 ड्रेस क॰（傷の）手当をする (5)（石や皮革などの加工の）仕上げ (6) 櫛入れ；髪結い；髪の手入れ

ड्रेस अप [名] 《E. dress up》盛装；着飾ること；ドレスアップ

ड्रेस कोट [名] 《E. dress coat》燕尾服

ड्रेस रिहर्सल [名] 《E. dress rehearsal》〔演〕舞台稽古；総ざらい；ドレスリハーサル

ड्रेस सूट [名] 《E. dress suit》礼装；夜会服

ड्रेसिंग [名*] 《E. dressing》(1) 傷の手当 (-की) ड्रेसिंग क॰ (ーに) 手当をする आँख को अच्छी तरह धोने के बाद बहुत-सी साफ़ रूई से उसकी ड्रेसिंग कर दें よく洗眼した後非常に清潔な脱脂綿で手当をすること (2) ほうたい（包帯） **ड्रेसिंग क॰** *a.*（傷の）手当をする *b.* 包帯を巻く= मरहमपट्टी क॰.

ड्रेसिंग गाउन [名] 《E. dressing gown》ガウン；部屋着；化粧着

ड्रेसिंग टेबल [名*] 《E. dressing table》化粧台；鏡台= ड्रेसिंग टेबिल.

ड्रेसिंग मेज़ [名*] 《E. dressing + P. میز》鏡台；化粧台= शृंगार मेज़. 〈dressing table〉

ड्रैगन [名] 《E. dragon》竜；ドラゴン

ड्रैगून [名] 《E. dragoon》(1)〔軍〕竜騎兵；騎馬歩兵= घुड़सवार सैनिक. (2) 乱暴な人；残酷な人；粗野な人

ड्रैस [名*] = ड्रेस. स्कूल की ड्रैस 学校の制服

ड्रोपर [名*] 《E. dropper》(1) スポイト स्याही भरने की ड्रोपर インクを入れるスポイト (2) 点滴器；点眼器

ढ

ढँकना[1] [他] 覆う；（蓋などを）被せる；覆い被せる= ढकना. दूध ढँक कर रखना 牛乳を覆っておきなさい（牛乳を入れた器に蓋をしておきなさい）

ढँकना[2] [名] = ढकना[1].

ढंख [名]〔植〕マメ科ハナモツヤクノキ= ढाक; पलाश.

ढंग [名] (1) 方法；かた（方）；やり方 बोलने का ढंग しゃべり方 बातचीत का ढंग 口のききき方 चलने का ढंग भी वक्षस्थल के सौंदर्य को उभारता है 歩き方も胸の美しさを増す मनोरंजन के कुछ ढंग 娯楽の様々な方法 उनके कहने का ढंग और भाषा बहुत सरल होती थी あの方の表現の仕方と言葉はいつもとても平易だった योजनाबद्ध ढंग से 計画的に (2) 様式；型；風 अंग्रेज़ी ढंग का उम्दा ड्राइंगरूम 洋風のしゃれた客間 (3) 兆し；微候；前触れ **अपने ढंग का** 独自の；独特の उनकी मुकरियाँ हिंदी साहित्य में अपने ढंग की अनोखी हैं 彼の作ったムクリーはヒンディー文学では独特の珍しいものである **ढंग क॰** おかしなことをする；でたらめなことをする **(-का) ढंग क॰**（ーの）手を打つ；手立てをする；対処の方法を取る **ढंग का** まともな；立派な；きちんとした；ちゃんとした ढंग का लड़का मिलता नहीं है, और मिलता है तो उसकी माँगें पूरी नहीं कर पाते हैं まともな花婿は見つからないし見つかったとしても花婿の出す条件をこちらが満たすことはできない कोई ढंग की बात करो 何かまともな話をしなさい **(-का) ढंग निकालना** = (-का) ढंग क॰. **ढंग पर आ॰** 順調になる；本調子になる；本来の姿になる **ढंग पर चढ़ना** こちら側の（自分の）考えに乗ってくる；話に乗る **ढंग पर लाना** 自分の考えに引き込む；話に乗せる **ढंग बरतना** *a.* 礼儀正しく振る舞う *b.* 見せかける **ढंग रचना** 芝居を打つ **ढंग लाना** 感心しないことをする **ढंग से** *a.* 礼儀正しく；折り目正しく；きちんと；正式に；改まって वे मुझे ढंग से बिठाते हैं 私に礼儀正しく席を勧める धोती या साड़ी ढंग से बँधी हुई हो तो ドーティーとかサリーをきちんとまとっていれば कुछ समय बाद ढंग से बातचीत करना ज़्यादा असर करेगा しばらくしてから折り目正しく話をするのがより効果的だろう *b.* きちんと；整然と；ちゃんと जूते दर्जे से बाहर उतार दें.एक तरफ़ ढंग से लगा दें 靴は教室の外で脱ぎなさい．隅にきちんと片付けること *c.* まともに；きちんと；ちゃんと；正しく शरारतें छोड़कर ढंग से काम करो いたずらを止めてきちんと仕事をしなさい वह शौहर की कमाई को ढंग से ख़र्च करती है 夫の稼ぎを正しく使う दो महीने से आपने ढंग से पत्र तक नहीं लिखा 2 か月の間まともに手紙さえお書きになりませんでしたね **ढंग से बरतना** *a.* 正しい振る舞いをする *b.* 倹約する；節約する；始末する

ढंग-शुऊर [名] 《H. + A. شعور》礼儀作法 अगर वह यहाँ रह गया तो ढंग-शुऊर सीख जाएगा あの子がここにとどまって住むならば礼儀作法を身につけるだろう

ढंगी [形] (1) 折り目正しい；秩序正しい (2) 狡猾極まりない；大変狡猾な

ढंढरच [名⁻] 見せかけ；偽装；偽善= पाखंड.

ढंढस [名] 偽善；いんちき；ごまかし

ढंढार [形] 不躾な；不作法な；礼儀知らずな

ढँढोर[1] [名] 火炎；炎= ज्वाला; आग की लपट.

ढँढोर[2] [名] 触れ太鼓= ढँढोरा; ढिंढोरा.

ढँढोरची [名] 触れ太鼓を打って触れ歩く役目の人；触れ太鼓を打つ人

ढँढोरना [他] (1) 触れ太鼓を打つ (2) 触れ太鼓で布告する

ढँढोरा [名] (1) 触れ太鼓= डुगडुगी; डुग्गी; डौंडी. (2) 触れ太鼓による布告 **ढँढोरा फेरना** *a.* 触れ太鼓を打って触れ回る *b.* あちこちに触れ回る；言い触らす

ढँढोरिया [名] 触れ太鼓を打ち触れ回る役目の人

ढँपना[1] [自] 覆われる；覆い隠される= ढकना.

ढँपना[2] [名] 覆い隠すもの；蓋；被せるもの= ढक्कन.

ढई [名*] (1) 崩れ落ちること (2) 動けなくなること (3) 座り込むこと **ढई दे°** *a.* 根が生える；根を生やす；どっかと座って動かない *b.* すわり込みをする= धरना दे°.

ढकना[1] [名] (1) 蓋 आगे एक गटर था, और गटर का ढकना गायब था 前方に下水道がありそれの蓋がなくなっていた (2) 覆い

ढकना[2] [他] (1) 覆う；被せる；ふく（葺く） छतों को ढकने में 屋根を葺くのに ऊपर से केले के पत्ते ढक देते हैं （小屋の屋根を）上からバナナの葉で覆う（葺く） धूप में जाते समय साड़ी, स्कार्फ़ या दुपट्टे से सिर ढका जा सकता है 日向に出かける時はサリーやスカーフ，あるいは，ドゥパッターで頭を覆うことができる खाने की चीज़ों को ढकना 食べ物を覆う (2) 被せる；掛ける मेरा शरीर बालू से ढक देना 私の体に砂を被せておくれ (3) 隠す；見えないようにする；覆い隠す；包み隠す；蓋をする जब दो प्रेमी कोर्ट के द्वारा सिविल विवाह कर लेते हैं, तो बाद में उसको ढकने के लिए 恋人同士が役場で民事婚をし，後でそれを覆い隠すために उसने कपड़े से मुँह को ढक रखा था 着ている着物で顔を隠していた तुम लोग जितना इस स्वार्थ को ढकने की कोशिश करते हो, उतने ही ज़्यादा स्वार्थी दिखते हो 君たちがこの私利私欲を覆い隠そうとすればするほど余計に欲張りに見えるものだ अपने आप को ढक रखने में 自分を包み隠しておくのに

ढकना[3] [自] (1) 覆われる；埋まる；被さる；被る घासपत्तों से ढकी झोंपड़ी （屋根が）草や木の葉で覆われた小屋 बर्फ़ से ढके हुए क्षेत्र 雪に埋まった地域 पहाड़ बर्फ़ से ढका है 山は雪に覆われている कूड़े वाली ढकी बालटी 蓋付きのごみ入れ（ポリバケツ） आपका राज्य किसी मुसीबत से ढक जाएगा 国はなにかの災難に覆われましょう राख में ढकी चिनगारी 灰を被っている火の粉 वहाँ की ज़मीन बरफ़ से ढकी रहती है 同地の地面はいつも雪で覆われている (2) 包まれる；覆われる उसका सारा शरीर काले चमकदार परों से ढका रहता है その鳥は全身を黒光りのする羽に包まれている यह कोई ढकी-छिपी बात नहीं है これは何も秘められたことではない

ढकनी [名*] （小さな）蓋；小さな覆い= ढक्कन.

ढका[1] [名] (1) 3セール（सेर）の重量単位 (2) 同上の重さの分銅 → सेर.

ढका[2] [名] 突くこと；突いたり押したりすること；衝撃= धक्का; टक्कर.

ढकेलना [他] (1) 押す；押しやる गाड़ी को ढकेलना. 車を押す उसकी ओर आगे ढकेल दिए जाते हैं それの方に押し進められる चौधरी ने उसे पीछे ढकेलकर कहा チョードリーはその男を押し返して言った पीछे ढकेलना 押し返す (2) 押し倒す；押しのける；突き飛ばす；突き倒す साले ने मुझे सीढ़ी से ढकेल दिया 奴は私を階段から突き飛ばした इसने देवी जी को ऐसा ढकेला कि बेचारी गिर पड़ी この人が突き飛ばしたので気の毒に女性はばたっと倒れた (3) 追いやる；追い払う

ढकेला-ढकेली [名*] 押し合い；押し合いへし合い= ठेलमठेला.

ढकोसना [他] (1) ごくごく飲む (2) がつがつ口に詰め込んで食べる

ढकोसला [名] (1) 見せかけ；上辺 हमारा मज़हब ख़तरे में है हमारा धर्म ख़तरे में है.लेकिन मैं कहता हूँ यह सब ढोंग है, ढकोसला है わが宗教が危ない．わが宗教が危機に晒されている．だが私に言わせればこれはすべて作りごとだ．見せかけなのだ **ढकोसला क°** 見せかける；上辺をつくろう (2) 偽善 **ढकोसला बाँधना** = ढकोसला क°. (3) 言葉遊びとして用いられる作り話；荒唐無稽な話；謎掛け遊び

ढक्कन [名] 蓋；覆い सीवर का ढक्कन टूट गया है マンホールの蓋が壊れている

ढक्कनदार [形] 《H. + P.دار》蓋付きの ढक्कनदार कुआँ 蓋付きの井戸 ढक्कनदार डिब्बा 蓋付きの容器

ढक्का [名] 種々の太鼓（ढोल, नगाड़ा, डमरूなど） **ढक्का बजाकर** 大っぴらに；公然と

ढगण [名]〔韻〕モーラ韻律でモーラ韻歩 मात्रिक गण のうち3モーラ（मात्रा）のものの総称.（3種ある．*a.* 2音節（लघु-गुरु），*b.* 2音節（गुरु-लघु）），*c.* 3音節（लघु-लघु-लघु））

ढचर[1] [形] (1) 脆い；壊れやすい (2) か弱い；虚弱な

ढचर[2] [名] (1) 骨組み；骨格；枠組み；構成 (2) 準備；計画 (3) 見せかけ；欺瞞 (4) 面倒；ごたごた **ढचर फैलाना** 見せかける；実体のないのにあるように見せかける= ढचर बाँधना. **ढचर बैठाना** 手立てをする；工夫をする；方法を講じる；計画を立てる；準備する；用意する

ढटींगड़ [形] (1) 体のとても大きな；図体の大変大きい；巨体の (2) 頑健な；たくましい (3) 見かけ倒しの

ढटींगर [形] = ढटींगड़.

ढड्ढा[1] [名] (1) 骨組み；骨格；枠組み (2) 作業用の足場 (3) 虚飾；見栄 (4) 大げさなもの

ढड्ढा[2] [形+] (1) 大きくて不恰好な (2) どでかい (3) 大げさな恰好の (4) 見せかけばかりの

ढड्ढो [名*] (1) 骨皮ばかりになった老女；やせこけた老婆 (2)〔鳥〕ムシクイ科スジカブリモリチメドリ【*Turdoides caudatus*】 **ढड्ढो का** 間抜けな；愚かな

ढढ्ढर [名] 体；身体= शरीर; देह.

ढप [名] = ढफ.

ढपना[1] [名] 蓋；覆い= ढक्कन.

ढपना[2] [他] 覆う；被せる= ढाकना; छिपाना.

ढपना[3] [自] 覆われる；被さる= ढका हो°.

ढपली [名*] = डफली.

ढपोरशंख [名] ほら吹き（法螺吹き）

ढप्पू [形] 図体が甚だ大きい；でかい；どでかい

ढफ [名] 《← A. دف दफ़》〔イ音〕タンバリン；ダフ= डफ.

ढब [名] (1) 方法；仕方；やり方；かた（方）；ふう（風） इस ढब このように；こんなふうに= इस तरह. (2) 様式；形式= प्रकार; भाँति ; किस्म. (3) 造り；構造= रचना; बनावट. (4) 手立て；方策= उपाय; युक्ति. **ढब का** まともな；もっともな；ちゃんとした= ढंग का. **ढब की बात** まともなこと；もっともなこと= उचित बात. **ढब खाना** 調和する；合う；マッチする **ढब डालना** 習慣づける；癖をつける **ढब निकालना** 手立てを考える；手立てを探す (-का) **ढब पड़ना** （ーの）癖がつく；習慣がつく **ढब पर चढ़ना** 乗せられる；話に乗せられる **ढब पर चढ़ाना** 甘言に乗せる；口車に乗せる **ढब पर लगाना** まともにする **ढब पर लाना** = ढब पर लगाना. **ढब बैठना** = ढब खाना. **ढब लगाना** = ढब चढ़ाना. **ढब लाना** = ढब चढ़ाना.

ढबरी [名*] = ढिबरी.

ढब्बा [名] (1)〔ス〕（レスリング）ヒップスジャーク〈hips jerk〉(2)〔ス〕（レスリング）ヘビースピン〈heavy spin〉

ढमकना [自]（太鼓などが）どんどん，ばんばんなどと音を立てて鳴る

ढमकाना [他]（太鼓などを）鳴らす；打つ；打ち鳴らす

ढम ढम[1] [名] 太鼓の鳴る音 ढम ढम ढम どんどんどん（太鼓などの鳴る音）= ढम ढमा ढम.

ढम ढम[2] [副]（太鼓などが）どんどん鳴って；鳴りながら

ढरकना [自] (1)（液体や液状のものが）垂れる；流れ落ちる；こぼれ落ちる；滴る= ढलकना. गर्म गर्म आँसू उसके गालों पर ढरक जाते थे 熱い涙が頬を流れ落ちて行くのだった (2) 横たわる；体を横たえる

ढरका [名] (1)〔医〕ただれ目；涙腺が詰まることで生じる涙目 (2) 落涙 (3) 家畜に薬を飲ませるのに用いる竹筒

ढरकाना [他] = ढलकाना. अब नैना ढरकाने से क्या हाथ आता है? 今更涙を流して何になる

ढरना [自] = ढलना.

ढरला [名] かかし（案山子）

ढरारा [形+] (1) 流れ落ちる (2) 傾いている；傾斜している (3) 滑りやすい

ढर्रा [名] (1) 方法；やり方；流儀 घर की हालत और ढर्रा देखते हुए हर बच्चा बचत करने की ही कोशिश करता है 家の様子や流儀を見ているうちに子供は倹約するようになる (2) 慣行；しきたり (3) 振る舞い；行動 (4) 方法；手立て **ढर्रा चल निकलना** 新規に始まる；新しく始まる **ढर्रा डालना** 習慣づける；癖をつける **ढर्रा पकड़ाना** やり方を教える **ढर्रा बाँधना** 方法を決める；方法を定める **ढर्रे पर आ°** 回復する；調子が戻る；順調になる **ढर्रे पर लाना** 調子よくする；順調にする；調子に乗せる **ढर्रे पर लगाना** = ढर्रे पर लाना.

ढलकना [自] (1) (液体が) 流れ落ちる；垂れる；垂れ落ちる (2) (一方や一端が) 垂れる；垂れ下がる；だらりとなる संतुलित भोजन न करने से तथा स्वास्थ्य एवं सौंदर्य बनाये रखने वाले नियमों का पालन न करने से उनकी काया बेडौल हो जाती है, पेट निकल आता है, स्तन ढलक जाते हैं 均衡のとれた食事をとらなかったり健康や美容を保つ規則を守らないと体は不恰好になり腹が突き出て乳房が垂れる (3) 滑り落ちる；ずり落ちる (4) 好きになる；惚れる；惚れ込む

ढलका [名] (1) 〔医〕ただれ目（爛れ目） (2) 家畜に薬を飲ませるのに用いられる竹筒

ढलकाना [他] (1) 流す；流し落とす；垂らす (2) (ものの端を) 垂らす；垂れ下げる (3) 滑らせる；ずらして落とす

ढलना [自] (1) 流れ落ちる；垂れる；垂れ落ちる；滴り落ちる (2) 注がれる；垂らされる (3) 下がる；下へ向かう；沈む ढलते सूरज की धूप 沈んで行く太陽の光線；夕日影 सूरज दो पहर तक सर से ऊपर आ जाता है.फिर ढलना शुरू होता है 太陽は正午までに頭の上にやって来る．それから下がり始める सूरज ढला और लोग जल्दी-जल्दी लौटने लगे 日が沈み人々は家路を急ぎ始めた (4) (ある時刻を) 過ぎる；過ぎ去る；経過する शाम ढल चुकी है 夕方が過ぎてしまっている रोज़ दो पहर ढलने पर 昼が過ぎると सर्दी ढलते ही बसंत की मुसकान के साथ होली नाचने लगती है 冬が過ぎ去ると同時に春の微笑みを伴ってホーリー祭が踊り出す (5) 終わりに向かう；盛りを過ぎる；終わる；終いになる；老いる；老ける अब मेरी अवस्था भी ढल गई 私ももう老いてしまった ढलती आयु से घबराकर 盛りを過ぎた（自分の）齢にあわてて (6) 形作られる；鋳型に入れられる तब चरित्र आप ही एक नए साँचे में ढलने लगेगा すると性格は自ら新しい型に形作られ始める ढली चीज़ 鋳物製の器具 **ढलती उमर (उम्र)** 青春の盛りを過ぎた年齢 **ढलती छाँह** 昼下がり；午後 **ढलती छाया** = ढलती छाँह. **ढलती जवानी** 青春の盛りを過ぎた年齢= ढलती उम्र. **ढलती फिरती छाया** はかないもの **ढला हुआ** とても形の良い；素晴らしい形の；恰好の良い

ढलमल [形] (1) 安定のない；不安定な；揺れ動く= अस्थिर. (2) 疲れた；疲労した

ढलवाँ[1] [形] 傾斜のついている；斜めの；傾いている；坂になっている पहाड़ों पर मकानों की छत आम तौर पर ढलवाँ बनाई जाती है 山の方の家屋の屋根は一般に（平屋根ではなく）傾斜がつけられている= ढालुवाँ. ढलवाँ भूमि 傾斜地

ढलवाँ[2] [形] 鋳造された；鋳物の ढलवाँ बरतन 鋳物

ढलवाना [他・使] ← ढालना.

ढलाई [名*] 鋳造

ढलान [名*] (1) ← ढालना. (2) 坂 (3) 下り坂 (4) 傾斜地 (5) 坂道 **ढलान चढ़ना** 坂を登る；坂道を登る सिर पर घड़ा रखे नल पर से पानी लेने के लिए निकली और ढलान चढ़ने लगी 頭に水がめをのせ水道の水を汲みに出掛け，坂を登り始めた

ढलाना [他] = ढलवाना.

ढलाव [名] ← ढालना.

ढलुआ [形] = ढलुवाँ. यहाँ के मकानों की छतें ढलुआ होती हैं この地方の家の屋根は傾斜がついている

ढलुवाँ [形] = ढलवाँ. मंदिर की छत ढलुवाँ है 寺の屋根は傾斜がついている गड्ढा थोड़ा ढलुवाँ और गहरा था 穴は少し斜めになっており深かった

ढसक [名*] (1) 空咳 (2) 空咳の音

ढहना [自] (1) つぶれる（潰れる）；倒壊する भारी वर्षा से मकान ढहने से पाँच व्यक्ति मर गए 豪雨で家屋が倒壊し 5 人が死亡 (2) 潰える；駄目になる पत्नियों के सपनों के वे महल ढह जाते हैं 妻たちの例の夢の館が潰えてしまう

ढहरी [名*] 敷居= देहली; दहलीज.

ढहवाना [他・使] ← ढहाना.

ढहाना [他] つぶす（潰す）；倒壊させる；(壁や家を) 崩す；倒す；破壊する दीवारों को ढहा देनेवाले ठहाके 家の壁を崩すような哄笑

ढाँक [名] = ढाक.

ढाँकना [他] (1) 覆う；包む；被せる तन ढाँकने को वस्त्र तक न मिले 体を覆う服すら手に入らなかった (2) 覆い隠す；隠す；秘める दूसरों के दोष दिखलाते सभी पर कौन उनको ढाँकता है? だれもが他人の欠点を晒してみせる．だがだれがそれを覆い隠そうか

ढाँचा [名] (1) 枠；(全体の) 骨組み；骨格 बाँस की तीलियों से गोल या तिकोना ढाँचा बना लेते उसपर सफ़ेद ख़ूबसूरत कागज़ या पतला कपड़ा चढ़ा देते 竹ひごで丸とか三角の枠をこしらえそれに白いきれいな紙や布を張る (2) 造り；構造；構成 समाज का सारा ढाँचा 社会の全体構造 आर्थिक ढाँचा 経済構造

ढाँपना [他] = ढाँकना. बादल सूर्य को रह-रहकर ढाँप लेते थे 雲が次から次へと太陽を覆っていた लुंगी से ढाँपे तन को ルンギーに包まれた体を चेहरा ढाँपकर बैठ गया 顔に手を当てて腰を下ろした उसने एक ठंडी साँस ली और मुँह ढाँपकर रोने लगा 深い溜め息をつき顔を手で覆って泣き出した

ढाँवाँ [名] 〔数〕2.5 倍の掛け算の九九表

ढाँस [名*] 痰の出ない空咳の音= ढसक.

ढाँसना [自] 空咳をする= सूखी खाँसी में ठनठन क॰.

ढाँसी [名*] 空咳= सूखी खाँसी.

ढाई [形・数] (1) 被修飾語の表す単位を 2.5 倍する；2 個半の (2) 2.5 (3) 2.5 倍の ढाई सौ 250 (2.5 × 100) ढाई हज़ार 2500 (2.5 × 1000) ढाई लाख 250000 (2.5 × 100000) **ढाई ईंट की मस्जिद अलग उठाना** 一人だけ他人とは別のことをする；甚だ協調性のないたとえ **ढाई ईंट की मस्जिद अलग बनाना** = ढाई ईंट की मस्जिद अलग उठाना). **ढाई घड़ी की (को) आ॰** 直ちに死ぬ；ころっと死ぬ；すぐに死ぬ **ढाई घर तो डाइन भी छोड़ती है** 〔諺〕どのような性悪な人や無慈悲な人もたまには（一部の人に対して）やさしく振る舞うものだ；鬼の目にも涙 **ढाई चावल की खिचड़ी पकाना** = ढाई ईंट की मस्जिद अलग उठाना. **ढाई चुल्लू लहू पीना** *a.* 厳しく処罰する *b.* 命を奪う；殺す **ढाई दिन की बादशाहत** 三日天下= ढाई दिनों की हुकूमत. **ढाई पसली का** *a.* ありふれた；そんじょそこらの *b.* ひょろひょろの；無力な **ढाई पहर** 昼下がり **ढाई माशे का आदमी** がりがりにやせた人；ひょろひょろにやせた人

ढाक [名] 〔植〕マメ科小木ハナモツヤクノキ【*Butea frondosa*】= पलाश. **ढाक के तीन पात** *a.* 全然変化のないこと；全く代わりばえしないこと कार्रवाई के नाम पर वही 'ढाक के तीन पात' की स्थिति ही बनी रही 措置の名目ではあるが例の全く代わりばえのしない状況が続いている *b.* 相も変わらず貧しいこと *c.* 家族の小さいこと

ढाकई [形] (1) ダカ（バングラデシュの首都）の；ダッカの (2) ダカ産の；ダッカで製造された→ ढाका.

ढाकना [他] = ढकना.

ढाका 〔地名〕ダカ（バングラデシュの首都）；ダッカ

ढाटा [名] (1) 男子のあごから頬にかけて被う布 (2) あごから頬にかけても一巻きするターバン (3) 死人の口が開かぬように屍衣にかけて結ぶ布

ढाड़ [名*] (1) 動物の叫び声；咆哮 (2) 人の叫び；叫び声= चिल्लाहट. **ढाड़ मारकर रोना** わんわん鳴く；大声をあげて泣く；泣き叫ぶ= ढाड़ मारना.

ढाढ़स [名] (1) 勇気；度胸 (2) 励まし；激励（の言葉） **ढाढ़स दे॰** 元気づける；励ます；勇気づける कौशल्या और सुमित्रा ने भरत को ढाढ़स दिया カウシャルヤーとスミトラーはバラタを励ました **ढाढ़स बँधना** 元気が出る；元気がつく；励まされる；勇気がわく उनकी इस बात से मुझे ढाढ़स बँधता था 私はその方のこの言葉で励まされるのであった **ढाढ़स बँधाना** = ढाढ़स दे॰. मैंने दीनेश्वर को ढाढ़स बँधाना आवश्यक समझा ディーネーシュワルを励まさなくてはいけないと思った **ढाढ़स बाँधना** 元気を出す；気合を入れる；勇気を出す= हिम्मत बाँधना; उत्साहित हो॰. **ढाढ़स रखना** 勇気を持つ मन में ढाढ़स रखो 勇気を持ちなさい **ढाढ़स हो॰** 元気が出る；元気づく= आस बँधना.

ढाढ़ी [名] (1) ダーリー（村落共同体の中で出生祝いの際などの楽器演奏を主な生業としてきたカースト） (2) 同上カーストの人 ढाढ़िन 同カーストの女性

ढाणी [名*] 部落；小部落

ढाना [他] (1) (建造物などを) つぶす（潰す）；倒壊させる；壊す；破壊する (2) 立っているものを倒す (3) 迷惑なものや有害なものなどをもたらしたり持ち込む；厄介なこと，面倒なことを起こしたりもたらしたりする तरह तरह के ज़ुल्म ढाते हैं 様々な横暴を働く स्वर्णरेखा नाला हर साल वर्षा के दिनों में क़हर ढाता है スワルナレーカー川は毎年雨季になると大きな災厄をもたらす इस वर्ष बरसात ने हरियाणा और दिल्ली राज्य के गाँवों में बाढ़ का प्रकोप ढाया

था 今年は雨季がハリヤーナー州とデリーの村々に洪水の災厄をもたらした (4) やっつける；倒す **घर का भेदी लंका ढाए** 〔諺〕獅子身中の虫

ढापना [他] = ढकना; ढाँपना.

ढाबा [名] (1) 軒；庇 (2) 大衆食堂；飯屋

ढामक [名] 太鼓の音；どんどん

ढार[1] [名] (1) 下り坂= उतार. (2) 道；道路 (3) 方法；やり方 (4) 骨組み；骨格 (5) 構造；造り (6) = ढाल[2].

ढार[2] [名*] 盾の形をした耳飾り

ढार[3] [名*] 激しい泣き声；泣き喚く声

ढारना [他] (1) 流す；下へ流す (2) 落とす；投げる；投じる；放る (3) 回す (4) 鋳型に溶かした金属を流し込む

ढारस [名] = ढाढ़स.

ढारसबँधाई [名*] 励まし；激励= ढाढ़स बँधाना.

ढाल[1] [名*] 盾（楯）= फरी. हर दुख -सुख में उसे ढाल की तरह बचाती रही 喜びにつけ悲しいにつけいつも盾のようにその子を守り続けた **ढाल तलवार बाँधना** = ढाल बाँधना. **ढाल बाँधना** 戦場に向かうため鎧兜を身につける；甲冑に身を固める

ढाल[2] [名] 坂；傾斜地；坂道

ढाल[3] [名*] ←ढालना. (1) 注入 (2) 鋳型に流し込むこと；鋳造 (3) 様式；形式；型

ढालना [他] (1) （液体を）かける；注ぐ；入れる हर सोमवार को वह जड़ों में लोटा-भर पवित्र जल ढालती थी 月曜日ごとに根にローター杯の聖水を注いでいた लोटे से शर्बत ढालना ローターからシャルバット（飲み物）を注ぐ (2) 熔けた金属を型に流し込む；鋳造する；（金属を）鋳込む धातु के हरूफ़ ढालने का तरीका 活字を鋳造する方法 सिक्के ढालना 貨幣を鋳造する；造幣 गाँव-गाँव, गली-गली में अवैध तमंचे-बंदूकें ढाली जा रही हैं 村や路地裏で不法なピストルや銃が鋳造されている (3) 形を作る；形成する；型にはめる नये युग की परिवर्तनीय परिस्थितियों के अनुसार न तो स्वयं को ढाल सके हैं और न जनता को ढालने में समर्थ हो पा रहे हैं 新しい時代の変化の激しい状況に応じて自分を形成することもできないし民衆を形成することもできないでいる क़ौमी ताकतों को अपनी जरूरत के मुताबिक ढाल लेने की मुख्तलिफ़ सूरतें हैं 民族勢力を必要な形に形成する様々な形態がある ये देश औद्योगीकरण के लिए सब अपनी नीतियों को नये रूप में ढाल रहे हैं これらの国は工業化のためにその政策を新しい形にこしらえてきている उसने पूरी आबादी को चीनी मॉडल के कम्यून में ढाल दिया 全土を中国をモデルとしたコミューンに仕立て上げた अपने आप को नए परिवेश में ढालना 自分自身を新しい環境に適応させる अपने पति को अपने अनुरूप ढालने की कोशिश करती है 夫を自分の型にはめようと努める (-पर) **ढालकर गालियाँ दे॰** （一に）当てつけてののしる；聞こえよがしに言う

ढालवाँ [形] (1) 坂になっている；下り坂になっている；坂道の ढालवाँ गली में 坂になっている路地で (2) 傾斜のついている；傾いている गोदाम की ढालवाँ छतें 倉庫の傾斜のついた屋根

ढालिया[1] [形] 盾を持っている ←ढाल[1].

ढालिया[2] [名] 鋳造工

ढाली [名] 盾を持った兵士 ←ढाल[1].

ढालुआँ[1] [形] = ढालवाँ.

ढालुआँ[2] [形] 鋳造された

ढालू [形] = ढालवाँ.

ढासना [名] (1) 肘掛け，脇息や牛枕（मसनद）のような大きな背もたれなど；腰を床に下ろして座った時にもたれかかるもの (2) 枕

ढाहना [他] = ढाना. मुझे लगता है जाते-जाते यह सरकार अपने हाथों बनाये हुए घरौंदे ढाहकर जाना चाहता है この政府は自分の手でこしらえたおもちゃの家を打ち壊して去るのではないかと思われる

ढिंढोरची [名] 《H.ढिंढोरा + P. چی》触れ太鼓を打つ人；触れ太鼓打ち मैंने ढिंढोरची का एलान सुना 触れ太鼓打ちの触れを耳にした

ढिंढोरा [名] (1) 〔イ音〕ディンドーラー（触れ太鼓）= डुगडुगिया. ढिंढोरा पीटना 触れ太鼓を打って触れを伝える；触れ回る；宣言する (2) 触れ；一般に知らせること；宣言 **ढिंढोरा दे॰** = ढिंढोरा पीटना. **ढिंढोरा पिटना** 触れ太鼓が打たれる；世間に知れ渡る **ढिंढोरा पीटना** *a.* 触れ歩く；触れ回る；触れ太鼓で知らせる तू जाकर सारी दुनिया में ढिंढोरा पीटना 君が出ていって世間に触れ回るがいいさ *b.* 触れを出す **ढिंढोरा फेरना** *a.* 触れ歩く；触れ太鼓を打たせて知らせる；触れ回る *b.* 触れを出す **ढिंढोरा बजाना** = ढिंढोरा पीटना. आपसे हुई कुछ गोपनीय बातें भी वह नमक मिर्च लगाकर ढिंढोरा बजाकर इधर उधर फैला सकती है 彼女はあなたとの間のなにかの内緒話さえ尾鰭をつけてあちこちに触れ回ることがありうる

ढिकुली [名*] = ढेंकुली.

ढिक्कू [名] インドの先住部族民にとっての先住民以外のインド人

ढिग[1] [副] そばに；近くに；近辺に= पास; निकट; समीप; नज़दीक.

ढिग[2] [名⁻] (1) そば；あたり；近辺= पास. (2) 縁；周辺= किनारा.

ढिठपन [名] = ढिठाई.

ढिठाई [名*] (1) 無礼な振る舞い；傲慢無礼な行為；横柄さ राजा उसकी ढिठाई पर चिढ़ गया 王は男の不作法に腹を立てた (2) 厚かましさ；厚顔無恥；図々しさ；横着さ (3) 大胆さ；怖さ知らず；大胆不敵さ (4) 強情さ；片意地

ढिपनी [名*] (1) 花，葉，実などの柄のついている突出部；葉柄；蒂；へた (2) 乳首 (3) 突出部；突出

ढिबरी[1] [名*] 油を入れ灯心を燃やし火を点すための陶製，もしくは，金属製の器具；油皿；小型の石油ランプ घर भर की ढिबरियाँ जला दीं 家中の油皿に火を点した

ढिबरी[2] [名*] 雌ねじ；ナット

ढिब्बी [名*] 〔ス〕ショートリフト（レスリング）〈short lift〉

ढिमका [代] それがし；某= अमुक; फ़लाना. **अमका-ढिमका** ありきたりの；そこらあたりの **फ़लाना-ढिमका** さる人；ある人

ढिलढिला [形⁺] (1) 弛みのある；弛んだ；緩んだ；弛緩した (2) 水っぽい

ढिलाई[1] [名*] (1) 緩いこと (2) 弛み कामों में ढिलाई भी शुरू हुई 仕事が弛み始めもした (3) だらしなさ；怠惰 ↔ ढीला

ढिलाई[2] [名*] (1) 緩めること (2) 弛ませること

ढिलाना [他・使] ←ढीलना. (1) 緩めさせる (2) 弛ませる

ढिल्लड़ [形] だらだらした；だらしのない；怠け者の；怠惰な= सुस्त; मट्ठर.

ढींडस [名] = टिंडा.

ढींढ़ा [名] (1) 太鼓腹 (2) 妊娠= गर्भ; हमल. **ढींढ़ा गिरना** 流産する **ढींढ़ा गिराना** 流産させる；堕胎する；堕ろす **ढींढ़ा फूलना** 身ごもる；妊娠する；腹が大きくなる

ढीठ [形] (1) 無礼な；傲慢無礼な；横柄な यह मुनि ही ढीठ है このムニのほうこそ無礼なのだ चल ढीठ कहीं का! 無礼者，失せろ (2) 厚かましい；厚顔無恥な；横着な；図々しい वह स्थिति में परिवर्तन से लाभ उठाते हुए ढीठ हो गया था 状況の変化を利用しているうちに横着になってしまったのだった (3) 大胆な；怖さ知らずの；大胆不敵な (4) 強情な；片意地な क्यों री तुम बड़ी ढीठ हुई जाती हो? どうしてあんたはどんどんひどく厚かましくなって行くの

ढीठता [名*] = ढिठाई.

ढीठिपन [名] = धृष्टता; ढिठाई.

ढीड़ [名] 目やに；目くそ= आँख का कीचड़.

ढीम [名] (1) 石の大きなかけら (2) 土の塊；土くれ

ढीमर [名*] ディワル，もしくは，ディーワル（धीवर）カーストの女性；カハール कहार の女性

ढीमा [名] (1) 石や煉瓦などのかけら (2) 土の塊；土くれ（土塊）

ढील[1] [名*] (1) 緩み；緩やかさ；弛み；締まりのなさ इस आयु की लड़कियों को माता-पिता तथा अभिभावकों की ओर से अधिक ढील मिली होती है तो この年齢の娘たちが親や保護者からあまり手綱を緩められていると (2) 気力の弛み；だらしなさ；だらけること；怠けること (3) 遅れること；ぐずぐずすること；のろのろすること **ढील आ॰** 抜かる；弛む；緩む देख-भाल और खाना-खुराक में तनिक भी ढील नहीं आने देता 世話や食事に少しも抜かりがないようにする **ढील क॰** のろのろする；ぐずぐずする ले, ले जा, अब ढील नहीं कर.मैं पंडित को लेकर तेरे घर पहुँचा कि पहुँचा さあ，もうぐずぐずするでない．今すぐパンディットを連れてお前の家に行くからな **ढील डालना** = ढील दे॰. **ढील दे॰** 緩める；手綱を緩める；弛ませる इस कार्य में तनिक भी ढील देना हमारे लिए घातक सिद्ध हो सकता है この仕事に少しでも手綱を緩めようものなら我々にとって危険なものとなりうる आर्थिक दृष्टि से भी सरकार ने करों में ढील देकर उद्योग-व्यापार को बढ़ावा दिया है 経済的な見地からも政府は税を緩くして商工業の発展を進めた उनके विरुद्ध कार्यवाही में ढील देते पाये गये हैं 彼らに対する処置にも緩みが見られる

ढ

ढील[2] [名]〔昆〕シラミ（虱）；カミジラミ（髪虱）＝जूँ.
ढील-ढाल [名*] ←ढीला-ढाला.
ढीलना [他] (1) 緩める (2) 弛ませる (3) 自由にさせる；放任する (4) 濃度を薄める (5) 遅らせる
ढीला [形+] (1) 緩い；張りのない (2) ゆったりした；緩やかな；締まりのない；がたがたになった (3) 弛んだ；だらっとした कान ढीले और बाल खड़े हो जाते हैं 耳がだらっとして毛が立つ कमज़ोर और ढीले मसूड़े 弱くなって締まりのない歯茎 (4) だぶだぶの；ぶかぶかの यह तो मेरे लिए ढीला है これは私にはだぶだぶだわ (5) 怠けた；怠惰な；ぐずぐずした ऐ बे छोकरे, बहुत ढीला है.ज़रा मेहनत से काम कर おい小僧，ひどく怠けているぞ．しっかり仕事をするんだ (6) だらけた；だらしのない (7) 薄い（↔濃い） (8) 鈍い (9) のろのろした；のろい (10) 手ぬるい **ढीला क॰** 緩める；緩やかにする；手綱を緩める उसने प्रतिबंध कुछ ढीले किए 制限を少し緩めた **ढीला काम क॰** のろのろする；ぐずぐずする；仕事ぶりがのろい **ढीला छोड़ना** 緩める **ढीला पड़ना** *a.* 緩む कड़ाई ढीली पड़ जाती है 張りや緊張が緩む यह रिश्ता ढीला पड़ सकता है この関係が緩むこともありうる एक क्षण के लिए मेरा जोश ढीला पड़ गया 一瞬気合が緩んでしまった *b.* 緩やかになる *c.* 衰える；低下する；強さや勢いがなくなる *d.* 怠ける *e.* 弛む；弛みができる；張りがなくなる आख़िरी शब्द तक आते आते मदन की आवाज़ बहुत ढीली पड़ गई 最後の言葉を話すときまでにはマダンの声は随分張りがなくなってしまった **ढीला हो जा॰** ＝ढीला पड़ना.
ढीला-ढाला [形+] 緩んだ；緩やかな；ゆったりした；弛んだ उनका लिबास ढीला-ढाला होता है あの人の服装はゆったりしている ढीली-ढाली आरामदेह नाइटी ゆったりして楽な寝間着
ढीलापन [名] ←ढीला.
ढीह [名] 小高い山；丘＝ढीहा; ढूह.
ढुँढन [名] ←ढूँढना. 探すこと；探求；捜索；追求
ढुँढ़वाना [他・使] ←ढूँढना. 探させる；探し出させる；探してもらう तब उन्होंने मुझसे फ़ाइल ढुँढवाई すると彼は（私に）書類を探させた
ढुँढ़ाई [名*] ←ढूँढना.
ढुंढी[1] [名*] 腕＝बाँह; बाहु.
ढुंढी[2] [名*] ＝ढोंढी.
ढुक-ढुक [名] でんでん；どんどん；どんどんどん（太鼓を打つ音）＝ढुक-ढुक-ढुक
ढुकना [自] (1) 入る；入り込む (2) かがんで入る；身をかがめて入る (3) 様子を探りに身をひそめる；ひそんで様子を探る；覗く；覗き見る (4) 突進する；突き進む；突っ込む
ढुनमुनिया [名*] (1) 転がること (2) とんぼ返りをしながら進むこと (3) サーワン月（सावन インド暦４月．雨季の初め）にカジャリー（कजली）を歌う集い（女性たちが輪になって手を打ちながら歌う）
ढुरकना [自] (1) 転げる；転がる (2) 傾く；前かがみになる (3) 流れ落ちる；流れ出す
ढुरढुर [形] (1) きれいな；清潔な (2) すべすべした
ढुरना [自] (1) 流れ落ちる＝ढरकना; ढलना; टपकना. (2) 揺れ動く；揺れる；振られる (3) ふらふらする；よろける (4) 転げる＝लुढ़कना. (5) ずり落ちる (6) 好意を持つ；情けをかける
ढुरमुट [名] 地固めや地ならしの道具（土木工事の道具）
ढुरहुरी [名*] (1) 転がること；転げること＝लुढ़कना. (2) 細道；小道＝पगडंडी.
ढुराना [他] (1) 流す；流し落とす (2) 転がす (3) 揺り動かす；揺る；振り動かす (4) 引きずって動かす
ढुर्री [名*] 野山の小道；踏みならされてできた道，畦道など＝पगडंडी.
ढुलकना [自] (1) 流れ落ちる；こぼれる आँसू की बूँदें ढुलक रही थीं 涙の滴が流れ落ちていた मुँह खुल न सका और दूध की बूँदें दोनों ओर ढुलक गई 口を開けられなかったので牛乳の滴が口の両端から流れ落ちた (2) 転がり落ちる；転げ落ちる (3) 好意を抱く；好きになる；惚れる
ढुलकाना [他] (1) 流す；流し出す＝बहाना; गिराना; टपकाना. (2) 転がす＝लुढ़काना.
ढुलढुल [形] 揺れ動く；定まらない；一定しない；あちらこちらと転がる；安定のない；不安定な；頼りない＝अस्थिर.
ढुलना[1] [自] (1) こぼれる；(液体が) 流れ落ちる；あふれでる घी खरीदकर वापस आ रहा था तो रास्ते में थोड़ा-सा घी ढुल गया ギーを買い求めて帰る途中少しこぼれてしまった (2) 転げ落ちる＝लुढ़कना. (3) 傾く＝झुकना. (4) 好意を抱く；喜ぶ；好きになる；嬉しくなる अनुकूल हो॰; प्रसन्न हो॰ (5) 揺れる
ढुलना[2] [自] 運ばれる；運搬される
ढुलमुल[1] [形] (1) 揺れ動く；不安定な；定まらない；よろける ढुलमुल नीति 不安定な政策；方針の揺れ動くこと (2) 節操のない；信念のない；日和見的な＝ढुलमुल यकीन. (3) はっきりしない；曖昧な इन देशों के तस्करों ने हमारे देश के ढुलमुल कानून का लाभ उठाकर राजधानी को अपना निशाना बनाया これらの国の密売人たちはわが国の曖昧な法律につけ込んで首都を標的にした
ढुलमुल[2] [名] (1) 不安定 (2) 無節操 ढुलमुल का व्यक्ति 無節操な人 (3) 曖昧さ
ढुलमुलाना [自] 揺れる；揺れ動く；震える；振動する；震動する
ढुलवाई [名*] ←ढुलाना. (1) 運搬；運送；運輸 (2) 運び賃；運搬賃；運送料
ढुलवाना[1] [他・使] ←ढुलाना[1].
ढुलवाना[2] [他・使] ←ढोना
ढुलाई[1] [名*] ←ढुलाना[1].
ढुलाई[2] [名*] (1) 運送；輸送；運搬＝ढोने का काम. अधिक माल की ढुलाई より多量の貨物輸送 माल ढुलाई 貨物輸送 (2) 運賃；運送費 इस्पात की ढुलाई में कुछ गिरावट के बावजूद 銑鉄の運賃が若干下落したにもかかわらず
ढुलाना[1] [他] (1) こぼす；流す (2) 落とす (3) 転がす (4) 振る；揺らす बाज़ुओं को भी इस तरह लय में ढुलाया जाता है कि उनसे संतुलन बनाए रखने में सहायता मिले バランスを保ちやすいように腕もリズムをつけて振られる
ढुलाना[2] [他・使] ←ढोना. 運ばせる；運んでもらう
ढूकना [自] ＝ढुकना.
ढूका [名] 身をひそめて覗き見ること
ढूड [名*] ＝ढूँढ.
ढूडना [他] ＝ढूँढना; ढूँढना.
ढूढ[1] [名*] ＝ढूँढ.
ढूढ[2] [名] 崩れた家；廃屋
ढूढन [名] ＝ढूँढ.
ढूँढ़ [名*] 探すこと；探し求めること；探求すること
ढूंढना [他] ＝ढूँढना.
ढूँढना [他] (1) 探す；探し求める हमारी भाभी जैसी भाभी दुनिया में चिराग लेकर ढूँढिये तो नहीं मिलेगी 私の兄嫁みたいな兄嫁は鉦や太鼓で探しても見つかるまい आप नौकरी ढूँढिए ご自分の仕事をお探し下さい उसने लड़की ढूँढनी शुरू कर दी 花嫁探しを始めた (2) 見つけだす；見つける；発明する हम लोगों ने साल, नीम, करंजा जैसे अखाद्य वनस्पति तेलों से पेट्रोलियम (कच्चा तेल) बनाने की एक तरकीब ढूँढी है 我々はサラノキ，インドセンダン，リスノツメのような植物の食用に適さない油から石油（原油）を製造する方法を見つけだした उत्तर ढूँढना 答えを見つける निराकरण की सफल विधियों को ढूँढने का एक प्रयत्न मात्र है 効果的な解決法を見つけだす一つの努力でしかない **ढूँढकर लड़ाई मोल ले॰** 喧嘩をふっかける **ढूँढे न मिलना** 探し求めても見つからない；甚だ得難い
ढूँढ्याल [名*] 探索；調査；探究
ढूकना [自] 近づく；接近する
ढूका [名] (1) 忍び込むこと (2) 様子を探るために忍び込むこと
ढूसर [名] ドゥーサル（バニヤーと呼ばれる商人カーストの一）
ढूह [名] (1) 堆く積み上げたり盛り上げたりしたもの；山 पत्थरों के ढूह पर वे लोग बैठ गए 石を積み上げたところに腰を下ろした बालू का ढूह 砂の山 (2) 丘；小山
ढूहा [名] ＝ढूह.
ढेंकली [名*] (1) からうす（碓）；踏み臼 (2) 竿の先に革袋を吊るし水を汲み上げる足踏み式の灌漑装置 (3) とんぼ返り；宙返り；でんぐり返し (4)〔ス〕ボディースロー（レスリング）
ढेंका[1] [名] から臼；踏み臼
ढेंका[2] [名] (1) 足の長い人や動物 (2)〔鳥〕サギ科シベリアサギ【*Ardea sibirica*】
ढेंकी [名*] 大型のから臼；踏み臼＝ढेंकली.
ढेंढवा [名]〔動〕ハヌマーンラングール（猿）＝लंगूर.

ढेंढ़ी [名*] = डोडी. 〔植〕綿やケシのさく果

ढेंप [名*] = ढिपनी.

ढेंपनी [名*] = ढिपनी.

ढेच्यू ढेच्यू [名*] ロバのなき声 ढेच्यू ढेच्यू क॰ ロバが鳴く

ढेर [名] ものが沢山積み重なったもの；堆く盛り上がったもの；山 सूखी घास का ढेर 枯れ草の山 हड्डियों का ढेर 骨の山 खीलें, बताशे, पटाखों के ढेर 炒り米，バターシャー，爆竹の山 मिट्टी का ढेर गिरने से 6 मरे 土砂崩れで 6 人死亡 मैले कपड़ों का ढेर 洗い物（汚れた服）の山 **(-का) ढेर क॰** （ーを）積み上げる；積み重ねる；積む **(-/-को) ढेर क॰** （人を）殺す；斃す= मार डालना. उसने एक ही बाण से ताड़का को ढेर कर दिया たった一本の矢でターラカーを斃した **(-का) ढेर लगना** （ーが）堆く積まれる；積み重なる；高く盛り上がる **(-का) ढेर लगाना** （ーを）堆く積む；積み重ねる；積み上げる；高く盛り上げる **ढेर हो॰** 堆く積まれる；積み重なる बड़े भाई की सभी पुस्तकें फ़र्श पर ढेर थीं 兄の本は全部床に積み重なっていた **ढेर हो जा॰** *a.* 斃れる；死ぬ *b.* 前後不覚に眠る *c.* 苦境におちいる；窮状におちいる **ढेरों** *a.* 山のような；山ほどの；沢山の；多数の ढेरों कपड़े 山のような衣服 विष्णु शर्मा ने ढेरों ऐसी रोचक कहानियाँ लिखी हैं ヴィシュヌ・シャルマーはこのように面白い話を山のように沢山書いている *b.* 山のように；次から次へ उनके मन में ढेरों विचार आए 胸の中には次から次へと考えが浮かんだ

ढेर-सा [形⁺] 数や量の甚だ多い；多数の；非常に多くの；膨大な；莫大な；山のような ढेर-सी चिड़ियाँ 非常に沢山の鳥 ढेर-सी दौलत 莫大な財産

ढेर-सारा [形⁺] 山ほどの；沢山の；山のような；無数の；数え切れない；大量の ढेर सारी परीक्षाएँ देते-देते एक दिन जज बन गई 数え切れない程の試験を受けているうちにいつしか裁判官になった ढेर-सारी शिकायतों के साथ 山のような不平と共に पिता ने ढेर-सारे उपहार दिए 父は数え切れないほどの進物を贈った मेरे दादा जी को सिर पर ढेर-सारा तेल लगाने की आदत है 祖父には頭にどっさり髪油をつける癖がある

ढेरा[1] [名] (1) 糸縒り機 (2) 革製のバケツの口につけられた木の輪 (3) 〔植〕ウリノキ科小木ナガバウリノキ【*Alangium salvifolium*】

ढेरा[2] [形⁺] 斜視の；すがめ（眇）の；ひがら目の= भेंगा.

ढेरी [名*] 積み重なったもの；積み上げたもの；山= ढेर; राशि. न भूसे या राख की ढेरियाँ नज़र आती हैं 藁の山も灰の山も見あたらない वह लोहे का डंडा सोने की ढेरी में बदल जाएगा その鉄棒が金の山に変わるであろう

ढेरीढोक [名] 〔魚〕タイワンドジョウ科タイワンドジョウ属ライギョの一種【*Channa gachua; Ophiocephalus gachua*】

ढेल [名] = ढेला.

ढेलवांस [名] （石をひもで編んだ道具で振り回して投げる）投石機；パチンコ= गोफन.

ढेला [名] (1) 塊；かけら सोने का ढेला 金塊 आँख का ढेला 眼球 (2) 土の塊；土くれ पीली मिट्टी का बड़ा-सा ढेला 埴のとても大きな塊 कभी-कभी नमक के साथ कुछ ढेले भी पशुओं की नाँद या चरनी में डाल देता हूँ ときどき塩と一緒に土くれも幾つか飼い葉桶などに入れてやる

ढेला चौथ [名*] 〔ヒ〕バードン月白分の 4 日（この日，一部の地方で月を見た後近所の家に小石や土くれを投げつけて月のもたらすとされる災いを避ける行事が行われる）= गणेश चतुर्थी.

ढैंचा [名] 〔植〕マメ科低木【*Aeschynomene sesban*】

ढैया[1] [名*] (1) 2.5 セール（सेर）の重量 गुड़ की ढैया छह से बारह रुपए हो गई है 黒砂糖 2.5 セールが 6～12 ルピーになっている (2) 2.5 セールの重量の分銅 (3) 2.5 倍の掛け算の九九

ढैया[2] [形] 破滅した；滅びた

ढैया[3] [名] 村の居住区域に近い土地や畑

ढोंकना [他] ごくごく飲む；がぶがぶ飲む

ढोंका [名] 塊；固形物；固体 इनको जमकर ढोंका बनने का अवसर ही नहीं मिलता これらには固まって固形物になる暇そのものが与えられない

ढोंग [名] (1) 欺き；詐欺；欺瞞；いかさま；ペテン वह ख़ुद भक्ति और पूजा को ढोंग समझते थे 彼自身がバクティとプージャーをインチキだと思っていた (2) 偽善 (3) 見せかけ；ふり（振り）；様子；偽りの振る舞い मैं कुछ नहीं बोला और अध्ययन में इतना व्यस्त होने का ढोंग करने लगा, जैसे उनको देखा ही न हो 一言もしゃべらずまるでその人が目に入らないかのように勉強に熱中しているふりをし始めた हमारे देश की तरह वहाँ शर्म और बेशर्मी के ढोंग नहीं हैं 同地にはわが国のように恥とか無恥とかの見せかけは存在しない **ढोंग क॰** 嘘を吐く；だます；口実を設ける **ढोंग रचना** = ढोंग क॰. **ढोंग रचाना** 芝居をする；お芝居をする；だまそうとする किसी ने चोरी की है और हम सब को उल्लू बनाने के लिए शैतान के काम का ढोंग रचाया है だれかが盗みを働いて我々全員を欺こうと悪魔の仕業と見せかける芝居を打つ

ढोंगबाज़ [名] 《H. + P. باز》= ढोंगी.

ढोंगबाज़ी [名*] 《H. + P. بازی》いかさま；いんちき；見せかけ；偽善行為

ढोंगी [形・名] いかさまの；ぺてん師の；偽善者；偽善的な सरकार, यह मौलवी-वौलवी नहीं एक ढोंगी है この男は学者とか何とかじゃなくてぺてん師なんでございます ये तो सारे ढोंगी होते हैं この連中は誰も彼もいかさまなのだ ढोंगी भविष्यवेत्ता いんちき占い師

ढोंढ़ [名] (1) ワタやケシなどの実の入った殻；莢 (2) 蕾

ढोंढ़ी [名*] (1) へそ（臍）；ほぞ (2) 蕾

ढोक[1] [名] ごくっと飲んだりぱくっと食べたりすること；一飲み；一口

ढोक[2] [名*] 〔魚〕ボラ科ボラ属の一【*Mugil macroplepis*】

ढोकना [他] ごくりと一飲みにする；がぶがぶ飲む；がつがつ食べる

ढोटा [名] (1) 息子= पुत्र; बेटा. (2) 男の子；男児；少年= बालक; लड़का.

ढोटी [名*] (1) 娘= बेटी; पुत्री. (2) 女の子= लड़की; बालिका.

ढोना [他] (1) （体にのせたり担いだり車などに乗せたりして）運ぶ；運搬する；持ち運ぶ；担う；担ぐ स्कूल से लड़कियों को ढोनेवाली गाड़ियाँ 学校から女の子たちを運ぶ車 सामान ढोना 荷物の運搬 मैं दिन भर पानी ढोता हूँ 一日中水を運んでいる ईंटें ढोने का काम 煉瓦を用いる建築現場で煉瓦の集積場所から煉瓦職人の作業する所まで煉瓦を頭上にのせて運搬する単純労働 कभी ईंट ढोता, कभी ठेला ठेलता 煉瓦を運んだり手押し車を押したりする पूरे 10 बोरे ढो लाये まるまる 10 袋も運び込んだ इस तरह दूसरे देश वाले हमारा धन ढो ले जाते हैं こうして外国人が我が国の富を国外へ運び出す (2) 担う；引き受ける；被る；耐える बोझ ढोना 荷を担う；負担する जितना बोझ हम ढो सकते हैं, और कोई नहीं ढो सकता 手前ほどの重荷に耐えられる人は他にはいない

ढोबरा [名] 穴；壁などが破れてできた穴や割れ目；裂け目

ढोर[1] [名] 牛や水牛など（の家畜）= ढोर डंगर; ढोर डाँगर. **ढोर डाक्टर** 獣医= घोड़ा डाक्टर.

ढोर[2] [名*] (1) 揺れること (2) 震えること

ढोल [名] ドール（くりぬいた木に皮を張った細長い形の両面太鼓．手またはスティックで叩く） **ढोल की पोल** 中空；空洞；空っぽ；中身や内容の欠けていること **ढोल के अंदर पोल** = ढोल के भीतर पोल. **ढोल के भीतर पोल** 〔諺〕見かけ倒し；中身のないこと；内面が空虚な人ほどけたたましいものだ **ढोल खड़कना** 祝い事で太鼓が打たれ賑やかに祝われる **ढोल दे॰** 言い触らす；触れ回る **ढोल पीटकर** 大っぴらに；堂々と；公然と **ढोल पीटना** = ढोल दे॰. **ढोल बजाकर** = ढोल पीटकर. **(-का) ढोल बजाना** （ーが）称えられる；誉められる **ढोल बजाना** *a.* 言い触らす *b.* 広める *c.* 祝う；祝賀する

ढोलक [名*] ドーラク（小型の両面太鼓）；小型のドール→ ढोल

ढोलकिया [名] (1) ドーラクを打つ人；太鼓打ち (2) 太鼓持ち；幇間；取り巻き स्तालिन के ढोलकिये スターリンの取り巻き

ढोलकी [名*] 〔イ音〕ドールキー／ドーラキー（両面太鼓）= ढोलक.

ढोल ढमक्का [名] (1) 太鼓などの賑やかに囃し立てる楽器 (2) 大げさなこと **ढोल ढमक्के से** 賑やかに；鉦や太鼓で

ढोलन [名] (1) 花婿= दूल्हा. (2) 最愛の人；夫= प्रिय; प्रियतम.

ढोलना[1] [名] 〔鳥〕ヒタキ科サバクヒタキ【*Oenanthe deserti*】

ढोलना[2] [名] (1) 太鼓の形をした首から下げる護符 (2) ローラー（地均し用の）

ढोलना[3] [他] = ढालना.

ढोलना[4] [他] = डोलाना.

ढोलनी [名*] 揺りかご= पालना; बच्चों का झूला.

ढोला[1] [名] (1) 花婿 (2) 夫 (3) 最愛の人 (4) 結婚式の祝い歌

ढोला[2] [名]〔イ文芸〕カチワーハー氏族 कछवाहा のナラ王 नल の息子ドーラー王（ラージャスターン地方の古くからの物語詩 ढोला मारू の主人公．プーガル国 पूगल のピンガラ王 पिंगल の王女マーラワニー मारवणी との恋物語）

ढोला[3] [名] (1) 土地の境界標識 (2)〔昆〕ニカメイチュウ；螟虫

ढोलिया [名] 太鼓を打つ人；太鼓打ち= ढोलकिया.

ढोली[1] [名*] 嗜好品のパーンに用いるキンマの葉 200 枚の束

ढोली[2] [名*] 冗談；からかい= दिल्लगी; ठठोली.

ढोली[3] [名] ドーリー（カースト名．両面太鼓ドールを祭礼の際演奏するのを主な生業としてきたラージャスターン地方の一カースト及びその成員）

ढोव [名] 領主などの祝い事に際して臣下や領民が贈ってきた贈り物= डाली; नज़र.

ढोवा [名] (1) 運ぶこと；運搬；運送；輸送 (2) 運搬者；運送人 (3) 掻っ払うこと；掻っ払い

ढोवाई [名*] = ढुलाई.

ढोहना [他] 探す；探し求める= टोहना; ढूँढ़ना; खोजना.

ढौंचा [名]〔数〕(1) 4.5 (2) 4.5 倍の掛け算の九九（表）

ढौकन [名] (1) 賄賂= घूस; रिश्वत. (2) 贈り物= भेंट.

ढौकना [他] ごくごく飲む；がぶがぶ飲む

ढौरा [形+] (1) 白い= सफ़ेद; धवल. (2) 美しい；清潔な；清らかな

ण

णगण [名]〔韻〕モーラ韻律でモーラ，すなわち，マートラー मात्रा による韻歩分類で 2 モーラのものの称（श्री と呼ばれる 1 音節（गुरु ऽ）のものと हरि と呼ばれる 2 音節（लघु-लघु ।।）のものとの 2 種類がある）

त

तंक [名] (1) 恐れ；恐怖= भय. (2) 愛別離苦 (3) 苦難の人生 (4) 石切り用ののみ

तंकारी [名*] 斧；まさかり（鉞）

तंग[1] [形]《P. تنگ》(1) 狭い；狭隘な；幅の狭い तंग रास्ता 狭い道 (2) 狭苦しい；きゅうくつな (3) 小さい；短い (4) 困っている；悩んでいる；苦しんでいる (5) 度量の狭い；偏狭な (6) 不如意な；経済的に苦しい आजकल मैं भी तंग हो रहा हूँ 近頃は私も手元不如意だ हाथ तंग हो॰ 手元不如意の तंग आ॰/ तंग आ जा॰ 困り果てる मैं तो तंग आ गई इन लोगों से この人たちには困り果てている तंग क॰ 苦しめる；悩ます；困らせる；いじめる अगर शाम को भूख अधिक तंग करे तो कुछ फल खाएँ 夕方あまりひもじくて困るようだったら何か果物を食べること वे तुम्हें तंग करने के लिए ऐसा कहते हैं あの人はお前をいじめようとしてこう言っているのだ

तंग[2] [名]《P. تنگ》馬の鞍をつけるための帯；腹帯

तंगख़याल [形]《P.A. تنگ خیال》(1) 偏狭な；狭量な= संकीर्णचित्त. (2) 狂信的な= धर्मांध.

तंगख़याली [名*]《P.A. تنگ خیالی》(1) 狭量さ= संकीर्णता. (2) 狂信= धर्मांधता.

तंगचश्म [形]《P. تنگ چشم》(1) けちな；吝嗇な= कंजूस; कृपण. (2) 下品な；あさましい= कमीना.

तंगचश्मी [名*]《P. تنگ چشمی》(1) けち；吝嗇= कृपणता; कंजूसी. (2) 下品なこと；あさましさ= कमीनापन.

तंगदस्त [形]《P. تنگ دست》無一文の；一文なしの= धनहीन; निर्धन; कंगाल.

तंगदस्ती [名*]《P. تنگ دستی》無一文；赤貧= निर्धनता; कंगाली.

तंगदहन [形]《P. تنگ دہن》口の小さい；蕾のような小さな口をした；おちょぼ口の

तंगदहनी [名*]《P. تنگ دہنی》口の小さいこと；蕾のような口をしていること；おちょぼ口

तंगदिल [形]《P. تنگ دل》(1) 度量が小さい；偏狭な= अनुदार. वह किसी के मुँह पर उसकी तारीफ़ न करता था, इस लिए तारीफ़ के भूखे उसे तंगदिल समझते थे 面と向かってほめることはなかったものだからほめられたくてしようのない連中はあの人のことを偏狭な人だと思っていた (2) けちな；吝嗇な= कृपण; कंजूस. (3) 賤しい= कमीना; नीच. (4) 狂信的な= धर्मांध.

तंगदिली [名*]《P. تنگ دلی》(1) 狭量；偏狭= अनुदारता; संकीर्णता. (2) けち；吝嗇= कंजूसी; कृपणता. (3) 賤しさ= कमीनापन; नीचता. (4) 狂信（性）= धर्मांधता.

तंगनज़र [形]《P.A. تنگ نظر》(1) 視野の狭い；心の狭い；狭量な= अनुदार. (2) 狂信的な= धर्मांध.

तंगनज़री [名*]《P.A. تنگ نظری》(1) 視野の狭いこと；偏狭さ= अनुदारता. (2) 狂信= धर्मांधता.

तंगबख़्त [形]《P. تنگ بخت》運に恵まれない；不運な；運のない= हतभाग्य; अभागा; बदक़िस्मत.

तंगबख़्ती [名*]《P. تنگ بختی》不運；非運= बदक़िस्मती.

तंगसाल [名]《P.A. تنگ سال》飢饉 = दुर्भिक्ष; क़हत.

तंगहाल [形]《P.A. تنگ حال》(1) 金品に不自由している；経済的に苦しんでいる；不如意な；貧しい= निर्धन; कंगाल. (2) 困っている；危難におちいっている；困窮している= दुर्दशाग्रस्त.

तंगहाली [名*]《P.A. تنگ حالی》(1) 困苦；貧困= निर्धनता; कंगाली. (2) 困窮= दुर्दशा.

तंगा [名] 旧硬貨の一（2 パイサーに相当する銅貨）= डबल पैसा; अधन्ना.

तंगिया [名*] 《← P. تنگ》 (1) 短いひもや帯 (2) 服の結びひも
तंगी [名*] 《P. تنگی》 (1) 狭いこと (2) 窮屈なこと (3) 乏しいこと；不足；欠乏 रुपये-पैसे की तंगी के कारण 金に困ったために (4) 貧窮；貧困
तंज़ानिया〔国名〕《E. Tanzania》タンザニア連合共和国
तंजावुर〔地名〕タンジャーヴル（タミル・ナードゥ州中東部の都市）；タンジャーヴール；タンジョール
तंज़ीम [名*] ＝ तनज़ीम.
तंज़ेब [名*] 《P. تنزیب》綿モスリン तंज़ेब का कुर्ता 綿モスリンのクルター
तंड [名] 踊り；舞踊＝ नृत्य; नाच.
तंडक [名] (1) 木の幹 (2) 水疱 (3)〔鳥〕セキレイ科ハクセキレイ ＝ खंजन.
तंडन [名*] (1) 殺害＝ वध; क़त्ल. (2) 攻撃＝ आक्रमण; हमला.
तंडुल [名] (1) 米；米の粒；精米；白米＝ चावल. (2)〔植〕ヤブコウジ科エンベリヤ【*Embelia ribes*】＝ बायबिडंग.
तंडुला [名*]〔植〕ヤブコウジ科エンベリヤ【*Embelia ribes*】
तंत[1] [名] (1) ひも（紐）や糸 (2) 弓のつる；弦 (3) 弦楽器のつる；弦；絃 (4) 連なり；一連のもの तंत निकालना 正体を見定める；真意を把握する；真実を理解する
तंत[2] [名] 弦楽器＝ तंत जातीय वाद्य; तारों वाले बाजे.
तंत[3] [形] ぴったりの；ちょうどの
तंति [名*] (1) 糸；ひも（紐） (2) 線；列；筋 (3) 広がり＝ प्रसार. (4) 織工＝ जुलाहा.
तंतु [名] (1) 繊維；筋 (2) 糸；ひも（紐） (3) 一帯；一続きのところ；脈 नारी शरीर के अनेक संवेदनशील तंतु 女性の身体の多数の感受性の強いところ (4) フィラメント (5) 巻きひげ；つる (6) 弦楽器の弦や弓弦 (7) クモの巣
तंतुक [名] (1) ひも（紐） (2) 小繊維
तंतुका [名*] (1) 血管；脈 (2) 動脈
तंतुकी [名*] 脈；血管＝ नाड़ी.
तंतुकीट [名] (1)〔動〕クモ（蜘蛛）＝ मकड़ी. (2)〔動〕カイコ＝ रेशम का कीड़ा.
तंतुकोशिका [名*]〔生〕繊維細胞
तंतुजाल [名]〔解〕全身に網状に広がった血管；脈
तंतुर [名] 蓮根 ＝ कमलनाल; भसीड़.
तंतुरूप [形] 糸状の；繊維状の
तंतुल [形] 糸状の
तंतुवादक [名] 弦楽器奏者；弦楽器を奏でる楽手＝ तंत्री.
तंतु-वाद्य [名] 弦楽器＝ तंत्रवाद्य
तंतुवाय [名] (1) 織工 ＝ ताँती. (2)〔動〕クモ（蜘蛛）＝ मकड़ी.
तंतुशाला [名*] 機織り場
तंत्र [名] (1) ひも（紐）；糸（特に，縦糸；経；経糸） (2) 革ひも (3) 織機；機（はた） (4) 制度；システム (5) 組織；組み立て；機関；システム सरकारी तंत्र 政府機関 (6) 秩序 (7) 規定；規約；きまり；規則 (8) 体制 बूर्जुआ तंत्र ブルジョア体制 (9) タントラ教（タントリズム）及びその聖典の総称
तंत्रमंत्र [名] まじない；呪文；呪法；呪術
तंत्रयान [名]〔仏〕タントラ乗；タントラ仏教（密教の一）
तंत्रिका [名*] (1) 神経 (2) ＝ ताँत.
तंत्रिका-ऊतक [名] 神経組織〈nervous tissue〉
तंत्रिका केंद्र [名] 神経中枢〈nerve centre〉
तंत्रिका कोशिका [名*] 神経細胞
तंत्रिका-तंतुक [名] 神経原線維〈neuro-fibril〉
तंत्रिका-तंत्र [名] 神経系統 तंत्रिका-तंत्र संबंधी रोग 神経系統の病気
तंत्रिका मनोचिकित्सा [名*]〔医〕精神医学
तंत्रिका विज्ञान [名] 神経学 ＝ तांत्रिकी.〈neurology〉
तंत्रिकाशोथ [名]〔医〕神経炎〈neuritis〉
तंत्री[1] [名] (1) 楽師（特に弦楽器を用いる）；楽人 (2) 歌手
तंत्री[2] [名*] (1) 弦楽器の弦 (2) 弦楽器 (3) ひも
तंत्री[3] [形] (1) 弦のついている तंत्री वाद्ययंत्र 弦楽器 (2) タントラ教の (3) タントラ教に従う (4) まじないにかかっている；呪法にかかっている
तंदान [名] ブドウの一種（パキスタンのクエッタ周辺に産し干しぶどうが有名）
तंदिही [名*] 《P. تن دہی तनदिही》＝ तंदेही; तनदेही.
तंदुरुस्त [形] 《P. تندرست तनदुरुस्त》＝ तनदुरुस्त. 健康な；元気な；無病な＝ स्वस्थ; नीरोग.
तंदुरुस्ती [名*] 《P. تندرستی तनदुरुस्ती》 (1) 健康（なこと）＝ स्वास्थ्य. (2) 健康状態＝ तनदुरुस्ती; नीरोगता.
तंदूर [名] 《Ur. تندور ← P. تنور तनूर》パン焼きなどに用いるかまど（ナーンやチキンを焼く円筒形の焼き物製のオーブン）；タンドゥールもしくはタンヌール＝ तनूर.
तंदूरवाला [名] タンドゥールのパン（焼き）屋；ナーンを製造販売するパン屋
तंदूरी[1] [形] 《Ur. تندوری》 (1) タンドゥールの (2) タンドゥールで焼いた
तंदूरी[2] [名*] 形の小さいタンドゥール
तंदूरी[3] [名] タンドゥーリー（ビハール州バーガルプル भागलपुर 地方に産する上質の絹の一種）
तंदूरी चिकन [名] 《Ur. + E. chicken》〔料〕タンドゥーリー・チキン（タンドゥールで焼いたり焙ったりしたチキン）
तंदेही [名*] 《← P. تندہی तनदिही》 (1) 努力；精励＝ परिश्रम; मेहनत. (2) 熱中；没頭＝ तन्मयता; संलग्नता.
तंद्रवाप [名] 織工；機織り＝ बुनकर; तंतुवाय.
तंद्रा [名*] (1) まどろみ；うたたね＝ ऊँघाई. तंद्रा से जागी まどろみから目を覚ました (2) 失神状態＝ बेहोशी. (3) 活動休止状態；睡眠状態
तंद्राल [形] (1) まどろんでいる (2) 失神状態の
तंद्रालस [形] (1) まどろんでいる (2) 疲れた；疲労した (3) 眠っている
तंद्रालु [形] 眠い；眠気のする；うつらうつらする
तंद्रिक ज्वर [名]〔医〕発疹チフス
तंद्रिका [名*] ＝ तंद्रा.
तंद्रित [形] まどろんでいる
तंद्रिल [形] まどろんでいる；うとうとしている；うつらうつらしている
तंद्री[1] [名*] (1) まどろみ＝ तंद्रा. (2) 眉毛＝ भौंह; भौं; भृकुटी.
तंद्री[2] [形] (1) 疲れた；疲労した＝ थका हुआ. (2) のろい；のろのろした＝ आलसी; सुस्त.
तंबा[1] [名*] 雌牛 ＝ गाय; गौ
तंबा[2] [名] 《تنبان←تنبا》＝ तंबान.
तंबाकू [名] 《P. تمباکو》 (1)〔植〕ナス科タバコ (2) タバコの葉 (3) タバコ；煙草（嗜好品）＝ तमाकू. तंबाकू पीना 煙草を吸う、喫煙する
तंबान [名] 《P. تنبان तुंबान》〔服〕ゆったりしたパーエジャーマー (पायजामा)
तंबिया[1] [形] ← तांबा. 銅製の
तंबिया[2] [名] 銅や真鍮製の鍋や鉢型の調理器具や容器
तँबियाना [自] (1) 黄色になる；黄ばむ (2) 食品が銅器の化学的影響で臭いがついたり味が変わったりする
तंबीह [名*] 《A. تنبیہ》 (1) 訓戒；戒告；警告＝ शिक्षा; नसीहत; चेतावनी. (2) 叱責；小言 ＝ भर्त्सना. (3) 処罰＝ दंड; सज़ा.
तंबू [名] 《P. تنبو》天幕；テント＝ ख़ेमा; डेरा; शिविर. **तंबू खड़ा क॰** 天幕を張る＝ तंबू तानना. **तंबू गाड़ना** テントを設営する वहीं अपना तंबू गाड़ देते हैं そこに自分のテントを張る
तंबूर[1] [名] 《P. تنبور》 (1)〔音〕タンブール；リュート；リラ；竪琴 (2) ドラム；小太鼓
तंबूर[2] [名]〔イ音〕タンブール；ターンブーラー；ターンプーラー ＝ तंबूरा; तानपूरा.
तंबूरची[1] [名] 《P.T. تنبورچی》 (1) タンブール奏者 (2) 太鼓打ち
तंबूरची[2] [名] タンブーラー奏者
तंबूरा [名] 《P. تنبور》〔イ音〕タンブーラー（撥弦楽器の一種で４本の金属弦を持ち下部にふくべがついているインドの古典音楽の伴奏楽器）；ターンプーラー＝ तानपूरा.
तंबोल [名] 嗜好品のキンマの葉；パーン（→ पान）
तंबोलिन [名*] 女性のパーン売り
तंबोली [名] 嗜好品のパーン (पान) をこしらえて売る人；タンボーリー；タモーリー
तँवार [名*] めまい＝ चक्कर; घुमटा.
-तः [接尾] 《Skt.》名詞類や形容詞，副詞から副詞を作る विशेष 特別の → विशेषतः 特に；特別に स्व 自己 → स्वतः 自ら；自ずと

त

तअज्जुब [名] 《A. تعجب》→ ताज्जुब.

तअम्मुल[1] [名] 《A. تامل तामुल》→ ताम्मुल[1].

तअम्मुल[2] [名] 《A. تعمل》→ ताम्मुल[2].

तअल्लुक़ [名] 《A. تعلق》→ ताल्लुक़.

तअल्लुक़ा [名] 《A. تعلقه》→ ताल्लुक़ा.

तअल्लुक़ात [名, pl.] 《A. تعلقات←تعلق》→ ताल्लुक़ात.

तअल्लुक़ेदार [名] 《A.P. تعلقه دار》→ ताल्लुक़ेदार.

तअल्लुकेदारी [名*] 《A.P. تعلقه داری》→ ताल्लुकेदारी.

तअस्सुब [名] 《A. تعصب》(1) 偏見；偏向= पक्षपात. आँखों पर से तअस्सुब का चश्मा हटाकर देखो! 色眼鏡をはずして見なさい (2) 狂信 आज तुमने मेरे दिल से तअस्सुब और जिहालत का पर्दा हटा दिया 君は今日私の心を覆っていた狂信と無知の帳を取り除いてくれた

तअस्सुर[1] [名] 《A. تاثر》影響されること；影響を受けること；影響= प्रभाव हो॰; प्रभावित हो॰; असर पड़ना; मुतासिर हो॰.

तअस्सुर[2] [名] 《A. تعسر》困難 = कठिनता; मुश्किल.

तआरुफ़ [名] 《A. تعارف》知り合うこと；知り合っていること；面識= परिचय; जान-पहचान.

तआला [形] 《A. تعلی》偉大な；最高の= श्रेष्ठ; महान. → ताला[2].

तआवुन [名] 《A. تعاون》(1) 協力；助け合い= सहयोग. (2) 援助；協力= सहायता; मदद.

तइँ [代] お前；汝= तैं; तू.

तईं [後置・格助] (-के) तईं の形で用いられる. (1) (ーの) ために；(ー) に；(ー) へ अपने तईं 自分のために (2) (ーに) 対して；(ーに) 向かって；(ーに) とって **अपने तईं खींचना** 私利私欲をはかる；我田引水 (3) (ーに) ついて；(ーに) 関して आपके तईं あなたについて；あなたに関して (4)**अपने तईं** の形で अपने को と同義に用いられる. 自分を；自分自身を पकाते और खिलाते वक़्त तुम अपने तईं घर की मालकिन ख़याल न करो 料理をこしらえたり食事を出したりする際には自分を家の主人とは考えないようにしなさい

तई [名*] 揚げ物に用いる平底の浅い鉄鍋

तऊ [接] それでも= तो भी; तिस पर भी; तब भी.

तक[1] [格助] (1) 動作・作用の及ぶ限界を表す (ー) まで；(ーに) かけて= पर्यंत. (-से लेकर -)तक; (-से -) तक (ーからーに) かけて उसका हाथ लैटरबक्स तक नहीं जाता その子の手がポストまで届かない विगत 23 जुलाई तक असामान्य वर्षा के कारण 先の7月23日まで異常な降雨のため इसका कार्य सिर्फ़ प्रस्ताव व रिपोर्ट तैयार करने तक ही सीमित रह गया है これの活動は単に提案と報告書の作成までに限られてしまっている यह असतुलन कुछ हद तक संतुलित किया जा सकता है この不均衡はある程度まで均衡をとることができる ईमानदारी की प्रशंसा दूर-दूर तक फैल गई 誠実さの評判は遠方にまで広がった इन दिनों मैं रात 1-2 बजे तक काम करता रहा हूँ このところ私は夜の1時2時まで仕事を続けてきている बचपन से आज तक 子供時分から今に至るまで (2) 時間の幅 (時間の間隔) を表す कुछ देर तक वह चुपचाप सुनता रहा しばらくの間黙って聞いていた मार्च के महीने से शुरू होकर जून तक 3月から始まって6月までの間 वे काम करते-करते ठहर गईं और थोड़ी देर तक सोचने के बाद बोलीं 仕事をしていたのを中断し，しばらくの間考えてから言った कितने ही साल तक 随分と長年月にわたって मुझसे देर तक बतियाता रहा 私と長い時間おしゃべりを続けた - तक का (ー) までに；(ーに) 及ぶ；(ーに) 至る जान से मार डालने तक के जघन्य अपराध 人殺しにまで至るおぞましい犯罪

तक[2] [副助] ものごとの極限的な範囲を限定する. さえ；すら；(ーに) 及ぶ；まで；までも= पर्यंत; भी. दूकान के सामने खड़ा तक तो हुआ न जाएगा 店の前に立つことさえできないだろう उसने किसी को इत्तला तक नहीं की だれにも通知さえしなかった दूसरे अवसर पर तो बेचारा चाहकर भी ठीक से मुसकरा तक नहीं पाया था 次の機会には気の毒な男は願いながらも微笑むことすらできなかった वहाँ खड़ा रहना तक मुश्किल होता そこに立っていることさえ難しい तुमने मेरी इज़्ज़त तक तो उतरवा दी 私にまで恥をかかせた कोई रोक तक नहीं रहा है だれも止めようとさえしない मुर्दा तक 死人までもが साईस तक के हाथ लगाने पर उसके कान खड़े हो जाते थे 馬丁さえもが手を触れると馬の耳はそばだつのだった उसकी सेना में मुस्लिम सैनिक तक हैं 彼の軍勢にはイスラム教徒の兵士すら加わっている वह खाना तक नहीं देती 食べ物すら与えない

तकड़ी [名*] 〔植〕 イネ科メヒシバ【*Pigitaria marginata var. fimoriata*】〈crab grass; finger grass〉

तक़दमा [名] 《← A. تقدمه तक़्दिमा》(1) 見積もり；推定 (2) 前金

तक़दीर [名*] 《A. تقدير तक़्दीर》運勢；運命；宿命= भाग्य; क़िस्मत; नसीब. हमारी तक़दीर में ही दरिद्रता लिखी है 我々の運命そのものに貧乏と書きこまれている सब दुनिया में अपनी अपनी तक़दीर लेकर आते हैं 人はみなそれぞれの運命を背負ってこの世に現れるものだ शमा और परवानों की तक़दीर में जल जलकर मर जाना ही लिखा है ろうそくと蛾は燃え尽きて消えることが運命に定められている **तक़दीर आज़माना** 運を試す **तक़दीर उलटी हो॰** 運勢が傾く **तक़दीर का खेल** 運勢 **तक़दीर का खोटा** 不運な；悲運な **तक़दीर का फेर** 不運 **तक़दीर के लिखे को रोना** 不運をなげく **तक़दीर खुलना** 運が開ける **तक़दीर खोटी हो॰** 不運な **तक़दीर गवाही दे॰** 運がいい；めぐりあわせがよい **तक़दीर चमकना** 運が向く **तक़दीर जागना** = तक़दीर चमकना. **तक़दीर ठोंकना** 運命を嘆く **तक़दीर पलटा जा॰** 運が悪くなる **तक़दीर फिरना** 運不運がめぐる **तक़दीर फूटना** 不運な目に遭う **तक़दीर बिगड़ना** = तक़दीर फूटना. **तक़दीर रूठना** = तक़दीर फूटना. **तक़दीर साथ दे॰** = तक़दीर चमकना. **तक़दीर सिकंदर हो॰** 運の強い；強運な；運に恵まれた **तक़दीर सीधी हो॰** = तक़दीर चमकना. (-) **तक़दीर से उठ जा॰** (ーが) 全く得られない **तक़दीर सो जा॰** = तक़दीर फूटना. **तक़दीर हाथ पकड़कर चलना** 幸運に恵まれる

तक़दीरवर [形] 《A.P. تقدير ور तक़्दीरवर》運の強い；強運な= भाग्यवान; क़िस्मत वाला.

तक़दीरी [形] ← तक़दीर. 運命の；運勢の

तकना [他] (1) 見つめる；じっと見る दोनों एक दूसरे का मुँह तकने लगे 互いに相手の顔を見つめ出した कुछ देर उकड़ूँ बैठी वह पुड़िया को तकती रही しばらくしゃがんだままその紙包みをじっと見ていた (2) じろじろ見る；眺め回す (3) すがりつく思いで見る

तकनीक [名*] 《E. technique》(1) 技術；技巧；テクニック (2) 技法；手法；方法；技術 (3) テクノロジー；科学技術= टेक्नोलाजी.

तकनीकी [形] ← तकनीक (1) 技術上の तकनीकी परामर्श 技術上の助言 तकनीकी तरक्की की नज़र से 技術発達の観点から (2) (演劇などの芸術に関して) 技法に関する；手法に関する तकनीकी दृष्टि से प्रदर्शन साफ़-सुथरा रहा 演出技法上はすっきりしていた (3) 工芸の；工業の；工科の；科学技術の तकनीकी शिक्षा 技術教育 तकनीकी संस्था 工業技術学校 तकनीकी कालेज 技術大学；工科大学 तकनीकी जानकारी ノーハウ (ノウハウ)；技術情報= तकनीकी कार्यज्ञान. तकनीकी युग 科学技術の時代 आज के तकनीकी युग में 現今の科学技術の時代において (4) 専門的な；専門に関する

तकनीशियन [名] 《E. technician》専門家；技術家

तकनोलॉजी [名*] 《E. technology》テクノロジー；科学技術 नई तकनोलॉजी जादू की छड़ी तो नहीं है 新しい科学技術は魔法の杖ではない

तकबीर [名*] 《A. تكبير तक्बीर》〔イス〕タクビール (イスラム教徒が一日5回の礼拝の初めなどにアッラーフ・アクバル [神は偉大なり] と唱えること) लोग ख़ुशख़ुश ईदगाह चले - रास्ते में आहिस्ता आहिस्ता तकबीर कहते जा रहे थे みなは機嫌よくイードガーへ向かった. 途中小声でタクビールを唱えながら進んで行った

तकब्बुर [名] 《A. تكبر》慢心；高慢；うぬぼれ (自惚れ) = अभिमान; घमंड.

तक़ब्बुल [名] 《A. تقبل》受け入れ；受容；承諾；受諾

तकमील [名*] 《A. تكميل तक्मील》完了；完成；終結；終了；竣工

तकरमल्ही [名*] 羊毛を刈り取るのに用いる道具

तकरार [名*] 《A. تكرار तकार》(1) 言い争い；口喧嘩= हुज्जत; विवाद. (2) いさかい；けんか पति-पत्नी में कहाँ तकरार नहीं होती? 夫婦喧嘩のないところがあろうか गाय और बाजे के नाम पर तकरारें होने लगीं 雌牛と楽隊のことで喧嘩が始まった

तक़रीब [名*] 《A. تقريب तक़रीब》(1) 近づくこと；接近 (2) 機会 (3) 祝典；祝い शादी ब्याह या किसी और तक़रीब पर 結婚やその他の祝典に際して

तक़रीबन [副] 《A. تقريباً तक़रीबन》(1) およそ；ほぼ；約 तकरीबन तीन साल 約3年間 तकरीबन पैंतीस मीटर ऊँचा दरवाज़ा およそ35mの高さの門扉 (2) しばしば；ちょくちょく

तक़रीर [名*] 《A. تقرير तक़रीर》(1) 演説；講演 उन्होंने अपनी तक़रीर में फ़रमाया 演説の中でおっしゃった किसी बड़े जलसे में तक़रीर कर

रहा है ある大きな集まりで講演をしていらっしゃるところだ (2) 会話；語り合い
तक़रीरी [形] 《A.H. تقریری तक़रीरी》 (1) 演説の；講演の (2) 会話の
तकला [名] 紡錘；つむ
तकली [名*] 紡錘；(織機の) 糸巻き
तक़लीद [名*] 《A. تقلید तक़लीद》 真似；模倣；踏襲；追随＝ अनुसरण; अनुकरण; अनुयाय.
तकलीफ़ [名*] 《A. تکلیف तक्लीफ़》 (1) 苦しみ；苦痛；痛み प्रसवकाल की तकलीफ़ों के बारे में お産の痛みについて (2) 病気；症状；病状 आपको निश्चित रूप से फेफड़ों संबंधी तकलीफ़ है あなたはきっと肺の病気をお持ちだ (3) 苦労；辛いこと；厄介なこと；面倒 नंगे पाँव चलना, ज़मीन पर सोना, आदि तकलीफ़ें 裸足で歩いたり，地面に寝たりするなどの苦労 मनुष्य तकलीफ़ों-अड़चनों से नहीं घबराता, मुसीबतों से नहीं डरता 人は苦労や障害にうろたえないものだ．災難を恐れないものだ **तकलीफ़ उठाना** 苦労をする；苦労に耐える तुम क्यों इस आयु में तकलीफ़ उठाती हो? 君はなぜこの歳で苦労をするのかね **तकलीफ़ झेलना** 苦労する；苦しみを受ける **तकलीफ़ दे°** 迷惑をかける；面倒をかける；困らせる；悩ませる；痛めつける तुम्हें एक तकलीफ़ देना चाहता हूँ 君に面倒をかけたいのだが；君に頼みごとがあるのだが
तकलीफ़देह [形] 《A.P. تکلیف ده तक्लीफ़देह》 苦労をかける；厄介な；面倒をかける；面倒な यह एक बेहद तकलीफ़देह स्थिति होगी それは極度に厄介な状況だろう
तकल्लुफ़ [名] 《A. تکلف》 (1) 苦労すること；厄介なことをすること (2) 堅苦しさ；形式ばること；形式にこだわること **तकल्लुफ़ क°** 堅苦しいことをする；形式ばる (3) 虚色；虚栄；見せかけ＝ दिखावा. (4) 遠慮；躊躇；ためらい＝ संकोच; पसोपेश. (5) 恥じらい＝ लज्जा; शर्म. (6) よそよそしさ＝ परायापन.
तक़सीम [名*] 《A. تقسیم तक़्सीम》 (1) 分割；分けること；分かれること **तक़सीम क°** 分割する；分ける **तक़सीम हो°** 分割される；分かれる आख़िर यह मुल्क दो हिस्सों में तक़सीम हो गया 結局この国は二分された मुख़्तलिफ़ जमाअतों में तक़सीम कर दिया जाता है いろいろなクラスに分けられる (2) 分配 **तक़सीम क°** 分配する **तक़सीम हो°** 分配される (3) 〔数〕割算；除 **तक़सीम दे°** 割る (割り算をする)
तक़सीर [名*] 《A. تقصیر तक़्सीर》 (1) 罪；罪科 ＝ अपराध. (2) 欠陥；落ち度 ＝ दोष; क़सूर (3) 誤り；失敗；失策＝ भूल; चूक.
तकाई [名*] 見つめること
तक़ाज़ा [名] 《A. تقاضا》 (1) 要請；要求；求め＝ माँग; ज़रूरत; आवश्यकता. शिष्टता का पहला तक़ाज़ा है कि किसी का अपमान न किया जाए 礼儀作法で最初に求められるものは人を侮辱しないことです समय के तक़ाज़े के अनुसार 時代の要請に応じて (-का) **तक़ाज़ा क°** (ーを) 要求する；求める इनसान होने का तक़ाज़ा करते हुए 人間らしさを求めながら अतः समझदारी का तक़ाज़ा यही है कि केवल उतनी ही संतान उत्पन्न की जाए, जिसका सही पालन-पोषण हो सके だから分別の要求するところはちゃんと養育できるだけの子供を生むということなのです (2) 請求；催促；督促＝ तक़ादा. कड़ा तक़ाज़ा 厳しい催促 (-से) **तक़ाज़ा क°** (ーに) 催促する；依頼する；督促する उसने सुबह होते ही मुझसे तक़ाज़ा किया 夜が明けるとすぐに私に催促した
तक़ाज़ाए उम्र [名] 《A. تقاضاے عمر》 年齢にふさわしい行為や行動
तक़ाज़ाए वक़्त [名] 《A. تقاضاے وقت》 時に応じた行為や行動
तकातक [副] じっと狙って；狙い定めて
तकाना[1] [他] (1) 見つめさせる；見させる (2) 待たせる；期待させる
तकाना[2] [自] (方角や方向を) 向く；向かう；進む
तक़ावी [名*] 《A. تقاوی》 (1) 貸付金 (ザミーンダールや特に当局から零細な農民に播種や農具購入，井戸掘りなどのために貸し付けられる) रुपये तक़ावी पर दे° 金を貸し付ける (2) 上記の貸付制度 **तक़ावी बाँटना** (上記の) 貸付金を貸し付ける＝ तक़ावी दे°.
तकिया [名] 《A. تکیہ तक्या》 (1) 枕 (2) よりかかるもの；手枕のように体をもたれさせるもの＝ मसनद. (3) 休息所；休憩所 (4) 〔イス〕ファキール (फ़क़ीर) の住まい；庵 (墓地に接してある)；草庵 (5) イスラム教徒の墓地＝ क़ब्रिस्तान. (-का) **तकिया क°** (ーを) 支える (-पर) **तकिया क°** (ーを) 信じる；信頼する **तकिया दे°** *a.* うやうやしく応対する；もてなす *b.* もたれる
तकिया कलाम [名] 《A. تکیہ کلام》 口ぐせ (として出る無意味な言葉) ＝ सख़ुन तकिया.
तकियागाह [名*] 《A.P. تکیہ گاہ》 〔イス〕ファキールの住居
तकियादार [名] 《A.P. تکیہ دار》 〔イス〕(墓地の近くに居住する) ファキール (फ़क़ीर)
तकुआ [名] つむ；紡錘＝ तकला.
तक्नीशियन [名] 《E. technician》 専門家 ＝ विशेषज्ञ.
तक्मा [名*] 天然痘の神シータラー；疱瘡神シータラー शीतला देवी
तक्मील [名*] 《A. تکمیل》 ＝ तकमील. इस बंद की तक्मील के बाद このダムが完成してから
तक्र [名] バターミルク＝ मट्ठा; मठा; छाछ.
तक्लीफ़ [名*] ＝ तकलीफ़. "आप के लिए चाय नाश्ता मँगाऊँ?" "जी नहीं, तक्लीफ़ मत कीजिए.चाय-नाश्ता मैं लेकर चला हूँ." 「紅茶かスナックでもとりましょうか」「いいえ，どうぞお構いなく．お茶はすませて来ましたから」
तक़्वा [名] 《A. تقویٰ》 節制；禁欲＝ संयम; इंद्रियनिग्रह; परहेज़गारी.
तक़्वियत [名*] 《A. تقویت》 (1) 力＝ शक्ति; बल. एक तरह की तक़्वियत 一種の力 (2) 助力；支援；支え＝ सहायता; मदद. (3) 慰め；慰安；激励；励まし＝ ढाढ़स; तसल्ली; प्रोत्साहन.
तक़्वीम [名*] 《A. تقویم》 (1) 真っ直ぐにすること (2) 整えること；設定すること (3) 調整すること (4) 釣り合い；均整；対称 (5) カレンダー；暦
तक्षक [名] (1) 〔イ神〕タクシャカ (インド神話で地下界に住むナーガの一) (2) 蛇 ＝ साँप; सर्प. (3) 〔イ神〕世界の一切の物の創造主とされるリグヴェーダの神格，建築・工芸の神ヴィシュヴァカルマン (ヴィシュヴァカルマー) ＝ विश्वकर्मन्; विश्वकर्मा. (4) 大工；木工；建築家
तक्षण [名] (1) 木工；木工芸；木材加工；木材工芸 (かんなをかけたり彫刻をすることを含める) (2) 木工；大工＝ बढ़ई.
तक्षणी [名*] かんな (大工道具) ＝ रंदा.
तक्षशिला 〔地名〕タクシャシラー；タキシラ (現パキスタン北部に位置する古代都市．仏教遺跡が有名)
तक़्सीम [名*] 《A. تقسیم》 ＝ तक़सीम. उसे ज़रूरतमंद क़र्ज़दारों में हैसीयत के मुताबिक़ तक़्सीम कर दिया जाता それが困っている借り主たちに分配される
तखड़ी [名*] はかり (秤)；天秤；棹秤＝ तराज़ू. **तखड़ी न चलना** 景気の悪いこと；不景気；商業活動・商いの不調なこと आजकल तखड़ी नहीं चलती 近頃不景気だ
तख़त [名] ＝ तख़्त.
तख़ता [名] ＝ तख़्ता.
तख़फ़ीफ़ [名*] 《A. تخفیف तख़्फ़ीफ़》 減ること；減らすこと；削減；減少＝ कमी.
तख़मीनन [副] 《A. تخمیناً तख़्मीनन》 およそ；概算；推察して＝ अनुमानतः; अंदाज़न.
तख़मीना [名] 《A. تخمینہ तख़्मीना》 推量；推察；推定；概算；見積もり ईंट, चूना, पत्थर का तख़मीना करने लगा 煉瓦，石灰，石を見積もり始めた तख़मीने से कुछ ज़्यादा ही कटा हुआ 推定よりも少し多めに差し引かれている
तख़य्युल [名] 《A. تخیل》 (1) 思うこと；思考＝ सोचना-विचारना; ख़याल. (2) 想像；空想＝ कल्पना (क°); उड़ान भरना. (3) 妄想＝ भ्रम; वहम.
तख़ल्लुस [名] 《A. تخلص》 筆名；ペンネーム＝ उपनाम.
तखान [名] 木工；大工；木工職人＝ बढ़ई.
तख़्त [名] 《P. تخت》 (1) 台；壇；腰掛け台 (2) 王座；玉座 (3) 支配；支配権；統治 (4) 寝台 (5) 鞍 **तख़्त उलटना** 政権が覆える；政変が起こる **तख़्त की रात** 〔イス〕初夜＝ सुहाग रात. **तख़्त छोड़ना** 退位する **तख़्त पर बैठना** 即位する；王座につく；支配者になる **तख़्त पर बैठाना** 即位させる；王座につける **तख़्त से उतारना** 退位させる
तख़्तगाह [名*] 《P. تخت گاہ》 首都；首府＝ राजधानी; दारुस्सल्तनत.
तख़्त ताऊस [名] 《P.A. تخت طاؤس तख़्ते ताऊस》 孔雀の玉座 (ムガル朝第５代シャージャハーン皇帝の玉座でその背を孔雀が羽を広げた姿に宝石をちりばめてあったとされる) ＝ तख़्ते ताऊस.

त

तख़्तनशीन [形・名] 《P. تخت نشين》= तख़्तनशी. 王座に即いている；即位している；王；帝王；支配者
तख़्तनशीनी [名*] 《P. تخت نشينى》即位；王位に即くこと
तख़्तनिशान [形] 《P. تخت نشان》王座につける；即位させる
तख़्तपोश [名] 《P. تخت پوش》(1) 敷布；シーツ；台や壇に敷く敷物やカバー；クッション；ざぶとん (2) 寝台 = चौकी; तख़्त. वे बिना बिस्तर के ही तख़्तपोश पर लेट गए 寝台に寝具も広げずにそのまま横になられた
तख़्तबंदी [名*] 《P. تخت بندى》(1) 板の間仕切り；板壁 (2) 板で間仕切りすること
तख़्तरवाँ [名] 《P. تخت رواں तख़्ते रवाँ》(1) 王を乗せる輿= तख़्तेरवाँ. (2) 祭礼の行列行進の際，歌や踊りの行われる舞台
तख़्ता [名] 《P. تختہ》(1) 板（大きな四角の板） वह एक लंबे तख़्ते से बना है それは長い板で作られている (2) 掲示板 (3) 黒板 (4) 台；腰掛けの台 (5) 王座；政権 (6)〔ヒ〕棺架；ヒンドゥーが遺体を火葬場へ担いで運ぶためにこしらえる竹などを用いた担架 = अरथी. (7) 畑や果樹園の仕切り；区画 **तख़्ता उलटना** = तख़्त पलटना. **तख़्ता पलटना** 政権が覆える；クーデターが起こる तख़्ता पलटने की नाकाम कोशिश クーデター未遂 **तख़्ता हो जा॰** こわばる；硬直する
तख़्ती [名*] 《P. تختى》(1) 小さな板 (2) 子供が紙や帳面の代わりに用いる長方形の筆記用の小さな板や石筆で書く粘板岩製の石板（文房具）= पाटी; पटिया.
तख़्ते ताऊस [名] 《P.A. تخت طاؤس》シャージャハーン王の玉座 → तख़्त ताऊस.
तख़्ते शाही [名] 《P. تخت شاہى》王座；玉座= राजसिंहासन; राजगद्दी.
तख़्मीना [名] = तख़मीना.
तगड़ा [形⁺] (1) 頑丈な；頑強な；丈夫な；がっしりした तगड़ा शरीर 頑丈な体；頑健な体 तगड़ी बकरी がっしりしたヤギ (2) 強力な；強靭な इस मामले में डाक्टरों में इतना तगड़ा मेल है कि चाहकर भी सरकार कोई काररवाई नहीं कर पाती और न ही भविष्य में कर पाएगी この件に関しては医師たちは強力な団結を保っており政府は何ら対処しえず今後も対処しえないであろう (3) 烈しい；猛烈な；強烈な पेनल्टी किक में तगड़े शॉट से गेंद को गोल डालने की कोशिश की जाती है ペナルティーキックの猛烈なシュートでゴールが試みられる तगड़ा मुकाबला デッドヒート= तगड़ी प्रतिस्पर्धा. (4) 有力な（顧客，得意先など） क्योंकि लड़कीवाले तगड़े असामी थे 嫁側は上等の得意先だったので
तगड़ी [名*]〔装身〕タグリー；ターグリー（鈴のついた金銀製の腰につけるチェーン）= तागड़ी. चाँदी की तगड़ी 銀製のタグリー सोने की तगड़ी 金製のタグリー
तगण [名]〔韻〕タガナ（ヴァルナ・ガナ वर्ण गण，すなわち，音節の配列による詩脚の分類の一で， गुरु 長ー गुरु 長ー लघुह्रस्व， ऽ ऽ । と記される 3 音節の詩脚）→ वर्ण गण.
तगमा [名] = तमगा.
तगर [名] (1)〔植〕キョウチクトウ科低木ヤエサンユウカ【*Tabernaemontana coronaria*】〈East Indian rosebag〉 (2) タガラ香（多揭羅香，同上からつくられる香） (3)〔植〕オミナエシ科カノコソウ属草本【*Valeriana hardwickii*】
तगला [名] = टेकुआ; तकला. 紡錘；つむ
तगाई [名*] (1) 刺し縫い (2) その手間賃
तगादा [名] 《← A. تقاضا तकाज़ा》(1) 催促；督促 तगादा क॰ 催促する；督促する (2) 要求；要請 बहुत दिनों से अपने पैसे का तगादा कर रहा था 随分以前から貸した金の催促をしていた
तग़ाफ़ुल [名] 《A. تغافل》(1) 不注意 = असावधानी. (2) 怠慢 = ढील.
तग़ार [名] 《T. تغار》(1) 焼き物の大きな浅い容器；こねばち (2) 石灰や煉瓦の粉などで煉瓦の接合材をこしらえるところ (3) 煉瓦の接合材を運ぶ底の浅い金属の容器
तग़ारा [名] ← तग़ार. (1) 焼き物の大きな容器（菓子製造に用いられる） (2) 真鍮製の大鍋
तग़ारी [名*] ← तग़ार. (1) 碾き臼を地面に固定するための穴 (2) 菓子製造に用いる焼き物の容器 (3) 石灰や煉瓦の接合に用いる材料の運搬に用いられる鉄製の容器
तग़ैयुर [名] 《A. تغير》大きな変化；変革；変転= तग़य्युर; बहुत बड़ा परिवर्तन; आमूल परिवर्तन.
तचना [自] (1) 熱を持つ；熱くなる (2) 悩む；悩み苦しむ
तचा [名*] 皮膚；肌= त्वचा; चमड़ा; खाल.
तचाना [他] (1) 熱する；熱を加える= जलाना; तपाना. (2) 苦しませる；悩ませる= संतप्त क॰.
तच्छना [他] (1) 裂く；引き裂く= फाड़ना. (2) つぶす；台無しにする= नष्ट क॰. (3) 切り刻む= काटकर टुकड़े क॰.
तज [名] (1)〔植〕クスノキ科小木シナニッケイ【*Laurus cassia; Cinnamon cassia*】 (2) シナ桂皮（支那桂皮）
तज़किरा [名] 《A. تذكرہ तज़्किरा》(1) 話題；言及= चर्चा; ज़िक्र. (2) 回想録= संस्मरण. (3) 会話= बातचीत; वार्तालाप. (4) 関連= प्रसंग.
तजगरी [名*] 《← P. تيز گرى तेज़गरी》かんな研ぎの道具
तजना [他] 捨てる；放棄する；手放す= त्यागना; छोड़ना; छोड़ दे॰. आपा तजना 我を捨てる सब तज हरि भज 一切を捨て神を拝め
तजरबा [名] 《A. تجربہ तज्रिबा》(1) 経験= अनुभव. तजरबे से経験から (2) 試し；検査；実験= परीक्षा; जाँच.
तजरबाकार [形] 《A. P. تجربہ كار तज्रिबाकार》経験豊かな；経験に富む；熟達した；熟練した वह लेडी डाक्टर भी बहुत अच्छी और तजरबाकार है. あの女医もなかなか優秀で経験豊かだ
तजरीद [形] 《A. تجريد तज्रीद》(1) 露にすること；露見させること；本来の姿を明かすこと (2) 装うこと；整えること (3) 改良；改善；修正 (4) 独身；独身生活
तजरुबा [名] = तजरबा; तज्रिबा.
तजरुबाकार [形] = तजरबाकार; तज्रिबाकार.
तजल्ली [名*] 《A. تجلى》(1) 光；光輝 (2) 精神；魂 (3) 威光
तजवीज़ [名*] 《A. تجويز तज्वीज़》(1) 考察；考え；思案；意見= जो प्रोग्राम तजवीज़ कर दिया जाए. 考えられるプログラム (2) 提案 उसने तजवीज़ की कि आज मंगल को भी खेल में शरीक कर लिया जाए 今日火曜日も運動に参加してみてはと提案した (3) 手配；段取り = प्रबंध; इंतिज़ाम. (4) 工夫；手立て= उपाय; प्रयत्न. (5) 決断；審判= निर्णय; फ़ैसला.
तजवीज़ सानी [名*] 《A. تجويز ثانى》〔法〕再審= तजवीज़ जदीद.
तजावुज़ [名] 《A. تجاوز》〔法〕違反；侵犯；侵害
तज्जनित [形] それから生じた；それに由来する
तज्जन्य [形] それより生じた
तज्रिबा [名] 《A. تجربہ》= तजरबा. (1) 経験 ज़िंदगी के लंबे तज्रिबे में 人生の長きにわたる経験で (2) 試し；検査；実験 तज्रिबे में मशगूल 実験に忙しい
तज्रिबाकार [形] = तजरबाकार. 経験豊かな；熟達した；熟練した वह सब से ज़्यादा तज्रिबाकार समझदार और क़वी होता है 一番豊かな経験を持ち分別があり力がある
तज्रिबागाह [名*] 《A.P. تجربہ گاہ》実験室；実験所 तज्रिबागाह की भट्टी 実験炉
तज्वीज़ [名*] 《A. تجويز》→ तजवीज़.
तट [名] (1) 岸；岸辺；沿岸= तीर; कूल; साहिल. (2) 地域；周辺= प्रदेश; क्षेत्र.
तटकर [名] 関税 = सीमाशुल्क. 〈custom duty〉 तटकर कर्मचारी 税関職員= सीमाशुल्क अधिकारी.
तटकर शुल्क [名] 通関料= निकासी शुल्क.
तटबंध [名] 築堤；堤防；土手
तटरक्षक [名] 沿岸警備隊
तटवर्ती [形] 岸辺の；沿岸沿いの；沿岸の；海辺の महाबलीपुरम का तटवर्ती मंदिर マハーバリープラムの海辺の寺院 संपूर्ण तटवर्ती भारत インドの全海岸
तट संपाशक [名] 地引き網= तटीय कोना जाल.
तटस्थ [形] (1) 岸辺の；沿岸の (2) 近くの；周囲の (3) 関わりのない；どっちつかずの= उदासीन; निष्पक्ष. हम लोग दूसरों के दुःख में तटस्थ बने रहना चाहते हैं 人は他人の悲しみに関わりたくないものなのだ (4) 中立の
तटस्थता [名*] (1) 岸辺にあること；沿岸に位置すること (2) 無関係なこと (3) 中立= उदासीनता; निष्पक्षता; निरपेक्षता. सशस्त्र तटस्थता 武装中立
तटी [名*] (1) 川岸；岸辺；沿岸 (2) 川
तटीय [形] 岸の；沿岸の；海岸の；岸辺の तटीय कोना जाल 地引き網 **तटीय क्षेत्र** 沿岸地域 **तटीय सुरंग भेदक** 〔軍〕掃海艇
तड़[1] [名] (1) 派；グループ；党派= पक्ष; गुट. (2) 陸；陸地

तड़[2] [名] (1) ものが割れたり砕けたり破裂したり当たったりする音．ぱち，ぱちっ，ぱりん，ぱきっなど तड़ की आवाज़ के साथ काँच चारों ओर बिखर गया ぱりんと音を立ててガラスが四方に飛び散った (2) 平手打ち= थप्पड़． **तड़ से** *a.* いきなり；にわかに *b.* ぱちっと；ぱりんと

तड़क[1] [名*] (1) ものや皮膚などの表面が細く割れたり裂けたり破れたり弾けたりすること (2) そのようにして生じた筋，割れ目，裂け目，傷など；ひび（皹；皸）；ひび割れ (3) 輝き；きらめき तड़क-भड़क →見出し語

तड़क[2] [名*]〔建〕たるき；垂木 = तरक.

तड़कना[1] [自] (1) 音を立てて物がひび割れたりはじけたりつぶれたり壊されたり破裂したりする (2) このような音を立てる (3) かっとなる；腹を立てる

तड़कना[2] [他] 料理に香りづけするため油やバターを熱した中にクミン，トウガラシ，アギ，ニンニクなどを入れたものを料理に入れたりかけたりする

तड़क-भड़क [名*] (1) はなやかさ；はでやかさ (2) 見せびらかし；虚飾；けばけばしさ अब फ़ैशन व तड़क-भड़क और बाहरी दिखावे पर आवश्यकता से अधिक ध्यान देने लगे 今やおしゃれやはなやかさや見せかけに必要以上に気を使うようになった उसमें तड़क-भड़क है, उसमें तीव्रता और प्रखरता है それにはけばけばしさ，激しさ，鋭さがある

तड़का[1] [名] 夜明け；未明；早暁；早朝= सबेरा; प्रभात; प्रातःकाल. **तड़का हो॰** *a.* 夜が明ける *b.* 破産する；尾羽打ち枯らす *c.* 目が覚める；正気に戻る *d.* たまげる；びっくりする；驚かされる **(-का) तड़का हो॰** （ーが）全くない；すっかり欠けている；不足する

तड़का[2] [名] 料理に香りづけをするために香辛料を熱した油やバターを加えて香ばしくして料理にかけること

तड़कीला [形⁺] (1) けばけばしい (2) ぴかぴかした (3) 機敏な；敏捷な

तड़के [副] → तड़का. = सुबह-सवेरे. 早朝；早暁；朝早く；未明に तड़के उठना 早起きする= सवेरे सोकर उठना.

तड़के-सवेरे [副] 早朝（に）；朝早く；未明に पक्षियों का गाना सुनने का सबसे अच्छा समय या तो तड़के-सवेरे होता है या शाम को 鳥の鳴き声を聞くのに一番よい時間は早朝か夕方かだ

तड़क्का [名] 物の割れたりはじけたりぶつかったりする音→ तड़.

तड़ग [名] 池；沼 = तड़ाग; तालाब.

तड़तड़ाना[1] [自] 音を立てて物がはじけたり割れたり破れたり破裂したりする

तड़तड़ाना[2] [他] 音を立てて物をはじけさせたり割ったり破ったり破裂させたりする

तड़तड़ाहट [名*] 物がはじけたり破裂したり破れたりする音

तड़प [名*] (1) のたうちまわること；もがき苦しむこと；あがき苦しむこと (2) ぴかっと輝くこと；一瞬のひらめきや輝き= चमक.

तड़प-झड़प [名*] = तड़क-भड़क.

तड़पदार [形]《H. + P. دار》ぴかぴか輝く；きらきら光る；ぎらぎらした= चमकीला; भड़कीला.

तड़पन [名*] = तड़प.

तड़पना [自] (1) のたうつ；のたうちまわる；苦しみもがく वह दर्द के मारे तड़प उठा 痛みにのたうち始めた वियोग में तड़पती नारी मन की व्यथा 別離にのたうちまわる女心の悲しみ प्यास के मारे तड़प-तड़पकर दम तोड़ दे॰ 喉の渇きにのたうちまわって息を引き取る एक दिन पेट में दर्द हुआ और सारे दिन मैं मछली की भाँति तड़पता रहा ある日腹が痛くなり（水の外に出された）魚のように一日中のたうちまわっていた (2) 焦がれる；切望する；切に希望する；こいねがう कई बार वह आलोक को देखने, उसकी आवाज़ सुनने को तड़प कर रह जाती 幾度もアーロークの顔が見たい声が聞きたいと希うばかりであった (3) 跳ぶ；飛び跳ねる

तड़पाना [他] (1) 激しく苦しめる；のたうちまわったりころげまわったりさせる (2) 光らせる；きらめかせる (3) 跳躍させる

तड़फड़ [名*] のたうちまわること

तड़फड़ाना [自] = तड़पना; छटपटाना.

तड़फड़ाहट [名*] ← तड़फड़ाना. = छटपटाहट.

तड़फना [自] = तड़पना.

तड़बंदी [名*]《H. + P. بندی》(1) 分派を作ること (2) 党派や派閥を作ること

तड़भड़ [名*] 大急ぎ；大至急= हड़बड़.

तड़ाक[1] [名*] 物を叩いたり物が破裂したりする際に出る音．ばしっ，ぱん，ばしっなど = तड़ाक्. हेमू के गाल पर पड़ा - तड़ाक ヘームーの頬に平手打ちがばしっ **तड़ाक से** すかさず；間髪を入れず उसने तड़ाक से दूसरा प्रस्ताव पेश किया すかさず別の提案をした

तड़ाक[2] [副] (1) 叩いたり破ったり破裂させたりする際に音を立てながら；ばしっと叩いたり，ばりっと破ったりするなど (2) すぐさま；即刻；直ちに；すかさず (3) 続けざまに

तड़ाक[3] [名] 池；沼= तड़ाग; तालाब.

तड़ाका[1] [名] 物のはじけたりひび割れたり，破れたり割れたりする音

तड़ाका[2] [副] いきなり；直ちに；即刻；すかさず= तुरंत; फ़ौरन.

तड़ाग [名] 池 = तालाब; सरोवर.

तड़ागना [自] (1) けたたましい音が出る (2) ほらを吹く；自慢話をする；大げさな話をする

तड़ातड़ [副] (1) ばしばし，ばしばし，ばちばち，びしびしなどの音を立てながら गधे को तड़ातड़ मारकर ロバをばしばし叩いて (2) 続けざまに；次から次へと गीदड़ कुछ कहना चाहता था, परंतु लाठियाँ तड़ातड़ गीदड़ के सिर पर बरस रही थीं ジャッカルは何か言おうと思ったが棍棒の雨が頭に降っていた

तड़ातड़ी [名*] (1) 急ぐこと；せくこと (2) 焦ること；せかせかすること

तड़ाना[1] [他・使] ← ताड़ना. 推量させる；推察させる

तड़ाना[2] [他] せかせる；急がせる

तड़ाना[3] [他・使] ← ताड़ना. 打たせる；叩かせる

तड़ि [名*] 雷の光；稲妻；稲光

तड़ित [名*] = तड़ित्. 雷光；稲妻；稲光 तड़ित से तन पर पहने हुए घटा-सी साड़ी काली 稲妻のごとき体に黒雲の如き黒きサリーをまとい

तड़ित आघात [名] 落雷 = वज्रपात.

तड़ित चालक [名] 避雷針

तड़ित झंझा [名*] 雷雨

तड़ित दंड [名] 雷除け；避雷針

तड़ित रक्षक [名] 避雷針；雷除け

तड़ित्पति [名] 雲 = बादल; मेघ.

तड़ित्लता [名*] 稲光；稲妻

तड़ी [名*] (1) 平手打ち= चपत. (2) 欺瞞；だまし= धोखा. (3) 口実；言い逃れ= बहाना; हीला. **तड़ी जड़ना** 平手打ちを食わせる= तड़ी जमाना; तड़ी दे॰; तड़ी लगाना. **तड़ी दे॰** だます；欺く= तड़ी बताना.

तणई [名*] おとめ；乙女；処女= कन्या; पुत्री.

तत्[1] [代・代形]《Skt.》サンスクリットの三人称兼指示代名詞 तद्

तत्[2] [名] (1)〔イ哲〕最高我；梵；ブラフマ= परमात्मा; ब्रह्म. (2) 風

ततरी [名*] (1)〔植〕ウルシ科高木ハゼ（櫨）【*Rhus javanica; R. chinensis; R. semialata*】 (2)〔植〕ビワモドキ科小木【*Dillenia pentagyna*】= अग्गई.

ततारना [他] 湯で洗う

ततैया[1] [名*] (1)〔昆〕スズメバチ；クマンバチ (2)〔昆〕ジガバチ

ततैया[2] [形] (1) すばしこい；敏捷な (2) 利口な

तत्काल[1] [副] 直ちに；即刻；すぐさま

तत्काल[2] [形] 即時的な；即刻の；すぐさまの उस कारण की खोज और उसका तत्काल निवारण अनिवार्य हो जाता है その原因の追求及びその原因の即刻の排除が不可避となる

तत्कालमृत्यु [名*] 即死 तत्कालमृत्यु हो गई 即死した

तत्कालीन [形] (1) その時の；ちょうどその時の (2) 当時の；時の；あの頃の तत्कालीन स्वास्थ्य मंत्री 当時の保健相

तत्क्षण [副] 即刻；瞬時に；間髪を入れず

तत्ता [形⁺] (1) 熱せられた；熱い；熱を帯びた (2) 速い **तत्ता तवा** 喧嘩早い；極度に短気な

तत्ता थंभा [名] = तत्तो थंबो.

तत्ताथेई [名*] インド舞踊のステップを表す言葉

तत्तोथंबो [名] (1) 仲裁= बीचबचाव. (2) 慰留= बहलावा; दिलासा.

तत्त्व [名] (1) 要素；成分；構成部分；分 हड्डियों के विकास के लिए गंधक आवश्यक तत्त्व है 硫黄は骨の成長に不可欠な要素である मुगल राजनीति में एक नया तत्त्व ムガル朝政治の新しい要素 कैल्शियम तत्त्व

カルシウム分 (2) 真理；真実；本質；本性；原理 साम्यवाद का तत्त्व 共産主義の本質 (3) 真理；実在 (4)（社会集団などの意味で）分子 समाजविरोधी तत्त्व 反社会分子 उग्रवादियों और कट्टरपंथी तत्त्वों को अलग-अलग करने के लिए 過激派と教条主義派分子とを分けるために (5)〔物理〕元素 इन बुनियादी वस्तुओं को तत्त्व या एलीमेंट कहते हैं これら基本的な物質を元素という विश्व में लगभग 100 तत्त्व हैं 地球にはおよそ 100 の元素がある

तत्त्वचिंतन [名] 哲学的思索；真理に関する思索

तत्त्वज्ञ [形・名] (1) 哲学者 (2) 真知を悟った人；真理を知った人

तत्त्वज्ञान [名] (1) 哲学 (2) 真知；真理 (3) 哲理

तत्त्वज्ञानी [形・名] 哲理を窮めた；哲学者；知者= तत्त्वज्ञ; दार्शनिक.

तत्त्वतः [副] 本質的に；根元的に；実際に；実際的に= वस्तुतः; यथार्थतः.

तत्त्वदर्शी [形] = तत्त्वज्ञ.

तत्त्वभाव [名] 本然；本元；本性= प्रकृति; स्वभाव.

तत्त्वभाषी [形] 真実を語る

तत्त्वमसि [句]《Skt.》〔イ哲〕万有がブラフマンであり，ブラフマンが我々の本体であるアートマンでもあるという，ウパニシャッドの思想を表徴するとされる思想家ウッダーラカ・アールニ (उद्दालक आरुणि) の有名な句「汝はそれなり」

तत्त्वमीमांसा [名*] 形而上学

तत्त्ववाद [名] (1) 哲学的思索 (2) 哲学体系

तत्त्ववादी [形] (1) 哲学に関する (2) 真理を語る

तत्त्वविद् [名] (1) 本質を知る者；哲人 (2) 最高神

तत्त्वविद्या [名*] 哲学 = दर्शन शास्त्र.

तत्त्ववेत्ता [名] (1) 本質を知る人 (2) 哲学者 = दार्शनिक.

तत्त्वशास्त्र [名] 哲学 = दर्शन शास्त्र.

तत्त्वावधान [名] (1) 主催；後援；支援；賛助 राष्ट्रसंघ के तत्त्वावधान में अंतर्राष्ट्रीय महिला वर्ष के उपलक्ष्य में आयोजित 国連により国際婦人年の記念に開催された यूनेस्को के तत्त्वावधान में एक और इसी प्रकार का समझौता हुआ ユネスコの後援によりもう一つこの種の協定が結ばれた (2) 指導；監理；監督；管理

तत्पर [形] (1) 専心している；熱中している वे सदा दीन-दुखियों की सहायता-सेवा में तत्पर रहते थे 同氏は常に弱き者の援助に専心しておられた (2) 熱心な (3) 上手な；達者な；巧みな

तत्परता [名*] (1) 専心；熱中 (2) 熱心さ (3) 上手なこと；上達；巧みさ

तत्परायण [形] 熱中した；専心した

तत्पश्चात् [副] その後；爾後；以後= उसके पश्चात्; उसके बाद.

तत्पुरुष [名]〔言〕格限定複合語（サンスクリット複合語の分類の一．構成要素の第一が第二に対して格支配の関係にあるもの） देवदत्त 神授の， राजकन्या 王女など

तत्र [副] そこに；同所に；同地に= वहाँ; उस जगह.

तत्रभवान् [名] 閣下（三人称として用いる）

तत्रापि [接] しかるに；然れども；けれども= तथापि; तो भी; फिर भी.

तत्रैव [副] 同じ個所に；同書に= वहीं. 〈ibid; ibidem〉

तत्संबंधी [形]（それに）関連する；それに関する；その関連の

तत्सम [名]〔言〕本来の語形を保ったまま借用された語（特にヒンディー語においてサンスクリットからの借用語）；タトサマ語彙 उसकी भाषा तत्समप्रधान है それの言葉にはタトサマ語彙が多用されている

तथता [名*] 真理；真実；真如

तथा[1] [接] 及び；同じく；同様に चिड़ियाघरों, पार्कों तथा अजायबघरों का प्रबंध 動物園，公園及び博物館の管理

तथा[2] [副] そのように；このように= इसी तरह.

तथाकथित [形] いわゆる；公称

तथागत [名]〔仏〕如来；タターガタ

तथाता [名*] 真如；真理；如実

तथापि [接] しかるに；にもかかわらず= तो भी; तब भी; तिसपर भी.

तथास्तु [句]《Skt. तथा + अस्तु》(अस्तु は √अस् の命令法 3rd sg.) 然あるべし，かくあれかし，結構だ，よし，よろしい，よかろうなどの意のサンスクリットの語句) = ऐसा ही; एवमस्तु. "तथास्तु" इतना कहकर शिव भगवान अंतर्धान हो गए 「かくあれかし」とだけ仰るとシヴァ神はお姿を消された

तथैव [副] まさにその通り；全く同様に

तथ्य [名] (1) 事実；真実= सत्य; सचाई; यथार्थता. कोई कुछ भी कहे, पर तथ्य यह है だれがどう言おうとも事実はこうなのだ जो तथ्य है, उसको छिपाया नहीं जा सकता 真実は隠せないものだ उसे बेटे के कहने में कुछ तथ्य दिखाई दिया 息子の言い分にいささか真実味が見えた इस बात में कोई तथ्य नहीं है このことには何一つ真実は存在しない इस तथ्य का ज्वलंत उदाहरण この事実の明白な例 (2) 真理 तथ्यों पर आधारित एक सत्य है 事実に基づいた 1 つの真理がある यह एक वैज्ञानिक तथ्य है कि जीवन का आरम्भ जल में हुआ था 生命の誕生は水中であったということは科学的な真理である

तथ्यतः [副] 事実上；事実；事実において

तथ्यनिष्ठ [形] 事実の；真実の

तथ्यनिष्ठता [名*] 真実性；真実味

तथ्यपरक [形] 客観的な

तथ्यपरकता [名*] 客観性

तथ्यभाषी [形] 事実を語る；真実を語る

तथ्यवादी [形] = तथ्यभाषी.

तद् [代]《Skt.》サンスクリットの三人称代名詞兼指示代名詞= वह; तत्.

तदनंतर [副] その後；それから；以来= उसके बाद; उसके पीछे.

तदनुकूल [副] それにならって；それに従って= उसके अनुसार.

तदनुरूप [形] (1) それに応じた उपयुक्त पाठ्यक्रम का निर्धारण एवं तदनुरूप पाठ्यपुस्तक की रचना 適切なカリキュラムの決定及びそれに応じたテキストの作成 (2) 同じ形の；そっくりの；同一の

तदनुसार[1] [副] それにならって；それに応じて；それに基づいて तदनुसार दवाई की मात्रा घटाई-बढ़ाई जाती है それに基づいて分量が増やされたり減らされたりする

तदनुसार[2] [形] それにならった；それに応じた संतानों में तदनुसार संभावना रहती है 子孫にはそれに応じた可能性が存する

तदपि [接] それにもかかわらず；しかるに= फिर भी; तो भी.

तदबीर [名*]《A. تدبیر》(1) 方法；手段；手立て= साधन; तरकीब. दूसरी तदबीर सोचें 他の方法を考えよう (2) 努力；工夫 (3) 段取り；手配

तदर्थ[1] [副] 特にこのために；特にそのために；特別に

तदर्थ[2] [形] 特別の；その場限りの；暫定の；任用が暫定的な〈ad hoc〉 तदर्थ व्याख्याताओं की त्रासदी यह है कि उन्हें हर छह महीने बाद तीन दिन की अवैतनिक छुट्टी मजबूरन दी जाती है 暫定任用講師の悲劇は半年ごとに 3 日間の無給休暇を強制的にとらされることである **तदर्थ समिति** 特別委員会

तदर्थवाद [名] その場限りのこと；その場しのぎ；場当たり主義〈adhocism〉

तदर्थीय [形] 同義の = समानार्थक.

तदा [副] その時；その時に；その際= उस समय; तब.

तदाकार [形] (1) その形の；同じ形の；そっくりの= वैसा ही. (2) 一体化した (3) 没入した；没頭した= तन्मय.

तदाबीर [名*, pl.]《A. تدابیر ← تدبیر तदबीर》方法= हवाई हमले से बचाव की तदाबीर. 空襲から身を守る方法

तदारुक [名] (1) 追跡 (2) 追及 (3) 罰；処罰

तदीय [形] (1) それの (2) それに関連した；それに関わる

तदुपरांत [副] その後；以後；それから= उसके पीछे; उसके बाद.

तदेव [名] 同一のもの；正にそのもの；同上 = वही.

तद्गत [形] (1) それの；それに関する (2) その中の；それに含まれる

तद्धित [名]〔言〕サンスクリット語文法の造語法の一で動詞語根に第一次接尾辞 कृत् प्रत्यय〈primary suffix〉を添えて作られた第一次派生語 कृदंत (primary derivatives) に加えられる第二次接尾辞〈secondary suffix〉. तद्धित प्रत्यय を加えて作られた第二次派生語（名詞や形容詞）で तद्धितांत (secondary derivatives) と呼ばれる

तद्धित प्रत्यय [名]〔言〕第二次接尾辞〈secondary suffix〉

तद्धितांत [名]〔言〕第二次派生語〈secondary derivative〉→ तद्धित.

तद्भव [名]〔言〕転訛語（特にヒンディー語でサンスクリットから転訛した語の意に用いられる）；タドバヴァ語彙

तद्यपि [接] = तथापि.

तद्रूप [形] (1) 同じ形の；同様の；同種の (2) 真実の；忠実な

तद्रूपता [名*] (1) 同形；同種；同様；同一性= समानता; सादृश्य. (2) 忠実度〈fidelity〉

तद्वत्[1] [形] 同様の；同種の= वैसा; उसी तरह का; उसी के समान.

तद्वत्[2] [副] 同様に；その通りに= उसी तरह; वैसे ही.

तन [名] 《P. تن》(1) 体；身体 तन की सफ़ाई 体の清潔 मुझे न पेट की रोटी मिलती है, न तन का कपड़ा 腹を満たすパンが得られず体にまとう衣服も得られず मेरे इस तन के टुकड़े हो जाने से रूह के टुकड़े तो होंगे नहीं この身が切り刻まれようとも魂は刻まれはせぬ (2) 女陰 = भग; योनि. **तन क॰** *a.* 化粧する *b.* 身につける；身にまとう **तन कसना** 修行により体を鍛える **तन काँच का घड़ा हो॰** この身のはかないこと **तन का ताप बुझाना** *a.* 念願を果たす *b.* 苦痛を除く **तन का पर्दा जा॰** 交接する **तन का होश न रहना** 我を忘れる；没頭する **तन की तपन बुझाना** = तन का ताप बुझाना. **तन की सुधि न हो॰** = तन का होश न रहना. **तन ख़ाक क॰** 身をさいなむ **तन गलाना** = तन ख़ाक क॰. **तन छीजना** 衰弱する **तन छूटना** 死ぬ **तन जलना** かっとなる；激怒する **तन जीतना** 身体を制御する **तन तपाना** *a.* 苦行をする *b.* 苦しみに耐える **तन तोड़ना** *a.* 懸命に努力する；必死に努力する *b.* 伸びをする **तन त्यागना** 死ぬ；この世を去る **तन दिखाना** （女性が）交接する **तन दे॰** *a.* 注意を向ける；熱中する *b.* 努力する *c.* 死ぬ **तन धरना** 化現する **तन नपाना** そりくり返る **तन पर ख़ाक लगाना** 隠遁する **तन पेट काटना** 食べ物や着るものを節約する；衣食にかかる費用を削る **तन बदन का होश न रहना** *a.* ぐっすり眠る *b.* 我を忘れる **तन बदन में आग लग जा॰** 激怒する **तन बेचना** 奴隷になる **तन भूलना** = तन का होश न रहना. **तन-मन** 身心；肉体と精神 **तन-मन घुटना** とても不快に感じる **तन-मन फुँकना** かっとなる；ひどく腹を立てる **तन-मन भूल जा॰** 我を忘れる **तन-मन मारना** 感官を制する；官能を制する **तन-मन-धन** 肉体と精神と財貨 **तन-मन-धन न्यौछावर क॰** 全身全霊を捧げる；一切のものを捧げる **तन-मन-धन से** ありとあらゆる方法で；すべてを捧げて **तन में आग लग जा॰** 激しく怒る；激怒する **तन में जान पड़ना** ほっとする **तन में प्राण रहते** 命の限り **तन में फूले न समाना** 嬉しくてたまらない **तन रखना** 生きている；生き続ける (-के) **तन लगना** （－に）影響が及ぶ **तन सुखाना** = तन तपाना. **तन सूखकर काँटा हो॰** ひどくやせ細る

तनक़ीद [名] 《A. تنقید》(1) 批評；論評 नई आईन पर तनक़ीद कर रहे थे 新しい法律についての批評をしていた (2) 検査；調査；調べ

तनक़ीह [名*] 《A. تنقیح》(1) 調べ；調査；探究 (2) 浄化 (3) 論点を定めること

तनख़ा [名*] 《← A.تنخواه तनख़्वाह》= तनख़ाह.

तनख़ाह [名*] 《P. تنخواه तनख़्वाह》給与；給料；俸給= वेतन. एक मोटी तनख़ाह 良い給与；相当な給料

तनख़ाहदार [形・名] = तनख़्वाहदार.

तनख़्वाह [名*] 《P. تنخواه》給与；給料；俸給= वेतन; तलब.

तनख़्वाहदार [形・名] 《P. تنخواه‌دار》給与を受ける；俸給を取る；有給の；給料取り

तनज़ीम [名*] 《A. تنظیم तंज़ीम》(1) 結成；結団；結党；組織化 उन्होंने मुस्लिम लीग की नए सिरे से तनज़ीम की 氏はムスリム連盟を新規に組織化した (2) 整理；配列 (3) 作成；創出；創作

तनज़ेब [名*] 《P. تنزیب》(1) 綿モスリンの一種；タンゼーブ मैंने तनज़ेब के चुन्नटदार कुरते बनवाये タンゼーブのひだをとったクルターを仕立ててもらった (2) カバー（क़बा）の下に着るチョッキ

तन तनहा [副] 《P. تن تنہا तने तन्हा》一人で；単身で= तने तनहा.

तनतना [名] 《A. طنطنہ》(1) 華麗；壮麗 (2) 威厳；威圧感 (3) 大騒ぎ (4) うぬぼれ；傲慢 (5) 怒り

तनतनाना [自] 《← A.طنطنہ》(1) 威張る；横柄に振る舞う (2) ぷりぷりする；ぷりぷり怒る उसने गुस्से से तनतनाते हुए गले की टाई खींची ぷりぷりしながら首のネクタイを引っ張った

तनदिही [名*] 《P. تندہی》(1) 熱中；専心；熱心= तन्मयता; संलग्नता. (2) 努力；勤勉= परिश्रम; मेहनत.

तनदुरुस्त [形] → तंदुरुस्त.

तनदुरुस्ती [名*] → तंदुरुस्ती.

तनना [自] (1) 張る；広がる；張られる；広げられる उस जहाज़ की पालें तन गई थीं その船の帆は張られていた ज़्यादा खाने से मेदा तन जाता है और उसका फैलना सिकुड़ना बंद हो जाता है 食べ過ぎると胃が張り胃の動きが止まってしまう वह तंबू तन गया そのテントが張られた ऊपर स्वच्छ आकाश तंबू की तरह तना था 頭上には雲一つない空がテントのように広がっていた (2) 引っ張られる；ひきつる (3) 真っ直ぐ伸びる；真っ直ぐ張る；ぴんとする；しゃんとする तनी हुई मूँछें ぴんと立った口ひげ तना हुआ ぴんとした（張った） ठंडे पानी से खाल तन जाती है, बाल तन जाते हैं और खड़े हो जाते हैं 冷たい水で肌が引き締まり毛がぴんと立つ घोड़े की पीठ पर तनकर बैठा है 馬の背にしゃんとして（胸を張って）乗っている (4) 引き締まる；締まる उसकी काठी मेरी तरह कठोर और तनी हुई नहीं थी 彼の体は私みたいに堅く引き締まっていなかった मेरी मुट्ठियाँ तन गई थीं 拳は固く握り締められていた (5) 不機嫌になる；ふくれる；腹を立てる वह ज़रा-सी बात को प्रतिष्ठा का प्रश्न बनाकर तनी रहेगी ちょっとしたことを名誉に関わることとして不機嫌になる तुम्हें उचित था कि तुम मुझे ढाढ़स देते और तुम मुझसे तने बैठे हो 君は私を励ましてくれるべきだったのに私に腹を立てている **तनकर** 胸を張って **तनकर खड़ा हो जा॰** 堂々と正面から立ち向かう；面と向かって立ちはだかる फिर ढकेलकर सब को पीछे हटा दिया और लाठी लेकर तनकर खड़े हो गये それから皆を押しやり棍棒を手に取り立ちはだかった

तनय [名] 息子 = पुत्र; बेटा; लड़का.

तनया [名*] 娘 = पुत्री; बेटी; लड़की.

तनवाना [他・使] ← तानना.

तनवीन [名*] 《A. تنوین तन्वीन》アラビア語でザバル ज़बर, ゼール ज़ेर の鼻音化の記号のことであるが，ウルドゥー文字では普通語末に 2 本の短い斜線をつけたアリフの形で記され -अन と発音され，その語が副詞であることを表す ज़रूरत ضرورت → ज़रूरतन ضرورتاً.

तनसल [名] 水晶 = बिल्लौर; स्फटिक.

तनसीख़ [名*] 《A. تنسیخ तंसीख़》(1) 取り消し (2) 廃止

तनसुख [名] 《P. تن तन + H.सुख》上等の綿モスリン

तनहा[1] [形] 《P. تنہا》(1) 一人の；仲間のいない；孤独な；仲間や同類のいない；単独の= अकेला; एकाकी. तनहा पेड़ 一本生えの木 (2) 空の= ख़ाली; रिक्त. **तनहा कोठरी** 独房

तनहा[2] [副] ひとりで；ひとりぼっちで；孤独に；単独で

तनहाई [名*] 《P. تنہائی》(1) 1 人だけの状態；孤独 (2) 人気のないところ；淋しい場所 (3) 無人の場所

तना [名] (1) 茎（例えば 1 年生草本の茎） (2) 幹 चंदन के पेड़ के तने 白檀の木の幹

तनाई [名*] 引っ張ること；張ること

तनाज़ा [名] 《A. تنازع》(1) 対立；争い；いさかい；ごたごた= बखेड़ा; झगड़ा; टंटा; संघर्ष. (2) 憎しみ；憎悪= शत्रुता; अदावत.

तनातनी [名*] 緊張；対立；争い；いさかい इसी बात पर पति-पत्नी में तनातनी चला करती थी これをめぐって夫婦間にはいつもいさかいが起こっていた

तनाना [他・使] = तनवाना.

तनाब [名*] 《A. طناب》(1) テントの綱 (2) 綱渡りに用いられる太綱 (3) 洗濯屋が洗濯物を干すのに用いる綱 (4) ひも

तनाव [名] (1) 引っ張り合い；引っ張ること；張り；緊張 तनाव ढीले पड़ जाते हैं 張りがゆるむ (2) 精神や感情などの緊張；ストレス भावनात्मक तनाव 情緒的緊張 तनाव से बचें ストレスを避けること (3) 緊張（社会的な関係の） **तनाव उत्पन्न हो॰** 緊張が生じる= तनाव पैदा हो॰.

तनावग्रस्त [形] 緊張している；張りつめた；緊張のみなぎる；緊張の多い आज के तनावग्रस्त और प्रतिस्पर्धायुक्त विश्व में 今日の緊張の多い競争の激しい世界で

तनावपूर्ण [形] 張りつめている；緊張に満ちている जालंधर में स्थिति तनावपूर्ण बनी हुई है ジャーランダル市の状況は緊張に満ちている

तनावयुक्त [形] = तनावग्रस्त. तनावयुक्त वातावरण 緊張の多い雰囲気

तनावर [形] 《P. تناور》大きな；巨大な= स्थूल.

तनाव-शैथिल्य [名]〔政〕デタント；緊張緩和

तनासुख़ [名] 《A. تناسخ》輪廻転生 = आवागमन.

तनासुब [名] 《A. تناسب》均衡；均整 = संतुलन.

तनि [名] 体；身体；肉体= शरीर; देह.

तनिक[1] [形] わずか（僅か）の；いささかの（些かの） इसमें अब तनिक भी शक नहीं है もはやこれにはいささかの疑点もない धूर्त ज्योतिषियों की चाल समझते तनिक भी देर न लगी いかさま占い師

たちの手練手管を見破るのにいささかの手間もかからなかった ऐसे दुर्लभ भोजन का तनिक भी लालच ना आया このような珍しい食べ物を食べたい気持ちはいささかも起こらなかった

तनिक[2] [副] 少し；いささか；若干 स्पीती परिवारों की प्रथाएँ तनिक भिन्न हैं スピーティー地方の家族制度はいささか異なっている मैं तनिक भी घबराया नहीं 少しもうろたえなかった इस सब की भनक मालिक को तनिक न होती 主人はこうしたすべてのことの気配は少しも感知していない

तनिका [名*] 衣類とか容器などについているひも

तनिमा [名*] (1) やせていること；痩身 (2) きゃしゃなこと

तनिष्ठ [形] とてもやせている；痩身の

तनी [名*] (1) 衣類のひも (2) 道具などについているひも

तनीदार [形] 《H. + P.دار》ひものついている；ひもつきの

तनु[1] [形] (1) やせている；細い；痩身の (2) 小さい；わずかの；少しの；少量の (3) きゃしゃな；かすかな；繊細な；弱い (4) すぐれた (5) つまらない；浅薄な (6)（濃度の）薄い；薄まった；希薄な；希釈された

तनु[2] [名] (1) からだ；身体；肉体= शरीर; देह. (2) 皮膚；肌= चमड़ा; खाल.

तनु[3] [名*] 女性；女

तनुकेशी [名*] 髪の美しい女性

तनुच्छद [名] 鎧兜= कवच; बख़्तर.

तनुज [名] 息子 = पुत्र; बेटा; लड़का.

तनुजा [名*] 娘 = पुत्री; बेटी; लड़की.

तनुता [名*] ←तनु. (1) 細いこと；やせていること (2) 小さいこと (3) わずかなこと；少量 (4) きゃしゃなこと；繊細なこと (5) 濃度や密度の薄いこと；淡いこと；希薄さ (6) 浅薄なこと

तनुताप [名] (1) 苦行 (2) 悲しみ；悩み

तनुपट [名]〔解〕隔膜；横隔膜

तनू [名] (1) 息子 = पुत्र; बेटा. (2) 体；身体；肉体= शरीर; देह.

तनूकरण [名] (1) 細くすること (2) 薄めること

तनूकृत [形] (1) 細くした (2) 薄い；薄くした；薄めた；薄まった；希釈された तनूकृत कस्तूरी 薄められたじゃこう（麝香）

तनूज [名] 息子 = बेटा; पुत्र.

तनूजा [名*] 娘 = बेटी; पुत्री.

तनूर [名] 《P. تندور》= तंदूर; तन्नूर.

तनेना [形⁺] (1) 引っ張られた；ひきつった (2) ゆがんだ；傾いた

तनोआ [名] = तनोवा. 天蓋 = चँदोआ.

तन्ना [名] たていと（縦糸；経糸）= ताने का सूत.

तन्नी [名*] (1) ひも（紐）；細ひも；細糸 (2) 天秤皿を吊るす細ひも (3) 帆を揚げるのに用いる綱

तन्नूर [名] 《P. تنور तनूर》タンヌール；タンドゥール（ナーンやチキンなどを焼いたり炙ったりするかまど）→ तंदूर; तनूर.

तन्मय [形] 熱心な；熱中している；没頭している सभी छात्र तन्मय होकर उनकी बात सुन रहे थे 生徒たちはその方の話に聞き入っていた

तन्मयता [名*] ←तन्मय. (1) 熱心（さ）；熱中（ぶり）；心の集中；没頭（ぶり） उसकी तन्मयता पर मुझे बहुत आश्चर्य होता था その男の熱中ぶりにひどく驚きを感じていた तन्मयता से 熱心に；熱中して वे उसी तन्मयता से बहस करते रहे 同じ熱心さで議論を続けた (2) 恍惚；夢中；有頂点

तन्मात्र[1] [形] 微量の；微少の

तन्मात्र[2] [名]〔イ哲〕サーンキヤ哲学における五唯（5つの対象領域の微細な要素もしくは基本的要素 तन्मात्रपंचक. शब्द तन्मात्र, स्पर्श तन्मात्र, रूप तन्मात्र, रस तन्मात्र, गंध तन्मात्र）

तन्मूलक [形] それより生じた；それに発する

तन्य [形] (1) 引っ張られる；引き伸ばせる (2) 伸展性のある；延性ある；展性のある

तन्यता [名*]〔物理〕伸度；延性；展性〈ductility〉

तन्वंग [形] (1) ほっそりした；細身の (2) きゃしゃな

तन्वंगी [形*・名*] ほっそりした；細身の；きゃしゃな体をした = कृशांगी; दुबली-पतली.

तन्वी [形*] = तन्वंग/तन्वंगी.

तन्हा [形] = तनहा.

तपःकर [名] 苦行者 = तपस्वी.

तपःकृश [形] 苦行でやつれた

तपःसाध्य [形] 苦行によって達成される

तपःस्थल [名] 苦行を行う所；苦行の森= तपोभूमि.

तप [名] (1) 苦行（宗教的動機から衣食住にわたって様々な程度の差はあるが心身に特定の行為や制約を課す修行） (2) 罪の償いのために行う苦行 (3) 火 (4) 熱

तपकना [自] (1) ずきずきする；ずきずき痛む रात में सोने जाती तो मेरे पैर तपकते रहते थे 夜寝ようとすると足がずきずき痛むのだった (2) どきどきする

तपन[1] [名*] (1) 熱せられること；熱くなること (2) 熱

तपन[2] [名] (1) 熱があること；熱せられた状態 (2) 熱 = ताप; गरमी. (3) 夏；夏季 (4) 太陽

तपनकर [名] 陽光；太陽光線

तपना [自] (1) 火や太陽に焼けつくように熱せられる तपती दोपहरी में 焼けつくような真昼時に राजस्थान की तवे-सी तपती धरती ラージャスターンの鉄鍋のように熱せられた大地 भाड़ की तपती रेत में 穀物を炒るために熱せられた砂に जून-जुलाई की तपती हुई धूप में 6〜7 月の焼けつくような陽光の中で रास्ता तप रहा है 道路は焼けつくように熱い (2)（体に）熱が出る；（病気のため）発熱する रात भर भट्ठी की तरह तपता रहा है 夜通し炉のように熱が出ている बहू का बदन बुखार से तवे की तरह तप रहा था 若嫁の体はマラリヤで鉄鍋のように熱が出ている (3) 苦行をする (4) 苦労を重ねる तपे तपाये लोगों को 苦労を重ねた人たちを (5) 偉ぶる (6) 鼻息が荒い

तपवाना [他・使] ←तपाना.

तपश्चरण [名] 行；苦行；修行

तपश्चर्या [名*] = तपस्या.

तपस्या [名*] (1) 苦行 (2) 禁欲（の行）；梵行 (3) 罪の償いの行

तपस्विनी [名*] (1) 女性の修行者；苦行者 (2) 貞女；貞操を正しく守る人 (3) 行者の妻

तपस्वी [名] 行者；苦行者

तपांचा [名] 《P. طپانچه/تپانچه》平手打ち= तमाचा; थप्पड़.

तपा [名] 行者；修行者；苦行者 **तपा नानक** 〔シク〕タパーナーナク（苦行者ナーナク；グルナーナクの尊称の一）

तपाक [名] 《P. تپاک》(1) 意気込み；熱意 (2) 真心；誠意；誠心誠意 (3) 勢い **तपाक बदलना** 腹を立てる；不機嫌になる **तपाक से** *a.* 意気込んで；張り切って *b.* 真心こめて；心から उन्होंने सभी से बड़े तपाक से हाथ मिलाया था みなと心から握手した *c.* 機敏に；すぐさま；すかさず；間髪を入れず मैंने तो तपाक से कहा すかさず言った उसने तपाक से उत्तर दिया 間髪入れずに答えた

तपाना [他] (1) 熱する；熱を加える；焼く (2) 苦行で身体をさいなむ (3) 苦しめる；悩ます

तपाव [名] (1) 熱せられた状態 (2) 熱すること (3) 熱

तपिश [名*] 《P. تپش》(1) 熱；熱気 क्रोध की ज्वाला की तपिश पाकर 怒りの炎の熱を得て (2) 暑苦しさ；暑熱；暑気 जलक्रीड़ा से तपिश बुझाते हुए 水遊びで暑熱を冷ましながら

तपी [名] = तपस्वी.

तपेदिक़ [名] 《P.A. تپ دق》〔医〕結核= क्षयरोग; राजयक्ष्मा. उसे तपेदिक हो गया था 結核に罹ってしまっていた

तपोधन [名] 厳格な苦行者= तपस्वी.

तपोधाम [名] 苦行を行う場所；苦行を行うにふさわしい場所

तपोनिधि [名] = तपोधन.

तपोनिष्ठ [形] 熱心に苦行を行う；修行に専念する

तपोपूत [形] 熱心に修行や苦行を行う इस प्रकार के तपोपूत नेताओं की पीढ़ी このような熱心に苦行を行う幹部たちの世代

तपोबल [名] 苦行により授かる力 अगर कोई अपने तपोबल से स्वर्गलोक से गंगा को लाएगा तो もしも苦行によって得た力で天界からガンジス川をもたらすならば

तपोभंग [名] 苦行の中断

तपोभूमि [名*] (1) 苦行や修行にふさわしい場所 पराशर ऋषि की तपोभूमि パラーシャラ・リシの苦行の場所 (2) 多くの苦行者が苦行を行った土地

तपोवन [名] 修行者や苦行者たちが修行を行うのにふさわしい森林や人気のない場所

तपौनी [名*] タグ（→ ठग）たちの儀礼（略奪や殺害の後，ドゥルガー神に黒砂糖を供えて拝みそのお下がりを分かち合い食したとされる） **तपौनी का गुड़ खाना** *a.* タグ同然の振る舞いをする *b.*（新参者が）仲間入りの儀礼を行う

तप्त [形] (1) 熱せられた；熱い＝तप्त; उष्ण. (2) 苦行に励んだ (3) 非常に苦しんだ

तप्तकुंड [名] 温泉＝गरम पानी का सोता.

तप्तकुंभ [名] 悪人が死後熱せられた油に投げこまれるといわれる地獄

तप्तमाष [名]（古代インドに行われたとされるもので，身の潔白を証すために熱した油に手を入れさせた）探湯（くがたち）の一種

तप्तमुद्रा [名*]〔ヒ〕タプタムドラー（かつてヴィシュヌ派の信徒が腕などに印したと伝えられるヴィシュヌ神の標識の焼き印）

तप्ता [名] (1) ＝तवा. (2) かまど ＝भट्ठी.

तप्ताभरण [名] 純金製の装身具

तप्ति [名*] (1) 熱せられていることやその状態 (2) 熱

तफ़क्कुर [名]《A. تفکر》(1) 心配 ＝चिंता. (2) 不安；懸念＝भय; शंका.

तफ़ज़्ज़ुल [名]《A. تفضل》(1) 優秀さ；偉大さ (2) 好意 (3) 恩恵

तफ़तीश [名*]《A. تفتیش तफ़्तीश》調査；探査；捜査；取り調べ（警察の）；尋問＝छानबीन; खोज.

तफ़रक़ा [名]《A. تفرقہ तफ़र्क़ा》不和；不一致；対立＝विरोध; वैमनस्य.

तफ़रीक़ [名*]《A. تفریق तफ़्रीक़》(1) 相違；差違 (2) 分離；分裂 (3) 分割 (4) 引き算

तफ़रीह [名*]《A. تفریح तफ़्रीह》(1) 娯楽；気晴らし；気分転換 (2) ピクニック；散歩；遊山 सैरो तफ़रीह के लिए 物見遊山に (3) ふざけ合い खेल तफ़रीह का सामान 運動や遊びの道具；娯楽道具 **तफ़रीह क॰** 気晴らしをする＝दिल बहलाना; मनोरंजन क॰.

तफ़सीर [名*]《A. تفسیر तफ़्सीर》(1) 注釈；註釈；解説；解釈＝टीका. (2)〔イス〕コーランの解釈；タフシール；タフスィール学

तफ़सील [名*]《A. تفصیل तफ़्सील》細目；詳細＝विस्तार; विस्तृत विवरण. इसकी तफ़सील तय करने के लिए これの細目を決めるのに

तफ़सीलात [名*, pl.]《A. تفصیلات←تفصیل》詳細；細目

तफ़ावत [名]《A. تفاوت तफ़ावुत》(1) 相違；差違；違い＝अंतर; भेद. (2) 距離；へだたり＝दूरी; फ़ासिला. (3) わだかまり＝मनमुटाव.

तफ़्सीर [名*] → तफ़सीर.

तब [副・名] (1) जब と相関的にも用いられる．その時（に）；その当時；その頃＝उस समय; उस वक़्त. बात तब की है, जब मैं दसवीं कक्षा में पढ़ता था 私が10年生だった時のこと (2) そうしたら；それから；すると＝तो. (3) それで＝इस कारण; इस लिए; इस वजह से. **अब-तब-** ーは今か今かと；今にもーするかと यदि चलने में पूरी प्रवीणता प्राप्त हो, तब भी हर क्षण यह आशंका लगी रहती है कि अब गिरे, तब गिरे 完全に歩けるようになっても今倒れるか今倒れるかと心配が常につきまとうものだ **तब कहीं जाकर** そうして初めて उसे प्रथानुसार हरिद्वार की यात्राएँ कर घर में हवनपाठ करवाना पड़ता है तब कहीं जाकर गाँव वाले उसे अपनाते हैं 決まりに則りハリドゥワールに詣でた後，家で護摩や読経をしてもらわなくてはならない．そうして初めて村人は仲間に入れてくれる **तब जाकर** ようやく；やっと（のことで） अभी-अभी तो सिर में तेल डालकर बहुत देर तक सहलाती रही हूँ, तब जाकर सोई है ほんの今しがたまで髪に油を塗って長い間さすってやっていたらようやく眠りについたところなの **तब तक** それまで（に） **तब तो** *a.* だから；それで＝इस लिए. *b.* それでは；してみると＝तो.

तबक़ [名]《A. طبق》(1) 盆；大きな盆；大皿 (2) 菓子や薬剤に加えられる金箔や銀箔 (3) 面；層

तबक़गर [名]《A.P. طبق گر》金箔や銀箔を製造する職人

तबक़ा [名]《A. طبقہ तब्क़ा》(1) 階級；階層；等級＝वर्ग. समाज के बहुत बड़े तबक़े पर 社会の非常に高い階層に ऊँचा तबक़ा 上流；ハイクラス (2) 層 (3) 地上や地下に想定されている世界

तबदील [名*]《A. تبدیل तब्दील》(1) 変わること；移行；変化；変えること；移動 तबदील हो॰ 変わる；移る यह मदरसा मुस्लिम यूनिवर्सिटी में तबदील हो गया この学校はムスリム大学に変わった **तबदील क॰** 変える；変更する；移す आजीवन कारावास के दंड को फाँसी में क्यों और कैसे तबदील किया गया? 無期懲役刑がなぜどうして絞首刑に変えられたのか (2) 転勤 फिर यहाँ से तबदील होकर गोरखपुर पहुँचा 次にここから転勤になってゴーラクプルに移った **तबदील हैयत क॰** 変装する ＝तब्दीले हैयत क॰.

तबदीली [名*]《A. تبدیلی तब्दीली》(1) 変化 विपक्ष के रुख़ में तबदीली नहीं 野党の態度に変化なし उसमें एक अजीब-सी तबदीली देखने में आ रही थी その人に１つの奇異な変化が見られるようになっていた (2) 転勤 (3) 異動；人事異動

तबर [名]《P. تبر》斧；まさかり＝कुल्हाड़ा; फरसा.

तबरदार [形]《P. تبر دار》(1) 斧を持っている (2) 斧を上手に使う

तबर्रक [名]《A. تبرک》→ तबर्रुक

तबर्रा [名]《A. تبرا》(1) 憎悪；憎しみ (2) 罵詈 (3)〔イス〕シーヤ派の人たちが最初の３人のハリーファをののしること (-को) **तबर्रा क॰**（ーを）ののしる (-पर) **तबर्रा भेजना** *a.*（ーを）憎む *b.*（ーを）ののしる

तबर्रुक [名]《A. تبرک》(1)〔イス〕神の恩恵；天恵 (2) 祝福 (3) 供物のお下がり；おすそわけ (4) 聖者廟の例祭でお下がりとして振る舞われるナッツ入りのご飯，タバッルク इन देगों में उर्स के अवसर पर तबर्रुक पकाया जाता है これらの大釜でウルス（聖廟例祭）の際タバッルクが炊かれる

तबल [名]《A. طبل》(1) 太鼓 (2) ナガーラー（नगाड़ा）

तबलची [名]《A.P. طبلچی》鼓手；太鼓奏者

तबला [名]《A. طبلہ》〔イ音〕タブラー（一対の一面太鼓の称であるが，その対になるバーヤーンと併せて用いられる太鼓の称でもある．タブラーは奏者の右前にバーヤーンは左前に置かれる） **तबला उतरना** 〔イ音〕タブラーの革ひもがゆるむ **तबला उतारना** タブラーの革ひもをゆるめる（ピッチを変える） **तबला खनकना** *a.* タブラーの鳴ること *b.* 歌舞音曲の催されること＝तबला ठनकना. **तबला चढ़ाना** 〔イ音〕タブラーの革ひもを締める **तबला मिलाना** タブラーを調律する

तबलीग़ [名]《A. تبلیغ तब्लीग़》(1) 宣伝 (2) 広めること (3)（人を自分の宗教に）改宗させること；転宗させること (4) 布教；伝道

तबस्सुम [名]《A. تبسم》微笑；笑み＝मुसकुराहट.

तबांचा [名]《P. طبانچہ》＝तमांचा.

तबांजा [名] ＝तमांचा.

तबाअत [名*]《A. طباعت》印刷 ＝छपाई; मुद्रण.

तबाक़ [名]《T. طباق》大皿（食器）＝परात; थाल.

तबाक़ी [形]《T. طباقی》自分の都合だけを考える；自分の利益だけをはかる；利己的な人

तबाख [名] ＝तबाक़.

तबाखी [名]《← T. طباق तबाक़》大皿に商いの食品を入れて行商する商人 **तबाखी कुत्ता** 自分の利益だけをはかる者；得手勝手な人；利己的な人

तबादला [名]《A. تبادلہ ← تبادل तबादुल》(1) 交換 (2) 変化 (3) 転勤；転任；異動 सोनीपत में शिक्षकों के तबादले ソーニーパットの教員異動 (4) 更迭 टिक्का ख़ाँ का तबादला ティッカー・カーンの更迭 उसका कलकत्ता से चंडीगढ़ तबादला हुआ है カルカッタからチャンディーガルに転勤になった नियुक्ति-तबादले का नियम 任用異動の規則

तबादलाए ख़याल [名]《A.P. تبادلہ خیال》意見交換＝विचार-विनियम. तबादलाए ख़याल क॰ 意見を交換する

तबाबत [名*]《A. طبابت तिबाबत》アラビア医術の医師の仕事；医師の仕事；医術；医療

तबाशीर [名]《P. تباشیر》(1) バンブーマンナ（竹のマンナ，すなわち，竹筒の内部の浸出液の凝結物で薬用．竹の筒の中に入っている白い物質）＝बंसलोचन. (2) 夜明けの薄明かり；薄明

तबाह [形]《P. تباہ》(1) つぶれた；砕かれた；台無しにされた तबाह क॰ つぶす；砕く तबाह हो॰ つぶされる；砕かれる ढेंकी पर औरतों के पैर तबाह हो रहे हैं 女たちの足はから臼（踏み臼）の上でつぶれかけている（疲れ果てている） (2) 破壊された；壊された तबाह क॰ 破壊する；壊す तबाह हो॰ 破壊される；壊される इस नगर को तैमूर ने तबाह किया この都市をチムール（タイムール）が破壊した (3) 破滅した **तबाह क॰** 破滅させる शराब है तो बुरी चीज़, घर तबाह करके छोड़ देती है 酒は悪いものだ．家を破滅させずにはおかないものだ **तबाह हो॰** 破滅する (4) 堕落した

तबाही [名*]《P. تباہی》(1) 破壊 (2) 破滅；荒廃；惨害 हम भूचाल की तबाही में पड़े लोगों को राहत पहुँचाने में जी-जान से लग गए 我々は地震の惨害に遭った人たちの救援活動に懸命に取り組んだ उफान

से तबाही 洪水による破滅 (3) 堕落；腐敗 **तबाही खाना** *a.* 船が壊れて使いものにならなくなる *b.* ひどい目に遭う

तबिअत [名*] = तबीयत.

तबीअत [名*] = तबीयत.

तबीब [名] 《A. طبیب》 (1) タビーブ（アラビア医術の医師）；ハキーム= हकीम. (2) 医者；医師= चिकित्सक; डाक्टर.

तबीयत [名*] 《A. طبیعت》 (1) 体の具合；体調；気分= मिज़ाज. राजा की तबीयत रात को अचानक ख़राब हो गई 王の体の具合は夜中に突然悪くなった कैसी तबीयत है? （病人に）「気分はどう」 क्या कुछ तबीयत ख़राब है? 体の具合が悪いのかい उसकी तबीयत घर में रज़ाई ओढ़े बैठे बैठे ऊब गई थी ラザーイーをまとって家にじっとしているうちに退屈になってしまった (2) 気分；機嫌= जी; दिल; चित्त. वह अपनी तबीयत से पता नहीं कब कहीं चला गया 気分次第で（気の向くままに）いつどこへ行ったのやらわからない (3) 性格；気性；天性；本質；本性；性質= स्वभाव; प्रकृति. (4) 自然；天然= प्रकृति. (5) 嗜好；好み；趣味；関心= रुचि. **छोटी तबीयत** 気の小さい；肝っ玉の小さい；小心な उन्होंने यही सोचा होगा कि हम दोनों भाई बहुत ही छोटी तबीयत के आदमी हैं あの方はきっと兄も弟もなんと気の小さいことかと思われたに違いないよ **(-पर) तबीयत आ॰** *a.* （ーが）好きになる= (-) पसंद आ॰; रुचना. *b.* （ーが）欲しくなる **तबीयत उखड़ी हो॰** 不快な= अप्रसन्न; नाख़ुश. **तबीयत उछलना** 気分がすぐれない **(-से) तबीयत उलझना** （ーが）好きになる；ほれる **तबीयत क॰** （ー）したくなる तबीयत करती थी कि अपना गला दबा दूँ 自分の首をしめたくなるのだった **तबीयत का बादशाह** 気前のよい **तबीयत का राह न दे॰** 気にくわない；気が進まない **तबीयत खट्टी हो॰** いやになる；嫌気がさす **तबीयत ख़राब हो॰** *a.* 気分が悪くなる *b.* 体の具合が悪い；病気の इत्तिफ़ाक़ से घर में किसी की तबीयत ख़राब हुई तो अम्मी को रात में भी सोना नसीब नहीं होता たまたま家族のだれかが夜中に具合が悪くなろうものなら母さんは眠るどころではなくなる *c.* 気にくわない *d.* 欲しくなる **तबीयत ख़ुश हो॰** 気に入る；嬉しくなる；気分がよくなる；気持ちがよくなる कोई भद्दी बात नहीं साहब! तबीयत ख़ुश हो जाएगी पहनकर おかしく（不恰好で）はございません．お召しになるとご気分がよくなりますよ आप ले जाएँ, खाकर तबीयत ख़ुश हो जाएगी お求めになって下さい．召し上がったら気に入りますよ **तबीयत गिरना** 体の具合が悪くなる；体調が悪くなる **तबीयत घबरा जा॰** 心配になる；不安になる；落ち着かなくなる **तबीयत छनकना** うんざりする **तबीयत ढीली हो॰** 元気がなくなる **तबीयत पर ज़ोर डालना** *a.* 無理矢理にする *b.* よく考える；考えをめぐらせる **तबीयत पर बोझ डालना** = तबीयत पर ज़ोर डालना. **तबीयत पाना** 心の大きい（人）；心の広い（人） **तबीयत फड़क उठना** 心が浮き立つ；うきうきする；気分爽快になる मेरी तबीयत फड़क उठी 気分爽快になった **तबीयत फिरना** *a.* いやになる；嫌いになる *b.* 気晴らしになる **तबीयत बहाल हो॰** *a.* 気分がよくなる *b.* 元気になる；元気を取り戻す **तबीयत बाग़ बाग़ हो॰** 喜ぶ；嬉しくなる；機嫌がよくなる हमारे जवाब सुनकर आपकी तबीयत बाग़ बाग़ हो जाएगी 手前共の返事をお聞きになるとお喜びになられますよ **तबीयत बिगड़ना** = तबीयत ख़राब हो॰. भरती के बाद उसकी तबीयत बिगड़ती गई 入学後体調がだんだん悪くなっていった **तबीयत भरना** *a.* 満足する；満ち足りる यह सब सोचकर तबीयत भर आई そう考えると満足した気分になった *b.* 安心する *c.* いやになる；うんざりする **तबीयत भारी हो॰** 元気がない **तबीयत में आ॰** （ー）したくなる；（ーに）したい気持ちになる तबीयत में तो यही आता है कि इस कमीने थानेदार को जान से मार डाला जाए この品性下劣な警部補の奴をあの世へ送ってやりたい気持ちだ **तबीयत लगना** *a.* 気に入る；好きになる यहाँ तबीयत नहीं लगती ここは気に入らない *b.* 気が進む；気乗りする पढ़ने में हमारी भी तबीयत नहीं लग रही थी 勉強に気乗りしないでいた **(-की) तबीयत लगाना** （ーの）気を紛らす；気を晴らす **(-से) तबीयत लगाना** （ーが）好きになる **तबीयत लड़ना** = तबीयत पर ज़ोर डालना. **तबीयत लहराना** 嬉しくなる；上機嫌になる **तबीयत साफ़ हो॰** 元気な **तबीयत से** 機嫌よく **तबीयत हट जा॰** いやになる **तबीयत हरी हो॰** 気持ちがよくなる **तबीयत हलकी हो॰** *a.* 気分がすっきりする *b.* せいせいする **(-की) तबीयत हो आ॰** （ー）したくなる सिनेमाघर के पास से निकलते हुए उसकी सिनेमा देखने की तबीयत हो आई थी 映画館のそばを通りかかると映画が見たくなった

तबीयतदार [形] 《A. P. طبیعت دار》 (1) 心の広い；おおらかな (2) 感受性の強い (3) 風流な；風雅な

तबीयतवाला [形$^+$] 風雅な；風流な वह धनी तो था ही, तबीयतवाला भी बहुत था もちろん金持ちではあったが，なかなかの風流人であった

तबेला [名] 《A. طویله तवेला》 馬小屋；馬屋；厩= तवेल; घुड़साल. (-) **तबेले का बंदर बनाना** （ーを）生け贄にする；犠牲にする **तबेले की बला बंदर के सिर जा॰** まきぞえを食う **तबेले में दुलत्ती चलना** 内輪喧嘩になる

तब्दील [名*] → तबदील. **(-को = में) तब्दील क॰** （ーを＝に）変える；変換する गिज़ा के अच्छे जुज़ को ख़ून में तब्दील करके फ़ुज़्ले को बड़ी आँतों में भेज देती है 食物の栄養分を血液に変えて不要な物を大腸に送る **तब्दील हो॰** 変わる दिन में पाठशाला के रूप में चलने वाले भवन रात में मधुशाला के रूप में तब्दील हो रहे हैं 日中は小学校になる建物が夜には酒屋に変わる

तब्दीली [名*] → तबदीली. आसुफ़ की ज़िंदगी में तब्दीलियाँ शुरू हो गईं アースフの人生に変化が生じ始めた

तब्दीले आबोहवा [名*] 《A.P. تبدیل آب و ہوا》 転地；転地療養

तब्दीले मज़्हब [名*] 《A. تبدیل مذہب》 改宗 = धर्म-परिवर्तन.

तब्दीले सूरत [名*] 《A. تبدیل صورت》 (1) 変形= रूप-परिवर्तन. (2) 変装= भेस बदलना; हुलिया बदलना.

तब्दीले हैयत [名*] 《A. تبدیل ہیئت》 = तब्दीले सूरत.

तब्ल [名] → तबल.

तब्ला [名] → तबला.

तब्लीग़ [名*] → तबलीग़.

तब्सिरा [名] 《A. تبصره》 批評；評論；時評= आलोचना; समीक्षा.

तब्सिरानिगार [名] 《A.P. تبصره نگار》 評論家；批評家= समीक्षक; समालोचक.

तभी[1] [副] ちょうどその時（に）；正にその時= उसी समय; उसी वक़्त.

तभी[2] [名] ちょうどその時；正にその時 जब जागे तभी सवेरा 目覚めた時が朝（何事も遅すぎることはない） तभी से बापू गुस्सैल हो गया है 正にその時から父は怒りっぽくなっている

तभी[3] [接] だから；故に；したがって（従って）；されば लगता है तुम मुसाफ़िर हो.तभी नहीं जानते そなたは旅の者と見えるな．故に知らぬのじゃ तभी उन्हें पुस्तकों से इतना लगाव था だからあの方は本がそれほど好きだったのです तभी तुम्हें सुख मिलेगा, शांति मिलेगी そうするならば汝は幸せを得，心の安らぎを得るであろう **तभी तो** だからこそ；それ故に

तमंग [名] (1) 舞台 = रंगमंच. (2) 台；高い台= मंच.

तमंगक [名] のき（軒）；ひさし= छज्जा; ओलती.

तमंचा [名] 《P. طمانچہ तमांचा/ طبانچہ तबांचा》 ピストル；拳銃；短銃 = पिस्तौल; छोटी बंदूक़. तमंचा छोड़ना ピストルを撃つ

तम [名] (1) 闇；黒闇；暗黒 (2) 黒 (3) 罪悪 (4) 無知；蒙 (5) 迷妄 (6) 怒り

-तम [接尾] 《Skt.》 サンスクリットの接尾辞で形容詞について最高級形を作る．例えば प्राचीन（古い）について ज्योतिष की प्राचीनतम पुस्तक 天文学の最古の書物 भयंकर（恐ろしい）から भयंकरतम रोग この上なく恐ろしい病気 प्रबल(強い)から प्रबलतम 最強の प्रबलतम शक्ति 最大の力 उच्च（高い）から→ उच्चतम 一番高い लघु（短い）から लघुतम 最短の

तमक [名*] ← तमकना.

तमकना [自] かっとなる；激昂する；いきり立つ तमककर खड़ा हो गया.अपना गिलास उठाकर उसने दरवाज़े के किवाड़ पर दे मारा... かっとなって立ち上がった．コップをとってドアに投げつけた माँ तमककर बाहर आई 母はいきり立って外へ出た वह तमककर बोला かっとなって言った

तमकाना [他] かっとさせる；激昂させる

तमग़ा [名] 《T. تمغا तमग़ा》 メダル；記章；勲章= पदक. काला कोट पहने, बड़े तमग़े लटकाए घूमता है!. 黒い服を着て大きな勲章をぶら下げて歩き回るやつ

तमचर [名] (1) 鬼；悪鬼；夜鬼；ラークシャス (2) フクロウ科の鳥

तमजित [形] 暗黒を打破する

तमतमाना [自] (1) 高熱のため赤くなる；（金属が）灼熱する (2) はじらい，恥ずかしさ，あるいは，怒りや興奮のため顔が赤くな

る；顔がほてる；怒りに顔が燃える वह गुस्से से तमतमा गई 彼女は怒りに顔を赤くした औरत का मुँह तमतमा उठा और उसने बाँस की खपच्ची उठाकर उसके हाथ पर चट से मारी 女の顔が怒りに真っ赤に燃えた．割り竹を握ると男の手を激しく叩いた

तमतमाहट ［名*］← तमतमाना.

तमद्दुन ［名］《A. تمدن》(1) 都市生活；都市での社会生活 (2) 特定地域の社会生活及び風俗習慣 (3) 文明；文化

तमन ［名］息の詰まること；息の詰まった状態；窒息

तमना ［自］= तमकना.

तमन्ना ［名*］《A. تمنا》願い；願望；念願；希望；夢；祈り बचपन से ही उसकी तमन्ना एक बहादुर सिपाही की थी 子供の頃から勇ましい兵隊になるのが念願だった ईश्वर तुम दोनों की मुरीदें पूरी करें, यही तमन्ना है 私は神様がお前たち２人の願いを聞き入れて下さるように切に願っている

तमभाव ［名］〔言〕最高級〈superative degree〉→ -तम.

तमरंग ［名］〔植〕ミカン科低木ブシュカン【*Citrus medica*】= तुरंज.

तमर[1] ［名］闇；暗闇；闇黒

तमर[2] ［名］《A. تمر》乾燥させたナツメヤシの実

तमर हिंदी ［名*］《A. تمر ہندی》(1) マメ科高木タマリンドの木【*Tamarindus indica*】 (2) タマリンドの実= इमली.〈tamarind〉

तमरिस्तान ［名］《A.P. تمرستان》ナツメヤシ園

तमर्रुद ［名］《A. تمرد》(1) 反乱；反抗 (2) 無視 (3) 傲慢 (4) 無礼；横着

तमल ［名］〔植〕オトギリソウ科低木インドガムボジ【*Garcinia morella*】

तमलेट ［名］《E. tumbler》タンブラー

तमस् ［名］(1)〔イ哲〕えいしつ（翳質）（サーンキヤ哲学において物質的原理である根本原質の３つの構成要素の一） (2) 闇；暗黒；暗闇 (3) 無知；無明；蒙昧

तमस[1] ［名］(1) 闇；暗黒 (2) 無知，無明の闇 (3) 罪悪

तमस[2] ［形］黒い；黒色の

तमसाच्छन्न ［形］闇に覆われた；暗黒に覆われた；暗闇に沈んだ

तमसा नदी ［名*］(1) タマサー川（アヨーディヤーの西方を流れてガンジスに合流する） (2) タマサー川（カイモール कैमोर 山から発してミルザープル，アラーハーバードの間でガンジスに合流する） (3) タマサー川（ヤムナー川の上流地域から流れてデヘラードゥーンでヤムナー川に合流する）

तमसावृत ［形］闇に包まれた；闇に覆われた

तमसील ［名*］《A. تمثیل तम्सील》(1) 比喩= उपमा. (2) 例= उदाहरण; मिसाल. (3) たとえ話；譬え話= दृष्टांत.

तमसो मा ज्योतिरागमय 〔句〕《Skt.》闇より光明へ導き給え

तमस्क ［名］闇；暗闇= अंधकार; अँधेरा.

तमस्कांड ［名］真の闇；真っ暗闇

तमस्खुर ［名］《A. تمسخر》(1) 剽軽さ= मसखरापन. (2) 冗談 (3) 愉快さ

तमस्विनी ［名*］(1) 闇夜= अँधेरी रात. (2) 夜= रात; रजनी; रात्रि.

तमस्वी ［形］暗い；暗黒の

तमस्सुक ［名］《A. تمسک》(1) 借用書= ऋणपत्र. (2) 書類= दस्तावेज़.

तमहँड़ी ［名*］銅製の鍋

तमहर ［形］闇を払う；闇を除く

तमहाया ［形+］(1) 闇に包まれた (2) 翳質の

तमहीद ［名*］《A. تمہید तम्हीद》(1) 準備；用意 (2) 序文；全文 (3) 前置き；前提

तमाँचा ［名］《P. طمانچہ तमाँचा, طپانچہ तपांचा》= तमाचा.

तमा[1] ［名*］夜 = रात; रात्रि; रजनी.

तमा[2] ［名*］《A. طمع तमअ》(1) 欲望；貪欲= लोभ. (2) 願い；願望= अभिलाषा; इच्छा.

तमाई ［名*］(1) 闇；暗黒= अँधेरा. (2) 無知；無明= अज्ञान.

तमाई ［名*］〔農〕耕耘前の除草

तमाकू ［名］《P. تمباکو तंबाकू》(1)〔植〕ナス科１年草タバコ (2) タバコの葉 (3) 嗜好品のタバコ **तमाकू चढ़ाना** きせるにタバコを吸えるように用意する（つめる） **तमाकू पीना** タバコを吸う；タバコを飲む；喫煙する **तमाकू भरना** = तमाकू चढ़ाना. → कड़ुआ, खमीरा, मीठा.

तमाखू ［名］タマークー（植物のタバコ，喫煙用のタバコ，喫煙用のタバコとしてその葉にフラー土や黒砂糖を加えたものやパンノキやベルノキの葉などを加えて発酵させたもの）= तमाकू; तंबाकू.

तमाचा ［名］《P. تپانچہ/طپاچہ/طماچہ तमाचा/तपाचा/तपांचा》平手で叩くこと；平手打ち= तमाँचा; थप्पड़; झापड़. **तमाचा खाना** *a.* 平手打ちを食う *b.* 打撃を受ける *c.* 侮蔑される **तमाचा चलाना** = तमाचा जड़ना. (-को) **तमाचा जड़ना** （－に）平手打ちを食わせる；平手打ちを見舞う उसने श्यामू को दो तमाचे जड़कर कहा シャームーに平手打ちを２つ食らわせて言った **तमाचा पड़ना** *a.* 平手打ちを食う *b.* 被害を被る *c.* 教訓を得る **तमाचा रसीद क॰** = तमाचा जड़ना. उसने अच्छा तमाचा रसीद किया था したたま平手打ちを食わせた **तमाचा मारना** = तमाचा जड़ना. **तमाचा लगना** = तमाचा पड़ना. **तमाचा लगाना** = तमाचा जड़ना.

तमादी ［名*］《A. تمادی》(1) 終了；終結；完了 (2) 延引；引き延ばし；延長

तमाम ［形］《A. تمام》(1) すべての；全部の；全体の；あらゆる तमाम शरीर 全身 **तमाम उम्र** 全生涯（にわたって）；一生（の間） तमाम उम्र तो इसने मुझे याद किया नहीं この人は一生私のことを思い起こしもしなかった (2) 終わった；終了した；完了した (3) 多数の；多くの；沢山の शहर में तमाम होटल हैं 街には沢山のホテルがある इसमें तमाम सवालों का जवाब देने के लिए कहा गया था この中で多数の問いに答えるように命じられている तमाम कोशिशों के बावजूद 随分努力したにもかかわらず (-का) **काम तमाम क॰** （－を）殺す；殺害する；ばらす कुत्ते का काम तमाम क॰ 犬を殺す (-) **तमाम क॰** *a.* （－を）終える；終了する；終結する *b.* （－）殺す；殺害する **तमाम हो॰** *a.* 終わる；終了する；完了する *b.* 死ぬ

तमामी ［名*］《A. تمامی》きんらん（金襴） तमामी की पेशवाज़ 金襴のペーシュワーズ

तमारि ［名］太陽 = सूर्य; दिनकर.

तमाल ［名］(1)〔植〕オトギリソウ科高木キヤニモモ【*Garcinia xanthocymus*】 (2)〔植〕オトギリソウ科小木インドギガムボジ【*Garcinia morella*】

तमालक ［名］(1) = तमाल. (2) = तेजपात. 〔植〕クスノキ科タマラニッケイ【*Cinnamomum tamala*】

तमाल पत्र ［名］= दारचीनी.

तमाशगीर ［名］《A.P. تماش گیر》(1) 見物好きな人 (2) 見物人

तमाशबीन ［名］《A.P. تماش بین》(1) 見物人= तमाशा देखनेवाला. (2) 郭遊びをする人= वेश्यागामी.

तमाशबीनी ［名*］《A.P. تماش بینی》(1) 見物 (2) 女郎買い（遊び）；遊郭通い；廓通い= वेश्यागमन.

तमाशा ［名］《A. تماشا》(1) 事件や出来事の様子；光景 (2) 異様なもの；不思議な光景= दर्शन; दीदार. (3) 演劇；芝居 (4) 動物や人間の曲芸や大道芸，人形，操り人形などの見世物や芝居 कठपुतलियों का तमाशा 人形芝居 मज़ेदार तमाशा 面白い見世物 (5) 笑い；物笑い；笑われ草 (6) 笑い話；笑い種；おかしいこと (7) 簡単なこと；遊びごと (8) タマーシャー（マハーラーシュトラ地方に行われる踊りを伴った民衆演劇 (लोकनृत्य) で तमाशा नृत्य とも呼ばれる） **तमाशा क॰** 演技する；芝居をする **तमाशा दिखाना** 見せかける；つくろう；体裁をつくろう आप तमाशा न दिखाइए 体裁をつくろうのはおやめ下さいよ **तमाशा देखना** 見る；見物する；眺める बाक़ी लोग तमाशा देखते हैं 他の人たちは見物する गाँव के लोग चुपचाप सारा तमाशा देख रहे थे 村人たちは無言のまま事の一部始終を眺めていた कुछ देर यह तमाशा देखता रहा しばらくの間この光景をじっと見ていた

तमाशाई ［名］《A.P. تماشائی》見物人；野次馬；観客 तमाशाइयों के दल में 野次馬の集まりの中に दूकान पर आज भी पिकेटिंग हो रही है, और तमाशाई आज भी जमा हैं 店には今日もピケが張られており野次馬は今日も集まっている

तमाशेबाज़ ［名］《A.P. تماشے باز》観客 हिंदी सिनेमा के बहुत बड़े तमाशेबाज़ ヒンディー映画の多数の観客

तमिल[1] ［名］(1) 南インドタミルナードゥ地方 तमिलनाडु (2) タミル語を母語とする人；タミル人

तमिल[2] ［名*］〔言〕タミル語（ドラヴィダ語族の一．タミルナードゥを中心とする南インド，スリランカ北部，その他移住民によって外国の一部にも行われる）

त

तमिलनाडु 〔地名〕タミル・ナードゥ州（南インド南部ベンガル湾に面する）

तमिस्र[1] ［形］暗闇に覆われた；暗黒の

तमिस्र[2] ［名］(1) 暗黒；闇＝ अंधकार; अँधेरा. (2) 怒り；憤怒＝ क्रोध; गुस्सा.

तमिस्र पक्ष ［名］太陰太陽暦の月の欠けていく半月間（日本の陰暦の 16 日から新月に至る半月間）；黒分

तमिस्रा ［名*］(1) 闇夜 (2) 漆黒の闇

तमी ［名*］(1) 夜 ＝ रात; रात्रि. (2) ウコン ＝ हल्दी.

तमीचर[1] ［形］闇の中や夜中に出歩く

तमीचर[2] ［名］ラークシャス（राक्षस）

तमीज़ ［名*］《A. تمیز》(1) ものごとを判断する力；区別したり識別したり見分けたりする力 (2) 分別 (3) 正しい作法；礼儀作法 बोलने की तमीज़ 正しい話し方 अगर बात पूछने की तमीज़ नहीं है तो ख़ामोश रहो もののたずねかたを知らないのなら黙っていなさい तभी तो कहते हैं कि इतना पढ़-लिखकर भी तुम्हें तमीज़ न आई だからこそこんなに学問しても礼儀作法が身についていないと言うんだ **तमीज़ क°** 判断する；区別する；区別をつける；識別する；見分ける आप सूखे और गीले तौलिये में भी तमीज़ नहीं कर सकते? 乾いたタオルと濡れたタオルの区別もつけられないのですか इस लिए वह स्याह और सफ़ेद की तमीज़ नहीं कर पा रही だから白と黒とを見分けられないでいる **तमीज़ से** 礼儀正しく；丁重に；丁寧に तमीज़ से बात करो 丁寧な口をききなさい（礼儀正しく話しなさい）

तमीज़दार ［形］《A.P. تمیز دار》(1) 分別のある；思慮深い；慎重な (2) 洗練された；礼儀正しい

तमीपति ［名］月；太陰

तमेरा ［名］銅器職人；銅細工師

तमोगुण ［名］〔イ哲〕タマス（तमस्），すなわち，根本原質の構成要素の一；翳質

तमोगुणी ［形］タマス（तमस्）の性質を持っている；無知蒙昧で傲慢な性質の

तमोघ्न[1] ［形］闇を払う；暗黒を排除する

तमोघ्न[2] ［名］(1) 太陽 (2) 月；太陰 (3) 灯火 (4) 火 (5) 知

तमोनुद ［名］(1) 最高神 ＝ ईश्वर. (2) 月 ＝ चंद्रमा. (3) 火 ＝ आग; अग्नि.

तमोभिद् ［形］闇を打ち破る；闇を裂く

तमोल ［名］(1) パーン（पान，キンマの葉に石灰，カテキュ，ビンロウジなどを加えてこしらえた嗜好品） (2) 結婚式の際に花婿の額にティーカー（टीका）をつけ金子を贈る儀式

तमोलिन ［名*］(1) タモーリー（तमोली）の妻 (2) パーンを売る女性

तमोली ［名］(1) タモーリー；嗜好品のパーン（पान）をこしらえて売るカーストの男性 (2) パーンを売る人→ पान.

तमोहर ［形・名］＝ तमोघ्न.

तम्आ ［名*］＝ तमा[2].

तम्सील ［名*］→ तमसील.

तय[1] ［形］《A. طے》＝ तै. (1) 完了した；終了した；終結した＝ समाप्त; ख़त्म. (2) 決まった；決着した；まとまった＝ निश्चित. (3) 通過した＝ पार किया हुआ. **तय क°** *a.* 完了する；終える＝ समाप्त क°; ख़त्म क°. *b.* 完了させる；終える；終結させる；処理する＝ पूरा क°; समाप्त क°; निबटाना; पक्का क°. *c.* 決める；取り決める＝ ठहराना; निश्चित क°. समय तय करके मिलना है 時間を決めて会うことになっている *d.* 通過する एक मिनट में तय की हुई दूरी 1 分間で通過した距離 **तय पाना** 決める；決断する＝ ठहराना; निश्चित क°. **तय हो°**（相談や話が）決まる；まとまる आख़िर एक दिन सौदा तय हो गया とうとうある日，取引の話が決まった（商談がまとまった） उसकी शादी तय हुई その息子の縁談が決まった तय हुआ कि इन प्रस्तावों पर विशेषज्ञ विचार करें これらの提案については専門家が考察を加えることに決まった

तय[2] ［名］(1) 完了；終了；終結 (2) 決定；決着；決断 (3) 通行；通過

तयशुदा ［形］《A.P. طے شده》決定した；決まった；決着した

तय्यार ［形］＝ तैयार.

तय्यारा ［名］《A. طیاره》飛行機＝ हवाई जहाज़; विमान; वायुयान.

तय्याराशिकन ［名］《A.P. طیاره شکن》〔軍〕高射砲；対空砲

तरंग ［名*］(1) 波 (2) 波形のもの (3) 音の高低 (4) 起伏や高低のあるもの；うねり（のあるもの） (5) 気まま；気まぐれ；浮き立つ気持ち；情熱 (6) 律動；リズム (7) はずみ；勢い उन्होंने जवानी की तरंग में जवाब दिया कि मैं क्षमा नहीं माँग सकता 若気に駆られて許しを乞うことはできないと答えた युवावस्था की तरंग में बहकर 青春のはずみで (8) 金糸を絡ませたチューリー（चूड़ी）の一種 **तरंग आ°** 胸に浮かぶ；思いが浮かぶ；思いつく **तरंग उठना** ＝ तरंग आ°. **तरंग का रूप** 波形〈wave form; wave shape〉 (-की) **तरंग में हो°**（ーに）酔う；浮かれる

तरंग चिह्न ［名］砂紋；風紋

तरंगण ［名］(1) 波動；うねり (2)〔物理〕波動；振動

तरंग दैर्घ्य ［名］〔物理〕波長〈wave length〉

तरंग लंबाई ［名*］波長（電波の）

तरंगित ［形］(1) 波打っている；うねっている (2) うきうきしている **तरंगित हो°** *a.* 波打つ；うねる *b.* うきうきする इससे मदन तरंगित हो उठा है マダンはこれでうきうきした

तरंगी ［形］(1) 波打っている；波の立つ (2) 気まぐれな；気ままな

तरंड ［名］(1) 小舟；ボート (2) 櫓 ＝ डाँडा. (3)（魚釣りに用いる）浮き；浮子

तरंडा ［名*］小船；ボート＝ तरंडी.

तर ［形］《P. تر》(1) 濡れた आप तो पसीने से तर हो रहे हैं 汗に濡れている；汗びっしょりになっている (2) 湿った；湿り気のある पानी से तर क° 水で湿らす (3) 新鮮な；生き生きしている；瑞々しい (4) 潤った हाँ, पानी तो ले आओ, ज़रा गला ही तर कर लूँ 水ぐらい持ってきてくれ，のどだけでも潤わせよう (5) 上等の；立派な (6) 豊かな；余裕のある **तर बतर** → 別項 **तर माल** *a.* 馳走；ごちそう；美食；うまいもの *b.* 栄養のある食べ物

-तर ［接尾］《Skt., P.》サンスクリット語及びペルシア語の形容詞比較級を作る接尾辞 उच्च 高い → उच्चतर 一層高い ज़्यादा 多くの → ज़्यादातर より多くの

तरक[1] ［名］(1) 思考すること；考えをめぐらせること＝ सोच-विचार. (2) 思い悩むこと；考えあぐねること＝ उधेड़बुन; ऊहापोह. (3) 的を射た言葉；至言

तरक[2] ［名］→ तर्क[1]

तरक[3] ［名］→ तर्क[2]

तरकश ［名］《P. ترکش》＝ तूणीर; निषंग. えびら（箙）

तरकशबंद ［形］《P. ترکش بند》箙を背負った

तरकस ［名］＝ तरकश.

तरकसी ［名*］小形のえびら（箙）→ तरकश.

तरका ［名］《A. ترکہ तरिका》遺産 ＝ दाय; रिक्थ.

तरकारी ［名*］《P. تر ＋ H.》(1) 野菜；青野菜 शलजम एक तरकारी है जिसे कच्ची नहीं, पकाकर खाते हैं かぶらは野菜の 1 つで生ではなく煮て食べる पीली तरकारियाँ 黄色野菜 (2) 野菜料理＝ शाकभाजी. ककोड़े की तरकारी भी बहुत स्वादिष्ट बनती है モクベツシの煮つけもとてもおいしいものだ

तरकी ［名*］タルキー（金属プレート製の耳飾りの一種）

तरकीब ［名*］《A. ترکیب तर्कीब》(1) 方法；やりかた；仕方 हम भी उसी तरकीब से मालामाल हो जाएँगे おいらもそれと同じ方法で大金持ちになろう आपने बहुत अच्छी तरकीब बताई とてもいい方法を教えて下さいました उसने किसी तरकीब से अपने दोस्त को क़ैद से छुड़वाया 友人を何とかして解放してやった (2) 妙案 मेरे पास एक तरकीब है 一つ妙案がある (3) 構成；構造；構え；規模 हाथी का शिकार यह लोग बड़ी तरकीब से करते हैं この人たちの象狩りは大掛かりにするものだ (4) 組み合わせ

तर-कोटि ［名］〔言〕比較級

तरक़्क़ी ［名*］《A. ترقی》(1) 発達；発展 (2) 進歩；前進；上昇 (3) 成長；成育；発育 दुनिया के सारे मुल्क अपने-अपने अवाम की तरक़्क़ी के लिए 世界中の国々はそれぞれの国民の進歩発展のために (4) 昇進；昇格；昇任

तरक़्क़ीपिज़ीर ［形］《A.P. ترقی پذیر》発展中の；発展途上の तरक़्क़ीपिज़ीर मुल्क 発展途上国

तरक़्क़ीयाफ़्ता ［形］《A.P. ترقی یافتہ》発展した；発展を遂げた；先進的な तरक़्क़ीयाफ़्ता मुल्क 先進国＝ विकसित देश.

तरक्षु ［名］(1)〔動〕ハイエナ科ハイエナ【*Hyaena hyaena*】＝ लकड़बग्घा. (2)〔動〕ネコ科チーター＝ चीता.

तरखान [名] タルカーン（主として木工，建築などに携わる仕事を生業としてきた北インド，パンジャーブ地方の一カースト）；大工；木工= बढ़ई.
तरग़ीब [名*]《A. ترغیب तर्ग़ीब》(1) 奨励 (2) 激励；励まし (3) 勧誘
तरचखी [名*]〔植〕トウダイグサ科高木ナンキンハゼ【*Sapium sebiferum*】〈Chinese tallow tree〉
तरछत [名] = तलछट.
तरछन [名] = तलछट.
तरज [名] = तर्ज़.
तरजना [他] (1) 叱りつける；どなりつける (2) たしなめる
तरजनी[1] [名*] 心配；恐れ；不安
तरजनी[2] [名*] 人差し指
तरजीला [形+] (1) 叱りつける (2) 怒りに満ちた (3) 激しい；猛烈な
तरजीह [名*]《A. ترجیح तर्जीह》(1) 好み；愛好 (-को) **तरजीह दे०** (—の方を) 好む हरे रंग के बाद लाल रंग को तरजीह दी जाती है 緑色の次に赤が好まれる (2) 優先 (-को) **तरजीह दे०** (—を) 優先する वक़्त और हालात को देखते हुए छोटे परिवार को ही तरजीह दी जानी चाहिए 時機と状況とを考えて小家族が優先されるべきだ
तरजुमा [名]《A. ترجمہ तर्जुमा/तर्जमा》(1) 翻訳すること；通訳すること (2) 翻訳したもの
तरजुमान [名]《A. ترجمان तर्जुमान》翻訳者；訳者；通訳
तरण [名] (1) 対岸へ渡ること；向こう岸へ渡ること (2) 渡しに用いられる舟や筏= बेड़ा. (3) 解脱；救済= उद्धार; निस्तार.
तरणतारण [形] (1) 対岸へ渡す (2) 彼岸へ渡す
तरणि [名] (1) 太陽 (2) 日光 (3) 銅 (4)〔植〕ガガイモ科アコン
तरणिजा [名*]〔イ神〕太陽神の娘ヤムナー (यमुना)
तरणिसुत [名]〔イ神〕ヤマ (यम)
तरणिसुता [名*]〔イ神〕ヤムナー川 (यमुना)
तरणी [名*] (1) 舟；小舟= नौका. (2)〔植〕アロエ= घीकुँआर.
तरतर [副]《← P. تر तर》(1) 止めどなく，あるいは，続けざまに汗や涙が出てくる様子．だくだく；だらだら；ぐっしょりと तरतर पसीना आ० だくだく汗が出る कभी सख़्त गर्मी पड़ती है.तरतर पसीना आता है 時には猛烈な暑さになり汗がだらだら出る (2) ぼろぼろと（こぼれ落ちる）；ぼろぼろと आँसू तरतर बहना ぼろぼろと涙がこぼれ落ちる
तरतीब [名*]《A. ترتیب तर्तीब》(1) 順；順序；順番；次第 (2) 整理；整頓；配列 **तरतीब दे०** 並べる；配列する **तरतीब से खड़ा हो०** 整列する；並ぶ समाधि के सामने तरतीब से खड़े होकर 墓の前に整列して **तरतीब से लगाना** 整頓する；片付ける खेलने के बाद सब को तरतीब से लगाता हूँ 遊んだ後，全部整頓する बच्चे दर्जे की तमाम चीज़ें तरतीब से लगाते हैं 生徒たちは教室の物を全部きちんと並べる
तरतीबदार [形]《A.P. ترتیب دار》(1) 順序立った；順番になった (2) 整頓された；配列された；列になった **तरतीबदार क०** 整頓する；配列する；片付ける
तरदीद [名*]《A. تردید तर्दीद》(1) 拒絶 (2) 反対 (3) 論駁
तरद्दुद [名]《A. تردد》心配；気がかり；不安；懸念 बेगम साहिबा, तरद्दुद की कोई बात नहीं 奥様，全くご心配いりません तरद्दुद के बदले उसको तनिक-सा क्रोध आ गया 心配の代わりに少し腹が立ってきた बिना किसी तरद्दुद के 少しも頭を悩ませずに
तरनतार [名] 解脱= मोक्ष; मुक्ति.
तरन-तारन[1] [名] (1) 救い；救済 (2) 救いの神
तरन-तारन[2] [形] (1) 溺れる者を救う (2) この世の苦しみの海から救済する (3)〔シク・地名〕タラン・ターラン（パンジャーブ州アムリトサル近くのシク教聖地の一）
तरना [自] (1) 浮く (2) 渡る (3) 解脱する；解脱を得る **तर जा०** 解脱を得る；救いを得る；彼岸に到る
तरनिजा [名*] = तरणिजा.
तरनी[1] [名*] 船；小船；ボート= नाव; नौका.
तरनी[2] [名] 太陽
तरनी[3] [名*] 行商人が商いの品をのせる葦の茎を編んでこしらえた台
तरन्ना [名] 浮き；浮子（釣り道具）
तरन्नुम [名]《A. ترنم》(1) 歌 (2) 吟詠；歌うこと कविता का तरन्नुम 詩の吟詠 (3) ふるえ声；顫音 (4) リズム

तरपना [自] = तड़पना.
तर-पर [副] (1) 上や下に；上下に (2) 重ねて (3) 次から次に (4) 絶え間なく；間断なく
तरपीला [形+] ぴかぴかの
तरफ़ [名*]《A. طرف》(1) 方角；方向；方= ओर; दिशा. पूरब की तरफ़ 東方；東の方角 सूरज निकलते ही हर तरफ़ उजाला हो जाता है 日が出ると四方八方が明るくなる **सब तरफ़** あたり一面に= चारों ओर; हर तरफ़. (2) かわ／がわ（側） एक तरफ़ की गाड़ियाँ 片側の車 (-के) **दोनों तरफ़** (—の) 両側に पगडंडी के दोनों तरफ़ दूर-दूर तक खेत थे 小道の両側は遠くまで畑だった (3) 一方；一面；側 मंदिर के बाईं तरफ़ एक कुंड है 寺院の左手に１つの池がある पैसे मेरी तरफ़ लिख लें。お金（支払い）は私のに（私の分に）つけておいてくれ (4) 場所；所 **अपनी तरफ़** 自分の故郷や出身地 अपनी तरफ़ के ग्रामीण लोग （私の）故郷の（田舎の）人たち **एक तरफ़** *a.* 他の人のいないところ；人気のないところ चुपके से उठा, एक लंबी साँस ली और एक तरफ़ चल दिया 黙って立ち上がると深い溜め息をつきいずこかへ向かった *b.* 一方では；他方では अरे बेगम, तुम्हें भी बुढ़ापे में हूक उठ रही है और एक तरफ़ तुम्हारे बच्चे हैं कि सारा दिन खेलते रहते हैं और वह भी फ़ुटबाल! なあお前はお前で年をとり胸の痛むことがあるのに，一方では一日中それもサッカーにうつつを抜かしているお前さんの倅がいる (5) 立ち場 (-की) **तरफ़ से** *a.* (—に) 代わって；(—を) 代表して；(—の) 代理で अब्बू ने सब की तरफ़ से सदका निकाला 父が皆に代わって喜捨を施した वित्तमंत्री मुख्यमंत्री की तरफ़ से बोल रहे थे 蔵相は（州）首相に代わって話していた *b.* (—に) 対して；(—に) ついて सफ़ाई की तरफ़ से लापरवाही बरतने की वजह से 清潔について不注意なために दिमाग़ी खेलों की तरफ़ रुचि नहीं होती थी 頭を使うことに対して興味を持っていなかった
तरफ़दार [形]《P. طرف دار》(1) 支持する；味方する；肩を持つ = सहायक. (2) ひいき（贔屓）にする；えこひいき（依怙贔屓）をする= पक्षपाती.
तरफ़दारी [名*]《A.P. طرف داری》(1) 支持；味方= सहायता. (2) ひいき（贔屓）；えこひいき（依怙贔屓）= पक्षपात. मैं किसी की तरफ़दारी नहीं करूँगा だれの贔屓もしない
तर-बतर [形]《P. تر بتر》ぐしょ濡れの；びしょ濡れの；ぐしょぐしょの；びしょびしょの पसीने से मेरी कमीज़ तर-बतर हो चुकी थी 汗でシャツがすでにびしょびしょになっていた
तरबन्ना [名] ヤシの林；オウギヤシの林= ताड़ का बन.
तर-बहना [名]〔ヒ〕ヒンドゥーのプージャーの儀礼の中で神像を沐浴させるのに用いる椀型の金属製の器
तरबियत [名*]《A. تربیت》(1) 訓練 हम मदरसे में तालीम व तरबियत पाते हैं 学校で教育と訓練とを受ける (2) 養育；養成 बच्चों की तरबियत 子供の養育 (3) 教育 (4) 栽培；養殖
तरबूज़ [名]《P. تربوز》(1)〔植〕ウリ科スイカ（西瓜）【*Citrullus vulgaris*】(2) その実
तरबूजई [形]《← P. تربوز तरबूज़》濃緑色の
तरबूज़ा [名]《P. تربوزہ》= तरबूज़.
तरबूज़िया[1] [形]《← P. تربوز》（スイカの皮のような）濃緑色の= गहरा हरा; काही.
तरबूज़िया[2] [名] 濃緑色
तरबोना[1] [他] たっぷり濡らす；じっとり湿らせる= तर हो०.
तरबोना[2] [自] 濡れる；湿る= तर क०.
तरबोर [形] = तराबोर.
तरभाव [名]〔言〕比較級〈comparative degree〉→ -तर, -तम.
तरमिरा [名]〔植〕アブラナ科キバナスズシロ【*Eruca sativa*】〈rocket salad; roquette〉= तरामीरा.
तरमीम [名*]《A. ترمیم》(1) 修理；修繕；修正 (2) 改善；改良
तरर-तरर [副]（涙が）ぼろぼろと；ぼたぼたと तरर-तरर आँसू चलना 涙がぼろぼろと流れ落ちる
तरल [形] (1) 液体の；液状の तरल पदार्थ 液体 (2) 動き回る；動く；移動する (3) 不安定な；安定のない；定まりのない；流動的な
तरलता [名*] ← तरल. भाषा में तरलता 言語の流動性
तरला [名*] (1) 大麦の粥 = यवागू. (2) 酒 = मदिरा; शराब. (3) 蜜蜂 = शहद की मक्खी.
तरलायित [形] 揺れ動く；不安定な

तरलित [形] (1) 液体の；液状の (2) やさしい；心やさしい；慈愛のこもった
तरवन [名]〔装身〕タルワン（耳飾りの一= तरकी.）
तरवर[1] [名] 木；樹木 = पेड़; वृक्ष; दरख़्त.
तरवर[2] [名] マメ科低木ミミセンナ【*Cassia auriculata*】= तरोता.
तरवरिया [名] 刀を使う人；刀剣を用いる人
तरवाना [他・使] ← तारना.
तरवारि [名*] = तलवार.
तरशवाना [他・使] ← तराशना. बाल और नाखुन तरशवाना 髪と爪を切ってもらう
तरस [名] 憐れみ；気の毒な感じ；気の毒な思い= दया; करुणा; रहम. **(-पर) तरस आ॰** (ーに) 哀れみを感じる उसकी बुद्धि पर तरस आता है あの男の頭の具合には哀れみを感じる मुझे उस गरीब पर तरस आ गया 哀れな男を気の毒に思った **(-पर) तरस खाना** (ーを) 哀れむ；(ーに) 哀れみを感じる；(ーを) 気の毒に思う = दया क॰; रहम क॰. उसकी हालत पर तरस खाते लोग दु:ख प्रकट कर अपनी राह चले जाते 男の身の上に哀れみを感じる人たちは悲しみの気持ちを表し立ち去って行くのだった
तरसना[1] [自] 強く望む；渇望する；切望する；ひどく（強く）欲しがる；無性に欲しがる；かつえる（飢える）；うずうずする；こいねがう（冀う）；(ーしたくて) たまらない वह सदा पुत्री के लिए तरसती いつも娘を授かるように強く望んでいた लड़के उससे बात करने को तरसते थे 男の子たちがその娘と口を聞きたくてうずうずしていた देवता भी इस भूमि के लिए तरसते थे 神々もこの土地を強く望んでいた रोटी के एक एक टुकड़े को तरस जाओगे パンのひとかけらに飢えるようになるぞ आनंद के मुँह से ऐसा वाक्य सुनने का मेरा मन तरसता रहता है 私はアーナンドの口からそのような言葉が聞きたくてたまらないでいる वे लोग एक एक दाने के लिए तरसते हैं その人たちは穀物のたった一粒を欲しがる
तरसना[2] [自] (1) 苦しむ (2) 怯える
तरसना[3] [他] (1) 苦しめる (2) 怯えさせる
तरसाना [他] (1) 物を与えずに困らせる；欲しがらせる；制限して与える；出し惜しみをする；惜しむ（十分に出さずにすませようとする） सास जेठानियों ने मुझे बड़े दुख दिए हैं.खाने पहनने को तरसा दिया 姑や兄嫁たちが私をひどく辛い目に遭わせた．食べ物や着る物まで困らせた (2) ひもじい思いをさせる；かつえさせる（飢えさせる）；ひもじがらせる；我慢させる मैं बच्चों को भी तरसा नहीं सकती 私は子供たちも飢えさせるわけにも参りません
तरसों [名・副] (1) 3 日前；一昨昨日；さきおととい (2) 3 日後；明明後日；しあさって
तरसौहाँ [形⁺] 渇望する；切望する
तरस्वान् [形] (1) 猛烈に速い (2) 勇敢な；勇ましい；勇猛な
तरस्वी [形] (1) 頑丈な；力持ちの (2) 敏速な
तरह [名*・後置]《A. طرح》(1) 種類；種；類 इस तरह की 1940 की घटना उल्लेखनीय है この種の出来事で 1940 年のものは特筆に値する इस संसार में हर तरह के लोग हैं この世の中にはいろいろな人がいるものだ (2) 方法；手段 इस तरह このように；こんなふうに राम तो सब के हृदयों में इस तरह बसा है जैसे फूलों में खुशबू 花の中に芳香があるように神様は万人の心に在す (3) 様式；型式；形式 (4) 基礎；礎石= नींव; बुनियाद. **किस तरह** どのように；どんなふうに इसे किस तरह खाते हैं? これをどのようにして食べるの **किसी तरह** どうにか；なんとか；やっとのことで；ようやく शारदा के आँसू, जो अभी तक किसी तरह पलकों में रुके हुए थे, झरझर गिरने लगे 今までなんとかまぶたにとどまっていたシャールダーの涙が激しく落ち始めた काफ़ी कोशिश के बाद किसी तरह जागा かなり努力した結果ようやくのことで目を覚ました **- की तरह** (ー) のように, (ー) みたいになどの意で後置詞に用いられる बहुत-से गाँवों में शहर की तरह बिजली का प्रयोग होने लगा है 多くの村で都会のように電気が使用されるようになってきている वह पहले की तरह चहक नहीं रही है 彼女は以前のようにはしゃぐことがなくなった मैं तुम्हारी तरह नशेड़ी नहीं हूँ あんたみたいに酒飲みではないわ सूखे पेड़ की तरह 枯れ木のように **- की तरह का** (ー) のような；(ー) みたいな；(ー) の部類の इन हरामज़ादों का दस्तरखानों की मक्खियों की तरह का हाल है このろくでなしたちはテーブルクロスに止まったハエのようなありさまだ **तरह-तरह के (- की)** 様々な；いろいろな；種々の；色とりどりの；多種多様な= भाँति-भाँति के (- की); विभिन्न प्रकार के (-की); किस्म-किस्म के (- की). तरह-तरह के दु:ख 様々な悲しみ तरह तरह के ख़ूबसूरत परिंदे 様々な美しい鳥 तरह-तरह की बीमारियाँ いろいろな病気 तरह-तरह की मिठाइयाँ 種々のお菓子 छठी कक्षा में पढ़ते समय मेरे तरह-तरह के सहपाठी थे 6 年生の時いろんな級友がいた **तरह-तरह से** 様々に；種々な方法で；多様に **तरह दे॰** *a.* 気にとめない；意に介さない；問題にしない；見逃す वह सदा तरह दे जाता है いつも意に介さないでいる बड़ी सीधी चोट थी, पर बड़ी सधी हुई चोट थी.शर्मा जी उस चोट को सह गए, तरह दे गए 攻撃は真っ直ぐなものであったがなかなか狙い定めたものだった．シャルマーさんはその攻撃に耐え，それを意に介さなかった *b.* 放置する；構わない **बुरी तरह** ひどく；とても；とてつもなく；極度に बुरी तरह बौखलाए हुए とても興奮して मैंने अपने पिता को बुरी तरह बीमार देखा 父の病状がひどく重いのを知った **हर तरह से** 全く；完全に；すっかり घर हर तरह से साफ़ था 家は全く清潔だった उससे निपटने के लिए सरकार हर तरह से तैयार है 政府にはそれに対処する準備がすっかりできている
तरहटी [名*] (1) = तराई. (2) 低地
तरहदार [形]《A.P. طرح دار》(1) 恰好のよい；形のよい；素敵な (2) めかしこんだ；しゃれた；おしゃれな；粋な= शौकीन.
तरहदारी [名*]《A.P. طرح داری》← तरहदार.
तराइन [名*] 星の集まり；星座
तराई[1] [名*] (1) ふもと（麓）；山麓；裾野；山麓沿いの低地 हिमालय की तराई में स्थित हिमाचल प्रदेश ヒマラヤ山脈の麓に位置するヒマーチャラ州 (2)〔地名〕タラーイー（ヒマラヤ山脈南端のシワリク丘陵沿いにインドとネパールの国境に広がる沼沢地のある低地） (3) 谷；盆地
तराई[2] [名*] 星の集まり；星の群れ
तराई[3] [名*] 小さな池；沼
तराज़ू [名]《P. ترازو》天秤；秤 तराज़ू के पलड़े 天秤皿 **तराज़ू पर तौलना** 秤にかける **(-को) तराज़ू पर तौलना** (ーを) 評価する **(-से) तराज़ू हो॰** (ーと) 比べられる；対比される **तराज़ू हो॰** *a.* 勝敗を決するものとなる；勝敗を占うものとなる *b.* 矢が体を貫いて刺さったままになる
तराना [名]《P. ترانه》(1) 歌 (2)〔イ音〕タラーナー（歌曲の形式の一で太鼓奏法に用いられるターラ (シラブル) の符丁を用いる歌）
तरापा[1] [名] 筏 = बेड़ा.
तरापा[2] [名] 悲鳴；救いを求める声= हाहाकार; कुहराम.
तराबोर [形]《P. تر + H. बोर》ぐっしょり濡れた；びっしょり濡れた；びしょびしょの= शराबोर; सराबोर. तराबोर क॰ ぐっしょり濡らす तराबोर हो॰ ぐっしょり濡れる
तरामल [名] 瓦の下に敷くムンジャソウ（मूँज）の束
तरामीरा [名]〔植〕アブラナ科キバナスズシロ【*Eruca sativa*】（実から食用油が採れ葉は飼料となる）= तरमिरा.
तरारा [名] → तर्रारा. बाबा के चेहरे का तरारा अभी तक उसी तरह था 祖父の表情の鋭さにはいまだ変わりはなかった **तरारा भरना** *a.* 猛烈な速度で進む；走る；突進する *b.* 素早く処理する **तरारा मारना** 出しゃばって大きな口をきく；大口を叩く
तरावट [名*] (1) しめりけ（湿り気）= गीलापन; नमी. (2) 冷気；ひんやりした感じ；涼しさ= शीतलता; ठंडक. **तरावट आ॰** 爽快になる；さわやかになる；はつらつとする
तराश [名*]《P. تراش》(1) 研磨すること；削ること (2) 刻むこと；彫刻すること= पत्थरों की तराश 石の彫刻 (3) 切り取ること；刈り込むこと (4) 形；形式；様式 **तराश क॰** *a.* (石などを) 磨く；削る *b.* 切り取る；刈り込む
तराशख़राश [名*]《P. تراش خراش》刈り込み；整理；整頓；形を整えること；彫琢
तराशना [他]《← P.تراش》(1) 削る；研磨する पत्थरों को तराशते हुए 石を削りながら (2) 彫る；刻む पत्थर तराशना 石を刻む संगेमरमर का तराशा बदन 大理石を彫ったような肉体 भगवान कृष्ण की यह मूर्ति एक ही काले संगमरमर के शिलाखंड से तराशी हुई है このクリシュナ神像は 1 個の黒い大理石片を刻んだものです (3) 切る；切り取る；刈る；刈り取る नाखुन तराशना 爪を切る
तरिंदा [名] 浮標；ブイ = तरेंदा.
तरि [名*] (1) 舟；船= नाव; नौका. (2) 衣裳箱 (3) 裾
तरिक [名] (1) いかだ（筏）= बेड़ा. (2) 渡し守 (3) 船頭

तरिका[1] [名*] 船 = नाव; नौका.
तरिका[2] [名] 《A. ترکہ》遺産 = दाय; रिक्थ.
तरिका[3] [名] 雷 = विद्युत्; बिजली.
तरिकी [名] 船頭
तरित्र [名] 船；船舶= जहाज़; जलपोत.
तरियाना[1] [他] (1) 下に入れる；下に置く (2) 覆う；隠す (3) なべやかまなどの底に粘土を塗りつける
तरियाना[2] [他] 湿らせる；濡らす= तर क°; गीला क°.
तरियाना[3] [自] 底に沈む；沈殿（沈澱）する
-तरीं [接尾] 《P. ترین》ペルシア語由来の形容詞について最高級を表す接尾辞 आसान 容易な → आसानतरीं 最も安易な；一番易しい आसानतरीं रास्ता 最も容易な方法
तरी[1] [名*] 《P. تری》(1) しめりけ；湿気 नथुनों पर तरी （動物の）鼻が湿っていること（湿り気） (2) 心地よい冷気 (3) 新鮮さ；すがすがしさ (4) 沼地；沼沢；低湿地 (5) 沈殿物（沈澱物） (6) 海 दुनिया को अगर चार हिस्सों में बाँट दिया जाए तो तीन हिस्से तरी है 地球を 4 つに分けてみるとそのうちの 3 つは海です (7) 金回りのよいこと **तरी दे°** 湿らせる；濡らす
तरी[2] [名*] (1) 船 (2) 衣装箱 (3) 裾
तरीक [副] 早朝；朝早く= तड़का; सवेरा; प्रातःकाल.
तरीक़ [名] 《A. طریق》(1) 道；道路 (2) 様式；形式；流儀 (3) 伝統；慣例；慣習；しきたり (4) 宗教 (5)〔イス〕スーフィズムの教団（タリーカ）；流派
तरीक़ा [名] 《A. طریقہ》(1) 方法；仕方；やり方 उसमें हाथ बटाने का तरीका सीखना भी ज़रूरी है それの手伝い方を覚えることも大切だ वे ज़िंदगी को अपने ही तरीक़े से ख़ुद के अनुभव से जीना चाहते हैं 人生を独自に自らの経験で生きてみたいと思っている प्रोफ़ेसर के पढ़ाने का तरीका इतना बढ़िया था 教授の教え方は実に素晴らしかった मुहब्बत ज़ाहिर करने का तरीका 愛情表現の仕方 खेती के नए तरीक़े 新農法 **अपने तरीक़े से** 自分のやり方で उनमें किसी बात को अपने तरीक़े से सोचने-समझने की आदत पड़ गई 何事も自分の流儀で考える癖がついた (2) 手段 = साधन. (3) 作法 = ढंग. (4) 道 = रास्ता; मार्ग. (5) 教団；宗派= पंथ; सम्प्रदाय.
-तरीन [接尾] 《P. ترین》 = तरीं. 形容詞の最高級形を作る接尾辞 जदीद → जदीदतरीन 最新の
तरु [名] 木；樹木= पेड़; वृक्ष.
तरुण [形] (1) 若い；若々しい= जवान. तरुण पौधा 若木 (2) 新しい；新鮮な= नया; नवीन.
तरुणता [名*] ←तरुण. 若さ；若々しさ
तरुणाई [名*] (1) 若さ；若々しさ अपना सौंदर्य, स्वास्थ्य और तरुणाई भी सदा के लिए खो बैठती है 美しさ，健康，それに若さまでも永遠に失ってしまう (2) 思春期；青春期 मैं अब तरुणाई में पैर रख रहा था 正に思春期に入ろうとしていた
तरुणावस्था [名*] 思春期；青年期= तारुण्य; यौवन; नौजवानी. तरुणावस्था में प्रवेश क° 青年期に入る
तरुणिमा [名*] = तरुणाई.
तरुणी [形*・名*] 若い（女性）= युवती; जवान लड़की.
तरुदल [名] 木立；林；森
तरुन [名・形] → तरुण.
तरुराज [名] (1)〔イ神〕人のあらゆる願いを叶えてくれるという如意樹 = कल्पवृक्ष. (2)〔植〕ヤシ科ウチワヤシ= ताड़.
तरेंदा [名] (1) 水に浮いている木 (2) 筏= बेड़ा.
तरे [副] 下に = नीचे; तले.
तरेट [名] 下腹；下腹部= पेड़ू.
तरेटी [名*] 山麓；山裾= तराई; तलहटी.
तरेड़ [名*] ひび割れ；裂け目 (-में) **तरेड़ डालना** （－に）ひびを入れる
तरेरना [他]（आँखें तरेरना の形で用いられることが多い）（目を）むく；怒りに目をむいたり睨み付けたりする；目を見開く；睨み付ける；ねめつける；怒りや不快感を示す目付きにする "कमती है?" विनोद ने आँखें तरेरते हुए पूछा 「少ないって？」ヴィノードは目をむきながらたずねた भेड़िया आँखें तरेरता हुआ मेमने की तरफ़ बढ़ा 狼は睨み付けて子羊の方へ進んだ उसने आँखें मिलाई, फिर तरेरी और कहा 目と目を合わせ，次に睨み付けそれから口を開いた
तरैया [名*] 星= तरई; नक्षत्र.
तरैला [名] (1) 夫の先妻との間に生まれた男の子 (2) 配偶者が前夫もしくは前妻との間にもうけた男子（連れ子）
तरैली [名*] (1) 夫の先妻との間に生まれた女の子 (2) 配偶者が前夫もしくは前妻との間にもうけた女子（連れ子）
तरोंडा [名]〔農〕収穫物のうち使用人の農業労働者に労賃として支払われる現物
तरोई [名*]〔植〕ウリ科蔓草トカドヘチマ【*Luffa acutangula*】आया सावन फूल तरोई में पीला है फूला サーワン月の訪れに咲いたのはトカドヘチマの黄色い花よ= तुरई; तोरी.
तरोता [名]〔植〕マメ科ミミセンナ【*Cassia auriculata*】= तरवर.
तरोताज़ा [形] 《P. تر و تازہ》(1) 新鮮な；新しい；採れたての (2) 新鮮で美しい सब कुछ तरोताज़ा नज़र आने लगे なにもかも新鮮で美しく見えた (3) はつらつとした；はっきりとした（頭の働き） दिमाग़ तरोताज़ा और चौकन्ना रहता है 頭がはっきりしてきりっとする (4) みずみずしい त्वचा को तरोताज़ा करने के लिए 肌をみずみずしくするのに
तरौंछ [名*] 沈殿物（沈澱物）；おり= तलछट.
तरौटा [名] 碾き臼の下半分
तरौंदा [名] ブイ；浮標= तरिंदा.
तरौना[1] [名]〔装身〕(1) タローナー（耳たぶにつける耳飾りの一種） (2) = कर्णफूल.
तरौना[2] [名] 菓子行商人が菓子容器をのせるのに用いる葦の茎でこしらえた筒形の台
तर्क[1] [名] (1) 論理；論法 (2) 論拠；理屈；論理 गंभीरतापूर्वक वे अपने तर्क दे रहे थे. 慎重に論拠を述べていた तर्क से 論理的に तर्क से विचार करना चाहिए 論理的に考えなくてはいけない
तर्क[2] [名] 《A. ترک》離れること；捨てること；捨離；放棄
तर्कणा [名*] (1) 推論；推理；論法 (2) 理屈；論理
तर्कना [名*] = तर्कणा.
तर्कपूर्ण [形] 筋道が通っている；理路整然とした；もっともな तर्कपूर्ण कार्य-कारण संबंध 理路整然とした因果関係
तर्कयुक्त [形] 論理的な；論理にかなった तर्कयुक्त प्रतिपादन 論理的な証明
तर्क-वितर्क [名] (1) 議論；議論の応酬 (2) 論議 आग्नेय तर्क-वितर्क 火を噴くような議論 **तर्क-वितर्क में पड़ना** 口論になる；言い争いになる
तर्कश [名] = तरकश.
तर्क शास्त्र [名] 論理学
तर्कसंगत [形] (1) 筋道が通っている；論理的な；もっともな；理にかなっている तर्कसंगत बातें もっともな話 (2) 合理的な तर्कसंगत निष्कर्ष 合理的な結論
तर्कसिद्ध [形] 論理にかなった
तर्कहीन [形] (1) 論理に合わない；不合理な；筋の通らない (2) 道理に反する；ばかげた तर्कहीन प्रथा ばかげた風習
तर्कातीत [形] 論理を越えた
तर्काभास [名] もっともらしい推論；誤った推論
तर्कारी [名*]〔植〕クマツヅラ科大低木マライハマクサギ【*Premna obtusifolia; P. corymbosa; P. integrifolia*】= अँगेथू; अगेथ; अरणी.
तर्कित [形] 推論された；推理された
तर्की [形・名] 理屈っぽい
तर्कीब [名*] 《A. ترکیب》方法；手段；工夫= तरकीब. किसी तर्कीब से なんとかして；何らかの方法で
तर्कु [名] 紡錘 = तकला; टेकुआ.
तर्कुल [名]〔植〕(1) ウチワヤシ (2) ウチワヤシの実= ताड़.
तर्के अदब [名] 《A. ترک ادب》無礼；非礼
तर्के दुनिया [名] 《A. ترک دنیا तर्के दुन्या》俗世間を捨て去ること；隠遁
तर्गीब [名*] 《A. ترغیب》= तरग़ीब.
तर्ज़ [名⁻] 《A. طرز》(1) 型；形式；様式；風；タイプ (2) 方法；しかた；やりかた（遣り方）；方式 तर्ज़ अमल 実行方法 सूडान में भी उसी तर्ज़ का एक विद्रोह जारी है スーダンでもそれと全く同じ型の反乱が進行している उपर्युक्त बात को कभी इस तर्ज़ में न कहें 上記のことを決してこの話し方ではおっしゃらないことです एक मामूली हैसियत से वह भारत के सब से ऊँचे ओहदे पर पहुँचे, फिर भी उन्होंने अपना तर्ज़ नहीं बदला 普通の身分からインド最高位の地位にまで登られたが，それでも自分のやり方を変えられなかった

त

तर्जन [名] (1) 叱責 (2) 威嚇= भयप्रदर्शन.
तर्जनी [名*] 人差し指 = प्रदेशिनी.
तर्जमा [名] → तरजुमा. 翻訳；訳 **तर्जमा क॰** 訳する；翻訳する；訳出する
तर्जित [形] (1) 叱責された (2) 侮辱された
तर्जीह [名*] = तरजीह.
तर्जुमा [名] = तरजुमा; अनुवाद.
तर्ण [名] (1) こうし（犢）= बछड़ा; बछवा. (2) 動物の子
तर्तरीक[1] [名] 小船
तर्तरीक[2] [形] 向こう岸へ渡す
तर्पण [名] (1) 満足させること (2)〔ヒ〕神，祖霊，リシ（聖仙）などに水を供える儀式；水の献供；タルパナ
तर्पणीय [形] (1) 満足させるべき (2)〔ヒ〕水を供えて満足させるべき；タルパナを行うべき
तर्पित [形] (1) 満足させられた (2) タルパナの行われた
तर्पी [形] (1) 満足させる (2) タルパナを行う
तर्बियत [名*] 《A. تربيت》= तरबियत. (1) 養育 जापानी बच्चों की तर्बियत 日本の子供の養育 (2) 訓育；教育；訓練；研修= ट्रेनिंग; प्रशिक्षण. फ़ौजी की तर्बियत का काम 軍事教練 दंदानसाज़ी की तर्बियत के लिए 歯科医の研修のため
तर्बुज़ [名] 《P. تربز》= तरबूज़.
तर्रार[1] [形] 《A. طرار》(1) 弁の立つ；弁説の達者な (2) 素早い；敏捷な (3) 抜け目のない；機敏な；はしこい (4) 人を欺く；ぺてんにかける (5) 動き回る；落ち着きのない (6) きつい；刺激の強い उसे तेज़ तर्रार चटकीले रंग पसंद हैं あの人はとてもきついけばけばしい色が好きだ
तर्रार[2] [名] (1) 詐欺師；ぺてん師 (2) すり
तर्रारा [名] 《P. طراره》(1) 鋭さ；敏捷さ (2) 速さ；速度 **तर्रारा भरना** *a.* 飛び跳ねる *b.* 突進する
तर्रारा ज़बान [形] 《A. P. طراره زبان》口達者な；よくしゃべる；しゃべりまくる
तर्ष [名] (1) 渇き= तृष्णा; असंतोष. (2) 渇望；願望；熱望= अभिलाषा; आकांक्षा; तमन्ना.
तर्षण [名] = तर्ष.
तर्षित [形] (1) 渇いた；のどの渇いた (2) 渇望する；熱望する
तर्ह [名*] 《A. طرح》= तरह.
तर्हअंदाज़ [形] 《A. طرح انداز》基礎を築く；礎石を置く
तर्हदार [形] → तरहदार.
तर्हदारी [名*] → तरहदारी.
तल [名] (1) 物体の下側；底 (2) 海や池沼などの水の底 (3) 物体の位置が低いところ；下 समाज के तल में 社会の底辺に (4) 表面 शुक्रतल पर 金星の表面に (5) てのひら；掌 (6) 足の裏 (7) 層；階
तलक [後置] まで = तक; पर्यंत. तीन महीने तलक 3 か月間
तलक़ीन [名*] 《A. تلقين तल्क़ीन》(1) 教訓 (2) 教示；伝授
तलख़ [形] 《← P. تلخ तल्ख़》(1) 苦い (2) 激しい；強烈な；きつい；厳しい (3) 気むずかしい；意地悪の；辛辣な；不機嫌な तुम मीठी-मीठी बातें जो करते हो थोड़ा-सा तलख़ मिज़ाज बना लो न いつも優しい口をきいているが，少しは厳しい顔をしなさいよ
तलख़ाना [名] 《H. + P. خانه》地下室
तलख़ी [名*] 《P. تلخى तल्ख़ी》(1) にがさ；にがみ (2) 辛辣さ；いやみ；不快感；にがにがしさ (3) 不機嫌 उसने तलख़ी से बात समाप्त करते हुए कहा 不機嫌に話を終えながら言った
तलघर [名] (1) 地下室 जंगल में छिप जाओ, नहीं तो घर के तलघर में ही चलो 森に隠れるか家の地下室に隠れなさい (2) 船の石炭庫
तलघरा [名] 地下室 = तहख़ाना.
तलचट्टा [名]〔鳥〕アマツバメ科ヤシアマツバメ【*Cypsiurus parvus*】〈palm swift〉
तलछट [名*] (1) かす（滓）；おり (2) 沈澱物= गाद; तलौंछ.
तलछटी [形] (1) 滓の；おりの (2) 沈澱した तलछटी शैल 水成岩
तलना [他]（油脂類で）揚げる मछलियाँ तलने की गंध 魚を油で揚げる匂い पकौड़े तलना パコーラーを揚げる देसी घी में तले पूड़े 本物のギーで揚げたプーラー तली हुई वस्तुएँ (चीज़ें) 揚げ物 तली चीज़ें बिलकुल न खाइए 油物は全く食べないようになさって下さい तलना-भूनना 揚げたり炙ったりする मैं दूसरी औरतों की तरह नहीं हूँ, जो नौकर-चाकर को तलती-भूनती हूँ 私は使用人を痛めつけるような他の女とは違いますよ
तलपट [形] 荒れ果てた；荒廃した；台無しの；駄目になった；全滅した= बरबाद; नष्ट; तबाह. अन्यायी राजा तलपट नगरी 無法の王の支配するところ滅するものなり
तलफ़[1] [名] 《A. تلف》破滅；滅亡；死亡；壊滅
तलफ़[2] [形] 《A. تلف》破滅した；壊滅した；滅亡した= नष्ट; बर्बाद.
तलफ़ी [名*] 《A. تلفى》(1) 破滅 = तलफ़[1] (2) 損害；被害
तलफ़्फ़ुज़ [名] 《A. تلفظ》発音 = उच्चारण.
तलब [名*] 《A. طلب》(1) 求め（ること）；要求（すること）；要請（すること） इसने हमसे अगर खाना खिलाने की तलब की होती तो この人が当方に食事に招いてくれと求めていたならば (2) 欲求；欲すること；願うこと जब भी उसे शराब की तलब लगे あの人が酒を飲みたくなった時はいつでも (3) 召喚；呼び出し शेख साहिब को तलब करो シェーク・サーヒブを呼び出しなさい (4) 給料；俸給；給与 तलब का दिन औरों के लिए हँसने का दिन था, मेरे लिए रोने का 給料日は他人には笑う日だったが私にとっては泣く日だった **तलब क॰** *a.* 呼び出す；召喚する मैं तो कहूँगा चौधरी को यहाँ तलब करो チョードリーをここへ呼べというんだ *b.* 取り寄せる；持って来させる **तलब बुझाना** 要求を満たす；欲求を満たす (-)/(-की) **तलब मर जा॰** （－の）気持ちがなくなる；（－）したくなくなる **तलब मिटाना** 要求を満たす；欲求を満たす और इस बार वे पिछले दिनों की सारी तलब मिटाने के लिए ज़्यादा पिएँगे 今度は以前のあらゆる欲求を満たすために余計に沢山飲むだろう
तलबगार [形] 《A.P. طلب گار》(1) 望む；求める；欲する；願う (2) 要求する；請求する (-का) तलबगार （－を）求める；願う मैं तुम्हारे मुँह पर सिर्फ़ मुस्कराहट का तलबगार हूँ 僕は君の顔には微笑みしか願わないんだ
तलबनामा [名] 《A.P. طلب نامه》〔法〕召喚状〈summons〉
तलबा [名, pl.] 《A. طلبه तल्बा ← طالب तालिब》学生；学生たち；生徒
तलबाना [名] 《A.P. طلبانه》(1)〔法〕証人召喚費用 (2) 地税納入の遅延に対する延滞金 (3) 令状送達のため小使いに支給される手数料
तलबी [名*] 《A. طلبى》(1) 呼び出し= बुलाहट. (2)〔法〕召喚 तलबी हो॰ 呼出を受ける；召喚される
तलबेली [名*] (1) 焦り = छटपटी; आतुरता. (2) 不安；動揺 = बेचैनी. **तलबेली पड़ना** 不安になる；心配になる；落ち着きがなくなる
तल-मल [名] = तलछट.
तलमलाना[1] [自] のたうちまわる；あがき苦しむ
तलमलाना[2] [自] 強い光線に目が眩む= तिलमिलाना.
तलवंडी〔地名・シク〕タルワンディー（シク教開祖グルナーナクの生誕地．パキスタンのラーホール市近くラーヴィー川のほとりに位置）
तलवा [名] 足の裏（土踏まずも含める） **तलवा खुजलाना** 足の裏がかゆくなる（旅に出る前兆） **तलवा तले आँखें मलना** へつらう；追従する **तलवा तले की धूल** 取るに足らぬもの **तलवा तले हाथ धरना** = तलवा तले आँखें मलना. **तलवा न टिकना** 1 か所に落ち着かない **तलवा न भरना** = तलवा न टिकना. **तलवा न मारना** = तलवा न टिकना. **तलवे की आग माथे तक पहुँचना** *a.* 怒りに燃える *b.* 嫉妬に狂う **तलवे की धूल** 取るに足らぬもの (-के) **तलवे चाटना** （－に）へつらう；こびる लोभी राजनेता और व्यापारी किसी एक ख़ास व्यक्ति के तलवे चाटने के लिए होड़ लगाये रहते थे いつも貪欲な政治家と商人たちがある特別の人物に競争するようにこびへつらっていた **तलवे छलनी हो जा॰** 歩き疲れてくたくたになる **तलवे धो धोकर पीना** *a.* とても手厚いもてなしをする；下にも置かぬもてなしをする；至れり尽くせりのもてなしををする *b.* へつらう；こびる (-के) **तलवे सहलाना** （－に）こびへつらう（媚び諂う） (-के) **तलवों के नीचे आँखें बिछाना** （－を）手厚くもてなす **तलवों तले मेटना** （－を）踏みつぶす **तलवों में से तेल निकालना** 極度にけちなことのたとえ (-के) **तलवों से आँखें मलना** = तलवा तले आँखें मलना. (-) **तलवों से मलना** （－を）踏みつぶす **तलवों से लगना** *a.* = तलवों से लगकर, सिर में जाकर बुझना. *b.* 妬む；嫉妬する **तलवों से लगकर, सिर में जाकर बुझना** 激しい憤りを感じる
तलवार [名*] 刀；太刀 **तलवार उठाना** 刀を取る **तलवार क॰** = तलवार चलाना. **तलवार कसना** 刀を鑑定する **तलवार का खेत** 戦

場 **तलवार का घाव** 刀傷 **तलवार का छाला** 刀の刃こぼれ **तलवार का डोरा** 刀の刃先 **तलवार का धनी** 剣術の達人；剣豪 **तलवार का पानी** *a.* 刀の輝き *b.* 武勇；勇気 **तलवार का पानी पीना** 立ち向かう；戦う **तलवार का पानी मरना** *a.* 勇武の心を失う *b.* 刀の刃が欠ける **तलवार का फल** 刀身 **तलवार का बल** *a.* 武力 *b.* 刀のそり **तलवार का मुँह** = तलवार का डोरा. 刀の刃 **तलवार का हाथ** 剣術；剣法 **तलवार की आँच** *a.* 刀のきらめき *b.* 刀で襲いかかること；切りつけること **तलवार की आँच सहना** 刀に立ち向かう **तलवार की काट** 刀の腕前 **तलवार की छाँह में** *a.* 戦場で *b.* 護衛の下に **तलवार की धार** 甚だ難しいこと；困難きわまりないこと **तलवार की धार उतारना** 刀にかける；斬り殺す **तलवार की धार पर चढ़ना** 非常に難しいことをする= तलवार की धार पर चलना; तलवार की धार पर दौड़ना. **तलवार की नोक पर** *a.* 力ずくで；武力で *b.* 脅かして；脅迫して **तलवार की प्यास बुझाना** 刀の渇きを癒す；刀に血を吸わせる；斬り殺す **तलवार की मूठ पर हाथ जा॰** 刀に手をかける **तलवार के घाट उतारना** 斬り殺す **तलवार के ज़ोर से** 力ずくで **तलवार के बल पर** = तलवार के ज़ोर से. **तलवार के साये में** 刀の下で；恐怖にさらされて **तलवार खींचना** *a.* 刀を抜く *b.* 襲いかかろうとする **तलवार चमकाना** 戦う構えをする **तलवार चलना** 斬り合いになる **तलवार चलाना** 刀を振るう；刀で斬る **तलवार जड़ना** 刀で斬りかかる **तलवार तोलना** 刀を構える **तलवार पर चलना** 危険を冒す **तलवार पर पानी चढ़ाना** 戦いに備える **तलवार पर हाथ रखना** *a.* 固く誓う *b.* 刀を構える **तलवार पर मख़मल का गिलाफ़ चढ़ा हो॰** 表面とは反対に悪意を抱くこと；面従腹背 **तलवार बजना** 斬り合いになる **तलवार बाँधना** 刀を腰に帯びる；帯刀する **तलवार में बल पड़ना** *a.* 敗色が濃くなる *b.* 刀の刃が欠ける **तलवार म्यान से बाहर हो॰** 刀が抜かれる；抜き身になる **तलवार सिर पर नाचना** 死が迫る；死の危険が迫る **तलवार सिर पर लटकना** 絶体絶命な；追いつめられる；切羽詰まる **तलवार सूंतना** 刀を抜く；刀を抜いて構える **तलवार से बात क॰** 刀（武力）を使う；刀に訴える；刀に頼る

तलवारबाज़ी [名*]《H. + P. بازی》(1)〔ス〕フェンシング (2)〔映〕(映画の) ちゃんばら

तलवारिया [名] 剣の達人；剣豪

तलवारी [形] 刀の；刀剣の

तलहटी [名*] 麓；山麓；裾野= तलहट्टी. पहाड़ की तलहटी 山の麓 पहाड़ी तलहटियों में 山麓に；山麓で

तला [名] (1) 底；底面；底部；底辺；下部= पेंदा. नाव का तला 船底 पिंजरे का तला 鳥かごの底 चमचमाते तले वाली इस्त्री 腹がぴかぴかのアイロン (2) 足の裏 (3) 靴底 **तले की दुनियाँ ऊपर हो॰** *a.* 大きく変わる；大きな変動が生じる *b.* 世の中がひっくり返る **तले की साँस तले और ऊपर की साँस ऊपर रह जा॰** *a.* 茫然とする；なすべきことがわからなくなる *b.* びっくりする；驚きたまげる；息をのむ= तले के दाँत तले और ऊपर के ऊपर रह जा॰.

तलाई[1] [名*] ←ताल. 小さい池= तलैया.

तलाई[2] [名*] ←तलना. 油やギーで揚げること

तलाक़ [名]《A. طلاق》(1)〔イス〕イスラム教徒の正式な離婚形式 (2) 離婚；離縁= विवाह-विच्छेद. अपनी पत्नी को तलाक़ दे॰ 妻を離縁する उसने अपने पतिको तलाक़ दे दिया था 夫を離縁した（夫を捨てた） **तलाक़ ले॰** 妻が離婚を求める यदि दो साल तक पति अपनी पत्नी को खिला-पिला पहना न सके तो वह तलाक़ ले सकती है 夫が2年間妻を扶養できなければ離婚を求めることができる

तलाक़नामा [名]《A.P. طلاق نامه》(1) 離婚証書 (2) 離縁状

तलाक़शुदा [形]《A.P. طلاق شده》(1) 離婚した；離婚している तलाक़शुदा औरत के मुआवज़े का प्रश्न 離婚した女性の補償の問題 तलाक़शुदा स्त्री या पुरुष 離婚した女性と男性 (2) 離婚したことのある；離婚歴あり 27, पोस्ट ग्रेजुएट, अग्रवाल, निस्संतान तलाक़शुदा (年齢) 27歳, (学歴) 修士, (カースト) アグラワール, (家族) 子供なし, 離婚歴あり

तलाफ़ी [名*]《A. تلافی》弁償 = क्षतिपूर्ति.

तलाबेली [名*] = तलबेली.

तलाया [名] 小さな池 = तलैया.

तलाव[1] [名] 油やギーなどで揚げること

तलाव[2] [名] 池 = तालाब; पोखरा.

तलावत [名*]《A. تلاوت तिलावत》(1) 読誦；読経 (2)〔イス〕コーランの読誦；コーラン朗読 मौलवी साहब को नमाज़ और तलावत के सिवा और कोई काम न था 先生にはお祈りとコーランの読誦以外になすことはなかった

तलाश [名*]《P. تلاش》(1) さがすこと；探し（捜し）；探し求めること；見つけること；見つけ出すこと；探し出すこと；探索 नौकरी की तलाश 職探し वर की तलाश 婿探し सूखी लकड़ी की तलाश में भटकता रहा 乾いた木を探し求めて歩き回った (2) 求めること；追いかけること साये की तलाश में 木陰を求めて वह घर से बाहर आकर्षण की तलाश में आवारागर्दी करता फिरता है 家の外に魅力のあるものを求めて徘徊する (3) 模索；探索；探究 गाँधी और मार्क्स : समन्वय की तलाश ガンディーとマルクス：その調和の模索 भोजन की तलाश में 餌を求めて (-की) **तलाश में बैठना** (ーを) 待ち構える वे तो ऐसे ही मौके की तलाश में बैठे थे あの方は正にこのような機会を待ち構えていらっしゃったのだった

तलाशना [他]《← P. تلاش तलाश》(1) 探す；捜す；捜索する；見つけ出す यह आदेश हत्या, डकैती, लूटपाट, आगज़नी और राजद्रोह के मामले में तलाशे जा रहे सभी युवकों पर लागू होगा この指令は殺人, 強盗, 略奪, 放火及び反逆のかどで捜し求められているすべての青年たちに適用される मुक्ति की राह तलाशना 解脱の道を探す हल तलाश कर लिया गया 解決策が見つけ出された (2) 追求する (3) 模索する；探索する

तलाशी [名*]《P. تلاشی》(1) 探索；捜索；追求 (2) 家宅捜索 (3) 身体や持ち物・所持品の検査 **तलाशी का वारंट**〔法〕捜索令状 **तलाशी दे॰** 捜索させる **तलाशी ले॰** 捜索する

तलिका [名*] 馬の首から下げる餌袋

तलित [形] 油やギーで揚げられた

तलिन[1] [形] (1) やせた；やせこけた (2) 古びた；ぼろぼろの (3) まばらな；わずかな (4) 離れ離れの；散らばった

तलिन[2] [名*] 床；寝床；褥

तलिम [名] (1) 屋根 = छत; पाटन. (2) ベッド (3) 天蓋

तलिया[1] [名*] 海底；海の底

तलिया[2] [名*] 小さな池

तली [名*] (1) 底；底部 = पेंदी. जलकुंड की तली 貯水池の底 (2) 掌 (3) 足の裏 (4) 竜骨；キール

तलुआ [名] = तलवा; तलुवा.

तलुवा [名] = तलवा. पाँव का तलुवा 足の裏

तले[1] [副] ←तला. (位置が) 下に；下方に；(順序が) 次に；後に **तले ऊपर** *a.* 積み重ねて；上下に *b.* 上下をひっくり返して；逆に；位置や順序をさかさまにして **तले ऊपर के** (年齢上, 上下の) 順番の；前後の順になっている तीनों तले ऊपर के हक़ीक़ी भाई थे 3人は順々に生まれた実の兄弟だった **तले ऊपर जी हो॰** = जी तले ऊपर हो॰. *a.* 気が動転する *b.* 胸がむかむかする；吐き気がする **तले ऊपर हो॰** *a.* ひっくり返る；逆転する；さかさまになる；ごたごたになる；混乱する *b.* 上になったり下になったりする (-से) **तले ऊपर हो॰** (男女が) 絡み合う；交接する

तले[2] [後置] 名詞類に केを介して接続するほか直接に接続もする (1) 位置が低いところに；下に；下方に एक पीपल के तले मेरा घर है 1本のボダイジュの下にわが家がある पेड़ तले बैठना 木の下にすわって (2) (程度が) 低く；下に दुनिया में बहुत-सी औरतें देखी हैं, पर सब तले-तले いろんな女性を見たがみな君には遠く及ばないよ (3) (ーの) 配下に；(ーの) 部下に；(ーの) 下に सब मेरे तले-तले न रहेंगी तो करेंगी क्या? मेरी बराबरी कर लेना मामूली बात नहीं みんな私の下にいなけりゃすることがないでしょう. 私を相手にするのは並大抵のことじゃないよ

तलैया [名*] (小さい) 池 तलैयों के बाँध 池の堤

तलोदर [形] 太鼓腹の；腹の突き出た

तलोदा [名*] 川 = नदी; दरिया.

तलौंछ [名*] 滓；おり

तल्ख़ [形]《P. تلخ》(1) にがい (苦い) = कड़ुवा. वह धीरे-धीरे तल्ख़ हो उठी だんだん苦くなった (2) (感じや思いが) 苦い；いやな；いやな感じの；不愉快な यह अतिशयोक्ति नहीं, तल्ख़ सच्चाई है これは誇張ではなくて苦い真実なのだ (3) 不機嫌な；怒りっぽい (4) 辛辣な；嫌味な

तल्ख़ी [名*]《P. تلخی》(1) にがさ (苦さ) (2) 不愉快さ (3) 不機嫌 (4) 辛辣さ；嫌味 स्वर में न कहीं तल्ख़ी थी न शिकायत बड़े सहज स्वर में उसने कहा था その口調には嫌味も不満な調子も全くなくごく自然な感じで言った

त

तल्प [名] (1) 寝台；ベッド；床= पलंग; शय्या; सेज. (2) 寝具= बिस्तर.

तल्बाना [名] = तलबाना.

तल्ल [名] (1) 地面にできた穴= बिल. (2) 地面のくぼみ= गड्ढा. (3) 池= पोखरा; ताल.

तल्ला[1] [名] (1) 底= पेंदा. (2) 靴底 = तला. (3) 二重のものの下側や内側 (4) 裏布

तल्ला[2] [名] 建物の階や層= मंज़िल.

तल्लिका [名*] 鍵 = ताली; कुंजी.

तल्ली[1] [名*] (1) 靴底= जूते का तला. (2) 靴 उसने तल्ली निकालकर चौधरी के सिर, मुँह, पीठ पर मारा 靴を脱いでチョードリーの頭，顔，背を叩いた

तल्ली[2] [名*] (1) 若い女性；娘= युवती; तरुणी. (2) 船

तल्लीन [形] (ーに) 熱中している；耽っている；没頭している；うっとりした；我を忘れている वह गाने में इतना तल्लीन हो गया कि असलियत का कुछ पता न चला 我を忘れるほど熱中して歌っていた लिखने में तल्लीन 書くのに熱中している पत्र पढ़ने में तल्लीन थी 手紙を読み耽っていた शिव जी बहुत देर तक पार्वती के साथ तपस्या में तल्लीन रहे シヴァ神は長い間パールヴァティー神と共に苦行に没頭していた

तल्लुआ [名] 織り目の粗い綿布の一種

तव [代] 《Skt.》サンスクリット語二人称代名詞単数属格形；汝の；おまえの；君の；あなたの

तवक़्क़ा [名] = तवक़्क़ो.

तवक़्क़ुफ़ [名] 《A. توقف》 (1) 遅滞= विलंब; देर. (2) たるみ；ゆるみ= ढील.

तवक़्क़ो [名*] 《A. توقع》 希望；期待= आशा; उम्मीद.

तवक्षीर [名] = तबाशीर.

तवज्जह [名*] 《A. توجه तवज्जोह》 (1) 注意 (を払うこと)；配慮；意を注ぐこと तवज्जह दे॰ 注意を払う；配慮する उन्होंने बच्चों की सेहत, तालीम और तर्बियत पर बहुत तवज्जह दी 同氏は児童の健康，教育及び訓育に非常に意を注がれた शहरी मुसलमानों ने भी उस तरफ़ तवज्जह न की 都市部のムスリムもその方面には注意を払わなかった ज़रा उस तरफ़ तवज्जह देने की ज़रूरत है そちらに少し注意を払う必要がある (2) 親切；好意= मेहरबानी; दया.

तवनी [名*] 底の浅い鉄の小鍋 (→ तवा)

तवर्ग [名] デーヴァナーガリー文字字母表の त で始まる歯裏閉鎖音及び鼻音の行 (त, थ, द, ध, न)

तवल [名] = तबल.

तवह्हुम [名] 《A. توہم》 (1) 想像；空想；妄想；妄念 (2) 疑い；疑念

तवह्हुमपरस्त [形] 《A.P. توہم پرست》 妄想や空想に耽る

तवह्हुमपरस्ती [名*] 《A.P. توہم پرستی》 妄想や空想に耽ること

तवा [名] (1) タワー (チャパーティーを焼いたりするのに用いられる取っ手のない中華鍋風の鉄鍋) (2) 水ぎせるの火皿の中に用いられる土器の丸いかけら) **तवा गर्म हो॰** 食事の用意がなされる **तवा-सा मुँह हो॰** *a.* 鍋墨を塗ったように肌の色の非常に黒い *b.* 不平面をした **तवा सिर से बाँधना** *a.* (タワーを頭に被って) 身を守る *b.* 守りを固める **तवे का हँसना** タワーの鍋墨が赤く燃えること (不吉なことの前兆) **तवे की बूँद-सा हो॰** *a.* ほんのわずかのもの；ごく少量のもの *b.* はかないことのたとえ **तवे की बूँद-सा छनक जा॰** = तवे की बूँद. **तवे के पानी-सा छनक जा॰** = तवे की बूँद. **तवे-सा मुँह हो॰** = तवा-सा मुँह हो॰.

तवाशीर [名] = तबाशीर.

तवाज़ा [名*] 《← A. توجه तवज्जोह》 もてなし；歓待 इन मेहरबान की कुछ तवाज़ा तो ज़रूर करनी चाहिए この親切な方にそれなりのもてなしをしなくてはならない

तवायफ़ [名*, pl.] 《A. طوائف तवाइफ़ ← طائفہ ताइफ़ा》 芸者；遊女= गणिका; वेश्या; रंडी.

तवारीख़ [名*] 《A. تواریخ ← تاریخ तारीख़》 歴史 = इतिहास.

तवारीख़ी [形] 《A. تواریخی》 (1) 歴史上の (2) 歴史的な= ऐतिहासिक. तवारीख़ी इमारतें 歴史的建造物

तवालत [名*] 《A. طوالت》 (1) 長さ = लंबाई. (2) 遅れ；遅滞= विलंब; देर. (3) 面倒；厄介= बखेड़ा; झंझट.

तवालतपसंद [形] 《A.P. طوالت پسند》 冗長な

तवी [名*] (1) 小さなタワー (तवा) (2) 揚げ物に用いる鉄鍋

तवील [形] 《A. طویل》 (1) 長い；長期の तवील अर्सा 長い間；長期間 (2) 丈の高い

तवेला [名] 《A. طویلہ》 馬小屋；厩 = तबेला; घुड़साल. **तवेले की बला बंदर के सिर** *a.* 無関係な人に責任を転嫁するたとえ *b.* だれか１人が他人の一切の不幸や災厄を自分の身に蒙ること

तशक्कुर [名] 《A. تشکر》 お礼を述べること；感謝すること；感謝の念を表すこと；謝辞を述べること

तशख़ीश [名*] = तशख़ीस.

तशख़ीस [名*] 《A. تشخیص तश्ख़ीस》 (1) 評価；査定；判断；確認 (2) 診断 = रोगनिर्णय. 医師の診断= रोग का निदान

तशदीद [名*] 《A. تشدید तश्दीद》〔言〕タシュディード (ウルドゥー文字で重子音を表す記号でその子音の上に小さく記される) पका پکا - पक्का پکّا

तशद्दुद [名] 《A. تشدد》 (1) 攻撃；襲撃；暴力 (2) 暴虐；無法行為 फिर तशद्दुद भड़क उठा 再び無法行為が勃発

तशफ़्फ़ी [名*] 《A. تشفی》 慰めること；励ますこと；激励すること= सांत्वना; ढाढ़स.

तशरीफ़ [名*] 《A. تشریف तश्रीफ़》 (1) 栄誉を与えること；名誉を与えること；敬うこと (2) 栄誉の品を下賜すること (3) 来ること，訪れることの敬語；御出席，御来臨，御来訪，御訪問など **तशरीफ़ लाना** おいでになる；いらっしゃる；御来臨になる आप दो चार दिन के लिए तशरीफ़ लाए हैं या... 2〜3 日の予定でおいでになったのでしょうかそれとも **तशरीफ़ ले जा॰** 御出席になる；お出かけになる；御訪問になる；訪れられる क्या आप दावत में तशरीफ़ ले जाएँगे? パーティーに御出席なさいますか कहाँ तशरीफ़ ले जा रहे हो? どちらへお出かけでございますか (ふざけた調子で)

तशरीह [名*] 《A. تشریح तश्रीह》 (1) 詳述 (2) 記述 (3) 説明；解説 (4) 解明

तशवीश [名*] 《A. تشویش तश्वीश》 心配；気がかり；不安 जब दो महीने गुज़र गए और कोई आदमी उसके कोठे पर न आया तो उसे बहुत तशवीश हुई 2 か月経っても屋敷にだれも訪れなかったのでとても不安になった

तश्त [名] 《P. تشت》 (1) 皿；大皿 (2) 盆；鉢 (3) 便器；おまる

तश्तरी [名*] 《P. تشتری》 金属の皿；プレート= रिकाबी.

तष्ट [形] (1) 皮のむけた；外皮や殻の取れた (2) 脱穀した；脱穀された (3) ついた (搗いた)；搗かれた (4) 砕かれた；砕いた；碾き割りにされた (5) 粉砕された

तष्टा [名]〔ヒ〕プージャーの際，神像を洗うのに用いる銅製の鉢

तस [形] そのような；さような= तैसा; वैसा. **जस का तस** そのままの；そっくりそのままの

तसकीन [名*] 《A. تسکین तस्कीन》 元気づけ (ること)；慰めること；慰藉；和らげること= सांत्वना; दिलासा; तसल्ली. फिर भी उसे यह तसकीन तो थी ही कि अगर वह फटे हाल है तो कम-से-कम उसे किसानों की सी जान-तोड़ मेहनत तो नहीं करनी पड़ती, और उसकी सरलता और निरीहता से दूसरे लोग बेजा फ़ायदा तो नहीं उठाते それでも，自分はたとえ落ちぶれていようとも少なくとも百姓のように必死になる必要はなく，自分の率直さやおとなしさにつけこまれることはないだろうという自分を慰める気持ちはもちろんあった **तसकीन दे॰** (**दिलाना**) 慰める；励ます；なだめる

तसग़ीर [名*] 《A. تصغیر तस्ग़ीर》 縮小すること；圧縮すること；簡略にすること

तसदीक़ [名*] 《A. تصدیق तस्दीक़》 (1) 確認 (2) 公に認めること (3) 証明= प्रमाण; सुबूत. **तसदीक़ क॰** 確認する；証明する= प्रमाणित क॰. उसने श्रद्धा से सिर झुकाकर तसदीक़ की うやうやしく頭を下げて確認した

तसदीह [名*] 《← A. تصدیع तस्दीअ》 (1) 頭痛= सरदर्द. (2) 面倒；迷惑；厄介；妨害；邪魔= कष्ट; तकलीफ़.

तसद्दुक़ [名] 《A. تصدق》 (1) 施し；喜捨；施すこと；喜捨すること= सदक़ा. (2) 献身= न्योछावर हो॰; बलिदान; क़ुरबानी. (3) 情け；慈悲= कृपा; दया; अनुकम्पा.

तसनीफ़ [名*] 《A. تصنیف तस्नीफ़》 (1) 著作；著述；作品 (2) 執筆；著述 **हक़ तसनीफ़** 著作権；コピーライト= हक़्क़े तस्नीफ़.

तसफ़िया [名] 《A. تصفیہ तस्फ़िया》 (1) 妥協；協約= समझौता. (2) 決定；決断= निर्णय; फ़ैसला.

तसबी [名*] = तसबीह.

तसबीर [名*] = तसवीर; तस्वीर; चित्र.

तसबीह [名*] 《A. تسبيح तस्बीह》(1)（イスラム教徒の）念珠；数珠 = जपमाला; माला; सुमिरनी. तसबीह के दाने 念珠の珠 (2)〔イス〕 सुब्हानल्लाह と唱えて神の栄光を称えること；タスビーフ तमाम रात तसबीह के पाक गाने गाया करता है いつも夜通しタスビーフの賛歌を歌う **तसबीह फेरना** 数珠をつまぐり神に祈る

तसमा [名] 《A. تسمه तस्मा》(1) 革のひも（紐）；革ひも (2) 靴のひも；靴ひも (3) 革帯；ベルト (4) 鞭 **तसमा खींचना** 革ひもを巻き付けて絞め殺す

तसला [名] 《← P.تشت तश्त + H.?》(1) 鉄や真鍮製の鍋 (2) タスラー（建築材の土砂やセメントを入れて運ぶための鉄製で底の浅い円形の容器）

तसली [名*] タスラー तसला の小型のもの

तसलीम [名*] 《A. تسليم तस्लीम》(1) 委ねること= सौंपना; सिपुर्द क॰. (2) 認めること；受け入れること= स्वीकार क॰; कबूल क॰. वह अपना जुर्म तसलीम कर चुका है 自分の罪をすでに認めている जिन्होंने कभी भी मुसलमानों को हृदय से अपना भाई तसलीम नहीं किया है イスラム教徒を心から同胞として受け入れたことのない人たち (3) 敬礼（すること）；うやうやしく挨拶すること；お辞儀（をすること）= प्रणाम क॰; सलाम क॰.

तसल्ली [名*] 《A. تسلى》(1) 慰め；安心；気の休まり；気休め = सांत्वना; आश्वासन. इससे ज़रा तसल्ली हो जाती これでいささか気が休まる (2) 得心；満足= संतोष. (3) 確認 डाक्टर से जाँच कराकर इसकी तसल्ली कर लेना 医者の診察を受けて確かめてもらいなさい **तसल्ली के लिए** 気休めに (-को) **तसल्ली दे॰** （ーを）慰める；慰安する；安心させる लोगोंने उसे तसल्ली दी あの人を皆が慰めた **तसल्ली से** 十分に；しっかりと；確実に किसी की भी कही बात पूरी तसल्ली से सुनना शिष्टाचार में आता है だれの言葉であれ人の話をしっかり聞くことは礼儀のうちに入ること तसल्ली से काम कीजिए.सुना है दीवारों के भी कान होते हैं 壁に耳ありと言いますから確実に処理なさって下さい **तसल्ली हो॰** 得心する；納得する；慰められる；安心する；満足する；気が休まる मेरे दिल को भी तसल्ली हुई कि ग़नीमत है कि इन आदमियों में भी इंसाफ़ वाले मौजूद हैं この人たちの中にも正義の人たちがいるとは滅多にないことで私も安心致しました

तसवीर [名*] 《A. تصوير तस्वीर》(1) 絵；絵画= चित्र. (2) 写真= फ़ोटोग्राफ़; फ़ोटो. (3) 画像；肖像画 (4) 描写；表現 परमाणु युद्ध के विनाशकारी विकराल स्वरूप की तसवीर 核戦争の破滅的な恐ろしい様子の描写 **तसवीर उतारना** = तसवीर खींचना. **तसवीर खड़ी कर दे॰** 生き生きと描く；活写する (-की) **तसवीर खिंच जा॰** （ーが）髣髴とする **तसवीर खिंचवाना** *a.* 絵を描いてもらう *b.* 写真を撮ってもらう **तसवीर खींचना** *a.* 描く；描写する लेखिका ने दक्षिण भारत में शादी की रस्मों की सही तसवीर खींची है 筆者は南インドの結婚の風習を正しく描いている *b.* 絵を描く；図画 *c.* 写真を撮影する *d.* 髣髴させる *e.* 正体を暴く (-की) **तसवीर नाचना** （人の姿や面影が）頭から離れない **तसवीर निकालना** = तसवीर खींचना. **तसवीर बन जा॰** 静止する；動きが止まる；静まり返る **तसवीर बनाना** 絵を描く ये सारी तसवीरें इन्हीं की बनाई हुई हैं これらの絵はすべてこの方の描かれたものです **तसवीर हो जा॰** = तसवीर बन जा॰.

तसवीरख़ाना [名] 《A.P. تصوير خانه तसवीरख़ाना》画廊

तसव्वुफ़ [名] 《A. تصوف》〔イス〕スーフィズム；イスラム（教）神秘主義→ सूफ़ी.

तसव्वुर [名] 《A. تصور》(1) 想像；想定 उसने ख़ुद को जलील तसव्वुर किया था 自分を卑しい者と思った (2) 瞑想；黙想

तसाना [他] 怯えさせる；脅す= त्रस्त क॰; डराना.

तसीलना [他] = तहसीलना.

तसू [名]〔建〕タスー（ガズ गज़ の 24 分の 1 の長さ．約 1 インチに相当する）= तस्सू.

तस्कर [名] (1) 密売買者；密輸出者；密輸入者；密輸業者= तस्कर व्यापारी. (2) 盗賊= चोर. तस्कर व्यापार 密貿易；密輸

तस्करी [名*] (1) 密売買；密輸出；密輸入；密貿易 (2) 盗賊の妻 (3) 女盗賊 चाँदी तस्करी 銀の密売買= चाँदी की तस्करी.

तस्दीक़ [名*] → तसदीक़.

तस्नीफ़ [名*] = तसनीफ़.

तस्बीह [名*] = तसबीह.

तस्मा [名] = तसमा. जूते का तस्मा 靴ひも

तस्मात् [接] 《Skt.》故に；よって= अतः; इस लिए.

तस्य [代] 《Skt.》サンスクリットの三人称代名詞兼指示代名詞 तद् (तत्) の単数属格形 sg., gen.

तस्लीम [名*] = तसलीम.

तस्वीर [名*] = तसवीर. घर की हर चीज़ में उन्हें सुशीला की तस्वीर दिखाई देती थी 家のあらゆる物にスシーラーの面影が見えるのだった

तह [名*] 《P. ته》(1) 折り重ね；折り重ねた物 कोमल पत्तियों की मोटी तहें 小さく薄い葉を厚く重ねた物 (2) 基底；底部；根底；根元 सैद्धांतिक बहस की तह में एक प्रवृत्ति काम कर रही थी 原則的な議論の根底に一つの傾向が作用していた (3) 層 ज़मीन पर बरफ़ की मोटी तहें जम जाती हैं 大地の表面に氷が厚い層を成して固まる (4) 面 प्यार की नमी की भीतरी तहों के ऊपर 愛情の潤いの内面に **तह उखड़ना** 足場を失う；支えを失う (-की) **तह उखाड़ना** （ーを）ひどい目に遭わせる；さんざんな目に遭わせる **तह क॰** たたむ（畳む）；折りたたむ= चौपत क॰. (-) **तह कर रखना** （ー）見逃す；見逃してやる；問題にしない **तह का सच्चा** *a.* 善良な；誠実な *b.* 常に自分の巣箱に戻る鳩 **तह की बात** 内緒のこと；秘密 **तह के अंदर तह** 裏の裏 **तह को पहुँचना** 真実を語る；真相を知る；真相に迫る **तह चढ़ाना** *a.* 薄く塗る *b.* 薄く色づけする **तह जमाना** *a.* 折りたたむ *b.* 腰を据えて食べる；食べた上にも食べる **तह तक पहुँचना** = तह को पहुँचना. **तह तोड़ना** *a.* 仲裁する *b.* 井戸水を全部汲み出す **तह दे॰** = तह चढ़ाना. **तह पर आ॰** 真実が明らかになる；真相が明らかになる **तह पर तह दे॰** ゆっくり腹一杯食べる **तह पर रखना** 隠す **तह पहचानना** 見分ける；見抜く；判別する；良否を判断する **तह-ब-तह हो॰** 重なる **तह बैठाना** = तह जमाना. **तह में** 内々に；内実において **तह लग जा॰** 積もる；積み重なる **तह लगाना** 畳んで重ねる

तहक़ीक़ [名*] 《A. تحقيق तहक़ीक़》(1) 調査；調べ；研究 (2) 追究；探究

तहक़ीक़ात [名*, pl.] 《A. تحقيقات तहक़ीकात ← تحقيق》調査；様子を探ること；調べること हम लोगों ने उसके विषय में तहक़ीक़ात करने का संकल्प किया 我々はそれに関する調査を行うことを決意した

तहक़ीर [名*] 《A. تحقير तहक़ीर》侮辱；軽蔑 हर गली कूचे से मलामत और तहक़ीर की सदाएँ आती थीं どの裏町や路地からも非難や軽蔑の声が聞こえてきていた

तहख़ाना [名] 《P. تهخانه》地下室；地下倉庫

तहज़ीब [名*] 《A. تهذيب तहज़ीब》(1) 文明 (2) 洗練 (3) 教養；洗練 तालीम अपनी जगह है,तहज़ीब अपनी जगह 教育と教養とは違う (4) 訓育 (5) 作法；礼儀作法 मुझमें इतनी तहज़ीब नहीं थी कि मैं, ख़ैर मुआफ़ करें... 私はそれだけの作法すらわきまえていなかったのです．ともかくお許し下さい

तहज़ीबयाफ़्ता [形] 《A.P. تهذيب يافته》教養のある；洗練されている

तहत [名] 《A. تحت तहत》(1) 下位；下部 (2) 従属 (-के) **तहत** の形で次のように用いられる（ーの）下で；（ーの）もとに；（ーに）より；（ーに）基づき जनहित-याचिका के तहत 公共の利益の申立のもとに संविधान के अनुच्छेद 244 (क) के तहत 憲法第 244 条 (A) により अपने इन प्रयासों के तहत वह देश भर में कई जगह इसे प्रदर्शित कर चुकी है これらの努力のもとに国中の数か所でこれを提示してしまっている मास्टर प्लान के तहत マスタープランに基づき इस आदेश के तहत उन्हें लोकसभा में सदस्य की हैसियत से मत देने और कारवाई में भाग लेने के अधिकार से वंचित कर दिया गया है この指令により同氏は下院で議員としての投票と活動を行う権利を剥奪されている

तहनिशाँ [名] 《P. ته نشان》金属象眼

तहपेच [名] 《P. ته پيچ》ターバンを着用する際に前もって頭に巻いたり被ったりしておく布や帽子

तहपोश [名] 《P. ته پوش》女性の下着

तहफ़्फ़ुज़ [名] 《A. تحفظ》防衛；防御；安全；保護 क़ौम के तहफ़्फ़ुज़ के लिए 民族の防衛のため

तहबंद [名] 《P. ته بند》腰布，腰巻きなどの下着

तहबाज़ारी [名*] 《P. ته بازارى》場所代；出店料 बाबूराम को जगह देना और तहबाज़ारी वसूल करना नगर निगम का काम है, पुलिस का

त

नहीं バーブーラームに場所を与え場所代を徴収するのは市役所の仕事であって警察の仕事ではない

तहमत [名] = तहमद.

तहमद [名] 《← P. تہ بند तहबंद》〔服〕男性の着用する腰布；腰巻き= तहबंद. वही मोटा कुरता पहने गाढ़े का तहबंद बाँधे 同じ厚手のクルターを着て腰布を巻き

तहम्मुल [名] 《A. تحمل》(1) 忍耐；忍耐力= सहिष्णुता. (2) 真剣さ= गंभीरता; संजीदगी.

तहरी [名*] エンドウマメ，ヒヨコマメなどを入れて柔らかく炊いたご飯

तहरीक [名*] 《A. تحریک तह्रीक》政治や社会関係の目的達成のための運動や動き（政治運動や独立運動など） 1857 ई॰में अंग्रेज़ी हुकूमत से आज़ादी हासिल करने के लिए वह ज़बरदस्त तहरीक चली 1857 年にイギリス支配から独立獲得のためにその激しい運動が起こった

तहरीर [名*] 《A. تحریر तह्रीर》(1) 筆記= लिखना. (2) 筆跡= हाथ की लिखावट; लिखावट. (3) 記述；記録= लेखबद्ध प्रमाण. (4) 書類= दस्तावेज़.

तहरीरी [形] 《A. تحریری तह्रीरी》書類の；書面の；記録された= लेखबद्ध; लिखित.

तहलका [名] 《A. تہلکہ तह्लका》(1) 大騒ぎ；大騒動；大混乱= कोलाहल. चोरी से तहलका मच जाएगा 盗難から大騒動になるだろう (2) 滅亡；破滅；死滅= मौत; बरबादी. **तहलका मचना** 大騒ぎになる；大混乱になる उसके गिरते ही सारी टुकड़ी में तहलका मच गया 彼が倒れると同時に部隊は大混乱におちいった

तहवील [名*] 《A. تحویل तह्वील》(1) 委ねること；引き渡し；委託= सुपुर्दगी. (2) 預託；委託物= धरोहर; अमानत. (3) 現金出納の行われる金庫

तहवीलदार [名] 《A.P. تحویل دار तह्वीलदार》出納係；金庫番

तहशिया [名] 《A. تحشیہ तह्शिया》傍注や脚注を書くこと

तहस-नहस [形] めちゃくちゃに破壊された；つぶされた；壊滅した；砕かれた उसने दुश्मन के तोपख़ाने को तहस-नहस कर दिया 敵の武器庫を壊滅させた पेड़-पौधे टूट-टाटकर तहस-नहस हो गए 草木は折れたりちぎれたりしてめちゃくちゃになった अजेय दुर्ग को तहस-नहस करके 難攻不落の砦を壊滅させて

तहसील [名*] 《A. تحصیل तह्सील》(1) 徴収 (2) 徴税；収税 (3) 徴収された物 (4) タフシール（インド，パキスタンなどの行政及び徴税上，州の次区分としての単位である県，すなわち，ジラー ज़िला に次ぐ区分で，幾つかのパルガナー परगना をまとめたもの） (5) タフシールの役所；郡役所= तहसील की कचहरी.

तहसीलदार [名] 《A.P. تحصیل دار तह्सीलदार》(1) 徴税官；徴税吏 (2) タフシールダール（ジラー，すなわち，県 ज़िला の下位区分としてのタフシール तहसील の地税を徴収して県長官に納める郡徴税官；郡収税吏）；कलेक्टर(collector) 県徴税官の補佐役〈sub-collector, tahsildar〉 (3) ザミーンダールの下で徴税に従事した職員

तहसीलदारी [名*] 《A.P. تحصیل داری तह्सीलदारी》タフシールダールの身分や職務

तहसीलना [他] 《← A. تحصیل तह्सील》(1) 徴収する (2) 徴税する

तहसीली [形] 《A. تحصیلی ← تحصیل तह्सील》(1) インドの州の県 district の下位の行政区分であるタフシール（郡）の (2) タフシールの管轄する（管理する；運営する） तहसीली स्कूल タフシール（郡）立学校

तहाँ [代・副] そこ；そこで；そこに；その場所；その場所に；その場所で= वहाँ.

तहाना [他] 《← P. تہ तह》(1) たたむ（畳む）；折りたたむ एक ओर तहाए हुए कुछ रूमाल पड़े थे 片隅に折りたたんだハンカチが幾つかあった तहाया दुपट्टा 折りたたまれたドゥパッター (2) 折り返す；折り曲げる；端折る；からげる अबे लिहाज़-शर्म किसे कहते हैं, वक़्त पड़ने पर औरत भी साड़ी तहा देती है 馬鹿げたことを言うものだ．面子とか恥じらいとか言うけれどいざとなれば女性もサリーの裾をからげるものなのだ

तहाशा [名-] 《A. تحاشی / تحاشا तहाशी / तहाशा》用心；懸念；心配；不安；気がかり

तहीं [代名・副] 正にその場所で；他ならぬその場所で= वहीं.

तही [名*] 《← P. تہ》(1) 層 (2) 重ねたもの；重なったもの (3) 固まり；固まったもの

तहूँ [副] それでも；それにもかかわらず= फिर भी; तब भी.

तहेदिल [名] 《P. تہ دل》心底；心の奥底 तहे दिल से 心底から；衷心より जो तहे दिल से घृणा कर सकता है वही तहेदिल से प्यार भी कर सकता है 心底憎める人は心底愛することもできる तहे दिल से प्रशंसा की भावना रखती है 心底から驚嘆の気持ちを抱いている इसके लिए मैं आपको तहेदिल से मुबारकबाद देता हूँ このことで心からお祝いを申し上げる次第です

तहोबाला [形・副] 《P. تہ و بالا》上下がさかさまの；逆になった；順序が反対になった；上と下とが反対に；上下が逆に；さかさまに；逆に= नीचे-ऊपर.

ताँगा [名] ターンガー（一頭立て二輪の乗合馬車） = टाँगा.

ताँगेवाला [名] ターンガーの御者（馭者）；馬車屋

तांडव [名] (1)〔イ神〕シヴァ神が世界終滅の際踊るとされる激しい踊り；ターンダヴァの踊り (2) 激しい身振りを伴う踊り (3) 凶暴な行為 शुक्रवार की सुबह दरेसी मैदान में मौत का तांडव हुआ 金曜日の朝，ダレーシー広場で死のターンダヴァが演じられた

ताँत [名*] (1) 動物の腸，腱，筋肉などでこしらえた細いひも；革ひも (2) 弓弦 (3) ひも (4) 楽器の弦

ताँतड़ी [名*] = ताँत.

ताँतवा [名]〔医〕脱腸= हार्निया.

ताँता [名] (1) 群れ；集まり (2) 列；行列 तीर्थयात्रियों का ताँता 巡礼者の列 (3) 続くこと；連続（すること）；継起（すること） (-का) **ताँता बँधना** *a.* (ーの) 人だかりがする；(ーが) 群がる；(ーが) 押し掛ける；(ーが) 押し寄せる पड़ोस की औरतों का लालू के घर में ताँता बँध गया = कतार बँधना. 近所の女たちがラールーの家に押し掛けた *b.* (ーが) 列をなす देखने वालों का ताँता बँधा रहता है 見物人が列をなしている *c.* (ーが) 続く；(ーが) 続けざまに起こる；(ーが) 連なる प्रश्नों का ताँता बँध गया 質問が次から次へと続いた **ताँता बाँधना** *a.* 群がる *b.* 列を作る；整列する (-का) **ताँता बाँधना** (ーを) 連ねる；繰り返す；(ーを) 続ける；(ーを) 続けざまにする शहर के निवासियों ने मेरी जय-जयकार का ताँता बाँध दिया 町の人たちは私に幾度も万歳を唱えてくれた (-का) **ताँता लगना** = ताँता बँधना. उसके मन में समस्याओं का ताँता लगा हुआ था 女性の胸の中には問題が列をなしていた शाम का वक़्त था.सड़कों पर वाहनों का ताँता लगा था 夕方のことで道路には車が列をなしていた देवी माँ के दर्शन के लिए ताँता लगा रहता है いつもデーヴィー（女神）の参詣者の行列ができている दिन भर भवन में लोगों का ताँता लगा ही रहा 館では一日中人が列をなしていた छींक का ताँता लगना くしゃみが続けざまに出る

ताँती[1] [名] 織工；機織り= जुलाहा.

ताँती[2] [名*] (1) 列；行列 (2) 子孫

तांत्रिक[1] [形] (1) タントラの；タントラ教の；性力派の；タントラ教聖典の= शाक्त. (2) 呪法の；呪術の

तांत्रिक[2] [名] タントラを行う者；タントラ行者；呪術を行う者 अपनी ख़ून पसीने की कमाई उस तांत्रिक ठग को दे 血と汗の結晶をそのいんちきなタントラ行者に与えるなら इस प्रदेश के प्रत्येक गाँव में या उसके आसपास टोना-टोटका करने वाले तांत्रिक बसते हैं この州のあらゆる村やその近辺には呪術を行うタントラ行者が住んでいる

तांत्रिक मत [名] タントリズム；タントラ教；性力派

ताँबई[1] [形] 赤銅色の→ ताँबा. ताँबई रंग 赤銅色

ताँबई[2] [名] 赤銅色

ताँबा [名] 銅 ताँबे के औज़ार 銅製の器具 ताँबा सिल्ली 銅板= ताँबे की पट्टी. → ताम्र.

ताँबिया[1] [形] (1) 銅製の (2) 銅の (3) 赤銅色の

ताँबिया[2] [名*] 口の広い銅製の器

ताँबी [名*] (1) 柄の長い銅製の玉杓子 (2) 口の広い銅製の器

तांबूल [名] (1) キンマ（コショウ科の蔓性半低木）の葉 (2) パーン（キンマの葉でビンロウの実や石灰など様々な薬味を包んでかむ嗜好品） = पान.

तांबूल करंक [名] (1) 嗜好品のキンマの葉とパーンの薬味を入れる容器= पानदान. (2) パーンを入れておく器= बिलहरा. → पान.

तांबूल पत्र [名] キンマの葉

तांबूल वल्ली [名*] キンマの蔓

तांबूली [名] ターンブーリー（パーンをこしらえて売る商売の人）→ पान, तांबूल.

ताँवर [名*] (1) 熱= ताप; ज्वर; हरारत. (2) 震えを伴ってくる発熱（マラリア熱など）= जूड़ी. (3) 目眩；失神；卒倒= पछाड़; चक्कर; मूर्च्छा; बेहोशी.

ताँवरना [自] (1) 熱くなる (2) 発熱する；熱が出る (3) 暑気のため失神する

ताँवरा [名] (1) 熱病 (2) マラリア熱 (3) 暑気による失神 (4) 猛烈な暑さ

ता- [造語] 《P. تا》ペルシア語の前置詞であるが，ヒンディー語では（一）まで，（一に）及ぶ，（一に）達するなどの意を加える造語要素． ताउम्र, ताज़िंदगी などを参照

-ता[1] [接尾] 《Skt.》サンスクリット語の接尾辞で形容詞，もしくは，名詞類から抽象名詞（女性）を作る第二次接尾辞 स्वतंत्र 自由な → स्वतंत्रता 自由 परतंत्र 従属している→ परतंत्रता 従属．なお，これの Skt. の instr 形は तया となり副詞を作る． विशेषता → विशेषतया 特に， सामान्यता → सामान्यतया 一般に

-ता[2] [接尾] (1) ヒンディー語の動詞語根に付加されて未完了分詞（現在分詞）を作る √पी → पीता 飲んでいる √दौड़→ दौड़ता 走っている (2) 動詞語根に付加されて叙想法未完了時制形を作る (3) いずれも主語の性・数に応じて -ता (mas. sg.) -ते (mas. pl.) -ती (fem. sg.) -तीं (fem. pl) と変化する

ताइवान〔地名・国名〕台湾= फ़ार्मोसा.

ताईं[1] [後置] = तईं. (1) 対して (2) ついて (3) ために

ताईं[2] [後置] (1) まで= तक; पर्यंत. (2) そばに；近くに= पास; तक; निकट.

ताई[1] [名*] (1) 熱= ताप; हरारत. (2) マラリア熱= जूड़ी.

ताई[2] [名*] (1) おば（父の兄の妻）；（父方の）伯母= जेठी चाची. (2) 中年の女性などに対する敬意や親愛感を込めた呼びかけ अतः इन्हें ताई, चाची, जीजी आदि के आदरपूर्ण संबोधन से पुकारते हैं だからこの人たちをターイーとかチャーチーとかジージーなどの敬意をこめた呼びかけの言葉で呼ぶ

ताईत [名] 《← A. تعویذ तावीज़》護符= तावीज़; जंतर.

ताईद [名*] 《A. تائید》(1) 賛同；同意；後押し；支持；支援；味方 मैं तुम्हारी हर बात की ताईद करता हूँ, मगर कानून के ख़िलाफ़ कोई भी काम करने से मैं मजबूर हूँ 君の言うことならなんでも支持するが法律に反することをするわけには行かない सब लोग उसकी ताईद करने लगे 皆がその人の言葉に賛同し始めた (2) 確認 उनको तो सिर्फ़ इस बात की ताईद करनी होती है कि पशु दर असल उनसे ही लिए गए その方のなすべきことは家畜は実際にその人から買ったということを確認することだけだ

ताईवान〔地名・国名〕《E. Taiwan》台湾

ताईवानी [形] 台湾の दो ताईवानी नौकाएँ पकड़ी गईं 2 隻の台湾船が拿捕された

ताऊ [名] (1) おじ（父の兄）；伯父= ताया; बड़ा चाचा. (2) 中年の男性に対する敬意や親愛感をこめた呼びかけの言葉；おじさん **बछिया का ताऊ** 全く間抜けな（人）

ताऊन [名] 《A. طاعون》〔医〕ペスト= प्लेग. ताऊन ने गड़बड़ मचाई ペストで大混乱が起こった

ताऊस [名] 《A. طاؤس》(1)〔鳥〕クジャク（孔雀）= मोर; मयूर. (2) ターウース，もしくは，タウシ（胴が孔雀に似た形をしている弦楽器でディルルバー（दिलरुबा）の一種）

ताऊसी[1] [形] (1) クジャクの (2) クジャクの形をした (3) 紫色の；青紫色の= गहरा बैंगनी; गहरा ऊदा.

ताऊसी[2] [名] (1) 紫色 (2) 青紫色

ताक [名*] (1) 凝視（すること）；見つめること；目の据わること；視線の動かぬこと (2) 待機；機会を待つこと；狙うこと **(-पर) ताक बाँधना** （一を）凝視する **(-की) ताक में बैठना** = ताक में रहना. **(-की) ताक में रहना (हो॰)** （一の）好機を待ちかまえる；（一の）機会を狙う रावण इसी मौके की ताक में था ラーヴァナは正にこの好機を狙っていた अकसर ऐसे ही अवसरों की ताक में लोग रहते あの連中はたいていこのような機会を待ち構えている **ताक रखना** 機会を窺う；機会を狙う **ताक लगाना** = ताक रखना. **(-) ताक ले॰** （一に）連絡をつける；渡りをつける

ताक़[1] [名] 《A. طاق》(1) 壁面を窪ませてこしらえた棚；ニッチ；へきがん（壁龕） (2) アーチ；丸天井 **ताक़ पर धरना** = ताक पर रखना. **(-) ताक़ पर रखना** （一を）無視する；脇へやる；棚に上げる；放置する；そっちのけにする सरकारी डाक्टर होते हुए भी नियम कायदों को ताक पर रखकर खुले आम निजी क्लिनिक खोलकर लाखों रुपया बटोर रहे हैं 医官でありながら法律や規則を無視して開業し大金を貯めている सभी अंतर्राष्ट्रीय नियमों की नैतिकता को ताक पर रखकर 一切の国際規約の道義性を無視して उसके पिता नहीं चाहते कि उसकी वजह से वे अपने कैरियर को ताक पर रख दें 彼の父親は彼のためにこれまでの経歴を脇へやりたくはない **ताक़ भरना** 聖者廟などに詣でてお供えをして願掛けをする

ताक़[2] [名・形] 《A. طاق》(1) 奇数（の）= विषम. (2) 並ぶもののない；無比の= अद्वितीय. (3) 達者な；上手な= दक्ष; निपुण; चतुर.

ताक़जुफ़्त [名] 《A.P. طاق جفت》子安貝を用いて丁半を当てる遊び

ताक-झाँक [名*] 覗き見ること；覗き **ताक-झाँक क॰** 覗く；覗き見る；様子を窺う गली-मुहल्ले के जीवन की कुछ ख़राबियाँ हैं, तो कुछ ख़ूबियाँ भी हैं.वहाँ आपके निजी जीवन में ताक-झाँक तो की जाएगी 巷の生活には短所もあれば長所もある．そこでは確かに私生活を覗かれはするだろう कौवा छत से उड़ आँगन में आते, ताक-झाँक कर सिर मटकाते カラスは屋根から中庭に降り立っては様子を窺って首をひょいと動かす **ताक-झाँक में रहना** 機を窺う；好機を狙う रात-दिन ताक-झाँक में रहता, पर घात न मिलती थी 日夜機を窺っていたが隙が見つからなかった

ताक़त [名*] 《A. طاقت》(1) 力= बल; शक्ति. (2) 能力= सामर्थ्य. (3) 勢力 कुछ बड़ी ताक़तें छोटे देशों को झुकाने की कोशिश करती हैं 一部の大勢力（大国）は小国を押さえつけようとする (4) 権力 ताक़त की राजनीति 権力の政治

ताक़त आज़माई [名*] 《A.P. طاقت آزمائی ताक़त आज़माई》努力；励むこと；勉励

ताक़तवर [形] 《A.P. طاقتور》強力な；力強い ताक़तवर पार्टी 強力な政党

ताकना [他] (1) 見つめる वह आश्चर्य से मेरा मुँह ताक रहे थे びっくりして私の顔を見つめていた (2) 眺める दादी की बगल में लेटी शीला आसमान ताक रही है シーラーは祖母のそばに寝ころんで空を眺めている (3) 狙う；狙いをつける；目をつける **ताककर** 狙い定めて= ताक ताककर. **ताकते रह जा॰** 見ているばかりで手が出せない；手の施しようがない；茫然とする；ぼんやり立ち尽くす

ताक़ा [名] 《A. طاقہ》布・織物の一巻き；一反

ताकि [接] 《P. تاکہ》目的を表す文節を導く接続詞 फुसफुसाकर कहा ताकि यह बात अंदर तक न सुनाई दे 話が中に聞こえないようにひそひそ声で言った तुम मुझपर इलज़ाम लगाना चाहते हो ताकि मैं तुम्हारी गीदड़ धमकियों में आकर अपना सब कुछ तुम्हारे हवाले कर दूँ 君のこけおどし（虚仮威し）にはまって何もかも君に差し出すようにと思って僕を咎めたいわけだね आपका यह कहना ठीक है कि कुछ समय आपको इस लिए दिया जाए ताकि आप लोग अपने पैरों पर खड़े होने लायक हो जाएँ あなた方が自立できるようになるまでしばらくの時間の余裕を与えられるようにとおっしゃるのはもっともです ताकि अंजाम ग़लत न हो 間違った結果にならぬように उसने खेत के चारों ओर बाड़ लगवा दी ताकि जानवर नुक़्सान न पहुँचाएँ 獣たちが害を及ぼさぬように畑のぐるりに柵をこしらえさせた

ताकीद [名*] 《A. تاکید》(1) 強調；力説 ताकीद क॰ 強調する；力説する हमेशा इस बात की ताकीद की जाती है 常にこのことが強調される (2) 指示 उन्हें भी ताकीद कर दो कि कुछ दिनों के लिए नक़ली दवाओं की बिक्री रोक दें しばらく偽薬の販売を停止するように彼らに指示しなさい

ताक़ुब [名] 《A. تعاقب तअक़्क़ुब》追跡；追いかけること **(-का) ताक़ुब क॰** （一を）追いかける；追跡する लोमड़ी ख़रगोश का ताक़ुब कर रही थी キツネはウサギを追いかけているところだった

ताख[1] [名] = ताक़[1].

ताख[2] [形] = ताक़[2].

ताखड़ी [名*] 天秤= तराज़ू; काँटा.

ताखा[1] [名] = ताक़[2].

ताखा[2] [名] ← ताक़ा 巻物にしてある布地（織物）

ताख़ीर [名*] 《A. تاخیر》(1) 遅れ；遅延 (2) 延期 ताख़ीर से 遅れて ताख़ीर से आमदा इत्तिला के मुताबिक़ 最新の情報によれば

ताग [名] = तागा.

त

तागड़ [名*] 綱梯子
तागड़ी [名*] (1) 帯；腰ひも；腰帯 (2) ターガリー（金，銀製の鈴のついた飾り帯）
तागना [他] (1) 縫う (2) 糸を通す (3) 刺し縫いをする
तागा [名] (1) 糸= डोरा; धागा; सूत. (2) ひも（紐）(3) ジャネーウー（जनेऊ; यज्ञोपवीत）(4) 人頭税 **तागा टूट जा॰** 縁が切れる；関係がなくなる **तागा डालना** *a.* 縫う *b.* 目処に糸を通す कपड़े में तागा डालना 仮縫いする
तागी़ [形] 《A. طاغی》(1) 服従しない；不服従の (2) 反逆する；反乱を起こす
ताज [名] 《A. تاج》(1) 王冠 (2) とさか（鶏冠）(3) 冠毛 मोर के सिर पर ताज है クジャクの頭に冠毛がある (4) 粋；最高のもの；頂点；頂き；精髄 मेरे मुल्क का ताज, मेरे सिपाहियों के हौसलों का ताज わが国の精髄，わが兵士たちの気概の頂点 (5)〔建〕軒蛇腹；コーニス (6)（ポケットの）垂れ蓋
ताजक [名] 《تاجک ← P.تاجیک ताजीक》タジク人
ताजकुला [名] 《A.P. تاج کلاہ ताजकुलाह》宝石をちりばめた王冠；宝冠
ताज़गी [名*] 《P. تازگی》← ताज़ा. (1) 新鮮さ सोमवार को काम में एक नई ताज़गी का एहसास होता है 月曜日には仕事に一種の新鮮さを感じる (2) みずみずしさ त्वचा की कोमलता और ताज़गी 肌のきめ細かさとみずみずしさ (3) はつらつとした感じ यह बहुत ही ताज़गी देनेवाला पेय है とてもはつらつとさせてくれる飲み物 (4) さっぱりした感じ；すっきりした感じ；爽快さ गर्मी के मौसम में शाम को भी नहा लेने से ताज़गी रहती है 夏は夕方にも沐浴するとさっぱりする
ताजदार[1] [名] 《P. تاجدار》王；王の中の王；大王
ताजदार[2] [形] 《A.P. تاجدار》(1) 王冠の形をした (2) 王冠をつけている
ताज़न [名] 《← P.تازیانہ ताज़ियाना》(1) 鞭= कोड़ा; चाबुक. (2) 刑罰；処罰= सज़ा; दंड.
ताजनगर [名] 《A. + H.नगर》アーグラー市の美称，タージマハルの都市= आगरा.
ताजपोशी [名*] 《A.P. تاج پوشی》(1) 王位；王座；玉座 (2) 即位；戴冠式；即位式
ताज बीबी [名*] 《P. تاج بی بی》ムガル朝のシャージャハーン王の妃ムムターズマハル मुम्ताज़ महल の別名，タージビービー
ताजमहल [名] 《P.A.تاج محل》タージマハル（17 世紀半ばに建立されたムガル朝第 5 代皇帝シャージャハーン शाह जहाँの妃ムムターズマハルの廟墓でアーグラー市内にある）
ताज़ा [形] 《P. A. تازہ》（本来は無変化形容詞であるがヒンディー語では ताज़े, ताज़ी と変化することもある）(1) 新しい；新しく得られた；得られたばかりの ताज़ा आँकड़े 新しい統計 ताज़ा ख़बरें 最新のニュース कवि सक्सेना की ताज़ी तीन कविताएँ サクセーナーの最新の詩 3 篇 ताज़ा ख़बर यह है कि उसकी हालत बिगड़ने लगी है 最新の情報では彼の状況が悪化し始めたと言うことだ (2) 出来立ての；作りたての ताज़ी रोटी और साग 焼き立てのパンと出来立ての料理 उसने बीच के स्टेशन पर ताज़ी उतर रही चार पूड़ियाँ लेकर खा लीं 途中の駅で揚げ立てのプーリーを 4 個買って食べた (3) 採れたばかりの；採れ立ての；新鮮な ताज़ा फल 新鮮な果物 (4) 新たな；これまでになかった；これまでと違う सरकार की यह ताज़ा पेशकश 政府のこの新しい提案 उग्रवाद की ताज़ा लहर 過激派によるテロの新たな波 (5) 新たな；生々しい उनकी याद ताज़ा हो जाती है あの人についての思い出が新たになる उसने पिछली बातों की याद ताज़ी कर दी थी 過ぎ去ったことの記憶を新たにした इससे तेरह सौ बरस पहले के मुजाहिदों की याद ताज़ा हो जाती है これにより 1300 年前の殉教者たちの記憶が甦る (6) 新しい；生々しい；生じたばかりの ताज़ा घाव 生傷 (7) さわやかな；すがすがしい；新鮮な बहुत दिन बाद ताज़ा हवा में साँस लेने का मौका मिला है 久しぶりに新鮮な空気を吸う機会が得られた (8) 淡水の；真水の ताज़ा पानी 淡水= अलवण जल; अलवणोद. **ताज़ा ख़ून** *a.* 若者；青年 *b.* 若者の情熱 **ताज़ा गुल खिलना** 新奇なことが起こる
ताज़ातरीन [形] 《P. تازہ ترین》最も新しい；最新の；最新式の ताज़ातरीन एलेक्ट्रॉनिक 最新の電子工学
ताज़ा दम [形] 《P. تازہ دم》さわやかな；はつらつとした；よみがえった；新鮮な ऐसी पार्टियों में पति-पत्नी वास्तव में मानसिक रूप से ताज़ादम हो जाते हैं このようなパーティーに出ると実際夫婦ともに気分がさわやかになる
ताज़ा दिमाग़ [形] 《P.A. تازہ دماغ》頭の動きがよい
ताज़िंदगी [副] 《P. تا زندگی》一生；一生涯；死ぬまで；生きている限り मैं चौधरी का एक-एक रुपया चुका दूँगा और ताज़िंदगी एहसानमंद तो रहूँगा ही チョードリーさんから借りた金は一銭残らず返します．もちろん一生，恩に着ますとも
ताजिक [名] 《P. تاجک》タジク人
ताजिक गणतंत्र 〔国名〕タジク共和国；タジキスタン
ताजिकिस्तान 〔地名〕《P. تاجکستان》タジキスタン
ताज़िया [名] 《A. تعزیہ》〔イス〕タージヤー（イスラム教シーア派 3 代目イマームであったフセインの殉教を追悼する祭礼，もしくは，そのため棺や廟を模して作られる模型．これの前で追悼詩が読み上げられたり血を流すほど自分の体を苦しめたりすることが行われる．最終日には行列を作ってこれを運び埋葬する）**ताज़िया ठंडा क॰** タージヤーを埋める **ताज़िया ठंडा हो॰** 情熱や熱気，意気込みなどが尽きる
ताज़ियादारी [名*] 《A.P. تعزیہ داری》タージヤーの前でイマーム・フセインを追悼すること→ ताज़िया.
ताज़ियाना [名] 《A.P. تعزیانہ》鞭= कोड़ा; चाबुक.
ताजिर [名] 商人= व्यापारी; सौदागर; व्यवसायी. अंग्रेज़ ताजिर イギリス商人
ताजिराना [形] 《A.P. تاجرانہ》商人風の；商人のような
ताज़ी[1] [形] 《P. تازی》(1) アラビアの (2) アラビア産の (3) アラビアに住む= अरबी.
ताज़ी[2] [名] 《P. تازی》(1) アラビア馬= अरब का घोड़ा. (2) 猟犬= शिकारी कुत्ता.
ताज़ी[3] [名*] 《A. تازی》アラビア語= अरबी.
ताज़ी[4] [形*] ताज़ा の女性形の一→ ताज़ा.
ताज़ीम [名*] 《A. تعظیم》(1) 敬意；尊敬= आदर; सम्मान; इज़्ज़त. (2) お辞儀；うやうやしく礼をすること= प्रणाम; तस्लीम. ताज़ीम क॰ 立って礼をする；敬礼する；丁寧な礼をする；お辞儀をする ताज़ीम दे॰ = ताज़ीम क॰.
ताज़ीमी सरदार [名] 《A.P. تعظیمی سردار》国王の挨拶を受ける将軍
ताज़ीर [名*] 《A. تعزیر》懲罰；刑罰= सज़ा; दंड.
ताज़ीरात [名*, pl.] 《A. تعزیرات ← تعزیر ताज़ीर》(1) 刑罰= सज़ाएँ. (2) 刑法典= दंड-विधि; दंड-विधान.
ताज़ीरात हिंद [名*] 《A. تعزیرات ہند》インド刑法典
ताज़ीरी [形] 《A. تعزیری》刑罰に関する；懲罰に関する
ताज्जुब [名] 《A. تعجب तअज्जुब》(1) 驚き；びっくりすること मुझे ताज्जुब है, मुसलमान होकर तुमने अपनी ज़िंदगी को इस तरह बिगाड़ा イスラム教徒でありながらこのように自分の人生を台無しにした君には驚かされる (2) 驚嘆；感嘆 क़ब्रों पर उनके नाम-पते पढ़कर ताज्जुब होता है नियति के विलास पर 墓石にその人たちの住所氏名を読むと運命の戯れに感嘆を覚えるものだ (3) 奇異な感じ ताज्जुब क॰ 驚く；驚嘆する ताज्जुब हो॰ 驚く；驚かされる
ताटंक [名] (1)〔装身〕タータンク（耳たぶに下げる貴金属の大形の耳飾りの一種）= करनफूल. (2)〔韻〕タータンカ（各パーダが 16 - 14 の 30 マートラーから成るモーラ韻律でパーダ末は मगण）
ताटका [名*] = ताड़का.
ताड़[1] [名] (1)〔植〕ヤシ科ウチワヤシ；オウギヤシ；パルミラヤシ【*Borassus flabellifera*】= पंखिया ताड़. (2)〔植〕ヤシ科【*Corypha taliera*】
ताड़[2] [名] = ताड़न.
ताड़क [名]〔装身〕耳飾りの一= करनफूल.
ताड़का [名*]〔ラマ〕ターラカー（ダイティヤの女，もしくは，羅刹女．ヴィシュヴァーミトラ仙の命によりラーマチャンドラとラクシュマナによって退治された）= ताडका; तारका.
ताड़न [名] (1) 打つこと；叩くこと；打擲 (2) 叱りつけること；叱責 (3) 処罰 (4) 掛け算
ताड़ना[1] [名*] (1) 打擲 मगर वह उनके हाथों बराबर ताड़ना पाती रही でも女はいつもあの人に叩かれていた (2) 叱責 (3) 罰；刑罰

ताड़ना[2] [他] (1) 打つ；叩く (2) 叱る；叱責する (3) 罰する；処罰する

ताड़ना[3] [他] (1) 探る；探りを入れる दोनों एक दूसरे के मन की बात ताड़ रहे थे 互いに腹の中を探り合っていた (2) 見当をつける；察知する；推察する जब वह आपसे बातें कर रही थी तो मैं ताड़ गया 女があなたと話をしている間に見当をつけたのです वह इनके मन का भाव ताड़ गई この方の胸の内を察知した (3) 様子を窺う दरवाज़े पर बैठकर मैं गली के दोनों नाके ताड़ता रहता कि पुलिसवाले तो नहीं आ रहे हैं 戸口に腰を下ろして警官が来はしないかと道の両方の角を窺っていた

ताड़नी [名*] 鞭= चाबुक; कोड़ा.

ताड़नीय [形] 打擲に値する；処罰すべき；処罰に値する

ताड़पत्र [名] ターラパトラ（オウギヤシやタラバヤシの葉でこれに古代インドなどで文字を記した）；貝葉；貝多羅葉；多羅葉；多羅樹葉= तालपत्र.

ताड़ित [形] (1) 打たれた；叩かれた (2) 叱られた；叱責された (3) 処罰された；罰せられた (4) 追放された

ताड़ी [名*] ヤシ酒（ウチワヤシ／パルミラヤシの樹液を発酵させてこしらえた酒）；ターリー

ताड़ीख़ाना [名] 《H. + P.》ターリー（ヤシ酒）を供する酒屋

ताड़ीवाला [名] ターリーを作る人

ताड़ू [形] 察しの良い；推察力のすぐれた

ताड़्य [形] (1) 打たれるべき；叩かれるべき (2) 叱責すべき (3) 処罰すべき；懲罰に値する

तात[1] [名] (1) 父= पिता; बाप. (2) 尊敬すべき人；目上の人；長上 (3) 親しい人や年少者に対する呼びかけの言葉

तात[2] [形] 熱い；熱せられた= तपा हुआ; गरम.

तातल [形] 熱せられた= तप्त; तात; गरम.

ताता [名] → टाटा.

ता ता थेई [名*] (1) インド舞踊でステップの踏み方の拍子をとる掛け声 (2) 舞踊

तातार [名] 《P. تاتار》(1)〔地名〕厳密には旧ソ連ロシア南部から中部シベリアにかけて居住するトルコ民族とその居住地を指すが，イランやインド亜大陸で広くタタール人と呼ばれてきた人々が居住してきた地域がこの名称で呼ばれる．旧ソ連領内のトルコ系住民の居住地のほかラダック，ヤルカンド，ホータン，ブハラ，チベットなどの一部住民もタタール人と呼ばれる (2) タタール人；韃靼（人）

तातारी[1] [形] 《P. تاتاری》(1) タタールの (2) タタール人の

तातारी[2] [名] タタール族；タタール人；韃靼（人）

तातारी[3] [名*]〔言〕タタール語 = तातारी ज़बान.

तातील [名*] 《A. تعطیل》(1) 暇= अवकाश; फ़ुर्सत. (2) 休日= छुट्टी का दिन; छुट्टी.

तात्कालिक [形] (1) 即座の；差し当たっての；当面の；当座の ज्वालामुखी के फूटने से वहाँ के लोगों को कोई तात्कालिक खतरा नहीं है 火山爆発による同地の住民への当面の危険は全くない (2) 当時の **तात्कालिक आवश्यकता** 急場 **तात्कालिक व्यवस्था** 緊急対策

तात्त्विक [形] (1) 本質に関する (2) 本質的な (3) 哲理についての तात्त्विक विचार में मग्न 哲学上の思索に耽っている

तात्पर्य [名] (1) 本義；原義 (2) 意図；本意

तात्पर्यार्थ [名]（話者や筆者の）言わんとするところ；本音

तात्स्थ्य [名] 内包；包含；包摂

ताथेई [名*] = ताताथेई.

तादर्थ्य [名] (1) 意図・目的を共通に有すること；目標や目的の一致 (2) 意味の一致 (3) 目標

तादात्म्य [名] (1) 一致；合一；一体化 पाठक का उनसे तादात्म्य तुरंत और सहज रूप में हो जाता है 読者は直ちにかつ自然にその人物と一体になる (2) 同一性

तादाद [名*] 《A. تعداد》(1) 数= संख्या; गिनती. सिपाहियों की तादाद 兵士の数 (2) 計算= गणना; गिनती. लाखों की तादाद में 幾十万という数で；無数に；山のように

तादृश [形] そのような；左様な

तान [名*] (1) 張ること；張り；引っ張ること；引っ張り；引き (2) 引っ張るもの (3) メロディー；旋律 सुरों की तान सुन हाथी झूमने लगा メロディーを聞くと象が体を揺らし始めた (4)〔音〕主音；楽音 (5)〔言〕トーン；音調 **तान उड़ाना** 歌を口ずさむ **तान छेड़ना** = तान उड़ाना. **तान तोड़ना** *a.* 途中でやめる *b.* 人を非難する *c.* 歌を口ずさむ **तान भरना** 音調を整える= तान मारना; तान लगाना. **तान मारना** 調子を合わせる；音調を整える；調律する= तान लगाना; तान ले°. **तान लगाना** = तान मारना.

तान-तरंग [名*]〔イ音〕転調

तानना [他] (1) 引っ張る；張る；伸ばす रस्सी तानना 綱を張る सीना तानना 胸を張る तान लेता है अपने सीने को あの男は胸を張る सीना तानकर चलना 胸を張って歩く (2) 広げる；拡げる जब उसे नींद आ गई, तो शराबी भी कंबल तानकर बड़बड़ाने लगा 眠くなったので酔っ払いも毛布を広げてぶつぶつむにゃむにゃと呟き始めた (3) 釣り上げる；引っ張りあげる भौंहें तानना 眉を釣り上げる (4) 掛ける；何かを支えにして設ける；作る；張る तंबू तानना テントを張る (5) 振り上げる；振りかざす अपनी प्रहार-शक्ति में वृद्धि के लिए तान-तानकर दीवार पर मुक्के लगाते 自分の攻撃力を増すため拳骨を振り上げて壁に打ちつける जो उसे पत्नी के रूप में पाने के लिए तलवारें तान उठे थे その女を妻にしようと刀を振りかざした連中 मुट्ठी ताने 拳骨を振りかざして (6)（矢を）つがえる बाण तानना 矢をつがえる (7) 構える；突きつける दोनों दलों ने एक दूसरे के खिलाफ़ लट्ठ तान लिये 両派は相手に向かって棍棒を構えた रिवाल्वर इंस्पेक्टर की ओर तानता है 回転拳銃を警部補に突きつける **तानकर** 無理矢理；力ずくで **(लंबी) तानकर सोना** 安心して大の字になって寝る；手足を伸ばして安心して眠る जब सोता है, तो तानकर सोना; और जब खाता है, तो आगा-पीछा नहीं देखता 眠る時には何の心配もせず食べる時には何も考えず

तानपूरा [名]〔イ音〕ターンプーラー（スチールと真鍮の計 4 弦から成る撥弦楽器でその持続音により主奏者に正しい音程を与える．古典音楽の伴奏に用いられる）；タンプーラー तंबूरा

तानसेन 〔人名〕ターンセーン（ムガル朝アクバル帝の宮廷音楽家として活躍した歌手及び作曲家）

ताना[1] [名] (1) 引っ張ること；伸ばすこと (2) 結びひも (3) 縦糸 (4) 絨毯などを織る織機 **ताने तानना** *a.* 織る *b.* 無駄なことをする

ताना[2] [他] (1) 熱する；加熱する= तपाना; गरम क°. (2) 苦しめる；悩ます

ताना[3] [他] 物の開口部を粘土などでふさぐ

ताना[4] [名] 《A. طعنه》(1) 皮肉；当てこすり；嫌み सास के ताने 姑の皮肉 (2) 嘲り；嘲笑；冷笑 किसी तरफ़ से गालियों और तानों की बौछाड़ हुई どちらからか罵声と嘲笑が降り注いだ (3) 非難；叱責 (-को) **ताना कसना** = ताना दे°. **ताना छोड़ना** = ताना दे°. (-को) **ताना दे°** *a.* 嘲笑する；嘲る；冷笑する *b.* 皮肉を言う；当てこする；嫌みを言う *c.* 非難する वह बार बार मुझे ताने देता है कि मुझे उसपर भरोसा नहीं है あの人は自分を信頼していないと繰り返し私を非難する (-को) **ताना मारना** = ताना दे°. **ताना मोहना सुनना** 嫌みを言われる **ताने के लच्छे** 嫌みの束 **ताने तिशने खाना** 嫌みを言われる **ताने में ढालकर कहना** 当てこすって言う **ताने से कहना** 当てこする **तानों से छेदना** 山ほどの皮肉を言って苦しめる

तानाकशी [名*] 《A.P. طعنه کشی》嫌みを言うこと；皮肉を言うこと；嘲ること पड़ोस की महिलाएँ तानाकशी करती 近所の女たちが嫌みを言う

तानापाई [名*] 同じところを行ったり来たりすること **तानापाई क°** *a.* かけずり回る *b.* 無駄に歩き回る；無駄なことをする

ताना-बाना [名] 縦糸と横糸 **ताना-बाना उधेड़ दे°** 台無しにする；めちゃくちゃにする **ताना-बाना क°** = तानापाई क°. *a.* かけずり回る *b.* 無駄なことをする **ताना-बाना बुनना** 計画を立てる；企てる अच्छा ताना-बाना बुना था तुमने 君はいろいろと先々の工夫をしたね（よく考えて計画を立てた） सरोजिनी का मन कुछ और ही ताने बाने बुन रहा था サロージニーは別のことを企てていたのだった

तानाशाह [名] 《A.P. تانا شاہ》(1)〔人名・イ史〕ターナーシャー（ゴールコンダ王国の最後の王アブル・ハサン・クトゥブ・シャーの別名．在位 1672–87） (2) 独裁者；独裁政治家 (3) 独裁的な人；独裁者；専横な人

तानाशाही [名*] 《A.P. تانا شاہی》(1) 独裁；独裁政治 (2) 専横 तानाशाही सरकारें 独裁政府 सैनिक तानाशाही 軍政；軍事独裁

तानी[1] [名*] 縦糸= ताना.

तानी[2] [名*] = तनी.

त

तानूर [名] (1) 渦巻き；渦= पानी का भँवर. (2) 竜巻；旋風；つむじ風= हवा का भँवर.

ताप [名] (1) 熱= गर्मी; उष्णता. कुछ द्रव बहुत ऊँचे ताप पर उबलते हैं 若干の物質は非常な高熱で沸騰する विटामिन 'ए' पर ताप का विशेष प्रभाव नहीं पड़ता ビタミン A には熱の影響は特に及ばない (2) 温度（体温などの）= टेंपरेचर. डाक्टर ताप मापता है 医者は体温を計る शरीर का ताप 体温 (3) 病気による発熱= ज्वर; बुखार. बच्चे को ताप चढ़ा हुआ है 子供の熱が高くなっている (4) 火= आँच; लपट. (5) 苦痛；苦しみ= कष्ट; पीड़ा. **ताप आ॰** *a.* 発熱する；(熱病などによる) 熱が出る *b.* 腹が立つ；立腹する **ताप मिटना** 苦痛がなくなる

तापक[1] [名] (1) ヒーター (2) 病気による発熱

तापक[2] [形] (1) 熱を出す（もの） (2) 苦しめる（もの）；悩ます（もの）

तापक्रम [名] (1) 温度（体温, 気温など） जल का तापक्रम 水温 (2) 温度目盛り

तापक्रम यंत्र [名] 温度計= थरमामीटर; थर्मामीटर. 〈thermometer〉

तापचालक [形・名]〔物理〕熱伝導性の（物質)；熱伝導のすぐれた（物質） यह धातु उत्तम तापचालक होने के कारण この物質は熱伝導にすぐれているので

तापचालकता [名*] ←तापचालक. 〔物理〕熱伝導性

तापतरंग [名*]〔気象〕熱波= हीट वेव. 〈heat wave〉

तापतिल्ली [名*]〔医〕脾臓の炎症

तापती [名*] タープティー川（サトプラー山脈 सतपुड़ा に発してカンバート湾に注ぐ）

तापदृढ़ [形] 熱硬化性の 〈thermo setting〉

तापन[1] [名] (1) 加熱；熱を加えること (2) 太陽

तापन[2] [形] (1) 熱を出す；発熱する (2) 苦痛を与える

तापना[1] [自] (1) 火に当たる अंगीठी के पास आग तापने बैठ गया 火に当たるため焜炉のそばに腰を下ろした (2) 火で身体を苦しめる苦行を行う

तापना[2] [他] (1) 熱する (2) 燃やす (3) なくする；台無しにする；無駄にする

तापबिजली [名*] 火力発電による電気 तापबिजली केन्द्र 火力発電所

ताप बिजली केंद्र [名] 火力発電所= तापबिजली घर.

तापमान [名] 温度 तापमान का चढ़ाव-उतार 温度の上下（すること） न्यूनतम तापमान 最低気温 अधिकतम तापमान 最高気温

तापमापक यंत्र [名] 温度計= थरमामीटर.

तापमापी [名] 温度計= थरमामीटर. 〈thermometer〉

तापलेखी [名] 温度記録計 〈thermograph〉

तापविद्युत् [名*] 熱電気 〈thermoelectricity〉

तापस [名]〔ヒ〕修行者；苦行者；サードゥ；サードゥー

तापसह [形]〔物理〕耐熱性の

तापसी [名*] 苦行をしている女性；修行中の女性；女性苦行者

तापसुरक्षित [形] 耐熱性の आणविक बम अपने विशेष तापसुरक्षित खोलों के साथ राकेटों द्वारा छोड़ दिए जाएँगे 原子爆弾はその耐熱性のケースと共にロケットで発射される

तापस्थायी [名] サーモスタット

तापिंज [名]〔鉱〕白鉄鉱= सोनामक्खी.

तापिच्छ [名] = तमाल.

तापित [形] (1) 熱せられた；熱を加えられた；加熱された= तपाया हुआ; गर्म किया हुआ. (2) 苦しんだ；苦しめられた；苦悩している तापित को स्निग्ध करें 苦しむ人の心を和らぐべし

तापीज [名]〔鉱〕白鉄鉱= सोनामक्खी; माक्षिकधातु.

ताप्ती [名*] 中部インドのサトプラー山脈に源を発しスーラトでカンバート湾に注ぐタープティー川→ तापती.

ताफ़्ता [名] 《P. تافتہ》 タフタ；琥珀織り= ताफ़ता.

ताब [名*] 《P. تاب》 (1) 熱= गरमी; ताप. (2) 光；輝き= चमक. (3) ねじれ (4) 力= शक्ति. (5) 忍耐力 **ताब न रहना** *a.* 元気や勇気がなくなる *b.* 耐えられなくなる

ताबड़तोड़ [副] (1) すぐさま；即刻；直ちに= तुरंत; फ़ौरन. ताबड़तोड़ नीली शर्ट वाले युवक ने तीन फुट की दूरी से गोली चलायी 直ちに青シャツの青年が 3 フィートの距離から撃った (2) 続けざまに= लगातार; बराबर. माँ पीटती है तो ताबड़-तोड़ पीठ पर मारती ही जाती है 母は叩く時には続けざまに背中を叩く (3) やみくもに；めちゃくちゃに बदमाशों ने ताबड़तोड़ गोलियाँ चलाकर ग्रामीणों को आतंकित कर दिया ならず者どもはやみくもに発砲して農民たちを怯えさせた

ताबदान [名] 《P. تابدان》 (1) 天窓；明かり取り (2) 窓；覗き窓

ताबदानी [名*] 《P. تابدانی》 光；光輝；輝き= प्रकाश; आभा; ज्योति.

ताबिश [名*] 《P. تابش》 (1) 熱；熱さ= गर्मी; तपन. (2) 光；輝き= ज्योति; प्रकाश.

ताबिस्तान [名] 《P. تابستان》 夏；夏季= ग्रीष्मकाल.

ताबी [名*] 《← P. تاب》 熱= गरमी; उष्णता; तपन.

ताबीज [名] 《← A. تعویذ तावीज़》 護符；お守り= रक्षाकवच.

ताबूत [名] 《A. تابوت》 (1) 棺；棺桶；お棺 (2) タージヤー ताज़िया の一種

ताबूतगाड़ी [名*] 《A.+ H.》 霊柩車

ताबे [形] (1) 命に従う；従属する= आज्ञाकारी; फ़रमाँबरदार. (2) 配下の；部下の= वशीभूत; अधीन. (3) 追随する= अनुयायी.

ताबे ग़म [名*] 《P.A. تاب غم》 悲しみに耐える力

ताबे ज़ब्त [名*] 《P.A. تاب ضبط》 (1) 苦痛に耐える力 (2) 恋の苦しみに耐える力

ताबेदार[1] [形] 《A.P. تابعدار》 従順な；命に従う；従属する= आज्ञाकारी; अनुयायी.

ताबेदार[2] [名] 下僕；従者 तुम मालिक संसार के दाता मैं हूँ ताबेदार 君はこの世に施し与える方，我は下僕なり

ताबेदारी [名*] 《A.P. تابعداری》 従順さ；従属；追従；服従 दिन भर अल्लाह की ताबेदारी का ख़याल रहता था 一日中神の命に服することを考えていた

ताम[1] [名] (1) 欠陥；瑕疵= दोष. (2) 苦しみ；悩み；苦痛；動揺= व्याकुलता; बेचैनी. (3) 悲しみ= दुःख; क्लेश.

ताम[2] [形] (1) 恐ろしい；怖い= भयंकर; डरावना. (2) 苦しんでいる；悲しんでいる= दुःखी. (3) 困っている= परेशान.

ताम[3] [名] (1) 闇；暗黒= अंधकार. (2) 怒り= क्रोध; रोष; ग़ुस्सा.

तामजान [名] 2 人で担ぐ腰掛け式の駕籠

तामझाम [名] (1) 華やかさ；盛大なこと；華麗；壮観 दिल्ली में केन्द्र सरकार का पूरा तामझाम भी मौजूद है デリーには中央政府の翳りなき華やかさも存在している (2) 見せかけ (3) 全財産；一切合切；一式 किसी दिन मछलियाँ पकड़ने का पूरा तामझाम लिये तीनों एकांत समुद्री तट पर चले गए ある日 3 人は魚取りの道具一式を携えて人気のない海岸に出かけた

तामड़ा[1] [形+] 銅の色をした；赤銅色の；赤黒い

तामड़ा[2] [名] (1) ガーネット；ザクロ石 (2) 禿頭 तामड़ा निकल जा॰ 頭が禿げる

तामरस [名] (1)〔植〕ハス= कमल. (2) 金 (3) 銅 (4)〔植〕チョウセンアサガオ

तामरसी [名*] 蓮池；蓮の多く生えている池

तामली [形] タミルの

तामलेट [名] 《E. tumbler?》 タンブラー= तामलोट.

तामस[1] [名] (1) 闇；暗黒 (2) 無知；無知蒙昧 (3) 怒り；憤怒

तामस[2] [形] (1) 翳質の (2) 暗黒の；闇より生じる (3) 無知より生じる

तामसिक [形] (1) 闇から生じる；暗黒の (2) 怒りや邪心に満ちた (3) 翳質（तमस्）の तामसिक वृत्ति 翳質的気質

तामसी[1] [名*] 闇夜= अँधेरी रात.

तामसी[2] [形] = तामसिक. हिंदू शासकों की अनाचारी व तामसी प्रवृत्तियों से छुटकारा पाना चाहते थे ヒンドゥー支配者たちの非道かつ邪悪な心性から脱したいと願っていた

तामिया [形] (1) 銅の；銅製の (2) 銅色の

तामिल[1] [名] タミル人；タミル民族 = तमिल[1].

तामिल[2] [名*]〔言〕タミル語 = तमिल[2].

तामिलनाडु 〔地名〕タミルナードゥ= तमिलनाडु.

तामिस्र [名] (1) 翳質 तमस् や無知から生じる怒りや憎悪などの心の歪み (2) 太陰暦の 16 日から新月に向かう黒分

तामी [名*] 銅製の盆形の容器

तामीर [名*] 《A. تعمیر》 (1) 建設；建造すること；造営= निर्माण. उसकी तामीर पर लाखों रुपए ख़र्च किए थे それの建設に数十万ルピーが費やされた (2) 建物；建築物 (-) **तामीर क॰** (ーを) 建てる；建造する；建築する (-) **तामीर कराना** (ーを) 建設させる；造営させる= तामीर करवाना. दिल्ली की जामा मस्जिद शाहजहाँ ने

तामीर करवाई थी デリーのジャーマーマスジドはシャージャハーン皇帝の造営になる
तामील [名*] 《A. تعمیل》命令や指令に服すること；命令や指令の実行；遂行 उसकी फ़ौरन तामील होती थी いつもそれは即刻実行されていた
तामीले हुक्म [名*] 《A. تعمیل حکم》命令に服すること；命令に服従すること= आज्ञापालन. तामीले हुक्म क॰ 命令に服する；命令や指令を実行する
ताम्मुल[1] [名] 《A. تامل तअम्मुल》(1) 熟慮；深慮；考察；考慮= फ़िक्र; सोच-विचार. (2) 遅滞；遅延= देर; विलंब. (3) 不安；疑念= संदेह; चिंता. (4) 躊躇= झिझक; हिचक; पसोपेश.
ताम्मुल[2] [名] 《A. تعمل》実行；実現；達成→ तअम्मुल.
ताम्र [名] 銅；赤銅
ताम्रअयस्क-भंडार [名]〔鉱〕銅鉄鉱
ताम्रक [名] 銅= ताँबा.
ताम्रकार [名] 銅細工師
ताम्रचूड़ [名] (1) 鶏= मुरगा; मुर्गा. (2)〔植〕キク科草本ヤエヤマコウゾリナ= कुकरौंधा /कुकरौंदा.
ताम्र-निकल [名] 《H.+ E.nickel》ニッケル銅
ताम्रपट्ट [名] (1) 銅板 (2) 銅碑
ताम्रपट्टिका छपाई [名*] 銅版印刷；エッチング
ताम्रपत्र [名] = ताम्रपट्ट.
ताम्र-पाषाण युग [名]〔考〕銅石器時代
ताम्रयुग [名]〔考〕銅器時代
ताम्रवर्ण[1] [名] 銅色；赤銅色；赤褐色
ताम्रवर्ण[2] [形] 銅色の；赤銅色の；赤褐色の
ताम्रवृंत [名] = कुलथी.
ताम्रवृक्ष [名]〔植〕マメ科小木コーキ→ लालचंदन; रक्तचंदन.
ताम्रशासन [名] 寺社への寄進の内容が刻記された銅板= ताम्रपत्र; दानपत्र.
ताम्रसार [名] = लालचंदन.
ताम्राक्ष[1] [形] 目の赤い；赤い目の
ताम्राक्ष[2] [名]〔鳥〕(1) = कोयल. (2) = कौआ.
ताम्री [名*] 水時計の銅製の器
तायफ़ा[1] [名] 《A. طايفه ताइफ़ा》(1) 集団；集まり= दल; समुदाय. (2) 芸者や楽士など芸人たちの集団；連= मंडली.
तायफ़ा[2] [名*] = तवायफ़; तवाइफ़.
ताया [名] おじ；伯父（父の兄）= बड़ा चाचा.
तार[1] [名] 《P. تار》(1) 糸；ひも；筋（状のもの） राखी का तार ラーキー祭の際手首に巻く飾りひも चाँदी का तार 銀糸 (2) 綱 तार पर चलना 綱渡り (3) 針金；金属線 मैंने उसे तार से खिड़की पर लटका दिया それを針金で窓の上に吊るした (4) 電線；電灯線= बिजली का तार. (5) 楽器の弦 तारों के कंपन द्वारा सितार से ध्वनि उत्पन्न होती है 弦が振動してシタールの音が出る **तारवाले वाद्य** 弦楽器 (6) 電信 (7) 電報 (8) 自転車の輻；スポーク (9) 連なり；連続；調子 **तार अलग बजना** 別行動を取る **तार उखड़ना** 調子が狂う；不規則になる **तार कुतार हो॰** 調子がおかしくなる；調子が狂う **तार छेड़ना** 弦を鳴らす **तार जमना** うまく行く；事が成る **तार जमाना** うまくやる；成功させる；成し遂げる **तार टूटना** *a.* 途切れる *b.* 縁が切れる **तार तार रोना** 激しく泣く；おいおい泣く **तार दे॰** 電報を打つ；打電する **तार देखना** シロップなどの濃度を調べる **तार न जानना** 要領を得ない；知識がない **तार निकालना** 探し出す；見つけだす **तार पूरा न हो॰** 途切れる (-का) **तार बँधना** *a.* = तार जमना. *b.* 続く；連続する (-का) **तार बज उठना** (ーが) 始まる；(ーの) 気配が生じる **तार-ब-तार** 順序立てて；脈絡をもって (-का) **तार बाँधना** *a.* = तार जमाना. *b.* (ーを) 続ける (-का) **तार बिगड़ना** (ーの) 調子が悪い；不調な **तार-बेतार** ごちゃごちゃした；脈絡のない
तार[2] [名] (1) 星 (2) 瞳 (3) 光；輝き (4)〔イ音〕高い音域；ターラ
तार[3] [名] = मँजीरा.
तारक[1] [名] (1) 星 = तारा. (2) 瞳= पुतली. (3) 眼= आँख. (4)〔生〕星状体 (5)〔イ神〕ターラカ・アスラ तारकासुर
तारक[2] [形] (1) 向こう岸へ渡す (2) 救済する；済度する
तारक-चिह्न [名] 星印；アステリク
तारकतीर्थ [地名]〔ヒ〕ガヤー（祖霊を祀る所として有名なヒンドゥー教の聖地．ビハール州中部）
तारकश [名] 《P. تار کش》金糸や銀糸を作る職人
तारका[1] [名*] (1) 星= तारा. (2) 瞳= आँख की पुतली. (3)〔イ神〕ターラカー（バーリ बालि の妻）
तारका[2] [名*]〔ラマ〕ターラカー= ताड़का（羅刹女でマーリーチャ मारीच の母）→ ताड़का
तारकाय [名]〔生〕（細胞分裂の時に現れる）中心体〈centrosome〉
तारकासुर [名]〔イ神〕ターラカ・アスラ（長い苦行の末得た力で悪行をなしたがシヴァ神の子カールティケーヤ कार्त्तिकेय により退治された）
तारकीय [形] (1) 星の (2) 星形の；星の形の प्राणि कोशिकाओं में तारकीय पिंड 細胞の星状体
तारकेश [名] 月の別名= चंद्र; चाँद.
तारकोल [名] 《← E. coal tar》コールタール= कोलतार; अलकतरा.
तारगोला फेंक [名*]〔ス〕ハンマー投げ
तारघर [名] 電報局
तारघाट [名] 手立て；段取り
तारचरबी [名]〔植〕トウダイグサ科高木ナンキンハゼ【*Sapium sebiferum*】〈chinese tallow tree〉
तारजाली [名*] ワイヤゲージ；金網
तारण[1] [名] (1) 渡すこと；渡し= पार क॰. (2) 救出；救助= उद्धार. (3) 済度；救済= उद्धार; निस्तार.
तारण[2] [形] (1) 渡す (2) 度する；済度する
तारणपंथी [名]〔ジャ〕ターラナパンティー（ジャイナ教空衣派の一）
तारतम्य [名] (1) 優劣；上下；相違 जात-पाँत के तारतम्य को हटाकर カースト制度の上下を別にして (2) 脈略；整合；整合性；辻褄；一貫性 तुम्हारी बातों में कोई तारतम्य दिखाई नहीं पड़ता 君の話には何の脈略も見られない
तार तार [形] 《P. تار تار》(1) ぼろぼろになった；筋だらけになった；びりびりに破れた (2) ばらばらの；まとまりのない **तार तार क॰** *a.* びりびりに破る *b.* 台無しにする **तार तार फाड़ डालना** びりびりに裂く；小さく引き裂く **तार तार बोलना** 詳しく話す；詳細に述べる
तारतोड़ [名] 金糸や銀糸を用いての刺繍
तारन[1] [名] = तारण[1].
तारन[2] [名] 屋根の斜面= छत की ढाल.
तारना [他] (1)（対岸へ）渡す (2)（溺れる人を）救う (3)（神仏が人を）救う；（彼岸へ）渡す；度する；済度する सुना है तारे हैं तुमने लाखों, हमें भी तारो तो हम भी जानें 無数の民を度したると人の伝えるそなた，いざ吾も度され賜うか
तारपतन [名] 流れ星；流星= तारकापात.
तारपत्र [名] 《P. تار+ H.》軍事郵便書簡
तारपीन [名] 《E. turpentine》テレビン；テルペンチン；生松脂 तारपीन तेल = तारपिन का तेल. テレビン油〈turpentine oil〉
तार बाबू [名] 《P. تار + H.》電信士；電信係
तारलेखी [名] テレプリンター
तारसंचार [名] 電信
तारहार [名] 美しく大粒の真珠玉の首飾り
तारहीन[1] [形] (1) 電線や針金のない (2) 無線の；無線電信の= बेतार.
तारहीन[2] [名] 無線電信= बेतार का तार.
तारा[1] [名] (1) 星= नक्षत्र; सितारा. (2) 瞳= आँख की पुतली. (3) 運勢= भाग्य; किस्मत. **टूटते तारे** 流星 **तारा डूबना** *a.* 星が見えなくなる；星が沈む *b.* 金星が見えなくなる **तारे खिलना** 星が輝く；星がきらめく；星が見える **तारे गिनना** 不安な夜を過ごす；眠れぬ夜を過ごす **तारे छिटकना** = तारे खिलना. **तारे टूटना** 星が流れる **तारे तोड़ लाना** *a.* 甚だ困難なことを成し遂げる *b.* 信じられないことをする **तारे दिखाई दे॰** （衰弱のため）めまいがする；目が眩む；ふらふらする **तारे दिखाना** （ムスリムの風習）産婦に出産 6 日目の夜魔除けのため星を拝ませる **तारे नज़र आ॰** = तारे दिखाई दे॰. अगर मैं घर और बच्चों का ध्यान न रखूँ तो तुम लोगों को चार दिन में तारे नजर आने लगें もしも私が家庭や子供のことを気にかけないならば 4 日もせぬ内にお前たちはふらふらになるだろうよ **तारों की छाँह** 早暁
तारा[2] [名*]〔イ神〕ブリハスパティ神 बृहस्पति の妻，ターラー

त

ताराधिप [名] = ताराधीश. (1) 月= चंद्रमा. (2) シヴァ神= शिव. (3) ブリハスパティ = बृहस्पति.
तारानाथ [名] (1) 月 (2) ブリハスパティ神 (3)〔イ神〕バーリ बालि (4)〔イ神〕スグリーヴァ सुग्रीव
तारापति [名] = तारानाथ.
तारापथ [名] 天空= आकाश; आसमान.
तारापुंज [名]〔天〕星座；星群
तारामंडल [名] (1)〔天〕星座；星宿 (2) 打ち上げ花火
तारामती [名*]〔イ神〕ターラーマティー（ハリシュチャンドラ王 हरिश्चन्द्रの妻）；ターラー
तारामीरा [名]〔植〕ナタネ科キバナスズシロ= तरामीरा. तारामीरा का तेल キバナスズシロの種から採れる油（薬用）
तारिका[1] [名*] = ताड़ी.
तारिका[2] [名*] 人気映画スター；花形女優
तारिका[3] [名*] = ताड़का; तारका.
तारिका धूलि [名*]〔天〕小星団；宇宙塵；スターダスト
तारिणी [形*] (1) 渡す；対岸へ渡す (2) 度する；済度する
तारित [形] (1) 渡された；対岸へ渡された (2) 済度された
तारिम घाटी 〔地名*〕タリム盆地（中国）
तारी[1] [名*] (1) 闇 (2) 失心 (3) 没頭 (4) 三昧
तारी[2] [形] 《A. طاری》覆う；覆い隠す；圧倒する तारी हो॰ 覆う；覆い被さる；圧倒する उसपर हैबत भी तारी होती है その上に恐怖が覆い被さってくる
तारीक [形] 《P. تاریک》(1) 暗い；薄暗い सड़कें और गली-कूचे तंग व तारीक हैं 道路や路地は狭くて暗い (2) 闇の；闇黒の गर्मियों की तारीक रात में 夏の闇夜に
तारीकी [名*] 《P. تاریکی》(1) 黒；黒色 (2) 闇；暗闇 और फिर खो जाएगा रात की तारीकी में 再び闇の中に消えて行く (3) 暗がり तारीकी या मद्धिम रोशनी में पढ़ना 暗がりや薄明かりの中で本を読む
तारीख़ [名*] 《A. تاریخ》(1) 日付；年月日 तारीख़ मोहर 日付印 (2) 歴史 दुनिया की तारीख़ 世界史 (3) 歴史書；史書 (4) 歴史学；史学 **तारीख़ टलना** 延期になる **तारीख़ डालना** 日を定める；日程を立てる (-की) **तारीख़ पड़ना** （ーの）日程が決まる
तारीख़दाँ [名] 《A.P. تاریخ داں》歴史学者= इतिहासवेत्ता.
तारीख़नवीस [名] 《A.P. تاریخ نویس》史家；歴史家= इतिहासकार.
तारीख़ी [形] 《A. تاریخی》歴史的な；歴史上の तारीख़ी क़सबा 歴史上の町 तारीख़ी मकानात 史跡 यहाँ सब से ज़्यादा तारीख़ी मकानात पाए जाते हैं ここに一番多くの史跡が見いだされる
तारीफ़ [名*] 《A. تعریف》(1) 称賛；賞賛 सभी पेन की तारीफ़ करते हैं 皆がペンを誉める (2) 定義 (3) 説明；詳しい説明 **तारीफ़ यह कि**…詳しく言うならば…；説明するならば… (4) 相手の氏名（などの情報）；人物の紹介 उसने मेरी तारीफ़ पूछी 名前を尋ねた आप साहब? अ, अ, आपकी तारीफ़? あの，えーっと，あのお名前なんとおっしゃいます (-की) **तारीफ़ क॰** *a.* （ーを）誉める；称える मनोज के शिखा की तारीफ़ करते ही गीता बौखलाकर मायके आ गई マノージがシカーを誉めた途端にギーターはかっとなって実家に戻った *b.* （ーについて）定義を下す (-की) **तारीफ़ करते मुँह सूखना** = तारीफ़ के पुल बाँधना. (-की) **तारीफ़ के पुल बाँधना** （ーを）褒めそやす
तारुण्य [名] 若さ；青春；青年期= यौवन; जवानी.
तारुफ़ [名] 《A. تعارف》→ तआरुफ़.
तार्किक [形] (1) 論理の；論理上の (2) 論理的な；論理にかなった तार्किक चिंतन 論理的な思考 (3) 合理的な；理屈にあった तार्किक दृष्टिकोण 合理的な視角
तार्क्ष्य [名] (1)〔イ神〕ガルダ (गरुड) (2)〔イ神〕ガルダの兄アルナ (अरुण) (3) 馬 = घोड़ा.
ताल[1] [名⁻] (1) 掌 (2) 拍；拍手；手を叩く音 (3)〔イ音〕タール；ターラ；拍；拍子；拍節 (4) レスリングをする際に掌で腕や太股などを叩くこと (5)〔植〕パルミラヤシ／ウチワヤシ；多羅樹 = ताड़. **ताल उठाना** 歌い出す；歌い始める **ताल कटना** *a.* 拍子が狂う *b.* 状況が芳しくない **ताल ठोंकना** *a.* 挑戦する；立ち向かう मुख्यमंत्री पद के लिए अपनी ताल ठोंकना 州首相の地位をめぐって挑戦する *b.* 激しくなる；増大する **ताल दे॰** 手で拍子を取る **ताल पट्टी दे॰** だます；欺く (-की) **ताल पर नाचना** （ーの）指図で動く **ताल पूरना** 拍子がうまく取れる **ताल बेताल** *a.* 拍子はずれで *b.* 時機を失して *c.* とにもかくにも；ともかく **ताल बेताल नाचना** 勝手気ままに振る舞う **ताल बेताल हो॰** *a.* 調子が外れる *b.* 決まりから外れる；規則や決まりに反する= ताल से बेताल हो॰. **ताल मिलाकर चलना** 歩調を合わせて進む；協力する；相携える **ताल लगाना** = ताल दे॰. **ताल से बेताल हो॰** = ताल बेताल हो॰.
ताल[2] [名] 小さな池；沼= तालाब; जलाशय; पोखरा.
तालकूटा [名] シンバルを鳴らす人；シンバルを鳴らしてバジャン (भजन) を歌う人→ भजन.
तालकेश्वर [名]〔薬〕雌黄，硫黄，アロエ，ゴマ油などから作られる皮膚病の薬
तालक्षीर [名] ウチワヤシやナツメヤシの果汁から製造した砂糖
तालखजूरी [名*] = केतकी.
तालपत्र [名] ウチワヤシの葉；貝多羅葉（古い時代に書写のため紙の代わりに用いられた）
तालमखाना [名] (1)〔植〕スイレン科水草オニバス【*Euryale ferox*】= मखाना. (2) 同上の実 (3)〔植〕キツネノマゴ科草本【*Barleria longifolia; Asteracantha longifolia*】 (4) ナス科小低木シロスズメナスビ【*Solanum indicum*】の実
तालमतूल [形] 相並ぶ；対等な；拮抗する
तालमापी [名]〔音〕メトロノーム
तालमूल [名] 木製の盾
तालमूली [名*]〔植〕キンバイザサ科草本（根が薬用）【*Curculigo orchioides*】
तालमेल [名] (1) 拍子や音程のハーモニー；合致；同調 (2) 一致 कभी-कभी रुचियों में तालमेल न होने से भी पति का मन अपनी पत्नी से विमुख हो जाता है しばしば趣味が一致しないために夫の心が妻から離れることがある (3) 協調；協同；協力 एक दूसरे के सहयोग से और तालमेल से खेलते हुए रन बनाते हैं 相互の協力と協調でプレーしながら得点をあげる विजय, रामू प्रभृति ने शक्ति और तालमेल के साथ काम किया ヴィジャヤ，ラームーたちが全力をあげ協力し合って仕事をした टीम के साथियों से तालमेल बनाते हुए खेलने का गुण チームメートと協同しながらプレーする性質 (4) 調和；和合；融和；協同作業をする人同士の息や調子，掛け合いの和；協調 साले बहनोई में भी अच्छा तालमेल था 義兄と義弟との関係も良かった **तालमेल क॰** 合わせる；調和させる；調節する दो कलेंडरों में तालमेल करने के लिए कुछ न करें तो प्रति वर्ष दिवाली 11 दिन पहले होती जाएगी 二種の暦を調和させないとディーワーリー祭は毎年11日間早くなって行くだろう **तालमेल बिठाना** 合わせる；調和させる；調整する कई उद्योगों में विदेशी कंपनियों के साथ तालमेल बिठाया गया है 幾つかの企業では外国の会社との間に調整が行われている **तालमेल बैठना** *a.* 調和する；和合する *b.* 仲がよい；気が合う इनके परिणाम स्वरूप शासकों और शासितों के बीच सही प्रकार का समन्वय या तालमेल नहीं बैठ पाया है その結果として支配者と被支配者との間に正しい融和と調和ができないでいる कुछ राज्यों में ऐसे दल पदासीन हैं, जिनका केन्द्रीय शासन से तालमेल कम बैठता है 中央政府との間があまり融和しない政党が一部の州では政権の座を占めている
तालरस [名] ウチワヤシの果汁= ताड़ी.
तालवन [名] ウチワヤシの林
तालवृंत [名] ウチワヤシの葉でこしらえたうちわ
तालव्य[1] [形] (1) 口蓋の (2)〔言〕口蓋音の；硬口蓋の तालव्य श 口蓋音の श の音（硬口蓋摩擦音）
तालव्य[2] [名]〔言〕口蓋音；硬口蓋音〈palatal〉
तालव्यरंजन [名]〔言〕口蓋化〈palatalization〉
तालव्यरंजित [形]〔言〕口蓋音化した〈palatalized〉
ताला[1] [名] (1) 錠；錠前 (2) 出入りを閉じるもの；閉ざすもの (3) 遮るもの **ताला खुलना** 錠があく **ताला खोलना** 錠をあける；解錠する；開錠する **ताला चढ़ना** 錠が掛かる **ताला चढ़ाना** 錠を掛ける；施錠する **ताला जड़ना** *a.* 錠を掛ける *b.* 完全に停止させる **ताला जोड़ना** = ताला चढ़ाना. **ताला ठोंकना** = ताला चढ़ाना. **ताला डालना** = ताला चढ़ाना. **ताला तोड़ना** （盗みのために）錠を破る；錠を壊す **ताला पड़ना** = ताला चढ़ना. **ताला बंद कर दे॰** *a.* 錠を掛ける *b.* 占拠する **ताला बंद हो॰** *a.* 錠が掛けられる *b.* 商いが停止する；商売がやめになる *c.* 停止になる **ताला भिड़ना** *a.* = ताला चढ़ना. *b.* めちゃくちゃになる；破滅する；台無しになる **ताला लगना** *a.* =

ताला चढ़ना. *b.* 動かなくなる；機能しなくなる **ताले में बंद रखना** しまい込む；隠す；人に見せない

ताला[2] ［形］《A. تعلى तआला》最高の；至高の **अल्लाह ताला** 至高の神アッラー；アッラーの神 अल्लाह ताला बड़ा शानशौकत वाले हैं アッラーの神は大変な威力をお持ちなのです

ताला-कुंजी ［名*］錠と鍵 (**-के हाथ में**) **ताला-कुंजी हो॰** （ーが）財布のひもを握る

ताला-ताली ［名*］錠と鍵

तालाबंद ［形］《H. + P. بند》錠の掛かった；鍵の掛かった；ロックされた；施錠された तालाबंद कमरे से 鍵の掛かった部屋から

तालाबंदी ［名*］← तालाबंद. （斜格形は तालेबंदी になる）(1) 閉鎖；ロックアウト विश्वविद्यालय की तालाबंदी 大学閉鎖 (2) 錠の掛かること

तालाब ［名］《P. تالاب》池；貯水池

तालिक ［名］(1) 開いた掌；広げた掌 (2) 貝多羅葉を綴じるひも (3) 貝多羅葉の束

तालिका[1] ［名*］(1) 鍵＝ कुंजी; ताली. (2) 紙や貝葉を綴じたもの (3) 表；一覧表

तालिका[2] ［名*］平手で叩くこと；平手打ち＝ थप्पड़.

तालिब ［形・名］《A. طالب》(1) 求める；追求する (2) 探求する；探究する (3) 学生；生徒＝ तालिबे इल्म. (4) 弟子＝ चेला; शिष्य.

तालिबान ［名, pl.］《A.P. طالبان ← P. آن + A. طالب》(1) 学生たち；探究者たち (2) ターリバーン（1990 年代半ばから 2001 年にかけてアフガニスタンにおいて優勢であった政治・軍事勢力とその構成員）

तालिबे इल्म ［名］《A. طالب علم》学生；生徒＝ विद्यार्थी; छात्र.

ताली[1] ［名*］(1) 手を叩くこと；拍手 (2) 拍手の音 ताली के साथ कव्वाली गाने का ढंग 手を打ちながらカッワーリーを歌う歌い方 **तालियाँ पड़ना** *a.* 大いに誉め称えられる *b.* 大いに笑われる **तालियों पर तालियाँ पड़ना** 盛んな拍手を受ける **ताली दे देकर हँसना** さんざん嘲笑する；大いに嘲笑う **ताली दोनों हाथों से बजती है** 〔諺〕片手では拍手はできない；喧嘩両成敗；喧嘩の責めが両者にあること＝ ताली एक हाथ से नहीं बजती. **ताली पिटना** ＝ ताली बजना. **ताली पीटना** ＝ ताली बजाना. **ताली बजना** (**तालियाँ बजना**) *a.* 笑われる；笑いものになる *b.* 称えられる；拍手を受ける **ताली बजाना** (**तालियाँ बजाना**) *a.* 手を叩く；拍手する बच्चे उसे देखकर खुशी से तालियाँ बजाने लगे 子供たちはそれを見て嬉しさに手を叩き始めた *b.* 嘲笑う；嘲笑する *c.* 称える；賞賛する **ताली बजा बजाकर हँसना** 手を叩いて笑う ताली बजा बजाकर हँसने लगती है 手を叩いて笑い出す तालियों की गड़गड़ाहट 割れんばかりの拍手（の音）；万雷の拍手 **ताली लगवाना** 笑われる；笑いものになる；お笑いの種になる

ताली[2] ［名*］(1) 鍵＝ कुंजी; चाबी. (2) 開閉器；開閉装置 (3) ねじ；ネジ (**-की**) **ताली न खुलना** （ーについて）知識を持ち合わせない **ताली भरना** *a.* ネジを巻く *b.* 発破をかける；励ます

ताली[3] ［名*］小さな池；溜池；水溜まり

ताली[4] ［名*］〔植〕ヤシ科タリポットヤシ；ウチワヤシ【*Corypha umbraculifera*】

तालीक़ा ［名］《A. تعليقه》(1) 財産目録 (2) 別表；明細書；補遺；傍注

तालीपत्र ［名］＝ तालीशपत्र.

तालीफ़ ［名*］《A. تاليف》(1) 編纂 (2) 編集

तालीम ［名*］《A. تعليم》(1) 教育＝ शिक्षा. अंग्रेज़ी तालीम 英語教育＝ अंग्रेज़ी शिक्षा. तालीम पाना 教育を受ける अब बड़ा बच्चा इस्कूल में तालीम पा रहा है 今では上の子は学校で教育を受けている (2) 授業；教授 हाज़िरी के बाद तालीम शुरू होती है 出席を取ってから授業が始まる (3) 教え；教訓

तालीमगाह ［名*］《A.P. تعليم گاه》教育の場；学校；学舎；学園

तालीमयाफ़्ता ［形］《A.P. تعليم يافته》教育のある；教育を受けた हम जैसे तालीमयाफ़्तों के कंधों का सहारा चाहिए 私たちみたいな教育を受けた人たちの支援が必要

तालीमात ［名*, pl.］《A. تعليمات ← تعليم》(1) 教え；教訓 बौद्ध मज़हब की तालीमात 仏教の教え (2) 教育

तालीमी ［形］《A. تعليمى》(1) 教育上の；教育に関する (2) 教育に役立つ तालीमी ताश 教育カード；教育カルタ

तालीशपत्र ［名］〔植〕イイギリ科大低木ルカムモモ【*Flacourtia jangomas*】

तालु ［名］口蓋＝ तालू. 〈palate〉 **कोमल तालु** 軟口蓋〈soft palate〉＝ मृदुतालु. **कठोर तालु** 硬口蓋〈hard palate〉

तालुक़ ［名］＝ ताल्लुक़ा.

तालू ［名］(1) 口蓋；上顎 पीलापन तालू में भी देखा जा सकता है 黄みは上顎にも見られる ज़ुबान तालू से जा लगी थी 舌は口蓋に接していた (2) 頭脳 **तालू उठाने के दिन** 幼年期 **तालू चटकना** *a.* 喉が激しく渇く *b.* 恐怖心で口の中がからからに乾く **तालू में काँटा पड़ना** 喉がからからになる **तालू में दाँत जमना** 運が傾く；つきがなくなる **तालू से जीभ न लगाना** しゃべりまくる **तालू से जीभ न लाना** しゃべりまくる **तालू से जीभ लगना** (**-लगाना**) 沈黙する

ताल्लुक़ ［名］《A. تعلق》(1) 関係；関わり；つながり＝ संबंध; संपर्क; लगाव. ईरान से हमारा ताल्लुक़ बहुत पुराना है イランとわが国との関係は非常に古い (2) 親戚関係 **ताल्लुक़ उठ जा॰** 関係がなくなる；関わりがなくなる；つながりがなくなる；縁が切れる (**-से**) **ताल्लुक़ रखना** （ーと）関係を持つ；関わりを持つ

ताल्लुक़ा ［名］《A. تعلقه तअल्लुक़ा》(1) 地所；エステート (2) タアッルカー（英領インドで行われザミーンダーリー制廃止まで続いた土地保有制度の一．地租納入の中間介在者として認められた 1 人もしくは複数の所有権者の所有になる数か村を含む大きな地所．ザミーンダーリーよりは小さいとされたり同義に用いられたりした）

ताल्लुक़ात ［名］《A. تعلقات》（本来は तअल्लुक़《A. تعلق》の複数形であるが，ヒンディー語では単数扱い）関係；諸関係；関わり；関連；接触；交流 हमने विदेशों से ताल्लुक़ात बढ़ा लिया है わが国は外国との関係を増大させた

ताल्लुक़ेदार ［名］《A.P. تعلقه دار》(1)〔イ史〕タールカーの所有者；北インド，特に旧アワド地方における封建的な諸権利を保有した領主的な土地保有者；タールクダール；タールケーダール（大地所の所有者）；ザミーンダール (2) 徴税請負人→ ताल्लुक़ा.

ताल्लुक़ेदारी ［名*］《A.P. تعلقه دارى》(1)〔イ史〕タールケーダール／タールクダールの身分や地位，土地保有権→ तालुक़ेदार. (2) タールケーダールの所有地

ताव ［名］(1) 熱＝ गरमी/गर्मी. (2) 激情＝ आवेश; झोंक. (3) 性急さ；せっかちな気持ち＝ उतावलापन. (4) 真っ直ぐに伸びたり強く張っている様子；ぴんとすること；しゃんとすること；しゃきっとすること **ताव आ॰** *a.* 気合が入る；熱が入る *b.* かっとなる *c.* 適度に熱くなる；熱せられる；温もる **ताव उतर जा॰** 熱が冷める；情熱がなくなる；気合が抜ける **ताव की मारना** ほらを吹く；大きな口を叩く **ताव की ले॰** ＝ ताव की मारना. **ताव खाना** *a.* かっとなる；腹を立てる बारूद के रंगवाली चिड़िया । बारूद का सुभाव भी सीख। उड़ना, गाना तो ठीक। लेकिन ताव खाना भी सीख ॥ 火薬色の鳥さん／火薬の気性も習いなさい／飛んだり歌ったりするのはいいが／腹を立てることも覚えなさい *b.* 熱くなりすぎる (**-का**) **ताव चढ़ना** *a.* （ーしたくて）うずうずする *b.* （性欲が）むらむらする **ताव झारना** 鼻をへし折る **ताव ठंडा पड़ना** ＝ ताव उतर जा॰. **ताव दिखाना** 威張る；威張り散らす **ताव देखना** 火加減を見る **ताव दे॰** 火に掛ける；熱する；熱を加える मूँछों पर ताव दे॰ → मूँछ. **ताव पर** いざという時；大切な時 **ताव पर आ॰** *a.* かっとなる *b.* 息巻く **ताव पर चढ़ना** 張り切る；気合が入る **ताव पर चढ़ाना** 励ます；気合を入れる；活を入れる **ताव पेंच खाना** 怒る；腹を立てる **ताव बिगड़ना** *a.* 調子が狂う *b.* 火加減が狂う **ताव में आ॰** *a.* かっとなる *b.* 気合が入る **ताव लगना** *a.* 暑さにやられる *b.* 熱にやられる

तावत् ［副］(1) それほど (2) それまで；その時まで (3) そこまで；そのところまで

तावदार ［形］《H. + P. دار》(1) 積極的な；活気のある (2) 伸縮して張りのある；しゃきっとした；ぴんとした तावदार मूँछें ひねりを加えてぴんと立てた口ひげ

ताव-भाव ［名］(1) 気質 (2) 特性；素質 (3) 加減の良さ (4) 気取り；見え (5) やり方；方法；手法 **तावभाव क॰** *a.* 値段の駆け引きをする *b.* 威張る **ताव-भाव का** まともな；正しい **ताव-भाव गाँठना** 威張る＝ ताव-भाव दिखाना.

तावर ［名］弓弦＝ प्रत्यंचा.

त

तावरी [名*] (1) 熱= ताप. (2) 燃焼= जलन. (3) 暑熱= घाम. (4) 発熱= बुखार; ज्वर; हरारत.

तावा [名] = तवा.

तावान [名] 《P. تاوان》(1) 弁償；賠償 (2) 賠償金；損害賠償金 **तावान दे॰** *a.* 弁償する；賠償する *b.* 賠償金を支払う **तावान ले॰** *a.* 弁償させる；賠償させる *b.* 賠償金を取る

तावाने जंग [名] 《A.P. تاوان جنگ》敗戦国が戦勝国に支払う賠償金；戦争賠償金

तावीज़ [名]《A. تعویذ》(1) 紙に呪文などを記した護符；お守り；魔除けにひもで首から下げたり腕に巻きつけるもの **तावीज़ बाँधना** お守りをつける पुरुष तावीज़ बाँधते थे 男子は護符をつけていた (2) 首から下げる装身具の一；ロケット

तावील [名*] 《A. تاویل》(1) 説明；明確にすること इसी लिए वह सियासी और हंगामी तावीलें तलाश नहीं करता だからこそ彼は政治的でその場凌ぎの説明はしない (2) 転義

तावीष [名] (1) 金；黄金 (2) 天国= स्वर्ग. (3) 海= समुद्र; सागर; समदर.

तावुन [名] → तआवुन.

ताश [名] 《Ur. تاش》(1) トランプなどのカード (2) トランプ遊び (3) 金襴 (4) 糸巻き用の厚紙 **ताश का महल** はかない（もの）；壊れやすいもの；脆いもの **ताश के पत्ते** トランプのカード **ताश खेलना** トランプ遊び

ताशक़ंद〔地名〕《P. تاشکند / تاشقند ताशक़ंद/ताशकंद》タシケント（ウズベキスタンの首都）

ताशा [名] 《تاشا ← P. طاسہ तासा》〔イ音〕ターシャー（小型のものは首からぶら下げるが大きいものは床に置いて演奏される 2 本の木のばちで打つ半球状の鼓の一種）

तास[1] [名] 《P. تاس A. طاس》コップ；カップ；鉢；ボウル；大皿

तास[2] [名] 《P. تاس A. طاس》(1) トランプなどのゲームのカード；カルタ (2) 錦；金襴

तासा [名] 《P. طاسہ》ターサー（タンバリンの一種；小太鼓）= ताशा.

तासीर [名*] 《A. تاثیر》(1) 印象 (2) 感銘；感動 (3) 影響 (4) 効果；効き目

तास्सुब [名] → तअस्सुब.

तास्सुर[1] [名] → तअस्सुर[1].

तास्सुर[2] [名] → तअस्सुर[2].

ताहम [接] 《P. تاہم》それでも；それにもかかわらず अगरचे उसका टिकट एक शिलिंग तीन पेंस यानी तक़रीबन एक रुपया है ताहम देखनेवालों का ताँता बंधा रहता है それの入場料は 1 シリング 3 ペンス，すなわち，約 1 ルピーなのだが見物人がいつも列をなしている

तिंतिड़ [名] = तिंतिड़ी. (1) タマリンド = इमली. (2) タマリンドのチャトニー (→ चटनी).

तिंदुक [名]〔植〕カキノキ科高木インドガキ【*Diospyros malabarica; D. peregrina*】= काला तेंदू; गाब.

तिंदुल [名]〔植〕カキノキ科リュウキュウコクタン（琉球黒檀）= तेंदू.

ति- [造語] 数詞の 3 の意を有する造語要素 तिपाई 三脚；三脚の台

-ति [接尾] サンスクリットの第一次接尾辞で抽象名詞（女性）を作る √स्तु - स्तुति 称賛 √कृ - कृति 作品

तिआ [名*] 女；女性= तिया; तिय; स्त्री; औरत.

तिउरा [名]〔植〕マメ科蔓草カラスノエンドウ= खेसारी; केसारी.【*Lathyrus sativus*】〈chickling vetch; grass pea〉

तिउरी [名*] 目つき तिउरी बदलना 眉間にしわが寄る；不快な表情になる= त्योरी.

तिकटी [名*] (1) 鞭打ち台 (2) 絞首台= टिकटी. एक दिन तिकटी से मुनीर खाँ को बाँधा जा रहा था ある日ムニールカーンが鞭打ち台に縛られようとしていた

तिकड़म [名*] (1) 奸策；策略；小細工= चाल; षड्यंत्र. (2) 方法；手立て；手法= तरकीब; उपाय.

तिकड़मबाज़ [形・名] 《H. + P.باز》= तिकड़मी.

तिकड़मी [形・名] 策略をめぐらす；策士 गुरु तो गुड़ चेला शक्कर! बड़ा तिकड़मी, पक्का चार सौ बीस 師を凌ぐ弟子. 大した策士であり完璧なぺてん師だ！

तिकड़ी [名*] 3 つがひとまとまりのもの；三つ組；三つ揃い

तिकड़ी कूद [名*]〔ス〕三段跳び

तिक तिक [名] 馬方などの馭者が牛馬などの動物を追う声（舌を打つ音）

तिकानी [名*] 車輪の心棒につける脱輪防止用の横木

तिकुरा [名] 収穫物の 3 分の 1. 3 分の 1 が地主の取り分で 3 分の 2 が小作人の取り分= तिकुर; तिकुरी.

तिकोन[1] [名] 三角；三角形= त्रिकोण.

तिकोन[2] [形] 三角の；三角形の= तिकोना.

तिकोना[1] [形+] 三角の；三角形の तिकोनी पट्टी 三角巾

तिकोना[2] [名] (1)〔料〕サモーサー समोसा (2) 鏨

तिकोना[3] [名*] 不快感や怒りなどの感情を示す目つきや眉= त्योरी.

तिकोनिया[1] [形] 三角形の= तिकोना.

तिकोनिया[2] [名*] 三角形になった場所

तिक्का[1] [名] トランプの 3 の札

तिक्का[2] [名] 《P. تکہ》(1) かけら；一片 (2) 肉の細切れ (-का) **तिक्का बोटी क॰** （ーを）細切れにする；スライスする；粉々にする **तिक्का बोटी हो॰** 粉々になる；粉砕される

तिक्की [名*] トランプの 3 の札

तिक्त [形] 苦い；苦みのある= तीता; कड़ुआ.

तिक्तक [名] (1) = परवल. (2) = चिरायता. リンドウ科チレッタセンブリ【*Swertia chirata*】

तिक्तता [名*] (1) にがさ（苦さ）；苦み= तीतापन. (2) 激しい刺激感；とげとげしさ；嫌味

तिक्त फल [名]〔植〕ムクロジ科高木ムクロジ= रीठा.

तिक्तफला [名*]〔植〕ナス科ギンナンナスビ= भटकटैया.

तिक्तबीजा [名*]〔植〕ウリ科ヒョウタン= तितलौकी.

तिखाई [名*] = तीखापन; तीक्ष्णता.

तिखूँटा [形+] 三角の；三角形の= तिकोना.

तिगुड्डा [名] 三人組；三羽がらす

तिगुना [形+] 3 倍の= तीन गुना.

तिगून [名] 3 倍

तिग्म [形] 鋭い；激しい；激烈な= खरा; तीक्ष्ण; तेज़; प्रचंड.

तिग्मकर [名] = सूर्य.

तिग्मता [名*] ←तिग्म. = तीक्ष्णता; उग्रता; प्रचंडता.

तिग्मतेज [形] (1) = तीक्ष्ण. (2) = तीखा.

तिघरा [名] 牛乳やヨーグルトを入れる広口の素焼きの壺

तिङ् [名]〔言〕サンスクリット語の文法用語で人称語尾を表す略語

तिजरा [名]〔医〕三日熱（マラリア）

तिजारत [名*] 《A. تجارت》商業；交易；取引= वाणिज्य; व्यापार; रोज़गार. **तिजारत क॰** 取引する；交易する हिंदुस्तान में तिजारत करने के लिए インドでの交易に

तिजारती [形] 《A. تجارتی》商業の；商業上の；交易の तिजारती जहाज़ 商船

तिजारी [名*]〔医〕三日熱（マラリア）

तिजोरी [名*] 《← E. treasury》金庫；現金入れ（の金箱）〈cash box〉

तिड़ी[1] [名*] トランプの 3 のカード= तिक्की. **तिड़ी भूल जा॰** 呆然とする；途方に暮れる

तिड़ी[2] [形] 姿をくらました；姿を隠した；ずらかった **तिड़ी क॰** 掠める；掠め取る；掻っ払う **तिड़ी हो॰** 姿を隠す；こっそり逃げ去る

तिड़ीबाज़ [形・名] 《H. + P.باز》欺く；詐欺を働く；詐欺師

तिड़ीबाज़ी [名*] 《H. + P.بازی》詐欺

तिड़ीबिड़ी [形] 散り散りになった；散乱した；散らばった；ばらばらになった= तितरबितर.

तितना [形+・副] = उतना. (जितना と相関的に用いられる)

तितर-बितर [形] ばらばらの；離れ離れの；散り散りの；散り散りばらばらの；四散した हम एक दूसरे से काफ़ी दूर-दूर पर, तितर-बितर होकर चलें お互いにかなり離れてばらばらになって行こう **तितर-बितर हो जा॰** *a.* 散り散りになる= छिन्न-भिन्न हो जा॰. *b.* 乱れる；混乱する

तितली [名*] (1)〔動〕チョウ；チョウチョウ；チョウチョ；蝶 (2) 美しい娘；美女 (3) 美しく着飾った女性

तितलोकिया [名*]〔植〕ゴマノハグサ科草本クワガタソウの一種【*Veronica anagallis-aquatica*】

तितलौकी [名*]〔植〕ウリ科ヒョウタン= तूँबा.

तितारा [名]〔イ音〕ティターラー（三弦の弦楽器）

तितिंबा [名] = तितिम्मा.

तितिक्ष [形] 忍耐強い；我慢強い= सहनशील.

तितिक्षा [名*] (1) 忍耐；辛抱；我慢= सहिष्णुता. (2) 忍耐力 (3) 寛大さ；寛容さ= क्षमा; उदारता.

तितिक्षु [形] (1) 忍耐強い (2) 寛大な；寛容な

तितिभ [名] (1)〔昆〕半翅類カイガラムシ科の昆虫【*Buccela carniola*】= बीर बहूटी. (2)〔昆〕ホタル科ホタル（蛍）= जुगनू.

तितिम्मा [名]《A. تتمہ ततिम्मा》(1) 残り；残余 = शेष. (2) 付録 (3) 補遺 (4) 余分 (5) 見せかけ

तितिर [名] = तीतर.

तितीर्षा [名*] (1)（対岸へ）渡ったり越えたりしたい気持ち (2) 解脱への願望

तितीर्षु [形] (1)（対岸へ）渡りたい；越えたい (2) 解脱を得たい；解脱を願う；済度を願う

तित्तिर [名] = तीतर.

तित्तिरी [名] = तीतर.

तिथि [名*] (1) 太陰日（太陰月のひと月を30等分したもの） (2)（太陽暦，太陰暦の関係なく）日付；年月日 जन्म-तिथि 誕生日；生年月日 = जन्म की तारीख़. निश्चित तिथि को बड़ी सादगी से विवाह संपन्न भी हो गया 予定日に大変簡素に結婚式が挙げられた नीलामी तिथि 競売日 (3) 命日

तिथिपत्र [名] カレンダー；暦= कलेंडर; पत्रा; पंचांग.

तिदारी [名*]〔鳥〕ガンカモ科ハシビロガモ【*Anas clypeata*】

तिधारा [名]〔植〕トウダイグサ科低木キリンカク【*Euphorbia neriifolia*】

तिन[1] [名] = तृण.

तिन[2] [代・代形] 相関代名（形容）詞 सो の複数斜格形語幹. 単数形は तिस. = उन. तिनने = उन्होंने. तिनको = उनको. तिनसे = उनसे.

तिनकना [自] かっとなる；むかっとする；不機嫌になる यह वाक्य उसे तीर की तरह लगा. तिनककर बोला - यह कौन-सा राग छेड़ दिया, माँ この言葉は矢のように突き刺さった. むかっとして言った.「母さん，なんと言うことを言うんだ」 उसने तिनककर कहा, 'हाँ, मुझे तो इसका रोग है' むかっとして言った.「うん，そうなんだ. これがおれの病気なんだ」

तिनका [名] (1) わら（藁） सूखा तिनका 干しわら (2) 草の茎 घास के तिनके 草の茎 (3) わずかばかりのものや取るに足らないもののたとえ **तिनका उतारना** *a.* ほんのわずかの親切をする *b.* 見せかけの親切を施す **तिनका चुनना** = तिनके चुनना. **तिनका तोड़ना** *a.* 邪視から身を守るためや魔除けのまじないとして草の葉をちぎる *b.* ごく普通の仕事や労働を全くしない (-से) **तिनका तोड़ना**（-と）交際を絶つ；縁を切る；絶交する **तिनका दाँतों से दबाना** 哀願する **तिनका दाँतों से पकड़ना** = तिनका दाँतों से दबाना. **तिनका भी न उठाना** 何一つ仕事をしない；全く仕事をしない；全然働かない **तिनका भी न उठाने दे॰** 何一つ仕事をさせない；少しも働かせない **तिनका भी न तोड़ सकना** *a.* 甚だ衰弱している *b.* ごく普通のこともできないほどか弱い；とても華奢な **तिनका-सा** *a.* ほんのわずかの *b.* 甚だ賤しい **तिनका-सा तोड़ना** 絶交する = तिनका-तोड़ क॰. **तिनका सिर से उतरना** ほんのわずかの親切をする；ちょっとした親切をする **तिनके का सहारा ढूँढना** わらにもすがる；わずかばかりのものにでも頼る **तिनके का सहारा हो॰** ほんのわずかの助力や支援の得られること **तिनके की ओट पहाड़**〔諺〕*a.* 小さく見えることに大きなことや秘密が隠されていることがある *b.* 些細なことから大事に至ることがある **तिनके की ओट में छिपाना**〔諺〕隠しおおせぬことを隠そうとするたとえ **तिनके को पहाड़ कर दिखाना** 針小棒大に言う **तिनके चुनना** *a.* どのような（つまらぬこと，あるいは，卑しいとされる）ことでもする *b.* ぐでんぐでんに酔っ払う；正体不明になるほど酔う；泥酔する

तिनका-तोड़ [名] 交際を絶つこと；絶交；絶縁 तिनका-तोड़ क॰ 交際や関係を絶つ；絶交する

तिनपहल [形] 三面を持つ；三面の

तिनपहला [形+] = तिनपहल.

तिनस [名]〔植〕マメ科中高木サンダン【*Ougeinia oojeinensis; Dalbergia ougeinensis*】= तिनिश; तिनसा; तिनास.

तिन्नक [名] (1) つまらぬもの；取るに足らぬもの (2) 草の葉

तिन्नी [名*]〔植〕野生種のイネ（水稲）

तिपहला [形+] 三面の

तिपहिया [形] (1) 三輪の；3つの車輪の (2) 三輪のついた तिपहिया साइकिल 三輪車；三輪自転車

तिपाई [名*] (1) 三脚の椅子 (2) 三脚の台

तिपारी [名*]〔植〕ナス科ブドウホオズキ【*Physalis peruviana*】

तिफ़्ल [名]《A. طفل》子供；男の子；少年= बाल; बालक; बच्चा.

तिफ़्ली [名*]《A. طفلی》子供時分；少年期

तिब [名*]《A. طب तिब्ब》(1) イスラム医学；イスラム医術 (2) 医学；医術

तिबाबत [名*]《A. طبابت》医療；医術

तिबारा[1] [副] 3度目に

तिबारा[2] [名] 3度蒸留して製造された酒

तिबारा[3] [名] 3つの扉のある部屋や建物

तिबारी [名*] = तिबारा[3].

तिब्ब [名*]《A. طب》(1) イスラム医学；アラビア医学= हकीमी. (2) 医学；医術= चिकित्सा शास्त्र.

तिब्बत〔地名〕チベット= भोट.

तिब्बती[1] [形] (1) チベットの (2) チベット産の；チベット製の

तिब्बती[2] [名] チベット人

तिब्बती[3] [名*]〔言〕チベット語 **तिब्बती-बर्मी परिवार**〔言〕チベット・ビルマ語派 तिब्बती बर्मी परिवार की भाषा チベット・ビルマ語派の言語

तिब्बी [形]《A. طبی》(1) イスラム医学の；アラビア医学の (2) 医学の；医術の

तिब्बे क़दीम [名*]《A. طب قدیم》アラビアの伝統医術；アラビアの古来の医術

तिब्बे जदीद [名*]《A. طب جدید》近代医術；西洋医術= पाश्चात्य चिकित्सा पद्धति; पाश्चात्य आयुर्वेद.

तिमंज़िला [形]《H. + A. منزل》3階建ての

तिम [名]〔イ音〕ナガーラー（नगाड़ा）；ドゥンドゥビー（दुंदुभी）

तिमाहा [名]《← H.+ P.ماه》3か月；四半期 1983-84 के पहले तिमाहे में 1983〜84年度の第1四半期に

तिमाही [形] 3ヶ月ごとの

तिमिंगल [名] (1)〔イ神〕ティミ तिमि よりも大きい伝説上の海の大魚 (2)〔動〕クジラ（鯨）

तिमि [名] (1)〔イ神〕伝説上の海の大魚 (2) 海= समुद्र. (3)〔医〕夜盲症= रतौंधी.

तिमिर [名] 闇；暗闇；暗がり धुल गया तिमिर, बह गई निशा 闇は洗われ夜は流れ去った

तिमिरजा[1] [形*] 闇より生じた

तिमिरजा[2] [名*] 深い闇；漆黒の闇

तिमिरनुद् [形・名] 闇を打ち破る；太陽

तिमिरमय[1] [形] 真っ暗な；暗黒の

तिमिरमय[2] [名] (1) = राहु. (2) = ग्रहण.

तिमिररिपु [名] 太陽= सूर्य; दिनकर; दिनमान.

तिमिरहर[1] [形] 闇を除く

तिमिरहर[2] [名] (1) 太陽 (2) 灯火

तिमिरांत [名] 暁；曙

तिमिष [名]〔植〕キュウリ ककड़ी, メロン फूट, トウガン पेठा などのウリ科の植物の称

तिमी [名] = तिमि.

तिमुहानी [名*] (1) 三方に向かう道のあるところ；三叉路 (2) 3本の川の合流点（特にガンジス川，ヤムナー川，伝説上のサラスヴァティー川の合流する場所. प्रयाग; इलाहाबाद)

तिय [名*] (1) 女；女性= स्त्री; औरत. (2) 妻；家内；女房= पत्नी; जोरू.

तियरासि [名*] = कन्याराशि.

तियला [名] (1) 布 (2) 衣服

तिया[1] [数] 3を掛ける掛け算；3倍の（ただし次の場合にのみ用いられる） दो तिया छः: 2 × 3 = 6. → ती.

तिया[2] [名] トランプなどの3の数のカード= तीया.

तिया[3] [名*] = तिय.
तिरंगा[1] [形+] 三色の= तीन रंगों का.
तिरंगा[2] [名] インド国旗（三色旗 तिरंगा झंडा の略） तिरंगे का लहराया जाना インド国旗の掲揚 यह तिरंगा हमारा कौमी झंडा है この三色旗は我らが国旗
तिरंगा झंडा [名] (1) 三色旗 (2) インド国旗
तिर- [数・造語] 数詞 3 の意を有する造語要素 = त्रि-.
तिरक [名] (1)〔解〕骨盤 (2)〔解〕座骨
तिरकट [名] 船の最も前方に掛けられる帆
तिरकट गावा सवाई [名] 帆船の一番前方の最上段に掲げられる帆
तिरकट डोल [名] 一番前方の帆柱
तिरकट सवर [名] 一番上段に張られる帆
तिरकाना [他]（綱などを）緩める；弛ませる
तिरखा [名*] (1) 渇き = तृषा. (2) 欲；貪欲= लोभ.
तिरखित [形] (1) のどの渇いた；渇した= तृषित. (2) 欲のある；欲を持った= लोभी.
तिरखूँटा [形+] 三角の= तिकोना.
तिरछा [形+] (1) 斜めの；傾いた सिर का हैट तिरछा कर रखा है 帽子を斜めに被って किरणें जब तिरछी होकर पड़ती हैं 日の光が傾いて差す時 (2) 歪んだ बाबा के होंठ तिरछे हो गए （苦悩に）祖父の唇が歪んだ (3) 粋な；おしゃれな सादी पर तिरछी पगड़ी あっさりしているが粋なターバン (4) 気取った；きざな (5) 不都合な (6) 痛烈な；辛辣な **तिरछी आँखों (से) देखना** *a.* 危害を及ぼす；手出しをする；邪魔だてする अब किसी की हिम्मत नहीं कि तुम्हारी तरफ़ तिरछी आँखों से देखे もうだれもお前に対して変な真似をしようとする者はいない *b.* 色目を使う；流し目で見る *c.* 怒りの眼差しで見る **तिरछी चितवन** = तिरछी नज़र. **तिरछी नज़र** *a.* 横目 हर गुज़रने वाला तिरछी नज़र से उसे ज़मीन पर बैठा हुआ देखता था 通りかかる人は皆その人が地面に腰を下ろしているのを横目で見るのだった *b.* 怒りをこめた眼差し *c.* 色目；流し目 **तिरछी निगाह से देखना** = तिरछी आँखों देखना. **तिरछी बात** *a.* 辛辣な言葉；嫌味なこと；不快な話 *b.* 誤解されたこと *c.* 込み入った話 *d.* 歪められた話 **तिरछे वचन** = तिरछी बात. **तिरछे हो॰** *a.* 好意を寄せる *b.* 不機嫌になる
तिरछाना[1] [自] (1) 斜めになる；傾く (2) 歪む
तिरछाना[2] [他] (1) 斜めにする；傾ける (2) 歪める
तिरछापन [名] ← तिरछा.
तिरछे [副] (1) 斜めに；傾いて (2) 婉曲に
तिरतालीस [数] 43 = तेंतालीस; तैंतालीस.
तिरना [自] (1) 浮く；浮かぶ；漂う न डूबती थी न तिरती थी 沈みも浮きもせずにいた केवल पानी में कंपन तिर रहा था 水には震動のみが漂っていた (2) 泳ぐ= तैरना. (3) 浮かぶ；（境遇や立場などが）良くなる निंदा-प्रशंसा से डूबने-तिरनेवाले प्राणी कुछ दूसरी धातु के हुआ करते हैं 誉められたり貶されたりして浮き沈みする連中は何か他の物で作られているのさ (4) 物の表面に現れる；浮かぶ；浮かび出る；浮かび上がる बेटे के सुकुमार चेहरे पर उस दिन मोहन को न जाने कैसी उदासी तिरती दिखी その日憂鬱な気持ちが息子の可愛い顔に浮かんでいるのがモーハンには見えた (5) 落ち着きのない；動き回る उसकी आँखें यहाँ-वहाँ तिरती रहती हैं 目がきょろきょろする
तिरनी [名*] (1) ガーグラー（घाघरा）やドーティー（धोती）の腰の当たる部分 (2) ガーグラーを腰に締めるひも
तिरपटा [形+] 眇の；斜視の= ऐंचा-ताना; भेंगा.
तिरपन [数] 53 तिरपनवाँ 第 53 の；53 番目の
तिरपाई [名*] = तिपाई.
तिरपाल[1] [名] 瓦の下に敷く茅や葦の束；ティルパール तिरपालों से ढँक देते ティルパールで覆う
तिरपाल[2] [名]《E. tarpaulin》防水布；タールを塗った防水帆布
तिरपौलिया [名] 3 つのゲートの並ぶ大きな門構えのある場所や建物
तिरफला [名*] = त्रिफला.
तिरमिरा[1] [名] 眩しさに目が眩むこと
तिरमिरा[2] [名] 水などに浮いた油質のものや脂
तिरमिराना [自] 強い光に目が眩む
तिरमुहानी [名*] = तिमुहानी. (1) 三叉路 (2) 3 本の川の合流点
तिरयाक़ [名]《A. ترياق तिर्याक》(1) 解毒剤 (2) アヘン
तिरलोक [名] = त्रिलोक.
तिरवाचा [名*] 言葉を確認するために 3 度繰り返して言うこと पहले तिरवाचा दे कि सच-सच बताएगी. मेरे सिर पर हाथ रखकर कह 本当のことを申しますと 3 度繰り返しなさい．私の頭に手を置いて言いなさい= त्रिवाचा.
तिरसठ [数] 63 तिरसठवाँ 第 63 の；63 番目の
तिरस्कार [名] (1) 軽蔑 (2) 侮辱 (3) 無視 (4) 叱責 (5) 突き放し
तिरस्कारिणी [名*] (1) 視界をふさぐ物 (2) 幕，衝立，簾などの目隠し
तिरस्कृत [形] (1) 軽蔑された (2) 侮辱された (3) 無視された (4) 叱責を受けた (5) 突き放された
तिरहा [名]〔昆〕イネの害虫であるメイガ（螟蛾）
तिरहुत 〔地名〕ティルフト（ビハール州の北部地域）
तिरानबे [数] 93 = तिरानवे. तिरानबेवाँ 第 93 の；93 番目の
तिराना [他] (1)（水などの液体に）浮かべる；浮かせる (2) 溺れているのを水から救う；水から引き上げる (3) 救う；救い出す；救済する उसकी जिंदगी आप लोगों की मुट्ठी में है बीबी जी, बचा लीजिए. डूबते को तिनके का सहारा देकर तिरा दीजिये あの子が生きるも死ぬもあなたがたの掌中にございます．溺れている者を助け出してやって下さい．お願いでございます
तिरास [名] = त्रास.
तिरासना[1] [自] おびえる（怯える）= भयभीत हो॰; त्रस्त हो॰; आतंकित हो॰.
तिरासना[2] [他] 脅す；怯えさせる= डराना; आतंकित क॰; त्रस्त क॰.
तिरासी [数] 83 तिरासीवाँ 第 83 の；83 番目の
तिराहा [名] 三叉路= तिरमुहानी.
तिरिआ [名] = तिरिया 〔植〕イネ科タケの一種【*Dendrocalamus sikkimensis*】
तिरिया [名*] 女性；女= स्त्री; औरत.
तिरियाचरित्तर [名] 女性に生来備わっているとされる手練手管；女性の生得のしたたかさ **तिरियाचरित्तर क॰** 女性が手練手管を弄する **तिरियाचरित्तर खेलना** = तिरियाचरित्तर क॰.
तिरेंदा [名] (1)（海上に浮かべる）ブイ (2)（魚釣りの）浮き= तरेंदा; तिरौंदा.
तिरोधान [名] (1) 姿を消すこと；姿の見えなくなること (2) 覆い隠すこと；覆い隠すもの
तिरोभाव [名] (1) 姿を消すこと；姿の見えなくなること (2) 隠すこと；隠れること
तिरोभूत [形] 姿の消えた；見えなくなった；消え失せた= गुप्त; छिपा हुआ; अंतर्हित; गायब.
तिरोहित [形] (1) 隠れた；隠された；見えなくなった (2) 覆われた **तिरोहित क॰** *a.* 隠す मैं उसे अपने में तिरोहित कर लेना चाहता हूँ それを自分の中に隠したい *b.* 覆う **तिरोहित हो॰** *a.* 消える；隠れる；見えなくなる बीच में उसके चेहरे पर जो चुस्ती और खुशी चमक-चमक उठती, वह तिरोहित हो गई थी その間彼女の顔に輝き出る機敏さと喜びが見えなくなっていた *b.* 覆われる
तिरौंदा [名]（魚釣りの）浮き= तिरेंदा.
तिर्यंच [名] (1) 鳥 (2) 獣 (3) 動物 (4) 植物
तिर्यंची [名*] 鳥獣の雌
तिर्यंच्योनि [名*] = तिर्यग्योनि. 畜生；畜生道；鳥獣 वे तिर्यंच्योनियों में, नरकों में, मनुष्यों में और वृक्षों में जन्म लेकर भोगते हैं 畜生に生まれ，地獄に生まれ，人間に生まれ，木に生まれて（享けるべきものを）享けるのだ
तिर्यक् [形] (1) 斜めの；傾いた；曲がっている (2) 横の；水平の तिर्यक् काट 斜め断面= तिरछी काट. (3)〔言〕斜格形の **तिर्यक् रूप** 〔言〕斜格形 〈oblique form〉 → ऋजु रूप 直格形 〈direct form〉
तिर्यक् कारक [名]〔言〕斜格= विकारी कारक. 〈oblique case〉
तिर्यक्ता [名*] (1) 斜めになっていること；傾斜；曲がっていること (2) 横になっていること
तिर्यक्त्व [名] = तिर्यक्ता.
तिर्यक्स्रोतस् [名] 獣；鳥獣
तिर्यग्गति [名*] (1) 斜めに進むこと (2) 畜生道に生まれること
तिर्यग्गामी [名]〔動〕甲殻類カニ（蟹）= केकड़ा.
तिर्यग्यान [名] カニ（蟹）= केकड़ा.
तिर्यग्योनि [名*] 畜生；畜生道；鳥獣

तिलंगा [名] (1) ティランガ地方（デカンの東部沿岸部ティランガーナー）の住民 (2)〔イ史〕(東インド会社の軍隊に属し西洋式軍事訓練を受けた）インド人傭兵；セポイ 〈telinga〉 (3) 兵隊；兵士

तिलंगाना 〔地名〕ティランガーナー；テランガーナー；タイランガ（テルグ語の話される現今のアーンドラ・プラデーシュ地方に相当）= तैलंग. तिलंगाना के बहादुर छापामारों की चर्चा ティランガーナーの勇敢なゲリラの噂

तिलंगी[1] [名] ティランガーナーの人= तैलंग.

तिलंगी[2] [名*]〔言〕ティランガーナーの言語，すなわち，ドラヴィダ語族に属するテルグー語

तिल [名] (1)〔植〕ゴマ科１年草ゴマ（胡麻） (2) ゴマの実 (3) ほくろ（黒子） (4) 女性が美容のため頬やおとがいにするゴマ粒大の入れ墨 (5) その入れ墨の代わりに黒く描いたもの (6) 微小なもの (7) 瞳孔 **तिल ओट पहाड़ ओट** 見かけは難しいが実際は易しいことのたとえ **तिल का ताड़ क°** *a.* 大変な誇張をすることのたとえ= तिल का ताड़ बनाना. *b.* 大げさに言う；針小棒大に言う **तिल का ताड़ बढ़ाना** = तिल का ताड़ क°; तिल का ताड़ बनाना. **तिल का ताड़ बनाना** = तिल का ताड़ क°. **तिल का पहाड़ क°** = तिल का ताड़ क°. **तिल की ओझल पहाड़** 〔諺〕*a.* 小さく見えるものの中に大きなものが秘められているたとえ *b.* 小さなことから大事に至ることがあるたとえ **तिल की ओट पहाड़** = तिल की ओझल पहाड़. **तिल के समान क°** 粉砕する；粉々にする **तिल चाटना** 〔イス〕ムスリムの風習で花婿が花嫁を家に伴う際に花婿が花嫁の手からゴマの実を食べる **तिल चावले बाल** 髪に白髪の混じっている様子；胡麻塩頭= खिचड़ी बाल. **तिल-तिल** *a.* わずかずつ；少量ずつ *b.* 刻々と；ひっきりなしに；絶え間なく *c.* 完全に；十分に= पूरा-पूरा. **तिल तिल कर** 少しずつ；わずかずつ；じわじわと **तिल तिल कर जलना** いつまでも妬み続ける **तिल तिल कर(-के) मरना** 悶え苦しんで死ぬ；苦しみ抜いて死ぬ；悶死する धर्म और सत्य के लिए हँसते-हँसते, तिल तिल करके कट मरने में राजपूत का एक-एक रोम हर्ष का अनुभव करता है 宗教と真理のために笑いながら苦しみ抜いて死ぬことにラージプートは至上の喜びを感じるものである मैं जीना चाहती हूँ, तिल तिल कर मरना नहीं चाहती 私生きていたいわ．悶え苦しんで死にたくはないわ शरीर में कीड़े पड़ेंगे, तिल तिल कर मरेगा （お前の）体に蛆がわきのたうち回って死ぬことになっているのだ（呪詛の言葉） **तिल तिल का हिसाब** （一銭一厘の）細かい計算 **तिल तिल पर** 絶え間なく；次から次に **तिल धरने की जगह न रहना** 立錐の余地もない；わずかの隙間もない；びっしり詰まっている उस दिन चौक में तिल धरने की जगह नहीं रहती いつもその日は中心街には立錐の余地もない **तिल बँधना** ガラス越しに太陽光線が一点に集まること（焦点を結ぶこと） **तिल बराबर** = तिल भर. **तिल भर** *a.* 芥子粒ほどの *b.* ほんのわずかの；微少な **तिल भर में** 今すぐ；すぐに；即刻 **तिल मात्र (भी)** ほんのわずか（さえ，も） अपने निश्चय से तिल मात्र भी विचलित नहीं हुआ 自分の決断から揺るぎだにしなかった **तिल में तेल न हो°** *a.* 本来あるべきものや備わっているはずのものがない；能力や力量がない *b.* 手に入る見込みのない **तिल रखने की जगह न हो°** = तिल धरने की जगह न हो°. कमरे में तिल रखने की जगह भी न मिलेगी 部屋には一分の隙間もないだろう **तिलों में तेल निकालना** 倹約する；節約する **तिलों से तेल निकालना** 簡単に稼ぐ；苦労せずに金儲けをする

तिलक[1] [名] (1) ヒンドゥー教徒が宗派の表示や美容などの目的で額（胸，上腕などのこともある）に白檀の粉や辰砂などで描く円形や線条の標識；ティラク तिलक जले हुए मुर्दों की राख से भी लगाया जाता है ティラクは遺灰でも描かれるもの (2) 即位式の際，王の額につけられるティラク (3) 婚約式の際，花婿の額につけられるティラクやその際花嫁側から贈られる金品 (4)〔装身〕女性の額の上部を飾る金製の装身具の一；ティラク；ティーカー (5) 同類の中で最もすぐれたもの；最高のもの (6) 注釈 **तिलक क°** 即位させる；即位式を挙げる **तिलक चढ़ना** 〔ヒ〕婚約式が行われる（花嫁側が花婿側に金品や菓子を贈り，花婿の額にティラクをつける） **तिलक दे°** 婚約式を行う（花嫁側が金品を贈る） **तिलक भेजना** = तिलक दे°.

तिलक[2] [名] (1)〔服〕女性用のクルターの一種 (2) 王から下賜される揃いの服，キルアト／ヒルアト《A. خلعت》

तिलक, बालगंगाधर 〔人名・イ史〕バールガンガーダル・ティラク (1856–1920) 近代インドの政治家，思想家，教育者

तिलकधारी [名] ティラクをつける人；ティラクをつけている人

तिलकना [自]（池の底などの泥土が干上がって）ひび割れする

तिलक मार्ग [名] (1) ティラクをつける額の部分 (2) 額につけられたティラク

तिलकमुद्रा [名*] 信徒の額や腕などにつけられた宗派の標識

तिलकहार [名] 婚約式に花嫁側を代表して花婿側を訪れる人

तिलकित [形] ティラクのついている；ティラクのつけられた→ तिलक.

तिलकुट [名] ティルクト（ゴマと砂糖を材料にこしらえたゴマ菓子）

तिलचटा [名] = तिलचट्ट.〔昆〕ゴキブリ科ゴキブリ；アブラ虫 = कॉकरोच.

तिल चावला [形⁺] 白黒の入り交じった **तिल चावले बाल** 胡麻塩頭；白髪交じりの髪

तिल चावली [名*] ゴマの実を入れた粥

तिलड़ा[1] [形⁺] 三連の（首飾り）

तिलड़ा[2] [名] 金属工作用ののみ（鏨）；たがね（鏨）

तिलड़ी [名*] 三連の首飾り

तिलतंडुल [名] (1) ゴマと米 (2) 一緒になっても構成要素がそれぞれ目立つような関係のもの

तिल तैल [名] ゴマ油（胡麻油）= तिल का तेल.

तिलदानी [名*] 針仕事の道具入れの袋；針箱

तिलपट्टी [名*] 煎ったゴマに黒砂糖をからめてこしらえた菓子

तिलमिल [名*] 光線に目がくらむこと= चकाचौंध.

तिलमिलाना [自] (1) 激しく苦しむ；苦しみもがく；のたうつ；のたうち回る खाना न मिले तो थोड़ी देर में हम भूख से तिलमिलाने लगते हैं 食べるものがないとすぐにひもじさに苦しみ始める ट्रंक का एक कोना कनपटी पर ऐसा लगा कि तिलमिला गया トランクの角がこめかみに激しく当たったのでのたうち回った यह उम्मीद अगर दिल से कूच कर जाए, आदमी तिलमिला के मर जाए この希望が去って行けば人はのたうち回って死ぬだろう (2) 激昂する；怒り狂う；狂い回る काकी को देखते ही क्रोध से तिलमिला गए おばを見つけたとたんに激昂した अब वही दाँवपेंच बहू ने उनपर चला दिए तो वह तिलमिला गईं 今度は嫁が同じ手を使ったので狂いまくった (3) ひどく悔しがる；地団駄踏んで悔しがる (4) 強い光線に目がくらむ；眩しさに目がくらむ

तिलमिलाहट [名*] ← तिलमिलाना.

तिलवट [名] = तिलपट्टी.

तिलस्म [名]《A. طلسم तिलिस्म》(1) 魔法；魔術；呪法= इंद्रजाल; जादू; माया. (2) 奇跡= चमत्कार; करामात. (3) 迷宮 (4) お守り **तिलस्म तोड़ना** *a.* 魔法を打ち破る *b.* 秘密を暴く

तिलस्मात [名, pl.]《A. طلسمات तिलिस्मात ← طلسم तिलिस्म》(1) 魔法；魔術 (2) 魔法の世界

तिलस्मी [形] ← तिलस्म. 魔法の；魔術的な किसी तिलस्मी प्रभाव से 何か魔法の力で

तिलहन [名] = तेलहन.

तिलांजलि [名*] = तिलांजली. (1) 死者の霊に胡麻の実を混じた水を供えること (2) 捨て去ること；放棄すること **तिलांजलि दे°** 捨てる；放棄する；訣別する अपने छोटे स्वार्थों को तिलांजलि देना चाहिए 自分のちっぽけな利益は放棄すべきものだ आरामदेह जीवन को तिलांजलि देनी पड़ेगी 安楽な生活に訣別を告げねばなるまい नेहरू जी ने वकालत को तिलांजलि दे दी ネルー氏は弁護士業を捨て去った

तिला [名]《A. طلا》きん（金）；黄金= सोना; स्वर्ण.

तिलाक [名] = तलाक.

तिलाना [他] 油をさす；注油する

तिलावत [名*]《A. تلاوت》= तलावत. (1)〔イス〕コーランの読誦 कलामे पाक की तिलावत (2) 読経；読誦

तिलावा [名]〔農〕(3 個の革バケツで同時に汲み出せる）灌漑用の大きな井戸；ティラーワー

तिलियर [名]〔鳥〕ムクドリ科モモイロハッカ（バライロハッカ）【*Sturnus roseus*】〈rosy pastor〉

तिलिस्म [名] = तिलस्म.

तिलिस्मात [名] = तिलस्मात.

तिलिस्मी [形] = तिलस्मी.

तिली[1] [名*]〔解〕脾臓= तिल्ली.
तिली[2] [名*] = तिल.
तिलेगू [名*]〔言〕ドラヴィダ語族に属するテルグー語= तेलगू.
तिलोक [名] = त्रिलोक.
तिलोत्तमा [名*]〔イ神〕ティローッタマー（天界の水の精アプサラスの名）
तिलोदक [名] = तिलांजलि.
तिलोरा [名]〔鳥〕ムクドリ科ホシムクドリ【*Sturnus vulgaris*】〈common starling〉= तेलिया; हरबोला.
तिलौंछ [名*] 油で揚げたものの匂い
तिलौंछना [他] (1) 油を塗る (2) 滑らかにする；すべすべにする
तिलौंछा [形+] (1) 揚げ物の匂いのする (2) 揚げ物の味がする
तिल्लर [名]〔鳥〕ノガン科フサエリショウノガン= होबार.【*Chlamydotis undulata*】
तिल्ला [名]《← A. طلا》(1) 金糸や銀糸を用いた房飾り (2) 錦織り
तिल्ली[1] [名*]〔解〕脾臓= प्लीहा; पिलही. 〈spleen〉
तिल्ली[2] [名*] = तेल.
तिल्ली[3] [名*]〔植〕アッサム地方に産する竹の一種
तिवारी [名] (1)〔ヒ〕ティワーリー（リグヴェーダ，ヤジュルヴェーダ，サーマヴェーダの三ヴェーダに通じているブラーフマン）= त्रिपाठी; त्रिवेदी. (2) 東部ウッタル・プラデーシュ州及びビハール州を中心に居住してきたブラーフマンの一つのグループ名，ティワーリー
तिशना [名]《← A. تشنيع तश्नीअ》嫌味；非難；誹謗= तशना; ताना. **तिशना खाना** 嫌味を言われる क्यों सास, ससुर, जेठानी के मैं ताने तिशने खाऊँ? 私がなぜ舅，姑，夫の兄嫁に嫌味を言われなくてはならないの **तिशना दे॰** 嫌味を言う= तिशना मारना.
तिस [代・代形] 相関代名（形容）詞 सो の単数斜格形語幹 **तिसपर** その上；おまけに；それでも तिसपर घर की सजावट के लिए भी वक़्त निकालना था その上，家を美しくするための時間も作り出さなくてはならなかった **तिसपर भी** それにもかかわらず；それでもなお तिसपर भी मालिक टोक देता それにもかかわらず主人は叱りつける
तिसरैत [名] 第三者；仲裁者
तिस्ता नदी [名*] ティスター川（シッキム南端を流れブラフマプトラ川に注ぐ）
तिहत्तर [数] 73 **तिहत्तर के बीजों को पहुँचना** 全滅する；壊滅する तिहत्तरवाँ 第 73 の；73 番目の
तिहद्दा [名]《تحدا H.ति- + A. حد》3 つの境界線の接するところ
तिहरा[1] [形+] (1) 三重の (2) 3 度目の= तेहरा.
तिहरा[2] [名*] ヨーグルトをこしらえたり牛乳を入れておく素焼きの容器
तिहराना [他] 3 度目を行う；3 度目を繰り返す
तिहरी [名*] 三連の首飾り
तिहवार [名] 祭り；祭礼= त्योहार; त्यौहार.
तिहवारी [名*] 祭日に子供や使用人などに与えたり贈られたりする小遣い銭や心付け= त्योहारी.
तिहाई [名*] (1) 3 分の 1；3 つに分けた物の 1 つ (2) 昔，小作人が得ていた収穫物の 3 分の 1（地域によっては 5 分の 2） (3) 収穫= फ़सल; फ़स्ल. एक तिहाई भाग 3 分の 1 **तिहाई काटना** 刈り入れ；刈り取り **तिहाई मारी जा॰** 作物がとれない；収穫がない
तिहायत [名] 第三者（の立場にある人）；仲裁者= तिसरैत; तटस्थ.
तिहूँ [形] 3 の強意的用法．3 つが 3 つとも= तीनों.
तिहैया [名] 3 分の 1 = तीसरा भाग; तीसरा हिस्सा; तृतीयांश.
-तीं [接尾] 動詞語根に付加されて未完了分詞（現在分詞女性形）を作る → -ता[2].
ती[1] [名*] (1) 女；女性 (2) 妻；家内；女房
ती[2] [形]〔数〕掛け算で 3 を掛ける；× 3；3 倍の（ただし 3 から 9 までの数× 3） तीन ती नौ(3 × 3 = 9); पाँच ती पंद्रह(5 × 3 = 15) → तिया.
-ती[1] [接尾*] 動詞語根に添加されて動作・作用を表す女性抽象名詞を作る √बढ़ 増す；増加する - बढ़ती 増加；増進
-ती[2] [接尾] 動詞語根に付加されて未完了分詞（現在分詞女性形）を作る→ -ता[2].
तीकुर [名] 昔，耕作者が得ていた収穫物の 3 分の 2

तीक्ष्ण [形] (1) 強い；きつい；強力な रेडियम से तीक्ष्ण विकिरण उत्सर्जित होने के कारण ラジウムから強い放射能が発射されるので (2) 知能や判断力がすぐれている；鋭い उसकी बुद्धि बहुत तीक्ष्ण थी 頭脳が非常にすぐれていた (3) 刃物の刃が鋭い；鋭利な (4) 味が舌を刺す；刺激の強い (5) 激しい；強烈な (6) 素早い；動きの速い
तीक्ष्णता [名*] ← तीक्ष्ण. इस्पात की तीक्ष्णता 鋼鉄の強さ
तीखा [形+] (1) きつい；激しい；厳しい तीखी धूप きつい日差し；厳しい日差し (2) 猛烈な；ものすごい；強烈な；刺激の強い；きつい उसने सिद्धार्थ का तीखा विरोध किया シッダールタに猛烈に反対した तीखी गंध ものすごい臭い उन्होंने आधुनिक जीवन की विसंगतियों पर तीखा प्रहार किया है 近代的生活の矛盾に強烈な攻撃を加えた (3) 声の調子が高い；甲高い；鋭い उसका स्वर सदा की तरह तीखा था 声はいつものように鋭かった पुजारी ज़रा तीखे स्वर में बोला プジャーリーは少し甲高い声で話した डीज़ल इंजन की तीखी सीटी की आवाज़ ジーゼル機関車の汽笛の鋭い音 (4) 厳しい；容赦のない；きつい；辛辣な तीखी आलोचना 厳しい批評 तीखे अभिमानी मुख पर きつい傲岸な顔に तीखे व्यंग्य 辛辣な皮肉 लोग तीखी निगाह से देखा करते いつも厳しい目つきで見る तीखी नज़रों से उसे देखती रहती きつい目でずっと睨んでいる (5) 鋭い；鋭利な (6) 味が舌を刺すような；辛い；刺激の強い तीखा स्वाद 舌を刺す味
तीखापन [名] ← तीखा. नौकरी के नियमों का तीखापन 勤務の規則の厳しさ
तीखुर [名*] (1)〔植〕ショウガ科草本インドアロールート【*Curcuma angustifolia*】 (2) 同上の根茎から採れる澱粉
तीखुरा [名]〔植〕クズウコン科草本クズウコン【*Maranta arundinacea*】その根茎から澱粉を取り出す
तीग [名] = तेग़.
तीच्छन [形] = तीक्ष्ण.
तीज [名*] (1) 白分及び黒分の第 3 日 (2) 陽暦の 8～9 月に当たるインド暦の 6 月（भादों）の白分 3 日に行われる祭りで女性たちが断食をして夫の長寿をパールヴァティー神に祈願するティージュ祭（日本の旧暦 7 月 18 日） (3) = बीर बहूटी. **तीज की सवारी** ティージュの祭礼の際パールヴァティー神像を乗せて出る山車
तीज-त्यौहार [名] (1) 祭礼；祭り हमारी अनेक सामाजिक प्रथाओं जैसे विवाह, मृत्यु, तीज-त्यौहार में 冠婚葬祭のようなわが国の様々な社会のしきたりに際して इस पखवाड़े के तीज-त्यौहार 1 अगस्त 71 से 14 अगस्त 71 तक 71 年 8 月 1 日から 14 日までの半月間の祭礼 (2) 祭礼の際の進物；祭りの際の贈り物 **तीज-त्यौहार भेजना** 祭礼の際に進物を贈る
तीजा[1] [形+] 第 3 の；3 番目の= तीसरा; तृतीय.
तीजा[2] [名]〔イス〕死後 3 日目の儀礼（コーランの読誦のほか貧者に食べ物を施す施しなどが行われる）
तीत [形] = तीता.
तीतर [名]〔鳥〕キジ科シマシャコ【*Francolinus pondicerianus*】 **काला तीतर**〔鳥〕キジ科クビワシャコ【*Francolinus francolinus*】 **केहा तीतर**〔鳥〕キジ科ヌマシャコ【*Francolinus gularis*】 **चीनी तीतर**〔鳥〕キジ科コモンシャコ【*Francolinus pintadeanus*】 **जंगूरिया तीतर**〔鳥〕キジ科ユキシャコ【*Lerwa lerwa*】 **तेलिया तीतर**〔鳥〕キジ科サイシキシャコ【*Francolinus pictus*】 **पिउरा तीतर**〔鳥〕キジ科アカチャガシラミヤマ【*Arborophila torqueola*】 **सीसा तीतर**〔鳥〕キジ科ヒメイワシャコ【*Ammoperdix griseogularis*】 **आधा तीतर और आधा बटेर** 2 つの異質な物が合わさっていること；まぜこぜ **तीतर की बोली** 意味の明瞭でない言葉 **तीतर बटेर-सी लड़ाई** ものすごい喧嘩；激しい喧嘩 **तीतर लड़ाना** 争わせる；諍いを起こさせる
तीता[1] [形+] (1) トウガラシなどの激しい刺激のある味がする；激しい苦味のある；辛い= चरपरा; कड़ुआ. (2) 苦い；手きびしい；容赦のない；辛らつな= कटु.
तीता[2] [形+] 濡れている；湿っている= भीगा हुआ; गीला.
तीन [数・名] (1) 3；三 (2) サラユーパーリー・ブラーフマン（सरयूपारी ब्राह्मण）の 16 のゴートラの内高位とされる 3 つのゴートラ（→ गोत्र）. **तीन कनौजिया तेरह चूल्हा**〔諺〕*a.* カナウジヤー・ブラーフマンは浄・不浄の観念に甚だ厳しく縛られている *b.* 些細なことに囚われて協調性のないことのたとえ **तीन कौड़ी का** 全くつまらない；全く取るに足らない **तीन खाना तेरह की भूख बनी**

रहना 決して満足することのないこと **तीन जन्म में भी नहीं** 決してない；全くあり得ない **तीन टाँग का घोड़ा** 傷物；瑕疵のある物 **तीन ताग** = जनेऊ; यज्ञोपवीत. **तीन तेरह** *a.* 分裂；散り散りばらばらのありさま；ばらばらの状態 *b.* 台無しの状態；破滅；崩壊 आज यह तीन तेरह की नौबत तो न आती 今日このように破滅に瀕することはなかったのに **तीन तेरह क०** *a.* ばらばらにする；分裂させる；散り散りにする *b.* 台無しにする；崩壊させる **तीन तेरह बकना** 訳のわからぬことを言う **तीन तेरह में न हो०** *a.* 関わりがないこと；関わりを持たない *b.* もめごとに関わりを持たない *c.* 全くものの数に入らない **तीन तेरह हो०** *a.* ばらばらになる；散り散りになる；分裂する *b.* 台無しになる；崩壊する **तीन दिन का छोकरा** 洟垂れ小僧 **तीन पाँच** ずるさ；狡猾さ यहाँ के निवासी बेचारे तीन पाँच कुछ नहीं जानते 当地の人たちはずるいことは何一つ知らない **तीन पाँच क०** *a.* 言い逃れをする *b.* 屁理屈をこねる **तीन पाँच भूल जा०** 傲慢な態度を改める **तीन पोर चढ़ा दे०** 大変苦しめる；さんざん悩ます；ひどい目に遭わせる **तीन में न तेरह में** ものの数に入らない= न तीन में न तेरह में. **तीन में न तेरह में, न सेर भर सुतली में, न करवा भर राई में** 〔諺〕全くものの数に入らない存在のたとえ **तीन में हो कि तेरह में** 〔諺〕あんたはどれほど偉い人なのか；あまりにも差し出がましい人に対する揶揄の言葉 **तीन लोक से न्यारी मथुरा बसाना** 〔諺〕風変わりなこと，特異なこと，独特なことのたとえ；しきたりや決まりに全く反することのたとえ **तीन लोक से न्यारी हो०** 風変わりな；独特な；特異な **तीन से तेरह क०** = तीन तेरह क०. शायद इस तरीके से हम अपनी शान को तीन से तेरह करने में सफल होना समझते हैं 我々は多分このようにして自分の誉れを台無しにすることを成功を収めることだと思っている **तीन से तेरह हो०** = तीन तेरह हो०. (-पर) **तीन हरफ़ हो०** (–) なんかくそ食らえ

तीन ताल [名]〔イ音〕16 拍（マートラー）から成るタール；ティーンタール

तीन पत्ती [名*]〔トラ〕スリーカード

तीनलड़ी [名*] 三連の首飾り

तीनि [数] = तीन.

तीनों [数] तीन の強意形．3つとも，3つが3つともなど **तीनों ताप मिटना** あらゆる苦しみから解き放たれる **तीनोंपन** 全生涯；一生；生まれてから死ぬまで **तीनों लोक को उज्ज्वल क०** 世間に知られる；名を揚げる **तीनों लोक दिखाई दे०** どうすれば良いかわからなくなる；目の前が真っ暗になる；途方に暮れる；茫然となる

तीमार [名*]《P. تیمار》(1) 注意；配慮；世話 (2) 看病；介護；看護

तीमारदार [形・名]《P. تیمار دار》(1) 看病する；看護する；介護する (2) 看病人；看護人 मरीज के पास तीमारदार के अलावा कोई दूसरा न जाए 看病人以外は病人に近づいてはいけない

तीमारदारी [名*]《P. تیمار داری》看護；看病；介護 अपनी बीमार माँ की तीमारदारी 病気の母の看護

तीय [名*] (1) 女；女性 (2) 妻；家内；女房

तीरंदाज़ [名]《P. تیرانداز》弓の射手

तीरंदाज़ी [名*]《P. تیراندازی》弓術；弓道；アーチェリー

तीर[1] [名]《P. تیر》(1) 矢 तीर चलाना 矢を射る (2) 方法；手段；策略；手 (3) 矢印（→←）. हर तीर के सिरे पर लिख दो कि वह किस तरफ़ जा रहा है それぞれの矢印の先端にどの方角に向いているのか書き入れなさい (4) イラン暦の 4 月（インド暦のサーワン月 सावन に当たる） **तीर-कमान** *a.* 弓矢 तीर कमान से बारहसिंगे का शिकार होता था ヌマジカの狩りは弓矢で行われていた तीर कमान से शिकार मारना 弓矢で狩りをする *b.* 武器 **तीर कमान से छूटना** = तीर कमान से निकल जा०. **तीर कमान से निकल जा०** *a.* 好機を逃す；時機を失する *b.* 手を離れる **तीर चलाना** *a.*（うまく）対処する；（うまい）手を打つ *b.* 的を射る；成功を収める गाने में प्रथम आई है, महारानी, पढ़ने लिखने में तो तीर कभी चलाया नहीं 歌では一番になったことがありますが，勉強のほうでは一度もうまくやったことがないのです **तीर चूकना** 矢が的に当たらない；的をはずれる；しくじる **तीर छूटना** = तीर कमान से निकल जा०. **तीर छोड़ना** = तीर चलाना. **तीर ठिकाने पर बैठना** 的を射る；的に当たる **तीर नहीं तो तुक्का** 当てずっぽにする **तीर निशाने पर लगाना** = तीर ठिकाने पर बैठना. **तीर फेंकना** = तीर चलाना. **तीर बन जा०**（矢のように）飛んで行く **तीर मारना** *a.* 成果を上げる कहिए, क्या तीर मार लाई? どうです．首尾は如何でしたか *b.* 手を打つ **तीर लगना** *a.* 矢が当たる；矢が刺さる *b.* 打撃を受ける *c.* 首尾よく進行する；成功する **तीर-सा लगना** 胸に強くこたえる **तीर हाथ से छूट जा०**（- **निकल जा०**）= तीर कमान से निकल जा०. तीर तो हाथ से छूट गया.अब क्या हो सकता है? 今さら何ができよう．矢は放たれてしまったのだ

तीर[2] [名] (1) 川や海の岸；川岸；海岸 वे समुद्रतीर पर भव्य दृश्य देखकर आनंदित हो गए 海岸に素晴らしい景色を見つけて喜んだ (2) 近いところ；そば (3) へり（縁）；周辺；周縁部 (4) 錫 (5) 鉛 **तीर पकड़ना** 岸に着く；接岸する

तीर-त्यौहार [名] 祭り；祭礼= तीज-त्यौहार. शादी-ब्याह तीर-त्यौहार में मिठाई आती है 結婚，祭礼の際には菓子が買い求められる

तीरवर्ती [形] (1) 岸にある；沿岸の (2) 岸に住む

तीरस्थ [名]〔ヒ〕死にかけた人（ガンジスなどの聖なる川の畔で死を待つ人）

तीरा[1] [名]〔植〕ケシ科ヒナゲシ【*Papaver rhoeas*】= गुल हज़ारा. 〈double poppy〉

तीरा[2] [名]〔裁〕肩幅= कंधे का नाप.

तीरा[3] [名] = तीर.

तीराट [名]〔植〕ハイノキ科低木【*Symplocos racemosa*】

तीर्ण [形] (1) 対岸に渡った (2) 越えた (3) 濡れた；湿った

तीर्थंकर [名]〔ジャ〕ティールタンカラ（ジャイナ教で言う救世者；ジャイナ教の祖師） चौबीसवें तीर्थंकर वर्द्धमान महावीर स्वामी 第二十四祖ヴァルダマーナ・マハーヴィーラ・スワーミー

तीर्थ [名] (1) 渡し場；船着き場 (2) 川岸の沐浴場 (3) 方便 (4) 聖地；巡礼地 (5) 中心地；メッカ

तीर्थक [名] (1) バラモン；ブラーフマン (2)〔ジャ〕ティールタンカラ（तीर्थंकर） (3) 巡礼（者）

तीर्थधाम [名] 聖地；巡礼地

तीर्थपुरोहित [名]〔ヒ〕聖地巡礼者の世話や祭式執行を生業とするバラモン；パンダー（पंडा）ある意味でかつての日本の御師のような役割を果たす

तीर्थयात्रा [名*] 聖地巡礼 = तीर्थाटन.

तीर्थयात्रीकर [名] 巡礼税（巡礼地において巡礼者に課される税）

तीर्थराज [名] (1)〔ヒ〕最高の聖地；最大の聖地 तीर्थराज पुष्कर 最高の聖地プシュカル（ラージャスターン州） (2) プラヤーガ（ガンジス川とヤムナー川の合流点のあるイラーハーバード，すなわち，プラヤーグ／プラヤーガ）

तीर्थराजि [名*]〔ヒ・地名〕ヒンドゥーの最高の聖地；聖都；カーシー（काशी）；バナーラス；= तीर्थराजी.

तीर्थसेवी [名]〔ヒ〕功徳を積んだりその地で死ぬことにより解脱を得るためなどの目的で聖地に居住する人

तीर्थस्नान [名]〔ヒ〕聖地での沐浴

तीर्थाटन [名] 聖地巡礼= तीर्थयात्रा. ईश्वर-भक्ति, पूजा-पाठ, व्रत-तीर्थाटन में अपना समय व्यतीत करती रहीं 信心，礼拝，断食，巡礼に日々を過ごしていた

तीर्थिक [名] (1) = तीर्थ पुरोहित. (2) = तीर्थंकर. (3)〔仏〕外道；邪教徒；異教徒

तीर्थोदक [名] 聖地の水；聖地の聖水

तीला [名] わら（藁）= तिनका.

तीली[1] [名*] (1) わら，草の茎，竹ひごなど棒状のもの；軸 दियासलाई की तीली マッチの軸 बाँस की तीलियों की झिलमिलाती चिक 竹ひごでこしらえたぴかぴかの簾 (2) 針金 (3) 棒

तीवन [名] (1) = पकवान. (2) 汁気のある野菜料理

तीवर [名] (1) 海 = समुद्र. (2) 猟師= व्याध. (3) 漁夫；漁師= धीवर.

तीव्र [形] (1) 強い उसकी सब से तीव्र इच्छा 一番強い気持ち (2) 強烈な；激烈な；猛烈な धर्म के आडंबरों पर तीव्र प्रहार 宗教の虚飾に対する猛烈な攻撃 (3) 鋭敏な；鋭い；判断力のすぐれた उसकी बुद्धि तीव्र थी 頭脳の鋭い人だった कुत्ते की सूँघने की शक्ति तीव्र होती है 犬の嗅覚は鋭い (4) 眼力のすぐれた；物を見抜く力のすぐれている उसने अपनी तीव्र दृष्टि से देख लिया है कि नंदन उसकी कारगुज़ारियों से संतुष्ट नहीं है 鋭い目でナンダンが彼の活動に満足していないのを見抜いた (5) 音声が激しい；耳を強く刺激する तीव्र ध्वनि 激しい音 तीव्र स्वर में 鋭い声で (6) 速い；急速な तीव्र गति से बढ़ती हुई जनसंख्या 急速に増加中の人口

त

तीव्रगति [名*] 風 = वात; वायु; हवा.
तीव्रगामी [形] 高速の
तीव्रता [名*] ←तीव्र. प्रकाश की तीव्रता 光線の強さ **तीव्रतापूर्वक** 急速に；激しく
तीस [数] 30 **तीसों दिन** 常に；いつも= सदा; हमेशा; तीस दिन. तीसवाँ 30 番目の；第 30 の
तीसमारखाँ [形・名] 《H. + P. خان》(1) 勇ましい；勇敢な；一騎当千の強者（などと自負している人） (2) 大きな口を叩く बड़ा तीसमारखाँ है तो बता दे न? そんなに大きな口がきけるのなら言ってみろ **तीसमारखाँ बने फिरते हैं** 〔諺〕大ぼらを吹く人を揶揄する言葉
तीसरा [形⁺] (1) 第 3 の；3 番目の (2) 無関係の；直接の関係のない **तीसरा आदमी** 第三者 **तीसरा नयन** シヴァ神の額にある火を放つ第三の目 = तीसरा नेत्र. **तीसरा पहर** 正午から 3 時までの間（日中の長さを 4 等分したものの第 3 区分） **तीसरे पहर** 午後に；昼下がりに उधर के पेड़ों के नीचे धूप से बचकर सुस्ताते हैं, तीसरे पहर उठकर चल देते हैं あちらの木の下に日差しを避けて休み昼下がりに起き上がって立ち去る
तीसरा नेत्र [名] シヴァ神の額にあるとされる第三の目で अग्निलोचन 火を放つ目とされる **तीसरा नेत्र खुलना** 激しく怒る；激怒する
तीसरापन [名] 〔ヒ〕人生の第 3 区分である家庭生活を営む時期 = प्रौढ़ावस्था.
तीसरी दुनिया [名*] 第三世界 कम-से-कम कुछ मुद्दों पर तो विकसित देश तीसरी दुनिया के देशों के प्रति उदार न सही कम कठोर रुख़ अपनाएँगे 少なくとも若干の問題点については先進国は第三世界の国に対して寛大ではなくても厳しさを少し控えた態度をとるだろう
तीसरे [副] 第 3 に；3 番目に；3 つ目に→ पहले まず；第一に दूसरे 次に；第二に
तीसी [名*] 〔植〕アマ科一年草アマ（亜麻）
तीसों [数] तीस の強意形. **तीसों दिन** いつも；常に आज ही क्या? यह तो तीसों दिन की बात है! 今日だけのことかだって，これは毎日のことだよ
तुंग [形] (1) 高い；高くそびえる；そびえ立つ (2) 激しい；強い；強烈な (3) すぐれた (4) 主要な
तुंगतामापी [名] 高度計 〈altimeter〉
तुंगभद्रा [名*] トゥンガバドラー川（西ガーツ山脈に発しベンガル湾に注ぐクリシュナー川の支流の一）
तुंगिमा [名*] 高さ；高度= तुंगता; ऊँचाई.
तुंगी [名*] (1) = हलदी. (2) = रात्रि. (3) = बनतुलसी.
तुंड [名] (1) 嘴 (2) 口 (3) 突き出た口 (4) 象の鼻 (5) ノズル
तुंडिका [名*] (1) 突き出た物 (2) 嘴 (3) 〔解〕扁桃腺
तुंडिका शोथ [名] 〔医〕扁桃腺炎
तुंडिभ [形] = तुंडिल.
तुंडिल [形] (1) 腹の突き出た= तोंदल. (2) 出臍の= तुंडिल.
तुंडी[1] [名*] へそ（臍）= नाभि; ढोढ़ी.
तुंडी[2] [形] (1) 口の突き出ている (2) 嘴のある
तुंडी[3] [名*] 〔植〕ウリ科蔓草ヤサイカラスウリ【*Coccinia indica*】 = कुँदरू.
तुंद [名] (1) 腹= पेट. (2) 突き出た腹；太鼓腹= तोंद.
तुंदि [名] (1) へそ（臍）= नाभि. (2) 腹= पेट; उदर.
तुंदिक [形] 太鼓腹の= तोंदवाला; तुंदिल.
तुंदियाना [自] 腹が突き出る；太鼓腹になる
तुंदिल [形] 太鼓腹の= तोंदवाला.
तुंदी[1] [名*] へそ（臍）= नाभि.
तुंदी[2] [名*] (1) 鋭さ；激しさ (2) 衝動
तुंदैला [形⁺] 太鼓腹の= तोंदियल.
तुंब [名] (1) 〔植〕ウリ科蔓草ユウガオ（夕顔）；フクベ（瓠）= लौकी; घीया. (2) ウリ科ヒョウタン (3) フクベ及びヒョウタンを乾燥させてこしらえた水入れなどの容器
तुँबड़ी [名*] = तूँबड़ी.
तुंबा [名] (1) 〔植〕ウリ科蔓草ユウガオ（大きく丸い）= कद्दू. (2) ユウガオの殻でこしらえた水入れなどの容器 (3) 〔植〕ウリ科蔓草ヒョウタン（瓢箪）【*Lagenaria syceraria var. gouurda*】 (4) ヒョウタンでこしらえた容器
तुंबी [名*] (1) 細長いかヒョウタン型のユウガオ (2) 同上のユウガオでこしらえた水入れ
तुंबुरी [名*] (1) 〔植〕セリ科コエンドロ；コリアンダー→ धनिया. (2) 雌犬
तुंबुरु [名] 〔植〕セリ科コエンドロ；コリアンダー= धनिया. 〈coriander〉
तुअर [名] (1) 〔植〕マメ科キマメ= अरहर. (2) その実
तुई [代] = तू.
तुक [名*] (1) 詩の行末の少なくとも 1 個の子音と 1 個の母音から成る音節が同一で韻を踏むこと；脚韻 (2) 韻を踏んだ語 (3) 調和 (4) 妥当性；正当性；意味；意義；存在理由；価値 वहाँ जाने में अब कोई तुक नहीं रह गई है もはやそこに行く意義はなくなってしまっている आखिर ऐसी पार्टियों और फिर इनमें पीने पिलाने की तुक ही क्या है 一体全体こういった宴会やそこで飲み食いすることの意義や意味は何なのか (5) 詩や歌の小節 **तुक जोड़ना** *a.* 脚韻を揃える *b.*（下手な）詩作をする；詩を詠む= तुक बैठाना. **तुक-ताल बिठाना** 調節する；調整する；調和を取る काफ़ी तुक-ताल बिठाने के बाद दोनों जिस एक बात पर पहुँचे, वह यह थी かなり調整して両者が到達したことは次のことだった **तुक बैठना** 韻を踏む **तुक भिड़ाना** = तुक जोड़ना. **तुक मिलना** *a.* 脚韻を踏む *b.* ぴったりする；辻褄が合う **तुक मिलाना** *a.* 工夫する；細工をする *b.* 下手な詩を詠む *c.* 脚韻を踏ませる **तुक में तुक मिलाना** （－と）調子を合わせる；協調する；（－に）味方する उसने चहककर तुक में तुक मिलाई うきうきして調子を合わせた
तुकतुकाना [自] 下手な詩を詠む
तुकबंदी [名*] 《H. + P. بندی》(1) 押韻 (2) 下手な詩を詠むこと；詩作；語呂合わせ क्या तुकबंदी कर लेना बड़ी बात है? 下手な詩を詠むことが大したことなのかい
तुकमा [名] 《P. تکمہ तुक्मा》(1) クルミボタンに掛けるループ (2) ボタン
तुकांत [名] 脚韻= अंत्यानुप्रास; क़ाफ़िया.
तुका [名] = तुक्का.
तुकार [名] 相手を見下した呼びかけをすること. 代名詞 तू を用いて呼びかけること= तू-तुकार क॰.
तुकारना [他] 手前とかお前などに相当する二人称単数代名詞 तू を用いて呼びかける
तुक्कड़ [名] 下手な詩作をする人
तुक्का [名] 《P. تکہ》(1) 鏃のついていない矢 (2) 葦などの茎 (3) 細長い棒状の物 **तुक्का-फ़ज़ीहती हो॰** 喧嘩になる；争いが起こる **तुक्का लगना** 首尾よく行く；うまく行く **तुक्का-सा** 直立した；ぴんと立った
तुख [名] (1) ぬか（糠）；ふすま (2) 卵の殻
तुख़्म [名] = तुख़्म.
तुखार [名] (1) 古代インドの西北方に位置したとされる国；トゥカーラ国 (2) その地の住民 (3) その地に産した馬
तुखारा[1] [形] トゥカーラ国の
तुखारा[2] [名] トゥカーラ産の馬
तुख़्म [名] 《P. تخم》(1) 種；種子；実 (2) 精子 (3) 卵 (4) 睾丸 (5) 子孫
तुख़्मपाशी [名*] 《P. تخم پاشی》播種；種蒔き
तुख़्मबालंगू [名] 《P. تخم بالنگو》〔植〕シソ科多年草【*Lallemantia royleana*】の種子
तुख़्मरेज़ी [名*] 《P. تخم ریزی》= तुख़्मपाशी.
तुख़्मी [形] 《P. تخمی》〔植〕実生の
तुग़लक [名] 《A. تغلق》〔イ史〕トゥグラク朝 (1320–1413)（デリー王朝の第 3. トルコ系インド・イスラムの王朝）= तुग़लक वंश.
तुग़लकी [形] ←तुग़लक. （ムハンマド・ビン・トゥグラクのような）独裁的な；専制的な；独断的な **तुग़लकी निर्णय** 独断的な決定
तुगा [名] 竹の筒の中に見いだされる白色の凝結物；竹のマンナ = वंशलोचन.
तुगाक्षीरी [名*] = वंशलोचन.
तुच्छ [形] (1) 空虚な；中身のない；空っぽの；中空の= ख़ाली; खोखला. (2) 取るに足らない；つまらない वे सभी विद्वानों को अपने सामने तुच्छ और मूर्ख समझते थे あの方はすべての学者を自分に比べて取るに足らない愚かしい者と考えていた **तुच्छ भेंट** 粗品 = नाचीज़ भेंट. (3) 浅はかな；浅薄な (4) 卑しい；下劣な；卑小な
तुच्छता [名*] ←तुच्छ. यह कितनी तुच्छता की बात थी कि जो मेरा इतना ख़याल रखता था उसको मैंने इस तरह दुत्कार दिया こんなに自

分のことを思ってくれていた人をこのように追い払ってしまったことはなんと浅はかなことだったか

तुच्छद्रु[名]〔植〕トウダイグサ科ヒマ；トウゴマ【*Ricinus communis*】＝रेंड.

तुच्छातितुच्छ [形] この上なく卑小な

तुच्छार्थक [形]〔言〕指小辞の＝ लघुतावाची.

तुच्छीकरण [名] 卑小化

तुज़ुक [名] 《T. تزک》(1) 盛観；壮麗 (2) 整理；段取り (3) 秩序 (4) 自伝；回想記

तुझ [代] 二人称単数代名詞 तू の斜格形語基で能格 (ने) 以外の格助詞 को, से, पर, में などに接続する

तुझे [代] 二人称単数代名詞 तू の目的格形及び与格形 ＝ तुझको.

तुठना [自] 満足する＝ संतुष्ट हो॰.

तुड़वाना [他・使] ←तोड़ना. (1) 折らせる；へし折らせる；折ってもらう टाँग तुड़वाए पड़ा है ひどい目に遭わされて倒れている घुटने तुड़वाना ひどい目に遭わされる (2) 小さくしてもらう；砕いてもらう；砕かせる；つぶさせる मैं रुपया तुड़वा कर तीनों को पैंतीस पैंतीस पैसे दूँगी 私が小銭に換えて貰って 3 人に 35 パイサーずつあげることにする (3) 破らせる；破ってもらう (4) 壊させる (5) つぶす（別のことに用いるために本来の機能を失わせる）

तुड़ाई [名*] ←तुड़ाना.

तुड़ाना[1] [他・使] ←तोड़ना [他] の使役形＝ तुड़वाना. तुम मेरी उमर भर की सौगंद तुड़ा रही हो 君は僕の一生の誓いを破らせようとしている **रुपया तुड़ाना** 小銭に換えてもらう＝ रुपया भुनाना.

तुड़ाना[2] [他] (1) 切る；切断する；断ち切る याक और खच्चर भी रस्सी तुड़ाकर भागने की चेष्टा किया करते ヤクやラバも綱を切って逃げ出そうとするものだ (2) 離す；引き離す

तुतला [形⁺] (1) 舌のまわらない (2) 口ごもる तुतली ज़ुबान में बोला 口ごもりながら話した (3) どもる；吃音の (4) 発音のはっきりしない

तुतलाना [自] (1) 舌がまわらない；片言を話す मैं अभी तुतलाना भी नहीं सीखा था कि पिता का स्वर्गवास हो गया まだ舌もまわらぬうちに父に死なれた (2) 口ごもる；もごもご言う

तुत्थ [名]〔化〕硫酸銅

तुत्थांजन [名]〔化〕硫酸銅＝ तूतिया; नीला थोथा.

तुदन [名] (1) 打つこと；叩くこと (2) 刺すこと (3) 突き刺すこと (4) 苦痛

तुन [名]〔植〕センダン科インドチャンチン【*Cedrela toona*】＝ तूनी.

तुनक[1] [形] 《← P. تنک तुनुक》(1) 弱い (2) 薄い (3) わずかの (4) 繊細な；華奢な；微妙な；気むずかしい

तुनक[2] [名*] ←तुनकना. 怒りっぽいこと；気むずかしいこと

तुनकना [自] ちょっとしたことで不機嫌になる；ぷりっとする；ぷりぷりする；むかっとする जहाँ उसके मन की बात नहीं होती थी, वह तुनक जाती थी 思うようにならないと不機嫌になるのだった हम सदा एक दूसरे के साथ तुनकते रहते थे いつもお互いにぷりぷりしていた भूख से बावला इनसान ज़रा-सी बात पर तुनक जाता है 人間はひもじくてたまらなくなるとちょっとしたことにも腹を立てるものだ

तुनकमिज़ाज [形] 《P.A. تنک مزاج तुनुकमिज़ाज》怒りっぽい；気むずかしい；お天気屋の भला तुनकमिज़ाज से किसकी कब तक निभ सकती है 気むずかしい人とはだれも長くはつき合って行けぬもの

तुनकमिज़ाजी[1] [名*] 《P.A. تنک مزاجی तुनुकमिज़ाजी》怒りっぽいこと；気むずかしいこと ससुराल वालों ने उसकी इस तुनकमिज़ाजी को देखकर उसे डाँटना प्रारम्भ कर दिया 嫁ぎ先では彼女のこの気むずかしさを見て叱り始めた

तुनकमिज़ाजी[2] [形] ＝ तुनकमिज़ाज. तुनकमिज़ाजी इनसान 気の短い人；気むずかしい人

तुनी [名*]〔植〕センダン科高木インドチャンチン【*Cedrela toona*】＝ तुन.

तुनीर [名] ＝ तूणीर.

तुनुक [形] 《P. تنک》＝ तुनक. बड़े आदमी के बच्चे ठहरे.उनका मिज़ाज बड़ा ही तुनुक होता है 偉い人の息子だからな．ひどく気むずかしいんだ

तुनुकज़र्फ़ [形] 《P.A. تنک ظرف》(1) 下品な；あさましい；賎しい；浅はかな (2) 口の軽い

तुनुकदिल [形] 《P. تنک دل》狭量な；度量のない；心の狭い

तुनुकमिज़ाज [形] ＝ तुनकमिज़ाज.

तुनुकमिज़ाजी [名*] ＝ तुनकमिज़ाजी.

तुनुकसब्र [形] 《A.P. تنک صبر》(1) 忍耐力のない (2) せっかちな

तुपक [名] 《T. تپک》マスケット銃

तुपकची [名] 《T. تپکچی》マスケット銃士；射撃手

तुफ़ंग [名*] 《P. تفنگ》(1) 空気銃；エアガン (2) 紙鉄砲；豆鉄砲 (3) 銃；小銃；ライフル

तुफ़ंगची [形] 《P. تفنگ چی》射撃手

तुफ़ [名] 《P. تف》(1) 唾や唾を吐く音；かっぺっ (2) 泡 (3) 呪詛；のろいの言葉；人を非難する言葉や忌々しさを表す声 (-का) **तुफ़ न क॰** （－を）気に留めない；気にかけない (-पर) **तुफ़ है** （－に）呪いあれ；（－が）忌々しい

तुफ़ैल [名] 《A. طفیل》理由；媒介＝ कारण; द्वारा.

तुफ़ैली [名] 《A. طفیلی》居候；寄食者＝ आश्रित.

तुबक [名] ＝ तुपक.

तुम [代] 二人称代名詞で単数及び複数の両義に用いられる．親密な関係を保っている対等か対等以下の関係の人に対して用いられるのが普通であるが，神など，それ以外の者に対して用いられることもある．複数形を明確にするには तुम लोग となるのが普通である． तुम（単・複主格形及び属格形を除く後置格形）；तुम्हें（対格・与格形）＝ तुमको; तुम्हारा（属格形 तुम्हारे, तुम्हारी）なお， तुम लोग は तुम लोगों को, -से, -का, -पर, -में となる दिल्ली से चलने के पहले मैंने तुम्हें एक पत्र भेजा था, मिला होगा デリーを去る前にお前に出した手紙は受け取っただろう（親→子）तुम्हारे विद्यालय में गणतंत्र-दिवस कैसे मनाया जाता है? 君たちの学校では共和国記念日はどのように祝われますか तुम लोग बहुत थके हुए मालूम पड़ते हो 君たちは随分疲れているように見受けられるね अरे आशु तुम, यह मोटर साइकिल किसकी है? 「よお，アーシュかい．このオートバイはだれのものなのだい」（友人間）．次は神に対して用いられた例である． भगवान, तुम अंतर्यामी हो.उसे बैकुंठ ले जाना 神よ，神は人の心を知るものなり．彼を天国へ連れ行き給え हे भगवान, मुझे ऐसी शक्ति दो कि मैं तुम्हारे ऊपर संदेह न करूँ 神よ，神を疑うことなきよう我に力を与え給え． **तुम क्या खाकर करोगे?** 君には絶対にできないことだ **तुम जानो और वह जानें** 〔諺〕他人の口出しする事柄ではない तुम वाह! माँ और बेटे की बातों में मैं क्यों बुरी बनूँ? तुम जानो और वह जानें なんで母親と息子のことに口出しして悪者にならねばならぬ．わしの知ったことではないわい **तुम जानो तुम्हारा काम जाने** 〔諺〕それは自分には関係のないこと；自分の勝手にしろ **तुम डाल डाल तो हम पात पात** *a*. 互いに負けず劣らずしたたかなたとえ *b*. 上には上があるぞ（お前がどのような手を使おうと相手になってやろう．お前には負けないぞ） **तुम ताम क॰** ののしる；口汚くいう **तुम भी याद करोगे** よい勉強になろう（教訓を得るだろう）

तुमड़ी [名*] ＝ तूँबड़ी.

तुमतराक़ [名] 《P. طمطراق》(1) 壮麗さ；華麗さ (2) 華美；派手なこと (3) 自慢；慢心

तुमाना [他・使] ←तूमना. ほぐさせる；ほぐしてもらう

तुमुल[1] [名] (1) 激しい音 (2) 叫び声；どよめき (3) 喧騒

तुमुल[2] [形] (1) 激しい；すごい；ものすごい (2) 騒がしい (3) 興奮した (-का) **तुमुल घोष क॰** （－を）声高に叫ぶ

तुमुली [名*] 石塚；塚

तुम्ह [代] ＝ तुम.

तुम्हारा [代] 二人称代名詞 तुम の所有格形．被修飾語の性・数・格に応じて तुम्हारे(mas. sg. ob., mas. pl.), तुम्हारी(fem.) と変化する तुम्हारे जैसे सच्चा, दीनदयाल आदमी मैंने नहीं देखा 君のように偽りのない情け深い人を見たことがない **तुम्हारा सिर** こちらの知ったことかい “जो वहाँ हम लोगों से पूछे कि तुमने हमें कफ़न क्यों नहीं दिया तो क्या कहोगे?” “कहेंगे तुम्हारा सिर” 「あちらであいつがなぜ経帷子を買ってくれなかったの，とわしらにたずねたらなんと答えるんだい」「おれの知ったことかと言うさ」 **तुम्हारी आँखों रास्ता नहीं देखा है** お前を頼りにはしていない **तुम्हारी क्या बात है** 君にはかなわない **तुम्हारी बला से** お前には関係がない；君には関わりがない मैं चाहे जैसा रहूँ तुम्हारी बला से おれがどんな生き方をしようがお前には関係がない **तुम्हारे मुँह में घी शक्कर** 〔諺〕吉報を知らせてくれた人に対するお礼の言葉

त

तुम्हीं [代] = तुम्ही. तुम の強調形= तुम ही. अच्छा रनजीत, तुम्हीं बताओ よし，ランジート，お前が言うんだぞ. 次は तुम が神に対して用いられた例. हे उमापति, अब तुम्हीं मेरी रक्षा करो ウマーの主（シヴァの神）よ，私をお守り下さるのはあなただけ

तुम्हें [代] 二人称代名詞 तुम の目的格形及び与格形= तुमको. तुम्हें पैसों की क्या जरूरत? 君にお金が必要なはずがあるまいに

तुरंग[1] [形] 速度の速い；速く進む；速い

तुरंग[2] [名] (1) 馬 (2) 意；心

तुरंगम[1] [形] = तुरंग[1].

तुरंगम[2] [名] (1) = तुरंग[2]. (2)〔韻〕トゥランガム（各パーダが 2 नगण + गुरु + गुरु の 8 音節から成る音節韻律）

तुरंज [名] 《P. ترنج》(1)〔植〕ザボン；ブンタン= चकोतरा नींबू. (2)〔植〕シトロン= बिजौरा नींबू.

तुरंजबीन [名*] 《P. ترنجبين तरंजुबीन》(1) マメ科草本ヘディサルム【*Hedysarum alhangi*】のマナ（浸出液） (2) ライムの果汁から作られる清涼飲料

तुरंत[1] [副] 直ちに；直に；即刻；今すぐ= फ़ौरन; झटपट. तुरंत जा॰ 直ちに行く तुरंत निर्णय क॰ 即断する तुरंत उत्तर दे॰ 即答する

तुरंत[2] [形] 即刻の；直後の रोगी महिला बंदियों की तुरंत रिहाई 病気の女囚の即刻の釈放

तुर[1] [形] (1) 速い；駿足の (2) 強い；強固な

तुर[2] [副] すぐに；直ちに= जल्द; शीघ्र.

तुरई[1] [名*] (1)〔植〕ウリ科蔓草トカドヘチマ【*Luffa acutangula*】= तोरी. (2) その実（その若果を食用にする） **तुरई का फूल**（朝咲いて夕方には散ることから）はかないもの；脆いもの **तुरई के फूल सा** *a*. とても華奢な；脆い *b*. ありふれた

तुरई[2] [名*] = तुरही.

तुरक [名] 《P. ترک तुर्क》(1) 中央アジア西部（トルキスタン地方）の人；トルコ人 (2) ムスリム；イスラム教徒 (3) 異教徒 (4) 外道；不信心者；邪教徒

तुरकटा [名] ムスリムを軽蔑した呼称

तुरकान [名]〔鳥〕キツツキ科キボウシアカゲラ【*Picoides auriceps*】

तुरकाना[1] [名] 《← P.ترک》(1) トルキスタンなど中央アジア西部地方 (2) その地方の住人 (3) ムスリム；イスラム教徒

तुरकाना[2] [形+] トルキスタンなど西部中央アジア風の；トルコ人のような；トルコ風の

तुरकानी [名*] (1) トルキスタンなど中央アジアの女性；トルコ人女性 (2) イスラム教徒の女性

तुरकिन [名*] (1) トルキスタンの女性；中央アジア西部の女性= तुर्क की स्त्री. (2) イスラム教徒の女性= मुसलमानिन.

तुरकिस्तान [名] 《P. ترکستان तुर्किस्तान》(1) トルキスタン (2) トルコ= तुर्की; टर्की.

तुरकी[1] [形] 《P. ترکی तुर्की》トルキスタンの；トルコの= तुर्की.

तुरकी[2] [国名] 《E. Turkey》トルコ

तुरकी[3] [名*] 《P. ترکی》〔言〕トルコ語= तुर्की.

तुरग[1] [名] (1) 馬 (2) 心；意；意識

तुरग[2] [形] 駿足の；足の速い

तुरगगंधा [名*]〔植〕ナス科低木セキトメホオズキ【*Withania somnifera*】= अश्वगंधा; असगंध.

तुरगी[1] [名*] (1) 雌馬= घोड़ी. (2) = तुरगगंधा.

तुरगी[2] [名] 騎馬の人= घुड़सवार.

तुरगुला [名] = झुमका.

तुरत[1] [副] 直ちに；即刻；今すぐ；間をおかずに= शीघ्र; चटपट; झटपट.

तुरत[2] [形] 即刻の；直後の；今すぐの **तुरत कॉल** 至急報（電話）= अर्जेंट कॉल. **तुरत तार** 至急報（電報）= अर्जेंट तार. तुरत चाय インスタント紅茶（ティーバッグ） तुरत दान महादान, आज नकद कल उधार お支払いは現金でお願いします

तुरत-फुरत [副] 即刻；すぐさま；直ちに

तुरता-फुरती [副] 即刻；すぐさま；直ちに वे दोनों तुरता-फुरती काम में लग गए 2 人とも直ちに仕事に取り掛かった

तुरतुरा [形+] (1) 速い (2) 性急な；せっかちな (3) 早口の

तुरपन [名]〔裁〕ヘムステッチ 〈hemstich〉

तुरपना [他] ヘムステッチをする

तुरबत [名*] 《A. تربت》墓= कब्र; गोर; समाधि.

तुरम [名] = तुरही.

तुरमनी [名*] ココヤシの胚乳をこそげ落とす道具

तुरमुती [名*]〔鳥〕ハヤブサ科アカガシラコチョウゲンボウ【*Falco chicquera*】

तुरसीला [形+] 《← P. ترش तुर्श + H. -ईला》(1) 酸味のある；酸っぱい (2) 舌を刺す (3) 傷をつける；傷つける

तुरही [名*] トランペット；ラッパ= तुरही

तुरहीवादन [名] ファンファーレ तुरहीवादन गूँज उठता है ファンファーレが鳴り響く ओलंपिक ध्वज के फहराए जाते ही तुरहीवादन गूँज उठता है オリンピック旗が掲げられると同時にファンファーレが高らかに鳴り響く

तुराई [名*] (1) 敷き布団，座布団などの綿入りの敷物= गद्दा. (2) 掛け布団

तुरावत् [形] 激しい；勢いのある वेगवाला; वेगयुक्त

तुरिया[1] [名*] = तोरिया.

तुरिया[2] [形*] 第 4 の；4 番目の= चतुर्थ; चौथा.

तुरी[1] [名*] (1) 雌馬= घोड़ी. (2) 手綱= लगाम.

तुरी[2] [名] (1) 馬 (2) 騎馬の人；騎乗の人= सवार; घुड़सवार.

तुरी[3] [名*] 急ぎ；急ぐこと

तुरी[4] [名*] 《← A. طره तुर्रा》(1) 花の房 (2) ターバンから耳のあたりに下げる真珠の飾り玉の房

तुरीय [形] 4 番目の；第 4 の= चतुर्थ; चौथा.

तुरीय वर्ण [名] 第 4 のヴァルナ वर्ण, すなわち，シュードラ शूद्र

तुरुक [名] = तुर्क.

तुरुप[1] [名]《E. trump》〔トラ〕（トランプの）切り札 यारो, शतरंज में तुरुप चाल नहीं चली जाती. मौके का इंतज़ार करो チェスには切り札はないんだ．チャンスを待てよ **तुरुप दे॰** 切り札で切る

तुरुप[2] [名] 《E. troop》(1) 部隊 (2) 騎兵中隊

तुरुपना [他] = तुरपना.

तुरुष्क [名] (1) トルコ人 (2) トルコ (3) トルコ産の馬 (4) スキタイ人 (5) ニュウコウ（乳香）

तुरुष्ककर्पूर [形] ニュウコウと樟脳から成る

तुर्क [名] 《P. ترک》(1) トルキスタンやトルコにまたがる中央アジアや中央アジア西部を中心とした地方の人；オスマントルコの人，トルキスタン人，トルコ人など (2) トルコ兵 (3) ムスリム；イスラム教徒 तुम हिंदुओं को भी गालियाँ देते फिरते हो, तुर्कों को भी 君はあちこちでヒンドゥーもムスリムもののしって歩いている (4)〔古〕野蛮人 (5)〔古〕強盗；略奪者 (6)〔古〕（ヒンドゥーにとっての）異教徒；外道

तुर्कमान [名] 《P. ترکمان》(1) トルクメン人；トルコマン人 (2) トルコ産の馬

तुर्कमानिस्तान 〔国名〕《T. ترکمانستان》トルクメニスタン

तुर्कसवार [名] 《P. ترک سوار》騎馬の人；騎乗者

तुर्काना [形+] 《T.P. ترکانہ》(1) トルコ人風の；イスラム風の (2) イスラム教徒風の；ムスリム風の

तुर्कानी [名*] 《T.P.ترکانی》= तुर्किन. トルコ族女性（トルコ人女性，トルキスタンの女性）

तुर्किन [名*] 《T. ترک + H. -इन》トルキスタンやトルコの女性

तुर्किनी [名*] 《T. ترک + H. -इनी》= तुर्किन.

तुर्किस्तान [名] 《T.P. ترکستان》(1) トルコ族の居住地，トルキスタン（東はゴビ砂漠，西はカスピ海，南はイラン・アフガニスタン地方に広がる広大な地域．中国の一部，カザフスタン，キルギス，タジキスタン，ウズベキスタン，トルクメニスタンなどが含まれる） (2) トルコ= तुर्की; टर्की.

तुर्की[1] [名] 《T. ترکی》(1)〔国名〕トルコ (2) トルコ人 (3) トルコ産の馬

तुर्की[2] 〔国名〕《E. Turkey》トルコ

तुर्की[3] [名*]《T. ترکی》(1)〔言〕トルコ語 (2) 傲慢さ；横柄さ (-की) **तुर्की तमाम हो॰**（ーの）驕りがなくなる；慢心が打ち砕かれる **तुर्की बतुर्की जवाब दे॰** 突っ慳貪な返事や無愛想な返事をする

तुर्की[4] [形] 《T. ترکی》(1) トルコやトルキスタンの (2) トルコ語の **तुर्की टोपी** トルコ帽

तुर्त [副] 直ちに；即刻；すぐさま= तुरत; तुरंत. तुर्त मार कर बाहर निकाली गई すぐさま殺して外へ引き出された

तुर्य [形] (1) 第 4 の (2) 4 倍の

तुर्याश्रम [名]〔ヒ〕人生の四住期の第 4；人生の第四期；遊行期 → आश्रम アーシュラマ

तुर्रा[1] [名]《A. طره》(1) 巻き毛 (2) 垂れ髪；前髪 (3) 鳥の冠毛 (4) 羽毛；羽毛飾り (5) 果物の房 (6) 帽子，ターバンなどの房状の飾りもの (7) 美点；すぐれた点；特長 (8) 奇妙なこと；不思議なこと (9) 鞭 **तुर्रा क॰** *a.* 鞭打つ *b.* 鞭打って馬を進める **तुर्रा कूटना** = तुर्रा क॰. **तुर्रा यह कि**…*a.* それなのに；おまけに उसपर तुर्रा यह कि कंप्यूटरों से बेरोजगारी नहीं बढ़ेगी おまけにコンピューターのせいで失業が増えることはない भूख उन्हें जोरों की लग रही थी, अतः मेजों के पास तो सब आ गईं, पर तुर्रा यह कि खाना नहीं खाएँगी 連中もひどくお腹が空いていたので皆テーブルに着席したのだがそれなのに食事をしない *b.* 奇妙なことに…；不思議なことに…；面白いのは… तुर्रा यह कि सिंहों को यह जानने की कोई इच्छा ही नहीं थी कि हमें देखने आनेवाले लोग कौन हैं 不思議なのはライオンたちが見物人たちについて知ろうと言う気持ちを全く持っていないことだった ऊपर से तुर्रा यह है कि जिन गाँवों में बिजली नहीं है उनका भी विद्युतीकरण पाँचवीं योजना में करने का प्रविधान है おまけに不思議なのは電気が来ていない村まで電化することが5か年計画に入っていることだ

तुर्रा[2] [名] ちびりちびり飲むこと；すするようにして飲むこと；少しずつ飲むこと **तुर्रा चढ़ाना** バーング (भाँग) を飲む= तुर्रा जमाना. **तुर्रा ले॰** = तुर्रा चढ़ाना.

तुर्रा तर्रार [名] 《A. طره طرار》巻き毛

तुर्श [形] 《P. ترش》(1) 酸味の；酸っぱい；酸性の= खट्टा. खून में तुर्श माद्दा के अधिक पैदा होने से जोड़ों और पट्ठों में दर्द पैदा हो जाता है 血液中に酸性の物が増えすぎると関節と筋肉が痛くなる (2) 厳しい (3) 不機嫌な；不快な तुर्श और मीठी चीज़ों का इस्तेमाल दाँतों को कमजोर कर देता है 酸っぱい物や甘い物を用いると歯を弱めることになる

तुर्शरू [形] 《P. ترش رو》(1) 気むずかしい；性格のきつい (2) 機嫌の悪い；不機嫌な

तुर्शाना[1] [自] 《← P.ترش》酸っぱくなる；酸性になる；酸味が出る

तुर्शाना[2] [他] 酸っぱくする；酸性化する；酸味を出す

तुर्शी [名*] 《P. ترشی》(1) 酸 (2) 酸味のあること；酸性；酸っぱいこと (3) 憎しみ；悪意 **तुर्शी आ॰** 憎しみを抱く；悪意を抱く

तुलतुली [名*] 蛇口

तुलन [名] ← तुलना. (1) 計量；秤量 (2) 均衡 (3) 対等になること；並ぶこと (4) 比較；対比

तुलनकोटि [名*]〔言〕比較級= तरकूट; तर-भाव; तुलनात्मक कोटि.

तुलन पत्र [名]〔簿〕貸借対照表；バランスシート= बैलेंस शीट.

तुलना[1] [自] (1) 計量される；計られる；量られる (2) 計算される (3) 並ぶ；同じ程度になる (4) 釣り合う；均衡がとれる (5) 並べられる；ずらりと並ぶ (6) (ーしようと) 心に決める；堅く決心する；(ーに) 構える；身構える；(ーに) 懸命な；熱心な；必死になる；執着する；執念を燃やす；うずうずする；意地になる；我を張る एक दूसरे की जड़ काटने पर तुले हैं 互いに相手を絶滅させようと心に決めている उसने समझ लिया, आज निरंजन तुलकर आया है 今日はニランジャンは腹を決めてきていると読んだ वह चूहे को घर से बाहर निकालने पर तुली हुई थी なんとしてもネズミを家の外に追い出そうと決心していた जो हमें मिटाने को तुले हुए हैं तो 連中が我々をやっつけようと執念を燃やしているのなら वह हम लोगों को परेशान करने पर तुल गया था 我々を困らせようと意地になっていた तेरा भाई तेरा अपमान करने पर तुला है 君の弟は意地になって君に恥をかかせようとしている (-) **के लिए तुलना** (ーを) ねだる；せがむ (-) **पर तुलना** (ーしたくて) うずうずする (-) **पर तुले रहना** (ーに) 食い下がる

तुलना[2] [名*] (1) 比較 (2) 対等 (3) 類似 (4) たとえ；比喩 (5) 計算 (-) **से** (=) **की तुलना क॰** (ーと=とを) 比べる；比較する अपने पति की तुलना अन्य व्यक्तियों से न करें 夫を他の人と比べないようにしなさい (-से) **तुलना करके देखना** (ーを) 参照する

तुलनात्मक [形] 比較した；比較された；比べられた；比較をする

तुलनात्मक कोटि [名*]〔言〕比較級〈degree of comparison〉

तुलनात्मक भाषा विज्ञान [名]〔言〕比較言語学〈comparative linguistics〉

तुलनात्मक व्याकरण [名]〔言〕比較文法〈comparative grammar〉

तुलनात्मक साहित्य [名] 比較文学〈comparative literature〉

तुलनीय [形] 比較すべき；比較される；比べられる

तुलबा [名, pl.]《A. طلبہ तुल्बा ←طالب तालिब》生徒たち；学生たち；探究者たち

तुलवाई [名*] (1) 計量；秤量 (2) 秤り賃；計り賃；計量代

तुलवाना [他・使] ← तुलना. 計量させる；計測させる；計量してもらう；計測してもらう मैं दूकानदार से सेर भर चूना तुलवा रहा था 店主に1セールの石灰を計ってもらっているところだった

तुलसी [名*] (1)〔植〕シソ科カミメボウキ【*Ocimum sanctum*】ヒンドゥー教徒にとってはヴィシュヌ神の配偶神ラクシュミーの化身として神聖視される植物 (2) カミメボウキの葉 (3) カミメボウキの実 (4)〔人名〕= तुलसीदास. **तुलसी का हीरा** カミメボウキの木質化した茎でこしらえた首飾り **तुलसी की पत्ती मुँह में ले॰** 誓って本当のことを言う **तुलसी गंगाजल दिया जा॰**〔ヒ〕臨終にカミメボウキの葉とガンジス川の聖水を口に含ませる儀礼

तुलसीघरा [名]〔ヒ〕ヒンドゥー教徒が庭に聖草カミメボウキを植える場所や鉢

तुलसीचौरा [名]〔ヒ〕聖草カミメボウキを植える壇

तुलसीदल [名] カミメボウキの葉= तुलसीपत्र.

तुलसीदास〔人名・文芸〕トゥルシーダース（16–17 世紀の北インド出身のヴィシュヌ派詩人．アワディー語による長編詩 रामचरित मानस が有名．サンスクリット語の叙事詩ラーマーヤナに題材を採っているが，ヴィシュヌ神の化現としてラーマを描いている．ヒンディー語地域では今日もなお広く親しまれている）

तुलसीपत्र [名]〔ヒ〕カミメボウキの葉= तुलसी की पत्ती.

तुलसीविवाह [名]〔ヒ〕カミメボウキの結婚式（カールティク月の白分 11 日から満月に到る間にヒンドゥー女性によって断食を伴って行われるヴィシュヌ神像とラクシュミー神の化身であるカミメボウキとの結婚式の儀礼）

तुला [名*] (1) 天秤 (2) 比較 (3) 重量 (4) 穀物の量を計る容器；升 (5)〔天・占星〕天秤座；黄道十二宮の第 7，天秤宮

तुलाई[1] [名*] (1) 計量；秤量 (2) 計り賃；計量の料金

तुलाई[2] [名*] 薄い布団；(毛布やオーバー代わりに体に巻き付けて用いることもある)

तुलाकूट[1] [名] (1) 秤量のごまかし（計量が不正に行われること）(2) 秤量をごまかす人

तुलाकूट[2] [形] 秤量をごまかす

तुलाकोटि [名*] (1) 天秤の棹の両端 (2) 1000 万（の数）；1 千万

तुलादंड [名] 天秤の棹

तुलादान [名] トゥラーダーナ（受領者の体重と同量の金品を寄進・寄贈すること） वहाँ के भारतीयों ने नेता जी का तुलादान करने का निश्चय किया 同地のインド人たちはネータージーにトゥラーダーナを行うことを決めた

तुलाधार [名] (1)〔天〕天秤座 (2) 天秤の皿を吊るすひも (3) 商人

तुलाना[1] [自] (1) 計られる；計量される (2) 釣り合う

तुलाना[2] [他・使] ← तोलना.

तुलापत्र [名]〔簿〕貸借対照表

तुला-पुरुष-दान [名] = तुलादान.

तुलामान [名] (1) 計量された重量 (2) 棹秤の棹 (3) 分銅

तुलायष्टि [名*] = तुलादंड.

तुली [名*] 小型の天秤

तुल्य [形] (1) 同じの；等しい (2) 似ている

तुल्यकालत्व [名] 同時性；同時発生；同期（性）

तुल्यकालिक [形] 同時性の；同時に起こる= तुल्यकाली.

तुल्यता [名*] ← तुल्य. (1) 同等；同価値 (2)〔化〕等価；等量

तुल्यमान [形] 同等の；同価値の

तुल्यरूप [形] 類似の；相似の

तुल्यरूपता [名*] 類似；相似

तुल्लाब [名, pl.]《A. طلاب》学生たち；学究たち；研究者たち= तुलबा; तुल्बा. → तालिब.

तुवंगर [形]《P. تونگر》(1) 豊かな；金持ちの；裕福な (2) 有力な；力のある

तुवर [名]〔植〕マメ科低木キマメ【*Cajanus cajan*】= अरहर.

तुवांगर [形]《P. توانگر》(1) 裕福な；金持ちの；資産家の तुवांगर बनाया गदाओं को तूने 汝は乞食たちを金満家になせり (2) 有力な；力のある= तुवंगर.

त

तुवाना [形] 《P. توانا》 (1) 力持ちの；屈強な；元気な；はつらつとした तुम इनपर अमल करके ख़ूब तनदुरुस्त व तुवाना हो जाओगे これを実行するとうんと健康になり力持ちになるだろう (2) 肥え太った

तुषार[1] [名] (1) 霜 तुषार पड़ना 霜が降りる (2) 雪 हिमालय के तुषार मंडित स्वर्ण शिखर ヒマラヤの雪に覆われた金色の嶺 (3) 氷 (4) 霧 **तुषार-धवल हिमालय** 白銀のヒマラヤ

तुषार[2] [形] 冷たい；凍りつくように冷たい；氷雪のように冷たい

तुषार दंश [名]〔医〕凍傷

तुषारपात[名] (1) 降霜 (2) 降雪 (3) 大打撃 लेकिन राजा के मलिन मुख को देखकर ख़ुशामदियों की आशाओं-आकांक्षाओं पर एकाएक तुषारपात हो गया しかし王のふさぎ込んだ顔を見ると取り巻き連中の希望や野心はにわかに大打撃を受けた

तुषित [名] (1)〔ヒ〕トゥシタ神（群） (2)〔仏〕兜率天（とそつてん）

तुष्ट [形] (1) 満たされた；満足した；充足した पुरुष का अहं तुष्ट होता है 男性の我意識が満たされる (2) 嬉しい；喜んでいる

तुष्टता [名*] = तुष्टि.

तुष्टि [名*] (1) 満足感；充足感 यौन-तुष्टि 性の満足感 (2) 喜び

तुष्टीकरण [名] (1) 満足させること；充足させること (2) 満足

तुसल [名]〔鳥〕ハト科シマオオナガバト【*Macropygia unchall*】〈barred cuckoo-dove〉

तुसार [名] = पाला; तुषार. **तुसार पड़ना** = तुषार पड़ना.

तुहफ़ा [名] 《A. تحفہ》 進物；贈り物；贈与品 सुलतान की तरफ़ से वह घोड़े तुहफ़े के तौर पर मुझे मिले スルターンからの進物としてその馬をもらった

तुहमत [名*] 《A. تہمت》 = तोहमत. (1) 中傷；誹謗= लांछन; ग़लत इल्ज़ाम. (2) 嫌疑= शक; संदेह.

तुहिं [代] = तुझे; तुझको.

तुहिन [名] (1) 霜 = पाला. (2) 雪 = हिम; बरफ़. (3) 冷気= शीतलता. (4) 月光= चाँदनी. (5) 樟脳= कपूर.

तुँ [代] = तू.

तुँबड़ा [名] = तूँबा.

तुँबड़ी [名*] (1)〔植〕ウリ科蔓草ユウガオ (2) 同上の実を乾燥させて容器にした物 (3)〔植〕ウリ科蔓草ヒョウタン (4) 同上の実を乾燥させて容器にした物

तूँबा [名] (1)〔植〕ウリ科ユウガオ【*Lagenaria vulgaris*】 (2) 同上から作られる水入れ（ヒョウタンと同様に容器として用いられる） (3) 同上からこしらえたうき（浮子） (4)〔植〕ウリ科蔓草ヒョウタン【*Lagenaria syceraria var. gourda*】 **तूँबा पलटी** 物を置き換えたり入れ替えたりする= तूँबा फेरी.

तूँबी [名*] (1)〔植〕小型のユウガオやヒョウタン (2) 同上の果肉を取って容器にした物 **तूँबी लगाना** ヒョウタンを用いた民間療法（ヒョウタン内部の低くした空気圧を利用して患部の悪血やアーユルヴェーダで言うヴァーユを抜き取る）

तू [代] 二人称単数代名詞 (1) ごく親しい友人とか親子や兄弟姉妹をはじめとする近親者など日常的な接触があり濃密な関係を保つ関係の中で通常目上の人から目下の人に対して用いられる．お前，あんた，君，手前など． (2) このほか，信仰する神に対する畏敬の念を表すのに用いられたり大人が幼少の子供に対して用いることがある (3) 相手への激しい怒りや軽蔑や侮辱の気持をこめて用いられる．主格形 तू, 能格形 तूने, 対格・与格形 तुझको/तुझे, 後置格形 तुझ (-को, -से, -में, -पर)，所有格形 तेरा (तेरे, तेरी) ईश्वर तू कब इस भारतभूमि की सुध लेगा? 神よ，何時このインドを気にかけ給うか तू सब तरह से फले फूले なにもかも幸せになりますように（母親が子に向かって．人を祝福する言葉） लेकिन तेरी तबीयत तो ठीक नहीं है でもお前の気分は良くないね（母→娘）

तूअर [名] (1)〔植〕マメ科低木キマメ= अरहर. (2) キマメの実

तूण [名] えびら（箙）；矢筒= तरकश.

तूणि [名*] = तूणीर.

तूणीर [名] えびら（箙）；矢筒

तूत [名] 《P. توت》 (1)〔植〕クワ科低木クワ（桑）【*Morus alba*】= शहतूत. तूत के पेड़ों की पत्तियों पर रेशम के कीड़े पाले जाते हैं クワの葉でカイコが飼われる (2) クワの実

तूतक [名] = तूतिया.

तूतड़ाक [名*] お前呼ばわり；呼び捨て；ぞんざいな口の聞き方 यहाँ तक कि चपरासी से भी उसने कभी तूतड़ाक नहीं की 小使いに対してもお前呼ばわりをしたことがなかった（ぞんざいな口をきいたことがなかった） आज आप मुझसे तूतड़ाक कर रही हैं 今日は私に対してもぞんざいな口のききかたをなさいますね

तूतिया [名]〔化〕硫酸銅；胆礬= नीला थोथा; कापर सल्फ़ेट.〈copper sulphate; blue vitriol〉

तूती [名*] 《P. طوطی / توتی》 (1)〔鳥〕オウム科コセイインコ【*Psittacula cyanocephala*】= तोती/सुग्गी. (2)〔鳥〕アトリ科アカマシコ【*Carpodacus erythrinus*】美声でよく啼くとされる= गुलाबी तूती. (3)〔鳥〕アトリ科キバラカワラヒワ【*Carduelis spinoides*】= हरी तूती. (4)〔鳥〕スズメ科カナリア／カナリヤ= कनेरी. (5) 笛 **तूती बुलवाना** 名を揚げる (-की) **तूती बोलना** （－が）評判を得る；評判を高める；席巻する；顔が利く；（－の）言葉が重きをなす दर असल तूती उसी की बोलती है जिसकी सरकार होती है 実際は力（権力）を持っている者の意のままになるものだ **नक़्क़ारख़ाने में तूती की आवाज़** *a.* だれにも聞こえない *b.* 身分の低い人の言葉はだれも聞こうとしないものだ इसकी आवाज़ नक़्क़ारख़ाने में तूती की आवाज़ है 彼の言葉にはだれも耳を傾けない

तूतुकार [名*] = तूतड़ाक.

तू-तू मैं-मैं [名*] 語気荒く言い争うこと；口喧嘩 दोनों में फिर 'तू तू मैं मैं' हो गई 2人の間にまた激しい口喧嘩が起こった इसी बात को लेकर पति-पत्नी में रोज़ तू-तू, मैं-मैं होती थी 他でもないこのことを巡って夫婦間にいつも激しい言い争いがなされていた

तूदा [名] 《P. توده》 (1) 盛り上げられたもの；積み重なったもの；山（のように高く積まれたもの） (2) 境界の標識 (3) 射撃の練習用に盛り上げられた土の山

तून [名]〔植〕インドチャンチン= तुन/तूनी.

तूना[1] [自] (1) 滴る；滴り落ちる (2) 倒れる (3) 流産する = गर्भ गिरना.

तूना[2] [名*] 《E. tuna》〔魚〕サバ科マグロ（鮪）= तूना मछली.〈tuna fish〉

तूनी[1] [名]〔植〕センダン科インドチャンチン【*Cedrela toona*】

तूनी[2] [名*] 腹部（胃腸，下腹部）に生じる痛み

तूफ़ान [名] 《A. طوفان》 (1) 嵐；大風；激しい雨風 गाँव में अचानक एक दिन शाम के समय भीषण तूफ़ान आया.यद्यपि तूफ़ान पाँच-सात मिनट से अधिक नहीं रहा तथापि सारा गाँव तूफ़ान से हिल गया ある日の夕刻，村に突然猛烈な嵐がやって来た．せいぜい 5～6 分間のものだったが村中が嵐に揺れ動いた **हिमानी तूफ़ान** 吹雪 (2) 台風；サイクロン (3) 大水；大洪水 (4) 大騒ぎ；社会的に大きな騒ぎ；大騒動；大事件；嵐 ससुर का खाना न गया तो कौन-सा तूफ़ान आ गया 舅に弁当が届けられなかったからって大騒動することなんかじゃない आजकल तुमने घर में क्या तूफ़ान मचा रखा है 近頃家の中でなんという大騒動を起こしているのだい (5) 災厄；災難 (6) 心の中の激しい感情の動き；嵐 मन में प्रचंड तूफ़ान! 胸の中にはものすごい嵐だ अपने हृदय में उबलते हुए तूफ़ान को शांत कर रहा था 胸中にわき起こってくる嵐を鎮めようとしていた (7) 誹謗；中傷；濡れ衣 **तूफ़ान आ॰** *a.* 嵐が来る *b.* 大きな騒ぎが起こる *c.* 大混乱が生じる **तूफ़ान उठना** *a.* 嵐が起こる *b.* 騒ぎが起こる **तूफ़ान उठाना** *a.* 嵐を起こす；騒ぎを起こす *b.* 激しい運動を起こす **तूफ़ान खड़ा क॰** = तूफ़ान उठाना. **तूफ़ान जोड़ना** （－を）中傷する；誹謗する；（－に）濡れ衣を着せる= झूठा कलंक लगाना. **तूफ़ान बनाना** = तूफ़ान जोड़ना. **तूफ़ान बाँधना** = तूफ़ान जोड़ना. **तूफ़ान मचाना** *a.* 騒ぐ；騒ぎを起こす *b.* 争いを起こす **तूफ़ान लगाना** = तूफ़ान जोड़ना.

तूफ़ानी [形] 《A. طوفانی》 (1) 嵐の；嵐の中の (2) 嵐を起こす (3) 嵐のような；激しい；強烈な；激烈な (4) 面倒を起こす；騒動を起こす；厄介な

तूमड़ी [名*] (1)〔植〕ウリ科蔓草ユウガオ【*Lagenaria siceraria var. hispida*】とその実及びそれから作られた容器= कद्दू; लौकी; घीया. (2) ウリ科蔓草ヒョウタン【*Lagenaria siceraria var. gourda*】とその実及びそれから作られた容器= तितलौकी; कटु तुंबी; कड़वा कद्दू. (3) ヒョウタンで作った笛（蛇使いの用いる笛）

तूम-तड़ाक [名*] = तमतराक. (1) 虚飾 (2) 見栄

तूमना [他] (1) 毛羽立てる (2) 細切れにする (3) 打ち砕く (4) 握りつぶす

तूमरा [名] = तूंबा.

तूमार [名] 無用な騒ぎ；つまらぬことを騒ぎ立てること **तूमार बाँधना** つまらぬことを騒ぎ立てる सारे दिन झूठ के तूमार बाँधो 一日中つまらぬことを騒ぎ立てていればいいさ

तूर[1] [名] (1)〔イ音〕ナガーラー नगाड़ा の一種；トゥール (2) トゥラヒー（トランペット）= तुरही.

तूर[2] [名*] (1)〔植〕マメ科キマメ= अरहर. (2) キマメの実 (3) 穀物

तूर[3] [名]《A. طور》シナイ山；モーセ山（シナイ半島の）= कोह तूर; तूरे सीना.

तूरना [名] = तुरही.

तूरा [名] トゥラヒー（トランペット）；ラッパ= तुरही

तूरान 〔地名〕《P. توران》トルキスタン；トゥーラーン

तूरानी[1] [形]《P. تورانی》トゥーラーンの

तूरानी[2] [名] トゥーラーン人

तूरानी[3] [名*]〔言〕トゥーラーン語

तूर्ण[1] [副] 急ぎ；早く= जल्दी; शीघ्र.

तूर्ण[2] [形] 速い；敏速な

तूर्त[1] [副] (1) すぐさま；即刻= तुरंत; शीघ्र. (2) 急ぎ；早く= जल्दी.

तूर्त[2] [形] 素早い；敏速な；敏捷な

तूर्य [名] (1) トゥラヒー（トランペット）= तुरही. (2) ムリダンガ（मृदंग）太鼓

तूल[1] [名]《A. طول》(1) 長さ= लंबाई; दीर्घता. (2) 遅れ；遅滞= विलंब; देर. **तूल खींचना** = तूल पकड़ना. **(-को) तूल दे॰** a. (－を）大きくする b. (－を）大げさにする मैं तो महज़ मज़ाक़ कर रहा था.छोटी-सी बात को इतना तूल नहीं दीजिए 私はただの冗談を申していただけなのです．ささいなことをこんなに大げさになさらないで下さい इन्हीं दिनों अमृतसर में एक ऐसी घटना घटी, जिसे अंग्रेज़ों ने बड़ा तूल दिया ちょうどその頃アムリトサルで１つの事件が発生したのをイギリス側が大げさな問題にしてしまった **तूल पकड़ना** a. 大きくなる b. 大げさになる मामला इतना तूल पकड़ गया कि उसे दहेज के रंग में रंग दिया गया 問題は大げさになってとうとう持参金の問題にされてしまった इस भय से कि कहीं मुआमला तूल न पकड़ ले 事が大げさになりはしないかとの心配から

तूल[2] [名] (1) 空；天空= आकाश. (2) 綿；綿状のもの= रूई. (3) クワの木= शहतूत; तूत.

तूल कलाम [名]《A. طول کلام》(1) 多弁；冗長 (2) 言い争い；口論

तूलकार्मुक [名] (1) 虹 (2) 綿打ち弓= तूल-चाप.

तूलतवील [形]《A. طول طویل》(1) とても大きな (2) 長たらしい；冗長な；冗漫な

तूलना [他] 車軸に注油する

तूलफ़ज़ूल [名]《A. طول فضول》つまらぬ議論；無駄な口論

तूलमतूल [副]《← A. طول तूल》(1) 縦に (2) 向かい合って

तूल व अर्ज़ [名]《A. طول و عرض》長さと幅；大きさ；縦横のひろがり

तूलवृक्ष [名]〔植〕パンヤ科パンヤノキ= सेमल का पेड़.

तूलशर्करा [名*] 綿の実= बिनौला.

तूला [名] (1) 綿花 = कपास. (2) 灯心= बत्ती.

तूलि [名*] (1) 枕= तकिया. (2) 絵筆= कूची.

तूलिका [名*] (1) 絵筆= तूलिया. (2) 綿をよった芯

तूली [名*] (1)〔植〕タデ科アイ= नील का पौधा. (2) 絵筆= कूँची.

तूवर [名]〔植〕マメ科キマメ= अरहर.

तूवरक [名] (1)〔植〕マメ科キマメ= अरहर. (2) 角のない牛 (3) 髭の生えない男；髭の薄い男；女男= हिजड़ा.

तूवरी [名*] = तूवर.

तूष [名] サリーなどの着物の縁= किनारा.

तूष्णी[1] [形] 黙っている；沈黙している= मौन; चुप.

तूष्णी[2] [名*] 沈黙= मौन; ख़ामोशी; चुप्पी.

तूष्णी[3] [副] 無言で；黙って= चुपचाप.

तूष्णीक [形] (1) 沈黙している；黙っている (2) 寡黙の

तूस[1] [名] 籾殻などの穀物の殻= तुष; भूसी.

तूस[2] [名] (1) カシミアヤギの毛= पशम. (2) 同上の毛で織った毛布類

तूसदान [名]《Fr. cartouche + P. دان》やっきょう（薬莢）；カートリッジ= कारतूस; काटूश.

तूसना [自] 満足する= संतुष्ट हो॰.

तूसा [名] 籾殻，糠，ふすまなど穀物の殻= भूसी.

तृच् [名]〔言〕サンスクリット語の √-तृ接尾辞（行為者を表す） √कृ + तृच् → कर्तृ（कर्ता）

तृण [名] (1) 草 (2) 草の茎 (3) わら（藁） (4) 取るに足らぬもの；つまらぬもの **तृण बराबर** ほんのわずかの；かけらほどの मैं उनकी तृण बराबर परवा नहीं करती あの人のことは私は全く心配していない **(मुँह में/ दाँतों में) तृण गहना** a. 他人の意のままになる；服従する；屈服する b. 哀願する **तृण गहाना** a. 人を意のままにする；服従させる b. 従順にさせる **तृण गिनना** ものの数に入れない **तृण तोड़ना** 邪視から身を守るため藁などをちぎる（まじない） **(-से) तृण तोड़ना** （－と）縁を切る；関係を絶つ **तृण पकड़ना** a. 意のままになる；服従する b. 哀願する **तृण पकड़ाना** a. 意のままにする b. 従順にさせる **तृण समान भी न समझना** ものの数に入れない

तृणक [名] = तृण.

तृणकुटी [名*] 草葺きや藁葺きの小屋

तृणचर[1] [形] 草を食べる；草をはむ；草食の

तृणचर[2] [名] 草食の動物；家畜

तृणजल [名] 生活；暮らし

तृणता [名*] 無意味なこと；全く意味のないこと

तृणद्रुम [名] (1) ウチワヤシ= ताड़. (2) = सुपारी का पेड़.〔植〕ビンロウジュ

तृणपूली [名*] 簀の子（すのこ）

तृणप्राय [形] 取るに足らない；全くつまらない= तुच्छ.

तृणमणि [名] 琥珀= कहरुबा.

तृणमय [形] (1) 草がいっぱいある (2) 草や藁で作られた **तृणमय मैदान** 草原

तृणमूल [形]〔政〕草の根的な ‹grassroot(s)› तृणमूल कांग्रेस 草の根からのコングレス党

तृणराज [名] (1)〔植〕ナツメヤシ= खजूर. (2)〔植〕ココヤシ= नारियल. (3)〔植〕パルミラヤシ= ताड़.

तृणवत [形] 全く取るに足らない

तृणशाल [名] (1) ウチワヤシ= ताड़. (2) 竹= बाँस का पेड़.

तृतीय [形]《Skt.》3 の序数詞．第３の；３番目の= तीसरा. **तृतीय विश्व** 第三世界= तृतीय संसार.

तृतीयक [名]〔医〕三日熱マラリア= तिजरा.

तृतीय प्रकृति [名*] 第三の性；男性でも女性でもない性

तृतीयांश [名] ３等分したものの１；３分の１ = तीसरा भाग; तीसरा हिस्सा.

तृतीया [名*] (1) 太陰暦の各半月の第３日= तीज. संवत 1680 श्रावण कृष्ण तृतीया को ヴィクラマ暦 1680 年シュラーヴァナ月の黒分３日に (2)〔言〕サンスクリット文法において名詞の第三格（具格） ‹instrumental case›

तृतीयाश्रम [名]〔ヒ〕第三住期（ヒンドゥー教徒の人生観で四住期の第３，すなわち，林住期）→ आश्रम.

तृन [名] = तृण.

तृप्त [形] (1) 満ち足りた；満足した इसकी आत्मा तृप्त हो जाएगी तो मरने का भी दुःख न होगा この人の魂が満足すれば死ぬことも辛くはなかろう (2) 腹が一杯になった；満腹した तृप्त हो॰ 満腹する= अफरना; पेट भरना. तृप्त होकर डकार लेते हुए 腹が満ちてげっぷをしながら

तृप्ति [名*] (1) 満足 हिंदू का हृदय शब्दों और सिद्धांतों से तृप्ति नहीं कर सकता ヒンドゥーの心を言葉や理論で満足させることはできない (2) 満足感 उस दावत में उसे जो तृप्ति मिली थी, वह उसके जीवन में एक याद रखने लायक बात थी その宴会で得られた満足感は生涯忘れられないものだった

तृषा [名*] (1) のどの渇き= प्यास. (2) 欲求= इच्छा. (3) 欲望；欲；貪欲= लोभ.

तृषातुर [形] のどの渇きに苦しんでいる

तृषालु [形] 渇している；ひどくのどの渇いた= प्यासा; तृषित.

तृषार्त [形] 大変のどの渇いた

तृषित [形] (1) のどの渇いた；渇した (2) 強く望む；強く希求する (3) 落ち着きのない

तृष्णा [名*] (1) 渇き (2) 渇望 (3)〔仏〕渇愛；貪欲；煩悩 तृष्णा से मनुष्य का छुटकारा 人が渇愛から解き放たれること

तें [格助] (1) 一によって= - से; - द्वारा; - के द्वारा. (2) 一に比して；一より= - से; - की अपेक्षा. (3)（時間や位置）一から= - से.

तेंतालीस [数] 43 तेंतालीसवाँ 第 43 の；43 番目の

तेंतीस [数] 33 तेंतीसवाँ 第 33 の；33 番目の

तेंदुआ [名]〔動〕ネコ科ヒョウ（豹）【*Panthera pardus*】= सोना चीता; चीता बाघ.

तेंदू [名]〔植〕カキノキ科小木リュウキュウコクタン【*Diospyros melanoxylon*】 **काला तेंदू** 〔植〕カキノキ科高木インドガキ【*D. malabarica*】 **हलवा तेंदू** 〔植〕カキノキ科小木カキ；柿【*D. kaki*】

ते[1] [格助] = से.

ते[2] [代] 《Br., Av.》= वे.

ते[3] [接] 《Pan.》そして= और. ते दूसरा? そして他のものかい

ते[4] [名] 《تے》ウルドゥー文字の第 4 字の字母 ت の名称.

तेईस [数] 23 तेईसवाँ 第 23 の；23 番目の

तेग़ [名] 《P. تیغ》刀；剣；刀剣= तलवार; खड्ग.

तेग़साज़ [名] 《P. تیغ ساز》刀鍛冶

तेग़ा [名] 《P. تیغہ》小さい刀；小刀

तेज [名] (1) 光；輝き；光輝 उसके चेहरे पर सोने-सा तेज चमकने लगा 顔に黄金のような光が輝きだした (2) 熱；火熱 (3) 火（五大の第三） (4) 勇気；勇武；威武 (5) 威力 (6) 威厳；威風 सीता के तेज और निश्चय के सामने रावण की कुछ न चली シーター妃の威厳と決意の前にはラーヴァナは何一つできなかった कितना तेज है इसकी सूरत में なんと威風堂々としていることか (7) 鋭気；英気 सूर्य का तेज 太陽の輝き

तेज़[1] [形] 《P. تیز》(1) 勢いや程度が激しい；強い；きつい；すごい तेज़ बारिश 激しい雨 तेज़ शॉट व द्रुत चाल 鋭いショットと機敏な動き यदि तेज़ धुआँ हो तो घुटनों के बल चलें 煙が激しければ這うことだ तेज़ ठंड पड़ रही थी ものすごい寒気だった धीरे-धीरे धूप तेज़ हो जाती है 日差しがだんだんきつくなって行く नदी की तेज़ धारा 川の激しい流れ (2) 性格や気性の激しい；きつい अध्यापिका काफ़ी तेज़ स्वभाव की हैं かなり気性の激しい先生 सास तो बड़ी तेज़ है.कमला का तो उसने जीना ही हराम कर दिया है 姑はひどく気のきつい人でカマラーには生きていくのも辛いほどの思いをさせている (3) 速度の迅速な；速い तेज़ चाल वाले वाहन 速度の速い乗り物 आजकल ज़माना बहुत तेज़ रफ़्तार से आगे बढ़ रहा है 今日の時代は猛烈な速度で進みつつある (4) 鋭利な；鋭くよく切れる तेज़ धार वाला 鋭利な刃の तेज़ चाकू 鋭いナイフ **तेज़ क॰** 鋭くする；鋭利にする；研ぐ चमड़े पर उस्तरा तेज़ करते हुए 剃刀を革砥で研ぎながら (5) 鋭い；先のとがっている तेज़ चोंच 鋭い嘴 पेंसिल की तेज़ नोक 鉛筆のとがった先端 (6) 鋭い；敏感な वह तेज़ कान में ज़रूर भनक पड़ जाती थी 敏感な耳にきっと聞こえて行くのだった (7) 味覚が強めの；舌を強く刺激する；濃い；きつい चाय में पत्ती कुछ तेज़ रखकर 紅茶の茶の葉を少し多めに入れて (8) 温度の高い；激しい तेज़ बुख़ार 高熱 (9) 感覚が鋭い；すぐれている उनकी आँखें हमारी-तुम्हारी आँखों से कहीं तेज़ होती हैं 彼らの目は我々の目よりもはるかに鋭い (10) 頭の良い；頭脳のすぐれた；頭の鋭い；能力のすぐれた；達者な मेरी गणना तेज़ विद्यार्थियों में होने लगी 私は優秀な生徒の中に数えられるようになった ख़ाला शुरू से ही पढ़ने में तेज़ थीं 伯母は小さい時から勉強が良くできた (11) 抜け目のない；鋭い；達者な (12) 音の大きい रेडियो की आवाज़ बहुत तेज़ कर के बजाने की आदत ラジオの音をうんと大きくする癖 (13) 甲高い；鋭く響く तेज़ स्वर में बज रहे फ़िल्मी रिकार्ड 甲高い音を立てている映画主題歌のレコード तेज़ स्वर 鋭い声 तेज़ सीटी 甲高い音の出る汽笛 (14) 動きの激しい टेबिल टेनिस बड़ा तेज़ खेल है 卓球は激しいスポーツだ (15) 本来の時間より先に進んだ；時計が正しい時より先に進む (16) 値段や相場が高めの

तेज़[2] [副] 速く；素早く；敏速に चलो देखें हम दोनों में से कौन तेज़ दौड़ता है 僕と君とはどちらが速く走れるか比べてみよう दीनानाथ सबसे तेज़ दौड़ता है 走りにかけてはディーナーナートが一番だ

तेज़-तेज़ とても速く；急いで；大急ぎで वह तेज़-तेज़ घर की ओर चल पड़ी 急ぎ足で家に向かって歩き出した

तेज़अक़्ल [形] 《A.P. تیز عقل》頭の切れる；聡明な = ज़हीन; प्रतिभाशाली.

तेज़क़दम [形] 《A.P. تیز قدم》歩みの速い；速く歩く

तेज़ड़िया [名]〔商〕強気筋；買い方 **तेज़ड़िया सौदा** 強気；買い〈bull transaction〉

तेज़तर [形] 《P. تیز تر》一層速い；他より速い= शीघ्रतर.

तेज़तरीन [形] 《P. تیز ترین》最も速い；最速の= शीघ्रतम.

तेज़-तर्रार [形] 《P. A. تیز طرار》(1) 気性の激しい；気のきつい शर्मा जी पतले-छरहरे, तेज़-तर्रार 細身で激しい気性のシャルマー氏 (2) 敏捷な खेल कूद में वह बहुत तेज़-तर्रार थी スポーツではとても敏捷だった (3) 口の達者な तेज़-तर्रार स्त्री 気性が激しく口の達者な女性

तेज़दिमाग़ [形] 《P.A.》= तेज़अक़्ल.

तेज़धार [名] 《P. تیز + H.》鋭い刃；鋭利な刃 तेज़धार वाली चाकू 鋭いナイフ

तेज़नज़र [形] 《P.A. تیز نظر》目のよく見える；視力のすぐれた

तेज़नाख़ुन [形] 《P. تیز ناخن》爪の鋭い

तेज़निगाह [形] 《P. تیز نگاہ》= तेज़नज़र.

तेजपत्ता [名] = तेजपात.

तेज़पात [名] (1)〔植〕クスノキ科中高木タマラニッケイ【*Cinnamomum tamala*】 (2)〔植〕クスノキ科高木ヒマラヤニッケイ【*Cinnamomum obtusifolium*】= राम तेजपात. (3) 上記の 2 種の木の葉（ベイリーフのようにインド料理に用いられる）

तेजफल [名]〔植〕ミカン科低木サンショウ属低木【*Zanthoxylum acanthopodium*】

तेज़फ़हम [形] 《P.A. تیز فہم》理解力のすぐれた；賢明な；聡明な

तेजबल [名]〔植〕ミカン科サンショウ属大木【*Zanthoxylum limonella; Z. budrunga*】= सुतेजसी; तेजनी.

तेज़बू [形] 《P. تیز بو》臭いのきつい；激しい臭いのする

तेज़मिज़ाज [形] 《P.A. تیز مزاج》(1) 気のきつい；気性の激しい तेज़मिज़ाज औरत को 気のきつい女性を (2) 怒りっぽい；短気な = गुस्सैल; क्रोधी.

तेज़रफ़्तार [形] 《P. تیز رفتار》速い；高速の；速く進む

तेजवान [形] (1) 威厳のある；堂々たる तेजवान मुँह 威厳のある顔 (2) 威風のある (3) 逞しい；力のある (4) 輝ける；光輝ある

तेजस् [名] = तेज.

तेजस्वी [形] (1) 威厳のある तेजस्वी चेहरा 威厳のある顔 (2) 力のある；威力のある；力の漲った；力強い उनकी अभिलाषा थी कि उनका पुत्र भी सूर्य के समान तेजस्वी हो 太陽のように力の漲った息子であって欲しいと願っていた उसने तेजस्वी वाणी में कहा 力強い声で言った (3) 気力のある (4) 輝きに満ちた (5) 鋭い；俊敏な तेजस्वी अश्व 駿馬

तेज़ाब [名] 《P. تیزاب》〔化〕酸 गंधक का तेज़ाब 硫酸

तेज़ाबी [形] 《P. تیزابی》(1) 酸の (2) 酸の混じった (3) 酸で処理した **तेज़ाबी सोना** 酸処理をした高純度の金

तेज़ी [名*] 《P. تیزی》(1) 激しさ；厳しさ (2) 勢い (3) 鋭さ (4) 熱；熱気 (5) 怒り (6) 速さ；速度；勢い कोयला, तेल, पेट्रोलियम इत्यादि का इस्तेमाल जिस तेज़ी के साथ किया जा रहा है 石炭，石油，ガソリンなどが用いられている勢い (7) 高まり；景気 शेयर बाज़ार में असाधारण तेज़ी आई 株式市場に異常な景気の到来 (8) 騰貴；高騰 (9) 強い刺激 (10) 辛辣さ (11) 抜け目のなさ；要領のよさ लड़कियाँ भी पढ़-लिख जाने पर कुछ ज़्यादा तेज़ी दिखाने लगती हैं 女の子たちも教育を受けるとなかなかの抜け目のなさを発揮するもの (12) 強気（取引き） **तेज़ी से** *a.* 激しく ज़ख़्म से ख़ून तेज़ी से बह रहा हो तो 傷から激しく出血していれば *b.* 速く；素早く；迅速に तेज़ी से काम करने वाली सरकार 速く仕事を処理する政府 आज हालात तेज़ी से बदल रहे हैं 今や状況は急速に変化しつつある *c.* 急ぎ；急いで मैंने तेज़ी से नाइटी बदलकर साड़ी पहन ली है 急いで寝間着をサリーに着替えた

तेज़ी रुख़ [名] 《P. تیزی رخ》〔商〕強含み

तेजोबल [名] 威力

तेजोमय [形] 光り輝く；輝きに満ちた

तेजोमूर्ति [形] 光輝に満ちた

तेजोरूप [名] (1) ブラフマ；ブラフマン (2) 光輝

तेजोवान् [形] = तेजस्वी.

तेजोहत [形] 光や光輝を失った

तेता [形⁺] = उतना. **तेते पाँव पसारिए जेती लांबी सौर** 〔諺〕身分相応にあるいは自分の資力や経済力に応じて振る舞うことが大切である．身のほどを知った暮らしを立てることが大切

तेन त्यक्तेन भुंजीथा: 〔句〕《Skt.》（その祭祀のために行為を）「執着を去ってなせ」バガヴァッド・ギーターの第 3 章 9 に見られるサンスクリットの表現で無欲の行為を称える言葉

तेमन [名] (1) 湿気= आर्द्रता; गीलापन. (2) 料理

तेरस [名*] 太陰暦の黒分と白分との各半月の第 13 日= त्रयोदशी.

तेरह [数] 13 **तेरह तरह के** 様々の… वग़ैरह वग़ैरह तेरह तरह के काम …などなど沢山の仕事 **तेरह बाईस क॰** 言い逃れをする；いろいろと口実を設ける तेरहवाँ 13 番目の；第 13 の **तेरहवाँ महीना हो॰** 期限が切れる；間に合わなくなる

तेरह ताली नृत्य [名]〔イ芸〕テーラーターリーダンス（ラージャスターン州ジャイサルメール県ディードワーナー，ポーカラン地方に伝承されて来ている民族舞踊．女性が体につけた多数の鈴マンジーラーを鳴らしながら踊る）

तेरहपंथी [名]〔ジャ〕(1) テーラーパンティー（空衣派の一） (2) テーラーパンティー（白衣派の一）

तेरहवीं[1] [名*] 13 日目 तेरहवीं पर 13 日目に

तेरहवीं[2] [名*]〔ヒ〕ヒンドゥー教徒の死亡から 13 日目．この日忌明けの法事が行われる

तेरहीं [名*] = तेरहवीं[2].

तेरा [代] 二人称代名詞 तू の所有格形．被修飾語の性，数，格によって तेरे(mas. sg. ob., mas. pl.), तेरी(fem.) と変化する **तेरा मेरा क॰** つまらぬことで争う；つまらない口論をする；言い争う；小さなことに執着する **तेरी जान क़सम** 真剣に言うのだが；真剣な話 **तेरी-सी** 相手のためになることや相手の利益になる話

तेरे [代] → तेरा.

तेल [名] (1) 油；植物油 **कड़वा तेल** 芥子油 खाना पकाने का तेल 食用油；料理油 **खाने के तेल** 食用油 **मीठा तेल** 胡麻油= तिल का तेल. चिराग़ में मीठा तेल जलता है ランプには胡麻油が点される (2) 脂；動物質の油 (3) 鉱物油；石油 कच्चा तेल 原油 **तेल का कनस्तर** 石油缶 (4) 結婚式前の行事の一．花婿と花嫁が挙式の 3〜4 日前にウコンを混じた油を体に塗る；テール **आँखों का तेल निकालना** 一生懸命努力する **तेल उठना** テール（上記 (4)）が済む **तेल उठाना** テール（上記 (4)）を済ませる **तेल की मिठाई** つまらないもの **तेल चढ़ाना** テール（上記 (4)）を済ませる **तेल चुक जा॰** 生命力が尽きる (-पर) **तेल चुपड़ना** *a.* (一の) 世話をやく *b.* (一に) へつらう（諂う）；こびる（媚びる）；おもねる（阿る） **तेल जल जा॰** 生命力が尽きる **तेल देखना तेल की धार देखना** 〔諺〕何事にも忍耐強く注意深く振る舞うことが肝要= तेल देखो, तेल की धार देखो. **तेल दे॰** 注油する **तेल निकालना** 精粋を抜き取る；良いところを取り去る **तेल बत्ती क॰** 夕刻灯火を点す **तेल मलना** 体に油を塗る，もしくは，擦り込む **तेल में हाथ डालना** *a.* 煮え立った油に手を入れて身の潔白を証明する *b.* 誓って言う **तेल लगाना** = तेल चुपड़ना.

तेल-उत्पादक देश [名] 石油産出国

तेलकुआँ [名] 油井

तेलकूप [名] 油井

तेलगू [名] = तेलुगू.

तेलगू देसम [名]〔イ政〕テルグー・デーサム（1982 年にアーンドラ・プラデーシュ州に結成された地方政党）= तेलुगू देशम.

तेल ग्रंथि [名*] 皮脂腺

तेल टैंकर [名] 《H. + E. tanker》タンクローリー= टैंक लॉरी.

तेलपोत [名] 油送船；油槽船；タンカー

तेलमालिश [名*] 《H. + P. مالش》芥子油，ココヤシ油などを体に塗布しながら行われるマッサージ स्नान करते समय शरीर पर तेल मालिश भी करें 沐浴に際しては（先に）体に油マッサージも行うこと **तेलमालिश वाला** 同上のマッサージを生業として行うマッサージ師

तेलरोग़न [名] 油性塗料；ペンキ

तेलवाहक [形] 油を運搬する **तेलवाहक जहाज़** 油送船；油槽船；タンカー

तेलशोधक [形] 石油を精製する **तेलशोधक कारख़ाना** 精油所；石油精製工場= तेलशोधक कारख़ाना.

तेलशोधन [名] (1) 石油精製 (2) 油の精製

तेलहंडा [名] = तेलहँडा. 油を入れる壺；油壺

तेलहन [名]〔農〕油脂作物= तिलहन.

तेलहा [形⁺] (1) 油を含む（植物） (2) 油で加工した (3) 油のついた (4) すべすべした (5) 油臭い

तेलिन [名*] テーリー（तेली）の女性；テーリー・カーストの女性

तेलिया[1] [形] (1) 油のついた (2) 油のようにすべすべした (3) 油のように光る (4) 色の濃い

तेलिया[2] [名] (1) 赤褐色 (2) 鹿毛の馬

तेलिया[3] [名]〔鳥〕ムクドリ科ホシムクドリ= तिलोरा.

तेलिया काकरेज़ी [名] 濃い紫色

तेलिया कुमैत [名] (1) 赤褐色 (2) 鹿毛の馬

तेलिया तीतर [名]〔鳥〕キジ科サイシキシャコ【*Francolinus pictus*】

तेलिया बया [名]〔鳥〕ハタオリドリ科コウヨウジャク【*Ploceus manyar*】

तेलिया मुनियाँ [名]〔鳥〕カエデ科シマキンパラ【*Lonchura punctulata*】

तेली [名] (1)（主としてナタネ，カラシナ，ゴマなどの植物から油を搾る製油業を生業としてきた）テーリー・カースト（の人） (2) 製油業に従事する人 **तेली का बैल** 馬車馬のように働く人

तेलुगू[1] [名] (1)〔地名〕テルグ地方= तिलंगा. (2) テルグ地方の人

तेलुगू[2] [名*]〔言〕テルグー語（主にインドのアーンドラ・プラデーシュ州を中心とする地域に話されるドラヴィダ語族南部支派の主要言語の一．同州の公用語）

तेलुगू देसम [名]〔イ政〕テルグー・デーサム（アンドラ・プラデーシュ州を地盤にする地方政党）= तेलगू देशम.

तेलौंची [名*] マッサージに用いる油を入れる容器

तेलौना [形⁺] = तेलहा.

तेवर [名] (1) 目つき；眼差し (2) 怒りや不快感を表す目や眉の表情 (3) 眉 **तेवर आ॰** めまいがする= चक्कर आ॰; मूर्छा आ॰. **तेवर चढ़ना** 怒りの表情を見せる；眉がつり上がる **तेवर चढ़ाना** 眉をつり上げる；怒りの表情を見せる वह तेवर चढ़ाकर बोला 眉をつり上げて言った **तेवर तनना** = तेवर चढ़ना. **तेवर दिखाना** = तेवर चढ़ाना. (-का) **तेवर देखना** （一の）顔色を窺う **तेवर पर बल पड़ना** = तेवर चढ़ना. **तेवर बदलना** *a.* 眉をつり上げる *b.* 不作法になる；突っ慳貪な態度をとる *c.* 白目をむく **तेवर बिगड़ना** = तेवर चढ़ना. **तेवर बुरे दीखना** *a.* 不機嫌な様子に見える *b.* 今までにない険しい表情が見られる= तेवर बुरे नज़र आ॰; तेवर बुरे दिखाई दे॰. **तेवर मैले हो॰** *a.* 不機嫌な *b.* 憂鬱な表情を見せる

तेवरी [名*] 目つき= त्योरी.

तेवहार [名] 祭り；祭礼= त्यौहार.

तेहरा [形⁺] (1) 三重の；3 段重ねの (2) 三連の (3) 3 倍の

तेहराना [他] (1) 三重にする；3 段に重ねる；3 つに折り重ねる (2) 詳しく調べる

तेहवार [名] = त्योहार.

तेहा [名] (1) 高飛車な態度；横柄さ= अहंकार; शेख़ी. (2) 怒り；憤り= गुस्सा; क्रोध.

तैं[1] [代] 二人称単数代名詞= तू. तैंने पहले भी दो बार कहा था お前は以前にも 2 度言ったことがある

तैं[2] [格助] 《Br., Av.》= ते; से.

तैंतालीस [数] 43 = तेंतालीस. तैंतालीसवाँ 第 43 の；43 番目の

तैंतीस [数] 33 = तेंतीस; तैंतिस. तैंतीसवाँ 第 33 の；33 番目の

तै[1] [形] 《A. طے》= तय. (1) 終了した；完了した；済んだ (2) 処理された；解決された；取り決められた बहुत पुराने ज़माने से देहात के लोग अपने मामलात ज़्यादातर पंचायतों के ज़रिये तै करते रहे हैं 非常に古い時代から田舎の人たちは自分たちの問題をたいていはパンチャーヤトを介して解決してきている (3) 決定された (4) 通過した

तै[2] [名] 《A. طے》= तय. (1) 終了；完了 (2) 処理；解決 (3) 決定 (4) 通過

तै[3] [格助] 動作の対象であることを表す= से. भगवान तै डरो 神を畏れなさい

तैजस[1] [形] (1) 輝いている；光輝ある (2) 光の；光からなる (3) 金属の (4) 精力にあふれた (5) 熱情のこもった

तैजस[2] [名] (1)〔イ哲〕アートマンの光明に包まれた位相 (2) 金属 (3) 精力；威武

तैत्तिर [名] (1)〔鳥〕シャコ (2)〔動〕サイ

त

तैत्तिरीय [名*] (1)〔ヒ・イ哲〕タイッティリーヤ（クリシュナ・ヤジュルヴェーダの一派） (2)〔ヒ〕タイッティリーヤ・ウパニシャッド

तैनात[1] [形] 《A. تعينات तअय्युनात ←تعين तअय्युन》任命された；配置された；配属された= नियत; नियुक्त; मुक़र्रर. उसने राक्षसियों का एक दल भी तैनात कर दिया 羅刹の一隊も配置した सामरिक महत्त्व के ठिकानों पर तैनात करना 軍事拠点に配置する वहाँ पर तैनात सिपाही 同地に配属された兵士

तैनात[2] [名] 任命；配置；配属

तैनाती [名*] 《A. تعيناتی》(1) 任命；配置；配属 (2) 任務= नियुक्ति; मुक़र्ररी.

तैनें [代] = तूने (कौरवी などの方言に用いられる)

तैने [代] = तूने. तैने क्या किया? お前は何をしたんだい

तैमूर〔人名・イ史〕ティームール／タイムール（1336–1405 ティムール帝国の創始者）= अमीर तैमूर.

तैया [名] 捺染用の色粉を入れておくかめ

तैयार [形] 《A. تيار》(1) 心構えのできた；覚悟している；同意している；積極的な；意欲的な (-के लिए) **तैयार रहना** （ーに）構える；心がける **तैयार हो॰** （ーの）心構えができている；(ーに)同意する；(ーする) 気になる वह चलने को तैयार हो गए 出かける気になった（出かけるのに同意した） (2) 用意されている；準備のできている；整っている नाश्ता तैयार है 朝食（の用意）ができています संविधान का प्रारूप तैयार करने के काम के साथ 憲法草案を準備する作業と共に (3) できあがった；完成した；終結した घर तैयार हो गया 家が完成した（落成した） **तैयार क॰** こしらえる；作る；製造する यह एक दरख़्त की छाल से तैयार की जाती है これはある木の皮で作られる (4) 熟した；熟れた；実った **तैयार माल** 完成品 **तैयार हो॰** 熟す；熟れる；実る；とれる；出来上がる आज कल हमारी क्यारियाँ हरी भरी हैं तैयार होने पर हम अपने हाथ की गाजर मूली साग और तरकारियाँ खाएँगे 菜園は今青々としています；(作物が) とれたら自分の手で育てたニンジンや大根，野菜を食べましょう (5) がっしりした；頑丈な；頑健な (6) 上達した；熟達した；達者な

तैयारशुदा [形] 《A.P. تيار شده》既成の；出来上がった；既製の

तैयारा [名] 《A. طياره》飛行機= वायुयान; विमान; हवाई जहाज़.

तैयाराशिकन [名] 《A.P. طياره شكن》高射砲；対空砲

तैयारी [名*] 《A. تياری》(1) 心構え；覚悟；同意；積極性 (2) 用意；準備；整備 वह युद्ध की तैयारियों में जुट गया 戦争の準備に取りかかった तैयारियाँ करनी शुरू कर दी हैं 準備を開始した (3) 完成；終結 (4) 成熟；熟達 (5) 頑健さ

तैरना [自] (1) （水などの液体に）浮かぶ；浮く पानी में न जाने कितनी लाशें तैर रही थीं 水には数知れぬ遺体が浮かんでいた (2) (人や動物，魚が) 泳ぐ पानी में तैरती मछलियों की तरह 水中を泳いでいる魚たちのように (3) (空中に) 浮く；浮かぶ；漂う बादल आसमान में तैर रहे थे 雲が空に浮かんでいた (4) (匂いや香りが) 漂う；感じや雰囲気がする（ある；流れる） प्राय: रोगी के चेहरे पर अपनी बीमारी का अहसास तैरता रहता है たいがい病人の顔には病気の感じが漂うものだ मिठाइयों, रसगुल्लों, गेंदा के फूलों और अगरबत्तियों की मिली-जुली अजीब सुगंध हवा में तैर रही थी 菓子やキンセンカ，線香の入り交じった不思議な芳香があたりに漂っていた उनकी आँखों में एक भूखी-सी चमक तैर गई थी あの方の目には何かを追い求めているような輝きが漂っていた (5) (思い) 浮かぶ；(心に) 浮かぶ；思い出される यात्रा के दौरान मन में वही सब बातें तैर रही थीं 旅の間中彼について何度もそして様々に述べられたことがすべて胸に浮かんでいた और एकाएक ही पिछला सब-कुछ मेरी आँखों के आगे तैरने लगता है また急に過ぎ去ったすべてのことが目の前に浮かび始める

तैराक [形・名] 泳ぎの上手な（人）；水泳の達者な（人）

तैराकी [名*] (1) 水泳 (2) 水泳競技 **तैराकी की पोशाक** 水着 तैराकी की पोशाक का नया फ़ैशन 水着のニューファッション **तैराकी प्रतियोगिता** 水泳競技（会）

तैराना [他] (1) 浮かべる नाव को पानी में तैराना 船を水に浮かべる ले पतवार बैठ नौका पर इधर-उधर तैराऊँगा 櫂を持って船に乗りあちらこちらへ連れて行こう (2) 泳がせる (3) （刃物を）ぶち込む；突き刺す

तैलंग〔地名〕タイランガ（今日の南インドのアーンドラ・プラデーシュに相当する地域の古名）

तैलंगी[1] [形] タイランガ地方の

तैलंगी[2] [名] タイランガの住人

तैलंगी[3] [名*]〔言〕テルグー語

तैल[1] [名] (1) ゴマ油 (तिल का तेल) (2) カラシナ，ナタネなど種々の植物から採れる油

तैल[2] [形] ← तेल (तिल का तेल). (1) ゴマ油の (2) 油の

तैलकार [名] 油しぼりや油精製，油の販売をする人；そのような仕事を生業としてきたカーストの人；テーリー (तेली)

तैलकिट्ट [名] 油粕= खली.

तैल चित्र [名] 油絵；油彩画

तैलचित्र कला [名*]〔芸〕油彩；油彩画法〈oil painting〉

तैलचौरिका [名*]〔昆〕ゴキブリ；油虫 = तेलचट्टा.

तैल यंत्र [名] 搾油機= कोल्हू.

तैल रंग [名] 油絵の具

तैलस्फटिक [名] (1) りゅうぜんこう（竜涎香）= अंबर. (2) 琥珀 = कहरुवा.

तैलाक्त [形] (1) 油のついた (2) 油まみれの

तैली [名] = तेली.

तैलीय [形] 油気の多い；脂気の多い；油性の तैलीय बाल 脂性の髪

तैश [名] 《A. طيش》激しい怒り；激した感情 **तैश खाना** かっとなる **तैश दिखाना** 怒らせる；かっとさせる **तैश में आ॰** かっとなる；かっとなって見境をなくす **तैश में आकर कहना** かっとなって言う

तैष [名] インドの太陰太陽暦の 10 月= पौष; पूस.

तैसा [形[+]] そのような；左様な= वैसा.

तैसे [副] そのように；左様に= वैसे.

तोंडी [名*] へそ；臍；ほぞ

तोंद [名*] 太鼓腹；布袋腹 **तोंद निकलना** (**निकल आ॰**) 太鼓腹になる；太って腹が突き出る **तोंद पिचकना** *a.* やせる；細くなる *b.* 鼻を折られる；慢心を砕かれる

तोंदल [形] 太鼓腹の；布袋腹の；腹の突き出た दूल्हा अधेड़ था, तोंदल और भोंडा था 花婿は中年で太鼓腹をしており醜かった

तोंदियल [形] = तोंदल. 太鼓腹の तोंदियल मोटा 太鼓腹のでぶ

तोंदी [名*] へそ；臍；ほぞ= नाभि; ढोंढी.

तोंदीला [形[+]] = तोंदल.

तोंदूमल [形] = तोंदल.

तोंबा [名] = तूँबा.

तोंबी [名*] = तूँबी.

तो[1] [接] (1) と（ある動作・状態の成立を認める） जब सपने में गाय प्रकट हुई तो किसान को और भी अच्छा लगा 夢の中に雌牛が現れると農夫はさらに嬉しくなった जब शत्रु की सेना ने रोम के केवल तीन सैनिकों को पुल का रास्ता रोका देखा, तो उसे आश्चर्य हुआ 敵軍はローマのわずか 3 人の兵士が橋を塞いでいるのを見ると驚いた मैंने उनकी ओर मुसकराकर देखा तो मेरे पास आकर झेंपते हुए बोले 私が微笑みながら見るとその人は近づいてきてはにかみながら言った (2) たら；(…し) たら；(…した) ならば（ある動作・状態の仮定や想定を表す） जब प्रस्ताव वापस लिया जा सकता है, तो समर्थन भी वापस लिया जा सकता है 決議が撤回できるのなら賛成も撤回できるのです जूते भीग जाते हैं तो 靴が濡れたら यदि आज समय पर वह न आता तो उसे कितना अपमानित होना पड़ता もし今日彼が時間通りに来なかったらどれほど恥をかく羽目になっていたろう सचमुच अगर वे लोग सहारा न देते तो पता नहीं क्या होता 実際あの方たちが支えて下さらなかったら一体どうなっていたことやら यदि यह सच है तो पुजारी बीमार क्यों पड़ते もしもこれが本当ならば坊さんが病気になるはずがない कभी कभार कोई आ गया तो आ गया たまにだれかが来れば来たということさ (3) それでは；じゃ；それなら；なら；しからば= तो आइए; तो फिर. तो फिर क्या सलाह है? それではどうしたらよろしいですかね तो वही होगा じゃその人に違いない नहीं चुप होगा तो? (子供に向かって) 黙らないとひどいからね तो चिंता ही क्या है? それじゃ心配は何もないじゃないか तो क्या यह कहना अनुचित होगा しからばかく申すは不当なるや (4) で；それで；そして तो बादशाह ने तुमसे कुछ कहा? それで殿は何ぞ申されたか (...)**तो क्या**, (...)**भी**; (...) **तो दूर**, (...)**भी** (…) どころか (…さえ) (**चाहे**)...**तो भी** (…する)

としても；(…するに) しても；(たとえ) … (する) とも；… (であろう) とも नौकरी से हाथ धोना भी पड़े तो भी मैं ऐसा काम करने को तैयार नहीं たとえ勤めを失うことになろうとも私はそのようなことをするつもりはありません

तो[2] [副助] (1) (一) は，(一) ならなど強調的に取り立てた表現をしたり対比や対照的な提示，限定的な意味を付加する यह तो हमारा घर है これはな僕の家だぞ अरे, यह तो चने हैं なんだ，これはヒヨコマメじゃないか वह तो मैं जानती हूँ それなら私は知っているよ बच्चे तो बच्चे होते हैं 子供はやはり子供なんだ कम-से-कम आप तो मत जाइए せめてあなただけは行かないで下さい उसकी मदद तो ईश्वर करता ही है その人の援助なら神様はきっとなさいます पिछली गरमी की छुट्टियों में तुम वहाँ का बाँध तो देख आई हो 君はこの前の夏休みにはあそこのダムは見てきているね ये तो बहुत ज़्यादा हैं これは多すぎますよ हाँ, यह तो है, लेकिन... うん，それはそうだが वह तो कल भी हो सकता है それなら明日でも可能なことだ यह तो कुदरत की मेहरबानी है जो उसे निस्वार्थ सहयोग देनेवाला मिला 無私の気持ちで協力する人が見つかったのは天の恵みである हमेशा तो मैं कार से लखनऊ जाता हूँ 私はいつもは自動車でラクナウに行く क़ानून महज़ कवच है जो आपका बचाव तो कर सकता है, किंतु वह आपकी ज़िंदगी नहीं है 法律というものは単なる鎧であって人を守ることはできるがそれが人生なのではない राजा ने इस कवि को पहले तो धमकाया कि वह अपनी कविता सुना दे 王は最初は詩を聞かせろとこの詩人を脅した मैं कोई बाहर की तो हूँ नहीं कि वह परेशान होती रहे 私は彼女がずっと心配しなければならないような外部の人間じゃありませんよ अब तो छापने की मशीनें बिजली से चलने लगी हैं 今では印刷機は電気で動くようになっている आम का पेड़ तो क्या, कोई दूसरा पेड़ भी तो नज़र नहीं आता マンゴーの木はおろか他の何かの木さえ見受けられない (2) せめて；くらい／ぐらい (程度を示す) अच्छा, चाय तो पियोगे? そうか分かった；お茶ぐらい飲むだろうね मेरी बात तो सुनो 私の言い分は聞きなさいよ कभी-कभी एकाध पत्र तो भेज दिया करो たまにはせめて一通の手紙ぐらいは寄越すようにしなさい (3) 動詞に接続して用いられて次のような譲歩的な条件を提示するのに用いられる．ともかく (一) する；試みに (一) する；取りあえず (一) してみる ज़रा देख तो लीजिए まあともかくごらんになって下さい (-से) **तो** (一) よりは ऐसी ज़िंदगी जीने से तो こんな人生を生きるよりは **तो सही** 命令文の文末に用いられて，話者の気持ちや考えが相手にわかってもらえないいらだたしさを込めながら相手を納得させようとする気持ちを表現する言葉 क्या बात है, आशा? हमें भी कुछ बताओ तो सही どうしたのアーシャー，私にも少し話してごらんってば वह कविता पढ़ो तो सही ともかくあの詩をまず読んでごらんよ

तो[3] [代] 《Br.》二人称単数斜格形

तोई [名*] 衣服の縁；ヘム= गोट.

तोए [名] 《طوے》ウルドゥー文字第 22 字字母ط の名称.

तोक्म [名] (1) 芽 = अंकुर. (2) 大麦の芽= जौ का नया अंकुर. (3) 大麦の未熟の実= हरा और कच्चा जौ.

तोक्यो 〔地名〕東京= टोक्यो.

तोटक [名] 〔韻〕トータカ (各パーダが 4 सगण の 12 音節から成る音節韻律)

तोटका [名] = टोटका.

तोड़ [名*] ←तोड़ना. (1) 破壊；破砕 (2) 衝突；打撃 (3) 破棄 (4) 違反 (5) 対策；対抗策；対抗方法 (6) 〔ス〕返し技

तोड़क [形] 破壊する；打破する；砕く；打ち砕く

तोड़-जोड़ [名*] (1) 壊すことと つなぐこと；断ち切ることとつなぎ合わせること (2) 手練手管；細工；術策= चाल; युक्ति.

तोड़ना [他] (1) (まとまった形のあるものを) つぶす (潰す)；砕く गुलाब जामुन तोड़ने लगी, तो रोकते हुए बोला, "नहीं-नहीं , तोड़कर नहीं, पूरा का पूरा उठाकर खा जाओ." グラーブジャームンを砕きにかかったのを止めながら，「いやいや丸ごと食べなさいよ」と言った मिट्टी के ढेलों को तोड़कर ख़ूब भुरभुरा बना देना 土くれを砕いてよくほぐすこと (2) 壊す；破壊する；破る उसने मंदिरों को तोड़ा 寺院を破壊した मंदिर की मूर्ति तोड़ना 社の神像を壊す इस व्यवस्था को तोड़ने वालों के लिए この秩序を破壊する人たちに जेल तोड़कर भागने की कोशिश 牢を破って逃げようとすること (脱獄の試み) (3) 摘む；摘み取る उस बकरी के लिए थोड़ी पत्ती तोड़ रहा था その山羊のために少し葉っぱを摘んでいるところだった फूल तोड़ना 花を摘む लाओ, मैं तुम्हारे सफ़ेद बाल तोड़ दूँ さあ，あんたの白髪を抜いてあげよう (4) ちぎる；引きちぎる；もぎ取る；むしり取る बच्चे आसपास से ईंट-पत्थर उठाकर अंधाधुंध आम तोड़ने लगे 子供たちはそのあたりで石や煉瓦片を拾ってめちゃくちゃにマンゴーの実をちぎり始めた वे लोग जामुन तोड़ने आते थे その人たちはいつもフトモモをちぎりにやってきていた (5) 折る；折り曲げて切り離す；かがめる वे लोग आश्रम के लिए लकड़ी तोड़ने अमराई में आए थे 薪を取りにマンゴー園にやって来た सीधे खड़े होकर उन्होंने दाहिने तथा बायें झुककर अपने बदन को अजीब ढंग से तोड़ा サードゥは真っ直ぐに立ち左右にかがんで変わったふうに体を折り曲げた (6) (規則，決まり，原則，法律，伝統，記録などを) 破る；打ち破る；(それらに) 反する；違反する नियमों को तोड़ना 規則を破る वह रूढ़ियों को तोड़ने के उद्देश्य से सिगरेट पीती है あの女は因習を打破するためにタバコを吸う अल्पना ने चुप्पी तोड़ी アルプナーは沈黙を破った वह वफ़ादारी की सारी कसमों को तोड़कर भाग निकला 忠誠の一切の誓いを破って逃げ出した दोनों चाहे रोग से मर जाते, पर अपने सिद्धांत को न तोड़ते 両者はたとえ病死しようとも原則を破らない उसने अपने ही कहे को तोड़ा 自分の言った約束を破った उसने ऊँची कूद में विश्वरिकार्ड तोड़ दिया 高跳びで世界記録を破った (7) 挫く；打ち砕く हमारी हिम्मत और उत्साह को मत तोड़िये 私たちの勇気と意気込みを挫かないで下さい किसने उसका ग़रूर तोड़ा? だれがあの男の慢心を打ち砕いたのか इतने प्यार से कोई कुछ दे तो दिल नहीं तोड़ना चाहिए 人がこんなに親切心から下さる時には相手をがっかりさせてはいけないよ (8) 断つ；絶つ；切る मुसलिम लीग ने माकपा से नाता तोड़ा ムスリムリーグはマルクス主義派との関係を断った घायलों में से दोने अस्पताल में जाकर दम तोड़ दिया 負傷者のうち 2 名は病院に運ばれた後息が絶えた (9) 切る；区切る वह वाक्यों को तोड़-तोड़कर समझाते हुए बोल रहे थे 言葉を少しずつ区切って説明しながら話していた (10) 終結する；終了する；終える अनशन तोड़ना 断食を終える उसने अनिश्चितकालीन अनशन तोड़ दिया 無期限断食を終了した स्वामी 25 दिसंबर को मौनव्रत तोड़ेंगे 師は 12 月 25 日に無言の行を終える予定 (11) 懐柔する；引き込む；引き入れる；引き離す वह भी एक-दो हिंदू मेंबरों को तोड़ देगा 彼も 1〜2 人のヒンドゥーのメンバーを懐柔するだろう (12) 値切る (13) 小銭に換えてもらう；壊してもらう；砕いてもらう **तोड़ना-मरोड़ना** ねじ曲げる；歪める साम्प्रदायिकता का बीज बोनेवाले सभी प्रमुख नेता इतिहास की घटनाओं को तोड़-मरोड़कर जनता के सम्मुख प्रस्तुत करते हैं और उन्हें बरगलाते हैं コミュナリズムの種を蒔くすべての代表的な指導者たちは歴史上の事件をねじ曲げて民衆の前に示し民衆を煽りたてるのだ

तोड़फोड़ [名*] (1) 壊すこと；壊したりつぶしたりすること जब बच्चा कोई तोड़फोड़ करता है 子供が物を壊したりつぶしたりする時 सिपाही घर में आकर तोड़फोड़ करते हैं 兵士が家屋に入り込んで物を壊す (2) 破壊活動；破壊行為 तोड़फोड़ की कार्रवाइयाँ 破壊活動 (3) サボタージュ；怠業 ⟨sabotage⟩

तोड़मरोड़ [名*] (1) ねじ曲げること (2) 歪曲 इतिहासकारों ने जानबूझकर ऐतिहासिक घटनाओं को तोड़-मरोड़ कर प्रस्तुत किया 歴史家たちはわざと歴史的な事件を歪曲して提示した

तोड़वाना [他・使] ←तोड़ना. = तुड़वाना. उन्होंने ही तो ताला नहीं तोड़वाया था? 錠前を破らせたのはあの人ではないか

तोड़ा[1] [名] (1) 折れたり切れたりすること (2) 折れたり切れたりした物 (3) 損害；赤字；欠損 (4) 不足 (5) 財布；(大金の入る) 銭入れ दूकान में सदैव रुपयों का तोड़ा था 店にはいつも現金袋があった (6) 金銀の首飾り **तोड़ा उलटना** 大金を与える **तोड़ा ऐंठना** 大金を取り上げる **तोड़ा गिराना** = तोड़ा उलटना. 大金を費やす **तोड़ा दे°** 大金を与える (-का) **तोड़ा पड़ना** (ーが) 不足する；足らない；不十分な **तोड़ा लगाना** 自慢する **तोड़े उलटना** 大金を持つ **तोड़े के तोड़े उठ जा°** 大金を費やす；金がかかる **तोड़ों का मुँह खोल दे°** 気前良く金を使う

तोड़ा[2] [名] (1) 火縄銃の火縄 (2) 火縄銃の発火装置 **तोड़ेदार बंदूक़** 火縄銃

तोड़ी राग [名] 〔イ音〕トーリー・ラーガ मैंने सितार पर देश राग और तोड़ी राग का अलाप सुना シタールでデーシュ・ラーガとトーリー・ラーガのアラープを聞いた

त

तोतला [形⁺] (1) 舌の回らない (2) 口ごもる；もごもご言う (3) 甘えた口振りの तोतली बोली में 回らぬ舌で सुमित ने अपनी तोतली आवाज़ में पूछा スミットは（子供の）甘えた口調でたずねた

तोतलाना [自] ＝ तुतलाना.

तोता[1] [名] 《← P. طوطی तूती? 》(1)〔鳥〕オウム（オウム科の鳥の総称）(2)〔鳥〕オウム科セネガルホンセイ【*Psittacula krameri*】 **मदन गोर तोता** 〔鳥〕オウム科チュウコセイ【*Psittacula columboides*】 **तोता पढ़ाना** *a.* 教える *b.* ずるいことを教える；悪知恵を授ける **तोता पाल रखना** 悪い癖を改めようとしない **तोता रटाना** ＝ तोता पढ़ाना. **तोते की तरह आँखें फेरना** とても冷淡な；ひどくつれない；大変恩知らずな **तोते की तरह पढ़ना** 棒暗記する＝ तोते की तरह रटना. **हाथों के तोते उड़ जा॰** 茫然となる

तोता[2] [名] 銃の撃鉄；撃ち金

तोताचश्म [形] 《← तोता + P. چشم 》恩知らずな；冷淡な；信義のない；不誠実な；頼みにならない

तोताचश्मी [名*] ← तोता चश्म. 忘恩；冷淡さ；信義のなさ；不誠実 तोताचश्मी क॰ 冷たい仕打ちをする；恩義に反することをする

तोतापंखी [形] 黄色みを帯びた

तोतापरी [名*]〔植〕トーターパリー（マンゴーの一品種）

तोतारटंत वाला [形⁺] 理解せずに暗記する；機械的な暗記の；丸暗記の；棒暗記式の तोता रटंतवाला ज्ञान 棒暗記式の知識

तोती [名*] 《P. توتی / طوطی तूती》(1) オウム（→ तोता）科の鳥の総称とその雌 (2) 妾 ＝ रखेली.

तोतेबाज़ [形・名] 《H.तोता + P.باز 》インコの飼育を趣味や職業とする（人）

तो-तो [名] 人を嘲ったり軽蔑して呼ぶ声

तोद [名] 痛み；苦痛

तोदन [名] (1) 痛み；苦痛 (2) 鞭などの動物を逐うための道具

तोदरी [名*] 《P. تودری 》〔植〕アオイ科ゼニアオイ属ジャコウアオイ【*Malva moschata*】

तोप [名*] 《T. توپ 》大砲 **तोप का मुँह बंद क॰** 大砲の砲口を塞いで使用不能にする **तोप कीलना** ＝ तोप का मुँह बंद क॰. **तोप की सलामी उतरवाना** (**उतारना**) 礼砲が撃たれる（礼砲を撃つ） **तोप के मुँह पर रखकर उड़ाना** 厳しく処罰する **तोप दम क॰** 砲口に詰めて発射する **तोप दाग़ना** 大砲を発射する

तोबड़ा [名] 飼い葉袋（馬の首から下げる馬草入れの袋） **तोबड़ा चढ़ाना** *a.* 馬草入れの袋を馬の首に下げてやる *b.* 口を塞ぐ；しゃべらせないようにする *c.* 刑務所での刑罰の一（頭から飼い葉袋をかぶせて口を塞ぐ）

तोबरा [名] ＝ तोबड़ा.

तोबा[1] [名*] 《A. توبہ तौबा》(1) 二度と過ちを犯さぬ誓い (2) 後悔；悔やむこと；悔いること；残念がること तोबा क॰ 悔いる；悔やむ अब तक जो कुछ तुमने किया, उसपर तुमको तोबा करनी चाहिए.तुमको शर्म आनी चाहिए これまで自分のしてきたことを悔いなくてはならない．恥ずかしく思わなくてはならぬ **तोबा करके कहना** 心底から言う；心から言う **तोबा तिल्ला क॰** (**तोबा मचाना**) 泣き喚いたり哀願したりしながら悔いる **तोबा तोड़ना** 誓いを破ってまた同じ過ちを犯す (-से) **तोबा बुलवाना** （－を）ひどい目に遭わせる；さんざんな目に遭わせる；こりごりさせる **तोबा बोलना** 手を上げる；負けを認める；降参する；お手上げ；こりごりする **तोबा से कहना** 謙虚に言う

तोबा[2] [感] 真っ平御免だ；もうこりごりだ तोबा, न बैठने वाला ही ख़तरे से ख़ाली, और न रास्ता चलने वाला ही! やあもう真っ平だ．腰を下ろしている人だけが安全な訳でも道行く人だけが安全な訳でもないんだ हत्तेरे की आज़ादी क्या आई है दाने दाने को तरसा दिये, तोबा तोबा इस आज़ादी ने तो हम लोगों को भूखे ही मरवा दिया もうこりごりだ．独立達成のおかげで飯の一粒にさえ飢えるありさまじゃ．おれたちは飢え死にだぜ

तो भी [接] それでも；にもかかわらず

तोमड़ी [名*] (1) トームリー（蛇使いなどが用いるヒョウタンやユウガオ製の笛） (2) トームリー（鉢から火花を吹き出す花火）＝ फुलझड़ी.

तोमर [名] (1) 鉄棒（古代武器の一） (2) 槍 (3) ラージプートの一氏族名＝ तोमर राजवंश. (4)〔韻〕トーマル（各パーダが 12 マートラーから成り गुरु ＋ लघु で終わるモーラ韻律） (5) トーマル（各パーダが सगण ＋ जगण ＋ जगण の 9 音節から成る音節韻律）

तोय [名] 水＝ पानी; जल.

तोयकर्म [名]〔ヒ〕祖霊に水を供える儀礼

तोयकुंभ [名] 水藻＝ सेवार.

तोयकृच्छ्र [名]〔ヒ〕ひと月にわたって水以外の一切の食べ物を断つ断食行

तोयद [名] 雲＝ बादल; मेघ.

तोयधर [形・名] 水（分）を帯びる；雲

तोयनिधि [名] 海＝ समुद्र; सागर.

तोयराज [名] (1) 海＝ समुद्र. (2)〔ヒ〕ヴァルナ神；水神

तोयराशि [名] 海＝ समुद्र.

तोर [名]〔植〕マメ科キマメ＝ अरहर.

तोरई [名*]〔植〕ウリ科トカドヘチマ＝ तुरई.

तोरकी [名*]〔植〕マメ科草本【*Indigofera linifolia*】

तोरण [名] (1) アーチ門；装飾されたアーチ門 तोरण पर नगाड़े की चोट से शास्त्रार्थ के लिए फिर चुनौती दी गई アーチ門において触れ太鼓を打って論戦のためもう一度挑戦が宣言された (2) 門柱や壁の上部にマンゴーの葉などを糸で通して飾られる物 (3) アーチ門の装飾 (4) 花綱；木の葉や花をひもに通したもの आम के पत्तों का तोरण マンゴーの葉を連ねたしめなわ＝ बंदनवार. मंडप में तोरण बाँधना है パビリオンに花綱を結びつける **तोरण की रस्म** 〔ヒ〕結婚式の儀礼の一つで，新郎が挙式に先立ち新婦の家の門口で門口に掲げられた鳥の模型に杖などで触れたり矢を射たりする

तोरणद्वार [名] アーチ門 उनके लिए आयोजित रैली के लिए 500 तोरणद्वारों, सैकड़ों बैनरों और हज़ारों पोस्टरों से मीलों लंबा पथ सजाया गया 彼らのために催されたラリーには 500 のアーチ門，数百の垂れ幕，幾千のポスターで幾マイルもの長い道が飾られた

तोरणपथ [名] アーケード

तोरमाण 〔人名・イ史〕西北インドに侵入・支配したフン族の王トーラマーナ（5 世紀末）

तोरा [名] 贈り物用にご馳走を入れて供される大きな盆や大皿

तोराबंदी [名*] 《H.+ P. بندی 》結婚式などの祝い事に際して裕福な家庭が祝のしるしとして様々な料理を大皿に盛って贈り物とした習わし

तोरिया [名*] (1)〔植〕アブラナ科ナタネ；アブラナ【*Brassica campestris var. toria*】＝ तोरी. (2) セイヨウアブラナ【*B. var. napus; B. napus*】

तोरी [名*] (1)〔植〕ウリ科トカドヘチマとその実 (2)〔植〕アブラナ科ナタネ；アブラナ【*Brassica campestris var. toria*】＝ तोरिया. (3)〔植〕アブラナ科セイヨウアブラナ

तोल [名] (1) 計量 (2) 重量 (3) 重量単位の一．トーラー（तोला） **तोल में ओछा ठहरना** （調べてみると）大したことのないもの；つまらないもの

तोलक [名] (1) 重量単位の一→ तोला (2) 計量の仕事に従事する人

तोलन[1] [名] (1) 計量 (2) 持ち上げること

तोलन[2] [名*] 柱；支柱

तोलना [他] ＝ तौलना. जल्दी से मेहरबानी करके सबसे बढ़िया एक सेर चूना तोल दो 急いで一番上等の石灰を 1 セール分計っておくれ **एक ही तराज़ू पर तोलना** 別種のものを同じ物差しで測る बेटी और बहू को एक ही तराज़ू पर तोलना चाहते हो? बेटी बेटी है और बहू बहू! 娘と嫁を同じ秤で計るつもりかい．娘は娘，嫁は嫁だよ

तोलवाना [他・使] ← तौलना.

तोला [名] (1) 重量単位の一．トーラー（新 1 セールを 1kg とすれば 12.5g，旧単位の सेर を 933.1g とすれば 11.66g．1 セールの 80 分の 1 の重量） सवा सेर ताज़ा मक्खन, आधा सेर बादाम, आधा सेर पिश्ते, आधा तोले केसर, सेर भर सूजी और सेर भर शक्कर 1.25 セールの新鮮なバター，半セールのアーモンド，半セールのピスタ，半トーラーのサフラン，1 セールのスージー，それに 1 セールの砂糖 (2) 同上の重量の分銅 **तोला-माशा-पाव-रत्ती** 完全に；全く

तोशक [名] 《P. توشک 》布団；寝具；敷き布団

तोशकख़ाना [名] 《P. توشک خانہ 》(1) 王侯の衣裳や装身具の保管庫 (2) 食糧貯蔵庫

तोशदान [名] 《P. توش دان तोशदान توشہ دان तोशादान》(1) 弾薬入れ；弾帯 (2) 弁当入れ；弁当箱；旅の携行食入れ；ずだ袋

तोशमाल [名] 《P. توشمال》料理人；調理人= बावरची; रसोइया; ख़ानसामाँ.
तोशा[1] [名] 《P. توشه》(1) 旅行者の携帯する飲食物 (2) 飲食物
तोशा[2] [名]〔装身〕女性の貴金属製の上腕飾りの一
तोशाख़ाना [名] 《P. توشه خانه》倉庫；倉；衣装庫→ तोशखाना.
तोष [名] (1) 満足= संतोष; तृप्ति. (2) 安らぎ；慰め (3) 嬉しさ；喜び= आनंद.
तोषक [形] (1) 満足させる (2) 安らぎを与える (3) 喜びを与える
तोषण [名] (1) 満足させること (2) 安らぎを与えること (3) 喜びを与えること
तोहफ़ा [名] 《A. تحفه तोहफ़ा》贈り物；進物；プレゼント एक तोहफ़ा, वह भी चंद पैसों का 贈り物です. それもとても安価なものなのです
तोहमत [名*] 《A. تهمت तुहमत》(1) 誹謗；中傷；濡れ衣 मैं व्यर्थ की तोहमत नहीं लूँगा とんでもない, 濡れ衣は着ないぞ (2) 嫌疑
तोहमती [形] 《A. تهمتی》誹謗する；中傷する
तौंसना[1] [自] (1) 強く日焼けする；強い日差しに苦しむ (2) 日射病になる (3) のどが渇く
तौंसना[2] [他] (1) 熱して苦しめる (2) 焦がす
तौंसा [名] 高熱；高温
तौ [接] = तो[1].
तौक़ [名] 《A. طوق》(1)〔装身〕首飾り（金などの輪状の飾り）(2) 刑罰用や身体の自由を奪うための首かせ
तौक़ीर [名*] 《A. توقیر》(1) 尊敬；敬意= सम्मान; इज़्ज़त. (2) 名誉；尊厳= प्रतिष्ठा; इज़्ज़त.
तौज़ी [名] 《A. توزیع》(1) ザミーンダールの貸し付け台帳 (2) 小作人に貸し付けられた結婚費用 (3) 貸し付けられた金
तौज़ीह [名*] 《A. توضیح》(1) 明らかにすること；明確化；説明 (2) 詳細；委細
तौनी [名*] ローティーを炙るのに用いる小さな浅い鉄鍋= तई; तवी. → तवा.
तौफ़ीक़ [名*] 《A. توفیق》(1) 神の恵み；神の恩寵= दैवानुग्रह. (2) 力；力量= शक्ति; सामर्थ्य. अपनी तौफ़ीक़ पहचानो 自分の力を考えなさい (3) 神の加護により望みのものが得られるようになること
तौफ़ीर [名*] 《A. توفیر》多いこと；豊富なこと
तौबा [名*] 《A. توبه》= तोबा. 人倫に反することや悪事などを二度とせぬという堅い誓いや深い反省；後悔 अब मैंने शरारत से बिलकुल तौबा कर ली है もう決していたずらは致しません
तौबा-तौबा [感] 《A. توبه توبه》とんでもない；真っ平だ（正義, 道義, 倫理, 信仰などに反することを行ったり見聞したりした際に発せられる言葉） अल्लाह मियाँ ने ऐसी गंदी चीज़ क्यों पैदा की है? तौबा तौबा! ऐसा न कहना चाहिए こんな汚らしい物を神様がお作りになられたとはなんたることか. いやいや, そんなふうに言ってはならん सूअर का गोश्त! तौबा-तौबा! 豚肉だ. とんでもない **तौबा-तौबा करके** どうにかこうにか；ようやくのことで；やっとのことで तौबा-तौबा करके रात कटी やっとのことで夜が明けた
तौ भी [接] = तो भी.
तौर[1] [名] 《A. طور》(1) 方法；仕方 (2) 様式；種類 (3) 行動；振る舞い；品行 **आम तौर पर** 一般に；一般的に；普通；通常 आम तौर पर पार्टी कॉकटेल ही होती है 普通, パーティーはカクテル方式で行われる **आम तौर से** = आम तौर पर. **-के तौर पर** ーとして ईंधन के तौर पर 燃料として नज़राने के तौर पर 贈り物として = तुहफ़े के तौर पर. **तौर बे-तौर हो॰** *a.* 品行が良くない *b.* 容態が悪い
तौर[2] [名] 牛乳, ヨーグルトなどの撹拌に用いられる撹拌棒を回転させるのに用られるひも
तौर-तरीक़ा [名] 《A. طور طریقه》(1) 作法；行儀；立ち居振る舞い खानपान के तौर-तरीके 食事の作法 किसी शख़्स के चालचलन, आदतों और तौर-तरीक़ों के मुतअल्लिक़ 人の品行, 習癖, 立ち居振る舞いについて (2) 品行；行い；行動 (3) 様式；方法；やり方 दीवाली पूरे देश में हर जगह स्थानीय तौर-तरीक़ों से मनाई जाती है ディーワーリーの祭りは全国でそれぞれの地方独自の方法で祝われる अपने तौर-तरीके दूसरों पर लादना 自分の方法を他人に押しつける यह मत भूलें कि आप के व्यवहार, तौर-तरीक़ों को आपके पति के मित्र, संबंधी सभी देख रहे हैं あなたの行いや行動をご主人の友人たちや親類の人たち全員が見ていると言うことをお忘れなく पाँच दिवसीय कार्यसप्ताह करने का उद्देश्य सामाजिक तौर-तरीक़ों में बदलाव लाना है 週休 2 日制にする目的は社会の生活様式に変化をもたらすことです
तौरात [名] 《A. تورات》旧約聖書；モーゼの五書（ユダヤ教）
तौरेत [名] = तौरात; तौरैत.
तौल[1] [名] (1) 秤；計量器具= तराज़ू. (2)〔天・占星〕天秤座；天秤宮= तुलाराशि.
तौल[2] [名*] (1) 物体の重さを計ること；計量 (2) 重量；重さ (3) 秤量の単位 (4) 基準 (5) 推量
तौलना [他] (1) 重さを秤や手などで計量する；計る；量る हींग तौलना アギを計量する घर पर तौलता हूँ तो आध पाव गायब 家で計ってみると 200g は足らない (2) 確かめる；確認する；見定める；狙い定める；判断する；推量する उसके पूर्व ख़ुद को परखें, हम अपने आप को तौलें और मज़बूत बनाएँ 自分自身を確認すること, それに先立ち自分自身を調べてみること देर तक खड़ी अपनी स्थिति को तौलती रही 長い間立って自分の立場を見定めていた (3) 評価する；判定する；評定する；評する उन्होंने उसी समय निराला जी को कई बार तौलकर कहा था その際, 氏はニラーラー氏を幾度も評して言われた (4) 整える；揃える；調整する；調節する गोया परिंदा उड़ने के लिए पर तौल रहा है まるで鳥が飛び立とうとして羽を整えているかのように **तौल तौलकर** 極めて慎重に；狙い定めて
तौलवाना [他・使] ← तौलना.
तौला [名] (1) 牛乳を計量する焼き物の容器 (2) 穀物の計量をする人
तौलाई [名*] (1) 量ること；計量 (2) 量り賃；計量の労賃
तौलाना [他・使] = तौलवाना.
तौलिया [名⁻] 《E. towel》タオル
तौली [名*] (1) 焼き物のわん (2) 焼き物の壷
तौहीद [名*] 《A. توحید》〔イス〕神の唯一性（を告白すること, 信じること）；タウヒード तौहीद इस्लाम का बुनियादी रुक्न है タウヒードはイスラム教の基本である मुसलमानों में यद्यपि तौहीद की धारा जारी रही थी तथा कई प्रमुख सूफ़ी संतों ने इसका समर्थन किया... イスラム教徒の間にはタウヒードの流れが連綿として存在した. そして幾人かの主だったスーフィーたちはこれを認めたのであったが…
तौहीन [名*] 《A. توہین》侮辱；侮辱する行為= अपमान; तिरस्कार; बेइज़्ज़ती. तुमने अंग्रेज़ी सरकार की तौहीन की है 被告はイギリス政府を侮辱した उच्चतम प्रौद्योगिक संस्कृति की तौहीन करना 最高の技術文明を侮辱すること **तौहीने अदालत** 〔法〕法廷侮辱
तौहीनी [名*] 《A. توہینی ← توہین तौहीन》侮辱 **अपनी तौहीनी कराना** 侮辱を受ける；恥辱を受ける；辱めを受ける **(-की) तौहीनी क॰** (ーを) 侮辱する
त्यक्त [形] (1) 手放された (2) 放棄された (3) 見捨てられた (4) 放置された；捨てられた (5) 捧げられた
त्यक्तलज्ज [形] 恥を捨て去った；恥知らずの；無恥の= निर्लज्ज; बेहया.
त्यक्ता [形・名] (1) 手放す（人） (2) 放棄する（人） (3) 見捨てる（人） (4) 放置する（人） (5) 捧げる（人）
त्यक्तात्मा [形] 絶望した；失望した= हताश; निराश.
त्यजन [名] = त्याग.
त्यजनीय [形] 捨てるにふさわしい；捨て去るべき；捨てるに値する；放棄すべき
त्यज्यमान [形] 捨てられている；放棄されている
त्याग [名] (1) 捨てること；放棄 उनकी आत्मा ने पार्थिव शरीर का त्याग किया 氏の霊魂は現身を捨てた अपने पहले देश की नागरिकता का त्याग करना पड़ता है 元の国籍を放棄しなければならない (2) 止めること कुप्रथा का त्याग 悪習を止めること (3) 献身；身を捧げること त्याग का जीवन 献身的生活 भाई के लिए त्याग 弟のために身を捧げること (4) 冠婚葬祭に際し使用人や奉公人, 儀式の世話人などに与えられる心付けの金品（ラージャスターン地方） **त्याग दे॰** 捨てる；放棄する；捧げる उस वीर बालिका ने प्राण त्याग दिये その勇敢な少女は命を捧げた

त

त्यागना [他] (1) 捨てる；捨て去る सहते रहने की प्रवृत्ति को त्यागना चाहिए 耐え続ける癖を捨て去らなくてはならない गृह विभाग अंग्रेज़ी का मोह त्यागने में ज़रा कठिनाई महसूस कर रहा है 内務省は英語への妄執を捨て去るのをいささか困難に感じている (2) 止める；放棄する मगर धरने को हम लोग त्याग नहीं सकते けれども座り込みを止めるわけには行かぬ हमें पर्दा प्रथा को त्यागना चाहिए パルダーの風習を止めるべきだ (3) 身を捧げる

त्यागपत्र [名] (1) 辞表；辞職願= इस्तीफ़ा. (2) 辞職 **त्यागपत्र दे॰** 辞表を出す；辞職する उस समय संपूर्ण मंत्रिपरिषद् को त्यागपत्र देना पड़ता है その際内閣は辞表を提出しなくてはならない प्रधान मंत्री का त्यागपत्र 首相の辞職 (3) 離婚状

त्यागवान् [形] = त्यागी[1].

त्यागवृत्ति [名*] 献身的精神 उनके समान त्यागवृत्ति के साहित्यसेवी あの方のような献身的精神を持った文学の奉仕者たち

त्यागी[1] [形] (1) 捨てる；放棄する (2) 無欲な；執着しない (3) 献身的な युवक वास्तव में प्रभु-विश्वासी और त्यागी प्रकृति का है 実際，青年は信心深く無欲な性格の人だ

त्यागी[2] [名] ティヤーギー（カースト名の一）

त्याज्य [形] 捨てる；捨て去るべき；放棄すべき

त्यों[1] [副] そのように；左様に= उस तरह; उस प्रकार.

त्यों[2] [接] (1) ज्यों の相関形として用いられる．すなわち，ज्यों… त्यों -…すると直ちにー，すぐさまー，…するが早いかー，などの意味になる．強調形は त्यों ही となる． (2) 同じく ज्यों ज्यों… に対応する形で反復して用いられて ज्यों ज्यों… त्यों त्यों -, …するに連れー，…に応じてー，…に比例してーの意になる

त्योनार [名] (1) 方法；やり方 (2) = तेवर.

त्योरस [名] (1) 再来年；翌翌年 (2) 一昨年；おととし= त्योरुस.

त्योरी [名*] (1) 目つき；目の表情 (2)（表情に表れる）まゆ（眉）；眉毛 **त्योरियाँ बदलना** 怒る；怒りの表情になる **त्योरी (त्योरियाँ) चढ़ना** *a.* 怒る；腹を立てる *b.* 不快に感じる；いやな感じを受ける；不快な表情をする；顔をしかめる इसपर आपकी त्योरियाँ चढ़ गईं するとお怒りになりました **त्योरी चढ़ाना** 眉をひそめる；顔をしかめる；怒りの表情を表す；むっとした表情になる **त्योरी ठानना** = त्योरी चढ़ाना. **त्योरी पर (में) बल आ॰** = त्योरी पर बल पड़ना. **त्योरी पर (में) बल डालना** = त्योरी चढ़ाना. **त्योरी पर (में) बल पड़ना** = त्योरी चढ़ना. **त्योरी बदलना** = त्योरी चढ़ाना.

त्योहार [名] (1) 祭り；祭礼；節句 त्योहार वाले दिन कृषिकार्य नहीं किये जाते 祭日には農作業をしないことになっている (2) 祝典

त्योहारी [名*] 祭りの際，子供や使用人などに与えられる祝いのお金（祝儀）

त्यौं [副・接] = त्यों.

त्यौनार [名] = त्योनार.

त्यौरी [名*] = त्योरी.

त्यौहार [名] = त्योहार.

त्यौहारी [名*] = त्योहारी.

-त्र [接尾]《Skt.》(1) サンスクリット語の代名詞及び形容詞の語基について場所を示す語を作る सर्वत्र (सर्व+त्र) 至る所 (2) サンスクリット語の動詞語幹について道具や器具などを示す語を作る पात्र (पा+त्र) 器；容器

त्रपा[1] [名*] (1) 恥じらい；はにかみ= लज्जा; लाज; हया. (2) 恥= मान; लज्जा; इज़्ज़त. (3) 不貞な女性= छिनाल; पुंश्चली.

त्रपा[2] [形] 恥じた；恥じ入った；恥をかいた= लज्जित; शरमिंदा.

त्रपारंडा [名*] 遊女；女郎= वेश्या; रंडी.

त्रपित [形] (1) 恥じた；恥じ入った (2) 恥ずかしがりやの (3) 慎み深い

त्रपुल [名]〔鉱〕スズ（錫）= रांगा.

त्रय [形・数] (1) 3 つの；3 つの部分からなる (2) 第三の (3) 三つ揃った

त्रयी [名*] 3 つのものの集まり；三つ揃い；三つ組み

त्रयोदश [数]《Skt.》(1) 13 = तेरह. (2) 第 13；13 番目の= तेरहवाँ.

त्रयोदशी [名*] 太陰日の黒半及び白半の各半月の 13 日= तेरस.

त्रसन [名] (1) 恐怖；怯え (2) 不安；心配 (3) 恐ろしがらせること；怯えさせること

त्रसित [形] (1) 怯えた= डरा हुआ; भयभीत. (2) 苦しめられた；痛めつけられた= पीड़ित. हिंदू धर्म से त्रसित शूद्र तथा निर्धन व्यक्ति इसके अनुयायी बने ヒンドゥー教に苦しめられたシュードラと貧しい人たちがこの宗教の信徒になった

त्रसुर [形] (1) 怯えている；恐れている= डरा हुआ; भयभीत. (2) 臆病な；小心な= डरपोक.

त्रस्त [形] (1) 怯えた= भयभीत; डरा हुआ. हम सभी भय से इतने त्रस्त हो उठे 恐怖のためにこんなに怯えてしまった (2) 苦しめられた；痛めつけられた= पीड़ित. वे शौचालय में जाकर वहाँ की गंदगी से त्रस्त हो उठे हैं 便所に行って便所の不潔さに苦しめられている महँगाई से त्रस्त 物価の騰貴に苦しめられている

त्राटक [名]〔ヨガ〕ハタヨーガの六行法の一（一点を凝視する行法）

त्राण [名] (1) 保護= रक्षा; हिफ़ाज़त. (2) 防御；防衛= रक्षा; प्रतिरक्षा; दिफ़ा. (3) 防ぐもの；防ぐ道具= रक्षा का साधन. (4) 救助= बचाव. (5) 鎧兜= कवच.

त्राणदाता [名] 保護者；庇護者= रक्षक.

त्रात [形] (1) 保護された (2) 救助された；助けられた

त्राता [形・名] 保護する（者）；防御する（者）；援助する（者）

त्रात्स्की 〔人名〕《Trotsky》トロツキー，レフ（1879–1940, ロシアの政治家，革命家）= ट्रॉट्स्की.

त्रात्स्कीवाद [名]《← Trotsky + H. वाद》トロツキズム= ट्रॉट्स्कीवाद. 〈Trotskyism〉

त्रात्स्कीवादी [形・名]《← Trotsky + H. वादी》トロツキスト；トロツキー派の（人）〈Trotskyist〉

त्रास [名] (1) 不安；恐怖= भय; डर. (2) 苦しみ；苦痛= कष्ट; तकलीफ़. (3)〔イ文芸〕驚愕（संचारी भाव の一）

त्रासक [形] (1) 怯えさせる；恐怖を抱かせる；怖がらせる (2) 苦しめる

त्रासदी [名*]《← E. tragedy》トラジディー；悲劇 यह शायद, वर्तमान इतिहास की सब से बड़ी त्रासदी है これは恐らく現代史の最大の悲劇である मेरे जीवन की त्रासदी तो वहाँ से प्रारंभ हुई है 私の人生の悲劇はそこから始まっている त्रासदी घटित हो॰ 悲劇が起こる；悲劇が生じる किसी हादसे या व्यक्तिगत त्रासदी के बाद 何らかの事故や個人的な悲劇の後

त्रासदीपूर्ण [形] 悲劇的な त्रासदीपूर्ण परिणाम 悲劇的な結末

त्रासन [名] (1) 怯えさせること；恐怖感を与えること (2) 怯えさせるもの；恐怖感を与えるもの

त्रासना [他] 脅す；怯えさせる= डराना; त्रस्त क॰.

त्रासित [形] (1) 脅された；怯えさせられた= भयभीत. (2) 苦しめられた= पीड़ित; त्रस्त.

त्राहि [感]《Skt.》助けてくれ= बचाओ.

त्राहि-त्राहि [名*]《Skt.》悲鳴；助けを求める声 **त्राहि-त्राहि क॰** 助けを求めて叫ぶ **त्राहि-त्राहि मचना** *a.* 助けを求める悲鳴があがる उसकी ललकार सुनकर प्रजा में त्राहि-त्राहि मच गई そちらからの挑戦を聞いて民衆の間に悲鳴があがった *b.* 大変欠乏する सितंबर के महीने में पानी की त्राहि-त्राहि मची हुई थी 9 月には水が大変欠乏していた

त्रिंश [数]《Skt.》サンスクリットの序数詞第 30 の= तीसवाँ.

त्रिंशत् [数]《Skt.》サンスクリットの数詞 30 = तीस.

त्रिंशांश [数]《Skt.》30 分の 1

त्रि- [造語]《Skt.》3；3 の意を表す造語要素= तीन. त्रिलोक 三界

त्रिकंटक[1] [名] (1) 三つ叉の戟（シヴァ神の持つ武器= त्रिशूल.） (2)〔植〕キリンカク= थूहर. (3)〔魚〕ナマズの一種

त्रिकंटक[2] [形] 突出した部分を 3 つ持つ；3 つの突起やとげ状のものを持つ

त्रिक[1] [形] 3 つの部分や要素から成る

त्रिक[2] [名] 3 つのものの集まりや集合体

त्रिककुद् [形] 3 つの峰のある

त्रिकट [名]〔植〕キツネノマゴ科ルエリアロンギフォリア【*Ruellia longifolia*】

त्रिकल [形]〔韻〕3 マートラー मात्रा から成る（語）

त्रिकांड [形] 3 章から成る

त्रिकाल [名] (1) 過去，現在及び未来 (2) 朝，昼，夕

त्रिकालज्ञ [形・名] 過去，現在，未来を知る（人）；全知の（人）；全知全能の神

त्रिकालदर्शी [形・名] = त्रिकालज्ञ. ईश्वर को सर्वअंतर्यामी व त्रिकालदर्शी कहा गया है 神は遍満し過去，現在，未来を見通すものと伝えられる

त्रिकूट [名] (1) 3つの峰のある山 (2)〔イ神〕トリクータ山（ランカー島はこの山の上に位置するものとされる） लंका त्रिकूट पर्वत पर बसी हुई थी ランカーはトリクータ山に位置していた

त्रिकोण[1] [形] 三角の；三角形の

त्रिकोण[2] [名] (1) 三角 (2) 三角形 (3) 三角形のもの (4) 女陰 **त्रिकोण की विधि** 三角測量法 त्रिकोण की विधि से अपने स्कूल के खेल के मैदान की लंबाई ज्ञात करो 三角測量法で自分たちの学校の運動場の広さを調べなさい

त्रिकोण घंटा [名]〔音〕トライアングル

त्रिकोण फल [名]〔植〕ヒシ（トウビシ）の実= सिंघाड़ा.

त्रिकोणमिति [名*] 三角法；三角術〈trigonometry〉

त्रिकोणमितीय [形] 三角法の〈trigonometric〉

त्रिकोणीय [形] 三角の；三角形の **त्रिकोणीय संघर्ष** 三つ巴（三者が対立して争い戦うこと）

त्रिगुण [名]〔イ哲〕三徳（根本原質の），すなわち， सत्त्व, रजस्, तमस् の三

त्रिगुणात्मक [形] (1)〔イ哲〕三徳（त्रिगुण）を備えた (2) 3つの性質を有する

त्रिगुणी [形] = त्रिगुणात्मक.

त्रिघात [形] (1) 3次の (2) 立方体の；正六面体の

त्रिघात समीकरण [名]〔数〕3次方程式〈cubic equation〉

त्रिजटी [名] シヴァ神= शिव; महादेव.

त्रिजातक [名] ショウズク，ニクズク，ニッケイを混じたもの

त्रिजाम [名*] 夜= रात; रात्रि.

त्रिज्य [形] 放射状の；輻射状の〈radial〉

त्रिज्या [名*] 半径= अर्धव्यास.〈radius〉

त्रिदंड [名] トリダンダ，すなわち，サンニャーシー संन्यासी の持つ杖

त्रिदंडी [名] (1) トリダンダを持つサンニャーシー (2) 言行・思考において自己を抑制する人

त्रिदल [名]〔植〕ベルノキ= बेल.

त्रिदश[1] [数]《Skt.》三十；30 = तीस.

त्रिदश[2] [名]〔ヒ〕(1) 三十三神（आदित्य, वसु, रुद्र, अश्विन्）= देवता. (2) 神々 = देवता.

त्रिदशाचार्य [名]〔ヒ〕インドラ神 = इंद्र.

त्रिदशायन [名]〔ヒ〕ヴィシュヌ神 = विष्णु.

त्रिदशारि [名]〔ヒ〕アスラ = असुर.

त्रिदशालय [名] (1)〔ヒ〕天界= स्वर्ग. (2) スメール山= सुमेरु पर्वत.

त्रिदशेंद्र [名] インドラ神 इंद्र

त्रिदिव [名] (1) 天界= स्वर्ग. (2) 天空= आकाश. (3) 喜び= सुख.

त्रिदेव [名] ブラフマー，ヴィシュヌ，シヴァの三神

त्रिदोष [名] (1)〔アユ〕カパ कफ, ヴァータ वात, ピッタ पित्त の病の3要素の複合 (2)〔医〕肺炎

त्रिधा[1] [副] 三通りに；三様に= तीन तरह से.

त्रिधा[2] [形] トリプル；3種の= तीन तरह का.

त्रिधातु [名*] 金，銀，銅の3種の金属= त्रिलौह.

त्रिनयन[1] [形] 3つの目を有する

त्रिनयन[2] [名] シヴァ神の異名の一= शिव; महादेव.

त्रिनाभ [名] ヴィシュヌ神= विष्णु.

त्रिनेत्र [形・名] = त्रिनयन.

त्रिपक्षीय [形] 3つの側の；3派の；3派から成る त्रिपक्षीय बैठक 三者会談

त्रिपथ [名] (1) 天界，空界，地界の三界 (2) 三叉路

त्रिपथगा [名*] ガンガー；ガンジス川 गंगा

त्रिपथगामिनी [名*] = त्रिपथगा; गंगा.

त्रिपद[1] [形] (1) 3つの足を持つ (2) 3つの語を有する

त्रिपद[2] [名] (1) 三角 (2) 三脚 (3) 三行詩

त्रिपदा [名*]〔韻〕トリパダー（サンスクリットの韻律の一）= गायत्री.

त्रिपदी [名*] = गायत्री.

त्रिपाठी [名] (1) 3つのヴェーダに通じたブラーフマン（त्रिवेदी） (2) トリパーティー（東部ウッタル・プラデーシュ，ビハール地方に多いバラモンの一集団名）= त्रिवेदी; तिवारी.

त्रिपाद[1] [形] 3つの脚を持つ

त्रिपाद[2] [名] 三脚；三脚台

त्रिपादिका [名*] 三脚；三脚台

त्रिपिटक [名]〔仏〕トリピタカ；三蔵

त्रिपुंड [名] トリプンダ，すなわち，シヴァ派の信徒が額に印す横の3本線の印（तिलक）；トリプンドラ

त्रिपुंड्र [名] = त्रिपुंड. मस्तक पर त्रिपुंड्र 額にトリプンドラ

त्रिपुट [名] (1) = गोखरू का पेड़. (2) = मटर. (3) = खेसारी.

त्रिपुर [名] (1)〔イ神〕トリプラ（天界にあったとされる三都，シヴァ神が焼き払ったと伝えられる） (2)〔イ神〕バーナースラ（バーナ・アスラ）；トリプラ

त्रिपुरघ्न [名] シヴァ神；マハーデーヴァ神

त्रिपुरा [名] トリプラー州（1972年に発足したインド北東部の州で州都はアガルタラー）

त्रिपुरारि [名] シヴァ神の異名の一= शिव; महादेव.

त्रिपुरुष [名] 父，祖父，曾祖父の三者

त्रिपौलिया [名*] = तिरपौलिया.

त्रिप्ल मिरर [名]《E. triple mirror》三面鏡〈three-sided mirror〉

त्रिफला [名*] (1)〔アユ〕インド医学に用いられる三果混合薬，トリパラー（トウダイグサ科アンマロク，シクンシ科ミロバラン，シクンシ科セイタカミロバランの実の粉を混合したもの） (2) ブドウ，ザクロ，ナツメヤシの混合についても言う

त्रिभंग [名] 首，腰，それに右足を少し曲げて立つ姿勢（美しく見えるとされる）；トリバンガの姿勢（クリシュナ神が横笛を吹く姿勢）

त्रिभंगी[1] [形] (1) 3本の皺のできている (2) トリバンガ त्रिभंग の姿勢をしている

त्रिभंगी[2] [名*]〔韻〕トリバンギー（各パーダが32マートラーから成り10-8-8-6で休止のあるモーラ韻律．パーダの終わりは गुरु. 各パーダに3つの यमक, すなわち，同音異義語，もしくは，同音節異義語が含まれる）

त्रिभुज [名] 三角；三角形

त्रिभुजाकार [形] 三角形の

त्रिभुवन [名] 天界，地界，地下界の三界

त्रिभुवननाथ [名]〔ヒ〕最高神= परमेश्वर.

त्रिभुवन सुंदरी [名*] (1) ドゥルガー神 दुर्गा (2) パールヴァティー神 पार्वती

त्रिमूर्ति [名*] (1) ブラフマー，ヴィシュヌ，シヴァの三神 (2) 太陽

त्रिया [名*] 女；女性= तिरिया; स्त्री; औरत.

त्रिया चरित्र [名] = तिरियाचरित्तर; तिरियाचरित्र.

त्रिया हठ [名] = तिरिया हठ. त्रिया हठ है यह तो これはトゥリヤーハトというやつだな

त्रियामा [名*] (1) 夜= रात्रि; रात. (2) ヤムナー川 यमुना नदी

त्रियुग [名] (1)〔イ神・ヒ〕宇宙の4つの年紀のうち最初の3つの年紀，すなわち， सत्य युग, त्रेता युग, द्वापर युग (2) 春季，雨季，秋季の3季節

त्रिरत्न [名]〔仏〕仏法僧の三宝

त्रिरात्रि [名*] (1) 3日間（3日3晩） (2) 3日間続く誓願の断食行

त्रिराष्ट्रीय [形] 3か国の；3国の間の；3か国の関係した त्रिराष्ट्रीय शिखर सम्मेलन 三国首脳会談

त्रिरूप [名]〔ヒ〕アシュヴァメーダ祭（馬祠祭）の供犠にふさわしい馬

त्रिलिंग [名]〔言〕文法上の性の3つ，すなわち，男性，女性及び中性

त्रिलोक [名]〔ヒ〕天界，人間界，地下界の三界

त्रिलोकनाथ [名]〔ヒ〕(1) 最高神= ईश्वर. (2) 三界の主（ラーマ，クリシュナなどの神格）= त्रिलोकपति.

त्रिलोचन [名] 3つの目を持つシヴァ神 शिव; महादेव

त्रिलोह [名] 3種の金属．金，銀，銅

त्रिवर्ण [名] (1) 3種のものの集まり (2)〔ヒ〕人生の三大目的，すなわち，ダルマ धर्म（法），アルタ अर्थ（財），カーマ काम（愛） (3) カースト制度の上位3種姓 ब्राह्मण, क्षत्रिय, वैश्य；再生族= त्रिवर्ण.

त्रिवाचा [名*] 言葉を確認するために同じことを3度繰り返していうこと

त्रिविध[1] [形] 3種の= तीन प्रकार का.

त्रिविध[2] [副] 3つの方法で

त्रिविम [形] 三次元の；立体の त्रिविम कैमरा ステレオカメラ त्रिविम ग्राफ 立体写真 त्रिविम दूरदर्शक 立体望遠鏡= त्रिविम दूरबीन. त्रिविम ध्वनि प्रक्षेपव्यवस्था 立体音響システム त्रिविम फ़ोटोग्राफ़ी 立体写真術

त्रिविमदर्शी [名] ステレオスコープ〈stereoscope〉
त्रिवेंद्रम 〔地名〕トリヴァンドラム（ケララ州南部にある州都）
त्रिवेणी [名*] (1) 3つの川の合流点 (2)〔ヒ〕ガンジス川，ヤムナー川，サラスヴァティー川の合流点；聖地プラヤーガ（プラヤーグ）；トリヴェーニー (3)〔ヨガ〕ハタヨーガでイラー इडा，ピンガラー पिंगड़ा 及びスシュムナー सुषुम्ना が出会うところ（眉間）
त्रिवेद [名]〔ヒ〕リグヴェーダ，ヤジュルヴェーダ及びサーマヴェーダの3ヴェーダ
त्रिवेदी [名] (1) リグ，ヤジュル，サーマの3ヴェーダに通暁しているブラーフマン (2) 北インドのブラーフマンの一集団名トリヴェーディー
त्रिशंकु [名]〔イ神〕スーリヤヴァンシャ（日種族）の王の名，トリシャンク王（現身のまま天界に昇ろうとしたがインドラ神の反対に遭い天界と地界の中間に止まることになった） **त्रिशंकु रहना** 宙ぶらりんになる
त्रिशाख [形] 三つ叉になっている；三方に分かれている
त्रिशिख[1] [名] 三つ叉のほこ（戟）；三叉戟（シヴァ神の武器）= त्रिशूल.
त्रिशिख[2] [形] 先端が3つに分かれている；三つ叉の
त्रिशिखर [名] (1) 3つの嶺を持つ山 (2) = त्रिकूट.
त्रिशूल [名] (1)〔イ神〕トリシューラ（シヴァ神の持つ武器の一で三つ叉の戟） (2) 3種の苦痛（身体より生ずる苦痛．神の与える苦痛，自然界より生じる苦痛）
त्रिशूलधारी [名]（トリシューラ，すなわち，三叉の戟を持つ）シヴァ神
त्रिसप्तति [数]《Skt.》73 = तिहत्तर.
त्रिस्नान [名] 1日に夜明け，昼，夕方の3度沐浴すること
त्रुटि [名*] (1) 欠陥；欠点；足らないところ दुनिया में पूर्ण कौन है? हरेक में कुछ-न-कुछ त्रुटियाँ रहती हैं この世に完全無欠なものがあろうか．何かしら欠陥が存在するものだ शारीरिक त्रुटि 身体的欠陥 यदि उस वर में सचमुच कोई त्रुटि या कमी मालूम दे तो もしもその婿に実際何らかの欠陥や足りないところが判明すれば वे कानून की त्रुटियों से लाभ उठाने में संकोच नहीं करते 連中は法律の抜け道を利用するのに遠慮はしない (2) 誤り；過失 (3) 違約 (4) 疑念
त्रुटित [形] (1) 欠陥のある (2) 誤りだらけの (3) 傷のある
त्रेता [名] (1)〔ヒ〕トレーター・ユガ（ヒンドゥー教の世界観で生成と消滅を反復する世界周期，すなわち，宇宙の年紀の第2である白銀時代．正法が完全に行われる第1年紀サティヤ・ユガ＝クリタ・ユガに対してトレーター・ユガにおいては正法が4分の1欠ける，とされる） (2) 3つのものの集合 (3) さいころなどの遊戯で3の数)
त्रेता युग [名]〔ヒ〕トレーター・ユガ
त्रै [数]《Skt.》3つの；3の；3 = तीन.
त्रैकालिक [形] (1) 過去，現在，未来にわたる；永久の (2) 朝，昼，晩に生じる
त्रैपोद [名]《E. tripod》〔写〕三脚
त्रैमासिक [形] 3か月ごとの；3か月に1度の
त्रैराशिक [名]〔数〕三数法〈rule of three〉 लीलावती के त्रैराशिक का ज्ञान リーラーヴァティーの三数法の知識
त्रैलोक [名] = त्रैलोक्य 天界，人間界及び地下界の三界
त्रैवर्गिक[1] [形] (1) 人生の三大目的に関する (2) 三徳質（त्रिगुण）に関する
त्रैवर्गिक[2] [名] 人生の三大目的を求める行為→ त्रिवर्ग.
त्रैवर्ण [名] ブラーフマン，クシャトリヤ，ヴァイシュヤの上位三ヴァルナ（種姓）に関わる
त्रैवार्षिक [形] (1) 3年目ごとの；3年に1度の (2) 3年間の
त्रोटक [名] (1)〔演〕トロータカ（古典サンスクリット演劇の分類の一で正劇の一．5幕，7幕，8幕，もしくは，9幕から成り主人公は天界の存在） (2)〔イ音〕トロータカ（ラーガ）
त्रोण [名] 矢筒= तरकश.
त्र्यंबक [名] (1) シヴァ神 शिव. (2) ルドラ神 रुद्र
त्र्यंबका [名*] ドゥルガー女神 दुर्गा
त्र्यक्ष[1] [形] 3つの目を持つ= तीन नेत्रों वाला.
त्र्यक्ष[2] [名] シヴァ神 शिव; महादेव
त्र्यक्षक [名] シヴァ神
त्र्यशीति [数]《Skt.》83 = तिरासी.
-त्व [接尾]《Skt.》サンスクリット語起源の名詞類と形容詞から男性抽象名詞を作る接尾辞． गुरु → गुरुत्व 重さ
त्वक् [名] (1) 樹木や果実の皮= छिलका; छाल. (2) 皮膚= त्वचा; चमड़ा. (3) 触覚
त्वक् पुष्प [名]〔医〕皮疹= सेंहुआँ.
त्वगिंद्रिय [名*] 触覚；皮膚の感覚（器官）
त्वगेंद्रिय [名*] = त्वगिंद्रिय; स्पर्शेंद्रिय.
त्वग्ज [名] (1) 産毛；体毛= रोम; रोआँ. (2) 血= रक्त; लहू.
त्वग्जल [名] 汗= पसीना.
त्वच् [名*] (1) 皮膚；皮= चमड़ा. (2) 樹皮= छाल; वल्कल.
त्वच [名] (1) 皮；皮膚= चमड़ा; छाल. (2) = दारचीनी. (3) = तेजपात.
त्वचा [名*] 肌；皮膚= चर्म; चमड़ा. धूप में निकलते समय त्वचा को कपड़ों से ढक लें 日向に出るときは肌を衣服で覆うこと त्वचा पर चमक आएगी 肌につやが出るでしょう त्वचा का रंग तथा कद-काठ 肌の色と体格 जली हुई त्वचा की ऊपरी परत 火傷の表面
त्वचा कैंसर [名]〔医〕皮膚がん〈skin cancer〉
त्वचा रोग [名]〔医〕皮膚病〈skin disease〉= चर्म रोग.
त्वचारोपण [名]〔医〕皮膚移植〈skin graft〉
त्वदीय [代]《Skt.》サンスクリットの二人称代名詞の属格形．君の，汝の，お前のなど= तुम्हारा.
त्वम् [代]《Skt.》サンスクリットの二人称代名詞主格単数形
त्वरक [形] 加速する；加速的な；速度を増す
त्वरण [名] (1) 急ぐこと；急ぎ (2) 加速〈acceleration〉
त्वरा [名*] 急ぎ；急ぐこと
त्वरित[1] [形] (1) 急速な；速い (2) 加速している；加速された त्वरित क॰ 加速する
त्वरित[2] [副] 急いで= शीघ्र; शीघ्रता से; जल्दी से.
त्वरित्र [名] 加速装置；アクセル〈accelerator〉
त्वष्टा [名] (1) 大工；木工；工匠 (2)〔イ神〕トヴァシュター／トヴァシュトリ／ヴィシュヴァカルマー／ヴィシュヴァカルマン（天地一切物の創造主） विश्वकर्मा/विश्वकर्मन् (3)〔イ神〕プラジャーパティ प्रजापति
त्वाष्ट्री [名*]〔イ神〕トヴァシュトリー（ヴィシュヴァカルマー，すなわち，世界創造主の娘で太陽神妃）；サンジュニャー= संज्ञा.
त्विषा [名*] 光；輝き；光輝
त्विषि [名*] 日光；太陽光線= किरण.

थ

थंका [名]〔農〕地代などの課税が耕地別などではなく一括して固定されている農地の保有→ बिलमुक्ता.

थंड [名] 土地；場所；地域

थंब [名] (1) 柱；支柱= खंभा; स्तंभ; स्तम्भ. (2) 支え= सहारा; टेक.

थंबन [名] 支え= सहारा.

थंबा [名] 柱 = खंभा; स्तम्भ.

थंबी [名*] (1) 柱 (2) 支柱

थंभ [名] (1) 柱；支柱= खंभा. (2) 支え

थंभन [名] 障害；妨害= रुकावट.

थंभी [名*] 支柱 = चाँड.

थई [名*] 場所；ところ= ठाँव; जगह.

थकन [名*] = थकान. 疲れ；疲労 एक साँस में इतना सब बोलकर पंडित जी के चेहरे पर थकन उभर आई थी 一息にそれだけ話してしまうとパンディットの顔に疲れの表情が浮かんだ

थकना [自] (1) 疲れる；疲労する प्रूफ़रीडिंग में वह थक गया 校正作業で疲れた (2) あきる（飽きる）；うんざりする；いやになる= ऊब जा॰. भारतीय खिलाड़ियों की टीम भावना की वे सराहना करते न थकते थे インドの選手のチーム精神を飽かずに称えていた (3)（体力が老齢のため）衰える；弱る (4) 活気がなくなる；動きや活動が鈍くなる **थककर चूर हो॰** ひどく疲れる；くたくたに疲れる **थककर बैठ जा॰** 諦める；気力を失う **थका थकाया** 疲れはてた；くたくたになった रात गये मिल से थका-थकाया दस घंटे की ड्यूटी देकर आता 夜遅く工場から10時間勤務を終えて疲れ果てて戻る **थका-हारा** →別項

थकाऊ [形] 疲れさせる；きつい；難儀な थकाऊ सड़क 難儀な道

थकान [名*] 疲れ；疲労 हम बेहद थकान महसूस कर रहे हैं とても疲れを感じているところだ थोड़ी थकान महसूस हुई इसलिए लेट गया 少し疲れた感じがしたので横になった **थकान उतारना** 疲れを取る मैंने उनके पाँव धोकर उनकी थकान उतारी 私はあの方の足を洗い疲れを取ってあげた **थकान मिटाना** 疲れを取る **थकान लगना** 疲れを感じる；疲れを覚える उसे थकान बहुत लगी थी とても疲れを感じた

थकाना [他] (1) 疲れさせる；疲労させる；体力を消耗させる समतल सड़क पर साइकिल को एक घंटे तक चलाना हमें इतना नहीं थकाता 平坦な道で自転車を1時間走らせてもこんなに体力を消耗することはない (2) 止める；手を止める मेरा काम मत थका.तेरे लिये खड़ा रहकर मैं अपना काम नहीं थकाऊँगा 仕事の手を止めさせるな. 君のために仕事の手を止めはしないぞ **थका मारना** *a.* 困らせる *b.* 苦しめる；悩ます→ थका-माँदा; थका-हारा.

थका-माँदा [形$^+$] 疲れ果てた；大変疲れた；疲労困憊した दिन के थके-माँदे सैनिक गाफ़िल पड़े हुए थे 日中疲れ果てた兵士たちは前後不覚に寝込んでいた

थकार [名] थ の文字と発音

थकावट [名*] 疲れ；疲労；疲労感= शिथिलता. इस बीमारी से ज्यादा थकावट होती है この病気のためよけいに疲れやすい

थका-हारा [形$^+$] (1) とても疲れた；疲れ果てた；疲労困憊した थके-हारे निराश पति के लिए 疲れ果て希望を失った夫にとって मैं एक थका-हारा मुसाफ़िर हूँ 疲れ果てた旅の者でございます (2) くたびれた；機能が弱った；本来の状態が保たれなくなった पार्टी का केंद्र व राज्यों में नेतृत्व काफ़ी पुराना व थका-हारा था 党の中央及び州での指導力はかなり時代遅れでくたびれていた

थकाहट [名*] = थकावट.

थकित [形] (1) 疲れた= शिथिल; शांत. (2) うっとりした= मुग्ध; मोहित.

थकिया [名*] 液状や流動物，溶解したものなどが固まったもの；塊；凝固物；凝結したもの

थकौहाँ [形$^+$] 疲労した；くたびれた

थक्का [名] 液状のものや流動物，溶解したものが固まって固形になったもの；塊；凝固物 किसी घाव में रुधिर का थक्का कैसे जम जाता है 傷の血はどのようにして凝固するのだろうか ख़ून का बहना रोकने के लिए ज़रूरी है कि उसमें गाढ़ापन आए और वह थक्के की शक्ल लेने लगे 止血には血液がねっとりして凝固しはめじることが大切だ

थगित [形] (1) 止まった；停止した= रुका हुआ; स्थगित. (2) たるんでいる；しまりのない (3) ゆるい= शिथिल; ढीला.

थट [名] = थट्ट 群れ；集まり；集合；集合物= समूह; झुंड.

थड [名] = थट.

थड़ा [名] (1) 座る場所 (2) 店主の座る場所

थतिहार [名] 被信託人；保管人；管財人= थाती.

थत्ती [名*] 集まり；集合；集積

थथेड़ना [他] こってりと塗る；重ねて塗る；塗り重ねる सोने की गाय बनकर आई, तब उसके ऊपर ख़ूब मोटी-मोटी मिट्टी थथेड़ दी 金の雌牛が出来上がってくるとそれにうんと厚く粘土を重ねて塗った

थन [名] (1) 人や動物の乳房 गाय के थन में 牛の乳房に बकरी के दो लंबे थन होते हैं 雌山羊には2つ長い乳房がある (2) 人や動物の乳首

थनटुट्ट [名*] 乳の出が止まった人；乳が上がってしまった人

थनथाई [形] 同じ乳房の乳を飲む；乳兄弟（姉妹）の

थनी [名*] (1) 山羊の首の辺りの肉が袋状に垂れさがった部分 (2) 象の首の周囲に肉が盛り上がった部分

थनेला [名]〔医〕乳腺炎

थनैत [名] (1) 首長；長；頭 (2) 村長= गाँव का मुखिया (3) 差配

थपक [名*] ←थपकना. (1) 軽く叩くこと (2) 軽く叩く打撃

थपकना [他] (1) 軽く叩く (2) 掌で軽く叩く（子供を寝かしつけたり人を励ましたり気持ちを和らげたりするために） थपक-थपककर सुलाने वाली 軽く叩いて眠りをさそう（もの）

थपका [名] = थपकी.

थपकी [名*] (1) 軽く叩くこと थपकी दे॰ 軽く叩く मैंने दरवाज़े पर थपकी दी ドアを軽くノックした (2) 手の指や掌で軽く叩くこと अपने दोनों गालों पर उँगलियों से धीरे-धीरे थपकियाँ मारें 両方の頬を指でそっと叩くこと प्यार की एक थपकी 愛情をこめてぽんと叩くこと **थपकियाँ दे॰** 軽く幾度も叩く बार-बार उसके मुँह पर थपकियाँ देते （馬の）頬を幾度も軽く叩く

थपड़ी [名*] (1)（掌を合わせて）手を叩くこと；拍手= ताली. (2) 拍手の音 **थपड़ी पीटना** *a.* 拍手する= थपड़ी बजाना. *b.* 大声で笑う；手を叩いて笑う *c.* あざわらう；嘲笑する= उपहास क॰.

थपथपाना [他] (1) 軽く叩く दरवाज़ा थपथपाता है 扉を叩く चेहरे पर नारियल का शुद्ध तेल लगाकर लगभग पाँच मिनट तक हाथों से थपथपाते रहें 顔に純粋なヤシ油を塗って約5分間両手で軽く叩きなさい अब एक तौलिया से थपथपाकर बदन सुखाइए 次にタオルで軽く叩いて体を乾かして下さい (2) 掌で軽く叩く（愛情を示したりほめたり励ましたりなだめたりするためにも） कंधे थपथपाकर उसे उठाया और अपने साथ ले गए 肩を叩いて立ち上がらせ一緒に連れて行った काला ने प्यार से ज्योति के गाल थपथपाये カーラーはジョーティの頬を（掌で）やさしく叩いた बच्ची जब चिल्लाए तो उसे डाँटना नहीं.बस, प्यार से थपथपा देना 子供が泣いても叱っては駄目. やさしく叩いてやりなさい घोड़ी की गर्दन थपथपाकर 馬の首筋をやさしく叩いて **पीठ थपथपाना** 励ます；激励する；ほめる= पीठ ठोंकना; उत्साहित क॰; तारीफ़ क॰. मैंने उसकी पीठ थपथपाते हुए पूछा （激励のため）背中を叩きながらたずねた ठीक काम करने या कहना मानने पर इसकी पीठ थपथपा देना いいことをしたり言いつけを守った際には背中を軽く叩いてやりなさい（ほめてやりなさい）

थपथपी [名*] = थपकी.

थपना[1] [他] (1) 定める；据える；据えつける= बैठाना; जमाना; स्थापित क॰. (2) 軽く打つ；打ちこむ

थपना[2] [自] (1) 定まる；据わる= जमना; ठहरना; स्थापित हो॰. (2) 軽く打たれる；打ちこまれる

थपना[3] [他] そっと叩く；やさしく叩く

थपुआ [名] ひらがわら（平瓦）→ नरिया（丸瓦）
थपेटा [名] = थपेड़ा.
थपेड़ना [他] (1) 打ちつける；ぶつける；当てる (2) 平手で打つ (3) 打撃を加える
थपेड़ा [名] (1)（波などが）押し寄せたり打ちつけること ज्यों-ज्यों जीवन संघर्ष के थपेड़े उनपर पड़ते हैं 生存競争の荒波が押し寄せるにつれ (2)（風の）激しい吹きつけ；突風 बहुधा पक्षी तूफ़ानों के थपेड़ों से समुद्रों की ओर पहुँच जाते हैं しばしば鳥たちは嵐の激しい吹きつけに海の方へ吹きやられてしまう (3)（ボールなどを）つくこと；弾ませること；ドリブルすること थपेड़ा मारना つく；弾ませる；ドリブルする खिलाड़ी जब गेंद को थपेड़ा मारता है 選手がボールをドリブルさせる時 खिलाड़ी गेंद को थपेड़ा मार सकता है या लुढ़का सकते हैं プレーヤーはボールをドリブルすることも転がすこともできる (4) 打撃を与えること；打ちつけること थपेड़े मारना 打ちつける कभी-कभी उसके स्वर में ज्वालामुखी के विस्फोट की-सी भयानकता थपेड़े मार उठती है 時々彼の声には火山の爆発のようなすごさが出る (5) 平手打ち= थप्पड़. **थपेड़े खाना** 厄介なことに巻き込まれる；ひどい目に遭う
थपोड़ी [名*] 両手を叩いて鳴らすこと；手を叩くこと；手を打ち鳴らすこと= थपड़ी.
थप्पड़ [名] (1) 平手で叩くこと；平手打ち= झापड़; तमाचा. (2) 繰り返し打撃や衝撃の及ぶこと (3) 体面を失うこと थप्पड़ कसना = थप्पड़ मारना. **थप्पड़ खाना** *a.* 平手打ちを食う *b.* 教訓を得る *c.* 侮蔑される **थप्पड़ जड़ना** = थप्पड़ मारना. **थप्पड़ दे॰** = थप्पड़ मारना. **थप्पड़ मारना** 平手打ちを食わせる तुमने मुझे थप्पड़ क्यों मारा? なぜ私に平手打ちを食わせた **थप्पड़ लगना** = थप्पड़ खाना. **थप्पड़ लगाना** = थप्पड़ मारना.
थम [名] = थंभ.
थमना [自] (1) 動きが止まる；継続しているものが停止する= रुकना; ठहरना; बंद हो॰. आँसू नहीं थमते 涙が止まらぬ और पानी थम गया そして（あふれ出る）水が止まった (2) 止む= रुकना; बंद हो॰. तीसरे दिन वर्षा थमी 3日目に雨が止んだ तूफ़ान थमने के बाद 嵐が止んでから एक घंटे में अगर बारिश नहीं थमी तो मैं चल दूँगा 1時間以内に雨が止まなければ出掛けよう (3) とどまる；範囲や程度が限定される= बंद हो॰; ठहरना. कोई पाँच साल से पंजाब में चलती ख़ून की होली थमने का नाम नहीं लेती ほぼ5年来パンジャーブに続いている激しい殺戮の炎はとどまるところを知らない (4) しずまる（静まる；鎮まる）；収まる= शांत हो॰. इस मामले पर शोर-शराबा कुछ थमा ही था कि... この問題についてこの騒ぎが少し鎮静化したとたん… फिर भी अफ़वाहें थमीं नहीं それでも噂は収まらなかった (5) 支えられる (6)（気や心が）落ち着く；（心を）落ち着ける；気を取り直す वह थमकर बोला（大声をあげて泣いていたのが）気を取り直して（泣き止んで）言った
थमवाना [他・使] ← थामना. (1) 止めさせる；動きを停止させる；留めさせる (2) 抑制する；抑える (3) 握らせる= पकड़वाना. (4) 支えさせる (5) 引き受けさせる
थमाना [他] (1) 手渡す；握らせる；渡す उसने पत्र मलयकेतु के हाथ में थमाते हुए कहा マラヤケートゥ（の手）に手紙を手渡しながら言った लिफ़ाफ़े को वधू को थमाते हैं 封筒を嫁に手渡す वधू का पिता कन्या का हाथ वर के हाथ में थमाता है 新婦の父親は娘の手を新郎に握らせる उसने पर्स उठाकर माँ को थमा दिया 財布を拾って母親に手渡した (2) 握らせる；つかませる；つかまえさせる रस्सी का दूसरा छोर लोगों को थमाकर वह धीरे-धीरे दरार के अंदर उतरने लगा 綱のもう一方の端を皆に握らせてそろそろと裂け目の中に降り始めた (3) 託する；委ねる प्रस्तावित संशोधन उन्हें थमा दिया गया है 修正案が彼らに委ねられた
थमाव [名] ← थमना. 停止；中断
थमुआ [名] 櫓や櫂の握りの部分
थर[1] [名] 重なったものの層や段
थर[2] [名] = स्थल.
थरकना [自] 恐ろしさに震える；ぶるぶる震える；がたがた震える；上がり下がりする
थरकाना [他] 脅しや恐怖感を与えて震えさせる；震え上がらせる
थरथर [副] 恐怖，心配，不安のため体が震える様子（ぶるぶる）や鼓動が速く激しくなる様子（どきどき） उससे सारा गाँव थरथर काँपता था 村中の人がその（祈祷師の）男をとても恐れていた थरथर काँपना ぶるぶる震える= थरथराना. कलेजा थरथर क॰ どきどきする；胸がどきどきする= हृदय धड़कना.
थरथराना[1] [自] (1) 恐怖，不安，心配などのために震える；ぶるぶる震える；がたがた震える (2) 震える；揺れ動く；揺れる थरथराती तेज़ आवाज़ में बोला 震える激しい声で言った निरंतर दूर होती हुई उसकी आकृति धुँधली हुई, थरथराई और फिर लुढ़क गई だんだん離れていく形はぼんやりとし揺れ動き，そして水平に伏してしまった हाथ का भगोना थरथरा गया 握っていた鍋がぶるぶる震える (3) 震えるように動く उसके होंठ कुछ कहने के लिए थरथरा रहे थे 彼女の唇は何か言おうとしてぴくぴく動いていた
थरथराना[2] [他] (1)（おどしたりして）震え上がらせる (2) 震わせる；揺り動かす गाय उन हिस्सों पर बैठी हुई मक्खियों वगैरह को खाल थरथराकर उड़ा देती है 牛はそこにとまっているハエなどを皮をぴくぴく震わせて払いのける
थरथराहट [名*] ← थरथराना. (1) 恐怖心から震えること "क्या करते हो जी?" उसकी आवाज़ में थरथराहट तैर गई है 「あんた何をする気なの」女の声に震えが走った (2) 震動；震え बम के धमाके से ज़मीन में जो ज़बरदस्त थरथराहट पैदा होती है 爆弾の爆発で地面に生じる強烈な震動
थरथरी [名*] = थरथराहट. **थरथरी छूटना** (- **बँधना**) ぶるぶる震える；がたがた震える
थरना[1] [他] 金槌などで金属を打つ
थरना[2] [名] 金属加工用のたがね（鏨）
थरमल जग [名]《E. thermal jug》ポット；魔法びん
थरमस [名] = थर्मस.
थरमामीटर [名]《E. thermometer》温度計；体温計 थरमामीटर तो लगा कर देखो 体温計はあててみてごらんよ मुँह में थर्मामीटर लगाकर（計測のため）口の中に体温計をふくんで
थरसना [自] (1) 怯えて震える；震えあがる (2) 悲しむ
थरहरना [自] 震える；ぶるぶる震える
थरहराना [他] 震えさせる；ぶるぶる震えさせる
थरहरी [名*] 恐怖心からの震え
थरिया [名*] = थाली.
थरुहटी [名*]〔言〕タルハティー語（ネパールのタラーイー तराई に住む部族民 थारू の話すインド・アーリア系の言語）= थारू.
थर्ड [形]《E. third》第3の；3番目の；第3位の
थर्डक्लास [形・名]《E. third class》(1) 三等（の）；三等級（の）(2) 三流（の）；低級（な）；程度の低い
थर्ड मैन [名]《E. third man》〔ス〕（クリケット）第三手；サードマン
थर्मस [名]《E. thermos》魔法びん（ジャー，ポットの類）= थर्मस फ़्लास्क. बड़ा थर्मस 大型の魔法びん
थर्मामीटर [名]《E. thermometer》温度計；体温計
थर्मास [名]《E. thermos》魔法びん = थर्मस.
थर्मोस्टैट [名]《E. thermostat》サーモスタット
थर्राना [自] (1) 恐怖のためにひどく震える；がたがた震える；ぶるぶる震える गलियारे के अंदर कदम रखते हुए एक बार तो उसकी टाँगें थर्रा गईं 廊下に足を踏み入れながら一度は足ががたがたと震えた (2) 大変怯える；震えあがる **थर्रा उठना** 震えあがる जिनके नाम से लोग थर्रा उठते जाते थे 皆が名前を聞いただけで震えあがる人
थल [名] (1) 場所；ところ (2) 陸；陸地 (3) 高台 (4) 砂山；砂漠 **थल बैठना** *a.* ゆっくり腰を下ろす *b.* どっかと座る；腰をすえる
थलकना [自] (1)（やせたり弱ったりして）皮膚がたるむ；しわがよる (2) 上下する；揺れる (3) 肥満した体の締まりがなくなる；だぶだぶする
थलचर [名]〔動〕陸生動物
थलचारी [形] 陸上を動く
थलज [形] 陸に生まれた；陸生の
थलथल [形] まるまる太った；でぶでぶの；ぶくぶくに太った बहुत खा खाकर थलथल हो गया और दौड़ने में उसकी साँस फूलने लगती थी 腹一杯食べてでぶでぶになった．走ると息が切れるようになった थलथल मगर まるまる太ったわに
थलथलाना [自] (1)（水などが）上下してちゃぷちゃぷ，ちゃぽんちゃぽんなどの音を立てる (2) 太って締まりのなくなった体の贅肉が揺れる；だぶだぶする

थलबेड़ा [名] 船着き場 **थलबेड़ा लगना** 落ち着く；落ち着く場所を得る；寄る辺が見つかる
थलराना [他] 喜ばせる；機嫌をとりなす
थलसेना [名*] 陸軍 थलसेना जनरल मानेक शाह マーネク・シャー陸軍大将
थलसेनाध्यक्ष [名] 陸軍大将 भूतपूर्व थलसेनाध्यक्ष जनरल चौधरी 元陸軍大将チョードリー将軍
थलिया [名*] = थाली.
थली [名*] (1) 場所 = स्थान; जगह. (2) 丘；高台 (3) 荒蕪地 (4) 砂原；砂丘；砂地 (5) 池や川の底 (6) 人の集う場所
थवई [名] 煉瓦で建物を建てる作業の職人；煉瓦積みの職人；煉瓦職人；左官= राज; मेमार.
थवन [名]〔ヒ〕花嫁が3度目に実家から婚家に赴くこと（儀礼）
थहरना [自] 震える= काँपना; थहराना.
थहराना [自] (1)（恐怖や衰弱などのために）震える；がくがくする (2) 震動する
थहाना [他] (1) 水の深さを測る नदी थहाना 川の深さを測る (2) 探る；探りを入れる (3)（人の本心を）探る；鎌をかける
थाँग [名*] (1) 隠れ家；溜まり場 (2) 痕跡；形跡；跡 (3) 秘密の情報；手がかり；糸口 **थाँग लगाना** 調べる；調査する；追跡する；糸口を見つける
थाँगी [名] (1) 盗賊の頭目 (2) 故買人 (3) 追跡者；探偵 (4) 盗賊に情報を提供する者
थाँभ [名] (1) 柱 = खंभा. (2) 支柱；支え= थूनी; चाँड़.
थाँभा [名] 建物の柱= खंभा; स्तंभ.
थाँवला [名] 植木のために穴を掘ったところ；木を移し植えするために掘った穴= थाला.
थाँह [名*] (1) 場所 = स्थान. (2) 底 = थाह.
था [自] (1) 連結動詞 होना[1] の直説法過去形男性単数形（ーで）あった；(ー) だった (2)（ーが）あった；(ーが) 存在した；(ーが) いた（男性複数形 थे 女性単数形 थी 女性複数形 थीं）
थाइमस ग्रंथि [名*]《← E. thymus gland》〔解〕胸腺
थाइमॉल [名]《E. thymol》〔化〕チモール
थाइराइड [形] = थाइरॉइड《E. thyroid》甲状腺の थाइराइड उपस्थि 甲状軟骨；のどぼとけ थाइरॉइड धमनी 甲状腺動脈
थाइराइड ग्रंथि [名*]《← E. thyroid gland》〔解〕甲状腺= गल ग्रंथि.
थाइलैंड [国名]《E. Thailand》タイ；タイ国；タイ王国= स्याम.
थाई[1] [形] 持続する；永続的な；長持ちする= स्थायी.
थाई[2] [名] (1) 座る場所 (2)〔イ音〕歌詞のイントロ（歌い出し）= स्थायी.
थाक [名] (1) 積み重ねたもの；山のように積み上げたもの= ढेर; थोक; राशि. थाक लगना 積まれる；積み重なる (2) 村の境界 (3) 境；境界 थाक लगाना 積み上げる；積み重ねる
थाकना[1] [自] 止まる；停止する= रुकना; ठहरना.
थाकना[2] [自] くたびれる；疲れる；疲労する= थक जा॰.
थाती [名*] (1) 預けたもの；信託したもの उनकी सौंपी हुई थाती あの方の預託なさったもの (2) 貯蓄；貯蓄したもの राष्ट्र की थाती 国家の貯蓄
थान [名] (1) 場所 (2) 家畜などをつないで置く場所 (3) とどまるところ；住所 (4) 血統 अच्छे थान का घोड़ा 血統の良い馬；有名な産地の馬 (5) 祠 रामदेव जी का थान ラームデーオを祀った祠 (6) 仕立て用の生地の一巻き；一反 (7) ものを数えるときに用いられる語（助数詞の一） **थान का टर्रा** *a.* 内弁慶 *b.* 馬小屋の中で暴れる馬 **थान का सच्चा** *a.* 純真で真面目な；正直で誠実な *b.* おとなしい馬 **थान में आ॰** 馬が砂浴びのため地面に転がること
थानक [名] (1) 位置；場所 (2) 都市；町 (3) = थाला. (4) 泡 (5) 祠
थानक जी [名]〔ジャ〕ターナカ（ジャイナ教白衣派の一）；スターナカワーシー स्थानकवासी
थानपति [名] 村の守護神；鎮守= ग्रामदेवता.
थाना [名] (1) 場所；位置 (2) ターナー（行政区分としてのジラー ज़िला, すなわち, 県の次区分. パルガナー (परगना)；タールカー (तालुका) गया ज़िले के कुर्था थाने में मुहम्मदपुर नाम का एक गाँव ガヤー県のクルター・ターナーのムハンマドプルというある村 (3) 本拠地；根拠地 (4) 警察署；本署 **थाना बैठाना** 警察が見張りを立てる **थाने चढ़ना** 警察の記録に残る；警察に報告される
थानाध्यक्ष [名] 警察署長 स्थानीय पुलिस थाने में थानाध्यक्ष 地区の警察署の署長
थानी [名] (1) 地元の人 (2) 方位の守護神= दिक्पाल. (3) 夫 = घरवाला; पति.
थानेदार [名]《H. + P. دار》(1) 警察署長（警部，もしくは，警部補 नायब थानेदार）〈police station officer〉 (2) ターネーダール（旧藩王領における徴税及び司法上の権限を有した役人．英領インドのパルガナーの徴税官タフシールダール तहसीलदार に相当）
थानेदारी [名*] ← थानेदार. (1) 警察署長の職や職務 (2) ターネーダールの職や身分
थानेसर 〔地名・イ史〕ターネーサル（ハルシャヴァルダナ王 हर्षवर्धन が7世紀初めに都としたところ．現今のハリヤーナー州カルナール県に位置）
थानैत [名] (1) 地域の頭や長 (2) 村社に祀られる神= ग्रामदेवता.
थाप [名*] (1) 物をぱたぱた，ぱんぱん，ぱちぱち，こんこん，こつこつなどと軽く叩く様子やその音← थापना. तभी बेडरूम के दरवाज़े पर थाप हुई थी ちょうどその時寝室のドアにノックがあった (2) 手で太鼓などを叩くことやその音 ढोलक पर थाप पड़ी 太鼓がどんどんと叩かれた (3) 平手で打つこと；平手打ち (4) 手で押しつけること；しるしをつけること (5) かぎ爪のある動物の足 (6) 力；影響力 (7) 誓い；誓約 **थाप थापना** 影響力を及ぼす **थाप दे॰** 叩く；打つ；打ち鳴らす कोई मनपसंद गाना सुनते समय चुटकी बजाना, पाँव हिलाना या थाप देना तन्मयता का द्योतक हो सकता है 好きな歌を聞く時に指を鳴らしたり足を揺すったりこつこつ叩いたりするのは熱中ぶりを示すものでもある धीरे-धीरे दोनों हाथों से थाप देते हुए गाने लगी 軽く両手を打ち鳴らしながら歌い始めた **(-की) थाप दे॰** （ーに）誓って言う **थाप मारना** 奇襲をかける
थापना[1] [他] (1) 定める；位置につける；位置を定める；位置を定めておく ईंटें थापना 煉瓦を貼りつける；煉瓦を積む (2) 手形（手の形）をつける (3)（粘土や燃料用の牛糞などを壁などに）手で押さえて貼りつける；ひっつける；なすりつける (4)（責任や罪などを）なすりつける；被せる जिस इलज़ाम पर वारंट आया है वह इन बाबुओं पर थाप दें तो हम साफ़ बरी रहें 逮捕状の出ている容疑をこの旦那たちになすりつければこちらはきれいさっぱり免れるわけさ
थापना[2] [名*] 位置づけ；設置；定めの場所に置く；安置= स्थापना; स्थापित क॰.
थापा[1] [名] (1) 物を位置づけたり定めたり設けたりすること (2) 様々な目的で壁などにつけられる手形 (3) 脱穀機の収穫物につけられる手形などのしるし (4) 印；印章 (5) 型 (6) 落ち穂 **थापा धराना** 祝い事の際に礼拝の対象としてローリー（ウコンと石灰を混じたもの）などで壁に手形をつけること (7) 金細工師の用いる鋳型
थापा[2] [名] 手で打つこと；叩くこと= थपकी; थप्पड़.
थापा[3] [名] ターパー（ネパールのクシャトリヤの一氏族名）
थापी [名*] (1) 土などを突いたり叩いたりして固める道具 (2) 左官などの用いる同様の道具 (3) 称賛，激励などのために人の背中を叩いてやること (4)〔ス〕マレット（打球槌） न लॉन की ज़रूरत न कोर्ट की, न नेट की न थापी की 芝が要るわけでもコートが要るわけでもネットやマレットが要るわけでもない
थाम[1] [名*] ← थामना. 握り= पकड़.
थाम[2] [名] (1) 柱 = खंभा. (2) 帆柱 = मस्तूल. **थाम-थूनी** 柱と梁 झोंपड़े में नये थाम-थूनी लगा देंगे 小屋に新しい柱と梁をつけよう
थामना [他] (1) 握る；手に持つ；抱える；さげる；とどめる वह दरवाज़े पर ब्रीफ़केस हाथ में थामे खड़ा था 折りかばんを手に持って戸口に立っていた सभी की आँखों के सामने चाबुक हाथ में थामे ट्रेनर की तस्वीर उभर आई थी 鞭を握っている調教師の姿が皆の眼の前に浮かんだ एक दूसरे के हाथ थामे दोनों महिलाएँ खड़ी थीं 2人の女性は手を握り合って立っていた अल्लाह के सिवा और कौन उन्हें थामे रहता （空中にある）それをアッラーの神以外のだれがとどめておくことができようか (2) 何かに備えて握る；手に構える आख़िर 10 आदमी हाथ में बंदूक थामकर 10 हज़ार लोगों को कब तक बंधक बनाए रह सकते हैं ともかく10人の者が手に銃を構えて1万人の人をいつまで人質にしておくことができようか बलिष्ठ हाथों में चप्पू थामे कुछ युवक がっしりした腕に櫓を握っている数人の青年 (3) 手に取る；握る；受け取る प्याला थामते हुए पूछा カップ

थ

を手に取りながらたずねた सहज भाव से उन्होंने परशुराम का धनुष थामा और बड़ी आसानी से झुका दिया 落ち着いてパラシュラーマの弓を手に取りいとも簡単に折り曲げた (4) 抱える；支える；抱きとめる；押さえる सिर को दोनों हाथों से थामकर दम मारने लगे 頭を両手で抱えて一息入れ始めた वे हाँफ रही हैं, सीना थामे हुए 胸を押さえてあえいでいる स्वाभिमान थामे है उसे 自尊心が彼を支えているのだ（倒れようとするのを精神的に支える） उसने एक झटके से आगे बढ़कर मुझे दोनों बाजुओं से थाम लिया （倒れかかるのを）さっと前に出て両腕で私を抱きとめてくれた (5) 止める；抑える；抑制する；制する मैं ऐसे हमदर्दों में अपने को घिरा पाकर आँसू नहीं थाम पा रही थी このように親切な人たちに囲まれているのを知って涙を抑えることができずにいた अभी-अभी अपने बैलों को थामे उन चारों के सामने से गुज़रा था ほんの今しがた牛を制しながらその 4 人の前を通って行った (6) 寄りかかる；突っ張る；もたれる यदि वह दीवार थामकर अपने आप को सँभाल न लेती तो वह लड़खड़ाकर गिर ही जाती もしも壁にもたれて体を支えていなかったらよろけて倒れてしまっていた (7) 止める；停止させる (8) 引き受ける；受け止める

थायराइड ग्रंथि [名*] = थाइराइड ग्रंथि. 〔解〕甲状腺 थायराइड ग्रंथि का रोग 〔医〕甲状腺腫= ग्वाइटर; गलगंड.

थार[1] [名] = थाल.

थार[2] 〔地名〕ラージャスターン州西部を中心に広がるタール砂漠；インド砂漠= थार का रेगिस्तान.

थारी [名*] = थाली.

थारू[1] [名] タールー（ネパールからインドにかけて広がるタライ平原・低地の先住民）

थारू[2] [名*]〔言〕タールー語→ थरुहटी.

थाल [名] (1) タール（真鍮や鐘青銅製の丸い盆状の器で料理や進物などを盛る）= बड़ी थाली. पूड़ियों का थाल プーリーを盛ったタール थाल में अपनी बनाई तलवार रखकर बादशाह के दरबार में पहुँचा タールに自分のこしらえた刀を載せて宮廷に行った आकाश पर तारों के थाल सजे हुए थे 天空には星をちりばめたタールが飾られていた (2) 穀物を入れる焼き物の容器 **थाल बजाना** 〔ヒ〕男児出生の際，その祝いに家族の女性が真鍮製などのタールを打ち鳴らして出生を近隣に知らせる風習

थाला [名] (1) 木の根方に水をやるために掘った穴や溝 छोटे पौधों की सिंचाई पेड़ के चारों तरफ़ अँगूठीनुमा क्यारी या थाला बनाकर करनी चाहिए 若木には木のぐるりに円形に穴や溝をこしらえて水をやらなくてはいけない (2) ものの周囲を取り囲むように盛り上がった部分 (3) 流域；盆地 **थाला बाँधना** 出来物の周囲が赤く腫れあがること

थाली [名*] (1) ターリー（真鍮や鐘青銅などの金属製の円形の盆状の食器．これに料理が盛られる） (2) ターリー（ヒンドゥーがプージャーを行う際に用いる金属製の盆= पूजा की थाली.） **थाली (का) जोड़** 食器の一揃い（ターリー，カトーラーなど） **थाली का बैंगन** 無節操に自分の利益だけをはかる人 **थाली फिरना** 立錐の余地もないほどの人混み **थाली बजना** 男児の出産を祝ってまた，子がたくましく育つようにターリーが打ち鳴らされること **थाली बजाना** *a.* ターリーを打ち鳴らし呪文を唱えて蛇毒を除く *b.* 男児の出生に際してターリーを打ち鳴らすこと **थाली भेजना** ターリーに菓子，果物，進物などを飾って届ける **थाली लोटा तक बिक जा॰** 食器まで含め一切の財産を失う；家財の一切を失う **थाली साफ़ कर दे॰** 出された膳を平らげる

थावर [形・名] (1) 不動のもの (2) 意識をもたないもの；無生物 **थावर-जंगम** 無生物と生物；ありとあらゆるもの

थाह [名*] (1) 度合い；程度；深さ आज मुझे तेरी बुद्धि की थाह लग गई 今日お前の頭の程度がわかったわい（見当がついた） (2) 情報；知識 (3) 川，海，池，湖などの水の底 (4) 限度；限界= अंत; सीमा; हद. **थाह दे॰** 大方の見当をつける；概略を述べる **(-की) थाह पाना** （－の）見当をつける **(-की) थाह मिलना** （－の）見当がつく **(-की) थाह रखना** （－について）知る；知識を持つ **(-की) थाह लगना** 深さや限度や程度がわかる= थाह मिलना. **(-की) थाह ले॰** *a.* （－を）調べる；探る；調査する；探索する समुद्र की गहराई की थाह ले॰ 海の深さを調べる *b.* （－を）知る *c.* （－について）探りを入れる；鎌を掛けてさぐる

थाहना [他] (1) 程度，度合い，深さなどを調べる；探る (2) 心の底を探る；探りを入れる

थिंक टैंक [名] 《E. think tank》シンクタンク

थिएटर [名] 《E. theatre; theater》(1) 劇場 (2) 映画劇場；映画館；シアター；テアトル (3) 演劇；芝居

थिएटर मालिक [名] 《E.+ A. مالک》映画館主；劇場主

थिएटरी [形] 《← E. theatre》劇場の

थिगली [名*] (1) 継ぎ；継ぎ当ての布 (2) ぼろ घोंसले में से तिनके और थिगलियाँ टूट-टूटकर हवा में छितरने लगते 巣の中からわらとぼろがちぎれて空中に飛び散り始める हर खोखे के दरवाज़े पर फटे टाट या थिगलियाँ लटक रही थीं どの売店の戸口にも破れた麻布やぼろぎれが下がっていた **आसमान में थिगली लगाना** *a.* 甚だ困難なことをする *b.* 不可能なことをしようとする *c.* ありえないことを言う= बादल में थिगली लगाना. **थिगली लगाना** *a.* つくろう（繕う）；継ぎを当てる *b.* いいかげんにする *c.* 不都合なことや具合の悪いことを隠す；つくろう

थिति [名*] (1) 定まること；とどまること (2) とどまるところ (3) 定住 (4) 継続 (5) 状態；状況

थियासोफ़िकल [形] 《E. theosophical》= थियोसोफ़िकल. 神智学の；接神論の

थियासोफ़िस्ट [名] 《E. theosophist》= थियोसोफ़िस्ट. 神智学者；接神論者

थियेटर [名] 《E. theater》= थिएटर.

थियेटरी [形] ← थियेटर. = थिएटरी.

थियोसाफ़िकल [形] 《E. theosophical》神智学の；接神学の

थियोसोफ़िकल सोसाइटी [名*] 《E. Theosophical Society》神智学協会（1875 年に Madame H.P. Blavatsky/Blavatskaya 1831–91 によってニューヨークに設立）

थियोसोफ़ी [名*] 《E. theosophy》神智学；接神学

थिर [形] (1) 動かない；不動の；安定した= स्थिर. (2) 落ち着いた；平静な

थिरकना [自] (1) 手足や体などが激しくもしくは活発に動く；揺れる；震える हलकी-सी मुस्कान अभी भी उसके होंठों पर थिरक रही थी かすかな笑みが今もなお唇に揺れていた डिस्को की धुन पर थिरकने वाला राजू ディスコのリズムに合わせて体の揺れているラージュー उसके आते ही श्यामा खिल जाती.वाणी मुखर हो जाती और अंग-अंग थिरकने लगते シャーマーは彼が来るとたんに快活になり，口数が多くなり全身の動きが活発になる आदिवासियों के पैर उनके वाद्य-यंत्रों की धुनों पर स्वतः थिरकने लगते हैं 部族民の足は彼らの楽器に合わせてひとりでに動き出す (2) 痙攣する；ぴくぴくする मिर्गी का दौरा पड़ते समय रोगी थिरकता है てんかんの発作が起きる際には患者の体は痙攣する

थिरकाना [他] (1) 激しく，もしくは，活発に（体などを）動かす；震わせる मोर नाचते समय अपनी शानदार दुम को तेज़ी से थिरकाता जाता है 孔雀は踊る時にその華麗な尾を激しく震わせる (2) 痙攣させる；ぴくぴくさせる

थिरता [名*] (1) 安定 (2) 落ち着き (3) 静止= स्थिरता.

थिरथिरा [名]〔鳥〕ヒタキ科クロジョウビタキ【*Phoenicurus ochrurus*】 **सितसिरा थिरथिरा** 〔鳥〕ヒタキ科シロジョウビタキ【*Phoenicurus phoenicus*】 **सिलेटी थिरथिरा** 〔鳥〕ヒタキ科アオカワビタキ【*Rhyacornis fuliginosus*】

थिरना [自] (1) 液体の揺れがおさまる (2) 沈澱する；液体中の混じりものや浮遊物が沈下する (3) 澄む；濁りがとれる

थिराना [他] (1) 静かにする；静める；落ち着かせる (2) 沈澱させる

थीं [自] → था. 連結動詞 होना[1] の直説法過去時制女性複数形

थी [自] 連結動詞 → था. होना[1] の直説法過去時制女性単数形

थीकरा [名] 健康な成人全員が担う村全体の警護の務めや任務

थीजना [自] 落ち着く；安定する= स्थिर रहना.

थीता [名] (1) 安定 = स्थिरता. (2) 静けさ = शांति. (3) 落ち着き = कल; चैन.

थीम [名] 《E. theme》(1) 主題；題目；テーマ= विषय. (2) 〔文芸〕主題= कथासूत्र.

थीसिस [名*]《E. thesis》(1) 学位論文；博士論文；学術論文= शोध-प्रबंध; डिसर्टेशन. थीसिस पूरी करने के लिए 論文を完成するために (2) 論文；卒業論文 (3) 題目

थुँदला [形⁺] ぶくぶくに太った；でぶでぶに肥えた
थुकवाना [他・使] ←थूकना. (1) 唾を吐かせる (2) 吐かせる；吐出させる (3) 軽蔑させる；侮辱させる
थुकहाई [形] みなが唾を吐きかけるような；唾棄すべき
थुकाई [名*] ←थूकना.
थुकाना [他・使] ←थूकना. = थुकवाना.
थुक्कम-थुक्की [名*] 唾を掛け合うような激しいののしり合い→ थुक्का-थुक्की.
थुक्का-थुक्की [名*] = थुक्कम-थुक्की.
थुक्का-फ़ज़ीहत [名*] 《H. + A. فضيحت》(1) 激しいののしり合い (2) 泥仕合；醜い争い सगे भाई भतीजों में लेन-देन और हिस्सा बाँट के मामले में जो थुक्का-फ़जीहत देखी जाती है 実の兄弟や従兄弟同士の間の金の貸借や遺産分けをめぐって見られる醜い争い
थुड़ना [自] (1) 減る；減少する (2) 足りなくなる
थुड़ी [名*] (1) 激しいののしりの言葉 (2) 呪咀 **थुड़ी-थुड़ी क°** 激しくののしる **थुड़ी-थुड़ी मचाना** = थुड़ी-थुड़ी क°. (-की) **थुड़ी-थुड़ी हो°** (ーが) この上なくひどい言葉でののしられる
थुत [形] ほめられた；称えられた；称賛された；称賛すべき
थुति [名*] 神を称えること；神を称える言葉= स्तुति.
थुत्कार [名] (1) 唾を吐くこと (2) 唾を吐く音= थूत्कार.
थुथकार [名*] 激しい嫌悪の念を表すために थू थू という唾をはき捨てる音やそのような音を発すること
थुथकारना [他] 激しい嫌悪感を थू थूとか थुड़ी थुड़ी という音や言葉で表現する
थुथाना [自] 口をとがらせる；不満や不機嫌を顔に出す
थुथुना [名] = थूथन. 馬面；長い顔；あごのとがった顔 थुथुना फुलाना ふくれっ面をする；口をとがらす
थुथुलाना [自] 震える；体が震える
थुनेर [名] 〔植〕イチイ科高木イチイ【*Taxus baccata*】
थुन्नी [名*] = थूनी.
थुरना [自] 打たれる；叩かれる
थुरहथा [形⁺] (1) 掌の小さな (2) 倹約家の；節約家の
थुलथुल [形] でっぷり太った；でぶでぶの；ぶくぶくに太った यदि मैं ऐसा खाना चार दिन भी लगातार खा लूँ तो पाँचवें दिन थुलथुल होकर यहीं कहीं लुढ़का पड़ा मिलूँ このような食事を 4 日間も続けたら 5 日目にはでぶでぶになってこのあたりに転がっていることになろう मोटी-सी थुल-थुल औरत थी ぶくぶくに太った女性だった
थुलथुला [形⁺] = थुलथुल. मुटापे के कारण यही शरीर थुलथुला बेडौल-सा दिखाई पड़ने लगता है 太っているので体はでぶでぶの不恰好なもののように見え始める
थुलथुलापन [名] ぶくぶくふとっているさま；極度の肥満 थुलथुलेपन को तेज़ी से साफ़ कीजिए 極度の肥満を早急に解消しなさい
थू [名*・感] (1) ぺっ（唾を吐き捨てる音） 'थू थू, यह भी कोई फल है?' 「ぺっ，これが果物かい」 (2) 激しい嫌悪感を表す言葉= थू-थू.
थूक [名] つば（唾）；つばき उसके मुँह में थूक भर आया था 口に唾がいっぱいたまってきていた **थूक उछालना** *a.* 無駄な言い争いをする *b.* 悪口を言う **थूक चाटना** 吐いた唾をなめる，すなわち，恥も外聞もないようなことをする；おぞましいことをする (-पर) **थूक डलवाना** (ーに) 恥をかく **थूक बिलोना** = थूक उछालना. **थूक लगाकर छोड़ना** 恥をかかせる **थूक लगाकर रखना** ひどく物惜しみをする；けちけち物をためる (-) **थूक लगाना** (ーを) やっつける；打ち負かす= हराना; नीचा दिखाना. **थूक से सत्तू सानना** *a.* ひどく物惜しみをする *b.* 口先ばかりで実行の伴わないこと *c.* わずかの投資で大仕事を企むこと **थूक सत्तू सानना** = थूक से सत्तू सानना. **थूक सूख जा°** とても怯える **थूक से चुहिया जिलाना** 間違ったことをする；道理にはずれたことをする **थूक है** ああなんとあさましい；恥を知れ
थूकदान [名] 《H. + P. دان》たんつぼ（痰壷）= उगलदान; पीकदान.
थूकना [他] (1) 唾を吐く (2) 口の中にたまったものや食べかすなどを吐き出す पान की पीक थूकना パーンを噛んだかすを吐き出す (3) 怒りや嫌悪感を表すために相手の前に唾を吐く भीड़ में खड़ी अनेक स्त्रियाँ हाथ पसार-पसार कर उसे गालियाँ दे रही थीं और बार-बार उसके सामने थूक रही थीं 人だかりの中に立っていた多数の女性たちは手を大きく広げる仕草をし何度もその女の前につばを吐いていた **थूककर और चाटना** = थूककर चाटना. **थूककर क्या चाटना** 〔諺〕前言を翻せようか；一旦口から出た言葉を取り消せようか **थूककर चाटना** *a.* 前言を翻すたとえ *b.* 完全に自分の過ちを認める *c.* 断ったことを止むを得ずする (-पर) **थूकना भी नहीं** (ーに) 唾さえもかけない；(ーを) 全く相手にしない
थूथन [名⁻] (1) (豚や猪，ワニなどの口のように) 動物のとがった口 भारतीय घड़ियाल की थूथन लंबी, संकरी और तलवार-नुमा होती है ガリヤール・ワニの口は長く細く刀のような形をしている (2) ふくれっ面；不機嫌な顔；口をとがらせた顔 थूथन अब भी थोड़ा-सा बाहर को निकला था まだ少しふくれっ面のままだった (3) 蛇口 **थूथन फुलाना** (- फैलाना) 口をとがらす；ふくれっ面をする；(不満から) むくれる
थूथना [名] = थूथन. गधे ने अपना थूथना आसमान की ओर उठाया और ज़ोर से हाँक लगाई ロバは口先を天に向けると勢いよく鳴き出した
थूथनी [名*] 長い顔；口のとがった長い顔；口をとがらせた顔 **थूथनी फैलाना** 口をとがらせる；不平や不満の表情を表す
थूथरा [形⁺] 馬面の；口のとがった長い顔をした
थूथुन [名] = थूथन.
थू-थू [名*] = थू. (1) 唾を吐く音；ぺっぺっ (2) 激しい嫌悪感をあからさまにする際に発する音（थू-थू という言葉） = छि: छि: क°. **थू थू क°** *a.* 不快感を露わにする；そのためにぺっぺっと言う；唾を吐く；唾を吐くような音を立てる；舌打ちをして罵る सचमुच ग्रामीण औरतें विधवा को थू-थू करके धिक्कारने लगीं 実際田舎の女たちは舌打ちをして未亡人を罵りだした *b.* 激しく嫌う **थू-थू कराना** 顰蹙を買う उसने गाँव भर में तो थू-थू करा दी! अब क्या बाक़ी है あ奴は村中の顰蹙を買った．もうこれ以上のことはあるまい **थू-थू हो°** 世間から非難される；顰蹙を受ける
थून [名*] 柱；支柱
थूनी [名*] (1) 柱 (2) 支柱 (3) 拠り所；避難所
थूर [名] 〔植〕マメ科キマメ= अरहर; तूर.
थूरना [他] (1) こまかく砕く (2) ひどく打ちすえる (3) ぎっしり詰めこむ (4) 詰めこむように食べる
थूला [形⁺] (1) 肥え太った (2) 重く太い
थूली [名*] (1) 穀物の粒をひき割りにしたもの；ひき割り (2) 穀物の粒のひき割りを煮たもの (3) 粗挽きの小麦粉
थूवा [名] (1) 丘；土の高く盛り上がったところ (2) 粘土の塊；土のかたまり；土くれ (3) 境界線を示すために盛られた土
थूह [名] 屋根のてっぺん
थूहर [名] (1) 〔植〕トウダイグサ科多肉低木キリンカク【*Euphorbia neriifolia*】= सेहुँड़. (2) 〔植〕トウダイグサ科多肉低木サボテンタイゲキ【*Euphorbia antiquorum*】= थूहड़.
थूहा [名] (1) 丘；高台 (2) 山積みになったもの；堆いもの
थे [自] 連結動詞 होना[1] の直説法過去時制男性複数形 → था.
थेई-थेई [名*] (1) 歌や踊りの拍子や調子 (2) 足でとる拍子や調子 (3) 浮かれ騒ぐこと；お祭り騒ぎ **थेई-थेई क°** *a.* 踊る *b.* 浮かれ騒ぐ
थेगली [名*] (着物の) 継ぎ= टिकली; थिगली; चकती; पैबंद. सोना की साड़ी अभी दो-एक महीने थेगलियाँ लगाकर चल सकती है ソーナーの着ているサリーはあと 1〜2 ヶ月は継ぎを当てればもつ **थेगली लगाना** *a.* 継ぎを当てる *b.* 不都合なものを覆い隠す
थेटर [名] 《E. theatre》(1) 劇場；演劇場 (2) 映画館；シネマ (3) 劇；演劇；芝居
थेर [名] 《Pa.》〔仏〕(1) 初期仏教教団における指導的な地位の僧や尊崇された高徳の比丘；上座；テーラ (2) 長く修行を積んだ比丘や修行僧に対する呼びかけの言葉や敬称；テーラ= स्थविर.
थेरगाथा [名*] 《Pa.》〔仏〕テーラガーター；長老偈（経蔵小部）
थेरवाद [名] 《Pa.》〔仏〕(1) 初期仏教の教説 (2) 上座部；テーラヴァーダ
थेरीगाथा [名*] 《Pa.》〔仏〕テーリーガーター；長老尼偈（経蔵小部）
थेवा [名] (1) 指輪に宝石をはめ込むこと (2) 指輪にはめ込まれた宝石 (3) 印鑑の刻み込まれた金属 (4) 指輪の宝石をはめ込む部分
थैं [格助・後置] = से.
थैंक्यू [感] 《E. thank you》ありがとう；サンキュー= थैंक यू. थैंक्यू! आप जा सकते हैं.स्वयं ही इनसे बात कर लूँगा もう結構ですよ．後は

自分でこの人と話をしますから थैंक्यू कहना ありがとうと言う；礼を言う थैंक्यू वेरी मच सर《E. Thank you very much, sir》ありがとうございます= थैंक्यू सर.

थैंक्स [感]《E. thanks》サンクス；ありがとう "हाँ, थैंक्स"「やあ，ありがとう」

थैचा [名] 畑の見張り用の番小屋の茅葺きや藁葺きの屋根

थै-थै [感] = थेई-थेई.

थैरेपी [名*]《E. therapy》セラピー

थैला [名] (1) 大きな袋；袋状のもの；かばん डाकिये का थैला 郵便配達のかばん डाक का थैला 郵袋 (2) 現金の入った袋；現金行嚢 **थैला क॰** 叩きのめす；打ちのめす；半殺しにする

थैली [名*] (1) 様々な物を入れるために用いられる小さな袋；袋状の入れもの；袋のような形をしたもの= बटुआ. रबड़ की थैली ゴム製の袋 गरम पानी के लिए रबड़ की थैली 湯を入れるためのゴム製の袋 **पानी की थैली** 羊膜 (2) 財布；銭入れ；きんちゃく（巾着）(3) 袋状のもの (4) 陰嚢 **थैली उछालते जा॰** 豊かなことや富裕なことを見せびらかす **थैली उलट दे॰** 気前よく金を使う；惜しみなく金を使う **थैली क॰** ひどく打ち叩く；打ちのめす **थैली कटना** 懐中物をすられる；すりに会う；巾着切りにすりとられる **थैली काटना** *a.* する；すりを働く *b.* 大きな損害を与える **थैली का पेंदा कट जा॰** = थैली उलट दे॰. **थैली का मुँह खुलना** 気前よく金が使われる；財布のひもがゆるむ **थैली खोलना** *a.* 際限なく金を使う；無制限に金を使う *b.* 財布から取り出して金を与える **थैली भरना** *a.* 利益をはかる；金儲けをする *b.* 腹に入れる；食べる **थैली मारना** = थैली काटना.

थैलीदार [形・名]《H. + P. دار》(1) 金を持つ；金を握っている (2) 現金出納係 (3) 金貸し；金融業者；銀行家

थैलीवाले स्तनी [名]〔動〕有袋類【*Marsupialia*】

थैलीशाही [名*]《H. + P. شاہی》資本主義= पूँजीवाद.

थोंद [名*] = तोंद.

थोंदिया [名*] = तोंद.

थोक [名] (1) 集まり；集合；集積；山（ほどのもの） (2) 集団；グループ；集まり (3) 卸売りの商品= इकट्ठा बेचने की चीज़ (4) 卸；卸売り थोक का व्यापारी 卸商 (5) 計；合計= कुल. (6) 共有地のうち個人の保有分；保有地= चक. (7) 土地境界の設定；線引き (8) 数か村の境界の接するところ (-) **थोक क॰** (ーを) 集める **थोक में ख़रीदना** 卸売りで仕入れる प्राय: अनाज को सस्ता देखकर मैं उसे थोक में ख़रीद लेती थी いつも穀物が安いと見ると卸で仕入れていた

थोकख़रीद [名*]《H.+ P. خرید》〔商〕一括購入；大量購入

थोकदार [名]《H. + P. دار》卸商；問屋

थोकफ़रोश [名]《H. + P. فروش》卸商；問屋

थोकफ़रोशी [名*]《H. + P. فروشی》卸売り；卸商い

थोकबंद [形]《H. + P. بند》(1) 一括の；卸売りの (2) 大口の उसे गरीब मतदाताओं का थोकबंद समर्थन है 彼には貧しい有権者の大口の支持がある

थोकबंदी [名*]《H. + P. بندی》共有地所の保有分を明記すること

थोकबाज़ार [名]《H. + P. بازار》卸市場

थोकमूल्य सूचकांक [名]〔経〕卸売物価指数 1975 के मार्च में (1970 - 71 को आधार एक सौ मानकर) थोक मूल्य सूचकांक 162.6 था 1975 年 3 月に（1970–71 年度を 100 とすると）卸売物価指数は 162.6 であった

थोक विक्रेता [名] 卸商；問屋

थोड़ा[1] [形+] (1) 少しの；わずかの；少量の थोड़े समय में 近いうちに थोड़ी देर तक しばらく（の間） (2) 足らない；不足する **थोड़ा-थोड़ा करके** 少しずつ **थोड़ा-बहुत** *a.* 少しの；少々の；少し（の分） अब भूखे रहने से क्या होगा, थोड़ा-बहुत खा ले 今さら食べないでどうなるものでもない．少し食べなさい *b.* 少し；少々；若干 दर्शकों को थोड़ी बहुत राहत मिलती है 見物人は少し楽になる **थोड़ा-सा** ほんのわずかの；一抹の

थोड़ा[2] [副] 少し；わずかに；いささか थोड़ा सख़्त फल 少し固い果物；固い目の果物 गायत्री कमरे में पहुँचकर थोड़ा चौंक गई ガーヤトリーは部屋に行ってみて少しびっくりした थोड़ा चुप भी रहना चाहिए 少々は黙っていなくてはなりません मेरा घर थोड़ी दूर है 私の家は少々遠い **थोड़ा ही/थोड़े ही** - 絶対に（ー）ない；（ー）では全くない बीबी साथ में हो तो कोई नौकरी से थोड़े ही निकाल देगा 嫁さんがいればだれも絶対に首にはするまい आपने थोड़े ही गंगाजली उठाई है あの方が誓いを立てられたわけでは全くありませんよ

थोथ [名] (1) 空っぽ（なこと）；中に何も入っていないこと (2) 空虚 (3) 中身のないこと

थोथरा [形+] (1) 虫喰いの；虫が喰べたために殻だけになった；空の；空になった (2) 中身のない；空虚な (3) 役に立たない；無用の

थोथा [形+] (1) 空の；空っぽの；空になっている；うつろな (2) 中身のない；うつろな；空虚な छात्र को कुछ सिखाने की जगह उसे भ्रमित कर थोथी धारणाओं से भर देते हैं 生徒に何かを教えるのではなく道を誤まらせ空虚な観念を詰め込む (3) いい加減な；無責任な उसका उस दिन का संकल्प थोथा नहीं था あの人のあの日の誓いはいいかげんなものではなかった (4) 馬鹿げた；ばかばかしい अपने ही थोथे मज़ाक पर हँसी से लोट-पोट होने लगी थी 自分の言った馬鹿げた冗談がおかしくて転げまわりだした (5)（刃物の）鈍った；なまった= कुंठित. (6) 役に立たない；無用の

थोपड़ी [名*] 手で頭を叩くこと= चपत; धौल.

थोपना [他] (1) 泥や粘土などどろっとした物を塗りつける (2) なすりつける किसी और की करनी मेरे ऊपर मत थोपो 他人のしたことを私になすりつけるな (3) 押しつける；強制する；強要する；課する पश्चिमीकरण के अंतर्गत पश्चिमी समाज अथवा समाजों के कई मूल्यों व सामाजिक संरचनाओं को पूर्वी समाजों पर थोपने का प्रयास किया जाता रहा है 西洋化の過程で西洋社会の幾つかの価値や社会構造が東洋社会に押しつけようとされてきている जनता के ऊपर विशेष कर थोपने पर विचार-विमर्श हुआ 民衆に特別税を課すことが検討された अपनी फ़रमाइशें गृहिणी पर न थोपें 自分の好みを妻に押しつけないこと अपने डर को बेवजह अपने बच्चों के ऊपर थोपती है 自分の恐怖心をわけもなく自分の子供に押しつける वह लड़ाई हम पर थोप दी गई थी その戦争は我々に押しつけられたものだった उनका यह कहना है कि केंद्र दूरदर्शन के माध्यम से हिंदी थोप रहा है 中央（政府）は（国営）テレビを用いてヒンディー語を強制しているというのがあの人たちの言い分なのだ

थोपी [名*] 手で軽く叩くこと= चपत; धौल.

थोबड़ा [名] (1) 動物の突き出た口= थूथन. (2) 不平面 **थोबड़ा फुलाना** 口をとがらす；不平面をする= थूथनी फैलाना.

थोर [形] = थोरा; थोड़ा. 少しの；わずかの

थोरियम [名]《E. thorium》〔化〕トリウム（放射性金属元素 Th.）

थ्योरम [名*]《E. theorem》定理 = प्रमेय. ज्यामिति की थ्योरम की तरह 幾何の定理のように

थ्योरी [名*]《E. theory》セオリー；理論 = सिद्धांत.

थ्रिल [名]《E. thrill》スリル

थ्री चीयर्ज़ [名]《E. three cheers》万歳三唱；ヒップヒップフッレー "थ्री चीयर्ज़ टू दी न्यू मेयर" "हुर्रे"「新市長に万歳三唱，ヒップヒップ」「フッレー」

थ्री-टायर [名]《E. three-tier》(1) 寝台車の上下三段寝台 (2) 三段寝台車 थ्री टायर की ध्वस्त बोगी 三段寝台車の壊れた車体

थ्रीपीस सूट [名]《E. three-piece suit》三つ揃い（スーツ）

थ्रीव्हीलर [名]《E. three wheeler》(1) サイドカー（サイドカー付きのオートバイ） (2) 三輪車 (3) オートリキシャ= थ्रीह्वीलर.

थ्रेड वर्म [名]《E. thread worm》〔動〕袋形動物線虫綱ギョウチュウ科ギョウチュウ（蟯虫） = चुनचुना; सूत्रकृमि.

थ्रेशर [名]《E. thresher》脱穀機= मड़ाई-यंत्र; गहाई मशीन; थ्रेसर.

थ्रो [名]《E. throw》(1)〔ス〕スロー；スローイング विरोधी टीम को फ़ाउल स्थल के पास से थ्रो दिया जाता है 相手チームにファウルの場所からのスローが与えられる (2)〔ス〕スロー；投げ（方）

थ्रो-इन [名]《E. throw-in》〔ス〕スローイン

द

दंग[1] [形] 《P. دنگ》全く驚いた；びっくりした；気が動転した；茫然とした **दंग रह जा॰** びっくり仰天する；気が動転してしまう；茫然とする अक्ल दंग रह जा॰ 仰天する；茫然となる；茫然自失する इतने छोटे बच्चे में सचाई पर अड़ने की यह दृढ़ता देखकर मैं दंग रह गई こんなに小さな子供の中に真実に固執するこの意志堅固さを見て全く驚いた

दंग[2] [名] 恐れ；不安= डर; भय.

दंगई[1] [形] ←दंगा. (1) 騒動を起こす；好戦的な= उपद्रवी; झगड़ालू. (2) 激しい；激烈な；猛烈な= उग्र; प्रचंड. (3) とても大きい；でかい；とてつもなく大きい= लंबा-चौड़ा.

दंगई[2] [名*] ←दंगा. (1) 好戦的な気性；何かにつけて騒ぎを起こす性分 (2) 騒動；暴動

दंगल[1] [名] 《P. دنگل》(1) レスリング競技（特に懸賞のかかったレスリング競技）；ダンガル (2) レスリング競技場 (3) 競技会 (4) 敷布団= गद्दा. **दंगल मारना** レスリング競技で勝利を収める **दंगल में उतरना** *a.* マットや試合場に上がる；土俵に上がる *b.* 家庭生活；所帯持ちの苦労をする

दंगल[2] [形] 非常に大きい；でかい

दंगली [形] ←दंगल. (1) ダンガル競技の；ダンガル競技に関係した (2) ダンガルで勝利を収めた (3) 好戦的な；戦闘的な (4) とても大きな；巨大な；でかい

दंगवारा [名]〔農〕農民間の役畜や農機具の貸借による相互扶助やその関係；もやい

दंगा [名] (1) 争い；騒動；騒ぎ；騒擾 हिंदू-मुस्लिम दंगा ヒンドゥーとムスリム間の暴動 साम्प्रदायिक दंगा コミュナル暴動 (2) 喧騒；騒々しい音= शोर; गुल; हुल्लड़.

दंगाई[1] [形・名] 暴動を起こす（人）；騒動を起こす（人）；騒擾を起こす（人） **दंगाई क॰** *a.* 騒動を起こす；騒乱を起こす *b.* 騒ぎ立てる

दंगाई[2] [名*] (1) 騒乱や騒動を起こしやすい気質 (2) 騒乱；騒擾

दंगा-फ़साद [名]《H. + A. فساد》(1) 暴動 (2) コミュニティー（特にヒンドゥーとムスリム）間の暴動；騒乱 अंग्रेजों के बाद हमारे मुल्क में बड़ा दंगा-फ़साद हुआ イギリスの去った後，わが国では大騒乱が起こった (3) 喧嘩；争い

दंगैत [形・名] (1) 暴動を起こす；暴徒= उपद्रवी. (2) 反乱を起こす；謀反を起こす；反逆者；謀反人= बागी; बलवाई.

दंड [名] (1) 木や竹の棒，竿など（細長い棒のような形をしたもの）(2) 取っ手；把手 (3) 杖；錫杖 (4) 帆柱；マスト (5) ダンダ（長さの単位，腕尺（約 46cm）の 4 倍の長さ） (6) ダンダ（時間の単位，24 分） (7) 五体投地の礼= दंडवत् प्रणाम. (8) 腕立て伏せに似た腕と足を鍛える体操，ダンド (9) 刑罰 = सज़ा. इससे कड़े दंड की व्यवस्था これ以上に厳しい刑罰制度 (10) 処罰；懲罰；懲らしめ；ペナルティー= सज़ा. यमलोक में पापों का जो दंड मिलता है 冥界で与えられる罪の懲罰 (11) 罰金= अर्थ दंड; जुरमाना; डाँड. (12) 軍隊 **दंड कमंडल उठाना** 自分の持ち物を持って退散する **दंड गोपाली क॰** 無為に過ごす；ぶらぶらする **दंड ग्रहण क॰** 世捨て人になる；サンニャーシーになる；出家する **(-पर) दंड डालना** *a.* （ーに）罰金を科す= जुरमाना क॰. *b.* 税金を課す= कर लगाना. **(-को) दंड दे॰** *a.* （ーを）処罰する *b.* （ーを）懲らしめる= (-की) ख़बर ले॰. **(-पर) दंड पड़ना** （ーが）被害を受ける；被害を被る = (-को) हानि हो॰; नुक़सान हो॰. **दंड पेलना** *a.* ぶらぶらする；無為に過ごす हमारे यहाँ ही पड़े पड़े दंड पेलनेवाले मस्त मलगों की इतनी बड़ी फ़ौज क्यों है? わが国にはぶらぶらして働きもせぬ物乞い連中がこれほど沢山いるのはどういうことなのだ *b.* レスリングをする **दंड भरना** *a.* 罰金を納める= जुरमाना दे॰. *b.* 弁償する；他人の受けた損害を埋め合わせる **दंड भुगतना/ दंड भोगना** *a.* 罰を受ける；罰せられる *b.* わざと苦労をする；罰が当たる **दंड मारना** = दंड पेलना. **दंड लगाना** *a.* = दंड पेलना. *b.* 罰金を課す **दंड सहना** *a.* 損害を被る *b.* 罰せられる；罰を受ける **दंड सुनाना** 刑を言い渡す；判決を下す उसे फाँसी का दंड सुनाया गया 絞首刑の判決が下された

दंडक[1] [形] 罰を加える；処罰する

दंडक[2] [名] (1) 棒；棍棒 (2) 処罰者；刑罰を下す人 (3)〔韻〕ダンダカ（4 つのパーダが 26 以上の同数の音節から成る音節韻律の総称で वर्णदंडक とも呼ばれる．これにはガナダンダカ गणदंडक とムクタカ・ダンダカ मुक्तक दंडक との 2 種がある．前者はガナ गण，すなわち，音節の軽・重（短・長）の配列によって律せられるが，後者は音節数によってのみ律せられる） (4)〔韻〕ダンダカ（4 つのパーダが 32 モーラ以上の同数のモーラから成るモーラ韻律の総称） (5) ダンダカの森= दंडकारण्य.

दंडक ज्वर [名]〔医〕デング熱= डंगू ज्वर; लँगड़ा ज्वर.

दंडकर्म [名] 懲罰；刑罰= दंड; सज़ा.

दंडकला [名*]〔韻〕ダンダカラー（各パーダが 32 マートラーから成り 10 - 8 - 14 の間隔で休止があるモーラ韻律）

दंडकवन [名] ダンダカの森= दंडकारण्य.

दंड क़ानून [名] 刑法 = दंड विधि.

दंडकारण्य [名]〔ラマ〕ダンダカの森（西ガーツ山脈に発しベンガル湾に注ぐゴーダーヴァリー川とゴーンドワーナーに発しアラビア海に注ぐナルマダー川の間にあったとされる森．ここでのラーマの隠棲中にシーターをラーヴァナにさらわれた）

दंडकी [名*] (1) 小さな棒；小さな竿（棹） (2) 杖 (3) 太鼓= ढोलक.

दंड-तुला [名*] さおばかり（竿秤；棹秤）

दंड दासता [名*] 懲役刑

दंडधर[1] [形] (1) 棒や棍棒を手にした (2) 懲罰する

दंडधर[2] [名] (1) 冥界の王ヤマ（यम）；えんま（閻魔） (2) 統治者；支配者；王侯

दंडधारी [形] 棒，棍棒，杖，刑杖などを手にする（持つ）

दंडन [名] (1) 処罰；刑罰 (2) 統治；支配= शासन.

दंडनायक [名] (1) 刑罰・治安の責任を負った官吏 (2) 支配者；統治者 (3) 指揮官

दंडनीति [名*] 司法

दंडनीय [形] 処罰すべき；処罰に値する；刑罰の対象となる

दंडनीय अपराध [名]〔法〕刑事犯；犯罪〈criminal offence〉

दंड न्यायालय [名] 刑事裁判所

दंडपाणि[1] [形] 棒や棍棒などを手にしている

दंडपाणि[2] [名]〔ヒ・仏〕冥界の王ヤマ；えんま（閻魔）= यम; यमराज.

दंडपाल [名] (1) 裁判官；司法官= न्यायाधीश. (2) 門衛；守衛= द्वारपाल.

दंडप्रक्रिया [名*]〔法〕刑事訴訟〈criminal procedure〉

दंडप्रक्रिया संहिता [名*]〔法〕刑事訴訟法〈criminal procedure code〉 भारतीय दंड प्रक्रिया संहिता का धारा 125 के अंतर्गत インド刑事訴訟法 125 条により

दंड प्रणाम [名] 足から頭までの全身を地に伏せて行われる五体投地の礼；最敬礼= दंडवत्प्रणाम.

दंडयात्रा [名*] (1) 軍の襲撃 (2) 世界制覇への出陣 (3) 結婚式に向かう花婿（側）の行列

दंडवत्[1] [形] 棒のような，棒のように真っ直ぐな दंडवत् प्रणाम 帰命頂礼；五体投地の礼

दंडवत्[2] [名⁻] 五体投地の礼

दंड विज्ञान [名] 刑法学

दंड-विधान [名]〔法〕刑事立法；刑法典= दंड संहिता; फ़ौजदारी क़ानून. 〈penal code〉 दंड विधान कठोर नहीं था 刑法典は厳しくはなかった

दंड विधि [名*] 刑法 = दंड क़ानून.

दंडविधि प्रक्रिया [名*]〔法〕刑事訴訟〈criminal procedure〉= दंड प्रक्रिया.

दंड शास्त्र [名] 刑法学

दंड संहिता [名*] 刑法；刑法典〈penal code〉 **भारतीय दंड संहिता** インド刑法

दंडाजिन [名] (1) 行者，修行者の持つ錫杖と鹿皮の敷物 (2) 虚飾 = आडंबर. (3) 変装
दंडात्मक [形] 懲罰的な；刑罰の；処罰の दंडात्मक कार्यवाही 懲罰行為
दंडादंडि [名*] 棍棒での殴り合い
दंडादेश [名] 刑罰の宣告；有罪判決
दंडादेशित [形] 刑罰を宣告された；有罪判決を受けた
दंडाधिकारी [名] 判事
दंडाध्यक्ष [名] 裁判官= न्यायाधीश.
दंडापराध [名] 犯罪= दंडनीय अपराध.
दंडायमान [形] 直立した；真っ直ぐ立っている
दंडित [形] (1) 罰せられた；処罰された；懲らしめられた किसी न्यायालय के द्वारा दंडित व्यक्ति 裁判所によって罰せられた人 **दंडित क॰** 罰する；処罰する；懲らしめる अपने भ्रष्टाचारी नेताओं को दंडित करने के लिए 腐敗した政治屋どもを罰するために (2) ペナルティーを与えられた टीम को दंडित करने के लिए チームにペナルティーを与えるため
दंडी [名] (1) 棒や棍棒を持つ人 (2) 冥界の王ヤマ；ヤマ神；ヤマ王 (यम)；冥界の王 (3) 〔仏〕閻魔（天） (4) 王= राजा; नृप. (5) 門衛；守衛= द्वारपाल.
दंडौत [名⁻] = दंडवत्.
दंड्य [形] = दंडनीय.
दंत [名] (1) 歯= दाँत. (2) 牙 (3) 歯のような形のもの एक दंत टूटी कंघी 歯の 1 本欠けた櫛 (4) 32 の数
दंतक [名] (1) 歯 = दाँत. (2) 山頂= पहाड़ की चोटी.
दंत कटाकट [名] 喧嘩；争い；対立
दंतकथा [名*] 口碑；伝説 हेनरी फ़ोर्ड की औद्योगिक सफलता अब एक दंतकथा का रूप ले चुकी है ヘンリーフォードの事業の成功は今や伝説となってしまっている
दंतकार [名] 歯医者；歯科医師= दंतचिकित्सक; दाँतों का डाक्टर.
दंतकाष्ठ [名] インドセンダンやマンゴーなどの小枝の先端を噛み砕いて歯を磨く道具にしたもの；楊枝；歯ブラシ= दतुवन.
दंतकुरेदनी [名*] ようじ（楊枝）；つまようじ（爪楊枝）；金属製の楊枝= दंत खोदनी.
दंतक्षत [名] 歯形；歯で噛んだ跡（特に男女の愛戯の結果生じたもの）
दंतक्षय [名]〔医〕むしば（虫歯）；うし（齲歯）
दंतघर्ष [名] (1)（睡眠中の）歯ぎしり= दाँत किरकिराना. (2) 同上の音 (3) 残念がること；悔しがること；歯がみ
दंतचक्र [名] 歯車
दंतचिकित्सक [名] 歯医者= दाँतों का डाक्टर. शीघ्रातिशीघ्र किसी दंतचिकित्सक से साफ़ अवश्य करा लें 直ちにだれか歯科医師に必ずきれいにしてもらうこと
दंतचिकित्सा [名*] 歯科治療；歯科医療
दंतच्छद [名] 唇 = ओंठ; ओठ; ओष्ठ.
दंतदर्शन [名] 怒りやいら立ちの表現として歯の見えること；歯がみ；歯ぎしり
दंतधावन [名] (1) 歯みがき (2) インドセンダンなどの小枝の先を歯みがき用にこしらえたもの；ようじ（楊枝）；歯ブラシ
दंतपाली [名*] 歯茎 = मसूड़ा.
दंतबीज [名]〔植〕ザクロ= अनार; दाड़िम.
दंतब्रुश [名] 《H. + E. brush》歯ブラシ= दाँत धोने का ब्रुश.
दंतमांस [名] 歯茎；歯肉= मसूड़ा.
दंतमूल [名] 歯茎 = मसूड़ा.
दंतमूलीय [形] (1) 歯茎の (2)〔言〕歯茎音の
दंतवर्त्स्य [形] 歯茎音の 〈denti-alveolar〉
दंतवल्क [名] エナメル質（歯の）
दंतवस्त्र [名] 唇 = ओंठ; ओष्ठ; ओठ.
दंतविहीन [形] 歯のない；歯の抜けた；歯抜けの दंतविहीन सिंह 歯の抜けたライオン
दंतवेष्ट [名]〔解〕歯茎；歯齦
दंतशर्करा [名*]〔医〕歯槽膿漏；歯肉炎= पायरिया.
दंतशूल [名] 歯痛
दंतहर्ष [名] 冷たいものや酸味のもので歯がしみること
दंतहीन [形] 歯のない；歯の抜けてしまった
दंताज [名]〔医〕歯槽膿漏；歯肉炎= पायरिया.
दंतादंति [名*] 噛みつき合いの喧嘩
दँतार[1] [形] 大きな歯の生えている；大きな牙を持つ
दँतार[2] [名] 象 = हाथी.
दंतार्बुद [名]〔医〕歯槽膿漏；歯肉炎
दंतालि [名*] 歯並び = दाँतों की पंक्ति.
दंताली [名*] 手綱 = लगाम.
दंतावली [名*] 歯並び = दाँतों की पंक्ति.
दंति [名]〔動〕ゾウ（象） = हाथी.
दंतिका [名*] = दंती[2]
दँतिया [名*] 小さな歯；子供の歯；乳歯= दूध के दाँत.
दंती[1] [名*] 子供の小さな歯
दंती[2] [名*]〔植〕トウダイグサ科低木ハズ【*Croton tiglium*】= जमालगोटा.
दंती[3] [名]〔動〕ゾウ（象）= हाथी; गज.
दंतीबीज [名] = दंती[2]
दंतीला [形⁺] 歯の形をした；ぎざぎざの；刻み目のある दंतीला पहिया 歯車= दंतचक्र.
दंतुर[1] [形] (1) そっ歯の；出っ歯の= दंतुला; दाँतू. (2) でこぼこの= ऊबड़ खाबड़. (3) むき出しの
दंतुर[2] [名] (1) ゾウ（象） हाथी (2) イノシシやブタ
दंतुल [形] = दंतुला (1) そっ歯の；出っ歯の= दाँतू. (2) 歯の大きな
दंतोष्ठ्य [形]〔言〕歯唇音の 〈labio-dental〉
दंत्य [形] (1) 歯の (2)〔言〕歯音の 〈dental〉
दंत्यघर्षी [形]〔言〕歯摩擦音の；歯狭め音の 〈dental spirant〉
दंत्यसंघर्षी [形]〔言〕歯摩擦音の 〈dental spirant〉
दंत्यस्पर्श [形]〔言〕歯閉鎖音の 〈dental stop〉
दंद[1] [名*] 熱；熱気
दंद[2] [名] (1) 争い；いさかい；対立 (2) 戦い；戦争；戦闘 (3) 騒ぎ；騒動 (4) 悩み；苦悩
दंदाँ [名] 《P. دندان》歯 = दंदान; दाँत.
दंदाँसाज़ [名] 《P. دندان ساز》歯医者；歯科医師= दंदानसाज़.
दंदान [名] = दंदाँ.
दंदानसाज़ [名] 《P. دندان ساز》歯科医師；歯医者= दंतचिकित्सक.
दंदाना [名] 《P. دندانه》歯のように先のとがったもの；櫛や鋸の目；ぎざぎざ कंघी के दंदाने 櫛の歯
दंदानेदार [形] 《P. دندانه دار》ぎざぎざの；ぎざぎざになった
दंदारू [名] 水ぶくれ= छाला.
दंदासा [名] クルミの木の皮
दंदी [形] 好戦的な；戦闘的な= झगड़ालू; कलहप्रिय.
दंपति [名] 夫婦；夫妻；めおと= दंपती. घर के नौकर-नौकरानी दंपति उसी समय से गायब हैं 使用人夫婦がちょうどそれ以来行方不明である
दंभ [名] (1) 見せかけ；見え；偽り (2) 高慢さ；気取り；おごり（驕り）；驕慢
दंभी [形] (1) 見えを張る；てらいのある；偽りのある (2) 高慢な；驕り高ぶる；紳士気取りの
दँवरी [名*]〔農〕役牛に踏ませて行う麦などの脱穀作業
दंश [名] (1) 噛みつくこと (2) 噛んだ傷跡；歯形 (3) 動物や虫などが噛みつくこと (4) 害虫などが刺すこと (5) 皮肉や攻撃的な言葉；辛辣な言葉= कटूक्ति. अपमान का दंश उन्हें भी चुभा था 侮辱の厳しい言葉がやはりあの方にも突き刺さった (6) 憎しみ；憎悪= बैर; द्वेष. **दंश मारना** 噛む；噛みつく साँप का दंश मारना 蛇が噛む **दंश रखना** 憎む；憎しみを抱く
दंशक [形] 噛む；噛みつく
दंशन [名] (1) 噛みつくことや虫などが刺すこと= डसना. (2) 鎧 = बकतर.
दंशना [他] (1) 噛みつく (2) 虫などが刺す= डसना.
दंशित [形] (1) 噛みつかれた；噛まれた (2) 虫などに刺された (3) 鎧をつけた
दंशी [形] (1) 噛みつく (2) 虫などが刺す (3) きつい言葉を言う (4) 憎しみを抱く
दंष्ट्र [名] 歯；臼歯= दाढ़; चौभर.
दंष्ट्रा [名*] (1) 臼歯 (2) あご；あぎと (3)〔植〕ツノゴマ科草本【*Martynia louisiana*】
दंष्ट्री[1] [形] 大きな歯を持つ

दंष्ट्री[2] [名] (1)〔動〕ブタ（豚）；イノシシ（猪） (2)〔動〕ヘビ（蛇） (3)〔動〕ハイエナ= लकड़बग्घा.

दंस [名] = दंश.

दँहगल [名*]〔鳥〕ヒタキ科シキチョウ【*Copsychus saularis*】〈magpie robin〉

-द [造語]（一を）生み出す，生じさせる，（一を）与えるなどの意を有する合成語の構成要素 दुःखद 悲しみをもたらす；悲しい सुखद 心地よい

दइमारा [形+] = दईमारा; दई का मारा.

दई [名] (1) 最高神= ईश्वर. (2) 摂理；神意 (3) 運命 **दई का खोया** *a.* 神の怒りにふれた；のろわれた *b.* 不運な；運のない *c.* ろくでなし（ののしりの言葉であると同時に親愛の情を表したり謙称にもなる） **दई का घाला** = दई का खोया. **दई का मारा** = दई का खोया. **दई के निहोरे** 後生だから दई के निहोरे अब भी आँख खोलो 後生だから今でもいいから目を覚ましておくれ

दईजार [形] = दईजारा. 不運な；運のつきのない= दईमारा.

दईमारा [形+・名] = दई का खोया; दई का मारा. पता नहीं कहाँ रुक गया दईमारा どこで油を売っているのやらうちの宿六は

दकन [名] (1) 南；南方 (2) 南インド，特にデカン地方；デカン高原→ दक्कन; दक्खन.

दकनी[1] [形] (1) 南の；南方の (2) デカンの；デカン地方の

दकनी[2] [名*]〔言〕ダッキニー語（→ दक्खिनी）

दकार [名] द の文字と発音

दक़ियानूस〔人名〕《A. دقیانوس》(1) ダキヤーヌース（古代アラビアやペルシアを統治し異教徒に暴虐を働いたと伝えられる王） (2) ダキヤーヌース（熱狂的なローマ伝統主義者で国家宗教の復活を企てキリスト教徒の弾圧を行ったとされるローマ皇帝 デキウス Gaius Messius Quintus Trajanus Decius 在位 249–251）

दक़ियानूसी [形] (1) 大昔の；古めかしい；古くさい；時代遅れの；古色蒼然たる；時代錯誤の दक़ियानूसी विचार 古めかしい考え (2) 保守的な；固陋な；因襲的な (3) 役立たずの；無用の

दक़ीक़ [形]《A. دقیق》(1) 微細な = बारीक; महीन. (2) 微妙な = सूक्ष्म; गूढ़; नाज़ुक. (3) 難しい = कठिन; मुश्किल.

दक़ीक़ा [名]《A. دقیقہ》(1) 60 分の 1 時間；1 分 (2) 細かいこと；微細なこと (3) 微妙な事；微妙さ (4) 欠けていること；不足 **कोई दक़ीक़ा बाक़ी न रखना** ありとあらゆる努力をする；あらゆる手を尽くす

दक्कन [名] (1) 南方；南 (2) デカン地方 (3) 南インド दक्कन का पठार デカン高原= दक्खन का पठार; दक्खिन का पठार.

दक्खन [名] (1) 南；南方 (2) デカン地方 (3) 南インド **दक्खन का पठार** デカン高原

दक्खिन [名] (1) 南；南方；南部 (2) デカン地方 (3) 南インド

दक्खिनी[1] [形] (1) 南の；南方の (2) デカン地方の

दक्खिनी[2] [名] デカン地方の住民

दक्खिनी[3] [名*]〔言〕ダッキニー語（デカン地方に話される言語であるが，起源的には 14〜15 世紀にデリー近辺に話されていた言語がデカン地方へ伝えられ，周辺の言語の影響を受けながら独自性を保ってきたものとされる．したがってヒンディー語及びウルドゥー語と基盤を共有する）

दक्ष[1] [名]〔イ神〕ブラフマー神の息子ダクシャ दक्ष के महायज्ञ की ध्वंस-लीला（シヴァ神による）ダクシャの供犠祭の破壊劇

दक्ष[2] [形] (1) 上手な；上達した；堪能な；精通した；敏腕の गृहकार्य में दक्ष 家事に堪能な (2) 右手の；右の **दक्ष हाथ** 巧みな；上手な；上達した

दक्षकन्या [名*]〔イ神〕シヴァ神と結婚したダクシャの娘サティー सती

दक्षता [名*] (1) 上手なこと；上達；堪能なこと；精通すること भोजन संग्रह करने की एक विशिष्ट दक्षता 食糧調達（収集）の特別の腕前 (2) 能率 रेल प्रशासन की दक्षता बढ़ाने के लिए 鉄道行政の能率増強に

दक्षिण[1] [形] (1) 右の；右手の；右方の；右側の (2) 南の；南の方角の；南方の दक्षिण प्रशांत महासागर 南太平洋 (3) 上手な；上達した；達者な；敏腕の

दक्षिण[2] [名] (1) 南；南方 (2) 右手；右腕；右側 (3)〔イ文芸〕（インド古典文学で）すべての恋人に等しく愛情を注ぐ男性= दक्षिण नायक.

दक्षिण अफ़्रीका〔国名〕南アフリカ共和国 दक्षिण अफ़्रीका में रंगभेद 南アフリカの人種差別；アパルトヘイト

दक्षिण कोरिया [名] (1) 南朝鮮 (2)〔国名〕韓国；大韓民国

दक्षिण गोल [名]〔天・占星〕黄道十二宮のうち天秤宮（तुला），天蝎宮（वृश्चिक），人馬宮（धनु），磨羯宮（मकर），宝瓶宮（कुम्भ），双魚宮（मीन）の 6 宮

दक्षिण गोलार्ध [名] 南半球〈southern hemisphere〉

दक्षिण दिशा [名*] 南；南方；南の方角

दक्षिण ध्रुव [名] 南極〈South Pole〉

दक्षिण ध्रुवीय [形] 南極の दक्षिण ध्रुवीय क्षेत्र 南極圏；南極地域= दक्षिणध्रुवीय प्रदेश.

दक्षिण पंथ [名] 右派；右翼

दक्षिण पंथी [形・名] 右派の（人）；右翼の（人）

दक्षिण पथ〔地名〕ダクシナパタ（ヴィンディヤ山脈とナルマダー川の南方に位置する地域の古名）

दक्षिण पवन [名] 南の風（マラヤ山から吹く芳香を含んだ風）→ मलयानिल.

दक्षिणपश्चिम [形] 南西の；西南の

दक्षिणपश्चिम एशिया [名] 南西アジア

दक्षिण पार्श्व [名] 右脇

दक्षिणपूर्व [形] 東南の；南東の

दक्षिणपूर्व एशिया [名] 東南アジア

दक्षिण भारत [名] 南インド

दक्षिण मार्ग [名] (1) タントラ信仰を左道と呼ぶのに対してヴェーダの信仰を尊ぶという意味での右道 (2)（政治上の）右派；右翼 (3)（過激派に対して）穏健派 (4)〔ヒ〕祖霊が死後月及び天界に行ってそれを通って再びこの世に戻ると伝えられる道= पितृयान.

दक्षिणा [名*] (1) 南；南方；南の方角 (2) バラモン祭司の行う祭儀の謝礼；布施= दान. (3) 贈り物= भेंट. (4) 謝礼；礼金= गुरु-दक्षिणा. गुरु को दक्षिणा 師への謝礼（金）

दक्षिणाग्नि [名*]〔ヒ〕祭壇の南側に置かれる祭火

दक्षिणाचल [名] マラヤ山（マラヤギリ मलयगिरि，マイソールの南，トラヴァンコールの東に位置する）

दक्षिणाचार [名] (1) 正しい行い；正行 (2) 品行の正しいこと

दक्षिणाचारी [形] (1) 行いの正しい (2) 品行方正の

दक्षिणात्य[1] [形] (1) 南方の；南部の (2)（特に）南インドの；南インド地方の मंदिरों में कुछ दक्षिणात्य संतों की प्रतिमाएँ हैं 寺には南インド出身の聖者の像が安置されている

दक्षिणात्य[2] [名] 南インド人

दक्षिणायन[1] [形] (1) 南の；南方の (2) 南半球の

दक्षिणायन[2] [名] (1) 太陽が北回帰線より南回帰線に向かうこと (2) 同上の時期（夏至より冬至に至る期間）

दक्षिणावर्त [形]（左から）右へ回る；右回りの；右旋回の

दक्षिणावह [名] 南風；南の風 = दक्खिनी हवा.

दक्षिणी[1] [形] (1) 南の；南方の (2) 南部の (3) 南インド地方の；南インド風の दक्षिणी भोजन 南インド風の料理；南インド料理

दक्षिणी[2] [名] 南部の人；南インド人

दक्षिणी[3] [名*] 南インドの言語

दक्षिणी गोलार्ध [名] 南半球 आस्ट्रेलिया और न्यूजीलैंड पूर्णतया दक्षिणी गोलार्द्ध में आते हैं オーストラリアとニュージーランドは完全に南半球に入る

दक्षिणी ध्रुव [名] 南極 = अंटार्कटिक; साउथ पोल.

दक्षिणी-पूर्वी एशिया [名] 東南アジア

दक्षिणी भारत [名] 南インド

दक्षिणीय [形] (1) 南の；南方の (2) 南部地方の

दखन [名] = दकन; दक्षिण.

दखनी[1] [形] (1) 南の (2)〔言〕ダッキニー語（दक्खिनी）の

दखनी[2] [名*]〔言〕ダッキニー語 दक्खिनी → दकनी.

दख़मा [名]《P. دخمہ》ゾロアスター教徒（拝火教徒）の死体安置所；同教徒の鳥葬所；沈黙の塔

दख़लंदाज़ी [名*]《A.P. دخل اندازی》= दख़ल अंदाज़ी. व्यापार में अनावश्यक दख़लंदाज़ी 交易に不必要な干渉 विश्वविद्यालय में दख़लंदाज़ी 大学への干渉 हम दूसरे देशों के आंतरिक मामलों में दख़लंदाज़ी नहीं करते 外国の内政への干渉はしない दख़लंदाज़ी को छोड़ अपने व्यवहार में थोड़ा-सा परिवर्तन कर लें おせっかいを止めて行動を少し改めてごらん

दख़ल [名] 《P. دخل》(1) 入ること；立ち入り (2) 占有；領有 (3) 口利き；干渉；口出し नेताओं का दख़ल होने से अभियुक्त बाइज़्ज़त बरी हो जाते हैं 政治家の口利きで被告は堂々と釈放される (4) 関わり；関係 हैज़ा फैलाने में मक्खी का सब से ज़्यादा दख़ल है コレラを広げるのに一番関わりのあるのはハエだ (5) 知識；認識 **दख़ल क॰** *a.* 占有する；領有する *b.* 侵入する；侵略する (-में) **दख़ल दे॰** *a.* (ーに) 干渉する；(ーを) 邪魔する；妨げる कभी दूसरों के काम में दख़ल नहीं देना चाहिए 他人のことに決して干渉してはいけない *b.* (ーに) 口をさし挟む；口出しする तुम दख़ल मत दो 口出しするな इसमें धार्मिक भेदों का दख़ल नहीं है これに関しては宗教の違いが関与する点はない

दख़ल अंदाज़ी [名*] 《A.P. دخل اندازی》干渉；おせっかい；余計な世話 इस फ़ैसले से मुसलिम वैयाक्तिक क़ानून में सरकारी दख़ल अंदाज़ी होती है この判決によりイスラム私法への政府の干渉が生じる

दख़लकार [名] 《P. دخل کار》〔農〕(世襲の土地) 占有者 = अधिभोगी. 〈occupant; hereditary occupant〉

दख़लकारी [名*] 《P. دخل کاری》〔農〕(世襲の) 占有 = अधिभोग. 〈occupancy; hereditary occupancy〉

दख़लदिहानी [名*] 《A.P. دخل دہانی दख़्लदिहानी》引き渡し；明け渡し

दख़लनामा [名] 《A.P. دخل نامہ》〔農・法〕占有権証書 〈writ of entrance or possession〉

दखिन [名] = दक्षिण; दक्खिन.

दख़ील [形] 《A. دخیل》(1) 占有している；所有している (2) 関与する；干渉する

दख़ीलकार [名] 《A.P. دخیل کار》〔農〕占有小作 〈ocuupancy tenant; hereditary occupant〉

दख़ीलकारी [名*] 《A.P. دخیل کاری》占有小作権 〈hereditary occupancy〉

दगड़ [名] 陣太鼓 = जंगी ढोल.

दग़दग़ा [名] 《A. دغدغہ》(1) 恐れ；恐怖 (2) 不安；心配；懸念 (3) 当惑

दगदगाना[1] [自] 光る；輝く

दगदगाना[2] [他] 光らせる；輝かせる

दगधना [他] (1) 焼く；燃やす= जलाना; दहना. (2) 激しく苦しめる；ひどく悩ませる

दगना[1] [自] (1) 焼き印や薬品などを用いてしるしがつけられる (2) 発射される；射たれる "गो" के आदेश के साथ बंदूक दगती है 「ゴー」の号令と共に銃が発射される (3) 烙印を押される；汚名を受ける

दगना[2] [他] = दागना.

दगरा [名] 遅れ；遅滞；遅延= देर; बिलंब.

दगल [名]〔服〕綿入りのアンガルカー (अंगरखा)

दग़ल [名] 《P. دغل》欺き；だまし；ぺてん= छल; कपट; धोखा.

दग़लना [他] 欺く；だます；ぺてんにかける= धोखा दे॰.

दग़ल फसल [名] 《P. دغل + H.》偽り；だまし；欺瞞= धोखा; फ़रेब.

दगला [名] = दगल.

दगवाना [他・使] ← दागना.

दगहा [形+] 《← P. داغ दाग़ + H.》(1) 汚点やしみのついている (2) 烙印のついた (家畜) (3) 白なまずの斑点のある

दग़ा [名] 《P. دغا》(1) ごまかし；詐欺 (2) 裏切り；背信 (3) 期待に反すること；裏切り **दग़ा दे॰** *a.* 欺く *b.* 信義に反する；裏切る *c.* 期待に反する दवा-दारू जो कुछ हो सका, सब कुछ किया, मुदा वह हमें दग़ा दे गई. ありとあらゆる可能な限りの薬石で治療を試みたがあの人は期待に背いた (亡くなった)

दगाई [名*] ← दागना. (1) = दागना. (2) 烙印

दग़ाई [形] 《← P. دغا दग़ा》偽る；欺く；詐る

दग़ादार [形] 《P. دغا دار》偽る；欺く；ごまかす；ぺてんにかける

दग़ाबाज़ [形・名] 《P. دغا باز》偽る (人)；だます (人)；詐欺師；ぺてん師；いかさま師

दग़ाबाज़ी [名*] 《P. دغابازی》(1) 偽り；ごまかし；詐欺；いかさま दग़ाबाज़ी की सज़ा 詐欺罪 (2) 裏切り；背信

दग़ैल[1] [形] 《← P. داغ》(1) 烙印のついた (2) 斑点やしみのついた (3) 汚点のついた (4) 前科者の；前科のある

दग़ैल[2] [形] だます；ごまかす；いんちきな；ぺてんにかける

दग्ध [形] (1) 燃えた；燃やされた (2) 烙印のついた (3) 苦悩にうちひしがれた (4) 不吉な

दग्धा [名*] 西；西の方角；西方= पश्चिम.

दग्धाक्षर [名]〔修辞〕詩の行頭に出してはいけないとされる音節 (झ, ह, र, भ, ष)

दचक [名*] = दचका.

दचकना[1] [自] (1) 強くぶつかったり突き当たったりする (2) 突き当たられる；激しく当てられる (3) 押さえられる；押しつけられる

दचकना[2] [他] (1) ぶつける；衝突させる (2) 衝撃を加える (3) 押さえる；押しつける

दचका [名] 突き；衝撃= धक्का. **दचका दे॰** 突く；ぶつける；ぶち当てる；衝撃を加える हम सब की हालत यह थी कि निश्चय नहीं कर पा रहे थे कि हँसें या क्या करें कि उन्होंने एक दचका और दिया みなが笑ったものかどうしたものかと決めかねていたところにもう 1 つ彼が衝撃を加えた मैंने उन्हें एक गहरा दचका दिया あの方に深い衝撃を与えた

दचना [自] 落ちる；落下する；堕落する

दच्छ[1] [名] = दक्ष[1].

दच्छ[2] [形] = दक्ष[2].

दच्छना [名*] = दक्षिणा.

दच्छिन [形・名] = दक्षिण.

दजला [名] 《← A. دجلہ दज्‌ला》チグリス川；ティグリス川

दज्जाल[1] [名] 《A. دجال》(1)〔イス〕ダッジャール (終末前に現れるとされるシーア派第 12 イマームの敵) (2) 詐欺師；ぺてん師

दज्जाल[2] [形] 大嘘つきの；大詐欺師の

दज्झना[1] [自] (1) 焼ける；燃える= दहना. (2) 大変に苦しむ；苦悶する

दज्झना[2] [他] (1) 焼く；燃やす (2) 激しく苦しめる；苦悶させる

दड़बा [名] = दरबा.

दढ़ियल [形] あごひげを生やした एक दढ़ियल आदमी जिसकी आँखें लाल थीं 目が赤かったあごひげの男

दतवन [名*] = दतुअन; दतुवन; दातुन

दतुअन [名*] = दातुन.

दत्त[1] [形] (1) 与えられた (2) 支払われた

दत्त[2] [名] (1) 寄進；寄付 (2) 施与 (3) 養子

दत्तक [名] 養子= दत्तकपुत्र.

दत्तकग्रहण [名] 養子にとること；養子にすること

दत्तकग्राही [名] 養親；養い親

दत्तकपुत्र [名]〔ヒ〕ダッタカ，もしくは，ダッタカプトラ (古代インドの養子の分類の一で父親が愛情を持って子のない夫婦に与えた子．父親が死んだ場合母親に子を与える資格があった)

दत्तकी [形] 養子縁組の；養子関係の दत्तकी पिता 養父 दत्तकी माता 養母

दत्तचित्त [形] 専心した；熱中した；熱心な फिर तीनों दत्तचित्त होकर कहानी सुनने लगीं 再び 3 人は熱中して物語に聞き入った

दत्तात्मा [名] 自分から進んで養子になった人

दत्तात्रेय [名]〔イ神〕ダッタートレーヤ (ヴィシュヌ神などの化身とされる聖仙)

दत्तावधान [形] (1) 注意を向ける；注意を払う= ध्यान दे॰. (2) 注意深い；用心深い；警戒する सावधान. अनेक विषयों पर हम लोगों को भी दत्तावधान होना पड़ा いろんな点で我々も用心しなければならなくなった

दत्त्रिम [名]〔ヒ〕ダットリマ (古代インドの養子の分類の一で親が困窮した際に愛情から与えた子．マヌ法典 9 - 168)

ददरा [名] 濾し布= छन्ना; साफ़ी.

ददा [名] = दद्दा.

ददिया ससुर [名] 舅の父親

ददिया सास [名*] 夫の祖母；姑の姑 (姑にとっての姑)

ददिहाल [名] (1) 父方の家；父親の実家；祖父の家 (2) 父方の故郷 (3) 父方の家系

ददोरा [名] (1) 虫に刺されたり咬まれたりしたために生じる赤いはれ (2) 発疹

दद्दा [名] 兄貴；兄貴分

दद्दुर [名]〔動〕カエル (蛙)；カワズ= दादुर; मेंढक.

दद्रु [名] = ददू. 〔医〕(1) 田虫 (2) 発疹；吹き出物；ヘルペス

दधि [名] ダヒー दही；ヨーグルト；凝乳
दधिकाँदों [名] = दधिकादो. 〔ヒ〕ダディカーンドーン（クリシュナ神生誕祭の行事の一，ウコンを混じたヨーグルトを掛け合う）→ जन्माष्टमी.
दधिकूर्चिका [名*] 牛乳が発酵して分離したかたまり= छेना.
दधिचार [名] 牛乳を攪拌するための棒= मथानी.
दधिजात[1] [名] バター = मक्खन.
दधिजात[2] [名] 月= चंद्र; चाँद.
दधिसुत[1] [名] バター= मक्खन; नवनीत.
दधिसुत[2] [名] (1) 月 (2) ハス（蓮） (3) 真珠 = मुक्ता; मोती.
दधिसुता [名*] (1) ラクシュミー神 (2) 真珠
दधीचि [名]〔イ神〕ダディーチ（聖仙の名，→ वृत्रासुर. ヴリトラアスラという悪魔退治の武器製造のためインドラ神の求めに応じて自分の骨を提供した）
दन [名] (1) 銃砲の発射音. ドン，バン，パンなど (2) 物に強くぶつかったり物を踏んだりするために生じる音. どんどん，どすんどすんなど दन दन どんどん（床を踏む音） दन से すぐさま；即刻
दनदनाना[1] [自] (1) どんどん，どすんどすん，ばんばんなどと激しく重い音がする गुस्से से दनदनाते हुए 怒りに床を踏み鳴らしながら (2) はしゃぐ वह दनदना रहा है कि वह फिर से राजनीति के मैदान में कूदेंगे もう一度政治の舞台に躍り出ようとはしゃいでいる
दनदनाना[2] [他] どんどんとかばんばんなどの音を立てる
दनादन[1] [名] (1) ばんばん；どんどん (2) どんどんぱんぱん；どんぱち；交戦 अंगोल जनमुक्ति आंदोलन व पुर्तगाली सेना में दनादन 人民解放戦線とポルトガル軍との間で交戦
दनादन[2] [副] (1) どんどん（と）；ばんばん（と）；ぱんぱん（と） (2) 次から次へと；どんどん（と） (3) すぐさま；直ちに
दनु [名*]〔イ神〕ダヌ（ダクシャ दक्ष の娘ディティの娘でカシュヤパ仙との間に 40 人の息子を生む. 息子たちはダーナヴァ दानव と呼ばれる巨人）
दनुज [名] ダーナヴァ（ダヌの子の巨人，神々の敵対者）， असुर, राक्षस などとも呼ばれる = दानव.
दनुजेश [名] (1) = हिरण्यकशिपु. (2) = रावण.
दपट [名*] 叱りつけること；叱責；譴責
दपटना [他] 叱りつける；譴責する= डाँटना; घुड़कना.
दपेटना [他] = दपटना.
दफ़ [名⁻] 《A. دف》ダフ；タンバリン
दफ़तर [名] = दफ़्तर.
दफ़तरी [名] = दफ़्तरी.
दफ़ती [名*] = दफ़्ती.
दफ़न [名] 《← A. دفن दफ़्न》 (1) 埋めること (2) 埋葬 (-को) दफ़न क॰ （ーを）終わりにする；しまいにする अब इस किस्से को यहीं दफ़न कर देंगे もうこの話はここでしまいにしよう
दफ़नाना [他] 《← A. دفن》 (1) 埋葬する उसने अपने बाप की लाश दफ़नाई 父親の遺体を埋葬した (2) 埋める उनके शरीर के साथ हाथीदाँत के सुंदर छोटे-छोटे पुतले दफ़नाये जाते हैं 遺体と一緒に象牙の美しい可愛らしい人形が埋められる (3) 滅却する；うずめる；ないことにする पार्टी के हित में मतभेदों को दफ़नाने और मिलकर काम करने की ज़रूरत 党の利益のために意見の対立をなくし協力し合う必要
दफरा [名] 船の舷を衝突や衝撃から守るために舷側に取りつける板
दफराना [他] (1) 舷を衝突から守る (2) 帆を上げる (3) よける；守る
दफला [名] 《A. دف + H.》小さなダフ；タンバリン = डफ; छोटा दफ़.
दफ़ा[1] [名*] 《A. دفعہ दफ़आ》 (1) 回；回数；度；度数 (2) 条項；条文 (3) 等級；級 **एक दफ़ा** *a.* 一度に；一回に *b.* かつて；ある時 वह एक दफ़ा में डेढ़ सौ अंडे देती है 一度に 150 個の卵を産む (-पर) **दफ़ा लगाना** （ーに）条項を適用する
दफ़ा[2] [名] 《A. دفع दफ़अ》 (1) 押しやること；突き飛ばすこと；はねとばすこと (2) 追い払うこと；排除すること；排斥すること；退けること；防ぐこと **दफ़ा क॰** *a.* 押しやる；はねとばす；突き飛ばす *b.* 追い払う；排除する；排斥する **दफ़ा रफ़ा क॰** うやむやにする；片付ける **दफ़ा हो॰/दफ़ा हो जा॰** *a.* 押される；押しやられる；はねとばされる *b.* 追い払われる；引き下がる；退散する आखिरी बार कह रहा हूँ.ख़ैरियत इसी में है कि अब दफ़ा हो जाओ いいかいこれで最後だ. このへんで退散するのがお前の身のためだぞ दफ़ा हो यहाँ से 下がれ；退け
दफ़ातिर [名, pl.] 《A. دفاتر ← دفتر दफ़्तर》事務所；オフィス
दफ़ादार [名] 《A.P. دفعدار》 (1)〔軍〕ダファーダール（英領インドのインド人部隊の陸軍伍長） (2) 巡査長= दफ़ेदार; जमादार.
दफ़ादारी [名*] 《A.P. دفعداری》ダファーダールの職務と身分
दफ़ाली [名] 《P. دف + H.》ダフ（タンバリン）を打つ芸人（カースト名），ダファーリー= डफाली.
दफ़ीना [名] 《A. دفینہ》地下に埋蔵された財宝
दफ़्तर [名] 《A. دفتر》 (1) 事務所；事務室；オフィス (2) 登録所；役場；公文書保管所 (3) 職場；勤め口；勤め先；仕事場 दफ़्तरों में पनपा रोमांस 職場のロマンス；職場での恋愛 सरकारी दफ़्तर 役所；役場→ निजी दफ़्तर. 民間事務所 (4) 帳簿；帳面；目録 (5) 説明書；陳述書 **दफ़्तरों में दाख़िल क॰** 登録する
दफ़्तरशाही [名*] 《A.P. دفتر شاہی》官僚主義 = नौकरशाही.
दफ़्तरी [名] 《A. دفتری》 (1) 書類の保管や文具類の管理などをする事務員；ダフタリー (2) 製本や書類作成などに従事する事務員；ダフタリー
दफ़्तरी ख़ाना [名] 《A.P. دفتری خانہ》 (1) ダフタリーの仕事場；事務室 (2) 製本所
दफ़्ती [名*] 《P. دفتی?》厚紙；ボール紙 दफ़्ती के मॉडल ボール紙製の模型
दबंग [形] (1) 豪胆な；不屈の आप एक दबंग और निडर महिला हैं この方は豪胆で恐れを知らぬ女性でいらっしゃる वे बड़े दबंग आदमी थे और राजकाज में बड़े कुशल थे とても豪胆で政治にとても長けていた方だった (2) 気の強い；気丈な；神経の太い (3) 威圧的な उसकी आवाज़ दबंग थी 声は威圧的だった (4) 威厳のある；威風堂々たる वे एक दबंग व्यक्ति थे 威厳のある人物だった
दबंगपन [名] ← दबंग. 威厳；威圧感= दबदबा; रोबदाब.
दब [名*] 気後れ；恐れ；遠慮；畏縮
दबक [名*] (1) 畏縮；身を縮めること；身を縮めて隠れること；ひそむこと (2) 縮むこと = सिकुड़न. (3) 金属や金糸，銀糸などを叩いて薄く延ばすこと
दबकई [名*] 刺繍に用いる金糸や銀糸を叩いて延ばすこと
दबकगर [名] 《H. + P. گر》刺繍用の金糸・銀糸を作る職人
दबकना[1] [自] (1) 畏縮する；縮こまる；身を縮める (2) 隠れる；ひそむ= लुकना; छिपना. अब तक परिस्थितियों के कारण पीछे दबका हुआ था これまでは状況のせいで陰にひそんでいた (3) うずくまる
दबकना[2] [他] 金糸，銀糸や薄い金属板などを打ち延ばす
दबकना[3] [他] 叱りつける；どなりつける；譴責する
दबकनी [名*] ふいごの空気の取り入れ口
दबकवाना [他・使] ← दबकाना.
दबका [名] 刺繍に用いる金糸や銀糸
दबकाना [他] 隠す；ひそめる；覆い隠す；見えないようにする；物陰に入れる
दबकी [名*] 隠れること；ひそむこと **दबकी मारना** 隠れる；身をひそめる；姿を隠す；姿を消す
दबकैया [名] = दबकगर.
दबगर [名] 《P. دبگر》（水や油などを入れる）革袋製造の職人
दबड़ घुसड़ [形] 非常に臆病な；甚だ小心な= डरपोक.
दबदबा [名] 《A. دبدبہ》威厳；威圧；威力；威圧感 दरबार में दबदबा 宮廷での威厳 लोकमत का दबदबा 世論の威力 **दबदबा जमाना** 幅をきかせる；威圧感を与える (-को) **दबदबा दिखाना** （ーを）威圧する
दबना [自] (1) 押さえられる；圧力が加えられる；圧される；間に挟まれる；押さえつけられる；ものの下になって押される；押しつぶされる；下敷きになる；踏みつぶされる प्राचीन चट्टान में दबे जीवाश्म 太古の岩に押さえつけられた化石 मकानों के मलबे में दब जाएँगे 建物の瓦礫の下敷きになる भीड़ में दब जाने से कितनी ही जानें चली जाती हैं 人混みに押しつぶされて多数の人命が失われる (2) 圧力のためへこむ；引っこむ；沈む (3) 潰れる यह ख़ानदान बिलकुल दब गया この家系は全くつぶれてしまった (4) 抑えられる；抑制される；制限される आगे पढ़ने की इच्छा दब गई थी 進学したい気持ちが抑えられてしまっていた तेलों के भाव भी दबे हुए

थे 油の価格も制限されていた क्या कोई ऐसा उपाय है जिससे दुर्गंध दब सके? 悪臭が抑られるような手立てがありますかね (5) 踏みつけられる；圧倒される；蹂躙される उन व्यावसायिक पत्रिकाओं के शोर-शराबे में बहुत-सा अच्छा साहित्य दब जाता है それらの商業雑誌の騒々しさに多くのすぐれた文学が圧倒されてしまう (6) うちひしがれる；押しつぶされる इस तरह किसान हमेशा के लिए ऋण के बोझ से दब जाता है このようにして農民たちは永久的に借金の重荷にうちひしがれる (7) もまれる (8) 埋もれる कई बकरियाँ बालू के टीले के नीचे दब गईं 数頭の山羊が砂丘に埋まってしまった ऐसी सामग्री स्वतंत्रता-प्राप्ति से पूर्व के देशी-राज्यों के भंडारों और पुस्तकालयों में दबी पड़ी है このような資料は独立前の藩王国の倉庫や書庫に埋もれている टीले में दबी भगवान महावीर की मूर्ति 丘に埋もれたマハーヴィーラの像 (9) 遠慮する；控え目になる；気兼ねする；小さくなること；畏縮する；身が縮む लोकलाज से दबे हुए उन लोगों के माता-पिताओं की इच्छा 世間体に身を小さくしているあの人たちの両親の願い अन्य वृद्धजनों की भाँति वह भी बेटे से दबते थे 他の老人たちと同様あの人もいつも息子に遠慮していた वह किसी से दबकर बात नहीं करता だれにも遠慮気がねなく話をする अब सास बहू से दबती है 近頃は姑が嫁に気兼ねする (10) 気持ちが圧倒される；引け目を感じる；恐縮する पता नहीं वह भी दब-सी जाती और कुछ कह न पाती なぜかわからぬが彼女も圧倒されてしまって一言も口がきけない वह कृतज्ञता से दबा एक बार फिर मंत्री जी के पाँवों पर झुक गया 恐縮してもう一度大臣の足もとにかがんで最敬礼をした (11) 収まる；静まる；鎮静する；抑制される；もみ消される；握りつぶされる अतः मामला दब गया それで事件は収まった (12) 秘められる；隠される；ひそむ；(内に) こもる मन में एक दबी-सी आशा थी कि चलते समय ही शायद यह कुछ कह दे 去りしなに多分何か言うだろうという秘められた期待があった उसके सीने में एक भयंकर ज्वालामुखी दबा पड़ा है あの男の胸にはものすごい火山がひそんでいる दबा क्रोध こもった怒り (13) 貸し倒れになる；貸したまま取り戻せなくなる；踏み倒される **दबकर** 目立たぬようにして；控え目にして **दबकर चलना** 遠慮する；気兼ねする；控え目にする **दबकर निकलना** こっそり抜け出る **दब-दबाकर रहना** ＝दबकर चलना. (-के) **दबने पर चोट क॰** (－の弱り目に) つけこむ **दबी आँखों से देखना** 盗み見する；気づかれないようにちらっと見る **दबी आग** 忘れた痛み；埋もれた痛み；内にこもった痛み **दबी आग को भड़काना** 悲しいこと辛いこと，腹立たしいことを思い起こさせる **दबी आवाज़ से कहना** *a.* 声をひそめて言う *b.* つぶやくように言う；ぼそぼそと言う **दबी की दबी रह जा॰** 事が露見せずに隠されたままになる **दबी ज़बान में** 声をひそめて；声を抑えて तभी एक सिपाही ने मुझसे दबी ज़बान में पूछा ちょうどその時１人の警官が私に声をひそめてたずねた **दबी ज़बान से कहना** ＝दबी आवाज़ से कहना. उसने दबी ज़बान से माँ का विरोध भी किया था ぼそぼそとした声で母親に反対もした **दबी जीभ से कहना** ＝दबी आवाज़ से कहना. **दबी दबी हँसी** かすかな笑み **दबी नज़र** 目を伏せて；遠慮した様子でちらっと見る様子 पंडित ने दबी नज़र बाबा की ओर देखा パンディットはちらっとバーバーのほうに視線をやった **दबी बात** *a.* 内緒のこと *b.* 忘れていたこと **दबी बिल्ली** 臆病者 **दबी बिल्ली का चूहे से कान कटाना** ついていないと (状況が悪いと) 弱い者にまで威張られる **दबे अंगारे** 内にこもった怒り；抑えられた怒り **दबे कंठ से कहना** ＝दबी आवाज़ से कहना. **दबे को दबाना** 悩んでいる人，苦しんでいる人，慎み深い人を苦しめる **दबे दबाये रहना** おとなしくする；おとなしく黙っている **दबे दाँतों बोलना** 恐る恐る言う **दबे पाँव** *a.* しのび足で *b.* こっそり；密かに＝दबे पैर. **दबे पिसे रहना** 極めて忙しくすること **दबे मुर्दे निकालना** 過ぎたことをむしかえす **दबे स्वर में** 小声で；ひそひそ声で **दबे हुए रुपए** 隠し金

दबवाना ［他・使］←दबाना. → दबना.

दबाई ［名*］←दबाना. ［農］牛に踏ませて行われる脱穀作業＝दँवरी.

दबाना ［他］(1) 押す；押さえる；押さえつける；へこませる；力を加える；圧する；圧力を加える；下敷きにする；踏みつぶす；対象が動かないように挟む；くわえる；つまむ बटन दबाना スイッチを押す (बंदूक का) घोड़ा दबाना 引き金を引く सोख्ता कागज़ के बीच दबाकर सुखाने की तैयारी करो 吸取紙に挟んで押さえ乾かす用意をしなさい हाथ में टिकट दबाए 切符を握って पंडित जी बेंत बगल में दबाकर बाहर जाने लगे バラモンは籐の杖を脇に挟んで外出の準備を始めた थोड़ी देर बाद बगल में एक बड़ा-सा चादर दबाये पधारा 間もなく脇に大きな掛布を挟んでおいでになった वे अपनी चोंचों में मछलियाँ दबाकर एक क्षण में आकाश में फिर उड़ जाते थे 嘴に魚をくわえて一瞬のうちに再び空中に飛び立って行くのだった (2) 抑えつける；抑圧する；圧迫する；威圧する；制約する जब लड़ाई झगड़ा करके अलग हो जाओगे तो हर एक तुमको दबाएगा 喧嘩をして別れてしまうと皆が君に圧力をかけるだろう हर कोई हमें दबाकर ही रखना चाहता है 誰も彼もおれを抑えつけたままにしておきたいのだ पुलिस को उपद्रव, हिंसा और तोड़फोड़ की वारदातें सख्ती से दबाने के आदेश दिए गए हैं 警察は騒乱，殺人，破壊行為を厳重に取り締まるよう指令されている (3) へこませる；引っ込ませる；沈ませる；つぶす；押しつぶす उभरे हुए तल को ज़रा दबा दो 盛り上がっている面を少しへこませなさい (4) 抑える；抑制する；制限する；こらえる वह उगती हुई हँसी को दबाती है こみあげてくる笑いを抑える हँसी दबाती हुई बोली 笑いをこらえて言った मैंने अपनी वेदना दबाते हुए कहा 辛い気持ちをこらえて言った मन में उठती आशंकाओं को दबाती हुई बोली 胸にわき起こる疑念を抑えながら言った गुग्गुल की धूप-धूनी देकर गांजे की गंध दबाया करती バルサム香をたいて大麻の臭いを抑えることができる (5) 踏みにじる；蹂躙する (6) 抑圧する दबाये गये लोगों की बस्ती 抑圧された人たちの住む所 (7) さする；もむ；マッサージする कहो तो दबा दूँ? なんならもんで差し上げましょうか पैर दबाओ 足をもんでおくれ (8) 他の物の下や中に入れたり置いたりして見えなくする；うずめる；埋める इस लिए लाश को जल्दी जलाने या गहरे गढ़े में दबाने का प्रबंध किया जाना चाहिए だから死体は直ちに焼くか深い穴に埋めるようにしなければならない इसने भंडारवाले कमरे में ज़मीन खोदकर अंदर दबा दिये हैं 倉の地面を掘って中に埋めた (9) 不都合なことを食い止める；押さえる；押さえ込む；静める；鎮静化する उसे दबाने के लिए मैंने दुनिया भर की दलीलें दीं それを抑え込むためにありとあらゆる理屈を述べた (10) しまう；忍ばせる；隠す；秘す；内緒にする；握りつぶす；もみけす राजनैतिक कारणों से मामले को दबाया जा रहा है 政治的な理由で事件がもみけされようとしている नकली दवाओं की बिक्री रोककर माल दबा दें にせ薬の販売を止めて品をしまっておくこと अत्याचारों के समाचारों को दबा देते हैं 暴虐行為のニュースを握りつぶす (11) 借りたものを返さず自分のものにする；借金を踏み倒す कभी किसी का एक पैसा भी न दबाता था 相手がだれであろうと一銭の金も踏み倒したことはなかった (12) かすめる；かすめとる；横取りする；横領する；取り上げる；踏んだくる उसने हाथ लगे सोने-चाँदी का आधा भाग मार्ग में दबाकर शेष देवी को भेंट कर दिया 手に入った金銀の半分を横取りし残りを女性に贈った **दबा दबाकर हाथ मारना** しこたま稼ぐ；たっぷり手に入れる **दबा दे॰** 口外しない；内緒にしておく；隠す；もみけす **दबा बैठना** 横領する；横取りする दबा ले॰ ＝दबा बैठना. **दबाये बैठना** 抑制する

दबाव ［名］←दबाना. (1) 押さえること；圧力；圧迫 अंगूठे के दबाव से दूध दुहने का तरीका ग़लत है 親指で押さえて乳を搾る方法は間違っている दबाव न पड़ने पाए 圧迫が加わらないように जनसंख्या के बढ़ते हुए दबाव 人口増加による圧力 (2) 物理的な押さえる力；圧力 दबाव हटने से जैसे स्प्रिंग उछल पड़ता है 圧力がなくなるとばねがはねかえる हवा का दबाव 気圧 (3) 強制；無理強い；強要 किसी प्रकार के दबाव के कारण 何らかの強制のために अभिभावकों के दबाव व परिस्थितिवश अथवा आर्थिक लाभ के वशीभूत होकर उसे लाचारी में यह शादी करनी पड़ी 親の無理強い，周りの状況あるいは金銭的な欲に駆られて仕方なく結婚しなければならなくなったのかも (4) 特殊な利益をはかるための働きかけ；圧力 राजनैतिक दबाव का आरोप 政治的圧力という非難 **दबाव डालना** 無理強いする；強要する अगर पति द्वारा अधिक दबाव डाला जाता है तो もし夫が強要するならば **दबाव पड़ना** 圧力が加えられる；圧力が加わる；強制される；強要される；無理強いされる (-के) **दबाव में आ॰** (－に) 強制される；強要される；無理強いされる

दबिला ［名］菓子製造や穀物を煎ったりするのに用いる木製のへらやしゃもじ

दबीज़ ［形］《P. دبیز》厚い；分厚い

दबीर ［名］《P. دبیر》秘書；書記＝क्लर्क; लिपिक.

दबूसा ［名］《P. دبوسه》船尾；とも (艫) ＝पिच्छल.

दबेला ［形+］(1) 押さえられた；力の加わった (2) 急ぎの；緊急の

दबैल [形] (1) 力の加えられた；圧力の加えられた (2) 威圧された；畏縮した (3) 弱々しい；力のない (-का) **दबैल बसना** (一の) 言いなりになる；威圧を受ける

दबोइआ [名] クサリヘビ科ラッセルクサリヘビ【*Vipera russeli*】

दबोचना [他] (1) 押さえ込む；取り押さえる；とりつく अभी कोई दरिंदा उसे पीछे से आकर दबोच लेगा 今すぐなにか獣がやって来て後から押さえ込むだろう बीमारियाँ उन्हें दबोच रखती हैं いろんな病気がとりついてはなさない (2) 締めつける मुझे फिर एक भय दबोचने लगा 再び一つの恐れが私を締めつけにかかった (3) 隠す

दबोस [名] 火打ち石（燧）= चकमक पत्थर; चकमाक.

दबोसना [他]（酒などを大量に）飲む；くらう；やる

दबौनी [名*] (1) 文鎮 (2) 金属の打ち出しに用いる道具

दब्बा [名]《P. دبه》水や油，ギーなどを入れるのに用いる革製の袋；革袋= कुप्पा.

दब्बू [形] 気の弱い；おとなしい；小心な दब्बू किस्म के पति इस कलह से तंग आकर घर से भाग भी जाते हैं 気の弱いタイプの夫はこの喧嘩に苦しんで家を出ることさえある एक अदना-सा, दब्बू किस्म का क्लर्क और जासूस! 小柄な感じのおとなしそうな事務員がスパイとは！

दम[1] [名] (1) 制すること；抑制 (2) 官能を制すること；自制 (3) 罰；刑罰

दम[2] [名]《P. دم》(1) 呼吸；息（をすること）= साँस; श्वास. अपने आखिरी दम तक तो मैं मौत से टक्कर लूँ 息を引き取るまでは死と闘う जब भी ताज़ा दम महसूस करें, उठकर काम में जुट जाएँ はつらつとした感じになれば立ち上がって仕事に取りかかって下さい (2) 息を吐き出すこと；タバコなどを吹かすこと (3) 呪法で息を吹きかけること；まじない (4) 瞬間；時；時間 (5) 生命；命；生気；生命力 (6) 力；勢い；激しさ जिसकी बल्लेबाजी में कोई दम नहीं है 打撃に勢いがない人 (7) 中身；実質；内容 (8) 刃 = धार; बाढ़. **दम अटकना** 息が止まる；息が詰まりそうになる；（死ぬ前に）息が切れ切れになる **दम आ॰** *a.* 困難や危難から少し楽になる *b.* 息切れがする **दम उखड़ना** *a.* 息切れがする अफ़ीम न खाऊँ तो दम उखड़ जाए アヘンをやらないと息切れがする *b.* 死期が迫る **दम उलझना** 気分が落ち着かない；心が平静さを失う **दम उलटना** *a.*（臨終に）呼吸が乱れる；息が切れ切れになる *b.* 気分が落ち着かない **दम क॰** *a.* 息を吹き込む；息を吹きかける *b.* 蒸す；吹かす；蒸し料理（バターや油で焼いて香辛料を加えた野菜料理）を作る **दम का खेल** 人生 **दम का ज़ुहूरा हो॰** 力が現れる；力が発揮される **दम के दम (में)** またたく間に；一瞬の内に **दम के साथ** 一生；生涯；生きている限り；命の限り；死ぬまで **दम खाना** 一休みする；少時休憩する **दम खिंचना** = दम अटकना. **दम खींचना** *a.* 息を止める；息を吹い込んで止める *b.* 一服する（タバコや大麻などを吸う）*c.* 口を閉ざす；黙る *d.* 聞き流す **दम ख़ुश्क हो॰**（恐ろしさに）震えあがる；縮みあがる= दम सूखना. **दम घुट घुटकर मरना** もだえ苦しんで死ぬ；悶死する **दम घुटना** *a.* 息が詰まる；窒息する उस रात गर्मी इतनी थी कि आँगन में दम घुटा जा रहा था その夜は中庭では息が詰まりそうな暑さだった लगता है, यहीं बैठी रही तो दम ही घुट जाएगा ここにじっと座っていたら息がつまりそうな感じだ *b.* 気分が悪くなる उस घर में तो अब उसका दम घुटने लगा था その家にいると気分が悪くなるようになった **दम घोंटना** = दम घोटना. **दम घोटकर मारना** *a.* 絞め殺す *b.* ひどく苦しめる *c.* 台無しにする **दम घोटना** *a.* 首を締める *b.* 苦しめる= कष्ट दे॰. **दम चढ़ना** 息切れする= साँस फूलना. **दम चढ़ाना**（ガーンジャーやチャラスなどを）一服やる；一服飲む **दम चलना** 死に際に呼吸が乱れる **दम चुराना** 仕事をいやがる；手を抜く= जी चुराना. **दम छोड़ना** 死ぬ；息を引き取る **दम जा॰** = दम छोड़ना. **दम टूटना** *a.* 息を引き取る *b.* 力が抜けてしまう **दम तोड़ना** 息を引き取る；死ぬ उस झोंपड़ी में ही रानी ने अपना दम तोड़ दिया なんとその小屋で妃は息を引き取った इन दीवालों ने अपने आँगन में न जाने कितने वीर सपूतों को अपने देश के लिए दम तोड़ते हुए देखा この建物の壁はその前庭で数知れぬ勇敢な孝行息子たちが母国のために命を落とすのを見た यहाँ शनिवार को लू लगने से एक व्यक्ति ने दम तोड़ दिया 当地で土曜日に日射病で１人が死亡 **दमतोड़ मेहनत** 一生懸命に努力する **दम दम का** 一切の；全部の **दम धरना** 少し我慢する **दम न मारना** *a.* じっと我慢する *b.* 少しの休憩もとらない；少しも休まない **दम न हो॰** 力や勢いがない **दम निकलना** *a.* 息が絶える；息を引き取る *b.* 力が抜ける；息切れする *c.* 死にそうに辛い **दम पकड़ना** 力が出る；力がつく；勢いがつく **दम नाक में आ॰** 息苦しくなる；死にそうになる चढ़ाई इतनी मुश्किल कि साँस फूलने लगता है,दम नाक में आ जाता है और कान बजने की बीमारी हो जाती है 息が切れるほどの急な坂だ．死にそうに苦しい．それに耳鳴りがする **दम पकड़ना** 勢いが出る；活発になる **दम पड़ना** 楽になる；ほっとする **दम पर आ॰** = दम पर आ बनना. **दम पर आ बनना** 困る；ひどく困った状況になる **दम पर दम** 刻々と；次から次に；間を置かずに；絶え間なく (-के) **दम पर दम आ॰**（一を）頼りにほっとする；（一を）信頼して安堵する **दम फड़कना** *a.* 張り切る；元気が出る *b.* 嬉しくてたまらない **दम फ़ना हो॰** 気を失う；失心する **दम फूँकना** 息を吹きかける **दम फूलना** 息が切れる；息切れする；息がはずむ **दम बंद क॰** しゃべらせない；口をきかない **दम-ब-दम** = दम-पर-दम; थोड़ी-थोड़ी देर में. **दम बाँधना** *a.* 息を止める= साँस रोकना. *b.* 元気を出す；勇気を出す *c.* 口を閉じる；黙る；静かにする；おとなしくする **दम भर** ほんの少しの間 **दम भरना** *a.* くたびれる；疲れる= थक जा॰. *b.* 息を吹き込む；空気を入れる= हवा भरना. **दम भर में** 直ちに；即刻；一瞬のうちに **दम भारी हो॰** 生きているのが辛い **दम मारना** *a.* 一息入れる；一服する；一休みする；休憩する *b.* チャラスやガーンジャーを一服やる **दम मारने की फ़ुरसत न हो॰** 一息入れる暇もない **दम में दम आ॰** よみがえる；元気を取り戻す；ほっとする；安心する **दम में दम हो॰** 命がある जब तक दम में दम है तुम्हें पढ़ाऊँगी 命のある限り教えてあげよう **दम रखना** 力を持つ (-में) **दम रहना**（一を）生きがいにする **दम रोकना** 息を止める；呼吸を止める **दम लगाना** タバコを飲む；一服やる= दम भरना. **दम लबों पर हो॰** 瀕死の状態になる；今にも息を引き取りそうになる；息を引き取る寸前 **दम ले॰** *a.* 一息入れる；一服する；休憩する इनकी रचनाएँ जहाँ मिल जाती थीं, स्कूल की याद भूल जाती थी और पुस्तक समाप्त करके ही दम लेता था この作家の作品が手に入ろうものなら学校のことは忘れてしまい読み終えるまでは本を手放さなかった *b.* 安心する；得心する；落ち着く अपनी बात मनवाकर ही दम लेना 自分の主張を認めさせずにはおかない **दम साधना** *a.* 息を止める *b.* 黙る；静かにする *c.* 落ち着く；ほっとする मैं लघुशंका के बहाने बाहर निकल आया और सीधे घर पहुँचकर ही दम साधा 小用を口実に外へ出て真っ直ぐ家へ戻ってほっとした **दम साधे** 息をとめて；息をのんで सभी दम साधे उन्हें देख रहे थे 誰も彼も息をのんであの方を見ていた **दम सूखना** とても怯える；震えあがる；すっかりおとなしくなる (-के) **दम से जीना**（一に）頼る；（一を）頼りにする (-के) **दम से दम हो॰**（一を）頼りにする (-के) **दम हवा हो जा॰**（一が）ひどく怯える **दम ही दम में रखना** 無駄な期待を抱かせる

दम[3] [名] (1) だまし；詐り；詐欺；ぺてん (2) 策略；ごまかし (3) うまい言葉；甘言；おだて (4) 自慢；傲慢 **दम दिलासा** *a.* 誘いこむ；誘惑する；うまい言葉で誘う *b.* 励ます *c.* 嘘をついておだてる **दम दिलासे में आ॰** だまされる；おだてに乗る **दम दे॰** *a.* だます *b.* けしかける；甘言でつる *c.* ねじを巻く *d.* 惚れ込む；入れ上げる **दम धागा दे॰** だます；一杯くわせる= चकमा दे॰. (-का) **दम भरना** *a.*（一を）自慢する；誇る एक नदी बहती है, जिसकी तेज़ धार हवा की चाल को भी मात कर देने का दम भरता है 風よりも速く流れると速さを誇る激流の川がある *b.*（一を）笠に着る (-के) **दम में आ॰**（一の）言葉にのせられる；甘言につられる；ぺてんにかかる (-को) **दम में लाना** *a.*（一を）だます；言いくるめる *b.*（一を）おだてる；煽る *c.*（一を）策略にかける；ぺてんにかける

दमक [名*] 輝き；ぴかぴかちかちかと輝くこと हीरे की दमक से कमरा जगमगा उठना ダイヤの輝きで部屋がぱっと明るくなる

दमक-दमक [名*] ぴかぴか；輝き；光り輝くさま

दमकना [自] (1)（ぴかりと）光る；（ぴかぴかと）輝く；きらきら光る；きらめく उसका मुख ख़ुशी से दमक रहा था 嬉しさに彼女の顔は輝いていた उनका चेहरा गर्व से दमकने लगा था 顔は誇らしさに輝きだした मुख दीपक की तरह दमक रहा है 顔は灯火のようにきらきらと光っている दमकती हुई त्वचा को देखकर आप बॉडीलोशन की आवश्यकता महसूस नहीं करेंगी 輝く肌をご覧になればボディーローションの必要性をお感じにならないでしょう सफ़ेद दमकता रंग 白く光る色 (2) 燃え出す

दमकल [名*] (1)（圧力の働きで液体を汲み出したり放出させるために用いる様々な）ポンプ；井戸のポンプ (2) 消防ポンプ；消防車；竜吐水 (3) ウインチ；クレーン

दमकल केंद्र [名] 消防署= अग्निशमन सेवा; फ़ायर स्टेशन.

दमकल दल [名] 消防隊= दमकल वाहिनी; अग्निशामक दल; फ़ायर ब्रिगेड.

दमकला [名] (1) ダムカラー（香水，色水などを振りかけるのに用いられる道具や容器）；噴霧器；水鉄砲 (2) ポンプ (3) 鉄製の焜炉；コンロ

दमख़म [名] 《P. دم خم》 (1) 精力；スタミナ इस लिए ज़रूरी है कि खिलाड़ी में काफ़ी दमख़म हो だから選手には十分なスタミナがないといけない (2) 気力；気合；気負い；威勢；鼻息 देखें आपमें कितना दमख़म है どれだけの気合をお持ちか見せていただきましょう अगर उन्होंने कुछ दीनता दिखाई होती तो शायद मुझे हमदर्दी हो जाती, लेकिन उनका वही दमख़म था もしも少しでも慎み深さを見せていたら同情もしたのだが，相変わらずの鼻息だった

दमघोटू [形] 息を詰まらせる；息苦しい；むっとする；むっとさせる

दमचा [名] 畑の見張り台= मंच; मचान.

दम चूल्हा [名]（鉄製の）コンロ= दमकला.

दम-झाँसा [名] 甘言 **दम-झाँसा दे॰** 欺く；あざむく；甘言で釣る

दमड़ा [名] (1)〔イ史〕ダムラー（ムガル朝第３代皇帝アクバル治下に発行された４分の１ダーム दाम の価値を有した銅貨） (2) ぜに（銭）；かね（金）

दमड़ी [名*] (1)〔イ史〕ダムリー（ムガル朝治下において発行された８分の１ダーム दाम の銅貨） (2) 取るに足らないもの；微々たるもの；値打ちのないもの **दमड़ी का पूत** =दमड़ी के तीन. **दमड़ी की बुलबुल टका हसकाई** 肝心なものより付随的なもののほうに経費が多くかかることのたとえ **दमड़ी के तीन** (**दमड़ी की तीन**) *a.* 二束三文の；甚だ安価なもののたとえ *b.* 全く取るに足らない **दमड़ी भर भी नहीं** 全くない；全然ない (3)〔鳥〕ムシクイ科チャガシラ【*Garrulax albogularis*】などガビチョウ属の鳥の総称；ガビチョウ

दमदमा [名] 《P. دمدمه》 (1) 城壁 (2) 土塁 (3)〔軍〕えんぺいごう（掩蔽壕）；塹壕

दमदार [形] 《P. دم دار》 (1) 丈夫な；強力な (2) 活気あふれる；元気な；旺盛な (3) 力量のある；力のある

दमन [名] (1) 抑制；制御 (2) 抑圧 राष्ट्रीय आंदोलन का दमन 民族運動の抑圧 **दमननीति** 抑圧策 सरकार की दमननीति 政府の抑圧策 अंग्रेज़ों के दमन और अत्याचार イギリス当局の抑圧と非道 (3) 退治 (4) 懲罰；制裁

दमनकारी [形] 抑圧的な；圧制的な दमनकारी सरकार 抑圧的な政府 दमनकारी जातिप्रथा 抑圧的なカースト制度 पुरानी दमनकारी परंपराएँ 旧来の抑圧の伝統

दमनचक्र [名] 非道；横暴 **दमनचक्र चलाना** 非道を働く；横暴を働く

दमनशील [形] 抑圧的な

दमनीय [形] (1) 抑圧できる (2) 抑制すべき

दमपट्टी [名*] 甘言 दमपट्टी दे॰ 言いくるめる；甘言で釣る= दमपट्टी पढ़ाना.

दमपुख़्त[1] [形] 《P. دم پخت》 (1) 蒸した (2) ぐつぐつ煮た；鍋の蓋を閉じて煮た

दमपुख़्त[2] [名]〔料〕(1) 鍋のふたを閉じて煮たビリヤーニーもしくはピラフ (2) 腹に詰め物をして煮たチキン

दम-बख़ुद [形] 《P. دم بخود》 無言の；黙っている；沈黙している = चुप; ख़ामोश.

दमबाज़ [形] 《P. دم باز》 (1) 嘘つきの；狡猾な；いんちきな= छली; धूर्त. (2) 口先の上手な= मक्कार.

दमबाज़ी [名*] 《P. دم بازی》 いんちき；欺き；狡猾さ= धूर्तता.

दमबुत्ता [名] 《P.+ H.》 その場逃れの言い訳

दमभाई [名] 《P.+ H.》 麻薬などの飲み仲間

दममार [名] 《P.+ H.》 ガーンジャー गांजा やチャラス चरस を飲む人

दमयंती [名*] (1)〔マハ〕ダマヤンティー（マハーバーラタの中のナラ王物語（नलोपाख्यानम्）のヒロイン，ニシャダ国王ナラの妃．夫を冥界の王ヤマの手から取り戻した理想の貞女） (2)〔植〕アカネ科小木サボンノキ= मदनबान.

दमसाज़ [名] 《P. دم ساز》 (1) 友；友人 (2) 伴奏の人；囃子方

दमा [名] 《P. دمه》 (1)〔医〕ぜんそく（喘息） दमे का रोगी ぜんそく患者 (2) ふいご

दमाग़ [名] = दिमाग़.

दमामा [名] 《P. دمامه》 ダマーマー（大太鼓）；陣太鼓= नगाड़ा. **दमामा दे॰** 太鼓を打って到着を知らせる **दमामा पीटना** 触れ回る；言い触らす **दमामा बजना** *a.* 開戦が宣言される *b.* 陣太鼓が鳴る；陣太鼓が打たれる

दमित [形] (1) 抑制された；抑えられた；抑圧された दमित वासनाओं को 抑圧された欲情を (2) 鎮圧された；敗れた；負かされた

दमिश्क 〔地名〕《A. دمشق》 ダマスカス（シリア・アラブ共和国の首都）

दमी[1] [名*] 《P. دمی》 小型のフッカー（水ぎせる）；パイプ

दमी[2] [名] ぜんそく患者= दमे का रोगी.

दयनीय [形] 気の毒な；哀れな；痛ましい；みじめな（惨めな） मैं उस समय दुनिया का सब से दयनीय प्राणी था その時私は世の中で一番哀れな存在だった दयनीय हालत みじめなありさま दयनीय सूरत みじめな姿

दया [名*] (1) 同情；憐れみ；憐憫= करुणा; रहम. (2) 親切= कृपा. आप की दया से お情けにより；おかげさまで आपकी दया बनी रहे いつまでもよろしくお願い致します **दया करके** お情けですから，どうかお願いですから **दया का पात्र** 気の毒な人；同情すべき人 वह दया का पात्र है あの人は気の毒な人なのです

दया-दृष्टि [名*] 厚意；配慮；思いやりの心；親切；情け मैं जानती हूँ, आपकी मुझपर दयादृष्टि है ご配慮を頂いておりますことは承知致しております

दयानंद 〔人名〕ダヤーナンド，サラスヴァティー（1824-83. アーリア・サマージ आर्य समाज を設立し 19 世紀の北インドにおけるヒンドゥー教改革運動に大きな足跡を残した宗教家．グジャラート出身）= स्वामी दयानन्द सरस्वती.

दयानत [名*] 《A. دیانت दियानत》 (1) 敬虔さ (2) 正直さ；誠実さ

दयानतदार [形] 《A.P. دیانت دار दियानतदार》 正直な；信頼のできる；誠実な दयानतदार नौकर 誠実な使用人

दयानतदारी [名*] 《A.P. دیانت داری दियानतदारी》 正直さ；誠実さ

दयानिधि [名] 非常に哀れみ深い人

दयामय [形] 哀れみ深い；情け深い

दया-माया [名*] 同情；同情心；哀れみ（の心） ग़रीबों को देखकर मुझे भी दया-माया सताती है, पर अपना भी तो देखना है 気の毒な人たちを見ると私も同情心に苦しめられますが自分のことも考えなくてはならないのです दया-माया के मामले में उनसे पार पाना टेढ़ी खीर है 同情心にかけてはあの方を凌ぐことは容易なことではない

दयार [名] 《A. دیار दियार》 地方；地域= भूखंड; प्रदेश.

दयार्द्र [形] 哀れみの気持ちに満ちた；憐憫の情にあふれた= दयालु; दयापूर्ण.

दयालु [形] 情け深い；慈悲深い देवता प्रायः स्त्री-पुरुषों पर दयालु होते हैं, परंतु जब वे रुष्ट हो जाते हैं तो उनका क्रोध भयानक होता है 神は普段は人間に対し慈悲深いのだがお怒りになるとその怒りは恐ろしい

दयालुता [名*] ← दयालु.

दयावंत [形] 情け深い；慈悲深い= दयालु.

दयावती [形*] = दयावंत.

दयावान् [形] = दयावंत; दयालु.

दयाशील [形] 情け深い性格の；慈悲深い性質の= दयालु; कृपालु.

दयासागर [名] 大変情け深い人；とても慈悲深い人

दयित[1] [形] 愛しい；愛する；親愛なる= प्यारा; प्रिय.

दयित[2] [名] 夫 = पति.

दयिता [名*] (1) 妻 (2) 最愛の人

दरंदाज़ [名] 《P. در انداز》 = दर अंदाज़. 陰口をきく（いう）人；告げ口をする人= पिशुन.

दरंदाज़ी [名*] 《P. در اندازی》 陰口；告げ口= पिशुनता; चुग़लख़ोरी.

दर[1] [名] (1) 恐れ；恐怖= डर; भय. (2) ほら貝 = शंख. (3) 洞穴；洞穴= गुफा; कंदरा. (4) 穴；裂け目= गड्ढा; दरार.

दर[2] [名*] (1) 率；割合；歩合 कम दर पर क़र्ज़ दे॰ 低利で金を貸す ब्याज की रियायती दरें 利子の割り引いた率；割り引いた利率 जन्मदर 出生率 मृत्युदर 死亡率 जनसंख्या की वृद्धि की दर 人口増加

率 बढ़ोतरी दर 増加率 जनसंख्या की बढ़ोतरी दर 人口増加率 (2) 相場；レート मज़दूरी की दर बहुत कम होती है 労賃の相場はとても低い महँगाई भत्ते की दर 物価手当のレート **दर गिरना** 相場が下がる **दर चढ़ना** 相場が上がる (3) 料金 रजिस्ट्री, मनीआर्डर, तार व टेलीफ़ोन की दरों में वृद्धि 書留，為替，電信・電話の料金の値上げ बिजली की दरें 電気料金 (4) 価値 (5) 評価

दर[3] [名] 《P. در》戸；戸口；ドア；扉；門；門口＝द्वार; दरवाज़ा; दर. **दर दर** 軒並みに；至る所で **दर-दर का भिखारी** 無一文の（人）；一軒一軒戸口に立って物乞いをする（人） **दर-दर की ठोकर (ठोकरें) खाना** 門口に立って物乞いをする；物乞いをして追い払われる；だれからも相手にされず至る所で追い払われる；到る所で邪魔者扱いされる जो बच्चे बचपन में अपने बड़ों की सीख पर ध्यान नहीं देते उनको भविष्य में दर दर की ठोकरें खानी पड़ती हैं 子供の時に目上の人の教えをちゃんときかない人は後に乞食をしなければならなくなる दर-दर की ठोकरें खाने से तो अच्छा है कि अपने घर लौट जा 物乞いをするよりは家に戻るのがよいぞ दर-दर की भीख माँगना 物乞いに歩き回る＝दर-दर की ठोकरें खाना. **दर-दर की धूल फाँकना** ＝दर-दर की ठोकर खाना. **दर-दर तिनके चुनना** ＝ दर-दर की ठोकर खाना. **दर-दर फिरना** ＝दर-दर की ठोकरें खाना. **दर-दर भटकना** まとまった内容のあることをせずに無為に過ごす；ぶらぶらする हमसे तो यह सब देखा नहीं जाता.दर दर भटकता रहता है あたしにゃこんなことは全く見ていられない，ぶらぶらしたりしているのは **दर-दर मारा मारा फिरना** ＝दर-दर की ठोकर खाना. **दर पर आ॰** 願いごとをする；依頼に行く

दर[4] [前置・接頭] 《P. در》本来は，（一の）中に，内に，内側に，（一に）対して，ついて，対応してなどの意を加えるものであるがヒンディー語では複合語の構成要素としてのみ機能するものと考えてよい

दर[5] [名*] サトウキビ＝ईख; ऊख.

दर असल [副] 《P.A. در اصل दर अस्ल》実のところ；実際；まことに＝वास्तव में; वस्तुतः; अस्ल में.

दर आमद [名*] 《P. در آمد दरामद》輸入；輸入品＝आयात.

दरक[1] [形] 臆病な；小心な＝डरपोक; भीरु.

दरक[2] [名] (1) ひび割れること；割れること；ひび割れ；割れ目 (2) 裂けること；裂け目

दरकना [自] (1) 欠ける；割れる；壊れる；破損する उससे एक बड़े क्षेत्र में सारी चट्टानें टूट-दरक जाती हैं このため広範な地域に渡りすべての岩が割れたり欠けたりする (2) 裂ける मालूम होता है, छाती दरक गई, दिमाग़ फट पड़ा 胸が裂け頭が割れてしまったような感じがする

दरका [名] (1) ひび割れること；割れ目 (2) 裂けること；裂け目

दरकाना [他] (1) かく（欠く）；壊す；割る；毀損する (2) 裂く

दरकार[1] [名*] 《P. دركار》必要；必要性；要請；求められること असाधारण दूरदर्शिता की दरकार थी 比類のない洞察力が求められていた

दरकार[2] [形] 必要な；求められる；要求される

दरकारी [形] 《P. دركارى》必要な；求められる

दरकिनार [副] 《P. در كنار》(-)तो दरकिनार (=) の形で，(一) どころか (=)，(一は) おろか (=)，(一) は論外で (=)，(一) どころではなく (=) などの意に用いられる ऐसी गालियाँ जिनका उल्लेख करना तो दरकिनार सोचकर ही शर्म आ जाए 口にすることはおろか考えてみることさえ恥ずかしいようなののしりの言葉 'आज बाबू शराब पीकर आए हैं न?' 'अजी आना तो दरकिनार मालिक, आज यहीं पी है' 「今日は旦那は酒を飲んでからおいでになったのだね」「とんでもない，おいでになったどころか今日はここで召し上がったのですよ」 (-) **दर किनार रहना** (一は) 別になる；(一は) 別扱いされる；(一は) 除いておかれる；(一は) 論外になる दुनिया की बातें तो दर किनार रहीं, ये अपनी माता, पुत्री तथा बहनों के आभूषणों में से भी चोरी करते हैं 世間のことは別にして，連中は母親や娘，自分の姉妹の装身具からでさえも盗みを働くのだ

दरकूच [副] 《P. در كوچ》旅を続けて；旅から旅へ

दरख़त [名] ＝दरख़्त.

दरख़ास्त [名*] ＝दरख़्वास्त.

दरख़्त [名] 《P. درخت》木；樹木 केले के दरख़्त バナナの木 पपीते के दरख़्त パパイヤの木 दरख़्त की छाल 木の皮；樹皮

दरख़्वास्त [名*] 《P. در خواست》(1) 願い；依頼；要請；請願；申請 (2) 願書；申請書；申込書 रजिस्ट्रार के पास दरख़्वास्त भेजते हैं 事務長宛に願書を送る (-से) **दरख़्वास्त क॰** (一に) 依頼する；お願いする वह हुज़ूर से कुछ दरख़्वास्त करना चाहती है あの人は旦那様に若干お願いしたく思っているのです (-को) **दरख़्वास्त दे॰** (一に) 申請する；申請書を提出する

दरख़्वास्ती [形] 《P. در خواستى》(1) 依頼の；申請の (2) 願書の；申請書の

दरगाह [名*] 《P. درگاه》(1) 敷居＝चौखट; दहलीज़. (2) 宮殿；宮廷御殿＝दरबार. (3)〔イス〕スーフィーの聖者廟＝वली का मज़ार. दरगाह शरीफ़ 聖者廟の尊称

दरगाह शरीफ़ [名*] 《P.A. درگاه شریف》〔イス〕ダルガーシャリーフ（アジメールのムイーヌッディーン・チシュティー मुईनुद्दीन चिश्ती 1142?–1236 の廟やデリーのニザームッディーン・オウリヤー निज़ामुद्दीन औलिया 1238/1243–1325 の廟などの聖廟の称）

दरगुज़र[1] [形] 《P. در گزر》(1) 過ぎ去った；過去の (2) 別にした (3) 赦された **दर गुज़र क॰** *a.* 除く；別にする＝हटाना. *b.* 見逃す；赦す＝जाने दे॰; छोड़ दे॰; मुआफ़ क॰.

दरगुज़र[2] [名] (1) 不問；見逃すこと (2) 赦免

दरगुज़रना[1] [自] 《← P. در گزر》遠のく；避ける；退く

दरगुज़रना[2] [他] (1) 止める；捨てる；放棄する (2) 見逃す；赦す；赦免する

दरज [形] ＝दर्ज.

दरज़ [名*] 《P. درز दर्ज़》(1) 割れ目；裂け目＝दरार; शिगाह; दराज. (2) 縫い目

दरजन [名] ＝दर्जन. 《E. dozen》(1) 1 ダース (2) 10 を越える；10 余りの एक दरजन घर भी जला दिये गये 10 軒余りの家屋も焼き払われた **दरजनों**. 数十の；幾十の

दरजा [名] ＝दर्जा.

दरजिन [名*] 《← P. درزی दर्ज़ी》(1) 女性の仕立屋；縫製の仕事をする女性 (2) 仕立屋の妻＝दर्जिन. (3)〔鳥〕ムシクイ科オナガサイホウチョウ【*Orthotomus sutorius*】

दरज़ी [名] 《P. درزى》＝दर्ज़ी. (1) 仕立屋；裁縫を業とする人 (2) ダルジー（裁縫を主な生業としてきたカースト）

दरण [名] (1) 粉にひくこと (2) 粉砕；破砕；破壊

दरणि [名*] ＝दरणी. (1) 流れ＝धारा; प्रवाह. (2) 渦 ＝भौंर; भँवर.

दरद[1] [名] 《P. درد》＝दर्द; पीड़ा.

दरद[2] [名] (1)〔地名〕ダラド／ダルド（北西パンジャーブからパミールに至る地域の古名） (2) 同上の地域に居住してきた種族；ダルド族

दरद[3] [名*]〔言〕ダルド語派（दरद[2] の地域を中心に話されて来たカシミール語を代表とする語派）

दरदमंत [形] → दर्दमंद.

दर-दर [副] 《P. در در》(1) 一軒一軒；軒ごとに (2) 至る所に→ दर.

दरदरा [形+] きめの粗い；ざらざらした；粒の大きい

दरदराना [他] (1) 粗めに砕く；粗く粉にする (2) 歯をきしませる

दरदवंत [形] 《P. درد + H.वंत》(1) 情け深い＝कृपालु; दयालु. (2) 苦しんでいる；痛みを持つ＝दुःखी; पीड़ित.

दरदी [形] 《← P.درد दर्द》苦しんでいる；苦しみを受けている

दरदीला [形+] ＝दर्दीला.

दरपन [名] 鏡 ＝दर्पण.

दरपनी [名*] 小さな鏡；手鏡

दरपरदा[1] [形] 《P. در پرده》幕の内の；帳の内の

दरपरदा[2] [副] (1) 幕の内に (2) 隠れて；こっそり；内緒で

दरपेश [副] 《P. در پیش》前方に；前に दरपेश आ॰ 現れる；出現する मगर फ़ीस का ख़याल दरपेश आता है でも費用のことが頭に浮かぶ किसी को घर से बाहर कोई ख़तरा दरपेश हो だれかにとって家の外で何らかの危険が現れるとすると

दरबंद [名] 《P. در بند》(1) 囲い；四方の壁（の囲い） (2) 扉 (3) かんぬき

दरबंदी [名*] 《در بندی H.दर + P. بندی》(1) 料金を決めること (2) 地代の率を決めること (3) 仕切ること；区切ること

दरब [名] (1) 財貨；財産；富＝द्रव्य. (2) 金属＝धातु; धात.

दरबदर [副] 《P. در بدر》一戸一戸；一軒一軒；軒ごとに→ दर.

दरबर [名*] 急ぎ；急ぐこと；せくこと＝उतावली; हड़बड़ी.

द

दरबराना [他] (1) 粗く粉にひく＝दरदराना. (2) 押す；押さえる；押しつぶす

दरबा [名] (1) 鳥小屋；鳩舎；鶏小屋 मुर्गियों का दरबा 鶏舎 दरबों में मुर्गी पाली जा सकती है 鶏は鶏小屋で飼うことができる (2) 木のうろ，壁のくぼみなどの鳥や生き物の巣

दरबान [名] 《P. دربان》守衛；門番；門衛；ドアマン；ドアボーイ＝द्वारपाल. दरबान-चपरासी का काम भी नहीं मिला 守衛や用務員の仕事さえ見つからなかった

दरबानी [名*] 《P. دربانی》門番の仕事；守衛の職

दरबार [名] 《P. دربار》(1) 王宮；宮殿；宮廷；御殿 यह इबादतगाहें अल्लाह ताला का दरबार कहलाती हैं これらの礼拝所は神様の御殿と呼ばれる (2) 王 (3) スーフィー聖者の庵などの尊称，ダルバール ख़्वाजा साहब याने मुइनुद्दीन चिश्ती का दरबार ハージャーサーヘブ，すなわち，ムイヌッディーンチシュティーのダルバール (4) シク教の本山の尊称；ゴールデンテンプル（アムリットサルにある） (5)（皇帝などによる）接見式；ダルバール लार्ड कर्जन का देहली दरबार インド総督兼副王カーゾンによるデリーでの接見式 सरकारी दरबारों का त्याग 接見式の拒否 (6) 御前会議 **दरबार में खड़े रहना** 進んで仕える；奉仕する；奉仕の機を待つ **दरबार लगाना** 御前会議を開く（召集する） वहाँ राजा ने अपना दरबार लगाया 同所で王は御前会議を召集した

दरबार आम [名] 《P.A. دربار عام》＝दरबारे आम. ダルバーレアーム（ムガル朝における皇帝の一般人接見所や接見の間）

दरबार ख़ास [名] 《P.A. دربار خاص》＝दरबारे ख़ास. ダルバーレ・ハース（ダルバーレ・カース．ムガル朝における皇帝の要人接見所や接見の間）

दरबारदार [名] 《P. دربار دار》＝दरबारी.

दरबारदारी [名*] 《P. دربار داری》御機嫌伺い；伺候 **दरबारदारी क°** *a.* 伺候する *b.* 追従する；おべっかを使う

दरबार साहब [名] 《P.A.دربار صاحب》〔シク〕ダルバール・サーヘブ（インドのパンジャーブ州アムリットサル市にあるシク教総本山の尊称．ハルマンダルともいう）；黄金寺院；ゴールデン・テンプル

दरबारी[1] [形] 《P. درباری》(1) 宮廷の；王宮の (2) 宮廷にふさわしい (3) 宮廷付きの；宮廷召しかかえの दरबारी कवि 宮廷詩人 दरबारी विद्वान 宮廷召しかかえの学者 दरबारी चाटुकार 取り巻き दरबारी ज़बान 宮廷語

दरबारी[2] [名] 廷臣；重臣

दरबारी कान्हड़ा [名]〔イ音〕ダルバーリー・カーンハラー（ラーガ）

दरबी [名*] しゃくし（杓子）；しゃもじ＝करछी.

दरमंद [形] ＝दरमाँदा.

दरमाँ [名] 《P. درمان दरमाँ》治療；医療＝इलाज; चिकित्सा.

दरमांदा [形] 《P. در مانده》(1) 力の尽き果てた (2) 困り果てた；困窮した (3) みじめな；哀れな；気の毒な (4) 無力な

दरमान [名] 《P. درمان》治療；医療＝दरमन; दरमाँ; इलाज; चिकित्सा.

दरमाहा [名] 《P. در ماہہ》月給＝मासिक वेतन.

दरमाहादार [名] 《P. در ماہہ دار》月給取り；給料取り

दरमियान [名] 《P. درمیان》＝दरमियाँ. 間；中間 इसी दरमियान ちょうどこの間に उसी दरमियान एक बात हुई ちょうどその間に1つの出来事が起こった (-के) दरमियान この形で（―の）間に；（―）するうちにの意に用いられる हर खाने के दरमियान 食事と食事の間に

दरमियाना [形[+]] 《P. درمیانہ》(1) 中間の (2) 平均的な；中程度の दरमियाना जिस्म 中肉中背 दरमियाना तबका 中産階級 बंधन तो दरमियाने तबके के लिए हैं 制約は中産階級にとってのものだ

दरमियानी[1] [形] 《P. درمیانی》(1) 中央の (2) 中間の दरमियानी हिस्सा 中央部

दरमियानी[2] [名] 《P. درمیانی》(1) 仲裁者 (2) 仲買人；ブローカー

दरम्यान [名] →दरमियान.

दरया [名] →दरिया.

दरयाई [形] →दरियाई[1].

दरयाफ़्त [名*] 《P. دریافت》(1) 知ること；認識；知覚；理解 (2) 調べ；調査；研究 (3) 発見＝दरियाफ़्त.

दरवाज़ा [名] 《P. دروازہ》(1) 出入り口；戸口；門口 अकसर बैठक हमारे दरवाज़े पर होती थी 集会はいつもうちの門口で行われていた (2) 門 (3) 門扉；扉；ドア बस के अगले दरवाज़े से バスの前の扉から गाड़ी का दरवाज़ा 車のドア दरवाज़ा धकेलना ドアを押す (4) 汽車・電車の昇降口 हर डब्बे के दरवाज़े पर आदमियों के झुंड लटक रहे थे どの昇降口にも乗客が鈴なりにぶら下がっていた **दरवाज़ा खटखटाना** 頼みに行く；依頼に行く **दरवाज़ा खुलना** *a.* 自由に出入りができる मुनियों के लिए उसके दरवाज़े सदा खुले थे ムニたちはいつもそこに出入りができた *b.* 妨げがなくなる．障害がなくなる **दरवाज़ा झाँकना** *a.* 依頼に行く *b.* 訪れる；訪問する **दरवाज़ा ताकना** 帰ることを考える；戻りたがる **दरवाज़ा दिखाना** （家から）追い払う；追い返す **दरवाज़ा बंद हो°** *a.* 行き来がなくなる；交際がなくなる *b.* 見込みや可能性がなくなる *c.* 希望がない **दरवाज़े की ख़ाक ले°** 頻繁に訪れる **दरवाज़े दरवाज़े** 一軒一軒に；軒ごとに＝दर दर; दर-ब-दर. **दरवाज़े पर आँख गड़ाए हो°** 来る人を待つ；首を長くして待つ **(-के) दरवाज़े पर आ°** （―の）近くに来る；そばに来る **दरवाज़े पर खड़ा रहना** 待機する **(-के) दरवाज़े पर चक्कर लगाना** （―を）頻繁に訪れる **(-के) दरवाज़े पर नाक रगड़ना** （―に）しきりにおべっかを使う；追従する **(-के) दरवाज़े पर नगारा बजना** （―が）大いに栄え喜びに包まれる **(-के) दरवाज़े पर हाथी झूमना** （―が）大変金満家である（たとえ） **दरवाज़े पहुँचना** 接近する；すぐそばに着く；すぐそばに来る **दरवाज़े से** 戸口から；家から **दरवाज़े से दुरदुराना** 訪れた人を追い払う；追い返す

दरवेश [名] 《P. درویش》(1)〔イス〕イスラム教神秘主義教団の修道者；托鉢僧；ダルヴェーシュ；デルヴィーシュ；ファキール (2) 乞食；物乞い

दरशन [名] ＝दर्शन.

दरशनी [形] 見る

दरशनी हुंडी [名*]〔商〕一覧払い為替手形＝दरसनी हुंडी; दर्शनी हुंडी. ⟨a bill of exchange payable at sight⟩

दरसाना[1] [他] (1) 見せる＝दिखलाना. (2) 示す；明かす＝प्रकट क°. पुलिस का यह नंगा व्यवहार क्या दरसाता है 警察のこの赤裸々な行為は一体何を示すのか

दरसाना[2] [自] 目に入る；見える；目に映える

दरहक़ीक़त [副] 《P.A. در حقیقت》実際に；現実に＝दरहक़ीक़त में; वास्तव में. जो दर हक़ीक़त था ही नहीं 現実には実在しなかったもの

दरहम [形] 《P. درہم》混乱した；散乱した；乱雑な；ごたごたした＝अस्त-व्यस्त; तितर-बितर.

दरहम बरहम [形] 《درہم برہم ← P. درہم و برہم दरहम व बरहम》＝दरहम.

दरहाल [副] 《P.A. در حال》今；ただ今

दराँती [名*] かま（鎌）＝हँसिया. दराँती चलाना 鎌を使う फ़सल काटने के लिए हाथ से हँसिया और दराँती चलाना 収穫作業に手で鎌を使う दराँती पड़ना 刈り取られる；刈り入れられる＝दराँती लगना.

दरा [名] 《P. درا》(1) ベル；鈴 (2) 鉦；鐘＝दिरा.

दराज़[1] [名*] 《← P. درز दर्ज़》(1) 割れ目；裂け目；隙間 (2) 縫い目＝दरज.

दराज़[2] [形] 《P. دراز》(1) 長い (2) 丈の高い (3) 長大な

दराज़[3] [名*] 《E. drawers》ひきだし（引き出し）

दराड़ [名*]＝दरार. ひび；ひび割れ；割れ目；裂け目 दराड़ पड़ना ひびが入る；ひび割れる

दरार [名*] (1) ひび；ひび割れ；裂け目；割れ目；亀裂；隙間 (2)（比喩的に，関係の）ひび；亀裂 दाँतों की दरार 歯の隙間 **दरार पड़ना** *a.* ひび割れる；ひびが入る；亀裂ができる *b.*（関係に）ひびが入る；わだかまりができる；亀裂が生じる दांपत्य जीवन में दरार आ जाती है 夫婦の間にひびが入る एकाएक ही उसके इस सुखी संसार में दरार पड़ गई にわかに彼のこの幸せな世界にひびが入った **दरार भर जा°** *a.* わだかまりがなくなる；隙間がうずまる *b.* 弱点が改まる；足りないところが補われる

दरारना [自] 裂ける；割れる；ひび割れる

दरिंदगी [名*] 《P. درندگی》獣性；獰猛さ；野蛮さ＝पाशविकता.

दरिंदा [名] 《P. درندہ》けもの；けだもの；獣；野獣（特に肉食動物をさす）

दरित [形] (1) 恐れた；怯えた (2) 破れた；裂けた

दरिद्दर [形・名] ＝दरिद्र.

दरिद्र[1] [形] (1)（経済的に）貧しい；貧困な (2) 低劣な；下級な；貧困な (3)（精神的なものや高貴なものが）乏しい

दरिद्र[2] [名] 貧者；貧しい人；貧乏人
दरिद्रता [名*] ←दरिद्र. 貧しさ；貧困；乏しさ；貧窮
दरिद्रनारायण [名] (1) 貧者 (2) 民草；蒼氓 दरिद्रनारायण की सेवा 民草への奉仕
दरिया [名] 《A. دریا दर्या》 (1) 川= नदी. पाँच दरियाओं का इलाका 5つの川の流れる流域 (2) 海= समुद्र; सागर; दर्या. **दरिया उतरना** *a.* 川を渡る *b.* 川の水位が下がる **दरिया की नाव** 全くの偶然にできる人間関係 **दरिया बहा दे॰** (ーを) 充満させる **दरिया में डाल दे॰** 自分のした善行や親切は忘れるべし
दरियाई[1] [形] 《P. دریائی》 (1) 川の；川に関係のある (2) 海の；海に関わる；海事の
दरियाई[2] [名*] 帆の張り方の一（最初に人手を借りて持ってもらってから上げる）
दरियाई[3] [名*] 《← P. دارائی दाराई》 サテン
दरियाई घोड़ा [名]〔動〕カバ科カバ（河馬）
दरियाई नारियल [名] (1)〔植〕ヤシ科高木オオミヤシ【*Lodoicea seychelarum*】 (2) 同上の果実= दरिया का नारियल.
दरियादिल [形] 《P. دریا دل》 寛大な；気前のよい；物惜しみしない जहाँपनाह एक ही दरियादिल हैं 殿様は比類のない寛大なお方でいらっしゃる
दरियादिली [名*] 《P. دریا دلی》 寛大さ；気前のよさ；物惜しみしないこと
दरियाफ़्त [名*] 《P. دریافت दरयाफ़्त》 (1) 知ること；知覚すること；理解すること；認識すること (2) 調べる（こと）；調査；研究 (3) 見つけ出すこと；発見 **दरियाफ़्त क॰** *a.* 知る नौकरों को घूस देकर उसने पूरा हाल दरियाफ़्त किया 使用人たちに金をつかませて詳しく知った *b.* 調べる；問う；たずねる अगर आप न जानते हों तो अपने ही किसी भाई से दरियाफ़्त कीजिए या मुझसे सुनिए ご存じなければご自分の兄弟にたずねてみるか私にきいて下さい *c.* 発見する；見つけ出す मैंने एक और किस्म का तेल दरियाफ़्त कर लिया もう一種類の油を見つけ出した
दरियाबरामद [名*] 《P. دریا بر آمد》 沖積土
दरियाबुर्द [名*] 《P. دریا برد》 洪水で沈んだ土地；洪水で流失した土地
दरियाव [名] = दरिया.
दरिया साहब 〔人名・文芸〕ダリヤーサーヘブ（カビールダース कबीरदास の影響を受けた 18 世紀中葉の宗教家．信仰を吐露したアワディー語による詩を遺した）
दरी[1] [名*] ダリー（敷物に用いられる厚手の綿織物） आँगन में दरी बिछी हुई है 中庭にダリーが敷かれている फ़र्श पर न कोई दरी, न कालीन 床にはダリーが敷かれているわけでも絨毯が敷かれているわけでもない
दरी[2] [名*] ほらあな；洞穴
दरी[3] [名*] 《P. دری》〔言〕ダリー語（アフガニスタンに行われるイラン語派の言語でアフガニスタンの公用語の一）
दरीख़ाना [名] 《P. دری خانہ》 出入り口や戸口の多い家もしくはそのような部屋
दरीचा [名] 《P. دریچہ》 (1) 窓 = खिड़की; झरोखा. (2) 明かりとり；天窓
दरीबा [名] (1) 専門店街（特にパーンの） (2) 市場
दरी मंदिर [名] 窟院= गुफा मंदिर.
दरेग़ [名] 《P. دریغ दिरेग़》 (1) 残念さ；無念さ (2) 気兼ね；遠慮 (3) 吝嗇
दरेज़ [名] 《E. dress?》 チンツの一種；インドさらさ；モスリン= दरेस.
दरेर [名*] (1) 引っかくこと (2) 引っかき傷 (3) つぶすこと
दरेरना [他] (1) 引っかく (2) こする जब विंडस्क्रीन दरेरी जाती है, तो वह अपारदर्शक हो जाती है フロントガラスはこすられると不透明になる (3) つぶす
दरेस[1] [名] 《E. dress》 チンツ；インド更紗= ड्रेस.
दरेस[2] [形] 《← E. dressed》 出来合いの；出来上がった；準備された= दरेज़; बना-बनाया; तैयार.
दरेसी [名*] 《← E. dressing》 支度；準備；用意
दरोग़[1] [名] 《P. دروغ》 嘘；偽り；虚偽= झूठ; असत्य.
दरोग़[2] [形] 《P. دروغ》 嘘の；偽りの；虚偽の= झूठा; मिथ्यावादी.
दरोग़गो [形・名] 《P. دروغ گو》 嘘つき（の）= झूठा; मिथ्यावादी.
दरोग़गोई [名*] 《P. دروغ گوئی》 嘘をつくこと；嘘言
दरोग़हल्फ़ी [名*] 《P.A. دروغ حلفی》〔法〕偽証= झूठी ख़सम खाना.
दर्कार [形・名*] 《P. درکار》 = दरकार.
दर्गाह [名*] = दरगाह.
दर्ज [形] 《A. درج》 (1) 記入された；記載された (2) 登録された；届け出のなされた **दर्ज क॰** *a.* 記入する；記載する *b.* 登録する；受け付ける **दर्ज कराना** *a.* 申し込む；記入してもらう *b.* 届け出る；訴える；申し出る= श्रीमती सक्सेना ने पुलिस में जो रिपोर्ट दर्ज कराई है. 警察にサクセーナー夫人が届け出たこと उन्होंने राजस्थान उच्च न्यायालय में एक दीवानी अभियोग दर्ज कराया 同氏はラージャスターン高等裁判所に民事訴訟を起こされた कालेज में नाम दर्ज कराना 大学に入学する（入学を受け付けてもらう） **दर्ज हो॰** *a.* 記入される；記載される *b.* 登録される；受け付けられる उन लोगों के नाम दर्ज हैं あの方たちの氏名は登録されている
दर्ज़ [名*] 《P. درز》 (1) 裂け目；割れ目 (2) 縫い目
दर्जन[1] [名] 《← E. dozen》 (1) 1 ダース आधा दर्जन 半ダース（の）；半ダース；6〜7 の (2) 10 を越える単位 एक दर्जन से अधिक लोगों की मृत्यु हो चुकी है すでに 10 人以上の死者が出ている एक दर्जन आलोचक ग्रंथ 十指に余る評論関係の著作 एक दर्जन से अधिक ठाकुर 10 人余りのタークル（カーストの男たち） **दर्जनों** 数十の；幾十の
दर्जन[2] [名*] = दरजिन.
दर्जा [名] 《A. درجہ》 (1) 位；地位；位階 बड़े बड़े दर्जे के अंगरेज़ 高位，高官のイギリス人 बाप के बाद घर में सब से ऊँचा दर्जा माँ का है 家の中でお父さんに次いで偉いのはお母さんです समाज में बराबरी का दर्जा 社会で対等な地位 उस समय अरबी-फ़ारसी की शिक्षा के साथ ही धर्म और जाति की शिक्षा को भी बड़ा दर्जा दिया जाता था 当時はアラビア語やペルシア語の教育と並んで宗教と民族に関する教育も大層重んじられていた (2) 等級；級 (3) 程度 (4) 度；度合い；度数 हरारत का दर्जा 温度 लाख दर्जे 数百倍；はるかに (5) 学年 (6) 教室 अब दर्जे में चलें さあ教室に行こう बच्चे दर्जा साफ़ करते हैं 生徒たちが教室をきれいにする (7) 学級；クラス；組 हेमू तो दर्जे में हमेशा अव्वल रहता है ヘームーはいつもクラスで一番だ (8) 授業 (9) 区分；仕切り **दरजे बदरजे** 段階的に；徐々に；次第次第に
दर्जाबंदी [名*] 《A.P. درجہ بندی》 等級づけ；位づけ；順位づけ；序列化
दर्जावार[1] [形] 《A. P. درجہ وار》 階梯式の；順序立った
दर्जावार[2] [副] 階梯式に；順序立って
दर्ज़िन [名*] 《P. درزن ← P. درزی》 (1) 女性の仕立屋；裁縫師 (2) 仕立屋の妻 (3)〔鳥〕ムシクイ科オナガサイホウチョウ→ दरजिन.
दर्ज़ी [名] 《P. درزی》 (1) 仕立屋 (2) 仕立業を生業としてきたカーストの人；ダルジー **दर्ज़ी की सूई** *a.* 非常に忙しい人 *b.* 万能の人；なんでもできる人
दर्द [名] 《P. درد》 = दरद. (1) 身体に感じる痛み；苦痛；苦しみ पेट का दर्द 腹痛 अधकपाली दर्द 偏頭痛 (2) 精神的な苦痛；苦しみ (3) 悲しみ；悲哀；哀れさ；憐憫 (4) 切なさ；哀切さ मुझसे उसका दर्द नहीं देखा गया あの人の苦しみは見ていられなかった **दर्द आ॰** *a.* 悲しい；悲しい思いをする *b.* 哀れに感じる **दर्द उठना** 痛みが起こる **दर्द क॰** 痛む；痛みを感じる उसकी कमर दर्द कर रही थी 女は腰が痛かった **दर्द खाना** *a.* 同情する *b.* 痛みに耐える **दर्द जानना** 他人の痛みを感じる **दर्द भरी कहानी** 悲話；悲しい物語；哀話 **दर्द लगना** 痛む；痛みを感じる
दर्दनाक [形] 《P. دردناک》 悲しい；痛ましい；悲痛な दर्दनाक घटना 痛ましい事件
दर्दमंद [形] 《P. درد مند》 (1) 痛みのある；悲しい (2) 同情心のある；同情深い；哀れみ深い；痛みを分かち合う= हमदर्द.
दर्दमंदी [名*] 《P. درد مندی》 (1) 同情；同情心 (2) 哀れみ；悲しみ
दर्दर [形] 破れた；裂けた= टूटा हुआ; फटा हुआ.
दर्दरीक [名] = दर्दुर.
दर्दी [形] 《← P. دردی》 = दर्दमंद; हमदर्द.
दर्दीला [形+] 《دردیلا ← P.درد दर्द + H. -ईला》 (1) 痛い；痛む；痛みのある एड़ियों पर घिनौनी और दर्दीली दरारें かかとに気持ちの悪い痛みのあるひび割れ (2) 悲しい दर्दीली शाम अलकों से घिर पड़ी 悲しみの夕が垂れ髪に覆われた (3) 同情心のある；情け深い

द

दर्दुर [名] (1) 蛙 = मेंढक. (2) 雲 = मेघ; बादल. (3) 雲母；きらら= अभ्रक.
दर्दू [名]〔医〕白癬；田虫= दाद.
दर्प [名] (1) 傲慢；尊大さ (2) 横柄さ；横着さ (3) 威厳 (4) 憤激
दर्पण [名] 鏡 आकाश दर्पण की तरह स्वच्छ दिखाई देता है 空は鏡のようにくもりなく見える
दर्पित [形] (1) 誇り高い (2) 尊大な；傲慢な
दर्पी [形] (1) 誇り高い (2) 尊大な；傲慢な
दर्ब [名] (1) 財；富；財産= धन. (2) 金属= धातु.
दर्बान [名] = दरबान.
दर्बार [名] = दरबार.
दर्भ [名] (1)〔植〕イネ科草本クサソウ／インドキチジョウソウ（インド吉祥草）【*Desmostachya bipinnata*】 (2)〔植〕イネ科草本カーシャ【*Saccharum spontaneum*】 (3) クサソウの茎で編んだ敷物= कुशासन.
दर्भासन [名] クサソウの茎で編んだ敷物= कुशासन.
दर्मियान [名] = दरमियान.
दर्मियानी [形] = दरमियानी.
दर्रा [名]《P. درہ》(1) 谷間；谷；渓谷 उत्तर-पूर्व हिमालय के दर्रों में 東北ヒマーラヤの谷間で (2) 険しい山道；峠= दरा.
दर्राना [自] 突き進む
दर्वी [名*] しゃくし（杓子）；ひしゃく= करछी; कलछी.
दर्वेश [名] = दरवेश. 〔イス〕ダルヴェーシュ／デルウィーシュ（イスラム神秘教団に属する修道者）；ファキール
दर्श [名] (1) 見ること (2) 新月の日
दर्शक[1] [形・造語] 見せる，示すなどの意を加える語彙の造語要素
दर्शक[2] [名] 観客；見物人
दर्शक गैलरी [名*]《H. + E. gallery》見物席；傍聴席
दर्शन [名] (1) 見ること；見えること गर्भवती स्त्रियाँ ग्रहणदर्शन नहीं करतीं 妊婦は蝕を見てはならないことになっている (2) 目上の人や尊いものに会ったり拝んだりすること.（普通複数扱い）拝見，拝謁，拝観，参拝など (-का/ -के) **दर्शन क०** 「見る」の謙譲語として用いられるなどの多様な表現に用いられる．お目にかかる；拝顔する；拝む；拝謁する；拝観する；参拝する देवी-देवताओं का दर्शन क० 神像を拝観する पिता जी के अंतिम दर्शन करते ही मैं फूट पड़ी थी 父の死に顔を見たとたんわっと泣き出した जीता रहा तो फिर आप के दर्शन करूँगा 生きていましたらまたお目にかかります यों ही सरकार के दर्शन के लिए 特別な用があるわけではないのですがお目にかかりたくて वही उनके अंतिम दर्शन थे あのときがあの方にお目にかかった最後でした "तुमने देवी से कोई चीज़ माँगी क्या?" "कुछ भी तो नहीं, मैं तो सिर्फ दर्शन करने आई थी" 「神様に何かお願いしたの」「いやなんにも，ただお参りに来ただけなの」 **दर्शन दे०** *a.* 姿を現す；現れる；お出ましになる अंततः विष्णु ने उसे दर्शन दिए ついにヴィシュヌ神がお姿を現せられた संतोषी माता ने एक संत को दर्शन दिया サントーシーマーターがある聖者にお姿を現された *b.* 来訪の敬語表現 पुनः दर्शन देने का अनुरोध करके विदा लें またお出かけ下さるようにとお願いしてお別れすること (-के) **दर्शन हो०** 「姿を現す」の丁寧な表現．お出ましになる इस बार जो झड़ी लगी तो पाँच दिन तक लगातार सूरज के दर्शन नहीं हुए 今度の長雨で 5 日間続けざまにお日様はお出ましにならなかった (3) 哲学 धर्म दर्शन 宗教哲学 शिक्षा दर्शन 教育哲学 भाषा दर्शन 言語哲学 (4) 思索；考え
दर्शन प्रतिभू [名] 身元引受人
दर्शन शास्त्र [名] 哲学 = मीमांसा; तत्त्व शास्त्र.
दर्शन शास्त्री [名] 哲学者
दर्शनार्थ [副]（見たり会ったりすることを丁寧に表現する言い方で）お目にかかりに；拝見するために；参拝のために राजेंद्र बाबू के दर्शनार्थ आया ラージェーンドラさんにお目にかかりにやって来た
दर्शनार्थी [形・名] (1) 訪問者；面会者 (2) 参詣する（人）；参拝者；参詣人 मंदिर में आए दर्शनार्थी お寺の参詣人
दर्शनीय [形] 見るに値する；訪れるにふさわしい यहाँ के राजा का महल और संग्रहालय विशेष दर्शनीय है この地の王宮と博物館は特に訪れる値打ちがある मंदिर में मूर्ति की विशालता दर्शनीय थी この寺の仏像の巨大さは見るに値するものだった दर्शनीय स्थल 観光地；名勝地
दर्शनी हुंडी [名*] 一覧払い為替手形〈a bill of exchange payable at sight〉
दर्शाना [他] (1) 見せる；示す；指し示す；提示する= दरसाना. विज्ञान प्रयोग द्वारा कहीं भी दर्शाया जा सकता है 科学は実験によってどこでも提示することができる ऐसी दृष्टि का दमन जो सत्ता द्वारा दर्शाये गए रास्ते से अलग मार्ग सुझाती हो 権力側の提示した道とは別の道を指し示すような見方の抑圧 (2) 明かす；明らかにする= प्रकट क०; जाहिर क०.
दर्स [名]《A. درس》(1) 読むこと (2) 学習 (3) 練習問題；課題
दर्सी [形]《P. درسی ← A. درس》(1) 読むことの；読む上での (2) 学習上の (3) 教科課程の **दर्सी किताब** 教科書 उर्दू ज़बान की नई दर्सी किताब ウルドゥー語の新しい教科書
दल [名] (1) 集まり；集合したもの；団体；団；群れ；群団 (2) 集まって１つのものになるもの；全体の一部；グループ；隊；組；部分；一部 पठानों का एक दल パターン人の一団 **अभियान दल** 遠征隊；調査隊；探査隊 (3) 政党 **विरोधी दल** 野党 = आपोज़ीशन पार्टी. (4) 花弁；花びら〈petals〉 बाह्य दल 花萼；うてな (5) 植物の葉 (6) 2 つに分かれたり割れたりするものの一方；半分 (7) ものの厚さ；厚み मोटे दल का 分厚い (8) チーム（क्रिकेट का）भारतीय दल（クリケットの）インドチーム (9) 出来物の腫れや周囲の盛り上がり (10) 刀身などの鞘 **दल जोड़ना** 仲間を集める；グループを作る；派閥を作る；徒党を組む= दल बटोरना; दलबंदी क०. **दल बनाना** 群れをなす；群がる पक्षी प्रायः दल बनाकर उड़ते हैं 鳥はたいてい群れをなして飛ぶ
दलक [名*] ← दलकना. (1) 揺れ；震え (2) 驚愕
दलकना[1] [自] (1) 揺れる；震える (2) 恐ろしさに震える；震えあがる (3) 心が揺れる；あわてる
दलकना[2] [他] 震えあがらせる；怯えさせる= डराना; कँपा दे०.
दलदल [名*] (1) 沼地；湿地；沼沢地；泥沼 (2) 面倒なこと；厄介なこと इस दलदल से दूर रहना ही अच्छा この面倒は避けていたがよい (3) 泥沼；深み；悪い状況や環境 राजनीति की दलदल 政治の泥沼 इस दलदल से निकलना चाहती हूँ この泥沼から抜け出したいのです **दलदल में गरदन तक डूबा हो०** *a.* すっかりはまって抜け出せない *b.* 泥沼にはまる *c.* 決めかねる；どっちつかずの状況になる **दलदल में धँसना** 泥沼にはまる；深みにはまる **दलदल में पैर रखना** = दलदल में गरदन तक डूबा हो०. **दलदल में फँसाना** 泥沼に引きずりこむ **दलदल से निकलना** 泥沼から抜け出る
दलदला [形⁺] ぬかるんだ；ぬかるみの दलदली जगह ぬかるみ
दलदार [形]《H. + P. دار》表面や皮の厚い
दलन [名] (1) 粉にすること；細かく砕くこと；破砕 (2) 粉砕；破壊；破滅
दलना [他] (1) 粉にする；粉にひく；すりつぶす (2) 豆などをひき割りにする (3) つぶす；台無しにする；押しつぶす；踏みつぶす (4) ひどく苦しめる (5)（葉などを）つむ（摘む）
दलपति [名] (1) 集団の長；団長 (2) 指揮官 (3) 軍指揮官
दल-परिवर्तन [名]〔政〕党籍変更
दलबंदी [名*]《H.+ P. بندی》徒党を組むこと；派閥争い = गुटबाज़ी.
दलबदल [名] 脱党し他党へ入党すること；党籍変更 दलबदल विरोधी कानून 党籍変更禁止法
दलबदलू [形・名] (1)〔政〕無節操に党籍変更を頻繁にする（人） (2) 無節操な人；日和見主義者 (3) 脱党者〈defector〉
दलबल [名] (1) 軍隊；軍勢 (2) 一族郎党；一家眷属 दलबल सहित 一族郎党を引き連れて
दलबादल [名] (1) 叢雲 (2) 大軍；大軍団 (3) 大勢 (4) 巨大テント
दलमलना [他] (1) こまかい粉にする；ひきつぶす (2) こまかくつぶす；すりつぶす (3) 粉砕する (4) 滅ぼす；滅亡させる
दलमलित [形] 苦しめられた；責めさいなまれた
दलवाना [他・使] ← दलना.
दलशोधन [名] 粛清
दलहन [名] ひき割りにして食べる豆類（ブンドウマメ，キマメ，ケツルアズキ，レンズマメ，ヒヨコマメなど）
दलाई लामा [名]《Tib.》ダライラマ
दलाढक [名] (1)〔植〕オトギリソウ科小木セイロンテツボク【*Mesua ferrea*】 (2)〔植〕サトイモ科ボタンウキクサ【*Pistia stratiotes*】 (3)〔植〕モクセイ科【*Jasminum pubescens*】
दलाढय [名] 川岸に溜まった泥土

दलादली [名*] 衝突；ぶつかり合い；争い；闘い
दलाना [他・使] ←दलना.
दलामल[名](1)〔植〕キク科ヨモギ【*Artemisia nilagirica; A. vulgaris*】＝दौना. (2)〔植〕シソ科草本メボウキ【*Ocimum basilicum*】＝मरूआ. (3) マチン科小高木マチン【*Strychnos nux vomica*】の実
दलारा [名]（船の）つり床；ハンモック
दलाल [名] 《← A. دلال दल्लाल》(1) 仲買人；ブローカー＝ आढ़ती; एजेंट. जायदाद, ज़मीन, मकान का दलाल 不動産業者；周旋屋 (2) ぽん引き；売春の客引き＝ कुटनी.
दलालत [名*] 《A. دلالت》(1) しるし；標識 (2) 案内；指示 (3) 証拠；証明
दलाली [名*] 《A.P. دلالی दल्लाली》(1) 仲買い；仲買い業；仲介業 (2) 仲介；仲買い；周旋 रिज़र्वेशन की दलाली करने वाले गिरफ़्तार 指定席券のダフ屋逮捕 (3) 仲介料；手数料；周旋料 दलाली दे॰ 手数料を支払う दलाली ले॰ 手数料を取る
दलित[1] [形] (1) つぶされた (2) 砕かれた (3) 抑圧された；圧迫された हरिजन तथा दलित वर्ग ハリジャンと抑圧された階級（被抑圧階級）
दलित[2] [名] (1) 抑圧された人；被抑圧者 (2) カースト制度による被差別民
दलित पंथर [名] 《Mar. दलित + E. Panther ← Black Panther》〔イ政〕ダリット・パンタル（1970 年代の一時期マハーラーシュトラ州の被抑圧者・不可触民によって推進された解放運動の組織）
दलित वर्ग [名] 古くより社会的に差別の対象になり経済的に搾取され圧迫されてきた社会階層；被抑圧階級 गाँवों में अभी भी स्त्रियों और दलित वर्गों को समानता के अधिकार प्राप्त नहीं हैं 村落では今なお女性と被抑圧階級は平等な権利を得ていない
दलित साहित्य [名]〔文芸〕ダリト文学（被抑圧者文学. 独立後のマラーティー文学に始まる被抑圧者・不可触民出身作家たちの創作活動がきっかけとなり他言語の文学にも刺激と影響を与えてきている）
दलिद्दर[1] [形] (1) 貧しい (2) 最低の；最下等の (3) 哀れな；惨めな；お粗末な (4) 貧弱な；貧相な
दलिद्दर[2] [名] (1) 貧しさ；貧困＝ ग़रीबी; दरिद्रता. उसपर कहीं बाबा जी की दया हो गई सारा दुःख-दरिद्दर मिट जाएगा あの男に師が慈悲をかけて下さるならば一切の悲しみと貧しさは消えてなくなるだろう (2) 屑；ごみ；がらくた＝ कूड़ा; गंदगी.
दलिया [名] (1) ひき割りにした小麦などの穀類；ダリヤー (2) 上記を牛乳などで煮た料理；ダリヤー（軽食，朝食などに食べる） मक्के का नमकीन दलिया ひき割りにして塩味にしたトウモロコシのダリヤー
दली [形] (1) 厚みのある (2) 葉のついた (3) 何らかの団体や集団に所属する
दलील [名*] 《A. دلیل》(1) 論理；理屈；理由＝ युक्ति. (2) 証拠；証明 (3) 議論＝ बहस; वाद-विवाद.
दलीले क़वी [名*] 《A. دلیل قوی》確かな証；確実な証拠；確証
दलीले कामिल [名*] 《A. دلیل کامل》(1) 完全な証拠 (2) くつがえすことのできない理屈や論理
दलीले बातिल [名*] 《A. دلیل باطل》奇弁
दलेल [名*] 《← E. drill》(1) 教練 (2) 懲罰的に課せられる教練 **दलेल बोलना** 懲罰として教練を命じる
दल्लाल [名] ＝ दलाल.
दल्लाला [名*] 《A. دلاله》(1) ぽん引き；売春の客引き (2) 男女の恋愛の手引きや仲介をする女性→ दलाल.
दल्लाली [名*] ＝ दलाली.
दवँरी [名*] ＝ दवनी.
दव [名] (1) 森；林；ジャングル＝ वन; जंगल. (2) 森の火事；野山の火事；山火事＝ दवाग्नि. (3) 火事＝ आग; अग्निकांड.
दवनी [名*]〔農〕収穫した作物の脱穀を牛に踏ませて行う方法＝ दँवरी.
दवरी [名*] 火；火炎；炎
दवा [名*] 《A. دوا》(1) 薬；医薬品＝ औषध. (2) 医療；治療 (3) 手立て；対策；薬 अचूक दवा 特効薬 (-की) **दवा क॰** *a.* 手立てをする *b.* (ーを) 懲らしめる **दवा कड़वी ही होती है** 〔諺〕薬は苦いものだ；良薬口に苦し **दवा को न मिलना** (- हो॰) ほんのわずかなものさえ手に入らない **दवा दे॰** 薬を飲ませる＝ दवा खिलाना. **दवा फूँकना** 金属灰を製造する **बेवक़ूफ़ी की कोई दवा नहीं** 〔諺〕馬鹿につける薬はない
दवाई [名*] 《A. دوا + H. -ई》薬 ＝ दवा.
दवाईख़ाना [名] 《A.H.दवाई + P. خانه》＝ दवाख़ाना.
दवा कंपनी [名*] 《A. دوا + E. company》製薬会社；薬剤会社 विदेशी दवा कंपनी. 外資系製薬会社
दवाख़ाना [名] 《A.P. دوا خانه》薬局；薬屋
दवात [名*] 《A. دوات》インク壷；インクびん＝ स्याही की दवात.
दवादर्पन [名] → दवादर्मन.
दवा-दर्मन [名*] 《← A.P. دوا درمان》治療；医療 बीमार पड़ी, पर दवा-दर्मन न हो सकी 病気に罹ったが治療は受けられなかった
दवा-दारू [名*] 《A.P. دوا دارو》(1) 薬 (2) 手当；治療；医療 कोई दवा-दारू नहीं हुई? 何らの手当も治療も行われなかったのか **दवादारू क॰** 手当をする；治療する बीमार जानवरों की दवादारू क॰ 病気の動物の手当をする
दवानल [名*] ＝ दावाग्नि. 森の火事；山火事；野火
दवाम [名] 《A. دوام》永遠；永久；永続；耐久
दवामी [形] 《A. دوامی》永久的な；永続性のある；耐久性のある
दवामी काश्तकार [名] 《A.P. دوامی کاشتکار》〔農〕永代小作
दवामी पट्टा [名]〔農〕永代小作契約証書
दवामी बंदोबस्त [名] 《A.P. دوامی بند و بست》〔農〕永代小作契約＝ बंदोबस्त दाइमी. 〈permanent settlement〉
दवारि [名*] 森の火事；野山の火事＝ दवाग्नि; दावानल.
दश [数・造語] 《Skt.》10；10 の意を表す造語要素＝ दस.
दशकंठ [名]〔ラマ〕ダシャカンタ（10 の首，もしくは，頭を持つ，の意. ラーヴァナ रावण の異名の一） ＝ दशग्रीव.
दशक [名] (1) 十の単位 (2) 10 年 बात दो दशक पूर्व की है 20 年前の話だ (3) 1 世紀を 10 等分した区切り；10 年 दूसरे दशक में 10 年代に 50 के दशक से 90 दशक तक 50 年代から 90 年代まで 1870 के दशक में सब से पहले यह खेल खेला गया 1870 年代に最初にこのスポーツが行われた आठवें दशक के अंत में 70 年代の終わりに
दशकर्म [名]〔ヒ〕懐妊から結婚に至るヒンドゥー教徒の 10 の通過儀礼（1. गर्भाधान 2. पुंसवन 3. सीमंतोन्नयन 4. जातकरण 5. निष्क्रमण 6. नामकरण 7. अन्नप्राशन 8. चूड़ाकरन 9. उपनयन 10. विवाह）
दशकुशल [名]〔仏〕十戒
दशग्रीव [名]〔ラマ〕ダシャグリーヴァ（10 の頭を持つ者の意. ラーヴァナ रावण の異名の一） ＝ दशकंठ.
दशद्वार [名] 人間の身体にある（とされる）十穴（眼耳鼻，口，肛門，性器及び頭頂部に想定された穴，すなわち，ブラフマーンダドゥワーラ ब्रह्मांडद्वार；ブラフマランドラ ब्रह्मरंध्र）
दशधा[1] [形] (1) 10 種の；10 通りの (2) 10 番目の
दशधा[2] [副] 10 種の方法で；10 通りに
दशन [名] (1) 歯 ＝ दाँत. (2) 噛むこと＝ दाँत से काटना.
दशनच्छद [名] 唇 ＝ ओठ; होंठ; ओष्ठ.
दशनबीज [名]〔植〕ザクロ ＝ अनार; दाड़िम.
दशनांशु [名] 歯の輝き＝ दाँतों की चमक या दमक.
दशनामी [名]〔ヒ〕 अद्वैतवाद, すなわち，不二一元論を唱えたシャンカラ・アーチャーリヤ शंकराचार्य の弟子の法灯を継ぐ出家ヒンドゥー修道者の一団
दशबल [名] (1) シヴァ神の異名の一 (2)〔仏〕十力；仏陀
दशबाहु [名] シヴァ神の異名の一
दशभुजा [名*] ドゥルガー神の異名の一
दशम [形] 《Skt.》(1) 10 番目の＝ दसवाँ. (2) 10 分の 1 の＝ दसवें भाग का.
दशमद्वार [名] ヨーガにおいて人の頭頂部にあるとされる人体の 10 番目の穴．頭頂部の頭蓋骨の接合する部位；ブラフマランドラ＝ ब्रह्मरंध्र; ब्रह्मांडद्वार. → दशद्वार.
दशमलव [形・名]〔数〕(1) 小数点（の） (2) 小数（の） **दशमलव अंकन पद्धति** 十進法 **दशमलव का सिद्धांत** 十進法 **दशमलव बिंदु** 小数点 **दशमलव भिन्न** 小数
दशमलवकरण [名] 十進法化
दशमलव पद्धति [名*] 十進法
दशमांश [名] 10 分の 1；1 割；10 パーセント
दशमिक[1] [名] 小数＝ दशमलव.

द

दशमिक[2] [形] 小数の
दशमिक प्रणाली [名*] 十進法
दशमी [名*] (1) 太陰暦の各半月の 10 日 संवत् 1596 में क्वार के महीने में बदी दशमी के दिन ヴィクラマ暦 1596 年クワール月の黒分 10 日に (2) ヴィジャヤーダシャミー (विजयादशमी)；ダシャラー祭 (दशहरा) (3) 死 (4) 解脱
दशमुख [名]〔ラマ〕ラーヴァナ (रावण) の異名の一
दशरथ [名]〔ラマ〕ダシャラタ王 (ラーマーヤナのラーマの父. コーサラ国王)
दशरथसुत [名]〔ラマ〕ダシャラタ王の息子，すなわち，ラーマチャンドラ
दशवदन [名]〔ラマ〕ラーヴァナ रावण の異名の一
दशवाँ [形⁺] = दसवाँ; दशम.
दशबाहु [名] マハーデーヴァ (महादेव)；シヴァ神
दशशीर्ष [名]〔ラマ〕ラーヴァナ रावण の異名の一
दशहरा [名] (1)〔ヒ〕ダシャハラー／ダシャーラー祭 (アーシュヴィン月，すなわち，インド暦 7 月の白分 10 日にかけて 10 日間行われるラーマのラーヴァナに対する戦勝を記念するヒンドゥー教の祭礼) = विजया दशमी. なお同期間，東部インドを中心にドゥルガープージャー祭が祝われる (日本の旧暦では 9 月 10 日) (2)〔ヒ〕ダシャハラー (ガンジス河の生誕を祝うジェート月白分十日) ガンガーダシャハラー祭 (= गंगा दशहरा).
दशहरी आम [名] ダシャハリー・アーム (ウッタル・プラデーシュやパンジャーブなど北インドの代表的なマンゴーの品種の一)
दशा [名*] (1) 状態 (2) 期；期間；時期 दशा असामान्य है 異常な状態である **हर दशा में** どんな状況においても；どんなことがあっても अपने वचन का हर दशा में पालन करना उसने अच्छी तरह सीखा था どんな状況においても約束を守ることを十分に学んでいる
दशादेश [名] (1) 十戒 (旧約聖書出エジプト記) टेन कमांडमेन्ट्स (2)〔仏〕十戒 दशकुशल
दशानन [名]〔ラマ〕ラーヴァナ (रावण) 異名の一
दशाब्द [名] 10 年
दशाब्दि [名*] 10 年 कुछ दशाब्दियों पहले 数十年前
दशावतार [名]〔ヒ〕ヴィシュヌ神の十化現 (十権化；十化身) (मत्स्य, कूर्म, वराह, नृसिंह, वामन, परशुराम, राम, कृष्ण, बुद्ध, कल्कि)
दशाश्वमेध [名]〔地名・ヒ〕(1) ダシャーシュヴァメーダ (バナーラス，すなわち，ベナレスのガート घाट の一) (2) プラヤーグのガートの一 → घाट.
दशाह [名] (1) 10 日 (2)〔ヒ〕死後 10 日目の儀礼
दशूठन [名] = दसूठन.
दश्त [名] 《P. دشت》森；森林；ジャングル
दष्ट [形] 噛まれた
दस [数] (1) 10；十；10 の (2) 多数の；多くの दस हज़ार 1 万 = दस सहस्र. दस लाख 100 万 दस करोड़ 1 億 दस अरब 100 億 दस खरब 10 兆 **दस दिन** *a.* 10 日；10 日間 *b.* わずかの間 **दस नंबरी** →別項 (見出し語) **दस पाँच** 若干の；幾つかの **दस बीस** 相当数の；かなりの；多数の **दस हाथ की ज़बान हो॰** 大きな口を叩く **दस हाथ दूर रहना** 関係を全く絶つ **दसों दिशाओं में** 四方八方に
दसख़त [名] 《← P.A. دست خط दस्तख़त》署名 = दस्तखत; हस्ताक्षर.
दस खेल [名]〔ス〕十種競技= डेकाथ्लोन.
दसगुना [形⁺] 10 倍の
दसठौन [名] = दसूठन; दसौठन.
दसनंबरी [名] 《H. + नंबरी ← E. number》前科者で要注意人物に数えられる人；札つきの悪党
दसन [名] 歯= दाँत; दंत.
दसना[1] [自] 敷かれる；広げられる= बिछना.
दसना[2] [他] 敷く；広げる= बिछाना.
दसना[3] [名] 敷物 = बिछौना; बिस्तर.
दसम ग्रंथ [名]〔シク〕ダサムグラント (シク教第十代グルのグル・ゴーヴィンド・シンの詩を中心に収めたシク教聖典の一)
दसवाँ [形⁺] ← दस. = दशम. 10 番目の；第 10 の **दसवाँ द्वार खुलना** *a.* 死ぬ (死に際し頭頂部に想定されているブラフマランドラ ब्रह्मरंध्र =ブラフマーンダドゥワーラから霊魂が出る) *b.* 自失する
दसहरी [名] ダサハリー (マンゴーの品種の一) = दशहरी.

दसा [名*] = दशा.
दसी[1] [名*] 10 を 1 つにまとめた単位；十 **दसियों** दसी の強意形. 幾十，数十，何十などの意 दसियों बार 幾十回；何十回 भरा पूरा परिवार है…दसियों नौकर हैं 豊かな家庭だし幾十人もの使用人がいる
दसी[2] [名*] (1) 1 着分の布の長さの境目を示す模様 (2) 着物の端
दसूठन [名]〔ヒ〕産後 10 日目に行われる産婦が沐浴を済ませて普通の生活に戻る儀式；産後の床上げ= दशूठा; दसौठन.
दसोतरा[1] [形] 10 以上の；10 を超えた
दसोतरा[2] [名] 1 割；10 分の 1
दसौंधी [名] バート (王家の頌詩を作り歌うのを生業としてきた一カースト) = भाट.
दसौठन [名] = दसूठन; दशूटन.
दस्तंदाज़ [形] 《P. دست انداز》干渉する；妨げる；妨害する= हस्तक्षेप क॰; बाधा दे॰.
दस्तंदाज़ी [名*] 《P. دست اندازی》干渉；妨害= हस्तक्षेप; दखल. हमारे मज़हब में वे दस्तंदाज़ी क्यों करेंगे? あの方が我々の宗教になぜ干渉されようか
दस्त [名] 《P. دست》(1) 手 = हाथ; हस्त. (2) 下痢；軟便= डायरिया. **दस्त-ब-दस्त** 直ちに；すぐさま **दस्त हो॰** 下痢になる，腹が下る = पेट चलना. जिगर के रोग में कभी-कभी फटे-फटे दस्त भी आते हैं 肝臓病ではぐじゃぐじゃした便も出る **पतले दस्त** 軟便；下痢；水のような便 उसे बार-बार पतले दस्त आते हों तो 幾度も軟便が出るのであれば
दस्तक [名*] (1) 手で軽く叩くこと (2) 拍手 = ताली. (3) ノック (すること) = खटखटाना. (4) 命令書；召喚状；呼び出し状 (5) 通行書；通行許可書；道中手形 (6) 税；通関税 **दस्तक दे॰** ノックする；戸を叩く दरवाज़े पर दस्तक देनेवाले ドアにノックする人たち **दस्तक पड़ना** ノックがある；ノックされる अचानक दरवाज़े पर दस्तक पड़ी ドアに不意にノックがなされた थोड़ी देर बाद दरवाज़े पर फिर से दस्तक हुई 間もなくして再度ドアにノックがあった
दस्तकार [名] 《P. دست کار》手工・手工芸・手細工の職人；細工師= हाथ का कारीगर.
दस्तकारी [名*] 《P. دست کاری》(1) 手仕事；手工；手工芸；細工；手細工= हस्त-शिल्प. (2) 手工品；細工品；手工芸品
दस्तकी [名*] 《P. دستکی》手に持ったりポケットに入れたりできる小さなもの，手帳など
दस्तख़त [名] 《P.A. دست خط》(1) 署名；サイン；オートグラフィー उसे दस्तखत जमा करने का शौक है オートグラフィーを集める趣味がある (2) 筆跡 **दस्तख़त क॰** 署名する **दस्तख़त ले॰** 署名させる；署名をしてもらう
दस्तख़ती [形] 《P.A. دست خطی》署名のある；署名入りの
दस्तगाह [名*] 《P. دست گاه》力；力量；能力；威力 (-में) **बहुत दस्तगाह रखना** (一に) 大変威力を持つ
दस्तगीर [名] 《P. دست گیر》援助者；救援する人= सहायक; मददगार.
दस्तगीरी [名*] 《P. دست گیری》援助；救援；手助け
दस्तदराज़ [形] 《P. دست دراز》(1) 横柄な (2) 横暴な (3) 暴力的な；すぐに暴力をふるう
दस्तदराज़ी [名*] 《P. دست درازی》(1) 横柄さ (2) 横暴 (3) 暴力行為
दस्तपनाह [名] 《P. دست پناه》炭火などを挟むための道具；火ばし；火ばさみ；トング= चिमटा.
दस्तबंद [名] 《P. دست بند》(1) 女性の手首につける装身具= पहुँची. (2) 円舞
दस्त बदस्त [副] 《P. دست بدست》(1) 手から手へ (2) 直ちに；次から次へ；間断なく；飛ぶように
दस्तबरदार [形] 《P. دست بردار》手を引いた；関わりを止めた；無関係になった；無縁になった
दस्तबरदारी [名*] 《P. دست برداری》手を引くこと；無関係になること；関係を絶つこと
दस्तबस्ता [副] 《P. دست بسته》手を合わせて；うやうやしく；丁重に
दस्तबुर्द [名*] 《P. دست برد》(1) 盗み (2) 略奪；強奪
दस्तयाब [形] 《P. دستیاب》手に入った；入手した；獲得した= प्राप्त; हस्तगत. दस्तयाब क॰ 手に入れる；入手する= हासिल क॰; प्राप्त क॰. दस्तयाब हो॰ 手に入る= हासिल हो॰; प्राप्त हो॰.

दस्तर [名] 《← P. دستار》ターバン
दस्तरख़ान [名] 《P. دسترخوان》〔イス〕ダスタルハーン（食事をとる際用いる敷き物．その上で車座になって食べる）
दस्तशिनासी [名*] 《P. دست شناسی》手相占い इल्मे दस्तशिनासी 手相術＝हस्तचिह्न विज्ञान.
दस्ता [名] 《P. دسته》(1) つか（柄）；取っ手；柄；握り＝मूठ; बेंट. (2) 束（になったもの）；花束（गुलदस्ता），鍵束など；紙束（24，もしくは，25枚の束）；帖 (3) ひとつかみ（分） (4) 乳棒＝मुसला; मुँगरा；すりこぎ (5) 棍棒 (6)〔軍〕部隊 (7)〔軍〕小隊 (8)〔軍〕中隊 (9)〔軍〕分遣隊
दस्ताना [名] 《P. دستانه》(1) 手袋 (2) 手甲 (3)〔ス〕グローブ
दस्तार [名] 《P. دستار》ターバン＝पगड़ी; अम्मामा.
दस्तारचा [名] 《P. دستارچه》小さなターバン
दस्तावर [形] 《P. دستاور》下剤の＝विरेचक.
दस्तावेज़ [名] 《P. دستاويز》(1) 文書；書類；正式書類 संविधान देश में सबसे महत्त्वपूर्ण दस्तावेज़ होता है 憲法は国家の一番重要な文書だ जिस दस्तावेज़ में दल की नीतियों, कार्यक्रमों तथा वादों का वर्णन होता है 党の方針，綱領や公約が記されている文書 व्यापारियों को लेखा पुस्तकें व अन्य दस्तावेज़ प्रस्तुत करने का निर्देश 商人たちに帳簿などの書類を提出するようにとの指示 (2) 証書；証文；契約書 (3) 証拠書類
दस्तावेज़ी [形] 《P. دستاويزی》(1) 書類の；文書の (2) 証書の सरकार इस बात के दस्तावेज़ी सबूत पेश करने की तैयारी कर रही है 政府はこれについて文書による証拠を提出する準備をしている
दस्तियाब [形] 《P. دستیاب》入手された；得られた；手に入った＝दस्तयाब.
दस्ती[1] [形] 《P. دستی》(1) 手の；手で扱う；手による (2) 手渡しの
दस्ती[2] [名*] 《P. دستی》(1) 器具の柄；握り (2) 手燭 (3) 小さな筆入れ
दस्ती कांटा [名] 《P. دستی + H.》〔農〕干し草用熊手；フォーク；ヘイフォーク；ピッチフォーク
दस्ती बम [名] 《P. دستی + E. bomb》手投げ弾；手榴弾
दस्ती बैग [名] 《P. دستی + E. bag》手提げかばん
दस्तूर [名] 《P. دستور》(1) 慣習；慣行；習わし दस्तूर के टूटने से 慣行がすたれること दुनिया का दस्तूर क्या है 世間のならわしが何だ (2) きまり；規則 (3) 法律 (4) 様式；方式
दस्तूरी[1] [形] 《P. دستوری》(1) 慣習的な (2) 法的な；法律上の
दस्तूरी[2] [名*] 手数料；口銭
दस्तो पा [名] 《P. دست و پا》手足；手と足 दस्तो पा, सीना व सर, गोश व ज़बान किसने दिये （人に）手と足，胸と頭，耳と舌を下さったのはどなたですか
दस्यु [名] (1)〔イ史〕ダスユ（パンジャーブ地方に入ったアーリア人が先住民を呼んだ名称の一） दस्यु या दास ダスユ，すなわち，ダーサ族 (2) 強盗；賊 जल दस्यु 海賊
दस्युता [名*] (1) ダスユであること (2) 強盗行為，強奪 (3) 悪辣さ
दस्युवृत्ति [名*] (1) 強盗（行為）；強奪 (2) 窃盗；盗み
दहँगल [名]〔鳥〕ヒタキ科シキチョウ【*Copsychus sanlaris*】 दहँगल अथवा दहियल प्रमुख गायक पक्षी है シキチョウは鳴鳥の代表
दह[1] [名] (1) 川の深み＝पाल. (2) 貯水場；貯水池
दह[2] [数] 《P. ده》10；十＝दस.
दहक [名*] (1) 燃えさかること＝धधक. (2) 焔＝ज्वाला; लपट. (3) 燃焼
दहकना [自] (1) 燃えさかる；盛んに燃える；燃え立つ＝यह शानदार सूरज भी जो आग की तरह दहकता नज़र आता है. 火がごうごうと燃えさかるように見えるこの素晴らしい太陽 दहकते अंगारे 燃え立つ火のかたまり (2) 激しい感情に燃える；たぎる उनकी अँगारे-सी दहकती आँखें 火のように激しく燃える眼 (3) 激しく熱せられる (4) 苦しむ；悩む
दहक़ान [名] 《A. دهقان देहक़ान》(1) 農夫；農民；百姓＝कृषक; किसान; काश्तकार. (2) 間抜け
दहकाना [他] (1) 激しく燃やす；焼き払う；燃やし尽す फिर एक-एक कर नगर के सभी भवनों को दहका दिया 次に一軒ずつ町のすべての建物を燃やし尽くした (2) かきたてる；けしかける；煽る；煽りたてる＝भड़काना.
दहक़ानी[1] [形] 《A. دهقانی देहक़ानी》(1) 農夫の；農民の (2) 田舎の
दहक़ानी[2] [名] 《P. دهقانی》＝दहक़ान.
दहचंद [形] 《P. ده چند》10倍の＝दसगुना.
दहड़-दहड़ [副] ごうごうと（火の燃えさかる様子）；焔や火柱を高く上げて दहड़ दहड़ जलना 火が激しく燃える；火が燃えさかる＝धायँ धायँ जलना.
दह दर दह [名] 《P. ده در ده》10ガズ（गज़）四方の貯水池
दहदिया [形] 勇ましい；勇敢な
दहदिसि [副] 十方に；四方八方に；一面に；全面に
दहन[1] [名] 燃えること；燃焼すること
दहन[2] [名] 《P. دهن》口＝मुँह; मुख. कभी आह कर तो लेते जो दहन सिया न होता 口が縫いつけられていなかったらたまには溜め息ぐらいはついたものを
दहन[3] [名]〔植〕ミカン科低木【*Toddalia asiatica; T. aculeata*】〈wild orange tree; lopez tree; forest pepper〉＝जंगली काली मिर्च.
दहनशील [形] よく燃える；引火性の
दहना[1] [自] (1) 燃える＝जलना; बलना. (2) 大変苦しむ；悩む；悶々とする
दहना[2] [他] (1) 燃やす＝जलाना; भस्म क॰. (2) 大変苦しめる＝दुःखी क॰.
दहना[3] [形⁺]＝दाहिना.
दहना[4] [自] めりこむ；沈下する；沈む＝धँसना.
दहनीय [形] (1) 燃やすべき (2) 可燃性の；燃える
दहपट [形] (1) 地面に崩れ落ちた (2) 台無しの；だめになった (3) 踏みつけられた；踏みつぶされた
दहपटना [他] (1) 破壊する＝नष्ट क॰. (2) 台無しにする＝चौपट क॰. (3) 踏みつぶす＝कुचलना.
दहर[1] [名] (1) 川の深み (2) 貯水池＝कुंड.
दहर[2] [名]〔動〕(1) ハツカネズミ (2) トガリネズミ科ジャコウネズミ (3) 子供
दहर-दहर [副]＝दहड़-दहड़.（激しく燃え盛る様子やその音）ごうごうと；ぼんぼん；火柱をあげて
दहरना [自]＝दहलना.
दहरोज़ा [形] 《P. ده روزه》永持ちしない；永続性のない；短期の＝अस्थायी; चंदरोज़ा.
दहल [名*] (1) 震えあがること；身のすくむこと；おののき (2) 茫然とすること；茫然自失
दहलना [自] (1) 腰を抜かす；身がすくむ；震えおののく आज सुबह लुधियाना में हुई हत्याओं से राजधानी दहल गई 今朝ルディヤーナーで発生した殺戮に首都は腰を抜かした (2) 恐ろしさに縮みあがる；震えあがる **हृदय**（**दिल**, **सीना**）**दहलना** の形で用いられることが多い अपराधों का तो हाल ही मत पूछिए क्या होने वाला है अगले कुछ बरसों में, सोचकर दिल दहल जाता है 犯罪の状況については言いようもない．これから数年の間一体どういうことになるのやらと思うと震えあがってしまう
दहला [名]〔トラ〕トランプの10（X）のカード
दहलाना [他] 恐怖に縮みあがらせる；震えあがらせる；震撼させる；おののかせる नीरवता को दहलाता हुआ 静寂を震撼させながら यह दिल दहलाने वाली घटना है 恐怖におののかせる事件 मरते आदमी की चीखें भी उनका हृदय नहीं दहला सकीं 死に際の人の絶叫もあの人を震えあがらせることはできなかった
दहली [名*]＝दहलीज़; देहरी.
दहलीज़ [名*] 《P. دهلیز दिहलीज़》(1) 敷居＝देहली. (2) 玄関；玄関ホール；住宅の玄関から1つ内側の部屋 (3)（比喩的に）門口；入り口 आज इक्कीसवीं सदी की दहलीज़ पर पड़े हमारे समाज के जीवन-दर्शन, सौंदर्य-बोध और रंग-शिल्प आदि में 21世紀の門口に立つ我々の社会の持つ哲学，美意識，工芸などに **दहलीज़ का कुत्ता** 追従者＝पिछलग्गू. **दहलीज़ की मिट्टी खोद डालना** 幾度も幾度も催促に訪れること＝दहलीज़ की मिट्टी ले डालना.
दहशत [名*] 《A. دهشت》恐怖；恐怖感；怯え；戦慄 मौत की दहशत से चेहरा सफ़ेद हो गया 死の恐怖感のため顔面蒼白となった (-की) **दहशत में हो॰** （－に）怯える तब दिल्लीवासी बाढ़ की दहशत में थे その時，デリーの住民は洪水に怯えていた हाकिम के दिल से अगर दहशत जाती रहे, तो उसमें गरूर बढ़ जाता है 役人の心から恐れが消え失せれば必ずや慢心がはびこる ऐसी तर्कहीन मौत से दहशत होने लगी है このようなわけのわからない死に戦慄を感じる उसकी

गूँगी अवहेलना की कल्पना-मात्र से मुझे दहशत हो रही है 彼が無言で無視することを想像しただけで私はぞっとする

दहशतगर्दी [名*] 《A.P. دہشت گردی》テロリズム= आतंकवाद. दहशतगर्दी के ख़िलाफ़ ऐक्ट कश्मीर पर भी लागू テロリズム排除法をカシミールにも施行

दहा [名] 《← P. دہ》(1)〔イス〕イスラム暦の第1月，すなわち，ムハッラム月 मुहर्रम の1日から10日目までの10日間 (2)〔イス〕タージヤー（ताज़िया） (3) ムハッラム月

दहाई [名*] (1) 10をひとまとめにした単位；十 (2) 十の桁 (3) 10分の1

दहाड़ [名*] (1) ライオンなどの野獣が吼えること (2) その吼える声 (3) 大きな恐ろしい声 **दहाड़ मारकर रोना** 泣き叫ぶ；大声で泣く；声を張り上げて泣く；おいおい泣く；わんわん泣く पिता जी दहाड़ मारकर रो रहे हैं 父が声をあげて泣いている **दहाड़ मारना** (野獣が) 咆える；咆哮する

दहाड़ना [自] (1) ライオンなどの猛獣が吼えたりうなったりする हाथी की चिंघाड़ सुनकर शेर भी ज़ोर-ज़ोर से दहाड़ने लगा 象の鳴き声を聞いてライオンも大きな声で吼える (2) 大声で脅す बैंक में घुसते ही एक डकैत भारी आवाज़ में दहाड़ता है 銀行に押し入るなり強盗はどすのきいた声で脅す

दहाना [名] 《P. دہانہ》(1) 自然や物体，器物などの大きな口や穴 कोहे आतशफ़िशाँ के दहाने पर 火山の噴火口で (2) 水入れの革袋の口 (3) 馬勒 (4) 下水道 (5) 河口

दहिंगल [名] = दहँगल.

दहिना [形[+]] = दाहिना.

दहियल [名] = दहँगल. 〔鳥〕ヒタキ科シキチョウ= दहँगल.

दही [名[-]] ヨーグルト；凝乳 = दधि. **दही के धोखे कपास खाना** 全く愚かしいことをする **दही के धोखे चूना खाना** = दही के धोखे कपास खाना. **दही खट्टा हो॰** しくじる；失敗する；やり損なう **दही जमा रहना** *a.* 言い返さずに黙りこむ *b.* 意見を述べたり言及したりせず沈黙する **दही दही** シキチョウの鳴き声 **दही दही क॰** *a.* やっきになって売りつけようとする *b.* むりやり与えようとする；押しつけようとする **दही में का मूसर** 邪魔者

दही-बड़ा [名]〔料〕ダヒー・バラー（ケツルアズキをすりつぶして団子にしたものを油で揚げヨーグルトをかけたもの）

दहुम [形・名] 《P. دہم》(1) 第十の；十番目の = दसवाँ. (2)（暦の）十日 = दस्वीं.

दहेज़ [名] 《دہیز ← A. جہیز जहेज़》(1) ダヘーズ（花嫁の持参財ー持参金や嫁入り道具）= दायजा; यौतुक; जहेज़. शादी ब्याह में दहेज की अन्य वस्तुओं में टेलीविज़न अपरिहार्य बनता जा रहा है ダヘーズにテレビ（セット）も不可欠なものになりつつある (2) ダヘーズ（の風習）= दहेज़ की प्रथा. दहेज़ निरोधक बिल ダヘーズ禁止法

दहेला[1] [形[+]] (1) 焼けた (2) 悲しい；辛い

दहेला[2] [形[+]] (1) 濡れた= भीगा हुआ. (2) 震えあがった

दहेंड़ी [名*] ダヒーを入れるつぼ= दही की हाँडी.

दह्यमान [形] 燃えている；燃える；燃焼中の

-दाँ [接尾] 《P. داں》名詞に付加されて「(ーを) 知っている，(ーの) 知識のあるなど」の意の形容詞，もしくは，名詞を作る अंग्रेज़ीदाँ 英語のできる（人）；英語を知っている（人）

दांडिक [形] (1) 刑罰的な；懲罰的な (2) 懲罰する (3) 刑法の；刑法上の

दाँत [名] (1) 動物の歯 (2) のこぎりや櫛などの器具の刻み目；歯 (3) 縫い目や接合物のほころび目 **आरी के दाँत** のこぎりの目 **एक-दूसरे पर चढ़े हुए दाँत** 八重歯 **कीड़े खाए दाँत** 虫歯 **दाँत उखड़वाना** 抜歯してもらう；歯を抜いてもらう **दाँत उखाड़ना** *a.* 抜歯する；歯を抜く *b.* 牙を抜く *c.* 二度と悪事を働かぬようきびしく懲らしめる **दाँत उतर जा॰** 酸味のあまり強いものを食べて歯が浮いたような感じになる **दाँत और नाख़ून न हो॰** 牙と爪を抜かれる（全く無力になる） **दाँत कटकटाना** *a.* 歯ぎしりする；歯がみする *b.* 寒さのあまり歯の根が合わない जिस समय उत्तर भारत में भयंकर ठंड से दाँत कटकटाते हैं 北インドであまりの寒さに歯の根が合わなくなる頃 *c.* 腹立たしさや悔しさに歯ぎしりする **दाँत कसना** 悔しい思いで歯がみする；歯ぎしりする उनके दाँत कस गए その人は歯ぎしりした **दाँत का कीड़ा** 虫歯の原因と考えられている虫 **दाँत का चौका** 門歯 = सामने के दाँत. **दाँत काटना** 嚙みつく मैंने उसे दाँत काट लिया あいつに嚙みついてやった **दाँत काढ़ना** *a.* へらへら笑う；へらへら愛想笑いをする *b.* 意味もなく笑う；へらへら笑う *c.* にやにやする；薄笑いを浮かべる；にたにたする *d.* 口を大きく開ける；歯をむき出す；下品な笑い方をする **दाँत किचकिचाना** *a.* 力いっぱい努力する；頑張る *b.* 怒りに歯がみする **दाँत किटकिटाना** *a.* 悔しさに歯ぎしりする= दाँत कटकटाना. ख़रगोश की बात सुनकर भेड़िया दाँत किटकिटा कर रह गया 兎の言葉を聞いて狼は歯ぎしりするばかりだった *b.* 激しい怒りの表情を表す बंदर ज़ोर से दाँत किटकिटाकर बोला 猿は激しく怒りを表して言った *c.* 睡眠中に歯ぎしりをする सोते हुए अगर लड़कियाँ दाँत किटकिटाती हैं तो माता-पिता के लिए अशुभ मानी जाती थीं 睡眠中に歯ぎしりをする娘たちは親にとって不吉とされていた **दाँत किरकिराना** *a.* 歯ぎしりする = दंतघर्ष. *b.*（食べ物の中の異物のため）口の中がじゃりじゃりする **दाँत किरकिरे हो॰** さんざんな目に遭う；ひどい目に遭う；完敗する **(-के) दाँत खट्टे क॰** *a.*（ーを）徹底的にやっつける；やりこめる；さんざんな目に遭わせる；完膚なきまでにやっつける *b.*（勝負や戦争で）打ち負かす；打倒する **(-के) दाँत ख़ून लगना**（ーが）味を占める **(-पर) दाँत गड़ना**（ーに）狙いをつける；（ーが）欲しくなる **दाँत गड़ना**（ひきつけのため）歯をくいしばる **(-पर) दाँत गड़ाना**（ーに）狙いをつける；（ーに）復讐の念を燃やす **(-में) दाँत गड़ाना**（ーに）嚙みつく；歯を立てる उसने पूरी ताक़त से उस ढोल की खाल में दाँत गड़ा दिये 思いきりその太鼓の皮に歯を立てた **दाँत गिरना** *a.* 歯が抜ける *b.* 老いる **दाँत चबाना** 歯がみして怒りを表す **दाँत चूहों की नज़र हो॰** 老いのため歯が抜け落ちる **दाँत जमना**（子供の）歯が生える **दाँत झड़ना** = दाँत गिरना. **दाँत झाड़ना** *a.* 歯を抜く；抜歯する *b.* 歯をへし折る **दाँत टूटना** = दाँत गिरना. **दाँत टेढ़े आ॰** 歯並びが悪くなる **दाँत तले उँगली दबाना** 舌を巻く；驚嘆する **(-के) दाँत तोड़ना**（ーの）牙を抜く **(-को) दाँत दिखाना**（ーを）脅す；脅迫する **दाँत दिखाना** *a.* 愛想笑いをする *b.* 哀願する **दाँत निकलना** 歯が生える **दाँत निकलवाना** 歯を抜いてもらう；抜歯してもらう **दाँत निकालना** = दाँत काढ़ना. **दाँत निकोसना** = दाँत काढ़ना. **दाँत निपोरना** = दाँत काढ़ना. वकीलों के यहाँ जाकर दाँत निपोरती, गिड़गिड़ाती, कहती 弁護士のところへ行って哀願して言う चलते चलते कुली दाँत निपोरते हुए बोला, 'लगता है घर से भागकर आए हो' 去りしなにポーターはにたにたしながら言った「家出して来たのだな」 वह फिर दाँत निपोरकर हँस पड़ा 再び歯をむき出して笑い出した **दाँत पर दाँत बैठाकर** 歯を食いしばって（我慢して） **दाँत पर मैल न जमना** = दाँत पर मैल न हो॰. **दाँत पर मैल न हो॰** 極めて貧しい様子 **दाँत पीसकर रह जा॰** 悔しがるばかり 'चोरी और सीनाज़ोरी', देवी जी दाँत पीसकर रह गईं「盗人猛々し」とはこのことと彼女は悔しさに歯ぎしりするばかりであった **दाँत पीसना** *a.* 歯ぎしりする *b.* 腹立たしさに歯ぎしりする；歯を食いしばる रज्जब ने दाँत पीसे ラッジャブは歯ぎしりした **दाँत पैने क॰** 狙いをつける **दाँत फाड़ दे॰** 唖然とする **दाँत बजना** *a.* 恐ろしさに体が震える；がたがた震える *b.* 寒さのために歯が（がちがち）鳴る दाँत बजते रहे होंगे（寒くて）歯ががちがち鳴ったことだろう **दाँत बनवाना** 入れ歯を入れてもらう；義歯をこしらえてもらう **दाँत बाये रहना** 間抜けのようにぽかんと口をあけて笑ってばかりいること **दाँत बैठ जा॰** *a.* 死にかける *b.* 口をきつく閉じる；歯を強く食いしばる **दाँत भारी तो आँत भारी**〔諺〕歯が悪ければ胃腸が悪くなる **दाँत भींचना** = दाँत पीसना. **दाँत मसमसाना** = दाँत पीसना. **दाँत मींजना** = दाँत पीसना. **दाँत में दर्द हो॰** 歯が痛む；歯痛 **दाँत रंगना** 怒る **(-पर) दाँत रखना** *a.*（ーに）目をつける *b.*（ーを）妬む **(-पर) दाँत रहना** = दाँत रखना. **दाँत लगना** *a.* = दाँत गड़ना. *b.* = दाँत बैठ जा॰. **दाँत लगाना** *a.* 嚙んで食べる *b.* = दाँत गड़ाना. *c.* 入れ歯を入れる **दाँत सलसलाना** *a.* 歯がぐらぐらする *b.* 歯が痛む **दाँत साफ़ क॰** 歯を磨く；歯磨き **(- पर) दाँत साफ़ क॰**（ーを）食べる；平らげる **दाँत से दाँत बजना** ひどく寒い **दाँत से दाँत बजाना** 完膚なきまでに負かす **दाँतों उँगली काटना** 驚嘆する **दाँतों उँगली दबाना** = दाँतों उँगली काटना. **दाँतों का डाक्टर** 歯医者；歯科医師= दंतचिकित्सक. **दाँतों की बनावट** 歯並び= दाँतों की संरचना. **दाँतों के बीच जीभ की तरह रहना** 用心深く過ごす **दाँतों चढ़ाना** *a.* せき立てる；せかせる *b.* 目をつける **दाँतों ज़मीन पकड़ना** ひどく苦しい生活を送る **दाँतों तले उँगली काटना** = दाँतों उँगली काटना. **दाँतों तले उँगली दबाना** = दाँतों उँगली काटना. **दाँतों तले जीभ दबाकर रह जा॰** = दाँतों उँगली

काटना. **दाँतों तले तिनका दबाना** *a.* 服従する *b.* 哀願する **दाँतों तले तिनका पकड़ना** = दाँतों में तिनका दबाना. **दाँतों तले होंठ दबाना** = दाँतों तले उँगली दबाना. **दाँतों पसीना आ॰** *a.* 必死の努力をする；力の限り努力する *b.* くたくたに疲れる **दाँतों में उँगली दबाना** = दाँतों उँगली काटना. **दाँतों में उँगली दे॰** = दाँतों उँगली काटना. **दाँतों में कीड़े लगना** 虫歯になる **दाँतों में तिनका दबाना** = दाँतों तले उँगली दबाना. **दाँतों में पकड़ना** くわえる रस्सी को दाँतों में पकड़े 綱をくわえて **दाँतों में पसीना आ॰** = दाँतों पसीना आ॰. **दाँतों में पानी लगना** 歯に水がしみる **दाँतों में पैसा चिपकाना** ひどく物惜しみをする **दाँतों से एक एक कौड़ी पकड़ना** 極端にけちなこと सुबह से शाम तक मेहनत करती हूँ.एक एक कौड़ी को दाँतों से पकड़ने की आदत हो गई है 朝から晩まで働きづめに働いて一銭一厘を惜しむ癖がついてしまった **दाँतों से काटना** かみつく = चकत्ता भरना. **दाँतों से कौड़ियाँ पकड़ना** = दाँतों से एक एक कौड़ी पकड़ना. **दाँतों से जीभ काटना** 恐れおののく **दाँतों से जीभ दबाना** = दाँतों से जीभ काटना. **दाँतों से पैसा पकड़ना** = दाँतों से एक एक कौड़ी पकड़ना. **दाँतों से हाथ काटना** 悔やむ；後悔する **दूध के दाँत** 乳歯 **नक़ली दाँत** 入れ歯；義歯 **पक्का दाँत** 永久歯= स्थायी दाँत. **सड़े दाँत** 虫歯 **सामने के दो दाँत** 前歯2本

दांत [形] (1) 抑えられた；圧せられた (2) 制せられた；抑制された (3) 感官を制した

दाँतकाटी[1] [形*] 同じパンをかじり合った関係の；同じ釜の飯を食べた；大変親密な間柄の **दाँतकाटी रोटी** = दाँतकाटी रोटी का रिश्ता हो॰. मीर साहब से उनकी दाँत-काटी रोटी है ミール氏とあの方とは親交がある **दाँतकाटी रोटी का रिश्ता (संबंध) हो॰** 親交；ごく親密な間柄

दाँतकाटी[2] [名*] ごく親密な関係；親交= दाँतकाटी रोटी का रिश्ता हो॰. निर्मल के बाप से तो इसके बाप की दाँतकाटी रही ニルマルの父親とこの人の父親とは大変親しかった राकेश और विकास में दाँत काटी का संबंध था ラーケーシュとヴィカースとはとても親しい間柄だった

दाँतकिट्‌टन [名*] 歯がみ；歯ぎしり；くやしがること व्यर्थ की दाँत किट्‌टन 意味もなく歯ぎしりすること

दाँत-कुरेदनी [名*] ようじ（楊枝）；つまようじ तांबे की दाँत-कुरेदनी 銅製の楊枝

दाँतदर्द [名] 歯痛；歯の痛み

दाँतदार [形] ぎざぎざの；刻み目のある；のこぎりの目の形の

दाँतना [自] 刃が欠ける

दाँतसाज़ [名] (1) 歯科技工士 (2) 歯医者

दाँता [名] 機械の刃；刻み目；切り目；くぼみ दाँता पड़ना = दाँतना. 刃が欠ける

दाँता किटकिट [名*] 口げんか；言い争い

दाँता किलकिल [名*] = दाँता किटकिट.

दांति [名*] (1) 感官を制すること；官能を制御すること = इंद्रियनिग्रह; इंद्रियों का दमन. (2) 服従 (3) 謙虚さ

दाँती[1] [名*] (1) 鎌；草刈り鎌 = हँसिया. (2) 川岸や船着き場の船の係留のための綱をつなぐ杭

दाँती[2] [名*] (1) のこぎりの目 (2) 峠= दर्रा.

दाँतेदार [形] 《H. दाँता + P. دار》 ぎざぎざの；刻み目のある；のこぎりの目のような= खाँतेदार.

दाँना [他] (1) 脱穀する (2) 役牛に踏ませて刈り取った穀物から脱穀する

दांपत्य[1] [形] 夫婦の；夫婦間の；夫妻の दांपत्य जीवन 夫婦生活 दांपत्य जीवन के झगड़े 夫婦間の争い；夫婦喧嘩 दांपत्य प्रेम 夫婦愛 दांपत्य संबंध 夫婦関係

दांपत्य[2] [名] 夫婦であること；夫婦関係 दांपत्यमूलक परिवार 〔社〕夫婦家族= दांपत्यमूलक कुटुंब.

दांभिक [形] ← दंभ. (1) 見栄をはる (2) 高慢な (3) 偽善的な (4) 詐欺的な

दाँव[1] [名] (1) 度；回数；たび (2) 番；順番 (3) 手；方法（賭けごとなどの） (4) 手；手段；方法 किस दाँव से उसपर वार किया जाए कि फिर ज़िंदा न बचे 生きて逃げられないようにするにはどの手で攻撃を加えたらよいものか (5) 好機；チャンス (6) ずるい手 **दाँव क॰** *a.* 待ち伏せする *b.* 場所を作る；場所をあける **दाँव कहना** *a.* 自分の判断や思慮なしに相手に同調したり同意する；調子の良い返事をする *b.* 相槌を打つ **दाँव खा जा॰** 負ける **दाँव ख़ाली जा॰** 細工が失敗する；工夫が無駄になる इस बार उसका दाँव ख़ाली गया 今度は細工が失敗に帰した **दाँव खेलना** 策を講じる **दाँव चलना** 効果がある；効き目がある उसका दाँव चल गया था 彼の使った手は効果があった **दाँव चुकाना** 仕返しする；報復する；復讐する；仇を討つ **दाँव चूकना** 機会を逃す **दाँव ताकना** 機を窺う **दाँव दे॰** *a.* だます；欺く；裏切る *b.* 相手にやらせる；相手にさせる **दाँव देखना** = दाँव ताकना. **दाँव पड़ना** 機会を得る **दाँव पर आ॰** （罠などに）かかる；ひっかかる；はまる **दाँव पर चढ़ना** はまる；はめられる **दाँव पर रखना** = दाँव पर लगाना. **दाँव पर लगना** 賭けられる；賭けの対象となる अपनी इज़्ज़त दाँव पर लगी देख उसने माँग बिना विरोध किए ही स्वीकार कर ली 自分の名誉が賭けられているのを見て要求に反対せずに受け入れた (-) **दाँव पर लगाना** （－を）賭ける；（－を）賭す देश के लिए अपना जीवन दाँव पर लगा दे॰ 国のために命をかける **दाँव पाना** 好機をつかむ **दाँव फेंकना** *a.* 損得を考えずに行う *b.* さいころ（などを）振る उसने जितने दाँव फेंके, उलटे पड़े 振ったさいころはみな裏目に出た **दाँव बचा जा॰** 災厄を免れる；難を逃れる **दाँव बदना** 賭ける；賭をする **दाँव बन आ॰** うまく行く **दाँव मारना** 勝つ；うまく行く **दाँव में आ॰** 自分の思うようになる；思い通りになる **दाँव रखना** 賭ける；金を賭ける **दाँव लगना** 好機に恵まれる；運に恵まれる **दाँव लगाना** *a.* 狙いをつける；機会を窺う *b.* 賭ける **दाँव ले॰** *a.* 復讐する；仇を討つ *b.* 勝つ **दाँव हाथ रहना** ついている；つきがある **दाँव हारना** しくじる

दाँव[2] [名] なた（鉈）

दाँव-घात [名] 待ち伏せ दाँव-घात देखना 待ち伏せる **दाँव-घात लगाना** 機会を窺う

दाँवना [他] 牛を使って脱穀する；脱穀のため牛に刈り取ったものを踏ませる= दाँना.

दाँव-पेंच [名*] 策略；工作；手練手管；ずるい企み= चालबाज़ी. दाँव-पेंच का आदमी 策略家；策士

दाँवरी [名*] ひも（紐）；綱 = रस्सी; डोरी; रज्जु.

-दा[1] [接尾] 《Skt.》時や度数を表す造語要素 एकदा 一度；ある時；かつて सर्वदा 常に；絶えず

-दा[2] [接尾*] 《Skt.》「（－を）与える」意を加える接尾辞で -द の女性形→ -द.

दाइज [名] = दहेज.

दाईं[1] [形*] = दायीं. ← दायाँ.

दाईं[2] [名*] 度；度数；回数= बारी; बार; दफ़ा.

दाई[1] [名*] (1) 乳母（うば）= धाय. (2) 子守= दाई खेलाई. (3) 産婆；助産婦= दाई जनाई. (4) お手伝い；手伝い女 **दाई से पेट छिपाना** 〔諺〕「産婆にへそ隠す」. すなわち，何もかも見通しで知っている人に内緒のことをしようとすることや隠そうにも隠せない相手に秘密を隠そうとする愚かしい振る舞いのたとえ **दाई से पेट दुराना** = दाई से पेट छिपाना.

दाई[2] [名*] (1) 父方の祖母= दादी. (2) 老女，老婆（の尊称）

दाऊ [名] (1) 兄 = बड़ा भाई. (2) 兄貴分 (3) 父

दाऊद[1] 〔人名・史〕《A. داؤد》ダーウード／ダビデ（イスラエル第2代の王）

दाऊद[2] [名*]〔農〕小麦の一品種名

दाऊदिया [名] 《← A. داؤد दाऊद》 (1) 小麦の一品種 (2) 菊の花= गुलदाऊदी का फूल. (3) 打ち上げ花火の一種

दाऊदी [名*] 《A.P. داؤدی》 (1) 〔植〕キク科キク= गुल दाऊदी. 【*Chrysanthemum indicum*】 (2) 小麦の一品種

दाक [名] (1) 祭主 = याजक. (2) 施主；施与者= दाता.

दाक्षायण [名] (1) 金 = सोना; स्वर्ण. (2) 金貨= अशरफ़ी; स्वर्णमुद्रा. (3) 金製の装身具

दाक्षायणी [名*] (1) 〔イ神〕ダクシャ दक्ष の娘，ダークシャーヤニー (2) 〔イ神〕カシュヤパ聖仙の妻，アディティ (3) 〔天〕→ अश्विनी; रोहिणी. (4) 〔植〕トウダイグサ科【*Croton polyandrum*】 = दंती.

दाक्षिण [形] 南の；南方の

दाक्षिणात्य[1] [形] 南の；南方の；南部の；南部地方の；ヴィンディヤ山脈から南の；マハーラーシュトラ州以南の

दाक्षिणात्य[2] [名] (1) 南インド（ヴィンディヤ山脈以南の地域） (2) 南インドの住人

दाक्षिण्य[1] [形] 南の；南方の；南部の

दाक्षिण्य[2] [名] (1) 好意；善意 (2) やさしさ

द

दाख [名*] (1)〔植〕ブドウ (2) 干しブドウ (3) 種を取り出してある干しブドウ→ अंगूर, मुनक्का, किशमिश, द्राक्षा.

दाख़िल [形]《A. داخل》(1) 中に入った；内部に入った；加入した；加わった (2) 内部の；内側の (3) 記入された；書き留められた **दाख़िल करवाना** 入らせる；(施設や機関などに) 入れさせる；入所させる स्कूल में दाखिल करवाना 入学させる；学校に入れる मैंने उन्हें स्कूल में दाखिल करवा दिया その子らを学校に入れた **दाख़िल हो॰** 入る，入所する，入学するなど

दाख़िल ख़ारिज [名]《A. داخل خارج》〔農〕(土地台帳における土地保有者の) 名義変更

दाख़िल दफ़्तर [形]《P. داخل دفتر दाखिले दफ्तर》後回しにされた；棚上げされた；(書類が) 受け付けて書類棚にしまいこまれた

दाख़िला [名]《A. داخله》(1) 入ること；立ち入ること；加入すること (2) 受領書 (3) 入学金；入学料 (4) 入学 कालेज में दाखिले के लिए 大学入学のために (-में) **दाख़िला ले॰** (－に) 入学する；入所する दोनोंने 12 वीं कक्षा भी एक साथ उत्तीर्ण कर अब एक साथ विश्वविद्यालय में दाखिला ले लिया था 2 人は 12 年級にも一緒に合格し，今度は一緒に大学に入学した

दाख़िली [形]《P. داخلی》(1) 内部の；内の；内的な＝ आंतरिक; भीतरी. (2) 精神的な；心の；内心の＝ मानसिक.

दाखी [形] 栗毛色の कुम्मेत दाखी रंग के घोड़े को कहते हैं クンメートとは栗毛（色）の馬のことを言う

दाग [名] (1) 燃やすこと；焼却 (2) 火葬；荼毘 (3) 焼けたあと (4) やけど (5) 熱 (6) 嫉妬；妬み **दाग क॰** *a.* 熱する *b.* 燃やす **दाग दे॰** 荼毘に付す

दाग़ [名]《P. داغ》(1) 傷；不完全なところ；欠陥 उसकी सुंदरता पर एक दाग़ था 彼女の美しさには 1 つのきず（瑕）があった (2) 焼き印；烙印 (3) 傷；傷跡；痕跡；傷んだところ (4) 斑点；しるし（印，標） (5) あざや病気のためにできる斑紋 माथे पर दाग़ 前額部の斑紋；額のあざ **सफ़ेद दाग़** 〔医〕白なまず；白斑病 (6) 死斑 (7) しみ；汚れ कपड़े पर दाग़ दूर करना 衣服のしみ抜き (8) 苦しみ；悩み (9) 汚名 **दाग़ उठाना** 苦しみに耐える；苦しみを忍ぶ **दाग़ डालना** しみをつける अगर धोबन ने कपड़े ख़राब धोये या कहारिन ने साड़ी में दाग़ डाल दिये तो もしも洗濯女が洗い損なったりカハールの女がサリーにしみをつけたりしたら **दाग़ दिखाना** 苦しめる；悩ます **दाग़ दे॰** 汚名を着せる **दाग़ धोना** 汚名をそそぐ **दाग़ मिटना** しみや汚れがとれる **दाग़ लगना** 汚名を着る बुढ़ापे में उसको दाग़ लगे 晩年に汚名を着た；晩節を汚した

दाग़दार [形]《P. داغ دار》(1) 焼き印のついた (2) 汚点のついている

दाग़-धब्बा [名] しみ；汚れ कपड़ों पर तेल मसाले या हलदी आदि के दाग़-धब्बे न लगे हों 服に油や調味料，ウコンなどのしみがついてはいないか

दाग़ना [他] (1) 焼き印をつける（焼きごてで家畜にしるしをつけたり信仰心から宗派の標識をつけたりする） (2) しるしをつける；罪人に烙印をつける (3) 火薬に点火する (4) 銃弾を発射する एक गोली उसकी कारबाइन से दागी गई थी 彼のカービン銃から一発発射された लाहौल स्पीति में लोग राहु, केतु पर निशाना लगाकर बंदूक दागते हैं ラーホール・スピーティではラーフとケートゥを目がけて銃弾を発射する (5) 捧げ銃にして空砲を発射する（例えば，戦死者の霊への軍隊の敬礼） (6) しょうしゃく（焼灼）する गर्म सलाखें दागने से लड़की को कोई तकलीफ़ नहीं हो रही है 熱した針での焼灼に娘は何の苦痛も感じないでいる (7) 敬礼する；お辞儀をする मैंने मुड़कर पीछे की सीट पर ठुँसे हुए छोकरों को देखा, सबने शरमाकर फिर एक बार नमस्ते दाग़ दी 後部座席に詰めこまれている子供たちの方を振り向くとみなははにかんでもう一度お辞儀をした (8) 吹く；吹き鳴らす उसने तड़ाक से लंबी सीटी दाग़ दी すかさず笛を長く吹き鳴らした

दाग़बेल [名*]《P. داغ + H.बेल》工事前に道路や地面にシャベルで印をつける行事やそのしるし；建設工事の鍬入れ **दाग़बेल डालना** 鍬入れをする；礎石を置く；事業などを開始する पहले पहल इन्होंने अख़बार "रैयत" की दाग़बेल डाली 「ライヤット」紙の礎石を置かれたのはこの方です **दाग़बेल पड़ना** 始まる；開始される＝ दाग़बेल लगना. **दाग़बेल लगाना** ＝ दाग़बेल डालना.

दाग़ी [形]《P. داغی》(1) 傷のある；欠陥のある (2) 斑点や斑紋のある (3) 汚名のついた；烙印を押された (4) 前科者 **दाग़ी माल** 傷物；疵物

दाघ [名] (1) 熱 (2) 燃焼

दाज [名] (1) 闇夜 (2) 闇；暗闇；暗がり

दाजना [自・他] ＝ दाझना.

दाझ [名*] 熱＝ ताप.

दाझना[1] [自] (1) 燃える；焼ける＝ जलना. (2) 妬む；嫉妬する；妬ける＝ डाह हो॰; जलना.

दाझना[2] [他] (1) 燃やす；焼く (2) 悩ます；苦しめる

दाड़क [名] (1) 大臼歯 ＝ दाढ़; डाढ़. (2) 歯 ＝ दाँत.

दाड़िम [名] (1)〔植〕ザクロ科ザクロ＝ अनार. (2)〔植〕カーダモン＝ इलायची; छोटी इलायची.

दाढ़[1] [名*] (1) 大臼歯；奥歯 ＝ चौभर. (2) イノシシの牙 **दाढ़ के बीच** 危険に取り囲まれた **दाढ़ गरम क॰** 賄賂を贈る；贈賄する **दाढ़ गरम गरम हो॰** ご馳走になる **दाढ़ गरम हो॰** 食事にありつく **दाढ़ तले ज़ीरा दबना** 味を占める；味を占めて癖になる **दाढ़ न लगाना** 噛まずに飲みこむ **दाढ़ से निकलना** 危険や危地を脱する

दाढ़[2] [名*] ＝ दहाड़. **दाढ़ मारकर रोना** 大声をあげて泣く；わんわん泣く；号泣する

दाढ़ना [他] 焼く；燃やす＝ जलाना.

दाढ़ा[1] [名] (1) 火 ＝ आग; अग्नि. (2) 森の火事；山火事＝ दावानल. (3) 熱 (4) 焚き火のために集めたもの **दाढ़ा फूँकना** 甚だ暑くなる

दाढ़ा[2] [名] (1) あご；下あご (2) 大臼歯 (3) あごひげ＝ दाढ़ी.

दाढ़ा[3] [名] 集まり；集合；集積

दाढ़ी [名*] (1) あごひげ＝ श्मश्रु. (2) 下あご；おとがい（頤） ＝ चिबुक. (3) 山羊などのあごひげ状の毛の房 (-की) **दाढ़ी उखाड़ ले॰** (－を) 辱める；侮辱する (-की) **दाढ़ी का एक एक बाल क॰** (－を) ひどい目に遭わせる＝ दाढ़ी का एक एक बाल नोचना. **दाढ़ी को कलंक लगाना** 老人に汚名を着せる **दाढ़ी को हाथ लगाना** 嘆願する；哀願する **दाढ़ी खाना** マンゴーを山ほど食べる **दाढ़ी खुजाना** 考え事をする (-की) **दाढ़ी घुटवाना** あごひげをそってもらう (-को) **दाढ़ी चूमना** *a.* (－を) 敬う *b.* (－に) おべっかを使う **दाढ़ी छोड़ना** *a.* あごひげをのばす（生やす）；あごひげを蓄える *b.* 願掛けなどのためにあごひげをそらずにおく **दाढ़ी नोचना** いらいらする；いらだつ **दाढ़ी पकना** 老いる；老け込む **दाढ़ी पेट में हो॰** *a.* 口がかたい；かたく秘密を守る *b.* 若くして才覚を発揮する **दाढ़ी पेशाब से मुँडवाना** 自らを辱める；全面降伏する **दाढ़ी बढ़ाना** あごひげをのばす **दाढ़ी बनवाना** あごひげをそってもらう (-की) **दाढ़ी बनाना** *a.* (－を) だまして金を巻き上げる *b.* (－を) だます；ぺてんにかける **दाढ़ी मुँडवाना** あごひげをそってもらう **दाढ़ी रखना** ＝ दाढ़ी छोड़ना. मुसलमान दाढ़ी रखते हैं イスラム教徒はあごひげを蓄える

दाढ़ीजार [名] 女性が男性をひどくののしる言葉で軽蔑の気持ちを込めて三人称に用いることがある．あいつ，あの野郎，あん畜生など

दातव्य[1] [形] (1) 与えるべき＝ देने योग्य. (2) 施与の；布施の；贈与される；施しとして与えられる

दातव्य[2] [名] (1) 布施；施与＝ दान. (2) 納めるべきもの；税；料金；使用料；会費

दाता[1] [形] 気前よく与える；惜しみなく与える

दाता[2] [名] (1) 気前よく与える人 (2) 寄付者；贈与者 (3) 神にすべてを捧げる人

-दाता [造語] (－を) 与える，授けるなどの意を有する合成語の構成要素 आश्रयदाता 庇護者 अन्नदाता 主人

दातापन [名] ＝ दानशीलता.

दातार [形] ＝ दाता[2]

दाति [名*] (1) 与えること (2) 分配

दातुन [名*] (1) 歯みがきに用いる木の小枝，楊枝（特にインドセンダンやアラビヤゴムモドキの木の小枝を手折ったもの） (2) 歯みがき

दातौन [名*] ＝ दातुन.

दात्र [名] 鎌＝ दाँती; हँसिया.

दात्री[1] [形*・名*] 与える（人）

दात्री[2] [名*] 鎌 ＝ दराँती; हँसिया.

दाद[1] [名*]〔医〕はくせん（白癬）；田虫＝ दद्रु; दिनाई.

दाद[2] [名*] 《P. داد》(1) 正義；公正；公平= न्याय; इंसाफ़. (2) 正義を嘆願すること；正義を求めること (3) 称賛 **दाद को पहुँचना** 正義が行われる **दाद दे॰** *a*. ほめる（褒める）；称える；賛嘆する；感心する शंकर हों या भगवान शंकर, स्वदेश में मर्यादा तभी बढ़ती है जब गोरी चमड़ियाँ दाद देने लगें ただのシャンカルであれシャンカル神であれ，自国での評価は白人たちがほめてからしか高くはならないのだ बहुत अच्छे! दाद देते हैं साइंसदानों की अक़्ल को 何とも素敵なことだ．科学者たちの頭脳には実に感心するよ *b*. 正義を行う= न्याय करने वाला. *c*. 賛同する；賛意を表す **दाद पाना** *a*. 賛同を得る；同意を得る *b*. 正当な扱いを得る **दाद फ़रियाद क॰** 騒々しくする；騒ぎ立てる

-दाद [造語] 《P. داد》(ーから）与えられた，(ーが）与えたなどの意を有する合成語の構成要素 ख़ुदादाद 神から与えられた；天賦の；天与の；神授の

दादख़्वाह [形] 《P. داد خواه》正義を求める；公正を乞い願う

दादगर [形] 《P. دادگر》公正な；正義を行う

दादनी [名*] 《P. دادنی》(1) 債務 (2) 手付け金

दादबख़्श [形] 《P. داد بخش》= दादगर.

दादरस [名] 《P. دادرس》裁判官；判事= न्यायकर्ता; मुंसिफ़.

दादरा [名]〔イ音〕(1) ダードラー（ヒンドゥスターニー音楽の旋律の一）(2) ダードラー（ターラの一）

दादरा और नगरहवेली 〔地名〕ダードラー・ナガル・ハヴェリー（北緯 20 度 10 分東経 73 度に位置する旧ポルトガル領．1961 年にインドに併合され現在はインドの連邦直轄地）

दादा [名] (1) 祖父（父の父）；父方の祖父（→ नाना 母方の祖父；母の父）(2) 老人に対する敬称 (3) 目上・年長者に対する敬称や呼びかけの言葉 दादा!（子供が見知らぬ年配の人に）おじさん (4) 兄；兄貴 (5) 親分；やくざ；暴力団員；ならず者；ごろつき；無頼漢 कालू दादा カールー親分 (6) 不良 (7) 学生仲間でいわゆる兄貴分を気取ったり親分風を吹かせる男；ダーダー इस वर्ष दादा किस्म के छात्रों को शामियाने में योजनाबद्ध तरीके से बिठाया गया था （卒業式での混乱に備えて）今年はダーダー・タイプの学生が式場に整然と席に着かされていた

दादागिरी [名*] = दादागीरी.

दादागीरी [名*] 《H. + P. گیری》ごろつきやならず者の振る舞い；暴力団による暴力行為；無法行為；無頼 इससे अनेक सूबों में दादागीरी समाप्त हुई これにより幾つかの州での暴力行為は終わった

दादावाद [名] 《E. Dada + H.》〔文芸・芸〕ダダイスム

दादी[1] [名*] 祖母（父の母親）；父方の祖母（→ नानी 母方の祖母）दादी अम्माँ おばあちゃん（父方の祖母）= दादी अम्मा. दादी अम्माँ से कहानियाँ सुनते हैं おばあちゃんから昔話を聞く दादी माँ おばあさん；おばあちゃん（父方の祖母） दादी माँ या नानी माँ お父さんのお母さんかお母さんのお母さん

दादी[2] [名] 《← P. داد दाद》(1) 正義を求める人 (2) 原告

दादी-सास [名*] 夫の祖母；姑にとっての姑= ददिया सास.

दादुर [名]〔動〕両生類カエル（蛙）= मेंढक; मंडूक.

दादू [名] (1) 父方の祖父に対する敬愛の気持ちをこめた呼称 (2) 兄への信愛の気持ちをこめた呼びかけ

दादू दयाल 〔人名・ヒ〕ダードゥー・ダヤール（ヒンドゥー教のダードゥー派を開いた 16 世紀の北インドの宗教家 1544–1603. カビールダース कबीरदास の子 कमाल の弟子とも伝えられカビールの影響を受けているとされる）

दादू पंथ [名]〔ヒ〕ダードゥー派（ダードゥー・ダヤールの興した一派）

दादू पंथी [名] ダードゥー派の信徒；ダードゥー一門

दाधा [形⁺] 焼けた；燃えた；焦げた= दग्ध; जला हुआ.

दान [名] (1) 与えること；贈ること；贈与；贈呈 (2) 布施；喜捨；救恤 वह दान भी ख़ूब करता था 喜捨も大いに行っていた (3) 贈り物；施し；施物；救恤品 (4) 贈賄によって敵の力を弱めること दान की बछिया 貰い物；無料で手に入ったもの

-दान [接尾] 《P. دان》名詞に付加されて，「（ーを）入れる器，容器など」の意を持つ名詞を作る कलम 筆；ペン →कलमदान 筆箱；筆入れ

दानकर्ता [名] 布施を行う人；寄進者

दान-दक्षिणा [名*] 僧侶や祭司への布施と謝礼 उसने घर आकर ख़ूब उत्सव मनाए, दान-दक्षिणा बाँटी （子を授かったので）大いに祝い布施と謝礼を贈った राजा ने उस यज्ञ में बहुत अधिक दान-दक्षिणा देना भी प्रारंभ कर दिया 国王はその祭式においても巨額の布施や謝礼を行うようになった

दान-दायजा [名] 結婚式の贈り物と持参金（金以外に貴金属や家具などを含む）

दान-धर्म [名] 布施の義務 वह पहले की तरह करोड़पति भी बन गया.लेकिन दान-धर्म न छोड़ा 元通りに長者になったが，布施の義務は怠らなかった

दानपति [名] (1) 大変気前よく布施を行う人；慈善家 (2)〔仏〕施主；施者；檀那

दान-पत्र [名] 銅板などに寄進者の氏名や目的の記された寄進書 दान-पत्र की रजिस्ट्री 寄進書の登録

दानपात्र [名] 布施をする相手にふさわしい人

दानपुण्य [名]〔ヒ〕布施による功徳

दानप्रतिभू [名] 連帯保証人

दानलीला [名*] (1)〔イ神〕クリシュナがゴーピー，すなわち，牧女たちから牛乳の販売について税を取り立てたというリーラー（遊戯）(2) 同上を主題にした作品→ लीला.

दानव [名]〔イ神〕ダーナヴァ（ダヌ दनु の息子たちで神々の敵とされる巨人） **दानवराज बलि** 〔イ神〕巨人ダーナヴァの頭バリ；ダイティヤの王バリ

दानवगुरु [名]〔イ神〕ダーナヴァの師シュクラ・アーチャーリヤ शुक्राचार्य

दानवारि [名]〔イ神〕ダーナヴァの敵，すなわち，ヴィシュヌ神，インドラ神，神々

दानवी[1] [名*] ダーナヴァの女

दानवी[2] [形] ダーナヴァの；ダーナヴァに関連する

दानवीर [形] 大変気前よく布施 दान を行う；大変慈善的な

दानवीरता [名*] すぐれた慈善行為 राजा मोरध्वज की दानवीरता モーラドゥヴァジャ王のすぐれた慈善行為

दानशील [形] 大変気前よく施与を行う；慈善的な

दानशीलता [名*] ← दानशील. 施与に熱心なこと；熱心な慈善活動 राष्ट्रकूट राजाओं की दानशीलता ラーシュトラクータ諸王の熱心な慈善活動

दाना[1] [形] 《P. دانا》賢明な；賢い；利口な= बुद्धिमान; अक़्लमंद.

दाना[2] [名] 《P. دانه》(1) 穀物の粒；穀粒 चावल का दाना 米粒 (2) 穀物 भुने हुए दाने 煎った穀物（の粒）(3) 小さく丸いもの；粒；小さな玉；植物の小さな実 इलायची के दाने खाओ カーダモン（ショウズクの実）を食べなさい तिल के दाने ゴマの粒 अंगूर का एक दाना ブドウの粒（1 粒のブドウ） जीरे का दाना クミンの 1 粒 (4) 発疹；麻疹などの体の吹き出もの यह दाने पूरे शरीर पर फैल जाते हैं この吹き出ものは全身に広がる दाना उभरना 発疹が出る लगभग चने या मसूर की दाल के बराबर दाने उभर आते हैं ほぼヒヨコマメやレンズマメのひき割りほどの大きさの発疹が出る (5) 小さく丸い形で盛り上がったもの (6) 動物の餌；飼料 **दाना चुगना** *a*. ちびちび食べる；のろのろと食べる *b*. 鳥が穀物などの餌をついばむ **दाना झाड़ना** 脱穀する **दाना डालना** 餌で釣る；罠を仕掛ける **दाना भरना** 親鳥が雛鳥に餌を与える **दाने दाने को तरसना** = दाने दाने को मुहताज हो॰. **दाने दाने को मुहताज हो॰** *a*. 食べ物に困る；食事に事欠く *b*. 赤貧洗うがごとし **दाने-दाने पर मुहर हो॰** 管理の厳格なたとえ

दाना-चारा [名] 《P. دانه + H.चारा》(1)（鳥獣の）餌；飼料 (2) 飲食；食事= खाना-पीना; आहार.

दाना-चीनी [名*] 《P. دانه + H.》ざらめ（粗目砂糖）

दाना-दुनका [名] 《P. دانه + H.》穀物；穀粒；穀物のかけら

दाना-पानी [名] 《P. دانه+ H.》(1) 飲食物 (2) 動物に与える餌や水 (3) 生計；暮らし= जीविका. (4) 寄る辺 (5) 運勢 **दाना-पानी उठ जा॰** 寄る辺を失う；生計が立たなくなる **दाना-पानी क॰** 何かを口に入れる；少々飲食する **दाना-पानी के हाथ** 運を天に任せて **दाना-पानी छूट जा॰** *a*. 食べるもの飲むものがなくなる *b*. 体の具合が悪く飲食ができなくなる **दाना-पानी छोड़ना** 飲食を止める；断食する；絶食する **दाना-पानी न छूना** = दाना-पानी छोड़ना. **दाना-पानी लगना** 滋養が身につく **दाना-पानी से भेंट न हो॰** 食べ物が手に入らない **दाना-पानी हराम क॰** 暮らして行けなくする **दाना-पानी हराम हो॰** 暮らして行けなくなる

दानाबंदी [名*] 《P. دانہ بندی》〔農〕刈り入れ前の査定；立ち毛の評価に基づく税額査定
दानिनी [形*・名*] 慈善の布施をする（女性）
दानिश [名*] 《P. دانش》(1) 知識= ज्ञान. (2) 学問= विद्या; इल्म. (3) 知能= बुद्धि; अक्ल.
दानिशमंद [形] 《P. دانش مند》(1) 知識のある (2) 学問のある (3) 聡明な；賢明な
दानिशमंदी [名*] 《P. دانش مندی》(1) 知識の豊かなこと (2) 学問のあること；学識のあること；学殖 (3) 賢明なこと；知恵のあること；聡明なこと
दानिस्त [名*] 《P. دانست》知識= ज्ञान; जानकारी.
दानी[1] [形] = दानशील; उदार.
दानी[2] [名] 慈善的な人；布施や施与を気前良くする人
दानी[3] [名] (1) 徴税官 (2) 布施や施与を受け取る人
दानीपन [名] = दानशीलता.
दानीय[1] [形] 施与すべき；布施すべき
दानीय[2] [名] = दान.
दानेदार [形] 《P. دانہ دار》ざらざらした；ぶつぶつした；粒状の小さな突起のある；粒粒の दानेदार रबड़ ざらざらしたラバー
दाप [名] = दर्प.
दापना [他] (1) 抑える；圧する；圧力を加える= दबाना; दाबना. (2) 禁じる= मना क॰; रोकना.
दाब [名⁻] (1) 抑えること；圧力を加えること；圧力の加わること；もむこと (2) 重し (3) 文鎮 (4) 圧力；威圧 जल-दाब 水圧 हवा का दाब 大気圧= वायुमंडलीय दाब; वायुभार. उच्च दाब 高圧；高い圧力 (-के) **दाब तले** （一の）支配下に；采配のもとに；部下として **दाब दिखाना** *a.* 威張る *b.* 威圧する；脅す *c.* 力を示す (-का) **दाब मानना** （一の）言いなりになる；(一の) 言うことに従う；(一に) 威圧される (-के) **दाब में आ॰** （一の）統制に従う (-के) **दाब में पड़ना** = दाब में आ॰. (-को) **दाब में रखना** （一を）統御する (-को) **दाब में लाना** = दाब में रखना. **दाब रहना** 抑制される；統制される
दाबड़ा [名] 緩衝器
दाबदार [形] 《H. + P. دار》(1) 強力な (2) 威厳のある= प्रतापी. (3) 威圧感のある= रोबदार.
दाबना [他] (1) = दबाना. लघुशंका दाबकर बैठना पड़ा 小用をこらえて座っていなければならなかった उसके पैर दाब रहा था その人の足をもんでいるところだった उसने माथे पर तेल दाबने का आग्रह किया 前額部に油を擦り込むように頼んだ (2) = गाड़ना. (-को) **दाब दे॰** （一を）抑える；抑制する；制限する **दाब बैठना** 不法に占拠する
दाबमापक [名] 圧力計
दाबा [名] 挿し木（すること）
दाबिल [名]〔鳥〕トキ科ヘラサギ【*Platalea leucorodia*】
दाबी [名*]〔農〕ダービー（労賃として農業労働者に与えられる刈り取った穀物の束．収穫の約 10 分の 1）
दाभ [名] = डाभ.
दाम[1] [名] 《← Skt. ← Gr.》(1)〔イ史〕ダーム（インドにおいてデリーのムスリム王朝支配下に銀と銅の合金により鋳造された硬貨の一） (2) ダーム（ムガル朝第 3 代皇帝アクバル治下に発行された銅貨で 1 ルピーの 40 分の 1 に相当） (3) 代金 = मूल्य; क़ीमत. मुफ़्त नहीं, दाम देना होगा ただではなくて代金を支払わなくてはなるまい (4) 料金 टेलीफ़ोन के दाम 電話料金 (5) 価格；値段 एक घड़ी के दाम 200 रुपये है.4 घड़ियों के दाम क्या होंगे? 時計 1 個の値段が 200 ルピーなら 4 個でいくらになるか (6) かね（金）；お金；ぜに（銭）；銭金 (7) 硬貨 **दाम आसमान छूना** 値がはね上がる；べらぼうに値上がりする (-के) **दाम उठना** （一が）金になる **दाम उतरना** = दाम गिरना. **दाम ऊँचा क॰** 値上げする **दाम क॰** 値段の駆け引きをする **दाम का दाम** 原価；実費 **दाम के दाम चलाना** → चाम. **दाम खड़ा क॰** 代金を取り立てる；集金する **दाम गिरना** 値下がりする **दाम घटना** 値が下がる；値下がりする **दाम घटाना** 値を下げる；値下げする **दाम चढ़ना** 値が上がる；値上がりする **दाम चढ़ाना** 値を上げる；値上げする **दाम चुकाना** *a.* 代金を支払う *b.*（売り手と買い手が）値を取り決める **दाम जोड़ना** 金を貯める **दाम ठहराना** 駆け引きで値段を決める **दाम तोड़ना** 値引きさせる **दाम दाम भर दे॰** 一銭残らず支払う；完済する **दाम दिरम** ぜに（銭）；かね（金）；銭金 **दाम बढ़ना** 値が上がる；値上がりする चीनी के दाम इस वर्ष काफ़ी बढ़े हैं 今年は白砂糖の値がかなり上がった **दाम बढ़ाना** 値上げする **दाम बैठाना** 費用を計算して値を決める；値をつける (-का) **दाम भरना** （一を）弁償する **दाम लगना** 値が決まる；値が定まる **दाम लगे न कौड़ी** ただで；無料で；一銭もかけずに
दाम[2] [名] (1) ひも（紐）；綱；ロープ (2) 花輪 (3) 敵を贈与によって倒す策謀 **दाम में लाना** 罠にかける
दामन [名] 《P. دامن》(1) 裾 (2) ふもと；裾野；山麓 पहाड़ के दामन में अँधेरा गहराने लगा 山麓の闇が深まりだした (3) へり；ふち；周縁 व्यापार का दामन राजनीति से जुड़ा होता है 商業の周縁は政治につながっている (4) 保護；庇護 **दामन खींचना** = दामन छुड़ाना. **दामन छुड़ाना** 縁を切る；関係を断つ；振り払う **दामन छूटना** 縁が切れる；関係が絶える **दामन छोड़ना** 関係を断つ **दामन झटकना** = दामन छुड़ाना. **दामन झाड़कर उठना** *a.* 腹を立ててその場を去る；席を蹴る *b.* 縁や関係を断つ **दामन झाड़कर निकलना** = दामन झाड़कर उठना. **दामन तले छिपाना** *a.* 匿う；庇護する *b.* 隠す *c.* 嫁がせる **दामन तले ढाँकना** = दामन तले छिपाना. (-का) **दामन थामना** （一に）しがみつく；(一を) 頼りにする सच्चाई यह है कि इस हिंदुस्तान में मान्यता प्राप्त प्रतिभा वही हो सकती है, जो अंग्रेज़ी का दामन थामे रहे 実の所このインドでは英語にしがみついて放さないのが公認の才能なのだ **दामन पकड़ना** = दामन थामना. **दामन पसारना** *a.* 依頼する *b.* 乞う；希う；求める **दामन फैलाना** = दामन पसारना. (-से) **दामन बचाकर** （一を）避けて；よけて (-के) **दामन में छिपना** （一に）庇護を求める；助けを求める；(一に) 難を逃れる (-के) **दामन में दाग़ लगना** （一が）汚名を着る **दामन से लगना** = दामन में छिपना.
दामनगीर [形] 《P. دامن گیر》(1)（一に）すがる；すがりつく；庇護を求める (2)（一に）連れ添う
दामनी[1] [名*] ひも；綱= रस्सी; रज्जु.
दामनी[2] [名*] 《P. دامنی》(1)〔服〕ダーマニー（女性がマントのように身に纏うチャーダル） (2) 馬の背にかける布；馬衣
दामर [名*] 舟底の隙間を埋めるのに用いられる松脂
दामरी [名*] ひも；綱
दामा[1] [名]〔鳥〕ヒタキ科インドヒタキ【*Saxicoloides fulicata*】= कलचिरी.
दामा[2] [名*] ひも；綱= रस्सी; रज्जु.
दामाद [名] 《P. داماد》娘婿；婿= जामाता; जमाई.
दामादी[1] [形] ← दामाद. 娘婿の；婿の
दामादी[2] [名*] 娘婿の立場
दामासाह [名] 資産が債権者の間で分割されることになっている破産人
दामासाही [名*] (1) 破産人の財産を債権者に取り分に応じて配分すること (2) 正しい配分
दामिनी [名*] (1) 雷= बिजली. (2)〔装身〕女性が額に着ける装身具の一；スパンコール= टिकली; बेंदी; बिंदी.
दामी[1] [名*] (1) 地税の査定 (2) 税；税金= कर; मालगुज़ारी. **दामी लगाना** 税の査定をする
दामी[2] [形] 高価な；高値の；高額の= क़ीमती; महँगा.
दामोदर [名] (1) クリシュナ神 (2) ヴィシュヌ神 (3) ダーモーダル川（ビハール州チョーターナーグプル高原を源流にカルカッタ／コルカタの南方でフグリー川に合流する）
दाम्पत्य [形] 夫婦の；夫婦間の= दांपत्य. मधुर दांपत्य जीवन 潤いのある夫婦生活
दाय [名] (1) 債務 (2) 寄進や結婚持参金に用いられる金 (3) 相続財産
दायक [造語・形] (1)（一を）与える，意の造語要素 दुःखदायक 辛い思いをさせる (2) 引き合う；報われる
दायजा [名] 花嫁側が花婿側に贈る結婚持参金= दहेज़; जहेज़.
दायभाग [名] (1) 相続分；相続の持ち分 (2)〔法〕ダーヤバーガ学派（ヒンドゥー法学のベンガル地方を中心とした学派で財産と相続に関するヒンドゥー家族法に関し家父長の権限が大きいなどの特徴がある）
दायम [副] 《A. دائم दाइम》常に；いつも= हमेशा; निरंतर.
दायमी [形] 《A. دائمی दाइमी》永続的な；永久的な；常なる

दायर [形]《A. دائر दाइर》(1) 申し立てられた (2) 提出された याचिका दायर की गई है 請願書が提出された गृहमंत्री के ख़िलाफ़ दायर याचिका 内務大臣に対して提出された陳情書 **मुक़दमा दायर क॰** 提訴する；訴訟を起こす **मुक़दमा दायर हो॰** 提訴される दूसरे दिन मुंशी पर ग़बन का मुक़दमा दायर हो गया 翌日ムンシーに対して横領の訴訟が起こされた

दायरा [名]《A. دائره》(1) 円；輪= गोल घेरा. ओलंपिक खेलों का दायरा बराबर बढ़ता जा रहा है オリンピック競技の輪はどんどん広がりつつある समाज में पहचान का दायरा बढ़ाते थे 世間の顔見知りの輪を広げていた (2) 範囲；領域；領分 परिवार, पास-पड़ोस या एक गाँव का दायरा छोटा होता है 家族とか近所とか村とかの範囲は狭いものだ जाँच के दायरे में 検査の範囲内に रोज़गार का दायरा बढ़ेगा, घटेगा नहीं 商売の範囲は広がるだろうし狭くなることはない (3) グループ；集団= मंडली; टोली. (4) タンバリン= डफली.

दायराए इक़्तिदार [名]《A. دائره اقتدار》領域；領分 जच्चाख़ाना पुराने रिवाज के मुताबिक़ भंगियों के ही दायराए इक़्तिदार में है 産屋は昔の風習ではバンギーたちの（仕事の）領分に入る

दायाँ [形+]（दायें, दाईと変化する）右の；右手の दायाँ हाथ 右手 (-का) **दायाँ हाथ** *a.* 右腕 *b.*（－の）最も信頼できる補佐役 **दायें बायें कर दे॰** 隠す；うやむやにする **दायें बायें देकर निकल जा॰** ごまかして逃れる **दायें बायें देखना** 警戒する；用心する **दायें बायें न देखना** 専念する；専心する **दायें हाथ** 右に；右手に；右方向に दायें हाथ गाड़ी मोड़ना 右折する（車を）；右へ曲げる

दाया [名*]《P. دایه》(1) 乳母= पिलाई; अंकपाली. (2) 助産婦；産婆= धाय; धात्री. (3) 子守；保母= दाई खिलाई.

दायागत[1] [形] 父方の遺産相続で得られた

दायागत[2] [名] 父方の遺産相続で得たもの

दायागरी [名*]《P. دایه گری》(1) 乳母の仕事 (2) 産婆・助産婦の職業 (3) 助産婦学

दायाद[1] [形] 遺産相続の権利を持つ

दायाद[2] [名] (1)〔ヒ〕父方の遺産相続の権利を有する者；遺産相続人 (2) サピンダ（ピンダ पिंड を同じくする人 → सपिंड） (3) 息子= पुत्र; बेटा.

दायादा [名*] 娘 = कन्या.

दायादी [名*]〔ヒ〕父系の財産に持ち分を持つ者

दायाद्य [名]〔ヒ〕祖霊の祭祀に参加できるサピンダ（सपिंड）の者の権利の認められる財産・遺産

दायाधिकारी [名] 遺産相続人= उत्तराधिकारी; वारिस.

दायिता [名*] = दायित्व.

दायित्व [名] (1) 義務；責任；責務 अपने ऊपर ऐसा महान दायित्व आ जाने की वजह से このような大きな責任を負うことになったので वहाँ जो कुछ हुआ, उसका सबसे बड़ा दायित्व स्वयं प्रधान मंत्री पर था 同地で生じた一切のことの最大の責任は首相自身にあった (2) 債務

दायित्वविहीनता [名*] 無責任；責任逃れ；投げやりな態度や振る舞い= ग़ैरज़िम्मेदारी.

दायिनी [形*・造語*] = -दायी. यह मोक्षदायिनी कैसे है? これがどうして解脱を与えるものなのか

दायीं [形*] = दाई[1]. → दायाँ.

दायी [形・造語] (1) 与える (2) 責任を負う；責任のある= उत्तरदायी, ज़िम्मेवार.

दायें[1] [形] दायाँの変化形

दायें[2] [副] 右に；右手に；右側に；右方に

दार[1] [名*] 妻 स्त्री; पत्नी; औरत; भार्या

दार[2] [名] (1) 引き裂くこと (2) 隙間 (3) 割れ目；裂け目

दार[3] [名]《A. دار》(1) 家= घर; मकान. (2) 場所= स्थान; जगह.

दार[4] [名*]《P. دار》(1) 絞首台；処刑台 (2) 磔のための杭や柱 **दार पर खींचना** 絞首刑や磔にする= दार पर चढ़ाना.

-दार [接尾]《P. دار》(1)（－を）持つ，（－を）有するなどの意を持つ複合語を作る接尾辞 फूलदार पौधे 花をつける植物 (2)（－に）関わる，関する，関係のあるなどの意の複合語を作る (3)（－）つきの，（－を）備えているなどの意の複合語を作る छिलकेदार दाल 皮のついたひき割り豆（ダール） गिरीदार मेवा 仁のついている果物

दारक [名] (1) 息子= पुत्र; बेटा. (2) 男の子= लड़का; लौंडा.

दारकर्म [名] 結婚；婚姻= विवाह; शादी; दारक्रिया; दारग्रहण.

दारचीनी [名*]《P. دارچینی》(1)〔植〕クスノキ科セイロンニッケイ【*Cinnamomum zeylanicum*】(2) セイロン桂皮（シナモン） **जंगली दारचीनी**〔植〕クスノキ科イヌニッケイ【*Cinnamomum iners*】

दारण [名] (1) 切り裂くこと；引き裂くこと= चीड़फाड़. (2) 切開；切開手術= चीड़फाड़; शल्यक्रिया; आपरेशन.

दारपरिग्रह [名] 結婚；婚姻= पाणिग्रहण; विवाह; शादी.

दारबस्त [名*]《P. داربست》(1) 建設作業のために組み立てられた足場 (2) 植物の蔓を這わせるための棚

दारमदार [名]《← P. A. دار و مدار दारोमदार》(1) 全責任；一切の責任 (2) 依存；依拠 किसी देश के भविष्य का दारमदार तो बच्चों पर ही होता है 一国の将来は子供にこそ依存するものだ

दारसंग्रह [名] 嫁をとること；妻を娶ること；結婚

दारा[1] [名*] 妻；嫁= स्त्री; पत्नी; औरत.

दारा[2] [名]〔魚〕スズキ目ツバメコノシロ科ツバメコノシロ属【*Polydactylus indicus*】〈giant thread fin〉

दारिका [名*] (1) 処女；乙女= बालिका. (2) 女の子；娘= लड़की. (3) 娘；息女= बेटी; पुत्री.

दारित [形] (1) 引き裂かれた (2) 分割された

दारिद्र्य [名] 貧困；貧しさ= दारिद्रता; निर्धनता; ग़रीबी.

दारी[1] [名*] 足の裏のひび割れ= बिवाई; बेवाई.

दारी[2] [名*] (1) 戦争により奴隷となり連れてこられた女 (2) 不貞女

दारी[3] [名] 多数の妻を有する男性

दारीजार [名] 男性をののしる言葉（王が捨てて家臣に与えた側妻の夫，情夫，奴隷女の夫，品行の悪い男などの意を持つ）

दारु[1] [名] (1) 木；木材= काष्ठ; काठ; लकड़ी. (2)〔植〕マツ科ヒマラヤスギ【*Pinus deodora*】= देवदारु.

दारु[2] [形] 壊れやすい；脆い= खंडनशील.

दारुक [名] (1)〔植〕マツ科ヒマラヤスギ= देवदारु. (2) でく（木偶）= काठ का पुतला.

दारुका [名*]（小型の）木偶= कठपुतली.

दारुगंधा [名*] 松脂

दारुचीनी [名*] = दारचीनी.

दारुज [形] (1) 木から生じる；木に生じる（虫など） (2) 木の；木製の

दारुण[1] [形] (1) 猛烈な；ものすごい= भयंकर; घोर. (2) 恐ろしい = भयानक. (3) 激しい；厳しい= तीव्र. (4) 耐え難い= असहनीय.

दारुण[2] [名]〔植〕イソマツ科草本セイロンマツリ【*Plumbago zeylanica*】= चित्रक; चीता.

दारुणता [名*] ← दारुण.

दारुण्य [名] = दारुणता.

दारुनिशा [名*] = दारुहलदी.

दारुपात्र [名] 木製の容器

दारुफल [名]〔植〕ウルシ科小木ピスタチオとその実= पिस्ता.

दारुमय [形] 木製の；木でできている

दारुल अदालत [名]《A. دار العدالت》裁判所= न्यायालय.

दारुल उलूम [名]《A. دار العلوم》大学= विश्वविद्यालय.

दारुलकुतुब [名]《A. دار الكتب》図書館= पुस्तकालय; कुतुबख़ाना.

दारुलफ़ना [名]《A. دار الفنا》この世；現世

दारुलमुल्क [名]《A. دار الملك》首都= राजधानी.

दारुश्शिफ़ा [名]《A. دار الشفا》病院；医院；療養所= अस्पताल; चिकित्सालय; हस्पताल.

दारुस्सल्तनत [名]《A. دار السلطنت》首都；首府；都= राजधानी.

दारुहरिद्रा [名*] = दारुहलदी.

दारुहलदी [名*] = दारुनिशा. (1)〔植〕ツヅラフジ科蔓木コロンボモドキ（樹皮が染料になる）【*Coscinium fenestratum*】= झाड़-इ-हल्दी. (2) メギ科メギ属低木【*Berberis lycium*】とその根

दारू [名]《P. دارو》(1) 医療；治療 (2) 薬 (3) 酒 दारू की मात्रा 酒量；飲酒量 यह अपराध भावना जैसे जैसे ज़ोर पकड़ती है, वैसे वैसे दारू की मात्रा भी बढ़ती जाती है 罪悪感が強くなればなるほど酒量も増えて行く (4) 火薬

दारूकार [名]《P. دارو + H.》酒を造る人；酒造り= कलवार.

दारोग़ा [名]《P. داروغه》(1) 監督；監督官；職長；監視役；頭；班長 सफ़ाई का दारोग़ा 掃除人たちの監督 (2) 警部，もしくは，警

部補 छोटा दारोग़ा 警部補 (3) 検査官 (4) 税務署・税関の主事；主査 दारोग़ा जेल 刑務所長；典獄 दारोग़ा जंगलात 森林監督官

दारोमदार [名] 《P. دار و مدار》 (1) 全責任；すべての責務 यों तो घर की देखभाल का सारा दारोमदार आप पर ही होगा 家事の切り盛りの一切の責任はあなたが負っているでしょう (2) 依存；依拠 यह एक ऐसा प्रश्न है, जिसपर दारोमदार है देश की समग्र दलगत राजनीति का これは国の政党政治全般の拠っているものの問題である

दार्जिलिंग 〔地名〕ダージリン（西ベンガル州北部）

दार्शनिक[1] [形] 哲学の；哲学上の；哲学的な；哲学に関する दार्शनिक चिंतन 哲学の思索 दार्शनिक विश्लेषण 哲学的分析

दार्शनिक[2] [名] 哲学者= तत्त्वज्ञानी.

दार्शनिकता [名*] 哲学；哲学的なこと

दाल[1] [名*] (1) ひき割りにして様々の料理に用いられる様々な種類の豆；豆類 दालें देश में बहुत भारी वर्षा के क्षेत्रों को छोड़कर प्रायः अन्य सभी भागों में पैदा कर ली जाती हैं 豆類は雨量の甚だ多い地域を除きその他の殆ど全ての地域で作られる (2) ダール（ひき割りにした豆及びそれに香辛料を加え料理したスープ状の料理．リョクトウ，レンズマメ，ケツルアズキ，ヒヨコマメ，キマメ，エンドウなどが主要なもの） (3) かさぶた (4) 卵の黄身；卵黄 (5) レンズを通過した太陽光線が結んだ焦点 **दाल गलना** 目的が達せられる दाल न गलने पर 目的が達せられないと इसके आगे तेरी दाल नहीं गलेगी この男を相手では君の計画は叶えられるまい **दाल चप्पू हो॰** 絡まる；絡まりあう **दाल छूटना** *a.* 豆殻がとれる *b.* かさぶたがとれる **दाल बँधना** かさぶたができる **दाल में काला है** = दाल में कुछ काला है. **दाल में कुछ काला है** 何か怪しい；何かおかしい；何か臭い；いぶかしい **दाल में नमक** 適量；適度に；適切に **दाल में मक्खी पड़ना** *a.* 不吉な兆しが生じる *b.* 妨げが生じる *c.* 不安になる

दाल[2] [名] 《دال》ウルドゥー文字の第 11 字字母 د の名称

दालचीनी [名*] = दारचीनी.

दाल-दलिया [名] 質素な食事；乏しい食事

दाल-भात [名] ご飯とダール；普段の食事 **दाल-भात में ऊँट की टाँग** 出しゃばって邪魔をする；全く余計な世話をやく邪魔者 **दाल भात में मूसलचंद** = दाल भात में ऊँट की टाँग. (-) **दाल भात समझना** (ーを) 見くびる

दालमोठ [名*] ダールモート（ヒヨコマメ，モート，レンズマメなどのひき割りを油で揚げ塩やトウガラシなどで調味した食品）

दाल-रोटी [名*] (1) ダールとチャパーティー（パン）；日常の食事；普段の食事 (2) 暮らし；生活の糧；生計 जो बेचारा अपनी ही दाल रोटी की फ़िक्र में लगा हुआ हो 自分自身の暮らしのことで頭の中が一杯になっている人；生活に余裕のない人

दालान [名] 《P. دالان》 (1) ダーラーン（屋根と柱のみのある玄関先やポーチなど家の表の部分） जामा मस्जिद का वसीअ दालान ジャーメーマスジドの広いダーラーン दालान की छत पत्थर के खंभों पर है ダーラーンの屋根は石の柱に支えられている दालान में जाजम बिछी है ダーラーンに亜麻布が敷かれている (2) ダーラーン（住宅の正面の部屋で玄関と男性部屋を兼ね外部からの男性の応接間にもなる．） (3) （中庭を囲んだ四角形の）廊下；回廊；歩廊；通廊 (4) 一方以上の壁が外に開いている広間；バラームダー किले के भीतर कई महल हैं, जिनमें बड़े-बड़े दालान हैं 城の中には幾つもの宮殿がありそれらには大きなダーラーンがある

दावँ [名] = दाँव. अब दावँ लगाने की उनकी बारी थी 今度は彼が賭ける番だった

दावँना [他] （刈り取った穀物を牛に踏ませて行われる）脱穀作業をする；牛に踏ませる

दाव[1] [名] (1) 森= वन; बन; जंगल. (2) 森の火事= दावाग्नि. (3) 火事= आग; अग्निकांड.

दाव[2] [名] = दाँव.

दावत [名*] 《A. دعوت》 (1) 招くこと；招き；招待；呼びかけ；誘い (2) 食事への招待 (3) 祝宴；宴会 दोस्तों की दावत 友人とか仲間の祝宴 **दावत उड़ाना** 宴席でたらふく食べる (-की) **दावत क॰** (ーを) 招待する= दावत दे॰. (-को) **दावत दे॰** *a.* (ーを) 招待する *b.* 祝宴に招く इस अवसर पर सारे नगर को राजा ने दावत दी その際，王は都の人をすべて祝宴に招いた *c.* (ーを) 誘う；誘いかける；招く उन्होंने न सिर्फ़ राजनीति को एक राष्ट्रीय आंदोलन बना दिया, बल्कि महिलाओं को भी इसमें शामिल होने की दावत दी 氏は政治を国民的な運動にしたばかりでなく女性もそれに参加するように誘われた

दावतख़ाना [名] 《A.P. دعوت خانه》宴会場

दावतनामा [名] 《A.P. دعوت نامه》招待状；案内状

दावते आम [名*] 《A. دعوت عام》一般人の招待；一般人の招宴

दावते जंग [名*] 《A.P. دعوت جنگ》挑戦= युद्ध की चुनौती.

दावते शीराज़ [名*] 《A.P. دعوت شیراز》簡素な宴会；内輪の宴

दावते समरकंद [名*] 《A.P. دعوت سمرقند》盛大な宴会

दावदी [名*] = दाउदी.

दावन [名] = दमन.

दावना[1] [他] 刈り取った作物を牛に踏ませて脱穀する= दाँवना; दावँना.

दावना[2] [他] 圧する；圧迫する；抑圧する= दमन क॰.

दावना[3] [他] (1) 点火する (2) 輝かせる；光らせる

दावनी [名*] 〔装身〕ダーオニー（女性が頭頂部から額にかけて下げる金製の装身具）

दावा[1] [名] 《A. دعوی/دعوا》 (1) 権利の主張；権利の要求 (2) 権利 सरकार पर भी नागरिक के कुछ दावे और अधिकार हैं 市民は政府に対しても若干の権利を有している (3) 主張；言い分 सरकार का यह दावा बिलकुल ग़लत है 政府のこの主張は全く間違っている (4) 主張；称すること；言うこと चमत्कार दिखलाने का दावा करके भोली व दुखी जनता को प्रभावित करने के लिए भी 奇蹟を演じると称して純真な悩める民衆を感心させるためにも पुलिस ने उसकी गुत्थी सुलझा लेने का दावा किया है 警察はそれの謎を解いたと主張した ज़िला पुलिस ने कुख्यात डकैतों को गिरफ़्तार करने का दावा किया 県警本部は悪名高い強盗団を逮捕したと述べた (5) 説；主張（学術上の） पुरातत्त्व के विद्वानों को यह दावा स्वीकार्य नहीं है 考古学の学者たちにはこの説は受け入れられない (6) 告訴 जिसपर दावा किया गया है 告訴された人 (7) 訴訟 (8) 正当性；権限 (-का) **दावा क॰** (ーを) 主張する；強調する (- पर) **दावा क॰** (ーを) 訴える；告訴する **दावा ख़ारिज क॰** 却下する (- पर) **दावा जताना** = दावा क॰. **दावे के साथ कहना** 敢えて言う **दावे से कहना** 自信を持って言う

दावा[2] [名*] 森の火事；山火事= दावाग्नि.

दावाग्नि [名*] 森の火事；山火事

दावात [名*] = दवात. गोपाल की दावात ゴーパールのインク壷

दावानल [名] = दावाग्नि.

दावेदार [名] 《A.P. دعویدار》 (1) 主張する人；称する人；誇る人 अब वह किसी भी हालत में स्नेह के दावेदार नहीं हो सकते थे もはや如何なる状況でも愛情を誇ることはできなかった इस पेन का कोई दावेदार मेरे पास नहीं आया このペンの持ち主はだれも現れなかった (2) 相続人；後継者 सामंत सत्ता के सीधे दावेदार 王権の直系の後継者 तथाकथित वैदिक विज्ञान के दावेदार いわゆるヴェーダの学問の後継者 (3) 資格者；有権者；適格者 प्रधान मंत्री पद के दावेदार के रूप में 首相職の有資格者として

दाश [名] (1) 漁夫；漁師= मछुवा; धीवर. (2) 船頭= मल्लाह.

दाश्त [名*] 《P. داشت》養育；世話= पालनपोषण; देखरेख; परवरिश.

दाश्ता [名*] 《P. داشته》めかけ（妾）；そばめ（側妻） = रखेली.

दास [名] (1) 奴隷 (2) 召使い；使用人 (3) 全身全霊を捧げた人 (4) 全く服従した人 (5) 〔イ史〕ダーサ；ダスユ= दस्यु. **दास-दासी** 召使い；使用人 अनेक दास-दासी उसकी सेवा में तैनात रहते हैं 多数の使用人が待機している दास-दासियाँ चँवर डुला रही थीं 召使いたちが払子を振っていた

दासता [名*] ←दास. (1) 奴隷の身分；奴隷の状態 (2) 隷従；隷属 दासता उनके लिए सब से बड़ा अभिशाप थी 隷従の身分がこの方には最大の呪いだった देश की दासता 国家の隷属

दास वंश [名] 〔イ史〕奴隷王朝 (1206–90)；ゴール王朝

दासा [名] (1) 壁の上部の屋根を支える石や木の支え (2) 戸口の上部の支え

दासानुदास [名] 自分のことを指す謙称（奴隷・使用人の下僕の意で相手への敬意を表す）

दासी [名*] (1) 奴隷女 (2) 使用人；下女 (3) 腰元；侍女 (4) 〔イ史〕ダーサの妻

दास्तान [名*]《P. داستان》物語；話 एक गिरमिटिया की दर्दनाक दास्तान 1人の年季労働者の身の上にまつわる哀話 कभी अपनी जिंदगी की दास्तान भी सुनाइए 時には身の上話もお聞かせ下さい उसने अपनी सारी दास्तान सुना डाली（家出息子が）身の上話をすっかり語った
दाह [名] (1) 燃やすこと；焼くこと；焼却；焼尽 (2) 茶毘；火葬 (3) 熱 (4) 発熱 (5) 悲しみ；苦しみ= दुःख; शोक; संताप.
दाहक[1] [形] (1) 燃やす (2) 茶毘に付す；火葬する
दाहक[2] [名] 火
दाहकता [名*] (1) 燃焼；焼却 (2) 引火性
दाहकत्व [名] = दाहकता.
दाहकर्म [名] (1) 火葬；茶毘= शवदाह कर्म. (2) 葬儀= दाह संस्कार.
दाहक शंकु [名] もぐさ（艾）
दाहकाष्ठ [名] 沈香；伽羅 = अगर; दाहागुरु.
दाह क्रिया [名*] (1) 火葬= शवदाह कर्म. (2) 葬儀
दाह गृह [名] 火葬場
दाहन [名] 燃やすこと；焼却
दाहना[1] [他] (1) 燃やす；燃焼させる= जलाना; भस्म क॰. (2) ひどく苦しめる；苦痛を与える= सताना; संतप्त क॰.
दाहना[2] [形+] = दाहिना; दायाँ.
दाह संस्कार [名] 人生儀礼としての火葬；葬儀；葬式 पिता का दाह संस्कार 父の葬儀
दाहसर [名] 火葬場= श्मशान; दाहस्थल.
दाहा [名]《←دہا दहा ← P. دہ》(1)〔イス〕ムハッラム月（मुहर्रम）初めの10日間；アーシューラー (2)〔イス〕タージヤー→（ताजिया）.
दाहागुरु [名]〔植〕ジンチョウゲ科ジンコウ（沈香）【*Aquilaria agallocha*】
दाहानल [名] = दावानल.
दाहिना [形+] (1) 右の；右側の；右手の= दक्षिण; दायाँ. दाहिना हाथ 右側；右手；右の手 दाहिना किनारा 川の右岸 वह अलकनंदा के दाहिने किनारे पर बसा है アラクナンダー川の右岸に位置している दाहिना पक्ष 右側；右翼 दाहिनी ओर 右方；右手 दाहिनी ओर से लिखना 右から左へ書く (2) 好意的な (3) 正しい；正当な (4) 良い **दाहिना बायाँ जानना** 善悪の判断がつく **दाहिना हाथ** 右腕；有力な補佐役 **दाहिना हाथ उठाना** 右手を挙げて祝福を与える **दाहिनी आँख फरकना** 右目の瞼がぴくぴくする（男性にとっては吉兆，女性にとっては凶兆） **दाहिनी भुजा** = दाहिना हाथ. **दाहिने-बायें** 右も左も；辺り一面に；どちらを向いても
दाहिनावर्त्त[1] [形] (1) 右回りの (2) 右旋の；右繞の
दाहिनावर्त्त[2] [名] (1) 右回り (2) 右旋；右繞→ प्रदक्षिणा.
दाहिनी[1] [形*] = दाहिना.
दाहिनी[2] [名*]〔ヒ〕敬意を表するためその対象に向かって自分の右側を向けてその周りを回る儀礼；右繞；右旋 **दाहिनी दे॰** 敬意の対象に時計回りに回る；右繞する；右旋する **दाहिनी लाना** = दाहिनी दे॰.
दाहिने [副] (1) 右側に；右に；右方に；右手に (2) 好調に；調子よく (3) 好意的に；機嫌よく **दाहिने आ॰** *a.* 順調な；調子のよい；都合のよい *b.* 好意的な **दाहिने-बायें** 四方八方に（へ）；一面に **दाहिने-बायें हो॰** 好調になったり不調になったりする **दाहिने मुड़ना**（車の進路を）右に取る；右折する= दायें हाथ गाड़ी मोड़ना.
दाही [形] (1) 焼く；燃やす (2) 苦しめる；悩ます
दिंक [名]〔昆〕シラミ目シラミ（虱）= जूँ.
दिअली [名*] (1) 火皿 (2) かさぶた；へた= दिउली.
दिआ [名] = दीया.
दिउली [名*] かさぶた= पपड़ी; खुरंड.
दिए [他] 不規則活用動詞 देना の完了分詞及び直説法過去時制形の一で目的語の性・数が男性・複数= दिये. → देना; दिया.
दिक् [名*] 方角；方向；向き= दिशा; ओर; तरफ़. **दिक् काल** 空間と時間；時空
दिक़[1] [名]《A. دق》〔医〕結核= क्षयरोग; तपेदिक; यक्ष्मा.
दिक़[2] [形]《A. دق》(1) 苦しんでいる；困っている (2) 衰弱している；病気の दिक क॰ 悩ます；苦しめる；いじめる= परेशान क॰.
दिक दाह [名] = दिग्दाह.
दिक़ाक़ [名]《A. دقاق दक़ीक़》切れ端；こまかいかけら；微細なかけら
दिक़्क़ [名] = दिक़.
दिक़्क़त [名*]《A. دقت》(1) 困難；障害；支障；妨げ बिजली की रोशनी आ जाने से यह दिक़्क़त जाती रही 電気がついたのでこの支障がなくなった नदी को पार करने में दिक़्क़त थी 川を越えるのが困難だった (2) 苦しみ；悩み **दिक़्क़त में पड़ना** 困る；困ったことになる
दिक्पति [名] = दिक्पाल.
दिक्परिवर्तन [名] 方向転換
दिक्पाल [名]〔イ神〕十方の方位の守護者（東方 इंद्र インドラ，東南方 वह्नि ヴァフニ，南方 यम ヤマ，南西方 नैऋत ナイルリタ／ナイリタ，西方 वरुण ヴァルナ，西北方 मरुत् マルト，北方 कुबेर クベーラ，北東方 ईश イーシャ，上方 ब्रह्मा ブラフマー，下方 अनंत アナンタ）
दिक्शूल [名] = दिशाशूल.
दिक्सूचक [名] 羅針盤；羅針儀
दिक्स्वामी [名] = दिक्पति.
दिखना [自] 見える；様子が窺われる；思える；見受けられる बाबा की बात से वे साहब चकित-से दिख रहे थे バーバーの言葉を聞いてあの方は驚いたような様子であった दूर से एक बस आती दिखी 遠くから1台のバスがやってくるのが見えた वह फ़ूहर दिख पड़ती थी 不出来な女性に見えていた इस ज़रा-सी बात में आपको क्या विशेष बात दिखी? このなんでもないことに何か特別のものでも見えたのかい यह तलवार ऊपर से ही सुंदर दिख रही है この刀は見かけだけが立派に見える उतने ही ज़्यादा स्वार्थी दिखते हो お前はそれだけ余計に身勝手に見られるのさ
दिखलवाई [名*] (1) 示させること；提示させること (2) = दिखलाई.
दिखलवाना[1] [他・使] ← दिखलाना. 示させる；提示させる
दिखलवाना[2] [他] = दिखलाना.
दिखलाई [名*] (1) 見えること (2) 見せること (3) 見せ賃
दिखलाना [他] 示す；見せる आँख पर हाथ रखकर दिव्य ज्योति दिखलाता है 目に手を当てて神々しい光を見せる कमाल दिखलाना 技を見せる；技を披露する अब मुझे भी अपना कमाल दिखलाना पड़ा 今度は手前も技を披露しなければならなくなった
दिखलावा [名] 見せること；見せかけ= दिखावा.
दिखवाना [他] 見せる；示す ख़ुद साथ जाकर जोशी को दिखवाया था 自ら一緒に行ってジョーシーに見せた
दिखवैया [形・名] (1) 見せる人；示す人 (2) 見る人
दिखाई [名*] (1) 見せること (2) 見せることに対する返礼や報酬の金品 (3) 見えること **दिखाई दे॰** 見える；現れる पुच्छल तारे का दिखाई दे॰ 箒星が現れる बंगाल की तरफ़ इंद्रधनुष दिखाई दे तो ベンガルの方角に虹が見えたら चेहरा एकदम सफ़ेद हो गया और सर्दी में भी माथे पर पसीने की बूँदें दिखाई देने लगीं 顔は全く蒼白になり冬なのに額には汗の滴が見え始めた उसी समय राष्ट्रपति की सवारी आती दिखाई दी ちょうどその時大統領の乗り物が見えた
दिखाऊ [形] (1) 見せられる；示される (2) 見るべき (3) 見せかけの；見せかけばかりの (4) 見せる；示す
दिखाना [他] (1) 見せる वह चाहता था कि वह दादा को भी जाकर अपनी छतरी दिखा लाए おじいさんにも自分の傘を見せて来ようと思っていた पिछला रिकार्ड दिखाएँगे 前回の記録を見せる "मैं फ्रेंच बोल सकता हूँ" "बोलकर दिखाओ"「私はフランス語が話せる」「話して見せなさい」 (2) 示す；指し示す आधुनिक युग को मानवता की नई दिशा दिखानेवाले 新時代に人道の進むべき新しい方向を指し示す人 (3) 表現する；表す；表明する (4) 見せびらかす उन्हें दिखा-दिखाकर खाने लगा 見せびらかして食べだした (5) 診察を受ける；医者に診てもらう डाक्टर को दिखाना 医者にかかる= डाक्टर के पास जा॰. उसे घर के समीप ही प्राइवेट क्लिनिक में दिखाने ले गया 家の近くの開業医の診察を受けさせに連れていった **दिखाने के दाँत** 見せかけ；見え **दिखाये रास्ते पर चलना** 教えられた通りにする
दिखावट [名*] (1) 見せること (2) 示すこと；提示 (3) 見かけ；外見 (4) 虚飾 (5) 上辺だけのこと；内心とは異なること；本心ではないこと
दिखावटी [形] (1) 見せかけの；上っ面の；作った；わざとらしい (2) 見かけだけの；外見上の (3) 嘘の；虚偽の दिखावटी गंभीरता से बोले 重々しさを装って言った
दिखावा [名] (1) 見せること (2) 見せかけ；実体のないもの；上辺だけのもの；虚飾= तड़क-भड़क. वह केवल एक दिखावा बनकर

रह जाएगा それは単なる見せかけになってしまうだろう पूजा का दिखावा करने की बजाय 見せかけの祈りをする代わりに भगवान की पूजा के लिए धन और दिखावे की आवश्यकता नहीं है 神に祈るのに金品や外見は要らぬ यह सब दिखावे की बात कह रहा है すっかり上辺だけの話をしている **दिखावा क०** *a.* 見栄を張る *b.* 飾り立てる＝आडंबर क०. **दिखावे के लिए** 体裁上

दिखौआ [形] (1) 見るだけの；実用的でない (2) 見せかけの；表面的な；上辺の **दिखौआ दाँत** 見せかけだけのもの

दिखौवा [形] ＝दिखौआ.

दिगंत [名] (1) 四方の視界の尽きる果て (2) 地平線＝क्षितिज.

दिगंबर[1] [形] 裸の；真裸の；衣服を何一つ身につけていない पतझड़ ने सब को दिगंबर कर दिया था 落葉の季節が何もかも裸にしてしまっていた

दिगंबर[2] [名] (1) 〔ジャ〕ジャイナ教ディガンバラ派（空衣派／裸行派） (2) 同派の行者（修行者）

दिगंबरता [名*] 裸であること；裸身＝नंगापन; नग्नता.

दिगंश [名] 〔天〕方位角；方位

दिगधिप [名] ＝दिक्पाल.

दिगर [形] 《P. دیگر ← دگر दीगर》 別の；他の＝दूसरा; अन्य.

दिगेश [名] ＝दिक्पाल.

दिग्गज[1] [名] 〔イ神〕ディッガジ／ディッガジャ（大地を八方より支えると考えられている象. それぞれの名は東方アイラーヴァタ ऐरावत, 東南方プンダリーカ पुण्डरीक, 南方ヴァーマナ वामन, 南西方クムダ कुमुद, 西方アンジャナ अंजन, 西北方プシュパダンタ पुष्पदंत, 北方サールヴァバウマ सार्वभौम, 北東方スプラティーカ सुप्रतीक）

दिग्गज[2] [形] 偉大な；大きな；巨大な；代表的な विपक्ष का एक दिग्गज नेता 野党の大物

दिग्गजाकार [形] 傑出した；巨星

दिग्दंती [名] ＝दिग्गज.

दिग्दर्शक[1] [形] (1) 方位を知らせる (2) 指導する；指南する

दिग्दर्शक[2] [名] (1) 指南書；指南 (2) 演出家

दिग्दर्शक यंत्र [名] 羅針盤；コンパス＝कुतुबनुमा; कंपास.

दिग्दर्शन [名] (1) 指導；指南 (2) 演出

दिग्दर्शनी [名*] 羅針盤；コンパス

दिग्दाह [名] 空が赤く染まること；朝焼け；夕焼け

दिग्देवता [名] ＝दिक्पाल.

दिग्ध[1] [形] (1) 塗られた (2) 毒を塗られた (3) 浸された；浸った (4) 長い

दिग्ध[2] [名] 毒矢

दिग्विजय [名*] (1) 世界制覇 (2) 他流試合や論戦による力試し

दिग्विजयी [形] 世界制覇を達成した

दिग्विभाग [名] 方位；方角

दिग्व्यापी [形] 一面に広がった；四方に広がった

दिङ्नाग [名] (1) ＝दिग्गज. (2) 〔人名・仏〕ディグナーガ（仏教論理学者陳那）

दिठौना [名] ディトーナー（小児を邪視から守るために額や頬に擦りつけるカージャル काजल のしるし） दिठौना लगाना ディトーナーをつける

दिढ़ाना[1] [他] (1) しっかり固める；頑丈にする；固定する (2) 完全にする；安定させる

दिढ़ाना[2] [自] (1) しっかりする；頑丈になる；固定される (2) 完全になる；安定する

दिढ़ाव [名] (1) しっかりさせること；頑丈にすること；固定 (2) 安定

दिति [名*] 〔イ神〕ディティ（カシュヤパ कश्यप 聖仙の妻）

दित्सा [名*] (1) 与えたい気持ち (2) 遺言

दित्सापत्र [名] 遺書；遺言書

दिदृक्षु [形] 見たい；見たく思う

दिदोरा [名] ＝ददोरा.

दिन [名] (1) 24時間の1日 सात दिन के उपवास के बाद 7日間の断食の後 परीक्षा का दिन 試験日 आए दिन 来る日も来る日も；連日；毎日毎日＝आये दिन. आधे दिन की छुट्टी 半ドン दिन का समय 時刻 सब से पहले तारीख, फिर दिन का समय, मौसम कैसा है まず最初に日付，次に時刻，天気はどうか (2) 日中；昼間；昼 दिन के चार बजे थे 昼の4時だった दिन की लंबाई 日中の長さ दिन के वक्त 昼中＝दिन के समय, दिन में. (3) 太陽 अच्छा उठ तू भी.दिन कितना चढ़ गया है あんたも起きなさい．日が随分高く昇っているよ (4) 曜日 सप्ताह के दिन 曜日 (5) 月の日付 पहला दिन 朔日 पहले दिन का चाँद बहुत पतला होता है 朔日の月はとても細い (6) 境遇 बुरे दिन 逆境；不運；不遇 बुरे दिन आ गए 不運に見舞われた (7) 年頃 उस समय मैं युवती ही थी.पहनने-ओढ़ने के दिन थे 当時は若くて着飾りたい年頃だった (8) 期間；時期 बारिश के दिन थे 雨季だった **आये दिन** 来る日も来る日も；連日 हमारे देश में आये दिन हज़ारों पशु ऐसी बीमारियों से मरते हैं わが国では連日数千頭の家畜がこのような病気で死ぬ **उन दिनों** その頃；当時 उन दिनों सिकंदर लोदी दिल्ली का बादशाह था 当時シカンダル・ローディーがデリーを支配していた **एक आध दिन में** 近いうちに；一両日中に；2～3日内に **एक दिन** 以前；かつて；昔 एक दिन मैं भी सुशीला की तरह थी かつては私もスシーラーみたいなものだった **किसी दिन** いつか；いずれかの日に किसी दिन आप भी तशरीफ़ लाएँ あなたもいつかお出かけ下さい **दिन आ०** *a.* 特定のその時やその日がやって来る *b.* 死期が迫る **दिन उगना** 日が昇る＝सूरज निकलना. **दिन कटना** 日が過ぎる **दिन का अंधा** 全くの無知 **दिन काटना** 暮らす；日を過ごす **दिन काटे न कटना** とても辛い毎日を過ごす **दिन किनारे लगना** 終わりに近づく **दिन की तरह साफ़ हो०** 明白な；明々白々な **दिन की पारी** 昼間勤務 **दिन के दिन** *a.* 一日中 *b.* 当日；その日の内に **दिन को दिन और रात को रात न समझना** （なにかに）没頭する；夜も昼もなく励む **दिन खोना** 時間を無駄にする；無為に過ごす **दिन गिनना** *a.* 待ち望む *b.* なんとか日を過ごす **दिन गिरना** 不運に見舞われる **दिन चढ़ना** *a.* 日が高く昇る *b.* 妊娠する *c.* 日が過ぎる **दिन चमकना** 運が開ける；幸運が巡ってくる **दिन चला जा०** 時が過ぎる；月日が経つ **दिन छिपना** 日が暮れる；日が沈む **दिन छिपे** 夕暮れ時；夕方 दिन छिपे हम क्लब के लिए तैयार हो रहे थे 夕方，クラブに出掛ける用意をしているところだった **दिन छोटा हो०** 不遇の時 **दिन जाते देर न लगना** 思いをこめて待っているとすぐに月日が経つものだ **दिन जाते पता न चलना** ＝दिन जाते देर न लगना. **दिन जा०** *a.* 月日が経つ *b.* 盛りが過ぎる **दिन टलना** *a.* 危険が去る *b.* 妊娠の兆しが見える **दिन डूबना** ＝दिन छिपना. **दिन ढरकना** ＝दिन छिपना. **दिन ढलना** ＝दिन छिपना. **दिन दहाड़े** 昼日中に；真っ昼間に **दिन-दिन** ＝दिन-पर-दिन. **दिन दूना बढ़ना** ＝दिन दूना रात चौगुना बढ़ना; दिन दूना रात चौगुना हो०. **दिन दूना रात चौगुना बढ़ना** 急速に増大する；日進月歩の；猛烈な勢いで進む（発展する；進歩する） जिनकी कृषि-आय दिन दूनी रात चौगुनी बढ़ रही है 農業収入が急速に増大している人たち दिन दूने और रात चौगुने परिश्रम से पढ़ने लगा 猛烈な努力をして勉強を始めた **दिन दूना हो०** ＝दिन दूना रात चौगुना हो०. **दिन देखना** 人生経験をする **दिन धरना** 日を決める **दिन धराना** 日程を決めさせる **दिन निकलना** *a.* 日が出る；日が昇る दिन निकलने से लेकर दिन छिपने तक 日の出から日没まで दिन निकलते निकलते नाश्ता तैयार कर लेती है 日の出と同時に朝食の用意を済ませてしまう *b.* 時間が経過する；過ぎ去る **दिन पड़ना** *a.* 災厄に見舞われる；苦難に遭う *b.* 日程が決まる **दिन पतला पड़ना** 不運に見舞われる **दिन-पर-दिन** 一日一日と；日増しに दिन-पर-दिन पेड़ सूखता चला गया 木は一日一日と枯れていった **दिन पलटना** 運勢が開ける＝दिन फिरना. **दिन पूरे क०** 日を過ごす；暮らす **दिन पूरे हो०** *a.* 死期が迫る；寿命が尽きる दिन हो गये पूरे わしも寿命じゃ *b.* 終わる；終了する *c.* 月が満ちる **दिन फिरना** 運勢が開ける **दिन बदलना** ＝दिन फिरना. उसके दिन बदल गए 男の運が開けた **दिन-ब-दिन** 日ごとに；日増しに＝दिन पर दिन; रोज़ ब रोज़; दिन प्रतिदिन. **दिन बराबर न जा०** 照る日もあれば曇る日もある；良い日もあれば悪い日もある **दिन बहलाना** 日を過ごす；暮らす **दिन बहुरना** ＝दिन फिरना. **दिन बिगड़ना** ＝दिन पतला पड़ना. **दिन बिताना** 日を送る；日を過ごす **दिन बीते रात आ०** 良い日の後には悪い日が来る **दिन बूड़ना** 太陽が沈む＝दिन छिपना. **दिन भर** 朝から晩まで；日がな一日 **दिन भारी रहना** 辛い日々を過ごす＝दिन भारी हो०. **दिन भुगतना** ＝दिन बिताना. **दिन में चिराग़ लेकर ढूँढ़ना** 〔諺〕意味のない行為や全く無駄なことをするたとえ **दिन में तारे दिखाई पड़ना** 心配でたまらない；気が気でならない **दिन में दीया जलाना** 破産する **दिन रात** 日夜；常に；夜も昼も **दिन रात एक करके** 夜を日に継いで；休みなく；怠りなく；精励して दिन रात एक करके उसने बादशाह के लिए एक बहुत बढ़िया तलवार बनाई 夜を日に継いで殿様のために一振

りの素晴らしい刀をこしらえた **दिन रात एक कर दे॰** 夜も昼もなく；日夜；休みなく（仕事に没頭する） **दिन रात खाये जा॰** 日夜悩ます；絶え間なく苦しめる **दिन लद जा॰** *a.* 良き時代や時期が終わる；最盛期が過ぎ去る；盛りが過ぎる *b.* 状況が変わる **दिनों का फेर** 時の流れ；時代の移り変わり **दिनों को धक्के दे॰** *a.* どうにかこうにか暮らしを立てる *b.* 辛い日々を頑張って凌ぐ **दिनों दिन** 日一日と；一日一日と **दिनों दिनों** *a.* 次第に；徐々に *b.* 毎日 **दिनों पर आ॰** 年頃になる **बड़े दिनों में** 久しぶりに आओ बेटा, आज तो बड़े दिनों में आये हो やあやあ，今日はまた久しぶりだね

दिनकर ［名］太陽；日；日輪

दिनचर्या ［名*］日常；日常の仕事；日課 अनियमित दिनचर्या 不規則な日常 हज़ारों नर-नारियों की दिनचर्या का एक मात्र ज़रिया 無数の男女の日々の稼ぎの唯一の源泉

दिनमान ［名］(1) 太陽；日輪 (2) 日中

दिनराज ［名］太陽；日輪

दिनांक ［名］日付；年月日

दिनांकित ［形］日付の入った；日付入りの

दिनांध ［形］〔医〕鳥目の；夜盲症の

दिनागम ［名］早朝；夜明け；早暁

दिनाती ［名*］(1) 農業労働者の 1 日の仕事 (2) 日傭；日雇いの賃金

दिनातीत ［形］時代や流行に遅れた

दिनानुदिन ［副］毎日；いつも；常に

दिनार ［名］＝दीनार.

दिनास्त ［名］日暮れ；夕；日没＝सूर्यास्त; संध्या.

दिनिका ［名*］日傭；日雇いの賃金＝दिहाड़ी.

दिनेश ［名］太陽＝सूर्य; दिनकर.

दिनोंदिन ［副］一日一日と；日ごとに＝प्रतिदिन; हर रोज़; रोज़ बरोज़.

दिनौंधी ［名*］〔医〕夜盲症

दिप-दिप ［副］（光の点滅する様子）ちかちか；ぴかぴか दिप-दिप क॰ ちかちかする；明滅する；ぴかぴかする आसमान में दिप-दिप करते तारे お空にちかちかお星様

दिपदिपाना ［自］(1) ちかちかする；明滅する (2) ぴかぴか光る अंगारे की तरह दिपदिपाती लाल छड़ 燃えさかる火のように光る赤い鉄の棒

दिपाना[1] ［自］光る；輝く जब सभी मोटर या लारी गुज़रती वह मूर्ति दिपा जाती 自動車やトラックが通りかかるとその像が光る

दिपाना[2] ［他］光らせる；輝かせる

दिफ़ा ［名］《A. دفاع》防衛；防御＝रक्षा; सुरक्षा. क़ौमी दिफ़ा के लिए 民族防衛のために

दिमाग़ ［名］《A. دماغ》(1) 脳 (2) 頭の働き；頭脳；思考力 (3) 高慢さ；傲慢；慢心 तेरे दिमाग़ को क्या हुआ है? お前の頭はおかしくなったのかい **दिमाग़ आसमान पर चढ़ना** のぼせあがる **दिमाग़ उड़ा जा॰** 激しい頭痛がする **दिमाग़ उलझना** 頭がこんがらがる；頭が混乱する；考え込む **दिमाग़ उलझाना** 頭を悩ます；頭を悩ませる；考え込む फ़ुज़ूल की ख़ुराफ़ातों में दिमाग़ उलझाना つまらぬことに頭を悩ます **दिमाग़ ऊँचा हो॰** *a.* 高慢な；のぼせあがる *b.* 高尚な；目が高い **दिमाग़ क॰** うぬぼれる **दिमाग़ का अर्क निचोड़ना** *a.* 深く考える；知恵を絞る *b.* 頭が混乱する；判断力を失う **दिमाग़ का कील-कांटा बिगड़ना** 頭がおかしくなる **दिमाग़ का गूदा चट हो जा॰** 困り果てる；困惑する **दिमाग़ का चूल ढीला हो॰** 頭がおかしい；頭が正常でない **दिमाग़ का पारा चढ़ना** かっとなる；激しく怒る **दिमाग़ की आँधी** 思い惑うこと；ああでもないこうでもないと考えること **दिमाग़ की उपज** 想像；空想 **दिमाग़ के कीड़े चाटना** つまらぬ話を繰り返し人を悩ませる；つまらぬことで頭を混乱させる **दिमाग़ के पुर्जे ढीले हो॰** 理解力が足りない；頭が悪い **दिमाग़ को चलाना** 頭を働かせる；知恵を絞る **दिमाग़ खपाना** 熟慮する；よく考える；深く考える；知恵を絞る **दिमाग़ ख़राब हो॰** *a.* 頭がおかしい；正気でない *b.* 腹を立てる **दिमाग़ खाना** ＝दिमाग़ के कीड़े चाटना. **दिमाग़ ख़ाली क॰** 繰り返しつまらない話をしてうんざりさせる；理屈をこねて悩ませる **दिमाग़ खौलना** 激怒する；はらわたが煮えくり返る **दिमाग़ चक्कर खाना** 気が動転する；訳がわからなくなる；頭が混乱する **दिमाग़ चढ़ना** ＝दिमाग़ आसमान पर चढ़ना. इतना धन-दौलत पाकर दोनों के ही दिमाग़ चढ़ गए これほどの富を得て 2 人は舞いあがってしまった सम्मान से बख़्शी का दिमाग़ भी चढ़ गया 尊敬を受けてバクシーまでもがのぼせあがった **दिमाग़ चर जा॰** ＝दिमाग़ ख़ाली क॰. **दिमाग़ चलना** *a.* 頭が働く；理解する；飲み込む *b.* のぼせあがる क्या कभी-कभी तुम्हारा दिमाग़ चल जाता है? 時々君の頭はおかしくなるのかい **दिमाग़ चाटना** ＝दिमाग़ के कीड़े चाटना. तुमने अपनी पगली बातों से रमेश का दिमाग़ चाट लिया होगा 君は馬鹿げた話でラメーシュをうんざりさせたんだろう **दिमाग़ झड़ना** 慢心がなくなる；正気に戻る；冷静になる **दिमाग़ झाड़ना** 頭を冷やす **दिमाग़ ठंडा हो॰** *a.* 怒りが鎮まる *b.* 心地よくなる；気持ちよくなる **दिमाग़ ठिकाने आ॰** 正常な判断ができる；冷静になる **दिमाग़ ठिकाने लगना** ＝दिमाग़ ठिकाने आ॰. **दिमाग़ तर हो॰** 頭の働きが正常な；頭の働きが良い **दिमाग़ दुरुस्त कर दे॰** のぼせた頭を冷やす **दिमाग़ दौड़ना** よく考える；深く考える；知恵を絞る **दिमाग़ न मिलना** ＝दिमाग़ आसमान पर चढ़ना. **दिमाग़ ज़ोर डालना** 頭を使う；意識を集中する **दिमाग़ पर ज़ोर पड़ना** 精神的に負担になる；頭が疲れる **दिमाग़ परेशान क॰** ＝दिमाग़ ख़ाली क॰. **दिमाग़ फटना** 頭が割れるような感じになる；気分が悪くなる सीलन और धूल के कारण उसका दिमाग़ फट रहा था 湿気と埃のために気分が悪くなっていた **दिमाग़ फिरना** *a.* うぬぼれる；のぼせる；のぼせあがる *b.* 考えが変わる **दिमाग़ बँट जा॰** 気が散る；注意が散漫になる **दिमाग़ बढ़ जा॰** うぬぼれる；慢心する **दिमाग़ मारना** ＝दिमाग़ खपाना. (-के) **दिमाग़ में आ॰** （－が）思う；考える **दिमाग़ में उतार दे॰** しっかり説明して解らせる **दिमाग़ में कूड़ा भरा हो॰** 頭の悪い；愚かな **दिमाग़ में खलल हो॰** 頭がおかしくなる；気が狂う **दिमाग़ में गोबर हो॰** ＝दिमाग़ में कूड़ा भरा हो॰. (-के) **दिमाग़ में घुन लगना** （－を）悩まし続ける **दिमाग़ में घूमा क॰** しきりに思い出される；絶えず思い出される **दिमाग़ में चक्कर काटना** 繰り返し思う **दिमाग़ में फ़ितूर आ॰** 変わったことを思いつく (-के) **दिमाग़ में बैठना** （－が）十分に理解する；飲み込む (-के) **दिमाग़ में बैठाना** （－に）よく解らせる；十分に理解させる **दिमाग़ में भूसा भरा हो॰** ＝दिमाग़ में कूड़ा भरा हो॰. **दिमाग़ में मथानी चलना** 心が大きく揺れる **दिमाग़ रखना** 知恵を持つ；知能を持つ **दिमाग़ लगाना** ＝दिमाग़ खपाना. **दिमाग़ लड़ाना** ＝दिमाग़ खपाना. **दिमाग़ सातवें आसमान पर पहुँचना** 大変うぬぼれる **दिमाग़ सातवें आसमान पर हो॰** ＝दिमाग़ सातवें आसमान पर पहुँचना. **दिमाग़ सुन्न हो जा॰** 茫然とする；たまげる ख़र्च की फ़ेहरिस्त भी ऐसी कि घर में ख़र्च चलाने का दिमाग़ सुन्न हो जाए 出費の費目も家で切り盛りをする人が茫然とするほどのもの (-) **दिमाग़ से उड़ जा॰** （－を）忘れる；忘却する (-) **दिमाग़ से उतर जा॰** （－が）記憶から消える；忘れる (-) **दिमाग़ से उतार दे॰** （－を）忘れ去る；忘却する (-) **दिमाग़ से निकल जा॰** （－を）忘れる；忘れ去る **दिमाग़ हलका हो॰** 思考力が弱る；頭の働きが衰える

दिमाग़ चट ［形］《A. دماغ+चट》下らぬ話で人を悩ませる

दिमाग़दार ［形］《A.P. دماغ دار》(1) 頭の良い；頭脳のすぐれた；頭脳明晰な (2) 高慢な；慢心のある；うぬぼれのある＝अभिमानी.

दिमाग़ी ［形］《A. دماغی》(1) 頭の；頭脳の；精神の दिमाग़ी कसरत 頭の体操 दिमाग़ी संतुलन 精神の均衡 दिमाग़ी तौर पर 精神的に बताया गया है वह दिमाग़ी तौर पर बीमार थी あの人は精神が病んでいたと言う話だ (2) 頭の良い

दिमिश्क़ 〔地名〕《P. دمشق》ダマスカス（シリア・アラブ共和国の首都）

दियरा ［名］(1) 大きい松明 (2) 油皿（油を入れ灯心を燃やし明かりをともす陶製の皿）；油坏＝दीया. (3) 甘味をつけて練った小麦粉を油皿の形にしてギーや油で揚げた食べ物

दियरी ［名*］小さい油皿；油坏

दिया[1] ［名］＝दीया. टिमटिमाते दिये ちかちか瞬いている油皿 **दिये तले अंधेरा** 〔諺〕灯台下暗し＝चिराग़ तले अंधेरा.

दिया[2] ［他］不規則活用他動詞 देना の完了分詞及び直説法過去時制形の一で目的語の性・数が男性・単数. दिये（同目的語は男性複数形）, दी（同目的語は女性単数形）, दीं（同目的語は女性複数形）→देना, दिए, दिये, दी, दीं.

दियानत ［名*］《A. دیانت》誠実さ；正直＝दयानत.

दियानतदार ［形］《A.P. دیانت دار》誠実な；正直な；信頼すべき＝ईमानदार.

दिया-बत्ती ［名*］＝दीया-बत्ती. (1) 灯火；明かり (2) 家の中に夕方灯をともすこと दियाबत्ती की बेला हो चली थी 灯ともし頃になっていた

दियार [名] 《A. دیار》地域；地方

दियारा [名] (1) 中州；雨季以外には川面に出る土地；沖積土 (2) 地域

दियासलाई [名*] マッチの軸 दियासलाई की डिब्बी マッチ箱 दियासलाई जलाना マッチ（の軸）をする= दियासलाई रगड़ना.

दिये [他] 不規則活用動詞 देना の完了分詞及び直説法完了時制形の一→ दिया; दिए[2].

दिरम [名] 《Gr.A. درم》(1) ディラム；ディルハム（貨幣単位）(2) ディラム（重量単位= 3.5 マーシャー माशा） (3) 旧 4 アンナ銀貨

दिरमान [名] 《P. درمان》治療；医療= चिकित्सा; इलाज.

दिरमानी [名] 《P. درمانی》医師= चिकित्सक.

दिरहम [名] 《P. درہم》= दिरम.

दिरेग़ [名] 《P. دریغ》(1) 悲嘆 (2) 物惜しみ；吝嗇；けち= कृपणता; संकोच. (-से) **दिरेग़ क॰** (ーを) 惜しむ किसी कुर्बानी से दिरेग़ नहीं करेंगे 如何なる犠牲も惜しまない किसानों को मदद देने में भी दिरेग़ न किया जाता था 農民への援助も惜しみなく行われていた

दिर्हम [名] = दिरम.

दिल [名] 《P. دل》(1) 心臓 फेफड़ों के नीचे दिल है 肺の下に心臓がある दिल का दौरा 心臓発作 30 जनवरी को उन्हें प्रातःकाल दिल का दौरा पड़ा 1 月 30 日早朝に心臓発作が起こった (2) 心；気持ち；胸；気 अपने दिल से पूछिए कि आप का क्या इरादा है 自分の胸にたずねてごらん．どうするつもりなのか (3) 肝；肝っ玉；肝玉 **दिल अटकना** = दिल आ॰. (-पर) **दिल आ॰** (ーが) 好きになる；(ーに) 惚れる；惚れ込む **दिल उकता जा॰** いやになる；うんざりする；嫌気が差す；飽き飽きする **दिल उखड़ना** = दिल उकता जा॰. **दिल उचट जा॰** = दिल उकता जा॰. **दिल उचाट हो जा॰** = दिल उकता जा॰. **दिल उठना** 嬉しくなる **दिल उठाना** *a.* その気になる；やる気になる *b.* 離れる；気持ちを離す **दिल उड़ना** 気持ちが定まらない **दिल उड़ेलना** 思っていることをすべて話す **दिल उमरना** （悲しい思いで）胸がふさがる；胸が詰まる **दिल उलटना** *a.* 吐き気がする；ぞっとする *b.* 嫌いになる *c.* 嫌になる；飽きる **दिल ऊँचा हो॰** 鷹揚な；気前がよい **दिल ओंठों तक आ जा॰** 気が動転する；あわてふためく **दिल और दिमाग़ खौलना** 激しく怒る；はらわたが煮えくり返る **दिल क॰** (ー) する気になる；(ー) したくなる उसका दिल भी कुछ देर हँसने-बोलने का कर रहा था しばらくの間談笑したく思っていたところだった **दिल कचोटना** 胸が痛む (-का) **दिल कड़वा क॰** (ーを) 悲しませる；(ーに) 悪い感じを与える；いやな思いをさせる **दिल कड़ा क॰** *a.* 元気を出す；勇気を出す；気力を出す *b.* 意を決する；心を鬼にする；覚悟を決める **दिल कबाब हो॰** 妬む；羨む **दिल कहना** 受け入れる気になる；もっともだと思う；納得する；得心する **दिल काँप उठना** 慄然とする；ぞっとする；震えあがる (**बड़े**) **दिल का** 肝が太い；大胆な **दिल का आईना** 本心；内心 **दिल का कच्चा** 肝の小さい；小心な **दिल का कमल खिलना** 嬉しくなる **दिल का काँटा** 胸に突き刺さったもの；心に突き刺さったとげ **दिल का काला** 腹黒い；性の悪い **दिल का खरा** 誠実な **दिल का खोटा** = दिल का काला. **दिल का गुबार निकालना** 鬱憤を晴らす；腹いせにいやがらせをする **दिल का घाव** 心の傷；心に受けた深い傷 **दिल का घाव भरना** 心の傷が癒える **दिल का घाव हरा रहना** 心の傷がいつまでも癒えない **दिल का छोटा** 狭量な；度量のない **दिल का दाग़** 心の傷；心の傷跡 **दिल का दौरा पड़ना** 心臓発作が起こる उसे दिल का दौरा पड़ा था 心臓発作が起こった **दिल का नासूर** いつまでも消えない悲しい思い出 **दिल का बादशाह** 心の広い；寛大な；度量の大きい **दिल का बुख़ार उतारना** = दिल का गुबार निकालना. **दिल का बुलबुला बैठना** 悲しみのあまり心臓が止まる思いがする **दिल का बोझ उतरना** 気が楽になる **दिल का बोझ हलका हो॰** = दिल का बोझ उतरना. **दिल का मज़बूत** 肝の据わった；大胆な **दिल का मैल** わだかまり；心にわだかまっているもの इस पानी से दोनों के दिलों का मैल धुल गया この水で 2 人の胸のわだかまりは洗われた **दिल का मैला** 腹黒い **दिल काला हो॰** 性悪の；質の悪い **दिल का साफ़** 誠実な **दिल की आग** *a.* わだかまり *b.* 怒り；憤り **दिल की आग खुलना** 不満や怒りが表される **दिल की कली खिलना** とても嬉しくなる；嬉しくてたまらなくなる **दिल की कसक निकालना** 復讐する；怨念を晴らす **दिल की गाँठ** *a.* わだかまり *b.* 悩み；懊悩 **दिल की गिरह** = दिल की गाँठ. **दिल की चुटकियाँ ले॰** からかう；嘲笑う；冷やかす **दिल की जलन बुझना** 怒りや悲しみが消える **दिल की झोली भर जा॰** 願いが叶えられる **दिल की दिल में रहना** *a.* 気持ちを表せない *b.* 願いが叶えられない **दिल की निकालना** 思いを遂げる；願いを果たす **दिल की फाँस** 悲しみ **दिल की बात** 内心；本心；胸の内；胸中 अपने दिल की बात मुझे बताओ 隠さずに言いなさい **दिल की बात खोलकर रखना** 本心を打ち明ける **दिल की भड़ास निकालना** 怒りをぶちまける **दिल की लगन** 熱意；執念 **दिल की लगी** *a.* 強い願望；強い思い *b.* 深く胸を打つもの **दिल की लगी बुझाना** *a.* 念願を果たす *b.* 悲しみを取り除く **दिल की हवस निकलना** 願いが叶えられる；思いを遂げる **दिल की हूक** 強い思い；熱い思い；熱望；強い願望 **दिल कुढ़ना** *a.* 悲しくなる *b.* 妬む；妬ましくなる **दिल कुम्हलाना** 気が重くなる；憂鬱になる **दिल के किवाड़ खुलना** 胸の内が明かされる **दिल के टुकड़े टुकड़े हो जा॰** 大変悲しい思いをする；胸が張り裂けるような思いをする **दिल के दरवाज़े खुलना** = दिल के किवाड़ खुलना. **दिल के फफोले** 胸の痛み **दिल के मलोले निकालना** 憂さ晴らしをする；鬱憤を晴らす **दिल को क़रार हो॰** 心が落ち着く **दिल को खटकना** *a.* 気にくわない；引っかかる *b.* いぶかしく感じる **दिल को चीरते हुए** 心の奥深く **दिल को जँचना** 納得する (-के) **दिल को ठेस पहुँचाना** (ーを) 悲しませる (-के) **दिल को ठेस लगना** (ーが) 悲しい思いをする **दिल को दिल से राह हो॰** 悲しみは真心を寄せてくれる友があってこそ癒されるもの **दिल को मसोसना** 悲しみを自分の胸に収めておく；悲しみや怒りの感情を胸に抑えて表に現さない **दिल खटकना** *a.* いぶかしく思う *b.* 憎む **दिल खट्टा क॰** いやな感じを起こさせる；不快な思いをさせる **दिल खट्टा हो जा॰** 嫌気が差す；嫌になる；飽き飽きする；うんざりする；愛想が尽きる उसका कलेजा सास की बातों से पक गया.उसका दिल खट्टा हो गया 姑の小言に飽き飽きした．うんざりしてしまった **दिल खिंच जा॰** 心が離れる **दिल खिंचा चला जा॰** 引きつけられる；惹きつけられる；魅せられる भैया कौए, तुमने गला भी कितना अच्छा पाया है, बोलते हो तो दिल खिंचा चला जाता है カラスさん，本当にいいお声だこと．お声を聞くと引き寄せられますわ **दिल खिल उठना** 嬉しくなる；心がうきうきする **दिल खींचना** 心を引きつける；心を引き寄せる **दिल खुलना** 心が開く；打ち解ける **दिल खोलकर** *a.* 腹の底から；心底から；心から；ずけずけと；胸襟を開いて；包み隠さずに वह दिल खोलकर हँसा 心底から笑った *b.* 勇んで；意気込んで；張り切って **दिल खोलकर कहना** 胸襟を開く；ずけずけ言う **दिल खोलकर बात क॰** 包み隠さずに言う अगर आप चाहती हैं कि आपके पति आपसे दिल खोलकर बातें करें, तो ご主人が包み隠さず貴方と話をなさることをお望みならば **दिल खोलकर रख दे॰** 心の中をすべて打ち明ける= दिल खोलना. **दिल खौलना** はらわたが煮えくり返る **दिल गवाही दे॰** 得心する；納得する **दिल घबराना** *a.* 不安な思いがする；胸騒ぎがする बैठे बैठे दिल घबरा गया था じっと座っているうちに胸騒ぎがしてきた *b.* 気分が悪い **दिल चलना** *a.* うずうずする；心がはやる *b.* 心を奪われる；うっとりする **दिल चाक कर दे॰** とても悲しい思いをさせる **दिल चाहना** (ーする) 気持ちがある；気がある；意向がある；(ーを) 願う **दिल चुराना** 魂を奪う；うっとりさせる= दिल छीन ले॰. **दिल चूर-चूर हो॰** 心がずたずたになる **दिल छलनी कर दे॰** 心をずたずたにする **दिल छिलना** 心が痛む **दिल छीनना** = दिल चुराना. **दिल छू ले॰** 胸を打つ；心に沁みる **दिल छोटा क॰** *a.* がっかりする；落胆する；肩を落とす आप नाहक दिल छोटा कर रहे हैं 訳もなくがっかりなさっていますね *b.* 悲しむ *c.* けちけちする **दिल छोटा हो॰** *a.* 気が小さい *b.* 悲しむ *c.* けちな आप की दया से पैसे की कमी नहीं है और उसका दिल छोटा नहीं है おかげさまでお金の不自由はないしあの人はけちな人ではないし **दिल जमना** *a.* 心が向く；気が進む *b.* 満足する **दिल जमाना** *a.* 心を向ける *b.* 満足させる **दिल जलकर कबाब हो॰** 無性に腹が立つ **दिल जलना** 腹を立てる；怒る；立腹する **दिल जलाना** *a.* 腹を立てる *b.* 憎む *c.* 熱中する= जी जलाना. (-का) **दिल जलाना** *a.* (ーを) 怒らせる *b.* (ーを) 悩ます；苦しめる **दिल जा॰** 惚れる；惚れ込む；好きになる **दिल जीतना** 心を奪う；魅了する कैसे उनका दिल जीत सकूँगी どうしたらあの方の心を魅了することができようか **दिल जुड़ना** 恋が芽生える **दिल जोड़ना** 恋をする **दिल झुकना** 好きになる；心が引きつけられる **दिल टटोलना** 腹を探る；胸中を探る **दिल टुकड़े-टुकड़े हो॰** 胸が張り裂ける **दिल टूक टूक हो॰** = दिल टुकड़े-टुकड़े हो॰. **दिल टूट जा॰**

a. がっかりする；落胆する；失望する प्रार्थियों के दिल नहीं टूटते 志願者たちは失望しない इस विफलता से उनका दिल टूट गया あの方はこの失敗でひどく落胆された b. 大変悲しむ；とても悲しい思いをする उसे अस्वीकार न करना-नहीं तो मेरा दिल टूट जाएगा それを断らないで下さい．そうでないととても悲しくなりますから c. わだかまりが生じる **दिल ठंडा क०** a. がっかりさせる；落胆させる इस विचार ने लोगों का दिल ठंडा कर दिया この考えに皆はがっかりした b. こころを和ませる **दिल ठंडा हो०** a. がっかりする；落胆する；気が滅入る b. 心が平静になる；平静な気持ちになる **दिल ठिकाने हो०** 心が落ち着く **दिल ठुकना** a. 元気が出る；勇気が湧く b. 信じる **दिल ठोंकना** 心が揺らがないようにする；ふらふらしないようにする；しっかりする **दिल डूब जा०** 心配になる；不安になる **दिल ढूँढना** 本心を探る **दिल तड़पना** a. うずうずする b. 気が落ち着かない **दिल तोड़कर** 一生懸命に；必死になって **दिल तोड़ना** a. がっかりさせる；落胆させる；失望させる अरे भई बच्चे का दिल क्यों तोड़ती हो? ねえ君はなぜ子供をがっかりさせるのですか b. 悲しませる अब पाँच मिनट के लिए और बैठिये, इस ग़रीब का दिल न तोड़ें, चाय पीकर जाएँ あとしばらくお掛けになって下さい．悲しませないで下さい．お茶を召し上がってからお出掛け下さい वे न तो किसी का दिल तोड़ते थे और न किसी के धर्म को बुरा समझते थे あの方はだれ一人失望させることがなくだれの信仰も間違っているとは思われなかった **दिल थामना** a. 心を落ち着ける；気をしっかり持つ；気を張る तो ज़रा दिल थामकर सुनिए それじゃ気をしっかり持ってお聞きなさい b. 辛抱する；忍耐する **दिल दबाये बैठना** 胸に収めておく **दिल दलकना** 胸が痛む **दिल दलेल में हो०** 罰が当たる；罰を受ける **दिल दहल जा०** 慄然とする；ぞっとする；恐ろしさに震えあがる सोचकर ही दिल दहल उठता था 考えただけでぞっとするのであった फिर नतीजों की कल्पना से दिल दहल कर रह गया था それに結果を想像して恐ろしさに震えあがってしまっていた **दिल दुखना** 辛い；悲しい；胸が痛む यदि पिता उस बच्चे को पीटे जो ग़लती करता है, तो माँ का दिल दुखता है 過ちを犯した子を父親が叩いても母親の胸は痛むもの अकबर बादशाह ने किसी दरवेश का दिल दुखाया था アクバル王が１人のダルヴェーシュに辛い思いをさせたことがあった **दिल दुनिया से गिर जा०** 悲しくなる；悲しむ **दिल दूना हो०** 勇気が湧く；元気が出る **दिल दे०** 恋をする；惚れ込む；心底好きになる＝हृदय से प्रेम क०. आशा भी कब "भैया...भैया" करते मोहन को अपना दिल दे बैठी, पता ही न चला アーシャーも「お兄ちゃんお兄ちゃん…」と言っているうちに何時しかモーハンが好きになってしまった **दिल देखना** 腹を探る **दिल दौड़ाना** 願う；望む；あれこれ思う **दिल धक धक क०** ＝दिल धड़कना. **दिल धक् से हो जा०** あわてふためく **दिल धड़कना** 恐れや心配のため胸がどきどきする；びくびくする；はらはらする बेटी को छींक भी आती, तो सेठानी का दिल धड़क उठता 長者の妻は娘がくしゃみをしても心配のあまり胸がどきどきするのであった **दिल धसकना** ＝दिल धड़कना. **दिल न मिलना** a. 好きにならない；愛情が湧かない b. 意見や考えが合わない **दिल नरम पड़ना** 気持ちが和らぐ **(-में) दिल न हो०** (－に) 気乗りしない 胸に手を当てる；よく考える；良心に問う **(-के) दिल पर हाथ रखना** (－を) 慰められる＝(-को) सांत्वना दे०. **दिल पसीजना** 同情心が湧く；やさしくなる；心が和む；哀れむ सुनकर उस व्यक्ति का दिल पसीज आया 話を聞いてその人は哀れみを催した **दिल पाना** 広い心を持つ；大きな心の **(-का) दिल पाना** a. (－に) 好かれる；愛される b. (－の) 気持ちを知る **दिल पिघलना** ＝दिल पसीजना. **दिल पीछे पड़ना** 気がかりな **दिल पोढ़ा क०** ＝दिल मज़बूत क०. **दिल फटना** a. 胸が張り裂ける b. 愛想が尽きる **दिल फड़क उठना** うきうきする **दिल फिरना** 嫌気が差す；いやになる；愛想が尽きる **दिल फिसलना** ＝दिल चलना. **दिल फीका हो०** ＝दिल खट्टा हो०. **(-से) दिल बँधना** (－が) 好きになる；(－に) 恋をする **दिल बढ़ना** a. 励まされる b. 気が進む；その気になる **(-का) दिल बढ़ाना** (－を) 励ます＝(-को) उत्साहित क०；(-का) हौसला बढ़ाना. **दिल बहलना** 気が紛れる **(-का) दिल बहलाना** a. (－の) 気を紛らす b. (－を) 慰安する；楽しませる **दिल बल्लियों उछलना** ＝दिल बाँसों उछलना. **दिल बाँसों उछलना** a. 胸がどきどきする b. 嬉しくてたまらない；欣喜雀躍する **दिल बाग़-बाग़ हो०** 嬉しくてたまらない **दिल बुझना** 元気がなくなる；がっかりする；しょんぼりする；落胆する＝पस्तहिम्मत हो०. **दिल बैठा जा०** a. 気が滅入る b. ひどく怯える＝चित्त ठिकाने न रहना. **दिल बोझ से दबना** 重苦しい感じになる；圧迫感を受ける **दिल बोलना** 確信する **दिल भटकना** 思い悩む；あれこれ迷う **दिल भर आ०** 胸がいっぱいになる；胸が詰まる **दिल भरना** 満足する；堪能する **दिल मज़बूत क०** 勇気を出す；気をしっかり持つ **दिल मलना** 辛い思いをする **दिल मसल दे०** 大いに苦しめる；悩ます **दिल मसोसकर रह जा०** a. 感情を胸の中に収めて我慢する b. じっと我慢する；気持ちを抑える **दिल मसोसना** ＝दिल मसोसकर रह जा०. **दिल मिलना** a. 親しくなる b. 打ち解ける；心から親しむ c. 気が合う d. 好き合う **दिल में** 心の中で＝मन में; अंदर-ही-अंदर. **दिल में आ०** 思う；考える；考えが浮かぶ＝मन में आ०. **दिल में आग लगना** 激しい怒りを感じる＝मन में आग सुलगना. **दिल में उठना** 思う；考えつく＝मन में आ०. **दिल में उतार दे०** 納得するように詳しく説明する **दिल में कड़क उठना** 胸が痛む **दिल में क़रार हो०** 心が落ち着く **दिल में काँटा-सा चुभना** とても不快な；甚だ辛い；胸に深く突き刺さるようにいやな感じがする **दिल में खुभना** ＝दिल में चुभना. **दिल में गड़ना** a. 気に入る b.＝दिल में चुभना. **दिल में गाँठ पड़ना** わだかまりができる＝मन मोटाव हो०. **दिल में गिरह पड़ना** ＝दिल में गाँठ पड़ना. **दिल में गुबार भरा हो०** 胸にわだかまりがある；胸に怒りがこもる **(- ＝ के) दिल में घर क०** a. (－が＝の) 心を占める b. (－が＝に) 思いこまれる；信じられている **दिल में चुभना** 胸が痛む **दिल में चोर बैठना** 疑いを抱く；疑念を抱く **दिल में चोर हो०** a. 不安がある；懸念がある b. 心に決めかねる **दिल में जगह दे०** 愛する；恋人にする **दिल में जगह क०** 心の中に入る **दिल में जगह मिलना** 好かれる；愛される **दिल में तीर-सा चुभना** 胸に深く突き刺さる यह शब्द मेरे दिल में तीर से चुभते रहे この言葉は私の胸に矢のようにずっと突き刺さっていた **दिल में पैठना** a. よく解る；よく理解できる b. 気に入る **दिल में फ़र्क़ आ०** わだかまりが生じる **दिल में बल पड़ना** ＝दिल में फ़र्क़ आ०. **दिल में बसना** 好きになる **दिल में बैठना** ＝दिल में पैठना. **दिल में मैल आ०** わだかまりができる **(-का) दिल रखना** a. (－に) 配慮する；(－に) 気を遣う；(－を) 思いやる ग़रीबों का दिल रखना हमारा कर्त्तव्य है 貧しい人たちを思いやるのが我々の義務なのだ b. (－の) 願いを叶える **दिल रुकना** a. 心配になる；胸騒ぎがする b. 決断がつかない **(-में) दिल लगना** (－に) 興味を感じる；(－を) 面白く感じる पढ़ने-लिखने में दिल नहीं लगता 勉強が面白くない **(-से) दिल लगना** (－が) 好きになる；(－に) 恋をする；(－に) 心が向く **दिल लगाकर** 一生懸命に；熱心に ख़ूब दिल लगाकर पढ़ते हैं 一生懸命に勉強する **(-से) दिल लगाना** (－に) 心を向ける उन्होंने दुनिया की तड़क-भड़क से दिल न लगाया 世間の見せかけには心を向けなかった **दिल लरज उठना** 魅了される **दिल लूटना** 心を奪う **दिल ले०** a. 心を捉える；心を奪う b. 恋をする；好きになる c. 本心を探る；腹を探る **दिल लोटना** 強く願う；ひどく欲しがる；(－したくて) たまらない気持ちになる **दिल विमुख हो०** いやになる；嫌気が差す；うんざりする＝दिल खट्टा हो०. **दिल सँभालना** 心を落ち着ける；気持ちを落ち着ける；気を確かに持つ＝दिल सम्हालना. **दिल सर्द हो०** 意気込みがなくなる **दिल साफ़ क०** 胸のわだかまりをなくす **दिल से** a. よく；十分に；じっくり अगर आप दिल से सोचें तो कोई बड़ी बात नहीं है よくお考えになれば大したことではないのです b. 心から；心底から एक लड़के को दिल से चाहती हूँ ある男の子が心底好きなのです **(-) दिल से उठना** (－したい) 気持ちになる；(－) したくなる **(-) दिल से उठ जा०** (－する) 気がなくなる **(-) दिल से उतरना** a. (－に対する) 好意や愛情が失せる b. (－を) 忘れる **(-)दिल से गिरना** a. (－の) 想いがなくなる b. (－に対する) 尊敬の念がなくなる **दिल से दिल को राहत हो०** 想いが通じ合う **दिल से दिल मिलना** a. 気が合う b. 親密になる **(-) दिल से दूर क०** (－を) 忘れ去る；忘却する **दिल से धुआँ उठना** とても辛い；甚だ悲しい思いをする；苦悶する；苦しみ悶える **दिल से निकल जा०** 忘れ去られる；忘れる **(-) दिल से निकालना** (－を) 忘れ去る **दिल से बोझ उतरना** 心配や悩みがなくなる **दिल से मजबूर हो०** じっとしておれない；(－せずには) いられなくなる **दिल से मलाल निकाल दे०** 憎しみをなくす **दिल हरा हो०** a. 気持ちよくなる；爽快になる b. 親しみのある；やさしい；なごやかな **दिल हरा भरा कर दे०** 大いに楽しませる；喜ばせる **दिल हलका क०** 気持ちを楽にする **दिल हाथ में रखना** 統御する；統制する **दिल हाथ में लिये फिरना** 心が落ち

着かない दिल हाथ-से जा॰ 気持ちを抑えられない；気持ちを統御できなくなる दिल हाथ से थाम ले॰ どきりとする；心が揺り動かされる；ぞくっとする दिल हाथों उछलना = दिल बाँसों उछलना. दिल हिलना *a.* 動揺する *b.* 怯える *c.* 胸が詰まる；心が揺すぶられる अपने साथियों की तस्वीरें देखती हूँ तो दिल हिलकर रह जाता है 仲間の写真を見ると胸がふさがってしまう दिल हिला दे॰ *a.* おののかせる；震えあがらせる；ぞっとさせる रह-रहकर उसके मुँह से ऐसी दिल हिला देनेवाली आवाज़ निकलती थी 断続的に人を震えあがらせるような叫び声があがっていた *b.* 動揺させる दिल-ही-दिल में 胸の内で；胸の中で；心密かに

दिलकश [形]《P. دلکش》(1) 魅惑的な；魅力的な；人好きのする；素晴らしい बेहद दिलकश मीनाकारी とても魅力的なエナメル細工 (2) 可愛い；愛らしい निहायत दिलकश और ख़ूबसूरत टिकट とても愛らしくて美しい切手 (3) 爽快な

दिलकशी [名*]《P. دلکشی》(1) 魅力 दाँतों के गिरने से चेहरे की दिलकशी कम हो जाती है 歯が抜けると顔の魅力は減じる (2) 愛らしさ (3) 爽快さ

दिलकुशा [形]《P. دل کشا》美しい；きれいな；魅惑的な；魅了する

दिलगर्मी [名*]《P. دل گرمی》意欲；熱情

दिलगीर [形]《P. دلگیر》(1) 悲しい (2) 怒った (3) 不満な

दिलगीरी [名*]《P. دلگیری》(1) 悲しみ (2) 怒り (3) 不満

दिलगुर्दा [名]《P. دل گرده》(1) 勇気= साहस. (2) 意気込み；気合= उत्साह.

दिलचला [形⁺]《P. دل + H.》(1) 大胆な (2) 勇ましい (3) 愉快な (4) 風流を好む；粋な= रसिक.

दिलचस्प [形]《P. دلچسپ》(1) 興味深い；面白い दिलचस्प सवाल 興味深い質問 (2) 楽しい दिलचस्प प्रोग्राम 楽しい（テレビ）番組

दिलचस्पी [名*]《P. دل چسپی》(1) 関心；興味；感興 चिड़ियों में दिलचस्पी ले॰ 鳥に興味を持つ उसकी बातें हम बहुत दिलचस्पी से सुनते थे 僕はいつもとても興味深くその人の話を聞いていた दिलचस्पी उत्पन्न हो॰ 興味がそそられる मुझे बचपन ही से साइंस से दिलचस्पी थी 私は子供時分から理科に興味があった (2) 楽しみ उसको क्रिकेट खेलने में दिलचस्पी है クリケットをするのを楽しみにしている (-में) दिलचस्पी ले॰ （－に）関心を持つ；興味を持つ उसे वहाँ की मनोरंजक परंपराओं में अवश्य दिलचस्पी लेनी चाहिए その地の興味深い伝統に関心を持たなくてはならない

दिलचोर [形]《P. دل+ H. चोर》(1) 怠ける；怠惰な= कामचोर. (2) 心を奪う；魅了する

दिलजमई [名*]《P.A. دل جمعی दिलजमई》(1) 得心；確信；納得 (2) 慰め दिलजमई क॰ *a.* 得心する मैंने अपनी दिलजमई करते हुए कहा - मुमकिन है ऐसा ही हो 自分を納得させながら言った.「その通りかもしれない」*b.* 慰める= सब्र दे॰.

दिलजला [形⁺]《P. دل+ H.जला》とても悲しい思いをした；大変辛い思いをした

दिलजू [形]《P. دل جو》美しい；美貌の；魅惑的な= सुंदर; हसीन.

दिलजोई [名*]《P. دل جوئی》慰め；慰藉；慰謝 दिलजोई क॰ 慰める बड़ा आया है अब दिलजोई करने पिता-माता की 偉そうに今度は親を慰めに来たのか

दिलदरिया [形]《P.A. دل دریا》心の広い；寛大な= दरियादिल.

दिलदरियाव [形] = दिलदरिया; दरियादिल. ऐसा दिलदरियाव था वह ठाकुर そのタークルはこんなふうに心の広い人だった

दिलदार [形]《P. دل دار》(1) 愛らしい；愛しい (2) 風流な；風雅な= रसिक. (3) 気前のよい

दिलदारी [名*]《P. دل داری》(1) 慰め；励まし (2) 風流なこと (3) 気前のよさ बादशाह की दिलदारी देखकर पर्दे के पीछे बैठी बेगम से न रहा गया 王の気前のよさを見て帳の陰に座っていた妃はいたたまれなくなった

दिलदिमाग़ [名]《P.A. دل دماغ》度胸と頭脳；勇気と知恵 दोनों देशों में जनसाधारण के दिल-दिमाग़ में भी 両国の一般大衆の勇気と知恵にも दिलदिमाग़ का आदमी 勇気があり頭脳明晰な；勇ましく頭の良い

दिलपसंद [形]《P. دل پسند》楽しい；面白い；興味深い

दिलफ़रेब [形]《P. دل فریب》魅力的な；ほれぼれとする；うっとりさせる= दिलफ़िरेब. तेरे मुसकराने का उफ़, ये दिलफ़रेब अंदाज़ ああ君のこのほれぼれとする微笑みの表情

दिलफेंक [形]《P. دل + H. फेंकना》(1) ほれっぽい (2) 浮気な

दिलबर[1] [形]《P. دلبر》愛しい；魅惑的な

दिलबर[2] [名] 恋人= प्रेमपात्र.

दिलबस्तगी [名*]《P. دل بستگی》(1) 愛情；愛着 (2) 関心

दिलबस्ता [形]《P. دل بسته》(1) 好きな；愛している；愛着のある (2) 関心のある

दिलबहलाव [名]《P. دل + H.बहलाव》楽しみ；慰み मरना-मारना उन बुंदेलों के जीवन का एक अच्छा दिलबहलाव है 命の取り合いはそのブンデールの武士たちの日常生活の 1 つの慰みなのだ

दिलरुबा[1] [形]《P. دل ربا》(1) 魅力的な (2) 美しい；麗しい ताजमहल के दिलरुबा मंज़र से タージマハルの美しい眺めで

दिलरुबा[2] [名]《P. دل ربا》(1) 恋人 (2)〔イ音〕ディルルバー（北西インドの擦弦楽器の一でサーランギーやシタールに似る．真鍮とスチールの主弦 4 本，副弦 3 本，共鳴弦 22 本．馬の尾の毛でこしらえた弓で弾く．長さ 90cm ほど）

दिलवाड़ा〔地名〕ディルワーラー（アブー山の高地にあり多くのジャイナ教寺院のあることで有名） दिलवाड़े के जैन मंदिर ディルワーラーのジャイナ寺院→ आबू.

दिलवाना [他・使] ← देना. (1) 与えさせる；与えてもらう；買い与える जो कुछ रानी माँगती तुरत दिलवा देता 王妃が求める物は何でもすぐさま与えさせる अभी पिता जी से कहकर तुझे सज़ा दिलवाती हूँ 今すぐお父さんに言いつけて罰を与えてもらうからね माँ, जो कहूँ, दिलवा दीजिएगा? 母さん，僕の欲しい物は何でも買って下さいますか (2) 出させる निर्माण कार्यों के लिए ग्रामपंचायतों के राज्य सरकार से धन दिलवाना ब्लॉक समिति का महत्त्वपूर्ण काम है 建設工事のため州政府に村落パンチャーヤットへの資金を出させることがブロック委員会の重要な仕事である (3) 得させる राजनैतिक क़ैदियों को जेल में सामान्य अपराधियों से अलग दर्जा दिलवाने के लिए 政治囚に獄中で一般犯罪人とは別個の待遇を得させるのに (4) 返させる；返還させる；返してもらう उन्होंने दहेज में दिए गए सामान को वापस दिलवाने का प्रार्थना पत्र दे दिया 持参した嫁入り道具を返還してもらうよう申請書を提出した (5) 受けさせる मैं बच्चों को विदेश भेजकर उच्च शिक्षा दिलवाना चाहता था 私は子供たちに留学させて高い教育を受けさせるつもりだった (6) 向けさせる；（注意などを）払わせる उन्होंने उस बस्ती की दुर्दशा की ओर उपराज्यपाल का ध्यान नए सिरे से दिलवाया है 氏はその町の惨状に改めて副知事の注意を向けさせた

दिलवाला [形⁺]《P. دل+ H.वाला》(1) 心の広い；大らかな (2) 風流な；風雅な (3) 勇気のある

दिलशाद [形]《P. دل شاد》嬉しい；愉快な；楽しい= प्रसन्न

दिलसोज़ [形]《P. دل سوز》(1) 情け深い；同情心の厚い (2) 心温まる दिलसोज़ बातें 心温まる話

दिलाना [他・使] ← देना. (1) 与えさせる；得させる；持たせる इस उद्देश्य से पार्टी के नेता लोग उन्हें भारत की नागरिकता दिलाने में भी रुचि लेने लगे थे この意図から党の指導者たちは同氏にインドの市民権を得させることにも関心を抱くようになった यदि मुझे आप दो हज़ार रुपये दिला दें तो मेरा व्यापार फिर से चल सकता है 2000 ルピーの手配をして下されば商売はまたやって行ける गुज़ारा दिलाया जाए 生活費を支給してもらうように पाठक! अब हम इन तीनों मेहमानों का परिचय आपको दिलाते हैं さて読者諸氏，予はこの 3 人の客人たちのことを紹介致そう (2) 持たせる；感じさせる；抱かせる；与える उसने मेरे टूटे हुए दिल को पूरा यक़ीन दिला दिया 彼は私の打ち砕かれた心に完全な自信を抱かせてくれた उसने अपने पति को याद दिलाई 夫に念を押した हम उन्हें विश्वास दिलाना चाहते हैं あの方に自信を持たせたい साथ ही हमारे गुमराह बच्चों को भी यह एहसास दिलाया है कि वे ग़लत राह पर हैं 同時に道に迷った子供たちに自分たちが道を間違えていることを感じさせた मंत्री ने युवकों को काम का आश्वासन दिलाते हुए कहा 大臣は青年たちに仕事を保証して語った (3) ある状態に到らせる（そのために助力や支援をする） उन्हें इस आदत से छुटकारा दिलाने के लिए आप क्या-क्या कर सकती हैं あの人たちにこの癖を止めさせるのに貴方には何ができますか मैं जल्दी ही बाली के डर से तुम्हें छुटकारा

दिलाऊँगा 私はすぐに君をバーリーの恐怖から解放してあげよう जिस दिन उन्हें मुख्यमंत्री पद की शपथ दिलाई गई 氏が州首相就任の宣誓をさせられた日に उन्होंने दिल्ली नगर निगम के अधिकारियों एवं कर्मचारियों को कर्त्तव्यनिष्ठ बने रहने हेतु शपथ दिलाई 同氏はデリー市の幹部と職員に常に職務に忠実であるように誓わせた चीनी मेज़बान की बात ने सब कुछ याद दिला दिया 中国人ホストの話が何もかも思い出させてくれた अपनी राजनीति का खेल करनेवाले नेता इन क्षेत्रों के निवासियों को उनकी आर्थिक-सामाजिक दासता की याद दिलाकर उन्हें हिंसा करने के लिए प्रोत्साहित करते रहते हैं 政治をもてあそぶ指導者たちがこの地域の住人たちに経済的・社会的隷従のことを思い出させてこの人たちを暴力へと駆り立ててきている

दिलारा[1] [形⁺] 《P. دل آرا》愛らしい；可愛らしい

दिलारा[2] [名] 《P. دل آرا》恋人

दिलाराम [名・形] 《P. دل آرام》= दिलारा[1,2].

दिलावर [形] 《P. دلاور》勇ましい；勇敢な；勇猛な

दिलावरी [名*] 《P. دلاوری》勇気；勇敢さ；勇猛さ बुंदेला दिलावरी का सिरमौर ブンデーラー族の勇猛さの華

दिलावेज़ [形] 《P. دل آویز / دلاویز》(1) 美しい；きれいな (2) 器量の良い

दिलावेज़ी [名*] 《P. دل آویزی》(1) 美しさ (2) 器量の良さ

दिलासा [名] 《P. دلاسا》慰め；励まし；激励 (-को) **दिलासा दे॰** (ーを) 慰める

दिली [形] 《P. دلی》(1) 心の；精神の (2) 心からの；魂の；心底からの दिली ख़्वाहिश 念願 दिली दोस्त 親友= जानी दोस्त.

दिलेर [形] 《P. دلیر》(1) 勇敢な；勇猛な；勇ましい दिलेर अफ़सर 勇敢な士官 यह दिलेर आदमी है 勇ましい人だ (2) 大胆な；度胸のある (3) 気前の良い

दिलेरी [名*] 《P. دلیری》(1) 勇気；勇猛さ (2) 大胆さ；度胸 आप लोगों में ज़रा भी मानवता व दिलेरी नहीं है कि बच्चियों को छुड़ाएँ あなた方は子供たちを救い出そうとのかけらほどの人間性も度胸も持ち合わせていないんだ (3) 気前の良さ

दिलोजान [名] 《P. دل و جان》誠心誠意；魂と命 दिलो जान से 心から；命がけで；必死に मैं दिलो जान से उनकी माँ की सेवा में दिन-रात जुटा रहता हूँ 一生懸命にあの方の母親の世話に日夜従事している

दिल्लगी [名*] (1) からかい；ふざけ सब के सब उससे दिल्लगी कर रहे हैं 誰も彼もがあの人をからかっている (2) 冗談；しゃれ；軽口 (3) 笑い話；笑い草；物笑いの種；おかしい話 (4) 戯れ；遊び；たやすいこと (-की) **दिल्लगी उड़ाना** (ーを) からかう **दिल्लगी क॰** *a.* からかう；ふざける *b.* 軽口を叩く **दिल्लगी देखिए** おかしな話だ；ふざけた話だ；傑作な話だ **दिल्लगी न हो॰** 容易なことではない；生易しいことではない (-को) **दिल्लगी सूझना** (ーが) 冗談を思いつく；からかいたくなる

दिल्लगीबाज़ [形] 《H.+ P. باز》おかしい；面白い；剽軽な；滑稽な आसिफ़ ख़ाँ, बादशाह का नाई, बुद्धि का तेज और दिल्लगीबाज था お殿様の理髪師のアーシフ・ハーンは頭の回転が速く剽軽な男だった

दिल्ला [名] 扉や窓のパネル

दिल्ली 〔地名*〕デリー= देहली. नई दिल्ली ニューデリー पुरानी दिल्ली オールドデリー **दिल्ली चलो** 「デリーへ進め」(インドのイギリス支配からの独立を願って第二次世界大戦中組織されたINA，すなわち，インド国民軍の用いた合言葉) **दिल्ली दूर है** 〔諺〕道なお遠し；前途遥か **दिल्ली में दरबार** イギリスのジョージ五世が1911年に訪印しデリーで行ったインド人の代表の接見式でデリーダルバールと呼ばれる． **दिल्ली विद्युत प्रदाय उद्योग** デリー市電力供給公社 (DESU) = डेसू.

दिल्लीवाला [形⁺] (1) デリーの (2) デリー産の；デリー製の जूता कामदार दिल्लीवाला था 靴は刺繍の施されたデリー製の物だった (3) デリー出身の

दिल्ली सल्तनत [名*] 《A. دلی سلطنت》〔イ史〕デリー・サルタナット (Delhi Sultanate 1206–1526)

दिवंगत [形・名] 故人 (になった)；逝去された；お亡くなりになった；故= स्वर्गवासी; मर्हूम. दिवंगत फ़ीरोज़ गाँधी 故フィーローズ・ガーンディー氏

दिवंगता [形*・名*] 故人 (になった女性)；今は亡き (女性) = दिवंगत; स्वर्गवासिनी.

दिव [名] (1) 天；空= आकाश. (2) 天国= स्वर्ग.

दिवदाह [名] 朝焼けや夕焼けなどで空が赤く染まること

दिवराज [名]〔イ神〕インドラ神；天帝インドラ इंद्र

दिवस [名] 日= दिन; रोज़. कार्यदिवस 労働日 जन्मदिवस 誕生日 स्मारक दिवस 記念日

दिवसीय [形] 日の；日数を要する；幾日かにわたる केरल की तीन दिवसीय यात्रा ケーララ地方の3日間の旅 दस दिवसीय दीपावली मेला 10日間にわたるディーワーリー祭のメーラー (祭礼市)

दिवा [名] 日= दिन; दिवस.

दिवाकर [名] (1) 太陽= दिनकर; सूर्य. (2)〔植〕ガガイモ科アコン= आक; मदार.

दिवाना [形⁺] = दीवाना. हमारी सखी नल पर दिवानी है 私の友だちはナルにのぼせあがっている

दिवानाथ [名] 太陽= सूर्य; दिनमान; दिनकर.

दिवानी [名*] = दीवानी. → दीवाना.

दिवा-रात्र [副] 日夜；四六時中

दिवाला [名] (1) 破産；破産状態；支払不能 (2) 全くの欠乏状態；空っぽの状態 **दिवाला कढ़ना (काढ़ना)** = दिवाला निकलना (निकालना). **दिवाला निकलना (निकालना)** 破産する **दिवाला पिटना (- मारना)** = दिवाला निकलना (-निकालना).

दिवालिया [形] (1) 破産した महाजन दिवालिया हो गया 金貸しは破産した (2) 空っぽの वह हमारी बुद्धि को दिवालिया बनाती है それは人の頭を空っぽにする

दिवालियापन [名] ← दिवालिया. (1) 破産状態 (2) 空っぽの状態 कहीं यह आपके दिमाग़ के दिवालियेपन का सुबूत तो नहीं देता ひょっとしたらこれは貴方の頭が空っぽなのを証明しているものではないですか

दिवाली[1] [名*]〔ヒ〕ディーワーリー祭= दीवाली; दीपावली.

दिवाली[2] [名*] 刃物研磨用のかわと (革砥)

दिवालोक [名] (1) 日中の光；昼光 (2) 天国のような世界

दिवास्वप्न [名] 白昼夢 दिवास्वप्नों में खोई हुई 白昼夢に耽っている (女性) दिवास्वप्न दिखाने वाली औषधि 白昼夢を見せてくれる薬 दिवास्वप्न लगना 白昼夢に思える (感じられる)

दिविदिवि [名]《E. dividivi》〔植〕マメ科小木ジビジビ【*Caesalpinia coriaria*】

दिवैया [形] 与える= देनेवाला.

दिवोदास [名]〔イ神・マハ〕ディヴォーダーサ王 (チャンドラヴァンシャ，すなわち，月種族のビーマラタ王 भीमरथ の子)

दिव्य [形] (1) 天の；空の；天空の दिव्यधनुष 虹 (2) 天国の (3) 神々しい；この世のものでない；天からの；尊い दिव्यदृश्य 神々しい光景 स्वामी विवेकानंद का दिव्य संदेश スワーミー・ヴィヴェーカーナンダの伝えた天からのメッセージ (4) 光り輝く (5) 美しい

दिव्यगंध [名] (1) チョウジ (丁字)；クローブ= लौंग. (2) 硫黄= गंधक.

दिव्यचक्षु [名] 天眼を得た人；あらゆるものを見通す目を持つ人；千里眼

दिव्यता [名*] ← दिव्य.

दिव्यदर्शी [形] 天眼を持つ

दिव्यदृष्टि [名*] 一切のものを見通すことのできる眼力；天眼；天眼通

दिव्य परीक्षा [名*] (1) 正邪を決めるための占い；試罪法 (2) 試練

दिव्य पुरुष [名] 神；半神；神通力や超能力を有する存在

दिव्य पुष्प [名]〔植〕キョウチクトウ科キョウチクトウ= कनेर; करवीर.

दिव्यरत्न [名]〔イ神〕あらゆる願いごとを叶えてくれるとされる宝珠；チンターマニ (चिंतामणि)

दिव्य वाक्य [名] 天の声；神の声= देववाणी; आकाशवाणी.

दिव्यशक्ति [名*] 超能力；霊力

दिव्यसरिता [名*] 天の川= आकाश गंगा.

दिव्यस्त्री [名*]〔イ神〕アプサラス；天女→ अप्सरस्.

दिव्यांगना [名*] = दिव्यस्त्री. アプサラー／アプサラス (天界の水の精)

दिव्यास्त्र [名] (1) 神授の武器 (2) 魔法の武器

दिशा [名*] (1) 方位；方角 (2) 四方 (東西南北)，八方 (東西南北，東北，東南，西南，西北) 及び十方 (八方に上下を加えたもの) (3) 方向 गतिशील वस्तु की दिशा बदलना 運動体が方向を変え

ること जीवन की दिशा बतानेवाला 生きる方向を教える人 (4) 排便のため野原や畑に行くこと＝दिसा. **दिशा जा॰** 野原へ用足しに行く **दिशा फिरना** ＝ दिशा जा॰. **दिशा जंगल फिरना** ＝ दिशा जा॰. **दिशा मैदान जा॰** ＝ दिशा जा॰.

दिशागज [名] ＝ दिग्गज.

दिशा-मैदान [名]《H.+ P. میدان》野原へ用便のため出掛けること दिशा-मैदान के लिए 戸外での用足しに

दिशावधि [名*] 地の果て；地平線＝ क्षितिज.

दिशाविहीन [形] 方向を見失った；方向性のない

दिशाशूल [名] 方角占いである方角に出掛けるのが不吉とされる日時 दिशाशूल का विचार क॰ 方角占いをする

दिशासूचक [名] 羅針盤 दिशासूचक तीर 羅針盤の針 दिशासूचक तीर दक्षिण की ओर है 羅針盤の針は南を向いている

दिशा-हाजत [名*]《H.+ A. حاجت》＝ दिशा-मैदान. → दिशा; दिसा.

दिशाहीन[1] [形] (1) 当て所のない (2) 方角を見失った दिशाहीन होकर भाग रहे थे 方角を見失って走っていた

दिशाहीन[2] [副] (1) 当てなく；当て所なく वह बिना कुछ सोचे तेज़ी से दिशाहीन बढ़ा 何も考えずに急ぎ足で当て所なく歩を進めた (2) 方角を見失って

दिशाहीनता [名*] (1) 方向を見失うこと (2) 無計画さ；方針のないこと शिक्षा प्रणाली की दिशाहीनता 教育制度の無計画

दिशि [名*] ＝ दिशा.

दिष्ट [形] (1) 定められた；規定された＝ नियत; निश्चित. (2) 支持された＝ आदिष्ट.

दिष्टांत [名] 死＝ मृत्यु; मौत.

दिष्टि [名*] (1) 運；運勢＝ भाग्य; किस्मत. (2) 指図；指令＝ आदेश; निर्देश.

दिसंतर[1] [名] (1) 外国；異国 (2) 遊歴

दिसंतर[2] [副] 地の果てまで；はるか彼方へ

दिसंबर [名]《E. December》12 月

दिसा [名*] (1) 方角＝ दिशा. (2) 用足しのため畑や野原へ行くこと＝ दिसा जा॰; झाड़ा फिरना.

दिसावर [名] (1) 外国 (2) 異国；異郷；よそ (3) 商品の発送地；出荷地 (4) 商品の発送先；送り先 **दिसावर आ॰** 入荷する；輸入される **दिसावर उतरना** よそで相場が下がる **दिसावर चढ़ना** よそで相場が上がる；外での需要が増す；値が上がる

दिसावरी [形] (1) 外国の；異国の；よその；他の地域の (2) よそから入荷した；他の地域から輸入された

दिसिपति [名] ＝ दिक्पाल; दिसिपाल.

दिस्टि [名*] ＝ दृष्टि.

दिहंदा [形・造語]《P. دهنده》(1) 与える रायदिहंदा 投票者 (2) 惜しみなく与える；気前のよい (3) 慈善的な；情け深い；心の広い

दिहरा [名] (1) 神社 (2) 祠

दिहली [名*] 敷居＝ दहलीज़.

दिहाड़ा [名] 日 ＝ दिन; दिवस.

दिहाड़ी [名*] (1) 日；1 日 (2) 日雇いの 1 日の労働時間 (3) 日当；日給 क्या उसने सात रुपये दिहाड़ी से एक पैसा भी ज़्यादा कमाया है? あの男は日給の 7 ルピーより 1 パイサーでも多く稼いだことがあるのか आकाशवाणी में दिहाड़ी पर काम करने वाले 放送局で日給で働く人たち

दिहाड़ीदार [名]《H. + P. دار》日傭；日雇い

दिहात [名]《P.A. دہات》＝ देहात. 田舎；地方（都市に対して）；鄙 दिहात का जीवन ग़रीबी और सादगी का जीवन है 田舎暮らしは乏しく質素なものだ

दिहाती [形] 田舎の；地方の＝ देहाती.

दीं [他] 不規則活用動詞 देना の完了分詞及び直説法過去時制形の一で目的語の性・数が女性・複数. → दिया[2]; देना.

दी [他] 不規則活用動詞 देना の完了分詞及び直説法過去時制形の一で目的語の性・数が女性・単数. → दिया[2]; देना.

दीआ [名] ＝ दीया.

दीक [名] カシューナッツの木の樹皮からとれる漁網に塗る油

दीक्षांत [名] (1) 大学などの学業終了；大学卒業 (2) 大学などの終了式；卒業式；学位授与式＝ दीक्षांत समारोह.

दीक्षांत भाषण [名] 大学等の卒業式や終了式，学位授与式に行われる学者，著名人，政治家などによる特別講演

दीक्षांत समारोह [名] 大学等高等教育機関の卒業式，終了式，学位授与式 पटना विश्वविद्यालय के दीक्षांत समारोह में パトナー大学の学位授与式で

दीक्षा [名*] (1)〔ヒ〕宗教儀式に先立って身を清め精進を行うこと；入信儀式；受洗 (2)〔ヒ〕入門・入信に先立ち師より戒を受けること；授戒師が弟子となる人にマントラ（ヴェーダの聖句）を授けること (3) 入門；入信；洗礼 उन्होंने बौद्ध धर्म की दीक्षा ली 氏は仏教に入信された (4)〔ヒ〕ヒンドゥー教徒の入門式＝ उपनयन. (5) 師の授けるマントラ（ヴェーダの聖句） (6) 教育 उसकी शिक्षा-दीक्षा का बहुत अंश इस व्यर्थ के प्रयत्न में व्यय होता था その人の教育の大部分はこの無駄な努力に費やされた

दीक्षा गुरु [名] 学業や修行の入門，入信に当たりマントラを授ける師

दीक्षित[1] [形] 入信儀礼を受けた；入門を許された；師に入信を許された；洗礼を受けた

दीक्षित[2] [名] ディークシット（北インドのブラーフマンの一グループ名）

दीखना [自] (1)（ーが）見える；目に入る＝ दिखाई दे॰; देखने में आ॰. कमरे से रसोई का दरवाज़ा दीखता है 部屋から台所の扉が見える मुझे तो कोई नहीं दीखता 私にはだれも見えない उन्हें बहुत दूर तक ज़मीन नहीं दीखी थी はるか遠くまで陸地は目に入らなかった (2) 見受けられる；見て印象を受ける क्यों चंदू, आज बड़े खुश दीख रहे हो? 今日はとても嬉しそうだねチャンドゥー君

दीगर [形]《P. دیگر》別の；他の；無関係の＝ दूसरा; अन्य; भिन्न; अलग. यह बात दीगर है कि उस समय पार्टी दोनों को कम्युनिस्टों का एजेंट कह रही थी 当時党が 2 人をコミュニストの手先と呼んでいたことは別の話なのだ पिता और भाई, माँ या दीगर रिश्तेदारों पर 父や兄，母，その他の親類に対して पिशावर और दीगर शहरों में ペシャーワルやその他の都市で

दीघी [名*] (1) 大きな池 (2) 煉瓦造りの階段式の井戸＝ बावली.

दीजिए [他] देना の命令法の二人称 आप に対応する形．下さい，（ー）して下さいなど．＝दीजिये. なお，これの更に丁寧な表現は दीजिएगा となる＝ दीजियेगा.

दीजियो [他]〔古〕 देना の命令法二人称 तुम 対応形

दीजे [他] (1)《Br.》＝ दिया जाए. चाहे मेरा सर उड़ा दीजे परंतु जो बात कहने की होगी तो अवश्य ही कहूँगी たとえわが首がはねられようとも申すべきは必ず申し上げまする (2)〔古〕＝ दीजिए; दीजियो.

दीठ [名*] (1) 見ること (2) 視力 (3) 眼 (4) 目つき；眼差し (5) 邪視；祟りのある視線＝ नज़र; कुदृष्टि. **दीठ उठाना** *a.* 顔を上げてみる；正視する *b.* 情けをかける **दीठ उतरना** 邪視の災いがなくなる **दीठ उतारना** 邪視の災いを除く **दीठ क॰** 見る；目を向ける **दीठ खराद पर चढ़ना** 鋭い目つきで見る **दीठ खा जा॰** 邪視ににらまれる **दीठ गड़ाना** じっと見つめる **दीठ चढ़ना** ＝ दीठ खा जा॰. **दीठ चुराना** *a.* 目を伏せる *b.* 避ける *c.* こっそりとする；目を盗む **दीठ चूकना** *a.* 見落とす *b.* 監視を油断する **दीठ छिपाना** ＝ दीठ चुराना. **दीठ जलना (- जलाना)** 邪視の災いを除くために布切れ，塩，カラシナの実などが燃やされること（ーを燃やすこと） **दीठ जा॰** 失明する；視力を失う；盲目になる；盲人になる **दीठ जुड़ना** 向かい合う；顔を合わせる **दीठ झारना** ＝ दीठ उतारना. **दीठ ठहरना** じっと見つめる **दीठ दे॰** 見る (-) **दीठ पड़ना** （ーが）目に入る；見える (-की) **दीठ पर चढ़ना** *a.*（ーの）眼鏡にかなう；気に入る *b.*（ーに）妬ましい；ねたましく感じられる *c.*（ーに）目障りな (-की) **दीठ फिरना** *a.* 気に入られる；恩寵の眼差しを受ける；目をかけてもらう *b.*（ーに）見捨てられる **दीठ फेंकना** 遠方に目をやる；遠方を見る **दीठ फेरना** *a.* 見捨てる *b.* 目をそらす **दीठ बचाना** ＝ दीठ चुराना. (-की) **दीठ बाँधना** 魔法，呪法などで特定のものが目に入らないようにする（見えなくする，あるいは，別のものに見えるようにする） **दीठ बिछाना** *a.* 待ちこがれる *b.* 歓待する **दीठ भर देखना** じっくり見る **दीठ मरोरना** そっぽを向く；顔を背ける **दीठ मारना** 目くばせする **दीठ मारी जा॰** 視力を失う **दीठ मिलाना** 面と向かう；向かい合う (-) **दीठ में आ॰** （ーが）見える；目に入る＝ दिखाई पड़ना. (- की) **दीठ में ठहरना** *a.*（ーの）記憶に残る *b.*（ーに）深い印象を残す *c.*（ーに）常に目をかけられる (-) **दीठ में पड़ना** （ーが）見える；（ーが）目に見える ＝ दीठ में आ॰. **दीठ में समाना** ＝ दीठ में ठहरना. **दीठ लगाना** *a.* 恋を

する *b.* 邪視の目で見る *c.* じっと見つめる **दीठ लड़ना** 見つめ合う；目と目が合う **दीठ से उतर जा॰** 見下される；品位が下がる

दीठ बंदी [名*] = दीठ बाँधना.

दीठि [名*] = दृष्टि.

दीद [名*] 《P. دید》(1) 見ること= दर्शन; दीदार. (2) 視力

दीदबान [名] 《P. دید بان》(1) 見張り；見張人；監視人；看守 (2) スパイ；密偵

दीदबानी [名*] 《P. دید بانی》見張り；監視

दीदा [名] 《P. دیده》(1) 目；眼球= आँख; नेत्र. (2) 視線 = दृष्टि. (3) 横着さ；図々しさ= ढिठाई; धृष्टता. **दीदा खोना** 力を失う；精力を浪費する **दीदा जमना** 気が向く；関心がわく **दीदा धोकर पीना** 恥も外聞もなくす；恥知らずになる **दीदा फटना** 恥知らずになる；恥じらいをなくしてしまう= निर्लज्ज हो जा॰. **दीदा फाड़कर देखना** 目を皿にして見る **दीदा फूटना** 失明する= आँखें फूटना. **दीदा फोड़ना** *a.* 失明させる *b.* 目をこらす **दीदा मारना** よく考える；思いめぐらす **दीदा लगाना** 熱心になる；専心する **दीदे का पानी ढल जा॰** = दीदा फटना. **दीदे निकालना** *a.* 目をむく；睨みつける *b.* 目をつぶす **दीदे मटकाना** 色目をつかう；目くばせをする= आँखें चमकाना.

दीदादलेल [形] = दीदादिलेर.

दीदादिलेर [形] 《P. دیده دلیر》恥知らずの；厚かましい；厚顔な = दीदादलेल; ढीठ; धृष्ट; बेहया.

दीदादिलेरी [名*] 《P. دیده دلیری》厚かましさ；恥知らずなこと；厚顔無恥= ढिठाई; धृष्टता; बेहयाई.

दीदाधोई [名*] 《P. دیده + H.》恥知らずな女；破廉恥な女= दीदाफटी; बेशर्म; निर्लज्ज.

दीदाफटी [名*] 《P. دیده+ H.》= दीदाधोई.

दीदाबाज़ [形] 《P. دیده باز》目と目を合わせる；見つめ合う；色目を使う

दीदाबाज़ी [名*] 《P. دیده بازی》← दीदाबाज़. 目と目を合わせること；見つめ合うこと

दीदामारी [名*] 《دیده ماری P.ه دید+ H.》考えをめぐらすこと

दीदार [名] 《P. دیدار》(1) 面会；お目にかかること；拝顔；拝見；拝謁 (2) 美しさ；麗しさ= सौंदर्य; छवि.

दीदारबाज़ी [名*] 《P. دیدار بازی》見つめ合うこと；目と目を合わせること；色目を使うこと= नज़रबाज़ी; आँखें लड़ाना.

दीदारू [形] 《P. دیدارو》美しい；器量のよい；別嬪の；姿形のよい= रूपवान; खुशनुमा.

दीदारेज़ी [名*] 《P. دیده ریزی》(1) 目の疲れるこまかい作業の伴う仕事をすること (2) 熟慮

दीदावर [形] 《P. دیده ور》(1) 鑑定家；鑑定士 (2) 目利き

दीदावरी [名*] 《P. دیده وری》眼力；ものを見抜く力

दीदी [名*] 姉（に呼びかける言葉）；ねえさん；お姉ちゃん सिर में दर्द है, दीदी おねえさん，私頭が痛いの

दीन[1] [形] (1) 哀れな；悲惨な；みじめな (2) 貧しい；乏しい (3) 苦しんでいる (4) 気のふさいだ；憂鬱な；元気のない (5) 怯えた (6) 謙虚な **दीन की हाय पड़ना** 弱いものを苦しめたために罰が当たる **दीन की हाय मोटी हो॰** = दीन की हाय पड़ना. **दीन बनना** 頭を下げる；謙虚になる

दीन[2] [名] 《A. دین》宗教；信仰；信教= धर्म; मत; मज़हब. जो आदमी लोगों को दीन के खिलाफ़ भड़काता है 人々を信仰に反する方向にかきたてる人 **न दीन का न दुनिया का** 俗界や世間との交渉がない फिर वह न दीन का रहता है और न दुनिया का するとその人は世間との関係が全くなくなる→ दीनदुनिया.

दीन इलाही [名] 《A. دین الهی》ディーン・イラーヒー（ムガル帝国第 3 代皇帝のアクバルが西暦 1582 年に宣布した神聖宗教；ディーネ・イラーヒー= दीने इलाही.）

दीनता [名*] ← दीन[1]. अगर उन्होंने कुछ दीनता दिखाई होती, तो शायद मुझे हमदर्दी हो जाती もしも少しでも謙虚さを示していたならば恐らく同情していただろうに

दीनदयाल [形] = दीनदयालु.

दीनदयालु[1] [形] 《H.दीन[1] + H. दयालु》憐れみ深い；情け深い

दीनदयालु[2] [名]〔ヒ〕神；最高神

दीनदार [形] 《A.P. دین دار》信仰心のあつい；篤信な= धर्मनिष्ठ; धर्मपरायण. कहलाने को मौलवी, दीनदार, ऐसे बनते हैं कि देवता ही हैं 世間の目にはモウルヴィーであり篤信の人でありまるで神様そのものでいらっしゃる

दीनदारी [名*] 《A.P. دین داری》篤信；信仰の念のあついこと= धर्मपरायणता; धर्मनिष्ठ.

दीन-दुखी [名・形] 悩める人；苦しんでいる人；気の毒な人 दीन-दुखियों की सेवा 悩める人や苦しんでいる人に仕えること घर पर जो पैसे उन्हें ख़र्च के लिए मिलते हैं उन्हें वे दीन-दुखियों में बाँट देते 家でもらう小遣銭を気の毒な人たちに分け与える

दीन-दुनिया [名*] 《A. دین دنیا》この世とあの世のこと；聖と俗；人を取り巻く一切のこと **दीन-दुनिया की कोई ख़बर नहीं** 世間のことを全く知らない；全く世間知らずの；世間のことを全く気にしない；全く無頓着な लोग ज़्यादातर अनपढ़ और जाहिल हैं दीन व दुनिया की कोई ख़बर नहीं ほとんどの人たちは無学文盲で世間のことを全く知らない **दीन-दुनिया बिगड़ना** 現在も将来も台無しになる；この世のこともあの世のこともすっかり駄目になる **दीन-दुनिया भूल जा॰** 没頭する；熱中する；身辺のことを一切忘れる **दीन-दुनिया से गुज़रा हुआ** だれとも何の関わりも交渉も関係もない **दीन-दुनिया (दोनों) से जा॰** いずこにも何にも属さない

दीनबंधु[1] [名] (1)〔ヒ〕最高神の異名の一 दीनबंधु दीन-दुखिया टेरते हैं आपको 神よ，悩める人たちがあなたに救いを乞い願っております (2) 苦難にある人たちの援助者．苦しみにある人たちの友 (3)C.F.Andrews（チャーリー F. アンドルーズ 1871 - 1940. 1913 年以降マハートマー・ガンディーの友人・協力者としてインドの独立運動に身を捧げた英人）に敬愛したインド人が贈った尊称

दीनबंधु[2] [形] 悩んでいる人，苦しんでいるいる人たちを助ける；憐れみ深い；情け深い= दुखियों का सहायक.

दीन-बंधुता [名*] 憐れみ深さ उनकी दीन-बंधुता को निगोड़ी दुनिया ने विक्षिप्तता की संज्ञा दे डाली この人の憐れみ深さに対しあさはかな世間は狂気の名を与えた

दीन-वत्सलता [名*] = दीनबंधुता.

दीनहीन [形] 謙虚な；控え目な बाहर के लोगों के सामने दीनहीन बनी रहें 外部の人たちの前では控え目にしていること

दीनानाथ [名] (1) 苦しんでいる弱い人を助ける人 (2)〔ヒ〕神；最高神の異名の一

दीनार [名] 《A. دینار》(1)〔イ史〕ディーナール金貨（クシャーナ王朝やデリーのムスリム王朝などにより発行されたインドの金貨の一；ディーナーラ金貨） (2) 金貨 (3) 金製の装身具

दीनौ [他] 《Br.》カリーボーリー（標準ヒンディー）の दिया に相当する Br. の完了形= दीन्यौ; दीन्ह; दीन्हा; दीन्हौ.

दीन्हा [他] 《Av.》標準ヒンディーの दिया に相当する完了形

दीपंकर [名]〔仏〕燃燈佛；ディーパンカラ

दीप [名] (1) ともしび；明かり；灯火；ランプ दीपहीन रात्रि 明かりのない夜 (2) 灯心を用いて灯油を燃やし明かりを灯すための油皿；油坏 मिट्टी के दीप 陶製の油皿 (3) 灯明 **दीप जलना** 灯火が点る；明かりが点る；夕暮れ時になる

दीपक [名] (1) 灯火；明かり (2) 油皿 (3) 灯明 (4) = दीपक राग. टिमटिमाता दीपक 炎の揺れている灯火 **दीपक जलाना** *a.* 明かりを点す *b.* 喜ぶ；祝う；祝いをする **दीपक तले अँधेरा**〔諺〕灯台下暗し **दीपक पर का पतंग** 犠牲になる人 **दीपक बुझना** *a.* 明かりが消える *b.* 家系が絶える；世継ぎを失う **दीपक में बत्ती पड़ना** 火ともし頃になる；夕暮れになる (5)〔修辞〕たとえられる語とたとえになる語とが共通の性質を表す 1 語によって表現される修辞法．2 つ以上のものが共通の特徴を持つものとして関連づけられたり，幾つかの特徴が同一のものに属すると断定される修辞法

दीपक राग [名]〔イ音〕ディーパク・ラーガ（6 主要ラーガの一．時間帯は盛夏の昼） उस समय संगीतज्ञ दीपक राग किसी के सामने नहीं गाया करते थे 当時声楽家はだれの前でもあれディーパク・ラーガを歌わなかったものだ

दीपकवृक्ष [名] (1) 木の枝のように幾つにも枝分かれしたところに灯明の点る大きな燭台 (2) シャンデリヤ

दीपकाल [名] 夕方；夕暮れ；火ともし頃 = संध्या.

दीपदान [名]〔ヒ〕(1) ディーパダーナ；ディープダーン（神像に捧げる灯火をともすこと） (2) ディープダーン（ヒンドゥーの死後十日間，黄泉路を照らすために木にかけて点される灯明） (3)

द

〔ヒ〕ディープダーン（瀕死のヒンドゥーの手に持たせ点っている灯火を布施させる儀式）

दीपदानी [名*] ディープダーン，すなわち，灯明をあげるための道具を入れる容器

दीपन[1] [名] (1) 明かりをつけること；点灯 (2) 食欲を増進させること (3) 刺激

दीपन[2] [形] (1) 火をかきたてる (2) 消化を促進する

दीपना [他] 光らせる；輝かせる＝ प्रकाशित क॰; चमकाना.

दीपमाला [名*] (1) 点灯した灯火の列 (2) 灯明の列

दीपमालिका [名*] (1) 灯火の列 (2)〔ヒ〕ディワーリー祭 (दीवाली)

दीपमाली [名*] ＝ दीवाली.

दीपवृक्ष [名] 木の枝のように幾つも枝分かれしたところに幾つも灯明の点される大きな燭台

दीपशत्रु [名] 蛾の異称 ＝ पतंग.

दीपशलभ [名]〔動〕ホタル＝ जुगनू; खद्योत.

दीपशिखा [名*] 灯火の炎 इसी प्रकार दीप-शिखा से दूर रहकर पतंगा यदि प्रकाश का आनंद लेता, तभी तक उसकी भलाई थी このようにして蛾は灯火の炎から離れて光を楽しんでいる限りは安全であった

दीपस्तंभ [名] (1) 燭台；油皿や油坏を置く台；灯明を置く台 (2) 灯台

दीपांकुर [名] 灯火の炎

दीपाग्नि [名*] (1) 灯火の炎 (2) 灯火の熱

दीपाधार [名] ろうそくや油皿を置く台；灯明台；燭台＝ दीवट. एक बड़े से दीपाधार में इक्कीस बत्तियाँ जल रही थीं 大きな灯明台に 21 個の油皿が点っていた

दीपाराधन [名]〔ヒ〕盆にのせた油皿に灯明を点し人や神像の前で回して拝む儀式＝ आरती क॰.

दीपालि [名*] (1) ＝ दीपमाला. (2) ＝ दीवाली.

दीपावली [名*] (1) 灯火の列 (2)〔ヒ〕ディーワーリー祭；ディーパーワリー＝ दीवाली. दीपावली अर्थात् नन्हे-नन्हे दीपकों का उत्सव ディパーワーリー祭，すなわち，沢山の小さな灯明をともす祭り

दीपिका [名*] (1) 小さな灯火 (2) 月光

दीपित [形] (1) 輝かされた (2) 点灯された

दीपोत्सव [名] (1) ディーワーリー祭の別称＝ दीवाली. (2) 灯明を点す祭り

दीप्त[1] [形] (1) 燃えている (2) 輝いている

दीप्त[2] [名] (1) 金 (2)〔植〕セリ科オオウイキョウ属多年草からとれる金色の樹脂アギ；フェルラ＝ हींग.

दीप्ति [名*] (1) 光 (2) 輝き；光輝 (3) うるわしさ

दीप्तिमान [形] (1) 輝いている；光を発する；光っている (2) 麗しい

दीप्यमान [形] 光っている；輝いている；輝く；輝ける

दीबा [名] 《P. دیبا》 錦；金襴

दीबाचा [名] 《P. دیباچہ》 序；序文＝ प्रस्तावना; भूमिका; प्राक्कथन.

दीबाज [名] 《A. دیباج》 金襴；錦＝ दीबा.

दीमक [名] 《P. دیمک》〔昆〕シロアリ（白蟻） दीमक खाई हुई पुस्तक 白蟻の食べた本 **दीमक चाट जा॰** シロアリが食い荒らす दीमक लगना 白蟻がつく

दीयट [名*] 油皿をのせる台；燭台

दीया [名] (1) 明かり；灯火；ランプ；(ランプとしての) 油皿；油坏 (2) 明かりをともすための油皿 घी का दीया 植物油の代わりにギーを入れた油皿 **दीया जलना** *a.* 破産する *b.* 日が暮れる；日暮れになる **दीया जलाना** 破産する **दीया जलाने का समय** 火ともし頃；日暮れ **दीया जलाने वाला** 世継ぎ；跡取り **दीया जलानेवाला न रह जा॰** 家系が絶える；世継ぎを失う **दीया जले** 日暮れ時に；火ともし頃に **दीया ठंडा क॰** 明かりを消す；灯明を消す；油皿の火を消す（忌み言葉として用いられる） **दीया ठंडा हो॰** 明かりが消える（忌み言葉） **(-के घर) दीया ठंडा हो॰** （一の家に）不幸があり悲しみに満たされる **दीया तले अँधेरा हो॰** *a.* 灯台下暗し *b.* 言行の不一致なことの譬え **दीया दिखाना** 灯火で行く手を照らす **दीया-बत्ती क॰** 日暮れに明かりをともす **दीया-बत्ती का समय** 日暮れ；火ともし頃 **दीया बढ़ाना** ＝ दीया ठंडा क॰. **दीया बुझ जा॰** 命の灯火が消える；死ぬ；亡くなる **दीया लेकर खोजना (- ढूँढना)** （提灯を持って）詳しく調べる；丹念に調べる **दीया संजोना** 明かりを灯す **दीया हँसना** ＝ दीये से फूल झड़ना. **दीये में बत्ती पड़ना** 日が暮れる **दीये से फूल झड़ना** 灯心がぱちぱち火花を散らして瞬くように燃える様子で慶事の到来の予兆とされる

दीर्घ [形] (1) 空間及び時間が長い；長期の वर्षों के इस दीर्घ प्रवास में 6 年間にわたるこの長期の異郷での暮らしで (2)〔韻〕2 マートラー मात्रा の長さの → गुरु[1] (6).

दीर्घकाय [形] 大柄な

दीर्घकालीन [形] 長期の दीर्घकालीन ऋण 長期借款 दीर्घकालीन योजना 長期計画

दीर्घकेश [形] 髪の長い；長髪の

दीर्घगामी [形] 長期の；長期にわたる दीर्घगामी लाभ 長期にわたる利益

दीर्घजीवी [形] (1) 長命の；長生きの；長寿の (2) 長持ちする दीर्घजीवी बनाना 長持ちさせる

दीर्घतपा [形] 長期にわたり苦行を行ってきている

दीर्घता [名*] ← दीर्घ. (1) 長いこと (2) 長大なこと

दीर्घदृष्टि[1] [形] (1) 遠くまで見える；遠方を見る力のある (2) 将来を見通す (3) 遠視の

दीर्घदृष्टि[2] [名*]〔医〕遠視（眼科）〈hyperopia; hypermetropia〉

दीर्घनिःश्वास [名] 長嘆息

दीर्घनिद्रा [名*] 永眠；永久の眠り

दीर्घसूत्र [形] のろい；のろまな；のろのろした；ぐずぐずした

दीर्घसूत्रता [名*] ← दीर्घसूत्र. のろいこと；のろまなこと

दीर्घसूत्री [形] ＝ दीर्घसूत्र.

दीर्घस्वर [名]〔言〕長母音〈long vowel〉↔ ह्रस्व स्वर 短母音

दीर्घा [名*] 画廊；ギャラリー इन कलाकृतियों को दीर्घजीवी बनाने के लिए दीर्घा में एक निश्चित तापमान की आवश्यकता होती है これらの美術品を長持ちさせるためにギャラリーの温度を一定に保つ必要がある

दीर्घाकार [形] 長い；長大な；大きな

दीर्घाक्षर[1] [形] 大文字の

दीर्घाक्षर[2] [名] 大文字

दीर्घायु [形] 長命の；長生きの

दीर्घावधि [形] 長期の；長期にわたる

दीर्घीकरण [名] 長くすること；引きのばすこと；拡大すること

दीर्ण [形] 裂かれた；引き裂かれた

दीव 〔地名〕ディーウ（インドのカーティアワール半島の南端に位置する元ポルトガル植民地．現在は中央政府直轄地東経 71 度 01 分，北緯 20 度 42 分に位置）

दीवट [名*] 燭台 ＝ दीयट.

दीवान [名] 《P. دیوان》 (1) 宮廷；宮殿；王宮 (2) 徴税及び財政に関する権限を有する大臣；財務大臣；大蔵大臣 (3) 御前会議 (4) 評議会；諮問会 (5) 宰相；首相 रियासत का दीवान 藩王国の宰相 (6) 巡査部長 ＝ हवलदार; हवालदार. (7) 執事 (8) 警察署の事務員や事務官；書記 पुलिस का क्लर्क था और जिसे पुलिस की भाषा में दीवान जी कहते थे 警察の言葉ではディーワーンジーと呼ぶ警察署勤務の事務官だった (9)（ウルドゥーやペルシア語の）一詩人のガザル ग़ज़ल を集めた詩集 (10) 背もたれのないソファー；ソファーベッド；寝椅子；長椅子 उसने अपने पैर दीवान के नीचे कर लिये 足をディーワーンの下にやって

दीवान आम [名] ＝ दीवाने आम.

दीवानख़ाना [名] 《P. دیوان خانہ》 (1) 謁見の間；謁見室；接見の間；接見室 (2) 応接間 उन्हें दीवानख़ाने में बैठा दो 応接間に御案内しなさい (3) 裁判所（の事務局）＝ कचहरी का दफ़्तर.

दीवान ख़ास [名] ＝ दीवाने ख़ास.

दीवानगी [名*] 《A. دیوانگی》 ← दीवाना. (1) 狂気 (2) 熱狂

दीवान बहादुर [名] 《A.P. دیوان بہادر》 ディーワーン・バハードゥル（英領インド時代イギリス当局が藩王国の宰相のディーワーンなどに与えた称号）

दीवाना [形+] 《P. دیوانہ》 (1) 狂気の；気の狂った；気のふれた；きちがいの क्या मज़ाक है? क्या मैं पागल हूँ या दीवाना? 冗談じゃないぞ，おれが気がふれているとか頭がおかしいというのかい जवानी तो दीवानी होती है, उस वक्त सब कुछ मुआफ़ है 青春は狂気なのだ．なにもかも許される時なのだ (2) 正気を失った；正しい判断力を失った；狂った वही देश के दुश्मन, वही मज़हब के दीवाने 国を敵にする輩，宗教に狂った輩 (3) 熱中；没頭；熱狂

दीवानापन [名] ← दीवाना.

दीवानी[1] [形] 《P. دیوانی》 (1) 法廷の (2) 財務の (3) 民事の；民事に関する；民事上の दीवानी अभियोग 民事訴訟 दीवानी मुक़दमा 民事裁判

दीवानी[2] [名*] (1)〔イ史〕ディーワーンの地位や職務 दीवानी आपको मिलेगी 貴殿はディーワーンの職を得られましょうぞ (2) 民事法廷；民事裁判所 (3)〔イ史〕ディーワーニー（1765 年に東インド会社がベンガルの太守 नवाब から得たかなり広範な司法上の権限も併せた同地方の徴税及び財務上の権限）；地税徴収権

दीवानी[3] [形*] 《P. دیوانی←دیوانہ दीवाना》狂気の；正気でない = पगली; बावली.

दीवानी सीग़ा [名] 《A. دیوانی صیغہ》藩王国の財務局

दीवाने आम [名] 《P. A. دیوان عام》= दीवान आम. (1) 接見の間；接見室 (2) 客間；応接間

दीवाने आला [名] 《P.A. دیوان عالی》首相；宰相= प्रधान मंत्री; वज़ीरे आज़म; महा मंत्री.

दीवाने ख़ास [名] 《P.A. دیوان خاص》= दीवान खास. (1) 枢密院 (2) 枢密院の間

दीवार [名*] 《P. دیوار》 (1) 壁 (2) 塀 (3) 城壁 (4) 側壁；側面 कुएँ की दीवार अगर रिसती रहे तो पानी कभी साफ़ न रहेगा 井戸の側壁から水が洩れ続けるならば水は決して澄まないだろう (5) 側面；壁面 योनिमार्ग की दीवारें 産道の壁面 (6) へり；囲い गुफ़ाओं की दीवारें 洞窟の壁 मिट्टी की दीवारों पर फूस से छाए अपने छप्पर के स्थान में 土塀にわらで葺かれた屋根のところに (7) 障害；障壁；壁 दोनों की दोस्ती के बीच में दीवार बनना 2 人の友情に壁ができる आप लोगों के बीच कोई दीवार नहीं है あなた方の間には何ら障壁はありません **दीवार उठना** 壁ができる；へだたりが生じる；仲違いする；溝ができる **दीवार के कान होते हैं** 〔諺〕壁に耳あり= दीवारों को भी कान होते हैं. **दीवार खड़ी क॰** 壁を作る；障害を作る हम दो भाई-बहनों के बीच कुछ घटनाओं ने एक दीवार खड़ी कर दी है 私たち 2 人の兄妹の間に幾つかの出来事が壁をこしらえた **दीवार खिंचना** = दीवार उठना. **दीवार गिरना** (- **टूटना**) 壁が崩れる；障害や妨げがなくなる **दीवार तोड़ना** 壁を打ち破る；障害や妨げを取り除く **दीवार में चुनना** 煉瓦を積んでその中に生き埋めにする **दीवार लाँघना** 女性との一線を越える **दीवार हिलाना** 怯えさせる **दीवार हो॰** （障害物としての）壁がある；壁ができる **दीवारों से सिर टकराना** 無駄な努力をする

दीवारगीर [名*] 《P. دیوارگیر》 (1) 壁に取りつけた燭台 (2) 壁掛け；タペストリー

दीवारगीरी [名*] 《P. دیوارگیری》壁掛け

दीवार घड़ी [名*] 壁掛け時計；柱時計

दीवारी [形] 《P. دیواری》壁の；壁面の；側面の दीवारी शीशों की खिड़कियों में से 壁面のガラス窓から

दीवारी अँगीठी [名*] マントルピース

दीवारे चीन [名*] 《P. دیوار چین》万里の長城（中国）

दीवाल [名*] = दीवार. 壁 उसके पीछे की दीवाल भी पत्थर की ही है それの後ろにある壁もやはり石造りだ बड़े पेड़ की खोह या दीवाल के किसी छेद में उगा हुआ पीपल का पौधा 大木のうろや建物の壁のくぼみに生えたインドボダイジュの若木

दीवाली [名*] (1) ディーワーリーの祭（ディーパーヴァリー दीपावली とも呼ばれるヒンドゥー教徒の祭礼. カーティク月の黒分 15 日，すなわち，日本の旧暦では 9 月 30 日に行われる. 灯明を家の周囲に点し，富の神，ラクシュミー女神と厄除けの神ガネーシャを祀る. 商人にとっては新年の始まりとされる） (2) 祝い事；めでたいこと；喜ばしいこと दीवाली मिलन ディワーリーの祝いの挨拶の交換

दीसना [自] 見える；目に入る；目に映る；視界に入る= दिखाई दे॰; दिखाई पड़ना; दीखना.

दीहड़ा [名] = दीहाड़ा. 1 日；日= दिन; दिवस; रोज़.

दुंका [名] 小さなかけら；くず；きれはし；断片= कण; कन; किनकी.

दुंगरी [名*] 織りの粗い綿布；ドンゴロス

दुंद[1] [名] (1) いさかい；仲違い (2) 騒ぎ；騒動 (3) 喧騒 (4) 対；一対→ द्वंद्व.

दुंद[2] [名] ナガーラー= नगाड़ा.

दुंदुभि [名*] = दुंदुभी; नगाड़ा.

दुंदुभी [名*]〔イ音〕ドゥンドゥビー；太鼓；ナガーラー (नगाड़ा) = दुंदुभि. **दुंदुभी दे॰** 勝鬨をあげる **दुंदुभी बजाना** *a.* ドゥンドゥビーを打ち鳴らして喜ぶ *b.* 触れ回る जो संसार पर अपने अधिकारों की दुंदुभी बजाने की शक्ति की प्राप्ति का मुख्य साधन है それは世間に自分の権利を触れ回る力を手に入れる主たる方法である

दुंबा [名] 《P. دنبہ》〔動〕ドゥンバー（蓄積した脂肪で尻尾が丸くて太くなる羊の一種）

दुंबाल [名] 《← P.دنبالہ दुंबाला》 (1) 櫂のような形の太い尻尾 (2) 櫂 (3) 船尾；とも

दुंबाला [名] 《P. دنبالہ》 (1) 尾；尻尾 (2) 尻尾の形をしたもの (3) 櫂；櫓 (4) 船尾；とも（艫）

दुंबालादार [形] 《← P.دنبالہ دار》 (1) 尾のある (2) 尾をひいた

दुंबुर [名]〔植〕クワ科イチジク属小木【*Ficus cunia*】

दु: [接頭] サンスクリット語で दुस्, दुर् などと同じく「悪い」「劣る」などの負の意を加える接頭辞

दु:ख [名] → दुख. (1) 悲しみ；悲痛；悲嘆 (2) 無念；残念 (3) 苦悩；悩み (4) 厄い；不幸；災難；苦難 (5) 困りごと；厄介なこと (6) 痛み；苦痛 (7) 病気；病 कठिन दु:ख सहना 塗炭の苦しみに遭う **दु:ख उठाना** 悲しみに耐える；悲しみをこらえる मनुष्य को गम खाना अर्थात् दु:ख उठाना चाहिए और क्रोध पीना अर्थात् उसपर काबू करना चाहिए 人は悲しみをこらえ怒りを抑えなくてはいけない **दु:ख क॰** 悔やむ = पछताना; रोना. **दु:ख कटना** 悲しみが消える **दु:ख का घूँट पीना** 悲しみに静かに耐える **दु:ख का पहाड़ टूटना** 激しい悲しみに襲われる **दु:ख का मारा** 悲しみに打ちひしがれた **दु:ख के सागर में पड़ना** = दु:ख का पहाड़ टूटना. **दु:ख-तकलीफ़** 困ったこと；辛いこと दु:ख-तकलीफ़ में कभी किसी की ज़रूरत पड़े तो अपने बाप को मत भूल जाना でも困ったときにだれかの手助けが必要となればお父さんがいることも忘れるな **दु:ख-दर्द** 苦悩；苦痛；悲しみと痛み；悲痛；悲嘆；憂さ；辛さ वह स्वयं जनता के दु:ख-दर्दों की कहानी सुना करता 自ら民草の苦悩の物語をいつも聞いていた आदमी अपने दु:ख-दर्द भूलकर 人は自分の憂さ辛さを忘れて शराब की मस्ती में नाचते गाते अपना दु:ख-दर्द भूल जाते हैं 酒に酔って歌ったり踊ったりして悲しみを忘れる **दु:ख दे॰** 苦しめる；痛めつける लोगों को तरह-तरह के दु:ख देने लगे 人々に様々な苦しみを与え始めた **दु:ख देखना** 苦難に耐える **दु:ख पड़ना** 不幸に見舞われる；苦難に遭う **दु:ख पहुँचाना** 苦しめる；痛めつける **दु:ख बँटाना** 苦しみを分かち合う **दु:ख बयान क॰** 嘆く **दु:ख बाँटना** 悲しみを分かち合う इस अवसर पर हम सहेलियों को ही तो तुम्हारा दु:ख बाँटना है 今私たち友人はあなたと悲しみを分かち合うべきなのです **दु:ख भागना** 悲しみが消える **दु:ख में जलना** 大変悲しい思いをする **दु:ख में जलाना** 苦しめる= दु:ख में पीसना. **दु:ख लगना** 病気にとりつかれる **दु:ख-सुख** 苦楽 दु:ख-सुख की साझेदारी 苦楽を分かち合うこと；苦楽を共にすること एक दूसरे के दु:ख-सुख में お互いの苦楽に **दु:ख-सुख पूछना** 喜びと悲しみをたずねる；消息や暮らし向きをたずねる जनता का दु:ख-सुख पूछते 人々の暮らし向きをたずねる

दु:खकर [形] 悲しい；悲しませる；辛い

दु:खगाथा [名*] 悲歌；悲話；哀話 किसानों की दु:खगाथा 農民悲話

दु:खद [形] (1) 悲しませる (2) 悲しい；悲しむべき दु:खद कहानी 哀話 यह बड़ी ही दु:खद प्रवृत्ति है とても悲しむべき傾向である

दु:खदाता [形] 悲しませる；悲しみを与える；苦しめる；苦痛を与える；胸の痛む

दु:खदायक [形] (1) 悲しませる；苦しめる (2) 悲しい；胸の痛む

दु:खदायिनी [形*] = दु:खदायी.

दु:खदायी [形] = दु:खदायक. 胸の痛む एक और दु:खदायी उदाहरण もう 1 つ胸の痛む例

दु:खपूर्ण [形] 悲しみに満ちた；とても悲しげな；苦痛に満ちた；大変辛い उसने बहुत ही दु:खपूर्ण भाव से कहा とても悲しげな様子で言った दु:खपूर्ण स्वर 悲しみに満ちた声

दु:खप्रद [形] = दु:खद.

दु:खमय [形] とても辛い；悲しみに満ちた；苦しみに満ちた उनका जीवन दु:खमय हो जाता है その人の生涯はとても辛いものとなる माँ की एक छोटी-सी भूल भी बच्चे का सारा जीवन दु:खमय बना देती है 母親のちょっとした過ちも子供には一生とても辛い思いをさせることになる

दु:खलभ्य [形] 得難い；手に入れにくい= दुर्लभ; दुष्प्राप्य; नायाब.

दु:खवाद [名]〔哲〕厭世思想

दु:खशील [形] 忍耐強い= कष्टसहिष्णु.

दुःखसाध्य [形] 困難な；容易でない
दुःखांत[1] [形] 悲しみをもたらす；苦しみをもたらす；悲しい結末の；悲劇的な दुःखांत नाटक 〔演〕悲劇
दुःखांत[2] [名] (1) 悲しみの終わり；悲しい結末 (2) 悲しみの極致
दुःखातीत [形] 悲しみを脱した；悲しみを越えた
दुःखान्वित [形] (1) 悲しみに満ちた (2) とても悲しい
दुःखायतन [名] この世；現世；苦海
दुःखार्त [形] 苦痛に取り乱した
दुःखित [形] 甚だ苦しんでいる；ひどく悩んでいる＝ पीड़ित.
दुःखिनी [形*] ←दुःखी. 悲しみや苦しみに包まれている；悩んでいる
दुःखी [形] (1) 悲しい；悲しんでいる；憂える；ふさぎこんだ उसका उदास-सा, दुःखी चेहरा 彼女の憂いに沈んだ悲しげな顔 (2) 悩んでいる (3) 辛い；苦しみの多い बिना कुछ कहे-सुने दुःखी मन लोहार घर लौट आया 鍛冶屋は一言も口をきかずにふさぎこんで家に帰った
दुःशकुन [名] 凶兆；不吉な兆候＝ बुरा शकुन.
दुःशासन[1] [名] (1) 〔マハ〕ドゥフシャーサナ（クル族ドリタラーシュトラ王 धृतराष्ट्र の百王子の1人） (2) 悪政
दुःशासन[2] [形] 制御し難い；御し難い
दुःशील [形] 性の悪い；性質のよくない
दुःशीलता [名*] ←दुःशील.
दुःसंग [名] よくない人との付き合い；悪い交際＝ कुसंग; बुरी सोहबत.
दुःसह [形] 耐え難い；忍び難い दुःसह दायित्व 耐え難い責務 कैसी दुःसह घड़ी उनके जीवन में आई थी あの方の生涯の内にはなんとも耐え難い時期がやってきた
दुःसाध्य [形] (1) 困難な；難しい (2) 癒し難い
दुःसाहस [名] (1) 生意気な事；生意気な振る舞い；思い上がり (2) 無分別な行為
दुःसाहसिक [形] (1) 生意気な；思い上がった；大それた (2) 向こう見ずな；無分別な
दुःसाहसी [形] 向こう見ずな；無分別な
दुःस्पर्श [形] (1) 触れにくい (2) 得難い；手に入れ難い
दुःस्वप्न [名] (1) 不吉な夢；悪夢 (2) 悪夢のような起こってはならないようなことや恐ろしいこと हिरोशिमा-नागासाकी के दुःस्वप्न को याद करते हुए 広島・長崎の悪夢を思い起こして
दुःस्वभाव[1] [名] 悪い性質
दुःस्वभाव[2] [形] 性質の悪い；性の悪い
दुःस्वाद [形] दुःस्वाद पदार्थ 味の悪い
दु- [造語] 《H.; P. دو》数詞の2の意味を有する合成語の構成要素 दुपट्टा ドゥパッター दुनाली 銃身が2つある दुतर्फ़ा 両方向の
दुअन्नी [名*] 英領インド時代の2アンナ硬貨（本来は銀貨，後にニッケル貨となる）；ドゥアンニー
दुआ [名*] 《A. دعا》(1) 祈り；祈願；祈念＝ प्रार्थना; बिनती. (2) 祝福＝ आशीर्वाद; असीस. (3) 祝福の言葉 **दुआ क॰** 祈る；祈願する；祈念する लोग उसे मन ही मन कोसते और उसके मरने की दुआएँ करते みなは心の中で呪いの言葉を発し男の死を神に祈る **दुआ दे॰** *a.* 祝福を与える *b.* 年少者の挨拶に対する返礼として祝福の言葉を述べる उन्होंने मेरा नाम पूछा, और दुआ दी 私の名前をおたずねになり祝福のお言葉を与えて下さった *c.* 感謝する；深く感謝する दुआ देगा वह 有り難く思うよあの人は **दुआ माँगना** 祈る；祈願する＝ प्रार्थना क॰. **दुआ लगना** 祝福の言葉が実を結ぶ；願いが叶えられる **(-की) दुआ से** (－の) おかげで आप लोगों की दुआ से पहले ही महीने में मैंने बारह हज़ार का काम किया おかげさまで最初の月に1万2000（ルピー）の仕事を致しました **दुआ-सलाम क॰** 挨拶を交わす；お辞儀をする **दुआ-सलाम बना रहना** 挨拶程度の間柄が続く；言葉を交わす程度の関係が続く（－がある）
दुआबा [名] 《P. دوآبہ》(1) 2つの川に挟まれた地域 (2) ドゥアーバー地方（ヤムナー川とガンジス川とにはさまれた地域）
दुआल [名*] 《P. دوال》革ひも；革帯
दुआली [名*] 《دوالی ← P. دوال》革砥＝ खराद की बद्धी.
दुआह [名] 配偶者に死なれた男女の再婚
दुइज [名*] ＝ दूज. 太陰暦の白分・黒分のそれぞれの半月の第2日；2日
दुकड़हा [形+] (1) 取るに足らない；実につまらない (2) 賤しい；下賤な
दुकड़ा [名] (1) つい（対）；一対のもの (2) 旧貨幣単位の4分の1パイサー＝ छदाम.
दुकड़ी[1] [形*] 2つずつ入っている
दुकड़ी[2] [名*] (1) 〔トラ〕トランプの2の札 (2) 二頭立ての馬車
दुकना [自] ひそむ；隠れる＝ लुकना; छिपना.
दुकान [名*] 《A. دکان》(1) 店；商店；店舗 हलवाई की दुकान 菓子店；菓子屋 (2) 仕事場；作業所（医者の自宅に対する仕事場，診療所なども含む） **दुकान उठना** *a.* 店がたたまれる；商売がやめになる *b.* 終わる；終了する；終わりになる **दुकान उठाना** *a.* 店を閉める；閉店する *b.* 店をたたむ；商売をやめる **दुकान क॰** 商売を始める；商売をする；開業する **दुकान खुलना** *a.* 店が開く；店が始まる；開店になる *b.* 広まる；弘まる **दुकान खोलना** *a.* 店を開ける *b.* 店を始める；開業する；店を始める＝ दुकान क॰. हम लोग साइकिल के पंचर की दुकान खोल लेते हैं 私ども自転車のパンク修理屋（自転車修理店）を始めます **दुकान चलना** 店が繁盛する；店が儲かる **दुकान बढ़ाना** 店を閉める；閉店する（その日の店じまい） **दुकान लगना** 店が出る；店が開かれる इन मेलों में छोटी-छोटी दुकानें लगती हैं これらの縁日の市には小さな店が出る **दुकान लगाना** *a.* 店を飾る *b.* 物をいっぱい広げる；散らかす
दुकानदार [名] 《A.P. دکان دار》店の主人；店主；店の経営者；商人
दुकानदारी [名*] 《A.P. دکان داری》(1) 商売；商い；商店経営 (2) 金儲け पुरोहितों ने वेदों के नाम पर अपनी दुकानदारी ख़ूब चला रखी थी 祭官たちはヴェーダの名のもとに大規模に金儲けをしていた (3) 〔古〕金儲け主義；拝金主義；コマーシャリズム (4) いんちき稼業 अच्छा भई, अब चलते हैं, तुम भी अपनी दुकानदारी देखो じゃあね失礼するよ．お前もいんちき稼業がんばれよ (5) 商売や交渉での駆け引き
दुकाना [他] 隠す；秘める＝ छिपाना; दुराना.
दुकाल [名] 飢饉；饑饉 ＝ अकाल; दुर्भिक्ष.
दुकूल [名] (1) 麻布（麻や亜麻の繊維から作られた布）；ドゥクール (2) 薄手の布 पंचरंगी दुकूल 5色の糸で織られたドゥクール (3) 衣
दुकेला [形+] 2人連れの **अकेला दुकेला** 1人だけかわずかに2人だけの
दुकेले [副] 2人で；2人連れで；連れ立って अकेले-दुकेले ただ1人か2人連れで
दुक्कड़ [名] 〔イ音〕ドゥッカル（タブラーに似た太鼓の一種）
दुक्का[1] [形+] (1) 2人連れの (2) 対になっている；一対の
दुक्का[2] [名] (1) トランプの2の札 (2) さいころの2の面
दुक्की [名*] ＝ दुक्का[2]
दुक्ख [名] ＝ दुःख; दुख.
दुखंड [形・名] 2つになっている；2つに分かれている；2つの部分；2片
दुखंडा [形+] (1) 2つの部分から成る (2) 2段の；2層の
दुख [名] → दुःख.
दुखड़ा [名] (1) 泣き言；苦労話 (2) 辛いこと；厄介なこと；苦難 **दुखड़ा कहना** ＝ दुखड़ा रोना. **दुखड़ा पीटना** 苦しい生活を送る **दुखड़ा रोना** 泣き言を言う；苦労話をする；泣き言を並べる；苦労を嘆く मैंने उसके सामने अपना दुखड़ा रोया あの人に泣き言を並べた **दुखड़ा सुनाना** ＝ दुखड़ा रोना.
दुख़तर [名*] 《P. دختر दुख़्तर》娘 ＝ पुत्री; लड़की.
दुखदंद [名] 悲苦；悲しみと苦しみ；苦労と苦痛
दुखद [形] ＝ दुःखद. 苦しみを与える；悲しい；悲しませる
दुखदाई [形・名] ＝ दुःखदायी. अपने दुखदाइयों को हटाएँ 抑圧者たちを排除しよう；自分たちを苦しめる奴をやっつけよう
दुखदायक [形] ＝ दुःखदायक.
दुखदायी [形・名] ＝ दुःखदायी.
दुखन [名*] 痛み；苦痛 शरीर के किसी भी भाग में दुखन नहीं थी 体のどこにも痛みはなかった
दुखना [自] (1) 痛い；痛む；痛みがある जिस्म का पोरपोर दुख रहा था 体の節々が痛かった यहाँ खड़े-खड़े तो टाँगें दुखने लगी हैं ここに立ったままでいると足が痛み出した जोड़-जोड़ दुख रहा था 体の節々に痛みがあった कहीं से दुखता तो नहीं? どこかが痛むのではないか (2) 苦しむ；苦しい；苦しみを感じる；痛む बाप का दिल इस लड़ाई से बहुत दुखा この争いに父親の胸はとても痛んだ मैं उसके दुखते मन को शांति नहीं दे पाती 私はあの人の苦しんでいる胸に安らぎを与えられない **दुखती कहना** 厳しいことを言う；

辛辣なことを言う；胸に突き刺さるようなことを言う **दुखती रग छेड़ना** 痛みを増大させる
दुखभरा [形⁺] 悲しみに満ちた दुखभरी कहानी 悲しみいっぱいの話
दुखाना [他] (1) 痛みを起こさせる (2) 痛めつける；悲しませる；苦しめる मैंने उसका दिल कभी न दुखाया あの人に悲しい思いをさせたことはただの一度もなかった **दिल दुखाना** つらい思いをさせる वे विद्वान हैं, बूढ़े भी हैं उनका दिल कैसे दुखाऊँ? 学者でもあり年配でもあるあの方にどうして悲しい思いをさせられようか
दुखारा [形⁺] 悲しんでいる；悩んでいる＝दुःखी.
दुखित [形] ＝दुःखित. **दुखित क॰** 悲しませる वह किसी को अपना कष्ट बताकर दुखित या चिंतित करना नहीं चाहते थे だれにも自分の辛さを話して悲しませたり心配させたりしたくなかった
दुखिया [形*] (1) 苦しんでいる；悩んでいる；悲しんでいる मेरी दुखिया बहन की रक्षा 悩んでいる妹を助けること (2) 困っている बाबा, मैं दुखिया हूँ मुझपर दया करो 困っているのです．どうか憐れみを垂れて下さい
दुखियारा [形⁺] 悲しみに打ちひしがれた एक बेवा गरीब दुखियारी 貧しく悲しみに打ちひしがれている未亡人
दुखी [形] ＝दुःखी. उसका मन बड़ा दुखी हुआ 女はとても悲しくなった तू दुखी मत हो 悲しむのではないよ
दुख़्त [名*] 《P. دخت》 दुख़्तर の短縮形
दुख़्तर [名*] 《P. دختر》娘；乙女 ＝ पुत्री; कन्या.
दुख़्तरे ख़ाना [名*] 《P. دختر خانہ》未婚の娘；処女；乙女
दुख़्तरे रज़ [名*] 《P. دختر رز》ブドウ酒（葡萄酒）；酒＝ दुख़्ते रज़.
दुगदुगिया [名*]〔植〕フトモモ科高木ジャンボンアデク【*Eugenia operculata; Syzygium cerassoideum*】
दुगदुगी [名*] (1) 喉頸のくぼみ；胸骨上部のへこみ (2)〔装身〕首から胸元に下げる女性の金製の装身具，ドゥグドゥギー **दुगदुगी में दम हो॰** *a.* 死にかける *b.* 懸命に努力する；くたくたに疲れるほど働く
दुगना [形⁺] 倍の；2 倍の＝ दूना; द्विगुण.
दुगनित [形⁺] ＝दुगुना; दूना.
दुगाड़ा [名] 二連銃＝ दुनाली बंदूक़.
दुगाना[1] [形⁺・名] 《P. دوگانہ》ふたごの（果実）
दुगाना[2] [名*] (1) 親密な関係の女性同志の友人（ムスリム女性）(2) 上記の関係にある女性への呼びかけの言葉 (3) 女性同性愛者
दुगाना[3] [名] (1) 1 人が問い他が答える形式になっている歌；問答歌 (2) 二重唱
दुगुन [形] 倍の；2 倍の＝ दूना.
दुग्ध[1] [形] 乳を搾られた；搾乳された
दुग्ध[2] [名] (1) 動物の乳＝ दूध. (2) 植物の乳液 दुग्ध उत्पादक 牛乳生産者 दुग्ध उद्योग 乳業 दुग्ध समिति 牛乳出荷組合
दुग्ध ग्रंथि [名*]〔解〕乳腺 〈milk gland〉
दुग्ध धात्री [名*] 乳母 ＝ दाई; दाई-पिलाई.
दुग्ध शर्करा [名*] ラクトーゼ；乳糖 〈lactose〉
दुग्धशाला [名*] 搾乳場；酪農場 〈dairy〉
दुग्धश्वेत [名] 乳白色 〈milk white〉
दुग्ध समुद्र [名]〔イ神〕インド神話の 7 つの海の 1，乳海＝ क्षीरसागर.
दुघड़िया [形] 2 ガリー (घड़ी) にわたる（時間）→ घड़ी.
दुघड़िया मुहूर्त [名]〔イ占〕占星術上 1 日の 60 等分の単位である घड़ी を 2 つ連ねて分割して導き出される吉祥の時刻
दुचंद [形] 《P. دوچند》2 倍の；倍の
दुचित [形] (1) 注意や配慮が 2 つの物に向けられている；1 つに決めかねている；迷っている；気持ちが混乱している (2) 疑っている；疑念を抱いている
दुचित्ता [形⁺] ＝दुचित.
दुचित्ती [名*] ←दुचित्ता. (1) 迷い (2) 疑念
दुजड़ [名] 刀＝ तलवार.
दुजन [名] ＝दुर्जन.
दुटूक [形] 2 つにした；2 分した；2 つに割った＝ खंडित. **दुटूक बात** 明言；曖昧でないはっきりした発言；直言＝ खरी बात.
दुत [感] (1) 人を追い払ったり冷たく扱う際に発する言葉．のけ，あっちへ行けなど (2) 他人の愚かしい行動を非難したりそしったりする際に発せられる言葉
दुतकार [名*] (1) 人を追い払うこと (2) 冷たく扱ったりけんつくを食わせること (3) 人を嘲ったり侮辱すること (4) 同上の行為の際に発する言葉
दुतकारना [他] (1) 人を見下げたり冷たく扱って（ののしって）追い払う फिर भी उसने दुतकारकर भगा दिया それでもののしって追い払った दरबान ने उसे दूर से ही दुतकार दिया 門番が遠くから声をあげて追い払った आती हुई लक्ष्मी कौन दुतकारता है（家を訪れる富の神ラクシュミー神を追い払う者がいようか）手に入る金を断る人がいるものだろうか (2) 侮蔑する；軽蔑する；侮辱する
दुतरफ़ा [形] 《P.A. دو طرفہ दुतर्फ़ा》(1) 両面の；二面の；両側の；両方向の；両方向に向いた मेरे जैसे पागलों को दुतरफ़ा लड़ाई करनी पड़ती है おれみたいな狂人は両面の敵と戦わなくてはならぬのだ (2) 相互的な；双務的な (3) どっちつかずの；曖昧な
दुतरफ़ी पड़ताल [名*] クロスチェック 〈cross-checking〉
दुतर्फ़ा [形] ＝ दुतरफ़ा.
दुतल्ला [形] 2 階（建て）になっている；2 層になっている
दुतारा [名]〔イ音〕ドゥターラー（二弦の楽器）
दुति [名*] ＝ द्युति.
दुतीय [形] 2 つ目の；2 番目の；第 2 の＝ द्वितीय.
दुदिला [形] 《P. دو دلہ》(1) 困惑している；迷っている (2) 心の揺れる；優柔不断の；煮えきらない (3) 思っていることと口で言うことの違う；腹黒い＝ मुनाफ़िक़.
दुद्धी[1] [名*] (1)〔植〕ガガイモ科草本【*Asclepias rosea*】(2)〔植〕トウダイグサ科草本タイワンニシキソウ【*Euphorbia hirta*】(3)〔植〕トウダイグサ科草本【*Euphorbia thymifolia*】
दुद्धी[2] [名*] 白亜＝ सफ़ेद मिट्टी; खड़िया मिट्टी.
दुध- [造語] दूध の短縮形で造語要素
दुधमुँहा [形⁺] ＝ दूधमुँहा. (1) 今なお乳を飲んでいる；乳飲み子である (2) 若輩の；青二才の；乳臭い；成熟に至っていない
दुधहँड़ी [名*] 牛乳を沸かすのに用いる土鍋
दुधा [名*] ＝ दुविधा; संदेह.
दुधार[1] [形] (1) 乳を出す (2) 乳の入っている
दुधार[2] [形] ＝ दुधारा. 2 つの流れの
दुधारा[1] [形⁺] 両刃の
दुधारा[2] [名] 両刃の剣
दुधारी[1] [名*] 両刃の短剣
दुधारी[2] [形] (1) ＝ दुधार[1]. (2) ＝ दुधारा[1].
दुधारू [形] よく乳を出す；乳を沢山出す अच्छी नस्ल के दुधारू पशु 血統がすぐれ乳をよく出す動物 **दुधारू गाय** *a.* 良い乳牛 *b.* 大いに利用できる人；金を搾り取れる人 दुधारू गाय की लात खाना 欲のために厳しい言葉や批判も我慢する
दुनवना[1] [自] 重なるように折れ曲がる
दुनवना[2] [他] 重なるように折り曲げる
दुनाली[1] [形] (1) 管が 2 本ついている (2) 銃身が 2 つある；二連銃の
दुनाली[2] [名*] 二連銃
दुनियाँ [名*] 《← A. دنیا दुन्या》＝ दुनिया. मैंने दुनियाँ देखी है, प्रसाद! ये बाल धूप में सफ़ेद नहीं हुए हैं あのねプラサード君，世間を見てきたわしは無駄に齢を取ってきたわけじゃないよ
दुनिया [名*] 《← A. دنیا दुन्या》(1) 世界 (2) 世間；世の中 (3) この世；現世 (4) 場所；範囲 (5) 小さな社会もしくは限られた社会 फ़ुटबाल की दुनिया サッカー界；サッカーの世界 वह अपनी ही दुनिया में रहने लगी 自分だけの世界にこもるようになった **दुनिया एक तमाशा है**〔諺〕この世ははかないものから辱めを受ける **दुनिया का मुँह न रोक सकना** 人の口に戸は立てられぬ **दुनिया की हवा लगना** 世間の風にあたる **दुनिया के कोने में न हो॰** どこにもない；どこにもいない **दुनिया के परदे पर** 世界中に；どこを探しても **दुनिया के परदे से उठ जा॰** この世を去る；死ぬ **दुनिया को पीछे छोड़ दे॰** 世間を無視する **दुनिया चराना** 全く抜け目のない **दुनिया चलाना** 世を渡る **दुनिया छान डालना** *a.* ありとあらゆる所へ出掛ける *b.* くまなく探す **दुनिया तरक कर दे॰** 隠遁する **दुनिया देखना** 世の中の経験を積む；世間を知る उसने दुनिया देखी है 世の中の経験を積んでいる उसने अभी दुनिया नहीं देखी है まだ世間を知らない **दुनिया पैसे की है** 金の世の中；世間は金の力で動くもの **दुनिया बदल जा॰** 状況が変わる；様子が変わる **दुनिया बसाना** 嫁を取る；結婚する **दुनिया भर का** ありとあらゆる **दुनिया में खड़ा रहना** 尊厳を保つ

दुनिया में पैर रखना 生まれる दुनिया संजोना 家庭を営む；所帯を持つ दुनिया सिर पर उठाना しつこくだだをこねる；しつこく我を張る दुनिया से उठ जा॰ *a.* 死ぬ *b.* この世から失われる；消え去る दुनिया से कूच कर जा॰ 死ぬ；あの世へ旅立つ= दुनिया से चल बसना. दुनिया से नाता तोड़ना 死ぬ；亡くなる；この世に別れを告げる दुनिया से बेड़ा पार हो॰ =दुनिया से कूच कर जा॰. रहती दुनिया तक この世の続く限り；いついつまでも पाकिस्तान और हिंदुस्तान के मुसलमान रहती दुनिया तक उनका एहसान नहीं भूल सकते パキスタンとインドのイスラム教徒は永久にこの方の好意を忘れることができない

दुनियाई ［形］《P. دنیائی》世間の；世俗の

दुनियादार ［形・名］《A.P. دنیا دار》(1) 世俗の；俗世間の；俗塵にまみれた；俗人 (2) 世渡りのうまい；世間師

दुनियादारी ［名*］《A.P. دنیا داری》(1) 俗事；世俗生活 (2) 俗塵 (3) 世渡りの術

दुनियावी ［形］《A. دنیاوی》俗な；世俗的な；俗界の；俗世間の =सांसारिक. आज़ादी के मायने यह नहीं पिता जी कि दुनियावी काम धंधों का अंत हो जाए お父さん，独立するということは世間的なことが終わりになるということではないんだよ तुम तो दुनियावी आदमी हो 君は俗な人間だよ

दुनियासाज़ ［形］《A.P. دنیا ساز》(1) 見栄っぱりな (2) 世故に長けた；人に追従する；口先のうまい

दुनियासाज़ी ［名*］《A.P. دنیا سازی》(1) 見栄；虚飾 (2) 世故に長けていること；世渡りの上手なこと सब कुछ पढ़ा लिखा पर दुनियासाज़ी जिसने न सीखी なにもかも学んだが世故に長けることは学ばなかった人

दुपट्टा ［名］〔服〕(1) ドゥパッター（女性が頭の上から背中にかけてサリーの上にまとう布，ヴェールのようにも用いられる） (2) 男子が裸身で，あるいは，上着の上に肩からかける布の一種；被りもののようにも用いられる；ショール；ドゥパッター अम्मी और बाजी सिर पर टोपी की जगह दुपट्टा ओढ़ती हैं 母さんと姉ちゃんは帽子の代わりにドゥパッターを頭に被る दुपट्टा तानकर सोना 安心して眠る (-से) दुपट्टा बदलना （－と）ドゥパッターを交換する；友人になる；親しくなる（女性が） दुपट्टा हिलाना 白旗を振る；白旗を掲げる

दुपलिया[1] ［形］2つの部分から成る

दुपलिया[2] ［名*］=दोपलिया. 帽子（2つの布切れを中央部分で縫い合わせたひさしのない男子の帽子．縁が返してあり二重になっている）；ドゥパリヤー बंदे के सिर पर तो दो पैसे वाली दुपलिया भी मुहाल न थी 手前には頭にのせる2パイサーのドゥパリヤーの帽子さえなかった

दुपल्ला ［形⁺］2つの部分から成る

दुपहर ［名*］昼；正午；正午前後の時間= दोपहर. दुपहर का खाना 昼食；（昼）弁当= टिफ़िन.

दुपहरिया ［名*］(1) 昼 (2)〔植〕オシロイバナ科草本オシロイバナ【*Mirabilis jalapa*】= गुल दुपहरिया. (3) 同上の花 (4)〔植〕アカネ科低木ベニデマリ【*Ixora coccinea*】 (5)〔植〕アオギリ科雑草ゴジカ【*Pentapetes phoenicea*】

दुपहरी ［名*］昼 ढलती दुपहरी में 昼下がりに

दुपहिया[1] ［形］二輪の；二輪車の

दुपहिया[2] ［名*］二輪車；自転車 दुपहियों की पिछली सीट पर बैठे व्यक्ति 自転車の後部座席に座っている人

दुफ़सला ［形⁺］《P.A. دو فصلہ दुफ़स्ला》二毛作の

दुफ़सली ［形］《P.A. دو فصلی दुफ़स्ली》(1) 二面性の；両面の；表裏のある；意味の曖昧な (2) 二毛作の（畑） (3) 年に2度実をつける（樹木）= दोसाही.

दुबई 〔国名〕《E. Dubai; A. دوبئی》ドバイ（アラブ首長国連邦の一首長国でありその首都）

दुबकना ［自］= दबकना. (1) 引っ込む；こもる；すっこむ उदास होकर क्यों कोने में दुबकी बैठी हो? しょんぼりしてなぜ隅にひっこんでいるのだい (2) 隠れる；ひそむ；身をひそめる दरवाज़े सब बंद करके अंदर दुबक जाना पड़ता है 戸を全部閉めて中に隠れなくてはならない (3) かがむ；しゃがむ मोटर के नज़दीक आ जाने पर झट से दुबककर बैठ गई 自動車が近づくとさっとしゃがみこんだ (4) 潜りこむ मैं उसका पीछा करता हूँ तो वह शयनकक्ष में जाकर रजाई में दुबक जाती है 追いかけると寝室に行ってふとんに潜りこむ

दुबला ［形⁺］(1) やせている；やせ細っている (2) 細い (3) 力のない；衰弱している दुबला-पतला *a.* やせっぽちの；ひょろひょろにやせた दुबला-पतला डरावना आदमी ひょろひょろの気味の悪い男 *b.* 細い दुबला हो॰ *a.* やせている *b.* 悩む；（余計な）心配をする；（心配で）やせる यदि कोई व्यक्ति अपना पैसा ख़र्च करके पढ़ना चाहे तो आप क्यों दुबले हो रहे हैं 自分の金で勉強したがっているとしてもあなたが心配なさることはありませんでしょう

दुबलाना ［自］やせる；やせ細る मगर तू इतना दुबला कैसे गया? それにしてもなぜこれほどやせてしまったのだ

दुबलापन ［名］← दुबला.

दुबाँहिया ［形］左右両手利きの

दुबागा ［名］サンヘンプの綱

दुबारा ［副］《P. دو بارہ》再度；再び；もう一度 दुबारा चुनाव में न चुने जाने पर 再度選ばれないと

दुबीचा ［名］(1) どっちつかず；宙ぶらり= दुविधा. (2) 懸念；不安

दुबे ［名］ドゥベー（北インドのバラモンの1グループの名= दूबे; द्विवेदी.）

दुभाषिया[1] ［形］2つの言語に通じている

दुभाषिया[2] ［名］通訳；通詞

दुभाषी ［形・名］= दुभाषिया.

दुमंज़िला ［形］《P.A. دو منزلہ》2階建ての；2階造りの

दुम ［名*］《P. دم》(1) 尾；尻尾 बिल्ली की दुम 猫の尻尾 (2) 尾のような形のもの (3) 最後の部分 (4) 人の後について回る芸のない人 दुम के पीछे चलना 人の後について行く दुम के पीछे फिरना つきまとう दुम झाड़कर निकल जा॰ 黙って立ち去る दुम दबाकर 尻尾を巻いて；すごすごと；しおしおと तुम दुम दबाकर क्यों चले आये? 君はなぜ尻尾を巻いて逃げてきたんだい दुम दबाकर चल दे॰ = दुम झाड़कर निकल जा॰. दुम दबाकर बैठना （抵抗せずに）おとなしくしている；元気のない様子 दुम दबाकर भागना *a.* 尻尾を巻いて逃げる *b.* 怯えて逃げ出す दुम दबाना *a.* （犬が）尻尾を巻く *b.* 恐れて立ち去る *c.* 恐れをなして途中で止める दुम बचाकर भागना = दुम दबाकर भागना. (-की) दुम बनना （－の）腰ぎんちゃくになる；子分になる；取り巻きになる दुम में घुसना 消える；消えてなくなる दुम में घुसा रहना へつらう (-की) दुम में बँधे रहना （－に）四六時中ついて回る；離れずにいる दुम हिलाना へつらう；尻尾を振る；こびる दोष इनका नहीं है.इनका दिमाग तो इनके चारों तरफ़ दुम हिलाने वाले अधिकारियों ने ख़राब कर दिया है この人が悪いのじゃない．この人の頭はこの人の周辺でへつらう連中におかしくされてしまっているのだ

दुमची ［名*］《P. دمچی》(1) しりがい（馬具） (2)〔解〕尾骨

दुमट ［名*］〔地質〕ローム；壊土= दुम्मट. 〈loam〉

दुमदार ［形］《P. دم دار》尾のある；尻尾のある दुमदार तारा 彗星

दुमदार सितारा ［名］《P. دم دار ستارہ》ほうき星（箒星）；彗星

दुमाता ［名*］(1) 悪い母 (2) 継母

दुमाहा[1] ［名］《P. دوماہہ》2か月ごとに支給される給与

दुमाहा[2] ［形⁺］(1) 2か月経った (2) 2か月ごとの

दुमाही ［形］2か月ごとの；2か月にわたる

दुमुँहा ［形⁺］口が2つある

दुम्मट ［名*］〔地質〕ローム；壊土= दुमट.

दुम्मा ［名］= दुंबा. अरब में लोग दुम्मे और ऊँट की कुर्बानी करते हैं アラビアではドゥンバー羊とラクダを犠牲に捧げる

दुर्- ［接頭］《Skt.》悪い，良くない，欠けている，劣っている，難しいなどの意を加える接頭辞→ दुर्; दुश्; दुस्.

दुरंग ［名］城；砦= दुर्ग.

दुरंगा ［形⁺］(1) 2色の (2) 2種の；2種類の (3) 二股かけた→ दुरंगी चाल 二股膏薬

दुरंगी[1] ［名*］《P. دورنگی》(1) 2色 (2) 二股膏薬

दुरंगी[2] ［形］(1) 二股かけた (2) 定見のない

दुरंत ［形］(1) 終わりなき；尽きることのない；際限のない (2) 難しい；困難な (3) 激しい；鋭い (4) ものすごい (5) 性の悪い；よこしまな

दुर[1] ［感］(1) 犬や人を追い払う時に発する言葉 (-को) दुर दुर क॰ （－を）犬畜生のように追い払う दुर दुर फिट फिट 軽蔑やさげすみ（の対象） दुर दुर फिट फिट क॰ 犬畜生のように追い払う दुर दुर हो॰ だれからもうとまれのけものにされる (2) 極めて親密な

関係の人に対してたしなめの気持ちを表すために用いられることもある；これ，これこれ，こらなど
दुर[2]［名］《A. در》(1) 真珠＝ मोती; मुक्ता. (2) 真珠の玉のついた鼻飾り (3) 真珠の玉のついた耳飾り
दुरक्ष[1]［形］(1) 目のよく見えない；視力の弱い；弱視の (2) 目つきのよくない
दुरक्ष[2]［名］(1) いかさま賭博 (2) いかさま賭博に用いるために作られたさいころ
दुरखी［名*］〔農・昆〕タバコ，カラシナ，コムギなどにつくバッタの一種（害虫）
दुरगत［名*］＝ दुरगति; दुर्गति.
दुरजन［名］＝ दुर्जन.
दुरजोधन［名］〔マハ〕ドゥルヨーダナ＝ दुर्योधन.
दुरतिक्रम［形］(1) 越え難い；乗り越え難い (2) 打ち勝ち難い
दुरदुराना［他］(1)（主に動物を）追い払う (2)（人を動物のように）追い払う (3) 除け者にする घर के सभी लोग उसको कुत्ते की तरह दुरदुराया करते 家族全員から犬のように除け者にされていた सम्भवतः उसने सोचा हो कि उसका मतलब कोई न समझे और लोग बात को मज़ाक़ समझकर कहीं दुरदुरा न दें 恐らく自分の主張がだれにも解ってもらえず話を冗談と思って追い払われはしないかと考えたのかも知れない
दुरधिगम［形］(1) 近づき難い；到達し難い (2) 難解な (3) 得難い
दुरधिष्ठित［形］(1) 正式になされていない (2) 混乱した；無秩序な
दुरना［自］(1) 見えなくなる；視界から消える (2) 隠れる
दुरभिसंधि［名*］悪企み；陰謀＝ षट्चक्र; कुमंत्रण.
दुरमति［名*］＝ दुर्मति.
दुरमुट［名］＝ दुरमुस.
दुरमुस［名］地をつき固めたり地均しをしたりするための道具；たこつき（蛸突き）
दुरलभ［形］得難い；手に入りにくい＝ दुर्लभ.
दुरवधार्य［形］(1) 難解な；解りにくい (2) 扱いにくい
दुरवस्था［名*］(1) 苦境；窮地；窮状；窮境 (2) ひどいありさま；ひどい状態；惨憺たるありさま；荒廃 सरकारी अस्पतालों की दुरवस्था 官立病院の荒廃
दुराक्रमण［名］(1) 奇襲；だまし討ち (2) 近づき難い場所
दुरागम［名］不正に入手すること；不正取得
दुरागमन［名］〔ヒ〕花嫁が婚家へ２度目に訪れること（実際の結婚生活の開始となるものであるが，幼児婚の場合には挙式後から数年を経ることがあった）＝ द्विरागमन.
दुराग्रह［名］(1) 頑なに何事かに執着すること；強情に意見を通そうとすること जो है, उसे बलपूर्वक अस्वीकार कर, कल्पना से कुछ नई बात निकालने का दुराग्रह भी व्यर्थ है 存在するものをむりやり否定して空想によりなにか新しいものを引き出そうと強情を張るのも無意味なものだ (2) 依怙地 (3) しつこさ
दुराग्रही［形］(1) 頑固な；強情な (2) 依怙地な (3) しつこい
दुराचरण［名］＝ दुराचार.
दुराचार[1]［名］行いのよくないこと；不品行；邪悪な行為
दुराचार[2]［形］不品行な；不行跡な
दुराचारी［形］行いの悪い；不品行な；品行のよくない；邪悪な दुराचारी पुरुष 品行のよくない男
दुराज[1]［名］悪政＝ कुशासन.
दुराज[2]［名］(1) 同じ地域を２人の支配者が統治すること (2) そのような地域
दुरात्मा［形］卑しい；下賤な；たちの悪い＝ दुष्टात्मा.
दुरादुरी［名*］隠すこと；秘すこと＝ छिपाव; गोपन. **दुरादुरी करके** 密かに；こっそり
दुराधर्ष［形］(1) 打ち勝ち難い＝ दुर्जेय. (2) 御し難い；制御し難い＝ दुर्दमनीय. (3) 激しい；強烈な＝ प्रचंड; प्रबल.
दुराना[1]［自］(1) 離れる；退く＝ हटना. (2) 隠れる；ひそむ＝ छिपना.
दुराना[2]［他］(1) 取り除く；除く＝ हटाना. (2) 隠す；内緒にする＝ छिपाना. (3) 送り出す；行かせる＝ भेजना. मेरे पास आज लाखों का धन होता तो बेटे को यों नौकरी करने परदेस नहीं दुरा देती, पर... 数十万の金があったら息子を勤めのために異郷に行かせたりはしないものを
दुराप［形］手に入れにくい；得難い＝ दुर्लभ; दुष्प्राप्य; नायाब.
दुराराध्य［形］満足させたり喜ばせることの困難な；接するのが難しい
दुरालभा［名*］〔植〕ブナ科低木【*Alhagi maurorum*】＝ जवासा; समुद्रांता.
दुराव［名］(1) 隠すこと；秘めること (2) 隠しごと；秘めごと；秘密 तुम अब भी मुझसे दुराव-सा रखती हो 今なおあんたは私に対して秘密を持っているんだね
दुराशय[1]［名］(1) 悪意＝ बुरी नीयत. (2) 心根の悪さ；意地悪さ
दुराशय[2]［形］(1) 悪意を持つ；悪意を抱く＝ बुरी नीयतवाला. (2) 心根の悪い；意地悪い＝ खोटा.
दुराशा［名*］(1) 間違った期待；誤った期待 (2) 無駄な期待
दुरित［名］(1) 悪；罪悪＝ पाप. (2) 悪人＝ पापी.
दुरियन［名］《E. durian》〔植〕パンヤ科高木ドリアン【*Durio zibethinus*】
दुरियाना[1]［他］(1) 除く；のける＝ दूर क॰; हटाना. (2) 追い払う＝ दुरदुराना.
दुरियाना[2]［自］のく；遠退く；退く；離れる＝ दूर हो॰; हटना.
दुरिष्ट［名］(1) 罪悪＝ पाप; पातक. (2) 呪法のために行われる供犠や祈祷；呪法；呪術
दुरुक्ति［名*］悪口；罵詈；雑言＝ दुर्वचन.
दुरुखा［形］《P. دورخه》(1) 両方の；両側の；両面の (2) ２つの顔を持つ；二面性のある
दुरुत्तर［形］越え難い＝ दुस्तर.
दुरुत्साहन［名］よからぬことをけしかけること
दुरुत्साहित［形］よからぬことでけしかけられた
दुरुपयोग［名］悪用；不正使用＝ बुरा उपयोग. राजकोष का दुरुपयोग 国庫の悪用
दुरुस्त［形］《P. درست》(1) 正しい；規則通りの；誤りのない；完全な बही खाते भी दुरुस्त नहीं 帳簿も正しくない (2) 正しい；正当な；的を射ている ठीक कहते हैं ग्राम सेवक जी, सोलह आने दुरुस्त है आपका कहना おっしゃることは全く正しいです．その通りでございます (3) 正常な；順調な (4) 適切な；適した；適当な **दुरुस्त क॰** *a.* 正す；整える *b.* 修正する；改正する *c.* 修理する इसको फ़ौरन दुरुस्त करना これをすぐ修理しなさい *d.* 懲らしめる；罰する；正しく改めさせる
दुरुस्ती［名*］《P. درستی》(1) 正しいこと；誤りのないこと；完全 (2) 是正 (3) 修正；改正 (4) 修理
दुरूह［形］わかり難い；難解な；晦渋な＝ दुर्बोध; गूढ़; कठिन.
दुरोदर［名］(1) 賭博；ばくち (2) 賭博者；ばくち打ち；博徒 (3) さい；さいころ
दुर्गंध[1]［名*］いやな臭い；悪臭；異臭
दुर्गंध[2]［形］悪臭のする；いやな臭いのする；臭い
दुर्गंधता［名*］悪臭のすること←दुर्गंध[2]
दुर्गंधयुक्त［形］悪臭のある दुर्गंधयुक्त द्रव 悪臭のある液体
दुर्ग[1]［形］近づき難い；険しい；難所の
दुर्ग[2]［名］(1) 険しい路；難路 (2) 城；砦；要塞
दुर्गत[1]［形］(1) 哀れな；みじめな＝ दुर्दशाग्रस्त. (2) 貧しい；貧窮した＝ दरिद्र; गरीब.
दुर्गत[2]［名*］＝ दुर्गति. **(-की) दुर्गत क॰**（－を）ひどい目に遭わせる；さんざんな目に遭わせる苦境におとしいれる क्यों अपनी दुर्गत करना चाहते हो? なぜ自分を窮地におとしいれたいのか
दुर्गति［名*］(1) 悲惨（な有様）；窮地；窮状；みじめな境遇 (2) 悪道；悪趣；地獄 **(-की) दुर्गति क॰** *a.*（－を）ひどい目に遭わせる *b.*（－を）懲らしめる कहीं सचमुच कोई ईश्वर हुआ तो मेरी बड़ी दुर्गति करेगा もしも本当に神様がいらっしゃるならば私をきつく懲らしめられるでしょう
दुर्गपाल［名］城主＝ किलेदार.
दुर्गम[1]［形］(1) 近づき難い；険しい；峻険な दुर्गम पर्वत 険しい山 (2) 難しい；難解な；理解が難しい
दुर्गम[2]［名］(1) 城；砦 (2) 森 (3) 危険な場所
दुर्गरक्षक［名］城主＝ किलेदार; गढ़पति.
दुर्गा［名*］(1) ドゥルガー女神（シヴァ神の配偶神，उमा, गौरी, पार्वती などの異名もある） (2) ９歳の少女（ヒンドゥー古法典）
दुर्गा काली［名*］ドゥルガーカーリー（疱瘡神の一）
दुर्गा नवमी［名*］〔ヒ〕ドゥルガー神の礼拝とヴラタの行われる祭日 (1) カールティカ月の白分９日 (2) チャイトラ月の白分９日 (3) アーシュヴィン月の白分９日

दुर्गा पूजा [名*]〔ヒ〕ドゥルガープージャー（チャイトラ月及びアーシュヴィン月の白分の朔日から９日目までの間に行われるドゥルガー神を祀る祭礼，特に後者がベンガル地方を中心に有名．アーシュヴィン月のものは महाव्रत とも呼ばれる．日本の旧暦９月１日から９日にかけて続くので नवरात्र とも呼ばれる）

दुर्गाष्टमी [名*]〔ヒ〕ドゥルガー・アシュタミー（ドゥルガー神の礼拝とヴラタの行われるアーシュヴィン月白分及びチャイトラ月の白分の８日）

दुर्गुण [名] (1) 悪い性質 (2) 欠陥；欠点

दुर्गुणी [形] (1) 悪い性質のある (2) 欠陥のある；欠点のある

दुर्ग्रह [形] (1) 手に入れ難い (2) 難解な

दुर्ग्राह्य [形] ＝ दुर्ग्रह.

दुर्घट [形] (1) 生じ難い (2) 有り得ない

दुर्घटना [名*] (1) 事故 (2) 災難；災害 सड़क दुर्घटना 交通事故；道路事故 दुर्घटना बीमा पालिसी 事故保険（証券）；災害保険

दुर्घटनाग्रस्त [形] 事故に遭った；事故に遭遇した；遭難した उनका विमान दुर्घटनाग्रस्त हो गया 同氏の乗った飛行機が遭難した दुर्घटनाग्रस्त विमान कनिष्क 遭難機カニシュカ号

दुर्घटना-स्थल [名] 事故現場

दुर्जन [名] 悪人；悪者

दुर्जय [形] 打ち勝ち難い；征服し難い

दुर्जर [形] (1) 老いることのない (2) 不消化の；消化の悪い

दुर्जात [形] (1) 生まれの賤しい (2) 下賤な；下品な

दुर्जाति [名*] 低いカースト；低ジャーティ→ जाति.

दुर्जेय [形] 打ち勝ち難い

दुर्ज्ञेय [形] 知りにくい；知るのが難しい；わかりにくい＝ दुर्बोध.

दुर्दम [形] (1) 制御や統御の困難な；厄介な；不逞な (2) 激しい；強烈な

दुर्दमनीय [形] ＝ दुर्दम.

दुर्दम्य [形] ＝ दुर्दम.

दुर्दर्श [形] (1) なかなか見られない；容易に見ることのできない (2) 不気味な；おぞましい (3) みっともない

दुर्दशा [名*] 窮状；窮地；苦境；惨状；ざま कांग्रेस की दुर्दशा 国民会議派の窮状

दुर्दांत [形] ＝ दुर्दम； दुर्दमनीय.

दुर्दिन [名] (1) 逆境；不遇の時期 (2) 日和の悪い日

दुर्दैव [名] (1) 不運；非運＝ दुर्भाग्य. (2) 不遇＝ बुरा संयोग.

दुर्द्धर [形] (1) つかみにくい；捕らえにくい (2) 強烈な (3) 難解な

दुर्द्धर्ष [形] ＝ दुर्धर्ष.

दुर्धर [形] (1) 持ちにくい；扱いにくい (2) ものすごい；強烈な

दुर्धर्ष [形] (1) 御し難い；統御し難い (2) 不敵な；大胆不敵な；豪胆な मसौढ़ी प्रखंड का एक दुर्धर्ष नक्सली नेता マソーリー地区の豪胆なナクサライト主義の指導者 (3) 強烈な；猛烈な

दुर्नय [名] (1) 不品行 (2) 不道徳 (3) 非道

दुर्नाद[1] [形] (1) 音の悪い；不快な音を発する (2) けたたましい；やかましい

दुर्नाद[2] [名] 不快な音；やかましい音；騒音；噪音

दुर्नाम[1] [形] 悪名の；評判の悪い＝ बदनाम.

दुर्नाम[2] [名] (1) 悪名；汚名；悪評＝ बदनामी. (2) 悪口雑言＝ गाली； गाली गलौज； दुर्वचन.

दुर्निवार्य [形] (1) 防ぎ難い (2) 排し難い；排除し難い (3) 避け難い

दुर्नीत [形] 不道徳な；不行跡な＝ अनैतिक.

दुर्नीति [名*] 不道徳；不行跡＝ कुचाल.

दुर्बल [形] (1) 弱い；体力のない दुर्बल व्यक्ति की अहिंसा 弱い人の不殺生 (2) 衰弱した；弱った；衰えた दुर्बल किए गए रोगाणु 弱められた病原菌 (3) 弱い立場にある；弱い；弱者＝ दुर्बल वर्ग. समाज के दुर्बल वर्ग के लोगों को 社会の弱い階層の人たちを (4) 精神的に弱い (5) やせた；やせ細った＝ कृश.

दुर्बलता [名*] ← दुर्बल. (1) 弱さ；無力；力の劣っていること；脆弱 शारीरिक दुर्बलता 肉体的な弱さ (2) 衰弱；体力の衰え दुर्बलता बढ़ चली थी 衰弱が増した तेज़ बुख़ार या टाइफ़ाइड की दुर्बलता 高熱やチフスによる衰弱 (3) 弱さ；弱み；弱点 इन दुर्बलताओं को दूर करके これらの弱点を取り除いて

दुर्बुद्धि[1] [形] (1) 頭の悪い；愚かな (2) 心根の悪い；よからぬことを考える

दुर्बुद्धि[2] [名*] (1) 愚かさ (2) 悪知恵

दुर्बोध [形] 難解な；わかりにくい；理解しにくい सभी जातियों के आदमियों में जापानी सब से अधिक दुर्बोध है 日本人が一番わかりにくい民族だ

दुर्भक्ष [形] (1) 食べにくい (2) まずい；おいしくない

दुर्भग [形] 不運な；不幸な＝ अभागा.

दुर्भर [形] (1) 持ち上げにくい；支えにくい (2) 重い＝ भारी.

दुर्भाग [名] ＝ दुर्भाग्य.

दुर्भाग्य [名] 不運；悪運；不幸 दुर्भाग्य का मारा 不運な；不運に見舞われる दुर्भाग्य से 不運なことに；運の悪いことに दुर्भाग्य से जिस समय तूफ़ान आया, वह अपने खेत में थी 運の悪いことに嵐の来たときに畑にいた

दुर्भाग्यपूर्ण [形] 不運この上ない

दुर्भाव [名] (1) 悪気；悪意 माँ बाप के इस व्यवहार के पीछे कोई दुर्भाव नहीं, बरन मनोवैज्ञानिक कारण है 両親のこの振る舞いの背後には何ら悪気はないのであって心理的な理由なのだ (2) 悪感情

दुर्भावना [名*] 悪感情；快く思わないこと फिर भी भारत में आज ब्रिटेन के विरुद्ध कोई दुर्भावना नहीं है それでもインドには今日イギリスに対する悪感情は全くない

दुर्भिक्ष [名] (1) 飢饉 बंगाल दुर्भिक्ष की दुर्दशा में बुरी तरह फँस गया था ベンガルは飢饉の惨禍の中にあった (2) 欠乏

दुर्भेद्य [形] (1) 引き裂きにくい (2) 穴を開けにくい (3) 打ち破りにくい (4) 攻めにくい；難攻不落の

दुर्मति[1] [形] (1) 悪知恵の働く (2) 性悪な (3) 頭の悪い

दुर्मति[2] [名*] (1) 悪知恵 (2) 頭の悪さ

दुर्मना [名] (1) 邪悪な；邪心のある (2) 不埒な (3) 憂鬱な

दुर्मिल [名]〔韻〕(1) ドゥルミル（モーラ韻律の一．各パーダは32モーラから成り 10 - 8 - 14 で休止がある．パーダの終わりは सगण ＋ गुरु ＋ गुरु） (2) → दुर्मिल सवैया.

दुर्मिल सवैया [名]〔韻〕ドゥルミル・サワイヤー（各パーダが８サガナ सगण の24音節から成る音節韻律）

दुर्मुख [形] (1) 醜い顔の；みっともない顔の (2) 口汚い；毒舌の

दुर्मुखी [形*] ＝ दुर्मुख.

दुर्मुस [名] ＝ दुरमुस.

दुर्योधन [名]〔マハ〕ドゥルヨーダナ王（クル族のドリタラーシュトラ王の百王子の長子．クル族の大戦争においてパーンダヴァ五王子と戦って敗れる）

दुर्रा[1] [名]《P. دره》鞭 ＝ कोड़ा； चाबुक.

दुर्रा[2] [名]《A. دره》真珠；大粒の真珠の玉

दुर्रानी [名]《A. درانی》ドゥッラーニー（アフガン人の１部族名）

दुर्लंघ्य [形] 越え難い；またぎ難い

दुर्लक्ष्य [形] なかなか見えない；見えにくい

दुर्लभ [形] (1) 得難い；容易に得られない；素晴らしい；またとない दुर्लभ सत्संग 得難い交わり ऐसा सौंदर्य दुर्लभ है またとない美しさだ (2) 珍しい दुर्लभ चित्र 珍しい写真 (3) 希少な＝ दुर्लभ； विरल. दुर्लभग्रंथ 稀覯書 (4) 貴重な दुर्लभ पाण्डुलिपियाँ 貴重な写本

दुर्लभ मृदा [名*]〔化〕希土 〈rare earth〉

दुर्लभ मृदा धातु [名*]〔化〕希土類元素 〈rare earth metal〉

दुर्ललित [形] (1) 甘やかされて出来そこなった (2) ろくでなしの (3) 悪い；たちの悪い

दुर्लेख्य[1] [形] (1) 悪筆の (2) 読みにくい；読み取りにくい

दुर्लेख्य[2] [名] 無効証書 〈invalid deed〉

दुर्वचन [名] (1) 悪口；罵詈 (2) 下品な言葉；口汚い言葉 दुर्वचन कहना 罵る ＝ खरी खोटी कहना.

दुर्वह [形] (1) 運び難い；担い難い (2) 耐え難い

दुर्वाद [名] (1) 非難；叱責 (2) 言い争い；口論

दुर्वासना [名*] (1) 邪悪な性質 (2) 邪悪な願望

दुर्वासा [名]〔イ神〕ドゥルヴァーサー／ドゥルヴァーサス（聖仙の名＝ दुर्वासस्）

दुर्विद [形] 難解な；理解し難い

दुर्विदग्ध [形] (1) 半焼けの (2) 半熟成の；十分にこなされていない；上達の域に達していない (3) 傲慢な

दुर्विदग्धता [名*] 未完成；未熟さ

दुर्विध [形] (1) 賤しい (2) 貧しい (3) 邪悪な (4) 愚昧な

दुर्विधि[1] [名*] 不運；悪運；非運

दुर्विधि[2] [名*] 誤った方法

दुर्विनय[1] [形] 不遜な；不逞な；謙虚さのない；横柄な

दुर्विनय[2] [名*] 不遜；不逞；横柄な態度
दुर्विनियोग [名] 横領 = दुर्विनियोजन; ग़बन. 〈misappropriation〉
दुर्विपाक [名] (1) 悪い結果 (2) 不運
दुर्विभाव [形] 難解な
दुर्विभाव्य [形] 推察しにくい
दुर्वृत्त [形] (1) 品行の悪い；行いの正しくない (2) 不正な方法でなりわいを立てる
दुर्वृत्ति [名*] (1) 不正な行い；悪事；悪行 (2) 悪い性分
दुर्वृष्टि [名*] (1) 雨の少ないこと (2) 旱魃
दुर्वेद [形] (1) 難解な (2) 無学な (3) ヴェーダを学ばない (4) ヴェーダを非難する
दुर्व्यवस्था [名*] 管理の不手際；混乱；秩序の欠如
दुर्व्यवहार [名] (1) 無作法；無礼 क्या गारंटी है कि इनके साथ दुर्व्यवहार नहीं किया जाएगा この方に対して無礼を働かないという何の保証があろうか (2) ひどい仕打ち；虐待 हम लोग जनजाति के साथ दुर्व्यवहार भी करते आये हैं 我々はこれまで部族民に対する虐待も続けて来ている (3) 不公平な裁判
दुर्व्यसन [名] (1) 中毒 (2) 悪癖 (3) 放蕩
दुर्व्यसनी [形] (1) 中毒している (2) 悪癖のある (3) 放蕩の
दुलकन [名*] 速歩；トロット；だく足
दुलकना [自] 速歩で進む；トロットで歩む
दुलकी [名*] 速歩；トロット；だく足 **दुलकी दौड़ना** 速歩で進む；トロットで走る
दुलखना[1] [他] (1) 繰り返し言う；何度も言う (2) 文句をつける；けちをつける；言いがかりをつける
दुलखना[2] [自] 前言をひるがえす；言ったことを否認する
दुलड़ा [形+] 二連の
दुलड़ी [名*] 二連の首飾り
दुलत्ती [名*] 両足蹴り（馬や牛，ロバ，山羊などの四足獣が後足を揃えて蹴ること） **दुलत्तियाँ चलाना** （四足獣が）後足を揃えて蹴る बछड़ा दुलत्तियाँ चलाता है 子牛が蹴る **दुलत्ती झाड़ना** *a.* 両足で蹴る *b.* 捨てぜりふを言う
दुलदुल [名] 《A. دلدل》〔イス〕(1) アレクサンドリアの支配者がムハンマドに贈り（第 4 代正統カリフとなった）アリーに譲られたと伝えられる雌ロバ (2) ムハッラムの際に出る馬の形をしたタージヤー（→ ताजिया）
दुलराना[1] [他] (1) 子供を可愛がる (2)（子供を）甘やかす
दुलराना[2] [自] 甘える
दुलहन [名*] (1) 新婦；花嫁 (2) 新妻= नई बहू; दुल्हन.
दुलहा [名] (1) 新郎；花婿 (2) 夫= दूल्हा; वर; पति.
दुलहिन [名*] = दुलहन.
दुलहेटा [名] 愛児；大切な（甘やかされた）息子；愛息子= लाड़ला बेटा.
दुलाई [名*]〔服〕(薄い掛けぶとんとしても用いられる) キルティングのオールナー；袷のオールナー；綿入れのオールナー→ ओढ़ना.
दुलार [名] (1) 子供や動物を可愛がること (2) 愛撫すること；撫でること **दुलार-पुचकार** 愛撫 (- का) **दुलार रखना** （ーの）甘えを聞き入れる
दुलारना [他] (1) 可愛がる（人間以外に動物も） (2) なでる；さする；愛撫する कुछ देर तक मुझे दुलारते रहे しばらく私をなでていた सहलाती-दुलारती-सी बयार やさしくなでるようなそよ風 (3) 甘やかす；甘やかしてそこなう；甘やかして台無しにする
दुलारा [名・形+] 可愛がられるもの；お気に入り；愛撫の対象；ペット वह अपनी मौसी का दुलारा था あの子はおばのペットだった
दुलीचा [名] (1) じゅうたん（絨毯） (2) 小さな毛織物の敷物
दुल्हन [名*] = दुलहन. नई दुल्हन 新妻= नई बहू.
दुल्हा [名] = दुलहा.
दुवन्नी [名*] 2 アンナ硬貨（旧貨幣単位の）= दुअन्नी.
दुवादस बानी [形] (1)（金属が）太陽のように眩しいほどに光り輝く (2) 純金の= बारहबानी; खरा.
दुवाल [名*] 《P. دوال》(1) 革ひも (2) 革帯 (3) あぶみの革ひも
दुवालबंद [名] 《P. دوال بند》(1) ベルト；バンド (2) 兵士
दुवाली [名*] 《P. دوالی》銃や剣を身に帯びるためのバンド
दुवालीबंद [名] 《P. دوالی بند》銃や剣を帯びた兵士
दुविधा [名*] 板挟み；ジレンマ；迷い；戸迷い；困惑 उनका हृदय दुविधा के दोल पर झूल रहा है 心はジレンマに揺れている मन की दुविधा मिटना 迷いがとれる **दुविधा में पड़ना** 迷う；悩む；困惑する；とまどう；板挟みになる；ジレンマにおちいる आप किस दुविधा में पड़े हैं なにを迷っていらっしゃるのですか
दुविधाग्रस्त [形] 迷っている；決断がつかない दुविधाग्रस्त हो॰ = पसोपेश में पड़ना.
दुवुम [形・名] 《P. دوم》(1) 第 2 の；2 番目の= दूसरा; द्वितीय. (2)（陰暦の白分及び黒分それぞれの）2 日目= दूज; द्वितीया.
दुशमन [名] = दुश्मन.
दुशवार [形] = दुश्वार.
दुशवारी [名*] = दुश्वारी.
दुशाला [名] 《P. دوشاله》〔服〕ドゥシャーラー（カシミヤのダブルのショール） **दुशाले में लपेटकर दे॰** やんわりと皮肉を言う **दुशाले में लपेटकर मारना** = दुशाले में लपेटकर दे॰.
दुशालापोश [名] 《P. دوشاله پوش》金満家
दुश्चक्र [名] 悪循環 अंतहीन अकाल का दुश्चक्र 終わりなき飢饉の悪循環
दुश्चरित्र[1] [形] 品行の悪い
दुश्चरित्र[2] [名] 不品行；悪行= दुष्कर्म; पापकर्म. पति को दुश्चरित्र की चट्टान से टकराने से कैसे बचा सकती है 夫が不品行の岩にぶつからないようにするにはどうすればよいのか
दुश्चिन्त्य [形] わかり難い；考え難い
दुश्चेष्टा [名*] 悪事；悪行；悪さ
दुश्मन [名] 《P. دشمن》(1) 敵；仇 दुश्मन के दोस्त भी दुश्मन होते हैं 敵の友も敵ということになっている (2) 害を及ぼしたり邪魔したりするもの तेज़ धूप बालों की दुश्मन होती है 強い日差しは髪の毛の敵
दुश्मनी [名*] 《P. دشمنی》敵意；悪意 (-से) **दुश्मनी मोल ले॰** （ーに）敵意を持つ；敵意を抱く；（ーを）敵にする
दुश्वार [形] 《P. دشوار》難しい；困難な बहू के लिए खाना-पीना भी दुश्वार हो गया 嫁にとって飲食さえも難しくなった मुँह खोलने में कष्ट होता है तथा खाना-पीना भी दुश्वार हो जाता है 口を開けるのが辛く飲食さえも困難になる
दुश्वारी [名*] 《P. دشواری》難しさ；困難（さ） सिंचाई की दुश्वारी 灌漑の困難
दुष्- [接頭] 《Skt.》= दुः; दुर्. दुष्परिणाम 悪い結果
दुष्कर्म [名] (1) 悪事；悪行 (2) 罪悪；罪
दुष्कर्मी [形] (1) 悪事を働く；悪行を為す (2) 罪を犯す
दुष्काल [名] (1) 辛い時；不遇な時；不運な時= बुरा समय; कुसमय. (2) 飢饉= अकाल; दुर्भिक्ष.
दुष्कीर्ति [名*] 悪名；汚名= बदनामी; अपयश.
दुष्कुल [形] 家柄や血統の卑しい= नीच कुल का.
दुष्कृति [名*] (1) 悪事；悪行 (2) 罪悪 (3)〔法〕不法行為
दुष्कृत्य [名] = दुष्कृति.
दुष्ट[1] [形] (1) 不正な；邪悪な；よこしまな (2) 悪意のある；性悪な；意地悪な दुष्ट प्रकृति 性悪な性格 उनके मुख पर कोई दुष्ट भाव नहीं था あの人の顔には何も悪意の表情は見られなかった (3) しょうのない；ろくでなしの；役立たずの；欠点のある；欠陥のある यह दुष्ट धोती このしょうのないドーティーめ
दुष्ट[2] [名] (1) 悪党；わる（悪）；ならず者；げす (2)〔医〕ハンセン病；レプラ= कुष्ठ रोग; कोढ़.
दुष्टता [名*] (1) 邪悪さ；不正；不埒な行為 (2) 悪意；意地悪 वह पत्र लिखने वाले की दुष्टता पर बहुत दुखी हुई 彼女は手紙を書いた人の意地悪さをひどく悲しく思った पंडित जी ने क्या दुष्टता की パンディトさんはどんな意地悪をしたのだ
दुष्टाचार [名] (1) 悪事 (2) 不品行
दुष्टाचारी [形] (1) 悪事を働く (2) 不品行の
दुष्टात्मा [形] 心の良くない；根性のひねくれた
दुष्पच [形] (1) 消化の悪い；消化しにくい；不消化の (2) 熟しにくい；熟れにくい
दुष्परिग्रह [形] 把え難い；制し難い；制御し難い
दुष्परिणाम [名] 悪影響 यकृत पर होनेवाले मदिरा के दुष्परिणामों के मूल कारण 肝臓への飲酒の悪影響の根本原因
दुष्प्रकृति[1] [形] 性質や性格の悪い
दुष्प्रकृति[2] [名*] 悪質；悪性；悪い性質
दुष्प्रभाव [名] 悪影響 अंधविश्वास के अनुसार होनेवाले दुष्प्रभाव 迷信による悪影響

दुष्प्रयोग [名] = दुरुप्रयोग.
दुष्प्राप्य [形] (1) 得難い；手に入りにくい नौकरी उस ज़माने में भी इतनी ही दुष्प्राप्य थी, जितनी अब है 当時も今と変わらず就職難の時代だった (2) 貴重な दुष्प्राप्य धातु 貴重な金属
दुष्प्रेक्ष्य [形] (1) 見えにくい (2) 醜い；醜悪な
दुष्प्रेरणा [名*] 悪事をそそのかすこと；教唆
दुष्मंत [名] = दुष्यंत.
दुष्यंत [名]〔イ神〕ドゥシュヤンタ王（チャンドラヴァンシャ，すなわち，月種族のプルの血統を継ぐ．シャクンタラー शकुन्तला の夫，バラタ भरत の父）；ドゥシュマンタ王
दुसह [形] 耐え難い；耐えられない= असह्य; दु:सह; दुस्सह.
दुसाध [名] ドゥサード（従来，豚の飼育などを主な生業としてきたカースト及びそのカーストの人）
दुसार[1] [名] 一方から他方へ突き抜けた穴
दुसार[2] [副] 突き抜けて
दुसाल [名・副] = दुसार[1,2]
दुसाला [名]〔服〕ドゥシャーラー= दुशाला.
दुसूती [名*]〔服〕ドゥスーティー（縦糸及び横糸に2本の撚糸を合わせて織った厚手のチャーダル）
दुसेजा [名] 大型の寝台；ダブルベッド
दुस्तर [形] (1) 渡るのが難しい (2) 難しい；困難な
दुस्त्यज [形] 捨て難い；捨て去り難い
दुस्सह [形] 耐え難い；耐えられない= दु:सह. यह सोचते ही मेरा हृदय एक दुस्सह वेदना से भर उठा これを考えたとたん胸はある耐え難い痛みに満たされた
दुस्साहस [名] 向こう見ずなこと；無謀なこと
दुस्साहसी [形] 向こう見ずな；無謀な हमलावरों और दुस्साहसी लोगों के आधिपत्य में 攻撃者及び無謀な連中の支配下に
दुहता [名] 外孫；娘の生んだ男の子= दौहित्र; नाती.
दुहती [名*] 外孫；娘の生んだ女の子= दौहित्री; नतिनी.
दुहत्थड़ [名] 両手での殴打 दुहत्थड़ जड़ना 両手で殴る
दुहत्था [形[+]] 両手の；両手を使う
दुहना [他] (1) 乳を搾る；搾乳する (2) 搾る；搾り出す= दूहना.
दुहनी [名*] 乳を搾る際に用いるおけやバケツなどの容器
दुहरना [自] (1) 繰り返される；反復される (2) 再現される
दुहराना [他] (1) 繰り返す (2) 再現する；反復する मेरी ही बदसलूकी को दुहरा रही हो? 私のした無礼な振る舞いを再現しているのかい
दुहराव [名] (1) 反復；繰り返し (2) 再現
दुहवाना [他・使] ← दुहना. (乳を) 搾らせる；搾ってもらう हलवाहा आता, तो उससे भैंस दुहवाती 牧夫が来たら水牛の乳を搾ってもらう
दुहाई[1] [名*] (1) 大声を出して知らせること；触れ回ること；大声での布告 (2) 救いを求める声や叫び **दुहाई (-) की!** (一様) どうか後生ですからお助け下さい；心からのお願いですからお助け下さい दुहाई सरकार की! लड़का मर जाएगा 後生です．だんな様，子供が死んでしまいます．お助け下さい **(-की) दुहाई दे°** (一に) 救いを求める अब शराफ़त और इंसानियत की दुहाई देते हो 今時になってやれ上品さとか人道とかに救いを求めるんだね君は **दुहाई फिरना** 広く知れ渡る；広く伝わる **(-की) दुहाई फेरना** *a.* (一の) 名をとどろかせる；名を広める *b.* (一を) 誉め称える **(-की) दुहाई बोलना** (一の勝利を祝って) 万歳を唱える **(-की) दुहाई हो°** (一の) 地位や名がより多く知れわたる
दुहाई[2] [名*] (1) 搾乳；乳搾り (2) 乳搾りの手間賃や労賃
दुहाग [名] (1) 不運；不幸；非運 (2) 夫に死なれること；未亡人になること；未亡人であること ↔ सुहाग.
दुहागिन [名*] 夫の亡くなった女性；夫に死なれた妻；未亡人 ↔ सुहागिन
दुहागी [形] 不運な；不幸な= अभागा. ↔ सुहागी
दुहाजू [形] 配偶者に死なれて再婚する（男女）
दुहाना [他・使] ← दुहना. 乳を搾らせる；搾ってもらう वह अपने भैया को गाय दुहाने के लिए जगाती थी いつも兄を乳搾りのために起こしていた
दुहाव [名] (1) 搾乳 (2) 昔ザミーンダールがクリシュナ聖誕祭（ジャンマーシュタミー祭）に際し一定量の牛乳を小作から取り立てていた慣習
दुहावनी [名*] 乳搾りの労賃
दुहिता [名*] 娘 = कन्या; लड़की.
दुहितृपति [名] 女婿；娘婿= जामाता; दामाद.
दुहूँ [形] 両方の；2つとも= दोनों; दोनों ही.
दुहेरा [形[+]] (1) = दुहेला. (2) = दोहरा.
दुहेला [形[+]] (1) 辛い；苦しい= दु:खी; दु:खदायी. (2) 難しい；困難な= कठिन. (3) 困っている；みじめな= दीन. (4) とても悲しい
दुह्य [形] (1) 搾ることのできる；搾れる (2) 搾られることになっている；搾るべき
दूँ [他] → देना の叙想法不定未来時制一人称単数形
दूँद [名] 騒ぎ；騒動= ऊधम; उपद्रव. **दूँद मचाना** 騒ぐ；騒ぎを起こす= ऊधम मचाना.
दूँदना [他] (1) 騒がしくする；騒ぎ立てる；やかましくする= ऊधम मचाना; बड़ा शोर क°. (2) 騒動を起こす= ऊधम मचाना.
दूआ [名] (1) トランプなどの2の札 (2) さいころなどの2の目 = दुक्की.
दूइज [名*] 陰暦の白半及び黒半の各半月の2日= दूज.
दूकान [名*] 《A. دكان←دوكان दुकान》 (1) 店；商店 (2) 仕事場= दुकान. नाई की दूकान 理髪店 **दूकान लगाना** 店を開く；店を出す；開店する；店開き उसने सड़क की पटरी पर एक कोने में चाय की दूकान लगा ली 歩道脇の片隅に茶店を開いた
दूकानदार [名] 《A.P. دوكان دار》= दुकानदार. 店主；店の主人；商店主 जूतों का दूकानदार 靴屋の主人；靴屋の店主
दूज [名*] 太陰暦の白分，黒分の各半月の第2日 **दूज का चाँद** めったにしか顔を出さない人；めったにしか会うことのできない
दूजा [形[+]] (1) 他の；別の= दूसरा; अन्य. (2) 第2の；2番目の = द्वितीय.
दूत [名] (1) 使者；使い（の者） हम दूत बनकर आए हैं わが輩は使者としてやって来ている (2) 恋の取り持ち；仲立ち (3) 火付け役 (4) 大使 = राजदूत. **असाधारण दूत** 特命全権大使= असाधारण और पूर्णाधिकारी राजदूत.
दूतक [名] (1)〔史〕勅命を臣民に伝えることを役目とした官吏 (2) 使者
दूतकर्म [名] 使者の任務
दूतमंडल [名] 使節団
दूतावास [名] 大使館，公使館など外交公館の総称 राजदूतावास 大使館 महावाणिज्यदूतावास 総領事館
दूती [名*] (1) 使いの者；使いの女 (2) 恋人の仲を取り持つ女= कुटनी. (3)〔イ文芸〕ドゥーティー（女主人公を主人公の男性と引き合わせる女性）
दूद [名] 《P. دود》 煙 = धुआँ; धूम.
दूदकश [名] 《P. دود كش》 (1) 煙突= चिमनी. (2) 噴霧器
दूध [名] (1) 動物の乳 (2) 一般的に牛乳もしくは水牛の乳 **कच्चा दूध** *a.* 加熱処理されていない牛や水牛などの乳 *b.* 母乳 (3) 植物の乳液 (4) 粉ミルク (5) 樹液 दूध के समान उज्ज्वल 牛乳のように白い；純白の **दूध आ°** (植物の枝葉や実などから) 乳液が出る；乳のような白い汁が出る **दूध उतरना** 乳が出る；乳が張る दूध भी गाय को कम उतरा.नतीजा यह हुआ कि बच्चा मर गया 牛の乳の出も悪かった．それで赤子は死んでしまった **दूध का उफान** はかない；瞬間的な；持続性のないことのたとえ **दूध का जला छाछ फूँख फूँककर पीता है**〔諺〕羹に懲りて膾を吹く；蛇に噛まれて朽ち縄に怖じる= दूध का जला मट्ठा फूँक-फूँककर पीना **दूध का दूध और पानी का पानी**〔諺〕水と牛乳とを分別するような厳正な裁きのたとえ **दूध का धुला** 純粋無垢な；汚れのない；清廉な क्या केवल 3, 4 अधिकारी ही भ्रष्ट थे? बाक़ी सब दूध के धुले हैं? ほんの3〜4人の幹部が腐敗していただけで他は全員1つの汚れもないというわけですか **दूध का धोया** = दूध का धुला. बड़ी दूध की धोई बनती है.सौ सौ चूहे खाकर बिल्ली हज को चली えらくご立派なことをおっしゃいますな．ねずみ100匹平らげた猫が巡礼にお出かけというわけですな **दूध का बच्चा** 乳児；乳飲み子；乳幼児；赤ん坊 **दूध का -सा उबाल** すぐに鎮まるほんの一時的な怒り **दूध की अभी बू आती है**〔諺〕まだ乳臭い；若造；若僧；青臭い **दूध की कुल्लियाँ क°** 富み栄える **दूध की तरह सफ़ेद** 純白の **दूध की नदियाँ बहना** 富み栄える **दूध की नदी बहना** 食べ物があふれるほどある；あり余るほど食べ物がある **दूध की बू मुँह से आ°** 青臭い；幼い；幼稚な **दूध की बू मुँह से न छूटना** = दूध की बू मुँह से आ°. **दूध की मक्खी** (つまみ捨ててよいような) 取るに足らぬもの；唾棄すべきもの

दूध की मक्खी की भाँति अलग कर दे॰ つまみ捨てるように別にする；のけものにする दूध की लाज रखना 母の名誉を守る；男子らしく振る舞う दूध के उबाल पर छींटे पड़ना 怒りが収まる दूध के दाँत 乳歯 दूध के दाँत टूटना 乳歯が抜ける दूध के दाँत न टूटना 青臭い；はなたれ（小僧の） अभी तो（उसके）दूध के दाँत भी नहीं टूटे हैं まだまだはなたれ小僧だ＝दूध के दाँत भी अभी नहीं टूटे हैं. दूध घी से नहलाना 大変な歓待をする दूध चढ़ना 乳の出が悪い दूध चढ़ाना ＝दूध चढ़ना. दूध छुड़ाना 離乳する；乳離れさせる दूध-जैसा 清浄無垢な；汚れやけがれの全くない दूध टूटना 母乳が出なくなる दूध डालना （乳児が）飲んだ乳を吐く दूध तोड़ना *a.* 乳牛などが乳を出さなくなる *b.* 熱い牛乳を振って冷やす दूध देखो दूध की धार देखो 待ちなさい；あわてるでない；急ぐでない दूध दे॰（家畜が）乳を出す दस लीटर दूध देनेवाली भैंस 10 リットルの乳を出す水牛 दूध पड़ना ＝दूध आ॰. दूध पानी का संग हो॰ 1 つに溶け合う；渾然となる；見分けがつかなくなる दूध पीता बच्चा 乳飲み子；乳児＝दूध पीनेवाला बच्चा. दूध पीता रुपया 利益をもたらす金 दूध फटना *a.* 牛乳が乳酸菌の作用でカードが分離する *b.* 牛乳が変質する；牛乳が腐る दूध फाड़ना 牛乳を分離させる；カードを取り出す दूध बढ़ाना ＝दूध छुड़ाना. दूध बताशा पीना 安楽な暮らしをする दूध बिगड़ना 牛乳が発酵して酸っぱくなる；牛乳が酸味を帯びる दूध बैठना 牛乳が傷んで固まる दूध भर जा॰（母親の愛情が高まり）乳が張る दूध भात खाना うまいものを食べる；ご馳走を食べる दूध मलाई चाभना ＝दूध भात खाना. दूध-मूत क॰ 子育ての世話をする दूध में उफान आ॰ 怒りがこみあげる दूध में गोमूत्र का छींटा दे॰ 雀の涙ほど与える दूध में पानी की तरह मिलना すっかり 1 つに溶け合う；渾然となる；渾然一体となる दूध में मक्खी हो॰ 玉に瑕 दूध लजाना ＝दूध की लाज रखना. दूध-सा 純白の；真っ白な；雪のように白い दूध से नहाना 富み栄える दूधों नहाओ पूतों फलो 富み栄え子宝に恵まれるように（年長の女性が若嫁などに祝福ないしは挨拶の言葉として用いる表現） दूधों नहाना 幸せに暮らす

दूध कछुआ [名]〔動〕ウミガメ科アオウミガメ（青海亀）；ショウガクボウ（正覚坊）【*Chelonia mydas*】＝समुद्र कछुआ.

दूध-चढ़ी [形*] よく乳を出す；乳の出のよい（家畜）

दूध पाउडर [名]《H. + E. powder》粉乳；ミルクパウダー

दूध-पिलाई [名*] (1) 乳母 वह दाई भी थी और दूध-पिलाई भी 彼女は産婆でもあり乳母でもあった (2) 乳母の得る謝礼（の金） (3) 結婚式の際の儀式の一で息子に母親が乳を飲ませるしぐさをする (4) 同上の儀式に際して母親が得る謝礼（の金） (5) 哺乳びん

दूध-पूत [名] 富と子孫

दूधबहन [名*] 乳姉妹（乳母の娘ともらい乳で育った女の子との関係）

दूधभाई [名] ちきょうだい（乳兄弟）

दूधमुँहा [形+・名] (1) 乳飲み子 (2) 乳離れのまだ終わらない幼児 (3) まだ乳歯の生え変わらぬ子

दूधमुख [形・名] ＝दूधमुँहा.

दूधराज [名]〔鳥〕ムシクイ科カワリサンコウチョウ【*Terpsiphone paradisi*】

दूधवाला [名] 牛を飼い牛乳を売る牛乳屋＝ग्वाला.

दूधसार [名] (1) 粉ミルク (2) バナナの 1 品種

दूधाभाती [名*]〔ヒ〕ドゥーダーバーティー（結婚式の儀礼の一．花嫁と花婿とが自分の手で互いに相手に牛乳を飲ませご飯を食べさせる）

दूधिया[1] [形] (1) 牛乳の入った；牛乳入りの दूधिया चाय ミルクティー (2) 乳液の出る (3) 乳白色の；純白の इस कारण पानी पहले दूधिया होता है だから水は最初乳白色をしている चंद्रमा की दूधिया रोशनी 乳白色の月光 बर्फ जैसी दूधिया 雪のように純白の

दूधिया[2] [名] (1) ミルクを多く用いて作る菓子（ソーハンハルワー）の一種 (2) オパール (3) 牛乳屋 शहर के समस्त हलवाइयों और दूधियों की सेवाएँ 街中の菓子屋と牛乳屋の業務

दूधिया[3] [名*] (1) 白亜 (2)〔植〕モロコシの一種 (3) ＝दुद्धी.

दूधिया कलगी [名*]〔植〕ヒルガオ科蔓草トゲヨルガオ【*Calonyction aculeatum*】

दूधिया ख़ाकी [形]《H.+ P. خاکی》灰白色の

दूधिया पत्थर [名] (1) オパール (2) 石英の一

दूधिया विष [名]〔植〕キンポウゲ科の多年草【*Aconitum deinorrhizum*】から採れる毒薬；ぶす（付子）＝सफ़ेद विष; मीठा ज़हर.

दूधिया स्फटिक [名] 乳白色の石英〈milky quartz〉

दून[1] [名*] (1) 倍；2 倍 (2)〔イ音〕ドゥーン（拍子の速度の非常に速いもの） दून की ले॰ ほらを吹く；大ぼらを吹く＝दून की हाँकना; डींग मारना. दून की सूझना 自分の能力を超えたことを考える दून की हाँकना ＝दून की ले॰. दून लिया क॰ ＝दून की ले॰.

दून[2] [名] (1) 谷；谷間；山裾 (2) 流域；盆地＝घाटी; तराई.

दूना [形+] 倍の；2 倍の＝दुगुना. दूना क॰ 2 倍にする；倍加する；倍増させる उनके मीठे शब्दों ने मेरा उत्साह दूना कर दिया あの方のやさしい言葉が私の気力を倍加させた दूना हो॰ *a.* 2 倍になる；倍になる；倍増する；倍加する *b.* 重複する

दूब [名*]〔植〕イネ科草本ギョウギシバ【*Cynodon dactylon*】

दू-बदू [副]《P. دو بدو》(1) 向かい合って (2) 対抗して

दूबरा [形+] (1) やせている；やせこけた＝दुबला; दुबला-पतला. (2) ひょろひょろの；弱々しい；力のない＝दुर्बल.

दूबिया [名] 草色

दूबे [名] ウッタル・プラデーシュ州を中心とする北インドのブラーフマンの一集団；ドゥーベー＝द्विवेदी ब्राह्मण.

दूभर [形] (1) 難しい；困難な एक एक पग चलना दूभर था 一歩一歩歩くのが困難だった आज बिजली के बिना जीवन की कल्पना करना भी दूभर लगता है 今日では電気のない暮らしを想像することさえ困難だ (2) 辛い；苦しみの多い；苦しい तब स्त्रियों का जीवन दूभर हो जाता है そうすると女性の人生は辛いものとなる

दूरंगम मार्ग [名] 幹線道路〈trunkline route〉

दूरंदेश [形]《P. دور اندیش》→ दूरअंदेश. 先見の明のある；先の見える；思慮深い＝दूरदर्शी. दूरंदेश व्यक्ति 先見の明のある人

दूरंदेशी [名*]《P. دور اندیشی》→ दूरअंदेशी. 先見；先見の明；深慮；思慮深さ；熟慮；先憂 दूरंदेशी से काम लीजिए 先々のことを考えて行動しなさい

दूर[1] [名*]《Skt.; P.دور》時間，空間，関係などがへだたっていること；遠いこと；遠さ；将来 बड़ी दूर से かなりの距離から；大変遠くから；かなりの先から कुछ-ही-दूर ほんの少し離れたところに；ほんのわずかのところに दूर का *a.* 遠くの；遠方の；離れている *b.* 遠く将来の *c.* 関係が遠く離れている दूर के रिश्ते की एक मौसी 遠縁のおば दूर के संबंधी 遠い親類 दूर की उड़ान ले॰ 大きな空想を心に描く दूर की कहना *a.* ずっと将来の話をする *b.* 大きな口を叩く दूर की कौड़ी 遠大なこと；現実味のないこと；空想 दूर की कौड़ी लाना とてつもないことを考える दूर की ख़बर ले॰ 秘密を探る दूर की बात *a.* 起こり得ないこと；ありえないこと；とんでもないこと हम में से किसी को भी आज तक कोई भूत-प्रेत दिखाई नहीं दिया.सताने की बात तो दूर की है 幽霊の影も形も見たことがないのだから幽霊に悩まされるなんてとんでもないよ पुरानी पुस्तकों का संग्रह करके सर्वसाधारण के लाभ के लिए पुस्तकालय में रखना तो दूर की बात है 古書を蒐集して一般の人たちのために図書館に置くなんてとんでもない話です उनके नये संस्करण निकलना तो दूर की बात है.अब उनका दिखना भी दूभर हो गया है それらの新版が出ることはおろかそれを見ることさえ難しくなっている *b.* かなり将来のこと *c.* 先見性のあること दूर की ले॰ ほらを吹く दूर की सुनाना *a.* 目上の人をののしる *b.* ずっと先のことを話す दूर की सूझना 途方もないことを言う；現実味のないことを言う दूर की सोचना ずっと将来のことを考える दूर की हाँकना 大きなことを言う；大言壮語する；ほらを吹く＝ऊँची ऊँची बातें क॰. 大きな口をきく दूर के ढोल सुहावने हो॰〔諺〕（実際を知らなければ）遠くにある物や離れている物は美しく見えたり立派に思えるものである；隣の芝生は青い दूर तक पहुँचना よく考える；深く考える；厳密に検討する दूर तक सोचना ＝दूर तक पहुँचना. दूर दूर तक *a.* はるか遠方まで दूर दूर तक पानी ही पानी 一面の水 *b.* 奥深く अब व्यावसायिकता दूर-दूर तक है 今や商業主義は奥深く浸透している दूर-दूर से 遠い所から；遠方から；遠方の国から दूर पर 遠くに दूर से तमाशा देखना 成り行きを遠くから見る；近寄らない；遠巻きにして見物する；高みの見物 दूर से देखते रहना 関係を持たない；知らぬ顔をする；敬遠する दूर से प्रणाम क॰ 避ける；敬遠する दूर से भाव बताना 自分は実行せずに指図ばかりする दूर से सलाम क॰ ＝दूर से प्रणाम क॰. दूर से हाथ जोड़ना ＝दूर से प्रणाम क॰.

द

दूर[2] [副・形] (1) 空間的に遠く離れているありさま；遠い；遠くに；遠方に (2) 関わりや関連がないありさま；離れている；離れて；へだたりのある；へだてて रास्ते की सफ़ाई तो दूर, घर-आँगन तक लोग साफ़ नहीं रखते 道の掃除はおろか家屋敷さえきれいにはしないのだから (-) **दूर क॰** *a.* (ーを) 離す；引き離す；遠ざける *b.* (ーを) 除く；除去する；退ける *c.* (ーを) なくす；解消する कपड़े पर दाग दूर क॰ 服のしみを取る भेदभाव दूर क॰ 差別をなくす सोडा और साबुन लगाकर दाग धब्बे दूर कर देते हैं ソーダやせっけんをつけてしみや汚れをとる इन गुणों के सिवा यह खाँसी भी दूर करती है これらの効能のほか咳も取ってくれる कब्ज को दूर करने के लिए 便秘を解消するのに **दूर क्यों जाएँ** 身近なことを考えよう **दूर खींचना** 遠ざける；距離を置く **दूर दूर** *a.* とても離れて；とても遠くで सब दूर दूर खड़े देखते रहे みなとても遠くに離れて見ていた *b.* 離れ離れに **दूर पहुँचना** *a.* ずっと先のことを考える *b.* 力量に余ることに立ち入る **दूर भागना** *a.* 逃げる *b.* 避ける；遠避ける **दूर रखना** *a.* 遠ざけておく；近づけない कंगन विवाह की पवित्रता का द्योतक है और ये चीज़ें भूतप्रेतों को दूर रखने के लिए बाँधी जाती हैं カンガン（金製の手首飾り）は結婚式の清らかさを象徴するものでありこれらの物は幽霊や化け物を遠ざけておくために身につけられる *b.* 隠しておく；秘めておく **दूर रहना** *a.* 避ける；近寄らない *b.* 嫌う इससे सुस्ती और काहिली दूर रहती है そうすると体がだるくならない **दूर हटना** *a.* へだたりができる；遠ざかる *b.* 離れる；とれる *c.* なくなる **दूर हो॰** 遠のく；去る；なくなる；とれる；遠くへ行く दूर हटना 病気がなくなる हरी हरी घास पर चलने से सारे दिन की थकावट दूर हो जाती है 青い草の上を歩くと1日の疲れがとれる कुछ दिनों बाद उसका एकाकीपन दूर हो गया 数日後淋しさはなくなった

दूरअंदेश [形] 《P. دور اندیش》先々のことを考える；思慮深い；深慮遠謀の= दूरंदेश.

दूरअंदेशी [名*] 《P. دور اندیشی》思慮深さ；深慮遠謀= दूरंदेशी; दूरदर्शिता; परिणामदर्शिता.

दूरक [形] (1) へだてる (2) 対立させる；対立する

दूरगामी [形] (1) 遠くへ行く；遠方に届く (2) 広範な；広範囲に及ぶ

दूरचित्र [名] 電送写真〈telephotograph〉

दूरचित्र प्रेषण [名] 写真電送〈phototelegraphy〉

दूरचित्री फ़ोटोग्राफ़ी [名*] 《H. + E. photography》写真電送術

दूरतः [副] 遠方から；遠くから

दूरता [名*] ←दूर. = दूरी.

दूरत्व [名] = दूरी.

दूर-दराज़[1] [形] 《P. دور دراز》(1) 遠くの；遠方の；はるかな उन दूर-दराज़ जंगलों में पहुँच जाए तो あの遠方の森に到着すれば (2) 僻遠の **दूर-दराज़ जगह** 僻地；僻遠の地

दूर-दराज़[2] [名] (1) 遠方；遠距離 दूर-दराज के ग्रामीण इलाकों में 僻地の農村地域に पहाड़ के दूर-दराज़ के गाँव 山間の僻村 दूर-दराज़ से आला फ़नकार बुलाकर 遠方から一流の芸人を招いて (2) はるか先；ずっと遠い将来 वे व्यापक जन-समुदाय को सुहावने नारों, दूर-दराज़ की मृगमरीचिकाओं में भरमाये रखते हैं 大衆を美しいスローガンやはるか先の幻想に惑わしておく

दूरदर्शक[1] [形] 深慮の；先を見る；先を考える

दूरदर्शक[2] [名] (1) 深慮遠謀の人 (2) 望遠鏡= टेलिस्कोप. 双眼鏡

दूरदर्शन [名] (1) テレビジョン दूरदर्शन का परदा テレビの画面 (2) 先見 (3) 深慮

दूरदर्शिता [名*] 深慮 = दूरंदेशी.

दूरदर्शी [形] 思慮深い；深慮遠望の

दूरदृष्टि [名*] 思慮深さ；深慮；遠望；先々のことを深く考えること

दूर-नज़दीक [名] 《P. دور نزدیک》近い将来と遠い将来 दूर-नजदीक की बात नहीं （大切な）事は遠いか近いかの問題ではない

दूरबीन [名] 《P. دور بین》望遠鏡= टेलिस्कोप. 〈telescope〉

दूरबीनी [名*] 《P. دور بینی》(1) 遠方を見ること (2) 先々のこと，将来のことを深く考えること；深慮遠謀

दूरबोध [名] テレパシー〈telepathy〉

दूरभाष [名] 電話= टेलीफ़ोन.

दूरमापी [名] テレメーター；遠隔測定器〈telemeter〉

दूरमुद्रक [名] テレタイプ；印刷電信機= टेलीप्रिंटर. 〈teleprinter〉

दूरलेख [名] 電報 = टेलिग्राम.

दूरलेखक [名] (1) 電信機 = टेलिग्राफ़. (2) 電信技師

दूरलेखी [形] 電信の

दूरवर्ती [形] 遠方の；遠隔地の

दूरवीक्षक [名] 望遠鏡= दूरबीन; टेलिस्कोप.

दूरसंचार विधि [名*] 電気通信；電気通信術= टेलीकम्यूनिकेशन.

दूरस्थ [形] 遠方の दूरस्थ स्थान 遠方；遠隔地 दूरस्थ प्रदेशों से 遠い地域から हमारे दूरस्थ रिश्तेदारों को 遠方の親類に

दूरागत [形] 遠方からの；遠方の；遠来の

दूरी [名*] (1) 距離 समुद्र से दूरी 海からの距離 (2) へだたり；間隔 सामने की गाड़ी से अपनी गाड़ी की दूरी 車間距離 लंबी दूरियों की दौड़ 長距離レース दूरी को पाटना へだたりを埋める दूरी नापना 歩を進める दूरी तय क॰ 道のりを越える

दूर्वा [名*] = दूब.

दूलह [名] = दूल्हा.

दूल्हा [名] (1) 新郎；花婿= वर. दूल्हे मियाँ के दोस्त 新郎の友人 (2) 夫 = पति. (3) めかしこんだ男；洒落男

दूषक [形] (1) 破壊する；損なう (2) 汚す (3) 非難する

दूषण [名] (1) 傷つけること (2) 欠陥；瑕= दोष. (3) 汚染 वातावरण का दूषण 環境汚染 वायुमंडल का दूषण 大気汚染

दूषित [形] (1) 傷つけられた；欠陥のある；傷んでいる；問題のある (2) 汚染された；汚された प्राकृतिक जल को दूषित बनाने के कारण 天然水を汚染するので

दूसरा[1] [形+] (1) 2の序数詞；第2の；2番目の दूसरा दर्जा 2等；第2等級= दूसरी श्रेणी. (2) 次の；後に続く दूसरे दिन 翌日；明くる日= अगले दिन. दूसरी शादी 再婚 दूसरी शादी क॰ 再婚する तुम दूसरी शादी कर लो 再婚しなさい (3) 他の；別の；異なる；違った धर्म दूसरा है 宗教は異なる दूसरा उपाय 他の手立て；他の方法 जो स्वयं अपना स्वामी है, उसका दूसरा कौन स्वामी बन सकता है 自らの主人である人の主人に他のだれがなれようか बदरीनाथ - महाभारत में इस तीर्थ का दूसरा नाम विशाल भी है『マハーバラータ』ではこのバダリーナート聖地のもう1つの名はヴィシャーラでもある **दूसरा घर देखना** 他人をあてにする；他人を頼りにする；他力依存の **दूसरा जन्म हो॰** 命拾いをする **दूसरा दरवाज़ा खटखटाना** 物乞いに訪ね歩く **दूसरी दुनिया में पहुँचना** 空想の世界に入る (4) 相手の दूसरा पक्ष 相手方；相手側= दूसरी तरफ़.

दूसरा[2] [代] (1) 2番目のもの；第2のもの（人） (2) 他者；他人；ほかの人；ほかの物；別の物 दूसरों के घर पहुँचकर भी अपनी मनमानी करने लगते हैं 他人の家に行っても勝手気ままをするようになる (3) 別の人；別人；別のもの (4) 無関係な人；他人；関係や関わりのない人やもの **दूसरे की ऊँची पेशानी देखकर अपना माथा तो नहीं फोड़ा जाता** 人真似をして破滅することはない **दूसरे की क्यारियों में मुँह मारना** 他人の物を手に入れようとする **दूसरे की पत्तल से कौर छीनना** 他人のものを横取りする **दूसरे के चुल्लू से पानी पीना** 他人を頼りにする **दूसरे के मुँह का कौर छीनना** = दूसरे की पत्तल से कौर छीनना. **दूसरे शब्दों में** 言い換えると；換言すると；すなわち= अर्थात्; मतलब यह है कि…. **दूसरों का जीवन बनाना** 他人の繁栄に努める **दूसरों का टुकड़ा तोड़ना** 他人を頼りにする；他人に頼って暮らす **दूसरों का मुँह ताकना (देखना)** 他人の援助を頼りにする **दूसरों की ताली पर नाचना** 他人に動かされたり操られたりする **दूसरों के माथे फुलौड़ियाँ खाना** 他人の金で贅沢をする **दूसरों के लिए कुआँ खोदना** 他人の不幸を図る **दूसरों के लिए कुआँ खोदने वाले का ख़ुद कुएँ में पड़ना**〔諺〕人を呪わば穴二つ **दूसरों के सिर ठीकरा फोड़ना** 他人を悪者にする **दूसरों के सिर डालना** 他人に責任を負わせる **दूसरों के हाथ बिक जा॰** 全く他人の言いなりになる **दूसरों के हाथ में चोटी हो॰** 首ねっこを押さえられる；全く人の意のままになる

दूसरे [副] 第2に；次に；2番目に दूसरे यह कि... 次に（は）…

दूहना [他] (1) 家畜の乳房から乳を搾る (2) 物体の中にある汁を搾り出す (3) 搾り取る；絞り取る；搾り出す；搾取する

दृक्[1] [名] 《← Skr. दृश्》(1) 目；眼 (2) 視力 (3) 眼力；知力

दृक्[2] [形] (1) 目の；視覚の (2) 視力の

दृक्-अंग [名] 視覚器官

दूक [名] 穴 = छिद्र; छेद; सूराख़.

दृक्क्षय [名] 目の衰え；視力の減退

दृक्क्षेप [名] 見ること；目をやること；視線を向けること＝ दृष्टिपात；अवलोकन.

दृक्तंत्रिका [名*] 視神経

दृक्पात [名] 見ること；視線を注ぐこと＝ दृष्टिपात.

दृग्- [造語] 見ることや目に関わる語彙の造語要素 दृग्गोचर 目に見える；目に映る→ दृक्.

दृग [名] (1) 目 (2) 視力 **दृग जोड़ना** 見つめ合う；目を合わせる **दृग डालना** 目をやる；見る **दृग फेरना** 目をそらす

दृगकोर [名] (1) 目頭；目尻 (2) 眼差し；視線 **दृगकोर निहारना** 目をかけてもらうのを期待する

दृढ़ [形] (1) 強固な；固い；きつい；堅固な यह धारणा दृढ़ होती जा रही है この考えは次第に強固に成っていく कितनी दृढ़ और प्यार भरी पकड़ थी なんともきつくて愛情に満ちた（握手の）握りしめの感触だった दृढ़ संकल्प 堅い決意 (2) 断固とした；決然とした जनसेवा का दृढ़ संकल्प 民衆への奉仕の断固とした決意 उन्होंने शांत किंतु दृढ़ स्वर में कहा 静かだが断固とした声で言った (3) 磐石の；がっしりした；しっかりした (4) 締まった；引き締まった दृढ़ होंठ 引き締まった唇 मैंने अपने मन को दृढ़ किया （恐ろしいところに行くので）気を引き締めた

दृढ़चित्त [形] (1) 決意の固い (2) 根気強い

दृढ़ता [名*] ←दृढ़. क्या उसके संकल्प की दृढ़ता में कमी है? 彼の決意の固さが足りないのか चेहरे पर दृढ़ता का भाव है 顔には決然とした表情が浮かんでいる उनके स्वभाव में असाधारण दृढ़ता थी 性格には並々ならぬ強さがあった **दृढ़ता से** *a.* しっかりと；固く *b.* 決然として；断固として मेरी आज्ञा का पालन दृढ़ता से करना होगा 私の命令は固く守らなくてはならぬ वह अपने पति को और दृढ़ता से थामकर बोली 夫を更にしっかりと支えて言った

दृढ़त्व [名] ←दृढ़. ＝दृढ़ता.

दृढ़प्रतिज्ञ [形] 固く誓った उसके क्रियान्वयन में योगदान के लिए दृढ़प्रतिज्ञ है それの実行への協力を固く誓っている

दृढ़ाई [名*] ＝दृढ़ता.

दृढ़ोक्ति [名*] 断言；断定の言葉

दृति [名*] (1) 皮；革 (2) 革袋 (3) 運搬用の水入れの革袋＝ मशक.

दृप्त [形] (1) 傲慢な (2) 激しい (3) 狂喜した

दृश्य[1] [名] (1) 見えるもの (2) 光景；情景 (3) 風景；景色；眺め (4)〔演〕場面 रंगमंच पर युद्धभूमि का दृश्य 舞台の戦闘場面 (5) シーン（映画の） जेल के दृश्यों में 刑務所のシーンの中で (6) こま（齣） **दृश्य आँखों के आगे फिर जा॰** 情景が思い浮かぶ；光景がよみがえる **दृश्य खींचना** 思い出がよみがえる；思い出を新たにする

दृश्य[2] [形] (1) 見られる；見ることのできる (2) 目に見える；目に映る (3) 明白な (4) 見るべき (5) 美しい

दृश्यकाव्य [名]〔イ文芸〕戯曲 हिंदी में कई एक दृश्यकाव्य इस विषय के बन गये ヒンディー語ではこれをテーマにした戯曲が幾つか作られている

दृश्यजगत [名] 現象界

दृश्यता [名*] ←दृश्य. (1) 目に見えること (2)〔気象〕視程；視界 〈visibility〉

दृश्यभूमि [名*] 景色；風景；眺望

दृश्यमान [形] (1) 見える；目に見えている (2) 明白な；歴然とした

दृश्य-श्रव्य माध्यम [名] 視聴覚機器

दृषत् [名*] (1) 岩 (2) 物をすりつぶすための石や臼

दृषद्वान् [形] 岩の多い；岩だらけの＝ दृषद्वती*.

दृष्ट[1] [形] (1) 見られた；見えた (2) 明白な；明確な

दृष्ट[2] [名] (1) 見ること (2) 会うこと；出会うこと

दृष्टकूट [名] 謎；なぞなぞ＝ पहेली.

दृष्टनष्ट [形] 見え隠れする

दृष्टमान् [形] (1) 目に見える；見えている (2) 明白な；はっきりしている

दृष्टांत [名] (1) 実例；前例；例；手本；見本 **दृष्टांत दे॰** 実例をあげる；例示する (2) 譬喩；寓喩

दृष्टांत कथा [名*] たとえ話；譬話；比喩話 〈parable〉

दृष्टार्थ [名] (1) 明白な意味；明快な語義 (2) 実例のある言葉

दृष्टि [名*] (1) 見えること；見ること；目に入ること (2) 視力 (3) 視界；視野 समाज का शोषण करने वाला कोई भी वर्ग उनकी दृष्टि से अछूता नहीं रहा 社会の搾取を行ういかなる階級も彼の目を免れはしなかった (4) 視線；目つき；目 बुरी दृष्टि क॰ ＝ आँख गड़ाना. 目をつける दृष्टि में बिजली का असर था 目には雷光の威力があった (5) 見方；目 हमारे देश और समाज को संसार की दृष्टि में गिराने के लिए わが国とわが国の社会を世界の前におとしめるために (6) 見地；観点 इस दृष्टि से यह देश अद्भुत है この見地からこの国は特異な国である तकनीकी दृष्टि से 技術的な観点から；技術的に (7) 邪視＝ नज़र；कुदृष्टि. (-की) **दृष्टि उठना** （－の）目が向く；目が向けられる；（－が）見る **दृष्टि उठाना** *a.* 目を向ける；見る *b.* 顔を上げる；顔を向ける (-को) **दृष्टि उड़कर लगना** （－が）邪視にとりつかれる **दृष्टि ऊँची क॰** 視線を高くする；高いところを目指す；理想を高くする **दृष्टि क॰** 見る；目を向ける；注意を向ける **दृष्टि गड़ना** (- गड़ाना) 視線が定まる（視点を定める；見つめる） **दृष्टि गड़ाकर देखना** じっと見つめる＝ आँख भरकर देखना. **दृष्टि घुमाना** 見回す；辺りを見回す **दृष्टि घूमना** 注意が向く **दृष्टि चलाना** 見る；注目する **दृष्टि चुराना** 目をそらす；目と目を合わさぬようにする；顔を合わさないようにする **दृष्टि चूकना** 注意がそれる **दृष्टि जमना** 目が釘付けになる **दृष्टि जुड़ना** 目と目が合う **दृष्टि जोड़ना** 目と目を合わせる；見つめ合う **दृष्टि झाँवरी हो॰** 視力が弱まる **दृष्टि टकराना** 目と目が合う；目と目がぶつかる；視線が合う **दृष्टि डालना** 目を注ぐ；視線を注ぐ；見る **दृष्टि डोलना** 注意が向く **दृष्टि तानना** 目をこらす **दृष्टि दे॰** 見る；注視する **दृष्टि दौड़ाना** *a.* 遠くを見る *b.* 先々のことを考える **दृष्टि नीची क॰** うつむく पूछने पर वह दृष्टि नीची कर लेती है たずねると彼女はうつむいてしまう दृष्टि नीचे किए अपनी सीट पर जाकर बैठ गया うつむいて自分の席に行って腰を下ろした **दृष्टि पड़ना** *a.* 見える；目に入る；目に映る *b.* 目をつけられる **दृष्टि पर चढ़ना** *a.* 好かれる *b.* 目障りになる **दृष्टि पसारकर देखना** 辺りを見回す **दृष्टि पसारना** 遠くへ目をやる **दृष्टि फिरना** 愛情がなくなる；愛情が離れる；冷たくなる **दृष्टि फेंकना** 見る；目を向ける **दृष्टि फेरना** *a.* 目をかける *b.* 目を向ける (-से) **दृष्टि फेरना** （－に）冷たくなる；愛情が冷める；冷淡になる **दृष्टि फेर ले॰** 知らぬ顔をする；無視する；目を背ける；そっぽを向く (-की) **दृष्टि बचाना** （－に）見られないようにする；（－の）目を避ける；（－の）視線を避ける **दृष्टि बाँधना** 魔術師が観客に自分の都合通りのものしか見えないようにする (-के लिए) **दृष्टि बिछाना** （－を）待ちこがれる **दृष्टि भर देखना** 心行くまで見る (-की) **दृष्टि में** （－の）見解では；考えでは＝ (-की) नज़र में. **दृष्टि में आ॰** *a.* 気に入る *b.* 思いつく；考えつく **दृष्टि में खटकना** 気にくわない；目障りな **दृष्टि में गिर जा॰** 見下げられる；尊敬の念が失われる (-) **दृष्टि में रखकर** （－を）考慮に入れて；（－を）考えて (-पर) **दृष्टि रखना** （－を）監視する；見張る (-पर) **दृष्टि लगाना** （－を）見つめる **दृष्टि लड़ना** 目と目が合う；見つめ合う；恋が芽生える

दृष्टिकोण [名] 視角；観点；見地；立場；考え方 सरकार के प्रति दृष्टिकोण 政府に対する立場 वैज्ञानिक दृष्टिकोण 科学的な観点 जीवन में वैज्ञानिक दृष्टिकोण अपनाना 生活の中に科学的な観点を採り入れる

दृष्टिक्रम [名]〔芸〕遠近法；遠近画法

दृष्टिक्षेत्र [名] 視野；視界

दृष्टिक्षेप [名] ＝दृष्टिपात.

दृष्टिगत [形] 見えた；見られた；目に入った＝ जो दिखाई पड़ा हो. **दृष्टिगत हो॰** 見られる；見受けられる अपराध के ऐसे स्वरूप भी दृष्टिगत हैं このような犯罪形態も見受けられる

दृष्टिगोचर [形] 目に見える

दृष्टिदोष [名] (1) 目の欠陥や病気 (2) 見落とし (3) 邪視

दृष्टिनिक्षेप [名] 視線を注ぐ；見る＝ नज़र डालना.

दृष्टिनिपात [名] ＝दृष्टिपात.

दृष्टिपटल [名]〔解〕網膜＝ रेटिना. 〈retina〉

दृष्टिपथ [名] 視界；視野＝ नज़र की पहुँच.

दृष्टिपात [名] (1) 見ること；目をやること इतिहास पर दृष्टिपात करने से 歴史を見ること (2) 検討；考察 आर्थिक समस्याओं पर दृष्टिपात 経済問題の検討 (3) 一瞥＝ अवलोकन.

दृष्टिबंध [名] 暗示にかけて何かを見せること；魔術や催眠術で錯覚させること

दृष्टिभ्रम [名] 目の錯覚

दृष्टिमान् [形] (1) 目の見える；晴眼の (2) 聡明な (3) 学問のある

दृष्टिवंत [形] (1) 目の見える；晴眼の (2) 聡明な；英知のある

दृष्टिविक्षेप [名] 流し目

दृष्टिविहीन [形] 目の見えない；盲目の दृष्टिविहीन नेत्र 見えない目
दृष्टिहीन [名・形] 目の見えない；視力のない（人）；盲目の（人）
दें [他] 他動詞 देना の叙想法不定未来時制一人称兼三人称複数形並びに二人称 आप 対応形. देंगे直説法未来時制男性一人称兼三人称複数形及び二人称 आप 対応形 देंगी 同女性一人称兼三人称複数形及び二人称 आप 対応形
दे [他] (1) 不規則他動詞 देना の語根 (2) देना の叙想法不定未来時制二人称及び三人称単数形 (3) देना の命令法二人称単数形（तू に対応） देगा 直説法二，三人称男性単数形 देगी 同女性単数形
देख[1] [名*] ←देखना. 見ること (-की) **देख में** *a.*（一の）目の前で；居合わせたところで *b.*（一の）監視の下で
देख[2] [他・感] (1) देखना[1] の命令法二人称単数形 (2) そら，ほら，よいかなど相手に注意を促す言葉
देखन [名*] 見ること＝देखना.
देखनहार [形・名] 見る（人）；眺める（人）＝देखनेवाला.
देखना[1] [他] (1) 見る；目にする；認める；目撃する；見学する；見物する ऐसी शानदार गाड़ी उसने कभी न देखी थी こんなに豪華な車は今まで一度も見たことがなかった बूढ़े को गिरता देखकर 老人が倒れるのを見て भाखड़ा-नांगल बाँध देखने के लिए バークラー・ナーンガルダムの見学に मेला देखने चलें メーラー（祭礼市）を見に行こう (2) 観察する；見る उसे चलती देख लेते तो （地球が）動いているのを見たならば उन दिनों लड़का-लड़की एक दूसरे को देखते नहीं थे 当時は見合いをすることはなかった (3) 見て取る；看取する；知る मैंने तुम्हारा मतलब देख लिया 君の考えていることはわかった（君の魂胆は見抜いたぞ） (4) 経験する；見る；会う；遭う उन्होंने भी कभी अच्छे दिन देखे थे あの方もかつてはいい経験をしたことがあったのだ (5) 推量する；判断する；見る कुछ महीनों से मैं देख रही हूँ कि इन दोनों का संग साथ बहुत ज़्यादा बढ़ गया है 数か月来，この２人は随分親密になっていると見ている (6) 検査する；調べる；調査する；見る वे नब्ज़ देखकर बता देते थे कि उसे फ़्लू है या कैंसर あの方は脈を調べて風邪なのかがんなのかを判断しておられた (7) 診察する；診る हम इस वक़्त मरीज़ों को नहीं देखते この時間には患者を診ないことになっている (8) 会う；面会する；見舞う मौसी को देखने गई おばに会いに行った रोगी को देखने जा० 病人の見舞いに行く (9) 探す；見つける जाओ, और कहीं काम देखो 引き取って下さい．どこかよそで仕事を見つけなさい (10) 世話をする；面倒をみる；（責任を持って）見る；担当する घर गृहस्थी के काम देखने के लिए 家事を見るために यदि आप बीमार हों तो घर किसी दूसरे व्यक्ति को ही देखना पड़ता है あなたのお体の具合が悪ければ家はだれかほかの人が見なくてはならない तेरे पोता भी तो होनेवाला है.उसे कौन देखेगा? 孫も間もなく生まれるんだろう．だれが面倒を見るんだい भाग सको, तो भाग जाओ यहाँ से.मैं देख लूँगी 逃げられるものなら逃げなさい．後のことは私にまかせておいて जो महिला कर्मचारी इस विषय को देखती है これを担当している女子職員 (11) 目を通す；読む कागज़-पत्तर देखने लगे 書類や手紙に目を通し始めた मैं घड़ी से वक़्त देखना जानता हूँ 時計の時間の読み方を知っている (12) 評価する；見る；重んじる आजकल दुनिया पैसा देखती है 今の世の中は金だ (13) 見張る；見る；監視する；用心する；注意する हमें देखना है मधु पर कोई ऐसा गलत प्रभाव न पड़े マドゥに何か間違った感化が及ばぬように見張らなくてはならない (14) 検討する；考える；見る हमको अपना लाभ देखना चाहिए 自分の利益を考えてみなくてはならない देखा जाएगा 考えておきましょう；検討しましょう (15) 我慢する；耐える；見過ごす；看過する मुझसे तो यह नहीं देखा जाता 私には耐えられない देख न सकना 見過ごせない；我慢できない (16) 対応する；対処する (17) 先行する動詞の接続分詞に接続して「とにかく一する」の意に用いられる；（一して）見る पहनकर तो देखिए まずは着てみて下さいよ उससे पूछकर देखें あの人にたずねてみよう (18) देख, देखो, देखिए, हाँ देखिए などの形で用いられて，相手の注意を引いたりためらいの気持ちを表したりする感動詞のように用いられる．ほら，ね，あの，あのね，これ，これこれ，あのう，さて，さあ，うんなど देखो さて（どうだろうか，見てみなければわからない）；うん，そうだな देखिए मैडम あのよろしゅうございますか先生；先生よろしいですか **देखकर मक्खी निगलना** 知りつつ悪事を働く；承知の上でよくないことをする (-के) **देखते** (-**देखते हुए**)（一の）前で；（一の）いるところで **देखते-देखते** 目の前で；見る見るうちに देखते-देखते एक साल बीत गया 見る見るうちに１年が経ってしまった **देखते रहना** 茫然とする；あっけにとられる；手をこまねく **देखते-ही-देखते** 見る見るうちに；またたく間に；瞬時に सभी की मदद से देखते-ही-देखते वहाँ पर एक नया और बढ़िया मकान तैयार हो गया 皆の協力でそこに見る見るうちに新しく立派な建物が出来上がった देखते ही देखते चारों ओर हरियाली छा गई またたく間に緑が一面を覆った **देखते हुए** 知っていながら；わざと；わざわざ；故意に (-**को**) **देखते हुए**（一を）考慮して；考慮に入れると；（一に）照らしてみると；鑑みると इस देश की विशालता और विविधता को देखते हुए この国の広さと多様性を考慮して कुल आबादी को देखते हुए शहरों में रहनेवालों की तादाद बहुत थोड़ी है 全人口に照らしてみると都市の人口は非常に少ない **देखना-परखना** よく調べる；見定める；見て確かめる；確かめる देख-परख लेना तब बैल ख़रीदना （役）牛はよく調べてから買いなさい **देखना-भालना** *a.* よく注意して見る；よく見て確かめる；念入りに見る；点検する उसने तलवार की म्यान को ख़ूब अच्छी तरह देखा-भाला 刀の鞘をじっくり見た डाक्टर ने आबिद को देखा-भाला 医者はアービドを念入りに診察した देखने-भालने में 見たところ खाना देख-भालकर खाना चाहिए ご飯はよく見て確かめて食べなくてはいけません *b.* 取り仕切る；管理する अब मदन ही सारा कारोबार देखने-भालने लगा 今やマダンが一切の業務を取り仕切るようになった **देखना-सुनना** 調べる；調査する **देखने में** 見かけは；見かけでは；見たところ；外見は；形の上では；上辺は वह देखने में भिखारी जैसा मालूम हो रहा था 見たところ乞食のような感じだった **देखने लायक़** まともな；見られる **देख-भालकर चलना** 用心して行う；注意深くする；注意深く行動する **देख ले०** *a.* よく考えてみる；考察する देख लो, भई, फिर मत कहना कि यह मध्यम श्रेणी की कालोनी है よく考えろよ．後でこれは中流の住宅地だなんて言うなよ *b.* 思い知らせる कोर्ट में क्रुद्ध होकर वह चिल्ला रहा था, 'मैं एक-एक को देख लूँगा.तुम्हें जड़ से उखाड़ फेंकूँगा...' 法廷で怒り狂って叫んでいた「お前たち１人１人に思い知らせてやる．全滅させてやるからな」 **देखा अनदेखा क०** 目をつぶる；見て見ぬふりをする **देखा जाए तो** そもそも；考えてみれば
देखना[2] [自] ＝दीखना. देख पड़ना 見える；目に入る；見つかる जहाँ उन्हें कोई दोष देख पड़ा है वहाँ उसे भी दिखाने में कसर नहीं की 何か瑕の見つかったところはそれを示そうとあらゆる努力をしている उनकी बातों में कुछ कहने की जगह देख पड़े तो कहकर 同氏の主張に何か言うべきことが見つかればそれを話して
देखभाल [名*] ←देखना-भालना. (1) 確認 (2) 監視；監督 आवश्यक सामग्री के वितरण की देखभाल 必需品の分配の監視 (3) 保護；世話；面倒を見ること；もてなし (-की) देखभाल क०（一を）預かる；保護する；世話をする छोटे बच्चों की देखभाल क० 小さい子供の世話をする परिवार की देखभाल क० 家族の世話をする मवेशियों की देखभाल 家畜の世話 कुत्ते की देखभाल 犬の世話 किसान की पत्नी घर में गाय, बकरियाँ, मुर्गे-मुर्गियों की देखभाल करती है 農夫の妻は家で牛や山羊，鶏の世話をする आने-जाने वाले मेहमानों की देखभाल 客人のもてなし (4) 手入れ；点検；保守管理 सिलाई मशीन की देखभाल ミシンの手入れ पक्षी अपने परों की बहुत ज़्यादा देखभाल करते हैं 鳥は自分の羽をよく手入れする अपने चेहरे की उचित देखभाल お顔の正しい手入れ गर्म कपड़ों की देखभाल 冬服の手入れ बगीचे की देखभाल 庭の手入れ (5) 看護 गर्भवती की सही देखभाल 妊婦の正しい看護 (6) 守護；保護 जाओ राज्य की इन चीज़ों से देखभाल करो さあ出掛けて行ってこれでもって国を守りなさい
देखरेख [名*] (1) 監督；監視；管理 खेती के काम की देखरेख करनेवाला 農作業の監督をする人 अपने शिक्षक या विषय के जानकार व्यक्ति की देखरेख में प्रयोग करने की विनती है 教師か専門家の監督下で試しなさい अपनी ही देखरेख में 自分が直接に監視して；自らの監督下において क़ैदियों की देखरेख 囚人の監視 (2) 看護；世話 रोगी की देखरेख 病人の看護 बच्चों की देखरेख 子供たちの世話
देखलाना [他] ＝दिखलाना. वहाँ की चीज़ें देखलाने के बदले そこにあるものを見せる代わりに
देखादेखी[1] [名*] (1) 向かい合うこと；見つめ合うこと (2) 対面 (3) 真似；模倣 दूसरों की देखादेखी 人を真似て；人真似
देखादेखी[2] [副] 見よう見真似で；真似をして；真似て देखादेखी मैं भी लड़खड़ाता हुआ कुछ दूर तक गया, और आगे नहीं बढ़ सका 見よう見真似で私もよろよろしながら少し先へ進んだ．それ以上は進めなかった

देखाभाली [名*] ＝देखभाल.

देखिए [感] → देखना[1] (18). ほら，ほらね，あの，あのね，いいですかなどと相手の注意を喚起したり呼びかけたりするのに用いられる＝देखिये. **देखिए ऊँट किस कल बैठता है?** 〔諺〕結論を出すにはまだ早い．判定は結論が出てからのことだ＝ऊँट किस कल बैठता है?.

देखी-अनदेखी [名*] 見逃すこと；大目に見ること；無視 (-की) देखी-अनदेखी क॰ (－を) 見逃す；見て見ぬふりをする；無視する

देखो [感] → देखना[1] (18) ほら，ほらね，あの，あのね，よいか，いいかいなど相手の注意を喚起したり呼びかけたりするのに用いる देखो, प्रिंसिपल साहब जो भी सवाल करें, उसका सोच-समझकर सही-सही जवाब देना いいかい，校長先生がどんなことをおたずねになろうともよく考えて正しく答えるんだよ

देग [名] 《P. دیگ》銅製の大釜；大鍋；デーグ **देग लूटना** (アジュメールにあるチシュティーのダルガー，すなわち，聖者廟で) 参詣者が出身や貧富の区別なく同じ大釜で煮られた粥を食べる (慣行)

देगचा [名] 《P. دیگچہ》デーグチャー (デーグの小形のもの)；小さい釜；小鍋

देगची [名*] 《P. دیگچی》デーグチー (デーグチャーの小形のもの)；小さい鍋

देतां [名] 《E. detent ← F. détent》デタント；国際関係の緊張緩和＝तनाव शैथिल्य.

देदीप्यमान [形] 輝いている；光り輝く स्वयं में 'देवी' शब्द का अर्थ ही होता है 'देदीप्यमान' デーヴィーという言葉は正に「光り輝いている」という意味なのです

देन [名*] (1) 与えること (2) 与えられるもの (3) 贈り物 (4) 賜物 (5) 寄与 अमीर खुसरो की साहित्यिक देन アミールフスローの文学的寄与 (6) 功績

देनदार [名] 債務者＝ऋणी; क़र्ज़दार.

देनदारी [名*] 債務＝क़र्ज़दार हो॰; ऋणी हो॰.

देन-लेन [名] (1) やりとり (2) 取引；交易 (3) 貸金業；金貸し；金融業

देनहारा [形⁺] 与える＝देनहार; देनेवाला.

देना[1] [他] 未完了分詞は規則的に作られて देता/देती となるが，完了分詞は不規則で目的語が男性単数形では दिया 同複数形では दिये, 女性単数形では दी, 女性複数形では दीं, となる．叙想法不定未来時制の不規則な活用形は次の通り．(मैं) दूँ, (तू,/वह) दे, (हम/वे) दें, (तुम) दो 命令法の तुम 対応形は दो, आप 対応形は दीजिए 及び दीजिएगा (1) 与える；あげる；やる；贈る बेटियाँ हैं हम.बेटियों को कुछ दान दिया जाता है 私たちは娘よ．娘の子には何か贈り物が贈られるものなの (2) 施す；授ける；下す गुरिल्ला युद्ध के प्रशिक्षण दे॰ ゲリラ戦の訓練を施す बहुत-से लोग स्त्रियों को अधिक शिक्षा देने का विरोध करते हैं 女子に多くの教育を授けるのに反対する人が大勢いる (3) 出す；提供する；供給する अनेक सुविधाएँ दे॰ 多数の便宜を提供する चाय न देनी हो तो मत दो, पर यह खीज मुझपर क्यों उतार रही हो? お茶を出さないなら出さないでおけ．だが腹立ちをなぜ私にぶつけるのだ स्वीडिश फ़र्म भारत को फ़ील्डगन देगी スウェーデンの会社がインドに野砲を供給する रूस भारत को पर्याप्त अख़बारी काग़ज़ देगा ロシアはインドに十分な新聞用紙を供給する (4) あてがう；割り当てる 15 दिन के भीतर काम नहीं दे पाती तो 15 日以内に仕事をあてがうことができなければ (5) 貸す；貸与する；貸し与える ज़रा दस रुपये दे दीजिए.परसों लौटा दूँगा ちょっと 10 ルピー貸して下さい．明後日お返しします मैं न किसी को सामान देती हूँ और न किसी से माँगती हूँ だれにも貸さないし借りもしない (6) 売る；譲る；渡す उसने सारी चीज़ें 150 रुपये में दे दीं 全部を 150 ルピーで売った (7) 向ける；払う ध्यान दे॰ 注意する；注意を向ける (8) 払う；支払う；納める；納入する फ़ीस देना 手数料 (診察料) を払う 25 रुपये देने हैं? (店主→客) 25 ルピーのおつりですね (私が 25 ルピーをお支払いするのですね) कर दे॰ 税金を払う；納税する सभी वस्तुओं के उत्पादक राजा को कर देते थे 生産者，製造者はすべて王に税を納めていた (9) 出す；支払う；支給する 20 रुपये दूँगा (店主の) 65 ルピーの要求に対して) 20 ルピーなら出しますよ एक रुपये प्रतिदिन के हिसाब से निर्वाह भत्ता देगी 1 日 1 ルピーの計算で生活費を支給する (10) 出す；提出する；差し出す दिल्ली पुलिस आयोग ने 813 पृष्ठों की रपट दी थी デリーの公安委員会は 813 ページの報告書を提出した (11) 出す；産する；産出する दूध देनेवाले जानवर 乳を出す動物 (12) 生む；産む；出産する जब तुम्हारी गाय ने बछड़ा दिया あんたの雌牛が雄の子を産んだら (13) 認める；許す；出す उन्होंने दस दिन की छुट्टी दी 10 日間の休暇を許して下さった शासन ने आकाशवाणी और दूरदर्शन को स्वायत्तता नहीं दी थी 当局は放送局に自主運営を認めなかった मुझे केवल सात दिन की मोहलत दे दीजिए わずか 7 日間で結構ですから猶予を下さい (14) 伝える；述べる；言う अकसर मार्क्सवादी इन प्रश्नों के अलग अलग उत्तर देते हैं しばしばマルクス主義者はこれらの疑問に対していろいろな返答をする आशीर्वाद दे॰ 祝福する शासन हमेशा यही तर्क देता रहा है 当局は常に全く同じ理屈を述べてきている (15) 催す；開く；開催する दावत दे॰ 祝宴を開く चाय पार्टी देना 茶会を開く (16) 入れる；さす (差す；注す)；注ぐ＝डालना. मशीन में तेल दे॰ ミシンに油をさす इंजेक्शन दे॰ 注射をする；注射を施す (17) 生じさせる；起こす；発生させる；出す；作る；ある状態にする लहसुन-प्याज दुर्गंध देते हैं ニンニクや玉ねぎはいやな臭いを出す भौंहों को कृत्रिम आकृति देना 眉を不自然な形にする आब दे॰ 光らせる；つやを出す सूखे आलू और अचार के साथ पूरी खाना नयी तरह का स्वाद दे रहा था いためたジャガイモとピクルスでプーリーを食べると新鮮な味がした (-को) चक्कर दे॰ (－を) 回転させる पेड़ छाया देते हैं 木は陰を作る हवा दे॰ 煽る；煽り立てる हवा देने का काम 煽り立てる役割 (-को) आवाज़ दे॰ (－に) 呼びかける उसने सोहन को आवाज़ देकर जगाया ソーハンに声をかけて起こした (18) 動かす；作用させる；作動させる बाजी झाड़ू देती हैं 姉さんがほうきで掃く (19) 入れる；進める जब घर में पाँव दिया, तो सफ़र की थकान भी उड़न-छू हो गई 家に足を踏み入れると旅の疲れもさっと消えてしまった (20) 果たす；投じる；つぎこむ इन पुलिसमैनों को 24 घंटे की नौकरी देनी पड़ती है これらの警官は 24 時間の勤務を果たさなくてはならない (21) (－に対して／－に向けて) しかける；(制限や圧力を) 加える；強要する शराब की दूकानों पर औरतें धरना दे सकती हैं? 酒屋の前に女たちが座り込みができようか (22) 受ける परीक्षा दे॰ 受験する；試験を受ける＝इम्तहान दे॰. इंटरव्यू दे॰ 面接試験を受ける बंबई के साप्ताहिक पत्र के संपादक को दी गई एक भेंट में ボンベイの週刊誌の編集局長とのインタビューで **देते ही बनना** 仕方なく与える **देने-लेने में न हो॰** 全く無関係な **देनेवाला जब भी देता देता छप्पर फाड़कर** 〔諺〕天からの授かりものはそのように決まっているもの＝भगवान देता है तो छप्पर फाड़कर देता है. **दे मारना** *a.* 投げつける；叩きつける उसका मन हुआ, अपना जूता उठाए और सीधा कौवे पर दे मारे 自分の靴をつかんで真っ直ぐカラスに投げつけてやりたい気持ちになった *b.* やっつける；倒す *c.* やってしまう **दे-लेकर** 賄賂を贈って

देना[2] [助動] **A.** 主動詞の語根に付加されて次のように用いられる (1) 主動詞の動作・状態の開始・発生を表す वे कहें कि रो दो, तो मैं रो पड़ूँगा あの方が泣けとおっしゃるなら泣きます उसने किताब से नज़रें उठाकर उसे देखा तो वह मुसकरा दी थी.वह भी हौले से मुसकरा दिया था 本から顔を上げて彼を見つけると微笑んだ．彼もにっこりした इसपर प्रमोद फिर हँस दिया するとプラモードはまた笑った वह खिलखिलाकर हँस दी थी けらけらと笑い出した वे दोनों साथ-साथ चल दिये थे 2 人は連れ立って出発した इसी समय गाड़ी चल दी ちょうど列車が動き出した (2) 主動詞の動作の完了，完結，終結を表す 'मैंने पढ़ लिया है', राधा ने बीच में ही बात काट दी.शीला चुप हो गई 「私読んでしまったよ」ラーダーは (シーラーの) 言葉を遮ってしまった．シーラーは黙ってしまった बात को अनदेखा करना, छोड़ देना सीखिए 見て見ぬふりをしなさい．ほったらかすことを覚えなさい शिवानी की बात उसने रोते रोते सुना दी シヴァーニーの話を泣きながら語った गार्ड ने सीटी दे दी.गाड़ी छूटने वाली है 車掌がもう笛を吹いた．今発車するところだ अध्यापक ने कुछ कह दिया है 先生が何かおっしゃった अब तो इन्होंने अंडे भी दे दिये होंगे もう卵も産んでしまったに違いない उसने युद्ध की तैयारी शुरू कर दी 戦争の準備を始めてしまった बच्चे ने माँ का हाथ पहचान लिया और आँखें खोल दीं 子供は母親の手を見分け目を開けた (3) 他者に利益になるようなことをする；(－して) あげる；(－に) やる；(－に) くれる भाई कुछ करने को कहें तो कर देना चाहिए 兄さんが何かするように言ったらしてあげなくてはなりません आपके

द

लिए चाय बना दूँ お茶を入れましょうか घर के नौकर हर रात को चूहे फँसाने के लिए पिंजड़ा लगा देते 使用人は毎晩ネズミ取りをしかける अब्बू मियाँ और भाईजान बाज़ार से सौदा ला देते हैं お父さんと兄さんが市場から買い物の品を持ってきてくれる एक कटोरा पानी पीने को दे दो 椀に一杯飲み水をおくれ यह पुलिंदा उन्हें दे देना この包みはあの方に渡しなさい चार बज गए, चाय रख दूँ? 4時になりました. お茶をあげましょうか लड़के के बाप से भी कह दो 男の子の父親にも伝えてやりなさい उसने दरवाज़ा खोल दिया और बोला, 'आइए, आइए, साहब... ドアを開けてやり「いらっしゃい, ようこそ」と言った (4) 強い気持ちでする；思い切ってする；やる；のける मैं लोमड़ी मौसी से यह कह दूँगी 狐のおばさんにこのことを言いつけてやるわ (5) 強い勢いでする；(〜) つける हमने उसे भी डाँट दिया おれはあの男も叱りつけた विवाह संबंधी सभी प्रस्तावों को ठुकरा दिया था 縁談に関する一切の話をはねつけた (6) 不本意なことをする；好ましくない結果になる；(ーを) しでかす；(ーして) しまう मैंने ग़लती से इस्तिरी छू दी 間違ってアイロンに手を触れてしまった उन्होंने जो भूल कर दी थी, उसके लिए वे पछता रहे थे しでかした失敗を悔やんでおられた **B.** 主動詞の -ने 不定詞形に付加されて次のように用いられる (1) 許容や許認などの意を加える अब ये तुम्हें यहाँ रहने नहीं देंगे この人はもうここには君を住まわせてくれないだろう इस समय मुझे वहाँ जाने दें 今私をあそこへ行かせて下さい कर लेने दो उसे अपने मन की したいようにさせてやりなさい उन्होंने मुझे दीनानाथ से मिलने नहीं दिया 私をディーナーナートに会わせなかった वर और वधू को घर से बाहर अकेले नहीं निकलने दिया जाता 花婿と花嫁は1人での外出は許されない दीपक मुझे बिल नहीं देने देता ディーパクは私に支払わせないんだ पहले इन्हें बोलने दिया जाए.पूरी बात सुन लेने के बाद हम अपनी राय ज़ाहिर करें まずはこの方に話してもらおう. 話を全部聞いてからこちらの考えを明かそう आप मुझे अपना काम करने दीजिए 私に自分の仕事をさせて下さい अब भी बहुत-सी कुप्रथाएँ गाँव को आगे बढ़ने नहीं देतीं 今なお多数の悪習が村を前進させない हमने बिना कुछ सोचे समझे विदेशियों को अपनी पवित्र भूमि पर पाँव रखने दिया था 何も考えず何もわからずに外国人にわが聖なる大地に足を踏み入れさせた मक्खियाँ सोने नहीं देतीं (ハエがうるさくて) 眠れない (眠らせない) (2) 放置, 放任などの意を加える होने दो जो होता है, अब मैं क्या करूँ なるにまかせよ. 今さらどうすればいいんだ जाने देना さておく उनको जाने दीजिए そのことはさておきましょう वज़न न बढ़ने दें 体重が増えないように भीड़ को छँट जाने दो 人だかりが散るのを待とう नालियों में गंदा पानी जमा न होने दें 溝に汚水が溜まらないようにしなさい मैं अपनी चीज़ें इधर उधर बिखरने नहीं देता.मदरसे से आते ही बस्ता उठाकर अलमारी में रख देता हूँ 自分の持ち物をあちこちに散らかさない. 学校から戻るとすぐにかばんを棚に置く वह इस युग में संकीर्ण भावों को पनपने देता है それがこの時代に狭い考えをはびこらせることになる **C.** 主動詞の完了形 (-ए 形) に付加されて次のように用いられる (1) 他者のための動作を直ちにする；すぐに (ー) してあげる；今すぐ (ー) してやる मैं नुसख़ा लिखे देता हूँ 今すぐ処方箋を書いてあげましょう. (2) 他者のための動作を予め行う；(ーして) 置く बहू जी, मुंडन में चूड़े लूँगी, कहे देती हूँ 若嫁さま, お坊っちゃんの剃髪式の際にはご褒美にチューラーを頂きますからね, 今から申しておきますよ

देना[3] [名] 借り；借りた金；借金；負債

देय[1] [形] (1) 与えられるべき (2) 贈られるべき (3) 返却すべき (4) 支払われるべき

देय[2] [名] 賦課金, 税, 料金, 会費など支払うべきもの= देय राशि.

देयक [名] 小切手 = चेक.

देयता [名*] 利率 24.5 % प्रतिवर्ष की वार्षिक देयता पर 年利率24.5 %で

देयादेश [名] 支払い命令書

देर[1] [名*] 《P. دیر》 (1) 遅刻；時刻に遅れること；遅延；遅滞 मैंने देर के डर से नाश्ता भी नहीं किया 遅刻を心配して朝食さえ取らなかった (2) 時間；暇；いとま；間；手間 तीन बजने में देर ही क्या है? तैयार होते-होते समय हो ही जाएगा 3時までには時間がない. 用意が出来上がるうちに時刻になろう खाने में कितनी देर है? 食事までにどれだけの時間があるのか (-) **की देर थी कि**(...) (ー) するが早いか (…) शेर के दहाड़ने की देर थी सरकस का प्रत्येक जानवर ऊँचा-ऊँचा चिल्लाने लगा ライオンが吼えるが早いかサーカスの全部の動物が大声でうなり始めた (-) **की देर हो॰** あと (ー) するだけ；あと (ー) するのみ；(ー) するだけ (の間) でよい स्वास्थ्य विभाग वाले ये दवाएँ ख़ुद कुओं में डाल जाते हैं, सिर्फ़ ख़बर करने की देर है 衛生局の人がこれらの薬品を自分の手で井戸に入れて行ってくれるので連絡するだけでよいのです **देर से आ॰** 遅刻する तू इतनी देर से क्यों आया? なぜこんなに遅れて来たのだい थोड़ी देर में आता हूँ すぐに戻るから **कुछ देर के लिए** しばらく；しばし；少しの間 **कुछ देर को** 少しの間 जितनी देर आप काग़ज़ पढ़ती हैं आगंतुका आपके चेहरे के भाव पढ़ती है あなたが書類をお読みになる間来訪者はあなたの顔色を窺っております **देर आयद दुरुस्त आयद** 〔諺〕 *a*. 遅れても構わない. 来さえすればよい *b*. 急いては事を仕損ずる；時間をかけた仕事はよいものだ= देर आये दुरुस्त आये; जो काम देर से होता है, वह ठीक होता है. (3) 夜が更けること；夜遅くなること **देर क॰** 遅れる；遅刻する；ぐずぐずする देर कर दी, आज काम पर नहीं जाओगे 遅刻したね, 今日は仕事に行かないのかね देर मत करो ぐずぐずするな आपने बड़ी देर कर दी.अब ज़रा लपके चलिए, नहीं तो जाते ही डाँट बताएगा 大変遅れてしまいましたね少し急いで下さい. でないと着いたとたんに叱りつけられますよ **देर कराना** 遅刻させる；遅らせる रास्ता घंटे भर का है, लेकिन निश्चय ही यह स्वागत देर करा देगा 1時間ばかりのところだが, きっとこの歓迎で遅れよう **देर न क॰** *a*. 遅れないようにする *b*. 間を置かないようにする अगर आपको अपने मित्र की कोई आदत या ख़ासियत अच्छी लगती है तो उसे सराहने में आप देर न करें お友達の癖や特徴が何か気に入ったら間を置かずに誉めてあげなさい **देर लगना** 時間や手間がかかる जो डींग हाँकी है, उसकी कलई खुलते भी देर न लगेगी 吹いたほらの正体がばれるのに手間暇はかかるまい ज्योतिषियों की चाल समझते तनिक भी देर न लगी 占い師たちの策謀を理解するのに少しも時間はかからなかった **देर लगाना** *a*. 遅らせる *b*. 遅刻する **देर से** *a*. 後で；後ほど；後刻 देर से खाएँगे 後で食べる *b*. 遅れて देर से आ॰ 遅れる；遅刻する वे देर से आने की बात कह गए थे 帰りが遅いからとおっしゃって出かけられました *c*. 長い時間がかかって；長時間を要して हलुआ-पूड़ी देर से पचते ハルワーとかプーリーはこなれるのに時間がかかるものだ **देर से प्राप्त** 最新の；最近の देर से प्राप्त जानकारी के अनुसार 最新の情報によれば **देर हो॰** *a*. (予定や期待の時間に対して) 遅い；間に合わない；遅れる；遅刻する मुझे शायद लौटने में कुछ देर हो जाए 多分帰るのが少し遅れるだろう *b*. 夜が更ける सो जा, सो जा पप्पू, देर हो गई है おやすみ, パップー. 夜が更けたよ, ねんねしな **बड़ी देर का** かなり以前の；かなり前の दर असल चाय तो बड़ी देर की बन गई थी 実のところお茶は随分前に用意が出来上がっていた (-) **में देर न लगना** (ーに) 手間や暇がかからない；すぐに (ー) する राजा को समझने में देर न लगी 王は直ちに理解した

देर[2] [形] 遅い；遅れた देर रात तक 夜遅くまで；夜更けまで= देर रात गए तक. शुक्रवार को देर रात तक 50 शव निकाले गए थे 金曜日の夜遅くまでに50体の遺骸が収容された

देर-दार [名*] 遅れ；遅延 खाने में क्या देर-दार है? 食事が遅れるものかい (すぐに準備ができるよ)

देर-सवेर [副] = देर सवेरे. 遅かれ早かれ；いずれ लेकिन देर सवेर नुक़सान उठाना ही पड़ता है でもいずれ損害は被らなくてはならぬ

देरी [名*] 《P. دیری》 (1) 遅刻；遅れること देरी हो॰ 遅刻する；遅れる देरी हुई 遅刻した；遅れた (2) 時間 मुंबई की गाड़ी आने में अभी दो घंटे की देरी थी ムンバイ行きの列車の到着までまだ2時間あった अब देरी क्या है? もうすぐだ (もう手間暇はかからぬぞ)

देव [名] (1) 神；神様；特にバラモン教, ヒンドゥー教の神々の総称 (2) 目上の人, 偉い人などを指す言葉；殿；殿様 देव का वचन यथार्थ है 殿, 正にお言葉通りでございます उनके पतिदेव के आफ़िस का कर्मचारी あの方の御主人の勤め先の人 आपके पतिदेव की फ़िज़ूलख़र्ची या दिखावापसंदी के फल स्वरूप あなたの御主人様の浪費癖や見栄の結果 महिलाओं की शिकायत कहाँ तक सही है कि हमारे पतिदेव हमसे बात ही नहीं करते या हम पर विश्वास नहीं करते うちの人は私と口もきかないとか私を信頼していないとかいう女性の不満は一体どこまで正しいのだろうか (3) 夫の弟 (義弟) (4) 子供 (5) 親しんだり, ふざけたり, からかった調子で用いる言葉. 例えば,「犬様, 犬殿, 犬君, 犬公, ワン公, 犬の大将」などの感じ. गधाराम

「ロバ先生」の राम などと同趣. मोड़ आ गया था और यह मोड़ ही शायद श्वानदेव के साम्राज्य की सीमा थी 道角に出た. 多分この角がこのワン君の縄張りの境界だった（人に吠えかかって後を追ってきた犬について）

देवऋण [名]〔ヒ〕人間が神々に対して負う恩義や務め

देवक [名] (1) 呪物 (2) 神

देवकन्या [名*] (1) 神の娘 (2)〔イ神〕天女, アプサラー= अप्सरस्/अप्सरा.

देवकपूजा [名*]〔宗・文人〕庶物崇拝；呪物崇拝；仏神崇拝〈fetishism〉

देवकार्य [名]（ヒンドゥー教の）儀式

देवकी [名*]〔イ神〕デーヴァキー（クリシュナ कृष्ण の母でヴァスデーヴァ वसुदेव の妻. カンサ王 कंस のいとこ）

देवकीनंदन [名]〔イ神〕ヴィシュヌ神の第八の化身クリシュナの異名の一；シュリークリシュナ (श्रीकृष्ण)

देवकीपुत्र [名]〔イ神〕クリシュナ（デーヴァキーの息子）

देवकीय [形] 神の

देवगण [名] すべての神；パンテオン

देवगिरा [名*] サンスクリット語；梵語= संस्कृत.

देवगुरु [名] (1)〔イ神〕神々の世界の祭官ブリハスパティ (बृहस्पति) (2)〔イ神〕カシュヤパ聖仙 (कश्यप)

देवघनाक्षरी [名]〔韻〕デーヴァガナークシャリー（各パーダが33音節から成る音節韻律で मुक्तक दंडक の一. 8-8-8-9 で休止がある）

देवझूलणी [名*]〔ヒ〕デーオジュルニー／デーヴジュールニー（インド暦6月バードン月の白分11日に行われるヒンドゥー教の祭礼. ヴィシュヌ神像を水辺で水浴びさせる. ラージャスターン）= झूलणा इग्यारस/झूलणी ग्यारस.

देवठणी ग्यारस [名*]〔ヒ〕デーオタニーギャーラス／デーヴタニーギャーラス（カールティカ月白分11日のヒンドゥー教の祭. アーシャール月, すなわち, インド暦4月の白分11日から4か月にわたる雨季の眠りからのヴィシュヌ神の目覚めを祝う. この祭のラージャスターン地方での呼称. インド暦8月→デーオターン देवठान, デーヴォーッターン देवोत्थान; प्रबोधिनी; देवोत्थापिनी एकादशी

देवठान [名]〔ヒ〕デーオターン = देवोत्थान.

देवतरु [名]〔イ神〕デーヴァタル（インドラ神の庭園にあると伝えられる, 人のあらゆる願いを叶えてくれると言う樹木）; カルパタル；如意樹= कल्पतरु; कल्पवृक्ष.

देवता [名] (1) 神；神様 हे पेड़ देवता! ああ木の神様 पवन देवता 風の神；風神 प्रकाश का देवता सविता (सूर्य) 光の神サヴィター（太陽神） ग्रामदेवता 土地の守護神；産土神；氏神 (2) 崇拝・尊敬の対象となる人や物を示す (3) からかい, 軽蔑的な意味で, 旦那, 偉いさん, 御仁などの意を表す पुलिस के देवता ने कहा - ऐसे ख़तरनाक आदमी को ज़रूर सख़्त सज़ा देनी चाहिए 警察の旦那がおっしゃるにはこんな危険人物は厳罰に処すべきである (4) 神像 **देवता कूच कर जा॰** 恐ろしさに震えあがる **देवता मनाना** 神に祈る **देवताओं की आँख पड़ना** 神に召される **देवतागण** 神々 वहाँ देवतागण भी उपस्थित होते हैं そこには神々もまします

देवतात्मा [形] (1) 神の如き (2) 神聖な；聖なる

देवताधिप [名]〔イ神〕インドラ神= इंद्र.

देवतुल्य [形] (1) 神に等しい मैं आपको देवतुल्य समझती हूँ あなたを神様のように思っています (2) 神に似ている；神のような；神の如き मनुष्य स्वभाव से देवतुल्य है 人間の本性は神に似ている देवतुल्य स्वभाव 神の如き性格

देवत्रयी [名]〔ヒ〕ブラフマー, ヴィシュヌ, シヴァのヒンドゥー教の主要三神

देवदत्त[1] [形] (1) 神から授かった；神授の；天から授かった (2) 神々のためにとっておかれた

देवदत्त[2] 〔人名・仏〕デーヴァダッタ（提婆達多）

देवदार [名]〔植〕マツ科高木ヒマラヤスギ【*Pinus deodora*】

देवदारु [名] = देवदार.

देवदासी [名*] (1)〔ヒ〕デーヴァダーシー（南インドのヒンドゥー教寺院に属して歌や踊りを捧げてきた女性, 後に売春に関わるような存在と化す） (2) 踊り手 (3) 遊女

देवदूत [名] 神の使い；天使

देवदूती [名*] 天女= अप्सरा.

देवद्रुम [名] (1)〔イ神〕人の願ったものを授けるとされる樹, すなわち, 如意樹= कल्पवृक्ष. (2)〔植〕ヒマラヤスギ= देवदार.

देवधाम [名] 聖地；巡礼地 देवधाम क॰ 聖地を巡礼する= तीर्थयात्रा क॰.

देवधेनु [名*] = कामधेनु. 〔イ神〕カーマデーヌ（人の願いを叶えてくれるとされる雌牛）

देवनदी [名*] (1) ガンジス川 (गंगा) (2)〔イ神〕サラスヴァティー川

देवनागरी [名*] デーヴァナーガリー文字（古代のブラーフミー文字 ब्राह्मी लिपि に起源を有し, 現今ヒンディー語, マラーティー語, サンスクリット語, ネパール語などの書写に用いられている南アジアの主要な文字の一）

देवनायक [名]〔イ神〕インドラ神= इंद्र भगवान; इन्द्र.

देवनिंदक [名] 不信心者；信仰心を持たぬ者= नास्तिक.

देवनिंदा [名*] 不信心 = नास्तिकता.

देवनिर्मित [形] (1) 神の造り給うた (2) 天然の= प्राकृतिक; नैसर्गिक.

देवपति [名]〔イ神〕インドラ神= इंद्र; इन्द्र.

देवपशु [名] 生け贄の動物

देवप्रयाग 〔地名〕デーヴァプラヤーガ（ガンジス川上流のアラクナンダー川 अलकनंदा との合流点でヒンドゥー教徒の聖地の一）

देवबलि [名] 供物；神饌= नैवेद्य; भोग.

देवबाँस [名]〔植〕イネ科タケ亜科アナナシタケ【*Dendrocalamus strictus*】= नर बाँस; बिधुली. ベンガル東部及びアッサム地方に産する大きな竹で建築や器具の材料として用いられる

देवभाषा [名*] サンスクリット語の尊称= संस्कृत भाषा.

देवमंदिर [名] 神社；神殿；神宮= पूजागृह.

देवमादन [名]〔イ神〕ソーマ (सोम)；ヴェーダ祭式の神酒

देवमुनि [名]〔イ神〕ナーラダ聖仙；ナーラダ・ムニ；ナーラダ・リシ (नारद)

देवयज्ञ [名]〔ヒ〕バラモン教の神々に捧げられる供犠（家長により日々家庭内で行われるべき贖罪としての5種の祭りごと, すなわち, 五大祭, もしくは, 五大供犠の一, → पंचयज्ञ）

देवयान [名] (1)〔ヒ〕天界から流れ出たアラクナンダー川がブラフマーの世界に流れこむ際に通る道 (2) 死後人を天界へ導く道 (3)= उत्तरायण.

देवयुग [名] = सत्ययुग. → युग.

देवयोनि [名*]〔イ神〕デーヴァヨーニ（天上のヤクシャ यक्ष, ヴィディヤーダラ विद्याधर, ガンダルヴァ गंधर्व, キンナラ किन्नर, ピシャーチャ पिशाच, ラークシャス राक्षस といった半神, 下級神格, 神秘的存在, 鬼などの総称）

देवर [名] 義弟（夫の弟）

देवरक्षित [形] 神に守られた

देवरथ [名] (1) 神の乗り物；（天を飛行する）天宮 (2) 太陽神の乗るという7頭立ての馬車

देवराज [名] インドラ神= देवेंद्र; इंद्र.

देवरानी [名*] 夫の弟（義弟）の妻

देवर्षि [名] デーヴァルシ（修行の完成の結果, 神々と共に天界に住むリシ；神仙；天の聖者） देवर्षि नारद 神仙ナーラダ

देवल[1] [名] (1) 神への供物で生計を立てるブラーフマンやパンダー पंडा など (2) 寺院；神社

देवल[2] [名] = देवर.

देवलोक [名] 神々の住む天界；天国= स्वर्ग; देवताओं का लोक. देवलोक को सिधारना 天界に赴く；天国に向かう；死ぬ

देववधू [名*] (1) 神の配偶神 (2) 女神 (3) アプサラー अप्सरा

देववनिता [名*]〔イ神〕天女；アプサラー= अप्सरा.

देववाणी [名*] (1) サンスクリット語= संस्कृत भाषा. (2) 神のお告げ；神託= आकाशवाणी.

देववाहन [名] 火, アグニ

देवविग्रह [名] 神像

देववृक्ष [名] (1) = आक. (2) = गूगुल. (3) = सतिवन.

देवशत्रु [名] 神々の敵ラークシャス= राक्षस.

देवसदन [名] (1) 天国= स्वर्ग. (2) 神社= मंदिर.

देवस्थान [名] (1) 神々のまします所 (2) 神社；寺院

देवहूति [名*]〔ヒ〕儀式のために神々を招くこと；神々の勧請

देवांगना [名*] (1) 神の妻；神妃 (2) 天人；天女 (3) アプサラー；アプサラス

देवांश [名] (1) 神々に供えられる（べき）部分 (2)〔ヒ〕神威の部分的な降臨= अंशावतार.

देवागार [名] (1) 天界；天国 (2) 寺院；神社

देवाधिदेव [名] (1) ヴィシュヌ神 (2) シヴァ神

देवाधिप [名] (1) 最高神 (2) インドラ神

देवानांप्रिय [名] (1) 神の寵愛する人 (2) 目上に対する敬称 (3) 馬鹿；愚者 समझो कि वे पूरे देवानांप्रिय हैं あの人は全くの愚者だと思え

देवायतन [名] (1) 天界；天国 (2) 神社；寺院

देवायुध [名] (1) 神の武器 (2) 虹

देवारी [名*] 鬼火 = छलावा.

देवार्पण [名] 神に捧げること；献供

देवालय [名] 神社；寺院；宮 मुहल्लों में देवालय 町内の寺院

देवाला [名] (1) = दिवाला. (2) = देवालय.

देवा-लेई [名*] やりとり = लेनदेन.

देवासुर [名] देव デーヴァと असुर アスラ；神々とアスラ（神々の敵）

देवासुर संग्राम [名] (1)〔イ神〕デーヴァ（神々）とアスラとの戦争 (2) 激しい戦い；激戦；大合戦 वहाँ दो कुंजड़ियों में देवासुर संग्राम मचा था 2 人のクンジャリーの女の間に大合戦

देवाहार [名] (1)〔ヒ〕神々の食物；神饌 (2) 天界の不老不死の霊水アムリタ（अमृत）

देवि [名*]《Skt.》 देवी の単数呼格形 (Sg., voc.) 女神よ，貴方さまなど

देवी [名*]〔イ神〕(1) 女神；デーヴィー उषा प्रातःकाल की देवी मानी गई ウシャーは暁の女神と考えられた (2) 男神の妻，すなわち，神妃，配偶神 (3)〔ヒ〕ドゥルガー神 (दुर्गा) मातृदेवी 母神 देवी माँ के दर्शन क॰ ドゥルガー神に参詣する (4) デーヴィー（マハーデーヴィー），シヴァ神の妃 देवी (5) 女神とされる大地の神，暁の神などに尊称として用いられる (6) パールヴァティー神 (पार्वती) (7) サラスヴァティー神 (सरस्वती) (8) 女性の敬称；御婦人（人名の後に－さん，－女史，などの意味で用いられることもある）क्या इतने बड़े देश में ऐसी दस-बीस पढ़ी-लिखी देवियाँ भी नहीं हैं? こんな大国にこのような学問や教育のある婦人が 20 人ほどもいらっしゃらないのですか (9) 軽蔑的にあるいは皮肉な意味で女性のこと अच्छा हुआ, तब अकल ठिकाने आ गई होगी देवी जी की それはよかった．それで女史は正気に戻ったことだろうよ (10) 女性名詞を擬人化した形 निद्रा देवी 眠り（眠り姫）

देवें [他]〔古〕 देना の不定未来形の आप 対応形．現在では दें が普通に用いられる दोहों को अपने अनमोल पत्र में स्थान देवें 御誌にドーハーの投句欄を設けて下さいますよう願い上げます

देवेंगे [他]〔古〕→ देना. = देंगे.

देवेंद्र [名] インドラ神= इंद्र; देवेन्द्र.

देवेश [名] (1) インドラ神 = इंद्र. (2) ヴィシュヌ神 = विष्णु. (3) ブラフマー神 = ब्रह्मा. (4) シヴァ神 = शिव.

देवैया [形] (1) 与える (2) 与えたがる

देवोत्थान [名]〔ヒ〕カールティク月の白分 11 日（この日ヴィシュヌ神がシェーシャナーガの上でのアーシャール月白分 11 日から雨季の 4 か月間にわたる眠りから目覚めるとされる）；デーオターン／デーヴォーッターン→ देवठान.

देवोपम [形] 神のような；神の如き；神に等しい देवोपम मनुष्य 神のような人

देश [名] (1) 空間の広がり；空間 **देश-काल** 空間と時間 (2) 地域 उनकी विद्वत्ता तथा ज्ञान की ख्याति के कारण देश-देश के पंडित उनकी सभा में पहुँचते थे 王の学殖の評判を耳にして各地からパンディットたちが宮廷にやって来ていた (3) 地方 (4) 国；国家 विकासशील देश 発展途上国 विकसित देश 先進国 (5) 部分 (6) 故郷；郷土；国 **देश देश की हवा खाना** 様々な経験を積む **देश से निकालना** 国外に追放する；所払いにする

देशघाती [形] 売国的な；亡国的な= देशविद्रोही. देशघाती धंधा 売国的な仕事；亡国的な仕事 मूर्तियों की चोरी का देशघाती धंधा 神像窃盗という売国的な仕事

देशज[1] [形] 土着の；その土地や地域に根ざした

देशज[2] [名]〔言〕「土着の語彙」（サンスクリット語やパーリ語，プラークリット語起源でもアラビア語，ペルシア語，英語などからの外来語でもなくインドの土着の語彙と考えられてきている語彙）

देश-देशांतर [名]（ある地域やある国家にとっての）内外 उनके वाणिज्य व्यापार का संबंध देश-देशांतर से था 取引関係は国の内外との間にあった देश-देशांतरों के राजकुमार 諸国の王子たち

देशद्रोह [名] 国家への反逆；謀反 विलायती कपड़े ख़रीदना और पहनना देशद्रोह है 外国製の衣料を購入し着用するのは国家への反逆

देशद्रोही [形] 国家への反逆を行う；謀反を起こす；亡国的な

देशना [名*] (1) 指示 (2) 教悔

देशनिकाला [名] 国外追放；所払い (-को) देशनिकाला दे॰ （－を）国外追放する उसने दोनों छोटी लड़कियों को देशनिकाला दे दिया 2 人の小さな女の子を国外追放に処した देशनिकाला मिलना 国外追放される

देशप्रत्यावर्तन [名] 国や故郷への帰還；帰国

देशप्रेम [名] 愛国心 आज़ाद हिंद सेना के सैनिक देश-प्रेम में मतवाले थे インドの国民軍の兵士たちは愛国心に酔っていた

देशबंधु [名]「国民の友」インドの民族運動の指導者チッタランジャン・ダース देशबंधु चित्तरंजन दास (1870–1925) に対する敬称

देशभक्त [名] 愛国者

देशभक्ति [名*] 愛国心 = देशप्रेम.

देशभाषा [名*] 地方語；特定の地域に話される言語；地域語

देशमुख [名] (1) 国の指導者 (2)〔イ史〕デーシュムク（デカン地方）において世襲的に治安・軍事・徴税の任務に携わった役人，英領インドにおいては県の徴税役人）= देसाई.

देशरक्षा [名*] 国防

देशराग [名]〔イ音〕デーシュ・ラーガ

देशवापसी [名*] 帰還

देशवासी [名] 国民；市民 देशवासियों का कर्तव्य 国民の義務 समस्त देशवासी 全国民

देश-विदेश [名] 国内と国外；内外 देश-विदेश के समाचार 内外のニュース

देश-विभाजन [名] 国の分断= मुल्क का बँटवारा; मुल्क की तक़्सीम.

देशव्यवहार [名] 特定の国や地域の風俗習慣

देशव्यापी [形] (1) 全域的な (2) 全国的な देशव्यापी आंदोलन 全国的な運動

देशसेवक [名] 国家・国民への奉仕者

देशसेवा [名*] 国家・国民への奉仕

देशस्थ [形] (1) ある地域に位置する (2) ある地域に住む

देशहितैषिता [名*] 愛国心= देशभक्ति; देशप्रेम.

देशहितैषी [形・名] 愛国の；愛国的な；愛国者

देशांतर [名] (1) 外国；他国；異国 (2) 経度 (3) = देशांतरण.

देशांतरण [名] (1) 移住 (2) 国外追放；所払い

देशांतरसूचक यंत्र [名] マリーンクロノメーター；経線儀

देशांतरित [形] (1) 移住した (2) 国外追放された；所払いになった

देशांश [名] 経度 = देशांतर. देशांश 77.44 पू॰ 東経 77 度 44 分

देशाटन [名] 遊歴；漫遊

देशाधिपति [名] 王；国王；帝王= सम्राट्; बादशाह.

देशिनी [名*] 人差し指 = तर्जनी.

देशी [形] (1) 地域の；地方の (2) 国の (3) 自国の= स्वदेशी. कितने ही देशी आदमियों और औरतों के प्राण मैंने बचाये हैं 実に多数の（男女の）同胞の命を救った (4) 土着の；地域に固有の；外来のものでない देशी तोते 土着の鳩 (5) 故郷の；郷土の **देशी अंडा** 養鶏場以外で放し飼いにされた鶏の生む卵；有精卵 **देशी घी** （工場製の植物油からのものとは違う）牛や水牛の乳を原料にして作られる，あるいは，酪農家の自家製の純粋なギー（घी）

देशीकरण [名] 帰化〈naturalization〉

देशी बादाम [名]〔植〕シクンシ科中高木モモタマナ【*Terminalia catappa*】

देशीय [形] (1) 地域の (2) 地方の (3) 国の；自国の= देशीय.

देशीयकरण [名] 帰化= नागरिकीकरण.〈naturalization〉

देशीय भाषा [名*]〔言〕母語；母国語；第一言語〈native language〉 **देशीय भाषाभाषी** 母語の話し手〈native speaker〉

देशी राज्य [名] = देशी रियासत.

देशी रियासत [名*]〔イ史〕インド独立前の藩王国 राजस्थान बनने से पहले यहाँ पर 18 देशी रियासतें थीं ラージャスターン州ができる前にはここには 18 の藩王国があった

देश्य [形] (1) 国の；国家の (2) 地方の；地域の
देस [名] ＝देश.
देसवाल [形] 地元の；郷土の；地場の；地域の
देसांतर [名] ＝देशांतर.
देसाई [名] ＝देशमुख.
देसाधिपति [名] ＝देशाधिपति.
देसावर [名] (1) 他国；異国＝परदेस. (2) 外国＝विदेश. (3) 取引所；交易所
देसावरी [形] (1) 異国の (2) 外国の (3) 取引所の
देसी [形] ＝देशी. (1) 国の；自国の क्रिश्चनों के मुहल्ले से कोई भी देसी स्त्री गुज़रने की हिम्मत नहीं करती थी クリスチャンの居住区をインド人の女性はだれも敢えて通ろうとしなかった (2) (外来のものでない) 自国の；伝統的な देसी शराब しょうちゅう (焼酎) → विलायती शराब 洋酒 परदेसी परिवेश में देसी संस्कृति 外国風の装いの中に自国の文化 (3) 地方の；地方で製造した；土地の देसी जूता 北インドの農村地域で用いられる伝統的な男子靴の一 (4) 手製の；工場製でない देसी बम 手製爆弾 देसी पिस्तौल 手製ピストル **देसी कौवा मरहठी भाषा** 〔諺〕猿真似；こっけいな人真似
देसी गुलाब [名] 〔植〕バラ科低木ブルボンローズ【*Rosa bourboniana*】
देसी घी [名] ＝देशी घी. 牛や水牛の乳から製造した本物のギー (バターオイル)；デーシー・ギー (→ वनस्पति घी 植物油を原料にしてこしらえたギー) देसी घी में तले पूड़े デーシー・ギーで揚げたプーラー देसी घी की मिठाई 本物のギーを用いてこしらえた菓子
देसी पान [名] 嗜好品のパーン (पान) の有名な一品種 (ビハールからウッタル・プラデーシュ州にかけて愛用される)
देसी सावाँ [名] 〔鳥〕ヒタキ科イワビタキ属チャイロイワビタキ【*Cercokela fusca*】
देह[1] [名*] (1) 体；身体 सारी देह में पीड़ा हो रही थी 全身に痛みがあった (2) 人の身；人身 **देह की ख़बर न हो॰** 一心不乱になる；熱中のあまり身体の意識がなくなる＝देह की ख़बर न हो॰. **देह घुलकर काँटा हो॰** やせ衰える；衰弱する **देह चुराना** 身を縮める；小さくなる **देह छूटना** 死ぬ ＝देह छोड़ना; मृत्यु हो॰. **देह छोड़ना** 死ぬ **देह जल जा॰** 激怒する；かっとなる **देह टूटना** 体が痛くなる **देह ढलना** 体の張りがなくなる **देह दहना** 体が痛む **देह धरना** 生まれる；(ーの姿で) 生まれる **देह पाना** 生命を受ける；生まれる **देह बिसारना** 熱中する **देह भरना** 体に肉がつく；体がしっかりする **देह भारी हो॰** *a.* 体調が悪い *b.* 太る **देह में आग लगना** かっとなる；激しく腹を立てる **देह ले॰** ＝देह धरना.
देह[2] [名] 《P. ده》村；部落＝गाँव; ग्राम.
-देह [造語] 《P. ده》ペルシア語の「与える」意味の動詞 दादन 《P. دادن》の語根で，(ーを) 与える，もたらすなどの意を有する合成語の構成要素 तकलीफ़देह 面倒な，厄介な आरामदेह 安楽な；快適な；心地よい
देहक़ान [名] ＝दहक़ान. 田舎の人；地方の人；農夫＝गाँव वाला; किसान.
देहक़ानी [名] ＝दहक़ानी. (1) 田舎の人 (2) 田舎者＝गँवार.
देहगुहा [名*] 腹腔 ＝उदरगुहिका.
देहत्याग [名] 死；逝去＝मृत्यु.
देहधारक[1] [形] 生身の；肉体を保つ＝देहधारी[1].
देहधारक[2] [名] 骨 ＝अस्थि; हाड़; हड्डी.
देहधारण [名] (1) 生誕＝जन्म. (2) 生命の保持＝शरीर रक्षा.
देहधारी[1] [形] 肉体を持つ；生身の
देहधारी[2] [名] 生き物；生物
देहपात [名] 死 ＝मृत्यु.
देहपिच्छ [名] 〔鳥〕鳥の羽；正羽
देहयष्टि [名*] すらりとした体；細身 सुंदर कलात्मक देहयष्टि,गंभीर चिंतनशील बड़ी-बड़ी आँखें और सुरीला स्वर 芸術品を見るような細身，深い思いを窺わせる大きな眼，それに心地よい声
देहरा [名] 寺院；神社＝देवालय.
देहरादून 〔地名〕デヘラードゥーン (ウッタラーンチャル・プラデーシュ州の都市で同州の暫定州都)
देहरादूनी [形] デヘラードゥーンの；デヘラードゥーン地方の；同地方産の **देहरादूनी चावल** デヘラードゥーンの米 (芳香のあるバースマティー米 बासमती चावल の一種)
देहरी [名*] 敷居＝देहली; दहलीज़. कमरे के दरवाज़े की देहरी 部屋の扉の敷居
देहली [名*] 開き戸の敷居＝देहरी; दहलीज़.
देहली दीपक [名] (1) 敷居の上に置かれた灯火 (敷居の内と外とを照らす) (2) 〔修辞〕両義に解釈できること；両義に解釈できる表現
देहवान्[1] [形] 肉体を有する；生身の＝देहवंत; शरीरधारी.
देहवान्[2] [名] (1) 生身の人 (2) 生き物；生物
देहांत [名] 死 ＝मृत्यु; मौत; देहान्त.
देहांतर [名] 〔ヒ〕(1) 転生；死後再び新しい肉体を得ること (2) 転生によって得る身体
देहांतरण [名] 〔ヒ〕輪廻による転生
देहात [名] 《P.A. دہات दिहात/देहात》(1) 村；村落 (2) 田舎；農村地域 देहात की ज़िंदगी 田舎の暮らし देहातवाले 田舎の人たち；田舎の住人
देहातिन [名*] ←देहाती[2]. 田舎の女性；村の女性
देहाती[1] [形] 《P. دہاتی दिहाती/देहाती》(1) 田舎の देहाती युवक 田舎の青年 (2) 田舎に住む (3) 田舎風の (4) 田舎者の；野暮な；洗練されていない
देहाती[2] [名] 田舎の人＝ग्रामीण; गाँववाला.
देहातीत [形] (1) 肉体を超越した；肉体を離れた (2) 肉体への執着を去った
देहातीपन [名] 田舎風；田舎らしさ；田舎臭さ
देहात्मवाद [名] 霊魂を肉体と同一視する物質主義
देहावसान [名] 死；死去 (婉曲的な表現) उनके पिता का देहावसान हो गया あの方のお父上が亡くなられた (逝去された)
देही[1] [形] 身体を持つ；身体を有する
देही[2] [名] 〔イ哲〕個我；アートマー＝आत्मा; जीवात्मा.
देही किसान [名] 《P. ده ＋ H.》〔農〕定住ライヤット〈settled raiyat〉＝छपरबंद. → पाही.
दैत्य [名] (1) 〔イ神〕ダイティヤ (カシュヤパ कश्यप とディティ दिति の間に生まれた息子たち，悪魔，鬼，アスラ，ラークシャサ) (2) 非常に大柄で容貌の醜い人 (3) ラークシャサのような姿形の人
दैनंदिन[1] [形] 日常の；日々の；毎日の दैनंदिन जीवन में 日常生活において
दैनंदिन[2] [副] (1) 毎日；日々 (2) 休みなく；連続して
दैनंदिनी [形] 日々の；毎日の＝दैनिक; दिन प्रतिदिन का; .
दैनिक[1] [形] (1) 毎日の；一日一日の；日ごとの दैनिक अख़बार 日刊紙＝दैनिक समाचार. (2) 日々の；毎日の；日常的な；幾つもの दैनिक अनुभवों से 日々の経験から दैनिक उपयोग की वस्तुएँ 日用品；生活用品 दैनिक काम 日常の仕事；日常の業務 दैनिक कार्य-व्यापार 日々の活動；日常の業務 दैनिक ख़ुराक 毎日の食事 दैनिक जीवन 日常生活 (3) 1日の दैनिक श्रमिक 日雇い
दैनिक[2] [名] 日当；1日の賃金
दैनिक पत्र [名] 日刊紙；デイリー
दैनिकी [名*] ポケットに入る日記帳；手帳＝डायरी.
दैन्य [名] ←दीन. (1) 柔和；謙虚さ (2) 貧しさ；貧困 (3) みじめさ；気の毒な境遇
दैयत [名] ＝दैत्य; राक्षस.
दैया[1] [名] 運命 ＝दैव; क़िस्मत.
दैया[2] [感] 女性が驚嘆，恐怖，悲嘆などを表す言葉 **दैया दैया क॰** 大きな悲鳴をあげる；悲嘆の声をあげて神に救いを求める
दैर [名] 《A. دیر》(1) 礼拝所 (2) 寺院；神社 (3) キリスト教教会堂 (4) ゾロアスター教寺院
दैव[1] [形] (1) 神の (2) 神の力による；運命の
दैव[2] [名] (1) 運命；宿命 (2) 最高神 (3) 空；天空 दैव का मारा 不運な；運に見放された **दैव फिरना** 運に見放される **दैव बरसना** 雨が降る **दैवगति** 運命；天命＝भाग्य; प्रारब्ध.
दैवज्ञ [名] 占星術師；占い師；易者
दैवयोग [名] 偶然；偶然の一致＝संयोग; इत्तिफ़ाक़. दैवयोग से たまたま；偶然に＝संयोग से.
दैववश [副] たまさかに；偶然に ＝संयोग से; इत्तिफ़ाक़ से; इत्तिफ़ाक़न.
दैववाणी [名*] (1) サンスクリット語の尊称＝संस्कृत भाषा. (2) 天の声；神の声＝आकाशवाणी.
दैववादी [名] (1) 宿命論者；運命主義者 (2) 怠け者

द

दैवविद् [名] 占星術師
दैवविवाह [名]〔ヒ〕ダイヴァ婚（マヌ法典において正統的結婚の一とされた様式，供犠の最中に娘をリトヴィジュ祭官に与えるとされる）（マヌ法典 3 - 28）
दैवश्राद्ध [名]〔ヒ〕神々のために行われるシュラーッダ श्राद्ध
दैवहीन [形] 不運な；運のない= भाग्यहीन; अभागा.
दैवागत [形] (1) 偶然の (2) 突然の；にわかに生じた
दैवात् [副] (1) 偶然に；はからずも；不図 दैवात् तोता मर गया 偶然にもオウムが死んでしまった (2) 突然；にわかに दैवात् सम्मुख ही एक ऊँची पहाड़ी दीख पड़ी 突然真っ正面に高い山が見えた
दैविक [形] (1) 神の；神に関わる (2) 神から授かった；神授の (3) 超人的な；神のなせる दैविक शक्ति 超人的な力；超能力；神技
दैवी[1] [形] (1) 神の (2) 神からの；神授の (3) 神のなせる技の (4) 偶然の (5) 純正な दैवी शक्ति 超自然力；神通力 **दैवी अनुकम्पा** 神の情け；慈悲 **दैवी आपत्ति** 災厄；災難；天災 (- पर) **दैवी आपत्ति आ॰** (ーに) 災厄が降りかかる **दैवी प्रकोप** 神の怒り；天罰 बीमारी को दैवी प्रकोप मानना 病気を天罰と考える **दैवी लोक** 神々の世界；天界
दैवी[2] [名*] 呪物
दैवी[3] [名] 占星術師
दैवी गति [名*] (1) 神のなすところ；神の仕業 (2) 運命
दैव्य [形] 神の；神による
दैशिक [形] (1) 地方の (2) 地域の (3) 国の；国土の (4) 国家の (5) 指向式の
दैहिक [形] (1) 体の；身体の；肉体の (2) 肉体から生じた
दैहिकी [名*] 生理学 〈physiology〉 = शरीरक्रिया विज्ञान.
दैह्य[1] [形] (1) 体の；身体の；身体上の= शारीरिक. (2) 身体から生じる
दैह्य[2] [名] 魂；霊 = आत्मा.
दोंकना [自] 動物がうなる；うなり声をあげる= गुर्राना.
दोंकी [名*] ふいご= धौंकनी.
दोंगड़ा [名] 激しい雨；土砂降り；大雨 **दोंगड़ा पड़ना** 大雨が降る；土砂降りになる **दोंगड़ा बरसाना** 大雨を降らせる；いっぱい浴びせる आते ही उन्होंने गालियों और धमकियों का एक दोंगड़ा-सा पिता जी पर बरसा दिया あの人は（家に）戻って来るなり罵詈と脅し文句の大雨を父の頭に降らせた
दो[1] [数・形] (1) 2；2つ；二つ (2) わずかの；ほんの少しの दो अक्षर अंग्रेज़ी के पढ़ गए, तो अपने बड़े-बूढ़ों को कोसने लगा 英語をほんの少しかじっただけで目上の人をののしりだした (3) 別の；他の **दो अंगुल आगे बढ़ना** (हो॰) 抜き出る；先んじる **दो अंगुल ऊँचा हो॰** 少しすぐれている **दो आँख से देखना** 差別する **दो आँसू गिराना** (- डालना; - बहाना) いささか悲しみを表す **दो-एक** いくつか；一つ二つの；若干の；わずかの दो-एक घरों में तो 数軒の家では **दो एक दिन में** 一両日中に **दो कौड़ी का** 二束三文の；取るに足らない **दो कौड़ी का भी नहीं** 一文の値打ちもない；全く無価値な शीला को बच्चा हो गया तो तेरी हैसियत दो कौड़ी की रह जाएगी シーラーに子供が生まれたらお前なんぞ全く相手にされなくなるぞ **दो गाल** ほんのわずかのもの **दो घड़ी** 少しの間；わずかの間 **दो घड़ी का मेहमान** 死に瀕している；死にかけている **दो घर हो॰** = दो चूल्हे हो॰. **दो घोड़ों पर सवारी क॰** *a.* 同時に2つのことをする *b.* 二股かけること *c.* 定見のないこと **दो-चार** *a.* 若干の；少しの；わずかばかりの *b.* 若干；少し；わずかなもの **दो चार हाथ दूर** そばに；近くに (-से) **दो-चार हो॰** *a.* (ーと) 向き合う；(ーに) 直面する *b.* (ーと) 顔を合わせる **दो चूल्हे हो॰** 大家族の中で（兄弟の）仲違いが生じる（そのためかまどを分ける結果となる） **दो चौके-चूल्हे हो॰** = दो चूल्हे हो॰. **दो जीभ वाला** 二枚舌を使う **दो टुकड़े** わずかの食べ物 भजन गाकर, भीख माँगकर दो टुकड़े जुटाता हूँ バジャンを歌い，物乞いをして糊口をしのいでいるのです（わずかの食べ物を手に入れているのです） **दो दाँतवाला** あどけない；いとけない；無邪気な **दो दिन** わずかの間 **दो दिन का** はかない；短時日の；ごく短い期間の **दो दिन का मेहमान** *a.* 短命な *b.* 死にかけている **दो दो चोंचें हो॰** 言い争いになる；口喧嘩をする **दो-दो दाने को फिरना** 物乞いをして歩き回る **दो-दो बातें क॰** 少し言葉を交わす **दो-दो हाथ क॰** *a.* つかみ合いをする；殴り合いをする *b.* 言い争う **दो-दो हाथ दिखाना** 自分の力を見せる **दो नंबर की कमाई** （本業とは）別口の稼ぎや収入（裏口の稼ぎ）= ऊपरी आमदनी. दो नंबर की कमाई करने वाले न हों तो राजनीतिक पार्टियों को चुनाव लड़ने के लिए चंदा कहाँ से दूँ? 別口の収入がなかったら政党の選挙にどこから寄付金を出せようか **दो नावों की सवारी क॰** *a.* 一度に2つのことをする *b.* 二股かけること *c.* 考えの定まらぬこと **दो नावों पर पैर रखना** = दो नावों की सवारी क॰. **दो नावों पर सवार हो॰** = दो नावों की सवारी क॰. **दो निगाह से देखना** 特別扱いをする；差別的な扱いをする= भेदभाव क॰. **दो पाई** 3分の2 **दो पाटों के बीच पिस जा॰** 板挟みになる；ジレンマにおちいる **दो पाटों के बीच साबित न बचना** = दो पाटों के बीच पिस जा॰. **दो पैसा कमाना** 稼ぐ；収入をはかる **दो पैसे** わずかの金；少額 दो पैसे चौका-बर्तन से कमाती है 他家の食器洗いをして少々の金を稼ぐ **दो बात क॰** ああ言ったりこう言ったりする；考えや意見がころころ変わる；定見のない **दो बातें क॰** ほんの少し言葉を交わす **दो बूँद आँसू गिराना** 少し悲しみを表す **दो बूँद आँसू टपकाना** = दो बूँद आँसू गिराना. **दो मत न हो॰** 意見が一致する；異論がない इसमें दो मत नहीं これについては異論がない **दो मुट्ठी धूल न डालना** 然るべきもてなしをしない；お茶の一杯も出さない；儀礼的な作法すらしない **दो मुर्ग़ा लड़ाकर तमाशा देखना** 他人に争わせてそれを楽しむ **दो मुल्लों में मुर्ग़ी हराम** 〔諺〕船頭多くして船山に登る (-में) **दो राय न हो॰** (ーに) 異論がない इस बारे में दो राय नहीं है कि अंधविश्वास की शुरुआत ज़्यादातर माहौल से होती है 迷信はたいてい環境から生じるということには異論はない **दो रोटियाँ हो॰** 大家族の中でいさかいが生じ食事を別々にすること **दो रोटियों का ठिकाना हो॰** どうにかこうにか食える；何とか飯を食べられる；なんとかやって行ける **दो रोटी** 一片のパン दो रोटी के लिए 一片のパンを求めて इनके माता-पिता और बुज़ुर्ग 'कुली' की संज्ञा में सूरीनाम दो रोटी के लिए गए थे この人たちの両親や先祖が「クリー（苦力）」の名のもとにスリナム（スリーナーム）に一片のパンを求めて出かけた **दो शब्द** *a.* 一言；二言三言 पर अच्छा भोजन बनने पर कभी तारीफ़ के दो शब्द न बोले जाते でも料理がうまくできても一言の誉め言葉もない क्या तुम्हारे पास मेरी हिम्मत बँधाने के लिए दो शब्द नहीं है? 私を励ます一言を君は持ち合わせていないのかい *b.* 序文 **दो सिर आ॰** 災厄が降りかかる **दो सिर की टक्कर हो॰** 2人の意見がぶつかり合う **दो हथेलियों से ताली बजना** 〔諺〕争いには両方に責任があるものだ；喧嘩両成敗 **दो हाथ आगे बढ़ना** 先んじる
दो[2] [他] 他動詞 देना の叙想法不定未来時制並びに命令法の二人称 तुम 対応形
दो आतशा [形] 《P. دو آتشه दुआतशा》 (1) 2度焼いた；2度火を入れた；2度火を通した (2) 2度蒸留した
दो आब [名] 《← P. دو آبه दुआबा》 (1) 2つの川に挟まれた地域；河間地域 (2)〔地名〕ドーアーブ（ガンジス川とヤムナー川との間に挟まれたウッタル・プラデーシュ州西部の平野）
दो आबा [名] 《P. دو آبه》 = दो आब.
दोइ [数] = दो.
दोउ [形] 《Av., Br.》= दोनों.
दोऊ [形] 《Av., Br.》= दोनों.
दोक [名] 2歳の雄牛
दो कला[1] [形] 二段仕掛けの
दो कला[2] [名] 二段仕掛けの錠前
दोख [名] = दोष.
दोखना [他] 非難する= दोष लगाना; ऐब लगाना.
दोगंडी [名*] 賭け事のいかさまに用いるために細工されたタマリンドの実 **दोगंडी चिट्ठी** *a.* 仲立ち *b.* 不和を煽る人
दोगरा चील [名*]〔鳥〕ワシタカ科カンムリワシ【*Spilornis cheela*】
दोग़ला[1] [名] 《P. دو غله》 (1) 雑種；混血；あいのこ (2) 不義の子；不義密通の子 (3) 庶子；私生子
दोग़ला[2] [形+] (1) 雑種の；混血の = वर्णसंकर. (2) 庶出の；私生の；摘出でない = जारज. (3) 不義の；親が正規の結婚をしていない (4) 不条理な दोग़ली राजनीति 不条理な政策
दोग़लापन [名] ← दोग़ला. सरकार का दोग़लापन ज़ाहिर हो जाएगा そうであれば政府の不条理性が明らかになるであろう
दोगाड़ा [名] 二連銃= दोनली बंदूक; दुनाली.
दोगाना[1] [形+] 《P. دو گانه दुगाना》 (1) 二重の；重なり合った；二重になっている (2) 組み合わせになった；2つが一緒になっている
दोगाना[2] [名] (1) 両膝を曲げての祈祷 (2) 無二の親友の2人

दोगाना[3] [名]〔文芸〕謎掛けの問答形式で展開する詩の一種；ドーガーナー

दोगाना[4] [名] 双子の果物や実

दोगुना [形⁺] 2倍の；倍の= दुगुना; दूना.

दोघरा [形⁺] 2つの部分からなる

दोचंद [形] 《P. دو چند ← P. دو چندان दोचंदान》 (1) 2倍の；倍の= दुगुना. (2) 二重の

दोच [名*] = दोचन.

दोचन [名*] (1) 板挟み；ジレンマ (2) 苦しみ (3) 危難 (4) 圧迫

दोचना [他] 無理強いする；押しつける；強制する

दोचल्ला [名]〔建〕切妻屋根；真屋= दोपलिया छाजन.

दो-चार [名*] 出会い；面会 दो-चार होº 出会う

दोचित्ता [形⁺] 落ち着きのない；気が散っている；そわそわしている；せかせかしている

दोचित्ती [名*] 落ち着きのなさ；そわそわすること；せかせかすること

दोचोबा [名] 《P. دو چوبہ दुचोबा》 2本の柱を用いる大きなテント

दोज [名*] 陰暦の白分もしくは黒分の第2日= दूज.

-दोज़ [造語] 《P. دوز》（ーを）縫う，縫いつけるなどの意を有する合成語の構成要素 ख़ेमादोज़ テント作りの（職人）

दोज़ख़ [名] 《P. دوزخ》 (1)〔イス〕ドーザク（地獄）= जहन्नम. (2) 地獄 **दोज़ख़ का कुत्ता** 極悪人 **दोज़ख़ की आग** 地獄の苦しみ；耐え難い苦しみ；塗炭の苦しみ **दोज़ख़ की चिनगारी** 猛烈な苦痛を与えるもの；激しい痛みを与えるもの

दोज़ख़ी [形] 《P. دوزخی》 (1) 地獄の；地獄の中のような (2) 地獄におちるべき (3) 極悪の= पड़ोसी को सताने वाला दोज़ख़ी है. 隣人を苦しめる人は地獄におちる **दोज़ख़ी कुत्ता** 極悪人；人間性の全くない人= दोज़ख़ी पिल्ला; दोज़ख़ का कुत्ता.

दोज़र्बा [形] 《P.A. دو ضربہ》 2度蒸留した

दोज़र्बी [名*] 《P.A. دو ضربی》 (1) 二連銃 (2) 2度蒸留した酒

दोजा [名] 再婚した男性

दोज़ानू [副] 《P. دو زانو दुज़ानू》 ひざまずいて（跪いて）；膝をついて

दोजी [名*] 再婚した女性

-दोज़ी [造語] 《P. دوزی》（ーを）縫うこと，仕立てることなどの意を有する合成語の構成要素

दो टूक [形] (1) きっぱりした；断固とした；明快な (2) 遠慮のない；無遠慮な；歯に衣着せない दो टूक जवाब きっぱりとした返事 युवक ने दो टूक उत्तर दिया 若者はきっぱりと答えた यह सब बहुत स्पष्ट दो टूक भाव से कहा गया था 明快な遠慮のない調子で述べられた **दो टूक बात कहना** ずけずけ言う पत्र-पत्रिकाओं की दो टूक पर सही बातें 新聞・雑誌の無遠慮だが正しい話 **दो टूक राय** 明快な意見

दोतरफ़ा[1] [形] 《P.A. دوطرفہ दुतर्फ़ा》 両方の；双方の；両側の；両面の दोतरफ़ा मोरचा 前面と背後の両面の敵と対峙する戦い

दोतरफ़ा[2] [副] 両方に；双方に；両面に；両側に

दोतल्ला [形] (1) 2段になっている (2) 2階建てになっている= दो मंज़िला.

दोतारा [名] 《← P. دو تاره दुतारा》 (1) ドウシャーラー（दुशाला）の一種；ドーターラー (2)〔イ音〕ドーターラー（羊皮を貼ったユウガオの実の殻にスチールの弦をつけた長さ 90cm ほどのシタールに似た二弦楽器．爪か指先で弾く）

दोदन [名]〔植〕ムクロジ科高木ムクロジ【*Sapindus mukorossi*】

दोदना [他] (1) 相手の発言を聞いていないと言い張る；否定する (2) 前言をひるがえす

दोदल [名] (1)〔料〕ヒヨコマメのひき割り（ダール）及びそれでこしらえた豆汁（ダール） (2) フイリソシンカ（マメ科小木）のつぼみ（野菜料理や漬け物の材料になる）

दोदस्ता [形] 《← P. دو دستہ दुदस्ता》 (1) 両手の；両手を用いる (2) 両方の；両方向の；2方向の；両側の

दोदस्ती [名*] 《P. دو دستی दुदस्ती》 両刀使い

दोदा [名]〔鳥〕カラス科ワタリガラス【*Corvus corax*】= डोम कौआ.

दोदिन [名] = दोदन.

दोदिला [形] 《← P. دو دلہ दुदिला》 ためらいのある；決断のつかない；迷いのある；どちらとも決めかねる；悩みのある

दोदिली [名*] ← दोदिल. ためらい；迷いや悩み

दोदिवसीय [形] 2日の；2日間の **दोदिवसीय साप्ताहिक अवकाश** 週休2日制 दोदिवसीय साप्ताहिक अवकाश के फ़ैसले का सख़्त विरोध 週休2日制の決定に強硬な反対

दोध [名] (1) 牛飼い = ग्वाला; अहीर. (2) 雄の子牛= बछड़ा.

दोधार[1] [形] = दोधारा

दोधार[2] [名] = दोधारा 槍 = भाला; बरछा.

दोधारा [形⁺] 両刃の **दोधारी तलवार** *a.* 両刃の剣 *b.* どちらに転んでもよくないもの दोधारी रणनीति 両刃の戦術

दोन[1] [名] (1) 谷；谷間 (2) 河間地域 (3) 2つの川の合流点

दोन[2] [名] 灌漑用の水桶；木製の容器= द्रोण.

दोनली [名*] 銃身の2つある；二連銃の दोनली बंदूक़ 二連銃 = दुनाली.

दोना [名] (1) ハナモツヤクノキやイリッペなどの木の葉でこしらえた料理を盛るための器；ドーナー (2) 上記に盛った食べ物 **दोना खाना** = दोना चाटना. **दोना चढ़ाना** 神像や墓などに花や菓子などを供える **दोना चाटना** *a.* 買い食いする *b.* 他人の食べ残しを食べる **दोना देº** *a.* = दोना चढ़ाना. *b.* 目上の人が目下の人に自分の皿から食べ物を分け与える **दोना लगाना** ドーナー（木の葉の器）に花や菓子を売る **दोनों की चाट पड़ना** 行商人の売り歩く間食の食べ物を買い食いする癖がつく

दोनों [形] 両方いずれもの；両方の；2つとも **दोनों आँखें बराबर होº** 平等に取り扱う，差別しない，区別しない **दोनों आम मीठा होº** いずれにしても得をする **दोनों ओर** 両方に；両側に **दोनों चूल बराबर कº** 収入に応じた支出をする **दोनों जून** 1日2度の食事の時（1日の正規の食事時） दोनों जून खाना まともな食事をする（三度三度の食事をする）；1日3度の食事にありつく **दोनों तरफ़ से मौत होº** どうしても困難な状況を免れぬこと；絶体絶命の状況 **दोनों प्राणी** 夫婦 **दोनों लोकों से जाº** 絶望的なありさま；絶体絶命の状況 **दोनों हाथ उलीचना** しこたま金を貯める；うんとかき集める **दोनों हाथ ताली बजती है**〔諺〕喧嘩両成敗；両方に責任がある **दोनों हाथ लड्डू होº** 万事が順調なこと；順風満帆 **दोनों हाथ लुटाना** 惜しみなく金を使う；気前よく金を使う **दोनों हाथ सकेरना** = दोनों हाथ उलीचना. **दोनों हाथ से दुहना** 大いに儲かるたとえ；2倍の儲けになる **दोनों हाथों कलेजा थाम लेº** 茫然自失する **दोनों हाथों ख़र्च कº** *a.* 際限なく金を使う *b.* 際限なく使用する **दोनों हाथों पगड़ी सम्हालना** 必死になって体面を保つ **दोनों हाथों लुटानेवाला** 惜しみなく与える **दोनों हाथों से** 喜んで；両手を挙げて；喜び勇んで **दोनों हाथों से नमस्कार कº** 大嫌いな；全くいやな；すっかり嫌気がさす= दोनों हाथों से सलाम कº.

दोपतिलता [名*]〔植〕ヒルガオ科グンバイヒルガオ【*Ipomoea pescaprae*】

दोपल्ला [形] (1) 2つの部分から成る (2) 二重の

दोपल्ली[1] [形] 2つの部分から成る

दोपल्ली[2] [名*] ドパッリー，もしくは，ドゥパリヤー（帽子の一種= दुपलिया）

दोपहर [名*] 1日を昼夜に二分し，それぞれを4等分した時間（पहर）の第2が終了した時刻 (1) 正午；真昼 (2) 正午頃；昼 (3) 真夜中；夜の12時（前後） रात दो पहर बीत चुकी थी すでに真夜中を過ぎてしまっていた

दोपहरी[1] [名*] = दोपहर. तपती दोपहरी में 焼けつくような真昼に गर्मी की दोपहरी में 夏の真昼に

दोपहरी[2] [形] 昼の；昼間の

दोपहिया [形] 二輪の दोपहिया वाहन 二輪車

दोप्याज़ा [名] 《P. دو پیازہ दुपियाज़ा》〔料〕ドーピャーザー（汁気が少なく肉の倍量の玉ねぎだけの入った肉カレー）

दोफ़सली [形・名*] 《P.A. دو فصلی दुफ़स्ली》 (1) 二毛作の（畑） (2) 1年に2度開花したり実をつける (3) 両義の；意味の明確でない；言葉の意味の曖昧な

दोबल [名] 弱点；弱味；欠陥

दोबारा[1] [副] 《P. دو باره दुबारा》 再び；再度；また；今一度；もう一度= फिर; पुनः; फिर से; दूसरी बार. दोबारा दवा पी もう一度薬を飲みなさい

दोबारा[2] [形] 再度の；再びの；2度目の दोबारा विवाह के लिए 再婚のために

दोबारा[3] [名*] 《P. دو باره दुबारा》 (1) 2度蒸留した酒 (2) 2度精製した砂糖

दोबाला ［形］《P. دو بالا दुबाला》2 倍の；倍の＝ दुगुना; दूना.
दोभाषिया ［名］通訳；通事；通詞＝ दुभाषिया.
दोमंज़िला ［形⁺］《P.A. دو منزل दुमंज़िला》2 階建ての दोमंजिला घर 2 階建ての家
दोमट ［名*］〔地〕ローム＝ दुमट; दूमटभूमि. 〈loam〉
दोमरगा ［名］〔服〕ドーマルガー（女性用のドーティー，すなわち，厚手の綿のサリー）
दोमहला ［形⁺］《P.A. دو محلہ》2 階建ての＝ दोमंज़िला.
दोमाहा ［名］《P. دوماہہ दुमाहा》2 か月の給料
दोमुँहा ［形⁺］(1) 顔の 2 つある；2 面の (2) 両端にそれぞれ口のある；口の 2 つある (3) 二枚舌の **दोमुँही चाल** 二枚舌；二枚舌的な行動や遣り口 **दोमुँही नीति** *a.* 日和見主義；二枚舌 *b.* 二股膏薬
दोमुँहापन ［名］二枚舌；二面性 यह दोमुँहापन उच्चवर्ग के अधिकाश व्यक्तियों का राष्ट्रीय चरित्र बन गया है この二枚舌が高い階級の大半の人々の民族的習性になってしまっている
दोमुँहा साँप ［名］(1)〔動〕メクラヘビ科メクラヘビ【*Typhlina bramina*】〈Russell's earth boa〉 (2) 二枚舌を使う人
दोय ［数］＝ दो.
दोयम ［形］《← P. دوم दुवुम》(1) 第 2 の；2 番目の (2) 二次的な
दोयल ［名］＝ बया.
दोरंगा ［形⁺］(1) 2 色の (2) 二股の；二股かけた (3) 間の子の；混血の；雑種の；ハーフの (4) 私生児である；親が正式の結婚をしていない；摘出でない；庶子である＝ दोगला. **दोरंगी चाल** 言行不一致；言うことと為すこととが異なること **दोरंगी दुनिया** 悲喜こもごものこの世 **दोरंगी बात** 偽り；嘘；いかさま
दोरंगी ［名*］《P.دورنگی दुरंगी》(1) 二股かけること (2) 欺瞞；偽り
दोर[1] ［名］手；腕
दोर[2] ［名］＝ डोर.
दोरक ［名］(1) ひも；綱 (2) 糸
दोरस ［名*］〔地質〕ローム ＝ दोमट; दुमट. 〈loam〉
दोरसा[1] ［形⁺］(1) 2 種類の味がする (2) 暑かったり寒かったりする（日）
दोरसा[2] ［名］にがみと甘みの 2 通りの味がするタバコ
दोराहा ［名］《P. دو راہہ दुराहा》追分；別れ道；岐れ道；岐路
दोरुखा[1] ［名］《P. دو رخہ दुरुखा》両方；両面；2 面
दोरुखा[2] ［形⁺］《P. دو رخہ दुरुखा》(1) 両面に同じ色や柄の (2) 両面にそれぞれ別の色の用いられた (3) 両方の；両側の；2 面の；二股の दोरुखी चाल 欺瞞
दोल ［名］(1) ぶらんこ आज मेरे कारण उनका हृदय दुविधा के दोल पर झूल रहा है 今日私のせいであの人の心はジレンマに揺れている (2) かご；輿
दोलड़ा ［形⁺］二連の（首飾りなど）
दोलत्ती ［名*］＝ दुलत्ती.
दोलन ［名］(1) 振動 (2) 揺れ लोलक एक दोलन पूरा करने में कितना समय लेता है? 振り子が一往復するのにどれだけの時間を要するか लोलक द्वारा पचास दोलन पूरा करने का समय 振り子が 50 回振動しおわる時間
दोला ［名*］(1) ぶらんこ (2) 揺りかご (3) かご；輿
दोलायमान ［形］振れる；振動する；揺れる；揺れている वे ही आँखें एक बार दोलायमान होकर मेरे मुख पर अटक गई その眼は一度左右に揺れて私の顔の上で止まった
दोलायित ［形］揺れた；振動した＝ दोलित.
दोलायुद्ध ［名］一進一退の長期戦
दोलिका ［名*］(1) ぶらんこ (2) 揺りかご (3) かご；輿＝ डोली; पालकी.
दोलित ［形］(1) 揺れる (2) 振動する
दोली ［名*］(1) 揺りかご (2) ぶらんこ (3) かご；輿
दोलोत्सव ［名］〔ヒ〕ドーラーの祭り（パーグン月，すなわち，インド暦 12 月の満月の日にクリシュナ神像を揺りかごに乗せて揺する行事のある祭り）
दोवटी ［名*］(1) ＝ गाढ़ा. (2) チャーダル（चादर）
दोश ［名］《P. دوش》肩 ＝ कंधा; स्कंध.
दो शब्द ［名］→ दो. 序；序文；緒言＝ भूमिका; प्रस्तावना.
दोशाख़ा[1] ［形⁺］《P. دو شاخہ दुशाख़ा》二股の；2 つに枝分かれした लंबे, नुकीले पंख और दोशाखी पूँछ 長くとがった羽と二股になった尾
दोशाख़ा[2] ［名］油皿や油坏をのせる二股になった燭台
दोशाला ［名］《P. دو شالہ दुशाला》ドゥシャーラー（刺繍の入ったカシミヤ織りの二重のショール）＝ दुशाला.
दोशीज़गी ［名*］《P. دو شیزگی》(1) 処女性；処女であること (2) 無邪気さ
दोशीज़ा ［名*］《P. دو شیزہ》(1) 処女；おとめ＝ कुमारी; कन्या. (2) 無邪気な娘＝ अल्हड़ लड़की.
दोष[1] ［名］(1) 欠陥；欠点；短所；あら मनुष्यों के साथ इतनी क्रूरता का व्यवहार गुप्तकालीन सभ्यता का एक गंभीर दोष था 人間に対するこれほどまでに残忍な行為がグプタ時代の文化の欠陥だった अकारण एक दूसरे के बीच दोष ढूँढना わけもなくお互いあらの探し合いをすること अब हम धीरे-धीरे इन्हें अदब-कायदा सिखा देंगे.इनका भी क्या दोष? 徐々に礼儀作法を教えるさ．この人に欠点があるわけじゃない (2) 罪；罪悪；落度；過失；非難されること इस जूठे पानी को पीने से मुझे दोष लगेगा この人の飲みさした水を飲むと罪を負うことになる (3) 害するもの खेत का दोष तृण है वैसे ही मनुष्य का दोष इच्छा है 畑を害するものは草，正に同様に人を害するものは欲 (4) 弊害；弊；悪弊 दहेज़ प्रथा के दोष 持参金の風習の弊 (-पर) **दोष चढ़ाना** （ーを）非難する；咎める (-को) **दोष दे०** ＝ (- पर) दोष चढ़ाना. व्यापारियों को दोष दे० 商人を非難する (-में/में से) **दोष निकालना** （ーに）難癖をつける；文句をつける उस नौकर के काम में से कोई ऐसा दोष निकालता その使用人の仕事ぶりになにかこのような難癖をつける **दोष मढ़ना** ＝ दोष चढ़ाना. (- के सिर) **दोष मढ़ना** （ーを）非難する；（ーに）責任をなすりつける **दोष लगना** 非難される；咎められる (- पर) **दोष लगाना** （ーを）非難する；咎める＝ मुझपर इतना बड़ा दोष क्यों लगाया जाता है?. 私はなぜこれほどまでに非難されるのか
दोष[2] ［名］憎悪；憎しみ；敵意＝ द्वेष.
दोषग्राही ［形］あら探しばかりする；性質の悪い；性悪の
दोषदृष्टि ［形］あら探しをする＝ छिद्रान्वेषी.
दोषपत्र ［名］犯罪記録＝ फ़र्दकरारदाद जुर्म (فرد قرار داد جرم).
दोषपूर्ण ［形］欠陥だらけの；間違いだらけの परीक्षा की प्रणाली अब भी दोषपूर्ण है 試験の方法は今なお欠陥だらけだ दोषपूर्ण किराया कानून 欠陥だらけの借家法
दोषयुक्त ［形］科のある；有罪の एक न्यायाधीश ने मुख्यमंत्री को दोषयुक्त घोषित कर दिया है 1 人の裁判官は州首相を有罪とした
दोषारोपण ［名］(1) 非難；言いがかり；咎め（ること） लोगों ने जुम्मन पर ही इस दुर्घटना का दोषारोपण किया 皆はこの事件についてジュムマンのみを咎めた (2) 罪状；罪名；科 (- पर) **दोषारोपण क०** （ーに）責めを負わせる；罪を着せる सरकारी वकील ने उन लड़कों पर बड़े-बड़े दोषारोपण किए 検事はこれらの少年たちに大きな罪（名）を着せた
दोषी[1] ［形］(1) 罪のある；科のある＝ पापी. (2) 犯罪を犯している＝ अपराधी. (3) 欠陥のある；欠けている；よくない；悪い＝ दोषयुक्त; ऐबदार; जिसमें ऐब हो; ख़राब (4) 被告になっている＝ मुज्रिम; अभियुक्त.
दोषी[2] ［形］憎む；憎しみを持つ ＝ द्वेषी.
दोषोद्‌घाटन ［名］罪科を暴くこと दोषोद्‌घाटन को एकमात्र कर्त्तव्य मान लिया जाता है 罪科を暴くことが唯一の義務と考えられている
दोसख़ुना ［名］《P. دو سخنہ दुसुख़ना》アミールフスロー（अमीर ख़ुस्रो）の創出したという 2 つのなぞかけを 1 つの答えで解く形式のなぞかけ遊び；なぞなぞの一種＝ दुसुख़ना.
दोसरा ［形⁺］→ दूसरा.
दोसही ［名*］〔農〕春作と秋作との二毛作の可能な農地＝ दोसाई; दुसहा.
दोसा ［名］《Tm.》〔料〕ドーサー／ドーサイ（南インド料理の一；米やブンドウマメ，ケツルアズキなどを原料に香辛料を入れすりつぶし醗酵させたものを，油を引いた鍋で焼いた料理）＝ डोसा.
दोसाला ［形］《P. دو سالہ दुसाला》(1) 2 歳の (2) 2 年経った (3) 落第生の
दोसाही ［名*］＝ दोफ़स्ली; दोसही.
दो-स्ट्रोक इंजिन ［名］《← E. twostroke cycle = twocycle》2 サイクル・エンジン

दोस्त [名⁻]《P. دوست》(通性語として用いられる) 友人；友；友達= मित्र. वह तुम्हारी तो पुरानी दोस्त है あの人はあんたにとっては古い友人だわ **दोस्त का दुश्मन दुश्मन, दुश्मन का दुश्मन दोस्त** 〔諺〕友の敵は敵，敵の敵は友→ सखा; सखी; सहेली.

दोस्तबाज़ी [名*]《P. دوست بازی》友人との交際；友達付き合い；交友関係

दोस्ताना[1] [形]《P. دوستانه》友好的な；親密な खुले दोस्ताना व्यवहार के बिना あけっぴろげで親密な振る舞いがなければ

दोस्ताना[2] [名]《P. دوستانه》(1) 友好；友情 (2) 友好的な行為

दोस्ती [名*]《P. دوستی》友好；友達関係；友情；親しさ；親愛の情= मित्रता; मैत्री. गाढ़ी दोस्ती 深い友情；親交 दोस्ती क॰ 友達になる；親しく交わる；親密になる दोस्ती ख़त्म क॰ 絶交する= कुट्टी क॰. **दोस्ती गाँठना** 親しくなる；親交を結ぶ= दोस्ती जोड़ना.

दोहता [名] 孫（外孫；娘の生んだ男子）→ पोता（息子の子）

दोहती [名*] 孫（外孫；娘の生んだ娘）→ पोती（息子の娘）

दोहत्थड़[1] [形] 両手の；両手による

दोहत्थड़[2] [名] 両手で同時に叩くこと

दोहत्थड़[3] [副] 同時に両手で

दोहत्था[1] [形⁺] (1) 両手による (2) 握りや取っ手の２つある

दोहत्था[2] [副] 両手で

दोहद [名*] (1) 妊婦の願いや願望 (2) 妊婦の欲しがるもの (3) つわり (4) 妊娠 (5) 妊娠の徴候 (6)〔イ文芸〕サンスクリット文学で一部の植物が咲いたり実をつけたりする頃になると特定の願望を持つようになりそれが叶えられると開花や結実が早くなると考えられていたこと．例えば美女の足に触れるとアショーカ（無憂樹）の花が開くなど

दोहदवती [名*] 妊婦

दोहदी[1] [形] 強い願望を抱いている

दोहदी[2] [名*] 妊婦

दोहन [名] 乳搾り；搾乳

दोहना [他] 家畜の乳を搾る भैंस या गाय दोहना 水牛や雌牛の乳搾り जानवरों को दोहना दूध से मक्खन पनीर वग़ैरह तैयार करना 動物の乳を搾ること，牛乳からバターやチーズをこしらえること

दोहनी [名*] (1) 乳搾り (2) 乳搾りの際用いられる容器

दोहर [名*] ドーハル（チャーダル चादर を２枚重ね縫いしたもの．掛布，毛布などの代用になる） एक दोहर ओढ़कर １枚のドーハルをまとって

दोहर कम्मा [名] 二重の手間；二度手間

दोहरना[1] [他] (1) 重ねる；二重にする (2) 重ねる；２度する；繰り返す；重ねてする

दोहरना[2] [自] (1) 二重になる (2) ２度繰り返される

दोहरफ़ [名]《P.A. دو حرف》呪いの言葉= धिक्कार; लानत. **दोहरफ़ भेजना** 呪う；呪咀を発する

दोहरा [形⁺] (1) 二重の；ふたえの (2) 二重の；２倍の；倍の दोहरी ज़िम्मेदारी 倍の責任 महिलाओं के प्रति दोहरा अन्याय 女性に対する二重の不公正 **दोहरी गाँठ** 小間結び **दोहरी चपत लगना** 二重の害を被る；続けざまに打撃を受ける **दोहरी मार पड़ना** = दोहरी चपत लगना. (3) 二重の；裏表のある；２本立ての दोहरी नैतिक व्यवस्था ２本立ての道徳 **दोहरा खाता** 二重帳簿 (4) 折れ曲がった **दोहरा होकर** 半折れになって（身体が）；体を折り曲げて बेचारा दीवान उस बूढ़े की तरह दोहरा होकर गाड़ी खींचने लगा 気の毒なことにディーワーンはその老人のように半分折れになって車を引っ張り始めた **दोहरा हो॰** *a.* 半分に折れる पीठ दोहरी हो चली थी 背中が半分折れになった；背中がくの字に曲がってしまっていた *b.* 笑いころげる बुआ जी स्वयं हँस हँसकर दोहरी हुई जा रही थी おば自身が身をよじって笑いころげていた बादशाह हँस-हँसकर दोहरे हो जाते 殿様は笑いころげて半分折れになる (5) 太った；肥えた；でっぷりした दोहरे बदन का श्याम वर्णीय कद्दावर व्यक्ति でっぷりして色黒の背の高い人

दोहराई [名*] (1) 反復；繰り返し (2) やり直し (3) 見直し

दोहराना [他] (1) 繰り返す；反復する इतिहास बारबार अपने को दोहराता है 歴史は繰り返す कुछ वस्तुएँ बार-बार अपनी गति दोहराती हैं 何度も同じことを繰り返すものがあるものだ (2) 繰り返し言う；反復して言う；言い返す；復唱する दो-चार बार मन-ही-मन नाम दोहराता हूँ 2〜3 度心の中で名前を繰り返す (3) 二重にする；重ねる (4) 折り曲げる；半折りにする (5) 見直す

दोहराव [名] = दोहराई. इनका दोहराव नहीं होगा 二度とこういうことはなかろう（二度とこういうことは致しません）

दोहराहट [名*] 反復；繰り返し

दोहा [名]〔韻〕ドーハー（奇数パーダが 13 マートラー，偶数パーダが 11 マートラーから成るモーラ韻律．但し，第１パーダと第２パーダとを合わせたものを第１パーダ，第３パーダと第４パーダとを合わせたものを第２のパーダとして全体を２行とする分類もある．普通偶数パーダが脚韻を踏む．奇数パーダの最初には जगण は認められず偶数パーダの最後には लघु が来る）

दोहाई [名*] = दुहाई.

दोहाग [名] = दोहागा. 不運 = दुर्भाग्य.

दोहित [形] 搾られた；搾乳された

दोहिता [名*] 娘 = दुहिता; लड़की; पुत्री.

दौंगड़ा [名] 激しい降り；土砂降り= बौछार. मारने की धमकियों के साथ, गालियों का एक दौंगड़ा-सा बरसा दिया उन्होंने 殴るぞと脅しの文句と同時に罵詈雑言を雨霰と降らせた

दौंचना [他] (1) つかみ取る (2) 脅し取る (3) 押さえこむ

दौंरी [名*] 刈り入れた穀物の脱穀作業のために２頭の牛を並べてつないだもの दौंरी चलाना ２頭の牛に踏ませて行われる脱穀作業= दौंरी हाँकना.

दौड़ [名*] (1) 走ること；走り (2) 駆けっこ；駆け競べ；競走 दौड़ शुरू हो गई 駆けっこが始まった रथ-दौड़ 戦車の競走 लंबी दौड़ 長距離競走 400 मीटर दौड़ 400m 競走 (3) 競争；競い合い फ़ैशन की दौड़ में सारी दुनिया के आगे-आगे रहनेवाला पेरिस 競い合うファッション界で世界の最先端を行くパリ **दौड़ मारना** *a.* 走って行く；ランニングをする *b.* 必死になって努力する *c.* 遠方へ行く **दौड़ लगाना** = दौड़ मारना.

दौड़-कूद [名*] (1) 競走と跳躍 (2) スポーツ；運動；陸上競技 द्वितीय एशियाई दौड़-कूद स्पर्द्धा के अंतिम दिन 第２回アジア競技会の最終日に

दौड़-धूप [名*] (1) 懸命な働き；汗水垂らして働くこと；大変な苦労，かけずり回ること दिन भर की दौड़-धूप 一日中の激しい労働 इसपर व्यापारी ने वकीलों के यहाँ दौड़धूप शुरू की そこで商人は弁護士のもとへかけずり回り出した (2) 必死の努力；大変な骨折り；奔走 वर ढूँढने के लिए माँ-बाप को दौड़-धूप करनी पड़ती 娘の親が婿探しに必死の努力をしなければならない उसने बहुत दौड़-धूप कर बेटे की दवा-दारू और सेवा-सुश्रूषा की かけずり回って息子の治療と看護をした

दौड़ना [自] (1) 人や動物が走る；駆ける शरारती आ गया, दौड़ो いたずら坊主が来たぞ走れ तभी भतीजी दौड़ती हुई आई ちょうどその時姪が駆けてきた (2) 道路や軌道などを車などが走る कार सड़क पर दौड़ पड़ी 自動車が道路を走りだした (3) 急ぐ；大急ぎで目的地に向かう सुनते ही वे दौड़े आए 話を聞くと直ちに大急ぎでやって来た (4)（体の）震えがおこる；（興奮より生じる）体の震えなどが走る मेरे सारे शरीर में एक झुरझुरी-सी दौड़ गई 全身に何かぞくっとしたものが走った (5) 速く伝わる；走る उसके तन-बदन में सिहरन-सी दौड़ गई 全身に戦慄のようなものが走った उसके होंठों पर मुसकान दौड़ गई 唇に笑みが走った (6) 広がる；回る ओंठों पर पीलापन दौड़ने लगा 急に唇が青ざめかかった (7) 早く過ぎる वक़्त बड़ी तेज़ी से दौड़ता है 時はとても早く過ぎ去るもの；時の流れは早いもの；光陰矢の如し (8) 奔走する；かけずり回る उन बच्चों के लिए दौड़ना その子供たちのために奔走する (9) ひらめく；ぱっと（考えが）浮かぶ उसके दिमाग़ में अचानक एक विचार दौड़ गया 頭に突然一つの考えがひらめいた **दौड़ दौड़ आ॰** *a.* 何度も足を運ぶ *b.* 繰り返し来る **दौड़ दौड़कर** 大急ぎで मैं दौड़-दौड़कर लोटों में पानी ले आया 大急ぎでローターに水を入れて持って来た **दौड़ा आ॰** *a.* 急いで来る；直ちに来る *b.* たやすく手に入る **दौड़ा जा॰** 大急ぎで行く **दौड़ा-दौड़ा** 大急ぎで **दौड़े-दौड़े फिरना** うろたえて歩き回る；うろうろする

दौड़ाई [名*] (1) 走ること (2) かけずり回ること= दौड़-धूप.

दौड़ा-दौड़ [副] 飛ぶような勢いで；脱兎の勢いで；すっ飛ぶように

दौड़ा-दौड़ी [名*] (1) 競走 (2) 奔走；大急ぎ

दौड़ान [名*] (1) 走り (2) 勢い (3) 順序 (4) 広がり；延び

दौड़ाना [他] (1) 乗り物や動物を走らせる；駆けさせる घोड़ा दौड़ाते चले गए 馬を走らせて行った भरत रथ दौड़ाते हुए अयोध्या आ पहुँचे

द

バラタはラタ（馬車）を走らせてアヨーディヤに到着した (2) 走って行かせる；走らせる；使いに出す अब औरतें बच्चों को दौड़ा देती कि जाकर भिखमंगे को बासी खाना दे आएँगे 女たちは今度は残りご飯を乞食にやってくるようにと子供たちを走らせる सीता ने लक्ष्मण को राम की सहायता के लिए दौड़ा दिया था シーターはラクシュマンをラーマの応援に走らせた उसी वक़्त बादशाह सलामत के पास हरकारा दौड़ाया 即刻殿様のところへ早飛脚を走らせた (3) さっと動かす；走らせる उसने चारों ओर निगाह दौड़ाई さっとあたりを見回した व्यापारी ने काग़ज़ निकालकर सरसरी नज़र दौड़ाई 商人は書類を取り出してさっと目（視線）を走らせた सहसा उसने आसमान की ओर नज़र दौड़ाई いきなり空に目をやった

दौत्य [形] 《← दूत》 (1) 使者の；使節の；大使の (2) 外交上の दौत्य संबंध 外交関係

दौना [名]〔植〕キク科草本ヨモギ【*Artemisia vulgaris*】= नागदौना; मजपत्री.

दौर [名] 《A. دور》 (1) 回転；めぐり；循環；一回り (2) 順番；番 (3) ラウンド；局面；展開；動向 चुनाव अभियान का अंतिम दौर 選挙運動の最終局面 प्रारंभिक दौर 初期の展開（事態） एशियाई संबंधों का नया दौर アジア関係の新しい動向 (4) 時期；時代 तारीख़ में एक दौर ऐसा आया 歴史上こういう時代が訪れた पुराने दौर में एक परिवार में आम तौर पर 5 - 6 बच्चे होते थे 以前は一家族に普通5〜6人の子供がいたものだった (5) 有為転変 (-का) **दौर आ॰** (一が) 始まる；行われるようになる **दौर चलना** 酒杯が重ねられる；酒が繰り返し飲まれる (-का) **दौर जारी रखना** 連続させる；続ける

दौर-दौरा [名] 《A. دور دوره》 支配；権勢；圧倒的な力 घर में अभावों का दौर-दौरा 家中足らないものだらけ आख़िर गाँधीवाद के दौर-दौरे में किसी की भी न चल सकी 結局ガーンディー主義の権勢の前にはだれも何もできなかった आपसी मन-मुटाव का दौर-दौरा 互いの心のわだかまりが支配する

दौरा[1] [名] 《A. دوره》 (1) 回転；転回 (2) 循環；回り；周回 ख़ून का दौरा 血行；血の循環 (3) 時代；時期 (4) 帰還 (5) 巡回裁判所の開廷期間 (6) 巡視；見回り；巡察 सारे राज्य का दौरा 全州の巡視 उत्तर प्रदेश के देहातों का दौरा ウッタル・プラデーシュ州の農村部の巡察 (7) 発作 कभी कभी दर्द का दौरा भी अधिक वेग से हो जाता था 時々痛みの発作も激しく起こるのであった (8)〔ス〕遠征（試合） 1981-82 के पाकिस्तान दौरे के बाद 1981–82年度のパキスタン遠征後 (-का) **दौरा आ॰** (一の) 発作が起きる **दौरा क॰** *a.* 巡察する；巡視する *b.* 遠征する इन देशों की टीमें एक दूसरे के देश में दौरे करती हैं これらの国のチームはお互いの国に遠征している **दौरा लगाना** = दौरा क॰.

दौरा[2] [名] ヨシや竹，籐などを編んで作ったかご（籠）= टोकरी; चँगेरी.

दौरा जज [名] 《A. दौरा[1] + E. judge》 治安判事= सेशन जज. 〈session's judge〉

दौरान [名] 《A. دوران》 (1) 時期；期間；間 इसी दौरान एक दिन शंकर मेरे घर आया ちょうどこの時期のある日シャンカルが家を訪ねて来た (- के) **दौरान** の形で用いられるのが普通で（一の）際；（一の）際に，（一の）間に，（一の）中，最中などの意に用いられる अपनी नज़रबंदी के दौरान 自分が拘禁されていた間に जाग्रत अवस्था के दौरान 目の覚めている間に अंतर्राष्ट्रीय महिला वर्ष के दौरान 国際婦人年の期間に प्राथमिक उपचार के दौरान 応急手当の最中に खेल के दौरान खिलाड़ियों को बदला जा सकता है 競技中に選手を交代させることができる तालियों की गड़गड़ाहट के दौरान तरह-तरह की कठिन और शानदार कसरतें करते 万雷の拍手の中，様々な難しく目を見張るような体操をする चाय की चुस्कियों के दौरान お茶をすすりながら आज़ादी की लड़ाई के दौरान 独立運動の際に (2) 回転 (3) 循環

दौरा सुपुर्द [名] 《P. دوره سپرد》〔法〕巡回裁判の審判 (- को) **दौरा सुपुर्द क॰** (一を) 巡回裁判の審判に委ねる

दौरी [名*] (1) 竹などでこしらえた小さなかご（籠）= टोकरी; चँगेरी. (2) 灌漑用の水汲みに用いる容器

दौर्बल्य [名] ← दुर्बल. (1) 弱さ (2) 衰弱= दुर्बलता; कमज़ोरी.

दौर्य [名] = दूरी.

दौलत [名*] 《A. دولت》 宝；財宝；富；財産；資産 मेहनत से दौलत मिलती है 勤労により富が得られる इल्म की दौलत 知識という財産 बेकार दौलत लुटाना 散財する **दौलत का लौंडी बनी फिरना** 金回りのよい **दौलत की हवा लगना** 財産を鼻にかける；金持ちなのを鼻にかける；富を自慢する **दौलत के पर लग जा॰** 金が尽きる

दौलतख़ाना [名] 《A.P. دولت خانه》（相手の家の敬称）貴宅；お宅；御邸宅；お屋敷

दौलतमंद [形] 《A.P. دولت مند》 金持ちの；裕福な；物持ちの；資産家の= धनवान; मालदार; समृद्ध.

दौलतसरा [名] 《A.P. دولت سرا》 = दौलतख़ाना.

दौहित्र [名] 外孫；娘の子；娘の産んだ男の子= नाती.

दौहित्री [名*] 外孫；娘の子；娘の産んだ女の子= नतिनी.

द्यु [名] (1) 日 = दिन. (2) 天；空 = आकाश; आसमान. (3) 天界；天国 = स्वर्ग.

द्युग [名] 鳥= पक्षी; खग; पंछी.

द्युत [形] 光っている；輝いている

द्युति [名*] (1) 輝き；光= दीप्ति. (2) 体のつや；体の輝き= कांति. (3) 美しさ= लावण्य. (4) 光線= किरण; रश्मि.

द्युतिमा [名*] (1) 光 = प्रकाश. (2) 輝き

द्युतिमान [形] 光る；輝く；光を発する

द्युम्न [名] (1) 太陽 = सूर्य. (2) 力 = बल. (3) 穀物 = अन्न.

द्युलोक [名] 天界 = स्वर्गलोक.

द्यू [名] 博徒；ばくち打ち= जुआरी.

द्यूत [名] 賭け；賭博；ばくち（博打）= जुआ.

द्यूतकर [名] = द्यूतकार. 博徒；ばくち打ち（博打打ち）= जुआरी.

द्यो [名*] (1) 天；天空= आकाश. (2) 天国；極楽= स्वर्ग.

द्योत [名] (1) 日光 = धूप. (2) 光線 = प्रकाश.

द्योतक [形・名] (1) 照らす（もの） (2) 示す（もの）；表示する यह व्यवहार अशिष्टता का द्योतक है この振る舞いは無作法を示すもの (3) 表す（もの）；示す（もの） भारतीय जनभावना का द्योतक インドの民衆の気持ちを示すもの

द्योतन [名] (1) 照らすこと；照明 (2) 示すこと；表示 (3) 表すこと；表現；説明

द्योतित [形] 照らされた；光っている；輝いている

द्योतिरिंगण [名]〔昆〕ホタル（蛍）= जुगनू; खद्योत.

द्योंहड़ा [名] 神社= देवस्थान.

द्यौ [名] (1) 天空= आकाश. (2) 日= दिन; दिवस. (3) 天国= स्वर्ग.

द्यौस [名] = द्यौस. (1)〔イ神〕ディヤウス（リグヴェーダの天の神） आकाश का देवता द्यौस 天空の神ディヤウス (2) 日 = दिन.

द्यौसनिसि 日夜= दिवस निशि; दिन रात.

द्रप्स [名] (1) 液体を薄めたもの (2) バターミルク

द्रब [名] = द्रव्य.

द्रमुक [名]〔イ政〕ドラヴィダ進歩連盟；DMK 〈Dravida Munnetra Kazhagam〉 南インドの政党名 → द्रविड़ मुन्नेत्र कड़गम.

द्रम्म [名] 《← A. درم दिरम Gr. drachmé》 (1)（古代ギリシアのドラクマ銀貨）ドランム（旧貨幣単位の一．16パナ पण に相当する銀貨．1 पण は20マーシャ माष に相当）；ディラム；ディルハム (2) 重さの単位；ドラム

द्रव[1] [形] (1) 液体の；液状の (2) 濡れた；湿った (3) とけた；溶解した

द्रव[2] [名] (1) 液；液体；流動体 (2) 逃避；逃げ出すこと

द्रव ईंधन [名] 液体燃料 〈liquid fuel〉

द्रवक [形] (1) 走り出す (2) 流れ出す；したたる

द्रव क्रिस्टल [名] 液晶 〈liquid crystal〉

द्रव घनत्व [名] 液体濃度 द्रव घनत्व-मापी 液体濃度計

द्रवण [名] (1) 走ること (2) 行くこと (3) 漏れ；漏出 (4)〔化〕凝結；凝縮 (5)〔化〕液化；溶解 पोटेशियम परमेंगनेट जैसा ऑक्सीजन कर्ता के द्रवण की सहायता से 過マンガン酸カリのような酸化物の溶解によって पत्ते को पोटेशियम परमेंगनेट के संतप्त द्रवण वाले पात्र में डुबाओ 木の葉を過マンガン酸カリウムの飽和溶液の入った容器につけなさい

द्रविड़ [名] (1) ドラヴィダ地方 (2) ドラヴィダ人 (3) ドラヴィダ・ブラーフマン

द्रविड़ मुन्नेत्र कड़गम [名]〔イ政〕ドラヴィダ進歩連盟（1949年に結成された南インドの地域政党）〈Dravida Munnetra Kazhagama〉 = डी॰एम॰के॰; द्रमुक. द्रविड़ मुन्नेत्र कडगम と書かれることもある

द्रविण [名] (1) 財産；富 (2) 金；黄金

द्रवित [形] (1) 溶解した；溶けた (2) 凝縮された (3) 哀れみを感じた；心を動かされた उसे फटेहाल देख ऐसे द्रवित हुए 男の尾羽打枯らした様を見てひどく哀れみを感じた उसे देखकर करुणा से द्रवित होकर それを見て哀れみの気持ちに胸を動かされて शहर भरके लोगों के मन उस पुत्र-शोक से द्रवित हो उठे थे 町中の人たちの心はその息子を失った悲しみに哀れみを催した **द्रवित क॰** 哀れみを感じさせる；涙を誘う；泣かせる मुमूर्षु की अवस्था और आस-पासवालों की विकलता दर्शक को द्रवित किए बिना नहीं रहती 瀕死のありさまと周囲の人たちの動転ぶりは観客の涙を誘わずにはいない

द्रवित गैस [名*] 《H. + E. gas》 液化ガス 〈liquefied gas〉

द्रवित पेट्रोलियम गैस [名*] 《H. + E. petroleum gas》 液化石油ガス；エルピーガス；LP ガス= एल॰पी॰गैस. 〈liquefied petroleum gas〉

द्रवीभवन [名] (1)〔化〕液化 (2)〔化〕凝縮

द्रवीभूत [形] (1) 液化した (2) 溶解した (3) 気持ちが和らいだ；同情した द्रवीभूत हो॰ 気持ちが和らぐ

द्रव्य [名] (1) 物質；物体；物 (2) 材料；質料 (3) 財；財貨；富 (4)〔哲〕実体

द्रव्यमय [形] (1) 物体の；実体の (2) 物体のある；実体のある (3) 豊かな；富裕な

द्रव्यमान [名]〔物理〕質量

द्रव्यार्जन [名] 金儲け（をすること）；稼ぐこと

द्रष्टव्य [形] (1) 見える；目に見える (2) 美しい (3) 見るべき (4) 示されるべき；提示されるべき

द्रष्टा[1] [形] 見る；目にする；目撃する

द्रष्टा[2] [名] (1) 見る人 (2) 目撃者 (3)〔イ哲〕純粋精神；プルシャ；アートマン

द्राक्षलता [名*]〔植〕ブドウ= अंगूर.

द्राक्षशर्करा [名*] ブドウ糖 〈grape sugar; glucose〉

द्राक्षगुच्छाकार [形] (1) 粒状果の (2) ブドウ状の

द्राक्षा [名*]〔植〕ブドウ= अंगूर; दाख.

द्राघिमा [名*] (1) 長さ= लंबाई; दीर्घता. (2) 経線；子午線

द्रामिल [形・名] ドラヴィダの；ドラヴィダ人

द्राव [名*] (1)〔化〕溶解 (2)〔化〕凝結 (3) 溶液

द्रावक [形・名] (1) 溶かす（もの）；溶解する（もの） (2) 心を和らげる（もの）；哀れみを催させる（もの） (3)〔化〕液体化する（もの）

द्रावण [名]〔化〕液化；溶解 〈liquefaction〉

द्राविड़ [形] (1) ドラヴィダの；ドラヴィダ地方の (2) ドラヴィダにある (3) ドラヴィダに住む (4) ドラヴィダ語族の= द्रविड़.

द्राविड़ प्राणायाम [名] = द्राविड़ी प्राणायाम.

द्राविड़ी [形] ドラヴィダの = द्राविड़.

द्राविड़ी प्राणायाम [名] なんでもないことを大げさなものにすること；わざと大げさで厄介なものにすること

द्रावित [形] (1) 液体になった (2) 溶かされた (3) 哀れみを感じさせられた (4) 走らされた

द्रु [名] (1) 木；樹木 = वृक्ष; पेड़. (2) 枝 = शाखा; शाख. (3) 木材 = लकड़ी; काष्ठ.

द्रुत[1] [形] (1) 早い；速い；クイックの (2) 走り去った (3) 溶解した (4)〔イ音〕アレグロの

द्रुत[2] [名] (1)〔イ音〕ドゥルット（アレグロ）= द्रुतकाल. (2)〔イ音〕ドゥルット（2 アクシャラ अक्षर の拍）

द्रुतगति [形] = द्रुतगामी.

द्रुतगामी [形] 速い；足の速い；速く動く द्रुतगामी पशुओं को मारने के लिए 足の速い動物を殺すのに

द्रुतपद [名] (1) クイックステップ (2)〔韻〕ドゥルットパド（各パーダが 12 音節から成る音節韻律．第 4，第 11，第 12 の各音節が गुरु である以外すべて लघु）

द्रुतमध्या [名*]〔韻〕ドゥルットマッディヤー（音節韻律の一，奇数パーダが 11 音節 3 भगण + गुरु + गुरु から成り，偶数パーダが 12 音節 नगण + जगण + जगण + यगण から成る）

द्रुतविलंबित [名]〔韻〕ドゥルトヴィランビタ（音節韻律の一．各パーダが नगण + भगण + भगण + रगण の 12 音節から成る音節韻律）

द्रुपद [名]〔マハ〕パンチャーラ国王ドルパダ（パーンドゥ五王子の妻ドラウパディーの父）

द्रुम [名] 木；樹木= वृक्ष; पेड़.

द्रुमसार [名]〔植〕ザクロ= अनार; दाड़िम.

द्रुमाली [名*] 並木

द्रोण [名] (1) 桶；水槽 (2) ソーマ汁を入れる容器 (3) 椀 (4) ドローナ（4 आढक，もしくは，16 सेर に相当する容量の単位） (5) 4 セールの重量の穀物が入る計量用の木の升 (6) 小舟；伝馬船

द्रोणाचार्य [名]〔マハ〕ドゥローナ・アーチャーリヤ（バラドヴァージャ भरद्वाज の子で弓術に長じ後にクル族の軍師となる．マハーバーラタの戦いではカウラヴァ側に立つ）

द्रोणी [名*] (1) 木の葉でこしらえた小皿= दोनी. (2) 椀= कठवत. (3) 小舟；ボート= डोंगी.

द्रोह [名] (1) 悪意；害意；恨み= द्वेष; बैर. (2) 反乱；謀反= विद्रोह; विरोध.

द्रोही [形] 反乱する；謀反を起こす= विद्रोही.

द्रौपदी [名*]〔マハ〕ドラウパディー（ドルパダ王 द्रुपद の娘でパーンダヴァ五兄弟の共通の妻）

द्वंद्व [名] (1) 一対；対になったもの (2) 組討ち；一対一の戦い (3) 対立；抗争；争い अमीरों और ग़रीबों के मध्य परस्पर द्वंद्व शुरू हुए 富者と貧者との間の争いが始まった (4) 騒ぎ；騒動；騒乱 मानसिक द्वंद्व 煩悶

द्वंद्वयुद्ध [名] 決闘 = ड्यूल; यकयकी.

द्वंद्वसमास [名]〔言〕並列複合語（構成要素を並列接続詞でつないで考えると理解しやすい合成語）；相違釈 〈copulative compound〉

द्वंद्व सिद्धांत [名]〔哲〕弁証法 〈dialectic〉

द्वंद्वात्मक [形] (1) 一対一の (2) 相争う；対立する (3) 弁証法的 〈dialectical〉

द्वंद्वात्मक भौतिकवाद [名]〔哲〕弁証法的唯物論 〈dialectical materialism〉

द्वंद्वी [形] (1) 一対の；対になる (2) 対立する

द्वय[1] [形] (1) 一対の；対になっている (2) 二重の (3) 2 つの

द्वय[2] [名] 一対；対= जोड़ा; युग्म; युगल.

द्वात्रिंशत् [数] 《Skt.》 32 = बत्तीस.

द्वादश [数] 《Skt.》 12 = बारह.

द्वादशबानी [形] (1) 金色に輝く (2) 純粋な；混じりけのない= बारहबानी.

द्वादशी [名*] 陰暦の各半月の 12 日

द्वापर [名]〔イ神〕ドヴァーパラ・ユガ（द्वापर युग，ヒンドゥー教の世界観で言う生滅を繰り返す世界の四年紀の第 3．クリタ・ユガ，トレーター・ユガに続くとされる） → युग.

द्वार [名] (1) 戸口；戸；出入り口；門口；門；水門；閘門 यौवन के द्वार पर पहुँचना 青春の門口に到着する बाँध के द्वार ダムの水門 गर्मी के मौसम में बाँध के द्वार खोले जाते हैं 夏にはダムの水門が開かれる (2) 扉；門扉 (3) 方法；手段 (4) 眼，耳，鼻などの身体の穴 **(-के) द्वार आ॰** 頼んだり求めたりするために（ーを）訪れる **द्वार खुलना** 道が開く；手立てが得られる **(-के) द्वार पर खड़े हो॰** （ーの）門口に立つ **(-के) द्वार पर मस्तक घिसना** （ーに）哀願する

द्वारकपाट [名] 門扉

द्वारका 〔地名・ヒ〕ドゥワールカー（グジャラート州カーティヤーワール半島西端の町．クリシュナ神を祀る寺院のあるヒンドゥー教の四大聖地の一）

द्वारकाधाम [名]〔ヒ〕聖地ドゥワールカー= द्वारकापुरी.

द्वारकाधीश [名]〔ヒ〕(1) ドゥワールカーディーシャ（ドゥワールカーの主，すなわち，クリシュナ神） (2) द्वारका に祀られているクリシュナ神像

द्वारकाधीश मंदिर [名]〔ヒ〕ドゥワールカーディーシャ寺院（聖地ドゥワールカーにあるクリシュナ神像を祀った寺院）

द्वारचार [名]〔ヒ〕結婚式の儀礼の一（花婿側の参列者が花嫁の家の戸口に到着した際に行われる儀礼） = द्वाराचार.

द्वारछेंकाई [名*]〔ヒ〕(1) ドゥワールチェーンカーイー（結婚式の一連の儀式のうち花婿が花嫁を始めて家に連れて来て家に立ち入る際に行われる儀式．花婿の姉妹が新郎新婦が家に入ろうとするのを妨げるふりをする．姉妹は 2 人から一定の金品を贈られる） (2) その金品

द्वारपाल [名] 門衛；門番；守衛= दरबान.

द्वारपालक [名] = द्वारपाल.

द्वारपूजा [名*]〔ヒ〕ドゥワールプージャー（結婚式の際花婿側の到着に際し花嫁側の戸口で行われる儀式）

द्वारा[1] [名] (1) 戸；扉 (2) 戸口；出入り口

द्वारा[2] [後置] 名詞類の斜格形に直接，もしくは，केを介して用いられる (1) 行為・動作の主体を表す．（ー）によって，（ー）による，（ー）の，（ー）がなど सरकार द्वारा हस्तक्षेप 政府による干渉 करुणानिधि द्वारा प्रधान मंत्री से विचार विमर्श カルナーニディ氏の首相との話し合い समाज द्वारा सामूहिक विरोध न किए जाने के कारण आतंकवाद पनपता है 社会が一斉に反対しないのでテロリズムがはびこる जापान द्वारा बंगला देश की नई सरकार को मान्यता 日本，バングラデシュの新政権を承認 महिला द्वारा आत्महत्या 女性の自殺 जनता द्वारा चुने हुए प्रतिनिधि 民衆に選ばれた代表（民衆の選んだ代表） इन कथाओं में बोधिसत्त्व द्वारा मनुष्य जीवन को उदात्त बनाने के लिए उत्तम आचार-विचार, नीति और धर्म की बातें कही गई हैं これらの物語には人生を高尚なものにするためにすぐれた行いや倫理・道徳の話が菩薩によって語られている उन दिनों भारतीयों पर विदेशी सरकार द्वारा तरह-तरह के जुल्म ढाए जा रहे थे 当時，外国政府によって様々な暴虐がインド人に対して押しつけられていた व्यापारियों द्वारा जमाखोरी 商人による退蔵 सिविल मैरिज अर्थात् अदालत द्वारा कराई जानेवाली शादी 民事婚，すなわち，役所が挙げさせる結婚 विदेशी सरकार द्वारा हमारी सरकार को दिया गया ऋण 外国政府がわが国の政府に与えた借款 दोनों ने ज्योतिषियों द्वारा लड़के और लड़की की जन्म कुंडलियाँ मिलवाईं 2人はそれぞれ息子と娘のホロスコープについて占星術師に相性を調べてもらった (2) 媒介，媒体，手段，方法などを表す．（ー）を介して，（ー）を媒介して，（ー）で गंगा के मैदान का अधिकांश व्यापार नदियों के द्वारा होता था ガンジス平原の交易の大半は河川を介して行われていた डाक द्वारा भेजना 郵便で送る सरकार इन संस्थाओं को अनुदान द्वारा सहायता करती है 政府はこれらの協会を助成金で援助する

द्वाराचार [名] = द्वारचार.

द्वारापुर [名] = द्वारका; द्वारकापुरी.

द्वारावती [名*] = द्वारका.

द्वारिका [名*] = द्वारका.

द्वाविंश [形]《Skt.》22 番目の= बाईसवाँ.

द्वाविंशति [数]《Skt.》22 = बाईस.

द्वाषष्ठ [形]《Skt.》第 62；62 番目の= बासठवाँ.

द्वाषष्ठि [数]《Skt.》62 = बासठ.

द्वासप्तत [形]《Skt.》第 72 の；72 番目の= बहत्तरवाँ.

द्वासप्तति [数]《Skt.》72 = बहत्तर.

द्वि- [造語]《Skt.》2;2 の意を有する合成語の構成要素= दो. द्विदल 豆類

द्विअंडी यमज [名] 二卵性双生児= द्विअंडज यमज. 〈fraternal twins〉

द्वि-आधारी [形]〔数〕二進法の〈binary〉

द्विक [形] (1) 2 つの部分から成る；成る (2) 二重の= दोहरा. (3) 第 2 の= दूसरा; द्वितीय.

द्विकर्मक [形] (1)〔言〕2 つの目的語をとる (2)〔言〕自動詞と他動詞の両方に用いられる

द्विकल [形]〔韻〕2 マートラー मात्रा から成る（語）

द्विखंडन [名]〔生〕2 分裂〈binary fission〉

द्विगु [名]〔言〕数詞限定複合語（サンスクリット複合語の分類の一で，構成要素の第一が数詞であるもの）〈numerative compound〉

द्विगुण [形] 2 倍の；倍の= दूना; दुगुना.

द्विगुणित [形] (1) 2 を掛けた (2) 2 倍にした；2 倍にされた (3) 2 倍の；倍の

द्विघात [形]〔数〕(1) 二元の (2) 二変数の (3) 二進法の

द्विघात समीकरण [名]〔数〕二次方程式

द्विचत्वारिंश [形]《Skt.》第 42 の；42 番目の= बयालीसवाँ.

द्विचत्वारिंशत् [数]《Skt.》42 = बयालीस.

द्विचर [形] 二項的（な）〈binary〉

द्विज[1] [形] 二度生まれた

द्विज[2] [名] (1) 卵から生まれる生きもの (2) 鳥類 (3) ヒンドゥー教徒の上位の 3 種姓，ブラーフマナ，クシャトリヤ，ヴァイシュヤ（聖紐式によりヒンドゥー教徒としての生を授かるとされることによる）→ एकज. (4) ブラーフマン；婆羅門 (5) 永久歯 (6) 月

द्विजराज [名] (1) ブラーフマン= ब्राह्मण. (2) 月

द्विजा [名*] ブラーフマンの女性

द्विजाति [名] = द्विज. (1)〔ヒ〕ブラーフマン，クシャトリヤ及びヴァイシュヤの 3 つのヴァルナ वर्ण. 聖紐 यज्ञोपवीत をこの 3 ヴァルナは帯びることができる． (2) ブラーフマン (3) 卵生の動物 (4) 鳥；鳥類

द्विजिह्व[1] [形] (1) 舌の 2 つある (2) 二枚舌の；陰口をきく (3) したたかな= दुष्ट; खल.

द्विजिह्व[2] [名] (1) 蛇 (2) 悪者

द्वितीय[1] [形] (1) 第 2 の；2 番目の (2) 二次的な；次の

द्वितीय[2] [名] (1) 息子 (2) 二世（同名の） चंद्रगुप्त द्वितीय チャンドラグプタ二世

द्वितीय अन्यपुरुष [名]〔言〕三人称疎遠形〈obviative〉

द्वितीयक [形] (1) 第 2 の (2) 副の；副次的な (3) 複製の द्वितीयक बलाघात〔音〕副揚音

द्वितीय विभक्ति [名*]〔言〕目的格= कर्मकारक. 〈accusative case〉

द्वितीया [名*] 陰暦の各半月の第 2 日

द्वित्व [名] (1) 重複 (2)〔言〕二重子音 (3) 二重化

द्विदल[1] [形] (1) 2 つの部分から成る (2) 二葉の

द्विदल[2] [名] (1) 2 つの部分から成るもの (2) ひきわり（ひき割り）にした豆類，ダール（दाल） (3) ひき割りにして食される豆類

द्विदल शासन प्रणाली [名*]〔政〕両頭政治〈diarchy〉

द्विधा[1] [名*] 板ばさみ；ジレンマ；窮地

द्विधा[2] [副] (1) 二重に (2) 2 種類に (3) 2 つの部分に (4) 両方に；両側に

द्विनवति [数]《Skt.》92 = बानवे.

द्विनाम पद्धति [名*] 二項命名法

द्विपंचाशत् [数]《Skt.》52 = बावन.

द्विपक्ष [名] (1) 太陰暦の 1 か月；ひと月 (2) 鳥

द्विपक्षी [形] = द्विपक्षीय.

द्विपक्षीय [形] (1) 双務的な；相互の；両方の द्विपक्षीय मामला 双務的な問題 (2) ひと月の（陰暦の白分・黒分の両方に関わる）

द्विपद [形] (1) 2 つの足を持つ；2 本足の (2) 2 つのものから成る；合成された

द्विपदी [名*] 対句

द्विपाद [形] 2 本の足を持つ生きもの（人や鳥など）

द्विबीजपत्री [名]〔植〕双子葉植物〈dicotyledon〉

द्विभाषिता [名*]〔言〕バイリンガリズム〈bilingualism〉

द्विभाषी[1] [形] 2 言語を話す；2 言語を使用する〈bilingual〉 द्विभाषी कोश〔言〕二言語辞典；二か国語辞典

द्विभाषी[2] [名] 2 言語使用者

द्विमुख[1] [形] (1) 2 つの顔を持つ (2) 2 つの口を持つ

द्विमुख[2] [名] (1) 回虫 (2) メクラヘビ = दोमुँहा साँप.

द्विमुखा [名*]〔動〕環形動物ヒル科ヒル（蛭）= जोंक.

द्विरद[1] [形] 2 本の歯や牙を持つ

द्विरद[2] [名] 象 = हाथी; हस्ती.

द्विरसन[1] [形] (1) 2 枚の舌を持つ (2) 言葉の信用できない；二枚舌の

द्विरसन[2] [名] 蛇 = साँप; सर्प.

द्विरागमन [名] (1) 再訪 (2)〔ヒ〕花嫁が夫と一緒に婚家に 2 度目に来ること（実際の同棲の開始を意味する） = गौना.

द्विरुक्त [形] 2 度述べられた；2 度話された

द्विरुक्ति [名*] (1) 繰り返し言うこと (2)〔修辞〕隔語句反復〈epanalepsis〉

द्विरेफ [名]〔昆〕ミツバチ，マルハナバチ（などのハチの総称）= भ्रमर; भौंर.

द्विवचन [名]〔言〕両数；双数〈dual〉

द्विवर्षी [名]〔植〕2 年生植物；越年草〈biennials〉

द्विवर्षीय [形] (1)〔植〕2 年生の；越年する (2) 2 年に一度の；2 年ごとの

द्विवार्षिक [形] = द्विवर्षीय.

द्विविध[1] [形] (1) 2 種の = दो प्रकार का. (2) 二様の = दो प्रकार से.

द्विविध[2] [副] 二様に

द्विविधा [名*] 板ばさみ；ジレンマ

द्विविवाह [名]〔法〕重婚；二重結婚〈bigamy〉

द्विवेदी [名] (1) 2 つのヴェーダに通暁している人 (2) 北部インドのブラーフマンのサブカーストの一，ドゥヴィヴェーディー

द्विव्यंजन [名]〔言〕重子音；二重子音〈double consonant〉
द्विशफ[1] [名]〔動〕偶蹄〈cloven hoof〉
द्विशफ[2] [形]〔動〕偶蹄の；偶蹄類の
द्विशासन [名] = द्वैधशासन.
द्विशिर [形] 2 つの頭を持った；両頭の
द्विष्ट [形] (1) 憎まれた；憎悪されている (2) 憎しみを持った
द्विसदन [形]〔政〕二院制の= द्विसदनी. **द्विसदन पद्धति** 二院制〈bicameralism〉
द्विसदनात्मक [形]〔政〕二院制の द्विसदनात्मक विधानमंडल 二院制の立法府
द्विसदनी [形]〔政〕二院制の〈bicameral〉
द्विसदनीय [形]〔政〕二院の；二院制の भारत की संसद द्विसदनीय विधानपालिका है インドの国会は二院制の立法府である
द्वीप [名] (1) 島 (2) ヒンドゥー教の世界観で地球の 7 つの大きな地理的区分；ドゥヴィーパ
द्वीपपुंज [名] 群島〈archipelago〉
द्वीपसमूह [名] 群島〈archipelago〉
द्वीपी[1] [形] (1) 島の (2) 島にいる；島にある
द्वीपी[2] [名] (1)〔動〕虎 (2)〔動〕チーター
द्वेष [名] (1) 憎悪；嫌悪；憎しみ (2) 悪意；毒気；悪気 द्वेष-भाव 敵意；敵対心
द्वेषपूर्ण [形] 憎悪に満ちた；憎しみに満ちた
द्वेषाग्नि [名*] 憎悪の炎= द्वेषानल.
द्वेषी[1] [形] (1) 憎悪する；嫌悪する；憎しみを抱く (2) 悪気を持つ；悪意を持つ
द्वेषी[2] [名] 敵；かたき
द्वै [形・造語] (1) 2 つの (2) 2 つ，二重，二様などの意を加える造語要素
द्वैत [名] (1) 2 つあること (2) 一対；対になったもの (3)〔哲〕二元性；二元論
द्वैतवाद [名]〔哲〕二元論〈dualism〉
द्वैतवादी [形・名] (1) 二元論の (2) 二元論者
द्वैध[1] [形] (1) 2 種の (2) 二様の (3) 二重の (4) 2 倍の (5) 二元の
द्वैध[2] [名] (1) 二種 (2) 二様；複式 (3) 二重性 (4) 二倍 (5) 二元性 (6) 相違
द्वैधशासन [名]〔政〕両頭政治= डायार्की; द्विराज.〈diarchy〉
द्वैभाषिकता [名*]〔言〕二言語併用；二言語使用能力；バイリンガリズム= द्विभाषिकता.〈bilingualism〉
द्व्यक्षर [名]〔言〕2 音節〈dissyllable〉
द्व्यक्षरिक [形]〔言〕2 音節の〈dissyllabic〉
द्व्यर्थकता [名*] 二義；両義；両義性〈bisemy〉
द्व्यशीति [数]《Skt.》82 = बयासी.
द्व्योष्ठ्य [形]〔言〕両唇音の〈bilabial〉
द्व्योष्ठ्य दंत्य [形]〔言〕歯唇音の《bilabio-dental》

ध

धंगर [名] (1) 牧夫= चरवाहा. (2) 牛飼い= ग्वाल; अहीर.
धंधक[1] [名] 絡まり；しがらみ；もつれ；厄介；ごたごた；面倒 = जंजाल; बखेड़ा.
धंधक[2] [名]〔イ音〕ダンダク（両面太鼓の一種）
धंधकधोरी [名] 常に仕事に忙しくしている人；四六時中仕事に追われている人
धँधला [名] (1) いんちき；ごまかし；ぺてん；いかさま (2) 見せかけ (3) 口実 **धँधले में आ॰** だまされる；ぺてんにかけられる
धंधा [名] (1) なりわい；生業；職業；商売；仕事 जमीन जायदाद की ख़रीद-फ़रोख़्त का धंधा 不動産売買の仕事；不動産業 पारिवारिक धंधा 家業 सहायक धंधा 副業 (2) 商売；取引 उन्होंने वीडीयो धंधे से चौपट हो रहे फ़िल्म उद्योग को बचाने का अनुरोध किया था 氏は貸しビデオ業のために壊滅的になろうとしている映画産業を救済してくれるようにと懇願した **धंधा चल पड़ना** 商売や仕事が軌道に乗る
धंधार [名*] = धँधार (1) 炎= ज्वाला; लपट. (2) 猛烈な精神的苦しみ
धँधारी [名*] (1) 孤独= अकेलापन; निर्जनता. (2) 寂しい場所；人気のないところ= निर्जनता; सुनसान. (3) 静寂= सन्नाटा; ख़ामोशी.
धंधाला [名*] 男女の仲を取り持つ女；売春の周旋を行う女= दूती; कुटनी.
धंधालू [形] いつも仕事で多忙な
धंधेबाज़ [名・形]《H. + P. باز》自分の利益のために利用したり悪用したりする（人） धर्म के धंधेबाज़ों ने लोगों को बेवक़ूफ़ बनाकर कर्मकांड का ऐसा मोहक जाल बिछाया कि वे आज भी उससे अलग हो सोच ही नहीं सकते 宗教を食い物にした連中が人々を欺いて宗教儀礼の魅惑的な罠を仕掛けたために今日なおそれから離れて考えることができないありさまなのです
धँधोर [名] (1) どんど焼き= होली; होलिका. (2) 火炎= ज्वाला; लपट.
धँस [名] 水中に潜ること；潜水= डुबकी; गोता.
धँसन [名*] = धँसना. ध
धँसना [自] (1) めり込む；沈む；はまりこむ हमारी चप्पलें बालू में धँस जातीं 履いているサンダルが砂にめり込む प्रत्येक बाल त्वचा के भीतर काफ़ी गहराई तक धँसा रहता है 毛はいずれも皮膚の下にかなり深く入り込んでいるものだ उसके खुर कीचड़ में धँसने लगे 蹄は泥に沈み始めた (2) へこむ；落ちくぼむ；落ち込む उसकी छाती की हड्डियाँ और उभर आई थीं, पेट तथा आँखें चिपककर धँस गई थीं 肋骨は更に突き出て腹と目はひどく落ちくぼんでしまっていた (3) しみいる；染み込む；食い込む पता नहीं , उनके हितोपदेशी सूत्र मदन के अंदर धँस रहे थे या नहीं あの方のお説教がマダンの胸に染み込んでいたのかどうかわからない (4) 突き刺さる；刺さる छुरा पेड़ में धँस गया 短刀は木に突き刺さった (5) 落ちる；下がる जंजीर हिलाने से सब गंदगी नीचे ज़मीन में धँस जाती है 鎖を振ると汚れはみな地面に落ちてしまう (6) のどを通る；のどから下へ下がる घी बिना कौर नहीं धँसता ギーがついていないとのどを通らない (7) 納得される；頷かれる；飲み込まれる लेकिन सेठ के कंठ तले यह बात न धँसी だがこの話はセートには納得できなかった (8) 力が抜けたような状態で崩れ落ちる；へたばる लज्जावश इला कुरसी में धँस गई イラーは恥ずかしさのあまり椅子に崩れ落ちた
धँसान [名*] ←धँसना. (1) めり込むこと；へこむこと；沈むこと (2) 泥濘；沼地 (3) 下り坂 (4) 人混みの押し合い；雪崩を打ったような人混みの流れ (5) 祭式の後に神像が川などの水に流されること

धँसाना [他] (1) めり込ませる；沈める (2) くぼませる；へこませる (3) 突き刺す；さし込む बोर्ड में छुरा धँसाना ボードにナイフを突き刺す (4) 落とす；下げる

धँसाव [名] (1) = धँसना. (2) = धँसान.

धई [名*]〔植〕タシロイモ科草本タシロイモ（食用）【*Tacca leontopelaloides*】

धक [名*] (1) 恐怖や不安のために心臓の鼓動が激しくなること；どきどきすること (2) 胸のときめき；気持ちの高まり (3) 勇気 **जी धक हो॰** *a.* どきっとする；びっくりする；びくっとする；たまげる *b.* 胸がどきどきする *c.* 茫然となる **धक से रह जा॰** びっくり仰天する；たまげる；茫然とする मैं सुनते ही धक से रह गया 聞いた途端にびっくり仰天した दूसरे ही क्षण वह धक से रह गए 次の瞬間茫然となった

धकधक [名*] 心配, 不安, 恐怖などのために胸がどきどきすること；心臓の鼓動が速くなること **कलेजा (छाती, दिल) धकधक क॰** 胸がどきどきする；はらはらする；胸が高鳴る；心配になる；胸騒ぎがする मेरी छाती धकधक करने लगी 胸がどきどきし始めた

धकधकाना [自] (1) 恐怖や不安などのためにどきどきする；胸が騒ぐ (2) ぱっと燃え上がる；燃え立つ= दहकना; भभकना.

धकधकाहट [名*] (1) 心臓の鼓動の激しくなること；胸が不安でどきどきすること；胸が騒ぐこと= धड़कन. (2) 不安；心配 (3) ためらい；躊躇

धकधकी [名*] (1) 胸がどきどきすること；胸が騒ぐこと= जी की धड़कन; धुकधुकी. (2) のどと胸部の境目 (3) 不安；心配 **धकधकी धड़कना** どきどきする；胸が騒ぐ；胸が不安で震える

धकपक[1] [名] = धकधकी.

धकपक[2] [副] 恐怖や不安にどきどきしながら

धकपकाना [自] 怯える；恐れる；震えあがる

धकपेल [名*] = धकापेल.

धकाधक [形] 沢山の；多くの；甚だしい；おびただしい

धकाधकी [名*] = धकापेल.

धकाना [他] 火をつける；点火する= सुलगाना; दहकाना.

धकापेल[1] [名*] 押し合いへし合い；人混みの混乱= धक्कमधुक्का. **धकापेल क॰** *a.* 非常に素早くする *b.* 考え無しにする；無分別にする

धकापेल[2] [副] 押し合いながら；押し分けながら；人混みをかきわけながら

धकार [名] ध の文字と発音

धकारा [名] 心配；不安；懸念；胸騒ぎ= खटका; आशंका; धकाधकी.

धकियाना [他] (1) 強く押す；強く押しやる पहले तो सभी पिल्ले एक-दूसरे को धकियाते हुए कूँ-कूँ करते रहे 初め子犬たちは互いに押し合いながらくんくん鳴いていた (2) 押し出す；突き飛ばす वह सुरेश को भी धकियाता हुआ वहाँ से ले गया スレーシュまでも突き飛ばしながらそこから連れ去った मुझे लगभग धकियाती अंदर दाखिल हो गई 彼女は私を突き飛ばさんばかりにして入り込んだ (3) 強く励ます；励ますために背中を押す

धकेलना [他] (1) 押す；押しやる；突く；押しのける गाड़ी को धकेलना 車を押しやる अंदरवाले बाहर की ओर धकेल रहे थे 中にいるものたちは外側へ向かって押しやっているところだった यदि हम किसी बोझ को धकेलना चाहते हैं तो हम देखेंगे कि उसे पहियों पर धकेलना हमेशा आसान होता है 何か重い物を押しやりたい時，車に乗せて押しやるのが常に簡単なのを知るでしょう उसे पीछे धकेलकर आगे बढ़ती चली जाती है それを後ろへ押しやって進んで行く पहियों को हाथ से धकेलते हुए 車輪を手で押しやりながら जाली दवाओं के धंधे के जरिए इंसानों को मौत के मुँह में धकेल रहे हैं いんちき薬の商売で人を死の淵へ押しやっている कुंडी खोलने के लिए किवाड़ों को अंदर से बाहर धकेला गया है 掛け金を開くために扉が内から外へ向かって押しやられた (2) 突き倒す；押し倒す (3) 突き飛ばす बच्चों को गाड़ी से धकेल दिया 子供たちを車ではね飛ばした मैंने उसे बस्ते सहित बरसात के कीचड़ सने पानी में धकेल दिया その子をかばんなり雨季の泥水の中に突き飛ばしてやった (4) 突き落とす जैसे किसी ने मुझे ऊँचाइयों से नीचे धकेल दिया हो だれかが私を高いところから突き落としたかのように (5) 投げ込む वे कलह और क्लेश की आग में धकेल देती हैं それらが争いと苦悩の火の中に投げ込む अपनी ख्याति का लाभ उठाकर जनसाधारण को अंधविश्वास के गर्त में क्यों धकेल रही है? 自分の名声を利用して民衆を迷信の穴に投げ込む **धकेल दे॰** *a.* 引きずり込む तूने सारी दुनिया को मुसीबत में धकेल दिया है 皆を厄介なことに引きずり込んだ *b.* 追いやる；追い込む；押しやる

धक्क [名*] = धक.

धक्कपक्क [名*・副] = धकपक.

धक्कम-धक्का [名] (1) 押し合いへし合い；押したり突いたりし合うこと (2) ものすごい人だかりや混雑= रेलापेल. धक्कम-धक्के में उनके कपड़े फट गये हैं 人混みの押し合いで服が破れた

धक्का [名] (1) 勢いよく押したり突いたりすること गाड़ी को धक्का देना 車を強く押す (2) 突き飛ばすこと；激しい勢いで押しやること (3) 打撃；痛手；深刻な損害 इससे हिंदू-मुसलिम एकता को बहुत बड़ा धक्का पहुँचेगा これによりヒンドゥーとムスリムの団結に大きな打撃が及ぶだろう (4) 衝撃；ショック इस विश्वासघात से समुद्रगुप्त को बहुत धक्का लगा この裏切り行為にサムドラグプタは大きな衝撃を受けた **धक्का खाना** *a.* 突かれる；突き飛ばされる *b.* 打撃を受ける；大きな損害を被る *c.* 辱めを受ける；侮辱される *d.* 辛い思いをする **धक्का दे॰** *a.* 勢いよく押す；激しく突く *b.* 突き飛ばす *c.* 打撃を加える；打撃を与える **धक्का देकर निकालना** つまみ出す मैंने उसे धक्के देकर बाहर निकाल दिया 男を突き飛ばして追い出した **धक्का पहुँचना** *a.* 衝撃を受ける；ショックを受ける *b.* 打撃を受ける；損害を被る **धक्का पाना** 恥辱を受ける；辱めを受ける；侮辱される **धक्का मारकर निकाल दे॰** = धक्का देकर निकाल दे॰. **धक्का लगना** = धक्का पहुँचना. इससे मदन को बड़ा धक्का-सा लगा マダンはこれに大きな衝撃のようなものを受けた **धक्के चढ़ना** 意のままになる

धक्काड़ [形] (1) 著名な；名だたる (2) 権威のある；有力な (3) 巨大な

धक्का-मार [形] (1) 力ずくの；暴力的な (2) 傍若無人な

धक्कामुक्की [名*] つかみ合い；殴り合い= मारपीट.

धगड़ [名] = धगड़ा.

धगड़बाज़ [形*] 《H. + P. باز》情夫のいる；不貞な；多情な（女）= व्यभिचारिणी.

धगड़ा [名] (1) 情夫= जार; उपपति. (2) 内縁の夫 (3) ならず者

धगड़ी [名*] (1) 情婦 (2) めかけ；妾 (3) 内縁関係の女性

धगरा [名] = धगड़ा.

धगरिन [名*] 指定カーストのダーンガル（धाँगर）の女性

धग्गड़[1] [名] パップ；パップ剤

धग्गड़[2] [名] = धगड़.

धचकचाना [他] 脅しをかける；脅す；怯えさせる；震えあがらせる= डराना; दहलाना.

धचकना [自] (1) 泥濘にはまる；泥濘に足を取られる (2) 危難におちいる

धचका [名] (1) 泥濘にはまること (2) 打撃；衝撃 (3) 損害 **धचका उठाना (-खाना)** 損害を被る；赤字を出す= नुकसान उठाना; घाटा सहना.

धचकाना [他] (1) 泥濘にはめる (2) 危険におとしいれる

धज [名*] (1) 魅惑的な物腰や態度 (2) しな（科） (3) 態度；振舞い；様子 (4) 旗= ध्वजा; झंडा.

धजा [名*] (1) 旗= ध्वजा; पताका; झंडा. (2) 布の切れ端；布切れ

धज्जी [名*] 布, 紙, 皮などを切ったり裂いたり破ったりしてできるものの切れ端 **(-की) धज्जियाँ उड़ना** *a.* (ーが) 散り散りに引き裂かれる *b.* ぼろぼろになる *c.* ひどい目に遭わされる *d.* 打ちのめされる；撃破される；徹底的にやっつけられる **(-की) धज्जियाँ उड़ाना** *a.* (ーを) 散り散りに引き裂く *b.* ぼろぼろにする *c.* ひどい目に遭わせる *d.* 打ちのめす；撃破する；徹底的にやっつける **धज्जियाँ निकालना** あら探しをする **धज्जियाँ लगना** *a.* ぼろ（襤褸）をまとう *b.* 落ちぶれて襤褸を纏う羽目になる **(-की) धज्जियाँ ले॰** *a.* (ーを) ひどい目に遭わせる *b.* (ーを) 厳しく批判する **(-की) धज्जी हो जा॰** (ーが) やせこける；がりがりにやせる；骨と皮ばかりになる

धट [名] (1) 天秤；秤= तुला; तराज़ू. (2)〔天・占星〕天秤座；天秤宮

धटिका [名*] (1) ダティカー（重量単位）＝5セール= पंसेरी. (2) 布；布切れ；端切れ (3) 下帯；ふんどし（褌）= लँगोटी.

धटी[1] [名] (1)〔天・占星〕天秤座；天秤宮 (2) シヴァ神

धटी[2] [名*] (1) 布切れ；端切れ (2) 褌；下帯 (3)〔ヒ〕懐妊儀礼の後に妊婦の着用する衣服や岩田帯

धड़ंग [形] 裸の；裸体の= नंगधड़ंग.

धड़[1] [名] (1) 人や動物の胴；胴体 (2) 樹木の幹 **धड़ में उतारना** 腹に入れる；食べる= धड़ में डालना. **धड़ में डालना** 食べる；飲む；腹に入れる (-का) **धड़ रह जा॰** *a.* 半身不随になる；体が硬直する *b.* ひどく衰弱する **धड़ से सिर अलग क॰** 首をはねる

धड़[2] [名] 物体の激しく落下する音．どーん，どすん，どどんなど **धड़ से** *a.* どーんと；どすんと；ばんと；ぱんと；ぼんと बात पूरी भी नहीं हो पाई कि उन्होंने धड़ से फ़ोन पटक दिया 話が終わりきらないうちにばんと受話器を投げ出した *b.* 直ちに；すぐに

धड़क [名*] (1) どきどきすること；激しく動悸を打つこと；激しく鼓動すること (2) どきどき；不安；怖じ気；気後れ (-में) **धड़क खुलना** 不安がなくなる；気後れがなくなる

धड़कन [名*] (1) どきどきすること；鼓動すること (2) 激しい動悸 (3)〔医〕心悸昂進 **दिल की धड़कन** (**धड़कनें**) 動悸；鼓動= हृदय की धड़कन (धड़कनें). उसके दिल की धड़कन तेज हो गई 動悸（鼓動）が早くなった परदे के ज़रा-से हिलने से दिल की धड़कन बढ़ जाती है カーテンがほんの少し揺れるだけで鼓動が早くなる

धड़कना [自] (1) 心臓が鼓動する फेफड़ों के नीचे दिल है जो हर वक्त धड़कता रहता है 肺の下に四六時中鼓動している心臓がある हृदय पुनः ठीक ढंग से धड़कना शुरू कर देता है 心臓は再び正常に鼓動を始める (2) 律動的に響く (3)（不安，恐怖，感情の揺れなどのために）胸が激しく鼓動する；どきどきする= धक धक क॰. **धड़कते दिल से** どきどきしながら धड़कते दिल से मैं लिफ़ाफ़ा खोलता हूँ どきどきしながら封筒を開ける मेरा तो अभी तक चौंकने से दिल धड़क रहा है びっくりしたので今でもまだ胸がどきどきしている धड़कता मन लिए （悪事を働いたので）どきどきしながら；冷や冷やしながら (4) 脈を打つ= नाड़ी चलना.

धड़का [名] (1) 鼓動 (2) 鼓動の響き (3) 不安；懸念 (4) 鳴子

धड़काना [他] (1) 鼓動させる (2) 衝動的に響かせる；音を立てる (3) 怯えさせる；震えあがらせる

धड़क्का [名] = धड़का.

धड़-टूटा [形+] (1) 腰がくの字に曲がった (2) 背骨の曲がった；せむしの

धड़धड़[1] [名*] 重い物体が落下したり発射されたり移動したりして生じる音．どん，どすん，ばしっ，がらがら，ごろごろなど धड़धड़ करते टैंक चल रहे थे ごうごうと轟音を立てながら戦車が進んでいるところだった

धड़धड़[2] [副] どんと；どすんと；どさっと；ばしっと；ごーっと

धड़धड़ाना [自] (1) 重い物体が落下したり移動したりして大きな音が出る；轟く；どんとかどどんとか重い音が響く (2) 激しい震動が起きる；地響きなどが起こる एक इंजन धड़धड़ाता हुआ गुज़रता है 1 台の機関車が地響きを立てて通り過ぎする

धड़धड़ाहट [名*] 重い物体が落下したり動いたりして生じる音；轟音；けたたましい音 बाहर आटोरिकिशा की धड़धड़ाहट निकट आती सुनाई दी 外からオートリキシャのエンジンの響きが近づいてくるのが聞こえた

धड़ल्ला [名] (1) 激しい勢いで落下したり震動したりする音や響き (2) 勢い (3) 意気込み (4) 剛胆さ **धड़ल्ले का** 恐れを知らない；剛胆な；びくともしない **धड़ल्ले से** *a.* 勢いよく；どんどん；速く बाज़ार में सभी विषयों की गाइडें धड़ल्ले से बिक रही हैं 店では全学科の参考書がどんどん売れている *b.* よどみなく；すらすらと；ぺらぺらと；流暢に होटल का स्वामी धड़ल्ले से हिंदी बोलते थे ホテルの主人は流暢にヒンディー語を話していた *c.* びくともせず；剛胆に；ひるむことなく；平然と；平気で वे बस में निर्धारित सीटों से ज़्यादा सवारी अब भी धड़ल्ले से बैठाते हैं 今でもバスに定員数以上の乗客を平気で乗せる वह महिला धड़ल्ले से दूसरे विषयों पर बातें करती हुई हमारे साथ चल दी その女性は平然と他のことを話題にしながら我々と一緒に歩き出した

धड़ा[1] [名]（全体に対する，あるいは，全体の中の）一派；一団；1つの集まり आरक्षण विरोधी आंदोलनकारियों के एक धड़े से सरकार का समझौता हो गया है 留保制度反対運動者の一派と政府との間に妥協が成立した **धड़ा बाँधना** *a.* 徒党や派閥を組む *b.* 非難する

धड़ा[2] [名] (1) ダラー（4 セール सेर，もしくは，5 セールに等しい重量単位） (2) 分銅 (3) 天秤

धड़ाका [名] 重い物体が落下したり倒れたりして大きく響きわたる音 बम का धड़ाका 爆弾の轟音 **धड़ाके से** *a.* 轟音を立てて *b.* すぐさま；直ちに；即刻

धड़ाधड़ [副] (1) がらがら，ごろごろ，がたがたなどと音を立てて動く様子 मशीन धड़ाधड़ चलने लगी 機械はがらがらと音を立てて動き出した (2) 次々と；次から次へ；どんどん；続々と अब तो लोग बेमौत धड़ाधड़ मरने लगे もはや多くの人が続々と不慮の死を遂げ始めた उर्दू में उनके अनुवाद धड़ाधड़ निकल रहे थे 続々とそれらのウルドゥー語訳が出かかっていた स्वतंत्रता के बाद ये ज़मीनें अनियमित रूप से धड़ाधड़ बिकने लगीं 独立後これらの土地は無制限にどんどん売れ出した

धड़ाबंदी [名*]《H.+ P. بندی》(1) 釣り合いをとること；平衡を保つこと；均衡をはかること (2) 派閥争い मुख्यालय की धड़ाबंदी का मसला 本部での派閥争いの問題

धड़ाबाज़ी [名*]《H. + P. بازی》派閥争い；徒党を組むこと

धड़ाम [名] 重い物体が高いところから激しく落下したり倒れたりする様子やその音（どーん，ばたっ，ばたん，どすんなどの音を立てるさま） धड़ाम से どーんと；どすんと वह धड़ाम से ज़मीन पर गिर गया どーんと地面に倒れた वह भी धड़ाम से ज़मीन पर गिरा और मर गया 男もばたんと地面に倒れ死んでしまった हाथी वहाँ आगे पाँव बढ़ाते ही धड़ाम से गड्ढे में गिर पड़ा 象は足を前に出したとたん穴にどすんと落ちた

धड़ी [名*] (1) ダリー（古代の重量単位の一；4 セール，もしくは，5 セール） (2) いっぱい集まったもの；山 (3) 線 **धड़ी जमाना** お歯黒をつける = मिस्सी लगाना.

धड़ेबाज़ [形]《H. + P. باز》党派心のある；派閥主義の

धड़ेबाज़ी [名*] ← धड़ेबाज़. 党派心；派閥主義

धण [名*] (1) 女性；女 (2) 妻 (3) 娘

धणी [名] (1) 夫 (2) 最愛の人

धत[1] [感]（धत् とも記される）怒ったり，相手をたしなめたり，ののしったり，追い払ったりする際に発せられる言葉．これこれ，こらっ，これっ，しっ，しっしっ，ちくしょう，ちぇっなど धत् शकल देखी है शीशे में? こらっ，自分の面を見てみろよ（よくもぬけぬけと，ずうずうしい） **धत् तेरे की** 怒りの気持ちを露にする表現．こらっ，ちぇっ，ちくしょう，ふざけるな，ばかばかしいなど→ धत्तेरे की.

धत[2] [名*] (1) 悪癖= लत; कुटेव; बुरी आदत; बुरी बान. (2) 熱狂；狂気 **धत पड़ना** 悪い癖がつく

धता [形] 退けられた；追い払われた **धता क॰** = धता बताना. **धता बताना** あしらう；適当に取り扱う；追い払う；退ける यहाँ महाजनों को भी धता बताता हूँ ここでは大商人でも追い払うのだ

धतिंगड़ [名] = धतींगड़.

धतिया [形] 悪い癖のある；悪癖のついた= लत्ती.

धतींगड़ [形・名] (1) 図体の大きい；でかい；太い (2) 私生子の；私生児の；不義の関係に生まれた；嫡出でない；庶子= जारज; दोगला.

धतींगड़ा [形+・名] = धतींगड़.

धतूर[1] [名] トランペット；トゥラヒー (तुरही)

धतूर[2] [名] = धतूरा.

धतूरा [名] (1)〔植〕ナス科チョウセンアサガオ【*Datura alba; D. metel*】 (2) チョウセンアサガオの種子 (3) 有害物；有毒物 उन लोगों ने भाषावाद के जिस धतूरे के पेड़ को लगाया था 彼らが言語分裂主義という毒のある木を植えたのだ **धतूरा खाये फिरना** *a.* 酔いしれたように歩き回る *b.* 頭がおかしくなる；頭が正常でなくなる

धतूरिया [名]（チョウセンアサガオの実を用いて襲撃をしたという）タグの集団→ ठग.

धत्त [感] = धत. धत्त तेरी चाय की सारा ही मज़ा किरकिरा कर दिया ちぇっ，しようのないお茶だ．何もかも駄目にしてしまった

धत्तेरे की [感] 腹立たしい気持ちや不愉快さを表す言葉．ちぇっ，畜生，いまいましいなど= धत् तेरे की.

धधक [名*] (1) 火がぱっと燃え上がることやその様子 (2) 火炎；炎 (3) 火の熱

धधकना [自] 燃えさかる；燃え上がる；火を噴く；炎を上げて燃える हृदय में धधकते हुए देश-प्रेम को 胸中に燃えさかる愛国の情を अभागा हमारा देश मज़हब की धधकती लपटों में झुलसने लगा 宗教の燃えさかる炎に焼け焦げ始めた不幸なわが国 मन में चाहे

जितने ज्वालामुखी धधक रहे हों 胸の中にどれほどの火山が火を噴いていようとも विद्रोह की अग्नि धधक उठी 反乱の炎が燃え上がった **धधकती आग में घी डालना** 火に油を注ぐ
धधकाना [他] 火を燃え上がらせる；火を吹かせる；火炎を吹き上げさせる
धनंजय [名] (1) ヴィシュヌ神= विष्णु. (2) 火= आग; अग्नि. (3)〔マハ〕アルジュナ (अर्जुन パーンダヴァ五兄弟の1人)
धन [名] (1) 富；財；財貨；財産= सम्पत्ति; दौलत; द्रव्य. पहले जन्म, जाति और सामाजिक स्तर के आधार पर भेद किया जाता था, अब धन और संपत्ति के आधार पर होता है 昔は出自と社会階層を基にして差別がなされていたが，今は富と財産を基にして区別がなされる (2) 金 सरकारी धन 公金 सरकारी धन का गबन 公金横領 उसे भी घर आता धन बुरा नहीं लगा 彼もやはりひとりでに入ってくる金をいやなものには感じなかった (3) 資金 नगरपालिकाओं को इन सेवाओं के लिए धन की आवश्यकता होती है 市役所はこれらのサービスをするために資金を必要とする (4) 費用 कार्यपालिका के लिए उन नीतियों को लागू करना कठिन हो जाता है जिसके लिए धन स्वीकार नहीं किया गया हो 行政府にとっては費用の認められていない施策を実施することは困難になる (5) 元金 (6) プラス（数や電気などの陽性)；陽性 ↔ ऋण マイナス धन अभिक्रिया プラス反応；陽性反応 धन आयन 陽イオン **धन उड़ाना** *a.* 惜しみなく金を使う *b.* 金を盗む **धन कमाना** 金儲けをする वकालत करके धन कमाना 弁護士業で（弁護士として）金儲けをする **धन की मार** 金欲；金銭欲 **धन खा जा॰** だまして金を取る **धन जोड़ना** 金を貯める **धन पानी क॰** 気前よく金を使う **धन बरसना** 金があふれる **धन लौटाना** 払い戻す；返済する；償還する
धन इलेक्ट्रॉन [名] 《H. + E. electron》陽電子 〈positive electron〉
धनक [名] = धनुषकमान.
धनकटाई [名*] 稲の刈り入れ（時)
धनकर [名] (1) 田；田圃；稲田 (2) 田の土
धनकुट्टी [名*] (1) 米搗き；精米 (2) 精米の道具；踏み臼；からうす (碓) (3) 激しく打ち叩くこと (-की) **धनकुट्टी क॰** (ーを) 打ちのめす
धनकुबेर [名] 大金持ち रातों रात धनकुबेर बनना 一夜にして巨万の富を得る
धनकोटा [名]〔植〕ジンチョウゲ科常緑低木【*Daphne papyracea; D. Cannabina*】= सतपुरा.
धनचार्ज [名] 《H. धन+ E. charge》陽電荷 〈positive charge〉
धनचिह्न [名] プラス記号 +
धन-जन [名] (1) 人と財産 धन-जन की भारी हानि 人命と財産に大被害 (2) 資産家
धनतंत्र [名] 拝金主義 मार्क्स धनतंत्र को ललकारने के जोश में धर्म के भी विरुद्ध हो गए マルクスは拝金主義に挑戦の勢いのあまり宗教にも反対の立場を取った
धनतेरस [名]〔ヒ〕ダナテーラス (カールティク月 कार्तिक の黒分 13 日．この日富の神ラクシュミー神が拝まれる)
धनदंड [名] 罰金= अर्थदंड; जुरमाना.
धनद[1] [形] (1) 富を与える；財を与える；富をもたらす (2) 気前のいい
धनद[2] [名] クベーラ神 (कुबेर)
धनदा [名*]〔ヒ〕アーシュヴィン月 आश्विन の黒分 11 日
धनदेव [名] = कुबेर.
धन-दौलत [名*] 《H. + A. دولت》(1) 財産；資産 (2) 金；金品 मैंने काफ़ी धन-दौलत देकर दोनों को विदा किया かなりの金品を与えて2人を帰らせた (2人に引き取って貰った)
धनधान्य [名] 財産と食物 क्या यहाँ सब लोग धनधान्य से संपन्न हैं? ここの人たちは皆豊かなのか धनधान्य से पूर्ण समृद्ध 全く裕福な
धनधाम [名] 家屋敷と財産
धननाथ [名]〔イ神〕富の神クベーラ神 कुबेर
धनपक्ष [名]〔簿〕貸し方 = जमा. 〈credit side〉
धनपति [名]〔イ神〕富と財を司るクヴェーラ神；クベーラ神 (कुबेर)
धनपत्र [名] (1)〔簿〕出納簿；会計簿 (2) 法定紙幣
धनपात्र [名] 金持ち；金満家；裕福な人
धनपाल [名] クベーラ神= कुबेर; कुवेर; धननाथ; धनपति.
धनपिशाच [名] 守銭奴；極度の吝嗇家
धनपिशाची [名*] 極度の吝嗇；極めてけちなこと
धनप्रयोग [名] 金融；貸し金
धनमूल [名] 資本；資本金= पूँजी; मूल-धन.
धनराशि [名*] (1) 資金 निगम को अपने कार्यों को सम्पन्न करने के लिए धनराशि की आवश्यकता होती है 市役所の業務を行うためには資金がいる करों से पर्याप्त धन-राशि प्राप्त नहीं हो सकती 税金では十分な資金が得られない (2) 富；財；財宝 आपके राज्य की धनराशि 貴国の富 (3) 金額；額= रकम.
धनलाभ [名] 儲け；利益 अनायास धनलाभ 思いがけない儲け
धनलोलुप [形] 強欲な；貪欲な；欲張りな；現金な
धनलोलुपता [名*] ← धनलोलुप. 貪欲さ；強欲さ महाजनों की धनलोलुपता 金貸し連中の貪欲
धनवंत [形] 豊かな；富裕な= धनवान.
धनवती [形*] ↔ धनवान
धनवान [形] 金持ちの；金満家の；裕福な；富裕な= धनी; दौलतमंद.
धनवापसी [名*] 《H. + P. واپسی》返済；償還
धन-वैभव [名] 栄華；栄耀栄華 केवल मैं ही अपने धन-वैभव को भोगूँगा 自分だけが栄耀栄華をする
धनशाली [形] = धनवान्; धनी.
धनसंख्या [名*]〔数〕正数 〈positive number〉
धनसंचय [名] 金を貯めること；貯金；貯蓄 धनसंचय कर अधिक भूमि मोल लेकर 金を貯めてもっと土地を買って
धनसंपत्ति [名*] 財産；資産 व्यक्ति की धनसंपत्ति 個人の財産
धनसंपदा [名*] = धनसंपत्ति. उसके पास अटूट धनसंपदा थी はかり知れぬ財産を持っていた
धनसू [名] = धनेश.
धनहटा [名*] 穀物集荷市場；穀物卸市場= अनाज की मंडी.
धनहर[1] [形] 財を奪う；財物を奪い取る
धनहर[2] [名] (1) 泥棒；盗人 (2) 強盗
धनहर[3] [名] 田；たんぼ (田圃)；稲田= धनखेत; धनखेती.
धनहीन [形] 貧しい；貧困な= निर्धन; गरीब; दरिद्र; कंगाल.
धनांक [名] 金額 = रकम.
धना [名*] (1) 若い娘= युवती. (2) 嫁；花嫁= वधू; बहू.
धनाग्र [名] (1)〔電〕(電解槽などの) 陽極 (2) (電池の) 陰極 〈anode〉 = एनोड.
धनाढ्य [形] 裕福な；富裕な；豊かな पड़ोस में धनाढ्य लोग भी हैं 近所には裕福な人たちも住んでいる समृद्ध व धनाढ्य देश 繁栄し豊かな国 धनाढ्य तबका 富裕な階層 इस तरह की दवाएँ धनाढ्य तबके द्वारा ही ख़रीदी जाती हैं この種の薬は富裕な階層のみが購入する
धनादेश [名] (1) 郵便為替 (2) 為替手形
धनाध्यक्ष [名] (1) 出納責任者 (2) クベーラ神 कुबेर
धनाना[1] [自] (1) つがう (雌の牛や水牛が番う) (2) はらむ (妊む)
धनाना[2] [他] (雌の牛や水牛を) つがわせる (番わせる)
धनापहार [名] (1) 罰金= अर्थदंड; जुरमाना. (2) 略奪；強奪
धनाभाव [名] 資金不足 धनाभाव के कारण 資金不足のため
धनार्जन [名] 財を得ること；金儲け；稼ぐこと वह धनार्जन करता था その人は金儲けをしていた
धनावह [形] 金持ちの；富裕な= धनी; दौलतमंद; अमीर.
धनि [形] = धन्य.
धनिक[1] [形] 財産を持っている；裕福な；富裕な= धनी. धनिक वर्ग 有産階級
धनिक[2] [名] 金持ち；資産家= धनवान; दौलतमंद.
धनिकतंत्र [名] 金権政治= कुबेर तंत्र. 〈plutocracy〉
धनिया [名] (1)〔植〕セリ科草本コエンドロ；コリアンダー【*Coriandrum sativum*】 धनिया या पुदीना की चटनी コエンドロかハッカの (葉の) チャトニー (2) コエンドロの実 (香辛料の一)；コリアンダー (-को) **धनिये की खोपड़ी का पानी पिलाना** (ーを) ひどく苦しめる；悩ます= धनिये की खोपड़ी में पानी पिलाना.
धनिष्ठा [名*]〔天・占星〕いるかざ (海豚座)；ダニシュター (二十七宿の第 23，虚)
धनी [形・名] (1) 金持ち (の)；豊かな सच्चे धनी तो आप ही हैं 本当の金持ちは正にあなたのことです धनी वर्ग 有産階級 (2) 豊かな；恵まれている；余裕のある；豊富な जीव-जंतुओं की दृष्टि से भारत बहुत धनी देश है 生物の観点からインドはとても豊かな国である बहुमुखी प्रतिभा की धनी लड़की सरोजिनी के लिए 多才な少女サロージニーのために प्रतिभा का धनी 才能に恵まれている

人 (3) すぐれている；達者な वे पढ़ने-लिखने के धनी थे 勉強がよくできた方だった शरीर के धनी लोगों द्वारा शारीरिक सौंदर्य प्रदर्शन किया गया 体格の立派な人たちが肉体美を誇示した (4) 所有者；持ち主；主人 यह नगर तीन सुंदर झीलों का धनी है この町には3つの美しい湖がある (5) 信義を守る；信義に篤い；確実に信頼できる बात का धनी 約束を固く守る；二言のない

धनी-धोरी [名] (1) 主人；持ち主 (2) 金持ち

धनी-मानी [形] 経済的に豊かで世間に尊敬される बड़े बड़े धनी-मानी लोग とても裕福で世間の信頼を得ている人々

धनु [名] (1) 弓= धनुष. (2) 長さの単位ダヌ，すなわち，腕尺 (हस्त 約 46cm) の4倍の長さ (3) [天・占星] 射手座；人馬宮

धनुआ [名] (1) 弓= धनुष; कमान. (2) 綿打ち弓= धुनकी.

धनुक [名*] (1) 弓 (2) 虹 = इंद्रधनुष. वह देखो आसमान पर धनुक दिखाई दे रही है - लाल, नारंगी, पीला, हरा, आसमानी, नीला, बैंगनी ほら空に虹が見えている．赤，橙，黄，緑，青，藍，紫 (3) 綿打ち弓

धनुकबाई [名*]〔医〕顔面神経痛によるひきつり

धनुपाणि [名] (1) 弓を手に持つ人 (2) ラーマチャンドラ रामचंद्र

धनुबंधनी [名*] 丸括弧

धनुर्द्धर [名] 弓を持つ人= तीरंदाज़.

धनुर्द्धारी [形] 弓を持つ

धनुर्यज्ञ [名] 古代に行われたと言う弓を拝み弓術を競う競技会と祭り

धनुर्वात [名]〔医〕破傷風= टिटनेस.

धनुर्विद्या [名*] 弓術；射芸

धनुर्वेद [名] (1) ダヌルヴェーダ（ヤジュルヴェーダやプラーナに論じられたの弓術） (2) 弓術；弓道

धनुष [名] (1) 弓 कमर झुककर धनुष-सी हो गई 腰が曲がって弓のようになった (2) 長さの単位= धनु. धनुष पर बाण चलाना 弓で矢を射る उसने धनुष पर बाण चलाने का अभ्यास किया 弓術の修練をした **धनुष चढ़ाना** 矢をつがえる जिस धनुष को न खींच या चढ़ा सके 矢をつがえることのできぬ弓

धनुष-बाण [名] 弓矢

धनुषयज्ञ [名] = धनुर्यज्ञ.

धनुषाकार [形] 弓の形をした；弓なりの；弓形の साधारणतः धनुषाकार आकृतिवाली भौंहें अधिक सुंदर समझी जाती हैं 一般に弓なりの眉はより美しいものとされる

धनुष्टंकार [名] (1) 弓の弦の鳴る音 (2)〔医〕破傷風= टिटनेस.

धनुस राशि [名*] [天・占星] ダヌス・ラーシ（黄道十二宮の第9，人馬宮）= धनु.

धनुहाई [名*] (1) 弓術 (2) 弓矢の戦い

धनेश [名] (1) 富の神 (2)〔イ神〕クベーラ神 कुबेर (3)〔鳥〕サイチョウ科ネズミコサイチョウ【*Tockus birostris*】

धनेस [名] (1)〔鳥〕ネズミコサイチョウ (2) クベーラ神 = धनेश.

धनैषणा [名*] 富や財の欲；金銭欲

धनैषी [形] 富や財を欲する

धनोपार्जन [名] 金儲け वह दिन-रात धनोपार्जन में लग गया 夜も昼も金儲けにかかった

धन्न [形・感] = धन्य.

धन्नासेठ [名] (1) 大金持ち；金満家；富豪 तुम भी अपने बाबा की तरह धन्ना सेठ हो जाओगे お前もお祖父さんのように大金持ちになるだろう (2) 豪商；大商人 **धन्नासेठ का नाती** 大金持ちの子；金満家の生まれ **धन्ना सेठ के नाती बने हैं** 〔諺〕小商人が自分を大商人のように偉いものだとうぬぼれるたとえ

धन्य[1] [形] (1) 神に祝福される；感激を与える；感動を与える；立派な；素晴らしい धन्य हो तुम कि अपनी उम्र-भर की कमाई इस धर्म-काज के लिए दे दी 一生の稼ぎをこの善行のために差し出されたあなたに栄誉あれかし वह ईंट धन्य है, जो कट-छाँटकर कंगूरे पर चढ़ती है और बरबस लोक-लोचनों को अपनी ओर आकृष्ट करती है 削られて胸壁の上に載り人々の目を引きつけるその煉瓦は神の祝福を受けるものである (2) 幸運な；幸せな बावड़ी के जल का आचमन कर अपने को धन्य समझते हैं 井戸の水で口をすすぎ幸せを感じる तू मनुष्य नहीं अवतारी है बेटे, मेरी कोख धन्य हो गई お前は人間ではなくて神の化身だ．お前を生んだ私はほんとに幸福者だよ मैं आपको पाकर धन्य हुई! 私は貴方を得て最高に幸せなのです (3) 大いに喜んでいる；大いに感謝している；深く感動している；大いに満足している उन्हें पाकर सोसाइटी धन्य हुई 同氏を得て協会は大満足した तुम महाराणा प्रताप की समाधि का दर्शन करके धन्य हो जाओगे 君はマハーラーナー・プラタープ王の墓に詣でると大きな喜びに包まれよう यह यात्री भारत की सब से पवित्र नदी गंगा के दर्शन कर अपने को धन्य समझ रहा है この巡礼者はインドの最高に聖なる川ガンジスを拝んで大満足である अंदर आकर उसने पहले मंत्री जी के चरण स्पर्श किए.मंत्री जी प्रसन्न थे और माधो धन्य 中へ入るとまずは大臣の足元にひれ伏した．大臣は上機嫌でマードーは深く感動していた

धन्य[2] [感] 相手に感謝したり称賛の気持ちを表す言葉

धन्यवाद [名・感] (1) 感謝の言葉を述べること；お礼を言うこと सब भगवान का धन्यवाद कर रहे थे だれもが神に感謝していた (2) 感謝の言葉；謝辞；有り難うございますの言葉；御礼の言葉 (3) 有り難うございます (4) 立派なことです；お見事 यही तो मैं भी समझा था.वाह वा, वाह वा, धन्यवाद, धन्यवाद! そうだとはわしも思ったところだ．やあやあこれはいい，いいぞいいぞ **धन्यवाद क॰** 感謝の意を表す；感謝する जनता के सौहार्दपूर्ण सहयोग के लिए धन्यवाद किया 民衆の心からの協力に感謝した (-को) **धन्यवाद दे॰** (ーに) 感謝の言葉を述べる मैं सच्चे हृदय से आपको धन्यवाद देता हूँ 心から御礼を申し上げます (-का) **धन्यवाद है** (ーに) 感謝の気持ちを表す言葉 भगवान का धन्यवाद है, छुटकारा मिल गया 神様のおかげです．解放されました

धन्वंतरि [名] (1)〔イ神〕ダヌヴァンタリ（アーユルヴェーダの創始者と伝えられる神々の医師） (2)〔人名〕ダヌヴァンタリ（古代インドのヴィクラマ・アーディティヤ王に仕えたとされる伝説上の名医）

धन्व [名] (1) 弓= धनुष. (2) 砂漠= मरुस्थल; मरुभूमि. (3) 川岸；川縁 (4) 蒼穹

धन्वन [名]〔植〕シナノキ科落葉高木【*Grewia elastica*】

धन्वा[1] [名] (1) 弓= धनुष; कमान. (2) 虹= इंद्रधनुष.

धन्वा[2] [名] 砂漠= मरुभूमि; मरुस्थल; रेगिस्तान.

धन्वाकार [形] 弓形の；弓のような形に曲がった；湾曲した

धन्वायी [形] (1) 弓を持つ；弓を携えた (2) 狡猾な；抜け目のない

धन्वी [形] 弓を携えた= धनुर्धर.

धप[1] [名*] どすん，どさっ，どんなど重い物体が落下して生じる音 **धप से** 重い物体が落下したり倒れたりする様子．どすんと，どさっと，ばたっと，ずしんと，どんなど अब तो चलने की भी उनमें हिम्मत न थी धप से बैठ गई もう歩く元気もなかった．どすんと腰を下ろした

धप[2] [名] 平手で打つこと= तमाचा; थप्पड़. **धप दे॰** 平手打ちを食わせる；ぱしっと叩く= धप मारना.

धपना[1] [自] (1) 急いで歩く；速足で歩く (2) 襲いかかる；飛びかかる

धपना[2] [他] (1) 頭を掌で叩く (2) 叩く；殴る

धप्प [名*] = धप[1]. एक आम धप्प की आवाज़ करके गिरा ばさっと音を立ててマンゴーの実が落ちた

धप्पा [名] (1) 手で叩くこと (2) 経済的な打撃 **धप्पा मारना** *a.* かすめ取る *b.* 欺く；だます **धप्पा लगना** *a.* 被害を被る；損をする *b.* 恥をかかされる

धब-धब [名*] 柔らかくずしりと重いものが落下した際発する音．どたっ，どさっ，ばたっ，ぼたっ，ばしゃっなどの音

धबला [名]〔服〕(1) ゆったりしたパージャーマー (2) 女性の腰布；ラハンガー लहँगा；ガーグラー घाघरा

धबीला [形+] しみのついた；痕跡のついた= धब्बेदार.

धब्बा [名] (1) しみ；何かの瑕や跡；痕跡 तलवारों पर ख़ून का धब्बा 刀に血痕 (2) 色のむら (3) 汚点 **धब्बा पड़ना** しみや跡がつく= धब्बा लगना. **धब्बा लगना** 汚点がつく；瑕がつく **धब्बा लगाना** 汚点をつける；瑕をつける

धम [名*] 重い物体が落下したり倒れたりして生じる音 **धम से** *a.* 重い物が音を立てる様子．どんと，どすんと，ずしんと मैंने उसे उस कमरे में धम से पटक दिया 男をその部屋にどすんと投げ込んだ वह धम से बैठ गई 女はどんと腰を下ろした *b.* どんどんと音を立てて，どすんどすんと音を立てて *c.* 続けざまに

धमक [名*] (1) 重い物体が落ちたり倒れたりする音 (2) そのような音に伴って起きる震動や圧迫や圧力 इंजन की धमक से 機関車の風圧で (3) 重苦しい感じ

ध

धमकना[1] [自] (1) 重い物体が落下したり倒れたりして音を立てる．どんという，ずしんという，どさっという，ばさっというなど (2) 重い物体が落下したり倒れたりして震動する (3) 響く

धमकना[2] [助動] 激しい勢いで移動したり迷惑なものが移動する意を加える助動詞 लेकिन मुझे क्या पता था - वह सचमुच एक दिन मेरे घर ही आ धमकेगी 本当に彼女がいつか私の家にまでやってくるとは知る由もなかった रात में देरी से जा धमकना 夜遅く押し掛ける

धमकना[3] [他] 打ちつける；食らわせる；ぶちかます

धमका [名] (1) 湿気 (2) 暑苦しさ

धमकाना [他] 脅す；脅迫する युवती को धमकाना 若い娘を脅す आगे से ऐसा न बोलने के लिए धमकाया गया これからそういうことを言わないようにと脅された जब बच्चा रोता है, तब वह उसे धमकाती है कि ख़बरदार, रोना नहीं, नहीं तो मामा जी तुमसे कभी न बोलेंगे 子供が泣くと彼女は脅して言う.「泣いたらだめよ．泣いたらおじさんは坊やとは口をきかないよ」

धमकी [名*] (1) 脅し文句；脅迫の言葉 (2) 叱責；叱りつけること **ख़ाली धमकी** 虚仮威し；虚勢 **ख़ाली धमकी दे०** 虚勢を張る **धमकी दे०** 脅す；脅かす धमकी भरा पत्र 脅迫状 **धमकी में आ०** 脅しに乗る

धमगजर [名] (1) 騒動；騒ぎ= उपद्रव; उत्पात. (2) 喧嘩；争い= लड़ाई; युद्ध.

धमधम[1] [名*] ←धम. 太鼓などの腹に響くような深くずしりと重みのある音．どん；どんどん；どすんどすん

धमधम[2] [名] 盛大なこと；華麗なこと= धूमधाम.

धमधमाना[1] [他] (1) どんどんと音を立てたり震動させたりする दो बजे की पैसेंजर ट्रेन धरती को धमधमाती हुई अभी-अभी निकली होगी 2時の普通列車がほんの今しがた地響きを立てて通り過ぎたのだろう (2) 激しく打ったり叩いたりする

धमधमाना[2] [自] どんどんとかどすんどすんなどと音が出る

धमधूसर [形] みっともない；不細工な；洗練されていない；ごつい；やわらかみのない

धमन [名] (1) 空気を吹き込むこと= फूँकना. (2) ふいごで風を送ること= धौंकनी से फूँकना. (3) ふいご= धौंकनी. (4) ふいごの管= धौंकनी की नली.

धमन भट्ठी [名*] 溶鉱炉；高炉 संयंत्र की पहली धमन भट्ठी में इस वर्ष के अंत तक लोहा गलाना शुरू किया जा सकेगा コンビナートの最初の高炉で今年末までに鉄鉱石の熔解が始められよう

धमनी [名*]〔解〕動脈〈artery〉 धमनी रुधिर 動脈血

धमनीय [形] ←धमनी. 動脈の〈arterial〉

धमाका [名] (1) 重い物体が落下したり倒れたりする激しい音やずしんと響いたり震動を伴う音 (2) どんと言う音のするような激しい勢い（のある動作） मैं घूम पड़ी और शयनकक्ष में जाकर धमाके से द्वार बंद कर लिया きびすを返すと寝室に行ってどんとドアを閉めた (3) 爆発 यह अतिविश्वास एक दिन आपके लिए मानसिक धमाका कर देगा この自信過剰がいつか貴方の精神を爆発させることになりましょう **धमाका क०** 轟音を発して爆発する तम्बाकू की छोटी-सी डिबिया धमाका कर सकती है タバコの小さな箱が爆発することがありうる (4) 爆発（音） उन्होंने ज़बरदस्त धमाका सुना ものすごい爆発音を耳にした

धमाकेदार [形]《H. + P. دار》猛烈な；激しい；激烈な

धमाचौकड़ी [名*] (1)（子供たちが）騒ぐこと；騒々しくすること；やかましく騒ぐこと वे खेल-कूद, धमा-चौकड़ी से बहुत दूर, शांत, धीर और गंभीर बालक थे 飛んだり跳ねたり騒ぎ立てたりとは全く無縁の物静かで落ち着いて沈着な子供だった **धमाचौकड़ी जमाना** 騒ぐ；騒ぎ立てる；騒々しくする **धमाचौकड़ी मचना** 騒々しい वह धमाचौकड़ी मचती है कि हम लोग ठीक तरह से सो भी नहीं पाते 騒々しくてゆっくり眠ることもできない **धमाचौकड़ी मचाना** 騒ぐ；騒ぎ立てる；騒々しくする (2) いざこざ (3) 騒動；騒乱

धमाधम[1] [副] (1) どんどん，どすんどすん，ばしばしなどと激しい音を立てて (2) 続けざまに；どんどん

धमाधम[2] [名*] (1) どんどん，どすんどすん，ばしっばしっなどの激しい音 (2) そのような音を立てて打ったり叩いたりすること

धमार [名*] (1) 飛んだり跳ねたり騒ぎ立てること (2) 騒動；騒ぎ (3) 軽業；曲芸 (4)〔イ音〕ダマール（ホーリー祭に歌われる民謡） (5)〔イ音〕ダマール・タール（ホーリーを歌うタール） **धमार खेलना** 大いに歌い騒ぐ

धमारिया [名] (1) 曲芸師；軽業師；アクロバット (2) 騒動を起こす人 (3)〔イ音〕ダマール धमार のすぐれた歌い手

धमेख [名*]〔仏〕ダメーク（サールナート，すなわち，鹿野苑にあるグプタ時代に建立された転法輪記念の仏塔）

धम्म [名*] = धम. どしん，どん，どすん，どさっなど重い物体が落下したり倒れたりする音 वहीं से कूद पड़ा और धम्म से भैंस की पीठ पर आकर बैठ गया そこから飛び降りてどんと水牛の背に乗った वह धम्म से ज़मीन पर आ गिरा どすんと地面に落ちた

धम्मल [名] 髪を編んで頭に巻く女性の髪型の一

धम्मिल [名] = धम्मल.

धर[1] [名*] 捕まえること；捕らえること= धरना-पकड़ना.

धर[2] [名] 山= पर्वत; पहाड़.

धर[3] [名] 大地= पृथ्वी; धरती.

-धर [造語] 持つ，帯びる，身につけるなどの意を有する合成語の構成要素 गंगाधर シヴァ神の異名の一

धरकार [名] ダルカール（かご作りなどを主な生業としてきたカースト）= बँसोर.

धरण [名] 持つこと；保持すること；帯びること= धारण.

धरणि [名*] = धरणी; पृथ्वी.

धरणिज [名] 木；樹木

धरणिधर [名] (1)〔イ神〕シェーシャナーガ（शेषनाग, パーターラ界 पाताल の王，大地を支えるとされるナーガ族の王） (2) 亀= कच्छप; कछुआ; कूर्म. (3) ヴィシュヌ神（भगवान विष्णु） (4) シヴァ神 (5) 山 = पर्वत; पहाड़.

धरणी [名*] 大地；地；地球= पृथ्वी.

धरणीधर [名] = धरणिधर.

धरणीपुत्र [名] 火星= मंगल ग्रह.

धरणीभृत् [名] (1)〔イ神〕シェーシャナーガ शेषनाग (2) ヴィシュヌ神 (3) 山

धरणीमंडल [名] 地球= भूमंडल.

धरणीसुत [名] 火星= मंगल; मंगल ग्रह.

धरणीसुता [名*]〔ラマ〕シーター（ジャナカ王の娘，ラーマの妃） सीता

धरता[1] [形] (1) 持つ；保持する；帯びる (2) 引き受ける

धरता[2] [名] 債務者

धरती [名*] (1) 大地；陸；陸地 धरती का जानवर 陸の動物；陸生動物 धरती के फट जाने पर 大地が裂けると ब्रिटेन की धरती पर उसका जीवन दूभर हो गया है 彼がイギリスの大地で生きて行くのが難しくなっている (2) 地面；土 उसने धरती खोदकर मटर बो दी 地面を掘ってエンドウマメを蒔いた भेड़ को धरती पर लिटा दे० 羊を地面に横たえる (3) 世界 **धरती आकाश एक क०** 一生懸命努力する **धरती उठा ले०** 大騒ぎする；ひどく騒ぎ立てる；大騒動を起こす **धरती का फूल** *a.* キノコ= खुमी; कुकुरमुत्ता. *b.* 蛙= मेढक. *c.* 成金（の人）= नौदौलत. *d.* 偉人 **धरती का बोझ**「大地の重荷」の意．厄介者，役立たずなど उन्होंने अपने निखट्टू पुत्र को 'धरती का बोझ' कहा था あの人はろくでなしの自分の息子を「大地の重荷」と呼んだ **धरती का भार** = धरती का बोझ. **धरती कुरेदना** 恥ずかしがる；はにかむ；恥ずかしがってもじもじする **धरती छोड़ना** 死ぬ；亡くなる **धरती दिखाना** *a.* 投げ倒す；地面に這わせる *b.* 負かす；やっつける **धरती पर उतर आ०** 冷静になる；驕りや高ぶりがなくなる；落ち着く；上調子でなくなる；現実を見つめる बेहतर तो यह है कि आप भी धरती पर उतर आएँ और पति के गुणों और अवगुणों को अच्छी तरह परखकर उनके अनुरूप जीवन बिताएँ 貴方も冷静になって夫の長所・短所を見極めてそれにふさわしい生活を過ごされるのが望ましいところです **धरती पर पाँव न पड़ना** 驕り高ぶる；甚だ高慢な；のぼせあがる **धरती पर पाँव न रखना** *a.* 驕り高ぶる *b.* ひどく甘やかされて育つ **धरती पर रहना** 現実に立つ；現実を見つめる；驕り高ぶらない **धरती पर सीधे पाँव न रखना** 驕り高ぶる **धरती फट जाए तो उसमें समा जा०** あまりの恥ずかしさに穴があったら入りたい **धरती बाहना** *a.* 耕す；畑を耕す *b.* 懸命の努力をする **धरती में गड़ जा०** 恥ずかしさのあまり身がすくむ；ひどく恥ずかしい思いをする **धरती से उठ जा०** 死ぬ；この世を去る **धरती हिल उठना** 震えあがる；恐怖に包まれる **धरती हिला दे०** 震え上がらせる；大仕事をする

धरती धकेल [形] この上なく怠け者の；大変怠惰な

धरधर [名] 山

धरन[1] [名*] (1) 持つこと；つかむこと；握ること (2) 意地を張ること；強情を張ること

धरन[2] [名*] (1) 梁；けた (2) 子宮 (3) へその緒 **धरन खिसकना** 〔医〕子宮脱= धरन टलना; धरन डिगना; धरन सरकना.

धरना[1] [他] (1) つかむ；握る (2) 捕まえる；捕らえる；取り押さえる कहीं तस्करी के चक्कर में तो नहीं धर लिए गए हों ひょっとして密売にからんで捕らえられたのではあるまいか (3) 手に取る (4) 身につける；帯びる (5) 置く यहाँ क्या धरा है ここに何がある（何の未練もないだろう） राख कहाँ धरी है? （食器洗い用の）灰はどこに置いてあるのか बाहर बरामदे में खाने की मेज़ धरी है バラームダーに食卓が置かれている (6) 預ける **धर दबाना** *a.* 押さえ込む；しっかり捕まえる；身動きできなくする；取り押さえる；からめ取る *b.* 言い負かす；黙らせる विद्यार्थी अवस्था समाप्त हुई कि बेकारी ने धर दबाया 学業が終わったとたんに仕事の口がなく身動きできなくなった **धर दबोचना** = धर दबाना. **धर धमकना** 急いでくる；勢いこんで来る **धर पकड़कर** むりやり；力ずくで **धर पकड़ना** 捕まえる；捕らえる **धर पछाड़ना** 負かす；やっつける **धरा रह जा॰** 放置される；そのままになる；用いられずに終わる；役に立たない आखिरी मौके पर सदन स्थगित हो गया और योजना धरी रह गई 最後に議会は休会になり計画はそのままになってしまった सुप्रीम कोर्ट के दो-दो आदेश धरे रह गए और पूरा का पूरा उजाड़ दिया गया 最高裁の出した２つもの命令は役立たずじまいになった धन-दौलत, जगह-ज़मीन सब धरी रह जाएगी 財産も土地もなにもかもそのままになる（死んだ時にあの世には持って行けない） **धरा-का-धरा/ धरी-की-धरी रह जा॰** 全く役に立たない= धरा रह जा॰. आज सारी अकड़ धरी-की-धरी रह गई 今日はいつもの尊大さも全く何の役にも立たなかった

धरना[2] [名] (1) 座り込み（要求，請願，祈願，抗議などのための） (2) ピケ；ピケット धरना स्थल 座り込みの場所 **धरना दे॰** *a.* 座り込む *b.* ピケを張る

धरनी [名*] = धरणी.

धरपकड़ [名*] (1) 捕らえること；捕まえること (2) 逮捕；取り締まり；捕り物 भिखारियों की धरपकड़ 乞食の取り締まり उग्रवादियों की धरपकड़ 過激派の逮捕 (3) 抑制；制御

धरम [名] = धर्म. नहीं, ओझा जी, मेरा धरम न लो いや，ダメ．私の操を汚さないで **धरम-ईमान** 信義 दस हज़ार के पीछे धरम-ईमान तो गया 一万の金のために信義を失ってしまった जिस घर में बहू सास को मारने के लिए खड़ी हो जाए वहाँ रहने का धरम नहीं 嫁が姑に手をかけるような家には暮らすべきではない **धरम की जड़ सदा हरी** 〔諺〕人の進むべき正しい道を歩めば常に栄えるものなり

धरमी [形] = धर्मी.

धरवाना [他・使] ← धरना.

धरसना[1] [他] (1) 押しつぶす；踏みつぶす (2) 侮辱する (3) ひどい目に遭わせる

धरसना[2] [自] (1) 押しつぶされる；踏みつぶされる (2) 侮辱される (3) ひどい目に遭わされる

धरहर [名*] (1) 捕らえること= धरपकड़. (2) 仲裁= बीचबचाव. (3) 救助；助け；保護= बचाव; रक्षा.

धरहरा [名] 塔= मीनार; धौरहर.

धरहरिया [名] (1) 仲裁者 (2) 保護や救助，救済をする人

धरा [名*] (1) 大地= पृथ्वी; धरती; ज़मीन. धरा के और नभ के बीच 大地と天空の間に (2) この世 अगणित बार धरा पर मैंने स्वर्ग बनाये 我は幾度となくこの世に天国を築けり (3) 子宮

धराऊ [形] (1) 売れ残りの (2) 保存用の；取って置きの；特別の (3) 置物の

धरातल [名] (1) 地面= ज़मीन; धरती. (2) 面；表面 भ्रष्टाचार को कानूनी धरातल पर सिद्ध कर पाएँ या न कर पाएँ 汚職を法律面から証明できるかできないか (3) 水準；段階；程度 (4) 基盤；基準；標準 उसका ठोस धरातल है आत्मसंयम それのしっかりした基盤は自制である (5) 面積= रकबा.

धराधर [名] (1) 大地を支えるもの (2) 〔イ神〕シェーシャナーガ शेषनाग (3) ヴィシュヌ神 (4) 山 = पर्वत; पहाड़.

धराधाम [名] (1) 地上 (2) この世 वह उससे पहले ही मर गया था, जब आप इस धराधाम पर उतरे あの人は貴方がこの世にお生まれになる以前に死んでしまっていた

धराधार [名] 〔イ神〕ナーガ族の王シェーシャナーガ（शेषनाग）

धराधिप [名] 王；国王= राजा; बादशाह.

धराधीश [名] 王；国王= राजा.

धराना [他・使] ← धरना. (1) 握らせる；つかませる (2) 捕らえさせる (3) 手渡す (4) 置かせる

धरापति [名] (1) 王 = राजा; नृपति. (2) ヴィシュヌ神= विष्णु.

धरापुत्र [名] 火星= मंगल.

धरापृष्ठ [名] 地表；地面= धरती की सतह; धरतीतल.

धराशायी [形] (1) 倒れた；地に伏した；地面に落ちた **धराशायी क॰** 倒す；打倒する **धराशायी हो॰** 倒れる；地に伏す；地面に落ちる；打ち倒される जहाँ तेज़ हवाएँ चलीं कि ये लंबी किस्में धराशायी हुईं 強い風が吹いたとたんに丈の高い種類のものは地面に倒れた (2) つぶれた；倒壊した

धरासुर [名] バラモン；ブラーフマン= ब्राह्मण.

धराहर [名] 塔= मीनार.

धरित्री [名*] 大地；地面= धरती; पृथ्वी. धरित्री पर बैठ पसारे हुए पाँवों पर 地面に腰を下ろし投げ出した足の上に

धरिमा [名*] (1) 天秤= तराज़ू. (2) 形；形態= शकल.

धरी[1] [名*] (1) 支え (2) めかけ（妾） = रखेली.

धरी[2] [名*] 重量単位の一（4 セール सेर の重量）

धरुण [形] 担う；持つ；帯びる；支える

धरेजा [名] (1) 妾を置くこと；妾を囲うこと；女を囲うこと (2) 未亡人を妾として囲うこと

धरेल [名*] 妾= रखेल; उपपत्नी.

धरेला[1] [名] 正式な結婚式を行わずに妻をめとる男

धरेला[2] [名] (1) 女がくわえ込んだ男 (2) 正式に挙式せずに未亡人を妻にする風習

धरेली [名*] 妾= रखेल.

धरैया [形] (1) 担う (2) 捕らえる；捕まえる (3) 帯びる；身につける；着用する

धरोली [名*] → धरौली.

धरोहर [名*] (1) 委託物；預け物；預かり物 (2) 抵当（物）；質；質草 (3) 遺産

धरौआ [名] 正式な挙式をせずに女を囲う風習；内縁関係を認める風習

धरौली [名*] 〔植〕キョウチクトウ科落葉小低木【*Wrightia tomentosa*】

धरौवा [名] = धरौआ.

धर्ता [形] (1) 担う；負う；背負う (2) 身につける；帯びる

धर्ती [名*] = धरती.

धर्म [名] (1) 属性；性質；本性 जल का धर्म 水の属性 (2) 徳；徳行；善行；善業 (3) 人道；人道主義；ヒューマニズム अंत में मानव-धर्म की विजय होगी 最後にはヒューマニズムの勝利となる (4) 人が本来人間としてあるべき姿や状態；本分；本務；務め；義；規範；ダルマ लोगों की रक्षा करना हम क्षत्रियों का धर्म है 人々を守護するのが我々クシャトリヤの本分である मनुष्य का धर्म दया करना है और डाक्टर का विशेष कर.यह अपना धर्म भूल गए, लेकिन आप अपना धर्म नहीं भूलिए 人間の本分は人を哀れむことです．特に医者についてはそうなのです．この連中はそれを忘れてしまっていますが，貴方は忘れないで下さい पड़ोस धर्म निभाने के लिए 隣人としての務めを果たすために भारत सदा क़ानून को धर्म के रूप में देखता आ रहा है インドは常に法律を規範とみなしてきている वैद्य जी ने मेरे घर आकर अपना धर्म तो भ्रष्ट कर ही लिया 先生（医者）は（本来お出でになるべきではない低いカーストの）私の家に来られたためにダルマを汚してしまわれた (5) 精神；根本；根本精神 युगधर्म 時代精神 (6) 宗教；教説；信仰；信教 धर्म के नाम पर 宗教の名目で；宗教の名の下に धर्म संपूर्ण जीवन की पद्धति है 宗教とは生き方の一切のことである जैन धर्म ジャイナ教 शिंतो धर्म 神道 = शिंतो मत. (7) 法；規定；決まり **धर्म उठाना** 誓って言う **धर्म क॰** 正しいことを行う= धर्म कमाना. **धर्म कमाना** *a.* 道義にかなったことをする *b.* 功徳を積む **धर्म खाना** *a.* 神に誓う *b.* 陵辱（凌辱）する **धर्म बिगाड़ना** 道にはずれたことをする；人倫に反したことをする **धर्म में आ॰** 良心にかなう **धर्म रखना** 本分を守る （-का） **धर्म ले॰** （－を）凌辱する；犯す **धर्म से कहना** 神に誓って言う；良心に誓って言う

धर्मकर्म [名] (1) 宗教・信仰上の勤め；勤行；儀式；祭式 पूजा, व्रत-दान जैसे धर्मकर्म करने लगीं 祈祷，断食，施与のようなお勤めを始

めた ग्रहों को शांत करने का धर्मकर्म 星辰の運行のもたらす災厄を鎮めるための祭式 (2) 道義；道徳 अपने लड़कों को धर्मकर्म सिखाओ 自分の子供に道義を教えなさい धर्मकर्म को नष्ट करना 道義を踏みつぶす
धर्मकाय [名]〔仏〕法身
धर्मकार्य [名] 宗教儀式；宗教儀礼 नरमेध, अश्वमेध तथा गोमेध यज्ञ - इन धर्मकार्यों को विद्वानों ने कलियुग में निषिद्ध कहा है 人身御供，馬祀祭，牛供犠などの宗教儀式を学者たちはカリユガにおいて行うのを禁じている
धर्मकृत्य [名] 宗教儀式；祭儀
धर्मक्रिया [名*] 宗教儀式
धर्मक्षेत्र [名] (1)〔地名〕クルクシェートラ (कुरुक्षेत्र, マハーバーラタの戦場と伝えられる場所) (2) インドの美称「ダルマの地」；バーラタヴァルシャ (भारतवर्ष)
धर्मखाता [名] 慈善の費目
धर्मगंडिका [名*] 犠牲の動物の首を載せる台
धर्मगत [形] 宗教や信仰の；宗教に関する；宗教上の धर्मगत आस्था 信心
धर्मगुरु [名] 宗教，信仰上の師
धर्मग्रंथ [名] 聖典；経典
धर्मघट [名] (1) 布施に供される芳香のある水を入れた水がめ (2) 施与のための穀物を蓄えておくかめ
धर्मचक्र [名] (1)〔仏〕法輪；妙法輪 (2) 古代インドの円盤の形をしたとされる武器
धर्मचक्रवर्तन [名]〔仏〕転法輪
धर्मचरण [名] 正しい行い；法行
धर्मचर्या [名*] 人道や宗教にかなった行為；法行
धर्मचारी [形] 人道や宗教にかなった行いをする；徳行にかなった行いをする
धर्मच्युत [形] 規範や法，すなわち，人倫や徳行からはずれた
धर्मज[1] [形] (1) 合法の；適法の (2)〔法〕嫡出の
धर्मज[2] [名] 嫡出子
धर्मजता [名*] (1) 合法性；適法 (2)〔法〕嫡出
धर्मज्ञ [形] (1) 本分や義務を知っている (2) 敬虔な
धर्मतंत्र [名] 神権政治
धर्मतंत्री [形] 神権政治の；神政の धर्मतंत्री राज्य 神政国家；宗教国家
धर्मतः [副] (1) 宗教的に (2) 宗教の名の下に
धर्मता [名*] (1) 本質 (2) 理法
धर्मत्याग [名] (1) 人倫や徳に反する行為を行うこと (2) 自己の本分を放棄すること
धर्मदान [名] 純粋な動機による施与
धर्मदाय [名] 寄付；寄贈
धर्मदारा [名*] 正妻；妻= धर्मपत्नी.
धर्मद्रोही [形] 人倫や徳義に反する= अधर्मी.
धर्मद्वीप [名] 正しい信仰の行われるところ；正しい宗教の行われる国
धर्मध्वज [形] 偽善的な= पाखंडी.
धर्मनाथ 〔人名・ジャ〕ダルマナータ (ジャイナ教第十五祖ティールタンカラ)
धर्मनिरपेक्ष [形] 世俗的な；政教分離の धर्मनिरपेक्ष राज्य 世俗国家；政教分離国家 〈secular state〉
धर्मनिरपेक्षता [名*] 世俗主義；政教分離；政教不関与
धर्मनिष्ठ [形] 大変敬虔な；とても信心深い；行いの正しい वे अपने ढंग के धर्मनिष्ठ भी थे あの方は独特の敬虔さを備えた方でもあった
धर्मनिष्ठा [名*] 敬虔さ；信心深さ
धर्मपति [名] (1) 秩序や理法の主 (2) ヴァルナ神 वरुण देवता
धर्मपत्नी [名*] 妻 (他人の妻ばかりでなく自分の妻についても言う)；正妻；(正) 夫人；奥方 पूज्य द्विवेदी जी की धर्मपत्नी को इस बात से खेद हुआ ドヴィヴェーディー先生の奥様もこのことを不快に感じられた
धर्मपद [名]〔仏〕法句= धम्मपद.
धर्मपरायण [形] 敬虔な；信心深い
धर्मपरिवर्तन [名] 改宗= धर्मांतरण. धर्मपरिवर्तन क॰ 改宗する
धर्मपर्याय [名]〔仏〕経；経典；経法
धर्मपाठक [名] 経典を教授する師匠；学匠
धर्मपाल [名] (1) ダルマ (法) を守る人 (2) 罰；懲罰
धर्मपिता [名] 実の父子のような関係の父；義理の父
धर्मपुत्र [名] (1) 血を分けたような関係にある父子関係の息子；義理の息子 आज से आप मेरी धर्ममाता बन जाएँ. मुझे अपना धर्मपुत्र मान लें 今日から貴方は私の母さんになって下さい．私を息子と思って下さい (2)〔マハ〕ユディシュティラ (युधिष्ठिर)
धर्मपुरी [名*]〔イ神〕冥界の王ヤマ धर्मराज の住む都
धर्मपुस्तक [名*] 経；経典；聖典；聖書= धर्मग्रंथ.
धर्मप्रचार [名] 布教；宣教
धर्मप्रचारक [名] 布教師；宣教師；伝道師 बौद्ध धर्मप्रचारक 仏教の伝道師
धर्मप्रतिरूपक [名] 名誉欲からなされる見せかけだけの施与
धर्मप्राण [形] 敬虔な；篤信の；信心深い भारत की धर्मप्राण जनता インドの信心深い民衆
धर्मबहिन [名*] 信仰を同じくする女性；信仰上の姉妹 ↔ धर्मभाई
धर्मबुद्धि[1] [名*] 分別；理非の区別の認識
धर्मबुद्धि[2] [形] 分別のある行動をなす；理非曲直の判断を有する
धर्मभगिनी [名*] (1) 同信の女性；信仰上の姉妹 (2) 姉妹弟子
धर्मभाई [名] (1) 同信の人；信仰上の兄弟 (2) 兄弟弟子→ धर्मबहिन.
धर्मभीरु [形] 敬虔な；信仰心の篤い धर्मभीरु जनता 敬虔な民衆
धर्मभ्रष्ट [形] 本来あるべき状態や本分から逸脱した；道義にはずれた；規範からはずれた；理に反した
धर्मभ्राता [名] = धर्मभाई.
धर्ममत [名] 宗教
धर्ममहापात्र [名]〔イ史〕アショーカ王治下で仏教の説法に従事した役人
धर्ममार्ग [名] ダルマの道；道義の正道；人倫の道
धर्मयज्ञ [名]〔ヒ〕生き物の犠牲を伴わない供犠
धर्मयुग [名]〔ヒ〕サティヤ・ユガ= सत्य युग. → युग.
धर्मयुद्ध [名] (1) 正々堂々の戦い (2) 聖戦
धर्मराज [名] (1) 正義を守る王 (2) ヤマ (यम; यमराज, 冥界の王) (3)〔マハ〕ユディシュティラ युधिष्ठिर
धर्मलोप [名] ダルマ，すなわち，理法の消滅
धर्मवान् [形] 敬虔な；徳の高い= धर्मनिष्ठ.
धर्मविश्वास [名] 信仰 दूसरी जातियों के धर्म-विश्वास 他民族の信仰
धर्मवीर [形] 信心深い；篤信の；品行の正しい मैं उस धर्मवीर की व्याहता हूँ, जिसने हिंदू जाति का मुख उज्ज्वल किया है 私はヒンドゥー教徒の誇りを高めた信仰篤き者の妻なのです
धर्मशाला [名*] (1) ダルマシャーラー／ダルムシャーラー (慈善的な目的のために宗教施設に付属して建設された無料，もしくは，低料金の宿泊施設)；宿坊 (2) 裁判所 (3) 施与所
धर्मशासित [形] 神政の；神政主義の
धर्म शास्त्र [名]〔ヒ〕バラモン教に基づいた規範を論じたダルマ・シャーストラ (バラモン教法典，バラモン教聖典の一)
धर्मशास्त्री [名] ダルマ・シャーストラに通じた学者
धर्मशील [形] 信心深い；篤信の；品行の正しい
धर्मसंकट [名] 板挟み；ジレンマ भारत धर्मसंकट की स्थिति में था インドはジレンマにおちいっていた
धर्मसंगीति [名*] (1) (宗教的) 結集；宗教上の議論のための集会 (2)〔仏〕結集
धर्मसंहिता [名*]〔ヒ〕マヌ法典，ヤージニャヴァルキヤ法典などを集めたバラモン教の秩序維持の規範である法典集；ダルマサンヒター
धर्मसभा [名*] (1) 宗教会議 सम्राट् द्वारा आयोजित बौद्धों की एक धर्मसभा 皇帝の開催した仏教徒の会合 (2) 裁判所
धर्म-सुधार [名] 宗教改革
धर्म सूत्र [名] (1)〔ヒ〕バラモン教の立場から人生観や生活規範を述べた律法経 (2)〔仏〕経；経文；経典
धर्मांतरण [名] 転宗；改宗 वहाँ जबरन सामूहिक धर्मांतरण कराया जा रहा है 同地では強制的な集団改宗が行われている धर्मांतरण क॰ 転宗する；改宗する
धर्मांध [形] 狂信的な；盲信的な धर्मांध लोग 狂信的な人たち हिंदू धर्मांध 狂信的なヒンドゥー教徒
धर्मांधता [名*] 狂信；狂信性= कठमुल्लापन; तअस्सुब.
धर्मागम [名] 経典；聖典= धर्म ग्रंथ.
धर्माचरण [名] 正しい行い；正行

धर्माचार्य [名] 宗教家（宗教とか宗派とかを問わず新興宗教の教祖などを含めて中枢の地位にある宗教家）
धर्मात्मा [形] 信心深い；敬虔な मुद्गल नामक ऋषि बड़े धर्मात्मा और जितेंद्रिय थे ムドガラ聖仙はとても信心深く官能を制した人だった
धर्मादा [名] 寄付；喜捨による寄付金；慈善金
धर्मादाखाता [名] 慈善金の口座や費目
धर्मादा स्कूल [名] 《H. + E. school》慈善学校
धर्मादेश [名] 戒律
धर्माधर्म [名] ダルマとダルマに反すること；理非；理非曲直
धर्माभास [名] 似非宗教；いんちき宗教
धर्मार्थ[1] [形] 慈善のための= परोपकारी.
धर्मार्थ[2] [副] 慈善のために= परोपकार के लिए.
धर्मार्थ[3] [名] 慈善（活動）；慈善行為；布施 धर्मार्थ में खर्च 慈善活動への出費
धर्मावतार [名] (1) 高徳の人 (2) 正義に基づく審判を下す人
धर्मावलम्बी [形・名] 信仰する；信徒
धर्मी [名] (1) 信心深い人= पुण्यात्मा. (2) 信徒；信奉者
-धर्मी [造語]（ーを）信仰する，（ーを）信じる，（ーの）性質を帯びるなどの意を加える造語要素
धर्मेन्द्र [名] (1) ヤマ= यमराज. (2)〔マハ〕パーンドゥ王の五王子の長兄ユディシュティラ（युधिष्ठिर）
धर्मेश [名]〔イ神〕冥界の王ヤマ（यमराज）
धर्मोन्माद [名] 狂信；狂信性
धर्मोन्मादी [形] 狂信的な धर्मोन्मादी मनोभाव 狂信に囚われている心理状態
धर्मोपदेश [名] 説法；説教；法話 धर्मोपदेश सुनकर 説法を聞いて
धर्मोपदेशक [名] 説教師；説法をする人；説法師
धर्मोपध्याय [名] 祭司= पुरोहित.
धर्म्म [名] = धर्म.
धर्म्मराज [名] = धर्मराज.
धर्ष [名] (1) 傲慢；尊大 (2) 不遜 (3) 忍耐心の欠如 (4) 凌辱；婦女暴行
धर्षक [形] (1) 傲慢な；尊大な (2) 不遜な (3) 忍耐力のない (4) 攻撃する；危害を加える (5) 凌辱する
धर्षण [名] (1) 傲慢；尊大 (2) 攻撃；打倒；加害 (3) 侮辱 (4) 凌辱；婦女暴行
धर्षित [形] (1) 攻撃された；打倒された；敗北した (2) 侮辱された (3) 凌辱された
धव[1] [名] (1) 男= पुरुष; मर्द. (2) 夫= पति; स्वामी.
धव[2] [名] = धाव.
धव[3] [名]〔植〕シクンシ科低木・小木【*Anogeissus pendula*】
धवर[1] [形+] 白い；白色の= धवल; सफ़ेद.
धवर[2] [名]〔鳥〕ハト科キジバト属シラコバト【*Streptopelia decaocto*】= धवर फ़ाख़्ता
धवरहर [名] 塔；ミナール= धवराहर; धरहरा; मीनार.
धवरा [形+] 白い= उजला; सफ़ेद.
धवराहर [名] = धवरहर.
धवल [形] (1) 白い；白く光る；純白の दाँतों की धवल पंक्तियाँ 歯の白い列 (2) 汚れのない；無垢な；清潔な (3) 美しい；きれいな
धवल गिरि [名] ダウラギリ山（ネパール・ヒマラヤの高峰，標高 8167m）= धवलागिरि.
धवल गृह [名] (1) 白壁の高層の建物 (2) 宮殿
धवलता [名*] ← धवल. 白さ；純白= सफ़ेदी; उजलापन.
धवलत्व [名] ← धवल. = धवलता.
धवलपक्ष [名] 陰暦の満月に到る半月；白分= शुक्ल पक्ष.
धवल रोग [名]〔医〕白ナマズ（白癜）= श्वेत कुष्ठ; सफ़ेद दाग़.
धवलहर [名] (1) 塔；ミナール (2) 宮殿= धवरहर.
धवला[1] [名*] (1) 白い雌牛 (2) 色白の女性
धवला[2] [形*] 白い= सफ़ेद; श्वेत; उजली.
धवलागिरि [名] ダウラーギリ／ダウラーギール山（ネパール・ヒマラヤの標高 8167m の山）= धवलगिरि.
धवलित [形] (1) 白くされた；光らせた (2) 清潔にされた；ぴかぴかになった
धवलिमा [名*] (1) 白さ= सफ़ेदी. (2) 輝き (3) 黄色= पीलापन.
धवली [名*] 白い雌牛
धवलीकृत [形] 白くされた
धवलीभूत [形] 白くなった
धवित्र [名]〔ヒ〕祭火の点火の際に用いられた鹿革製のうちわ
धस [名] 水などに潜ること；潜り= डुबकी; ग़ोता.
धसक[1] [名*] (1) つぶれること (2) 沈下すること (3) 消沈；意気消沈 (4) 嫉妬；妬み；そねみ（嫉み）
धसक[2] [名*] (1) 空咳= ढसक; सूखी खाँसी. (2) 空咳の音
धसकन [名*] ← धसकना.
धसकना [自] (1)（建造物などが）つぶれる；倒壊する एक चार मंज़िली इमारत के धसकने से 4 階建ての建物がつぶれたために (2) めり込む；沈む；沈下する (3)（気持ちが）沈む
धसना[1] [自] つぶれる；なくなる；台無しになる= ध्वस्त हो°; मिटना.
धसना[2] [自] = धँसना.
धसान [名*] = धँसान.
धाँगड़ [名] (1) ダーンガル（ジャールカンド・プラデーシュ州に居住する指定部族民．ビハール州や西ベンガル州にも同部族民は居住し自称はクルフ族．オラオン族とも呼ばれる） (2) 指定カーストのダーンガル
धाँगर [名] = धाँगड़.
धाँधना [他] (1) 閉じる；閉める；閉ざす (2) がつがつ食べる；むさぼり食う (3) 壊す；破壊する (4) 困らせる；悩ませる
धाँधल [名*] (1) 騒ぎ；騒動= ऊधम. (2) いたずら= नटखटी. (3) だまし；騙り= धोखा; दग़ा.
धाँधलपन [名] (1) 不埒な行為 (2) 欺瞞
धाँधलबाज़ [形・名] 《H.+ P.باز》人をだます；欺く；詐欺師；いかさま師
धाँधला [名] = धाँधल.
धाँधली[1] [名*] (1) 不正行為；不法行為；違反行為 चुनाव धाँधली 選挙違反 (2) 横暴 मिल मालिकों की धाँधली 工場主たちの横暴 (3) いかさま；いんちき；欺瞞 ऊपर से नीचे तक धाँधली, ग्राहक की सर्वथा अवहेलना और सरकार को नुक़सान 上から下っ端までいんちき行為で顧客を全く無視し国に損害を与える तलवार से न जीत सके, तो धाँधली कर बैठे 刀で勝てなかったのでいんちきを働いてしまった (4) あくどさ (5) 騒ぎ；騒乱 (6) せき立てること
धाँधली[2] [形] (1) 騒ぐ；騒ぎ立てる (2) 人を欺く；だます
धाँधलेबाज़ [形] 《H. + P. باز》(1) 無法な；横暴な (2) あくどい (3) いんちきな；人を欺く
धाँधलेबाज़ी [名*] ← धाँधलेबाज़. 無法；横暴；あくどさ；いんちき यहाँ के पर्यटन क्षेत्र की धाँधलेबाज़ी この観光地のあくどい商売
धाँय/धाँयधाँय [名*] (1) 銃砲，大砲などの発射音．ばーん，どん，どーんなど (2) 火の盛んに燃えさかる音．ばりばり，ぼんぼん，めらめら，ごーっなど **धाँय धाँय कर जलना** 音を立てて盛んに燃える；激しく燃える；燃えさかる उसकी झोंपड़ी धाँय धाँय कर जल उठी 男の小屋はばりばりと音を立てて燃え上がった
धाँस [名*] (1) のどや鼻などへの香辛料やタバコなどの強い刺激 (2) 咳；空咳
धाँसना [自]（動物が）咳こむような息をしたり声を出す
धा [名]〔イ音〕ダイヴァタ（धैवत），オクターブの第 6 音
-धा [接尾] 《Skt.》種類，方法，様式などの意を持つ語を作る接尾辞 नव 9 つの→ नवधा 9 種類の；9 種の；9 通りの द्वि 2 つの → द्विधा 矛盾
धाई [名*] = दाई.
धाऊ[1] [名] 飛脚= हरकारा.
धाऊ[2] [名] = धव[3].
धाक [名*] (1) 威厳；威圧= रोब; रुआब; दबदबा. (2) 評判；有名；著名= प्रसिद्धि; शोहरत. दूर-दूर तक उनकी वीरता की धाक थी 遠方にまで武勇が評判になっていた **(-की) धाक जमना** （ーの）威厳がある；威圧感がある；幅が利く **(-की) धाक जमाना** 威圧する；圧迫感を与える；威圧する；幅を利かせる **धाक पड़ना** = धाक जमना. **धाक बँधना** = धाक जमना. मुखिया साहब की ऐसी धाक बँधी हुई थी कि उनकी मर्ज़ी बिना गाँव में एक पत्ता भी नहीं हिल सकता था 村長の許しがなければ木の葉 1 枚震えられぬほどの威厳があった **धाक बाँधना** = धाक जमाना. **धाक बैठना** = धाक जमना.
धाकड़ [形] (1) 威厳のある (2) 有名な；著名な (3) 猛烈な；凄い बड़े-बड़े धाकड़ किस्म के पीनेवाले 大酒飲み；うわばみ सुनील शेट्टी जैसे धाकड़ कलाकार スニール・シェッティーのような凄いアーティスト

धाकर [名] (1) カーンニャクブジャ・ブラーフマン कान्यकुब्ज ब्राह्मण 及びサラジューパーリー・ブラーフマン सरजूपारी ब्राह्मण の中で血統の高いとされるブラーフマン (2) ラージプートの氏族名；ダーカル

धागा [名] (1) 糸 कपास की रूई से धागे बनाना 綿から糸を作る (2) 繊維 काँच के महीन धागों से ガラスの細い繊維で (3) (編み物用の) 毛糸 (4) ひも (紐) बहनों की राखियों के ये धागे ही तो हमें बल देते आए हैं (男兄弟の手首に) 姉妹の結ぶラーキーのひもがこれまで我々に力を授けてきている (5) 絆 **धागा दे॰** *a.* 縫う *b.* だます **धागा भरना** 縫う；つくろう (繕う) **धागे की फिरकी** 糸巻き；ボビン (-के) **धागे टूटना** (－が) 弱体化する；弱る **धागे धागे क॰** びりびりに引き裂く

धाड़[1] [名*] = दहाड़. (1) 大声をあげて泣くこと；大きな泣き声 **धाड़ मारना** 大声をあげて泣く；おいおい泣く；わんわん泣く आसिफ़ ने फिर से धाड़ मारी アーシフは再び大声をあげて泣いた (2) 野獣の咆哮

धाड़[2] [名*] (1) 強盗団の攻撃や襲撃= डाकुओं - लुटेरों का हमला (2) 強盗団= लुटेरों का समूह. (3) 急ぎ **धाड़ पड़ना** 急を要すること；大急ぎ

धाड़[3] [名*] 動物の群れ= झुंड.

धाड़ना [自] = दहाड़ना.

धाड़ी [名*] (1) 強盗団 (2) 強盗；群盗；ダークー (डाकू)

धातकी [名*] (1)〔植〕ミソハギ科低木【*Woodfordia floribunda; W. fruticosa*】〈fireflame bush〉

धातविक [形] (1) 金属の (2) 金属製の

धाता[1] [名] (1) ブラフマー神 ब्रह्मा (2) ヴィシュヌ神 विष्णु (3) シヴァ神 शिव

धाता[2] [形] (1) 養育する (2) 保護する

धातु [名*] (1) 要素；成分 (2) 元素 (3) 五大 (4) 金属 धातु के बर्तन 金物；金属製の器物 (特に調理器具) अलौह धातु 非鉄金属 (5)〔言〕動詞語根〈verbal root; verb base〉 (6) 精子

धातुकर्म [名] 冶金；冶金術；冶金学〈metallurgy〉

धातुकर्मी [名] 冶金家；冶金学者〈metallurgist〉

धातुकर्मीय [形] 冶金の धातुकर्मीय अभिक्रिया 冶金処理

धातुकार [名] 金属加工に従事する人 धातुकार राजा के लिए मुफ़्त औज़ार बनाते थे 金属加工に従事した人たちは王のために無料で道具を製造していた

धातुगर्भ [名]〔仏〕仏舎利容器

धातुनली [名*]〔ス〕(リレー競走の) バトン

धातुमल [名]〔鉱〕かなくそ (金屎)；鉱石を熔解した時にできるかす；からみ；スラッグ

धातुमिश्रण [名] 合金

धातु-मुद्रा [名*] 金属貨幣；硬貨 धातु-मुद्राओं के आगमन से व्यापार की गति बढ़ी 硬貨の流通により交易の勢いが増した

धातुयुग [名]〔考・史〕金属器時代

धातुलेपित [形] メタルコートの

धातुवाद [名] (1) 冶金 (2) 錬金術 (3) 化学

धातुविज्ञान [名] 冶金学；冶金術

धातुशिल्प [名] 金属細工；金属工芸；金属加工

धातुशिल्पी [名] 金属細工職人；金属工

धातृका [名*] 看護婦；ナース；看護師= नर्स.

धात्र [名] 器；容器；入れ物= पात्र; बर्तन.

धात्री [名*] (1) 乳母= दाई; धाय. (2) 助産婦；産婆 (3) 看護婦；ナース；看護師= नर्स. (4) 母親= माँ; माता.

धात्री विद्या [名*] 助産術；産婆術；助産婦学

धात्रेय माता [名*] 養母；乳母

धात्रेयी [名*] 乳母= धाय; धात्री; दाई.

धात्विक [形] 金属の

धात्विकी [名*] 冶金学；冶金術

धात्वीय [形] (1) 金属製の (2) 金属の〈metallic〉

धान [名] (1)〔植〕イネ科イネ (稲) (2) 籾；籾米 (3) 穀物= धान्य. धान का खेत 田；水田；稲田 धान का टिड्डा イナゴ धान कूटना 精米する

धानक[1] [名]〔植〕セリ科コエンドロ；コリアンダー= धनिया.

धानक[2] [名] 弓の射手= तीरंदाज़.

धान-कटनी [名*] 稲刈り；稲の刈り入れ

धानकी [名] (1) 弓を持つ人= धनुर्धर. (2)〔イ神〕カーマ神= कामदेव.

धानकुट्टी [名*] 精米所= धान मिल.

धान-पान[1] [形] ひょろひょろの；やせこけた；とても華奢な；か細い= दुबला-पतला; नाज़ुक.

धान-पान[2] [名]〔ヒ〕結婚式前に花婿側から花嫁側へ米とウコンとを贈る儀式

धान मिल [名*]《H. + E. mill》精米所= धानकुट्टी.

धाना[1] [自] (1) 走る= दौड़ना. (2) 急いで行く= तेज़ी से चलना. (3) 駆けずり回る；忙しくする；懸命に努力する= दौड़-धूप क॰. **धाना-धूपना** 必死の努力をする；必死になる；駆けずり回る

धाना[2] [名] (1) 米や大麦を炒った物 (2) 穀物の粒 (3) はったい粉

धानी[1] [名*] (1) 場所；ところ= स्थान; जगह. (2) 入れ物；容器 (3) 住所= पता. (4) 台

धानी[2] [名*] 炒った大麦や小麦

धानी[3] [形] 薄緑色の एक ही रंग में डूबी धानी धरती ただ一色に染まった薄緑色の大地

धानी[4] [名] 薄緑色

धानी-प्राणी वर्ग [名]〔動〕有袋類= शिशुधानी स्तनी.〈marsupial〉

धानी फुदकी [名*]〔鳥〕ムシクイ科ヤナギムシクイ【*Phylloscopus trochiloides*】

धानुक [名] (1) 弓を持つ人 (2) 弓術の上手な人 (3) ダーヌク (指定カーストの一)

धान्य [名] (1) 穀物 (2) もみごめ (籾米)；籾 (3)〔植〕コエンドロ；コリアンダー= धनिया.

धान्यक [名] (1)〔植〕セリ科コリアンダー (2) 籾米

धान्यकूट [名] 穀物の貯蔵所や保管所

धान्यकोश [名] = धान्यकूट; बखार.

धान्यकोष्ठक [名] 穀物を入れる大きな容器

धान्यक्षेत्र [名] 田；稲田= धान का खेत.

धान्यबीज [名] (1) コエンドロ；コリアンダー= धनिया. (2) コエンドロの実；コリアンダーの実= धनिया.

धान्यसार [名] 米= चावल.

धान्यागार [名] 穀倉；穀物倉庫

धाप-धाप [名*] 水などを勢いよく飲む様子やその音．ごくごく，ごくんごくんなど धाप-धाप पीना ごくごく飲む

धापना[1] [自] (1) 遠方へ出向く；遠歩きする (2) 忙しくする；駆けずり回る (3) 走る；駆ける= दौड़ना. (4) 困る

धापना[2] [他] 満足させる= संतुष्ट क॰; तृप्त क॰.

धाबा [名] (1) 屋上に設けられた部屋= अटारी. (2) 大衆食堂

धा-भाई [名] 乳兄弟= दूधभाई.

धाम [名] (1) 住居；家；宿る場所 तुम हो करुणा के धाम सदा そなたは常に哀れみの情を宿すところ (2) ヒンドゥー教の巡礼地；聖地 बदरी-केदार धामों की यात्रा バダリーナートやケーダールナートへの巡礼 भारत के चार धामों में सबसे प्रमुख बदरीनाथ धाम है インドの四大聖地で最高の場所はバダリーナートである

धामन [名] (1)〔植〕イネ科牧草，雑草【*Cenchrus ciliaris*】 (2)〔植〕シナノキ科ウオトリギ属高木【*Grewia asiatica var. vestita*】 (3)〔動〕爬虫類ネズミヘビ属ネズミヘビ【*Ptyas mucosus*】= धामिन.

धामा [名] (1)〔ヒ〕宗教儀礼としてのバラモンに対する食事への招待や供応；バラモンの供応 (2) 籐で編んだ籠

धामिन [名*] = धामन.

धायँ [名*] = धाँय.

धाय [名*] 乳母；子守 कई कई धाय उसकी देखभाल में जुटी रहतीं 幾人もの子守がその子の世話をやいている

धायभाई [名] 乳兄弟= दूधभाई.

धार[1] [名] 俄雨；驟雨

धार[2] [名] 借り；借金

धार[3] [名*] (1) 一列や一筋になったもの；連なり；線 (2) (水や川の) 流れ उस नदी की तेज़ धार その川の激しい流れ (3) 一筋に流れ出したり流れ落ちるもの आँसू धार बनकर बह निकले थे 涙が激しく流れ落ちた हरेक थन से दूध की पहली एक-दो धार जमीन पर गिरा देनी चाहिए (乳搾りの際) どの乳房からも乳を最初の一筋か二筋は地面に流さなくてはならない (4) 刃 (刃物の) कैंची की धार भी हमेशा तेज़ रखनी चाहिए 鋏の刃もいつも研いでおかなくてはならない चाकू या छुरी की धार तेज़ करना ナイフや小刀の刃を研ぐ (5) 端；先端 (6) 群；集団 (7) 軍隊 (8) 襲撃 **धार गिरना**

刃物の刃が鈍くなる；刃がなまる **धार चढ़ना** *a.*（道具の刃が）鋭くなる *b.* 鋭敏になる उसके अहं पर और धार चढ़ गई है その男の我意識は更に鋭くなっている **धार चढ़ाना** 神に水や牛乳を供える **धार टूटना** 流れや流れ落ちるものが途中で切れる **धार दे°** ＝ धार चढ़ाना. **धार धरना** 研ぐ अपनी लोहे की तलवार पर धार धर रहे थे 自分の刀を研いでいるところだった（-की）**धार निकालना** *a.*（－の）乳を搾る；乳を絞り出す *b.*（－を）研ぐ（-）**धार पर मारना**（－を）見下げる；軽蔑する；侮る；馬鹿にする **धार बाँधना** 勢いよく流れ落ちる（-की）**धार बाँधना**（－の）刃を鈍らせる **धार मारना** 小便をする **धार में बहे जा°** 何かの思いに耽る **धार रखना** 研ぐ；研磨する तलवार, भाला, बरछी आदि पर धार रखने का काम उससे बढ़िया कोई न जानता था 刀剣，槍，鉾などの研ぎに関してはその人の右に出る者がいなかった

धारक[1]［形］(1) 身につける；帯びる (2) 手に取る (3) 借りる (4) 持つ；保持する

धारक[2]［名］水がめ（水瓶）

धारण［名］(1) 身体に着用したり帯びること；身に纏うこと (2) 保持すること (3) 記憶にとどめること (4) 決意すること；決心すること (5) 受け入れること (6) 摂取すること（-）**धारण क°** ある状態に到達する；ある形を取る वहाँ विघटन की प्रक्रिया से उत्पन्न समस्याएँ गंभीर रूप धारण कर लेती हैं そこでは分解作用によって生じた問題が深刻な形を取る वस्त्र धारण करते समय 服を着用する際 गर्भ धारण क° 妊娠する

धारणा［名*］(1) 考え；判断；認識；観念 कई स्त्रियों के मन में यह भ्रामक धारणा उत्पन्न कर दी जाती है 一部の女性の心にこの間違った考えが作り出される गलत धारणाएँ 誤った考えや認識；誤解 यह धारणा बिल्कुल गलत और अवैज्ञानिक है この考えは全く誤っており非科学的である अनेक लोग आज भी इस धारणा के शिकार हैं 大勢の人が今日なおこの観念の餌食になっている (2) 信心；信仰；信じること；思い込むこと यह धारणा है कि जो व्यक्ति जैसे कर्म इस जन्म में करता है उसे अपने कर्मों के अनुसार ही अगला जन्म मिलता है 現世での行為に従って人は来世での生を得るものと信じられている (3) 記憶力；記憶 (4) 決意；信念 (5) 保持 (6)〔ヨガ〕感覚器官をとらえておくこと；心を動かぬようとらえておくこと；凝念；総持

धारणी［名*］(1) 線；筋 (2) 列；行列；一連のもの (3)〔仏〕陀羅尼＝ मंत्र; मंत्र पद.

धारणीमंत्र पद［名］〔仏〕陀羅尼章句

धारणीमति［名*］〔仏〕総持慧

धारणीय［形］身につけるべき；帯びるべき；保持すべき

धारदार［形］《H.+ P. دار》鋭い；鋭利な

धारधूरा［名］水位が下がると現れる川縁の土地や川岸

धारना［他］(1) 着る；着用する；身につける；まとう（纏う）लड़की ने मराठी ढंग से जूड़ा तथा परिधान धारे थे 娘はマラーター風に髪を結い服を身につけていた (2) 取る；受け取る；手に取る (3) 借りる；借用する＝ उधार ले°.

धारयिता［形］(1) 身につける (2) 手に取る (3) 借りる

धारा［名*］(1)（液体の）流れ；流れ出るもの ख़ून की धाराएँ बहाई जा रही हैं 血の川が流されている (2) 移動するものが連続する流れ भाषा की धारा 言葉の流れ हवा की धारा 風の流れ विद्युत् की धारा 電気の流れ；電流 (3) 激しい雨 (4) 刃物の刃 (5) 線；筋 (6) 法文；法律の条文；条；条項 धारा 144 लगाने का आदेश 144 条（外出禁止令）を発するようにとの指令 क़ानून की धारा 法律の箇条 धारा 124 ए 124 条 A 項（インド刑法騒乱煽動罪）**धारा मुड़ना** 流れが変わる；流れの向きが変わる；向きを変える

धाराप्रवाह[1]［形］流暢な；よどみのない；立て板に水の；弁舌さわやかな धाराप्रवाह अंग्रेज़ी न बोल सकें तो 流暢な英語が話せないのであれば धाराप्रवाह भाषण さわやかな演説

धाराप्रवाह[2]［副］流暢に；よどみなく उसने संस्कृत के कठिन से कठिन श्लोक धाराप्रवाह बोलने शुरू कर दिए サンスクリットの一番難しいシュローカをよどみなく唱え始めた

धारारेखन［名］流線＝ स्ट्रीम लाइनिंग 〈stream lining〉

धारारेखित［形］流線形の；流線型の आजकल नावें, मोटरकारें, रेलगाड़ियाँ तथा हवाई जहाज़ धारारेखित होते हैं 近頃，船，自動車，列車，飛行機は流線型になっている

धारावाहिक[1]［形］(1) 連続した (2) 連載の；シリーズの धारावाहिक विज्ञान कथा फ़िल्म 連続 SF 映画 धारावाहिक उपन्यास 連載小説 धारावाहिक प्रायोजित कार्यक्रम 連続番組（テレビの）

धारावाहिक[2]［名］続き物；連続もの；連載物

धारावाहिकता［名*］← धारावाहिक. 連続（性）；間断のないこと

धारावाही［形］連続する＝ धारावाहिक.

धारासभा［名*］立法院；立法府＝ व्यवस्थापिका सभा.

धारासार［形］続けざまの；連続的に生じる

धारिणी［名*］大地＝ धरती; पृथ्वी; ज़मीन.

धारित［形］持たれた；身につけられた；着用された；引き受けられた

धारिता［名*］(1) 持久力 (2) 容積〈capacity〉

धारी［名*］(1) 筋；線 (2) 縞；縞模様 लकड़ी की धारी 木目 पतली धारियों वाला 細縞の (3) 集まり；集団 (4) 軍隊

-धारी［造語］（－を）持つ，保持する，身につける，着用するなどの意を有する合成語の構成要素 बंदूक़धारी संतरी 銃を持つ番兵 बंदूक़धारियों द्वारा आत्मसमर्पण 銃を持つ人たち（武装した人たち）の降伏 असली प्लॉटधारी 分譲地の本当の所有者 खद्दरधारी カッダルを着用する（人）

धारीदार［形］《H. + P. دار》(1) 縞の；縞模様の धारीदार कमीज़ 縞のシャツ धारीदार टी शर्ट ストライプの T シャツ (2) 筋の入った；線のついた；線の入った

धारोष्ण[1]［形］なま暖かい कच्चा धारोष्ण दूध 搾りたての牛乳

धारोष्ण[2]［名］出たばかりの乳；搾りたての乳

धार्मिक［形］(1) ダルマ धर्म に関する (2) 宗教の；宗教上の；宗教に関する；信教の **धार्मिक अनुष्ठान** 宗教儀礼 आर्यों के धार्मिक अनुष्ठान アーリア人の宗教儀礼 **धार्मिक क़ानून** 宗教法 मुसलिम धार्मिक क़ानून イスラム法 **धार्मिक ग्रंथ** 経典；聖典；聖書 सिक्खों का धार्मिक ग्रंथ シク教徒の聖典 **धार्मिक जीवन** 宗教生活 धार्मिक पाखंड 宗教上のいんちき धार्मिक विश्वास 信仰 धार्मिक संकीर्णता 宗教的偏狭さ धार्मिक साहित्य 宗教文学 धार्मिक सुधार 宗教改革 धार्मिक स्वतंत्रता का अधिकार 信教の自由の権利 (3) 信心深い；信仰心の篤い；篤信の＝ धर्मशील; पुण्यात्मा. धार्मिक स्वभाव की महिला 信心深い女性

धार्मिकता［名*］← धार्मिक.

धाव［名］〔植〕ミソハギ科落葉中高木【*Lagerstroemia parviflora*】＝ धावरा; बकली.

धावक［名］(1)〔ス〕走者；ランナー→ धाविका 女子ランナー. तीसरा धावक 第 3 走者 महिला धावक 女性ランナー लंबे फ़ासले का धावक 長距離ランナー (2) 飛脚＝ हरकारा. (3) 洗濯屋＝ धोबी.

धावन［名］(1) 走ること (2) 飛脚 (3) 洗濯

धावना［自］走る＝ दौड़ना; धाना.

धावरा［名］＝ धाव.

धावा［名］(1) 急ぎ足で遠方へ出掛けること (2) 急襲 डेरी पर लुटेरों का धावा 酪農場に強盗の急襲 (3) 攻撃；襲撃 (4) 押し掛けること **धावा बोलना** *a.* 攻撃命令を出す *b.* 急襲する；攻撃する पुलिसवालों ने उग्रवादियों की एक खोह पर धावा बोला 警察が過激派のアジトを急襲 *c.* 押しかける **धावा मारना** ＝ धावा बोलना.

धाविका［名*］〔ス〕女子ランナー；女子走者 → धावक.

धावित［形］(1) 走っている；駆けている (2) 洗われた；洗い落とされた

धाह［名*］(1) 大声で叫ぶこと；大声で呼ぶこと (2) 大声で泣くこと；わんわん泣くこと；泣き叫ぶこと **धाह मारना** 叫ぶ；大声をあげる＝ धाह मेलना.

धिंग［名*］＝ धींगाधींगी.

धिंगड़［形］＝ धींगरा.

धिंगा［名］(1) 横柄な人；横着な者 (2) 恥知らず；破廉恥漢 (3) ならず者；悪漢；悪者

धिंगाई［名*］(1) 横柄さ (2) 恥知らずな行為 (3) 邪魔

धिंगाधिंगी［名*］＝ धींगाधींगी.

धिंगी［名*］(1) 品行の悪い女；ふしだらな女 (2) 恥知らずな女

-धि［造語］（－の）大きな集まり，（－の）集積などの意味を有する合成語の構成要素 वारिधि 海；海原

धिआ［名*］(1) 娘＝ बेटी. (2) 女の子；娘；乙女＝ कन्या.

धिक्［感］咎めたり非難したり，呪ったりして嫌悪感を表す言葉；忌々しい気持ちを表す言葉

धिक［感］＝ धिक्.

धिकना ［自］(1) 燃え盛る (2) 燃えて赤くなる；熱せられて赤くなる

धिक्कार ［名*］(1) のろい；呪うこと (2) 非難；とがめ（咎め）

धिक्कारना ［他］(1) 呪う वे लोग भी तो हमें धिक्कारते हैं, भैया! この人たちもわしを呪っているんだよ，兄さん (2) 非難する；咎める अपने को धिक्कार रहा है 胸の中で自分を咎めている

धिराना[1] ［他］脅す；怯えさせる＝ डराना; धमकाना.

धिराना[2] ［自］(1) 動きが鈍くなる；緩くなる；ゆっくりになる (2) 落ち着く；満足する

धींग ［形・名］(1) 頑健な (2) 丈夫な (3) 性の悪い；性悪の

धींगड़ा ［形+］＝ धींगरा. (1) 頑健な＝ हट्टाकट्टा. (2) 性の悪い；ならず者（の）＝ बदमाश; पाजी. (3) 混血の

धींगा ［形+］＝ धींगड़ा.

धींगाधींगी ［名*］(1) 高飛車な行動；高圧的な態度；横暴な振る舞い (2) 暴力行為；つかみ合い (3) 騒乱；騒動

धींगामस्ती ［名*］《H. + P. مستی》つかみ合い；乱闘＝ धींगामुश्ती.

धी ［名*］(1) 知恵；頭脳；頭＝ बुद्धि; अक्ल. (2) 考え；意向；意見＝ मन.

धीजना[1] ［他］受け入れる；受け取る

धीजना[2] ［自］(1) 元気になる (2) 満足する；大喜びする

धीत ［形］(1) 飲まれた (2) 軽蔑された (3) 尊崇される (4) 考えられた

धीति ［名*］(1) 飲むこと (2) 渇き (3) 思考 (4) 礼拝

धीमर ［名］(1) 漁師；漁夫（ヒンドゥーの） (2) 船頭＝ धीवर.

धीमा ［形+］(1) のろい；緩やかな；遅い；緩慢な हमारे गाँवों की उन्नति की गति बहुत धीमी है わが国の村の発展はとても緩慢である (2) 声の小さな；声の低い वह धीमी-से-धीमी बात भी सुन लेता है どんなに低い声で話しても聞き取る उसके बाद वह धीमे-धीमे स्वर में गुनगुनाने लगता था それから小声で鼻歌を歌い出すのだった धीमे स्वर में 小声で कुछ धीमे-धीमे बतिया रहे थे なにか小声でおしゃべりをしていた (3) 弱い；勢いのない धीमी रोशनी 弱い光 (4) 鈍い；鈍った；鋭さのない

धीमे ［副］＝ धीमे-धीमे.

धीमे-धीमे ［副］(1) ゆっくり；ゆっくりゆっくりと；悠長に (2) 小声で；低い声で (3) 静かに；そっと；そろっと

धीय ［名*］娘＝ बेटी; पुत्री.

धीयड़ी ［名*］娘

धीया ［名*］娘＝ पुत्री; बेटी.

धीर[1] ［形］(1) 落ち着いた；沈着な वे धीर पुरुष थे 落ち着きのある人だった (2) 慎重な；思慮深い (3) 丁重な；謙虚な (4) 勇気のある；忍耐強い वह धीर उत्साही का साथ ढूँढता है 忍耐強く熱心な人の協力を探している

धीर[2] ［名］(1) 落ち着き (2) 忍耐

धीरज ［名］→ धैर्य. (1) 沈着；冷静 (2) 根気；忍耐；我慢 अनेक प्रकार के कष्ट सहने पर भी मैंने धीरज नहीं छोड़ा いろいろと辛い目にあったが我慢した **धीरज टूटना** 忍耐の限度を超える；我慢できなくなる；忍耐できなくなる **धीरज दे॰** *a.* (気を) 落ち着かせる；鎮める हिंसा भाव को धीरज देता हुआ 殺気だった気持ちを鎮めながら *b.* 慰める；励ます कुंती को अच्छी तरह समझा-बुझाकर और धीरज देकर クンティーをうまく説得し慰めておいて **धीरज धराना** 激励する；励ます **धीरज बँधाना** 激励する；励ます；元気づける **धीरज बाँधना** 頑張る **धीरज रखना** 忍耐する；辛抱する；我慢する उसने उन तीनों को धीरज रखकर कहानी सुनने के लिए कहा その3人に忍耐強く話を聞くようにと言った **धीरज से** 忍耐強く；諦めずに；根気よく तुम धीरज से प्रार्थना किए जाओ 諦めずにお願いを続けて行きなさい

धीरता ［名*］← धीर[1].

धीरत्व ［名］← धीर[1]. ＝ धीरता.

धीरप्रशांत ［名］〔イ文芸〕ナーヤカ／ナーヤク नायक，すなわち，男性主人公の分類の一．沈着な性格の人物

धीरा ［名*］〔イ文芸〕 नायिकाभेद において स्वकीया の分類の一．夫の浮気に対する怒りを露にしない मध्या と प्रगल्भा の女性

धीराधीरा ［名*］〔イ文芸〕 नायिकाभेद において स्वकीया の分類の一．夫の浮気に際して怒りを一部は表面に出したり一部は秘めたりする女性

धीरे ［副］(1) ゆっくり；徐々に (2) 低い声で；小声で ज़रा धीरे बोलो, इतना चिल्ला क्यों रहे हो! 少し小声で話しなさい．なぜそんなに大声で叫ぶのだい (3) 静かに；そっと；そろっと (4) 気づかれぬように；内緒で **धीरे से** ＝ धीमे. तुझसे धीरे-से नहीं बोला जाता? 君は小声で話せないのかい

धीरे-धीरे ［副］(1) ゆっくり；ゆっくりゆっくり；のんびりと；悠長に；ぼつぼつと (2) 徐々に；次第に धीरे-धीरे इसमें कई तरह के सुधार किए गये 徐々にこれに幾つかの改良が加えられた धीरे-धीरे पैसा जोड़ता रहा ぼつぼつと金を貯め続けた धीरे-धीरे मेरी आँखें झपकने लगीं 次第に瞼がふさがり始めた (3) そろそろと；そっと；静かに

धीरोदात्त ［名］〔イ文芸〕男性主人公 नायक の分類の一で，慎重で自制心が強く寛大であり意志堅固で情け深く謙虚な人物

धीरोद्धत ［名］〔イ文芸〕男性主人公の分類の一で高慢で忍耐心を欠き気性が激しく安定がない人物

धीवर ［名］(1) ディーワル（主に漁業や水上運搬に従事してきたカースト） (2) 漁夫；漁師；船頭

धीवरी ［名*］ディーワル・カーストの女性

धुँआँ ［名］＝ धुआँ.

धुँआना ［自］(1) 煙で煤ける (2) 煙臭くなる；煙の臭いがつく

धुँआयँध[1] ［形］煙臭い

धुँआयँध[2] ［名*］煙臭さ

धुंध ［名*］(1) もや（靄） शुक्रवार को सुबह धुंध रहेगी 金曜日の朝は靄が立ちこめる見込み घनी धुंध में से भी उसकी बत्ती की लौ नज़र आ रही थी 濃い靄の中にも灯火の炎が見えていた **धुंध छाना** 靄が立ちこめる (2) かすみ（霞） (3) スモッグ (4) 土埃 (5) かすみ目 (6) 暗がり अनिश्चय और अस्थिरता की सर्वग्रासी धुंध 不確定と不安定の何もかも飲み込んでしまう暗がり

धुँधआना ［自］煙る；くすぶる इसमें फँसकर आत्मा यंत्रणा पाती है, निरंतर सुलगती रहती है, धुँधआती रहती है これにとらわれると魂は苦しみを受け絶え間なく焼かれくすぶり続けるのだ

धुँधका ［名］壁面や屋根の煙だしの穴；煙突

धुँधकार[1] ［名］(1) 暗闇＝ अंधकार. (2) 薄暗がり＝ धुँधलापन.

धुँधकार[2] ［名］(1) ナガーラー（नगाड़ा）の鳴る音 (2) 火がごうごうと勢いよく燃える音

धुँधकारी ［形］乱暴な；いたずらな；暴虐な

धुंधनियन［名］〔植〕マメ科雑草コガネタヌキマメ【*Crotalaria retusa*】

धुंधमार ［名］＝ धुंधुमार.

धुंधर ［名*］(1) 土埃；砂埃 (2) 土埃や砂埃のために生じる暗がり

धुंधरी ［名*］砂塵による暗がり

धुँधलका ［名］薄暗がり；薄暗さ सुबह के धुँधलके में 朝の薄暗がりの中で धुँधलके का समय 早朝と夕方の薄暗がり

धुँधला ［形+］(1) ぼんやりした；ぼやけた；不透明な；おぼろげな＝ डिम; अस्पष्ट. धुंधली कल्पना. ぼんやりした考え भविष्य धुँधला दिखता है 将来が不透明である धुँधला दीखना ぼんやりする；はっきり見えない उन्हें बहुत धुँधला-सा दीखता है （目が悪く視力が低下して）とてもぼんやりとしか見えない धुँधली स्मृति ぼんやりした記憶 सारी आकृतियाँ धुँधली-सी दिखाई देती हैं 形状は全部ぼんやりしている **धुँधला शीशा** 磨りガラス＝ अंधा शीशा. मिजो समस्या सुलझाने के आसार धुँधले ミゾ族問題解決の見通しは不透明 (2) 淡い；かすかな (3) 煙っている (4) 薄暗い

धुँधलाना ［自］(1) ぼんやりする (2)（目が）かすむ (3) ぼやける

धुँधलापन ［名］← धुँधला. (1) ぼんやりしてはっきり見えないこと；不透明なこと；明確でないこと (2) 目のかすみ

धुँधली ［名*］＝ धुंध.

धुँधाना ［自］(1) 薄暗くなる (2) ぼんやりする

धुँधार ［形］(1) ＝ धुँधला. (2) ＝ धुआँधार.

धुँधियाला ［名］＝ धुँधलापन.

धुँधुआना[1] ［自］煙が立つ；煙が出る；煙る；煙を上げながら燃える；くすぶる

धुँधुआना[2] ［他］煙を上げる；くすぶらせる

धुँधुकार ［名］＝ धुंधकार[1], [2].

धुंधुमार ［名］〔イ神〕トリシャンク（त्रिशंकु）王の息子ドゥンドゥマーラ

धुँधेला ［形+］(1) 悪辣な；性根の悪い＝ दुष्ट; बदमाश. (2) 嘘つきの；いかさまの；いんちきの＝ धोखेबाज़.

धुँवाँ [名] = धुआँ; धूआँ.
धुँवाँकश [名] (1) 煙突 (2) 蒸気船；スチーマー
धुँवाँधार [形] = धुआँधार.
धुँवाँधार [副] = धुआँधार.
धुआँ [名] (1) 煙 (2) 燃焼して出るもの (3) 舞い上がったり舞立った小さなもの；粉塵 (4) 煙のように見える気体 कारों के धुएँ 車の排気ガス कारों के धुएँ से वायुदूषण 車の排気ガスによる大気汚染 **धुआँ उठना** *a*. 煙が出る *b*. 溜め息が出る (-का) **धुआँ उड़ाना** (ーを) なくしてしまう；つぶしてしまう= नष्ट क०. **धुआँ क०** 煙る；くすぶる फिर उसने अंगीठी से धुआँ करने वाली लकड़ी को निकालकर बाहर फेंका 焜炉から煙っている木を抜き出して投げ捨てた **धुआँ काढ़ना** 大きな口を叩く **धुआँ खाना** 煤ける **धुआँ घोंटना** (ヨーガの) 調気法を行う (気を出しそれを止めておく法) = प्राणायाम क०. **धुआँ छूटना** 煙が出る；煙る **धुआँ छोड़ना** 煙を出す **धुआँ दे०** 煙を出す；煙る；煙が立つ；煙が出る **धुआँ निकलना** 煙が出る；煙る **धुआँ निकालना** = धुआँ काढ़ना. **धुआँ रमना** 煙が立ちこめる **धुआँ हो०** *a*. 煙る；煙が出る धुआँ होता रहता ずっと煙が出ている *b*. 煤ける **धुएँ उड़ाना** 中傷する= शिकायत क०. (-के) **धुएँ उड़ाना** (ーを) 打ち砕く；粉々にする **धुएँ का धरहरा** はかないもの；脆いもの；持続性や実体のないもの= धुएँ का धौरहर. **धुएँ का धरोहर** = धुएँ का धरहरा. **धुएँ का हाथी** 見かけ倒し；見せかけだけのもの **धुएँ के बादल उड़ाना** *a*. 無駄話をする *b*. タバコを吸う；タバコをくゆらす (-के) **धुएँ बिखेरना** = (-के) धुएँ उड़ाना. **धुएँ-सा मुँह हो०** 元気がなくなる；萎れる
धुआँकश [名] 《H.धुआँ/धुआँ+ P.کش कश》 (1) 煙突 (2) 蒸気船；スチーマー= धूआँकश.
धुआँदान [名] 煙突；煙出し；屋根の煙突= चिमनी.
धुआँधार[1] [形] (1) 猛烈な；激烈な；ものすごい；強烈な धुआँधार गाली 猛烈なののしりの言葉 उसने धुआँधार तकाज़े करने शुरू किये 男はものすごい催促を始めた (2) 派手な；華麗な；豪華な= भड़कीला; भव्य. (3) 煙だらけの；煙の満ちた
धुआँधार[2] [副] 猛烈に；すさまじく；激しい勢いで लगभग सारे देश में धुआँधार वृक्ष काटे गए ほぼ全国で樹木がすさまじい勢いで伐採された परीक्षा संचालक की मनमानी के विषय में पिछले एक वर्ष से धुआँधार लिख रहे थे 試験監督官の横暴について過去 1 年間猛烈に執筆していた
धुआँयँध [名*] = धुँआयँध[2].
धुकड़पुकड़ [名*] (1) 不安，心配，恐れなどのために胸がどきどきすること；心の動揺；落ち着きのないこと (2) ためらい；躊躇= आगा-पीछा; पसोपेश; दुविधा.
धुकड़ी [名*] 布製の小さな袋
धुक-धुक [副] 不安や恐れのため胸がどきどきする様子 वधू का दिल धुक-धुक कर रहा था 嫁の胸はどきどきしていた
धुकधुकी [名*] (1)〔解〕みぞおち (鳩尾) (2)〔解〕心臓 (3) 心臓がどきどきすること；動悸 उसके मन में सारा वक्त धुकधुकी लगी रहती कि कोई अनहोनी बात होनेवाली है 何か不吉なことが起きはしないかと四六時中胸がどきどきしている ज्यों-ज्यों उसका घर करीब आ रहा था, उसकी धुकधुकी तेज होती जा रही थी 家に近づくに連れて動悸が激しくなった (4) 不安；心配；恐れ सभी को धुकधुकी-सी लगी रहती है 誰も彼もしょっちゅう不安な思いにとらわれている (5)〔装身〕ドゥクドゥキー (みぞおちにまで垂れる女性の貴金属の首飾りの一)
धुकना[1] [自] (1) 傾く (2) 落ちる (3) 襲いかかる；飛びかかる
धुकना[2] [自] どきどきする；胸が高鳴る= धड़कना; धुक-धुक क०.
धुकरपुकर [名*] = धुकड़पुकड़.
धुकाना[1] [他] (1) 傾ける= झुकाना. (2) 落とす= गिराना. (3) 投げつける= पछाड़ना; पटकना.
धुकाना[2] [他] (1) 点火する；火をつける (2) 火で炙る (3) 煙らせる；くすぶらせる；いぶす
धुकार [名*] 太鼓を打つような激しく重い音；どーんと言うような激しい音
धुकुरपुकुर [名*] = धुकड़पुकड़.
धुक्करना [自] 叫ぶ；叫び声をあげる
धुजा [名] = ध्वजा.
धुड़ंगा [形⁺] (1) 埃を被った；埃や塵にまみれた (2) 裸の；真っ裸の= निर्वस्त्र.
धुत [形] = धुत्त. शराब में धुत हुए रमेश को 酒に酔いしれたラメーシュを
धुतकार [名*] = दुतकार.
धुतकारना [他] = दुतकारना.
धुत्त [形] = धुत. (1) (酒などに) 酔いしれた；酔っ払った；ぐでんぐでんに酔った；前後不覚に酔った नशे में धुत्त सिपाहियों ने बालक को पीटा 酔っ払った警官たちが子供を叩いた (2) (何かに) どっぷり浸かった；耽溺した；溺れた चौबीसों घंटे शराब के नशे में धुत रहना 四六時中酒に酔っ払っている इतिहास का रस पीकर भी वह नशे में धुत्त नहीं हुए 歴史の美酒を飲みながらも耽溺することはなかった (3) 意識を失った；失心した बहन क्लोरोफ़ार्म में धुत्त 妹はクロロフォルムで意識を失った
धुधुकार [名*] (1) 火の燃えさかるような激しい音 (2) 轟きわたる猛烈な音
धुन[1] [名*] (1) 音 उसे अपने आस-पास बाँसुरी की धुन-सी सुनाई पड़ती है 近くに竹笛の音のようなものが聞こえる (2)〔音〕旋法；音階 (3) 節回し；節 (4) 曲 **धुन बैठाना** 節をつける；曲を作る
धुन[2] [名*] (1) 熱中 (すること)；のぼせること；没頭 वह जिस काम की धुन में रहता है あの人が熱中している仕事 उस इनसान में सिर्फ़ एक ही धुन होती है - काम और काम あの人がただ 1 つ没頭するもの，それは仕事，仕事だけである (2) 執念；執心；執着 (3) 浮かれること तो उस शाम न जाने किस धुन में मैं घर से बहुत दूर निकल गया था じゃあの日の夕方は一体何に浮かれて家からこんなに遠くまで出掛けたのだろうか **धुन का पक्का** 手がけたことをやり遂げる；最後まで執念を燃やす वह अपनी धुन का पक्का था 手がけたことは最後までやり遂げる人だった **धुन चढ़ना** 執念を燃やす；熱中する；執着する **धुन जोतना** 意地を張る **धुन पर चढ़ना** 思い出される **धुन बँधना** = धुन चढ़ना. ऐसा विचार कर वे वहाँ से कुछ दूर निकल गए, परंतु वह उस बात की ही धुन बँधी रही こう考えてそこから少し通り過ぎたもののその話にこだわり続けた **धुन में खो जा०** 考えごとに耽る **धुन में मस्त हो०** 熱中する；没頭する लोग सब अपनी ही धुन में मस्त थे 皆はそれぞれ自分のことに没頭していた **धुन में लगना** 執念を燃やす सात साल तक वे इसी धुन में लगे रहे और अंत में इस काम को पूरा कर दिखा दिया 7 年の間これに執念を燃やし続けとうとうこれをやり遂げて見せた **धुन सवार हो०** 夢中になる；熱中する；のぼせる；熱狂する तुम्हें भी न जाने क्या धुन सवार हो जाती है 君も一体何にのぼせることやら
धुनक [名*] ←धुनकना. 綿打ち
धुनकना [他] 綿を綿打ち弓で打つ；綿を綿弓で打ってほぐす धुनिया रुई को धुनकने के लिए ताँत पर चोट लगाता है 綿打ち職人は綿打ちのため綿弓の弦を弾く
धुनकी [名*] (1) 綿打ち弓；綿弓 (2) 玩具の弓
धुनची [名*]〔植〕マメ科草本キバナツノクサネム【*Sebania aculeata; S. cannabina*】
धुनना [他] (1) 綿を綿打ち弓で打つ धुनिया धुनकी से धुनता है 綿屋は綿打ち弓で綿を打つ (2) 人体を打ち据える；打ちのめす मैं कुछ कह पाता, तब तक तो मुझे वे लट्ठों से रूई की तरह धुनने लगे 何も言えないうちに連中は私を丸太棒で綿打ちのように打ち据え始めた **धुनकर रख दे०** 激しく叩く；打ち据える= धुनके रख दे०. (3) ひどい目に遭わせる
धुनवाई [名*] ←धुनवाना. (1) 綿を打ち直してもらうことやその労賃 (2) 綿打ちとその労賃
धुनवाना [他・使] ←धुनना. (1) 綿を打たせる (打ってもらう) (2) ひどく打ち据えさせる；ひどい目に遭わせる
धुनाई [名*] (1) 綿打ち (2) 激しく殴打すること；打ち据えること；ひどい目に遭わせること इतनी बुरी तरह धुनाई की कि उसका दम ही निकल गया あまりにもひどく打ったので死んでしまった (3) 綿打ちの料金
धुनि[1] [名*] = ध्वनि.
धुनि[2] [名*] = धुनी.
धुनिया [名] (1) 綿打ちを主たる生業としてきたカースト及びそのカーストの人；ドゥニヤー (2) 綿屋；綿打ち屋= धुनियाँ; बेहना.
धुनी [名*] 川= नदी.
धुप-धुप [形] (1) きれいな；清潔な；さっぱりした (2) ぴかぴかの；光っている；輝いている
धुपना[1] [自] (薫香 धूप で) 焚きしめられる

धुपना[2] [自] (1) 走る (2) かけずり回る
धुपना[3] [自] 洗われる= धुलना.
धुपाना[1] [他] (香を) 焚きしめる；焚きこめる= धूप दे०.
धुपाना[2] [自] 匂う；かぐわしい匂いのする धुपाती सुबह थी かぐわしい朝だった
धुपाना[3] [他] 日に干す；日向に置いて乾かす= धूप दिखाना; धूप में रखना.
धुप्पल [名*] (1) はったり (2) 欺瞞；だまし= धोखा; प्रवंचना.
धुबला [名] 〔服〕ガーグラー (घाघरा, 西北部インドのラージャスターンやグジャラートなどの女性の伝統的な衣服の一でくるぶしまでの丈がありひだをたっぷり取ったスカート)
धुमिलाना[1] [自] (1) くすんだ色になる (2) 黒ずむ
धुमिलाना[2] [他] (1) くすんだ色にする (2) 黒ずませる
धुर् [名*] (1) くびき (軛) (2) くびきが牛や水牛の肩に掛かる部分 (3) 荷 (4) 車輪の心棒
धुरंधर [形] (1) 名高い；名だたる；高名な एक था चोर! बड़ा ही धुरंधर 1 人の盗賊がいた．遠方にまで名の知れた盗賊であった (2) すぐれた；卓越した；傑出した；秀でた；ベテランの हाईकोर्ट के धुरंधर नीतिज्ञ 高裁の卓越した判事 (3) くびきをつけた (4) 荷を負った
धुर[1] [名] (1) 車輪の心棒；車軸 (2) 荷 (3) くびき (軛) (4) ドゥル (面積の単位．約 $7.5m^2$)
धुर[2] [形・副] (1) 完全な；全くの (2) ちょうど；ぴったりの धुर-दक्षिण के राज्य 真南の国々
धुरना [他] (1) 打つ；叩く= पीटना; मारना. (2) (楽器などを) 打つ；叩く；鳴らす= बजाना.
धुरपद [名] = ध्रुपद.
धुरा[1] [名] (1) 車軸；車軸の軸 (2) 中枢；土台；基礎；基本；軸；中軸
धुरा[2] [名] (1) 荷役の動物 (2) 荷；荷物；貨物
धुरिया [名*] 〔鳥〕ムシクイ科オナガハウチドリ【*Prinia subflava*】〈Indian wren-warbler〉
धुरियाधुरंग [形] (1) 単独の (2) 一部が欠けている；不揃いの (3) 伴奏なしで歌われる；無伴奏の
धुरियाना[1] [他] (1) 土を掛ける (2) 不都合なものを隠す；臭いものに蓋をする；覆い隠す
धुरियाना[2] [自] (1) 土が掛けられる (2) 不都合なものが隠される；臭いものに蓋がされる；覆い隠される
धुरी [名*] (1) 車輪の軸；車軸 (2) 軸；中枢 पृथ्वी की धुरी 地軸 किसी भी पाँव को धुरी बनाया जा सकता है いずれの足も軸にすることができる रेल हमारी अर्थव्यवस्था की धुरी है 鉄道はわが国の経済の軸である सारा घर उसी की धुरी पर चलने लगा 家全体が彼を軸にして進み出した
धुरीण [形] (1) 荷を担うことのできる (2) 主要な；中心的な；主軸の
धुरीय [形] = धुरीण.
धुरी राष्ट्र [名] 〔史〕枢軸国〈Axis Powers〉
धुरेंडी [名*] = धुलेंडी.
धुरेटना [自] 土にまみれる；地面を転げ回る
धुर्य[1] [形] (1) 荷を担うことのできる (2) 責任を負うことのできる
धुर्य[2] [名] 牛馬，ロバ，ラバなど，荷物を運搬するのに使役される動物
धुर्रा [名] (1) 塵埃 (2) 微細なかけらや破片 (-के) धुर्रे उड़ाना *a.* (ーを) 粉々に砕く；破壊しつくす *b.* (ーを) 論破する *c.* (ーを) 叩きのめす (-के) धुर्रे बिखेरना = धुर्रे उड़ाना.
धुलना [自] ↔धोना (1) 洗われる；洗濯される गिलाफ़ शायद पिछले कई महीनों से धुला नहीं था 寝具は多分何か月もの間洗われていなかった (2) 汚れがとれる；汚れが落ちる (3) 洗い落とされる；洗い流される；とれる पत्थरों के आगे नाक रगड़ने से तो ख़ैर पाप धुलते नहीं है 石に哀願したって罪が洗い落とされるわけでなし अगर रोने से गर्दिश की स्याही धुल सके 泣いて災厄のしみが洗い流されるものならば
धुलवाई [名*] (1) ← धुलवाना. (2) = धुलाई.
धुलवाना [他・使] ←धोना. (1) 洗わせる；洗ってもらう；汚れを取らせる；洗うのを手伝わせる；洗ってやる उन्होंने मेरे हाथ मिट्टी से धुलवाये थे और स्वयं स्नान किया था 土をつけて私の手を洗わせ自分も沐浴した (2) 洗い落とさせる；洗い落としてもらう शाहज़ादी ने धुलवा डाला उस लेप को 姫は (体に) 塗りつけてあったのを洗い落とさせた (3) 洗う；洗い落とす भिश्ती हमारी नालियाँ धुलवाता है ビシュティーは下水を洗い流す
धुलाई [名*] (1) 洗濯；洗われること；汚れのとれること इस लिए धुलाई सुबह ही करनी पड़ती है だから洗濯は朝のうちにしなくてはならない धुलाई के लिए कपड़े दे० 洗濯に出す धुलाई के कपड़े 洗いに出す衣服；洗濯物 (2) 洗濯代 (3) 〔写〕現像
धुलाना [他・使] ←धोना. = धुलवाना. नौकर हाथ धुला रहा है 召使いが手を洗ってやっている (水を掛けるなどして洗うのを手伝っている) उसे जगा दे, मुँह हाथ धुला दे あの子を起こしなさい．顔と手を洗わせない बच्चे के हाथ भी बार-बार धुलाते रहना चाहिए 赤ちゃんの手も何度も洗ってやらなくてはならない वे बहनों को नहलातीं धुलातीं और बालों में कंघी करती हैं 妹達を沐浴させ体を洗ってやり髪を梳ってやる
धुलिया-मिटिया [形] (1) どろんこになった (2) 方のついた；うまく収まった；けりのついた (3) 台無しにされた धुलिया-मिटिया क० 方をつける；けりをつける；決着をつける
धुलेंडी [名*] (1) ドゥレーンディー祭り (チャイト月黒分朔日，すなわち，ホーリー祭の翌日に行われる色水や泥を掛け合ったりする無礼講の祭り) (2) ドゥレーンディー祭の日= धुरेंडी; धुलेंडी.
धुवाँ [名] = धुआँ; धूआँ.
धुवाँकश [名] 煙突= धुआँकश.
धुवाँधार [形・副] = धुआँधार.
धुवाँरा [名] 屋根の煙出しの穴；煙突
धुवाँस [名*] ケツルアズキ (उरद) の豆の粉
धुस्तूर [名] 〔植〕ナス科草本チョウセンアサガオ= धतूरा.
धुस्स [名] (1) 荒れ果てて崩れ落ちた家やその跡；その跡に残ったもの；瓦礫 (2) 川や池の堤防= बंद; बाँध. (3) (城壁の) 斜堤
धुस्सा [名] (1) ドゥッサー (織り目の粗い普通のものより大きい毛布の一種) (2) 毛布
धुँआँ [名] = धुआँ. धुँएँ की नाव 〔古〕蒸気船
धुँआँकश [名] = धुआँकश.
धुँआँदान [名] 煙突
धुँआँधार [形・副] = धुआँधार.
धूणी [名*] 《Raj.》 = धूनी. ドゥーナー；ドゥーニー धूणी के आगे बैठा तपस्या में लीन ドゥーニーの前に座り苦行に我を忘れている
धूत [形] (1) 震えた (2) よろけた (3) 叱りつけられた (4) 捨てられた
धूतना [他] だます；欺く；ぺてんにかける= धोखा दे०; ठगना.
धूतपाप [形] 罪障の洗い落とされた
धू धू [副] ごうごうと，ばりばりとなど (音を立てて激しい勢いで燃える様子) धू धू कर 音を立てながら；ごうごうと，ばりばりと音を立てて उसने सीता को धू-धू कर जलती हुई लंका को दिखाया シーターにごうごうと音を立てて燃えているランカー島を見せた
धूनना [他] (1) 芳香のするものを火にくべる (2) 香を焚きしめる
धूना [名] (1) 〔植〕カンラン科高木【*Canarium bengalense*】 (2) 樹脂 (特に同上のものから採れるもの) (3) フタバガキ科サラノキ (沙羅双樹) の樹脂を乾燥させた薫香
धूनित ऊनी सूत्र [名] 紡毛糸
धूनी [名*] (1) サードゥ (行者，出家) が暖を取ったり苦行をするために燃やす火や煙；ドゥーニー；ドゥーナー (2) 香，特にアンソクコウジュ (安息香樹) などの薫香剤 गुग्गुल धूप; धूना を焚いた煙 (3) いぶすこと (燻すこと)；燻し；くすべること धूनी जगाना *a.* サードゥがドゥーニーを焚いて熱の苦しみの中で苦行をする *b.* 出家する धूनी जलना ドゥーニーが焚かれる घर के सामने ही पीपल की छाँह में उनकी धूनी जल गई 家の前のボダイジュの木陰にドゥーニーが焚かれ始めた (サードゥーが腰を下ろし行を始めた) धूनी दे० 香を焚いたり燻したりする；くすべる गंधक और लोबान की धूनी देते रहने से भी 硫黄や安息香を燻し続けても धूनी रमाना = धूनी जगाना. धूनी लगाना = धूनी जगाना.
धूप[1] [名] (1) 〔ヒ〕ヒンドゥーが礼拝時に神像に供える薫香とその燻煙 (薫香料はマラバルニワウルシ，インドニュウコウノキ，サラノキなどの樹脂，ナツメグの粉，麝香，沈香，白檀，ヒマラヤスギ，甘草などから得られる) (2) 〔植〕カンラン科高木【*Canarium*

euphyllum】 **धूप चढ़ाना** 香をあげる **धूप दे०** 香を焚く；香をあげる；薫香を供える

धूप[2] [名*] (1) 日光；日差し ग्रीष्म की सफ़ेद धूप 夏の白い日差し कड़कती धूप 激しく照りつける日光 चिलचिलाती धूप में 焼けつくような日差しの中 (2) 日差し（日照時間） धूप भी चैत्र के साथ बढ़ती जा रही थी 日差しもチャイトラ月と共にどんどん増して行っていた **धूप का चश्मा** サングラス；色眼鏡 **धूप खाना** 日に当たる；日光に当たる；ひなたぼっこをする；日光浴をする **धूप खिलना** 日差しが強くなる **धूप खिलाना** 日に当てる；日向に置く；虫干しする **धूप चढ़ना** *a.* 日が昇る *b.* 日差しが強くなる **धूप ढलना** 日が傾く **धूप दिखाना** 日に干す；日に当てる；穀物や衣料を日に当てる；虫干しする सुबह धूप दिखाने के लिए अचार रखे थे.अभी तक पड़े हैं 朝，日に当てるため出した漬け物がまだそのままになっている कभी कभी धूप न दिखाने से या थोड़ी-सी असावधानी से उसमें कीड़े पड़ जाते हैं 時折日に当てなかったりちょっとした不注意のために虫がつくのであった **धूप दे०** = धूप खिलाना. 衣服や書物をときどき虫干しすること **धूप निकलना** 日が高くなる；日が昇る；日差しが強くなる जब धूप निकली होती है 日が昇っているときには **धूप पड़ना** 日差しが強くなる **धूप में डालना** 日差しに出す；日向に出す हलकी धूप में कुरसी डालकर बैठा दीजिए 弱い日差しに椅子を出して腰掛けさせなさい ओढ़ना-बिछौना जो हो उसे धूप में डाल दीजिए 着たり敷いたりするものはなんであれ日向に出しなさい **धूप में बाल पकाना** 無駄に年をとる；馬齢を重ねる= धूप में बाल सफ़ेद क०. **धूप में रखना** = धूप में डालना. **धूप में शरीर सेंकना** 日焼けする **धूप लगाना** = धूप खिलाना. **धूप ले०** 日に当たる；日光浴する；ひなたぼっこをする धूप लेने के लिए घर से बाहर निकल आया 日に当たろうと戸外に出た **धूप सेंकना** = धूप ले०.

धूपघड़ी [名*] 日時計〈sundial〉

धूप-छाँह [名*] (1) 日光と日陰 (2) 玉虫織りの絹布 **धूप-छाँह का खेल खेलना** 変幻自在に姿を変える आजकल तो प्रकृति भी आपके साथ धूप-छाँह का खेल खेलना चाहती है 近頃は自然も貴方と変幻自在な遊戯をしたいと願っている **धूप-छाँह की रंगत पाना** 状況に応じて変幻自在な **धूप-छाँह खेलना** 見え隠れする；現れたり消えたりする；出たり入ったりする उनके चेहरे पर हर्ष और विषाद की रेखाएँ धूप-छाँह खेल रही थीं あの方のお顔には喜びと悲しみの表情が見えたり隠れたりしていた

धूपदान [名] (1) ドゥープ（薫香）を入れておく容器 (2) 香炉

धूपदानी [名*] ←धूपदान. 小型の香炉

धूपन [名] 薫香を焚きしめること

धूपना[1] [自] かけずり回る；休憩の間もなく忙しくする

धूपना[2] [他] 香を焚く；薫香を焚きしめる

धूपपात्र [名] 香炉

धूपबत्ती [名*]（細い竹ひごに香の原料を塗布して乾かした）線香

धूपवास [名] 沐浴後に体に香を焚きしめること

धूपवासित [形] 香を焚きしめた

धूपवृक्ष [名]〔植〕ニガキ科高木マラバルニワウルシ【*Ailanthus triphysa; A. malabarica*】= गुग्गुल धूप.

धूपसरल [名] = चीड़; चीढ़.

धूपायित [形] 薫香のつけられた= धूपित.

धूपित [形] (1) 薫香を焚きしめた；ドゥープ（धूप）の焚きしめられた जाड़े की दोपहरी गलियों में धूपित थी 冬の昼時路地にはドゥープが焚きしめられていた (2) 疲れた

धूम[1] [名] (1) 煙 (2) 排気ガス (3) 消毒や薬効のため燻される煙；薫蒸消毒の煙 (4) 彗星

धूम[2] [名*] (1) 賑わい；賑やかさ (2) 盛んなこと；盛んに行われること；続けざまに行われること जेठ का महीना था बारातों की धूम थी ジェート月で結婚式の行列が盛んに見受けられた (3) 盛大さ；大仕掛け अनूप की बर्थ-डे पार्टी इस बार बड़ी धूम से हुई थी アヌープの今度の誕生パーティーは大変盛大に行われた (4) 評判；話題になること विदेशों में तो इसकी धूम पहले ही थी これは外国ではとっくに評判になっていた इनकी ईमानदारी की कुछ ऐसी धूम थी あの方の誠実さについては大変な評判だった (5) 騒ぎ；騒ぎ立てること；騒動 (-की) **धूम मचना** *a.* 盛んになる；盛んに行われる देश भर में अंग्रेज़ी राज के विरुद्ध असहयोग करने की धूम मची 国中に非協力運動が盛んになった *b.* (一の) 評判が立つ；(一が) 噂になる；(一の) 人気が高まる माधव की धूम मच गई マーダヴァの人気が高くなった **धूम मचना** 賑わう；賑やかになる चारों तरफ़ धूम मच गई 辺り一面が賑やかになった **धूम मचा दे०** 名を揚げる；名を高める；有名になる सन् 1920 के बाद चीनी एवं जापानी गुड़ियों ने सारे संसार में धूम मचा दी 1920 年以降中国と日本の人形が世界中に名を高めた

धूमकधूया [名*] 飛んだり跳ねたりして騒ぐこと；騒ぎ立てること= धूमक-धैया; शोरगुल; उत्पात.

धूम-केतन [名] (1) 火 (2) 彗星；帚星

धूमकेतु [名] (1) 火= आग; अग्नि. (2) 彗星；帚星；コメット= दुमदार तारा; पुच्छल तारा.〈comet〉

धूम-ग्रह [名] = राहु.

धूम-घटा [名*] 厚い雲；密雲 सारा आकाश धूम-घटाओं से आच्छन्न है 空全体が厚い雲に覆われている

धूमज[1] [形] 煙から生じた

धूमज[2] [名] 雲

धूमदर्शी [形・名] 目の霞んだ（人）；霞目の（人）

धूम-धड़क्का [名] (1) 喜びに沸き立つこと；はしゃぐこと；賑やかなこと；大騒ぎ (2) 見栄；見栄を張って行われること；虚飾 **धूम-धड़क्का मचाना** 喜び騒ぐ；大騒ぎする **धूम-धड़क्का हो०** *a.* 喜びに騒がしくなる；嬉しいことで大騒ぎになる *b.* 盛大に行われること

धूम-धड़ाका [名] = धूम-धड़क्का. उसकी ज़रा-सी भूल ने पूरे परिवार को पटाखे, फुलझड़ियों के धूम-धड़ाकों को भुलाकर परेशानी में डाल दिया その人のちょっとした過ちが家族中が爆竹や花火で喜びに沸き立っていたのを忘れさせて困惑におとしいれた

धूम-धाम [名*] 盛大さ；賑やかさ；活気にあふれていること；盛況 धूमधाम से 盛大に पाल का विवाह ख़ूब धूमधाम से हुआ パールの結婚式は随分盛大に行われた धूम धाम से उसका राजतिलक कर दिया गया 盛大に灌頂式が行われた लोग भोग चढ़ाने के लिए बड़ी धूम-धाम से बकरे को देवी के स्थान पर ले जा रहे थे 生け贄に供えようと賑やかに雄の山羊をデーヴィーの祠に連れて行くところだった

धूम-धामी [形] (1) 盛大な；賑やかな；盛んな (2) いたずらな；厄介な；騒々しい；邪魔な

धूमपट [名] (1) 煙幕 कटल मछली अपने शत्रु पर एक प्रकार का काला द्रव पदार्थ फेंकती है, जो धूमपट का काम देता है イカは敵に対して煙幕の役目を果たすある黒い物質を発射する (2) 真実を隠すもの

धूमपथ [名] 煙道

धूमपान [名] (1) サードゥなどの行者や修行者が煙に包まれて座す修行 (2) 喫煙= धूम्रपान.

धूमपोत [名] 汽船；蒸気船= धुआँकस; अगिनबोट.

धूमल [形] 赤黒い

धूमायमान [形] 煙る；煙っている

धूमाली [名*] 空一面を覆う煙

धूमिका [名*] かすみ（霞）；もや（靄）；霧

धूमित [形] 煙った धूमित क०. 燻蒸する；いぶす

धूमिल [形] (1) ぼやけた；ぼんやりした；薄れた；霞んだ इसके साथ ही न्यूज़ीलैंड की जीत की सभी संभावनाएँ धूमिल पड़ गईं これと同時にニュージーランドの勝利のあらゆる可能性は薄れてしまった उसे अपने सपने धूमिल पड़ते दिखाई देने लगे 自分の夢が薄れていくように思えるようになった कुछ धूमिल-सी आकृतियाँ 少しぼやけたような形 **धूमिल हो०** ぼんやりする；薄れる (2) かすかな；定かでない एक धूमिल आशा के सहारे かすかな希望を頼りに (3) くすんだ；さえない；暗い उसके मुख पर चिंता और निराशा का धूमिल रंग दौड़ गया 顔には不安と失望の暗い陰が走った (4) 靄のかかった；霧のかかった (5) 真っ黒に；暗褐色の；紫色の

धूम्र[1] [形] 真っ黒い；暗褐色の

धूम्र[2] [名] 赤黒い色；紫色；赤黒い色；暗褐色

धूम्रपान [名] 喫煙 धूम्रपान क० 喫煙する；タバコを吸う

धूम्रपोत [名]〔古〕蒸気船；汽船

धूर[1] [名*] ドゥール（土地面積の単位）ビスワー（बिस्वा）の 20 分の 1, すなわち，約 7.5m^2

धूर[2] [名*] = धूल.

धूर-संझा [名*] 黄昏時；日暮れ時= गोधूलिवेला.

धूरा [名] (1) 土埃 (2) 細かい粉；粉末= बुकनी; चूर्ण. (3) 冷えた体の部位をヒネショウガの粉末などでマッサージすること (4)

ごますり；追従；おべっか **धूरा क॰** *a.* 冷えて感覚のなくなったところにヒネショウガの粉末を擦り込む *b.* ごますりをする；おべっかを使う；追従する；おもねる **धूरा दे॰** = धूरा क॰.

धूरि [名*] = धूल.

धूर्जटि [名] シヴァ神の異名の一 महादेव.

धूर्त[1] [形] (1) 狡猾な；狡い；抜け目のない धूर्त विज्ञापनबाज़ 抜け目のない宣伝屋 धूर्त व्यापारी 狡猾な商人 (2) 悪擦れしている；悪辣な；すれからしの (3) 陰険な सुपरिटेंडेंट ने पुलिस की धूर्त दृष्टि से मेरी ओर देखकर पूछा 警視は警察の陰険な目つきで私のほうを見て尋問した (4) インチキを働く；欺瞞を働く

धूर्त[2] [名] (1) 悪漢；無頼漢 (2) 詐欺師；ぺてん師；いかさま師 (3) 博徒

धूर्तता [名*] ←धूर्त. (1) 悪さ；邪悪なこと；悪事 गरीब होने के कारण मैंने उसकी जेब गरम नहीं की थी, इसी कारण उसने मेरे साथ यह धूर्तता की 貧しくて袖の下をやれなかったものだから奴は私に悪さをしたのだ (2) 詐欺

धूल [名*] (1) 空気中に浮く細かい土の粒子；土埃 धूल भरी आँधी 砂嵐 उसपर धूल की परत जमी हुई थी それには埃が層を成して積もっていた **धूल का बवंडर** 土煙 धूल का बवंडर उठना 土煙が立つ (2) 泥；泥土 सारी देह धूल से लथपथ हो रही थी 全身が泥まみれになろうとしていた (3) 塵；塵屑；塵芥 **धूल उड़ना** *a.* 土埃が舞う *b.* 荒れ果てる；荒廃する **धूल उड़ाते फिरना** 物乞いにうろつく (-की) **धूल उड़ाना** *a.* (ーを) 笑いものにする *b.* (ーを) くさす；貶す (-) **धूल क॰** (ーを) 台無しにする；つぶす；駄目にする **धूल का पहाड़ उठाना** 土煙を立てるように急ぎ足で歩く；非常に速く歩く **धूल की आँधी उड़ाना** ひどく土埃を立てる (-) **धूल की तरह कर दे॰** (ーを) 粉々にする；粉砕する **धूल की रस्सी बटना** 不可能なことを試みる **धूल खाना** *a.* 無駄にする *b.* 物乞いをする；流れ歩く；当て所なくうろつく (-को) **धूल चटाना** (ーを) やっつける；負かす **धूल चलना** 土埃が立つ；土埃が舞う आज सारे दिन धूल चलती रही है 今日は一日中土埃が立ち詰めだった **धूल चाटना** *a.* 哀願する；ひどくへりくだる；卑屈なほどになって頼む *b.* ぶらぶらして過ごす *c.* 立ち遅れる；後れをとる；負ける；人に先んじられる；後塵を拝する आज हमारा देश उद्योग और रुपए पैसे के क्षेत्र में धूल चाट रहा है 今日わが国は産業や資金面で立ち遅れている (-की) **धूल छानना** = धूल खाना. जाता हूँ, महीने-दो महीने जंगल पहाड़ की धूल छानूँगा それじゃ失礼する. ひと月，ふた月と森や山をうろつき回ろう (-की) **धूल झड़ना** (ーが) 殴られる；叩かれる **धूल झाड़कर अलग हो॰** 自分の一切の責任を逃れて素知らぬ振りをする (-की) **धूल झाड़ना** *a.* (ーの) 世話をする；面倒を見る *b.* (ーを) 殴る **धूल फाँकना** = धूल खाना. यहाँ क्या धूल फाँके? ここをうろついて何になる हिंदी लेखक तो इस बुढ़ौती में भी धूल फाँकता है ヒンディーの物書きはこの齢になってもうろつき回っている **धूल फेंकना** 汚名を着せる；名をけがす= बदनाम क॰. **धूल बटोरना** 無駄なことをする **धूल बरसना** 活気がなくなる；賑やかさがなくなる **धूल में मिलना** 泥にまみれる；無駄になる；台無しになる；水泡に帰す ऐसा करने से पांडवों का सारा उद्योग धूल में मिल जाएगा こういうことをするとパンダヴァたちの一切の努力が無駄になる उसपर भी प्रतिष्ठा धूल में मिले, ऐसा मैं न करूँगा それでもなお名誉が台無しになるようなことはしないつもりだ **धूल में मिलाना** 無駄にする；台無しにする；めちゃくちゃにする **धूल में रस्सी बटना** *a.* ずるいことをして目的を果たす *b.* 無駄なことをする；できるはずのないことを試みる **धूल में लट्ठ मारना** 無駄なことをする **धूल में लोटना** 落ちぶれる (-/ - को) **धूल में सानना** (ーに) 悪名を着せる；汚名を着せる **धूल ले डालना** 何度も出掛ける；何度も訪れる (-/ - को) **धूल समझना** (ーを) ものの数に入れない **धूल हो॰** *a.* 台無しになる；駄目になる *b.* 無駄になる

धूलि [名*] = धूल.

धूलिकण [名] 塵埃；塵；砂塵

धूलिका [名*] (1) 霧雨；糠雨 (2) 霧 = कुहरा.

धूलि-धूसर [形] = धूलि-धूसरित.

धूलि-धूसरित [形] (1) 塵にまみれた；土にまみれた (2) 荒れ果てた；寂しい；住む人もない

धूवाँ [名] = धुआँ.

धूसना [他] つぶす；押しつぶす；踏みつぶす

धूसर[1] [形] (1) 褐色の；黄褐色の；カーキ色の (2) 土にまみれた

धूसर[2] [名] 褐色；黄褐色

धूसर[3] [名] = धनेश.

धूसरा [形+] (1) 褐色の；黄褐色の；カーキ色の (2) 土にまみれた

धूसरित [形] (1) 土にまみれた；泥だらけになった (2) 褐色の；黄褐色の；カーキ色の

धूहा [名] かかし；案山子= बिजूका; डरावना; डरावा.

धृत [形] (1) 手に握られた；つかまれた (2) 身につけられた；帯びた (3) 捕らえられた (4) 定められた

धृतराष्ट्र [名]〔マハ〕ドリタラーシュトラ王（クル族の盲目の王で百王子の父．パーンダヴァ五兄弟の伯父）

धृति [名*] (1) 手に持つこと；握ること；把持 (2) 保持すること (3) 決意の固いこと= मन की दृढ़ता.

धृतिमान [形] (1) 忍耐強い (2) 決意の固い (3) 満足した

धृष्ट [形] 無礼な；失礼な；横柄な；生意気な；非礼な；傲慢な पत्नी बड़ी धृष्ट है 甚だ横柄な妻だ

धृष्टता [名*] ←धृष्ट. यदि धृष्टता न समझी जाए तो もし失礼でなければ **धृष्टता क्षमा करेंगे**, 失礼でございますが धृष्टता क्षमा करेंगे, आपकी इन महती उपलब्धियों का रहस्य क्या है? 失礼でございますが大成功を収められた秘訣は何なのでしょうか

धेड़ी कौआ [名]〔鳥〕カラス科カラス属ワタリガラス【*Corvus corax*】= डोम कौआ.

धेनु [名*] (1) 雌牛；乳牛（特に最近子を産んだ） (2) 大地

धेनुका [名*] (1) 雌牛= धेनु; गाय. (2) 動物の雌= मादा पशु. (3) 贈り物

धेय [形] (1) 保持されるべき (2) 養われるべき (3) 創られるべき

धेरा[1] [形+] すがめ（眇）の；ひがら目の= भेंगा.

धेरा[2] [名] (1) 息子 (2) 孫息子（外孫）

धेरी [名*] 娘= लड़की; पुत्री.

धेला [名] (1) デーラー（半パイサーの旧硬貨）= अधेला. (2) ほんのわずかの金額 उसने धेले की भी चीज़ नहीं छुई ほんの少額のものさえ手に取らなかった **धेला पास न हो॰** 一文無し

धेली [名*]（旧）半ルピー硬貨；デーリー（8 アンナの硬貨）= अठन्नी.

धेवता [名] 外孫（娘の息子）

धेवती [名*] 外孫（娘の娘）

धैर्य [名] (1) 忍耐；忍耐力；根気；辛抱；我慢；がんばり= धीरज. मैं घमंड नहीं करती पर जितने धैर्य से मैं यह काम कर सकती हूँ, आप नहीं कर सकते 自慢ではありませんが，貴方は私ほどの根気でこの仕事を行うことはできませんよ (2) 落ち着き；あわてないこと **धैर्य का बाँध टूटना** 耐えられなくなる；我慢できなくなる **धैर्य खोना** 根気をなくす；我慢できなくなる वह बड़ा साहसी लड़का था. उसने अपना धैर्य बिलकुल नहीं खोया とても勇気のある少年で全く根気を失わなかった **धैर्य छूटना** = धैर्य खोना. **धैर्य छोड़ना** = धैर्य खोना. **धैर्य टूटना** 辛抱しきれなくなる= धैर्य खोना. **धैर्य बँधाना** 激励する；励ます；慰める माँ ने शांति के माता-पिता को धैर्य बँधाते हुए कहा 母はシャーンティの両親を励まして言った **धैर्य से** 忍耐強く；根気よく उस दिन का इंतज़ार हमें धैर्य से करना होगा 忍耐強くその日（の来るの）を待たねばなるまい **धैर्य हाथ से जा॰** = धैर्य खोना.

धैर्यवान [形] 忍耐強い；根気強い；我慢強い परंतु कुछ धैर्यवान होने के कारण वह स्वयं को सम्हाले रहा しかしいささか忍耐強かったので男は頑張っていた

धैर्यहीन [形] 忍耐力のない；根気のない

धैवत [名]〔イ音〕ダイヴァタ（オクターブの第 6 音）；ダ = ध.

धोंडाल [形] 石や砂利の多い（土）

धोंधा [名] (1) 土や粘土の固まり (2) 不恰好な体；みっともない体型

धोका [名] = धोखा.

धोखा [名] (1) 欺くこと；だますこと；だまし= छल; दगा. उसके साथ धोखा हुआ है あの男にだまされた (2) 間違い；誤解；錯覚= भुलावा; भ्रम. किसी और वस्तु के धोखे में कोई जहरीली वस्तु या दवा खा लेते हैं 何か他のものと間違えて何かの毒物や有毒な薬品を口に入れる नज़र का धोखा 目の錯覚 **धोखा उठाना** *a.* だまされる；一杯食わされる；一杯食う *b.* 錯覚する **धोखा खड़ा क॰** 陰謀を企てる **धोखा खाना** だまされる；一杯食わされる；ぺてんに引っかかる= धोखा उठाना; ठगाना. ठगा भी गया हूँ, धोखा भी खाया है 欺かれもしたしだまされもした **धोखा दे॰** *a.* ごまかす；欺く；だます

＝दगा दे॰. *b.* 裏切る＝आँख चुराना；बात से टल जा॰. *c.* 急死する अगर किसी कारणवश बाद में वह युवक धोखा दे गया もしも何かのことであの青年が急死したなら *d.* 急になくなる **धोखा लगना** 訝しい；不審な；疑わしい；怪しい感じがする (-में) **धोखा लगाना** (一に) 手抜きをする；手加減する **धोखे का पुतला** したたかな詐欺師 **धोखे की टट्टी** *a.* 見せかけ *b.* カムフラージュ *c.* だまし；偽り **धोखे में** 間違って；錯覚して (-के) **धोखे में आ॰** (一の) 口車に乗せられる；(一に) 一杯食わされる **धोखे में डालना** だます；欺く **धोखे में लाना** 罠にかける（だます）＝जाल में फँसाना. **धोखे से** *a.* 間違って मैंने जान-बूझकर नहीं काटा.धोखे से चोंच लग गई होगी わざと突いたのではありません．間違って嘴が当たったに違いないのです *b.* だまして；欺いて

धोखाधड़ी [名*] 詐欺；欺き；詐取 ज़मीन की धोखाधड़ी 土地の詐取 सही मायनों में वे छात्रों के प्रति धोखाधड़ी कर रहे हैं あの人は正しく生徒を欺いているのだ

धोखेबाज़[1] [形] 《H. + P. باز》嘘つきの；人を欺く；実のない；詐欺を働く

धोखेबाज़[2] [名] 詐欺師；ぺてん師

धोखेबाज़ी [名*] 《H. + P. بازی》詐欺；いんちき；ぺてん；いかさま

धोगर [名] ＝खरपत.

धोती [名*] (1)〔服〕ドーティー（男性が腰布として着用する幅約1m，長さ約5mの布で普通木綿製．上着にはクルターを着る） धोती-कुर्ता पहने हैं ドーティーとクルターを着ている रेशमी धोती 絹のドーティー（ヒンドゥーが祈祷，礼拝時に着用するもの） (2)〔服〕ドーティー（上のドーティーを女性がサリーのように着用するもの）；綿のサリー आँसुओं को धोती के पल्ले से पोंछती हुई माँ बोली 涙をドーティーの端で拭きながら母が言った (-की) **धोती आसमान में सूखना** （一が）権勢を誇る **धोती के अंदर सब का नंगा हो॰** 人間の内実は皆同じ **धोती खोल दे॰** 怯えさせる；震えあがらせる **धोती ढील हो॰** 怯える；震えあがる **धोती बाँधना** 備える；準備する；構える **धोती बिगड़ना** 恐ろしさに失禁する；恐怖のあまり大小便をもらす (-की) **धोती में बँधे फिरना** （一の）金魚の糞のようについて回る；何時も（一に）ついて回る；（一に）つきまとう **(अपनी) धोती सँभालकर रखना** 準備する；用意する；備える；覚悟する＝धोती बाँधना.

धोना [他] (1) 洗う；洗い落とす；洗い流す；洗いすすぐ बरतन धोने बैठ जाती हैं 台所容器を洗うために腰を下ろす बरतन माँजने, प्लेटों को धोने आदि का अभ्यास 鍋を磨いたりプレートを洗ったりの訓練 (2) 洗い流す；洗い落とす；取り除く अपनी सारी बेइज़्ज़ती और हीनता को धो डालूँ 己の一切の不名誉と惨めさを洗い流す उन पाक आँसुओं ने उनका दुःख धो दिया その清らかな涙があの方の悲しみを洗い流した (3) 衣類を洗濯する (4) 波や流れが寄せたり返したりする (5) 現像する＝डेवेलॉप क॰. फ़ोटो धोने का सब सामान 現像器具一式 **धो डालना** 取り除く；取り去る；流し去る **धो दे॰** *a.* ＝धो डालना. *b.* 思い知らせる；懲らしめる **धो-धाकर** きれいさっぱり洗い清めて मुँह धो-धाकर नाश्ता खाओ よく顔を洗って朝食をとりなさい **धो-पोंछकर** すっかりきれいにする；磨き上げる प्याले और प्लेटें तो उसने एक दिन पहले ही धो-पोंछकर रख ली थीं カップやプレートは１日前にきれいに磨き上げて置いていた **धो बहाना** ＝धो डालना.

धोप [名*] 刀＝तलवार；खंग.

धोपा [名] ＝धोखा.

धोपेबाज़ी [名*] 《H. + P. بازی》＝धोखेबाज़ी.

धोबन [名*] ＝धोबिन.

धोबिन [名*] (1)（洗濯業を生業としてきた）ドービー・カーストの女性；ドービン (2)〔鳥〕セキレイ科オオハクセキレイ【*Motacilla madaraspatensis*】＝ममोला. (3) ＝बीरबहूटी.

धोबिया [名] ＝धोबी.

धोबी [名] (1) ドービー（主に洗濯を生業としてきたカースト）＝रजक. (2) ドービー・カーストの男性 **धोबी का कुत्ता** *a.* 住所不定の人のたとえ *b.* 帰属のわからない人や曖昧な人のたとえ *c.* 役立たず（一定の場所に腰を落ち着けて仕事をせずぶらぶらしている人） धोबी के कुत्ते जैसी हालत 洗濯屋の犬みたいに役立たずのありさま **धोबी का कुत्ता न घर का न घाट का** 〔諺〕どっちつかずで役立たず **धोबी का छैला** *a.* 他人の物を我が物顔にする人，あるいは，自慢する人 *b.* 他人のふんどしで相撲を取る人 *c.* 借り衣裳で出歩く人

धोबीघाट [名] 川や池などのドービー（洗濯屋カーストの人たちの）の共同洗濯場

धोबी पछाड़ [名] ＝धोबीपाट.

धोबीपाट [名]〔ス〕背負い投げ；フライングメア（レスリング）〈flying mare〉 देवीलाल ने उसपर धोबीपाट दाँव मारा デーヴィーラールは相手に背負い投げをかけた

धोयी [名*] ケツルアズキやリョクトウなどの豆の皮を取り去ってひき割りにしたもの；ダール

धोर [名*] (1) そば；近接していること (2) 縁；端

धोरण [名] (1) 動物や乗り物に乗ること (2) 馬の疾駆；ギャロップ (3) 歩くこと

धोरित [名] (1) 攻撃 (2) 動き；移動 (3) 馬の速歩；トロット

धोरी [名] (1) 役牛（荷車などを引く去勢牛） (2) 頭（かしら）；頭目

धोवन [名] (1) 洗うこと；洗い (2) 物を洗った後の残り水 जूठे बर्तनों का धोवन 食器を洗った残り水

धोवन-टब [名] 《H.+ E. tub》洗い桶

धोवा [名] (1) 洗い残りの水 (2) 水

धोवाना[1] [自] 洗われる；きれいになる＝धुलना.

धोवाना[2] [他・使] ←धोना. ＝धुलाना.

धौं [接] それとも；あるいは

धौंक [名*] ←धौंकना.

धौंकना [他] (1) 火に風を送る；強い風を送って火を煽る；ふいごで風を送る लोहार दिन भर अपनी धौंकनी से भट्टी धौंकता है 鍛冶屋は一日中ふいごで炉に風を送っている (2)（処罰などを）食らわす (3)（重い荷物などを）背負わせる；負わせる；担わせる

धौंकनी [名*] (1) ふいご (2) 火吹き竹（など息を吹きかけて火を起こす道具） **धौंकनी चलना** 息切れする；息を切らす；喘ぐ＝साँस फूलना. **धौंकनी लगना** ＝धौंकनी चलना.

धौंका [名] 真夏に吹く熱射病を起こさせるような熱風＝लू.

धौंकिया [名] (1) ふいごを使う人 (2) 鋳掛け屋

धौंकी[1] [名*] ふいご＝धौंकनी.

धौंकी[2] [名] ＝धौंकिया.

धौंज [名*] ←धौंजना[1].

धौंजना[1] [自] (1) 駆けずり回る＝दौड़धूप क॰. (2) うろたえる＝घबराना.

धौंजना[2] [他] 踏みつける；踏みにじる

धौंटा [名] 油搾りの作業などに従事する牛や水牛の目隠し

धौंताल [形] (1) きびきびした；機敏な (2) 丈夫な；頑健な；頑丈な (3) 巧みな；上手な (4) 気力のある；気合のある (5) いたずらな

धौं-धौं [名*] (1) 太鼓の鳴る音；どんどん (2) 咳をする音；ごほんごほん **धौं-धौं क॰** 咳をする

धौं-धौं मार [名*] 急ぐこと；急ぎ；急くこと；せかせかすること

धौंस [名*] (1) 威嚇 (2) 威圧 (3) はったり (4) 威厳 (5)〔農〕地代納入の遅滞に対する罰金 **धौंस की चलना** 脅しがきく **धौंस ग़ालिब क॰** 威圧する＝धौंस जमाना；रोब जमाना. **धौंस दे॰** ＝धौंस जमाना. **धौंस दिखाते हुए** 居丈高に；脅しながら；威嚇的に；威圧的に **धौंस दिखाना** 威嚇する **धौंस बजाना** ＝धौंस जमाना. **धौंस बाँधना** 罰金を科する；罰金を食らわせる (-की) **धौंस में आ॰** （一に）威圧される；圧倒される

धौंसना [他] (1) 罰金を払わせる；科する；科す (2) 罰として仕事をさせる (3) むりやりにさせる (4) 脅す (5) 叱りつける

धौंसपट्टी [名*] (1) 脅し (2) だまし；はったり (-की) **धौंसपट्टी में आ॰** （一の）はったりに引っかかる

धौंसा [名] (1)〔イ音〕ドーンサー（大型のナガーラー नगाड़ा） (2) 力；力量 **धौंसा दे॰** ナガーラーを打つ；陣太鼓を打つ

धौंसिया [名] (1) 脅しをかける人；威圧する (2) 抜け目のない人

धौ [名] ＝धाव.

धौकना [他] ＝धौंकना.

धौकनी [名*] ＝धौंकनी.

धौत[1] [形] (1) 洗った；洗われた＝धोया हुआ. (2) 白い；光っている＝उजला. (3) 沐浴を済ませた＝नहाया हुआ.

धौत[2] [名] 銀＝चाँदी；रूपा.

ध

धौत-शिला [名*] 水晶= बिल्लौर; स्फटिक.
धौतात्मा [形] 罪科が洗われ魂の清められた
धौताल [形] = धौंताल.
धौति [名*] (1) 洗うこと；洗い；洗浄；洗滌 (2)〔ヨガ〕ダウティ（ハタ・ヨーガの行法の一．心身を清浄にするという行法で細長い布を用いる．口から通して胃まで入れ水を飲みながら取り出す）→ नेतीधौती. (3) 同上に用いられる布切れ
धौरहर [名] = धवलगृह.
धौरा[1] [形+] (1) 白い (2) 光っている；ぴかぴかの
धौरा[2] [名]〔植〕ミソハギ科高木【*Lagerstroemia parviflora*】= बाकली; धाव.
धौरी [名*] 白い雌牛= कपिला.
धौल[1] [名*] (1) 手で打つこと；叩くこと；平手打ち धौल जमाना 手で打つ；叩く；人の体を掌で激しくたたくこと= धौल जड़ना. पीठ पर धौल जमाना 背中を掌でばしっと叩く "सुमन" ख़ुशी से लगभग चीखते हुए शीला ने इतने जोश से उसकी पीठ पर धौल जमाई कि शायद वह गिर ही पड़ती シーラーが嬉しさのあまりまるで叫ぶかのように「スマン」と名を呼びながら彼女の背中を叩いたので危うく倒れそうになった (2) 打撃；被害；損害；損失 **धौल कसना** 平手打ちをする **धौल खाना** *a.* 平手打ちを食う；平手で打たれる *b.* 損害を被る **धौल मारना** = धौल कसना. **धौल लगाना** = धौल कसना.
धौल[2] [形] (1) 白い= धवल; सफ़ेद; उजला; श्वेत. (2) したたかな
धौल धक्कड़ [名*] (1) 叩き合い；殴り合い (2) 騒動；大騒ぎ
धौल-धप्पा [名] ふざけて叩きあうこと जैसे घनिष्ठता होते ही धौल-धप्पा होने लगता है 親しくなったとたんにふざけて叩きあうように= धौलधप्पड़.
धौलधूर्त [形] とても質の悪い；甚だ悪質な
धौला[1] [形+] (1) 白い；白っぽい；明るい धौला रंग 明るい色 (2) 青白い；顔色の悪い **धौला पड़ना** 顔色を失う；顔面蒼白となる
धौला[2] [名] = धौरा[2].
धौलाई [名*] 白さ；明るさ= धौलापन.
धौली [名*]〔植〕ミソハギ科落葉高木【*Lagerstroemia parviflora*】〈Lendia〉
ध्यान [名] (1) 思うこと；心に思うこと；思念；念じること；思い (2) 思考；考察；思索；検討 उचित-अनुचित का ध्यान 適否の検討 (3) 瞑想；黙想 (4) 意識；気がつくこと；認識 (5) 注意；配慮；気をつけること；心配り；思いやり सभी बड़े असभ्य एवं अशिष्ट हो गए हैं.किसी को भी दूसरों की भावनाओं का ध्यान ही नहीं 誰も彼もひどく不作法で不躾になっている．だれも他人の気持ちに全く配慮しない (6) 専心；心を集中すること；意識の集中 (7)〔ヨガ〕ヨーガによる精神集中．静慮；ディヤーナ；禅那；禅；禅定 (8) 記憶 **ध्यान आ॰** *a.* 気がつく；思いつく यह बिलकुल ध्यान न आया कि... これは思いもつかなかったことなのだ…*b.* 思い出す **ध्यान क॰** *a.* 思う；思念する；思い浮かべる लड़कियों का ध्यान करना तो और भी मुश्किल होता है 女の子たちのことを思い浮かべるのはなおさら難しい *b.* 禅定に入る；瞑想する **ध्यान खिंचना** 注意を引かれる；注意が向く **ध्यान खींचना** *a.* 注意を引く；注意を引きつける *b.* 思い出させる **ध्यान चूकना** *a.* 忘れる；失念する *b.* うっかりする；注意を怠る **ध्यान छूटना** 瞑想が破られる；精神集中が断たれる；気が散る **ध्यान जमना** 考えが定まる **ध्यान जा॰** 注意が向く；注意する；意識にのぼる **ध्यान टंगा रहना** 気がかりな **ध्यान टूटना** = ध्यान छूटना. **ध्यान दिलाना** *a.* 注意を向けさせる；気をつけさせる；気づかせる；悟らせる जिसने उनकी ओर ध्यान दिलाया, उसका उपकार ही मानना चाहिए あの人の方に注意を向けさせてくれた人に感謝すべきだ *b.* 思い出させる (- को) **ध्यान दे॰** (ーを) 思いやる；いたわる；配慮する (- पर) **ध्यान दे॰** 注意する；(ーに) 注意を向ける；注意を払う；気に留める；気をつける उसने मुनि की चीख़ पुकार पर कोई ध्यान नहीं दिया ムニの悲鳴に何ら注意を払わなかった ध्यान देने योग्य पक्ष 気に留めるべき側面 **ध्यान धरना** *a.* 思い浮かべる *b.* 精神集中する；意識を集中させる；瞑想に入る (-को) **ध्यान न दे॰** (ーに) 目をつぶる；(ーを) 放置する；なおざりにする；黙殺する (-) **ध्यान पर चढ़ना** *a.* (ーが) 意識にのぼる；記憶に残る *b.* (ーを) 思う；思いつく *c.* (ーに) 賛同する；得心する **ध्यान बँटना** 気が散る；専心できない；あれこれと思う；注意散漫になる **ध्यान बँटाना** 気を紛らす उस समय विद्यार्थियों के ध्यान को तरह-तरह के खेल, सिनेमा, रेडियो, टी॰वी॰आदि द्वारा बँटाने वाले साधन भी नहीं थे 当時は様々なスポーツとか映画，ラジオ，テレビなど学生の気を紛らせる媒体物もなかった (-का) **ध्यान बँधना** (ーに) 思いが定まる；意識が集中する；専念する；専心する (-का) **ध्यान बना रहना** (ーを) 忘れずにいる；常に思う；ずっと考えている；絶えず気に留める **ध्यान भंग हो॰** = ध्यान छूटना. (-का) **ध्यान भरना** (ーを) 念じる；思念する (-) **ध्यान में आ॰** (ーを) 思う；思いつく；考えが生じる (- =के) **ध्यान में जमना** (ーが=の) 信念になる；(ーを=が) 確信するようになる (- के) **ध्यान में डूबना** (ーに) 没頭する；(ーの) 思いに耽る (-के) **ध्यान में मग्न हो॰** (ーのことに) 没頭する；我を忘れる (-को) **ध्यान में रखना** *a.* (ーを／に) 注意する；気をつける प्रत्येक कन्या को यह बात विशेष रूप से ध्यान में रखनी चाहिए कि... 女の子はだれしもこのことを特に注意すべきである *b.* (ーを) 考慮する；念頭におく विश्वविद्यालय ने उनकी तेजस्विता को ध्यान में रखकर अनुमति दी 大学は同氏の頭脳明晰さを考慮して許可を与えた जो विदेशों के समाजों को ध्यान में रखकर लिखी गई है 外国の社会を念頭に置いて書かれている（もの） (- के) **ध्यान में लगना** (ーに) 没頭する (-) **ध्यान में लाना** *a.* (ーを) 思い出す；思い起こす *b.* (ーを) 考える *c.* (ーを) 気にかける；気にとめる= परवाह क॰. **ध्यान रखना** *a.* (ーを) 大事にする；大切にする；気を配る；気をつける；意に介する तुम लोग माँ का ध्यान नहीं रखते 君たちは母さんを大切にしていない बच्चों का ध्यान रखना 子供を大切にしなさい दूसरों के अधिकारों का भी ध्यान रखो 他人の権利にも配慮しなさい *b.* 覚えておく；記憶にとめる；忘れぬようにする (-को =का) **ध्यान रहना** *a.* (=がーの) 記憶に残る；(=がーに) 記憶される；(=をーが) 覚えている *b.* (ーが=を) 気にとめる अपने कर्त्तव्यों का उसे कभी ध्यान नहीं रहता था 自分の義務のことを気にとめることは決してなかった आपको यह तक ध्यान नहीं रहा कि आप बरसात में तालाब नहाने गए 雨季に池に沐浴に行ったことさえ覚えていらっしゃらなかったのです **ध्यान लगना** 瞑想に入る；禅定に入る **ध्यान लगाना** *a.* 注意を向ける；よく考える；注意深くする *b.* 瞑想する；禅定に入る (- में) **ध्यान लगाना** (ーに) 専念する सब कुछ छोड़कर पढ़ाई में ध्यान लगाएँ （余計なことは）何もかも捨てて勉強に専念することだ **ध्यान से** 注意して；注意深く；用心して बड़े ध्यान से सुनना 非常に注意深く聞く (-) **ध्यान से उतरना** (ーを) 失念する；忘れる= (-का) ख़याल न रहना. (-को) **बिलकुल ध्यान न दे॰** (ーに) 一顧だに与えない= (-का) ख़याल बिल्कुल न क॰.
ध्यानपूर्वक [副] 慎重に；注意深く；注意して उन्होंने बहुत ही ध्यानपूर्वक उस वस्तु को मिट्टी से निकाला 甚だ慎重にそれを土の中から取り出した वे इन बातों के विषय में और ध्यानपूर्वक विचारने लगे これらについて更に慎重に考え始めた घर आये व्यक्ति की बात ध्यानपूर्वक सुनिए 家を訪れた人の話をよく聞きなさい
ध्यानमग्न [形] 思いに耽った；考えごとをしている；瞑想に耽った वह निरंतर ध्यानमग्न था 何時も思いに耽っていた
ध्यानयोग [名]〔ヨガ〕ヨーガの８部門の第７のディヤーナ，すなわち，静慮（じょうりょ）を重視するヨーガ；瞑想ヨーガ；座禅（坐禅）
ध्यानरत [形]〔ヨガ〕ディヤーナ（静慮）に没入した
ध्यानलीन [形] = ध्यानरत.
ध्यानस्थ [形] = ध्यानमग्न.
ध्यानाकर्षण [名] 注意を引くこと
ध्यानावस्था [名*] ディヤーナ（静慮）に入った状態；瞑想；黙想 ध्यानावस्था में बैठा था 座して瞑想していた
ध्यानिक [形] (1) ディヤーナ（静慮）・瞑想に関する (2) ディヤーナ（静慮）・瞑想によって得られる
ध्यानी [形] (1) ディヤーナ（静慮）に入っている；瞑想する；瞑想中の (2) サマーディ（三昧）に入る；三昧に入った
ध्येय[1] [形] (1) 考察すべき；考えるべき；思考すべき (2) 瞑想すべき
ध्येय[2] [名] 目標；目指す対象 जीवन का ध्येय 人生の目標；人生の理想
ध्रुपद [名]〔イ音〕ドゥルパダ／ドゥルパド（ヒンドゥスターニー音楽の声楽曲の一形式．その旋律は４つの小節 अस्थायी, अंतरा, संचारी 及び आभोग から成る）
ध्रुव[1] [形] (1) 不動の (2) 永久的な；永遠の；恒久の (3) 不変の

ध्रुव[2] [名] (1) 地球の極（南極と北極） ध्रुव प्रदेश 極地 दक्षिण ध्रुव 南極= अंटार्कटिक. उत्तरी ध्रुव 北極 (2) 北極星= ध्रुव तारा.
ध्रुवण [名]〔電〕極性化；分極（化）
ध्रुवणदर्शी [名]〔光〕偏光器
ध्रुवता [名*] ←ध्रुव[1]. (1) 不動 (2) 不変 (3) 分極；極性
ध्रुव तारा [名] 北極星= ध्रुव[2]. जगमग जगमग चमकने वाला ध्रुव तारा きらきらちかちか光る北極星
ध्रुवदर्शक [名] (1)〔天〕大熊座 (2) 羅針盤；コンパス= कुतुबनुमा.
ध्रुवदर्शन [名]〔ヒ〕新郎新婦に挙式後北極星を拝ませる儀礼
ध्रुवपद [名] = ध्रुपद.
ध्रुवमत्स्य [名] 羅針盤= कुतुबनुमा.
ध्रुवी [形] 地球の両極の；北極の；南極の= ध्रुवीय.
ध्रुवीकरण [名] 分極化 यह घटना दोनों समाजों के बीच तेज़ी से होनेवाले ध्रुवीकरण की ओर संकेत करती है この事件は両社会の間に急速に生じつつある分極化を暗示している
ध्रुवीय [形] (1) 極地の；北極の；南極の；両極の (2) 北極星の ध्रुवीय उच्च दाबकटिबंध〔気象〕極地高気圧帯
ध्रुवीय आवरण [名]〔地〕極冠 〈polar cap〉
ध्रुवीय ज्योति [名*] オーロラ；極光 〈aurora〉
ध्रुवीय टोपी [名*] 極冠
ध्रुवीय पवन [名]〔気象〕極風；極偏東風
ध्रुवीय प्रदेश [名] 極地
ध्रुवीय भालू [名]〔動〕シロクマ；北極熊 〈polar bear〉
ध्रुवीय समुद्र [名] 北極海 〈the Arctic Ocean〉
ध्वंस [名] (1) 破壊；崩壊 (2) 破滅；壊滅
ध्वंसक [形] 破壊する；破滅させる；破壊的な
ध्वंसकारी [形] 破壊する；破滅をもたらす；破壊的な
ध्वंसन [名] (1) 破壊すること (2) サボタージュ（労働争議中の破壊活動）
ध्वंसावशेष [名] (1) 残骸；破片 (2) 廃墟
ध्वंसी [形] = ध्वंसक.
ध्वज [名] (1) 旗= झंडा; निशान. ओलंपिक ध्वज オリンピック旗 (2) 標識 (3) 象徴 (4) 旗竿 (5) 陰茎
ध्वजदंड [名] 旗竿= ध्वजा का डंडा.
ध्वजपट [名] 旗= झंडा.
ध्वजपोत [名]〔軍〕旗艦 〈flag ship〉
ध्वजभंग [名]〔医〕性的不能；性交不能 〈impotence〉
ध्वजवाहक [名] 旗手 हमारी पार्टी व्यक्तिविशेष की ध्वजवाहक बनकर रह गई わが党は特定個人の旗手になりさがった
ध्वजा [名*] 旗= झंडा; निशान; पताका.
ध्वजारोहण [名] (1) 旗を立てること (2) 旗の掲揚；旗を掲げること ध्वजारोहण क॰ 旗を掲げる；旗の掲揚を行う
ध्वजाहृत [名] 戦利品
ध्वजी [形] (1) 旗を持つ；旗を掲げる (2) 標識のある
ध्वजोत्तोलन [名] = ध्वजारोहण.
ध्वजोत्थान [名] 旗を掲げること；旗の掲揚
ध्वनन [名] (1) 音を立てること (2) 音で伝達すること
ध्वनि [名*] (1) 音= शब्द; आवाज़. (2)〔演〕音響 (3) 暗示；ほのめかし (4) 暗示的な声の調子や響き उसकी बात में एक निश्चित ध्वनि थी 彼の言葉にはある独特の響きがあった (5)〔イ文芸〕含蓄の多い詩や文学作品 (6)〔イ文芸・哲〕意味伝達の語の本体であるスポータ स्फोट **ध्वनि क॰** *a.* 音を立てる；音が出る；鳴る मेंढकों की तरह ध्वनि करते 蛙の鳴き声のような音を立てる *b.* 唱える उसी के माध्यम से वह अहिंसात्मक सत्याग्रह की ध्वनि करते रहे それを介して非暴力的サティヤーグラハを唱え続けた **ध्वनि की गति** 音速 ध्वनि की गति से भी तेज़ उड़नेवाले वायुयान 超音速飛行機= पराध्वनिक वायुयान; सुपरसोनिक एयरप्लेन. 〈supersonic airplane〉
ध्वनि अवशोषक [名] 消音機器 〈sound absorber〉
ध्वनि अवशोषण [名] 消音 〈sound absorption〉
ध्वनिक [形] (1) 音響の；音響に関する (2) 音響学の (3) 聴覚の (4) 音声の
ध्वनिक गभीरतामापी [名] 音響測深機 〈sonic depthfinder〉
ध्वनिग्राम [名]〔言〕音素；フォニーム 〈phoneme〉 = स्वनिम.
ध्वनिग्राम विज्ञान [名] 音素論 〈phonemics〉 = स्वनिमविज्ञान.
ध्वनि तंत्रिका [名*] 聴神経 〈acoustic nerve〉
ध्वनित [形] (1) 音がした；音が響いた (2) 響きのある；感じのある；暗示的な響きのある
ध्वनितरंग [名*] 音波 〈soundwave; acoustic wave〉
ध्वनिपट्टी [名*]〔映〕録音帯；サウンドトラック 〈sound track〉
ध्वनिप्रभाव [名] 音響効果 〈sound effects〉
ध्वनिमापी [名] 測音器；フォノメーター 〈phonometer〉
ध्वनियंत्र [名]〔解・言〕喉頭 = स्वरयंत्र. 〈larynx〉
ध्वनिरोधन [名] 防音；遮音 〈sound proof〉
ध्वनिरोधी [形] 防音の；遮音の 〈sound proofing〉
ध्वनिविज्ञान [名] (1) 音響学 〈acoustics〉 (2) 音声学= स्वनविज्ञान.
ध्वन्यात्मक [形] (1) 音声の (2) 音声学的な (3) 暗示的な
ध्वन्यार्थ [名]〔文芸・論〕暗示的な意味；言外の意味；含み；含意= निहितार्थ; विवक्षा; विवक्षित अर्थ. 〈implication; implied meaning〉
ध्वस्त [形] 破壊された；壊滅した；荒廃した ध्वस्त क॰ 破壊する；壊滅させる；荒廃させる ध्वस्त हो॰ 破壊される；壊滅する；荒廃する जापान युद्ध से ध्वस्त था 日本は戦争で破壊されていた विस्फोट के बाद लगी आग से ध्वस्त हो गए 爆発の後に出た火で壊滅した प्रक्षेपास्त्र ध्वस्त हो जा॰ ミサイルが破壊される
ध्वानिक [形] (1) 鳴り響く；響きわたる (2) 音響の
ध्वानिकता [名*] 音響効果 〈acoustics〉
ध्वानिकी [名*] 音響学= ध्वनिविज्ञान. → ध्वनिक. 音響の
ध्वानिकीय [形] 音響学の；音響学上の

न

नंग[1] [形] (1) 裸の；着物を着ていない= नंगा; निर्वस्त्र. (2) 履き物をを履いていない；はだしの= नंगा. (3) 恥じらいのない；不埒な；けしからぬ= बेहया; निर्लज्ज; लुच्चा; बदमाश.

नंग[2] [名] (1) 裸；裸身；裸体 (2) むき出し (3) 陰部；局部

नंग[3] [名] 《P. ننگ》(1) 名誉；名声；尊厳 (2) 恥じらい；恥 (3) 不名誉；不面目

नंगई [名*] (1) 裸体；裸身= नग्नता. (2) むき出しの状態= नंगापन. (3) 下品さ；無恥なこと= बेहयाई; निर्लज्जता. **नंगई पर उतर आ॰** 下品さを露にする；本性を現す

नंगटा [形+] 裸の；裸体の

नंग-धड़ंग [形] 丸裸の；素っ裸の；真っ裸の= बिलकुल नंगा; विवस्त्र. नंग-धड़ंग बच्चे 丸裸の子供たち

नंग-पैरा[1] [形+] 履き物を履いていない；はだしの；裸足の

नंग-पैरा[2] [副] はだしで；裸足で= नंगे पाँव.

नंगा [形+] (1) 着物や帽子などで覆うべきところを覆っていない；裸体の；裸身の；裸の；むき出しの= विवस्त्र; वस्त्रहीन. **अलिफ़ नंगा** 素っ裸の；真っ裸の= बिलकुल नंगा. **नंगा घूमना** 裸で歩き回る；裸体で出歩く इसी तरह नंगा घूमता था ちょうどこのように裸で歩き回っていた **नंगा सिर** 頭に帽子やターバンなどの被り物をつけていない (2) 靴などの履き物をつけていない；はだしの；裸足の सिर भी नंगा और पाँव भी नंगे 頭も被り物もせずはだしの **नंगे पाँव** はだしで；裸足で नंगे पाँव चलना 裸足で歩む (3) 被せる物や装身具などの装着すべき物や覆いや包み隠しのない裸の；むき出しの；覆いのない नंगा बल्ब अपना पीला मुँह लिये हुए 裸電球が黄色い顔をして बिजली का नंगा तार 裸線 **नंगी पीठ** 背に鞍などをつけていない馬；裸馬 (4) 草木の生えていない；禿げている；裸の नंगा पहाड़ 禿げ山 (5) 包み隠さない；赤裸々な；むき出しの एक में रोमांस रहता है, दूसरी में नंगा यथार्थ 一方にはロマンがあり他方には赤裸々な現実がある (6) 眼鏡を使わない；裸眼の；望遠鏡や顕微鏡を用いない **नंगी आँखों से** 裸眼で；肉眼で इन प्रतिक्रियाओं को हम नंगी आँखों से नहीं देख सकते तो これらの反応を肉眼で見ることができないのであれば (7) 恥知らずの；無恥な；破廉恥な नंगा आदमी 恥知らずの；無恥な **नंगा नाच** 破廉恥な振る舞い **नंगा नाच नचाना** ひどく悩ます；痛めつける **नंगी क्या नहाएगी और क्या निचोड़ेगी?** 〔諺〕何も持たない人は心配することは何もない **नंगी तलवार नाचना** 危険極まりない **नंगी तलवार बनना** 激怒する **नंगी बात** ありのまま（の話） **नंगे हाथ** *a*. 何も持たずに；素手で *b*. 装身具を腕につけずに

नंगा-उघाड़ा [形+] 裸の；むき出しの；粗野な

नंगाझोरी [名*] = नंगा-झोली.

नंगाझोली [名*] = नंगाझोरी. （衣服を脱がせるような形で行われる）持ち物検査；身体検査 नंगाझोली ले॰ 持ち物検査をする नंगाझोली दे॰ 持ち物検査を受ける

नंगा-धड़ंगा [形+] = नंग-धड़ंग.

नंगा-बुंगा [形+] (1) 真っ裸の；真裸の；素っ裸の= अलिफ़ नंगा. (2) 覆いのない；むき出しの；赤裸々な

नंगा-बुच्चा [形+] = नंगा-बूचा. (1) 一文無しの；素寒貧の (2) 装身具の１つもつけていない (3) いびつな；不恰好な；みっともない मुझे उनका घर बड़ा नंगा-बूचा-सा लगा 私にはあの人の家はとても不恰好な感じがした

नंगा मादरज़ाद [形] 《H. + P. مادرزاد》真っ裸の；生まれ落ちた姿のままの；素っ裸の

नंगा-मुनंगा [形+] 真っ裸の；丸裸の

नंगा-लुच्चा [形+] 恥知らずの；無礼千万な；ろくでなしの

नंगियाना [他] (1) 裸にする (2) 衣類を剥ぎ取って丸裸にする (3) 暴露する；ばらす；暴く；さらけ出す

नंद [名] (1) 喜び；歓喜 (2) 〔イ神〕ナンダ（クリシュナの養父である牧夫の頭．その妻はヤショーダー यशोदा） **नंद बाबा** ナンダ（नंद）に対する敬称 (3) 息子 (4) 〔人名・イ史〕ナンダ王朝の創始者マハーパドマ（महापद्म）．

नंदक[1] [形] (1) 楽しい；嬉しい；喜ばしい (2) 満足を与える

नंदक[2] [名] (1) 〔イ神〕クリシュナ所有の刀 (2) 喜び；歓喜

नंदकिशोर [名] クリシュナ कृष्ण の異名の一

नंदकुँवर [名] = नंद कुमार. クリシュナ कृष्ण の異名の一

नंदगाँव [名] 〔イ神〕ナンダ村（クリシュナの養父 नंद の住んでいたとされる वृंदावन 近くの村）

नंदग्राम [名] = नंदगाँव.

नंददास 〔人名・ヒ文〕ナンダダース（C.1533–1586. ヴァッラバ派 वल्लभ सम्प्रदाय の信徒でクリシュナ信仰を謳ったブラジバーシャーの詩人）

नंदनंदन [名] 〔イ神〕クリシュナ（ナンダの子）= श्रीकृष्ण.

नंदनंदिनी [名*] 〔イ神〕ナンダナンディニー（牧人ナンダとその妻ヤショーダーとの間に生まれたがクリシュナとすりかえられカンサ王によって殺された娘でヴィシュヌ神の妻ラクシュミー女神，もしくは，ドゥルガー女神とされる．ヨーガマーヤー= योगमाया.）

नंदन[1] [形] 喜ばせる；喜悦を与える= आनंददायक; आनंद देनेवाला.

नंदन[2] [名] (1) 息子 (2) 友；友人 (3) ヴィシュヌ神 (4) シヴァ神 (5) 〔イ神〕天界にあるとされるインドラ神の庭園= नंदन-कानन.

नंदन-कानन [名] 〔イ神〕インドラ神の天上の楽園

नंदन-वन [名] = नंदन-कानन.

नंदना[1] [自] 喜ぶ；嬉しくなる；楽しくなる= प्रसन्न हो॰; खुश हो॰; आनंदित हो॰.

नंदना[2] [名*] (1) 娘 (2) 女の子；娘；乙女

नंदरानी [名*] 〔イ神〕ナンダラーニー（牧人ナンダの妻でクリシュナの養母，ヤショーダー）= यशोदा.

नंदलाल [名] 〔イ神〕ナンダの息子クリシュナ श्रीकृष्ण

नंद वंश [名] 〔イ史〕ナンダ王朝（前４世紀にマガダ国を支配）

नंदा [名*] (1) ドゥルガー神（दुर्गा） (2) ガウリー神（गौरी）

नंदादेवी [名*] ナンダーデーヴィー山（ガルワール・ヒマラヤに位置する標高 7816m の高峰）

नंदि [名*] (1) 喜び (2) 歓喜 (3) = नंदिकेश्वर.

नंदिकेश [名] (1) 〔イ神〕シヴァ神の乗り物の雄牛 (2) シヴァ神 = नंदिकेश्वर.

नंदिग्राम [名] 〔ラマ〕ナンディグラーマ（ラーマが森へ追放された 14 年間バラタ भरत が身を慎んで住んだとされるアヨーディヤー近くの場所

नंदिनी [名*] (1) 娘 (2) 嫁 (3) ウマー女神 (4) ドゥルガー女神 (5) ガンジス川

नंदी [名] (1) 〔イ神〕シヴァ神の眷属の一，ナンディー，もしくは，ナンディン (2) 〔イ神〕シヴァ神の門番（शिव का द्वारपाल），もしくは，シヴァ神の乗り物（शिव का वाहन）とされるナンディー牛 (3) シヴァ寺院の前に置かれているナンディーの像 शिव का नंदी भी दर्शनीय है シヴァ神の乗るナンディー像も一見に値する (4) 〔植〕ベンガルボダイジュ= वट; बरगद. (5) 〔植〕イチジク属の木 = पाखर. (6) 〔植〕インドチャンチン= तुन. (7) シヴァ神の焼き印を押して放たれた雄牛

नंदीगण [名] 〔イ神〕ナンディーの一族（シヴァ神の眷属の一）

नंदीश [名] (1) シヴァ神 (2) ナンディー（シヴァ神の乗る雄牛）

नंदीश्वर [名] (1) シヴァ神 (2) シヴァ神の眷属の一

नंदोई [名] 夫の姉妹の夫（義兄弟）；小姑（ननद）の夫= पति का बहनोई.

नंबर [名] 《E. number》(1) 数 (2) 数字 (3) 番号（電話番号，住居番号など）；ナンバー गाड़ी का नंबर 車のナンバー नोटों के नंबर 紙幣（札）の番号 (4) 順序；順番；重要度 ज़िंदा और तनदुरुस्त रहने के लिए हवा का नंबर अव्वल है 生命と健康には空気が一番大切だ (5) 評点；成績の点数 एंट्रेंस परीक्षा में सबसे अधिक नंबर पाने के लिए 大学入学試験で最高点を得るのに अच्छे नंबरों से पास होते हैं 良い点数で合格する (6) 眼鏡の度数や光度の単位や度数番号 चश्मे का नंबर 眼鏡の度数 दूसरे चश्मे का नंबर もう１つの眼鏡の度数番

号 दस नंबर के बल्ब का प्रकाश 10 燭光の電球の光 (7) 36 インチの長さの金属製の物差し (-का) नंबर आ॰ (－の) 番になる；順番に当たる अगले माह नंबर आनेवाला था 来月に順番が来ることになっていた（購入予約者番号） नंबर एक का 1 番の；先頭の；筆頭の (-का) नंबर मिलाना (－に) 電話をつなぐ（電話の交換） नंबर में डालना 並べる；順番に入れる (-के लिए) नंबर लगना (－に) 列ができる；行列ができる (-का) नंबर लगना (－の) 順番になる；番になる खेत खुद जाता तो सिंचाई का नंबर लगता 畑が耕されると灌漑の番となる

नंबरदार [名] 《E. number + P. دار》〔農〕ナンバルダール（共同保有の私有地もしくは村落の地税の当局への納入の際責任を負った代表者）；ランバルダール= लंबरदार.

नंबरदारी [名*] ナンバルダールの身分や立場

नंबर प्लेट [名*] 《E. number plate》ナンバー・プレート अंग्रेज़ी वर्णों और अंकों की नंबर प्लेट ローマ字とアラビア数字のナンバープレート

नंबर वन [名] 《E. number one》(1) 第 1 番；1 番 (2) 第一人者；中心人物；ナンバーワン

नंबरवार [副] 《E.+ P.وار》(1) 番号順に；順番に (2) 連続して

नंबरिंग मशीन [名*] 《E. numbering machine》ナンバリング

नंबरी [形] 《← E. number》(1) 番号のついた (2) 標準的な (3) ブラックリストに名前の入った；名うての；悪名高い

नंबरी गज़ [名] 《H. + P. گز》36 インチの長さの物差し

नंबरी चोर [名] 警察のブラックリストに名前の記されている盗人や犯罪人

नंबरी तह [名*] 1 ヤール単位で折り目のつけてある織物生地

नंबरी नोट [名] (1) 英領インド時代に取引の際番号を控えることを義務づけられた 100 ルピー以上の紙幣 (2) 100 ルピー紙幣

नंबरी सेर [名] 法定セール（重量単位 2.2055 ポンドに相当. 1.0004148kg）；1kg = अंग्रेज़ी सेर.

नंबूदरी ब्राह्मण [名] ナンブーディリ／ナンブーダリー（カースト名，ケーララ州を中心に居住するブラーフマン）

न[1] [副] 動詞の否定形を作り叙想法，不定詞，命令法にも用いられる. न खाने का ठिकाना था और न रहने का 食べるあてもなく住むあてもなかった यदि आना-जाना न रहे तो जीवन नीरस हो जाए 交際がなくなれば生活はつまらなくなろう पति खाँसते रहते हैं, कहीं फेफड़े का कैंसर न हो いつも夫が咳をしているが，ひょっとして肺がんではないからしら आप चिंता न करें ご心配いただきませぬようにお願い致します इसे तो मैं ठीक करूँगी, तुम चिंता न करना これは私が処理するからあなたは心配なさるな बेटी स्कूल गई, कहीं सड़क दुर्घटना न हो जाए 娘が学校に行っているが交通事故に遭わないかしら **न जाने** 不確実なことを推定する言葉. 一体全体どうなっているのかわからない न जाने मुझमें क्या बुराई देखी 私に何の落ち度を見つけたのか知らないが वह तो पूरा दार्शनिक है... हर समय खोया-खोया सा, न जाने क्या सोचता रहता है? あの人は全く哲学者だ…いつも物思いに耽っているような感じだ. 一体何を考えているのやら **न तो...न...** …でも…でもない न तो मैं कोई फ़रिश्ता हूँ, न पैगंबर 私は天使でもなければ予言者でもない ये नाटक न तो समाज के नैतिक स्तर को ऊँचा कर सके न कोई आदर्श समाज के सम्मुख उपस्थित कर सके これらの戯曲は社会の道義的水準を高めることも社会の前に理想を提示することもできなかった **न...न...** …も…もない；…でも…でもない न कोई कुआँ, न पानी का सोता 1 本の井戸もなければ水の湧くところもない न घास न चारा, क्या खिलाएँ? 草もなければ飼料もない，一体何を食わせようか मौसम सुहावना है.न गर्मी है, न सर्दी 快適な気候だ. 暑くもなければ寒くもない संसार में न कोई बड़ा है न कोई छोटा この世の中，身分の高い人も低い人もないものだ फिर वे न इधर के रहे और न उधर के するとそれらはこちらのものでもあちらのものでもなくなった अब न वह शिवनाथ बाबू के यहाँ टिकता और न जमुनादास के यहाँ, क्योंकि उसको कोई टिकने ही न देता 今はシヴァナートさん宅にもジャムナーダースさん宅にも泊まらない. だれも泊めてくれないからだ न उन्हें भूख-प्यास की चिंता थी और न कपड़े-लत्ते की 食べ物の心配もなければ衣服の心配もなかった आसपास के छोटे गढ़ों को पाट दें तो न पानी रुककर सड़ेगा और न मच्छर पैदा होंगे 近くの水溜まりを埋めると水が溜まって腐りもしないし蚊も湧かないだろう **न इधर के रहे न उधर के** どちらへ転んでも損をする **न उगलते बनना न निगलते** 板挟みになる；にっちもさっちも行かぬ **न ऊधो के लेने में न माधो के देने में** 〔諺〕だれとも何の関わりもない **न घर का न घाट का** 〔諺〕*a.* 居所の定まらない人 *b.* どっちつかずの状態の譬え；帰属や立場を鮮明にしない人に対する皮肉= धोबी का कुत्ता न घर का न घाट का. **न घर के रहे न घाट के** どちらに転んでも損をする **न ज़मीन का न आसमान का** *a.* 空想上の；虚構の *b.* 支離滅裂な **न तीन में न तेरह में** *a.* ものの数に入らない *b.* わずらわしいことに無関係な；厄介なことに関わりのない **न रहे बाँस न बजे बाँसुरी** 〔諺〕*a.* 邪悪の基を絶つたとえ *b.* いさかいの原因を絶つたとえ= न रहेगा बाँस न बजेगी बाँसुरी. **न लेने में न देने में** だれとも何の関わりもない **न साँप मरे, न लाठी टूटे** 相互に損害を与えることなく両者の間にうまく調和や妥協の成るたとえ **न सिर न पैर** 全くでたらめな；いいかげんな **नाच न जाने आँगन टेढ़ा** 〔諺〕下手の物くさし／下手の道具立て

न[2] [感] 相手に反対の意志を表したり断りや不同意を表したり，また，相手の行為を禁じる言葉. いや，いいえ，ノー，だめ，いけないなど पति की फ़रमाइश को न न कहकर ठुकराना 夫の求めるものをだめだめと言って断ること

न[3] [名*] ことわり（断り），拒否，不同意（の言葉） चार जगह से तो न हो चुकी है 4 か所からすでに断られている **न क॰** いやいやをする；断る；拒否する= ना-नक्कड़ क॰. लड़की ने हर बार 'न' कर दी थी 娘がそのたびに断った

न[4] [終助] (1) 相手に同意を求めたり確かめたりする言葉. 文末もしくは文節末に用いられる कहा न, आपसे कि वर्षा क्या आ गई, गाँव में एक नया जीवन आ गया है 雨季の訪れは村に新しい生命が生まれたことなのだとあなたに申しましたでしょう，ね कह न आगे भी その先も話しなさいよ तो फिर कपड़े बदल न それじゃ着替えなさいな कहिए, है न यही बात? どうです. そうでしょう. (2) 相手に何かを要請したり依頼したりする言葉 देखिए न मेम साहब ねえ奥様，あのう奥様 बैठो न お掛け下さいな आप क्या देख रहे हैं? अपना काम कीजिए न 何をご覧になっているのです. 自分の仕事をなさって下さいな लो, देखो! मैं न कहती थी कि मेरे घर में कोई चूहा नहीं है.यह सिर्फ़ तुम्हारा वहम है ほらね，わが家には 1 匹のネズミもいないと言っていたでしょうが. これはあんたの気のせいですよ देखो उस पहाड़ी पर वह पेड़ दिखाई देता है न? ほらあの山にその木が見えますね बेटे, देखा न बड़ों की बात न मानने से कितना बुरा नतीजा होता है お前わかったね，大人の人の言うことを聞かないとどんなひどいことになるかが वाह! तुमने तो कमाल कर दिया.मैं न कहता था कि जूडो महिलाओं के लिए बहुत ज़रूरी है! やあすごいことをやったぞ. 柔道は女性に是非必要なものだと言っていたでしょう私が रोक न इसे この人を止めなさい सुशीला, सुशीला, उठो न.देखो, दिन कितना चढ़ गया है スシーラー，スシーラー起きなさいよ. ほら随分お日様が高くなっているわよ आइए, अंदर आइए न どうぞ中へお入り下さい（な）

नइया [名*] 舟；小舟 परिवार की नइया 家族という舟

नइहर [名] 女性の実家；妻の実家；嫁の実家= पीहर; मैका; मायका.

नई [形*] ← नया. = नयी.

नई कहानी [名*] ナイー・カハーニー（1950 年代のヒンディー文学界に起こった従来の文学観には見られなかった思潮による作品とされる一群の小説） नई कहानी आंदोलन ナイー・カハーニー運動

नई दिल्ली 〔地名*〕インド連邦共和国の首都ニューデリー〈New Delhi〉

नई दुनिया [名*] 新大陸

नई नवेली [形*] 嫁に来たばかりの；新婚の → नया-नवेला.

नउआ [名] ナーイー（नाई）もしくはナーウー（नाऊ）とも呼ばれる理髪業を主たる生業としてきたカーストの人

नउनियाँ [名*] ナーイー・カーストの女性（ナーウー नाऊ の女性形）

नऊज़ु बिल्लाह [感] 《A. نعوذ بالله》神様どうか（－）からお守り下さい；どうか（－）が起こらぬようにお願い申し上げます；（－）を免れますように；（－）なんぞ真っ平御免= नऊज़ु बिल्लाहि; नऊज़ु.

नक[1] [名] (1) 空；天 (2) 天国

नक[2] [名] 鼻（नाक）の縮小形，複合語に用いられる語形

न

नककटा[1] [形+] (1) 鼻をそがれた；鼻の欠けた (2) 恥知らずの；破廉恥な

नककटा[2] [名] 結婚式の際花嫁側の女性たちだけが男性のいない場所で歌う祝い歌（性に関する表現を多く含んだ戯れ歌）

नककटी [名*] (1) 鼻をそがれた状態；鼻の欠けた状態 (2) 大恥；この上ない恥辱

नकघिसनी [名*] (1) 床や地面に鼻をこすりつけること (2) 哀願（すること）；哀れみを乞うこと；泣きつくこと土下座；土下座して謝ること अब तो वे लोग यहाँ आकर नकघिसनी भी करें तो तुम्हारे मामा दूर ही से भगा दें 今となってはあの連中がここにやってきて哀願しようともお前のおじさんが寄せつけもせず追い払うだろう

नकचढ़ा [形+] (1) 気むずかしい；短気な यह नया चिकित्सा अधिकारी बहुत नकचढ़ा है 新任の医務官はとても気むずかしい (2) 高慢な (3) 気のきつい；気性の激しい

नकचढ़ी [名*] → नकचढ़ा. यह सब तुम्हारी उस नकचढ़ी का क़सूर है これはみなお前のあの高慢ちきの女の落ち度なんだ

नकचिपटा [形+] 鼻の低い；鼻のひしゃげたように低い；鼻ぺちゃの

नकछिकनी [名*]〔植〕ガガイモ科蔓木ワタカカ【*Wattakaka volubilis; Dregea volubilis*】= हेमजीवंती.

नकटा[1] [形+] = नककटा.

नकटा[2] [名] (1) 恥知らずの人；破廉恥な人 (2)〔鳥〕ガンカモ科コブガモ【*Sarkidiornis melanotos*】 (3) ナクター（結婚式の祝い歌の一種）→ नककटा.

नकतोड़ा [名] = नकतोरा. (1) 鼻持ちならぬ傲慢さ (2) 不愉快極まりない気取り **नकतोड़े उठाना** 不快な気取りに耐える **नकतोड़े तोड़ना** ひどく気取る

नक़द[1] [名]《A. نقد नक़्द》(1) 現金；硬貨；キャッシュ (2) 娘婿 **नक़द व ज़िंस** 現金と現物

नक़द[2] [形] 現金の；現金での；現金で支給される नक़द वेतन 現金で支給される給与

नक़द[3] [副] 現金で ज़िलाधीश ने उसे पाँच सौ रुपये नक़द और एक छोटी बंदूक पुरस्कार के रूप में देने की घोषणा की 県長官は 500 ルピーを現金でそれに小銃を褒美として与えると発表した

नक़दी[1] [名*]《A. نقدی》現金 = रोकड़. अटैची में नक़दी और कपड़े थे 手提げかばんには現金と衣服が入っていた नक़दी एवं सोने-चाँदी के छत्र 現金と金銀製の天蓋

नक़दी[2] [形] (1) 現金の；現金による नक़दी चिट्ठा 現金決済= नक़दी फ़ैसला; खाता रोकड़. (2) 現金になる；換金の नक़दी फ़सल 換金作物= नक़दी सस्य.

नकना[1] [他] (1) 飛び越える；飛び越す= लाँघना; फाँदना. (2)（途中を）とばす= लाँघना.

नकना[2] [自] 閉口する；うんざりする

नकना[3] [自] 行く；去る

नकफूल [名]〔装身〕ナクプール（女性が小鼻につける金製の飾り）= लौंग.

नक़ब [名]《A. نقب नक़्ब》(1) 穴 (2) 盗人が侵入するために建物の壁にあける穴

नक़बज़नी [名*]《A.P. نقب زنی》建物の壁に穴をあけてなされる窃盗；忍び込んで盗むこと；忍び込み

नकबानी [名*] とても辛い思い；ひどい苦しみ；とてもいやな思い **नकबानी आ॰** 閉口する；甚だ困る

नकबेसर [名*]〔装身〕ナクベーサル（女性が小鼻につける金製の鼻飾り）→ बेसर.

नकमोती [名]〔装身〕ナクモーティー（女性が小鼻につける真珠の垂れのついた鼻飾り）

नकर [名]〔動〕ガリヤールワニ= घड़ियाल.

नक़ल [名*]《A. نقل नक़्ल》(1) 真似；真似ること；模倣 आदमी की बोली की नक़ल 人間の声の真似 (2) 真似や模倣をして笑わせること；真似；模写 आवाज़ की नक़ल 声色を真似ること (3) 模造品；コピー；複製（品） (4) 複写；複製 (5) 物真似；物真似劇；物真似芝居 (6) カンニング (7) 逸話；物語 (-की) **नक़ल उतारना** *a.*（ーを）真似る वह बहुत-सी बोलियों की नक़ल उतार लेता है それはいろんな言葉の真似をする *b.* 芝居をする；演技をする (-की) **नक़ल क॰**（ーを）真似る；（ーの）真似をする；（ーの）模倣をする；（ーに）倣う (-से) **नक़ल क॰**（ーから）書き写す；カンニングする (-से) **नक़ल रचना** = (-से) नक़ल उतारना.

नक़लची [形]《A.T. نقل چی नक़्लची》(1) 真似をする；模倣する (2) カンニングをする

नक़लनवीस [名]《A.P. نقل نویس नक़्लनवीस》筆耕（人）

नक़लनवीसी [名*]《P. نقل نویسی नक़्लनवीसी》筆耕（の仕事）

नकलनोर [名]〔鳥〕カエデチョウ科ギンパラ【*Lonchura malacca*】= नकलोल; मुनिया.

नक़लपट्टा [名]《A. نقل नक़्ल + H.पट्टा》地税台帳

नक़लबही [名*]《A. نقل नक़्ल + H.》通信書類の控え帳 नक़लबही भरना 仕分け（仕訳）する

नक़ली [形]《A. نقلی नक़्ली》(1) 偽の；えせ नक़ली दवा 偽薬；いんちき薬 नक़ली साधु की करतूत えせ行者の仕業 नक़ली सिपाही にせ警官 नक़ली नोट व सिक्के बनाना 通貨偽造；贋金造り नक़ली प्रकाशक 海賊出版社 (2) 模造の；人造の **नक़ली दाँत** 義歯；入れ歯 नक़ली दाँत लगवाना 入れ歯を入れてもらう (3) 複製の

नकलोल[1] [形] (1) 思い通りに扱える（人） (2) 間抜けな

नकलोल[2] [名]〔鳥〕カエデチョウ科ギンパラ【*Lonchura malacca*】

नक़शा [名] = नक़्शा.

नकसीर [名*] 鼻からの出血；鼻血 **नकसीर आ॰** 鼻血が出る= नकसीर फूटना; नकसीर बहना. **नकसीर भी न फूटना** 痛くも痒くもない；全く痛痒を感じない；少しも害が及ばない

नकाना [自] うんざりする；飽き飽きする；閉口する= नाक में दम हो॰.

नक़ाब [名*]《A. نقاب》(1) 仮面；マスク；覆面 (2) ベール（顔を覆うための薄い布） (3) 女性が顔を隠すために用いるサリーなどの着物の一部 **नक़ाब उठाना** *a.* ベールを剥ぐ；ベールを取る *b.* 仮面を取る **नक़ाब उलटना** = नक़ाब उठाना. (-पर) **नक़ाब डालना** *a.*（ーに）ベールをつける；顔を隠す सफ़र में मर्द औरत सब अपने चेहरों पर नक़ाब डाल लेते हैं 男女すべてが旅に際しては顔をベールで覆い隠す *b.*（ーを）隠す；隠蔽する **नक़ाब पहनना** 仮面をつける；覆面する नक़ाब पहनकर 覆面して सद्व्यवहार की नक़ाब पहनकर 善行の仮面をつけて；品行方正の仮面をつけて

नक़ाबदार [形]《A.P. نقاب دار》(1) ベールをつけた (2) 仮面をつけた

नक़ाबपोश [形]《A.P. نقاب پوش》覆面の；仮面をつけた उसी समय खुकरी और बंदूक़धारी कोई 25 नक़ाबपोश व्यक्ति बंदूक़ फ़ायर करते हुए वहाँ दाख़िल हुए ちょうどその時短刀と銃を持った 25 人ほどの覆面の男たちが銃を発射しながらそこに侵入した

नकार [名] (1) न の文字と発音 (2) 否定や否認の意を表す言葉 (3) 拒否 **नकार दे॰** 拒否する；却下する अपील को अंपायर ने नकार दिया 抗議をアンパイアは却下した

नकारना [自] (1) ことわる（断る）；拒否する बुलवाने पर भी कल नकार गई 呼びにやったけれども彼女は昨日断った (2) 否定する；否認する उसे नकारा नहीं जाता それを否定することはできない सामने खड़ी सच्चाइयों को सरासर नकार दिया जाए 目前に厳としてある真実が完全に否認されるならば ऐसे महान नेता की उपलब्धियों को नकारना या भुला देना क्या अनुचित नहीं है? このような偉大な指導者の業績を否定したり忘却するのはよくないのではないか

नकारवाद [名]〔哲〕ニヒリズム；虚無主義〈nihilism〉

नकारा [形]《P. ناکاره नाकारा》(1) 無能な तत्कालीन अध्यक्ष नकारा साबित हुए 当時の委員長は無能なことが証明された (2) 無用な；無用の；役立たずの कर्मचारियों और आवश्यक साज-सामानों की कमी से यह प्रशिक्षण केंद्र भी नकारा हो गया है 職員と必要な器具の不足のためこの訓練所も無用のものとなってしまっている

नकारात्मक [形] (1) 否定の；否定的な；否認する यदि सभी उत्तर नकारात्मक हैं, तो もしもすべての返答が否定的であるならば नौकरशाही शब्द का प्रयोग प्रायः नकारात्मक अर्थ में किया जाता है 官僚主義という言葉は普通否定的な意味に用いられる (2) 消極的な；控え目の नकारात्मक प्रमाण 消極的証拠= नकारात्मक सबूत; नकारात्मक साक्ष्य. (3)〔医〕マイナスの（検査の反応）；陰性の

नकारी[1] [形] 否定的な；不同意の

नकारी[2] [名*] (1) 否定 (2) 不同意

नक़्क़ाशना [他]《← A. نقش नक़्श》彫る；刻む；彫刻する

नक़्क़ाशी [名*] = नक़्क़ाशी.

नकियाना [自] (1) 鼻声で話す；わざと鼻にかかった声で話す (2) 困り果てる；閉口する

नक़ीब [名] 《A. نقیب》 (1) 式部官；職杖奉持者；先触れをする先導官；先導者= चोबदार. (2) 指導者 (3) 族長

नकुड़ा[1] [名]〔動〕ジャコウネコ科マングース= नेवला; नकुल. 【*Herpestes edwardsi*】

नकुड़ा[2] [名] (1) 鼻；鼻の先 (2) 小鼻

नकुल [名]〔動〕マングース= नेवला.

नकुली [名] (1) = जटामासी. (2) = केसर.

नकेल [名*] (1) 動物の鼻輪；鼻綱 (2) 人を思いのままに操る手綱 **(-के) नकेल डालना** (ーを) 統御する；意のままに操る；(ーの) 鼻綱を握る **(-की) नकेल (= के) हाथ में हो॰** (ーを=が) 意のままに操る पुरुषों की नकेल महिलाओं के हाथ में है 男を操る手綱は女性が握っている (男は女の意のままに操られる)

नक्कड़ दादा [名] 父方の曾祖父= लक्कड़ दादा.

नक्का[1] [名] 針の穴；めど= नाका.

नक्का[2] [名] (1) (トランプやさいころの) 1の札や1の目 (2)= नक्कीमूठ.

नक़्क़ारख़ाना [名] 《A.P. نقار خانہ》 ナッカールハーナー (館や宮殿の玄関や入り口などに設けられたナッカーラーとシャフナーイーの奏楽所，もしくは，奏楽のために建造された一種の櫓．儀典や祝典などに際しては幾組ものナッカーラーやシャフナーイの合奏が行われる．戦場においても設けられることがあった) = नौबतख़ाना. → नक़्क़ारा. **नक़्क़ारख़ाने में तूती की आवाज़ कौन सुनता है** *a.* 人混みや騒々しい場所では人の声は届かないもの *b.* 意見が何の重みも意味もないことのたとえ *c.* 下っ端の声にはだれも耳を貸さないものだ

नक़्क़ारची [名] 《A.T. نقارچی》 ナガーラーの奏者 (楽士)

नक़्क़ारा [名] 《A. نقارہ》〔イ音〕ナッカーラー；ナガーラー (ナルनर 及びマーダー मादा と呼ばれる大小1対の円錐形乃至は釜型の片面太鼓．胴の部分は真鍮や銅，鉄などの金属板でできており水牛などの皮が張られ2本のスティックで打たれる)；ケトルドラム；触れ太鼓= नगाड़ा; डंका; दुंदुभी; नौबत. **नक़्क़ारा बजाकर** 公然と；堂々と；大っぴらに= डंके की चोट पर; डंका बजाकर; नक़्क़ारा बजाकर. **नक़्क़ारा बजाते फिरना** 触れ回る；言い触らす **नक़्क़ारे की चोट कहना** 公然と言う；大っぴらに言う；堂々という；言い放つ

नक़्क़ारा़ज़न [名] 《A.P. نقارہ زن》 ナガーラーを打つ楽人；ナガーラー奏者

नक़्क़ाल [名] 《A. نقال》 (1) 真似をする人 (2) 物真似師；道化師；百面相；幇間= बहुरुपिया; अनुकर्ता.

नक़्क़ाली [名*] 《A. نقالی》 (1) 真似；模倣 (2) 物真似；物真似の芸；幇間芸

नक़्क़ाश [名] 《A. نقاش》 (1) 彫刻師；彫刻家 (2) 画家；絵師 (3) 刺繍をする人

नक़्क़ाशित [形] 《← A. نقاش नक़्क़ाश》 彫られた；彫刻された खिड़कियों के पास एक नक़्क़ाशित टेबल और वैसी ही एक कुर्सी 窓際に彫刻の施された1台のテーブルと椅子

नक़्क़ाशी [名*] 《A. نقاشی》 (1) 彫刻 (2) 絵画 (3) 刺繍 पत्थर की नक़्क़ाशी की कला 石の彫刻 नक़्क़ाशी क॰ 彫る；刻む= उकेरना.

नक़्क़ाशीदार [形] 《A.P. نقاشی دار》 彫刻された；彫られた；彫刻のある नक़्क़ाशीदार सोने के बर्तन 彫金の (金の) 器

नक्की[1] [形] (1) 完全な；申し分のない= पक्का. (2) 清算された；完済された= चुकता; सफ़ा. (3) 片付けられた；処理された (4) 良い；正常な= दुरुस्त; ठीक. **नक्की क॰** *a.* 清算する *b.* 片付ける；処理する

नक्की[2] [名] 甘えたような鼻声でしゃべること **नक्की बोलना** 鼻声で話す，鼻声で言う

नक्की[3] [名*] (1) ナッキームートの賭けごとで (除数の余りの) 1に賭けること (2)〔トラ〕トランプの1の数やカード (3) 賭けごとで1に賭けること

नक्कीमूठ [名*] ナッキームート (普通4人で行う宝貝を用いた賭けごとの遊び．親の賭けた宝貝の総数を4で除した余りの数の 0, 1, 2, 3 で勝負が決まる)

नक्कू [形] (1) 鼻の大きい (2) 鼻が高い；自慢をする (3) 気取り屋の (4) 目立つ；目立って笑いものになる

नक्तंचर[1] [形] 夜中に出歩く (もの)；夜中に徘徊する；夜中に出る

नक्तंचर[2] [名] (1) ミルラノキ= गूगल. (2) ラークシャス= राक्षस. (3) 盗人= चोर. (4) 猫= बिल्ली. (5) フクロウ科の鳥= उल्लू.

नक्तंदिन [副] 日夜；昼夜；昼夜を分かたず= दिन-रात.

नक्त[1] [形] 恥じ入った= लज्जित.

नक्त[2] [名] (1) 夕闇の迫る時；日暮れ時 (2) 夜

नक्तचर[1] [形] 夜中に徘徊する

नक्तचर[2] [名] (1) シヴァ神 (2) ラークシャス = राक्षस. (3)〔鳥〕フクロウ科の鳥

नक्तांध [形・名]〔医〕夜盲症の (人)

नक्तांधता [名*]〔医〕夜盲症

नक़्द [名] 《A.نقد》 (1) 硬貨；金銀の硬貨 (2) 現金= नगद; नक़द.

नक़्दी[1] [名*] 《A. نقدی》 (1) 現金= नक़्द रुपया. (2)〔農〕現金で納入される小作料

नक़्दी[2] [形] ← नक़्द. 現金の= नक़दी. **नक़्दी फ़सल** 〔農〕換金作物；市場用作物 〈cash crop〉

नक्र [名] (1)〔動〕爬虫類ワニ科ヌマワニ【*Crocodylus palustris; Crocodilidae p.*】= मगर. (2)〔動〕ワニ科ガリヤールワニ【*Gavialis gangeticus; Crocodilidae g.*】= घड़ियाल; नकर.

नक़्ल [名*] 《A. نقل》 = नक़ल.

नक़्लनवीस [名] 《A.P. نقل نویس》 → नक़लनवीस.

नक़्लनवीसी [名*] 《A.P. نقل نویسی》 = नक़लनवीसी.

नक़्लपट्टा [名] 《A. نقل + H.》〔農〕パトワーリー पटवारी，すなわち，村の徴税役人が管理した地税台帳 〈register of revenue engagement〉

नक़्ली [形] 《A. نقلی》 = नक़ली.

नक़्श[1] [名] 《A. نقش》 (1) 絵；絵画= चित्र; तस्वीर. (2) 模様 (3) 跡；痕跡 (4) 彫刻 (5) 切れ；刻み目 (6) 顔立ち；目鼻立ち；容貌；器量 तीखे नक़्श का 彫りの深い **नक़्श बिगड़ना** 器量が悪くなる **नक़्श बैठाना** 印象づける；地位，立場，足場，評判などを固めたり確定する **नक़्श हो जा॰** 確信する

नक़्श[2] [形] 刻まれた；彫られた；描かれた

नक़्श निगार [名] 《A.P. نقش نگار》 = नक़्शो निगार.

नक़्शबंदी [名*] 《A.P. نقش بندی》〔イス〕ナクシュバンディー教団 (トルキスタンのブハーラー بخارا を本拠とした中央アジアのイスラム神秘教団)

नक़्शा [名] 《A. نقشہ》 (1) 地図 (2) 設計図；図面；図 बदरीनाथ मंदिर का जीर्णोद्धार केवल नक़्शे के आधार पर バドリーナート寺院の再建は図面だけを頼りに (3) 図案；図柄 (4) 姿；形；形体 (5) 計画；設計 हर रोज़ इसके मुकाबले के लिए लड़ाई की तैयारी होती है, जंग के नक़्शे बनाए जाते हैं 毎日これに対抗する戦争の準備がなされ戦闘の計画が立てられる (6) レイアウト (7) 様子；様相；ありさま；状況 इस समय चुनाव का क्या नक़्शा है? 現在選挙戦はいかなる状況か (8) 華やかさ **नक़्शा उलट दे॰** 様相を一変させる **नक़्शा खींचना** 図を描く；図案を描く उनके भीतर जो बेल-बूटे काढ़े गए थे, उनके सारे नक़्शे उन्होंने ही खींचे थे 刺繍の図案は全部あの方がこしらえたもの **नक़्शा जमना** 影響が及ぶ **नक़्शा जमाना** 影響を及ぼす **नक़्शा तेज़ हो॰** 深い影響が及ぶ **(-का) नक़्शा बदलना** (ーが) 様変わりする；(ーの) 様子がすっかり変わる पाँच साल के अंदर उनके घर का नक़्शा ही बदल गया 5年の間にあの人の家の様子はすっかり変わってしまった

नक़्शानवीस [名] 《A.P. نقشہ نویس》 (1) 製図者 (2) 図案製作者

नक़्शी[1] [形] 《A. نقشی》 図案の描かれた

नक़्शी[2] [名*]〔鳥〕アトリ科キエリクロキシメ【*Coccothraustes icterioides*】

नक़्शे क़दम [名] 《A. نقش قدم》 足跡= पाँव का निशान; पद-चिह्न.

नक़्शे ख़याली [名] 《A. نقش خیالی》 空想= हवाई किले; फ़र्ज़ी तस्वीर; फ़र्ज़ी मंसूबे.

नक़्शे पा [名] 《A.P. نقش پا》 足跡= नक़्शे क़दम.

नक़्शो निगार [名] 《A.P. نقش و نگار》 (1) 彫刻；彫り物 (2) 絵画や図案 (を描くこと) (3) 飾り物；装飾品 (4) 花模様をあしらった縁飾りの刺繍

नक्षत्र [名] (1) 天体 (2) 星 (3) 星座 जाज्वल्यमान नक्षत्र 輝いている星座 (4) (月の軌道周辺の) 星宿 (二十七宿，もしくは，二十八宿)

नक्षत्र चक्र [名]〔占星〕星宿図= राशि चक्र.

नक्षत्र नाथ [名] 月；太陰 = चंद्रमा.

नक्षत्र पति [名] 月；太陰 = चंद्रमा.
नक्षत्र राज [名] 月；太陰 = चंद्रमा.
नक्षत्र लोक [名] 星の世界
नक्षत्र वृष्टि [名*] 星の流れること= तारा टूटना; उल्कापात हो॰.
नक्षत्री [形] 運勢のいい；いい星の下に生まれた= भाग्यवान; खुशकिस्मत.
नक्सलपंथी [名] 《← E. Naxalite ← नक्सलबाड़ी》ナクサライト（Naxalite）；ナクサライト主義者；武装闘争主義者= नक्सली. → नक्सलबाड़ी.
नक्सलबाड़ी 〔地名〕ナクサルバーリー（西ベンガル州ダージリン県の地名．同地で 1967 年 3 月以降武装革命主義者の貧農，農業労働者らによる闘争が展開された．アーンドラ・プラデーシュ州などにおける武装革命運動も含めインド農村の武力解放を試みる運動の総称としてこの地名にちなんだナクサライトが用いられている）→ नक्सल पंथी; नक्सली.
नक्सली [名] ナクサライト मुठभेड़ में कई नक्सली मरे 衝突で数人のナクサライトが死亡→ नक्सलपंथी.
नख [名] (1) 手足の爪 (2) 鳥獣の鉤爪 (3) 海に産する巻き貝の口のふた及びそれを焼いて作られる芳香料の一．医療用としても用いられる **नख से शिख तक** = नख से सिर तक. *a.* 頭の先から爪先まで；全身に *b.* 全く；完全に नख से सिर तक शृंगार किये हों まるで全身を飾り立てているような
नख़ [名*] 《P. نخ》(1) 生糸；絹糸 (2) 凧揚げに用いる糸；凧糸
नखक्षत [名] (1) 爪で引っかいた傷 (2) 性戯による爪のあと
नख़चीर [名] 《P. نخچیر नख़चीर》(1) 狩り；狩猟= शिकार. (2) 獲物
नख़जीर [名] 《P. نخجیر》= नख़चीर.
नखत [名] = नक्षत्र.
नखदान [名] = नखक्षत.
नखना[1] [自] (1) またぐ；飛び越える= लाँघना; उल्लंघन हो॰; डाँका जा॰. (2) 渡る
नखना[2] [他] 越える；渡る= लाँघना; उल्लंघन क॰; पार क॰.
नखर [名] (1) 爪 (2) 鉤爪 गोह के नखर オオトカゲの鉤爪 (3) 手にはめて用いられた鉤爪の形をした中世の鉄製武器 **नखरयुक्त** 鉤爪のある；鉤爪を持った
नख़रा [名] 《P. نخره / نخرا》(1) ごまかし；見せかけ (2) 気取り；気取った振る舞い；もったいをつけること；もったいぶること；とりすますこと अरी, छोड़ ये सब नख़रे.बड़ी दूध की धोई बनती है.सौ सौ चूहे खाकर बिल्ली हज को चली とりすますのはやめなさいよ．偉くご立派なことだねあんたは．さんざん悪事を重ねておきながら今度はお寺参りかい (3) ふんぞり返ること；威張りちらすこと (4) しな（科）を作ること；上品ぶること (5) こっけい；おどけ (6) 追従 **नख़रा क॰** *a.* もったいぶる；口実を設ける जा सो रह.नख़रा न कर, नहीं तो उठूँगा तो खाल उधेड़ दूँगा さあさあ寝た寝た．つべこべ言うな．言うことを聞かぬと後でひどい目に遭わせるぞ *b.* 媚びる (-के) **नख़रे उठाना** (ーに) おべっかをつかう，(ーの) 機嫌をとる；(ーの) もったいぶった振る舞いを我慢する नौकर की तरह रहना है तो रहो, नहीं , बाहर जाओ.यहाँ तुम्हारे नख़रे कोई नहीं उठा सकता किसी को भी इतनी फ़ुरसत नहीं है समझे? 使用人のように暮らすつもりなら暮らすがよい．ここにはお前の機嫌を取れる者は 1 人もいない．だれにもそんな暇はないんだ．わかったかい **नख़रे के साथ** しなを作って；媚っぽく चुनरी में से झाँककर बड़े नख़रे के साथ बोली チュヌリーの下からのぞいてえらくしなを作って言った **नख़रे दिखाना** *a.* もったいぶる；もったいをつける；気取る *b.* 口実を作る；なんのかんのという *c.* (犬が) じゃれつく आज मिल रहा है तो नख़रे दिखा रहा है.खा, चल, देखूँ कैसे नहीं खाता （食べ残しをした子供に向かって）今日は食べるものがあるからといってなんのかんのと言っているんだね．さあ食べなさい，食べられないはずがないでしょう
नखराकार [形] 鉤爪の形をした
नख़रा-तिल्ला [名] (1) 気取り；気取った振る舞い (2) 媚び (3) 追従；へつらい
नखरित [形]〔動〕爪のある；鉤爪のある 〈unguiculate〉
नखरित जानवर [名]〔動〕有爪（ゆうそう）類；鉤爪を持つ哺乳動物；有爪動物
नख़रीला [形+] 《P. نخرا + H. -ईला》しなを作ったり見栄を張ったりする；気取り屋の
नखरेखा [名*] 爪あと；爪でひっかいた筋
नख़रेबाज़ [形] 《P. نخرا باز》(1) もったいぶる (2) とりすます (3) しなを作る (4) 口実を作る
नख़रेबाज़ी [名*] 《P. نخرا بازی》(1) もったいぶること (2) とりすますこと (3) しなを作ること (4) 口実を作ること
नखरौट [名*] 爪のひっかき傷
नख़ल [名] 《A. نخل नख़्ल》(1) 木；樹木 (2)〔植〕ヤシ科ナツメヤシ【*Phoenix dactylifera*】= खजूर का पेड़.
नख़लिस्तान [名] 《A.P. نخلستان नख़्लिस्तान》(1) ナツメヤシのヤシ園 (2) オアシス रेगिस्तान के ये हरे भरे हिस्से नख़लिस्तान कहलाते हैं 砂漠にあるこの緑あふれるところはオアシスと呼ばれる
नखशिख [名] (1) 全身（頭頂部から足の爪先まで） (2)〔イ文芸〕インド文学で神や人（特に女性）の全身の美しさについての詳細な描写 **नखशिख से ठीक हो॰** 全く申し分のない
नखांक [名] (1)「虎の爪」 व्याघ्रनख; बघनख と呼ばれる海に産する貝から採れる芳香料の一 (2) 爪によるひっかき傷
नखाघात [名] 爪による傷= नखक्षत.
नख़ास [名] 《A. نخاس नख़्ख़ास》(1) 奴隷売買の市場 (2) 家畜売買の市場 (3) 奴隷商人 (4) 家畜商人；博労 (5) 家畜売買税 **नख़ास की घोड़ी** 娼婦 **नख़ास पर भेजना** 市場に売りに出す
नखिद्द [形] (1) 禁じられた= निषिद्ध. (2) 卑しい；低い；低劣な= क्षुद्र.
नखियाना [他] 爪を立てて傷をつける
नखी[1] [形・名] 爪，特に大きな鉤爪を持つ（動物），トラ，チーター，ライオンなど
नखी[2] [名] (1) ナキー（芳香料の一）→ नख. (2)（弦楽器を弾く時に用いる）爪；琴爪
नख़्ख़ास [名] = नख़ास.
नख़्लिस्तान [名] = नख़लिस्तान.
नग[1] [形] 動かぬ（もの）；不動の（もの）
नग[2] [名] (1) 樹木；木= वृक्ष; पेड़. (2) 山= पहाड़; पर्वत.
नग[3] [名] 《P. نگ ← نگینہ नगीना》宝石；宝玉（指輪などの装身具にはめこまれたもの）= नगीना.
नग[4] [名] 物を数える時に用いる語．個，通，点など रजिस्ट्री अब सवा रुपए के बजाए दो रुपए प्रति नग होगी 書留の料金はこれからは 1 通につき従来の 1.25 ルピーが 2 ルピーになる
नगण [名]〔韻〕ナガナ（ヴァルナ・ガナ वर्ण गण，すなわち，3 音節を単位とする音節による詩脚の 8 種の分類の一で लघु-लघु-लघु । । । と記される）→ गण.
नगण्य [形] (1) 数えられない (2) 数えるほどではない；取るに足らない= तुच्छ; नाक़ाबिले शुमार.
नगद[1] [名] 《← A. نقد नक़्द》(1) 現金 (2) 硬貨 (3) おかね；かね（金）；金銭
नगद[2] [形] 現金の
नगद[3] [副] 現金で；現金支払いで
नगदी[1] [名*] 《← A. نقدی नक़्दी》現金= नक़दी.
नगदी[2] [副] 現金で
नगदी[3] [形] 現金の
नगनी [名*] (1) 幼女 (2) 娘；初潮前の女の子
नगपति [名] (1) ヒマラヤ山；ヒマーラヤ = हिमालय. (2) シヴァ神 = शिव. (3) スメール山 = सुमेरु. (4) 月 = चंद्रमा.
नग़मा [名] 《A. نغمہ नग़्मा》旋律；メロディー
नगर [名] (1) 都市= शहर. (2) 都市の中の町（まち／ちょう）
नगरक [名] 町区；字
नगरकीर्तन [名]〔ヒ〕ヒンドゥー教徒が器楽演奏を伴って町中を賛歌を詠唱しながら練り歩く宗教活動；ナガルキールタン；踊念仏→キールタン
नगर क्षेत्र [名] 市街地
नगर जीवन [名] 都市生活
नगर दुर्ग [名] 城；砦；城塞 〈citadel〉
नगरनारी [名*] 娼婦= नगरनायिका; वेश्या; रंडी.
नगरनिकाला [名] 所払い
नगरनिगम [名] ナガル・ニガム（州都をはじめとする大都市の市自治体；議会，理事会，市長，行政官から構成される）；大都市自治体；大都市市議会 〈municipal corporation〉 = महानगर पालिका; कार्पोरेशन. कलकत्ता नगर निगम के भूतपूर्व महापौर カルカッタ市

(自治体) の前市長 दिल्ली, बंबई, लखनऊ, जैसे बड़े नगरों के लिए नगर निगम होता है デリー，ボンベイ（ムンバイ），ラクノウのような大都市にはナガル・ニガム（都市自治体）がある नगर निगम चुनाव 23 फ़रवरी को होंगे 市議会選挙は2月23日に行われる予定
नगर निगम परिषद् [名*] インドの都市の議会（特定の大都市に限る）〈corporation council〉
नगर निवासी [名] 都市住民；市民
नगर परिषद् [名*] = नगर पालिका.
नगरपालिका [名*] ナガルパーリカー（中小都市の自治体；市役所；市当局；市議会 नगरपालिका परिषद् = म्युनिसिपल कौंसिल, 理事会，市長，行政官から構成される）= नगर परिषद्.〈municipality〉
नगरपालिका अध्यक्ष [名] 市会議長兼市長（執行部の長であり議会の長）〈chairman〉
नगरपालिका परिषद् [名*] 市議会〈municipality council〉
नगर प्रदक्षिणा [名*]〔ヒ〕神像を戴いて市中を練り歩くこと
नगर प्रमुख [名] 市長〈mayor〉
नगर महापालिका [名*] = नगरनिगम.
नगर मानचित्र [名] 市街地図
नगरमार्ग [名] 市街道路；大通り；都市の大きな道路；都市幹線道路= राजमार्ग.
नगरवासी [名] (1) 都市住民；市街地の住民 (2) 市民= नागरिक; पुरवासी.
नगरविकास [名] 都市開発
नगर विमानन मंत्रालय [名] インド連邦政府民間航空省〈Ministry of Civil Aviation〉
नगर श्रेष्ठि [名] 都市一番の大商人；豪商；長者
नगर सेठ [名] 都市一番の大商人；豪商；長者 बनारस का नगर सेठ バナーラス市の大商人
नगर सेना [名*] 市民軍= नागरिक सैनिक दल.
नगराध्यक्ष [名] 都市行政の長；市長
नगरी[1] [名*] (1) 都市；市街；都会= नगर; शहर. झीलों की नगरी उदयपुर レークシティー（湖の都市）ウダイプル (2) 市内の町；街区= नगर.
नगरी[2] [名] 市民；都市住民= नागरिक; शहराती.
नगरीकरण [名] 都市化〈urbanization〉
नगरीय [形] (1) 都市の；都市に関する (2) 都市風の (3) 都市部の नगरीय जनसंख्या 都市部の人口〈urban population〉
नगरोपांत [名] 郊外= उपनगर〈suburb〉
नगाड़ा [名]〔イ音〕ナガーラー（2本のスティックで打つ釜型の大きな片面太鼓で胴は金属製）；ナッカーラー= डंका; नक्कारा.
नगाधिप [名] (1) 山々の王ヒマーラヤ山；ヒマラヤ= हिमालय. (2)〔イ神〕スメール山（सुमेरु）
नगारा [名] = नगाड़ा.
नगीन [名] = नगीना.
नगीना [名]《P. نگینہ》(1) 宝石 नगीनों से जड़ा स्नानागार 宝石のちりばめられた浴場 (2) 指輪などの装身具にはめこまれる宝石 नगीना-सा とても小さく美しい
नगीनासाज़ [名]《P. نگینہ ساز》(1) 指輪に宝石の細工をする職人 (2) 宝石磨きをする職人
नगेंद्र [名] ヒマーラヤ山= हिमालय.
नगोड़ा [名] = निगोड़ा.
नग्न [形] (1) 裸の；裸体の= नंगा. (2) あからさまな；隠されていない；赤裸々な बुराइयों के नग्न चित्र 悪の赤裸々な姿
नग्नता [名*] ←नग्न. = नंगापन. (1) 裸の有様；裸体 (2) あからさまなこと；赤裸々なこと (3) 裸体画；裸体像
नग्नतावाद [名] 裸体主義；ヌーディズム〈nudism〉
नग्नवाद [名] 裸体主義
नग्नवादी [名] 裸体主義者；ヌーディスト
नग्निका [名*] (1) 初潮前の女子 (2) 無恥な女性
नचवाई [名*] (1) 踊り；舞踊= नृत्य; नाच. (2) 踊り方；踊りの振り付け；踊る様子= नाचने का ढंग.
नचवाना [他・使] ←नचाना.
नचवैया [名] (1) 舞踊教師 (2) 踊らせる人 (3) 操る人
नचाना [他・使] ←नाचना. (1) 踊らせる；踊りのような動作をさせる；踊ってもらう (2) 動かす；操る；（こまなどを）回す वह लट्टू पर डोरी लपेटकर नचाता है こまにひもを巻いて回す (3) こき使う (4) 操る；手玉に取る उँगली पर नचाना 手玉に取る
नचिकेता [名]〔イ神〕ナチケーター／ナチケータス（聖仙ヴァージャシュラヴァの子でヤマ神に死についてたずね哲理を聞いたと伝えられる少年）= नचिकेतस्.
नछत्र [名] = नक्षत्र.
नज़दीक[1] [副]《P. نزدیک》(1)（空間的に）近くに；間近に= निकट; पास. (2)（時間的に）近くに；間近に= क़रीब.
नज़दीक[2] [名] 近いこと；間近いこと नज़दीक का चश्मा 老眼鏡 **नज़दीक से** 近くから；側から **- के नज़दीक** *a.* −の近くに；−の間近に *b.* ほぼ−；およそ− *c.* −の考えでは；−の意見では *d.* −にとって अल्लाह के नज़दीक सबसे बुरा शख़्स 神にとって一番よからぬ人間
नज़दीकी[1] [形]《P. نزدیکی》(1) 近くの आपके नज़दीकी सर्विस सेंटर का पता お近くのサービス・センターの所在地 (2) 近縁の नज़दीकी संबंधी की लड़की 近縁の娘 नज़दीकी रिश्तेदार 近い親類
नज़दीकी[2] [名*] (1) 近いこと；接近（していること）；引っ付いていること (2) 近所；付近
नजफ़ 〔地名・イス〕《A. نجف》ナジャフ（第4代カリフのアリーの聖廟のあるシーア派の聖地の一．イラク）
नज़र[1] [名*]《A. نظر》(1) 見ること；見えること；瞥見 उसने एक नज़र से पूरे डिब्बे का जायज़ा लिया 一瞥して車内の様子を見てとった (2) 視線 (3) 眼差し；目つき शक की नज़रों से いぶかしげに；不審そうな目つきで जो औरतें पर्दा नहीं रखती थीं उन्हें समाज में अच्छी नज़र से नहीं देखा जाता था パルダーをしない女性は世間ではよく見られなかった बुरी नज़र से देखा जा॰ 悪く見られる；悪く思われる (4) 温かい眼差し；思いやり；愛顧= कृपादृष्टि. (5) 監視 (6) 視力 बुढ़ापे में नज़र कमज़ोर हो जाती है 老いると視力が弱るものだ नज़र की कमज़ोरी 弱視 (7) 考え；考察；見解；判断= विचार; ग़ौर. उसकी नज़र में भी बदलाव आ गया था 彼女の見方にも変化が生じていた (8) 注視；注意；考慮；配慮= ध्यान. (9) 人に災厄をもたらす邪視= कुदृष्टि. **एक नज़र डालना** 一覧する **(-पर) नज़र अटकना** （−が）気に入る；好きになる **(-) नज़र आ॰** *a.*（−が）見える；現れる；目に入る हवा नज़र नहीं आती 空気は目に見えない आज उसे उनका असली बीभत्स, घिनावना रूप नज़र आया 彼女には今日は連中の本当の恐ろしくおぞましい姿が見えた बहुत-से लोग आते-जाते नज़र आने लगे 沢山の人が行き来するのが見え出した जिधर देखो रंग बिरंगी चीज़ें नज़र आती हैं どちらを見ても色とりどりの物が目に入る *b.* 思える；見受ける；見受けられる ये बाक़ी लोग उसे बेवक़ूफ़ नज़र आते हैं 彼には他の人たちは愚かに思える क्या मैं तुम्हें साधु नज़र आता हूँ? 私がサードゥーに思えるかい **नज़र उठ जा॰** 見放される जिससे भगवान की नज़रें उठ जाती हैं, उससे दुनियाँ भी नज़रें फेर लेती है 神に見放されると人からも見放される **(-की ओर/-की तरफ़) नज़र उठाना** （−に）面と向かう；対抗する；立ち向かう **(-की ओर/-की तरफ़) नज़र उठाने वाला** *a.* 害を及ぼす *b.* 悪意を抱く **नज़र उतारना** 邪視の災いを取り除く；邪視の害を取り除く नज़र उतारने के लिए टोने-टोटके किए जाते हैं 邪視から免れるためにまじないが行われる **नज़र ऊपर क॰** = नज़र उठाना. **नज़र का जादू चढ़ना** 見入られる；魅入られる **नज़र के तीर चलाना** 色目を使う **नज़र खाना** 邪視の災いを受ける；邪視に取り憑かれる= नज़र लगना. **(-पर) नज़र गड़ाना** （−に）目をつける **(-में) नज़र गड़ाना** （−を）見つめる；目を据えて見る **नज़र घुमाना** 見回す **(-पर) नज़र चढ़ाना** （−に）目をつける **नज़र चार हो जा॰** 目と目が合う **नज़र चूकना** うっかりする；注意がそれる **नज़र जमाना** = नज़र गड़ाना. **नज़र जलाना** = नज़र उतारना. **नज़र झाड़ना** = नज़र उतारना. **नज़र टकराना** 視線が合う；目と目が合う **(-पर) नज़र डालना** *a.*（−を）見る；（−に）目をやる；見やる *b.*（−に）目をかける **नज़र दौड़ाना** 探す；探し求める **(-की ओर) नज़र दौड़ाना** （−に）目をやる सहसा उसने आसमान की ओर नज़र दौड़ाई いきなり空に目をやった **(-पर) नज़र-निगाह रखना** （−を）監視する；見張る **नज़र नीची करके** *a.* 伏し目がちに；目を伏せて *b.* 恥ずかしげに **(-पर) नज़र पड़ना** （−が）目にとまる राजिंदर की ग़लती पर उसकी नज़र पड़ गई ラージンダルの過ちが彼の目にとまった इतने में उनकी नज़र मोहन पर पड़ी そうこうするうちにモーハンがその方の目にとまった **(-) नज़र पर चढ़ना** *a.*（−が）気に入る；気にくう *b.*（−が）欲しくなる **नज़र पर**

न

छाना = नज़र पर चढ़ना. नज़र पसारना 見渡す नज़र फिसलना 目がくらむ (-पर) नज़र फेंकना 目をやる；見る और बगल में कुर्सी पर बैठे दरोगा पर नज़र फेंकता हुआ निकल जाता था そして椅子にかけている警部補に目をやりながら通り過ぎて行くのだった (-से) नज़र फेर ले॰ (ーに対して) 冷たくなる；冷たい態度をとる (-की) नज़र बचाकर *a.* (ーの) 目を盗んで；(ーに) 内緒で वह अपने घरवालों की नज़र बचाकर फ़सल की चीज़ें सौगात के तौर पर नीलम के घर दे आता था 家族の目を盗んでは収穫物をみやげとしてニーラムの家にいつも届けに来ていた *b.* こっそり；密かに तभी तू नज़र बचाकर बाहर निकल आया है ちょうどその時お前はこっそり外へ出て来た (-की ओर से) नज़र बदल जा॰ (ーに対して) 態度が変わる नज़र बाँधना 魔法にかけて目を欺く नज़र भरकर देखना じっくり見る नज़र भरना 見て満足する नज़र मारना *a.* 横目で見る *b.* 目くばせする नज़र मिलाना 目を合わせる；面と向かう；向かい合う नरेश माँ से नज़र नहीं मिला पा रहा था ナレーシュは母親と目を合わせられなかった सिपाही ख़ाँ से नज़र नहीं मिला पा रहे थे 兵士たちはカーンに目を合わせられないでいた (-की) नज़र में (ーの) 考えでは；判断では (-) नज़र में आ॰ (ーが) 現れる；見える (ようになる) (-की) नज़र में उठना (ーに) 敬われる；重んじられる नज़र में खटकना 目障りな；不快な感じを与える नज़र में गड़ना *a.* 目障りな；嫌われる *b.* 気に入られる；好かれる (-की) नज़र में गिरना (ーに) 軽んじられる；見下げられる (-की) नज़र में चढ़ा हो॰ (ーの) 目に映る；(ーに) 目をつけられる (-की) नज़र में जँचना (ーの) 気に入る；(ーの) 目にかなう नज़र में तौलना (善悪・長短を) 確かめる；判断する नज़र में पड़ना *a.* 目に入る；見える (-पर) नज़र रखना 注視する；監視する वह हालात पर बराबर नज़र रखे हुए है 状況を絶えず注視している इनसे अपनी बीवियाँ तो सँभलती नहीं, पर ये दूसरों की लड़कियों पर नज़र रखते हैं この人たちは自分の妻さえ扱いかねているのに他人の娘を監視するんだ *b.* (ーを) 警戒する वह अंडा चुराने वाले कौओं पर तो ख़ास कड़ी नज़र रखता है その鳥は卵を盗むカラスを特に警戒する *c.* 温かい目を注ぐ (-को) नज़र लग जा॰ = नज़र खाना; नज़र लगना. बच्चों को नज़र लगने का आम विश्वास पाया जाता है. 幼い子供には邪視が取り憑くと一般に信じられている (-पर) नज़र लगना (ーが) 欲しくなる नज़र (नज़रों) से उतर जा॰ 見下げられる (-) नज़र से ओझल हो॰ (ーが) 見えなくなる；遠ざかる (-की) नज़र (नज़रों) से गिर जा॰ = नज़र में गिरना. कुछ भी हो, लेकिन जिस दिन मालिक की नज़रों से गिर गया तो ख़ैर नहीं どうあれ主人に見下げられた時にはおしまいだ (-की) नज़र से नज़र दो-चार हो॰ (ーに) 面と向かって言う (-की) नज़र से बचना (ーに) 見られないようにする；(ーの) 目に触れないようにする नज़रों-नज़रों में खाना 食い入るような目つきで見る (-की) नज़रों में घूमता रहना (ーに) 繰り返し思い出される

नज़र[2] [名*] 《A. نذر नज़्र》 (1) 贈与；進物；贈り物；つけ届け (2) 贈与；進物；つけ届けの品 (-को =) नज़र क॰ (ーに＝を) 贈る；贈り物をする

नज़रना[1] [他] 《← A. نظر》 邪視の目で見る

नज़रना[2] [他] 《← A. نذر》 (1) 贈る；贈与する；贈呈する；謹呈する (2) 供える दूध भी नज़रा जाता है 牛乳も供えられる

नज़रअंदाज़ [形] 《A.P. نظر انداز》 無視された；等閑に付された पाल की गलतियों को नज़रअंदाज़ करके パールの過ちを無視して (-को) नज़रअंदाज़ क॰ (ーを) 無視する；等閑に付す；見逃す देवरानी की भूलों को नज़रअंदाज़ करना 弟嫁の失敗を見逃す आनुवंशिकी के नियमों को नज़रअंदाज़ करना 遺伝の法則を無視すること

नज़रतंग [形] 《A.P. نظر تنگ》 狭量な；量見の狭い

नज़रनवाज़ [形] 《A.P. نظر نواز》 うるわしい；見る目を楽しませる

नज़रबंद [形] 《A.P. نظر بند》 〔法〕 (1) 拘禁された；自宅に拘禁された (2) 仮釈放の नज़रबंद क॰ 拘禁する उन्हें जेल से छोड़कर उनके घर में ही नज़रबंद कर दिया 同氏を刑務所から釈放して自宅拘禁にした उन्हें अहमदनगर किले में नज़रबंद कर दिया 同氏をアフマドナガルの城砦に拘禁した

नज़रबंदी [名*] 《A.P. نظر بندی》 〔法〕 自宅拘禁；仮釈放

नज़रबट्टू [名] → बजर बट्टू. (1) 魔除け (2) (自分の利益のために利用する) だし；出汁 ये लोग मुझे नज़रबट्टू बनाकर ले जा रहे हैं この連中は僕をだしにして連れて行くところなんだ

नज़रबाज़ [形] 《A.P. نظر باز》 (1) 色目を使う (2) 推察する；推量する；推定する

नज़रबाज़ी [名*] 《A.P. نظر بازی》 (1) 色目を使うこと (2) 推察；推量；判定

नज़रसानी [名*] 《A. نظر ثانی नज़रे सानी》 再考；再検討；見直し；再点検；校閲

नज़रा[1] [形] 《← A. نظر》 目利きの；目の利く

नजरा[2] [名] ナジラー (マンゴーの品種名)

नज़राना[1] [名] 《A.P. نذرانه》 (1) 贈り物；進物 (2) つけ届け

नज़राना[2] [他] 《← A. نذر》 (1) 贈る；贈与する；差し上げる (2) 神前に供える फल भी नज़राए जाते हैं 果物も供えられる

नज़रिया [名] = नज़रीया. सांप्रदायिक नज़रिये के कारण है コミュナリズムの視角による तंग नज़रिया 先見性のなさ；短慮

नज़रीया [名] 《A. نظریہ》 見方；視角；視点＝दृष्टिकोण; नुक्तए नज़र. वह इस तथ्य पर अपना नज़रिया संकुचित न रखकर देश के हित में सोचेगा 当局はこの事実についてその視角を狭めるのではなく国にとっての利益について検討するであろう

नज़रे सानी [名*] 《A. نظر ثانی》 = नज़रसानी.

नज़ला [名] 《A. نزله नज़्ला》 (1) 〔医〕 カタル (2) 〔医〕 かぜ；風邪 (-पर) नज़ला गिरना (ーに) 怒りが向けられる；雷が落ちる नज़ला झाड़ दे॰ 鼻をへし折る (-पर) नज़ला ढलना (ーが) 悪者にされる；責任を問われる

नज़ला-ज़ुकाम [名] 《A. نزله زکام》 かぜ (風邪)

नज़ा [名] 《A. نزع》 (1) 断末魔の苦しみ (2) 死に際；瀕死の状態 = चंद्रा.

नज़ाकत [名*] 《A. نزاکت》 (1) 上品さ (2) 優雅さ (3) 繊細さ हकीम साहब में नज़ाकत भी बला की थी 先生 (医師) の上品さといったらなかった नज़ाकत दिखाना 上品に振る舞う नज़ाकत से 上品に；優雅に；そっと；やさしく बूआ जी ने पहले तो नज़ाकत से उसके कान खींचे और फिर छाती से चिपटा लिया おばさんは初めやさしく耳を引っ張り次に胸に抱きしめた

नजात [名*] 《A. نجات》 (1) 解き放たれること；束縛や不都合などから自由になること＝छुटकारा; मुक्ति. (2) 解脱；救済→ निजात.

नजातदिहंदा [形] 《A.P. نجات دہندہ》 (1) 解放する (2) 解脱を与える；救いを与える

नज़ामत [名*] 《← A. نظامت》 監督；管理

नज़ारत [名*] 《A. نظارت》 (1) 監視；監督 (2) 管理；取り締り

नज़ारा [名] 《A. نظاره नज़्ज़ारा》 (1) 光景 मुझे आज इंग्लैंड के गुज़रे नज़ारे याद आ गए 今日はイギリスでの過ぎし日の光景が思い出された यह नज़ारा देख रहा था この光景を見ていた (2) 景色＝ दृश्य. ख़ूबसूरत नज़ारा 美しい景色 (3) 見世物＝ तमाशा. (4) 色目を使うこと नज़ारा ले॰ 冷やかす；見て回る

नज़ारेबाज़ [形] 《A.P. نظاره باز》 色目を使う；色目使いの

नज़ारेबाज़ी [名*] 《A.P. نظاره بازی》 色目を使うこと

नजासत [名*] 《A. نجاست》 (1) 不潔さ；汚れ＝ गंदगी. (2) 不浄 = अपवित्रता. (3) 汚物 = ग़िलाज़त.

नजाह [名*] 《A. نجاح》 (1) 解放；自由 (2) 繁栄；隆盛

नजिस [形] 《A. نجس》 (1) 不潔な＝ गंदा. (2) 不浄な＝ अपवित्र.

नजीक [副] 《← P. نزدیک नज़दीक/नज़्दीक》 = नज़दीक.

नजीब [形] 《A. نجیب》 高貴な；名門の；名家の；すぐれた血統の

नज़ीर [名*] 《A. نظیر》 (1) 類 (2) 例 (3) 判例 (-में) अपनी नज़ीर नहीं रखते 比類がない；比肩するものがない；並ぶものがない वे परहेज़गारी और अख़लाक की बुलंदी में अपनी नज़ीर नहीं रखते あの人には禁欲と精神の高邁さにおいては比肩する人がいない

नजूम [名] 《A. نجوم नुजूम》 (1) 天文学 (2) 占星術

नजूमी[1] [形] 《← A. نجومی नुजूमी》 (1) 天文学の (2) 占星学の

नजूमी[2] [名] 《A. نجومی नुजूमी》 (1) 天文学者 (2) 占星術師

नज्जार [名] 《A. نجار》 木工；大工＝ बढ़ई.

नज़्ज़ारा [名] 《A. نظاره》 → नज़ारा.

नज्द [名] 《A. نجد》 (1) 高原；高地 (2) 〔地名〕 ナジュド (アラビア半島中央部の高地)

नज़्दीक [名・副] → नज़दीक[1,2].

नज्म [名] 《A. نجم》 星；星辰＝ तारा; सितारा; उडु.

नज़्म [名] 《A. نظم》 (1) 詩 = शायरी. (2) 韻文 = पद्य. (3) 秩序 = प्रबंध. (4) 規律 = व्यवस्था.

नज़्र [名*] → नज़र[2]. वह सिपाहियों की नज़्र हो जाएँगे それらは兵士たちに贈られよう
नज़्राना [名] 《A.P. نذرانه》→ नज़राना.
नज़्ला [名] 《A. نزلہ》= नज़ला.
नङ्-द्वय [名]〔言〕二重否定〈double negative〉
नट[1] [名] (1) ナト（軽業，歌舞などを主な生業としてきたカーストの一）及びそのカーストの人 (2) 軽業師；曲芸師 (3) 俳優；役者
नट[2] [名] 《E. nut》ナット नट-बोल्ट ナットとボルト
नटखट [形] (1) いたずらな；いたずら好きな；腕白な (2) 悪さをする
नटखटी [名*] いたずら；悪さ= शरारत; बदमाशी; पाजीपन.
नटना[1] [自] (1) 否定する；前言を覆す；約束（言葉）をひるがえす= मुकरना. आदमी ने किसान को राजा जी की कही हुई बात बताई तो किसान साफ़ नट गया 農夫に王の話したことを伝えるときっぱりと否定した (2) 断る आज तो तुम्हारे घर छाछ लाने के लिए गई थी लेकिन तुम्हारी बहू नट गई 今日はバターミルクをあんたの家に届けに行ったけれど若嫁が断った
नटना[2] [名] (1) 液体を濾したり切ったりするための竹製の道具；ざる（笊） (2) 魚捕りに用いるかご状の漁具
नट-नागर [名] クリシュナ神（कृष्ण）の異名の一
नट-नायक [名] クリシュナ神（श्रीकृष्ण）の異名の一
नटनी [名*] (1) ナト（नट）の妻 (2) ナト・カーストの女性 (3) 女優；女役者
नटबाज़ी [名*] 《H. + P. بازی बाज़ी》(1) ナト（नट）の職業 (2) 演技
नटराज [名] (1) 舞踊の王，すなわち，シヴァ神 (2) シヴァ神がターンダヴァ（तांडव）の踊りをしている像 (3) ナト（役者）のかしら（頭） (4) クリシュナ神（श्रीकृष्ण）
नटवर[1] [名] (1) 踊りの上手な人 (2) クリシュナ神の異名の一
नटवर[2] [形] 全く抜け目のない
नटवा [名] (1) 小型の牛 (2) 若い牛
नटसाल [名*] (1) とげなどの体の中に突き刺さって残った部分 (2) 矢が体の中に突きささって残った部分 (3) 心の疼き= पीड़ा.
नटा [名*]〔植〕マメ科低木リスノツメ【*Caesalpinia bonduc*】
नटिन [名*] ナティン（ナト・カーストの女性→ नट; नटी）
नटी [名*] (1) 女役者；女優 (2) 座頭の妻；ナト नट の妻；役者の妻 (3) 踊り子 (4) ナト・カーストの女性 (5) 娼婦
नटेश [名] = नटेश्वर.
नटेश्वर [名]〔イ神〕神話で舞踏の王とされるシヴァ神= नटराज; नटेश.
नठना[1] [自] (1) 逃げ出す अन्यथा तनिक भी तकरार होने पर वरपक्ष का नठ जाना सम्भव था さもなければ少しでも口論になれば婿側が逃げ出すことがあり得た (2) 逃げ腰になる；避ける
नठना[2] [自] 壊れる；つぶれる；台無しになる= नष्ट हो॰.
नठना[3] [他] 壊す；つぶす；台無しにする= नष्ट क॰; तबाह क॰.
नड [名] = नड़. (1)〔植〕イネ科セイタカヨシ= नरकट; नरसल; नरसुल. 【*Phragmitis karka*】 (2) ガラス製の手首飾りチューリーの製造を生業としてきたカースト
नड़ [名] = नाला.
नडक [名] 骨の中空の部分
नड़मीन [名]〔動〕甲殻類エビ= झींगा मछली.
नड़वल [名] 葦などを編んだ敷物；す（簀）の子
नड़िनी [名*] 葦の生い茂った川
नड़ी [名*] 葦などの茎に火薬を詰めた花火の一種
नढ़ना [他] (1) 編む (2) よる（撚る；縒る）；より合わせる (3) きつく結ぶ
नत [形] (1) 下がった；垂れた；垂れ下がった (2) 傾いた (3) 謙虚な (4) 丁重な
नतनी [名*] 孫娘（娘の娘；外孫）
नतमस्तक [形] 頭を下げた；頭を垂れた उसके सामने नतमस्तक होते चले गए それの前で頭を垂れて通り過ぎた
नति [名*] (1) 頭を垂れていること；低頭 (2) 敬礼 (3) 謙遜 (4) 傾き；傾斜；沈下
नतीजतन [副] 《A. نتيجتاً》その結果；結果的に；結果として；最後に नतीजतन वहाँ ट्रकों से दुर्घटनाएँ अक्सर होती हैं その結果同地ではトラックの事故が頻発する
नतीजा [名] 《A. نتیجہ》(1) 結果 बुरे कामों का नतीजा 悪事の結果 (2) 結論 (3) 結末 (-से) नतीजा निकालना *a.*（－から）推測する *b.*（－から）結論づける；結論を引き出す नतीजे पर पहुँचना 結論に達する
नतोदर [形] くぼんだ；凹面の
नतोन्नत [形] 起伏のある；でこぼこの；凹凸のある
नत्थी [名*] (1) 綴じること (2) 綴じたもの नत्थी क॰ 綴じる；添付する मैंने किसी और कंपनी की फ़ाइल में नत्थी कर दिया है どこか他の会社のファイルに綴じてしまった उसने शृंगार-प्रसाधन सामग्री की एक पूरी लिस्ट भी नत्थी कर दी थी 化粧品の一覧表も綴じ込んだ
नथ [名*]〔装身〕ナト（女性が小鼻につけるリング状の金製の鼻飾り） (-की) नथ उतारना （遊女の）水揚げをする
नथना[1] [名] 小鼻 नथने चढ़ाना ふくれっ面をする；不機嫌な顔をする नथने फड़कना 小鼻がひくひく動く वनस्पति घी की मिठाई की ख़ुशबू और तरह तरह के मसलों की महक से घर के सारे सदस्यों के नथने फड़क उठते हैं 植物ギーを用いた菓子のよい匂いと様々な香辛料の香りで家族全員の小鼻がひくひく動き出す नथने फुलाना ふくれっ面をする ग़ुस्सा आ जाए तो नाक के नथुने फुलाइए 腹が立ったらふくれっ面をしなさい
नथना[2] [自] (1) 綴じられる；束ねられる (2) つながれる (3) 結ばれる (4) 突き刺さる
नथनी [名*] (1)〔装身〕ナトニー（小さな形のナト नथ） (2) = बुलाक. (-की) नथनी उतरना （遊女が）水揚げされる वेश्या-कन्याओं की नथनी कब और कैसे उतरती है? 娼婦の娘たちの水揚げはいつどのようになされるのか (-की) नथनी उतारना （－を）水揚げする
नथुना [名] = नथना[1].
नथुनी [名*] = नथनी.
नद [名] 大きな川；大河
नदन [名] (1) 音の出ること；響くこと；鳴ること (2) 音；響き；音響
नदना [自] (1) 音がする；音が出る；鳴る= बजना; शब्द क॰; आवाज़ निकलना; आवाज़ हो॰. (2) 牛や水牛などの動物が鳴く= रँभाना. (3) 轟く
नदनु [名] (1) 雲= मेघ; बादल. (2) ライオン；獅子 (3) 音；音声；声
नदामत [名*] 《A. ندامت》(1) 恥；恥じらい (2) 後悔；遺憾
नदारत [形] = नदारद. उसमें अनिवार्य रूप से एकाध चीज़ बासी रहती और कभी-कभी तरकारी या दाल नदारत होती その内 1 つ 2 つは必ず残りものでまた時には野菜の煮付けや豆汁がない
नदारद [形] 《P. ندارد》(1) 不在の；いない स्वयं नियत स्थान, तिथि एवं समय पर नदारद रहते हैं 本人自身が定められた場所や日時にいない वह पीकर घर आए तो पत्नी नदारद थी 酒を飲んで家に戻ってみると妻がいなかった (2) ない；存在しない；欠けている बिस्तर तक नदारद 寝具までもがない लेकिन जवाब नदारद ところが答えはなし (3) 消え失せた；失われた घबराकर इधर-उधर देखा, तो कई कनस्तर तेल भी नदारद あわててあたりを見回すと油の缶も幾つか失せていた
नदी [名*] (1) 川；河 (2) 流れ नदी चढ़ना *a.* 川が増水する *b.* 川が氾濫する नदी-नाव संयोग हो॰ 偶然に出会う；邂逅する साईं इस संसार में भाँति भाँति के लोग, सब से मिलके बैठिए नदी नाव संयोग〔諺〕人と人との出会いは偶然のもの，一期一会なり
नदीकूल [名] 川岸；川の両岸
नदीगर्भ [名] 川の中央部の水の深いところ
नदीतर [名] 川を渡ること；渡河
नदीतल [名] 川床；河床
नदीदा [形] 《P. ندیده》(1) 見たことのない (2) 極めて欲張りな；貪欲な
नदीपार [名] 向う岸；川向こう नदीपार से शहर को विविध वस्तु बेचने आनेवाली औरतें 川向こうからいろんな品物を売りに来る女たち
नदीमुख [名] 川口；河口= नदी का मुहाना.
नदीय [形] 川の；河川の
नदीश [名] 海 = समुद्र. तुझको या तेरे नदीश, गिरि, वन को नमन करूँ 汝に，あるいは，汝が海，山，森に礼拝を致そうか
नदीस्रोत [名] 川の源；源流

नद्ध[1] ［形］ (1) 綴じられた＝ बद्ध; नथा हुआ. (2) 結ばれた＝ बँधा हुआ.
नद्ध[2] ［名］ 結び目＝ गाँठ.
नद्धि ［名*］ 結ぶこと；結わえること；束ねること
नद्धी ［名*］ 革ひも
नधना ［自］ (1) 牛や水牛の鼻に鼻綱がつけられる；鼻輪が通される (2) むりやり（仕事を）押しつけられる；しばりつけられる
ननंद ［名*］ ＝ ननद.
नन ［名*］ 《E. nun》〔キ〕キリスト教修道女
ननकाना साहिब ［名］〔シク〕ナンカーナー・サーヒブ（シク教教祖グル＝ナーナクの生誕地タルワンディー（तलवंडी）及び同地にあるシク教寺院．パキスタン領パンジャーブ州ラーホール市の西方にある）
ननद ［名*］ 夫の姉妹；小姑 बड़ी ननद 夫の姉 छोटी ननद 夫の妹 ननद-भौजाई 小姑と義姉妹
ननदी ［名*］ ＝ ननद.
ननदोई ［名］ 夫の姉妹の配偶者；小姑の夫
ननसार ［名］ 母の実家＝ ननिहाल.
ननिया ［形］ 母方の祖母に血のつながる；母方の祖母の縁者の
ननिया ससुर ［名］ (1) 妻の母方の祖父 (2) 夫の母方の祖父
ननिया सास ［名*］ (1) 妻の母方の祖母 (2) 夫の母方の祖母
ननिहारी ［名*］ 昔の形の小さい煉瓦
ननिहाल ［名］ 母方の祖父の家；母の実家＝ ननसार.
ननु ［感］ はて；はたして；はてさて
ननु-नच ［名］ 不賛成；不同意；気の進まぬこと **ननु-नच क॰** いやがる
नन्हा ［形$^+$］ (1) 小さい；小さな；こまかい＝ छोटा. ↔ बड़ा; विशाल. दो नन्हे पंजों से （リスの子が）小さな前足で कंगारू का नन्हा-सा बच्चा カンガルーのとても小さな子 (2) 愛らしい；可愛い；可愛らしい；可憐な नन्ही-सी तश्तरी とても可愛らしい皿 नन्ही तितली 可愛い蝶 (3) 細い；きゃしゃな लकड़ी का एक नन्हा-सा बल्ला とても細い木の棒 **नन्हा कातना** *a.* 細く紡ぐ *b.* 物惜しみをする；けちけちする **नन्हा-नन्हा** （意味を強調するため重複して用いられることが多い）とても小さな；細かい；微細な；微小な खाने के नन्हे-नन्हे रेज़े 食べ物の微小なかけら（かす） डबल रोटी के नन्हे-नन्हे टुकड़े 食パンのとても小さなかけら（くず） नन्ही-नन्ही उँगलियाँ 可愛らしい指 नन्ही-नन्ही गोली 薬の小さな粒；小粒の丸薬 नन्हे-नन्हे पक्षी 愛らしい小鳥たち **नन्हा मुन्ना** *a.* 小さな子供；幼児 *b.* 小さい；可愛い；愛らしい हमारे देश के नन्हे मुन्ने बच्चे わが国の可愛い子供たち नन्हे मुन्ने तारे जगमगाते हैं 小さな小さなお星さんがちかちか光っている खेत में सारे नन्हे-नन्हे अँखुए उग आए हैं 畑に小さな芽がいっぱい出てきている
नन्हाई ［名*］ ←नन्हा. ＝ छोटापन.
नपना[1] ［自］ 計られる；計測される नपा-तुला → नपा-तुला ［形］
नपना[2] ［名］（計量に用いる）ます（升）
नपाई ［名*］ (1) 計測；測定 (2) 計測料；測定料
नपाक ［形］ ←नापाक. 不浄な
नपा-तुला ［形$^+$］ (1) 決まった；一定の；計量，あるいは，計算された भोजन भी नपा-तुला करती हूँ 食事も一定量食べている (2) 計算しつくされた इन डकैतों की योजनाएँ इतनी नपी-तुली और सोच-समझकर बनाई गई होती हैं この強盗たちの計画は非常に細かく計算され考え抜いてこしらえられたものである
नपुंसक[1] ［形］ (1) 性的不能の（男性） (2) 男性でも女性でもない；両性具有の (3) 臆病な；怯懦な (4)〔言〕中性の
नपुंसक[2] ［名］ (1) 性不能者 (2) 両性具有者；男女 (3) 臆病者 (4)〔言〕中性
नपुंसकता ［名*］ ←नपुंसक.
नपुंसकत्व ［名］ ＝ नपुंसकता. 性的不能
नपुंसकलिंग ［名］〔言〕中性 〈neuter gender〉
नप्ता ［名］ 孫 ＝ नाती; पोता.
नफ़र ［名］ 《A. نفر》 (1) 人（助数詞として人を数えるのにも用いられる） (2) 使用人；下男 (3) 労務者；人夫
नफ़रत ［名*］ 《A. نفرت नफ़्रत》 (1) 嫌悪；嫌うこと＝ गंदगी से नफ़रत. 不潔を嫌うこと (2) 憎悪 (3) 避けること＝ बचाव; परहेज़. अपने प्रति नफ़रत 自己嫌悪 (-से) **नफ़रत क॰** *a.* (ーを) 嫌悪する；嫌う मैं निशीथ से नफ़रत करती हूँ 私はニシートが嫌いなの मुझे हलवाइयों और चाटवालों की गंदगी से नफ़रत है 私は菓子屋や食べ物の行商人の不潔なのが嫌いなの *b.* (ーを) 憎悪する；憎む उनको जंग से नफ़रत थी あの方は戦争を憎んでおられた
नफ़रतअंगेज़ ［形］ 《A.P. نفرت انگیز नफ़्रतअंगेज़》 (1) おぞましい；ぞっとする；いやな；いやらしい；いまわしい (2) 吐き気のする；胸がむかつく
नफ़रतअंगेज़ी ［名*］ 《A.P. نفرت انگیزی》 (1) おぞましさ；いやな気持ち；いまわしさ (2) 吐き気；胸のむかつき
नफ़री ［名*］ 《A.P. نفری》 (1) 1日の仕事量；日々の定まった仕事や作業 (2) 仕事・作業の日数 (3) 日当
नफ़स ［名］ 《A. نفس》 (1) 呼吸；息＝ श्वास; साँस; दम. (2) 瞬間；刹那＝ क्षण; पल; लमहा.
नफ़सशुमारी ［名*］ 《A.P. نفس شماری》 臨終（の息）；今はの際（の息）
नफ़ा ［名］ 《A. نفع नफ़्अ》 (1) 利益；利潤；儲け；収益 (2) 利子 **नफ़ा उड़ाना** 儲ける＝ नफ़ा खाना. **नफ़ा-नुक़सान** 損得；利害損失 तुम लोग अपना नफ़ा-नुक़सान सोच लेना 自分の損得を考えなさい लाखों का नफ़ा-नुक़सान 幾十万の損得 **नफ़ा पहुँचाना** 潤す；利益をもたらす
नफ़ाख़ोर ［形］ 《A.P. نفع خور》 (1) 利得を得る (2) 不正利得を得る
नफ़ासत ［名*］ 《A. نفاست》 (1) 洗練 (2) 上品さ (3) 気品 मैं गाँव का था और वह शहर का.उसमें शहर की नफ़ासत थी 私は田舎の出身，あの人は都会の出身で，都会の洗練を身につけていた बीमारी का मुक़ाबिला इन नज़ाकतों और नफ़ासतों से नहीं होता, बल्कि शरीर में ऐसी शक्ति पैदा करने से होता है, जो रोग के आक्रमण का प्रतिरोध कर सके きゃしゃなものや上品なものでは病気に立ち向かえない．病気に対抗する力を体の中に作り出して初めて立ち向かえるのだ
नफ़ीरी ［名*］ 《A.P. نفیری》〔イ音〕ナフィーリー（オーボエに似た管楽器）
नफ़ीस ［形］ 《A. نفیس》 (1) 優美な；繊細な मीनाकारी और जाली के निहायत नफ़ीस काम エナメルと格子の極めて繊細な細工 नफ़ीस चुन्नट किया तंजेब का कुरता 優美にひだのとられたタンジェーブのクルター नफ़ीस कपड़े 優美な衣服 (2) 素晴らしい (3) 洗練された (4) 貴重な
नफ़्रत ［名*］ 《A. نفرت》 → नफ़रत. ऐसे बच्चों से सब नफ़्रत करते हैं こんな子供をみなが嫌います
नफ़्रतअंगेज़ ［形］ → नफ़रतअंगेज़.
नफ़्स ［名］ 《A. نفس》 (1) 魂；精神 (2) 自身；自己 (3) 個人 (4) 本質；本体 (5) 色欲；情欲；肉欲
नफ़्सानियत ［名*］ 《A. نفسانیت》 (1) 利己心；我欲 (2) 情欲 (3) 慢心
नफ़्सानी ［形］ 《A. نفسانی》 肉体的な；情欲の
नफ़्सीयात ［名*］ 《A. نفسیات》 心理；心の動き；心情＝ मनोविज्ञान. उनकी नफ़्सीयात का एक अहम पहलू है その人たちの心理の1つの重要な側面である
नबात ［名*］ 《A. نبات》 植物＝ पेड़-पौधे; पेड़-पौदे; वनस्पति.
नबातख़ोरी ［名*］ 《A.P. نبات خوری》 菜食＝ शाकाहार.
नबातात ［名*, pl.］ 《A. نباتات←نبات नबात》 植物
नबी ［名］ 《A. نبی》 預言者 ＝ पैगंबर; रसूल; ईशदूत.
नबेड़ा ［名］ 裁定；採決＝ फ़ैसला; न्याय; निपटारा.
नब्ज़ ［名*］ 《A. نبض》 脈；脈拍；脈搏 उसकी नब्ज़ भी ठीक चल रही थी 脈拍も正常だった **नब्ज़ की पहचान हो॰** 人を見る目がある **नब्ज़ चलना** 脈が打つ **नब्ज़ छूटना** 脈が止まる (-की) **नब्ज़ टटोलना** （他人の）胸中を察する **नब्ज़ न रहना** 脈がなくなる **नब्ज़ पहचानना** ＝ नब्ज़ टटोलना.
नब्बे ［数］ 90 ＝ नवति. नब्बेवाँ 90 番目の；第 90 の
नभ ［名］ (1) 空；天空 गहरे नीले नभ सागर में 濃紺の天の海に नभ में उग आई लो रंगभरी रेखा एक टेढ़ी-सी जिसको हम इंद्र-धनुष कहते हैं ほらね，インドラ神の弓と呼ぶ色あざやかな曲線がお空に現れたよ（虹） (2) 虚空＝ शून्य.
नभग[1] ［形］ 空を行く；空に浮く
नभग[2] ［名］ (1) 鳥 (2) 風 (3) 雲
नभग[3] ［形］ 不運な；不幸な＝ अभागा.
नभश्चक्षु ［名］ 太陽＝ सूर्य.
नभश्चर[1] ［形］ 空を行く；天を行く；空を飛ぶ
नभश्चर[2] ［名］ (1) 神 (2) 鳥 (3) 雲 (4) 風 (5) 星
नभश्चरण ［名］ 空を行くこと；天を進むこと；飛ぶこと；飛翔

नभसीमा [名*] 領空 नभसीमा का अतिक्रमण करना 領空を侵犯する
नभस्थल [名] 天空；蒼穹
नभोग [名] (1) 天空を行くもの (2) 鳥 (3) 星
नभोनील [名] 空色；スカイブルー
नमः [感] ＝प्रणाम. → नमस्. 南無；敬礼＝नम.
नम[1] [名] 敬礼 ＝नमस्कार.
नम[2] [形] 《P. نم》(1) 湿った；濡れた＝गीला; भीगा हुआ; तर. (2) うるんだ नम नेत्र うるんだ眼 (3) しっとりした हवा ठंडी और कुछ नम थी 風はひんやりして少し湿っていた नम हवा 湿気 नम जगह じめじめした所 नम हवाएँ 湿った風
नम[3] [名*] 湿り；湿り気 ＝नमी.
नमक [名] 《P. نمک》(1) 塩；塩分 (2) 食塩 साधारण नमक 食塩 ＝खाने का नमक. (3) 魅力 (4) 美しさ；うるわしさ **नमक अदा क°** 恩を返す；恩返しをする **नमक का पानी** *a.* 塩水 *b.* 溶けこんだ；融合した；一体化した **नमक का सहारा** わずかばかりの支え **नमक का हक़ अदा क°** ＝नमक अदा क°. **नमक का हक़ बजाना** ＝नमक अदा क°. **नमक का हराम** 恩知らずの **नमक का हलाल** 恩義を知る；義理堅い **नमक की डली डली को तरसना** ちっぽけなものを欲しがる **नमक की मात्रा** （料理に入れる）塩の量；塩の分量；塩加減 (-का) **नमक खाना** *a.* （―に）養われる *b.* （―の）庇護を受ける；世話を受ける **नमक खिलाना** *a.* 養う *b.* 世話をする **नमक ज़ोर मारना** 忠誠心に燃える **नमक जोश मारना** ＝नमक ज़ोर मारना. **नमक-तेल का ठिकाना न हो°** ひどく貧しい様子；極貧の **नमक-तेल का भाव** 世間の風；世間の実情 तेरे सिर पर से अभी ख़ुमारी नहीं उतरी, जब उतरेगी तब तू नमक-तेल का भाव जानेगा お前はまだのぼせあがったままなのなのだ．そののぼせあがりがなくなれば世の中のことがわかろう **नमक फूटकर निकलना** 忘恩の報いを受ける **नमक मसाला लगाना** ＝नमक मिर्च लगाना. जिसपर भूतपूर्व कर्मचारियों ने भी अपना नमक मसाला लगाकर बतलाया それに元職員までもが尾鰭をつけて話した (-का) **नमक मानना** （―の）恩義を認める **नमक मिर्च लगना** 潤色される；誇張される；尾鰭がつく इन बातों में वास्तविकता कम और कल्पनाशक्ति का नमक मिर्च अधिक लगा होता है これらの話には事実の部分は少なく想像力による誇張が多くなされている **नमक मिर्च लगाना** 誇張する；尾鰭をつける；おもしろおかしくする；潤色する；大げさにする उस समय वह आपसे हुई कुछ गोपनीय बातें भी नमक मिर्च लगाकर ढिंढोरा बजाकर इधर-उधर फैला सकती है あの人はあの時のあなたとの間の幾つかの内緒の話にさえ尾鰭をつけておもしろおかしくあちこちに触れ回ることもできる **नमक मिर्च लपेटना** ＝नमक मिर्च लगाना.
नमक आलूदा [形] 《P. نمک آلوده》塩のかけられた；塩のかかった
नमककर [名] 《P.नमक＋ H. कर》塩税 नमककर के खिलाफ़ 塩税に反対して
नमककोर [形] 《P. نمک کور》恩知らずの；恩義を忘れる；忘恩の＝नमकहराम; कृतघ्न.
नमकख़्वार [形・名] 《P. نمک خوار》(1) （人に）養われる；（人の）世話になる；（―の）恩義を受ける (2) 恩義を知る；忠義な (3) 使用人
नमकदान [名] 《P. نمک دان》塩入れ（容器）
नमकपर्वर [形] 《P. نمک پرور》塩のついた；塩のかかった
नमकपर्वरदा [形] 《P. نمک پرورده》(1) 恩義を受けた (2) 忠義な (3) 雇われた；使用人
नमक सत्याग्रह [名]〔イ史〕塩のサティヤーグラハ（塩税反対の形で 1930 年に M.K. ガンディーが起こした第二次サティヤーグラハ）
नमकसार [名] 《P. نمک سار》塩を産出するところ；岩塩の鉱山
नमकहराम [形] 《P.A. نمک حرام》恩知らずの；忘恩の ＝कृतघ्न.
नमकहलाल [形] 《P.A. نمک حلال》恩を知る；恩義を忘れない；義理堅い；忠誠な；忠実な＝कृतज्ञ.
नमकहलाली [名*] 《P.A. نمک حلالی》恩義を知ること；忠誠；忠実 नमकहलाली ने उसकी समझ-बूझ को भ्रष्ट कर दिया 忠誠心が判断力を駄目にした
नमकीन [形・名] 《P. نمکین》(1) 塩辛い；塩味の；辛口の नमकीन बिस्किट 塩味のビスケット (2) 魅了するように美しい；魅惑的な (3) 塩味のきいたスナック菓子
नमकीनी [名*] 《A. نمکینی》艶やかさ；妖艶さ；魅惑的な美しさ ＝सौंदर्य.

नमख़ुर्दा [形] 《P. نم خورده》湿気た；湿気のきた
नमगीरा [名] 《P. نمگیره》小さなテント
नमद [名] 《P. نمد》フェルト；フェルトの敷物＝नमदा; नम्दा.
नमदा [名] 《نمده / نمدا ← P. نمد नमद》フェルト भेड़ के ऊन को दबाकर नमदा बनाते थे 羊毛を圧縮してフェルトを作っていた
नमन [名] (1) 曲がること；折れ曲がること (2) 傾くこと (3) 敬礼；お辞儀 गुरु को नमन क° 師に敬礼する
नमना [自] (1) 曲がる；折れ曲がる＝झुकना. (2) 傾く＝झुकना. (3) お辞儀する；敬礼する＝प्रणाम क°; नमस्कार क°.
नमनीय [形] (1) 曲げられる＝जो झुकाया जा सके. (2) 敬礼すべき＝आदरणीय; पूजनीय.
नमस् [名] 敬礼；帰命；南無＝नमः.
नमस्कार[1] [名] (1) 敬礼；挨拶 (2) 帰命；礼拝 **नमस्कार क°** *a.* 挨拶する；敬礼する＝प्रणाम क°; दुआ-सलाम क°. *b.* やめる；別れを告げる；失礼する **नमस्कार कहना** やめる；別れを告げる；断りを言う संकोच में बार बार किसी के दुराग्रह व हस्तक्षेप को सहने से अच्छा है कि हम पहले ही नमस्कार कह दें 遠慮のあまり人からしつこく言われたり干渉されたりするのを我慢するよりも最初にさようならを言ったほうがよい
नमस्कार[2] [感] ナマスカール（丁寧な挨拶の言葉．出会った時，別れの時に時刻に関係なく用いられる）
नमस्कार्य [形] (1) 敬礼すべき (2) 尊い；尊敬すべき
नमस्कृत [形] 挨拶された；挨拶の言葉の述べられた
नमस्क्रिया [名*] ＝नमस्कार.
नमस्ते[1] [名⁻] 挨拶（本来は，合掌してナマステーと声を出して行われる）；お辞儀 मेरे नमस्ते का सिर हिलाकर जवाब देने के अलावा 私の挨拶に頭を振って答えるほか शीला ने नमस्ते की シーラーが挨拶をした（お辞儀をした） उसने हाथ जोड़कर नमस्ते की 合掌して挨拶をした **नमस्ते कहना** 挨拶の言葉を述べる शंकर जी से हमारा शत बार नमस्ते कहिए シャンカルさんにどうぞよろしくお伝え下さい **नमस्ते दाग़ना** 大げさな身振りで挨拶する
नमस्ते[2] [感] ナマステー（あなたに敬礼するの意で，最も一般的な挨拶の言葉で，出会った時，別れの時に時刻に関係なく用いられる） （हाथ जोड़कर） नमस्ते भाभी （手を合わせて）姉さん，ナマステー
नमाज़ [名*] 《P. نماز》〔イス〕ナマーズ（イスラム教徒の礼拝，1日5回の義務礼拝，金曜日正午の集団礼拝，大祭の際の礼拝などがある） **नमाज़ अदा क°** 祈りを捧げる **ईद की नमाज़** 〔イス〕二大祭日の礼拝 **नमाज़ पढ़ना** （イスラム教徒が）礼拝する；祈りを捧げる दिन में पाँच बार नमाज़ पढ़ना 1日5度の礼拝をする ईद की नमाज़ मंगलवार को पढ़ी गई イード（祭り）の祈りは火曜日に捧げられた
नमाज़ख़ाना [名] 《P. نماز خانه》モスク；マスジド；礼拝所；礼拝堂；教会
नमाज़ख़्वान [形] 《P. نماز خوان》〔イス〕怠りなく礼拝する；正しく祈りを捧げる；信心深い
नमाज़गाह [名*] 《P. نماز گاه》礼拝所；モスク
नमाज़गुज़ार [形] 《P. نماز گزار》＝नमाज़ख़्वान.
नमाज़-बंदगी [名*] 《P. نماز بندگی》神への祈り；礼拝 हज से लौटने के बाद उनका ज़्यादा वक़्त नमाज़-बंदगी में ही बीतता メッカ巡礼から戻って来てからはほとんどの時間をお祈りに過ごしている
नमाज़ी [形] 《P. نمازی》(1)〔イス〕イスラム教徒の義務と定められた1日5回の礼拝を守る (2) 敬虔な；信心深い हमारे घर सब नमाज़ी हैं 私の家族は礼拝をみなが正しく守る
नमाज़े अस्र [名*] 《P.A. نماز عصر》〔イス〕イスラム教信者の義務とされる午後の礼拝；アスル
नमाज़े इशा [名*] 《P.A. نماز عشا》〔イス〕イスラム教信者の義務とされる夜半の礼拝；イシャー
नमाज़े क़ज़ा [名*] 《P.A. نماز قضا》イスラム教信者の義務とされる礼拝の定刻に遅れて捧げられるもの；カザー
नमाज़े ज़ुहर [名*] 《P.A. نماز ظهر》〔イス〕イスラム教信者の義務とされる正午の礼拝；ズフル
नमाज़े फ़ज्र [名*] 《P.A. نماز فجر》〔イス〕イスラム教信者の義務とされる夜明けの礼拝；ファジュル
नमाज़े मग़्रिब [名*] 《P.A. نماز مغرب》〔イス〕イスラム教信者の義務とされる日没直後の礼拝；マグリブ

न

नमाज़े सुबह [名*] 《P.A. نماز صبح नमाज़े सुबह》〔イス〕イスラム教信者の義務とされる夜明けの礼拝；スブフ；ファジュル

नमाना [他] (1) 曲げる；折り曲げる (2) 従わせる；屈伏させる

नमित [形] 曲げられた；折り曲げられた

नमी [名*] 《P. نمی》(1) 湿り気；湿気= आर्द्रता; तरी; सील. (2) 湿度 = सील का दर्जा. नमी आ॰ = सीलन भरना. しける；湿気る **नमी पहुँचाना** 潤す

नमीबिया〔国名〕《E. Namibia》ナミビア共和国〈Republic of Namibia〉

नमुचि [名]〔イ神〕ナムチ（ダヌ दनु の子孫ダーナヴァ दानव である悪魔. インドラ神によって退治された）

नमूद [名*] 《P. نمود नुमूद》(1) 出現 = आविर्भाव. (2) 外見；見かけ= धूम; तड़क-भड़क. (3) 存在= अस्तित्व; हस्ती. (4) 名声= ख्याति; शोहरत; शुहरत; प्रसिद्धि.

नमूदार[1] [形] 《P. نمودار नुमूदार》明らかな；露な；明白な= आविर्भूत; व्यक्त; ज़ाहिर.

नमूदार[2] [名] 首長；頭；頭領；頭目= सरदार; अध्यक्ष; मुखिया.

नमूना [名] 《P. نمونہ》(1) 見本；サンプル (2) 手本；模範 (3) 模様；文様；柄 पक्षियों के पर तरह-तरह के रंगों और नमूनों के होते हैं 鳥の羽には様々な色や模様が見られる **नमूना दिखाना** 手本を見せる；例を示す

नमेरू [名]〔植〕ホルトノキ科高木インドジュズノキ【*Elaeocarpus ganitrus*】= रुद्राक्ष का पेड़.

नम्म [数] 掛算で×9；9倍の（ただし×2の場合のみ） दो नम्म अठारह (2 × 9 = 18) → नम्मा.

नम्मा [数] 掛算で×9；9倍の（ただし×3〜9の場合のみ） चार नम्मा छत्तीस (4 × 9 = 36) आठ नम्मा बहत्तर (8 × 9 = 72)

नम्र [形] (1) 曲がった；屈曲した (2) 丁寧な；控え目な；謙虚な；慎み深い अब तो वह पहले से भी अधिक नम्र हो गया था 今では以前よりも慎み深くなった नम्र स्वभाव 控え目な性格 (3) 丁重な；手厚い；うやうやしい मैंने उसी नम्र आग्रह के साथ कहा いつものように丁重に頼んだ

नम्रता [名*] ← नम्र. नम्रता से बात करना 丁重に話をする **नम्रता दिखाना** へり下る= गिड़गिड़ाना; धूल चाटना.

नम्रतापूर्वक [副] 丁寧に；丁重に；手厚く；うやうやしく

नय [名] (1) 行い；振る舞い；行動 (2) 態度 (3) 思慮；分別；先見 (4) 謙遜 (5) 方策 (6) 計画；企画 (7) 哲理；理論 (8) 哲学上の立場

नयन [名] (1) 目；眼= आँख; नेत्र; चक्षु. (2) 導くこと；指導= नेतृत्व. (3) 支配；管理= शासन.

नयनगोचर [形] 見える；目に映る；目に入る；目の前にある

नयनच्छद [名] まぶた（瞼）；眼瞼= पलक; पपोटा.

नयनजल [名] 涙 = आँसू; अश्रु.

नयन-नक़्श [名, pl.] 顔立ち；目鼻立ち；容貌 उनके नयन-नक़्श काफ़ी तीखे थे 顔立ちのかなりはっきりした人だった प्रत्येक व्यक्ति नयन-नक़्श में एक-दूसरे से भिन्न होते हैं 人の顔立ちはみな違うものなのです

नयनपट [名] 瞼；眼瞼 = आँख की पलक.

नयनपथ [名] 視野

नयनपुट [名]〔解〕眼窩

नयनागर [形] (1) 処世の術に長じた (2) 抜け目のない

नयनाभिराम [形] うっとりさせる；ほれぼれする；大変美しい；目を楽しませる ओलम्पिक खेलों का उद्घाटन समारोह बहुत ही आकर्षक और नयनाभिराम होता है オリンピックの開会式典は非常に魅力的で目を楽しませてくれる

नयनी [名*] 瞳 = आँख की पुतली.

नयनू [名] バター = मक्खन; नवनीत.

नयनोत्सव[1] [形] 目を楽しませる

नयनोत्सव[2] [名] 灯火；明かり= दीपक.

नय शास्त्र [名]〔古〕政治学 = राजनीति शास्त्र.

नयशील [形] (1) 柔軟な (2) 思慮深い (3) 世事に長けた (4) 丁重な

नया [形+] (नयी*, नई*, नये, नए) (1) 新しい；今までになかった= नव. नई सड़क 新しい道路 नयी संस्कृति 新しい文化 नया निकला हुआ पत्ता 若葉 (2) 新しい；収穫して間もない；最近とれた उत्तर प्रदेश से नई मूँग की आवक होने से ウッタル・プラデーシュから新しい緑豆の入荷があったので (3) 新しく仲間入りした；新たにその社会に現れた नये चेहरे （選挙の）新人；新顔 कांग्रेस की सूची में 115 नये चेहरे コングレスのリストに115名の新顔 कहीं माँ जी उसकी बात का ग़लत अर्थ न ले लें कि नई नई आई है और दोनों परिवारों में फूट डालने की कोशिश शुरू कर दी （嫁入って）来たばかりで両家族の間にもめごとを起こし始めたと姑さんに誤解されないように (4) 最近の；（ある状態になって）間もない बात उन दिनों की है, जब मेरी नई नई शादी हुई थी 私の新婚間もなくのことだった अकबर नये-नये बादशाह बने थे アクバルが即位したばかりの頃 (5) 若い；若年の；弱年の नई उम्र की कई नासमझ लड़कियाँ 一部の若年の無知な娘たち (6) まだ使われていない；新しい；さらの；おろしたての नये कपड़े さらの服 (7) 更新された；改まった；新規の；今までとは違う तुमने मुझे नया जीवन दिया है 君は私に新しい命を与えてくれた (8) 初めての；これまで経験のない；新しい；見知らぬ नया पद 新しい地位 नई जगह, नया शहर है 初めての場所, 初めての街だ (-) **नया क॰** （－の）初物を食べる **नया खिलाड़ी** 新米；経験のない人；経験の浅い人 **नया ख़ून** *a.* 若者；青年 *b.* 若気 **नया गुल खिलना** 新しく起こる；新しい展開が見られる **नया चेहरा** *a.* 新顔 *b.* 見知らぬ人 **नया चोला पहनाना** 考えを改めさせる **नया चोला बदलना** 考えをすっかり改める **नया रंग खिलना** 新しい事態になる **नया रंग चढ़ना** 新しい影響が及ぶ **नया रंग लाना** *a.* 新しい問題を持ち出す *b.* 新しくする **नया-से-नया** (नये-से-नये, नई-से-नई) 最新の **नई जान डालना** 新しい生命を吹き込む；活気を与える **नई जान फूँकना** = नई जान डालना. **नये सिरे से** 新しく；新規に

नयाचार [名] プロトコール〈protocol〉

नया दौलतीय [形・名] 《H. + A. دولتیا ← A. دولت》成金（の） तुम अभी नए-नए दौलतीय हो 君はまだまだ成金だよ

नया-नवेला [形+] 全く新しい；間もない；ごく最近の；ほやほやの नई नवेली दुल्हन 新妻

नयापन [名] (1) 新しいこと (2) 新しさ；新鮮さ；新味 फ़िल्म में नयापन बिलकुल नहीं है 映画には新鮮さは全くない नयापन खोजना 新鮮さを探し求める

नयाम [名] 《P. نیام नियाम》刀の鞘= तलवार की खोल.

नयी दुनिया [名*] 新世界；新大陸= नई दुनिया（अमरीका/अमेरिका, आस्ट्रेलिया）.

नयुत [数] (1) 1000億；1千億 (2) ナユタ（那由多；那由他）；10^{60}

नये-नये [副] 最近；ごく新しく

नर[1] [名・形] 《P. نر》(1) 男性；雄 (2) 男性の；雄の ↔ मादा 雌の नर फूल 雄花 ये पौधे नर हो सकते हैं, मादा भी これらの植物は雄かも知れないし雌かも知れない

नर[2] [名] (1) ヴィシュヌ (विष्णु) (2) シヴァ (शिव) (3) 男；男性 (4) 人；人間 नर-नारी 男女 लाखों नर-नारी आते हैं 無数（数十万）の男女がやって来る नर-कंकाल 骸骨

नरई [名*] 麦や葦の茎のように中空になっている植物の茎

नरक [名] (1) 地獄；地界；冥界；悪道；奈落= दोज़ख़; जहन्नुम. नरक जैसी ज़िंदगी 地獄のような暮らし (2) 地獄のような境涯；地獄；苦痛の多い環境 किसी तरह इस नरक से तो छुटकारा मिले 何とかしてこの地獄から逃れられるように (3) 不潔極まりない所 **नरक का कीड़ा** *a.* おぞましい *b.* 取るに足らない= नरक का कुत्ता. **नरक का पैसा** 悪銭 **नरक की आग में जलना** 地獄の責苦に遭う **नरक की ज़िंदगी** 生き地獄 **नरक के कुएँ में पड़ना** ひどい苦しみを受ける **नरक भोगना** 地獄の苦しみを受ける **नरक मिलना** 地獄に堕ちる बिल्ली की हत्या करने से कौन नरक मिलता है? 猫を殺すとどの地獄に堕ちるのか **नरक में उत्पन्न हो॰** 地獄に堕ちる वे इन सात नरकों में उत्पन्न होते हैं その者たちはこれら7つの地獄に堕ちる **नरक में जा॰** 地獄に堕ちる **नरक में डालना** 地獄に落とす；物凄い苦しみを与える **नरक में भी जगह न मिलना** 身を寄せる所の全くないこと；頼るべき所のないこと **नरक में भी ठेलमठेल हो॰** 悪事にも人が群れ集まること

नरककुंड [名] 地獄の池（悪人が地獄の責苦を受けるために投げ込まれるという）

नरकगामी [形] 地獄に堕ちるべき；大きな罪悪を犯した

नरकट [名] = नरकुल.〔植〕イネ科セイタカヨシ／セイコノヨシ【*Phragmites karka; Phragmites karka*】

नरकपाल [名] 頭蓋骨 = खोपड़ी.

नरकल [名] = नरकुल; नरसल.

नरका [名] 犂の後部につける筒状の播種器
नरकुल [名] (1) 〔植〕イネ科セイタカヨシ／セイコノヨシ【*Phragmitis karka*】 (2) 〔植〕イネ科アシ【*Arundo donax*】
नरगा [名] 狩りで勢子が作る囲いの輪
नरगिस [名] 《P. نرگس नर्गिस》 (1) 〔植〕ヒガンバナ科多年草スイセン（水仙）；キズイセン (2) スイセンの花【*Narcissus tazetta*】〈Polyanthus narcissus〉 (3) 美女の眼
नरगिसी [形] 《P. نرگسی नर्गिसी》 (1) 水仙の (2) 水仙のような
नरजा [名] 秤皿；天秤皿 = पलड़ा.
नरद[1] [名*] 《P. نرد नर्द》 (1) ナルド（西洋すごろく）；チョウサル (2) 同上に用いる駒
नरद[2] [名] 音 = ध्वनि; शब्द; नाद.
नरदारा [名] (1) おとこおんな（男女）= जनखा; हिजड़ा. (2) 臆病者；小心者= डरपोक; कायर.
नरदेव [名] (1) 王 = राजा; नृपति. (2) ブラーフマン；バラモン ब्राह्मण
नरनाथ [名] = नरदेव; राजा; नृपति.
नरनायक [名] 王 = राजा; नृप; नृपति.
नर-नारायण [名] 〔イ神〕ナラ・ナーラーヤナ，すなわち，ヴィシュヌ神の権化とされる兄弟の聖仙（ऋषि）ナラとナーラーヤナ
नरनाहर[1] [形] 獅子の如く勇猛な
नरनाहर[2] [名] (1) 〔イ神〕ヌリシンハ（ヴィシュヌ神の権化の一，人獅子） (2) 王；国王
नरपति [名] 王；国王= राजा; नृपति.
नरपशु[1] [名] (1) 人非人；人にあらざる行為をする者 (2) 〔イ神〕ヌリシンハ नृसिंह
नरपशु[2] [形] 人非人の；畜生のような；むごたらしい行いをする；冷酷な；無慈悲な
नरपाल [名] 王 = नृप; राजा; भूपति.
नर-पिशाच [名] 鬼のような極悪非道な人；人非人；鬼人；吸血鬼
नरपुर [名] 大地（人間の住む世界）= भूलोक; मनुष्यलोक.
नर-बलि [名*] 人身御供
नरबाँस [名] 〔植〕イネ科タケ亜科アナナシタケ【*Dendrocalamus strictus*】〈male bamboo; solid bamboo〉
नरभक्षी[1] [形] 人を食う；人食いの；人肉を食う नरभक्षी बाघ 人食い虎
नरभक्षी[2] [名] 人を食うとされる鬼；ダイティヤ；ラークシャス = दैत्य; राक्षस.
नरम [形] 《← P. نرم नर्म》 (1) やわらかい；柔らかい；軟らかい नरम रबड़ 柔らかいゴム पानी से मिट्टी नरम हो गई थी 土が水で柔らかくなっていた नरम घास 柔らかい草 नरम तौलिये से 柔らかいタオルで (2) ふわふわした；柔らかくふくらんでいる नरम बिस्तर ふわふわした寝具 (3) 温和な；柔和な；やさしい अब तक जो खूँखार था, वह नरम दिख रहा था それまで残忍だった人が柔和に見えていた नरम हवा そよ風；微風 नरम स्वभाव 柔和な性格 (4) 穏健な；穏やかな नरम विचारधारा के व्यक्ति 穏健な思想の人 **नरम दल** 穏健派 (5) しなやかな (6) ゆっくりした；ゆるい **नरम चारा** *a.* ありきたりの *b.* 言いなりになる **नरम दिल** やさしい；心やさしい **नरम पड़ना** 軟化する नरम सर्दी 穏やかな寒さ
नरम-गरम[1] [名] 《P. نرم گرم》 (1) 楽しいもの辛いもの；楽しいこと辛いこと (2) 良いこと悪いこと；都合のよいこと不都合なこと (3) 人生の浮き沈み；波瀾；栄枯盛衰 **नरम-गरम उठाना** 楽しいことも悲しいことも経験する= नरम-गरम सहना.
नरम-गरम[2] [形] (1) あれこれ入り混じった；いろいろ入り混じった (2) 悲喜こもごもの **नरम गरम जो भी हो** どのようなものであれ **नरम-गरम हो॰** 機嫌が悪くなる；不機嫌になる
नरमदा [名*] = नर्मदा.
नरम पानी [名] 軟水
नरम लोहा [名] 軟化鉄 = नर्म लोहा. 〈soft iron〉
नरमाना[1] [他] 《← P. نرم》 (1) 柔らかくする (2) 穏やかにする；鎮める
नरमाना[2] [自] (1) 柔らかくなる (2) 穏やかになる；鎮める
नरमाला [名*] 幾つものされこうべをつないで輪にしたもの
नरमी [名*] 《P. نرمی नर्मी》 (1) 柔らかさ；柔らかみ (2) 柔和さ；優しさ (3) 容赦；大目に見ること किसी तरह की नरमी नहीं बरती जाएगी いかなる容赦も行われないであろう **नरमी क॰** 容赦する；大目に見る= नरमी बरतना.
नरमी-गरमी [名*] 《P. نرمی گرمی》 厳しさとやさしさ
नरमुंड [名] 人の首；頭蓋（骨）；されこうべ
नरमेध [名] (1) 人身御供；人祠祭 (2) 殺戮
नरलोक [名] 人間界；この世；現世= संसार; मनुष्यलोक; मृत्युलोक.
नरवध [名] 殺人；人殺し= हत्या; क़त्ल.
नरवर [名] 立派な人；人格者
नरवीर [名] 勇者；つわもの
नरव्याघ्र [名] (1) 勇猛な人；勇士 (2) 英雄 (3) 王
नरशार्दूल [名] = नरव्याघ्र.
नरसंहार [名] 殺戮；大虐殺 उन नरसंहारों को रोका जा सकता था その殺戮を防ぐことができた
नरसल [名] = नरकुल. 〔植〕イネ科ダンチク属セイタカヨシ／セイコノヨシ【*Arundo donax*】= नरहल; बड़ा नल; पोटगल.
नरसिंगा [名] = नरसिंघा.
नरसिंघा [名] 〔イ音〕ナルシンガー（真鍮製の吹奏楽器，いわゆるＳ字形ラッパの一種）
नरसों [名・副] (1) しあさって（明明後日） (2) さきおととい（一昨々日）
नरहत्या [名*] (1) 人殺し；殺人= हत्या; वध; क़त्ल. (2) 殺人行為
नरहरि [名] 〔イ神〕ヌリシンハ नृसिंह
नरहल [名] = नरसल.
नराच [名] 矢 = तीर; बाण; शर.
नराज़ [形] → नाराज़.
नराज़गी [名*] → नाराज़गी.
नराधम [名] 下賤な人；下品な人；あさましい人
नराधिप [名] 王 = राजा; नृपति.
नरायन [名] = नारायण.
नरिया [名] ナリヤー（半円筒形の瓦で形は丸瓦と同じだが用い方は日本と逆．開いた方を上に向け降水を流し落とす）；丸瓦；鬼瓦
नरिशिंग क्रीम [名] 《E. nourishing cream》ナリシング・クリーム；栄養クリーム
नरी[1] [名*] 《P. نری》 (1) 彩色した山羊革；子山羊の革；キッド革 (2) 柔らかいなめし革
नरी[2] [名*] 女性；女= स्त्री; नारी.
नरी[3] [名*] 細い筒；細い管
नरेंद्र [名] 王；国王= राजा; नृपति; नृप.
नरेतर [名] 畜生；けだもの= पशु.
नरेली [名*] (1) 小型ココヤシ (2) ココヤシの実の殻 (3) ココヤシの殻でこしらえた水ぎせるの頭部；雁首
नरेश [名] 王；国王= राजा; नृप.
नरेस [名] = नरेश.
नरोत्तम [名] (1) 最高の人；理想の人 (2) 最高神 = ईश्वर; भगवान.
नर्गिस [名] = नरगिस.
नर्गिसी [形] = नरगिसी.
नर्तक [名] (1) 踊り手= नाचनेवाला. (2) 俳優；役者= अभिनेता.
नर्तकी [名*] (1) 踊り手；踊り子 (2) 女優；女役者 (3) 娼婦
नर्तन [名] 踊り；舞踊= नृत्य; नाच.
नर्द [名*] 《P. نرد》 = नरद. (1) ナルド（西洋すごろく）；チョウサル (2) 同上に用いる駒
नर्दन [名] 轟音 = नाद; गरज.
नर्दबाज़ी [名*] 《P. نرد بازی》ナルド（西洋すごろく）の遊び；チョウサル
नर्दबान [名] 《P. نرد بان》木製のはしご；階段= काठ की सीढ़ी.
नर्दा [名] 下水= गंदा नाला.
नर्म[1] [形] 《P. نرم》 → नरम.
नर्म[2] [名] 冗談 = दिल्लगी; परिहास.
नर्मगर्म [形・名] → नरमगरम.
नर्मद [形] 楽しい；愉快な；楽しくさせる
नर्मदा [名*] ナルマダー川（マディヤ・プラデーシュ州のアマルカンタクに源流を発しグジャラート州を経てカンバート湾に注ぐインド第２の大河）= नर्मदा नदी.
नर्मदेश्वर [名] 〔ヒ〕ナルマダー川流域で得られる卵形の石でシヴァリンガとして崇拝の対象となる

नर्मी [名*] = नरमी.

नर्री [名*]〔植〕タデ科多年草【*Polygonum barbatuma; P. staguinum*】

नर्वस [形]《E. nervous》(1) 神経質な (2) 緊張した；過敏な नर्वस हो॰ 神経をとがらす；緊張する इतनी नर्वस तो मैं पहले कभी जीवन में नहीं हुई थी 生まれてこのかたこんなに緊張したことはなかった

नर्स [名⁻]《E. nurse》(1) 看護婦 (2) 看護士 (3) 保母 **चीफ़ नर्स** 婦長

नर्सरी [名*]《E. nursery》(1) 保育園；託児所 (2) 種苗場；花卉園 नर्सरी वाले 種苗場や花卉園の経営者や職員；植木屋= पेड़-पौधों की पौदे बेचनेवाले. **नर्सरी क्षेत्र** 苗床

नर्सरी पोयम [名]《E. nursery poem》童謡

नर्सरी राइम [名]《E. nursery rhyme》童謡；童歌；わらべ唄

नर्सरी स्कूल [名]《E. nursery school》保育園；保育所；保育学校

नर्सिंग होम [名]《E. nursing home》小規模の私立病院；小規模私設療養院

नल[1] [名] (1) 管；筒 (2) 上水道；水道 पानी के लिए गुस्लखाने में नल है 浴場に水道がついている (3) 下水道；溝；どぶ (4) 尿道

नल[2] [名] (1)〔植〕イネ科セイタカアシ= नरकुल.【*Amphidonax nalakula*】(2)〔植〕ハス (3)〔マハ〕ナラ王物語の主人公ナラ王 (ニシャダ国 निषध 国王)

नलका [名] (1) 水道管 (2) 管；太い管；管状のもの

नलकी [名*] (1) 管；細い管 (2) (水ぎせるの) 吸い口 साँस की नलकी 気管

नलकूप[名]灌漑用の動力による揚水井戸；チューブウエル〈tubewell〉

नलद[名](1)〔植〕オミナエシ科カンショウ【*Nardostachys jatamansi*】= जटामासी; बालछड़. ；甘松 (2)〔植〕イネ科草本ベチベルソウ【*Andropogon muricatus*】の根

नलदा [名*] = जटामासी.〔植〕オミナエシ科カンショウ (甘松)【*Nardostachys jatamansi*】

नलबाँस [名]〔植〕タラーイー (तराई) 地方に産する竹の一種 → तराई.

नलमीन [名]〔動〕甲殻類エビ= झींगा मछली.

नलवा [名] (1) 筒；筒状のもの (2) 牛にギーなどを飲ませるのに用いられる竹筒 (3) 茎 (4) ストロー

नलसाज़ [名]《H. + P. ساز》鉛管工；水道工事屋；水道工事人= प्लम्बर.〈plumber〉

नलसेतु〔地名〕ナルセートゥ／ナラセートゥ；セートゥバンダ (タミル・ナードゥ州のラーメーシュヴァラムからスリーランカーのタライマンナルの間の砂州.「ラーマーヤナ」では猿軍の将ナラ及びニーラの助力でラーマが架けた橋とされる)；アダムスブリッジ

नला [名] (1) 大きな管；大きな筒 (2) 尿道；尿管

नलाना [他] 畑の除草をする；草抜きをする

नलिका[1] [名*] 管；中空の筒状のもの；筒

नलिका[2] [名*] サンダラック→ नली[2]

नलिन[名]〔植〕スイレン科水草ハス【*Nelumbo nucifera; Nelumbium speciosum*】= कमल; पद्म.

नलिनी [名*] (1) = नलिन; कमल. (2) ハスの沢山茂ったところ；蓮池

नली[1] [名*] (1) 細い管や管状のもの काँच की नली ガラス管 हुक्के की नली フッカー (水ぎせる) の管 (2) 葦の茎 (3) 気管 = साँस की नली. (4) 尿管 = पेशाब की नली. (5) (骨髄の空洞のある) 骨 (6) 脛骨

नली[2] [名*] サンダラック (ヒノキ科マオウヒバ【*tetraclinis articulata*】の樹脂で香料となる)

नवंबर [名]《E. November》太陽暦の 11 月

नव[1] [形] 造語要素として用いられるのが普通. 新；新しい；新規の= नया; नवीन; नूतन. इस नवगठित और सशक्त राज्य में この新しく組織された強力な国家に

नव[2] [数・造語]《Skt.》9；9 の意を表す造語要素= नौ.

नवक[1] [形] 新しい；新規の= नया.

नवक[2] [名] 9 つのものの集まり

नवक[3] [数] 9 の；9 つの= नौ.

नवग्रह [名] 太陽，月，火星，水星，木星，金星，土星及び想像されたラーフ (羅侯 राहु) 及びケートゥ (計都星 केतु) を合わせた九遊星；九曜

नवचंद्र [名] (1) 新月 (2) 三日月

नवचंद्राकार [形] 三日月形の；三日月状の

नवजनित [形] 新しく生まれた；新生の

नवजवान [形・名] 若い；年若い；青年；若者= नौजवान; युवक; युवा.

नवजागरण [名] (1) 覚醒 देश का नवजागरण 国の覚醒 (2) ルネッサンス भारत का नवजागरण インドのルネッサンス

नवजात [形] 生まれたばかりの；新生の नवजात बच्चा 新生児= नवजात शिशु.

नवजीवन महाकल्प [名]〔地質〕新生代〈Cenozoic Era; Kainozoic Era〉

नवतारा [名]〔天〕新星〈nova〉

नवति [数]《Skt.》90 = नब्बे.

नवतितम [数]《Skt.》第 90 の

नवदंपति [名] 新婚夫婦

नवदल [名] 若葉= कल्ला; नया पत्ता.

नवद्वार [名] 人間の身体にある九門もしくは九穴 (口，目，鼻，耳，陰門，肛門，のこと)

नवद्वीप〔地名〕ナヴァドヴィーパ (中世においてインド論理学研究の中心地として有名であった. 現今の西ベンガル州東部のノディヤ)

नवधनाढ्य [名] 成金= नया दौलतीय.

नवधनिक [形・名] 成金の नवधनिक जातियाँ 成金カースト (例えば，独立後の土地制度の改革などで経済的に豊かになったが社会的には低く見られるビハール州のヤーダヴ，クルミーなどのカーストについて言われる)

नवधा [副] (1) 9 種に；9 つの方法で (2) 9 部分に

नवधा भक्ति [名*]〔ヒ〕10 世紀頃の「シャーンディリヤ・バクティスートラ」に説かれた神への信愛の捧げ方の 9 種. 9 種の方法による信愛，すなわち，バクティ (भक्ति) ((1) श्रवण 聴聞 (2) कीर्तन 賛称 (3) स्मरण 思念 (4) पादसेवन 御足の礼拝 (5) अर्चन 崇拝 (6) वंदन 敬礼 (7) सख्य 友誼 (8) दास्य 服従 (9) आत्मनिवेदन 献身)

नवनिधि [名*] 富の神・財宝の神クヴェーラ (クベーラ) の所有とされる 9 種の宝物マハーパドマ महापद्म)，パドマ (पद्म)，シャンカ (शंख)，マカラ (मकर)，カッチャパ (कच्छप)，ムクンダ (मुकुंद)，クンダ (कुंद)，ニーラ (नील)，カルヴァ (खर्व)

नवनियुक्त [形] 新規に任じられた；新任の उत्तर प्रदेश कांग्रेस के नवनियुक्त अध्यक्ष ウッタル・プラデーシュ州コングレス党の新任議長

नवनिर्मित [形] 新しく造られた；新造の；最近建造された **नवनिर्मित शब्द**〔言〕新語；新造語

नवनीत [名] (1) バター = मक्खन. (2) クリシュナ神 = श्रीकृष्ण.

नवपाषाण उपकरण [名]〔考〕新石器

नवपाषाण युग [名]〔考〕新石器時代= नवपाषाण काल; नवप्रस्तर युग.

नवपाषाणी [形]〔考〕新石器時代の

नवप्रसूत [形] 生まれたばかりの；新生の

नवप्रस्तर युग [名]〔考〕新石器時代= नवपाषाण युग.

नवप्राशन [名] 新しくとれた穀物を初めて食べること

नवम [数]《Skt.》第 9 の；9 番目の = नवाँ.

नवमल्लिका [名*]〔植〕モクセイ科低木【*Jasminum sambac*】= चमेली.

नवमालिनी [名*] = नवमल्लिका.

नवमी [名*] 陰暦の各半月の 9 日= नौमी.

नवयुवक [名] 青年；若者= नौजवान; तरुण.

नवयुवती [名*] 若い娘= तरुणी.

नवयुवा [名] = नवयुवक; नौजवान.

नवयौवन [名] 青春

नवयौवना [名*] 若い娘= नौजवान औरत.

नवरंग [形] (1) 美しい= सुंदर; रूपवान. (2) 新式の；新型の= नये ढंग का.

नवरंगी [形] (1) 美しい (2) 鮮やかな；華やかな (3) 明るい；陽気な；快活な= हँसमुख; खुशमिज़ाज; रँगीला.

नवरत्न [名] 9 種の宝石；九宝 (ルビー；トパーズ，真珠，ダイヤモンド，エメラルド，ラピスラズリ，珊瑚，サファイヤ，瑪瑙)

नवरत्नहार [名] 9 種の宝石を用いた首飾り

नवरस [名]〔イ文芸〕ヒンディー詩論にいうところの 9 種のラサ（情調），すなわち，サンスクリットの詩論で数えられる 8 種のラサ（恋情 शृंगार，憤怒 रौद्र，勇武 वीर，憎悪 बीभत्स，滑稽 हास्य，悲愴 करुण，奇異 अद्भुत，驚愕 भयानक）に寂静 शांत のラサを加えたもの → रस.

नवरात्र [名] (1) 9 日間；9 日の期間 (2)〔ヒ〕9 日間続けて完了する祭礼 (3)〔ヒ〕春のナヴァラートラ祭（インド暦 1 月，すなわち，チャイト月の白分 1 日から 9 日まで行われるものでドゥルガー女神を祀る） (4)〔ヒ〕秋のナヴァラートラ祭（インド暦 7 月，すなわち，アーシュヴィン月の白分 1 日から 9 日まで行われるものでドゥルガー女神を祀る）

नवल [形] (1) 新しい；新規の (2) 新鮮な；初々しい (3) 若々しい (4) ぴかぴかの；輝いている

नवल-किशोर [名] クリシュナ神の異名の一= श्रीकृष्ण.

नवला [名*] 若い娘= तरुणी.

नवलेवा [名] 川岸のぬかるみや低湿地

नववधू [名*] 新妻；若嫁

नववर्ष [名] 新年 = नया साल. नव वर्ष की शुभकामनाएँ 新年の祝詞 नववर्ष का अभिनंदन पत्र 年賀状= नए साल का ग्रीटिंग कार्ड.

नवविंश [数] 《Skt.》第 29 の；29 番目の= उनतीसवाँ.

नवविंशति [数] 《Skt.》29 = उनतीस.

नवविवाहित [形・名] → नव-विवाहिता. 新婚（の）

नवविवाहिता [形*・名*] 新婚の（婦人）；新妻；若妻；若嫁

नवशस्येष्टि [名*] バサントパンチャミー祭 बसंत पंचमी の際に行われる農作物の実りを祈願する儀礼；春祭り= नवान्नेष्टि.

नवशिक्षित [形] (1) 最近習い始めた；学び始めたばかりの= नौसिखुआ. (2) 新しい教育を受けた；新教育を受けた

नवाँ [形⁺]（被修飾語の性と格に応じて नवें(mas.,sg.,obl., pl.), नवीं (fem.) と変化する）第 9 の；9 番目の= नवम.

नवांश [名] 9 分の 1

नवा [名] 《P. نوا》 (1) 音；音声= स्वर；आवाज़；ध्वनि. (2) 歌；曲；調べ= गान；गाना；गीत；धुन.

नवाई[1] [名*] (1) 曲がること (2) 謙遜；丁重さ

नवाई[2] [名*] 新しさ；新しいこと；新鮮さ= नयापन；नवीनता.

नवागत[1] [形] (1) 新しく来た (2) 新着の；新しい；到着したばかりの

नवागत[2] [名] = नवागंतुक. 新人；新しく参加したり加入した人

नवागंतुक [名] 新人 = नवागत[2]

नवागर [名] 《P. نواگر》歌い手；歌手= गायक；गवैया.

नवाज़ [名] 《P. نواز》愛顧；情けをかけること；好意を寄せること；可愛がること；愛撫すること

-नवाज़ [造語] 《P. نواز》 (1)（ーを）奏でる，演奏するなどの意を有する合成語の構成要素 (2)（ーに）好意を寄せる；（ーを）可愛がる，情けをかける，哀れむなどの意を有する合成語の構成要素 बंदानवाज़ 信徒を愛でる（神）

नवाज़ना [他] 《← P. نواز नवाज़》好意を寄せる；可愛がる；可愛がってなでる；愛撫する

नवाज़िश [名*] 《P. نوازش》好意；愛情；愛撫

-नवाज़ी [造語] 《P. نوازی》（ーを）愛でること，愛することなどの意を有する合成語の構成要素

नवाड़ा [名] 小舟；ボート= निवाड़ा.

नवाना [他] (1) 曲げる；折り曲げる (2) 頭を下げる हाथ जोड़कर सिर नवाएँगे 手を合わせて頭を下げる उसने उन बंद कपाटों के आगेवाली दहलीज पर फूल रखकर सिर नवा दिया 閉ざされた扉の前のかまちに花を置いて頭を下げた भारत माता के सामने सिर नवाकर 母なるインド（の前）に頭を下げる

नवान्न [名] (1) 新しく収穫された穀物；新穀 (2) 調理されたばかりの穀物 (3) 収穫の際に行われる祖霊の供養 (4) 新穀を食べること

नवान्नेष्टि [名*] = नव शस्येष्टि.

नवाब [名] 《A. نواب नव्वाब》 (1) ナワーブ（国王が地方に派遣・任命した行政官）；太守 (2) 英領インド時代にイスラム教徒の藩王国の支配者に与えられた称号；ナワーブ (3) 英領インド時代にイスラム教徒の資産家に与えられた称号 (4) 金力や権力を誇示する人；大尽；ナワーブ

नवाबज़ादा [名] 《A.P. نواب زاده नव्वाबज़ादा》 (1) ナワーブの息子 (2) 派手な暮らしや贅沢に耽る人；大尽の息子；役立たずの道楽息子

नवाबज़ादी [名*] 《A.P. نواب زادی नव्वाबज़ादी》 (1) ナワーブの娘 (2) 大尽の娘

नवाबी[1] [形] 《A. نوابی नव्वाबी》 (1) ナワーブの；ナワーブによる (2) ナワーブのような；ナワーブのように派手な；贅を尽くす **नवाबी रियासत** ナワーブの領地 मालेर कोटला मुसलमान नवाबी रियासत थी マーレール・コートラーはムスリムのナワーブの領地だった

नवाबी[2] [名*] (1) ナワーブの地位や身分 (2) ナワーブの治世や統治 (3) ナワーブのように贅を尽くすこと (4) ナワーブのような専横

नवाभ्युत्थान [名] 再興

नवारा [名] = नवाड़ा.

नवासा [名] 《P. نواسہ》孫（娘の子，外孫）= नाती.

नवासाज़ [名] 《P. نوا ساز》歌い手；歌手= गायक；गवैया；नवागर.

नवासी[1] [名*] 《 نواسی ← P. نواسہ नवासा》孫娘（娘の子；外孫）= नातिन；दुहती.

नवासी[2] [数] 89 नवासीवाँ 第 89 の；89 番目の

नवाह[1] [名] 9 日間

नवाह[2] [形] 9 日間の；9 日の間続く

नविश्ता[1] [形] 《P. نوشتہ》書かれた；記された= लिखा हुआ.

नविश्ता[2] [名] 《P. نوشتہ》書類；文書；書きつけ= दस्तावेज़.

नवीकरण [名] → नवीनीकरण. तकनॉलोजी का नवीकरण 技術革新

नवीन [形] (1) 新しい (2) 新規の (3) 近代的な (4) 新鮮な (5) 若い (6) 斬新な

नवीनता [名*] ← नवीन.

नवीनीकरण [名] (1) 更新；若返り (2) 変革；革新 शिक्षा संबंधी पाठ्यक्रमों और पुस्तकों में जो नवीनीकरण की प्रवृत्तियाँ देखने में आ रही हैं 今日見られるカリキュラムと教科書の革新の動向

नवीनीकृत [形] (1) 新しくされた；更新された (2) 変革された；革新された हर तीन साल बाद नवीनीकृत क॰ 3 年ごとに更新する

-नवीस [造語] 《P. نویس》（ーを）書く（人），書き手などの意を有する合成語の構成要素 अखबारनवीस 新聞記者→ नवीसी.

-नवीसी [造語] 《P. نویسی》（ーを）書くこと，記すことなどの意を有する合成語の構成要素 ← नवीस. पेशा अखबार-नवीसी और अफ़साना-नवीसी 職業は新聞記者兼小説家

नवेला [形⁺] (1) 若い；若々しい；初々しい (2) 新鮮な；新しく美しい नवेली बहू 新妻；若妻

नवेली [名*] 若い娘= तरुणी.

नवोढ़[1] [形] 新婚の= नवविवाहित.

नवोढ़[2] [名] (1) 既婚者 (2) 若者；青年

नवोढ़ा [名*] (1) 新妻；新婚夫人；若妻= नवविवाहिता. (2) 若い娘 (3)〔イ文芸〕 नायिकाभेद の一で新婚の女性；新妻；ナヴォーラー

नवोदक [名] (1) 雨季の最初に降った雨 (2) 新しく掘った井戸に湧いた水

नवोदित [形] 新しく興った；新しく現れた；新興の नवोदित राष्ट्र 新興国

नव्य [形] (1) 新しい；新規の= नया；नव；नवीन. (2) 近代の；近代的な；現代的な= आधुनिक.

नव्वाब [名] = नवाब.

नव्वाबी [名・形] = नवाबी.

नशन [名] 消滅；潰滅；壊滅= नाश；तबाही.

नशा [名] 《A. نشہ / نشا नश्शा/नशा》 (1)（酒や麻薬などの使用による）酔い；酩酊；幻覚 भाँग का नशा ही उनके लिए विजय का नशा है 大麻の酔いこそあの人にとっての勝利の酔いだ नशे में धुत होकर पाश्चात्य संगीत की धुन पर झूमना 酔っ払って西洋音楽の曲に合わせて浮かれ踊る (2) 麻薬（大麻，アヘンなどの） (3) 中毒（麻薬や覚醒剤，幻覚剤，飲酒などの常習による知覚麻酔や興奮あるいは，そのようなものを使用する習癖） नशा बुरी लत है 飲酒癖はよくないものだ (4) 驕り高ぶること सत्ता के नशे में यह भूल गए हैं कि... 権力（の美酒）に酔ってこれを忘れてしまっている (5) 耽溺；陶酔 (6) 浮かれること
नशे की हालत में मोटर चलाना 酔っ払い運転，飲酒運転 **नशा उखड़ना** = नशा उतरना. **नशा उतरना** *a.* 酔いが覚める *b.* 驕りが

न

消える；慢心がなくなる；正気に戻る；酔いが覚める अपने कई वीरों के नाश की बात सुनकर रावण का नशा उतर गया 味方のつわものたちが幾人も滅びたのを聞いてラーヴァナの酔いが覚めた **नशा उतारना** *a.* 酔いを覚ます *b.* 驕りを打ち砕く；慢心を打ち砕く；驕り高ぶりを打ち砕く **नशा क०** *a.* 飲酒する；酒を飲む पति को नशा करने की आदत थी 夫には酒を飲む癖があった *b.* 麻薬を用いる **नशा किरकिरा हो०** *a.* 熱気が冷める；ほとぼりが冷める *b.* 白ける **नशा खाना** 麻薬を用いる；麻薬をやる किसी-किसी को नशा खाने से फ़ायदा होता है 麻薬の使用が体によい人もいる **नशा चढ़ना** *a.* 酔いがまわる *b.* 酔う *c.* 熱中する；熱狂する＝ नशा छाना. **नशा जमना** 酔いがまわる **नशा झाड़ना** ＝ नशा उतारना. **नशा टूटना** ＝ नशा उतरना. **नशा ठंडा हो०** ＝ नशा उतरना. **नशा-पानी क०** 麻薬を用いる **नशा मिट्टी हो०** ＝ नशा उतरना. **(-का) नशा सिर पर सवार हो०** （―に）熱中する **नशा हिरन कर दे०** *a.* 酔いを覚ます *b.* 正気に戻す；鼻をへし折る **नशा हिरन हो जा०** *a.* 酔いが覚める *b.* 正気に戻る **नशे की गोली** 麻薬 **नशे में चूर हो०** *a.* ぐでんぐでんに酔う；前後不覚に酔う *b.* 熱中する；熱狂する；酔いしれる

नशाआमेज़ [形] 《A.P. نشا آمیز》麻薬性物質の混じった

नशाख़ोर [名] 《A.P. نشا خور》(1) 酒飲み (2) 麻薬を用いる人

नशाख़ोरी [名*] 《A.P. نشا خوری》(1) 飲酒 (2) 麻薬使用

नशात [名*] 《A. نشاط》喜び；嬉しさ；歓喜＝ निशात.

नशाबंदी [名*] 《A.P. نشا بندی》酒類の醸造・販売禁止

-नशीन [造語] 《P. نشین नशीं》座る，腰を下ろす，座す，座を占めるなどの意を有する合成語の構成要素 तख़्तनशीन 玉座を占める；玉座に座す

-नशीनी [造語] 《P. نشینی》座ること，座すこと，地位につくことなどの意を有する合成語の構成要素

नशीला [形⁺] 《A. نشا नशा + H. -ईला》(1) 酔った；酔いのまわった नशीली आँखों में जादू 酔いのまわった目の発する魔術 (2) 酔わせる；酔いをもたらす (3) 夢中にさせる；興奮させる (4) 麻薬の；麻酔性の नशीली दवाई 麻薬 नशीली गोलियाँ 麻薬（粒状のもの） नशीले पदार्थ 麻酔性の物；麻薬

नशेड़ी [形] 《← A. نشا》飲酒や麻薬の中毒に罹っている人

नशेबाज़ [形・名] 《A.P. نشه باز नशाबाज़》(1) 飲酒癖の（人） (2) アルコール中毒の (3) 麻薬常用の（人）；麻薬常用者

नशेबाज़ी [名*] 《A.P. نشه بازی नशाबाज़ी》(1) 飲酒（癖） कितनों ने ही नशेबाज़ी छोड़ दी 多数の人が飲酒癖を断った (2) アルコール中毒 (3) 麻薬常用

नशेमन [名] 《P. نشیمن》巣；ねぐら ＝ निशेमन; घोंसला; नीड़.

नश्तर [名] 《P. نشتر निश्तर》ランセット；ひらきばり（披針）；刃針 हवा नश्तर की तरह काटती थी 身を切るような冷たい風だった नश्तर लगाना メスを入れる；切り裂く＝ चीरना.

नश्र [名] 《A. نشر》(1) 復活 (2) 蘇生；よみがえり (3) 放送＝ प्रसारण. बुलेटिन नश्र होंगे ニュースが放送される (4) 流布 (5) 発行

नश्वर [形] ＝ फ़ानी. はかない；短命の；移ろいやすい नश्वर जान 露の命；はかない命

नश्वरता [名*] ← नश्वर. はかなさ（儚さ）；うつろいやすさ

नष्ट [形] (1) 壊された；破壊された (2) 台無しになった；駄目になった；潰えた **नष्ट क०** *a.* 壊す；破壊する *b.* 台無しにする；駄目にする समस्त उत्तर-पूर्वी अंचलों में खेती के लिए वन धुआँधार नष्ट किए गए हैं 北東部全域で農業のために森林がめちゃくちゃに破壊されてしまっている वनों के आधे नष्ट किए जाने के कारण 森の半分が破壊されたので **नष्ट हो०** *a.* 破壊される *b.* 台無しになる；駄目になる ओलों से फ़सल नष्ट हो० 降雹のため作物が台無しになる विटामिन का नष्ट हो० ビタミンが破壊される (3) 失われた；なくなった धन के अहंकार में उसका सारा विवेक ही नष्ट हो गया था 富の驕りにその人の一切の分別が失われてしまっていた (4) 滅びた；滅亡した (5) 湮滅された

नष्टचेत [形] 失神した；意識を失った

नष्टचेष्ट [形] 動かない；動かなくなった；硬直した；麻痺した

नष्टदृष्टि [形] 視力を失った；失明した

नष्टप्राय [形] ほぼ駄目になった；ほぼ壊滅した

नष्टबुद्धि [形] 頭の悪い；愚かな＝ मूर्ख; बुद्धिहीन.

नष्टभ्रष्ट [形] 破壊された；壊れた；つぶれた विकसित देशों में पारिवारिक व सामाजिक ढाँचा नष्टभ्रष्ट हो गया है 先進国では家族や社会の基盤が壊れてしまっている

नष्टाश्वदग्धरथ न्याय [名] 相互に欠けているものを補い合う相互扶助の関係にあることのたとえ

नष्टि [名*] 破壊；破滅＝ नाश; विनाश; तबाही.

नष्टेंद्रिय [形] 意識や知覚を失った

नस [名*] (1) 腱 घोड़ा नस アキレス腱 (2) 筋肉 (3) 血管 (4) 神経 (5) 葉脈 (6) 男根 **नस चढ़ना** 身体の筋を違える；筋肉がひきつる **(-की) नस टोना (टोहना)** （―の）本心を探る；腹を探る **(-की) नस ठीक कर दे०** （―を）懲らしめる **नस (नसें) ढीली पड़ना** *a.* ぐったりする *b.* 精力が減退する **नस-नस काँपना** 恐ろしさに震えあがる सरदार साहब की बात सुनकर मेरी नस-नस काँप उठी サルダールの話を聞いて震えあがった **(-की) नस-नस का पता हो०** ＝ नस-नस पहचानना. **नस-नस ढीली हो०** *a.* ほっとする；安堵する *b.* ぐったりする；くたくたになる **(-की) नस-नस पढ़ना** ＝ नस पहचानना. **(-की) नस-नस पहचानना** （人を）知り尽くす मैं तो तेरी नस-नस पहचानता हूँ お前のことは知り尽くしているんだぞ **नस-नस फड़कना** 踊りだしたい程にとても嬉しい **नस-नस में बिजली दौड़ जा०** 体の中を激しい刺激が走る；電撃的なショックを感じる **(-की) नस-नस में समाना** 体中に広がる **नस-नाड़ी** 血管 **(-की) नस पकड़ना** （人について）詳しく知る；熟知する；（―について）的確に把握する；正確に理解する **नस पर नसों चढ़ना** ＝ नस चढ़ना. **(-की) नस पहचानना** ＝ नस-नस पहचानना. **नसों में ख़ून दौड़ना** 胸の血がたぎる **नसों में ख़ून बहना** ＝ नसों में ख़ून दौड़ना.

नसतालीक़ [名] → नस्तालीक़.

नसना [自] (1) 駄目になる；つぶれる (2) 傷む；壊れる

नसबंदी [名*] 《H.नस + P. بندی نس بندی》〔医〕(1) 精管切除；パイプカット (2) 精管切除手術＝ नसबंदी आपरेशन. उसने अपनी नसबंदी करा ली है すでに精管切除手術を受けている

नसब [名] 《A. نسب》＝ कुल; वंश; गोत्र. (1) 血統 (2) 家系

नसर [名*] 《A. نثر नस्र》散文 ＝ गद्य.

नसल [名*] → नस्ल. हरियाणा नसल की गाय ハリヤーナー種の雌牛

नसवार [名*] 嗅ぎタバコ＝ निसवार; सुँघनी; नास; हुलास. नसवार सूँघना 嗅ぎタバコを嗅ぐ

नसा[1] [名*] 鼻 ＝ नाक; नासा; नासिका.

नसा[2] [名] ＝ नशा.

नसाना [他] (1) 駄目にする；台無しにする (2) 傷める；壊す；つぶす

नसी [名*] (1) 犂の刃先 (2) 犂

नसीब [名] 《A. نصیب》(1) 分け前；部分＝ भाग; हिस्सा. (2) 運命＝ भाग्य; क़िस्मत; तक़दीर. **नसीब का खेल** 運；運命；運勢；運勢の命じるところ केवल नसीब का खेल है! 単なる運命のいたずらさ **नसीब का खोटा** 不運な；つきのない；運勢に見放された **नसीब का चक्कर** ＝ नसीब का खेल. **नसीब का मारा** ＝ नसीब का खोटा. **नसीब का लिखा** 運勢；運勢で定められていること **नसीब का सितारा बनना** 運の開けるきっかけとなる **नसीब को रोना** 不運を嘆く **नसीब खुलना** 運が向く；運が開ける；つきがある；つきが回る **नसीब खोटा हो०** 不運な；つきのない **नसीब चमकना** ＝ नसीब खुलना. **नसीब जल जा०** 運が尽きる **नसीब जागना** ＝ नसीब खुलना. नहीं मालूम, आज किसके नसीब जागेंगे? さて今日はだれにつきが回ることやら **नसीब ठोंकना** 不運を嘆く **नसीब पलटना** 運勢が変わる **नसीब फिरना** 運がなくなる；つきがなくなる；不運になる **नसीब फूटा हो०** ＝ नसीब खोटा हो०. **(-) नसीब में लिखा हो०** （―が）運勢で決められている **नसीब लड़ जा०** 運が向く；運が開ける **नसीब सीधा हो०** ついている；つきがある；順調な **नसीब सो जा०** ＝ नसीब खोटा हो०. **नसीब हो०** 得られる；手に入る＝ प्राप्त हो०; हासिल हो०. भारत को विजय नसीब नहीं हुई インドは勝利を得なかった परसों से पानी भी नसीब नहीं हुआ 一昨日から水さえ手に入らなかった

नसीबजला [形⁺] 《نصیب A. + H.जला》不運な；運のない

नसीबवर [形] 《A.P. نصیبه ور नसीबावर》幸運な；つきのある＝ भाग्यवान; भाग्यशाली; ख़ुशक़िस्मत; क़िस्मतवाला.

नसीबा [名] 《A. نصیبه》運；運勢 **नसीबे का धनी** 幸運な；運の強い；運に恵まれた

नसीबेवर [形] ＝ नसीबवर.

नसीम [名*] 《A. نسیم》(1) そよ風；微風 (2) 涼しい風

नसीर [名] 《A. نصیر》援助者；助力者；協力者

नसीहत [名*] 《A. نصيحت》(1) 忠告；いましめ भाड़ में जाओ तुम और तुम्हारी नसीहतें お前の忠告なんぞ糞食らえだ हर वक़्त नसीहत करती है 四六時中いましめている इन मामलों में माँ बाप की नसीहतें उन्हें ज़हर लगती हैं この種のことについては親の意見は毒のように感じられるものだ (2) 教訓 इसी प्रकार के अन्य लोगों को नसीहत प्राप्त हो सके 同じような人たちが教訓を得られるように (3) お説教；余計なお世話 ऐसी नसीहत करके नाहक़ ख़ुदा की नज़र में गुनाह मोल ले रहे हो こんなお説教を垂れて君は無駄に罪を犯しているのだぞ

नसूर [名] 《← A. ناسور नासूर》宿痾= नासूर; नाड़ीव्रण.

नस्त [名] (1) 鼻 (2) 嗅ぎタバコ= नसवार; निसवार; सुँघनी.

नस्तक [名] (1) 牛や水牛の鼻に通す鼻綱の穴 (2) 鼻の穴

नस्तालीक़ [名] 《A. نستعليق》ナスターリーク体（ウルドゥー文字やペルシア文字に用いられる書体の一で優美なもの）

नस्बुलऐन [名] 《A. نصب العين》目標；目的；目指すところ

नस्य [名] (1) 嗅ぎタバコ= नसवार; निसवार; सुँघनी. (2)〔アユ〕鼻に入れる薬や鼻から注入される薬剤 (3) 鼻綱 = नाथ.

नस्या [名*] (1) 鼻 (2) 鼻の穴

नस्र[1] [名] 《A. نسر》(1)〔鳥〕ワシタカ科ワシ (2)〔鳥〕ワシタカ科ハゲワシ

नस्र[2] [名*] 《A. نثر》散文 = नसर; गद्य.

नस्र[3] [名*] 《A. نصر》援助；助力= सहायता; मदद.

नस्ल [名*] 《A. نسل》(1) 子孫；家系；血統 (2) 世代 आनेवाली नस्लों के लिए 次世代のために (3) 種族；血統；人種；品種 ये निवासी किस नस्ल, किस जाति के लोग थे この住民たちはどの人種，どの民族の人たちだったのか नस्ल बढ़ना 繁殖する **नस्ल सुधार** （動物の）品種改良 जानवरों की नस्ल सुधारना 動物の品種を改良する

नस्लवाद [名] 人種主義；人種差別 = प्रजातिवाद.

नस्ली [形] 《← A. नस्ल》血統の；種族の；人種の；品種の बरमिंघम में नस्ली दंगा バーミンガムの人種暴動 **नस्ली भेदभाव** 人種差別

नह [名] 爪 = नाख़ून.

नहछू [名] (1)〔ヒ〕ナハチュー（結婚式関連の儀礼の一で挙式前に花婿の毛髪や爪を切るなどの手入れをしメヘンディー मेंहदी を塗る） (2) ナハチュー（嫁の家で花婿を出迎える行事の後花嫁の爪を切り沐浴させる儀礼）

नहट्टा [名] 爪の傷；爪のひっかき傷= नखक्षत.

नहन [名] 井戸水を汲み上げる革袋のバケツにつけた綱

नहना [他] (1) 牛や水牛の鼻に鼻輪の穴を通す (2)（家畜を）犂につなぐ (3) 仕事をさせる；働かせる

नहन्नी [名*] 爪切り（鋏）= नहरनी.

नहर [名*] 《A. نهر नह्र》(1) 運河 स्वेज नहर スエズ運河 (2) 疎水；用水路= बंबा. शहर के बीचों बीच एक शानदार नहर बहती थी 市街の真ん中を美しく立派な疎水が流れていた (-की) **नहर बहा दे॰** (―を) あふれさせる；あふれ返らせる

नहरनी [名*] 爪切り= नहन्नी.

नहरम [名*]〔魚〕コイ科淡水魚バルブス・トール【*Barbus tor, Day; Tor tor Ham.*】

नहरू [名] = नारू.

नहलवाना [他・使] ← नहाना. 水浴びさせる；沐浴させる；湯浴みさせる；風呂に入れる

नहला[1] [名] トランプの 9 の札 **नहले पर दहला आ॰** きつく言い返される；厳しくやり返される **नहले पर दहला मारना** きつく言い返すこと；厳しくやり返す

नहला[2] [名]（煉瓦工や左官の用いる）こて

नहलाई [名*] (1) 水浴びさせること；体を洗ってやること；入浴させること (2) その謝礼や手間賃

नहलाना [他] (1) 水浴させる；沐浴させる；湯浴みさせる；入浴させる (2) 水や湯で体を洗ってやる मैं तो अपने पशुओं को हफ़्ते में एक बार नहलाता हूँ 私は家畜に週 1 度水浴びさせることにしている **भगवान को नहलाना**〔ヒ〕プージャーの儀礼の一環として神像を沐浴させる；(人が沐浴するように) 神像を洗う मर्द लोगों ने बाबू जी के पार्थिव शरीर को नहला धुला कर जब तख़्ते पर डाला तो 男たちが父の現身を洗い清めて板に載せてしまう मुर्दे को नहला धुलाकर सफ़ेद कपड़े में लपेट दिया जाता है 死者は体を洗って白い布で包まれる वह बहनों को नहलाती धुलाती 妹たちの体を洗ってやる (3) 洗う（海の水や波が島や岸辺を）；波が寄せる（打ち寄せる） इसके पूर्वी हिस्से को नहलाती है बंगाल की खाड़ी この地の東部をベンガル湾が洗っている

नहवाना [他] = नहलाना.

नहस [形] 《← A. نحس नह्स》不吉な；縁起の悪い= अशुभ; मनहूस.

नहाँ [名] 車輪の心棒の穴；車軸を収める穴

नहान [名] = स्नान. (1) 沐浴；水浴；湯浴み；入浴 (2) 沐浴や水浴の儀式 (3) 集団沐浴

नहाना [自]（本来，自動詞であるが完了形を用いる時制にあっては主語が能格を取ることがある）(1) 水や湯で体を洗う；入浴する；水浴び **नहाने का साबुन** 化粧せっけん (2) 体を清めるために宗教的な意味をこめて体を洗う；沐浴する；身体の穢れを落とすために体を洗う मैं (ने) गंगा में डर और ठंड के मारे कभी नहीं नहाया 怖いのと冷たいのでガンジス川で沐浴したことは一度もない (3) びしょ濡れになる；すっかり濡れる यह तो दरिया है नहाओगे तो भीगोगे これは川なんだから水浴びしたら濡れるに決まっているさ **नहाते-खाते** 四六時中

नहानी [名*] (1) 月経中の女性= रजस्वला. (2) 月経中

नहार [形] 《ناہار ← P. نہار नाहार》朝から食事をしていない；朝食を食べていない；朝から絶食をしている **नहार तोड़ना** 軽い朝食をとる **नहार मुँह** 朝の軽食や朝食をとらずに नहार रहना 空腹のままの；絶食する；食事をしない

नहारमुँह [副] 《P.+ H.》朝食をとらずに；朝食を抜いて

नहारवा [名] = नहारुआ.

नहारी [名*] ← नहार. (1) 絶食の翌日に食べる食事 (2) 朝の軽食；朝食

नहारुआ [名]〔動〕袋形動物線虫類メジナチュウ（メジナ虫）【*Dracunculus medinensis*】〈Guinea worm〉= नहारवा.

नहिं [副・感] → नहीं.

नहिअन [名*]〔装身〕足の小指につける銀製の指飾り

नहिक[1] [形] (1) 否定する (2) 欠いている；不足している (3) 妨げる (4) 陰画の

नहिक[2] [名] (1) 否定 (2) 反対 (3) 陰画

नहियाँ [名*] = नहिअन.

नहीं[1] [副] 動詞の否定形を作る मगर दरवाज़ा खुला नहीं でも扉は開かなかった तुम नहीं आ सकीं あんたは来れなかった

नहीं[2] [感] 否定を表す言葉. → न[1]. いいえ；いや；いいえ違います；いや違う “तो क्या यह प्रदेश मेरे राज्य का अंग नहीं है?” “नहीं महाराज, यह एक छोटा-सा स्वाधीन देश है, जिसके लोग मछलियाँ पकड़कर अपना निर्वाह करते हैं” 「それではこの地方はわが領土の一部ではないのか」「はい，一部ではございません．小さな独立国でございます．住人たちは魚を捕らえて暮らしを立てております」 **नहीं तो** 否定の気持ちを強調した表現として用いられる “आप घबरा क्यूं गये?” “नहीं तो, कहीं भी नहीं” 「どうしてあわてられたのですか」「いいや，そんなことないけど，全然」 “क्यों ताज्जुब हो रहा है मेरे आने का?” “जी नहीं तो, बिलकुल नहीं” 「私が来たことでなぜ驚いているんだい」「いいえ，そんなことないですけど，全く」

नहीं[3] [接] (1) いや；否 फ़रज़ करो कि हॉकी, नहीं युद्ध हो रहा है ホッケー，いや戦争が行われていると仮定してごらん कल नहीं, आज ही ख़रीदिए 明日といわず今日お求め下さい (2) さもなくば；さもないと；でないと= नहीं तो. बताओ, साड़ी कहाँ रखी है? नहीं, वह मार पड़ेगी कि नानी याद आ जाएगी サリーをどこに置いたんだ，言いなさい．でないとひどい目に遭わせるよ

नहीं[4] [形] ない；存在しない；なくなっている **नहीं कर दे॰** なくしてしまう；費やしてしまう **नहीं सही** 構わない；心配いらない；（―でなくても）結構

नहीं[5] [名*] (1) 否定；否認 (2) 断り；拒否 **नहीं क॰** *a.* 否定する *b.* 拒否する；断る= ना[2]. **नहीं के बराबर** ないに等しい；ほんのわずかの= न के बराबर.

नहीं तो [接] さもなければ；さもないと；でないと नहीं तो ख़ैर मत समझियो さもないとろくなことはないぞ कॉफ़ी हो तो काफ़ी, नहीं तो एक गिलास पानी से काम चलेगा コーヒーがあればコーヒーでよし．さもなければコップ 1 杯の水で間に合う हमें समय पर वहाँ पहुँचना चाहिए, नहीं तो उनसे भेंट करने का अवसर नहीं मिलेगा 時刻通りにそこに到着しないとあの方にお会いする機会が得られないだろう

नहीफ़ [形]《A. نحیف》(1) か細い；弱々しい；弱い= क्षीण; दुबला; दुर्बल; कमज़ोर. एक नहीफ़-सी आवाज़ とてもか細い声 (2) やせた= दुबला.

नहुष [名]〔イ神〕ナフシャ王（チャンドラヴァンシャ चंद्र वंश，もしくは，イクシュヴァーク・ヴァンシャ इक्ष्वाकु वंश のアーユス王 आयुस् の子，ヤヤーティ ययाति の父）

नहूसत [名*]《← A. نحوست नुहूसत》(1) 不吉 अमंगल (2) 不幸；不運= बदकिस्मती. चेहरे पर तो उसके नहूसत बरसती रहती है あの人の顔には不幸な感じが漂っている

नांकिंग〔地名〕南京（中国）= नानकीन.

नाँघना [他] = लाँघना.

नाँठना [自] 台無しになる；駄目になる；潰える= नाश हो॰; नष्ट हो॰; बरबाद हो॰.

नाँद [名*] 飼い葉桶（石や瀬戸物製の）= हौदा.

नाँदना[1] [自] (1) 喜ぶ= प्रसन्न हो॰; खुश हो॰; आनंदित हो॰. (2) 灯火が消えかかる前に炎がちらちら揺れる

नाँदना[2] [自] (1) 音が出る (2) 叫ぶ (3) くさめをする

नांदी [名*] (1) 喜び (2) 満足 (3) 称賛 (4)〔演〕サンスクリット古典演劇において座頭が開幕前に芝居の無事終了を神に祈願して唱える頌詞；ナーンディー

नांदीक [名] 門柱；門前のアーチの柱

नांदीमुख [名]〔ヒ〕家庭内の祝い事に際して行われる祖霊祭

नांबिया〔国名〕《Namibia》ナミビア共和国→ नमीबिया.

नाँवाँ [名] (1) 名；名前；名義 (2) 現金 (3) 価格；値段

ना[1] [感] 不同意を表す感動詞 न[2] と同義に用いられる ना ना बहिन! साधु-संतों को छोड़ना ठीक नहीं 駄目よ，あんた駄目よ．お上人さんたちにすがるのを止めてはいけないわ

ना[2] [名] 不同意；断り ना क॰ 断る；いやと言う；首を横に振る = ना कर दे॰; नहीं में सिर हिलाना. बहिनें ना न कर सकीं 姉妹は断れなかった → न[3].

ना[3] [終助] 文末に用いられる終助詞 न[4] と同義に用いられる मेरा मतलब है, आपके छोटे भाई का एक्सीडेंट हो गया था ना? つまりあなたの弟さんが事故に遭われたんですよね उसका बाप सरकारी वकील था ना あの人の父親は検事だったよね क्या तुमने चुप रहने का प्रण किया है? जवाब दो ना なんだ君は無言の誓いでも立てたのかい．答えなさいな आप चित्रकार हैं ना? 貴方は画家でいらっしゃいますよね

ना- [接頭]《P. نا》否定，反対の意を表す語を造る造語要素 पाक 清浄な → नापाक 不浄な राज़ी 上機嫌の→ नाराज़ी 不機嫌

-ना [接尾] (1) 動詞語根に付加されて不定詞を作る √पी - पीना 飲む；√तैर् - तैरना 泳ぐ；浮く (2) 動詞語根について道具や器具を表す語を作る √ओढ़ - ओढ़ना カバー；シーツ

नाआशना [形]《P. نا آشنا》(1) 見知らぬ (2) 知らない；不慣れな

नाइंसाफ़ [形]《P.A. نا انصاف》不当な；不正な；不公平な；不条理な

नाइंसाफ़ी [名*]《P.A. نا انصافی》不当なこと；不正；不公平；不条理 निर्बल से निर्बल व्यक्ति किसी नाइंसाफ़ी के लिए अदालत का दरवाज़ा खटखटा सकता है 弱者が弱者に対して何かの不正を取り上げて裁判に訴え出ることがありうる

नाइक [名] (1)〔軍〕（英領インドのインド人部隊の）陸軍伍長 (2) 巡査長= नायक.

नाइजर〔国名〕《E. Niger》ニジェール共和国

नाइजीरिया〔国名〕《E. Nigeria》ナイジェリア

नाइट [名]《E. knight》ナイト（英国の爵位の一）；勲功爵

नाइट कैप [名]《E. nightcap》(1) ナイトキャップ नाइटकैप पहनना ナイトキャップをかぶる (2) 寝酒

नाइटक्लब [名]《E. nightclub》ナイトクラブ

नाइट गाउन [名]《E. night gown》〔服〕ナイトガウン；ネグリジェ；寝間着

नाइटचार्ज [名]《E. nightcharge》深夜割増料金（乗り物などの）

नाइट-ड्यूटी [名*]《E. nightduty》夜勤；夜間勤務 = रात्रिड्यूटी; रात की पारी.

नाइटसूट [名]《E. nightsuit》ねまき（寝間着）

नाइटहुड [名]《E. knighthood》ナイト爵位

नाइटी [名*]《E. nighty; nightie》（婦人・子供用）寝間着；ネグリジェ लेस लगी नाइटी レースのついたネグリジェ ढीली-ढाली आरामदेह नाइटी （赤ちゃんの）ゆったりしたねまき

नाइट्रस [形]《E. nitrous》〔化〕亜硝酸の नाइट्रस ऑक्साइड 亜酸化窒素〈nitrous oxide〉

नाइट्रिक अम्ल [名]〔化〕硝酸= नाइट्रिक एसिड.〈nitric acid〉

नाइट्रेट [名]《E. nitrate》〔化〕硝酸塩

नाइट्रोजन [名]《E. nitrogen》窒素

नाइट्रोजन आक्साइड [名]《E. nitrogen oxide》〔化〕酸化窒素

नाइत्तिफ़ाक़ी [名*]《P.A. نا اتفاقی》不和；対立；不一致

नाइन [名*] (1) ナーイー（नाई）カーストの女性 (2) ナーイーの妻

नाइफ़ [名*]《E. knife》ナイフ

नाइफ़शार्पनर [名]《E. knife sharpener》ナイフ研ぎ器

नाइब [名]《A. نائب》(1) 代理；代理人 (2) 補佐；補佐役 नाइब तहसीलदार タフシールダール補佐 (3) 助手= नायब.

नाइब नुमाइंदा [名]《A.P. نائب نمائندہ》代理人

नाइलॉन[1] [名]《E. nylon》= नाइलोन. ナイロン

नाइलॉन[2] [名] = नाइलोन ナイロンの；ナイロン製の नाइलोन जुराब ナイロン靴下

नाइस [名]《E. gneiss》〔鉱〕片麻岩

नाईं [名*] 同様；同然．通常 (-की) नाईं の形で用いられる．「－のように；－みたいに」 इस भय को स्वप्न के भय की नाईं मिथ्या समझने लगे この恐怖を夢の中の恐怖のように虚妄と考えるようになった इसे देखकर उनका मुख फूल की नाईं खिल जाता था これを見るとあの人のお顔が花のようにほころぶのだった

नाई [名] (1) ナーイー（主に理髪業に従事してきたカースト） (2) ナーイー・カーストの男性 नाई की दूकान (दुकान) 床屋；理髪店

नाईन [数]《E. nine》ナイン

नाउन [名*] ナーイー नाई の女性やナーイーの妻（नाइन）

नाउम्मीद [形]《P. نا امید》(1) 失望した；がっかりした；落胆した= हतोत्साह; पस्तहौसला. (2) 絶望した= निराश; हताश.

नाउम्मीदी [名*]《P. نا امیدی》(1) 失望；落胆 (2) 絶望 जब नाउम्मीदियों के समंदर में डगमगाने लगे साँसों की कश्ती 呼吸の小舟が絶望の海に揺れ始めると

नाऊ [名] = नाई.

नाए [名*]《P. نائے》竹笛；篠笛；笛= बाँसुरी; नय.

नाक[1] [名*] (1) 鼻 (2) 鼻水；鼻汁；洟（はな） झुकी हुई नाक 鉤鼻 (3) 代表的な存在；名誉（を担うもの）；尊厳を表すもの；顔 गाँव की नाक 村の名誉；村の顔 आज के युग में पैसा ही नाक और मूँछ है 今日の世の中，金こそが「鼻」であり「口ひげ」である **अपनी नाक बचाकर**（自分の）名誉を守る अब तो केवल अपनी नाक बचाकर इस दलदल से निकलने का रास्ता ढूँढा जा रहा है 今やひたすら自分の名誉を守りこの泥沼から逃れ出る方法が探し求められているところである **नाक आ॰** 鼻水が出る；洟が出る अगर ज़ुकाम या किसी और सबब से नाक बार बार आती हो तो 風邪などのためによく鼻水が出るようなら **नाक उड़ना** 恥をかく；名誉を失う **(-की) नाक उतारना**（－に）恥をかかせる **नाक ऊँची रहना** 鼻が高い；得意な = नाक ऊँची हो॰. तब ससुराल में लड़कियों की नाक भी ऊँची रहती その時は婚家では娘たちの鼻も高い **(-की) नाक ऊँची हो॰**（－は）鼻が高い **(-की) नाक कटना**（－が）恥をかく तेरे ऐसे करने से अपनी तो नाक ही कट जाएगी お前がこうすればこちらは恥をかくだろう **(-की) नाक कटाना**（－に）恥をかかせる तू हमारी नाक कटाने पर लगी हुई है お前はどうしても私に恥をかかせようと構えているんだ **नाक कटाए हो॰** 恥も外聞もない **नाक कतर जा॰** = नाक कटना. **नाक काटकर चूतड़ों तले रख ले॰** 恥をかくのを恐れない；恥をかくのを気にしない **(-की) नाक काटना**（－の）顔に泥を塗る，（－に）恥をかかせる= (-की) बेइज़्ज़ती क॰. **(-के) नाक-कान काटना**（－を）厳罰に処する अभी आता होगा, मुझे भी मारेगा, तेरे भी नाक कान काट लेगा あの男はもうすぐ来るだろう．おれも叩くだろうしお前も厳罰に処すだろう **नाक का फोड़ा** ひどく厄介なもの；とても面倒なもの **नाक का बाँसा फिरना** 死期が迫る **नाक का बाल** *a*. 大変可愛い；とても気に入りの *b*. とても親密な；とても親しい **नाक की लाज ढोना** 面子を保つ **नाक की सीध में** 真っ直ぐ前（に）；真っ直ぐ前方（に）= एकदम सामने. नाक की सीध में चले गये 真っ直ぐ進んで行った **(-की) नाक के नीचे**（－の）目と

鼻の先に；すぐ間近に बड़े-बड़े नगरों में यहाँ तक कि राजधानी में भी सरकार की नाक के नीचे समय-समय पर उनकी नुमाइशें लगती रहती हैं 大都会で，首都にまで政府の目と鼻の先で折にふれデモが行われる नाक के बल 勢いこんで；張り切って नाक के बल नचाना 思いのままに操る नाक के लिए मरे जा。 名誉をとても気にする नाक के सीध = नाक की सीध में. नाक घिसना 哀願する नाक घुसाना 出しゃばる नाक घुसेड़ना = नाक घुसाना. नाक चढ़ाना *a.* 顔をしかめる；しかめっ面をする बंदरी नाक चढ़ाकर और सिर झटककर बोली 雌猿は顔をしかめ頭を振って言った नाक चढ़ाकर अपनी नाराज़गी उन्होंने प्रकट कर दी थी しかめっ面をして不快感を表した *b.* 嫌う नाक चोटी काटना 厳罰に処する नाक चोटी में गिरफ़्तार 体面を保つように配慮する नाक छिड़कना 洟をかむ उनका स्वर भरभरा गया था! आखिर दूसरी ओर मुँह करके नाक छिड़कने लगे 涙にむせんだ声になりとうとう反対の方に向いて洟をかみはじめた नाक छिदकना 不名誉なことになる；名誉を失う नाक छिनकना 洟をかむ नाक जा。 恥をかく；恥辱を受ける नाक डालना = नाक घुसाना. नाक तक たっぷりと；一杯に；存分に नाक तक खाना 腹一杯食べる नाक तक डूबे हो。 どっぷりつかる नाक तले すぐそばに；目と鼻の先に नाक दबाना *a.* 鼻を押さえる（悪臭を避けるために）*b.* 不快感を表す नाक दम क。 困らせる；悩ます；いじめる (-की) नाक न हो。（ーが）恥を知らない (-की) नाक नीची हो。（ーが）恥をかく (-की) नाक पकड़कर घुमाना （ーを）思い通りに操る नाक पकड़कर नाथना むりやり思い通りにする नाक पकड़ते दम निकलना とても衰弱する नाक पर उँगली रखकर बात क。 *a.* 勿体ぶった話し方をする *b.* 女性のような話し方をする नाक पर गुस्सा रखा रहना ちょっとしたことや何でもないことに腹を立てる नाक पर टका मारना 現金で；現金を払って नाक पर दीया जलाना *a.* 公然と；大っぴらに *b.* 成功を収める नाक पर दीया बालना = नाक पर दीया जलाना. नाक पर पहिया फिरना 鼻の低いこと；鼻ぺちゃの नाक पर मक्खी न बैठने दे。 *a.* 他人の世話にならない *b.* きれい好きな；清潔好きな *c.* 正義感の強い；潔癖な नाक पर रख दे。 求められれば直ちに与える (-की) नाक पर सुपाड़ी तोड़ना （ーを）ひどい目に遭わせる；さんざんな目に遭わせる नाक पर सुपाड़ी तोड़ना *a.* ひどい目に遭わせる；大いに苦しめる *b.* 気むずかしい नाक पर सुपाड़ी फोड़ना = नाक पर सुपाड़ी तोड़ना. नाक पर हाथ धरना 破廉恥になる नाक पोंछना 洟をかむ ज़ुकाम हो जाए तो बार बार नाक पोंछनी पड़ती है 風邪を引くと幾度も洟をかまなくてはならない नाक फटना 臭くてたまらない；鼻が曲がる（ほど悪臭がする）；悪臭が鼻をつく भयानक बदबू से सबकी नाक जैसे फटी जा रही थी あまりの悪臭にだれも鼻が曲がるような感じがしていた नाक फुलाना ふくれっ面をする；仏頂面をする नाक बंद हो。 鼻がつまる नाक बचाना 名誉を守る；恥をかかないようにする इसी लिए सभी अपनी नाक बचाकर चलते हैं だからこそだれもが恥をかかぬように行動する नाक बजना いびきをかく नाक बनाये रखना 恥をかかぬようにする नाक बहना 鼻水が出る；鼻汁が出る；洟が出る नाक बेच खाना 恥知らずになる नाक बैठी हो。 鼻の低い；鼻ぺちゃの नाक बोलना いびきをかく नाक भर जा。 = नाक फटना. नाक भौं चढ़ाना しかめっ面をする；顔をしかめる नाक-भौं सिकोड़ना 不機嫌な顔や表情になる = मुँह सिकोड़ना. नाक मुँह चढ़ाना = नाक भौं चढ़ाना. नाक मलना 悩ます；苦しめる नाक मारना 見下す；軽蔑する नाक मिट्टी में घिस-घिसकर मर जा。 懸命な努力にもかかわらず失敗する (-की) नाक में चूना दे。（ーを）苦しめる；悩ます नाक में जान आ。 苦しむ；困る नाक में जान क。 苦しめる；悩ます नाक में दम आ。 ひどく苦しめられる；ひどく悩まされる नाक में दम क。 大変悩ます；とても困る रात में रोशनी पर लातादाद पतिंगे गिरते और नाक में दम कर देते हैं 夜分灯火に無数の蛾が落ちてひどく困る नाक में दम रखना = नाक में दम क。. नाक में दम हो。 とても困る；大弱りの；困り果てる चूहों के मारे नाक में दम है ネズミに大弱りだ उसकी शैतानी के मारे सभी का नाक में दम हो गया था あの子のいたずらに皆が大変困っていた नाक में नकेल डालना 鼻輪をつける；統御する；思い通りに扱う कभी उद्योगपतियों की तो कभी व्यापारी वर्ग की नाक में नकेल डालने की धमकी दी जाती है 時には工場主たちに時には商人連中に鼻輪をつけるぞと脅しがかけられる नाक में पानी डालना 大変悩まされる；ひどく苦しめる नाक में बू आ。 *a.* 気配が感じられる *b.* 自分の欠点や弱味を見つける नाक में बोलना *a.* 甚だゆっくり話す *b.* 鼻声で話す नाक में सुतली पिरोना *a.* ひどく苦しめる；ひどく悩ます *b.* 統御する；御する नाक रखना 面子を保つ नाक रगड़ना *a.* 哀願する；拝むように頼む；泣くようにして頼む；泣きつく *b.* 服従する *c.* 必死の努力をする नाक रगड़वाना 服従させる नाक रगड़े का बच्चा 神様に祈願して得た子供；申し子 नाक रहना 名誉が保たれる नाक लंबी हो。 威張る；得意になる उसकी नाक लंबी हो आई थी その女は鼻高々になっていた नाक लगाकर बैठना ふんぞり返る；偉そうに振る舞う नाकवाला （鼻が欠けているのに対して）鼻のある；まともな；立派な；恥を知る ↔ नकटा. तुम समझते हो कि दुनियाँ में एक तुम ही नाकवाले हो और सब नकटे हैं! 君はこの世の中で自分だけが恥を知り他人はみな恥知らずだと思っている नाक सड़ना = नाक फटना. नाक साफ़ क。 洟をかむ；鼻汁を拭き取る बार बार नाक साफ़ करो और फिर रूमाल भी धोना पड़ता है 何度も洟をかんだ上にハンカチも洗わなくてはならない नाक सिकोड़ना *a.* いやな顔をする；しかめっ面をする；不快感を表す उनकी हर चीज़ से वह नाक सिकोड़ती あの人のものは何であれいやな顔をする *b.* 冷たく扱う *c.* 鼻にしわをよせる बदबू सूँघकर नाक सिकोड़ना いやな臭いを嗅いで鼻にしわをよせる नाक सिनकना 洟をかむ नाक से आगे न देख पाना 全く目先が利かない नाकों चने चबवाना さんざんな目に遭わせる；大変悩ませる = बहुत परेशान क。. नाकों चने चबाना ひどい目にあう；ひどく苦しめられる；悩まされる छात्रवृत्ति भी नियमित नहीं मिलती और उसे हासिल करने के लिए नाकों चने चबाने पड़ते हैं 奨学金もきちんとはもらえずそれを受け取るにも大変苦しまなくてはならぬ नाकों चने बिनवाना = नाकों चने चबवाना. नाकों दम आ。 = नाक में दम आ。.

नाक[2] ［名］(1)〔イ神〕神々のまします天界；天国 (2) 天空

नाक[3] ［名］〔動〕ヌマワニ（沼鰐）【*Crocodylus palustris*】〈marsh crocodile〉

नॉक ［名］《E. knock》ノック；ノックすること

-नाक ［接尾］《P. ناک》名詞に付加されて「(ーに) 満ちた，充満したなど」の意を加える接尾辞 शर्मनाक 恥ずかしさに満ち満ちた；大変恥ずかしい दर्दनाक 痛ましい；苦痛に満ちた

नॉक-आउट ［名］《E. knockout》〔ス〕ノックアウト

नाक-कटाई ［名*］恥をかくこと；恥辱；軽蔑；侮辱 तुम्हें यह नाक-कटाई अच्छी लगती है? 君にはこの恥辱は感じがよいものか

नाक-कान-गला विशेषज्ञ ［名］耳鼻咽喉科医

नाकघिसनी ［名*］哀願；拝むように頼むこと；泣くようにして頼むこと；哀訴すること；土下座して懇願すること

नाकचर ［名］神 = देवता.

नाकड़ा ［名］〔医〕鼻茸；鼻ポリープ

नाक़द्र ［形］《P.A. ناقدر》(1) その値打ちを知らない (2) そのものの価値を大切にしない；正当な評価をしない

नाकनक़्श ［名］《H.नाक + A. نقش》顔形；容貌 पाँव चलने में अधिक सक्षम, मस्तिष्क और अधिक विकसित और नाकनक़्श हमारे जैसे 足は歩行の力が更に備わり頭脳は一層発達し顔形は我々に似ていた अजंता शैली के नाकनक़्श アジャンター風の顔形

नाकनक़्क़ाश ［名］《ناک نقاش H. + A. نقاش》顔形；容貌

नाकनटी ［名*］〔イ神〕アプサラー／アプサラス；天女 = अप्सरा. → नाक[2].

नाकना[1] ［他］(1) 越える；またぐ = लाँघना. (2) 抜く；追い越す = (-के) आगे बढ़ जा。; (-को) मात कर दे。.

नाकना[2] ［他］(1) 封鎖する；道路をふさぐ = नाका छेंकना; नाका बाँधना. (2) 包囲する = घेरना. (3) 困難を排除する

नाकनाथ ［名］インドラ神 इंद्र → नाक[2].

नाकनारी ［名*］アプサラー अप्सरा → नाक[2].

नाकपति ［名］インドラ神 इंद्र

नाक़बूल ［形］《P.A. نا قبول》承諾しない；受容しない；受諾しない

नाकर्दनी ［形］《P. نا کردنی》してはならない；してはいけない；なすべきでない = अकरणीय.

नाकर्दा ［形］《P. نا کرده》なさなかった；行為をしなかった

नाकर्दाकार ［形］《P. نا کرده کار》経験のない；経験を積んでいない = अननुभवी; नातज्रिबाकार.

नाकर्दागुनाह ［形］《P. نا کرده گناه》科のない；落ち度のない；無実の = बेकुसूर; बेख़ता.

नाकर्दाजुर्म ［形］《P.A. نا کرده جرم》 = नाकर्दागुनाह.

नाक-लाज ［名*］めんつ（面子）；尊厳；名誉

नाक-वनिता [名*]〔イ神〕アプサラー（अप्सरा）
नाकस [形]《P. ناکس》卑しい；下品な；下賎な；卑劣な
नाकसी [名*]《P. ناکسی》卑しさ；下品さ；下賎さ；卑劣さ
नाका[1] [名] (1) 角；道角；道の入り口 उनका बड़ा भारी बँगला लोअर लाइंस के नाके ही पर था あの方の大邸宅はローアーラインスの角にあった (2) 要衝 (3) 検問所 (4) めど＝सूई का छेद
नाका[2] [名]〔動〕ワニ＝नाक[3]；नक्र.
नाकादार [名]＝नाकेदार.
नाक़ाफ़ी [形]《P.A. نا کافی》不十分な वर्तमान कानून नाक़ाफ़ी है 現行法は十分ではない
नाकाबंदी [名*]《H.नाका + P. بندی》(1) 道路封鎖；交通封鎖 (2) 封鎖
नाक़ाबिल [形]《P.A. نا قابل》＝अयोग्य. 無能な；無力な；力のない；資格のない नाक़ाबिल वैद्य की तरह वह डींग मारता 藪医者のようにほらを吹く नाक़ाबिल ठहरना 失格になる
नाक़ाबिलीयत [名*]《P.A. نا قابلیت》能力の欠如；無力；失格＝अयोग्यता.
नाक़ाबिले अमल [形]《P.A. نا قابل عمل》実行不可能な；実現不可能な＝अव्यवहार्य.
नाक़ाबिले इक़रार [形]《P.A. ناقابل اقرار नाक़ाबिले इक़रार》受け入れられない；受容しがたい＝अस्वीकार्य.
नाक़ाबिले इज़हार [形]《P.A. نا قابل اظہار》言い表せない；表現できない＝जो कहा न जा सके; अकथनीय.
नाक़ाबिले इत्मीनान [形]《P.A. نا قابل اطمینان》信頼できない
नाक़ाबिले इनकार [形]《P.A. نا قابل انکار》拒否できない；断れない
नाक़ाबिले इलाज[形]《P.A. نا قابل علاج》不治の＝असाध्य; दुःसाध्य.
नाक़ाबिले इस्तेमाल [形]《P.A. نا قابل استعمال》使用できない；実用的でない
नाक़ाबिले इस्लाह [形]《P.A. نا قابل اصلاح》改められない；改良できない；改善できない
नाक़ाबिले क़बूल [形]《P.A. نا قابل قبول》受け入れられない；承諾しがたい
नाक़ाबिले क़ुर्बानी [形]《P.A. نا قابل قربانی》犠牲にすることのできない
नाक़ाबिले ख़रीद [形]《P.A. نا قابل خرید》購入不可能な；買えない
नाक़ाबिले तक़सीम [形]《P.A. نا قابل تقسیم》分けられない；分割できない；不可分の＝अविभाज्य.
नाक़ाबिले तख़ैयुल [形]《P.A. نا قابل تخیل》想像できない
नाक़ाबिले तदबीर [形]《P.A. نا قابل تدبیر》手の打ちようのない；手の施しようのない
नाक़ाबिले तस्दीक़ [形]《P. نا قابل تصدیق》証明の必要のない；証拠をあげる必要のない
नाक़ाबिले फ़तह [形]《P.A. نا قابل فتح》打ち勝てない＝अजेय.
नाक़ाबिले बयान [形]《P.A. نا قابل بیان》言い難い；表現できない；たとえようのない＝अकथनीय. नाक़ाबिले बयान ख़ुशी たとえようのない喜び
नाक़ाबिले बरदाश्त [形]《P.A. نا قابل برداشت》耐え難い＝असहनीय.
नाक़ाबिले शुमार [形]《P.A. نا قابل شمار》数えられない
नाकाम [形]《P. نا کام》失敗した；不成功の；しくじった；不首尾な पंजाब नीति नाकाम 対パンジャーブ政策不成功 कोशिशें नाकाम हो गईं 努力実らず
नाकामयाब [形]《P. نا کامیاب》(1) 失敗した；不首尾の；不成功の (2) 失敗した；落第した
नाकामयाबी [名*]《P. نا کامیابی》(1) 失敗；不首尾；不成功 (2) 失格；落第
नाकारा [形]《P. نا کاره》(1) だらしのない；怠惰な (2) 能なしの；無能な；なにもしない；無用な नाकारा सरकार का नाकारा बजट 無能政府の無駄な予算 (3) 無用な；役立たずの；無駄な (4) 無意味な बस्ती रहने के लिए नाकारा हो जाए 町に住む意味がなくなる
नाक़िस [形]《P.A. ناقص》(1) 欠陥のある；問題のある (2) 不十分な；不完全な (3) 未完成の नाक़िस खाद 欠点のある肥料
नाकी[1] [形] 天国に住む
नाकी[2] [名] 神＝देवता.
नक़ीब [名]《← A. نقیب नक़ीब》式部官
नाकु [名] (1) 蟻塚＝वल्मीक. (2) 丘＝टीला. (3) 山＝पर्वत; पहाड़.
नाकुली [名*]〔植〕ラン科着生草【*Saccolobium papillosum*】
नाकू [名]〔動〕(1) ガリヤールワニ घड़ियाल (2) ヌマワニ＝मगर.
नाकेदार [名]《ناکے دار←H.नाका + P. دار》(1) 警備員；警備官；関所の番人 (2) 検問人
नाकेबंदी [名*]《ناکے← H.नाका + P. بندی》道路封鎖；交通封鎖；包囲
नाकेश [名] インドラ神（इंद्र）＝नाकेश्वर.
नाक्षत्र [形] (1) 星の；星辰の (2) 星の運行に関する
नाख़ [名]《P. ناخ》(1)〔植〕バラ科落葉高木セイヨウナシ (2) 同上の果実＝नाशपाती.
नाख़रूप [形]《P.+ H.》セイヨウナシの形をした
नाख़ुन [名]《P. ناخن》爪＝नख. नाई हमारे बाल काटता और नाख़ुन तराशता है ナーイーは私たちの髪を切り爪を切る अंगुलियों में तीन तीन पोरें और सिरों पर नाख़ुन हैं（親指を除く）指にはそれぞれ 3 つの節がありその先には爪がある नाख़ुन कुतरना 爪を噛む नाख़ुन गड़ाना 爪を立てる नाख़ुन ले॰ 爪を切る
नाख़ुना [名]《P. ناخنہ》(1)〔医〕白内障；白そこひ (2) 琴爪
नाख़ुश [形]《P. نا خوش》(1) 不機嫌な；不快な；不愉快な；おかんむりの न मालूम किस बात से वे नाख़ुश हो जाएँ なぜに不機嫌になられるのか見当がつかない (2) 気分がすぐれない；体の調子が悪い
नाख़ुशगवार [形]《P. نا خوش گوار》いやな；いやな感じの；不快な
नाख़ुशगवारी [名*]《P. نا خوش گواری》不快；不快感
नाख़ुशी [名*]《P. نا خوشی》(1) 不機嫌；不快（感）；不愉快さ；腹立たしさ (2) 気分のすぐれないこと；体調の良くないこと；体の不調
नाख़ून [名]《P. نا خون》＝नाख़ुन.
नाख़ूब [形]《P. نا خوب》劣った；良くない
नाख़्वांदगी [名*]《P. نا خواندگی》無学＝अशिक्षा.
नाख़्वांदा [形]《P. نا خوانده》教育を受けていない；無学な＝अनपढ़; अशिक्षित.
नाग [名] (1) 蛇 (2)〔動〕インドコブラ；メガネヘビ；アジアコブラ【*Naja naja*】〈Indian cobra〉＝काला साँप. (3)〔イ神〕ナーガ（人面蛇身とされる半神） (4) 象 (5)〔イ神〕人面蛇身の半神的存在；ナーガ族 (6) 同上のナーガ族の国
नागकन्या [名*]〔イ神〕ナーガカニヤー（伝説上のナーガ族の女性たち）
नागकेसर [名] (1)〔植〕オトギリソウ科小木セイロンテツボク【*Mesua ferrea*】 (2) それの花
नागकेसरी [名*] セイロンテツボクの花
नागचंपा [名*]〔植〕オトギリソウ科高木テリハボク【*Calophyllum inophyllum*】
नागजिह्विका [名*]〔化〕鶏冠石〈red arsenic〉
नागजीवन [名]〔鉱〕錫＝बंग.
नागझाग [名] アヘン（阿片）＝अफ़ीम; अहिफेन.
नागदंत [名] (1) 象牙 (2) 壁に取りつけた木釘
नागदंती [名*]〔植〕ムラサキ科草本ナンバンルリソウ【*Heliotropium indicum*】
नागदमन [名]＝नागदौना.
नागदमनी [名*]〔植〕キク科ヨモギ；蓬＝नागदौना.
नागदौन [名]〔植〕ムクロジ科小木【*Staphylea emodi*】
नागदौना [名]〔植〕キク科草本ヨモギ【*Artemisia vulgaris*】＝नागदमनी.
नागद्रुम [名] (1)＝थूहर. (2)＝नागफनी.
नागद्वीप [名]〔イ神〕インドを構成する 9 大陸のうちの一（古代の世界観，→ヴィシュヌプラーナ विष्णुपुराण）
नागधर [名] シヴァ神＝शिव; शंकर; महादेव.
नागनक्षत्र [名]〔天〕アーシュレーシャ（インドの二十七宿の第 9）＝नागनायक.
नागनासा [名*] 象の鼻
नागपंचमी [名*]〔ヒ〕家族の身の安全を祈願するため蛇神ナーガを祀る祭日（सावन सुदी पंचमी シュラワナ月の白分 5 日，日本の旧暦 7 月 5 日）

नागपति [名]〔イ神〕(1) ヴァースキ (वासुकि)；蛇王 (2) アイラーヴァタ (ऐरावत)；象王；インドラ神の白象

नाग-पाश [名] (1)〔イ神〕敵を捕らえるヴァルナ神の輪縄 (2) 輪縄 आखिर मेघनाद ने ब्रह्मबाण चलाकर हनुमान को क़ब्ज़े में किया और नागपाश में बाँधकर रावण के सामने ले आया メーガナーダがブラーフマバーナ（矢）を射てハヌマーンを捕らえ輪縄をかけてラーヴァナの前へ連れて来た (3) とぐろ

नागपुर [名] (1)〔イ神〕ナーガの都（地界に想定された）ナーガの世界 (2)〔地名〕ハスティナープラ（マハーバーラタの大戦争においてはカウラヴァ कौरव の拠点．現今のデリー市近くにあったとされる） (3)〔地名〕ナーグプル（マハーラーシュトラ州北東部の主要都市）

नागफन [名]〔植〕サボテン科ヒラウチワサボテン【*Opuntia dillenii*】〈prickly pear; slipper thorn〉

नागफनी [名*] (1)〔植〕サボテン科サボテン【*Cactus indicus*】 (2) ナーグパニー（ラッパの一種）

नागफल [名] = परवल.

नागफाँस [名] = नागपाश.

नागफूल [名]〔植〕クマツヅラ科低木【*Gmelina asiatica*】

नागफेन [名] アヘン（阿片）= अफ़ीम; अहिफेन; अफ़्यून.

नागफेनी [名*]〔植〕クマツヅラ科小木【*Vitex peduncularis*】

नागबल [名]〔マハ〕ビーマ（भीम）の異名の一

नागबेल [名*]〔植〕コショウ科キンマ= नागवल्ली; पान.

नागमाता [名*]〔イ神〕ダクシャ（दक्ष）の娘でナーガ नाग の母，カドルー कद्रू

नागरंग [名]〔植〕ミカン科アマダイダイ= नारंगी.

नागर[1] [形] (1) 都市の；都会の (2) 市民の (3) 市の (4) 洗練された

नागर[2] [名] (1) 都市に居住する人 (2) 洗練された人；品性のある人

नागरक [名] (1) 都市の吏員 (2) 職人；技術者；匠

नागरता [名*] (1) 市民の身分；公民の身分 (2) 礼儀正しさ；洗練

नागरबेल [名]〔植〕コショウ科蔓木キンマ【*Piper betle*】= तांबूल; पान; नागवल्ली.

नागरमोथा [名]〔植〕カヤツリグサ科ハマスゲ【*Cyperus rotundus*】= मोथा.

नागराज [名] (1) 大蛇 (2)〔動〕ヘビ類キングコブラ【*Naja hannah*】= राजनाग. (3)〔イ神〕パーターラ（पाताल）の支配者でナーガ族の王シェーシャナーガ（शेषनाग） (4)〔イ神〕インドラ神の乗るアイラーヴァタ象（शेषनाग）

नागरा जूता [名] ナーグラー靴（金属片や雲母などの装飾や刺繍の施された革靴）

नागरिक[1] [形] (1) 都市の (2) 市民の नागरिक जीवन 市民生活 नागरिक अभियान 市民運動 अधिकारियों के कड़े रवैये के विरोध में कुछ स्थानों पर नागरिक अभियान चलाये गये हैं 当局の厳しい態度に抗議して数か所で市民運動が繰りひろげられた (3) 民間の（↔政府の，公共の） नागरिक क्षेत्र 民間部門 नागरिक क्षेत्र के बस चलानेवालों को 民間のバス経営者に जो नागरिक क्षेत्र के लोगों के लिए खोला जाए 民間部門の人のために開設されるべき (4) 都会風の；洗練された

नागरिक[2] [名] (1) 都市居住者= शहर का रहनेवाला. (2) 市民（市民権を有する）

नागरिकगण [名] 市民（の総称）

नागरिकता [名*] (1) 市民であること（市民の権利を有すること） (2) 市民権 अमरीका या इंगलैंड की नागरिकता アメリカ，あるいは，イギリスの市民権 जन्मजात नागरिकता 生得の市民権

नागरिकता प्रमाणपत्र [名] 市民カード；入国許可書

नागरिक शास्त्र [名] 市政学；公民学；公民科〈civics〉

नागरिक सैनिक दल [名] 市民軍= नगर सेना.

नागरिकीकरण [名] 帰化= देशीयकरण.〈naturalisation〉

नागरी[1] [名*] (1) 都市の女性；都会の女性 (2) デーヴァナーガリー文字（देवनागरी लिपि）

नागरी[2] [形] デーヴァナーガリー文字（देवनागरी）の नागरी लिपि को अपनाना ナーガリー文字を採用する

नागरीकरण [名] 帰化= नागरिकीकरण.

नागल [名] (1) 犂 (2) 軛に牛をつなぐ綱

नागलोक [名]〔イ神〕シェーシャナーガ（शेषनाग）の支配する世界（地下界）= पाताल.

नागवंश [名] (1)〔イ神〕ナーガの系譜 (2) シャカ族の一派と伝えられるナーガ族の血統

नागवल्लरी [名*] = नागवल्ली.

नागवल्ली [名*]〔植〕コショウ科蔓草キンマ【*Piper betle*】= नागबेल; तंबूल; पान.

नागवार [形]《P. ناگوار》いやな；不快な；気に障る；苦々しい नागवार गुज़रना 不快に感じられる उनका बाबा कहना मुझे नागवार गुज़र गया था あの方がバーバーとおっしゃるのが私には不快に思われた

नागवारिक [名] (1) 王の乗る象 (2) 象使い= महावत; फ़ीलवान.

नागवृक्ष [名] = नागकेसर.

नागशुद्धि [名*] 家屋の造営に当たって地下界に住むナーガの障りがないように配慮すること

नागहाँ [副]《P. ناگہاں》突然に；不意に；にわかに= अचानक; एकाएक; अकस्मात्.

नागहानी [形]《P. ناگہانی》突然の；にわかに生じた；不意の= आकस्मिक; इत्तिफ़ाक़ी. नागहानी तौर पर 突然に；突如として

नागा[1] [形+] (1) 裸の= नंगा; नग्न. (2) 空の；なにもない= ख़ाली. (3) 素手の= ख़ाली हाथ का.

नागा[2] [名] (1)〔ヒ〕ナーガー（シヴァ派の一） (2) 同派のサードゥ（完全な裸行を行う）

नागा[3] [名] (1) ナーガーランド नागा लैंड の丘陵 (2) ナーガーランドの丘陵地を中心に住むナーガ族（チベット・ビルマ語系諸言語を話すナガ系諸民族；ナガ族）

नाग़ा[1] [形]《T. ناغہ》(1) 空の；空っぽの (2) 欠けている；欠席している (3) 中断された (4) 怠けた；サボった नाग़ा हो॰ 欠席する；休む；怠ける；サボる；ずる休みをする

नाग़ा[2] [名]《T. ناغہ》(1) 欠席 (2) 欠勤 (3) 休業；休日 (4) 怠けること；怠業 **नाग़ा क॰**（本来なすべきことを）休む；怠ける；怠る दंड-बैठक करने में एक रोज़ के लिए भी नाग़ा नहीं किया 体操を 1 日も怠けたことがなかった **नाग़ा दिन** 休みの日；休日 **नाग़ा दे॰** 間に休みを置く；中断する；間を置く= बीच डालना; अंतर डालना.

नागार्जुन〔人名・仏〕西暦 2～3 世紀頃の大乗仏教哲学者ナーガールジュナ（竜樹）

नागार्जुनकोंड [名] ナーガールジュナコンダ（アーンドラ・プラデーシュ州のクリシュナー川右岸に位置した太古からの遺跡．中でも 3～4 世紀の建造になる仏教寺院や遺物が有名）

नागालैंड〔地名〕《Naga land》ナーガーランド（州）（ミャンマーと国境を接するインド北東端に位置する州）→ नागा[3].

नागाह [副]《P. ناگاہ》にわかに；突然；不意に；突如（として） हाथ मुँह धो ही रहे थे कि नागाह तीस सिपाही आ पहुँचे ちょうど顔を洗っているところへ突如 30 人の警官が現れた

नागिन [名*] (1) 雌蛇 (2) 雌のコブラ (3) ナーガ（नाग）の女 (4) 首筋にあるつむじ (5) 性悪女 (6)〔鳥〕ウ科アジアヘビウ= बानवर.

नागिन-सी बल खाना にわかに激怒する = नागिन-सी तिलमिलाना.

नागिनी [名*] = नागिन.

नागुज़ीर [形]《P. ناگزیر》避け難い；止むを得ない；必須の= अनिवार्य; लाज़िमी.

नागौर〔地名〕ナーゴール（ラージャスターン西部の町．優秀な家畜の産地であり家畜市が立つことで有名）

नागौरी [形] (1) ナーゴールの (2) ナーゴール産の（優秀な家畜）

नाच [名] (1) 踊り；舞踊；舞= नृत्य. (2) 他人を操ったり他人に操られたりする行動 (3) 見世物の芸 **नाच दिखाना** *a.* 芸を見せる *b.* だます *c.* 激しく動かす；踊らせる **नाच नाचना** *a.*（思い通りに）操られる *b.* 小躍りする *c.* さまよう；うろつく（-का）**नाच हो॰**（ーが）あふれる；はびこる；猖獗する

नाच-कूद [名*] (1) 踊ったり飛び跳ねること (2) 遊び興ずること (3) 滑稽な行動や振る舞い (4) 無駄な努力

नाच-गाना [名] 歌と踊り

नाचघर [名] ダンスホール；舞踏場；演舞場= नाचमहल.

नाचना [自] (1) 踊る；踊りを踊る (2) 嬉しさに躍る；小躍りする；嬉しさに飛んだり跳ねたりする हनुमान से राम की वापसी की ख़बर पाकर अयोध्यावासी ख़ुशी से नाचने लगे ラーマの帰還の報を得てアヨーディヤーの人々は嬉しさに躍りだした (3) 踊るように

動く；動き回る；揺れる；揺れ動く；漂う ऊपर एक मुसकान नाच रही थी 顔には微笑みが漂っていた (4) 回る；回転する फिरकी क्यों नाचने लगी 風車はなぜ回りだした (5) 戻る；よみがえる（甦る）；思い出される；回想される और वही भयानक दृश्य मेरी आँखों के सामने नाचने लगता है そしてあの恐ろしい光景が目の前によみがえる (6) 操られる；踊らされる (7) あくせくする；忙しくする；無駄に過ごす **नाच उठना** *a.* 小躍りする；欣喜雀躍する *b.* 激しく興奮する **नाच न सकूँ, आँगन टेढ़ा** 〔諺〕下手の道具調べ；下手の物くさし；ならずばそしれ

नाचरंग [名] (1) 祭り；祝典 (2) お祭り騒ぎ；歓楽 (3) 遊び；遊興

नाचाक़ [形]《P.T. نا چاق》病気に罹った；体の具合の悪い= अस्वस्थ; बीमार.

नाचाक़ी [名*]《P.T. نا چاقی》(1) わだかまり；不和= वैमनस्य. (2) 病気；病= रोग; बीमारी.

नाचार[1] [形]《P. نا چار》(1) 余儀ない；やむを得ない；強制された；仕方のない (2) 手立てのない；無力な= असहाय; बेबस; मजबूर; बेकस.

नाचार[2] [副] 余儀なく；仕方なく

नाचारी [名*]《P. نا چاری》(1) 余儀のないこと；強制 (2) 手立てのないこと；無力= बेबसी; बेकसी; मजबूरी.

नाचिकेत [名]〔イ神〕ナチケーター聖仙= नचिकेता.

नाचीज़ [形]《P. نا چیز》(1) つまらない；取るに足らない तैमूर से यह नाचीज़ सवाल करता है कि तुम कौन हो? ティムールにつまらない質問をするものだ.「一体お前はだれだ」と (2) 価値のない；値打ちのない नाचीज़ तुहफ़ा つまらない贈り物；粗品

नाज [名] (1) 穀物；穀類 (2) 食べ物；食糧= अनाज; अन्न.

नाज़ [名]《P. ناز》(1) 誇り उन्हें इस बात पर नाज़ था कि उनका जन्म गाँधी और टैगोर के युग में हुआ था ガンディーやタゴールの時代に生まれたことを誇りにしておられた तुमको अपनी ताकत पर बहुत नाज है 君は自分の力をひどく誇っている (2) うぬぼれ；慢心；自慢 (3) 気取り；気障な振る舞い (4) 追従；しな（品；科）；媚び；嬌態 (5) 甘やかし (-के) **नाज़ उठाना** （ーの）気まぐれに耐える；機嫌を取る；（ーに）おもねる；へつらう（諂う）；気を遣う **नाज़ की पाली हो॰** とても甘やかされて育つ **नाज़ दिखाना** 気取る = नाज क॰. **नाज़ व नियामत में पलना** = नाज़ की पाली हो॰. **नाज़ व नियामत में पालना** とても甘やかして育てる **नाज़ से पलना** = नाज़ की पाली हो॰.

नाज़-अदा [名*]《P. ناز ادا》気取ったしぐさ；しな（品；科）；あだ（徒）；嬌態

नाज़-नख़रा [名]《P. ناز نخره》(1) 追従；媚び；甘言 (2) へつらい（諂い） (3) 気取り；しな作り；上品ぶること बेटी तो नाज़ों से पाली जाती है.लेकिन हमारी बेटी के नाज़ नखरे कुछ अधिक ही थे 女の子は甘やかされて育てられるものだがわが家の娘の気取りと来たらちょっとひどかった (4) ふざけ；いちゃつき；戯れ **नाज़-नख़रा उठाना** 他人の気取った振る舞いを我慢する **नाज़-नख़रे दिखलाना** しなを作る；気取る

नाज़नियामत [名*]《P.A. ناز و نعمت नाज़ो नेमत》安楽；安穏

नाज़नीं[1] [形] = नाज़नीन.《P. نازنین / ناز نین》(1) 華奢な；繊細な；優雅な= कोमल; नाजुक; सुकुमार. (2) 可愛い；愛らしい= कोमल.

नाज़नीं[2] [名*] = नाज़नीन.《P. نازنین / ناز نین》(1) 美女；華奢な女性 (2) 恋人；愛人

नाज़पर्वर [形]《P. ناز پرور》= नाजपरवर्दा.

नाज़पर्वर्दा [形]《P. ناز پرورده》(1) 甘やかされて育った (2) 華奢な= सुकुमार.

नाज-पानी [名] 食べ物；食糧；飲食物 दस-पाँच दिन का नाज-पानी भेज दो उसके यहाँ 10 日分ほどの食糧をあの人のところへ届けてやりなさい

नाज़बरदार [形・名]《P. ناز بردار》機嫌を取る；気を遣う；愛する；恋人

नाज़बरदारी [名*]《P. ناز برداری》お世辞；甘言；おべっか；機嫌取り

नाज़बू [名]《P. ناز بو》シソ科メボウキ／ヒメボウキ（の一種）【*Ocimum pilosum*】

नाजायज़ [形]《P.A. نا جائز》(1) 不当な नाजायज फ़ायदा 不当な利益 (2) 不法な नाजायज़ रूप से बंदी बनाये गये किसानों को 不法に拘留されている農夫たちを (3) 不義の नाजायज़ बच्ची 不義の子 नाजायज़ बच्ची की माँ 不義の子を持つ母親

नाज़िम [形]《A. ناظم》(1) 管理者 (2) 主事 (3) 幹事

नाज़िर[1] [形]《A. ناظر》(1) 見る；見物する (2) 監視する；監督する

नाज़िर[2] [名]《A. ناظر》(1) 見る人；見物人 (2) 監督；監督官 (3) 管理人；取締官；裁判所の執行官；執行吏

नाज़िरात [名*]《A. ناظرات》管理者，監督者（नाजिर）などの仕事や地位

नाज़िरीन [名, pl.]《A. ناظرین》出席者；見物人

नाज़िरे अदालत [名]《A. ناظر عدالت》〔法〕裁判所の執行官；執行吏 = बेलिफ़.〈bailiff〉

नाज़िल [形]《A. نازل》下がる；降下する；下降する

नाज़िला [名]《A. نازلہ》不幸；災難；天災= विपत्ति; मुसीबत.

नाज़ी [名]《E. Nazi; Ger. Nazi; Nationalsozialist》(1) ナチ（党）；ナチス (2) ナチ（党員）；ドイツ民族社会党員 नाज़ी सरकार ナチ政権 जर्मनी की नाज़ी सरकार ドイツのナチ政権

नाज़ीवाद [名]《नाज़ी + H. वाद》ナチズム；ドイツ民族社会主義 हिटलर के नाज़ीवाद की पराजय ヒトラーのナチズムの敗北

नाज़ुक [形]《P. نازک》(1) きゃしゃな；か弱い नाज़ुक शरीर きゃしゃな体 बच्चे तो फूल के समान नाज़ुक होते हैं 子供は花のようにか弱いもの (2) 可憐な (3) 弱い हमारे शरीर में आँख सब से नाज़ुक अंग है 人体の中で一番弱いところは目だ (4) 脆い；ひ弱い कभी तो वे खिलौने इतने नाज़ुक होते हैं कि जल्दी ही टूट जाते हैं 時にはすぐに壊れてしまうほどに脆い玩具 (5) 幼い；幼少の अगर माता पिता बच्चे को नाज़ुक उमर में ही सावधान कर देते तो आज यों हायतौबा मचाने की नौबत ही न आती もし親が幼少時に子供をしつけるならば今こんなに大騒ぎする羽目にはならなかったものを (6) 鋭敏な आँख, कान, नाक, पेट जैसी नाज़ुक जगह पर 目，耳，鼻，腹といった急所に (7) 薄い；柔らかな नाज़ुक रेशमी कपड़े 柔らかな絹の布 (8) ひょろひょろの；衰弱した भैया तो इतने नाज़ुक बनकर आए हैं कि छड़ी तक नहीं उठाई गई 兄はステッキさえ手に持てないほどにひょろひょろになって帰ってきている (9) 微妙な；デリケートな जेठानी और देवरानी का रिश्ता बड़ा नाज़ुक होता है 兄嫁と弟の嫁との関係はとても微妙なものだ (10) 微妙な；一触即発の नाज़ुक मौके पर 微妙な時機に पंजाब की नाज़ुक स्थिति パンジャーブ州の微妙な情勢 (11) 危うい；危険な；切迫した उनकी हालत नाज़ुक है あの方は危篤状態になっている स्थिति इस नाज़ुक दौर तक पहुँच चुकी है すでに状況はここまで切迫している

नाज़ुकअंदाम [形]《P.A. نازک اندام》きゃしゃな体の；細身の= कृशांग; कोमलांग.

नाज़ुकख़याल [形]《P.A. نازک خیال》(1) 感受性の強い (2) 聡明な (3) 緻密な頭脳の

नाज़ुकदिमाग़ [形]《P.A. نازک دماغ》気むずかしい

नाज़ुकदिल [形]《P. نازک دل》やさしい；心やさしい

नाज़ुकबदन [形]《P.A. نازک بدن》= नाज़ुकअंदाम.

नाज़ुकमिज़ाज [形]《P.A. نازک مزاج》(1) 怒りっぽい；短気な；癇癪持ちの (2) 神経質な；神経過敏な

नाज़ुकमिज़ाजी [名*]《P.A. نازک مزاجی》(1) 短気；気の短いこと (2) 神経過敏

नाज़ेबा [形]《P. نازیبا》(1) 不適当な= अनुचित; नामुनासिब. (2) 卑猥な= अश्लील. (3) みっともない；醜い

नाज़ो [名*]《← P. ناز》(1) しなを作る女 (2) 愛らしい女性

नाज़ो अदा [名*]《P. A. ناز و ادا》色気；色っぽさ；あだっぽさ मर्द औरत की नाज़ो अदा तथा मीठी-मीठी बातचीत के कारण ही उसपर लट्टू होते हैं 男は女性の色気とやさしい言葉遣いに魅了されるものだ

नाज़ोनियाज़ [名]《P. ناز و نیاز》(1) 追従；甘言；甘言を用いること；なだめすかすこと；機嫌取り (2) 気取り；しな作り (3) ふざけ（巫山戯）；いちゃつくこと

नाज़ोनेमत [名*] = नाज़नियामत.

नाट [名] (1) 踊り；舞踊 (2) 芝居

नॉट [名]《E. knot》ノット（船舶の速度の単位） 40 नॉट प्रतिघंटा की गति से 時速 40 ノットの速度で

नाटक [名] (1) 演劇；芝居；ドラマ (2) 戯曲 (3) 役者；俳優 (4) 〔イ演〕ナータカ（サンスクリットの古典劇のうち正劇の代表的な形式で5～10幕から成り勇武 वीर रस，恋情 शृंगार रस を主要ラサとする） (5) 人をだますための作りごと；芝居 **नाटक क॰** 芝居をする；作りごとをする；演技をする **नाटक का दर्शक** 傍観者 **नाटक दिखलाना** *a.* 見せ物になるようなことをする *b.* 芝居をする；作りごとをする **नाटक बनाना** *a.* 振りをする *b.* 欺く **नाटक रचना** 芝居（がかったこと）をする；大げさなことをする **नाटक साधना** 内緒でする；隠れてする

नाटककार [名] 劇作家；戯曲家

नाटकगृह [名] 劇場；演劇場；芝居小屋

नाटकमाला [名*] 連続ドラマ दूरदर्शन पर नाटकमाला चल रही थी テレビでは連続ドラマが放映されていた

नाटक वर्कशॉप [名]《H. + E. workshop》演劇研究集会；演劇ワークショップ

नाटकशाला [名*] 劇場；演劇場

नाटकावतार [名]〔演〕劇中劇

नाटकीय [形] (1) 劇的な；めざましい नाटकीय ढंग से劇的に नाटकीय मोड़ 劇的な転回（点） (2) 演劇の；劇の；芝居の (3) 芝居がかった；大げさな

नाटकीयता [名*] 劇的なもの；劇的な性質；劇的な効果 उसने नाटकीयता दिखलाई 劇的なものを示した

नाटना [自] 退く；逃げる；逃げ腰になる

नाटा[1] [形⁺] 背の低い；小柄な= छोटे कद का.

नाटा[2] [名] 背丈の低い牛

नाटिका [名*]〔イ演〕ナーティカー（サンスクリット劇の分類中，उपरूपक 副劇の一．恋情，すなわち，シュリンガーラ・ラサ शृंगार रस を基調とする．1～4幕から成り伝承に基づくか作者の創作による）

नाटित [形] 演じられた；演技された= अभिनीत.

नॉटिलस [名]《E. nautilus》〔動〕軟体動物オウムガイ

नाटो [名]《E. NATO; North Atlantic Treaty Organization》北大西洋条約機構；NATO = नाटो संधि संगठन; उत्तरी अटलांटिक संधि संगठन.

नाट्य[1] [名] (1) 演劇 (2) 舞踊 (3) 演芸

नाट्य[2] [形] (1) 演劇の；芝居の (2) 演芸の

नाट्यकला [名*] 演劇；演劇術

नाट्य दूरबीन [名]《H. + P. دور بین》オペラグラス

नाट्य मंडप [名]〔ヒ〕ナーティヤ・マンダパ（ジャガンナート寺院の4つの主要建造物の一．東方から数えて第2）

नाट्य मंडली [名*]〔演〕劇団；演劇集団；演劇グループ

नाट्य रासक [名]〔イ演〕ナーティヤ・ラーサカ（インド古典演劇の戯曲分類の内，副劇 उपरूपक の一．一幕物で多数の歌と踊りが含まれる）

नाट्यशाला [名*] 劇場；演劇場

नाट्यशास्त्र [名]〔演〕(1) 演劇論；演劇理論 (2) 劇制作法

नाट्यशास्त्री [名] 演劇論の学者；演劇学の学者；劇制作法研究者

नाट्यशिल्प [名]〔演〕舞台演出

नाट्यागार [名] = नाट्यशाला.

नाट्योक्ति [名*]〔イ演〕サンスクリット演劇で用いられる特殊な用語（ブラーフマンをアーリヤ आर्य，王をデーヴァ देव と呼ぶなど）

नाठ [名] (1) 破滅；破産= नाश; ध्वंस. (2) 欠乏；不足= अभाव. (3) 相続人のいなくなった財産= लावारिस जायदाद.

नाठना [他] つぶす；壊す；破壊する；滅ぼす= नष्ट क॰; नाश क॰; ध्वस्त क॰.

नाठा [名] 子孫や相続人のいない人

नाड़[1] [名*] (1) のど（喉） (2) = नार. (3) = नाल.

नाड़[2] [名*] 太いひも

नाड़ा [名] (1) 綿製の帯；腰ひも（特に女性の着衣の） (2) お供えに用いる結び目のついた赤や黄色のひも **नाड़ा खोलना** 情交する **नाड़ा बाँधना** 弟子にとる；弟子入りさせる

नाड़िका [名*] ナーリカー（時間の単位で24分に相当） = घड़ी.

नाड़िकेल [名] = नारियल.

नाड़ी [名*] (1) 管；チューブ；パイプ (2)〔ヨガ〕タントリズムやハタヨーガで微細身に想定されているプラーナというシャクティ，すなわち，生命エネルギーの通る気道，もしくは，エネルギー網とされるもので会陰部から頭頂部に至る管状の器官，もしくは，気の通る道；脈管（脊椎の左を इड़ा イラー脈管が，右を पिंगला ピンガラー脈管が，その中間を सुषुम्ना 脈管が走る．個に存在する性力シャクティたるクンダリニー कुंडलिनी は初めスシュムナーの一番下のムーラーダーラチャクラ मूलाधार चक्र に位置しているがヨーガの修行によりやがて頭頂の ब्रह्मरंध्र と呼ばれる穴を経て頭頂部の少し上にあるサハスラーラチャクラ सहस्रार चक्र にまで上昇しブラフマー界 ब्रह्मलोक に帰入するものとされる）→ कुंडलिनी, चक्र, ब्रह्मरंध्र. (3) 動脈 (4) 静脈 **नाड़ियों से खुराक दे॰** 静脈を通して栄養を与える；点滴する उन्हें नाड़ियों से खुराक दी जा रही है 氏は現在点滴を受けている最中だ (5) 脈；脈搏；脈拍 एक मछुए ने उसकी नाड़ी देखी.नाड़ी चल रही थी 1人の漁師が脈を見ると脈はあった (6) 銃身 (7)（中央部が空洞になっている）茎 **नाड़ियों में रक्त का प्रवाह बंद हो॰** *a.* 震えあがる；怯えきる；血が凍る *b.* 死ぬ *c.* 気力や気合が全くなくなる **नाड़ी गिरी हो॰** 脈が弱い **नाड़ी चलना** 元気のよい；元気な **नाड़ी छूटना** *a.* 脈が止まる *b.* 正気を失う；気が動転する **नाड़ी टटोलना** 探りを入れる；腹の中を探る **नाड़ी डूबना** 脈が弱くなる **नाड़ी ढीली हो॰** くたくたに疲れる；疲れてふらふらになる **नाड़ी देखना** 脈を見る= नब्ज़ देखना; नाड़ी पकड़ना. **नाड़ी न चलना** *a.* 死ぬ *b.* 気絶する **नाड़ी न बोलना** 脈が止まる；事切れる **नाड़ी पकड़ना** = नाड़ी देखना. **नाड़ी परखना** = नाड़ी टटोलना. **नाड़ी पहचानना** *a.* 様子や状況を正しく理解する *b.* 心の動きを正確に理解する **नाड़ी फड़कना** 奮い立つ；気力が横溢する **नाड़ी बोलना** = नाड़ी चलना. **नाड़ी सूख जा॰** 怯えきる；震えあがる

नाड़ीचक्र [名]〔ヨガ〕ハタヨーガで臍のあたりに想定されている第3のチャクラ；マニプーラーチャクラ（मणिपूरा चक्र）

नाड़ी-छेदन [名] 臍の緒の切断

नाड़ीदेह [形] やせこけた；やせ細った

नाड़ी-नक्षत्र [名]〔占星〕人の誕生時の天宮図

नाड़ीमंडल [名]〔天〕天球上の赤道〈celestial equator〉

नाड़ीव्रण [名]〔医〕ろう（瘻） = नासूर.

नात [名*]《A. نعت》(1)〔イス〕預言者ムハンマドを賛称する言葉 (2) 賛辞；称賛

नातज्रिबेकार [形]《P.A. نا تجربہ کار》経験のない；新参の

नातमाम [形]《P.A. نا تمام》(1) 未完の；未完成の (2) 不完全な

नातरु [接] さもなくば；そうでなければ

नातवाँ [形]《P. نا تواں नातुवाँ》(1) 弱い；弱った；虚弱な；力のない (2) 病弱な

नातवानी [名*]《P. نا توانی नातुवानी》(1) 弱さ；虚弱 (2) 病弱

नाता [名] (1) 親子関係 (2) 親類関係（血縁関係，姻戚関係） मेरे नाते के मामू 私のおじ（母の兄弟） (3) 関係 शहरों में रहनेवाले व्यक्ति का गाँव के व्यक्ति से किस तरह का नाता बन रहा है 都市住民と農村の人たちとの間にどのような関係ができようとしているのか (4) 縁談 **नाता जुड़ना** 縁が結ばれる；縁ができる；結婚する (-से) **नाता जोड़ना** （－に）近づく；（－と）関わりを持つ；縁を結ぶ सच्चे प्रभु से मुख मोड़ा, झूठे जग से नाता जोड़ा 誠の主人に顔を背け，偽りの世と縁を結んだ आपके पति के मित्र आपसे भाभी आदि का नाता जोड़कर हँसी-मज़ाक कर सकते हैं 貴方のご主人の友だちは貴方と兄嫁，姉さんといった関係を結んで冗談を言うことができる **नाता टूटना** 関係がなくなる；縁が切れる **नाता तोड़ना** 縁を切る；関係を絶つ उसने माँ बहिन का नाता तोड़ दिया 母と娘の縁を断ってしまった **नाता रखना** 関わりを持つ；関わりがある **नाता लगना** 縁談がまとまる (-के) **नाते** の形で次のように用いられる *a.*（－の）関係で；関連で *b.*（－の）口実で；理由で *c.*（－）として；（－の）見地で；（－の）立場で साधारण किसान होने के नाते しがない農夫として यह कोई सत्कर्म नहीं वरन् मानवता के नाते मेरा कर्त्तव्य था これは善行というものではなくて人道という立場から私のなすべき義務でした न

नाताक़त [形]《P.A. نا طاقت》力のない；力を持たない；無力な；脆弱な

नाताक़ती [名*]《P.A. نا طاقتی》無力；弱さ；脆弱さ = निर्बलता.

नाता-रिश्ता [名]《H.+ P. رشتہ》縁故；血縁関係や姻戚関係

नातालीमयाफ़्ता [形]《P.A. نا تعلیم یافتہ》無学な；教育を受けていない= अशिक्षित; अनपढ़.

नातिक़ा [名] 《A. ناطقہ》弁舌；弁 (-का) **नातिक़ा बंद हो॰** (―が) 言い負かされる；返答に窮する

नातिन [名*] 孫 (娘の娘)；外孫

नातिनी [名*] = नातिन.

नाती [名] 孫 (娘の息子)；外孫 **नाती-पोते तक** 孫子の代まで नाती पोते तक चैन करेंगे 孫子の代まで安穏に暮らす

नाती-रिश्तेदार [名] 《H. P. رشتہ دار》親戚縁者

नातुवाँ [形] 《P. ناتواں》力のない；ひ弱い；無力な= नातवाँ; निर्बल; अशक्त.

नातुवानी [名*] 《P. ناتوانی》無力；脆弱さ；弱さ

नाते [名] → नाता.

नातेदार [形・名] 《H. + P. دار》親戚 (の)；親類 (の) ये बनमानुस हमारे नातेदार हैं このオランウータンは私たちの親戚なのです

नातेदारी [名*] 《H.+ P.داری》親戚関係；親類関係；縁戚関係；血縁関係 पहले नातेदारी व शारीरिक शक्ति के आधार पर राजनैतिक शक्ति कुछ लोग रखते थे 昔は一部の人が親戚関係や肉体的な力を基にして政治権力を保持していた

नाते-रिश्तेदार [名] 《H. + P. رشتہ دار》親戚；縁者；親類 न कोई नाते-रिश्तेदार, न कोई मित्र 親類もなければ友人もない

नाथ[1] [名] (1) あるじ (主)；主人 (2) 支配者；統治者 (3) 夫；主人 (4) ナート派 (→ゴーラクナート गोरखनाथ 派) (5) ナート派の行者の法名の末尾につける名 (6) ナート派の悟りを開いた修行者 (7) 蛇使い

नाथ[2] [名*] (1) 動物に花輪や鼻綱を通すために鼻に穴をあけること (2) 鼻綱

नाथद्वारा 〔地名〕ナートドゥワーラー (ヴァッラバ派本山のあるラージャスターン州南端ウダイプル県の町) नाथद्वारा का श्रीनाथ जी का मंदिर ナートドゥワーラーのシュリーナートジー寺院

नाथना [他] (1) 鼻綱をつけるために牛の鼻に穴をあける (2) 鼻綱 (鼻輪) をつける (3) 穴をあけてひもや綱で結わえる (4) 綴じる (5) 糸などで貫く (6) 思うように扱う；思い通りに扱う

नाथ पंथ [名] ゴーラクナート派→ गोरखनाथ पंथ.

नाथ पंथी [名] ゴーラクナート派の信徒

नाथ संप्रदाय [名] ナート派 → नाथ पंथ, गोरखनाथ.

नाद [名] (1) 音 (2) 響き；余韻 (3) 〔ヨガ〕ハタヨーガで習熟し精神を集中させることによりスシュムナー脈管を上昇させることにより開示され小宇宙としての個の人間にも聞こえるようになる宇宙に遍満する聖音 ओंकार (これはまた語の本体であるスポータ स्फोट でありブラフマン शब्द ब्रह्म とも呼ばれる)；瞑想時に聞こえるとされる音；ナーダ→ सुषम्णा/सुषुम्ना.

नादना[1] [自] (1) 音がする (2) 鳴る (3) 響く；轟く

नादना[2] [他] (1) 音を立てる (2) 鳴らせる；鳴らす

नादना[3] [自] (1) 油皿や油坏などの炎が揺れる (2) 嬉しさに体が揺れる (3) 波打つ

नादली [名*] 《A. ناد علی नाद अली》〔イス〕ナーダリー (メッカから巡礼者が持ち帰る石にコーランの祈りの文句を刻んだもの. 子供が首から下げる護符として用いられる)

नादान [形] 《P. نادان》(1) 無知な (2) 愚かな (3) 頑是無い；聞き分けがない (4) 無邪気な (5) 至らない；経験不足の

नादानी [名*] 《P. نادانی》(1) 無知 वह अपनी पत्नी की नादानी की बातों की ओर अधिक ध्यान नहीं दिया करता 妻の愚かさにあまり注意を向けなかった शारीरिक कमी होने पर किसी को योग्य न समझना नादानी है 体力が足らないことで人を無能と決めつけることは愚かしいことだ (2) 愚かさ；訳のわからぬこと；道理に適わぬこと (3) 頑是なさ；聞き分けのなさ अगर वह नादानी में कोई चीज़ बिगाड़ दे 聞き分けがなくて何かをつぶしてしまうなら

नादार [形] 《P. نادار》貧しい；一文無しの= दरिद्र; निर्धन.

नादारी [名*] 《P. ناداری》貧しさ；貧困= दरिद्रता; निर्धनता.

नादिम [形] 《A. نادم》(1) 恥ずかしい (2) 後悔する；悔やむ

नादिर [形] 《A. نادر》(1) 珍しい；風変わりな नादिर चीज़ें 珍奇な物 (2) すぐれた；立派な

नादिरशाह 〔人名・史〕《P. نادر شاہ》ペルシア皇帝ナーディルシャー (1688–1747. 在位 1736–47. アフシャール朝を創始. 1739 年インドに侵攻, デリーでの殺戮と略奪行為の激しさで知られる. 専制的, 専横な人物の代名詞) सरिश्तेदार क्या हो गया नादिरशाह हो गया サリシュテーダールになったのではなくてナーディルシャーになったのさ चंगेज़ ख़ाँ और नादिरशाह का समर्थन करने वाले लोग ジンギスカンやナーディルシャーに賛同する人たち (専制政治, 圧政を支持する人たち)

नादिरशाही[1] [形] 《P. نادر شاہی》ナーディルシャーの；絶対的な；絶対服従の **नादिरशाही हुक्म** 絶対命令；絶対に服従すべき命

नादिरशाही[2] [名*] (1) ナーディルシャーのデリーで行った殺戮・略奪行為 (2) 圧政；専制政治；恐怖政治 (3) 暴虐行為

नादिरी[1] [形] 《P. نادری》(1) ナーディルシャーの→ नादिरशाह. (2) 暴虐極まりない **नादिरी हुक्म** 絶対的な命令= नादिरशाही हुक्म.

नादिरी[2] [名*] 《P. نادری》(1) 珍しさ；珍奇 (2) エース；一の札；一のカード

नादिहंद [形] 《P. نادہند》借金を返そうとしない；返済を渋る

नादिहंदी [名*] 《P. نادہندی》借金を返そうとしないこと；返済を渋ること

नादी [形] (1) 音の出る；音を立てる (2) 鳴る (3) 轟く

नादेअली [名*] = नादली.

नादेय[1] [形] 川の；河川の

नादेय[2] [名] (1) = सेंधा नमक. (2) = सुरमा. (3) = काँस.

नाद्य [形] (1) 川の；河川の；川に関連した (2) 川に生じた

नाधन [名*] (1) くびき (軛) につなぐこと (2) つなぐこと；結び合わせること (3) 開始；始まり

नाधना [他] (1) 軛につなぐ (2) つなぐ；結び合わせる (3) 始める；開始する

नाधा[1] [名] 軛に結ぶ綱や革ひも

नाधा[2] [名] 灌漑用水の貯水池から水の流れ出る出口

नान [名*] 《P. نان》(1) パン (2) ナン／ナーン (パン種を入れて発酵させた小麦粉をタンドゥール, すなわち, パン焼きかまどで焼いたもの)

नानक 〔人名〕ナーナク (シク教の開祖 1469–1538)；グル・ナーナク (गुरु नानक) 一般に गुरु नानक देव の尊称で呼ばれる

नानक पंथ [名] シク教= सिख धर्म.

नानक पंथी [名] シク教信徒；シク教徒= सिख.

नानक शाह [名]〔シク〕イスラム教徒がシク教教祖グルナーナクに捧げた尊称

नानकार [名] 《P. نان کار》ナーンカール (生活費としてザミーンダールなどの配下に支給された土地, もしくは, その土地からの収入. 管理した土地の地税の 5〜10 %)

नानकिंग 〔地名〕ナンキン (南京, 中国)

नानकीन [名] 《南京；E. Nankeen; Nankin》ナンキン木綿

नानख़ताई [名*] 《P. نان خطائی》ナーンカターイー (米粉に砂糖を加え型に入れて煎餅状に焼いた菓子)

नानचुरा [名]〔鳥〕ムシクイ科ソウシチョウ【*Leiothrix lutea*】

ननदिया [形] 母方の祖父に関わる；母方の実家の

नानपज़ [名] 《P. نان پز》パン屋；パン焼き職人= नानबाई.

नानपाव [名*] 《P. نان + Por. pão》タンドゥール (तंदूर) のかまどで焼いたナーン (नान)

नानफ़रोश [名] 《P. نان فروش》パン屋 (ナーンを製造販売する店) = नानबाई.

नानफ़ेरस मैटल [名] 《E. nonferrous metals》非鉄金属= अलौह धातु; नानफ़ेरस मेटल.

नानबाई [名] 《P. نان بائی》パン屋 (パンの製造・販売をする)

नानसेंस[1] [名] 《E. nonsense》ナンセンス；馬鹿げたこと

नानसेंस[2] [形・感] 《E. nonsense》馬鹿馬鹿しい；馬鹿らしい；馬鹿な；愚かな

नॉन-स्टिक कुकवेयर [名] 《E. nonstick cookware》焦げつき防止加工の調理道具；ノンスティック調理器具

नाना[1] [名] 母方の祖父 (母の父) → दादा (父の父).

नाना[2] [形] (1) 様々な；種々な नाना प्रकार के 様々な；種々の= विभिन्न प्रकार के. (2) 多くの；多数の

नानाकंद [名] = पिंडालू.

नानारस [形] 多様な味のする

नानारूप [形] 様々な姿や形をした；多様な；多彩な

नानार्थ [形] (1) 多義の= अनेकार्थी. (2) 多目的の= बहूद्देशीय.

नानावर्ण [形] 多色の；様々な色の

नानाविध [形] 多様な；様々な= विभिन्न; भिन्न-भिन्न.

ननिहाल [名] 母の実家；母方の祖父の家= ननिहाल.

नानी [名*] 母方の祖母（母の母）= मातामही. **नानी-माँ** 母方の祖母 दादी-माँ या नानी-माँ 父方の祖母，あるいは，母方の祖母 उसे नानीमाँ ने सिखाया था その人に祖母が教えてやった **नानी का घर हो॰** 安心な場所；安楽なところ；気の休まるところ；気の張らないところ **नानी की कहानी** くだくだしい話；長々とした無駄話 **नानी के आगे ननिहाल का बखान क॰** 専門家や専門的な知識を持っている人に専門の話をして聞かせる；詳しく知っている人に詳しく話して聞かせる **नानी के नाम रोना** ひどく悲しむ（-की）**नानी मरना**（मर जा॰）*a.*（ーが）激しく怯える；震えあがる वकीलों की नानी मरी जा रही है 弁護士連中は震えあがりつつある *b.*（ーが）大変に辛い思いをする；ひどく苦しい思いをする *c.*（ーが）とても不快に感じる（-को）**नानी याद आ॰** *a.*（ーが）震え上がる *b.*（ーが）あわてふためく *c.*（ーが）困り果てる（-को）**नानी याद कराना** *a.*（ーを）震えあがらせる अफ़सर को ऐसी फटकार सुनाऊँगी कि नानी याद करा दूँगी 震えあがるほど役人の偉いさんを叱りつけてやる *b.*（ーを）あわてさせる；あわてふためかせる *c.*（ーを）さんざん困らせる

ना-नुकर [名] いやいや；断り；拒否 ना-नुकर क॰ いやがる；いやいやをする；断る；拒否する अगर रुपया लेने वाला ज़मीन लिखने में ना-नुकर करता है तो पाँच आदमी जो क़र्ज़ लिया हो उसी को पंच बनाकर ज़मीन पर क़ब्ज़ा कर लेना 借金をした者が土地名義の変更を断ることがあれば借金している 5 人の者を立会人にして土地を占拠しなさい

नान्ह [形] (1) 小さい (2) 細い；こまかい (3) 賤しい；下賤な **नान्ह कातना** *a.* とても緻密なこまかい仕事をする *b.* とても難しいことをする *c.* 大変物惜しみをする

नान्हा[1] [名] 小さな子；おさなご（幼子；幼児）

नान्हा[2] [形+] = नान्ह.

नाप [名*] (1) 長さ，幅，深さ，分量などをはかること；計測；測定；計量 (2) 大きさ；寸法 पहले उसे उचित नाप तथा आकार का काट लो まずそれを適当な寸法と形に切りなさい छाती की नाप バスト (3) 尺度；物差し；計量，計測の基準；標準 (4) 計測の器具；測定器具；物差し；秤 **नाप ले॰** 寸法をとる；寸法を測る माँ मेरे कंधों की, कमर की और फ़्रॉक की लंबाई की नाप लेती है 母は私の肩，腰，それにフロックの丈の寸法をとる

नापजोख [名*] (1) 計測；測定 (2) 評価

नाप-तौल [名*] (1) 計測；測定；計測 (2) 計量；測量 एक ही प्रकार की नाप-तौल के बटखरे 全く同種の分銅（-की）**नाप-तौल क॰**（ーを）詳しく調べる；精査する **नाप-तौल का हो॰** 寸法通りの（もの）；ぴったりの（もの）；望み通りの（もの）

नापना [他] (1)（計器などで長さ，分量，重さを）計る；測定する पानी की गहराई नापना 水深を測る वायुमंडल का तापमान, दबाव, हवा का रुख़ नापना 大気の温度，気圧，風向を測定する (2) 推し量る；推測する；推定する (3) 徒歩で行く；歩む देवप्रयाग से उत्तरकाशी तक लगभग 200 कि॰मी॰उन्होंने पाँवों से नापे デーオプラヤーグからウッタルカーシーまでおよそ 200km をお歩きになった जिस दूरी को वह नापना चाहता था 歩いて行こうと思っていた距離 मेमने के पाँव और क़दम बहुत थोड़ी-थोड़ी दूरी नापते थे 子羊はちょこちょこと歩いていた

नापसंद [形]《P. نا پسند》いやな；嫌いな；不快な；好みでない；感じの悪い

नापसंदीदगी [名*]《P. نا پسندیدگی》嫌悪感；不快感

नापसंदीदा [形]《P. نا پسندیده》いやな；嫌いな；不快な

नापाइदार [形]《P. نا پائدار》(1) 不安定な (2) はかない（儚い）；無常な；当てにならない (3) 脆い；弱い；ひ弱い

नापाक [形]《P. نا پاک》(1) 不浄な；けがれた (2) 汚い；汚れた；不潔な

नापाकी [名*]《P. نا پاکی》(1)（浄に対する）不浄；けがれ इसमें कौन-सी ऐसी नापाकी है जो छूने से मुझमें आ गई これに触れると私に及ぶようなどんなけがれがあるというのか (2) 汚れ；汚さ；不潔

नापायदार [形] = नापाइदार.

नापास [形]《P. نا + E. pass》(1) 承認されない；受け入れられない (2) 不合格の

नापित [名] 理髪師；床屋= नाई; हज्जाम.

नापैद [形]《P. نا پید》(1) 消えた；隠れた；見えなくなった ख़ूबसूरत परिंदा इस दुनिया से नापैद न हो जाएँ 美しい鳥がこの世から消え去らないように (2) 手に入らない

नाफ़ [名*]《P. ناف》へそ（臍）；ほぞ= नाभि; तुंदी.

नाफ़रमान [形]《P. نا فرمان नाफ़र्मान》(1) 命令に従わない；従順でない；忠実でない；違反する (2) 反抗的な；横柄な；ふてぶてしい；太い；したたかな

नाफ़रमानी [名*]《P. نا فرمانی नाफ़र्मानी》(1) 命令に背くこと；不従順；違反 अल्लाह की नाफ़रमानी से बचते रहेंगे 神の命に背かぬようにすること (2) 反抗；横柄さ

नाफ़र्मान [形] = नाफ़रमान.

नाफ़र्मानी [名*] = नाफ़रमानी.

नाफ़ा [名]《P. نافه》麝香の入っているジャコウジカの嚢（麝香腺）

नाब [形]《P. ناب》(1) 純粋な (2) 澄んだ

नॉब [名*]《E. knob》(1) 栓；つまみ सिलेंडर और चूल्हे दोनों की 'नॉब' घुमाकर 'डबल-लॉक' कर दें シリンダーとコンロの両方の栓を回してダブルロックすること (2) 握り；取っ手；ノブ

नाबकार [形]《P. نا بکار》(1) 卑劣な；下賤な (2) 役に立たない；役立たずの= नालायक.

नाबदान [名]《P. نا بدان》下水 **नाबदान में मुँह मारना** あさましいことをする

नाबालिग़ [形]《P.A. نا بالغ》(1) 成人していない (2) 未成年の

नाबालिग़ी [名*]《P. نا بالغی》未成年

नाबीना [形]《P. نا بینا》視力のない；盲目の；目の見えない= अंधा. नाबीना हाफ़िज़ 盲目のハーフィズ

नाबूद [形]《P. نابود》滅びた；絶滅した；消滅した；消えた

नाभ [名*] = नाभि.

नाभस [形] (1) 空の；天の (2) 天国の；極楽の

नाभि [名*] (1) 哺乳動物の臍；臍の緒 (2) こしき（轂）पहिये की नाभि 車輪のこしき（轂）(3) 中心；中枢 (4) 原子核 परमाणु के बीच के भाग को नाभि कहते हैं.नाभि में प्रोटोन और न्यूट्रान रहते हैं 原子の中心部を原子核と言う．原子核には陽子と中性子とがある

नाभिकंटक [名] でべそ（出臍）

नाभिक [名]〔物理〕核；原子核= परमाणु-नाभिक; परमाणु न्यूक्लियस.

नाभिक परिवार [名]〔社〕核家族〈nuclear family〉

नाभिकमल [名]〔イ神〕横臥したヴィシュヌ神の臍から出ているとされる蓮

नाभिकीय [形]〔物理〕核の；原子核の〈nuclear〉

नाभिकीय अभिक्रिया [名*]〔物理〕原子核反応〈nuclear reaction〉

नाभिकीय आयुध [名] 核兵器= न्यूक्लीय शस्त्र.

नाभिकीय ऊर्जा [名*] 原子力；原子核エネルギー नाभिकीय ऊर्जा चालित प्रथम अमेरिकी विमानवाही पोत 'एंटरप्राइज़' アメリカの最初の原子力空母エンタープライズ

नाभिकीय भौतिकी [名*] 原子核物理学〈nuclear physics〉

नाभिकीय रिएक्टर [名]〔物理〕原子炉〈nuclear reactor〉

नाभिकीय विखंडन [名]〔物理〕核分裂

नाभिकीय विस्फोट [名]〔物理〕核爆発〈nuclear explosion〉

नाभिगंध [名*] ジャコウジカの麝香（の香）

नाभिगोलक [名] = नाभिकंटक.

नाभिछेदन [名] 臍の緒を切ること

नाभिज [名]〔イ神〕（ヴィシュヌ神の臍から生まれた）ブラフマー神 ब्रह्मा

नाभिनाड़ी [名*] 臍の緒

नाभील [名] (1) 女性の下腹部 (2) 臍のへこみ

नामंज़ूर [形]《P.A. نامنظور》不承認の；認められない；受け入れられない；拒否された

नामंज़ूरी [名*]《P.A. نامنظوری》不承認；拒否

नाम[1] [名] (1) 名；名前；名称；名義 विश्वासघात नाम की चीज़ 裏切りというもの；裏切りと称せられるもの दीदी का दिल तो कुत्ते के नाम से ही घबरा जाता था 姉は犬と聞いただけで気が動転するのだった परेशानियों का दूसरा नाम ही ज़िंदगी है 悩みのまたの名が人生なのさ नाम का बिल्ला 名札 उसके नाम का बिल्ला भी उस कोट की जेब पर लगा था 名札もコートのポケットについていた अपना नाम बताना 名乗る (2) 名声；評判 नाम अमर हो॰ 不滅の名声を得

る (3) 名号 इसमें मैंने क्या किया, यह तो सब उस नाम की महिमा थी 私自身がしたことと言えば何もなくてこれは皆あの名号の威力なのでした (4) 言葉 लोग ख़ुशहाल थे.इस लिए अपराधों का नाम तक न था 人々は豊かであったので犯罪という言葉さえ存在しなかった (5) わずかのもの；かけら；気配 धार्मिक द्वेष का नाम न था 宗教的な憎悪のかけらもなかった (6) 形跡；跡形 वृक्ष का कहीं नाम न था どこにも木の跡形もなかった (-) **के नाम** *a.* (ーに) 対して आप के नाम वारंट है 貴方に対して逮捕状が出されている *b.* (ーに) 宛てて मेरे नाम कोई चिट्ठी है? 私宛の手紙が来ていますか *c.* (ーの) 名義に (-) **के नाम का** (ーの) 名義の；(ーの) 分の...तो **मेरा नाम नहीं** (...) なら私を笑うが良い；(...) なら私を嘲るがよい；(...) ならわしの名が廃る (-का) **नाम आ॰** (ーの) 名が出る；(ーが) 言及される (-का) **नाम उछालना** *a.* (ーの) 名を触れ回る *b.* (ーの) 評判を落とす **नाम उजागर क॰** 名を揚げる；名声を得る；名を売る (-का) **नाम उज्ज्वल क॰** ＝ नाम उजागर क॰. अपने माँ-बाप का नाम उज्ज्वल क॰ 親の名を高める (-का) **नाम उठ जा॰** *a.* (ーの) 跡形もなくなる *b.* (ーの) 名が消える *c.* (ーが) 評判を落とす (-का) **नाम उठा दे॰** *a.* (ーの) 跡形もないようにする；(ーを) 根絶する *b.* (ーの) 名を消す **नाम उड़ाना** 評判を落とす (-का) **नाम उलटना** (ーを) 絶えず思い出す **नाम कटना** 除名される (-का) **नाम कटवाकर दम ले॰** (ーに) 恥をかかせずにはおかない वह मेरा नाम कटवाकर दम लेगी あの女は私に恥をかかせずにはおかぬだろう **नाम कढ़ना** 人に知られる；名が揚がる＝ नाम निकलना. **नाम कमाना** 名を成す；名を揚げる；有名になる；名声を得る；名を売る उन्होंने अपने परिश्रम से नाम कमाया है あの人は努力によって名を成した方だ **नाम करना** 名を成す＝ प्रतिष्ठा पाना. (-के) **नाम कराना** (ーに) 名義を書き換えさせる (書き換えてもらう) **नाम का** 名目上の；名ばかりの ＝ नाम मात्र का. (-के) **नाम का जूता पहनना** (ーの) 名を利用する；だれか高名な人の名を利用する **नाम का डंका पिट जा॰** 名を売る；名が広まる；有名になる＝ नाम का नगाड़ा पिट जा॰. **नाम का भूखा** 名誉欲にとりつかれた (人) **नाम की ख़ुशबू** 名声 (-के) **नाम की दुहाई दे॰** *a.* (ーを) 頼りにする；当てにする *b.* (有名な人の) 名をちらつかせる (威張ったり脅したりする) **नाम की धूम पड़ना** 有名になる；名声を得る **नाम की धूम मचना** ＝ नाम की धूम पड़ना. **नाम की नाव चढ़ना** 神の名号にすがる；神の慈悲にすがる **नाम की प्यास** 名誉欲＝ नाम का भूखा. (-के) **नाम की माला जपना** (ーを) 思い出す；思い起こす **नाम की लाज** 名を惜しむこと；名誉を保ちたい気持ち **नाम के पीछे** 体裁上；繕うために；見せかけばかりに **नाम के पीछे मरना** あさましく名誉を追う **नाम के लिए** *a.* 名ばかりの；ほんのわずかの＝ थोड़ा-सा. *b.* 気持ちばかりの **नाम के लिए मरना** ＝ नाम के पीछे मरना. **नाम को** *a.* 名ばかりの；名目だけの；形ばかりの；真似事の *b.* 形ばかり；名ばかり；(ーの) 真似事の मैं हमेशा बस नाम को नहाता था 何時も沐浴とは形ばかりのものだった वस्त्राभूषण नाम को न था 装身具は名ばかりのものもなかった **नाम को थूकना** 激しく嫌悪する；忌み嫌う＝ नाम पर थूकना. **नाम को न रहना** 全くなくなる；全然ない **नाम को बट्टा लगना** 評判が落ちる **नाम को बट्टा लगाना** 評判を落とす **नाम को भी नहीं** まったく…ない；全然…ない **नाम को मरना** ＝ नाम के पीछे मरना. **नाम को रोना** あさましいほどに名誉を欲しがる (-के) **नाम को रोना** *a.* (ーに) 泣かされる；(ーの不始末に) 泣かされる *b.* (ーのことを) 嘆く तू अपनी बीवी के नाम से रो, मैं आज से तेरे नाम को रोऊँगी お前は嫁さんの心配をするがいい. わしは今日からはお前に泣かされるわい **नाम गली गली बिकना** 悪名が高くなる；甚しい悪評が立つ (-का) **नाम गाना** (ーを) 誉め称える **नाम गिनाना** 名を揚げる **नाम गिनाने को** ほんのわずかの **नाम गूँजना** 名が轟く **नाम चढ़ना** *a.* (名簿などに) 名前が出る；名があがる *b.* 登記される **नाम चढ़ाना** *a.* (名簿などに) 名前を出す；名を記してもらう *b.* 登録してもらう **नाम चमकाना** 有名になる；名が売れる；名が轟く कचहरी भर में गुप्त जी का नाम चमक रहा है 役所ではグプタさんの名が轟いている **नाम चमकाना** 名を揚げる；名声を得る；名を輝かす **नाम चलना** *a.* 家名が残る；姓が続く；家系が続く बस, यही लालसा रही कि उनके नाम का एक छोटा-सा कुआँ गाँव में बन जाए.नाम तो चलना चाहिए 自分の名で村に小さな井戸が掘られるのがひたすらな願いだった. 家名が絶えてはならぬのだ *b.* 思い出が残る **नाम चाहना** 称賛されたいと願う；名声を望む **नाम छेंकना** 帳消しにする **नाम छोड़ जा॰** 名を残す **नाम जगना** 名があがる；評判が高まる **नाम जगाना** 名を高める；評判を高める (-का) **नाम जपना** *a.* 名号・神の名を唱える *b.* (ーを) 頼りにする；(ーに) すがる **नाम ज़िंदा रखना** 名声を保つ＝ नाम बनाए रखना. (-का) **नाम झंडे पर चढ़ाना** (ーの) 評判を落とす (-के) **नाम टाँकना** (ーの名義で) 書き込む (-के) **नाम डालना** (ーの) つけにする；(ーに) つけを回す **नाम डुबोना** 評判を落とす；名をけがす＝ नाम डुबाना; नाम बोरना; नाम धो बहाना. **नाम डूबना** *a.* 評判が落ちる；恥をかく；不名誉なことになる *b.* 途絶える；絶える；跡形もなくなる **नाम ढोना** なんとか面子を保つ；なんとか体面を保つ (-का) **नाम तक** (ーの) 影も形も；跡形も जंगली घास का नाम तक नहीं था 野草の影も形もなかった (-का) **नाम तक न रहने दे॰** (ーを) 全滅させる；壊滅させる；(ーの) 跡形もないようにする (-का) **नाम तक न ले॰** *a.* (ーと) 何の関わりも持たない；何の関係も持たない *b.* (ーを) 極度に嫌う (-का) **नाम तक न हो॰** (ーが) 全くない；全然ない；(ーの) 影も形もない **नाम दे॰** 名をつける；名づける；命名する **नाम धरना** *a.* 悪く言う *b.* 名づける；命名する **नाम धो डालना** 忘れ去る；すっかり忘れる (-का) **नाम न जानना** *a.* (ーを) 全然知らない *b.* (ーと) 全く無関係な (-का) **नाम न रहना** (ーが) 評判を落とす＝ नाम उठना. (-का) **नाम न ले॰** *a.* (ーの話を) 口にしない；(ーについては) 全く話題にもしない *b.* (ーを) 避ける **नाम निकलना** (良くも悪しくも) 名が出る；有名になる **नाम निकलवाना** *a.* 名を出してもらう *b.* 悪名を轟かす *c.* (名簿から) 名前を削除してもらう (-का) **नाम निकलवाना** 占いで (ーの) 名を教えてもらう；告げてもらう **नाम पड़ना** 命名される；名がつく；名づけられる (-के) **नाम पड़ना** (ーの) つけになる；(ーに) つけが回る (-के) **नाम पर** *a.* (ーを) 名目にして；口実にして；(ーの) 名目で संगठन और तंज़ीम के नाम पर 団結と組織化とを名目にして फ़ीस के नाम पर 授業料の名目で धर्म के नाम पर घृणा फैलाना 宗教を口実にして憎悪を広める *b.* (ーと) して उनके संतान के नाम पर मात्र एक कन्या थी あの方には子供はひとり娘があっただけだった देने के नाम पर कितनी घटिया और सस्ती चीज़ें ख़रीदकर ले आते हैं 人にやるものとしてなんとまあ劣悪な安っぽいものを買い求めて来ることか *c.* (ーの) 名を取って कबीर की भाँति गुरु नानक भी अपने नाम पर कोई संप्रदाय या धर्म चलाना नहीं चाहते थे カビールと同様, ナーナクにも自分の名を取って何らかの宗派や宗教を興そうという気持ちはなかった **नाम पर काला टीका लगाना** ＝ नाम पर धब्बा लगाना. (-के) **नाम पर कुत्ते पोसना** (ーの) ために何かをする (-के) **नाम पर छींक आ॰** (ーの) 名前を聞くのもいやな；(ーが) 大嫌いな (-के) **नाम पर जान दे॰** *a.* (ーに) 全身全霊を捧げる *b.* (ーに) 命を捧げる **नाम पर थूकना** ＝ नाम को थूकना. **नाम पर धब्बा लगना** 名がけがされる；名に汚点がつく；名誉がけがされる **नाम पर धब्बा लगाना** 名をけがす (-के) **नाम पर पानी फिरना** (ーの) 面子がつぶれる (-के) **नाम पर बट्टा लगना** ＝ नाम पर धब्बा लगना. (-के) **नाम पर बट्टा लगाना** ＝ नाम पर धब्बा लगाना. (-के) **नाम पर बिकना** すっかり (ーの) 意のままになる (-के) **नाम पर बैठना** (ーを) 当てにする；頼りにする；待つ **नाम पर मरना** 名を欲しがる；名誉を欲しがる (-के) **नाम पर मरना** (ーに) すっかり惚れ込む；ぞっこん惚れ込む (-के) **नाम पर मिटना** ＝ नाम पर जान दे॰. **नाम पाना** 名を揚げる **नाम पुकारना** 神頼みをする **नाम पैदा क॰** 名を揚げる；有名になる **नाम फैलना** ＝ नाम पाना. **नाम बड़े दर्शन छोटे** 〔諺〕 *a.* 見かけ倒し；看板倒れ；聞くと見るとは大違い＝ नाम बड़े, दर्शन थोड़े. नाम बड़े दर्शन थोड़े.कहलाने को सेठ, चलते हैं पैदल 看板倒れとはこのことよ. 豪商と呼ばれる身の上が己の 2 本の足で歩くわい *b.* 人聞きはよいが内容のない；名ばかりの；聞こえだけの良い पति मध्य प्रदेश में डिप्टी कलक्टर हैं.नाम बड़े दर्शन छोटे वाली पोस्ट 主人はマッディヤ・プラデーシュで県徴税官補をしていますが, 聞こえだけ立派なポストなのです **नाम बढ़ना** ＝ नाम पाना. **नाम बढ़ाना** 名を高める；名声をいや増す (-का) **नाम बद क॰** (ーの) 名をけがす (-का) **नाम बदल दे॰** (ーを) 嘲笑う；笑いものにする；馬鹿にする न पा गई पहला इनाम तो नाम बदल दे॰ 1 等にならなかったら (私を) 笑うが良い **नाम बनाए रखना** 名誉を保つ **नाम बाक़ी रहना** *a.* 名が残る *b.* 名のみ残る **नाम बिकना** 悪名が高くなる；悪名が広まる **नाम बिगाड़ना** *a.* 名をけがす *b.* 名をわざと本来のも

のとは違う形にして呼ぶ **नाम बिलाना** 消え去る；消滅する **नाम बुझना** = नाम बिलाना. **नाम बेचना** （－の）名をけがす；（－を）悪く言い触らす **नाम बोरना** = नाम डुबाना. **नाम भर को** = नाम को. **नाम भी** 全く；少しも；いささかも **नाम मिटना** *a.* 評判が落ちる *b.* なくなる；滅びる **नाम मिटाना** *a.* 評判を落とす *b.* なくす；滅ぼす **नाम रख ले०** *a.* 尊厳を保つ *b.* 命名する；名づける *c.* けちをつける；欠点を見つける **(-का) नाम रटना** （－を）絶えず思念する；何時も思い続ける；何時も念じる **नाम रह जा०** *a.* 恥をかかずに済む；名誉を保つ *b.* 名が残る **नाम रोशन क०** = नाम पाना. **(-का) नाम लगना** （－の）責任が問われる；（－が）関係づけられる **(-का) नाम लगाना** *a.* （－の）責任を問う；責任にする *b.* （－が）関係づけられる **नाम लिखना** *a.* 権利を委ねる；権利を譲る *b.* （－の）責任やつけにする **नाम लिखवाना** 教育や訓練を受けるために入学，入所などの手続きをして名簿に登録する **नाम लिया जा०** 数えられる；入れられる **(-का) नाम ले०** *a.* （－の）名前を呼ぶ यहाँ की स्त्रियाँ अपने से बड़ों का नाम लेना पाप समझती हैं わが国の女性は目上の人の名前を呼ぶのを罪悪と考えている *b.* （－の）名を唱える जब किसी के घर साँप निकल आता है तो लोग गोगा जी का नाम लेकर साँप को कच्चे दूध के छींटे मार देते हैं 家の中に蛇が出てくることがあると人々はゴーガージーの名を唱えて蛇に牛乳をふりかける यह है हमारी इबादतगाहें.इनमें नमाजें पढ़ी जाती हैं .अल्लाह का नाम लिया जाता है ここが私たちの礼拝所でここでお祈りが捧げられアッラーの名が唱えられる *c.* （－のことを）口にする；（－に）言及する मेरे सामने फिर उसका नाम न लेना 二度と私の前であいつのことを口にするな *d.* （－する）気持ちになる；気になる बस वह लड़की आने का नाम नहीं ले रही थी あの娘はどうしても来ようとしなかった वर्षा थमने का नाम ही नहीं लेती थी 雨の止む気配は全くなかった *e.* （－を）褒めそやす **(-का) नाम लेना छोड़ दे०** （－を）考えない；（－を）放念する **नाम सहना** 名を落とす；評判を悪くする **नाम सुनते खाँसी आ०** 虫酸が走る；いやでいやでたまらない= नाम पर छींक आ०. **(-के) नाम से** *a.* （－を）聞くと；耳にすると मकर संक्रांति को लगनेवाले मेले के नाम से तो हमारे दिल दहल गए マカラサンクラーンティのメーラーと聞いただけで身の毛がよだった *b.* （－の）名で；名前で **(-के) नाम से कट जा०** *a.* （－の）名前を聞いただけでかっとなる *b.* （－の）名前を聞いただけで恥じ入る **नाम हँसाना** 不名誉なことをしでかす **(-) नाम ही नाम को** （－は）ほんのわずかの；名ばかりの **(-का) नाम हो०** *a.* （－が）有名になる；名が知られる *b.* （－が）汚名を着る *c.* （－が）ほんのわずかのものしかない

नाम[2] ［名］《P. نام》(1) 名；名前；名称 (2) 名誉 (3) 評判；名声

नामक ［形］（－という）名の；名前の；名のついた पंचवटी नामक सुंदर स्थान パンチャヴァティーという景勝の地

नामक़बूल ［形］《P.A. نا مقبول नामक्बूल》認められない；受け入れられない；不快な

नामकरण ［名］命名；名づけ इस तालाब के नए नामकरण का अपना इतिहास है この池の新しい命名にはその歴史がある नामकरण क० 命名する；名づける

नामकरण संस्कार ［名］(1)〔ヒ〕命名式（生後 11 日目，もしくは，12 日目に行われるヒンドゥー教徒の通過儀礼の一） (2) 名付け式

नामकर्म ［名］= नामकरण संस्कार.

नामकीर्तन ［名］〔ヒ〕ナームキールタン（ヒンドゥー教徒が神の名号を繰り返し唱える詠唱）→ कीर्तन.

नामचढ़ाई ［名*］名義登録

नामज़द ［形］《P. نام زد》(1) 指名された नामजद क० 指名する (2) 婚約した（娘） (3) 著名な；有名な

नामज़दगी ［名*］《P. نام زدگی》指名 ऐसी स्थिति में राज्य सरकारों को योग्य न्याय-पंचों की नामजदगी का भी अधिकार है このような状況下では州政府は（司法パンチャーヤットの）有能な審判官を指名する権限を有する

नाम-जमा ［名］《H. + A. جمع》借り方貸し方；貸し借り

नामजोग चेक ［名］《H. + E. check》指図式小切手

नामतः ［副］名により；名で；名によって

नामदार ［形］《P. نامدار》有名な；著名な；名高い= प्रसिद्ध; नामी; मशहूर.

नामदेव 〔人名・ヒ〕ナームデーオ（1270–1350, マハーラーシュトラ地方の宗教家で，バクティ運動の推進に大きな働きをした詩人でもある）

नामधरता ［名］命名者

नामधाम ［名］住所氏名= नाम-पता

नामधारी ［名］〔シク〕シク教改革派の一派；ナームダーリー नामधारी सिख（クーカーとも呼ばれる）= कूका सम्प्रदाय.

(-)नामधारी ［造語・形］（－という）名の；名を有する

नामनिशान ［名］《← P.A. نام و نشان नामोनिशान》(1) 名称及び所在 (2) 跡形 (3) 特徴を表すしるし (4) 商標

नामनिहाद ［形］《P. نام نہاد》(1) いわゆる= तथाकथित. (2) 名目上の

नामपटल ［名］表札

नामपट्ट ［名］(1) 名札 (2) 表札 (3) 看板= नाम की प्लेट; नेमप्लेट.

नाम-पता ［名］住所氏名= नाम-धाम. नाम-पता पूछना 住所氏名をたずねる 50 पैसे के डाक टिकट के साथ अपना नाम-पता लिखकर इस पते पर भेजिए 50 パイサーの切手を添えて住所氏名をご記入の上次の宛名にお送り下さい

नामपत्र ［名］ラベル

नाममात्र ［名］名目 नाममात्र का 名目的な；名目上の नाममात्र का शासक 名目的な支配者 नाममात्र को ほんのわずか

नाममाला ［名*］(1) 名詞辞典 (2) 名詞集

नाम-राशि ［形］同姓の= नामरासी.

नामरासी ［形］同姓の

नामरूप ［名］名称と形態

नामर्द ［形］《P. نا مرد》(1) 男らしくない (2) 臆病な (3) 卑怯な (4)〔医〕性的に不能の（男性）；インポテンツの

नामर्दी ［名*］《P. نا مردی》(1) 男らしくないこと (2) 臆病 (3) 卑怯 (4)〔医〕性交不能症；インポテンツ

नामर्दुम ［形］《P. نا مردم》賤しい；下賤な；下品な

नामर्दुमी ［名*］《P. نا مردمی》卑しさ；下品さ；下賤なこと

नामलिखाई ［名*］(1) 入会 (2) 入会金；入会費

नामलेवा ［名］(1) 世継ぎ；世嗣ぎ；後継者；子孫 (2)（故人を）思い起こす人 (3) 称える人；称賛する人 **नामलेवा न रहना** 世継ぎがいなくなる；弔う人の 1 人もいなくなる= नामलेवा पानीदेवा न रहना.

नामवर ［形］《P. نامور》有名な；著名な= प्रसिद्ध; मशहूर. नामवर तुर्क सिपहसालार 有名なトルコ人の将軍

नामवरी ［名*］《P. ناموری》有名；著名；名声= प्रसिद्धि; कीर्ति; शोहरत. जिससे सरकार में मेरी बड़ी नामवरी और प्रतिष्ठा भी हो गई それで当局に良く知られ敬意を受けるようになった

नामवाला ［形+］著名な；有名な；名の通った= प्रसिद्ध; मशहूर; प्रतिष्ठित.

नामशेष ［形］(1) 名のみ残っている；名ばかりになっている (2) 死んだ；死滅した

नामहँसाई ［名*］汚名；物笑い；笑い草；笑われ草；物笑いの種 = उपहास; बदनामी.

नामहदूद ［形］《P.A. نا محدود नामह्दूद》無限の；無制限の；限界のない= असीम; अपार.

नामहरूम ［形］《P.A. نا محروم नामह्रूम》(1) 見知らぬ (2) 身内でない；他人の (3)（女性にとって）パルダーを保つべき（相手）

नामांक ［名］指名番号

नामांकन ［名］(1) 登録；記名 (2) 指名 (3) 任命 (4) 推薦

नामांकन पत्र ［名］任命推薦書〈nomination paper〉

नामांकन संख्या ［名*］登録番号

नामांकित ［形］(1) 登録された (2) 指名された (3) 任命された (4) 推薦された

नामांतर ［名］(1) 別名 (2) 異名；綽名

नामांतरण ［名］(1) 改名 (2) 名義変更

नामांतरित ［形］(1) 改名した (2) 名義変更した

नामा ［形］（－の）名を持つ；（－）という= (-)नामधारी; (-)नामी; (-)नामक.

नामाए आमाल ［名］《P. A. نامه اعمال》〔イス〕人生の行動の善悪の一切が記録される記録帳= आमाल नामा.

नामाक़ूल ［形］《P.A. نا معقول》(1) 不適当な；不当な；不合理な；不適切な (2) 不十分な；不完全な (3) みっともない；不体裁な

न

(4) 馬鹿げた；愚かな= बेवकूफ़; मूढ़. नामाकूल हरकत 不適切な行為；不当行為

नामानुशासन [名] 辞典；辞書= अभिधान; कोश.

नामालूम [形] 《P.A. نا معلوم》わからない；知られない；不明の；不詳の= अज्ञात. नामालूम जगह से धन का लाभ 出所不明の利得

नामावली [名*] (1) 名簿 राजाओं की नामावली 王侯の名簿 सभी दाताओं की नामावली 寄付者全員の名簿 (2)〔ヒ〕神の名を記した信徒の着る着物

नामिक [形] (1) (一の) 名を有する (2) 名目上の；名目的な

नॉमिनेशन [名] 《E. nomination》指名= नामज़दगी; नामांकन; मनोनयन.

नामी [形] 《P. نامی》(1) 有名な；著名な；名高い उस शहर के नामी रईस हैं あの都市の有名な資産家だ नामी लोग 有名人；著名人 उन दिनों के नामी खिलाड़ी 往時の著名選手 नामी डाक्टर 有名な医師 (2) (一という) 名の；名を持った

नामी-गिरामी [形] 《P. نامی گرامی》(1) 著名な；高名かつ尊敬すべき (2) 立派な इलाहाबाद में जितने जाने-माने, नामी-गिरामी लोग हैं, उनमें 99 प्रतिशत आप को ऐसे मिलेंगे, जो बाहर से आकर इलाहाबाद में बस गए イラーハーバードに居住する知名人，名士の 99 %は外部から移住してここに居を定めた人たちであることを発見なさるでしょう

नामुआफ़िक़ [形] 《P.A. نا موافق》(1) 不適当な；不適切な (2) 不賛成の；反対の；不同意の (3) 逆の；反対の= प्रतिकूल; मुख़ालिफ़; विरुद्ध; विरोधी.

नामुनासिब [形] 《P.A. نا مناسب》(1) 不適当な；不当な (2) 法外な

नामुमकिन [形] 《P.A. نا ممکن नामुम्किन》(1) 不可能な；あり得ない (2) 論外な= असम्भव.

नामुराद [形] 《P.A. نا مراد》(1) 失意の；落胆した= असफलमनोरथ; विफलमनोरथ. (2) 失敗した；不成功の= असफल. (3) 不運な= अभागा.

नामुरादी [名*] 《P.A. نا مرادی》(1) 失意 (2) 失敗；不首尾；不成功 (3) 不運；非運

नामुवाफ़िक़ [形] = नामुआफ़िक़.

नामूद [名] = नमूद.

नामूस [名*] 《A. ناموس》(1) 恥；名誉= लज्जा; लाज. (2) 貞節= इस्मत; सतीत्व.

नामे [名]〔簿〕借り方；借り方記入〈debit〉 **नामे डालना** 借り方に記入する

नामेहरबान [形] 《P. نا مہربان नामेह्रबान》(1) 不親切な= अकृपालु. (2) 無慈悲な；非情な= दयाहीन.

नामेहरबानी [名*] 《P. نا مہربانی नामेह्रबानी》(1) 不親切= अकृपालुता. (2) 無慈悲；無情

नामोनिशान [名] 《P. نام و نشان》跡形；痕跡 **नामो निशान मिट जा॰** 跡形もなくなる

नामोल्लेख [名] 名前の引用；名前の言及

नामौजूद [形] 《P.A. نا موجود》存在しない；不在の；欠席の= अनुपस्थित.

नामौजूदगी [名*] 《P.A. نا موجودگی》不在；欠席= अनुपस्थिति.

नामौज़ून [形] 《P.A. نا موزون नामौज़ूँ》(1) 不適当な；不適切な (2) 不当な (3) 不均衡な (4) 韻律に合わない

नामौज़ूनी [名*] 《P.A. نا موزونی》(1) 不適当；不適切 (2) 不当 (3) 不均衡 (4) 韻律に合致しないこと

नाम्ना [形] (という) 名前の；(一という) 名義の= नाम्नी*.

नाय [名] (1) 指導；案内 (2) 指導者 (3) 方法；手立て

नायक [名] (1) 指導者；先導者；先達 (2) 頭；頭目；中心人物；主；主人；首長 (3)〔イ文芸〕文学作品における男性主人公や愛人 (4)〔演〕主人公；主役 (5)〔軍〕陸軍伍長 (6) 巡査長= नाइक.

नायक भक्ति [名*] 英雄崇拝

नायकभेद [名]〔イ文芸〕文学作品における男性主人公の身分や作品中の役割，性質や性格，男女関係などから分類したもの

नायका [名*] (1) 遊女の母親 (2) 遣り手；遣り手婆= कुटनी. (3) = नायिका.

नायज [名] 《E. noise》ノイズ = नॉयज़.

नायन [名*] (1) ナーイー・カーストの女性；ナーイン→ नाई. (2) ナーイー नाई の妻；ナーイン

नायब[1] [形] 《A. نائب नाइब》(1) 補佐の；副の；次席の (2) 代理の= नाइब.

नायब[2] [名] = नायब तहसीलदार.

नायब तहसीलदार [名] 《A.P. نائب تحصیل دار नाइब तहसीलदार》タフシールダール (郡収税官) の補佐；副タフシールダール→ तहसीलदार.

नायबी [名*] 《A. نائبی नाइबी》(1) 補佐；補佐役 (2) 代理；代理人の身分

नायलोन [名] 《E. nylon》ナイロン= नाइलॉन. नायलोन की साड़ी ナイロンのサリー

नायसीन [名] 《E. niacin》〔化〕ニコチン酸

नायाब [形] 《P. نایاب》(1) 手に入らない (2) 得難い (3) 類い稀な；希有な आज़ादी की लड़ाई और हमारी सांस्कृतिक विरासत का एक नायाब नमूना 独立戦争とわが文化遺産の希有な例 **नायाब किताब** 稀覯本；稀覯書；珍本= दुर्लभ पुस्तक.

नायिका [名*] (1) 女主人 (2) 妻 (3) 女性主人公；ヒロイン वह लोमहर्षक कहानी जिसकी नायिका भी एक स्त्री थी 主人公も女性の戦慄的な物語 (4)〔イ文芸〕愛人

नायिकाभेद [名]〔イ文芸〕男性主人公の恋人，もしくは，妻である女性 नायिका を作品中の役割，身分，年齢，性質や性格，性愛に関する成熟度など女性の社会的，心理的状況により分類したもの

नारंग [名] ダイダイ (橙)，オレンジ，ミカンなどの総称

नारंगी[1] [名*] 《P. نارنگی》(1)〔植〕ミカン科アマダイダイ (甘橙)；ヘソミカン【*Citrus sinensis*】 (2) 同上の実

नारंगी[2] [名] 《P. نارنگی》橙色；山吹色

नारंगी[3] [形] 橙色の；山吹色の

नारंज [名] 《P. نارنج》〔植〕アマダイダイ，ポンカンなど柑橘類の総称；オレンジ

नारंजी [形] 《P. نارنجی》橙色の；山吹色の

नार[1] [形] 人の；人間の= मनुष्य संबंधी.

नार[2] [名] 水= जल; पानी.

नार[3] [名] 雄の子牛

नार[4] [名*] (1) 首 (2) のど (喉) (3) 臍の緒= आँवल. (4) 綱 (5) ひも= डोरी; नारा; नाला. **नार नवाना** *a.* 頭を下げる (敬意を表する) *b.* うつむく；はにかむ **नार नीची क॰** = नार नवाना.

नार[5] [名] 《P. نار》〔植〕ザクロ科高木ザクロ= अनार.

नार[6] [名] (1) 火= आग; अग्नि. (2) 地獄の火= नरक की आग. (3) 地獄= नरक; दोज़ख़.

नारक[1] [形] 地獄の= नरक का.

नारक[2] [名] (1) 地獄= नरक. (2) 地獄の住人= नरक निवासी.

नारकी [形] (1) 地獄に堕ちた (2) 地獄に堕ちる；地獄に堕ちるべき；極悪の= पापी.

नारकीय [形] (1) 地獄の= नरक का. (2) 地獄に堕ちているかのような (3) 極悪の

नारद [名]〔イ神〕リグヴェーダ以来大きな威力を備え多様な個性を有する存在とされてきたナーラダ聖仙 (リシ)；デーヴァルシ・ナーラダ

नारदपुराण [名]〔ヒ〕ナーラダ・プラーナ (ウパプラーナ उपपुराण の一)

नारदीय [形] ナーラダ聖仙の → नारद.

नारना [他] 探る；調べる= पता लगाना; ताड़ना; थाह लगाना.

नारमन [名] 《E. Norman》〔史〕ノルマン人；ノルマン民族

नारवन [名] 《P. نارون》〔植〕ニレ科高木ニレノキ

नारवा [形] 《P. ناروا》不適当な；不当な

नारसिंह [名]〔イ神〕ナーラシンハ，すなわち，ヌリシンハ (人面獣身，人面獅子身) の姿をとったヴィシュヌ神 (の化身)

नारा[1] [名] (1) 腰ひも (2)〔ヒ〕祈祷の際に供えられる赤く染めた木綿のひも

नारा[2] [名] 《A. نعره》(1) 叫び；叫び声 (2) 喧騒 (3) スローガン；標語 राष्ट्रीय नारा 民族のスローガン उन्हें शायद समाजवाद से अच्छा नारा नहीं मिला 社会主義以上に立派なスローガンはあの人には見つからなかった **नारा बुलंद क॰** スローガンを大声で叫ぶ **नारा लगाना** スローガンを叫ぶ；シュプレヒコールを一斉に唱える काफ़ी जोशीले नारे लगाये जा रहे थे 相当熱気のこもったスローガンが

叫ばれていた **नारे लिखी तख़्ती** プラカード नारे लिखी तख़्तियाँ भी हाथों में थीं プラカードも手にしていた
नाराइन[1] [名]〔イ神〕ナーラーヤナ神= नारायण.
नाराइन[2] [名*]〔魚〕コイ亜科淡水魚【*Cirrhina mrigal Ham.*】
नाराच [名] (1) 鉄の矢；鉄製の矢 (2) 矢
नाराची [名*] 微量のものを計るための天秤
नाराज़ [形]《P.A. ناراض》不快な；不機嫌な；立腹した；おかんむりの आपने तो अपने माल की कीमत बता दी, अब मैं इसे खरीदने की कीमत बताता हूँ.नाराज न होना 売り値をおっしゃったので今度は当方の買い値を申します．お腹立ちになりませんように願います
नाराज़गी [名*]《P.A. ناراضگی》(1) 不快の念；不快感；不機嫌 गहरी नाराज़गी 強い不快の念 पति की नाराजगी के दस कारण 夫の不機嫌の 10 の原因 (2) 怒り
नाराज़ी [名*]《P.A. ناراضی》(1) 不快感；不機嫌 (2) 怒り；憤怒（忿怒）
नारायण [名] (1)〔ヒ〕最高神；ナーラーヤナ神；ブラフマー神 (2) ヴィシュヌ神 नारायण चाहेंगे तो दीवानी आपको ही मिलेगी 神の思し召しがあればディーワーンの職はあなたが得られるでしょう नारायण चाहेंगे, तो आधे घंटे में भैया उठ बैठेंगे 神様の思し召しがあれば半時間のうちに兄ちゃんは起き上がるでしょう
नारायणी [名*] (1) ドゥルガー神（दुर्गा） (2) ラクシュミー神（लक्ष्मी） (3) ガンガー；ガンジス川（गंगा）
नारिकेल [名] (1)〔植〕ヤシ科高木ココヤシ【*Cocos nucifera*】 (2) ココヤシの実= नारियल.
नारिकेली [名*] ココヤシの花序の液から作られる酒
नारियल [名] (1)〔植〕ヤシ科ココヤシ= नारिकेल. (2) ココヤシの実 **नारियल का गुड़** ココヤシの花序の液から作られる砂糖 **नारियल का तेल** ココナツ・オイル **नारियल का पानी** ココヤシの実の汁；サンタン **नारियल की जटा** ココヤシの実についている繊維；コイル **नारियल तोड़ना** 胎児の男女の別を占う **नारियल पीना**（ココヤシの実の殻でこしらえた）水ぎせるを吸う **नारियल सुपाड़ी दे॰** 娘を婚家へ返す
नारियली [名*] (1) ココヤシの実の殻 (2) ココヤシの実の殻でこしらえた水ぎせる (3) ココヤシの果汁から造られる発酵酒
नारी [名*] (1) 女性；婦女；女= स्त्री; औरत. नारी मुक्ति आंदोलन 女性解放運動 नारी स्वतंत्रता 女性の解放；女性の自立 (2) 成人女性；婦人= स्त्री; औरत महिला.
नारी निकेतन [名] (1) 未亡人や身寄りのない女性の厚生・福祉施設や救護施設 (2) 元娼婦の更生施設
नारू [名]〔医〕メジナムシ（メジナ虫）【*Dracunnculus medinensis*】による腫瘍= नहारुआ.
नारेबाज़ी [名*]《A.P. نارہ بازی》(1) スローガンを叫ぶこと；宣伝活動 (2) 掛け声倒れ；（実行を伴わない）標語倒れ
नॉर्थ [名]《E. North》北；北方= उत्तर; शिमाल.
नॉर्मन [名]《E. Norman》ノルマン民族；ノルマン人
नार्मल [形]《E. normal》正常な；通常の；常態の= सामान्य.
नार्मल स्कूल [名]《E. normal school》師範学校；教員養成学校
नार्वे〔国名〕《E. Norway》ノルウェー
नालंदा〔地名〕ナーランダー（5 世紀より 12 世紀に及ぶ仏教研究の中心地の遺跡として著名．ビハール州州都パトナーの近く）
नाल[1] [名*] (1) 中空の茎（蓮などの）；植物の茎 (2) 管；チューブ；中空のもの (3) 織機のひ（杼） (4) 銃身 (5) 葉；葉身 (6) 臍の緒= आँवल नाल; उल्व नाल. **नाल काटना** 臍の緒を切る (-=की) **नाल गड़ना** *a.*（=の）臍の緒が（－）に埋められる *b.*（=が－を）支配する；継承する；相続する *c.*（－が=と）親密な関係にある；親密になる **नाल गिरना** 臍の緒が取れる
नाल[2] [名*]《P. نال》(1) 葦の茎 (2) 葦の茎を削ってこしらえた筆；葦ペン
नाल[3] [名⁻]《A. نعل》(1) 蹄鉄 उसने घोड़ी के पैरों में नई नालें ठोंकी 馬の蹄に新しい蹄鉄を打った (2) 靴底に打つ鋲 (3) 靴；履き物
नाल[4] [名] (1) 寺銭 जुआ तो प्रायः मुहल्ले के किसी भी घर में खिलाया जाता था, जिससे उस घर के किसी-न-किसी प्राणी को नाल के रूप में एक-दो रुपये भी मिल जाते थे 博打は界隈のどこかの家で行われており，その家のだれかには寺銭として 1〜2 ルピーも手に入ることになっていた (2) 賭場
नाल[5] [副] (1) そばに；近くに (2) 共に；一緒に；連れだって
नालकटाई [名*] へその緒を切りとること
नालकी [名*] ナールキー（轎の一種で花婿行列で花婿を乗せるもの）
नालकेर [名] = नारियल.
नालबंद [名]《A.P. نعل بند》蹄鉄工
नालबंदी [名*]《A.P. نعل بندی》(1) 蹄鉄打ち (2) 貢ぎ物；贈り物
नालबाँस [名]〔植〕竹の一種（ヒマラヤ山麓に沿って産する）
नालवंश [名] = नरसल.
नाला[1] [名] (1) 下水；下水道 शहरों के गंदे नाले 都市の下水道 (2) 下水道を流れる水
नाला[2] [名*] (1) ハスの茎 (2) 草の茎
नालाइक़ [形] → नालायक
नालायक़ [形]《P.A. نالائق》(1) 無能な；力のない (2) 役立たずの；ろくでなしの (3) 不適当な
नालायक़ी [名*]《P.A. نا لائقی》(1) 無能さ；不甲斐なさ；だらしなさ उसे अपने बड़े भाई की नालायकी पर बहुत दुःख हुआ 兄の無能さをひどく悲しく思った (2) 役に立たないこと；ろくでもないこと (3) 不適当なこと
नालिका [名*] (1) 細い茎 (2) 下水溝；溝
नालिकेर [名] = नारियल; नारिकेल.
नालिश [名*]《P. نالش》(1) うめき声；うなり声 (2) 不平；不満 (3) 訴訟= दावा; वाद.
नाली [名*] (1) 下水道；下水；下水溝；どぶ नगर में सफ़ाई रखने के लिए अच्छी नालियाँ बनी थीं जिनसे कूड़ा-करकट बह जाता था 町の清潔を保つためごみやくずが流れて行くように立派な下水ができていた (2) 用水路；水路 (3) 細い管；血管などの管 रक्त की नालियाँ (4) 旧式の銃 (5) 中空の茎 **नाली का कीड़ा** 取るに足らぬもの；全く見下げはてたもの **नाली के कीड़े!** 畜生（め）= दोज़खी पिल्ले!.
नालीक [名] (1) 矢 (2) 槍；投げ槍 (3) ハス（蓮） (4) 蓮の実
नालीव्रण [名]〔医〕ろう（瘻）= नाड़ीव्रण; नासूर.
नालुक [形] やせた；やせ細った= दुबला; कृश; कृशकाय.
नालौट [形] 前言をひるがえす（翻す）
नाव [名*]《H.; P. ناو》小さな船；小船；ボート；伝馬船；渡し船 यह नाव है वह जहाज़.नाव से नदी और जहाज़ से समंदर पार करते हैं これが小船であれが大きな船．小船で川を渡り大きな船で海を渡る **नाव का पुल** 船を浮かべた橋 **नाव किनारे लगना** 危難を脱する **नाव किनारे लगाना** *a.* 助ける；支えになる；助力する *b.* 完成させる；やり遂げる *c.* 解脱を得させる **नाव किस घाट जाती है** どのようにして目的が達せられるか **नाव किस घाट लगती है?** = नाव किस घाट जाती है? **नाव खेना** 何とかして暮らしを立てる；どうにかこうにか暮らしを立てる **नाव चलना** 生計が立つ **नाव झांझर हो॰** 土台が揺らぐ **नाव डगमग हो॰** 危うくなる；危険に瀕する **नाव डुबाना** 大損害を与える **नाव पहाड़ चढ़ना** *a.* 不可能なこと *b.* 大いに栄える **नाव पार उतारना** = नाव किनारे लगाना. **नाव पार क॰** = नाव किनारे लगाना. **नाव पार पहुँच जा॰** = नाव किनारे लगना. **नाव पार लगना** = नाव किनारे लगना. **नाव पार लगाना** = नाव किनारे लगाना. **नाव बहना** 船が風に流される **नाव बीच भँवर में हो॰** = नाव मँझधार में पड़ना. **नाव भँवर में पड़ना** 危難に瀕する = नाव मँझधार में पड़ना. **नाव भँवर से निकलना** 危機を脱する；危難から脱する **नाव भँवर से निकालना** 危難から救い出す **नाव भरना** 頂点に達する **नाव में ख़ाक उड़ाना** *a.* 嘘をつく *b.* 言いがかりをつける **नाव में धूल उड़ाना** = नाव में ख़ाक उड़ाना.
नावक[1] [名]《P. ناوک》(1) 矢 (2) 管；筒 (3) 水路 (4) 溝；畦の溝
नावक[2] [名] 船乗り；船頭；船員= केवट; माझी; मल्लाह.
नावघाट [名] 船着き場；港；波止場
नावाँ [名] = नाँवाँ.
नावाक़िफ़ [形]《P.A. نا واقف》(1) 知らない；認識していない= अनजान. (2) 不慣れな= अनभ्यस्त; अनाड़ी.
नावाक़िफ़ी [名*] = नावाकिफ़ीयत.
नावाक़िफ़ीयत [名*]《P.A. نا واقفیت》(1) 認識の欠如；知らないこと= अपरिचय; अनजानपन. (2) 不慣れ= अनाड़ीपन.
नावाजिब [形]《P.A. نا واجب》(1) 不適当な；不適切な= अनुचित; नामुनासिब. (2) 下品な

न

नाविक [名] 船乗り；船員；航海者 मध्यकाल के नाविक 中世の航海者たち
नावेल [名] 《E. novel》小説= उपन्यास.
नावेलिस्ट [名] 《E. novelist》小説家= उपन्यासकार.
नाव्य [名] ←नव. 新しさ；新鮮さ= नवीनता.
नाश [名] (1) 消滅；消失 पाप का नाश 罪障の消滅 (2) 破滅；絶滅 (3) 荒廃 (-का) **नाश हो** （－の）破滅や絶滅を願ったり祈ったりする悪口や呪詛の言葉 सरमायेदारों का नाश हो! 資本家どもくたばれ！
नाशक [形] (1) 消滅させる；なくす खुजली नाशक मरहम 痒み止めの軟膏 समस्त पापों का नाशक 一切の罪科を消滅させる（もの）(2) 破滅させる；絶滅させる；滅ぼす；殺す (3) 荒廃させる
नाशकारी [形] = नाशक.
नाशगया [形⁺・名] ろくでなしの；役立たずの；しょうのない
नाशन [名] (1) 消滅させること；消失させること (2) 破滅させること；絶滅させること (3) 荒廃させること
नाशपाती [名*]〔植〕バラ科ニホンナシ（日本梨）【*Pyrus pyrifolia var. culta*】
नाशवाद [名] ニヒリズム = विनाशवाद. 〈nihilism〉
नाशवान् [形] 滅する；消滅する；滅びる；定かでない；はかない संसार में सभी पदार्थ नाशवान् हैं この世の一切のものは滅びるものだ
नाशाइस्ता [形] = नाशायस्ता.
नाशाद [形] 《P. نا شاد》(1) 不快な；不機嫌な= अप्रसन्न; खिन्न. (2) 不運な= अभागा; बदनसीब.
नाशादमानी [名*] 《P. نا شادمانی》不快（感）；不機嫌= अप्रसन्नता; खिन्नता; नाखुशी.
नाशायस्ता [形] 《P. نا شائستہ》(1) 不適当な= अनुचित. (2) 下品な；猥雑な；洗練されていない= अशिष्ट.
नाशित [形] (1) 滅した；消滅した；消失した (2) 破滅した；滅びた (3) 荒廃した
नाशिनी [形*・名*] ←नाशी 滅する（もの）；消滅させる（もの）→ नाशी. दुर्गति नाशिनी और पाप विनाशिनी गंगा 不運を滅し罪障を消すガンジスの川
नाशिर [名] 《A. ناشر》(1) 広める人= प्रसारक. (2) 出版社；出版者；発行者= प्रकाशक.
नाशी [形] (1) 消滅させる；消失させる；滅ぼす；消す (2) 消滅する；消失する
नाशुक्र [形] 《P.A. نا شکر》恩を忘れる；忘恩の= कृतघ्न; अकृतज्ञ; एहसानफ़रामोश.
नाशुक्रगुज़ार [形] 《P.A. نا شکرگزار》恩知らずな；恩を忘れる= नाशुक्र.
नाशुक्रगुज़ारी [名*] 《P. A. نا شکر گزاری》恩を忘れること；忘恩 = कृतघ्नता; एहसानफ़रामोशी.
नाशुदनी [形] 《P. نا شدنی》(1) 不可能な；あり得ない= असंभव; नामुमकिन. (2) 不運な= अभागा; बदनसीब.
नाश्ता [名] 《P. ناشتہ》(1) 朝食 नहा धोकर नाश्ता खाओ 沐浴を済ませてから朝食を食べなさい (2) 軽食；スナック दोपहर को हम फिर नाश्ता करते हैं 午後にまた軽食を食べる नाश्ता पानी के बाद 軽食を済ませてから
नास[1] [名*] 嗅ぎタバコ= नसवार; सुँघनी.
नास[2] [名] = नाश.
नासदान [名] 《ناس دان. H. + P. دان》嗅ぎタバコ入れ
नासना [他] (1) 破滅させる；滅ぼす (2) なくする (3) 殺す
नासपीटा [形⁺] この上なく下劣な；下品極まりない
नासमझ [形] 《P. نا ना+ H.》(1) 分別のない；無分別な कई बार कुछ नासमझ लड़कियाँ यौन-आकर्षण के कारण पथ-भ्रष्ट भी हो जाती हैं しばしば一部の無分別な娘たちは性の魅惑にひかれて道を踏みはずすことさえあるものだ (2) 愚かな；頭の悪い यह सुनकर मैं समझ गया कि दोनों नासमझ और असभ्य हैं これを聞いて私は2人とも愚かで下品なのだと理解した (3) 分からず屋の= नासमझ.
नासमझी [名*] 《P. نا+ H.》(1) 無分別 हम नहीं चाहते कि तुम भी वही गलती करो जो हम नासमझी में कर चुके हैं 僕は自分が無分別のために犯した失敗を君も繰り返さないように願っているのさ (2) 愚かさ；無知 (3) わからず屋（傾向や性癖）；訳わからずなこと नासमझी के कारण किसान गोबर को ईंधन के तौर पर जला देते हैं 無知なために牛糞を燃料として燃やしてしまう एक ज्ञानी की नासमझी पर दुःख भी हुआ 知恵ある人のわからず屋に悲しくもなった उसने क्या नासमझी वाली बात की なんと愚かしいことをしたんだろうあの人は
नासा [名*] (1) 鼻 (2) 鼻の穴 (3) 框の上部の横木
नासाकोष्ठ [名] 鼻腔
नासाग्र [名] 鼻の先；鼻の先端
नासाज़ [形] 《P. نا ساز》(1) 調子のはずれた (2) 不適当な；不調和な (3) 機嫌の悪い；不機嫌な (4) みだらな
नासाद्वार [名] (1) 哺乳類，鳥類，爬虫類などの鼻孔 (2) 小鼻
नासापुट [名] 小鼻
नासारंध्र [名] 鼻の穴
नासावंश [名] 鼻の骨；鼻柱 = बाँसा.
नासाविवर [名] = नासारंध्र.
नासास्राव [名]〔医〕蓄膿症
नासिक 〔地名〕ナーシク（マハーラーシュトラ州北西部の都市でヒンドゥー教徒の主要聖地の一）
नासिका [名*] (1) 鼻 (2) 鼻のように突き出たもの (3) 鼻の孔 (4) 框の横木
नासिकापुट [名] 小鼻 नासिकापुट में स्पंदन 小鼻がひくひくすること
नासिक्य[1] [形] (1) 鼻の；鼻に生じた；鼻に関わる (2)〔言〕鼻音の
नासिक्य[2] [名]〔言〕鼻音
नासिर [名] 《A. ناثر》散文作家= गद्यलेखक.
नासी [形] = नाशी.
नासीर [名] 先陣；先鋒= हरावल.
नासूर [名] 《A. ناسور》(1)〔医〕ろう（瘻） (2) 宿痾 **नासूर पड़ना** 癒えることのない傷ができる **नासूर भरना** 心の傷が癒える
नास्तिक [名] (1) 無神論者 (2) 不信心者；外道
नास्तिकता [名*] 無神論；無神論的思考
नास्तिकवाद [名] 無神論
नास्य[1] [形] (1) 鼻の (2) 鼻からの
नास्य[2] [名] 牛の鼻綱
नाह [名] (1) 主；主人= नाथ; स्वामी. (2) 夫= पति.
नाहक़ [副] 《P.A. ناحق》(1) わけもなく；でたらめに नाहक़ मास्टरों पर और पढ़ाई के तरीकों पर दोषारोपण से क्या फ़ायदा? でたらめに教師や教え方を非難してなんの得になるのか (2) 不当に；不正に तलाक़ को नाहक़ ही एक समस्या के रूप में पेश कर के तिल का ताड़ बनाना ठीक नहीं 全く不当に離婚を問題として持ち出して事を針小棒大にすることは正しくない
नाहट [形] (1) 悪い；良くない (2) いたずらな；腕白な
नाह-नूँह [名*] (1) いやいや (2) 断り；拒否
नाहमदर्द [形] 《P. نا ہمدرد》無慈悲な；残酷な
नाहमवार [形] 《P. نا ہموار》(1) でこぼこの；平坦でない；凹凸のある (2) 粗野な
नाहर [名] (1)〔動〕ライオン (2)〔動〕トラ (3) 勇者；強者
नाहार [形] 《P. ناہار》朝から食事をしていない；朝食抜きの= नहार; नहारमुँह.
नाहीं[1] [副] = नहीं.
नाहीं[2] [名*] (1) 否定 (2) 拒否
निंदक [形・名] 非難する（人） ऐसा पतित कौन प्राणी होगा जो स्वराज्य का निंदक हो? 自分の国の自治を非難するような下劣な者がいるだろうか
निंदनीय [形] 非難すべき；非難されるべき निंदनीय प्रथा 非難されるべき風習 घृणित या निंदनीय काम करने पर उसे नहीं दुहराने की शपथ लेना おぞましいこと非難されるべきことを繰り返さないことを誓う
निंदरा [名*] = निद्रा.
निंदा [名*] (1) 非難 (2) 誹謗；中傷 (3) 軽蔑；さげすみ；嘲り
निंदा प्रस्ताव [名] 不信任動議；不信任決議
निंदास्पद [形] 卑しむべき；軽蔑すべき
निंदित [形] (1) 非難された (2) 誹謗された (3) 非難されるべき；唾棄すべき (4) 軽蔑すべき
निंदु [名*] 死産をした女性
निंद्य [形] = निंदनीय.
निंब [名*]〔植〕センダン科高木インドセンダン【*Melia indica*】= नीम.

निंबार्क [名] = निम्बार्क. (1)〔ヒ〕ヒンドゥー教ニンバールカ派 (2)〔人名・ヒ〕ニンバールカ・アーチャーリャ (निम्बार्क आचार्य 14 世紀のインドの哲学者・宗教家. ब्रह्मन् と जीव との不一不異を唱えたニンバールカ派の開祖)

निंबार्काचार्य [名] = निंबार्क; निम्बार्काचार्य.

निंबु [名] = नींबू.

निंबुकुल [名]〔植〕柑橘類〈citrus family〉= सिट्रस फ़ैमिली.

निंबू [名] = नींबू. कागज़ी निंबू ミカン科ライム पहाड़ी निंबू レモン

निः- [接頭]《Skt.》欠けていること, 欠如などの意を加える接頭辞. ただし下接語彙の頭音によって निश्, निष्, निस्) の形をとることがある

निःकपट [形] = निष्कपट.

निःकाम [形] = निष्काम.

निःकासन [名] = निष्कासन.

निःकासित [形] = निष्कासित.

निःछल [形] = निश्छल.

निःपक्ष [形] = निष्पक्ष.

निःपाप [形] = निष्पाप.

निःप्रभ [形] = निष्प्रभ. 輝きのない；光沢のない

निःफल [形] = निष्फल.

निःशंक[1] [形] (1) 不安のない；安心した (2) 堂々とした；平気な

निःशंक[2] [副] (1) 不安なく；安心して (2) 堂々と；平気で；大胆に

निःशब्द [形] (1) 音のない (2) 音の出ない एक निःशब्द संगीत 音のない音楽

निःशुल्क [形] 無償の；無料の निःशुल्क व अनिवार्य शिक्षा 無償の義務教育 निःशुल्क कार्य 無償の行為

निःशेष [形] (1) 残りのない (2) 完全な；全部の (3) 完結した；完了した

निःश्वास [名] 呼気 एक लंबा निःश्वास निकल जाता है.लगता है, एक बड़ा बोझ हट गया 深い溜め息が出る. 重荷が下りたような感じだ

निःश्वासन [名] 呼気を出すこと〈exhalation〉

निःसंकोच [副] 遠慮なく；無遠慮に；ずけずけと= निस्संकोच; बेतकल्लुफ़.

निःसंख्य [形] 無数の；数えられない= बेतादाद; असंख्य; बेशुमार.

निःसंग [形] (1) 連れや仲間のいない (2) 単独の；孤独な

निःसंतान[1] [形] 子孫のいない；世継ぎのない

निःसंतान[2] [副] 世継ぎがなく निःसंतान मरे राजा 世継ぎがないままに死んだ王

निःसंदेह [副] 疑いなく；必ず；きっと= बेशक. किसानों की ये समस्याएँ निःसंदेह एक दूसरे से संबंधित हैं 農民たちのこれらの問題は疑いなく相互に関連している

निःसंशय[1] [形] 疑いのない；疑念のない；確実な

निःसंशय[2] [副] 疑いなく；確実に

निःसार [形] (1) 空の；空っぽの (2) 空虚な；つまらない (3) 無意味な

निःसारण [名] (1) 排出 (2) 出口

निःसीम [形] 限りない；無限の

निःस्पंद [形] 動かない；動きのない

निःस्पृह [形] (1) 意欲のない (2) 無欲な

निःस्रव [名] (1) 出口 (2) 残り；残余

निःस्राव [名] 流れ出たもの

निःस्वार्थ[1] [形] 私心のない；無私の；無欲の

निःस्वार्थ[2] [副] 私心なく；無欲に

नि- [接頭]《Skt.》(1) 下へ, (ーの) 中に, (ーの) 後ろへ, 内へなどの意を加えるサンスクリットの接頭辞 निविष्ट 入り込んだ；集中した (2) (ーが) 欠けている；(ーの) ない= निः. निकलंक 汚点やしみのない निगंध 無臭の = निर्गंध.

निअर [副] そばに；近くに= निकट; नज़दीक.

निअराना[1] [自] 近づく；接近する

निअराना[2] [他] 近づける；接近させる

निआमत [名*] = नियामत; नेमत.

निऋति [名*] (1) ニリティ, すなわち, 南西方角の守護神ニルリティ (2) 死= निर्ऋति.

निकट[1] [名] 近いこと；近所；近隣 निकट के मकान 近くの家 (-के) **निकट** *a.* (ーの) 近くに；近辺に；近隣に；そばに मृगवन के गेट के निकट ムリガヴァナの門の近くに गुप्त काल में वाराणसी के निकट सारनाथ में एक विशाल बौद्ध विहार था グプタ朝時代にヴァーラーナシーの近くサールナートに大きな仏教僧院があった *b.* (ーの) 見たところ；(ーの) 考えでは *c.* (ーに) とって *d.* (ーの) 記録では；帳簿では

निकट[2] [形] (1) 近い；接近した；そばにある (2) 身近な निकट भविष्य में 近い将来に बैंक की निकटतम शाखा 銀行の最寄りの支店 परिवार में किसी निकट प्रियजन की मृत्यु 近親者の死 निकट संबंधिन 血族の女性 निकट संबंधी 血族の男性；近親者

निकटतम [形] (1) 最も近い；ごく近い；一番近い स्थानीय शासन नागरिकों से निकटतम संपर्क स्थापित करता है 地域の行政機関は市民と最も身近な接触を持つ (2) 直接の；直の **निकटतम दृष्टि** 近視 **निकटतम पूर्वज** 一番近い先祖

निकटता [名*] (1) 近いこと；接近 (2) 親近感 हमारे बीच अचानक निकटता आ गई 私たちの間には急に親近感が湧いた

निकटत्व [名] = निकटता.

निकटदर्शी [形・名] 近視の；近眼の

निकटदृष्टि [名*] 近視；近眼〈myopia〉 निकटदृष्टि का 近視の；近眼の

निकटपूर्व [名] 近東〈Near East〉

निकटवर्ती [形] 付近の；近隣の；隣接した निकटवर्ती गाँवों में 近くの村々で

निकटस्थ [形] (1) 近い；関係の密な निकटस्थ संबंधी 近い親類 (2) 接近した；近接の；近い方の

निकटाभिगम [名]〔文人〕インセスト= अगम्यागमन; अजाचार.

निकटाभिगमन [名]〔文人〕インセスト **निकटाभिगमन निषेध** インセストタブー〈incest taboo〉

निकम्मा [形+] (1) 仕事のない；職のない (2) 無能な；下手な；へたくそな；駄目な वह जादूगर तो बिलकुल निकम्मा है あの手品師は全く駄目だ (3) 無用の；役に立たない；役立たずの काठ में बँधे-बँधे मेरा पैर बिलकुल निकम्मा हो गया था 木に縛りつけられて足は全く役に立たなくなっていた (4) ろくでなしの

निकर[1] [名] (1) 集まり；集団 (2) 集積 (3) 宝庫

निकर[2] [名]《E. knickers; knickerbockers》ニッカー；ニッカーボッカーズ

निकल [名*]《E. nickel》ニッケル

निकलना[1] [自] (1) (限界や境界などの) 外に出る；脱する एक दो बार घेर लिये जाने पर भी पता नहीं कैसे अछूते निकल आये 1～2 度包囲されたにもかかわらずどうしてうまく脱出したのかわからない जब वह चुटकी बजाता, तो साँप फ़ौरन बाहर निकल आता 男が指を鳴らすと蛇がさっと外へ出てくる (2) 内部から外部へ出る；排出される यदि हम फल-सब्जियों का रस दिन में कई बार पीते रहें तो विषैले पदार्थ शरीर से बाहर निकल जाते हैं 1 日に数度, 果物や野菜のジュースを飲むと有毒物が体外に出る उनमें गंदी हवा ज़्यादा मिकदार में बाहर निकल जाती है そこから汚染された空気が大量に排出される (3) 出る；出される；出て行く；送られる डाक निकलने का वक्त हो गया है 郵便が出る時刻になっている (4) 出掛ける उस दिन शाम को अपने दादा जी के साथ एक पार्क की ओर निकल गया 当日の夕方祖父とある公園のほうへ出た पिकनिक पर निकलना ピクニックに出掛ける गुरु जी तीन शिष्यों को साथ लेकर काशी यात्रा पर निकल पड़े 師は 3 人の弟子を伴ってカーシーの旅へ出掛けられた (5) 現れる；表や表面に出る；見える；目に入る जब आसमान में तारे निकल आते हैं 空に星が現れると सूरज निकलना 日が出る；太陽が昇る= सूरज उगना; सूर्योदय हो°. जब सोकर उठा तब धूप निकल आई थी 起き上がると日が射していた (6) (話や話題に) 持ち出される；上る；出る (7) 始まる；生じる (8) (病気や体調の不調のため吹き出物などが) 吹き出る；病気に罹る फोड़ा-फुंसी अधिक निकलना でき物や吹き出物が沢山出る त्वचा में बारबार फोड़े फुंसी निकलना 肌に頻繁に吹き出物が出る उसे मोतीझरा निकला था 腸チフスに罹った (9) 起源する；発する दरियाए झेलम यहीं से निकलता है ジェーラム川は正にここから流れ出る (ここに源を発する) (10) 声などが出る；発せられる；上がる；放たれる उनकी जबान से जो शब्द निकले あの人の舌から発せられる言葉 उसके मुँह से चीख निकल गई 彼女の口から悲鳴が上がった मैं भी क्रोध में आ गया और मेरे मुँह से भी कुछ अपशब्द निकल गए 私も腹が立ちののしりの言葉が若干出てしまった बड़े जोर से आवाज निकलती है 激しい勢いで音が出る (11) 内部から出る；湧

न

く；湧き出る मिट्टी का तेल ज़मीन से निकलता है 石油は地中から出る (12) 生じる；出る अंडों से बच्चे निकलते हैं 卵から子供が出る（現れる） सीप से मोती निकलते हैं 貝から真珠が取れる (13) 抜け出る；離れる；分離する जब प्राण तन से निकले 命が体から抜け出ると (14) 脱する；止める；抜け出る；離れる；離脱する दल से निकल गई 党派から脱した (15) 放たれる；発射される；発せられる；出される (16) 分離する；遊離する；離れる；はずれる；取れる इससे त्वचा का मैल निकल जाता है そうすると肌の汚れ（垢）が取れる इसपर भी गोले में 25 ग्राम ऊन के बजाए केवल 18 - 19 ग्राम ऊन ही निकलती है それでも玉からは 25g の毛糸の代わりにわずか 18〜19g しか出ない (17)（歯や葉などが）生える；生じる किसी के दाँत जल्दी निकल आते हैं 歯が早く生える子がいる बारह या तेरह वर्ष की आयु में औसतन बच्चों के लगभग 28 दाँत निकल आते हैं 12〜13 歳になるとたいていの子供には 28 本の歯が生え出る भद्दा और टेढ़ा दाँत निकल आया था みっともない捻れた歯が生えていた (18) 範囲の外へ出る；範囲内に収まらない；突き出る；突出する बाहर निकले हुए दाँत 反っ歯 (19) 抜き出る；先へ出る；先に立つ मैं बहुत तेज़ दौड़ता हूँ सब से आगे निकल जाता हूँ 走るのが早く先頭に出る (20) 出版される；刊行される；出る (21) 行列などが出る；進む；出発する तीज की सवारी निकलना ティージュ祭の輿が出る (22) 明らかになる；判明する；結果が出る；判る；知れる यह लड़का अच्छा निकलेगा この少年が勝れているのが判るだろう उसे साफ़ कराया गया तो वह सोने की निकली きれいにしてもらうと金製のものと判った लेकिन वह डरपोक निकला でもあの人は臆病者だと知れた बहादुर बहुत ही हँसमुख और मेहनती निकला バハードゥルはとてもにこやかで勤勉なことが判った इससे यह परिणाम निकलेगा これからこの結果が出るだろう पर इस मामले में सब एक ही थैली के चट्टेबट्टे निकले だがこの件に関してはみな同じ穴の狢だと知れた कौन जानता था कि साला ऐसा निकलेगा あの男がこんな奴だとはだれも知るはずもなかった 1974 जब निकल गया और उनकी भविष्यवाणी ग़लत निकली 1974 年が過ぎ去りあの方の予言が間違っていたのが判明した शहर के मकानात गिने गए तो दो लाख सत्तर हज़ार निकले 一度街の住宅数を数えたところ 27 万戸になった (23) 証明される；当たる मेरा अनुमान सही निकला 私の推察が当たった (24) 過ぎる；経過する；過ぎ去る इसी में डाक्टर के यहाँ जाने का वक़्त निकल गया そうしているうちに医者に行く時間が過ぎてしまった जब कोई कन्या अपने विवाह को बारंबार टालती जाती है तो समय निकल जाने पर उसे इसके लिए बहुत पछताना पड़ सकता है 娘が縁談を何度も断っているうちに時が過ぎ去るとそのことを大いに悔やまなくてはならなくなる (25) 達せられる；果たされる मतलब निकलना 目的や意図が達せられる (26) 売れる；捌ける बघंबर कब निकला था 虎の皮は何時売れましたか (27) なくなる；失せる；消える；消滅する **निकल जा॰** *a.* うまく行く；首尾良く行く；成功する *b.* 逃げおおせる *c.* 駆け落ちする *d.* なくなる *e.* 出てしまう；通過する बस या ट्रेन में लोग सोते रह जाते हैं और जिस स्थान पर उन्हें उतरना होता है वह निकल जाता है バスや列車の中で眠りこんでしまう人がいる．そしてその降りるべき所が通り過ぎてしまう *f.* 全体の一部分がはずれる **निकल पड़ना** *a.* 怒る；憤る；憤慨する *b.* 出掛ける；出発する **निकल-पैठ क॰** 意見の定まらない **निकल भागना** 逃げ出す；拘束や束縛から逃れ出る ＝ निकल जा॰. **निकली हुई तलवार म्यान में कर ले॰** *a.* 前言をひるがえす *b.* 怒りを鎮める

निकलना[2] ［助動］主動詞の語根に付加されて，（ーし）始める，たまたま（ー）するなどの意を表す उसी वक़्त मशीन चल निकली ちょうどその時機械が作動し始めた

निकल प्लेट ［名］《E. nickel plate》ニッケルメッキ

निकलवाना ［他・使］← निकालना. अंत में उन्होंने मंत्री को दरबार से निकलवाकर ही दम लिया 最後に大臣を宮廷から追放させてやっと安堵の息をついた तब दाँत निकलवाने पड़ जाते हैं すると歯を抜いてもらわなくてはならなくなる मैंने उन्हें बाहर निकलवा दिया था（命令して）連中を外へ追い出させた **काम निकलवाना** 用を済ませる；用を足す किसी काम को निकलवाने के लिए जब एक रिश्तेदार के काम दूसरा रिश्तेदार आता है तो 何かの目的を達するのに 1 人の親類が他の親類の役に立つのであれば

निकल सल्फ़ेट ［名］〔化〕硫酸ニッケル〈nickel sulfate〉

निकल सिल्वर ［名］《E. nickel silver》洋銀＝ जर्मन सिल्वर.

निकलाना ［他・使］＝ निकलवाना.

निकष ［名］(1) こすること；摩擦すること (2) 砥石 (3) 試金石 (4) 標準；基準

निकषण ［名］(1) こすること；こすりつけること (2) 研ぐこと (3) 試金石に当てること (4) 試すこと

निकसना ［自］＝ निकलना.

निकाई[1] ［名*］《نکائی ← P. نیک नेक》(1) 良さ；善良さ＝ भलाई. (2) 美点；長所＝ ख़ूबी. (3) 美しさ＝ सौंदर्य; ख़ूबसूरती.

निकाई[2] ［名*］除草→ निकाना, निराना.

निकाज ［形］役立たずの；無用の；しようのない＝ निकम्मा; बेकाम.

निकाना[1] ［他］除草する；草抜きをする＝ निराना.

निकाना[2] ［他］爪を立てる

निक़ाब ［名*］《A. نقاب नक़ाब》(1) 仮面；面；マスク (2) 女性が顔を覆うベール

निकाम[1] ［形］(1) 仕事のない；用のない＝ निष्प्रयोजन; फ़ज़ूल. (2) 役立たずの＝ निकम्मा.

निकाम[2] ［形］無欲な＝ निःकाम.

निकाम[3] ［形］(1) 望みの；願った＝ इष्ट. (2) 十分な＝ पर्याप्त; काफ़ी. (3) 願う；欲する (4) 甚だしい＝ बहुत; अतिशय.

निकाय ［名］(1) 集まり；集団＝ समूह; झुंड. (2)〔仏〕部派 (3)〔仏〕経典の部集 (4)（大学の）学部 कृषि निकाय 農学部

निकार ［名］(1) 敗北＝ हार; पराजय. (2) 侮辱＝ अपमान; निंदा.

निकारना ［他］＝ निकालना.

निकाल ［名］← निकालना (1) 排出すること (2)〔ス〕格闘技などの返し技＝ तोड़.

निकालना ［他］(1)（範囲や境界の）外へ出す；外へやる；追放する स्कूल से निकालना 退学させる (2)（中や内側から）取り出す；抜く；抜き出す；引き出す रेशम के कीड़े के कोये से सैकड़ों मीटर लंबे धागे निकालने की कला 繭から数百 m の長さの糸を取り出す技術 जब गेहूँ सूख जाते हैं तो दाने निकाले जाते हैं 小麦が乾燥すると粒が取り出される दूध में से मक्खन निकालना 牛乳からバターを取り出す आलमारी से कोई किताब निकाल लेना 本箱から何かの本を取り出す रेशे निकालने के लिए जूट के तनों का विरेशन 繊維を取り出すためにジュートの茎を水に浸し柔らかくする作業 मेरे देखते-देखते उसने अपनी कमर से एक तेज़ छुरा निकाला またたく間に男は腰から短刀を抜いた धान से चावल निकालते हैं 籾から米を取り出す सलीम ने जेब से सिगरेट निकाली और माचिस उसकी तरफ़ बढ़ा दी サリームはポケットからタバコを取り出しマッチを男のほうへ差し出した धान से चावल निकालने की आधुनिक तकनीक イネの脱穀の最新技術 (3)（中や内側のものを）上や表面に出す；汲み出す；掘り出す (4) むく（剥く）；むき出す；露にする उसने लाल-लाल आँखें निकालकर कहा 真っ赤な目をむいて言った (5) 剥ぐ；剥ぎ取る खाल निकालना 皮を剥ぐ मरे हुए पशुओं की खाल निकालना 死獣の皮を剥ぐ (6) より出す；選別する＝ दूर क॰; हटाना; छाँटना. गंदी चीज़ें निकालना 汚いものをより出す (7) 外す；剥がす कसी हुई पेंच को बाहर निकालना 締められたネジをはずす उसने अपने बालों में अटका क्लिप निकालकर मेज़ पर रख दिया 髪のクリップをはずしてテーブルに置いた (8)（病気などを）なくす；除く；取り除く；除去する；排除する；つまみ出す＝ दूर क॰; हटाना. (9) 離す；抜き出す＝ अलग क॰. (10) 引く；減らす＝ घटाना. सौ में से पच्चीस निकालना 100 から 25 を引く (11) 売る；売り払う；処分する；売り捌く (12) 出す；提出する；差し出す；持ち出す एक नया प्रोडक्ट निकालना 新製品を出す (13) 見つけだす；探し出す；探り出す एक दूसरे की कमियाँ निकालते रहते हैं お互いのあらを探している (14) 作り出す；編み出す；考察する；工夫する；工面する；創出する उर्दू में लिखने का उन्होंने ऐसा ढंग निकाला जो बिल्कुल अछूता था ウルドゥー語で書く全く新しい様式を編み出した घर की सजावट के लिए वक़्त निकालना 家を飾るのに時間をひねり出す घर कैसा भी हो, मुझे बेडरूम में इस कुर्सी की जगह निकालनी ही पड़ती है どんな家であれ寝室にこの椅子を置く場所を作らなくてはならなかった हज़रत अमीर ख़ुसरो ने ताली के साथ कव्वाली गाने का ढंग निकाला था アミール・フスローが手を打ちながらカッワーリーを歌う方法を考案した व्यस्त जीवन में से कुछ समय छुट्टियों के लिए निकालना 多忙な生活の中からいささか休養の時間を作る (15) 露にする；明らかにする；明かす＝ प्रकट क॰. गुबार निकालना 心のもやもやを吐き出す (16) 答えを出す；解く；解答する；判断する

सपने का अर्थ निकालना 夢占い；夢判断 शुभ मुहूर्त निकालना 吉兆の時刻を判断する (17) 達成する；達する；目的を果たす；仕上げる；やり遂げる= सिद्ध क॰; पूरा क॰; गाँठना. (18)（鉄道や運河，用水路などを）通す；（線などを）引く रावी से माधोपुर के मकाम पर एक नहर निकाली गई マードープルの地点でラーヴィー川から1本の灌漑用水路が引かれた (19) 突き出す；突出させる；前方へ出す；進める (गाड़ी) आगे निकालना （車を進めて他の車を）追い越す (20) 出版する；刊行する नई पत्रिका निकालना 雑誌の創刊 (21)（命令などを）出す；発する；下す यह कैसा हुक्म निकाल रही हो? これはまたなんという命令を発しているの，あんた (22)（音や声などを）出す；発する (23) 過ごす；費やす；送る；やり過ごす ये दो महीने भी कैसे निकालेगी? あの人はこの2か月をどうやって過ごすのだろう कुछ दिनों की ही बात है, किसी तरह निकाल लो.कुछ कहेंगे तो व्यर्थ में क्लेश ही होगा ほんの短期間のことだからなんとかやり過ごしなさい．ことを荒立てるとつまらぬ苦労をすることになる (24) 行列などを出す；練り歩く जुलूस निकालना 行列を出す **निकाल डालना** *a.* 抜き出す；よる（選る）；選別する *b.* 売り払う **निकाल फेंकना** 除去する；取り除く हानिकारक पदार्थों को बाहर निकाल फेंकने की चेष्टा 有害物を除外する試み

निकाला [名] (1) ← निकालना. (2) 追放；排除

निकाश [名] (1) 見かけ；外見；外観 (2) 地平線= क्षितिज. (3) 近接；近隣= समीपता. (4) 類似= सादृश्य.

निकाष [名] (1) 引っかくこと (2) こすること；摩擦

निकास [名] (1) 出すこと；放出 (2) 出口；はけ口；排出口 (3) 出処；発祥地 (4) 収入の途 (5) 収入；売り上げ (6) 産出；生産 (7) 通過税 (8) 脱出；脱出方法

निकासद्वार [名] 出口

निकास-नली [名*] 放出管

निकास-पत्र [名] 出納帳；帳簿

निकासी [名*] (1) 出ること (2) 出すこと；排出；追放 पानी की निकासी 排水 इन्दु की वापसी और रामू की निकासी インドゥの復帰とラームーの追放 (3) 出掛けること；外出；出発；出立 (4) 売れ行き；売り上げ (5) 出荷 (6) 収入；収益 (7) 生産高；産出額 (8) 通過税 **निकासी की चिट्ठी** *a.* 通行許可書 *b.* 清算証明書

निकासी ख़ाम [名*] 《H. نکاسی + P. خام》ザミーンダールの粗収入 ⟨gross revenue of an estate or a village⟩

निकासी ख़ालिस [名*] 《H. نکاسی + A. خالص》〔商〕正味財産；純財産；純資産 ⟨net assets⟩

निकासी चिट्ठी [名*] 清算証明書；決算証明書 ⟨certificate of clearance⟩

निकासी-पक्की [名*] (1) 純受領高 (2) 純利益；純益= निकासी पुख़्ता. ⟨net proceeds⟩

निकासी-पत्र [名]〔農〕領地の総生産高報告

निकासी हाल [名*]〔商〕流動資産

निकाह [名] 《A. نکاح》〔イス〕ニカーフ（イスラム教徒のイスラム法に則った結婚及び結婚式（男性が婚姻契約金マフル मह्र を支払い花嫁側の承諾，2人の証人などを必要とする） **निकाह (संस्कार) क॰** 結婚する（特にイスラム教徒の結婚について言う） **निकाह कराना** 結婚させる उसके साथ इसका निकाह करा दे あの女とこの男を結婚させなさい (-को = का) **निकाह पढ़वाना** (ーを=に) 結婚させる= (-का = से) ब्याह क॰. **निकाह पढ़ाना** 結婚させる；縁組みさせる इसलाम ऐसा नहीं कहता कि इमाम किसी सुन्नी का निकाह किसी शिया से न पढ़ाए イマームがスンニ派の人とシーア派の人との挙式を行ってはならないとはイスラム教は言っていない

निकाहनामा [名] 《A.P. نکاح نامہ》〔イス〕婚姻契約書

निकाह मुता [名] 《A. نکاح متعہ》〔イス〕イスラム教シーア派にのみ認められる期間限定の契約結婚（巡礼地などでの一時的な婚姻）；ムトア婚（ムター婚）

निकाही [形] 《A. نکاحی》結婚した；既婚の

निकाहे सानी [名] 《A. نکاح ثانی》（夫に死別した女性の）再婚= पुनर्विवाह.

निकियाना [他] つまみ取る；摘み取る；むしる（毟る）；むしり取る

निकुंच [名] かぎ（鍵）= चाभी; ताली; कुंजी.

निकुंज [名] 深い木立や茂み

निकुंभ [名] (1)〔ラマ〕ニクンバ（ランカー島 लंका のクムバカルナ王の子，ラーヴァナの弟） (2)〔マハ〕ニクンバ（プラフラーダ प्रह्लाद の第3子） (3)〔植〕トウダイグサ科低木ハズ【*Croton tiglium*】

निकुटना[1] [自] (1) 爪で切られる (2) むしられる

निकुटना[2] [他] = निकोटना.

निकुरंब [名] 集まり；集積；堆= समूह; ढेर.

निकृत [形] (1) 排除された；除外された= बहिष्कृत. (2) 辱められた；卑しめられた= तिरस्कृत. (3) 欺かれた；だまされた= वंचित. (4) 下品な；下賤な= नीच. (5) 卑劣な

निकृतन [名] (1) 切ること；切断；分断= छेदन; खंडन. (2) 破滅；破壊= नाश.

निकृति [名*] (1) 侮辱 (2) 欺瞞 (3) 下賤さ；あさましさ (4) 卑劣さ

निकृष्ट [形] (1) 卑劣な；下品な；あさましい；品のない ऐसा पतित और निकृष्ट कर्म 何とも情けない卑劣な行為 (2) 劣悪な；（お）粗末な；ろくでもない निकृष्ट-सा रेज़र ろくでもない剃刀 मरीज़ों को जो भोजन मिलता है वह निहायत ही घटिया और निकृष्ट होता है 病人に与えられる食事はひどく粗末だ

निकृष्टता [名*] ← निकृष्ट.

निकेत [名] 住まい；家；屋敷；邸宅

निकेतन [名] = निकेत. नारी निकेतन 元娼婦の更生福祉施設

निकोच [名] 収縮= निकोचन; संकुचन.

निकोटना[1] [他] (1) 爪でつまんでちぎる (2) つねる

निकोटना[2] [他] 削る

निकोटीन [名] 《E. nicotine》 सिगरेट में निकोटीन होता है 巻きタバコにはニコチンが含まれている

निकोबर द्वीपसमूह 〔地名〕インド領ニコーバル諸島（ベンガル湾）に位置する連邦政府直轄地 ⟨Nicobar Islands⟩

निकोसना [他] (1) 歯をむき出す (2) 歯がみする

निक्का [形⁺] (1)（兄弟姉妹の中で）末の；一番下の (2) 年少の

निक्रीड़ [名] (1) 遊び；遊戯；競技= क्रीड़ा. (2) 見せ物= तमाशा.

निक्षारण [名]〔芸〕エッチング；腐食銅版術 ⟨etching⟩

निक्षारित [形] エッチングされた

निक्षालन [名] 濾過

निक्षिप्त [形] (1) 投げられた；投じられた (2) 落とされた (3) 放棄された；捨てられた (4) 委託された；委ねられた (5) 送られた；発送された

निक्षेप [名] (1) 投げること；投擲；発射 (2) 落とすこと；投下 (3) 放棄 (4) 委託 (5) 預託；預託物 (6) 預金 (7) 発送

निक्षेपक [形] (1) 投げる；発射する (2) 落とす (3) 委ねる (4) 発送する

निक्षेप-चिह्न [名] 括弧

निक्षेपण [名] = निक्षेप.

निक्षेपनिधि [名*] 負債償却積立 ⟨sinking fund⟩

निक्षेपागार [名] 保管所 ⟨depository⟩

निक्षेपित [形] = निक्षिप्त.

निखंड [形] 真ん中の；ちょうど中間の

निखट्टर [形] 残酷な；無慈悲な= निष्ठुर; निर्दय; बेरहम.

निखट्टू [形] 怠け者の；ろくでなしの；穀潰しの तेरे ऐसा निखट्टू लड़का तो कहीं नहीं देखा! お前のような穀潰しは見たことがない निखट्टू पुत्र 不できな息子；親不孝者

निखनन [名] (1) 掘ること；掘り出すこと (2) 埋めること

निखरचे [副] 《← H.नि- + P. خرچ》手数料や諸経費なしで

निखरना [自] (1) はっきりする；あざやかになる；鮮明になる；際だつ；引き立つ (2) 美しくなる；きれいになる इससे आप के चेहरे की त्वचा निखरने लगेगी こうするとお顔の肌が美しくなり始めます हल्दी के दैनिक प्रयोग से त्वचा निखर आती है ウコンを毎日用いると肌がきれいになる (3) つやが出る；光沢が出る；光る मोहक अंदाज़ में निखर आये बालों को 魅力的につやの出てきた髪の毛を (4) 磨きがかかる；磨かれる；洗練される (5) 清浄になる

निखरवाना [他・使] ← निखारना.

निखरी [名*]〔ヒ・料〕（カースト間の食物のやりとりの観点から重要な意味を持つ）ギーや油，もしくは，牛乳を用いた料理（一般に高カーストの者にとってその授受に制約が少ない）；（宗教的な意味で）清浄料理；精進料理= पक्की रसोई. → सखरी.

न

निखर्व [数] (1) 10 兆 (2) 1 兆
निखर्वक [数] 10 億
निखहरी [形] 敷物のない（床や地面に直接触れる）= बिछौने से रहित. निखहरी जमीन むき出しの地面
निखात [形] (1) 掘られた (2) 掘り出された (3) 埋められた
निखाद [名] = निषाद.
निखार [名] (1) はっきりすること；鮮明になること (2) きれいになること；美しくなること यह सूट हर अवसर पर आपके रूप में निखार ला लोगों की नजरों का केंद्र बना देगा このスーツはどんな折にも貴方のお姿を美しく見せ貴方を皆の注視の的にするでしょう (3) つや；光沢 कनु के साँवलेपन के निखार को カヌの色黒さのつやを (4) 磨き；研ぎ；美しさが一段と増すこと；磨きがかかること；洗練 सब्जा निखार पर है 緑が一番美しい時
निखारना [他] (1) はっきりさせる；鮮明にする；際立てる；引き立てる यह आप के व्यक्तित्व को निखारने के लिए भी सहायक होगा これはあなたの個性を引き立てるのにも役立ちましょう यह चुनाव किसी नारी के अच्छे-भले रूप को भी निखारने की बजाय और हास्यस्पद बना देगा この選択は女性の美しい姿を引き立てる代わりにさらに滑稽なものにするでしょう (2) きれいにする；美しくする कँटीली झाड़ियाँ भी समय-समय पर अपना रूप निखारती हैं とげのある灌木ですらその時々に自らの姿を美しく装うことがあるものだ (3) 光らせる；輝かせる；つやを出す (4) 磨き上げる；洗練する；磨きをかける उसकी लगन ने उसकी कला को निखार दिया 彼の執心が芸に磨きをかけた
निखिद [形] 良くない；悪い；劣った **उत्तम खेती, मध्यम बान, निखिद चाकरी, भीख निदान** 〔諺〕農業が一番で次が商い，宮仕えは下で，下の下は物乞い
निखिल [形] 全部の；全体の；全くの；一切の
निखुटना [自] (1) 切れる；使いきってなくなる (2) 尽きる
निखोट[1] [形] (1) 純粋な；混じりけのない (2) 純正な；清らかな (3) いんちきのない
निखोट[2] [副] 公に；公然と；明確に；包み隠さず；開けっぴろげに
निखोड़ा [形+] (1) 興奮しやすい；激しやすい (2) 残酷な；無慈悲な；情け容赦のない
निगंठ नातपुत्त 〔人名・ジャ〕ニガンタ・ナータプッタ（ジャイナ教の祖師マハーヴィーラの別名．本名は वर्धमान）
निगंदना [他] 綿入れを刺し縫いする；キルティングする
निगंदा [名] 継ぎ
निगड़ [名*] (1) 象の足をつなぐ鎖；ニガル (2) 囚人の足枷の鎖；ニガル
निगड़ित [形] ニガル（鎖）でつながれた；ニガルをはめられた
निगम [名] (1) 都市自治体の役所；自治組織 मध्य प्रदेश के शासकीय निगम में मैनेजर पद पर कार्यरत マッディヤ・プラデーシュ州の行政機関に局長として勤務中 (2) 市役所；市当局 निगम स्कूलों के नए भवनों के निर्माण को प्राथमिकता 市立学校の校舎新築を優先 (3) 市議会 (4) 公団；公社 दिल्ली परिवहन निगम デリー市運輸公社 (5) 社団法人 (6) ヴェーダ聖典；同聖典の文言や章句 (7) 隊商の道；通商路
निगमन [名] (1)〔論〕断案；結論；演繹 (2) ヴェーダの文言の引用 निगमन क॰ 演繹する；推論する
निगमनात्मक [形] 演繹的な；推論的な
निगमनिक [形] = निगमनात्मक.
निगमागम [名]〔ヒ〕ヴェーダとアーガマ（आगम）
निगमायुक्त [名] 大都市自治体の首長；コミッショナー
निगर[1] [名] (1) 飲み下すこと；嚥下 (2) 食べ物 (3) のど
निगर[2] [形] 一切の；すべての；ありとあらゆる
निगराँ [名]《P. نگراں》(1) 監視者 (2) 監督者 मदरसे के तमाम कामों का दर अस्ल वही निगराँ होता है 学校業務のすべてを実際に監督するのはその人です
निगरा [形+] 水で薄められていない；希釈されていない
निगरानी [名*]《P. نگرانی》(1) 監視 पुलिस की कड़ी निगरानी 警察の厳しい監視 (2) 監督 निगरानी करने वाला 監督者 निगरानी दल 自警団= निगरानी समिति.
निगलना [他] (1)（噛まずに）飲み込む；呑み込む；飲み下す एक छोटी-सी चिड़िया आधे घंटे से भी कम समय में 600 से अधिक इल्लियों को निगल जाती है 小さな鳥が半時間にも足らない間に 600 匹以上の幼虫をついばむ मक्खी कैसे निगली जाएगी ハエを呑み込むことができるはずがない बाजरे की रोटी निगलना और भी मुश्किल था ヒエの粉のパンを飲み込むことは更に難しかった बड़ी मछली छोटी मछलियों को निगलती रहती है 常に弱肉強食なのだ (2) 吸い込む (3) つぶす；破滅させる；滅ぼす तीनों शायरों को शराब निगल गई 詩人の 3 人とも酒がつぶしてしまった（3 人とも酒につぶされた） नहीं तो यह ब्रह्मपिशाच इसी को ही नहीं, सारे कुटुंब को निगल जाएगा さもないとこの悪魔がこの人ばかりでなく家族全部を滅ぼしてしまう (4) 使い込む
निगह [名*] = निगाह.
निगहबान [名]《P. نگہبان》(1) 監督；監督者 (2) 守護者；保護者
निगहबानी [名*]《P. نگہبانی》(1) 監視；監督 (2) 守護；保護 इस ज़माने में हमने जो कुछ किया, उनकी निगहबानी में किया और शान से किया この間に我々のしたことはあの方の監督下にしたのであって立派にやったのだ हमीद उसकी हुरमत की निगहबानी किया करता ハミードは常に彼女の操行を監視する
निगाद [名] 語ること；語り = कथन.
निगार[1] [名] (1) 飲み込むこと；飲み下すこと；嚥下 (2) 食べること
निगार[2] [名]《P. نگار》(1) 絵；絵画= चित्र; तस्वीर; नक़्श. (2) 像= मूर्ति; प्रतिमा. (3) 恋人= प्रेमपात्र; महबूब; प्रेमिका; महबूबा.
निगाली [名*] (1) 細い竹筒 (2) 水ぎせるの吸い口；ニガーリー
निगाह [名*]《P. نگاہ》(1) 眼差し इज़्ज़त की निगाह से देखना 尊敬の眼差しで見る माँ की निगाहें तो हरदम उसका पीछा करती रहती थीं 母親の目は何時もその子を追いかけていた (2) 目；目つき किसी भिखारी को दुत्कारो, तो वह तुम्हारी ओर गुस्से की निगाह से देखकर चला जाएगा ののしって追い払えば物乞いは君のほうを怒りの目で見て立ち去るだろう (3) 監視 (4) 配慮 (5) 眼力 **निगाह उठाकर देखना** 相手に面と向かう **निगाह उठाना** *a.* 勇気を出す *b.* 望む；願う **निगाह क॰** 配慮する **निगाह का तीर** 目配せ **निगाह की कोर** 配慮；思いやり **निगाह के नीचे आ॰** *a.* 見える；目に入れる *b.* 目にかなう **निगाह के नीचे हो॰** 気にかかる **निगाह के पाँव फिसलना** 見つめることができない；眩しく感じる **निगाह के सामने** 目の前に **निगाह चार हो॰** 目と目が合う **निगाह चुराना** 目をそらす **निगाह चूकना** 目がそれる **निगाह छेंकना** 目を引く **निगाह जमना** 注目される **निगाह जा॰** 気がつく；注意が向く **निगाह झुक जा॰** 目を伏せる **निगाह टकराना** 目と目が合う **निगाह टेढ़ी हो॰** 不機嫌な **निगाह डालना** *a.* 見る हम जब किसी मैदान में खड़े होकर निगाह डालते हैं तो 広場に立って見てみると *b.* 変な目つきで見る **निगाह तड़पना** 見たくてうずうずする **निगाह देखना** 配慮を願う **निगाह दौड़ाना** *a.* 見回す *b.* 深く考える **निगाह नीची क॰** 恥じる；恥じ入る **निगाह पर आ॰** 目につく；目に入る **निगाह पर चढ़ना** *a.* 嫌われる *b.* 好かれる **निगाह पलटना** 態度を変える **निगाह फिरना** 態度が変わる **निगाह फिसलना** 美しさにほれぼれする **निगाह फैलना** 視野が広がる **निगाह बचाकर** こっそりと；内緒で；隠れて **निगाह बचाना** 目をそらす **निगाह बदलना** *a.* 腹を立てる；不機嫌になる *b.* 態度を変える **निगाह मिलना** *a.* 目と目が合う *b.* 好きになる；恋をする **(-की) निगाह में** *a.*（一の）判断では *b.*（一の）知るところでは **(-की) निगाह में उतर जा॰**（一に）見下げられる **(-की) निगाह में जँचना**（一の）目にかなう **(-की) निगाह में पड़ना**（一に）見える；（一の）目に入る **निगाह में फ़रक़ पड़ना** 態度や様子が変わる（変化が生じる） **निगाह में बाँध ले॰** しっかり記憶する **निगाह रखना** *a.* 監視する；注視する *b.* 好意を持つ；やさしく遇する *c.* 鑑定する **निगाह रहना** *a.* 注目される；注視される；監視される उन दिनों पुलिस की मेरे ऊपर कड़ी निगाह रहती थी 当時警察は私を厳しく監視していた *b.* 配慮される **निगाह लगना** *a.* 期待する *b.* 欲しがる **निगाह लड़ना** 好きになる；好き合う **निगाह से उतर जा॰** *a.* 忘れられる *b.* 軽視される；見下される वह लोगों की निगाह से उतर जाए 世間から見下されるならば **निगाह से गिर जा॰** = निगाह से उतर जा॰. **(-की) निगाह से बचाना**（一に）隠す；（一に）見せない **निगाहों का अच्छा न हो॰** 品行の悪い
निगाहबान [名]《P. نگاہ بان》= निगहबान.
निगाहबानी [名*] = निगहबानी.
निगीर्ण [形] 飲み込まれた；飲み下された；嚥下された

निगुंफ [名] (1) 集まり＝समूह. (2) 房；束＝गुच्छा.
निगूढ़ [形] (1) 意味の秘められた (2) 極秘の
निगूढ़ता [名*] ←निगूढ़. 極秘；内密；内密のこと；極秘のこと＝रहस्य की बात; अत्यंत गुप्त. निगूढ़ताओं का चिरज्ञानी 極秘のことを知っている人；深遠なる秘密の知者
निगूढ़ार्थ[1] [形] 意味の秘められた
निगूढ़ार्थ[2] [名] 秘められた意味
निगृहीति [名*] 抑制；制御
निगोड़ा [形+] ろくでなしの；役立たずの；あん畜生，こん畜生，あ奴，こ奴などのようにののしりの言葉としても用いられる निगोड़े ने ऐसा कुलच्छनी बैल दिया कि जन्म भर की कमाई लुट गई あのろくでなしがしようのない牛を売ってくれたものだからわしの一生の稼ぎが無駄になってしまった
निगोड़िन [形*] निगोड़ा の女性形でののしりの言葉としても用いられる
निग्रह [名] (1) 抑制；制御 निग्रह-बल 制御力 (2) 拘束；弾圧 (3) 障害物；妨げ
निग्रहण [名] (1) 抑制；制限；制御 (2) 敗北
निग्राह [名] (1) 叱責 (2) 処罰；罰
निग्राहिता [名*] 強制
निग्रीटो [名] 《E. Negrito》〔人類〕ネグリート
निघंटु [名] (1)『ニガントゥ』(語源学者のヤースカ यास्क の注釈になると伝えられるヴェーダ語彙の辞書) → यास्क. (2) ニガントゥ (古代インドの薬草辞典の一)
निघ [名] (1) 罪；罪業 (2) まり (毬；鞠)；ボール
निघटना [他] 消す；なしにする＝मिटाना; नष्ट क॰.
निघरघट [形] (1) 家のない；無宿の；宿無しの；住所不定の (2) 恥知らずの；破廉恥な＝निर्लज्ज; बेहया. (-को) **निघरघट दे॰** (ーを) 叱りつける；怒鳴りつける **निघरघट दे॰** 破廉恥な弁明をする
निघरा [形+] 家がない；宿無しの；無宿の；ホームレスの
निघर्ष [名] (1) 摩擦 (2) すりつぶすこと；粉砕
निघात [名] 打撃＝प्रहार.
निघाति [名*] (1) 鉄棒 (2) 金槌
निघाती [形] 打撃を加える；打つ
निचय [名] (1) 集まり；集積 (2) 集合；集団 (3) 蓄積
निचयन [名] (1) 貯蓄 (2) 寄付
निचला [形+] (1) 位置の低い；下の；下側の；下方の टाँगों का निचला भाग 足の下の部分 निचला जबड़ा 下顎 निचली पलक 下瞼 निचले भाग पर पहना जानेवाला वस्त्र 下半身に着用される衣服 (2) 程度や地位，序列などの低い；下の；下位の निचले दर्जे का 下級の＝निम्न स्तर का. समाज में गरीबी हो तो उस समाज का नागरिक जीवन भी निचले दर्जे का होता है 貧困のある社会ではその市民生活も低いものだ भारत में संसद का निचला सदन インドの国会の下院 (3) 階級の低い；社会階層の低い；下層の समाज के निचले वर्गों की लड़कियाँ 下層階級の娘たち (4) 内側の；裏面の
निचाई [名*] (1) 位置の低さ (2) 深さ (3) さがり (下がり) (4) 卑しさ；程度の低さ
निचान [名*] (1) 低さ (2) 深さ (3) 低地
निचिंत [形] ＝निश्चित.
निचित [形] (1) 集められた；蓄えられた (2) 覆われた (3) 満たされた；充満した
निचुड़ना [自] 絞られる；絞り出される；搾られる पानी में से निकालकर इन गोलों को छलनी में रखें, ताकि अतिरिक्त पानी निचुड़ जाए 余分の水分が絞り出されるように水から取り出して笊に入れること → निचोड़ना.
निचेत [形] 意識を失った＝निश्चेष्ट; अचेत; बेहोश.
निचोड़ [名] (1) 絞ること；絞り (2) 要約；まとめ (3) 精華；精髄；エッセンス＝सार; सारवस्तु. (4)〔化〕抽出；抽出物；エキス
निचोड़ना [他] (1) 水分や水気をなくすために絞る；搾る कपड़े निचोड़कर देख लो 服を絞ってみなさい गीले कपड़े निचोड़ना 濡れた服を絞る नींबू का रस निचोड़कर ライムの汁を搾って (2) 無理に押さえて中から取り出す；絞り出す (3) 無理に金を出させる；絞り上げる
निचोल [名] (1) 体を包むもの；体を包むようにして着る衣服 (2) オールニー (ओढ़नी)；チャーダル (चादर) (3)〔服〕ガーグラー (घाघरा)；ラハンガー (लहँगा)
निचौहाँ [形+] 傾いた；垂れた；垂れ下がった
निछक्का [名] 余人や他人のいないこと＝एकांत; निर्जन.
निछत्र [形] (1) 頭上に天蓋をかざしていない＝छत्रहीन. (2) 国王や王侯の標識や紋章などを伴わない
निछावर [名*] (1) 祝い事に際して除厄や安寧・息災の祈願のためその祈願の対象となる人の頭上や体の回りに手に握った金子や物をかざしたり回して然るべき人に贈与する儀礼，ないしは呪法 (2) 同上の儀礼で贈与される物＝न्योछावर. (3) 結婚行列などの祝い事に際しての撒き銭 (4) 自己犠牲 **निछावर क॰** *a.* 捧げる स्वाधीनता-प्राप्ति के लिए उन्होंने सर्वस्व निछावर कर दिया 同氏は独立獲得のためにすべてを捧げられた जान निछावर क॰ 命を捧げる *b.* 自らの命を犠牲に捧げる अपने हाथों से अपना सिर काटकर स्वाधीनता के लिए निछावर कर सकें 自分の手で自分の首をはねて独立のために捧げられるように (5) 心付け
निछोही [形] (1) 愛情のない (2) 残酷な；無慈悲な；非情な＝निछोह.
निज[1] [代・形] (1) 自分 (の)；自己 (の)；自分自身 (の) (2) 個人の；個人的な (3) 特別の **निज का** *a.* 個人の；自己の *b.* 独自の निज का नौकर 私の使用人 निज का माल 私財；私有財産 निज ख़र्च 私費 निज धाम 私宅；私邸 निज की राह 私道 निज के लिए 自分用に；私的に
निज[2] [副] (1) 主に；特別に (2) 確かに；確実に **निज करके** 特に；特別に；殊に
निजकारी [名*]〔農〕物納することになっている小作地
निज जोत [名*]〔農〕土地所有者，もしくは，地税納入者が自分のために直接耕作する土地；ザミーンダールが自己の生計維持のために別個に経営してきた土地；自耕地；自耕作地＝निज काश्त.
निज जोता [名]〔農〕自耕地の所有者
निजता [名*] 個性；独自性；特徴
निजवाचक [形]〔言〕再帰の 〈reflexive〉 **निजवाचक क्रिया** 再帰動詞 〈reflexive verb〉 **निजवाचक सर्वनाम** 再帰代名詞 〈reflexive pronoun〉＝आत्मार्थक सर्वनाम.
निज़ा [名*] 《A. نزاع》(1) 争い；騒ぎ；騒動＝झगड़ा; दंगा; फ़साद. (2) 敵対；敵意＝शत्रुता; दुश्मनी.
निजात [名*] 《A. نجات नजात》(1) 救出；救助 इस तरह कम-से-कम बाबू जी को तो निजात मिल जाएगी こうしてお父さんだけでも助かるだろう (2) 負担や苦労などから解き放たれること；解放＝छुटकारा; भारमुक्ति; मुक्ति. पानी के लिए दस-दस किलो दूर जाने की मुश्किल से भी महिलाओं को निजात मिल गई है 水汲みのために 10km もの遠方にまで出掛ける苦労から女たちは解放された (3) 免除；除外 हथियारों को बेचनेवाले इन सौदागरों से भारत को भी निजात नहीं है 武器を販売するこれらの商人からインドも免れてはいない (4) 解脱＝मोक्ष.
निज़ाम [名] 《A. نظام》(1) 規律；規則 (2) 機構；制度 (3) 秩序 (4) 順序 (5) 支配者；統治者；行政官 (6)〔イ史〕ムガル朝時代の最高位の官職の者に与えられた称号；副王 (7)〔イ史〕ニザーム (ハイダラーバード・デカン，すなわち，ハイダラーバード藩王国支配者の称号)
निज़ामशाही [名*] 《A.P. نظام شاہی》(1) ニザームの統治；ニザームの支配 (2) 中世にハイダラーバード・デカンのニザーム藩王領のニザーマーバードで製造された上質の紙
निजी [形] (1) 私的な；個人的な मुझे उनसे कोई निजी दुश्मनी नहीं थी あの人に個人的には敵意は抱いていなかった निजी जीवन 私生活 ↔ सार्वजनिक जीवन. निजी उद्योग 私企業 निजी दफ़्तर 個人事務所→ सरकारी दफ़्तर 役所 निजी पुस्तकालय 個人の図書館や蔵書 निजी प्रैक्टिस (医者や弁護士などの) 開業；個人営業 **निजी बात** 私事＝निजी मामला. **निजी मामला** 私事 धर्म प्रत्येक व्यक्ति का निजी मामला होता है 宗教は個人の私事である (2) 私有の；個人所有の निजी संपत्ति 私有財産 (3) 内輪の；内部の (4) 私立の；民間の；私営の；私有の निजी व्यापार 民間通商 निजी क्षेत्र 私企業部門；民間部門 निजी मकान 私宅；私邸 निजी ज़मीन 私有地
निजी उद्योग [名] 私企業
निजी संपत्ति [名*] 私有財産；個人財産＝निज का माल.
निजी सचिव [名] 個人秘書 (個人付きの秘書) छतरपुर नरेश का निजी सचिव チャタルプル領主の個人秘書
निजीसेवारत [形・名] 自営の；自営業者
निजी स्कूल [名] 私学；私立学校

न

निज़ूठा [形+] (1) だれも口をつけていない (2) 誰も考えたことのない
निझरना [自] (1) 散る；落ちる；落下する (2) 低下する；しぼむ；凋落する (3) うつろになる
निझाना [他] (1) 見る；見つめる (2) 調べる；探る (3) 覗く；覗き見る
निटर [形] (1) (土地の) やせた (2) 力のない；勢いのない
निटिंग यार्न [名] 《E. knitting yarn》毛糸；編み糸
निटोल[1] [名] 居住地の一区画；町や村の一画= टोला; मुहल्ला; बस्ती.
निटोल[2] [形] 群れや集団からはぐれた
निठल्ला [形+] (1) 仕事のない；無職の；ぶらぶらしている निठल्ला आदमी 仕事のない男 अच्छा तो यही हो कि इस पीड़ा की भावना को मन से निकालने के लिए इन दिनों स्त्री निठल्ली न बैठे この悲しい気持ちを取り除くには女性は何もせずにじっとしていないほうが良い (2) 怠けた；不精な；怠惰な；働く意欲のない जब देखो निठल्लों को बिठाकर भाँग घोटते रहते हो いつ見ても怠け者たちを集めては大麻をやっている दोनों निठल्ले बैठे रहा करते थे いつも2人はぶらぶら過ごしていた
निठल्लू [形] = निठल्ला.
निठाला [名] (1) 暇；暇な時間= खाली वक़्त. (2) 失業；無職
निठुर [形] 無慈悲な；残酷な；無情な= निष्ठुर; निर्दय; बेरहम.
निठुरई [名*] = निठुरता; निर्दयता; बेरहमी.
निठुरता [名*] ←निठुर 無慈悲；残酷；無情= निर्दयता; क्रूरता; बेरहमी.
निठौर[1] [形] 落ち着く場所の定まらない；寄る辺ない **निठौर पड़ना** 寄る辺がなくなる；困り果てる
निठौर[2] [名] (1) 良くないところ；良くない場所 (2) 危険な場所 (3) 住所不定の人；宿無しの人；寄る辺のない人
निडर [形] (1) 恐れのない；怖さ知らずの；恐れ知らずの= निशंक; निर्भय. तुमने निडर होकर परिस्थिति का सामना किया 君は恐れずに状況に対処した तू बड़ा निडर मालूम होता है 君はなかなかの怖さ知らずと見えるな (2) 勇敢な；勇ましい बला की निडर औरत है えらく勇ましい女だぜ (3) 安心した；心配がない घसियारिनें निडर होकर पहाड़ों पर लकड़ी बीनने लगीं 草刈り女たちは安心して山で薪拾いを始めた (4) 厚かましい；横柄な；無遠慮な
निडरपन [名] ←निडर. = निडरता.
निढाल [形] (1) ぐったりした；くたくたに疲れた；へとへとに疲れた पलंग पर निढाल होकर गिर पड़ी ぐったりしてベッドに横たわった आखिर थककर निढाल हो गई とうとう疲れてぐったりした (2) だらんとした；だらっとした；力の抜けた मैंने लिस्ट पकड़ा दी और वह सोफ़े पर निढाल होकर लेट गई 私がリストを手渡すと彼女は力が抜けてソファーに横たわった (3) 気の抜けた；がっかりした；気力を失った
निढिल [形] (1) 引き締まった (2) きりっとした (3) 固い= कड़ा.
नितंब [名] (1) (特に女性の) 尻；臀部；腰 (2) 川岸；河岸= तीर; तट.
नितंबिनी [形*・名*] 腰の形の美しい (女性)
नित [副] (1) 常に；いつも；絶えず= सदा; हमेशा. (2) 毎日；日々= रोज़; प्रतिदिन. **नित खोदना नित पानी पीना** 〔諺〕赤貧洗うがごとし；その日暮らし (をする)
नित-नया [形+] (1) 次から次への；連続的な राक्षस जाति के लोग इस यज्ञ में नित-नयी अड़चनें डाल रहे हैं ラークシャサ共がこの供犠に対して次から次に妨害を続けている (2) 常に新しい；常に新鮮な
नित-नित [副] 絶え間なく；来る日も来る日も；連日
नितराम् [副] (1) 常に；絶えず= हमेशा; सर्वदा. (2) 必ず；きっと= अवश्य; जरूर. (3) 全く= पूरी तरह; पूर्णतः.
नितल [名] (1) 〔イ神〕インド神話で大地のすぐ下にあるとされる地下界の一；ニタラ (2) 〔生〕底生区区分帯 (湖沼，海洋の底など) 〈benthos〉
नितलस्थ [形] 底生区区分帯に位置する **नितलस्थ प्राणी** 〔生〕低生生物 〈benthic animals〉
नितांत[1] [形] (1) 非常に多くの (2) 甚だしい；極度の नितांत वितृष्णा 極度の嫌悪感 (3) 全くの
नितांत[2] [副] (1) 全く；すっかり नितांत अनावश्यक 全く不必要な बेसहारा, नितांत अकेली 寄る辺なく全く孤独な (2) 非常に；極めて；大変；とても नितांत आवश्यक वस्तु 極めて大切な物
नित्य[1] [形] (1) 絶え間ない；絶えざる (2) 永遠の；永久の；恒久の
नित्य[2] [副] (1) 毎日；日々 (2) 絶え間なく；常に
नित्य[3] [名] = नित्यकर्म. **नित्य निभाना** 〔ヒ〕沐浴，洗面，用便，礼拝など朝の務めを済ませる
नित्यकर्म [名] (1) 日常なすべきこと；日々の行為 (2) 毎日の宗教的義務 (沐浴，洗顔，用便，朝夕の礼拝など) (3) (起床後ヒンドゥー教徒がなすべきことの意で) 沐浴や用足しの婉曲な表現
नित्यकृत्य [名] = नित्यकर्म.
नित्यक्रिया [名*] = नित्यकर्म.
नित्यचर्या [名*] 日課；日常の仕事；決まりきった仕事
नित्यता [名*] 恒久性；永遠性；永続 (性)
नित्यत्व [名] = नित्यता.
नित्यनियम [名] 日課；日常；日常生活の決まり
नित्यनैमित्तिक [形] 日常と臨時の両方の
नित्यप्रति [副] 毎日；日々= दिन प्रतिदिन; हर रोज़; रोज़-ब-रोज़. देवी-देवताओं की नित्यप्रति पूजा की जाए 毎日神々を拝むこと वह नित्यप्रति लड़कों को लेकर स्कूल जाता है 毎日子供たちを学校へ連れて行く
नित्यभाव [名] = नित्यता.
नित्य-यौवना [名*] 老いることのない女性
नित्यशः [副] (1) 毎日；日々 (2) いつも；常に भाई नित्यशः उसकी निंदा किया करता था 兄はいつもその男を軽蔑していた
नित्यसंबंध [名] (1) 恒常的な関係 (2) 相関関係
नित्यानित्य [形] 恒久的な (もの) と一時的な (もの)
निथरना [自] 沈殿 (沈澱) する चूने के निथरे हुए पानी के साथ 石灰の沈殿した水と一緒に
निथरनी [名*] デカンター 〈decanter〉
निथरवाना [他・使] ←निथारना
निथार [名] (1) 上澄み (液) (2) 沈殿物
निथारना [他] (1) 沈殿させる；澄ます (2) 沈殿物はそのままにしておいて液体を取り出す；上澄みを取り出す
निदय [形] 無慈悲な；残酷な= निर्दय; निष्ठुर; बेरहम.
निदरना [他] (1) 軽蔑する (2) けなす
निदर्शक[1] [形] 見せる；示す
निदर्शक[2] [名] 〔教〕実験助手 〈demonstrator〉
निदर्शन [名] (1) 見せること；提示 (2) 譬喩 (3) モデル；サンプル हम लोगोंने हरियाणा राज्य के रोहतक ज़िले के 399 अग्रवाल परिवारों को मुख्य निदर्शन के लिए और दिल्ली क्षेत्र के 100 अग्रवालों को अतिरिक्त निदर्शन के रूप में चुना ハリヤーナー州ローフタク県のアグラワール・カーストの399家族を主たるモデルとし，デリー地区のアグラワールの100家族を補助的なモデルとして選んだ (4) 例解；例証 (5) 実演；実演説明；デモンストレーション
निदर्शना [名*] 〔修辞〕無関連・無関係なものを例示しながら譬えによって脈絡を創出する意味修辞の一
निदाघ [名] (1) 熱= ताप; गरमी. (2) 夏= ग्रीष्मकाल.
निदान[1] [名] (1) 原因；根元 बेरोज़गारी की समस्या का निदान 失業問題の根元 (2) 〔医〕診断= रोगनिर्णय. कैंसर का निदान ठीक समय पर जल्दी ही हो जाए तो がんの診断が然るべき時にすぐ行われるならば (3) 終わり；最後 **निदान लक्षण** 〔医〕症状
निदान[2] [副] (1) すなわち；つまり (2) 最後に；しまいに
निदानगृह [名] クリニック；診療所= क्लिनिक.
निदान शास्त्र [名] 〔医〕診断学；診断法 〈diagnostics〉
निदारुण [形] (1) 猛烈な；激烈な (2) 無慈悲な (3) 耐え難い
निदेश [名] (1) 命令；指示 (2) 規定
निदेशक [名] 局長；理事 (長) 〈director〉 वरिष्ठ निदेशक 上席理事
निदेशालय [名] (インド連邦政府の省庁の) 局 〈directorate〉
निद्रा [名*] (1) 眠り；睡眠 (2) 眠気 (3) 無知 **निद्रा टूटना** *a.* 目が覚める *b.* 覚醒する **निद्रा भंग हो॰** 眠りから覚める；眠りが破られる
निद्रादेवी [名*] 眠りや眠気を擬人化した表現 निद्रादेवी की शरण ले॰ 眠りにつく
निद्रालस [形] 眠気に襲われた；眠い
निद्रालु [形] (1) 眠い；眠気のある (2) 眠っている
निधड़क [副] (1) 恐れなく；大胆に (2) 遠慮なく；気兼ねなく
निधन [名] 死；死亡；逝去；死去 लोकमान्य तिलक के निधन पर ロークマーンヤ・ティラクの逝去の際 असामयिक निधन 不慮の死 निधन सूचना 訃報；新聞の訃報欄

निधनक्रिया [名*] (1) 火葬= दाह संस्कार. (2) 葬儀= क्रियाकर्म; अंत्येष्टि.
निधान [名] (1) 置くこと (2) 設置すること (3) 保存 (4) 容器 (5) 蔵 (6) 投資
निधि [名*] (1) 宝；財宝；宝物 प्रत्येक नारी के लिए उसका रूप, यौवन और आकर्षण बहुत महत्व रखते हैं; ये उनकी अमूल्य निधि हैं すべての女性にとって姿，若さ，魅力はとても重要な物でかけがえのない宝である (2) 〔イ神〕クベーラ神の9種の宝物（महापद्म, पद्म, शंख, मकर, कच्छप, मुकुंद, कुंद, नील, खर्व） (3) 集まり；集合；集積 (4) 基金；資金
निधिनाथ [名] 〔イ神〕富の神クベーラ神（कुबेर）= निधिपति.
निधि-सिद्धि [名*] クベーラ（財宝神）の9種の宝石とヨーガの修行で得られる8種の超能力→ निधि, नवनिधि, सिद्धि.
निनाद [名] (1) 音 (2) 騒音；噪音；高音 (3) 反響
निनादित [形] (1) 音のしている (2) 響きわたる；反響する
निनादी [形] (1) 音の出ている (2) 音を出している
निनावाँ[1] [名] 〔医〕口内炎
निनावाँ[2] [名] (1) 名のない；名なしの (2) 忌みのために名の呼ばれない
निन्नानबे [数] 99 निन्नानबेवाँ 第99の；99番目の
निन्यानबे [数] 99 = निन्नानबे. **निन्यानबे के चक्कर में आ°** *a.* 難題にぶつかる *b.* 金儲けに没頭する *c.* 満足することを忘れると日々の暮らしのためにあくせくすることになり幸せな生活を失うことになる **निन्यानबे के फेर में पड़ना** = निन्यानबे के चक्कर में आ°.
निपज [名*] 生産品；産出；生産高= उपज.
निपजना [自] (1) （作物が）できる；採れる；生える；実る एक साल भयंकर अकाल पड़ा, जिसके कारण खेत में कुछ भी निपजा नहीं ある年猛烈な旱魃になり畑の作物が全くできなかった (2) 成熟する；熟する
निपट[1] [副] 全く；すっかり；まるっきり；純粋に निपट गँवार 全く田舎臭い；全く粗野な निपट देहाती 全くの田舎者 यह तो निपट आँख का अंधा है こいつは全くの愚か者だ वे निपट नंगे पाँव अंगारों पर चल रहे हैं まるっきり裸足で火の上を歩いている बालक निपट अकेला हवेली के अंदर चला गया था 男の子は全くの1人で屋敷の中へ入って行った
निपट[2] [名*] ← निपटना.
निपटना [自] (1) まとまる；成立する；完成する (2) （仕事や任務が）済む；用済みになる；解き放たれる；暇になる दरबार के कामों से निपटकर 政務を済ませると (3) 対処する；対応する；取り組む；当たる इस स्थिति से निपटने के लिए この状況に対処するために कृषि संबंधी समस्याओं से निपटने के लिए 農業問題に取り組むために पंजाब की स्थिति से राज्य सरकार को ही निपटना है 問題には州政府がどうしても当たらなければならない (4) 解決される；片付く；処理される (5) しまいになる；尽きる；終わりになる
निपटान [名*] ← निपटाना. (1) 片付け；整理 (2) 処理 (3) 処分
निपटाना [他] (1) まとめる；完成させる；やり遂げる；処理する；片付ける तलाक संबंधी मामलों को निपटाने के लिए 離婚関係の問題を処理するために वक्त पर निपटाना पड़ता है その時間に間に合うようにまとめなくてはならない फ़ाइलों को निपटा लेते थे 書類を片付ける इस कठिन काम को निपटाने वाले स्क्वाड्रन लीडर この難しい仕事をやり遂げる空軍少佐 (2) 解決する इस झगड़े को निपटाना ही चाहिए この争いをどうしても解決しなくてはならぬ (3) 支払いを終える；完済する
निपटारा [名] (1) 処理 (2) 解決 जातीय तथा सामाजिक झगड़ों का निपटारा 民族的，社会的争いの解決 (3) 完了 (4) 結論
निपठन [名] (1) 読むこと = पठन. (2) 朗唱；吟唱
निपतन [名] 落下；下落；墜落 = गिरना; पतन.
निपल [名] 《E. nipple》ニップル；哺乳びんの乳首
निपाक [名] (1) 成熟；熟成 (2) 悪事の結果
निपात [名] (1) 落下；下落；倒れること (2) 降下 (3) 破滅 (4) 崩壊；崩落；陥没 (5) 死 (6) 〔言〕不変化詞= अव्यय. 〈particle〉
निपातन [名] (1) 落下させること；倒すこと (2) 破壊 (3) 殺害
निपातित [形] (1) 落とされた；倒された (2) 破壊された (3) 滅ぼされた；殺された

निपाती [形] (1) 落とす；落下させる；倒す (2) 破壊する (3) 滅ぼす；殺す
निपान [名] (1) 穴；窪地 (2) 池；貯水池 (3) 井戸 (4) 井戸の側の家畜の水飲み場
निपीड [名] 圧力；圧迫
निपीड़क [形] (1) 苦しめる；苦痛を与える (2) 圧迫する；押しつぶす (3) 搾る；絞る
निपीड़न [名] (1) 苦痛を与えること (2) 圧迫する；圧力を加えること (3) 搾ること；絞ること
निपीत [形] (1) 飲まれた (2) 乾かされた；吸い取られた
निपुण [形] 上手な；達者な；器用な；堪能な；長けた गिरोह के कई सदस्य सेंधमारी के काम में निपुण हैं 一味の幾人かは建物への侵入に長けている चित्रकला में निपुण 絵の上手な गृहकार्य में निपुण 家事に堪能な आज हर व्यक्ति कानून तोड़ने में निपुण है 今の世の中誰も彼も法を破るのに長けている
निपुणता [名*] ← निपुण. पाक-कला में निपुणता 料理の上手なこと
निपुत्र [形] 男の子のいない；息子のいない निपुत्र का मुँह देखना 息子のいない人の顔を見ること（不吉なこと） निर्धन को धन, निपुत्र को पुत्र, अंधों को आँखें 貧しい人に富を，息子のいない人に息子を，盲人に目を
निपूत [形] = निपुत्र; निपूता.
निपूता [形+] = निपुत्र.
निपोड़ना [他] = निपोरना.
निपोरना [他] 露にする；むき出す **खीसें निपोरना** = दाँत निपोरना. **दाँत निपोरना** *a.* 愛想笑いをする *b.* 歯をむき出して笑う "सरकार, मथुरा का रहनेवाला हूँ!", और उसने दाँत निपोर दिये 「へえ旦那，手前はマトゥラーに住んでおります」と言って男はにっと歯をむき出した
निफन[1] [形] (1) 完了した；終了した (2) 完全な；全体の；全部の
निफन[2] [副] 完全に；ちゃんと；きちんと；うまく；上手に
निफ़ाक़ [名] 《A. نفاق》(1) 分裂；対立；敵対= विरोध. (2) 不和 = अनबन.
निबंध [名] (1) 結ぶこと；結び合わせること；つなぐこと (2) 束縛 (3) 随筆；エッセイ (4) 論文 (5) 作文 दीवाली पर निबंध लिखना ディーワーリー祭について作文を書く
निबंधकार [名] 随筆家；エッセイスト उन दिनों सभी पत्र-पत्रिकाओं के संपादक निबंधकार थे 当時新聞や雑誌の編集者は全員随筆家だった
निबंधन [名] (1) 結ぶこと；縛ること (2) 結ぶもの；縛るもの (3) 規律で定めること；律すること (4) 登録；登記
निबंधलेखक [名] = निबंधकार.
निबंध-संग्रह [名] 随筆集；エッセイ集
निब [名*] 《E. nib》ペン先 मोटी निब के होल्डर से 太いペン先のペン軸で
निबटना [自] = निपटना. इससे पहले ही अपने काम से निबट लें それに先だって自分の仕事を済ませてしまうこと जैसे ही शादी निबट जाती है 結婚が片付くとたんに स्वतंत्रता-प्राप्ति के पश्चात् से ही निरक्षरता से निबटने की आवश्यकता महसूस की गई 独立獲得と同時に文盲解決の必要が感じられた
निबटाना [他] = निपटाना. आजका काम आज निबटाने से बहुत-सी अप्रिय घटनाएँ रोकी जा सकती हैं 今日の仕事は今日片付けてこそ多数の不祥事を防ぐことができる वह सुबह बच्चों को स्कूल भेजती, फिर घर का काम निबटाती 朝子供たちを学校へ送り出してから家事を片付ける ढेर सारे काम तो मुझे ही निबटाने हैं 山のような仕事を処理しなくてはならないのは私でしかない घर के काम निबटाना 家事を片付ける अधिकांश काम रात को निबटा देने से दिन में आपको सदुपयोग के लिए पर्याप्त समय मिल जाएगा たいていの仕事は夜中に片付けると昼間にうまく使える十分な時間が見つかるでしょう
निबटारा [名] = निपटारा. जल विवाद के निबटारे के लिए 水利を巡る紛争の解決のために
निबटेरा [名] = निबटारा.
निबड़ना [自] = निपटना.
निबद्ध [形] (1) つながれた (2) 結ばれた (3) 束ねられた (4) 止まった；滞った；停滞した (5) 登録された
निबर [形] 力のない；無力な= निर्बल; बलहीन.
निबरना [自] (1) はずれる；離れる (2) 離れ離れになる；散り散りになる (3) 脱する；逃れる (4) 救われる；助かる (5) 終わる；しまいになる

निबर्हण [名] (1) 破壊 (2) 殺害
निबल [形] (1) 無力な；弱い (2) 非力な；劣る= कमज़ोर; निर्बल.
निबहना [自] (1) (ある状態が) 保たれる；持つ；維持される (2) 続く；持続する；継続する (3) 守られる；やり遂げられる；果たされる
निबहुर [名] あの世；黄泉の国
निबहुरा [形+] (1) 戻ってこない (2) 戻ってこないがよい；死んでしまったがよい (ののしりの言葉)
निबाह [名] (1) ある状態の保たれること；継続；続けること किसी और के साथ मेरा भला क्या निबाह होता? 他のだれかと私がはたしてうまくやって行けるものか तुम गऊ हो, इससे निबाह हो जाता है 君がおとなしいからもつのだ (2) 保持 (すること)；維持すること；持続 (すること)；守ること (3) 辛抱 (すること)；忍耐 (すること) (4) 果たすこと；実行；やり遂げること
निबाहना [他] (1) 保つ；続ける；継続する (2) 守る；持続する；保持する；維持する उसने पहले की ही तरह शिष्टाचार निबाहा 全く以前と同じように礼儀を守った (3) 果たす；遂げる；やり遂げる；実行する；貫く दोनों जानते हैं कि विवाह का दायित्व वे अच्छी तरह निबाह सकेंगे 結婚の義務をきちんと果たせることを 2 人は知っている अपना कर्तव्य ठीक ढंग से निबाहें 自分の義務をきちんと果たすこと ज़िम्मेदारियाँ निबाहना 責任を果たす
निबिड़ [形] = निविड़.
निबुआ [名] = नीबू. (1)〔植〕ミカン科常緑低木ライム【*Citrus auranntifolia*】 (2) 女性の乳首 (の比喩として用いられる)
निबेड़ना [他] (1) はずす (2) ほどく；解く (3) 離す；引き離す (4) 捨てる；放棄する (5) 片付ける；処理する (6) 決める；決定する
निबेड़ा [名] ← निबेड़ना.
निबेरा [名] = निबेड़ा.
निबौरी [名*] インドセンダン नीम の実 नीम का फल
निभना [自] (1) しっくりする；うまく行く；順調に行く उन दोनों की मित्रता ख़ूब निभी 2 人はとても馬が合った दोनों ही गर्म - राजा भी और मुख्यमंत्री भी, तो निभे कैसे? 王と首相の 2 人ともが興奮していたらどうしてうまく行くだろうか (2) 保たれる；保持される；守られる (3) 行われる；果たされる；実行される
निभरम[1] [形] 恐れや不安のない
निभरम[2] [副] 恐れなく；不安なく；堂々と
निभरमा [形+] (1) 秘密の明かされた (2) 信用のなくなった
निभाना [他] (1) うまくやる；よい関係を保つ भई, कमाल के लोग हैं, बहन को भी नहीं निभा सके ほんとに，姉妹ともうまくやれない風変わりな人たちだ मैं लाड़-प्यार में पली उसके माँ बाप से नहीं निभा पाऊँगी 甘やかされて育ったので私はあの人の親とはうまくやれないと思う (2) 保つ；保持する；守る；行う；貫く उनमें पुरानी रस्मों को निभाने की गुंजाइश नहीं रहती それらには古い風習を守る余裕はない क्या इसी तरह मित्रता निभाई जाती है? このようにして友情が貫かれるものか औपचारिकता निभाना 儀礼を守る；儀礼に則る विवाह का प्रण, अपने जीवन-साथी को आजन्म निभाने का प्रण है 結婚の誓いは人生の伴侶を生涯守り抜く誓いである इस मित्रता को हमेशा निभाना この友情を常に守りなさい (3) (義務や役割を) 果たす；担う；勤める；務める；やり遂げる；成し遂げる जिसने अहम भूमिका निभाई थी 重要な役割を果たした人 भूमिका निभाना 役割を果たす देश-सेवा के विभिन्न कार्यों और दायित्वों को पूरी क्षमता से निभाते रहे 国の様々な奉仕活動や責務を精一杯果たし続けた अपनी यह प्रतिज्ञा उन्होंने अंत तक निभाई 自分のこの誓いを最後まで果たした क्या वह कन्या के पति के रूप में सभी कर्तव्य निभाएगा? 娘の夫としてあらゆる義務を果たすであろうか इन ज़िम्मेदारियों को स्थानीय प्रतिनिधि ही भली प्रकार निभा सकेंगे これらの義務を地方の代表はうまくやり遂げることができるだろう
निभृत [形] (1) 置かれた (2) 秘められた (3) 定まった；決まった (4) 慎み深い (5) 落ち着いた
निमंत्रण [名] (1) 催しものや会合などに招くこと；招待；招き (2) 良くないことや悪い結果を引き起こすこと；そのようなことを将来したり招くこと विनाश को निमंत्रण दे。破滅を招くこと
निमंत्रण-पत्र [名] 招待状〈invitation card〉
निमंत्रित [形] 招待された；招かれた；呼ばれた जन्म-दिवस या किसी विशेष पार्टी अथवा उत्सव के उपलक्ष्य में दूसरों के यहाँ निमंत्रित हों तो 誕生日や何か特別のパーティーや祝典に際して家庭に招待されたら
निमक [名] 《P. نمک नमक》塩= नमक; लवण.
निमकी [名*] 《P. نمک नमक》ライムの漬け物
निमकौड़ी [名*] インドセンダンの実 **निमकौड़ी बीनना** 批判する；あら探しをする
निमग्न [形] (1) 浸かった；浸った；没した；沈んだ= डूबा (हुआ). (2) 没頭した；熱中した वह बैठी इस स्वर्गीय दृश्य का आनंद लेने में निमग्न थी この世のものとは思えぬこの光景を愛でるのに没頭していた
निमज्जक [名] 水に潜る人；潜水する人；潜水夫
निमज्जन [名] (1) 頭まで水中に沈めての沐浴 (2) 水中に沈めること；浸すこと (3) 熱中；没頭
निमज्जना [自] (1) 水に潜る；潜水する (2) (正式に頭まで水に潜って) 沐浴する
निमज्जित [形] (1) 沐浴した (正式に頭を水中に沈めて) (2) 水に沈んだ；水中に没した तिमिरनिमज्जित 暗黒に沈んだ निमज्जित क。水 (などの液体) に浸す निमज्जित हो。水 (などの液体) に浸る
निमटना [自] = निपटना. परीक्षाएँ निमटीं 試験が終わった मामला निमट गया ごたごたは収まった (片付いた)
निमटाना [他] = निबटाना.
निमत [形] (1) 熱中していない；熱狂していない (2) 落ち着いた；冷静な；正気の
निमाज [名*] = नमाज़.
निमान [形] (1) 下の；下方の (2) 傾いている；傾斜している
निमाना [形+] (1) 下の；下方の (2) 下向きの (3) 傾斜している；坂になっている (4) 慎み深い (5) 臆病な
निमि [名] (1) 瞬き (2)〔イ神〕ニミ (スーリヤヴァンシャ सूर्यवंश の इक्ष्वाकु イクシュヴァークの子でミティラー王朝の創始者とされる)
निमिख [名] = निमिष.
निमित्त [名] (1) 原因；理由 (2) 目的；目標；動機 (3) 手段 (4) 象徴；記号 (5) 前兆 (6) 口実 (-के) **निमित्त** (一の) ために **निमित्त मात्र** 単なる手段として
निमिष [名] (1) 瞬き (2) 瞬間；瞬時
निमिषांतर [名] 瞬きの間；瞬間
निमीलन [名] (1) 瞼を閉じること；瞬き= पलक मारना. (2) 瞬間 = पल. (3) 瞑目；死= मृत्यु; मरण; मौत.
निमीलिका [名*] (1) 瞬き= निमीलन. (2) だまし；欺き
निमीलित [形] (1) 目を閉じた (2) 閉ざされた；秘められた (3) 死んだ；死亡した；瞑目した
निमुँहा [形+] (1) 口のない (2) 無口な；口数の少ない
निमूछिया [名] 若い男；若造；がき (餓鬼)；ちんぴら= निमुछिया.
निमेख [名] = निमेष.
निमेष [名] (1) 目を閉じること；瞬き= पलक का गिरना. (2) 瞬間 = पल; क्षण.
निमेषक [名] (1) 瞼= पलक. (2) ホタル (蛍) = जुगनू; खद्योत.
निमेषण [名] 目を閉じること；瞬き
निमोना [名]〔料〕生のヒヨコマメやエンドウマメをひきつぶしてこしらえる煮物
निमोनिया [名]《E. pneumonia》〔医〕肺炎
निम्न [形] (1) 下の；下方の निम्नक्षेत्र 低地 (2) 下級の (3) 程度の低い निम्न जन्मदर 低出生率 निम्न मृत्युदर 低死亡率 (4) 劣った निम्न प्रकार है 下記の通り पदकों की स्थिति निम्न प्रकार है メダル獲得の状況は下記の通り
निम्न अक्षांश [名] 低緯度〈low latitude〉
निम्नकोटि [名*・形] 下等 (の)；下級 (の)；程度の低い
निम्नग [形] 下へ行く；下へ進む；下向性の
निम्नतम [形] ← निम्न. (निम्न の最高級) 最も低い；一番低い；最も下の；最低の；ミニマム निम्नतम वर्ग 最下層の階級；(社会の) 最下層
निम्नतर [形] ← निम्न. (निम्न の比較級) より低い；一段と低い
निम्नतालिका [名*] 下表；下記の表
निम्नबुर्जुआ वर्ग [名] = निम्न मध्यम वर्ग.
निम्नभूमि [名*] (1) 低地 (2) 湿田= आर्द्रभूमि.

निम्नमध्यम वर्ग [名]〔社〕中流下層階級〈lower middle class〉
निम्नमध्य वर्ग [名] = निम्नमध्यम वर्ग.
निम्नमध्यवर्गीय [形] 中流下層階級の
निम्नलिखित [形] 下記の；下に述べた निम्नलिखित कारण 下記の理由
निम्नवर्ग [名] 下層階級= निचला तबक़ा. 〈lower class〉
निम्नसदन [名] 国会の下院 निम्नसदन जनता द्वारा प्रत्यक्ष रूप से निर्वाचित होता है 下院（議員）は民衆に直接選出される
निम्नस्तर [名] 低レベル；低級；低水準
निम्नस्तरीय [形] 下の；低い；低級な；下級の；下位の निम्नस्तरीय सेवाएँ 低級な仕事
निम्नस्थ [形] 下位の
निम्नांकित [形] 下記の；下に記した निम्नांकित रेखाचित्र 下図 निम्नांकित शब्दों का अपने वाक्यों में प्रयोग करो 下記の語を自分の文章の中で用いなさい
निम्नोक्त [形] 下に述べた；以下の；以下に述べられた वृहदारण्यक उपनिषद के निम्नोक्त उद्धरण से इस सत्य की पुष्टि होगी ブリハドアーラニヤカ・ウパニシャッドの下記の引用でこの真実が確認されよう
निम्नोन्नत [形] (1) 高低のある (2) でこぼこの；凹凸のある
नियंता [形・名] (1) 制御する；統御する (2) 管理する；経営する देश के असली नियंताओं में 実際に国を動かす人たちの中で
नियंत्रक [形・名] (1) 管理する；調整する (2)；管制官；調整者 (3) 制御装置；調整器= नियंता.
नियंत्रण [名] (1) 統御；統制；抑制 परमाणु ऊर्जा पर नियंत्रण पाना 原子力エネルギーを統御できること मूल्य पर नियंत्रण 価格の統制 टी॰बी॰नियंत्रण कार्यक्रम 結核撲滅計画 मूल्य पर नियंत्रण 価格の抑制 (2) 制限；抑制；制御 शस्त्रास्त्रों पर नियंत्रण लगाना 武器の制限 अपराध नियंत्रण 犯罪抑制 स्थिति को नियंत्रण में लाना 状況を制御する (3) 調節 नियंत्रण में रखना 調節する यह हार्मोस स्राव संबंधी हरकतों को नियंत्रण में रखते हैं これがホルモンの分泌活動を調節する परिवर्तनों पर नियंत्रण 変化を調節すること (4) 管理；管制；監督 यातायात का नियंत्रण करना 交通管制 नियंत्रण रखना 統制する；監督する बच्चों पर नियंत्रण रखना 子供の監督
नियंत्रण कक्ष [名] (1) 管制室；制御室 (2) 調整室
नियंत्रण-बुर्ज [名] 監視塔 नाभा जेल का नियंत्रण-बुर्ज ナーバー刑務所の監視塔
नियंत्रण-रेखा [名*]〔イ政〕1972 年 7 月のシムラー協定によりカシミールの係争地に引かれた管理ライン（1949 年の停戦ラインに代わる）
नियंत्रित [形] (1) 統御された；統制された；抑制された नागरिकों के आचरण को नियंत्रित क॰ 市民の行動を抑制する (2) 制限された (3) 調節された कानून के द्वारा नियंत्रित क॰ 法律で統制する (4) 管理された；管制された **नियंत्रित क़ीमत** 統制価格
नियत [形] (1) 決められた；定められた；規定された नियत स्थान, तिथि एवं समय पर 決められた場所と日時に (2) 不変の；一定の (3) 配属された；任命された **नियत क़ीमत** 規定価格
नियततापी [形]〔動〕温血の **नियततापी प्राणी** 温血動物
नियतन [名] 割り当て；分配；配給〈allocation〉
नियतांश [名] 割り当て額〈allocation〉
नियतात्मा [形] 感官を制した；官能を制した
नियति [名*] (1) 宿命；運命；天運 समस्त सर्वहारा वर्ग की नियति すべての無産階級の運命 (2) 定め；決まり
नियतिवाद [名] (1) 宿命論；運命論 (2)〔哲〕決定論
नियतिवादी [形・名] (1) 宿命論の（宿命論者） (2) 決定論の（決定論者）
नियतेंद्रिय [形] 感官を制した；官能を制御した = जितेंद्रिय.
नियन [名]《E. neon》ネオン
नियन ट्यूब [名]《E. neon tube》ネオン管；ネオンライト= नियॉन लाइट.
नियन साईन [名]《E. neon sign》ネオンサイン
नियम [名] (1) 定め；決まり शायद यही समय का नियम है 恐らくこれこそが時代の定めなのだ यह प्रकृति का एक नियम है これが自然の 1 つの決まりなのです (2) 規則；ルール खेल के नियम 競技規則；競技のルール नियम को तोड़ना 規則を破る स्कूल के नियम 学校の規則；校則 वालीबाल के नियम バレーボールのルール नियम के ख़िलाफ़ 規則に反して (3) 決まり；規定 नियम बनाना 規定を作る अपने बच्चे को केवल ठीक समय पर और संतुलित भोजन देने का नियम बना लें 子供には正しい時刻に均衡のとれた食事だけを与える決まりを作ること जातिप्रथा के नियम カースト制の決まり (4) 法則 मेंडल के आनुवंशिकता-नियम メンデルの遺伝の法則 (5) 習慣 (6) 管制；統制 (7) 誓い；誓約 तुम हरे पेड़ न काटने का नियम लो 立木を伐採しない誓いを立てなさい (8) 戒律 (9)〔ヨガ〕ニヤマ（心身を清らかに保つこと，満足を知ること，学修と苦行，最高神に祈ること）；内制；勧戒 **नियम-विनियम** 規則と規定
नियमत: [副] 規則により；規則に則り；規則通り
नियमन [名] (1) 規則化；規律化 (2) 規定 (3) 管制；統制
नियमनिष्ठ [形] 規則正しい；規則に則った；厳正な；規定通りの
नियम-पुस्तक [名*] 規則集；マニュアル；便覧
नियमपूर्वक [副] 規則に則って；規則正しく
नियमबद्ध [形] 規則正しい；規則に則った
नियमबद्धता [名*] 規則正しさ；規則性 उनकी नियमबद्धता और प्रबंधशक्ति अनुकरणीय है あの人の規則正しさと運営力とは見上げたものだ
नियमविरुद्ध [形] 規則に反した；不正な；規律違反の
नियमविरोध [名] 法律無視；規律違反
नियमानुकूल [形] 合法的な；規則に応じた；規定通りの
नियमानुसार [副] 規則に従って；規則通りに सारे हास्टल की बत्तियाँ नियमानुसार बुझ चुकी थीं 学生寮のすべての明かりは規則通り消えてしまっていた
नियमावली [名*] (1) 規則集；会則；規定集 (2) 手引き；マニュアル
नियमित[1] [形] (1) 決まった；決められた；一定の；規則的な नियमित आय 定収入 नियमित व्यायाम 一定の決まった運動 (2) 規則正しい；規則的な नियमित रूप से 規則正しく；決まって；規則的に नियमित प्रशिक्षण 規則正しい訓練 (3) 整然とした；秩序ある；組織だった；規律のある (4) 定期の；定期的な；定例の नियमित सेवा 定期便= बाक़ायदा ख़िदमत. (5) 正常な
नियमित[2] [副] 規則正しく उम्र के अनुसार उपयुक्त व्यायाम नियमित करें 年齢に応じて適切な運動を規則正しく行うこと
नियमितता [名*] (1) 規則正しさ (2) 規律正しさ सोने-जागने, नित्यकर्म आदि में नियमितता बरतें 睡眠，起床，用足しなど日課・日常生活を規律正しく行うこと
नियर [副] 近くに；側に= निकट; पास; पास में; नज़दीक.
नियराई [名*] 近いこと；接近= निकटता; सामीप्य.
नियराना[1] [自] 近づく；接近する= निकट पहुँचना; पास हो॰.
नियराना[2] [他] 近づける= पास लाना; नज़दीक लाना; निकट पहुँचाना.
नियरे [副] 側に；近くに= नियर.
नियाज़ [名*]《P. نیاز》(1) 懇願；嘆願 (2) 願い (3) 捧げもの；供えもの (4) 必要 (5) 困窮 **नियाज़ क॰** 嘆願する；希う；懇願する **नियाज़ दिलवाना**〔イス〕貧者に施しを与える；喜捨をする **नियाज़ दे॰** 与える；捧げる **नियाज़ हासिल क॰** *a.* 願いを叶える；念願を達成する *b.* 拝謁する
नियाज़मंद [形]《P. نیاز مند》(1) 懇願する；嘆願する；請願する (2) 願う；欲する (3) 必要とする；求める (4)「敬具」の意味で書簡に用いられる= आज्ञाकारी.
नियाज़मंदी [名*]《P. نیاز مندی》(1) 嘆願；懇願；請願 (2) 必要；必要性 (3) 貧困
नियाम [名]《P. نیام》鞘；ケース
नियामक [形・名] (1) 統御する；調節する；調整する (2) 調節器；調整器 समाज के व्यवहार नियामक आदर्श 社会の行動規範
नियामत [名*]《A. نعمت नेमत》(1) 神の恵み；恩恵；恩寵 उसकी ज़िंदगी उसके लिये भी और दूसरों के लिए भी नियामत होती है あの人の生涯はあの人にとっても他人にとっても神の恵みなのです ख़ुदा की नियामत का लुत्फ़ उठाओ 神からの授かりものを活かしなさい **तनदुरुस्ती हज़ार नियामत है**〔諺〕健康は限りのない天の恵み．何にも増して健康が大切なもの ऐसे घर सिर्फ़ पाँच प्रतिशत हैं जिन्हें दो वक़्त भरपेट रोटी, सब्ज़ी, घी, नमक और मिर्च की नियामत मिल रही है 1 日 2 度腹一杯のパン，副食，ギー，塩，トウガラシに恵まれている家庭は全体のわずか 5 %にしか過ぎない (2) 富；財産= धन; दौलत. (3) 幸せ；幸福

न

नियामतख़ाना [名] 《A.P. نعمت خانہ》 (1) 食料品置き場 (2) 調理したものの置き場所；水屋= नेमतख़ाना.

नियारा[1] [名] 金細工や宝石加工から出る屑

नियारा[2] [形+] = न्यारा. 別の；別個の；独自の

नियुक्त [形] (1) 任じられた；任命された (2) 配置された；配備された सीमा पर नियुक्त प्रहरी 国境に配備された兵士 (3) 定められた；決められた；規定された

नियुक्ति [名*] (1) 任命；採用；任用 शिक्षकों की नियुक्ति 教員の採用 (2) 配備；配置；配属

नियुक्ति-पत्र [名] 採用通知書；任命書

नियुत [数] (1) 10 万= एक लाख. (2) 100 万= दस लाख.

नियुद्ध [名] (1) 格闘 (2) 格闘技

नियोक्तव्य [形] (1) 任じられるべき；任命されるべき (2) 配置されるべき

नियोक्ता [形・名] (1) 任命する；任用する；採用する；任命者；任用者；雇用者 (2) 配属する；配置する；配備する **नियोक्ता अधिकारी** 任用官；任用者；雇用者；雇用責任者；任命権者

नियोग [名] (1)〔ヒ〕古代インドに行われたとされるニヨーガの制度（息子のない未亡人が義弟もしくは夫の親族の男子との間に子をもうけること．マヌの法典 9 - 59） देवर से नियोग द्वारा पुत्रोत्पत्ति 義弟（夫の弟）との間のニヨーガによる息子の誕生 (2) 任命；委任= नियुक्ति. आप के नियोग की ख़बर 貴方が任命されたという報道 (3) 使用 (4) 命令；指令 (5) 必然；確実性

नियोगी [形] (1) 任命された；任用された (2) ニヨーガを行う

नियोजक [名] 使用者；雇用者；採用者；任命者 नियोजक कर्मचारी को बिना कारण बताए नौकरी से निकाल सकता है 使用者は理由を述べずに職員を解雇することができる

नियोजन [名] (1) 雇用；採用；任用 (2) 計画；設計 शहर के बेतरतीब नियोजन के परिणामस्वरूप 市当局の一貫性のない計画の結果として

नियोजनालय [名]（公共）職業安定所；ハローワーク= रोज़गार कार्यालय; रोज़गार दफ़्तर.

नियोजित [形] (1) 任じられた；任用された；採用された (2) 計画的な；計画された

नियोद्धा [名] 格闘技を行う人→ नियुद्ध.

नियोन लाइट [名] 《E. neon light》ネオンライト नियोन लाइटों की जगमगाहट ネオンの輝き

नियोन साइन [名] 《E. neon sign》ネオンサイン= नियन; नियन साइन.

निर् [接頭] = निः. निः が母音及び有声子音に先行する場合に निर् となる.（－）を欠いたり失ったり離れたりする意を加える निरंतर 絶え間なく निरपराध 無実の निर्दोष 欠陥のない；咎のない → निः.

निरंक [形] (1) 空白の；白紙の (2) 無記名の

निरंक चेक [名] 《← E. cheque》白地式小切手；無記名小切手

निरंकार [形・名] = निराकार. (1) 形のない；姿のない (2) ブラフマー神 (3) ヴィシュヌ神 (4) シヴァ神

निरंकारी [形・名]〔シク〕ニランカーリー（バーバー・ダヤール बाबा दयाल (1783–1854) の興したシク教改革運動に連なる一派でシク教の独自性を強調した.「姿，形なき神を信奉する」意からの命名）

निरंकुश [形] (1) 制限や束縛のない (2) 勝手気ままな；横暴な (3) 専制的な；独裁的な निरंकुश शासक 独裁者 उसी दल का निरंकुश शासन 他でもないその党の独裁的な支配

निरंकुशता [名*] (1) 無制限；無拘束；束縛のないこと (2) 勝手気ままなこと；横暴なこと；専横 निरंकुशता और अन्याय पर अब उनकी त्यौरियाँ चढ़ने लगीं 専横と不正に対して眉がつり上がり始めた इस विभाग के अधिकारियों की निरंकुशता का भंडाफोड़ その部局の高官の横暴さの暴露 (3) 専制；独裁

निरंकुशवाद [名] 独裁政治；専制政治；圧政；圧制 अपने देश में लोकतंत्र तथा विदेश में निरंकुशवाद 国内では民主政治，外国では専制政治

निरंकुश शासक [名]〔政〕専制君主

निरंकुश शासन [名]〔政〕専制政治；専制君主国

निरंग[1] [形] 不完全な；欠けている

निरंग[2] [形] 純粋な；混じりけのない

निरंग[3] [形] (1) 色のあせた；色あせた (2) つやのない

निरंजन[1] [形] (1) 清浄な；無垢な (2) 感官を超越した (3) 迷妄を越えた；妄執を去った (4) アンジャン अंजन のついていない；カージャル काजल のついていない

निरंजन[2] [名] (1) 最高神 (2) 最高存在 (3) シヴァ神

निरंजना[1] [名*] 満月= पूर्णिमा.

निरंजना[2] [名*]〔仏〕ビハール州ガヤー近くを流れる現今のパルグ川；ニランジャナー川（リーラージャナ川）；にれんぜんが（尼蓮禅河）= लीलाजन नदी; फल्गु.

निरंजनी संप्रदाय [名]〔ヒ〕ニランジャニー派（ヒンドゥー教の一派．निरंजन भगवान によって開かれたとされる．教義面ではナート派 नाथ संप्रदाय の影響を受けたとされ本来は無属性の神を信奉したが現在はヴィシュヌ派の中に含まれる）

निरंतर[1] [形] (1) 隙間や間のない；つながっている；間隔のない (2) 連続した；連綿たる (3) 違いのない；差のない；同じの (4) 密な；濃密な (5) 不変の；変わりのない

निरंतर[2] [副] 絶え間なく；絶えず；間断なく；常に；連続的に निरंतर बढ़ती हुई जनसंख्या 増加を続ける人口

निरंतरता [名*] (1) 継続 (2) 連続性；伝統

निरंतराल [形] 間隔のない；間断ない

निरंध [形] 視力の全くない；全く目の見えない；全盲の

निरंबर [形] 裸の；着衣のない；衣服を着ない= वस्त्रहीन.

निरंबु [形] (1) 水のない (2) 水を飲まない

निरंभ [形] (1) 水のない (2) 水を飲まない

निरकेवल [形] (1) 純粋な= ख़ालिस. (2) 清浄な= स्वच्छ.

निरक्ष [名]〔地理〕赤道= भूमध्य रेखा. 〈equator〉

निरक्षर [形] (1) 無学の；文盲の= अनपढ़. (2) 文字を用いない

निरक्षरता [名*] 文盲；無学

निरखना [他] 見つめる；じっと見る कभी-कभी वह बाहर जाकर मेघाच्छादित गगन-मंडल की शोभा निरख लेता था 時々戸外へ出て雲に覆われた空を見つめていた माँ कुछ देर तक खड़े-खड़े बच्चों का खेल निरखती रही 母親はしばらく立ったまま子供たちのゲームを見つめていた

निरगुनी [形] = निर्गुण.

निरज [名] (1) 汚れのない= निर्मल. (2) 激質（रजस्）を欠いている

निरत [形] 没頭した；没入した；熱中した= लीन; तन्मय.

निरति [名*] (1) 没頭；没入；熱中 (2) いわゆるニルグナ・サント निर्गुण संत たちの用法では，「我」を滅して最高神と合一した境地；対象への没入 (3) 宇宙に遍満する聖音 सबद（शब्द）を希求する心（スラティ सुरति）や個我が सबद と合一した状態

निरतिशय [形] 極度の；極端な

निरदई [形] 無情な；非情な= निर्दय.

निरधार[1] [形] 支えのない；基礎や基盤のない= निराधार.

निरधार[2] [副] 確実に；間違いなく；絶対に= अवश्य; निश्चित रूप से.

निरधारना [他] (1) 決める；定める (2) 思いこむ；思う；判断する

निरन्वय [形] (1) 子孫のない (2) 関連のない；無関係な

निरपराध[1] [形] 無実の；罪のない；咎のない；落ち度のない；責めを負わない

निरपराध[2] [副] 罪なく；無実の身で；無実の状態で

निरपवाद [形] (1) 例外のない (2) 欠点のない；すぐれた

निरपेक्ष [形] (1) 無関心な (2) 無関係な；無関連な；無条件の (3) 中立の (4) 自立の；独立の (5) 絶対的な निरपेक्ष सत्य 絶対の真理

निरपेक्षता [名*] (1) 無関心 (2) 無関連 (3) 中立 (4) 自立 (5) 絶対

निरपेक्षतावाद [名]〔哲〕絶対論 〈absolutism〉 = परमवाद.

निरपेक्षा [名*] (1) 無関心 (2) 無関係 (3) 中立 (4) 自立；独立

निरपेक्षी [形] = निरपेक्ष.

निरबंस [形] 子のない；世継ぎ（世嗣）のいない= निस्संतान.

निरभिमान [形] 慢心のない；謙虚な；節度をわきまえた= अभिमानरहित. निरभिमान सौम्यता 驕りのない優しさ

निरभिमानी [形] = निरभिमान. निरभिमानी व्यक्तित्व 謙虚な人柄

निरभिलाष [形] 意欲のない

निरभ्र [形] 雲一つない；一片の雲もない；日本晴れの शायद निरभ्र कोई होता भी नहीं, आकाश भी नहीं 恐らく雲一つないと言うものは何一つないのだ．空でさえも

निरयण [形]〔天〕黄道の座標の原点を固定して歳差を考慮に入れない（方式の）
निरर्थक [形] (1) 意味のない；無意味な (2) 役に立たない (3) 無駄な मुझे तो यह सारी कला इतनी निरर्थक लगती है, इतनी बेमतलब लगती है कि बता नहीं सकती この芸術のすべてが私に取っては言いようもなく無意味で無駄なものに思われる बिना पैरों के यह दुनिया उसके लिए निरर्थक है あの人にとっては足がなくてはこの世は無意味なものだ
निरवकाश [形] (1) 隙間のない (2) 暇のない；余裕のない
निरवग्रह [形] (1) 自在な；自由な (2) 独自の (3) 妨げのない
निरवच्छिन्न[1] [形] (1) 連続した；つながっている (2) 純粋な；清浄な
निरवच्छिन्न[2] [副] (1) 絶えず；続けざまに；連続して (2) 全く；すっかり
निरवद्य [形] 侮りがたい；非の打ち所のない
निरवधि[1] [形] (1) 無期限の；期日のない= सदा; हमेशा. (2) 無限の= अपार; असीम.
निरवधि[2] [副] 絶えず；絶え間なく；無期限に；連続して
निरवलंब [形] (1) 支えのない (2) 寄る辺のない；住所の定まらない
निरवशेष [形] 完全な；全くの= समग्र; पूरा; समस्त.
निरवसाद [形] 嬉しい；楽しい
निरवसित [形]〔ヒ〕不可触の（浄・不浄，可触・不可触の観念から）
निरवार [名] (1) 排除 (2) 解放 (3) 除去
निरवारना [他] (1) 排する；排除する (2) 解放する；解除する (3) 取り巻く；なくす
निरशन[1] [形] (1) 食事をしていない；断食している (2) 食事をしてはならない
निरशन[2] [名] 断食；絶食
निरस [形] (1) 汁のない (2) 潤いのない (3) 味気ない (4) かさかさの；ぱさぱさの= नीरस.
निरसन [名] (1) 排除；撤去；除去 (2) 取り消し (3) 撤廃 (4) 廃棄；廃止
निरस्त [形] (1) 排除された；撤去された；除去された (2) 取り消された (3) 撤廃された (4) 廃棄された निरस्त हुआ निर्देश 撤回された指令 इससे विकल्प भी निरस्त हुआ このため代案も廃止された
निरस्त्र [形] (1) 武器を持たない (2) 武装解除された
निरस्त्रीकरण [名] (1) 武装解除 (2) 軍備縮小；軍縮 (3) 軍備撤廃
निरहंकार [形] 傲慢でない；慎みのある；謙虚な
निरा[1] [形+] (1) 正真正銘の；全くの；文字通りの；完全な निरी कायरता 全くの怯懦 जैसे कह रहा हो कि हमारा साहब तो निरा पागल है まるで自分たちの主人は全くの狂人だと言わんばかりに अगर तू यूँ ही शरारतें करता रहा तो निरा गधा बनकर रह जाएगा こんないたずらを続けていると文字通りの馬鹿になってしまうぞ (2) 純粋な (3) 単独な；そればかりの
निरा[2] [副] (1) 全く (2) 純粋に (3) 単に；ひたすら
निराई [名*] (1) 草取り；草抜き；除草 निराई क॰ 除草する；草抜きをする (2) 除草の労賃や手間賃 निराई-गुड़ाई 畑の除草と鍬入れ
निराकरण [名] (1) 取り除くこと；除去；排除；解消 भ्रांत धारणाओं का निराकरण 誤った考えの排除 उसके निराकरण के लिए मैं कुछ नहीं कर पा रहा था 私はこれの解消に何もなし得ないでいた (2) 駆逐；追い払うこと；退治 इस रोग के निराकरण का प्रयास किस तरह कर सकते हैं? この病気の駆逐はどのようにすればよいのか (3) 廃案 (4) 拒否 (5) 反駁
निराकांक्ष [形] 欲のない；無欲な= निःस्पृह.
निराकार[1] [形] (1) 形のない；無形の= आकारहीन. (2) 醜い；みっともない= भद्दा; बदशक्ल; विरूप.
निराकार[2] [名] (1) ブラフマー神 ब्रह्मा (2) ヴィシュヌ神 (3) シヴァ神 (4) 空；天空
निराकुल [形] 混乱のない；平静な；落ち着いた
निराकृत [形] (1) 取り除かれた；除去された (2) 追い払われた；駆逐された (3) 廃棄された (4) 拒否された
निराकृति [形] (1) 形のない；無形の (2)〔ヒ〕本分であるヴェーダの学習をしない；本分である祭儀や勤行を行わない
निरागस् [形] 罪のない；無実の= निष्पाप.
निराचार [形] (1) 不品行な；道義に反する= आचारहीन; अनैतिक. (2) 社会に認められていない
निराट [形] 全くの；唯一の = अकेला; निरा.
निरातंक [形] (1) 不安のない= भयरहित. (2) 無痛の；病気に罹っていない= नीरोग. → आतंक.
निरातप [形] 日陰のある= छायादार.
निरात्म [形] 無我の
निरादर [名] 不敬；侮辱；侮ること= अपमान; बेइज़्ज़ती. उसने लक्ष्मी जी का निरादर कर दिया ラクシュミー神を侮った
निरादेश [名] 支払い；返済= भुगताना.
निराधार [形] (1) 根拠のない；いわれのない उसकी यह शंका निराधार साबित हुई 男のこの心配はいわれのないことが証明された (2) 支えのない；頼るべきもののない= आश्रय रहित. (3) 嘘の；虚偽の= झूठ; मिथ्या.
निराधि [形] (1) 不安のない；心配のない= चिंतारहित (2) 無病の= नीरोग.
निरानंद [名] (1) 喜びのない；喜びを感じない (2) 楽しくない；面白くない
निराना [他] 除草する；草抜きをする खेत निराना 畑の草を抜く；畑の除草をする
निरापद [形] (1) 安全な；危険のない= सुरक्षित रेलयात्रा को निरापद बनाने के लिए 鉄道旅行を安全にするために निरापद दियासलाई 安全マッチ निरापद दीप 安全灯 (2) 無害な आयुर्वेद, यूनानी और होमियोपैथी जैसी निरापद चिकित्सा प्रणालियों की अपेक्षा アーユルヴェーダ，イスラム医学，同種療法のような無害な医療に比べて (3) 不安のない；確実な उससे उन्होंने हमेशा निरापद सहयोग पाया है, निरापद ही नहीं, सहानुभूतिपूर्ण 彼女から常に確実な協力を得た．確実なばかりか同情に満ちた協力を
निरापदता [名*] (1) 安全 = सुरक्षा. (2) 無害 (3) 安心= निश्चिंतता.
निरामय [形] 病気のない；無病の；息災の= नीरोग; तनदुरुस्त.
निरामयता [名*] 無病；息災；健康= नीरोगता; स्वास्थ्य; तनदुरुस्ती.
निरामिष [形] (1) 菜食の；肉食をしない निरामिष आहार 菜食 (2) 肉抜きの；肉の入っていない
निरामिषभोजी [形・名] 菜食の；菜食者；菜食主義の；菜食主義者 ‘अय्यर’ ब्राह्मण प्रायः निरामिषभोजी होता है アイヤル（ブラーフマン）はたいてい菜食者だ
निरायास[1] [形] 容易な；簡単な；たやすい= आसान; सरल.
निरायास[2] [副] 容易に；簡単に；たやすく
निरायुध [形] 武器を携えない；武器を帯びない；徒手空拳の；素手の
निरालंब [形] (1) 支えのない (2) 支援のない= निराश्रय. (3) 根拠のない= निराधार.
निरालस्य [形] はつらつとした；きびきびした；俊敏な= तत्पर; फुरतीला; चुस्त.
निराला[1] [形+] (1) 特異な；独特な= अनोखा; अनुपम. निराली पत्तियों से लदे 特異な（独特の）形の葉をつけた उनका लिबास भी निराला होता है この人たちの服装も特異なものだ समुद्र में स्नान का भी अपना ही निराला आनंद होता है 海水浴にもそれ独特の楽しさがある (2) 人気のない；寂しい= निर्जन. (3) 類例のない；比類のない；抜きんでた
निराला[2] [名] 人気の少ないところ；人気のないところ
निरालोक [形] 光のない；暗黒の
निरावरण [形] 開け放たれた；覆いのない= खुला हुआ.
निरावलंबन [形] 支えのない；支援のない= निराधार; बिना सहारे का.
निरावृत [形] 開かれた；覆いの取り払われた= खुला हुआ.
निराश [形] 希望を失った；失望した；がっかりした；落胆した；絶望した= निरास; नाउम्मीद. निराश क॰ がっかりさせる；失望させる= नीबू चटाना; ठेंगा दिखाना.
निराशा [名*] 失望；落胆；絶望= नाउम्मीदी. उसका दिल निराशा से भरा था 彼女の胸は絶望に包まれた **निराशा हो॰** 失望する；落胆する；がっかりする；期待はずれになる निराशा तो हुई, पर याद आ गया がっかりはしたけれど思い出した
निराशावाद [名] 悲観論；悲観主義〈pessimism〉
निराशावादी[1] [形] 悲観論的な；悲観主義の〈pessimistic〉

निराशावादी[2] ［名］悲観主義者；悲観論者〈pessimist〉
निराशी ［形］失望した；絶望した；落胆した= हताश; नाउम्मीद.
निराश्रय ［形］(1) 庇護のない；支援のない (2) 孤独な
निरास[1] ［名］(1) 排斥；放逐 (2) 除去
निरास[2] ［形］= निराश.
निरासा ［名*］= निराशा.
निराहार ［形］(1) 空腹の；腹の空いた निराहार स्थिति में 空腹状態で (2) 絶食の；食事をしない；断食している दिन-का-दिन निराहार व्रत रखना पड़ जाता 日中は断食をしなくてはならなくなる
निरिंग ［形］動かない；不動の；動じない= अचल.
निरिंगिणी ［名*］すだれ（簾）= चिक.
निरिंद्रिय ［形］(1) 感官のない (2) 身体器官に欠陥のある
निरिच्छ ［形］意欲のない= इच्छारहित.
निरीक्षक[1] ［形］(1) 観察する；見る (2) 監視する (3) 検査する；検閲する；監察する
निरीक्षक[2] ［名］(1) 観察者 (2) 監視者；監督；監督官 (3) 検査人；検査官；検閲者；検閲官；監察者；監査人
निरीक्षण ［名］(1) 観察；注視 विज्ञान निरीक्षण और प्रयोग का नाम है 科学とは観察と実験のことである (2) 視察；監視 हमारे देश ने परमाणु संयंत्रों के निरीक्षण का प्रस्ताव ठुकराया わが国は原子力施設の監視提案をはねつけた यह सब काम अंतरराष्ट्रीय निरीक्षण व्यवस्था के नियमों की अनदेखी करके हो गया これらは一切国際監視制度の規約を無視して行われたものだ (3) 観察；監査；検査；検閲 इन कार्यों के अतिरिरिक्त समस्त ज़िला प्रशासन का निरीक्षण भी करता है これらの活動のほか県のあらゆる行政の監察も行う
निरीक्षा ［名*］(1) 観察；観測；注視 (2) 監視 (3) 検査
निरीक्षित ［形］(1) 観察された；観測された (2) 監視された (3) 検査された
निरीक्ष्य ［形］(1) 観察されるべき (2) 視察されるべき (3) 検査されるべき
निरीश ［形］(1) 主人のいない；主のいない (2) 神を認めない；神を信じない；無神論の
निरीश्वर ［形］(1) 無神論の (2) 無神論に立つ〈atheistic〉
निरीश्वरवाद ［名］〔哲〕無神論= अनीश्वरवाद.〈atheism〉
निरीश्वरवादी ［形・名］(1) 無神論の (2) 無神論者 मैं निरीश्वरवादी रहा 私はずっと無神論者だった
निरीह ［形］(1) おとなしい；やさしい；柔和な；穏和な；従順な；いじらしい एक दम निरीह 全くおとなしい उसने बिलकुल निरीह भाव से कहा 実にやさしく言った अबोध बालक के भोले और निरीह चेहरे पर 頑是ない子供の無邪気ないじらしい顔を (2) 無欲な；欲のない (3) 弱々しい；無力な；か弱い गुरु और शिष्य के चक्रव्यूह में फँसी निरीह विधवा 師と弟子のしがらみに絡まれた無力な寡婦 (4) 純朴な；素朴な ईमानदारी से मेहनत करके जीविका चलानेवाले निरीह और भोले-भाले श्रमजीवी पिस रहे हैं 誠実に働いて生計を営む純朴で真面目な労働者たちが苦しんでいる (5) 無関心な (6) 不活発な；活動的でない；何もしない
निरीहता ［名*］← निरीह. पंडित जी के चेहरे पर निरीहता उभर आई थी パンディットの顔には無力さが浮き出てきていた
निरीहा ［名*］(1) 無欲 (2) 不活動
निरुक्त[1] ［名］(1) 語源説明 (2) ヴェーダ研究の補助学としての語源学 (3) 紀元前 500 年頃のヤースカ यास्क の著したとされる語源研究書；ニルクタ
निरुक्त[2] ［形］明解な；明確に述べられた
निरुक्ति ［名*］(1) 語源説明 (2) 語源
निरुत्तर ［形］(1) 返答に窮する；問いに答えられない；返す言葉がない वह निरुत्तर हो गया 返答に窮した दोस्त की बात सुनकर मैं निरुत्तर हो गया 友の言葉を聞くと返す言葉がなくなった (2) 解答のない；解答できない
निरुत्तरित ［形］(1) 答えられなかった (2) 解答されなかった निरुत्तरित प्रश्न 解答されない問い
निरुत्साह ［形］気力のない；気合のない；無気力な
निरुत्साहित ［形］気力を失った；無力な
निरुत्सुक ［形］意欲のない；気力のない；無気力な
निरुद्देश्य[1] ［形］目的のない；目標を持たない
निरुद्देश्य[2] ［副］何となく；目的なく；当てもなく；無目的に
निरुद्ध ［形］(1) 拘束された；束縛された (2) 停止された；止められた (3) 閉ざされた；詰まった
निरुद्धकंठ ［形］(1) 息の止まった (2) のどの詰まった
निरुद्यम ［形］怠けている；怠惰な；怠慢な；勤勉でない
निरुद्यमी ［形］怠け者の；怠惰な；怠慢な
निरुद्योग ［名］怠惰；怠慢
निरुद्वेग ［形］平静な；冷静な；落ち着いた；安定した उस समय सर्वसाधारण का मन निरुद्वेग रहता है その際人心は落ち着いているものだ
निरुपद्रव ［形］(1) 平静な；静穏な (2) 沈痛な
निरुपभोग ［形］(1) 使用されていない (2) 享受したことのない
निरुपम ［形］比べられない；無比の；たとえようのない；無類の= बेजोड़; उपमारहित.
निरुपयोग ［形］無用の；役立たずの；無益な
निरुपयोगी ［形］役に立たない；役立たずの；無益な
निरुपाधि[1] ［形］(1) 属性をもたない (2) 静穏な；静かな (3) 迷妄を去った (4) 障害のない
निरुपाधि[2] ［名］〔イ哲〕ブラフマ ब्रह्म
निरुपाय ［形］対処の仕方のない；お手上げの；どうしようもない；手に負えない इन डकैतियों में पुलिस भी निरुपाय-सी हो जाती है これらの強盗には警察もお手上げ同然になる
निरुपेक्ष ［形］無視できない
निरूढ़ ［形］(1) 生じた (2) 著名な；有名な (3) 未婚の (4) 固有の
निरूढ़ि ［名*］名声= प्रसिद्धि; ख्याति.
निरूप[1] ［形］(1) 形のない；無形の= निराकार; आकारहीन. (2) 醜い；不恰好な；みっともない= कुरूप; भद्दा; बदशक्ल.
निरूप[2] ［名］(1) 風；空気= वायु. (2) 神= देवता. (3) 空；天空= आकाश.
निरूपक ［形］(1) 論じる (2) 追究する **निरूपक भाषा** 〔言〕メタ言語〈metalanguage〉
निरूपण ［名］(1) 論じること；考察= विचार. समाज और व्यक्ति के आपसी संबंधों के निरूपण में 社会と個人との相互関係を論じる際に (2) 追究；調査；探究；考究= अन्वेषण. (3) 提示；論証；証明 निरूपण क॰ 論証する；証明する (4) 決定；定めること
निरूपित ［形］(1) 論じられた；考察された (2) 追究された；調べられた (3) 証明された；論証された निरूपित क॰ 証明する；論証する (4) 提示された बल तीर द्वारा निरूपित किया जा सकता है 力は矢印で示すことができる (5) 決定された；定められた
निरोध ［名］(1) 防止 गर्भनिरोध 避妊 (2) 妨げ (3) 包囲 (4) 拘禁；拘束 (5)〔商標〕コンドームの商品名；ニロード
निरोधक ［形］(1) 防ぐ (2) 妨げる；妨害する (3) 包囲する
निरोधन ［名］(1) 防止 (2) 妨害 (3) 拘禁
निरोधना ［他］(1) 防ぐ；防止する (2) 妨げる；妨害する
निरोधा ［名*］(1) 隔離；検閲 (2) 検疫所
निरोधी ［形］(1) 妨げる；妨害する；阻止する (2) 防ぐ；防止する निरोधी शक्ति 防止力
निर्ऋत ［形］破壊された；滅びた
निर्ऋति ［名*］(1) 死 (2) 災難；災厄 (3) 貧困 (4) ニルリティ，すなわち，西南の方角の守護神（女神）
निर्ख़ ［名］《P. نرخ》(1) 相場；相場価格= दर; भाव. (2) 料金；価格
निर्ख़ दारोग़ा ［名］《P. نرخ داروغه》〔イ史〕市場の相場監督官
निर्ख़बंदी ［名*］《P. نرخ بندی》相場の調整や決定；価格決定
निर्गंध ［形］無臭の；臭いのない= गंधहीन.
निर्गंधता ［名*］← निर्गंध. 無臭= गंधहीनता.
निर्गत ［形］(1) 出た；外に出た；はみ出た (2) 取り除かれた；除去された (3) 遠く離れた
निर्गम ［名］(1) 出ること (2) 発せられること；出されること；発行 (3) 出口 (4) 流出 (5) 争点
निर्गमन ［名］(1) 出ること (2) 出口
निर्गलित ［形］(1) 流れた；流れ出た (2) 外に出た (3) 溶けて入り交じった；溶解した
निर्गुंडी ［名*］〔植〕クマツヅラ科低木タイワンニンジンボク【*Vitex negundo*】= संभालू.
निर्गुट ［形］(1) 党派に属さない；無党派の (2) 非同盟の

निर्गुण[1] [形] (1)〔イ哲〕属性のない；無属性の (2) 徳のない；長所のない；特長のない
निर्गुण[2] [名]〔イ哲〕属性ないしは根本原質（三徳）を超越した最高我
निर्गुणता [名*] ←निर्गुण. 無属性
निर्गुण धारा [名*]〔イ文芸〕中期ヒンディー文学の１つの流れで無属性のブラフマを鑽仰する詩人の系譜
निर्गुण संप्रदाय (सम्प्रदाय) [名]〔ヒ〕ニルグナ派（形や形式ではなく心の中での信仰の大切さを説き，いわゆる無属性の最高神ブラフマの信奉を強調したカビールダース कबीरदास, ライダース रैदास などのニルグナ・サント निर्गुण संत たちの系譜を総称して呼ぶ名称．なお，これにはスーフィズムの立場から著作をなした詩人 मलिक मुहम्मद जायसी, कुतबन, उसमान, なども प्रेमाश्रयी शाखा の名の下に含まれることがある）
निर्गुणिया [形] 無属性のブラフマを信仰する
निर्गुणी [形] 美点のない；長所のない；取り柄のない
निर्गुन [名]〔ヒ〕無属性のブラフマを賛美する東部ヒンディー語による祈りの歌→ निर्गुण.
निर्ग्रंथ[1] [形] (1) 裸の (2) 貧しい (3) 愚かな
निर्ग्रंथ[2] [名] (1)〔ジャ〕ジャイナ教の托鉢僧 (2) 裸形外道
निर्घात [名] (1) 破壊 (2) 竜巻；暴風 (3) 激しい風の音
निर्घृण [形] (1) 嫌悪感を持たない；おぞましさを感じない (2) 甚だ賤しい；卑賤な (3) 非情な= निर्दय; बेरहम.
निर्घृणा [名*] 無情；無慈悲；残忍さ
निर्घोष [名] (1) 音；音声= शब्द; आवाज़. (2) 激しい音；轟音
निर्जन[1] [形] 無人の；人気のない= सुनसान. निर्जन द्वीप 無人島 निर्जन गलियाँ 人気のない裏通り
निर्जन[2] [名] 無人の地；人気のない場所
निर्जनता [名*] ←निर्जन[1]. पहाड़ की निर्जनता में 山中の人気のないところで
निर्जर[1] [形] (1) 老いのない；老いることのない；不老の (2) 不滅の；不死の
निर्जर[2] [名] 神= देवता.
निर्जर्म [形]《Skt. + E. germ》細菌のいない；病原菌のいない；無菌の **निर्जर्म क॰** 殺菌する；消毒する
निर्जर्मक[1] [形] 殺菌する；消毒する；殺菌用の；消毒用の
निर्जर्मक[2] [名] 殺菌剤；消毒剤
निर्जर्मित [形] ←निर्जर्म. 殺菌された；無菌化された；消毒された
निर्जर्मीकरण [名] ←निर्जर्म. 殺菌；消毒
निर्जल [形] (1) 水のない；無水の (2) 水を飲まない (3) 水を断つ (4) 水を使わない **निर्जल क॰** 脱水する **निर्जल धुलाई** ドライクリーニング= ड्राइ क्लीनिंग.
निर्जलन [名] (1) 乾燥 (2) 脱水 **निर्जलन के लक्षण**〔医〕脱水症状= डिहाइड्रेशन.
निर्जला एकादशी [名*]〔ヒ〕ニルジャラー・エーカーダシーのヴラタ（盛夏のジェーシュタ月の白分 11 日．この日の日の出から翌日の日の出までヒンドゥー教徒が水を断つヴラタを行う．年に 24 回のエーカーダシー・ヴラタの中でも最も御利益のあるものとされる） = भीमसेनी एकादशी. → व्रत, एकादशी.
निर्जलित [形] 脱水された निर्जलित क॰ 脱水する
निर्जलीकरण [名] 脱水
निर्जलीकारक [形・名] 脱水する；乾燥させる；乾燥剤
निर्जलीकृत [形] 乾燥された；脱水された
निर्जात [形] 現れた；出現した
निर्जीव [形] (1) 生命のない निर्जीव वस्तु 無生物 (2) 死んだ；死んでいる (3) 生気のない；気力のない；無気力な (4) 不活発な；沈滞した इधर हमारी लापरवाही से उनकी पंचायतें निर्जीव हो गई हैं 一方我々の不注意のためパンチャーヤットが不活発になっている (5) 冴えない निर्जीव रंग 冴えない色
निर्झर [名] 滝= झरना; चश्मा; सोता; प्रपात.
निर्झरिणी [名*] 谷川；渓流
निर्णय [名] (1) 決定 कोई निर्णय न हो पाया 何らの決定に到れなかった महत्त्वपूर्ण निर्णय 重要な決定 (2) 決断 (3) 判定；判断 इसका निर्णय चिकित्सक ही कर सकता है これは医者にしか判定できない (4) 裁決 झगड़ों का निर्णय 争いの裁決 (5) 帰結；結論 **निर्णय ले॰** 決定を下す；決断する सरकार ने इस विषय पर विना अधिक सोचे समझे निर्णय लिया है 政府はこの問題についてあまり検討せずに決定を下した मस्तिष्क तुम्हें निर्णय लेने की क्षमता भी प्रदान करता है 頭脳は君に決断力も与えるものだ
निर्णयन [名] 決定（すること）；決定行為；決定化
निर्णयात्मक [形] (1) 決定の；決定に関する (2) 決定する；決定的な
निर्णायक [形・名] (1) 決定する (2) 決定的な (3)〔ス〕審判；アンパイア；ジャッジ；判定者
निर्णायक मत [名] 決定投票；キャスティングボート
निर्णायन [名] (1) 決定 (2) 判定 (3) 結論付け
निर्णीत [形] (1) 決定された (2) 判定された (3) 結論の出た
निर्दंत [形] 歯のない；歯の欠けた
निर्दई [形] 無情な；不人情な；情け容赦のない；無慈悲な；残忍な= निर्दय; निर्दयी; बेरहम.
निर्दय [形] 無情な；無慈悲な；残酷な；容赦のない；同情心のない= निष्ठुर; बेरहम.
निर्दयता [名*] ←निर्दय. 無慈悲；残酷さ；容赦のなさ पशुओं के साथ ऐसी निर्दयता करने का साहस न हो 動物に対してこのような残酷な振る舞いをしようと思わないこと **निर्दयता से** 無慈悲に；残酷に；情け容赦なく
निर्दयतापूर्वक [副] 無慈悲に；残酷に；容赦なく
निर्दयी [形] = निर्दय; निर्दई.
निर्दर [形] (1) 無慈悲な (2) 固い；堅固な
निर्दल [形] (1) 派や分派のない；党や徒党のない (2) 所属のない；党派に属さない；派閥に属さない (3) 葉のついていない
निर्दलन [名] つぶすこと；破壊すること；壊すこと
निर्दलीय [形] 無所属の निर्दलीय उम्मीदवार 無所属候補 निर्दलीय सदस्य 無所属のメンバー；無所属議員
निर्दहन[1] [名] 焼き払うこと；焼却
निर्दहन[2] [形] (1) 火のない (2) 燃やす
निर्दिष्ट [形] (1) 示された；指示された；指定された；導かれた；指図された (2) 決められた；定められた अपने निर्दिष्ट लक्ष्य पर 自分の定められた目標に (3) 述べられた；言及された (4) 規定された；条件がつけられた
निर्देश [名] (1) 指示；指令；指図；コマンド डाक्टरी निर्देश 医者の指示 (2) 言及；論及 (3) 決定 (4) 規定 (5) 参照 (6) 基準
निर्देशक[1] [形] (1) 指示する；指令する；指図する (2) 言及する (3) 決定する (4) 規定する (5) 誘導する **निर्देशक सिद्धांत** ガイドライン；指針 भारतीय संविधान के राज्य नीति के निर्देशक सिद्धांतों संबंधी अध्याय में インド国憲法の州政治のガイドラインに関する章に
निर्देशक[2] [名] (1) 指示者；指令者 (2) 管理者；長官；局長；所長 (3) 映画監督 (4) 演出家
निर्देश ग्रंथ [名] 参考書；参考図書；レファランス；ガイドブック
निर्देशन [名] (1) 指示；指令；指図 इस संबंध में आवश्यक जानकारी, सुझाव और निर्देशन これに関して必要な情報，提案と指示 अपने माता-पिता से उचित सलाह व निर्देशन लेकर 両親に適切な忠告と指図とを仰いで (2) 演出 (3)〔映〕監督 (4) 参考図書
निर्देशांक [形] 調整する；組み合わせる **निर्देशांक ज्यामिति** 解析幾何学
निर्देशिका [名*] 人名録；年鑑
निर्देशित [形] = निर्दिष्ट. हम मार्क्सवाद-लेनिनवाद द्वारा निर्देशित हैं 我々はマルクス・レーニン主義に導かれている
निर्देशी [名] 仲裁人；調停者
निर्देष्टा [名] = निर्देशक[2].
निर्दोष [形] (1) 過ちのない；過失のない；落ち度のない मैं तो निर्दोष हूँ 私は間違っていない (2) 罪がない；無罪の；無実の (3) 欠点のない；欠陥のない；瑕疵のない→ दोष.
निर्दोषता [名*] = निर्दोषिता.
निर्दोषिता [名*] (1) 過ちや過誤のないこと；落ち度のないこと (2) 罪のないこと；無罪；無実 उनकी निर्दोषिता पर विश्वास नहीं हो पा रहा है あの人の無実を信じかねている (3) 欠点のないこと；欠陥のないこと **निर्दोषिता सिद्ध हो॰** 青天白日の身となる= मासूमियत साबित हो॰.
निर्दोषी [形] = निर्दोष.
निर्द्वंद्व[1] [形] (1) 対立や競争を超越した (2) 愛憎や悲苦を越えた (3) 対立者や競争相手のいない (4) 自由奔放な；のびのびとした

न

निर्द्वंद्व[2] [副] (1) のびのびと (2) 思いきり
निर्धन [形] 貧しい；貧困な；貧乏な= धनहीन; गरीब; कंगाल; दरिद्र. कोई निर्धन व्यक्ति धनवान बन जाए 貧乏人が金持ちになると **निर्धन के धन राम** = निर्धन के बल राम. **निर्धन के बल राम** 〔諺〕神は貧しい人の力になる；神は貧しい人を助ける
निर्धनता [名*] ← निर्धन. 貧しさ；貧困；貧乏；貧窮 निर्धनता में रहना 貧しい暮らしをする नगरों में निर्धनता 都市での貧困
निर्धारक [形] (1) 決定する (2) 限定する (3) 規定する
निर्धारण [名] (1) 定めること；決定；規定 उपयुक्त पाठ्यक्रम का निर्धारण क॰ 適切なカリキュラムを決定すること (2) 決断；決心 (3) 査定；評価
निर्धारित [形] (1) 決められた；決定された；規定された；定められた；一定の निर्धारित ताप पर 規定の温度で निर्धारित सीमा के भीतर 一定限度内に यह हमारा निर्धारित लक्ष्य है これが我々が決めた目標だ निर्धारित क॰ 決める；決定する (2) 決断された；決心された (3) 査定された；評価された
निर्धारी [形] 決める；決定する；決定力のある
निर्निमित्त[1] [形] 理由のない；原因のない
निर्निमित्त[2] [副] 理由なく；わけもなく= अकारण; बेवजह; बिना वजह.
निर्निमेष[1] [形] 瞬きをしない；目を見開いたままの जिसे देखकर दर्शक गण सब निर्निमेष ही रह जाते それを見てすべての観衆が見とれてしまう→ निमेष.
निर्निमेष[2] [副] 瞬きをせず；目を見開いたまま
निर्बंध [形] 制限や束縛を受けていない；自由な；のびのびとした
निर्बंधन [名] 制限のないこと；自由；自在
निर्बल [形] (1) 弱い；無力な निर्बल बली का साथ ढूँढ़ता है 弱い者は強い仲間を求めるもの समाज का निर्बल वर्ग 社会の無力な階層 (2) 勢いのない (3) 脆い (4) 弱点のある
निर्बलता [名*] ← निर्बल. (1) 弱さ；無力さ (2) 弱点；欠点；欠陥 काँच की मूलभूत निर्बलता ガラスの本質的な欠点
निर्बहना[1] [自] (1) 保たれる；持つ (2) 離れる= निभना.
निर्बहना[2] [他] (1) 保つ；保持する (2) 離す= निभाना.
निर्बाध[1] [形] (1) 障害のない；無制限な；妨げのない (2) 他人のいない；余人のいない (3) 騒ぎのない→ बाध.
निर्बाध[2] [副] (1) 無制限に；限りなく इनका शोषण निर्बाध जारी है 搾取は無制限に続いている (2) 続けざまに；絶え間なく；絶えず कैसी लगती है मौत, जब वह सर पर निर्बाध नाच रहा हो 絶え間なく死が頭上を舞う時の気持ちはどんなものだろうか वह अध्ययन निर्बाध चलता रहता तो 研究が絶えず継続されるならば
निर्बीज [形] (1) 種なしの (2) 生殖力を失った；妊娠させる力のない；子種のない (3) 子のない；子孫のない→ बीज.
निर्बुद्धि [形] (1) 知恵のない (2) 愚かな；間抜けな→ बुद्धि.
निर्बोध [形] 愚かな；間抜けな；分別や理解力の欠けた
निर्भय [形] (1) 恐れのない；恐怖のない (2) 安心した；心配のない；不安のない ग्वाले निर्भय होकर अमन-चैन से वंशी बजाते गाय-बकरियाँ चराने लगे 牧夫たちは恐れがなくなり心静かに竹笛を吹きながら牛や山羊に草をはませ始めた (3) 大胆な
निर्भयता [名*] ← निर्भय. (1) 安心；恐怖や不安のないこと (2) 大胆なこと
निर्भयतापूर्वक [副] (1) 心配なく；安心して (2) 大胆に जेल से छूटकर वे निर्भयतापूर्वक देश-सेवा के कार्यों में जुट गए 出獄後大胆に国家への奉仕活動に取り組まれた
निर्भर [形] (1) (ーに) 依存する；依る；拠る；よりかかる；頼る (-पर) **निर्भर हो॰** (ーに) 依存する= (-पर) निर्भर रहना. आर्य अनेक चीज़ों के लिए गाय पर निर्भर थे アーリヤ人は様々な物を雌牛に依存していた हमारे देश की समृद्धि मेहनत, कार्यकुशलता, सूझबूझ और किफ़ायतशारी पर निर्भर है わが国の繁栄は努力，能力，知性，節倹に依存している अगले चुनाव में विरोधी दलों के तालमेल पर इन दलों का भविष्य निर्भर है 次の選挙での野党の協調にこれらの党の将来がかかっている यदि हम किसी देश पर किसी वस्तु के लिए निर्भर रहते हैं तो उस देश से सहज में लड़ाई मोल न लेंगे 何かの物質をどこかの国に頼っているならばその国に対して簡単に戦争を仕掛けはしないだろう (-पर) **निर्भर क॰** (ーに) 拠る；依存する；頼る पति की लोकप्रियता बहुत कुछ पत्नी के व्यवहार पर निर्भर करती है 夫の評判は多くを妻の行動に依存する (2) (ー) 次第の；(ーによって) 決まる यह आपकी इच्छा पर निर्भर है これは貴方のご意向次第です (3) 満ちている；満ちあふれている
निर्भरता [名*] ← निर्भर. **पारस्परिक निर्भरता** 相互依存 सामाजिक जीवन में पारस्परिक निर्भरता 社会生活での相互依存
निर्भीक [形] (1) 恐れない；恐れを知らない；勇敢な= निडर. निर्भीक लड़का 勇敢な少年 (2) 意気盛んな；気概のある मध्य प्रदेश के वरिष्ठ और निर्भीक पत्रकार マッディヤ・プラデーシュ州のベテランの気概のあるジャーナリスト
निर्भीकता [名*] ← निर्भीक. निर्भीकता के साथ काम क॰ 勇ましく行動する
निर्भीत [形] = निर्भीक.
निर्भूति [名*] 消え去ること；見えなくなること= अंतर्धान हो॰; गायब हो॰.
निर्भ्रम[1] [形] (1) 迷いのない (2) 疑いのない；確かな (3) 曖昧さのない；動揺や不安のない；ためらいのない
निर्भ्रम[2] [副] (1) 迷わず (2) ためらいなく
निर्भ्रमता [名*] ← निर्भ्रम[1].
निर्भ्रांत [形] = निर्भ्रम[1].
निर्मत्सर [形] 妬みや羨みのない→ मत्सर.
निर्मद [形] うぬぼれや高ぶりのない；慢心のない→ मद.
निर्मम [形] (1) 利己心のない；我欲のない (2) 無慈悲な；無情な (3) 残酷な；残忍な；容赦のない；残虐な बालक की निर्मम हत्या 残虐な児童殺害→ मम.
निर्ममता [名*] ← निर्मम. इन गैंडों का बहुत निर्ममता से संहार किया गया これらのサイは非常に惨たらしく殺された और आज वह इतनी निर्ममता से उलाहना दे रही है, जैसे ग़ुस्से में भरी हो それなのに今ではまるで怒り狂っているかのように厳しく恨み言を言っている
निर्मल [形] (1) けがれのない；清らかな；清浄な；澄み切った；澄んだ निर्मल निर्झर 清らかな滝 इन आँसुओं से अब तुम्हारा मन निर्मल हो गया है この涙で君の心は清らかになっている उस तालाब का पानी बड़ा निर्मल था その池の水はとても澄んでいた निर्मल तथा चंचल आँखें 清らかな，生き生きとした目 (2) けがれのない；無垢な निर्मल हृदय けがれのない心 (3) 汚点のない；しみのない→ मल.
निर्मली [名*] 〔植〕マチン科ミズスマシノキ【*Strychnos potatorum*】
निर्मांस [形] (1) 肉のない；肉の少なくなった (2) やせた；やせこけた→ मांस.
निर्माण [名] (1) できること；生じること；発生；作られること तरंगों का निर्माण पवनों की गति के कारण होता है 波は風が吹くので発生する (2) 作ること；形成；作り出すこと आदतों का निर्माण 習慣づけること चरित्र निर्माण 人格形成 बच्चों का चरित्रनिर्माण 子供の人格形成 (3) 建設；建造；製造；建築；築造 इस सुंदर नगर का निर्माण この美しい都市の建設 सड़क निर्माण 道路建設 सड़क निर्माण के कार्य 道路建設作業 ट्रांजिस्टरों का निर्माण トランジスタの製造 निर्माण उद्योग 製造業 कागज़ का निर्माण 製紙 (4) 結成 क्रांतिकारी दल का निर्माण 革命党の結成 (5) 測定；計測
निर्माणकाय [名] 〔仏〕化身
निर्माणाधीन [形・副] 建設中 (の)；工事中 (の)
निर्माता [名] 作る人；製造者；建設者 आधुनिक भारत के निर्माता 近代インドの建設者 खिलौना निर्माता 玩具製造者 **फ़िल्म निर्माता** 〔映〕映画製作者 **निर्माता निर्देशक** 〔映〕製作兼監督 वृत्तचित्र-निर्माता ドキュメンタリーフィルム製作者
निर्मार्जन [名] 清掃すること；浄化；清掃
निर्मित [形] 作られた；製作された；製造された；建造された；建築された इन रेशों से निर्मित कपड़े これらの繊維で作られた衣服 देश में निर्मित खानेवाली गर्भनिरोधक गोलियों की पहली खेप 国産のピルの初出荷 निर्मित शब्द 造語 〈coined word〉
निर्मिति [名*] (1) 製作；建造 (2) 製作品；製造品
निर्मुक्त [形] (1) 放たれた；解放された；釈放された (2) 束縛や制約を脱した
निर्मुक्ति [名*] (1) 解放；釈放 (2) 解脱 (3) 恩赦；特赦
निर्मूल [形] (1) 根のない (2) 根絶やしの उस परम्परा को निर्मूल बनाना その伝統を根絶やしにする (3) 根拠のない；いわれのない；根も葉もない निर्मूल आशंका いわれのない心配 आपकी चिंता निर्मूल है ご心配は根拠のないものです→ मूल.

निर्मूलक ［形］＝निर्मूल.
निर्मूलन ［名］(1) 根を抜くこと (2) 根絶 (3) 根拠のないことを証明すること
निर्मेघ ［形］晴天の；雲のない（空）→ मेघ.
निर्मेय ［名］〔数〕問題〈problem〉
निर्मोक ［名］(1) 蛇の脱皮した抜け殻 (2) 皮膚
निर्मोक्ष ［名］完全解脱
निर्मोचन ［名］解き放つこと
निर्मोह ［形］(1) 迷妄にとらわれない (2) 愛情や愛着のない
निर्मोही ［形］情けのない；情け知らずの；無情な；愛着のない तुम मुझे इतना निर्मोही समझते हो? 私をそれほどにも情け知らずと思っているのかい
निर्याण ［名］(1) 外へ出ること；外出 (2) 出掛けること；出発 (3) 進撃
निर्यात[1] ［形］外へ行った；外部へ行った；外国へ行った
निर्यात[2] ［名］(1) 発送；送り出すこと (2) 輸出 अनाथ बच्चों का निर्यात 孤児の外国への送り出し (3) 輸出品
निर्यातक ［名］輸出業者；輸出者
निर्यात कर ［名］輸出税
निर्यात बीजक ［名］〔商〕インボイス〈invoice〉
निर्यात शुल्क ［名］輸出税＝ निर्यात कर.
निर्याति ［名*］(1) 行くこと；出掛けること (2) 解放されること；自由になること
निर्यातित ［形］戻された；返却された＝ लौटाया हुआ.
निर्यास ［名］(1) 流れ出ること (2) 樹液 (3) 樹脂；やに（脂） (4) 煎じ出し＝ क्वाथ; काढा.
निर्यूथ ［形］群れから離れた；仲間からはぐれた→ यूथ.
निर्यूह ［名］(1) 煎じ出し (2) 門 (3) 扉 (4)〔建〕（屋上に突き出た）小尖塔
निर्योग्य ［形］障害のある；不自由のある；ハンディキャップのある→ योग्य.
निर्योग्यता ［名*］(1) 障害；妨げ सबसे बड़ी निर्योग्यता पर्दा प्रथा है 一番の障害はパルダー制度です (2) 障害；ハンディキャップ (3)〔法〕行為無能力；無資格
निर्लज्ज ［形］(1) 恥知らずの；無恥な；破廉恥な＝ बेशर्म; बेहया. पंडितों की कल्पित एवं निर्लज्ज व्याख्याएँ パンディットたちの空想的で破廉恥な説明 (2) 厚かましい；不届きな＝ धृष्ट.
निर्लज्जता ［名*］← निर्लज्ज. 恥知らずなこと；無恥；厚顔無恥；破廉恥 निर्लज्जता का दंड 無恥に対する罰
निर्लज्जतापूर्वक ［副］(1) 恥ずかしげもなく (2) 厚かましく
निर्लिंग ［形］標識のない；目印のない
निर्लिप्त ［形］(1) とらわれない；関係やつながりにとらわれない (2) 愛憎を去った निर्लिप्त भाव से कहते हुए 無頓着な口振りで；何気ない口調で
निर्लेप ［形］(1) 塗られていない；塗布されていない (2) 欠陥や瑕疵のない (3) 執着のない；愛執を去った
निर्लोभ ［形］＝ निर्लोभी.
निर्लोभी ［形］無欲な；貪欲を離れた；欲のない अत्यंत निर्लोभी स्वभाव का था 甚だ欲のない性分の人だった
निर्वंश ［形］(1) 家系の絶えた (2) 子孫のない
निर्वक्तव्य ［形］口で言えない；表現できない
निर्वचन[1] ［形］(1) 無言の；黙した＝ मौन. (2) 欠陥や瑕疵，けがれや汚れのない
निर्वचन[2] ［名］(1) 発言 (2) 説明 (3) 解釈 (4) 諺＝ लोकोक्ति; कहावत.
निर्वचनीय ［形］(1) 説明されるべき (2) 解釈されるべき
निर्वसन ［形］裸の；衣服をまとっていない
निर्वहण ［名］終了＝ समाप्ति；〔演〕大団円
निर्वाक् ［形］(1) 話せない；言葉が口から出ない (2) 無言の
निर्वाचक[1] ［形］選ぶ；選出する
निर्वाचक[2] ［名］(1) 選挙人 (2) 選挙民；選挙人＝ निर्वाचकगण; मतदाता. निर्वाचक नामावली 選挙人名簿
निर्वाचक मंडल ［名］選挙民；選挙母体；選挙人団
निर्वाचन ［名］(1) 選び出すこと；選出 (2) 選挙 कलकत्ता नगर निगम का निर्वाचन カルカッタ市議会の選挙 नगरनिगम के सदस्य एक महापौर का निर्वाचन करते हैं ナガル・ニガムのメンバーは市長を選出する अप्रत्यक्ष निर्वाचन 間接選挙
निर्वाचन अधिकारी ［名］選挙管理人
निर्वाचन क्षेत्र ［名］選挙区〈constituency〉
निर्वाचित ［形］選ばれた；選出された लखनऊ अधिवेशन के सभापति निर्वाचित हुए ラクノウ大会の議長に選ばれた निर्वाचित प्रतिनिधि 選出された代表
निर्वाच्य ［形］(1) 口にできない；言うべきでない (2) 選ばれるべき (3) 選ばれる；選出されうる
निर्वाण[1] ［名］(1) 火の消えること (2) 灯火の消えること (3) 終滅 (4) 涅槃；寂静；滅度；解脱 भगवान महावीर 2500 वाँ निर्वाण महोत्सव マハーヴィーラ涅槃 2500 年大祭 (5) 死
निर्वाण[2] ［形］(1) 消えた (2) 滅した (3) 死んだ
निर्वाण-तिथि ［名*］命日＝ मृत्यु-तिथि.
निर्वाणप्राप्ति ［名*］悟りを開くこと；解脱；涅槃に至ること निर्वाणप्राप्ति में बाधा 解脱の妨げ（となるもの）
निर्वाद ［名］誹謗；非難
निर्वापण ［名］(1) 消すこと (2) 終滅させること (3) 殺害すること
निर्वापित ［形］(1) 消された；消えた (2) 終滅させられた；終滅した (3) 殺害された
निर्वास ［名］(1) 追放 (2) 国外追放 (3) 外国生活；異国での生活
निर्वासन ［名］(1) 追放 (2) 国外追放；所払い
निर्वासित ［形］(1) 追放された पाँडवों ने अपने निर्वासित काल में कुछ समय पुष्कर में भी बिताया था パーンダヴァ五兄弟は追放された時期の一部をプシュカルでも過ごした (2) 国外追放の इटली के प्रसिद्ध देशभक्त मेजिनी उन दिनों निर्वासित थे イタリアの有名な愛国者マッチーニは当時国外へ追放されていた
निर्वाह ［名］(1) 活動；営為；営み；保持；維持 बिना नई विद्या पढ़े अब संसार में निर्वाह नहीं हो सकता 新しい学問を学ばなくてはもはや世界で活動することはできない जीवन-निर्वाह 生活を営むこと (2) 暮らし；生活すること；暮らしを立てること (3) 調節；調整；調和 पाश्चात्य विचारों वाली लड़की का भारत में रह रहे परिवार में निर्वाह नहीं होगा 西洋的な考えを持つ娘はインドに暮らしている家族の中に調和することはできない
निर्वाहक ［形］(1) 営む (2) 守る；実行する
निर्वाह ख़र्च ［名］《H. + P. خرج》生活費〈living expenses〉
निर्वाह भत्ता ［名］(1) 支度金 (2) 調整手当〈subsistence allowance〉
निर्वाह भृति ［名*］生活賃金＝ निर्वाह मज़दूरी.
निर्वाह मज़दूरी ［名*］生活賃金〈living wage〉
निर्वाह व्यय ［名］(1) 生活費 (2)（生活費から見た）物価〈cost of living〉
निर्विकल्प ［形］(1) 変化のない (2) 安定した；不動の
निर्विकल्प समाधि ［名*］〔ヨガ〕主体と客体と知識の区別が一切なくなってしまう三昧
निर्विकार ［形］(1) 無変化の；不変の；変化しない；変化の生じない (2) 感情のない；無表情の बड़े ही निर्विकार भाव से वे ताश में व्यस्त थे 全く無表情でトランプに熱中していた मन में प्रचंड तूफ़ान! पर फिर भी निर्विकार भाव से मैं टैक्सी में आकर बैठती हूँ 心の中にはものすごい嵐が吹いている．だが無表情にタクシーに乗り込む
निर्विकास ［形］(1) 発達していない；未発達の (2) 発展のない；未発展の
निर्विघ्न ［形］妨げや妨害のない；順調な；安泰な निर्विघ्न यात्रा 順調な旅
निर्विचार[1] ［形］考えのない；思慮のない
निर्विचार[2] ［名］〔ヨガ〕主観と客観の対立が見られない心の状態；無伺定
निर्विण्ण ［形］(1) 嫌気のさした (2) 不快な (3) 気持ちの沈んだ
निर्वितर्क समाधि ［名*］〔ヨガ〕分別知の記憶要素が消え心が客体そのものに染まって主体が客体になってしまったような状態；無尋定
निर्विधि ［形］〔法〕無効の→ विधि.
निर्विधिता ［名*］〔法〕無効
निर्विरोध ［形］反対のない；絶対的な；全員一致の＝ निरपेक्ष.
निर्विवाद ［形］異論のない；絶対的な；文句のない；疑念の余地のない निर्विवाद सत्य 絶対の真理 **निर्विवाद रूप से** 論ずるまでもなく；文句なしに；絶対的に उनके ऊपर निर्विवाद रूप से भरोसा किया जा सकता है あの方は絶対的に信頼できる
निर्विवेक ［形］無分別な；分別のない＝ विवेकहीन.

निर्विशेष [形] (1) 同じの；同様な；類似の (2) 不変の；変わりのない

निर्विष [形] 無毒な= विषहीन.

निर्वीज [形] (1) 種のない (2) 完全に壊れた (3) 原因のない (4) 男らしさのない

निर्वीर्य [形] (1) 男らしくない (2) 無力な (3) 地味のやせた

निर्वृत्ति [名*] (1) 完成；達成 (2) 終了；終結 (3) 結末；結果 (4) 帰還

निर्वेद [名] (1) 嫌悪 (2) 自己嫌悪 (3) 厭世観 (4)〔仏〕寂静；厭離の心 (5) 欲望や煩悩を去った心境

निर्वैर [形] 憎しみを去った；嫌悪の情のない → वैर.

निर्व्याज [形] (1) 誠実な；正直な；偽りのない= निष्कपट. (2) 妨げのない= बाधारहित.

निर्व्याधि [形] 無病の；健康な；息災の

निर्व्यूढ़ [形] (1) 完成した；完了した (2) 発達した；発展した；成長した (3) 放棄された

निर्व्रण [形] 無傷の；傷を負っていない→ व्रण.

निर्हरण [名] (1) 遺体を火葬場へ運ぶこと (2) 外へ運ぶこと；搬出 (3) 取り除くこと (4) 火葬

निर्हार [名] (1) 引き出すこと；引き上げ（ること） (2) 取り除くこと；除去 (3) 破壊

निर्हारी [形] (1) 運ぶ；運び出す (2) 広げる；拡散する (3) 香る

निलंबन [名] (1) 中止；停止 (2) 宙に浮いた状態；中断 (3) 停職 (4)〔法〕未決 (5) 浮遊

निलंबित [形] (1) 止まった；中止された；停止された जनता का मौलिक अधिकार निलंबित हो जाता है 民衆の基本的権利が停止される दस हफ़्ते के लिए निलंबित 10 週間の（出場）停止 (2) 中断した बीज अपनी निलंबित वृद्धि की अवस्था में बहुत लंबे समय तक रह सकते हैं 種子は成長の中断した状態で非常に長期にわたって生きていることができる (3) 停職になった निलंबित क॰ 停職にする= मुअत्तल क॰. इनको कुछ काल के लिए निलंबित कर सकती है これらの人をしばらくの間停職にすることができる निलंबित हो॰ 停職になる (4) 未決の (5) 浮遊した；浮いている प्राय: ज़मीन के स्रोत से प्राप्त पानी में कुछ पदार्थ निलंबित या तैरते रहते हैं 地下から得られる水には何かの物資が浮いているものだ

निलकंठी [名*]〔鳥〕ヒタキ科オガワコマドリ【*Erithacus svecicus*】

निलकटकटिया [名*]〔鳥〕ムシクイ科ロクショクビタキ【*Muscicapa thalassina*】

निलज्ज [形] 恥知らずな = निर्लज्ज; बेहया; बेशर्म.

निलय [名] (1) 隠れ場所；潜むところ；姿を隠す場所 (2) 隠れること；潜伏 (3) 住処；住むところ；住居；家；別荘 (4)〔解〕（心臓の）心室 〈ventricle〉

निलयन [名] (1) 隠れること；ひそむこと (2) 居住 (3) ねぐら；休み場所；宿

निलहा [形⁺] (1) 藍色の (2) 青色の (3) 藍の (4) インディゴ栽培に従事している निलहे गोरों के अत्याचारों की कहानी 藍栽培白人の行った非道の話 निलहे, अर्थात् नील की खेती कराने वाले अंग्रेज़ ज़मींदार ニルハー，すなわち，藍栽培農園主のイギリス人ザミーンダール

निलहारा [名] 入れ墨師；刺青師= गोदनहारा.

निलाम [名] = नीलाम.

निवपन [名]〔ヒ〕(1) 祖霊の供養 (2) 祖霊の供養に供える品

निवर [形] 除く；除去する；排除する

निवर्तक [形] (1) 帰る；戻る (2) 帰す；戻す (3) 止まる；停止する

निवर्तन [名] (1) 帰ること；帰還 (2) 終結しないこと (3) 避けること (4) 後退

निवर्तित [形] (1) 戻った；戻された (2) 除去された；無効になった (3) 後退した

निवसन [名] (1) 居住 (2) 居住地 (3) 衣服

निवाई[1] [形] (1) 新しい= नया; नवीन. (2) 特異な；独特な= अनोखा; विलक्षण.

निवाई[2] [名*] 新しさ；新味= नवीनता; नयापन.

निवाज़ [形] 《P. نواز नवाज़》 情けをかける；好意を寄せる；親切な

निवाज़ना [他] 《← P. نوز नवाज़》 愛撫する；可愛がる= नवाज़ना. दोनों बड़े प्यार से एक-दूसरे को निवाज़ रहे थे 2 人は互いにとてもやさしく愛撫しあう

निवाज़िश [名*] 《P. نوازش》 → नवाज़िश.

निवाड़ा [名] = नवाड़ा.

निवान [名] (1) 低地 (2) 湿地 (3) 池；沼

निवाना [他] = नवाना.

निवार [名*] チャールパーイー（簡易ベッド）の床面を編むための幅広の木綿のひも；ニワール

निवारक [形] (1) 防止する (2) 阻止する (3) 排除する；追放する निवारक नज़रबंदी कानून 予防拘禁法

निवारण [名] (1) 防止；防ぐこと वीरों के वृथा नाश का निवारण करना चाहिए 勇士たちを無駄に死なせないようにしなければならない (2) 除去；取り去ること；取り除くこと अपने भक्तों के दुखों का निवारण करती रहूँगी これからも私を敬ってくれる人たちの悩みを取り除く (3) 排除；撤廃；追放 अस्पृश्यता-निवारण 不可触制撤廃 (4) 解消；解決 समस्या का निवारण कैसे होगा? どのようにして問題が解消されようか (5) 消滅；絶滅；撲滅 कुष्ठ आदि भयंकर रोगों का निवारण ハンセン病などの恐ろしい病気を絶滅させること

निवारना [他] (1) 防ぐ；防止する (2) 取り除く；取り去る；除去する (3) 排する；排除する；撤廃する；追放する (4) 解消する；解決する (5) 消滅させる；絶滅させる

निवारिणी [形*] 取り除く；排除する；排斥する शत्रुनिवारिणी 敵を排除する

निवारी [名*]〔植〕モクセイ科低木マツリカ（茉莉花）【*Jasminum sambac*】

निवाला [名] 《P. نوالہ》 一度に口に入れて食べる分量；一口（分）= ग्रास; कवल. लगता था जैसे वह सारी बकरियाँ और मुझे एक ही निवाले में ग्रस लेना चाहता था 全部の山羊と私とを一口に飲み込もうとしているように思われた

निवास [名] (1) 居住= रहना. (2) 住所= रहने का स्थान. (3) 家屋 = घर; मकान. (4) 衣服= वस्त्र. **निवास क॰** 住む；居住する गुरु गोविंद सिंह उन दिनों आनंदपुर के किले में निवास करते थे グル・ゴーヴィンドシンは当時アーナンドプルの城に居住しておられた

निवासन [名] (1) 居住（すること）；暮らすこと (2) 住居；家

निवास-स्थान [名] (1) 住むところ；すみか（住処） देवों का निवास-स्थान 神々の住処 (2) 住む家；住居

निवासित [形] (1) 開拓された；開発された；人が住むようになった (2) 人の住む

निवासी [形・名] (1) 住む；居住する；暮らす (2) 住人；住民；居住者 वह राजस्थान की निवासी थी 彼女はラージャスターンに住んでいた

निवाहिका शिरा [名*]〔解〕門脈= पोर्टल वेन. 〈portal vein〉

निविड़ [形] (1) 隙間のない (2) 密な (3) 濃い (4) 重々しい

निविड़ता [名*] ←निविड़. (1) 隙間のないこと (2) 密なこと (3) 濃いこと；濃密なこと (4) 重々しさ；重厚さ

निविदा [名*] 入札= टेंडर. 〈tender〉 **खुली निविदा** 公開入札 **खुली निविदा बुलाना** 公開入札を行う **निविदा सूचना** 入札公告

निविष्ट [形] (1) 座した；座った (2) 入った；入れられた (3) 集中した (4) 宿を取った (5) 記された；記入された；記載された निविष्ट क॰ 記載する (6) 配列された

निविष्टि [名*] (1) 休息；休憩 (2) 記入 (3) 性交

निवृत्त [形] (1) 戻った；帰った (2) 解かれた；解き放たれた；排泄行為の済んだ नित्यकर्म से निवृत्त हो॰ （朝の）用足しを済ませる दैनिक कार्यों से निवृत्त होकर उसने अपना झोला तैयार किया 日常の仕事（用足し）を済ませてかばんを整えた (3) 任務や仕事を済ませた；暇になった जैसे कि मैं अपनी ही बेटी का ब्याह करके निवृत्त हुई हूँ 娘の嫁入りを済ませたのと同時に (4) 退職した；退いた उसके पिता भी अच्छे पद से निवृत्त हुए हैं あの人の父親も高い地位を退いていらっしゃる (5) 世俗を離れた आप तशरीफ़ रखें, मैं निवृत्त हो लूँ お掛けになっていて下さい．用を済ませて参りますから

निवृत्ति [名*] (1) 戻ること；復帰；帰還 (2) 解放；逃れること अधर्म जानता हूँ, उससे निवृत्ति नहीं 罪悪が何たるかをわきまえているが，それから逃れられない (3) 果たすこと；済ませること (4) 退職；退くこと (5) 超俗；隠遁 इसके लिए थोड़ी शिक्षा उसे निवृत्ति की भी मिलनी चाहिए 少しは世俗を離れるための教育も得なくてはならない

निवृत्तिमार्ग [名] (1) 超俗（生活）；遁世 (2) 遁世主義

निवेदक [形・名] (1) 申し上げる；奏上する (2) 嘆願する；哀願する (3) 申請する (4) アナウンサー
निवेदन [名] (1) 申し上げること；うやうやしく申し上げること सादर निवेदन है (手紙文では) 謹んで申し上げます；謹啓 (2) 嘆願；哀願；懇願；請願 (3) 申請 (-से) **निवेदन क॰** (ーに) 申請する= (-से) आवेदन क॰; अर्ज़ क॰; दरख़्वास्त क॰.
निवेदन-पत्र [名] 願書；請願書
निवेदना [他] (1) 嘆願する；哀願する；懇願する；請願する (2) 差し上げる；贈呈する；進呈する
निवेदिका [形*・名*] ←निवेदक. 女性アナウンサー
निवेदित [形] (1) 請願された；懇願された (2) 申請された (3) 贈呈された；進呈された
निवेश [名] (1) 入ること (2) 宿営；宿；キャンプ (3) 住居 (4) 投資 शिक्षा देश के सामाजिक व आर्थिक विकास के लिए एक महत्त्वपूर्ण निवेश होती है 教育は国家の社会的・経済的発展に重要な投資なのです आपका निवेश 4 साल 9.5 महीनों में दुगुना हो जाएगा 貴方の投資は4年9.5か月で2倍になって戻ります **निवेश क॰** 投資する
निवेशक [名] 投資家 आम निवेशक 一般投資家
निवेष्ट [名] 覆い；包み；ふろしき
निवेष्टन [名] (1) 覆うこと；包むこと (2) 覆い；包み
निशंक [形] = नि:शंक.
निश [名*] = निशा.
निशतर [名] 《P. نشتر निश्तर》ランセット= नश्तर.
निशब्द [形] (1) 音のしない (2) 黙している；沈黙している；無言の
निशस्त [名*] 《P. نشست》(1) 座ること (2) 座る姿勢 (3) 会；会合；集会；会議= बैठक. (4) 居間
निशस्तगाह [名*] 《P. نشست گاه》座る場所；座席；席；居間；応接間
निशाँ ख़ातिर [名*] = निशा ख़ातिर.
निशांत[1] [形] (1) 静かな；静まり返った (2) 落ち着いた；平静な
निशांत[2] [名] (1) 夜明け前 (2) 早朝；早暁；夜明け；黎明= प्रभात.
निशांध [形]〔医〕鳥目の；夜盲の；夜盲症の= रतौंध.
निशा [名*] (1) 夜= रात; रात्रि; रजनी. (2) ウコン；ターメリック= हलदी.
निशाकर[1] [形] 夜をもたらす
निशाकर[2] [名] 月= चंद्र; चाँद.
निशाकेतु [名] 月= चंद्रमा.
निशाख़ातिर [名*] 《← A.P.خاطر نشان ख़ातिरनिशाँ》納得；得心 = तसल्ली; दिलजमई.
निशाचर[1] [形] 夜中にうろつき回る；夜間に徘徊する
निशाचर[2] [名]〔イ神〕(1) ラークシャサ；鬼 (2)〔動〕ジャッカル (3) フクロウ (4) 蛇
निशाचरपति [名] (1)〔ラマ〕ラーヴァナ रावण (2) シヴァ神
निशाचरी[1] [名*] (1) ラークシャシー राक्षसी；鬼女 (2) 不貞女= कुलटा.
निशाचरी[2] [形] (1) ニシャーチャラの；ラークシャサの (2) ニシャーチャラのような；ラークシャサのような
निशाचारी [名] (1) シヴァ神 (2) ラークシャス राक्षस
निशाजल [名] (1) 霜 (2) 露
निशाट [名] (1)〔鳥〕フクロウ (2) ニシャーチャラ= निशाचर.
निशाटन[1] [名] 夜中に出歩くこと；夜中の徘徊
निशाटन[2] [名] = उल्लू.
निशात [名*] = नशात.
निशाद [名] = निषाद.
निशादि [名] 夕方；夕刻；日暮れ；薄暮
निशान [名] 《P. نشان》(1) しるし (印)；マーク；模様 शरीर पर गोदने के निशान 体に入れ墨 (の模様) बदन पर निशान उभर आए (殴られて) 痣ができた (2) 跡；痕 ज़ख़्म का बड़ा-सा निशान था 大きな傷跡があった अपने पैरों के निशान 自分の足跡 गोरे गालों पर सूखे आँसुओं के निशान थे 色白の頬に涙の乾いた跡があった (3) 記号；標識；象徴 (4) 徴候；兆し (5) 的；標的 **निशान क॰** 狙い定める (6) 旗；幟 (7) 所在；住所 (8) ナガーラー नगाड़ा (-का) **निशान उठाना** (ーの) 旗を持つ；旗頭になる；(ーの) 先頭に立つ；先陣に立つ **निशान उड़ाना** 勝利の旗をはためかす **निशान क॰** 狙い定める；的にする **निशान खड़ा क॰** = निशान उठाना. (-का) **निशान न हो॰** (ーの) 見当もつかない **निशान बजाकर** 鳴り物入りで；公然と **निशान बजाना** 戦闘の合図をする **निशान बनाना** = निशान क॰. **निशान बाँधना** = निशान क॰. **निशान मारना** 狙い定めて襲う；狙い定めて攻撃を加える **निशान लगाना** = निशान मारना. **निशान साधना** = निशान क॰.
निशानची [名] 《P. نشانچی》旗手；旗持ち
निशाना [名] 《P. نشانہ》(1) 的；標的；目標 (2) 印；マーク (3) 狙い；的を狙うこと **निशाना ख़ाली जा॰** *a.* 的がはずれる *b.* あてが外れる **निशाना चूकना** 的がはずれる **निशाना पक्का हो॰** 的に当たる；的を射る **निशाना बनना** *a.* 狙われる *b.* 的になる；標的にされる *c.* 餌食になる；殺される **निशाना बनाना** 狙い定める **निशाना बाँधना** 狙う；狙い定める यदि बास्केट का निशाना बाँध रहे खिलाड़ी के विरुद्ध फ़ाउल किया जाता है バスケットのシュートを狙っているプレーヤーに対してファウルがなされると **निशाना मारना** 狙い撃つ **निशाना लगाना** = निशाना मारना. खिलौने पर निशाना लगाते हैं 玩具を狙う；玩具に狙いを定める **निशाना हो॰** = निशाना बनना. **निशाने पर तीर बैठना** 狙い通りになる；的を射る **निशाने पर बैठना** = निशाने पर तीर बैठना.
निशानात [名, pl.] 《P.A. نشانات ← نشان निशान》跡；痕跡 बचे-खुचे निशानात わずかな痕跡
निशानाथ [名] 月= चंद्रमा.
निशानी [名*] 《P. نشانی》(1) 思い出の品；遺物 (2) 記念物；記念碑 (3) 目印；しるし；標識 **निशानी न हो॰** 跡形もない；かけらもない；影も形もない **निशानी मिट जा॰** 跡形もなくなる
निशानेबाज़ [名] 《P. نشانہ باز》射撃手→ निशानेबाज़ी.
निशानेबाज़ी [名*] 《P. نشنہ بازی》(1) 射撃 (2)〔ス〕射撃競技 निशानेबाज़ी प्रतियोगिता 射撃競技会
निशापति [名] 月= चाँद; चंद्रमा.
निशास्ता [名] 《P. نشاستہ》(1) 澱粉 (2) でんぷん糊；のり
निशि [名*] (1) 夜= रात; रात्रि. (2) 夢= सपना. (3) ウコン= हलदी.
निशिकर [名] 月= चाँद; चंद्रमा.
निशिचर [名] = निशाचर.
निशित [形] 研がれた；研磨された；鋭い；鋭利な
निशिता [名*] 夜= रात.
निशि-दिन [副] 夜も昼も；日夜= रात-दिन.
निशिनाथ [名] 月= चंद्रमा; निशानाथ.
निशिपाल [名] (1) 月；太陰 (2)〔韻〕ニシパーラ (各パーダが भगण + जगण + सगण + नगण + रगण の15音節から成る音節韻律)
निशिवासर [副] 日夜；四六時中= रात-दिन; सर्वदा; हमेशा.
निशीथ [名] (1) 夜= रात; रात्रि. (2) 真夜中；深夜= आधी रात. यों रात डेढ़ पहर से ज़्यादा नहीं बीती होगी, परंतु लगता ऐसा था कि निशीथ के क्षण आ पहुँचे せいぜい夜の11時過ぎでしかなかったろうが真夜中になったような感じがしていた
निशीथनाथ [名] 月= निशानाथ; चंद्रमा.
निशुंभ [名] (1) 殺害 (2) 殺人 (3)〔イ神〕ニシュンバ (カーリー神に退治されたアスラ निशुम्भ असुर, すなわち, 魔神. シュンバ शुम्भ の弟)
निशुल्क [形] 無料の；無償の= नि:शुल्क. अनिवार्य एवं निशुल्क शिक्षा 無償義務教育
निश्चय[1] [名] (1) 決意；決心 **निश्चय क॰** 決意する；決心する अत: मैंने इस संबंध में राजेंद्र के माता-पिता से बात करने का निश्चय कर लिया このことについてはラージェンドラの両親と話し合う決心をした आत्महत्या का निश्चय क॰ 自殺を決意する (2) 確信 **निश्चय हो॰** 確信する；確信を持つ मुझे पूरा निश्चय है 私は確信している मुझे निश्चय हो गया कि यदि यह विवाद हल नहीं हुआ तो दोनों कुछ कर बैठेंगे もしこの論争が解決されなければ両者は何かしでかすに違いないと確信した (3) 断定 निश्चय क॰ 断定する (4) 決断；決定
निश्चय[2] [副] 必ず (や)；きっと；間違いなく；疑いなく；絶対に निश्चय ही の形で用いられるのが普通 निश्चय ही जब तुमने इसे पहली बार देखा होगा तो अत्यंत प्रसन्न हुए होगे 君がこれを初めて見たときにはきっと大喜びしたに違いない यह प्रवृत्ति निश्चय ही लोकतंत्र के विरुद्ध है この傾向は疑いなく民主主義に反する

न

निश्चयबोधक [形]〔言〕限定的な；限定を示す
निश्चयवाचक [形]〔言〕限定的な〈definite〉
निश्चयवाचक सर्वनाम [名]〔言〕限定代名詞〈definite pronoun〉
निश्चयात्मक [形] 確定的な；確定した निश्चयात्मक कथन 確言
निश्चयार्थक [形]〔言〕直説法の；叙実法の〈indicative〉
निश्चयार्थक वृत्ति [名*]〔言〕直説法〈indicative mood〉
निश्चयी [形] (1) 決まった；一定の (2) 明確な (3) 確信のある
निश्चयेन [副] 確実に；確かに；間違いなく
निश्चल [形] (1) 動かない；不動の बूढ़ा कई मिनट तक मूर्ति की भाँति निश्चल खड़ा रहा 老人は彫像のようにじっと立ち続けた (2) 安定した；変化しない
निश्चलता [名*] ← निश्चल.
निश्चायक [形] 限定的な；断定的な
निश्चायक अर्टिकल [名]〔言〕定冠詞〈definite article〉
निश्चायक उपपद [名]〔言〕定冠詞
निश्चिंत [形] 心配のない；不安のない तुम निश्चिंत रहो 君は安心しているがよい
निश्चिंतता [名*] (1) 安心；心配や不安のないこと (2) 無頓着；暢気なこと **निश्चिंतता से** *a.* 安心して；不安なく；懸念なく *b.* 無頓着に；暢気に 'मिल जाएगी', उसने बड़ी निश्चिंतता से कहा 「手に入るよ」と大変無頓着に話した
निश्चित [形] (1) 決まっている；決まった；確定した (2) 一定の एक निश्चित अंतराल पर 一定の間隔で इस काम के लिए एक निश्चित धन-राशि この仕事には一定の資金が必要とされる (3) 不動の；不変の (4) 確実な
निश्चिति [名*] (1) 決定すること (2) 決定されたこと (3) 確認
निश्चेत [形] 麻痺した；麻酔のかかった
निश्चेतक[1] [形] 麻酔の；麻痺させる
निश्चेतक[2] [名]〔薬〕麻酔薬
निश्चेतन[1] [形] (1) 感覚のない；無感覚の；麻痺した (2) 意識のない；無意識の
निश्चेतन[2] [名] (1) 感覚を失わせること；麻痺させること；麻酔 (2) 意識を失わせること；失心
निश्चेतन विज्ञान [名] 麻酔学= संवेदनाहरण विज्ञान.〈anesthesiology〉
निश्चेष्ट [形] (1) 動かない；動きのない (2) 不活発な；活気のない यदि तुम निश्चेष्ट बैठे रहोगे तो तुम कायर और गद्दार हो じっとして動かなかったら君は臆病者で裏切り者だ
निश्चेष्टता [名*] (1) 無力 (2)〔医〕無力症
निश्चै [名・副] = निश्चय.
निश्छंद [形] ヴェーダを学んでいない
निश्छल [形] (1) 偽りのない；率直な पारिवारिक संबंधों की निश्छल अभिव्यक्ति 家族関係の率直な表現 (2) 誠実な；誠意のこもった ऐसी समझदार और निश्छल स्वभाव वाली सहेली こんなにさばけていて誠実な友達
निश्रेणी [名*] (1) 梯子；階段 (2) 段階
निश्वास [名] (1) 呼気 (2) 息を吐き出すこと (3) 深い溜め息
निषंग [名] (1) 執着 (2) えびら（箙） (3) 剣
निषंगी [形] (1) 執着している (2) えびらをつけた (3) 剣を持った
निषण्ण [形] (1) 座っている (2) 寄り掛かっている
निषद्या [名*] (1) 小型のベッド (2) 小型の椅子 (3) 市場 (4) 店舗
निषाद [名] (1)〔史〕ニシャーダ（インド・アーリア人がヴィンディヤ山脈に住んでいた先住民を呼んだ名称．しばしばビール族のことを指した） (2)〔地名〕古代ニシャーダの王が支配したとされる現今のマハーラーシュトラ地方の一部の名 (3)〔イ音〕ニシャーダ；オクターヴの第 7 音．略号 नि
निषिक्त [形] (1) 水の撒かれた；水のかけられた (2) 灌漑された (3) 注がれた；注入された
निषिद्ध [形] 禁じられた；禁止された；禁制の मंदिर में जूता पहनकर जाना निषिद्ध है 寺院に靴を履いて入ることは禁じられている कलियुग में निषिद्ध धर्मकार्य カリユガには禁じられたダルマの行為 **निषिद्ध क्षेत्र** 立入禁止地域 **निषिद्ध शब्द** 忌み言葉
निषिद्ध निकटाभिगमन [名]〔文人〕インセスト・タブー；近親相姦禁忌〈incest taboo〉
निषिद्धि [名*] 禁止
निषेक [名] (1) 撒水 (2) 灌水 (3) 漏れ；滴ること；浸出 (4) 受胎；懐妊 (5) 精液
निषेचन [名] (1)〔生〕受精 (2)〔生〕受胎〈fertilization〉
निषेचित [形] (1) 受精した (2) 受胎した
निषेचित अंड [名]〔生〕受精卵〈fertilized egg〉= निषेचित अंडा.
निषेचित डिंब [名]〔生〕受精卵子
निषेध [名] (1) 禁止 (2) 否定 (3) タブー (-का) **निषेध क°** (－を) 禁じる= (-को) मना क°. शूद्रों को वेदपाठ करने का निषेध था シュードラにはヴェーダの学習は禁じられていた
निषेधक [形] 禁止する；禁じる
निषेधन [名] 禁止
निषेधवाचक [形] (1) 禁止を表す (2) 否定的な；反対の；逆の
निषेधवाचक समुच्चयबोधक [名]〔言〕逆接接続詞〈negative conjunction〉
निषेधविधि [名*] 禁令
निषेधाज्ञा [名*] 禁止令 निषेधाज्ञा भंग कर प्रदर्शन 禁止令を破ってデモ行進
निषेधात्मक [形] 否定の；否定的な；否定を表す；禁止を表す〈negative; prohibitive〉
निषेधात्मक क्रियारूप [名]〔言〕動詞否定形〈negative conjugation〉
निषेधाधिकार [名]〔政〕拒否権= वीटो.〈veto〉
निषेधित [形] 禁じられた；禁止された
निषेवण [名] (1) 奉仕；仕えること (2) 礼拝；崇拝 (3) 使用；運用
निषेवा [名*] = निषेवण.
निषेवी [形] (1) 奉仕する；仕える (2) 崇拝する；崇敬する (3) 使用する
निष्कंटक[1] [形] (1) とげのない (2) 妨げや妨害のない (3) 敵のいない
निष्कंटक[2] [副] (1) 妨げなく；妨害なく (2) 無事に；安全に रात निष्कंटक कटी 夜は無事に過ぎた
निष्कंप [形] 震えのない；不動の；安定した
निष्क [名] (1)〔イ史〕ニシュカ（古代インドの金貨の一） (2) その金貨の重量（約 5.184g） (3) 金 (4) ヴェーダ時代以来の金製の装身具（首飾り） (5) 古代の銀の重量単位の一
निष्कपट [形] 率直な；正直な；真率な；陰日向のない；偽りのない निष्कपट भाव से एक-दूसरे की प्रशंसा कीजिए 率直に相手を誉めなさい
निष्कपटी [形] = निष्कपट.
निष्कर [形] 無税の；税金のかからない；非課税の→ कर.
निष्करुण [形] 無慈悲な；無情な→ करुण.
निष्कर्तन [名] 切断；切り裂くこと
निष्कर्म [形] (1) 怠惰な (2) 執着心のない→ कर्म.
निष्कर्मण्य [形] 怠惰な；だらしのない→ कर्मण्य.
निष्कर्मण्यता [名*] 怠惰；だらしのなさ← निष्कर्मण्य.
निष्कर्ष [名] (1) 抽出 (2) 抽出物 (3) 結論 (4) 推論；推定 (5)〔法〕事実認定
निष्कर्षक [形] 抽出する；引き出す
निष्कर्षण [名] (1) 抽出（すること）；引き出すこと (2) 排除；除去；除外
निष्कर्षीकरण [名] 結論を出すこと
निष्कलंक [形] 汚点のない；けがれのない；清らかな हृदय को उज्ज्वल और निष्कलंक रखने का सब से अच्छा उपाय 心を明るく清らかに保つ最良の方法→ कलंक.
निष्कलंक इस्पात [名] ステンレス・スチール= स्टेनलेस स्टील.
निष्कल [形] (1) 部分的でない；全体の (2) 技芸を知らない (3) 美しくない (4) 精力の衰えた→ कल.
निष्कलुष [形] 清らかな；清浄な
निष्काम [形] (1) 無欲な；欲望のない (2) 無償の निष्काम सेवा 無償の奉仕；無欲の奉仕 निष्काम कर्म 無償の行為→ काम.
निष्कामी [形] = निष्काम.
निष्कारण[1] [形] 理由のない；いわれのない
निष्कारण[2] [副] 理由なく；わけもなく；いわれなく
निष्कालिक [形] (1) 死にかけている (2) 終わりかけている
निष्काश [名] 突き出たところ；突出部
निष्कास [名] (1) 引き出すこと (2) 突出したもの (3) 流れ口；落ち口
निष्कासन [名] (1) 追放；追い出し (2) 免職；罷免 (3) 国外追放

निष्कासित [形] (1) 追放された；追い出された (2) 罷免された (3) 国外追放された
निष्किंचन [形] 無一文の；文無しの；一文無しの＝ कंगाल; अकिंचन.
निष्कुल [形] 家族や親戚の死に絶えた→ कुल.
निष्कृत[1] [形] (1) 除かれた；除去された (2) 解かれた；解放された (3) 赦免された (4) 侮られた
निष्कृत[2] [名] (1) 逢い引きの場所 (2) 贖罪
निष्कृति [名*] (1) 排除；除去 (2) 解放；解除 (3) 侮蔑 (4) 赦免 (5) 贖罪
निष्कृप [形] 情け容赦のない；無情な
निष्कृष्ट [形] (1) 絞り出された；搾られた (2) 精髄の
निष्कैतव [形] 偽りのない；欺瞞のない→ कैतव.
निष्कैवल्य [形] (1) 純粋な (2) 完全な；絶対の
निष्कोषण [名] (1) ものの覆いや殻，外皮などを除去すること；剥ぐこと；むくこと (2) 取り出すこと；引き出すこと
निष्क्रम[1] [形] 順序立っていない；脈絡のない；秩序立っていない→ क्रम.
निष्क्रम[2] [名] (1) 外出すること；外へ行くこと (2)〔ヒ〕出遊式＝ निष्क्रमण.
निष्क्रमण [名] (1) 外出；外へ出ること (2)〔ヒ〕出遊式（4 か月の新生児を初めて戸外に連れ出して太陽を拝ませるヒンドゥーの通過儀礼の一）＝ निष्क्रम[2]. (3) 流出 प्रतिभा का निष्क्रमण 頭脳の流出 (4) 償還 (5) 撤退；避難；疎開
निष्क्रमणिका [名*]〔ヒ〕出遊式（ヒンドゥーの通過儀礼の一．生後 4 か月に家の外に出て日輪を拝する）＝ निष्क्रमण.
निष्क्रय [名] (1) 報酬 (2) 代価 (3) 賞 (4) 交換 (5) 代償 (6) 販売＝ बिक्री; विक्रय.
निष्क्रांत [形] (1) 外に出た；取り出された (2) 出遊式 निष्क्रमण の済んだ (3) よそや異国へ出かけた (4) 避難した（人）；避難者；疎開者
निष्क्रिय [形] (1) 何もしない；手をこまぬいた；じっとしている जब देश में आर्थिक और सामाजिक समस्याएँ हों तब सरकार चुप-चाप निष्क्रिय होकर बैठी नहीं रह सकती है 国家が経済的，社会的問題をかかえているときに政府は黙って手をこまぬいているわけには行かぬ (2) 怠慢な (3) 動かない；不活発な；無活動の शरीर के निष्क्रिय और निश्चेष्ट हो जाने पर वह विचार और ध्यान कैसे करेगा 体が動かなくなり不活動になれば思考や思索をどのようになすであろうか पानी के उबलने के तापमान（100 डिग्री सेंटीग्रेड）पर एंजाइम निष्क्रिय हो जाते हैं 水の沸騰する温度（セ氏 100 度）で酵素は無活動になる (4) 沈滞した (5) 受身の；消極的な；受動的な वह हीनभाव से ग्रसित हो जाता है, उसका उत्साह नष्ट हो जाता है और मानस निष्क्रिय पड़ जाता है 劣等感にとりつかれ元気がなくなり気持ちが消極的になる हमारा शरीर भी इनके प्रति निष्क्रिय नहीं होता 我々の身体もこれらに対して受け身ではない (6)〔物理・化〕不活性の
निष्क्रियकरण [名] (1) 不活発化 (2)〔化・物理〕不活性化
निष्क्रियण [名]〔化・物理〕不活性化 〈inactivation〉
निष्क्रियता [名*] ← निष्क्रिय. 不活発；無気力；無感覚 अधिक उपभोग करने से बाज़ार में खरीद-फ़रोख़्त संबंधी निष्क्रियता भंग होगी 消費が増加すれば景気の沈滞が崩れる पुलिस की निष्क्रियता 警察の怠慢
निष्क्रिय प्रतिरोध [名*] 消極的抵抗＝ सत्याग्रह; शांतिपूर्ण प्रतिरोध. 〈passive resistance〉
निष्क्लेष [形] (1) 苦悩を脱した (2)〔仏〕離煩悩
निष्क्वाथ [名] 肉汁などを煮つめた汁＝ शोरबा.
निष्ठ [形] (1)（ーに）位置する (2)（ーに）専心する；熱心な (3)（ーを）信じる
निष्ठा [名*] (1) 信念；信条 उनमें कोई निष्ठा ज़रूर होती है जो उनका मनोबल ऊँचा बनाये रखती है. यह निष्ठा ही उन्हें खड़े रहने की ताकत देती है あの方は気概を高く保つ何かの信念をお持ちなのだ．この信念こそがあの方に立ち続けさせる力を与えている स्वाधीनता संघर्ष के प्रति बंगला देश के जनसाधारण की निष्ठा 独立戦争に対するバングラデシュの民衆の信念 निष्ठा न हो तो कोई क्यों मृत्यु को हर पल सामने खड़ा देखकर भी वहीं का वहीं बना रहेगा 信念がないのに絶えず死と直面しながらそこに居続けることができようか (2) 忠節；忠義；誠実さ अपनी सेवा और निष्ठा से उसने मालिक का दिल जीत लिया 働きぶりと忠節で主人の心を射止めた लेखन के प्रति पूर्ण निष्ठा 文筆活動に対する誠実さ (3) 信奉；信心；帰依 संस्था के आदर्शों में भी उनकी निष्ठा थी 会の掲げた理想も信奉しておられた (4) 信頼 लोकतंत्र में उनकी निष्ठा सतही नहीं あの方の民主主義への信頼も表面的なものではない (5) 精励；専念；勤勉 अनेक स्त्रियाँ अपने पति की निष्ठा, ईमानदारी और सहर्ष मेहनत करने की आदत को पागलपन कह बैठती हैं 多くの女性が夫の勤勉さ，誠実さ，嬉々とした働きを「頭がおかしい」と評してしまう (6) 状態；情況 (7) 基礎；基盤
निष्ठान [名] 調味料；ソース；チャツネ
निष्ठावान [形] (1) 信念のある；信念を持っている (2) 忠節な；誠実な निष्ठावान समाजसेवी व्यक्ति 誠実な社会奉仕家 ऐसे संविधान के प्रति हमें निष्ठावान रहना है このような憲法に対して私たちは忠節でなくてはならない (3) 信心深い；敬虔な (4) 勤勉な
निष्ठाहीन [形] (1) 信念のない；信念の欠けた (2) 不誠実な (3) 不信心な
निष्ठित [形] (1) 確立した (2) 信頼できる；信義のある
निष्ठीवन [名] (1) 唾や痰を吐くこと＝ थूकना. (2) つば＝ थूक.
निष्ठुर [形] (1) 固い；ごわごわした (2) 粗い；粗野な；荒々しい (3) 厳しい；激しい (4) 冷酷な；無慈悲な；邪慳な；冷たい；人情のない
निष्ठुरता [名*] ← निष्ठुर.
निष्ण [形] (1) 達者な；上達した (2) 完成した；到達した；完了した；精通した；通暁した (3) 優秀な
निष्णात[1] [形] ＝ निष्ण. वह कानून में निष्णात था 法律に精通した人だった आजकल तो छुटभैये छात्र नेता भी पैसे का उपयोग उस विधि से करने में निष्णात हो गए हैं 近頃では学生運動のチンピラ幹部までもが金の使い方を例の方法でするのに精通している
निष्णात[2] [名]〔教〕修士（の学位）
निष्पक्व [形] (1) 煎じ出された；よく煮られた (2) 燃えた
निष्पक्ष [形] 公平な；公正な；中立の；偏らない；偏りのない；厳正な；不偏不党の निष्पक्ष विचारक 公正な思想家 निष्पक्ष रूप से देखा जाए 公平に検討すれば；公正に見れば；公正な立場から見れば उसके निष्पक्ष मूल्यांकन से それを公平に評価することにより
निष्पक्षता [名*] ← निष्पक्ष. सरकारी कार्यालयों की निष्पक्षता 役所の公正さ
निष्पत्ति [名*] (1) 出現 (2) 発生；誕生 (3) 完成 (4) 実行；遂行 (5) 達成；成就
निष्पत्र [形] (1) 羽のない；羽を持っていない；翼のない (2) 葉のない；葉のついていない
निष्पन्न [形] (1) 出現した (2) 発生した；誕生した (3) 完成した (4) 実現された (5) 達成された；成就された
निष्परिग्रह[1] [形] (1) 無一物の；無所有の (2) 施与を受けない；不摂取の (3) 欲望を捨てた；欲望を去った (4) 妻を持たない
निष्परिग्रह[2] [名] (1) 施与を受けない誓い (2) 妻帯しない誓い
निष्परिहार्य [形] 決して手放すことのできない；絶対不可欠の＝ अनिवार्य.
निष्परुष [形]（音の）やわらかい；物静かな；心地よい＝ कोमल.
निष्पर्यंत [形] 限りない；無限の；はてしない＝ सीमाहीन.
निष्पलक [副] まばたきせずに＝ निर्निमेष; अपलक.
निष्पादक [形] 実行する；遂行する；達成する
निष्पादन [名] (1) 実行；遂行；達成 (2)〔言〕言語運用 〈performance〉
निष्पादित [形] 実行された；遂行された；達成された निष्पादित क॰ 実行する；遂行する；達成する
निष्पादी [名*]〔植〕マメ科蔓木フジマメ【*Dolichos lablab*】＝ लोबिया.
निष्पाप [形] 罪のない；清廉潔白な＝ निर्दोष; पापरहित.
निष्प्रयोजन[1] [形] (1) わけもない；用もない；目的のない；漫然とした (2) 意味のない；無意味な बेतुके और निष्प्रयोजन उपाख्यान でたらめで意味のない挿話
निष्प्रयोजन[2] [副] わけもなく；用もなく；目的もなく；漫然と；なんとなく बच्चों को निष्प्रयोजन पीटना 子供をわけもなく叩く
निष्प्राण [形] (1) 生命のない (2) 死んでいる (3) 生気のない；無気力な；活気のない
निष्फल [形] (1) 実らない；果実のならない (2) 実のない；実をつけていない (3) 無駄な；無益な；実りのない
निस् [接頭]《Skt.》外へ，（ーから）離れて，（ーを）欠いた，（ーの）ないなどの意を加える接頭辞．次に来る語の頭音によって変化する．＝ निः; निश्; निष्; नी.

निसबत [名*] = निस्बत.
निसर्ग [名] (1) 自然；天然 (2) 本性；性質 (3) 贈与 (4) 排泄 (5) 放棄
निसर्गज [形] 自然な；天然の
निसर्गतः [副] (1) 自発的に；自然に (2) 生来；生まれつきに मिश्र जी को निसर्गतः कवि का हृदय मिला है ミシュラ氏は生来，詩人の心を授かっている
निसवन [名] 醸造
निसवन ख़मीर [名] 《H.+ P. خمیر》こうじ（麹）
निसवनी [名*] 醸造所
निसवार [名*] 嗅ぎタバコ（粉末状の）= नसवार; सुँघनी; हुलास.
निसवासर[1] [名] 日夜；夜と昼= रात और दिन; निशिवासर.
निसवासर[2] [副] 日夜；夜昼なしに；四六時中；常に
निसाँस[1] [名] 溜め息；長嘆息；吐息= ठंडी साँस; लंबी साँस.
निसाँस[2] [形] (1) 息をしていない；死んでいる；息の絶えた (2) 息のできないでいる；瀕死の
निसाँसा [形+] = निसाँस[2].
निसा[1] [名*] 納得；満足；得心= संतोष. निसा भर 思う存分；思い切り
निसा[2] [名*] 夜= निशा; रात; रात्रि.
निसाख़ातिर [名*] = निशाख़ातिर; तसल्ली; दिलजमई.
निसाचर [名] = निशाचर.
निसान [名]〔イ音〕ナガーラー（スティックで打つ片面太鼓の一 = नगाड़ा; निशान)
निसाब [名] 《A. نصاب》(1) 元；基；基本；基底；根源 (2) 資本；資本金
निसार [名] 《A. نثار》(1) 捧げること；供えること (2) 捧げ物 (3) 犠牲
निसारना[1] [他] 内から外へ出す；取り出す；引き出す；抜き出す = निकालना.
निसारना[2] [他] 《← A. نثار》捧げる= निछावर क॰.
निसास[1] [名] = निसाँस[1].
निसास[2] [形] = निसाँस[2].
निसि [名*] = निशि.
निसिदिन [副] (1) 日夜= दिन-रात; रात-दिन. (2) 絶えず；常に = हमेशा.
निसोत [形] 純粋な；混じりけのない= शुद्ध; विशुद्ध; निरा.
निसोथ [名*]〔植〕ヒルガオ科蔓草フウセンアサガオ【*Operculina turpethum*】
निस्तब्ध [形] (1) 静止した；動きのない (2) 静かな；静寂な
निस्तब्धता [名*] ← निस्तब्ध. कुछ देर निस्तब्धता रहती है しばし静かになる चारों ओर भयानक निस्तब्धता छाई थी あたりを恐ろしい静寂が覆っていた
निस्तरंग [形] 波のない；波の立たない→ तरंग.
निस्तरण [名] (1) 渡ること；越えること (2) 逃れ出ること；脱出（すること）；解放されること；自由になること
निस्तरना[1] [自] (1) 渡る；越える (2) 逃れる；逃れ出る；脱する；脱出する；自由になる；解放される
निस्तरना[2] [他] (1) 渡す (2) 自由にする；解放する
निस्तल [形] (1) 底のない (2) 底なしの深さの；底知れぬ深さの (3) 丸い；円形の
निस्तार [名] (1) 越えること；渡ること (2) 逃れ出ること；脱出 (3) 解除；解放
निस्तारक [形] (1) 越えさせる；渡らせる；渡す (2) 解放する；解き放つ
निस्तारण [名] (1) 越えること；超越 (2) 解放
निस्तारना [他] (1) 越えさせる；渡らせる (2) 解放する；自由にする
निस्तीर्ण [形] (1) 越えた；渡った (2) 解放された；自由になった (3) 完成した
निस्तुष [形] (1) 殻や皮のとれた (2) きれいな；清潔な
निस्तुषित [形] (1) 穀物などの殻や皮のとれた (2) 皮の剥げた
निस्तेज [形] (1) 光のない；輝きのない निस्तेज आँखें 輝きのない眼 (2) 元気のない；活気のない；気の抜けた (3) 面白味のない；無味乾燥な
निस्तैल [形] 油のない；油のついていない

निस्नेह [形] (1) 愛情のない；愛情の欠けた (2) 油や油気のない
निस्पंद [形] 停滞した；動かない；動きのない；生命のなくなった；だらりとした；よどんだ निस्पंद हाथों को だらりと動かなくなった手を
निस्पंदता [名*] ← निस्पंद. इस निस्पंदता का क्या अर्थ है? この沈んだ気持ちはどういうことなのだろう
निस्पंदित [形] = निस्पंद. निस्पंदित पानी よどんだ水
निस्पृह [形] 欲のない；無欲な；無償の निस्पृह त्याग से बढ़कर कोई पुण्य भी नहीं 無償の献身以上の善行はない एक सच्चा और निस्पृह जनसेवी 真の無欲な社会奉仕家
निस्पृहता [名*] ← निस्पृह.
निस्फ़ [形・名] 《A. نصف》半分 = आधा; अर्ध; अर्द्ध.
निस्फ़ी[1] [形] ← निस्फ़. 半分の；半分にした；半分にする
निस्फ़ी[2] [名*] 《P. نصفی ← A. نصف निस्फ़》〔イ史〕ニスフィー（ムガル朝時代に発行された銅貨で２分の１ダーム दाम の価値を有した）= अधेला.
निस्बत [名*] 《A. نسبت》(1) 比；対比；比較 (-की) निस्बत （ーに）比べて；比して सूरज की निस्बत 太陽に比べると (2) 関連；関係
निस्बती [形] 《A. نسبتی》比較の；対比の；相対的な
निस्यंद [名] (1) したたり落ちること= चूना. (2) 流れ落ちること = बहना; झरना. (3) 流出 (4) 結果= परिणाम; नतीजा. (5) 濾過
निस्यंदक [名] フィルター；濾過器 निस्यंदक पत्र 漉し紙；濾紙
निस्यंदन [名] 濾過 निस्यंदन क॰ 濾過する
निस्राव [名] (1) 流れ出たもの (2) したたり落ちたもの (3) 米の煮汁= माँड़.
निस्व [形] 貧しい；貧乏な= दरिद्र; ग़रीब.
निस्वन [名] 音；音響= निस्वान.
निस्संकोच[1] [形] 遠慮のない；無遠慮な→ संकोच.
निस्संकोच[2] [副] 遠慮なく；無遠慮に
निस्संग [形] (1) 無頓着な；無関心な；執着のない संसार से निस्संग 俗世間に無頓着な (2) ひとりの；ひとりぼっちの निर्जन, एकांत स्थान में निस्संग होने पर भी कभी-कभी आदमी एकाकी अनुभव नहीं करता 人気のない淋しい所にひとりでいても孤独感を感じないこともある (3) 無欲な；執着のない
निस्संज्ञ [形] 意識のない；失心した；茫然とした पल भर जैसे निस्संज्ञ खड़ा रहा, फिर बड़ी तेज़ी से अपनी झोंपड़ी की ओर चला 一瞬まるで茫然として立っていたが大急ぎで自分の小屋に向かった
निस्संतान [形] 子のない निस्संतान दम्पति 子宝に恵まれない夫婦
निस्संदेह[1] [形] 疑いのない；疑点のない；確実な
निस्संदेह[2] [副] (1) 疑いなく (2) 確実に；必ず= बेशक; अवश्य.
निस्सरण [名] (1) 出ること；出て行くこと (2) 出口= निकास.
निस्सहाय [形] 頼るところのない；支えるもののない；寄る辺なき；身寄りのない= असहाय. निस्सहाय स्त्री 寄る辺なき女性
निस्सहायता [名*] ← निस्सहाय.
निस्सार [形] (1) つまらない；取るに足らない कौन रोएगा हम-से मनुष्य निस्सार को? おれのようなつまらぬ人間のためにだれが泣いてくれようか (2) 活気のない；生気のない；うつろな निस्सार आँखें うつろな眼 (3) 空しい；空虚な；うつろな；内容のない；実のない पुलिस अधिकारी की निर्दय, नीरस, निस्सार आँखों की स्मृति 警察幹部の無情で乾いた，うつろな眼差しの記憶→ सार.
निस्सारता [名*] ← निस्सार. दुनिया की निस्सारता この世の空しさ
निस्सीम [形] 限りない；無限の；はてしない；無窮の निस्सीम अंतरिक्ष はてしない宇宙
निस्स्नेह [形] = निस्नेह. → स्नेह.
निस्स्वादु [形] (1) 味のない；味わいのない (2) まずい；うまみのない→ स्वादु.
निस्स्वार्थ[1] [形] 欲のない；無欲な；私利私欲のない→ स्वार्थ.
निस्स्वार्थ[2] [副] 我欲を去って；無欲に
निहंग[1] [形] (1) ひとりぼっちの；孤独な (2) 世俗を離れた (3) 裸の (4) 恥知らずの
निहंग[2] [名] (1) 遊行の行者 (2) ヴィシュヌ派のサードゥの一集団 (3)〔シク〕ニハング・シク（武装してシク教寺院グルドゥワーラーの警護に当たる警護者）
निहंग-लाडला [形+] 親に甘やかされてできそこなった
निहंता [名] (1) 殺害者= हत्यारा. (2) 破壊者= नाशक.

निहकाम [形] = निष्काम.
निहचय [名] = निश्चय.
निहठा [名*] 手斧を用いる台= ठीहा.
निहत [形] (1) 殺された；殺害された= मारा गया. (2) 破壊された= नष्ट.
निहत्ता [形$^{+}$] = निहत्था. 素手の；徒手空拳の；無防備の निहत्ते देहातियों पर 無防備の農民たちに対し
निहत्था [形$^{+}$] 素手の；徒手空拳の；無防備の निहत्थे लोगों को 素手の人たちを निहत्थी भीड़ 無防備の群衆 सेना ने गोलियों की वर्षा करके सैकड़ों निहत्थे लोगों को भून डाला 軍隊は弾丸の雨を降らせて数百人の素手の人たちを撃ち殺した
निहनन [名] 殺害= हनन; हत्या; कत्ल.
निहनी [名*]〔鳥〕ガンカモ科ミコアイサ【*Mergus albellus*】
निहसना[1] [自] 音が出る；響く；鳴る
निहसना[2] [他] 音を立てる；響かせる；鳴らす
निहाई [名*]（鉄鍛冶に用いる道具）かなとこ（金床）；かなしき（鉄敷き）
निहाऊ [名] 金槌= लोहे का घन.
निहाका [名*]〔動〕爬虫類 (1) インドオオトカゲ= गोह. (2) ガリヤールワニ= घड़ियाल.
निहानी[1] [名*] のみ（鑿）；丸のみ；たがね（鏨）
निहानी[2] [形] 《P. نہانی》秘密の；隠れた；密かな；奥にひそんだ；内密の；内々の
निहायत[1] [名*] 《A. نہایت》極度；限界；限度；終わり
निहायत[2] [副] 極度に；極めて；ひどく；度はずれに；とても；特別に；大変に मैं भी आपसे मिलकर निहायत खुश हुई 私もお目にかかってとてもうれしゅうございます तोते को यह बात निहायत पसंद आई これがオウムには大いに気に入った निहायत जरूरी 特に大切な；不可欠な बात निहायत गंभीर हो तो 話が非常に深刻であれば
निहार[1] [名*] ← निहारना.
निहार[2] [名] 出口 = निकास.
निहार[3] [名] (1) 霧；もや (2) 霜 (3) 雪 (4) 露
निहारना [他] (1) 見つめる；じっと見る；注意深く見る हम राधेश्याम जग में, तुमको ही निहारेंगे ラーダーとクリシュナさまのみをじっと見つめる वह अक्सर वहाँ जाती और छिप-छिपकर बच्चे को निहारती ちょいちょいそこへ行ってはこっそり子供を見つめていた घंटों शीशे के सामने विभिन्न कोणों से अपना चेहरा निहारा करता いつも何時間も鏡の前に立ちいろんな角度から自分の顔を見つめている (2) 見とれる；見ほれる；うっとりとして見る मैं अभिभूत-सा प्रकृति के विराट सौंदर्य को निहार रहा था 魅入られたように自然の巨大な美にずっと見とれていた
निहाल[1] [形] 《P. نہال》(1) 嬉しい= प्रसन्न; खुश. उनके मुँह से झट प्रशंसा के दो शब्द सुनकर वह निहाल हो जाती あの人の口からすぐさま称賛の言葉を聞くと嬉しくなる (2) 満悦した पुत्र पाकर पति-पत्नी निहाल हो उठे 夫婦は息子を得て満悦した (3) 裕福な；富んでいる= समृद्ध; धनाढ्य. **निहालो निहाल हो॰** 嬉しさに感極まる
निहाल[2] [名] 《P. نہال》若木 = पौधा; छोटा पेड़.
निहाली [名*] 《P. نہالی》寝具 = बिस्तर.
निहित [形] (1) 内在している；蔵されている；内蔵している；含まれている；秘められている परमाणुओं में निहित ऊर्जा 原子に秘められているエネルギー मनुष्यों में निहित शक्तियों की अभिव्यक्ति के लिए 人間が内に蔵している力の表現のために वर्तमान भारतीय जीवन में निहित पुराने संस्कारों पर चोट 現代のインドの生活に含まれている古くからの慣習に対する打撃 (2) 定まっている；既定の；既得の एक ऐसा देश है, जिसकी उन्नति में सब की उन्नति और जिसकी अवनति में सब की अवनति निहित है それが発展すれば全体が発展し，それが衰えれば全体が衰えることが定まっているそのような国がある
निहित स्वार्थ [名] (1) 既得権益 (2) 利益団体 बड़े व्यवसायियों तथा निहित स्वार्थों के ख़िलाफ़ जाँच पर रोक अनुचित 大実業家と利益団体に対する調査の制限は不当
निहितस्वार्थी [形・名] 既得権を持つ；既得権者
निहितार्थ[1] [形] 秘められた意味の；言外の
निहितार्थ[2] [名] (1) 含蓄；言外の意味 (2)〔言・論〕含意〈implication〉
निहिलिज़्म [名] 《E. nihilism》(1) ニヒリズム；虚無主義 (2) 無政府主義
निहिलिस्ट [名] 《E. nihilist》(1) ニヒリスト；虚無主義者= नास्तिकवादी. (2) 無政府主義者= विनाशवादी; विध्वंसवादी.
निहीन [形] (1) 卑しい；あさましい；下賤な (2) 全く取るに足らない
निहुड़ाई [名*] 無情さ；無慈悲；残酷さ= निठुराई; निष्ठुरता.
निहुरना [自] (1) 前に傾く；うつむく；かがむ (2) 控え目になる；謙虚になる
निहुराई [名*] ← निहुरना.
निहुराना [他] 傾ける；かがめる；下げる；折り曲げる
निहोरना [自] 懇願する；嘆願する；哀願する
निहोरा [名] (1) 懇願；嘆願；哀願 वह दौड़कर पिता से लिपट जाती है और निहोरे के ढंग से उसे देखने लगती है 駆け寄って父親に抱きつき懇願するように見つめる (2) 親切；好意 (3) 信頼 (-का) **निहोरा मानना** （ーに）感謝する (-का) **निहोरा ले॰** （ーの）親切を恩に着る **निहोरे क॰** 懇願する；嘆願する；哀願する
निह्नव [名] (1) 秘密 (2) 疑念 (3) 贖罪 (4) 秘匿 (5) 否定
निह्नवन [名] (1) 秘匿 (2) 否定 (3) 言い逃れ
निह्नवोत्तर [名] のらりくらりとした返事
निह्नुत [形] (1) 否定された (2) 秘匿された
निह्नुति [名*] (1) 否定 (2) 秘匿
नींद [名*] (1) 眠り；睡眠= निद्रा. नींद में ही जैसे माँ की आवाज सुनी 眠っている時に母の声を聞いたかのように नींद की गोलियाँ 睡眠薬 अपनी नींद सोना ぐっすり眠る；安心して眠る गहरी नींद में हो॰ ぐっすり眠る= गहरी नींद सोना; चैन की नींद सोना. आज चैन की नींद सोऊँगा 今日は安心して寝よう (2) 眠気 आज उसकी आँखों में बिलकुल भी नींद नहीं थी 今日は全然眠気がなかった **नींद आ॰** *a.* 眠気がする；眠気を催す= आँख झपकना. *b.* 無知の淵に沈む **नींद उचट जा॰** 眠気が吹っ飛ぶ **नींद उड़ना** 眠気がなくなる **नींद उड़ जा॰** 眠気が吹っ飛ぶ **नींद उड़ाना** 眠気を吹き飛ばす；眠らせない **नींद खुलना** *a.* 目が覚める *b.* 覚醒する；無知の眠りから覚める **नींद खोना** 就寝時刻をはずす **नींद घुलना** 眠りにつく (-=की) **नींद चुरा ले॰** （ーへの）恋患いで（=が）眠れない **नींद जा॰** 目が覚める；眠気が覚める **नींद टूटना** *a.* 目が覚める；眠りから覚める एक रात अचानक उसकी नींद टूटी ある夜突然目が覚めた *b.* 目が覚める；迷いや無知が去る **नींद पड़ना** 眠りにつく **नींद भर सोना** *a.* 安心して眠る *b.* 思いきり眠る **नींद मारना** 眠る **नींद में बोलना** 寝言を言う **नींद में सोना** 安心してぐっすり眠る **नींद लगना** 眠くなる；眠気がする मुझे नींद लग रही है 眠くなってきた **नींद ले॰** = नींद मारना. **नींद सोना** 眠る हाय राम! कुम्भकर्ण की नींद सोये हैं なんたることか眠りこけているではないか (-की) **नींद सोना-जागना** （ーの）思い通りに仕事をする (- =की) **नींद हराम क॰** *a.* （ーが=を）眠らせない；眠りを妨げる；眠れないようにする दूसरों की नींद हराम क॰ 人を眠らせない मुन्ने की चीख पुकार हमारी नींद हराम कर देती है 子供の叫び声に眠りが妨げられる *b.* 大変悩ませる；甚だ苦しめる；とても邪魔をする चलें, हम सब चलकर उनकी नींद हराम कर दें 皆で押しかけて邪魔してやろう **नींद हराम हो॰** 心配や悩みのため一睡もできない **नींद हिराना** 恋患いに眠れない；恋患いに我を忘れる
नींदड़ी [名*] = नींद.
नींदरी [名*] = नींद.
नींदाला [形$^{+}$] (1) 眠い；眠気のある (2) 眠っている
नींब [名*] = नीम.
नींबू [名] (1) ライム，レモンなどのミカン科ミカン属の総称= नीबू. कागज़ी नींबू ライム【*Citrus aurantifolia*】 पहाड़ी नींबू レモン【*Citrus limon*】 (2) それらの果実
नींबू-निचोड़ [形] (1) 絞り出す；搾り出す (2) ほんのわずかの労力や助力を与えその見返りに最大の利益を上げようとする
नींव [名*] (1) 建物のいしずえ（礎）；礎石；土台；土台石 जिस प्रकार मकान खड़ा करने से पहले उसकी नींव डालनी आवश्यक है 建物を建てるのに礎を置かなくてはならぬように शासन की नींव 統治や行政の基礎 (2) 礎石を置くための穴 (3) もと；根元；原因 **नींव का पत्थर** *a.* いしずえ（礎）；礎石 *b.* 基礎；基盤 स्वराज्य की नींव का

पत्थर 独立の礎 **नींव खोखली पड़ना** 基礎が崩れる **नींव गहरी हो॰** 根が深い (-की) **नींव जमाना** （一の）礎を築く **नींव डगमगाना** 土台が揺らぐ；基本がぐらつく (-की) **नींव डालना** = नींव जमाना. उन्होंने राष्ट्र की नींव डाली その方が国家の礎を築かれた **नींव दृढ़ क॰** 土台を固める；足下を固める (-की) **नींव दे॰** = नींव जमाना. **नींव भरना** 基礎が固まる **नींव में ईंट रखी जा॰** 基礎が置かれる；開始される **नींव रखना** = नींव जमाना. **नींव हिल जा॰** 土台が揺らぐ

-नी [接尾] (1) 男性名詞に接続して女性名詞を作る接尾辞 जादूगर 魔法使い；手品師→ जादूगरनी. (2) 不定詞語尾 -ना に代わって動詞語根に接続して女性名詞を作る接尾辞 बोलना 話す；しゃべる→ बोलनी 話すこと

नीएंडरथल मानव [名] 《E. Neanderthal (man) + H.》〔人類〕ネアンデルタール人

नीक[1] [名] (1) 優秀さ；良さ= अच्छाई; अच्छापन. (2) 幸せ

नीक[2] [形] 良い；立派な；すぐれた= नीका; नेक.

नीका [形+] (1) すぐれた；優秀な= अच्छा; उत्तम; बढ़िया; श्रेष्ठ; उम्दा; उमदा. (2) 良い；善良な= बढ़िया. नीका लगना 感じの良い；気に入る

नीके [副] 十分に；立派に；うまく= अच्छी तरह; भली भाँति.

नीग्रीटो [名] 《E. Negrito》〔人類〕ネグリト= नीग्रीटो जन.

नीग्रो [名] 《E. Negro》ニグロ；黒人 नीग्रो मुक्ति 黒人解放

नीच [形・名] (1) 卑しい；下品な；げすの；あさましい；低い；低劣な (2) 堕落した；不道徳な **नीच कमाई** 悪銭；良くない事をして稼いだ金 **नीच कुल** 家柄の低い **नीच कोटि का** 下等な；下級な= निम्नकोटि का. **नीच जात/नीच जाति** *a.* 低いカースト *b.* げす **नीच-ऊँच** *a.* 良し悪し；善悪 *b.* 得失 *c.* 苦楽 *d.* 長短；長所短所 **नीच-ऊँच समझना** 熟慮する **नीच-ऊँच समझाना** 十分に言い聞かせる；よく説得する

नीचक [形] (1) 小さい；小型の；小ぶりの；ちびの (2) 低い；弱い (3) あさましい；卑しい；低劣な

नीचका [名*] 優秀な雌牛

नीचकी[1] [形・名] (1) 高い（もの） (2) 最高の（もの）；最良の（もの） (3) 上部（の）

नीचकी[2] [名] 優秀な雌牛を所有する人

नीचगामी [形] (1) 下に向かう；下向きの (2) 卑しい；下品な；下賤な= नीचा.

नीचता [名*] = नीच. (1) 低いこと (2) 卑しいこと；卑しさ；あさましいこと；あさましさ **नीचता पर उतरना** 下品なことや低劣なことをしようとする；あさましいことをしようとする；次元の低いことをしようとする **नीचता पर उतारू हो॰** = नीचता पर उतरना.

नीचतापूर्ण [形] 実にあさましい；下品きわまりない नीचतापूर्ण व्यवहार なんともあさましい振る舞い

नीचत्व [名] = नीचता.

नीचा[1] [形+] (1) 位置が低い；周囲より低い (2) 低い；高さや丈が低い (3) 下に長い；下に長めの (4) 程度の低い；低劣な；あさましい；低級な (5) 度合いの低い；小さい；少ない；劣る वह ब्याज की दर भी अपेक्षाकृत नीची रखता था 利率も比較的低くしていた (6) 序列や水準や程度が下の；下級の；低い नीची जात 低カースト इन कालिजों का स्तर बड़ा नीचा होता है これらのカレッジの程度は甚だ低い (7) 音や声が低い；小さい नीची आवाज़ 低い音 नीचा स्वर 小さい声 **नीचा होकर रहना** 控え目にする (-को) **नीची निगाह से देखना** （一を）蔑む；卑しめる

नीचा[2] [名] 位置や地位，程度が低いこと；下にあること；劣ること **नीचा खाना** 恥をかく；侮辱される **नीचा दिखाना** 卑しめる；辱しめる；恥をかかせる；侮辱する एक दूसरे को नीचा दिखाने के चक्कर में पड़े हैं 互いに恥をかかせようと躍起となっている **नीचा देखना** 恥をかく；辱しめられる；恥ずかしい思いをする；屈する जीवन में यह पहला ही अवसर था कि उन्हें सब के सामने नीचा देखना पड़ा これが人前で恥ずかしい思いをした最初だった **नीचे का** 下の；下の方の；下方の **नीचे का दम नीचे और ऊपर का ऊपर रह जा॰** 息をのむ；震えあがる **नीचे का पाट भारी हो॰** かかあ天下 **नीचे की साँस नीचे और ऊपर की ऊपर रह जा॰** = नीचे का दम नीचे और ऊपर का ऊपर रह जा॰. **नीचे से ऊपर तक** *a.* 下から上まで *b.* 端から端まで；至る所で *c.* 頭のてっぺんから爪先まで *d.* 下っ端から幹部まで

नीचाई [名*] ←नीचा.

नीचाशय[1] [名] 志の低いこと जिनका हृदय नीचाशयों और कुत्सित विचारों से कलुषित है 低い志とあさましい考えに心のけがれている人たち

नीचाशय[2] [形] あさましい；卑しい；下賤な

नीचे[1] [副] -के नीचे については→ नीचे[2] (1) （位置が）下に；（順序が）次に इस संबंध में नीचे बताये गए सुझावों से आपको कुछ सहायता मिल सकती है これに関連して下に述べられた提案で少し助けが得られよう एकदम नीचे; बिलकुल नीचे 直下に नीचे लिखे वाक्य 下記の文章 बाहर का तापमान जहाँ शून्य से 25 डिग्री नीचे था, वहाँ फ़्लैट के अंदर शून्य से 24 डिग्री ऊपर था 外気がマイナス 25 度であったのに対しアパートの中はプラス 24 度以上あった (2) 内側に नीचे पहने जाने वाले कपड़े 下着；肌着 **नीचे उतारना** 臨終の人を安らかに死を迎えさせるため床や地面に横たえる **नीचे ऊपर** 上下に重ねて **नीचे ऊपर क॰** ひっくり返す **नीचे गिरना** 品位が下がる **नीचे गिराना** *a.* 品位を下げる *b.* やっつける；負かす；倒す；打倒する **नीचे जा॰** 下品になる **नीचे डालना** *a.* 投げおろす *b.* 打ち敗る；負かす；やっつける **नीचे लाना** = नीचे गिराना. **नीचे सरकना** = नीचे गिरना. **नीचे से जड़ काटना, ऊपर से पानी देना** 〔諺〕矛盾したことをするたとえ

नीचे[2] [後置] 名詞類に（-के नीचे）の形で接続して次のように用いられる (1) （一の）下に（位置） आँखों के नीचे भी गहरे काले गड्ढे दिखाई दे रहे थे 目の下にもどす黒いくぼみが見えていた इसी पेड़ के नीचे बैठकर 正にこの木の下に腰を下ろして किसी पेड़ के नीचे या झुरमुट के पीछे जीप को खड़ा कर हमारा इंतिज़ार करो 木の下か木立の向こうにジープを止めて私たちを待ちなさい थका हारा एक पेड़ के नीचे लेटा 疲れはてて 1 本の木の下に横になった पहाड़ के नीचे की भूमि 山裾；麓；山麓 पेड़ के नीचे सुस्ताता किसान 木の下で一息入れている農夫 शावर के नीचे खड़ा हो॰ シャワーを浴びる (2) （一の）下に（階級，地位，序列などが） (3) （一の）下側に；裏（側）に साँस लेने और अनावश्यक जल को बाहर निकालने के लिए पत्तियों के नीचे छोटे-छोटे असंख्य छिद्र होते हैं 呼吸をするのと余分な水を排出するために葉の裏に無数の小さな穴がある (-के) **नीचे पानी न मरना** 恥知らずな (-के) **नीचे बैठना** （一と）所帯を持つ

नीज [名] ひも；紐；綱= रस्सी.

नीज़ [接] 《P. نيز》それに；また मूत साफ़ करने, नीज़ गंदे पानी को बहा देने की तरफ़ भी कम तवज्जा होती है 小便をきれいにし，また汚水を流し去ることについても注意が足りない

नीजू [名] ひも；紐= रस्सी; डोरी.

नीठ[1] [形] (1) いやな；不快な (2) 良くない；悪い

नीठ[2] [副] = नीठि[2]. नीठ-नीठ = नीठि-नीठि.

नीठि[1] [名*] 不快感；嫌気= अरुचि.

नीठि[2] [副] どうにか；どうにかこうにか；ようやく= ज्यों-त्यों करके. **नीठि-नीठि (करके)** どうにかこうにか；なんとかして；やっとのことで

नीड़ [名*] (1) 鳥の巣 (2) とどまる所；宿る所= ठहरने की जगह.

नीड़क [名] (1) 鳥= पक्षी; पंछी; चिड़िया. (2) 鳥の巣= घोंसला.

नीड़ज [名] 鳥

नीड़ बक्सा [名] 《← H.+ E. box》巣箱

नीत [形] (1) 運ばれた (2) もたらされた (3) 受け取られた (4) 得られた (5) 導かれた

नीति [名*] (1) 導き；指導 (2) 処世術 इस तरह विष्णु शर्मा ने तीनों राजकुमारों को नीति और व्यवहार की सारी शिक्षा दे डाली ヴィシュヌ・シャルマーはこうして 3 人の王子に処世術と作法の一切を教育した (3) 道徳；倫理 (4) 方策；方針；策；やり方 शिक्षा नीति 教育方針 (5) 政策 रंगभेद-नीति 人種差別政策 (6) 基本；基本的な考え方；基調

नीतिकथा [名*] 寓話

नीतिकाव्य [名]〔イ文芸〕教訓詩（人生訓を詠んだ詩）

नीतिकुशल [形] 世故に長けた

नीतिज्ञ [形] 思慮深い；分別のある

नीति-निर्धारण [名] 政策決定

नीतिपरायण [形] 道義心の篤い

नीतिभ्रष्ट [形] 退廃的な；人倫をはずれた

नीतिमान [形] (1) 世知に長けた (2) 思慮深い

नीतिवाक्य [名] 処世訓；警句

नीतिविद्या [名*] 倫理学= नीति शास्त्र.
नीतिशास्त्र [名] 倫理学
नीति शिक्षा [名*]〔教〕道徳教育；倫理教育
नीदरलैंड्ज़ 〔国名〕《E. Netherlands》オランダ王国= हालैंड.
नीध्न [名] 軒；庇 = छाजन की ओलती.
नीप [名] アカネ科高木クビナガタマバナノキ【*Anthocephalus cadamba*】= कदंब.
नीपर [名]《E. nipper》ニッパー
नीबू [名]〔植〕ミカン科ミカン属の総称. → नींबू. कागज़ी नीबू ライム【*Citrus aurantifolia*】 पहाड़ी नीबू レモン【*Citrus limon*】= बड़ा नीबू; जंबीरा. **नीबू उतारना** 邪視の災いを除くためにライムを頭にかざしてから火にくべる **नीबू का अम्ल** クエン酸〈citric acid〉 **नीबू का शर्बत** サイダー= नींबू-पानी; नींबू सोडा. **नीबू चटाना** 失望させる；落胆させる= नीबू नमक चटाना; निराश क॰; ठेंगा दिखाना. **नीबू-निचोड़** 人に与えることは少なくあくまでも自分の利益を追い求める人
नीबू-पानी [名] サイダー= नींबू-पानी; नीबू-सोडा.
नीबू वर्ग [名]〔植〕柑橘類；ミカン科
नीबू वर्गीय [形]〔植〕柑橘類の नीबू वर्गीय फलों के रस 柑橘類の果汁
नीबू-सोडा [名] サイダー= नीबू-पानी.
नीम[1] [名*]〔植〕センダン科高木インドセンダン【*Azadirachta indica; Melia indica*】= निंब. **नीम की टहनी हिलाना** 梅毒に罹る **नीम लगाकर आम खाना** 悪事を働いておきながら良い結果を得ようとすること；自己中心的な；ずうずうしい；虫がいい
नीम[2] [形]《P. نیم》(1) 半分の；半ばの (2)（ーに）ほぼ近い (3) わずかの；少しの；不十分な नीम अँधेरे में 薄暗がりに **नीम हकीम** →見出し語
नीमकुश्ता [形]《P. نیم کشتہ》半死の；半死半生の；半殺しの= अधमरा; अधमुआ.
नीमख़्वाबी [名*]《P. نیم خوابی》居眠り；うたた寝
नीमगर्म [形]《P. نیم گرم》ぬるい；生ぬるい= गुनगुना; कदुष्ण. नीमगर्म पानी ぬるま湯
नीमगिर्दा [名]《P. نیم گردہ》半円やすり（鐁）= नीमगर्द.
नीमगुफ़्ता [形]《P. نیم گفتہ》言いかけの；話しかけの；途中まで語った
नीमचा [名]《P. نیمچہ》短剣；小刀
नीमजाँ [形]《P. نیم جاں》半死半生の；半死半生の状態の= अधमरा; अधमुआ.
नीमटर [形]《نیم ٹر P. نیم + H.》生半可な；中途半端な知識しか持たない；半可通の वह नीमटर अंग्रेज़ी जानता है わずかばかりの英語を知っている
नीमन [形] (1) すぐれた；立派な= अच्छा; भला. (2) 健康な；元気な= नीरोग.
नीमबाज़ [形]《P. نیم باز》半開の；半分開いた
नीमबेहोश [形]《P. نیم بے ہوش》失神同然の；意識を半分失った；意識が朦朧とした
नीमबेहोशी [名*]《P. نیم بے ہوشی》意識を半分失った状態；失神同然の状態 उसने अपनी नीमबेहोशी में किसी की पदचाप सुनी 半分意識のない状態でだれかの足音を聞いた
नीममुर्दा [形]《P. نیم مردہ》半死の；半死半生の= अधमरा; अधमुआ.
नीममुल्ला [形・名]《P.A. نیم ملا》半可通の；えせ（似非）学者
नीमराज़ी [形]《P.A. نیم راضی》半分同意した= अर्ध सहमत.
नीमरिज़ा [名*]《P.A. نیم رضا》半分の同意= आधी रज़ामंदी.
नीमरोज़ [名]《P. نیم روز》正午= दोपहर; मध्याह्न.
नीमशब [名*]《P. نیم شب》真夜中= आधी रात.
नीमस्तीन [名*]《← P. نیم آستین नीम आस्तीन》〔服〕ニームスティーン（半袖のクルティー कुरती）
नीम हकीम [形・名]《P.A. نیم حکیم》(1) 経験が十分でない；熟達していない；新米の (2) 藪医者 **नीम हकीम ख़तरे जान**〔諺〕生兵法は怪我の基
नीमास्तीन [名*] = नीमस्तीन.
नीयत [名*]《A. نیت》(1) つもり；目的；意図；意向 ब्रिटिश सरकार की नीयत साफ़ नहीं थी イギリス政府の意図が明確ではなかった मैं इस नीयत से यहाँ नहीं आया था.एक ज़रूरत से इधर निकला था そのつもりでここに来たのではなかった．必要があって通りかかったのだった (2) 心がけ；心 बुरी नीयत हो॰ 悪い考えが起こる；魔が差す यह ख़बर सुनकर सेठ को अपने नौकरों की नीयत पर बड़ा दुःख हुआ この知らせを聞いて商人には使用人たちの心がけがとても悲しく思えた (3) 決意；決心 **नीयत डगमगाना** = नीयत डाँवाँडोल हो॰. **नीयत डाँवाँडोल हो॰** 邪心が生じる；邪な心が起こる **नीयत डिगना** = नीयत डाँवाँडोल हो॰. **नीयत बदल जा॰** *a.* 考えが変わる；気持ちが変わる *b.* 邪な心が起こる；邪心が起こる **नीयत बाँधना** 決意する；決心する **नीयत बिगड़ना** 邪悪な気持ちが起こる；悪い考えが起こる；邪な心が起こる इतनी ढेर-सी दौलत देखकर उसकी नीयत बिगड़ गई かほどの巨万の富を見て男には邪心が生じた **नीयत भरना** 願いが叶えられる **नीयत में फ़र्क़ आ॰** = नीयत बदल जा॰. **नीयत में फ़र्क़ पड़ना** = नीयत बदल जा॰. **नीयत में फ़ितूर आ॰** 心が歪んで行く (-पर) **नीयत लगी रहना** *a.*（ーが）したくて仕方がない *b.*（ーが）欲しくて仕方がない **नीयत साफ़ हो॰** 誠実な；心がけの正しい वादे का पक्का, नीयत का साफ़ 厳格に約束を守る誠実な人柄の
नीर [名] (1) 水 (2) 水状のもの；液体 (3) 涙 (4) 汁 (5) 光；輝き **नीर-क्षीर अलग क॰** 正邪を厳正に判断する；公平・公正な判断を下す= दूध का दूध पानी का पानी क॰. **नीर ढल जा॰** 恥じらいを失う；恥も外聞もなくなる **नीर ढलना** 泣く；涙を流す **नीर मर जा॰** = नीर ढल जा॰.
नीरक्षीरवत् [形]（水と牛乳とが混ざったように）全く一体化している；一心同体の；渾然一体となった
नीरक्षीर विवेक [名] 正邪を正しく判定できる知識や分別
नीरज[1] [形] 水から生まれた；水から生じた
नीरज[2] [名] (1)〔植〕ハス（蓮） (2) 真珠
नीरण [名] (1) 水を与えること (2) パイプで送ること
नीरद[1] [名] 雲 = बादल; मेघ.
नीरद[2] [形] 歯のない；歯の抜けた= बिना दाँत का.
नीरधर [名] 雲 = बादल; मेघ.
नीरधि [名] 海；海洋；海原 = समुद्र; समंदर; वारिधि.
नीरना [他] (1) 撒水する (2) 灌水する
नीरनिधि [名] 海；大海；海原= समुद्र; सागर.
नीरपति [名]〔イ神〕ヴァルナ神 वरुण（元来は法の守護神．後に水の神，海の神）
नीरम [名] バラス；バラスト
नीररुह [名]〔植〕蓮 = कमल.
नीरव [形] 静かな；静寂な नीरव विपिन 静まりかえった森 नीरव रात्रि में रोते हुए 夜のしじまに泣きながら
नीरवता [名*] 静けさ；静寂；しじま स्तब्ध नीरवता 息苦しいような静けさ
नीरस [形] (1) 汁のない；汁気のない；ぱさぱさの (2) 味がない；まずい (3) 味気のない；つまらない；面白くない；芸が無い नीरस उपन्यास つまらない小説 नीरस जीवन つまらない人生
नीराजन [名] (1) 古来インドにおいてアーシュヴィン月に行われたクシャトリヤ階級における武器の点検と研磨の儀式 (2) 神像に灯明を献じる儀礼
नीरा [名] ヤシの果汁；ナツメヤシやココヤシから採れる飲料になる樹液
नीराशय [名] 池；貯水池；水溜まり
नीरुज [形] 無病の；病気のない= नीरोग.
नीरोग [形] (1) 無病の；健康な (2) 健全な；健康的な= स्वस्थ. नीरोग रखना 健康を保たせる；病気をさせない दाँतों को कैसे नीरोग रखा जा सकता है? どうすれば歯を健康に保つことができるか
नीरोगता [名*] (1) 健康；無病 (2) 健全さ= स्वास्थ्य.
नील[1] [形] = नीला; नीले रंग का. 青い；紺青の；濃い空色の；藍色の नील गगन की सीमा पाने 青空の果てに行こうと
नील[2] [名] (1) 青色；紺青；藍色 (2)〔植〕マメ科半低木キアイ（木藍）；インドアイ【*Indigofera tinctoria*】 (3) インド藍；インジゴ (4) 内出血；内出血のあと；青痣 (5) サファイヤ **नील क॰** 激しく叩く；青あざのできるほど叩く **नील का खेत** 出掛ければ不名誉を蒙るようなところ **नील का टीका लगना** 評判を落とす **नील की**

न

सलाई फिरवा दे॰ 目をつぶす नील घोटना つまらぬことにかかずらう नील जमना みみずばれができる；内出血する नील जलाना 雨乞いのためにキアイを燃やす नील डालना = नील क॰. नील बिगड़ना *a.* 風評が立つ；噂が立つ *b.* 品行が悪くなる *c.* 損害を受ける
नील^3 ［数］10 兆
नीलकंठ^1 ［形］首の青い；青い首をした
नीलकंठ^2 ［名］(1) シヴァ神 (2)〔鳥〕ブッポウソウ科インドブッポウソウ【*Caracias benghalensis*】 (3)〔鳥〕クジャク
नीलकंठाक्ष ［名］= रुद्राक्ष.
नीलकंठी ［名*］〔鳥〕ヒタキ科オガワコマドリ【*Erithacus svecicus*】
नीलकण ［名］(1) サファイヤのかけら (2) 入れ墨の墨の模様
नील कमल ［名］〔植〕スイレン科水草ムラサキスイレン【*Nymphaea stellata*】
नीलकांत ［名］(1) ヴィシュヌ神 (2) サファイヤ
नीलगाय ［名*］〔動〕ウシ科ニルガイ；ニールガイ；ウマカモシカ【*Boselaphus tragocamelus*】
नीलगिरि 〔地名〕ニールギリ丘陵（タミル・ナードゥ州の西端，東ガーツ山脈が西ガーツ山脈と合するところ）
नीलग्रीव ［名］シヴァ神 = शिव; महादेव.
नीलता ［名*］← नील. (1) 青；青色；青さ；青み (2) 黒みを帯びた青；青黒い色
नील नदी ［名*］ナイル川（アフリカ東部）
नीलपद्म ［名］〔植〕スイレン科ムラサキスイレン【*Nymphaea stellata*】= नीलकमल.
नीलम ［名］サファイア；青玉= नील; नीलमणि; इंद्रनील.
नीलमणि ［名］(1) サファイヤ；青玉 (2) アメジスト；紫水晶
नीलमी ［名*］〔鳥〕コノハドリ科ルリコノハドリ【*Irena puella*】
नीलमुद्रण ［名］青写真（作成）= ब्लू प्रिंट क॰.
नीललोहित^1 ［形］紫色の；青紫色の= बैंगनी.
नीललोहित^2 ［名］シヴァ神（の異名の一）
नीलवर ［名］英人藍栽植主（19 世紀より 20 世紀初期のビハール州チャンパーラン地方の）
नीलवर्ण ［形］= नील^1.
नीलवानर ［名］〔動〕サル科ニルギリラングール【*Presbytis johni*】
नीलसर ［名］〔鳥〕ガンカモ科マガモ【*Anas platyrhynchos*】= नीलसिर.
नीला ［形$^+$］(1)（青色から青紫までの色を含む）青い；空色の；濃青色の；青紫色の नीला आसमान 青空；群青の空 नीला नक़्शा 青写真 नीली आँखें（西洋人の）青い目 बैंगन के नीले फूल ナス（茄子）の薄紫色の花 (2)（血の気がなくなったために）青白い；青い；青ざめた उसके होंठों का रंग नीला पड़ता जा रहा था 唇の色がだんだんと青くなって行くところだった **नीला क॰** ひどく打ち叩く；打ち据える；みみずばれができるほど叩く **नीला पड़ना** *a.* 青ざめる；恐れる；おののく *b.* 青くなる *c.* ひどく打ち叩かれて内出血のため青黒くなる；みみずばれができる **नीला-पीला हो॰** 怒り狂う **नीली-पीली आँखें क॰** 激怒する **नीले-पीले दीदे क॰** = नीली-पीली आँखें क॰.
नीलाचल ［名］ニールギリ（ニルギリ）山→ नीलगिरि.
नीला थोथा ［名］〔化〕硫酸銅〈copper sulphate〉= तूतिया; कापर सल्फेट
नीला नक़्शा ［名］青写真= रूपरेखा.
नीलापन ［名］← नीला. पुतलियों में कुछ नीलेपन की झलक 瞳にいささか青みがかった輝き
नीलाभ ［形］青みがかった；青みを帯びた
नीलाम ［名］《Por. leilám》競売 **नीलाम कर दे॰** 競売にかける मशीनें व ज़मीनें नीलाम कर दी जाएँगी 機械類と地所は競売にかけられよう **नीलाम कराना** = नीलाम कर दे॰. **नीलाम में रखना** 競売に出す **नीलाम में मोल ले॰** 落札する **नीलाम हो॰** 競売される；競売にかけられる
नीलामकर्ता ［名］《Por. + H.》競売人
नीलाम घर ［名］《Por. + H.》競売所
नीलामची ［名］《Por.+ P. چی ← T.》競売人
नीलामी ［形］(1) 競売用の；競売にかけられる (2) 競売にかけられた नीलामी बिक्री 競売による販売
नीलाहट ［名*］青さ = नीलापन.
नीलिकामुद्रण ［名］(1) 青焼き (2) 青写真〈blue print〉
नीलिनी ［名*］(1)〔植〕マメ科キアイ（नील का पौधा） (2) インジゴ
नीलिमा ［名*］(1) 青；藍色 (2) 黒；黒色；青黒い色
नीली^{1} ［名*］〔植〕キアイ（木藍） → नील; नीलिनी.
नीली^{2} ［形］青い；藍色の；青黒い
नीली फफूँद ［名*］青かび；青黴
नीली मछमरनी ［名*］〔鳥〕ムシクイ科アイビタキ【*Muscicapa albicaudata*】
नीली ह्वेल ［名*］《H. + E. whale》〔動〕ナガスクジラ科シロナガスクジラ（白長須鯨）【*Balaenoptera nusculus*】〈blue whale〉
नीलोत्पल ［名］〔植〕スイレン科ムラサキスイレン；青蓮【*Nymphaea stellata*】= नील कमल.
नीलोफ़र ［名］《P. نیلو فر》(1)〔植〕= नीलोत्पल. (2)〔植〕= कुमुदनी. (3) スイレン科ヨーロッパシロスイレン【*Nymphaea alba*】〈European white waterlily〉
नीव ［名*］= नींव. शासन की नींवें हिल जाएँगी 統治の基礎が揺らぐだろう
नीवर ［名］(1) 遊行者 (2) 比丘
नीवाँ ［名*］= नींव.
नीवाक ［名］(1) 欠乏 (2) 飢饉= अकाल; दुर्भिक्ष.
नीवानास^1 ［形］台無しになった；全滅した= बरबाद; नष्ट; चौपट.
नीवानास^2 ［名］全滅；壊滅；破滅= सत्यानाश; बरबादी.
नीवार ［名］〔植〕野生種の稲
नीवि ［名*］= नीवी. (1) 女性がドーティーの腰の部分を縛るひも (2) 同上の腰ひもを結ぶ部分 (3) ラハンガーの腰ひも
नीशार ［名］(1) カーテン；帳 (2) かや (3) 防寒のために身にまとうもの（毛布，ふとんなど）
नीहार ［名］(1) 霧 = कुहरा. (2) 霜 = पाला. (3) 雪 = बर्फ़; हिम.
नीहार जल ［名］露 = शबनम.
नीहारिका ［名*］〔天〕星雲〈galaxy〉
नुकता ［名］= नुक्ता.
नुक़ता ［名］= नुक़्ता.
नुकताचीन ［形］= नुक्ताचीन.
नुकताचीनी ［名*］→ नुक्ताचीनी.
नुकती ［名*］《← P. نخدی नखुदी》ヌクティー（水を加えてヒヨコマメの粉をこね小さな粒状にして油揚げにした甘味菓子）
नुकरा ［名］銀= नुक़रा.
नुकरी ［名*］〔鳥〕ツバメチドリ科インドハシリチドリ【*Cursorius coromandelicus*】
नुक़सान ［名］《A. نقصان नुक्सान》(1) 損害；損失 (2) 被害；打撃 (3) 害 (4) 欠陥 (5) 欠乏；不足 **नुक़सान उठाना** 損害を被る；被害を受ける (-का) **नुक़सान क॰** （一に）害を与える；害を及ぼす **नुक़सानदायक** = नुक़सानदेह; नुक्सानदेह. **नुक़सान पहुँचना** 損をする；損害や損失を被る；被害を受ける **नुक़सान पहुँचाना** 害する；損害を与える；害を及ぼす दूसरों को नुकसान कभी नहीं पहुँचाते 他人に害を与えることは決してない **नुक़सान भरना** 償う；弁償する दो मनुष्य आपस में लड़ते हैं तो उन्हें नुकसान भी भरना पड़ता है 互いに争えばその償いもしなければならない
नुक़सानदेह ［形］《A.P. نقصان ده नुक्सानदेह》害を及ぼす；有害な मुँह से साँस लेना नुकसानदेह है 口から息を吸うと害がある नुकसानदेह सामान 有害物
नुक़सानी ［名*］《← A. نقصان नुक्सान》(1) 損害；損失 (2) 弁償
नुकीला ［形$^+$］(1) 先のとがった असाधारण ढंग से नुकीली नाक 異様にとがった鼻 कठफोड़वे की जैसी नुकीली चोंच キツツキみたいにとがった嘴 चकमक का एक नुकीला टुकड़ा 火打ち石のとがったかけら नली का एक सिरा बर्नर में गर्म करके उसका सिरा नुकीला बनाओ 管の先端をバーナーで熱してとがらせなさい नुकीली मूँछें ぴんとはねた口ひげ (2) 鋭い；鋭利な नुकीले दाँतों से 鋭い歯で
नुक्कड़ ［名］(1) 先端；とがった；端；先端= नोक; पतला सिरा. सीढ़ियों के नुक्कड़ पर 階段の端で (2) 端= सिरा; छोर; अंत. (3) 角；町角；街角；曲がり角 एक जगह नुक्कड़ पर एक औरत दिखाई पड़ी 曲がり角に 1 人の女性が現れた नुक्कड़ की दुकान 街角の店
नुक्का ［名］(1) とがった棒 (2) とがった端；尖端 **नुक्का मारना** *a.* 棒で突く；先のとがった棒で突く *b.* 苦しめる
नुक्केदार ［形］《H. नुक्का + P. دار》(1) とがった (2) 突き出た
नुक़्तये नज़र ［名］《A. نقطہ نظر》視点；観点；視角 = दृष्टिकोण.

नुक्ता [名] 《A. نکتہ》(1) 論点；要点；ポイント (2) 微妙な点 (3) 秘密 (4) 笑話；小話= चुटकुला; लतीफ़ा.

नुक्ता [名] 《A. نقطہ》(1) 点；小さな点= बिंदी. (2) しるし= चिह्न; निशान.

नुक्ताचीन [形] 《A.P. نکتہ چین》あら探しをする= छिद्रान्वेषी.

नुक्ताचीनी [名*] 《A.P. نکتہ چینی》あら探し = छिद्रान्वेषण. आप तो दूसरों की नुक्ताचीनी नहीं करेंगे あなたは人のあら探しはなさいませんでしょう

नुक़रा [名] 《P. نقره》銀 = चाँदी.

नुक़्स [名] 《A. نقص नक़्स》(1) 過ち；間違い= भूल; त्रुटि. (2) 不足；欠陥；欠点；瑕；短所= कमी; ऐब. (-में) **नुक़्स निकालना** (－に) 欠点を見つける；あらを探す；あら探し सब लोग बड़ी भाभी में नुक़्स निकालते हैं みなが兄嫁のあら探しをする

नुक़्सदार [形] 《A.P. نقص دار नक़्सदार》欠点のある；瑕のある

नुक़्सान [名] = नुकसान.

नुचना [自] → नोचना. (1) むしられる（毟られる） (2) 引きちぎられる अब पंचायत किसी नुचे-खुचे, फटे-पुराने चिथड़े-सी रह गई थी パンチャーヤットはもはや引きちぎられぼろぼろに破れたぼろぎれのようになってしまっていた नुची-फटी कमीज़ 引きちぎられ破れたシャツ

नुचवाना [他・使] ← नोचना. काश! आज कानून मेरे हाथ में होता तो मैं तुझे शिकारी कुत्तों से नुचवा देता, ज़िंदा जमीन में गाड़ देता 今おれが思い通りに法律を操れるものならお前を猟犬に食いちぎらせたり地面に生き埋めにしてやるところなんだが

नुजूम [名] 《A. نجوم》(1) 星；星宿；星座 (2) 占星術

नुजूमी[1] [形] 《A. نجومی》占星術の

नुजूमी[2] [名] 占星術師；手相見；占い師

नुज़ूल [名] 《A. نزول》(1) 降下 (2) 出現；到来

नुत [形] (1) 称えられた；称賛された (2) 敬まわれた (3) 拝まれた

नुति [名*] (1) 称賛 (2) 祈り (3) 拝礼

नुत्फ़ा [名] 《A. نطفہ》(1) 精液= वीर्य; शुक्र. (2) 子孫= संतति; औलाद. **नुत्फ़ा ठहरना** 妊娠する= गर्भवती हो°.

नुत्फ़ा हराम [形] 《A. نطفہ حرام》(1) 不義の (2) 下賤な；卑しい；あさましい

नुनेरा [名] ヌネーラー（塩分を含んだ土からの塩の製造を主な生業としてきたカーストの人）= नोनिया; नोनी.

नुबुव्वत [名*] 《A. نبوت》預言= पैग़म्बरी; पैगंबरी.

-नुमा [造語] 《P. نما》（－を）示す，指し示す，（－に）見える，（－に）似た，（－の）ようななどの意を有する合成語の構成要素 एक हवेली नुमा बड़ा-सा मकान 邸宅風の大きな家 छतरीनुमा 傘のような रहनुमा 先導する（人）；案内者

नुमाइंदगी [名*] 《P. نمائندگی》代理（の任務）；代表（すること）= नुमायंदगी.

नुमाइंदा [名] 《P. نمائنده》(1) 代表（人） (2) 代理（人）= नुमायंदा.

नुमाइश [名*] 《P. نمائش》(1) 示すこと；表示 (2) 展示；陳列 (3) 飾り；装飾 (4) 展覧会；展示会；博覧会

नुमाइशगाह [名*] 《P. نمائش گاه》展覧会場；博覧会場；展示場；展示館

नुमाइश घर [名] 《P. نمائش + H.घर》展示場；展示館

नुमाइशी [形] 《P. نمائشی》(1) 展示の (2) 展覧会の；博覧会の (3) 展示用の；陳列用の (4) 見せかけの；上辺の (5) 美しい

नुमाइशी चादर [名*] 《P. نمائشی چادر》ベッドカバー

-नुमाई [造語] 《P. نمائی》見せること，誇示することなどの意を加える造語要素. रहनुमाई 指導；案内；道案内；ガイダンス

नुमायाँ [形] 《P. نمایاں》(1) 明らかな；明白な (2) 目に見える (3) 目立つ；際立った；目覚ましい；顕著な

नुमाया [形] = नुमायाँ.

नुसख़ा [名] 《A. نسخہ नुस्खा》(1) 処方（箋） कागज़ पर नुसखा लिखता है 紙に処方を書く (2) 方法；手法；法；手立て व्यापार को सफल बनाने का एक और नुसखा है 商売を成功させるもう１つの手立て सुंदरता के लिए दादीमाँ के नुसखे おばあちゃんの美容法 **नुसखा लिखना** *a.* 手立てを教える；手段を教える *b.* 処方箋を書く

नुहुम [形・名] 《P. نہم》(1) 第９の；９番目の (2) （暦の）９日

नुहूसत [名*] 《A. نحوست》不運；運のないこと；非運；運が悪いこと= बदक़िस्मती.

नूडल [名] 《E. noodle》→ नूडल्स.

नूडल्स [名] 《E. noodles》ヌードル；麺類

नूतन [形] (1) 新しい；これまでにない；今までにない नूतन जीवन-मूल्य 新しい人生観 प्लास्टिक सर्वथा नूतन पदार्थ है プラスチックは全く新しい物質だ (2) 新鮮な (3) 最近の；近頃の (4) 新奇な；珍しい

नूतनता [名*] ← नूतन; नवीनता.

नूतनत्व [名] = नूतनता.

नून[1] [名]〔植〕アカネ科小木ヤエヤマアオキ【*Morinda citrifolia*】

नून[2] [名] 塩 = नमक. **नून-तेल** 塩，油などの食糧及び生活必需品

नून[3] [名] 《A. نون》ウルドゥー文字第 32 字の字母 ن の名称

नूनी [名*] 小児の陰茎；ちんちん

नूपुर [名]〔装身〕ヌープル（小さな鈴のついた女性の足首飾り）

नूर [名] 《A. نور》(1) 光；輝き；光輝 तेरा नूर सब में समाया हुआ है （神に）汝が光明万物に遍満せり ख़ुदा का नूर 神の威光 चेहरे से नूर टपकता, मुँह से शहद झरता 顔は光を放ち口には花の蜜が香る (2) 視力 जब तक आँखों में नूर है 目の見える限り (3)〔イス〕神

नूरअफ़शाँ [形] 《A.P. نور افشاں》光を発する；光を放つ

नूरजहाँ [名] → नूरे जहाँ.

नूरबाफ़ [形・名] 《A.P. نور باف》機織り（の） = जुलाहा.

नूरा [名] 《← A. نوره》脱毛剤

नूरानी [形] 《A. نورانی》光る；輝く= उज्ज्वल; प्रकाशमान.

नूरी[1] [形] 《A. نوری》光の；光線の

नूरी[2] [名*] 《P. نوری》(1)〔鳥〕ヌーリー（オウム科インコ属の鳥） (2)〔植〕アンズ

नूरे चश्म [名] 《A.P. نور چشم》愛し子；最愛の子；愛児

नूरे जहाँ [名] 《A.P. نور جہاں》(1) 世界を輝かせるもの (2)〔人名・イ史〕ヌールジャハーン（ムガル朝第４代皇帝ジャハーンギールの妃）

नूरे दीदा [名] 《A.P. نور دیده》= नूरे चश्म.

नूह〔人名〕《A. نوح》ノア（旧約聖書に登場するユダヤ人の家長）

नृ [名] (1) 人 = मनुष्य; आदमी; इनसान. (2) 男 = पुरुष; मर्द.

नृकपाल [名]〔解〕頭蓋骨 = खोपड़ी.

नृकेशरी [名] (1) 英傑 (2)〔イ神〕ヌリシンハ नृसिंह （ヴィシュヌ神の化身の一．頭はライオン，身体は人間の姿で悪魔ヒランニャカシプを退治した．人獅子とも訳される）

नृजाति [名*] 人類

नृजाति वर्णन [名] 民族誌；エスノグラフィー〈ethnography〉

नृजाति विज्ञान [名] 民族学；エスノロジー〈ethnology〉

नृजाति समूह [名] 民族；エスニックグループ= नृजातीय समूह.

नृतत्त्वशास्त्र [名] 人類学 नृतत्त्वशास्त्र की पीठिका 人類学講座

नृत्त [名] 踊り；舞踊；ダンス

नृत्य [名] 踊り；舞踊；ダンス

नृत्यगान [名] 歌と踊り；歌と舞い

नृत्यगीत [名] 歌を伴ったダンス

नृत्यमुद्रा [名*] 踊りのムドラー→ मुद्रा.

नृत्यशाला [名*] 舞踊場 = नाचघर.

नृदेव [名] (1) 王；国王= राजा. (2) ブラーフマン= ब्राह्मण.

नृप [名] (1) 王；国王；帝王= नरपति; राजा. (2) クシャトリヤ= क्षत्रिय.

नृपति [名] (1) 王= राजा. (2)〔イ神〕クベーラ= कुबेर.

नृपशु [名] (1) 獣のような無慈悲な人；残酷この上ない人；人非人 (2) 人身御供に供される人

नृमेध [名] 人身御供

नृयज्ञ [名]〔ヒ〕客の歓待（家長の守るべき五大供犠の１つ）→ पंचयज्ञ.

नृलोक [名] 人間界

नृवंश शास्त्र [名] 人類学

नृविज्ञान [名] 人類学 = मानव विज्ञान.

नृविज्ञानी [名] 人類学者 = मानव विज्ञानी.

नृशंस [形] 残酷な；残虐な；残忍な= निर्दय. नृशंस हत्या 惨殺

नृशंसता [名*] ← नृशंस. 残酷さ；残虐行為；残忍さ

नृसिंह [名] (1) 英傑 (2)〔イ神〕ヴィシュヌ神の第４権化であるヌリシンハ（頭は獅子で身体は人間の姿をした）；人獅子= नृकेशरी.

नृसिंह चतुर्दशी [名*]〔ヒ〕ヌリシンハ・チャトゥルダシー（ヴァイシャーカ月白分 14 日，ヌリシンハの誕生日．ヴラタ，すなわち，断食行を伴う祭日）

ने [格助] 能格を表す助詞．(1) 動作の主体が能格形をとる．限られた一部の自動詞を除き他動詞の完了分詞から作られる時制において名詞及び代名詞の斜格形に接続して用いられる．動詞は目的語の性・数に一致して活用される． इसके लिए मोटे चंदे बड़े प्रोपर्टी डीलरों और राजनीतिकों ने दिए この目的に相当な金額を大きな不動産業者や政治家たちが提供した यह सब उसने किया है これはみなあの人のしたことなのです हमने पत्नी की बात का बुरा न माना わしは妻の言ったことを悪くとらなかった (2) ただし，動作を受ける側である語（意味上の目的語）が格助詞 को を従える対格形をとる場合には動詞は常に男性単数形をとる． अध्यापकों ने उस लड़की को अपने पास बुलाया 教師たちはその女の子を呼び寄せた (3) なお，目的語は表されないが再帰動詞と考えるべき नहाना（体を洗う）や छींकना（くしゃみをする）のような若干の自動詞もその主語に ने をとる．ただし，動詞は常に男性・単数形をとる． उसने छींका 男はくしゃみをした क्या तुमने नहा लिया 沐浴したかい (4) 慣用表現にあっては目的語が表されない場合があるが，本来の目的語の性・数に一致する． राजा ने किसी की (बात) न मानी 国王はだれの言葉にも耳を貸さなかった (5) 同義目的語をとる動詞の場合にも普通の他動詞と同じ扱いになる． मैंने जीवन जिया है, प्रेम भी किया है 私は人生を生きたし恋もした

नेअमत [名*]《A. نعمت》= नियामत; नेमत.

नेउर [名] = नूपुर.

नेउरा [名] = नेवला.

नेक[1] [形]《P. نیک》(1) 善良な；良い；心の正しい；心がけのよい；立派な；性質のよい उसकी फ़ितरत नेक है 性質がよい人だ नेक स्वभाव के द्वारा उसने शीघ्र ही सेठ का दिल जीत लिया 品行と善良な性格ですぐに豪商に気に入られた नेकों के साथ नेक हूँ, लेकिन बुरों के साथ पक्का बदमाश हूँ 善人に対しては善人として振る舞うが，悪人に対してはこの上ない悪人として振る舞うのだ私は (2) 品行の正しい (3) すぐれた；優秀な (4) めでたい (5) 親切な

नेक[2] [形] 若干の；少しの= थोड़ा; तनिक.

नेक[3] [副] 少し；若干= थोड़ा; तनिक.

नेकचलन [形]《P. نیک + H. चलन》品行方正な；品行の正しい

नेकचलनी [名*]《P. نیک + H. चलनी》品行方正（なこと）

नेक टाई [名*]《E. necktie》ネクタイ = टाई.

नेकदिल [形]《P. نیک دل》心の美しい；心の清らかな；善良な

नेकनफ़्सी [名*]《P.A. نیک نفسی》気高さ जिनकी शराफ़त और नेकनफ़्सी का दूर दूर चर्चा था 気品と気高さが遠くまで知れわたっていた人たち

नेकनाम [形]《P. نیک نام》名高い；有名な；高名な

नेकनामी [名*]《P. نیک نامی》名声；高名；評判= कीर्ति; यश.

नेकनीयत [形]《P.A. نیک نیت》(1) 誠実な；真面目な= ईमानदार. (2) 心がけの正しい= उदाराशय.

नेकनीयती [名*]《P.A. نیک نیتی》(1) 誠実さ；真面目さ= ईमानदारी. (2) 心がけの正しいこと= उदाराशयता.

नेकबख़्त [形]《P. نیک بخت》(1) 幸運な= भाग्यवान; ख़ुशक़िस्मत. (2) 素直な= सीधा-सादा; भोला-भाला.

नेकबख़्ती [名*]《P. نیک بختی》(1) 幸運= सौभाग्य. (2) 気立ての良さ= उत्तम स्वभाव; सुशीलता.

नेकर [名]《E. knicker bockers》〔服〕ニッカーボッカーズ；半ズボン वह नेकर झाड़कर खड़ा हो गया ズボンのちりを払って立ち上がった वह सफ़ेद नेकर, आधी बाँह की सफ़ेद कमीज़ 白いニッカーと半袖の白いカミーズ

नेकी [名*]《P. نیکی》(1) 性質の良いこと；善良なこと (2) 善；善行；功徳 (3) 親切；利他 **नेकी और पूछ-पूछ**〔諺〕好ましいことや良いことをするのに相手の意向をたずねることはない；善は急げ "पान खाइएगा आप?" "नेकी और पूछ-पूछ" 「パーンを召し上がりますか」「たずねることもないことだ（もちろん）」 **नेकी कर और कुएँ में डाल**〔諺〕良いことをしたら忘れろ；善行を自ら語ることなかれ= नेकी करके कुएँ में डालना. **नेकी के फल बदी**〔諺〕恩を仇で返す= जिस हाँडी में खाना उसी में छेद करे.

नेकी-बदी [名*]《P. نیکی بدی》(1) 善悪 दुनिया में नेकी-बदी ही न होती, तो सुसरी यह दुनिया ही क्यों कहलाती この世に善悪がなければこの世と呼ばれることもあるまい (2) 善行と悪行

नेग[1] [名] (1) 慶祝時に親戚やサービスカーストの使用人などに祝儀を贈る風習や儀礼 (2) 同上で贈られる金品 (3) その金品を受け取る権利 (4) めでたい行事；慶祝行事 (5) 親切 **नेग क॰** 物事を吉祥の時刻に開始する **नेग दे॰** *a.* 褒美を与える *b.* 謝礼を払う

नेग[2] [名] (1) 近いこと；接近 (2) 関係；関わり **नेग लगना** 実る；実りがある；うまく行く (-के) **नेग लगना** *a.*（ーに）接する；接触する *b.*（ーに）入りこむ；収まる

नेगचार [名] (1) 慶祝行事に際して祝儀（नेग）を贈る風習やその儀礼 बिदाई के मौके पर लड़की का रोना बिलकुल रस्मी था और सांत्वना देना भी एक नेगचार था ビダーイー（→ बिदाई）の際に家を去る花嫁が泣き声をあげるのは全く儀礼的なことであったしなぐさめ宥めるのも 1 つの儀礼であった (2) その際の贈り物や祝儀

नेगजोग [名] (1) 慶祝行事に際し親類縁者，サービスカーストとしての仕事をする人たちに心付けを贈ること (2) ネーグ（नेग）の贈られる慶祝行事 (3) その贈り物や心付け

नेगी [名] (1) 慶祝行事の際ネーグ（नेग 心付け）を受け取ることになっている特定のカーストの人たち（ドービー धोबी，ナーイー नाई，バート भाट など） (2) 他人の好意や善意につけ入る人

नेगी-जोगी [名] = नेगी.

नेगेटिव[1] [形]《E. negative》(1) 否定の；否定的な (2) 拒否の (3)〔数〕負の；マイナスの (4)〔電〕負の；陰電気の (5)〔医〕陰性の (6)〔写〕陰画の

नेगेटिव[2] [名] (1) 否定 (2) 拒否 (3)〔数〕負数 (4)〔電〕陰電気 (5)〔医〕陰性 (6)〔写〕原盤；陰画；ネガ

नेगेटिव टर्मिनल [名]《E. negative terminal》〔電〕陰極

नेगेटिव प्लेट [名]《E. negative plate》〔写〕種板

नेचर [名]《E. nature》自然；大自然

नेचरिया [形]《← E. nature》無神論の

नेचरोपैथी [名*]《E. naturopathy》〔医〕自然療法

नेचा [名]《P. نیچہ नैचा》ネーチャー；水ぎせるの管；ラオ；ラウ（羅宇） नेचे से बुकबुक निकलने वाले पानी की आवाज़ से ही मेरी आँखें खुली थीं 水ぎせるの管から出るぶくぶくごぼごぼと言う音で目が覚めた

नेचेबंद [名]《P. نیچہ بند नैचाबंद》ラウ屋；ラオ屋；羅宇屋

नेछावर [名*] = निछावर.

नेज़ [名*] 槍 = भाला; बरछी. → नेज़ा; नैज़ा.

नेजक [名] 洗濯屋 = धोबी.

नेजन [名] (1) 洗濯；洗うこと (2) 洗濯場；洗い場

नेज़ा [名]《P. نیزہ नैज़ा》槍 = भाला; बरछा; नैज़ा. **नेज़ा मारना** 槍で突く

नेज़ाबरदार [名]《P. نیزہ بردار नैज़ाबरदार》槍などをもって王侯の先導をする従者；槍持ち

नेट[1] [名]《E. net》(1) 網 (2)〔ス〕ネット नेट को छूना ネットに手が触れる；ネットタッチ；タッチネット

नेट[2] [形]《E. net》正味の；純量の；掛け値のない नेट आमदनी/नेट आय 純収入〈net income〉 नेट प्रॉफ़िट 純益 = निवल लाभ; शुद्ध लाभ.〈net profit〉

नेटभार [名]《← E. net (weight) + H.भार》正味目方；純量= नेटवेट.

नेटवर्क [名]《E. network》ネットワーク

नेटवेट [名]《E. net weight》純量；正味目方= नेट भार.

नेटिव [形・名]《E. native》(1)〔古〕土着の；土民（インドの；インド人） नेटिव जज インド人判事 नेटिव प्लीडर インド人弁護士 (2) 国産の= देशी.

नेड़ा [形⁺] 狭い नेड़ी गली 狭い路地

नेड़े [副] 近くに；そばに= निकट; पास; नज़दीक.

नेत[1] [名] バター製造などの撹拌棒（मथानी）を回転させるのに用いられるひも = नेती.

नेत[2] [名] (1) 決定 (2) 決意；決断 (3) 段取り

नेतली [名*] = नेत[1]

नेता [名] (1) 先導者；先達；案内者 (2) 指導者；リーダー धार्मिक नेता 宗教指導者 (3) 大立て者；領袖；頭 भूतपूर्व जनसंघ घटक के नेता 元ジャナサング領袖

नेतागिरी [名*] 《H. + P. گیری गीरी》(1) 指導性 (2) 親分や派閥の長などになろうとすること；主導権争い
नेति[1] 《Skt.》〔句・ヒ〕サンスクリットの表現で終わりのないことを表す．神が表現を越えた存在であることを否定的な表現で述べる句
नेति[2] [名*] 否定
नेती[1] [名*] 牛乳の攪拌棒を回転させるのに用いられるひも
नेती[2] [名*] = नेती धौती.
नेतीधौती [名*]〔ヨガ〕(1) ネーティー・ドーティー（ハタヨーガの行法の一でひもや布切れを用いて行われる身体の浄化及びそれによる心の浄化の行） (2) ハタヨーガの行法で鼻孔にひもを通して行われる浄化や同様に布切れを胃まで飲み込み水によって行われる胃腸の浄化
नेतृत्व [名] 指導（すること）；音頭を取ること उनके नेतृत्व में 氏の指導下に साइमोन के नेतृत्व में एक आयोग आया サイモンを長とする委員会が訪れた
नेत्र [名] (1) 目；眼= नयन; आँख. दृष्टिविहीन नेत्र 視力を失った目 नेत्र की पुतली（कॉर्निया）角膜 नेत्र की पुतली के प्रत्यारोपण में 角膜移植で सरल नेत्र〔動〕単眼 (2) 目つき आग्नेय नेत्रों से（怒りで）火の出るような目（つき）で
नेत्रअंतर्दर्शी [名] 検眼鏡
नेत्रकोटर [名]〔解〕眼窩〈orbit; eye socket〉
नेत्रकोष [名]〔医〕アイバンク〈eyebank〉
नेत्रख [名]〔解〕眼窩 = नेत्रकोटर.
नेत्रगोलक [名] 眼球
नेत्रच्छद [名] まぶた；眼瞼= पलक.
नेत्रजल [名] 涙 = आँसू.
नेत्रज्योति [名*] 視力 एक आदमी की नेत्रज्योति चली गई 1 人が失明した
नेत्रदान [名] 視力提供
नेत्र-बैंक [名] 《H. + E. bank》アイバンク= नेत्रकोष.
नेत्रमंडल [名] 眼球
नेत्रमल [名] 目やに；目くそ
नेत्ररोग [名]〔医〕眼病
नेत्ररोम [名] まつげ（睫；睫毛）= बरौनी; बिरनी.
नेत्रलेन्स [名]（眼球の）水晶体〈crystalline lens〉
नेत्र विज्ञान [名] 眼科学
नेत्र विशेषज्ञ [名] 眼科医
नेत्रश्लेष्मला [名*]〔解〕結膜〈conjunctiva〉
नेत्रश्लेष्मला शोथ [名]〔医〕結膜炎
नेत्री [名*] ↔ नेता.（女性）指導者；指揮者；首領
नेत्रीय [形] 目の；眼の；眼球の
नेत्रोत्सव [名] 眼の保養；眼を楽しませるもの；美しいもの
नेत्रोद [名]〔解〕（眼球の）水様液〈aqueous humor〉
नेदिष्ठ [形] (1) 近くの；そばの (2) 精通した；上達した；達者な
नेपकिन [名] 《E. napkin》 = नैपकिन. (1) おしめ；むつき नेपकिन बाँधना おしめをつける (2) 生理用品 (3) ふきん；ナプキン
नेपचून [名] 《E. Neptune》〔天〕海王星= नेपच्यून; नेप्ट्यून.
नेपथ्य [名] (1) 楽屋；舞台裏 (2) 舞台衣裳；扮装 (3) 舞台
नेपाल〔国名〕ネパール王国
नेपालिका [名*]〔鉱〕鶏冠石
नेपाली[1] [形] ネパールの；ネパールに関する
नेपाली[2] [名] ネパール人；ネパール国民
नेपाली[3] [名*]〔言〕ネパール語（インド語派東部パハーリー語群に属する言語の一でネパールの国語）
नेप्ट्यून [名] 《E. Neptune》〔天〕海王星
नेफ़ा[1] [名] 《P. نیفه》〔裁〕ラハンガー，パージャーマーなど下半身につける衣裳の腰の部分で腰ひもを通すところ；ウエスト；胴まわり
नेफ़ा[2] 〔地名〕《E. NEFA; North East Frontier Agency》北東辺境管区（現今のアルナーチャル・プラデーシュ州にあたるインド北東部の旧行政地名）
नेम[1] [名] (1) 期間；時間 (2) 限界 (3) 囲い
नेम[2] [名] (1) 決まり；規則 (2) 宗教上の日常の勤め लेकिन अच्छे हो जाने पर तो नेम का पालन करना ही पड़ता है でも元気になればいつもの勤めを守らなくてはならない (3) 日課 (4) 風習
नेम[3] [名] (1) へり（縁）；端；周縁 (2) 外輪；リム
नेमत [名*] = नियामत.
नेमतख़ाना [名*] 《A.P. نعمت خانه》(1) 食糧貯蔵庫 (2) 水屋；料理したものを置く棚
नेमप्लेट [名] 《E. nameplate》表札；標札
नेमलबदल [名] 《A. نعم البدل》（失われたものの）一番良い代用品；代替品
नेमाटोड [名] 《E. nematode》〔動〕袋形動物線虫類；ネマトーダ = सूत्रकृमि.
नेमि [名*] (1) 車輪の輪 (2) 輪形のもののふちや周囲；リム (3) 井戸の口の縁= जगत. (4) 井戸掘りの際用いられる木製の枠ネーミ；ジャムワト जमवट
नेमी[1] [形] (1) 勤行；修行に励む (2) 規則や決まりに従順な
नेमी[2] [名]〔植〕マメ科落葉樹サンダン【*Ougeinia oojeinensis; O. dalbergioides*】= तिनिश.〈sandan〉
नेमी-धरमी [形] 宗教上の勤めに励む；戒律をよく守る
नेल एनामेल [名] 《E. nail enamel》エナメル；マニキュア液
नेल-पालिश [名*] 《E. nailpolish》マニキュア
नेवता [名] = न्योता.
नेवर [名]〔装身〕ヌープル = नूपुर.
नेवला [名]〔動〕ジャコウネコ科マングース【*Herpestes edwardsi*】〈mongoose〉
नेवा [名] (1) 風習= रीति; दस्तूर. (2) 諺= कहावत; लोकोक्ति.
नेवाज [形] = निवाज.
नेवार[1] [名] ネワール人（チベット・ビルマ語系のネワール語を母語としネパール盆地を中心に居住する民族）
नेवार[2] [名] ニワール（太い木綿糸を 5cm ほどの幅に編んだテープ，簡易ベッドやテントのへりに用いられる）= निवार.
नेवारी [名*]〔言〕ネパール盆地を中心にネワール人によって話されるチベット・ビルマ系の言語，ネワール語
नेविगेशन [名]《E. navigation》(1) 航海；航行= नौचालन; नौपरिवहन; जहाज़रानी; नाव-यात्रा; समुद्रयात्रा. (2) 航空；航行= विमान-चालन; विमान-यात्रा.
नेवी [名*] 《E. navy》(1) 海軍 (2) 水軍= जल सेना.
नेवीकट [名] 《E. navycut》（パイプ用の）刻みタバコ= महीन कटी हुई तंबाकू.
नेवीगेटर [名] 《E. navigator》航空士；ナビゲーター
नेवी ब्लू [名・形] 《E. navy blue》ネービーブルー（の）；濃紺色（の）= गहरा नीला（रंग）.
नेवे [名] 《E. neve》万年雪；粒雪；粒状氷雪
नेशन [名] 《E. nation》(1) 民族 (2) 国民= राष्ट्र; जाति; क़ौम.
नेष्टा [名]〔ヒ〕ネーシュター祭官（バラモン教の祭官でスラー酒を調製した）
नेस [名] 《← P. نیش नेश》イノシシなどの牙
नेस्त [形] 《P. نیست》(1) ない；存在しない= नहीं है; नास्ति. (2) 滅びた；破滅した= नष्ट; बरबाद.
नेस्तनाबूद [形] 《← P. نیست و نابود नेस्तो नाबूद》壊滅した；全滅した
नेस्ती [名*] 《P. نیستی》(1) 無；無いこと；存在しないこと= न होº; नास्ति. (2) 消滅= नाश; बर्बादी; ध्वंस. (3) 貧困；貧窮= दरिद्रता; कंगाली.
नेस्तो नाबूद [形] 《P. نیست و نابود》= नेस्तनाबूद.
नेह [名] (1) 愛情= स्नेह. नेह का आह्वान 愛情のこめられた呼びかけ (2) すべすべしたもの
नेहरू, जवाहर लाल〔人名〕ネルー（ジャワーハルラール・ネヘルー 1889–1964 近代インドの政治家．インド独立運動の指導者，独立インドの初代首相）
नै[1] [名*] 《P. نے》(1)〔植〕イネ科のアシ／ヨシ（葦）の類の植物 (2) 竹筒 (3) 水ぎせるの管；ラオ／ラウ（羅宇） (4) 竹笛，篠笛，葦笛などの総称
नै[2] [格助] = ने.
नैक [形] (1) 幾つかの；若干の (2) 群れや集団
नैकचर [形] 群れをなす；群れを作る；群れて行動する
नैकलेस [名]《E. necklace》ネックレス= गले का हार; कंठा; कंठहार.
नैगम [形] ← निगम. (1) ヴェーダの引用句の (2) ヴェーダの
नैगेटिव [名] 《E. negative》= नेगेटिव. (1) 陰電気；陰 (2) 陰画；原板；ネガ (3) 陰極板 (4) 否定 (5) 拒否

नैघंटुक ［名］←निघंटु. ヤースカ यास्क が निरुक्त で述べたヴェーダの語彙→ निरुक्त; यास्क.
नैचा ［名］《P. نیچہ》ナイチャー（水ぎせるの管）；ラオ／ラウ（羅宇）
नैचाबंद ［名］《P. نیچہ بند》ラオ屋
नैचाबंदी ［名*］《P. نیچہ بندی》水ぎせるの管作り；ラオ屋の仕事
नैची ［名*］灌漑用の井戸の斜面（そこを役牛や水牛が上下して水を汲み出す）
नैचुरल लाइट ［名］《E. natural light》〔映・写〕自然光
नैज़ा ［名］《P. نیزه》槍 → नेज़ा.
नैज़ाबरदार ［名］《P. نیزه بردار》槍を持つ兵士 → नेज़ाबरदार.
नैट ［名］《E. net》ネット；網
नैटो ［名］《E. NATO; North Atlantic Treaty Organization》北大西洋条約機構；NATO = उत्तर अतलांतिक संधि संगठन.
नैतिक ［形］(1) 道徳上の；倫理的な；道義的な नैतिक दृष्टि से मान्य 道義的に認められる नैतिक ह्रास 道義の頽廃 मानव के नैतिक मूल्यों पर निरंतर हो रहे आघात 人の道徳観念に絶えず加わっている打撃 (2) 精神的な；心の नैतिक बल 精神力 नैतिक समर्थन दे॰ 精神的な支援をする सत्य और अहिंसा के नैतिक साधनों का प्रयोग 真理と不殺生という精神的な手続きを使用すること (3) 教訓的な
नैतिकता ［名*］道徳；倫理；道徳観念；モラル；風儀；風紀；品行 यौनसंबंधी नैतिकता 性道徳 उसने देश की नैतिकता को चूर चूर कर के रख दिया それがわが国（民）のモラルを粉々に打ち砕いた
नैत्य ［形］←नित्य. (1) 恒常的な (2) 日常的な
नैत्यक[1] ［名］手順；慣例；慣行
नैत्यक[2] ［形］(1) 規定された；必須の (2) 日常の；日常的な
नैदाघ[1] ［形］←निदाघ. (1) 夏の (2) 暑熱の
नैदाघ[2] ［名］←निदाघ. (1) 夏 (2) 暑熱
नैदानिक ［形］←निदान. (1) 臨床の；臨床的な (2) 診断に関する
नैधन[1] ［形］←निधन. 死滅する；滅する；死すべき
नैधन[2] ［名］死；死滅
नैन[1] ［名］(1) 目；眼= नयन; नेत्र. (2) 煙出しの穴 **नैन आकाश पर चढ़ाना** 驕り高ぶる **नैन उठाना** *a.* 顔を上げる；正面を見る *b.* 反抗する **नैन उलझना** 恋をする **नैन की कोर** 目の端；目がしら；目じり；目じりで見ること；目じりで見る目つき；横目；流し目 **नैन की कोर जोहना** 好意を願う **नैन के बान चलाना** 流し目で見る；流し目を送る **नैन गँवाना** 失明する **नैन चढ़ाना** 目をつり上げる **नैन चमकाना** 目くばせする；色目を使う **नैन चलाना** = नैन के बान चलाना. **नैन छलकना** 涙があふれる；涙がこぼれる **नैन जुड़ाना** 美しいものを見て楽しむ **नैन टपकाना** 涙がこぼれる；涙がこぼれ落ちる **नैन ढरना** = नैन टपकना. **नैन ठहरना** 見つめる **नैन ढरना** = नैन टपकना. **नैन ढोरना** = नैन टपकना. **नैन तपना** 会いたくてたまらない **नैन न उघारना** 目を伏せる **नैन नीचे हो॰** 恥じ入る；目を伏せる **नैन फूटना** 目が見えない（無知な） **नैन बसाना** 念じる；思う；思念する **नैन भर आ॰** 涙があふれる **नैन भुला जा॰** 見とれる **नैन मिलना** *a.* 目と目があう；見つめあう *b.* 面と向かって見る= नैन मिलाना. **नैन लगना** 目と目があう；好きになる **नैन लाना** *a.* 見る *b.* 眠る **नैन सफल क॰** 見て満足する **नैन सिराना** = नैन जुड़ाना. **नैन से झड़ी लगना** とめどなく涙が出る **नैन से निर्झर लगना** = नैन से झड़ी लगना. **नैन से नैन मिलाना** = नैन मिलाना. **नैनों का तारा** とても愛おしいもの；目に入れても痛くないもの **नैनों की चोट** 流し目 **नैनों में आ॰** 美しく感じられる **नैनों में छाए रहना** いつまでも頭から離れない **नैनों में बसना** = नैनों में छाए रहना. **नैनों में रखना** とても愛おしく感じる **नैनों में समाना** = नैनों में छाए रहना.
नैन[2] ［名］バター= नैनू; नवनीत; मक्खन.
नैननक़्श ［名］《H. + A. نقش》顔立ち；容貌 बंगालियों के नैननक़्श ベンガル人の顔立ち
नैनपटल ［名］まぶた；瞼 **नैनपटल दूर हो॰** 目から鱗が落ちる
नैनबान ［名］眼差し；色目 **नैनबान मारना** 色目を使う= नैन चलाना.
नैनसुख ［名］(1) 目の保養（になるもの）；美しいもの नैनसुख दे॰ 目を楽しませる सुनहरे पंखवाले पक्षी पर्यटकों को नैनसुख देते हैं 金色の羽の鳥が旅人の目を楽しませてくれる (2) 薄地の目のこまかい平織り綿モスリン；ジャコネット；ナインスク (3) 盲人
नैना ［名］目 = नैन; आँख; नयन. **नैना ढरकाना** 泣く；涙を流す अब नैना ढरकाने से क्या हाथ आता है? 今さら涙を流したところで何になろう
नैनीताल 〔地名〕ナイニータール市（ウッタラーンチャル州東部の山間に位置する避暑地）
नैनू[1] ［名］ナイヌー（花模様の入った綿モスリン）
नैनू[2] ［名］バター = मक्खन.
नैप ［名］《E. nap ← napoleon》〔トラ〕ナポレオン= पँचपत्ती.
नैपकिन ［名］《E. napkin》(1) おしめ；むつき (2) 生理用品〈sanitary napkin〉 (3) ふきん= नेपकिन.
नैपथलीन ［名］《E. naphthaline / naphthalene》ナフタリン= नैफ़्थलीन. नैपथलीन की गोली ナフタリンの玉
नैपसैक ［名］《E. knapsack》ナップサック；ナップザック
नैपाल ［形］←नेपाल. ネパールの
नैपालिक ［形］ネパールの；ネパールに産する；ネパール産の= नेपाली.
नैपालिन ［名*］ネパール人女性
नैपाली[1] ［形］ネパールの；ネパール国人の
नैपाली[2] ［名］(1) ネパール人 (2) ネパールの男性
नैपाली[3] ［名*］(1)〔言〕ネパール語 (2)〔鉱〕鶏冠石 (3)〔植〕モクセイ科低木マツリカ【*Jasminum sambac*】 (4)〔植〕モクセイ科低木インドヤコウボク【*Nyctanthes arbor-tristis*】
नैपी ［名］《E. nappy》おむつ；おしめ गीले नैपी बदलना 濡れたおしめを取り替える
नैपुण्य ［名］器用さ；巧妙さ；達者なこと= निपुणता. उसका वह नैपुण्य देखकर मैं चकित हो गया あの人が巧みなのを見て驚いた
नैफ़्थलीन ［名］《E. naphthalene》ナフタリン
नैमित्तिक ［形］(1) 偶然の (2) 臨時の (3) 不定期の नैमित्तिक मज़दूर 臨時労働者；臨時工員
नैमिष[1] ［形］瞬間の；瞬間的な；瞬時の
नैमिष[2] ［名］= नैमिषारण्य.
नैमिषारण्य ［名］〔イ神・ヒ〕現今のウッタル・プラデーシュ州中部を流れるゴーマティー川の近くにあったとされるナイミシャの森（同地でサウティ聖仙 सौति मुनि が聖仙たちにマハーバーラタを語ったとされる．現今，同州のシータープル県 सीतापुर ज़िला のニームカール नीमखार とされヒンドゥー教の聖地となっている）
नैया ［名*］小さな船；小船 **नैया के खेवैया** *a.* 船の漕ぎ手 *b.* 支える人；支援する人；助ける人 **नैया डगमग हो॰** 危ない；危険な状態になる；不安定な状態になる
नैयायिक ［名］〔イ哲〕ニヤーヤ派 न्याय の哲学者
नैरंग ［名］《P. نیرنگ》(1) 魔術；魔法 (2) だまし；詐欺；欺瞞 (3) 策略
नैरंगबाज़ ［形・名］《P. نیرنگ باز》(1) 詐欺師；ぺてん師 (2) 魔術師；魔法使い
नैरंगबाज़ी ［名*］《P. نیرنگ بازی》(1) 詐欺 (2) 魔術；魔法
नैरंगसाज़ ［形・名］《P. نیرنگ ساز》= नैरंगबाज़.
नैरंगसाज़ी ［名*］《P. نیرنگ سازی》= नैरंगबाज़ी.
नैरंगी ［名*］《P. نیرنگی》(1) 魔術= जादूगरी. (2) 詐欺= फ़रेब; धोखा.
नैरंजना ［名*］〔仏〕にれんぜんが（尼連禅河）；（現今の）パルグ川= फल्गु नदी.
नैरंति ［名*］西北の方角；西北方
नैरात्म्य ［名］(1) 無我 (2) ニヒリズム
नैराश्य ［名］絶望；失望= निराशा; नाउम्मेदी.
नैरुज्य ［名］健康 = स्वस्थता; नीरोगता.
नैर्ऋत[1] ［形］西南方角の守護者ニルリティ女神の← निर्ऋति
नैर्ऋत[2] ［名］(1) ニルリティの子（悪魔，ラークシャサ） (2) ラーフ（राहु）
नैर्ऋती ［名*］南西の方角
नैर्ऋत्य[1] ［形］ニルリティ निर्ऋति の
नैर्ऋत्य[2] ［名］(1) ニルリティの子孫 (2) 南西の方角
नैवेद्य ［名］お供え；神饌；御饌 नैवेद्य लगाना 神饌を供える；神前に供物をする
नैषध[1] ［形］〔イ神〕ニシャダ国 निषध の→ निषध.
नैषध[2] ［名］(1) ニシャダ国の王 (2) ニシャダ国の王ナラ王 नल (3) ニシャダ国の住人
नैष्ठिक ［形］(1) 信念に基づいた (2) 信心に基づいた (3) 最終的な；決定的な (4) 強固な
नैष्ठुर्य ［名］= निष्ठुरता.

नैसर्गिक [形] ←निसर्ग (1) 自然の；人の手の加わらぬ；作りものでない；人工的なものでない नैसर्गिक सुंदरता 自然な美しさ (2) 自然に起こる नैसर्गिक वृद्धि 自然増加 (3) 本来の；生得の नैसर्गिक अधिकार 生得の権利 (4) 本性の；天性の；天賦の ख़्वाजा साहब नैसर्गिक प्रतिभा से संपन्न थे ハージャー氏は天賦の才に恵まれた文学者であった

नैहर [名] (女性や妻にとっての) 実家；里= पीहर; मायका.

नोंचना [他] = नोचना.

नो [感] 《E. no》否定，拒否の表明；いや；ちがう；そうでない

नोक [名*] 《P. نوک》(1) とがった先；先端 जीभ की नोक पर 舌の先に जूते की नोक 靴の先 तीर की नोक 矢の先端 नाक की नोक 鼻の先 (2) かど (角) (3) 尊厳；名誉；面子 (4) 意地 **नोक का** すぐれた；優秀な；上等の **नोक का जवान** 勇者；勇ましい男 **नोक की ले॰** ほらを吹く；大きな口をきく (-की) **नोक बनाना** (ーを) 飾る；飾り立てる (-की) **नोक रह जा॰** (ーの) 面子が保たれる

नोक-झोंक [名*] 《نوک جھونک P.نوک + H.》(1) 言い争い；口論；口喧嘩；応酬= कहा-सुनी. पति-पत्नी की नोक-झोंक 夫婦の口論 उस कांड पर जापान और अमरीका में नोक-झोंक その事件をめぐっての日米間の応酬 (2) とげのある言葉；攻撃的な言葉；きつい言葉；嫌味= व्यंग्य; ताना; आवाज़ा. (3) 冗談；からかい= छेड़छाड़. (4) 華やかなこと；派手なこと；盛大なこと (5) 飾り立て；装い；装飾 = बनाव सिंगार; ठाटबाट. (6) 気負い；威勢；誇り；気力 **नोक-झोंक की हो॰** = नोक-झोंक चलना. **नोक-झोंक चलना** 口論になる；言い争う

नोकदार [形] 《P. نوک دار》(1) 先のとがった；鋭い नोकदार दीवार 有刺鉄線を張った柵 आई-ब्रो पेंसिल को नोकदार रखना まゆ墨の先をとがらして置く (2) 心にひびく (3) しゃれた；粋な

नोक-दुम [副] 《P. نوک دم》尻尾を巻いて；一目散に **नोक-दुम भागना** 一目散に逃げ出す

नोकना [他] 欲しがる；欲を出す

नोक-पलक [名*] (1) 顔立ち；容貌 (2) 形 (3) 身なり

नोकाझोंकी [名*] (1) 嘲り合うこと；口でやり合うこと= छेड़छाड़; ताना. (2) 口論；言い争い= विवाद; बहस; हुज्जत.

नोकीला [形⁺] = नुकीला. とがっている；先のとがった= नुकीला. कपड़े या रूमाल के एक सिरे को नोकीला बनाकर きれやハンカチの一端をとがらせて नोकीले कांटे 鋭いとげ नोकीली चीज़ とがった物 सिर पर नोकीले दो सींग 頭には鋭くとがった 2 本の角

नोच [名*] ←नोचना. (1) むしり取ること；引き抜くこと；引きちぎること (2) 食いちぎること (3) 噛みきること (4) かっぱらい

नोच-खसोट [名*] (1) つかみ合い；かきむしり合い (2) むしり取ること；たかること (3) 奪い合い **नोच-खसोट क॰** 奪い取る；むしり取る；たかる；無理強いして手に入れる

नोचना [他] (1) むしる；かきむしる；引き抜く उनकी दाढ़ी पकड़कर खूब नोची गई あごひげが随分むしられた बाल नोचना 髪をむしる (2) 食いちぎる；ついばむ मेरी बोटी-बोटी नोच डालेंगे 私の全身を食いちぎることだろう सुबह तक उसका आधा हिस्सा चील, कौवे नोचकर खा गये 朝までにそれの半分をトビやカラスが食いちぎって食べてしまった (3) 噛む；噛みきる कुछ लड़के मुख में तिनका डालकर नोचते हैं, कुछ लड़के मुख में पत्ते डालकर नोचते हैं わらをくわえて噛んでいる子もいれば葉っぱを噛みきる子もいる (4) 引きちぎる बंदरों ने बयों के सब घोंसले नोच-नोच कर नीचे फेंक दिये 猿どもがハタオリ鳥の巣を全部引きちぎって投げ落としてしまった (5) 悩ます；さいなむ；苦しめる **नोचना-खसोटना** むしり取る；たかる；無理強いして手に入れる देश भर में फैले चंदाजीवी धार्मिक, सांस्कृतिक और सामाजिक पर्व के नाम पर आखिर कब तक हमें नोचते खसोटते रहेंगे? 国中に広がった寄付金集めの連中は宗教行事，文化行事，社会行事の名目で一体いつまで我々にたかるつもりなのか **नोचे खाना** ついばむ；食いちぎる

नोचा-नोची [名*] = नोच-खसोट.

नोचू [形] (1) むしる；むしりとる；引きちぎる；引き裂く (2) 奪い合う (3) 悩ます

नोट [名] 《E. note》(1) 覚え書き；メモ (2) 短い手紙 (3) 注；注釈；説明書き (4) 紙幣；札 पाँच रुपये का नोट 5 ルピー札 **नोटों की गड्डी** 札束 = नोटबंडल; नोटों का बंडल. **नोट क॰** 書き留める；控える लिफ़ाफ़े पर सभी के नाम नोट करो 封筒にみなの名を書き留める

नोट पेपर [名] 《E. notepaper》(1) 便箋 (2) ノート用紙；メモ用紙

नोटबुक [名*] 《E. notebook》ノート；帳面；ノートブック= कॉपी.

नोटरी [名] 《E. notary》公証人 = नोटरी पब्लिक.

नोटरी पब्लिक [名] 《E. notary public》公証人

नोटिफ़ाइड एरिया [名] 《E. notified area》= अधिसूचित क्षेत्र.

नोटिस [名] 《E. notice》(1) 通知；通告；告知 नोटिस दे॰ 通知する；通告する आप मकान मालिकों को नोटिस देकर उन्हें ठीक करा सकती हैं あなたは家主に通知して修理をしてもらうことができます नोटिस प्राप्त हो॰ 通知を受ける (2) 掲示；張り紙；貼り紙 तो क्या लिखा है नोटिस में? それで，貼り紙になんと書いてあるんだい (3) 警告 (-को) **नोटिस दे॰** (ーに) 警告する

नोट्स [名] 《E. notes》メモ；覚え書き नोट्स उतारना ノートをとる；メモする

नोड [名] 《E. node》〔数〕結節点

नो थैंक्स [感] 《E. no, thanks》いいえ，結構です (断りの返事) नो थैंक्स, सर, मैं बस से चली जाऊँगी いいえ結構です．あの私バスで帰りますから

नोदक [名] プロペラ；推進器

नोदन [名] (1) (動物を) 追うこと (2) 鞭や棒など (動物を追うのに用いる道具) (3) 推進；推進力 नोदन क॰ 推進する；進ませる

नोदना[1] [他] 突く；刺激を与える；進める

नोदना[2] [名*] 刺激 = प्रेरणा.

नोन [名] 塩 = नमक; लवण. **नोन-तेल** 調味料や油など日用品；生活必需品 **नोन-तेल का भाव मालूम हो॰** 現実を認識する **नोन-तेल लकड़ी की चिंता** 生活の心配；生計を営む心配；暮らしの心配 **नोन सत्तू बाँधकर निकल जा॰** 堅く決意して立ち向かう **नोन सत्तू बाँधकर** (-के) **पीछे पड़ना** *a.* (ーに) 熱中する *b.* (ーに) 執拗につきまとう；(ーに) 悩まされる

नोनचा[1] [名] 塩分の多い土地

नोनचा[2] [名] (1) 塩漬けの漬け物 (2) マンゴーのスライスの塩漬け

नोन-वीजीटीरियन [形・名] 《E. nonvegetarian》非菜食の (人)；肉食の (人)；肉食主義の (人)；非菜食主義者

नोनसेंस [形・感] 《E. nonsense》馬鹿馬鹿しい；馬鹿らしい→ नानसेंस.

नोना[1] [形⁺] (1) 塩分のある；塩気の；塩辛い (2) すぐれた；良い；優秀な (3) 美しい；きれいな

नोना[2] [名] (1) 壁土などに吹き出した塩分 (2) 塩分の多い土

नोना[3] [名] 〔植〕バンレイシ科低木ギュウシンリ (牛心梨)

नोनिया[1] [名] ノーニヤー (土から塩やソーダを精製するのを主な生業としてきたカーストとそのカーストの人)

नोनिया[2] [名*] 〔植〕スベリヒユ科雑草ヒメスベリヒユ【*Portulaca quadrifida*】= लोनिया.

नोनी [名*] (1) 塩分の多い土= लोनी मिट्टी. (2) = नोनिया[2]

नो-पार्किंग [名] 《E. no-parking》駐車禁止

नोबाल [名] 《E. noball》= नॉबाल. 〔ス〕(クリケットの) ノーボール (反則投球)

नोबिल प्राइज़ [名] 《E. Nobel prize》ノーベル賞

नोबुल पुरस्कार [名] 《← E. Nobel prize》ノーベル賞= नोबेल पुरस्कार. नोबुल पुरस्कार विजेता ノーベル賞受賞者

नोश [名] 《P. نوش》(1) 飲むこと (2) 美味な飲みもの；甘美な飲み物；甘露 नोश क॰ 飲む；食べる；飲み込む；吸う **नोश फ़रमाना** (敬語表現) お飲みになる；お召し上がりになる बिस्तर पर ही खाना भी नोश फ़रमाती हैं ベッドの上でもお召し上がりになる

नोह गीत [名] 《E. Noh ← J. 能 + H.》謡曲

नोह नाटक [名] 《E. Noh ← J. 能 + H.》〔芸〕能〈Noh drama〉

नौ[1] [数] 9；九 **नौ दिन में अढ़ाई कोस चलना** 牛のようにのろのろ歩む；のろのろと仕事をする；牛歩；極度に怠惰なことのたとえ = नौ दिन चले अढ़ाई कोस. **नौ दिन में ढाई कोस की रफ़्तार** 牛歩 **नौ दो ग्यारह हो॰** すたこら逃げる；一目散に逃げる "भाग क्यों न चलें?" "भागना कायरता है" "तो फिर यहीं मरो.बंदा तो नौ दो ग्यारह होता है" 「逃げようよ」「逃げるのは卑怯だ」「勝手にしろ，俺はすたこらさっさだ」 **नौ नगद न तेरह उधार** 〔諺〕高額の貸し売りよりも少額の現金取引のほうが (儲けは少なくても) よいものだ；多くても不確かなものより少なくても確かなほうがよいものだ **नौ निध बारह सिध हो॰** *a.* 隆盛していること *b.* 願いの叶うこと **नौ नेजे पानी चढ़ाना** 争いを長引かせる **नौ नौ बाँस उछलना** 嬉しさに飛び跳ねる；欣喜雀躍する **नौ सौ चूहे खाकर बिल्ली हज को**

चली 〔諺〕*a*. 悪事を重ねておいて善人ぶったことをするたとえ *b*. 悪事を重ねた人が年老いて信心深くなったのを揶揄する表現 *c*. 悪行を重ねたり不道徳な稼ぎをしてきた女性が信心深くなったのを揶揄する言葉 बड़े नेक और शरीफ़ बनते हो.नौ सौ चूहे खाकर बिल्ली हज को चली 殊勝なこと言うのね，悪事を重ねておいて今さら巡礼とはねえ **नौ हाथ का** とても長い

नौ[2] ［形］《P. نو》(1) 新しい (2) 最近の (3) 新鮮な= नया.

नौ[3] ［名*］船；船舶= नाव; जहाज़.

नौअ ［名］《A. نوع》(1) 種類 (2) しゅ（種） (3) 方法

नौउम्र ［形］《P.A. نو عمر》年少の；幼年の；若年の

नौकर ［名］《P. نوکر》(1) 家事使用人；召使い；下僕 (2) 職員 एक दफ़्तर में नौकर था あるオフィスに勤めていた (3) 役人；公務員 **नौकर बनाना** 召使いや使用人同然に扱う तुम लोगों ने मुझे नौकर बना रखा है 君たちは私を使用人にしてしまっている **नौकर-चाकर** *a*. 家事使用人；召使い；下僕 *b*. 家来；家の子郎党 **नौकर रखना** 使用人を雇う；召使いを置く

नौकरशाह ［名］《P. نوکر شاه》高級官僚；官僚制の担い手

नौकरशाही[1] ［名*］《P. نوکر شاہی》官僚制；官僚政治；官僚主義；ビューロクラシー

नौकरशाही[2] ［形］官僚の नौकरशाही तंत्र 官僚機構

नौकराना ［名］《← P. نوکر》(1) 心付け；賞与 (2) 店主が買い物に来る客の使用人に与える心付け

नौकरानी ［名*］《نوکرانی ← P. نوکر》家事手伝い；女中；下女

नौकरी ［名*］《P. نوکری》(1) 召使いや使用人として働くこと；奉公 (2) 勤務；勤め；仕事 नौकरी पर जाते समय 勤めに出掛ける時 **नौकरी कराना** 勤めさせる；勤めに出す इतना पढ़ा-लिखा कर क्या इससे नौकरी कराएगी? こんなに教育を受けさせておいてこの子を勤め人にするつもりかい **नौकरी छोड़ना** 仕事をやめる；職を捨てる；退職する अपने बच्चों की देखभाल के लिए उसने नौकरी क्यों न छोड़ दी? 子供の世話をするのになぜ職を辞めなかったのですか **नौकरी दे०** 職を与える；仕事を与える अपनी फ़ौज में अच्छी नौकरी भी देंगे こちらの軍隊にいい仕事も世話してやろう (-की) **नौकरी बजाना** *a*. (ーに) 仕える *b*. (ーの命に) 従う **नौकरी से लगना** 勤める；勤務する；雇われる **नौकरी से हटाना** 解雇する；首を切る = बरख़ास्त क०.

नौकरीपेशा[1] ［形］《P. نوکری پیشہ》勤務についた；勤めをしている；雇用されている；雇われている नौकरीपेशा परिवारों को 勤労者の家族を नौकरीपेशा महिलाएँ 職業婦人；勤労婦人 नौकरीपेशा लोग 勤労者たち नौकरीपेशा व्यक्ति 勤め人；勤労者

नौकरीपेशा[2] ［名］《P. نوکری پیشہ》勤め人；勤労者

नौकरीशुदा［形］《P. نوکری شده》有職の；職についている नौकरीशुदा महिलाएँ 職業婦人

नौकर्म ［名］船員・船乗りの仕事；船頭の仕事

नौका ［名*］(1) 小船；ボート；伝馬船 (2) 船 अपनी जीवन-नौका को खेने के लिए 人生の小船を漕ぐのに दो-चार पालवाली नौकाएँ 3〜4 枚の帆を張る帆船 **नौका डूबना** しくじる **नौका पार लगाना** まとめあげる；完成させる

नौकाकार ［名］船大工

नौकाचालक ［名］こぎて（漕ぎ手）；船乗り；船員

नौकादंड ［名］かい（櫂）；ろ（櫓）；オール= पतवार; डाँडा.

नौका-दौड़ ［名*］〔ス〕ボートレース；短艇競漕

नौका-यात्रा ［名*］船旅 = बहरी सफ़र.

नौका विहार ［名］川や湖沼など水辺での船遊び

नौगिरफ़्तार ［形］《P. نو گرفتار नौगिरफ़्तार》(1) 初めて捕まった (2) 初心の；習い始めの (3) 初めて好きになった

नौचर ［名］船員；船乗り；水夫= नौजीवक; मल्लाह.

नौचा ［名］《P. نوچہ》青年；若者

नौचालन ［名］航行；航海

नौची ［名*］《نوچی ← P. نوچہ》(1) 若い娘 (2) 芸妓見習い

नौज़ ［感］《← A. نعوذ باللہ नऊज़ बिल्लाह》願わくば（ー）のないことを願う；どうか神様（ー）が起こりませんようにお願いします；(…) なんかとんでもない

नौजवान[1] ［名］《P. نو جوان》若者；青年；壮者；ティーンエージャー= नवयुवक.

नौजवान[2] ［形］若い；青年の；青年期の；若々しい

नौजवानी ［名*］《P. نو جوانی》青年時代；思春期；青春= युवावस्था.

नौज़ा ［名］《← A. لوزہ लौज़ा》(1) アーモンド= बादाम. (2) 口蓋垂 (3)〔植〕チルゴーザーマツ = चिलगोज़ा.

नौजीविक ［名］船頭；水夫= नौजीवक; मल्लाह.

नौटंका ［形+］(1) 非常に軽量の；とても軽い (2) とてもきゃしゃな

नौटंकी ［名*］(1)〔イ芸〕ナウタンキー／ノウタンキー歌劇（北インドを中心に行われてきた歌劇風の大衆芸能の一種） (2) 安っぽい芝居；三文芝居；浪花節的なこと；芝居じみたこと हटो, अब यह सब नौटंकी मुझे नहीं सुहाती もういい．もうやめてくれ，わしは三文芝居は嫌いなんだ

नौतनी ［名*］〔ヒ〕新郎新婦を親類が家に招いて食事を供す儀礼

नौतरण ［名］船旅；航海

नौतल ［名］（船の）竜骨；キール

नौता ［名］= न्यौता.

नौतेरही ［名*］〔建〕(1) ノウテーラヒーレンガ（煉瓦）（旧式の小型レンガ．縦 4.5 ×横 2.5 インチ大）= ककई ईंट; लखौरी ईंट. (2) さいころ賭博の一種；ノウテーラヒー

नौतोड़ ［形］開墾されたばかりの

नौदंड ［名］ろ（櫓）；かい（櫂）

नौदौलत ［形・名］《P.A. نو دولت》成金（の）；にわかに金持ちになった

नौदौलती ［名*］《P.A. نو دولتی》成金

नौधन ［形］《P. نو + H.धन》= नौदौलत.

नौना[1] ［名］(1) 土や壁，れんがなどから吹き出た塩分 (2) 塩分を含んだ土

नौना[2] ［自］(1) かがむ；曲がる= झुकना. (2) 謙虚に振る舞う

नौनियाज़ ［形］《P. نو نیاز》習い始めの

नौनिहाल[1] ［名］《P. نو نہال》(1) 若木 (2) 青年；若者

नौनिहाल[2] ［形］生え出たばかりの；若々しい

नौनी ［名*］バター = नवनीत; मक्खन.

नौनेता ［名］舵取り；舵手 = कर्णधार; मल्लाह.

नौपरिसंचलन ［名］周航

नौप्रभार ［名］積み荷トン数

नौप्रेषण ［名］船積み 〈shipment〉

नौबंधन ［名］〔イ神〕マヌが大洪水の際船をつないだとされるヒマラヤ山頂

नौबढ़ ［形・名］成金（の）；にわか分限者= नौदौलत.

नौबत ［名*］《A. نوبت》(1) 順番；番 (2) 苦境；羽目；仕儀 (3) 祝典の際に祝いの楽として合奏されるナガーラー（ケトルドラム）やシャハナーイーなどの打楽器や管楽器；ノウバト (-की) **नौबत आ०** （ーの／ーする）羽目になる；(ーの) 仕儀になる देश में आपातस्थिति लागू करने की नौबत आई 国に非常事態宣言をする羽目になった फ़ौरन इलाज शुरू कीजिए.आपरेशन की नौबत मत आने दीजिए 直ちに治療を始めて下さるように．手術をする羽目にならぬように मैं घबराया कि इस बार कहीं गिरा तो पिटने की नौबत आ जाएगी 今度倒れたら殴られる羽目になるのではないかとあわてた **नौबत की टंकोर** 公然と；大っぴらに (-की) **नौबत को पहुँचना** = नौबत आ०. **नौबत झड़ना** = नौबत बजना. **नौबत झरना** = नौबत बजना. **नौबत बजना** *a*. 祝いの楽が奏でられる *b*. 盛大に祝われる *c*. 富み栄える **नौबत बजाकर** = नौबत की टंकोर. **नौबत बजाना** 盛大に祝う **नौबत बनौबत** 順番に；次々に；次第に；段々に आए हैं दुनिया में सब नौबत बनौबत अनबिया この世には預言者が順番に現れた (-की) **नौबत हो०** （ーが）苦境に立つ

नौबतख़ाना ［名］《A.P. نوبت خانہ》ノウバトハーナー（ノウバトカーナー）= नक़्क़ारख़ाना.

नौबती[1] ［形］《A.P. نوبتی》(1) 順番の (2) 交替の (3) 周期的な (4) 定期的な

नौबती[2] ［名］《A.P. نوبتی》(1) ノウバトハーナー नौबतख़ाना の奏楽隊の奏楽者 (2) 宮殿の衛兵 (3) ラバ（騾馬） (4) 大型テント

नौबतीदार ［名］《A.P. نوبتی دار》宮殿の衛兵= संतरी; दरबान.

नौबहार ［名］《P. نو بہار》(1) 春 (2) 早春

नौबहारी ［形］《P. نو بہاری》(1) 春の (2) 早春の

नौभार ［名］船積み荷；積み荷 〈shipment; cargo〉

नौमासा[1] [形+] 9か月の；9か月経過した；9か月目の
नौमासा[2] [名] (1) 妊娠9か月目 (2)〔ヒ〕妊娠9か月目に行われる儀式
नौमी [名*] 陰暦の各半月の9日
नौरंगा [名] 種苗場
नौरतन[1] [名] (1) 9種の宝石= नवरत्न. (2) 9種の宝石を用いてこしらえた腕輪 (3) 9人の賢者（ヴィクラマーディトヤ王 विक्रमादित्य の宮廷にいたと伝えれられる9人の学匠 धन्वंतरि, क्षपक, अमरसिंह, शंक, वेतालभट्ट; घटकपर; कालिदास, वररुचि, वराहामिहिर）
नौरतन[2] [名] ナウラタン（9種の香辛料を混ぜて作られるチャツネ चटनी）
नौरता [名] = नवरात्र.
नौरस[1] [形] (1) 新鮮な（果物） (2) 若々しい= नवयुवक; नौजवान.
नौरस[2] [名]〔イ文芸〕9種のラサ（情調）= नवरस.
नौरोज़ [名]《P. نو روز》(1) 元旦 (2) イラン暦の元旦（春分の日）；ノウローズ（ファルワルディーン फ़र्वरदीन 月の第1日．拝火教徒の元日でもある） = जमशेद नौरोज़. (3) 祭日；祝日
नौलखा [形+] (1) 90万（ルピー）の (2) 非常に高価な（宝石や宝石をはめこんだ装身具について言う） नौलखा हार 象嵌をしたとびきり高価な金の首飾り
नौलासी [形] 軟らかい= मुलायम; नर्म.
नौलि [名*]〔ヨガ〕ナーウリ；ノウリ（腹筋を激しく動かして行われる腹部の浄化のためのハタヨーガの行法の一）
नौलेवा [名] 洪水後に岸辺にたまる堆積土
नौवाब [名] ナワーブ= नवाब.
नौविज्ञान [名] 航海術
नौशा [名]《P. نوشه》花婿；新郎= वर; दूल्हा.
नौशी [名*]《نوشی← P. نوشه》花嫁；新婦= दुल्हन.
नौशेरवाँ〔人名・史〕《P. نوشیروان》アヌーシールワーン王（ササン朝ホスロー一世انوشیروان）
नौसंचालन [名] 航行；航海〈navigation〉.
नौसत [形・名] (1) 9＋7, すなわち, 16の (2) 16通りの化粧及び装身美容法→ सोलह सिंगार.
नौसफ़र [形]《P.A. نو سفر》初めて旅に出た
नौसर[1] [形] 九連の（首飾り）
नौसर[2] [名] 狡猾さ；手練手管= चालबाज़ी.
नौसरा [名] 九連の首飾り
नौसवार [形]《P. نو سوار》乗馬を習い始めたばかりの
नौसादर [名] ろしゃ；塩化アンモニウム〈salammoniac〉 नौसादर पानी में उबालकर दो बूँद पानी कान में डालिए 塩化アンモニウムを水に入れ沸騰させその2滴を耳に入れること
नौसार [名*] ノーニヤー（नोनिया）たちが土から塩を精製する場所
नौसिखिया [形] (1) 習い始めたばかりの；新米の (2) 世間知らずの；青二才の
नौसिखुआ [形] = नौसिखिया.
नौसेना [名*] 海軍；水軍= जलसेना; नेवी. नौसेना दिवस 海軍記念日
नौसेनाध्यक्ष [名] 海軍大将；提督
नौसेनापति [名] = नौसेनाध्यक्ष.
नौसेवा [名*] 海軍勤務；海軍奉職
नौसैनिक [形] 海軍の；海軍関係の
नौहड़ [名] さらの土鍋
नौहड़ा [名]〔ヒ〕祖霊祭の行われるピトリパクシャ（インド暦7月, すなわちアーシュヴィン月の黒分）= पितृपक्ष.
नौहरा [名] 納屋；物置
नौहा [名]《A. نوحه》(1) 死を悼むこと；死を悼んで泣き叫ぶこと；哀悼；悲嘆にくれること (2)〔イス〕カルバラー（करबला）の悲劇における犠牲者を追悼する歌（ウルドゥー追悼詩の一ジャンル）→ करबला.
नौहाख़्वाँ [形・名]《A.P. نوحه خوان》(1) 死を悼む；追悼する (2) 追悼者 (3)〔イス〕カルバラー（करबला）の悲劇の追悼詩を詠む人（詩人）
नौहाख़्वानी [名*]《A.P. نوحه خوانی》(1) 追悼 (2)〔イス〕カルバラーの悲劇の追悼詩を詠むこと

न्यंकु [名]〔動〕ヌマジカ（沼鹿）；バーラーシンガー= बारहसिंगा.
न्यंग [名] (1) しるし；特徴 (2) 種類；種別
न्यंत [名] 近接；接近
न्यक्कार [名] 軽蔑；侮蔑；侮辱= अवमान; तिरस्कार.
न्यक्ष[1] [形] 下品な；下賤な；あさましい；下劣な
न्यक्ष[2] [名] 全きこと；完全= संपूर्णता.
न्यग्भाव [名] (1) 軽蔑 (2) 屈辱
न्यग्रोध [名] (1)〔植〕クワ科バンヤンジュ= बड़; बड़गद. (2)〔植〕マメ科高木【*Prosopis cineraria*】 (3) ひろ（尋）（大人が両手を広げた長さ）
न्यग्रोधी [名*]〔植〕ヒルガオ科蔓草【*Merremia emarginata*】= मूसाकानी.
न्यसन [名] (1) 預けること；預託 (2) 与えること (3) 持ち出すこと
न्यस्त [形] (1) 置かれた (2) 保管された (3) 投下された (4) 並べられた (5) 放棄された (6) 保留された (7) 隠された
न्यस्तशस्त्र [形] (1) 武器を捨てた (2) 武器の放棄を誓った
न्यस्तस्वार्थ [名] 既得権；確定的権利〈vested interest〉
न्याज़ [名] → नियाज़.
न्यान [名*]《Tib. nyang》〔動〕ウシ科アルガリ；バンヨウ【*Ovis ammon hodgsoni*】〈nayan; great Tibetan sheep〉
न्याय [名] (1) 規則；決まり (2) 公正；正義 सामाजिक न्याय 社会正義 (3) 公平；不偏不党 (4) 裁判 (5) 判決 (6) 論理；論法 (7)〔イ哲〕六派哲学の一, ニヤーヤ学派（正理派） (8) 論理学 **काव्यगत न्याय** 勧善懲悪 **न्याय का गला घोटना** 正義をねじ曲げる **न्याय की भीख माँगना** 公正な裁きを求める **न्याय की हत्या क°** = न्याय का गला घोटना. **न्याय माँगना** 正義を求める；正しい裁きを求める **न्याय मिलना** 公平な判定を受ける；正しい裁決を得る；正当な評価を得る इस प्रकार न्याय प्रत्येक व्यक्ति को शीघ्र मिलता है こうしてだれもが正しい裁きをすぐに受けられる
न्याय तंत्र [名] 司法制度
न्याय पंचायत [名*] ニヤーヤ・パンチャーヤト〈司法パンチャーヤト〉（現代インドの村落内の小さな民事・刑事事件を審判する自治組織） कई ग्रामपंचायतों के लिए एक न्याय पंचायत होती है 数カ村の村落パンチャーヤトにつき1つの司法パンチャーヤトが存在する
न्यायपर [形] 公正な；公明正大な
न्यायपरता [名*] ←न्यायपर. 公正；公平
न्यायपरायण [形] 公明正大な
न्यायपालिका [名*] 司法府 न्यायपालिका के निर्णय को 司法府の判定を
न्याय पीठ [名]〔法〕法廷；判事席〈bench〉
न्यायप्रणाली [名*] 司法制度 न्यायप्रणाली में सुधार 司法制度の改革
न्यायप्रिय [形] 公正な；正義を重んじる；公明正大な；公平無私の न्यायप्रिय राजा 公正な王
न्यायमूर्ति [名] 高等法院判事〈justice〉
न्यायरूप [形] 公正な；公明正大な
न्यायवादी[1] [名] 弁護士；弁護人
न्यायवादी[2] [形] 主張の公正な
न्यायवान् [形] 公正な= न्यायी.
न्यायशास्त्र [名] (1)〔イ哲〕ニヤーヤ派の学説 (2) 法学= विधि शास्त्र.
न्यायशास्त्री [名] 法学者 = विधिवेत्ता.
न्यायशील [形] 公正な；公明正大な न्यायशील बादशाह 公正な国王
न्यायसंगत [形] 公正な；公平な इस समय जो अंतर्राष्ट्रीय आर्थिक व्यवस्था है वह न्यायसंगत नहीं है 今日の世界経済の秩序は公平なものではない
न्यायसंगति [名*] 公正；公明正大なこと
न्याय सभा [名*] 裁判所= न्यायालय; कचहरी; अदालत.
न्यायाधिकरण [名] 裁判所；法廷
न्यायाधिवक्ता [名]〔軍〕法務官；判士
न्यायाधीन [形]〔法〕未決の；審理中の〈subjudice〉
न्यायाधीश [名] 判事；裁判官
न्यायालय [名] 裁判所 अंतर्राष्ट्रीय न्यायालय 国際司法裁判所 सर्वोच्च न्यायालय 最高裁判所 उच्चतर न्यायालय 高等裁判所
न्यायिक [形] (1) 司法の (2) 裁判の (3) 訴訟の；訴訟に関する (4) 裁判による मामले की न्यायिक जाँच का आदेश दिया जा चुका है 事件の司法調査がすでに指示されている

न

न्यायिक अधिकार [名] 司法権= न्यायिक शक्ति.
न्यायिक कार्यवाही [名] 訴訟手続き= न्यायिक कार्यविधि.
न्यायिक क्षेत्र [名] 法曹（界） न्यायिक क्षेत्र के लोग 法曹界（の人たち）
न्यायिक तंत्र [名] 司法機構
न्यायिक नज़ीर [名*] 《H. + A. نظیر》判例；判決例
न्यायिक पृथक्करण [名]〔法〕裁判による別居
न्यायिक प्रक्रिया [名*] 司法手続き= न्यायिक कार्यविधि.
न्यायिक मैजिस्ट्रेट [名]〔法〕司法判事（インドの司法制度の中で裁判権を持ち軽微な刑事事件の審判に当たる下級裁判所 Court of Magistrate の判事で高等裁判所によって任命される．その権限により 3 つの等級がある）〈judicial magistrate〉
न्यायोचित [形] 正当な；適当な；公正な हर किसान को उसका न्यायोचित हिस्सा मिलता है 農民はそれぞれ正当な配分を得る
न्याय्य [形] = न्यायोचित.
न्यार[1] [名] = नियारा[1]
न्यार[2] [名] 家畜の飼料；まぐさ（秣）；かいば
न्यारा [形⁺] (1) 離れている；分かれている；分離している (2) 別の；他の；別個の；異なった (3) 独特の；独自の；特別の；格別の झूले का आनंद न्यारा होता है ブランコ遊びの楽しみは格別なもの
न्यारे [副] (1) 離れて (2) 分かれて；別に；別個に
न्याव [名] (1) 正義；公正= न्याय. न्याव चुकाना 公正に判断する (2) 分別
न्यास [名] (1) 設置 (2) 配置 (3) 託されたもの；預けられたもの；信託されたもの (4) 贈与 (5) 信託；信託財産；トラスト；財団；基金 (6) 信託財産の保管委員会 इंदिरा गाँधी स्मृति न्यास की ओर से インディラー・ガーンディー記念財団より नगर विकास न्यास 都市開発基金
न्यास कंपनी [名*] 信託会社；信託銀行
न्यास भंग [名] 背任；信託違反
न्यासी [名] (1) 受託者；保管人；被信託人 (2) 管財人；保管委員
न्युक्लिओलस [名] 《E. nucleolus》〔生〕核仁；核小体
न्युक्लियस [名] 《E. nucleus》〔物理〕原子核
न्यूक्लिया [名] 《E.(L.) nuclei ← (L.) nucleus》〔物理〕核；原子核 न्यूक्लिया का अस्लिहा 核兵器
न्यूक्लियाई [形] 《← E. nuclear》〔物理〕核の；原子核の
न्यूक्लियाई ख़तरा [名] 核による危機；核危機
न्यूक्लीक एसिड [名]《E. nucleic acid》〔生化〕核酸= न्यूक्लीक अम्ल.
न्यूक्लीय [形]《← E. nuclear》〔物理〕原子核の= नाभिकीय. न्यूक्लीय अभिक्रिया（原子）核反応〈nuclear reaction〉
न्यूक्लीय टक्कर [名]〔物理〕核衝突〈nuclear collision〉
न्यूक्लीय भट्ठी [名*]〔物理〕原子炉= न्यूक्लीय रिएक्टर.
न्यूक्लीय भौतिकी [名*] 原子物理学；核物理学〈nuclear physics〉
न्यूक्लीयर वारहेड [名] 《E. nuclear warhead》〔軍〕核弾頭
न्यूक्लीय शस्त्र प्रसार निषेध संधि [名*] 核拡散防止条約
न्यूक्लीय संलयन [名] 核融合= न्यूक्लीय फ़्यूजन. 〈nuclear fusion〉
न्यूज़ [名] 《E. news》ニュース；ニュース報道= समाचार; ख़बरें.
न्यूज़ एजेंसी [名*] 《E. news agency》通信社= समाचार एजेंसी; समाचार समिति.
न्यूज़पेपर [名] 《E. newspaper》新聞= समाचार-पत्र; अख़बार.
न्यूज़पेपर स्टाल [名] 《E. newspaper stall》新聞販売店
न्यूज़प्रिंट [名] 《E. newsprint》新聞印刷用紙
न्यूज़ बुलेटिन [名*] 《E. news bulletin》ニュース報道；ニュース放送 न्यूज बुलेटिन शुरू हो गई ニュースの放送が始まった
न्यूज़ रील [名] 《E. news reel》ニュース映画= समाचार चित्र.
न्यूजीलैंड〔国名〕《E. New Zealand》ニュージーランド
न्यूट [名] 《E. newt》〔動〕両生類イモリ
न्यूटन〔人名〕《Sir Isaac Newton》アイザック・ニュートン（1642–1727） **न्यूटन के गति-नियम**〔物理〕運動の法則〈Newton's law of motion; Law of motion〉
न्यूटनी दूरदर्शक [名]〔天〕ニュートン式望遠鏡= न्यूटनी दूरबीन.〈Newtonian telescope〉
न्यूट्रॉन [名] 《E. neutron》〔物理〕ニュートロン；中性子
न्यूट्रॉन बम [名] 《E. neutron bomb》〔軍〕中性子爆弾
न्यूट्रिनो [名] 《E. neutrino》〔物理〕ニュートリノ

न्यून [形] (1) 少ない；少量の (2) 小さい；形の小さい (3) 足らない；不足している (4) 劣っている；欠けている (5) 低い
न्यूनकोण [名]〔数〕鋭角〈acute angle〉 न्यूनकोण त्रिभुज 鋭角三角形
न्यूनकोणीय [形]〔数〕鋭角の〈acutangular〉
न्यूनतम [形] 最少の；最低の न्यूनतम क़ीमत 最低価格 न्यूनतम ताप 最低温度 न्यूनतम मज़दूरी 最低賃金 न्यूनतम युग्म〔言〕最小対立ペア〈minimal pair〉 न्यूनतम वेतन 最低賃金 सरकार द्वारा निर्धारित न्यूनतम वेतन 政府の決めた最低賃金
न्यूनता [名*] ←न्यून. अपने जीवन-साथी में न्यूनताएँ अधिक मालूम देंगी 伴侶の欠点がいっそう判明しよう शारीरिक न्यूनता 身体の欠陥
न्यूनांग [形] 身体に不都合や障害，あるいは，欠陥のある
न्यूनाधिक [副・形] 多かれ少なかれ；多かったり少なかったりの；多少の= थोड़ाबहुत; कमोबेश.
न्यूमोनिटिस [名] 《E. pneumonitis》〔医〕肺胞隔炎
न्यूयार्क〔地名〕《E. New York》ニューヨーク（アメリカ合衆国）
न्यूरोलॉजी [名*] 《E. neurology》〔医〕神経病学= तंत्रिका विज्ञान; तात्रिकी.
न्यूरो साइकियाट्रिस्ट [名] 《E. neuropsychiatrist》〔医〕神経精神病学者；神経精神病医
न्यूरोसाइकियाट्री [名*] 《E. neuropsychiatry》〔医〕神経精神病学；神経精神病治療法
न्योछावर [名*] = निछावर. नारायण ने तुमको बच्चे दिये हैं, तो मुझे भी न्योछावर मिल जाती है 神様があんたに子供をお授け下さったのだから私もご祝儀をいただけるわ
न्योजी [名*] レイシ（茘枝）の実→ लीची.
न्योतना [他] (1) 祝いや祝典に招く；招待する (2) 食事や宴会に招く；食事に招く इसमें बकरे काटे जाते हैं और भात न्योता जाता है この際山羊が犠牲に供され食事の招待がなされる (3) 呼び寄せる；誘う；招く
न्योतनी [名*] 祝宴；祝賀の宴；宴会；宴席
न्योता [名] (1) 招くこと；招待（すること）= निमंत्रण. (2) 宴会；祝宴（への招き）；招待= दावत; भोज. (3) 誘い；招き यह तो आग में कूद पड़ने का न्योता है これは火に飛びこむようにとの誘い (4) 祝儀や不祝儀の際に贈られる金品；祝儀；不祝儀 **न्योता आ॰** 招かれる；招待を受ける；宴会に招かれる **न्योता खाना** 宴会に呼ばれる；宴会に出る；宴会に出て馳走を食べる **न्योता खिलाना** 宴会に招く；馳走する (-को) **न्योता दे॰** (ーを) 招く；招待する **न्योता मिलना** 招かれる；招待を受ける；招待される विश्वामित्र को राजा जनक के यहाँ से सीता के स्वयंवर का न्योता मिला ヴィシュヴァーミトラ聖仙はジャナカ王からシーターの婿選びの式に招待された
न्यौछावर [名*] = निछावर. **न्यौछावर क॰** 捧げる；犠牲にする अपनी जान न्यौछावर क॰ 身を捨てる；命を捧げる उसके कष्ट क्लेशों को बाँटना एवं अपना तन-मन-धन उसपर न्यौछावर क॰ その人の悩みや苦しみを分かち合うこと，そして己の身も心も財産も捧げること हिंदुस्तान की अनगिनत सुहागिनों ने अपने सुहाग न्यौछावर दिए インドの無数の婦人たちがその妻としての幸せを犠牲にした
न्यौजी [名*] 胴巻き = टाँची; न्यौली; मियानी.
न्यौतना [他] = न्योतना.
न्यौता [名] = न्योता.
न्हान [名] = नहान; स्नान.
न्हाना [自] = नहाना; स्नान क॰.

प

पं॰[1] [名*] पंक्ति の省略形
पं॰[2] [名] पंडित の省略形
पंक [名] (1) 泥；泥土 (2) 泥濘 (3) 汚すもの；けがすもの (4) 塗布するもの **पंक में गिरना** *a.* 災難に巻き込まれる；泥沼にはまる *b.* 悪事に巻き込まれる **पंक में पड़ना** ＝ पंक में गिरना.
पंकचर [名] 《E. puncture》パンク＝ पंक्चर; पंचर. पंकचर हो॰ パンクする
पंकज[1] [形] 泥土に生える；泥の中に生える
पंकज[2] [名]〔植〕スイレン科水草ハス（蓮）【*Nelumbo nucifera*】＝ पद्म; कमल.
पंकजन्म [名]〔植〕ハス；蓮 ＝ पंकज; कमल.
पंकजन्मा[1] [形] 泥土から生じる
पंकजन्मा[2] [名] (1)〔ヒ・イ神〕ブラフマー神（ヴィシュヌ神の臍より出た蓮華から生じたとされるところからこの名がある） (2)〔植〕ハス (3)〔鳥〕オオヅル＝ सारस.
पंकजनाभ [名]〔ヒ・イ神〕ヴィシュヌ神 भगवान विष्णु の異名の一
पंकजयोनि [名]〔ヒ・イ神〕ブラフマー神 ब्रह्मा の異名の一
पंकजवाटिका [名*]〔韻〕パンカジャヴァーティカー（各パーダが भगण ＋ नगण ＋ जगण ＋ जगण ＋ लघु の 13 音節からなる音節韻律）
पंकजात [名]〔植〕ハス（蓮）＝ कमल.
पंकजासन [名] ブラフマー神 ब्रह्मा の異名の一
पंकरुह [名]〔植〕蓮；蓮華＝ कमल.
पंकार [名] (1)〔植〕トチガミ科沈水草【*Blyxa octandra; B. vallisneria*】 (2)〔植〕ヒシ科ヒシ【*Trapa natans; T. bispinosa*】
पंकिल[1] [形] (1) 泥の混じった；泥まみれの；泥濘の (2) 汚れた；濁った पंकिल हो जा॰ ぬかるむ；泥濘になる
पंकिल[2] [名] 大きな船＝ बड़ी नाव; बजड़ा.
पंकिलता [名*] ←पंकिल. (1) ぬかるむこと；泥まみれの状態 (2) 汚れ (3) けがれ（穢れ）
पंक्चर [名] 《E. puncture》パンク पंक्चर क॰ パンクさせる पंक्चर जोड़ना パンクの修理をする पंक्चर हुई बस パンクしたバス मार्ग में गाड़ी पंक्चर हो जाने से 途中で車がパンクしたので
पंक्ति [名*] (1) 列＝ पाँती; कतार; लाइन. (2) 行列 (3) 集団；集まり (4) カースト集団；カースト；ジャーティ (5) 行 (6) 線＝ रेखा. **एक पंक्ति में** 一列に किसान ने जुलाहों को एक पंक्ति में बैठा दिया 農夫は織工たちを一列に座らせた **एक पंक्ति में खड़ा हो॰** 列になる；列をなす；一列になる；整列する कैदी एक पंक्ति में खड़े हुए 囚人たちは整列した **(-की) पंक्ति में खड़ा क॰** （－の）列に入れる；列に加える **पंक्तियाँ जोड़ना** 詩を詠む
पंक्तिकृत [形] 列をなした；列になった
पंक्तिच्युत [形] カーストから追放された；ジャーティから追放された
पंक्तिदार [形] 《H. ＋ P. دار》列をなした；一列の；連なった यूक्लिप्टस के ऊँचे पंक्तिदार वृक्ष 一列に連なったユーカリの高い木立
पंक्तिबद्ध [形] 列になった；一列の；整列した＝ श्रेणीबद्ध.
पंक्तिबाह्य [形] カースト（ジャーティ）の交際関係から追放された＝ जातिबहिष्कृत.
पंक्तिभेद [名] カースト差別＝ जातिभेद. **पंक्तिभेद क॰** カースト差別をする
पंख [名] (1) 羽（虫や鳥の羽）；鳥の翼 तितली के पंख 蝶の羽 (2) 飛行機の翼 मिराज - 2000 के त्रिकोणीय पंख（डेल्टा विंग）ミラージュ 2000 の三角翼（デルタ翼） (3) 扇風機の羽 **पंख उग आ॰** 元気が出る；はつらつとする **पंख काट दे॰** 羽や翼をもぐ **पंख जमना** *a.* 羽が出そろう；独り立ちできるようになる；巣立つ *b.* 道を逸れたり踏み外したりするようになる *c.* 終わりや最期が迫る徴候が見える **पंख तौलना** *a.* 羽を広げる *b.* 力試しをする **पंख परेवा बना डालना** つまらぬことを騒ぎ立てる；つまらぬことで大騒ぎする **पंख पर पानी न लगना** 全く影響が及ばない **पंख फटफटाना** 羽ばたく；羽ばたきする＝ पंख फड़फड़ाना. **(-को) पंख लगना** （－が）全速力で走り出す सुनकर उसको तो जैसे पंख लग गए それを聞くと羽が生えたかのように全速力で走り出した **पंख लगाकर उड़ जा॰** 姿をくらます
पंखड़ी [名*] 花弁；花びら＝ पंखरी; पुष्पदल.
पंखपिच्छ [名] 羽軸；羽柄〈quill feather〉
पंखविस्तार [名] 翼長（飛行機の）
पंखहीन [形] (1) 羽や翼のない (2) 寄る辺ない
पंखा [名] (1)（ヤシの葉などでこしらえたもの，天井から吊るすものなどを含め形の）大きな扇；うちわ；パンカー (2)（電気）扇風機 जाड़े के मौसम में भी पंखे चल रहे थे 冬でも扇風機が回っていた (3) 水車，タービンなどの羽根 **पंखा क॰** 扇ぐ；うちわを使う **पंखा चलाना** 扇風機を回す **पंखा झलना** ＝ पंखा क॰. उसने मिसेज़ सक्सेना को पंखा झलना शुरू किया 彼女はサクセーナー夫人を扇ぎ始めた **पंखा डुलाना** ＝ पंखा क॰.
पंखाकार [形] 扇形の；扇状の
पंखा कुली [名] 《H.＋ T. قلی》旧式の建物の天井から下げられた大きな手動の扇をひもで引いて動かし風を起こす仕事に従事した使用人；パンカークリー
पंखानुमा [形] 扇形の；扇状の
पंखिया [名*] 小さな扇；扇子
पंखी[1] [名] 鳥＝ पक्षी; चिड़िया; पंछी.
पंखी[2] [名*] (1) 小さな昆虫 (2) パンキー（ヒマーチャル・プラデーシュ州あたりで生産される上等の羊毛やその織物）
पंखी[3] [名*] 小さな扇；扇子；うちわ
पंखुड़ी [名*] 花弁；花びら＝ पंखड़ी.
पंखेरू [名] 鳥＝ पखेरू; पक्षी.
पंग [形] ＝ पंगु. (1) 両足が不揃いの；びっこの；ちんばの (2) 偏った；一方に偏した पंग नज़रिया 偏見；偏った見方
पंगई [名*] オール；かい（櫂）
पंगत [名*] (1)〔ヒ〕会食をするために食事の席に着いた人々の列 जगन्नाथपुरी में तो छूत-अछूत सब एक पंगत में खाते हैं, पर यहाँ तो नहीं खा सकते ジャガンナートプリーではカーストの区別なく皆が同じ席で食事をするが，ここではそうすることはできない (2) 会食 (3) 列 (4) 同一カーストなどの人々の集団；カースト集団 **पंगत उठना** 会食の人たちが食べ終わる；食べて席を立つ हर पंगत के उठने के बाद जब पत्तल दोनों का ढेर पिछवाड़े फेंका जाता है 会食の列が席を立った後，木の葉の皿がまとめて裏に捨てられる際 **पंगत दे॰** 会食に招待する **पंगत पड़ना** 会食の席に着く＝ पंगत बैठना; पंगत लगना.
पंगति [名*] ＝ पंगत.
पँगरा [名]〔植〕マメ科中高木【*Erythrina suberosa*】＝ डोलढाक; ढाक; मदार.
पंगा [形⁺] (1) 両足が不揃いの；びっこの；ちんばの (2) 身体に障害のある；不具の；かたわの (3) 役立たずの
पंगु[1] [形] (1) 両足が不揃いの；びっこの；ちんばの (2) 身体器官が本来の機能を発揮できない (3) 機能を発揮しない；機能に欠陥のある；然るべき活動のできない
पंगु[2] [名]〔医〕慢性関節リュウマチ；リウマチ
पंगुता [名*] ←पंगु. उन्होंने अलौकिक शक्ति से उसकी पंगुता दूर कर दी 超能力で不具の足を治してやった
पंगुल[1] [形] (1) 手足の萎えた (2) この上なく怠惰な
पंगुल[2] [名]〔植〕トウダイグサ科ヒマ；トウゴマ（唐胡麻）＝ रेंडी; अंडी.
पंगो [名*] 雨季の後，川縁に堆積した土
पंगोलिन [名] 《E. pangolin》〔動〕哺乳動物有鱗目センザンコウ科センザンコウ（穿山甲）【*Manis crassicaudata*】〈The Indian Pangolin〉【*Manis pentadactyla*】〈The Chinese Pangolin〉＝ वज्रकीट; ＝ वज्रशल्क.
पंच[1] [数・造語] 《Skt.》5；5 の意を表す造語要素＝ पाँच.
पंच[2] [名] (1) 5 人の人，もしくは，それ以上の人々の集まり；世間 (2) 仲裁人；仲裁者；仲裁者の集団；パンチ (3) 陪審員 (4) 審

判；レフェリー (5) 村長；村の代表者 (6) カーストの長 **पंच की दुहाई** 世間の人々の良心に訴えて救いや助けを求める **पंच की भीख** 世間の人や周囲の人たち皆からの好意や祝福 **पंच के दिल में ख़ुदा बसता है** 〔諺〕パンチの胸には神が宿る；パンチの裁定は公平なものであり不可侵のものである **पंच फ़ैसला** 仲裁裁定；仲裁者の裁定 (-को) **पंच बदना** (ーを) 仲裁者にする；仲裁人に立てる किस किस को पंच बदते हो? 一体誰々を仲裁人にするのだい **पंच बुलाना** 仲裁人に集まってもらう **पंच मानना** = पंच बदना. **पंच में परमेश्वर बास करते हैं** 〔諺〕公正な仲裁人の判定は神の裁きに等しい= पंच के दिल में ख़ुदा बसता है; पंच के मुख में परमेश्वर. **पंचों का हुक्म अल्लाह का हुक्म है** パンチの命令は神の命令も同然

पंच[3] [名]《E. Punch》『パンチ』(イギリスの風刺漫画雑誌 1841–1922)

पंच[4] [名] 《E. punch》 (1) 穴あけ道具；パンチ (2) 道具で穴をあけること कार्ड पंच क॰ カードにパンチを入れる

पंचक[1] [名] (1) 5つのものの集まり (2) 〔占星〕5つの星宿（インドの二十七宿の第23～27の5宿，すなわち，धनिष्ठा, शतभिषा, पूर्वाभाद्रपदा, उत्तराभाद्रपदा, रेवती. 月がこれらの星宿にある時には新規に事を始めたり祝い事をしてはいけないとされる)；パンチャカ पंचकों तथा काले महीने भाद्रपद (भादों) में चूल्हा नहीं बनाया जाता パンチャカとバードン月には竈はこしらえないことになっている (3) 5分の利子

पंचक[2] [形] 5つの物から成る；5つの要素から成る

पंच ककार [名]〔シク〕シク教徒男子の正装に不可欠の5つのKの音で始まる物，すなわち，毛髪にさす櫛 कंघा, 切らずに保つべき毛髪 केश, 短ズボン कच्छ/कच्छा, 右手首につける鉄製の腕輪 कड़ा, 象徴的な短剣 किरपान. パンジャーブ語ではパンジカッケーと呼ばれる

पंचकर्म [名]〔アユ〕アーユルヴェーダで行われる5種の治療法（吐瀉剤 वमन, 下剤 विरेचन, 鼻からの薬剤使用 नस्य, 肛門からの2種の薬剤使用 वस्ति)

पंचकवल [名]〔ヒ〕パンチャカヴァラ（5口分の意. 食事を始める際に犬，カーストから追放された者，ハンセン（氏）病患者，病人，カラスのために取り分けておくべきものとされた)

पंचकोण[1] [形] 5角の；5角形の

पंचकोण[2] [名] 5角形

पंचगव्य [名]〔ヒ〕雌牛から得られる神聖なものとされる5種類のもの（牛乳，牛酪 (घृत, घी)，凝乳／ヨーグルト，牛糞及び牛の尿を合わせたもの)；パンチャガヴィヤ **पंचगव्य पीना** 〔ヒ〕贖罪のために上記のパンチャガヴィヤを飲む

पंचगुण[1] [形] 5倍の= पाँचगुना.

पंचगुण[2] [名] 五官の対象；人間の感覚の対象

पंचगुना [形+] 5倍の= पाँचगुना.

पंचगौड़ [名] パンチャガウラ，もしくは，パンチャガウダ（サーラスヴァット सारस्वत, カーンニャクブジャ कान्यकुब्ज, ガウラ गौड़, マイティラ मैथिल, ウトカラ उत्कल, 以上北インドの5地域のバラモン集団)

पंचग्रह [名] 5惑星（火星，水星，木星，金星，土星)

पंचचामर [名]〔韻〕パンチャチャーマラ（各パーダが जगण + रगण + जगण + रगण + जगण + गुरु の16音節から成る音節韻律)

पंचजन [名] (1) 5人の集まり；5人の集団 (2) ガンダルバ (गंधर्व)，祖霊，神，アスラ (असुर)，ラークシャサ (राक्षस) の集まり (3) 人々

पंचजनीन [名] (1) 道化役者；道化師= नट. (2) 幇間；太鼓持ち = भाँड़.

पंचजन्य [名]〔イ神〕ヴィシュヌ神（クリシュナ神）の持ち物の法螺貝，パンチャジャニャ

पंचतंत्र [名]〔文芸〕『パンチャタントラ』(ヴィシュヌシャルマー विष्णुशर्मा, もしくは，ヴィシュヌグプタ विष्णुगुप्त 作と伝えられるサンスクリット語の説話集の代表的な作品)

पंचतत्त्व [名] (1) 地・水・火・風・空の五大 (2) = पंचमकार. **पंचतत्त्व को प्राप्त हो॰** 死ぬ；死去する **पंचतत्त्व में मिल जा॰** 五大に還る；死ぬ उनका नश्वर शरीर पंचतत्त्व में मिल गया その方の現身は五大に還った

पंचतपा [形]〔ヒ〕5種の火，すなわち，太陽の下，座の四方に火を焚き熱の苦しみのもとに行われる（修行や苦行)

पंचतीर्थी [名*]〔ヒ〕(地域や時代により種々の数え方のある) 五大聖地；五大巡礼地

पंचत्रिंश [形] 《Skt.》第35の；35番目の= पैंतीसवाँ.

पंचत्रिंशत् [数] 《Skt.पञ्चत्रिंशत्》35

पंचत्व [名] (1) 5つであること；5つのもの (2) 死（五大に還ること） = मृत्यु. **पंचत्व को प्राप्त हो॰** 死ぬ；死去する

पंचदश [数] 《Skt.पञ्चदश》十五；15 = पंद्रह.

पंचदशाह [名] 15日間；半月

पंचदशी [名*] (1) 満月 = पूर्णमासी. (2) 晦日 = अमावस्या.

पंचदेव [名]〔ヒ〕(スマールタ派においては) ヴィシュヌ，シヴァ，スーリヤ，ガネーシャ，ドゥルガーの5神

पंचद्राविड़ [名] ヴィンディヤ山の南方に住むバラモンの5つのグループ，すなわち，マハーラーシュトラ・ブラーフマン (महाराष्ट्र ब्राह्मण)，タイランガ・ブラーフマン (तैलंग ब्राह्मण)，カルナータ・ブラーフマン (कर्णाट ब्राह्मण)，グルジャラ・ブラーフマン (गुर्जर ब्राह्मण)，ドラヴィダ・ブラーフマン (द्रविड़ ब्राह्मण)

पंचनखी [名*]〔動〕爬虫類インドオオトカゲ= गोह.

पंचनद [名] (1) パンジャーブ地方（五河地方） (2) パンジャーブ地方に流れる5つの川，サトラジ川 (सतलज)，ヴィヤース川 (व्यास)，ラーヴィー川 (रावी)，チャナーブ川 (चनाब)，ジェーラム川 (झेलम)

पंचन लामा [名] 《E. Panchen Lama ← Tib.》ラマ教のパンチェンラマ〈Tashi Lama〉

पंचनवत [形] 《Skt.पञ्चनवत》第95の；95番目の= पंचानबेवाँ.

पंचनवति [数] 《Skt.पञ्चनवति》95 = पंचानबे.

पंचनामा [名] 《H.+ P. نامہ》（仲裁人による）裁定書；調停書

पंचपत्ती [名*]〔トラ〕ナポレオン

पंचपरमेश्वर [名] (1) パンチャーヤットの裁定は神の裁きと同じく絶対不可侵のものであるということ पंचपरमेश्वर का विचार パンチャーヤットの裁定を至上のものとする考え (2) 社会；世間

पंचपर्व [名]〔ヒ〕月の8日，14日，15日（晦日）及び太陽が黄道十二宮のそれぞれに入る日

पंचपल्लव [名]〔ヒ〕神前に供えるマンゴー，ムラサキホトウ，ベルノキ，ナガエミカン，シトロンの5種の木の若枝（その他の数え方もある）

पंचपात्र [名]〔ヒ〕祈祷礼拝の儀礼の際用いられる金属製の広口の水入れ

पंचपीर [名] 《H.पंच + P. پیر पीर》〔イス〕パンチピール（北インドのムスリムの間の民間信仰の対象となってきた5人のピール=聖者のことで，ガージーミヤーン गाज़ी मियाँ, ブアフナー・ピール बुअहना पीर, パリハール पलिहार, アミナーサティー अमिना सती, ハティーレー हथीलेなどの種々の数え方がある）

पंचपीरिया [形・名] 《← पंचपीर》〔イス〕パンチピーリヤー（パンチピールを崇拝する人や信徒）

पंच-प्यारे [名]〔シク〕パンジ・ピヤーレー= पंज-प्यारे.

पंचप्राण [名] 生命を保たせるものとされる5種の気；生命エネルギー (प्राण, अपान, समान, व्यान, उदान)

पंच फ़ैसला [名] 《H. + A. فیصلہ》仲裁裁定

पंचबाहु [名] シヴァ神の異名の一 शिव जी

पंचभुज[1] [形] (1) 5本の腕を持つ (2) 5角の；5角形の

पंचभुज[2] [名] 5角形

पंचभुजी [名*] 5角形；星印；星形のもの

पंचभूत [名] 五大（地 पृथ्वी 水 जल 火 अग्नि 風 वायु 空 आकाश）

पंचम[1] [形] 《Skt.》(1) 第5の；5番目の= पाँचवाँ. (2) 〔イ音〕第5音階の पंचम सुर में अलापना (रेंकना) 調子はずれの高い声で歌う

पंचम[2] [名] (1) 〔イ音〕パンチャマ；オクターヴの第5音 (2) 〔イ音〕ラーガの一 (3) デーヴァナーガリー文字アルファベットの子音字各行の第5番目の ङ, ञ, ण, न 及び म (4) 四姓，すなわち，四ヴァルナ (वर्ण) 以外の人；パンチャマ（第5のヴァルナの意，カースト外の人，不可触民） (5) パンチャマカーラ (पंचमकार) の第5 मैथुन 性交；ミトゥナ

पंचमकार [名] シャークタ派，ないしは，タントラ教，タントリズムと呼ばれる信仰において行われる呪術的な儀礼，チャクラプージャー（輪坐儀礼）に用いられるマ म- の文字で始まる5種のもの，すなわち，酒 (मद्य)，肉 (मांस)，魚 (मत्स्य)，印契もしくは，焦がした穀物 (मुद्रा) 及び性交；ミトゥナ (मिथुन /मैथुन)

पंचमहापातक [名]〔ヒ〕5種の大悪（ブラーフマン殺害，飲酒，窃盗，師の妻を犯すこと，これらを行うものとの交わり）
पंचमहायज्ञ [名]〔ヒ〕バラモン教徒の五大供犠（家住者の5つの務め） ब्रह्मयज्ञ（ヴェーダの学習） देवयज्ञ（神々への供犠，ホーマ） भूतयज्ञ（鬼霊への供犠，バリ供養） पितृयज्ञ（祖霊への供犠，タルパナ） नृयज्ञ（バラモンの賓客に対する供犠）
पंचमांग [名] (1) 5分の1 (2) 第五列〈fifth column〉
पंचमांगी [名] 第五列員；第五部隊員；裏切り者〈fifth columnist〉
पंचमाक्षर [名] デーヴァナーガリー文字表の5種の鼻音（ङ, ञ, ण, न, म）
पंचमी [名*] (1) 陰暦の各半月の第5日 (2)〔言〕サンスクリット語文法の第5格（奪格／従格）とその格語尾
पंचमुख[1] [名] シヴァ神の異名の一
पंचमुख[2] [形] 5面の顔を持つ
पंचमेल [形] (1) 5種のものが混じった (2) いろいろなものが混じり合った；ごたまぜの；まぜこぜの **पंचमेल खिचड़ी** ごた混ぜ；まぜこぜ= पचमेल.
पंचमेली [形] 5種のものの混じった
पंचमेवा [名]《H.पंच + P.میوه》パンチメーワー（5種の乾燥果実 किश्मिश, बादाम, चिरौंजी, छुहारा, गरी）
पंचयज्ञ [名] = पंचमहायज्ञ.
पंचरंग [形] 5色の；5種の色の
पंचरंगा [形+] (1) 5色の (2) 色とりどりの；多色の；多彩な
पंचर [名]《E. puncture》パンク= पंकचर; पंक्चर. पंचर हो॰ パンクする साईकिल पंचर हो गई थी 自転車はパンクしてしまっていた
पंचरत्न [名] 5種の宝石（サファイア नीलम, ルビー पद्मराग, サンゴ मूंगा, 真珠 मोती, ダイヤ हीरा）
पंचरात्र[1] [形] 5夜にわたる
पंचरात्र[2] [名] (1) 5夜 (2)〔ヒ〕5日間にわたる供犠の一 (3)〔ヒ〕パンチャラートラ पांचरात्र派聖典の総称 पाँचरात्रसंहिता
पंचलक्षण [名] プラーナ聖典の5つの特徴，もしくは，5つの項目，5つの主題（सृष्टि की उत्पत्ति宇宙の創造， सृष्टि की प्रलय 宇宙の破壊， देवताओं की उत्पत्ति और परंपरा 神々及び聖仙の系譜， मन्वंतर マヌの支配期，マヌの劫期， मनु के वंश का विस्तार 日種 सूर्यवंश 及び月種 चंद्रवंश 両王朝の歴史）
पंचलड़ा[1] [形+] 5連の
पंचलड़ा[2] [名] 5連の首飾り
पंचलहरी [名*]〔装身〕パンチラハリー（首飾りの一）
पंचलौह [名] 金，銀，銅，錫，鉛の5種の金属の合金
पंचवटी 〔地名・ラマ〕パンチャヴァティー（マハーラーシュトラ州北西部，ゴーダーヴァリー川上流に位置．ラーマチャンドラが森に住んだ一時期をここで過ごしたとされる）
पंचवदन [名] シヴァ神の異名の一
पंच वर्ण [名] 聖音オーム ॐを成り立たせているとされる5要素（अ, उ, म, नाद 及び विंदु）
पंचवर्षीय [形] 5か年の；全体が5年間の；5年間に亘る
पंचवर्षीय योजना [名*] 5か年計画
पंचवाणी [名*]〔ヒ〕パンチヴァーニー（ダードゥー・ダヤール派 दादू दयाल の聖典．これには開祖 दादू दयाल をはじめこの派の成立に影響のあったカビール कबीर दास, ナームデーオ नामदेव, ライダース रैदास, ハルダース हरदास の5人の聖者の聖句 वाणी が収められている）
पंचवार्षिक [形] 5年目毎の
पंचशील [名] (1)〔仏〕五戒 (2) 平和五原則，パンチャシーラ（領土及び主権の相互尊重，相互不可侵，内政不干渉，平等互恵，平和的共存） हमारे देश की पराजय के साथ पंचशील सिद्धांत की धज्जियाँ उड़ गईं わが国の敗北と共にパンチャシーラ平和五原則の屋台骨は吹き飛んでしまった
पंचषष्टि [数]《Skt.पञ्चषष्टि》65 = पैंसठ.
पंचसंधि [名*]〔イ文芸・演〕サンスクリット戯曲において筋を進行の観点から5つの節に分割したもの（मुख 序, प्रतिमुख 進行, गर्भ発展, विमर्श熟成, निर्वहण 大団円）
पंचसप्तति [数]《Skt.पञ्चसप्तति》75 = पचहत्तर.
पंचसुहाता [形+] 誰からも気に入られる；皆に好かれる；八方美人の पंचसुहाता क॰ 誰からも気に入られるようにする
पंचहरा [形+] (1) 5重の；5重になった (2) 5倍の
पंचांग [名] (1) 5つの部分 (2) 5つの部分からなるもの (3) 五体投地の礼 (4) 暦= जंत्री; जंतरी; पत्रा.
पंचांग मास [名] 暦月〈calender month〉
पंचांग वर्ष [名] 暦年〈calender year〉
पंचाग्नि [名*]〔ヒ〕パンチャーグニ（五火，すなわち，太陽の下で四方に火を焚いて行う苦行）
पंचाट [名] = पंचायत. जल विवाद के निबटारे के लिए पंचाट के गठन का प्रावधान है 水利争いを解決するためにパンチャーヤットを組織することが規定されている
पंचातप [名] 五火（पंचाग्नि）による苦行
पंचानन [名] (1)（5つの顔，5面を持つ）シヴァ神 (2) ライオン；獅子 (3) 大学者；碩学
पंचाननी [名*] (1) ドゥルガー神 दुर्गा देवी (2) 雌ライオン；雌獅子
पंचानन्तर्यकरण [名]〔仏〕五逆罪；五無間罪；無間業
पंचानबे [数] 95 पंचानबेवाँ 第95の；95番目の
पंचामृत [名]〔ヒ〕パンチャームリタ（ヒンドゥーが神饌として供え自らも飲む牛乳，凝乳，ギー（牛酪），蜂蜜，砂糖を混じた飲料）；パンチャアムリタ
पंचायत [名*] (1) パンチャーヤット（村の実力者，顔役たちより成り立っていた寄り合いで村内の自治機能を果たしていた伝統的な農村の自治機関） (2) カースト集団の自治組織；カースト・パンチャーヤット (3) 法制化された現代インドの村落の自治機関；村落パンチャーヤット (4) 何らかの集団の自治組織 तुल्बा की एक जमीयत या पंचायत 学生の集会，すなわち，学生のパンチャーヤット (5) 仲裁者の集まり (6) 噂話 (7) 言い争い；口喧嘩 **पंचायत क॰** *a.* パンチャーヤットに持ち出して裁決する उन्होंने पंचायत करने की धमकी दी パンチャーヤットにかけるぞと脅した *b.* 批評する；批判する **पंचायत कूटना** = पंचायत क॰. **पंचायत जोड़ना** パンチャーヤットのパンチ（仲裁者，代表）を呼び集める（招集する） **पंचायत पड़ना** ごたごたする；ごたつく **पंचायत बैठना** 相談（の会議）が開かれる
पंचायत घर [名] パンチャーヤットの集会所や事務所
पंचायतन [名]〔ヒ〕シヴァ神，シャクティ神，スーリヤ神，ヴィシュヌ神及びガネーシャ神の五神の神像の総称
पंचायत बोर्ड [名]《H. + E. board》村落パンチャーヤット ग्राम-पंचायत の州の最高統括機関 राज्य पंचायत राज बोर्ड
पंचायत राज [名] パンチャーヤットによる行政（制度）
पंचायत समिति [名*] パンチャーヤット・サミティ（パンチャーヤット委員会．各県を幾つかの区域に分けたディヴィジョン divisions 内の各農村パンチャーヤット ग्राम-पंचायत の長であるムキヤー मुखिया もしくは，その代理によって構成される農村パンチャーヤット ग्राम पंचायत の上部組織で，衛生，医療，農業，牧畜・畜産，教育，交通，協同組合などの振興に関する業務を指導・監督する）→ पंचायती राज.
पंचायत-सेवक [名] 村落パンチャーヤットの事務局長（州政府が任命）
पंचायती [形] (1) パンチャーヤットの (2) パンチャーヤットによる पंचायती अदालत パンチャーヤット法廷→ न्याय पंचायत.
पंचायती फ़ैसला [名]《H. + A. فیصله》仲裁裁定
पंचायती राज [名] (1) パンチャーヤット方式による地方自治；パンチャーヤット統治 अधिकांश राज्यों में जिला परिषदें जिले की संपूर्ण पंचायती राज प्रणाली के कार्यों का निरीक्षण करती हैं ほとんどの州で県議会は県のパンチャーヤット統治の全体の活動の監視を行う पंचायती राज ग्रामीण क्षेत्रों में स्थानीय स्वशासन की तीन स्तरीय प्रणाली है.इसमें ग्राम स्तर पर ग्राम पंचायत, खंड स्तर पर पंचायत समिति तथा जिला स्तर पर जिला परिषद् होती है パンチャーヤット統治とは農村地域における3段階の地方自治様式のことである．農村レベルでは農村パンチャーヤット，ブロックレベルではパンチャーヤット・サミティ（委員会），県レベルでは県パンチャーヤト審議会が存在する (2) 民主政治
पंचायुध [名] ヴィシュヌ神の異名の一
पंचारी [名*] チェスなどのゲーム盤
पंचाल [名]〔イ史・イ神〕パンチャーラ王国（ガンジス川の南北にまたがり，現今のドアーブ地方にあったとされる王国）
पंचाली[1] [形] パンチャーラの；パンチャーラ地方の

प

पंचाली[2] [名*]〔マハ〕ドラウパディー (द्रौपदी パンチャーラ国王ドルパダ द्रुपद の娘でパーンダヴァ５王子の共通の妻となる)；パンチャーリー

पंचाली रीति [名*]〔イ文芸〕パンチャーリー・リーティ（サンスクリットのリーティと呼ばれる文体の一種．वैदर्भी रीति と गौडी रीति とを調和させたもので合成語は短く繊細さと甘美さを巧みに伝える特質を備え情感を優美に表現するものとされる）= पंचालिका रीति. → रीति, गौडी रीति, वैदर्भी रीति.

पंचाश [形]《Skt.पञ्चाश》50 番目の= पचासवाँ.

पंचाशत् [数]《Skt.पञ्चाशत्》50 = पचास.

पंचाशीत [形]《Skt.पञ्चाशीत》85 番目の= पचासीवाँ.

पंचाशीति [数]《Skt.पञ्चाशीति》85 = पचासी.

पंचास [数] 50 = पचास.

पंचाह [名] (1) 5 日間 (2)〔ヒ〕パンチャーハ（5 日間にわたる供犠）

पंची [名*] カースト・パンチャーヤット= जातिगत पंचायत.

पंचेन्द्रिय [名*] (1) 五官（眼，耳，鼻，舌，身＝皮膚）；五根 (2) 身体の 5 つの活動器官；作根（手，足，舌，肛門，性器）

पंचोपचार [名] (1) パンチョーパチャーラ（ヒンドゥーのプージャーの略式で 5 つの儀礼からなる．すなわち，गंध 白檀の粉の塗布，पुष्प 供花，धूप 焼香，दीप 灯明，नैवेद्य 供物）；パンチャ・ウパチャーラ (2) 上記の儀礼に用いられる物

पंचोपविष [名] 植物から得られる 5 種の弱毒（トウダイグサ科キリンカク，ガガイモ科トウワタ，キョウチクトウ，ツユクサ，マチン科マチン）

पंचौली [名*]〔植〕シソ科草本パチョリ（その根から香水パチョリ油がとれる）【*Pogostemon heyneanus; P. patchouli*】= पचोली; पंचपात.

पंछा [名] (1) 皮膚表面の腫れ，すなわち，水膨れなどから滲出するリンパ液 (2) 傷ついた植物からにじみ出る液

पंछाला [名] (1) 火膨れや水膨れなど皮膚表面のリンパ液を含んだ腫れ= फफोला. (2) = पंछा.

पंछी [名] 鳥 = पक्षी; चिड़िया; पखेरू. पंछी दल 鳥の群れ **पंछी फँसना**（もうけの対象が）罠にかかる **पंछी हाथ लगना** = पंछी फँसना.

पंछी-पखेरू [名] 鳥類；鳥たち इनसान, जानवर, पंछी-पखेरू सब परेशान हो जाते हैं 人や獣，鳥たち皆が困る

पंज [数]《Pan.,P. پنج》五；5 = पाँच.

पंजक [名] (1) 手形（手の形） (2)〔ヒ〕祝い事の際，戸口の壁面につける手形

पंज कक्के [名]《Pan.》〔シク〕パンジカッケー，すなわち，パンジャーブ語でカ क の音で始まる 5 つのもの．シク教徒の男子がその正式の身なりとして身につけるべきもの．ケーシュ केश（頭髪)，カンガー कंघा（櫛)，カラー कड़ा（右腕につける鉄製の腕輪)，キルパーン किरपान（短剣)，カッチュ कच्छ（短ズボン）= पंचककार.

पंजतन [名]《P. پنج تن》〔イス〕五聖者（預言者ムハンマド हज़रत मुहम्मद，シーア派初代イマームのアリー हज़रत अली，アリーの妻ファーティマー हज़रत फ़ातिमा，その子ハサン इमाम हुसैन とフサイン हुसैन）

पँजना [自] はんだづけされる

पंज-प्यारे [名]《Pan.》〔シク〕パンジ・ピヤーレ（1699 年にシク教徒団ハールサー／カールサーの設立時に第 10 代のグルであるグル・ゴーヴィンド・シングに生命を捧げる忠節を誓った 5 人；恩寵を受けた 5 人の意）

पंजर [名] (1) 骨格 (2) 肋骨 (3) 骨組み；骨子；概略；輪郭 (4) 鳥かご **पंजर हो जा॰** 弱る；衰弱する कभी दस साल चलने वाला बैल दो ही साल चलकर पंजर हो जाता है 時には 10 年は働く役牛がわずか 2 年で弱ることがある **पंजर-पंजर ढीला हो॰** *a.* くたくたになる *b.* よぼよぼになる

पंजरक [名] (1) 籐などを用いて編んだ大きなかご (2) 鳥かご= पिंजड़ा.

पंजरा [名]《P. پنجره》(1) 窓 (2) 鳥かご= पिंजड़ा.

पँजरी [名*]〔ヒ〕棺架（遺体を火葬場に担いで運ぶための竹でこしらえた担架）= अर्थी.

पंजरोज़ा [形]《P. پنج روزه》(1) 5 日間の；5 日にわたる (2) 5 日間で終わる (3) はかない

पंजशंबह [名]《P. پنج شنبه》木曜日= बृहस्पतिवार; जुमेरात.

पंजशाख़ा [名]《P. پنج شاخه》(1) 5 つに枝分かれした物 (2) 大松明

पंजसाला [形]《P.A. پنج ساله》(1) 5 歳の (2) 5 年間で区切りとなる；5 年にわたる (3) 5 年目ごとの；5 年に 1 度の

पंजहज़ारी [名*]《P. پنج هزاری》(1)〔イ史〕ムガル朝時代の兵制で 5000 人の兵士の指揮官 (2)〔史〕パンジハザーリー（ムガル朝時代の高位の廷臣に与えられた官位で 5000 人の兵を擁することができた）

पंजा[1] [形] ある数に 5 を掛ける；ある数を 5 倍にする बारह पंजे साठ मिनट होते हैं 12 × 5 で 60 分

पंजा[2] [名]《P. پنجه》(1) 5 個のもの；5 つのものの集まり (2) 手（掌から指までの部分．特に指を伸ばした形のもの） पंजों में पाँच पाँच उँगलियाँ हैं 手には 5 本の指がついている (3) 足の指を含め足の先端部；爪先 पंजों के बल खड़ा हो॰ 爪先立つ इन सभी दौड़ों में धावक धड़ को कुछ आगे झुकाए, अपने पंजों पर भागते हैं これらの競走ではいずれの場合もランナーは体を前方に傾け爪先で走る (4) 動物の鉤爪 (5) 先端部が鉤形になった道具類 (6) 魔手 साहूकारों के पंजे से बहरहाल निकल गई 金貸しの魔手からはなんとか逃れ出た (7) 靴などの履き物の先端部分 (8) パンジャー（掌を合わせ指を絡ませ合って相手の手首をひねり倒す腕相撲） (9) さいころやトランプの 5 の目 **पंजा क॰** *a.* 競う；競い合う；対抗する *b.* パンジャー（腕相撲）をする **पंजा चलाना**（手を広げて）つかみかかる **पंजा-छक्का क॰** 博打を打つ **पंजा ढीला हो॰** 手の握りが緩む **पंजा फेरना** パンジャーで相手の腕をひねる **पंजा फैलाना** つかみ取ろうとする **पंजा बढ़ाना** = पंजा फैलाना. **पंजा मारना** つかみかかる；襲いかかる **पंजा मिलाना** = पंजा क॰. **पंजा मोड़ना** = पंजा फेरना. **पंजा लड़ाना** = पंजा क॰. **पंजा ले॰** = पंजा क॰. *a.* 立ち向かう；対抗する；競う तुम्हारे हाथ दुर्बल हैं जिनसे तुम पंजा लेने जा रहे हो, उनसे चर्र-चर्र हो उठेंगे, नष्ट हो जाएँगे 君には力がない．君が立ち向かおうとしている相手にさんざんにやられるぞ．つぶされてしまうぞ *b.* 腕相撲をする **पंजा ले जा॰** = पंजा फेरना. **पंजा सत्ता क॰** = पंजा-छक्का क॰. **पंजे झाड़कर चिपटना** しつこく絡んで苦しめる **पंजे झाड़कर पीछे पड़ना** = पंजे झाड़कर चिपटना. **पंजे झाड़कर लिपटना** = पंजे झाड़कर चिपटना. **(-के) पंजे में आ॰** (−に) 支配される；抑えられる **(-के) पंजे में क॰** (−の) 支配下に置く；意のままにする **(-के) पंजे में पड़ना** = पंजे में आ॰. **पंजे में फँसना** 罠にかかる **पंजे में लाना** = पंजे में क॰. **(-के) पंजे से छुड़ाना** (−から) 救い出す；救出する **(-के) पंजे से छूटना** (−から) 脱する；逃れる **(-के) पंजे से बचाना** (−から) 逃れさせる；救い出す **पंजों के बल** 爪先で；爪先立って मैंने पंजों के बल ऊँची उठी और जैसे-जैसे उसके बालों में खोंस दिये 爪先立ってなんとか彼女の髪に挿した **पंजों के बल खड़ा हो॰** 爪先立つ **पंजों के बल चलना** *a.* 忍び足で歩く *b.* ものすごく速足で歩く *c.* 得意がる **पंजों में जकड़ा हो॰** 捕まる；押さえ込まれる

पंजाब 〔地名〕《P. پنجاب》(1) パンジャーブ（地方） (2) インド及びパキスタンのパンジャーブ州

पंजाबी[1] [形] (1) パンジャーブ地方の (2) パンジャーブ州の (3) パンジャーブに産する (4) パンジャーブ語の

पंजाबी[2] [名] (1) パンジャーブ人；パンジャーブ出身の人 (2) 袖のゆったりしたクルター

पंजाबी[3] [名*]〔言〕パンジャーブ語（インドとパキスタン両国それぞれのパンジャーブ州を中心とする地方の主要言語でインド・アーリア語族に属する）；パンジャービー

पंजिका [名*] (1) 注釈書 (2) 記録簿 (3) 閻魔帳

पंजी [名*] 記録簿；帳簿

पंजीकरण [名] (1) 登録；登記 (2) 登録の受け付け (3) 記録；記帳；書き入れ नगरनिगम के अधिकारी जन्म तथा मृत्यु का पंजीकरण करते हैं 市の職員が出生と死亡の（戸籍の）記録を取る (4) 書き留め；書留郵便

पंजीकार [名] (1) 登録係；記録係；受付係；登記係= मुनीम. (2) 暦を作る人；占星術師

पंजीकृत [形] 登録された；登記された；記録された；記帳された；受け付けられた उस समय कोई सात सौ समाचार-पत्र पंजीकृत हुए थे その際約 700 紙が登録された पंजीकृत डाक द्वारा 書留郵便で

पंजीबद्ध [形] = पंजीकृत.

पंजीयक [名] (1) 記録係；記録官；登記官；戸籍吏 (2) 登録官

पंजीयन [名] 登録；登記；記帳；書き入れ；記録 मृतकों के पंजीयन का इंतज़ाम 死者の記録の手配や段取り

पंजीरी [名*]〔ヒ〕パンジーリー（小麦粉，コリアンダー，クミンシード，砂糖，ギーなどを材料にしてこしらえた食べ物．神饌や産婦の滋養剤として供される）

पंजुम [形・名]《P. پنجم》(1) 第5の；5番めの (2)（暦の）5日

पंजे [形] ← पंजा. 掛け算で×5；5倍の तीन पंजे पंद्रह 3 × 5=15

पंजेरा [名] 鋳掛け屋

पंड[1] [形] 実りのない；実らない

पंड[2] [名] (1) 不能者；性的不能者 (2) 実のならない木

पंडग [名] (1) 不能者；性的不能者 (2) 宦官

पंडत [名] = पंडित.

पंडल[1] [形] 黄色い；黄色の= पीला; पांडु रंग का.

पंडल[2] [名] 体；身体；肉体

पंड़वा [名] 水牛の子（雄）

पंडा[1] [名] (1)〔ヒ〕パンダー（聖地で参詣人，巡礼者の世話をすることを生業とするブラーフマン） (2) 料理人を生業とするブラーフマン **पंडे पुजारी** 儀式を司ることを生業とするバラモン

पंडा[2] [名]《E. panda》〔動〕パンダ科パンダ；ジャイアント・パンダ

पंडाइन[1] [名*] パンダー पंडा[1] の妻

पंडाइन[2] [名*] パーンデー（पांडेバラモンの一グループ）の女性

पंडाल [名]《Tam. pantal》(1) 会議場に使用のため設営される仮設建物，パンダール (2) 大テント；パビリオン

पंडित[1] [名] (1) 学者 अंग्रेज़ी के पूर्ण पंडित 並ぶ者なき英語学者 (2) ヒンドゥー教の伝統的な学問の学者であるブラーフマン (3) ブラーフマンに対する敬称

पंडित[2] [形] 器用な；熟達した

पंडितमानी [形] 自分を大学者，知者，賢者と思ううぬぼれ深い（人）

पंडितराज [名] 大学者

पंडिताइन [名*] (1) パンディット पंडित[1] の妻 (2) ブラーフマンの妻= पंडितानी.

पंडिताई [名*] (1) 学識；学殖 (2) パンディットの仕事 **पंडिताई छाँटना** 学識を衒う

पंडिताऊ [形] (1) パンディット風の (2) パンディットの間で行われている (3) 学識あふれる；学殖豊かな (4) 衒学的な；ペダンティックな पंडिताऊ हिंदी 衒学的なヒンディー語

पंडितानी [名*] (1) パンディットの妻 (2) バラモンの女性

पंडु [形] (1) 黄色っぽい (2) 黄色の (3) 白い

पंडुक [名]〔鳥〕ハト科セネガルキジバト【*Streptopelia senegalensis*】

पंडुर [名] 水辺に生息する蛇

पंडू [名]〔鳥〕ヒタキ科イソヒヨドリ【*Monticola solitarius*】

पंत[1] [名] = पंथ.

पंत[2] [名] パント（ウッタル・プラデーシュ州西北部地方を中心に居住してきたブラーフマンの一グループ）

पंथ [名] (1) 道= रास्ता; मार्ग; राह. (2) 方法；様式 (3) 宗派；宗 सीरियाई कैथोलिक पंथ シリアカトリック派 **पंथ चलाना** *a.* 一派を興す；宗派を興す *b.* 道を指し示す **पंथ जोहना** 待つ **पंथ दिखाना** *a.* 指導する *b.* 道を教える；道案内する **पंथ देखना** = पंथ जोहना. **पंथ निहारना** = पंथ जोहना. **पंथ पर चलना** *a.* 歩む *b.* 行動する **पंथ पर पाँव दे॰** = पंथ पर चलना. **पंथ बिगाड़ना** 道を誤る **(-के) पंथ लगना** *a.*（ーに）従う；追随する *b.*（ーに）つきまとう **(-का) पंथ सेना** *a.*（ーを）待つ *b.*（ーを）あてにする；頼りにする

पंथी [名] (1) 旅人；道行く人= पथिक; राही; बटोही. (2) 宗派の信徒；信者；信奉者= अनुयायी.

पंद [名*]《P. پند》(1) 忠告；教訓= सीख; शिक्षा; उपदेश. (2) 助言= सलाह.

पंद्रह [数] 15 = पंदरह. पंद्रहवाँ 15番目の；第15の

पंद्रही [名*] 半月（ほどの間）

पंप[1] [名]《E. pump》(1) ポンプ सिंचाई के पंप 灌漑用ポンプ (2) 空気入れのポンプ पंप द्वारा साइकिल की ट्यूब में हवा भरना 空気入れで自転車のチューブに空気を入れる (3) 噴霧器 कीटनाशक दवा छिड़कने का पंप 殺虫剤の噴霧器 (4) 水鉄砲= पिचकारी.

पंप[2] [名]《E. pump; pumps》パンプス

पंपशू [名]《E. pump shoes》パンプス

पंपा [名*] (1)〔ラマ・マハ〕パンパー（南インドにあるとされる川の名） (2)〔ラマ・マハ〕パンパー（同上の川の畔にあったとされる都市名）

पंपिंग सेट [名]《E. pumping set》地下水の動力による汲み出し装置；動力揚水装置

पंबा [名]《P. پنبہ पंबा; पुम्बा》(1) 綿 (2) 綿花

पँवरी[1] [名*] げた= खड़ाऊँ; पाँवरी.

पँवरी[2] [名*] (1) 戸口；出入り口 (2) 階段 (3) 扉

पँवाड़ा [名] → पवाड़ा.

पँवार[1] [名] パンワール；パルマール（ラージプートの一氏族名）= परमार.

पँवार[2] [名]〔植〕マメ科雑草エビスグサ【*Cassia tora*】

पँवार[3] [名] サンゴ（珊瑚）= प्रवाल; मूँगा.

पँवारना [他] (1) 妨げる；妨害する= बाधा डालना; रोड़ा अटकाना. (2) 退ける；追い払う；排除する；排斥する= हटाना.

पंसारी [名] 香辛料，調味料，食品，乾物，薬種などを商う商人；パンサーリー；食料雑貨商

पँसेरा [名] = पंसेरी.

पंसेरी [名] 5セール（सेर）の重量の分銅 **पंसेरी ख़ुराक वाले पंडित** 一度に5セールもの食事を平らげるバラモン；大食漢のバラモン（特に先祖供養の法事に招かれて食事を供されるバラモンについて言う）

पकड़ [名*] ← पकड़ना. 握り；把握；捕捉；拘束；制約；束縛 अंग्रेज़ी शासन की पकड़ मज़बूत हो गई 英国統治の締め付けは厳しくなった जनसाधारण धर्मों की पकड़ से मुक्ति पाने लगा है 一般民衆は宗教の束縛から脱し始めている मछली की पकड़ 漁獲（高） **(-की) पकड़ में आ॰** *a.*（ーに）捕らえられる；捕らわれる；捕まえられる *b.*（ーに）見つけだされる；見破られる；見抜かれる प्रदीप का मर्ज़ हमारी पकड़ में आ चुका था プラディープの病気の正体は見つけだされていた वे क़ानून की पकड़ में नहीं आते थे 連中は法律では捕まえられずにいた **(-को) पकड़ में रखना** （ーを）捕らえておく；意のままにする

पकड़-धकड़ [名*] 捕まえること；捕らえること；捕り物 इस पकड़-धकड़ में सब की साँसें फूल गईं और वे हाँफने लगे （ニワトリを）捕まえるのに皆が息を切らしてしまい喘ぎ始めた

पकड़ना [他] (1) つかむ；握る；手に取る；つまむ अपने दाएँ हाथ में पकड़े एक बड़े-से करछुल में 自分の右手に握った大きな柄杓に क़लम पकड़कर लिखते हैं 筆を取って書く हाथों से हम चीज़ें पकड़ते हैं 手で物をつかむ हथौड़ा पकड़ना 金槌を握る (2) 捕まえる；捕らえる उड़ते हुए कीड़ों को पकड़ना 飛んでいる虫を捕まえる वह एक साँप का बच्चा पकड़ लाया 蛇の子を一匹捕まえて来た (3) 見つけだす；（弱みや証拠を）握る；押さえる；取り押さえる；差し押さえる अदालतें भ्रष्टाचार पकड़ नहीं पातीं 裁判所は汚職を見破ることはできない पुलिस ने कारतूस बनाने का कारख़ाना भी पकड़ा 警察は薬莢製造工場も押さえた माल असबाब पकड़ लिया गया था 品物が差し押さえられた मैं बड़ों की ग़लतियाँ पकड़ने को भी बुरा समझा था 目上の人の失敗を見つけることもよくないことと考えた वह मेरी चोरी पकड़ लेगा あの人が私の盗みを見つけるだろう (4) 把握する；捕らえる；見分ける；判断する फिर भी हम उस संकेत को ठीक से पकड़ न सके थे しかしながらその合図を正確に把握することができなかった (5) 抱える；抱え込む；つかむようにして抱え込む बप्पा माथा पकड़कर रह गए 父さんは頭を抱え込んでしまった (6) 得る；つける；持つ मुस्लिम काल में दहेज प्रथा ने और बल पकड़ा ムスリム統治時代に持参金制が更に勢いを得た (7) 取る；選ぶ कुछ दूर जाकर उसने पगडंडी पकड़ ली 少し進んでから小道を取った (8) 追いつく；捕らえる तीसरे धावक सिंह ने तीसरे जापानी धावक को न केवल पकड़ लिया, बल्कि आगे निकल गया 第3走者のシンが日本チームの第3走者に追いついたばかりでなく追い越した (9)（乗り物の時間に）間に合う；（乗り物を）捕まえる रात में भोजन के बाद जहाज़ पकड़ने हवाई अड्डे जाना था 夜の食事の後飛行機に間に合うように飛行場に行くことになっていた (10) 沿う मैं प्रायः हवाख़ोरी करने निकल जाता हूँ. रेलवे लाइन पकड़कर पार्क की ओर जाना मुझे सबसे अच्छा लगता है たいてい散歩に出掛ける

प

が，線路沿いに公園に向かうのが一番気持ちがよい (11) 引きつける；引き込む आग पकड़ना 引火する

पकड़वाना [他・使] ← पकड़ना. चुपचाप चला जा, वरना पुलिस से पकड़वा दूँगा 黙って向こうへ行け．でないと警察に捕まえてもらうぞ तुमने छल से मुझे पकड़वाया 君はぺてんにかけて私を捕らえさせた पुलिस से पकड़वाना 警察に捕まえてもらう राजा सिपाही को पकड़वाता है 王は兵士を捕らえさせる

पकड़ाई [名*] 捕まること；捕らわれること पकड़ाई में आ॰ 捕まる；捕らわれる पहले तो पकड़ाई में ही नहीं आता था （ウサギが逃げ回って）初めは捕まえられなかった

पकड़ा-धकड़ी [名*] ＝ पकड़-धकड़.

पकड़ाना[1] [他] 手渡す；渡す；寄越す；握らせる；つかませる इस प्रकार की एक सलाह के लिए वह 18 हज़ार रुपये का बिल फ़ौरन पकड़ा देते थे この種の助言1つにつき1800ルピーの請求書を手渡していた उसने पर्स से चाबी निकाली और सामने खड़े लड़के को पकड़ा दी 財布から鍵を取り出して前に立っている少年に手渡した उसने प्लेटें सब को लाकर हाथों में पकड़ा दीं プレートを持ってきて皆に手渡した उसने रामू को दो दिन की मज़दूरी के बदले दो खोटे सिक्के पकड़ा दिये 2日分の賃金の代わりに鐚銭を2枚ラームーに握らせた तुम तो महीने की तनख़्वाह पकड़ा कर छुट्टी पा लेते हो （妻が夫に）貴方は月給を私に渡して一切の責任を終えたことにするのね मैंने सावधानी से दो नोट निकालकर उसे पकड़ाते हुए कहा 用心深く2枚の紙幣を取り出して手渡しながら言った मेरे बेटे की कलाई हाथ में पकड़ाकर कसम दी गई होती तो 息子の手首を握らせて誓わせていたならば हमें पकड़ाओ （乗り物に乗っている人が立っている人に荷物を持ってあげようという意味で）（荷物を）私に寄越しなさい（手渡しなさい）

पकड़ाना[2] [他・使] ＝ पकड़वाना.

पकना [自] (1) 熟れる；熟する；成熟する पका हुआ फल 熟れた果物 फ़सल पकने पर 作物が熟すると ज्वार का पका खेत 熟したモロコシの畑 (2)（料理が）煮える；炊ける；炊きあがる；でき上がる；むれる देर से गलनेवाले पदार्थ देर से पकते हैं 煮えにくい物が煮えるのには時間がかかる मछली पकना 魚が煮える (3)（熱が加わって焼き物や煉瓦などが）焼ける；焼き上がる बरतन पकना 調理器具が焼き上がる (4) 化膿する；うむ（膿む）；膿を持つ लीवर के पक जाने पर यह रोग असाध्य हो जाता है 肝臓が膿むようになるとこの病気は治療不可能となる (5)（話や取引が）固まる；確かになる；確実になる；決まる (6) 熱が加わったり化学的な作用などで物が変化したり変質したりする बाल पकना 髪が白くなる；白髪になる；歳をとる चमड़ा पकना 皮がなめされる **पका** ← पकना. *a.* 熟れた；熟した पका आम 熟したマンゴー *b.* 煮えた；炊きあがった *c.* 焼き上がった *d.* 化膿した पकी मिट्टी 赤土 पके बाल 白髪 पके मिट्टी के बर्तन テラコッタ；テラコッタ製品

पकवान [名] ギーやバター，油などで揚げた上等の食べ物（プーリー पूरी, サモーサー समोसा, カチョーリー कचौरी など）；ご馳走 विशेष पकवान 特別料理（祭日などのご馳走） पकवानों की सोंधी महक 揚げ物の香ばしい香り

पकवाना [他・使] ← पकाना.

पकाई [名*] (1) 煮ること；煮えること (2) 煮る手間賃 (3) 焼くこと；焼けること (4) 焼く手間賃 (5) 堅固さ；確かさ (6) 熟達；熟成

पकाना [他] (1) 熟らせる；熟させる；室などに入れてむれるようにする (2) 食品に熱を加えて食べられるようにする；煮る；炊く；むらす＝ सिझाना; राँधना. अरवी पकाना サトイモを煮る (3)（粘土などに加熱して陶磁器や煉瓦を）焼く उन भट्ठों में मकान बनाने के लिए ईंटें पकाई जाती थीं それらの窯で住宅建設の煉瓦が焼かれていた यहाँ पकाई हुई मिट्टी की मूर्तियाँ ここで焼かれた焼き物の像 (4) 化膿させる；膿ませる (5) 固める；確実にする；確かにする (6) 加熱したり薬品を用いたりして物を加工したり化学的な変化を起こさせる बाल पकाना 歳をとる；髪を白くする；齢を重ねる चमड़ा पकाना 皮をなめす

पकाव [名] (1) 熟すこと；熟れること (2) 熟成 (3) 熟達 (4) 膿むこと；化膿

पकोड़ा [名]〔料〕パコーラー（ヒヨコマメの粉で衣を作りジャガイモなどの野菜をてんぷらのように油やギーで揚げた料理．間食に食されることが多い）＝ पकौड़ा.

पकोड़ी [名*] ＝ पकोड़ा.

पकौड़ा [名] ＝ पकोड़ा.

पकौड़ी [名*] ＝ पकोड़ी.

पक्का [形[+]] (1)（果物など）が熟した；熟れた (2)（料理が）煮えた；調理された (3)〔ヒ〕バターや油を用いて料理された（浄不浄の観念から不浄になることのない） (4) 熟した；完成した；仕上がった (5) 純粋な；生粋の；精製された (6) 確かな；確実な；疑念の余地のない；信頼できる "आ जाएगी." "पक्का?" 「来るよ」「きっと？」 "बहुत पक्की बात करते हो ख़ाँ साहब" 「確かな，疑念の余地のないほんとに確実な話をなさるんだカーンさんは」 "वैद्य जी को दिखा लूँगा.तू चिंता न कर" "पक्का?" "पक्का" 「医者に診てもらうよ．心配するな」「きっとだね」「きっとだとも」 तुम चारों बहुत अच्छे और पक्के दोस्त हैं 君たち4人ともとても良い信頼できる友人だ पक्का कर ले॰ 駄目を押す＝ सख़्त हिदायत कर दे॰. (7) 徹底した；全くの；完全な (8) 正規の अगले साल उसको भी पक्की जगह दी जाएगी 来年は本雇いにしてもらえるだろう (9) 正式の पक्का लाइसेंस 正式免許；本免許 (10) 厳格な；厳密な नियम का पक्का 規則に厳格な मैदान की लम्बाई-चौड़ाई के बारे में कोई पक्का नियम नहीं グラウンドの大きさについては何も厳密な決まりはない (11) 固い；堅固な；揺るぎのない；変化したり変質しない वह अपने प्रण का पक्का था 男は固く誓いを守った उसे चुप देखकर श्यामा बीबी का संदेह पहले से भी ज़्यादा पक्का हो गया 男が黙っているのを見て彼女の疑念は以前よりも一層固くなった पक्का रंग 色落ちしない染色 (12) 正確な (13) 標準の；標準的な；基準的な (14) 熟達した；熟練した；上達した (15) 煉瓦や石，漆喰，アスファルトなどを用いてこしらえた पक्की दीवार से घिरे कुएँ का जल 側壁に煉瓦を埋め込んだ井戸の水 पक्का मकान 煉瓦造りの家 पक्की सड़क 舗装道路

पक्का काग़ज़ [名] 《H.+ A. کاغذ》正式書類

पक्का गवैया [名]〔イ音〕インドの古典音楽の歌手；声楽家

पक्का गाना [名]〔イ音〕インドの古典的な声楽

पक्का चिट्ठा [名] (1) 最終残高；銀行報告 (2) 確認されたこと；確定事項；確実なこと

पक्का पानी [名] (1) 煮沸した水 (2) 健康に良い水

पक्की गोट [名*] チョウサル चौसर の遊びで上がりになった駒

पक्की निकासी [名*] 純利益

पक्की रसोई [名*]〔ヒ〕ギーや油で揚げた食べ物（水炊きの料理 कच्ची रसोई に対して）

पक्ति [名*] (1) 料理すること；調理 (2) 消化

पक्व [形] (1) 熟した；熟れた (2) 完全な；十全の (3) 強固な；堅固な (4) 成熟した

पक्वता [名*] ← पक्व.

पक्वत्व [名] ＝ पक्वता.

पक्वान [名] (1) 料理された（穀物） (2) ＝ पकवान.

पक्वाशय [名] 消化器 पाचक-रस पक्वाशय में पहुँचकर पाचक-क्रिया में सहायक होता है 消化液は消化器に入り消化に役立つ

पक्ष [名] (1) つばさ；翼 (2) 身体の側面；脇 (3) 側面 इस सहयोग के आर्थिक पक्ष この協力の経済的側面 (4) 対立して考えられる物事の一方；側；支持や賛成の立場 ↔ विपक्ष 不支持や反対の立場；反対側 हम चुनाव के पक्ष में नहीं हैं 私は選挙を支持しない (5) 陰暦の朔日からの半月（白分）と後半の半月（黒分）．これは晦日終わりの場合であるが，北インドでは暦は黒分から始まり満月で終わる満月終わりである (6) 面 (7) 派 (8) 主張；論 (9) 党；仲間 (10) 矢羽 (-का) **पक्ष क॰** （ーに）満足する；（ーを）ひいきにする；（ーを）支持する (-का) **पक्ष खींचना** ＝ पक्ष क॰. **पक्ष गिरना** 議論に負ける (-के) **पक्ष में हो॰** （ーに）賛成（する）；（ーを）支持（する） लगभग 70 % अध्यापक पाँच दिवसीय कार्य सप्ताह के पक्ष में नहीं हैं 約7割の教師は週5日制を支持していない ये तर्क किसी भी देश में एक सदनीय व्यवस्था के पक्ष तथा द्विसदनीय प्रणाली के विपक्ष में दिए जा सकते हैं この論理は如何なる国においても一院制を支持し二院制に反対するのに持ち出すことができる कई माता-पिता लड़की को अधिक पढ़ाने के पक्ष में नहीं होते 一部の親は娘の教育の向上を支持しない (-का) **पक्ष ले॰** ＝ पक्ष क॰.

पक्षकार [名] 当事者

पक्षग्रहण [名] 味方（すること）；ひいき（をすること）；支持；支援；肩入れ

पक्षघात [名] = पक्षाघात.
पक्षज [名] 月；太陰= चंद्रमा.
पक्षति [名*] (1) 翼の付け根 (2) 朔日
पक्षद्वय [名] (1) 議論の対立者 (2) 陰暦の白分と黒分から成るひと月；1か月= मास; माह; महीना.
पक्षद्वार [名] 裏口；裏門
पक्षधर [形] (ーに) 味方する；(ーを) 支持する अत्याचारी के पक्षधर 非道を行う人を支持する
पक्षपात [名] 不公平；偏向；偏り；えこひいき；肩入れ；偏愛；偏見；偏重；先入主
पक्षपातपूर्ण [形] 偏った；不公平な；偏見に満ちた पक्षपातपूर्ण शोधग्रंथ 偏見に満ちた研究書
पक्षपाती [形] 偏った；不公平な；えこひいきをする；偏向した
पक्षमूल [名] (1) 翼；羽 (2) 翼の付け根 (3) 陰暦の白分及び黒分の第1日
पक्षवान [形] (1) 羽のある；羽を持つ (2) 家柄の良い；高貴な生まれの
पक्षहीन [形] 羽のない；翼のない
पक्षांत [名] (1) 翼の先端部 (2) 風切り羽
पक्षांतरण [名] (1) 置き換え；転位 (2)〔数〕移項
पक्षाकार [形] 翼状の；翼の形をした
पक्षाघात [名]〔医〕麻痺；中風
पक्षाभ [形] 翼状の；羽状の
पक्षाभ कपासी मेघ [名]〔気象〕巻積雲〈cirrocumulus cloud〉
पक्षाभ मेघ [名]〔気象〕巻雲〈cirrus cloud〉
पक्षाभ स्तरी मेघ [名]〔気象〕巻積雲；絹積雲〈cirrostratus cloud〉
पक्षिका [名*]（鳥の）小翼
पक्षिजात [名] (1) 鳥類 (2)〔植〕鳥媒花
पक्षिणी [名*] (1) 雌鳥 (2) 陰暦十五夜
पक्षिराज [名] (1)〔イ神〕ガルダ (गरुड)（ヴィシュヌ神の乗り物とされる聖鳥） (2)〔鳥〕イヌワシ गरुड
पक्षिविज्ञान [名] 鳥類学
पक्षिविज्ञानी [名] 鳥類学者
पक्षिसाद [名] 鳥の止まり木
पक्षी[1] [形] (1) 羽のある；翼を持つ (2)（ーに）味方する；偏った；(ーを) ひいきにする
पक्षी[2] [名] 鳥；鳥類；禽
पक्षी अभयारण्य [名] 鳥類保護区；禁猟地；バードサンクチュアリー
पक्षी-दर्शन [名] 鳥の観察；探鳥；バードウォッチング
पक्षी-निवास [名] 鳥の生息地
पक्षीपति [名]〔ラマ〕ジャターユ；ジャターユス（ヴィシュヌ神の乗り物聖鳥ガルダの子．シーターがラーヴァナに奪い取られた時ラーヴァナと戦い斃された）(जटायु, जटायुस)
पक्षीपालन [名] 養鶏；鳥の飼育
पक्षी-प्रेमी [名] 愛鳥家
पक्षीय[1] [形]（ー）側の；(ーに) 味方する
पक्षीय[2] [形] 鳥の
पक्षी राज [名]〔イ神〕鳥類の王，すなわち，ヴィシュヌ神の乗り物とされるガルダ鳥 गरुड
पक्षीविज्ञान [名] 鳥類学
पक्षी विहार [名] = पक्षी अभयारण्य. バードサンクチュアリー घाना का पक्षी विहार ガーナーのバードサンクチュアリー
पक्षी-सरोवर [名] = पक्षी अभयारण्य.
पक्ष्म [名] (1) 睫；睫毛= बरौनी; बिरनी. (2) 花弁= फूल की पंखुड़ी. (3) 動物のひげ
पक्ष्माभिका [名*]〔生〕絨毛〈cilia; cilium〉
पख[1] [名] = पक्ष. 陰暦の白分もしくは黒分
पख[2] [名]（魚の）ひれ（鰭）〈fin〉
पख़ [名*]《P. پخ》(1) 邪魔；妨げ；妨害 (2) 欠陥 (3) 困難 पख़ निकालना *a.* あらを探す पख़ फैलाना = पख़ निकालना. पख़ मचाना *a.* 騒ぎ立てる；騒々しくする *b.* 馬鹿馬鹿しいことを言う पख़ लगाना = पख़ निकालना.
पखड़ी [名*] 花弁；花びら = पंखरी; पंखुरी; पँखुड़ी.
पखरना [他] 洗う= धोना; पखारना.
पखराना [他・使] ← पखारना. 洗わせる；洗ってもらう
पखरी [名*] 椅子や台座などの脇
पखवाड़ा [名] = पखवारा. (1) 陰暦の半月 प्रत्येक पखवाड़े के बाद 半月毎に (2) 太陰暦の1か月の前半と後半のいずれか；半月
पखाना [名] 諺= कहावत; मसल.
पखारना [他] 洗う；洗い落とす；洗い流す
पखाल [名*] (1) 水入れの革袋= मशक. (2) ふいご
पखालपेटिया [形・名] (1) 太鼓腹の（人） (2) 大食の（人）；大食いの（人）；大食漢
पखावज [名*]〔イ音〕パカーワジ（古くからの北インドの主要な両面太鼓の一種．胴は木製で両面の大きさは異なる）
पखावजी[1] [形] パカーワジの
पखावजी[2] [名] パカーワジの奏者
पख़िया [形] ← पख़. 難癖をつける；うるさく文句をつける；喧嘩早い
पखुड़ी [名*] = पखड़ी.
पखुरा [名] (1)〔解〕上腕 (2)〔解〕上腕骨
पखुरी [名*] = पखड़ी.
पखुवा [名] = पखुरा.
पखेरू [名] 鳥= पक्षी; चिड़िया. प्राण-पखेरू 命；生命（を鳥になぞらえた表現） प्राण-पखेरू उड़ जा॰ (ーが) 死ぬ；なくなる；絶命する दुल्हे के प्राण-पखेरू उड़ गये 花婿は絶命した
पखेव [名] 牛や水牛に産後に与える滋養物
पखौआ [名] (1) 鳥の羽= पर; पंख. (2) 帽子や髪などに飾りとして挿すクジャクなどの羽
पखौटा [名] (1) 羽；翼 (2) 魚のひれ（鰭）
पखौरा [名]〔解〕肩胛骨
पख़्तू [名*]《پختو》〔言〕パフトー語；パシュトー語（アフガニスタン及びパキスタンの北西辺境州を中心に行われるイラン語派東部グループの言語）
पख़्तून [名]《← P. پختون पुख़्तोन》パフトゥーン；パシュトゥーン；パターン（パクトゥーン人；パクトゥーン族；パシュトゥー語を話す人）
पख़्तूनिस्तान〔地名〕《P. پختونستان》プクトゥーニスターン（パフトゥーニスターン／パクトゥーニスターン／パシュトゥーニスターン．パキスタンの北西端に位置する北西辺境州）
पख़्तो [名*]《← P. پختو पुख़्तो》〔言〕プフトゥー語；プクトゥー語；パシュトゥー語
पग [名] (1) 足 (2) 一歩；歩幅 वे कभी सत्य के पथ से एक पग भी इधर-उधर न जाएँगे あの方は真実の道から一歩たりとも（左右に）それることがない (3) 歩；歩むこと एक-एक पग चलना दूभर था 一歩歩むことさえ難儀であった पग उठाना 歩く；足を踏み出す धीरे से उठी और नवेली बहू की भाँति पग उठाती हुई चली 静かに立ち上がると新妻のようにしとやかに歩いて行った पग की पनही 取るに足らぬ物 पग डिगा दे॰（土台，基盤を）揺るがす；揺るがせる；動揺させる पग दे॰ 歩く；踏み出す पग धरना *a.* 進む *b.* 歩く；作用する；機能する (-का) पग धोना（ーに）仕える पग-पग पर 事ごとに；何事につけても；絶えず इसके कारण पग-पग पर अपमान सहना पड़ा このため事ごとに侮辱に耐えねばならなくなった विशेषतया विधवा को पग-पग पर घोर अपमान और मानसिक यातना सहनी पड़ती है 特に未亡人は何事につけてもものすごい侮辱や精神的な責め苦を味わわなくてはならない पग पसार दे॰ 死ぬ；息が絶える पग भर भी न टलना 全く踏みはずさない；全く道をそれない；進むべき方向や道から全然それない
पगडंडी [名*] (1) 小道；踏みならされた道 पहाड़ी पगडंडी 山道 पहाड़ियों पर सड़कें कहाँ? पगडंडियाँ हैं वह भी टेढ़ी-मेढ़ी ऊँची-नीची 山に道らしい道があるはずもない．踏みならされた道があるだけだ．それもくねくねと折れ曲がったでこぼこ道だ गाँव एक दूसरे से सड़कों और पगडंडियों से जुड़े थे 村々は大小の道でつながっていた (2) 裏道 पगडंडी पकड़ना *a.* 小道を通る *b.* 裏道を通る पगडंडी पर चलना 踏みならされた道を行く पगडंडी ले॰ = पगडंडी पकड़ना.
पगड़ी [名*] (1) ターバン；パグリー मराठी तर्ज़ की पगड़ी マラーター風のターバン मुग़ल ढंग की पगड़ी ムガル風のターバン (2) ターバンをつける成人男子；一人前の男子 (3) 尊厳；名誉 (4)（不動産賃貸契約における）礼金 शहर के अंदर जाकर ऐसी जगह ढूँढ़ता तो कम-से-कम दो सौ रुपये देने पड़ते और उसपर पगड़ी अलग 市内でこんな場所を探すとなれば少なくとも200ルピーは出さなく

てはならぬし，おまけに礼金は別と来る **पगड़ी अटकना** *a.* 向かい合う；競い合う *b.* 名誉や尊厳が危険にさらされる (-की) **पगड़ी उछलना** (一が) 恥をかく；恥をかかされる (-में) **पगड़ी उछलना** (一の間で) 泥仕合が行われる (-की) **पगड़ी उछालना** (一を) 辱める= (-की) बेइज़्ज़ती क°. हमारी पगड़ी नहीं उछालो 私に恥をかかせないで頂戴 **पगड़ी उतारना** *a.* ターバンをはずす *b.* 敬意を表したり屈服を表明したりするためにターバンをはずす बूढ़े ने पगड़ी उतारकर चौखट पर रख दी और रोकर बोला 老人はターバンをはずして敷居に置き泣いて言った यह कहकर उन्होंने अपनी पगड़ी उतारी और हरदौल के सिर पर रख दी こう言って自分のターバンをはずしハルドールの頭に載せた (-की) **पगड़ी उतारना** = पगड़ी उछालना. **पगड़ी का खरा पानी उतार फेंकना** 名声を泥にまみれさせる；名誉や名声を失墜させる **पगड़ी की लाज** 名誉；尊厳 **पगड़ी की शरम रखना** 尊厳を保つ (-की) **पगड़ी ख़ाक डालना** (一を) 辱める；侮辱する **पगड़ी दे°** 礼金を払う (-की) **पगड़ी नीची क°** (一に) 恥をかかせる= (-की) पगड़ी उछालना. **पगड़ी पर हाथ डालना** 名誉に傷をつける (-की) **पगड़ी** (=के सिर) **बँधना** (一の) 後を(=が) 嗣ぐ (-के सिर) **पगड़ी बँधना** *a.* (一が) 名誉ある地位を得る *b.* (一が) 責任を負う **पगड़ी बग़ल में ले ले°** 名誉を保つ；恥をかかずにすます **पगड़ी बदलना** 兄弟分になる；親交を結ぶ **पगड़ी बाँधना** *a.* 栄誉を得る *b.* 後を嗣がせる *c.* 高い地位につける (-की) **पगड़ी में धूल रखना** = पगड़ी में ख़ाक डालना. (-की) **पगड़ी रखना** (一の) 名誉を守る (-के आगे) **पगड़ी रखना** (一に) 頼み込む；哀願する **पगड़ी सम्हालना** 名誉を守る；名誉を保つ= पगड़ी सँभालना.

पगतरा [名] 靴= जूता.

पगतल [名] 足の裏= तलवा.

पगदासी [名*] (1) 靴= जूता. (2) げた；下駄= खड़ाऊँ.

पगना [自] (1) シロップに漬かる (2) 浸る；浸かる (3) (感情に) 浸る；溺れる दोनों सहपाठी थे और एक दूसरे के प्रेम में पगे हुए थे 2人は同級生ですっかり互いに夢中になっていた भक्तिरस में पगे हुए भजन バクティ（信愛）の気分に浸った賛歌

पगनी [名*] (1) 靴 (2) 下駄

पगबाधा [名]〔ス〕LBW (Leg Before Wicket, クリケットでアウトになる理由の1つ)

पगला [形⁺] (1) 気の狂った；発狂した；頭のおかしい (2) 普通でない；尋常でない；おかしい；馬鹿げている पगली, मुझे क्या हुआ है? お馬鹿さんね，あんた．心配しないでよ．私はどうもしていないんだから

पगलाना [自] (1) 気が狂う；発狂する (2) 頭がおかしくなる；正しい判断ができなくなる；血迷う क्या यह पगला तो नहीं गया है? この人は頭がおかしくなったのではないか

पगलिया [名] 熱狂的な信徒 रामदेव जी के पगलिया ラームデーオ・ジーの熱狂的な信徒

पगहा [名] 家畜を杭につなぐ綱；つなぎ縄 **पगहा तुड़ाकर भागना** *a.* 家畜が綱を切って逃げ出す *b.* 束縛から逃げ出す

पगहिया [名*] ターバン

पगाना [他] (1) シロップなどに浸す；つける (2) (感情に) 浸す；溺れさせる

पगार[1] [名] (1) 囲い (2) 囲いの壁；塀；城壁

पगार[2] [名]《Por. pagar》給金；給料；賃金；労賃= वेतन; तनख़्वाह. **पगार नीचे रखना** 給料の遅配（雇い主がわざと遅らせること） 25 रुपये पगार के और 5 रुपए चाय के 賃金は25ルピー，それに5ルピーの茶代

पगार[3] [名] (1) 壁土；モルタル；建築材料として接合に用いられる粘土など (2) 粘土

पगाह [名*]《P. پگاه》夜明け；早朝= भोर; सबेरा; तड़का; प्रातःकाल.

पगियाना[1] [他] ターバンをつける

पगियाना[2] [他] = पगाना.

पगुराना [自] (1) 反芻する；にれがむ= पागुर क°; जुगाली क°. (2) こなす；消化する；横領する

पगोडा [名]《E. pagoda ← Por. pagode》(1) パゴダ；塔；仏塔 (2) パゴダ（16～19世紀に南インドに通用した金貨，もしくは，銀貨．3.5～4ルピーに相当）

पग्गड़ [名] 形の大きなターバン राजस्थानी पग्गड़ ラージャスターン風のターバン

पघरना [自] 溶ける；溶解する= पिघलना.

पघराना [他] 溶かす= पिघलाना.

पघा [名] = पगहा.

पघिलाना [他] 溶かす= पिघलाना.

पघैया[1] [形] 歩く；歩行する；歩き回る

पघैया[2] [名] 行商人

पच [造語] 5の意味を示す造語要素

पचक[1] [名]〔植〕アカネ科低木【*Vangueria spinosa; Meyna laxiflora*】= पिचुक.

पचक[2] [名*] = पिचक.

पचखना[1] [形⁺] 5階建ての= पंचमंज़िला.

पचखना[2] [自] = पिचकना.

पचड़ा [名] (1) ごたごた；厄介なこと；争い；もめごと；いざこざ= झंझट. लेकिन इन पचड़ों में पड़े रहोगे तो सारी प्रतिभा खो बैठोगे でもこんなごたごたにかかずらわっていると才能をすっかりなくしてしまうぞ अजी छोड़िए, इस पुराने पचड़े में अब क्या रखा है? もう止めましょうや．昔のごたごたをほじくり返して今さら何になりますか (2) パチラー（民謡の一） (3) パチラー（賛歌・祈祷歌） **पचड़ा खड़ा क°** ごたごたを起こす；面倒を起こす (-का) **पचड़ा गाना** (一について) 不平を鳴らす；泣き言を言う **पचड़ा फैलाना** 大げさにする；ごたごたを起こす **पचड़ा ले बैठना** 面白くもない話を持ち出す (-का) **पचड़ा ले बैठना** (一を) 非難する **पचड़ा सुनाना** = पचड़ा गाना. (-के) **पचड़े में पड़ना** (一の) ごたごたに巻き込まれる राजनीति के पचड़े में पड़ते हैं 政治のごたごたに巻き込まれる

पचतोलिया [名] 5トーラー（तोला）の重量の分銅

पचन [名] (1) 料理；煮ること (2) 消化 (3) 火 (4) 食物を消化すると考えられている消化の火；胃液

पचना [自] (1) 消化される；こなれる वसा के प्रयोग से कार्बोहाईड्रेट शीघ्र पच जाता है 脂肪を用いると炭水化物は早く消化される (2) 身につく (3) 秘められる；収まる；隠される उनके पेट में कोई बात पचती नहीं あの方は何事も腹の中に秘められない जब ऐसी छोटी बात न पची तो भारी रहस्य को मैं कैसे पचा सकता हूँ こんな小さなことを腹に収めておけないのなら重要な秘密をどうやって秘めておけよう (4) 静まる；収まる；鎮静する (5) 終わる；尽きる (6) 大変疲れる；疲労困憊する；くたくたになる；ふらふらになる **पचता माल** よく売れる品；よく捌ける品物

पचनागार [名] 調理場；台所= रसोईघर; पाकशाला; बावरची ख़ाना.

पचनाग्नि [名*] 食物を消化する力があると考えられた胃の中の火；消化液= जठराग्नि.

पचपचाना [自] (1) 湿気や粘りけのためにびしょびしょする；べちゃべちゃする (2) ぴちゃぴちゃする (3) ぬかるむ

पचपन [数] 55 पचपनवाँ 55番目の；第55の

पचपहलू [形] 五角形の；五辺形の；五稜の

पचमेल [形・名] = पंच-मेल. 5種，もしくは，いろいろな種類の物が混じった（もの）；ごたまぜの；ミックス（の）

पचरंग [形] = पचरंगा.

पचरंगा [形⁺] (1) 5色の (2) いろいろな色の (3) いろいろな色で染められた

पचरा [名] = पचड़ा.

पचलड़ी [名*] 5連の首飾り= पंचलड़ी.

पचहत्तर [数] 75 पचहत्तरवाँ 75番目の；第75の

पचानक [名]〔鳥〕ヒヨドリ科クロビタイセアカモズ【*Lanius vittatus*】

पचाना [他] (1) 消化する；こなす आहार पचाने का काम 食べるものを消化すること भोजन पचाने में मदद देनेवाला 消化を助ける (2) 横領する= हज़म कर जा°; डकार जा°; ले ले°. (3) 疲れさせる；困憊させる；消耗させる अरे क्षमा करो महाराज मेरा मस्तिष्क मत पचाओ もう止めてくれ．頭をふらふらにさせないでくれ (4) 終わらせる；なくす (5) 収める；収納する；吸収する

पचारना [他]（名乗りを上げて）挑戦する= ललकारना.

पचास [数] 50 पचासवाँ 50番目の；第50の

पचासा [名] (1) 50個のものの集まり (2) 50ルピー (3) 50トーラー（तोला）の重量の分銅 (4) 早鐘；速鐘 **पचासा बजना** 早鐘が打たれる **पचासा बजाना** 早鐘を打つ

पचासी [数] 85 पचासीवाँ 85番目の；第85の

पचासों [形] 沢山の；幾十の；数十の；無数の；山のような पचासों काम 山のような仕事

पचित [形] (1) 十分にこなれた；すっかり消化された (2) 溶けた (3) はめ込まれた
पचीस [数] 25 = पच्चीस. पचीसवाँ 25 番目の；第 25 の= पच्चीसवाँ.
पचीसी [名*] = पच्चीसी. (1) 25 のものの集まり (2) 25 歳 (3) 子安貝やさいころを用いてする西洋すごろくに似た盤上ゲームの一；パチーシー (4) パチーシーに用いる盤
पचोली [名*]〔植〕シソ科草本パチョーリー【*Pogostemon patcholi*】= पंचौली.
पचौनी [名*] 消化器官；胃腸
पचौर [名] 村長= गाँव का मुखिया.
पचौली[1] [名] 村長= गाँव का मुखिया.
पचौली[2] [名*] = पचोली.
पच्चड़ [名] = पच्चर. (1)（木や竹の）楔 (2) 妨げ；妨害 **पच्चर अड़ाना** 妨げる；妨害する **पच्चड़ क॰** *a.* 妨げる；妨害する；邪魔する *b.* 困らせる；苦しめる= पच्चर ठोंकना; पच्चर मारना; पच्चर लगाना.
पच्ची[1] [名*] (1) 消化；こなれること；こなすこと (2) 使うこと；費やすこと
पच्ची[2] [形] (1) 付着した；粘着した (2) 接続した (3) 定まった；決まった (4) 安定した；根を下ろした
पच्ची[3] [名*] (1) 象嵌（細工）；インレーを施したもの (2) モザイク (3) つぎはぎ (4) かがりもの **पच्ची हो जा॰** 一体となる；合一する
पच्चीकार [名]《H. + P. کار कार》象嵌細工や切りはめ細工などを行う職人
पच्चीकारी [名*]《H. + P. کاری कारी》(1) 象嵌細工；インレー (2) モザイク；切りとったものをはめこむ細工 (3) つぎはぎ細工 (4) かがり
पच्चीस [数] 25 = पचीस. पच्चीसवाँ 25 番目の；第 25 の
पच्छ [名] = पक्ष.
पच्छम [形・名] 西の；西方の；西；西方= पश्चिम.
पच्छिम [形・名] 西（の）；西方（の）= पश्चिम. सूरज पच्छिम में जाकर सोता है 太陽は西に行って眠る
पछँही [形] *a.* 西の；西方の；西部地方の（特にラージャスターン，ハリヤーナー，パンジャーブ地方を指すことがある）*b.* 上記の地方に産する= पछाँही; पश्चिमी; पश्चिम का.
पछड़ना [自] (1) 投げ飛ばされる；投げつけられる (2) 完敗する；無様な負け方をする (3) 立ち後れる= पिछड़ना.
पछताना [自] 悔やむ；後悔する；残念がる= अँगुली काटना; पश्चाताप क॰; पछतावा क॰.
पछतानी [名*] 後悔= पछतावा; पश्चात्ताप.
पछताव [名] = पछतावा; पश्चात्ताप.
पछतावा [名] 悔やみ；後悔= पश्चात्ताप; अनुताप. अपने कृत्य पर पछतावा हुआ 自分の行為が悔やまれた पछतावा क॰ 悔やむ；悔しがる； बच्चों को अपने साथ लाने की भूल पर पछतावा करने लगता 子供を連れてきたという間違いを悔やみだした
पछना[1] [名] (1)〔医〕浅く切り目を入れて開くこと (2)〔医〕瀉血などの治療に用いる剃刀 (3)〔医〕瀉血；刺絡
पछना[2] [自] 刃物で浅く切り裂かれる
पछलगा [名] = पिछलगा.
पछलागू [名] = पिछलागू.
पछवाँ[1] [形] (1) 西方の；西の (2) 西からの；西から吹く
पछवाँ[2] [名*] 西風
पछवाँ[3] [名]〔裁〕後ろ身頃
पछवाँ[4] [副] 後ろに；後方に；後部に
पछवा [名*] 西風
पछवारा [名] (1) 後部 (2) 背；背部 (3) 裏手= पिछवाड़.
पछाँह [名] 西の国；西方の国；西方の地，あるいは，地域；西部地方
पछाँहा [形⁺] = पछाँहाँ（पछाँही *）. (1) 西方の；西の (2)（ウッタル・プラデーシュ州西部やハリヤーナー州，ラージャスターン，パンジャーブ州にかけての地域の意味で，特に優秀な家畜を産するとされる同地方の）西部の；パチャーンハーの पछाँही भैंस 西部種の水牛 दोनों बैल पछाँही जाति के थे 2 頭とも牛は西部種のものだった
पछाँहिया [形] 西の国の；西方の国の；西部地方の
पछाँही [形] (1) 西の国の；西方の国の；西部地方の（पछाँह の）(2) 西部産の；西部地方に産する= पछँही.
पछाई [形] = पछाँही.
पछाड़ [名*] (1) 投げ飛ばすこと；投げ倒すこと；抱えて投げること= पछाड़ना. (2) やっつけること；破ること；負かすこと (3) 投げ飛ばされること (4) 卒倒；気絶 **पछाड़ खाकर पड़ना** 気絶する **पछाड़ खा खाकर मरना** *a.* 悶え苦しむ *b.* 悶絶する **पछाड़ खा खाकर रोना** 大変嘆き悲しむ **पछाड़ खाना** 卒倒する；気絶する वह प्रसववेदना से पछाड़ खा रही थी 陣痛のため悶え苦しんでいる最中だった
पछाड़ना [他] (1) 投げ飛ばす；投げ倒す= दे मारना. (2) やっつける；打ち負かす；破る；倒す अंत में उन्होंने सिंह को उसी माँद में ही पछाड़ने का निश्चय किया 最後にライオンを洞穴の中でやっつけようと決意した उसने अपने देश के जैक को पछाड़ा 同国人のジャックを打ち破った（倒した） (3) 圧倒する；打倒する；凌ぐ इसने ताँबा तथा चाँदी की धातुओं को बिजली के कार्यों में पछाड़ दिया है これは電気に関しては銅と銀を凌いだ (4) 追い払う；払いのける वह जाड़े को पछाड़ता रहेगा それがずっと寒さを払いのけるだろう
पछाड़ी [名*] 後ろ；後；後部；背部 **पछाड़ी अगाड़ी बाँधना** ぐるぐる巻きに縛り上げる；がんじがらめに縛る **पछाड़ी-अगाड़ी लगाना** = पछाड़ी-अगाड़ी बाँधना.
पछानना [他] = पहचानना.
पछारना [他] = पछाड़ना.
पछिआना [他] (1)（－を）追いかける= (-का) पीछा क॰. (2)（－の）後につく= (-के) पीछे हो ले॰. (3)（－を）追い抜く= (-) पीछे छोड़ दे॰.
पछिताना [自] = पछताना.
पछितानी [名*] = पछतावा.
पछियाना [他] = पछिआना.
पछियाव[1] [名*] 西風 = पश्चिम की हवा.
पछियाव[2] [名] 後ろ；後部；後方
पछिला [形⁺] = पिछला.
पछीत [名*] 家の裏手；家の裏側
पछुआ[1] [名]〔装身〕パチュアー（女性の足首に飾るアンクレット；足首飾り）
पछुआ[2] [名*] 西風= पछिया; पछुवा.
पछेड़ा [名] まとわりつくこと；絡みつくこと；つきまとうこと；追いかけること= पीछा.
पछेलना [他] (1) 追い抜く；追い越す= (-को) पीछे छोड़ना. (2) 後ろに追いやる
पछेला[1] [形⁺] = पिछला.
पछेला[2] [名]〔装身〕(1) パチェーラー（女性の腕飾り） (2) 上腕の上部に着けられる腕飾り
पछोड़ [名*] ← पछोड़ना.
पछोड़न [名] 箕で選り分けられた穀物についていた塵や穀物の殻
पछोड़ना [他] 箕で穀物に混じっている不要物や殻などを吹き飛ばしたり選り分ける
पछोरना [他] = पछोड़ना.
पजर[1] [名] (1) 滴ること；滴り落ちること (2) 流れ落ちる水；滝
पजर[2] [名*] (1) 発火 (2) 燃焼
पजरना[1] [自] (1) 燃え出す；発火する (2) 燃える (3) 発熱する
पजरना[2] [他] = पजारना.
पजाना [他] 研ぐ；鋭くする
पजामा [名] = पाजामा.
पजारना [他] (1) 火をつける；点火する (2) 燃やす；焼く；燃焼させる；焼却する (3) 熱する
पज़ावा [名]《P. پزاوه》煉瓦，石灰などを焼く窯
पजूसण [名]〔ジャ〕パジューサン= पर्यूषण; पर्युषणा; पज्जोसवणा.
पजोखा [名] 弔い；弔問；お悔やみ= मातम-पुरसी.
पज्झटिका [名*]〔韻〕パッジャティカー（各行が 16 モーラから成るモーラ韻律で最後に जगण が来る）= पद्धरि.
पटंबर [名] 絹布= रेशमी कपड़ा.
पट[1] [名] (1) 織物；布 (2) 衣服；服 (3) 幕；帳 (4) 銀幕；スクリーン (5) 画布；カンバス；画用紙 (6) 扉 (7) 板（木材や金属の） (8) 屋根（を覆う茅，藁，竹，木などの材料） (9) 乗り物の屋根にかける簀や簾 (10) 玉座 **पट उघड़ना** *a.* 扉が開く *b.* 知識を

प

得る；明らかになる **पट खुलना** ＝पट उघड़ना. **पट खोलना** 内緒のことや秘密を明らかにする；暴く；暴露する **पट दे०** 戸や扉を閉じる＝पट भिड़ाना; पट लगाना.

पट[2] [形] (1) うつ伏せの；下向きの＝औंधा. (2) 沈滞した；活気のない；景気の悪い (3) 台無しの (4) 放置された (5) 荒れた；荒廃した **पट पड़ना** うつ伏せる **पट हो जा०** 台無しになる；駄目になる

पट[3] [名] 軽く小さいものが続けざまに落下したり破れたり壊れたりする音；ぽつり，ぽつん，ぽつっ，ぽとっ，ぱりっ，ぴりっなど

पट[4] [副] すぐさま；直ちに；いきなり，間をおかずに **पट से बोल दे०** 前後や後先の考えなしに言う

पट[5] [形] 平らな；平たい；横になった

पट[6] [名] (1) 平たい底 (2) 裸になった土地；草木のない土地 (3) 平地

पट[7] [名] 足；脚＝टाँग.

पटइन [名*] パトイン（パトワー पटवा カーストの女性）

पटक[1] [名] (1) 綿布 (2) 天幕

पटक[2] [名*] ←पटकना.

पटकथा [名*]〔映〕シナリオ；映画のストーリー पटकथा : विष्णु शर्मा シナリオ：ヴィシュヌ・シャルマー

पटकना [他] (1) 投げつける；投げ落とす उसने तीन रुपये लेकर फ़र्श पर पटक दिये 3 ルピーをつかんで床に投げつけた सारा बल लगाकर पाटा उसने बिल्ली पर पटक दिया 力一杯腰掛けを猫に投げつけた रिसीवर पटककर वह आदमी वहीं बैठ गया 男は受話器を投げつけてその場に腰を下ろした (2) 投げ飛ばす मैंने उसकी गर्दन पकड़कर जमीन पर पटक दिया 男の首を捕まえて地面に投げ飛ばしてやった (3) 投げ捨てる；放り出す；投げ出す（比喩的な意味にも用いられる） बस्ता पटकना かばんを放り出す किताब मेज़ पर पटककर वह पंखा चलाकर बिस्तर पर लेट गई 本を机の上に投げ出し扇風機を回してベッドに横たわった नियमानुसार हमें 377 रु०मासिक पेंशन देकर पटक दिया गया 規則に則り月額 377 ルピーの年金で放り出された तब मैं तबादला कराना चाहता था रोहलखंड, पर पटका गया बस्ती के ज़िले में ローハルカンドに転勤させてもらいたいと願っていたがバスティー県に放り出された (4) ぶつける；叩きつける；ぶち当てる इस आवागमन की चट्टानों से कब तक सिर पटकेगा この輪廻転生の岩にいつまで頭をぶつけるのか (5) 足を踏みならす अम्माँ ने बड़ी बहू के मायके से आया सामान देखा तो पटक पटककर और मुँह बनाकर कहा 母は長兄の嫁の里から送られてきた品を見ると足を踏みならし顔を歪めて言った (6)（ーに）押しつける (-के सिर) पटकना

पटकनिया [名*] ＝पटकना. **पटकनिया खाना** *a.* 打ち負かされる；やっつけられる *b.* 恥をかかされる *c.* 投げを食う **पटकनिया दे०** 投げつける；投げ飛ばす；投げ落とす

पटकनी [名*] (1) 投げつけること；投げ落とすこと＝पटकना. (2) 地面に転げ回ったり転げ回って悲しみや怒りを表すこと दोनों मिलकर भी उसे पटकनी देने में असफल हैं 2 人がかりでも投げ落とせない **पटकनी खाना** 投げを食う；投げつけられる；投げ落とされる **पटकनी दे०**（持ち上げて）投げ落とす

पटका [名] (1) パトカー（腰に結ぶドゥパッター）；帯；腰ひも उन्होंने अपनी पीठ में, पटके से अपने गोद लिए हुए पुत्र आनंद को बाँध रक्खा था 背中に養子にしたアーナンドをパトカーで縛りつけていた (2) ドゥパッター（दुपट्टा） (3)〔建〕コーニス **पटका पकड़ना** 無理強いする；無理やりにさせる；余儀なくする **पटका बाँधना** 周到に準備をする；ふんどしを締めてかかる

पटकान [名*] ←पटकना. 投げつけたり投げ飛ばしたり投げ捨てたりすること **पटकान खाना** 投げ飛ばされる **पटकान दे०** 投げ飛ばす

पटकार[1] [名] (1) 機織り；織工＝जुलाहा. (2) 画布を作る職人

पटकार[2] [名*] 田畑の害鳥を追い払う道具の一；鳴子

पटकी [名*] ＝पटकान. **पटकी खाना** 投げつけられる；投げ飛ばされる मेरी इच्छा हो रही थी कि दिनेश से लड़ने लगूँ, उसको पटककर पीटूँ या स्वयं उससे पटकी खाकर पिटूँ ディネーシュと組み打ちして投げ飛ばして叩いてやるか自分が投げ飛ばされて叩かれてみる気持ちになってきていた **पटकी दे०** 破る；負かす；やっつける；打ち負かす

पटकुटी [名*] テント；天幕

पटकूल [名] 絹布；絹の衣服

पटखना [他] ＝पटकना.

पटचित्र [名] 画布に描かれた絵；巻物の絵

पटच्चर [名] (1) ぼろ（襤褸）；ぼろ切れ；古びた衣服 (2) 盗人；盗賊

पटड़ा [名] ＝पटरा. सूर्यास्त के तुरंत बाद मंडप में लकड़ी के पटड़ों पर मिट्टी के छोटे-छोटे दिये जलाकर उन्हें पितरों के नाम समर्पित किया जाता है 日没直後に板の上に素焼きの油皿に火を点してのせ祖霊に捧げる

पटड़ी [名*] ＝पटरी. **पटड़ी-खोमचा वाले**（歩道で商う）行商人 पटड़ी-खोमचा वालों को अन्यत्र स्थान दिया जाए 行商人たちに他の場所を与えること

पटतर [名] (1) 等しいこと；同等；対等 (2) 比較 (3) 比喩 **पटतर दे०** 比べる；比較する

पटतरना [他] (1) たとえる；譬える (2) なぞらえる (3) 比較する；比べる (4) 均す；平らにする＝समतल क०.

पटतारना[1] [他]（刀剣などの武器を）構える

पटतारना[2] [他]（地面を）均す；平らにする＝चौरस क०.

पटधारी [形] 衣服をまとっている；服を着用している

पटना[1] [自] (1) 埋まる；覆われる；埋められる उसके लावा से मेरा घर-आँगन नहीं पट जाएगा それから出る熔岩で家や庭が埋まりはしないか (2) 塞がれる (3) あふれる；一杯になる；満たされる；埋められる देखते ही देखते मैदाने जंग दुश्मन की लाशों से पट गया 見る見るうちに戦場は敵の死骸で埋められた 16 वीं सदी तक यूरोप के बाज़ार इन बरतनों से पटे रहते थे 16 世紀までにヨーロッパの市場はこれらの容器であふれていた **पटा पड़ा रहना** あふれ返る (4)（屋根が）葺かれる (5) 灌水される

पटना[2] [自] (1) 完済される；決済される हुंडी पटना 手形が落ちる (2) しっくりする；うまく行く；馬が合う；相手と気持ちがしっくり合う उसकी मुकुंद से अच्छी पटने लगी थी ムクンダとよく気が通じ合うようになった उस पार्टी से आप की क्यों ज़्यादा पटती है? あなたにとってはあの党との間がしっくりするのはどういう訳なのですか हमसे तो ऐसी मेहरिया से एक दिन न पटे こんな嫁とは私は 1 日もうまく行きませんよ (3) 思い通りになる (4) 取引や話がまとまる वह इन्हें टालते रहे.आखिर में पट गए.शादी हो गई ずっと言い逃れをしていたがとうとう話がまとまり結婚となった जहाँ जैसा सौदा पट गया उसी हिसाब से मैंने बेच दिया 商いのまとまり具合に応じて売り払った

पटना[3] 〔地名〕パトナー市（ビハール州州都）

पटनी[1] [名*] (1) 塞がれること；塞がること (2) 埋められること；埋まること (3) 屋根

पटनी[2] [名*]〔農〕(1) 永代ザミーンダーリー制度に拠って地税額が永代に固定された土地 (2) 永代ザミーンダーリー制度による土地貸与

पटपट[1] [名*] 軽く小さな物の続けざまに落下して生じる音→पट[3]. **पटपट बोलना** よどみなくしゃべる

पटपट[2] [副] ぱたぱたとかぱたっぱたっなどと音を立てながら

पटपटाना[1] [自] (1) 物がぶつかったりはじけたりする；そのような音が出る；ぱたぱた，ぱちぱちなどと音がする (2) 苦しむ (3) 悲しむ भाड़ की तपती रेत में चने पटपटा रहे हैं 豆煎りの熱せられた砂の中でヒヨコマメがぱちぱちと音を立てている（はじけている）

पटपटाना[2] [他] (1) 物をぶつけたりはじけさせたりする；かたかた，ぱちぱち，ぱたぱたなどと音を立てる लाठी पटपटाता हुआ 杖をかたかた鳴らせながら (2) 苦しめる (3) 悲しませる

पटपर[1] [形] (1) 平らな；平坦な＝समतल; चौरस; हमवार. (2) 空っぽの

पटपर[2] [名] (1) 雨季の間水面下にある川縁の土地 (2) 広場 (3) 荒れ地；荒蕪地

पटपरिवर्तन [名]〔演〕幕が変わって場面が転換すること

पटबंधक [名] (1) 質；抵当 (2) 一定期間の用益権で元金と利子とを支払う質入れ；家畜の抵当

पटबंधक [形] 質入れされた

पटबीजना [名]〔昆〕蛍＝जुगनू; खद्योत.

पटमंडप [名] 天幕；テント＝तंबू; खेमा.

पटम [形] (1) 目を閉じた (2) 目のしょぼしょぼした；目のよく見えない

पटमय [名] テント；天幕= तंबू; खेमा; शिविर.

पटरस [名]〔鳥〕ワシタカ科キガシラウミワシ【*Haliaeetus leucoryphus*】

पटरा [名] (1) 板 लकड़ी का पटरा 木の板 (2) まな板（に用いられている木の板や石の板）；パン生地をこねたり麺棒で押し延ばしたりするのに用いられる石や木の板 (3) 炊事場で用いられる低い木製の腰掛け→ पीढ़ा. (4) 洗濯屋が洗濯の際，洗濯物を打ちつける板 (5) 犂を入れた後に土地を均すのに用いる農機具，均しまんが **पटरा कर दे॰** *a.* 引き倒す；仰向けに倒す *b.* めちゃくちゃにする；台無しにする **पटरा फेरना** *a.* 奪い取る *b.* 一掃する；かっさらう **पटरा बैठना** *a.* 大きな被害を被る；大損する；破滅する *b.* 死ぬ **पटरा हो॰** = पटरा बैठना. मेरा तो पटरा हो रहा है 私はもう駄目だ

पटरानी [名*] 第一王妃；正妃

पटरी [名*] (1) 木や金属の小さい板 (2) 子供が文字を書く練習をしたりノートの代用に用いる石板（粘板岩の板）；スレート (3) 歩道 सड़क की पटरी पर 歩道を；歩道の上を (4) 運河や用水路の岸（岸辺の道） (5) レール（鉄道）；軌道；線路 रेल की पटरी 鉄道線路 (6) 庭園などの通路 (7) 金属製のブレスレット (8) 平瓦；女瓦 **पटरी खाना** 気が合う；馬が合う；反りが合う **पटरी जमना** *a.* 気が合う；馬が合う *b.* 試みが首尾良く行く；順調にことが運ぶ；調子に乗る；好調な **पटरी जमाना** *a.* 首尾良く行う *b.* 馬にうまく乗る **पटरी पढ़ाना** *a.* 馬鹿にする；からかう *b.* おだてる **पटरी पर आ॰** 軌道に乗る；順調に行く **पटरी पर लाना** 軌道に乗せる；改める；順調に行くように努める **पटरी बैठना** = पटरी खाना. उसकी अपने नए अधिकारी से पटरी नहीं बैठती あの人は新しい上司と反りが合わない **पटरी बैठाना** = पटरी जमाना.

पटरोल [名]《E. patrol》パトロール；巡邏；巡察= पट्रोल.

पटल [名] (1) 屋根；茅や藁で葺かれた屋根；天井 (2) 覆い (3) 層 = परत. (4) 面；側面= पहलू; पार्श्व. (5) 板= पटरा. जलचक्की का पटल 水車の羽（板） (6) 章 (7) 集まり；集合 (8)〔ヒ〕センダンの粉で額に描いた宗教上の標識；ティーカー टीका ；ティラク तिलक (9)〔医〕白内障

पटलक [名] (1) 覆い；被せる物 (2) 小箱 (3) 集まり；集合

पटल खेल [名] ボードゲーム（盤面でするゲーム）〈board games〉

पटलता [名*] 多いこと= अधिकता.

पटली [名*] 屋根；天井= छत; छान; छप्पर.

पटवा[1] [名] パトワー（装身具の飾り玉にひもを通したり髪飾りのひもを編んだりするのを主な生業としてきたカーストの人）

पटवा[2] [名] (1) アオイ科草本アンバリアサ【*Hibiscus cannabinus*】(2) 同上の実 (3) 同上から採れる粗麻 (4)〔植〕アオイ科草本ロゼルソウ【*Hibiscus sabdariffa*】

पटवाना[1] [他・使] ←पटाना.

पटवाना[2] [他・使]（痛みや苦痛を）取り除く；鎮静化する；鎮める= पटा.

पटवाप [名] テント；天幕= तंबू; खेमा.

पटवारगीरी [名*]《پٹوارگیری. H.पटवारी + P. گیری》パトワーリー पटवारी の職やその地位

पटवारी [名] パトワーリー（旧インドの徴税組織の末端，すなわち，パルガナー परगना で農村内の徴税のための記録と会計事務に従事した職員．今日では लेखपाल と呼ばれる）〈village accountant〉

पटवारीगीरी [名*] = पटवारगीरी.

पटवास [名] (1) 天幕；テント= तंबू; खेमा; शिविर. (2) キャンプ；露営地 (3) 女性の下着；ペチコート= साया.

पटसन [名] (1)〔植〕マメ科草本サンヘンプ【*Crotalaria juncea*】(2) 同上から採れる繊維；ジュート

पटह [名] (1) 太鼓；ドール ढोल (2) ナガーラー नगाड़ा (3) ドゥグドゥギー डुगडुगी ；でんでん太鼓

पटहघोषक [名] 触れ太鼓を打つ人

पटहार [名] = पटवा[1].

पटा[1] [名] (1) 剣 (2) 木刀；木剣 (3) 筋；縞 **पटा-बनेठी** パター（木剣）とバネーティー（両端に重みをつけた棍棒） **पटा-बनेठी करवा दे॰** 争わせる

पटा[2] [名] (1) 一部のヒンドゥーが食事の際に用いる木製の腰掛け= पटरा. (2) 証書 (-को) **पटा बाँधना** (－を) 第一王妃にする

पटा[3] [名] (1) 布 (2) ターバン (3) ドゥパッター = दुपट्टा.

पटा[4] [名] 取引；商取引

पटाई[1] [名*] ←पाटना.

पटाई[2] [名*] (1) 支払い (2) 同意させること；合意させること (3) 仲介料

पटाक [名*] 物の激しく落下したりぶつかる音

पटाका[1] [名] (1) 激しい物音 (2) 平手打ち= थप्पड़; चपत. (3) 爆竹 (4) 爆竹や花火の爆発音 **पटाका छोड़ना** 爆竹を鳴らす **पटाका जड़ना** 平手打ちを食わせる= पटाका जमाना; पटाका दे॰; पटाका लगाना.

पटाका[2] [名*]〔俗〕若く美しい女性；別嬪

पटाक्षेप [名] (1)〔演〕幕が下りること；幕を下ろすこと (2) 幕間の幕が引かれること (3) 幕を引くこと；幕を閉じること；終わりにすること；閉幕 **पटाक्षेप हो॰** *a.* 幕が下りる *b.* 終わりになる；幕が引かれる；幕が下りる；閉幕になる

पटाखा [名] = पटाका. पटाखा चलाना = पटाका छोड़ना. **पटाखे फोड़ना** 爆竹を鳴らす

पटान[1] [名*] ←पाटना.

पटान[2] [名*] 支払いのすべて終了すること；完済

पटाना[1] [他・使] ←पाटना. (1) 埋め立てさせる；埋めさせる दफ़्तर को इसे पटाने का होश आया है जब दो बच्चे उसमें डूब गए 役所は 2 人の子供が溺れ死んでようやく埋め立てさせることに気がついた (2)（屋根を）葺かせる；覆わせる (3) 畑に水をやる；灌水する अकाल की इस विशेष परिस्थिति में हम नहर से ही खेत पटाएँगे 旱魃のこの特殊な状況下においては用水路を用いて灌水しよう (4) 完済する；借りや借金を返済する

पटाना[2] [他] (1) 話をまとめる；話をつける；味方に引き入れる；抱き込む वह भी समझ गया कि नाई को वहम हो गया है.अतः इसे पटाना चाहिए 彼もナーイーは錯覚しているのでこれに話をつけなくてはと思った दिल्ली दरबार से अपना सौदा खुद पटाने के बारे में デリー（中央政府）との間で取り引きを決めることについて अतः उसने इस ब्राह्मणी को पटाना ही ठीक समझा そこで彼はこのバラモン女性に話をつけるのが大切だと思った इस वर्ग के लोगों में लिपिकों व छोटे अफ़सरों को पटाने का अद्‌भुत गुण उसमें है 事務官や下っ端の役人を味方に引き込む比類のない才能を備えている (2) 商取引をまとめる；商談を成立させる (3) うまいことを言って人を自分の思うようにする；(人を) 丸め込む；丸める (-को) पटाना. यदि सऊदी अरब की दुआ मिल जाए तो बाक़ी मध्य एशियाई देशों को पटाना आसान हो सकता है サウジアラビアの祝福が得られるのであれば中東の他の国々を丸め込みやすくなりうる

पटापट [副] (1) 続けざまに物のぶつかったりはじけたりする様子や物音；かたかた（と），こつんこつん（と），ぱたぱた（と），ぱちぱち（と）など पर यह क्या, उसपर पटापट लाठियाँ बरसने लगीं だがこれは何事だ．ぱしっぱしっと棍棒が雨のように降り始めたではないか (2) 素早く；急いで；すぐさま，直ちに

पटापटी [名*] (1) いろんな色の唐草模様の刺繍のなされたもの (2) 様々な色で染められたもの **पटापटी का पर्दा** 唐草模様の刺繍をしたカーテン

पटाफेर [名]〔ヒ〕パターペール（結婚式の際，花婿と花嫁の席を入れ替える儀礼）

पटालुका [名*]〔動〕ヒル科ヒル（蛭）= जोंक; जलौका.

पटाव [名] (1) 埋めること (2) 埋め立てること (3) 埋め立てに用いるもの；埋め立てに入れるもの (4) 埋め立てた場所 (5) 屋根

पटि [名*] 布；布きれ

पटिका [名*] (1) 布；きれ（切れ） (2) 布きれ

पटि-क्षेप [名] = पटाक्षेप.

पटिया[1] [名*] (1) 四角い石の板（敷石など） पतली कमर और पत्थर की पटिया की तरह चौड़ी छाती 細いウエストと石の板のように幅の広い胸 (2) 木の板 (3) 子供の習字用の板；習字盤 (4) 畑を耕した後で地面を均すために用いる均しまんが (5) 歩道

पटिया[2] [名*] (1) 直線 (2) 筋を入れて分けた髪 **पटिया काढ़ना** *a.* 髪を分ける *b.* めかす= पटिया पारना; पटिया सँवारना.

पटियाश्म [名] 板石；敷石

पटी [名*] (1) 細長い布きれ (2) ターバン (3) 帯 (4) 幕；覆い (5) 舞台の幕
पटीमा [名] 捺染の際布を広げる板
पटीर [名] (1)〔植〕ビャクダン科高木ビャクダン（白檀）【*Santalum album*】＝ चंदन. (2)〔植〕マメ科アセンヤクノキ（阿仙薬樹）【*Acacia catechu*】 (3) カテキュー（アセンヤク，阿仙薬）
पटीलना [他] (1) 言いくるめる (2) だます；引っかける (3) やっつける；負かす；破る (4) 殴る；叩く
पटु [形] (1) 上手な；達者な；器用な＝ दक्ष; निपुण; कुशल. परामर्श देने में विशेष पटु थे 忠告の特別上手な人だった (2) 抜け目のない；機敏な＝ चालाक; होशियार. उनकी आँखों में धूल झोंककर काम बना लेने में बड़े पटु था 相手の目をくらまし目的を果たすのに機敏な男だった (3) 狡い；狡猾な＝ धूर्त; छलिया. (4) 鋭い＝ तीखा; तीक्ष्ण. (5) 激しい；激烈な (6) 残酷な＝ निष्ठुर.
पटुआ [名] ＝ पटवा.
पटुक [名] ＝ परवल.
पटुता [名*] ← पटु. अपना काम करवा लेने की तुम्हारी पटुता अभी तक वही है, वैसी ही, क्यों , है न?. 自分のやりたいことをやり遂げる君の器用さは今もそのままだね. 昔のままだね इस कला में ऐसा दक्ष और निपुण था कि उसकी चतुराई और पटुता पर आश्चर्य होता था この芸の器用さ巧妙さには驚嘆するほどの熟達ぶりだった
पटुत्व [名] ＝ पटुता.
पटे [形] 支払いの完了した；完済した
पटेबाज़[1] [名] 《پٹے باز. H.पटा + P. باز》剣術や棒術をする人；剣術家；棒術家
पटेबाज़[2] [形] (1) 浮気な；尻軽な (2) 狡猾な；ずる賢い
पटेबाज़ी[1] [名*] 《پٹے بازی. H.पटा + P. بازی》(1) 剣術 (2) 棒術 (3) フェンシング
पटेबाज़ी[2] [名*] (1) 浮気 (2) 狡猾さ
पटेर [名]〔植〕カヤツリグサ科カミガヤツリ【*Cyperus papyrus*】＝ पटेरा. पटेर की दो शीतलपाटी カミガヤツリで拵えた2枚のござ
पटेल [名] (1) パテール，村長 (2) ナンバルダール（→ नंबरदार; लंबरदार); गाँव का मुखिया; गाँव का चौधरी. (3) 農耕を主たる生業としたカーストの一. パテール (4) グジャラート地方の商人カーストの一 (5) ミーナー・カースト（मीणा）の村長
पटेलना [他] ＝ पटीलना.
पटैत[1] [名] ＝ पटेबाज़.
पटैत[2] [名] (1) 借地人 (2) 村全体の祭司
पटैत[3] [名] 田舎者；愚か者
पटैला[1] [名] (1) 大型の平底の船 (2) 四角い切石 (3)〔農〕畑の土を均すために用いる厚い板（均しまんがとして用いる厚板）
पटैला[2] [名]〔植〕カミガヤツリ＝ पटेर.
पटैला[3] [名] かんぬき（閂）；ドアの開閉に用いる横木
पटोटज [名] テント＝ तंबू; ख़ेमा.
पटोर [名] (1) 絹布＝ पटोल. (2) ＝ परवल.
पटोल [名] ＝ परवल.
पटोलिका [名*] ＝ तरोई.
पटौंधन [名] 質請け
पटौनी[1] [名] 船頭＝ माँझी; मल्लाह.
पटौनी[2] [名*] (1) 支払い (2) 質請け
पट्ट [名] (1) 腰掛け＝ पाटा. (2) スレート；習字盤＝ पटिया. (3) 看板や掲示板などの板 (4) 文字などを記した金属板（銅板，真鍮板など）；板金 (5) 四角い板や石板 (6) 包帯 (7) 土地賃貸契約書 (8) 盾 (9) 都市 (10) ターバン (11)〔服〕ドゥパッター (12) 玉座 (13) 絹 (14) サンヘンプ＝ पटसन.
पट्टक [名] (1) 文字を書くための板状のもの（金属板や板金なども） (2) 包帯 (3) ターバンを作るための赤い絹布
पट्टकीट [名]〔昆〕カイコガ科カイコガの幼虫，カイコ（蚕）＝ रेशम का कीड़ा.
पट्टदेवी [名*] ＝ पटरानी.
पट्टन [名] (1) 都市＝ नगर; शहर. (2) 大都市＝ बड़ा नगर.
पट्टमहिषी [名*] 第一王妃＝ पटरानी.
पट्टराज्ञी [名*] ＝ पटरानी.
पट्ट-लेख्य [名] 賃貸借契約書
पट्टा [名] (1) 契約（書）；約定書 (2) 賃貸借契約書 हमने पहले ही कहा था, पक्के घर यहाँ नहीं बनाओ, न तुम्हारी ज़मीन, न तुम्हारे नाम का पट्टा 以前にも言ったようにここには煉瓦造りの家を建てるのではないよ．君の土地があるわけでも君の名義の権利証があるわけでもないんだから (3)〔法〕権利証 (4) ヒンドゥーが食事や宗教儀式の際に腰を下ろす板や低い腰掛け台＝ पीढ़ा. (5) 台座 (6) 洗濯屋の洗濯物を打ちつけて洗う板 (7) 動物をつなぐ革ひも；革帯；皮バンド घड़ी का चमड़े का पट्टा 腕時計の皮バンド सिर पर खिंचे पट्टे के सहारे （背負った荷物の運搬に）前頭部にかけた革ひもで (8) 腰ひも；帯 (9) 馬の額から鼻にかけて見られる白い筋 (10) 馬の額の部分につけられる飾り (11) 男性の頭髪を中央で両側に分けた髪 (12) 花嫁側に役務を提供しているカーストの人たちがその娘の結婚式の際花婿側から受け取ることになっている祝儀；パッター **पट्टा क॰** ＝ पट्टा लिखना. **पट्टा चुकाना** パッターを払う **पट्टा तुड़ाना** 自由になろうとする；軛から逃れようとする **पट्टा लिखना** 契約書を交わす；約束する；確約する हमने सरकारी नौकरी करने का कोई पट्टा तो लिखा नहीं है お役所に勤める契約をしたわけじゃなし **पट्टा लिखा ले॰** 誓約する वह भी शायद यही समझती है कि मैंने अमृत से गुलामी का पट्टा लिखा लिया है あの人も多分私がアムリットに絶対服従を誓ったものと思っている **पट्टे पर दे॰** 賃貸する **पट्टे पर ले॰** 賃借する
पट्टा इस्तमरारी [名] 《H. + A. استمراری》〔農〕永代土地保有（権）；終身借地契約 〈tenure in perpetuity; perpetual lease〉
पट्टाए शिकमी [名] 《H. + P. شکمی》〔農〕（農地の）転貸；又貸し 〈sub-lease〉
पट्टा ठेका [名]〔農〕(1) 農地の賃貸証書 (2) 農地の賃貸契約
पट्टा ठेकेदारी [名*]〔農〕農地の賃貸
पट्टाधारी [名]〔農〕借地人；賃借人 〈lessee〉 ＝ पट्टेदार.
पट्टाभिषेक [名] 戴冠式；即位式
पट्टिका [名*] (1) 板切れ (2) 小さい画布 (3) 小さい銅板 (4) 小さい布切れ (5) 絹ひも (6) 血小板 〈platelet〉
पट्टी [名*] (1) （様々なものの細長い）小片；細長い切れ（木や金属，石などの細長い形のもの） काँच की पट्टी ガラスの小片 चमगादड़ बिजली के लैम्प के ऊपर लकड़ी की पट्टी के साथ चिपटा बैठा था コウモリは電灯の上の板切れにぴったりひっついていた ताँबे की पट्टी 銅板 कुछ नालियाँ पत्थर की पट्टियों से ढकी रहती थीं 一部の下水はスレートでふたをされている (2) ひも（髪ひも，リボンなども含めて） चमड़े की पट्टी 革ひも (3) 細長い布切れ；はちまきの布切れ मेरी आँखों पर भी पट्टी बाँध दी गई 私にも目隠し（の細い布切れ）が巻かれた माथे पर हरी पट्टी बाँधकर 緑のはちまきをして (4) 繃帯；包帯 (5) ゲートル (6) 腕章 हम लोगोंने विरोध प्रकट करने के लिए काली पट्टियाँ बाँधीं 反対の意志を表明するために黒の腕章をつけた (7) へり（縁）；縁飾り (8) 細長く続くもの；列 (9) 帯状に続くもの；地帯 गंगा की आधा किलोमीटर पट्टी जल उठी थी ガンジス川から 500m の地域が燃えた उष्ण कटिबंध की उत्तरी और दक्षिणी पट्टियों के वन 熱帯の南北の地帯に位置する森林 (10) 線；筋；縞 जेबरा के उजले शरीर पर काली पट्टियाँ होती हैं ゼブラは白地の身体に黒の縞が入っている (11) 子供用の習字板；ノート代わりの粘板岩製の板；石板 (12) 課題；課業；レッスン (13) 誤った指導や入れ知恵 (14) 中央で2つに分けた女性の髪型 (15) 財産，資産の分有や持分の株 **पट्टी जमाना** *a.* 威圧する；威張る *b.* 整理する；けりをつける；秩序立てる *c.*（女性が頭の中央で）髪を両側に2つに分ける **पट्टी (-के) तले की हो॰** （ーに）劣る **पट्टी दे॰** *a.* おだてる；だます；馬鹿にする *b.* 馬を長距離走らせる **पट्टी पढ़ना** *a.* 読み書きを習う；勉強を覚える *b.* いんちきや悪いことを覚える **पट्टी पढ़ाना** *a.* 教える *b.* 入れ知恵する；知恵を授ける मंत्री ने उन्हें पक्की पट्टी पढ़ाई हुई थी 大臣が同氏に完全に教え入れ知恵をしていた माँ तुम्हें क्या पट्टी पढ़ा रही थी 母さんはお前に何の知恵を授けていたのか *c.* 間違ったことを教える *d.* おだてる；だます；馬鹿にする；言いくるめる अंग्रेज़ों ने मुसलमानों को यह पट्टी पढ़ाई कि उस सम्प्रदाय के लोग मुसलमानों के विरुद्ध हैं イギリス側はイスラム教徒にその派の人たちは彼らに反対する者だと間違ったことを教えた ऐसी पट्टी पढ़ाकर भेजते हैं こんなことを言いくるめて送り出す **पट्टी पारना** 女性が頭の中央で髪を2つに分ける；化粧をする **पट्टी पुजना** 勉強・学業が始まる；習い始める **पट्टी बँधना** 包帯や目隠しのひもなどが巻かれる सिर पर चोट के कारण पट्टियाँ बँधी हैं けがのため頭に包帯がしてある **(-की आँखों पर) पट्टी बँधना** （ーが）目隠しされる

सब की आँखों पर पट्टी बँधी रह जाती है みなは目隠しされたままになる **पट्टी बँधवाना** *a.* 包帯をしてもらう；包帯を巻いてもらう *b.* 目隠しをしてもらう **पट्टी बताना** = पट्टी पढ़ाना. **पट्टी बाँधना** *a.* 包帯をする उँगली पर पट्टी बाँधना 指に包帯をする इन लोगों ने बरबस पट्टी-सट्टी बाँधकर मुझे ज़ख़्मी बना दिया この人たちがむりやりに包帯やなんぞを巻いて私をけが人に仕立ててしまった *b.* 目隠しをする बेहतर यह होगा कि दोनों आँखों को बंद करके पट्टी बाँधी जाए 両眼を閉じて目隠しをするのがよかろう **पट्टी में आ॰** おだてに乗る；だまされる；言いくるめられる；だましに乗る बेचारे सीधा आदमी, आ गया पट्टी में 気の毒にあの人は正直な人だからだまされてしまったんだ **पट्टी सँवारना** = पट्टी जमाना.

पट्टीदार [名] 《H. + دار》財産分有者；相続財産共同相続人〈co-sharer; co-parcener〉 उनकी ज़मीन पट्टीदारों के हाथ आएगी あの方の土地は共同相続人たちのものになる

पट्टीदारी [名*] 《H. + P. داری》(1) 共有土地財産 (2) 共有相続土地 (3) 共有土地財産の保有権. 村落における土地保有の一形態で村がトークパッティー（थोकपट्टी）という幾つかの部分に分けられている. 2種あり. (a) 完全パッティーダーリー（पट्टीदारी मुकम्मल）土地は複数の保有者が単独でそれぞれの土地を経営し代表者ランバルダールを介して地税を納入する. 構成員の不履行によって生じる不都合には保有者全員が連帯責任を負う (b) 部分パッティーダーリー（पट्टीदारी नामुकम्मल）土地の一部は単独で保有され一部は共有. 地税と村費は共有財産から支払われ不足分は保有地の規定，もしくは，慣習により徴集される. = बाछ.

पट्टीवार[1] [副] (1) 個別に；別々に (2) 配分に応じて；株に応じて

पट्टीवार[2] [形] (1) 個別の；別々の (2) 配分に応じた；株に応じた

पट्टू[1] [名] 織り目の粗い毛織物；粗織りのラシャ पट्टू का कोट 粗織りのラシャのコート

पट्टू[2] [名] = तोता; शुक.

पट्टेदार [名] 《H.पट्टा + P. دار》〔法〕借地人；賃借人〈lessee; lease holder〉

पट्टेदार शिकमी [名]《H.P. پٹیدار شکمی》〔法〕転借人〈under-lessee〉

पट्टेधारी [名] 借地人 = पट्टेदार.

पट्ठा[1] [形] (1) 若く頑健な (2) 若い（人と動物）

पट्ठा[2] [名] (1) 若者；青年；頑健な若者 (2) 若い動物 (3) レスラー = कुश्तीबाज़. (4) 筋肉；筋 जिस्म के पट्ठे मज़बूत होते हैं 筋肉は丈夫なものです **पट्ठा चढ़ना** 筋や筋肉がひきつる **पट्ठा निकलना** 筋骨逞しい青年になる **पट्ठे पर हाथ न रखने दे॰** *a.* 近づけない；寄せつけない *b.* 手に負えない **पट्ठों में घुसना** 親密になる

पट्ठा[3] [名]〔植〕(1) ヤドリギ科半寄生【*Dendrophtoe falcata*】 (2) ヤドリギ科半寄生低木【*Viscum attenuatum*】 (3) アオイ科落葉低木【*Kydia calycina; K. fraterna*】= पूला.

पट्ठा-पछाड़ [名*] 男を投げとばすほどの元気はつらつとして丈夫な女性；男まさりの女性

पठन [名] (1) 読むこと；読書 (2) 暗唱 (3) 学習；勉強 **पठन-पाठन** *a.* 学習；勉強；学業 पुरुषों की भाँति अब महिलाएँ भी पठन-पाठन के लिए स्कूलों और कालेजों में जाती हैं 今日では男性同様に女性も勉強のため学校や大学に行く *b.* 学習と教授

पठनीय [形] (1) 読まれるべき；読むに値する वह ऐतिहासिक पत्र पठनीय है その歴史的な手紙は読むに値するものである पठनीय निबंध 価値ある論文 (2) 読める

पठवाना [他・使] ← पठाना. 派遣させる；派遣してもらう；発送させる

पठान [名] 《← P.پختون पुख़्तोन》(1) パシュトゥーン民族／アフガン民族（アフガニスターン及びパキスタン北西部を中心に居住するアーリア系民族） (2) パターン人；パシュトゥーン人；アフガン人

पठाना [他] (1) 送る；発送する；差し出す；出す= भेजना. क्यों रमेश के बाप, यह पत्र मेरे रमेश ने पठाया है ねえあなた，これはうちのラメーシュの出した手紙ですよ (2) つかわす（遣わす）；送る；派遣する= भेजना. मेरी राय में तो किसी को दूत बनाकर पठाया जाए 思うにだれかを使者にして遣わしてみてはどうだろうか इसके एवज़ में जो बोलेगा उसे भी यम के द्वार पठाऊँगा これに口答えする奴もあの世へ送ってやるんだ

पठानी[1] [形] ← पठान. (1) パターン人の；パターン人による (2) パターン人に関わる；パターン人に関係のある

पठानी[2] [名*] (1) パターン人の女性 (2) パターン人の妻

पठानी लोध [名]〔植〕ハイノキ科常緑小木【*Symplocos sumuntia*】

पठार [名] 高原 तिब्बत का पठार チベット高原 आस्ट्रेलिया का पश्चिमी भाग एक विस्तृत पठार है オーストラリアの西部は広大な高原である

पठारी [形] ← पठार. 高原の उस शहर तक ऊबड़-खाबड़ क्षेत्र किसी पठारी इलाक़े की मानिंद लगता है, जहाँ पर सभी फ़सलें नहीं होतीं 同市までの起伏の多い地域は何も作物のとれない高原地帯のように感じられる राज्य का उत्तरी और मध्य भाग पठारी है 州の北部と中部は高原になっている

पठावना [他] = पठाना.

पठित [形] (1) 読まれた；読み終えられた (2) 教育のある；教育を受けた

पठिया [形*・名*] 若く元気な（女性）；若々しくはつらつとした（女性）→ पट्ठा.

पठोर [名*] 若くて出産したことのない（家畜）

पड़की [名*]〔鳥〕ハト科セネガルキジバト→ पंडुक.

पड़छत्ती [名*] 土塀の上部を雨から守るために覆う茅や藁などの覆い

पड़त [名] = पड़ता. **पड़त फैलाना** 値をつける

पड़ता [名] (1) 原価；元価；費用 (2) 製造費；製造原価 (3) 分担分；割り当て (4) 率；レート；割合 (5) 平均値；平均額 (6) 地税分担額 **पड़ता खाना** 原価と儲けが取れる **पड़ता निकलना** = पड़ता खाना. **पड़ता निकालना** 原価を元に値をつける **पड़ता पड़ना** = पड़ता खाना. **पड़ता फैलाना** = पड़ता निकालना. **पड़ता बैठना** = पड़ता खाना. **पड़ता बैठाना** = पड़ता निकालना.

पड़ताल [名*] (1) 検査；調査 (2) 照合；点検 (3)〔農〕課税のために徴税官によって行われる収穫期ごとの農地や灌漑方法，作物，作柄などに関する情報の蒐集と確認及び記録作業

पड़तालना [他] (1) 検査する (2) 調査する (3) 照合する

पड़ती [名*]〔農〕(1)（1年間の）休閑地；休作地；休耕地→ परती. (2) 荒蕪地；荒れ地 **पड़ती उठना** 休閑地に借り手がつく **पड़ती उठाना** 休閑地を貸し付ける **पड़ती क़दीम** 古くからの休耕地 **पड़ती छोड़ना** 休耕する **पड़ती जदीद** 新しい休耕地 **पड़ती पड़ना** 畑が耕されぬままになる

पड़दादा [名] 父方の曾祖父= परदादा; पितामह.

पड़दादी [名*] 父方の曾祖母= परदादी; पितामही.

पड़ना[1] [自] (1) 落ちる；落下する मेरे कमरे में फ़र्श पर एक पोस्टकार्ड पड़ा हुआ था 私の部屋の床に葉書が1通落ちていた ज़मीन पर पड़ा एक लिफ़ाफ़ा 地面に落ちた1通の封書 (2) ある；位置する；存在する；置かれる यहाँ से दो फ़र्लांग दूर बड़ी सड़क पड़ती थी ここから2ファーロング（約400m）先に大きな道路があった रास्ते में पुल पड़ता था 途中に橋があった सुनीता का दफ़्तर घर से काफ़ी दूर पड़ता था スニーターの勤め先のオフィスは家からかなり遠かった तिपाई पर पड़ी हुई एक कापी 三脚台に載っている1冊のノート आँगन में दो खाटें पड़ी हैं 中庭にベッドが2台出されている उस सामने के कमरे में फ्रिज पड़ा है あの正面の部屋に冷蔵庫が置かれている मेज़ पर पड़े कागज़ テーブルにのっている紙 (3) 行く手にある；横たわる काम करने के लिए तो सारी उम्र पड़ी है, पर पढ़ने का समय यही कुछ वर्ष हैं 働くのには一生の時間があるのだが勉強をする時間はわずかこの数年しかないものだ (4) 横たわる；伏す；倒れている जिसकी लाश सड़क पर पड़ी मिली 死体が道路に横たわっているのが見つかった人 अपने भतीजे के साथ उसने अपने पति को ख़ून में लथपथ पड़े देखा तो 甥と一緒に夫が血まみれで倒れているのを見ると देखा, एक अपाहिज वृक्ष की छाया में पड़ा कराह रहा है なんと体の不自由な人が木陰に倒れて呻いているではないか (5) つく；つけられる；付着する केशों में तेल भी पड़ने लगा, चाहे सरसों का क्यों न हो 髪の毛には油もつけられるようになった. たとえそれがカラシナ油であろうとも उसपर रक्त के धब्बे पड़े それに血痕がついた उसने जेब से रूमाल निकाला और बालों पर पड़ी हुई गर्द साफ़ की ポケットからハンカチを取り出し髪についた埃を払った (6) つく；定着する；離れなくなる सुबह जल्द उठने की आदत पड़ेगी 朝早く起きる習慣がつく (7) 出る；現れる；生じる हँसने में एक गाल पर पड़ता गड्ढा 笑うと片方の頬に出る笑くぼ हिम्मत नहीं पड़ी 勇気が湧かなかった (8) 発生する；生じる；できる；わく；（虫などが）つく दसवें ग्यारहवें दिन उनमें पीप पड़ जाती

है 10 日目，11 日目にはそれに膿がたまる पहाड़ में बड़ी-बड़ी दरारें पड़ी हुई है 山には大きな地割れ生じている जले हुए स्थान पर शहद लगा लेने से फफोले पड़ते हैं やけどに蜂蜜をつけると水膨れができる गंज पड़ना 頭に小さな禿ができる बालों के झड़ने से सिर की त्वचा का दिखना या छोटे छोटे गंज पड़ना बहुत बुरा लगता है 毛髪が抜けて頭皮が見える．すなわち，小さな禿が幾つもできるのはひどくいやな感じだ जुएँ पड़ जाएँगी しらみがわく बरसात के मौसम में कीड़े पड़ने का डर रहता है 雨季には虫がつく心配がある (9) 生じる；起こる；発生する；特定の状態になる सख़्त गर्मी पड़ती है 猛烈な暑さになる शरीर को इसकी प्रतिदिन कम से कम 20 मिलीग्राम की आवश्यकता पड़ती है これは体に毎日 20mg は必要である पाँच दिन का सप्ताह करने पर भी कोई मूलभूत अंतर नहीं पड़ा 週休 2 日制にしても何ら本質的な差は生じなかった (10) 急に起こる；にわかに生じる；突発的に発生する सहसा लोगों में हलचल पड़ गई 不意に人々の間にざわめきが起こった (11) (災難や好ましくないことが) 起こる；生じる；降りかかる गत पाँच वर्षों में दिल्ली में पड़ी बैंकडकैतियों में 過去 5 年間にデリーで発生した銀行強盗で (12) 中に入る；入り込む गर्दो गुब्बार के ज़र्रात या कीड़े मकोड़े के पड़ जाने से भी आँखों में बहुत तकलीफ़ होती है 埃や塵あるいは虫が入り込んでも目はひどく痛むものだ (13) (影響効果などが) 届く；及ぶ；達する इनकी कमज़ोरी का असर उद्योग-धंधों और फिर नगरों पर भी पड़ता है それらの衰退の影響は産業や都市にも及ぶ दूसरे लोगों की आदतों का असर पड़ता है 他人の習癖の影響が及ぶものだ यह पाप किसके सिर पड़ेगा この罪はだれが負うことになるのか चंद्रमा पर पड़ा पृथ्वी का प्रकाश 月に届いた地球からの光 नज़र जब साइनबोर्ड पर पड़ी तो 視線が看板に及ぶと डाँट बच्चों को पड़ रही है 子供たちが叱りつけられている मेरे कान में आवाज़ें पड़ने लगीं 音が聞こえ始めた (14) おちいる；ひっかかる；おちこむ；はまる लोभ में पड़कर धोखा कर बैठा 欲にはまってとんでもないことをしでかした सब लोग इस घटना से इतने आश्चर्य में पड़ गये कि... 誰も彼もこの事件であまりにも驚かされたので रेखा उलझन में पड़ गई レーカーは困惑してしまった (15) なる；ある状態に至る；移る；達する；(病気に) なる；罹る रात पड़ते-पड़ते सब वापस आ गए 日暮れ時に全員戻った पति को देखते ही पत्नी सफ़ेद पड़ गई 夫を見つけたとたん妻は真っ青になった धीरे-धीरे तेज़ साँसें धीमी पड़ती हैं 激しい息がやがて静かになる तार छोटा पड़ गया है 電線が短くなっている आज तक कभी बीमार नहीं पड़ा これまで一度も病気に罹ったことがない गठिया से टेढ़ी पड़ गई अंगुलियाँ リューマチのために歪んでしまった指 उसकी सफ़ेद आँखों और पीले पड़ते चेहरे को देखने से साफ़ ज़ाहिर था 男の白眼と蒼白になって行く顔を見れば歴然としていた तुम गद्दारी की स्याही में इस क़दर स्याह पड़कर रह जाओगे कि दुनियाँ तुम्हारी शक्ल-सूरत नहीं पहचान सकेगी 君は裏切りという墨に黒ずむあまり世間の人には見分けもつかぬ姿になるぞ (16) 放置される；なすべきことがなされぬ状態にとどまる काफ़ी काम पड़ा था かなりの仕事がそのままになっていた मैंने सवेरे के पड़े हुए बरतन साफ़ कर डाले 朝からそのままになっている (洗わずじまいになっていた) 食器や炊事道具を洗った (17) 相当する；当たる；対応する；当てはまる；なる；相応する यह मकान छोटा पड़ता था, इस लिए पास ही एक दूसरा बनवा लिया है この家は小さくなっていたのですぐ近くにもう 1 軒建てた ख़र्च था कि पूरा नहीं पड़ता 費用は足らなかった राखी विक्रेताओं का कहना है कि इस बार राखी माह के अंत में पड़ी है इसीलिए लोग महँगी राखी नहीं ख़रीद पा रहे हैं ラーキー売りの人たちの話では人々は今年のラーキー祭は月末に当たるので高価なラーキーを買えないでいるとのこと सामने ही श्यामा बीबी का घर पड़ता था シャーマー・ビービーの家はちょうど真正面に当たっていた (18) 割合で存在する；(ある比率で) ある；当たる करीब पाँच पाँच छह-छह गाँवों पर एक स्कूल पड़ता था 大体 5～6 か村に 1 つの学校があった (19) 当たる；当てられる；差し込む；接触する；触れる；ぶつかる；打たれる ढलते सूरज की धूप उसके बायें गाल पर पड़ रही थी 傾いた太陽の光線が彼女の左の頬に当たっていた सूरज की किरणें उनपर पड़ती तो 太陽の光が当たると एक एक प्रश्न जुम्मन के हृदय पर हथौड़े की चोट की तरह पड़ता था 質問の 1 つ 1 つがジュンマンの胸には金槌で打たれるように感じられるのだった तुझे कोड़े नहीं पड़ेंगे お前は鞭打たれるまい तकिये पर बिखरे उसके बालों पर उसका हाथ पड़ता है 枕に広がった髪に手が触れる (20) ある状態が続く；ある状態にとどまる अनाथालय में पलने वाले बच्चे को दयनीय हालत में पड़े रहने देना 孤児院に育てられている子供たちをみじめな境遇のままに放置しておくこと उनकी मृत्यु से पहले उनका फ़ोन चार दिन बिलकुल ख़राब पड़ा रहा あの方が亡くなる前の 4 日間電話が全く故障したままになっていた दरवाज़ा पहले से खुला पड़ा था 扉は以前から開いたままになっていた ज़ीरा पड़ा रहा जब कि धनियाँ और सोंठ में मज़बूती थी コエンドロとヒネショウガは堅調だったがクミンには動きがなかった (21) することもなく，もしくは，なす力もなくじっとしている；ごろごろする；ぶらぶらする आज भी परिवार समेत ट्रांजिट कैंप के बाहर पड़ा है 今日も家族と共に難民キャンプの外でじっとしている (22) 懸念や欲求を強く感じる；不安などが頭を占める हमारा तो सत्यानाश हो गया, इन्हें दामों की पड़ी है こちらは破産したというのにこの人には代金のことしか頭にないのだから (23) 親に似る (-को/-पर) **पड़ना** の形で用いられて (－に) 似る लछमी ठीक अपनी माँ को पड़ी है ラチミーは母親にそっくりだ **पड़ रहना** *a.* ごろごろする；無為に過ごす；ごろ寝する *b.* ぐったりする；元気のない **पड़ा रहना** *a.* 横たわったままに過ごす *b.* なんとか過ごす *c.* 無為に過ごす मायके में पड़ी रहने वाली लड़की को 実家に居据わり続ける娘を *d.* 無言で過ごす **पड़ा रह जा॰** おちこぼれる；取り残される **पड़ा सोना** のほほんとする；暢気にする **पड़े-पड़े** *a.* 横たわったまま；横になって यहीं पड़े-पड़े सोचती रही 横になってこのことばかり考えていた *b.* 無為に **पड़े-पड़े पादना** ぶらぶらして過ごす；働かずに遊ぶ；無為徒食をする

पड़ना[2] [助動] (1) 主動詞の語根に付加されて用いられ動作や状態が無意識にあるいは突発的に行われたり，にわかに生じたり，発生したりする意を加える अगर कोई बात आ पड़ी, तो कम से कम मैं लोगों को समझा तो सकूँगा もし何かの事態が突発したら私はせめて皆を説得することができるだろう उनके मुख से निकल पड़ा - "इन अत्याचारों को बंद करने के लिए किसी के बलिदान की ज़रूरत है" (感情が激したために) 思わず言葉が出た．「この無法を止めさせるにはだれかの犠牲が求められるんだ」と叫んだ जब महात्मा गाँधी ने अपना असहयोग आंदोलन चलाया, तब वे अपने को रोक न सके और उस आंदोलन में कूद पड़े マハートマー・ガーンディーが非協力運動を始めると同氏は自分を制することができずその運動に飛び込まれた मैं अपनी सारी शक्ति लगाकर चीख़ पड़ना चाहती हूँ 思い切り大声で叫びたいわ यह परिहासमय दृश्य देख सब लोग हँस पड़े この滑稽なありさまを見て皆が吹き出した मन करता है चिल्ला पड़ूँ - मैं सब समझ गई 「わかったわよ」と叫び声をあげたくなる रो पड़ना わっと泣き出す＝फूट पड़ना. उसे ज़िंदगी में कभी इतनी ख़ुशी न हुई थी.ज़ोर-ज़ोर से तालियाँ बजाकर उछल पड़े 生まれてこのかたこれほど嬉しかったことは多分なかった．激しく手を叩き小躍りした पान मुँह में रखते ही बादशाह चिल्ला पड़े パーンを口にくわえたとたん殿様は叫び声をあげた मैं उस दिन अकेले ही चल पड़ा その日たったひとりで出発した यह सुन वह किसी बस्ती की खोज में चल पड़ी これを聞いてその女はある町を探し求めて歩き出した कौम पर कोई आज़माइश का वक़्त आ पड़े तो 民族に何かの試練の時が降りかかろうものなら (2) 主動詞の完了分詞に付加されて用いられ，今すぐ，あるいは，直ちに (－) する，今にも (－) するなどの意を加える वह छत पर से गिरी पड़ती है 今にも屋上から落ちそうだ लट्ठा गिरा पड़ता है 梁が今にも落ちそうだ (3) 主動詞の不定詞形に付加されて用いられ，「(－) しなければならない，(－) する羽目になる，余儀なく (－) する，やむなく (－) する」などの意を表す．意味上の主語は与格形をとる．主動詞が自動詞の場合は無変化の不定詞が形式上の主語 (男性単数) となるが，他動詞の場合は動詞は目的語の性・数に一致する अंत में हम लोगों को झुकना पड़ा ついには我々側が屈服せざるを得なかった लड़कीवाले को तो समझौता करना ही पड़ता है 嫁側 (の親) は妥協せざるを得ないものだ कुछ कामों के लिए हमें दूसरों से मदद लेनी पड़ती है 一部については他の人の協力を得なければならない हमें चारों महीने यहीं गुज़ारने पड़ेंगे 我々はこの地で 4 か月もの間過ごさなければなるまい

पड़नाना [名] 母方の曾祖父＝परनाना.

पड़नानी [名*] 母方の曾祖母＝परनानी.

पड़पड़[1] [副] ぽとぽとと；ぱらぱらとなど物の落下したり当たったりする様子

पड़पड़[2] [名*] ぽとぽと，ぱらぱらなど物の落下したり当たったりする音

पड़पड़ाना [自] (1) ぽとぽと，ぱらぱらなどの音がする (2) トウガラシなどがひりひり舌を刺す；ひりひりする；ぴりぴりする

पड़पड़ाहट [名*] 辛味がひりひり舌をさすこと；ひりひり，ぴりぴりした舌の感じ

पड़पोता [名] 息子の孫；曾孫= परपोता. उसके पोते, पड़पोतों के लिए भी その人の孫や曾孫のためにも

पड़पोती [名*] 曾孫；息子の孫娘= परपोती.

पड़म [名] テントなどに用いられる厚手の木綿布地

पड़वा[1] [名*] 太陰暦の黒分及び白分，すなわち，各半月の最初の日，すなわち，1 日と 16 日

पड़वा[2] [名] 水牛の雄の子→ पड़िया 水牛の雌の子

पड़ा [形+] ←पड़ना. 横の；水平の ↔ खड़ा 縦の；垂直の. पड़ी लाइनों से चौड़ाई बढ़ती है तथा खड़ी लाइनों से लंबाई 横線で幅が増し，垂直線（縦線）で長さが増す

पड़ाक-पड़ाक [副] ぱりぱりと；ぽりぽりと；かりかりと

पड़ाव [名] (1) 宿泊；宿泊地 मेरी यात्रा का पहला पड़ाव था फ्रैंकफुर्त 旅の最初の宿はフランクフルトだった (2) 宿場；宿駅 (3) 露営；野営 (4) 露営地；野営地 (5) 駅；停車場；停留所 बस पड़ाव バス停 (6) 陣地 (7) 寄留 **पड़ाव डालना** *a.* テントを張る；野営する；野宿する फ़ौज की टुकड़ी ने वहीं पड़ाव डाल दिया 小隊はそこで野営した यह भीड़ रेलगाड़ी से उतरकर सबसे पहले टीले पर अपना पड़ाव डालती है この群集は鉄道から降りてまず最初に丘にテントを張る पड़ाव डाल दो.यह मैदान अच्छा है, पास में नदी भी है テントを張ろう．この広場が良いぞ．近くに川も流れているし *b.* 陣を布く= डेरा डालना; शिविर लगाना. **पड़ाव मारना** *a.* 目的地に達する *b.* 旅人から強奪する（宿営地を襲う）*c.* 勇敢なことをする

पड़िया [名*] 水牛の子（雌）↔**पड़वा**[2]. **पड़िया के ताऊ** 間抜け

पड़िवा [名*] = पड़वा[1]

पड़ोस [名] (1) 近所；近隣；隣近所 (2) 近くの場所；近辺 (-का) पड़ोस क° （ーに）近所に住む

पड़ोस-धर्म [名] 近所付き合い；隣人関係；隣人として保つべき規範 पड़ोस धर्म निभाने के लिए ऐसा आदान-प्रदान चलता ही है 近所付き合いを保つためにはこのような贈答は行われるものなのだ

पड़ोसिन [名*] 近所の人（女性）；隣の人；隣人 अपनी पड़ोसिन 隣の人（女性）；近所の人

पड़ोसी[1] [形] 近くの；隣りの；近隣の；近接した पड़ोसी राज्य 近隣の州；隣接した州

पड़ोसी[2] [名] 隣の人；近所の人；隣人 पड़ोसी-भाईचारा 隣人との親交；隣人愛

पड़ौसी [形・名] = पड़ोसी.

पढ़ंत[1] [名*] (1) 習うこと；学ぶこと；学習 (2) 読むこと；読誦すること (3) （詩などを）詠むこと (4) 呪文

पढ़ंत[2] [形] 読み上げる；唱える

पढ़त [名*] 読むこと；読み上げること

पढ़ना [他] (1) 読む；声を出して読む；読み上げる (-की ओर से) पढ़कर सुनाना （ーの）代読をする (2) 読む；読んで理解する；読み取る आप इस प्रकार के विज्ञापन रोज ही पढ़ते होंगे この種の宣伝は毎日きっと読んでいらっしゃるに違いありません (3) 唱える ऊट-पटाँग मंत्र पढ़कर でたらめの呪文を唱えて (4) 深い意味を察する；読み取る；読む चेहरे के भाव पढ़कर 表情を読んで (5) 学ぶ；学習する；勉強する हम दोनों साथ पढ़े थे, साथ खेले थे 私たち 2 人は共に学び共に遊んだ **पढ़ना-लिखना** 勉強；学校の勉強 पढ़ने-लिखने के नाम से उसे बुखार आ जाता था 勉強と聞いただけで熱が出るのであった

पढ़वाना[1] [他・使] ←पढ़ना. 読ませる；読んでもらう डाँट का असर बच्चों पर तब तक ही रहता, जबतक पिता जी सामने बिठाकर किताब पढ़वाते रहते 子供たちには父親が前に座らせて本を読ませている間だけ叱った効果があるものだ

पढ़वाना[2] [他・使] ←पढ़ाना. 教えさせる；教えてもらう अगर तुम लोग उस मास्टर से कोई सरोकार रखोगे, उससे बच्चों को पढ़वाओगे, तो इस गाँव से निकलवा दिये जाओगे もしも君たちがあの教師と何らかの接触を持ったり教師に子供たちを教えさせたりしたらこの村から追い払われることになるぞ

पढ़वैया [形] (1) 読む (2) 学ぶ (3) 読ませる (4) 学ばせる

पढ़ाई[1] [名*] (1) 勉強；学習；学業 पढ़ाई में भी परिश्रम न कर पाता 勉強でも頑張れない (2) 学業；学校での教育 पढ़ाई क° 勉強する；学校に行って学ぶ；教育を受ける पढ़ाई छोड़ दे° 退学する；学業を放棄する पढ़ाई पूरी क° 卒業する；学業を終える पढ़ाई में पिछड़ जा° 勉強で落ちこぼれる (3) 読むこと (4) 学課

पढ़ाई[2] [名*] (1) 教えること (2) 授業 स्कूल की पढ़ाई के बाद 放課後 (3) 授業料 पढ़ाई का खर्च 授業料

पढ़ाई-लिखाई [名*] (1) 学習；勉強 (2) 教育；学業 (3) 学歴 तुम्हारी पढ़ाई-लिखाई बहुत मामूली है 君のはありきたりの学歴だ आख़िर इसकी पढ़ाई-लिखाई और किस दिन काम आएगी？ 一体この人の勉強はいつ役に立つのだろうか

पढ़ाकू [形・名] がり勉（の） मैं तो सोचता था कि आप केवल पढ़ाकू हैं 貴方のことはただのがり勉だと思っていたんですよ

पढ़ाना[1] [他・使] ←पढ़ना. (1) 読ませる；読んでもらう मैं बेटे से चिट्ठी पढ़ाता हूँ 息子に手紙を読んでもらう (2) 唱えさせる (3) 学ばせる；教育を受けさせる；学校にやる उन दिनों लड़कियों को लोग प्रायः पढ़ाना नहीं पसंद करते थे 当時世間では娘たちに教育を受けさせるのをたいてい好まなかった भाई या पिता बहन-बेटी को पढ़ाएँ-लिखाएँ,शादी करवाएँ 兄や父が妹や娘を学校にやったり結婚させたりすれば उस पैसे से अपने पुत्र को पढ़ाना चाहे その金で息子を学校にやろう（教育を受けさせよう）と思えば लड़कियों को पढ़ाने का रिवाज 女子に教育を受けさせる風習 "माँ, मैं डाक्टर बनूँगी" "हाँ, तुझे डाक्टरी पढ़ाऊँगी" 「母さん，私お医者さんになりたい」「いいですよ，医学の勉強をさせてあげるよ」 तुम्हारे पिता ने बची-खुची ज़मीन-जायदाद बेचकर तुम्हें पढ़ाया था お前の親父さんは残った土地や地所を売り払ってお前を学校へやったんだ

पढ़ाना[2] [他] 教える；教授する ऐसी निरर्थक व बेतुकी बातें छात्रों को पढ़ाने का क्या अर्थ？ こんな無意味で馬鹿げたことを生徒に教えることに何の意義があるのか मैं तो अधिक-से-अधिक विद्यार्थियों को पढ़ाकर विद्वान बनाना चाहता हूँ できるだけ多くの学生を教えて学者に仕立てたい

पढ़ैया [形] (1) 読む (2) 唱える (3) 学ぶ

पण [名] (1) 賭け (2) 賭博 (3) 賭ける物；賭け金 (4) 協約；協定；契約 (5) 契約金 (6) 代価 (7) 手数料

पणक्रिया [名*] 賭博；ばくち = जुआ; द्यूत.

पणता [名*] 価格；値段 = मूल्य; क़ीमत; दाम.

पणदंड [名]〔法〕罰金；科料= जुर्माना; अर्थदंड.

पणन [名] (1) 販売；売り (2) 購入；買い (3) 賭け

पणनीय [形] (1) 売れる；販売できる (2) 買える；購入できる

पणव [名]〔イ音〕ドール ढोल やナガーラー नगाड़ा などの小型のもの

पणस [名] 商品；品物 = सौदा.

पणसुंदरी [名*] 娼婦；遊女 = वेश्या; रंडी.

पणस्त्री [名*] = पणसुंदरी.

पणांगना [名*] 遊女；娼婦 = गणिका; वेश्या; पणसुंदरी.

पणाया [名*] (1) 物々交換 (2) 取引 (3) 商売 (4) 市場 (5) 博打；賭博

पणायित [形] (1) 売られた= बेचा गया. (2) 買われた= ख़रीदा गया.

पणि[1] [名*] (1) 市場= बाज़ार. 商店街 (2) 商店；店舗

पणि[2] [名] (1) 商人 (2) けちんぼう；吝嗇家

पणित[1] [形] (1) 売買された；取引された= क्रीत; क्रीत-विक्रीत. (2) 賭けられた (3) 条件付きの (4) 称えられた

पणित[2] [名] (1) 賭け (2) 賭博 (3) 前金

पणितव्य [形] (1) 商うことのできる (2) 取引できる (3) 取引の相手にできる (4) 称えることのできる

पणिता [名] 商人；商売人= व्यापारी; वणिक्; सौदागर; ताजिर.

पणी [名] 商人；商売人

पण्य[1] [形] (1) 購入できる (2) 販売できる；売れる

पण्य[2] [名] (1) 商いの品；商品= सौदा. (2) 商い；商売= व्यापार; सौदागरी. (3) 市場= बाज़ार; हाट. (4) 店；商店；店舗= दुकान.

पण्यपति [名] 大商人；豪商 = सेठ; बड़ा साहूकार.

पण्यपत्तन [名] 市場；卸市場

पण्यभूमि [名*] 商品置き場；倉庫 = गोदाम.

पण्यवस्तु [名*] 商品 = सौदा.

पण्यवीथि [名*] (1) 市場；商店街 (2) 店舗；店；商店

पण्यशाला [名*] = पण्यवीथि.

पण्यस्त्री [名*] 娼婦；遊女 = वेश्या.
पण्याजीव [名] 商人 = व्यापारी; सौदागर; रोज़गारी.
पतंखा [名]〔鳥〕サギ科コサギ【*Ergretta garzetta*】= करछिपा बगुला; पतोखा.
पतंग[1] [名] (1) 羽を持つ虫 (2) 蛾= पतिंगा; शलभ. (3) 鳥 (4) 太陽
पतंग[2] [名*] たこ（凧）= कन-कौआ; चंग. पतंग उड़ना 凧が揚がる एक दिन उसने ऊपर एक पतंग उड़ती देखी ある日凧が1つあがっているのを目にした पतंग उड़ाना 凧を揚げる；凧揚げをする **पतंग कट जा॰** *a.* 凧あげ競争で（相手に）糸が切られる *b.* 負ける；敗れる *c.* くびになる；解職される *d.* 関係が断たれる；関係がなくなる **पतंग काटना** 相手の凧の糸を切って落とす（競技） **पतंग बढ़ाना** 凧を揚げる **पतंग लड़ाना** 相手の凧のひもを切り落とす **पतंग हो॰** かけずり回る
पतंग[3] [名] (1)〔植〕マメ科小木スオウ（蘇芳）【*Caesalpinia sappan*】 (2) 同上から採れる木材
पतंगछुरी [名・形] 陰口をきく（人）= चुगलखोर; पिशुन.
पतंगबाज़ [名]《پتنگ H. + P. باز》凧揚げの好きな人；凧揚げが趣味の人
पतंगबाज़ी [名*]《H.P. پتنگ بازی》← पतंगबाज़. 凧揚げ（単に凧揚げばかりでなくしばしば相手の凧糸を切断して落とし合う競技でもある）
पतंगम [名] (1) 蛾 = शलभ. (2) 鳥= पक्षी.
पतंगा [名] (1) 羽のある虫，様々な昆虫．特に蛾を指すことがある (2) 火花 (3) 灯火の炎 (4) 火花
पतंचिका [名*] 弓弦 = चिल्ला; प्रत्यंचा.
पतंजलि (1)〔人名・文芸〕パタンジャリ（紀元前2世紀頃のサンスクリットの文法学者で先行の文法家 पाणिनि 及び कात्यायन の著作の注釈書 महाभाष्य の著者） (2)〔人名・イ哲〕パタンジャリ（ヨーガ学派の開祖とされその根本経典の योगसूत्र の編纂者とされる）
पत [名*] 名誉；尊厳；面子 **(-की) पत उतरना** （ーが）恥をかく；面子を失う **(-की) पत उतारना** = पत ले॰. （ーに）恥をかかせる；面子を失わせる **पत खोना** = पत उतरना. **पत गँवाना** 恥をかく；体面がなくなる；面子を失う **पत जा॰** 恥をかく；名誉を失う **पत रखना** 尊厳を保つ；名誉を守る **(-की) पत ले॰** （ーに）恥をかかせる
पतझड़ [名] (1) 木の葉の落ちること；落ち葉 (2) 落ち葉の季節，もしくは，秋（北インドではインド暦の11月 माघ と12月 फाल्गुन の頃，すなわち，大体2月から3月にかけてを指すが，その前後の季節の変化についても言う） आसपास के पेड़ लगभग सभी नंगे हो चले हैं, जो बताते हैं कि उत्तर में दक्षिण की अपेक्षा पतझड़ पहले आता है 近辺の大木はほぼ裸になってしまっていた．北インドのほうが南インドに比べて早く落葉の季節が訪れることを示している（1951年3月23日ホーリーの日のこと） (3) 衰退；衰微；凋落
पतझड़ी [形] (1) 落葉の季節の (2) しなびた；元気のない पतझड़ी दृष्टि 元気のない眼差し
पतझर [名] = पतझड़. होली हो चुकी थी.चैत्र पूरा हो रहा था.पतझर ने सब को दिगम्बर कर दिया था ホーリー祭は終わりチャイト月も過ぎようとしていた．落葉の季節がみなを丸裸にしてしまっていた
पतत्पतंग [名] 夕日；夕陽；落日
पतत्र [名] (1) 翼 (2) 羽
पतन [名] (1) 落下；下落；墜落 (2) 沈下；低下 (3) 堕落 (4) 凋落；衰退 मुगल साम्राज्य का पतन ムガル帝国の凋落 हड़प्पा-संस्कृति का पतन ハラッパ文化の衰退 (5) 陥落 सैगोन का सन्निकट पतन 切迫したサイゴン陥落
पतनशील [形] (1) 落下しつつある (2) 低下しつつある (3) 堕落しつつある (4) 凋落する；落ちぶれる；衰退に向かっている
पतना [名] 陰唇；女性の外陰部
पतनारा [名] = पतनाला. 下水
पतनाला [名] 下水；溝；下水溝
पतनोन्मुख [形] (1) 下落に向かう (2) 低下に向かう (3) 堕落に向かう ऐसी शिक्षा देकर हम उन्हें और भी पतनोन्मुख कर रहे हैं 私たちはこういう教育を与えてあの人たちを一層堕落に向かわせている (4) 凋落の；衰退に向かう
पत-पानी [名] 尊厳；名誉；体面
पतरा[1] [名] (1) 木の葉でこしらえた盆（パーン売りが容器の底に敷くもの） (2) 暦 **पतरे खोलना** 秘密を暴く
पतरा[2] [形+] = पतला.
पतला [形+] (1) 細い；厚味のない；さしわたしの小さい चाँदी के अत्यंत पतले तार 非常に細い銀の針金 पतली कमर ほっそりしたヒップ पहले दिन का चाँद बहुत पतला होता है 朔日の月はとても細い पतली शाखें 細い枝 (2) 幅が狭い；細い पतली गली 細い路地 (3) 細い；やせている；細身の पतली कन्या 細身の娘 (4) 薄い；厚味のない पतले होंठ 薄い唇 पतली-पतली रोटियाँ とても薄いローティー（パン） (5) 薄い；濃さが少ない；濃度が低い；淡い बकरी का दूध पतला होता है 山羊の乳は薄い पतली दाल 水っぽいダール（豆汁） (6) 軟らかい उसका गोबर पतला और बदबूदार नहीं होता その牛の便は軟らかく悪臭がしない पतले दस्त 軟便（下痢気味の） (7) 薄手の（布地）= हलका. (8) 具合の悪い उसकी हालत पतली हो गई 体の具合が悪くなった (9) 不調の；調子の悪い (10) とがっている उसकी पतली ठोड़ी その男のとがった顎 (11) こまかい इतने पतले आटे की रोटियाँ こんなにこまかい小麦粉のパン **पतला कान** 人の話を信じやすい **पतला पड़ना** 窮状におちいる **पतला हाल** 困窮 **पतले दिन** 暮らし向きの不如意な状態
पतलाई [名*] = पतलापन.
पतलापन [名] ← पतला.
पतलून [名]《E. pantaloon》ズボン；パンタロン；パンツ
पतलो [名*] (1) 落ち葉 (2) イネ科ワセオバナ【*Saccharum arundicaneum*】の落ち葉，あるいは，屋根葺き用に刈り取ったもの (3) ワセオバナ
पतवा [名] 狩猟用に築いた台や足場
पतवार [名*] (1) 船の舵 (2) 舵；方向や方針を定める手段や装置 विवाद से ऊपर उठकर कांग्रेस की पतवार को सही दिशा दे सके 議論を越えて会議派の舵に正しい方向を与えることができるように
पतवास [名*] 鳥のとまり木；ねぐら
पतस [名] (1) 鳥 (2) 蛾やバッタなどの虫
पता [名] (1) 所在；ありか (2) 居所；所在；住所 (3) 情報；知識；インフォメーション (4) 認識；判断；理解 **पता नहीं** 分からない；判らない= पता नहीं चलता. पता नहीं कब उसकी पलकें झपक जाती हैं いつあの子の瞼がふさがるのやらわからない वह अपनी तबीयत से पता नहीं कब कहाँ चला गया 気の向くままどこへ行ったのやらわからない **पता क॰** 調べる；調査する यही पता करने के लिए このことを調べるために **पता चलना** 判明する；分かる；判る；明らかになる मेरे पिता जी को तो बाद में यह बात पता चली 父には後でこのことがわかった गप्पों में समय का पता ही न चला 馬鹿話をしているうちに時間の経つのがわからなかった इसका पता चला तो उसकी आँखें खुल गई これを知るとはっと気がついた अपनी गलती का पता चलेगा 自分の過ちがわかるだろう **पता-ठिकाना** *a.* 居所；住所 *b.* 情報 **पता-निशान** = पता-ठिकाना. **पता लगना** 判明する；わかる असली बात पता लग जाएगी 本当のことがわかるだろう **(-का) पता लगाना** *a.* （ーを）調べる；調査する；様子をたずねる *b.* （ーを）知る= (-की) खबर ले॰. एक छोटी-सी बात से उन्होंने मेरे स्वभाव का पता लगा लिया, इससे मुझे बड़ा अचम्भा हुआ あの方がほんのちょっとしたことで私の性格を知られたことに大変驚かされた **पते का** *a.* もの知りの *b.* まともな；正常な；当たり前の **पते की बात** *a.* 的を射た話 कैसी पते की बात कह दी आपने! 全くごもっともなことです *b.* 重要なこと；大事なこと；大切なこと एक और पते की बात.जिस पशु में नमक की कमी होगी, वह दूसरे जानवरों या ज़मीन को चाटता है もう1つ大事なことは塩分の摂取が不足している動物は他の動物や地面をなめるということです **पते की सुनाना** *a.* 的を射た話をする *b.* 大事なことや重大なことを話す **पते में परिवर्तन** 住所変更；転居
पताई [名*] (1) 落ち葉；枯れ葉 (2) ごみ；くず
पताका [名*] (1) 旗 मेवाड़ की पताका メーワール国の旗 (2) 旗竿 (3) 1兆 (4) 劇中の挿話 **(-की) पताका उड़ना** *a.* （ーが）支配する *b.* 指導的な地位に立つ；旗頭になる **पताका उड़ाना** 支配する；征服する **पताका ऊँची क॰** = पताका उड़ना. **(-की) पताका गिरना** （ーが）負ける；敗北する **पताका नीची हो॰** = पताका गिरना. **पताका पतन हो॰** = पताका गिरना. **पताका फहराना** = पताका उड़ाना. **पताका लहराना** = पताका उड़ाना.

पताकावाहक [名] 旗手；旗頭= झंडाबरदार.

पताकिक [名] 旗手 = झंडाबरदार.

पताकी [名] 旗手 = झंडी उठानेवाला.

पता-ठिकाना [名] → पता.

पता-निशान [名] → पता.

पतिंग [名] = पतिंगा; पतंगा.

पति[1] [名] (1) あるじ；主；主人= स्वामी; मालिक. (2) 夫= शौहर; भर्ता; ख़ाविंद. (3) おえら方；偉いさん पुलिस-पति भीतर आए 警察のおえら方が入ってきた **पतिदेव** 夫；主人 अपने साथ-साथ अपने पतिदेव को भी माता-पिता की सेवा करने के लिए उत्साहित करती रहें 自分と一緒に御主人も親の世話をなさるように励まして行かれますように **पति-पत्नी** 夫婦；配偶者；連れ合い = दम्पति. पति-पत्नी निहाल हो उठे 夫婦は大喜びした

पति[2] [名*] (1) 名誉；尊厳= प्रतिष्ठा; इज़्ज़त. (2) 恥じらい；恥 = लाज; लज्जा; शर्म.

पतिआना [他] = पतियाना.

पतिघातिनी [名*] (1) 夫を殺す女 (2) 夫に早逝される運命の女性 (3) 後家になる相と言われる手相の一

पतिघ्न [形] (1) 夫を殺す (2) 未亡人になる；後家になる

पतिघ्नी [名*] 未亡人になる運勢の女性

पतित [形] (1) 落ちた；下落した= गिरा; गिरा हुआ. (2) 堕落した = आचारच्युत. निर्धनता मनुष्य को पतित बनाती है 貧困は人を堕落させる पतितों को पावन करनेवाला 堕落したものを清める (3) 下賤な；下品な（カーストや身分，社会などが） (4) 放逐された；追放された (5) 不浄な

पतितउधारन [形・名] 堕落した人を救う（神）

पतित-पावन [形] 堕落した者を清める；堕落した者を清めて救済する（神）

पतित्व [名] (1) 支配= स्वामित्व; प्रभुत्व. (2) 夫であること

पतिधर्म [名] (1) 夫，あるいは，家主としてのつとめや義務 (2) 妻の夫に対するつとめ；夫に対する義務 पतिधर्म के लिए वे कई व्रत-उपवास रखती हैं 夫に対するつとめとして（女性たちは）幾つかの断食行を行う

पतियाना [他] (1) 信じる न पतियाते हो तो चलो, मैं दिखा दूँ 信じないのなら来なさい．見せてやろう (2) 信頼する；頼りにする

पतिरंग [名]〔鳥〕ハチクイ科ハリオハチクイ【*Merops philippinus*】

पतिव्रत [名] 貞操；貞淑さ इस समय तुम्हारे पतिव्रत पर आँच आ रही है 今やお前の貞操に危機が迫っている भरी सभा में गाना हमारे पतिव्रत धर्म के लिए धब्बा मालूम होता है 大勢の人の前で歌うのは貞淑さに汚点をつけるように思われる

पतिव्रता [形*] 貞節な；貞操の堅固な；貞淑な

पतिसेवा [名*] 妻として夫に仕えること；夫のために尽くすこと

पतीजना [自] 信じる；信頼する= पतियाना; भरोसा क॰.

पतीतना [他] = पतीजना.

पतीला [名] 鍋（銅製もしくは真鍮製の広口の深鍋） बोतलों की संख्यानुसार छोटे-बड़े आकार के पतीले में ठंडा पानी भरकर उबलने के लिए रख दें びんの数に合わせて大小の鍋に水を入れて火にかけること

पतीली [名*] 鍋（銅製もしくは真鍮製の広口のものでパティーラーより小型）

पतुका [名] (1) かめ（瓶）；つぼ（壷） (2) 土鍋

पतुकी [名*] (1) 壷 (2) 土鍋= हाँड़ी.

पतुरिया [名*] (1) 芸者= नाचने-गाने वाली; तवाइफ़. वाह! इतना बढ़िया गाते हो कि यह पतुरिया मात! やあすごい，上手に歌うじゃないか芸者顔負けだよ (2) 尻の軽い女= छिनाल. (3) 娼婦；遊女= वेश्या.

पतेना [名]〔鳥〕ハチクイ科ミドリハチクイ【*Merops orientalis*】

पतेरा [名]〔鳥〕ガンカモ科ヒドリガモ【*Anasa penelope*】

पतोखा[1] [名] (1) 木の葉でこしらえた皿（状の容器） = दोना. (2) 木の葉でこしらえた雨具

पतोखा[2] [名]〔鳥〕サギ科コサギ= पतेखा; करछिया बगुला.

पतोह [名*] 息子の妻；嫁；若嫁= पतोहू; पुत्रवधू.

पत्तंग [名] = पतंग[3].

पत्तन [名] 町；都市 = नगर; शहर.

पत्तर [名⁻] 金属板 जस्ते का पत्तर 亜鉛板 एल्युमिनियम की पतली पत्तर アルミの薄板 टीन की पत्तर ブリキ板

पत्तल [名*] (1) 木の葉を重ねたりつなぎ合わせてこしらえた一種の皿の代用品で食べ物を盛る器（使い捨てにされる） (2) 木の葉の器に盛られた食べ物 जूठी पत्तलों के लिए 食べ残しのために；残飯のために（残飯欲しさに） **एक पत्तल के खानेवाले** 同じ釜の飯を食うような親密な関係の人 **जिस पत्तल में खाना, उसी में छेद** 〔諺〕恩を仇で返す **पत्तल खोलना** 約束や誓いを果たしてから食事をする **पत्तल गरमाना** ご馳走を食べに行く **पत्तल चाटना** *a.* とても貧しくなる *b.* 恥ずべきことをする **पत्तल झाड़कर चल दे॰** 自分の目的や用のみを果たして立ち去る **पत्तल दे॰** 食事を出す **पत्तल पड़ना** 木の葉の器に食べ物が盛られる；木の葉の器に食事が出される **पत्तल परसना** *a.* 木の葉の皿が並べられる *b.* 木の葉の皿に食事が盛られる **पत्तल परोसना** 木の葉の皿に食事を盛る **(-की) पत्तल में खाना** *a.*（ーと）同じ器で食事をとる；（ーと）一緒に食事をする（関係にある） *b.*（ーの）世話になる；（ーの）厄介になる **पत्तल लगना** = पत्तल पड़ना.

पत्ता [名] (1) 草木の葉；葉っぱ केले के पत्ते バナナの葉 उन्हें पत्तों में भोजन परोसकर भेंटा जाता है その人たちには葉っぱに食事が盛られて出される (2) 木の葉に盛って出される食べ物 (3) 木の葉の模様 (4) トランプのカード ताश की गड्डी में ईंट, चिड़ी, हुकुम और पान के पत्ते होते हैं トランプのカードにはダイヤ，クラブ，スペード，ハートのカードがある **पत्ता काटना** 絶交する **पत्ता खड़कना** *a.* 物音がする *b.* 不安になる；心配になる **पत्ता (पत्ते) चाटना** *a.* 行商人の売り歩くような食べ物を買い食いする पत्ते चाटने की आदत पड़ गई 買い食いの癖がついてしまった *b.* 他人の食べ残しを食べる **पत्ता डोलना** = पत्ता खड़कना. **पत्ता तोड़कर भागना** ものすごく速く走って逃げる；一目散に逃げる **पत्ता न खड़कना** *a.* 静まりかえる *b.* 全く無風の状態 **पत्ता न तोड़ने दे॰** 何もさせない；何も仕事をさせない **पत्ता न हिलना** = पत्ता न खड़कना. **पत्ता-पत्ता** *a.* ありとあらゆるもの；一切のもの *b.* 誰も彼も **पत्ता-पत्ता आँख रखता है और दीवारों के भी कान होते हैं** 〔諺〕壁に耳あり障子に目あり **पत्ता-पत्ता छानना** しらみつぶしに探す **पत्ता हो जा॰** さっと姿をくらます；人に気づかれぬように姿をくらます **पत्ते खेलना** 処理する；カードを用いる；カードを使う कूटनीति के पत्ते सही तरह से खेलना 外交カードを正しく使う

पत्ता गोभी [名*]〔植〕アブラナ科野菜キャベツ；タマナ

पत्ति[1] [名] (1) 歩く人= पैदल चलने वाला. (2) 歩兵= प्यादा; पैदल सिपाही. (3) 兵士；武人

पत्ति[2] [名*]〔イ史〕古代インドの軍制で最小部隊ラタ（रथ），すなわち，戦車 1，象 1 頭，騎兵 3，歩兵 5 人，ないし，55 人より成ったとされる

पत्ती [名*] (1)（植物一般の）小さな葉や細長い葉 नई पत्तियाँ 若葉 मूली की पत्ती 大根葉 चाय की पत्तियाँ 茶の葉 गन्ने की पत्ती サトウキビの葉 (2) 分け前；配分= भाग; हिस्सा. (3) 花びら；花弁 = पँखड़ी. (4) なぎなたの形をした大型の草刈り鎌；草なぎ用の大型の鎌

पत्तीदार [形・名] 《پتی دار H. + P. دار》 (1) 葉のついている；葉のある (2) 持ち分のある；パートナー；出資者

पत्थर[1] [名] (1) 石 (2) 鉱石 (3) 里程標 (4) 雹（ओला） (5) 宝石 **जन्मदिन-पत्थर** 誕生石 (6) 情愛のない人や無情の象徴 लेकिन वह पत्थर का देवता था, कभी न पसीजता だが男は石像同然の人で決して哀れみを催さなかった **पत्थर का कलेजा** 血も涙もない（心） = पत्थर का दिल. **पत्थर का कलेजा पानी हो॰** 無慈悲な人が哀れみ深くなる= पत्थर का पानी हो॰. **पत्थर काटना** 石を切り出す **पत्थर का पत्थर रह जा॰** 愚かなまま **पत्थर का फ़र्श** 舗道；石畳 **पत्थर का हृदय** = पत्थर का कलेजा. **पत्थर की छाती** *a.* 強固な意志 *b.* 血も涙もない；無慈悲な **पत्थर की नाव पर चढ़ना** 間違った方法をとる **पत्थर की लकीर** 消えることのない उनके भाषण श्रोताओं के हृदयों पर पत्थर की लकीर बन जाते हैं 同氏の演説は聴衆の心に消え去ることのない印象を残すのであった **पत्थर के कलेजे का पानी हो॰** = पत्थर का पानी हो॰. **पत्थर के कलेजे का पिघलना** = पत्थर का पानी हो॰. **पत्थर के देवता** *a.* 全く無口な *b.* 残忍な **पत्थर के नीचे दबे हाथ को निकालना** = पत्थर तले से हाथ निकालना. **पत्थर के नीचे हाथ आ॰** = पत्थर तले हाथ आ॰. **पत्थर के नीचे हाथ दबना** = पत्थर तले हाथ आ॰. **पत्थर को जोंक (जोख) लगाना** 全く不可能事を試みる तू क्या पत्थर को जोख लगाता है? 汝は不可能事をなすと言うのか **पत्थर को मोम बनाना** 残忍な人の心をも和らげる **पत्थर गिरना**

प

災難が降りかかる (-को) पत्थर चटाना (ーを) 研ぐ；研磨する (-पर) पत्थर डालना (ーを) 隠す；秘匿する पत्थर ढो-ढो मरना 苦労の多い辛い人生を送る पत्थर ढोना = पत्थर ढो-ढो मरना. पत्थर तले से हाथ निकालना ようやく危難から逃れる；九死に一生を得る पत्थर तले हाथ आ॰ (दबना) にっちもさっちも行かなくなる पत्थर तोड़ना 岩を割ったり砕いたりして必要な石を取り出す；採石する= पत्थर फोड़ना. पत्थर निचोड़ना 不可能なことや甚だ困難なことをする (-पर) पत्थर पड़ना *a.* (ーが) 台無しになる *b.* (ーの頭が) おかしくなる *c.* 雹が降る पत्थर पड़े 呪いあれ；呪われろ पत्थर पर की दूब *a.* 貴重なもの *b.* 大変な苦労をして得られたもの *c.* 不可能事 पत्थर पर जोंक लगाना = पत्थर को जोंक लगाना. पत्थर पर लकीर 不変のこと；絶対不変のこと；揺るぎないこと = पक्की बात. "पक्की ?" "पक्की नहीं तो क्या? पत्थर पर लकीर समझो" 「本当なの」「本当だとも．絶対に間違いのないことだ」 पत्थर पसीजना = पत्थर पानी हो जा॰. पत्थर पानी हो॰ = पत्थर का कलेजा पानी हो॰. पत्थर फेंक मारना = पत्थर-सा खींच मारना. पत्थर बनना *a.* 身じろぎもしない *b.* 情け容赦がなくなる पत्थर बरसना = पत्थर पड़ना. 雹が降る पत्थर मार जा॰ 気を失わせる；正気を失わせる पत्थर मारना *a.* 石を投げる；投石する *b.* 苦しめる *c.* 気が狂う पत्थर मारे न मरना *a.* 死にそうで死なない *b.* 恥知らずにも生きながらえる (-के सामने) पत्थर लुढ़काना (ーに) 大変な妨害や邪魔をする पत्थर-सा खींच मारना じゃけんに返事する；つっけんどんに返事する पत्थर से तेल निकालना 不可能事をなそうと試みる पत्थर से पारस हो॰ *a.* ありきたりのものからすぐれたものになる *b.* 貧乏人から金持ちになる पत्थर से भाग्य फूटना 全く不運なこと पत्थर से सिर फोड़ना 全くの無駄骨を折る पत्थर से सिर मारना = पत्थर से सिर फोड़ना. पत्थर से हाथ निकलना = पत्थर तले से हाथ निकालना.

पत्थर[2] [副] 全くない；全然ない

पत्थरकला [名*] 火打ち石銃；火縄銃= चाँपदार बंदूक.

पत्थर का कोयला [名] 石炭 = पत्थर कोयला.

पत्थर का छापा [名]〔印〕石版印刷

पत्थर का फूल [名]〔植〕地衣類；コケ（苔）

पत्थरचटा [形・名] (1) 極度なけち；甚だしい吝嗇家= मक्खीचूस. (2) 井の中の蛙；井蛙= कूपमंडूक.

पत्थरचूर [名]〔植〕シソ科草本【*Plectranthus aromaticus*】

पत्थरतोड़ [形] (1) 重労働の (2) 厳しい

पत्थरदिल [形]《H. + P. دل दिल》無情な；冷酷な；残酷な；無慈悲な = संगदिल. उनके विलाप को देखकर कैसा ही पत्थरदिल क्यों न होता, पसीजे बिना न रहता あの方が嘆き悲しむのを見ればどんな無慈悲な人でも哀れみをもよおさずにはいられない

पत्थर-पानी [名] 雹が降ったり大雨が降ることやそのような季節 (砂嵐が来たり雹の降る 5〜6 月の頃，気候の悪い頃など) पत्थर-पानी पड़ना 大雨が降り雹が降る पत्थर-पानी में सड़ना *a.* 雨ざらし日ざらしになり手入れや管理の悪さから荒廃する *b.* 放置される；放置されて傷む

पत्थर फूल [名]〔植〕地衣類；苔= पत्थर का फूल.

पत्थरफोड़ [名] 石工= संगतराश.

पत्थरबाज़ [形]《H.+ P. باز》投石する = पथराव क॰.

पत्थरबाज़ी [名*]《H.+ P. بازی》投石 = पथराव.

पत्थर-हृदय [形] 冷酷な；無慈悲な；情け容赦のない इससे कभी-न-कभी वह पत्थर हृदय भी अवश्य पसीजेगा これでいつかはあの冷酷な人の心もきっと和むことだろう

पत्थरी [形] 銀色の；ねずみ色の= सलेटी/सिलेटी.

पत्थल [名] = पत्थर.

पत्नी [名*] 妻；家内；嫁= स्त्री; भार्या; गृहिणी; घरवाली.

पत्नी-व्रत [名] 妻に対する夫の節操

पत्नीव्रती [形] 妻に対する節操を誓っている

पत्र [名] (1) 草木の葉= पत्ता; पत्ती. (2) 手紙；書簡= चिट्ठी; ख़त. खुला पत्र 公開書簡；公開質問状 मुख्यमंत्री के नाम एक खुला पत्र 州首相への公開書簡 (公開質問状) (3) 新聞 = समाचार-पत्र; अख़बार. सभी पत्र बंद 全紙休刊 (4) 新聞界；新聞業界 (5) 証書；書類 (6) 金属板 पत्र-पत्रिकाएँ 新聞雑誌；定期刊行物

पत्रक [名] (1) 草木の葉= पत्ता. (2) 葉の集まり；葉をつなぎ合わせたもの (3) リーフレット (4) メモ；覚え書；ノート

पत्रकधन [名] 紙幣= नोट.

पत्रकार [名] ジャーナリスト；記者；新聞記者；報道記者

पत्रकार-सम्मेलन [名] 記者会見

पत्रकारिता [名*] ジャーナリズム；報道界= पत्रकारिता-क्षेत्र.

पत्रज [名] = तेजपत्ता.

पत्र-पुष्प [名] (1)〔植〕シソ科カミメボウキの一種 (2) もてなしや礼拝に用いられるありふれた品 (3) 粗品；挨拶代わりの品 यह दो-दो हज़ार रुपए हैं, पत्र-पुष्प के रूप में आप लोगों को मेरी भेंट 2000 ルピーずつでございます．御挨拶代わりの品でございます

पत्र-पेटिका [名*] = पत्र-पेटी.

पत्र-पेटी [名*] (1) 郵便ポスト；ポスト= बंबा. (2) 郵便受け (3) 郵便立て

पत्रभंग [名]〔ヒ〕祝祭に際して女性の顔にサフランやジャコウなどの芳香のするもので描く線

पत्र-मित्र [名] ペンパル；ペンフレンド；文通友だち

पत्रमित्रता [名*] 文通；ペンパルの関係

पत्ररेखा [名*] = पत्रभंग.

पत्रलता [名*] (1) 葉の非常に多いつる草 (2) = पत्रभंग.

पत्रवल्ली [名*]〔植〕ヤシ科クジャクヤシ【*Caryota urens*】

पत्रवाह [名] (1) 手紙を運ぶ人；飛脚= हरकारा; चिट्ठीरसाँ. (2) 郵便配達人；郵便集配人= डाकिया. (3) 鳥= चिड़िया; पक्षी.

पत्रवाहक [名・形] 手紙を届ける（人）；手紙を配達する（人）

पत्रवाहक कबूतर [名] 伝書鳩

पत्रव्यवहार [名] 文通= ख़तोकिताबत. विदेशों से पत्र-व्यवहार करना 外国と文通する

पत्र-शाक [名] 葉野菜

पत्रा [名] (1) ヒンドゥー教徒の用いる暦= जंत्री; पंचांग; तिथिपत्र. (2) 頁；ページ= पृष्ठ.

पत्राचार [名] (1) 文通；通信= पत्रव्यवहार. (2)〔教〕通信教育 पत्राचार संस्थान 通信教育機関

पत्राचार कोर्स [名]〔教〕通信教育課程

पत्राचार पाठ्यक्रम [名]〔教〕通信教育講座

पत्राचार फ़ाइल [名*] 通信控え पत्राचार फ़ाइल में कागज ढूँढ़े नहीं मिल रहा था 通信控えで探したが書類は見つからなかった

पत्रिका [名*] (1) 雑誌；定期刊行物；機関誌 साहित्यिक पत्रिका 文学雑誌；文芸誌 (2) 書簡；手紙 (3) = जन्मपत्री.

पत्री[1] [名*] (1) 手紙；書簡 (2) 書物；書類 (3) 楊枝を用いてつなぎ合わせた木の葉でこしらえた皿の代用品；葉皿= दोना.

पत्री[2] [名] (1) 矢= बाण. (2) 鳥= पक्षी.

पत्री[3] [形] 葉のある；葉のついている

पथ [名] (1) 道；道路 सत्य का पथ 真理への道 तरक्की के पथ पर अग्रसर हो सके 進歩の道を進むことができるように (2) 道程；軌道 (3) 進路 आप अपना पथ छोड़ नहीं सकते あなたは自分の進路を捨ててはならない (4) 針路 पथ की ठोकर खाना 侮辱される；無視される पथ छोड़ दे॰ 道をはずれる पथ पर चलना *a.* 指し示された道を歩む *b.* (ーに) 従う पथ प्रशस्त क॰ 道の妨げを取り除く पथ से विचलित हो॰ 道からそれる

पथक [形] = पथप्रदर्शक.

पथगामी [名] 道行く人；旅人

पथदर्शक [形] = पथ-प्रदर्शक.

पथ-प्रदर्शक [形・名] (1) 道を示す；進路を示す；指導する；案内する पथ-प्रदर्शक गुरु 指導の師 (2) 指導者；案内人；先導者 मित्र सच्चे पथ-प्रदर्शक के समान होना चाहिए 友は真の指導者のようでなければならない

पथ-प्रदर्शन [名] 指導；案内；先導 उनके नेतृत्व एवं पथ-प्रदर्शन में あの方の指導と案内のもとに

पथभ्रष्ट [形] 道をそれた；堕落した इतना जरूर कह सकते हैं कि सभी युवक पथभ्रष्ट नहीं हुए हैं すべての若者が堕落しているのではないとだけは絶対言うことができる पति को पथभ्रष्ट होने से बचाये रखने के लिए 夫の堕落を防いでおくために कुछ नासमझ लड़कियाँ, यौन-आकर्षण के कारण पथभ्रष्ट भी हो जाती हैं 一部の愚かな娘たちは性の誘惑のために道をはずれることもある

पथभ्रांत [形] 道にそれた；道にはずれた；道に迷った

पथर- [造語] पत्थर（石）の縮小形で合成語の要素 पथरकटा 石切り作業をする（人）

पथरकट [形・名] 石を切る；石を刻む；石工

पथरचटा [名]〔植〕リンドウ科草本= पखानभेद.【*Gentiana kurroo*】

पथरना[1] [他] 刃物を石で研ぐ；石で研磨する
पथरना[2] [名] 寝床の敷物；寝具= बिछौना; शय्या.
पथराना[1] [自] (1) 固くなる；堅くなる；こわばる；つる；ひきつる पथराई हुई आँखें ऊपर टँगी हुई थीं (死体の) ひきつった目は白眼をむいていた (2) 無感覚になる；活気のない；どんよりする किताबें पढ़ते-पढ़ते आँखें पथरा गई थीं 本を読んでいるうちに目がぼうっとなってしまった बाबा मुझे पथरायी आँखों से देख रहे थे 祖父は私を無表情な目で見ていた आँखों में एक अजीब-सा पथराया हुआ सूनापन था 目には異様な，感覚をなくした空虚さがあった
पथराना[2] [他] (1) 固くする；こわばらせる (2) 石を投げる；投石する
पथराव [名] (1) 投石= पत्थरबाज़ी. पथराव क॰ 投石する पथराव कर रही भीड़ पर पुलिस ने लाठियाँ बरसाई 投石をしている群衆に対して警察は棍棒の雨を降らせた (2) 固くなること；こわばること；硬直
पथरी [名*] (1) 砂粒 (2) 砥石 (3) 火打ち石 (4)〔医〕結石；臓器にできる石 मूत्राशय से पथरी निकालना 膀胱から石（結石）を取り出す गुर्दे की पथरी के मरीज़ 腎臓結石の患者 (5) 鳥の砂嚢；砂袋
पथरीला [形+] (1) 石の多い；石だらけの वहाँ की ज़मीन कंकरीली और पथरीली है 同地の土には砂利や石が多い पथरीली मिट्टी 石の多い土 (2) 石でできた；石の (3) 石のような
पथरौटा [名] 石の器；石造りの器
पथरौड़ा [名] 牛糞を集めこねて乾燥牛糞を作る場所
पथल [名] = पत्थर.
पथ-संशोधन [名] 軌道修正
पथहारा [形+] 道からそれた；道をはずれた；道に迷った
पथिक [名] (1) 旅人；道を行く人；旅行者= यात्री; राहगीर. (2) 何かを目指して進む人
पथेरा [名] (1) 牛糞をこねて燃料用の形に固める作業をする人 (2) 粘土をこねて煉瓦造りのため型に入れる人
पथ्य[1] [形] (1) 道の (2) 正規の (3) 有益な；適当な；適切な (4) 健康によい；病人のための
पथ्य[2] [名] (1) 病人食 (2) ダイエット；特別食；健康食 **पथ्य से रहना** 飲食を節制する；飲食を慎む；食餌療法をする
पथ्यापथ्य[1] [形] 適・不適の
पथ्यापथ्य[2] [名] 健康食とそうでないもの **पथ्यापथ्य न देखना** 思慮をめぐらさずに行動する；無思慮な振る舞いをする
पथ्याशी [形] 病人食や健康食を食べる
पद [名] (1) 足 (2) 一歩；歩 (3) 足首から先の部分；足 बुद्धपद 仏陀の足跡 (4) 地位；位；位階；ポスト；座 देश स्वतंत्र हुआ, पर उन्होंने कोई पद नहीं लिया 国は独立したがあの方は何の地位にもつかれなかった ऊँचे पद पर पहुँचना 高い地位に登る；高位に達する सरकारी पद 官職 सरकारी पद प्राप्त करने की सुविधा प्रत्येक व्यक्ति को उपलब्ध होती है だれでも官職につくことができるようになっている उसे मंत्री का पद दिया जाएगा 大臣の位を与えられる予定の人 (5) 場所 (6) 地域 (7) 語句；文句 (8) 詩を構成する韻律上の１つの単位で詩の４分の１に相当するまとまり；１行= पाद; चरण (3). (9)〔言〕語形変化した語 (10)〔ヒ〕ヒンドゥー教の賛歌 भक्त कवियों के पद バクティ（信愛）を歌った詩人たちの賛歌 (11) 称号 सम्मानार्थक पद 敬称 **पद की बात क॰** 道理にかなったことを言う
पदकंज [名] = पदकमल.
पदक [名] (1) メダル (2) 記章；バッジ (3) 礼拝対象となる神の足跡や足形
पदकतालिका [名*] メダル表；(競技会の) 取得メダルの表；成績一覧表
पदकधारी [形・名] メダル取得者；メダル獲得者
पदकमल [名] 蓮のように美しい足；御足（礼拝，尊敬の対象として）
पदक्रम [名] (1) 席次；位階の順序 (2)〔言〕語順 = शब्दक्रम.
पदगणित्र [名] 万歩計；歩数計
पदगति [名*] 歩き方
पदग्रहण [名] 就任 कुलपति के पदग्रहण के बाद 学長の就任後
पदचाप [名*] 足音；跫音 पदचापों की गति तेज़ हुई 歩く速度が速くなった
पदचारी [形・名] 歩む；歩く；歩行する；歩行者= पैदल.
पदचिह्न [名] (1) あしあと（足跡） हाथियों के पदचिह्न 象の足跡 (2) そくせき（足跡）；業績；手本 (-के) **पदचिह्नों पर चलना** (ーの) 足跡を辿る；(ーを) 見習う；(ーを) 手本にする
पदच्छेद [名]〔言〕文の構成要素の分析（特にサンスクリット文についてそれを構成する語の屈折・活用及び連結構造を分析し解説すること）〈parsing〉
पदच्युत [形] (1) 免職になった；解雇された (2) 解職された
पदच्युति [名*] (1) 免職；解雇 (2) 解職
पदज [名] (1) 足の指 (2) シュードラ（プルシャ पुरुष の足から生まれた者）→ वर्ण.
पदतल [名] 足の裏 = पैर का तलवा.
पदत्याग [名] 辞職
पदत्राण [名] 靴などの履き物
पददलन [名] (1) 踏みつぶすこと；踏みつけること；踏みにじること (2) 蹂躙；抑圧 पददलन के प्रति विद्रोह होता है 抑圧されると反抗が生じるものだ
पददलित [形] (1) 踏みにじられた；踏みつけられた；踏みつぶされた= पैरों से कुचला-रौंदा हुआ. (2) 抑圧された；抑えつけられた；蹂躙された；虐げられた पददलित भारतीय 抑圧されたインド人
पददेश [名] 下；下部；底；底部
पदधारी [形]（ーの）地位を持つ；地位にある；地位を占める
पदधूल [名*] 足についた埃（礼拝の対象としての） लेने सतियों की पदधूल サティー（貞女）たちの足に付いた土埃をいただきに
पदना [自] 遊びでくたくたに疲れる
पदनाम [名] (1) 職名 (2) 称号；名称
पदन्यस्त [形] 解職された；解任された
पदन्यास [名] (1) 歩行 (2) 歩き方 (3) 語法 (4) 解職；解任
पदपंकज [名]（礼拝・崇拝の対象としての）みあし（御足）（相手への敬意を表する表現として用いられる）= पदकमल. जब तुम्हारे पदपंकज इस घर में पड़े 拙宅にお出まし下さる時
पदबंध [名]〔言〕フレーズ；句= वाक्यांश. 〈phrase〉
पदभंजन [名]〔言〕合成語句をその構成要素に分解すること
पदभार [名] 職務；職責 जिस समय मैंने पदभार ग्रहण किया था 就任した際に
पदभ्रंश [名] = पदच्युति.
पदम[1] [名] = पद्म.
पदम[2] [名]〔植〕バラ科サクラ属ヒマラヤオウトウ【*Prunus cerasoides*】= अमलगुच्छ; पद्माख. 〈Himalayan wild cherry〉
पदयात्रा [名*] (1) 徒歩旅行 (2) 行脚
पदयात्री [名] (1) 徒歩旅行者 (2) 行脚する人
पदयोजना [名*]〔言〕語の配列；語法
पदरचना [名*] (1) 語法 (2) 作品
पदरज [名*] 足の埃（尊崇の対象としての） पदरज ले॰ 足元にひれふす देवता तुम्हारी पदरज लेने के लिए लालायित होंगे 神々が汝の足の埃を欲しがろう
पदविन्यास [名]〔言〕語法
पदविराम [名] 終止符 = विराम-चिह्न.
पदवी [名*] (1) 地位；位階；位；階級 (2) 称号；タイトル पदवी दे॰ 称号を与える ख़लीफ़ा की पदवी ハリーファーの称号
पदसोपान [名]〔社〕ヒエラルキー；序列
पदस्थिति [名*] 地位；ステータス；社会的地位；身分
पदांक [名] 足跡
पदांतर [名] (1) 歩幅 (2) 別の足；もう一方の足
पदाक्रांत [形] (1) 踏みにじられた；蹂躙された (2) 抑圧された
पदाघात [名] 蹴ること；キック
पदाति [名] (1) 歩行者 (2) 歩兵 (3) 使用人
पदाधिकार [名] (1) 職務；職権 (2) 管理職
पदाधिकारी [名] (1) 高位の人；管理職の人 उच्च पदाधिकारी 高官 (2) 幹部；役員 दिल्ली विश्वविद्यालय छात्रसंघ के पदाधिकारी デリー大学自治会の幹部 पार्टी के पदाधिकारी 党幹部；党の役員
पदाना [名]（遊びやスポーツで）走りまわらせる；くたくたに疲れさせる→ पदना.
पदानुसरण [名] 追随 उनका पदानुसरण करने को आतुर その方に熱心に追随しようとする
पदान्वय [名]〔言〕(1) パラフレーズ；言い換え (2) 意訳 = भावानुवाद.

प

पदारविंद［名］蓮のように美しい御足
पदार्थ［名］(1) 語義 (2) 物；物体；物質 अवांछित पदार्थ 好ましくない物 वैसलीन जैसी चिकने पदार्थ ワセリンのようなすべすべした物 (3) 材料 (4) 対象〔イ哲〕(ヴァイシェーシカ学派の) 六原理
पदार्थवाद［名］〔哲〕物質主義
पदार्पण［名］足を踏み入れること जब पहले-पहल आर्यों ने भारत में पदार्पण किया アーリア人が初めてインドに入ってきた時
पदावधि［名*］任期
पदावनत［形］降格された
पदावनति［名*］降格
पदावली［名*］(1) 詩集；句集 (2) 語彙 (3) 用語集
पदास［名*］放屁
पदासीन［形］(何らかの) 地位についた；地位を占めた
पदिक[1]［名］歩兵 = पैदल सेना.
पदिक[2]［名］(1)〔装身〕パディク（神の足跡を印した貴金属製の首飾り） (2)〔装身〕ジュグヌー（女性の首飾りの一）
पदिम［名］〔言〕文法特性素〈taxeme〉
पदेन［副・形］(1) 職権上；職権により (2) 職権による；職権上の；職権上兼務する उपराष्ट्रपति राज्यसभा का पदेन सभापति होता है. 副大統領は職権上の上院議長である
पदोड़ा［形］(1) よく屁をひる (2) 臆病な
पदोदक［名］〔ヒ〕神像の足や尊敬すべき人の足を洗った水
पदोन्नति［名*］昇格；昇進；昇任＝ (-की) पदोन्नति क॰. (－を) 昇格させる；昇進させる (-की) पदोन्नति हो॰ (－が) 昇格する；昇進する＝ (-की) तरक्की हो॰.
पद्धटिका［名*］〔韻〕パッダティカー（各パーダが 16 マートラーから成るモーラ韻律. पाद の終わりに जगण) ＝ पद्धरि; पद्धरी.
पद्धति［名*］(1) 方法；方式；様式；法 जीवन-पद्धति 生活様式 दशमलव पद्धति 十進法 कार्यपद्धति 行動様式；活動様式 (2) 過程
पद्धरि［名*］〔韻〕パッダリ（各パーダが 16 マートラーから成るモーラ韻律. パーダ末には जगण) ＝ पज्झटिका; पद्धटिका.
पद्म[1]［名］(1)〔植〕スイレン科水草ハス (蓮)；蓮華；紅蓮華【*Nelumbo nucifera*】 (2) ハスの花 (3) タントリズム及びハタヨーガにおいて説かれる会陰部から頭頂にかけて存在するとされる 6 つの，ないしは，7 つのチャクラ→ (चक्र)
पद्म[2]［数］1000 兆
पद्मकंद［名］蓮根 ＝ कमल की जड़; भिस्सा; भसीड़; मुरार.
पद्मक［名］〔植〕ショウガ科草本オオホザキアヤメ【*Costus speciosus*】
पद्मकर［名］ヴィシュヌ神の異名の一 ＝ विष्णु.
पद्मकरा［名*］ラクシュミー神の異名の一＝ लक्ष्मी.
पद्मकाष्ठ［名］＝ पदम[2].
पद्मकी［名］〔植〕カバノキ科高木ペーパーバーチ＝ भोजपत्र.
पद्मकोश［名］(1) ハスの萼＝ कमल का संपुट. (2)〔建〕蓮華模様〈lotus petals〉
पद्मज［名］ブラフマー神の異名の一 ब्रह्मा ＝ पद्मजात.
पद्मनाभ［名］ヴィシュヌ神の異名の一＝ पद्मनाभि.
पद्मनाल［名*］ハスの茎
पद्मनिधि［名*］パドマニディ（財宝神クベーラの所有になる 9 種の宝物 नवनिधि の一）
पद्मनेत्र[1]［形］蓮の花のような大きく美しい目をした
पद्मनेत्र[2]［名］〔仏〕パドマネートラ；蓮華眼
पद्मपाणि[1]［形］手にハスを持つ
पद्मपाणि[2]［名］(1) ブラフマー神 ब्रह्मा (2)〔仏〕観音；観世音
पद्मपुराण［名］〔ヒ〕ヒンドゥー教聖典パドマ・プラーナ（18 マハープラーナの一）→ महापुराण.
पद्मपुष्प［名］(1)〔植〕キョウチクトウ＝ कनेर. (2) 蓮の花
पद्मप्रभ［名］〔仏〕華光
पद्मबीज［名］ハスの実＝ कमलगट्टा.
पद्मभूषण［名］パドマブーシャン／パドマブーシャナ（インド連邦共和国の叙勲制度の第 3 位の勲章. 顕著な功績のあった公務員に授与される国家功労賞）
पद्ममालिणी［名*］ラクシュミー神 ＝ लक्ष्मी.
पद्मयोनि［名］(1) ブラフマー神 (2)〔仏〕パドマヨーニ
पद्मराग［名］ルビー；紅玉
पद्मरेखा［名*］金満家になるという手相
पद्मलांछन［名］(1) ブラフマー神＝ ब्रह्मा. (2) クベーラ神＝ कुबेर. (3) 太陽＝ सूर्य.
पद्मलांछना［名*］サラスヴァティー神＝ सरस्वती.
पद्मलोचन［形］蓮のような大きく美しい目をした
पद्मविभूषण［名］パドマヴィブーシャナ（インド連邦共和国の叙勲制度の第 2 位の勲章. 極めて顕著な功績のあった公務員に授与される最高位の功労賞）
पद्मश्री［名］(1) パドマシュリー（インドの連邦共和国の叙勲制度の第 4 位の勲章. 特別の功績のあった国家公務員に授与される国家功労賞） (2)〔仏〕華徳（菩薩名）
पद्मसम्भव［名］ブラフマー神 ＝ ब्रह्मा.
पद्मा［名*］(1) ラクシュミー神 (2) パドマー川（ブラフマプトラ川がバングラデシュにおいてガンジス川と合流した川）
पद्माकर［名］蓮池
पद्माक्ष[1]［形］ハスのような大きく美しい目をした
पद्माक्ष[2]［名］(1) ハスの実＝ कमलगट्टा. (2) ヴィシュヌ神＝ विष्णु.
पद्माख［名］〔植〕バラ科サクラ属中高木ヒマラヤオウトウ【*Prunus puddum; P. cerasoides*】〈Himalayan wild cherry〉＝ पदम; पद्मकाष्ठ.
पद्मावती［名*］パドマーヴァティー（インドの昔話に出るシンハラ島の美しい王女）
पद्मासन［名］(1)〔ヨガ〕蓮華座（禅定・ヨーガの座法の一） (2) インドの性愛学の分類による交接体位の一，パドマーサナ（パドマ・アーサナ）
पद्मिनी［名*］(1)〔植〕ハス (2) ハスの茎 (3) 蓮池 (4) 古代インドの性愛学の分類で体形，容貌，性質による 4 分類で最上位に位置づけられる女性；パドミニー（→ラティマンジャリー रतिमंजरी）
पद्य［名］(1) 韻文 (2) 詩
पद्यकार［名］詩人
पद्यबद्ध［形］韻文にされた；韻文の；詩の
पद्यात्मक［形］韻律による；韻文の；詩の
पधराना［他］もてなす；歓待する
पधारना［自］(1) 往来，訪問，出席などを敬語的に表現する言葉. いらっしゃる，おいでになる (2) 到着される (3) お出掛けになる बैंक की निकटतम शाखा में पधारिए 銀行の最寄りの支店にお出まし下さい उन्होंने पधारने का कष्ट किया 御来駕下さった आप पाटलिपुत्र नगर में पधारिए パータリプットラにおいで下さい
पन[1]［名］〔ヒ〕四住期，すなわち，生涯を 4 つの時期に分けた区切りの一；人生の節の一（幼少期，青年期，壮年期，老年期）
पन[2]［接］けれど；だけど；ただし बीसी छोड़ पच्चीसी दूँगा, पन एक काम करे तब 20 ではなくて 25 を与えよう. ただ仕事を 1 つすればの話だ
पन[3]［名］＝ प्रण. **पन रोपना** 誓う；誓いを立てる **पन हारना** 努力が無駄になる
पन-［造語］水 (पानी) の意を有する造語要素 पनचक्की 水車 पनबिजली 水力電気
-पन［接尾］名詞類や形容詞に付加されて男性抽象名詞を作る पागल 狂気の → पागलपन 狂気 लड़का 子供；男の子；少年→ लड़कपन 子供時代；少年時代 बच्चा 子供 → बचपन 子供時分
पनकाल［名］(1) 水不足 (2) 洪水による飢饉
पनकुकड़ी［名*］〔鳥〕クイナ科クイナ【*Rallus aquaticus*】 **खैरी पनकुकरी**〔鳥〕クイナ科ミナミクイナ【*Rallus striatus*】 **छोटी पनकुकरी**〔鳥〕クイナ科クイナ【*Rallus aquaticus korejewi*】
पनकौआ［名］〔鳥〕ウ科カワウ【*Phalacrocorax carbo*】 **छोटा पनकौआ**〔鳥〕ウ科アジアコビトウ【*phalacrcorax niger*】
पनगाचा［名］灌水された畑
पनघट［名］(川，池，井戸などの) 水汲み場
पनच［名］弓弦 ＝ प्रत्यंचा.
पनचक्की［名*］粉ひき用の水車
पनचिरी［名*］〔鳥〕カモメ科シロエリハサミアジサシ【*Rynchops albicollis*】
पनचोरा［名］柄杓
पनजीरी［名*］＝ पंजीरी.
पनडब्बा［名］パーンを入れておく容器＝ पानदान.
पनडुब［名］〔鳥〕カイツブリ科カイツブリ【*Podiceps ruficollis*】

पनडुब्बा [名] (1) 水に潜る人；潜水夫 (2) カイツブリ＝ पनडुब्बी. (3)〔鳥〕ガンカモ科コガモ【*Anas crecca*】 (4) 想像上の動物（水中にいて人を引きずりこんで溺死させるという）

पनडुब्बी [名*] (1)〔鳥〕カイツブリ科カイツブリ【*Podiceps ruficollis*】 (2) ガンカモ科コガモ (3)〔軍〕潜水艦

पनडुब्बीनाशक फ़्रिगेट [名] 《H. + E. frigate》〔軍〕対潜護衛艦

पनतिरी [名*]〔鳥〕カイツブリ科カンムリカイツブリ【*Podiceps cristatus*】

पनपना [自] (1) 茂る；繁る सभी पौधे एक जैसी जलवायु या वातारण में नहीं पनपते すべての植物が同じ気候や環境で茂るものではない (2) 育つ；成育する；育まれる मैं इसी मिट्टी में पनपी हूँ जिस मिट्टी ने राधा, सीता, सावित्री-सी अनेकों मूर्तियों की परवरिश की है ラーダー，シーター，サーヴィトリーといった数多くの人を育ててきた正にこの土地に私は生まれたのです भैया पुराने ज़माने के पनपे हैं. चाय की क़दर तो माडर्न ज़माने के हम जैसे नौजवान ही कर सकते हैं 兄は旧時代に育った人．紅茶の良さがわかるのは新時代の僕みたいな若者だけ (3) 盛んになる；栄える；勢いづく；隆盛する；奮う यदि देश की ग्रामीण जनता और नगर के ग़रीब आदमी मशीनों की बनाई हुई चीज़ों को नहीं ख़रीद सकते तब देश के उद्योग-धंधे नहीं पनप सकते 農民や都市の貧しい人々が機械で製造された物を購入できなければ国家の産業は盛んになれない हमारी सामाजिक व्यवस्था का आधार असमानता रहा है और इसी कारण हमारे देश में जनतंत्र पनप नहीं पाता तथा राष्ट्रीयता सबल और पुष्ट नहीं हो पाती わが国の社会の基本は不平等の上に成り立っている．だからこそわが国では民主主義が栄えられずにいるし民族精神が強く確固たるものになり得ない जहाँ एक ओर ब्रह्मसमाज, आर्यसमाज तथा राधास्वामी मत जैसे सुधारवादी आंदोलन अथवा मत पनपे हैं 一方ではブラフマサマージ，アーリアサマージ，ラーダースワーミー派などの宗教改革運動あるいは改革派宗教が盛んになった सल्तनतों के साये में मज़हब पनपते हैं 国家の庇護のもとで宗教が盛んになる (4) はびこる समृद्ध देशों की सतर्क जनता न भ्रष्टाचार को सहती है और न इसके पनपने का अवसर प्रदान करती है 豊かな国の目覚めた民衆は汚職腐敗を許さないしそれがはびこる機会も与えない एक ऐसी समस्या जो उसी देश में पनप सकती है जहाँ लोग अशिक्षित तथा अंधविश्वासी होने के कारण संकीर्ण भावनाओं के शिकार बने रहते हैं 民衆が教育を受けておらず迷信的なために狭隘な考えの餌食になっている国にはびこることのできる問題 लेकिन फिर भी दिल्ली में संगठित अपराधी गिरोह पनप रहे हैं それでもデリーでは組織犯罪グループがはびこっている (5) 燃え上がる；燃えさかる；燃え立つ；燃える दफ़्तरों में पनपा रोमांस オフィスに燃え立ったロマンス

पनपाना [他] (1) 茂らせる；生い茂らせる (2) 育てる；育成する जापान में ही पहली बार ठिगने क़द के गेहूँ भी पनपाए गए 矮性の小麦が育てられたのも日本が最初であった (3) 盛んにする；強める शोषक में करुणा और प्रेम पनपाने वाला 搾取者の胸に慈悲と愛情を強める (4) はびこらせる；つけあがらせる एक गंभीर समस्या पर इस प्रकार का भावनात्मक दृष्टिकोण ऐसी शक्तियों को पनपा सकता है जिनसे सामाजिक पुनर्निर्माण का कार्य और भी कठिन हो सकता है 深刻な問題に対するこの種の感情的な観点をとることはこのような勢力をはびこらせることになる (5) 燃え立たせる；燃え上がらせる

पनबाड़ी [名*] = पनवाड़ी[1]；पनवारी[1].

पनबिच्छू [名]〔昆〕タガメ科やタイコウチ科の昆虫の総称

पनबिजली [名*] 水力電気〈hydroelectricity〉

पनबिजली घर [名] 水力発電所 = पनबिजली का संयंत्र.

पनलवा [名]〔鳥〕ヒレアシシギ科ニシトウネン【*Calidris minuta*】

पनवाड़ी[1] [名] パーンを売る人＝ पान बेचनेवाला; तंबोली. → पान.

पनवाड़ी[2] [名*]（その葉がパーンの材料になる）キンマ（コショウ科蔓木）を栽培する畑

पनवारा [名] (1) 木の葉でこしらえた食べ物を入れる使い捨ての器 (2) それに盛った食べ物＝ पत्तल.

पनवारी[1] [名] = पनवाड़ी[1].

पनवारी[2] [名*] = पनवाड़ी[2].

पनस [名] (1)〔植〕クワ科小木パラミツ【*Artocarpus heterophyllus*】 (2) その果実

पनसार [名] たっぷりと灌水すること

पनसारी [名] 食料雑貨商；乾物屋＝ पंसारी.

पनसाल[1] [名*] (1) 測鉛；重り (2) 測鉛での測量

पनसाल[2] [名] 通行人などに無料で水を飲ませる施設＝ प्याऊ.

पनसेरी [名*] = पंसेरी.

पनसोई [名*] 細長い小型のボート

पनहड़ा [名] パンハラー（タンボーリー，すなわち，パーン売りがパーンのキンマの葉を洗うのに水を入れて置く容器）

पनहरा [名] (1) 水汲屋（水を井戸などから汲み家庭に配る生業の人） (2) 金細工師が水を汲んでおく容器

पनहा[1] [名]（布などの）幅；横幅

पनहा[2] [名] (1) 盗難の調べをする人 (2) 盗難品に対する懸賞（金）

पनही [名*] 靴 = जूता.

पना[1] [名] = पन्ना[3]

पना[2] [接尾] 男性抽象名詞を作る接尾辞＝ पन.

पनाती [名] 孫の子；曾孫

पनामा〔国名〕《E. Panama》パナマ पनामा नहर パナマ運河＝ पनामा कैनल.

पनामा हैट [名] 《E. Panama hat》パナマ帽

पनारा [名] = परनाला.

पनाला [名] 下水；どぶ；排水溝＝ परनाला.

पनालिया [形] (1) 下水の；下水道の (2) 不潔な

पनालिया-पत्र [名] 赤新聞；低俗な新聞＝ गटर प्रेस.

पनास [名] 育てること；養育

पनासना [他] 育てる；養育する

पनाह [名*] 《P. پناه》(1) 避難所；逃げ場 (2) 避難 (3) 保護 **(-को) पनाह दे॰** （－を）匿う；（－に）避難させる **(-से) पनाह माँगना** *a.*（－に）庇護を頼む *b.*（－に）閉口する；困り果てる；負ける **(-की) पनाह में जा॰** （－に）身を寄せる **(-की) पनाह ले॰** （－に）避難する＝ शरण ले॰.

पनाहगाह [名*] 《P. پناه گاه》避難所；隠れ場所 उन्हें सबसे करीब की पनाहगाह में चला जाना चाहिए. 最寄りの避難所に行かなくてはならない

पनाहगुज़ीन [形] 《P. پناه گزین》庇護を求める；保護を求める

पनियर कुत्ता [名] 《← E. spaniel + H.》〔動〕スパニエル（犬）

पनियल [形] 水っぽい；水分が多いめの पनियल दही 水っぽいヨーグルト

पनियाँ [形] = पनिया. (1) 水の (2) 水中の (3) 水の入っている；水の加わっている (4) 水色の

पनियाना[1] [他] (1) 濡らす (2) 灌水する

पनियाना[2] [自] (1) したたる；したたり落ちる (2) 分泌物が出る (3) よだれが出る पनियाई जीभ よだれの出た舌

पनियार [名] (1) 水の溜まる所；水のよどむ所 (2) 水の流れていく方向；下流

पनियाला[1] [名] (1)〔植〕イイギリ科大低木ルカムモモ【*Flacourtia cataphracta*】 (2) その実

पनियाला[2] [形] = पनियाँ.

पनियासोत [形] 地下に非常に深い；地下水脈に当たった

पनिहाना [他] (1)（人を）靴で叩く；履き物でなぐる（極度に侮辱的な行為） (2) 打ちすえる

पनिहारिन [名*] (1) 他家のために水を汲み配達する女性，パニハーリン (2) 水汲みの女たちが歌う労働歌（民謡）パニハーリン

पनीर [名] 《P. پنیر》(1) チーズ；カッテージチーズ (2) パニール（ヨーグルトから脂肪を分離させた後の残りものを更に発酵・加熱し凝固物を重しにかけて水切りをし固形にしたもの）；カード (curd)；凝乳 पनीर बनाना チーズ（パニール）作り **पनीर चटाना** （下心から）飴をしゃぶらせる；（自分の利益をはかるために）言い寄る；甘言で釣る **पनीर जमाना** 下準備をする；根回しをする；将来大きな利益となることをする

पनीरी[1] [形] 《P. پنیری》(1) チーズの；パニールの (2) チーズ（パニール）でできた；チーズ（パニール）を用いた

पनीरी[2] [名*] (1) 草花の苗 (2) 苗床；花壇 **पनीरी जमाना** *a.* 苗を植える *b.* 礎を築く

पनीला [形[+]] 水っぽい；水でいっぱいになった；水だらけの तुम्हारी पनीली हो आई आँखों को मैंने नज़र अंदाज़ कर दिया お前のうるんだ目を見て見ぬふりをした

पनीवट [名*]〔農〕灌漑設備の利用に課される税金；水利税

पनेरी[1] [名*] = पनीरी.
पनेरी[2] [名*] = पनबाड़ी.
पनेवा [名]〔鳥〕シギ科イソシギ【*Tringa hypoleucos*】
पन्नग[1] [名] 蛇 = साँप; सर्प.
पन्नग[2] [名] エメラルド = पन्ना; मरकत.
पन्ना[1] [名] エメラルド
पन्ना[2] [名] (1) 葉 (2) 金；銀の箔 (3) 金属板 (4) ページ；頁
पन्ना[3] [名] マンゴーやタマリンドなど香辛料を加えて加工し製造される飲料（シャルバト）
पन्नी [名*] (1) 金属の箔 (2) 飾り用のぴかぴかの金属片 (3) 金紙 (4) 銀紙
पन्नीसाज़ [名] 《پنی ساز H. + P. ساز》 金属箔を製造する職人
पन्नीसाज़ी [名*] 《پنی سازی ← पन्नीसाज़》 金属箔の製造
पन्हाना [他] (1) = पहनाना. (2) = पिन्हाना.
पपटा [名]〔動〕爬虫類ヤモリ = छिपकली.
पपड़ [名] = पपड़ा[2]
पपड़ा[1] [名] (1) ひからびたりごわごわした物の固い皮，表面，殻など रोटी का पपड़ा パンの皮 (2) かさぶた
पपड़ा[2] [名]〔植〕アカネ科クチナシ属落葉小木【*Gardenia latifolia*】〈boxwood gardenia〉
पपड़ाना [自] = पपड़ियाना. बहुत ज़ोर की प्यास लगी थी.होंठ पपड़ाया था ひどくのどが渇き唇がかさかさになっていた
पपड़िया [形] かさかさの；乾燥してごわごわした；硬くなった；硬化した
पपड़ियाना [自] (1) ひからびる；かさかさになる；ひび割れる पपड़ियाये हुए अधर ひからびた唇；かさかさの唇= पपड़ियाए होंठ. (2) かさぶたのように固くなる
पपड़ी [名*] (1) 乾いたりかさかさになったりひからびたりすることやそうなったもの (2) かさぶた（痂） उस स्थान पर सूजन और पपड़ी पैदा हो जाती है そこがはれてかさぶたができる (3) ひび割れ **पपड़ी छोड़ना** *a.* ひび割れる *b.* やせ細る；がりがりになる **पपड़ी जमना** かさぶたができる= पपड़ी पड़ना.
पपड़ीला [形⁺] (1) ひび割れのある (2) かさぶたのついた
पपनी [名*] まつげ（睫；睫毛）= बरौनी.
पपहा [名]〔昆〕メイガ（螟蛾）科の害虫（ニカメイガ，サンカメイガなど）
पपाइरस [名] 《E. papyrus》 (1)〔植〕カヤツリグサ科パピルス；カミガヤツリ (2) パピルス紙 (3) 写本；古文書
पपीता [名] (1)〔植〕パパイヤ科低木パパイヤ【*Carica papaya*】 (2) その果実
पपील [名]〔昆〕アリ（蟻） = चींटी.
पपीहा [名]〔鳥〕ホトトギス科チャバラカッコウ【*Cuculus varius*】→ चातक.
पपैया[1] [名] 《E. papaya》 = पपीता.
पपैया[2] [名] (1) = पपीहा. (2) マンゴーの実の核から作られる笛
पपोटा [名] まぶた（瞼） = पलक.
पप्पड़ [名] = पपड़ा[1]
पफ़ [名] 《E. puff》 パフ पाउडर को पफ़ में लगाकर パウダーをパフにつけて
पफ्ता [名*]〔魚〕ナマズ科淡水魚【*Ompok bimaculatus Bloch, Callichrous bimaculatus of Day*】
पबई [名*]〔鳥〕ムクドリ科ズグロムクドリ【*Sturnus pagodarum*】
पबलिक[1] [名] 《E. public》 一般人；一般大衆；公衆= पब्लिक.
पबलिक[2] [形] 一般人の；一般大衆の；公衆の= पब्लिक; सर्वसाधारण.
पबलिक मैन [名] 《E. public man》 公人
पबलिक वर्क्स [名] 《E. public works》 (1) 公共土木工事 (2) 公共事業・公共土木事業関連の省庁や部局；建設省；公共事業省= पबलिक वर्क्स डिपार्टमेंट; लोक निर्माण विभाग. 〈Public Works Department; P.W.D〉
पब्लिक [名] = पबलिक.
पब्लिक टेलीफ़ोन [名] 《E. public telephone》 公衆電話
पब्लिक टेलीफ़ोन बूथ [名] 《E. public telephone booth》 公衆電話ボックス = टेलीफ़ोन बूथ.
पब्लिक प्रासिक्यूटर [名] 《E. public prosecutor》〔法〕検事；検察官= सरकारी अभियोजक; सरकारी वकील.
पब्लिक स्कूल [名] 《E. public school》 (1) パブリックスクール（インドの私立中学高校一貫校） आज़ादी के दौर के बदलाव के बावजूद वही पब्लिक स्कूल जिनसे हम घृणा करते थे ऊँचे पदों के पास्पोर्ट बन गये 独立時の変化にもかかわらず我々の憎悪して来たあのパブリックスクールが高いポストを得るためのパスポートになってしまっている (2) 英国のパブリックスクール
पब्लिसिटी [名*] 《E. publicity》 (1) 周知；世間に知れ渡ること；名を知られること (2) 公表；宣伝；広告= प्रचार. **पब्लिसिटी आफ़िसर** 広報官 = प्रचारी अधिकारी.
पमार [名]〔植〕マメ科雑草エビスグサ【*Cassia tora*】= चकवँड़; पवाड़.
पम्प-शू [名] 《E. pumps》 = पंपशू. パンプス
पय [名] (1) 乳 (2) 牛乳 (3) 水 (4) 穀物
पयद [名] (1) 雲 (2)（女性の）胸
पयनिधि [名] 海= पयोधि; समुद्र.
पयपूर [名] 海
पयस्य[1] [形] (1) 水の；水気の；汁気の (2) 牛乳の
पयस्य[2] [名] 乳製品
पयस्वान [形] (1) 水分のある (2) 牛乳の入っている
पयस्विनी [名*] (1) 乳を沢山出す牛 (2) 雌牛 (3) 山羊
पयस्वी [形] (1) 水分のある (2) 牛乳を含む
पयान [名] = प्रयाण. 出発；旅立ち हरीश ने भी इसी हानि-लाभ के संसार से पयान किया ハリーシュもこの金銭の世界から旅立って行った
पयाम [名] 《P. پیام》 = पैग़ाम.
पयामबर [名] 《P. پیامبر》 = पैग़म्बर.
पयाल [名] わら（藁） सर्दियों में पयाल से गद्दे का काम लिया जाता है 冬にはわらが敷ぶとんの代わりに用いられる पयाल की पुतली わら人形 **पयाल गाहना** *a.* 無駄な努力をする *b.* 無駄な奉仕や世話をする= पयाल झाड़ना.
पयोगल [名] (1) 雹 = ओला; पत्थर. (2) 島 = द्वीप; जज़ीरा.
पयोघन [名] 雹
पयोज [名]〔植〕蓮 = कमल.
पयोद [名] 雲= बादल; मेघ.
पयोधर [名] (1) 雲 (2) 池 (3) 海 (4) 乳房
पयोधि [名] 海 = समुद्र; सागर.
पयोनिधि [名] 海 = समुद्र; समंदर.
पयोव्रत [名]〔ヒ〕水もしくは牛乳だけを摂取して数日を過ごすヴラタ→ व्रत.
परंजय [形] 敵を斃す
परंतप [形] (1) 苦行により感官を制す (2) 敵を悩ませる
परंतु [接] 逆接接続詞の一．しかし；しかしながら；然れども；けれども= पर; किंतु; लेकिन; मगर. परंतु पेड़ है ही कहाँ? でも木が一体どこにあると言うんだ तेरा कहना साफ़ है, परंतु तू नादान है 汝の申すことは明瞭である．しかし，汝は世故に疎いのだ वह चाहती है कि मदन को लता नामक ख़तरे से सावधान कर दे, परंतु कर नहीं पाती 彼女はマダンにラターという危険に用心するように警告したいのだがどうしてもそれができない
परंदा [名] 《P. پرنده》 (1) 鳥= पक्षी; चिड़िया; परिंदा. (2)（カシミールの湖で用いられる小舟）パランダー
परंपर [形・名] = परम्पर. (1) 連続する（もの） (2) 子孫；系譜
परंपरा [名*] = परम्परा. (1) 伝統 (2) 伝承 (3) 先祖伝来 अपनी धार्मिक परंपराओं की रक्षा 自分たちの宗教的な伝承の保存 **परंपरा ढोना** 伝統を守る；伝統を維持する
परंपरागत [形] (1) 伝統的な (2) 古風な (3) 先祖伝来の परंपरागत पारिवारिक व्यवसाय 先祖伝来の家業 परंपरागत पोशाक 伝統的な衣裳 (4) 在来の परंपरागत किस्म का अनाज 在来種の穀物 **परंपरागत रूप से** 伝統的に परंपरागत रूप से महिलाओं के प्रति किया जाने वाला अनुचित व्यवहार 伝統的に女性に対してなされてきた不当な扱い
परंपरापोषी [形] 保守的な परंपरापोषी समाज 保守的な社会
परंपरित [形] 伝統的な इनकी सादी परंपरित वेश-भूषा この方の質素な伝統衣裳
परंपरीण [形] (1) 先祖伝来の (2) 伝統的な= परंपरागत.
पर[1] [格助] (1) 動作・作用の行われる特定された場所や位置を表す क्या घर पर डाँट पड़ेगी? 家でどなられるのだろうか क्या राय साहब घर पर हैं? ラーイさんはご在宅ですか वहाँ पर एक दुकान है

そこに１軒の店がある दो किलो मीटर आगे इस सड़क पर एक आम का पेड़ है この道路の 2km 先の道端に１本のマンゴーの木がある डालियों पर हाथों के सहारे लटककर 木の枝に手でぶら下がり नल पर जाकर 水道のところへ行って ऐनक आँख पर लगाते हैं 眼鏡は目にかけるもの सुनसान रास्ते पर एक किसान बाज़ार से घर लौट रहा है 人気のない道を１人の農夫が市場から家に帰って行く कुएँ पर पानी निकालना 井戸で水を汲み上げる बादलों के अलावा आसमान पर कभी-कभी धनुक नज़र आती है 雲の他に空にはしばしば虹が見られる 15 किलोमीटर की दूरी पर बोधगया है ここから 15km のところにボードガヤーがある द्वार पर एक लालटेन टिमटिमा रही थी 戸口にカンテラがちかちかしていた द्वार पर लाठी टेके 戸口にラーティー（棍棒）を立てかけて (2) 動作・作用の行われる場所や位置がものの上部や表面であることを示す जले हुए अंगों पर शहद का लेप करने से 火傷に蜂蜜を塗ると दीवार पर लगा क्लाक 壁掛け時計 बर्फ़ पर फ़िसलना 雪の上を滑る रेल पटरी पर चलती है 列車は線路を走る पार्क में एक बेंच पर बैठकर 公園でベンチに腰を下ろして उसके सर पर दो नुकीले सींग होते हैं それの頭に２本鋭くとがった角が生えている यह कहकर उसने मटका भूमि पर दे मारा こう言って水がめを地面に投げつけた फूलों पर तितलियाँ बैठती हैं 蝶は花にとまる जीभ पर छाले पड़ गए 舌に水膨れができた टीवी पर इस समारोह का समाचार देखकर テレビでこの集会の報道を見て मैंने सोने की कंठी उतार कर एक पत्थर पर रख दी 金の首飾りをはずして石の上に置いた छत पर क्या कर रहा है? 屋上で何をしている सिर पर से पगड़ी उतारना 頭からターバンをはずす मेरे सिर पर से भी एक बोझ हट गया 私の頭（の上）からも１つの重荷がとれた (3) 動作・作用の行われる特定の状況や状態にあることを表す मैं भूल पर था 私は間違っていた आज सात दिन पर भर पेट पीकर सोऊँगा 今日は１週間ぶりに思い切って飲んで寝よう बहुत दिनों पर आज उसको रोना पड़ा 久しぶりに今日泣く羽目になった भरे पेट पर खाना बीमारी की जड़ है 食べすぎは病気のもと आम तौर पर 一般的に；普通 ऐसी क़ीमतों पर जो आपके बजट के अनुकूल हैं あなたのお予算に間に合う値段で (4) 動作・作用の目的を表す अब्बू सुबह अपने काम पर चले जाते हैं 父は朝仕事に出掛ける तीर्थयात्रा पर जा° 聖地巡礼に出掛ける मैंने राजेंद्र को भोजन पर आमंत्रित किया ラージェンドラを食事に招待した कल पिकनिक पर जाएँगे 明日ピクニックに出掛けるぞ इस्तीफ़े पर आमादा मंत्री しゃにむに辞職に突き進もうとする大臣 (5) 動作・作用の原因・理由を表す राजा के बहुत आग्रह पर वह युवक विवाह के लिए तैयार हो गया 王が強く要請したのでその若者は結婚する気になった इस प्रश्न पर पार्टी विभाजित हो गई この問題をめぐって党は分裂した मुझे अपने मज़ाक पर लज्जित होना पड़ा 自分の言った冗談で恥をかく羽目になった पुत्री की हत्या पर गिरफ़्तार 娘殺害で逮捕 लोग बापू के निधन पर व्याकुल हो रहे हैं 世間はバープーの逝去で動転している (6) 動作・作用の対象を示す अपने पर नियंत्रण 自己制御 उसपर आप भरोसा करें あの人を信頼なさるがよい दूसरों की कमज़ोरी पर मत हँसो 人の弱点を笑ってはいけない जब किसी पर नाराज़ होते तो だれかに腹を立てると मैं इनपर ज़रूर अमल करूँगा これらを必ず実行する पिता की अचानक मौत ने उसके दिल दिमाग़ पर गहरा असर किया 父の不慮の死が彼の精神に深い影響を及ぼした यदि यह सच है तो देश में हज़ारों अस्पतालों पर सरकार इतनी बड़ी राशि क्यों ख़र्च करती है? もしもそれが本当なら国の幾千もの病院に政府が何故これほどの巨額を費やすものか प्रकृति पर विजय 自然に対する勝利 अच्छा हो कि इनकी बातों पर हम आज से ही अमल करने लग जाएँ この方のおっしゃることを今日から実行に移すのがよかろう इनके पूर्वजों ने हिंदुओं के पूर्वजों पर अत्याचार किये हैं この人たちの先祖がヒンドゥーの先祖に非道な振る舞いをした वह रुद्र पर जान देती थी あの娘はルドラにえらく熱を上げていた इनसानियत और न्याय पर से विश्वास उठ जाता है 人間愛と正義への信頼がなくなる (7) 動作・作用の行われる方向を表す सूचना मेरे घर पर दीजिए 私の家へお知らせ下さい अपनी टेबल पर जाकर 自分のテーブルに行って वे हमारे यहाँ डिनर पर आ चुके हैं あの方はわが家での晩餐会に来られたことがある (8) 動作・作用の条件を表す यहाँ पुत्रोत्पत्ति पर पिता को पीटा जाता है この地では男児が生まれると父親が叩かれることになっている (9) 動作・作用の手段・器具・媒体などを表す टेलीविजन पर दिलचस्प प्रोग्राम देखते हैं テレビで面白い番組を見る रेडियो पर समाचार सुनना ラジオでニュースを聞く (10) 動作・作用の行われる時や機会を表す होली पर राष्ट्रपति की शुभकामनाएँ ホーリー祭に際しての大統領の祝辞 कोई वक़्त पर नहीं पहुँचेगा だれも時間通りには来ないだろう गोधूली पर जब गाएँ गाँव आतीं 夕暮れ時に雌牛たちが村に帰って来ると जब मैं नीरज की शादी पर दिल्ली से जयपुर आया ニーラジの結婚式にデリーからジャイプルに来ると (11) 物事の基礎や根拠を表す भयानक हादिसे पर बनी फ़िल्म 凄惨な事故を基に作られた映画 समाजवाद के नाम पर 社会主義の名の下に अपने पैरों पर खड़ा हो° 自立する फिर से हाज़िर हो जाने की शर्त पर 再度の出頭を条件にして (12) 動作・作用の関係・関連について表す कल्याण-विजय पर तुम्हें बधाई है カリヤーナ国の征服おめでとう (13) 動作・作用が進行していることを示す एक माह से उपवास पर थे １か月来断食を続けた शहंशाह एक सफ़र पर था 皇帝は旅の途中だった (14) -ने化した不定詞に接続して直ちにある動作・状態が継起することを表す प्याज़ काटने पर आँखों से पानी आने लगता है タマネギを切ると目から涙が出始める घर पहुँचने पर माँ ने मुझसे पूछा 家に着くなり母がたずねた **पर का** ものの上部や表面の टेस्टट्यूब पर का कार्क 試験管のコルク तरु की फुनगी पर के झूले 木の枝に下がったブランコ **पर से** ものの上部や表面を起点として अब धीरे धीरे असली बात पर से परदा हट रहा है 今や徐々に真実を覆ってきた幕が取り除かれ始めた अलगनी पर से लटकता पाजामा 物干しひもから下がっているパージャーマー **- पर -** 同一語を पर を介して反復すると，連続して，次々と，重ねてなどの意を表す फिर ख़त पर ख़त न भेजें それから次々と手紙を寄越さないようにしてちょうだい वर्ष पर वर्ष बीतते चले गए １年また１年と過ぎ去って行った

पर[2] ［接］逆接関係を表す接続詞．が；けれども；しかし；だが कोशिश भी करती हैं, पर कुछ न कुछ अड़चन आ ही जाती है 努力もしているのだが何かしら不都合が生じるものだ वह बहुत थका था, पर फिर दौड़ पड़ा とても疲れていたがまた走り出した पर अब दुनिया बदल गई है でも世間はすでに変化してしまっている रात के साथ-साथ नीरवता बढ़ चली.पर उसके बच्चे लौटकर न आए 夜が更けるにつれ夜のしじまは深まって行った．しかし，彼女の子供たちは戻って来なかった

पर[3] ［名］《P. پر》鳥や虫の羽；翼 पर की क़लम 羽ペン नत्थू की इस बात ने रघुनाथ की बिना पर की कल्पना को पर दे दिये ナットゥーのこの話はラグナートの羽のない空想に羽を与えた पर फड़फड़ाना 羽ばたく चिड़िया ने अपने पर फड़फड़ाए 鳥が羽ばたいた **पर और बाल निकलना** 素直でなくなる；純真さを失う **पर कट जा°** 羽をもがれる；不具になる；不具にされる；体が不自由になる **पर कतर जा°** ＝पर कट जा°. **पर कतरना** ＝पर काटना. **पर काटना** 羽をもぐ；羽をもぎとる；身動きできないようにする；不具にする **पर कूटना** ＝पर जमना. **(-के) पर क़ैंच क°** *a.* (－の) 羽を切る *b.* (－を) 不具にする *c.* (－を) 無力にする **पर खोंसना** 自慢する；うぬぼれる **पर गिराना** ＝पर झाड़ना. **पर जमना** *a.* 一人前になる；独り立ちする *b.* 生意気になる **पर जमाना** 悪いことを教える；悪知恵をつける **पर जलना** 力が及ばない **पर झड़ना** 羽が抜け落ちる；羽が抜けかわる **पर झाड़कर** 情け容赦なく；冷淡に **पर झाड़ना** *a.* 羽ばたく *b.* 羽を落とす **पर टूटना** ＝पर कट जा°. **पर निकलते उड़ जा°** 恩義を忘れた振る舞いをする **पर निकलना** ＝पर जमना. **पर नोचना** 羽をむしる **पर फटफटाना** *a.* 羽ばたく *b.* 巣立つ；飛び立つ；独り立ちする **पर फड़फड़ना** ＝पर फटफटाना. **पर मारना** *a.* 羽ばたく；飛ぶ *b.* 対抗する **पर लगना** *a.* 羽が生えたように素早く飛んだり立ち去る *b.* 栄える；盛んになる *c.* ＝पर जमना.

पर[4] ［形・接頭］(1) 他の；ほかの；別の (2) 他人の；他者の；相手の (3) 向こうの；向かい側の；向こう側の (4) 過ぎた；過去の；以前の；直前の (5) 未来の；以後の；直後の **पर उपदेश कुशल बहुतेरे** 〔諺〕他人に立派な忠告をする人は数多いが己の行為については正しい判断がつかないものである→（पर उपदेस कुसल बहुतेरे -‘रामचरित मानस’ 6-78-1）

-परक ［接尾］名詞について「－に関する」,「－の特徴を持つ」などの意を有する形容詞を作る

परकट ［形］《P. پر ＋ H. कट ← कटना》羽を切られた

परकटा ［形$^+$］→ परकट. (1) 羽を切られた (2) 力をそがれた；力を奪われた；無力になった

परकना [自] なれる；なつく；打ちとける；なじむ= हिलना; परचना. एक रोज उसे बुलाकर उन्होंने कटोरे में दाल-भात-तरकारी खाने को दे दी.बस क्या था, परक गया ある日その男を呼び寄せてカトーラー（鋺）に飯や豆汁，煮付けを与えたところなんとその男打ちとけたんだ

परकलत्र [名] 他人の妻= दूसरे की पत्नी.

परकाज [名] 他人のなすべきこと；他人の仕事；他人の用事

परकाजी [形] 優しい；親切な

परकान [名]〔軍〕(1)（鉄砲の）点火吼；火門 (2) 砲耳

परकाना [他] 慣れさせる；なじませる；なつかせる= परचाना; हिलाना.

परकार[1] [名]《← P. پرکار परकार》コンパス；ぶんまわし

परकार[2] [名] = प्रकार.

परकाल [名] = परकार[1]

परकाला[1] [名] (1) 階段 (2) はしご (3) かまち（框） (4) 敷居

परकाला[2] [名]《← P. پرکالہ》(1) かけら；断片；砕けたもの= टुकड़ा; खंड; अंश. (2) ガラス片 (3) 火花= चिनगारी. **आफ़त का परकाला** めちゃなことをする（人）；ものすごいことを成しうる（人）；災厄をもたらす（人）；もんちゃくを起こす（人）

परकास [名] = प्रकाश.

परकासना[1] [他] (1) 輝かす= प्रकाशित क॰. (2) 明かす；明らかにする；明白にする

परकासना[2] [自] (1) 輝く (2) 明らかになる；明白になる

परकीय [形] 他人の；他の人の

परकीया [名*]〔イ文芸〕パラキーヤー（女性の２大分類の一で，夫，もしくは，恋人以外の男性と恋愛関係を持つ女性．ただし，中世においては男性はクリシュナ神のこととされた．浮気をする女性は未婚者 अनूढ़ा と既婚者 ऊढ़ा とに分けられる）→ स्वकीय.

परकृति [名*] 他人の行為

परकोटा [名] (1) 建物や地区の四方を囲む壁；城壁；塁壁 यह मंदिर विशाल परकोटे के अंदर घिरा हुआ है この寺院は四方を巨大な塁壁に囲まれている किले के परकोटे 城壁 (2) 壁（障害となるもの） भाषावार राज्यों का गठन होते ही जैसे राष्ट्रीय चेतना को खंडित करने वाले परकोटे तैयार हो गए 言語州が組織されたとたんに民族意識を打ち砕く壁ができてしまった (3) 堤防= बाँध.

परख [名*] (1) 調べ；検査= जाँच; परीक्षा. बुद्धि की परख 頭脳の検査 (2) 判定；判別；見分け；判断する力；見分ける力 योग्यता की परख 能力の判定 झूठे-सच्चे की परख कौन करता है? 真偽の判定はだれがするのか (3) 確認；試し

परखचा [名] 物体の部分や断片；破片；かけら बम के परखचे 爆弾の破片 (-के) **परखचे उड़ना** （－が）粉々になる；粉砕される (-के) **परखचे उड़ाना** （を）粉々にする；粉砕する

परखनली [名*] 試験管= टेस्ट ट्यूब.

परखना [他] (1) 調べる；検査する；調査する शिष्टाचार के आवश्यक नियमों की कसौटी पर स्वयं को परखिए 礼節の大切な決まりに則って自らを調べてみなさい मैंने उसके सारे गुण परख लिए それのすべての性質を検査した (2) 判別する；見分ける；判定する खाने-पीने के प्रत्येक पदार्थ का स्वाद लेकर जीभ उसे परख लेती है 舌は飲食物のそれぞれを味見して判別する (3) 確かめる；試す उसकी बात को परखने के लिए 男の話を確かめるために सैकड़ों आदमी अपना-अपना भाग्य परखने के लिए चल खड़े हुए 無数の人が自分の運勢を確かめに出掛けた (4) 見定める मगर वे आदमी को परखना ख़ूब जानते थे でもあの方は人を見定める方法をよくご存じであった

परखवाना [他・使] ← परखना. (1) 調べさせる；調べてもらう；検査させる (2) 判定してもらう；判定させる

परखवैया [名] 調べる人；試す人；調査者；検査者

परखाई [名*] ← परखना. 調べ；調査；試し；試験；検査

परखाना [他・使] ← परखना. = परखवाना.

परखी[1] [名] 硬貨の真贋を判定する人

परखी[2] [名*] 袋に入った穀物のサンプルを取り出す器具

परखैया [名] 調査する人；調べる人；検査する人

परगट [形] = प्रकट.

परगटना[1] [自] 明らかになる；現れる；明かされる= प्रकट हो॰; ज़ाहिर हो॰.

परगटना[2] [他] 明らかにする；現す；明かす= प्रकट क॰; ज़ाहिर क॰.

परगत [形] 他人の；他者の

परगना [名]《P. پرگنہ》(1) パルガナー（インドの行政・徴税区分の一で，州の下位区分を構成するジラー ज़िला，すなわち，県の下位区分であるタフシール तहसील を構成する単位で数か村から成る．パルガナーが複数集まったものがタフシール तहसील と呼ばれる郡である） (2)〔イ史〕パルガナー（ムガル朝における行政単位の一でサルカール सरकार，すなわち，県の次区分であった郡） (3) 地方；田舎 (4) 夫の出稼ぎ先

परगनाधीश [名]《P. + H.आधीश》パルガナー（インドの行政・徴税単位で数か村から成る）の責任者

परगना मजिस्ट्रेट [名]《P. + E. magistrate》パルガナー長官

परगह [名] = पगहा.

परगहनी [名*] 金細工に用いる鋳型

परगाछा [名] (1)〔植〕ヤドリギ科半寄生【*Dendrophthoe falcata*】= बाँदा. (2)〔植〕ヤドリギ科寄生木の総称

परगाछी [名*]〔植〕ブドウ科蔓木ミツバブドウ【*Vitis trifolia*】= अमरबेल.

परगार [名]《P. پرگار पर्गार》コンパス= परकार.

परगास [名] = प्रकाश.

परचक [名*] 殴ること；叩くこと

परचक्र [名] (1) 敵；敵の集団 (2) 敵陣 (3) 敵の襲撃

परचना [自] (1) なつく；なれる；なじむ；打ちとける (2)（－に）なれる (3) つけあがる；なれなれしくなる

परचम [名]《P. پرچم पर्चम》旗 वतन का परचम 母国の旗；国旗 धर्मनिरपेक्षता का परचम लहराना 世俗主義の旗を振る

परचा[1] [名] (1) 紙片；紙切れ (2) 書置き；短い手紙；メモ (3) 書き付け；伝票 (4) ちらし；ビラ (5) 試験問題冊子 मैं गणित का परचा देने के लिए घर से निकला ही था कि... 数学の試験を受けに家を出たとたん… (6) 新聞 **परचा गुज़रना** 願い出る

परचा[2] [名] (1) 情報 (2) 紹介；事情紹介 (3) 証拠；証し (4) 調査 **परचा दे॰** 自己紹介する **परचा माँगना** *a.* 証拠を求める *b.* 神にその威力の顕現を願う **परचा ले॰** 試す

परचाधारी [形・名] 中心的な（人；人物）；傑出した（人）；旗頭；旗手

परचाना [他] (1) なじませる；なつかせる (2) 馴らす (3) つけあがらせる

परची [名*] (1) 小さな紙きれ；小紙片 (2) 書き付け

परचून [名] 米や小麦粉，雑穀などの食料品や調味料・香辛料；食料雑貨 परचून की दुकान 食料品店= प्रोविज़न स्टोर्स.

परचूनिया[1] [形] 食料品の；食料品関係の

परचूनिया[2] [名] 食料品商 = परचूनी.

परचूनी[1] [名] 食料品商 = परचूनिया[2]; परचूनवाला; मोदी

परचूनी[2] [名*] 食料品の商い

परचै [名] = परिचय.

परच्छंद [形] 他人の意志や支配下にある ↔ स्वच्छंद.

परछत्ती [名*] (1) 土塀を雨から防ぐために突き出した屋根；庇 (2) 室内の壁に物置き用にはめ込んだ板や竹の棒を用いてこしらえた棚

परछन [名*]〔ヒ〕結婚式の儀礼の一，パルチャン（花嫁の家の戸口で花婿の額にヨーグルトと米粒とで女たちがティーカーをつけ灯明をかざして歓迎の儀礼をする）

परछना [他] パルチャン परछन の儀式を行う

परछाँवाँ [名] (1) 影 (2) 不吉なもの，あるいは，害を及ぼすと考えられている特定の人の影 (3) それによる影響；好ましくない影響；影 (-का) **परछाँवाँ पड़ना** （－の）悪影響が及ぶ

परछाँही [名*] = परछाँवाँ.

परछा[1] [名] (1) 紡錘 (2) 油搾り機を回す牛の目隠しに用いる布

परछा[2] [名] (1) 鉄の大鍋；大釜 (2) 大きな土鍋

परछा[3] [名] (1) 隙間 (2) 人だかりの減ること (3) 終わり；終了；結末

परछाईं [名*] = परछाँवाँ. (1) 光線を受けた物体の裏に現れる影 = प्रतिबिंब. (2) 鏡などに映って見える影 (3) 何かを映すもの；印象 फिर आँखों में वही पहचान की परछाईं तैर गई थी 再び目の中にあのなじみの表情が浮かんだ **परछाईं दिखाई दे॰** 影が映る कुत्ते को पानी में अपनी परछाईं दिखाई दी 犬には水面に自分の姿が映って見えた **परछाईं न दिखाई दे॰** 寄りつかない；近づこうとしない；

人影も見えない **परछाईं** पड़ना 影響が及ぶ (-की) **परछाईं** पास न फटकने दे॰ (ーを) 全く近づけない；寄せつけない (-को) **परछाईं** भी न छूना (ーと) 全く関わりを持たない (-की) **परछाईं** से डरना (ーを) 甚だ恐れる (-की) **परछाईं** से भागना = परछाईं से डरना.

परछावाँ [名] = परछाँवाँ.

परज[1] [形] (1) 他のものから生まれる；他から生じる (2) 托卵によって生まれる (鳥)

परज[2] [名]〔鳥〕オニカッコウ = कोयल.

परजन [名]〔植〕アブラナ科草本【*Sisymbrium irio*】〈London rocket〉

परजरना[1] [自] (1) 燃える；発火する (2) 激怒する；かっとなる (3) 悔しがる

परजरना[2] [他] (1) 燃やす；点火する (2) 激怒させる (3) 悔しがらせる

परजा [名*] = प्रजा. (1) 民；人民；民草= प्रजा; रैयत. जो राजा है, वह राजा है, जो परजा है, वह परजा है.भला परजा कहीं राजा हो सकती है? 王は王，民は民．間違っても民が王になれるものか (2) 農村の中の農民以外の住人でサービス業，すなわち，陶器作りや洗濯，大工仕事；理髪などの仕事をする職人 (3) 小作人

परजात[1] [形] (1) 他から生まれた；他から生じた (2) 托卵で生まれた

परजात[2] [名]〔鳥〕オニカッコウ= कोकिल; कोयल.

परजात[3] [名] 異カーストの人

परजाता [名]〔植〕モクセイ科低木インドヤコウボク【*Nyctantes arbor-tristis*】= हरसिंगार.

परजाति [名*] 他のカースト；異カースト；異ジャーティ

परजीवी[1] [形] 寄生する；寄生的な；寄生物の；寄生体の विषाणु तो परजीवी ही होते हैं ウイルスは寄生体にほかならない **परजीवी कीड़े** 寄生虫 पेट के परजीवी कीड़े 回虫；腹の虫

परजीवी[2] [名] 寄生するもの (寄生虫，寄生植物)；パラサイト ऐसे परजीवी अपने पोषी के बिना नहीं बढ़ सकते このような寄生虫は宿主がいなければ増えることはできない परजीवीजन्य रोग 寄生虫による病気 **परजीवी विज्ञान** 寄生虫学〈parasitology〉

परजौट [名] 村の職人カーストからザミーンダールが住居の借地料として取り立てる税= परजौत.

परणना[1] [他] 結婚させる= विवाह कराना.

परणना[2] [自] 結婚する= विवाह क॰.

परणिया [名] 恋人；愛人= प्रणयी.

परणी [名*] 結婚した女性；既婚の女性

परतंत्र [形] 従属している；従属の；服従している；独立していない；依存している ↔ स्वतंत्र.

परतः [副] (1) 後に；後で；今後 (2) 次に；第２に (3) 他から；ほかから

परतःप्रमाण [形] 間接的に証明されている

परत [名*] (1) 層；重なり；重なったものの１つ１つ उसपर धूल की परत जमी हुई थी それには埃が層をなしていた (積もっていた) वायुमंडल को चार प्रमुख परतों में बाँटा जाता है 大気は４つの主要な層に分けられる वायुमंडल की तीसरी परत - ओज़ोन मंडल 大気の第３の層，すなわち，オゾン層 (2) 膜；薄片；薄板 जस्ते की पतली परत 亜鉛の薄い膜 मेरी आँखों में धुँधलके की एक परत छा जाती है 眼にぼんやりとした１つの膜が張る (3) 面 पृथ्वी की ऊपरी परत 地球の表面 (4) ひだ (5) 折りたたみ；折り目 **परत-की-परत उखाड़ना** 根掘り葉掘りたずねる **परत दे॰** 折りたたむ **परत पर परत हो॰** 重なる；積み重なる；重ねられる

परतच्छ [形] = प्रत्यक्ष.

परतना [自] = पलटना. (1) 戻る (2) 振り返る；振り向く (3) 曲がる **परतकर (कोई काम) न क॰** 決してしない；断じてしない

परतर [形] 直後の；すぐ次の

परतल [名] 馬の背に載せる荷 (物) や荷袋 **परतल का टट्टू** 駄馬

परतला [名] (肩から斜めにかける) 刀をつるすベルト；ショルダーベルト

परता [名] = पड़ता.

परताना [他] = पलटाना. (1) 戻す；返す (2) 曲げる

परताप [名] = प्रताप.

परताल [名*] = पड़ताल.

परती[1] [名*] (1) (１年間の) 休閑地 (2) 荒蕪地= पड़ती. (3) 牧場；牧草地 (ビハール) = चरागाह.

परती[2] [名*]〔農〕パルティー (風選の要領で穀物を選り分けるのに用いる布やシート) परती ले॰ パルティーで穀物を選り分ける

परतीति [名*] = प्रतीति.

परती लकड़ी [名*] 合板；ベニヤ板

परतेला [形[+]] 染色用に沸かして置かれた (色水)

परतो [名]《P. پرتو परतौ》(1) 光 (2) 光線 (3) 影= परछाईं. (4) 反映

परतोली [名*] 裏道；路地= गली.

परत्र [副] (1) よそ；他の場所に；ほかで (2) 別の時に (3) 死んでから；死後；あの世で

परत्व [名] (1) 相違；違うこと (2) 先んじること；先行すること

परदा [名]《P. پرده पर्दा》(1) カーテン；幕 परदे का कपड़ा カーテン地 (2) 演劇の幕 (3) 映画の幕；スクリーン；銀幕 (4) 目隠し；幕；衝立 अहंकार का परदा हट जाने से स्वरूप स्वयं सामने आ जाता है 慢心という幕がとれると己の姿がひとりでに現れる (5) 膜 कार्बन का परदा カーボンの膜 (6) 鼓膜 कानों के परदे 鼓膜 (7) パルダー (南アジアや西アジアの諸地域で地域差はあるがムスリムとヒンドゥーの間にいろいろな色調で行われてきている社会慣習．女性隔離の風習とか深窓制度などとも呼ばれてきたが，具体的には日常生活の中で男女の生活空間が異なること，程度の差はあれ成人男性や年配の女性や目上の人に対して女性が顔を露にしないこと，外出や外出の方法が制限されることなど女児を除く女性に数多くの行動の制約がある) अब अधिकांश महिलाएँ परदे में बंद नहीं रहतीं 今や大半の女性はパルダーに閉じこめられてはいない **परदा उठना** *a.* 秘密が明らかになる；秘密が暴かれる *b.* 目から鱗が落ちる *c.* 幕が開く (-का) **परदा उठाना** (ーを) 暴露する；暴く= परदा फ़ाश क॰. **परदा क॰** 女性がサリーの端で顔を隠す → (7). लड़की के पास बैठी स्त्रियाँ परदा करके अंदर चली गईं 女の子の側に座っていた女たちは顔を隠して中へ入って行った **परदा खुलना** 真相が明らかになる **परदा खोलना** = परदा उठाना. (-पर) **परदा डालना** (ーを) 隠す；秘める；秘密にする；内緒にする सचाई पर परदा कब तक डाला जा सकता है 真実をどこまで隠しおおせることができようか उनकी चाटुकारिता कर शायद अपनी कमज़ोरियों पर परदा डालना चाहती है あの人に媚びて多分自分の弱みを隠したいのだろう हम परदा तब डालें यदि हमारी बेटी का दोष हो 手前共の娘に弱みでもあれば隠しもしようが **परदा ढका रहना** 真相が隠される **परदा दूर क॰** = परदा उठाना. **परदा पड़ना** = परदा ढका रहना. **परदा फटना** *a.* 恥をかく *b.* 真相が明らかになる **परदा फ़ाश क॰** 暴く；(事実を) 明かす；秘密を明かす；暴露する असलियत का परदा फ़ाश क॰ 真相を明かす राजनीतिबाज़ों के भ्रष्टाचार का परदा फ़ाश करने के लिए 政治屋連中の腐敗を暴露するために **परदा फ़ाश हो॰** 暴かれる；暴露される सरकार के काले कारनामों का परदा फ़ाश हो गया 政府の悪事が暴露された **परदा रखना** *a.* 隠す；隠し立てする मैं तुम्हें अपना भाई समझता हूँ, इस लिए तुमसे कोई परदा न रक्खूँगा 君を兄弟だと思っているから何も隠し立てしない *b.* パルダーを守る *c.* 名誉を守る **परदा रह जा॰** *a.* 名誉が保たれる；面子が保たれる *b.* 秘密が明かされずにすむ **परदा लगाना** 隠す；秘める **परदा हटना** = परदा उठना. लेख पढ़कर आँखों पर पड़ा परदा हट गया 論説を読んで目から鱗が落ちた **परदे की आड़ से** こっそりと；こそこそと；人目をはばかって **परदे की आड़ से शिकार क॰** *a.* こっそり悪事を働く；こそこそと陰謀を企てる *b.* 姿を隠して襲撃する **परदे की आड़ से शिकार खेलना** = परदे की आड़ से शिकार क॰. **परदे की ओट में** 隠れて；こっそり **परदे की ओट से शिकार क॰** = परदे की आड़ से शिकार क॰. **परदे की बात** 内緒のこと；内密のこと **परदे के भीतर** こっそり；密かに **परदे बिठाना** パルダーの風習を守らせる **परदे में गिरदह लगाना** = परदे में छेद क॰. **परदे में चाहना** 心密かに願う **परदे में छेद क॰** *a.* 密かに他人に害を及ぼす *b.* パルダーのうちにいながらも不倫を働く **परदे में बैठना** パルダーを守り人前に現れない **परदे में रखना** 隠す；秘める；内密にする **परदे में रहना** パルダーを守る उसकी माँ परदे में रहती थी あの人の母親はパルダーを守っていた **परदे में सूराख़ क॰** = परदे में छेद क॰.

परदाख़्त [名*]《P. پرداخت पर्दाख़्त》(1) 保護；庇護= देखभाल; संरक्षण; रक्षा; हिफ़ाज़त. (2) 養育= पालन-पोषण; पर्वरिश.

परदादा [名] 父方の曾祖父= पड़दादा; पितामह.

परदादार [形] = परदेदार.

परदादी [名*] 父方の曾祖母= पड़दादी; पितामही.

प

परदानशीन [形]《P. پرده نشین पर्दानशीन》(1) パルダーを行う；パルダーの風習を守る→ परदा. (2) 深窓の；外に出ない；家にこもっている

परदापोश [名]《P. پرده‌پوش पर्दापोश》(1) 他人の欠点や弱点を秘す (2) 他人の罪や咎を赦す

परदा प्रथा [名*] パルダー（女性隔離の風習）；深窓制度→ परदा. परदा प्रथा छोड़ना भी उस समय कम मुसीबत में डालने वाला नहीं था パルダーを止めることさえ当時は少なからず厄介なことだった

परदेदार [形・名]《P. پرده دار पर्देदार》(1) 幕やカーテンのついている (2) 欠点や欠陥を覆い隠す (3) パルダーの風習を守る

परदेदारी [名*]《P. پرده‌داری पर्देदारी》(1) 幕やカーテンのついていること (2) 欠点や欠陥を覆い隠すこと (3) パルダーの風習を守ること

परदेश [名] (1) 異郷；他郷；他国；異国 मेरा भाई जब परदेश में होता और घर में भूनी भाँग भी न होती 兄が異郷にあって手元に一銭もなければ (2) 外国；他国；異国 **परदेश क॰** 異郷や異国に稼ぎに出掛ける；出稼ぎする **परदेश में छाना** 異郷や異国に住む **परदेश ले॰** = परदेश में छाना.

परदेशी [形・名] (1) 異郷の；よその；よそ者 (2) 外国の；外国人 उन्होंने परदेशी से कहा よそ者に語った

परदेस [名] = परदेश. परदेस में मरना 異郷の土となる

परदेसिया [名]〔イ文芸〕パルデーシヤー（主にビハール地方で歌われる土地の言葉による俗謡．異郷に出稼ぎに行った夫を恋い慕う気持ちを歌う）

परदेसी [形] = परदेशी.

परधाम [名] 天国；極楽= वैकुंठ; परलोक.

परनातिनी [名*] 曾孫（नाती の娘；外孫の娘）

परनाती [名] 曾孫（नाती の息子；外孫の息子）

परनाना [名] 母方の曾祖父；母の祖父

परनानी [名*] 母方の曾祖母；母の祖母

परनाम [名] → प्रणाम.

परनामी [人名・ヒ] 諸宗教の普遍性・合一を説いた宗教家プラーンナート प्राणनाथ (1618–1694) のプラナーミー派（प्रणामी मत），別名ニジャーナンダ派 निजानन्द सम्प्रदाय）の信奉者，パルナーミー

परनाला [名] 下水；下水道；どぶ；どぶ川= नाबदान; मोरी; पनाला. **परनाले का पत्थर चौबारे में लगना** 身分不相応な出世をする

परनाली [名*] どぶ；下水；下水道

परनि [名*] 癖；習癖= टेव; बान; आदत.

परनी [名*] 錫箔

परपंच [名] = प्रपंच.

परपंची [形] = प्रपंची.

परपक्ष [名] (1) 反対側；反対面 (2) 他面；他の面；別の面

परपट[1] [名] 平地；平坦な地面

परपट[2] [形] めちゃくちゃの；台無しの

परपरा [形+] (1) ぱりぱりした；ぽりぽりした；ぽきぽき音を立てて折れる (2) ぴりぴり舌や肌を刺す；ひりひりと刺激する

परपराना [自] ひりひりする；ぴりぴりする；舌や肌を刺す

परपाजा [名] 父方の曾祖父= पितामह का पिता; प्रपितामह.

परपाजी [名*] 父方の曾祖母= पितामह की माता.

पर-पार [名] 対岸；向こう岸

परपीड़क [形] (1) 他人を苦しめる；他人を悩ます (2) サディスティックな (3) 他人の苦しみを理解する

परपीड़न [名]〔心・医〕サディズム；加虐性愛= परपीड़न रति. 〈sadism〉

परपुरंजय [名] 勇者；強者= वीर.

परपुरुष [名] (1) 夫以外の男性 (2)〔イ文芸〕他人の妻と恋をする男性

परपूठा [形+] 完全な；熟成した

परपूर्वा [名*] 死別もしくは離婚した後再婚した女性

परपोता [名] 曾孫（息子の孫，内孫の息子）

परपोती [名*] 曾孫（息子の孫；内孫の娘）

परपोषी पौधा [名]〔植〕寄主植物〈host plant〉

परपौत्र [名] 曾孫= परपोता.

परपौत्री [名*] = परपोती.

परप्रत्यय [名]〔言〕接尾辞〈suffix〉

परफ़्यूम [名]《E. perfume》香水；香料 विदेशी परफ़्यूम 舶来の香水 देशी-विदेशी परफ़्यूम 国産，外国産の様々な香水

परब[1] [名⁻] 宝石のかけら；宝石片

परब[2] [名] = पर्व.

परबत [名] 山= पर्वत; पहाड़.

परबतिया[1] [形] 山の；山間の；山地の= पहाड़ी.

परबतिया[2] [名*] (1)〔言〕東部パハーリー語 (2)〔言〕ネパール語の呼称の一→ नेपाली.

परबतिया[3] [名]〔鳥〕キジ科ハッカン【*Lophura nyctemera*】

परबत्ता [名]〔鳥〕オウム科オオホンセイ【*Psittacula eupatria*】

परबस [形] = परवश.

परबाल[1] [名] 逆睫毛；逆睫

परबाल[2] [名] = प्रवाल.

परबीन [形] = प्रवीण.

परब्रह्म [名]〔イ哲〕最高原理ブラフマ；ブラフマン；無属性のブラフマ

परभाग [名] (1) 他方；他面 (2) 布の裏 (3) 背景；遠景 (4) 西方 = पश्चिम भाग. (5) 残り= शेष भाग. (6) 卓越

परभात [名] 夜明け；早朝；黎明= प्रभात.

परभृत[1] [形] 他人に養われた；他者に育てられた

परभृत[2] [名]〔鳥〕オニカッコウ= कोकिल; कोयल.

परम [形] (1) 最高の；至高の；第 1 の परम मित्र 最高の友人 (2) 絶対的な हम जो कहते हैं वही परम सत्य है おれの言うことが絶対の真実だ (3) 極端な；極度の (4) 主要な；中心の

परम अनुकूल देश [名]〔経〕最恵国→ परममित्र राष्ट्रोचित व्यवहार. 最恵国待遇

परमक [形] (1) 最高の；最上の= सर्वोत्तम; सर्वोच्च; सर्वोत्कृष्ट. (2) 極度の= अत्यंत; अति; बेहद.

परमगति [名*] 解脱= मोक्ष; मुक्ति.

परमगहन [形] 非常に錯綜している；極めて複雑な

परमगुप्त [形] 極秘の= परमगोपनीय. 〈top-secret〉

परमगूढ़ [形] = परम गहन.

परमगोपनीय [形] 極秘の= टॉप सीक्रेट. 〈top-secret〉

परमज्ञान [名]〔ヒ〕最高智 परमज्ञान द्वारा प्राप्त परमसुख 最高智による大歓喜

परमज्ञानी [名・形] 最高の智者

परमट [名]《← E. permit》関税= सीमा-शुल्क; चुंगी; महसूल.

परमट हाउस [名]《← E. permit house》税関= कस्टम हाउस.

परमतत्त्व [名] (1) 本質；究極の真理；究極の存在 (2)〔ヒ〕最高存在；神；ブラフマ

परमधाम [名] 天国；極楽= वैकुंठ. परमधाम को सिधारना 天国に召される；逝去する

परमपद [名] (1) 最高の地位= सर्वोच्च स्थान. (2) 解脱= मोक्ष; मुक्ति. **परमपद का अधिकारी हो॰** 解脱を得る **परमपद को प्राप्त हो॰** 死ぬ **परमपद दे॰** 解脱させる

परमपिता [名] 最高神= परमेश्वर. परमपिता परमात्मा की अमर वाणी 最高神の久遠の言葉

परमपुरुष [名] 最高神= परमात्मा.

परमपूर्वता [名*] 最優先〈top priority〉

परमफल [名] 解脱= मुक्ति; मोक्ष.

परमब्रह्म [名] 最高神= परब्रह्म; ईश्वर.

परमब्रह्मचारिणी [名*] ドゥルガー女神 दुर्गा

परममित्र राष्ट्रोचित व्यवहार [名]〔経〕最恵国待遇

परमर्षि [名]〔ヒ〕パラマルシ（大リシ，ないしは，最高位のリシの意で一部のリシ聖仙の称）→ ऋषि

परमल [名] ヒエ，モロコシ，小麦などを刈り取ったまま，もしくは，水に浸してから煎って食用にした食品

परमवीरचक्र [名]〔軍〕パラマヴィーラ・チャクラ（独立インドで最高の軍功を挙げた軍人に大統領より授与される最高位の勲章）→ महावीर चक्र, वीरचक्र.

परमसत्ता [名*] 最高権力

परमसत्ताधारी [名] 最高権力者

परमहंस [名]〔ヒ〕(1) 最高神；最高我 (2) パラマハンサ（最高の智を得た苦行者）

परमांगना [名*] 徳の高い女性

परम-आज्ञा [名*] 絶対命令

परमाक्षर [名]〔ヒ〕聖音オーム ॐ ＝ॐकार; ब्रह्म.
परमाटा [名]《E. paramatta》パラマッタ織り（絹糸，もしくは，綿を縦糸に，毛を横糸にして織った織物）
परमाणवीय [形] 原子の；原子核の；核の← परमाणु.
परमाणवीय युद्ध [名] 核戦争
परमाणु [名] (1) 微粒子；微塵 (2) 原子；アトム (3) 原子核；核 परमाणु का शांतिमय उपयोग 核の平和利用 परमाणु अनुसंधान 原子力研究 भाभा परमाणु अनुसंधान केंद्र バーバー原子力研究センター
परमाणु अनुसंधान रिएक्टर [名]《H. + E. reactor》〔原子物理〕実験炉；実験原子炉
परमाणु अप्रसार संधि [名*] 核拡散防止条約
परमाणु अस्त्रशस्त्र [名] 核兵器 परमाणु अस्त्रशस्त्र पर पाबंदी 核兵器制限
परमाणु ईंधन [名] 原子力燃料
परमाणु ऊर्जा [名*]〔物理〕原子力；原子核エネルギー परमाणु ऊर्जा आयोग 原子力エネルギーコミッション परमाणु ऊर्जा के उपयोग द्वारा अपनी अर्थव्यवस्था को लाभ पहुँचा रहे हैं 原子力の利用により自国の経済に利益をもたらしている परमाणु ऊर्जा का उत्पादन 原子力の生産 परमाणु ऊर्जा का शांतिपूर्ण उपयोग 原子核エネルギーの平和利用
परमाणु क्रमांक [名]〔物理・化〕原子番号〈atomic number〉
परमाणु कोड [名] 核廃棄物〈nuclear wastes〉
परमाणु परीक्षण [名] 核実験〈nuclear test〉
परमाणु-पाइल [名]《H. + E. pile》原子炉＝ परमाणु रिएक्टर.〈atomic reactor〉
परमाणु बम [名] 原子爆弾＝ अणुबम; एटोमिक बम.〈atomic bomb〉
परमाणु बिजलीघर [名] 原子力発電所〈atomic power plant〉
परमाणु भट्ठी [名*] 原子炉〈atomic pile; atomic reactor〉 भारत में थोरियम की परमाणु भट्ठियों के विकास की क्षमता インドにトリウムの原子炉開発の能力
परमाणुभौतिकी [名*] 原子物理学〈atomic physics〉
परमाणु युग [名] 原子力時代〈atomic age〉
परमाणु युद्ध [名] 原子力戦争 परमाणु युद्ध का ख़तरा 原子力戦争の危機
परमाणुवाद [名]〔イ哲〕原子論；原子説
परमाणुवादी [形]〔イ哲〕原子論の；原子説の
परमाणुशक्ति [名*] 原子力〈atomic power〉
परमाणु सिद्धांत [名]〔物理〕原子論〈atomic theory〉
परमाणु हमला [名]《H. + A. حملہ》〔軍〕核攻撃
परमाण्विक [形] 原子の；原子に関する
परमाण्विक भौतिकी [名*] 原子物理学
परमाण्विकी [名*]〔物理〕原子論〈atomistics〉
परमाण्वीय [形] 原子の〈E. atomic〉 परमाण्वीय हाइड्रोजन 原子状水素
परमात्मा [名]〔ヒ〕最高神；最高我；最高ブラフマン；絶対者＝ब्रह्म; परब्रह्म. परमात्मा के घर देर है, अंधेर नहीं〔諺〕たとえ時間がかかろうとも正義は必ず達成されるもの；神の裁きは必ずある परमात्मा भला करेगा 後生ですから；心からのお願いですから मुझपर दया करो, मुझे वहाँ जाना है घोड़े पर चढ़ा लो, परमात्मा भला करेगा お情けをかけて下さい．手前はあそこへ参らなければなりません．馬に乗せて下さい．後生ですから पहले आत्मा, फिर परमात्मा〔諺〕まずは自分の心身の落ち着きが大切．他人の世話はその後で
परमादेश [名]〔法〕令状〈writ〉
परमाधिकार [名] 大権；特権〈prerogative〉
परमानंद [名]＝परमानन्द. (1) 最高の喜び（アートマンがパラマートマーに没入する喜悦） (2) ブラフマ ब्रह्म
परमानंद माधव [名] 最高神マーダヴァ（ヴィシュヌ神） परमानंद माधव की कृपा हो तो 神の慈悲があれば
परमायु [名*] 寿命 मनुष्य की परमायु 120 वर्ष की मानी जाती है 人間の寿命は 120 歳と考えられている
परमार [名] パルマール（ラージプートの氏族名の一）＝पँवार.
परमार्थ [名] (1) 最高の原理；真諦 (2) 解脱 (3)〔仏〕最勝；真諦
परमार्थता [名*] 真実
परमार्थी [形] (1) 最高の真理を求める (2) 解脱を求める (3) 情け深い

परमावश्यक [形] 不可欠の；最も必要な；最重要な
परमिट [名*]《E. permit》(1) 許可；許認；認可 परमिट प्रणाली 認可制度 (2) 許可書；許可証 (3) 免許 (4) 免許証＝ पर्मिट.
परमुख [形] (1) 顔を背けた；そっぽを向いた＝ विमुख. (2) 無視する
परमुखापेक्षिता [名*] 依存；他力依存；他律性
परमुखापेक्षी [形] 他力をあてにする；依存的な；他力依存の；他律的な；他力本願的な और आज हम स्वतंत्र होते हुए भी परमुखापेक्षी हैं おまけに今日我々は独立していながらも他力をあてにしている
परमेश [名] ＝परमेश्वर.
परमेश्वर [名] (1) 最高神 (2) ヴィシュヌ神 (3) シヴァ神
परमेश्वरी[1] [形] 最高神の
परमेश्वरी[2] [名*] ドゥルガー女神
परमेष्ट [形] 最も望ましい
परमेष्टि [名*] (1) 究極の願い (2) 解脱＝ मुक्ति; मोक्ष.
परमेष्ठी [名] (1) ब्रह्मा 神などの最高神 (2) 根元をなすもの；元素；本質
परमैंगनेट पोटाश [名]《E. permanganate potash》〔化〕過マンガン酸カリ〈permanganate of potassium〉
परमोपासक [形・名] 信奉する；信奉者 उन्नति और अभ्युदय का परमोपासक 発展と交流の信奉者
परम्परा [名*] ＝परंपरा.
परम्परागत [形] ＝ परंपरागत. परम्परागत समाज 伝統社会 परम्परागत मान्यताओं का पालन 伝統的な価値観の保持
परराष्ट्र [名] 外国＝ विदेश; ग़ैरमुल्क.
परराष्ट्रनीति [名*]〔政〕外交政策＝ विदेश नीति.
परराष्ट्र मंत्रालय [名] 外務省＝ विदेश मंत्रालय.
परराष्ट्र मंत्री [名] 外務大臣＝ विदेश मंत्री. अमरीकी परराष्ट्र मंत्री アメリカ合衆国国務長官
परराष्ट्रीय [形] 外国の＝ विदेशी; ग़ैरमुल्की.
परल [名]〔植〕ノウゼンカツラ科落葉高木【*Stereospermum suaveolens*】
परला [形⁺] (1) あちらの；あちら側の；そちら側の (2) 極度の；極端な；猛烈な परले दर्जे का 極度の；極端な＝ अत्यंत; बेहद. परले पार हो॰ *a.* 行き着く *b.* 終わる；終了する परले सिरे का ＝ परले दरजे का.
परलै [名*] ＝ प्रलय.
परलोक [名] (1) 来世；あの世＝ दूसरा लोक. जिसका परलोक सुधरा 功徳を積んだ（救いを得た） (2) 天国；極楽 अपने परलोक बनाने की चिंता 後世を願う (-का) परलोक बनना (ーが) 極楽に生まれる；解脱を得る＝ (-का) अंत बनना. परलोक बिगड़ना 悪事を重ねて地獄に堕ちるようなことをする परलोक सँवारना 功徳を積む；善根を積む；解脱の得られるようなことをする＝ परलोक सुधारना. परलोक सिधारना 逝去する；死ぬ；解脱を得る (-का) परलोक सुधरना (ーが) 善根を積んで救いを得る परलोक सुधारना 功徳を積む；善根を積む
परलोक-गमन [名] ＝ परलोक-प्राप्ति.
परलोक-प्राप्ति [名*] 死；死亡；逝去＝ देहान्त; देहावसान; मृत्यु; मौत; इंतिकाल.
परलोकवास [名] 死；死亡；逝去＝ परलोकगमन.
परलोकवासी [形・名] 故人；故人になった＝ दिवंगत; मर्हूम.
परवर [形]《P. پرور पर्वर》養う；養育する＝ पालन-पोषण करनेवाला.
परवरदा [形]《P. پروردہ पर्वर्दा》守られた；養われた；養育された＝ पाला हुआ.
परवरदिगार [名]《P. پروردگار पर्वर्दगार》(1) 養うもの；養育するもの；守るもの (2) 神 हम सब एक परवरदिगार की औलाद हैं 我ら人間すべては唯一の神の子なり आज तुम्हारे परवरदिगार की सारी ताक़त इनसान के हाथ में है 今や神の一切の力を人間が握っている
परवरिश [名*]《P. پرورش पर्वरिश》(1) 養育；育成 भाई या पिता का काम है कि बहन-बेटी की परवरिश करें 父親や兄弟は娘や姉妹を育てる任務を負う इज़्ज़त गँवाकर बाल-बच्चों की परवरिश नहीं की जाती 面子を失って子供を育てることはできない (2) 飼育 सड़ी गली चीज़ों में उनके अंडे-बच्चे परवरिश पाते हैं がらくたの中でそれらの卵や雛は育てられる

परवर्ती [形] (1) 後の；後世の；後代の (2) 次の；続く；後続の आचार्य शुक्ल के परवर्ती निबंधकारों में アーチャーリヤ・シュクラに続く随筆家たちの中で (3) 二次的な

परवल [名] (1)〔植〕ウリ科カラスウリ属蔓草【*Trichosanthes dioica*】〈pointed gourd〉 (2) 同上の実

परवश [形] (1) 従属した；服属した (2) 依存した

परवा [名*] 《P. پروا पर्वा, پرواه पर्वाह》 (1) 心配；悩み= चिंता; फ़िक्र. (2) 不安；恐れ= भय; डर. (3) 配慮；注意= ध्यान; ख़याल. (4) 関心 (-की) **कोई परवा नहीं** (ーも) ものかは (-की) **परवा किए बगैर** (ーの) お構いなしに= (-का) ख़याल किए बिना. (-की) **परवा/परवाह न क॰** (ーを) 放っておく；なおざりにする；(ーを) 意に介さない= (-की) फ़िक्र न क॰. जान की परवा नहीं करता 命を気に留めない；命を惜しまない

परवाज़ [名*] 《P. پرواز पर्वाज़》 飛ぶこと；飛行；飛翔 परवाज़ क॰ 飛ぶ；飛行する

-परवाज़ [造語] 飛ぶ，飛行する，うぬぼれるなどの意を有する合成語の要素

परवान[1] [形] (1) 依存する (2) 従属する

परवान[2] [名] (1) 証拠= प्रमाण; सबूत. (2) 真実= सत्य; सत्य बात. (3) 極限；限界= सीमा; हद; अवधि.

परवान[3] [形] (1) 信頼すべき (2) 真実の **परवान चढ़ना** *a.* 増す；増大する；盛んになる दोस्ती परवान चढ़ी थी व कई बरस पुरानी हो गई थी 友情が増し何年も経っていた *b.* 頂点に達する；完成する *c.* 結婚する

परवानगी [名*] 《P. پروانگی पर्वानगी》 許可；許し；認可= अनुमति; आज्ञा; इजाज़त.

परवाना [名] 《← P. پروانہ पर्वाना》 (1) 勅命；命令書 (2) 許可証；免許証 (3) 令状 रिहाई का परवाना 釈放の令状 (4) 蛾= पतंगा; शलभ. (5) 熱愛者；熱狂者 (-का) **परवाना हो॰** (ーを) 熱愛する；(ーに) 熱狂する；命を差し出す

परवाना राहदारी [名*] 《← P. پروانہ راہداری पर्वानाए राहदारी》 (1) パスポート；出国許可書 (2) 通行許可書；通行手形

परवाह[1] [名*] 《← P. پرواه पर्वाह》 = परवा. (-की) **ख़ूब परवाह क॰** (ーを) 徒おろそかにしない (-की) **परवाह क॰** (ーを) 気に留める；気にかける；意に介する तुम अपनी परवाह नहीं करते 君は自分のことを気にかけない उसने घाटे की परवाह न की 欠損を気にしなかった उसे मेरी कोई परवाह नहीं あの人は私のことを全く気にかけない फिर वे अपने प्राणों की परवाह नहीं करते おまけに自分の命を意に介さない人

परवाह[2] [名] ←प्रवाह 流れること；流れ (-) **परवाह क॰** (ーを) 流す= प्रवाहित क॰.

परवाहना [他] ←परवाह[2]. 流す= प्रवाहित क॰; बहाना.

परवीन [形] → प्रवीण.

परवेस [名] = प्रवेश.

परशु [名] 斧；まさかり (鉞) = तवर.

परशुराम [名]〔イ神〕パラシュラーマ (ヴィシュヌ神の第六化身・斧を持つラーマ)

परसंताप [名] 他人を苦しめること

परसंस्कृति-ग्रहण [名]〔文人〕文化変容= उत्संस्करण.

परस[1] [名] 触れること；接触= स्पर्श.

परस[2] [名] (1) 試金石 (2) 哲学者の石；賢者の石= पारस पत्थर; स्पर्शमणि.

परस[3] [名] = परशु; फरसा.

परसन [形] = प्रसन्न; परसन्न; ख़ुश.

परसना[1] [他] (1) 触る；触れる= छूना; स्पर्श क॰. (2) 感じる

परसना[2] [他] よそう；食物を器に盛る= परोसना.

परसन्न [形] = प्रसन्न.

परसन्नता [名*] = प्रसन्नता.

परसपर → परस्पर[1, 2, 3].

परसराम [名] = परशुराम.

परसर्ग [名]〔言〕後置詞；格助詞〈post-position〉

परसा[1] [名] = परशु.

परसा[2] [名] ←परसना. 1 人分としてよそわれた食べ物= पत्तल.

परसाद [名] = प्रसाद. (1) お供え；供物 मैं परसाद नहीं चढ़ाऊँगी भला? 一体私がお供えをしないと言うのかい (2) お供えのお下がり

परसाना[1] [他・使] 触れさせる；触らせる← परसना.

परसाना[2] [他・使] ←परसना. (食物を器に) よそわせる；よそってもらう；盛らせる；盛ってもらう

परसाल [名・副] 《← P. پار سال पारसाल》 (1) 昨年；去年 परसाल घाटा सिर्फ़ 60 करोड़ रुपए का दिखाया गया था 昨年は単に 6 億ルピーの欠損が示されたばかりだ (2) 来年

परसों [名・副] (1) 一昨日；おととい (2) 明後日；あさって

परस्त्री [名*] 他人の妻；人妻 परस्त्री तो हरएक के लिए माता के समान है 人妻はだれにとっても母親同然の存在である

परस्त्रीगमन [名] 姦通 (男性の不倫行為)

परस्पर[1] [名] 相互 (関係) परस्पर का विद्वेष बंद होना चाहिए 相互間の憎しみは止めなくてはいけない

परस्पर[2] [形] 相互の；互いの शब्दों के परस्पर संबंध से वाक्य बनते हैं 語と語の相互関係で文章ができる भारतीय समाज के निर्माण में परस्पर सहयोग インド社会の創造に相互協力 परस्पर वैमनस्य 憎しみ合い

परस्पर[3] [副] 互いに；相互に हिंदू, मुसलमान, सिख आदि को परस्पर प्रेम से रहना चाहिए ヒンドゥー教徒，イスラム教徒，シク教徒などは互いに仲良くすべきです

परस्परमिश्रित [形] 入り交じった；混ざり合った परस्परमिश्रित क॰ 混ぜ合わす；混合する परस्परमिश्रित हो॰ 混じり合う；入り交じる

परस्परविरोधी [形] 矛盾する；相対立する परंतु ये दोनों बातें हैं परस्परविरोधी だがこの 2 つのことは矛盾している भक्तिसाधना और समाजसुधार ये परस्परविरोधी काम नहीं हैं 信愛の道を修めることと社会改革をすることとは矛盾しない

परस्परव्यापी [形] 重なり合う

परस्परसंबंध [名] 相互関係

परस्परोपमा [名*]〔修辞〕相互にたとえ，たとえられる関係= उपमेयोपमा.

परस्मैपद [名]〔言〕パラスマイパダ (サンスクリット文法において認められている 3 つの態のうちの一で能動態と訳される．すべての動詞がこの態を持つわけではない)〈active voice〉→ 反照態；反射態 (आत्मनेपद)〈middle voice〉, 受動態 (कर्मवाच्य)〈passive voice〉

परस्व [名] (1) 他人の財産 (2) 従属；服従

परहेज़ [名] 《P. پرہیز परहेज़》 (1) 節制 (2) 食養生 इलाज है दवा और परहेज़ 治療は薬と食養生です (3) 控えること；差し控え तली हुई चीज़ों से जहाँ तक हो सके परहेज़ करना चाहिए 油で揚げたものはできるだけ摂取を控えなくてはならない (4) 物忌み आमिष से परहेज़ 肉を食べないこと (5) 避けること इन दिनों में स्त्री को सामान्य घरेलू काम-काज व सामाजिक कार्यों से परहेज करना चाहिए この間，女性は日常の家庭の仕事と社会活動を避けなくてはならない

परहेज़गार [形] 《P. پرہیزگار परहेज़गार》 (1) 節制する；禁欲する (2) 食養生をする (3) 品行正しい；貞節な

परहेज़गारी [名*] 《P. پرہیزگاری》 (1) 節制；禁欲 (2) 食養生 (3) 貞節

परहेलना [他] 無視する= निरादर क॰; तिरस्कार क॰.

परांगद [名] シヴァ神 शिव

परांज [名] 搾油機= कोल्हू.

पराँठा [名]〔料〕パラーンター／パラーター (チャパーティー चपाती と同じように小麦粉の生地を平たく伸してギーや油を引いた鉄鍋で焼いたもの)

परांत [名] 死

परांतकाल [名] 臨終

परा- [接頭] へだたり，分離，前進，反対などの意味を加える接頭辞

परा अवटु ग्रंथि [名*] 副甲状腺〈parathyroid〉

पराई [形*] = परायी. ← पराया.

पराक् [形] = पराच्.

पराक [名]〔ヒ〕12 日間の断食を伴うヴラタ व्रत = कृच्छ्रपराक.

पराकरण [名] (1) 排除；遠ざけること (2) 拒否

पराकाश [名]〔数〕超空間〈hyperspace〉

पराकाशी गोला [名]〔数〕超球〈hypersphere〉

पराकाशी विकिरण [名]〔物理〕宇宙線= अंतरिक्ष किरण.〈cosmic rays〉

पराकाष्ठा [名*] 極；極点；極み；極端；限界；極限；極地；絶頂；頂点 बीभत्स की पराकाष्ठा 恐怖の極み **पराकाष्ठा को पहुँचना** 極限にいたる；極に達する；極致に達する ऋषियों मुनियों के जितने गुण हैं, वे सभी उसमें पराकाष्ठा को पहुँच गये हैं リシやムニたちに備わっている徳はすべてその人に極みまで備わっている **पराकाष्ठा पर हो॰** = पराकाष्ठा को पहुँचना. आदिनाथ के मंदिर में संगमरमर की कटाई-छटाई की कला पराकाष्ठा पर है アーディナータを祀った寺の大理石の彫りは技の極致に達している जापानी अदब-आदाब को अपनी पराकाष्ठा में देखना हो तो 日本式の礼節の極みを見ようと思うならば

पराकोटि [名*] = पराकाष्ठा.

पराक्रम [名] (1) 武勇；勇敢；胆力；気合；気力；勇猛さ；雄々しさ तुमने पांडवों का कौन-सा इतना बल-पराक्रम देखा, जो तुम उनके इतने भक्त हो गए? 汝はパンドゥ兄弟の如何なる武勇を見て彼らにこれほど惚れ込んだのか सेना का अपना पराक्रम दिखलाना 軍がその勇猛さを見せる (2) 進撃；攻撃；襲撃 (3) 勤勉；努力

पराक्रमण [名] 突進；進撃

पराक्रमी [形] (1) 勇ましい；勇敢な；勇猛な；剛勇な；雄々しい पराक्रमी राजा कनिष्क 剛勇なカニシュカ王 इंद्र पराक्रमी था और आर्यों के शत्रुओं तथा राक्षसों का विनाश करने में समर्थ था インドラは勇ましくアーリア人の敵とラークシャサたちとを滅ぼすことができた (2) 勤勉な；努力家の

पराक्रांत [形] (1) 勇ましい；勇壮な；勇気あふれる= पराक्रमी. (2) 襲われた；襲撃された

पराग [名] 花粉= पुष्परज. 〈pollen〉 पराग का पाउडर उड़कर या कीड़ों द्वारा मादा अंग पर पहुँचता है 花粉は飛んだり昆虫を介したりして雌蕊に届く

परागकण [名]〔植〕花粉粒= नरजनन कोशिका. 〈pollen grain〉

पराग केसर [名]〔植〕おしべ（雄蘂） 〈stamen〉

परागकोश [名]〔植〕やく（葯） 〈anthers〉 = परागकोष.

परागजज्वर [名]〔医〕花粉症

परागण [名]〔植〕授粉 परागण और निषेचन 授粉と受胎

परागणकारी [形] 授粉する= परागद.

परागत [形] (1) 遠くへ行った；離れていった；あちらへ行った (2) 死んだ；死亡した (3) 囲まれた；取り囲まれた (4) 広がった

परागना[1] [自] 受粉する

परागना[2] [他] 授粉する

परागपुट [名]〔植〕花粉嚢 〈pollen sac〉

पराङ्मुख [形] (1) 振り向いた (2) 顔を背けた (3) 無視する (4) 敵視する

पराच् [形] (1) 逆行する；逆に進む (2) 顔を背けた

पराचीन [形] (1) 顔を背けた (2) 冷淡な；無視した (3) 向こうにある

पराछित [名] = प्रायश्चित्त.

पराजय [名*] 敗北；負け= हार; शिकस्त. (-की) पराजय हो॰ (ーが) 負ける；敗れる；敗北する= हारना.

पराजित [形] 敗北した；負けた= हारा हुआ; परास्त. (-को) पराजित क॰ 敗る；打ち破る；負かす；やっつける अनार्य जातियों के राजाओं को पराजित कर アーリア人でない部族の王たちを敗り = हरा दे॰; ठंडा कर दे॰.

पराठा [名]〔料〕パラーター；パラーンター= परौंठा.

परात [名*] パラート（真鍮製の縁の高い盆形の容器で小麦粉をこねたり洗い物に使用される）；こね鉢；洗い桶；金盥

परात्मा [名]〔イ哲〕最高我；根本原理；宇宙精神= परमात्मा.

पराधीन [形] 服従する；従属する

पराधीनता [名*] ←पराधीन. 服従；従属

पराना [自] (1) 逃げる= भागना. (2) 離れる；へだたる（隔たる） = दूर हो॰; अलग हो॰.

परान्न [名] 他人から与えられた食事や食品

परान्नभोजी [形] 寄食する

परापर [形] (1) 近くと遠くの (2) 善と悪との

पराबैंगनी [形] 紫外線の 〈ultra-violet〉

पराबैंगनी किरण [名*] 紫外線 〈ultra-violet rays〉

पराबैंगनी फ़ोटोग्राफ़ी [名*] 《H. + E. photography》紫外線写真

पराबैंगनी रश्मि [名*] 紫外線= पराबैंगनी किरण.

पराबैंगनी विकिरण [名]〔物理〕紫外線放射；菫外線放射 〈ultraviolet radiation〉

पराभक्ति [名*] 無比の信心

पराभव [名] (1) 敗北 (2) 滅亡；衰亡；衰滅 (3) 侮辱

पराभूत [形] (1) 敗北した；負けた= पराजित; हारा हुआ. पराभूत राय 敗れた意見 (2) 滅亡した= नष्ट. (3) 侮辱された= तिरस्कृत. **पराभूत क॰** *a.* 敗る；負かす *b.* 滅ぼす *c.* 侮辱する इस प्रकार हमारे द्वारा लगाए गए अल्प बल का प्रयोग बड़े बल को पराभूत करने के लिए हो सकता है このように我々が加えた弱い力を強い力を負かすのに用いることができる

परामर्श [名] (1) 忠告；助言；勧告；指導 श्री गोखले के परामर्श पर ゴーカレー氏の忠告に基づき (2) 相談 (3) 考察；検討 चिकित्सक के परामर्श से 医者の指導で **परामर्श दे॰** 忠告する；助言する= सलाह दे॰. **परामर्श ले॰** 相談する；意見を求める；助言を求める

परामर्शदाता [形・名] 忠告する（人）；助言する（人）；諮問に答える（人）；勧告する（人）；参事；顧問= सलाहकार.

परामर्शदात्री [形*] 忠告する；助言する；諮問に答える；勧告する→ परामर्शदाता. परामर्शदात्री परिषद् 諮問委員会= परामर्शदात्री समिति.

परामर्शी [名] 顧問= परामर्शदाता; सलाहकार.

परायण[1] [形] (1) 行った；去った (2) 専心した；熱中した；没頭した

परायण[2] [名] 避難所= आश्रय.

परायणता [名*] ←परायण. 専心；熱中；没頭 सेवापरायणता 奉仕に専心すること कर्त्तव्यपरायणता 責務に専念すること

परायत्त [形] 依存した；頼った；従属の= पराधीन.

पराया [形+] 女性形は परायी, पराई. (1) 他の人の；自分以外の人の；他人の पराई स्त्री का अपहरण 人妻の誘拐 बेटी, अब वही तुम्हारा घर है.आज से हम सब पराए हुए 今日からもうあれがお前の家なのだ．私たちは他人同士になったのだ (2) 親族や親類でない（他人の） (3) 自分に関係のない；自分の所属と無関係の पराई बात よそ事 (4) 他人行儀な；よそよそしい；へだてのある **पराई आग में कूदना** 他人の災難に首を突っ込む **पराई चोट लगना** 他人の苦しみを感じる **पराई पीड़ा पाना** = पराई चोट लगना. **पराया मुँह ताकना** 他人の好意を期待して自分は何もしないこと；他人まかせの；人を頼りにした **पराये घर की हो॰** 自分の力の及ばぬもの **पराये धन पर लक्ष्मीनारायण हो॰** 他人の褌で相撲を取る **पराये बिरते पर शिकरा पालना** 他人の懐をあてにして何事かをする；他人の金をあてにした行為をする **पराये माल पर दीदे लाल क॰** 虎の威を借りる **पराये हाथों पड़ना** (**हो॰**) 人の言いなりになる

परायापन [名] ←पराया. एक तरह का परायापन उसकी आँखों से दूर होता जा रहा था 一種のよそよそしさが男の目から失せて行きつつあった

परार्थ[1] [名] 善行；慈善；利他

परार्थ[2] [形] 行為による；善意による；人のためになる

परार्थपरायण [形] 情け深い；善意に満ちた

परार्थवाद [名] 利他主義

परार्थवादी [形・名] 利他主義の；利他主義者

परार्द्ध [名] (1) 後半 (2)〔数〕10 の 17 乗の数, パラールッダ（パラールダ） = परार्ध.

पराव [名] = परायापन.

परावठा [名] = परौंठा.

परावन[1] [名] 逃走；逃亡= भगदड़; पलायन.

परावन[2] [形] 逃げる；逃亡する

परावर[1] [形] (1) 前と後の；前後の (2) 遠くと近くの；遠近の (3) 最高の

परावर[2] [名] (1) 原因と結果 (2) 全体；完全なこと

परावर्त [名] (1) 戻ること；復帰；帰還= लौटना; पलटाव. (2) 反射すること；反射= परावर्तन. (3) 交換= अदलबदल; लेन-देन.

परावर्तक [形] (1) 戻ってくる；回帰する (2) 反射する (3) 交換される

परावर्तकता [名*] (1) 反射率 (2) 反射性 (3) 反射力

परावर्तन [名] (1) 戻ること；後退；復帰；回帰 (2)〔物理〕反射 परावर्तन क्षमता 反射力

परावर्तित [形] (1) 戻った；復帰した (2) 反射した；反射された परावर्तित किरण 反射光 परावर्तित प्रकाश 反射光線 पृथ्वी द्वारा परावर्तित प्रकाश से प्रकाशित 地球の反射した光で光った

परावर्ती［形］反射する परावर्ती दूरदर्शक 反射望遠鏡
परावृत्त［形］(1) 戻った (2) 交換された
पराशर［名］(1)〔イ神〕パラーシャラ聖仙（マハーバーラタの伝説上の作者ヴィヤーサ व्यास の父） (2)〔ヒ〕パラーシャラ・スムリティ पराशर स्मृति と呼ばれるスムリティ聖典の作者の１人
पराश्चित［名］= प्रायश्चित्त.
पराश्रय［名］(1) 依存= पराये का सहारा. (2) 従属；服従= पराधीनता.
पराश्रयी[1]［形］(1) 依存する；頼る；寄り掛かる (2) 寄生する
पराश्रयी[2]［名］(1)〔植〕寄生植物 (2)〔動〕寄生虫
पराश्रव्य तरंग［名*］超音波〈ultrasonic waves〉
पराश्रित［形］(1)（ーに）依存した；（ーを）頼りにした (2) 従属した
परास［名］(1) 射程 (2) 範囲；区域
परासक्त［形］魅せられた；魅惑された
परास्त［形］(1) 負けた；敗北した= पराजित. (2) 屈服した；屈した= विजित. (3) 滅びた；つぶれた= ध्वस्त. (-को) परास्त क॰（ーを）やっつける= (-को) हरा दे॰; (-का) मुँह फेरना.
परास्तता［名*］敗北；負け= पराजय; हार.
पराहत［形］(1) 襲われた；退けられた= आक्रांत. (2) 破壊された；破滅した= ध्वस्त. (3) 砕かれた；つぶされた= खंडित.
पराहृत［形］退けられた= दूर किया हुआ.
पराह्न［名］午後；昼下がり= अपराह्न; तीसरा पहर.
परिंदगी［名*］《P. پرندگی》飛ぶこと；飛翔
परिंदा［名］《P. پرندہ》鳥= पक्षी; चिड़िया. परिंदे का पर न मार सकना 蟻の這い出る隙もない परिंदों के पर जल जा॰ 全く無力になる
परि-［接頭］次のような意味を加えたり修飾したりするサンスクリットの接頭辞 (1) 辺り，周囲，ぐるりなどの意 परिकर्म 装い；身の装い परिकीर्ण 散らばった；散乱した (2) 過度，追加，増加などの意 परिपीड़न 一層苦しめること， परिशयन 寝過ぎること (3) 充満，豊富，激しさなどの意 परिकीर्तन 声高にキールタンを行うこと， परिक्रांत 疲れはてた परिव्याप्त 一面に広がった (4) 対立，反対などの意 परिपंथक 道をふさぐ
परिकंप［名］(1) 強い震え (2) 激しい震動 (3) 恐れ；恐怖
परिकथा［名*］(1) 物語；作り話 (2) 宗教的な物語；宗教説話；譬喩説話
परिकर［名］(1) 家来；従者= अनुचर; अनुयायी. (2) 家族= परिवार. (3) 集団= समूह; वृंद. (4) 帯；腰ひも= पटुका.
परिकर्तन［名］切断= कर्तन.
परिकर्तिका［名*］激しい痛み；激痛
परिकर्म［名］= परिकर्मन. (1) 装身；身体を装うことや飾ること (2) 化粧
परिकर्मा［名］使用人= सेवक; परिचारक.
परिकलन［名］計算 परिकलन क॰ 計算する परिकलन यंत्र 計算機
परिकलित［形］計算された
परिकलित्र［名］計算機
परिकल्पना［名*］(1) 仮定；推定；仮想 (2) 仮説 (3) 作りごと
परिकल्पनात्मक［形］(1) 仮定の；仮想の (2) 仮説の
परिकल्पित［形］(1) 仮定された；推定された (2) 仮説の (3) 作りごとの
परिकीर्ण［形］(1) 広がった (2) 散らばった；散乱した
परिकेंद्र［名］〔幾〕外心〈circum center〉
परिकोष्ठ［名］〔解〕心房〈atrium〉
परिक्रम［名］(1) 歩き回ること (2) 回ること；回転 (3) 散歩
परिक्रमण［名］回転〈revolution〉 परिक्रमण क॰ 回転する परिक्रमण अक्ष 回転軸 परिक्रमण काल 周期（天体の）；周期運動
परिक्रमा［名*］(1) 周囲を回ること；周回 घर की परिक्रमा 家の周りを回ること एक अमावस्या से दूसरी अमावस्या के मध्यकाल में चंद्रमा पृथ्वी के चारों ओर एक परिक्रमा पूरी करता है 月は晦日から次の晦日までの間に地球を１度周回する (2) うにょう（右繞） मंदिर की परिक्रमा 寺院の右繞 (3) 寺院の中で右繞をするための場所や空間
परिक्रय［名］(1) 購入；買い入れ= मोल; ख़रीद. (2) 賃金= वेतन. (3) 手数料；料金= किराया.
परिक्रांत［形］周回された
परिक्रामी［形］(1) 周回する (2) 徘徊する；うろつく；歩き回る
परिक्रिया［名*］(1) 囲むこと (2) 塀や壁を巡らすこと
परिक्लांत［形］疲れはてた；疲労困憊した
परिक्लिष्ट［形］(1) 大変疲れた；疲れはてた (2) つぶれた；つぶされた；壊された
परिक्लेद［名］湿気；湿り気= आर्द्रता; नमी.
परिक्षा［名*］泥= कीचड़; कर्दम.
परिक्षाम［形］大変弱った；とても衰弱した
परिक्षालन［名］(1) 洗濯 (2) 洗うこと (3) 洗い水
परिक्षित［名］〔イ神〕パリクシット王（月種族，すなわち，チャンドラヴァンシャ चंद्रवंश のクル族の王でパーンドゥ五王子の１人アルジュナの子アビマニュ अभिमन्यु とマトスヤ मत्स्य 国王ヴィラータ विराट の娘ウッタラー उत्तरा との間に生まれた）
परिक्षिप्त［形］(1) 囲まれた= घिरा हुआ. (2) 投げられた= प्रक्षिप्त. (3) 捨てられた= त्यक्त.
परिक्षीण［形］(1) 大変弱った；衰えた；やつれた (2) 貧しい；貧窮した (3) 破滅した
परिक्षेप［名］(1) 囲い；囲うこと= घेरना. (2) 放棄= परित्याग. (3) 歩き回ること= टहलना.
परिखा［名*］（市街地，都城を囲む）堀 इस नगरी की रक्षा के लिए चारों ओर खोदी गई परिखा この市街の防御のために周囲に掘られた堀
परिख्यात［形］有名な；著名な；よく知られた= प्रसिद्ध; मशहूर; विख्यात.
परिख्याति［名*］名声；高名= प्रसिद्धि; शुहरत; कीर्ति; ख्याति.
परिगणक［名］数える人；計算する人
परिगणन［名］数えること；計算
परिगणनीय［形］数え上げる（べき）
परिगणित［形］(1) 数えられた；計算された (2) 表に記された परिगणित जनजाति 指定部族民（インド憲法に指定され特別の扱いを受ける部族民） परिगणित जाति 指定カースト（インド憲法に指定され特別の扱いを受けるカースト）
परिगण्य［形］= परिगणनीय.
परिगत［形］(1) 周囲を囲まれた= घिरा हुआ. (2) 過ぎ去った= बीता हुआ; गया-गुज़रा. (3) 死んだ；亡くなった= मरा हुआ. (4) 忘れられた= विस्मृत. (5) 知られた= ज्ञात.
परिगमन［名］(1) ぐるりを回ること (2) 知ること；認識すること (3) 入手すること；取得；獲得
परिगर्वित［形］大変高慢な；高慢ちきな
परिगलित［形］(1) 落ちた；落下した= गिरा हुआ. (2) 熔解した；溶解した；熔けた；溶けた= गलित. (3) 失せた；消失した= लुप्त; विलुप्त; गायब.
परिगह［名］身内；家族；親類= कुटुंबी.
परिगुण［名］資格
परिगुणन［名］〔数〕乗法；掛け算 = गुणन.〈multiplication〉
परिगुणित［形］資格を得た
परिगृहीत［形］(1) 受け入れられた；承諾された (2) 混じた；入り交じった (3) 囲まれた
परिगृहीता［名］(1) 夫= पति. (2) 受け入れる人 (3) 同僚；朋輩
परिग्रह［名］(1) 受領= ग्रहण. (2) 獲得；入手= पाना. (3) 蓄積= संग्रह. (4) 家族= परिवार; कुटुंब; कुंबा. (5) 眷属；一族郎党；家の子；配下
परिघ［名］(1) 閂 (2) 障害；妨げ (3) 仕込み杖 (4) 鉄棒 (5) 槍
परिघात［名］(1) 殺害；殺人 (2) 凶器
परिघातन［名］殺害 = हत्या; हनन; क़त्ल.
परिघाती［名］人殺し；殺人者= हत्यारा; क़ातिल.
परिघोष［名］(1) 轟音 (2) 雷鳴
परिचक्र［名］〔建〕円形浮き彫り
परिचय［名］(1) なじみ；面識；知っていること उसका परिचय बड़े-बड़े लोगों में है あの人は偉い人たちを知っている राम का परिचय जानकर ラームのことについて知って यदि आप मेरा परिचय चाहते हैं, तो सुनिए 私についてお知りになりたいのなら申し上げましょう (2) 知識 मनुष्य का सब से पुराना परिचय ताँबे के साथ रहा है 人間が一番古くから知っているものは銅である 'निरखना' में कर्ता कर्म का परिचय प्राप्त करता है 「見る」ことで動作者は対象について知る (-से =का) परिचय कराना *a.*（ーに=を）紹介する वृद्ध मुनि ने बनिए से सेठ का परिचय कराया 老いたムニは商人に豪商を紹介した *b.* 知らせる (-का) परिचय दे॰ *a.*（ーを）知らせる；示

す *b*. (―を) 紹介する पाठक, अब हम इन तीनों मेहमानों का परिचय आपको दिलाते हैं さて読者子，小子は次にこの 3 人のお客様についてご紹介致そう आपका परिचय? 貴方はどなた様でいらっしゃいますか

परिचय-कार्ड [名] 身分証明書

परिचय-पत्र [名] (1) 紹介状 (2) 規約書

परिचर [名] (1) 従者；使用人 (2) 看護人；看病人

परिचर्चा [名*] シンポジウム स्वतंत्रता आंदोलन पर होनेवाली परिचर्चाएँ 独立運動について催されるシンポジウム

परिचर्या [名*] (1) 付き添い；世話；奉仕 स्त्री की देखभाल, परिचर्या और चिकित्सा 女性の世話，看護，それに治療 (2) 看護；看病

परिचायक[1] [形] 示す；紹介する；伝える；知らせる＝ परिचय करानेवाला; सूचित करनेवाला.

परिचायक[2] [名] (1) 知らせるもの；示すもの सामूहिक संघर्ष का परिचायक 集団闘争を知らせるもの शिष्टता का परिचायक 丁重さを示すもの यह इस बात का परिचायक था कि हममें पर्याप्त सहनशक्ति थी このことは我々が十分な忍耐力を持っていることを示すものであった (2) 案内係

परिचार [名] (1) 世話；奉仕＝ सेवा; सेवा-टहल. (2) 看護；看病＝ सुश्रूषा. (3) 介護

परिचारक [名] (1) 従者；お付き；付き人＝ सेवक; नौकर; भृत्य; टहलुआ. (2) 看護人＝ उपचारक. (3) 世話人

परिचारिका [名*] (1) お付き (2) 看護人 (3) ホステス；スチュワーデス (4) 寮母；世話係＝ छात्रावास की परिचारिका.

परिचारिणी [名*] ＝ परिचारिका.

परिचालक [名] (1) 操縦者 (2) 航空士 (3) 航海長

परिचालन [名] (1) 操縦；操作；運転 (2) 運営 (3) 推進；運行 आंदोलन के परिचालन का उत्तरदायित्व 運動推進の責任 रुधिरपरिचालन 血行；血液の循環 रुधिरपरिचालन ठीक हो॰ 血行の正常な

परिचालित [形] (1) 動かされた हमसे एक ही भाव से परिचालित होकर यह काम किया था 全く同じ思いに動かされてこれをしたのであった बिजली से परिचालित गाड़ी 電車；電動車 (2) 操縦された (3) 運営された

परिचित [形・名] (1) 知っている；知識のある；認識している वह शास्त्र से परिचित नहीं 学問を知らない इस पक्षी से सभी परिचित हैं 人はみなこの鳥を知っている (2) 見知っている；面識のある；知己の；知り合いの；なじみのある हमारे परिचित के यहाँ उसका आना-जाना हो あの人が私たちの知り合いの家に出入りしているのであれば आदमी की गंध से परिचित 人間の臭いを知っている (3) 慣れている；例の；いつもの वे अपनी परिचित हँसी में हँसे いつもの笑い方で笑った परिचित स्वर 聞き慣れた声 (4) 蓄えられた；蓄積された **परिचित कराना** 教える नववधुओं को शिशुपालन की कुछ सावधानियों से परिचित करा दिया जाए 新妻たちに育児についての若干の注意を与えること

परिचिति [名*] ← परिचित. 認識；知識；情報

परिच्छद [名] (1) 覆うもの；カバー；覆い＝ आच्छादन. (2) 衣服＝ वस्त्र; पोशाक. (3) 制服 (4) 随行員＝ अनुचर.

परिच्छन्न [形] (1) 覆われた＝ ढका हुआ. (2) 隠された；秘められた＝ छिपा हुआ. (3) 衣服を着た

परिच्छिति [名*] (1) 限度；限界＝ सीमा. (2) 分割＝ बाँट; विभाजन. (3) 区切り＝ विभाग.

परिच्छिन्न [形] (1) 分けられた；分割された；分離された；分別された (2) 区切られた

परिच्छेद [名] (1) 分割；分離＝ विभाजन. (2) 区切り；区分＝ विभाग. (3) (書物の) 章＝ अध्याय.

परिच्छेदक [形] 分ける；区切る；区分する

परिच्छेदन [名] (1) 分割 (2) 選別 (3) 章

परिच्युत [形] (1) 落ちた；転落した＝ गिरा हुआ. (2) 堕落した＝ भ्रष्ट. (3) 追放された；カーストから追放された＝ जाति से बहिष्कृत.

परिच्युति [名*] ← परिच्युत.

परिछत्र [名] パラシュート；落下傘＝ पैराशूट.

परिजन [名] (1) 身内；家族＝ परिवार. पहले की तरह उस दिन भी मित्र और परिजन काफ़ी बड़ी संख्या में मुझे छोड़ने आए थे その日も以前のように友人や身内がかなりの数見送りに来た मृत व घायल लोगों के परिजन 死傷者の家族 (2) 随行者；随行員；従者＝ अनुचर.

परिजीवन [名] (1) 生き残ること (2) 長生き

परिजीवित [形] 生き残った

परिजीवी [名] 生き残り；生き残った人

परिज्ञप्ति [名*] (1) 会話＝ बातचीत; कथोपकथन. (2) 面識＝ परिचय. (3) 認識＝ पहचान.

परिज्ञा [名*] 知識；確実な知識；熟知

परिज्ञात [形] よく知られている लोकवार्ता से परिज्ञात रहना 噂話を知る

परिज्ञान [名] 完全な知識；確実な知識

परिणत [形] (1) 傾いた；傾斜した (2) 変化した；変形した；変容した **परिणत हो॰** (―に) 帰する；(結果として) なる

परिणति [名*] (1) 傾き；傾斜 (2) 変化；変形；変容

परिणद्ध [形] (1) 広い；広大な (2) 巨大な

परिणमन [名] 変化すること；変容すること

परिणय [名] 結婚；婚姻＝ ब्याह; विवाह; शादी.

परिणयन [名] 結婚すること

परिणाम [名] (1) 結果；結末 बुरा परिणाम 良くない結末 (2) 成果 (3) 成り行き (4) 結論

परिणामत: [副] 結果的に；結果として＝ नतीजतन.

परिणामतया [副] 結果的に；結果として

परिणामना [名]〔仏〕回向；廻向

परिणामवाद [名]〔イ哲〕(古典サーンキヤ説の) 開展説；転変説

परिणामस्वरूप [副] 結果的に；その結果；結果として उसके परिणामस्वरूप これの結果として

परिणामित्र [名] 変圧器＝ ट्रांसफ़ॉर्मर. 〈transformer〉

परिणायक [名] (1) 夫 (2) 案内者；先導者

परिणाह [名] (1) 広がり；範囲＝ विस्तार; फैलाव. (2) 周囲

परिणीत [形] (1) 結婚した (2) 変じた；変化した जब आत्मिक संबंध शारीरिक संबंध में भी परिणीत हो जाता है 精神的な関係が肉体的な関係にまで変わる際

परिणीता [形*・名*] 結婚した (女性)；既婚女性

परिणेता [名] 夫＝ पति; भर्ता.

परित: [副] (1) 辺り一面に；ぐるっと＝ चारों ओर. (2) 完全に；全く＝ पूरी तरह; सब प्रकार.

परितप्त [形] (1) 甚だ熱い；強く熱せられた (2) ひどく苦しめられた；激しく苦しんでいる；とても悩んでいる

परिताप [名] (1) 激しい熱 (2) 激しい痛み；強い苦しみ；苦悩 (3) 後悔；呵責

परितापी [形] (1) 激しい熱を出す (2) ひどく苦しめる；とても悩ませる

परितृप्ति [名*] 大満足＝ संतुष्टि.

परितोष [名] (1) 満足＝ संतोष; तृप्ति. उसे इस उपदेश से परितोष न हो पाता この説教では満足が得られない (2) 喜び＝ प्रसन्नता

परितोषक [形] (1) 満足させる (2) 喜ばせる

परितोषण [名] (1) 満足させること (2) 贈り物

परितोषी [形] (1) 満足している (2) 喜んでいる

परित्यक्त [形] 捨てられた；放棄された

परित्यक्ता[1] [名] 捨てる人；放棄する人

परित्यक्ता[2] [形*・名*] 夫に見捨てられた (女性)

परित्याग [名] 捨て去ること；放棄すること सांप्रदायिक बुद्धि का परित्याग コミュナリズム的意識の放棄

परित्यागना [他] 捨てる；捨て去る；放棄する

परित्यागी [形] 放棄する；捨て去る

परित्याज्य [形] 捨て去るべき；捨てるべき；放棄すべき

परित्रस्त [形] 怯えきった＝ अत्यंत भयभीत.

परित्राण [名] (1) 保護＝ रक्षा; हिफ़ाज़त. (2) 庇護＝ आश्रय. (3) 防御；防衛

परित्रास [名] 激しい恐怖

परिदर [名]〔医〕歯周病；歯槽膿漏；歯周炎＝ पायरिया.

परिदर्शन [名] (1) よく観察すること (2) 検閲 (3) 全景 (4) 裁判；審理

परिदहन [名] 完全に燃やすこと；完全な焼却

परिदान [名] (1) 返却＝ लौटा दे॰. (2) 助成金

परिदाह [名] (1) 燃焼 (2) 苦痛；苦悩

परिदृश्य [名] 全景；パノラマ प्रकृति के परिदृश्य में 大自然のパノラマの中に

परिदृष्टि [名*] 眺望；遠景

परिधन [名] 下半身にまとう衣服
परिधान [名] (1) 着ること；着用 (2) 衣類；着衣；着物；衣装；衣裳 रंग-बिरंगे परिधानों में 色とりどりの着物を着て महिलाएँ तमिलनाडु में हरा परिधान धारण करती हैं タミルナードゥでは女性は緑色の衣装を着用する
परिधि [名*] (1) 円周 गेंद की परिधि 65 से 70 सेंटीमीटर होती है ボールの円周は 65～70cm (2) 周囲；外周 (3) 仲間；サークル (4) 囲い परिधि से बाहर जा॰ 適正な範囲を越える
परिधेय[1] [形] 着ることのできる；着用可能な
परिधेय[2] [名] (1) 衣服 (2) 下着= नीचे पहनने के वस्त्र; परिधान.
परिध्वंस [名] (1) 破壊；破滅 (2) 全滅
परिध्वस्त [形] (1) 破壊された (2) 全滅した；壊滅した
परिनगर [名] 郊外
परिनिर्णय [名] 裁定；判定；判決
परिनिर्वाण [名] 涅槃；滅度；円寂；完全解脱
परिनिष्ठा [名*] (1) 頂点；極致；極 (2) 完全；完璧
परिनिष्ठित [形] (1) 標準的な परिनिष्ठित प्रयोग 標準的な用法 परिनिष्ठित भाषा 標準語= मानक भाषा. (2) 完璧な；完全な
परिपक्व [形] (1) 成熟した；熟した परिपक्व डिंब 成熟卵 (2) 完全に熟れた；十分に熟した (3) よく煮えた；完全に煮えた (4) 機の熟した (5) 老成した；枯れた (6) 上手な；達者な
परिपक्वता [名*] ← परिपक्व. लोकतंत्र में मज़बूती और परिपक्वता 民主主義の強さと成熟 **परिपक्वता अवधि** 満期 परिपक्वता अवधि : 8 साल 8 年満期 परिपक्वता अवधि के बाद 満期後 परिपक्वता अवधि पूरी होने से पहले 満期前に
परिपण [名] 元手
परिपणन [名] 賭けること；賭博
परिपतन [名] (1) 飛び回ること (2) ぐるぐる回ること；うろつくこと；徘徊
परिपत्र [名] (1) 回状 (2) 覚書 भारत सरकार का परिपत्र インド政府の覚書
परिपथ [名] (1) 周回路；閉回路；ループ (2) 回路 जब शरीर बिजली के तार से छू जाने पर विद्युत की धारा ज़मीन से अपना परिपथ पूरा कर लेती है 体が電線に触れると電流が地面に回路を作り上げる विद्युत परिपथ 電気回路
परिपांडु [形] (1) 黄白色の (2) 顔色の非常に青白い (3) やせこけた
परिपाक [名] (1) よく煮えること (2) 消化 (3) 成熟；熟成 (4) 完成 (5) 上達 (6) 結果 (7)〔医〕潜伏
परिपाचित [形] よく煮た；完全に煮えた
परिपाटी [名*] 慣習；しきたり；慣例；習わし；習い बरसों से चली आ रही परिपाटी को छोड़ 何年も続いてきたしきたりを止めて ग़रीबों को लूटकर मालदार हो जाना समाज की पुरानी परिपाटी है 貧しい者から奪い取って金持ちになるのが世の中の昔からの習い **परिपाटी चलाना** しきたりを始める；しきたりを作る उन्होंने इसी अहंकार का शमन करने के लिए यह परिपाटी चलाई थी 氏は正にこの慢心を抑えるためにこのしきたりを始められた **परिपाटी पर चलना** しきたりに従う；慣習に従う
परिपाटीगत [形] 慣例的な；慣習的な
परिपार्श्व[1] [名] そば；側；近接；周囲
परिपार्श्व[2] [形] 側の；近くの；周囲の
परिपालक [形] (1) 育てる；養育する；養護する (2) 保護する (3) 実行する；実施する
परिपालन [名] (1) 養育；養護 (2) 保護 (3) 履行；実行；実施；遵守
परिपीड़क [形・名] 抑圧する；圧迫する；残虐な
परिपीड़न [名] 抑圧；圧迫；残虐行為
परिपीड़ित [形] 激しく苦しめられた
परिपुष्ट [形] (1) しっかりした；がっしりした；丈夫な；頑健な (2) 確かな；確たる；確実な
परिपुष्टि [名*] (1) 丈夫なこと (2) 確認
परिपूरक [形] (1) 補う；補足する (2) 満ち足りた (3) 豊かにする
परिपूरित [形] (1) 満ち足りた；満たされた；いっぱいになった；あふれている (2) 完成された
परिपूर्ण [形] (1) 満ちている；満ち満ちている；いっぱいの；横溢する उस बूढ़े का जीवन गंभीर भेदों से परिपूर्ण है その老人の生涯は深い秘密で満ち満ちている ऐसे ही भावों से मेरा हृदय परिपूर्ण था 正にこういう気持ちで胸がいっぱいになっていた उसने दैविक शक्ति से परिपूर्ण अपने हाथ से मृत बालक को स्पर्श किया 超能力に満ちた手で死んだ子に触れた (2) 完全な；完結した
परिपूर्ति [名*] (1) 充足；充満 (2) 満足 (3) 完全；完結
परिपृच्छक [形・名] 問う（人）；質問する（人）；質問者
परिपृच्छा [名*] 質問すること；問いかけ
परिपोष [名] 養育；養成
परिप्रश्न [名] 質問；問い合わせ
परिप्रेक्ष्य [名] (1)〔芸〕遠近法 (2) 展望；全体の視野；釣り合いのとれた見方 जब तक इस समस्या को इतिहास के परिप्रेक्ष्य में नहीं देखेंगे तब तक この問題を歴史的な展望で見ない限り आज के बदलते हुए सामाजिक-आर्थिक परिप्रेक्ष्य में 今日の変化している社会・経済状況を見通してみて
परिप्रेषण [名] (1) 派遣 (2) 追放 (3) 放棄
परिप्रेषित [形] (1) 派遣された (2) 追放された (3) 放棄された
परिप्लावित [形] 浸水した；水に浸かった；水没した
परिप्लुत [形] = परिप्लावित.
परिफुल्ल [形] (1) よく開いた；大きく開いた；完全に開いた (2) 機嫌のよい；大喜びの
परिबर्ह [名] (1) 王の乗る象や馬の背に掛ける飾り物 (2) 王に差し掛ける傘や払子
परिबल [名] 推進力；はずみ
परिबाधा [名*] (1) 苦難；困難 (2) 苦労 (3) 苦痛
परिबेठना [他] 覆う；包む
परिबोधन [名] (1) 警告 (2) 訓戒
परिभव [名] 侮辱；軽蔑
परिभावना [名*] (1) 思考 (2) 心配；不安
परिभाषण [名] (1) 会談；談話；話し合い (2) 非難
परिभाषा [名*] 定義 अधिकारों की परिभाषा 権利の定義 जनसेवा की परिभाषा 公共奉仕の定義 सांप्रदायिकता की परिभाषा コミュナリズムの定義 परिभाषा में बाँधना 定義を下す；定義する
परिभाषागत [形] 定義上の
परिभाषित [形] 定義された समाजवाद को नए ढंग से परिभाषित क॰ 社会主義を新しく定義すること
परिभू [形] (1) 取り囲む；取り巻く (2) 遍満する
परिभ्रम [名] (1) 歩き回ること (2) 婉曲な言い回し
परिभ्रमण [名] (1) 散策；遊歩；漫歩；漫遊 (2) 回転 (3) 旋回 (4) 円周
परिभ्रष्ट [形] (1) 落ちた；落下した (2) 逃亡した (3) 失った；欠けた
परिमंडल[1] [形] (1) 円形の (2) 球形の
परिमंडल[2] [名] (1) 球；球形 (2) 円；円形 (3)〔天〕コロナ；光環；暈 (4) 天体を取り巻く大気 (5)〔生〕動物分布区の界
परिमंद [形] (1) 非常に鈍い (2) 非常に愚鈍な
परिमर [名] 破壊；破滅
परिमल [名] (1) 芳香 (2) 体に芳香のする物を塗布すること (3) 学者の集い
परिमाण [名] (1) 量；分量；度合い；程度 काष्ठ के आवश्यक परिमाण के अभाव में 木材が必要な量に足らないので तीर की लंबाई बल का परिमाण बताएगा 矢印の長さが力の程度を示す मूत्र के परिमाण में सहसा कमी 排尿量の突然の減少 (2) 規模 (3) 広がり
परिमाणपरक [形] 量に関わる；分量に関する；量的な परिमाणपरक शुल्क 従量税
परिमाणात्मक [形] 量の；量的な；量に関する
परिमाप [名] (1) 計量；計測 (2) 寸法 (3) 計量；計測の機器 (4) 周囲の長さ
परिमार्ग [名] 回路= परिपथ.
परिमार्जन [名] (1) 洗浄 (2) 洗練 (3) 修正 (4) 彫琢
परिमार्जित [形] (1) 洗われた；洗浄された (2) 洗練された (3) 修正された (4) 彫琢された
परिमित [形] (1) 計測された；計られた；測定された (2) 制限された；縛られた；制約された；限定された；有限の साहित्य इन मर्यादाओं से परिमित है 文学はこれらの規範に縛られている
परिमिति [名*] (1) 度量；量 (2) 限定；限界 (3) 地平線 (4) 尊厳
परिमुक्त [形] 完全に自由な；完全に解き放たれた

परिमेय [形] (1) 計測される；測定しうる (2) 低い；少量の；少数の
परिमोक्ष [名] (1) 解脱 (2) 解放 (3) 放棄
परिमोचन [名] 解脱= मुक्ति; मोक्ष.
परिमोष [名] (1) 窃盗 (2) 強盗
परिया [名]《Tm.》(1) パリヤー（タミルナードゥで農業労働や雑役に従事し不可触民とされてきた被差別カーストとその成員）；パライヤン (2) 不可触民 〈Pariah; Paraiyan〉
परियोजना [名*] 事業；プロジェクト；計画 नावाशेवा बंदरगाह परियोजना के लिए जरूरी 70 प्रतिशत भूमि का अधिग्रहण हो चुका है ナーワーシェーワー港プロジェクトのために必要な 70 %の土地は接収済み रणथम्भोर का अभयारण्य अपनी बाघ परियोजना के लिए विख्यात है ランタンボールのサンクチュアリーは虎（の保護）計画で知られている
परिरंभ [名] 抱きしめること；抱擁
परिरक्षक [形・名] (1) 保存する (2) 保護する (3) 管理する परिरक्षक पदार्थ 保存料 परिरक्षक पदार्थ मिलाकर उसे बोतलों में सीलबंद कर दिया जाता है それは保存料を混ぜて瓶に密封される
परिरक्षण [名] (1) 保存 फल-सब्जी परिरक्षण 果物や野菜の保存 (2) 保護 (3) 管理
परिरक्षित [形] (1) 保存された परिरक्षित फल-सब्जियों का पोषक मान 保存された果実や野菜の栄養価 परिरक्षित क॰ 保存する (2) 保護された (3) 管理された
परिरक्षी [形] (1) 保存する फल सब्जियों को रासायनिक परिरक्षी पदार्थों से परिरक्षित करना 果物や野菜を化学保存料で保存する (2) 保護する (3) 管理する
परिरूप [名] デザイン
परिरेखा [名*] 外周；周囲
परिलंघन [名] 飛び越えること；跳び越えること；またぐこと
परिलक्षित [形] 見られた；観察された जीवजगत की विविधता भाँति-भाँति के जीवों और वनस्पतियों में स्पष्ट परिलक्षित होती है 生物界の多様性は様々な動物や植物にはっきりと見られる बाढ़ चली गई लेकिन उसका प्रभाव अभी तक यत्र-तत्र-सर्वत्र परिलक्षित हो रहा है 洪水は去ったがその影響は今なお至る所に見受けられる चेहरे पर चिंता के भाव भी परिलक्षित होने लगे 顔には心配の表情も見られるようになった
परिलुप्त [形] 消失した；消え去った
परिलेख [名] (1) 輪郭；素描 (2) 絵画 (3) 絵筆
परिलेखन [名] (1) 線を引くこと (2) 書くこと (3) 絵を描くこと
परिलोप [名] (1) 消滅 (2) 損失 (3) 破滅
परिवंचन [名] 詐欺；瞞着
परिवदन [名] 非難
परिवर्जन [名] (1) 放棄 (2) 殺害
परिवर्जना [名*] (1) 抑制 (2) 禁制
परिवर्जनीय [形] 放棄すべき
परिवर्त [名] (1) 変化 (2) 交替 (3) 交換
परिवर्तन [名] (1) 変化；変容；変転= बदल; तब्दीली. शारीरिक परिवर्तन 肉体の変化 (2) 交換= अदला-बदली; हेरफेर; विनिमय. (3) 転換= बदलाव. (4) 交替；入れ替わること कर्मचारियों के जीवन में भी गुणात्मक परिवर्तन आया 職員の生活にも質的な変化が生じた सामाजिक परिवर्तन 社会変化 सांस्कृतिक परिवर्तन 文化の変化 **परिवर्तन आ॰** 変化が訪れる；変化がもたらされる **परिवर्तन हो॰** 変化が生じる；変化する शरीर में अनेक परिवर्तन होने लगते हैं 身体に様々な変化が生じ始める
परिवर्तनशील [形] 変わりやすい；変化を続ける परिवर्तनशील समाज 変化を続ける社会 जलवाष्प वायुमंडल की सबसे अधिक परिवर्तनशील गैस है 水蒸気は大気中で一番変化しやすい気体である
परिवर्तनीय [形] (1) 変えられる (2) 交換される；変換される
परिवर्तित [形] (1) 変わった；変化した वे हिंसा की घटनाओं में परिवर्तित हो जाती हैं それらが暴力事件に変わる (2) 変換された；交換された परिवर्तित मुद्रा 交換された通貨 **(-के) अंकों में परिवर्तित क॰** (ーに) 換算する **(-में) परिवर्तित क॰** (ーに) 変える；変換する परमाणु ऊर्जा को विद्युत में परिवर्तित करना 原子力を電力に変える
परिवर्ती [形] 変わりつつある；変化している；変化を続けている
परिवर्तुल [形] 真ん丸の；完全に球形の
परिवर्द्धन [名] 拡大；増大；増補
परिवर्द्धित [形] 拡大された；増大された；増補された
परिवर्धन [名]〔生〕発生；発育；成長 मुर्गी के अंडे के भीतर चूज़े के परिवर्धन का अध्ययन ニワトリの卵の中での発生の研究
परिवर्ष [名]〔天〕近点年 〈anomalistic year〉
परिवर्हण [名] (1) 王権を象徴する天蓋や払子など (2) 調度品；室内装飾品 (3) 家財道具
परिवहन [名] 運輸；輸送；運送；運搬；輸送機関 परिवहन साधन का विकास 輸送機関の発達 परिवहन, मेडिकल सेवाओं, बिजली, पानी आदि आवश्यक सेवाओं को 運輸，医療，電気，水道などの重要なサービスを
परिवा [名*] 毎月の白分と黒分の第 1 日= प्रतिपदा.
परिवाद [名] (1) 非難 (2) 誹謗 (3) 中傷 (4) 不平；苦情
परिवार [名] (1) 家族；家庭= कुटुंब; कुनबा; ख़ानदान. परिवार का सदस्य 家族の構成員；家族の一員 अब सेठ उसको परिवार का सदस्य ही समझने लग गया 今では彼を全く家族の一員と思うようになった परिवार टूट रहा था （時代として）家族が崩壊しつつあった संयुक्त परिवार （父系の）合同家族；ジョイント・ファミリー (joint family)；大家族 विघटित परिवार 崩壊家庭 (2) 世帯 परिवार का मुखिया 世帯主 (3) 一家；一族；一門 (4)〔言〕語族 भाषा परिवार 語族 (5) 従者；家来
परिवारजन [名] 家族（の構成員） जो लोग जेल में रहते हैं, उनके परिवारजनों के प्रति सरकार का भी कोई कर्त्तव्य है? 受刑者の家族に対して政府も何らかの責務を負う
परिवारनियोजन [名] (1) 家族計画 परिवारनियोजन आंदोलन 家族計画運動 परिवारनियोजन केंद्र 家族計画（推進）センター (2) 産児制限 एक या दो संतानों के बाद परिवारनियोजन अपना लेते हैं 子供が 1〜2 人できると産児制限を取り入れる
परिवार भत्ता [名] 家族手当；扶養手当
परिवारी [名] (1) 家族= कुटुंबी. (2) 親戚= संबंधी; रिश्तेदार.
परिवारीजन [名] 家族 अभिभावक और परिवारीजन किसी तरह की परेशानी और आतुरता व्यक्त न करें 保護者や家族はどのような形でも心配や焦りを表さないこと
परिवार्षिक [形] (1) 通年の；1 年中の；1 年にわたる (2) 長期の；長期間の
परिवास [名] (1) 逗留= टिकना; टिकाव; ठहरना. (2) 家；住居= घर; गृह; मकान.
परिवाह [名] (1) 水のあふれ出ること (2) 排水口
परिवाही [形] あふれる；あふれ出す；あふれ出ている
परिवीक्षण [名] (1) 観察 (2) 見張り (3)〔法〕執行猶予；保護観察
परिवीक्षणाधीन[1] [形・名] (1)〔法〕執行猶予中の；保護観察中の (2) 観察中の；見習い中の；実習中の
परिवीक्षणाधीन[2] [副]〔法〕執行猶予中に
परिवीक्षा [名*] (1) 観察 (2)〔法〕執行猶予；保護観察 (3) 見習い；実習 परिवीक्षा विद्यार्थी 見習い生
परिवीक्षाकाल [名] (1)〔法〕執行猶予期間；保護観察中 (2) 見習い期間；実習期間
परिवीक्षार्थी [形・名] (1) 執行猶予中の（人） (2) 見習い中の（人）；見習い生；研修生
परिवृत्त[1] [形] (1) 囲まれた；取り囲まれた= घिरा हुआ. (2) 覆われた= ढका हुआ.
परिवृत्त[2] [形] (1) 回転した；変転した= घुमाया हुआ. (2) 変換された；交換された= परिवर्तित; बदला हुआ.
परिवृत्ति[1] [名*] (1) 囲み；囲い= घेराव. (2) 覆い= वेष्टन.
परिवृत्ति[2] [名*] (1) 回転；転回= चक्कर; गर्दिश. (2) 変換；交換= अदला-बदला; विनिमय.
परिवृद्ध [形] 増加した；増大した
परिवृद्धि [名*] 増加；増大；拡大
परिवेद [名] 完全な知識；完全な認識
परिवेदना [名*] (1) すぐれた知恵や頭脳 (2) 激しい苦悩
परिवेध [名] 物を通すための穴
परिवेधन [名] 穴をあけること
परिवेश [名] (1) 環境；周囲；境遇；雰囲気 सरलता का गुण माता-पिता तथा बिहार के लोक-जीवन के परिवेश से मिला था 質朴さは両親とビハールの社会生活という環境から得たものであった मध्यवर्गीय व्यक्ति एवं उसके परिवेश का सजीव चित्रण 中産階級の人々とそれ

प

を取り巻く環境の活写 दो विभिन्न परिवेशों से आई हुई लड़कियाँ 異なった境遇からやって来た（嫁いで来た）2 人の娘 (2)（太陽や月の）暈 (3) 後光；光輪

परिवेष [名] (1) 周り；周囲 (2) 防壁；塁壁 (3) 暈 = परिवेश.

परिवेषण [名] (1) 食べ物を器によそうこと；器に盛る (2) 周囲；囲い；周り (3) 暈

परिवेष्टन [名] (1) 囲むこと；覆うこと (2) 周り；周囲；ぐるり

परिव्यय [名] (1) 経費；コスト (2) 費用 (3) 出費

परिव्याप्त [形] 広まった；広がった ऐसे प्रभाव थोड़ी बहुत मात्रा में प्रत्येक जनपद में परिव्याप्त मिलते हैं このような影響は多少なりとも各県に広まっているのが見出される

परिव्रज्या [名*] (1) 歩き回ること；放浪すること (2) 托鉢や乞食の行やそうした暮らし；遊行 (3) 遁世

परिव्राजक [名] (1) 遊行僧；遊行者 (2) 遁世者

परिशिष्ट[1] [形] 余った；残余の；残りの

परिशिष्ट[2] [名] (1) 付録；補遺 (2) 付表

परिशीलन [名] 研究；探究

परिशुद्ध [形] (1) 純粋な (2) 正確な (3) 緻密な；精確な

परिशुद्धि [名*] (1) 純粋さ (2) 正確さ (3) 緻密さ；精確さ

परिशुष्क [形] (1) 乾き切った (2) 全く味気ない；無味乾燥の

परिशेष [名] (1) 残り (2) 終わり；終了 (3) 補遺

परिशेषिका [名*]〔解〕虫垂；盲腸

परिशोध [名] (1) 浄化 (2) 返済 (3) 返報；返礼 (4) 報復；復讐；仕返し

परिशोधक [形] (1) 清める；浄化する (2) 責める (3) 返済する (4) 報復する

परिशोधन [名] (1) 改正；修正；訂正 (2) 返済 (3) 報復；仕返し (4)〔化〕精留

परिशोधित [形] (1) 改正された；修正された (2) 浄化された；清められた (3) 返済された (4) 精留された

परिशोष [名] 乾燥（すること）

परिश्रम [名] (1) 努力；努めること；頑張ること；励むこと = मेहनत; उद्यम. अपने परिश्रम से कमाकर खाओ 自分の努力で稼いで食べなさい अथक परिश्रम 倦むことのない努力 परिश्रम का फल 労作 = मेहनत का काम. परिश्रम क。 努める；勉める = मेहनत क。 (2) 労働 कठोर परिश्रम के बल पर 激しい労働によって शारीरिक परिश्रम न क。 肉体労働をしない

परिश्रमशील [形] よく働く；勤勉な；努力家の；頑張り屋の

परिश्रमशीलता [名*] ← परिश्रमशील. 勤勉（さ）；精励

परिश्रमी [形] 勤勉な；精勤な；刻苦精励する

परिश्रय [名] 避難所 = आश्रय; पनाहगाह.

परिश्रांत [形] 疲れはてた；疲労困憊した

परिश्रांति [名*] 疲れ；疲労；疲労困憊

परिश्लेष [名] 抱擁 = आलिंगन.

परिषद् [名*] (1) 協議会；評議会 (2) 議会 नगरनिगम की परिषद् 市議会 (3) 会合；集会

परिषद [名] 議員；委員；メンバー = सभासद; सदस्य.

परिषेक [名] 水を掛けること；水をやること；灌水 = सिंचाई; छिड़काव.

परिषेचक [形] 水をやる；灌水する

परिषेचन [名] (1) 水やり；灌水 = सिंचाई. (2) 撒水 = छिड़काव.

परिष्करण [名] (1) 飾り；装飾 (2) 精製 (3) 精製所〈refinery〉

परिष्कार [名] (1) 精製；純化 (2) 洗練；仕上げ भाषा-परिष्कार 言葉の洗練 हिंदी गद्य का परिष्कार काल ヒンディー散文の洗練期 (3) 装飾 (4) 装飾物

परिष्कृत [形] (1) 精製された；純化された कपास को विभिन्न प्रक्रियाओं से परिष्कृत या शुद्ध किया जाता है 綿は様々な過程で精製される (2) 洗練された；仕上げられた；垢抜けした；純化された = शायस्ता/शाइस्ता. उनके साहित्य में देश और मनुष्य का यही प्रेम परिष्कृत हुआ है 同氏の文学では国家と人との間のこの愛が純化されている

परिष्कृति [名*] = परिष्कार.

परिसंख्या [名*] 計算；数え上げること；列挙

परिसंचरण [名] 循環；環流 इस प्रकार महासागरों के जल में सामान्य परिसंचरण होता रहता है このように大洋の水は普通環流している रुधिर और उसका परिसंचरण 血液とその循環 परिसंचरण क。 循環する मनुष्य के शरीर में रुधिर परिसंचरण करता है 血液が人体を循環する

परिसंचारी [形] 循環する；循環上の परिसंचारी अंग 循環器官

परिसंचित [形] 集められた；蓄えられた

परिसंपत्ति [名*] 資産

परिसंवाद [名] (1) 討論；議論 (2) 討論会；シンポジウム इस सम्मेलन में 34 परिसंवादों और 62 सत्रों का आयोजन है この会議では 34 のシンポジウムと 62 のセッションが企画されている (3) 座談会（放送）

परिसमापन [名] (1) 清算；弁済；整理 (2) 終了；完了 (3) 除去

परिसमाप्त [形] (1) 清算された；弁済された；整理された (2) 終了した；完了した (3) 除去された

परिसर [名] (1) 構内；キャンパス विश्वविद्यालय परिसर में समाजविरोधी तत्त्वों पर पुलिस कड़ी नज़र रखेगी 警察は大学構内で反社会分子を厳しく監視 (2) 建物 एक ग्रूप के परिसर में छापा मारकर दस लाख रुपये के जो ज़ेवरात बरामद हुए हैं あるグループの建物を急襲して差し押さえた 100 万ルピーの宝飾品 (3) 領域；区域；範囲；広がり

परिसीमन [名] 限界決定；境界決定

परिसीमा [名*] (1) 限界 (2) 境界 नगर भूमि परिसीमा अधिनियम 市街地制限法 (3) 周囲の長さ

परिसीमित [形] (1) 制限された；限定された (2) 限界づけられた

परिस्तान [名]《P. پرستان》パリーたちのいるところ；妖精の国；おとぎの国 = परियों का लोक. → परी.

परिस्तीर्ण [形] 広げられた = बिखराया हुआ; फैलाया हुआ.

परिस्थान [名] (1) 住居；住宅 (2) 周囲；周辺地域

परिस्थिति [名*] (1) 事情；状況；背景 उन परिस्थितियों की जानकारी それらの事情に関する情報 सामाजिक परिस्थिति 社会状況〈social situation〉 (2) 環境

परिस्थितिगत [形] (1) 状況についての；状況的な (2) 環境に関する；環境関係の

परिस्थितिवश [副] 事情のため；状況から；やむなく परिस्थितिवश वह अपनी पत्नी से ही झूठ बोलने को मजबूर हो रहा है やむなく妻に嘘をいわざるを得なくなっている

परिस्थितिवाद [名] (1) 環境論 (2) 環境保全主義

परिस्थितिवादी [名] (1) 環境問題研究家 (2) 環境保全主義者

परिस्थिति विज्ञान [名] 生態学；エコロジー〈ecology〉

परिस्थिति विज्ञानी [名] 生態学者；エコロジスト〈ecologist〉

परिस्पंद [名] (1) 震動；震え (2) 圧迫

परिस्फुट [形] (1) 明白な；明らかな = व्यक्त; प्रकाशित; प्रकट. (2) 完全に開いた；広がった = ख़ूब खिला हुआ.

परिस्फुरण [名] (1) 震動 (2)（蕾などの）開くこと

परिस्रावी [形] 流れ落ちる；滴り落ちる

परिहत [形] (1) 殺された；殺害された (2) 死んだ；死亡した (3) 破壊された (4) 弛んだ；ぐったりした

परिहार [名] (1) 強奪 (2) 戦利品 (3) 除去 (4) 排除 (5) 終結 (6) 免除

परिहार्य [形] 排除できる；取り除くことのできる；排除すべき；除去すべき

परिहास [名] 冗談；冷やかし；ふざけ；軽口

परिहासकथा [名*] 笑い話；笑話

परिहासमय [形] 滑稽な；おかしい；ユーモラスな परिहासमय दृश्य 滑稽な光景

परिहित [形] 覆われた；被さった = ढका हुआ; आवृत्त.

परिहृत [形] (1) 落ちた；破壊された = पतित; ध्वस्त. (2) 台無しになった；駄目になった = तबाह; बरबाद.

परी [名*]《P. پری》(1) パリー；妖精 (2) 絶世の美女 = परमसुंदरी. (3)〔イ神〕天女（インドラ神に仕える天女；アプサラー；アプサラス）

परीकथा [名*] おとぎ話

परीक्षक [名] (1) 試験をする人；試す人 (2)〔教〕（大学の管理する試験の）試験委員 (3) 審査員；検査官；試験官

परीक्षण [名] (1) 試すこと；試験すること；試み；試し；実験 स्वयं परीक्षण करके सीखने की आदत डालना 自ら試みて学ぶ習慣を身につけること (2) 尋問；審理 (3) 検査；試験 कुछ विषमताओं का परीक्षण 若干の歪みの検査 क्वालिटी नियंत्रण के कड़े परीक्षणों से होकर गुजरते

है 品質管理の厳しい検査を受ける आँखों का परीक्षण करवाना 目を検査してもらう उस मरीज़ का परीक्षण करने के बाद その患者を検査した後 मल का परीक्षण 検便 (4) 実験 डाक्टर उसे अंदर के कमरे में परीक्षण के लिए ले गया 医者は実験のためそれを奥の部屋へ持っていった स्वदेशी मोटरग्लाइडर परीक्षण में खरा उतरा 国産モーターグライダー実験に合格 (5) 監査 वे पंचायत समितियों के बजट का परीक्षण करती हैं パンチャーヤット委員会の経理を監査する (6) 実習 (7) 視察 उन्होंने 3 दिन बाद कारखाने का परीक्षण करने की सहमति दे दी 3 日後の工場視察に同意

परीक्षणकाल [名] 実習期間；見習い期間

परीक्षण नलिका [名*] 試験管= टेस्ट ट्यूब.

परीक्षण नली [名*] 試験管 = परखनली. 〈testtube〉

परीक्षणपट्ट [名] 検査表 चश्मे वाले की दूकान का परीक्षणपट्ट 眼鏡店の検眼表

परीक्षणस्थल [名] (核実験の) 実験場

परीक्षा [名*] (1) 試験；テスト अंतिम परीक्षा 期末試験 मध्यावधि परीक्षा 中間試験 परीक्षा किसी की योग्यता की सच्ची परख नहीं 試験は人の能力を真に試すものではない **परीक्षा दिलवाना** 試験を受けさせる मैंने पढ़ाई पूरी कराई, चार्टर्ड एकाउंटेंसी की परीक्षाएँ दिलवाई 学業を終えさせ公認会計士の試験を受けさせた **परीक्षा दे॰** 受験する；試験を受ける **परीक्षा पास क॰** 試験に合格する उसने एम॰ए॰की परीक्षा पास की 文学修士の試験に合格した (2) 検査；審査 **परीक्षा में ठहरना** 検査に合格する **परीक्षा में पूरे उतरना** 合格する **परीक्षा ले॰** 試験をする (3) 考察；吟味 झूठे-सच्चे मित्रों की परीक्षा 真の友人の吟味 (4) 検診；(身体の) 検査 बच्चे की विधिवत् परीक्षा 子供たちの正式の身体検査 (5) 試練 इस महत्त्वाकांक्षा ने मुझे कठिन परीक्षा के समय भी विचलित नहीं होने दिया この大志が厳しい試練の時にも道を踏みはずさせなかった

परीक्षाकक्ष [名] 〔教〕試験場 (教室)

परीक्षाकेंद्र [名] 〔教〕試験場；試験会場 वह परीक्षा केंद्र पर ड्यूटी देने जा रहा था 試験場での勤務に向かうところだった

परीक्षाफल [名] 試験結果；試験成績= रिजल्ट. परीक्षाफल घोषित होने के बाद 成績発表後 समाचार-पत्र में परीक्षाफल निकला 新聞に試験成績の発表

परीक्षाभवन [名] (大学などの) 試験場；試験会場

परीक्षार्थी [名] 受験生；受験者；審理を受ける人

परीक्षा हाल [名] 《H. + E. hall》試験場；試験会場

परीक्षित् [名] 〔イ神〕パリークシット王 (チャンドラヴァンシャ，すなわち，月種族王統のクル族の王．パーンドゥ五王子の１人アビマニュ अभिमन्युとマットスヤ मत्स्य 国王の王女 उत्तरा との間に生まれた)

परीक्षित [形] (1) 試された (2) 検査された (3) 審査された (4) 吟味された युग युग से परीक्षित आदर्श 何十年，何百年と吟味されてきた理想像

परीक्ष्यमाण [形・名] (1) 試されている；被験者 (2) 見習い中の

परीछा [名*] = परीक्षा.

परीज़ाद [名] 《P. پری زاد》(1) パリー (妖精) の子 (2) 美男

परीज़ादा [名] 《P. پری زاده》パリーの子；妖精の子

परीज़ादी [名*] 《P. پری زادی》パリーのような美人；絶世の美女

परीत [形] (1) 囲まれた；包まれた (2) 過ぎ去った

परीपैकर [形] 《P. پری پیکر》パリーのような姿形の；パリーのように美しい；優雅な= परीअंदाम.

परीबंद [名] 《P. پری بند》(1) 〔装身〕パリーバンド (女性の手首飾りの１つ) (2) 子供用の鈴のついた足首飾り

परीरुख़ [形] 《P. پری رخ》大変美しい；容貌のすぐれた

परीरू [形] 《P. پری رو》= परीरुख़.

परीलोक [名] 《P. پری + H.लोक》おとぎの国；妖精の国；桃源郷 मुझे लगा जैसे मैं किसी परीलोक में पहुँच गया हूँ まるでおとぎの国にやって来たような感じだった

परीवा [名*] (1) 太陰暦の黒分・白分各半月の第１日 (2) 安息日 = परीवा का दिन.

परीशान [形] 《P. پریشان》= परेशान.

परीशानी [名*] 《P. پریشانی》= परेशानी.

परुष [形] (1) 固い；ごつごつした；ごわごわした (2) ざらざらした (3) きつい；厳しい；険しい (4) 荒い；ざらざらした (5) 情愛のない；無情な

परुषता [名*] ← परुष.

परुषाक्षर [形] 言葉や言葉遣いの厳しい；言葉や表現がきつい

परेंद्रियज्ञान [名] テレパシー；心霊感応 〈telepathy〉

परे [副] (1) はずれて；離れて (2) 外に；外側に (3) 越えて；超越して **परे परे क॰** 退ける；去らせる；遠ざける **परे बिठाना** やっつける；圧倒する；打倒する= परे बैठाना. **परे बैठना** 距離を置く；近づかない；接近しない；関係を持たない **परे रहना** = परे बैठना. धर्मों से परे रहकर हम इनसानियत को महत्त्व दें 宗教を超越して人道主義を重んじよう वह तर्क किसी सामान्य बुद्धिवाले व्यक्ति की समझ से परे है その論理は普通の理性の人の理解を越えている **परे हट जा॰** 退く；後退する；後ずさりする मार्ग में किसी कुलीन व्यक्ति को देखकर परे हट जाना, ताकि उनपर छाया तक न पड़े 道でだれか尊い人を見かけたらその方に自分の影さえもかからないように後ずさりすること दरवाज़े से परे हट जाओ और मुझे निकल जाने दो 扉の向こうへ下がりなさい．私を通らせておくれ (-से) **परे हो॰** (―を) 越える；超越する परमात्मा काल से भी परे है 神は死を超越している (存在である) दुनियादारी के परे हो॰ 超俗；世俗を脱する काल से परे तो नहीं 時間を超越しているのではない

परेई [名*] (1) 〔鳥〕ハト科セネガルキジバト【*Streptopelia senegalensis*】= टुटरूँ फ़ाख़्ता. (2) ハト科カワラバト【*Columba livia*】= कबूतर.

परेखना [他] (1) 試す= परखना; जाँचना. (2) 検査する= परीक्षा क॰.

परेखा[1] [名] (1) 検査；調査；調べ (2) 判別力

परेखा[2] [名] (1) 悲しみ (2) 悔やむこと；後悔 (3) 悩み；心配

परेग [名] 《← E. peg》釘

परेड [名⁻] 《E. parade》(1) 教練 (2) 練兵場 (3) 〔軍〕閲兵；観兵式；パレード परेड का मुआइना क॰ 閲兵する

परेड ग्राउंड [名] 《E. parade ground》〔軍〕練兵場；閲兵場

परेता [名] 凧揚げ用の糸巻き= परैता.

परेवा [名] (1) ハト科セネガルキジバト= पंडुकी. (2) ハト科カワラバト【*Columba livia*】= कबूतर.

परेशान [形] 《P. پریشان/پریشاں परीशान/परीशाँ》(1) 困っている；悩んでいる；苦しんでいる；苦労している अनिद्रा से परेशान 不眠症で困っている (2) 心配な；不安な；悩んでいる；煩っている；気がもめる **परेशान क॰** 困らせる；悩ませる；苦しませる；痛めつける कम आयवाले अधिकांश माता-पिता अपनी विवाह योग्य कन्या के लिए उपयुक्त वर तलाश करने के लिए बहुत परेशान रहते हैं 低収入のたいていの親は適齢期の娘のよい婿を探すのに苦労する भाई की बीमारी से सारा घर परेशान था 兄の病気で家中が心配していた

परेशानकुन [形] 《P. پریشان کن परीशानकुन》困らせる；苦しめる；悩ませる

परेशानी [名*] 《P. پریشانی परीशानी》(1) 困ること；困惑；悩み；苦しみ；煩い मच्छरों से परेशानी 蚊に悩まされること बड़ी परेशानी में फँस गया हूँ ひどく困ったことになった (2) 心配；不安 उसकी बीमारी से सभी को काफ़ी परेशानी हो रही है あの人の病気のことで皆がかなり心配している

परेषण [名] (1) 発送 (2) 委託；託送 (3) 送り荷

परैता [名] = परेता.

परोक्ष[1] [形] (1) 目に見えない प्रत्यक्ष पृथ्वी के भीतर कोई परोक्ष सत्ता है 目に見える大地の内部に何か目に見えぬ存在がある (2) 目の前にない (3) 秘められている (4) 間接の (5) 婉曲な **परोक्ष रूप से** 間接的に

परोक्ष[2] [名] (1) 目前にないこと；不在 (2) 過去

परोक्षकर [名] 間接税

परोक्षदर्शन [名] 透視；千里眼

परोक्षनिर्वाचन [名] 間接選挙

परोक्षवाद [名] オカルティズム= गुह्यतंत्र.

परोता[1] [名] 曾孫 (内孫の子) = पड़पोता; परपोता.

परोता[2] [名] (1) 麦わらで編んだかご (2) 祝い事に際して理髪師など普段の役務提供者に対して村落共同体の受益者から贈られる小麦粉，黒砂糖，ウコンなどの穀物や香辛料

परोपकार [名] 親切；親切な行為；善行；慈善；利他= नेकी; कारे ख़ैर. परोपकार में ख़र्च हो॰ 慈善に金を費やす

परोपकारक [形] = परोपकारी.

परोपकारिता [名*] = परोपकार.

परोपकारी [形] 親切な；情け深い；心優しい

परोपजीवी [形・名] 寄生する（動植物）
परोरजा [形] 感情を越えた
परोल [名] 《E. parole》= पैरोल. 合言葉；暗号
परोसना [他] (1) よそう（食べ物を器に）；盛る；盛りつける；食物を器に盛りつけて人に供する अम्मा बच्चों को खाना परोस रही थीं 母さんは子供たちに食事を盛りつけているところだった विभिन्न प्रकार के भोजन परोसे गए 様々な料理が盛りつけられた सब को भोजन परोस दिया गया 全員に食事が出された परोसने के चम्मच 盛り分けに用いるスプーン विशेष अतिथियों के लिए गोमांस का परोसा जाना सम्मानसूचक माना जाता था 特別の客人に牛肉が供されるのは敬意を表するものとされていた (2)（供物などを）供える **परोसा थाल** 簡単なこと；容易なこと **परोसी थाली चली जा॰** 目の前のものを取り損なう **परोसी थाली छिन जा॰** = परोसी थाली चली जा॰. **परोसी थाली सामने से खींच ले॰** 人の受け取るものを横取りする **परोसी पत्तल फाड़ना** 約束を破る
परोसा [名] 盛りつけられた 1 人分の食事
परोहा [名] 井戸から灌漑用の水を汲み出すのに用いられる革袋 = चरस; मोट.
पर्चम [名] = परचम.
पर्चा [名] = परचा. पर्चा पढ़ना （研究会や学会での発表）論文を発表する
पर्चिया [名*] = परची.
पर्ची [名*] = परची.
पर्जन्य [名] (1) 雷雲 (2) 雲 (3) インドラ神
पर्ण [名] (1) 葉= पत्ता; पत्ती. (2) キンマの葉= तांबूल. (3) 書物の一枚；一葉
पर्णकक्ष [名]〔植〕ようえき（葉腋）〈leaf axil〉
पर्णकुटी [名*] 草庵
पर्णग्रंथि [名*]（葉の生じる）節
पर्णपाती [形]〔植〕落葉性の〈deciduous〉 पर्णपाती वृक्ष 落葉樹
पर्णवृंत [名]〔植〕ようへい（葉柄）〈petiole; leaf stalk〉
पर्णशाला [名*] = पर्णकुटी.
पर्णहरित [名]〔生〕葉緑素；クロロフィル〈chlorophyll〉
पर्णांग [名]〔植〕シダ（シダ植物） फर्न
पर्णाभ[1] [形] 葉の形をした；葉のような；葉状の
पर्णाभ[2] [名]〔動〕肝臓ジストマ；肝蛭〈liverfluke〉
पर्णाभकृमि [名]〔動〕吸虫類〈fluke〉
पर्णी [名] (1)〔植〕マメ科ハナモツヤクノキ= पलाशवृक्ष. (2) マメ科草本タマツナギ【*Desmodium gangeticum*】= सरिवन. (3)〔植〕クスノキ科タマラニッケイ【*Cinnamomum tamala*】
पर्त [名*] = परत. घृणा की काफ़ी मोटी पर्त से बाबा का चेहरा ढक गया 祖父の顔は憎しみのかなり厚い層で覆われた प्याज़ की पर्तों की तरह एक के बाद एक タマネギの皮のように次から次に
पर्दा [名] 《P. پرده पर्दा》→ परदा. अम्मी और बाजी पर्दा करती हैं 母と姉とはパルダーをする **पर्दे की प्रथा** パルダーの風習 पर्दे से हो जाएँ, डाक्टर साहब आ रहे हैं 「パルダーをしろ．お医者さんがお見えだぞ」（来客や男性が女性のいる家の奥に入る時に発する言葉） वह शोर मचता है कि कानों के पर्दे फट जाएँ 鼓膜が破れそうなけたたましい音がする
पर्दानशीन [形] = परदानशीन.
पर्दाप्रथा [名*] パルダーの風習
पर्दा फ़ाश [名] 《P. پرده فاش》秘密を明かすこと；暴くこと；暴露 वह आप के ऐबों का पर्दाफ़ाश कर दे あの人は貴方の欠点を暴くかも知れない→ परदा.
पर्पट [名]〔植〕アカネ科雑草マルバムグラ【*Oldenlandia paniculata*】
पर्पटी [名*] (1) パルパティー（グジャラート州のスーラト辺りからもたらされる芳香のある白色の土．ヒンドゥーが額に宗派の標識を描くのに用いられる）= गोपीचंदन. (2) 外被；外殻；表皮やかさぶたのひからびたもの
पर्परी [名*] パーパル（पापड़）のかけら
पर्ब [名] = पर्व.
पर्बत [名] 山；山岳= पर्वत.
पर्बती [形] 山の；山岳の；山間の= पर्वतीय; पहाड़ी.
पर्म [名]《E. perm》パーマ；パーマネント（ウエーブ） पर्म करवाना パーマをかけてもらう；パーマをかける
पर्मिट [名*] 《E. permit》= परमिट.
पर्यंक [名] (1) 寝台= पलंग. (2) 轎= पालकी. (3) 結跏趺坐；端座
पर्यंत[1] [名] 果て；境；涯；境界；端；限界
पर्यंत[2] [後置] まで अब से जीवन पर्यंत 今より命果てるまで；これより全生涯 जीवनपर्यंत 全生涯；一生涯
पर्यटक [名] 観光客；観光旅行者；ツーリスト पर्यटक दल 観光旅行団 **पर्यटक स्थल** 観光地
पर्यटन [名] 観光；観光旅行 पर्यटन की सुविधा 観光施設 पर्यटन उद्योग 観光産業
पर्यटन-क्षेत्र [名] 観光地
पर्यटन विकास निगम [名] 観光開発公社 मध्यप्रदेश पर्यटन विकास निगम मुख्यालय（भोपाल）マッディヤ・プラデーシュ州観光開発公社本部（ボーパール）
पर्यटनस्थल [名] 観光地 पुष्कर से सस्ता शायद ही कोई और पर्यटन स्थल हो 多分プシュカルほど安価につく観光地は他にあるまい
पर्ययण [名] (1) 周回；ぐるりと回ること= परिभ्रमण. (2) 鞍= ज़ीन.
पर्यवरोध [名] 支障；障害= बाधा; विघ्न.
पर्यवलोकन [名] (1) 見渡すこと (2) 概観
पर्यवसान [名] (1) 終わり；終結= अंत; समाप्ति. (2) 合一；一体化
पर्यवसित [形] 終わった；終了した= समाप्त; ख़त्म.
पर्यवस्थान [名] (1) 反論；言い返すこと= प्रतिवाद. (2) 反対すること= विरोध.
पर्यवेक्षक [名] (1) 監督官 (2) 観測筋 (3) オブザーバー
पर्यवेक्षण [名] 監察；監督；監視〈supervision〉
पर्यसन [名] (1) 取り出すこと；排出すること (2) 投げること；投げ飛ばすこと
पर्यस्त [形] (1) 外へ出された；取り出された (2) 広がった (3) 投げられた
पर्याकुल [形] 大混乱の；動転した；大騒動の；あわてふためいた
पर्याप्त [形] 不足のない；十分な；足りる पर्याप्त समय 十分な時間 भूमि परिवार के पालन के लिए पर्याप्त थी 土地は家族を養うのに十分であった कानून बना देना पर्याप्त नहीं है 法律を作るだけでは十分でない
पर्याप्ति [名*] (1) 十分なこと；満足なこと (2) 終わり；終了
पर्याय [名] (1) 同義語= समानार्थक शब्द. ईमानदारी को मूर्खता का पर्याय समझा जाने लगा है 誠実さが愚かさの同義語のように思われるようになってきている (2) 順序；連なり **पर्यायकोश** 同義語辞典
पर्यायवाचक [形] 同義の；同義語の
पर्यायवाची [形] = पर्यायवाचक. सभ्यता शब्द का प्रयोग कभी-कभी संस्कृति के पर्यायवाची के रूप में किया जाता है 文明と言う言葉はしばしば文化と同義語に用いられる
पर्यायी [形] = पर्यायवाचक.
पर्यालोचन [名] 精査；吟味= समीक्षा.
पर्यावरण [名] 環境；自然環境 बंबई नगर का विकास वहाँ के पर्यावरण की सुरक्षा से जुड़ा हुआ है ムンバイ（ボンベイ）市の発展は同地の環境保護とつながっている पर्यावरण बचाओ 環境を守れ（自然を守れ） पर्यावरण में प्रदूषण 大気汚染などの環境汚染 पर्यावरण एवं वन मंत्री 環境・森林省大臣
पर्यावरण और वन मंत्रालय [名] インド連邦政府環境・森林省〈Ministry of Environment and Forests〉
पर्यावरणप्रदूषण [名] 環境汚染 पर्यावरणप्रदूषण की समस्या और भी गम्भीर हो जाएगी 環境汚染問題は更に深刻になろう
पर्यावरणमित्र [形] 環境に優しい
पर्यावरणरक्षा [名*] 環境保護；環境保全
पर्यावरणवाद [名] 環境保護論
पर्यावरणवादी [形・名] 環境保護論の；環境保護論者
पर्यावर्तन [名] (1) 復帰 (2) 交換
पर्युषण [名]〔ジャ〕(1) ジャイナ教徒がティールタンカラ तीर्थंकर に祈りを捧げ自省により心を浄め徳を高めるためにインド暦の 6 月 भाद्रपद/भादों に行うヴラタ（व्रत）．一日一食の断食を伴う．白衣派は黒分 13 日から白分 5 日まで，空衣派は白分 5 日から 13 日までのいずれも 8 日間にわたる行 (2) 雨季 (3) 一か所に集い行われる修行；雨安居
पर्येषण [名] 精密な調査；厳密な検査= छानबीन.
पर्व [名] (1) ふし（節）；つなぎ目 (2) 関節；体の節 (3) 作品の章 (4) 祝典や祭のある特定の日；祝日；祭日 विजयदशमी का पर्व धूमधाम से संपन्न ヴィジャヤダシャミー祭大いに賑わう दीवाली जैसे विशेष

पर्व पर ディーワーリー祭のような特別の祭日に (5) 毎月の黒半及び白半のそれぞれの半月並びにそれぞれの 8 日と 14 日；満月と新月の日 (6) 食（日食及び月食）；蝕
पर्वत [名] (1) 山= पहाड़. (2) 堆く積まれたもの；山= ढेर.
पर्वतक [名] 小山；丘陵= पहाड़ी.
पर्वत दुर्ग [名] 山城= पहाड़ी क़िला
पर्वतपति [名] ヒマラヤ山；ヒマーラヤ= हिमालय.
पर्वतमाला [名*] (1) 山脈 (2) 連山 पर्वतमाला से घिरा हुआ एक सुंदर नगर 山々に囲まれた美しい町
पर्वत राज [名] (1) ヒマラヤ山= हिमालय. (2) 大きな山；泰山；大山；高山 आओ, तनिक साथ-साथ पर्वतराज की सैर करें さあ一緒に行こう山歩きに
पर्वतशिखर [名] 山頂；山の頂上
पर्वतशृंखला [名*] 山脈
पर्वतश्रेणी [名*] 山脈
पर्वतस्खलन [名] 山崩れ
पर्वतारोहण [名] 山登り；登山
पर्वतारोही [形・名] 山に登る；山登りをする；登山家；登山者 ब्रिटिश पर्वतारोही イギリス人登山家 पर्वतारोहियों का दल 登山隊= पर्वतारोही दल.
पर्वताशय [名] 雲= मेघ; बादल.
पर्वतीय [形] (1) 山の；山間の；山地の；山岳の= पहाड़ी. पर्वतीय प्रदेशों में 山間地域で (2) 山に住む；山間に居住する (3) 山にある；山地に存在する पर्वतीय उपत्यका 谷；谷間 पर्वतीय मानचित्र 山岳地図
पर्वत्योहार [名] 祝祭日
पर्वन् [名] = पर्व.
-पर्वर [造語] 《P. پرور》（ーを）養う，養護する，育む，慈しむ，守る，保持する，保つなどの意を有する合成語の構成要素 ग़रीबपर्वर 貧しき者を慈しむ कीनापर्वर 憎しみを抱く
पर्वसंधि [名*] (1) 新月と満月の時 (2) 太陽と月の食の時 (3)〔解〕膝関節 (4) ふし；節（茎から葉の生じる部分）
पर्वा [名*] 《P. پروا》= परवा; परवाह; पर्वाह.
पर्वानगी [名*] 《P. پروانگی》命令；許し；許可= परवानगी.
पर्वाना [名] = परवाना.
पर्वेज़ [名] 《P. پرویز》(1) 尊敬すべき= सम्माननीय; प्रतिष्ठित. (2)〔人名〕ササーン朝ホスロー１世アヌーシールワーンの子，パルヴェーズ (3) ふるい（篩）
पर्शु [名] (1) 斧= परशु; फरसा. (2) 肋骨= पसली; पाँजर.
पर्स [名] 《E. purse》(1) 財布；銭入れ；蝦蟇口 मेरा पर्स न जाने किधर गया 私の財布はどこへ行ったのやら (2) ハンドバッグ
पर्सनल [形] 《E. personal》(1) 個人の；個人的な (2) 個人に対する (3) 本人の；直接の
पर्सनल असिस्टैंट [名] 《E. personal assistant》個人秘書 = पी॰ए॰.
पर्सनल कंप्यूटर [名] 《E. personal computer》パーソナル・コンピューター；パソコン
पर्सनल फ़ाउल [名] 《E. personal foul》〔ス〕パーソナルファウル
पर्सर [名] 《E. purser》パーサー फ़्लाइट पर्सर 飛行機のパーサー
पर्हेज़ [名] = परहेज़.
पर्हेज़गर [形] = परहेज़गार.
पलंग [名] (1) 寝台 (2) 大型でしっかり作られた寝台（床の部分を幅広のひもで編んだもの） पलंग की शोभा 美しい娘 **पलंग को लात मारकर खड़ा हो॰** *a.* 大病から元気になる；床上げ *b.* 出産の後の床上げ **पलंग तोड़ना** 働かずにぶらぶらする；ごろごろする तुम दिन भर या तो पत्रिका पढ़ती रहती हो या पलंग तोड़ती रहती हो 君は一日中雑誌を読んでいるかぶらぶらしているかだ मैं भी यहाँ घर में पलंग नहीं तोड़ती हूँ 私も家の中で一日中ごろごろしているわけじゃないわ **पलंग पकड़ना** 病気で寝込む कहीं मानो पलंग ही न पकड़ ले ひょっとして寝込んだりするのでは **पलंग पर पड़े रहना** *a.* 仕事をせずにぶらぶらする *b.* 病気のため床につく **पलंग लगाना** 床を取る；寝床を敷く；寝床の用意をする
पलंगकस [名] 媚薬（女性の催淫剤）
पलंगतोड़[1] [形] 怠け者の
पलंगतोड़[2] [名] 媚薬（男性の催淫剤）
पलंगपोश [名] 《H. + P. پوش》ベッドカバー
पलंगिया [名*] ← पलंग. 小型の寝台
पल [名] (1) 24 秒に相当する時間の単位 (2) ごく短い時間 उसे एक पल का भी चैन नसीब न होता ほんのわずかの時間さえ安らかにはしておれない (3) 古い重量単位の一（約 51g に相当） **पल के पल में** = पल भर में. **पल-पल** 常に；四六時中；絶えず；ひっきりなしに；刻々と **पल-पल भारी हो॰** 一刻一刻が耐え難く長く感じられる **पल पल युग के समान हो॰** = पल पल भारी हो॰. **पल भर के लिए** またたく間に；ほんの一瞬間 पल भर के लिए वहाँ अँधेरा-सा हो जाता है ほんの一瞬暗くなる **पल भर में** 即刻；直ちに；すぐさま **पल मारते** またたく間に **पल मारने में** = पल मारते. **पल में माशा, पल में तोला** 大変むら気な；ころころ気分が変わる बहिन का कुछ भरोसा नहीं, पल में माशा, पल में तोला 姉は全く当てにならない．実にむら気なんだから **पल में सोते, पल में जागते** 眠ったかと思えばすぐ起きる **पल-विपल** 刻々と；次々と= क्षण-क्षण.
पलक [名*] 《P. پلک》(1) 瞼 (2) 睫毛 मधु की बड़ी-बड़ी आँखों की घनी पलकें マドゥの大きな目の密な睫毛 (3) 瞬きの間；瞬間；瞬時 **पलक उठना** 眼が開く **पलक गिरते** またたく間に；あっという間に= पलक गिरते-गिरते. **पलक गिरना** 目が閉じる；目がふさがる **पलक झपकते** = पलक गिरते. वह सब पलक झपकते होने लगा जो सालों में नहीं हो पाया था 何年かかってもできなかったことがまたたく間に行われ始めた **पलक झपकना** *a.* 瞬きをする पलक झपकने में またたく間に；瞬時に *b.* 眠気がする；眠くなる *c.* 恥じらう；恥じる *d.* 震えあがる **पलक झुकना** 恥ずかしさにうつむく **पलक डालना** 下にも置かぬもてなしをする；歓待する；待ち遠しい思いをする **पलक न पड़ना** 瞬きもしない；じっと見つめる **पलक न लगना** *a.* じっと見つめる；瞬きもしない *b.* 眠らない **पलक न लाना** = पलक न पड़ना. **पलक पसीजना** *a.* 涙が出る *b.* 哀れみを催す **पलक पाँवड़े बिछाना** 下にも置かぬもてなしをする；歓待する= पलक डालना. **पलक भर** 一瞬；一瞬間 **पलक भाँजते** すぐに；直ちに；即刻 **पलक भाँजना** *a.* 瞬きする；瞬く *b.* 目配せする **पलक भीगना** 涙が出る；目が潤む **पलक मारते (-मारते)** またたく間に；一瞬のうちに= पलक मारते न मारते. **पलक मारते ही** すぐに；直ちに；即刻；すぐさま पलक मारते ही चाय हाज़िर थी すぐにお茶の用意ができていた **पलक मारना** *a.* 瞬きをする；瞬く *b.* 目配せする **पलक मारने की फ़ुर्सत न हो॰** 大変忙しい；多忙を極める **पलक मुँदना** 瞼が閉じる；目がふさがる **पलक लगना** *a.* 瞼が閉じる *b.* 眠くなる；眠気を催す **पलक से पलक न लगना** *a.* 瞬きをせずに見る；じっと見つめる *b.* 眠気がしない **(-के) पलक हिंडोले चढ़ना** （ーに）とても大切にされる；大変可愛がられる **पलक हिलाते** = पलक भाँजते. **पलकें झेंपना** はにかむ；恥ずかしがる **पलकें दग़ा दे॰** 眠くならない；眠気がしない **पलकें बिछाना** = पलक डालना. हम तो गौरी के लिए पलकें बिछाए बैठे हैं 私はガウリーの来るのが待ち遠しくてならない **पलकें बिछी हो॰** 心からの歓待をする；人の訪れを待ちかねる **पलकें भारी हो॰** 眠くなる；眠気がする **पलकों की ओट भी अच्छी न लगना** 片時も離れ離れになっておれない **पलकों के पहाड़ ढकेलना** 重い瞼をなんとか開こうとする；眠気を我慢する **(-को) पलकों पर बिठाना** 最大の礼をもって遇する；とても丁重にもてなす विदेशियों को पलकों पर बिठा रहे हैं 外国人を厚くもてなしている **पलकों पर रखना** = पलकों पर बिठाना. **पलकों पर ले॰** = पलकों पर बिठाना. **पलकों से ज़मीन झाड़ना** 丁重にもてなす **पलकों से नमक उठाना** *a.* 惜しむ；けちる；けちけちする *b.* 苦労する；辛い思いをする **पलकों से नमक चुनना** = पलकों से नमक उठाना. **पलकों से पग चूमना** 深く敬う **पलकों से पाँव झाड़ना** = पलकों से पग चूमना.
पलकदरिया [形] 《P. پلک دریا》(1) 非常に寛大な (2) 非常に気前のよい
पलकबाज़ी [名*] 《P. پلک بازی》目配せをしあうこと
पलकिया [名*] (1) かご（駕籠） (2)（象の背に人を乗せるのに用いる）象かご
पलखन [名] = पाकर.
पलगंड [名] 左官
पलटन [名*] 《E. battalion? platoon?》〔軍〕(1) 大隊 (2) 連隊 (3) 大集団；大群；大勢
पलटना[1] [自] (1) ひっくり返る；返る；さかさまになる；逆転する；覆る；転覆する स्वाधीनता के बाद धीरे-धीरे जीवन मूल्य पलटने लगे 独立後徐々に価値観が覆り始めた रेल के डब्बों का पटरी से

प

पलटना 車両が転覆する (2) 振り向く；振り返る；きびすを返す मैं पलटा.माधो ने अंदर आने के लिए कहा 私は振り向いた．マードーが中へ入るように伝えた "ख़ुदा हाफ़िज़"कहकर पलटी 「さようなら」と言ってきびすを返した ऐसा सोचते ही वे पीछे को पलटे और मकरंदापुर की ओर लौट चले そう思ったとたんにきびすを返しマカランダープルのほうへ帰った (3) 帰る；戻る (4) 前言をひるがえす **पलटकर जवाब दे०** つっけんどんに答える；口答えをする इसके लिए अपने मन में कोई मैल न लाएँ और पलटकर उत्तर न दें (叱られたからといって) その人を憎んだりつっけんどんに返事をしたりしないこと **पलट पड़ना** 復讐する；仕返しをする कुशल हुई कि उसने इस वक़्त मार-पीट न की, नहीं तो मोती भी पलट पड़ता その時暴力を振るわなかったのはよかった．でなかったらモーティーも仕返しをしていたろう

पलटना[2] [他] (1) 返す；ひっくり返す；覆す；めくる；くる इतिहास के पन्नों को पलटना 歴史の頁をめくる पत्रिका पलटते हुए 雑誌をめくりながら मिट्टी पलटना 土を掘り返す (2) 変える；ひるがえす बातचीत का रुख़ निंदा आदि से पलटकर कुशलक्षेम की बातचीत में बदल दें 話題を人の非難などから安否の方へ変えて (3) 戻す；帰らせる

पलटनिया[1] [形] ←पलटन. 軍の；軍隊の= पलटन का.

पलटनिया[2] [名] 軍人；兵隊；兵士= सैनिक; सिपाही. पलटनियों की कोई जात-पाँत नहीं है 軍人にはカーストはない

पलटा [名] (1) 転回；折り返し；引き返し (2) 転換；変転 (3) 交換 (4) 仕返し；報復；報い (5) フライ返し（調理器具） **पलटा खाना** *a.* 転回する；覆る；変化する *b.* ひっくり返る；振り向く；振り返る；反対に向く जब से मैं फ़ौज में भरती हुआ, तब से मेरी किस्मत ने पलटा खाना शुरू किया 軍隊に入ってから運勢が反対に向き始めた *c.* 前言をひるがえす **पलटा दे०** *a.* ひっくり返す；覆す *b.* 返す **पलटा पाना** 報いを得る **पलटा ले०** *a.* 反対向く *b.* 寝返りを打つ

पलटाना [他] (1) 向きを変える；ひっくり返す；反す (2) 返す；戻す (3) 引き返させる；帰らせる (4) はね返す；追い払う

पलटाव [名] = पलटना.

पलटे [副] 代わりに；代わって= बदले में; एवज में.

पलड़ा [名] 天秤の皿；天秤皿= तुला का पलड़ा (-का) **पलड़ा ऊँचा हो०** (ーが) よりすぐれている；勝る；凌ぐ；重きをなす (-का) **पलड़ा बराबर हो०** (ーが) 対等である；相並ぶ (-का) **पलड़ा भारी हो०** = पलड़ा ऊँचा हो०. (-का) **पलड़ा हलका हो०** (ーが) 劣る；下になる

पलथा [名] 宙返り；とんぼ返り；でんぐり返し= कलाबाज़ी. पलथा मारना 宙返りをする；とんぼをきる= कलैया मारना.

पलथी [名*] (1) あぐら（胡座） (2) 結跏；結跏趺坐= पालती; पालथी. **पलथी मारना** あぐらを組む= पलथी लगाना.

पलना [自] (1) 育つ；育てられる；育まれる लंदन में पली हुई लड़की ロンドンで育った娘 फूँस और मिट्टी से बने दो कमरों के घर में ही हम सब भाई-बहन पैदा हुए और पले 茅と粘土でできた2間の家で私たち兄弟姉妹全員が生まれ育った अनाथालय में पलने वाले बच्चे 孤児院に育てられる子供たち (2) (虫などが) わく (涌く) पेट में पलते कीड़े 腹に涌いている虫 गंदगी में पलनेवाले मक्खी-मच्छर 汚物に涌く蝿や蚊 (3) 飼われる बकरियाँ अक्सर घरों में पली रहती हैं 山羊はしばしば家で飼われている (4) 育まれる；育成される यह पार्टी मुसलमानों के वोटों से पलती व कार्यरत होती रही है この党はイスラム教徒の票で育まれ活動してきている (5) 守られる；(変えずに，もしくは，変わらずに) 続けられる；(状態が) 続く

पलरा [名] = पलड़ा.

पलल[1] [名] (1) 肉= मांस; गोश्त. (2) 泥 (3) ゴマの実をすりつぶしたもの (4) ゴマの実と黒砂糖を用いてこしらえた菓子= तिलकुट.

पलल[2] [形] とても軟らかい；ふにゃふにゃの；ぶよぶよの= पिलपिला.

पललप्रिय[1] [形] 肉食の = मांसभक्षक; मांसभक्षी.

पललप्रिय[2] [名] (1)〔鳥〕ワタリガラス (2) ラークシャス；鬼= राक्षस.

पलव [名] (1) うけ (筌) (2) 漁網

पलवन [名]〔植〕イネ科雑草・牧草【*Andropogon annulatus*】= टरगी.

पलवल[1] [名*] (1) 親密な関係；親密さ (2) 調和

पलवल[2] [名] = परवल.

पलवाना [他・使] ←पालना. (1) 育てさせる；育ててもらう (2) 守らせる；続けさせる= (-का) पालन कराना.

पलवार [名] パルワール (15〜20トンほどの荷を運ぶ大型の帆船)

पलवारी [名] 船乗り；船員

पलस्तर [名]《E. plaster》(1) セメント，石灰，壁土などでこしらえた壁や壁塗り；しっくい (漆喰) जगह-जगह से पलस्तर उखड़ा हुआ था ところどころ壁が剥落していた वह चूने के पतले पलस्तर से ढका जाता था それは漆喰で薄く覆われていた (2) 膏薬 (3) ギプス；ギプス包帯；石膏包帯 उसके एक पाँव में पलस्तर चढ़ा दिया गया था 片方の足にギプスがはめられた हाथ में पलस्तर चढ़वाकर 腕にギプスをしてもらって (-का) **पलस्तर उड़ना** (ーが) とても弱る；ひどく衰弱する；打ちのめされる (-का) **पलस्तर उड़ाना** (ーを) ひどく弱らせる；ひどく衰弱させる；打ちのめす **पलस्तर चढ़ाना** *a.* 膏薬を塗る *b.* ギプスをはめる (-का) **पलस्तर ढीला क०** = (-का) पलस्तर उड़ाना. (-का) **पलस्तर ढीला हो०** = (-का) पलस्तर उड़ना. (-का) **पलस्तर बिखरना** = पलस्तर उड़ना. (-का) **पलस्तर बिखेरना** = पलस्तर उड़ाना. (-का) **पलस्तर बिगड़ना** = पलस्तर उड़ना. (-का) **पलस्तर बिगाड़ना** = पलस्तर उड़ाना.

पलस्तरकारी [名*] (1) 壁塗り (2) しっくい塗り

पलांग [名]〔動〕ガンジスイルカ= सूँस; शिशुमार.

पलांडु [名]〔植〕ユリ科野菜タマネギ；玉葱= प्याज़.

पलातक [名] 逃亡者 (逃散したり職務や責務を放棄して逃げ出した人)

पलान [名] 《P. پلان》(1) にぐら (荷鞍) (2) くら (鞍)

पलानना [他] 荷鞍をつける

पलाना [自] 逃げる；逃亡する= पलायन क०; भागना.

पलानी [名*] 藁や茅などで葺いた屋根；草葺き屋根；茅葺き屋根

पलायक [名] (1) 逃げる人 (2) (逮捕や刑罰から逃れるための) 逃亡者

पलायन [名] (1) 逃亡 (2) 逃避

पलायनवाद [名]〔文芸〕逃避主義 〈escapism〉

पलायनवादी [形・名] 逃避主義の (人)；逃避主義者 जीवन के प्रति पलायनवादी 人生からの逃避者

पलायमान [形] 逃げている；逃亡中の；逃避している

पलायित [形] 逃げた；逃亡した；逃避した

पलायी [名] = पलायक.

पलाल [名] (1) イネのわら (藁)；稲藁= पयाल; पुआल. (2) 植物の茎を干したもの

पलाव[1] [名] 釣針 = कँटिया.

पलाव[2] = पूला.

पलाश [名] (1)〔植〕マメ科ハナモツヤクノキ【*Butea frondosa*】= ढाक; टेसू. (2) 同上の花

पलास[1] [名] = पलाश.

पलास[2] [名] 麻布；ズック；キャンバス；カンバス = कनवास.

पलास[3] [名] 《E. splice》組み継ぎ；より継ぎ

पलासपापड़ा [名] ハナモツヤクノキ (पलाश/पलास) の実 = पलासपापड़ी.

पलासी〔地名〕パラーシー (西ベンガル州北東部)；プラッシー पलासी का युद्ध (1775)〔イ史〕プラッシーの戦い (1775)

पलिघ [名] (1) ガラスびん= काँच का घड़ा. (2) 水筒 (3) 水がめ

पलित[1] [形] (1) 老年の；年老いた= वृद्ध; बूढ़ा. (2) 白髪の= पका हुआ (बाल).

पलित[2] [名] 白髪になること= बाल पकना.

पलिती [形] 若白髪の

पलिहर [名]〔農〕春作用の耕地 (雨季に作物を作らず休閑地とされるもの) पलिहर भूमि 休閑地

पली [名*] 油を計量するための柄杓 **पली पली जोड़ना** 少しずつためる；ちびちび貯める

पलीत [形] = पलीद.

पलीता [名] 《P. فلیتہ / پلیتہ, फ़लीता/पलीता A. فتیلہ फ़तीला》(1) 灯芯 (2) 綿火薬 (3) 導火線 (4) 争いの火種 **पलीता चटाना** 導火線に火をつける **पलीता दे०** 火をつける；点火する (-को) **पलीता बना दे०** 威力をつけさせる **पलीता लगाना** 争いを起こさせる

पलीती [名*] ←पलीता. 灯芯，導火線などの小さいもの

पलीद[1] [形] 《P. پلید》(1) けがれた；不浄な (2) 不潔な；汚れた (3) 気味の悪い；不気味な (4) いやらしい；下品な (-की) **मिट्टी पलीद क०** (ーに) 恥辱を与える；恥をかかせる

पलीद[2] [名] 幽霊；幽鬼＝ भूत; प्रेत.

पलुटाना [他・使] ←पलोटना. 足をもんでもらう；足をもませる

पलुहना [自] (1) 花が開く；開花する (2) 葉が出る；葉が茂る (3) 盛んになる；栄える

पलुहाना[1] [自] ＝ पलुहना. इलाहाबाद का पौधा तभी पलुहाता है जब इलाहाबाद छोड़ दे イラーハーバードに生えた若木はイラーハーバードを離れて初めて花を咲かせる

पलुहाना[2] [他] (1) 開花させる (2) 葉を茂らせる

पलेट[1] [名*] 《E. plate》皿；平皿；プレート＝ प्लेट.

पलेट[2] [名] 《E. pleat》〔裁〕プリーツ

पलेटन [名] 《E. platen》〔印〕(1) 印刷機の圧盤；圧胴 (2) タイプライターのプラテン

पलेथन [名] (1) रोटी ローティーを作る際パン生地が麺棒や台などに付着しないように用いる小麦粉 (2) 大損や大被害の後に更に被った損害 **पलेथन निकलना** *a.* ひどく打たれる；打ちのめされる *b.* 大変困る；困り果てる **पलेथन निकालना** *a.* ひどく打つ；打ちのめす *b.* ひどい目に遭わせる；さんざん苦しめる **पलेथन पकना** ＝ पलेथन निकलना. **पलेथन पकाना** ＝ पलेथन निकालना. **पलेथन लगना** 更に出費がかさむ

पलेन [名] 《E. plane》かんな（鉋） ＝ रंदा.

पलेनर [名] 《E. planer》(1)〔印〕(植字に用いる) ならし木 (2) かんな盤（木工）

पलेव [名]〔農〕播種前に行われる簡単な灌水

पलोटना[1] [他] (1) 足をもむ (2) 仕える；奉仕する；世話をする

पलोटना[2] [自] (1) のたうつ；のたうちまわる＝ तड़फड़ाना. (2) ころげまわる＝ लोटना-पोटना.

पलोथन [名] ＝ पलेथन.

पलोसना [他] (1) 洗う＝ धोना. (2) うまく言いくるめる；ろうらく（籠絡）する

पलौठा [形+] (1) 初めての（子） (2) 初産の ＝ पहलौठा.

पलौठी [名*] 初産＝ पहलौठी.

पल्टन [名*] ＝ पलटन.

पल्टा [名] ＝ पलटा.

पल्थी [名*] ＝ पलथी; पालथी; पालती.

पल्प [名] 《E. pulp》パルプ

पल्याण [名] サドル；鞍；鞍のような形をした物

पल्ल [名] (1) 穀倉；穀物倉庫＝ बखार; कोठार. (2) 室（果物を熟させる）

पल्लड़ [名] 群れ；集団

पल्लव [名] (1) 芽；若芽；若葉＝ किशलय; किसलय. (2)〔装身〕パッラヴ（貴金属製の女性の手首飾り）＝ कड़ा; कंकण.

पल्लवित [形] (1) 芽の出た；若芽の出た；若葉の出た (2) 青々とした；緑したたる (3) 発展した；発達した

पल्लवी [形] (1) 芽の出た；若芽のついた (2) 青々とした；みどりしたたる＝ हरा भरा; लहलहाता.

पल्ला[1] [名] (1) 縁；ヘム；端 (2) サリー（ドーティー）やオールニーの端（頭にかかる部分） (-) **अपने पल्ले बाँधना** （－を）引き受ける (-से) **पल्ला क॰** （男性に対して）女性がサリーの端などで顔を隠す；パルダーをする (-से अपना) **पल्ला छुड़ाना** （－から）逃れる；避ける；厄介払いをする (-से) **पल्ला छूटना** （－から）逃れる；逃れ出る；(－と) 腐れ縁が切れる **पल्ला झाड़ दे॰** 絶交する (-का) **पल्ला पकड़ना** （－に）すがりつく；頼る；頼りにする；信頼する；当てにする हमें उनका पल्ला उसी तरह पकड़ना चाहिए, जिस तरह सुग्रीव ने राम का पल्ला पकड़ा था スグリーヴァがラーマにすがったように私たちはあの方にすがりつかなくてはならない (-के आगे)/सामने) **पल्ला पसारना** （－に）ひれ伏して頼む；哀願する ＝ पल्ला फैलाना. मैं आपके चरण छूता हूँ...पल्ला पसारकर भीख माँगता हूँ どうかお願い致します，なにとぞお恵み下さい **पल्ला पाक हो॰** 義務が完了する；義務を果たし終わる **पल्ला फैलाना** ＝ पल्ला पसारना. **पल्ला भर ले॰** いっぱい受け取る；沢山もらう **पल्ला ले॰** *a.* (女性が人の死を悼んで) 顔を隠して泣く *b.* 止める；押しとどめる (-के) **पल्ले** （－の）手もとに；そばに **पल्ले आ॰** *a.* 近づく；近寄る *b.* 言うことを聞く (-के) **पल्ले आ॰** （－の）思い通りになる (-के) **पल्ले पड़ना** *a.* （－に）手に入る；得られる；委ねられる *b.* （－に）嫁ぐ *c.* （－が）理解する；わかる बाबू जी की यह बात पूरी तरह से मोहन के पल्ले पड़ी हो, मुझे संदेह था 父のこの言葉をモーハンがすっかり理解したかどうか私は疑っていた शिष्य की यह बात गुरु जी के पल्ले नहीं पड़ी 弟子の言葉を師は理解しなかった **पल्ले पर आ॰** 意地を張る；強情を張る (-के) **पल्ले बँधना** （－に）嫁ぐ (-के) **पल्ले बाँधना** *a.* （－に）委ねる *b.* （－に）嫁がせる；(－の) 嫁にやる；嫁にする विधाता ने मुझे कैसे निखट्टू के पल्ले बाँध दिया है 神様は私をなんという怠け者に嫁がせになられたのだろう (-को) **पल्ले बाँधना** （－に）委ねる (-के) **पल्ले में पड़ना** （－に分け前が）手に入る；割り当てられる (-) **पल्ले में बाँध ले॰** （－を）銘記する；肝に銘じる；しっかり記憶に留める **पल्ले में हो॰** 懐に持つ；懐中に持つ (-के) **पल्ले लगना** （－を）もらう；受け取る；手に入る **पल्ले से बँधना** 責任になる；責任を負う

पल्ला[2] [名] 《P. پله》(1) 天秤の皿 (2) 2 つそろったものの一方；似たものの一方 उसने खिड़की का पल्ला खोला 窓の片側を開いた (3) 鋏の刃の片側 (4) 階段の段 (5) 段階 (-का) **पल्ला झुकना** （－が）上に立つ；優れる；優位に立つ；勝る；支配的になる (-का) **पल्ला बड़ा हो॰** （－が）上に立つ；優れる；優勢に立つ (-का) **पल्ला भारी हो॰** ＝ (-का) पल्ला झुकना. **पल्ला हलका हो॰** 下がる；劣る；分が悪くなる；形勢が悪い (-के) **पल्ले पर हो॰** *a.* （－を）頼りにする *b.* （－に）味方する；(－の) 側に立つ；(－を) ひいきにする (-के) **पल्ले में पड़ना** （－が）配分を受ける；配分を受け取る

पल्ला[3] [名] (1) 広がり；範囲 (2) 距離 (3) 麻袋；南京袋 (4) 荷 (5) 3 マン→ (मन) の重量

पल्ला[4] [形+] ＝ पहला. **पल्ले दरजे का** 第一級の；とびきりの；最高級の हम जब किसी आदमी को पल्ले दरजे का बेवकूफ़ कहना चाहते हैं, तो उसे गधा कहते हैं 人をとびきりの愚か者と呼びたい時には「ロバ」と呼ぶ **पल्ले सिरे का** 頂点の；名うての यह महाशय पल्ले सिरे के बैठकबाज़ हैं この人は名うての策士だ

पल्लिका [名*] (1) 部屋；小さな村 (2)〔動〕ヤモリ＝ छिपकली.

पल्ली [名*] (1) 部落；小さな村＝ पुरवा; खेड़ा. (2) 小屋

पल्लू [名] (1) へり；端；ヘム (2) サリーの頭から顔にかける端；パッルー इतना कहकर वह धोती के पल्लू से आँखें पोंछती-सी रोने लगी それだけ言うとサリーの端で目を拭うようにして泣き出した (-का) **पल्लू पकड़ना** （－に）とりつく बड़ी कम उम्र में ही इस रोग ने उसका पल्लू पकड़ लिया था まだほんの年少のうちにあの方にこの病気がとりついたのだった

पल्लेदार[1] [形]《H.+ P. دار》(1) 遠くへ達する；遠方に達する पल्लेदार आवाज़ 遠方によく届く声 (2) 広範囲の

पल्लेदार[2] [名] (1) 穀物店の計量係 (2) 穀物の袋を担ぐ人；運搬する人；ポーター

पल्लेदारी [名*] ←पल्लेदार. 計量係；運搬係 (पल्लेदार) の仕事や職業

पल्वल [名] 小さい池

पल्हवना [自・他] ＝ पलुहना.

पल्हाया [名] サトウキビ搾りの作業歌＝ मल्हौर; कोल्हूगीत

पवई [名*]〔鳥〕ムクドリ科ズグロコムクドリ【*Sturnus pagodarum*】

पवन [名] (1) 空気 (2) 風 (3) 呼吸；息 हास्य करता था, खिलाता अंक में तुझको पवन お前を胸に抱いて笑わせ遊ばせていた風 **पवन का भूसा** 風に吹き飛ぶような取るに足らないもの (-पर) **पवन बिठाना** （－に）魔法をかける **पवन में पवन मिलना** 死ぬ；果てる

पवनकुमार [名] (1)〔イ神〕ハヌマーン＝ हनुमान. (2)〔マハ〕パーンダヴァ五王子の第 2 王子ビーマセーナ (भीमसेन)

पवनचक्की [名*] ふうしゃ（風車）

पवनचक्र [名] 竜巻 ＝ चक्रवात; बवंडर.

पवनचरखी [名*] 《H.+ P. چرخی》かざぐるま；風車（玩具） ＝ फिरकी.

पवनज[1] [形] 風の神（パヴァナとアンジャナー）から生まれた (हनुमान)

पवनज[2] [名]〔ラマ〕ハヌマーン ＝ हनुमान.

पवनदिशासूचक यंत्र [名] 風向計；風見鶏

पवनपुत्र [名] (1) ハヌマーン＝ हनुमान; पवनज. (2)〔マハ〕ビーマセーナ (भीमसेन)

पवनभट्ठी [名*] 風炉

पवनमापी [名] 風力計 〈anemometer〉 ＝ पवनवेगमापी.

पवनवेग [名] (1) 風力 (2) 風速

प

पवनवेगमापी [名] 風力計
पवनसूचक गुब्बारा [名]〔気象〕測風気球〈pilot balloon〉
पवनसुत [名] (1) ハヌマーンの別名（風の神パヴァナの子） पवनसुत हनुमान (2)〔マハ〕ビーマ，もしくは，ビーナセーナ（भीमसेन パーンダヴァ五王子の第 2）→ पाण्डव; पांडव.
पवनारेख [名]〔気象〕風向・風力図= पवनदिग्दर्शी आरेख.
पवनी[1] [名*] 村落に居住して主に労役を提供するサービス業に従事するカースト（理髪業，洗濯業など）や村内の必需品を製造する陶工などバラモン，クシャトリヤ，農民，商人，以外のカースト；パウニー（पौनी）
पवनी[2] [名*] ほうき（箒）
पवनीय [形] ←पवन. 風や空気の；風や空気による पवनीय अपरदन 風化
पवमान [名] 風；空気= पवन.
पवर्ग [名] デーヴァナーガリー文字の両唇破裂音と両唇鼻音の含まれるパ行（प, फ, ब, भ, म）
पवाँर [名] (1)〔植〕マメ科雑草エビスグサ【*Cassia tora*】= चकवँड; पवाड़. (2) クシャトリヤの一氏族名＝パルマール परमार.
पवाड़ [名]〔植〕エビスグサ→ पवाँर.
पवाड़ा [名] (1) 長たらしい物語 (2) 大げさな話 (3) 先祖の系譜を称えた歌= पँवाड़ा.
पवार [名] = परमार; पँवार.
पवित्र [形] (1) 神聖な；聖なる नदियाँ हमारे देश में पवित्र मानी जाती हैं 川はわが国では神聖なものと考えられている (2) 尊い गरीब लड़की की मुहब्बत दुनिया की सब से पवित्र निधि है 貧しい娘の愛情はこの世で一番尊い宝物 (3) けがれのない；清浄な (4) 汚れのない；無垢な；清純な；清らかな (5) 純粋な
पवित्रता [名*] ←पवित्र. इस धारा की पवित्रता की रक्षा この川の神聖さを守ること कन्या की पवित्रता और सुरक्षा 乙女の清純さと安全
पवित्रात्मा [形・名] 尊貴な（人）；高貴な（人）
पशम [名⁻]《P. پشم पश्म》(1) 羊毛 (2)（特に）カシミヤ山羊の毛 (3) 陰毛 **पशम उखाड़ना** 〔俗〕暇を持て余す；全く無為に過ごす **पशम तक न उखाड़ना**〔俗〕*a.* 全く無為に過ごすこと *b.* 相手に全く手出しのできないこと (-) **पशम पर मारना** 〔俗〕（ーを）全くものの数としないこと
पशमीना [名]《P. پشمینہ》(1) 羊毛 (2) カシミヤ वर्षा ऋतु में पशमीना या आरगैंजा का प्रयोग बेखटके कीजिए 雨季にはカシミヤやオーガンジーを安心して着用なさい
पशु [名] (1) 動物 (2) 畜生 (3) 人間らしくない人；けだもののような人間；人非人 **पशुओं का डाक्टर** 獣医
पशुकर्म [名] (1) 動物の供犠 (2) 性交；交接
पशुक्रिया [名*] = पशुकर्म.
पशुक्रूरता [名*] 動物虐待
पशुघात [名] 供犠の動物を屠ること
पशुचर [名] 牧草地；牧場
पशुचर्या [名*] (1) 動物的な振る舞い；無分別な振る舞い (2) 性交 = मैथुन.
पशुचारण [名] 牧畜
पशुचारणिक [形] 牧畜の **पशुचारणिक उद्योग** 牧畜業 पशुचारणिक खेती 牧畜；畜産業
पशुचिकित्सक [名] 獣医
पशु चिकित्सा विज्ञान [名] 獣医学
पशुता [名*] (1) 獣の状態 (2) 獣のような粗野な行動；獣性
पशुत्व [名] = पशुता.
पशुधन [名] 家畜；畜産
पशुधर्म [名] 人間としてあるまじき行為；鬼畜の振る舞い
पशुनस्ल सुधार [名] 家畜の品種改良
पशुनाथ [名] (1) シヴァ神= शिव. (2) ライオン；百獣の王= सिंह.
पशुनिरोधिका [名*] 所有者が不明になった家畜のための公設の家畜収容檻= काँजी हाउस.
पशु-पक्षी [名] 鳥獣
पशुपति [名] (1)〔イ神〕ルドラ神 रुद्र の別名（動物の主） (2) パシュパティ（シヴァ神の別名の一） एक मुहर जिसमें पशुपति अंकित है パシュパティの刻まれている金貨
पशुपाल [形・名] 家畜を守る（人）；牧人= गोप; गोपाल; ग्वाला.
पशुपालक [名] 家畜を飼う人；牧人= ग्वाला; चरवाहा.
पशुपालन [名] 牧畜；畜産；畜産業
पशुपाश [名] 供犠の動物をつないだ綱やかせ
पशु-बलि [名] 動物の犠牲；動物の生け贄 पशुबलि देने की प्रथा 動物を生け贄にする風習
पशुमेला [名] 家畜市；畜産市
पशुमैथुन [名] 獣姦
पशुयज्ञ [名] 動物の生け贄を伴う供犠
पशुरति [名*] 獣姦= पशुमैथुन.
पशुराज [名] 百獣の王；ライオン；獅子= सिंह; शेर.
पशु-व्यापारी [名] 家畜商人；ばくろう（博労）
पशुशाला [名*] 畜舎；家畜小屋
पशेमान [形]《P. پشیمان》(1) 恥ずかしい；恥じた (2) 後悔する；悔やむ
पशेमानी [名*]《P. پشیمانی》(1) 恥；恥じらい (2) 後悔；悔恨；自責
पशोपेश [名] → पसोपेश; पेशोपस.
पश्च[1] [形] (1) 後ろの；後部の；背後の (2) 奥の；内側の (3) 逆の (4) 前の；先の；この前の (5) 西の；西方の
पश्च[2] [名]〔言〕後舌〈back〉
पश्चगमन [名] (1) 後退；退歩；逃避 (2) 退歩；退化
पश्चगामी [形] (1) 後退する；逆行する (2) 退歩する；退化する
पश्चजिह्वा [名*]〔言〕舌背〈dorsum〉
पश्चदर्शन [名] 回顧；追想
पश्चपाद [名] 哺乳類の後足
पश्चप्रभाव [名] 余波
पश्चभूमि [名*]〔地理〕後背地〈hinter land〉
पश्चलेख [名] 後書き；後記〈postscript〉
पश्चस्वर [名]〔言〕後舌母音；奥舌母音〈back vowel〉
पश्चात्[1] [後置] -के पश्चात् の形で用いられる．時間，順序，位置について (1)（ーの）のちに（後に）；後で द्वितीय महायुद्ध के पश्चात् 第二次世界大戦後 (2)（ーの）後に；うしろに；後方に；背後に
पश्चात्[2] [名] (1) 西；西方= पश्चिम दिशा. (2) 終わり；終末= अंत.
पश्चात्ताप [名] 後悔；自責；呵責；悔恨= पछतावा; अनुताप; अफ़सोस. अपने किए पर पश्चात्ताप 自分の行為を悔いること
पश्चात्तापी [形] 後悔する；悔恨する
पश्चानुताप [名] = पश्चात्ताप.
पश्चार्द्ध [名] (1) 後半 (2) 西部；西側 (3) 残りの部分；残り
पश्चिम[1] [形] (1) 西の；西方の (2) 後の；終わりの；後ろの
पश्चिम[2] [名] 西；西方
पश्चिम एशिया [名]《H.+ E. Asia》西アジア
पश्चिम घाट [名] 西ガーツ山脈= पश्चिमी घाट. → पूर्वी घाट 東ガーツ山脈
पश्चिम जर्मनी [名]（旧）西ドイツ〈West Germany〉
पश्चिम सागर [名] 大西洋 = ऐटलांटिक महासागर.
पश्चिमांश [名] 全体の終わりの部分；後の部分；後部；後期
पश्चिमा [名*] 西；西方；西の方角
पश्चिमाचल [名]〔イ神〕太陽が沈むと信じられてきた西方の山 = अस्ताचल.
पश्चिमार्ध [名] 後半 = पश्चार्ध.
पश्चिमी [形] (1) 西の；西方の (2) 西から吹いて来る；西風の (3) 西欧の；西洋の पश्चिमी भारत 西部インド पश्चिमी आकाश में 西の空に
पश्चिमी एशिया [名] 西アジア
पश्चिमीकरण [名] 欧化；西洋化〈westernization〉
पश्चिमी घाट [名]〔地名〕インドの西ガーツ山脈= पश्चिम घाट.
पश्चिमी देश [名] 西洋（諸国）；西欧（諸国）；欧米（諸国）；西側諸国 पश्चिमी यूरोप तथा उत्तरी अमेरिका के देश, जिन्हें प्रायः पश्चिमी देश कहा जाता है 西欧及び北アメリカの国々を普通西洋という
पश्चिमी पवन [名] (1) 西風；西から吹く風 (2)〔気象〕偏西風 = सनातन प्रछवा पवन. 〈prevailing westerlies; prevailing westerly wind〉
पश्चिमी पाकिस्तान [名]（旧パキスタンの）西パキスタン（東パキスタン＝現今のバングラデシュに対して）
पश्चिमी बंगाल [地名] 西ベンガル州（インド）
पश्चिमी सभ्यता [名*] 西洋文明 पश्चिमी सभ्यता का प्रभाव 西洋文明の影響

पश्चिमी हिंदी [名*]〔言〕西部ヒンディー語 (खड़ी बोली, बांगरू, ब्रज, कन्नौजी, बुंदेली と言ったウッタル・プラデーシュ州西部, 中西南部, ハリヤーナー州を中心に話される５方言の総称)

पश्चिमेशिया [名] 西アジア

पश्चिमोत्तर[1] [形] 西北の；西北方の

पश्चिमोत्तर[2] [名] 西北；西北方= वायुकोण.

पश्चिमोत्तरा [名*] 西北；西北方

पश्त [名] 杭 = खंभा.

पश्ता [名] 《P. پشتہ पुश्ता》堤；堤防；土手

पश्तो [名*] 《P. پشتو》〔言〕パシュトー語（イラン語派東部グループに属する言語でアフガニスタン及びパキスタン北西辺境州とバローチスターン州を中心に話される）

पश्म [名¯] 《P. پشم》= पशम. (1) カシミヤ山羊の毛 (2) 羊毛 (3) 陰毛

पश्मीना [名] 《P. پشمینہ》= पशमीना. パシュミーナー；カシミヤ織り（カシミール地方で山羊の毛を紡いで織られた最高級品の毛織物）

पष [名] (1) 羽；翼= पंख; डैना. (2) 方；方角= ओर; तरफ़. (3) 陰暦の半月= पक्ष; पाख; पखवाड़ा.

पसंद[1] [形] 《P. پسند》好きな；気に入りの；好ましい；好みの= रुचिकर. बिल्ली को दूध बहुत पसंद है 猫は牛乳が大好き मुझे यह प्रसंग क़तई पसंद नहीं この話は全く嫌いなんだ

पसंद[2] [名*] 《P. پسند》(1) 好み；愛好；嗜好 अपनी पसंद के कुछ पौधे 自分の好きな幾つかの植物 पर भारत में पसंद की नौकरी न मिलने से यहीं कुछ वर्ष और रहना होगा でもインドで好みの仕事が得られないのでここに更に数年暮らさなくてはなるまい (2) お気に入り；好きなもの；好みのもの टमाटर, बेर और पालक तो इनकी ख़ास पसंद हैं トマト，イヌナツメ，ホウレンソウはこの人の大好物 (3) 選択；選ぶこと (=को -) **पसंद आ॰** (=にーが) 気に入る；好きになる **पसंद क॰** *a.* 愛好する *b.* 好く；愛する；好きになる *c.* 選ぶ आपको लड़की स्वयं पसंद करनी चाहिए थी (嫁にする) 娘は君自身が選ぶべきだったよ एक ग्राहक ने कोट पसंद किया (店で) １人の客がコートを選んだ

पसंदाज़ [形] 《P. پس انداز》貯金する；貯蓄する；節約する= पस अंदाज़. पसंदाज़ क॰ 貯える；貯金する；貯蓄する；節約する

पसंदाज़ी [名*] 《P. پس اندازی》貯金（すること）；貯蓄（すること）；節約（すること）= पस अंदाज़ी.

पसंदीदा [形] 《P. پسندیدہ》(1) 好みの (2) 選ばれた उसकी पसंदीदा गुलाबी रंग की साड़ी 彼女の好きなピンクのサリー

पसंदेश [形] 《P. پس اندیش》過去のことばかり考え将来のことを考えない；視野の狭い= पस अंदेश.

पसंदेशी [名*] 《P. پس اندیشی》← पसंदेश. = पस अंदेशी.

पस[1] [名] 《E. pus》うみ；膿= मवाद; पीब.

पस[2] [副] 《P. پس》(1) 終わりに；後に；結局= बाद में; पीछे; बाद में; आख़िरकार. (2) 再び；また= फिर. (3) (ーの) はずだ；もちろん；きっと= ज़रूर; अवश्य.

पस[3] [接] 《P. پس》それで；そのため；故に= इस लिए, इस कारण; अतः.

पसपा [形] 《P. پسپا》退却した；敗れた；負けた= हारा हुआ; पराजित. पसपा हो॰ 退く；退却する；敗れる；負ける

पसपाई [名*] 《P. پسپائی》退却；敗戦；敗北

पसमांदगी [名*] 《P. پس ماندگی》(1) 旅の道連れに遅れること (2) 立ち遅れ；劣等

पसमांदा [形・名] 《P. پسماندہ》(1) 残った（もの）；残りもの (2) 遺児 (3) 道連れから遅れた（取り残された）人

पसर[1] [名] (1) 掌を上に向け物をのせる形にしたもの (2) そのようにしてその中に入れたもの (3) 握りこぶし

पसर[2] [名] (1) 夜中に牧草を食べさせるために家畜を放すこと (2) 禁じられた牧草地で夜中に牧草を食わせること

पसरना [自] (1) 広がる；形を大きくする；大きくなる= फैलना; बढ़ना; प्रसार. अजाना भय पसरने लगा つかみどころのない不安が広がり始めた (2) 体を伸ばす；手足を伸ばして横たわる；寝そべる；寝る काली बिल्ली ने म्याऊँ कहकर मम्मी के पाँव पर अपनी पीठ रगड़ी और वहीं पसर गई 黒猫はにゃーおと鳴いて母さんの足に背中をこすりつけそこに手足を伸ばして横になった अटैची सिर के नीचे रखकर वह वहीं बेंच पर पसर गया アタッシュケースを枕にしてそこのベンチに手足を伸ばして横になった सदा की भाँति आज भी वहाँ पर कितने ही बेरोज़गार लोग घास पर पसरे हुए थे いつものように今日もそこには随分多数の失業者たちが草の上に寝そべっていた

पसली [名*]〔解〕あばら骨；肋骨 **पसली चलना** 息切れする；喘ぐ **पसली ढीली क॰** 打ちのめす **पसली ढीली हो॰** 打ちのめされる **पसली तोड़ना** = पसली ढीली क॰. **पसली फड़कना** 元気が出る；元気が湧く

पस व पेश [名] = पसोपेश.

पसाई [名*]〔植〕パサーイー（野生稲の一種）

पसाना [他] (1) 煮き上がった米の煮汁を取り出す= माँड निकालना. (2) 水分を取り除く

पसार [名] (1) 閉じたり畳まれたものなどを開くこと；広げること；広がること (2) 差し出すこと (3) 折り曲げられたり短くされたものを伸ばすこと (4) 広がり

पसारना [他] (1) 閉じたり畳まれたものなどを開く；広げる उन्होंने अपनी हथेली पसार दी 掌を広げた (2) 差し出す भिखारी सड़क पर कपड़े फैला या गलियों में हाथ पसारकर भीख माँगता है 乞食は道端に布を広げたり路地で手を差し出して物乞いをする (3) 折られたり曲げられたり短くされたりしたものを伸ばす；長くする ख़ुदा के घर की ओर पैर पसारे पड़ा है 神様のいらっしゃる方角に足を伸ばして座っている

पसाव [名] (1) 米の煮汁を取り出すこと (2) 取り出した米の煮汁

पसिंजर [名] 《E. passenger》= पैसिंजर. (1) 乗客；旅客 (2) 普通列車 = पसिंजर ट्रेन.

पसीजना [自] (1) 汗をかく；汗ばむ उसने पसीजे हुए हाथों से डायरी बढ़ा दी थी 汗ばんだ手で手帳を差し出した (2) 哀れみを感じる；可哀相に思う；気の毒がる；ほろりとする इससे कभी-न-कभी वह पत्थर हृदय भी अवश्य पसीजेगा これでいつかは頑なな心も必ずや悲しみを感じよう पसीजकर यदि उस युवक ने आपसे शादी कर भी ली तो 哀れんでその青年があなたと結婚したとしても

पसीना [名] 汗 = स्वेद. **पसीना आ॰** *a.* 汗が出る；汗をかく *b.* 大変疲れる **पसीना गारना** 一生懸命努力する；必死の努力をする **पसीना चुहचुहाना** 汗ばむ；汗がにじむ **पसीना छूटना** *a.* 汗をかく；汗が出る *b.* 震えあがる；肝がつぶれる अपना भंडा फूटता देख ज्योतिषियों का डर के मारे पसीना छूट गया 自分たちの正体が暴かれるのを見て占い師たちは恐ろしさのあまり震えあがった *c.* 困り果てる **पसीना-पसीना हो॰** *a.* 大汗をかく *b.* 冷や汗をかく घबराहट में मैं पसीना-पसीना होने लगा あわてていたため冷汗をかいた शर्म के मारे पसीने-पसीने हो जा॰ 冷汗三斗= घड़ों पानी पड़ जा॰. **पसीना बहाना** 汗を流す；懸命に働く；汗水流して働く **पसीना सूखना** 汗が乾く **पसीना हरा हो॰** = पसीना सूखना. **पसीने की कमाई** 汗水流して稼いだ金；汗の結晶 **पसीने की चीज़** 努力の結果得られる物 **पसीने की जगह ख़ून गिराना** わずかの親切に大きく報いること = पसीने की जगह ख़ून बहाना. **पसीने की रोटी** = पसीने की कमाई. पसीने की रोटी खाकर मगन था まじめな稼ぎに満足していた **पसीने पसीने हो॰** → पसीना पसीना हो॰. **पसीने से तर हो॰** 汗ぐっしょりになる；汗だくになる जब मैं पसीने से तर होता हूँ 汗だくになると **पसीने से भीगना** 汗だくになる **पसीने से लथपथ हो॰** = पसीने से तर हो॰. **पसीनों में डूबना** 汗びっしょりになる；汗ぐっしょりになる

पसुरी [名*] あばら骨；肋骨= पसली.

पसूज [名*] (1)〔裁〕仮縫い (2)〔手芸〕ランニングステッチ

पसूजना [他] (1) 仮縫いする (2) ランニングステッチをする

पसेरी [名*] (1) ５セール（सेर）の重量の分銅 (2) ５セールの重量や分量

पसेव [名] (1) しみ出たもの；浸出液 (2) 汗

पसोपेश [名] 《P. پس و پیش》(1) 板挟み；ジレンマ；躊躇；ためらい **पसोपेश में पड़ना** 板挟みになる；ジレンマにおちいる मैं पसोपेश में पड़ गई 私は板挟みになった ऐसे पसोपेश में वह कभी न पड़ा था こんな板挟みになったことは今まで一度もなかった (2) 言い逃れ；ごまかし

पसोपेस [名] = पसोपेश.

पस्त [形] 《P. پست》(1) ぐったりした；力の抜けた वह दौड़ते दौड़ते इतना थक जाता कि पस्त हो जाता 多忙のあまりついにはぐった

りしてしまう सुबह होते होते पस्त हो गया 夜が明けるか明けぬかにはぐったりしてしまった (2) 落胆した；しょげた हमारे हौसले पस्त नहीं हैं 意気阻喪したわけではない (3)（程度や度合いの）低い；小さい (4) 低劣な；下劣な

पस्तक़द [形] 《P.A. پست قد》背の低い；小柄な= ठिगना.

पस्तहिम्मत [形] 《P.A. پست ہمت》(1) がっかりした；落胆した (2) 士気阻喪した；士気をくじかれた

पस्तहौसला [形] 《P.A. پست حوصلہ》= पस्तहिम्मत.

पस्ती [名*] 《P. پستی》(1) 疲労困憊 (2) 落胆 (3) 低さ (4) いやしさ；低劣さ

पस्सर [名] 《E. purser》パーサー

पस्सी [名*]〔植〕マメ科落葉高木マルバシタン【*Dalbergia lancelolaria*】= बिथुआ; भकोली.

पहचनवाना [他・使] ← पहचानना.

पहचान [名*] (1) 見分け；判別；判断；弁別 एक छोटी-सी बात से ही आदमी की पहचान हो जाती है ほんの些細なことで人間は見分けられるものだ अच्छे बीज की पहचान 良い種の見分け अपने पराए की पहचान 自他の判断 (2) 目印；手がかり；特徴 इसमें कोई पीड़ा नहीं होती.यह इस रोग की मुख्य पहचान है これには何ら痛みがない．このことがこの病気の目印だ यह वह समय था जबकि वे अपनी पहचान बना रहे थे あの人が自分らしさを築いていた頃だった (3) 見抜く力；眼力；人を見分ける力；人を見る力 भाई साहब को तो आदमी की पहचान ही नहीं 兄には人を見抜く力そのものが備わっていない (4) 身元確認 अभी तक उसकी पहचान नहीं हो पाई है まだ身元の確認ができずにいる उन्होंने तीसरे यात्री की पहचान भी अच्छी तरह करवा दी 3 人目の旅客の身元確認も十分にさせた (5) なじみ；面識；知り合いであること；見覚え；覚え वह एक प्रतिष्ठित आदमी है जिसकी पहचान वायसराय से है あの人はインド総督と面識のある名の通った人です **पहचानपत्र** 身分証 **पहचान प्रमाणपत्र** 身分証明書

पहचानना [他] (1) それと知る；見分ける；判別する वही पहचानी हुई आवाज़ 覚えのある声 कोयल की 'कुहू-कुहू' सभी पहचानते हैं カッコウの鳴き声はだれでも知っている कुत्ते को विशेष गंध को पहचानने का अभ्यास दिया जा सकता है 犬に特定の臭いを判別する訓練を施すことができる यह हमारा आप का दोष है कि आदमी नहीं पहचानते 人の見分けのつかないことこれが私たちの欠陥なのだ मैं सब रंग पहचानता हूँ - लाल, पीला, हरा, नीला, नारंगी, बैंगनी 全部の色が見分けられる．赤，黄，緑，藍，橙，紫 तुम उन सिक्कों को तो पहचानते होगे それらの硬貨は見分けるだろうね 'कहो बेटा, पहचाना'「私がだれだかわかったかい．」 उसने भगवान द्वारा बताये गये लक्षणों को पहचाना 神様に教えてもらった特徴を判別した (2) 区別する；わきまえる अवसर को पहचानकर अपने ज्ञान को उपयोग में लाना 時機をわきまえて自分の知識を用いること वक़्त को पहचाने सरकार 政府は時をわきまえるべし (3) 見抜く गाँधी जी ने भारत को पहचाना और भारत ने गाँधी जी को पहचाना ガンディージーはインドをインドはガンディージーを見抜いた

पहड़िया [形] = पहाड़ी; पहाड़िया.

पहनना [他]（自分の身体に）つける；衣服を着る；着用する；（靴下や靴などを）履く；身に帯びる；（帽子などの被り物を）被る；（装身具を）はめる；身につける；あてる जिसमें छेद करके औरतें टॉप्स आदि पहनती हैं 女性は穴をあけてトップス（耳飾り）などをつける कपड़े पहनने का ढंग 着付け मोज़ा (जुराब) पहनना 靴下を履く चेहरे पर मुखौटे पहनकर नृत्य करते हैं お面をつけて（面を被って）踊る स्त्री चूड़ियाँ और हार पहनती थीं 女性はチューリー（手首飾り）や首飾りをつけていた

पहनवाना [他・使] ← पहनाना.（他人の手で）着せさせる；つけさせる；履かせさせる；着せてもらう；つけてもらう

पहनाई [名*] (1) 着ること；つけること；着用；はめること；履くこと (2) 着せてもらったりつけてもらったりはめてもらったりする手間賃

पहनाना [他] 着物，装身具，その他のものを他者の体に着せる；つける；かける；あてる फूलों की माला पहनाना 花輪をかけてやる आपको हथकड़ियाँ पहनाकर あなたに手錠をはめて

पहनाव [名] = पहनावा. (1) 衣服 (2) 服装 (3) 制服

पहपट [名] (1) 大騒ぎ= शोरगुल; हल्ला. (2) 悪評；悪名= बदनामी का शोर. (3) 陰口 (4) だまし= छल; धोखा.

पहर [名] 1 日を 8 等分した時間；3 時間（昼夜をそれぞれ 4 等分した時間を指すこともある） दो पहर के बाद 昼下がりに= तीसरे पहर. 午後に पूरे तीन घंटे के एक पहर तक まる 3 時間の間

पहरना [他] 着る；着用する= पहनना; पहिरना.

पहर रात [名*] 夕方 6 時から 9 時までの時間 वह पहर रात में निर्जीव हो गया है 宵のうちに息絶えた

पहरा [名] (1) 見張り；警戒 सशस्त्र पुलिस का पहरा 武装警察の警戒 (2) 見張り（番）；番人 (3) 当番（の時間） **पहरा दे॰** 見張りをする；見張る ये लोग रात भर चिताओं पर पहरा देते हैं この人たちは夜通し火葬の火を見張っている **पहरा पड़ना** 見張りが行われる **पहरा बैठना** = पहरा पड़ना. **पहरा बैठाना** 見張らせる；見張りを立てる **पहरा मारना** = पहरा दे॰. **पहरा लगना** 見張りが行われる；巡視が行われる **पहरे में डालना** *a.* 拘留する；拘置する *b.* 見張り番にする；見張りに立てる **पहरे में दे॰** = पहरे में डालना; पहरे में बैठाना; पहरे में रखना.

पहराना [他] = पहनाना.

पहरावनी [名*] (1) = पहनावा. (2) 祝い事の際に家事使用人などに与えられる服

पहरी [名] = पहरेदार.

पहरू [名] = पहरेदार.

पहरेदार [名] 《H. + P. دار》番人；見張り；看守；監視人

पहरेदारी [名*] 《H.P. داری》← पहरेदार. 番；見張り番；監視 घर की पहरेदारी 家の見張り

पहल[1] [名*] (1) 側面 (2) 辺；面

पहल[2] [名] 羊毛や綿のかたまり

पहल[3] [名*] (1) 始まり；開始 (2) 仕掛けること；率先；手始め；イニシアチブ；手出し；先手 लेकिन पहल सरकारी नहीं निजी क्षेत्र की हो でもイニシアチブは政府ではなくて民間が取るべきだ **पहल क॰** 手をつける；率先する；イニシアチブを取る；先手を取る हर तरह के अंधविश्वासों को चुनौती देने के लिए संस्था ने पहल की है あらゆる迷信に挑戦するのに率先したのは協会である सरकार ने आरक्षकों के 1,400 पद शीघ्र भरने की पहल की है 政府は 1400 人の警官の早急な採用に着手した **पहलशक्ति** 主導権

पहलक़दमी [名*] 《H. + P. قدمی》率先すること

पहलदार [形] 《H.+ P.دار दार》四角い；立方体の चपटी, गोल और पहलदार 平べったいものや丸いものや立方体のもの

पहलवान [名] 《P. پہلوان पह्लवान》(1) パハルワーン（レスラー；力士；整骨師の仕事もすることがある） (2) 頑丈な体格の持ち主；屈強な男

पहलवानी[1] [名*] 《P. پہلوانی पह्ल्वानी》(1) レスラーの仕事 (2) 頑健さ

पहलवानी[2] [形] (1) パハルワーン（レスラー）の (2) パハルワーンのような

पहलवी [名*] 《P. پہلوی》〔言〕パフラヴィー語（西イラン語派の中世ペルシア語）

पहला[1] [形+] (1) 最初の；初めの पहली बार माँ बनने वाली स्त्री 初めて母親になる女性 पहले गस्से में ही बाल आ॰ 出だしから不吉なことが起こる पहली मंज़िल 2 階（first floor फ़र्स्ट फ़्लोर の訳） (2) 以前の；この前の；前回の सभी दुकानदार कहते हैं अभी पहला ही माल नहीं बिका तो और माल लेकर क्या करेंगे 店主たちは口を揃えて，前回の仕入れ分がまだ売れていないのに次の分を仕入れてどうするのだと言う (3) 第 1 の；1 番目の शरारत करने में उसका पहला नंबर आता था いたずらにかけては一番だった (4) 1 等の पहला इनाम 1 等賞

पहला[2] [名] 以前のもの；もとのもの；昔のもの **पहले का** 以前の；もとの；昔の उसके पहले के तजुर्बे रहे हों 以前経験したことがあるのかも知れない पहले के हर युद्ध में 昔のすべての戦争で यहाँ पहले से भी ज़्यादा घुटन थी ここは前よりもっと息苦しかった **पहले की तरह** 依然として；以前同様 **पहले से** 先に；かねて；あらかじめ；前もって औरतें पहले से निकल जाती थीं 女たちはいつも先に出かけていた **पहले ही से** 前々から= काफ़ी पहले से.

पहलाम [名*] 手出し = पहल.

पहलू [名] 《P. پہلو पह्लू》(1) 面= भाग; अंग. दोनों एक ही सिक्के के दो पहलू हैं 両者は同じ硬貨の裏表だ (2) 脇；脇腹= बगल; पार्श्व; करवट. (3) 側面= पार्श्व भाग. (4) そば= बगल. (5) 方角= ओर;

तरफ़. (-का) **पहलू गरम क°** (ーの)そばに座る；(ーに)ぴったりひっついて座る (-से) **पहलू गरम क°** (ーを)すぐそばに(身につけて)座らせる **पहलू दबाना** 側面から攻撃を加える **पहलू निकालना** (話題を)取り上げる；持ち出す **पहलू बचाना** *a.* 避ける *b.* 目を盗む *c.* 手を抜く **पहलू बदलना** 話題を変える **पहलू बसना** 近くに住む；近所に住む (-का) **पहलू बसाना** (ーに)抱かれる (-के) **पहलू में काँटा खटकना** (ーの)胸に突き刺さる (-के) **पहलू में बैठना** (ーに)抱かれる= (-की) गोद में बैठना. (-के) **पहलू में बैठाना** (ーが)抱く (-के) **पहलू में रहना** (ーの)近くに住む；近所に住む

पहलूदार [形]《P. پہلو دار पहलूदार》幾つかの側面のある；多面的な

पहले [副・後置] 後置詞としての用法には के，もしくは，से を介して接続する (1) 以前；早く (2) 第1に；最初に पहले तो सोचा दिल का दौरा पड़ रहा है 最初は心臓の発作が起こっているのだと思った (3) 元々；元来 (4) 先に；前に बहुत पहले = कभी का. もっと早くに；ずっと以前に；とっくに चार-पाँच साल पहले 4〜5年前に दो वर्ष पहले 一昨年；おととし = दो साल पहले. सभा समाप्त होने से कुछ देर पहले 集会が終了する少し前に **पहले आप पहले आप क°** 遠慮をしあう；譲り合う **पहले आप पीछे बाप क°** まず先に自分のことを考える **पहले घर में दीया जलाना** 先に自分の得失を考える **पहले ही** *a.* かねて；すでに；これまでに；今までに तुमसे मैंने पहले ही कहा था 君にはかねて伝えてあった पहले ही इतना कुछ कर रहे हो वह क्या कम है? これまでしてきたことでもう沢山だ *b.* 先に；先んじて बकरी ने पहले ही भेड़िये पर आक्रमण क्यों किया? 山羊のほうが先に狼に襲いかかったのはなぜ

पहले पहल [副] (1) 初めて；初めに；最初に= सब से पहले. (2) 昔 पहले पहल लोग जानवरों का शिकार करके उनका गोश्त खाते थे 昔，人間は狩りをして動物の肉を食べていた

पहलौठा [形⁺] 最初の(子)；初産の(子)

पहलौठी [名*] 初産 = प्रथम प्रसव.

पहाड़ [名] (1) 山= पर्वत. (2) 山積みされたもの= भारी ढेर; बड़ा समूह. (3) 苦労の多いこと；大変厄介なもの；大仕事 खाना बनाना पहाड़ लगता है 食事をこしらえるのは大変厄介に思える **पहाड़ उठाना** 大きな仕事を引き受ける **पहाड़ ऐसे दिन** = पहाड़ जैसे दिन. **पहाड़ कटना** 厄介がなくなる **पहाड़ काटना** 難しいことをする；困難なことをなす **पहाड़ का पानी हो जा°** 難事が簡単に解決する **पहाड़ के पत्थर ढोना** = पहाड़ काटना. **पहाड़ खड़ा क°** *a.* 妨害する *b.* 大規模にする **पहाड़ खड़ा हो°** 妨げになるものが出現する **पहाड़ खोदकर चूहा निकालना** 苦労のみ多く得るものの少ないこと；無駄骨を折る **पहाड़ गुज़रना** 不快に感じられる **पहाड़ जैसे दिन** 長くうんざりする日や時間 छुट्टियों के पहाड़ जैसे लंबे-लंबे दिन उससे काटे नहीं कट रहे थे 休暇の長くうんざりする日々は彼にはどうにも過ごしようがなかった **पहाड़ टालना** 苦難から逃れる；難を逃れる **पहाड़ टूटना** にわかに災難が降りかかる；青天の霹靂 **पहाड़ पर से ढकेल दे°** ひどい目に遭わせる (-) **पहाड़ लगना** (ーが)厄介に感じられる；負担に感じられる **पहाड़-सा** *a.* とても長く感じられる；うんざりさせられる；耐えがたい दिन भर ख़ालीख़ाली पहाड़-सा दिन 一日中することもなくうんざりするほど長い *b.* 巨大な **पहाड़ से टकराना** 強敵に立ち向かう= पहाड़ से टक्कर ले°. (-) **पहाड़ हो जा°** *a.* (ーが)長く思える *b.* (ーが)辛くなる；重苦しく感じられる दिन काटना पहाड़ हो गया 1日を過ごすのがとても辛くなった

पहाड़ा [名] (1) 九九 (2) 九九表 **पहाड़ा याद क°** 九九を覚える **पहाड़ा रटना** *a.* 九九を唱える *b.* 同じことを何度も繰り返して言う

पहाड़िया[1] [形] = पहाड़ी[1].

पहाड़िया[2] [名] (1) 山間に住む人；山地の人 (2) ヒマーチャル・プラデーシュ州やウッタラーンチャル・プラデーシュ州など山間地域の人や同地域出身の人= पहाड़ी.

पहाड़ी[1] [形] (1) 山の；山間の；山地の (2) 山にある；山に育つ (3) 山に住む (4) 山に住む人たちの(特にウッタラーンチャル・プラデーシュ州の人たちやヒマーチャル・プラデーシュ州の人たち，それらの地域出身の人たちの)；パハーリーの पहाड़ी क्षेत्र 山国；山間地域 बुंदेलखंड का पहाड़ी जलवायु ブンデールカンドの山間部の気候 पहाड़ी क़सबा 山間の町 पहाड़ी सड़क 山道

पहाड़ी[2] [名] (1) 山間地方の住人 (2) 特にウッタラーンチャル・プラデーシュ州及びヒマーチャル・プラデーシュ州に住む人たちやそれらの地域の出身者；パハーリー शायद पहाड़ी है वह あの人は多分パハーリーだ

पहाड़ी[3] [名*] (1) 小さな山；小高い山 (2)〔言〕パハーリー語(主としてインドのウッタラーンチャル・プラデーシュ州及びヒマーチャル・プラデーシュ州の山間地方及びネパール東部に至る地域に話されるインドアーリア系言語)

पहाड़ी काग़ज़ी नींबू [名]〔植〕ミカン科レモン【*Citrus limon*】

पहाड़ी गंदाना [名]〔植〕ガガイモ科蔓木ニガハッカ【*Marsdenia vulgare*】

पहाड़ी गिद्ध [名]〔鳥〕ワシタカ科ヒマラヤシロエリハゲワシ【*Gyps himalayensis*】

पहाड़ी गौरैया [名*]〔鳥〕ハタオリドリ科ニュウナイスズメ【*Passer rutilans*】

पहाड़ी चिरायत [名*]〔植〕リンドウ科センブリ【*Swertia angustifolia*】

पहाड़ी चिलचिल [名]〔鳥〕ムシクイ科マミジロアカハラガビチョウ【*Garrulax cachinnans*】

पहाड़ी नींबू [名]〔植〕ミカン科レモン【*Citrus limon*】= बड़ा नींबू; करना.

पहाड़ी पुदीना [名]〔植〕シソ科草本ハッカ【*Mentha spicata*】

पहाड़ी फुदकी [名*]〔鳥〕ムシクイ科ハウチワドリ【*Prinia criniger*】

पहाड़ी मिर्च [名*]〔植〕ナス科ピーマン= शिमला मिर्च.

पहाड़ी मैना [名]〔鳥〕ムクドリ科キュウカンチョウ【*Gracula religiosa*】

पहाड़ी राई [名*]〔植〕アブラナ科野菜カラシナの一種【*Brassica juncea var. rugosa*】

पहाड़ी शीशम [名]〔植〕トウダイグサ科落葉中高木ナンキンハゼ【*Sapium sebiferum*】〈the Chinese tallow tree〉= विलायती शीशम.

पहिचान [名*] = पहचान.

पहिचानना [他] = पहचानना.

पहिनना [他] = पहनना.

पहिनाव-ओढ़ाव [名] 服装 = पहनाव-ओढ़ाव.

पहिनावा [名] = पहनावा.

पहिया [名] (1) 車輪= चक्का; चक्र. (2) 輪；車輪状のもの= सिलाई मशीन का पहिया. (手回し)ミシンの輪

पहिरना [他] = पहनना.

पहिराना [他] = पहनाना.

पहिला [形] = पहला. 以前の；昔の；元の मैं वही तुम्हारा पहिला रमेश हूँ 僕はほらあのお前の昔のラメーシュなんだよ

पहिले [副] = पहले.

पहुँच [名*] (1) 到達(すること)；到着(すること)；届くこと कटिहार जंक्शन पहुँच 13.40. カティハール接続駅到着13時40分 (2) 到着の知らせ (3) 手の届くところ；手の届く範囲 बिजली से चलनेवाली हर चीज़ बच्चों की पहुँच से दूर ही रखें 電気で動くものはすべて子供の手の届かないところに置くこと (4) 入手；利用；接近；アクセス (5) 影響力や力の及ぶ範囲 अपने पैसे व पहुँच के बल पर 自分の金や影響力で वह आम आदमी की पहुँच के बाहर है 普通の人には手が届かない (6) 知識

पहुँचना [自] (1) 着く；到着する 10 बजे तक स्टेशन पर पहुँचना चाहिए 10時までに駅に着かなくてはいけない सब लोग बस अड्डे पहुँच गए 全員バス停に着いた (2) 達する；到達する；至る；(ーの)状態になる आनंद अतिरेक के चरम बिंदु तक पहुँचने में 喜悦の頂点に到達するのに हम इस निष्कर्ष पर पहुँचे この結論に到達した पर इस बार तो पानी एक लाख दस हज़ार क्यूबिक सैक्स तक पहुँच गया है だが今度は水量は毎秒11万立米にまで達している वे ऊँचे से ऊँचे पद पर पहुँचे 最高の地位に登った (3) 届く सुदूर गाँव में भी बिजली पहुँच गई है 僻地の村にまで電気が届いている (4) 及ぶ；来る；生じる；起こる；受ける उसे एक मर्मांतक पीड़ा पहुँची हो あの人には胸を突き刺すような痛みが及んでいるかも इतना सुनते ही सेठ को घातक सदमा पहुँचा そこまで聞くと商人は致命的な衝撃を受けた कभी कोई ऐसी बात मुँह से न निकालनी चाहिए जिससे माँ को तकलीफ़ पहुँचे 母さんが辛い思いをするような言葉を決して吐いてはいけない मन को ठेस पहुँचना स्वाभाविक है ショックを受けるのは当然だ (5) もたらされる；得られる；手に入る **पहुँचते-पहुँचते** やがて；そのうちに **पहुँचा हुआ** *a.* 完成の域に達した；悟りや神通

力を得た पहुँचा हुआ महात्मा 悟りを開いた高僧= पहुँचा हुआ संत. *b.* 抜き出た；頂点を極めた

पहुँचवाना [他・使] ←पहुँचाना. 送り届けさせる；届けさせる；届けてもらう कुएँ पर पड़ी रस्सी-बाल्टी चपरासी से उठवाकर स्टोर रूम पहुँचवाना 井戸端に置いてある綱とバケツを小使いに納屋へ持って行かせる

पहुँचा [名] (1) 腕（ひじと手首との間） (2) 手首 **उँगली पकड़ते पहुँचा पकड़ना** → उँगली.... **पहुँचा पकड़ना** 無理強いする

पहुँचाना [他] (1) 連れていく；送り届ける (2) 届ける；差し伸べる हमारे शरीर के विभिन्न अंगों को रक्त द्वारा ऑक्सीजन पहुँचाई जाती है 身体の様々な部分に血液で酸素を届ける एक फूल का पराग दूसरे फूल तक पहुँचाने में भी पक्षी सहायता करते हैं 花粉を花から花へと届けるのも鳥が手助けする उन्हें तिब्बी इम्दाद किस तरह पहुँचाई जाए その人たちに医療援助をどのように差し伸べるべきか (3) 及ぼす；与える；もたらす；加える हिंदुओं की धार्मिक भावनाओं को ठेस पहुँचाने का कभी भी प्रयत्न नहीं किया ヒンドゥーの宗教感情に打撃を与えようとは一度も試みなかった वह दूसरे को पीड़ा पहुँचाने को पाप समझता है 彼は他人に苦しみを与えるのを罪悪と思っている शांति पर निरंतर चोटें पहुँचाई जाती थीं 平和に対して絶えず攻撃が加えられていた पूँजीपतियों को फ़ायदा पहुँचाने का प्रयत्न 資本家に利益をもたらそうとの試み चोट पहुँचाना 傷害を与える；傷つける；損害を与える= क्षति पहुँचाना; ज़ख़्मी क०. छोटी छोटी बातों के लिए बच्चे के दिल पर चोट न पहुँचाएँ ちっぽけなことで子供の心に痛手を与えないこと वह हमें तरह-तरह के कष्ट पहुँचाता है 私たちに様々な苦痛を与える

पहुँची [名*]〔装身〕パフンチー（女性の金製の手首飾り）

पहुनई [名*] = पहुनाई.

पहुनाई [名*] (1) 客分；客としての待遇 (2) 歓迎 **पहुनाई क०** 客分を受ける；食客になる (-की) **पहुनाई क०** (一に) 客のもてなしをする；(一を) もてなす= पहुनाई ठानना.

पहुन्नी [名*] くさび（楔）= पच्चर.

पहेली [名*] (1) なぞなぞ（謎謎）；なぞ（謎）；判じ物 (2) なぞ（謎）；よくわからないもの **पहेली बुझाना** *a.* 謎かけをする；謎をかける *b.* 遠まわしに言う；婉曲に言う= घुमा फिराकर कहना. **पहेली बूझना** なぞなぞを解く

पहेलीपटल खेल [名] = पजलबोर्ड गेम्स. ジグソーパズル〈puzzleboard games〉

पह्लव [名]《P. پہلو》パフラヴァ（パフラヴ；中世ペルシア）

पह्लवी [名*]《P. پہلوی》〔言〕パフラヴィー語（西イラン語派の中世ペルシア語）

पाँखी [名*] (1) 鳥= पक्षी; चिड़िया. (2) ちょう（蝶）やが（蛾）など羽を持った虫= पतिंगा.

पाँग [名] (1) 川べり (2) 沼地

पाँगल [名] (1) ラクダ (2) 若いラクダ

पाँगा नमक [名] 海水から採取した塩= पाँगा नोन.

पाँगुर [名*] 足の指

पांगुल [形] 両足が不揃いの；ちんばの；足が不自由な= लँगड़ा.

पाँच [数] (1) 5；五 पाँच बीस 100 (5 × 20) "पाँच बीसे कुछ ऊपर ही पर गहने रखे थे न?" "हाँ, ब्याज सहित कोई सवा सौ रुपए होते हैं" 「100 ルピーあまりで質に入れたんだな装身具は」「そう，利子がついて 125 ルピーばかりになる」 (2) 多くの人；大勢の人 **पाँच आदमी** 大勢の人 **पाँच का मत** 皆の考え；全員の意見 (3) カースト・パンチャーヤットの重立った人 **पाँच की सात लगाना** 大げさに不平・苦情を言う **पाँच जने की जमात** 所帯 **पाँच पलक में** 直ちに；即刻 **पाँच पानी के पखारे** 清純な；純心な **पाँच मिनट में** すぐに；少しの間に；今すぐ **पाँच-सात** 若干の **पाँच-सात क०** あれこれ言い逃れをする **पाँच सात न आ०** 呆然とする；頭が働かなくなる **पाँच सात में पड़ना** 混乱におちいる **पाँचों** पाँच の強意の強調形 5 つとも；5 つが 5 つともなど **पाँचों उँगलियाँ घी में, (छठा) सिर कढ़ाई में**〔諺〕何もかも順調に進むことや順風満帆のたとえ；全く快調な；左うちわ= पाँचों उँगलियाँ घी में तर. **पाँचों उँगली बराबर न हो०**〔諺〕*a.* 世の中一切のものが同じではないたとえ *b.* 人はそれぞれ異なるもの；万人が一様ではないたとえ **पाँचों घी में और सिर कड़ाही में हो०** 儲けばかりで損のないこと **पाँचों घी में हो०** = पाँचों उँगली घी में हो०. **पाँचों पोशाक**〔服〕正装の一揃い **पाँचों से बाहर हो०** どこの者でもなくなる；所属するところがなくなる

पांचजन्य [名] (1)〔イ神〕クリシュナが悪魔の पंचजन を殺してこしらえた（もしくは奪った）といわれるほら貝；パーンチャジャニヤ (2) ヴィシュヌ神のほら貝 (3)〔イ神〕ジャンブードヴィーパ（人間の住む世界；閻浮提州）

पाँचतारा होटल [名]《H. + E. hotel》ファイブスターホテル；一流ホテル；五つ星ホテル〈fivestar hotel〉

पाँचदिवसीय कार्यसप्ताह [名] 週 5 日制；週休 2 日制

पांचनद [名] (1) パンジャーブの古名= पंचनद; पंजाब. (2) パンチャナダ पंचनद の国王 (3) パンジャーブの住人

पांचभौतिक[1] [名] 地水火風空の五大より成る肉体

पांचभौतिक[2] [形] (1) 五大の（地水下火風空の） (2) 五大から成る

पांचयज्ञिक [形] 五大供犠（पंचयज्ञ）の；五大供犠に関する

पांचरात्र [名]〔ヒ〕パーンチャラートラ派（ヴィシュヌ派の一） पांचरात्र संहिता パーンチャラートラ本集

पांचलिका [名*] 布製の人形

पांचवर्षिक [形] 5 ヶ年の；5 ヶ年にわたる= पंचवर्षीय.

पाँचवाँ [数] 5 の序数詞；第 5 の；5 番目の= पंचम.

पाँचवार्षिक [形] 5 ヶ年の；5 年にわたる = पंचवर्षीय.

पाँचसाला [形]《H. + A. سال साला》5 ヶ年（単位）の；5 年にわたる= पंचवर्षीय. दूसरी पाँचसाला योजना 第 2 次 5 ヶ年計画 चौथी पाँचसाला योजना 第 4 次 5 ヶ年計画

पाँचसितारा होटल [名]《H.पाँच + P. ستاره + E. hotel》一流ホテル；最高級ホテル；ファイブスターホテル= फ़ाइवस्टार होटल. पाँचसितारा होटल में ठहरना ファイブスターホテルに泊まる

पाँचा [名] パーンチャー（五叉の熊手の形をした農具で干し草や刈り取ったものをかき寄せるのに用いる）

पांचाल[1] [形] (1)〔史〕古代のパンチャーラ（पंचाल）王国の (2) パーンチャーラに関わる

पांचाल[2] [名] (1)〔史〕パンチャーラ族の国 (2) パンチャーラ国の住人

पांचाल[3]〔地名〕パーンチャーラ（古代のインドの北西地方の名）

पांचाली [名*] (1) 人形 (2)〔マハ〕ドラウパディー द्रौपदी (3)〔イ文芸〕（サンスクリット文学で）パーンチャーリー文体→ पंचाली रीति (4) パンチャーラ国の女性

पाँचों [数] → पाँच.

पाँछना [他] 切り裂く；切り開く= चीरना.

पाँजना [他] 熔接する；金属を加熱して接合する

पांडर[1] [名] (1) 白色 (2) 黄白色 (3)〔植〕モクセイ科低木【*Jasminum elongatum*】 (4)〔植〕モクセイ科低木【*Jasminum multiflorum*】= कुंद. 〈downy jasmine〉

पांडर[2] [形] (1) 白色の；白い (2) 黄白色の

पांडव [名]〔マハ〕パーンドゥ पांडु王の 5 人の息子（ユディシュティラ युधिष्ठिर ビーマ भीम, アルジュナ अर्जुन, ナクラ नकुल, サハデーヴァ सहदेव）

पांडवनगर [名]〔マハ・イ史〕パーンダヴァナガラ（デリー近くにあったと伝えられる都，カウラヴァ百王子 कौरव の本拠地= हस्तिनापुर. ハスティナープラ）

पांडव विवाह [名]〔社・文人〕（पांडव 五兄弟がドラウパディー द्रौपदी を共通の妻としていたことから兄弟での）一妻多夫婚 = बहुपति विवाह.

पांडा [名]《E. panda》〔動〕パンダ科パンダ；ジャイアント・パンダ；オオパンダ

पांडित्य [名] 学識；学殖 वे चार नये पंडितों के पांडित्य से भयभीत हो गए थे 4 人の新進の学者たちの学識に恐れをなした

पाँडीचेरी〔地名〕ポンディシェリー／ポンディチェリー（旧フランス領，現在は連邦直轄地．北緯 11 度 56 分，東経 79 度 53 分に位置）= पांडिचेरी.

पांडु [名] (1)〔マハ〕ハスティナープラのパーンドゥ王（パーンダヴァ五兄弟の父） (2) 白色 (3) 黄白色 (4)〔医〕黄疸 = पीलिया.

पांडुर[1] [名] (1) 黄白色 (2)〔医〕白斑；白皮 (3)〔植〕キョウチクトウ科常緑高木【*Wrightia antidysenterica*】

पांडुर[2] [形] 黄白色の

पांडु रोग [名]〔医〕黄疸

पांडुलिपि [名*] 手書き；稿本；古写本〈manuscript〉

पांडुलेख [名] (1) 原稿；草稿 (2) 下図

पांडे [名] (1) 北中部インドのバラモンの一派の名；パーンデー (2) 教師 (3) 他家に雇われて調理を生業とするバラモン (4) 学者

पांडेय [名] (1) 北中部インドのバラモンの一派の名；パーンデーヤ (2) カーヤストの一派の名

पाँत [名*] (1) 列= पंक्ति; क़तार; पंगत. चौड़ी सड़कें और उनके किनारे पेड़ों की पाँतें 幅の広い道，街路樹の列 (2) 連なり；連続 **पाँत में बैठना** (1) 一列に並ぶ；整列する (2) 列する **पाँत में बैठाना** *a.* 並べる *b.* 整列させる

पाँतरना [自] (1) 間違える；しくじる (2) 愚かしいことをする

पाँति [名*] (1) 列= क़तार; पंगत; पंक्ति. (2) 共に食事をすることのできる同じカーストの人 = बिरादरी के लोग.

पाँथ [名] 徒歩の旅人

पाँथशाला [名*] はたご（旅籠）；旅人宿

पाँय [名] = पाँव.

पाँयचा [名] 便器の足を置く台

पाँव [名] (1) 動物や人の足（脚） (2) 腰掛けや寝台など種々の台を支える足（脚） **अपने पाँवों खड़े हो॰** 自立する；巣立つ **दबे पाँव** 忍び足で；抜き足差し足で अभी कल ही तो चोर की तरह दबे पाँव घास में बहता हुआ पानी आया था ついきのうのことだ．忍び足で草の上を水が流れてきたのは **नंगे पाँव** はだしで；裸足で फिर जूते उतार नंगे पाँव किनारे के पत्थरों से नीचे उतर गई 靴を脱いではだしで岸辺の石から下に降りた **पाँव आगे बढ़ाना** 度を越す **पाँव उखड़ना** 浮き足立つ लहू की बहती धार देख भेड़िये के पाँव उखड़ गए 血の川が流れるのを見て狼たちは浮き足立った **पाँव उतर जा॰** 足がすべる **पाँव कटना** 出入りが止められる **पाँव क़ब्र में लटकना** 死にかける；死が迫る；棺桶に片足を突っ込む **पाँव का खटका** 足音 (-के) **पाँव की जूती सिर लगाना** （－を）深く敬う= (-के) पाँव की ठकुराई सिर पर चढ़ाना. **पाँव की मेंहदी घिस जा॰** *a.* 損をする *b.* 足が汚れる **पाँव के चिह्न** 足跡 पाँव के चिह्नों को मिटाना 足跡を消す **पाँव के तलुवे** 足の裏 **पाँव ख़ाक हो॰** *a.* 卑下する *b.* 取るに足らないもの **पाँव खींचना** 断る **पाँव गोर में लटकना** = पाँव क़ब्र में लटकना. **पाँव घसीटना** *a.* 足をひきずって歩く *b.* うろつきまわる **पाँव चलना** 子供が歩き始める (-के) **पाँव चूमना** へつらう；媚びる= पाँवचप्पी क॰. (-से) **पाँव छुड़ाना** （－と）縁を切る **पाँव छूटना** 月のものになる；生理になる (-के) **पाँव छूना** （－に）うやうやしく挨拶をする；最敬礼をする **पाँव जकड़ जा॰** *a.* 足が疲れる *b.* 足の関節がこわばる **पाँव ज़मीन पर नहीं पड़ना** （嬉しさやうぬぼれで）地に足がつかない；得意になる；我を忘れる；有頂天になる；うぬぼれる ख़ुशी से उसके पाँव ज़मीन पर नहीं पड़ते थे 嬉しさのあまり地に足がつかなかった **पाँव झन्नाना** 足がすくむ **पाँव डिगना** ふしだらなことをする；品行が悪くなる；よろめく **पाँव तक न धुलवाना** ひどく軽蔑する；見下げる；見下す **पाँव तले मलना** 踏みつぶす；つぶしてしまう **पाँव तले से ज़मीन निकल जा॰** びっくり仰天する；肝がつぶれる= पाँव तले से मिट्टी निकल जा॰. **पाँव तोड़कर बैठना** 居を定める **पाँव तोड़ना** *a.* 歩き疲れる *b.* かけずり回る；奔走する **पाँव दबना** 無力な（状態） (-का) **पाँव दबाना** *a.* （－の）足をもむ *b.* （－に）仕える **पाँव धरती पर न पड़ना** = पाँव ज़मीन पर न पड़ना. एक ज़माना था उसके पाँव ज़मीन पर नहीं पड़ते थे あの人がこの上なく得意な頃があったものだ **पाँव धरना** *a.* 足を置く *b.* 行く (-के) **पाँव धरना** = (-के) पाँव पकड़ना. (-के) **पाँव धोकर पीना** 〔ヒ〕 *a.* （－の）足を洗った水を飲む（敬意を表するため） *b.* （－に）敬慕の気持ちを表する (-के) **पाँव धोना** （－を）敬う **पाँव न उठना** 足がすくむ **पाँव न धुलवाना** 見下げはてる (-का) **पाँव न हो॰** （－が）歩けない（歩く力がない） **पाँव निकालना** *a.* 足を踏み出す；前へ進む *b.* 足を踏みはずす兆しを見せる (-के) **पाँव पकड़कर गिड़गिड़ाना** （－に）すがりつく；哀願する (-के) **पाँव पकड़ना** （－に）すがる；すがりつく भला चाहता है तो सीता को लौटाकर राम के पाँव पकड़ 助かりたいと思うならシーターを返してラーマにすがることだ (-के) **पाँव पखारना** = पाँव धोना. (-का) **पाँव पड़ना** （－が）いらっしゃる；おいでになる (-के) **पाँव पड़ना** *a.* （－に）ひれ伏して；挨拶する；丁寧に挨拶する *b.* （－に）哀願する **पाँव (-के ऊपर) पड़ना** （－の）足を踏む एक बार बस में भीड़ अधिक होने के कारण मेरा पाँव एक बूढ़े आदमी के पाँव के ऊपर ज़ोर से पड़ गया 一度バスが混んでいたので老人の足を強く踏んだことがあった (-के) **पाँव पर पाँव रखना** （－を）そっくり真似る (-के) **पाँव पर सिर रखना** = (-के) पाँव पड़ना. **पाँव-पाँव चलना** 歩いて行く；徒歩で行く；歩む **पाँव पाटकर मरना** 悶絶する = पाँव पीट-पीटकर मरना. **पाँव पीछे रह जा॰** 前へ進めない；足が進まない **पाँव पीट-पीटकर मरना** 悶絶する (-के) **पाँव पूजना** *a.* （－を）深く敬う *b.* 〔ヒ〕ヒンドゥーの通常の挙式と異なり花嫁側が花婿側の家を訪れ挙式する形式のもの **पाँव पेट में डाले सोना** エビのようになって寝る अलाव के सामने अपनी धोतियाँ ओढ़कर पाँव पेट में डाले सो रहे 焚き火のそばでドーティーをかけてエビのようになって寝ていた **पाँव फँसना** *a.* 厄介なことにはまりこむ *b.* 泥沼に落ちる；逃れられなくなる **पाँव फूँक फूँककर रखना** 石橋を叩いて渡る **पाँव फूलना** *a.* くたびれる；疲れる *b.* 怯える *c.* 妊娠する **पाँव फेरने जा॰** 初めての里帰り **पाँव फैलाकर बैठना** 暢気にする；無用心なこと= पाँव फैलाकर सोना. **पाँव फैलाना** *a.* 欲を出す；欲張る *b.* だだをこねる *c.* 足を伸ばす；体を休める；休憩する बहू बेचारी को पाँव फैलाने की भी इजाज़त नहीं है 可哀相に嫁は手足を伸ばすこともままならない **पाँव बँध जा॰** 足が前に出ない；前に進めない **पाँव बढ़ाना** 急ぎ足で歩む= जल्दी-जल्दी चलना. **पाँव बीच में हो॰** *a.* 責任を持つ；責任を負う *b.* 板挟みになる；困る **पाँव (-के) बीच से निकाल ले॰** （－と）関係を絶つ **पाँव भूमि पर न पड़ना** = पाँव ज़मीन पर न पड़ना. **पाँव मारना** 足をばたばたさせる **पाँव में कँपकँपी हो॰** 足がすくむ；怯える；震えあがる **पाँव रखना** = पाँव धरना. पाँव रखने से रेत उड़ती है 足を置くと砂埃が舞う (-पर) **पाँव रखना** （－に）足を踏み入れる；入る किशोरावस्था की दहलीज पर पाँव रखना 少年期の戸口に足を踏み入れる **पाँव रखने का ठिकाना न हो॰** 身を寄せるところがない **पाँव लगा हो॰** 行きなれている；通いなれている **पाँव लड़खड़ाना** *a.* よろける *b.* 足がすくむ；怯える；震えあがる (-के) **पाँव ले॰** *a.* （－の）命に従う *b.* （－に）うやうやしく礼をする **पाँव साबित रखना** 勇気を出す；気力を保つ **पाँव से पाँव बाँधना** 拘留する **पाँव से पाँव भिड़ाना** 近づく；接近する (-से) **पाँव समेटना** （－から）手を引く **पाँव से पाँव लगना** よろめく；ふらふらする **पाँव सो जा॰** 足がしびれる **पाँव हवा के पाँवड़ों पर मचलना** 大得意な **पाँव हाथ निकालना** 力量以上のことをする **पाँव हिलाना** 足を揺する कोई मनपसंद गाना सुनते समय चुटकी बजाना, पाँव हिलाना या थाप दे॰ 何か好きな歌を聞く時指を鳴らしたり，足を揺すったり踏みならしたりすること (-के) **पाँव हो जा॰** （－が）立ち去る **पाँवों की धूल** 足についた土埃（のように全く取るに足らぬ存在） कमीने, पाँवों की धूल होते हुए तूने आकाश के तारों को छूने की कोशिश की है 下種めが足の土埃如き身分でありながら（主人の娘に手を出して）空の星に手を触れようとしたのだ **पाँवों की बेड़ी** 足枷 (-के) **पाँवों के नीचे की ज़मीन सरक जा॰** = (-के) पाँव तले से ज़मीन निकल जा॰. ये बातें सुनकर मलयकेतु के पाँवों के नीचे की ज़मीन सरक गई この話を聞いてマラヤケートゥはびっくり仰天した (-के) **पाँवों तले गर्दन दबी हो॰** （－に）頭が上がらない **पाँवों में जूते हो॰** (- रहना) 靴を履く पाँवों में जूते नहीं रहते थे, पर हाथों में बंदूक और पिस्तौल अवश्य रहती थी 足には靴を履いていなかったが手には必ず銃とピストルを持っていた **पाँवों में लगना** 物が足に当たって痛む

पाँवचप्पी [名*]（本来は疲れをとるためのものであるが目上の人へ敬意を表するものでもある）足もみ；足のマッサージ (-की) **पाँवचप्पी क॰** （－に）へつらう；媚びる；おもねる；ご機嫌伺いをする

पाँवचा [名] = पाँयचा.

पाँवड़ [形] = पामर.

पाँवड़ा [名] (1) 歓迎式典などの際，貴賓の歩く通路に敷かれるカーペットなどの敷物 (2) 靴拭き **पाँवड़े बिछाना** 非常に丁重にもてなす

पाँवड़ी[1] [名*] (1) カラーウーン（げたの一種 खड़ाऊँ） (2) 靴 (3) 階段；はしご (4) 腰かけた人が足をのせる台

पाँवड़ी[2] [名*] (1) 玄関；出入り口 (2) 客間；応接間= पौरी.

पाँव मशीन [名*] 《H. + E. machine》足踏みミシン

पाँवरी [名*] = पाँवड़ी[1,2].

पाँवापोश [名] 靴拭き

पांशन [形] (1) けがす；けがらわしい= भ्रष्ट. (2) よこしまな；邪悪な；不届きな= दुष्ट. (3) 見下げはてた；低劣な= हेय.

पांशु [名*] (1) 塵；埃；塵埃 (2) 砂 (3) 肥料にする牛糞

पांशुका [名] = केवड़ा.

पांशुकूल [名] (1) 塵の山 (2) ぼろ布 (3) 〔仏〕ふんぞうえ（糞掃衣）

पांशुल [形] (1) どろだらけの；埃だらけの (2) 放埒な；ふしだらな
पांशुला [名*] (1) 身持ちの悪い女性 (2) 月経中の女性；生理期間中の女性
पाँस [名*] (1) 肥やし；肥料＝ खाद. पाँस डालना 肥料をやる＝ पाँस दे॰. (2) 発酵 पाँस उठाना 発酵させる
पाँसना [他] 肥やしを入れる；肥料をやる；施肥
पाँसा [名] さい（賽；采）；さいころ（賽子） **पाँसा पड़ना** *a.* さいころが振られる *b.* さいころの目が出る हार का पाँसा पड़ता है तो 負けの目が出ると **पाँसा पड़े सो दाँव, हाकिम करे सो न्याव**〔諺〕御上と運命の定めには従わざるを得ないもの＝ पाँसा पड़े सो दाँव, राजा करे सो न्याँव. **पाँसा फेंकना** さいころを振る；采を投げる
पांसु [名*] ＝ पांशु.
पांसु-क्षार [名] ＝ पांगा नमक.
पाँसुरी [名*] あばら骨；肋骨＝ पसली.
पांसुल [形] (1) 埃まみれの；どろまみれの (2) 汚れた；どろどろに汚れた (3) ふしだらな；放埒な
पांसुला [形*] (1) ふしだらな（女）；放埒な (2) 月経中の（女）
पा [名] 《P. پا》足 ＝ पैर; पाँव.
-पा [接尾] 形容詞に付加されて男性抽象名詞を作る ＝ -आपा. बूढ़ा 老いた；歳をとった→ बुढ़ापा 老齢 रँडा 男やもめ；男鰥→ रँडापा やもめ暮らし
पा अंदाज़ [名] 《P. پا انداز》部屋の入り口に敷かれている足拭き；靴拭き
पाइंट [名] 《E. pint》(1) パイント（液量単位 0.668 リットル） (2) 1 パイントの容量の容器（ビン）＝ अद्धा.
पाइ [名] ＝ पा; पाद.
पाइका [名] 《E. pica》〔印〕パイカ（12 ポイント活字）
पाइट [名*]（建設工事のための）足場
पाइप [名] 《E. pipe》(1) 管，様々な形状や大きさ及び材質の管 पानी का पाइप 水道管 मैनहाल पाइप 土管 उसके पीछे लगी गैस पाइप それの背面についているガス管 (2) パイプ；きせる (3) 笛；パイプ
पाइपलाइन [名*] 《E. pipeline》油送管；パイプライン
पाइराइटीज [名] 《E. pyrites》〔鉱〕硫化鉱
पाइरिया [名] 《E. pyorrhea / pyrhoea》〔医〕歯周炎；歯槽膿漏
पाइलट [名] 《E. pilot》(1) パイロット；操縦士 (2) 水先案内人
पाइलट संयंत्र [名] 《E. pilot + H.》パイロット工場〈pilot plant〉
पाईंट [名] 《E. point》小数点 उनसठ पाईंट सात परसेंट 59.7 %
पाई[1] [名*] (1) 垂直線 (2) デーヴァナーガリー文字で文の終わりを示すピリオドに相当する垂直線 ।．韻律詩では詩の全体の四半分であるパーダ पाद (4) の終わりに用いられる (3) 足 (4) パーイー（1959 年まで行われた旧通貨単位の一で旧 1 パイサー पैसा の 3 分の 1 に相当したインドの旧貨幣の銅貨＝ 12 分の 1 アンナ） आना (5) 4 分の 1；四半分；四半分を表す垂直線で 2 本で半分，3 本で 4 分の 3 を表す (6) 機織り前に糸を張るのに用いる籐製の棒 (7) 女性の装身具や衣類を入れる入れ物 **पाई-पाई** 全額（一文残さず，一銭一厘の違いなく） उसका मेहनताना पाई-पाई वसूल कर लेता それの労賃を一銭残さず取り立てる **पाई-पाई का हिसाब रखना** こまかくきっちりと計算する；厳密に計算する；精確に管理する
पाई[2] [名*]〔昆〕穀物につくゾウムシ
पाउंड [名] 《E. pound》(1) ポンド（英通貨） (2) ポンド（重量単位）
पाउच [名] 《E. pouch》パウチ；小袋
पाउडर [名] 《E. powder》(1) 粉；粉末 $\frac{1}{2}$ चम्मच हल्दी पाउडर ウコンの粉半さじ जूँ-मार पाउडर シラミ退治の粉薬 पाउडर का दूध 粉ミルク साबुन का पाउडर 粉せっけん (2) おしろい；粉白粉；パウダー ＝ फ़ेस पाउडर. पाउडर छिड़कना おしろいをつける पाउडर-क्रीम パウダーやクリーム नीलम को थोड़ा पाउडर-क्रीम लगाने की कह देना ニーラムに少しお化粧するように言いなさい (3) タルカム・パウダー；タルク पाउडर छिड़कना タルカム・パウダーをつける
पाउस [名] 雨季（北インドではおよそ 6 月下旬から 9 月下旬にかけての 3 か月）＝ पावस.
पाएगाह [名*] 《P. پائگاہ》馬小屋；厩舎＝ तबेला; घुड़साल.
पाक[1] [名] (1) 料理；調理 (2) 調理されたもの；料理 (3) 消化 (4) 成熟 (6) 完成
पाक[2] [形] 《P. پاک》(1) 清潔な；きれいな；清浄な पाक हवा 清浄な空気 अपने कुएँ को इस किस्म की गंदगियों से पाक रखो 井戸をこの種の汚れから清潔に保ちなさい पाक हवा में साँस ले॰ きれいな空気の中で息をする (2) 清らかな；清純な (3) 神聖な；聖なる पाक जगह 聖地 दुश्मन ने हमारे पाक वतन पर हमला बोल दिया 敵が我らが聖なる母国に攻撃をしかけた (4) 純粋な (5) 潔白な；罪のない **झगड़ा पाक क॰** *a.* 喧嘩や争いを処理する *b.* 妨害を取り除く *c.* 滅ぼす (-) **पाक क॰** *a.* 清める *b.* きれいにする *c.* 洗う *d.*（動物を食用にするため）羽や毛をむしる *e.* 清算する *f.* 終わりにする
पाक[3] [名] 《E. Pak. ← Pakistan》パキスタン（の略称） पाक व हिंद パキスタンとインド पाक व हिंद के मुसलमान बादशाह パキスタンとインドのムスリムの皇帝
पाककला [名*] (1) 料理；クッキング पाककला की किताब 料理の本 (2) 料理の腕前 पाककला में निपुणता 料理の得意なこと पाककला में दक्ष है 料理が上手な人
पाकचोई [名*] 《E. pak choi; bok choy ← C.》〔植〕アブラナ科野菜パクチョイ；シャクシナ；タイサイ（大菜）；チョウシュウハクサイ（潮洲白菜）【*Brassica rapa var. chinensis*】＝ चीनी बंदगोभी.
पाकठ [形] (1) よく熟した；よく熟れた (2) 上達した；上手になった (3) しっかりした
पाकड़ [名]〔植〕クワ科イチジク属の木【*Ficus infectoria*】＝ पाकड़.
पाकदामन [形] 《P. پاک دامن》(1) 清純な (2) 貞節な；貞淑な (3) 高潔な
पाकदामनी [名*] 《P. پاک دامنی》(1) 清純さ (2) 貞節；貞淑 (3) 高潔さ
पाकपात्र [名] 調理器具 ＝ रसोई के बरतन.
पाकबाज़ [形] 《P. پاک باز》(1) 清浄な (2) 清純な (3) 正直な (4) 真摯な (5) 貞淑な
पाकभाँड [名] ＝ पाकपात्र.
पाकयज्ञ [名] (1)〔ヒ〕聖火に乳粥を供える特定の祭儀 (2)〔ヒ〕五大供犠 महायज्ञ のうちリシに捧げられる供犠ブラフマヤジュニャ ब्रह्मयज्ञ を除いたもの．然るべき竈の火で料理したものや水，牛乳などの飲み物を供える供犠，すなわち，お供えの儀礼． पितृयज्ञ（祖霊へのお供え）， देवयज्ञ（神々へのお供え）， भूतयज्ञ（生類一切，精霊などへのお供え）， नृयज्ञ（バラモンなどの客人へのお供え）→ महायज्ञ.
पाकर [名] ＝ पाकड़.
पाकविद्या [名*] 料理；料理法
पाकविधि [名*] 料理法；調理法
पाकशाला [名*] 調理場；厨房
पाकशास्त्र [名] 料理法；調理法
पाक-साफ़ [形] 《P.A. پاک صاف》(1) 純粋な (2) 清潔な (3) けがれのない (4) 誠実な
पाकागार [名] ＝ पाकशाला.
पाकिट[1] [名] 《E. pocket》ポケット ＝ पाकेट; जेब. **पाकिट गरम क॰** 賄賂を取る **पाकिट मारना** すりを働く
पाकिट[2] [名] 《E. packet》小包み ＝ पैकेट.
पाकिटमार [名] 《E. + H.मार》すり（人）；掏摸；掏摸師
पाकिटमारी [名*] 《E. + H.मारी》すり（行為）；掏摸
पाकिस्तान [国名] 《Ur. پاکستان》パーキスターン；パキスタン；パキスタン・イスラム共和国（英語名は Islamic Republic of Pakistan. これの命名はその構成地域の名称に基づくものとされる．すなわち，P(unjab), A(fghan), K(ashmir), S(indh), (Balochis)Tan). バングラデシュのパキスタンからの分離独立前には今日のパキスタンの領土は西パキスタン，पश्चिमी पाकिस्तान バングラデシュの領土は東パキスタン पूर्वी पाकिस्तान と呼ばれた
पाकिस्तानी[1] [形] 《Ur. پاکستانی←پاکستان》(1) パキスタンの；パキスタンに属する；パキスタンに関わる (2) パキスタンに産する
पाकिस्तानी[2] [名] パキスタン人
पाकी [名*] 《P. پاکی》(1) 清潔さ (2) 清純さ (3) 神聖さ (4) 純粋さ (5) 潔白 **पाकी ले॰** 陰毛をそる；陰毛を抜く
पाकीज़ा [形] 《P. پاکیزہ》(1) 清潔さ (2) 清純さ (3) 純潔な；貞淑な
पाकेट [名] 《E. pocket》ポケット→ पाकिट. **पाकेट गरम क॰** *a.* 賄賂を取る；収賄する *b.* 賄賂を贈る；贈賄する **पाकेट गरम हो॰** *a.*

金を持っている *b.* 賄賂を受ける पाकेट कैलकुलेटर ポケット電子計算機
पाकेटबुक [名*] 《E. pocketbook》(1) 手帳 (2) ポケットブック
पाकेटबुक्स [名*] 《E. pocketbooks》ポケットブック
पाक्ष [形] = पाक्षिक.
पाक्षिक [形] (1) 陰暦半月の (2) 半月ごとの；2 週間ごとの；隔週の (3) 隔週刊の (4) 党派的な सामाजिक व पारिवारिक पुनर्निर्माण की पाक्षिक पत्रिका 社会と家族再建の半月刊誌
पाखंड [名] 偽善；ごまかし；不正；いんちき；いかさま धार्मिक पाखंड いんちき宗教 ईसाईयत के पाखंड पर हमला キリスト教の偽善を攻撃
पाखंडी[1] [形] 偽善的な；ごまかしの；不正な；いんちきな；いかさまの **पाखंडी मत** いんちき宗教
पाखंडी[2] [名] 偽善者
पाख [名] (1) 陰暦の半月（太陰日の朔日から満月に至る白分，16 日から晦日までの黒分）= पक्ष. (2) 半月；15 日 (3)〔建〕切妻壁
पाखर [名*] (1) 象や馬の戦闘用防具 (2) タール塗り防水布
पाखा [名] (1) 角；隅 (2)〔建〕切妻壁
पाख़ाना [名] 《P. پاخانہ》(1) 便所 (2) 大便をするところ（便所）（पेशाब घर と区別して）(3) 大便 **पाख़ाना कमाना** 便所掃除をする = पाख़ाना साफ़ क॰. **पाख़ाना निकल जा॰** 震えあがる；怯えきる（恐ろしさのあまり便をもらす；失禁する）**पाख़ाना फिरना** *a.* 排便する *b.* 下痢する= दस्त क॰. **पाख़ाना लगना** 便意を催す **पाख़ाने जा॰** 用足しに（便所などへ）行く **पाख़ाने में ख़ून आ॰** 血便が出る
पाखी [名] 鳥 = पक्षी; परिंदा; पंछी.
पाग [名] (1) シロップで煮た料理 (2) シロップ
पागना [他] シロップにつける
पागल [形] (1) 気の狂った；気の違った；狂気の (2) 正気を失った (3) 熱狂した；熱中した；のぼせあがった (4) 頭がおかしい；馬鹿げた；愚かしい **पागल कुत्ता** 狂犬 (-के पीछे) **पागल हो॰**（ーに）熱中する；熱を上げる उसकी याद में पागल रहता हूँ あれを思い出して頭がおかしくなっている उसने क्रोध से पागल होते हुए पूछा 怒り狂ってたずねた
पागल कुत्ता [名] 狂犬病に罹った犬；狂犬= रेबीड डॉग.
पागलख़ाना [名] 《H. + P. خانہ》精神病院；脳神経病院
पागलपन [名] ←पागल. (1) 狂気（精神病；精神異常）(2) 熱狂；熱中）(3) 愚行
पागुर [名] 反芻；にれがみ= जुगाली. पागुर क॰ 反芻する गाय बैठकर पागुर कर रही है 牛が座って反芻している
पागुर [名] 《P. پاغر》〔医〕象皮病 = पीलपा; हाथीपाँव.
पाचक[1] [形] (1) 煮る (2) 消化する
पाचक[2] [名] (1) 料理人；調理人 (2) 消化薬
पाचक अंग [名] 消化器〈digestive organ〉
पाचक तंत्र [名] 消化器系統；消化器官〈digestive system〉
पाचक रस [名] 消化液
पाचक स्राव [名] 消化分泌物〈digestive secretion〉
पाचन[1] [名] (1) 料理 (2) 消化 (3) 消化力 (4) 消化を助ける物
पाचन[2] [形] (1) 消化する (2) 消化を助ける
पाचन अंग [名] 消化器官
पाचनक्रिया [名*] 消化活動；消化作用
पाचनतंत्र [名] 消化器官；消化系統
पाचनशक्ति [名*] 消化力
पाचनीय [形] (1) 料理できる (2) 消化できる
पाचा [名] (1) 料理；調理 (2) 消化
पाच्य [形] = पाचनीय.
पाछ [名*] (1) 切開；切り開くこと (2) 切開した傷；切り開いたあと (3) アヘン採取のためケシの実から乳液を取り出すために入れる切り込みや刻み目
पाछना [他] 切開する；切り開く；刻みを入れる
पाछल [形] = पिछला.
पाजामा [名] 《P. پا جامہ》〔服〕パージャーマー（男子が下半身に着用するズボン状の服．腰はひもで結ぶ．前あきではない．上着のクルターと併せて着用）
पाजिटिव[1] [形] 《E. positive》(1)〔電〕プラスの；正の；陽の ↔ नेगेटिव ネガティヴ (2)〔写〕陽画の；ポジの (3)〔医〕陽性の
पाजिटिव[2] [名] 《E. positive》ポジ（陽画）
पाजिटिव टर्मिनल [名] 《E. positive terminal》陽極
पाजी[1] [形] 《P. پاجی》卑劣な；卑しい；下賤な；ろくでなしの；下品な अब तुम जैसे पाजी आदमी की मातहती न करूँगा もうお前のようなろくでなしの下では働かぬ
पाजी[2] [名] (1) 歩行者 (2) 歩兵= प्यादा. (3) 道連れ (4) 番人；見張人= चौकीदार; रक्षक.
पाजीपन [名] 卑劣さ；卑しさ；下品さ
पाज़ेब [名*] 《P. پازیب》〔装身〕パージェーブ／パーゼーブ（女性が足首につける小さな鈴のついたチェーン状の装身具）
पाटंबर [名] 絹服 = रेशमी कपड़ा.
पाट [名] (1) 絹布 (2) 布 (3) まゆ；繭 (4)〔植〕シナノキ科草本ナガミツナソ【*Corchorus olitoius*】(5) 石版 (6) 厚板 (7) 台座；台 (8) 玉座 (9) 腰掛け (10) 幅；横幅 नदी का पाट 川幅 उसने बनारस की चौड़ी पाटवाली गंगा तैरकर पार की バナーラスの幅の広いガンジス川を泳いで渡った
पाटन[1] [名] (1)（穴やすきまを）埋めること；ふさぐこと (2) 屋根葺き (3) 屋根
पाटन[2] [名] (1) 都市；町；街 (2) 市場
पाटन[3] [名*] 《E. pattern》見本；ひな形（雛形）= पैटर्न; नमूना.
पाटना [他] (1)（くぼみや溝，堀，穴などの空間を）埋める；ふさぐ；埋め立てる वर्षों पहले वहाँ एक बड़ा कुआँ था जिसे पाटकर होस्टल का भवन बना था 数年前そこに大きな井戸があったのを埋めて学生寮の建物が建てられた (2) へだたりや欠けたところを補う；埋める इतनी बड़ी घृणा एवं द्वेष की खाई बन गई है जिसको साधारण नागरिक आज भी पाट नहीं पाया है これほど大きな嫌悪の溝ができてしまっておりそれを一般市民は今日なお埋めることができないでいる हम लोग इस मतभेद को पाट सके 我々はこの意見の対立を埋めることができた (3)（屋根を）おおう（覆う）；ふさぐ (4) あふれさせる；一杯にする
पाटमहिषी [名*] 第一王妃 = पटरानी.
पाटरानी [名*] = पटरानी.
पाटल [名] (1) バラ色；ピンク (2)〔植〕ノウゼンカツラ科蔓木【*Bignonia suaveolens*】
पाटला [名]〔植〕トウダイグサ科大低木【*Securinega virosa*】= पाडर; पाढर.
पाटलिपुत्र [名]〔史〕パータリプトラ（古代マガダ国の首都．現今のビハール州パトナ市の近くに位置）；華氏城；華子城（漢訳仏典）= पाटलि.
पाटलिमा [名*] バラ色；ピンク
पाटव [名] (1) 熟達；上達= कुशलता; पटुता. (2) 強固さ= दृढ़ता; मज़बूती. (3) 機敏さ= स्फूर्ति.
पाटवी [形] (1) 絹の；絹製の (2) 第一王妃の（子）；嫡出の अपना पाटवी पुत्र わが嫡出の子
पाटसन [名] = पटसन.
पाटा [名] (1) 木製の椅子や台= पीढ़ा. (2) 玉座 (3) 木や石の板 (4) パーター（畑の地均しに用いられる太い角棒；均しまんが）पाटा फेरकर मिट्टी को महीन और इकसार करना パーターを引いて土くれを砕き平らにする (5) 洗濯屋が洗濯物を洗うのに用いる棒 (6)（左官の用いる）こて **पाटा फेरना** 結婚式の儀式の一（カニヤーダーン कन्यादान の後，花婿と花嫁とが腰かけていた台に入れ替わって腰を下ろす）
पाटी[1] [名*] (1) 慣習；しきたり；習い= रीति; परिपाटी. (2) 算数；算術
पाटी[2] [名*] (1) 木の板= लकड़ी की पाटी. (2) 子供の筆記用具の石盤（子供が文字の練習やノート代わりに用いる粘板岩の四角い薄い板）(3) 学課；課業；レッスン (4) 寝台の両脇に用いられている枠木 (5) 左右へ分けた頭髪 (6) 岩 (7) やな（梁）(8) ござ = शीतलपाटी; चटाई. **पाटी पढ़ना** 習う；学ぶ；学習する **पाटी पढ़ाना** *a.* 習わせる；学ばせる；初等教育を受けさせる *b.* 教え込む；入れ知恵をする= पट्टी पढ़ाना; पट्टी बताना. **पाटी पारना** *a.* 櫛を入れて髪を中央で 2 つに分ける *b.* くしけずる= पाटी बैठाना; पटिया पारना.
पाटीगणित [名] 算数；算術
पाटीर [名] (1) = चंदन. (2) 雲 = मेघ; बादल. (3) 錫 = टीन. (4) ふるい；篩= छनना; छलनी.
पाटूनी [名] ガート（渡し場）の管理責任者や長；親方

प

पॉट्स [名] 《E. pots ← pot》(1) 便器；おまる (2) 男子の小便用便器

पाठ [名] (1) 読むこと；学ぶこと＝पढ़ाई. (2) 科；課（教科書などの区切り）；レッスン अगले पाठों में 次の課で (3) 学課目；科目 (4) 教訓 सदाचार का पाठ 徳行の教訓 (5)（経典の）読誦 इक्कीस दिन का पाठ 21 日間にわたる経典の読誦 सूत्र का पाठ क° 経典を読む；読誦する (6) 文献・文章の読み（方） **उलटा पाठ पढ़ाना** いいかげんなことや間違ったことを教える **पाठ पढ़ना** 教訓を得る **पाठ पढ़ाना** *a.* 教訓を与える；教える इतिहास हमें विचित्र पाठ पढ़ाता है 歴史は興味深いことを教える *b.* 悪知恵を授ける；入れ知恵をする *c.* 懲らしめる；教訓を与える मैं उसे उसकी दुष्टता के लिए पाठ पढ़ाना चाहता था 悪い性根のことで懲らしめてやりたいと思っていた **पाठ फेरना** 繰り返す；反復する **पाठ मिलना** 教訓を得る；教訓を授かる **पाठ सिखाना** ＝पाठ पढ़ाना. **पाठ सीखना** ＝पाठ पढ़ना.

पाठक[1] [形] (1) 読む (2) 学習する (3) 読誦する (4) 教える

पाठक[2] [名] (1) 読者；読み手 (2) 学習者 (3) 教師 (4) 説教者 (5) バラモンの一派の名

पाठकगण [名, pl.] 読者；読者たち पाठकगण धैर्य रक्खें 読者諸氏（諸兄姉）忍耐されたし

पाठच्छेद [名]〔韻〕(韻律の) 休止＝यति.

पाठन [名] 教えること；教授；教育＝शिक्षण; अध्यापन.

पाठ-भेद [名]（校本の）異文；別の読み

पाठशाला [名*] 学校（特に小学校など低学年の学校） प्राथमिक पाठशाला 初等学校＝प्राइमरी स्कूल.

पाठांतर [名] (1) 別の読み；異文 (2) 異本

पाठा[1] [形+] (1) 頑健な；頑丈な (2) 若々しい

पाठा[2] [名] 山羊や牛，水牛などの若い動物

पाठा[3] [名*]〔植〕ツヅラフジ科蔓木パイレラ【*Cissapelos pareira*】＝माढ़; पाढ़ा; अंबष्ठा.

पाठालोचन [名] 本文批評〈textual criticism〉

पाठिका [名*] (1)（女性）読者 ↔ पाठक 読者 (2) 教える人；教授者 (3) ＝पठा[3]

पाठी [形・名] 読む人；読み手（読む，学ぶなどの意を持つ造語要素にもなる）

पाठ्य [形] (1) 読むべき (2) 読まれるべき (3) 読誦すべき

पाठ्यक्रम [名]〔教〕教科課程；履修課程；カリキュラム आगे पढ़ने या कोई पाठ्यक्रम करने का अवसर 進学するとか何らかの課程を修める機会

पाठ्यग्रंथ [名] 教科書＝पाठ्यपुस्तक.

पाठ्यचर्चा [名*]〔教〕シラバス；授業概要＝पाठ्यविवरण.

पाठ्यपुस्तक [名*] 教科書；テキスト（ブック）

पाड़ [名] (1)〔服〕ドーティーやサリーなどのへり；縁飾り；ボーダー (2) 建築現場の足場 (3)（見張りなどの）台 (4) 絞首台 (5) 壁から壁へさしわたした棚

पाडर [名]〔植〕＝पाटल.

पाडल [名] ＝पाटल.

पाड़ा[1] [名] 水牛の雄の子＝भैंस का बच्चा; पड़वा. ↔ पाड़ी 水牛の雌の子.

पाड़ा[2] [名] 村や町などの居住区や区画＝टोला; महल्ला.

पाड़ा[3] [名]〔魚〕アジ科イケカツオの一種【*Scomberoides lysa, Forsk. / Chorinemus lysan of Day*】

पाड़ी [名*] 水牛の子（雌）↔ पाड़ा[1]（雄）

पाढ़ [名] (1) ＝पीढ़ा. (2) ＝पाटा.

पाढ़र [名] ＝पाडर.

पाढ़ा[1] [名*] ＝पाठा[3]

पाढ़ा[2] [名]〔動〕シカ科ホッグジカ【*Axis porcinus*】

पाढ़ी [名*] 若い水牛（雌）

पाण [名] (1) 取引＝व्यापार; तिजारत; लेनदेन. (2) 賭博の賭け（金）＝दाँव.

पाणि [名] 手＝हाथ; कर.

पाणिगृहीत [形・名] 結婚した；既婚の；既婚者＝विवाहित; शादीशुदा.

पाणिगृहीता [形*・名*] 結婚した；既婚の；妻

पाणिग्रहण [名] (1) 結婚 (2)〔ヒ〕結婚式の儀式の一（新郎が新婦の手を取る）

पाणिनि〔人名・言〕パーニニ（古代インドのサンスクリット文法学者．前 4～5 世紀? 古典サンスクリットの文法を定めたとされ，文法書 अष्टाध्यायी の著作がある）

पाणिनीय [形] (1) パーニニの；パーニニによる (2) パーニニの学派の पाणिनीय दर्शन パーニニの言語哲学

पाणिपल्लव [名] 手の指

पाणिपुट [名] 掌のくぼみ；掌をくぼめた形

पाणिप्रार्थी [形・名] 求婚する（人）；求婚者

पाणी [名] ＝पाणि.

पाण्डव [名] ＝पांडव.

पातंजल[1] [形] (1) 文法学者パタンジャリ（पतंजलि）の；パタンジャリによる (2) ヨーガスートラ योगसूत्र の著者パタンジャリの；パタンジャリによる

पातंजल[2] [名] (1) 文法学者パタンジャリ पतंजलि[1] の著作 महाभाष्य (2) パタンジャリ पतंजलि[2] の著作 योगसूत्र

पातंजलीय [形] ＝पातंजल[1, 2].

पात[1] [名] (1) 落ちること；落下；下落 (2) 落とすこと (3) 下がること；低下；墜落 (4) 破滅；滅亡；破壊 (5) 投じること；向けること (6)〔天〕交点

पात[2] [名] (1) 木の葉；葉＝पत्ता; पत्र. (2)（板や金属板などの）一葉；一枚 (3) 木の葉の形の女性の耳飾り **पातों आ लगना** *a.* 落ち葉の季節になる *b.* ひどいことになる；さんざんな目に遭う；ひどい目にあう；惨めなさまになる

पातक[1] [形] 落とす；落下させる

पातक[2] [名]（地獄に落ちる原因となる）大罪＝पाप. राजा ईश्वर का प्रतिनिधि है, उसकी आज्ञा के विरुद्ध चलना महान पातक है 王は神の使いであり，その命に反することは地獄に落ちることになる大罪である

पातकी [形・名]（地獄に落ちることになる罪を犯す）大罪人；大悪人；極悪人 स्मृतिकारों का यह मत है कि जो विधवा से विवाह करता है वह पातकी होता है スムリティ法典家たちによると寡婦と結婚する男性は「大罪人」である

पातन [名] (1) 落とすこと；落下させること (2) 投げること；投下すること；投げ落とすこと

पातर[1] [形] (1) 細い (2) やせた (3) 狭隘な；料簡の狭い (4) 生まれの卑しい

पातर[2] [名*] (1) 遊女＝वेश्या; रंडी; पतुरिया. (2) 蝶＝तितली.

पातरी [形*] きゃしゃな；か弱い

पातशाह [名] 《← P. پاد شاه पादशाह》王；国王＝बादशाह.

पातशाही[1] [名*] 《← P. پادشاهی पादशाही》(1) 王国 (2) 支配；統治

पातशाही[2] [形] 王の；国王の；国王による

पाताबा [名] 《P. پاتابہ》(1) きゃはん（脚絆）；すね当て (2) 靴底 (3) 靴下

पाताल [名]〔イ神〕パーターラ（地下に想定されている七世界，もしくは，そのうち最下層にある世界でナーガ नाग が住みヴァースキが支配するとされる） **पाताल की ख़बर** 遠方の秘密の情報 **पाताल की पुतली हिला दे°** やかましくする；大変騒ぎ立てる

पातालखंड [名] パーターラ界 → पाताल. ＝पाताल लोक.

पाताल गंगा [名*]〔イ神〕パーターラガンガー（パーターラ界に流れるというガンジス川）

पातालगरुड़ी [名*]〔植〕ツヅラフジ科低木【*Cocculus hirstus*】

पाताल तुंबरी [名*]〔植〕ガガイモ科草本【*Ceropegia bulbosa*】

पाताली [形] パーターラの；パーターラ界の

पातिली [名*] 明かりをともす素焼きの皿

पातिव्रत [名] 貞節を守ること＝पातिव्रत्य.

पातिसाह [名] ＝बादशाह; पादशाह.

पाती[1] [名*] (1) 葉；草木の葉 (2) 手紙；書簡；信書 (3) 手がかり

पाती[2] [名*] 恥；恥じらい；名誉；尊厳

पातुक [形] 落ちる；落下する；下落する

पातुर [名*] 遊女；娼婦＝वेश्या; रंडी.

पात्र [名] (1) 器；容器；鉢 (2)（登場人物など文学作品の）人物 (3)（演劇の）役 (4)（対象としての）人；人物；（能力を示す）器；器量 उपहास का पात्र 笑うべき人；笑われる人 उस समय मैं स्वयं बाढ़पीड़ित हो करुणा का पात्र बना हुआ था その際自分自身が洪水の被害者となり哀れみの対象になっていた (5)〔植〕花托

पात्रक [名] 器；容器＝पात्र.

पात्रटीर [名] (1) 銀 (2) 金属製の食器や調理器具
पात्रता [名*] ←पात्र. 器；器量；才能；能力；力量 साहित्यकार बनने की पात्रता 文学者になる器量
पात्र वर्ग [名]（作品や演劇の）登場人物
पात्री [名*] (1) 小さい器；小さい容器 (2) 人物（女性）
पाथ[1] [名] (1) 水= जल. (2) 風；空気= वायु; हवा. (3) 食物 (4) 空 (5) 太陽 (6) 火
पाथ[2] [名] 道；道路
पाथना [他] (1) 形を整える；良い形にする (2) 煉瓦やブロックを作るために粘土やセメントを練り型に入れて固めたり，牛や水牛の糞をこねて小さなかたまりにする गोबर पाथना 牛糞をこねて燃料用に乾燥させるため形づくる
पाथनाथ [名] 海 = समुद्र; सागर; समंदर.
पाथस [名] = पाथ[1].
पाथा [名]〔昆〕オサゾウムシ科コクゾウムシ（穀象虫）
पाथि [名] (1) 海= समुद्र; सागर. (2) 眼= आँख; नयन; नेत्र. (3) かさぶた= खुरंड.
पाथेय [名] (1) 道中の食糧；携行食糧 (2) 路銀 (3) 事業の支えとなる手段や物
पाथोज [名]〔植〕ハス；蓮= कमल.
पाथोद [名] 雲 = बादल; मेघ; पाथोधर.
पाथोनिधि [名] 海 = समुद्र; सागर.
पाद[1] [名] (1) 人や動物の足；脚 (2) 物体を支える足や柱；土台；台座 (3) 物の4分の1；四半分 (4)〔韻〕韻律詩のひとまとまりとなる単位，すなわち，休止を伴った一つの詩節の四半分（二行詩の半行，四行詩の一行など）；句；パーダ．これをチャラナ चरण ともパダ पद とも言う
पाद[2] [名] へ（屁）；ガス= अपानवायु; अधोवायु.
पादक [名] (1) 小さい足 (2) 4分の1 (3)〔建〕基壇
पादकमल [名]（相手への敬意を表して用いられる）御足
पादगंडीर [名]〔医〕象皮病= फ़ीलपाँव; श्लीपाद.
पादग्रहण [名] 目上の人の足元に手を触れて行われる最敬礼
पादज [名] シュードラ शूद्र → वर्ण.
पादजल [名] 尊敬すべき人の足を洗った水= चरणोदक.
पादजाल [名]（水鳥の）水かき
पादजाह [名] (1) かかと (2) 足の裏 (3) 膝
पादटिप्पणी [名*] 脚注；フットノート
पादतल [名] 足の裏 = तलवा.
पादत्राण [名] 履き物；下足
पाददलित [形] 踏みつけられた；踏みにじられた；抑圧された= पददलित.
पादधावन [名] (1) 足を洗うこと (2) 足の汚れを取り去ったり足を洗うのに用いる土や砂
पादना [自] 屁をひる；放屁する
पादपंकज [名]「蓮のような美しい足」の意で最高の敬意を表すべき相手の足；御足（手で触れたり額をつけたりすべきもの）= चरणकमल
पादप [名] (1) 木；樹木= पेड़; वृक्ष. (2)〔植〕植物= वनस्पति.
पादपथ [名] 歩道；小道= पगडंडी.
पादपा [名*] (1) 靴= जूता. (2) げた= खड़ाऊँ.
पादपाश [名] 馬の後足を結ぶひも
पादपाशी [名*] (1) 足をしばる鎖 (2) 足かせ（足枷）
पादप्रक्षालन [名] 足を洗うこと
पादप्रणाम [名] 尊敬すべき人の足元にひれ伏して行われる五体投地の礼；最敬礼= दंडवत्प्रणाम.
पादरज [名*]（尊敬すべき人の）足についた埃（敬意を表する対象や象徴）
पादरी [名]《Por. padre》神父；司祭；パードレ
पादशब्द [名] 足音；跫音 = आहट.
पादशाह [名]《P. پادشاه》王；国王；皇帝
पादशाहज़ादा [名]《P. پادشاهزاده》王子；皇子= राजकुमार; राजकुँवर; शाहज़ादा.
पादशाही[1] [形]《P. پادشاہی》王の；国王の；皇帝の
पादशाही[2] [名*]《P. پادشاہی》(1) 統治；支配 (2) 王国 (3) 王権
पादशुश्रूषा [名*] 目上の人の足をもむこと（足の疲れを取り相手に対する敬意を表するため）= चरणसेवा.

पादसेवन [名] = पादशुश्रूषा.
पादाकुलक [名]〔韻〕パーダークラク（1パーダが16マートラーからなるモーラ韻律．ただし，4モーラの区切りが4つ並ぶような構成であること．すなわち，4 चौकल）
पादाक्रांत [形] 踏みつぶされた；踏みにじられた；抑圧された= पददलित.
पादाघात [名] 蹴ること；足蹴（にすること）
पादाति [名] 歩兵 = पैदल सिपाही; प्यादा.
पादाभ [名]〔生〕偽足〈pseudopod〉
पादारविंद [名] 御足；尊敬すべき人，あるいは，敬礼の対象の人の蓮の如き御足= पादकमल.
पादिक[1] [形] 4分の1の；四半分の
पादिक[2] [名] 4分の1；四半分
पादी[1] [形] (1) 足のある；足を有する (2) 4分の1の分け前を持つ
पादी[2] [名] 足のある生き物
पादुका [名*] (1) 履き物 (2) 靴 (3) 下駄
पादोदक [名]（師や夫など尊敬すべき人の）足を洗った水
पाद्य[1] [形] 足の
पाद्य[2] [名] 神像や尊敬すべき人の足を洗う水
पाधा [名] (1) 教師；家庭教師 (2) = उपाध्याय. (3) = पुरोहित.
पाधागिरी [名*]《H.+ P. گیری गीरी》教師の仕事；家庭教師の職
पान[1] [名] (1) 水，牛乳，酒などの液体を飲むこと (2) 飲料；飲み物 (3) 喫煙= धूम्रपान.
पान[2] [名] (1) 木の葉；葉；葉っぱ (2)〔植〕コショウ科蔓木キンマ【*Piper betle*】 (3) パーン（キンマの葉にビンロウジやカテキューなどの薬味やライム，その他を加えて噛む嗜好品）= गिलौरी; बीड़ा. (4)〔トラ〕ハートの札 (5) キンマの葉の形の模様；ハートの形の पान-इलायची का प्रबंध भी था パーンやショウズクでの接待の用意もなされていた **पान उठाना** 誓って引き受ける **पान कमाना** （パーンの材料としての）キンマの葉の痛んだ部分を取り除く **पान का बीड़ा दे०** 任命する；任務を与える **पान की तरह फेरना** 世話をする पान की दुकान パーンをこしらえて売る店（タバコ屋を兼ねることが多い） पान-सिगरेट की दुकान パーンやタバコの販売店 **पान की पीक** パーンを噛んだ後，吐き出す赤く染まった唾 **पान खाकर थूक दे०** ものの数に入れない；軽蔑する **पान खाने के लिए कुछ दे०** 袖の下を渡す；賄賂を贈る **पान खाने के लिए मुँह हो०** 力量や資格を持つ **पान खिलाना** （嫁側が）婚約する **पान चीरना** 無駄なことに時間を費やす **पान दे०** （栄誉のある）責任を与える；委ねる **पान-पत्ता** *a.* パーン *b.* ありきたりのもてなし *c.* ありあわせのもの；ありきたりのもの；粗品 **पान-पनही खिलाना** 敬ったり軽蔑したりする **पान पाना** 責任を与えられる；（栄誉としての）任務を与えられる **पान-फूल** *a.* 質素な贈り物；粗品 ग़रीब का पान-फूल स्वीकार करना चाहिए 貧者の贈り物は受け取って頂かなくてはなりません *b.* 甚だきゃしゃなもの **पान-फूल की तरह रखना** とても大事に育てる **पान-फूल चढ़ाना** 粗品を贈る **पान-फूल लेकर पूजना** 下にも置かぬもてなしをする (-) **पान-फूल समझना** （ーを）最大の敬意と判断する **पान-फूल-सा** とてもきゃしゃな **पान-फूल से पूजना** = पान-फूल लेकर पूजना. **पान फेरना** = पान कमाना. **पान बनाना** パーンをこしらえる **पान-मसाला** パーンに混ぜる薬味 **पान लगाना** = पान बनाना. **पान ले०** = पान उठाना. **पान-सुपाड़ी** = पान-इलायची.
पानगोलिन [名]《E. pangolin》〔動〕センザンコウ科センザンコウ（穿山甲）
पानदान [名] パーン पान に入れる薬味（カテキュ／阿仙薬，ビンロウジ，石灰など）を入れておく携行用の容器 **पानदान का ख़र्च** 女性のこまごまとした出費や小遣い銭
पानन [名]〔植〕マメ科落葉樹サンダン【*Ougeinia oojeinensis; O. dalbergioides*】〈sandan〉
पाना[1] [他] (1) 手に入れる；得る；ある状態に到達する；授かる；もらう उसने कष्ट से छुटकारा पाने की तरकीब पूछी 苦痛を逃れる方法をたずねた इसी जनम में निर्वाण पाया जा सकता है 今生において涅槃の境地を得ることができる चमकते है दुनिया मे जो चाँद सूरज उजियाला तुझसे ही पाया हुआ है この世に光る太陰と太陽は輝きを汝（神）より得しものなり अब इस बीमारी पर काबू पा लिया गया है すでにこの病気は制圧されている तरक्की पाना 昇任する；昇格する जिन स्वजनों से इतना अधिक स्नेहदान पाया これほどの愛情を授かった身内の人たち वह भी गुजारा-भत्ता पाएगी あの人も

प

生活費をもらうだろう (2) 見つける；見つけ出す；見いだす；発見する वे घर में मृत पाए गए 自宅で死んでいるのが発見された यह न केवल हिंदू समाज में पाई जाती है अपितु भारतीय मुस्लिम तथा ईसाई समाजों में भी पायी जाती है (この風習は) ヒンドゥー社会のみならずインドのムスリム社会及びキリスト教徒社会にも見いだされる अधिकतर ब्रह्म और आसुर विवाह ही पाये जाते हैं たいていはブラフマ婚とアスラ婚が見いだされる कुछ यात्री-पक्षी इससे कहीं अधिक ऊँचाइयों पर उड़ते पाये गए हैं 一部の渡り鳥はそれよりはるかに上空を飛んでいるのが見つけられている समाज में अनेक प्रकार के संगठन पाए जाते हैं 社会にはさまざまな種類の組織が見られる (3) 知る；認める；認識する पर्याप्त प्रमाणों और गवाहियों के अभाव में इन मामलों को आधारहीन पाया गया 証拠と証人とが不十分なためこれらの問題は根拠のないものと認められた स्वाधीनता का मूल्यांकन करने पर हम यह भी पाते हैं कि... 独立 (達成) を評価してみると次のことも知るのだ，すなわち…

पाना[2] [助動] (1) 主動詞の語根形に接続して主動詞の動作の可能性，達成，到達，完成，完遂などの相を表す. 能力ではなく状況や条件，事情や環境を主動詞の動作・状態の可能性との関わりで捉えた表現である अपने सुंदर सुकुमार बच्चों को अपने ही डर के कारण पूरी तरह निरख नहीं पाया 自分の美しく可愛い子供たちを不安な気持ちのため存分に見つめられなかった बिजली की कमी के कारण 40 से 50 प्रतिशत कारखाने अपनी पूरी क्षमता से काम नहीं कर पाते 電力不足のため 40〜50 %の工場は完全操業ができない状況にある रोगी शल्यक्रिया सहन कर पाएगा कि नहीं 病人が手術に耐え得るか否か एक निर्धन देश होने के फलस्वरूप हम अभी तक अपने देश की शैक्षिक आवश्यकताओं को पूरा नहीं कर पा रहे हैं 国が貧しいために今日に至っても国の教育上の要請を満たせないでいる वह अपने आँसुओं की बाढ़ को रोक नहीं पा रहा था 男はあふれ出る涙を止められないでいた मैं आज तक यह स्वीकार नहीं कर पाती कि यह सब कुछ मैंने किया है 今日までこれらのすべてを自分のしたこととして認められないでいる यह तिरियाचरित्र है बाबू जिसे भगवान तक नहीं समझ पाया! हम तुम तो क्या समझ सकेंगे よろしいかな女の本性は神様にもわからなかったものでございますよ. おれたち人間如きが理解できるはずがあろうものか धरती का जानवर भला पानी में कैसे चल पाएगा 陸生の動物がどうやって水の中を進めようか उसे प्रायः मैं देखा करती थी लेकिन बात कभी नहीं हो पाई थी あの人はよく見かけていたんだが一度も話ができないでいた पिता जी बड़ी मुश्किल से मुझे हायर सेकंडरी तक ही शिक्षा दिलवा पाए हैं 父はやっとのことで私を高等学校まで学ばせることができた जिन बच्चों की ओर हम ध्यान नहीं दे पाते, वे अपने को उपेक्षित, असुरक्षित सा समझने लगते हैं 私たちが注意を向けてやれない子供たちは自分が無視されたり危険にさらされているように思い始めるものなのだ अधिकांश मामलों में दबाव डालनेवाला तरीका सफल नहीं हो पाता たいていの場合無理強いする方法は成功を収められないものだ गरीबी की वजह से वह शादी न कर पाया हो 貧しくて結婚できないでいるのかも知れない बादशाह भी अपनी हँसी नहीं रोक पाये 王も笑いを抑えきれなかった किंतु अकेला होने के कारण उनके खिलाफ़ एक शब्द भी नहीं कह पाता था でも自分 1 人だったので一言も反対の言葉を言えなかった वह लाठी के सहारे बड़ी कठिनता से खड़ा हो पाता है あの人は杖にすがってようやく立ち上がれる सोते समय पिया हुआ दूध ठीक से हज़म नहीं हो पाता 寝しなに飲んだ牛乳がちゃんと消化されない मैं समझ नहीं पा रही थी कि कैसे उसका स्वागत करूँ あの方をどうやってもてなそうか考えられないでいた मुरली कुछ बोल नहीं पाया. रुलाई उसे भी आ रही थी ムルリーは一言も口がきけなかった. 彼も泣きそうになっていたのだ अस्वस्थ रहने के कारण पढ़ाई में भी परिश्रम न कर पाता 体の具合が悪くて勉強も頑張れない अज्ञानता के कारण किसान खेती के नए तरीके भी नहीं जान पाता और अपनी पैदावार बढ़ा नहीं पाता 無知のために農民たちは新しい農法も知り得ず増産もなし得ないでいる संसारजन्य संकोच के कारण ही माँ बाप भी अपने बच्चों को सेक्स संबंधी जानकारी नहीं दे पाते 体面があるために両親も自分の子供たちに性に関する知識を与えられずにいる (2) 主動詞の -ने 不定詞形に接続して主動詞がある状態に留まったりある状態に立ち至るのが許されたり認められたりすることを表す देखो गऊ दूर न निकल जाने पाए よいか牛が遠くへ行けないようにするのだ देख मदन किसी को मालूम न होने पाए マダンいいかい，だれにも知られないように (するんだぞ) मैं कैसे जीने पाऊँगी 私はどうやって生きていられよう ध्यान रहे, रुई ज़ख्म के मुँह पर न लगने पाए 脱脂綿が傷口につかないように注意すること घेर लो, जाने न पाएँ 取り囲め，逃がすな देखो अंदर बाहर सब साफ़ करो. ज़रा-सा भी मैल न रहने पाए 内も外もみなきれいにしなさい. 少しの汚れも残らぬように भले ही कटे सिर झुकने न पाए 首はたとえ斬り落とされようともうなだれることがないように

पानी [名] (1) 水= जल. ताज़ा पानी 淡水 खारा पानी 海水 नरम पानी 軟水= हलका पानी. कच्चा पानी 生水 गरम पानी 湯 गुनगुना पानी ぬるま湯 (2) 汁；水分；汁気 दाल का पानी ダール (豆汁料理) の汁 नारियल का पानी ココヤシの実に入っている汁 (3) 体から出る粘液や汁；水のようなもの；水分 शरीर से जितना पानी के रूप में निकलता है, प्यास उतनी ही बढ़ जाती है 体から水分が汗として出れば出るほどのどの渇きは増して行く छींक के साथ-साथ कभी-कभी आँख और नाक से पानी भी बहने लगता है くしゃみと一緒にしばしば眼と鼻からも汁が流れ出す (4) 唾；涎= राल; लार. दूध का नाम सुनकर किसके मुँह में पानी न आता होगा? 牛乳と聞いて口に唾の溜まらぬ人がいるものだろうか (5) 涙= आँसू; अश्रु. आँखों में पानी छलछला आया 目に涙があふれれ出てきた (6) 雨= वर्षा; बारिश. इस देस में पानी बहुत कम बरसता है この国の雨量は甚だ少ない पानी अब भी बरस रहा है 雨はまだ降っている पानी थोड़ी देर पहले ही बरसकर बंद हुआ था 雨はほんの今しがた降り止んだところだった (7) 水道 बिजली और पानी का प्रबंध 電気と水道の便 पानी का नल 水道 नल का पानी 水道水 (8) 気候 (9) 雨季や灌水などによる水；降水；降雨= वर्षा; बारिश; वृष्टि. (10) 尊厳；名誉= मान; प्रतिष्ठा; इज़्ज़त. (11) 光；輝き= चमक; ओप. **पानी आ०** 雨が降る= वर्षा हो०; बारिश हो०; मेंह पड़ना. **पानी उठना** 雨雲が覆う **पानी उतरना** *a.* 恥をかく= लज्जित हो०; शर्मिंदा हो०. सब के सामने पानी उतर गया 皆の前で恥をかいた *b.* (腹水などの) 水が体に溜まる **(-का) पानी उतारना** (ーに) 恥をかかせる = (-की) इज़्ज़त उतारना. इसने तो घड़ी भर में मेरा पानी उतार दिया この人はまたたく間に私に恥をかかせた **(-) पानी कर दे०** (心を) 鎮める= शांत क०. **पानी का** 名誉ある；誉れ高い= प्रतिष्ठित. **पानी काटना** 水が沁みる **पानी का पुल बाँधना** いいかげんなことをする **पानी का बताशा** はかないもの；脆いもの；頼りにならないもの；当てにならないもの **पानी का हगा ऊपर आ०** 〔俗〕悪事は隠しおおせないもの **पानी का हगा मुँह पर आ०** 〔俗〕 = पानी का हगा ऊपर आ०. **पानी की कमाई पानी में आ०** 〔諺〕悪銭身につかず **पानी की चिकनाई हो०** *a.* 一時的なもの；持続性のないもの *b.* 見せかけのもの **पानी की तरह चलना** 順調に進む；順調に動く **पानी की तरह पतला** 取るに足らぬ **पानी की तरह बहाना** 金を湯水のように使う **पानी की तरह साफ़ हो०** 明白になる **पानी की थाह ले०** 探る；探りを入れる **पानी की धौंकनी लगना** のどがからからに渇く **पानी की पोट** 汁ばかりのおかず **पानी की लकीर** すぐに消え去るもの；すぐになくなるもの；実にはかないもの **पानी की लहरें गिनना** *a.* 無意味なことをする *b.* 不可能なことを試みる **(-पर) पानी के घड़े पड़ना** (ーが) 大恥をかく= घड़ों पानी पड़ना. **पानी के घूँट बाँधना** ごくごく水を飲む；がぶがぶ水を飲む **पानी के दाम** とても安価に；二束三文で= पानी के भाव; पानी के मोल. **(-) पानी के रेले में बहाना** (ーを) 無駄にする **पानी को भी न पूछना** *a.* 相手にしない *b.* 全くもてなしをしない **पानी खड़ा हो०** 水がよどむ；水の流れが止まる **पानी खाना** 濡れる **पानी खुलना** 雨が止む= पानी थमना. **पानी खोना** 品位を下げる **पानी गँवाना** = पानी खोना. **पानी गले तक आ०** *a.* 危機が迫る *b.* 極限状態になる **पानी चढ़ना** *a.* 美しさが増す；一段と美しくなる *b.* 大水が出る；洪水になる *c.* 灌腸液が入る **(-पर) पानी चढ़ाना** *a.* (ーに) 焼きを入れる *b.* 研ぐ；研磨する *c.* メッキする；鍍金する *d.* けしかける **पानी चढ़ाना** 灌腸する；灌腸液を入れる **पानी चलाना** *a.* 涙を流す *b.* 台無しにする **पानी चीरना** 水を切り裂くこと，すなわち，いともたやすいこと；ごく簡単なこと **पानी चुराना** 妊娠する **पानी छानना** 詳しく調べる；精密に検査する **पानी छूटना** *a.* 井戸の水が涸れたように減る *b.* 雨が上がる **पानी छूना** 排便後水で尻を洗う **पानी जा०** 恥をかく；面子を失う **पानी टूटना** = पानी छूटना. **(-का) पानी ढल जा०** (ーが) 恥知らずになる **पानी तोड़ना** *a.* 水の流れを横切る *b.* 水を抜く；溜まった水の出口を作る **पानी दिखाना** *a.* (動物に) 水を与える *b.* 草木や畑に水をやる *c.* 祖霊に水を供

える (-का) पानी दिखाना (一の) 誉れを示す पानी देना और जड़ काटना 水をやって根を断つ；見かけとは反対に大変な危害を加える पानी देनेवाला 世継ぎ；跡継ぎ；相続人 पानी देवा नामलेवा = पानी देनेवाला. पानी धरना 刃物に焼きを入れる पानी न पचना 話さずにはおれない；黙っておれない पानी न पीना 水断ちをする (願行で) पानी न माँगना 即死する पानी निकलना 水が出る；水分が出る；汁が出る पानी निकलना = पानी खुलना. पानी पकड़ना 不可能なことを試みる पानी पड़ना 雨が降る (-पर) पानी पड़ना *a.* (一が) つぶれる लड़के के बाप की सारी आशाओं पर पानी पड़ गया 少年の父親の全ての希望はつぶれてしまった *b.* (一が) 台無しになる *c.* (一が) 恥をかく पानी पढ़ना 呪文を唱えて水に息を吹きかける पानी पर आ॰ 面子や名誉を気にする；面子や名誉に関わる問題とする पानी पर चढ़ाना けしかける पानी पर दीवार उठाना 不可能なことを試みる पानी पर नींव डालना いいかげんなことをする；その場凌ぎのことをする= पानी पर नींव दे॰. पानी पर लिखना *a.* 不可能なことを試みる *b.* 無駄なことをする पानी पाना (自分の死後) 供養の水を供えてもらう पानी पानी में मिलना 類は友を呼ぶ पानी पानी हो॰ *a.* 赤面する；赤恥をかく *b.* 力が抜ける；無力になる (-को) पानी पिलाना (一を) 辱める；(一に) 恥辱を与える पानी पीकर घर पूछना 事をなした後意味のないことをする पानी पीकर जात पूछना = पानी पीकर घर पूछना. पानी पीटना 無意味なことをする पानी पीना हराम (हो॰) 関係を一切断つ；断交；絶交 पानी पी-पीकर 常に；しょっちゅう；四六時中 पानी पी-पीकर कोसना 激しく呪う पानी पूछनेवाला न हो॰ 身内が１人もいない；天涯孤独の पानी फिरना *a.* 水が掛かる *b.* 無駄になる；台無しになる；つぶれる इस 14 - 15 वर्षों की मेहनत पर पानी फिर जाएगा 14,5 年の努力が無駄になる *c.* 水を掛けられる मंसूबों पर पानी फिर गया 野心に水を掛けられる *d.* 失われる पानी फूँकना = पानी पढ़ना. पानी फूटना *a.* 湯が沸騰する *b.* 畦から水が流れ出る पानी फेरना 台無しにする；めちゃくちゃにする पानी बचाना 名誉を保つ；面子を保つ पानी बदलना 転地する पानी बराना 溝を作って水を流す पानी बाँधना 水の流れを止める पानी बिलमना 影響が及ぶ पानी बिलोना 無駄なことをする (-का) पानी भरना (一に) 仕える (-के सामने) पानी भरना (一に) 比べて大変劣る；(一に) 比べようのないほど劣等な पानी भारी हो॰ 水に溶解している物質のために水が体に合わない；水が体に負担になる पानी मथना 無駄なことをする पानी मरना *a.* 恥をかく *b.* 水を吸う पानी में आग लगना *a.* あり得ないこと起こり得ないことが生じる *b.* わけもなく争いが起きる *c.* おとなしい人が腹を立てる पानी में गिरना 無駄になる पानी में डाल दे॰ 無駄にする पानी में तेल डालना 雨を止ませるまじないをする (-) पानी में तैरना (一の) 心境にある पानी में पड़ना = पानी में गिरना. (-) पानी में फेंकना (一を) 無駄にする；台無しにする पानी में बसकर मगर से लड़ना 勝ち目のない相手に逆らったり盾突く पानी में बहना 駄目になる；無駄になる= पानी में गिरना. पानी में बहाना = पानी में फेंकना. पानी में मगर से लड़ना = पानी में बसकर मगर से लड़ना. पानी में मिलना = पानी में गिरना. पानी में रहकर मगर से वैर क॰ = पानी में बसकर मगर से लड़ना. पानी रखना *a.* 名誉を保つ；名誉や尊厳を失わずに済ませる *b.* 刃物に焼きを入れる पानी रहना *a.* 名誉が保たれる *b.* 刃物に焼きが入る पानी लगना *a.* 水が合わない；気候風土が合わない *b.* 歯に水が沁みる (-का) पानी ले॰ (一に) 恥をかかせる；辱める पानी सिर से ऊपर चढ़ आ॰ = पानी सिर से ऊपर हो॰. पानी सिर से ऊपर हो॰ (状況が) 耐え難くなる；忍耐の限界を超える पानी से घी निकालना 木に魚を求める (-को) पानी से पतला क॰ *a.* (一に) 赤恥をかかせる *b.* 容易にする *c.* ひどい目に遭わせる पानी से पहले पुल बाँधना 無駄なことをする (-का) पानी हर ले॰ = पानी ले॰. पानी होकर बह जा॰ 台無しになる；無駄になってしまう

पानी-कुत्ता [名]〔動〕イタチ科カワウソ【*Lutra lutra*】

पानीदार [形] 《H. + P. دار》(1) 誇り高い；自尊心の強い (2) 尊敬すべき (3) 光沢のある；光り輝く

पानीदेवा[1] [形] 先祖の供養をする；家名を継ぐ；跡を継ぐ नामलेवा पानीदेवा 先祖の供養を行い家名を継ぐ (人)；跡取り；跡継ぎ

पानीदेवा[2] [名] (1) 世継ぎ (2) 息子 पानीदेवा न रह जा॰ 家系が絶える；家名が断絶する= नाम लेवा व पानीदेवा न रह जा॰.

पानीपत 〔地名〕パーニーパット (ハリヤーナー州カルナール県の都市. 同地での前後３度にわたる戦闘がインドの歴史上有名. 第１は 1526 年ムガル朝のバーブルとローディー朝のイブラーヒームとの戦い, 第２は 1556 年アクバル王とムハンマド・アーディルシャー指揮下のアフガンとの戦い, 第３は 1761 年アフマドシャー・ドゥッラーニーがマラーター軍を破った戦い)

पानी-पाँडे [名] パーニー・パーンデー (以前職業として鉄道の駅で旅行者に水を飲ませていたブラーフマン) वहाँ रेलवे का पानी-पाँडे नहीं था そこには駅のパーニーパーンデーは１人もいなかった

पानीफल [名] 水草トウビシの実 = सिंघाड़ा.

पानीबेल [名]〔植〕ブドウ科蔓草【*Cissus repanda; Vitis repanda*】

पानीय[1] [形] 飲める；飲料となる

पानीय[2] [名] (1) 飲料 (2) 水 (3) 酒

पानीय फल [名]〔植〕スイレン科水草オニバス【*Euryale ferox*】= मखाना.

पानीयशाला [名*] ピャーウー= प्याऊ.

पाप [名] (1) 罪；罪悪；罪業；悪行；罪障 पापों को धोने के लिए 罪を洗い流すために हमें पाप से बचाओ 罪悪からお守り下さい (2) 前世の悪事の報い；悪業の報い (3) 悪事 पाप उदय हो॰ *a.* 罪業の報いが現れる *b.* 逆境に見舞われる पाप कटना 罪障が消滅する पाप कमाना 罪障を重ねる पाप का घड़ा फूटना 罪業の果を得る；悪事の報いを得る；年貢の納め時が来る कभी तो पापों का घड़ा फूटेगा ही いつかは罪果をきっと受けるものなのだ पाप का घड़ा भरकर डूबता है 〔諺〕悪 (悪人) はたとえ一時栄えようともいずれ滅びるものである पाप का घड़ा भरना 悪事がその極みに達する；年貢の納め時 तेरे पाप का घड़ा पूरा भर गया है もうお前の年貢の納め時だ पाप का जहाज़ 罪悪をいっぱい重ねた पाप काटना 罪障を消滅させる पाप का पुतला = पाप का जहाज़. पाप का भाँडा भरना = पाप का घड़ा भरना. पाप का भार उतारना 罪障を消す पाप की गठरी 一生積み重ねた罪障 (-के) पाप के घड़े को फोड़ना (一の) 罪障を消す उसे गोली से मारकर उन्होंने उसके पाप के घड़े को फोड़ दिया あの人はその男を撃ち殺して男の罪障を消してやった पाप के पाँव न हो॰ 罪は隠しおおせぬもの पाप गलना 罪障が消える पाप गले पड़ना 厄介なことや災いが降りかかる पाप चढ़ना 罪を負う；罪が重なる जो घोंसले तोड़ता है उसे पाप चढ़ता है 鳥の巣を壊す者は罪を負うことになる पाप चढ़ाना 罪を重ねる पाप जगाना 邪念を起こす पाप जागना *a.* 悪業の報いを得る *b.* 邪念が起こる पाप धोना 罪障を洗い流す पाप पड़ना 困ったことになる；困難な状況になる मैं कभी ग़लत काम नहीं करूँगा. किसी को हैरान नहीं करूँगा, नहीं तो मुझे भी पाप पड़ेगा 決して間違ったことはするまい. 人を苦しめはするまい. そうでなければ自分自身も困ることになろう पाप पीछे लगना = पाप गले पड़ना. पाप बटोरना = पाप कमाना. पाप बिसाना 罪果を得る पाप मोल ले॰ わざと厄介なことに関わりを持つ पाप लगना 罪を負う मुझे दोहरा पाप लगेगा 二重の罪を負うことになる पति का नाम लो तो पाप लगता है 夫の名前を呼ぶと罪を負うことになる पाप लाना 罪を着せる

पॉप-अप टोस्टर [名] 《E. pop-up toaster》ポップアップトースター (自動式トースター)

पापक [形] 罪科のある；罪障のある

पापकर्म [名] 悪事；罪業；罪悪

पापकर्मी [名] つみびと；罪人

पॉपकॉर्न [名] 《E. popcorn》ポップコーン= भुने मक्के के दाने.

पापक्षय [名] 罪障の消滅

पापगति [形] (1) 今罪果を受けている (2) 不運な

पापग्रह [名] (1)〔占星〕黒分の８日から白分の８日に至る月 (半円に至らぬ形の月) (2)〔占星〕太陽, 火星, 土星, ラーフ及びケートゥなどの (不吉とされる) 天体

पापघ्न [形] 罪を滅ぼす；罪障を滅する

पापचारी [形] = पापी.

पापड़ [名] パーパル (ブンドウ豆, ケツルアズキなどの様々な豆やジャガイモをすりつぶしソーダなどの入った水でこね, 塩, トウガラシ, クミンなどの香辛料を混じて煎餅状に伸ばし乾燥させた円形の嗜好食品. 油で揚げたり火で炒ったりして食する) पापड़ बेलना 大変な苦労をする；苦労を重ねる यहाँ आकर क्या-क्या पापड़ बेलने पड़े ここに来てなんとまあ苦労する羽目になったことか

पापड़ा［名］(1)〔植〕メギ科多年草ヒマラヤハッカクレン＝बनककड़ी. (2)〔植〕アカネ科小木ボックスウッドガーデニア【*Gardenia latifolia*】〈boxwood gardenia〉 (3)〔植〕シソ科多年草【*Salvia moorcroftiana*】

पापड़ी［名*］〔植〕アカネ科低木コブハテマリ【*Pavetta indica*】

पापनाश［名］罪障の消滅 पापनाश के लिए 罪障を消すために अश्वमेध को पापनाश के लिए राजा ही कर सकता है アシュヴァメーダの供犠は罪障の消滅のため王のみが行いうる

पाप-पुण्य［名］善根と悪根 पाप-पुण्य कुछ नहीं होता 善根とか悪根とかそんなものはありゃしない

पापपुरुष［名］悪者；悪漢；悪党

पापपूर्ण［形］罪深い पापपूर्ण कुचक्र 罪深い悪循環

पापफल［形］罪を作る；罪を犯すことになる

पापबुद्धि[1]［名*］悪意；悪心；人に害を及ぼすような悪い考え

पापबुद्धि[2]［形］悪意のある；悪心を抱く

पापमित्र［名］悪友；悪へ導く友

पापमुक्ति［名*］免罪 पापमुक्ति का प्रमाणपत्र 免罪符

पापमोचन［名］罪障を滅すること

पापयोनि［名*］（罪の罰として人身ではなく畜生道などの）低い生類に生まれ変わること

पापर［名］《E. pauper》(1) 貧乏人；貧困者；貧窮者 (2)〔法〕訴訟費用を払わなくてよい貧困者

पॉप-रॉक［名］《E. poprock; pops-rock music》〔音〕ポップロック

पापरोग［名］業病；天刑病（迷信によりハンセン病，結核，象皮病などが業病とされてきた）；悪疾

पाप रोगी［形・名］業病，天刑病とされた病気の患者，悪疾に罹った人→ पाप रोग.

पापलेन［名］《E. poplin》ポプリン

पापलोक［名］地獄＝ नरक.

पापविनाशन［名］罪障を滅ぼすこと

पापशोधन［名］(1) 罪障を滅すること (2) 聖地 ＝ तीर्थस्थान.

पापा[1]［名］《E. papa》お父ちゃん；お父さん；パパ

पापा[2]［名］〔昆〕ゾウムシ科ゾウムシ（象虫）

पापाचार[1]［形］悪行を働く；悪徳の＝ दुराचारी.

पापाचार[2]［名］悪行；悪徳＝ दुराचार.

पापात्मा［形］心が悪に染まった；悪意に満ちた；極悪の＝ दुष्टात्मा.

पापाधम［名］極悪人；大悪人＝ महापापी.

पापाशय［形］邪悪な；悪意を持つ

पापाह［名］死や出産による忌中や不浄期間＝ सूतक काल.

पॉपिंग क्रीज़［名］《E. popping crease》〔ス〕クリケットの三柱門の前の打者線 पॉपिंग क्रीज़ या बैटिंग क्रीज़〈batting crease〉

पा पियादा［形・副］《P. پا پیاده》徒歩の；徒歩で；馬など（の家畜の背）に乗らず＝ पियादा पा.

पापिष्ठ［形・名］極悪の；極悪人

पापी[1]［形］邪悪な；罪深い पापी आदमी का सिर भगवान के जल्लाद आरों से काटते हैं 邪悪な人の首は神様の処刑人が鋸で挽く ऐसे पापी समाज में このような邪悪な社会に **पापी कुआँ** *a*. 飽きることのない胃袋 *b*. 死者の出た井戸 **पापी पेट**（満腹することのない）胃；食べること；食欲

पापी[2]［名］罪人；罪深い人；罪人 **पापी का माल अकारथ जाता है**〔諺〕悪銭身につかず **पापी की कमाई** 悪銭

पापुआ न्यूगिनी〔国名〕《Papua New Guinea》パプア・ニューギニア

पापोश［名*］《P. پا پوش》靴，スリッパなどの履き物

पापोशकार［形・名］《P. پا پوش کار》靴を作る；靴屋

पापोस［名］《← P. پا پوش पापोश》＝ पापोश.

पाप्मा[1]［名］(1) 罪；罪悪；罪業 (2) 欠陥

पाप्मा[2]［形］(1) ＝ पापी. (2) 犯罪者＝ अपराधी.

पाप्यादा［副］＝ पा पियादा.

पॉप्स［名］《E. pops》〔音〕ポップス

पाबंद[1]［形］《P. پابند》(1) 足を縛られた (2) 縛られた；束縛された；拘束された；制限された (3) 約束した；誓った (4) 守られた；遵守された

पाबंद[2]［名］(1) 馬の後足 (2) 足枷 (3) 使用人；従者

पाबंदी［名*］《P. پابندی》(1) 束縛；拘束；制約；制限 इनके निर्यात पर पाबंदी क्यों? これらのものの輸出が制限されているのはどうしたことか रफ़्तार की पाबंदी 速度制限＝ स्पीड लिमिट. (2) 従うこと；守ること；遵守すること सेहत के उसूलों की पाबंदी करें 健康保持の原則を守るように खेल के क़ायदों की पाबंदी 運動のルールを守ること；ルールに従うこと समय की पाबंदी 時間を守ること इस पाबंदी का पालन この制約に従うこと इशारों की पाबंदी करें 合図に従うようにしなさい **पाबंदी के साथ** 規則正しく＝ पाबंदी से. आज से तुम रोज़ाना पाबंदी के साथ वर्ज़िश करना शुरू कर दो 今日から毎日規則正しく運動を始めなさい **पाबंदी से** きちんと；規則正しく；ちゃんと घर में पाबंदी से झाड़ू दे。きちんと家の掃除をすること

पाम［名］〔医〕(1) 発疹 (2) 皮膚病（胎毒，湿疹，疥癬などの）

पामर［形］(1) 卑賤な (2) 卑劣な；下劣な (3) 愚かな

पामरी［名*］〔服〕ドゥパッター दुपट्टा

पामा［名］〔医〕湿疹，疥癬，胎毒などの皮膚病＝ पाम.

पामारि［名］硫黄＝ गंधक.

पामाल［形］《P. پامال》(1) 踏みつけられた；踏みにじられた (2) 破壊された；破滅した；つぶされた उसने ग़रीब किसानों को पामाल कर दिया 彼は貧しい農民たちを破滅させた (3) 抑圧された

पामाली［名*］《P. پامالی》(1) 踏みつけられること；蹂躙されること (2) 破壊 (3) 抑圧

पामीर〔地名〕パーミール（パミール）高原（タジキスタン）

पायँचा［名］パージャーマーの脚の部分

पायँता［名］(1) 寝台に寝た際枕元に反対の方，すなわち，足のある方（寝台をベンチ代わりに用いる際，下座とされる） (2) 横臥した際足のある方角

पायंदाज़［名］《P. پا انداز》足拭き（の敷物）＝ पाअंदाज़.

पायक[1]［形］（飲み物を）飲む＝ पीनेवाला.

पायक[2]［名］《P. پایک》(1) 使い（の人）；小使；使い走り（の人）；用務員＝ हरकारा. (2) 歩兵＝ पैदल सिपाही.

पायकार［名］《P. پائکار》建築資材置き場＝ पाएकार.

पायख़ाना［名］《← P. پا خانہ पाख़ाना》(1) 手洗い；便所＝ शौचालय. (2) 大便；糞便＝ गू; पुरीष; ग़लीज़.

पायगाह［名*］《P. پائگاہ पाएगाह》馬屋；厩舎；厩＝ अश्वशाला; तवेला.

पायजामा［名］＝ पाजामा.

पायजेब［名*］＝ पाजेब.

पायतख़्त［名］《P. پاے تخت पाएतख़्त》首都；首府＝ राजधानी.

पायताब［名］《P. پاے تابہ पाएताबा》たび（足袋）；靴下＝ पाताबा.

पायदान［名］《P. پاے دان पाएदान》(1) 足置き（台） वरना लोग आदमी को एक पायदान बनाकर रख देते हैं でないと世間は人を１つの足置き台にしてしまうことになる (2)（バスや汽車などの）乗り物のステップ पायदान पर खड़े लोग（バスの）ステップに立っている人たち

पायदार［形］《P. پائدار पाएदार》(1) しっかりした；安定した (2) 長持ちする (3) 永久的な

पायदारी［名*］《P. پائداری》(1) 安定 (2) 持続性；耐久性 इमारत की पायदारी 建物の耐久性

पायन［名］飲ませること

पायना［名*］(1) 水をやること；灌水＝ सींचना. (2) 飲ませること＝ पिलाना. (3) 研ぐこと；研磨すること

पायपोश［名］＝ पापोश.

पायमाल［形］＝ पामाल.

पायमाली［名*］＝ पामाली.

पायरा［名］あぶみ（鐙）＝ रकाब.

पायल[1]［名*］〔装身〕パーヤル（女子の足首につける鈴のついた銀製装身具）

पायल[2]［形］さかご（逆子）で生まれた；逆子の

पायलट［名］《E. pilot》パイロット

पायलागी［名*］＝ पालागन; प्रणाम; नमस्कार. "पायलागी, काका" "जीते रहो बेटा! बड़ी उमर हो तुम्हारी.कहो, कब आये शहर से"「おじさん，お久しぶりでございます」「やあやあ久しぶりだね，元気かい．いつ町から帰って来たのだい」

पायस［名］(1)〔料〕キール（乳粥，すなわち，米を牛乳で煮た料理） (2)〔化〕乳剤；乳状液

पायसा［名］近所；近隣＝ पड़ोस.

पायसीकरण［名］〔化〕乳状化；乳化〈emulsification〉

पाया [名] (1) 椅子，ベッド，寝台などの脚 (2) 柱；支柱；杭 पुल के पाये 橋脚 (3) 基礎；基盤 (4) 位；位階= रुतबा; ओहदा. **पाया बुलंद हो°** 出世する

पायाब [形] 《P. پایاب》浅い= उथला; गाध. ↔ गहरा

पायाबी [名*] 《P. پایابی》浅いこと= उथलापन; गाधता.

पायिक [名] (1) 歩兵= पैदल सिपाही. (2) 使者；使いの者= दूत; चर.

पायिका [形*] 飲む ↔ पायक

पायी [形] 飲む

पायु [名] 肛門= मलद्वार; गुदा.

पायोरिया [名] 《E. pyorrhea; pyorrhoea》〔医〕歯槽膿漏；歯周病

पारंगत [形] (1) 対岸へ達した (2)〔仏〕彼岸へ到達した (3) 熟達した；奥義を究めた ज्योतिष विद्या का पारंगत विद्वान 占星術を究めた学者

पारंपरिक [形] 伝統的な；伝統を守ってきた पारंपरिक शैली 伝統的流派 पारंपरिक रीतियाँ 風習 पारंपरिक राजस्थानी वेशभूषा ラージャスターンの伝統衣裳 राजस्थान का तेराताल नृत्य विशुद्ध पारंपरिक नृत्य है ラージャスターンのテーラータール・ダンスは純粋に伝統的なダンスである

पारंपरिकता [名*] 伝統；伝統的なもの

पारंपरीण [形] = परंपरागत.

पार[1] [名] (1) 向こう側；反対側（一方に対する反対側）；あちら (2) 向こう岸；対岸；岸 नदी पार के जंगल में 向こう岸のジャングルに नदी के उस पार 川の向こう岸に **उस पार की हरियाली है**〔諺〕隣の芝生は青い (3) 末端；終わり；終末；極み；極端 (4)〔仏〕彼岸 **इस पार** この世で；現世で **उस पार** あの世で；来世に；彼岸で **पार क°** *a.* 目的に到達する；越える；過ぎる；乗り越える कई कोस का रास्ता पार करने के कारण 数キロの道を越えるために जब रज़िया अट्ठारह साल पार कर जाए तब खोलना ラジヤーが18 歳を過ぎたら開きなさい किशोरावस्था पार कर चुका था 少年期を越えていた *b.* 渡る；横断する；横切る सड़क पार करना 道を横断する；横切る समुद्र पार करना 海を渡る गंगा नदी पार करना ガンジス川を渡る रेगिस्तान पार करने में उनका काफ़िला भटक गया 砂漠を越える際に隊商が道に迷った *c.* かすめる；かすめ取る；盗み取る फ़ाउंटेन पेन पार करने में तो 万年筆をかすめ取ることに関しては *d.* 彼岸へ渡す；解脱を得させる **पार न बसाना** 手に負えない→ पार बसाना. **पार न सूझना** 手立てが思いつかない；見通しが立たない **(-का) पार न हो°** （一の）限度が無い；きりがない **पार पड़ना** *a.* 耐えられる *b.* 足る **पार पाना** やり遂げる **(-का) पार पाना** （一を）窮める；見定める；測る **(-से) पार पाना** （一に）勝つ；（一を）越える；（一を）凌ぐ= (-को) पार पाना. उससे किशन जैसे सीधे सच्चे व्यक्ति को पार पाना कठिन है あの男にキシャンのような純真な者が勝つのは難しい **पार बसाना** できる；可能な पहरेदारों ने हनुमान को पकड़ने की कोशिश की, लेकिन उनकी पार न बसायी 見張りの者たちがハヌマーンを捕らえようとしたができなかった

पार[2] [副・後置] [後置] には (-के) पार の形で用いられる (1) （一の）向こうに；向こう側に；反対側に；向こう岸へ गेंद को विरोधी खिलाड़ी की तरह नेट के पार इस तरह से फेंका जाता है कि वह इसे लौटा न सके 球は相手選手が返せないようにネットの向こう側に投げられる (2) （一を）越えて **पार उतरना** *a.* 解脱を得る *b.* 完成する；完了する **पार उतारना** *a.* 解脱させる；解脱を得させる *b.* 完成させる；完成する **पार जा°** *a.* 対岸へ行く；向こう岸へ行く；川を渡る *b.* 解脱を得る **पार लंघाना** = पार उतारना. **पार लगना** *a.* 越える；渡る *b.* 完了する；到達する *c.* 嫁に行く；嫁入りする *d.* 解脱を得る；救いを得る **पार लगाना** *a.* 越えさせる；渡す *b.* 完了させる；完結させる；到達させる *c.* 嫁入らせる *d.* 解脱を得させる；救う；済度する **पार हो°** *a.* 越える；渡る *b.* 去る *c.* 離れる *d.* 完了する；完結する

पार[3] [形] 《P. پار》(1) 過ぎた (2) 次の；来るべき→ पार साल.

पार[4] [名] 《P. پار》昨年；去年= पिछला साल; गत वर्ष.

पारक[1] [名] (1) 金 (2) 合格証 (3) 通行証；通行許可証

पारक[2] [形] (1) 渡す；越えさせる (2) 救う；助ける (3) 守る

पारख [名] = पारखी.

पारखी [名・形] 眼力のある；目の利く；鑑定家；目利き तलवारों का पारखी 刀剣鑑定家 महापुरुष सचमुच सच्चे पारखी होते हैं 偉人というのは本当に目の利く人のこと कला का पारखी 芸術作品や芸術活動の評価をする眼力のある人

पारग [形] (1) あちら（向こう岸；向こう側；対岸；目的地）へ行く (2) 完成させる；やり遂げる (3) 詳しい；詳しい知識を持つ；熟達した

पारगत [形] = पारंगत. (1) 対岸など向こう側へ行った；反対側へ行った (2) 窮めた；熟達した

पारगमन [名] (1) 向こうへ行くこと；対岸や向こう岸に行くこと (2) 通過；乗り継ぎ **पारगमन पास** 通行証 **पारगमन वीज़ा** 通過査証

पारगामी [形] 向こうへ行く；向こう側へ行く；反対側へ行く

पारचा [名] 《P. پارچہ पार्चः》(1) 布；布切れ (2) 絹布（の一種） (3) 断片；一片；一切れ

पारण [名] (1) 横切ること (2) 越えること (3) 渡すこと (4) 越えさせること (5) 通過（法案などの） (6)〔ヒ〕断食行の完了の行事及びその際食べる食事

पारण-पत्र [名] 通行証；パス

पारणा [名*] = पारण.

पारणीय [形] (1) 渡すことのできる (2) 越えさせられる (3) 完成させうる

पारद [名] 水銀 पारद तापमापी 水銀温度計= पारद थर्मामीटर.

पारदर्शक [形] 向こう側が見通せる；透けて見える；透明な

पारदर्शकता [名*] 透明さ；透明性

पारदर्शी [形] (1) 見通せる；透けて見える पारदर्शी वस्तु 透明な物体 पारदर्शी नायलॉन की साड़ी 軽くて透けて見えるナイロンのサリー (2) 先見の明のある；先々を見通す

पारदारिक [形・名] 他人の妻と通じる（男）；間男

पारदिक [形] 水銀の

पारदेशिक [形] (1) 他国の；異国の (2) 外国の (3) 旅をする

पारधी[1] [名] 猟師；狩人= बहेलिया; व्याध; शिकारी.

पारधी[2] [名*] 覆い；目隠し= ओट; आड़. **(-की) पारधी पड़ना** （一に）隠れる；ひそむ；隠れて見る；潜んで見る

पारना[1] [他] (1) 落とす (2) 入れる (3) 横たえる (4) 倒す；投げ倒す (5) 据える (6) 手渡す；委ねる；委託する；託する (7) 入れる (8) 着る；着用する

पारना[2] [助動] できる（主動詞の動作の可能性を表す）

पारपत्र [名] パスポート= पासपोर्ट. पारपत्र-साइज़ パスポートサイズ

पारबती [名*]〔イ神〕パールヴァティー神= पार्वती.

पारमार्थिक [形] ←परमार्थ. (1) 真理の；最高の真理の (2) 真実の (3) 解脱に関わる (4) 最高の；最良の；最善の

पारमार्थ्य [名] 最高の真理→ परमार्थ.

पारमिक [形] 最良の；最高の→ परम.

पारमित [形] (1) 対岸に達した (2) 彼岸に到達した (3) 完成した；最良の

पारमिता [名*] (1) 対岸に達すること (2) 彼岸に達すること (3) 完成 (4) 極；極限；究極 (5)〔仏〕波羅蜜；波羅蜜多

पारलियामेंट [名] 《E. parliament》国会；議会= संसद्; संसद.

पारलौकिक[1] [形] (1) 来世の (2) 来世のためになる

पारलौकिक[2] [名] 葬儀；葬式= अंत्येष्टि कर्म.

पारवहन [名] 運搬；輸送

पारशव [名] (1) 鉄 (2) ブラーフマンを父にシュードラを母にする子及びその出自の人より構成されるジャーティ (3) 不義の子；非嫡出子

पारस[1] [名] (1) 賢者の石〈philosophers's (philosophers') stone〉= स्वर्णमणि; पारस-पत्थर. (2) 非常に貴重な物；甚だ有用な物

पारस[2] [名] 《P. پارس पार्स》ペルシア；イラン

पारस[3] [名]〔植〕バラ科高木ウワミズザクラ（上溝桜）【*Prunus padus; P. cornuta*】〈Himalayan bird-cherry tree〉

पारस[4] [名] 食器に盛られた食物や料理

पारस[5] [名] 側；近辺 = पास; निकट; पार्श्व.

पारसनाथ 〔人名・ジャ〕パーラスナート／パールシュヴァナータ（ジャイナ教の第 23 祖ティールタンカラ）= पार्श्वनाथ.

पारसल [名] 《E. parcel》小包；郵便小包；小荷物= पार्सल; डाक पार्सल. → पार्सल.

पारसा [形] 《P. پارسا पार्सा》(1) 自己抑制のある；欲望を制する；節制する；信心深い；敬虔な (2) 貞節な；貞淑な；品行の正しい

प

पारसाई [名*] 《P. پارسائی》 (1) 自己抑制；節制 (2) 敬虔さ；信心深さ (3) 貞節；貞淑

पारसाल [名・副] 《P. پار سال》 (1) 去年；昨年= गत वर्ष; पिछला साल; पिछले साल. (2) 来年= आनेवाला वर्ष; अगला वर्ष; अगले वर्ष; अगले साल.

पारसिक [名] ペルシア人

पारसी[1] [形] 《P. پارسی पार्सी》 (1) ペルシアの (2) パールシー（8世紀にイランからイスラム教徒による難を逃れてインド西部に移住したゾロアスター教徒の末裔で多くはムンバイを中心に居住する；拝火教徒）の पारसी समाज パールシーの社会（コミュニティー） पारसी परिवार パールシーの家族（家庭） (3) パールシー（19 世紀末から 20 世紀初頭にかけて活動した商業演劇団）の **पारसी रंगमंच** パールシー劇団 पारसी-रंगमंच शैली パールシー劇団のスタイル

पारसी[2] [名] (1) ペルシア人 (2) パールシー（イスラム教徒の圧迫を逃れ古くにインドに避難・移住してきた拝火教徒）

पारसीक [名] (1) ペルシア (2) ペルシア人 (3) ペルシア産の馬

पारसी धर्म [名] パールシー教；拝火教；ゾロアスター教

पारस्परिक [形] 相互の；お互いの पारस्परिक निर्भरता 相互依存 पारस्परिक विचारों का न मिलना お互いの考えが一致しないこと पारस्परिक सहयोग 相互協力

पारस्परिकता [名*] ←पारस्पर. 相互関係

पारा[1] [名] (1) 水銀 (2) 温度計の水銀柱（怒りの程度を表す言葉としても用いられる） **पारा उतरना** 怒りが鎮まる **पारा उतारना** 怒りを鎮める **पारा गरम हो॰** 怒る；怒りがこみ上げる **पारा ठंडा हो॰** 怒りが鎮まる पारा चढ़ना = पारा गरम हो॰. सविता का पारा चढ़ता चला जा रहा था サヴィターの怒りがだんだんこみ上げて行くところだった **पारा पिलाना** 重量を増す；重くする **पारा पीना** 堕胎のために水銀を飲む **पारा भरा हो॰** とても重い **पारा हो॰** *a.* 怒る；かっとなる *b.* 重い；重量のある

पारा[2] [名] 《P. پاره》 (1) かけら；一片；断片 (2) 部分；一部 **पारा पारा क॰** 粉々にする= पारे पारे क॰.

पाराती [名*] 〔ヒ〕パーラーティー（集団での聖地巡礼に赴く女性たちが道中で歌う歌）

पारापार [名] = पारावार.

पारायण [名] (1) 完了；完結（させること）；終えること (2)（聖典の）読了；完読；通読（読誦すること） धार्मिक पुस्तकों का अध्ययन-पारायण 聖典の学習と完読

पारावत [名] (1) 鳩（カワラバト，キジバトなど） (2) 猿= बंदर. (3) 山= पहाड़; पर्वत.

पारावार [名] (1) 海 (2) 川の両岸= आर पार; वार पार. (3) 限り；限度；止まるところ；窮まり；窮まるところ= सीमा; अंत; हद. यह सुनकर चारों भाइयों की प्रसन्नता का पारावार न रहा これを聞いて四人の兄弟の嬉しさといったらなかった हमारे आश्चर्य का उस समय पारावार न रहा その時の驚きといったらなかった

पारावारीण [形] 完全な域に達した；奥義を会得した；完成した

पाराशर[1] [形] (1) パラーシャラ聖仙（पराशर）の (2) パラーシャラ聖仙作の

पाराशर[2] [名]〔イ神〕ヴィヤーサ聖仙（パラーシャラ聖仙の子で『マハーバーラタ』の作者，もしくは，編者とされる）

पारिजात [名] (1)〔イ神〕パーリジャータ（神話上の樹木の名で乳海攪拌により出現しインドラ神の所有になった） (2)〔植〕マメ科高木デイコ【*Erythrina indica*】

पारित [形] (1) 越えた；通過した；渡った (2)（法案が立法機関の）承認を得た；通過した (3) 合格した；パスした **पारित क॰** 承認する；通過させる कनाडा की सरकार ने आव्रजन संबंधी एक विधेयक पारित किया है カナダ政府は移民関係の法案を承認した **पारित हो॰** *a.* 越える；通過する पूर्ण स्वतंत्रता प्राप्त करने का प्रस्ताव पारित हुआ 完全独立達成の提案が通過した *b.* 合格する；パスする

पारितोषिक [名] (1) 賞；賞金；褒美；褒賞金= इनाम. उसे एक हज़ार रुपये पारितोषिक दिये जाएँगे 彼女には 1000 ルピーの賞金が与えられよう (2) 礼金 **पारितोषिक योजना** 褒賞制度

पारिभाषिक [形] ←परिभाषा. (1) 定義の；定義上の (2) 専門の；専門的な **पारिभाषिक शब्द** 術語；専門語 〈technical term〉

पारिभाषिक शब्दावली [名*] 専門語；（学術）用語 〈terminology〉

पारिभाषिकी [名*] 専門用語

पारिमिता [名*] 限界；限度

पारिया कुत्ता [名] 《← E. pariah dog》〔動〕イヌ科パリア犬

पारिवारिक [形] (1) 家族の；家族内の पारिवारिक कष्ट 家族内の悩み पारिवारिक धंधा 家業 पारिवारिक संबंध 家族関係 पारिवारिक समस्या 家族問題 (2) 家庭の पारिवारिक जीवन की शांति 家庭生活の落ち着き पारिवारिक चिकित्सक 家庭医 पारिवारिक झगड़े 家庭内のもめごと；家庭争議

पारिश्रमिक [名] 労賃；賃金；報酬= मेहनताना; मजदूरी. बिना कोई पारिश्रमिक दिए 全く労賃を払わずに बिना कोई पारिश्रमिक दिए छोटे किसानों इत्यादि से समय-समय पर काम लिया करते थे 全く労賃を支払わずに時折小農などに無償労働をさせていた

पारिषद [名] (1)（市議会などの）議員 (2) 従者；配下；眷属

पारिस पीपड़ [名]〔植〕アオイ科小木サキシマハマボウ【*Thespesia populnea*】= गजदंड.

पारिस्थितिक [形] (1) 状況の；状況に関する पारिस्थितिक साक्ष्य 状況証拠 (2) 環境の；環境上の पारिस्थितिक तंत्र 生態系

पारिस्थितिकी [名*] ←परिस्थिति. 生態学；エコロジー 〈ecology〉

पारिहासिक [形] ←परिहास. 滑稽な

पारी [名*] (1) 順番；番= बारी. (2) 交替；交代制= शिफ़्ट. रात की पारी 夜勤= साय पारी. (3)〔ス〕イニング खेल बीस-बीस मिनट की दो पारियों में खेला जाता है ゲームは 20 分ごとの 2 イニングで行われる **पारी से** 順番に；交替で

पारीण [形] (1) 到達する；進む (2) 完成の域に達した；完全に知識を会得した (3) 完成させる；完了する

पारीश [名] = पारिस पीपड़.

पारुष्य [名] ←परुष. (1) 言葉の厳しさ (2) 無愛想なこと；つっけんどんなこと

पारुस [名] = फ़ालसा.

पारेषण [名] 送信；発信 〈transmission〉

पारोक्ष [形] (1) 目に見えない；不明瞭な (2) 秘密の (3) 謎の

पार्क[1] [名] 《E. park》公園；大庭園；パーク

पार्क[2] [名] 《E. park》駐車 पार्क क॰ 駐車する कार नीचे पार्क करके लिफ़्ट में ऊपर गया 車を下に止めてエレベーターで上がった

पार्किंग [名] 《E. parking》 (1) 駐車 पार्किंग क॰ 駐車する (2) パーキング場

पार्किंग स्थल [名] 駐車場 पार्किंग स्थल पर खड़ी कारों को क्रेन से उठाना 駐車場に止まっている車をクレーンで釣り上げる

पार्किनसन रोग [名] 《E. Parkinson's disease》〔医〕パーキンソン病

पार्जन्य [形] 雨の；雨に関する→ पर्जन्य.

पार्ट [名] 《E. part》 (1) 部分 (2) 役割；役目 अपना पार्ट अदा करती है 自分の役割を果たす **पार्ट ले॰** 参加する；加わる；分かつ；分かち合う (3) 部；篇；巻 (4) 演劇の役 ज़्यादातर उसे लड़की का पार्ट दिया जाता था 彼女はたいていは娘の役が与えられていた

पार्ट टाइम [名] 《E. parttime》パート（タイム）の仕事；アルバイト पार्ट टाइम क॰ パートタイムの仕事をする；アルバイトをする छोटे-छोटे पार्ट टाइम करने चाहिए ちょっとしたパートをしなくてはならない

पार्टनर [名] 《E. partner》 (1) 仲間；パートナー (2) 出資組合員；社員 (3)（ブリッジなどの）相棒；相手

पार्टिंग [名] 《E. parting》 (1) 列車の切り離し (2) 分割線 (3) 髪の分け目

पार्टिशन [名] 《E. partition》 (1) 分割 (2) 旧英領インドのインド及びパキスタンへの分離独立= हिंद का बँटवारा (3) 仕切り；仕切壁；衝立

पार्टी [名*] 《E. party》 (1) 党；党派；政党= दल. (2) パーティー；会；集まり；祝宴；宴会= दावत; भोज. विवाह-पार्टी 結婚披露宴 चाय पार्टी 茶話会；お茶の会 **पार्टी छोड़ना** 離党する **पार्टी दे॰** パーティーを催す；パーティーに招く；招待する；祝宴に招く जीत की ख़ुशी में भी शायद मुझे पार्टी देनी पड़ेगी 勝利を祝っても多分パーティーを催さなくてはなるまい उन्हें अपने घर पर पार्टियाँ देने का बहुत शौक़ था 自分の家に招待するのがとても好きだった

पार्टीबंदी [名*] 《E. party + P. بندی》徒党を組むこと；派閥争い= दलबंदी; गुटबाज़ी.

पार्टीबाज़ी [名*] 《E. party + P. بازی》党派や徒党を組むこと；派閥争い

पार्टीशन [名] 《E. partition》(1) 分割 (2) 英領インドのインドとパキスタンへの分離独立 (3) 衝立；仕切り लकड़ी का पार्टीशन 木製の衝立
पार्टी हाई कमान [名] 《E. party high command》党首脳部
पार्थ [名]〔マハ〕パーンドゥ王 पाण्डु の妃プリター पृथा の3人の子，すなわち，ユディシュティラ युधिष्ठिर, アルジュナ अर्जुन 及びビーマ भीम
पार्थक्य [名] ← पृथक्. (1) 違い；相違 (2) 分離 (3) へだたり；懸隔 उन्होंने इस पार्थक्य को मिटा दिया है あの方がこのへだたりを取り除いた
पार्थसारथि [名]〔マハ〕クリシュナ（アルジュナの御者の意）
पार्थियन [名] 《E. Parthian》〔史〕パルティア人
पार्थिव[1] [形] (1) 大地の；地上の；地球上の पार्थिव ताप 地熱 (2) 物質の；物質的な (3) この世の；俗界の；俗世の；現世の पार्थिव मूर्ति この世の姿 **पार्थिव शरीर** *a.* 肉体；この世に現れた身体；うつせみ（現身） उन्होंने पार्थिव शरीर का त्याग किया 現身を離れられた（この世を去られた） *b.* 亡骸；遺骸；遺体 उनके पार्थिव शरीर को खाट से उठाकर ज़मीन पर लिटा दिया गया 亡骸が寝台から下ろされ床に横たえられた
पार्थिव[2] [名] (1) 土器= मिट्टी का बरतन. (2) 肉体= शरीर; देह. (3) 王；国王= राजा; नृपति; बादशाह.
पार्लर [名] 《E. parlour》パーラー；ゲームセンター वीडियो पार्लर ビデオゲームセンター
पार्लामेंट [名] 《E. parliament》議会；国会= पार्लियामेंट.
पार्लियामेंट [名] 《E. parliament》議会；国会 ब्रिटिश पार्लियामेंट 英国議会
पार्वण[1] [形] 新月，もしくは，満月の際に行われる
पार्वण[2] [名]〔ヒ〕朔日，陰暦白分及び黒分の8日，15日，満月の際など宗教上功徳のあるとされる特定の日に行われる祖霊の供養
पार्वत [形] (1) 山の；山岳の (2) 山間の；山地の；山間地域の
पार्वती [名*]〔イ神〕パールヴァティー神（シヴァ神の配偶神）= गिरिजा; भवानी.
पार्वतीकुमार [名] = पार्वतीनंदन. (1)〔イ神〕カールティケーヤ कार्तिकेय (2)〔イ神〕ガネーシャ गणेश
पार्वतीय [形] 山の；山間の；山間地域の= पहाड़ी; पहाड़ का.
पार्वत्य [形] = पार्वतीय.
पार्श्व[1] [名] (1) 脇；横側 (2) 肋骨 (3) 側面 (4) そば（側）；脇；傍ら；近傍
पार्श्व[2] [形] 側の；近くの；接近した= निकट का; पासवाला; नज़दीकी.
पार्श्वगत [形] (1) 近づいた；近寄った；接近した (2) 側面から見た；横顔の；半面像の
पार्श्वगान [名]〔映〕歌の吹き替え
पार्श्वगायक [名] 吹き替え歌手
पार्श्वगायिका [名*] 吹き替えの女性歌手
पार्श्वचित्र [名] 横顔；プロフィール
पार्श्वछवि [名*] 横顔；プロフィール
पार्श्वटिप्पणी [名*] 傍注
पार्श्वद [名] 従者；付き人= नौकर; सेवक.
पार्श्व ध्वनि [名*] (1)〔映・演〕背景音楽；BGM (2) 音響効果
पार्श्वनाथ 〔人名・ジャ〕パールシュヴァナータ（ジャイナ教第23祖の救世者ティールタンカラ）
पार्श्व परिवर्तन [名] 寝返り（を打つこと）= करवट बदलना.
पार्श्वभूमि [名*] 基底；基盤；背景= पृष्ठभूमि.
पार्श्वरेखा [名*] (1)（魚の）側線〈lateral line〉 (2) 横線 मैदान की पार्श्वरेखाएँ グラウンドのサイドライン
पार्श्ववर्ती[1] [形] (1) 付き添う；従う (2) 傍らの；近くの
पार्श्ववर्ती[2] [名] (1) 仲間；同僚 (2) 従者
पार्श्वसंगीत [名] (1) バックグラウンド・ミュージック；BGM (2)〔映・演〕歌の吹き替え (3) 音響効果
पार्श्वस्थ [形] 傍らの；近くの；側の；側にいる；脇にある；脇にいる
पार्श्वानुचर [名] 従者= नौकर; सेवक.
पार्श्वासन्न [形] 傍らの；近くにいる
पार्श्वासीन [形] 側に座っている；脇に座す
पार्श्विक[1] [形] (1) 傍らの (2) 側面の
पार्श्विक[2] [形] (1) 味方= पक्षपाती. (2) 仲間= सहयोगी.
पार्षद[1] [名]（市議会などの）議会議員= पारिषद. नगरनिगम का पार्षद 市議会議員
पार्षद[2] [名*] 会合；集会= परिषद्.
पार्ष्णि [名*] (1) 踵= एँड़ी. (2) 後部；背部= पृष्ठ. (3)（軍隊の）後衛= चंदावल.
पार्ष्णिग्रह[1] [名] 従者= अनुयायी.
पार्ष्णिग्रह[2] [形] 背部から襲撃する
पार्ष्णिग्रहण [名] 背後からの攻撃
पार्ष्णिग्राह [名] 背後からの攻撃
पार्ष्णिघात [名] 足蹴り；キック= लात मारना.
पार्सल [名] 《E. parcel》包み；小包；小荷物= पारसल.
पार्सल पोस्ट [名] 《E. parcel post》小包郵便= डाक पार्सल.
पार्सिलेन [名] 《E. porcelain》磁器= चीनी मिट्टी के बर्तन.
पालंक [名] (1)〔植〕カンラン科高木ニュウコウ（乳香）【*Boswellia thurifera*】 (2)〔植〕アカザ科野菜トウヂサ；フダンソウ【*Beta bengalensis; B. vulgaris*】= पालक; विलायती पालक; बीज पालक; सादा पालक. 〈chard; Swiss chard〉 (3)〔鳥〕オオタカ= बाज़.
पालंकी [名*] ニュウコウの樹脂，薫陸香（クンロクコウ）
पाल[1] [形・名] (1) 守る；守護する；守護者 (2) 監視する；監視人 (3) 保管する；保管者 (4) 管理する；管理人
पाल[2] [名] (1) たんつぼ（痰壷）= पीकदान. (2)〔植〕イソマツ科草本セイロンマツリ【*Plumbago zeylanica*】 (3)〔イ史〕パーラ王朝（ベンガル地方を中心に東部インドを支配した. C.750–1144）
पाल[3] [名] 果物を熟させる装置；室（木の葉や藁などを積み重ねてこしらえる）↔ डाल, टपका. **पाल डालना** 室に入れる
पाल[4] [名] (1) 帆船の帆 गंगा के वक्ष पर पाल उड़ाती सैकड़ों नावें ガンジスの水面に帆をひるがえしている数百艘の小舟 **पाल चढ़ाना** 帆を揚げる **पाल-नाव** 帆船= पाल का जहाज़. (2) 帆布；キャンバス (3) 天幕 (4) カバー；シート
पाल[5] [名*] (1) 堤；堤防 राम सरोवर की पाल ラームサローワル湖の堤 (2) 堰；堰堤
पाल[6] [名] 御料地
पालक[1] [形] (1) 守る；守護する；保護する (2) 育てる；養育する；養う पालक पिता - पालक माँ 育ての親
पालक[2] [名] (1)〔植〕アカザ科野菜ホウレンソウ（ほうれん草）【*Spinacia oleracea*】 (2)〔植〕アカザ科野菜トウヂサ；フダンソウ【*Beta vulgaris var. cicla*】〈Swiss chard〉= विलायती पालक; बीज पालक; सादा पालक. (3)〔植〕アカザ科ビート〈spinach beet; foliage beet〉= देसी पालक; पालक साग; पालकी. (4)〔植〕タデ科多年草【*Rumex vesicarius*】 **जंगली पालक** 〔植〕タデ科多年草ギシギシ【*Rumex maritimus*】〈golden dock〉
पालक जूही [名*] (1)〔植〕キツネノマゴ科草本小低木リナカンサス【*Rhinacanthus nasuta; R. communis*】 (2)〔植〕アカネ科低木【*Ixora undulata*】
पालकरी [名*] 寝台などの台の足継ぎ
पालकी [名*] こし（輿）；駕籠 मगर सभी लड़कियाँ एक-न-एक दिन अच्छे अच्छे गहने और कपड़े पहनकर और पालकी में बैठकर चली जाती हैं でも女の子たちはいつの日か上等の着物と装身具を身につけ輿に乗って行ってしまうもの देवता की पालकी みこし（神輿）
पालकी गाड़ी [名*] 幌付きの馬車= पालगाड़ी.
पालट[1] [名] 養子= दत्तकपुत्र.
पालट[2] [名] (1) 転覆 (2) 変化；変転
पालड़ा [名] = पलड़ा.
पालतू [形] 飼育される；飼育されている；飼われている पालतू चिड़ियाँ 飼育される鳥；飼われている鳥 पालतू कुत्ता 飼い犬 **पालतू बनाना** 飼い慣らす
पालथी [名*] (1) あぐら (2) 結跏趺坐= पद्मासन; कमलासन. पालथी मारकर बैठना あぐらをかいて座る पालथी मारना あぐらをかく= पालथी लगाना.
पालदार [形] 《H. + P. دار》帆のついている；帆掛けの पालदार नाव 帆船
पालन [名] (1) 扶養；養うこと परिवार के पालन के लिए 家族を養うため；家族の扶養のため (2) 飼育 भेड़-बकरी पालन 羊や山羊の飼育 (3) 守ること；遵守すること；果たすこと नियमों का पालन 規則の遵守 आपकी आज्ञा का अक्षरशः पालन होगा ご命令を文字

通り守ります अपने वचनों का पालन 約束を守ること व्यक्तिगत व सामाजिक कर्त्तव्य का पालन 個人としてまた社会人としての義務を守ること राजा को भी तो अपने धर्म का पालन करना चाहिए? 王も自分の本分を守るべきか (4) 保持；持続；維持 अंधविश्वासों का पालन क॰ 迷信を持続する

पालन-पोषण [名] 養育 बच्चे का पालन-पोषण 子供の養育

पालना[1] [他] (1) 育てる；養う हमारी पाली हुई बेटी 私たちが育てた娘 इसी में मैं पाला गया 私は正にこの状況で育てられた (2) 飼う；飼育する जानवर पालना 動物を飼う (3)（命令, 法律, 約束などを）守る (4) 守護する；守る (5) 育む स्वप्न पालना 夢を育む **पालना-पोसना** 養育する= पालन-पोषण.

पालना[2] [名] 揺りかご **पालने में पलना** 苦労せずに育つ；安楽な暮らしをする= पालने झूलना.

पालना[3] [名*] = पालन. यहाँ कई प्रकार के निषेधों की पालना की जाती है ここではいろんな禁忌が守られる

पालनीय [形] (1) 育てられる；育てられるべき (2) 守るべき

पाल-नौका [名*] 帆船

पाल नौकायन [名]〔ス〕ヨット競技 पाल नौकायन फ़्लाइंग डचमैन वर्ग〔ス〕ヨット競技フライングダッチマン級〈flying Dutchman Class; FD〉

पाल वंश [名]〔イ史〕パーラ朝→ पाल[2].

पाला[1] [名] (1) 霜 उत्तरी भारत के ज़्यादातर भागों में पाला पड़ता है 北インドの大部分の地域で霜が降りる (2) 雪；氷 (3) 寒気 **पाला गिरना** *a.* 霜が降りる；冷え込む *b.* 駄目になる；つぶれる；つぶされる **पाला पड़ना** *a.* 霜が降る；冷える *b.* しおれる घटना की बात सुन उसकी ख़ुशी पर पाला पड़ गया 事件の話を聞いて嬉しさがしおれてしまった **पाला मार जा॰** *a.* 霜が降る *b.* 降霜による被害を及ぼす；霜枯れを起こす *c.* 駄目にする；大打撃を与える

पाला[2] [名] (1) 保護 (2) 支え；支持；維持 (3) 委託 (4) 支配；支配力 (5) 手中 (-से) **पाला डालना** (ーから) 防ぐ；守る；保護する (-से) **पाला पड़ना** *a.* 関わりが生じる विभिन्न संस्थाओं से हमारा प्रतिदिन पाला पड़ता है 様々な団体と毎日関わりが生じる *b.*（ーと）厄介なことになる मेरा पाला बहुत ही ख़तरनाक चीतों से पड़ चुका है 凶暴なチーターと出くわしたことがある (-के) **पाले पड़ना** (厄介な人と) 関わりができる；(ーに) とりつかれる；(ーの) 手中におちいる

पाला[3] [名] (1) 中心；中央；本部 (2) 盛り土 (3)（カバッディー कबड्डी などのスポーツの陣地の）境界線 (4) 練習場；道場 (5) 穀物を入れておく大きなかめ **पाला मारना** 勝つ；勝ちを収める；（カバッディーで）相手側を皆負かす **पाला (-के) हाथ रहना** (ーが) 勝つ；勝ちを収める

पाला[4] [名] 順番；番= पारी; नंबर.

पाला[5] [名] 野生ナツメの小枝や葉（飼料）

पाला[6] [名]〔植〕ムラサキ科低木フクマンギ【*Ehretia microphylla*】

पालागन [名*・感]（本来は）相手の爪先や足に手を触れて行われる丁寧な挨拶；最敬礼；お辞儀（今日では言葉だけでも挨拶に用いられることがある） उन्होंने पालागन की, मगर असीस कौन देता है あの人から最敬礼をされたがだれが挨拶を返すものか

पालागल [名] (1) 飛脚= हरकारा. (2) 使者

पालागी [名*・感] = पालागन. 'गुरु जी! पालागी' 「先生, 今日は」

पालिंद [名] クンロクコウ（薫陸香）；乳香

पालि [名*] (1) 耳たぶ (2) へり；ふち（縁） (3) 線；列 (4) 端 (5) 堰；堤 (6)〔言〕パーリ語= पालि भाषा; पाली.

पॉलिएस्टर [名]《E. polyester》〔化〕ポリエステル

पालिका[1] [形*] ← पालक.

पालिका[2] [名*] ← पालक. 造語要素として用いられるのが普通. → नगरपालिका.

पालिटिक्स [名]《E. politics》(1) 政治学= राजनीति शास्त्र. (2) 政治= राजनीति. (3) 策略；駆け引き= चालबाज़ी.

पालित [形] (1) 育てられた (2) 養われた (3) 飼育された (4) 守られた (5) 保たれた

पालित मंदार [名]〔植〕マメ科高木デイコ【*Erythrina variegata var. orientalis; E. indica*】

पालिथिलीन [名]《E. polyethylene》〔化〕ポリエチレン（プラスチック）= पालिथीन〈polythene〉.

पालिथीन [名]《E. polythene》〔化〕ポリエチレン= पालीएथिलीन. पालीथीन की थैली ビニール袋= पोलीथीन बैग.

पॉलिप [名]《E. polyp》(1)〔動〕ポリープ (2)〔医〕ポリープ

पालिश [名*]《E. polish》(1) 磨くこと；磨き (2) つや出し (3) 靴磨き लोगों के जूतों पर दस-दस पैसे में पालिश करना 人様の靴を10パイサーで磨く (4) 靴墨 (5) つや；光沢 लोहे पर पालिश किए बरतनों पर 鉄に光沢をつけた容器に (6) 光沢剤；ワニス (7) 磨き粉 (8) 洗練；磨き मुझ पर अभी पालिश कुछ थोड़ी चढ़ी है 私にはまだ磨きが足りませんのよ (9) マニキュア液 (10) メッキ **पालिश क॰** *a.* 磨く *b.* つやを出す；光らせる वह तो फ़ैक्टरी में निकिल की पालिश करने का काम करता है あの男なら工場でニッケルメッキの仕事をしている

पालिश रिमूवर [名]《E. polish remover》マニキュア消し

पालिसी [名*]《E. policy》(1) 政策 जिस पालिसी पर वे चल रहे हैं あの方の採っている政策 (2) やり方；方針；策 (3) 保険証券

पालिस्टरीन [名]《E. polystyrene》〔化〕ポリスチレン

पाली [名*] (1) 交替= पारी; शिफ़्ट. दो पालियों में 2 部制で；2 交代で सरकारी स्कूल दो पालियों में चलते हैं 公立学校は 2 部制になっている (2)〔ス〕回；イニング= पारी. (3) 鍋 (4) 鍋の蓋 (5) 列 (6) 端；縁 (7)〔言〕パーリ語 **पाली पाली जोड़ना** 少しずつ貯める；こつこつと貯める

पालीएथिलीन [名]《E. polyethylene》〔化〕ポリエチレン

पाली पैक [名]《E. polypack》ポリパック

पालीप्रोपिलीन [名]《E. polypropylene》〔化〕ポリプロピレン

पॉलीयूरीथेन [名]《E. polyurethane》〔化〕ポリウレタン

पालू [形] = पालतू.

पावँड़ [名] 賓客や重要人物の歓迎のために通り道に敷かれる敷物

पावँड़ी [名*] 靴や下駄などの履き物

पाव[1] [名] (1) 全体の 4 分の 1；四半分= चौथाई; चौथा भाग. (2) パーオ（4 分の 1 セール सेर の重量, 250g） (3) パーオの重量の分銅 (4) パーオ（4 分の 1 ガズ गज़ の長さ約 21cm） **पाव भर** *a.* 1 パーオの（重さの） *b.* 1 パーオ（の長さ）の पाव कोस 4 分の 1 コース（कोस）の距離

पाव[2] [名]《Por. pão》パン；食パン→ पाव रोटी.

पावक[1] [形] 清める；浄化する；清浄にする

पावक[2] [名] 火= आग; अग्नि.

पावककण [名] 火の粉= अग्निकण.

पावडर [名]《E. powder》白粉（おしろい）= पाउडर.

पावती [名*] (1) 受領書；受け取り (2) 領収書 पावती दे॰ 受け取りを確認する；領収書を出す

पावदान [名] (1) 乗り物のステップ (2) 机に向かって椅子に腰掛けた人が足をのせる台；足置き台 (3) 部屋の出入り口に置かれる足拭き（のマットレスなど）

पावन [形] (1) 神聖な；聖なる भगवान का पावन नाम 神の御名 पावन मशाल 聖火 (2) 清らかな；清浄な ऐसे स्थान का दर्शन करोगे, जो स्वर्ग से भी अधिक पावन है 天国以上に清浄なところを見るだろう (-) **पावन क॰** (ーを) 清める；清浄にする पतितों को पावन करने वाला 堕落した人たちを清める

पावनता [名*] ← पावन.

पावना[1] [名] (1) 受け取る権利 (2) 受領すべきもの；受け取り分；貸し方 ↔ देना 借り方

पावना[2] [他] (1) 得る；もらう (2)（神前へのお供えのお下がりとして飲食物を）頂く；食べる (3) 知る；認識する

पावनी [形*] = पावन. (1) 清める；清浄にする (2) 神聖な

पावनेदार [名]《H. + P. دار》貸し方；貸し主；債権者= लहनदार.

पाव मुहर [名*]《H.+ P. مهر》〔イ史〕パーオムハル（ムガル朝シャージャハーン皇帝が発行した金貨でアシュラフィー अशरफ़ी 金貨の 4 分の 1 に相当）= निसार ニサール.

पावर[1] [名]《E. power》(1) 力 (2) 出力 (3) 動力 (4) 電力 यह बल्ब छोटा, कम पावर का होना चाहिए この電球は小さなもの. 電力の小さいものでないといけない

पावर[2] [名] さいころの 2 の目

पावर[3] [形] = पामर.

पावरलूम्स [名]《E. powerlooms》動力織機；自動織機

पावरस्टेशन [名]《E. power station》（火力）発電所

पावरहाउस [名]《E. powerhouse》発電所

पाव रोटी [名*] 《Por. pão + H.》パン；食パン= डबल रोटी.
पावली [名*] 4 アンナ硬貨= चवन्नी.
पावस [名*] (1) 雨季= बरसात; वर्षाकाल. (2) 雨；降雨 (3) モンスーン；季節風
पाश[1] [名] (1) 罠；綱；捕らえる道具 (2) 縛るもの（綱，鎖など）(3) つなぐもの (4) 束縛 (5) 枷；足枷 (6) 投げ縄；動物を捕らえる網 (7) ヴァルナ神の武器（相手をからめ取る罠）；パーシャ **पाश तोड़ना** 束縛を断つ；自由になる **पाश में बँधना** 罠にかかる；束縛される **पाश में बाँधना** 罠にかける；束縛する
पाश[2] [形] 《E. posh》(1) ハイカラな (2) 豪華な पाश कालोनी 高級住宅地→ पोश.
-पाश [造語] 《P. پاش》撒く，撒き散らす，撒布するなどの意を加える造語要素
पाशक [名] 罠や網など動物を捕らえる道具= पाश; फंदा.
पाश-क्रीड़ा [名*] 博打；賭博= जुआ.
पाशधर [名]〔イ神〕ヴァルナ神 वरुण देवता
पाशन [名] (1) 罠= फंदा; जाल. (2) 罠で捕らえること= पाश से बाँधना. (3) 束縛；制約
पाशपाणि [名] ヴァルナ神= वरुण देवता.
पाश-पाश [副] 《P. پاش پاش》粉々に；砕け散って (-) **पाश-पाश क॰** (ーを) 粉々にする；粉砕する
पाशबंध [名] わな（罠）= फंदा.
पाशबंधक [名] 鳥を捕らえる生業の人= बहेलिया; चिड़ीमार.
पाशबंधन [名] (1) 罠；投げ縄 (2) 網
पाशबद्ध [形] (1) 罠にかかった (2) 網にかかった
पाशव [形] (1) 動物の；獣の (2) 動物的な；獣的な；野獣のような= पाशविक.
पाशवता [名*] ←पाशव. 動物的な行為；獣性；野蛮行為；蛮行
पाशवपालन [名] (1) 牧場 (2) 牧草；飼料
पाशवान्[1] [形] 罠を持つ；投げ縄を持つ
पाशवान्[2] [名]〔イ神〕ヴァルナ神 वरुण देवता
पाशविक [形] (1) 動物的な；畜生のような；獣的な यदि व्यक्ति, वर्ण या वर्ग की हिंसा पाशविक है, तो राज्य की हिंसा कहीं बढ़कर हो सकती है もしも個人やカーストや階級の暴力が動物的なものならば国の暴力はそれをはるかに超えたものでありえる (2) 残虐な；残忍な；冷酷な राजनीतिज्ञ की पाशविक हत्या 政治家の残忍な殺害
पाशा [名] 《T. پاشا ← P. پادشاه》パシャ（トルコの高級文官や武官の称号）；知事；大臣= गवर्नर; राजपाल; वज़ीर.
पाशी [名] (1) ヴァルナ神 वरुण देवता (2) ヤマ神 यम; यमराज (3) 鳥を捕らえる人 बहेलिया (4) 処刑人= जल्लाद.
-पाशी [造語] 《P. پاشی》撒くこと，散らすことなどの意を有する合成語の構成要素 आबपाशी 灌水；灌漑
पाशुपत[1] [形]〔イ神〕パシュパティ神 पशुपति の
पाशुपत[2] [名]〔ヒ〕パーシュパタ（シヴァ派の一，獣主派の信奉者）
पाशुपत-दर्शन [名]〔イ哲〕パーシュパタ派；獣主派
पाश्चात्य [形] (1) 後方の；後部の (2) 後の (3) 西方の；西の (4) 西洋の पाश्चात्य विचार 西洋思想 (5) 西洋式の；洋式の पाश्चात्य ढंग की मेज़ 西洋風の食卓
पाश्चात्यीकरण [名] 西洋化；欧化
पाश्चुराइज़ेशन [名] 《E. pasteurization》定温殺菌法
पाषंड [名] (1)（バラモン教やヒンドゥー教にとっての）異端；異教 (2) 異端思想；異説 (3) 偽善；ごまかし；いんちき；いかさま (4) いんちき宗教= पाखंड.
पाषंडी [形・名] (1) 異端の；異端者 (2) 偽善的な；偽善者；いかさま師 (3) いんちき宗教家
पाषाण [名] 石；岩；岩石= प्रस्तर; पत्थर; शिला.
पाषाणकाल [名]〔考〕石器時代〈Stone Age〉
पाषाणभेद [名] (1)〔植〕シソ科草本アンボンジソ【*Coleus aromaticus; C. amboinicus*】= पत्थरचूर; पखानभेद. (2)〔植〕リンドウ科草本【*Gentiana kurroo*】= कुटकी; पखानभेद.
पाषाणभेदी [名]〔植〕シソ科草本アンボンジソ【*Coleus aromaticus; C. amboinicus*】= पथरचूर; पखानभेद.
पाषाण युग [名]〔考〕石器時代= पाषाण काल.
पाषाण रोग [名]〔医〕結石；結石症= अश्मरी; पथरी.
पाषाणहृदय [形] 石のような心の；人間らしい情を持たない；無情な；冷淡で無慈悲な= क्रूर; निर्दय; बेरहम.
पाषाणी[1] [名*] 分銅= बटखरा.
पाषाणी[2] [形*] 無情な；無慈悲な；冷酷な
पासंग [名] 《← P. پار سنگ पारसंग》(1) 天秤での秤量の際軽い方の目方の足しに用いる重し (2) 釣り合いをとるためのもの；調節をとるために用いるもの；対重 **पासंग (के) बराबर भी न हो॰** とうてい比べられない；何の足しにもならない；問題にもならない मूल समस्या को हल करने में वह पासंग के बराबर भी नहीं है 根本問題を解決するのに何の足しにもならない **(-का) पासंग भी न हो॰** (ーの) 比ではない；比較や問題にもならぬほど劣っている（足らない，低い，少ない） ताकत में फ़तहचंद उनके पासंग भी नहीं थे 力においてはファターチャンドは彼に比べようもなかった **पासंग बराबर भी...न...** 全く…しない；少しも…しない
पास[1] [名・後置] 後置詞としては (-के) पास の形で名詞類に接続する. (1) そば（側）；傍ら；周囲；近所；近隣 पहाड़ के पास की ज़मीन 山の近くの土地 पास वाला 近くの पास वाले एक गाँव के पास 近隣のある村の近くに **पास का कुत्ता, न दूर का भाई**〔諺〕遠い親戚よりも近い他人 (2) 所有；所持；保有 अपराधियों के पास से एक बंदूक, एक देशी पिस्तौल और कुछ कारतूस पकड़े गए हैं 犯人たちの所持していた銃 1 丁及び銃弾数発を押収した (3) 方角；方；方向 **(-के) पास (हो॰)** の形で用いられて，(ーの) 側に，(ーの) 傍らに，(ーの) 周囲に，(ーの) 許に；(ーの) 近くに，(ーの) 手元に（ある，存在する，所有する，持つ）などの意を表す गिरधारी के पास पचास बीघा अच्छी उपजाऊ ज़मीन थी ギルダーリーはよく肥えた 50 ビーガーの土地を所有していた उसके पास दो बीघा ज़मीन थी 男は 2 ビーガーの土地を所有していた गाँधी जी तथा उनके आंदोलन के महत्त्व को समझने की न हमारे पास बुद्धि थी और न इच्छा マハートマー・ガンディーとその運動の重要性を理解する知能も意欲も手前は持ち合わせていなかった वह अपने मामा-मामी के पास रहेगी あの娘はおじ夫婦のところで暮らすだろう कुएँ के पास खड़े दोस्त 井戸の近くに立っていた友人たち **(-के) पास आ जा॰** (ーに) 近づく **(-के) पास लाना** (ーに) 近づける = (-के) पास ले आ॰; ले जा॰.
पास[2] [副] 側に；近くに；傍らに；周囲に；近所に；近隣に पास बैठी पत्नी 側に座っている妻 **पास न फटकना** 近寄らない；近づかない **(-को) पास न फटकने दे॰** (ーを) 近寄らせない；近づかせない；寄せつけない
पास[3] [形] 《E. pass》(1) 越えた；通過した (2) 合格した (3) 承認された (4) 卒業した；終了した अच्छी भली हाईस्कूल पास थी 立派なハイスクール卒だった एम॰ए॰पास लड़के के लिए 修士修了者に (-) **पास क॰** *a.* (ーに) 合格する उसने निहायत अच्छे नंबरों से वकालत का इम्तहान पास किया 非常な高得点で司法試験に合格した *b.* 卒業する ख़ाला ने उस साल मिडिल स्कूल पास किया था おばはその年中学校を卒業したのだった *c.* 追い越す आगे जा रही गाड़ी को तुम कैसे पास करोगे? 先行の車をどのようにして追い越すつもりか **पास हो॰** 合格する= उत्तीर्ण हो॰.
पास[4] [名] 《E. pass》(1) パス；優待券；無料入場券；無料乗車券 प्रथम श्रेणी पास 一等入場券 (2) 通行許可書 (3)〔ス〕パス；送球 **पास दे॰** 送球する；パスを送る= पास फेंकना. जल्दी-जल्दी पास देता रहता है 常に味方にスピーディーに送球する (4) 大学の優等卒業学位 (Honours degree) に対して通常の卒業学位
पास[5] [名] 《P. پاس》(1) 監視；見張り；警戒；警備 (2) 安全；保護 (3) 配慮；気配り (4) 3 時間の時間= प्रहर; पहर.
पासना [自] 乳房が張る；乳が張る
पासनी [名*]〔ヒ〕食い初め式（ヒンドゥー教徒の通過儀礼の一）
पास-पड़ोस [名] 周囲；近所；近隣；近辺 जहाँ हम रहते हैं वहाँ के पास-पड़ोस को भी समाज कहते हैं 私たちの住んでいる場所の近辺のことも社会と呼びます
पास-पड़ौस [名] = पास-पड़ोस. पास-पड़ौस की स्वच्छता 家の周りの清潔
पासपोर्ट [名] 《E. passport》旅券；パスポート= पार-पत्र. पासपोर्ट धोखाधड़ी के आरोप में 旅券偽造の咎で
पासबान [名] 《P. پاسبان》(1) 門衛；守衛 (2) 見張り人；警備員
पासबानी [名*] 《P. پاس بانی》(1) 警備 (2) 見張り（番） (3) 警備や見張りの職

प

पास-बुक [名*] 《E. passbook》通帳（銀行の）
पासवाँ [名] = पासबान. पर्वत जो सब से ऊँचा हमसाया आसमाँ का वह संतरी हमारा, वह पासवाँ हमारा 天にそびえる高き山／そは我らが警護者なり（ヒマラヤを称える詩句）
पासा [名] (1) さい（采）；さいころ（賽子）= पाँसा. (2) チョウパル（चौपड़），チョウサル（चौसर）の遊び **पासा उलटना** 形勢が変わる **पासा उलटा पड़ना** 形勢が逆転する पासा उलटा ही पड़ा 形勢が逆転してしまった **पासा खेलना** チョウサル（遊び）をする= चौसर खेलना. **पासा पट पड़ना** = पासा उलटा पड़ना. **पासा पड़ना** *a.* 賽の目がうまく出る *b.* 首尾良く行く **पासा पलटना** *a.* 形勢が逆転する *b.* 事態が好転する विश्व युद्ध में सन् 1945 से युद्ध का पासा पलटने लगा 世界大戦では 1945 年から戦局が好転し始めた अब तो पासा पलट गया.अब तेरे मरने की पारी है さあこれで逆転だ．今度はお前のくたばる番だ **पासा फेंकना** = क़िस्मत आज़माना. *a.* 賭ける；賭す *b.* 陰謀を巡らす；計略を巡らす；謀りごとをする **पासा सीधा पड़ना** = पासा पड़ना.
पासी[1] [名] (1) 野鳥を捕らえる生業の人，パーシー (2) パーシー（カースト名，ターリー ताड़ी の製造を主な生業とした）
पासी[2] [名*] (1) 馬の後脚にかける尻綱 (2) 刈った草を収めるネット
पास्तुरीकरण [名] 《← E. pasteurization》（牛乳など食品の）低温殺菌法= पाश्चुराइज़ेशन.
पाहन[1] [名] (1) 石= पत्थर; प्रस्तर. (2) 賢者の石= पारस पत्थर; स्पर्शमणि. 〈philosophers' stone〉
पाहन[2] [形] 石のような；非情な；冷酷な；思いやりのない
पाहा [名] (1) 道；道路 (2) 畦道
पाहात [名]〔植〕クワ科低木クワ= शहतूत.
पाहिं [副・後置] 《AV.》(1) 側に；近くに (2) 対して
पाहि [感] 《Skt.》→ पाहि-पाहि.
पाहि-पाहि [感] 《Skt.》助けを求める叫び声（助けて；助けてくれ）
पाहिमाम् [感] 《Skt.》= पाहि-पाहि.
पाही[1] [名*] (1) 耕作者の居住する村から離れている所にある耕地 (2) 耕作者の住んでいる村とは別の村にある農地
पाही[2] [形]〔農〕その畑の所在地の村に定住していない（小作人）；非定住の（ライヤット）↔ देही（किसान）→ पाही काश्त.
पाही काश्तकार [名]〔農〕(1) 世襲の耕作権を得ていない耕作者 (2) 耕地の所在地に定住していない耕作者 〈non-resident cultivator; temporary occupant of village land; tenant at will〉
पाहुना [名] (1) 客；来客= अतिथि; मेहमान. (2) 娘婿= दामाद; जामाता.
पाहुनाई [名*] = पाहुनी.
पाहुनी [名*] (1) 歓待= आतिथ्य. (2) 女性の客= मेहमान औरत. (3) 妾
पाहुर [名] (1) 贈り物= भेंट; नज़र. (2) 祝いの贈り物；引き出物= सौगात.
पाहुल [名*]〔シク〕パーフルの儀式（シク教徒の入信儀式）
पाहू[1] [名] (1) 旅人 (2) 客；来客 (3) 娘婿
पाहू[2] [名] (1) 軽蔑的に人に呼びかける言葉．おい，これなど (2) 人 (3) 野郎；下司
पिंकिंग सीजर्स [名] 《E. pinking scissors》〔裁〕ピンキングばさみ（鋏）；ジグザグ鋏
पिंग[1] [形] (1) 赤茶色の；赤褐色の= तामड़ा. (2) 黄褐色の
पिंग[2] [名] (1) 水牛= भैंसा. (2) ネズミ= चूहा; मूसा.
पिंग कपिशा [名*]〔昆〕ゴキブリ；油虫= तेलचटा.
पिंग-पोंग [名] 《E. ping-pong》ピンポン；卓球= टेबल टेनिस.
पिंगल[1] [形] (1) 赤茶色の；赤褐色の (2) 黄色の
पिंगल[2] [名] (1)〔人名〕ピンガラ（韻律学に関する最初の書物 पिंगल सूत्र を著したとされる） (2) 韻律学= छंद शास्त्र. **पिंगल पढ़ना** 知ったかぶりをする **पिंगल पढ़ाना** 自分の弱みを隠すためにでたらめを言う **पिंगल साधना** *a.* 言い逃れをする *b.* 勿体をつける
पिंगल शास्त्र [名] 韻律学= छंद शास्त्र.
पिंगला [名*]〔ヨガ〕ピンガラー（ハタヨーガ及びタントリズムにおいて生命エネルギーの気，もしくは，気息 प्राण の通過するとされる 3 種の脈管網 नाड़ी/नाडी の一；→ इड़ा, सुषुम्ना）
पिंगाक्ष[1] [形] 黄褐色，もしくは，赤褐色の目をした
पिंगाक्ष[2] [名] (1) シヴァ神 (2) 猿
पिंगूरा [名] 揺りかご= झूला; पालना.
पिंजड़ा [名] = पिंजरा. पिंजड़े में बंद पक्षी かごの鳥（籠の鳥）
पिंजना [名] (1) 綿打ち (2) 綿打ち弓；綿弓= धुनकी.
पिंजर[1] [形] (1) 赤黄色の (2) 黄色の (3) 金色の
पिंजर[2] [名] (1) 骨格；骸骨 कुछ समय में वह केवल हड्डियों का पिंजर रह जाता है 間もなくするとそれは骸骨だけになってしまう (2) = पिंजरा.
पिंजरा [名] (1) 鳥獣を入れるためのかごや檻 अल्यूमिनियम से बना पिंजरा アルミ製の鳥かご एक खूँटी पर तोते का पिंजरा भी टँगा हुआ है かけ釘にオウムの入った鳥かごも下げられている (2) 罠や檻など（それに捕らえられたり入ったりすると逃げられなくなるもの） **पिंजरा टूटना** 解き放たれる；自由になる **पिंजरा पड़ा रहना** 亡骸だけになる **पिंजरा सूना हो जा॰** 死ぬ；亡くなる **पिंजरे का पंछी** *a.* かごの鳥 *b.* 囚われの身 **पिंजरे का पक्षी बनाना** 縛りつける；拘束する **पिंजरे में फड़फड़ाना** 束縛から逃れようとあがく
पिंजल [形] (1) 血の気の失せた；真っ青になった；顔色のない (2) 気が動転した= घबड़ाया हुआ; व्याकुल.
पिंजा [名*] (1)〔植〕ショウガ科多年草ウコン= हलदी. (2) 綿
पिंजान [名] 金；黄金= सोना; स्वर्ण.
पिंजारा [名] 綿打ち職人= धुनिया.
पिंजियारा [名] 綿繰り職人
पिंड[1] [名] (1) 塊；丸い塊 (2) 球；球体 (3) 食べ物の一口分；一口に食べる分 (4) 祖霊の供養に供えられる米飯や大麦でこしらえた握りや団子などの供物；祭餅 (5) 積み上げたもの；積み重ねたもの (6) 托鉢僧への供物 (7) 肉 (8) 胎児 (9) 人体（タントリズム，ハタヨーガ） (10) ピンダ（ある範囲の血縁関係の認められる単位で，外婚単位になる．ブリハスパティによれば母方の 5 代，父方の 7 代に入る者の子孫とはピンダを同じくするということで結婚することができない．ところによっては母方の 3 代，父方の 5 代に関わる者の子孫） (11) 天体 सम्भवत: आकाश में चंद्रमा सब से आकर्षक पिंड है 恐らく天空で一番興味深い天体は月だ आकाशीय पिंड 天体 अधिकाश आकाशीय पिंड गतिशील लगते हैं たいていの天体は動いているように思える (12) 固体〈solid body〉 **पिंड अछूता हो॰** 処女である **पिंड को पड़ना** ひどく悩ます；大変苦しめる **पिंड कोरा हो॰** = पिंड अछूता हो॰. **पिंड छुटाना** 厄介払いする= पीछा छुड़ाना; छुटकारा पाना. **पिंड छुड़ाना** = पिंड छुटाना. पाँच रुपए कुली को देकर जैसे तैसे उसने पिंड छुड़ाया 赤帽に 5 ルピー与えてなんとか厄介払いをした **पिंड छूटना** 面倒なことや煩わしいこと，厄介なことなどから自由になる；逃れ出る किसी तरह मेरा इससे पिंड छूटे なんとかこれから逃れられればよいが (-के) **पिंड पड़ना** （ーに）執拗につきまとう= (-के) पीछे लगना.
पिंड[2] [名]〔医〕黄疸= पीलिया; पांडुरोग.
पिंड अवस्था [名*]〔電子工学〕ソリッドステート〈solid state〉
पिंड कंद [名]〔植〕ヤマノイモ科トゲドコロ= पिंडालू.
पिंडखजूर [名] (1)〔植〕ヤシ科サトウナツメヤシ【*Phoenix sylvestris*】 (2) 同上の実= पिंडखर्जूर.
पिंडज [名] 胎生の= जरायुज.
पिंडतर्पण [名]〔ヒ〕祖霊の供養のための祭餅（ピンダ）と水
पिंडद [名] ピンダ，すなわち，祭餅を供える人；子孫；世継ぎ
पिंडदान [名]〔ヒ〕ピンダ，すなわち，祭餅を供えて祖霊を供養すること
पिंडन [名] 凝固〈solidification〉
पिंडपात [名] = पिंडदान.
पिंडपुष्प [名] (1)〔植〕マメ科小木ムユウジュ／アソカ【*Saraca asoca; S. indica*】 (2)〔植〕キョウチクトウ科低木サンユウカ／ヤエサンユウカ【*Tabernaemontana coronaria*】の花
पिंडपुष्पक [名]〔植〕アカザ科アカザ【*Chenopodium album*】= बथुआ.
पिंड फल [名]〔植〕ウリ科ユウガオ= कद्दू.
पिंडबहिर्विवाह [名] ピンダ外婚（ピンダによる外婚，すなわち，ピンダを同じくしない者との結婚）→ पिंड.
पिंडमूल [名]〔植〕(1) セリ科ニンジン（人参）= गाजर. (2) アブラナ科カブラ（蕪）= शलजम.
पिंडरोग [名] (1) 長患い；宿痾 (2)〔医〕ハンセン病= कुष्ठ रोग; कोढ़.
पिंड रोगी [形] 長患いの；病気勝ちの
पिंडल [名] 橋= पुल.

पिंडली [名*] ふくらはぎ (脹ら脛) पिंडलियों में पीड़ा ふくらはぎの痛み पिंडली हिलना 恐怖のためがたがた震える
पिंडलोप [名] 世継ぎの絶えること
पिंड संबंध [名] 故人との間でピンダを供えることのできる血縁関係
पिंडा [名] = पिंड. पिंडा दिखाना (女性が) 密通する पिंडा धोना 体を洗う；水浴する；沐浴する पिंडा-पानी दे॰ 祖霊に祭餅と水とを供える पिंडा पारना ピンダダーナ (祭餅) を供えて供養する
पिंडाकार [形] 球形の
पिंडारी [名]〔史〕ピンダーリー (最初 18 世紀後半より 19 世紀にかけてマラーター軍に属した騎兵隊であったが，後に主に中央インドで略奪，強盗行為を働くようになった. 1817~18 年に Lord Hastings により撃滅された)；群盗
पिंडालू [名] (1)〔植〕ヤマノイモ科蔓草トゲドコロ【*Discorea esculenta*】 (2)〔植〕アカネ科小木【*Randia uliginosa*】
पिंडिका [名*] (1) 小さな塊 (2) こしき (轂) (3) ふくらはぎ (4) タマリンド
पिंडी [名*] (1) 小さな丸い塊；団子(状のもの) (2) 糸やひもを球形に巻いたもの (3) 供物を供える祭壇 (4)〔植〕ウリ科蔓草【*Cucurbita lagenaria*】 (5)〔植〕ヤシ科サトウナツメヤシ【*Phoenix sylvestris*】 (6)〔植〕キョウチクトウ科低木ヤエサンユウカ【*Tabernaemontana coronaria*】
पिंडीतक [名] (1)〔植〕キョウチクトウ科低木サンユウカ【*Tabernaemontana coronaria*】 (2)〔植〕アカネ科大低木サボンノキ【*Randia spinosa*】
पिंडीतगर [名]〔植〕キョウチクトウ科低木ヤエサンユウカ【*Tabernaemontana coronaria*】
पिंडीशूर [名] (1) 内弁慶 (2) 大食漢
पिंडुकी [名*]〔鳥〕ハト科コキジバト【*Streptopelia turtur*】〈turtle dove〉
पिंडोदक क्रिया [名*]〔ヒ〕ピンダ (祭餅) と水とを祖霊の供養のために供えること
पिंडोल [名*] 黄土
पिंशन [名*] 《E. pension》年金= पेंशन.
पिंसिल [名*] 《E. pencil》鉛筆；ペンシル= पेंसिल.
पिअरवा [形+] = प्यारा.
पिअरा [形+] = पीला; पीत.
पिअरी [名*]〔ヒ〕ウコンで染められたドーティーやサリー (結婚式などの祝い事の際に着用されるほか，祈願のためガンジス川に流されることがある)
पिआना [他] = पिलाना.
पिउ [名] (1) 最愛の人；恋人 (2) 夫 (3) 神
पिउरा तीतर [名]〔鳥〕キジ科アカチャガシラミヤマ【*Arborophila torqueola*】
पिऊँ [他] = पीऊँ; पियूँ. पीना の叙想法未来時制一人称単数形 पिऊँगा (पिऊँगी) 直説法未来時制一人称単数男性形 (女性形)
पिऊ-पिऊ [名*] 鳥の鳴き声 मोर, पपीहे की पिऊ-पिऊ की आवाज़ クジャクやカッコウの鳴き声
पिक [名] = कोयल. 〔鳥〕ホトトギス科オニカッコウ
पिक-अप [名] 《E. pickup》(1) ピックアップ (レコードプレーヤーの) (2) 加速 (自動車の)
पिकनिक [名] 《E. picnic》ピクニック；野遊び；遠足 आज हम लोग पिकनिक के लिए जा रहे हैं आप भी चलिए न 今日はピクニックに行きますからご一緒にどうぞ लोग यहाँ पिकनिक मनाने के लिए आते हैं 皆はここにピクニックにやって来る
पिकनिक स्पॉट [名] 《E. picnic spot》行楽地
पिकेट [名] 《E. picket》ピケ；ピケット पिकेट क॰ ピケを張る= पिकेटिंग क॰.
पिकेटिंग [名*] 《E. picketing》ピケッティング；ピケ वहाँ पिकेटिंग नहीं होती そこではピケは張られない पिकेटिंग क॰ ピケを張る
पिक्क [名] 子象
पिक्चर [名*] 《E. picture》(1) 映画 तुमने 'आनंद' पिक्चर देखी है? アーナンドという映画を見たことがあるかい पिक्चर में जा॰ 映画を見に行く (2) 絵画= चित्र; तस्वीर. (3) 写真= तस्वीर; फ़ोटो; छाया-चित्र.
पिक्चर ट्यूब [名] 《E. picture tube》ブラウン管
पिक्चर पोस्टकार्ड [名] 《E. picture postcard》絵はがき
पिक्चर हाल [名] 《E. picture hall》映画館= सिनेमा घर.
पिग आयरन [名] 《E. pig iron》〔鉱〕銑鉄
पिगमी [名] 《E. pigmy》〔人類〕ピグミー
पिघलना [自] (1) 固形のもの，堅いもの，凍っているものなどが熱などで熔ける；熔解する；溶ける；溶解する；軟らかくなる；とろける；崩れる एक ऐसा वसंत, जिसमें आदमी के भीतर की बर्फ़ पिघलने लगती है 人の心の中の雪が解け出すような春 चारों ओर बर्फ़ पिघलने लगी 辺り一面の雪が解け始めた पिघले प्लास्टिक पर 熔けたプラスチックに पिघला है सोना दूर गगन पर 遠い空に金色が溶け出している (2) 固形物が液体に溶ける कपूर के पानी में पिघलने से 樟脳が水に溶けると (3) 金属が熱でどろどろになる；熔解する；熔ける पिघली हुई चाँदी 熔解した銀 (4) (精神的，感情的，心理的に固いものや激しいものが) 緩む；軟らかくなる；和らぐ उसका वह आकुल स्वर सुनकर सारा रोष पिघल गया 男の切なさそうな声を聞いて一切の怒りが和らいでしまった बादशाह को पिघला हुआ जानकर 王の気持ちが和らいだのを知って पानी से पत्थर नहीं पिघल सकता 石のような心は和らぐことはない (5) 哀れに思う；同情する मैं पिघल गया.वह मेरे बाप की उमर का था 私はほろりとした．その男は自分の父の年配の人だった
पिघलाना [他] (1) 固形のものや凍っているものなどを熱などを加え溶かす；溶解させる；解凍する हिमीकृत फल-सब्जियों को पिघलाकर 凍らせた果物や野菜を解凍して (2) 固体などの固いものを液体に溶かす (3) 金属に熱を加えてとかす；鎔かす रद्दी लोहे को पिघलाकर 古鉄を鎔かして (4) 精神的，感情的に激しいものや頑ななものなどをほぐす；緩める；和らげる
पिचंड [名] 腹；腹部= उदर; पेट.
पिचंडिल [形] 腹の大きな；太鼓腹の= तोंदल.
पिच[1] [名*] 唾や液体のものを勢いよく吐いたり飛ばしたりする様子やその音，ぺっ，ぴゅっなど पिच से ぺっと (唾を吐くさま) उसने पिच से नीचे थूक दिया ペッと唾を吐いた
पिच[2] [名] 《E. pitch》(1)〔ス〕(クリケット) ピッチ (投球される中間の部分) (2)〔ス〕(野球) 投球 (3)〔ス〕(クリケットの) 投球方 (4)〔ス〕(サッカー，ホッケーなどの) 競技場
पिचक [名*] ←पिचकना. (1) へこむこと；へこみ (2) しぼむこと；しぼみ
पिचकना [自] (1) へこむ；くぼむ (窪む) पिचका पेट へこんだ腹 मरीज़ की फूली हुई छाती धीरे-धीरे पिचक रही है 患者の腫れ上がった胸が次第にへこみつつある दोनों सिरे किसी क़दर पिचके हुए हैं 両端が幾分へこんでいる (2) こける；しぼむ उसके पिचके, खिचड़ी मूँछों से ढके मुखपर हास्य की स्मित रेखा चमक उठी その男のこけて白いものの混じったひげに覆われた口もとに一条の笑みの輝きが光った
पिचकवाना [他・使] ←पिचकाना.
पिचकाना [他] へこませる；くぼませる (窪ませる)
पिचकारी [名*] (1) 水鉄砲 (特にホーリー祭に色水を掛け合う道具) (2) 注射器 पिचकारी में एक लंबी सुई लगाई गई 注射器に長い針がつけられた (3) 灌腸器 (4) 水鉄砲，注射器などから噴出するもの पिचकारी चलाना (ホーリー祭に) 水鉄砲で色水をかける = पिचकारी छोड़ना; पिचकारी मारना. (→होली). (-की) पिचकारी छूटना/- निकलना (ーが) 噴出する पिचकारी दे॰ 灌腸する पिचकारी भरना 水鉄砲に水などを吸い込ませる पिचकारी ले॰ 灌腸してもらう
पिचपिचा [形+] (1) 粘着する；ねちねちする；ねとねとする (2) べたっとした；べちゃっとした= चिपचिपा.
पिचपिचाना [自] (液体が) しみでる；じわっと漏れ出る；じくじく流れ出る；べとべとする；ねちねちする
पिचपिचाहट [名*] べとべと；ねちねち
पिचब्लेंड [名] 《E. pitch-blende》〔鉱〕瀝青ウラン鉱
पिचर [名] 《E. pitcher》〔ス〕ピッチャー= गेंद फेंकनेवाला खिलाड़ी.
पिचु [名] 綿= रूई.
पिचुक [名]〔植〕アカネ科低木= पचक; पिंडीतक; मैनफल.
पिचुमंद [名]〔植〕インドセンダン= नीम.
पिचुमर्द [名] = पिचुमंद.
पिच्चट[1] [形] 押しつぶされた；ぺしゃんこになった；絞られてひしゃげた= पिच्चिट.

पिच्चट[2]［名］(1) 鉛 (2) 錫 (3) しろめ (4)〔医〕眼炎

पिच्चिट［形］ひしゃげた；ぺしゃんこになった

पिच्छ［名］(1) 尾羽 (2) クジャクの尾 (3) 矢羽

पिच्छक［名］(1) 尻尾 (2) 尾羽 (3) 羽毛 (4) クジャクの冠毛

पिच्छकी［形］羽毛の生えた

पिच्छन［名］(1) 押さえつけてへこますこと (2) 激しく苦しめること

पिच्छल[1]［形］足の滑る；すべすべの= रपटीला; चिकना.

पिच्छल[2]［形］(1) 後ろの；後方の；後部の (2) しんがりの= पीछे रह जा॰.

पिच्छल[3]［名］(1)〔植〕ヒルガオ科クスクタフレクサ= अकासबेल. (2)〔植〕マメ科シッソーシタン (3) パンヤ科インドワタノキから採れる樹脂= मोचरस; सेमल का गोंद.

पिच्छलदला［名*］〔植〕クロウメモドキ科低木イヌナツメ【*Zizyphus jujuba*】= पिच्छलच्छदा.

पिच्छलपाई［名*］(1) 魔女；鬼女；チュライル (चुड़ैल)；ダーイン (डाइन) (2) 呪術を行う女性

पिच्छा［名*］(1) 米飯など穀類の煮汁 (2) ワタノキの樹脂 (3)〔植〕マメ科高木シッソーシタン【*Dalbergia sissoo*】 (4)〔植〕バショウ科バナナ (5) ビンロウジ

पिच्छिका［名*］(1) 払子= चँवर. (2) ジャイナ教のサードゥの携える羊毛でこしらえた払子

पिच्छिल[1]［形］(1) すべすべの (2) ぬるぬるの (3) つるつるの

पिच्छिल[2]［名］(1)〔植〕スズメイヌジシャ= लिसोड़ा/लसोड़ा. (2) 汁物のおかず

पिछड़ना［自］遅れる；後れる；後になる；落伍する；立ち後れる；取り残される इसी लिए वह अपने तीनों साथियों से पिछड़ जाता है だからこそ仲間 3 人に後れてしまう **पिछड़ा** 後進の；後れた गाँव में अभी भी स्त्रियों की दशा पिछड़ी है 村では今なお女性の地位は後れを取っている पिछड़ी जातियों व अनुसूचित जनजातियों में भी 後進カースト及び指定部族民の間にも **पिछड़े वर्ग** 後進諸階級（インド憲法において教育的及び社会的に配慮のなされるべき対象となる後進性を有すると判断される諸階級．指定カースト及び指定部族以外にムスリムも含め主として低カーストが含まれるが，裁判所の判断による運用がなされている）

पिछड़ापन［名］立ち遅れ；後進性 गाँव का पिछड़ापन 農村の後進性

पिछलगा［形・名］腰巾着；取り巻き；子分；部下；手下

पिछलगी［名*］(1) 追従 (2) 追随 (3) 取り巻き；子分；手下

पिछलग्गू［名・形］= पिछलगा; दहलीज का कुत्ता. वह देश रूस का पिछलग्गू बन गया その国は（ソビエト）ロシアの腰巾着になった

पिछलत्ती［名*］動物が後脚で蹴ること

पिछलना[1]［自］退く；後退する；後ずさりする

पिछलना[2]［自］滑る= फिसलना.

पिछला[1]［形+］(1) 後ろの；背面の；背部の पैंट की पिछली जेब में ズボンの後ろのポケットに पिछला भाग 背部；裏面 (2) 後の；後方の；後部の；後ろの；順序が後の；後続の पिछले दो पैरों पर सीधा खड़ा होकर 両方の後足で真っ直ぐに立ち上がって पिछली सीट 後部座席 हाल का पिछला दरवाज़ा ホールの後方の扉 (3) 過ぎ去った（時の）；前の；過去の；昔の；先の；今までの；これまでの और एकाएक ही पिछला सब-कुछ मेरी आँखों के आगे तैरने लगता है そしてにわかに過ぎし日の一切のことが目に浮かび始める मैं पल भर की पिछली बात को भूल जाता हूँ, पर उसे आज भी नहीं भूला 一瞬前のことを忘れてしまう私だがあのことは今でも忘れてはいない पिछला बैर 恨み；怨念 पिछला बैर निकालना 恨みを晴らす दादी ममी, हमको पिछले ज़माने की बात सुनाइएगा おばあちゃん，昔の話を聞かせてちょうだい अपना पिछला जीवन याद आ गया これまでの人生が思い出された (4) この前の；前回の；順序が前の पिछले बुधवार को 先週の木曜日に ↔ अगला. पिछले साल 去年= गत वर्ष. अपनी पिछली ब्रिटेन-यात्रा में この前自分がイギリスを旅行した際 पिछले 2-3 वर्षों से この 2～3 年来 पिछली सदी की समाप्ति से थोड़ा पहले 前世紀の終わる少し前 पिछला हफ़्ता 先週 पिछले हफ़्ते 先週（に）= पिछले सप्ताह. **पिछला पहर** *a.* 夜明け前；夜中の最後の四半分 *b.* 日暮れ前 **पिछला बक़ाया** 未払い分；未納分 **पिछली चिंदिया खाना** 後から気がつく **पिछली रात** *a.* 夜半過ぎ；真夜中過ぎ *b.* 前夜 **पिछली रोटी खाए हो॰** 頭の悪い **पिछले काँटे** 終わりに；しまいに **पिछले दरवाज़े से घुसना** *a.* こっそりやって来る *b.* こそこそ悪さをする **पिछले दिन** 以前に；過去 **पिछले पाँव फिरना** すぐにきびすを返す

पिछला[2]［名］(1)〔イス〕イスラム教徒が断食月に断食前の早朝に食べる軽食；サハリー= सहरी. (2) 前日学習した課

पिछवाई［名*］(1)〔ヒ〕ピチュワーイー（神像の背後に下げられる刺繍を施した布製の帳） (2) ピチュワーイー（刺繍を施した壁飾り）

पिछवाड़ा［名］(1) 裏；裏側；裏手 मकान का पिछवाड़ा 家の裏；家の裏側；裏手 (2) 裏の方；裏手 घर के पिछवाड़े में 家の裏手に (3) 家の裏手；裏口 वकील साहब के पिछवाड़े उसका मकान था 弁護士さんの家の裏手にその男の家があった पिछवाड़े का दरवाज़ा 裏門

पिछा［名*］= पिच्छा.

पिछाड़ना［他］→ पछाड़ना.

पिछाड़ी［名*］(1) 後ろの部分；後部 (2) 列の後ろの人 (3) 馬の後足を縛るひも

पिछान［名*］= पहचान. पिछान चोटी से होती है（その鳥は）冠毛で見分けられる

पिछानना［他］= पहचानना.

पिछुआना［自］後れる；遅れる；立ち遅れる पिछुआयी हुई खेती का कोई भरोसा नहीं 農作業の遅れた畑（の収穫）は全くあてにならない

पिछेलना［他］(1) 先へ出る；抜く；抜き去る (2) 押しやる

पिछौंहा［形+］(1) 後ろの；後方の= पीछे का. (2) 西方の；西部の= पश्चिमीय; पश्चिमी.

पिछौंहे［副］(1) 後ろに；後方に (2) 後ろから

पिछौड़ा［副］後方に

पिछौरा［名］〔服〕男子が肩から腰にかけてまとうチャーダル चादर

पिज़ीर［造語］《P. پذیر》（－を）受け入れる，受容する，などの意を加える造語要素

पिज़्ज़ा［名］《E. pizza》〔料〕ピザ

पिट[1]［名］《E. pit》〔演〕劇場 1 階席；劇場の平土間；ピット

पिट[2]［名］= पिटक; पिटारा.

पिटक［名］(1) かご；籠 (2)〔ス〕バスケットボールのかご；バスケット (3) 吹き出物

पिटना［自］(1) 打ちつけられる；打撃が加えられる (2) 打たれる；叩かれる；殴られる (3) 負ける；負かされる；打ち負かされる डबल्स फ़ाइनलों में आस्ट्रेलियाई जोड़ी हारी.मार्तिना-श्रीवर जोड़ी भी पिटी ダブルス決勝でオーストラリア組の負け．マルティナ・シュリーバー組も (4) 大敗する；惨敗する चुनाव में पिटना 選挙で大敗を喫する (5) 失敗する；痛手を受ける किसी भी निर्माता की अगर कोई फ़िल्म कामयाब होती है तो कोई पिटती भी है だれの製作した映画であれ当たることもあれば失敗することもある **पिटना पीटना** 繰り返し嘆く；泣き言を繰り返し言う **पिटा-पिटाया** *a.* 言い古された *b.* 使い古しの；マンネリの；新鮮さのない **पिटा हुआ** 元気のない；勢いのない

पिटपिट［名*］(1) 小さな物体が落下する音 (2) 打ったり叩いたりする音；ぱちぱち，ぱしぱし，ぴしゃぴしゃなど

पिटपिटाना［自］あがき苦しむ

पिटपिटी［名*］〔鳥〕ムシクイ科オジロハウチワドリ【*Prinia buchanani*】

पिटवाना［他・使］← पीटना. (1) 打たせる；叩かせる (2) 殴らせる；殴打させる वह सुलह नहीं करती, अपने भाइयों से हमें पिटवाएगी あの人は仲直りはしない人．兄弟を連れてきて私を叩かせる ढिंढोरा पिटवाना 触れ太鼓を打たせる；触れ回らせる

पिटस［名*］= पिट्टस.

पिटाई［名*］(1) 打つこと；叩くこと；打撃 गेंद की पिटाई क॰ ボールを打つ (2) 叩くこと；殴ること；殴打 महिलाओं ने उसकी जमकर पिटाई की 女たちが彼女を思いきり叩いた इन सब डाकुओं की ख़ूब पिटाई करो この強盗共をひどい目に遭わせてやれ

पिटाना［他］= पिटवाना.

पिटापिट［名*］(1) 殴り合い；叩き合い (2) 何度も打ったり叩いたりする音= मारपीट.

पिटारा［名］(1)（竹や籐などでこしらえた）かご；籠；竹籠；バスケット सपेरे का पिटारा 蛇使いの蛇を入れる籠 (2) 入れ物；器 परेशानियों का पिटारा 悩みのつまった籠

पिटारी[1] [名*] ←पिटारा. (1) 小さいかご；小さいバスケット (2) 小箱；手箱 लकड़ी की पिटारी 木の小箱 (3) パーン（पान）の材料を入れる器 → पानदान. जादू की पिटारी 珍奇なものの入った小箱；魔法の小箱 पिटारी का ख़र्च （女性に与えられる）小遣い；小遣い銭 पिटारी खुलना 様々なものが見える；現れる

पिटारी[2] [名*]〔昆〕コクゾウムシ

पिटूनिया [名]《E. petunia》〔植〕ナス科ペチュニア；ツクバネアサガオ

पिट्टक [名] 歯くそ；歯垢= दाँत की मैल.

पिट्टस [名*] (1)（悲しみの表現として）胸を叩くこと (2) 打たれること；殴られること

पिट्टू[1] [形] 殴られてばかりいる（人）

पिट्टू[2] [名*] ピットゥー（鬼の築いた陣をボールを投げて崩して逃げる子供たちの遊びの一）

पिट्ठू[1] [名] (1) おべっか使い；追従者；取り巻き= पिछलगा; अनुयायी. अत्याचारी और उनके पिट्ठू 横暴な連中とその追従者たち (2) 仲間；連れ；遊び仲間

पिट्ठू[2] [名*]〔料〕ひき割りにしたケツルアズキなどの豆を水に浸した後すりつぶしたもの（豆料理の材料）= पीठी.

पिठर [名] (1)〔植〕カヤツリグサ科ハマスゲ【*Cyperus rotundus*】(2) 攪拌棒= मथानी. (3) プレート；皿= थाली.

पिठवन [名]〔植〕マメ科草本【*Uraria lagopodioides; U. lagopoides*】

पिठी [名*] ひき割り豆を水に浸した後すりつぶしたもの= पीठी.

पिठौरी [名*]〔料〕(1) ピトーリー（水に浸したひき割り豆をすりつぶし油などで加工した食品）(2) ピトーリー（ひき割り豆のスープに入れて煮る小麦粉の団子）

पिड़क [名] 吹き出物；小さな出来物= फुँसी; स्फोटक.

पिडका [名*] 吹き出物= फुँसी.

पिड़काना [他] 苛立たせる；悩ます；苦しませる

पिड़किया [名*] = गुझिया.

पिड़की [名*] 小さな吹き出物

पिण्याक [名] ゴマやカラシナの実から油を搾ったかす= तिल या सरसों की खली.

पितंबर [名] = पीताम्बर.

पितपापड़ा [名]〔植〕アカネ科雑草ホソバムグラ【*Oldenlandia dichotoma*】マルバムグラ【*O. paniculata*】

पितर [名] (1) 祖先；先祖= पुरखे. (2) 祖霊〈manes〉 पितरों को भी तृप्त करेंगे 祖霊をも満足させよう पितरों को भी पता न हो ご先祖さんも全然知らない；だれも全く知らない

पितरपक्ष [名] = पितृपक्ष.

पितरपूजा [名*]〔宗・文人〕死霊崇拝〈manism〉

पिता [名] 父；父親= बाप.

पितामह [名] 父方の祖父；父の父

पितामही [名*] 父方の祖母；父の母

पितिया [名] 父の弟；おじ；叔父

पितियानी [名*] 父方のおじの妻；おば；叔母= चाची.

पितिया ससुर [名] (1) しゅうと（舅）の兄弟 (2) 夫，もしくは，妻のおじ（父方のおじ）= चचिया ससुर.

पितिया सास [名*] 舅の兄弟の妻（夫，もしくは，妻の父方のおば）= चचिया सास.

पितृ [名] (1) 先祖；祖先 (2) 祖霊

पितृ अधिकार [名]〔文人〕父権〈father right〉

पितृ ऋण [名]〔ヒ〕先祖に対する債務；先祖の恩；親の恩

पितृकर्म [名] 祖霊供養（の儀礼）

पितृकल्प [名] 祖霊祭などの祖霊を祀るための行事

पितृकानन [名] 火葬場= श्मशान; मसान.

पितृकार्य [名] = पितृकर्म.

पितृकुल [名]〔文人〕父系；父方の血統〈father sib〉

पितृकृत्य [名] = पितृकर्म.

पितृगण [名] 祖霊

पितृगामी [形] 父の；父方の；父方の血統につながる

पितृगृह [名] (1) 女性の実家；嫁の里；嫁の実家= मायका; पीहर. (2) 火葬場

पितृघात [名] 父親殺し

पितृतंत्र [名]〔文人〕父権制；父主制〈patriarchy〉

पितृतर्पण [名] (1) 祖霊に水を供えること (2) 祖霊の供養に用いられる胡麻の実 (3) 祖霊供養の行われる聖地ガヤー（→ गया）

पितृ तीर्थ [名]〔ヒ〕(1) 祖霊供養の聖地ガヤー (2) 祖霊供養の聖地 (3) 親指と人差し指との間の部分（祖霊に供養の水を掌からこの間を通して注ぐ）

पितृत्व [名] 父親であること

पितृदान [名] (1) 祖先の供養のために行われる布施；追善のために行われる施し (2) 父親の遺産；世襲財産

पितृदेव [名] 祖霊

पितृदेश [名] 祖国；父祖の地；故国〈fatherland〉

पितृदैवत [形] (1) 祖霊に関する (2) 祖霊による

पितृनाथ [名]〔イ神〕冥界の王ヤマ（यम）

पितृपक्ष [名] (1) アーシュヴィン月 आश्विन の黒分（この期間に祖霊の供養が行われる） (2) 父系

पितृपति [名]〔イ神〕冥界の王ヤマ यम

पितृपूजा [名*] 祖先崇拝〈ancestor worship〉

पितृप्रधान [形] 父系制の पितृप्रधान कुटुंब 父系制家族 पितृप्रधान कुटुंब 父系家族

पितृबंधु [名] (1)〔文人〕男系親族〈agnatic kin〉 (2)〔文人〕男系親；父方の親族〈agnate〉

पितृबंधुता [名*]〔文人〕男系親族関係；同族関係〈agnation〉

पितृभक्त [形] 父親に孝養を尽くす；親孝行な

पितृभक्ति [名*] 親孝行

पितृभूमि [名*] (1) 祖国；父祖の地 (2) 生まれ故郷〈fatherland〉

पितृभ्राता [名] 父方のおじ；父の兄弟；伯父；叔父= चाचा; चचा.

पितृयज्ञ [名] = पितृतर्पण.

पितृयाण [名]〔ヒ〕祖道（死後，祖霊界を経て月に至る道，もしくは，しばらくそこに留まった後，地上に戻り人として再生するまでの道）

पितृराज [名]〔イ神〕ヤマ यम（祖霊界の支配者）

पितृलोक [名] 祖霊界

पितृवंश [名] 父系；父方の家系

पितृवंशीय [形] 父系の= पितृवंशिक.

पितृवंशीय परिवार [名]〔文人〕父系家族〈patrilineal family〉

पितृवन [名] 火葬場= श्मशान.

पितृवसति [名] 火葬場；墓地= श्मशान.

पितृवित्त [名] 祖先伝来の財産；世襲財産

पितृवेश्म [名] 女性の実家；妻の実家

पितृव्य [名] (1) 父の兄弟；父方のおじ；おじ（伯父，叔父） (2) 父親同様に尊敬すべき人

पितृव्रत [名] (1) 祖霊の供養をする人 (2) 祖霊供養

पितृश्राद्ध [名] 祖霊供養

पितृश्वसा [名*] 父の姉妹；父方のおば= फूफी.

पितृश्वसास्थानिक आवास [名]〔文人〕オバ方居住〈amitalocal residence〉

पितृसंबंधी [形]〔文人〕男系親の；父系の〈agnate〉

पितृसत्तात्मक परिवार [名]〔文人〕父権家族〈patriarchal family〉

पितृस्थानीय परिवार [名]〔文人〕父方居住家族〈patrilocal family; virilocal family〉

पितृस्थानीय विवाह [名]〔文人〕父方居住婚；夫方居住婚〈patrilocal marriage; virilocal marriage〉

पितृहंता [名] 父親殺し（人）〈patricide〉

पितृहत्या [名*] 父親殺し；父親殺害〈patricide〉

पितृहा [名] = पितृहंता.

पित्त [名] (1)〔アユ〕ピッタ（アーユルヴェーダにおいて人体の健康と病気を支配する 3 要素，もしくは，3 病素の一）→ वात, कफ. (2) 胆汁〈bile〉 पित्त उबलना かっとなる；怒る पित्त उभरना ピッタが変調を来す पित्त खौलना = पित्त उबलना. पित्त गरम हो॰ 怒りっぽい（性格の） पित्त जलना = पित्त उबलना. पित्त जागना 腹が空く；空腹になる；ひもじくなる

पित्तगुल्म [名]〔医・アユ〕ピッタの過多による腹部の膨れ

पित्तघ्न [形]〔医・アユ〕ピッタ，もしくは，胆汁を破壊する

पित्तघ्नी [名*] (1)〔植〕ツヅラフジ科蔓木【*Cocculus cordifolius*】(2)〔植〕ツヅラフジ科蔓木【*Menispermum glabrum*】

पित्तज [形]〔アユ〕ピッタ（胆汁）による；ピッタの変調によって生じる

पित्तदोष [名] (1)〔アユ〕ピッタ病素 (2)〔医〕胆汁症
पित्तपथरी [名*]〔医〕胆石
पित्तप्रकृति [形]〔アユ〕ピッタが多い体質の
पित्तप्रकोप [名]〔アユ〕ピッタの障害
पित्तप्रकोपी [形] ピッタの障害を起こす
पित्तल[1] [形]〔アユ〕(1) 胆汁過多の (2) 胆汁が異常の
पित्तल[2] [名] 真鍮= पीतल. 〈brass〉
पित्तवर्णक [名]〔生〕胆汁色素〈bile pigment〉
पित्तवाहिनी [名*]〔解〕輸胆管〈bile duct〉
पित्तव्याधि [名*]〔アユ〕ピッタの変調によって生じる病気
पित्तशोथ [名]〔医〕胆嚢炎
पित्ता [名] (1)〔解〕胆嚢= पित्ताशय. (2) ピッタ，もしくは，胆汁 (3) 気力；気合；勇気 **पित्ता उछलना** 蕁麻疹が出る **पित्ता उबलना** 怒る；かっとなる= पित्ता खौलना; पित्ता जलना. **पित्ता निकलना** 発疹が出る；体を酷使する **पित्ता निकालना** 人を酷使する **पित्ता पानी क°** 一生懸命励む；懸命な努力をする (-का) **पित्ता पानी क°** (ーの) 気力を失わせる **पित्ता पानी पड़ना** 他人の不幸を喜ぶ **पित्ता मरना** 気力を失う **पित्तामार काम** 座業；座り詰めでする仕事 **पित्ता मारना** *a.* 邪念を抑える *b.* 怒りをこらえる (-का) **पित्ता ले डालना** (ーを) ひどく苦しめる
पित्ताशय [名] 胆嚢 = पित्त की थैली; पित्तकोष. 〈gallbladder〉
पित्ताशयशोथ [名]〔医〕胆嚢炎〈inflammation of the gallbladder〉
पित्ताशयी [形] 胆嚢の
पित्ताश्मरता [名*]〔医〕胆石症
पित्ताश्मरी [名*] 胆石〈gallstone〉
पित्ति [名*]〔医〕蕁麻疹〈nettle rash; hives〉
पित्ती [名*] (1)〔医〕蕁麻疹= छपाकी. शरीर में पित्ती निकलना 蕁麻疹が出る (2) 発疹 (3) 汗疹= अँभौरी.
पित्तोदर [名]〔アユ〕ピッタ（胆汁）の不調によって生じるとされる胃腸病
पित्तोन्माद [名]〔医〕ヒポコンデリー；憂鬱症
पिथेकेंथ्रोपस [名]《E. pithecanthropus erectus》〔動・人類〕ヒト科ピテカントロプス・エレクトゥス；直立猿人；ジャワ原人= पिथिकैन्थ्रोपस.
पिदड़ी[1] [名*] = पिद्दी.
पिदड़ी[2] [形] ひょろひょろした= दुबला-पतला.
पिदर [名]《P. پدر》父；父親= पिता; बाप.
पिदरी [形]《P. پدری》(1) 父の；父親の (2) 父方の
पिदारा [名]〔鳥〕ヒタキ科ズキンシロハラノビタキ【*Oenanthe picata*】= पिद्दा; अबलख पिद्दा.
पिद्दा [名] (1)〔鳥〕ヒタキ科アカハラコルリ【*Erithacus brunneus*】(2)〔鳥〕ヒタキ科ズキンシロハラノビタキ【*Oenanthe picata*】**काला पिद्दा**〔鳥〕ヒタキ科クロノビタキ【*Saxicola capratha*】**घुमैला पिद्दा**〔鳥〕ヒタキ科ヤマザキヒタキ【*Saxicola ferrea*】
पिद्दी [名*] (1)〔鳥〕アカハラコルリの雌→ पिद्दा. (2) 取るに足らぬもの；ものの数に入らぬもの पढ़ने में पिद्दी 劣等生；（勉強の）落ちこぼれ इत्ता पिद्दी-सा लड़का भी भला छठे में हो सकता है? こんなちびが 6 年生であるはずがない
पिधान [名] (1) 覆い= आच्छादन; आवरण; पर्दा. (2) 覆いの布 (3) 蓋 (4) 刀の鞘 (5) 扉
पिन [名*]《E. pin》ピン；留め針；画鋲 कागज़ में लगी हुई पिन 紙についているピン पिन की घुंडी ピンの頭
पिनक [名*] (1) アヘン吸飲による意識障害；意識が朦朧とすること (2) その障害により頭をふらつかせる状態
पिनकना [自] (1) アヘン吸飲による意識障害の状態で頭をふらつかせる (2) 居眠りのために船を漕ぐ
पिनकी [名] 居眠りをして船を漕ぐ人
पिनकुशन [名]《E. pin cushion》〔裁〕針山；針刺し= पिनगद्दी.
पिनद्ध [形] (1) 締めつけられた (2) 結ばれた；縛られた (3) 着られた；着用された (4) 覆われた；包まれた
पिनपिन [名*] (1)（子供などが）鼻声で，あるいは，甲高く鋭い声で泣く声 (2) めそめそ泣く声
पिनपिनाना [自] (1) 鼻声や甲高く鋭い声を出して泣く (2) めそめそ泣く
पिनपिनाहट [名*] ← पिनपिनाना.
पिन होल्डर [名]《E. pin-holder》（生け花用の）剣山 पिनहोल्डर में लगाना 剣山に挿す；剣山で固定する
पिनाक [名]〔ラマ〕ピナーカ（シヴァ神所有の強弓．シーター姫が自ら花婿を選んだ自選式 स्वयंवर においてラーマが折ったとされる）
पिनाकी [名]〔イ神〕ピナーカの弓を持てるシヴァ神
पिन्ना[1] [形⁺] 泣き虫の；甲高い声でよく泣く
पिन्ना[2] [名] (1) 綿打ち（屋）；綿屋；綿打ち職人= धुनिया. (2) 綿打ち弓
पिन्ना[3] [名] ピンニー पिन्नी(1) の大きなもの
पिन्नी [名*] (1) ピンニー（小麦粉，砂糖，香辛料を用いてこしらえた団子菓子） (2) 糸やひもを丸く巻いた玉
पिपर [名] = पीपल.
पिपरमिंट [名]《E. peppermint》(1)〔植〕シソ科セイヨウハッカ；ペパーミント (2) ペパーミント錠剤
पिपरामूल [名] = पिपलामूल.
पिपलामूल [名] コショウ科のヒハツ（インドナガコショウ）の根 = पिप्पलीमूल.
पिपासा [名*] (1) のどの渇き (2) 欲；欲求；渇き；渇望= प्यास; तृष्णा. आध्यात्मिक पिपासा शांत हुई 精神的な渇きが癒された पाठक-समुदाय की ज्ञान-पिपासा 読者の知識の渇望
पिपासु [形] (1) のどの渇いている (2) 飲みたがっている (3) 欲求を持っている；渇望している
पिपियाना[1] [自]（傷が）膿む；化膿する
पिपियाना[2] [他] 膿ませる；化膿させる
पिपीलक [名]〔昆〕オオアリ（大蟻）= चींटा; बड़ा चींटा.
पिपीलिका [名*]〔昆〕アリ（蟻）= चिउँटी; चींटी; च्यूँटी.
पिपीलिकाभक्षी [名]〔動〕アリクイ科アリクイ
पिपीली [名*]〔昆〕アリ（蟻）= चींटी; पिपीलिका.
पिप्पल [名]〔植〕クワ科インドボダイジュ= पीपल; अश्वत्थ.
पिप्पलयोग [名]〔植〕モクセイ科低木イボタノキ= मोमचीना.
पिप्पलि [名*] = पिप्पली. [植] コショウ科蔓木ヒハツ【*Piper longum*】
पिप्पलीमूल [名] コショウ科蔓木ヒハツ（インドナガコショウ【*Piper longum*】）の根
पिय [名] (1)（女性の）恋人；愛人 (2) 夫= पति; स्वामी.
पियक्कड़ [名・形] 酒飲み（の）；飲み助（の） शादी के पहले से ही पियक्कड़ रहे हैं 結婚する前からの酒飲みだった
पियरा [形⁺] 黄色の= पीला; पीत.
पियराना [自] 黄色くなる；黄ばむ
पियरोला [名]〔鳥〕コウライウグイス科キガシラコウライウグイス【*Oriolus oriolus*】
पियल्ला[1] [名] 乳飲み子= दूध पीता बच्चा; दूध का बच्चा.
पियल्ला[2] [名]〔鳥〕コウライウグイス科キガシラコウライウグイス→ पीलक; पियरोला.
पिया[1] [名] = पिय.
पिया[2] [他] पीना の完了分詞（能格構文で目的語は男性単数）
पियाज [名]《P. پیاز》= प्याज. (1)〔植〕ユリ科野菜タマネギ（玉葱）【*Allium cepa*】(2) タマネギの玉
पियाज़ी [形]《P. پیازی》← प्याज़ी.（タマネギの玉の色の，すなわち，赤紫色の）
पियादा [名]《P. پیاده》= प्यादा. (1) 歩く人；徒歩で行く人；歩行者 (2)〔軍〕歩兵 (3)（チェスの）歩；ポーン = पैदल.
पियाना [他] 飲ませる= पिलाना.
पियानो [名]《E. piano》ピアノ
पिया बाँसा [名] (1)〔植〕真紅の色素が採れる竹の一種 (2)〔植〕キツネノマゴ科バーレリアの一種（紫の花を咲かせる）【*Barleria*】(3)〔植〕ヒユ科ケイトウの一種（真紅の花をつける）
पियामन [名]〔植〕フトモモ科高木ジャンボンアデク【*Eugenia operculata*】= राजजामुन.
पियार[1] [名] (1)〔植〕ウルシ科低木常緑高木カッダフ・アーモンド；チローンジ【*Buchanania latifolia*】〈almondette tree; cheronjee〉(2) 同上の実
पियार[2] [形] = प्यारा.
पियार[3] [名] = प्यार.
पियाल [名] = पियार[1].
पियाला [名] = प्याला.

पियावबड़ा [名] ピヤーオバラー（米飯をすりつぶし種々のナッツと香料を加え団子状にしてギーや油で揚げた菓子）
पियास [名*] = प्यास.
पियासा [形+] = प्यासा.
पियासाल [名]〔植〕マメ科高木マラバルキノカリン【*Ptero carpus marsupium*】〈Malabar kino tree〉= असना; पीतचाल.
पिराक [名]〔料〕ピラーク（小麦粉の衣にスージー सूजी, コーワー खोवा, 乾燥果実などを詰めて油で揚げた食べ物）= गुझिया.
पिराना [自] 痛む；痛みを感じる；うずく（疼く）= दुखना; पीड़ित हो॰; दर्द क॰; पीड़ा हो॰.
पिरामिड [名]《E. pyramid》ピラミッド पिरामिड के आकार की संरचना ピラミッド型の構造
पिरिच [名*]（金属や焼き物の）皿；プレート
पिरिया[1] [名] ペルシア井戸の水車= रहँट.
पिरिया[2] [名*] 世代= पीढ़ी; पुश्त.
पिरीतना [自] (1) 好きになる (2) 喜ぶ；嬉しくなる
पिरीति [名*] = प्रीति.
पिरोज [名] (1) 底の深い金属製の小鉢 (2) 金属製の平皿；プレート
पिरोजन [名]〔ヒ〕子供の耳たぶに耳飾りをつけるための穴をあける儀礼（終身儀礼の一）= कनछेदन.
पिरोना [他] (1) 穴に糸を通す सूई में तागा पिरोना 針に糸を通す (2) 穴に糸を通して綴じる；束ねる；綴る (3) 文章を作る；書き綴る इस किताब में लेखक ने अपने जीवन के अनेक महत्त्वपूर्ण प्रसंगों, मधुर स्मृतियों और मूल्यवान अनुभवों को लघुकथाओं में पिरोया है 筆者は本書で自分の来し方の重要な事件，甘美な思い出，貴重な経験を短篇で綴っている (4) 貫く एक सन्नाटा सब लोगों को पिरोये हुए था 沈黙が皆を１つに貫いていた
पिल [名]《E. pill》(1) 丸薬 (2)〔医〕ピル（経口避妊薬）
पिलई[1] [名*]〔解〕脾臓= प्लीहा; तिल्ली.
पिलई[2] [名*] 雌の子犬→ पिल्ला.
पिलक [名]〔鳥〕コウライウグイス科キガシラコウライウグイス = पीलक.
पिलकना [他] (1) 倒す = गिराना. (2) 転がす= लुढ़काना.
पिलकिया [名]〔鳥〕セキレイ科ツメナガセキレイ【*Motacilla flava*】
पिलखन [名]〔植〕= पाकर.
पिलचना [自] (1) 組みつく；組打ちする (2) 取り組む
पिलड़ी [名*] 香辛料を加えた挽き肉
पिलद्दा [名] (1) 糞；大便 (2) 汚物；汚いもの (3) ぐちゃぐちゃになったもの；ぐしゃぐしゃになったもの
पिलना[1] [自] (1) 突き進む；突進する；飛び込む；激しい勢いで近づく बच्चे भी खाने की प्लेटों पर भूखे भेड़ियों की तरह पिल पड़े 子供たちも皿に向かって飢えた狼のように突き進んだ भैंस तैयार खड़ी थी.वह तालाब में पिल पड़ी 水牛は身構えていた．池に向かって突き進んだ (2) 襲いかかる；襲撃する；急襲する हंटर लेकर पिल पड़ते 鞭を持って襲いかかる इशारा पाते ही बड़े-बड़े काले दानव जैसे पहलवान उसपर पिल पड़े 合図を受けるや否や真っ黒で大きな鬼のようなレスラーたちがその人に襲いかかった
पिलना[2] [自] (1) 絞られる (2) 踏みつぶされる (3) 骨折る；精を出す (4) こき使われる；酷使される बैल दिन भर घानी में पिलकर 牛は一日中油搾り（の機械）にこき使われて→ पेलना.
पिलपिला [形+] ふにゃふにゃの；ぐにゃぐにゃの निरंजन पतला और पिलपिला था ニランジャンはひょろひょろでふにゃふにゃだった माँ ने टमाटरों को छू छूकर ही पिलपिला घोषित कर दिया.अंगूर खट्टे तभी होते हैं, जब पहुँच के बाहर हों 母はトマトをいじりまくってぐにゃぐにゃだと言ってのけた．ブドウが酸っぱいのは値段が手に届かない時なのだ
पिलपिलाना[1] [自] ふにゃふにゃになる；ぐにゃぐにゃになる
पिलपिलाना[2] [他] そっと幾度も揉む；揉んでふにゃふにゃにする；触りまくってぐにゃぐにゃにする
पिलपिलाहट [名*] ← पिलपिला.
पिलवाना[1] [他・使] ← पिलाना. (1) 人に依頼したり命令したりして飲ませる動作をさせる，もしくは，飲ませる動作をしてもらう；飲ませさせる；飲ませる；飲ませてやる；飲ませてもらう एक बजे माँ से मुझे नमक का पानी पिलवाकर 1 時に母の手で私に塩水を飲ませて (2) 依頼したり命令したりして飲むことができるように，もしくは，飲めるように段取りや手配をさせる，ないしは，してもらう；飲ませる；飲ませてやる；飲ませてもらう आप मेरा हाल पूछने आए हैं, पर मैं आपको एक कप चाय भी नहीं पिलवा सकता 私の様子をたずねに来られたけれど一杯のお茶も出してあげられない（飲ませてあげられない） "ठंडा पानी पिलवाओ, शोभा" "अभी लीजिए, राधा, पीने के लिए शरबत ले आओ" 客「ショーバーさん，冷たい水を飲ませておくれ」「はい，ただ今．ラーダー，シャルバトを持って来なさい」 चलो आज पिलवाओ 「今日は一杯飲ませろよ（どこかへ連れていって奢りで飲ませろ）」 (3) 注がせる；注いでもらう
पिलवाना[2] [他・使] ← पेलना. 絞らせる；搾らせる；搾ってもらう
पिलाई [名*] (1) 飲ませること (2) 注ぐこと；注ぎ (3) 乳母 (4) 入れること (5) 押しつけ (6) しみこませること；吸わせること
पिलाना [他] (1)（自分が直接だれかに）飲ませる（行為をする） बच्चे को दूध पिलाने के समय 子供に牛乳を飲ませる時間に दूसरे के बच्चे को अपना दूध पिलाने वाली स्त्री 他人の子に自分の乳を飲ませる女性（乳母） (2)（穴や隙間に）注ぐ；注入する；流し込む；入れる (3) 押しつける；むりやり聞かせる क्या आपकी तरह घर-घुस्सी बनकर लेक्चर पिलाती? 貴方のように家にこもってお説教を押しつけるって言うわけなの (4) しみこませる；吸わせる；吸い込ませる लाठियों को महीनों कड़वा तेल पिलाया गया था ラーティー（護身用の棍棒）に何か月もの間カラシナ油をしみこませた
पिलो [名]《E. pillow》枕= तकिया. **पिलोकवर्ज़** 枕カバー= गिलाफ़. 〈pillow covers〉
पिल्ल [名] (1)〔医〕結膜炎 (2) 結膜炎に罹った目 (3) 結膜炎に罹っている人
पिल्ला [名] 子犬；雄の子犬 → पिलई.
पिल्लू [名] ウジ（蛆）；蛆虫= ढोला.
पिवोटिंग [名]《E. pivotting》〔ス〕（バスケットボール）ピボット；旋回
पिशंग[1] [形] 薄茶色の；黄褐色の；褐色の
पिशंग[2] [名] 薄茶色；黄褐色；褐色
पिशंगक [名] (1) ヴィシュヌ神 (2) ヴィシュヌ神の眷属
पिशंगिला [名*] 青銅= कांस्य; काँसा.
पिशंगी [形] 薄茶色の；黄褐色の；褐色の
पिश [形] (1) 罪科を免れた (2) 多様な姿形をした= बहुरूपी.
पिशाच [名] (1)〔イ神・ヒ〕ピシャーチ／ピシャーチャ（悪魔，悪鬼，鬼などと訳される，人間に危害を及ぼす存在） (2) ピシャーチのような恐ろしく無慈悲な人，おぞましいことをする人
पिशाचता [名*] = पिशाचत्व.
पिशाचत्व [名] (1) ピシャーチャの境涯 (2) 残酷さ
पिशाचपति [名] ピシャーチャの頭目とされるシヴァ神= शिव.
पिशाचबाधा [名*] ピシャーチャによる障り
पिशाच भाषा [名*]〔言〕ピシャーチ語（パイシャーチー・プラークリット）→ पैशाची
पिशाचमोचन [名] (1)〔ヒ〕死者がピシャーチャの境涯に生まれぬように祭餅供養を行うのにふさわしいとされる場所 (2)〔ヒ・地名〕同上の目的で供養が行われる場所（バナーラス）の名．ピシャーチャ・モーチャン
पिशाच संचार [名] ピシャーチャに取り憑かれたために起こる異常な行動
पिशाचहृदया [形*] 無慈悲な；情け容赦のない मुझे स्वप्न में भी अनुमान न था कि सुनीता इतनी पिशाचहृदया हो सकेगी スニーターがこれほどまでに無慈悲になれるとは夢にも思えなかった
पिशाचालय [名] 燐光の発する場所
पिशाची [名*] (1) ピシャーチャの女 (2)〔植〕オミナエシ科カンショウ（甘松）= जटामासी.
पिशित [名] (1) 肉= मांस; गोश्त. (2) 刻んだ肉；肉片 (3) かけら
पिशिताशन [形・名] (1) 肉を食う（人） (2) ラークシャス；ピシャーチ (3)〔動〕オオカミ（狼）= भेड़िया.
पिशुन[1] [形] (1) 賤しい；卑劣な (2) 密告する；中傷する (3) 裏切る (4) 悪意に満ちた；邪悪な
पिशुन[2] [名] 中傷する人
पिशुनता [名*] 中傷；陰口= चुगलखोरी.
पिशुना [名*] 中傷= चुगलखोरी.
पिष्ट [形] 砕かれた；粉砕された；つぶされた；粉にひかれた

पिष्टपेषण [名] (1) 粉（にしたもの）をもう一度粉砕すること (2) 同じことを繰り返し言うこと；意味や新味の無いことを繰り返して行うこと；二番煎じ

पिष्टवर्ति [名*] = पीठी.

पिष्टोक्ति [名*]〔言〕常套語= रूढ़ोक्ति. 〈cliche〉

पिसनहारी [名*] 小麦粉などの穀物を碾き臼でひく作業を生業とする女性

पिसना [自] ↔ पीसना. (1) 砕かれる；粉砕される；粉にひかれる；すりつぶされる पिसी मिर्च 砕かれたトウガラシ；粉トウガラシ भुना व पिसा हुआ जीरा 煎って粉にされたクミン (2) 押しつぶされる；板挟みになる；苦しめられる बीच-बचाव करनेवाले दोनों तरफ़ से पिस रहे थे 仲裁する人が両方から押しつぶされ苦しんでいた (3) くたくたになる；疲れはてる (4) 甚だ苦しむ；辛い思いをする；虐げられる औरतें चक्कियों के दो पाटों के बीच ख़ुद पिस रही हैं 女たちは碾き臼の石の間に挟まれて苦しんでいる ईमानदारी से मेहनत करके जीविका चलाने वाले निरीह और भोले-भाले श्रमजीवी पिस रहे हैं 誠実に働いて生計を営むおとなしい純朴な労働者が辛苦に喘いでいる

पिसर [名] 《P. پسر》息子= बेटा; पुत्र; लड़का.

पिसरख़्वाँदा [名] 《P. پسر خوانده》養子= दत्तक पुत्र; पिसरे मुतबन्ना.

पिसरज़ादा [名] 《P. پسر زاده》孫（息子の息子）= पौत्र; पोता.

पिसवाना [他・使] ← पीसना.

पिसाई [名*] (1) 粉にすること；粉砕すること (2) 粉にひく手間賃 (3) 粉ひきの仕事（職業） (4) 激しい労働 (5) 粉にひいたもの (6) すりつぶしたもの

पिसान [名] 穀物を粉にしたもの= आटा.

पिसाना[1] [他・使] ← पीसना. (1) 粉にひかせる；粉にひいてもらう；粉砕させる चक्की से आटा पिसा लाना 石臼でひいてもらって来なさい (2) すりつぶさせる；すりつぶしてもらう

पिसाना[2] [自] = पिसना.

पिसानी [名*] = पेशानी.

पिसी [名*] おば（父の姉妹）= फूआ; फूफी; बूआ.

पिसुन [名・形] = पिशुन.

पिसूरा [名]〔動〕マメジカ科ブチマメジカ；ネズミジカ；インドマメジカ【*Tragulus meminna*】

पिसूरी [名*]〔動〕マメジカ科ネズミジカ（雌）

पिसेरा [名]〔動〕マメジカ科ブチマメジカ；ネズミジカ【*Tragulus meminna*】〈mouse-deer〉

पिसौनी [名*] (1) 製粉業= पीसने का काम. (2) 苦労の多い仕事= कठिन काम. (3) 粉ひき料= पिसाई.

पिस्टन [名] 《E. piston》ピストン

पिस्टल [名*] 《E. pistol》ピストル= पिस्तौल; तमंचा.

पिस्टल शूटिंग [名] 《E. pistol shooting》〔ス〕ピストル射撃

पिस्त [名] 《P. پست》大麦や小麦を煎って粉にした食品= सत्तू.

पिस्तई[1] [形] 《P. پستئی ← پسته पिस्ता》黄緑色の（ピスタチオの実の色の）→ पिस्ता.

पिस्तई[2] [名] 黄緑

पिस्ताँ [名] = पिस्तान.

पिस्ता [名] 《P. پسته》(1)〔植〕ウルシ科低木ピスタチオ (2) 同上の実

पिस्तान [名] 《P. پستان》女性の乳房；女性の胸

पिस्तौल [名*] 《E. pistol》ピストル= तमंचा.

पिस्सू [名]〔昆〕ノミ科ノミ（蚤）= कुटकी.

पिहकना [自]（鳥が）甲高い声で鳴く

पिहान [名] 蓋= ढक्कन; ढकना.

पिहानी [名*] (1) 小さな蓋 (2) 内緒事；秘密

पिहित [形] (1) 覆われた (2) 隠された；秘められた= छिपा हुआ.

पिहोली [名*]〔植〕シソ科草本パチョリ【*Pogostemon patcholi*】

पींजना [他]（綿打ち弓で）綿を打つ；綿打ちをする

पींजरा [名] = पिंजड़ा.

पींड [名] 木の幹= तना.

पीं-पीं [名*] 竹笛（バーンスリー）の音 अपने दोस्तों की बाँसुरी माँगकर पीं-पीं बजाते 友達の笛を借りてぴーぴーと鳴らす

पी[1] [名] = पिय.

पी[2] [他] (1) पीना の語根であり命令法二人称単数形 (2) पीना の完了分詞（直説法過去形目的語は単数・女性）

पीऊ [名] = पिय. 恋人；愛人；愛しい人

पी०ए०[1] [名] 《E. P.A.; personal assistant》個人秘書

पी०ए०[2] [名] 《E. P.A., Political Agent》〔イ史〕（英国統治下，インド政庁が藩王国に配した）英国人駐在官

पी०एच०डी० [名*] 《E. Ph.D.; Doctor of Philosophy》哲学博士；Ph.D. उन्होंने पी०एच०डी०की डिग्री प्राप्त की Ph.D. の学位を取得した

पी०एम०[1] [名] 《E. P.M.; Prime Minister》首相；総理大臣= प्रधान मंत्री.

पी०एम०[2] [名] 《E. p.m., post meridiem》午後= अपराह्न.

पी०एम०[3] [名] 《E. P.M.; postmaster》郵便局長= पोस्टमास्टर; डाकपाल.

पी०ओ० [名] 《E. P.O.; post office》郵便局= डाकघर; डाकख़ाना; पोस्ट आफ़िस.

पी०ओ०बी० [名] 《E. P.O.B.; Post Office Box》郵便私書箱

पीक [名*] (1) パーン पान を噛んだ後，赤く染まった唾で吐き出されるもの पान की पीक थूकना パーンを噛んだ後の唾を吐き出す (2) 染色で最初に染まる色

पीकदान [名] (1) パーン पान を噛んだ唾を吐くための壷 (2) 痰壷= उगालदान.

पीकना [自] 甲高い音を立てる

पीकपात्र [名] = पीकदान.

पी-कहाँ, पी-कहाँ [名]（チャバラ）カッコウ पपीहा の鳴き声（聞きなしは「愛しき人はいずこにましますや」）

पीका [名] 若葉= कोंपल; पल्लव.

पीकिंग 〔地名〕北京= पीकिङ.

पीच[1] [名*]（ねばねばした）米の煮汁= माँड़; भात का पसाव.

पीच[2] [名] 《E. pitch》ピッチ（コールタールなどから採れる）

पीच[3] [名*] = पीक.

पीचू [名] (1)〔植〕バラ科アンズ（杏）= ज़रदालू. (2)〔植〕フウチョウソウ科低木【*Capparis aphylla*】の赤く熟した実

पीछ[1] [名*] 鳥の尾羽

पीछ[2] [名*] 《E. pitch》ピッチ；瀝青；チャン

पीछा [名] (1) 背；背中 (2) 背後 (3) 後部；後ろ (4) 奥 (5)〔裁〕後ろ身頃 (-का) **पीछा क०** *a.* (ーを) 追跡する；追いかける उसने अपने सिपाहियों को हुक्म दिया कि वे भीमसिंह का पीछा करें ビームシンを追跡するようにと部下の兵士に命令を下した *b.* つきまとう = पीछे लगा रहना. (-से) **पीछा छुड़ाना** 面倒なことや厄介なこと，あるいは，そのような人を避けたり，縁を切ったり，関係を断ったりする इसी मुसीबत से पीछा छुड़ाने के लिए 正にこの厄介事との縁を切るために (-का) **पीछा छूटना** 追手や厄介な人，迷惑な人から逃れる वह तो चाहता ही था कि किसी तरह उसका पीछा छूटे もちろん，何とかしてあの男から逃れられたらと願っていた (-से) **पीछा छूटना** (ーから) 解き放される；免れる (-का) **पीछा छोड़ना** (ーを) 止める；追跡を止める **पीछा दबाये चले जा०** すごすごと引き下がる **पीछा दिखाना** *a.* 逃げる；後ろを見せる；卑怯な振る舞いをする *b.* 背を向ける **पीछा दे०** 途中で逃げ出す (-का) **पीछा नहीं छोड़ना** *a.* (ーを) 悩まし続ける；苦しめ続ける सेठ ने मेरा पीछा नहीं छोड़ा 商人は私を苦しめ続けた पर छुआछूत के अभिशाप ने यहाँ भी पीछा नहीं छोड़ा しかし不可触制の呪いがここでも苦しめ続けた *b.* つきまとって離れない ग़रीबी पीछा ही न छोड़ती थी 貧困がどうしてもつきまとって離れなかった (-का) **पीछा पकड़ना** (ーを) 頼りにする；あてにする；(ーに) すがる (-का) **पीछा भारी हो०** *a.* 後ろ盾が強力なこと *b.* 背後が危ないこと *c.* 終わりの部分が厄介なこと (-का) **पीछा ले०** = पीछा पकड़ना. **पीछा सुधारना** 功徳を積む **पीछे की तरफ़** 奥の方に；深部に मूत्रप्रणाली में पीछे की तरफ़ 尿路の奥の方に **पीछे को** 後方に आगे सभी लारियाँ भर चुकी हैं.खाली लाड़ी इधर पीछे को रुकेगी 前方のトラックは皆荷が積み込まれている．空のトラックは後方に止まる

पीछे [副・後置]（単独で副詞に用いられるほか -/-के पीछे/-से पीछे の形で後置詞に用いられる）(1) 後ろに；後方に मूर्ति के पीछे छिपकर बैठ गया 神像の後ろに隠れてしゃがんだ गाड़ी पीछे चलाना（車を）バックさせる (2) 背後に；背後で (3) 陰で (4)（時間が）遅れている；後ろの मेरी घड़ी तीन घंटे पीछे थी 私の時計は 3 時間遅れていた (5) 後に；後で；後刻 (6) 死後 (7) 先に；すでに；前に；以前に पीछे बताया जा चुका है कि... …はすでに述べたところ

である इसकी कथा संक्षेप में पीछे वामन जयंती के प्रसंग में दी जा चुकी है これに関する話は簡略に先にヴァーマナ・ジャヤンティーの関連で触れたところである जब यह वृत्तांत डिप्टी इंस्पेक्टर साहब ने कई दिन पीछे ख़ुद मुझसे कहा, तो मैंने पूछा この話を警視が数日前自ら私に話してくれた際私はたずねた (8) 先程；先刻＝ कुछ देर पहले. पीछे तुम्हारे मास्टर आये थे.मैंने तेरी बात कह दी 先刻君の先生がいらっしゃった. 君のことを話しておいたよ (9) (ーの) ために तुम क्यों हमारे पीछे अपनी जान जोखिम में डालते हो? 君はなぜわしのために自分の命を危険にさらすのだい इनकी बीमारी के पीछे मैंने घर का सारा सामान बेच दिया この方の病気のために家財一切を売り払った (10) 比率を表す表現. (ー) 当たり；(ーに) つき；(ーに) 対して एक हज़ार के पीछे 131 1000 に対して 131 の割合で प्रति 1,000 पुरुषों के पीछे स्त्रियों की संख्या 男子 1000 人に対する女性人口 (11) 立ち遅れて；劣って इस मामले में औरतें भी किसी से पीछे नहीं रहतीं このことでは女性たちもだれにも後れてはいない (12) (ーに) 基づいて (-के) **पीछे चलना** *a.* (ーに) 追随する *b.* (ーを) 真似る (-से) **पीछे छूटना** *a.* (ーに) 立ち遅れる；取り残される *b.* (ーに) 劣る (-के) **पीछे छोड़ना** *a.* (ーを) 追跡させる；追わせる *b.* (何らかの使命のために人をーのところへ) 送り込む；放つ (-को) **पीछे छोड़ना** (ーを) 抜く；凌ぐ；(ーに) 勝る **पीछे डालना** 貯める；蓄える (-के) **पीछे डालना** ＝ (-के) पीछे छोड़ना. (-के) **पीछे डोलना** (ーに) つきまとう (-को) **पीछे ढकेलना** (ーを) 押しのける (-के) **पीछे दौड़ना** *a.* (ーに) 熱中する；熱を上げる *b.* (ーに) 必死になる **पीछे पड़ना** 後れる；取り残される (-के) **पीछे पड़ना** *a.* (ーに) しつこく迫る；(ーに) 無理を言って迫る；せがむ；ねだる मेरी बहन स्कूल से आते ही पापा के पीछे पड़ गई 妹は学校から帰るなりパパにねだった *b.* (ーを) くどくど言う；悩ませる；苦しめる आप तो पीछे ही पड़ जाती हैं くどくどとおっしゃいますね貴方は तुम तो बच्चों के पीछे ही पड़ जाती हो 君はいつも子供にばかり厳しく当たるんだね *c.* (ーに) 熱中する *d.* (ーに) 惚れる；熱愛する *e.* (ーに) つきまとう (-के) **पीछे पीछे चलना** (ーに) 追随する (-के) **पीछे पीछे डोलना** ＝ (-के) पीछे लगे रहना. (-के) **पीछे पीछे नाचना** ＝ (-के) पीछे-पीछे डोलना. **पीछे पैर दे॰** 退く；後退する；ひるむ；たじろぐ **पीछे फिरकर भी न देखना** 全く気に留めない；振り向きさえしない (-के) **पीछे भागना** (恋をして) つきまとう (-के) **पीछे भेजना** (ーの) 後を追わせる；追跡させる **पीछे रह जा॰** *a.* 取り残される；後れをとる；立ち遅れる सैनिक पीछे रह गये 兵士たちは取り残されてしまった वह पीछे ही रह गया 立ち遅れてしまった *b.* 劣る **पीछे रहना** ＝पीछे रह जा॰. (-के) **पीछे लगना** *a.* (ーの) 後をつける *b.* (ーに) つきまとう *c.* (ーに) 熱中する *d.* (ーに) 追随する (-को ＝के) **पीछे लगाना** (ーを＝に) 巻き込む (-के) **पीछे लगाना** (ーに) つける；(ーの) 後を追わせる (-के) **पीछे लगे डोलना** (ーの) 行為を願ってつきまとう (-के) **पीछे लट्ठ लिए फिरना** *a.* (ーに) 熱を上げる；熱中する *b.* (ーを) さんざん苦しめる；悩ます＝ डंडा लेकर (-के) पीछे पड़ना. **पीछे लौटना** ＝ पीछे फिरना. **पीछे से** その後；後で；それから कैसे हैं सब? सोहन का पीछे से क्या हुआ होगा? みんなどうしているんだ. その後ソーハンはどうなったのだろうか **पीछे हटना** *a.* 後退する *b.* 尻込みする *c.* 退却する；逃げ出す (-के) **पीछे हो॰** *a.* (ーに) 従う *b.* (ーに) 劣る *c.* (ーに) 遅れている

पीजिए [他] पीना の命令法 आप 対応形. お飲み下さい, 飲んで下さいなど＝ पीजिये.

पीजियो [他] पीना の命令法 तुम 対応形. ＝पियो.

पीटना[1] [他] (1) 叩く；打つ；打ち叩く लोगों ने ज़ोर-ज़ोर से तालियाँ पीटीं 皆は激しく手を叩いた कोई ज़ोर-ज़ोर से घर का दरवाज़ा पीट रहा था だれか激しく家の戸を叩く者がいた छाती पीटना 悲しみを表すために胸を叩く；ひどく悲しむ (2) 殴る；叩く दूसरे के बच्चों को पीटना よその子を叩く (3) 叩く；打撃を加える；攻撃する वे लोग दोनों तरफ़ से पीटे गये 彼らは両面から打撃を受けた (4) 負かす；破る उसने चैंपियन को 2-1 से पीट दिया チャンピオンを 2 対 1 で破った (5) 儲ける；稼ぐ यह सेठ आजकल बहुत नफ़ा पीट रहा है この商人は近頃随分儲けている **पीट-पीटकर पानी बरसना** 激しく続けざまに雨が降る

पीटना[2] [名] (1) 弔い（人の死を悲しみ悼む） (2) 災難；不幸

पी॰टी॰ [名] 《E. P.T.; physical training》〔教〕体育

पी॰टी॰आई॰[1] [名] 《E. P.T.I.; Physical Training Instructor》〔教〕体育教師；体育教官

पी॰टी॰आई॰[2] [名] 《P.T. I., Press Trust of India》インドの通信社名

पी॰टी॰ओ॰ [名] 《E. P.T.O., Post and Telegraph Office》郵便電報局

पीठ[1] [名] (1) 椅子；腰掛け；腰掛け用の台；長椅子 (2) 生徒が授業を受けるために座る筵；講筵 (3) 講義や授業の場；学舎；学校 (4) 神像, 仏像などを据える台座 (5) 講座；チェアー (6) 祭壇 (7) 法廷 सर्वोच्च न्यायालय का संविधान पीठ 最高裁判所の憲法審議法廷 (8) 判事席 (9) 玉座

पीठ[2] [名*] (1) 背中；背＝पृष्ठ; पुश्त. झुकी पीठ 曲がった背中；猫背 पीठ पर लादना 背負う पीठ पर नंबर लगा रहता है 背番号 (ゼッケン番号) がついている पीठ-दर्द 背中の痛み (2) 反対側のほう；背中；背部 एक चुटकी भर पाउडर हाथ की पीठ पर लगाकर कपड़े से हलका-सा झाड़ा दें ひとつまみのパウダーを手の甲につけて布で軽くはたいてみなさい (3) 背後；後ろの方 (4) 椅子の背もたれ (5) 裏；裏面；陰；物陰 उन लड़कों की पीठ पर कौन था! その少年たちの後ろ盾はだれだったのか (6)〔裁〕後ろ身頃；着物の背 कोट की पीठ コートの背中 (7) 背表紙 (-की) **पीठ उधेड़ना** (ーを) 打ち据える (-की ओर/की तरफ़) **पीठ क॰** (ーに) 背を向ける；背く (-की) **पीठ का/की** (ーの) 次に生まれた；下に生まれた (-की) **पीठ की खाल उधेड़ना** ＝पीठ उधेड़ना. **पीठ की रीढ़** 支え；基盤 **पीठ की रीढ़ धनुही हो जा॰** *a.* 背が曲がる *b.* 気力が失せる **पीठ के पीछे** ＝पीठ पीछे. 陰で；目につかぬところで वह पीठ के पीछे तारीफ़ करता था 陰で誉めていた **पीठ के बल** 仰向けに भालू सीधा पीठ के बल लेट गया 熊は真っ直ぐ仰向けに横たわった (-की) **पीठ ख़ाली हो॰** (ーが) 寄る辺ない身の上になる；頼りになる人がいなくなる **पीठ घुमाना** 逃げ出す；退く；負ける；後ろを向く；後ろ傷を負う **पीठ चारपाई से लग जा॰** 病気のため大変衰弱する **पीठ टूट जा॰** 重荷のために腰が痛む **पीठ टेकना** 一息入れる（ために）横たわる；横になって一休みする (-की) **पीठ ठोंकना** *a.* (ーを) 激励する；励ますために背を叩く；励ます रोकना तो दूर की बात है, वह प्रसन्न होगी, शायद पतिदेव की पीठ ठोंकेगी 止めるどころか喜ぶだろうし多分夫を励ますことだろう उसने शशि की पीठ ठोंकते हुए कहा, 'हाँ, बिलकुल ठीक!... シャシの背を叩きながらこう言った.「うん, 申し分なし…」*b.* (ーを) 称える；称賛する；誉める अपनी पीठ ठोंकते हुए 自画自賛する (-की) **पीठ तोड़ना** 落胆させる；失望させる；がっかりさせる (-की) **पीठ थपथपाना** ＝पीठ ठोंकना; उत्साह दे॰; उत्साहित क॰. **पीठ दिखाकर जा॰** *a.* 退却する；敗退する *b.* (ーへの) 愛想を尽かして去る；つれなくなる **पीठ दिखाकर भागना** 背を見せて逃げる；背走する पीठ दिखाकर मत भागना 逃げ出すな **पीठ दिखाना** 競争や争いの場から負けて逃げ出す；敗退する **पीठ दे॰** *a.* 背を向ける *b.* 逃げ出す *c.* 横になって休む *d.* そっぽを向く *e.* 敗退する **पीठ नपाना** 殴られる；叩かれる **पीठ नापना** 殴る；叩く (-की) **पीठ पर** (ーの) 次に（生まれる） (-की) **पीठ पर का/की** (ーの) 次に生まれた (-की) **पीठ पर कोड़े पड़ना (- लगना)** (ーが) 鞭で打たれる (-की) **पीठ पर खड़ा हो॰** (ーを) 助ける；支援する；(ーに) 協力する (-की) **पीठ पर चाबुक पड़ना (- लगना)** ＝पीठ पर कोड़े पड़ना (- लगना). (-की) **पीठ पर थपकी दे॰** (ーの) 背中を軽く叩いて親愛の情を表す (-की) **पीठ पर बल हो॰** 強い後ろ盾のあること **पीठ पर बाँधना** 背負う उन्होंने बालक दामोदर राव को पीठ पर बाँधा ダーモーダル少年を背負った **पीठ पर सवार हो॰** 四六時中ついて回る (-की) **पीठ पर हाथ फेरना** *a.* (ーを) 誉める；誉め称える *b.* (ーを) 可愛がる；(ーに) 愛情を示す **पीठ पीछे** *a.* 陰で；こっそりと；内緒で；こそこそと *b.* 背後に तेरी पीठ-पीछे तेरे हाथ अभी भी बंधे थे 君はまだ後ろ手に縛られていた **पीठ-पूजा हो॰** さんざん叩かれる；しこたま打たれる **पीठ फेरकर बैठना** 無視する；知らぬ顔をする **पीठ फेरना** *a.* そっぽを向く；背を向ける *b.* 顔を背ける *c.* 負ける；敗北する *d.* 去る＝मुँह मोड़ ले॰. **पीठ फोड़ना** ＝पीठ उधेड़ना. **पीठ बचाकर साथ दे॰** 自分に不利益のない程度に協力する (-की) **पीठ मलना** (ーの) ご機嫌伺いをする；(ーに) 仕える；奉仕する (-की) **पीठ माँजना** ＝पीठ ठोंकना. **पीठ मारना** 罰する；処罰する **पीठ मारना पर पेट न मारना** 〔諺〕人を罰しても生計を奪ってはならない (-की) **पीठ मींजना** ＝पीठ मलना. (-की) **पीठ में**

छुरा भोंकना （ーを）裏切る उनके लड़के ने ही तो पुलिस से माफ़ी माँगकर देश की पीठ में छुरा भोंका था 警察に詫びを入れた上で国を裏切ったのはあの人の息子なんだ (-की) पीठ में छुरा मारना = पीठ में छुरा भोंकना. (-की) पीठ में धूल लगना （ーが）恥をかく；恥辱を受ける (-की) पीठ में धूल लगाना （ーに）恥をかかせる；（ーを）辱める (-की) पीठ में मिट्टी लगना = पीठ में धूल लगना. (-की) पीठ में मिट्टी लगाना = पीठ में धूल लगाना. (-की) पीठ लगना *a.*（ーが）負ける；敗北する *b.*（ーの）背に傷ができる *c.*（ーが）横になる；横たわる (-की) पीठ लगा दे॰ （ーを）やっつける；負かす；破る पीठ लगाना 横になる；横たわる पीठ लादना 働かせる；こき使う पीठ सहलाना *a.* 背をなでる बिल्ली की पीठ सहलाना 猫の背をなでる *b.* 背中をさする；肩を揉む बुढ़िया ने उन्हें पीठ सहलाने के लिए कहा 老婆は子供に肩を揉むように言った *c.* = पीठ पर हाथ फेरना. पीठ सीधी क॰ 背を伸ばす；背を伸ばして一息入れる

पीठक [名]〔ヒ〕ヒンドゥー教徒が食事の際に用いる小さく低い腰掛け= पीढ़ा.

पीठ-पूजा [名*] さんざん叩かれること；しこたま打たれること；ひどく殴られること

पीठमर्द[1] [名]〔イ文芸〕（サンスクリット文学で）主人公を支援する役柄の友人（怒った主人公の愛人の機嫌をとるなど）

पीठमर्द[2] [形] 厚かましい；厚顔な

पीठमर्दिका [名*]〔イ文芸〕（サンスクリット文学で）ヒロインの主要な協力者の女性

पीठस्थान [名]〔イ神〕ダクシャ दक्ष の娘サティー सती の身体や装身具がヴィシュヌ神のチャクラによって切られて落下したとされる地点で聖地となった場所

पीठा[1] [名]〔料〕ピーター（水に浸したヒヨコマメやケツルアズキをすりつぶして小麦粉の衣に詰め蒸したり油で揚げたりして調理したもの）

पीठा[2] [名] = पीढ़ा.

पीठिका [名*] (1) 台座；須弥壇 बौद्ध तथा जैन मूर्तियों की पीठिका पर 仏像やジャイナ教の像の台座に बौद्ध मूर्ति की पीठिका 仏像の台座 (2) 講座= पीठ. नृतत्त्व शास्त्र की पीठिका 人類学講座 (3) = पीढ़ा.

पीठी [名*] 料理の材料にするため水に浸したひき割り豆（ブンドウ，ケツルアズキなど）をすりつぶしたもの

पीड़क [形] (1) 苦痛を与える；苦しめる；悩ませる (2) 暴虐な

पीड़न [名] (1) 苦しめること；悩ませること；苦痛を与えること；暴力を働くこと；暴虐 (2) 圧すること；圧迫すること；押さえつけること (3) 搾ること

पी॰डब्ल्यू॰डी॰ [名]《E. P.W.D., Public Works Department》公共建設事業局= लोकनिर्माण कार्य विभाग; सार्वजनिक निर्माण कार्य विभाग. → लोकनिर्माण कार्य विभाग. पी॰डब्ल्यू॰डी॰का ठेकेदार 公共建設事業局の出入りの請負業者

पीड़ा [名*] (1) 痛み；苦痛 मरीज़ को पीड़ा या कष्ट से राहत दिलाना 病人を痛みや苦しみから解き放つこと दाँतों की पीड़ा 歯の痛み；歯痛 (2) 悩み；苦悩；苦しみ पीड़ा पहुँचाना 苦しみを与える；苦しめる उसने हमें नाना प्रकार की पीड़ा पहुँचाई あの人は我々に様々な苦しみを与えた

पीड़ित [形] (1) 苦しんでいる；苦しめられた कुपोषण से पीड़ित करोड़ों बच्चे 栄養不良で苦しんでいる数千万の子供たち क्षुधापीड़ित प्राणी 飢えに苦しんでいる人 (2) 病んでいる；患っている；病気の किसी-न-किसी रोग से पीड़ित हो॰ 何かの病気で苦しむ पति 2 वर्ष से कोढ़ या भयंकर रोग से पीड़ित हो 夫が2年間ハンセン病，もしくは，恐ろしい性病を患っているのであれば (3) 悩んでいる (4) 被災した；罹災した तूफ़ान पीड़ित サイクロン被災者 पीड़ित क॰ 苦しめる；悩ます पुरुष होने का खोखला अहंकार उन्हें पीड़ित किए हुए था 男としての虚栄心が氏を苦しめていた

पीढ़ा [名] (1)（ヒンドゥーが食事時に使用する小さく背の低い四脚の椅子）；ピーラー (2) 腰掛け घर में पीढ़े पर कोई बैठा है 家ではだれかがピーラーに腰を下ろしている (-को) ऊँचा पीढ़ा दे॰ （ーを）丁重にもてなす

पीढ़ी[1] [名*] 四脚の低いイス

पीढ़ी[2] [名*] (1) 代；世代 तोमर राजवंश के महाराज अनंगपाल की आठवीं पीढ़ी में トーマラ王朝のアナンガパーラ王の８代目に (2) 年齢層；世代；ジェネレーション पीढ़ी-दर-पीढ़ी 先祖代々；代々；世代から世代へ पीढ़ी-दर-पीढ़ी भिखारी के भिखारी बने रहते हैं 先祖代々相変わらずの乞食でいる

पीत[1] [形] 黄色の；黄色い= पीला.

पीत[2] [名] (1) 黄色；黄褐色 (2) 石黄；雄黄 (3) 真鍮 (4) ウコン；ターメリック (5) 蜂蜜 (6)〔植〕ジンチョウゲ科ジンコウ（沈香）

पीत[3] [形] (1) 飲まれた= पिया हुआ. (2) 飲んだ (3) 満ちた (4) 水に浸った

पीतक[1] [形] 黄色の = पीला; पीत.

पीतक[2] [名] (1) 石黄= हरताल. (2) サフラン= केसर. (3) 沈香= अगर. (4) トパーズ= पद्माख. (5) 真鍮 पीतल

पीतज्वर [名]〔医〕黄熱病〈yellow fever〉

पीतता [名*] 黄色いこと

पीत नदी [名*] 黄河= ह्वांगहो.

पीतमणि [名] トパーズ= पुखराज; पुष्पराग मणि.

पीतमाक्षिक [名] (1) 硫化鉱 (2) 黄鉄鉱= सोनामाखी; स्वर्णमाक्षिक.

पीतमूली [名*] = रेवंद चीनी.

पीतरक्त[1] [形] オレンジ色の；橙色の

पीतरक्त[2] [名] (1) トパーズ (2) オレンジ色；橙色

पीतल[1] [名] (1) 真鍮 लक्ष्मी जी की पीतल की मूर्ति 真鍮製のラクシュミー神像 (2) 黄色

पीतल[2] [形] 黄色の= पीला; पीत वर्ण का.

पीतली [形] 真鍮の；真鍮による

पीतलोह [名] 真鍮= पीतल.

पीतवर्ण [形] 黄色の；黄色い= पीला.

पीतवल्ली [名*] = आकाशबेल.

पीतवान [名] 象の眉間の部分；象の両眼の中間の部分

पीतवास [名] クリシュナ神

पीतशाल [名]〔植〕マメ科高木マラバルキノカリン【*Pterocarpus marsupium*】= असना; पियासाल; पीतशाल; पीत सार.

पीतशोणित [形] (1) 血を吸う (2) 血を吸った

पीतसरा [名] 義父の兄弟= चचिया ससुर.

पीतसार [名] (1) トパーズ (2)〔植〕ビャクダン（白檀）

पीतसारिका [名*] アンチモニー= काला सुरमा.

पीतस्फटिक [名] トパーズ= पुखराज.

पीतस्फोट [名]〔医〕疥癬= खुजली; खसरा.

पीतहरित[1] [名] 黄緑色

पीतहरित[2] [形] 黄緑の

पीतांबर[1] [名] (1) 黄色の衣類 (2)〔ヒ〕ヒンドゥーの男子が儀式や礼拝時に，また，食事時に着用する黄色の絹のドーティー धोती (3)（黄色い絹の衣をまとった）クリシュナ神，もしくは，ヴィシュヌ神 (4) 黄色の衣を着る修行者

पीतांबर[2] [形] 黄色の衣を着ている

पीता[1] [名]〔植〕ショウガ科ウコン= हलदी.

पीता[2] [形*] 黄色の；黄色い

पीताभ [形] 黄色みを帯びた；黄色がかった किसानों के मकानों पर सूखती हुई मक्की का गाढ़ा पीताभ लाल रंग 農家で乾燥しているトウモロコシの濃い黄赤

पीताम्बर [名・形] = पीतांबर.

पीतारुण[1] [名] 黄赤；山吹色

पीतारुण[2] [形] 黄赤の；山吹色の

पीताश्म [名] トパーズ；黄玉= पुखराज.

पीति [名*] 飲むこと= पीना; पान (क॰).

पीत्तौड़ [名] ピーットール（ヒヨコマメの粉とヨーグルトを主な材料にしてウコンや粉ショウガを調味料として焼き上げた菓子）

पीथ [名] (1) 水 (2) 飲み物

पीदड़ी [名*]〔鳥〕ヒタキ科コマドリ属アカハラコルリ= पिद्दी.

पीन [形] (1) 体の大きい；巨体の；図体の大きい (2) 太っている；肥えている (3) 豊かな；満ち満ちている

पीनक [名*]《P. پینک》アヘン吸飲による意識障害や意識の朦朧とした状態

पीनकी [形]《P. پینکی》アヘン吸飲により意識の朦朧としている

पीनता [名*] ←पीन. (1) 太っていること；肥満 (2) 豊富

पीनल कोड [名]《E. penal code》〔法〕刑法；刑法典= दंड संहिता.

पीनवक्षा [形] 胸幅の広い= चौड़ी छातीवाला.

पीनस[1] [名] (1)〔医〕風邪 (2)〔医〕蓄膿症

पीनस[2] [名*] 駕籠；轎= पालकी.
पीनसी [形]〔医〕蓄膿症に罹っている
पीना [他] 活用形は不規則である．不定未完了時制形（人称，数）पिऊँ/पियूँ (1st., sg.), पिए/पिये (2nd.,3rd., sg.), पिओ/पियो (2nd तुम.pl.,) पिएँ/पियें (1st., 2nd आप., 3rd. pl.), 完了分詞は पिया, 過去時制形（目的語の性・数）→ पिया(mas., sg.) ,पिये/पिएmas., pl. ,पीfem., sg. ,पींfem., pl.. (1) 飲む मैं तो तुम्हारे साथ ही चाय पिऊँगी 貴方と一緒なら私も紅茶を飲みます (2)（液体や気体を）吸う；吸い込む；吸収する；摂取する；飲む कुछ पानी ज़मीन पी लेती है 少しの水は大地が吸い込む सिगरेट पीना タバコを飲む चंडू पीना アヘンを吸う（吸飲する） मज़े में बीड़ी पी रहा था 楽しげにビーリーを吸っていた (3) 酒を飲む；アルコール類を摂取する बरात में जाना और पीना तो आजकल एक तरह से विवाह का आवश्यक अंग माना जाने लगा है 結婚式の行列に加わり酒を飲むのが近頃の結婚式には欠かせない部分と考えられるようになっている कुछ लोग घरवालों के विरोध से बचने के लिए घर के बाहर चोरी से पीते हैं 一部には家族に反対されるのを避けるため家の外で内緒で飲む人がいる (4) こらえる；我慢する；辛抱する वे उसकी कड़ी से कड़ी बात को उसी प्रकार पी जाता あの人のどんなに厳しい言葉も全く同じように我慢なさる方だ बरबस ही आँखों में आए आँसुओं को पीते हुए 思わずあふれて来た涙をこらえながら (5) 内緒にする；臭いものに蓋をする **पीना-पिलाना** 飲酒；酒盛り **पीने का पानी** 飲料水
पीनारा [名] 綿打ち業の人（やそのカースト）；綿屋= धुनिया.
पीनी [名*] 水ぎせるの管= निगाली.
पीप [名*] 膿= पीब; मवाद. **पीप पड़ना** 膿む；化膿する मसूड़े में पीप पड़ जाती है 歯茎が化膿する
पीपर [名] = पीपल.
पीपल[1] [名]〔植〕クワ科高木インドボダイジュ【*Ficus religiosa*】 = पिप्पल; बोधिद्रुम. **पीपल के पत्ते की तरह काँपना** 恐怖に震えあがる
पीपल[2] [名*]〔植〕コショウ科蔓木ヒハツ／インドナガコショウ【*Piper longum*】= पिप्पली.
पीपलामूल [名] ヒハツの根（薬用）
पीपा [名]《Por. pipa》樽やドラム缶など木材や金属製の大きな容器 शराब का पीपा 酒樽
पी॰पी॰एम॰ [名]《E. PPM; part(s) per million》百万分率；ピーピーエム नाइट्रेट की सामान्य स्वीकृत मात्रा 20 पी॰पी॰एम॰है 硝酸塩の通常許容量は 20ppm である
पीब [名] 膿= पीप. पीब पैदा हो॰ 膿む= फोड़ा पकना; पिपियाना.
पीया [名] 愛する人；夫；主人= पिय; पति; स्वामी.
पीयूष [名] (1) 雌牛の初乳 (2) 牛乳 (3) 不老不死をもたらすとされる飲料；アムリタ；甘露= अमृत.
पीयूष ग्रंथि [名*] 脳下垂体〈pituitary gland〉
पीयूषभानु [名] 月；太陰= चंद्रमा.
पीयूषरुचि [名] 月；太陰= चंद्रमा.
पीयूषवर्ष [名] (1) 月= चंद्रमा. (2) 樟脳= कपूर.
पीर[1] [名*] (1) 苦しみ= दुःख. (2) 痛み；苦痛= पीड़ा; दर्द. (3) 同情心= सहानुभूति; हमदर्दी. (4) 分娩時の苦痛= प्रसवपीड़ा. (-की) **पीर जानना** （－の）苦しみや悲しみを分かち合う (-से) **पीर न आ॰** （－に）同情しない；同情心が起こらない
पीर[2] [名]《P. پیر》(1) 老人 (2)〔イス〕スーフィズムの指導者；ピール；聖者；師；老師 (3) 月曜日= सोमवार.
पीर[3] [形]《P. پیر》(1) 老いた；年老いた；年とった= वृद्ध; बूढ़ा; बड़ा. (2) 長老の；尊敬すべき= बुज़ुर्ग. (3) 老獪な= चालाक; उस्ताद; धूर्त.
पीरज़न [名*] 《P. پیر زن》老女；老婦人 = बूढ़ी स्त्री; वृद्धा.
पीरज़ादा [名] 《P. پیر زاده》〔イス〕ピールの息子（法灯の後継者）→ पीर[2].
पीरनाबालिग़ [名] 《P.A. پیر نابالغ पीरे नाबालिग़》耄碌した人
पीरमर्द [名] 《P. پیر مرد》高徳の老人
पीरसाल [形] 《P. پیر سال》年老いた；年長の= बूढ़ा; वयोवृद्ध.
पीरा [形+] = पीला.
पीराना [形] 《P. پیرانه》(1) 老人のような (2) 老年の；老年期の
पीरामिड [名] 《E. pyramid》ピラミッド= पिरामिड.
पीरियड [名] 《E. period》(1)〔教〕授業時間；時限= घंटा. (2) 期間 (3) 時代 (4) 時期
पीरी [名*] 《P. پیری》(1) 老齢；老年= बुढ़ापा; वृद्धावस्था. (2)〔イス〕スーフィズムの聖者の地位；ピールの身分や地位 (3) 老獪さ = धूर्तता; मक्कारी.
पीरोज़ा [名] 《P. پیروزه》〔鉱〕トルコ石= फ़ीरोज़ा.
पील[1] [名]《P. پیل》(1)〔動〕ゾウ（象）= हाथी; फ़ील. (2)（チェスの）ビショップ→ फ़ील.
पील[2] [名] = पिल्लू. ハエなどの幼虫；ウジムシ（蛆虫）
पील[3] [名]〔植〕アカザ科ハマアカザ属の低木【*Careya arborea; Salvadora persica*】= पीला; पीलु; पीलू.
पीलक [名]〔鳥〕ムクドリ科キガシラコウライウグイス【*Oriolus oriolus*】= पियरोला; पियल्ला; पिलक; ज़र्दक.
पीलख़ाना [名] 《P. پیل خانه》象舎= हस्तिशाला; हथसार.
पीलपाँव [名] ←पीलपा. = पीलप; फ़ीलपा; श्लीपाद.
पीलपा [名] 《P. پیل پا》〔医〕象皮病= पीलपाँव; फ़ीलपा; श्लीपद.
पीलपाया [名] 《P. پیل پایه》(1) 支え (2) 支柱
पीलपाल [名] 《P. پیل + H. पाल》象使い= पीलबान; हाथीवान.
पीलबान [名] 《P. پیل بان》象使い= हाथीवान; फ़ीलवान.
पीलवान [名] = पीलबान.
पीलसोज़ [名] 《← P. فتیله سوز फ़तीलासोज़》燭台= चिराग़दान.
पीला[1] [形+] (1) 黄色い；黄色の पीले-पीले पके हुए अंगूर 真っ黄色に熟したブドウ पतझड़ के पीले पत्ते की तरह 落ち葉の季節の黄色の葉のように (2) 血の気のない；血色の悪い आप तो बिलकुल पीले पड़ गए हैं, कोई इलाज कराइए 全く血色が悪くなっていらっしゃいますから治療をお受けになって下さい (3) 恐怖などのために顔色がなくなった；顔面が蒼白になった **पीला पड़ना** *a.* 恐怖のため顔色を失う；真っ青になる；顔面が蒼白になる चेहरा कैसा पीला पड़ गया है 何とも顔の色は蒼白になってしまっている मैं खड़ा-ही-खड़ा पीला पड़ गया （恐怖のあまり）突っ立ったまま真っ青になった *b.* 顔色が悪くなる；血色が悪くなる तुम तो बिलकुल पीली पड़ गई あんたはすっかり血色が悪くなったわね **पीले काले हो॰** 立腹する
पीला[2] [名] 黄色；金色
पीला[3] [名] 《پیله← P. پیل》（チェス）ビショップ
पीला कनेर [名]〔植〕キョウチクトウ科低木キバナノキョウチクトウ【*Thevetia peruviana; T. neriifolia*】= ज़र्द कनेर.
पीला धतूरा [名]〔植〕ケシ科一年草アザミゲシ【*Argemone mexicana*】〈Mexican poppy; prickly poppy〉= भँड़भाँड़; सत्यानासी; ऊँटकटारा.
पीलापन [名] ←पीला. (1) 黄み= पीतता; ज़र्दी. दाँत का पीलापन 歯の黄み (2) 蒼白さ
पीलाभ [形] 黄みを帯びた
पीलाम [名] サテン= साटन.
पीला सागर [名] 黄海
पीलिमा [名*] = पीलापन.
पीलिया [名]〔医〕(1) 黄疸= पीलिया रोग; कमल रोग. पीलिया हो जा॰ 黄疸に罹る (2) 肝炎 उस ज़िले के कुछ गाँवों में पीलिया की बीमारी फैल गई है その県の一部の村には肝炎が流行している
पीली [名*] 朝焼け **पीली फटना** 夜が明ける
पीली चमेली [名*] = चमेली.
पीली चिट्ठी [名*]〔ヒ〕結婚式の招待状
पीली पत्रकारिता [名*] (1) 赤新聞；扇情的新聞 (2) 扇情的ジャーナリズム〈yellow journalism〉
पीली मिट्टी [名*] 黄土
पीलु [名] = पीलू[1].
पीलुपर्णी [名*] (1)〔植〕リュウゼツラン科草本【*Sanseviera zeylanica*】 (2)〔植〕ウリ科蔓草【*Momordica monadelpha*】
पीलू[1] [名] (1)〔植〕アカザ科ハマアカザ属草本／低木【*Salvadora persica*】〈saltbush; mustard tree〉 (2) ハエなどの幼虫；ウジ（蛆）；蛆虫 **पीलू पड़ना** （植物に）虫がつく
पीलू[2] [名]〔鳥〕コウライウグイス科ズグロオウチョウ= ज़रदक.
पीले कनेर [名]〔植〕キョウチクトウ科キバナのキョウチクトウ【*Thevetia peruviana; T. neriifolia*】= पीला कनेर.
पीव[1] [形] (1) 太った；肥えた= मोटा. (2) 元気な；元気はつらつとした= हृष्ट-पुष्ट.

प

पीव[2] [名] 膿= पीब; पीप.

पीवट [名*] 方法；手段；術

पीवर [形] (1) 太った；肥えた= मोटा. (2) 腫れた= फूला. (3) 満ちた= भरा; पूरा. (4) 重い= भारी; वज़नी.

पीवल [形] 《Raj.》灌漑耕作の पीवल भूमि और बारानी भूमि 灌漑耕作地と天水耕作地

पीवा [名*] 水= जल; पानी.

पीविष्ठ [形] (1) 非常に太った= मोटा. (2) 巨大な= स्थूल.

पी॰वी॰सी॰ [名] 《E. P.V. C.; polyvinyl chloride》ポリ塩化ビニール；塩化ビニール

पीवे [他]〔古〕 पीना の叙想法不定未来時制二人称及び三人称単数形 = पीए; पिए.

पीसना[1] [他] (1) 粉にする；粉にひく；すりつぶす मसाला पीसना 香辛料を粉にする (2) (固いもので) 強くこする；摩擦させる；(固いもの同士を) こすりあわせる；軋ませる पत्थर पीसना 床石や壁石を滑らかにするため砥石に水を掛けてこする दाँत पीसना 歯ぎしりする (3) 押しつぶす；踏みつぶす (4) 懸命に働く；激しい労働をする；身をすり減らすように働く (5) こき使う；酷使する क्या ज़िंदगी भर मुझी को पीसते रहोगे? 一生私ばかりこき使うつもりなの **पीसकर पी जा॰** 根こそぎにする；徹底的にやっつける **पीसा जा॰** 苦労する；辛苦を受ける **पीसे को पीसना** 無駄なことをする；無駄な努力をする；徒労

पीसना[2] [名] 粉にする材料；粉にひくもの **पीसना पीसना** *a.* 四六時中働く；働きづめに働く *b.* 懸命に努力する *c.* 手間取る；ぐずぐずする；のろのろ仕事をする

पीसा की मीनार [名*] ピサの斜塔 〈the Leaning Tower of Pisa〉

पीहर [名] 妻の実家；嫁の実家= मैका. सुनार की लड़की पीहर से ससुराल आई 金細工師の娘は実家から婚家へ来た **पीहर वाले** 妻や嫁の実家の人；里の人 बड़ी बहू के पीहरवाले 長男の嫁の実家の人たち

पीहा [名] पपीहा, すなわち, チャバラカッコウ (ホトトギス科) の鳴き声

पुं [名] (1) 男；男性= पुरुष; मर्द. (2) 人；人間= मनुष्य; मानव. (3) 男性名詞 (4)〔言〕男性 (文法性) = पुल्लिंग. ↔ स्त्रीलिंग 女性

पुंकेसर [名]〔植〕雄蕊；雄しべ

पुंकेसरी [形] おしべの；雄蕊の 〈stamens〉

पुंकेसरी फूल [名]〔植〕雄花 शहतूत का पुंकेसरी फूल クワの雄花

पुंख [名] 矢柄の矢羽をつける部分

पुंखित [形] (1) 羽のついている (2) 矢羽のついている

पुंग [名] 大きな集まり；山積み (されたもの)

पुंगफल [名] = पूगीफल. ヤシ科高木ビンロウジュ (檳榔樹) の実；ビンロウジ (檳榔子)

पुंगल [名] 霊魂= आत्मा.

पुंगला [名] = बेटा; पुत्र.

पुंगव[1] [名] 雄牛= बैल; वृष.

पुंगव[2] [形] 最高の；最優秀の

पुंगीफल [名] ヤシ科高木ビンロウジュ (檳榔樹) の実；ビンロウジ (檳榔子) = पूगीफल; सुपारी.

पुँछना [自] 拭われる ज़रा देर के लिए भगत जी के आँसू पुँछ जाते ほんのしばらくの間バガトの涙が拭われる→ पोंछना.

पुँछवाना [他・使] ← पोंछना. = पुछवाना.

पुंज [名] (1) 積み重なったもの；山；堆積 (2) 集まり；集積

पुंजन [名] (1) 積み重ねること (2) 蓄積

पुंजा [名] (1) 房；房のように集まったもの (2) 集まり；集合 (3) 束

पुंजातीय [形] (1) 男性の (2) 雄の

पुंजित [形] (1) 堆い；積み重なって盛り上がった (2) 貯められた；蓄積された

पुंजीभूत [形] 集められた；蓄積された

पुंजोत्पादन [名]〔経〕大量生産 = पुंज उत्पादन. 〈mass production〉

पुंड [名] 白檀の粉末やサフランなどを塗って額につけるティラク तिलक = टीका.

पुंडरीक [名] (1)〔植〕スイレン科水草ハス (蓮)；白蓮華【*Nelumbo nucifera*】= श्वेत कमल; कमल; पद्म. (2) カイコ (蚕) = रेशम का कीड़ा; पाटकीट.

पुंडरीकाक्ष [形] 蓮のような美しい目を持つ (ヴィシュヌ神, ナーラーヤナ神, クリシュナ神など)

पुंड्र[1] [名]〔植〕イネ科サトウキビ= पौंडा.

पुंड्र[2] [名]〔イ史〕古代に, 現今の北部ベンガル地方に居住していたとされる部族民プンドラ

पुंनाग [名] = पुन्नाग.

पुंलिंग[1] [名] (1) 男性の表徴 (2) 男性性器 (3)〔言〕男性

पुंलिंग[2] [形]〔言〕男性の 〈masculine〉

पुंश्चल [形・名] 不貞な；浮気な= व्यभिचारी.

पुंश्चली [形*・名*] 不貞な (女)；浮気な (女)；ふしだらな (女) = कुलटा स्त्री.

पुंश्चिह्न [名] 男性性器= लिंग; शिश्न.

पुंस् [名] (1) 男性= पुरुष; नर; नद. (2) 雄= नर.

पुंसत्व [名] = पुंस्त्व. अपने पुंसत्व की छाप डालने के लिए 男らしさを印象づけようとして पुंसत्व शक्ति 男性機能；男子の性機能

पुंसवन[1] [形] 男児をもたらす = पुत्रोत्पादक.

पुंसवन[2] [名]〔ヒ〕プンサヴァナ (懐妊後 3 か月目に行われる男子誕生を祈願するヒンドゥーの通過儀礼)

पुंस्त्व [名] (1) 男らしさ (2) 男性であること (3) 男性の性欲 (4)〔言〕男性

पुआल [名] = पयाल.

पुकार [名*] (1) 名前を呼ぶこと (2) 呼出；点呼 (3) 救いを求める叫び声 (4) 嘆願 (5) 招き (6) 要請する声 **पुकार आ॰** *a.* 呼びつけられる *b.* 死に際が近づく (-की) **पुकार उठना** (ーが) 求められる **पुकार क॰** 嘆願する；頼む；依頼する；きっぱり言う **पुकार दे॰** 通知する **पुकार पड़ना** *a.* 叫び声があがる *b.* 呼ばれる **पुकार पहुँचना** 願いが届く **पुकार पहुँचाना** 願い出る **पुकार मचाना** 大声で叫ぶ **पुकार लगना** 神に願いが届く

पुकारना [他] (1) 呼ぶ；名づける उसे सब मौसी कहकर पुकारते थे 皆はその人を「おばさん」と呼んでいた आप मुझे 'श्रीमंत' न कहें, 'शिवा' कहें.मेरी माँ भी मुझे इसी नाम से पुकारती है 私をシュリーマントと呼ばずにシヴァーと呼んで下さい. 母も私をこの名前で呼ぶのです पुकारने का नाम 通称 मगर यह पुकारने का नाम है, एक नाम कोई और है, सो मुझे स्मरण नहीं でもこれは通称でもう 1 つ何か別の名前があるのですが, 覚えていません (2) 呼びかける；声を掛ける "रिक्शा!" सामने सड़क पर रिक्शे को उसने पुकारा 「リキシャー」と前の道路を行く人力車 (輪タク) に声を掛けた (3) 乞い求める (4) 助けを求める **पुकार पुकारकर कहना** *a.* 何度も言う；繰り返し言う *b.* 警告する；警告を発する

पुक्कश[1] [名] = पुक्कस[1].

पुक्कश[2] [形] = पुक्कस[2].

पुक्कस[1] [名] プッカサ (古代インドにおいてニシャーダ निषाद を父にシュードラの女性を母に生まれたとされる一種姓. マヌ法典 10 - 18)

पुक्कस[2] [形] 卑しい；卑賤な

पुक्कसी [名*] 黒み；黒

पुख़ता [名] = पुख़्ता.

पुखराज [名] トパーズ (九宝の一つに数えられる) = पुष्पराग. किसी ने कहा, पुखराज की अँगूठी पहनो だれかが (不幸を避けるため)「トパーズの指輪をはめなさい」と言った

पुख़्ता [形] 《P. پخته》(1) 持久性のある；恒久的な；頑丈な；しっかりした；がっしりした पुख़्ता दीवार (日干し煉瓦ではなく) 本煉瓦造りの塀 पुख़्ता फ़र्श वाला सहन 石や煉瓦などを敷き詰めた中庭 **पुख़्ता ईंट** 焼き煉瓦 (कच्ची ईंट 日干し煉瓦に対して)) हमारा शहर का मकान पुख़्ता ईंटों का है 私たちの町の家は (日干し煉瓦ではなく) 焼き煉瓦でできている **पुख़्ता तालाब** 堤が煉瓦や石などでしっかり造られた貯水池 कुएँ की जगत भी ऊँची और पुख़्ता होनी चाहिए 井戸端は高く石や煉瓦造りでないといけません (2) 確かな；確実な；疑点のない ये पुख़्ता सबूत これらの確証 आत्मविश्वास को पुख़्ता बनाने का अवसर नहीं देते 自信を確かにする機会を与えない (3) 円熟した (4) 経験豊かな

पुख़्तापन [名] ← पुख़्ता. नींव की ईंट की मज़बूती और पुख़्तेपन पर सारी इमारत की अस्ति-नास्ति निर्भर करती है 基礎の煉瓦の強さと丈夫さに建物全体の命が懸かる

पुख़्तो [名*] 《P. پختو》〔言〕プシュトー語= पुश्तो.

पुख़्तोन [名] 《P. پختون》プシュトー語を話す人

पुख़्तोनिस्तान [名] 《P. پختونستان》プフトニスターン (プフトー語, すなわち, パシュトー／プシュトー語の話される地域)

पुगना [自] (1) 満ちる；一杯になる＝ पुजना. (2) ラムネ玉の遊びで玉が穴に入る

पुगाना [他] (1) 届ける (2) 届かせる；至らせる；到達させる (3) 満たす (4) 払う (5) ラムネ玉を穴に入れる

पुचकार [名*] 人や動物に愛撫の際に優しい声で接すること अब इन मीठी पुचकारों से किसी और को बहकाना それじゃ今度はこの人の心をくすぐる甘い言葉でだれか他の人をたぶらかしたらいいわ

पुचकारना [他] 愛撫する際に優しく声を掛ける；軽く舌を鳴らす फिर पुचकारती हुई-सी बोली それから愛撫するかのように優しく声を掛けた बैलों को पुचकारते हुए उसने नाँद में सानी डाल दी 牛たちに優しい声を掛けながら飼い葉桶に餌を入れた

पुचकारी [名*] (1) ＝ पुचकार. (2) 愛撫する際に発する声

पुचरस [名] 合金

पुचारना [他] (1) 塗る；塗布する (2) 濡れた布で拭く (3) 光らせる；輝かせる (4) 整える

पुचारा [名] (1) 塗布；塗ること；塗りつけること (2) 濡れ雑巾で床を拭くこと (3) 雑巾 (4) 塗布するもの (5) 塗布されたもの (6) おだてたりけしかけたりする言葉；お世辞 (7) 励ましの言葉；激励の言葉 **पुचारा दे०** *a.* そそのかす *b.* おだてる；乗せる *c.* お世辞を言う *d.* 励ます *e.* 濡らす；湿らせる **पुचारा फेरना** 駄目にする；台無しにする；壊す；壊滅させる **पुचारे में आ०** だまされる；口車に乗せられる；はめられる

पुच्छ [名] (1) 尾；尻尾 (2) 後部の細くなった部分；尻尾のような形をしたもの

पुच्छ पंख [名]〔魚〕尾鰭〈caudal fin〉

पुच्छल [形] (1) 尻尾のある；尾のついている＝ दुमदार; पूँछदार. (2) 尻尾のようなものがついている

पुच्छल तारा [名] 箒星＝ धूमकेतु; दुमदार तारा.

पुच्छिल्ला [名] ＝ पुछल्ला. (1) 長い尻尾 (2) 尻尾のようなもの (3) つきまとうもの；金魚の糞 काम करने चलती है तो एक पुच्छिल्ला साथ ले लेती है.इसे घर पर क्यों नहीं छोड़ आई? 仕事をするのに金魚の糞まで連れて来る．なぜ，家に置いて来なかったのだ

पुच्छी[1] [形] 尻尾のついている；尻尾のある＝ दुमदार.

पुच्छी[2] [名] (1) ＝ आक; मदार. (2) 鶏＝ मुर्ग; कुक्कुट.

पुछत्तर [名] 気遣いをする人；他人への配慮をする人；心遣いをする人＝ पुछैया. किससे कहूँ? कोई अपना पुछत्तर न था だれに言えばよいのやら．だれも気にかけてくれる人はいなかったのだ

पुछना [自] (1) 拭かれる；拭われる；拭き取られる (2) 消える；消滅する उस रपट से ही शायद बुढ़ापे में लगा यह कलंक का टीका पुछ सके その報告で晩年についたこの汚点が拭われよう साथ ही फफोलों पर लगा मरहम भी पुछ रहा था 同時に吹き出物についた膏薬も拭われていた

पुछल्ला [名] (1) 長い尻尾 (2) 何かの物体の尻尾のような形のもの (3) 金魚の糞（のようにつきしたがって離れないもの） (4) 取り巻き（連）；追従者 (-का) **पुछल्ला बनना** （ーに）付き従って離れない

पुछवाना [他・使] ← पूछना. たずねさせる；たずねてもらう

पुछवैया [形・名] (1) 問う；たずねる（人） (2) 様子をたずねる（人）；配慮する（人）；気にかける（人）

पुछार [名] (1) たずねる人 (2) 消息をたずねる人 (3) 敬う人

पुजना [自] (1) 拝まれる；崇拝される；崇拝の対象になる मूर्ति बिना पुजे हुए रह ही नहीं पाती है 偶像は拝まれずには済まないものだ सालों से शिव जी को पुजते हुए देखा 年来シヴァ神が拝まれるのを見てきた (2) 敬われる जिस समाज में दौलत पुजती है 富が敬われる社会では

पुजवाना [他・使] ← पूजना. (1) 拝ませる उसने स्वयं को हंस महाराज नाम देकर स्वयं को कृष्ण का अवतार बता कर अशिक्षित जनता में पुजवाना आरम्भ किया 自らハンサ・マハラージと名乗りクリシュナ神の化身と称して無学な人たちに拝ませ始めた (2) 敬わせる (3) 祈祷してもらう

पुजाई[1] [名*] (1) 祈祷；崇拝 (2) 礼拝

पुजाई[2] [名*] (1) 満たすこと (2) 完成；完了

पुजाना[1] [他・使] ← पूजना. (1) 拝ませる；拝んでもらう；プージャーを執り行ってもらう (2) 崇拝させる (3) 巻き上げる；ゆすり取る (4) 賄賂を取る

पुजाना[2] [他] (1) 満たす (2) 完成させる；完了させる

पुजापा [名] (1)〔ヒ〕プージャー（礼拝祈祷）に用いられる法具 (2) それらを収納する袋 **पुजापा फैलाना** *a.* 仰々しく祈祷をする *b.* 仰々しく振る舞う *c.* つまらぬものをいっぱい散らかす；散乱させる

पुजारी [名] (1)〔ヒ〕プージャーを行う人 (2) 信奉者 अहिंसा के पुजारी महात्मा गाँधी की हत्या アヒンサー，不殺生の信奉者マハートマー・ガーンディーの殺害 (3) ヒンドゥー寺院で神像の礼拝（プージャー）や世話や番などをする僧；プジャーリー

पुजेरी [名] ＝ पुजारी.

पुजैया [名] ＝ पुजारी.

पुट[1] [名] (1) 上塗り (2) 添加される少量の物；少量の混ぜ物；添え物 (-) **का पुट** 一抹の（ー） (3) 趣；趣を添える物；味；風味 यथास्थान कविता का पुट देकर वे अपने निबंधों को सरस एवं रोचक बनाते हैं 適当な個所に詩の趣を添えてエッセイを風情のある興味深いものに仕上げる (4) 色合い；色調 कुतूहल, खिलवाड़ और उछाह के साथ अब भय और आशंका का पुट भी मिल गया था 好奇心，遊び，熱中と併せて今や恐怖と不安の色合いも加わった **पुट-पानी दे०** 身を飾り立てる；派手に装う

पुट[2] [名] (1) 襞 (2) くぼみ（窪み）；凹み (3) 木の葉などを用いて作った容器 (4) 空所 (5) 覆う物；蓋

पुटक [名] (1) ＝ पुट[2]. (2)〔植〕ハス（蓮）＝ कमल.

पुटकिनी [名*] (1)〔植〕蓮 (2) 蓮の集まり (3) 蓮の多いところ

पुटकी[1] [名*] 布切れで物を包んだ小さな包み＝ पोटली; गठरी.

पुटकी[2] [名*] (1) 災難；災厄；青天の霹靂 (2) 不慮の死 (-पर) **पुटकी पड़ना** *a.* （ーが）災難に遭う *b.* （ーが）不慮の死に見舞われる

पुटकी[3] [名*]〔料〕汁物料理の汁に加えられる小麦粉やヒヨコマメの粉（ベーサン बेसन）

पुटास [名]《E. potash》カリウム＝ पोटास; पोटाश.

पुटिका [名*]〔解〕小胞；小嚢〈vesicle〉

पुटित [形] (1) すぼめられた (2) 縮められた (3) 閉じられた

पुटियाना [他] 言いくるめる

पुटी [名*] (1) 小さな木の葉の容器 (2) 小さな金属の容器 (3) 小さな包み (4)〔動・植〕包嚢；被嚢〈cyst〉

पुटीन [名]《← E. putty》パテ

पुटेशियम [名]《E. potassium》〔化〕カリウム

पुटेशियम परमैंगनेट [名]《E. potassium permanganate》〔化〕過マンガン酸カリウム（殺菌・消毒用） ＝ लाल दवा.

पुट्ठा [名] (1) 腰；腰部 (2) 尻；臀部 (3) 書物の背 (4) 馬の臀部 (5) 馬の臀部の皮 (6) 馬を数える際の助数詞 पुट्ठे का गोश्त 腰肉 पुट्ठों के दर्द 腰の痛み **पुट्ठे पर हाथ न रखने दे०** （馬が乗り手を）寄せつけない；近寄らせない यों आपका जानवर है, ले जाइए.पर मुझे उम्मीद नहीं कि आज वह पुट्ठे पर हाथ तक रखने दे もっとも貴方のものなのですからお連れになって下さい．でも今日は体に触らせさえしないのではないかと思っているのです **पुट्ठे पर हाथ रखना** *a.* 支援する *b.* 刺激する

पुट्ठी [名*] 牛車の車輪の外縁を成す 4〜6 個の木の部分；輪縁

पुठवाल [名] (1) 見張り（番） (2) 協力者；支援者；後援者＝ सहायक; मददगार.

पुड़ा [名] 紙などで包んだ大きな包み；包み物

पुडिंग [名]《E. pudding》プリン；プディング

पुड़िया [名*] ← पुड़ा. (1) 紙などの包み；中に何かを包んだ紙のひねり चने की पुड़ियाँ ヒヨコマメの包み ख़ान ने हींग तौलकर पुड़िया बनाकर सावित्री के सामने रख दी パターンの商人がヒーング（アギ）を計って紙をひねった包みをこしらえてサーヴィトリーの前に置いた (2) 紙包みに包まれた物 नशे की पुड़िया 麻薬の一服分の包み (3)〔イス〕イスラム教徒が願掛けが叶えられた礼に聖者の廟に供える色粉や朱などの包み **आफ़त की पुड़िया** → आफ़त. **पुड़िया उड़ाना** （イスラム教徒が）聖者廟に満願の御礼に色粉や朱（辰砂）などを供える

पुणि [副] ＝ पुनः.

पुण्य[1] [形] (1) めでたい；幸先のよい；吉兆の (2) 神聖な；聖なる (3) 善良な；善果をもたらす पुण्य तीर्थ 聖地 पुण्यसलिला 聖なる川 पुण्यसलिला अलकनंदा 聖なるアラクナンダー川

पुण्य[2] [名] (1) 善行；徳行；世のため人のためになること (2) 功徳 ＝ नेकी; सवाब. किसी को भोजन करा देना, व्रत रख लेना और रोज़

गीता का पाठ करना ही अच्छे और पुण्य के काम नहीं हैं किसी अनाथ बच्चे का पालन-पोषण करना भी बड़ा पुण्य है 人に食事を与えたり断食をしたりバガヴァッド・ギーターの読誦をすることだけが徳行や功徳なのではない．身寄りのない子を育てるのも大変な功徳なのだ (3) 善根；宿善 (4) 善果 **पुण्य कमाना** 善根を積む **पुण्य करना और कुएँ में डाल देना**〔諺〕善行の報いを期待してはならない **पुण्य प्रकट हो॰** 善果が現れる

पुण्यकर्म [名] 善行；善根

पुण्यक्षेत्र [名] 聖地 = तीर्थ.

पुण्यतिथि [名*] (1)〔ヒ〕宗教上の善行を行うのに吉日とされる日；吉日 (2) 命日 उनकी बारहवीं पुण्य तिथि पर एक श्रद्धांजलि 12 回目の命日に当たり追悼 प्रथम पुण्य तिथि 一周忌の命日 दूसरी पुण्यतिथि 二周忌

पुण्यतीर्थ [名] 聖地 चुनार वल्लभ सम्प्रदायियों के पुण्य तीर्थों में है チュナールはヴァッラバ派の聖地の一である

पुण्यदर्शन [形] (1) 拝観するだけで縁起の良い；吉祥な (2) 目にするのが縁起が良いとされる（生き物）

पुण्य-पाप [名] 善業と悪業

पुण्य-पुरुष [名] 高徳の人

पुण्य-प्रताप [名] 善根の威力；努力の賜物；功徳の力 **(-के) पुण्य-प्रताप से** （ーの）功徳のおかげで पूर्वजों के पुण्य-प्रताप से सर के ऊपर की छत तो बची हुई थी 先祖の功徳のおかげで屋根だけは残っていた

पुण्यफल [名] 善業の結果；善果；善業の果報；よい果報

पुण्यबल [名] 功徳の力；善行の力

पुण्यभूमि [名*] (1) 聖地 (2) アーリヤヴァルタ आर्यवर्त (3) 男児のある女性；男児をもうけた女性

पुण्ययोग [名] 善果；善根の報い

पुण्यलोक [名] 天国= स्वर्ग.

पुण्यवान [形] 善行を為す；篤信な

पुण्यशकुन [名] (1) 瑞鳥 (2) 瑞兆；吉兆

पुण्यशील [形] 高徳の；篤信の

पुण्यश्लोक [形] (1) 品行の正しい (2) 評判の高い

पुण्यस्थान [名] (1) 聖地 (2) 天国

पुण्यात्मा [形] 高徳の；篤信の= धर्मात्मा.

पुण्यार्थ[1] [形] (1) 功徳を積むための (2) 慈善のための

पुण्यार्थ[2] [副] 善果を得るために

पुण्याह [名] 吉日；めでたい日= शुभ दिन.

पुण्योदय [名] 運の開けること；開運；善業による開運；善果の現れること

पुतना [自] 塗られる；塗布される → पोतना. हनुमान जी की मूर्ति जिसपर ऊपर से नीचे तक सिंदूर पुता था 上から下までシンドゥール（朱）の塗られたハヌマーンの像 उनके माथे पर गोपीचंदन पुता हुआ था その方の額にはゴーピーチャンダンが塗られていた चेहरे पर पुती हुई स्याही 顔に塗られている墨

पुतला [名] (1) 祈祷に用いるひとがた（人形）や似姿．像．偶像 (2) 人形；でく（木偶） मोम का पुतला 蝋人形 खाक का पुतला 土人形（人の命のはかないことをたとえて言う） (3) 化身；権化；化現；具体化された物 तू तो शरारत का पुतला है お前は悪の化身だ आज नरक के पुतले विनम्रता के देवता बन गए थे （出所する）今日は地獄の化身が丁重さの神様に変わっていた（看守のこと） कोई ऐसा जमाना भी आयेगा, जब शराबी लोग विनय और शील के पुतले बन जाएँगे? 酒飲みが礼節の権化になるような時代も来るものだろうか **(-का) पुतला जलाना** （ーの）像や人形を焼く（恥辱を与えるために人の像や人形を焼く） **(-का) पुतला बाँधना** （ーの）悪口を触れ回る **(-को) पुतला समझना** （ーを）でくの坊と思う

पुतला जादू [名]〔文人〕模倣呪術= अनुकारी जादू. 〈imitative magic〉

पुतली [名*] (1) 女性の姿をした人形；木偶 (2) 操り人形 (3) 可愛くて美しい女性 (4) 瞳；瞳孔 कम प्रकाश में नेत्रों की पुतलियाँ फैल जाती हैं तथा अधिक प्रकाश में सिकुड़ जाती हैं 暗いところでは瞳孔が広がり明るいところでは瞳孔が縮む **पुतलियाँ नचाना** 目配せする **पुतलियाँ फिर जा॰** *a.* 瞳孔が開いたままになる；死ぬ *b.* つれなくなる **पुतलियाँ बदलना** 危篤になる；死にかける **पुतलियों का तमाशा दिखाना** 欺く **पुतलियों में घर क॰** （永遠に）忘れられなくなる；いつまでも思い出に残る；眼底に焼きつく **पुतली का तारा** 目に入れても痛くない（もの） **पुतली का नाच** 操り人形；操り芝居

पुतली-कला [名*] 操り人形（芸）

पुतलीघर [名] (1) 織物工場；織布工場；紡織工場 (2) 工場

पुताई [名*] (1) 塗ること；塗布 आखिरी पुताई 上塗り；仕上げの塗り (2) 塗装料；塗り賃

पुतारा [名] (1) 濡れた布で拭くこと (2) 塗布に用いる布

पुत्तल [名] = पुत्तलक; पुतला.

पुत्तलदहन [名]〔ヒ〕異郷で死んだ人や遺体の見つからない人の人形や似姿をこしらえて火葬に付すこと（葬送の一）

पुत्तलिका [名*] = पुतली.

पुत्र [名] (1) 息子= लड़का; बेटा. (2) 男児= लड़का.

पुत्रक [名] 息子

पुत्रकर्म [名]〔ヒ〕男児出生の祝い

पुत्रकामेष्टि [名*]〔ヒ〕男児の出生を祈願する儀式

पुत्रकाम्या [名*] 男子出生の祈願

पुत्र-कृतक [名] 養子

पुत्रजीव [名]〔植〕トウダイグサ科小木【*Putranjiva roxburghii*】

पुत्रधर्म [名] 子の親に対する義務；孝養の務め

पुत्रभांड [名] 養子= दत्तकपुत्र.

पुत्रलाभ [名] 息子の出生；男児の生まれること

पुत्रवती [名*] 息子に恵まれた女性= पुत्रवाली.

पुत्रवधू [名*] 嫁；息子の嫁；息子の妻= पतोहू.

पुत्रवान [形・名] 息子のある（人）；息子を授かった（人）

पुत्रिका [名*] (1) 娘 (2) 息子がいないために，後継者を得るために息子の代行に指定された娘 (3) 人形；操り人形 (4) 瞳

पुत्रिकापुत्र [名]〔ヒ〕(1) 息子の代理に指定された外孫（娘の子）(2) 息子の代理に認められ実家に戻る娘

पुत्रिकाभर्ता [名] 娘婿= दामाद; जामाता.

पुत्रिकासुत [名] = पुत्रिकापुत्र.

पुत्री[1] [名*] 娘；女の子= बेटी; लड़की.

पुत्री[2] [形] 息子のある；息子を持つ

पुत्रैषणा [名*] 息子の出生を望むこと

पुत्रोत्पत्ति [名*] 男子の出生

पुदीना [名]《P. پودینہ पोदीना》〔植〕シソ科草本ハッカ（薄荷）【*Mentha arvensis vara. piperascens*】シソ科ジャワハッカ【*Mentha arvensis glabrata*】 **जंगली पुदीना** シソ科草本ショクヨウハッカ【*Mentha longifolia; M. sylvestris*】 **पहाड़ी पुदीना** シソ科オランダハッカ／ミドリハッカ【*mentha spicata; M.s. viridis*】 **पुदीने की चटनी** 贅沢な食事；美食

पुद्गल [名] (1)〔ジャ〕物質 (2) 身体 (3)〔仏〕個人存在 (4) 原子 (5) 霊魂

पुद्गलवाद [名]〔イ哲〕唯物論= जड़वाद.

पुनः[1] [副] 再び；再度；また；新しく पुनः जीवित हो॰ 息を吹き返す；生き返る

पुनः[2] [接頭] 再び，再度などの意を加える接頭辞= पुनर्; पुनश्.

पुनः पुनः [副] 繰り返し；幾度も

पुनःप्रवर्तन [名] 復活

पुनःसंगठन [名] 再編（成） राज्यों का पुनःसंगठन 州の再編成

पुन [名] = पुण्य. मैंने कोई बड़ा पुन किया था कि तुम्हें पाया 私が何か善根を積んだからお前を授かったのだよ

पुनना [他] ののしる；悪口を言う= बुरा भला कहना.

पुनपुना [名*] プンプナー川（ビハール州ガヤー गया 近くでガンジスに注ぐヒンドゥーにとっての聖なる川）

पुनरपि[1] [接] しかれども；しかるに；それなのに；そうなのに

पुनरपि[2] [副] 再び；再度

पुनरस्त्रीकरण [名] 再軍備

पुनरागत [形] (1) 再度訪れた；再来した (2) 戻った；帰った；復帰した

पुनरागमन [名] (1) 再訪；再来 बुढ़ापा बहुधा बचपन का पुनरागमन हुआ करता है 老齢はしばしば子供時分の再来である (2) 再びこの世に生まれ変わること

पुनरागामी [形] 戻る；再び来る；再び訪れる

पुनरारम्भ [名] 再開；再開始；復活

पुनरालम्भ [名] 再び受け入れること；再受容

पुनरावर्ती [形] 繰り返し来る；反復する；反復性の

पुनरावर्तन [名] (1) 再帰 (2) ぶり返し (3) 復元；還元；繰り返し
पुनरावर्तन सिद्धांत [名]〔生〕再演説；反復発生説〈recapitulation theory〉
पुनरावर्ती [形] (1) 反復する；繰り返す (2) ぶり返す (3) 再び生まれる
पुनरावलोकन [名] 見直し；改訂；改正；修正；校閲
पुनरावृत्त [形] (1) 戻った；戻ってきた；帰ってきた (2) 繰り返された
पुनरावृत्ति [名*] (1) 再帰；復帰 (2) 繰り返し；再現；反復 क्या मार्च में दिसंबर की पुनरावृत्ति होगी? 3月に12月が繰り返されようか (3) 再発 ऐसी घटनाओं की पुनरावृत्ति रोकने के लिए このような事件の再発を防ぐために (4) 復習 (5) アンコール
पुनरावृत्तीय [形] 反復的な；繰り返しの पुनरावृत्तीय गति 反復的な動き
पुनरीक्षण [名] (1) 見直し；再点検 (2) 再審；再審査
पुनरुक्त [形] 繰り返された（言葉）
पुनरुक्तवदाभास [名]〔修辞〕音声的に似ておりかつ同義語であるかのような語を使用する音声修辞表現
पुनरुक्ति [名*] 言葉の繰り返し；繰り返された言葉
पुनरुज्जीवन [名] (1) 復活；生き返り；再生 (2) 復活；復興
पुनरुज्जीवित [形] (1) 生き返った；再生した；復活した (2) 復興した；再興した
पुनरुत्थान [名] (1) 起き上がること；立ち上がること (2) 再興；復活
पुनरुत्थित [形] (1) 起き上がった；立ち上がった (2) 再興した；復興した；復活した
पुनरुद्धार [名] 復旧；復元；革新；回復；修理；修繕
पुनरुद्भवन [名]〔生〕再生（動物の身体の失った部分の再生）〈regeneration〉
पुनरेकीकरण [名] 再統一 जर्मनी का जनतांत्रिक पुनरेकीकरण ドイツの民主的再統一
पुनर्गठन [名] (1) 改造 (2) 再編；再編成；再組織化 समाज का पुनर्गठन 社会の再組織化
पुनर्ग्रहण [名] (1) 言葉の繰り返し；重複 (2) 再開；続行
पुनर्जन्म [名] 生まれ変わること；転生；輪廻
पुनर्जागरण [名] (1) 起き上がること；眠りから覚めること；覚醒 (2) ルネッサンス；再生 धार्मिक पुनर्जागरण 宗教ルネッサンス (3)〔史〕ルネッサンス
पुनर्जात [形] 再び生まれた
पुनर्जीवन [名] (1) 生き返ること；よみがえり（甦り） कन्या ने अपने मृतक पति के पुनर्जीवन की प्रार्थना की 娘は亡くなった夫のよみがえりを願った (2) 生まれ変わること (3) 生まれ変わったように人柄が変わること
पुनर्जीवित [形] 息を吹き返した；生き返った；生まれ変わった पुनर्जीवित क॰ 生き返らせる；よみがえらせる पुनर्जीवित हो॰ 生き返る；よみがえる
पुनर्णव [名] 爪＝ नाख़ून; नख.
पुनर्नव [形] 若返る；よみがえる（甦る）；復活する
पुनर्नवा [名*] (1)〔植〕オシロイバナ科ベニカスミ【*Boerhavia diffusa*】＝ रक्त पुनर्नवा. (2)〔植〕ツルナ科スベリヒユモドキ【*Trianhema portulacastrum*】＝ सफ़ेद पुनर्नवा.
पुनर्निरीक्षण [名] 点検；再点検；確認 मतदाता सूचियों का पुनर्निरीक्षण 選挙人名簿の再点検
पुनर्निर्माण [名] 再建；再生；復興；改造；復元 गाँवों के पुनर्निर्माण के लिए 農村の再生のために तालाब का पुनर्निर्माण 池の復元 चतुर्मुखी पुनर्निर्माण 全面的な再建 समाज का पुनर्निर्माण 社会の再建 क्या व्यक्ति का पुनर्निर्माण एकदम उपेक्षा की चीज़ है? 人間の改造は全く軽蔑すべきことか
पुनर्निर्मित [形] 再生された；再び作られた；改造された **पुनर्निर्मित पर्यावरण-मित्र काग़ज़** 環境に優しい紙（再生紙） यह पुस्तक पुनर्निर्मित पर्यावरण-मित्र काग़ज़ पर मुद्रित है この本は再生紙に印刷されています
पुनर्न्यायविचार [名]〔法〕再審
पुनर्भव[1] [名] (1) 復活；生まれ変わること；再生 (2) 爪
पुनर्भव[2] [形] 復活した；生まれ変わった；再生した
पुनर्भाव [名] ＝ पुनर्जन्म.
पुनर्भू [名*] 夫の死後に再婚した女性；再婚した寡婦
पुनर्भोग [名] 業果を受けること
पुनर्मिलाप [名] 再会 25 वर्ष बाद 1944 में हमारा पुनर्मिलाप हुआ 25年後の1944年に私たちは再会した
पुनर्मुद्रण [名] 再版；リプリント
पुनर्मूल्यांकन [名] (1) 再評価 (2)〔経〕平価切り上げ येन का पुनर्मूल्यांकन 円の平価切り上げ
पुनर्वचन [名] 繰り返された言葉
पुनर्वसु [名]〔占星〕プナルヴァス（インドの二十七宿の第7. 漢名井宿）
पुनर्वाद [名] (1) 復唱；繰り返し言うこと (2)〔法〕控訴；上訴；上告
पुनर्वादी [名]〔法〕上訴者；上告者
पुनर्वार [名] アンコール＝ पुनः पुनः; पुनरावृत्ति.
पुनर्वास [名] (1)（難民の）定住 पुनर्वास की जगह 定住地 (2) 社会復帰 (3)〔医〕リハビリ
पुनर्विचार [名] 再考；再検討 कुछ व्यवस्थाओं व विधियों पर पुनर्विचार ज़रूरी 若干の規定と法規についての再検討必至
पुनर्वितरण [名] 再分配
पुनर्विन्यास [名] 再配列；再整理
पुनर्विभाजन [名] 再分割
पुनर्विलोकन [名] 再調査；再吟味
पुनर्विवाह [名] 再婚＝ दूसरा ब्याह. पुनर्विवाह की प्रथा 再婚の風習 विधवाओं का पुनर्विवाह 未亡人の再婚
पुनर्विवाहित [形] 再婚した
पुनश्च[1] [名] 追伸
पुनश्च[2] [副] 再度；再び＝ पुनः; फिर.
पुनश्चर्वण [名] 反芻；にれがみ＝ जुगाली.
पुनि [副] (1) また；再び；再度＝ फिर; फिर से; पुनः. (2) 更に；その上＝ उसके बाद.
पुनिपुनि [副] 繰り返し；幾度も；何遍も
पुनी[1] [名] 徳の高い人；高徳の人＝ पुण्यात्मा.
पुनी[2] [名*] 満月＝ पूर्णिमा; पूनो.
पुनीत [形] (1) 聖なる；神聖な＝ पवित्र; पाक. (2) 尊い；尊敬すべき
पुन्न [名] ＝ पुण्य. **पुन्न की जड़ सदा हरी**〔諺〕心清き人は常に栄える
पुन्नाग [名] (1)〔植〕オトギリソウ科高木テリハボク【*Calophyllum inophyllum*】＝ सुलतान चंपा; नागचंपा. (2) 卓越した人
पुपली [名*] (1) 細い竹筒 (2)（乳児のための）歯がため＝ चुसनी. (3) マンゴーの核でこしらえた笛
पुप्फुस [名] 肺；肺臓＝ फेफड़ा; फुप्फुस.
पुरंजन [名] 魂；霊魂＝ जीवात्मा.
पुरंदर [名] インドラ神 इंद्र の異名の一
पुरः- [接頭] 以下の意を加える造語要素．語頭に用いられる (1) 前に；前方に；先に（位置） (2) 前に；先に（時間） (3) 東に；東方に．なお，次に来る要素の頭音によっては पुरस्, पुरो となる **पुरःसमीकरण**〔言〕進化同化 **पुरस्सरण**〔天〕歳差 **पुरस्सरण गति**〔天〕歳差運動
पुरःप्रत्यय [名] 接頭辞＝ पूर्वप्रत्यय.
पुर[1] [名] (1) 町；都市 (2) 城塞を有する都市；城郭都市
पुर[2] [形]《P. پر》満たされた；満ちた；一杯の；詰まった पुर क॰ 満たす ख़ाली जगहें पुर कीजिए 空所（空欄）を満たしなさい
पुरअमन [形]《P.A. پر امن पुरअम्न》(1) 平静な；平穏な (2) 平和的な
पुरअसर [形]《P.A. پر اثر》印象的な；感銘的な；感動的な अंतरराष्ट्रीय संस्था के आठ सदस्यों ने सारे संसार के सामने इस सीधे - सादे सत्य को पुरअसर तरीक़े से रखा 国際機関の8人のメンバーが全世界に向かってこの単純な真実を印象的な方法で提出した
पुरइन [名*] (1) 蓮の葉 (2) 蓮
पुरउम्मीद [形]《P. پر امید》希望を抱く；願望する；期待を抱く
पुरख़म [形]《P. پرخم》(1) 曲がった；湾曲した (2) 縮れた
पुरखा [名] (1) 祖先；先祖＝ पूर्वज. (2) 長老；年配者
पुरख़ार [形]《P. پرخار》(1) とげの多い；とげだらけの (2) 困難な；苦渋に満ちた；苦難の多い
पुरख़ुमार [形]《P.A. پرخمار》酔いしれた＝ मस्त.
पुरख़ून [形]《P. پرخون पुरखूँ》血にまみれた；血まみれの＝ रक्तपूर्ण.

प

पुरग़म [形]《P.A. پرغم》悲しみに満ちた；悲しみ一杯の= दुःखपूर्ण.

पुरग़ुरूर [形]《P.A. پرغرور》驕り高ぶった；傲慢な；高慢な= घमंड में भरा; मग़रूर.

पुरगो [形]《P. پرگو》(1) よくしゃべる；おしゃべりな= बातूनी. (2) 詩を沢山詠む

पुरचक [名*] (1) 機嫌取り；なだめすかし (2) 甘言での誘い；口先だけの言葉= पुचकार; चुमकार. (3) 励まし；激励= बढ़ावा; उत्साह दे॰.

पुरजन [名] 都市市民；市民= पुरवासी; नगरवासी.

पुरज़र [形]《P. پرزر》金持ちの；裕福な；富裕な

पुरज़ा [名]《P. پرزه पुर्ज़ा》(1) 部分；一部 (2) 紙片；紙切れ (3) 書き付け (4) 部品；パーツ चलता-पुरज़ा 抜け目のない (-का) पुरज़ा दुरुस्त क॰ 調整する；調節する (-के) पुरज़े ढीले हो॰ *a.* (一の体が) 疲れのため元気のないこと *b.* (一の) 調子がおかしいこと；不調なこと पुरज़े निकालना 古い書類を取り出す (-के) पुरज़े निकालना (一の) 度を越す (-के) पुरज़े पुरज़े उड़ाना *a.* = पुरज़े-पुरज़े क॰. *b.* 叩きのめす (-के) पुरज़े-पुरज़े क॰ (一を) 引き裂く；びりびり引き裂く；(一を) 砕く；粉々に砕く (-के) पुरज़े-पुरज़े हो॰ (一が) 砕かれる；粉々に砕かれる

पुरजित् [名] シヴァ神の異名の一

पुरज़ोर[1] [形]《P. پرزور》(1) 力一杯の；精一杯の पुरज़ोर कोशिश के बावजूद 力一杯の努力にもかかわらず (2) 強烈な；激しい पुरज़ोर माँग 強烈な要求 (3) 強力な；有力な इसके पुरज़ोर प्रमाण मिल चुके हैं このことの強力な証拠が見つかっている दिल्ली बंद को पुरज़ोर समर्थन के आसार デリー市ゼネストに強力な支持の見込み

पुरज़ोर[2] [副] 勢いよく；激しく；甚だ भाई-भतीजावाद, पक्षपात, रिश्वतख़ोरी और भ्रष्टाचार पुरज़ोर पनप रहा है 縁故主義，賄賂，汚職が甚だ盛んである

पुरतः [副] 前に；前面に；前方に= आगे.

पुरतकल्लुफ़ [形]《P.A. پرتکلف》心尽くしの；真心のこもった；手の込んだ；気配りがなされた उन्होंने हमें पुरतकल्लुफ़ चाय पिलाई あの方は心尽くしのお茶を出して下さった

पुरदर्द [形]《P. پردرد》悲しみに満ちた；とても悲しい；大変辛い

पुरदिल [形]《P.A. پردل》勇ましい；勇敢な；勇気あふれる= शूर; वीर; बहादुर; साहसी.

पुरना [自] (1) 満ちる；一杯になる；満たされる (2) 足りる (3) 終わる；尽きる

पुरनारी [名*] 遊女；娼婦= वेश्या; रंडी.

पुरनियाँ [形] 年老いた；老齢の= बूढ़ा; वृद्ध; बुड्ढा.

पुरनिवेश [名] 都市や町を建設すること

पुरनी [名*] (1) 親指につける指輪= छल्ला. (2) ラッパ= तुरही.

पुरनूर [形]《P. پرنور》光り輝く；輝きに満ちた

पुरनोट [名]《E. ← promissory note》約束手形；借用証書= रुक्का; ऋणपत्र; प्रोनोट.

पुरपेंच [形]《P. پرپیچ पुरपेच》曲がりくねった；湾曲した

पुरफ़न [形]《P.A. پرفن》いんちきな；いかさまの；はったりの= धूर्त; छली; मक्कार.

पुरफ़रेब [形]《P. پرفریب》(1) いかさまの；いんちきな (2) 狡猾な

पुरबला [形+] (1) 先の；以前の；前の；昔の (2) 前世での；前世の；前世に生じた

पुरबिया [形] 東部の；東部地方の（特にウッタル・プラデーシュ州東部からビハール州西部にかけての地域．主にアワディー語地域とボージプリー語地域がこれに含まれる）

पुरबी [形] = पूरबी. 東の；東方の

पुरमज़ाक़ [形]《P. A. پرمذاق》愉快な；機転に富む；機知に富んだ

पुरमलाल [形]《P.A. پر ملال》悲しみに満ちた= दुःखपूर्ण.

पुररुअब [形]《P.A. پر رعب》おごそかな（厳かな）；威厳に満ちた

पुरवइया [名*] 東から吹く風；東風= पुरवाई.

पुरवट [名] 灌漑用の井戸からの水汲みに用いられる大型の革袋 = चरसा; मोट; पुर.

पुरवधू [名*] 遊女；娼婦

पुरवना[1] [他] (1) 満たす (2) 果たす (3) 叶える

पुरवना[2] [自] (1) 満たされる；満ちる (2) 果たされる (3) 叶えられる；叶う

पुरवा[1] [名] (1) 部落= खेड़ा; छोटा गाँव. (2) 都市の小区分；町

पुरवा[2] [形+] 東の；東方の

पुरवा[3] [名] 東風

पुरवा[4] [名] 素焼きの土器（碗，茶碗，杯）；かわらけ

पुरवाई [名*] 東の風；東風 पुरवाई बही थी 東風が吹いた

पुरवाना [他・使] ← पूरना. 満たさせる，満たしてもらうなど

पुरवासी [名] 市民；都市住民 कृष्ण के दर्शनों के लिए पुरवासी भी दौड़ पड़े クリシュナを拝もうと市民も走り寄った

पुरवैया [名*] 東風= पुरवइया. जेठ में पुरवैया के बहने पर ジェート月に東風が吹けば

पुरशिकन [形]《P. پرشکن》(1) 皺の寄った；皺のできた；皺だらけの (2) くねった；曲がった

पुरशिकम [形]《P. پرشکم》満腹の；腹のくちた

पुरशिकोह [形]《P. پرشکوه》ものすごい；猛烈な；恐ろしい（ような）= भीषण; भयानक; डरावना.

पुरशुऊर [形]《P. پرشعور》(1) 礼儀正しい；礼節をわきまえた；洗練された (2) 賢明な；聡明な；利発な；頭脳明晰な

पुरश्चरण [名] (1) 準備；下準備；下ごしらえ；根回し (2) 護摩を焚く際に招請する神の名を唱えること (3) 事の成就を祈る儀礼や祈祷

पुरश्चर्या [名*] = पुरश्चरण.

पुरसा [名] 一尋（約 1.8m）；2m 弱の長さ

-पुरसी [造語]《P. پرسی पुर्सी》たずねる，問うなどの意を有する合成語の構成要素 मिज़ाजपुरसी 見舞い；ご機嫌伺い；訪問

पुरसुकून [形]《P.A. پرسکون》(1) 平静な；静寂な (2) 無念無想の

पुरस्कर्ता [形] (1) 表彰する；賞を与える= पुरस्कार देनेवाला. (2) 賛成する；同意する；支持する；支援する= समर्थक; हिमायती.

पुरस्कार [名] (1) 褒美；賞 (2) 賞品；賞金；賞 मुक्तिबोध पुरस्कार ムクティボード文学賞 (3) 尊敬；敬意 पुरस्कार का पदक 褒賞= इनाम का तमग़ा. **पुरस्कार जीतना** *a.* 賞を得る *b.* 当籤する= इनाम जीतना. **(-के लिए) पुरस्कार दे॰** 賞を与える；賞金や賞品を与える हर श्लोक को कंठाग्र करने के लिए वे बालक को एक पैसा पुरस्कार देते 1つの頌を暗記すると少年に1パイサを与えておられた **पुरस्कार पाना** 入賞する；受賞する；表彰される

पुरस्कृत [形] (1) 授賞された；賞を受けた；表彰された (2) 尊敬された；敬われた पुरस्कृत क॰ 授賞する；賞を与えて報いる；表彰する पुरस्कृत हो॰ 授賞される；賞を与えられる；表彰される；入賞する

पुरस्तात् [副] (1) 前に；前方に (2) 以前；先に；昔 (3) 東方に

पुरहौसला [形]《P.A. پرحوصله》意欲に満ちた；気力の充実した

पुरांगना [名*] 女性市民；都市に住む女性

पुरांतक [名] シヴァ神の異名の一

पुरा[1] [副] (1) 昔；古代に (2) これまで；今まで；以前

पुरा[2] [名*] 小村；部落；町

पुरा[3] [名*] 東方；東

पुरा- [接頭] 古代，昔などの意味を持つ造語要素 पुराकालीन いにしえの；古代の

पुराई [名*] (1) 満たすこと= पूर्ति. (2) 灌漑= सिंचाई.

पुराकथा [名*] (1) 故事；昔の話 (2) 歴史

पुराकल्प [名] (1) 過去のカルパ कल्प (2) 昔の時代 (3) 過去の話

पुराकालीन [形] (1) 古代の；太古の；大昔の (2) 過去の；いにしえの

पुराकृत[1] [形] (1) 以前になされた (2) 前世になされた

पुराकृत[2] [名] 前世に行ったこと；前世での行為

पुराकोश [名] (1) 古語辞典；古語語彙集 (2) 古語研究

पुराचीन [形] (1) = पुराकालीन. (2) = प्राचीन.

पुराजीव [名] 古生物；化石= जीवाश्म.

पुराजीव महाकल्प [名]〔地質〕古生代〈Palaeozoic era〉

पुराजीव विज्ञान [名] 古生物学= पुराजैविकी; जीवाश्म विज्ञान. 〈palaeontology〉

पुराजैविक [形] 古生物学の

पुराजैविकी [名*] 古生物学；化石学

पुराण[1] [形] (1) 古代の；大昔の；太古の (2) 古びた；古ぼけた

पुराण[2] [名]〔ヒ〕プラーナ（ヒンドゥー教聖典の一部をなす文献．主要 18 種プラーナ महापुराण のほか多数の副プラーナ उपपुराण がある）

पुराण कथा [名*] プラーナに伝えられる話，物語，神話など
पुराणपंथी [形] 昔風の；古風な ये लोग सीधे, सरल स्वभाव के तथा पुराणपंथी हैं この人たちは率直で飾り気のない昔風の人だ पुराणपंथी चिकित्सा पद्धति 昔風の医療
पुराण शास्त्र [名] 神話学＝पुराण विद्या; मिथक विद्या.
पुरातत्त्व [名] 考古学＝पुरातत्त्व विज्ञान. 〈archaelogy〉
पुरातत्त्वज्ञ [名] 考古学者＝पुरातत्त्वविद्.
पुरातत्त्व विज्ञान [名] 考古学
पुरातत्त्वविद् [名] 考古学者
पुरातत्त्ववेत्ता [名] 考古学者
पुरातत्त्व सर्वेक्षण [名] 考古学局 भारतीय पुरातत्त्व सर्वेक्षण インド考古学局
पुरातत्त्वीय [形] 考古学上の；考古学的な पुरातत्त्वीय अवशेष 遺跡
पुरातन [形] (1) 古風な (2) 古代の；古い時代の (3) 最古の；最初期の；原始的な＝पुरातनिक.
पुरातनता [名*] ←पुरातन. यहाँ के राजवंशों की पुरातनता この地の王家の由緒
पुरातनपंथी [形・名] 保守的な；保守的な人；保守派
पुरातात्त्विक [形] 考古学上の；考古学的な पुरातात्त्विक खनन - कार्य 考古学的発掘作業
पुराना[1] [形+] (1) 古い；長い年月を経た पुराना पेड़ 古木 पुराना टिकट 古い切手 वह तलवार वाकई में बहुत पुरानी थी 刀は実際非常に古いものだった अस्सी साल पुराने इस मकान में जरूर ऐसी खामियाँ रही होंगी 80 年経ったこの家にはきっとこんな欠陥があったろう (2) 昔からの；古い；古くからの；以前からの पुराने सहयोगी 昔からの仲間；古い同僚 पुराना दोस्त 旧友；古くからの友人 पुराना बैर 宿怨 उनकी पान खाने की पुरानी आदत है パーンを噛む昔からの癖 पुराने बैरे के नौकरी छोड़कर दूसरे होटल में चले जाने से बैरे की जगह खाली हुई 前からのボーイが退職してよそのホテルに移ったのでボーイの口が空いた (3) 古くなった；古い；時間の経った；古びた；新鮮でない पुरानी सड़कों की मरम्मत करवाना 古い道路の修理をさせる दीवार पर चिपके दो वर्ष पुराने कैलेंडर 壁に貼りついた 2 年前のカレンダー पुराना टूथब्रुश 使い古しの歯ブラシ फूलदान के पुराने फूल 花びんの古くなった花 (4) 古めかしい；古びた；古風な मेरे एक पड़ोसी बहुत पुराने विचारों के हैं 一人の隣人は考えがとても古めかしい मुझे पुराने विचारों वाले मर्द बहुत बुरे लगते हैं 古めかしい考えの男性はとてもいやな感じがする (5) 長期にわたる；長引いた；慢性化した यदि यह रोग अधिक पुराना न पड़ा हो तो もしこの病気が慢性化したものでなければ **पुराना रोगी** 長期に患っている病人 मधुमेह के पुराने रोगियों को आम तौर पर उच्चरक्तचाप की भी शिकायत हो जाती है 糖尿病を長らく患っている人は一般的に高血圧になるものだ पुराना मलेरिया 慢性のマラリア (6) 元の पुरानी सेंट्रल जेल के स्थान पर 元の中央刑務所の跡地に (7) 先輩の पुराने पत्रकार 先輩記者 **पुराना खुर्राट** *a.* 古狸；古強者；海千山千 *b.* ずる賢い；狡猾な **पुराना घाघ** ＝पुराना खुर्राट. **पुराना चंडूल** 大馬鹿者；大変な間抜け **पुराना-चिराना** ぼろぼろの **पुराना - धुराना** ぼろぼろの；おんぼろの चार पाँच पुरानी-धुरानी खाटें 4〜5 台のぼろぼろの寝台 **पुराना राग अलापना** 聞き飽きたことを言う इस लेख में भी वही पुराना राग अलापा गया है この文章にも聞き飽きたことが述べられている **पुरानी कहानी** 同じ話；繰り返されたこと हरिजन हत्या - वही पुरानी कहानी またしてもハリジャン殺害 **पुरानी काठी** 昔十分に栄養を摂取した頑健な体 **पुरानी खोपड़ी** ＝पुराना खुर्राट. **पुरानी नाव** 衰弱した体 **पुरानी लकीर के फ़क़ीर बने रहना** 頑なに古い考え方を守る **पुरानी लकीर न छोड़ना** 伝統を踏襲する **पुरानी लकीर पीटना** ＝पुरानी लकीर न छोड़ना. **पुरानी लीक पर चलना** ＝पुरानी लकीर न छोड़ना. **पुरानी हड्डी** *a.* 年寄り；老人 *b.* ＝पुरानी काठी.
पुराना[2] [他] → पूरना. (1) 満たす；完成させる；完了させる (2) 保持する；保つ
पुरापाषाण युग [名]〔考〕旧石器時代＝पुराप्रस्तर युग.
पुराप्रस्तर काल [名]〔考〕旧石器時代＝पुराप्रस्तर युग.
पुराभिलेख [名] 古文書；古記録
पुराभूगोल [名]〔地理〕古地理学
पुरारि [名] シヴァ神の異名の一
पुरालेख [名] 碑銘；碑文＝शिलालेख.
पुरालेख शास्त्र [名] 碑銘学
पुरावशेष [名] 遺物；古代の遺物
पुरावस्तु [名*] 古物；古美術品
पुराविद् [名] 考古学者
पुरावृत्त [名] 伝説；古伝；古記録
पुरिष [名] ＝पुरीष.
पुरी [名*] (1) 市；町；都市 (2) 城；城塞 (3)〔地名・ヒ〕プリー जगन्नाथ पुरी（ジャガンナートプリーとも呼ばれる．オリッサ州にあるヒンドゥー教の四大聖地の一でジャガンナート寺院がある）
पुरीष [名] (1) 汚物；排泄物；大便＝मल; मैला; विष्टा. (2) ごみ；塵；芥
पुरीषस्थान [名] 便所；かわや（厠） ＝शौचालय.
पुरीषोत्सर्ग [名] 排泄；排泄行為
पुरु[1] [名] (1) 天国；天界 (2)〔イ神〕プル王（チャンドラヴァンシャ चंद्र वंश，すなわち，月種族の第 6 代．カウラヴァ कौरव 及びヤーダヴァ यादव の祖）
पुरु[2] [形・副] 甚だしい；甚だしく；甚だ多い；非常に
पुरुख [名] ＝पुरुष.
पुरुष[1] [名] (1) 男性；男子 (2) 男らしい人；勇猛さや勇気を備えた人 (3)〔イ神〕世界創造の根元となったとされる原人，プルシャ (4)〔イ哲〕最高精神 (5)〔イ哲〕霊魂 (6) 先祖 (7) 官吏 (8) 夫 (9) 一尋（高さ，深さ，長さの単位）＝पुरसा. (10)〔言〕人称 उत्तम पुरुष 一人称 मध्यम पुरुष 二人称 अन्य पुरुष 三人称
पुरुष[2] [形] (1) 男子の；男性の पुरुष टीम 男子チーム पुरुष वस्त्र 男子服 विश्व टेबल टेनिस प्रतियोगिता में पुरुष वर्ग का चैंपियन 世界卓球選手権の男子チャンピオン (2) 雄の
पुरुषकेंद्रित [形] 男性優位の；男性支配の पुरुषकेंद्रित समाज 男性優位の社会＝पुरुषप्रधान समाज.
पुरुष-केशरी [名] (1) 獅子の如く勇猛なる人；剛勇なる人 (2) ヴィシュヌ神のヌリシンハ権化 नृसिंह
पुरुषता [名*] ＝पुरुषत्व.
पुरुषत्व [名] (1) 男らしさ；男性らしさ इस मार ने मेरी सुप्त चेतना, गर्व, आदर्शवादिता और पुरुषत्व को जगा दिया この打撃が私の眠っていた意識，誇り，理想，それに男らしさを目覚めさせた (2) 男性能力；男子の性的能力
पुरुषत्वहीन [形] 男性能力のない；(性的）不能の
पुरुषप्रधान [形] 男性優位の；男性中心の；男性支配の हमारा समाज पुरुषप्रधान है 私たちの社会は男性中心の社会です
पुरुषमेध [名]〔ヒ〕人身御供を伴ったヴェーダ時代の供犠
पुरुषव्याघ्र [名] 虎（や獅子）のように勇猛な人
पुरुषसिंह [名] ＝पुरुषव्याघ्र.
पुरुषसूक्त [名]〔ヒ〕プルシャ賛歌（世界創造の根元となったプルシャを歌ったリグヴェーダの原人歌）→ पुरुष[1] (3).
पुरुषार्थ [名]〔ヒ〕人間が生きる上での目標とすべきこと；人生の目的；人生の四大目標（ダルマ धर्म 道義，アルタ अर्थ 実利，カーマ काम 性愛及びモークシャ मोक्ष 解脱）
पुरुषार्थहीन [形] 人生の目標を持たない；無気力な；気概のない पुरुषार्थहीन मनुष्य 無気力な人
पुरुषोचित [形] 男らしい；男性的な＝मर्दाना.
पुरुषोत्तम [名] (1) 最高の人；最上の人；彼我や執着を超越した人 (2) ヴィシュヌ神 (3) クリシュナ神 (4) ジャガンナート जगन्नाथ (5) ジャガンナート寺院
पुरोगत [形] (1) 前方にある；前にある；前に置かれた (2) 先に行った
पुरोगमन [名] 前進＝प्रगति.
पुरोगामी [形] (1) 指導的な；先駆的な (2) 進歩的な
पुरोडाश [名]〔ヒ〕プローダーシャ（バラモン教の儀式用に大麦の粉や米粉でこしらえた供物や祭餅．火に投じられた）
पुरोहित [名]〔ヒ〕(1) バラモン教の司祭長；主祭官；プローヒタ (2) プローヒト（バラモン・ヒンドゥー教の祭儀や通過儀礼の執行を生業とするブラーフマン）；ヒンドゥー僧；家庭祭官
पुरोहिताइन [名*] プローヒトの妻＝पुरोहितानी.
पुरोहिताई [名*]〔ヒ〕(1) ヒンドゥー教祭官プローヒトの職務や身分；プローヒトの仕事 परिवार का पुश्तैनी धंधा पुरोहिताई था 家業は祭祀を執り行うことだった (2) プローヒトの受け取る謝礼（金）
पुरोहितानी [名*] プローヒトの妻＝पुरोहिताइन.

पुरोहिती[1] [形] プローヒトの
पुरोहिती[2] [名*] = पुरोहिताई.
पुरौती [名*] (1) 補い；補足 (2) 返済
पुर्ज़ा [名] 《P. پرزه》= पुरज़ा. मशीन का पुर्ज़ा 機械のパーツ
पुर्तगाल 〔国名〕《Por. Portugal》ポルトガル
पुर्तगाली[1] [形] 《Por.+ H.》ポルトガルの पुर्तगाली गिनी ポルトガル領ギニア पुर्तगाली लोग ポルトガル人
पुर्तगाली[2] [名] ポルトガル人
पुर्तगाली[3] [名*] 〔言〕ポルトガル語
पुर्तगीज[1] [形] 《E. Portuguese》(1) ポルトガルの (2) ポルトガル人の (3) ポルトガル語の= पुर्तगाली.
पुर्तगीज[2] [名] 《E. Portuguese》ポルトガル人
पुर्तगीज[3] [名*] 《E. Portuguese》〔言〕ポルトガル語
पुर्सी [名*] 《P. پرسی》= पुरसी.
पुल [名] 《P. پل》(1) 橋；橋梁 (2) 陸橋 (3) 鉄橋 (4) 仲を取り持つもの (5) 長々としたもの (-का) पुल टूटना (ーが) 山のようになる (-का) पुल बँधना (ーが) 沢山集まる (-के) पुल बाँधना (ーを) 沢山集める；連ねる कल तो आप सब ने बैंगन की तारीफ़ के बड़े-बड़े पुल बाँधे और अनेक उपमाएँ देकर उसका गुणगान किया 昨日はあなた方はナスの賛辞を連ね多数のたとえを引いて褒めそやされました (-की) प्रशंसा के पुल बाँधना (ーを) 褒めそやす；誉め称える लोगों ने उनकी प्रशंसा के पुल बाँध दिए थे 皆はその方を誉め称えた
पुल ओवर [名] 《E. pullover》〔服〕プルオーバー = पुलोवर.
पुलक [名*] (1) 興奮，歓喜，恐怖などのため身の毛がよだつこと；粟立つこと；身震いすること (2) 激しい衝動や興奮，感動 पुलक उठना 衝動が走る；衝撃が走る；感動が起こる एक अजीब सी पुलक उसके मन में जाग उठी 何とも言えぬ衝動が走った एक अजीब-सी पुलक से मेरा तन-मन सिहर उठता है 何とも言えぬ感動に身も心も震える
पुलकना [自] 興奮，歓喜，恐怖などのために粟立つ；身の毛が立つ；身震いする；嬉しさに総毛立つ；ぞくっとする；喜びにあふれる；有頂天になる；浮き浮きする；沸き立つ；わくわくする；浮き立つ
पुलकित [形] 興奮，歓喜，恐怖などのために身の毛が立った；粟立った；身震いした；ぞくぞくした；有頂天になった；沸き立った；わくわくした शायद कृष्ण को पाकर नंद भी इतने पुलकित न हुए होंगे クリシュナを得たナンダさえもこれほどまでには喜びにあふれはしなかったろう हर वर्ग के प्राणी का मन पुलकित हो उठता है あらゆる階層の人たちが沸き立つ नन्ही-नन्ही बूँदों के सुखद शीतल स्पर्श से पुलकित हुआ (待望の雨に) 霧雨の心地よいひんやりとした感触に浮き立った बच्चे खिलौने देखकर पुलकित हो उठे 子供たちは玩具を見て沸き立った
पुलकेसिन 〔人名・イ史〕前期チャールキヤ朝のプラケーシン二世 (circ. 609–642)
पुलटिस [名*] 《E. poultice》パップ；湿布
पुलपुला [形+] (1) 中空のためぺこぺこの (2) ぶよぶよの (3) うつろな；空洞の
पुलपुलाना [他] (1) ぺこぺこにする (2) ぶよぶよにする
पुलपुलाहट [名*] (1) ぺこぺこなこと (2) ぶよぶよなこと (3) 空っぽなこと
पुलस्त्य [名] 〔イ神〕プラスティヤ (ブラフマー神のマーナスプトラ मानसपुत्र の一)
पुलाव [名] 《P. پلاو》〔料〕(1) ピラフ (2) 油炒めのご飯；フライド・ライス पुलाव बाँधना 夢想する；空想する；捕らぬ狸の皮算用 मन में तरह-तरह के पुलाव बाँधता हुआ अपने घर आ गया いろいろと夢想しながら家に戻った
पुलिंद [名] (1) プリンダ族 (古代インドに居住したと伝えられる先住部族の一) (2) プリンダ族の居住地
पुलिंदा [名] 紙や布の包み उस पुलिंदे में कुछ कागजात थे, शाही मोहर थी, कुछ फ़र्मान थे その包みには数点の文書，玉璽，幾通かの勅書が入っていた
पुलिन [名] 岸；渚；浜；岸辺= किनारा.
पुलिया [名*] (1) 小さな橋 (2) 排水渠
पुलिस[1] [名*] 《E. police》(1) 警察；ポリス यातायात पुलिस 交通警察 (2) 警官隊 पुलिस का सिपाही 警官；巡査 पुलिस की गाड़ी パトロールカー；パトカー
पुलिस[2] [名] 警官= पुलिस का सिपाही; पुलिसमैन.
पुलिस अधीक्षक [名] 警視 महानगर पुलिस कमांडर अधीक्षक 警視長 मुख्य पुलिस अधीक्षक 警視正
पुलिस आयुक्त [名] (1) 警察本部長 (2) 警視総監 महानगर पुलिस आयुक्त (首都) 警視総監= महानगर पुलिस कमिश्नर. महानगर पुलिस सहायक आयुक्त 警視監
पुलिस आयोग [名] 公安委員会 मध्य प्रदेश पुलिस आयोग マッディヤ・プラデーシュ州公安委員会
पुलिस इंस्पेक्टर [名] 《E. police inspector》警部補
पुलिस उपायुक्त [名] 警視副総監
पुलिस कमिश्नर [名] 《E. police commissioner》(1) 警察本部長 (2) 警視総監 महानगर पुलिस कमिश्नर 警視総監
पुलिस कोर्ट [名] 《E. police court》警察裁判所 (軽犯罪の即決裁判所)
पुलिस चौकी [名*] 巡査派出所
पुलिसजन [名] 警察官；警官= पुलिसमैन.
पुलिस निरीक्षक [名] 警部補= इंस्पेक्टर.
पुलिस महा अधीक्षक [名] 警視正
पुलिस महानिरीक्षक [名] 警部
पुलिस मुख्य अधीक्षक [名] 警視正
पुलिसमैन [名] 《E. policeman》警官= पुलिस का सिपाही.
पुलिस राज्य [名] 〔政〕警察国家 〈police state〉
पुलिस रेकार्ड [名] 《E. police records》調書
पुलिसवाला [名] 警官= पुलिसमैन; पुलिस का सिपाही.
पुलिस सार्जेंट [名] 《E. police sergeant》巡査部長
पुलिस स्टेशन [名] 《E. police station》警察署
पुलिस स्टेशन अफ़सर [名] 《E. police station officer》警察署長= थानेदार; थाना; थाना-अधिकारी.
पुलिसिया [形] 《← E. police》(1) 警察の (2) 警官の；警察官のような पापा की पुलिसिया नज़रों की अवहेलना करके パパの警官のような目つきを無視して पुलिसिया राज्य 警察国家
पुली[1] [名*] 〔鳥〕ヒタキ科シロボシエンビシキチョウ【*Enicurus maculatus*】
पुली[2] [名*] 《E. pulley》(1) 滑車 (2) 滑車装置
पुलीस [名*] 《E. police》警察= पुलिस.
पुलोवर [名] 《E. pullover》〔服〕プルオーバー；頭から被るセーター
पुल्लिंग [名] 〔言〕男性 (文法性) = पुंलिंग. → स्त्री लिंग 女性.
पुश [名] 《E. push》(1) 押すこと (2) 〔ス〕プッシュ
पुश-अप [名] 《E. push up》〔ス〕腕立て伏せ
पुश-इन [名] 《E. push-in》〔ス〕プッシュイン
पुश्त [名*] 《P. پشت》(1) 背；背中 = पीठ. उसकी पुश्त पर एक गुड़िया बाँध दी जाती है それの背中に人形が結びつけられる (2) 背面；裏面；裏；後ろ= पृष्ठ. अपने हाथ की पुश्त ज़मीन पर रखकर आकाश की ओर अँगुली उठाई 手の甲を地面につけて空の方に指を立てた (3) 世代；代 पुश्त दिखाना (背を向けて) 逃げ出す= पीठ दिखाकर भागना. पुश्त-दर-पुश्त 代々；先祖代々 पुश्त-ही-पुश्त *a.* 数代前から *b.* 数代にわたって सात पुश्तें 七代；先祖代々 ऐसी गालियाँ तो उसकी सात पुश्तें सुनती आ रही हैं このようなののしりの言葉は先祖代々聞いてきている
पुश्तक [名] 《P. پشتک》馬などの動物が後脚を揃えて蹴ること= दुलत्ती.
पुश्तख़ार [名] 《P. پشت خار》孫の手
पुश्तनामा [名] 《P. پشت نامه》系図；家系図= वंशावली.
पुश्ता [名] 《P. پشته》(1) 土手；堤；築堤；盛り土 (2) 壁の土台を頑丈にするために入れる砂利や石灰 (3) 背表紙
पुश्तापुश्त [副] 《P. پشته پشت》(1) 数代前から (2) 数代にわたって
पुश्ताबंदी [名*] 《P. پشته بندی》(1) 壁の土台に砂利や石灰を入れて強固にすること (2) 堤防を築くこと；築堤
पुश्तारा [名] 《P. پشتاره》一度に背負える分量の荷
पुश्ती [名*] 《P. پشتی》(1) 支え；つっかい；突っ張り (2) 支援；助力；後押し= सहायता; मदद. (3) ひいき= पालन; पोषण. (4) 背もたれに用いる大きなクッション
पुश्तीबान [名] 《P. پشتی بان》支持者；後援者；支援者

पुश्तीबानी [名*] 《P. پشتی بانی》支持；後援；支援
पुश्तैन [名*, pl.] 《← P. پشت》系統；先祖代々
पुश्तैनी [形] 《P. پشتینی》(1) 先祖伝来の；世襲の पुश्तैनी ज़मींदार 世襲のザミーンダール लखनऊ में मेरा पुश्तैनी मकान है ラクノウに先祖伝来の家がある (2) 遺伝的な
पुष्कर [名] (1) 水 (2) 家；湖；貯水池 (3) ハス；蓮；青蓮華 (4)〔地名〕プシュカル（ラージャスターン中北部アジメールの近くにあるヒンドゥー教徒の聖地，湖がある）
पुष्करिणी [名*] (1) 池；湖 (2) 蓮池 (3) 雌象
पुष्करी [名] 象 = हाथी.
पुष्कल [形] (1) 沢山の；多くの；おびただしい (2) 満ちあふれた；いっぱいの (3) すぐれた
पुष्ट [形] (1) 丈夫な；しっかりした；頑丈な पौधे भी पुष्ट हों 苗もしっかりするように यह भी त्वचा को पुष्ट करती है これも肌を丈夫にする खेत में इन्हें डालने से अनाज के दाने पुष्ट होते हैं और उपज भी ज़्यादा होती है 畑にこれを入れると穀物の実がしっかりして収量も増える (2) 強固な；固い；堅固な प्रधानाचार्या शीला के चेहरे के पुष्ट भाव देखकर चुप रहीं 校長はシーラーの顔に強固な意志を見て取り黙ったままであった (3) 元気な；頑健な (4) 確かな；確実な；信頼すべき
पुष्टई [名*] 強壮剤 = बलवीर्यवर्धक औषध.
पुष्टि [名*] (1) 確認；確かめること इतनी दूर की बात की पुष्टि नहीं की जा सकती थी こんなに遠方のことは確かめられなかった अधिकारियों ने उक्त प्रकोप की पुष्टि से इनकार कर दिया है 当局者はその災害の確認を拒否した (2) 強さ；強固さ；丈夫さ (3) 固さ；堅固さ
पुष्टिकर [形] (1) 強める；強力にする；強固にする (2) 確認する (3) 滋養を与える；滋養のある；養分のある
पुष्टिकारक [形] = पुष्टिकर.
पुष्टिमार्ग [名]〔ヒ〕ヴァッラバ・アーチャーリヤ वल्लभ आचार्य (1473–1531) の説いた純粋一元論（शुद्धाद्वैतवाद）の立場
पुष्टीकरण [名] 確認
पुष्प [名] (1) 花 (2) 蜜 (3) トパーズ (4) 経血
पुष्पक [名] (1) 花 (2)〔イ神〕クベーラ神（कुबेर）の乗り物；プシュパカ・ヴィマーナ → पुष्पक विमान.
पुष्पक विमान [名]〔イ神〕プシュパカ・ヴィマーナ（クベーラ神の乗り物で空中を飛行するとされる．ブラフマー神からクベーラが授かったのをラーヴァナが奪い取ったが，ラーマが取り返した後クベーラに返された） राम, सीता और लक्ष्मण पुष्पक-विमान पर सवार होकर अयोध्या की ओर चल पड़े ラーマ，シーター，ラクシュマナはプシュパカ・ヴィマーナに乗ってアヨーディヤーに出発した
पुष्पकाल [名] (1) 春 (2) 月経期間
पुष्पधनु [名] = पुष्पधन्वा.
पुष्पधन्वा [名]〔イ神〕カーマ神 कामदेव.
पुष्पध्वज [名] = पुष्पधन्वा.
पुष्पबाण [名] カーマ神 कामदेव.
पुष्पमाला [名*] 花環 = फूलों की माला.
पुष्पमास [名] (1) インド暦の１月チャイトラ月 = चैत्र. (2) インド暦の 1～2 月（チャイトラ月とバイサーク बैसाख 月）
पुष्परज [名] 花粉 = पराग.
पुष्परथ [名] かつて遊山に用いられた車
पुष्पराग [名] トパーズ
पुष्पवती [形] (1) 花の咲いている；花をつけている (2) 月経中の = रजस्वला; ऋतुमती.
पुष्पवर्षा [名*] 花びらを雨のように降らせること（降ること）；花の雨 महंत जी पर पुष्पवर्षा हो रही है マハントの頭上に花の雨が降っている पुष्पवर्षा क॰ 花の雨を降らせる
पुष्पवाटिका [名*] 花園 = उपवन; उद्यान.
पुष्पवाटी [名*] 花園 = फुलवारी.
पुष्पवाण [名] (1) 花の矢 (2)〔イ神〕カーマ神（花の矢プシュパバーナを持つとされる） कामदेव.
पुष्पवृष्टि [名*] = पुष्पवर्षा.
पुष्पवेणी [名*] (1) 花環 (2) 花冠
पुष्पशय्या [名*] 花の敷きつめられた寝床；花の褥
पुष्पशाक [名] ペグノキ，フイリソシンカ，インドセンダン，キワタノキなどその花が食用に供される植物
पुष्पसार [名] (1) 花の蜜 (2) 花からとった香水
पुष्पहार [名] 花環
पुष्पहीन [形] 花のつかない；花の咲かない
पुष्पांजलि [名*] 両方の掌に乗せて神や礼拝の対象に捧げる花の供物 उसने विशाल छविचित्र के आगे नतमस्तक होकर पुष्पांजलि अर्पित की 大きな写真の前に頭を垂れて花を捧げた（冥福を祈った）
पुष्पागम [名] 春 = बसंत; वसंत.
पुष्पापीड [名] (1) 花でこしらえた冠 (2) 頭につける花飾り
पुष्पायुध [名] カーマ神 कामदेव.
पुष्पासव [名] (1) 蜜 (2) 蜜から造られる酒
पुष्पासार [名] 花の雨
पुष्पिका [名*] 奥付け
पुष्पित [形] (1) 花のついた (2) 花の開いた；開花した (3) 盛んな；旺盛な
पुष्पी [形] 花のついている；花のついた
पुष्पीपादप [名]〔植〕顕花植物
पुष्पोद्‌भिद् [名]〔植〕顕花植物 = फ़ैनेरोगम. 〈phanerogam〉
पुष्य [名] (1) 滋養 (2)〔占星〕インドの二十七宿中８番目の月宿プシュヤ；鬼 (3) = पौष.
पुष्यमित्र 〔人名・イ史〕プシャミトラ（シュンガ王朝の創始者） पुष्यमित्र शुंग シュンガ朝のプシャミトラ
पुस [感] 動物を呼ぶために口先をすぼめて勢いよく息を吸い込んで出す音 हम पुसी को पुस पुस करके बुलाते हैं 猫を呼ぶのにこの声を出します
पुसाना [自] (1) できる；(事が) 成る；(話などが) うまく進む (2) ぴったりする；映える
पुसी [名*] 《E. pussy; pussy cat》猫；猫ちゃん पुसी गुर्राई 猫がうなった
पुस्त [名] 工作；細工；手工芸；手仕事；手作業
पुस्तक [名*] 本；書物；書籍
पुस्तककार [名] 著者
पुस्तक विमोचन समारोह [名] 出版記念式典
पुस्तकाकार[1] [形] 書物の形の
पुस्तकाकार[2] [副] 本の形で；書籍の形で
पुस्तकागार [名] 図書館 = पुस्तकालय.
पुस्तकालय [名] (1) 図書館= लाइब्रेरी; कुतुबख़ाना. (2) 書庫
पुस्तकालयाध्यक्ष [名] 図書館長 = (चीफ़) लाइब्रेरियन.
पुस्तकी [名*] 本；書物；書籍
पुस्तकीय [形] (1) 本の；書物の (2) 机上の；書物の上の पुस्तकीय ज्ञान 実際的でない知識
पुस्तिका [名*] ハンドブック；パンフレット
पुस्ती[1] [名*] 書物；本= पुस्तक; किताब; पोथी.
पुस्ती[2] [名*] = पुश्ती.
पुहना [自] 糸を通される；糸やひもなどに通してつながれる；綴じられる
पुहाना [他・使] ← पोहना. 糸を通す；糸やひもなどに通してつなぐ；綴じる
पुहुपित [形] = पुष्पित.
पुहुमि [名*] = पुहुमी. 大地；地球 = पृथ्वी; भूमि.
पुहुवी [名*] 大地；地球 = पृथ्वी; भूमि.
पूँगा[1] [名*] プーンガー（蛇使いの吹くヒョウタン製の笛）= महुअर; महुवर; तुमड़ी; तुंबी.
पूँगा[2] [名] 二枚貝
पूँछ [名*] (1) 動物の尾；尻尾 कुत्ते की उठी हुई पूँछ 犬のぴんと立った尻尾 (2) 物体の後方に尾のように伸びたもの；尾 धूमकेतु की पूँछ 彗星の尾 (3) 腰ぎんちゃく；取り巻き **पूँछ अटक जा॰** 画竜点睛を欠く **पूँछ के पीछे लगे रहना** 四六時中後をついてまわる **(-की) पूँछ पकड़कर चलना** *a.* (ーを) 頼りにする *b.* (ーの) 後をついてまわる **(-की) पूँछ पकड़ना** (ーを) あてにする **पूँछ भर उखाड़ना** 大したことができない；わずかのことしかできない **(-की) पूँछ में बँधे फिरना** 四六時中 (ーに) ついて回る
पूँछगाछ [名*] = पूछताछ.
पूँछताछ [名*] = पूछताछ.
पूँछना [他] = पूछना.

पूँजी [名*] (1) 貯金；貯蓄 मेरे पास बैंक में बहुत कम पूँजी जमा है 銀行口座にはほんのわずかしか貯蓄はない (2) 資本；資金 सहकारिता में पूँजी 協同組合の資金 विदेशी पूँजी 外国資本 **पूँजी खोना** 元手まで失うような大損をする＝पूँजी गँवाना. **पूँजी टूटना** 元手を減らす **पूँजी डूबना** 元手を失う **पूँजी लगाना** 元手をかける；投資する；資本を投下する

पूँजीकर [名]〔経・商〕資本課税〈capital levy〉

पूँजीकरण [名]〔経〕資本化；資本還元〈capitalization〉

पूँजीगत [形] 資本の；資本上の；資本に関する〈capital〉**पूँजीगत ख़र्च** 資本支出（会計・金融）〈capital expenditure〉**पूँजीगत पदार्थ**〔経〕資本財＝पूँजीगत माल〈capital goods〉**पूँजीगत लाभ** 資本利得；キャピタルゲイン〈capital gains〉**पूँजीगत लेखा** 資本金勘定；純資産勘定；資本勘定 **पूँजीगत हानि** 資本損失〈capital loss〉

पूँजीदार [形・名]《H. + P. دار》(1) 資金を持つ（人） (2) 資本家；投資家＝पूँजीपति; पूँजीवाला.

पूँजीनिवेश [名] 投資 विदेशी पूँजीनिवेश 外国投資 **पूँजीनिवेश को बढ़ावा दे०** 投資を奨励する

पूँजीपति [名] (1) 資金を持つ人 (2) 資本家 पूँजीपति वर्ग 資本家階級

पूँजी परिसंपत्ति [名*]〔商・経〕固定資産〈capital asset; fixed asset〉

पूँजी-पल्ला [名] 資力＝धन-साधन.

पूँजीवाद [名] (1) 資本主義 (2) 資本主義制度

पूँजीवादी[1] [形]〔経〕(1) 資本主義の；資本主義的な (2) 資本主義制度の पूँजीवादी व्यवस्था 資本主義制度 पूँजीवादी समाज 資本主義社会

पूँजीवादी[2] [名] 資本主義者

पूँजीवादी अर्थव्यवस्था [名*] 資本主義経済；資本主義制度

पूँजीवादी पद्धति [名*] 資本主義体制

पूँजीवादी व्यवस्था [名*] 資本主義制度＝पूँजीवादी प्रणाली.

पूँजीविनियोग [名]〔経〕資本充当

पूँजी संचयन [名]〔経〕資本蓄積〈capital accumulation〉

पूँजी स्टॉक [名]〔経・商〕資本金；株式資本〈capital stock〉

पूआ [名] プーアー（小麦粉を砂糖水でといてこねギーや油で揚げた食品） **पूए पर चीनी पड़ना**〔諺〕鬼に金棒

पूग [名] (1)〔植〕ヤシ科ビンロウジュ【*Areca catechu*】 (2)〔植〕ウリノキ科【*Alangium salviifolium*】 (3)〔植〕クワ科クワノキ；桑の木＝शहतूत. (4)〔植〕ジャックフルーツ；パラミツ＝कटहल.

पूगकृत [形] (1) 集められた (2) 積み重ねられた；積み上げられた

पूगना [自] (1) 満ちる；満たされる＝पूरा हो०; पूजना. (2) けりがつく；あがる；完成する

पूगपात्र [名] パーン（पान）を噛んだ後つばを吐くためのつぼ＝पीकदान.

पूगफल [名] ビンロウジュの実；ビンロウジ＝सुपारी.

पूगमंड [名]〔植〕プラクシャ＝पाकड़; प्लक्ष.

पूगरोट [名]〔植〕ヤシ科海岸食物マライソテツシュロ【*Phoenix paludosa*】

पूगी[1] [名]〔植〕ヤシ科高木ビンロウジュ（檳榔樹）＝सुपाड़ी का पेड़.

पूगी[2] [名*] ビンロウジュの実；ビンロウジ（檳榔子）＝सुपारी.

पूगीफल [名] ＝सुपारी; पूगफल.

पूचलचर [形] 卑しい；下品な；下賤な

पूछ [名*] (1) 問うこと；問われること (2) 求め；要求；要請 दुनिया में कहीं न्याय नहीं है, कहीं ईमानदारी की पूछ नहीं है この世では正義はいずこにもないし誠実さが求められることも問われることもない (3) 尊重；重視 **(-की) पूछ हो०** *a.* (ーが) 重んじられる；大切にされる राजकाज और शासन-नीति में भारतवासियों की पूछ न थी 政治や政策面でインド人が尊重されることはなかった *b.* (ーが) 求められる；望まれる；期待される

पूछगाछ [名*] ＝पूछताछ. (1) たずねること；問うこと；問い合わせ；照合 (2) 調べること；調査 **पूछ-गाछ क०** *a.* たずねる；問い合わせる *b.* 調べる；調査する

पूछताछ [名*] ＝पूछगाछ. **पूछताछ क०** *a.* 問い合わせる；照合する *b.* 調べる；調査する कुछ युवकों से अवैध नशीले पदार्थों की ख़रीद-फ़रोख़्त के बारे में पूछताछ 一部の青年に対して麻薬の売買に関する取り調べ अध्यापक कुछ चमत्कार जानकर गोपाल से इस बारे में पूछताछ करते हैं 教師は何か不思議なことと思ってゴーパールに問う **पूछताछ की खिड़की** 案内所；案内窓口；案内係 **पूछताछ हो०** 調べられる；調査がなされる；問い合わせがなされる उससे भी सोने की छड़ों के बारे में पूछताछ हुई 彼女に対しても金の延べ棒について問い合わせがなされた

पूछताछ घर [名] 案内所

पूछना [他] (1) たずねる；訊ねる；問う；質問する मैंने दुकानदार से दाम पूछे 店主に値段をたずねた इसके बारे में मुझे आपसे कुछ पूछना है このことであなたに少しおたずねしなくてはなりません अपने डाक्टर से पूछकर बताऊँगा かかりつけの医者にたずねてから申します (2) 気にかける；言葉をかける；様子をたずねる शहर में कोई किसी को नहीं पूछता 都会ではだれも他人のことを気にかけたりしない (3) 相手にする；問題にする；対象にする सब फलों में कीड़े पड़ गये थे.पक्षी भी उन्हें नहीं पूछते थे 全部の実に虫が入っていたので鳥さえ見向きもしなかった बेटा, वहाँ तो बड़े-बड़े लोगों के लड़के जाएँगे, तुझे वहाँ कौन पूछेगा そこには偉いさん連中の子供が行くものだ．お前はだれにも相手にされないよ कालेज-पढ़े लोग मारे फिरते थे, मेरे जैसे मिडिल को कौन पूछता 大学出がうろうろしていたのだから俺みたいな中卒者を相手にするはずもなかった उसके बाद उनकी कृपा होगी तो कुछ मिल जाएगा, वरना मुझे कौन पूछेगा その後あの方のお情けがあれば何がしかが得られようが．そうでなければ一体だれが私を相手にしてくれようか (4) 誘う मेरी सहेली कभी कभी महरी को चाय पीने के लिए भी पूछ लेती 友人は女中にもお茶を飲むようにさそう पानी के लिए पूछना 水はいらないかとたずねる **कुछ पूछो नहीं** (**कुछ पूछिये नहीं**) 言葉にならないほどのこと；話にならない；答えようがない；表現のしようがない "बड़ा कष्ट उठाया" "कुछ पूछिये नहीं.ऐसा कष्ट और इतनी बेइज़्ज़ती कभी नहीं हुई" 「随分苦労なさいましたね」「いやはや，もう何ともお話しになりません．こんなに苦労したり恥をかいたことはこれまでありませんよ」

पूछाताछी [名*] たずねること；問いただすこと＝पूछताछ.

पूछापाछी [名*] ＝पूछाताछी.

पूज[1] [名*] 礼拝；崇拝 ←पूजना.

पूज[2] [名*]〔ヒ〕プージ（祝い事に際して親戚縁者などを招き茶菓でもてなす行事）

पूजक [形・名] 拝む（人）；崇拝する（人）；崇拝者

पूजन [名] (1) 崇拝；拝むこと；礼拝 (2) 尊敬 हिंदू विधि से पूजन ヒンドゥー式の礼拝 विधिवत् दीपावली पूजन करना 規定通りにディーパーワリーの礼拝をする

पूजना[1] [他] (1) 拝む；崇拝する लोगों ने मृत्यु के बाद उन्हें अपनाया है, पूजा है और आज तक ऐसा हो रहा है 世間は同氏をその死後受け入れ，拝み，今日までそれが続いて来ている बाज़ क़ौमें तो गाय बछड़ों को पूजती हैं 一部の民族は雌牛や子牛を崇拝する विष्णु, कृष्ण, भगवान बुद्ध आदि भी विविध रूपों में पूजे जाते हैं ヴィシュヌ，クリシュナ，仏陀なども様々な形で崇拝されている (2) 尊敬する जिसमें जो भी ख़ूबियाँ थीं उन्हें ख़ूब ही सहृदयता से परखे, ख़ूब ही प्रेम से पूजा सम्पादक ने 編集者は人それぞれの良さをやさしく見抜き愛情をいっぱいこめて尊敬した (3) 尊重する

पूजना[2] [自] (1) 満たされる；満ちる (2) 足りる (3) 満期になる (4) 欠けたりへこんだりくぼんでいたところが埋まる；ふさがれる (5) 達する

पूजना[3] [他] 満たす

पूजनीय [形] (1) 拝むべき；拝まれるべき；崇拝すべき (2) 尊敬すべき

पूजमान [形] 尊敬すべき；敬うべき＝पूज्य; आदरणीय; पूजनीय.

पूजयिता [形・名] ＝पूजक.

पूजा [名*] (1) 礼拝；崇拝 भगवान की सच्ची पूजा के लिए सच्चा भाव और प्रेम चाहिए 神を真に礼拝するには真の気持ちと愛情とが求められる गणेश पूजा ガネーシャ神の崇拝 हथियारों की पूजा 武器の崇拝 (2)〔ヒ〕プージャー（ヒンドゥー教の神像礼拝の様式に則って行われる礼拝儀礼．神像に水，神饌，花，香，灯明などを供えたり神像の沐浴や衣服の取り替えなどに関する多数の儀礼を伴う） (3) 敬うこと；尊ぶこと；尊敬すること；大事にすること；敬われること；尊ばれること；尊敬されること；大事にされること जो पैसे वाला है, उसी की पूजा होती है 金持ちだけが敬われるのだ (4) もてなし；歓待 (5) 賄賂 (6) 叩きのめすこと；ひどい目に遭わせること **(-की) पूजा क०** *a.* 礼拝する *b.* (ーに) 贈賄する *c.* (ーを) 叩きのめす；ひどい目に遭わせる；やっつけ

る पूजा कराना プージャーを指導して行わせる；拝ませる；礼拝させる；礼拝の指導をする मुख्य पुजारी ने शुद्ध संस्कृत में मंत्रों का उच्चारण कर पूजा कराई 主祭官が純粋なサンスクリット語で呪文を唱えプージャーを指導した पूजा चढ़ाना *a.* 崇拝する；礼拝する *b.* 賄賂を贈る；贈賄する＝ पूजा चढ़ाना.

पूजा-अर्चना [名*]〔ヒ〕プージャー；礼拝儀礼；礼拝儀式 देवी की पूजा-अर्चना デーヴィーのプージャー पूजा-अर्चना भी सोने के पात्रों से होती है プージャーも金の器で行われる

पूजा-आरती [名*] ＝ पूजा-पाठ.

पूजा-कहानी [名*]〔ヒ〕ヒンドゥー教徒の行う断食行ヴラタ व्रत に際して語られる縁起話；ヴラタ・カター व्रत कथा

पूजागृह [名] 拝殿；礼拝所＝ उपासनागृह; मंदिर.

पूजा-परसना [名]〔ヒ〕プージャーと神饌を供えること देवी-देवताओं की पूजा-परसना कर विशेष तिथियों पर स्त्रियाँ व्रत उपासना रखती हैं 女性たちは神々のプージャー（とお供え）を行い特定の日に断食を行う

पूजा-पाठ [名]〔ヒ〕プージャーと読経；プージャーと経典の読誦（自ら行うものもバラモンが檀徒のために行うものも）；礼拝 माँ सुबह सुबह पूजा-पाठ करती हैं 母は早朝お祈りを捧げる（プージャーと経典の読誦を行う；お勤めをする） सास जी ने माला ली और पूजा-पाठ में मन लगाया 姑は花環を手に取りプージャーと読経に専念した धार्मिक पूजापाठ 宗教儀式

पूजा-प्रतिष्ठा [名*] 崇拝；尊敬；尊崇 आज जो निराला की पूजा-प्रतिष्ठा हो रही है 今日行われている（詩人）ニラーラーの尊崇

पूजित [形] 拝まれた；崇拝された कैला देवी यादव वंशीय क्षत्रियों की कुल देवी के रूप में पूजित होने लगी カイラーデーヴィーはヤーダヴァ・クシャトリヤの氏神として崇拝されるようになった मंदिर की मंत्रों से पूजित कुल्हाड़ी से वृक्ष को काटा जाता है 呪文を唱えて拝まれた神社保管の斧で木が伐採される

पूजी [名*]《← P. پوزی पूज़ी》馬の顔面につける装具

पूजोपकरण [名]〔ヒ〕プージャーに必要な法具

पूजोपचार [名] プージャーの儀礼とそれに必要な法具や材料

पूजोपहार [名]〔ヒ〕神饌

पूज्य [形] (1) プージャーを行うべき (2) 尊敬すべき；尊い

पूज्यपाद [形] 最高に尊崇すべき；御足を拝むべき

पूज्यमान [形] 尊敬されている；尊崇されている

पूज्यवर [形] 最高に尊い；最も尊崇すべき

पूड़ा [名] ＝ पूआ.

पूड़ी[1] [名*] ＝ पूरी. पूड़ी-पकवान プーリーなどギーや油で揚げた馳走 उन्होंने हमें पूड़ी-पकवान खिलाये 私たちにご馳走をして下さった

पूड़ी[2] [名*] タブラーなどの太鼓の皮

पूत[1] [形] (1) 聖なる；神聖な＝ पवित्र. (2) 清浄な＝ शुद्ध.

पूत[2] [形] 悪臭のある；腐った；腐敗した＝ दुर्गंधयुक्त; बदबूदार.

पूत[3] [名] 息子 ＝ पुत्र; बेटा. **पूत के पैर पालने में दिखाई दे०**〔諺〕人の将来は揺りかごの中で（幼時に）予見されるもの；栴檀は双葉より芳し＝ पूत के पाँव पालने में नज़र आ०.

पूतड़ा [名] おしめ；おむつ；むつき＝ पोतड़ा.

पूत दारु [名]〔植〕マメ科小木ハナモツヤクノキ＝ पलास; पलाश.

पूतन [名] (1) 悪鬼 (2) 火葬場に置かれた死体

पूतना [名*] (1)〔イ神〕鬼女，ダーナヴィー（दानवी） (2)〔イ神〕クリシュナ殺害のためにカンサ王 कंस に遣わされた鬼女のプータナー

पूतना-उद्धार [名]〔イ神〕プータナー，すなわち，クリシュナ殺害のためカンサ王 कंस に遣わされクリシュナに退治された鬼女の話でクリシュナ伝説の一部を成すものとして有名．ラーサリーラー रासलीला の一部になっている

पूतनिका [名*] 鬼女

पूतपत्री [名*]〔植〕シソ科カミメボウキ＝ तुलसी.

पूतफल [名]〔植〕クワ科小木パラミツの木とその実；ジャックフルーツ＝ कटहल.

पूता [名*] ドゥルガー神の異名の一＝ दुर्गा.

पूतात्मा [形] (1) 清浄なる精神の (2) 敬虔な

पूति[1] [名*] 清浄；清らかさ＝ पवित्रता.

पूति[2] [名*] (1) 悪臭 (2) 腐敗 (3) 化膿

पूतिक [形] (1) 悪臭のする (2) 化膿する (3)〔医〕敗血症の

पूतिकर्ण [名]〔医〕耳垂れ；耳漏れ；慢性中耳炎

पूतिकाष्ठ [名]〔植〕ヒマラヤスギ【*Pinus deodora*】＝ देवदारु.

पूतिकेशर [名] (1)〔植〕オトギリソウ科小木セイロンテツボク【*Mesua ferrea*】＝ नागकेशर. (2)〔動〕ジャコウネコ亜科ジャコウネコ【*Viverricula indica*】＝ मुश्क बिलाव.

पूतिगंध[1] [形] 悪臭のする

पूतिगंध[2] [名] (1) 錫 (2) モモタマナ（シクンシ科）の果実 (3) 硫黄

पूतिगंधा [名*]〔植〕キク科サニギク【*Vernonia anthelmintica*】＝ बकुची.

पूतिनस्य [名]〔医〕蓄膿症

पूतिरोधी [形]〔薬〕化膿止めの〈antiseptic〉

पूतिवृक्ष [名]〔植〕ノウゼンカツラ科蔓木【*Calosanthes indica; Bignonia indica*】＝ सोनापाठा.

पूती [名*] 球根の玉

पूतीक [名] (1) マメ科リスノツメ＝ पूतिकरंज. (2) ジャコウネコ

पूत्यंड [名] (1)〔昆〕カメムシ科カメムシ (2)〔動〕シカ科ジャコウジカ

पूदना [名]〔鳥〕ムシクイ科チュウヨシキリ【*Aerocephalus stentoreus*】＝ पोदेना.

पूदीना [名] ＝ पुदीना.

पून[1] [名] (1)〔植〕カンラン科高木クナリカンラン【*Canarium commune*】＝ जंगली बादाम. (2) ＝ पूनना.

पून[2] [名] ＝ पुण्य.

पूनना [名]〔植〕オトギリソウ科高木【*Calophyllum elatum; C. tomentosa*】＝ कलपून; पून.

पूनम [名*] 陰暦白分の 15 日；十五夜 संवत 1526 की कार्तिक पूनम को ヴィクラマ暦 1526 年カールティク月 15 日に

पून-सलाई [名*] かせ（綛；糸を巻きとる道具）

पूना [名]〔植〕 पून[1] (2) ＝ कलपून.

पूनी [名*] かせ糸（綛糸）；木綿糸の束糸

पूनो [名*] 陰暦 15 日；白分の 15 日；十五夜＝ पूर्णिमा.

पूप [名] ＝ पूआ.

पूपला [名] (1) ＝ पूआ. (2) 古代の甘味菓子の一

पूपली [名*] (1) 管；筒 (2) 竹筒などの管（インドのうちわを回転させて用いる際にそれに差しこむ）

पूय[1] [名] 膿 ＝ पीप; मवाद.

पूय[2] [名]〔植〕イラクサ科低木（繊維が有用）【*Maoutia puya*】＝ पूयउडश.

पूयकुंड [名]〔ヒ〕地獄の一；血膿地獄

पूयदंत [名]〔医〕歯周病；歯槽膿漏

पूयन [名] (1) 膿 (2) 腐敗

पूय-प्रमेह [名]〔医〕糖尿病 ＝ पूय-मेह.

पूर[1] [名] (1) 完成すること；成し遂げること；完遂；完了 (2) 料理の皮などに包みこむもの；中に詰める物＝ पूरन. (3) 大水；洪水＝ बाढ़. (4) 傷の癒えること

पूर[2] [名] (1) ＝ पूला. (2)〔農〕収穫物の 3 分の 1（3 分の 1 は地主のもの，3 分の 2 は耕作者のもの）

पूरक [形・名] (1) 補う（もの）；補足（する）；補充（する）；補完（する）；足し पूरक भोजन（दूध छुड़ाते वक्त खिलाने का खाना）離乳食 एक प्रकार से काँच और प्लास्टिक धातुओं के पूरक हैं ガラスとプラスチックはいわば金属の補完物である वास्तव में महँगाई और भ्रष्टाचार दोनों ही एक दूसरे के पूरक हैं 物価騰貴と汚職とは補完関係にある इस कारण ये दोनों ही स्थितियाँ एक दूसरे की पूरक हैं したがってこの 2 つの状況はお互いに補い合うものである (2) 対抗する（もの） (3)〔数〕乗数 (4)〔植〕＝ बिजौरा नीबू. (5)〔ヒ〕死後 10 日間供えられる握り飯 (6)〔ヨガ〕プーラカ（右の鼻腔を閉ざして左の鼻腔から息を吸うこと）；入息；吸息 (7)〔言〕補語〈complement〉

पूरक कोण [名]〔幾〕余角〈complementary angle〉

पूरक परीक्षा [名*]〔教〕追試験

पूरक बजट [名] 補正予算（案）〈supplementary budget〉＝ अनुपूरक बजट. पूरक बजट पेश हुआ 補正予算案が提出された

पूरक रंग [名] 補色；余色

पूरण[1] [名] (1) 満ちること；満たすこと；補充すること (2) 完成すること；完成させること；終結すること

पूरण[2] [形] 満たす；補う；補足する

प

पूरन[1] ［形］＝पूर्ण.

पूरन[2] ［名］サモーサーなどの料理で衣などに詰める具

पूरनमासी ［名*］＝पूर्णमासी.

पूरना[1] ［他］(1) 満たす (2) 補う；充足する (3) 覆う (4) 叶える (5) 糸をよる (6) 麺を打つ (7) 縦糸をのばす (8)（クモが）巣を張る मकड़ी जाले पूर रही है クモが巣を張っているところだ

पूरना[2] ［自］満ちる；一杯になる

पूरब[1] ［名］(1) 東；東の方角；東方＝ पूर्व; मश्रिक. सूरज पच्छिम में जाकर सोता है पर जागता है पूरब में 太陽は西に行って眠るが目を覚ますのは東 (2) 東部；東部地域

पूरब[2] ［形］＝पूर्व.

पूरबल ［名］(1) 昔 (2) 前世＝ पूर्वजन्म.

पूरबला ［形⁺］(1) 昔の＝ पुराना. (2) 前世の पहले जन्म का. पूरबला पाप 前世で犯した罪；悪業 पूरबला लेख 運命により定まっているもの

पूरबिया ［名］東部地方の住人（特にウッタル・プラデーシュ州の東部を中心とした地域の住民を指す）→ पूरबी[2,3]

पूरबी[1] ［形］(1) 東の；東方の (2) 東からの；東方からの＝ पूर्व का; पूरब का; मश्रिकी.

पूरबी[2] ［名*］〔言〕プールビーとはヒンディー語で東部地域の言葉の意味であるが，特に東部ヒンディー語と呼ばれる言語（ウッタル・プラデーシュ東部を中心とするアワディー語 अवधी, チャッティースガル州を中心に話されるチャッティースガリー語 छत्तीसगढ़ी を指す）

पूरबी[3] ［名*］＝ पुरबिया.

पूरबी[4] ［名*］〔イ音〕プールビー（ビハール地方に歌われるダードラー旋律の一）

पूरयितव्य ［形］満たされるべき；満たすべき

पूरयिता ［形・名］＝ पूरक.

पूरवा ［名*］東からの風；東風＝ पूरब की हवा; पुरवा. पूरवा बह रही है 東風が吹いている

पूरा ［形⁺］(1) 満たされた；詰まっている；一杯になった (2) 十分な；たっぷりの (3) 全部の；全体の；あらゆる；一切の पूरे साल 1 年中；年中 पूरे सवा 11 रुपए प्राप्त करने के पश्चात् 11.25 ルピー全額を手に入れてから पूरी घटना 事件の一部始終 ये खिलौने बच्चों के हर अभाव को पूरा करते हैं この玩具は子供たちの求めている一切のものを満たしてくれる पूरी कोशिश करनी चाहिए あらゆる努力をなすべきだ पूरा नाम フルネーム उनका पूरा नाम जवाहर लाल नेहरू था 氏のフルネームはジャワーハルラール・ネヘルーだった हवाई जहाज़ की पूरी लंबाई 全長（飛行機の） आख़िर पूरी बात भी बताओगे つまり一切の話をするつもりかね पूरा शरीर 全身 ＝ सारी देह; अंग-अंग. पूरी ट्रेन भर गई थी 全列車が満員になっていた पूरी ताक़त से 全身の力をこめて；全力で；思いきり；力の限り पूरी ताक़त से चीख़ना 思いきり叫ぶ (4) 全くの；完全な；徹底した इस वर्षगाँठ पर तू पूरे बारह वर्ष का हुआ है 今度の誕生日でお前は満 12 歳になった (-की) पूरी कोशिश क。（ーに）全力を上げる पूरी आस्तीन का स्वेटर 長袖のセーター पूरे पाँच घंटे तक आपरेशन चलता रहा 手術はまる 5 時間続いた पूरे मन से फिर से पढ़ाई में जुट जाते हैं 精神を集中して再び勉強にとりかかる पूरे जल्लाद है, ज़रा-सा पीटने को कहा था सो लगे खाल उधेड़ने 全く鬼だ．ほんの少し叩くようにと言ったのに皮をひんむき始めたのだから **पूरी तरह** 全く；すっかり；完全に；とっぷり ＝ पूरी तौर से; बिलकुल. (5) 整った；そろった；出来上がった；完成した；完了した；達成された；実現された तैयारी पूरी है 準備が整っている；用意が出来上がった；完成した देख, मेरा चित्र पूरा हो गया ほらね絵が完成した यह कर्तव्य हमें पूरा करना है この義務を果たさなくてはならない सातवीं पंचवर्षीय योजना के अंत तक राज्य में साक्षरता का शत प्रतिशत लक्ष्य पूरा कर लिया जाएगा 第 7 次 5 か年計画の終わりまでに識字率の 100 %の目標が達成されよう थीसिस पूरी करने के लिए 論文を仕上げるために पूरा करके छोड़ना やり遂げる；完遂する गर्मी की छुट्टियाँ पूरी होते ही जब वह स्कूल गया तो 夏休みが終わってすぐに学校へ行ってみると उसे पूरा करने का अज़्म कर चुके थे これを果たす決意を固めていた (6) 詳しい；詳細な पूरी जानकारी 詳しい情報 पूरे समाचार 詳報；詳しいニュース (7) 絶対の；確実な मुझे पूरा विश्वास था कि वह इस वर्ष प्रथम श्रेणी में उत्तीर्ण होगा 今年は一等級で合格するものと確信していた (8) 満たされた；叶えられた पूरा क。 満たす आवश्याक्ताओं को पूरा क。 必要を満たす पूरा हो。 満たされる अपने जीवन में किसी महत्त्वाकांक्षा के पूरा न होने या प्रेम में असफल रहने पर 人生で野心が満たされなかったり失恋したりすると इच्छा पूरी न हो तो 願いが叶えられないと जब तक वह पूरा न हो それが宙に浮いている限り (9) 成長した；成熟した；一人前の；大人の कुछ दिनों बाद वह पूरी बिल्ली बन गई まもなくその猫は大人になった पूरी मछली 成魚 पूरा केकड़ा 成熟したカニ (10) 体格のいい；でっぷりした अधेड़ अवस्था का ऊँचा पूरा मनुष्य है 中年の背の高く体格のいい人 **पूरा उतरना** *a*. 合格する *b*. 十分な (-का) **पूरा दिन लगना** 月が満ちる；臨月になる＝ पूरा दिन लगना. **पूरा पड़ना** 足りる；十分な **पूरा हो。** *a*. 堅い；堅固な；しっかりしている *b*. 十分な；不足のない *c*. 完成する；まとまる *d*. 死ぬ (-को) **पूरी छूट हो。**（ーが）全く自由な；全く支障のない **पूरे दिनों से हो。** ＝ पूरा दिन लगना.

पूरिणी ［形*］満たす；補う；補足する

पूरित ［形］(1) 満たされた；満ちた (2) 充実した

पूरी ［名*］(1)〔料〕プーリー（ギーや油で揚げたローティー रोटी ご馳走の一） **पूरी-मिठाई** プーリーや菓子；ご馳走 (2) 太鼓などの楽器に張られている円形の皮

पूर्ण ［形］(1) 詰まっている；一杯入っている；満ちている（比喩的な意味でも） (2) 全くの；完全な；十全な；十分な दुनिया में पूर्ण कौन है? この世に完全な人がいるだろうか पूर्ण विजय 完全勝利 युग की नवीन शक्तियों ने इनपर भी पूर्ण विजय नहीं प्राप्त की है 時代の新しい勢力はこれらに対しても完全な勝利を収めていない **पूर्ण चंद्रग्रहण** 皆既月食 (3) 満たされた；達成された；叶えられた जीवन का ध्येय पूर्ण हो जाए 人生の目標が達成されるよう एकता यज्ञ के 20 वें दिन आज उनके जन्मदिन पर पूर्ण आहुति 団結祈願の供犠は 20 日目の今日，同氏の誕生日に完結 (4) 不足のない；足りている；十分な पूर्ण रूप से 全く；完全に；すっかり उस समय आप पूर्ण रूप से निश्चिंत रहें その際全く心配なさいませんように

-पूर्ण ［造語］名詞について，（ーに）満ちている，（ーで）あふれている，（ーで）一杯の，などの意を有する合成語の構成要素 ऐसी कायरतापूर्ण बातें मत करो こんな卑怯千万な話はするな कलहपूर्ण वातावरण 戦闘的な雰囲気 शरारतपूर्ण 悪意に満ちた आनंदपूर्ण 喜びに満ちた

पूर्णकाम ［形］(1) すべての願いが叶えられた (2) 無欲な

पूर्णकाल ［名］〔言〕過去時制〈preterite〉

पूर्णकालिक ［形］すべての時間の；全時間の

पूर्णकीट ［名］〔昆〕成虫〈imago〉

पूर्णकुंभ ［名］(1) 水の満たされたかめ (2)〔ヒ〕祭式に際して戸口に置かれる吉祥のしるしとしての水がめ

पूर्णक्रिया ［名*］〔言〕完全動詞〈complete verb〉

पूर्णग्रहण ［名］〔天〕皆既食〈total eclipse〉

पूर्णचंद्र ［名］満月 ＝ पूर्णिमा का चंद्र.

पूर्ण चतुर्भुज ［形］正四辺形の〈complete quadrilateral〉

पूर्णचतुष्कोण ［名］正四辺形〈complete quadrangle〉

पूर्ण ज्वारभाटा ［名］大潮〈spring tide〉

पूर्णतः ［副］完全に；全く；十分に；申し分なく इस प्रकार की बातें, जो देखने में पूर्णतः सत्य लगती हैं 見たところ全く真実のように思えるこの種の話 इस बारे में वह पूर्णतः सतर्क रहती है このことに関して彼女は警戒している

पूर्णतया ［副］全く；完全に；十分に；すっかり लड़का पूर्णतया स्वस्थ होकर घर वापस आ गया 子供はすっかり元気になって家に戻った समाज द्वारा पूर्णतया स्वीकार्य करवाने के लिए 社会に完全に受け入れてもらうために

पूर्णता ［名*］← पूर्ण.

पूर्णदर्शन ［名］〔イ哲〕マドヴァ・アーチャーリャ मध्वाचार्य の唱えた二元論

पूर्ण पक्ष ［名］〔言〕完了相〈completive aspect〉

पूर्णप्रज्ञ[1] ［形］(1) 完全な知能を持つ (2) 英智を持つ

पूर्णप्रज्ञ[2] ［名］〔イ哲〕二元論を唱えた哲学者マドゥヴァ（मध्व आचार्य 1197–1276）

पूर्णबीज ［名］＝ बिजौरा नीबू.

पूर्णमा ［名*］陰暦 15 日；白分の 15 日＝ पूर्णिमा; पूर्णमासी.

पूर्णमास ［名］(1) 満月の日；陰暦 15 日 (2) 月；太陰

पूर्णमासी [名*] 陰暦の白分 15 日；陰暦 15 日 पूर्णमासी का चाँद 十五夜の月；満月＝ पूर्णिमा का चंद्रमा; पूर्णचंद्र.
पूर्णरूपेण [副] 完全に；全く；すっかり हम पूर्णरूपेण इस शिक्षा-पद्धति में परिवर्तन करेंगे 我々はこの教育制度をすっかり変える
पूर्णविराम [名] 終止符；ピリオッド；ピリオド；フルストップ〈full stop〉
पूर्णविवेक [形] 完璧な分別や判断力
पूर्णसंख्या [名*]〔数〕整数〈whole number; integer〉
पूर्ण सूर्यग्रहण [名]〔天〕皆既日食
पूर्णस्वाधीनता [名*] 完全独立
पूर्णांक [名] (1)〔数〕素数 (2) 満点＝ फुल मार्क्स.
पूर्णायु[1] [名*] (1) 百歳の年齢 (2) 全寿命
पूर्णायु[2] [形] (1) 全寿命を得ている（人） (2) 百歳まで生きる（人）
पूर्णावतार [名]〔ヒ〕（権化の様式の一で）完全権化（と呼ばれる神が完全な形で権化したもの）→ अंशावतार 部分権化
पूर्णाहुति [名*] (1)〔ヒ〕供犠に際し儀式の最後に供えるもの (2) 仕上げ पूर्णाहुति दे॰ 完成させる；完結させる；終結させる
पूर्णिमांत [形] インド暦で月の終わりが満月で終わる方式の；満月終わりの ↔ अमांत みそか（晦日）終わりの
पूर्णिमा [名*] 陰暦白分 15 日＝ पूर्णमासी; पूर्णिमा. पूर्णिमा का चंद्र 満月＝ पूर्णचंद्र.〈full moon〉
पूर्णेन्दु [名] 十五夜の月；満月
पूर्त [形] (1) 満たされた (2) 覆われた (3) 守られた
पूर्त विभाग [名] 建設局；公共事業局〈public works department〉
पूर्त संस्था [名*] 慈善施設〈charitable institution〉
पूर्ति [名*] (1) 満ちていること；十分なこと (2) 満たすこと；充足（すること） आवश्यकता की पूर्ति 必要を満たすこと (3) 達成（すること） इस लक्ष्य की पूर्ति में この目標の達成のために (4) 供給 पानी की पूर्ति 給水 नगर निगम हर तीसरे रोज़ पानी की पूर्ति बंद रखा करेगा 市役所は 3 日目ごとに給水を止める予定
पूर्ब [形・名] ＝ पूरब; पूर्व.
पूर्य [形] (1) 満たされるべき；充足すべき (2) 守るべき
पूर्व[1] [形] (1) 前の；前方の (2) 東の；東方の (3) 昔の；以前の；過去の；元の पूर्व प्रेमिका 以前の恋人 पूर्व संचार मंत्री 元通信大臣 घायल पूर्व मंत्री की हालत 負傷した元大臣の容態 (4) 前もっての；先んじた；先行する पूर्व अदायगी 前納；前払い
पूर्व[2] [名・後置] (1) 東；東方；東部 (2) 東洋；アジア (3) 前部；前；前方 (4) 昔；前；以前 क्या पूर्व में कभी सिर पर गंभीर चोट लगी है? 以前頭に大けがをしたことがありますか **पूर्व का** *a.* 前の；以前の करोड़ों वर्ष पूर्व के अस्थिपंजर और अवशेष 数千万年前の骨や遺物 *b.* 東の；東洋の；アジアの **- पूर्व, -के पूर्व, -से पूर्व** －より前に；－以前に；－の先に हज़ारों वर्ष पूर्व किस प्रकार रहते थे? 数千年前の人間はどのような暮らしをしていたのだろうか शादी से पूर्व 結婚前に 4 वर्ष पूर्व 4 年前に ＝ 4 साल पहले. वेदों से पूर्व अज्ञात काल में ヴェーダ時代以前，定かでない時代に स्वतंत्रता से पूर्व लोगों में धर्म के प्रति कुछ अधिक जागरूकता थी 独立前，宗教に対する人々の意識は今以上に高かった खाने से पूर्व 食前に；食事前に शादी से पूर्व 結婚前に
पूर्व ओलंपिक समारोह [名]〔ス〕プレ・オリンピック大会
-पूर्वक [造語] 名詞（－）について「－に従って」，「－に則って」，「－を伴って」，「－に」，「－で」などの意を持つ副詞をつくる造語要素. विधिपूर्वक 規定に則って；儀軌通り चार पंडित विधिपूर्वक जाप कर रहे हैं 4 人のパンディットが儀規に則って念誦を行っている विधिपूर्वक राजतिलक क॰ 儀軌に則り即位式を行う निर्ममतापूर्वक 残忍に；むごたらしく उसने अपनी पत्नी की बड़ी निर्ममतापूर्वक हत्या कर दी 男は妻を甚だむごたらしく殺害した बर्बरतापूर्वक 野蛮に；荒々しく
पूर्वकाय [名] 上半身（へそから上の部分）
पूर्वकाल[1] [名] 昔；古代；上代＝ पूर्वकल्प.
पूर्वकाल[2] [形] 昔の；古代の；上代の
पूर्वकालिक [形] (1) 過去の (2) 昔の
पूर्वकालिक कृदंत [名]〔言〕接続分詞
पूर्वगंगा [名*] ナルマダー川（マッディヤ・プラデーシュ州に発しグジャラート州を経てカンバート湾に注ぐ）
पूर्वगामी [形] 先行する
पूर्वगौरव [名] 昔の栄光；昔の名誉；昔の栄華 हमारा पूर्वगौरव われらが昔の栄誉
पूर्वग्रस्त [形] (1) 偏見を持つ；偏見にとらわれている (2) 偏見の対象となっている→ पूर्वग्रहग्रस्त.
पूर्वग्रह [名] 偏見；先入観＝ बदगुमानी; बदज़नी. नई जानकारी को न अपनाने का पूर्वग्रह 新しい知識をとり入れようとしない偏見
पूर्वग्रहग्रस्त [形] 偏見にとらわれている；偏見を持つ ज़्यादातर सदस्य औरतों के प्रति पूर्वग्रहग्रस्त हैं メンバーの大半は女性に対して偏見にとらわれている
पूर्वज[1] [形] 先に生まれた
पूर्वज[2] [名] (1) 兄 (2) 先祖；祖先 पूर्वजों का गाँव 先祖の住んでいた村 अपने पूर्वजों के देश की संस्कृति, धर्म व भाषा के प्रति 先祖の国の文化，宗教及び言語に対して **पूर्वज उपासना** 祖先崇拝 **पूर्वज परंपरा** 家系
पूर्वजता [名*]〔生〕隔世遺伝；先祖帰り〈atavism〉
पूर्वजन [名] 古代の人々；昔の人たち
पूर्वजन्म [名] (1) 前世；前生＝ पिछला जन्म. (2) 今生とは違う世
पूर्वजन्मा [名] 兄 ＝ बड़ा भाई; अग्रज.
पूर्वज पूजा [名*] 祖先崇拝＝ पितृपूजा.
पूर्वजा [名*] 姉 ＝ बड़ी बहन; जीजी; दीदी.
पूर्वजाति [名*] 前世；前生 ＝ पूर्वजन्म; पिछला जन्म.
पूर्वज्ञान [名] (1) 前世の記憶 (2) 予知；先見；予感
पूर्वतः [副] (1) 前もって；先に (2) 最初に (3) 前方に；前に
पूर्वतन [形] (1) 目先の；前の (2) 昔の＝ पुराना; प्राचीन.
पूर्वतर [形] 先の；以前の；前の
पूर्वदक्षिण [形] 東南の；東南の方角の
पूर्वदक्षिणा [名*] 東南の方角；東南方＝ अग्निकोण.
पूर्वदत्त [形] 先払いの；先に払った
पूर्वदर्शन [名] 予知；予見
पूर्वदान [名] 前払い；先払い
पूर्वदिक् [名*] 東；東方の；東の方角
पूर्वदृष्टि [名*] 先見力；将来を見通す力
पूर्वदेवता [名] 祖先；先祖＝ पूर्वज; पुरखे.
पूर्वधारणा [名*] 推定；仮定
पूर्वनियति [名*] 運命＝ भाग्य; किस्मत.
पूर्वनियोजित [形] 先に任じられた；先に指定された；先に定められた
पूर्वनिर्णय [名] 予断
पूर्वनिर्धारित [形] 予定された；予定の पूर्वनिर्धारित लक्ष्य 予定の目標
पूर्वनिर्मित [形] 前もって作られた；予め作られた；用意された
पूर्वपक्ष [名] (1) 議論において相手の主張に対する最初の異議 (2)〔法〕申し立て；原告の主張 (3) 太陰暦の 1 か月の前半；（白分，もしくは，黒分）
पूर्वपक्षी [形] (1) 異議を言う (2) 申し立てをする；原告側の
पूर्वपद [名] (1)〔言〕先行詞〈antecedent〉 (2)〔言〕合成語の前半 (3)〔数〕前項
पूर्वपाषाण युग [名]〔考〕旧石器時代〈Palaeolithic Age〉＝ पुरापाषाण युग.
पूर्वपितामह [名] (1) 父方の曽祖父 (2) 先祖；祖先
पूर्वपीठिका [名*] 背景 ＝ भूमिका.
पूर्वपुरुष [名] 祖先；先祖
पूर्वप्रत्यय [名]〔言〕接頭辞〈prefix〉
पूर्वफाल्गुनी [名*]〔占星〕プールヴァパールグニー（インドの二十七宿の第 11. 漢名は張）＝ पूर्वाफाल्गुनी.
पूर्वबाहु [名*] 前腕
पूर्वबोध [名] 予感
पूर्वभाद्रपद [名]〔占星〕プールヴァバードラパダ（インドの二十七宿の第 25. 漢名は室）＝ पूर्वाभाद्रपदा*.
पूर्वभूमिका [名*] 背景 क्रांति की पूर्वभूमिका 革命の背景
पूर्वमीमांसा [名*]〔イ哲〕前期ミーマーンサー学派→ヴェーダーンタ学派（後期ミーマーンサー学派）
पूर्वरंग [名]〔イ演〕初期のサンスクリット演劇において序幕に相当する部分に含まれた祈りや歌舞
पूर्वराग [名]〔イ文芸〕相手を直接見ずに噂を聞いたり絵を見たりして燃え立った恋や恋情
पूर्वरूप [名] (1) 前身；元の形 (2) 徴候；きざし＝ आसार.

प

पूर्वलेख [名] 条約原案；議案書；プロトコール= पूर्वसंधि.
पूर्ववत्[1] [副・形] 元通りに；そのままで उसका डर पूर्ववत् था 不安は元通りだった；不安は相変わらずだった
पूर्ववत्[2] [名] 予見；予想
पूर्ववय [名] 子供時分；幼少年期
पूर्ववर्ती [形] (1) 前の；先の (2) 前任の पूर्ववर्ती शासक 前の支配者
पूर्ववाद [名]〔法〕提訴 = नालिश.
पूर्ववादी [名]〔法〕原告 = वादी; मुद्दई.
पूर्वविचार [名] 先見；用心；警戒
पूर्वविद् [形] 昔のことを知ってる；以前のことについての知識を持っている
पूर्वविधान [名] 旧約聖書 〈the Old Testament〉
पूर्वविवेचन [名] 先見；用心
पूर्वविहित [形] 先に定められた；予め定められた
पूर्ववृत्त [名] 歴史 = इतिहास.
पूर्वव्यापित [形] 遡及的な
पूर्वसंचित [形] 前もって蓄えられた
पूर्वसंधि [名*] 条約原案；プロトコール 〈protocol〉
पूर्वसंध्या [名*] (1) 早暁 रथयात्रा की पूर्वसंध्या 山車巡行の日の早暁 (2) 前夜 स्वतंत्रता दिवस की पूर्वसंध्या पर 独立記念日の前夜に दीवाली की पूर्वसंध्या में उसे जलाना ही होगा ディーワーリーの日の前夜にそれを焼かなくてはならない
पूर्वसर्ग [名]〔言〕前置詞 〈preposition〉
पूर्वसूचना [名*] 予告；予報 अखबारों तथा रेडियो द्वारा बिजली बंद होने की पूर्वसूचना दी जानी चाहिए 新聞とラジオで停電の予告をしなくてはならない
पूर्वा [名*] (1) 東；東方 (2) = पूर्वाफाल्गुनी.
पूर्वागम [名]〔言〕語頭音添加 〈prosthesis〉
पूर्वाग्नि [名*]〔ヒ〕家庭儀式の祭火
पूर्वाग्रह [名] → पूर्वाग्रह. 先入観；偏見
पूर्वाधिकारी [名] 先任者
पूर्वानुभूत [形] 先に経験した
पूर्वानुमान [名] 予想；予測
पूर्वानुराग [名]〔イ文芸〕直接の出会いでなく伝聞を耳にしたり絵姿を目にしてから始まった恋
पूर्वापर[1] [形] 前後の；前後関係の
पूर्वापर[2] [副] 前後に
पूर्वापर[3] [名] 東西；東と西
पूर्वापर क्रम [名] (1) 順序 (2) 連続
पूर्वापराधी [名]〔法〕前科者；前歴者
पूर्वाफाल्गुनी [名*]〔占星〕プールヴァーパールグニー（インドの二十七宿の第 11）= पूर्वफाल्गुनी.
पूर्वाभाद्रपद [名] = पूर्वभाद्रपदा.
पूर्वाभाद्रपदा [名*]〔占星〕プールヴァーバードラパダー（インドの二十七宿の第 25）
पूर्वाभास [名] 予感；予知
पूर्वाभिनय [名]〔演〕下稽古；リハーサル
पूर्वाभिमुख[1] [形] 東を向いた；東方に向いた
पूर्वाभिमुख[2] [副] 東を向いて；東方に向いて
पूर्वाभ्यास[名]リハーサル；予行演習；練習 साक्षात्कार का पूर्वाभ्यास 面接試験の練習
पूर्वायोजन [名] (1) 準備 (2) 計画
पूर्वार्जित[1] [形] 先に獲得した；先に稼いだ
पूर्वार्जित[2] [名] 先祖伝来の財産
पूर्वार्द्ध [名] 前半；前の半分；最初の半分
पूर्वार्ध [名] = पूर्वार्द्ध. पूर्वार्ध का खेल ख़त्म हो गया 前半（の試合）が終了した
पूर्वाश्रम [名]〔ヒ〕ブラフマチャリヤ（人生の 4 階梯，すなわち，四住期の第 1）；梵行期；学生期→ आश्रम.
पूर्वाषाढ़ा [名*]〔占星〕プールヴァーシャーダー／プールヴァ・アーシャーダー（インドの二十七宿の第 20）
पूर्वाह्न [名] 午前 → अपराह्न午後.
पूर्वाह्नक[1] [形] 午前の；午前中の= पूर्वाह्न का.
पूर्वाह्नक[2] [名] 午前 = पूर्वाह्न.
पूर्वाह्निक [名] 午前中になすべきこと（日課）
पूर्विका [名*] 先例
पूर्वी[1] [形] 東の；東方の= पूरबी; पूरब का; पूर्व. पूर्वी दुनिया 東洋 = पूर्व; पूरब. पूर्वी यूरोप 東ヨーロッパ；東欧 पूर्वी यूरोप के समाजवादी देश 東欧の社会主義国 पूर्वी भारत 東部インド；インド東部
पूर्वी[2] [名] (1)〔イ音〕プールヴィー（ヒンドゥスターニー音楽で主にウッタル・プラデーシュ州東部からビハール州にかけて歌われるダードラー旋律の一種） (2)〔イ音〕プールヴィー（ラーガの 1 グループ名）
पूर्वी घाट [名] 東ガーツ山脈（インド亜大陸の東南側を走る山脈）
पूर्वोक्त [形] 先述の；前述の= ऊपर जो बताया गया है
पूर्वोत्तर [形] 東北の；東北方の
पूर्वोत्तरा [名*] 東北方；東北の方角
पूर्वोपाय [名] 予防策 एहतियाती कार्रवाई
पूल [名] 草やわらなどの束；わら束= पूला; मुट्ठा.
पूलक [名] = पूला.
पूला [名] (1) 草やわらの束 कटी फ़सल के पूले 刈り取られた作物の束 पुराने फ़ूस के चार-छह पूले 4〜5 束の古いわら **पूले तले गुज़रान क॰** わら小屋で暮らす；貧しい中に暮らしを立てる (2)〔植〕アオイ科落葉低木【*Kydia calycina*】
पूली [名*] 草やわらの小さい束
पूवा [名] = पूआ.
पूषक [名] (1)〔植〕クワノキ= शहतूत. (2) クワの実= शहतूत का फल.
पूषण [名] (1) 太陽 (2)〔イ神〕プーシャン（リグヴェーダにおける神格の一．養育・生育に力があるとされ，また，太陽，牧畜などに関わる神とされた）
पूषभासा [名*]〔ヒ〕インドラ神の都= इंद्रपुरी; अमरावती.
पूषा [名] 太陽 = सूर्य.
पूषात्मज [名] (1) 雲= मेघ; बादल. (2) インドラ इंद्र
पूषाभासा [名*] インドラ神の都= इंद्रपुरी; अमरावती.
पूस [名] (1) プース（インドの太陰太陽暦 10 月，太陽暦の 12〜1 月に相当）= पौष. (2)〔植〕桑の木= शहतूत का पेड़.
पृक्त [形] (1) 混じた；混じった；混合した (2) 接触した (3) 満ちた
पृक्ति [名*] (1) 接触；触れ合い (2) 関係；連結
पृक्ष [名] 穀物；穀類= अन्न; अनाज.
पृच्छक [形] (1) たずねる；問う (2) 知ろうとする；知りたがる
पृच्छन [名] たずねること；問うこと= पृच्छना.
पृच्छा [名*] 質問；問い= प्रश्न; सवाल.
पृतना [名*] (1) 闘争；戦闘= लड़ाई; युद्ध. (2) プリタナー（古代インドの軍隊の分類の一．243 頭の象，同数の戦車，729 人の騎兵，1215 人の歩兵から成る軍団）
पृतनानी [名]（プリタナーの）指揮官；将軍
पृतना-पति [名] = पृतनानी.
पृथक् [形] (1) 別の；関係のない；無縁の सत्ताप्रेमी नेताओं की श्रेणी से पृथक एक सच्चे, निष्ठावान, जनसेवा नेता 政権欲にとらわれている政治家のグループとは別の真の誠実な民衆奉仕を行う指導者 (2) 離れた；分離した (3) 異なる；違う मैंने उसे पृथक् कर देने ही में अपनी कुशल समझी 私はそれを引き離すのが自分に好都合なことだと判断した **पृथक्-पृथक्** 別々の；個別の समाज में प्रत्येक वर्ग के पृथक्-पृथक् कर्म और व्यवसाय थे 社会の各層はそれぞれ別個の仕事と職業を持っていた
पृथक्करण [名] 分離；引き離し
पृथक्ता [名*] = पृथक्त्व. (1) 分離 (2) 孤立；疎外 (3) 相違；違い
पृथक्तावाद [名] 分離主義
पृथक्तावादी [形・名] 分離主義的な；分離主義の；分離主義者 पृथक्तावादी शक्तियाँ 分離主義的勢力 पृथक्तावादी आंदोलन 分離主義運動
पृथक्त्व [名] = पृथक्त्व; पृथक्ता. **पृथक्त्व भावना** 孤立感；疎外感 = पृथक्त्व की भावना.
पृथवी [名*] = पृथ्वी.
पृथा [名*]〔マハ〕プリター（パーンドゥ王 पाण्डु の妻でパーンダヴァ五兄弟のうちユディシュティラ，ビーマ，アルジュナ 3 人の兄弟の母）
पृथिवी [名*] (1) 地球 (2) 大地= पृथ्वी.
पृथिवीतल [名] 地面；表面= धरातल.

पृथिवीनाथ [名] 王；国王
पृथिवीपति [名] 王；国王 = नृपति; राजा.
पृथिवीपाल [名] 王；国王 = नृपति; राजा.
पृथी [名*] = पृथ्वी.
पृथु[1] [形] (1) 広い；広々とした；広大な (2) 大きい；巨大な (3) 多数の；無数の (4) 重要な
पृथु[2] [名]〔イ神〕プリトゥ王（6 番目のマヌ चाक्षुस の孫であるアンガの子ヴェーナ वेन の子）→ मनु.
पृथुक [名] (1) 子；子供= बालक; लड़का. (2) 動物の子
पृथुता [名*] ← पृथु[1].
पृथुत्व [名] = पृथुता.
पृथुदर्शी [形] 先見の明ある；先見性のある= दूरदर्शी.
पृथुल [形] (1) 広い；幅の広い；広大な (2) 巨大な；大きい (3) 重厚な (4) 多くの；沢山の
पृथुलोचन [形] とても目の大きな
पृथ्वी [名*] (1) 地球 (2) 大地 पृथ्वी की सतह 地表 (3) 現世；この世 (4) 土 (5) = पृथ्वी छंद. **पृथ्वी काँपना** 皆が震えおののく **पृथ्वी गोल हो०** いきなりではなく婉曲な話をしてから本題に入る **पृथ्वी डोलना** = पृथ्वी काँपना. **पृथ्वी पर आ०** この世に生まれる；生を享ける **पृथ्वी रसातल में जा०** 大変な不幸に見舞われる **पृथ्वी से उठ जा०** 亡くなる；逝去する；この世を去る
पृथ्वीखात [名] 洞穴 = गुफा; गुहा.
पृथ्वीगर्भ [名] ガネーシャ神 = गणेश.
पृथ्वी छंद [名]〔韻〕プリトヴィー（各パーダが जगण + सगण + जगण + सगण + यगण + लघु + गुरु の 17 音節から成る音節韻律）
पृथ्वीतल [名] 地面；地表 पृथ्वीतल का पानी 地面の水
पृथ्वीदल [名] (1) 地面；地表= धरातल. (2) 現世；この世= संसार.
पृथ्वीधर [名] 山 = पर्वत; पहाड़.
पृथ्वीनाथ [名] 王 = राजा; नृपति; भूपति.
पृथ्वीपति [名] = पृथ्वीनाथ.
पृथ्वीपाल [名] = पृथ्वीनाथ; राजा.
पृथ्वीपुत्र [名] 火星= मंगल ग्रह.
पृथ्वीश [名] = पृथ्वीनाथ; राजा; नृपति.
पृथ्वीसुता [名*]〔ラマ〕ジャナカ王の娘ジャーナキー जानकी；シーター सीता
पृश्नि[1] [形] (1) まだらの；まだら模様の；斑のある (2) やせている；やせ細った (3) 小柄な
पृश्नि[2] [名*] (1)〔イ神〕プリシュニ；デーヴァキー देवकी（クリシュナ神の母）(2) まだらの雌牛 (3) 日光
पृश्निधर [名] クリシュナ神 कृष्ण
पृश्निभद्र [名] クリシュナ神 कृष्ण
पृषत् [形] 斑点のある；まだらの= चितकबरा.
पृषत [名]〔動〕アクシスジカ【*Axis axis*】= चीतल; चीतल पाढ़ा.
पृष्ट[1] [形] (1) 問われた；たずねられた= पूछा हुआ. (2) 灌水された= सींचा हुआ.
पृष्ट[2] [名] 問い；質問；問いかけ
पृष्टि [名*] 質問；問いかけ
पृष्ठ [名] (1) 背；背中= पीठ. (2) 背面；裏面= पीछा. (3) 表面= ऊपरी तल. (4) ページ；頁= पन्ना. **पृष्ठ उलटना**（頁をめくって）ざっと目を通す **पृष्ठ पलटना** *a.* 新しい頁が始まる；新規に始まる *b.* 頁をめくる；新規に始める
पृष्ठक [名] 背面；背後
पृष्ठकरण [名] 表面をなめらかにすること
पृष्ठगत [形] 背面の；背後の
पृष्ठताण [名] 船尾；とも（艫）
पृष्ठ-पख [名] 背びれ
पृष्ठपोषक [形・名] (1) 励ます（人）；激励する（人）(2) 後援する；支援する；応援する
पृष्ठपोषण [名] 後援；支援；後押し (-का) **पृष्ठपोषण क०** *a.*（ーを）励ます；激励する；後援する；支援する *b.* 称賛する *c.*（ーに）賛同する
पृष्ठभाग [名] (1) 背面；背部= पिछला भाग. (2) 背中；背= पीठ; पुश्त.
पृष्ठभूमि [名*] (1) 裏；裏側 (2) 背景；背後；背後事情 ऐतिहासिक पृष्ठभूमि 歴史的背景
पृष्ठवंश [名] 脊柱；脊椎骨 = रीढ़.
पृष्ठसंख्या [名*] ページ数
पृष्ठांकन [名] 裏書き
पृष्ठांकित [形] 裏書きされた
पृष्ठाधान [名] 支え；後援；支援
पृष्ठास्थि [名*] 脊柱；背骨
पृष्ठिका [名*] (1) 背後 (2) 背面 (3) 背景
पृष्ठीय [形] 表面の पृष्ठीय क्षेत्रफल 表面積 पृष्ठीय ताप 表面温度
पें [名*] (1) 人の泣き声や，吹奏楽器などの音を擬したもの (2) 高慢さ；つんとした様子
पेंग [名*] 揺りかごやぶらんこなどの揺れ（ること）उसका मन झूले की पेंगों की तरह इधर उधर झटके खा रहा था 彼の気持ちはぶらんこのように 2 つの間を揺れていた **पेंग बढ़ना** 元気が出る；意欲がわく **पेंग बढ़ाना** *a.* ぶらんこをこぐ *b.* 大股で歩く *c.* 知己や知り合いを増す **पेंग मारना** ぶらんこをこぐ= पेंग ले०.
पेंगुइन [名*]《E. penguin》〔鳥〕ペンギン科ペンギン एंपरर पेंगुइन 皇帝ペンギン〈emperor penguin〉 किंग पेंगुइन キングペンギン〈king penguin〉
पेंग्विन [名*]《E. penguin》〔鳥〕ペンギン
पेंच [名] = पेच.
पेंचकश [名] = पेचकश. ねじ回し；スクリュードライバー
पेंजनी [名*] = पैंजनी/पैजनी.
पेंट[1] [名]《E. paint》(1) 塗料；ペンキ (2) 化粧；おしろい（白粉）；紅 देवकी के मुख पर का पेंट मिट गया था デーオキーの（顔の）化粧がとれていた
पेंट[2] [名]《E. pants》(1) ズボン；パンツ (2) 替えズボン；スラックス= पैंत.
पेंटर [名]《E. painter》ペンキ屋；塗装工
पेंटाथलॉन [名]《E. pentathlon》〔ス〕五種競技
पेंटिंग [名]《E. painting》(1) 絵を描くこと (2) 絵；絵画 (3) ペンキ塗装 पेंटिंग वाला ब्रुश 絵筆
पेंडुलम [名]《E. pendulum》振り子
पेंदा [名] (1) 底 (2) 底面；底辺 (3) 船の竜骨 बर्तन का पेंदा 鍋釜など調理道具の底 **पेंदा कट जा०** 破産する **पेंदा काटना** *a.* 大損害を与える *b.* 大金を費やす **पेंदे का हलका** *a.* 取るに足らない；つまらない；軽薄な *b.* 底の弱い（鍋など）**पेंदे के बल बैठना** *a.* 腰を下ろす *b.* 負ける
पेंदी [名*] (1) 底 (2) 肛門= गुदा. (3) 銃尾；砲尾
पेंशन [名*]《E. pension》年金 अवकाश प्राप्त लोगों को पेंशन 退職者たちに年金 पेंशन मिलना 年金を受ける；年金をもらう **पारिवारिक पेंशन** 家族（遺族）年金 उसे पति के दफ़्तर से पारिवारिक पेंशन मिलने लगी थी 夫の勤務先から遺族年金を受けるようになっていた
पेंशनयाफ़्ता [形・名]《E. pension + P. یافتہ》年金を受領する；年金受給の पेंशनयाफ़्ता अध्यापक 年金受給の（元）教師
पेंशनर [名]《E. pensioner》年金受給者 फ़ौजी पेंशनर 軍人年金受給者
पेंसिल [名*]《E. pencil》(1) 鉛筆 (2) 眉墨；黛= आई-ब्रो पेंसिल〈eyebrow pencil〉. पेंसिल बनाना 鉛筆を削る
पेंसिलिन [名]《E. penicillin》〔薬〕ペニシリン
पे[1] [名*]《E. pay》給料；給金= वेतन; तनख़्वाह; महीना.
पे[2] [名]《پے》ウルドゥー文字の第 3 字の字母 پ の名称
पेइंग गेस्ट [名]《E. paying guest》下宿人
पेउस [名]（雌牛の）初乳= पीयूष.
पेक्टिक अम्ल [名]《E. pectic (acid) + H.》〔化〕ペクチン酸
पेक्टिन [名]《E. pectin》〔化〕ペクチン
पेखना[1] [他] (1) 見つめる (2) 見る
पेखना[2] [名] (1) 光景 (2) 見世物
पेग [名]《E. peg》(1) ソーダ水で割ったウイスキー (2) 同上の入った 1 杯 (3) 釘
पेच [名⁻]《P. پیچ》(1) 曲がり；よじれ；ねじれ (2) 一巻き；一周 (3) ネジ釘；ネジ；ボルト；スクリュー (4) 混乱；紛糾；錯綜 (5) 凧揚げで相手の凧糸を切り落とすために糸を絡めること (6) 策略 (7) 技；手 (8) 栓抜き= पेचकश. **पेच उठाना** 辛い思いをする **पेच कसना** ねじを回す **पेच काटना**（凧合戦で相手の）凧糸を切る **पेच खाना** もつれる；面倒になる；絡まる **पेच खेलना**（相手

प

の凧糸を切る）凧合戦をする **पेच घुमाना** 相手の考えを変えるような工夫をする **पेच डालना** もつれさせる；紛糾させる **पेच ढीली हो॰** 間抜けな (-को) **पेच दे॰** （ーを）だます；欺く **पेच पड़ना** = पेच खाना. **पेच में आ॰** だまされる；ぺてんにかかる **पेच में पड़ना** = पेच में आ॰. **पेच लड़ाना** 相手の凧を切り落とすために相手の凧糸に絡ませる (-की) **पेच हाथ में हो॰** （ーを）思いのままにする；思いのままに操る；（ーを）支配する

पेचक[1] [名*]《P. پیچک》(1) 糸巻き (2) 螺旋形（のもの）；渦状のもの

पेचक[2] [名]〔鳥〕メンフクロウ科メンフクロウ【*Tyto alba*】= करैल.

पेचकश [名]《P. پیچ کش》(1) ねじまわし；ドライバー (2) コルク栓抜き

पेचकस [名] = पेचकश.

पेचताब [名]《P. پیچ تاب》= पेचो ताब.

पेचदार [形]《P. پیچ دار》(1) ねじれている；ねじれた；ひねりのある (2) 渦巻きの形の；らせん形の सिर पर पेचदार साफ़ा 頭には渦巻き形のターバンを（巻いて） (3) 複雑な；厄介な；面倒な

पेचवान [名]《P. پیچوان》(1) フッカー (हुक़्क़ा)，すなわち，水ぎせるの長い吸い口の管；ペーチワーン (2) 大型の水ぎせる；ペーチワーン वह बाबा के लिए पेचवान ताज़ा कर रहा था 祖父のために水ぎせるの水を取り替えているところだった

पेचा[1] [名] = उल्लू.

पेचा[2] [名]《← P. پیچ पेच》凧合戦で相手の凧糸に自分の凧糸を絡ませて切り落とす遊び

पेचिका [名*]〔鳥〕メンフクロウのメス→ पेचक[2].

पेचिश [名*]《P. پیچش》〔医〕(1) 赤痢 (2) 赤痢などによる下痢やそれに伴う激しい腹痛

पेचिस [名*] = पेचिश.

पेचीदगी [名*]《P. پیچیدگی》(1) ねじれ；よじれ；歪み (2) 錯綜；複雑さ；混乱 (3) 面倒なこと；厄介なこと क़ानूनी पेचीदगियाँ 法律上の複雑さや複雑な手続き

पेचीदा [形]《P. پیچیده》(1) ねじれた；よじれた；曲がった (2) 面倒な；やっかいな；複雑な；煩雑な；もつれた；絡み合った यह थोड़ा पेचीदा काम है いささか厄介な作業 पेचीदा सवाल 難問；難関

पेचीला [形[+]]《پیچیلا ← P. پیچ पेच + H. -ईला》(1) ねじれた；よじれた (2) 絡み合った；錯綜した；もつれた；複雑な

पेचीलापन [名] ← पेचीला. = पेचीदगी.

पेचोख़म [名]《P. پیچ و خم》(1) ねじれ；歪み；よじれ (2) 錯綜

पेचोताब [名]《P. پیچ و تاب》(1) ねじれ；よじれ (2) もつれ；紛糾 (3) 興奮 (4) 不安；困惑 (5) 怒り **पेचोताब खाना** *a.* ねじれる；よじれる *b.* 興奮する *c.* 困惑する *d.* 腹を立てる

पेज[1] [名]《E. page》ページ；頁 = पृष्ठ; पन्ना; सफ़हा.

पेज[2] [名]《E. page》(1) 給仕；ボーイ (2) 小姓；近習

पेज[3] [名] 砂糖を加え甘く煮つめたミルク = रबड़ी.

पेज[4] [名*] 誓い；誓言 = प्रतिज्ञा.

पेट [名] (1) 腹；腹部 (2) 胃 (3) 母の胎内；子宮 (4) 心の働きがあるとされるところ；心；胸；胸中 (5) 所有や支配の状態 (6) ものの中央部，内部や内側の中空の部分やものを入れるための部分 मटके के पेट में 水がめの中に (7) 弾倉 (8) 生きるために必要な食べ物；食糧；生きる糧などの象徴 पेट तथा आँतों का रोग 胃腸病 = अल्सर. पेट में दर्द 腹痛 वह रात भर पेट के दर्द से तड़पता रहा 夜通し腹痛でのたうちまわった **पेट अघाना** 腹一杯食べる；満腹する **पेट आ॰** 下痢をする **पेट एक हो॰** 意見や考えが一致する **पेट ऐंठना** *a.* 気が気でならない *b.* 腹が痛む **पेट और तन काटना** 衣食の費用を切り詰める；生活費を切り詰めて **पेट करै काँव काँव माँग माँगै टिकुली**〔諺〕虚勢を張ることの愚かしさのたとえ **पेट करोना** 激しい空腹感に苦しむ；ひもじくてたまらない (**अपने**) **पेट का** (- **की**) 腹を痛めた（痛める） अपने पेट की लड़की पराई है 腹を痛めた娘はよそのもの（娘はわが子でもいずれ他家のもの） **पेट का** 心の中の；胸中の；腹の底で思っている **पेट का उपाय** 生計；生活の手立て **पेट का ओछा** *a.* いやしい；下劣な；下品な *b.* 口の軽い；軽薄な **पेट का कुत्ता** 口いやしい；食いしんぼうの **पेट का खोटा** 腹黒い **पेट का गधा** = पेट का कुत्ता. **पेट का गहरा** *a.* 抜け目のない *b.* 慎重な **पेट का गुलाम** 食うためには何でもする（ような人） **पेट का चक्कर** = पेट का उपाय. **पेट का छिछोरा** = पेट का ओछा. **पेट का जाया** 腹を痛めた子 **पेट काटना** 食費を切り詰める पेट काटकर और मन मारकर 食費を切り詰め我慢をし辛抱をして **पेट का टूटा** 飢えている；ひもじい思いをしている；かつえている **पेट का डर** 失職の心配；生計を失う不安 **पेट का दुःख** 食べものに不足すること；生活の不安 **पेट का धंधा** = पेट का उपाय. **पेट का पतला** *a.* 口の軽い *b.* けちな **पेट का पानी खौलना** せかせかする；とてもあわてる **पेट का पानी न पचना** 抑えきれない；じっとしておれない；耐えがたい **पेट का पानी हिल जा॰** 大変な苦労のある；苦労の甚だ多い **पेट का भक्त** *a.* 口のいやしい人；食いしんぼうの；いやしんぼう *b.* 食べることのみ考える人；飯の心配のみする人 **पेट का भूत** 飢え；ひもじさ；空腹 **पेट का मारा** 飢えている；かつえている **पेट का रोना** 食べ物の心配 **पेट का साफ़** 気立ての良い；さっぱりした性格の **पेट का हलका** = पेट का ओछा. (-**का**) **पेट काटना** （ーの）生活の手段を奪う；仕事を奪う；職を奪う अपने पेट भरने के लिए दूसरों का पेट काटने में कोई हिचक नहीं होती है 自分の職を得るためには他人の職を奪うことに何らのためらいもない **पेट की आँत भीतर सिमट जा॰** *a.* 腹が立つ；怒る *b.* 驚かされる **पेट की आग** 激しいひもじさ；強い空腹感 **पेट की आग बुझना** ひもじさが癒される；空腹感が癒される **पेट की आग बुझाना** ひもじさを癒す；空腹を満たす **पेट की कठिनाई** 生活の心配；生計を立てる不安 **पेट की ख़बर ले॰** 食べ物の心配をする；食事の心配をする；食糧の心配をする **पेट की खाई पाटना** 腹を満たす **पेट की गुलामी** 生活のために余儀なくする仕事 **पेट की चोट्टी** 妊娠しても腹の大きさが目立たない人 **पेट की जानना** 人の腹の中を探る；人の腹の底を探る **पेट की ज्वाला** = पेट की आग. **पेट की थाह पाना** 腹を探る= पेट की थाह ले॰. **पेट की दुहाई दे॰** 生きるために物乞いをする **पेट की पड़ना** 生計の心配や不安がある；食べる心配がある **पेट की पाना** = पेट की थाह ले॰. **पेट की फ़िक्र** = पेट की कठिनाई. **पेट की बात** 内緒話；秘密；内密 **पेट की बात निकलवाना** 内緒話を聞き出す；秘密を語らせる **पेट की बात पूछना** *a.* 内緒話を聞き出す *b.* 食事の心配をする；生計を立てる = पेट की ख़बर ले॰. **पेट की मार दे॰** 食べ物を与えない **पेट की मार मारना** = पेट की मार दे॰. **पेट की रोटियाँ** 質素な食事 **पेट की रोटियाँ चलना** なりわい（生業）が立つ；生活が成り立つ **पेट की लगना** = पेट की पड़ना. **पेट के ऊपर हो॰** 必要以上になる；度を過ぎる **पेट के कारण** 食べるために；生きるために= जीविका के लिए. **पेट के फोड़े**〔医〕胃潰瘍 **पेट के बल** 腹を下に；うつぶせに **पेट के बल चलना** 這う = पेट के बल रेंगना. **पेट के बल लेटना** うつぶせる；うつぶす= औंधा पड़ना; पेट पड़ना. **पेट के लाले पड़ना** 食べ物に困る **पेट के लिए** なりわいのために；暮らしのために पेट के लिए रिक्शा खींचते हैं 暮らしのために人力車を引いている **पेट को धोखा दे॰** 食事を切りつめる **पेट को लगना** 空腹になる；ひもじくなる；腹が減る **पेट ख़राब हो॰** 幾度も下痢をする；下痢が続く **पेट ख़रीदना** 人を雇う **पेट खलाना** 哀れみを乞う **पेट ख़ुलासा हो॰** 激しい下痢をする **पेट गड़ना** 腹痛が起こる **पेट गदराना** （妊娠のため）腹が大きくなる= पेट बढ़ना. **पेट गहरा हो॰** *a.* 口が堅い *b.* 欲が深い；欲深な **पेट गिरना** 流産する = गर्भपात हो॰. **पेट गिराना** 堕胎する（堕胎手術を受ける）；胎児を堕ろしてもらう= पेट गिरवाना; गर्भपात कराना. **पेट गुड़गुड़ाना** ガスのため腹が鳴る；腹がごろごろ鳴る **पेट चलना** *a.* 下痢をする；下す= पेट छूटना. बच्चे का पेट चलना शुरू होता है यानि दस्त हो जाता है 子供が下し始める，つまり下痢を始める *b.* なりわいが立つ **पेट चलाना** なりわいを立てる；生活する；身過ぎをする **पेट छँटना** 太鼓腹がへこむ **पेट छूटना** *a.* 下痢をする；腹が下る *b.* 生活の心配がなくなる **पेट जलना** *a.* 激しい空腹を感じる；ひどくひもじくなる *b.* 腹が立つ= क्रोध आ॰; ग़ुस्सा आ॰. **पेट जारी रहना** 幾度も下痢をする；下痢が止まらない **पेट जिलाना** 暮らす；生きる **पेट जो न कराए, सो थोड़ा**〔諺〕人は食うためには何でもするものだ= पेट बुरी बला है. **पेट झरना** = पेट जारी रहना. **पेट ठंडा क॰** 子を授かる **पेट ठंडा रहना** 子が無事に育つ **पेट थामे फिरना** 食べ物を求めて歩く；食べ物を乞うて歩く **पेट दिखाना** *a.* 飢えていることを示すために腹を見せる *b.* 腹を診察してもらう **पेट दे॰** 思っていることを告げる；胸中を語る；自分の思いを話す **पेट नहीं ख़ंदक हो॰** どれほど食べても腹が減ってしようがない；食べても食べても満腹感が得られない **पेट पकड़कर भागना** *a.* 恐ろしさに逃げ出す *b.* 便所へ走る；

便所へ急ぐ **पेट पकड़कर हँसना** 腹をかかえて笑う；腹をよじる；腹の皮をよじる；おかしさにころげまわる पेट पकड़कर हँसने लगे 腹の皮をよじり始めた **पेट पकड़ना** 困る；困惑する；あわてる **पेट पकड़े फिरना** = पेट थामे फिरना. **पेट पतला हो॰** 腹が下る；下痢をする **पेट पतुही हो॰** 空腹のため腹がぺちゃんこになる **पेट पर छुरी चलाना** 職を奪う；生活の糧を奪う **पेट पर पट्टी बाँधना** ひもじい思いをする **पेट पर पत्थर बाँधना** = पेट बाँधना. **पेट पर लात मारना** = पेट पर छुरी चलाना. **पेट पलना** 暮らしが立つ；生計が立つ **पेट पाटना** 食べる；口にする；腹に入れる **(-का) पेट पाना** （ーの）心の中を知る；腹の中を探る **पेट पानी हो॰** 水のような激しい下痢をする **(अपना) पेट पालना** どうにか暮らしを立てる；生計を立てる इसका दूध बेचकर हम अपना पेट पालते हैं 手前はこの牛の乳を売ってなんとか暮らしを立てております जंगल की जड़ी-बूटी इकट्ठी करके उन्हें बाज़ार में बेचती और अपना पेट पालती 野山から薬草を摘み市場で売ってなんとか生計を立てていた **(-का) पेट पालना** （ーに）飯を食わせる；人を養う बाल-बच्चों का पेट पालने के लिए दिल्ली चले आये 家族を養うためにデリーに出て来た **पेट पीटना** 空腹であることを腹を叩いて訴える **पेट पीठ एक हो॰** = पेट पीठ से लगना. **पेट पीठ से लगना** *a.* 腹の皮が背中にひっつく；あまりの空腹のためにふらふらになる *b.* 病気のためふらふらになる **पेट पीठ से सटना** = पेट पीठ से लगना. **पेट पूजा क॰** 食べる；食事をする；口に入れる **पेट फटना** *a.* 妬ましい；妬ましく感じる *b.* ひどく腹が痛い **पेट फाड़कर खाना** 沢山食べる；大食いする **पेट फाड़ना** 妬ましくてならない **पेट फूलना** *a.* 腹が張る *b.* おかしくて腹の皮がよじれる *c.* 何かを言ったりしたくてうずうずする *d.* 憎らしい；憎しみを感じる= बुरा लगना. **पेट बँधना** *a.* 腹八分の食事をする *b.* 下痢が治まる **पेट बड़ा हो॰** *a.* 欲張りな *b.* 沢山食べることができる **पेट बढ़ना** 欲が出る；欲張りになる **पेट बाँधना** 食事を制限する **पेट बिगड़ना** = पेट जारी रहना. **पेट भरकर** 思いきり；腹一杯；たっぷりと **पेट भर जा॰** *a.* 満足する *b.* 気が動転する **पेट भरना** *a.* 満腹する= पेट भरना; पेट भर जा॰; तृप्त हो॰; छकना; अफरना; अघा जा॰. *b.* 満足する；願いが叶う *c.* 暮らしを立てる अपना पेट भरती है 自分で暮らしを立てている **(-का) पेट भरना** （ーに）賄賂を贈る；贈賄する **पेट भरसाईं हो॰** 大食の；大食漢 **पेट भरा हो॰** 満腹の；ひもじくない；満ち足りている **पेट भरे का सौदा** 食べ物があっての話 **पेट भाड़ हो॰** = पेट भरसाईं हो॰. **पेट भारी हो॰** *a.* 胃がもたれる；胸がつかえる *b.* 食費が負担に感じられる **पेट मसोसना** 飢え死にする；餓死する= भूखों मरना. **पेट मुँह चलना** 嘔吐と下痢をする **पेट में आँत न मुँह में दाँत** よぼよぼの；老齢のためすっかり衰えた **पेट में आग लगना** とてもひもじい；大変空腹な；腹がぺこぺこの **(-) पेट में आ॰** （ーを）妊娠する **पेट में उथल-पुथल मचना** *a.* 不快な感じがする；いらいらする；むしゃくしゃする *b.* うずうずする **पेट में करछुल चलना** いらいらする；いらだちを覚える **पेट में कसर हो॰** *a.* 通じがよくない *b.* わだかまりができる **पेट में कुआँ हो॰** 大食漢 **पेट में खलबली पड़ना** = पेट में उथल-पुथल मचना. **पेट में गुड़ डालना** 知恵を授ける **पेट में ग़ोता लगाना** 腹を探る **पेट में घुड़दौड़ मचना** = पेट में आग लगना. **(-के) पेट में घुसना** （ーの）性分や気性を調べる **पेट में चार अक्षर डालना** 読み書きを教える；読み書きの手ほどきをする **पेट में चींटे का गिरह हो॰** とても少食な；食がとても細い **(-के) पेट में चूहे कूदना** *a.* （ーが）激しく空腹を感じる；ひもじくてたまらない；腹がぺこぺこの सबके पेट में चूहे कूद रहे थे 皆はひもじくてたまらなかった *b.* （ーが）うずうずする *c.* （ーが）落ち着きがなくなる；動転する **पेट में चूहे दौड़ना** = पेट में चूहे कूदना. **पेट में चूहों का कलाबाज़ी क॰** = पेट में आग लगना. **पेट में चूहों का डंड क॰** = पेट में आग लगना. **पेट में छछूँदर छुछुवाना** 知りたくてうずうずする **पेट में छुरी भोंकना** 仕事や職を取り上げる **पेट में जलेबी हो॰** 陰謀をめぐらす；腹黒い **पेट में जा॰** わがものにする **पेट में जी न हो॰** 震えあがる **पेट में जी रहना** 命がある；生きている **पेट में डालना** *a.* 食べる；何か食べ物を口に入れる *b.* 胸に収める **पेट में दाँत हो॰** とても狡猾な；全く抜け目のない **पेट में दाढ़ी हो॰** 幼い時から利発なこと；小さい時から抜け目のないこと；子供時分から大人のような口をきく **पेट में न पचना** 胸に収めておけない **पेट में पड़ना** *a.* 生を享ける *b.* 何かを口に入れる；何かを腹に入れる **पेट में पड़ा चारा, तो नाचने लगा बेचारा** 〔諺〕 *a.* 食事をしなければ力は出ないもの *b.* 腹が満ちると人は良からぬことを思いつくもの **(-के) पेट में पहुँच जा॰** （ーに）信用される **पेट में पाँव हो॰** 全く抜け目のない= पेट में दाँत हो॰. **पेट में पानी न पचना** *a.* 話を胸に秘めておけない *b.* 心が動揺する **पेट में पानी न हज़म हो॰** = पेट में पानी न पचना. **पेट में पानी पड़ना** 疑念が湧く **पेट में पानी हो॰** 心が動揺する **पेट में पैठना** 探りを入れる；秘密を探る **पेट में बल पड़ना** おかしさに腹の皮がよじれる कैप्टन प्रमोद के हँसी के मारे पेट में बल पड़ गए プラモード大尉はおかしさのあまり腹の皮がよじれた **पेट में बात की गंध न पचना** 胸に秘めておけない **पेट में बात न खपना** = पेट में बात की गंध न पचना. **पेट में बात न पचना** = पेट में बात की गंध न पचना. **पेट में बात न रहना** = पेट में बात की गंध न पचना. **पेट में बात भरी रहना** 胸に積もった話 **पेट में बुलबुला उठना** = पेट में उथल-पुथल मचना. **पेट में बैठना** 秘密を探る **पेट में रखना** 口外しない；胸に秘めておく **पेट में लंबी दाढ़ी हो॰** = पेट में दाढ़ी हो॰. **पेट में लात मारना** 職を奪う；仕事を取り上げる **(-के) पेट में समाना** *a.* （ーに）受け入れられる *b.* （ーに）だまし取られる **पेट में से उगलवाना** *a.* 吐き出させる；隠していることを言わせる *b.* 取り立てる **पेट में हो॰** 胸に秘める **पेट मोटा हो॰** *a.* 大金を稼ぐ *b.* しこたま賄賂を受け取る **पेट रहना** 妊娠する= गर्भ रहना; गर्भवती हो॰. **पेट लगना** 腹がぺこぺこになる **पेट लगाना** 生活のために働く **पेट ले॰** 秘密を探り出す **पेट साफ़ क॰** 灌腸などで腸をきれいにする **पेट साफ़ हो॰** *a.* 気立ての良い；性格が真っ直ぐな；素直な；率直な *b.* 胃腸がすっきりしている **पेट से निकालना** *a.* 失ったものを取り戻す *b.* むりやり認めさせる **पेट से पाँव निकालना** *a.* よからぬ考えを抱く *b.* 生まれ出る **पेट से पीठ सटना** ひどく衰弱する；ふらふらになる **पेट से मारना** = पेट में लात मारना. **पेट से सीखकर आ॰** 生まれた時から知っている **पेट से हो॰** 妊娠する **पेट हलका हो॰** 口が軽い；内緒のことをつい話してしまう **(-को) पेट हो॰** （ーが）妊娠している **पेट हो॰** （家族を養う義務のある）生活がある

पेटक [名] (1) 竹や籐で編んだかご (2) 箱

पेटकैयाँ [副] 腹這いになって

पेटखुरचन [名] 末っ子；末子；腹ざらえ

पेटदर्द [名] 腹痛 पेटदर्द का बहाना कर (-के) 腹痛の口実で

पेट पूजा [名*] 食事をすること；空腹を満たすこと

पेटपोंछना [名] 末子；末っ子の息子；腹ざらえ

पेटपोंछनी [名*] 末子；末っ子；腹ざらえ वह लड़की पेट-पोंछनी थी その娘が末っ子だった

पेटपोसुआ [形・名] (1) 自分の腹だけを満たす（人） (2) 利己的な（人） (3) 口の卑しい（人）；大食の= पेटू.

पेटल [形] 腹の突きでた；太鼓腹の= तोंदल.

पेटवाली [名*] 妊婦= गर्भवती.

पेटा [名] (1) 物体の中央部にあたる部分；腹 (2) 項目；記入項目 (3) 記入；記載事項 (4) 記述；説明 (5) 広がり；範囲 (6) 周囲 (7) 周辺；境界 (8) 凧糸にガラス片などを塗布した部分 **पेटा ख़ाली हो॰** 無一物の **पेटा छोड़ना** 凧の糸をゆるめる **पेटा तोड़ना** *a.* 相手の凧糸を切る *b.* 外見ではわからないが深い傷を負わせる **पेटा भरना** 書き込む **(-के) पेटे में आ॰** （ーに）費やされる

पेटागि [名*] (1) 空腹感 (2) 食べる心配；生活の心配

पेटारा [名] = पिटारा.

पेटारी [名*] = पिटारी. सोने के गहनों की पेटारी. 金製の装身具を入れる容器（手箱）

पेटिका [名*] 小さな箱；手箱；小さな容器

पेटिया [名*] 1 食分

पेटी[1] [名*] (1) 小さな箱；小さな容器；手箱 डाकपेटी 郵便受け = डाकपेटिका. मतदान-पेटी 投票箱= मतपेटी. लकड़ी की पेटी 木の箱；木箱 सामान रखने की पेटी 道具や荷物を入れる木箱 फलपेटी 果物箱；果物かご (2) マッチやタバコなどを入れる小箱；ケース (3) 小さな道具入れ

पेटी[2] [名*] (1) 人間の腹；腹部 (2) ベルト；バンド；腰ひも；帯 (3) 鳥の体に見られる帯状の模様 **(-की) पेटी उतरना** （警官が）解職される **(-की) पेटी उतारना** （警官を）解職する **पेटी निकलना** 腹が突き出る；太鼓腹になる= पेटी पड़ना; तोंद निकलना.

पेटीकोट [名] 《E. petticoat》ペチコート

पेटू [形] (1) 卑しい；食いしんぼうの (2) 大食いの；大食の；大食漢

पेटेंट[1] [名] 《E. patent》特許；特許権；パテント＝एकस्व. पेटेंट आफ़िस 特許局〈patent office〉

पेटेंट[2] [形] 《E. patent》特許の；特許権を持つ

पेटेंट कार्यालय [名] 特許局＝एकस्व कार्यालय.

पेटेंट लेदर [名] 《E. patent leather》エナメル皮

पेटेंट लेदर शू [名] 《E. patent-leather shoes》エナメル靴

पेट्रोकैमिकल्स [名] 《E. petrochemicals》石油化学製品

पेट्रोमैक्स [名] 《E. petromax》ペトロマックス（加熱してガス状にした灯油を燃焼させて照明用に用いるカンテラ）＝हंडा.

पेट्रोल[1] [名] 《E. petrol》ガソリン पेट्रोल की टंकी ガソリンタンク

पेट्रोल[2] [名] 《E. patrol》(1) 巡察；巡視；警邏；パトロール (2) 警戒兵

पेट्रोल इंजन [名] 《E. petrol engine》ガソリンエンジン

पेट्रोल पंप [名] 《E. petrol pump》(1) ガソリンスタンドの給油ポンプ (2) ガソリンスタンド；給油所

पेट्रोल स्टेशन [名] 《E. petrol station》ガソリンスタンド

पेट्रोलियम [名] 《E. petroleum》石油 पेट्रोलियम व ऊर्जा 石油とエネルギー पेट्रोलियम पदार्थ 石油製品 पेट्रोलियम पदार्थों के दामों में बढ़ोतरी 石油製品の値上げ पेट्रोलियम और प्राकृतिक गैस मंत्रालय 石油天然ガス省 पेट्रोलियम मंत्री （インド連邦政府）石油相

पेट्रोलियम इंजन [名] 《E. petroleum engine》ガソリンエンジン

पेट्रोलियम और प्राकृतिक गैस मंत्रालय [名] インド連邦政府石油・天然ガス省〈Ministry of Petroleum and Natural Gas〉

पेठा [名] (1)〔植〕ウリ科蔓草トウガ；トウガン（冬瓜）【*Benincasa hispida; B. cerifera*】 (2) トウガを薄切りして砂糖を加え加工した菓子；ペーター

पेड [名] 《E. pad》＝पैड. (1) 便箋＝लेटर पेड (लेटर पैड); राइटिंग पेड. (2) 印肉；スタンプ台＝इंक पेड. (3) 当てもの；パッド

पेड़ [名] 木；樹木＝वृक्ष; दरख़्त. खेत के किनारे एक कीकड़ का पेड़ था 畑の近くにアラビアゴムの木があった **पेड़ काटकर पत्ता सींचना**〔諺〕無駄なこと，あるいは，愚かしいことのたとえ＝पेड़ काटकर डाल सींचना. **पेड़-पौधे** 草木；植物 **पेड़-पौधे और फूल-पत्ते** 草木と葉や花

पेडल [名] 《E. pedal》ペダル

पेड़ा[1] [名] (1) ペーラー（牛乳に砂糖を加え煮つめてこしらえた丸く偏平な形の菓子） (2) 小麦粉などをこねてペーラーの形に固めたもの (3) ペーラーの形のもの मक्खन के पेड़े バターのかたまり **पेड़ा छीलकर खाना** ペーラーの皮をむいて食べる，すなわち，上品ぶる **पेड़ा छीलना** *a.* 上品ぶる *b.* 根掘り葉掘りたずねる

पेड़ा[2] [名] 大きな箱やかごなどの容器

पेड़ी [名*] (1) 低木；灌木；背の高い草；蔓草 (2) 木の幹 (3) 一度刈り取られた藍の株 (4) キンマの一種

पेड़ू [名] (1) 下腹；下腹部＝उपस्थ. (2) 子宮＝गर्भाशय. **पेड़ू की आँच** 女性の性欲；女性の下腹（子宮）の疼き **पेड़ू की हड्डी** 恥骨

पेत्साई [名] 《E. petsai》〔植〕アブラナ科野菜ハクサイ（白菜）【*Brassica pekinensis*】＝चीनी बंदगोभी.〈Chinese cabbage〉

पेन[1] [名] 《E. pen》ペン＝क़लम; लेखनी. बालप्वाइंट पेन ボールペン〈ballpoint pen〉

पेन[2] [名]〔植〕モクセイ科高木【*Fraxinus hookeri; F. excelsior*】〈hooker ash〉＝कुम.

पेनल्टी [名*] 《E. penalty》(1)〔ス〕ペナルティー；罰則 (2) 罰金；科料 (3) 刑罰 **पेनल्टी कार्नर**〔ス〕ペナルティーコーナー **पेनल्टी क्षेत्र**〔ス〕ペナルティーエリア **पेनल्टी स्ट्रोक**〔ス〕ペナルティーストローク

पेनल्टी एरिया [名] 《E. penalty area》〔ス〕ペナルティーエリア

पेनल्टी कार्नर [名] 《E. penalty corner》ペナルティー・コーナー

पेनल्टी किक [名] 《E. penalty kick》〔ス〕ペナルティーキック

पेनिसिलिन [名] 《E. penicilin》〔薬〕ペニシリン

पेनिसिलियम [名] 《E. penicillium》〔植〕アオカビ；ペニシリウム属のカビ

पेन्सिल [名*] 《E. pencil》鉛筆＝पेंसिल.

पेन्हाना[1] [他]＝पहनाना.

पेन्हाना[2] [自]（乳搾りの際，家畜の乳房に）乳が出てくる；乳がたまる

पेपर [名] 《E. paper》(1) 紙 (2) 新聞 (3) 書類；文書 (4)〔教〕試験問題（冊子）；答案用紙 (5)〔教〕論文；レポート

पेपर नाइफ़ [名*] 《E. paper knife》ペーパーナイフ

पेपरबैक[1] [名] 《E. paperback》ペーパーバッグ；紙表紙本

पेपरबैक[2] [形] ペーパーバックの；紙表紙の पेपरबैक पुस्तक 紙表紙本；ペーパーバックス

पेपरमिंट [名] 《E. pepermint》ペパーミント＝पिपरमिंट.

पेपरमेशी [名] 《E. papier-mâché》(1)（混凝紙）（張り子の材料） (2) 張り子

पेपरवाला [名] (1) 新聞配達人 (2) 新聞販売店

पेपरवेट [名] 《E. paperweight》文鎮；紙押さえ

पेपरसिल्क [名] 《← E. silkpaper》シルクペーパー；（補強用の）絹糸入り用紙

पेप्टिक अल्सर [名] 《E. peptic ulcer》〔医〕消化性潰瘍

पेमेंट [名] 《E. payment》支払い＝भुगतान. पेमेंट क॰ 支払う＝चुकाना; मूल्य चुकाना.

पेय[1] [名] 飲み物；飲料 ठंडा पेय 冷たい飲み物

पेय[2] [形] 飲める；飲料になる **पेय पदार्थ** 飲み物 पेय पदार्थ के बजाय औषध के रूप में 飲み物の代わりに薬として

पेयजल [名] 飲料水 पेयजल की कमी 飲料水の不足

पेय पदार्थ [名] 飲料；飲み物

पेया [名*] (1) 重湯；かゆ（粥） (2) 米の煮汁

पेयूष [名] (1) 雌牛の初乳 (2) 新鮮なギー；バター (3)＝अमृत.

पेरना [他] (1) 搾る；絞る ऊख पेरना サトウキビを搾る (2) 強く圧力を加える；激しい力を加える；搾る（例えば激しい労働をたとえていう） इतने दिनों से हम हाड़ पेर-पेर कर मजूरी करते रहे こんなに長い間骨身を削るような仕事を続けてきた (3)（比喩的に）無理に取り立てる；搾る तेल तो तिलों में से ही निकलता है.बाबू को पेरने से कितना निकलेगा? 胡麻油は胡麻から出るもの，旦那を搾ってどれだけ出るものやら

पेरा[1] [名] 壁土

पेरा[2] [名]＝पेड़ा.

पेराई [名*] (1) 絞ること；搾ること (2) 絞り賃；搾り賃

पेरी [名*] 黄色に染めた結婚式用のドーティー（धोती）＝पियरी.

पेरू [国名] 《E. Peru》ペルー共和国

पेरेस्त्रोइका [名] 《Ru. perestroika》ペレストロイカ；改革

पेरोल [名] 《E. parole》＝पैरोल.〔法〕(1) 恭順宣誓 (2) 仮釈放；宣誓釈放 पेरोल पर 仮釈放で

पेल[1] [名*] ←पेलना[1]

पेल[2] [名] 睾丸＝पेलक; अंडकोश.

पेलना[1] [他] (1) 押し込む；押す；押しやる；突っ込む (2) 突く (3) 退ける；払いのける (4) 強制する (5) 男色行為をする

पेलना[2] [他]＝पेरना. गन्ना पेलकर गुड़ बनाना サトウキビを搾って黒砂糖をこしらえる

पेल-पेल [名*] 押し合い；押し合いへし合い；人混み；混雑

पेलव [形] (1) やさしい；繊細な (2) 軟らかい；柔軟な (3) やせた；衰弱した

पेलवाना [他・使] ←पेलना[1].

पेला[1] [名] (1) 押し合い (2) 殴り合い；組打ち (3) 喧嘩；争い (4) 攻撃；襲撃

पेला[2] [名] 睾丸＝अंडकोश; फ़ोता.

पेलीकन [名] 《E. pelican》〔鳥〕ペリカン科ペリカン

पेलू[1] [形] (1) 絞る；搾る (2) 強引さ

पेलू[2] [名] (1) 男色家 (2) 情夫

पेवड़ी [名*] (1) 黄色の色粉 (2) 黄土

पेवस [名] 雌牛の初乳＝पेयूष.

पेश [副] 《P. پیش》前に；前面に；前方に (-से) **पेश आ॰**（ーに対して）振る舞う；対応する **पेश क॰** 差し出す；提出する；提供する सुझाव पेश क॰ 提案する **पेश चलना** 力が及ぶ；影響力が及ぶ＝वश चलना. **पेश जा॰**＝पेश चलना. **पेश दे॰**＝पेश क॰. **पेश पाना** 勝つ；負かす उससे हाथ मिलाते ही मालूम हो गया पक्का फिकैत है, अखाड़ेबाज़.इससे पेश पाना मुश्किल है 男と握手したとたんに相手が凄腕の猛者なのがわかった．勝てそうにはない

पेशक़दमी [名*] 《P. پیش قدمی》(1) 先導 (2) 先駆 (3) 先手 (4) 進撃；前進（軍隊の） **पेशक़दमी क॰** 先手を打つ；先に進む；先導する；先んじる；先に立つ

पेशक़ब्ज़ [名] 《P.A. پیش قبض》短剣；短刀＝कटारी.

पेशकश [名⁻] 《P. پیش کش》(1) 提案；相談をもちかけること；申し出 हड़तालियों से काम पर लौटने की पेशकश スト参加者に職場へ復帰するようにとの提案 वहाँ से एक लाख की पेशकश है, वहाँ से अस्सी हज़ार की और वहाँ से 10 तोला तो सोना ही दे रहे हैं あちらからは 10 万（ルピー）の（結婚の持参金の）申し出だ．あちらの家からは 8 万の，またあそこからはきん（金）だけで 10 トーラーを出すと言ってきている उसने एक लाख रुपए देने की पेशकश की 10 万ルピーを差し出すとの提案をした उसने ठेके पर मकान बनाकर देने की पेशकश की 請け負って家を建ててやると申し出た (2) 贈り物 शाह रिचर्ड ने इस पेशकश को कबूल किया リチャード王はこの贈り物を受け取った

पेशकार [名] 《P. پیشکار》(1) 代理人 (2) 秘書 (3) 裁判所の吏員；事務官；秘書官

पेशकारी [名*] 《P. پیشکاری》 पेशकारの仕事や職，あるいは，身分

पेशख़ेमा [名] 《P.A. پیش خیمہ पेशख़ेमा》(1) 先陣＝हरावल. (2) 本陣の到着に先立って張られるテントや送られる荷物 (3) 準備；下準備

पेशगाह [名*] 《P. پیش گاہ》(1) 玄関；正面入り口；前庭 (2) 国王の座席の前に敷かれる敷物 (3) 宮廷＝राजसभा；दरबार.

पेशगी [名*] 《P. پیشگی》手付け金；前金＝अगाऊ；अग्रिम धन；पेशगी रुपये. तुम जितना चाहो पेशगी रुपये ले जाओ 必要なだけ手付け金を持って行きたまえ

पेशतर [副・後置] 《P. پیشتر》 (-से) पेशतर の形で用いられる；(ーより) 先に，(ーの) 前に स्कूल लगने से पेशतर और फिर छुट्टी के बाद 学校が始まる前と放課後に

पेशदस्त [形・名] 《P. پیش دست》(1) 凌ぐ；上回る；勝る (2) 先手 (3) 手付け金

पेशदस्ती [名*] 《P. پیش دستی》(1) 凌ぐこと；上回ること；勝ること；卓越 (2) 先手を打つこと (3) 手付けを打つこと＝छेड़खानी；ज़्यादती.

पेशदामन [名] 《P. پیش دامن》使用人；召使い＝नौकर；सेवक.

पेशनिहाद [名] 《P. پیش نہاد》願望；意欲；目標＝इच्छा；इरादा.

पेशबंद [名] 《P. پیش بند》（馬の）股綱

पेशबंदी [名*] (1) 予防；事前工作；対策；根回し工作 (2) 策略；謀りごと；謀略 पर जब यह पेशबंदी ठीक न उतरी でもこの工作がうまく行かなかった際 **पेशबंदी क०** 先手を打つ；先んじる；根回しをする

पेशबाज़ [名] 《P. پیش باز》(1) 歓迎；歓待；出迎え＝स्वागत；इस्तिक़बाल. (2) 歓迎する人；出迎える人

पेशबीन [形] 《P. پیش بین》先々を見通す（力のある）；先見の明のある；先見性のある

पेशबीनी [名*] 《P. پیش بینی》先々を見通すことやその力；先見の明；先見性

पेशराज [名] 《P. پیش+ H.राज》（煉瓦職人のために）煉瓦を運搬する人夫

पेशल [形] (1) 美しい；魅惑的な；愛らしい＝मनोहर；सुंदर. (2) 巧みな；器用な＝प्रवीण；चतुर. (3) 抜け目のない＝चालाक；धूर्त.

पेशलता [名*] ←पेशल.

पेशवा [名] 《P. پیشوا》(1) 指導者；先導者 (2)〔イ史〕ペーシュワー（マラーター王国の宰相）

पेशवाई [名*] 《P. پیشوائی》(1) 指導 (2) ペーシュワーの地位や身分 (3) 接待；もてなし

पेशवाज़ [名*] 《P. پشواز पिश्वाज़》〔服〕ピシュワーズ／ペーシュワーズ（女性が下半身にまとうラハンガーの一種）

पेशा [名] 《P. پیشہ》(1) 職；職業；仕事＝धंधा；व्यवसाय；उद्योग；रोज़गार. (2) 売春＝वेश्यावृत्ति. अस्ल पेशा 本職 **पेशा कमाना** 売春する

पेशानी [名*] 《P. پیشانی》(1) ひたい（額） चेहरे में ऊपर पेशानी नीचे ठोडी 顔の上部は額，下部はあご (2) 運勢 दूसरों की ऊँची-ऊँची पेशानी देखकर अपना माथा तो नहीं फोड़ा जाता 他人の幸運を羨んで自分の頭を割るわけにはゆかぬ

पेशाब [名] 《P. پیشاب》(1) 小便；尿＝मूत；मूत्र. (2) 精液＝वीर्य；शुक्र；मनी. (3) 子孫＝संतान；औलाद. पेशाब की जाँच 検尿 **पेशाब क०** *a.* 小便をする *b.*（恐ろしさに）小便をもらす बिस्तर पर पेशाब क० 寝小便をする (-पर) **पेशाब क०** (ーを) ものの数に入れない；見下す (-) **पेशाब करने भी न जा०** (ーを) 全く相手にしない；無視する **पेशाब कर मारना** *a.* 小便をする *b.* 恐怖のあまり小便をもらす；失禁する **पेशाब कराना** 小便をさせる सोने से पहले बच्चे को पेशाब अवश्य कराएँ 寝る前に必ず子供に小便をさせること **पेशाब का चिराग़ जलना** 甚だ威厳のあること＝बड़ा प्रभावशाली हो०. **पेशाब की धार मारना** 全く見下げる **पेशाब की राह बहा दे०** 遊蕩（に身を持ち崩す）；女色に蕩尽する **पेशाब ख़ता हो०** 恐ろしさに小便をもらす；失禁する **पेशाब पाख़ाना करवाना** （母親が子供に）大小便をさせる **पेशाब पाख़ाना साफ़ क०** 下の世話をする **पेशाब बंद हो०** 怯えきる **पेशाब लगना** 尿意を催す पेशाब बड़े ज़ोर का लग रहा था 激しく尿意を催していた (-के) **पेशाब से चिराग़ जलना** （ーの）威厳のあること **पेशाब से (-की) दाढ़ी मुड़वा दे०** (ーを) 辱める；侮辱する **पेशाब से दीया जलना** ＝पेशाब से चिराग़ जलना. **पेशाब से पैदा हो०** ただものではない；ひとかどの者 **पेशाब से मूँछ मुड़वा ले०** 完全に敗北を認める；全面降伏する **पेशाब से सिर मुँड़वा ले०** ＝पेशाब से मूँछ मुँड़वा ले०. **पेशाब से (-का) सिर मूड़ना** （ーを）弟子にする **पेशाब हो जा०** 恐怖のあまり失禁する ＝पेशाब ख़ता हो०.

पेशाबख़ाना [名] 《P. پیشاب خانہ》小便所

पेशाबघर [名] 小便所 पेशाबघर और पाख़ाना （公衆）便所

पेशावर[1] [形] 《P. پیشہ ور》(1) 職業的な；専門的な (2) 売春をする

पेशावर[2] 〔地名〕《P. پشاور पिशावर》ペシャーワル（パキスタン北西辺境州 North-Western Frontier Province の州都）

पेशींगो [形] 《P. پیشیں گو》予言する；予告する＝भविष्यवक्ता.

पेशींगोई [名*] 《P. پیشیں گوئی》予言；予告＝भविष्यवाद.

पेशी[1] [名*] (1) 肉；肉塊；肉片 (2) 筋肉 (3) 胎 (4) 卵 (5) 鞘 **पेशी ऊतक** 筋肉組織 **पेशी तंतु** 筋肉繊維 **पेशी संकुचन** 筋肉萎縮

पेशी[2] [名*] 《P. پیشی》(1) 出頭；出席 पेशी की तिथि नियत की जाएगी 出頭日（審問日）が決められよう (2) 審問；尋問 **पेशी में हो०** 出廷する

पेशीन [形] 《P. پیشین》(1) 昔の；古い時代の＝प्राचीन；पुराना. (2) 以前の＝पहले का. (3) 最初の＝पहला；प्रथम.

पेशीमय तनुपट [名]〔解〕横隔膜；隔膜 ＝डायाफ्राम；मध्यपट. 〈diaphragm〉

पेशीय [形] 筋肉の पेशीय ऊर्जा 筋肉エネルギー

पेशेंट [名] 《E. patient》患者；病人＝मरीज़；रोगी.

पेशेवर [形] ＝पेशावर[1]. 職業的な；プロの；プロフェッショナルな पेशेवर खिलाड़ी プロの選手

पेशोपस [名] 《P. پیش و پس》ためらい；躊躇；不決断；優柔不断

पेश्तर [副・後置] ＝पेशतर.

पेष [名] ＝पेषण.

पेषण [名] 砕くこと；粉にひく（碾く）こと；すりつぶすこと＝पीसना.

पेषणी [名*] (1) ひきつぶすのに用いる石；ひきうす（碾き臼） (2) 鳥の砂袋；砂嚢＝गिज़र्द.

पेषना [他] ＝पेखना.

पेसकस [名⁻] ＝पेशकश.

पेसबंद [名] ＝पेशबंद.

पेसमेकर [名] 《E. pacemaker》〔医〕自動式心室収縮装置；ペースメーカー पेसमेकर का प्रत्यारोपण ペースメーカーの埋めこみ

पेसरी [名*] 《E. pessary》ペッサリー（女性用避妊具） पेसरी लगाना ペッサリーを装着する

पेसवाई [名*] ＝पेशवाई

पेस्ट [名] 《E. paste》ペースト काजू पेस्ट カシューペースト

पेस्टल [名] 《E. pastel》(1) パステル (2) パステルクレヨン पेस्टल कलर パステルクレヨン 〈pastel colour〉 पेस्टल ड्राइंग パステル画法 〈pastel drawing〉

पेस्ट्री [名*] 《E. pastry》（練り粉製の）ケーキ；ペーストリー

पेहँटा [名] (1)〔植〕ウリ科蔓草【*Cucumis madraspatanus*】＝कचरी. (2) その実（天日干しにしたものを油炒めにしたり煮て食べる）

पैंकड़ा[1] [名] (1) 足首飾り；パインクラー (2) 足枷＝बेड़ी.

पैंकड़ा[2] [名] ラクダの鼻輪

पैंक्रिआज़ [名] 《E. pancreas》〔解〕膵臓 ＝अग्न्याशय.

पैंग [名*] ＝पेंग.

प

पैंच[1] [名*] 弓弦= प्रत्यंचा.

पैंच[2] [名*] クジャクの尾羽

पैंचा[1] [名] (1) 入れ替え；移し替え= अदला-बदली; हेर-फेर. (2) 借用 = मंगनी; उधार. (3) 借り物 = मंगनी की चीज़.

पैंचा[2] [形] 借り物の；借用中の= उधार का; मंगनी का.

पैंजना [名]〔装身〕パインジャナー（女性の銀製の輪形で中空の足首飾り．輪の部分の中に入っているものが足の動きで鈴のような音を立てて鳴る）

पैंजनियाँ [名*] = पैंजनी.

पैंजनी [名*]〔装身〕パインジャニー（パインジャナーの形の小さいもの）→ पैंजना.

पैंट[1] [名]《E. pant》〔服〕ズボン；パンツ= पतलून. पैंट-पाजामा ズボンやパージャーマー

पैंट[2] [名]《E. pint》(1) パイント（液量単位の一．0.668 リットル） (2) 1 パイントの容量の容器 = पाइंट.

पैंट[3] [名]《E. paint》ペイント

पैंटाथ्लोन [名]《E. pentathlon》〔ス〕五種競技

पैंटी [名*]《E. panty》〔服〕パンティー

पैंटीज़ [名*]《E. panties》〔服〕パンティー

पैंट्स [名]《E. pants》〔服〕ズボン；パンツ

पैंठ [名*] (1) 市場；市の立つ場所= हाट; बाज़ार. (2) 市の立つ日 (3) 商店；店= दुकान. (4)〔商〕手形の写し

पैंड़ [名] (1) ほ（歩）；1 歩 (2) 歩幅= डग. (3) 道；道路= डग; पग; कदम. (4) 方法；様式= ढंग; प्रणाली; रीति. **पैंड़ भरना** 歩を速める

पैंड़ा [名] 道；道路= रास्ता; पथ; मार्ग. **पैंड़ा निराला हो॰** 独特な；ユニークな **पैंड़ा मारना** *a.* つきまとう；つきまとって困らせる；悩ませる *b.* 強奪する *c.* 追い剥ぎをする (-के) **पैंड़े पड़ना** つきまとって（ーを）悩ませる；困らせる **पैंड़े लगे फिरना** たずね回る

पैंत [名*] (1) 策；策略= दाँव; बाज़ी. (2) 賽；さいころ（賽子）= पाँसा. **पैंत पूरना** 賽を転がす；賽を投げる；賽を振る

पैंतरा [名] レスリングをしたり刀や棍棒を振り回す際の足の構え；スタンス **पैंतरा काटना** 攻撃から身を守る；防御する **पैंतरा दिखाना** 新手を繰り出す **पैंतरा बदलना** *a.* 手を変える *b.* 身構える；構える हालाँकि पुलिस के देवता उस वक़्त भी पैंतरे बदलते रहे もっとも警察のやつその時も手を変え続けたのだが **पैंतरा भाँजना** *a.* うまく言い逃れをする；うまく話を逸らす *b.* いろいろと手を変え防戦する **पैंतरे बदलकर चलना** 気取って歩く **बायाँ पैंतरा**〔ス〕レフトスタンス

पैंतरेबाज़ [名]《H.+ P. باز》(1) 腕の立つ人 (2) 隙のない人；業師；臨機応変に対応する人

पैंतरेबाज़ी [名*] ← पैंतरेबाज़.

पैंतालीस [数] 45 पैंतालीसवाँ 第 45 の；45 番目の

पैंती [名*] (1)〔ヒ〕吉祥草（クサソウ；インドキチジョウソウ）でこしらえた指輪．祖霊の供養の際に用いられる (2)〔ヒ〕金，銀，銅の合金でこしらえた指輪で供養などの際に薬指にはめる

पैंतीस [数] 35 पैंतीसवाँ 第 35 の；35 番目の

पैंफ़्लेट [名]《E. pamphlet》パンフレット；小冊子= पुस्तिका; पर्चा; परचा.

पैंसठ [数] 65 पैंसठवाँ 第 65 の；65 番目の

पै[1] [接] しかし；けれど；けれども；だが= पर; परंतु; लेकिन.

पै[2] [副] (1) 近くに；側に= पास; निकट; समीप. (2) とって；対して= - के प्रति; - की ओर; - की तरफ़.

पै[3] [格助] 口語や歌謡，諺の中に，あるいは，地方語の影響下に用いられることが多い= पर. दिल पै 胸に

पै[4] [名*] 欠陥；瑕疵；欠点= दोष; ऐब; नुक़्स. **पै निकालना** あら探しをする

पै[5] [名]《P. پے》(1) 足；脚= पद. (2) 腱 (3) 弓や石弓の弦 **पै-दर-पै** *a.* 一歩ずつ *b.* 続いて；連続して；続けざまに

पै[6] [名] 糊付け पै क॰ 糊付けする= कलफ चढ़ाना.

पैक[1] [名]《E. pack》パック；箱 चार पैक का सेट 4 箱のセット यह आसानी से उठाये जा सकने वाले सुविधाजनक पैक में उपलब्ध है これは容易に持ち運び可能な便利なパックで手に入る **पैक क॰** 包む；梱包する；包装する；詰める；詰め込む；パックする सारी दवाओं को लकड़ी के बैक्सों में पैक कर लो 薬を全部木箱に詰めなさい

पैक[2] [名]《P. پیک》使者；急使

पैकनीज़ [名]《E. Pekingese; Pekinese》〔動〕ペキニーズ；狆 पैकनीज़ नस्ल की कुतिया ペキニーズ種の雌犬

पैकर[1] [名]《E. packer》荷造りする人；荷造り業者

पैकर[2] [名]《P. پیکر》(1) 体；身体 (2) 形

पैकार[1] [名]《P. پیکار》戦い；戦争= युद्ध; लड़ाई; जंग.

पैकार[2] [名] 小商人

पैकारी [名*] 小さな商い；小商い

पैकिंग [名*]《E. packing》(1) 荷造り；梱包；包装 पैकिंग का सामान 包装用品 पैकिंग का काम 荷造り作業 (2) 荷造りしたもの；梱包したもの वह तो ट्यूब पैकिंग में मिलता है それならチューブ入りで手に入る

पैकिट [名]《E. packet》= पैकेट. 包み；包んだもの；包み紙；束；小包；小さな箱；パケット अपनी हर वस्तु के पैकिट पर क़ीमत, बनाने की तिथि, वज़न तथा उसका माप अंकित करें 自分の全部の所持品の包みに価格，製造日，重量及びサイズを印すこと बिस्किट का पैकिट ビスケットの包み सर्जिकल काटन - चार पैकिट 脱脂綿 4 束

पैकेट [名]《E. packet》= पैकिट. 'विल्स फ़िल्टर्ड' का पैकेट ウイルスフィルタード（フィルター付き巻きタバコの一）の箱 सिगरेटों का पैकेट タバコの箱

पैख़ाना [名]《P. پے خانہ》便所；手洗い= पाख़ाना.

पैग़ंबर [名]《P. پیغمبر》預言者；使徒= ईशदूत; अल्लाह का बेटा.

पैग़ंबरी[1] [形]《P. پیغمبری》預言者の；使徒の

पैग़ंबरी[2] [名*]《P. پیغمبری》預言者であること；預言者の務め；伝道；布教

पैग[1] [名]《E. peg》= पेग. ソーダ水で割ったウイスキーの 1 杯

पैग[2] [名] 歩；一歩= पग; डग; क़दम.

पैग़ाम [名]《P. پیغام》(1) 言付け；伝言；メッセージ (2) 新郎側から新婦側へ伝える婚約の通知 (3) お告げ；神託；託宣

पैग़ामबर [名] = पैग़ंबर.

पैग़ामबरी [名*] = पैग़ंबरी.

पैगोडा [名]《E. pagoda》パゴダ；仏塔 मंदिर की छत ढलुवाँ है और पैगोडा सरीखी दिखती है 寺の屋根は傾斜がついておりパゴダのように見える

पैज[1] [名*] (1) 誓い；約束= प्रतिज्ञा. (2) 意地；強情= टेक; हठ. (3) 張り合うこと；競い合うこと= प्रतिद्वंद्विता; होड़. (-से) **पैज पड़ना**（ーに対して／ーと）意地を張り合う **पैज सारना** 誓いを果たす；約束を果たす

पैज[2] [名] = पैंतरा.

पैजनी [名*] = पैंजनी.〔装身〕パイジャニー／パインジャニー

पैजामा [名]〔服〕パイジャーマー（パージャーマー）= पाजामा.

पैज़ार [名*]《P. پیزار》靴；履き物= जूता; पनही; जोड़ा.

पैटर्न [名]《E. pattern》(1) 型；様式 (2) 原型；模型

पैट्रोमैक्स [名] → पेट्रोमैक्स.

पैट्रोल [名]《E. petrol》ガソリン= पेट्रोल.

पैट्रोल-पंप [名]《E. petrol pump》(1) ガソリンスタンドの給油ポンプ (2) ガソリンスタンド

पैठ[1] [名*] (1) 入ること；出入り；入り込むこと= दख़ल; प्रवेश. उग्रवादियों की पुलिस में भी पैठ हो सकती है 過激派が警察に潜り込む（潜入する）こともありうる (2) 力の及ぶこと；手の届くこと = पहुँच; गति.

पैठ[2] [名*] 市；市場= हाट; बाज़ार; पैंठ. वही, जिसे तू शाहपुर की पैठ से ख़रीद कर लाया था あのあれさ，お前がシャープルの市場で買って帰ったものさ

पैठना [自] (1) 入る；入り込む= घुसना; प्रवेश क॰. उनकी बातें लोगों के अवचेतन में बहुत गहरे पैठ गई हैं あの方のおっしゃることは人々の胸に深く入った **गहरे पानी में पैठने से ही मोती मिलता है**〔諺〕虎穴に入らずんば虎児を得ず (2) しみつく；しみこむ मुफ़्तख़ोरी जिनकी रग रग में पैठी हुई है 寄食の癖が体にしみついている人たち

पैठाना [他] (1) 入れる；奥深く入れる；差し込む；突っ込む= घुसाना; प्रवेश कराना; घुसेड़ना. (2) しみこませる；しみつかせる

पैठार [名] (1) 入ること；入り込むこと= पैठ; प्रवेश. (2) 門= फाटक; दरवाज़ा.

पैठारी [名*] (1) 入ること= पैठ; प्रवेश. (2) 達すること；到達= गति; पहुँच.

पैठी [名*] 代わり；替わり；交替；代替= बदला; एवज़.

पैड[1] [名] 《E. pad》 (1) 便箋の一綴り (2) 肩当て，胸当てなどの当て；パッド (3)〔ス〕胸当て；臑当て (4) スタンプ台 (5) 吸収性のパッド (6) 馬の鞍敷き= घुड़सवारी के पैड.

पैड[2] [名]（木材を組んでこしらえた）建築用の足場

पैडल [名] 《E. pedal》 = पैडिल. 自転車のペダル **पैडल मारना** ペダルを踏む；ペダルを漕ぐ वह साइकिल के पैडल मारती घर लौटती 自転車のペダルを踏んで家に戻る

पैडा [名] カラーウーン（鼻緒の代わりに第一指と第二指の間の突起部を挟んで用いる下駄の一種．普通，屋敷内でしか用いない）

पैडिक्युर [名] 《E. pedicure》ペディキュア

पैडिल [名] 《E. pedal》= पैडल. पैडिल मारना ペダルを踏む（蹴る）

पैड़ी [名*] (1) 階段；梯子= सीढ़ी. (2) 灌漑用の井戸 बावली の水汲みに牛や水牛が上り下りする坂（斜面）

पैतरा [名] = पैंतरा.

पैतला [形[+]] 浅い= उथला; छिछला.

पैताना [名] = पायँता.

पैतामह [形] 父方の祖父の；父方の祖父に関する→ पितामह.

पैतृक [形] (1) 父の (2)（父系の）先祖（から）の；父方先祖からの **पैतृक धंधा** 家業；世襲の職業や商売= पैतृक व्यवसाय. **पैतृक संपत्ति** 家産；先祖から受け継いだ財産 पैतृक संपत्ति बेच-बाचकर 家産を売り払って

पैत्तिक [形] (1)〔アユ〕ピッタ पित्त の；ピッタに関する (2)〔医〕胆汁の；胆汁による

पैथोलाजिस्ट [名] 《E. pathologist》病理学者

पैथोलाजी [名*] 《E. pathology》病理学= रोग विज्ञान; विकृति विज्ञान; पैथालोजी.

पैदल[1] [形] 徒歩の；歩行する= पैदल चलनेवाला. **पैदल पारपथ** 横断歩道 **पैदल यात्रा** 徒歩旅行 मैंने अनेक हिंदू तीर्थ स्थलों की पैदल यात्रा की 数多くのヒンドゥー教聖地を徒歩旅行した **पैदल सफ़र क॰** 徒歩旅行する；行脚する

पैदल[2] [副] 徒歩で；歩いて पैदल चलनेवाला 歩行者 पैदल नदी पार क॰ 渡渉する

पैदल[3] [名] (1) 徒歩 (2)〔軍〕歩兵 (3) 歩行者 (4) チェスの歩；ポーン

पैदल चाल [名]〔ス〕競歩 50 किलोमीटर पैदल चाल 50km 競歩

पैदा [形] 《P. پیدا》 (1) 生まれた；生じた；生命を得た (2) 生じた；発生した पैदा हो॰ 生じる；発生する तब्दीलियाँ पैदा हो॰ 変化が生じる **पैदा क॰** *a.* 発生させる；作り出す；生産する यह ज़र्रे गल सड़कर मुँह में बदबू पैदा कर देते हैं この滓が腐敗して口の中に悪臭を発生させる जो पैदा करता है, वही खाना भी तो देता है この世に生み出すものが食べ物も与える（ことになっている） यहाँ संसार की लगभग एक-तिहाई ऊन पैदा की जाती है ここでは世界の約 3 分の 1 の羊毛が生産される ऊर्जा पैदा क॰ エネルギーを生産する रुपये पैदा करना दूसरी बात है, आलिम-फ़ाज़िल हो जाना दूसरी बात है 金を稼ぐことと学問することとは別のことだ *b.* 手に入れる；取得する；獲得する किसी ख़ास काम में महारत पैदा क॰ 何か特別の仕事に特技を獲得する **पैदा हो॰** 生まれる；生み出される；生産される उस देश में न तो अनाज पैदा होता है न तरकारियाँ 同国では穀物も野菜も生産されない भारत के संबंध में मनोमालिन्य पैदा होने की आशंका हो गई है インドのことに関連してわだかまりができる懸念が生じている मेरे दिल में उलझन पैदा हुई 私の胸に困惑が生じた (3) 見つけられた；発見された (4) 得られた；獲得された

पैदाइश [名*] 《P. پیدائش》 (1) 出生；発生 पैदाइश से तीन महीने के अंदर 生後 3 か月以内に पैदाइश से तंदुरुस्त 生まれつき丈夫な मच्छरों की पैदाइश ही रोक दी जाए 蚊の発生そのものを防ぐようにすれば (2) 出現；現れること (3) 生産 (4) 開始；始まり (5) 獲得；取得

पैदाइशी [形] 《P. پیدائشی》(1) 生まれの；出生の वे लोग सिर्फ़ पैदाइशी भारतीय हैं 連中は生まれだけがインド人なのだ (2) 生まれながらの；生まれつきの；天性の पैदाइशी कलाकार हैं वे 天性の芸術家だあの方は

पैदावार [名*] 《P. پیداوار》 (1) 収穫；（農）産物；作物 वहाँ धान की पैदावार बहुत अच्छी होती है 同地では稲の収穫が良い खेती की पैदावार 農産物 उस क्षेत्र में गेहूँ, जौ आदि की पैदावार बिलकुल नहीं होती その地域では小麦や大麦などの農産物は全くない (2) 栽培；生産 बैंगन की पैदावार के लिए एक गरम मौसम की आवश्यकता होती है ナスの栽培には気候が暖かくなくてはならない माहवारी पैदावार 月ごとの生産；月産 (3) 仕事や作業の結果；成果 कारीगर और किसान, सभी को अपनी-अपनी पैदावार का अच्छा मुनाफ़ा मिलता था 職人と農民すべてがそれぞれの仕事の良い成果を得ていた

पैनकेक [名] 《E. Pan-Cake》〔商標〕パンケーキ（化粧品）

पैनल [名] 《E. panel》 (1) 計器板；パネル (2) 研究班；委員団；パネル

पैना[1] [形[+]] (1) 鋭い；鋭利な；とがった पैनी पतली चोंच 鋭く細い嘴 बाघ के जैसे पैने दाँत 虎のような鋭い歯 पैना बाण 鋭くとがった矢 (2) 判断力，鑑識眼などがすぐれている；鋭い；鋭敏な भाषा परखने में पैनी दृष्टि 言葉を分析する鋭い眼力 **पैनी छुरी** とげとげしい人；気性の激しい人 **पैनी नज़र डालना** 鋭い視線を向ける

पैना[2] [名] 動物を駆るのに用いる棒などの道具

पैनाना [他] 刃物を研ぐ；鋭くする

पैन्टीज़ [名*] 《E. panties》〔服〕パンティー= पैंटी; पैंटीज़.

पैन्सलीन [名*] 《E. penicillin》〔薬〕ペニシリン= पेनिसिलिन. उस समय पैन्सलीन न निकली थी 当時ペニシリンはまだ出現していなかった

पैन्सिलिन [名*] 《E. penicillin》〔薬〕ペニシリン= पेनिसिलीन. पैन्सिलिन का मरहम ペニシリン軟膏

पैप्पल [形] (1) インドボダイジュの (2) インドボダイジュの木材から作られた→ पीपल.

पैबंद [名] → पैवंद.

पैमाइश [名*] 《P. پیمائش》 (1) 測量 (2) 土地測量= नाप.

पैमान [名] 《P. پیمان》約束；誓い= प्रतिज्ञा; वादा; वायदा; वचन.

पैमाना [名] 《P. پیمانہ》 (1) 物差し；規格；尺度 अपने पैमाने से मापो 自分の尺度で計りなさい (2) 酒杯 (3) 規模 बहुत बड़े पैमाने पर 大規模に；大がかりに **पैमाना भर जा॰** 寿命が尽きる

पैमानाकश [形] 《P. پیمانہ کش》酒を飲む；飲酒する

पैमानाकशी [名*] 《P. پیمانہ کشی》飲酒= मदिरापान.

पैमाल [形] = पामाल.

पैयाँ [名*] 足= पाँव; पैर.

पैया[1] [名] 実の入らなかった穀物の穂

पैया[2] [形] (1) 中身のない；空っぽの；空虚な (2) つまらない；取るに足らない

पैया[3] [名]〔植〕主にバングラデシュ東部に産する竹の一種

पैर[1] [名] (1) 全体として捉えた動物の足；鳥獣の足 अगले पैर 前足 पैर की हड्डी 足の骨 पैर किसी धुन पर ताल दे रहे थे 足は何かの曲に合わせて拍子を取っていた (2) 足首から先の部分 हम पैर में जूते पहनते हैं 足には靴を履く **नंगे पैर** 裸足で नंगे पैर न चलें 裸足で歩かないこと (3) 足跡= पदचिह्न. **पैर अड़ाना** 無駄な干渉をする **पैर आँख से लगाना** 敬う **पैर आगे न पड़ना** 恐怖や不安のため前へ進めない；足が前へ出ない **(-के) पैर उखड़ना** （－が）撃退される；浮き足立つ；逃げ腰になる जल्दी ही उसकी सेना के पैर उखड़ गये すぐさま彼の指揮する軍は浮き足立った **(-के) पैर उखाड़ना** （－を）撃退する；浮き足立たせる **पैर उठाकर चलना** *a.* 歩き出す *b.* 足を速める **पैर उठाना** 歩を進める；歩き出す **पैर ऊँच-नीच पड़ना** 不行跡な；ふしだらなことをする；良からぬことをする **पैर कढ़ना** = पैर निकलना. **पैर काँपना** *a.* 弱る；衰弱する *b.* 怯える **पैर कीचड़ में फँसना** 泥沼にはまる；泥沼に転落する **पैर की ज़ंजीर** 束縛；足枷 **पैर की जूती** 取るに足らぬもの **पैर की जूती सिर लगाना** 取るに足らぬ人間を重んじる **पैर की ठोकर खाना** 侮られる；侮辱される **पैर की धूल झाड़ना** *a.* 丁重にもてなす；うやうやしくもてなす *b.* へつらう（諂う）；媚びる；追従する **पैर की धूल पलकों से झाड़ना** = पैर की धूल झाड़ना. **पैर की धूल बराबर हो॰** 全く取るに足らない **पैर की धूल माथे चढ़ाना** 下にも置かぬもてなしをする= पैर की धूल माथे लगाना. **पैर की धूल ले॰** （相手の爪先に手を触れる）最敬礼をする；ひれ伏す **पैर की धोवन भी न हो॰** = पैर की धूल बराबर हो॰. **पैर की बेड़ी** = पैर की ज़ंजीर. **पैर की मेंहदी न छूटना** 怠惰なこと；だらしのないこと **पैर की मेंहदी न बिसना** = पैर की मेंहदी न छूटना. **पैर के तलवे चाटना** へつらう（諂う）；媚びへつらう；追従する **पैर के नीचे की मिट्टी** 現実（の状況） **पैर के पैर आ॰** 来てすぐに引き返す **पैर खींचना** *a.* 止める；禁じる *b.* そっぽを向

く पैर गड़ाना *a.* 足場を固める *b.* じっとしている *c.* 言葉を守る；約束を守る **पैर गहना** *a.* 丁重に言う *b.* 立ち去らぬように願い上げる；強く引き留める *c.* 相手の爪先に手を触れて丁重な挨拶をする；最敬礼をする **पैर चलनी हो॰** 足が疲れはてる **पैर चाँपना** *a.* 足を揉む *b.* へつらう *c.* 世話をやく；仕える **पैर चाटना** へつらう (-के) **पैर चूमना** *a.* (ーを) 敬う；尊敬する वह अपनी शक्तियों को सही रास्ते पर लगाते तो निस्संदेह दुनिया उनके पैर चूमती 自分の力を正しい道に向けるならば必ずや世間は敬うだろう *b.* (ーに) へつらう *c.* (ーに) 従う；従属する (-का) **पैर छाँदना** (ーの) 足にすがって立ち去らぬように止める；哀願するようにして引き留める (-के) **पैर छानना** (ーに) 哀願する **पैर छूटना** (女性が) 月のもので体が汚れる (-के) **पैर छूना** *a.* 相手の足に手を触れて (膝から爪先にかけて) 丁寧な挨拶をする पैर छूते हुए मुरली ने कहा, हाँ, काका! 相手の足に手を触れながらムルリーは言った.「ねえ, おじさん」 राम ने गुरु वशिष्ठ और माताओं के पैर छुए ラーマは師のヴァシシュタ仙と母たちの足に手を触れ挨拶をした *b.* 哀願する उन्होंने पैर छूकर माफ़ी माँगनी चाही (足に手を触れ) 哀願して赦しを乞おうと思った **पैर जम जा॰** 体が動かなくなる；動きが止まる **पैर जमा जमाकर चलना** 用心深く歩く；一歩一歩足元を確かめて歩む；石橋を叩いて渡る **पैर ज़मीन पर न पड़ना** 嬉しさや得意のために足が地につかぬ思いがする；大得意な **पैर ज़मीन पर न रखना** = पैर ज़मीन पर न पड़ना. **पैर ज़मीन पर सीधे न पड़ना** = पैर ज़मीन पर न पड़ना. **पैर जवाब दे॰** 疲れて歩けなくなる；歩けなくなるほど疲れる **पैर टलना** 退く；退却する；尻込みする **पैर टालना** 退ける；取り除く **पैर टिकाना** 踏ん張る；足場を固める **पैर टूटना** *a.* 足が痛む *b.* 頼りになるものを失う **पैर टेकना** すがる；すがりつく **पैर ठहरना** *a.* 持ちこたえる *b.* 踏ん張る **पैर ठेलना** 道からそらせる；動揺させる **पैर डगमगाना** *a.* よろける；ふらふらする *b.* 不安定な；動揺する *c.* 信念が揺らぐ；動揺する *d.* 義務を怠る **पैर डालना** *a.* 歩く *b.* 手を付ける；開始する；取りかかる **पैर डिगाना** = पैर ठेलना. **पैर तले की चींटी हो॰** *a.* 踏みつけられている *b.* 取るに足らない (存在) **पैर तोड़कर बैठना** 座り込む；へたりこむ **पैर तोड़ना** くたくたに疲れる **पैर थमना** 止まる；停止する；じっとする **पैर थर्राना** *a.* 足ががたがた震える；怯える；震え上がる；怖じ気づく *b.* 落胆する **पैर थामना** 止める；停止させる **पैर दबाकर चलना** 忍び足で歩く；抜き足差し足で歩く；音のしないようにそっと歩く **पैर दलदल में फँसना** 泥沼にはまる；悪事にのめり込む **पैर दाबना** 足を揉む **पैर दे॰** *a.* 歩く *b.* 行動を起こそうとする；取りかかろうとする *c.* 来る **पैर धरती पर न पड़ना** 嬉しさに足が地につかない；小躍りする **पैर धरती से चिपक जा॰** 震えたり怯えきって前へ進めない **पैर धरना** *a.* 来る *b.* 相手の爪先に手を触れて挨拶をする *c.* 進む；踏み出す अब मैं घर के बाहर पैर न धरूँगा もう外出はしない **पैर धुनना** = पैर पटकना. **पैर धुलवाना** 丁重な挨拶を受ける **पैर धो-धोकर पीना** *a.* 深く敬う *b.* 媚びへつらう **पैर धोने लायक न हो॰** ものの数に入らない；尊敬に値しない **पैर न उठना** 不安や恐怖のため足が前に出ない **पैर न टिक सकना** = पैर उखड़ना. **पैर (ज़मीन पर) न पड़ना** *a.* 傲慢な；高慢な *b.* 足が前へ進まない **पैर न फैल सकना** とても狭い **पैर न रखने दे॰** 側へ来させない；近寄らせない (-के) **पैर न हो॰** (ーが) もちこたえることができない **पैर निकलना** = पैर निकालना. *a.* 悪事を働く *b.* 開始する；踏み出す *c.* 行く **पैर पकड़कर सेवा क॰** うやうやしく仕える (-के) **पैर पकड़ना** = पैर गहना. उसने झुककर बाबा के पैर पकड़ लिए しゃがんでバーバーの足に手を触れて挨拶をした **पैर पखारकर पीना** = पैर धो-धोकर पीना. **पैर पटकना** *a.* 怒りをぶちまける *b.* 地団駄を踏む *c.* 悔しがる；悔やむ (-में) **पैर पटकना** (ーに) 干渉する **पैर पड़ना** 歩ける；足が進む (-के) **पैर पड़ना** = पैर छूना. (-पर) **पैर पड़ना** *a.* (ーを) 踏む；踏みつける केले के छिलके पर पैर पड़ते ही バナナの皮を踏んだとたん *b.* (ーに) 来る **पैर पत्थर हो जा॰** 行き詰まる；二進も三進も行かなくなる (-के) **पैर (-पैरों) पर गिरना** = पैर छूना. **पैर पर पत्थर मारना** 害を及ぼす **पैर पर पैर रखकर बैठना** *a.* 安心して構える *b.* 茫然とする **पैर पर माथा रगड़ना** 哀願する **पैर पर सिर रखना** *a.* 大変丁重にお辞儀をする *b.* 懇願する **पैर पलोटना** (目上の人の) 足を揉む **पैर पसारकर पड़े रहना** 無為に過ごす **पैर पसारकर सोना** 全く安心する **पैर पसारना** *a.* だんだん欲を出す *b.* 広げる；拡張する *c.* のんびりする；ゆっくりする；くつろぐ *d.* 派手に振る舞う **पैर पसारने की जगह न हो॰** ひどく混んでいる；とても狭い；立錐の余地もない **पैर पीछे दे॰** 退く；退却する **पैर पीछे धरना** = पैर पीछे दे॰. **पैर पीछे हटाना** = पैर पीछे दे॰. **पैर पीटना** 必死の努力をする；倦まず努力をする (-का) **पैर पूजना** (ーを) 敬う **पैर पेट में डालना** エビのように丸くなる **पैर पैर चलना** 歩く；徒歩で進む **पैर फिसलना** 過ちを犯す；ふしだらなことをする **पैर फैलाना** = पैर पसारना. **पैर बँध जा॰** 足が前へ進まない **पैर बढ़ना** 前へ進む **पैर बढ़ाना** 急いで歩く (-की ओर) **बढ़ाना** (ーへ／ーに向かって) 進む；向かう **पैर बराबर पड़ना** (人と) 一緒に進む；並んで歩む **पैर बाँध दे॰** 止める；止めさせる **पैर बाहर निकलना** ふしだらなことをする；身持ちの悪い **पैर बिचलना** *a.* 道をはずれる；道を踏み外す *b.* 決めたことから退く **पैर भर जा॰** 足が疲れる **पैर भारी हो॰** *a.* 妊娠する；お腹が大きくなる *b.* 不吉なことが起こる (-से) **पैर भी न दबवाना** (ーを) 見下す；ものの数に入れない (-से) **पैर भी न धुलवाना** = पैर भी न दबवाना. **पैर मन मन भर के हो॰** 恐ろしさの余り前へ進めない **पैर में काँटे गड़ना** 辛い思いをする **पैर में कुल्हाड़ी मारना** 自滅行為= अपने पैरों कुल्हाड़ी मारना. **पैर में घनचक्कर हो॰** じっと落ち着いていない；四六時中動き回る **पैर में चक्कर बँधना** 動き回る；片時もじっとしていない **पैर में चक्कर हो॰** = पैर में घनचक्कर हो॰. **पैर में चक्की बाँध दे॰** 束縛する；縛りつける **पैर में पर उगना** さっと逃げ去る；一目散に逃げる **पैर में पर लगना** = पैर में पर उगना. **पैर में बेड़ी पड़ना** 束縛を受ける **पैर में मेंहदी लगी हो॰** 口実を設けて避ける **पैर में सनीचर हो॰** = पैर में घनचक्कर हो॰. (-के) **पैर में सिर दे॰** *a.* (ーに) 屈服する *b.* (ーを) 敬う **पैर रकाब में हो॰** *a.* 大変急いでいる *b.* 出掛けようと待ち構えている (-पर) **पैर रखकर आगे बढ़ जा॰** (ーを) 蹴散らして前進する (-पर) **पैर रखना** *a.* (ーに) 向かう *b.* (ーに) 席を占める；座す (-में) **पैर रखना** *a.* (ーに) 足を踏み入れる *b.* 来る；訪れる *c.* (ーに) 達する **पैर रखने की जगह न हो॰** とても混雑する；大変な人出がある **पैर रगड़ना** 必死の努力をする (-के) **पैर रगड़ना** (ーに) へつらう **पैर रपटना** = पैर फिसलना. **पैर रह जा॰** 足がとても疲れる **पैर रोपकर** 毅然として；断固として **पैर रोपना** *a.* 誓う *b.* 競う；立ち向かう *c.* 落ち着く；安定する **पैर लगना** = पैर गहना. (-का) **पैर लगा हो॰** (ーが) よく見知っている (場所) **पैर लगे आना और जाना** さっと来てさっと去る **पैर लटपटाना** 足がふらつく；よろめく **पैर लड़खड़ाना** = पैर डगमगाना. **पैर समेटना** 控える；控え目にする (-के) **पैर सहलाना** (ーに) へつらう；媚びる；(ーの) ごまをする **पैर सीधे न पड़ना** = पैर ज़मीन पर न पड़ना. (-के) **पैर से जा लगना** *a.* (ーの) 足元にひれ伏す *b.* (ーに) 許しを願う **पैर से ठुकराना** 見下す **पैर से पैर बाँधकर रखना** 四六時中手元に置く **पैर सौर से बाहर हो॰** 能力や経済力に余る事態になる **पैर सौ सौ मन के हो॰** = पैर मन-मन भर के हो॰. **पैर हवा में पड़ना** 上機嫌の **पैर हिलना** 道をはずれる；道を踏みはずす (-के) **पैरों की धूल ले॰** (ーに) うやうやしく挨拶する (-के) **पैरों की धूलि चाटना** (ーに) へつらう **पैरों के नीचे आँखें बिछाना** 下にも置かぬもてなしをする **पैरों के नीचे आ जा॰** 踏みつぶされる **पैरों के नीचे की ज़मीन खिसक जा॰** *a.* 全く予想しなかった事態に茫然となる；愕然とする *b.* 拠り所や支えを失う **पैरों के नीचे की (ज़मीन) निकल जा॰** = पैरों के नीचे की ज़मीन खिसक जा॰. **पैरों के नीचे की मिट्टी खिसक जा॰** = पैरों के नीचे की ज़मीन खिसक जा॰. (-) **पैरों के नीचे रखना** (ーを) 服従させる **पैरों के नीचे से धरती खिसकना** = पैरों के नीचे की ज़मीन खिसक जा॰. **पैरों के नीचे से मिट्टी खिसकना** = पैरों के नीचे की ज़मीन खिसक जा॰. **पैरों चलना** 歩く；徒歩で行く **पैरों तले आँखें बिछाना** 下にも置かぬもてなしをする；大歓迎をする **पैरों तले की ज़मीन निकल जा॰** = पैरों के नीचे की ज़मीन खिसक जा॰. **पैरों तले की ज़मीन सरक जा॰** = पैरों के नीचे की ज़मीन खिसक जा॰. **पैरों तले की ज़मीन हिल जा॰** = पैरों के नीचे की ज़मीन खिसक जा॰. **पैरों तले कुचल दे॰** *a.* つぶす；踏みつぶす *b.* 激しく侮辱する **पैरों तले गंगा बहना** *a.* とても裕福な *b.* とても順調な；大変好調な；順風満帆の；景気の良い；幸運な (-के) **पैरों तले गरदन दबना** (ーに) 頭を抑えられる；屈服する **पैरों तले घास न जमने दे॰** 全く遅滞のないようにする **पैरों तले चोटी दबना** = पैरों तले गरदन दबना. **पैरों तले दबे हो॰** = पैरों तले गरदन दबना. **पैरों तले पड़ा हो॰** 無視される **पैरों तले रौंदना** = पैरों तले कुचल दे॰. **पैरों तले लोटना** 意のままに操られる **पैरों तले से ज़मीन-सी निकल जा॰** = पैरों के नीचे की ज़मीन खिसक जा॰.

पैरों तले से धरती खिसक जा॰ = पैरों के नीचे की ज़मीन खिसक जा॰. पैरों तले से मिट्टी निकल जा॰ = पैरों के नीचे की ज़मीन खिसक जा॰. (-के) पैरों तले हो॰ (ーに) 屈する；屈服する पैरों पड़ता (पड़ती) हूँ 後生だから；心底からのお願いですから पैरों पर खड़े हो॰ → अपने पैरों पर खड़े हो॰. (-के) पैरों पर गिरना (ーに) 敬服する；従う पैरों पर गिरवाना (ーに) 敬服させる पैरों पर झुकना = पैरों पर गिरना. पैरों पर झुकाना = पैरों पर गिराना. (-के) पैरों पर नाक रगड़ना *a.* (ーに) 媚びへつらう *b.* (ーに) 服従する (-के) पैरों पर पगड़ी डालना 懇願する= (-के) पैरों पर पगड़ी रखना. (-के) पैरों पर लोटना *a.* (ーに) 哀願する；懇願する वह गुप्ता जी के पैरों पर लोटा है グプターさんに哀願した *b.* 簡単に手に入る；容易に手に入る；有り余っている；その辺りにごろごろしている *c.* 思い通りになる (-के) पैरों पर सिर घिसना = (-के) पैरों पर नाक रगड़ना. (-के) पैरों पर सिर रगड़ना = पैरों पर नाक रगड़ना. (-के) पैरों में गिरना (ーに) 服従する；屈服する (-के) पैरों में ज़ंजीर डालना (ーを) 縛りつける；束縛する (-के) पैरों में डाल दे॰ (ーに) 頼らせる पैरों में पर लगना 速く走る पैरों में बेड़ी (बेड़ियाँ) डालना = पैरों में ज़ंजीर डालना. परिवार की स्थिति उनके पैरों में बेड़ी डाले हुए थी 家庭の状況は彼を縛りつけるようなありさまだった पैरों में बेड़ियाँ पड़ना 束縛される；縛りつけられる इसका ब्याह कर दो, अपने आप पैरों में बेड़ियाँ पड़ जाएँगी 結婚するとそれまでの自由気ままな生活ができなくなって落ち着くということ पैरों में मन लगना 敬虔な気持ちになる पैरों से कुचल डालना さんざんな目に遭わせる；ひどい目に遭わせる पैरों से ज़मीन निकल जा॰ = पैरों के नीचे की ज़मीन खिसक जा॰. पैरों से ठुकराना 無視する पैरों से पैर मिलाकर चलना 歩調を合わせて歩む पैरों से मसलना 足でつぶす；踏みつぶす पैरों से मिट्टी निकल जा॰ = पैरों के नीचे की ज़मीन खिसक जा॰.

पैर[2] [名] (1) 刈り取って脱穀場に広げられた作物 (2) 刈り取って脱穀場に積まれた作物 (3) 山積みになったもの

पैरगाड़ी [名*] (1) 自転車 (2) 輪タク= साइकिल रिक्शा.

पैरना[1] [自] (1) 泳ぐ (2) 浮く；浮かぶ= तैरना.

पैरना[2] [他] 着る；着用する；まとう（纏う）→ पहिरना.

पैरबंदाई [名*]〔ヒ〕目上の人の足下に手を触れたり額をつけて拝む最敬礼

पैररगड़ाई [名*] 懇願；哀願

पैरवी [名*] 《P. پیروی》(1) 追従；服従 (-की) पैरवी क॰ (ーに) 従う；追随する यहाँ आपकी पैरवी करनेवाला भी कोई न मिलता ここには貴方に従う人もだれ１人おるまい (2) 擁護 (-की) पैरवी क॰ (ーを) 擁護する उसने अंतर्जातीय विवाहोंकी पैरवी की तो किसी ने ताली नहीं बजाई その人がカースト間結婚を擁護したのに対しだれも手を叩かなかった (3) 弁護；申し開き पैरवी करने का वक़्त तक नहीं देना चाहते 申し開きの時間さえ与えようとしない (-की) पैरवी कराना *a.* (ーに) 服従させる *b.* (ーを) 擁護してもらう *c.* (ーを) 弁護してもらう

पैरवीकार [名] 《P. پیروی کار》(1) 擁護者；支持者 (2) 弁護者

पैरहन [名] 《P. پیرہن》(1) クルター；シャツ= पैराहन. (2) 服；衣服

पैरा[1] [名] (1) 来ること；到来 (2) 木で組んだ足場 (3)〔装身〕女性の銀製の足首飾り

पैरा[2] [名] 《E. paragraph》(1) パラグラフ；文章の節；段落 तीसरे पैरे में 第３パラグラフに (2) コメント

पैराइश [名*] 《P. پیرائش》飾り；装飾；装い= सजावट; सज्जा; आराइश.

पैराई [名*] 泳ぎ；泳ぐこと；水泳= तैराकी.

पैराक [名] 泳ぎ手；泳者；スイマー= तैराक.

पैराग्राफ़ [名] 《E. paragraph》パラグラフ= पैरा.

पैराग्लाइडिंग [名] 《E. paragliding》パラグライディング；パラグライダーでの飛翔

पैराना [他] (1) 泳がせる= तैराना. (2) 浮かす；浮かべる= तैराना.

पैराफ़िन [名] = पैराफ़ीन. 《E. paraffin》(1) パラフィン；固形パラフィン (2)〔化〕パラフィン पैराफ़िन मोम パラフィン蝋；パラフィンワックス

पैराबोला [名] 《E. parabola》放物線；パラボラ

पैरामीटर [名] 《E. parameter》〔数・統計〕パラメーター

पैरामीशिया [名] 《E. paramecia ← paramecium》〔動〕ゾウリムシ（原生動物）

पैराशॉक [名] 《E. Parashock》パラショック

पैराशूट [名] 《E. parachute》パラシュート；落下傘

पैरास्तगी [名*] 《P. پیراستگی》装飾；飾り= सजावट; सज्जा.

पैरास्ता [形] 《P. پیراستہ》飾られた；装飾された हवाई अड्डे का आरास्ता-पैरास्ता चायख़ाना 空港の美しく飾られた喫茶店

पैराहन [名] 《P. پیراہن》= पैरहन.

पैरिस 〔地名〕《E. Paris》パリ（フランスの首都）

पैरिस-प्लास्टर [名] 《E. Paris plaster》焼き石膏

पैरी [名*] (1) パイリー（青銅や鐘青銅製の足首飾り） (2) 地面での牛や水牛に踏ませての脱穀のため広げられた穀物の穂のついた茎 (3) 同上の方法による脱穀（法） (4) 羊の毛の刈り取り (5) = पैड़ी.

पैरेरल बार [名] 《E. parallel bars》〔ス〕平行棒

पैरोकार [名] = पैरवीकार.

पैरोल [名] 《E. parole》(1)〔法〕仮釈放 (2)〔法〕恭順宣誓；釈放宣誓= परोल.

पैरौ [形・名] 《P. پیرو》(1) 従う；追随する (2) 信者；信奉者 बुद्ध मज़हब के पैरौ 仏教徒；仏教信徒= बौद्ध.

पैलगी [名*] 目上の人や信奉する相手の爪先に手を触れたり頭をつけたりするもっとも丁寧な挨拶= पालागन.

पैला[1] [形] 向こうの；向こう側の उस ओर का; उस पार का

पैला[2] [名] (1) 穀物を計量する升（4 セール सेर の容量） (2) 穀物を入れる大きなかご (3) 牛乳やヨーグルトの容器の蓋

पैली [名*] 穀物や油を入れておく陶製の容器

पैले [副] (1) 先に (2) 向こうに；向こう側に

पैवंद [名] 《P. پیوند》(1) つぎ（継ぎ）；継ぎ当て= थिगली. आपके कपड़ों में कई कई पैवंद लगे होते थे 幾つも継ぎの当たった服をいつも着ていらっしゃった (2) 血縁；親戚関係= रिश्तेदारी. (3) 接ぎ木のために切った枝= क़लम. मिथ्या विज्ञान का पैवंद いんちき学問の継ぎ当て

पैवंदी [形] 《P. پیوندی》(1) 継ぎの当たった (2) 接ぎ木された；接ぎ木に実った

पैवंदीपन [名] 《P.+ H.पन》継ぎはぎ（細工）

पैवस्त [形] 《P. پیوست》(1) 中に入った；入り込んだ (2) 加わった；入った पैवस्त हो॰ (ーに) 入る；(ーに) 加わる एक गोली उनके सीने में पैवस्त हो गई 1 つの弾丸が胸に入った（撃ち込まれた） ज़हर जिस्म में पैवस्त हो गया 毒が体内に入った इस दौरान सूराख़ में रंचमात्र भी हवा न पैवस्त करने पाए この間に穴の中にほんのわずかの空気も入らないように

पैवस्ता [形] 《P. پیوستہ》つながった；結合した；密着した

पैशल्य [名] 愛らしさ；可愛らしさ= कोमलता.

पैशाच[1] [形] ピシャーチャ पिशाच の；悪魔の→ पिशाच.

पैशाच[2] [名] ピシャーチャ पिशाच

पैशाच विवाह [名]〔ヒ〕パイシャーチャ結婚（古代インドの８種の結婚形式のうち道義的に最低のものとされたもので，女性の意識が正常でない状態において強引に行われるもの．ピシャーチャ形式の結婚の意．→マヌ法典 3 - 34）

पैशाचिक [形] (1) ピシャーチャの (2) 悪魔のような；悪魔的な

पैशाचिकी [名*] 鬼神学；悪魔研究

पैशाची[1] [形] (1) ピシャーチャの（पिशाच の） (2) 悪魔的な

पैशाची[2] [名*]〔言〕パイシャーチー語；ピシャーチャ語（中期インド・アーリア語のプラークリット語の中層の言語の一）

पैशाच्य [形] (1) ピシャーチャ（पिशाच）の (2) 悪魔的な

पैशुन्य [名] 陰口；告げ口；中傷；誹謗= पिशुनता; चुगलखोरी.

पैसना [自] 入る；入り込む= घुसना; पैठना; प्रवेश क॰.

पैसा [名] (1) パイサー（貨幣単位の一．現今の単位では 100 分の 1 ルピー；旧単位では 64 分の 1 ルピー＝４分の１アーナー．なお旧貨幣単位では次のようにも用いられた．1 पैसा=80 कौड़ी =24〜25 दाम =8दमड़ी. 1/2पैसा= अधेला. 1/4पैसा= टुकड़ा = छदाम) (2) ぜに（銭）；かね（金） (3) 富；財産 खुला पैसा 小銭 पैसा उठना 金が費やされる；金が使われる；金がすべて使われる पैसा उठाना 金を費やす；金を使う पैसा उड़ाना 無駄金を使う पैसा ऐंठना 金を取り立てる पैसा कमाना 金を稼ぐ (-में) पैसा ख़र्च क॰ (ーに) 金を費やす；金を使う पैसा काटना *a.* 金を使う；金を費やす *b.*

प

金が不快なものに感じられる **पैसा खाना** *a.* 賄賂を取る；収賄する *b.* 横領する （-का） **पैसा खाना** （ーに）寄食する；（ーの）厄介になる **पैसा खींचना** *a.* 金を取り立てる *b.* 金を稼ぐ；儲ける *c.* 金を巻き上げる **पैसा गँवाना** 散財する **पैसा गाँठ का, जोरू साथ की** 〔諺〕いざと言うときに役立つのは手許の金と身近な妻 **पैसा घसीटना** = पैसा खींचना. （-का） **पैसा चाटना** （ーの）金を巻き上げる **पैसा-जोड़** けちな；吝嗇な **पैसा जोड़ना** 蓄財する；金を貯める= पैसा जमा क॰. **पैसा डूबना** 貸したり投じたりした金が取り戻せなくなる；貸し金が回収不能になる **पैसा दाँत से उठाना** 大変欲張りな；甚だけちな；とても貪欲な **पैसा देखना** 金を持つ；資産を持つ **पैसा-धेला** ほんの少額；わずかばかりの金額 पैसे-धेले की चीज़ ほんの少額の物 **पैसा धोकर उठाना** 誠実に働いて金を稼ぐ；真面目に金を稼ぐ **पैसा धोकर रखना** 願掛けに金を残す **पैसा पहचानना** 金の有り難みが分かる **पैसा** （-का）**पैर चूमना** （ーが）大金持ち **पैसा पैसा क॰** 金のことばかり気にする **पैसा-पैसा जोड़ना** 毎日が金のことで明け暮れる **पैसा फूँकना** 無駄金を使う；浪費する **पैसा बनाना** 儲ける；儲け出す ज्योतिषी ने अपने पैसे बनाने के लिए तुम्हें ठगा है 占い師（手相見）は金儲けのためにあんたをだましたのだ **पैसा बहाना** むやみに金を使う；金を粗っぽく使う क्यों अंधाधुंध पैसा बहाते हो इन दवाइयों में なぜこれらの薬にむやみに金を使うのだ **पैसा मारना** 借金を踏み倒す **पैसा लगाना** *a.* 金を費やす *b.* 投資する **पैसा लुटाना** 気前よく金を使う；惜しげもなく金を使う **पैसा वसूल क॰** 集金する= पैसा इकट्ठा क॰; पैसा जमा क॰. **पैसा समेटना** 大いに稼ぐ **पैसा सीझना** *a.* 稼ぐ *b.* 金を取り立てる；集金する （-पर =के） **पैसे आ॰** （ーが=に）借金する；（ーが=に）金を借りている；（=がーに）金を借りている；（=がーに）金を貸している **पैसे का गुलाम** 金の奴隷 **पैसे का पैर चूमना** 大金持ちの **पैसे का पैसा कमाना** 金が金を呼ぶ；金が金を稼ぐ **पैसे का राज्य हो॰** 金の世の中 **पैसे की गर्मी हो॰** 富を自慢する **पैसे की पकड़ हो॰** 貯金する；金を貯める **पैसे के तीन अधेले भुनाना** *a.* けちなことをする *b.* ずる賢い金儲けを考える **पैसे के बल पर** 金力で；金に物を言わせて **पैसे को ठीकरा समझना** 金の心配をしない；惜し気もなく金を使う **पैसों को दाँत तले दबाकर ख़र्च क॰** 爪に火を点すようにして金を使う= पैसे को दाँत से पकड़ना. आज तक तो उसने पैसे-पैसे को दाँत से पकड़ा था 今までは爪に火を点してきていた **पैसे को पैसा न समझना** = पैसे को ठीकरा समझना. **पैसे खड़े क॰** *a.* 金を稼ぐ *b.* 取り立てる；集金する **पैसे पर** *a.* 金を払って；金で *b.* 金のために；金儲けのために **पैसे पर रखकर बोटियाँ उड़ाना** 激しく苦しめる **पैसे-पैसे को तरसना** 極めて貧しい；赤貧洗うがごとし **पैसे-पैसे को मोहताज हो॰** = पैसे-पैसे को तरसना. **पैसों का भूखा** 貪欲な；強欲な

पैसार ［名］(1) 入ること；侵入= पैठ; प्रवेश. (2) 進入路；入り口= प्रवेशद्वार.

पैसारना ［自］入る；入り込む= पैठना; प्रवेश क॰.

पैसिंजर ［名］《E. passenger》(1) 乗客；旅客= पैसेंजर; यात्री; मुसाफ़िर. (2) = पैसिंजर गाड़ी; पैसिंजर ट्रेन.

पैसिंजर गाड़ी ［名*］《E. passenger + H.》(1) 客車；旅客列車= पैसेंजर गाड़ी; पैसेंजर ट्रेन; यात्री गाड़ी; मुसाफ़िर गाड़ी. → मालगाड़ी 貨車 (2) 普通列車

पैसिफ़िक ओशन ［名］《E. Pacific Ocean》太平洋= प्रशांत महासागर.

पैसीयन पुष्प ［名］《← E. passion flower》〔植〕トケイソウ科蔓草クサトケイソウ；パッションフラワー【*Passioflora foetida*】

पैसेंजर गाड़ी ［名*］《← E. passenger + गाड़ी》(1) 客車；旅客列車= पैसिंजर गाड़ी; सवारी गाड़ी. (2) 普通列車

पैसेवाला ［形・名］金持ち（の）；物持ち（の）；富裕な；資産家の वह पढ़ा-लिखा नहीं तो क्या, पैसेवाला तो है 学問がないからどうしたというのだ. あの男は金持ちではあるぞ

पैस्टल रंगीन पेंसिल ［名*］《E. pastel + H. रंगीन + E. pencil》パステル= रंगीन पेंसिल.

पैहम[1] ［形］《P. پیہم》絶え間のない；続けざまの= अनवरत; निरंतर; लगातार.

पैहम[2] ［副］《P. پیہم》絶えず；絶え間なく= निरंतर; लगातार.

पों ［名*］(1) 警笛；警音器；ホーン (2) 警笛の音；ブー यह मोटर है, वह लारी.यह पों पों करती चलती है これは自動車, あれは, トラック. これはブッブーと走ります (3) 騒がしい音 (4) 放屁の音 **पों कर दे॰** 音を上げる **पों निकल जा॰** 負ける；敗れる；降参する **पों-पों** *a.* 自動車の警笛 इतने में मोटर की पों-पों सुनाई पड़ी そうこうしている内に自動車の警笛が聞こえてきた *b.* 騒がしくすること **पों पों क॰** 子供がやかましくする；騒ぎ立てる उसे मैंने उसकी नानी के पास भेज दिया.सारा दिन पों पों करके जान खा लेता था 一日中やかましくしてうるさいものだからあの子はおばあさんの所へ行かせた （-की） **पों बजाना** 意味もわからず（ーに）相槌を打つ **पों बोल जा॰** *a.* 破れる *b.* 負ける；降参する *c.* 破産する **पों लगना** 厄介なことになる

पोंकना ［自］(1) 下痢をする (2) 恐ろしさに震えあがる

पोंका ［名］(1)〔昆〕が（蛾） (2)〔貝〕フナクイムシ科フナクイムシ【*Teredo navalis*】

पोंगल ［名］《Tm.》(1) ポンガル祭（タミルナードゥはじめ南インドにおいて太陽がマカラ宮（磨羯宮）に入る1月14～15日を中心に祝われる. 北インドのマカラ・サンクラーンティ मकर संक्रांति と同じく太陽の北行開始を祝う. 米の収穫祭でもある. タイ, すなわち, タミルナードゥの正月元旦. タイ・ポンガルとも言う. (2) ポンガル祭に新米に黒砂糖を加え牛乳で煮た料理. シャルカライ・ポンガル

पोंगा[1] ［形+］(1) 空っぽの；空虚な (2) 間抜けな；阿呆な；のろまの मैं इस 65 साल की अवस्था में भी पोंगा ही रहा 65歳になった今でも間抜けなままの私なのです यह पुराने विचारों का पोंगा ब्राह्मण 古めかしい考えの間抜けなバラモン

पोंगा[2] ［名］(1) 竹筒 (2) 金属管 (3)〔解〕脛骨

पोंगापंथी[1] ［形］大変な間抜けの

पोंगापंथी[2] ［名*］全く愚かしい行為；大変な愚行

पोंगी ［名*］(1) 細長い筒；中空の長い管 (2) 竹や篠, 葦などの中空の管

पोंछन ［名*］(1) 拭くこと= पोंछना. (2) 雑巾（塵や汚れを払うのに用いたり濡らして拭き取るためのもの）= पोंछा. (3) 器の底に溜まっているゴミ

पोंछना[1] ［他］(1) ふく（拭く）；拭き取る नहाने के बाद ख़ुश्क तौलिये से रगड़कर बदन पोंछो 沐浴後乾いたタオルでこすって体を拭きなさい (2) ぬぐう（拭う）；ぬぐい去る；取り去る；さらう（浚う）；浚える ग़लतियों को पोंछने के लिए 過ちを拭い去るため आँखें पोंछती रही ずっと涙を拭い続けた उठकर पसीने को पोंछने लगा 起き上がり汗を拭い始めた

पोंछना[2] ［名］(1) 拭いたり拭ったりするもの（道具） (2) 拭ったり浚えたりして取り払われるもの

पोंछा ［名］(1) 塵や汚れをはたき落とす布 (2) 雑巾 पोंछा लगाना 雑巾ではたいたり雑巾掛けをする सारे घर में पोंछा लगाती 家中の雑巾掛けを始める

पोंटी ［名*］〔魚〕コイ科の淡水魚【*Cyprinus pausius*】

पोंद ［名］(1) 肛門= गुदा. (2) 尻= चूतड़.

पोंपी ［名*］小さい円筒

पोआ ［名］(1) 蛇の子；子蛇= सँपोला. (2) 小さな虫

पोइट्री ［名*］《E. poetry》詩= कविता.

पोइया ［名*］《P. پویہ》アンブル（馬の歩き方）〈amble〉

पोइस[1] ［名*］《← P. پویہ》= पोइया.

पोइस[2] ［感］《← P. پوش पोश?》ロバやラバによる運搬人や馬車の御者などが通行人に注意を促すために発する叫び声= पोइश; पोइसों, पोश; पोस; देखो; हटो; बचो.

पोई ［名*］(1)〔植〕ツルムラサキ科蔓草ツルムラサキ【*Basella alba*】 (2) 草木のやわらかい芽

पोकना[1] ［名］イリッペ（महुआ）の熟果

पोकना[2] ［名］= पोंका.

पोकारास ［名］〔鳥〕キジ科ネパールミノキジ【*Pucrasia nipalensis*】

पोकल ［形］(1) 脆い；崩れやすい (2) か細い；か弱い (3) 弱い；ひ弱い (4) 中空の= पोला; खोखला. (5) うつろな；空虚な= निःसार; तत्त्वशून्य.

पोकियाना ［他］苦しめる；悩ます

पोख ［名］(1) 養育= पोस; पोषण. (2) 愛情

पोखना ［他］養う；育てる= पोसना.

पोखर ［名］池；沼= तालाब; पोखरा.

पोखरा ［名］(1) 池；沼 (2) 貯水池

पोखराज ［名］トパーズ；黄玉

पोखरी ［名*］(1) 小さな池 (2) 小さな貯水池

पोगंड[1] [形] 少年期の（10 歳に満たない男の子）
पोगंड[2] [名] 少年
पोच [形] 《P. پوچ》(1) 不出来な；劣った；下等な (2) 下らない；つまらない (3) 下劣な；下品な (4) うつろな；空虚な
पोचाई [名*] ポーチャーイー（ビハール地方の部族民の間で米から造られる発酵酒の一）
पोची [名*] ←पोच. 下等なこと；不劣なこと
पोछना [他] (1) = पोंछना. (2) = पोतना.
पोजिटिव [形] 《E. positive》(1)〔電〕正の；プラスの；陽の ↔ नेगेटिव (2)〔写〕陽画の；ポジの ↔ नेगेटिव 陰画の；ネガの (3)〔医〕陽性の ↔ नेगेटिव 陰性の
पोज़िशन [名*] 《P. position》(1) 順位 हाईस्कूल उन्होंने प्रथम श्रेणी में पास किया था और प्रांत में उनकी आठवीं पोज़िशन थी あの方はハイスクールの試験に一級で合格し州で第 8 位の成績だった (2) 地位；身分；境遇
पोट[1] [名*] (1) 包み；包装= गठरी; पोटली. (2) 穀物を入れた布 (3) 塊；積み重ね；山= ढेर. **पोट बाँधना** 蓄える
पोट[2] [名] 家屋の土台；家屋の礎石；住宅の柱石
पोट[3] [名*] 死体を包む布；遺体に掛ける布；経帷子
पोटगल [名] (1)〔植〕イネ科ダンチク属【*Arundo donax*】= नरसल. (2)〔植〕イネ科ワセオバナ【*Saccharum spontaneum*】= काँस.
पोटडाक [名*] (1) 小包郵便 (2) 郵便小包
पोटना [他] (1) 集める；まとめる= बटोरना; समेटना. (2) 手に入れる (3) 引き入れる；誘って仲間にする
पोटल [名] = पोटली.
पोटलक [名] 小さな包み= पोटली.
पोटला [名] 大きな包み；何かを包み込んだもの
पोटली [名*] (1) 小さな包み (2) 小さな袋 सत्तू की पोटली はったい粉の包み बुढ़िया ने एक पोटली में थोड़ा-सा चबेना बाँधकर दिया 老婆は小さな包みにほんのわずかの炒り米を包んで与えた
पोटा[1] [名] (1) 胃；胃袋 (2) 鳥のそ嚢 (3) 瞼 (4) 勇気；気力 **पोटा तर हो॰** 富み栄える
पोटा[2] [名] (1) 動物の子 (2) 雛鳥；ひな
पोटा[3] [名*] (1) 男のような容姿の女性 (2)（男女）両性具有者 (3) 下女
पोटा[4] [名] はな（洟）；鼻汁；鼻くそ नाक से पोटा जारी था 鼻からは洟が垂れ続けていた
पोटाश [名] = पोटास. 《E. potash》(1)〔化〕カリ（炭酸カリウム）(2)〔化〕カリウム；ポタシウム पोटाश उर्वरक カリ肥料
पोटाशिया [名]《E. potassium》カリウム；ポタシウム→ पोटेशियम.
पोटी [名] (1) 直腸 (2) 肛門 **पोटी दुहना** つぶされる；つぶれる
पोटेशियम [名] = पोटैसियम. 《E. potassium》カリウム
पोटेशियम कार्बोनेट [名] 《E. potassium carbonate》〔化〕炭酸カリウム；炭酸カリ
पोटेशियम क्लोराइड [名] 《E. potassium chloride》〔化〕塩化カリウム
पोटेशियम क्लोरेट [名] 《E. potassium chlorate》〔化〕塩素酸カリウム
पोटेशियम नाइट्रेट [名]《E. potassium nitrate》〔化〕硝酸カリウム
पोटेशियम परमेंगनेट [名] 《E. potassium permanganate》〔化〕過マンガン酸カリウム= लाल दवाई.
पोटेशियम सल्फ़ेट [名]《E. potassium sulfate》〔化〕硫酸カリウム
पोटेशियम सायनाइड [名] 《E. potassium cyanide》〔化〕青酸カリ；シアン化カリウム
पोढ़ [形] (1) 成熟した (2) 元気な；丈夫な (3) 頑丈な；しっかりした (4) 堅い；硬い；堅固な
पोढ़ना[1] [自] (1) しっかりする；がっしりする；丈夫になる；強くなる (2) 確かになる；決まる；確実になる
पोढ़ना[2] [他] (1) しっかりさせる；強固にする；丈夫にする；強くする (2) 確かにする；決める；確実にする
पोढ़ना[3] [自] = पौढ़ना. (1) 寝る；休む= सोना; शयन क॰. ठाकुर जी के पोढ़ने का समय हो गया था タークルジー（ヴィシュヌ神・ヴィシュヌ神像）のおやすみになる時間になっていた (2) 横になる；横たわる
पोढ़ा [形[+]] = पोढ़. पोढ़ी छालवाली वनस्पति しっかり硬い樹皮を持った植物 पोढ़ा असामी 金持ち（の）；資産家（の）；豊かな= पोढ़ा आदमी.
पोत[1] [名] (1) 動物の子= छोटा बच्चा; जानवर का बच्चा; छौना. (2) 若木 (3) 若芽 (4) 衣服；衣類= कपड़ा; वस्त्र; पट. (5) 船；船舶= नौका; नाव.
पोत[2] [名] (1) 性質；性格；気質 (2) 方法；様式 (3) 番；順番
पोत[3] [名] 動物の糞；動物の排泄物
पोत[4] [名*] ビーズ；ガラス玉；ナンキン玉
पोत[5] [名] 《← P. فوطہ / فوتہ फ़ोता》(1) 耕作地の査定 (2) 地税 **पोत पुगाना** 責任を果たす **पोत पूरा क॰** 地税の全額を納める **पोत पूरा हो॰** 補われる；満たされる
पोतक [名] (1) 子供；幼児= बच्चा; शिशु. (2) 苗 (3) 芽
पोतड़ [名] おしめ；むつき= गंतरा. पेशाब से भीगे हुए पोतड़ 小便で濡れたおしめ
पोतड़ा [名] おしめ；むつき **पोतड़ों का धनी** 裕福な家柄の；先祖代々金満家の **पोतड़ों का बिगड़ा हुआ** 育ちの悪い；出来そこないの；不出来な **पोतड़ों के अमीर** = पोतड़ों का धनी. **पोतड़ों के लाल** 赤子；乳飲み子；乳児
पोतदार [名] = फ़ोतेदार. (1) 徴税官；徴税吏；収税官= ख़ज़ानची; तहसीलदार. (2) 出納役；収入役= ख़ज़ानची.
पोतधारी [名] 船主= जहाज़ का मालिक.
पोतध्वज [名] 船に掲揚される国籍を示す旗
पोतन [形] (1) 清める；浄化する (2) 神聖な
पोतनहर [名*] (1) ポータンハル（台所や中庭などの土間を粘土，牛糞，石灰などを混じたもので浄化するための粘土を入れる容器） (2) ポータンハル（上記の作業をする女性）
पोतना [他] (1) 液状のものや伸びたり溶けたりするものなどを物の表面に塗りつける；塗る；こすりつける；すりつける अधिकांश स्त्रियाँ पाउडर पोतकर गोरी होने का प्रयत्न करती हैं 大抵の女性は白粉をつけて色白になろうとする लवेंडर बालों में पोतना ラベンダー（香水）を髪につける अत्यंत सूखा पड़ने की स्थिति में बच्चों के मुँह पर कालिख पोतकर द्वार द्वार वर्षा की पुकार करते देखते हैं ひどい旱魃が生じた際には子供たちの顔に鍋墨をこすりつけて軒ごとに雨乞いをするのが見られる (2) 壁や床，中庭などに壁土や粘土，牛糞，石灰を溶かした物などを塗る；すりつける；塗りつける उनपर चूने या चिकनी मिट्टी का घोल पोत देने से それらに石灰や粘土を混ぜ合わせた物を塗ると (3) 覆い隠す；秘める；取り繕う；糊塗する
पोतभार [名] 船荷；積み荷
पोतभारक [名] 貨物船
पोतलक [名]〔仏〕ポータラ山；普陀落山
पोतला [名]〔料〕パラーター；パラーンター= पराँठा.
पोतवाह [名] 船頭= नाविक.
पोतवाहिनी [名*] 船隊；船団= जहाज़ों का बेड़ा.
पोतसंतरण [名]（船の）進水
पोता[1] [名] 息子の子；孫息子；内孫
पोता[2] [名]〔ヒ〕バラモン教のポートリ祭官（पोतृ）；ポーター बाएँ बाज़ू का निचला हिस्सा पोता को （獣肉の）左腕の下の部分はポートリ祭官に（与えるべし）
पोता[3] [名] (1) 国庫（国家の金庫） (2) 金庫（村の） (3) 地代
पोता[4] [名] 壁土や漆喰などを塗るための刷毛や布切れ **पोता फेरना** 台無しにする
पोताई [名*] ←पोतना. (1) 塗ること；塗布すること (2) 塗り賃
पोताच्छादन [名] テント= तंबू; डेरा.
पोताश्रय [名] 港= बंदरगाह. इससे बड़े-बड़े जहाज़ पोताश्रय तक आसानी से पहुँच सकते हैं これにより巨大な船が港の中まで容易に入ってこられる कृत्रिम पोताश्रय 築港 प्राकृतिक पोताश्रय 天然港
पोतिया [名] ポーティヤー（サードゥ，すなわち，修行者がまとう腰布）
पोती [名*] 息子の娘；孫娘；内孫
पोत्र [名] 猪や豚の突き出た鼻
पोथा [名] 大きな書物（特に貝葉などを綴じた物；ヒンドゥー聖典・経典の類） दूसरे हिंदुओं के मठों में सुरक्षित पोथों में 他のヒンドゥー僧院に保存されている書物に **पोथा पसारना** 大きな口を叩く

पोथी [名*] 書物 (特に経典，聖典)；書籍 **पोथी का बेठन** *a*. 無学の *b*. 学問しても何の役にも立たない；間抜けな **पोथी दिखाना** 占ってもらう

पोथी-पत्रा [名] 占星術の書物；占いの書物 पंडित जी ने पोथी-पत्रा बटोरा パンディットは占いの書物を片付けた वह पोथी-पत्रा विचारने में बड़े निपुण हैं 占いがとても上手な方だ

पोदना [名] (1) 小柄な男性= नाटा आदमी. (2) 化け物；悪霊 (3) 〔鳥〕ムシクイ科ハッコウチョウ属【*Sylvia olivacea*】 **पोदना-सा** 小さな；大変小さな

पोदीना [名] 《P. پودینہ》〔植〕シソ科草本ハッカ= पुदीना.

पोदेना [名]〔鳥〕ムシクイ科チュウヨシキリ【*Acrocephalus stentoreus*】 **छोटा पोदेना** 〔鳥〕ムシクイ科セチヨシキリ【*Acrocephalus dumetorum*】

पोद्दार [名] = पोतदार.

पोना [他] (1) こねた小麦粉をローティー (रोटी) の形に作る (2) ローティーを焼く (炙る)

पोनी[1] [名*] = पौनी. 孔杓子

पोनी[2] [名] 《E. pony》〔動〕ポニー

पोनी टेल [名] 《E. ponytail》ポニーテール (髪型)

पोप [名]《E. Pope》〔キ〕ローマ教皇；ローマ法王 पोप पॉल द्वितीय ローマ法王パウロ二世

पोपटा [名]〔植〕ナス科ホオズキの一種【*Physalis angulata*】

पोपला [形+] 歯の抜けた；歯のない दादी के पोपले मुँह की मुसकराहट 祖母の歯の抜けた口もとの笑み

पोपलीला [名*]《E. Pope + H.》(1) 偽善行為 यह सब चिकनी तोंदवालों (पंडे-पुजारियों) की पोपलीला है これはみな太鼓腹の (バラモン僧) 連中の偽善行為なのだ (2) いんちき宗教；いかさま宗教

पोप्स [名] 《E. pops》〔音〕ポップス = पॉप्स.

पोमचा [名]〔服〕ポームチャー (ラージャスターン地方で有夫のヒンドゥー女性が着用するオールニー ओढ़नी)

पोरवाल [名] ポールワール (ラージャスターンのジャイナ教徒で主に商業，金融業に従事してきた集団の一)

पोरी [名*] (1) 〔解〕関節 (2) 〔植〕節 गन्ने में भी बाँस की तरह पोरियाँ होती हैं サトウキビにも竹のように節がある

पोरीफ़ेरा [名] 《E. porifera》〔動〕海綿動物= छिद्रधारी प्राणी.

पोर्च [名] 《E. porch》ポーチ；車寄せ

पोर्चुगीज[1] [形] 《E. Portuguese》(1) ポルトガルの (2) ポルトガル人の (3) ポルトガル語の

पोर्चुगीज[2] [名] 《E. Portuguese》ポルトガル人

पोर्चुगीज[3] [名*] 《E. Portuguese》〔言〕ポルトガル語

पोर्ट[1] [名] 《E. port》港；港湾

पोर्ट[2] [名] 《E. port ← Por. Oporto》ポートワイン

पोर्टफ़ोलियो [名] 《E. portfolio》紙挟み；折りかばん；書類入れ

पोर्टबल [形]《E. portable》ポータブル पोर्टबल रंगीन टेलीविजन ポータブルカラーテレビ

पोर्टर [名] 《E. porter》ポーター；荷物運搬人= कुली. रेलवे पोर्टर 鉄道のポーター डॉक पोर्टर 船着き場のポーター；沖仲仕

पोर्टिको [名] 《E. portico》ポーチコ；車寄せ

पोर्टेबल [形] 《E. portable》ポータブル (の)

पोर्टेबल टीवी [名] 《E. portable TV》ポータブルテレビ

पोर्ट्रेट [名] 《E. portrait》ポートレート

पोर्सिलेन [名]《E. porcelain》= पोर्सलीन. (1) 磁器 (2) 磁器類；ポーセリン पोर्सिलेन या चीनी मिट्टी के बरतन 磁器類もしくは陶器類

पोल[1] [名*] (1) うつろさ；中空；空っぽなこと (2) 空虚さ (3) 見かけ倒し (-की) **पोल खुलना** (一の) 正体が暴かれる；ばれる आखिर एक दिन पोल खुलने का समय आ गया とうとうある日正体が暴かれる時がやって来た भाभी ने सब को बता दिया तो सारी पोल खुल जाएगी 兄嫁が全部話してしまえば実態がすっかり暴かれてしまう नहीं तो अभी शोर कर दूँगा और तेरी पोल खुल जाएगी そうでないと騒ぎ立てればお前さんの正体は暴かれるぞ (-की) **पोल खोलना** (一の) 正体を暴く；(一の) 化けの皮を剥がす= (-की) इज़्ज़त बिगाड़ना; (-की) छीछालेदार उड़ाना. पुराणों की पोल खोलना プラーナ聖典の正体を暴く **पोल तले गुजरान क॰** 困窮の内に暮らす **पोल में पोल हो॰** 嘘で固めたこと

पोल[2] [名] 城郭都市や城の主門；大門；大手門

पोल[3] [名] 《E. pole》(1) 木や鉄の棒 (2) ポール (長さの単位，5.5 ヤード，5.029m.)，また，この長さの検地用の棒

पोलक [名] 竹竿の先に藁を巻きつけたもの (松明代わりに用いる)

पोलच [名]〔農〕前年の秋作前に耕された休閑地

पोलदार [形] 《H. + P. دار》空っぽの；中身のない；空虚な；実体のない

पोलपट्टी [名*] 正体 (-की) **पोलपट्टी खुलना** (一の) 正体が暴露される चालाकी की पोलपट्टी खुल जा॰ 狡猾さの正体が暴露される

पोल बाँस [名] 《E.pole + H.》〔ス〕棒高跳びのポール

पोल वॉल्ट [名] 《E. pole vault》〔ス〕棒高跳び

पोला [形+] (1) 中空の；空の；中が空っぽの पोली नली के ऊपरवाले सिरे पर 筒の上端に (2) 張りのない रुद्र का पोला मुरझाया हुआ चेहरा खिल उठा ルドラの張りのないしおれた顔がぱっと明るくなった (3) ふわふわの；ふわっとしている；柔らかくふくらんでいる ज़मीन नरम थी, बारिश के कारण पोली थी 地面は柔らかだった．雨でふわっとしていた

पोलाव [名] 《P. پلاو》〔料〕ピラフ= पुलाव.

पोलिंग बूथ [名] 《E. polling booth》投票用紙に書き込む際のブース；投票用紙記入所= मतदान कोष्ठ; मतदान बूथ; मतदान कक्षिका.

पोलिंग स्टेशन [名] 《E. polling station》投票所= मतदान केंद्र.

पोलिटब्यूरो [名] 《E. Politburo》旧ソ連の共産党中央執行委員会政治局

पोलिटिकल [形] 《E. political》政治上の；政治的な= राजनीतिक.

पोलिटिकल एजेंट [名] 《E. Political Agent》〔イ史〕インドの藩王国に英国王の代理として派遣された駐在官．総督代理．アジメールに駐在した = राजनीतिक एजेंट.

पोलिथिलिन [名] 《E. polyethylene》〔化〕ポリエチレン (プラスチック) = पोलिथीन. पोलिथिलिन का थैला ビニール袋

पोलिया [名*]〔装身〕ポーリヤー (女性が足首につける銀製で中空の飾り物)

पोलियो [名] 《E. polio》(1) 〔医〕ポリオ (脊髄性小児麻痺) (2) 〔医〕脳性小児麻痺 पोलियोग्रस्त 小児麻痺に罹った

पोलियो वैक्सीन [名] 《E. polio vaccine》〔医〕ポリオワクチン

पोलिश[1] [形] 《E. Polish》(1) ポーランドの (2) ポーランド人の (3) ポーランド語の

पोलिश[2] [名*] 《E. Polish》〔言〕ポーランド語

पोली[1] [名*]〔植〕キク科ベニバナ属草本ワイルドサフラワー (野生ベニバナ) 【*Carthamus oxyacantha*】 〈wild safflower〉 = जंगली कुसुम.

पोली[2] [名*]〔料〕プーリー पूरी

पोली[3] [名*] (1) 蜜蜂の巣 (2) 間抜け

पोलीथीन [名] 《E. polythene》〔化〕ポリエチレン पोलीथीन बैग ポリ袋

पोलीयूरिथन [名] 《E. polyurethane》〔化〕ポリウレタン

पोलैंड [国名] 《E. Poland》ポーランド共和国

पोलैंडवासी [名] ポーランド人

पोलो [名] 《E. polo》〔ス〕ポロ

पोवना [他] = पोना.

-पोश [造語] 《P. پوش》隠す，覆うなどの意を有する合成語の構成要素 नकाबपोश 覆面の पर्दापोश 他人の欠点を覆い隠す；他人の罪を赦す

पोश कालोनी [名*] 《E. posh colony》高級住宅街；高級住宅地 झुग्गी-झोंपड़ियों वाले इलाके से लेकर पोश कालोनियों तक फैला スラム地域から高級住宅地域までに広がった

पोशाक [名*]《P. پوشاک》(1) 服；衣服；着物 नाइलोन की बनी पोशाक ナイロンの服 तैराकी की पोशाक 水着 (2) 服装；衣裳 **पोशाक बढ़ाना** 着物を脱がせる **पोशाक बदलना** 着替える= केंचुल बदलना.

पोशिश [名*] 《P. پوشش》(1) 衣服 (2) 覆い

पोशीदगी [名*] 《P. پوشیدگی》(1) 覆われていること (2) 隠されていること；秘密

पोशीदा [形] 《P. پوشیده》(1) 覆われた (2) 隠された；秘められた (3) 着ている पोशीदा हिस्सा 秘められた部分；裏面

पोष [名] (1) 養育= पोषण. (2) 隆盛；繁栄= उन्नति. (3) 発達= वृद्धि. (4) 富= धन.

पोषक[1] [形] (1) 養う；養育する；滋養になる पोषक पदार्थ 滋養物 खाद्य पदार्थों के पोषक गुण 食物の滋養分 विटामिन 'ए' और 'सी' त्वचा के लिए पोषक तत्त्व हैं ビタミンAとビタミンCとは皮膚のためになる栄養素である (2) 増大させる (3) 助けになる；支持する

पोषक[2] [名] (1) 養育者；保護者 राजस्थानी लोक संस्कृति का पोषक ラージャスターンの民俗文化の保護者 (2) 支持者 मार्क्सवादी विचारधारा का पोषक マルクス主義思想の支持者

पोषकतत्त्व [名] 栄養素 पोषकतत्त्वों से युक्त ख़ुराक 栄養素の入った飲料

पोषकता [名*] 栄養物；滋養物

पोषक पदार्थ [名] 栄養素；栄養分；滋養物 प्रोटीन आवश्यक पोषक पदार्थ है 蛋白質は欠かすことのできない栄養分だ

पोषण [名] (1) 養育；扶養= पालन. (2) 維持；保持；支持；後援；擁護= पुष्टि. विभिन्न सामाजिक बुराइयों का पोषण 様々な社会悪の保持 (3) 助長= बढ़ती. अंधविश्वासों का पोषण करना 迷信を助長する (4) 栄養；栄養分；滋養 इसी जल से पौधे अपना पोषण प्राप्त करते रहते हैं この水から植物は栄養をとっている पोषण देनेवाली ख़ुराक 栄養のある食物 (-का) **पोषण हो॰** (ーが) 確認される；確かめられる

पोषणवृत्ति [名*] 扶養手当；養育手当

पोषध [名]〔仏〕定まった日に（断食，精進などの）戒律を守ること；布薩= उपवास व्रत.

पोषाहार [名] 栄養；滋養

पोषित [形] 育てられた；育まれた；養われた पोषित क॰ 育てる；養成する；精をつける वे एक प्रकार की गंदी गुटबंदी पर आधारित राजनीति को पोषित करते हैं それらは一種の汚らしい派閥活動に基づく政治を育てるものである

पोषी [名] = पोषक. (1) 育てるもの；養育するもの (2)〔動〕宿主 ऐसे परजीवी अपने पोषी के बिना नहीं बढ़ सकते このような寄生をするものは宿主がいないと成長できない

पोष्टा[1] [名・形] = पोषक. 養育する；育成する；育てる

पोष्टा[2] [名] = करंज.

पोष्य [形] 養育すべき；育成すべき

पोष्यपुत्र [名] (1) 息子同然に育てた子 (2) 養子

पोस[1] [名] 養い；養うこと；養育；飼育 **पोस मानना** *a.* 養育の恩義を知る *b.* 育つ

पोस[2] [名] 衣服；衣類→ पोश.

पोसना [他] (1) 養う；養育する；育てる；飼う；飼育する एक महीने बाद अंडों में से बच्चे निकल आने पर ये उन्हें बड़े जतन से पोसते हैं ひと月後に卵から雛が出てくると一生懸命育てます (2) 養う；気持ちを持つ；胸に持つ；抱く फिर भी इस बात को अपने मन में पोसे जा रही थी それでもこのことを胸に抱き続けていた (3) 守る；守護する；保護する सरकार शहरी ज़मींदारी पोसेगी 政府は不在地主を保護する

पोसपोन [形]《E. postpone/postponed》延期された= स्थगित; मुलतवी. → पोस्टपोन.

पोस्ट[1] [名*]《E. post》(1) 地位；勤め口；職；ポスト डिप्टी कलक्टर नाम बड़े दर्शन छोटे वाली पोस्ट है D.P.（デピュティー・コレクター Deputy Collector；州徴税次官）の職と言うのは例の名目ばかりで実質は何もないんだ (2) 部署；持ち場；警戒区域 ब्रह्मपुत्र के दो मील इधर जो पोस्ट है ブラフマプトラ川の2マイルこちら側にある駐屯地

पोस्ट[2] [名]《E. post》(1) 郵便 (2) 郵便物 (3) 郵便箱 (4) 郵便局 = पोस्ट आफ़िस; डाकखाना.

पोस्ट[3] [名]《E. post》(1) 柱；杭；標柱 (2)〔ス〕ゴールポスト

पोस्ट आफ़िस [名]《E. post office》郵便局

पोस्ट कार्ड [名]《E. postcard》(1) 郵便はがき (2) はがき；私製はがき；絵はがき

पोस्टपोन [形]《← E. postpone; postponed》延期された= स्थगित; मुलतवी. → पोसपोन.

पोस्ट बक्स [名]《E. postbox》(1) 郵便ポスト (2) 私書箱

पोस्टबैग [名]《E. postbag》郵袋；郵便袋

पोस्ट मार्टम परीक्षा [名*]《E. postmortem examination》検死= मरणोत्तर-परीक्षा.

पोस्ट मास्टर [名]《E. post master》郵便局長

पोस्टमैन [名]《E. postman》郵便集配人= डाकिया; चिट्ठीरसाँ.

पोस्टर [名]《E. poster》(1) ポスター；ビラ（広告）；貼り札 (2) プラカード

पोस्टर इंक [名]《E. poster ink》ポスターインキ

पोस्टर रंग [名]《E. poster + H.》ポスターカラー

पोस्टल [形]《E. postal》郵便の；郵便局の

पोस्टल आर्डर [名]《E. postal order》郵便為替

पोस्टल गाइड [名]《E. postal guide》郵便案内冊子

पोस्टिंग [名*]《E. posting》任命；配属 पोस्टिंग हो जा॰ 任命される；配属される उसकी स्पेशल करेसपांडेंट की हैसियत से लखनऊ में पोस्टिंग हो गई その社の特派員（特別通信員）としてラクノウに配属された पोस्टिंग मिलना 配属される；任命される

पोस्टेज [名]《E. postage》郵便料金= डाकव्यय.

पोस्टेज स्टांप [名]《E. postage stamp》郵便切手= डाक टिकट.

पोस्त [名]《P. پوست》(1) 皮；皮膚= खाल; चमड़ा. (2) 皮革= चमड़ा. (3) 樹皮= बक्कल. (4) ケシ科一～二年草ケシ（罌粟） पोस्त के दाने ケシの実 (5) ケシのさく (6) 中傷= पिशुनता.

पोस्तदाना [名]《P. پوست دانہ》ケシの実；ポピーシード〈poppyseed〉

पोस्ता [名]《← P. پوست》〔植〕ケシ科ケシ

पोस्ती [名・形]《P. پوستی》(1) アヘンを吸飲する；アヘン吸飲者 (2) 起き上がり小法師= मतवाला; खड़े ख़ाँ.

पोस्तीन [名]《P. پوستین》(1) 毛皮 (2) 毛皮のコート

पोहना [他] (1) 穴に糸やひもを通す (2) 穴をあける (3) 塗る；塗布する

पोहर [名] (1) 牧場= चरागाह; चरहा. (2) 牧草= चरी.

पोहा [名] 畜生；四足獣= पशु; चौपाया जानवर.

पोहिया [名] 牧夫= चरवाहा.

पौं [名*] → पों; पों-पों. 自動車の警笛；クラクション

पौंचा [名] 手首= पहुँचा.

पौंची [名*]〔装身〕ポーンチー（女性の手首飾り）→ पहुँची.

पौंड [名]《E. pound》(1) ポンド（貨幣単位） (2) ポンド（重量単位）= पाउंड.

पौंडरीक [名]〔植〕スイレン科ハス；蓮華；白蓮華【*Nelumbo nucifera*】

पौंडा [名]〔植〕イネ科サトウキビ【*Saccharum officinarum*】〈noble cane; sugarcane〉

पौंड्र[1] [形]〔マハ〕プンドラ国 पुंड्र の

पौंड्र[2] [名] (1)〔地名〕南部ビハールからベンガルに及ぶ地域の古名 (2) 同地を治めた王の名 (3) プンドラ国 पुंड्र の住人 (4)〔植〕イネ科サトウキビ【*Saccharum officinarum*】= पौंडा. (5) ビーシュマ भीष्म の所持した法螺貝の名

पौंड्रक [名] (1)〔植〕イネ科サトウキビ= पौंड्र. (2) プンドラ国（पुंड्र）の王侯 (3)〔イ神〕パウンドラ（プンドラ国の王子でクリシュナ कृष्ण をかたったために退治された）

पौंश्चल्य [名] 不貞行為→ पुंश्चल.

पौ[1] [名*] (1) 夜明けの光；曙光 (2) 光線= किरण. **पौ फटना** 夜が明ける；曙光が見える जैसे ही पौ फटी कि भुजंगे की मीठी आवाज़ दूर दूर तक सुनाई देने लगती है 東の空が白むとオーチューの甘い声がはるか遠くまで聞こえ始める चार साल बाद पंजाब में पौ फटी パンジャーブに4年目の曙光

पौ[2] [名⁻] さいころの目の1；エース **पौ बारह** *a.* 幸運 *b.* 成功；勝ち；勝利 **पौ बारह कटना** = पौ बारह हो॰. **पौ बारह पड़ना** = पौ बारह हो॰. **पौ बारह हो॰** *a.* さいころで勝ちの目が出る *b.* (ーが) 大儲けする；大当たりする सेठ जी की पौ बारह हो जाए 旦那（大商人）が大儲けするように अगर किसी ऐरे-ग़ैरे को 100-100 रुपए के नोट दे दिए होते तो उसके तो पौ बारह हो जाते 間違えて見知らぬ者に100ルピー札を渡していたならばその男の大儲けになるところだった *c.* (ーの) 好機に恵まれる；幸運に恵まれる हाकिमों के पौ-बारह थे お役人たちは幸運に恵まれた *d.* (ーが) 大勝する

पौ[3] [名*] (1) 家畜の水飲み場 (2) 無料で通行人に水を飲ませる施設= पौसला; प्याऊ.

पौआ [名] (1) 4分の1セール（सेर）の重量；パーオ；ポウアー = पौवा; पाव. (2) 同上の重量の分銅 (3) 同上の重量の升

पौगंड [名] 少年期（5歳から10歳までの間）

पौटी[1] [名*] 子供用便器；便座= टायलेट सीट.

पौटी[2] [名*]《E. putty》パテ= पुटीन.

पौठ [名*] → पौथ.

पौडर [名]《E. powder》= पाउडर. (1) 粉；パウダー (2) 白粉；おしろい粉

पौढ़ना [自] (1) 横になる；横たわる；横になって休む；寝る= लेटना; सोना. शय्या पर पौढ़ना 寝床に横たわる (2) 揺れる= डुलना; झूलना.

पौढ़ाना [他] (1) 横たえる；休ませる；寝せる= लेटाना; सुलाना. ठाकुर जी को पौढ़ाने के लिए タークルジー（神像）を床に休ませるのに (2) (揺りかごを) 揺する；揺らす= झुलाना.

पौण्ड [名]《E. pound》ポンド पौंड; पाउंड

पौण्ड्र [名] = पौंड्र.

पौण्ड्रक [名] = पौंड्रक.

पौतिक [形] (1)〔医〕敗血症の (2) 腐敗性の

पौत्र [名] 孫；息子の息子；内孫= पोता.

पौत्रिक [形] (1) 息子の (2) 孫の；内孫の

पौत्री [名*] 孫；孫娘；内孫= पोती.

पौथ [名]〔農〕ポウト（村落共有地で耕作地が毎年耕作者の間に再分配される）

पौद[1] [名*] (1) 苗；苗木；若木 (2) 子；子孫；若い世代

पौद[2] [名*] 高位高官や貴人などの通り道に敷かれる敷物

पौदर [名*] (1) 足跡= पदचिह्न. (2) 小道；細道 (3) 灌漑用の井戸水を汲み上げる際に役牛や水牛の上下する井戸端の斜面

पौदा[1] [名] (1) 苗；苗木；若木 (2)（茎や幹の外側が木に比べて硬くない）草；草本；低木；灌木

पौदा[2] [名] 釣り糸→ डोर, डोरी.

पौध [名*] = पौद[1].

पौधा [名] (1) 若木；苗；苗木 (2) 草；草本；低木；灌木 (3) 飾り房 पौधा रोपना 苗を植える= पौधा लगाना.

पौनःपुनिक [形] 繰り返される；反復的な

पौनःपुन्य [名] 繰り返し；反復

पौन[1] [名] (1) 風= पवन; वायु; हवा. (2) 空気 (3) 化け物 (4) 魔法；呪術 **पौन चलाना** 魔法をかける (-पर) **पौन बिठाना** (憑き物を) 憑かせる= पौन बैठाना. **पौन मारना** = पौन चलाना.

पौन[2] [形] 次に来る数（単位）から4分の1を減じる；次に来る数（単位）の4分の3の पौन सेर 4分の3セール（0.75セール）

पौनरुक्त [名] 再言；反復された言葉

पौनर्भव[1] [形] (1) 再婚した女性の (2) 再婚した女性から生まれた

पौनर्भव[2] [名] (1) 再婚した女性が生んだ息子 (2) 再婚した男性

पौनर्भवा [名*] (1) 再婚した女性 (2) 再婚女性の子

पौना[1] [名]〔数〕0.75倍，すなわち，× $\frac{3}{4}$ の掛け算

पौना[2] [形+] = पौन. → पौने.

पौना[3] [名] 穴杓子

पौनी[1] [名*] 小さな穴杓子 → पौना.

पौनी[2] [名] ジャジマーニー (जजमानी) 関係にあるサービス業を生業としてきたカーストの人たち（祝い事の際に祝儀を得る）；ポウニー

पौने [形] 次に来る数（単位）の4分の3の；もしくは，それの4分の1減の पौने सौ $100-(100\times\frac{1}{4})=100\times\frac{3}{4}=75$； पौने दो सौ $200-(100\times\frac{1}{4})=175$ पौने तीन सौ $300-25=275$； (-) **औने-पौने क°** （ーを）大安売りする **पौने सोलह आने** ほとんど；ほぼ全部

पौप [名]《E. pops》ポップス= पौप्स; पॉप्स.

पौरंदर [形] ← पुरंदर. インドラ神の

पौर[1] [形] (1) 都市の= नगर का; शहर का. (2) 都会風の= शहरी.

पौर[2] [名] 市民の= नागरिक.

पौर[3] [名*] 戸口；入り口；上がりがまち वह पौर में बैठा हुआ हुक्का पी रहा था 戸口に腰を下ろして水ぎせるを吸っているところだった

पौरजन [名] 市民= नागरिक; पुरजन.

पौरमुख्य [名] 都市の首長

पौरव [名]〔イ神〕 चंद्रवंश 第6代の王プル पुरु の子孫；パウラヴァ

पौरस्त्य [形] (1) 東の；東方の= पूर्वी. (2) 先頭の (3) 一番の

पौरस्त्री [名*] (1) 後宮に住む女性 (2) 都市に住む女性

पौरांगना [名*] = पौरस्त्री.

पौरा [名] 吉凶の判断から見た人の訪れや到来

पौराणिक[1] [形] (1)〔ヒ〕プラーナ聖典 पुराण の (2) 神話の अपने से ऊँची जाति के साथ अपनी जाति का पीढ़ियों पूर्व का संबंध पौराणिक गाथाओं के आधार पर जोड़ा जा सकता है 自分たちより高いカーストと自分たちのカーストの間の幾世代も昔の関係を神話的な伝承を基にして結びうる उन कथा कहानियों के पौराणिक कथानक それらの物語の神話的なプロット (3) 古代の

पौराणिक[2] [名] (1)〔ヒ〕プラーナ聖典を語り聞かせるのを職業とするブラーフマン (2) プラーナ聖典作者

पौरिया [名] 門番；門衛= द्वारपाल; ड्योढ़ीदार.

पौरी [名*] 玄関；建物の出入り口= ड्योढ़ी.

पौरुष[1] [形] (1) 男の；男性の (2) 男らしい；男性らしい (3) 人の；人間の

पौरुष[2] [名] (1) 男らしさ；男性らしさ एक मामूली-सी लड़की तुम्हारे पौरुष की अवहेलना कर जाए ただの小娘が君の男性としての誇りを無視したとすると (2) 勇気；勇敢さ (3) 男根 (4) 精液

पौरुषग्रंथि [名*]〔解〕前立腺〈prostate gland〉= प्रोस्टेट ग्रंथि. पौरुषग्रंथि का आपरेशन 前立腺の手術

पौरुषहीन [形] 男らしさのない；男らしくない；女々しい पौरुषहीन लोगों की आजीविका का साधन だらしのない男たちの生計

पौरुषेय[1] [形] (1) 人の；人間の (2) 人間による (3) 精神的な

पौरुषेय[2] [名] (1) 人のなすこと；人間の行為 (2) 人々；人の集まり (3) 日雇い；日傭

पौरोहित्य [名] (1)〔ヒ〕プローヒト पुरोहित（祭官）の仕事；ヒンドゥー教の祭式を司るバラモンの仕事や職 (2) 祭官；聖職者= पुरोहिताई.

पौर्णमास[1] [名]〔ヒ〕(古代インドの) 満月祭

पौर्णमास[2] [形] 満月の

पौर्णमासिक [形] (1) 満月の (2) 十五夜の

पौर्णमासी [名*] = पूर्णमासी.

पौर्णमास्य [名]〔ヒ〕満月の夜に行われる供犠

पौर्णिमा [名*] = पूर्णिमा.

पौर्वात्य [形] 東の；東方の= पूर्वी.

पौर्वापर्य [名] (1) 前後関係 (2) 順序= अनुक्रम; सिलसिला.

पौर्विक [形] 前の；以前の

पौल [名*] 大門

पौला[1] [名] (1) 下駄（鼻緒のある） (2) 靴

पौला[2] [名]〔イ史〕ポウラー（ムガル朝第3代皇帝アクバル治下に発行された銅貨で4分の1ダーム दाम の価値を有した）= दमड़ा; रबी.

पौली[1] [名*] (1) 足；足首から先の部分 (2) 足跡= पदचिह्न.

पौली[2] [名*] = पौरी.

पौष [名]〔ヒ〕パウシャ月（インドの太陰太陽暦の10月．太陽暦の12〜1月に相当）= पूस.

पौषी [名*] パウシャ पौष 月の満月

पौष्करिणी [名*] 小さな池= छोटा तालाब; पुष्कर.

पौष्टिक [形] 栄養のある；滋養のある गाजर बहुत ही पौष्टिक सब्जी है ニンジンはとても栄養のある野菜だ पौष्टिक पदार्थ 滋養物 पौष्टिक भोजन 栄養食

पौष्टिक तत्त्व [名] 栄養素 अच्छे संतुलित भोजन में कौन - कौन-से पौष्टिक तत्त्व रहने चाहिए? バランスのとれた食事にはどんな栄養素がなくてはならないか

पौसरा [名] = प्याऊ.

पौसाला [名*] = प्याऊ.

प्याऊ [名] ピャーウー（無料で旅行者や通行人に水を飲ませる場所や施設．多くは公共奉仕や功徳を積む行為として開設される）

प्याज़ [名]《P. پیاز》(1)〔植〕ユリ科タマネギ（玉葱）【*Allium cepa*】 (2) タマネギの球根；タマネギの玉 विलायती प्याज़ セイヨウニラネギ；リーキ【*Allium porrum; A. ampeloprasum*】〈leek〉 हरा प्याज़ ネギ（葱） (-के) **प्याज़ के छिलके उतारना** （ーの）秘密を明かす；秘密を暴く (-के) **प्याज़ के से छिलके उतारकर रख दे°** （ーを）さんざんな目に遭わせる

प्याज़ी[1] [形]《P. پیازی》ピンク色の；桃色の；薄紫色の

प्याज़ी[2] [名] ピンク；桃色；薄紫

प्यादा [名]《P. پیاده》(1) 歩行者 (2) 歩兵；兵隊；兵士 (3) チェスの歩 (4) 使い（の者）；使者；使用人 ज़मींदार का प्यादा ザミーンダールの手下 **प्यादे से फ़रज़ी हो°** 叩き上げる；成り上がる；下積みから出世する= प्यादे से वज़ीर हो°.

प्यार [名] (1) 愛情；愛情を寄せること；愛好；好くこと= प्रेम; चाह; स्नेह; मुहब्बत. बच्चों से उन्हें बहुत प्यार था あの方は子供が

大好きだった प्यार से बच्चे का सहयोग प्राप्त करना 愛情を介して子供の協力を得ること वह भी हमको बहुत प्यार करती है あの方も私たちをとても可愛がって下さる हम सब भाई बहन मिल जुलकर रहते हैं एक दूसरे से प्यार करते हैं 私たち兄弟姉妹は仲良くしています．お互いが好きです (2) 慈愛；慈しむ気持ち उनकी माता का उनपर अटूट प्यार था お母さまはあの方を限りなく慈しんでいらっしゃいました प्यार की प्यास 愛情に飢えること (-को) **प्यार क॰** (ーを) 可愛がる सब की माँओं की तरह बकरी भी अपने बच्चों को बहुत प्यार करती है すべての母親と同様山羊も子羊をとても可愛がるもの वह अपने दोनों जानवरों को अपने बेटे की तरह बहुत प्यार करते थे 2 匹の動物をわが子のようにとても可愛がっていた यही वजह है कि उससे सब प्यार करते हैं だからこそあの人は皆から好かれるのだ हम सब सुंदर वस्तुओं से प्यार करते हैं 人はだれしもきれいなものを好むものです (3) 異性に対する愛情；恋；恋情 **अलौकिक प्यार** プラトニックラブ (-से) **प्यार क॰** (ーを) 好く；(ーが) 好きになる；(ーに) 愛情を抱く；恋をする सब को मालूम था कि फूफा जी बूआ जी से प्यार करते थे おじさんがおばさんを好いていたことは (夫婦が愛し合っていることは) 皆が知っていた (4) 好き (なこと) चाचा को पशु-पक्षियों से बहुत प्यार था おじさんは鳥や動物がとても好きでした (5) 可愛がること；愛撫；あやすこと (-को) **प्यार क॰** 可愛がる；愛撫する；あやす；機嫌取りをする बच्चों को गोदी में लेना और प्यार क॰ 子供を抱き抱えてあやす तीन दिन हो गए, किसीने बाँहों में भरकर प्यार तक नहीं किया 3 日も経ったのにだれも抱いてあやしてさえくれなかった **प्यार की पेंग बढ़ाना** 愛情を増す **प्यार पसीजना** 愛情がほとばしる **प्यार से** 優しく；愛情を込めて पुरुषों ने उन्हें प्यार से थपथपाया 男たちはその人の肩を優しく叩いた मैंने स्वीटी पर प्यार से हाथ फेरते हुए कहा - कितना प्यारा कुत्ता है 私はスイーティーをそっとなでながら言った．「とても可愛い犬だね」

प्यार-दुलार [名] (1) 愛情 वह अपनी ससुराल में भी निश्चित रूप से अच्छा मान-सम्मान और प्यार-दुलार पा सकेगी あの人は婚家でも敬われ愛情を得るでしょう बच्चों को मारपीट से नहीं, प्यार-दुलार के साथ सुधारें 子供を叩くのではなく愛情をかけて正しなさい (2) 愛情のこもった振る舞いや態度，応対

प्यारा [形⁺] (1) 素晴らしい；素敵な；立派な；出来映えの良い हाय, क्या प्यारी साड़ी थी なんとまあ素敵なサリーだったことか गुलाब के फूल का रंग कितना प्यारा है 薔薇の花の色はとても素晴らしい (2) 心地よい；感じの良い；好きな कोयल के कूकने की आवाज़ बहुत ही प्यारी लग रही थी カッコウの鳴き声がとても心地よく感じられた हमारा घर हमको प्यारा है 人は自分の家が好きなもの (3) 可愛い；愛らしい；愛おしい पोपले मुँह से हँसती है, तो बड़ी प्यारी लगती है 歯の抜けた口で笑うととても愛らしい गुलाबों की सूरत भी प्यारी प्यारी バラの木の姿もなかなか愛らしい प्यारे टिकट 可愛い切手 (4) 親愛なる；親しみ深い प्यारे नबियों की कहानियाँ 親愛なる預言者たちの物語 **प्यारा लगना** 愛らしい；愛おしい；可愛い

प्याला [名] 《← P. پیالہ पियाला》 (1) 茶碗や杯 (などの形をした容器)；カップ चाय का प्याला 茶碗；ティーカップ एक प्याला चाय और पियो お茶をもう 1 杯飲みなさい (2) 上述の容器に入った飲み物や液体 विष का प्याला 毒杯 **प्याला छलकना** 度を越す **प्याला ढालना** 酒を飲む **प्याला दे॰** 酒をすすめる **प्याला पीना** 酒を飲む (-का) **प्याला बह जा॰** *a.* (ーの) 最終段階や最終局面になる *b.* (ーの) 寿命が尽きようとする **प्याला बहना** 流産する (-का) **प्याला भर जा॰** (ーの) 最終段階に至らせる (-का) **प्याला लबरेज़ हो॰** = प्याला भर जा॰. (-का) **प्याला लबालब हो॰** = प्याला भर जा॰.

प्याली [名*] ← पियाला/प्याला 小さなカップ；杯；茶碗 एक प्याली कॉफ़ी コーヒー 1 杯 चाय की चालीस पचास प्यालियाँ 紅茶を 40〜50 杯 एक प्याली में घी लाकर रख दिया एक में दही 1 つのカップにギーを持ってきて入れもう 1 つにヨーグルトを入れた

प्यास [名*] (1) のどの渇き (2) 欲求；切望；熱望 **प्यास चटकना** 激しくのどの渇きを覚える **प्यास बुझना** *a.* のどの渇きが癒される *b.* 願いが叶えられる；思いが叶う **प्यास बुझाना** *a.* のどの渇きを癒す *b.* 願いを叶える；思いを叶えてやる पर ब्राह्म समाज के सिद्धांत उनकी प्यास न बुझा सके しかしブラーフマ・サマージの教義は同氏の渇きを癒すことができなかった **प्यास मारना** のどの渇きを我慢する **प्यास मिटना** = प्यास बुझना. **प्यास मिटाना** = प्यास बुझाना. **प्यास लगना** のどが渇く；渇きを覚える

प्यासा [形⁺] (1) のどの渇いている (2) (ーを) 激しく望む；強く欲する；渇望する प्यासी आँख 人を探し求める目 **प्यासे को पानी मिलना** 欲しがる人に欲しい物が手に入る **प्यासे मरना** 悶える；悶え苦しむ

प्युनिटिव पुलिस [名*] 《E. punitive police》 一定地域に対する懲罰的な目的で駐在する警察予備隊 (派遣地の住民がその隊の費用を負担する)

प्यून [名] 《E. peon》 (1) 小使い；用務員；メッセンジャーボーイ = चपरासी. (2) 歩兵= प्यादा.

प्यूनबुक [名*] 《E. peon book》 メッセンジャーボーイの記録簿

प्यूपा [名] 《E. pupa》 〔昆〕 さなぎ；蛹= जातक.

प्यूपावरण [名] 《E. + H. आवरण》 〔昆〕 蛹の殻；ようかく (蛹殻) 〈puparium〉 = कोशिकावरण.

प्यूपीकरण [名] 〔昆〕 蛹になること；蛹化 〈pupation〉

प्योसर [名] 牛の初乳

प्योसार [名] (妻の) 実家；里= मायका; पीहर.

प्यौसाल [名] = प्योसार.

प्र- [接頭] 《Skt.》 (1) 前，前面，前方などの意を加える (2) 度や程度の強まりの意を加える (3) 進行，開始などの意を加える (4) 起源，根源などの意を加える (5) 優秀，卓越などの意を加える प्रशाख 枝の多い

प्रकंद [名] 〔植〕 根茎；地下茎 〈rootstalk〉

प्रकंप [名] 震え；(激しく) 震えること；(激しい) 震動

प्रकंपन [名] = प्रकंप.

प्रकंपमान [形] 震えている；がたがた震えている

प्रकंपित [形] 震えた；震動した；震えている；震動している

प्रकट [形] (1) 目に見える；明らかな (2) 明らかになった；はっきりした；表れた (3) 現れた；出現した **प्रकट क॰** 明かす；表す；現す；表明する उनके पिता ने बहुत हर्ष प्रकट किया あの方の父親は喜びの気持ちをいっぱい表した गुस्सा या नाराज़गी प्रकट क॰ 怒りや不快感を表す वे स्वतंत्रतापूर्वक अपने विचार प्रकट करते रहे हैं 自由に自分の考えをいつも明かして来ている उसने खेद प्रकट किया 遺憾の気持ちを表した हम इस बात को किसी पर प्रकट नहीं करेंगे このことを誰にも明かさないつもりだ **प्रकट हो॰** 明らかになる；現れる；表れる；見つかる；判明する；はっきりする गौतम बुद्ध के रूप में प्रकट होने के पहले ガウタマ・ブッダとして現れる前に इस समय पक्षियों के शरीर पर अनेक सुंदर और अद्भुत चीज़ें प्रकट होती हैं その際鳥の体には様々なとても美しい独特な形のものが現れる लोमड़ी ने ऐसा प्रकट किया जैसे उसने सुना ही नहीं キツネはまるで聞かなかったかのようなふりをした सब पर प्रकट हो गया कि जड़वाद में यूरोप चाहे भारत से कितना ही आगे क्यों न हो पर अध्यात्म का नेतृत्व भारतीयों के हाथ में ही है 物質文明においてヨーロッパがいかにインドに先んじていようとも精神文明の主導権をインドが握っていることは判然としてきている सरस्वती प्रयाग में आकर प्रकट हो गई है サラスヴァティー川はプラヤーガに来て姿を現している शोषण-मुक्ति की इस योजना के भीतर से दमन का दानव प्रकट हुआ तो 搾取からの解放を目指すこの計画の中から弾圧の鬼が現れ出ると ये तो स्वयं भगवान प्रकट हुए हैं これはなんと神様が自らお姿を現していらっしゃる

प्रकटाना [他] (1) 表す；表明する (2) 現す

प्रकटित [形] (1) 表れた；表明された (2) 現れた；出現した

प्रकटीकरण [名] 発表；表明；明確化

प्रकरण [名] (1) 件；事柄 कुलपति महोदय ने एक भी प्रकरण की जाँच कराना गवारा नहीं किया 学長はたった 1 つの件についての調査を進めることさえ肯んじなかった (2) 文脈；脈絡；コンテキスト；前後関係 (3) 状況 (4) 章 (5) 題；主題；題目 (6) 〔イ文芸・演〕 プラカラナ (サンスクリット戯曲分類の一で正劇 10 種中主要なものの一；勇武や恋情を主なラサとするが作者の創作になるもので 5〜10 幕から成る)

प्रकरणिका [名*] 〔イ文芸・演〕 プラカラニカー (サンスクリット戯曲の分類の一)

प्रकरी [名*] 〔演〕 (1) 戯曲の挿話 (2) 舞台衣裳

प्रकर्ष [名] (1) 優越；卓越= उत्कर्ष; उत्तमता. (2) 過度；過多= अधिकता; बहुतायत.

प्रकर्षण [名] (1) 突出 (2) 卓越；優越 (3) 過度；過多

प्रकल्पना [名*] (1) 推定；推測 (2) 決定

प

प्रकल्पित [形] (1) 推定された；推測された (2) 決定された
प्रकांड [形] 卓越した；著名な；顕著な प्रकांड पंडित 大学者
प्रकाम[1] [形] (1) 必要な= आवश्यक. (2) 十分な= यथेष्ट; पर्याप्त; काफ़ी; पूरा.
प्रकाम[2] [名] (1) 欲望= कामना; इच्छा. (2) 喜び；喜悦
प्रकार [名] (1) 種類；種；タイプ；様式 नगरों के स्थानीय शासन : उनके प्रकार 都市の地方政治ーその様式 **एक प्रकार का** 一種の；いわゆる एक प्रकार की घृणा 一種の憎しみ अकेले भारत में ही 30,000 से भी अधिक प्रकार के कीड़े पाये जाते हैं インドだけでも 3 万種を越す虫がいる 75 प्रकार के पक्षियों का वंश 鳥類の 75 種 वर्षा के प्रकार 雨の種類 नाना प्रकार के 多種多様な खर्च चलाने के लिए उन्होंने सभी प्रकार की मजदूरी की 費用を賄うためにありとあらゆる労働をした (2) 型；様式；形式 **इस प्रकार** このように；かように= इस तरह. पत्र इस प्रकार है 手紙は次の通り इस प्रकार का この種の किस प्रकार どのように
प्रकारांतर [名] 別種 **प्रकारांतर से** 別種に；別の方法で
प्रकारात्मक [形] 種類，様式，型などに関する；種類や様式上の
प्रकार्य [名] 機能
प्रकाश [名] (1) 光；明かり；光線；光明 जहाज़ों का प्रकाश 船の明かり सूर्य का प्रकाश 日光；太陽光線；陽光 अल्ट्रा वायलेट प्रकाश 紫外線 (2) 照明 (3)〔演〕舞台照明 (4) 視力 (5) 章 (-पर) **प्रकाश डालना** *a.* (ーを) 明らかにする；明確にする *b.* (ーに) 光を当てる；照射する (-पर) **प्रकाश पड़ना** (ーが) 明らかになる；明白になる；明確になる (-का) **प्रकाश फैलना** (ーの) 名が揚がる；有名になる (-) **प्रकाश में आ०** (ーが) 明らかになる；明白になる
प्रकाश इलेक्ट्रॉन नलिका [名*]《H. + E. electron + H.》〔電〕光電管〈photoelectric cell〉
प्रकाश उत्कीर्णन [名]〔印〕グラビア印刷；写真凹版〈photogravure〉
प्रकाशक[1] [名] (1) 出版社 (2) 発行者
प्रकाशक[2] [形] (1) 照らす；輝かす (2) 表す；表現する
प्रकाश ट्रांजिस्टर [名]《H.+ E. transistor》〔電〕フォトトランジスタ〈phototransistor〉
प्रकाशन[名] (1) 表明 अपने भावों, विचारों और अनुभूतियों का प्रकाशन 気持ち，考え，感慨の表明 (2) 明確化 (3) 出版；刊行；発行
प्रकाश-पुंज [名] 煌々たる光 प्रकाश-पुंज से घिरा बोधिसत्त्व का रूप 煌々たる光線に包まれた菩薩の姿
प्रकाश फ़िल्टर [名]《H. + E. filter》〔写〕フィルター〈lightfilter〉
प्रकाश मंडल [名]〔天〕光球〈photosphere〉 सूर्य का पृष्ठ, जहाँ से उसका प्रकाश आता है, प्रकाश मंडल कहलाता है 太陽の輝く表面を光球と言う
प्रकाशमान [形] (1) 輝いている；光輝を放つ (2) 著名な；有名な
प्रकाश रसायन [名] 光化学〈photochemistry〉
प्रकाश रासायनिक[形]光化学の；光化学的 प्रकाश रासायनिक धूमकुहा 光化学スモッグ
प्रकाश वर्ष [名]〔天〕光年〈light-year〉 ये तारे पृथ्वी से 11 प्रकाश वर्ष दूर हैं これらの星は地球から 11 光年の距離にある
प्रकाश विज्ञान [名] 光学〈optics〉
प्रकाश संश्लेषण [名]〔植〕光合成〈photosynthesis〉
प्रकाशस्तंभ [名] (1) 灯台 (2) 指導者；道案内
प्रकाशात्मा [名] (1) 太陽 (2) ヴィシュヌ神
प्रकाशिक [形] 光学の；光学的
प्रकाशिकी [名*] 光学〈optics〉
प्रकाशित [形] (1) 照らされた；輝かされた；輝いている (2) 明らかな；明白な (3) 出版された；刊行された；発行された **प्रकाशित क०** 発行する；出版する；刊行する= जारी क०.
प्रकाशी [形] (1) 光る；輝く (2) 表明する；表す；現す；顕す
प्रकाशीय [形] 光学の〈optical〉 प्रकाशीय दूरबीन 光学望遠鏡
प्रकाश्य [形] 明らかにすべき
प्रकासना [他] (1) 明かす；露にする (2) 照らす；輝かす
प्रकिरण [名] 撒布；散布
प्रकीर्ण[1] [名] (1) 散らばった；散乱した；乱れた (2) 広がった；広い (3) 混じり合った (4) 種々な；様々な；雑多な
प्रकीर्ण[2] [名] (1) 章 (2) 詩集
प्रकीर्णक[1] [名] (1) 払子= चँवर. (2) 章
प्रकीर्णक[2] [形] (1) 散乱させる (2) 分散させる
प्रकीर्णन [名] (1) 散乱 (2) 分散 किरनों का प्रकीर्णन 光線の分散 (3) 撒布
प्रकीर्ति [名*] (1) 宣言；発表；表明 (2) 名声
प्रकृत [形] (1) 自然の；大自然の；天然の (2) 自然な；本来の (3) 生まれつきの；生来の (4) 通常の；正常の (5) 適切な
प्रकृतता [名*] ←प्रकृत. = प्रकृतत्त्व.
प्रकृतार्थ [形] 実際の；真実の
प्रकृति [名*] (1) 天然；自然界；自然= कुदरत; क़ुदरत. प्रकृति में ये धातुएँ संयुक्त रूप में रहती हैं 天然にはこれらの金属は化合した形で存在する प्रकृति की शक्तियाँ 自然の力 सभी प्रकृति की शक्तियाँ देवी-देवता बन गईं (これら) あらゆる自然の力が神々となった प्रकृति की इस टेर की अवहेलना की जाती है 自然のこの叫びが無視される इन दो दिनों में वे अपने आपको यथासम्भव प्रकृति से जोड़ने की कोशिश करते हैं この 2 日の間にできるだけ自然と結びつこうと努力する (2) 本然；性質；性格 दो भिन्न प्रकृति के मनुष्यों में 性質の違う 2 人の間に भाषा की प्रकृति 言語の性質 (3) 習性
प्रकृति-चिकित्सा [名*]〔医〕自然療法
प्रकृतिज [形] (1) 天然の (2) 本来の；本然の
प्रकृतितः[副]当然に इसका प्रमाण देने की ज़िम्मेदारी एशिया में प्रकृतितः हमारे देश ने निभाई है और निभाता रहेगा これを証明する責任はアジアでは当然ながらわが国が果たしたし今後も果たして行くだろう
प्रकृतिपूजक [名] 自然崇拝者；自然信仰者
प्रकृति-प्रेम [名] 自然愛好
प्रकृति-प्रेमी [形・名] 自然愛好者 प्रकृति-प्रेमी बादशाह जहाँगीर 自然を愛したジャハーンギール王
प्रकृतिवाद [名] (1)〔哲〕自然主義 (2)〔文芸〕自然主義〈naturalism〉
प्रकृतिवादी[1] [名] 自然主義者
प्रकृतिवादी[2] [形] (1)〔文芸〕自然主義の (2)〔哲〕自然主義の
प्रकृति विज्ञान [名] (1) 自然科学 (2) 博物学
प्रकृतिवेत्ता [名] 博物学者
प्रकृति वैज्ञानिक [名] 博物学者；ナチュラリスト〈naturalist〉
प्रकृति शास्त्र [名] = प्रकृति विज्ञान.
प्रकृतिसिद्ध [形] (1) 自然の；大自然の (2) 本来の
प्रकृति-सुषमा [名*] 自然美
प्रकृतिस्थ [形] (1) 本来の (2) 自然な；平常心の；平静な चौंककर उठती है और आँखें मलते हुए प्रकृतिस्थ होने की कोशिश करती है びっくりして起き上がり目をこすりながら気持ちを落ち着けようと努力する
प्रकृत्या [副] 自然に；ひとりでに
प्रकृष्ट [形] (1) すぐれた；優秀な；卓越した (2) 主要な；主な
प्रकोप[名] (1) 激しい怒り；激怒 (2) 祟り बीमारियों को देवी-देवताओं का प्रकोप समझकर 病気を神々の激しい祟りと考えて भगवान का प्रकोप 天罰= ख़ुदा की मार; दैवी कोप. देवी का प्रकोप ドゥルガー女神の祟り भूत-प्रेत या चुड़ैल का प्रकोप 幽霊や化け物，魔女の祟り (3) 猖獗；荒れ狂うこと= कहर; ग़ज़ब. (4) 猛威；激烈さ ठंड का प्रकोप फिर बढ़ा 寒気がぶり返した पिछले दो दिनों से राजधानी में गर्मी का प्रकोप बढ़ता जा रहा है 2 日前から首都で暑さが猛威を増している (5)〔アユ〕ヴァータ，ピッタ，カパの平衡が乱れること वायु का प्रकोप है ヴァーユ (ヴァータ，アーユルヴェーダの) が乱れているのです
प्रकोपन [名] (1) 怒らせること (2) 怒ること
प्रकोष्ठ [名] (1) 手首 (2) 本部 केंद्रीय बाढ़ नियंत्रण प्रकोष्ठ से प्राप्त रिपोर्ट के मुताबिक़ 中央水害対策本部から得た報告によると (3) 中庭 (4) ロビー；玄関広間 (5) (議会の) ロビー
प्रकोष्ठक [名] ロビー；玄関広間
प्रक्रम [名] (1) 順序；序 (2) 段階；課程；経過 (3) 越えること；乗り越えること；超越
प्रक्रमण [名] 前進
प्रक्रमभंग [名] 順序の乱れや混乱
प्रक्रिया [名*] (1) 過程；進行；経過；成り行き इस महान् साम्राज्य के पतन की प्रक्रिया この強大な帝国の崩壊過程 सभी प्रकार के शस्त्रास्त्रों को कम करने, उनपर नियंत्रण लगाने या उनका उन्मूलन करने की प्रक्रिया को निरस्त्रीकरण कहते हैं あらゆる種類の武器を減らし，抑制し，あるいは，撤廃する過程を非武装化と呼ぶ सरकारी अस्पतालों में दवाओं की आपूर्ति की प्रक्रिया में 国立病院の薬剤の供給過程に (2)

方法；手順；工程；処置 कारखाने में कपास को विभिन्न प्रक्रियाओं से परिष्कृत या शुद्ध किया जाता है 工場では綿を様々な工程できれいにする (3) 手順；手続き；順序 शासन की प्रक्रिया में सक्रिय भाग लें。行政の手順に積極的に参加する कानून एक विशेष प्रक्रिया द्वारा बनाए जाते हैं 法律は特別の手続きを経て作られる (4) 処置；手続き；やり方 तलाक एक कठोर प्रक्रिया है 離婚はとても辛い手続きだ (5) 進行；行動；行為；活動 सामान्य बच्चे लगभग दो साल की उमर से लेकर पाँच साल की उमर तक पेशाब की प्रक्रिया पर नियंत्रण प्राप्त कर लेते हैं 普通の子供は 2 歳から 5 歳の間に排尿の行動を制御するようになる (6) 働き；活動 मस्तिष्क की प्रक्रिया हमेशा चलती रहती है 頭は常に働いているものである

प्रक्लिन्न ［形］ (1) 濡れた；湿った (2) 情け深い

प्रक्लेद ［名］ (1) 湿気；湿り (2) 哀れみ；情け深さ

प्रक्वाथ ［名］ 煮ること；煮詰めること；煎じること；煮沸

प्रक्षय ［名］ 破壊；壊滅

प्रक्षयण ［名］ 破壊（活動）

प्रक्षालन ［名］ (1) 洗うこと；洗濯 (2) 濯ぐこと；すすぎ (3) 漂白すること (4) 浄化

प्रक्षालित ［形］ (1) 洗われた；洗濯された (2) 濯がれた (3) 漂白された (4) 浄化された

प्रक्षिप्त ［形］ (1) 投げられた (2) 追加された；付加された (3) 突出した

प्रक्षीण ［形］ (1) 破壊された；つぶされた＝ नष्ट. (2) 消えた；消滅した＝ लुप्त.

प्रक्षुण्ण ［形］ (1) つぶされた (2) 粉にされた；砕かれた (3) 興奮させられた

प्रक्षेत्र ［名］ 区域；領域；範囲

प्रक्षेप ［名］ (1) 投げること (2) 撒き散らすこと (3) 加えること；追加すること；付加すること (4) 追加されたもの；付加されたもの (5) 発射 (6) 映写

प्रक्षेपक[1] ［形］ (1) 投げる (2) 撒き散らす (3) 加える；付加する；追加する (4) 発射する (5) 映写する

प्रक्षेपक[2] ［名］ (1) 映写機 (2) 書き入れ；書き込み

प्रक्षेपण ［名］ (1) 投げること；投擲 प्रक्षेपण में गोला, चक्का और हैम्मर मुकाबले हैं 投擲には砲丸投げ，円盤投げ，それにハンマー投げがある (2) 発射 (3) 追加；付加 (4) 書き入れ；書き込み；改竄

प्रक्षेपास्त्र ［名］ ミサイル；誘導弾；弾道弾＝ गाइडेड मिसाइल. एक महाद्वीप से दूसरे महाद्वीप तक मार करने वाले प्रक्षेपास्त्र 大陸間弾道弾

प्रक्षोभ ［名］ (1) 乱れ；荒れ (2) アジテーション

प्रक्षोभण ［名］ (1) 乱れさせること；荒れさせること (2) 不安におとしいれること；動揺させること (3) 撹拌；撹乱

प्रखंड ［名］ (1) 何らかの組織や団体を構成する要素や部分；一部 (2) 行政上の何らかの基準による区分；部分；ブロック (3) インドの州の次区分である県を行政上の便宜から幾つかに分けた単位 ＝ डिवीजन. (4) 行政や徴税の単位であるタフシール तहसील の次区分．旧パルガナー

प्रखंडीय ［形］ 部分の；ブロックの प्रखंडीय अधीक्षक ブロック監察官

प्रखर ［形］ (1) 激しい；激烈な यद्यपि कट्टरवादी तत्त्व प्रखर नहीं हैं 保守派が激しくはないのだが जब से छोटे भैया की शादी हुई थी अम्माँ का विरोध और प्रखर हो उठा था 下の兄が結婚してから母の反対が更に激しくなった (2) 特にすぐれた；すぐれて鋭い प्रखर बुद्धि 英才

प्रखरता ［名*］ ←प्रखर. बौद्धिक प्रखरता और विचार की दृढ़ता सदा बनी रही 頭脳の鋭さと考えの強固さがいつまでも保たれた

प्रखल ［形］ 悪漢；大悪漢

प्रख्या ［名*］ (1) 見えること (2) 出現 (3) 著名；高名

प्रख्यात ［形］ 有名な；著名な；高名な

प्रख्याति ［名*］ 高名；有名；著名

प्रख्यान ［名］ (1) 知らせること；通知 (2) 知らせ

प्रख्यापन ［名］ (1) 発布；公表 〈promulgation〉 (2) 宣言；表明 〈pronouncement〉

प्रगट[1] ［形］ ＝ प्रकट.

प्रगट[2] ［副］［演］ダイアローグで → स्वयं.

प्रगटना ［自］ 現れる；出現する；顕現する＝ प्रकट हो॰.

प्रगटाना ［他］ 現す；出現させる；顕現させる＝ प्रकट क॰.

प्रगत ［形］ (1) 出発した (2) 前進した (3) 離れた (4) 死んだ

प्रगति ［名*］ (1) 前進 (2) 進歩；向上；進捗 विज्ञान की प्रगति 科学の進歩 यह प्रगति का युग था これは進歩の時代だった अर्थव्यवस्था में प्रगति भला ही हो परंतु सामाजिक न्याय की समस्या फिर भी बनी रह सकती है たとえ経済がよくなろうともそれでも社会主義の問題はそのまま残ることがありうる पंचवर्षीय योजनाओं की वर्तमान प्रगति 5 か年計画の現在の進捗 राज्य सरकार के अनिश्चय के कारण इसमें कोई विशेष प्रगति नहीं हुई है 州政府の不安定さのためにこれは大して進捗しなかった

प्रगतिवाद ［名］ (1) 進歩主義 〈progressivism〉 (2)〔イ文芸〕進歩主義（ヒンディー文学においては一部に社会主義思想やマルクス主義思想の影響を受けた文学理念の一ではあるが従来の文学に比して現実社会に対するより一層広い視野を持とうとした動きと考えられる）

प्रगतिशील ［形］ 前進的な；進歩的な प्रगतिशील विचार 進歩的な考え

प्रगमन ［名］ (1) 前進 (2) 向上；進歩

प्रगल्भ ［形］ (1) 賢明な；利口な；分別のある (2) 気力のある；気合の入っている (3) 大胆な；恐れを知らない (4) 生意気な；出しゃばりな；厚かましい (5) 能弁な；口達者な (6) 傲慢な (7) 熟達した；巧みな

प्रगल्भता ［名*］ ←प्रगल्भ.

प्रगल्भा ［名*］〔イ文芸〕 नायिकाभेद において स्वकीया の分類の一．性愛の技巧に長じた女性

प्रगाढ़ ［形］ (1) 深い；奥深い；濃密な；濃い धीरे-धीरे उनका संबंध प्रगाढ़ होता गया था 2 人の仲が次第に深くなって行った प्रगाढ़ स्नेह 深い愛情 दोनों भाइयों में अत्यंत प्रगाढ़ स्नेह था 2 人の兄弟の愛情はとても濃かった चौधरी को पुत्र से प्रगाढ़ प्रेम था チョードリーは息子に深い愛情を持っていた दाम्पत्य संबंधों को प्रगाढ़ बनाने में यह बाधा न आए 夫婦関係を奥深いものにするのにこの障害が起こらないように (2) 多くの；多数の

प्रगाढ़ता ［名*］ ←प्रगाढ़. दो बहनों के रिश्ते जैसी प्रगाढ़ता 姉妹同士の関係のような親密さ

प्रगीत ［名］ (1)〔文芸〕叙情詩 〈lyrical song〉 ＝ गीति काव्य. (2)〔文芸〕歌；歌謡

प्रगीतात्मक ［形］〔文芸〕叙情詩的な；叙情的な 〈lyrical〉

प्रगुण ［形］ (1) すぐれた；優秀な；卓抜の (2) 有能な

प्रगुणता ［名*］ ←प्रगुण.

प्रगुहा ［名*］〔動〕体腔

प्रगुहिका ［名*］〔解〕小窩 〈crypts〉

प्रगृहीत ［形］ (1)〔言〕サンディ（संधि）の規則によらない（発音の） (2)（委員会に）選出された（新委員）

प्रग्रह ［名］ (1) しっかりと握ること；強く捉えること；把持 (2)〔天〕食の開始 (3) 尊敬 (4) 親切

प्रग्रहण ［名］ (1) 捕らえること；捕まえること；捕獲 (2) 把持 (3)〔天〕食の開始

प्रघटन ［名］ (1) 発生 (2) 事件 〈case〉

प्रघटना ［自］ 現れる；生じる；起こる

प्रघाण ［名］〔解〕前庭 〈vestibule〉

प्रघात ［名］ (1) 打撃；ショック；衝撃 (2) 打撃を加えること

प्रघोर ［形］ (1) ものすごい；猛烈な；すさまじい (2) 極めて困難な

प्रघोष ［名］ (1) 音；音声 (2) 大声；激しい音；大音響

प्रचंड ［形］ (1) 猛烈な；激烈な；ものすごい；強烈な प्रचंड तूफ़ान 猛烈な嵐 प्रचंड पीड़ा 疼痛 उन्हें जनता का प्रचंड समर्थन प्राप्त है 民衆の猛烈な支持を得ている प्रचंड बहुमत 圧倒的な多数派 प्रचंड वर्षा 豪雨 प्रचंड शक्ति 猛烈な推進力 (2) 恐ろしい；怖い；恐るべき आँखें कुछ ऐसी प्रचंड हो जाती 目がなにか少し怖いようになる (3) 厳しい；厳格な (4) 気性の激しい

प्रचंडता ［名*］ ←प्रचंड.

प्रचक्रण ［名］ 回転

प्रचक्षण ［形］ 鋭い；卓抜な प्रचक्षण बुद्धि 卓抜な頭脳

प्रचपल ［形］ 甚だ不安定な；極めて落ち着きのない

प्रचय ［名］ (1) 採集 (2) 蓄積 (3) 集合；集まり；堆積

प्रचयन ［名］ (1) 抽選 (2) 蒐集

प्रचरण ［名］ (1) 前進 (2) 歩き回ること＝ विचरण; चलना.

प्रचरित ［形］ 現在行われている；目下の；展開している；進行している＝ प्रचलित; चालू; अभ्यस्त.

प

प्रचलन [名] (1) 用いられること；使用 ऐसे रेशों का प्रचलन このような繊維の使用 (2) 流行；普及；広まり；流布 (3) 風習；習い；習慣 महिलाओं में धूम्रपान का प्रचलन बढ़ना 女性の間に喫煙の習慣が増大する पर्दा प्रथा का प्रचलन घट रहा है パルダー制（女性隔離／深窓制）の風習は減少しつつある उन दिनों बेसबाल, हैंडबाल और टेनिस आदि खेलों का प्रचलन था 当時，野球，ハンドボールあるいはテニスなどのスポーツがはやっていた

प्रचलित [形]（現在）広まっている；（現在）行われて入る；現行の；流布している प्रचलित शिक्षा 現行の教育 बोधिसत्त्वों के विषय में जातक कथाओं में अनेक कहानियाँ प्रचलित हैं ボーディサットヴァについてはジャータカ物語の中に多数の話がある प्रचलित नाम 通称 अनेक किंवदंतियाँ प्रचलित हैं 多数の伝説が行われている समाज में प्रचलित रूढ़ियों को 世間に広まっている因習を राजस्थानी वेशभूषा एवं आभूषणों की यह स्वस्थ परंपरा अब भी प्रचलित है ラージャスターンの服装と装身具のこの健全な伝統は今日なお続いている पाबू जी के जन्म के बारे में भी एक विचित्र कथा प्रचलित है パーブージーの出生に関しても不思議な話が１つ広まっている

प्रचार [名] (1) 宣伝；プロパガンダ；広告 प्रचार सचिव 情報相 (2) 普及；広まり；流行 सोयाबीन के प्रचार से 大豆の普及により शिक्षा का प्रचार 教育の普及 चुनाव प्रचार 選挙宣伝；選挙運動

प्रचारक [形・名] (1) 宣伝する；広める (2) 普及する (3) 宣教する；宣教師

प्रचारण [名] (1) 宣伝；広告 (2) 普及 (3) 宣教；布教

प्रचारना [他] (1) 宣伝する；広める (2) 普及させる (3) 布教する；宣教する

प्रचार-वाक्य [名] 標語 = नारा.

प्रचारात्मक [形] 宣伝的な；宣伝を目的とした प्रचारात्मक उद्देश्यों से 宣伝的な意図により

प्रचारित [形] (1) 広められた；宣伝された प्रचारित क॰ 広める；宣伝する उन लोगों ने अपने पोथों का पूर्वज द्वारा रचित कहकर प्रचारित किया 自分たちの宗教書を先祖たちのこしらえたものと言って広めた उनके जीवन के उपदेशों को प्रचारित करते हुए あの方の生涯の教えを広めながら (2) 公表された；公布された प्रचारित क॰ 公表する；公布する उसे दहेज से हुई मृत्यु के रूप में प्रचारित किया गया ダヘーズ（持参金）問題によって生じた死と公表された प्रचारित हो॰ 公表される；公布される (3) 布告された प्रचारित क॰ 布告する

प्रचालन [名] (1) 操縦；動かすこと；運転；操作 (2) 普及（すること）

प्रचालित [形] (1) 動かされた；運転された；操縦された；作動させられた (2) 普及された

प्रचित[1] [形] (1) 集められた；収集された (2) 満たされた；満ち満ちた

प्रचित[2] [名] 集められたもの；集積

प्रचुर [形] (1) 豊富な；豊かな (2) 多量の；大量の；いっぱいの प्रचुर मात्रा में 豊富に；豊かに；たっぷりと

प्रचुरता [名*] ←प्रचुर.

प्रचूषण [名] 吸い取ること；拭き取ること；（タオルなどで）拭くこと

प्रचोदक [形] (1) 刺激を与える；刺激する (2) 興奮させる

प्रचोदन [名] (1) 刺激= प्रेरणा; उत्तेजना. (2) 指令= आदेश. (3) 決まり；規定= कायदा; कानून; नियम.

प्रचोदित [形] (1) 刺激された= प्रेरित. (2) 指令された= निर्देशित.

प्रचोदी [形] 刺激する；刺激的な

प्रच्छक [形] 問う；たずねる

प्रच्छद [名] (1) 覆い；覆うもの (2) 包むもの (3) 瞼 (4) シーツ

प्रच्छन [名] 問うこと；質問（すること）；調べること

प्रच्छन्न [形] (1) 覆われた；隠された (2) 秘められた (3) 仮面を被った；仮面の；覆面の；正体を隠した

प्रच्छादन [名] (1) 覆うこと；被せること (2) 覆うもの (3) 隠すこと (4) 隠すもの

प्रच्छादित [形] (1) 覆われた (2) 隠された；秘められた

प्रच्छाया [名*] (1) 陰 (2)〔天〕本影〈umbra〉

प्रच्छेदन [名] 切断；断片にすること

प्रच्युत [形] (1) 落ちた；落下した (2) 失墜した (3) 道をはずれた

प्रच्युति [名*] (1) 落下 (2) 失墜

प्रजन [名] (1) 交尾= जोड़ा खाना. (2) 発情期

प्रजनक[1] [形] (1) 生む；産む；生ませる (2) 増殖する

प्रजनक[2] [名]〔生〕先祖

प्रजनक भट्ठी [名*]〔物理〕増殖（原子）炉 = प्रजनक रिऐक्टर. 〈breeder reactor〉

प्रजनक व्याकरण [名]〔言〕生成文法〈generative grammar〉

प्रजनक साँड़ [名] 種牛

प्रजनन [名] 生殖；繁殖〈breeding〉

प्रजनन ऋतु [名*] 繁殖期〈breeding season〉

प्रजनन क्षेत्र [名] 繁殖地〈breeding grounds〉

प्रजनन शक्ति [名*] 繁殖力

प्रजरना [自] 燃える；燃焼する；燃え上がる

प्रजल्प [名] 世間話；噂話；よもやま話= गप.

प्रजा [名*] (1) 子孫 प्रजा से हमारा तात्पर्य संतान से है 'プラジャー'というのは子孫のことである (2) 民；臣；臣民；臣下 (3) ジャジマーニー制（→ जजमानी）の中で上位カーストに対して専業的労働サービスを行う低カースト（職人カースト）の人

प्रजागर [形] (1) 目を覚ましている (2) 監視する

प्रजागरण [名] (1) 覚醒；目覚め जागरण (2) 監視

प्रजातंतु [名] (1) 子孫= संतान; औलाद. (2) 血統；家系= वंश; वंशपरंपरा; कुल.

प्रजातंत्र [名] 民主主義；民主制；共和政治；共和制= लोकतंत्र; जुम्हूरियत.

प्रजातंत्रीय [形] = प्रजातांत्रिक. प्रजातंत्रीय चुनाव 民主的な選挙

प्रजात [形] 生まれた = पैदा हुआ; उत्पन्न.

प्रजातांत्रिक [形] 民主主義的な；民主的な प्रजातांत्रिक पद्धति के अनुसार 民主主義的な方式で

प्रजाता [形*・名*] 子供の生まれた → प्रजात. प्रजाता स्त्रियाँ 出産した（女性）；産婦；お産をした；経産婦= जच्चा; प्रसूतिका.

प्रजाति [名*] (1) 人種（厳密に人類学的な意味以外にも用いられる） निर्बल प्रजातियों का संहार 弱い人種の殺戮 एक ही प्रजाति से संबंध रखनेवाले कुटुंबों का समूह 人種を同じくする家族の集団 (2) 生物の種 56 प्रजातियों के करीब 20 हज़ार पेड़ों वाला वन 56 種約 2 万本の木の生えている森

प्रजाति भावना [名*] 人種意識

प्रजातिवाद [名] 人種差別（主義）〈racialism; racism〉

प्रजातिसंकर [名]〔生〕雑種；混種

प्रजाति-संयोजन [名] 人種融合

प्रजातीय [形] 人種の；人種的な；人種上の प्रजातीय उपद्रव 人種暴動 **प्रजातीय पूर्वग्रह** 人種偏見〈racial prejudice〉 **प्रजातीय भेदभाव** 人種差別〈racial discrimination〉

प्रजानाथ [名] (1) ブラフマー神= ब्रह्मा. (2) マヌ= मनु. (3) ダクシャ= दक्ष. (4) 王；国王= राजा.

प्रजापति [名] (1)〔イ神〕創造主；プラジャーパティ；ブラフマー神 (2)〔イ神〕ブラフマー神= ब्रह्मा. (3)〔イ神〕マヌが人類創造のために創った 10 人の創造主，もしくは，偉大なるリシ (मरी, अत्रि, अंगिरस्, प्रस्त्य, प्रह, क्रतु, प्रचेतस्, वशिष्ठ, भृगु, नारद) (4)〔イ神〕ヴィシュヌ神の異名の一 (5)〔イ神〕天地の創造者ヴィシュヴァカルマ神 विश्वकर्मन् の異名の一 (6)〔イ神〕マヌ मनु

प्रजापरिषद् [名*]〔イ政〕プラジャー・パリシャド（インド領カシミールの地域政党）

प्रजापालक [名] 王

प्रजारना [他] 燃やす = जलाना.

प्रजा सोशलिस्ट पार्टी [名*]〔イ政〕人民社会党

प्रज्ञा [名*] (1) 知恵；智慧；知性；知力；理知 (2) 知識 (3)〔仏〕般若；悟りの智慧

प्रज्ञाचक्षु [形・名] (1) 英知のある（人） (2) 知識のある（人） (3) めしいた（人）；盲人

प्रज्ञात [形] (1) 知られた (2) 認識された

प्रज्ञान [名] (1) 知識 (2) 認識；認知

प्रज्ञापक[1] [形] 知らせる；通知する

प्रज्ञापक[2] [名] ポスター

प्रज्ञापन [名] 知らせること；通知すること

प्रज्ञापारमिता [名*]〔仏〕最高の知識；般若波羅蜜多

प्रज्ञापित [形] 知らされた；通知された प्रज्ञापित क॰ 知らせる

प्रज्ञामय [形] 知恵を持つ；知恵に満ちた

प्रज्ञावाद [名] 理知主義
प्रज्ञावान [形] 賢明な；知恵のある；思慮深い；聡明な
प्रज्ञाशील [形] 思慮深い
प्रज्ञेय [形] 認識できる
प्रज्वलन [名] 燃焼させること；焼き払うこと
प्रज्वलित [形] (1) 火のついた；点火された；燃えている；燃えさかる प्रज्वलित मशाल 燃えるたいまつ（松明） (2) 光っている；輝いている= चमकीला. (3) 明白な；明々白々な
प्रज्वार [名]〔医〕熱病による発熱
प्रज्वालन [名] 点火 = जलाना; दहकाना.
प्रडोल [名] 振動
प्रण [名] 誓い；堅い誓約 मैं जी-जान से अपने प्रण पर डटी रही 命がけで自分の誓いを守り続けた प्रण क॰ 誓う；誓いを立てる वनवास के दौरान राम ने नगर में न जाने का प्रण किया था ラーマは隠棲の間都邑に出ないことを誓った
प्रणख [名] 爪の先端
प्रणत [形] (1) 折れ曲がった；屈した (2) 腰をかがめた；お辞儀をした (3) 謙虚な；慎み深い
प्रणतपालक [形] 救いを求めて来た者を守護する= प्रणतपाल.
प्रणति [名*] (1) 腰をかがめること (2) お辞儀；敬礼 (3) 謙虚さ
प्रणमन [名] (1) 腰をかがめること (2) 敬礼をすること
प्रणय [名] (1) 恋；恋愛= प्रेम. (2) 信頼；信用= विश्वास.
प्रणयकलह [名] 恋の鞘当て
प्रणयकोप [名] = प्रणयकलह.
प्रणयन [名] (1) 持って来ること (2) 持って行くこと；届けること (3) 完成すること；作り上げること；創出すること (4) 制作；創作 उपयुक्त पाठ्यक्रमों एवं पाठ्यपुस्तकों के प्रणयन का कार्य 適切なカリキュラムと教材の制作 गद्य प्रणयन 散文創作
प्रणयरेखा [名*] 愛情線（手相の）；結婚線
प्रणयलीला [名*] 色事
प्रणयिनी [名*] (1) 愛人；恋人= प्रेमिका. (2) 妻= स्त्री; पत्नी.
प्रणयी [名] (1) 愛人；恋人= प्रेमी. (2) 夫= पति; स्वामी.
प्रणव [名] (1)〔ヒ〕聖音；オーム ओंकार; ॐ (2) 最高神= परमेश्वर. (3) ブラフマー，ヴィシュヌ，シヴァの三神= त्रिदेव.
प्रणवना [他] 挨拶をする；敬礼する= नमस्कार क॰.
प्रणाद [名] (1) ものすごく大きな音；大音響 (2) 歓喜の大声
प्रणाम [名] 敬礼；帰命 मुनि को प्रणाम ムニに帰命；ムニに敬礼
प्रणायक [名] (1) 案内者；道案内人= नेता. (2) 指導者= नेता. (3) 将軍= सेनानायक.
प्रणालिका [名*] (1) 溝；下水管= नाली; परनाली. (2) 管 (3) 銃管 = नली.
प्रणाली [名*] (1) 水路；溝；水管= नाली. (2) 管= नाली. मूत्र प्रणाली 尿道；尿管 (3) 方法；手段；手法 हाथी पकड़ने की प्रचलित प्रणाली 象を捕らえる一般的な方法 प्रक्षेपण एवं नियंत्रण प्रणालियों का देश में ही विकास किया गया है 発射とコントロールの方法が国内で開発されている (4) 方式；様式 कर प्रणाली 課税方式 कैसेट्स प्रणाली カセット方式 **प्रणाली विज्ञान** 方法論
प्रणिधान [名] (1) 努力；精励；勤勉 (2) 瞑想 (3) 祈願 (4) 誓願；来世への願い
प्रणिधि[1] [名] 間諜；密使；スパイ；探偵；隠密= गुप्तचर; भेदिया; गोइंदा.
प्रणिधि[2] [名*] 祈願
प्रणिपात [名] 相手の足元にする敬礼；平伏しての挨拶
प्रणिहित [形] (1) 設けられた；設置された (2) 混ぜられた；混じられた (3) 委ねられた
प्रणीत [形] (1) 作られた；創造された= रचित; निर्मित. (2) 洗練された= संशोधित. (3) 運ばれた= भेजा हुआ; लाया हुआ.
प्रणेता [形・名] (1) 運び去る (2) 制作する；創造する (3) 作者；筆者
प्रणोदन [名] (1) 派遣 (2) 刺激すること
प्रतत [形] (1) 広がった；拡げられた= फैला हुआ; विस्तृत. (2) 覆われた= ढका हुआ; आवृत.
प्रतति [名*] 広がり= विस्तार; फैलाव.
प्रतन [形] 古い = पुराना; प्राचीन.
प्रतनु [形] (1) こまかい= सूक्ष्म; बारीक. (2) 微細な= बहुत छोटा. (3) 繊細な= सूक्ष्म; बारीक. (4) やせている= दुबला; दुबला पतला.
प्रतपन [名] 熱すること
प्रतप्त [形] (1) 熱せられた；温められた (2) 苦しめられた
प्रतर्क [名] (1) 推測= अनुमान. (2) 議論= वाद विवाद.
प्रतर्कण [名] (1) 推測（すること） (2) 議論（すること）
प्रतल [名] (1) てのひら（掌）= पंजा; हथेली. (2)〔イ神〕パーターラ界の第七層→ पाताल.
प्रताड़ित [形] 排斥された；追い払われた प्रताड़ित क॰ 排斥する；追い払う प्रताड़ित हो॰ 排斥される；追い払われる अन्य जातियाँ आर्यों द्वारा प्रताड़ित होने पर その他の民族はアーリア人によって追い払われると
प्रतान [名] (1)〔植〕巻きひげ；つる 〈tendril〉 (2) 広がり= विस्तार.
प्रतानी [名*]〔医〕硬変
प्रताप [名] (1) 壮麗 (2) 栄華 (3) 威厳 (4) 威力；威光 (5) 影響 यह वास्तव में चमत्कारी सिद्धि का ही प्रताप है これは正に超能力の威力だ
प्रतापवान [形] (1) 威厳のある (2) 威力のある
प्रतापी [形] (1) 壮麗な；堂々とした (2) 威厳のある
प्रतारक [形・名] (1) 欺く；だます= धोखा देनेवाला; वंचक. (2) 狡猾な= चालाक; धूर्त.
प्रतारण [名] (1) 詐欺 (2) 狡猾さ
प्रतारणा [名*] 詐欺 = वंचना; ठगी.
प्रतारित [形] 詐欺にあった；だまされた；欺かれた
प्रति[1] [名*] (1) 部；冊 (2) コピー；写し；複写 (3) 校本 आज जितनी प्रतियाँ मिलती हैं, उन सब में ये बातें हैं 今日得られる校本のすべてにこれが見られる मूल प्रति 原本
प्रति[2] [接頭] 次のような意味を付加する接頭辞 (1) 反対, 対抗, 逆などの意を加える प्रतिकर्षण बल〔物理〕斥力 प्रतिशब्द 反響 प्रतिक्रमण〔生〕退化 (2) 類似の意を加える प्रतिमूर्ति 像 प्रतिलिपि コピー (3) 再度；反復の意を加える प्रतिचिंतन 再考 प्रत्यारम्भ 再開 (4) 代理の意を加える प्रतिनिधि 代理（人） (5) 十全，十分の意を加える प्रतिच्छन्न 全く覆われた (6) 周囲，辺りの意を加える प्रतिसूर्य 太陽の周囲 (7) 対応の意を加える．－につき；毎－；－ごとに；－おきになどのように用いられる प्रतिमास 月ごとに（月毎に）；毎月 प्रतिदिन 毎日；日ごとに 30 किलोमीटर प्रतिघंटा की औसत चाल 時速 30km の平均速度 प्रति पाँचवें वर्ष 5 年ごとに प्रति सैकड़ा パーセント कितने प्रति सैकड़ा छात्र 何パーセントの生徒 प्रति व्यक्ति 1 人当たり
प्रति[3] [後置] -के प्रति の形で用いられる (1) －に対して；－に向かって लड़कियों की शिक्षा के प्रति विशेष ध्यान दिया जा रहा है 女子の教育に特別の配慮が加えられつつある उनके परिवार के प्रति हार्दिक संवेदना 家族の方たちに対して心からの同情 यह देख व्यापारी का श्रीराम के प्रति श्रद्धा और विश्वास बढ़ गया これを見てシュリーラームに対して商人の敬意と信頼感とが増した जनता के प्रति उत्तरदायी 民衆に対して責任を負う जीवन के प्रति सही और स्वस्थ दृष्टिकोण 正しく健全な人生観 अछूतों के प्रति दुर्व्यवहार 不可触民に対して不当な振る舞い वे सौंदर्य, मधुरता, रसिकता, सेवा और प्रशंसा के प्रति सहज ही आकर्षित हो जाते हैं 美しさ，楽しさ，優しさ，味わい，奉仕，それに賞賛に対して思わず引きつけられる (2) －に関する；－について सफलता के प्रति अनिश्चितता 成功に関する不安
प्रतिकर [名] (1) 償い；弁償= क्षतिपूर्ति; मुआविज़ा. (2) 報復；復讐= बदला; प्रतिशोध.
प्रतिकरण [名] 反作用；逆作用
प्रतिकर्म[1] [名] 報復 = प्रतीकार; बदला.
प्रतिकर्म[2] [名] 服飾；服装；装い= वेश; भेस.
प्रतिकर्मक [名] 試薬
प्रतिकर्षण [名]〔物理〕反発作用；斥力 〈repulsion〉 प्रतिकर्षण बल 斥力 〈repulsive force〉
प्रतिकाय [名] (1) 像= पुतला; मूर्ति. (2) 敵= शत्रु; दुश्मन.
प्रतिकार [名] (1) 代償 (2) 報復；復讐= प्रतीकार; बदला. इस ज़ुल्म का प्रतिकार करने का उपाय この無法に対する復讐の方法 शत्रु विमानों के प्रतिकार के लिए 敵機の報復に
प्रतिकारक [形] (1) 報復する (2) 矯正する
प्रतिकारी [形] 償いの；代償（作用）の 〈compensatory〉
प्रतिकूल [形] (1) 反対の；逆の प्रतिकूल दिशा में 反対方向に स्वभाव के प्रतिकूल 性格に反して (2) 悪い；マイナスの；負の；良くない；逆の इससे औद्योगिक उत्पादन पर बहुत प्रतिकूल प्रभाव पड़ेगा これによ

प

り工業生産に逆の影響が及ぶだろう स्वास्थ्य पर बड़ा प्रतिकूल प्रभाव पड़ा 健康に非常に悪影響が及んだ प्रतिकूल प्रभाव 逆効果 प्रतिकूल स्थितियाँ 逆境 भाग्य प्रतिकूल होता है तो कुछ काम नहीं देता 運勢が悪いと全く役立たない -के प्रतिकूल －に反して नैतिकता के प्रतिकूल 倫理に反して

प्रतिकूलता [名*] (1) 逆；反対 (2) 反対すること (विरोध と同意に) जो लोग पुराने ख़यालात के थे, उन्होंने इस विश्वविद्यालय के स्थापित होने में बहुत कुछ प्रतिकूलता की 古い考えの人たちはこの大学の設立にかなり反対した (3) 悪さ；劣悪さ वातावरण की प्रतिकूलता से संघर्ष 環境の悪さとの闘い

प्रतिकूल प्रवृत्ति [名*]〔史〕相反する傾向 (動向) 〈cross current〉

प्रतिकृत [形] (1) 返された (2) 仕返しされた；返報された；報復された

प्रतिकृति [名*] (1) 複写；模写；写し；複製；模型 (2) 偶像；肖像 (3) 絵 (4) 報復

प्रतिक्रम[1] [名] (1) 逆の順序；逆 (2) 逆の行為；反対の行動

प्रतिक्रम[2] [形] 順序が逆の

प्रतिक्रमण [名]〔生〕退化〈retrogression〉

प्रतिक्रमात् [副] 逆に；反対に

प्रतिक्रांति [名*]〔政・史〕反革命〈counter revolution〉

प्रतिक्रिया [名*] (1) 反作用；反発；抵抗 (2) 反応 मानसिक प्रतिक्रिया 心理的な反応 (3) 反動 (4) 副作用 ख़तरनाक प्रतिक्रियाएँ 危険な副作用

प्रतिक्रिया क्षमता [名*] (1)〔化〕反応性 (2)〔物理〕反応度

प्रतिक्रियात्मक [形] (1) 反作用；反発の (2) 反応の

प्रतिक्रियावाद [名] 反動主義；復古主義；保守主義

प्रतिक्रियावादी[1] [形] 反動的な；復古主義の；保守主義の；逆コースの

प्रतिक्रियावादी[2] [名] 反動主義者；復古主義者；保守主義者

प्रतिक्रोश [名] 競売；せり売り= नीलामी; ऑक्शन 〈auction〉

प्रतिक्षिप्त [形] (1) 投げられた (2) 退けられた；認められなかった (3) 拒絶された；拒否された

प्रतिक्षेप [名] (1) 退けること；撃退 (2) 拒絶；拒否 (3) 反発；はね返り

प्रतिख्यात [形] よく知られた= प्रसिद्ध; प्रख्यात.

प्रतिगत [形] (1) 戻った；帰った (2) 忘れた；忘れられた；忘却された

प्रतिगमन [名] 戻ること；復帰；再帰

प्रतिगामी[1] [形] = प्रतिक्रियावादी. प्रतिगामी भाव और शक्तियाँ 反動的な考えと反動的な勢力 प्रतिगामी शक्तियाँ 反動勢力

प्रतिगामी[2] [名] = प्रतिक्रियावादी[2]

प्रतिगृहीत [形] (1) 受け入れられた= अंगीकृत. (2) 結婚した= विवाहित.

प्रतिगृहीता [名*] 結婚した女性；妻

प्रतिग्रह [名] (1) 受け取ること；受け取り；受納；受領= ग्रहण. (2) 受け入れ；承認= स्वीकार.

प्रतिग्रहण [名] (1) 受け取ること；受納= प्रतिग्रह. (2) 受容= स्वीकार.

प्रतिग्राहक [形・名] 贈られたものや与えられたものを受け取る

प्रतिग्राही [形] 受け取る；受け入れる

प्रतिघ [名] (1) 反対；抵抗= विरोध. (2) 争い；戦い= लड़ाई; मारपीट. (3) 敵；仇= दुश्मन; शत्रु. (4) 怒り；忿怒= क्रोध.

प्रतिघात [名] (1) 反撃；反動 (2) 反発；反抗 इस बीच राजकुमारी के मन में बड़ा प्रतिघात हुआ この間王女は強い反発を感じた (3) 障害；妨害

प्रतिघातन [名] (1) 反発すること；反撃 (すること)；撃退 (2) 妨害 (すること)

प्रतिघाती [形] 反発する；反撃する；撃退する

प्रतिचक्रवात [名]〔気象〕逆旋風；反対旋風〈anticyclone〉

प्रतिचार [名] 身を飾ること；化粧= शृंगार; बनाव-सिंगार.

प्रतिचिंतन [名] 再考= पुनर्विचार.

प्रतिचित्र [名] 地図

प्रतिचित्रण [名] (1) 複写 (2) 地図作製

प्रतिच्छन्न [形] (1) 覆われた= आच्छादित; आवृत. (2) 隠された= छिपा हुआ.

प्रतिच्छवि [名*] (1) 反映；映像= प्रतिच्छाया; परछाँई. (2) 絵

प्रतिच्छाया [名*] (1) 反映；映像 (2) 肖像 (3) 絵画 (4) 複写

प्रतिच्छेद [名] (1) 交差；交切 (2)〔幾〕交点；交線

प्रतिच्छेदी [形] 交差する प्रतिच्छेदी रेखा 交線〈intersecting line〉

प्रतिजन [名]〔医〕抗原〈E. antigen〉

प्रतिजर्मता [名*]〔医〕消毒

प्रतिजल्प [名] (1) 返答 (2) 反論；反駁

प्रतिजागर [名] 警戒；見張り；監視

प्रतिजिह्वा [名*]〔解〕懸壅垂 = कौवा.

प्रतिजीवन [名] (1) 蘇生；再生 (2)〔生〕抗生作用〈antibiosis〉

प्रतिजीव विष [名]〔生化〕抗毒素〈antitoxin〉

प्रतिजीविता [名*]〔化〕抗生作用〈antibiosis〉

प्रतिजैविक [形]〔生化〕抗生の〈antibiotic〉 प्रतिजैविक पदार्थ 抗生物質

प्रतिजैविकी [名*] 抗生物質学〈antibiotics〉

प्रतिज्ञप्ति [名*]〔論〕命題〈proposition〉

प्रतिज्ञांतर [名]〔論〕命題の変換

प्रतिज्ञा [名*] (1) 誓い；誓約 प्रतिज्ञा क॰ 誓いを立てる तुम्हारी प्रतिज्ञा क्या है? 君は何を誓う वे अपनी प्रतिज्ञा से टस से मस नहीं हुए 誓いを断固として守り通された **प्रतिज्ञा निभाना** 誓いを貫く；誓約を貫徹する (2) 約束 (3) 言明；宣言 (4)〔イ論〕インド論理学の五段論法で論証されるべき命題

प्रतिज्ञात [形] (1) 述べられた；伝えられた (2) 誓いの立てられた

प्रतिज्ञान [名] (1) 承認；同意 (2) 誓い；誓約

प्रतिज्ञा-पत्र [名] 契約書

प्रतिज्ञापन [名] 言明；宣言；断言；確言

प्रतिज्ञापालन [名] 誓いを守ること；約束を守ること；誓約の履行

प्रतिज्ञाबद्ध [形] 誓っている；誓いを立てている लक्ष्यों की पूर्ति के लिए प्रतिज्ञाबद्ध है 目標の達成を誓っている

प्रतिज्ञा भंग [名] 誓いや約束を破ること

प्रतितुलन [名] (1) 均衡を取ること= संतुलन. (2) 均衡

प्रतिदत्त [形] (1) 返された；返却された (2) 返しに与えられた；返礼に与えられた

प्रतिदर्श [名] サンプル；見本；標本〈sample; specimen〉

प्रतिदर्शी [形] サンプルの；サンプルによる；標本の प्रतिदर्शी सर्वेक्षण サンプル調査

प्रतिदान [名] (1) 返すこと；返却 (2) 交換 (3) 返礼

प्रतिदीप्त [形] 蛍光を発する

प्रतिदीप्ति [名*] (1)〔物理〕蛍光発光；蛍光 **प्रतिदीप्ति नलिका** 蛍光管〈fluorescent tube〉 (2)〔天〕対日照〈counterglow〉

प्रतिदीप्ति लैम्प [名] 蛍光灯 = ट्यूब लाइट.〈tube light〉

प्रतिदीप्तिशील [形] 蛍光を放つ〈fluorescent〉

प्रतिदेय [形・名] (1) 返されるべき (2) 払い戻される

प्रतिद्वंद्व [名] 対抗；対立；敵対

प्रतिद्वंद्विता [名*] 対立；対抗；抗争；競争 पूँजीपतियों की पारस्परिक प्रतिद्वंद्विता 資本家相互の抗争 पूँजीवाद में मज़दूरों के अंदर अपनी जीविका कमाने के लिए प्रतिद्वंद्विता होती है 資本主義では労働者間に生計を稼ぐために競争がある

प्रतिद्वंद्वी[1] [形] 対立する；対抗する；反対する；争う；競争する；敵対する

प्रतिद्वंद्वी[2] [名] 対立者；対抗者；競争相手；敵対者 राजनीतिक प्रतिद्वंद्वी 政敵 अन्य जातियों के लोगों को अपना सहयोगी न मानकर प्रतिद्वंद्वी मानते हैं 他のカーストの人たちを仲間と考えるのではなく競争相手だと考える

प्रतिध्वनि [名*] こだま；反響；エコー आत्मा की प्रतिध्वनि है साहित्य 魂のこだまが文学なのです

प्रतिध्वनिक [形] 反響の；反響による प्रतिध्वनिक गभीरतामापन 音響測定；音響測深 प्रतिध्वनिक गभीरतामापी 音響測定機

प्रतिध्वनित [形] 反響した；こだました

प्रतिध्वनित शब्द [名]〔言〕エコーワードと呼ばれる合成語．語の第一要素の語頭音を唇歯接近音ないし両唇接近音に変えて第二要素をこしらえ，全体で１語を構成する．「－など」,「－なんぞ」のように第一要素の意味に付加して用いる． कोई क़ानून-वानून बने तो 何か新しい法律みたいなものが作られれば देख तो मटके में, कुछ आटा-वाटा मिल जाए तो ले आ 壷の中を覗いてごらん．小麦粉か何ぞあれば持って来なさい

प्रतिनमस्कार [名] 答礼 प्रतिनमस्कार क॰ 答礼する；挨拶を返す

प्रतिनाद [名] = प्रतिध्वनि.

प्रतिनायक [名] (1) 主人公の対立者 (2) 悪玉
प्रतिनायिका [名*] 妖婦
प्रतिनिधि [名] 代表；代理（人） प्रतिनिधि बुद्धिजीवी 代表的な知識人
प्रतिनिधित्व [名] (1) 代表すること；代理すること (2) 代表権；代表資格 प्रगतिशील विचारों का प्रतिनिधित्व 進歩的な考えの代表
प्रतिनिधिमंडल [名] 代表団 रूसी प्रतिनिधिमंडल （ソビエト）ロシア代表団 भारतीय प्रतिनिधिमंडल インド代表団（国際学術会議の）
प्रतिनिधि शासन [名]〔政〕代議政体〈representative regime〉
प्रतिनियोजन [名] (1) 代理；代理行為 (2) 代理派遣
प्रतिनिर्देश [名] 再び言及すること
प्रतिनिविष्ट [形] 確たる；確固たる
प्रतिपक्ष [名] (1) 反対派；対立派＝ विरोधी. (2) 反対意見；対立意見＝ विरुद्ध मत. (3) 敵＝ शत्रु.
प्रतिपक्षता [名*] (1) 対立 (2) 反対 (3) 敵対
प्रतिपक्षी [形] (1) 対立する；対立派の；反対派の＝ विपक्षी; विरोधी. (2) 敵意を抱く＝ द्वेषी.
प्रतिपत्ति [名*] (1) 獲得；取得 (2) 納得；諒承；諒解 (3) 実現；達成 (4) 尊厳 (5) 尊敬
प्रतिपत्तिमान [形] (1) 賢明な；知的な (2) 有名な；著名な (3) 器用な；達者な
प्रतिपत्र [名] 委任状
प्रतिपद् [名*] (1) 道；道路 (2) 理解；知恵 (3) 初め；冒頭 (4) 陰暦の白分及び黒分の第１日
प्रतिपदा [名*] 陰暦の白分と黒分のそれぞれの第１日
प्रतिपन्न [形] (1) 受け入れられた；認められた；承認された (2) 知られた；理解された (3) 証明された (4) 満ちた；満ち満ちた
प्रतिपरीक्षण [名] クロスチェック＝ दुतरफ़ी पड़ताल. 〈cross-checking〉
प्रतिपरीक्षा [名*]〔法〕反対尋問〈cross-examination〉＝ ज़िरह.
प्रतिपाण [名] 賭けに出された物；賭けられた金品
प्रतिपादक [形・名] (1) 解説する（人）；説明する（人）；主張する（人） (2) 発表する（人） (3) 証明する（人） (4) 作り出す（人）；制作する（人）
प्रतिपादन [名] (1) 解説；説明；主張 व्यापार के महत्त्व का प्रतिपादन 交易の重要性の説明 (2) 発表 (3) 説明 (4) 創出；製作 विषयवस्तु का स्पष्ट प्रतिपादन テーマの明晰な解説
प्रतिपादित [形] (1) 解説された；説明された；説かれた；主張された इसमें प्रतिपादित तथ्य これに説かれた事実 गाँधी जी द्वारा प्रतिपादित सर्वोदय का सिद्धांत ガンディージーの説かれたサルボーダヤの理念 (2) 決せられた；定められた
प्रतिपाद्य [形・名] (1) 解説されるべき；説明されるべき (2) 述べられるべき；主題；テーマ
प्रतिपाल[1] [形] (1) 養う；養育する (2) 保護する；守護する
प्रतिपाल[2] [名] (1) 保護；守護 (2) 助力；援助；脇
प्रतिपालक [形] (1) 育てる；養育する (2) 守る
प्रतिपालन [名] (1) 養育 (2) 保護；守護 (3) 守ること；遵守
प्रतिपालित [形] (1) 養育された (2) 保護された；守護された (3) 守られた；遵守された
प्रतिपिंड [名]〔生理〕抗体＝ ऐंटिबॉडी. 〈antibody〉 अस्वीकृति का रहस्य भी प्रतिपिंडों में निहित है 拒絶反応の謎も抗体に秘められている
प्रतिपीडन [名] 報復；仕返し
प्रतिपुरुष [名] (1) 代理（人） (2) 人形；身代わり人形；ダミー
प्रतिपुरुषपत्र [名] 委任状＝ प्रॉक्सी.
प्रतिपूजन [名] 挨拶を返すこと；答礼＝ प्रतिपूजा.
प्रतिपूरक [形] 補足的な；補完する
प्रतिपूर्ति [名*] (1) 弁償 (2) 返済；償還
प्रतिपोषक [形] 支援する；援助する；協力する
प्रतिपोषण [名] 支援；援助；協力
प्रतिपौतिक [形]〔医〕消毒する；消毒用の
प्रतिप्रदान [名] ＝ प्रतिदान.
प्रतिप्रभा [名*] (1) 反映 (2) 影
प्रतिप्रश्न [名] (1) 反問 प्रतिप्रश्न करके 反問して (2) 返答；答弁
प्रतिप्रस्थाता [名]〔ヒ〕プラティプラスターター（バラモン教の祭式でアドヴァリュ अध्वर्यु祭官を補佐した祭官の名称）

प्रतिफल [名] (1) 結末；結果 सांप्रदायिकता की समस्या केवल धार्मिक राजनैतिक कारकों का प्रतिफल मात्र न होकर コミュナリズムの問題は宗教的・政治的要因の単なる結末ではなく (2) 返報；報酬；結実 व्यापारी को अपनी लगाई हुई पूँजी का यथोचित प्रतिफल नहीं मिलता 商人は自分の投資分が十分に報われない अपनी आशाओं का पूर्ण प्रतिफल बच्चे में देखना चाहते हैं 自分の期待が子供に完全に結実するのを見たく思う (3) 反映
प्रतिफलित [形] (1) 結果となった (2) 結実した (3) 反映した
प्रतिबंध [名] (1) 制約；制限；抑制 इनके इस व्यापार पर किसी तरह का कोई प्रतिबंध ही यहाँ नहीं है この取引については何らの制約がない लाटरियों पर प्रतिबंध 宝くじに制限 (2) 禁止 ज़मीनों के हस्तांतरण पर प्रतिबंध 土地譲渡の禁止 व्यापार और उद्योगों पर सरकारी प्रतिबंध 商工業に対する政府の抑制 (3) 制裁 आर्थिक प्रतिबंध 経済制裁 (4) 条件；ただし書き **प्रतिबंध लगाना** *a.* 制約をつける *b.* 条件をつける
प्रतिबंधित [形] (1) 制約された；制限された；束縛された；条件のついた उनके व्यवहार को बहुत अधिक प्रतिबंधित करते हैं その人たちの行動を強く制約する (2) 禁止された यह तो अमरीका में प्रतिबंधित हो गई है これはアメリカでは（発売が）禁止になっている प्रतिबंधित अवामी पार्टी 非合法化されたアワーミー党 दल-बदल को प्रतिबंधित करना 党籍変更を禁止する
प्रतिबंधी [形] (1) 条件付きの (2) 仮定の；仮の (3) 暫定的な
प्रतिबद्ध [名] (1) 縛られた；束縛された；制約された (2) 妨げられた；禁じられた (3) 献身的な；傾倒した；コミットした；専心した ईमानदार, प्रतिबद्ध नेता 誠実で献身的な指導者 न्यायाधीशों का शासन के प्रति प्रतिबद्ध होना 裁判官が行政にコミットする
प्रतिबद्धता [名*] 責任；責務 सामाजिक प्रतिबद्धता 社会的な責任 हमारा धर्म और सामाजिक प्रतिबद्धता 我々の宗教と社会的責務 सामाजिक प्रतिबद्धता की कमी ने व्यक्ति को आत्मकेंद्रित और आलसी बनाया 社会的責務の欠如が自己中心的で怠惰な者を作り上げた
प्रतिबल [形] (1) 力のある；力強い (2) 肩を並べる；比肩する
प्रतिबाधक [形] (1) 妨げる；妨害する (2) 止める；禁止する (3) 苦しめる
प्रतिबाधन [名] (1) 妨げ；妨害＝ विघ्न; बाधा. (2) 苦痛＝ पीड़ा; कष्ट.
प्रतिबाधा [名*]〔電〕インピーダンス〈impedance〉
प्रतिबाधित [形] (1) 妨げられた；妨害された उसे प्रतिबाधित क॰ それを妨げる (2) 取り除かれた (3) 苦しめられた
प्रतिबाहु [名]〔解〕前腕
प्रतिबिंब [名] (1) 反映；映像；影 दृश्य का प्रतिबिंब 風景の映像 इस प्रतिबिंब को रेडियो-तरंगों में परिवर्तित करके この映像を電波に変えて (2) 影 (3) 像；イメージ (4) 絵
प्रतिबिंबित [形] (1) 反映された；映像のできた लेखक का व्यक्तित्व किसी-किसी रूप में अवश्य प्रतिबिंबित हो 筆者の人柄が何らかの形で必ず反映されていること (2) 影のできた
प्रतिबुद्ध [形] (1) 目覚めた；覚醒した (2) 知識を得た (3) 賢明な
प्रतिबोध [名] (1) 目覚め；覚醒 (2) 知；知識 (3) 賢明さ
प्रतिबोधक [形] (1) 目覚めさせる；覚醒させる (2) 知識を授ける
प्रतिबोधन [名] (1) 目覚めさせること (2) 知識を授けること
प्रतिबोधित [形] (1) 目覚めさせられた (2) 知識を授けられた
प्रतिभा [名*] (1) 才能；才；頭脳 कैसी अद्भुत स्मरणशक्ति एवं प्रतिभा है なんとも比類のない記憶力と才能だ प्रतिभा का निष्क्रमण 頭脳の流出＝ प्रतिभा-निष्क्रमण. (2) 光；輝き
प्रतिभाग [名] 物品税〈excise duty〉
प्रतिभान [名] (1) 光；輝き＝ प्रभा; चमक. (2) 知力＝ बुद्धि; समझ.
प्रतिभावान [形] (1) 才能に恵まれた；才能豊かな प्रतिभावान जनजातीय व्यक्ति 才能豊かな部族民 संपन्न पिता का प्रतिभावान बेटा 裕福な父親の才能豊かな息子 (2) 光り輝く；輝く
प्रतिभाशाली [形] 才能豊かな；才能に恵まれた प्रतिभाशाली बच्चों हेतु 才能豊かな子供たちのために प्रतिभाशाली विद्यार्थी 才能に恵まれた学生
प्रतिभासंपन्न [形] ＝ प्रतिभाशाली. प्रतिभासंपन्न कहानीकार 才能豊かな小説家
प्रतिभाषा [名*] (1) 答え (2) 返答；答弁
प्रतिभास [名] (1) 知覚 (2) 外見 (3) 幻覚
प्रतिभू [名] 保証人＝ ज़ामिन.
प्रतिभूति [名*] (1) 保証 (2) 補償金 (3) 債券

प

प्रतिभूतिपत्र [名] 保証書
प्रतिभूति बाज़ार [名] 《H. + P. بازار》証券市場
प्रतिमा [名*] (1) 像；彫像 सोने की प्रतिमा 金像 लकड़ी से प्रतिमा घड़ना 木像を彫る दुर्गा देवी की प्रतिमा ドゥルガー神の像 (2) 聖像；偶像 गणेश और लक्ष्मी की प्रतिमाएँ ガネーシャとラクシュミーの神像 (3) 象徴 (4) 映像
प्रतिमान [名] (1) 型；パターン；様式 असामाजिक व्यवहार प्रतिमान 反社会的行動パターン (2) モデル；模範；典型；原型 पश्चिमी चर्चों की भवन निर्माण के प्रतिमानों की नकल ヨーロッパの教会建築のモデルを模倣 (3) 標準；基準 (4) 例；実例
प्रतिमानहीनता [名*] 社会的無秩序；アノミー ⟨anomie⟩
प्रतिमानीकरण [名] 基準化
प्रतिमापूजा [名*] 偶像崇拝 = प्रतिमापूजन.
प्रतिमास [形] 月毎の；月々の；毎月の = माहवार.
प्रतिमुख[1] [名]〔イ演〕サンスクリット戯曲の筋の展開部分
प्रतिमुख[2] [形] (1) 前面の；前方の (2) 近くの；接近した
प्रतिमुद्रा [名*] 捺印
प्रतिमूर्ति [名*] = प्रतिमा.
प्रतिमूल्य [名] 対価
प्रतिमोक्ष [名] 解脱（を得ること）
प्रतिमोचन [名] 解放
प्रतिमोचित [形] 解放された；解き放たれた
प्रतियत्न [名] (1) 努力；苦労 (2) 欲求；欲望 (3) 報復
प्रतियातन [名] 報復 = बदला ले॰; प्रतिशोध.
प्रतियान [名] 帰還 = लौटना; वापस आ॰.
प्रतियोग [名] (1) 競争；対抗 (2) 反論 (3) 敵意；敵対心
प्रतियोगिता [名*] (1) 競争；対抗 समाज में निरंतर प्रतियोगिता होती रहती है 社会では間断なく競争が続いているものだ (2) 対立；敵対 (3)〔ス〕トーナメント भारत की प्रमुख प्रतियोगिता रणजी ट्रॉफी インドの代表的なトーナメントのランジー杯 (4) コンテスト；競技会 नये डिज़ाइन के लिए प्रतियोगिता 新しいデザインのコンテスト तैराकी प्रतियोगिता 水泳競技会 (5) 品評会 गुलाब प्रतियोगिता バラの品評会 प्रतियोगिता से बाहर हो जा॰ 競技で失格になる
प्रतियोगी [名] (1) 競争相手；競技者；対抗者；相手選手 रिले रेस के प्रतियोगी リレーの選手 (2) 仲間= साथी.
प्रतियोद्धा [名] (1) 好敵手 (2) 対抗者；敵対者；相手
प्रतिरक्षक [形] 防衛する；防ぐ；予防する रोगप्रतिरक्षक टीका 予防ワクチン
प्रतिरक्षा [名*] (1) 守護 (2) 防衛 प्रतिरक्षा व्यवस्था 防衛態勢 परंपरागत प्रतिरक्षा हथियार 伝統的な防御用武器 प्रतिरक्षा साधन 防衛手段；防衛方法 प्रतिरक्षा मंत्री 国防大臣；国防相 (3)〔医〕免疫；免疫性 प्रतिरक्षा व्यवस्था 防衛体制
प्रतिरक्षात्मक [形] 防衛の；防衛上の；防御的な
प्रतिरक्षित [形]〔医〕免疫のある ⟨immune⟩
प्रतिरक्षी [名]〔生理〕抗体 = एंटीबाडी. ⟨antibody⟩
प्रतिरक्षीकरण [名]〔医〕免疫法 ⟨immunication⟩
प्रतिरूप [名] (1) 模範；手本；モデル；鑑 भारत माता की प्रतिरूप インドの「母」の鑑 (2) 像；肖像 (3) 代理
प्रतिरोध [名] (1) 妨げ；障害 सब प्रतिरोधों को बेधती हुई あらゆる障害を突破しながら (2) 抵抗 (3) 反作用 प्रतिरोध की शक्ति 抵抗力 शरीर की रोगों के विरुद्ध प्रतिरोध की शक्ति समाप्त हो जाती है 病気に対する体の抵抗力がなくなってしまう
प्रतिरोधक [形] (1) 防ぐ；防御する (2) 抵抗する；抵抗力のある；耐える (3) 妨げる；妨害する शरीर में रोग प्रतिरोधक शक्ति 病気を防ぐ力
प्रतिरोधन [名] 妨げること；妨害；予防
प्रतिरोधात्मक [形] = प्रतिरोधक.
प्रतिरोधात्मक क्षमता [名*]〔医〕免疫性 ⟨immunity⟩ जब किसी रोग के लिए प्रतिरोधात्मक क्षमता कमज़ोर पड़ती है, तो 何かの病気に対する免疫性が弱くなると
प्रतिरोधी [形] 抵抗する；抵抗力のある；(—に) 耐える
प्रतिरोपण [名] 移植（臓器） अंग-प्रतिरोपण 臓器移植
प्रतिलंभ [名] (1) 獲得；取得 (2) 非難
प्रतिलाभ [名] 獲得；取得= लाभ; प्राप्ति.
प्रतिलिपि [名*] 写し；コピー विषाणु के न्यूक्लीक एसिड की प्रतिलिपियाँ ウイルスの核酸のコピー
प्रतिलिपिक [名] 筆耕（人）
प्रतिलिप्यधिकार [名] 著作権；版権；コピーライト भारत सरकार का प्रतिलिप्यधिकार インド政府の版権
प्रतिलेखन [名] (1) 書写 (2) 転写；書き換え；翻字
प्रतिलोम [形] (1) 反対の；順序が逆の；さかさまの= प्रतिकूल; उलटा. (2)〔文人・ヒ〕逆縁婚の関係の；プラティローマ婚の；ハイパーガミーの ⟨hypergamous⟩
प्रतिलोमज [名] (1) プラティローマ婚によって生まれた人 (2) (父親が低く母親が高い) 異カースト間に生まれた人
प्रतिलोमन [名] 転置；反転；倒錯 ⟨inversion⟩
प्रतिलोम विवाह [名]〔文人〕プラティローマ婚（ヴァルナ वर्ण 間の混血の一で下位ヴァルナの男子と上位ヴァルナの女子との結婚. 逆縁婚；逆毛婚. これは従来激しく忌避されてきた)；ハイパーガミー ↔ アヌローマ婚；順縁婚；順毛婚 अनुलोम विवाह ⟨hypergamy⟩
प्रतिवचन [名] (1) 返答；返事= उत्तर; जवाब. (2) こだま；反響 = प्रतिध्वनि.
प्रतिवर्णिक [形] (1) 同種の色の (2) 同様な；類似の
प्रतिवर्तन [名] (1) 帰還 (2) 逆転 (3) 反射作用 (4) 回顧
प्रतिवर्ती [形] (1) 戻る；返る (2) 反射する (3) 回顧的な
प्रतिवर्ष [副] 毎年；年ごとに = हर साल.
प्रतिवस्तु [名*] (1) 同類の物；類似の物 (2) 代償
प्रतिवाद [名] 反論；反駁 मैंने इस बात का प्रतिवाद किया これに反論した प्रतिवाद क॰ 反論する；反駁する उसने अभियोग का प्रतिवाद किया 嫌疑に対し反駁した उसका प्रतिवाद क्षीण पड़ गया 彼の反駁は弱まった
प्रतिवादक [形] 反論する；反駁する
प्रतिवाद पक्ष [名]〔法〕被告側
प्रतिवादी[1] [形] (1) 反論に関する (2) 反論する
प्रतिवादी[2] [名] (1) 反論する人 (2) 被告（側）
प्रतिविधान [名] (1) 報復= प्रतीकार. (2) 警戒；用心= चौकसी; सावधानी; एहतियात.
प्रतिविधि [名*] (1) 報復= प्रतीकार. (2) 救済策
प्रतिविधिक [形] 救済に関する
प्रतिविष [名] (1) 解毒剤 (2) 蛇毒血清 ⟨antivenin⟩
प्रतिवेदन [名] 報告(書)；レポート लोकसेवा आयोग के वार्षिक प्रतिवेदन 1971 के अनुसार 人事院の年次（1971 年度）報告によると
प्रतिवेदित [形] 報告された
प्रतिवेदी [名] 取材記者；レポーター
प्रतिवेश [名] 近所；近隣= पड़ोस.
प्रतिवेशी [名] 隣人= पड़ोसी.
प्रतिव्यक्ति[1] [形] 1 人当たりの；頭割りの= फ़ी रास; फ़ी कस. प्रतिव्यक्ति आय 1 人当たりの収入 **प्रतिव्यक्ति कर** 人頭税= जिज़्या. **प्रतिव्यक्ति फ़ीस** 頭割料金= प्रतिव्यक्ति शुल्क.
प्रतिव्यक्ति[2] [副] 一人当たりで；頭割りで
प्रतिशत [名・形・副] パーセント (の)；百分率 साक्षरता का प्रतिशत 29.35 है 識字率は 29.35 % 70 प्रतिशत जनता ग्रामीण क्षेत्रों में निवास करती है 人口の 70 %は農村地域に居住している
प्रतिशतता [名*] = प्रतिशत दर. (1) 百分率；百分比；パーセンテージ (2) 割合；歩合；率
प्रतिशाखा [名*] 小枝 = प्रशाखा.
प्रतिशिष्य [名] 孫弟子；弟子の弟子
प्रतिशोध [名] 復讐；仕返し；報復；腹癒せ= बदला. अब आप मुझपर आक्रमण कर अपना प्रतिशोध पूरा करें 私に襲いかかって復讐を果たされるがよい
प्रतिश्याय [名]〔医〕風邪；感冒 = नज़ला; ज़ुकाम; सरदी.
प्रतिश्रम [名] 苦労；努力 = परिश्रम; मेहनत.
प्रतिश्रव [名] (1) 同意；合意= स्वीकृति; अंगीकार; मंज़ूरी. (2) 約束= प्रतिज्ञा.
प्रतिश्रवण [名] (1) 聴くこと；聴聞 (2) 約束；同意= प्रतिज्ञा. (3) 同意= स्वीकार; सहमति.
प्रतिश्रित [名] 避難所
प्रतिश्रुत् [名*] こだま；反響；エコー= प्रतिध्वनि.
प्रतिश्रुत [形] (1) 認めた；同意した (2) (—を) 誓った；約束した दो ऐसे महान पुरुषों की भेंट जो अपने स्वदेश की मुक्ति के लिए आजीवन

संघर्ष को प्रतिश्रुत है 母国の解放のために生涯の戦いを誓った偉大な２人の会見 (3) こだました；反響した

प्रतिश्रुति [名*] (1) 誓い；約束= प्रतिध्वनि. (2) 保証= प्रतिज्ञा. (3) こだま；反響= प्रतिध्वनि.

प्रतिश्रोता [形・名] (1) 同意する（人）= अनुमति देनेवाला. (2) 許可する（人）；認める（人）= मंज़ूर करने वाला. (3) 保証する（人）

प्रतिषिद्ध [形] 禁じられた = निषिद्ध.

प्रतिषेध [名] (1) 禁止= निषेध; मनाही. (2) 否定；否認 (3) 拒絶

प्रतिषेधक [形・名] 禁止する（人）

प्रतिषेधन [名] 禁止行為

प्रतिषेधलेख [名]〔法〕禁止令状 ⟨a writ of prohibition⟩

प्रतिषेधाधिकार [名] 拒否権 = वीटो. ⟨veto⟩

प्रतिष्ठा [名*] (1) 名；名誉；尊厳；評判 हमारे गाँव के मंदिर की प्रतिष्ठा बढ़ेगी 私たちの村のお寺の名が上がる सारे नगर में सेठ की प्रतिष्ठा बढ़ गई 街中にセート（豪商）の評判が高まった बड़ी प्रतिष्ठा 有名；著名；名の通っていること भगवान कृष्ण की इस मूर्ति की बड़ी प्रतिष्ठा है このクリシュナ神像はよく知られている न्याय और प्रतिष्ठा के लिए बराबर लड़िए 正義と尊厳とのために戦い続けなさい पति की प्रतिष्ठा मात्र घर आए मेहमानों, मित्रों और संबंधियों के साथ अच्छा व्यवहार करने से नहीं बनती 夫の名誉は客や友人，親戚に対してどう振る舞うかだけででき上がるものではない प्रतिष्ठा पाना 名を成す；評判を得る प्रतिष्ठा कम हो॰ 品位が落ちる (2) 体面；面目；めんつ（面子）；威信 प्रतिष्ठा का प्रश्न बनाना 威信に関わらせる；体面に関わることにする उसके लिए भी बात प्रतिष्ठा का प्रश्न बन जाती है 彼にとっても事は体面の問題となる (3) 品位；品格 पत्नी अपने व्यवहार से पति की प्रतिष्ठा बढ़ा सकती है 妻はその行動により夫の品位を高めることができる (4) 開眼（かいげん） उनके घर आज देवी की प्रतिष्ठा है 今日あの方の家でドゥルガー神像の開眼が行われることになっている (5) ある基準で設けられた格や資格 एक प्रतिष्ठा के चुनाव क्षेत्र में 選挙の一人区において

प्रतिष्ठान [名] (1) 設けること；設立（すること）；設置；樹立 (2) 建立；開眼 (3) 地位 (4) 企業，会社，研究所などの設立物や機関，組織など बंबई के एक सुप्रसिद्ध प्रतिष्ठान में ボンベイのある有名な企業で औद्योगिक प्रतिष्ठान 製造企業 व्यापारिक प्रतिष्ठान 商社 केंद्रीय खाद्य तथा तकनीकी अनुसंधान प्रतिष्ठान 国立食糧・技術開発研究所

प्रतिष्ठापन [名] 設立；樹立

प्रतिष्ठावान [形] 名声のある；威信のある；信望のある

प्रतिष्ठित [形] (1) 設立された；設置された；据えつけられた (2) 安置された；祀られた वह प्रतिमा मंदिर में प्रतिष्ठित है その神像は社に祀られている (3) 立派な；恥ずかしくない；名の通った；尊敬すべき प्रतिष्ठित व्यक्ति पर धोखे का आरोप लगाना 名士に詐欺の嫌疑をかける राज्यपाल कुछ प्रतिष्ठित व्यक्तियों को विधान परिषद् में मनोनीत करते हैं 州知事は一部の立派な人たちを州上院議員に任命する प्रतिष्ठित पत्रिका 名の通った雑誌；著名な雑誌 समाज में प्रतिष्ठित स्थान पाना 世の中で恥ずかしくない地位を得る (4) 信頼のある；しっかりした；確かな；まともな；由緒ある अगर प्रतिष्ठित सिफ़ारिशें ला सकता तो शायद मेरी प्रार्थना पर कुछ विचार होता まともな紹介状を持って来ることができたならば多分私の願いも少しは考えてもらえたのだが एक प्रतिष्ठित संगठन की एक समाज सेविका ने बताया しっかりした団体の社会奉仕家の談話である प्रतिष्ठित ख़ानदान 立派な家柄

प्रतिसंख्या [名*] 意識 = चेतना.

प्रतिसम [形] (1) 等しくない；相等しくない (2) 対抗する；対立する

प्रतिसममित [形] 非対称の；対称でない ⟨antisymmetric⟩

प्रतिसर [名] (1) 呪文= जादू का मंत्र. (2)〔装身〕女子のつける金製の手首飾り；カンガン= कंगन. (3) 下僕；従者= नौकर; सेवक.

प्रतिसरण [名] もたれること；よりかかること

प्रतिसर्ग [名] (1) 宇宙の再創造 (2) 世界の破滅；消滅= प्रलय.

प्रतिसर्पविष [名] = एंटीविनीन. 蛇毒血清 ⟨antivenin⟩

प्रतिसारण [名] (1) 除去；取り除くこと (2) 傷の処置；傷の手当；薬を塗り包帯を巻くこと

प्रतिसारणशाला [名*]〔医〕処置室

प्रतिसारित [形] 反射した= प्रतिसारित प्रकाश. 反射光

प्रतिसेना [名*] 敵軍 = शत्रुसेना.

प्रतिस्थापन [名] (1) 代用 (2) 代理；交代 (3) 取り替え；交換；置換 घिसे तथा टूटे-फूटे अंगों के प्रतिस्थापन के लिए すりへったり壊れたりした部分の取り替え

प्रतिस्थापित [形] (1) 代用された (2) 代理の (3) 取り替えられた；交換された；置換された

प्रतिस्पर्द्धा [名*] = प्रतिस्पर्धा. 対抗；競争 विद्यार्थी प्रतिस्पर्धा से डरते हैं 学生たちは競争を怖がる (-से) **प्रतिस्पर्धा क॰** （ーと）競う；競争する वह भारत से प्रतिस्पर्धा नहीं कर सकता その国はインドと競うことはできない प्रतिस्पर्धायुक्त विश्व 競争世界

प्रतिस्पर्धी [形・名] (1) 対抗する；競争する (2) 競争相手；ライバル (3) 反抗的な；反抗者

प्रतिहंता [形] (1) 妨げる (2) 対抗する；競う

प्रतिहत [形] (1) 打撃を受けた (2) 妨げのある；妨げられた；妨害された (3) 退けられた；除かれた；除去された

प्रतिहनन [名] 反撃 = प्रत्याघात.

प्रतिहर्ता [名]〔ヒ〕プラティハルター（यज्ञ，すなわち，バラモン教の祭儀を執行する祭官の１人）

प्रतिहस्ताक्षरण [名] 副署；連署

प्रतिहस्ताक्षरित [形] 副署された；連署された

प्रतिहार [名] (1) 門番= द्वारपाल; दरबान. (2) 手品師= बाज़ीगर. (3) 侍従

प्रतिहारक [名] 手品師；魔術師= बाज़ीगर.

प्रतिहारी [名] 門番；守衛；警備員= द्वारपाल; दरबान; चौकीदार.

प्रतिहिंसक [名] 報復者；復讐者

प्रतिहिंसा [名*] 報復；復讐

प्रतिहिंसात्मक [形] 報復的な；復讐の

प्रतीक [名] (1) 象徴；シンボル；表象 धर्म के प्रतीक 宗教の象徴 शांति का प्रतीक 平和のシンボル कंगारू आस्ट्रेलिया का प्रतीक बन गया है カンガルーはオーストラリアのシンボルになっている **प्रतीक रूप में** 象徴的に गाय न हो तो प्रतीक रूप में सवा रुपये से ही गोदान कराया जाता है 雌牛を所有していない場合にはわずか 1.25 ルピーでもって（バラモンへの）雌牛の布施を象徴的に行うことができる (2) 偶像 (3) 代替物 (4) 形；形象 (5) 部分；一部 (6) 前面 (7) 顔

प्रतीक कथा [名*] 寓話

प्रतीकवाद [名]〔文芸・芸〕象徴主義；シンボリズム ⟨symbolism⟩

प्रतीकवादी [形] 象徴主義の；象徴主義的な

प्रतीकात्मक [形] (1) 象徴的な (2) 寓喩的な

प्रतीकार [名] 報復；復讐

प्रतीकोपासना [名*] 象徴崇拝；シンボル礼拝（卍，蓮などのシンボルを崇拝すること） भारत में प्रतीकोपासना अत्यंत प्राचीन काल से पूजा पद्धति रही है インドでは非常に古い時代からシンボル崇拝が礼拝の様式となってきている

प्रतीक्षक [形] 待つ；待機する

प्रतीक्षण [名] 待つこと；待機= प्रतीक्षा.

प्रतीक्षा [名*] (1) 待つこと；待機 (2) 期待

प्रतीक्षालय [名] 待合室；待合所= वेटिंग रूम.

प्रतीक्षित [形] (1) 待たれている (2) 期待された इसी के लिए तो वह प्रतीक्षित था このためにこそ待たれていたのだあの人は

प्रतीची [名*] 西；西方 = पश्चिमी दिशा.

प्रतीचीन [形] (1) これからの；先の；この先の (2) 顔を背けた；そっぽを向いた (3) 西の；西方の

प्रतीचीश [名] (1)〔ヒ〕西方の守護神ヴァルナ神= वरुण. (2) 海

प्रतीच्य [形] 西の；西方の

प्रतीत [形] (1) 思えた；感じられた= जान पड़ा. (2) 判明した；判った；知れた= ज्ञात; विदित. **प्रतीत हो॰** 思える；感じられる पीले-पीले पके हुए अंगूर बहुत मीठे और रस भरे प्रतीत होते थे 濃い黄色に熟したブドウはとても甘く汁気が多いように思えた

प्रतीति [名*] (1) 感じ；感じること；思えること (2) 判明すること；知ること；情報；知識 (3) 確信；信念

प्रतीप[1] [形] (1) 反対の；逆の；逆向きの；ひっくり返った (2) 反する；対立する (3) 不快な；いやな (4) 妨げる；妨害する (5) 強情な (6) 横柄な；生意気な

प्रतीप[2] [名]〔修辞〕対照による比喩表現の一で対比の対象が対比されるものに劣っていることを述べる修辞法

प

प्रतीयमान [形] (1) 感じられる；知覚されている (2) 意識に上る (3) 外見上の；外見的な
प्रतीयमानतः [副] 外見上；表面的に
प्रतीर [名] 岸；岸辺 = किनारा; तट.
प्रतोद [名] 家畜を逐うための棒や鞭などの道具
प्रतोली [名*] (1) 大通り；公道；本道= राजपथ. (2) 路地= गली; कूचा.
प्रत्न [形] (1) 古代の；いにしえの= पुराना; प्राचीन. (2) 伝統的な = परंपरागत.
प्रत्नजीव विज्ञान [名] 古生物学 = जीवाश्मविज्ञान. 〈palaeontology〉
प्रत्यंग [名] (1) 身体の端々= अंग; गौण अंग. (2) 小さな部分= खंड.
प्रत्यंचा [名*] ゆづる（弓弦） हर समय अम्माँ और बड़ी भाभी में एक प्रत्यंचा-सी खिंची रहती थी 母と兄嫁との間には常に弓弦が引かれたように緊張がみなぎっていた
प्रत्यक्ष[1] [形] (1) 目に見える；眼前にある प्रत्यक्ष पृथ्वी के भीतर कोई परोक्ष सत्ता है 眼前の大地の内側に何か目に見えぬ存在がある प्रत्यक्ष जीवन 目に見える生活 ईश्वर प्रत्यक्ष तो है नहीं, फिर एक अप्रत्यक्ष के लिए मनुष्य साधना में क्यों प्रवृत्त होता है? 神は目に見えるわけではないのに人はなぜ目に見えぬものに向かって努力するのだろうか (2) 鮮明な；明白な वह भविष्यवाणी आज प्रत्यक्ष है 予言が今日はその通りになった (3) 直接の पक्षियों से हमें प्रत्यक्ष लाभ है 鳥から直接の利益が得られる प्रत्यक्ष चुनाव 直接選挙 प्रत्यक्ष शासन 直接統治 प्रत्यक्ष प्रतिनिधित्व 直接代議制 **प्रत्यक्ष रूप से** 直接；直接に वे राज्य गुप्त शासन के प्रत्यक्ष रूप से अधीन न थे それらの王国はグプタ朝に直接従属していたのではなかった
प्रत्यक्ष[2] [副] 目の当たりに；眼前に；直接に= आँखों के सामने.
प्रत्यक्ष[3] [名]（感覚器官による）知覚；認識
प्रत्यक्ष कर [名] 直接税
प्रत्यक्षज्ञान [名] 直接知覚
प्रत्यक्षता [名*] ←प्रत्यक्ष.
प्रत्यक्षदर्शन [名] 目撃；目で見ること
प्रत्यक्षदर्शी [形・名] 目撃した；目撃者
प्रत्यक्षवाद [名]〔哲〕経験主義；経験論 〈empericism〉
प्रत्यक्षवादी[1] [形]〔哲〕経験主義的；経験論的
प्रत्यक्षवादी[2] [名]〔哲〕経験主義者；経験論者
प्रत्यक्षीकरण याचिका [名*]〔法〕人身保護令状 प्रत्यक्षीकरण याचिका अदालत में लंबित है 人身保護令状が裁判所で検討されている
प्रत्यग्र [形] (1) 最近の；新しい (2) 清められた；清らかな
प्रत्यनंतर [形] 後に続く；引き続く；継承する；後続の；後継の
प्रत्यनीक[1] [形] (1) 反対する (2) 敵対する；反抗する (3) 抵抗する；妨げる；妨害する
प्रत्यनीक[2] [名] (1) 反対者 (2) 敵 (3) 妨げ；妨害 (4)〔イ文芸〕敵に対する報復を直接なしえない状況で敵に関係のある者に対して非難攻撃を加えること
प्रत्यनुमान [名]〔論〕反対のための推論
प्रत्यभिज्ञा [名*] 記憶による認識 = प्रत्यभिज्ञान.
प्रत्यभिदेश [名] 相互参照；クロスレファレンス
प्रत्यय [名] (1) 概念；観念 (2) 信頼；信用；信任 (3) 信念；確信 (4)〔言〕接辞 〈affix〉
प्रत्ययपत्र [名]〔政〕信任状 〈letter of credence〉 प्रत्ययपत्र प्रस्तुत क॰ 信任状を提出する
प्रत्ययवाद [名]〔哲〕観念論；唯心物 〈idealism〉
प्रत्ययवादी [形・名] 観念論の；観念論者；唯心論の；唯心論者
प्रत्ययांत [形]〔言〕接辞のついた
प्रत्यर्थी [名] (1) 被告 (2) 対立者 (3) 敵
प्रत्यर्पण [名] (1) 返却；返済 (2)〔法〕本国送還；外国人犯罪者の引き渡し
प्रत्यवरोधन [名] 妨害；妨げ = बाधा; अड़चन.
प्रत्यवरोहण [名] 降下；下降
प्रत्यवलोकन [名] 振り向いて見ること
प्रत्यवस्थान [名] (1) 排除 (2) 反対；反駁
प्रत्यवहार [名] (1) 撤退 (2) 破滅 (3) 殺害；殺戮
प्रत्यवाय [名] (1) 減少 (2) 障害 (3) 悪事；罪悪
प्रत्यस्थ [形] 伸縮性のある
प्रत्यस्थता [名*] 伸縮性

प्रत्याक्रमण [名] 逆襲 ब्रह्मगुप्त ने आर्यभट्ट के ही शब्दों को लेकर प्रत्याक्रमण किया ブラフマグプタがアーリヤバッタの用いたその言葉を用いて逆襲した
प्रत्याख्यात [形] (1) 拒否された；拒絶された (2) 禁じられた (3) 抗議された
प्रत्याख्यान [名] (1) 拒否；拒絶 (2) 禁止 (3) 抗議
प्रत्यागत [形] 戻った；返った= लौट आया हुआ; वापस आया हुआ.
प्रत्यागमन [名] 戻ること；返ること；復帰；帰還
प्रत्याघात [名] (1) 逆襲；反撃 (2) 報復；仕返し
प्रत्यादेश [名] (1) 指図；指令 (2) 拒否；拒絶 (3) 否認
प्रत्याधान [名] 保管場所；蔵；倉庫
प्रत्यापत्ति [名*] 復帰；再来
प्रत्यापन्न [形] 戻った；帰った；返った
प्रत्याभूति [名*] 保証
प्रत्याय [名] 租税；税金 = राजस्व; कर.
प्रत्यारम्भ [名] 再開 = पुनरारम्भ.
प्रत्यारोप [名] 反論
प्रत्यारोपण [名] (1) 植え替え；移植 धान का प्रत्यारोपण 田植え (2) 臓器移植 हृदय का प्रत्यारोपण 心臓移植
प्रत्यारोपित [形] (1) 移植された；植え移された (2)（臓器が）移植された प्रत्यारोपित अंग 移植された臓器 अंग प्रत्यारोपित करवाना 臓器を移植してもらう；臓器移植手術を受ける
प्रत्यावर्तन [名] (1) 帰還 (2) 復元
प्रत्यावर्त्तित [形] (1) 元へ戻った；元の位置へ返った प्रत्यावर्तित हो॰ 戻る；反射する (2) 復元した
प्रत्यावासन [名] 帰還
प्रत्याशा [名*] (1) 期待；待ち構えること (2) 予想；予期
प्रत्याशित [形] (1) 期待された；待たれた प्रत्याशित भाव से 待ち構えたように (2) 予想された；予期された
प्रत्याशी[1] [形] (1) 志望する；希望する；応募する (2) 立候補する
प्रत्याशी[2] [名] (1) 志願者；応募者；希望者 (2) 立候補者= उम्मीदवार. जनता मोर्चे में सब से अधिक प्रत्याशी किसान व गोपालक 人民戦線からの最大の立候補者は農民と酪農家
प्रत्याश्रय [名] 避難所 = पनाहगाह.
प्रत्यासन्न [形] 接近した；近づいた= पास आया हुआ; निकट आया हुआ.
प्रत्याहत [形] (1) 取り除かれた (2) 不承認の
प्रत्याहरण [名] (1) 取り戻す事；取り戻し (2) 取り除くこと；除去
प्रत्याहार [名] (1) 撤退；退却 (2) 保留 (3)〔ヨガ〕感官をその対象から引き離すこと；制感；感覚器官の制御= इंद्रियनिग्रह.
प्रत्युक्त [形] 答えられた；返答された
प्रत्युक्ति [名*] 返答；回答
प्रत्युत [接] だが；しかし；逆に；反対に；(—) どころか
प्रत्युत्तर [名] (1) 応答 उसके संदेश का हमीर ने क्या प्रत्युत्तर दिया? 彼の伝言にハミールが何と応答したのか (2)〔法〕第二答弁書
प्रत्युत्पन्न [形] (1) 再びできた (2) 即座の
प्रत्युत्पन्नमति[1] [形] 当意即妙の；軽妙な
प्रत्युत्पन्नमति[2] [名*] 当意即妙さ；軽妙さ वे प्रसाद जी की प्रतिभा और प्रत्युत्पन्नमति के बहुत कायल थे プラサード氏の才知と当意即妙さにほれこんでいらっしゃった
प्रत्युपकार [名] 返報；報恩
प्रत्यूष [名] 暁；早暁；曙= प्रातःकाल; प्रभात.
प्रत्येक [形] 各々の；各の；あらゆる；いずれの प्रत्येक बारहवें वर्ष 12年ごとに प्रत्येक दूसरे दिन 1日置きに प्रत्येक दूसरे दिन उसके कपड़े बदल दें 1日置きにその人を着替えさせるようにしなさい प्रत्येक आदमी 各人 = हर एक आदमी. प्रत्येक अंग 体の節々や各部位
प्रत्येक बुद्ध [名]〔仏〕縁覚；独覚
प्रथम[1] [形] (1) 最初の；第1の；1番目の (2) 最高の；最上の；1番の= पहला. प्रथम पुण्यतिथि 一周忌の命日 प्रथम प्यार 初恋 प्रथम प्रसव 初産
प्रथम[2] [名] 一世；最初の即位者 चंद्रगुप्त प्रथम チャンドラグプタ一世
प्रथम[3] [副] 初めに；最初に
प्रथम आमाशय [名]〔動〕（反芻動物の）第一胃；反芻胃 〈rumen〉
प्रथमकारक [名]〔言〕主格= प्रथमा विभक्ति. 〈nominative case〉
प्रथम तंतु [名]〔生〕原糸体；糸状体 〈protonema〉

प्रथमतः [副] 第一に；まずはじめに
प्रथमता [名*] (1) 一番であること (2) 優先；優先権= प्राथमिकता.
प्रथम दृष्ट्या साक्ष्य [名]〔法〕一応の証拠〈prima facie evidence〉
प्रथम पुरुष [名]〔言〕一人称 प्रथम पुरुष एक वचन 一人称単数
प्रथम महाकल्प [名]〔地〕始原期〈Primary Era〉
प्रथम सूचना रिपोर्ट [名*] 第一報〈first information report〉 इन लोगों के खिलाफ़ प्रथम सूचना रिपोर्ट दर्ज की गई थी その人たちに対する第一報報告が記録された
प्रथमाक्रमण [名] 侵略；侵略行為
प्रथमार्द्ध [名] 前半= पूर्वार्द्ध.
प्रथमा विभक्ति [名*]〔言〕主格〈nominative case〉
प्रथमाश्रम [名]〔ヒ〕第一住期，すなわち，ブラフマチャリヤ・アーシュラマ（四住期の第 1）；梵行期；学生期= ब्रह्मचर्याश्रम.
प्रथमोपचार [名] 応急手当；救急医療〈first aid〉
प्रथा [名*] (1) 慣習；風習；慣例 (2) 制度；制 (3) 決まり；規則 जमींदारी प्रथा ザミーンダーリー制 भाई-भतीजावाद जैसी प्रथाएँ 縁故主義のような風習
प्रथागत [形] 慣習的な；慣例的な
प्रथागत विधि [名*]〔法〕慣習法 = रूढ़िगत विधि.
प्रथित [形] (1) 広がった (2) 宣言された (3) 示された；明らかにされた (4) 有名な
-प्रद [造語]（ーを）与える，（ーを）付与する，（ーを）作り出す，などの意を有する合成語の構成要素 सुखप्रद 心地よい= सुखद. आनंदप्रद 楽しい
प्रदक्षिणा [名*]〔ヒ・仏〕神像などの周囲を体の右側をそれに向けながら回ること；いにょう（囲繞）；うにょう（右繞） प्रदक्षिणा क。 右繞する अग्नि की प्रदक्षिणा アグニ神の右繞
प्रदक्षिणा पथ [名] 寺院の中の右繞をするための通路
प्रदत्त [形] 与えられた；付与された लाभ जो कानून द्वारा प्रदत्त हैं 法律によって付与されている利益 ईश्वरप्रदत्त 天与の
प्रदर [名]〔医〕こしけ；白帯下= श्वेत प्रदर; ल्युकेरिया.
प्रदर्शक [形] (1) 見せる；示す；教える (2) 展示する；表示する；表明する (3) 案内する
प्रदर्शन [名] (1) 示すこと；表示；展示；ショー；デモンストレーション；陳列；ディスプレー；展覧 प्रदर्शन मंजूषा ショーケース；陳列ケース= शो-केस. प्रेम-प्रदर्शन 求愛行動 मोर का प्रेमप्रदर्शन クジャクの求愛行動 सुना है कि लोगों ने हर तरह की गर्मजोशी का प्रदर्शन किया 人々はありとあらゆる熱意を示したという話だ (2) 見せびらかすこと अपनी वेषभूषा का प्रदर्शन बारबार करता है いつも服装を見せびらかす (3) 示威；示威行動；デモ (-के विरुद्ध) प्रदर्शन क。 （ーに対して）デモをする (4) プレー；競技；演技 जूडो का प्रदर्शन （模範試合として）柔道の演技；柔道の模範演技 (5) 上映；ショー फ़िल्म प्रदर्शन 映画上映
प्रदर्शनकारी [形・名] (1) 示威行為をする；デモをする (2) 示威行動者；示威行進者；デモ参加者
प्रदर्शनप्रियता [名*] 見栄っ張りなこと；自己顕示欲の強いこと
प्रदर्शनी [名*] (1) 展覧会；展示会；ショー；共進会 चित्रों की प्रदर्शनी 絵の展覧会 (2) フェアー；博覧会 कृषि-प्रदर्शनी 農業博覧会 व्यापार प्रदर्शनी 貿易博覧会
प्रदर्शित [形] 見せられた；示された；展示された；陳列された **प्रदर्शित क。** *a*. 展示する；陳列する इसे गलत ढंग से प्रदर्शित मत कीजिए これを間違った方法で展示しないで下さい *b*. 見せる；誇示する；見せびらかす वक्षस्थल के सौंदर्य को प्रदर्शित करने के लिए 胸の美しさを見せびらかすために
प्रदाता [形・名] 与える；授ける；授与する लक्ष्मी सुख, समृद्धि और सद्बुद्धि की प्रदाता है ラクシュミー神は幸せ，繁栄，正しい知恵を授けて下さいます
प्रदान [名] (1) 授けること；与えること；授与 **प्रदान क。** 授ける；与える；授与する हमें पुत्र प्रदान करें 手前どもに息子をお授け下さい 15 भाषाओं को संविधान में मान्यता प्रदान की गई 15 の言語に憲法で承認が与えられた ऊर्जा प्रदान क。 エネルギーを与える उसने तुम्हारे मन को इतनी दृढ़ता प्रदान की あの人が君の心をこれほど強くしてくれた भगवान बुद्ध के अलावा अन्य कोई उसको सांत्वना प्रदान नहीं कर सकता 仏陀以外だれ 1 人としてあの人に慰めを与えることのできる者はいない (2) 授けもの；与える物；与えられる物
प्रदाय [名] 授与された物；与えられた物；施与された物；贈り物
प्रदायक [形・名] 授ける；与える；授与する
प्रदायी [形・名] = प्रदायक.
प्रदाह [名] (1) 熱 आग की गर्मी गहराई तक प्रवेश करके दीर्घकालीन प्रदाह उत्पन्न करती है 火の発する熱は深く入りこんで長持ちする暖かさを作り出す (2) 発熱 (3) 破滅
प्रदिक् [名*] = प्रदिशा.
प्रदिशा [名*] 東西南北の 2 つの方位の中間の方位= विदिशा.
प्रदिष्ट [形] (1) 示された= प्रदर्शित. (2) 述べられた= निर्देशित. (3) 定められた= नियत.
प्रदीप [名] (1) 明かり；ともしび；灯火；ランプ= दीपक; चिराग. (2) 光= रोशनी; प्रकाश.
प्रदीपक [形・名] (1) 明るくする（もの）；照らす（もの）；輝かすもの (2) 明らかにするもの (3) 発光体；発光物
प्रदीपन [名] 明るくすること；照明；輝かせること；イルミネーション
प्रदीपिका [名*] 小さいランプ → प्रदीप.
प्रदीपी [形] 光を発する；発光する प्रदीपी अंग 発光器官 प्रदीपी कीट 発光虫
प्रदीप्त [形] (1) 明るくされた；輝かされた；照らされた (2) はっきりとした；明らかな प्रदीप्त रूप में 明確な形で इतिहास के किसी और पृष्ठ में भी इतने प्रदीप्त रूप में नहीं लिखा गया 他の如何なる歴史書にもこれほど明確には書かれていない प्रदीप्त चार्ट 照明の当てられたチャート（検眼表）
प्रदीप्ति [名*] (1) 光 (2) 輝き (3) 照明；イルミネーション (4) 照度
प्रदीप्तिमापी [名] (1) 照度計；光度計〈illumination meter〉 (2)〔写〕露出計〈photometer〉
प्रदीप्ति लैम्प [名] 蛍光灯= ट्यूब लाइट.
प्रदुष्ट [形] (1) たちの悪い；性悪の；悪らつな (2) 堕落した；腐敗した
प्रदूषक [形] (1) 滅ぼす (2) 汚す；けがす
प्रदूषण [名] (1) 汚染〈pollution〉 जल का प्रदूषण 水質汚染；水の汚染= जल-प्रदूषण. पर्यावरण प्रदूषण 環境汚染 (2) 滅ぼすこと；駄目にすること
प्रदूषित [形] (1) 汚された；汚染された प्रदूषित जल 汚染された水 पर्यावरण को प्रदूषित होने से बचाया जा सके 環境を汚染から守れるように (2) 駄目になった；滅ぼされた
प्रदेय[1] [形] 与えられるべき；与えるのにふさわしい；贈与に適した
प्रदेय[2] [名] 贈り物 = भेंट; नजर.
प्रदेश [名] (1) 地域；地帯；地方 हिंदुओं का एक क़ाफ़िला अपने धर्म की रक्षा के लिए पश्चिमोत्तर के पर्वत प्रदेश से भागा चला आ रहा था ヒンドゥー教徒の一団が自分たちの宗教を守るために北西部の山岳地帯から急いでやって来るところだった रमणीय हिमालय प्रदेश 美しいヒマーラヤ地方 (2) 州（インド連邦の）= प्रांत. मध्य प्रदेश マッディヤ・プラデーシュ（中央州） प्रदेश भाजपा की बैठक में यह फ़ैसला किया गया インドジャナター党の州での会合で次の通り決定された मेरे राज्य में ऐसे सुंदर प्रदेश भी मौजूद हैं 私たちの州にはこのように美しい地域もあります
प्रदेशन [名] (1) 目上の人に対する贈り物 (2) 忠告 (3) 示すこと
प्रदेशित [形] (1) 示された (2) 述べられた (3) 規定の
प्रदेशीय [形] 地域の；地帯の；地方の
प्रदेह [名]〔薬〕吹き出物につける塗り薬
प्रदोष [名] (1) 夕方；たそがれ（時）；日暮れ= संध्याकाल. प्रदोष में त्रिदेवपूजन たそがれ時に三柱の神の礼拝 (2) 陰暦の各半月の第 13 日目に行われるヴラタ（断食行），夕刻にシヴァ神を拝み食事をとる (3) 大きな欠陥 (4) 堕落；頽廃；腐敗；汚職
प्रद्युम्न [名]〔イ神〕プラディユムナ（カーマ神=カーマデーヴァ神，愛の神の異称）
प्रद्योत [名] (1) 光線；光= किरण; रश्मि. (2) 輝き= चमक.
प्रद्योतन[1] [名] (1) 太陽 (2) 輝き；光輝
प्रद्योतन[2] [形] 輝く；光り輝く；光りを放つ
प्रधर्ष [名] (1) 攻撃 (2) 婦女暴行 (3) 侮辱
प्रधर्षक [形] (1) 攻撃する (2) 婦女暴行をする
प्रधर्षित [形] (1) 攻撃された (2) 暴行された；暴行を受けた (3) 侮辱された

प

प्रधान[1] [形] (1) 主要な；中心の；主な；指導的な地位や立場にある प्रधान अक्ष 主軸 प्रधान उद्योग 第一次産業 (2) 基本的な；基幹を成す；中心を成す कृषिप्रधान 農業中心の जो विकसित देश कृषिप्रधान हैं 農業中心の先進国 (3) 最高の；最高位にある

प्रधान[2] [名] (1) 長，会長，総裁（など中心的，指導的な地位にある人の肩書） (2) 農村パンチャーヤットの長，プラダーン ज़िले की सभी पंचायत समितियों के प्रधान ज़िला परिषद् के सदस्य होते हैं 県のパンチャーヤット委員会の長は全員が県議会のメンバーである

प्रधान कार्यालय [名] 本部；本店；本社

प्रधानतः [副] (1) 主に；主として＝ प्रधान रूप से; मुख्यतया. (2) 第一に＝ सर्वप्रथम.

प्रधानतया [副] 主として；主に उन दिनों शिक्षा-संस्थाएँ प्रधानतया दो प्रकार की थीं 当時教育機関は主に 2 種類のものがあった

प्रधानता [名*] ←प्रधान. (1) 主なこと；主要なこと；中心的なこと；重きを成すこと जब प्रकृति में त्याग-वृत्ति की प्रधानता रहती है 献身性に富む気質であれば (2) 多いこと (-को) प्रधानता दे॰ (－を) 重んじる；(－に) 重要性を与える

प्रधान मंत्री [名] (1) 首相（インド連邦政府の）→ मुख्यमंत्री（州首相）. (2) 会長

प्रधानाचार्य [名]（高校などの）校長＝ प्रिंसिपल.

प्रधानाचार्या [名*]（高校などの）女性校長 प्रधानाचार्या लता दीक्षित ラター・ディークシット校長

प्रधानाध्यापक [名]（小・中学校の）校長＝ हेडमास्टर.

प्रधूपित [形] (1) 熱せられた (2) 光る；輝く (3) 苦しんだ；苦痛を受けた

प्रधूमित [形] いぶされた；煙の出ている；くすぶっている；煙っている

प्रध्वंस [名] 絶滅；破滅 ＝ नाश; विनाश.

प्रध्वंसक [形] 滅ぼす；破滅させる

प्रध्वंसित [形] 滅びた；破滅した

प्रनियम [名] 細則 → नियम.

प्रन्यास [名] 基金；信託；トラスト〈trust〉

प्रपंच [名] (1) 広がり；拡張；拡大；増大 (2) 俗世間；浮き世；濁った現世；濁世の罠；現世の面倒なことや厄介なこと (3) ごまかし；いんちき；いかさま；見せかけ；虚妄 संसारिक प्रपंच 俗塵；世間のわずらわしさ **प्रपंच रचना** ごまかす；いんちきをする अपनी ग़लती और लाज छिपाने के लिए प्रपंच रच रहे हैं 己れの誤りと恥を隠すためにごまかしを行っている

प्रपंचबुद्धि [形] ずるい；狡猾な；悪知恵の働く

प्रपंचवचन [名] (1) 内容や真実味のない話 (2) 長々とした話；長たらしい話

प्रपंचित [形] (1) 拡大された；拡張された (2) 誤った；間違った (3) 欺かれた

प्रपंची [形] (1) ごまかす；いんちきをする；いんちきな (2) だまし；欺く (3) 見せかけの；内容のない

प्रपंजी [名*] 元帳

प्रपत्ति [名*] 熱烈な信仰；熱誠；敬虔さ＝ अनन्य भक्ति.

प्रपत्र [名] 用紙；書式用紙 आवेदन प्रपत्र 願書

प्रपथ [名] 公道；街道；往還

प्रपद [名] 足の先；足の先端部；爪先

प्रपन्न [形] 達した；到達した；到った；及んだ

प्रपा [名] (1) ピヤーウー＝ प्याऊ; पौसरा. (2) 井戸＝ कूप. (3) 家畜の水飲み場

प्रपाक [名]〔医〕(1) 化膿 (2) 発熱

प्रपात [名] (1) 滝 विक्टोरिया प्रपात ビクトリア滝（ザンベシ川の） (2) 墜落 (3) 断崖

प्रपाती[1] [名] 断崖

प्रपाती[2] [名*] 小さな滝

प्रपितामह [名] 父方の曾祖父（父の祖父）＝ परदादा.

प्रपितामही [名*] 父方の曾祖母（父の祖母）＝ परदादी.

प्रपितृव्य [名] 父方の曾祖父の兄弟；父の大おじ

प्रपीडक [形] (1) 圧迫する；抑える (2) 絞る；締めつける (3) 激しい苦痛を与える

प्रपीडन [名] (1) 圧迫すること (2) 絞ること；締めつけ（ること） (3) 激しく苦しめること

प्रपुंज [名] 大きな集まり；堆積；集積

प्रपुत्र [名] 孫（息子の息子）；内孫；孫息子＝ पोता.

प्रपुत्री [名*] 孫（息子の娘）；内孫；孫娘＝ पोती.

प्रपूर्ण [形] 満ちた；満ち満ちた；横溢した

प्रपौत्र [名] 息子の息子の息子；曾孫；内孫の子＝ परपोता.

प्रपौत्री [名*] 息子の息子の娘，曾孫＝ परपोती.

प्रफुल्ल [形] (1)（開閉するものが）開いた (2)（花の蕾が）開いた；開花した；（花の）咲いている (3) ほころんだ (4) 上機嫌の；快活な；朗らかな；元気のいい；うきうきした；意気揚々とした बुआ जी के कोई संतान नहीं है, पर वह सदा प्रफुल्ल व प्रसन्नचित्त रहती है おばには子供がないが，いつも朗らかで愉快にしている

प्रफुल्लचित्त [形] 明朗な；快活な；機嫌のよい स्वच्छ, सादा व पोषक तत्त्वों वाला भोजन खाने से गर्भवती स्वयं सवस्थ, प्रफुल्लित रहती है 清潔で簡素なそして栄養のある食事をとっていると妊婦自身が元気で気分がよい

प्रफुल्लता [名*] ←फफुल्ल. उसके चेहरे पर संतुष्टि एवं प्रफुल्लता थी 満足して上機嫌な表情が見られた

प्रफुल्लनेत्र [形] 目の輝いている；目がきらきらしている

प्रफुल्लमुख [形] ＝ प्रफुल्लवदन.

प्रफुल्लवदन [形] にこやかな

प्रफुल्लित [形] (1) 花の開いた；開花した；花の咲いた (2) 上機嫌の；朗らかな；うきうきした；心のはずんだ इस वापसी पर वह ख़ुद को हलका और प्रफुल्लित महसूस कर रही थी 軽やかでうきうきした感じがしていた मन प्रफुल्लित और मस्तिष्क हलका लगे 心はうきうき頭はすっきりした感じがするように

प्रफुल्लितचित्त [形] ＝ प्रफुल्लचित्त. चिंताशील मनुष्य प्रफुल्लचित्त का साथ ढूँढता है 心配性の人は明朗な仲間を求めるものだ

प्रबंध [名] (1) 運営；管理；経営 अपनी शिक्षा, अपने स्वास्थ्य की रक्षा तथा यातायात इत्यादि का प्रबंध स्वयं करना चाहिए（自治体は）教育，保健，交通などの運営を自らしなくてはならない छात्र स्वयं अपने छात्रावासों का प्रबंध करते थे 学生自身が学生寮の管理をしていた ज़िलाधीश अपने सहायक अधिकारियों से नगर का प्रबंध करवाता है 県長官は部下の協力を得て都市の管理を行う प्रबंधशक्ति 管理能力 (2) 準備；手配；手はず；用意；段取り；処理；切り盛り जाने से पहले घर का सारा प्रबंध करके जाती 出掛ける前に家の段取りをすっかり済ませる सफ़ाई का प्रबंध 清掃の手配 मैं तो तुम्हारे प्रबंध कौशल की बराबर दाद देता हूँ 僕は君の（家庭の，家計の）切り盛りにはいつも感服しているよ (3) 論文；学術論文 प्रबंध पढ़नेवाले विद्वान ペーパー（論文）を読む（発表する）学者

प्रबंधक [形・名] 運営，管理，経営などを行う（人）；経営者；社長；会長；使用者；支配人；幹事；マネージャー

प्रबंधकारिणी [形*]←प्रबंधकारी. प्रबंधकारिणी सभा 理事会 हिंदू कालेज की प्रबंधकारिणी सभा ヒンドゥーカレッジの理事会

प्रबंधकारी [形] (1) 運営する；管理する；経営する (2) 準備する；処理する

प्रबंध काव्य [名]〔イ文芸〕概ね 8 章以下で韻文の物語から成るカーヴィヤ；小カーヴィヤ（物語風の長篇の詩で内容は人生の理想を叙するものであるが，社会の現実を踏まえた上に話の展開に脈絡があり自然な描写をするところに特徴がある．これは महाकाव्य と खंड काव्य とに分けられる．前者が人の全生涯の事跡について述べるのに対し後者は人生の一断面を語るものとされる）＝ सर्गबंध काव्य; सर्गबंध. → काव्य.

प्रबंधन [名] 経営者；経営陣 'संडे मेल' का प्रबंधन サンデー・メール紙の経営者

प्रबंध परिषद् [名*] 理事会；管理運営機関

प्रबंध व्यय [名] 運営費

प्रबंध संपादक [名] 編集長；編集局長

प्रबंधसमिति [名*] 理事会 कालेज की प्रबंधसमिति के सदस्य カレッジの理事

प्रबंधी [形] ＝ प्रबंधक.

प्रबंधी संचालक [名] 専務取締役

प्रबल [形] (1) 強い；強力な शत्रु बहुत प्रबल हो रहा है 敵は非常に強力になりつつある प्रबल समीर 強風 हाथियों में साथीपन की भावना बहुत प्रबल होती है 象は仲間意識が強い हिंदू मुसलिम एकता का प्रबल समर्थक ヒンドゥーとムスリムの団結の強力な支持者 (2) 激しい；強烈な；強い प्रबल आध्यात्मिक भूख 激しい精神的な飢え अच्छा लिखने की मेरी प्रबल इच्छा थी, पर अब वह धरी रह गई うまく書

きたいという強い願いがあったのだがもうそのままになってしまった अन्याय का प्रबल विरोधी 不正に激しく反対する（人） (3) 堅い；堅固な प्रबल संकल्प 堅い決意 लोगों में यह प्रबल विश्वास है कि गोगा जी के हुक्म के बिना साँप किसी को भी नहीं काटता ゴーガージーの命令がなければ蛇はだれにも噛みつかないものだと堅く信じられている (4) 高まっている；(程度の) 高い नैतिक बल का प्रबल सिपाही 志操堅固な兵士

प्रबलता [名*] ←प्रबल.

प्रबलन [名] 強くすること；強めること；強化

प्रबला [形*] ←प्रबल.

प्रबाधित [形] 苦しめられた；悩まされた

प्रबाल [名] = प्रवाल.

प्रबाहु [名] 手首 = पहुँचा.

प्रबुद्ध [形] (1) 目の覚めた；眠りから覚めた (2) 目覚めた；覚った；覚醒した बौद्ध धर्म का अंतिम उद्देश्य प्रत्येक प्राणी को प्रबुद्ध बनाना है 仏教の究極の目的は万人を目覚めさせることだ (3) 進歩的な；先進的な；開けた वकील जैसा प्रबुद्ध एवं शिक्षित वर्ग 弁護士のような進歩的で教育のある階層

प्रबुद्धता [名*] ←प्रबुद्ध. विषम परिस्थितियों और साम्प्रदायिक समस्याओं के बीच संविधान सभा के काम को पूरा कराने की प्रबुद्धता 困難な状況とコミュナリズムの問題の中で制憲会議の仕事を完成させる進歩性

प्रबोध [名] (1) 目を覚ますこと；覚醒 (2) 深い知識 (3) 開けていること；開化；進歩的なこと (4) 激励

प्रबोधक [形・名] (1) 目覚めさせる；覚醒させる (2) 知識を与える；啓発する (3) 激励する

प्रबोधन [名] (1) 目覚めさせること (2) 教えること；悟らせること；教化 (3) 激励

प्रबोधना [他] (1) 目覚めさせる (2) 教える；悟らせる；理解させる (3) 激励する

प्रबोधित [形] (1) 目覚めた (2) 知識を得た；理解した (3) 激励された

प्रबोधिनी [形*] ←प्रबोधी.

प्रबोधी [形] (1) 目覚めさせる (2) 教える；教化する

प्रभंग [名] (1) 破壊すること；壊すこと (2) 敗北；完敗

प्रभंजन [名] (1) 粉々に砕くこと (2) 暴風；嵐；大嵐；ハリケーン प्रभंजन, मेघ, दामिनी ने न क्या तोड़ा, न क्या फोड़ा 嵐，雲，雷の破り砕かなかったものがあろうか

प्रभव [名] (1) 発生 (2) 誕生 (3) 創造 (4) 起源

प्रभविता [名] 支配者；統治者

प्रभविष्णु [形] (1) 有力な；支配的な；卓越した (2) 強力な；強大な

प्रभा [名*] 光；光輝；輝き

प्रभाकर [名] (1) 太陽；日輪= सूर्य. (2) 月；太陰

प्रभात [名] 夜明け（前)；明け方；曙

प्रभातफेरी [名*]〔ヒ〕プラバートペーリー（宣教活動などのために早暁，街の中を隊列を作って練り歩くことやそのための行進） प्रभातफेरी का जुलूस プラバートペーリーの行列

प्रभातवेला [名*] 夜明け；明け方；早暁

प्रभाती [名*] (1)〔ヒ〕夜明けに歌われる祈りの歌 माँ और दादी प्रभाती गाती जिसे वे बड़े चाव से सुनते थे 母と祖母とがお祈りの朝の歌を歌うのをいつも熱心に聴いていたものだった (2) 歯を磨く楊枝= दातुन.

प्रभापूर्य [形] (1) 光り輝く；光りに満ち満ちた；まぶしく輝く (2) 輝かせる；光らせる

प्रभामंडल [名] 後光；光輪；背光

प्रभारी [名] 責任者；担当（責任）者；担任；分校校長；分所所長 'आश्रय गृह' का प्रभारी アーシュラヤ・グリハの所長

प्रभाव [名] (1) 影響 आकाशीय पिंड का पृथ्वी पर प्रभाव 天体の地球への影響 चेहरे के सौंदर्य पर खुराक का प्रभाव 顔の美容への食物の影響 (2) 効果 मशीन बल के प्रभाव को बढ़ा सकती है 機械は力の効果を増すことができる (3) 結果 यह तो उनके पूर्वजन्म का प्रभाव था これはあの方の前世のもたらしたものだった (4) 印象；感銘

प्रभावक [形] 影響力のある；影響を与える

प्रभावकर [形] = प्रभावकारी.

प्रभावकारी [形] (1) 有力な；力のある；影響力のある (2) 有効な；効果的な इनस्युलिन इंजेक्शन लेने से अधिक प्रभावकारी रहती है インシュリンの注射を受けると一層効果的だ (3) 印象的な उन्होंने उर्दू को नई प्रभावकारी शैली प्रदान की あの方がウルドゥー語に新しい印象的な文体をもたらした

प्रभावक्षेत्र [名] 勢力範囲

प्रभावपूर्ण [形] 効果の大きい；効果的な **प्रभावपूर्ण ढंग से** 有効に；効果的に यदि इस क्षेत्र को प्रभावपूर्ण ढंग से बचाना है この地域を効果的に守らなくてはならぬのであれば

प्रभावशाली [形] (1) 有力な；強力な；迫力のある；幅のきく बौद्ध धर्म चीन और मध्य एशिया में बहुत प्रभावशाली हो गया था 仏教は中国と中央アジアで非常に有力になっていたのであった प्रभावशाली नेता 影響力のある指導者 (2) 有効な；効果的な प्रभावशाली उपचार 効果的な治療 (3) 印象的な；目立つ

प्रभावहीन [形] (1) 力のない；無力な；迫力のない एकदम प्रभावहीन कहानी 全く迫力のない小説 (2) 効力のない；効果のない (3) 目立たない

प्रभावहीनता [名*] ←प्रभावहीन. पुलिस की प्रभावहीनता के कारण 警察の無力さのために

प्रभावित [形] (1) 影響を蒙った；影響を受けた इससे छोटे बड़े सभी उद्योग और व्यापारीगण प्रभावित हुए हैं これによって大小すべての産業と商人たちが影響を受けた (2) 印象を受けた；印象を与えられた；感銘を与えられた；感激した **प्रभावित क°** *a.* 影響を与える；影響を及ぼす गर्भावस्था और प्रसव आदि बातें डायबिटीज़ के रोगी को प्रभावित करती हैं 妊娠や出産などは糖尿病の患者に影響を与える *b.* 印象づける；感銘を与える；感激させる हलकी और विनोदपूर्ण बातों से अन्य उपस्थित लोगों को आकर्षित और प्रभावित करें 軽く愉快な言葉で他の出席者たちを魅了し感銘を与えるようにすること

प्रभाविता [名*] ←प्रभावी.

प्रभावी [形] (1) 有効な；効果的な प्रशासन को प्रभावी रूप देने के लिए यह व्यवस्था आवश्यक है 行政を効果あらしめるにはこうすることが不可欠だ बवासीर का प्रभावी इलाज 痔の効果的な治療 कानून तब तक प्रभावी नहीं हो सकते हैं जब तक समाज का जनमत उनका हृदय से समर्थन न करे 民意が心から賛同しない限り法律は効果のあるものとはなりえない प्रभावी बल 効力 (2) 支配的な；有力な **प्रभावी जाति** 支配カースト；ドミナント・カースト

प्रभावोत्पादक [形] (1) 効果的な= प्रभावशील. (2) 印象的な

प्रभाषण [名] 説明；解説

प्रभास[1] [形] (1) 光に満ちた (2) 照り輝く；光り輝く

प्रभास[2] [名] (1) 光；光明 (2) 輝き；光輝

प्रभासन [名] 輝かすこと；照らすこと

प्रभासना[1] [自] (1) 光る；輝く (2) おぼろげに見える

प्रभासना[2] [他] 光らせる；輝かせる

प्रभीत [形] 震えあがった；恐れおののいた

प्रभु[1] [形] 力の強い；強力な

प्रभु[2] [名] (1) 主；主人；主；頭；統率者 (2) 神 नहीं, नहीं, प्रभु को उपालम्भ क्यों दूँ? いやいや神様を咎めるまい (3)〔キ〕主（キリスト教の神，エホバ，または，その子イエス） रास्ते भर प्रभु से प्रार्थना करता रहा 途中ずっと主に祈りを捧げていた (4) 支配者；主 (5) 目上の人に対する呼びかけの言葉

प्रभुता [名*] ←प्रभु. (1) 主や主人であること，その地位や身分 (2) 神性 (3) 支配（権)；統治（権)；優越（性） प्रभुता के अधिकार 王権 (4) 主権 देश की प्रभुता एवं अखंडता 国家の主権と統一

प्रभुत्व [名] = प्रभुता. गोरों का प्रभुत्व 白人支配 समाज पर पुरुषों का प्रभुत्व रहा है 社会を男性が支配してきた शिक्षा और सम्पत्ति का प्रभुत्व हमेशा रहा है और हमेशा रहेगा 常に教育と財産との支配が続いてきたしこれからも続くだろう भारतीय अर्थव्यवस्था पर विदेशी निगमों के प्रभुत्व का अंदाज़ 外国企業のインド経済支配の様子

प्रभुसत्ता [名*]〔政〕主権；統治権〈sovereignty〉

प्रभुसत्ता संपन्न [形] 主権を持った；統治権を備えた देश की प्रभुसत्ता संपन्न शक्ति के द्वारा कानूनों का निर्माण होता है 国家の主権を持った勢力によって法律が作られる

प्रभूत [形] (1) 多くの；沢山の；大量の (2) 満ちた；満ち満ちた；豊富な (3) 生じた；発生した

प्रभूति [名*] (1) 多いこと；豊富さ= प्रचुरता. (2) 発生= उत्पत्ति.

प्रभृति [副助] それ以外のものもあることを伝えながら例示する言葉．など，等= इत्यादि; आदि; वगैरह. सिसरो प्रभृति बड़े बड़े

वाग्मी キケロなどの偉大な雄弁家たち यहाँ से श्रीमती सरोजिनी नायडू प्रभृति सुशिक्षित महिलाएँ इंग्लैंड गई हुई हैं 当地からはサロージニー・ナーイドゥー夫人をはじめとする高い教育を受けた女性たちが目下イギリスを訪れている

प्रभेद [名] (1) 区分；小区分 (2) 差；違い；相違 (3) 特質；特徴 (4) 卓越；優秀性

प्रभेदक [形] 分かつ；分ける；区分する；区別する

प्रभेदन [名] 分割（すること）；区分（すること）；区別（すること）

प्रभो [感] 《Skt.प्रभु sg.,voc.》 पार्वती जी ने महादेव जी से पूछा, "प्रभो, मुझे गीता का माहात्म्य सुनने की इच्छा है パールヴァティー神がシヴァ神にたずねた.「主よ，バガヴァッド・ギーターの効験をお聞き致したくございます」→ प्रभु.

प्रभ्रंश [名] 落下；下落；墜落

प्रमंडल [名] プラマンダル（インドの行政単位，州の下，複数の県を合わせたものから成る）；コミッショナリー〈commissionery〉

प्रमत्त [形] (1) 酔いしれた (2) 狂気の；気の狂った；発狂した (3) 驕慢な；驕り高ぶった

प्रमत्तता [名*] ←प्रमत्त.

प्रमथ [形・名] (1) かきまぜる；撹拌する (2) 苦しめる；悩ませる (3)〔イ神〕プラマタ（シヴァ神に仕える眷族の一）

प्रमथन [名] (1) かきまぜること；撹拌 (2) 苦しめること；悩ませること (3) 殺害すること (4) 破滅させること

प्रमथनाथ [名] シヴァ神の異名の一= प्रमथपति; प्रमथाधिप. → प्रमथ.

प्रमथित [形] (1) よくまぜられた；よく撹拌された (2) 苦しめられた；悩まされた

प्रमद[1] [名] 酔い；陶酔；喜び；喜悦= मतवालापन.

प्रमद[2] [形] 酔った；酔いしれた

प्रमदा [名*] (1) 若く美しい女性 (2) 女性 (3) 妻 (4)〔天〕乙女座；処女宮= कन्या राशि.

प्रमर्दन [名] 完全に押しつぶすこと；つぶしてしまうこと

प्रमस्तिष्क [名]〔解〕大脳；脳〈cerebrum〉 प्रमस्तिष्क धमनी 脳動脈〈cerebral artery〉 प्रमस्तिष्क शिरा 脳静脈〈cerebral vein〉

प्रमस्तिष्कीय [形] 大脳の；脳の；脳に関わる〈cerebral〉

प्रमा [名*] (1) 正しい知識；正しい認識 (2) 直観

प्रमाण [名] (1) 証拠= सबूत. (2) 証明 (3) 尺度 (4) 規模

प्रमाणक[1] [形] 証明する；証拠を示す

प्रमाणक[2] [名] (1) 証明書 (2) クーポン券

प्रमाणकर्ता [名] 証明者

प्रमाणतः [副] 証拠により；証拠に基づき

प्रमाणन [名] 証明（すること）

प्रमाणपत्र [名] (1) 証明書= सर्टिफ़िकेट. (2) 鑑定書；折り紙

प्रमाणित [形] (1) 証明された (2) 保証された ये सभी बातें सरकार की ओर से प्रमाणित की गई これらのことは一切政府によって保証されている (3) 信頼できる；確実な；折り紙つきの इस संबंध में किसी प्रमाणित व अनुभवी लेडी डाक्टर से सलाह ली जा सकती है これについてはだれか信頼できる経験豊かな女医に相談するがよい **प्रमाणित प्रति** 正確な複写；謄本= प्रमाणित नकल.

प्रमाणीकरण [名] 証明（すること）= प्रमाणन.

प्रमाणीकृत [形] 証明された

प्रमातामह [名] 母方の曾祖父；母の祖父 = परनाना.

प्रमातामही [名*] 母方の曾祖母；母の祖母 = परनानी.

प्रमात्रा [名*] 量；分量

प्रमाथ [名] (1) 撹拌すること (2) 苦しめること；悩ますこと (3) 破滅させること (4) 殺害すること

प्रमाथी [形] (1) 撹拌する (2) 苦しめる；悩ませる (3) 破滅させる (4) 殺害する

प्रमाद [名] (1) 酔い= मद; नशा. (2) 狂気 (3) 驕慢；傲慢= उन्माद. (4) 不注意による失策；誤り；過ち= भ्रम; भूल; चूक.

प्रमादी [形] (1) 狂気の (2) 驕慢な；傲慢な (3) 不注意な

प्रमाप [名] 道徳；規範；社会秩序

प्रमापक [形] 証明する = प्रमाणित करनेवाला.

प्रमापविहीनता [名*] 社会道徳の頽廃；社会的無秩序

प्रमापी [名] 計器；計量器；ゲージ〈gauge〉

प्रमार्जक [形] (1) 拭う；拭い取る (2) 取り去る；取り除く

प्रमार्जन [名] (1) 払うこと；払い除けること；払拭 (2) 除去

प्रमित [形] (1) 計量された (2) 計測された (3) 限定された (4) 知らされた (5) 決定された (6) 証明された= इससे इस बात को तो हम पूर्ण रूप से प्रमाण प्रमित कर चुके कि.... これによりこのことを完全に証明したわけである…

प्रमिति [名*] (1) 計量；計測 (2) 尺度；寸法 (3) 確かな知識

प्रमीढ [形] (1) 濃い (2) 密な；密度の高い

प्रमीत [形] (1) 死んだ；死亡した= मृत. (2) 破滅した；破壊された= नष्ट.

प्रमीति [名*] (1) 殺害 (2) 死亡 (3) 破滅；破壊

प्रमीलन [名] 閉じること；ふさぐこと；目を閉じること；つぶること

प्रमीला [名*] (1) 倦怠；疲労 (2) 目を閉じること

प्रमीलित [形] 閉じた；閉ざした

प्रमुख [形] (1) 主要な；主な；中心的な；中枢の；本式の；支配的な स्वतंत्रता आंदोलन के प्रमुख नेता 独立運動の主要な指導者 प्रमुख कारण 主要原因 उसमें कौन-सा रंग प्रमुख है? 何色がそれの主要な色か सरकार के प्रमुख कार्य 政府の主な仕事 हिंदी निबंध के प्रमुख रूप ヒンディー語随筆の主な形式 कुंभ का प्रमुख स्नान 14 अप्रैल को है クンバ祭の本沐浴は4月14日 (2) 重要な यह एक प्रमुख ऑपरेशन है, अतः यह किसी निपुण डाक्टर या सम्भव हो तो किसी विशेषज्ञ से ही करवाना चाहिए 重要な手術なので腕のよい医者，できれば，専門医に手術してもらうべきだ अन्य प्रमुख व्यक्तियों की हत्याएँ その他の要人の殺害 (3) 最高の；一等の；主任である；首席の प्रमुख इंजीनियर 首席技官

प्रमुखतः [副] 主として；主に

प्रमुखता [名*] ←प्रमुख. भावुकता अथवा कल्पना की अपेक्षा विचारतत्त्व की प्रमुखता ही उनकी कहानियों की विशेषता है 感受性とか想像力よりも思想性が重きをなしているのが同氏の小説の特徴だ

प्रमुद [形] = प्रमुदित.

प्रमुदता [名*] ←प्रमुद. सभी के प्रति मैत्री, गुणियों के प्रति प्रमुदता, दुखियों के प्रति दया, दुष्टों के प्रति उपेक्षा すべての人に友情を徳ある人に喜びを苦しめる人に情けを悪しき者には侮蔑を

प्रमुदित [形] 喜んだ；喜悦した= हर्षित; आनंदित. प्रमुदित पुरवासी ऊँची ध्वजाएँ फहराते दौड़ रहे हैं 喜び勇んだ市民たちは旗をはためかしながら駆け出した

प्रमूढ़ [形] (1) 困惑した；当惑した；気が動転した (2) 愚かな；愚昧な

प्रमृत [形] (1) 死んだ；死亡した (2) 覆われた；隠された (3) 見えなくなった

प्रमृष्ट [形] (1) こすられた (2) ぬぐわれた (3) 洗われた (4) 清められた (5) 磨かれた (6) 輝いている

प्रमेय[1] [形] (1) 計量されるべき (2) 確かめられるべき (3) 証明されるべき

प्रमेय[2] [名] (1) 原理；原則 (2)〔数〕定理

प्रमेह [名]〔医〕糖尿病 = मधुमेह.

प्रमोद [名] 大喜び；喜悦

प्रमोदन[1] [名] 喜ばせること

प्रमोदन[2] [形] 喜ばせる

प्रमोदवन [名] 遊園地= क्रीडास्थल.

प्रमोदित [形] 喜んでいる；大喜びの

प्रमोदी [形] (1) 喜ばせる (2) 喜んでいる

प्रमोशन [名] 《E. promotion》昇進；昇格 = पदोन्नति; तरक्की.

प्रमोह [名] (1) 茫然とすること；当惑すること；正気を失うこと (2) 愚かしさ

प्रमोहित [形] 茫然とした；当惑した；正気を失った

प्रयत्न [名] (1) 努力；尽力；骨折り；丹精（丹誠） सदस्यों में बचत की आदत डालने का प्रयत्न करती हैं 全員に節約の習慣をつけさせる努力をする भरसक प्रयत्न करना できる限り努力する (2)〔言〕調音様式〈manner of articulation〉

प्रयत्नपूर्वक [副] 努めて；懸命に；丹誠こめて

प्रयत्नलाघव [名]〔言〕約音〈economy of effort〉

प्रयत्नशील [形] (-के लिए) (ーに) 励む；努力する；頑張る (-के लिए) आदिकाल से ही प्रयत्नशील रहा है (ーに) 最初から努力してきている हम सामाजिक और आर्थिक समानता के लिए प्रयत्नशील हैं 我々は社会的，経済的平等に向かって努力している जो अपने

संकीर्ण हितों की प्राप्ति के लिए प्रयत्नशील हैं 自己の狭隘な利益の獲得に努めている人たち
प्रयाग (1)〔地名〕プラヤーグ／プラヤーガ（ガンジス川とヤムナー川との合流点にあるヒンドゥー教徒の聖地，ウッタル・プラデーシュ州．別名イラーハーバード，アラーハーバード） (2)〔ヒ〕プラヤーガ（聖なる川の合流点・供犠の行われる祭場のある聖地）
प्रयागवाल [名]〔ヒ〕プラヤーグワール（プラヤーガで聖地巡礼者の案内，世話，儀式などを行うブラーフマンの一集団名）；パンダー＝पंडा.
प्रयाचन [名] 懇願；嘆願
प्रयाण [名] (1) 出発；出立 (2) 旅；旅行 (3) 行軍
प्रयाणकाल [名] (1) 出発の時刻 (2) 臨終；死期；死に際
प्रयाणगीत [名] 行軍歌；進軍歌
प्रयात [形] (1) 行った；去った (2) 死んだ；亡くなった (3) 眠りこんだ
प्रयास [名] 努力；骨折り；奮闘 कुरीतियों को दूर करने के प्रयास 悪習をなくそうとの努力 दिल पर पत्थर रख वह फिर सामान्य बनने का प्रयास करने लगी ぐっと我慢して再び平静になろうと奮闘しはじめた निम्न स्तर के माता-पिता दहेज़ देकर उच्च स्तर के वर को अपनी कन्या के लिए प्राप्त करने का प्रयास करते हैं 下位身分の親は上位身分の婿を娘のために得ようと努める वन-विभाग के प्रयास 森林局の努力 ज़िला प्रशासन में परिवर्तन लाने के लिए कोई प्रयास नहीं किए गए 県当局では変革の努力は何らなされなかった
प्रयुक्त [形] (1) 用いられた；使用された (2) 利用された；応用された प्रयुक्त क॰ 用いる；使用する；利用する；応用する इसे अत्यंत कठोर वस्तुओं के काटने के लिए प्रयुक्त किया जा सकता है これを非常に硬い物の切断に用いることができる (3) 結合された；連結された
प्रयोक्ता [形・名] 用いる；使用する；利用する；応用する
प्रयोग [名] (1) 用いること；使用 खाद का ठीक प्रयोग 肥料の正しい使用 सोने-चाँदी का प्रयोग 金銀の使用 आग का प्रयोग 火の使用 हारमोनयुक्त गर्भनिरोधक गोलियों के प्रयोग से भी ホルモン入りの避妊薬を用いても (-का) अधिक प्रयोग क॰（ーを）多用する (2) 利用；応用 गेंडे के सींगों का औषधि बनाने में भी प्रयोग होता है サイの角は製薬にも利用される उन्होंने लोहे का प्रयोग खोज निकाला 彼らは鉄の利用法を見つけ出した (3) 実験；試し चूहे, कुत्ते, बिल्ली, बंदरों आदि पर किये गये प्रयोगों के अनुसार ねずみ，犬，猫，猿などに対して行われる実験により वैज्ञानिक प्रयोग 科学実験 यह महँगा प्रयोग सिद्ध हुआ है これは高価な実験についた (4) 適用 भारत रक्षा कानून का प्रयोग インド国防法の適用 (5) 用法 (6) 呪法 (7)〔言〕構文 (-) **प्रयोग में लाना**（ーを）用いる；使用する अगर पाउडर को प्रयोग में लाना हो तो パウダーを用いるのであれば
प्रयोगवाद [名]〔イ文芸〕ヒンディー文学におけるプラヨーグワード，もしくは，実験主義（アッギェーヤ अज्ञेय を代表とする詩人グループによって1940年代以降，主題ばかりでなく表現法にも様々な実験を試みその世界を広げ深めようと試みられたヒンディー詩の新しい動き．社会全体よりも個の問題の追求に重点を置いたとされる）
प्रयोगवादी [形・名]（上記の）実験主義の；プラヨーグワードの
प्रयोगशाला [名*] 実験室；実験所；ラボラトリー रसायन शास्त्र की प्रयोगशाला 化学の実験室 भाभा परमाणु अनुसंधान केंद्र की प्रयोगशाला में バーバー原子力研究所の実験室で
प्रयोगात्मक [形] (1) 実用の；実際的な；実地の；実用的な (2) 実験の；実験的な；実験による प्रयोगात्मक मनोविज्ञान 実験心理学 〈experimental psychology〉 प्रयोगात्मक विज्ञान 実験科学 〈experimental science〉
प्रयोजन [名] (1) 目的；意図；動機；つもり；考え मैंने अपने आगमन का प्रयोजन बतलाया 訪問の意図を述べた नहीं नहीं, मेरा यह प्रयोजन नहीं था いやいや私はそのつもりではなかったのです इससे भी कोई प्रयोजन सिद्ध नहीं होता था このことからも何らの目的も証明されなかった (2) 用；用事；関わり कोई गाए, कोई नाचे, उससे प्रयोजन नहीं 歌う者がいようが踊る者がいようがその人に用はない (3) ヒンドゥー教の祝祭
प्ररूढ़ [形] (1) 生えた (2) 上に伸びた
प्ररूप [名] 型；タイプ 〈type〉
प्ररूपी [形] 典型的な；ティピカルな
प्ररोचन [名] (1) 魅惑すること (2) 魅了すること (3) 興奮させること
प्ररोह [名] (1) 登ること；上昇 (2) 成長（すること） (3) 芽
प्ररोहण [名] (1) 上昇 (2) 発芽
प्रलंब[1] [形] (1) 垂れている；垂れ下がっている (2) 長い (3) 伸びている (4) 怠けている；怠惰な
प्रलंब[2] [名] (1) 垂れ下がること (2) 遅延
प्रलंबन [名] (1) 下げること；垂れ下げること (2) 長くすること；伸ばすこと (3) 遅らせること (4) もたれること；よりかかること
प्रलंबित [形] (1) 垂れ下がった (2) 長く伸びた जाड़ों की धूप निश्चिंत चर्च के क्रॉस के पीछे आकाश में प्रलंबित फैली हुई थी 冬の陽光は安心して教会の十字架の後ろの空に長く伸びていた
प्रलंबी [形] (1) 垂れている；垂れ下がった (2) 長い (3) もたれている；よりかかっている (4) のろまな
प्रलब्ध [形] (1) つかまえられた (2) 欺かれた
प्रलयंकर [形] 破滅的な；破壊的な
प्रलयंकारी [形] 破滅的な प्रलयंकारी बाढ़ 破滅的な洪水 सन् 1934 में बिहार के प्रलयंकारी भूकंप से 1934年に発生したビハールの破滅的な地震で
प्रलय [名] (1) 破滅 (2)〔ヒ〕世界の破滅；世界の終末 (3) 大惨事；惨劇 (4) 死 (5) 大騒動；大騒ぎ प्रलय मचाना 大騒動を起こす वह जीप भी मिल गई है जिसपर सवार होकर आतंकवादियों ने कल प्रलय मचाया था 昨日テロリストたちが乗ってきて大騒動を起こしたジープも発見されている (6)〔地〕（地殻の）激変
प्रलयकाल [名]〔ヒ〕ヒンドゥーの世界観で世界破滅の時
प्रलयन [名] (1) 語り合うこと；会話 (2) 無駄口をきくこと
प्रलाप [名] (1) たわごと；うわごと (2) おしゃべり；雑談；無駄話 (3) 悲嘆 (4) 錯乱
प्रलापना [自] (1) 嘆く；嘆き悲しむ जो जा चुका है उसके लिए प्रलापना व्यर्थ होता है なくなったものを嘆くのは無意味なこと (2) うわごとを言う (3) たわごとを言う
प्रलापी [形] (1) うわごとを言う；たわごとを言う (2) 無駄話をする (3) 泣きごとを言う；嘆く
प्रलीन [形] (1) 融解した (2) 破滅した (3) 無感覚の
प्रलुब्ध [形] (1) 欲にかられた (2) 魅惑された；誘惑された
प्रलेख [名] (1) 文書；記録＝दस्तावेज़. (2) 正式捺印の証書
प्रलेखक [名] 司法書士；代書人＝अर्ज़ीनवीस; कातिब.
प्रलेप [名] (1) 塗布したもの；塗布するもの (2) 膏薬；軟膏
प्रलेपक [名]〔医〕消耗熱 〈hectic fever〉
प्रलेपन [名] 軟膏などを塗布すること
प्रलोभक [形] 誘う；誘惑する＝लालच देनेवाला.
प्रलोभन [名] 誘惑；誘い पैसे का प्रलोभन 金欲しさ；金の誘惑 यौन-प्रलोभन 性の誘惑 यौन प्रलोभन से बचकर रहना 性の誘惑を避けておくようにしなさい **प्रलोभन दे॰** 誘う；誘惑する मैंने तरह-तरह के प्रलोभन दिए कि वे हमें वहाँ ले चलें あそこへ連れて行ってくれるようにといろいろ誘ってみた लाखों रुपया विज्ञापन पर खर्च करके करोड़ों के पुरस्कारों का प्रलोभन दिया जाता है 数十万ルピーの金を広告に費し数千万ルピーの賞金で誘惑する **प्रलोभन में आ॰** 誘いに乗る；誘惑に乗る वह संसार के सुख के प्रलोभन में न आए 世俗の快楽の誘惑に乗らないように मैंने प्रलोभन को ठुकरा दिया 誘惑をはねのけた
प्रवंचक [名] 詐欺師＝धोखेबाज़; वंचक.
प्रवंचन [名] 詐欺；欺瞞＝धोखा दे॰; वंचना.
प्रवंचना [名*] 欺くこと；詐欺 उत्पादक और व्यापारी उपभोक्ता की प्रवंचना न करें 生産者と商人とは消費者を欺かないように
प्रवंचित [形] だまされた；欺かれた
प्रवक्ता [名] (1) 代弁者；スポークスマン एक सरकारी प्रवक्ता ने बताया 1人の政府スポークスマンが述べた (2)（大学の）講師 (3) 聖典解説者
प्रवचन [名] (1) 講話；講演 गाँधी जी का प्रवचन ガンディージーの講話 (2) 説教；説法
प्रवण[1] [形] (1) 下り坂になっている (2) 傾いている (3) 熱心な；熱中した (4) 好意的な (5) 従順な；慎みのある＝नम्र; विनीत.
प्रवण[2] [名] 下り坂＝ढाल; उतार.
प्रवणता [名*] ←प्रवण[1]. 傾き；傾向；性質；性癖；性向

प्रवर[1] [形] (1) 優れた；優秀な；卓越した (2) 年長の (3) 先輩の；先任の；古参の
प्रवर[2] [名] (1)〔ヒ〕プラヴァラ（ゴートラの伝説上の祖とされるムニ मुनि）→ गोत्र. (2) 子孫= संतति.
प्रवरता [名*] ←प्रवर[1].
प्रवर समिति [名*] 特別委員会；特別調査委員会
प्रवर्ग[1] [名]〔ヒ〕ホーマ（護摩）の火
प्रवर्ग[2] [名] 分類上の小区分
प्रवर्त [名] 開始；進行させること
प्रवर्तक[1] [形] (1) 開始する (2) 推進する (3) 励ます；激励する (4) 作動させる；スターター
प्रवर्तक[2] [名] (1) 開祖 जैन धर्म और बौद्ध धर्म के प्रवर्तक ジャイナ教と仏教の開祖 (2) 預言者= पैगम्बर. मुसलिम धर्म के प्रवर्तक हज़रत मुहम्मद साहब イスラム教の預言者ムハンマド（ハズラト・ムハンマド） (3) 開拓者；先駆者；草分け；パイオニア वह युगप्रवर्तक थे あの方が新時代を切り開かれた
प्रवर्तन [名] (1) 推進 जन साधारण की एक मिश्रित भाषा के रूप में खड़ी बोली या हिंदुस्तानी के प्रवर्तन में भी उनका योगदान उल्लेखनीय है 民衆の混淆語としてカリーボーリー，すなわち，ヒンドゥスターニー語の推進においても同氏の功績は特筆すべきものである (2) 開拓；切り開くこと；率先；開始 नए युग के प्रवर्तन का श्रेय 新時代開拓の功績 (3) 広めること धार्मिक मतों का प्रवर्तन 宣教；布教
प्रवर्तित [形] (1) 始められた；開始された (2) 進められた；推進された (3) 広められた
प्रवर्ती [形] (1) 始める；開始する (2) 進める；推進する (3) 広める
प्रवर्द्धन [名] (1) 増大すること；増すこと；拡大すること (2) 発展させること
प्रवर्धन [名] ＝प्रवर्द्धन.
प्रवल्हिका [名*] 謎；なぞなぞ= पहेली.
प्रवसथ [名] (1) 出発 (2) 逗留；滞在
प्रवसन [名] 故郷を離れること；異郷に暮らすこと；逗留；滞在
प्रवहण [名] (1) 持ち去ること (2)（車，駕籠，船などの）乗り物
प्रवहमान [形] 流れている
प्रवाचक[1] [形] (1) 解説する；説明する (2) 説教をする
प्रवाचक[2] [名] (1) 大学のリーダー 〈reader〉；助教授 (2) 説教師
प्रवात [名] (1) 新鮮な空気 (2) 強風；嵐
प्रवाद [名] (1) 会話；談話 (2) 噂話；世間話 (3) 中傷；悪口
प्रवारण [名] 禁止 ＝निषेध.
प्रवाल [名] (1) さんご；珊瑚= मूँगा. (2) 若芽 ＝किशलय; कोंपल.
प्रवालद्वीप [名] 珊瑚島 〈coral island〉 **प्रवालद्वीप वलय** 環礁 〈atoll〉
प्रवास [名] (1) 異郷に住むこと；異郷暮らし；居留 (2) 異郷 (3) 移住 पक्षियों का प्रवास 鳥の渡り (4) 旅
प्रवासयात्रा [名*] (1) 移住 (2)〔鳥〕渡り पक्षियों की प्रवासयात्रा 鳥の渡り
प्रवासी[1] [形] (1) 異郷に住む；居留する प्रवासी भारतीय 居留インド人；インド人居留民 (2) 移住する (3) 渡りをする प्रवासी पक्षी 渡り鳥 (4) 旅にある
प्रवासी[2] [名] (1) 居留民 (2) 移民
प्रवाह [名] (1) 液体，気体，その他の流れ (2) その流れているもの बिजली का प्रवाह 電流 (3) 連続；連鎖
प्रवाहपूर्ण [形] なめらかな；よどみのない सरल और प्रवाहपूर्ण भाषा やさしくなめらかな言葉 भाषाओं को रोचक प्रवाहपूर्ण एवं सजीव बनाने का भरसक प्रयत्न 言語表現を魅力的でよどみなく生気あるものにする努力
प्रवाहमय [形] 流暢な；なめらかな
प्रवाहिका [名*] (1)〔医〕赤痢= पेचिश; डिसेंट्री; अतिसार. (2) 川
प्रवाहित [形] (1) 運ばれた (2) 流された **प्रवाहित क०** 流す पानी में ओज़ोन गैस प्रवाहित क० 水にオゾンガスを流す जानवरों और मनुष्यों की लाशों को भी प्रवाहित किया जाता है 動物や人間の死体も川に流される अस्थियाँ हरिद्वार, रिवालसर या मानसरोवर में प्रवाहित की जाती हैं 遺灰はハリドゥワール，リワールサル，マーンサローワルで（水に）流される **प्रवाहित हो०** 流れる；流される देश-प्रेम की भावना इन सभी व्यक्तियों की धमनियों में प्रवाहित हो रही थी 愛国の念がこれらのすべての人々の血管に流れていた रक्त प्रवाहित होता है （血管を）血が流れる बिजली तारों के द्वारा प्रवाहित होती है 電気は電線を通って流れる
प्रवाही[1] [形] (1) 流す（もの） (2) 流れる（もの） (3) 継続する (4) 連続する
प्रवाही[2] [名*] 砂 = बालू; रेत.
प्रविधि [名*] (1) 手法 (2) 技法 (3) 技術
प्रविष्ट [形] 入った；入りこんだ अवांछित वस्तु भीतर प्रविष्ट न होने दे 不要物が入りこまないようにすること एक आदमी उसके दफ़्तर में प्रविष्ट हुआ 1 人の男が彼のオフィスに入った **प्रविष्ट क०** 入れる दुर्बल किए गए रोगाणु जानबूझकर व्यक्ति के शरीर में प्रविष्ट किया जाता है 弱められた病原菌がわざと人体内に入れられる जीव के शरीर में प्रविष्ट क० 生き物の体に入れる
प्रविष्टि [名*] (1) 入ること；入場；入所；参加 (2) 書き入れ；記入；記載 (3) エントリー；（競技会への）参加申し込み इंडोनेशिया तथा आस्ट्रेलिया ने प्रविष्टियाँ अभी नहीं भेजी हैं インドネシアとオーストラリアはエントリーをまだ送っていない **प्रविष्टि शब्द** 見出し語
प्रवीण [形] 熟達した；熟練した；通暁した；上手な
प्रवीणता [名*] ←प्रवीण. 熟達；熟練；通暁
प्रवृत [形] (1) 選ばれた；選り出された (2) 養子に取られた
प्रवृत्त [形] (1)（気持ちなどが）傾いた；向いた；進んだ (2) 従事した；取り掛かった；取り組んだ **प्रवृत्त क०** *a.* 傾ける；向ける；進める *b.* 作動させる；働かせる；機能させる **प्रवृत्त हो०** *a.* 傾く；傾斜する *b.* 作動する；働く；従事する वसु महोदय वनस्पति विज्ञान की ओर क्यों प्रवृत्त हुए ヴァス氏が植物学のほうに進まれたのはなぜか
प्रवृत्ति [名*] (1) 傾き；傾向 हमारी अपनी और समाज की ग़लतियाँ ही बच्चे में यह बुरी प्रवृत्ति पैदा करती हैं 私たち自身と社会の過ちが子供にこの悪い傾向を生み出す यह तो औद्योगिक समाज की प्रवृत्ति है これは産業化社会の傾向だ (2) 性分；性向；たち；性格；気質；性質 उन्हें लोभी प्रवृत्ति को छोड़ देना चाहिए あの人は欲張りな性分を捨て去らなくてはいけない मूलप्रवृत्ति 本能 (3) 意向；志向；志；好み；気持ち (4) 習慣 धूम्रपान की प्रवृत्ति 喫煙の習慣 अब महिलाओं में भी तेज़ी से बढ़ती जा रही है धूम्रपान की प्रवृत्ति 今や女性の間にも喫煙の習慣が急速に広まりつつある
प्रवृत्तिमार्ग [名]〔ヒ〕世俗生活（から逃避しない生き方）；世俗生活を厭わない生活や人生観 ↔ निवृत्ति मार्ग
प्रवृद्ध [形] (1) 大いに増大した (2) 完全な；完熟の (3) 広がった
प्रवेक्षा [名*] 予想；予期
प्रवेक्षित [形] 予期された；予想された
प्रवेग [名] (1) 激しい勢い (2) 発作
प्रवेश [名] (1)（場所に）入ること；立ち入ること；立ち入り गृहप्रवेश 入居式 (2)（学校，団体，会などに）入ること，すなわち，入学，入会，入所など (3) 開始；始まること；到来 कृषि में यंत्र-युग का प्रवेश 農業の機械化時代の開始 विज्ञान का प्रवेश खेती में दूर-दूर तक नज़र नहीं आता था 農業の分野では長い間科学の到来は見られなかった **प्रवेश दिलाना** 入れる（学校，施設などに入学させる；入所させるなど） बच्चों को किस स्कूल में प्रवेश दिलाना है 子供をどの学校に入学させるか उसने अपनी बेटी को गाँव की पाठशाला में प्रवेश दिला दिया 娘を村の小学校に入学させた प्रवेश निषिद्ध 立入禁止
प्रवेशद्वार [名] 入り口；門 देवालय का प्रवेशद्वार 神社の門
प्रवेशन [名] 入ること；入りこむこと；立ち入り；進入
प्रवेशना [自] 中へ，あるいは，内に入る；入り込む और शारदा प्रवेशी それからシャールダーは中へ入った
प्रवेशपत्र [名] 入場券；入場許可証
प्रवेशपरीक्षा [名*]（学校や教育・訓練機関などへの）入学試験；入所試験
प्रवेशशुल्क [名] (1) 入場料 (2) 入会料；入会金 (3) 入学料；入所料
प्रवेशिका [名*] (1) 入場券；入場許可書 (2) 入場料 (3) 入学試験；入所試験 (4) 入門（学習の初め）
प्रवेशित [形] 入れられた；押し込まれた
प्रवेश्य [形] 立ち入りの許される；入れる
प्रव्रजन [名] (1) 移動 (2) 移住；移民 (3) 鳥の渡り (4) 出家；出家生活に入ること；サンニャーサに入ること
प्रव्रजित [形] (1) 移住した；移民した (2) 四住期の第 4 であるサンニャーサ (सन्न्यास)，すなわち，遊行期に入った
प्रव्रज्या [名*] (1) 隠遁 (2) 出家 (3) サンニャーサ，すなわち，人生の四階梯の第 4 である遊行期 (सन्न्यास) の生活に入ること (4) 移住；移民

प्रशंसक [形・名] (1) 称える；称賛する (2) 信奉する (3) 支持する (4) 信奉者 (5) 支持者；ファン

प्रशंसन [名] 称えること；称賛

प्रशंसनीय [形] 称賛すべき；称賛に値する；素晴らしい

प्रशंसा [名*] (1) 称賛；誉めること विष्णु या शिव की प्रशंसा में भजन गाते हुए ヴィシュヌ神とかシヴァ神を称えてバジャン（賛歌）を歌いながら कितनी ही बार मैंने शृंगार किया,अच्छे कपड़े पहने, पर प्रशंसा का एक शब्द भी उसके मुँह से नहीं सुना 幾度お化粧をし晴れ着を着たことか．でもあの人の口から誉め言葉の１つも聞いたことがない (2) 表彰；顕彰 **प्रशंसा के पुल बाँधना** 褒めそやす；誉め称える

प्रशंसापत्र [名] (1) 推薦状 (2) 表彰状 **प्रशंसापत्र दे॰** 賞状を贈る；表彰状を与える；表彰する

प्रशंसिका [形*・名*] ←प्रशंसक. आपके पति की विवाह से पहले वाली कोई प्रेमिका या प्रशंसिका 貴方の夫の結婚前の恋人，あるいは，好きな人

प्रशंसित [形] 称えられた；誉められた प्रशंसित नज़र से देखते हुए 憧れの眼差しで見ながら

प्र॰श॰ [名・形・副] パーセント प्रतिशत. の略= फ़ी सदी. तेल मूल्य में 10 प्र॰श॰वृद्धि 石油の 10 %値上げ

प्रशमन [名] (1) 静穏にすること；平静にすること (2) 鎮めること；鎮静化 (3) 抑えること (4) 治癒すること (5) 滅すること

प्रशमित [形] (1) 静められた (2) 鎮静化された (3) 抑えられた

प्रशस्त [形] (1) 称えられた；称賛された (2) すぐれた；優秀な；卓越した (3) 広い；広々とした गिरजाघर के प्रशस्त लान में 教会の広い芝生に सरकार ने महँगाई में वृद्धि का मार्ग भी प्रशस्त कर दिया 政府は物価高騰の時期に値上げの道を広げた **प्रशस्त पथ** *a.* 本道 *b.* 常道；順路 उस समय की स्थिति में राजनीति ऐसा प्रशस्त पथ था, जिसपर चलने से मेरे मन के आदर्श को आकार मिलता 当時の状況では政治が私の理想の実現される順路だった

प्रशस्ति [名*] (1) 称賛；賛歎 (2) 主人や庇護者などの賛美 (3) 王の宣言を石碑や銅板などに刻み記したもの (4) 奥付け (5) 書簡の最初に記される相手への賛辞

प्रशस्तिगान [名] 賛歌 सरकारी रेडियो और दूरदर्शन का प्रशस्तिगान 国営ラジオとテレビによる賛歌

प्रशस्तिपत्र [名] 賞状；表彰状 **प्रशस्ति-पत्र दे॰** 賞状を贈る；表彰状を与える；表彰する प्रशस्तिपत्र भी दिए जाएँगे 表彰状も与えられよう कोई अच्छी कविता या कहानी लिखता तो राजा उसे पुरस्कार और प्रशस्ति-पत्र भी देता すぐれた詩や物語を書くと王が賞と賞状を与える

प्रशांत [形] (1) 静かな；静まり返った (2) 穏やかな；静穏な

प्रशांत महासागर [名] 太平洋〈the Pacific Ocean〉

प्रशांति [名*] (1) 静寂 (2) 平穏；静穏

प्रशाख [形] 枝の多い；枝の沢山出ている

प्रशाखा [名*] 小枝；細枝

प्रशासक [名] (1) 統治者；支配者 (2) 行政官

प्रशासकीय [形] (1) 統治者の (2) 統治の (3) 行政官の (4) 行政に関する；行政上の

प्रशासकीय तंत्र [名] 行政組織；統治機構

प्रशासन [名] (1) 管理；運営 (2) 行政 प्रशासन सुधार आयोग 行政改革審議会 (3) 行政当局；当局 दिल्ली प्रशासन デリー市当局

प्रशासनिक [形] 行政の；行政上の；行政関係の प्रशासनिक दृष्टि से 行政的に；行政の見地から प्रशासनिक अधिकारी 行政責任者 प्रशासनिक तंत्र 行政機構 प्रशासनिक प्रधान 行政の長 प्रशासनिक विधि〔法〕行政法 प्रशासनिक विभाजन 行政区画 प्रशासनिक व्यवस्था 行政組織 प्रशासनिक सुधार 行政改革 प्रशासनिक सेवा 行政職；行政官勤務 भारतीय प्रशासनिक सेवा インド連邦行政職 भारतीय प्रशासनिक सेवा के 2 वरिष्ठ अफ़सरों को インド連邦行政職の上級職員２名を

प्रशासित [形] 統治された；支配された केंद्रप्रशासित क्षेत्र 中央（政府）直轄地（域）；連邦政府直轄地

प्रशासी [形] 行政の；行政上の；行政関係の प्रशासी प्रधान = प्रशासनिक प्रधान.

प्रशिक्षक [名]〔ス〕コーチ विदेशी प्रशिक्षक 外国人コーチ

प्रशिक्षण [名] (1) しつけ（躾）；訓育 (2) 訓練；トレーニング；養成 तैराकी का प्रशिक्षण 水泳のトレーニング प्रशिक्षण स्थल 訓練場 प्रशिक्षणकाल 訓練期間；養成期間 (3) 調教 हाथी का प्रशिक्षण 象の調教 **प्रशिक्षण दे॰** 訓練する；トレーニングする；調教する वे तीन सप्ताह प्रशिक्षण देंगे あの人が３週間訓練を施す प्रशिक्षण देने के लिए शिविर लगाये जा रहे हैं 訓練のための合宿が準備されている

प्रशिक्षण केंद्र [名] 教習所；訓練所；トレーニングセンター

प्रशिक्षण महाविद्यालय [名] 上級養成学校

प्रशिक्षण विद्यालय [名] 養成所；訓練所

प्रशिक्षण सुविधा [名*]（スポーツの）トレーニング施設

प्रशिक्षणार्थी [名] 訓練生；研修員；研修生

प्रशिक्षित [形] (1) 訓練された；訓練を受けた प्रशिक्षित कबूतर 訓練された伝書鳩 (2) 調教された जंगली हाथियों को प्रशिक्षित किया जाता है 野生の象が調教される

प्रशिक्षु [名] 訓練生；研修生 हमारा संस्थान अधिनियम 1961 के अंतर्गत निम्नलिखित व्यवसायों में प्रशिक्षुओं को प्रशिक्षण प्रदान करता है 本校は 1961 年の条例により下記の職業の訓練生に訓練を施す

प्रशिष्य [名] 弟子の弟子；孫弟子

प्रशीत [形] (1) 大変冷たい；とても冷えた (2) 凍りついた

प्रशीतक [形・名] 冷やす；凍らせる；冷却剤；冷凍剤

प्रशीतन [名] (1) 冷やすこと；冷却 (2) 体温の低下 (3) 冷凍；冷蔵

प्रशीताद [名]〔医〕壊血病= स्कर्वी.〈scurvy〉

प्रशीतित [名] 冷えた；冷却された；冷凍された प्रशीतित क॰ 冷やす；冷却する；冷凍する

प्रशीतित्र [名] 冷却装置；冷凍装置；冷凍機

प्रश्न [名] (1)（試験などの）問題 (2)（解決すべき）問題；課題 अफ़गानिस्तान के प्रश्न को लेकर アフガニスタンの問題を巡って यह उदाहरण हम को एक और बात सिखाता है -वह है अधिकारों और कर्तव्यों का प्रश्न この事例は我々にもう１つのことを教える．それは権利と義務の問題である कठिन प्रश्न 難題= मुश्किल सवाल. (3) 問題点；論争点；議論の対象 इस विवादास्पद प्रश्न पर この議論のある問題点について (4) 疑問 **प्रश्न उठ खड़ा हो॰** 問題が起こる；問題が生じる **प्रश्न उठाना** 問題にする；問題に取り上げる बाद को यह प्रश्न ब्रिटिश पार्लियामेंट में भी उठाया गया था 後にこれはイギリス議会でも問題として取り上げられた

प्रश्नचिह्न [名] 疑問符；クエスチョンマーク= प्रश्नवाचक चिह्न.

प्रश्नपत्र [名] 試験問題（冊子） प्रश्नपत्र तैयार क॰ 試験問題を作成する

प्रश्नवाचक [形] 疑問の；疑問を表す प्रश्नवाचक चिह्न लगाना 疑問符をつける

प्रश्नवाचक वाक्य [名]〔言〕疑問文〈interrogative sentence〉

प्रश्नवाचक सर्वनाम [名]〔言〕疑問代名詞〈interrogative pronoun〉

प्रश्नसूचक [形] 不審そうな；いぶかる；いぶかしがる；怪訝な प्रश्नसूचक दृष्टि 不審そうな目つき；いぶかる眼差し मेरे प्रश्नसूचक दृष्टि से देखने पर पत्नी ने अपनी बात स्पष्ट की 私が不審そうな目で見ると妻は釈明した

प्रश्नांकित [形] 不審そうな；いぶかしげな प्रश्नांकित चेहरा लिये 不審そうな顔をして；いぶかしげな表情で

प्रश्नातीत [形] 問うことのできない；問いかけることのできない

प्रश्नावली [名*] (1) 質問事項 (2) 質問表；アンケート；アンケート調査表

प्रश्नोत्तर [名] = सवाल जवाब. (1) 一問一答；質疑応答 (2) 問い合わせ

प्रश्नोत्तरी [名*] (1) 問答 कुशलक्षेम की पारस्परिक प्रश्नोत्तरी 挨拶のやりとり (2) 教理問答

प्रश्रय [名] (1) 後援；後押し；支援；支持 सरकारी प्रश्रय में बहुत-से मगरमच्छ फ़ार्म खोले गए हैं 政府支援のもとにワニ増殖場が沢山設けられている तत्सम प्रधान हिंदी गद्य को प्रश्रय タトサマ語彙の多いヒンディー語散文を支持 (2) 庇護；保護

प्रश्रयण [名] (1) 丁重さ；謙虚さ (2) 礼儀正しさ

प्रश्रयदाता [名] (1) 後援者；支援者 (2) 庇護者；保護者

प्रश्रयी [形] (1) 丁重な；謙虚な；控え目な (2) 物静かな；穏やかな (3) 礼儀正しい

प्रश्वास [名] (1) 鼻から出る息；呼気 (2) 息が鼻孔から出ること (3)〔言〕吸気〈inhalation〉

प्रसंख्या [名*] 合計

प्रसंग [名] (1) 関連；関係；前後関係；脈絡 (2) 主題；題；題目 (3) 執着；愛着= अनुरक्ति; लगन; मेल; लगाव. (4) 性交；交合= मैथुन; संभोग. (5) 好機；機会；チャンス= अवसर; मौका. (6) 出

来事 रामदेव जी के जन्म के बारे में एक रोचक प्रसंग है ラームデーオジーの出生にまつわる興味深い出来事が１つある **प्रसंग चलाना** 話題にする；話を持ち出す

प्रसंगवश [副] ついでに；話のついでに

प्रसंभाव्य [形] (1) ありそうな；起こりそうな (2) 確かな；根拠のある (3) 蓋然的な

प्रसंभाव्य त्रुटि [名*]〔統計〕確率誤差〈probable error〉

प्रसक्त [形] (1) 結合した；絡まった；つながった (2) 持続的な；離れずにいる (3) 関連した；関わりのある

प्रसन्न [形] (1) 喜んでいる；嬉しい；楽しい；機嫌のよい；上機嫌の＝ खुश; हर्षित. (2) 満足した＝ संतुष्ट.

प्रसन्नचित्त [形] 嬉しい；楽しい；上機嫌の अगर आप प्रसन्नचित्त रहते हैं ご機嫌がよければ；上機嫌でいらっしゃるのであれば

प्रसन्नता [名*] ←प्रसन्न. 喜び；嬉しさ；楽しさ；上機嫌＝ खुशी.

प्रसन्नतापूर्वक [副] 喜んで；楽しく；上機嫌で；機嫌よく；心底から；心から；快く

प्रसन्नमुख [形] にこにこした；にこやかな；機嫌のよい表情をした

प्रसन्नवदन [形] ＝ प्रसन्नमुख.

प्रसभ [副] (1) 激しく；乱暴に；むりやりに (2) 非常に；甚だしく

प्रसम [形] 標準の；通常の；正常の

प्रसमता [名*] 標準；通常；正常

प्रसमा [名*] 標準

प्रसरण [名] (1) 前進 (2) 拡大；拡張；拡散 (3) 移動；ずれ (4) 広がり (5) 変動 (6) 偏差 (7) 変異；変異度

प्रसरित [形] (1) 前進した (2) 拡大した；広がった；拡散した

प्रसर्ग [名]（光や熱などの）発散；放射物

प्रसर्जन [名]（火や熱などの）発散；放射〈emanation〉

प्रसर्जित [形] 発散された；発射された

प्रसर्पण [名] 動くこと；移動；前進；ずれ

प्रसव [名] 出産；分娩＝ जनन; प्रसूति. गर्भावस्था और प्रसव की देखभाल 妊娠と出産の世話 पहला प्रसव 初産＝ प्रथम प्रसव. **सम्भावित प्रसव तिथि** 出産予定日

प्रसव कक्ष [名] 産室；分娩室

प्रसवगृह [名] 産院 ＝ प्रसूतिगृह. पटना मेडिकल कालिज के प्रसवगृह में パトナー医科大学の産院で

प्रसव पीड़ा [名*] 陣痛＝ प्रसववेदना.

प्रसववती [名*] 産婦＝ जच्चा.

प्रसव वेदना [名*] 陣痛

प्रसव शाला [名*] 産院＝ प्रसवगृह; जच्चाघर.

प्रसवावकाश [名] 出産休暇

प्रसविनी [形*] 出産する；産をする

प्रसाद [名] (1) 恩恵；恩寵；賜物 (2) 親切；思いやり；好意 (3) 神前への供物；お供え；お供え物のお下がり यह भगवान का प्रसाद है これは（供物の）お下がりです मंदिर में प्रसाद चढ़ाना 寺院でお供えをする भगवान को भोग लगाने के बाद प्रसाद रूप में भोजन करना 神様にお供えした後お下がりとして食事をする (4) 清らかさ (5) 心の静まり澄み切った状態 (6) 頭や胸にしみこむことやそのような性質及び特徴 (7)〔イ文芸〕プラサーダ（カーヴィヤグナ काव्यगुण の一．合成語の使用が少なく言語や文体の明晰で洗練され上品なこと） (8) 食事 **प्रसाद चढ़ाना** 神饌を供える；供物を供える यहाँ देव विग्रह पर बनतुलसी की माला, चने की कच्ची दाल, गोला गिरी और मिस्री आदि का प्रसाद चढ़ाया जाता है ここでは神像に灌木メボウキでこしらえた数珠，ヒヨコマメのダール，ココヤシ，氷砂糖などの供物が供えられる **प्रसाद पाना** 食事をいただく；食事をする **प्रसाद बोलना** 願掛けに特定の神にお供えをすることを誓う **प्रसाद मिलना** 善行によりよい結果を得る（反意的に用いられることもある）

प्रसादन[1] [名] (1) 喜ばせること (2) 清め（ること）；浄化

प्रसादन[2] [形] (1) 喜ばせる (2) 清める；浄化する

प्रसादिका [名*]〔建〕張り出し窓〈oriel window〉

प्रसादी[1] [形] (1) 嬉しくさせる；喜ばせる (2) 心地よい；気持ちのよい (3) 落ち着いた (4) 好意を寄せる

प्रसादी[2] [名*] (1) 供物；神饌 (2) 供物のお下がり (3) 下賜されたもの；賜物

प्रसाधन [名] (1) 身を装うこと；装身；装い (2) 化粧；扮装；メーキャップ प्रसाधन सामग्री 化粧品 प्रसाधनहीन 化粧をしていない顔；素顔 जयश्री के प्रसाधनहीन चेहरे पर ジャイシュリーの素顔に (3) 服装；身支度 (4) 仕上げ (5) 設備；備品；機器；道具 हम अपनी सभ्यता के प्रसाधनों के लिए दूसरे देशों पर निर्भर न रहें 自分たちの文明の道具を他国に依存しないようにしよう

प्रसामान्य [形] 普通の；通常の；標準の；標準的な；正規の **प्रसामान्य बंटन**〔統計〕正規分布；ガウス分布 **प्रसामान्य वक्र**〔統計〕正規曲線；ガウス曲線

प्रसामान्यता [名*] ←प्रसामान्य.

प्रसार [名] (1) 広がること；広まること；大きくなること；膨張；拡大；拡充；増大 पुण्यबल के बिना कीर्तिप्रसार कदापि नहीं होता 善根の功徳がなければ名声は決して広まりはしないもの (2) 広まり；普及；伝播；伝わること बौद्ध धर्म का प्रसार 仏教の伝播

प्रसारण [名] (1) 広めること；拡大すること；拡張すること सहकारी बैंक गाँवों में बैंकिंग सुविधा का प्रसारण करते हैं 銀行業務を広めること (2) 普及すること (3) 放送

प्रसारणी [名*]〔植〕アカネ科ナンヨウヘクソカズラ【*Paederia foetida*】（民間薬として使用）

प्रसारिणी [名*] (1) ＝ प्रसारणी. (2)〔解〕伸筋＝ प्रसारिणी पेशी.

प्रसारित [形] (1) 広げられた；広められた；大きくされた；拡大された；拡張された (2) 放送された देहली से टेलिविजन पर प्रसारित होनेवाले कार्यक्रम デリーからテレビで放送される番組 (3) 発表された；放送された；流された राज्य सरकार द्वारा आज यहाँ प्रसारित एक प्रेस विज्ञप्ति में कहा गया है कि... 州政府によって今日当地で発表された新聞声明の中で述べられたのは

प्रसाविका [名*] 助産婦；産婆＝ दाई.

प्रसिद्ध [形] 有名な；名高い；著名な प्रसिद्ध अभिनायक（अभिनेत्री）著名な俳優（女優）

प्रसिद्धता [名*] ←प्रसिद्ध. ＝ प्रसिद्धि.

प्रसिद्धि [名*] 名声；名高さ；高名＝ ख्याति; शुहरत. राजा की प्रसिद्धि 殿様の名声

प्रसुप्त [形] (1) 眠っている；睡眠中の (2)（才能などが）眠っている；隠れている इस साधारण बालक में ऐसी प्रतिभा प्रसुप्त है この普通の子供にこのような才能が眠っている (3) 休止中の；休止状態の प्रसुप्त ज्वालामुखी 休火山

प्रसुप्ति [名*] (1) 深い眠り；熟睡 (2) 意識や知覚のない状態 (3) 睡眠；睡眠状態 (4) 休止状態；活動中止 (5) 静止

प्रसू [形] (1) 生む (2) 生み出す；産出する；産する

प्रसूता [名*] 産婦＝ प्रसूता स्त्री; जच्चा.

प्रसूति [名*] (1) 子や卵を生むこと；出産；産卵 (2) 発生 (3) 子孫 कालपूर्व प्रसूति 早産

प्रसूति अवकाश [名] 出産休暇；産休＝ प्रसूति छुट्टी.

प्रसूतिका [名*] 産婦＝ जच्चा; प्रसूता. प्रसूतिका छुट्टी 出産休暇；産休

प्रसूतिकाल [名] 出産時；分娩時

प्रसूतिगृह [名] 産室；産院＝ सौरी; सूतिकागृह; जच्चाख़ाना.

प्रसूतिज्वर [名]〔医〕産褥熱

प्रसूतिभवन [名] (1) 産室 (2) 産院

प्रसूति विज्ञान [名] 産科学

प्रसूति शुद्धि [名*]〔ヒ〕出産の穢れの浄め गोमूत्र प्रसूति शुद्धि के लिए प्रयुक्त किया जाता है 雌牛の尿がお産の穢れを浄めるのに用いられる

प्रसून[1] [形] (1) 生まれた；生まれた (2) 生じた

प्रसून[2] [名] 花＝ फूल; पुष्प.

प्रसृत [形] (1) 広がった＝ फैला हुआ. (2) 大きくなった；拡大した＝ बढ़ा हुआ.

प्रसृति [名*] (1) 広がること；広まること；広まり；拡大；拡張 (2) 子孫＝ संतति.

प्रसेक [名] (1) 水をやること；水やり；灌水 (2) 湿らせること (3) しみ出ること；滲出

प्रसेकी [形] (1) 流れる；流れ出す (2) 膿の出る (3) 嘔吐する

प्रसेनजित [名] (1)〔人名・イ史〕プラセーナジタ王（古代北インドのアヨーディヤーに都した王国の前６世紀頃の支配者） (2)〔イ神〕クリシュナの妻の１人であるサティヤバーマーの父サトラージットの兄弟

प्रसोपा [名*]〔イ政〕 ＝ प्रजा सोशलिस्ट पार्टी 人民社会党（Praja Socialist Party）の略称

प्रस्तर [名] (1) 石；岩石＝पत्थर. (2) 敷物 (3) 宝石＝मणि; रत्न.
प्रस्तर मुद्रण [名]〔印〕石版（画）；リトグラフ〈lithograph〉
प्रस्तर युग [名]〔考〕石器時代＝पाषाण युग.
प्रस्तर वृत्त [名]〔考〕ペリスタリス（古墳やドルメンなどを円形に取り巻く石）〈peristalith〉
प्रस्तर स्तंभ [名] 石柱 मंदिर के प्रस्तर स्तंभ की यह विशेषता है これが寺院の石柱の特徴です
प्रस्तव [名] 賛歌；賛美歌
प्रस्तार [名] (1) 広がり (2) 面；平面 (3) 層
प्रस्ताव [名] (1) 提案；動議；議案 प्रस्ताव रखना 提案する；動議を提出する अविश्वास प्रस्ताव 不信任案 दल ने लोक सभा में अविश्वास प्रस्ताव रखा 党は下院に不信任案を提出 (2) 申し出；申し込み；提案 मैंने सभी प्रस्तावों को ठुकरा दिया あらゆる提案をはねつけた खेल का प्रस्ताव रखना 試合を申し込む वह शादी का प्रस्ताव क्यों नहीं रख रहा है? あの男はなぜ結婚を申し込まないのか प्रस्ताव पारित क॰ 決議する；議案を通す (3) 緒言；序
प्रस्तावक [名] 発議者；提案者；提唱者
प्रस्तावन [名] 提案；発議；申し出
प्रस्तावना [名*] (1) 前文 संविधान की प्रस्तावना 憲法の前文 (2) 序；序言；緒言＝प्राक्कथन. (3)〔演〕序幕
प्रस्तावित [形] (1) 提案された；申し出られた (2) 予定の；計画された अमेरिकी राष्ट्रपति की प्रस्तावित पीकिङ यात्रा アメリカ大統領の北京訪問予定 प्रस्तावित कानून को विधेयक कहते हैं 提案された法律を法案と言う प्रस्तावित व्यय 予定費用；見積もり費用
प्रस्तुत [形] (1) 提出された (2) 用意された；準備された (3) 述べられた；言及された (4) 目の前にある (5) 関わっている；問題の प्रस्तुत लेखक（執筆者が自分に言及）筆者；論者 विधेयक प्रस्तुत क॰ 議案を提出する＝बिल पेश क॰. छह भाषाओं के बारह नाटक प्रस्तुत किये गए 6 言語による 12 の演劇が上演された
प्रस्तुतकर्ता [名] 演出家；プロデューサー
प्रस्तुति [名*] (1) 表示；提示；開陳 (2) 演出 (3)（記事などの）構成 (4) 称賛
प्रस्तुतीकरण [名] 演出；上演；製作
प्रस्तोता [名] (1)〔ヒ〕プラストーター（ウドガートリー उद्गातृ 祭官を補佐した祭官） (2) プロデューサー；演出家
प्रस्थ [名] (1) 台地 (2) 平野
प्रस्थान [名] (1) 出発；出立 (2) 進軍＝कूच. सेना लेकर रूप नगर के लिए प्रस्थान 軍勢を率いてループナガルに進軍
प्रस्थापक [形・名] (1) 設立する (2) 設置する
प्रस्थापन [名] (1) 設立 (2) 設置 (3) 派遣 (4) 任用；任命
प्रस्थापना [名*] ＝प्रस्थापन.
प्रस्थापित [形] (1) 設立された (2) 設置された (3) 派遣された
प्रस्थित [形] (1) 出発した；出立した；出掛けた (2) 派遣された (3) 確立された (4) 確固たる；確立した
प्रस्थिति [名*] (1)〔社〕地位；ステータス उन स्त्रियों की प्रस्थिति और भूमिका में その女性たちの地位と役割に (2) 出発；出立
प्रस्नव [名] (1) 流れ落ちること＝बहना; प्रवाह. (2) 流れ＝धारा.
प्रस्फुट [形] (1)（花が）開いた＝खिला हुआ. (2) 明白な＝स्पष्ट; प्रकट. (3) 表れた；明らかになった＝ज्ञात; जाहिर.
प्रस्फुटन [名] (1) 開花 (2) 明らかになること；現れること
प्रस्फुटित [形] (1)（花が）開いた (2) 明らかになった；表れた；現れた प्रेम प्रस्फुटित हो॰ 恋が人に知られる (3) 吹き出た；噴出した प्रस्फुटित हो॰ 吹き出る；噴出する；湧き出す उनको देखते ही तरह तरह की कल्पनाएँ प्रस्फुटित हो उठती हैं それらを見たとたんに様々な想像が湧き出る
प्रस्फुरण [名] (1) 震え (2) 膨張；拡張 (3) きらめき (4) 気配；兆し
प्रस्फोट [名] (1) 噴出；吹き出し (2) 爆発
प्रस्फोटक [形・名] 爆発を起こさせる；起爆装置
प्रस्फोटन [名] (1) 噴出；吹き出し (2) 爆発
प्रस्यंद [名] (1) 流れること (2) 滴り落ちること
प्रस्रव [名] (1) 流れ出ること＝बहना; झरना. (2) 滴ること＝टपकना; चूना. (3) 流れ＝प्रवाह; धारा.
प्रस्राव [名] ＝प्रस्रव.
प्रस्रुत [形] 流れた；流れ出た；滴り落ちた
प्रस्वेद [名] 汗＝पसीना.
प्रस्वेदक [形・名] 汗をかかせる（もの）；発汗作用のある；発汗剤
प्रस्वेदन [名] (1) 発汗させること (2)〔化〕潮解〈deliquescence〉
प्रस्वेदी [形] 汗をかいている；発汗する
प्रहत [形] (1) 打たれた (2) 傷を負わされた (3) 殺された (4) 負けた (5) 広げられた；広がった
प्रहति [名*] 衝撃；打撃＝धक्का; आघात.
प्रहर [名] プラハラ（時間の単位．1 日の 8 分の 1 の時間，すなわち，3 時間）
प्रहरण [名] (1) 奪取；略奪 (2) 攻撃；襲撃 (3) 戦闘 (4) 排除 (5) 武器
प्रहरणीय [形] (1) 奪取できる；略奪できる (2) 攻撃すべき；襲撃すべき (3) 戦える (4) 排除すべき；なくすべき；つぶすべき
प्रहरी [名] (1) 見張り；見張り番；番兵 (2) 時計番
प्रहर्ष [名] 大喜び；歓喜
प्रहर्षण [名] (1) 喜ばせること；歓喜させること (2) 喜悦；歓喜
प्रहर्षित [形] 大喜びした；喜悦した；歓喜した
प्रहसन [名] (1)〔イ文芸〕プラハサナ（サンスクリット戯曲分類の一でルーパカ रूपक，すなわち，正劇に数えられる一幕物の喜劇；茶番） (2) 嘲笑（すること） (3) 大笑い
प्रहसित [名] 大笑い；爆笑；哄笑
प्रहस्त [名] (1) 上に向けた掌をくぼませて作られる形 (2) 平手
प्रहार [名] (1) 攻撃 जाति प्रथा पर प्रहार カースト制度に対する攻撃 धर्म के आडंबरों पर तीव्र प्रहार 宗教の虚飾に対する激しい攻撃 (2) 打撃 अपने पुत्र के स्वाभिमान पर तीव्र प्रहार करते हुए 息子の自尊心を激しく傷つけながら
प्रहारक [形] 攻撃する；襲撃する；襲う；打撃を与える
प्रहारार्त[1] [形] 怪我をした；負傷した；傷ついた；打撃を受けた
प्रहारार्त[2] [名] 傷；怪我
प्रहारी [形] (1) 攻撃する；襲う (2) 排除する (3) 破滅させる；滅ぼす (4) 放つ；発射する
प्रहास [名] (1) 大笑い；爆笑；哄笑 (2) 嘲笑 (3) 侮蔑
प्रहासी [形] (1) 大笑いさせる；爆笑させる (2) 大笑いする；爆笑する
प्रहृत[1] [形] (1) 打たれた (2) 傷つけられた (3) 襲われた (4) 投じられた；投げられた
प्रहृत[2] [名] 打撃＝प्रहार; आघात; चोट.
प्रहृष्ट [形] (1) 大喜びした；歓喜した (2)（横になったり伏した状態から）立ち上がった；起き上がった
प्रहेलक [名] (1) 謎；なぞなぞ＝प्रहेलिका; पहेली; बुझौवल. (2)〔修辞〕謎掛け表現による修辞法の一〈enigma; puzzling question〉
प्रहेला [名*] ふざけ；戯れ；うわついた行為；奔放な振る舞い
प्रहेलिका [名*] 謎；なぞなぞ＝प्रहेलक; पहेली.
प्रह्लाद [名] (1) 喜び (2)〔イ神〕プラフラーダ（ダイティヤ दैत्य のヒランニャカシプ हिरण्यकशिपु の子であったが，熱烈にヴィシュヌ神を崇拝し解脱を得たとされる）→ दैत्य; हिरण्यकशिपु.
प्रह्लादक [形] 喜ばせる；喜びを与える
प्रांकुर [名]〔植〕（種子植物の）幼芽〈plumule〉
प्रांकुश [名]〔手芸〕鉤針編み
प्रांगण [名] (1) 建物の表の庭や中庭 (2) 構内；敷地 हवाई अड्डे का प्रांगण मीलों तक फैला हुआ था 飛行場の敷地は何マイルも広がっていた मंदिर का प्रांगण 寺の境内
प्रांगुल [名]〔植〕（菌類の）小柄〈sterigma〉
प्रांजल [形] (1) 明瞭な；明晰な；澄明な；明快な (2) 素直な；率直な；真っ直ぐな
प्रांजलता [名*] ←प्रांजल. गद्य की प्रांजलता 散文の明晰さ
प्रांजलि[1] [形] 合掌した；両手を合わせた
प्रांजलि[2] [名*] 合掌＝अंजलि.
प्रांत [名] (1)（インドなどの行政区分の）州＝प्रदेश. (2) 地域；地区 (3) 周辺；へり；端 प्रांत सरकार 州政府
प्रांतर [名] (1) 地域；領域 (2) 境界地 (3) 境界地の荒野；人気のない所
प्रांतीय [形] ←प्रांत. (1) 州の；州による＝प्रादेशिक. मद्रास की प्रांतीय सरकार マドラスの州政府 (2) 地域の
प्रांतीयता [名*] ←प्रांतीय. (1) 自分の所属する地域の利益を偏重する考え方や行動，あるいは，そのような主義や信条；地域優先主義；地域至上主義〈provincialism〉 (2) 地域性
प्रांशु [形] 高い；背の高い＝ऊँचा; उच्च; लंबा.

प्राइम मिनिस्टर [名] 《E. prime minister》総理大臣；首相
प्राइमर [名*] 《E. primer》(1) 初等読本 (2) 入門書
प्राइमरी [形] 《E. primary》初等の；初歩の प्राइमरी शिक्षा 初等教育 प्राइमरी स्कूल 小学校 〈primary school〉＝प्राइमरी पाठशाला; प्राथमिक पाठशाला.
प्राइमेट [名] 《E. primate》〔動〕霊長類霊長目の動物
प्राइमेटीज़ [名] 《E. Primates》〔動〕霊長目＝प्राइमेट्स; नर-वानर गण.
प्राइवेट[1] [形] 《E. private》(1) 私の；私的な；個人の；私用の；プライベートの प्राइवेट ट्यूटर 家庭教師 〈private tutor〉 (2) 民間の；私営の；私有の प्राइवेट कालोनी 民間住宅地 प्राइवेट क्लिनिक 個人医院；クリニック प्राइवेट कारोबार 私企業 प्राइवेट दफ़्तर 会社；民間企業 प्राइवेट फ़ैक्टरी 民間工場 (3) 内密の；秘密の
प्राइवेट[2] [名] 《E. private》兵卒；兵士
प्राइवेट कालेज [名] 《E. private college》〔教〕私立大学
प्राइवेट क्षेत्र [名] → प्राइवेट सेक्टर.
प्राइवेट डाक्टर [名] 《E. private doctor》開業医
प्राइवेट पढ़ाई [名*] 《E. private + H.》〔教〕通常の通学による就学ではなく検定試験制度による就学＝प्राइवेट पढ़ाई क॰. この制度による学士課程は प्राइवेट बी॰ए॰, 修士課程は प्राइवेट एम॰ए॰ と呼ばれる
प्राइवेट प्रैक्टिस [名*] 《E. private practice》(医者や弁護士などの) 個人営業；開業＝निजी प्रैक्टिस.
प्राइवेट प्लेसमेंट [名] 《E. private placement》〔経〕(証券の) 私募
प्राइवेट बी॰ए॰ [名] 《E. private B. A.》〔教〕検定試験制度による (文) 学士号 मैंने प्राइवेट बी॰ए॰भी पास किया 検定による (文) 学士課程の試験にも合格した
प्राइवेट सेक्टर [名] 《E. private sector》私企業部門＝प्राइवेट क्षेत्र.
प्राइवेट सेक्रेटरी [名] 《E. private secretary》私設秘書；個人秘書
प्राक्- [接頭] 下接する語に次のような意味を加える．下接語の語頭音が有声音であれば प्राग् となる (1) 時間的に先立つ；先行する；前の；先の；最初の；原 प्राक्वृक्क 前腎 प्राक्विटामिन プロビタミン (2) 空間的に前の；前方の
प्राक् [名] 東；東方＝पूर्व; पूरब.
प्राकट्य [名] ←प्रकट. 明白なこと；明らかなこと；明白になること；現れること
प्राकर्षिक [形] (1) 優先すべき (2) すぐれている；優秀な；選ばれた
प्राकाम्य [名] プラーカーミヤ (8 種の神通力の一で，意のままの姿になる力) → सिद्धि.
प्राकार [名] (1) 周囲を取り囲む壁や塀；囲い＝घेरा; बाड़. (2) 城壁；塁壁；城郭＝कोट; परकोटा.
प्राकारी [形] 囲いのある；囲いの巡らされた；囲われた प्राकारी नगर 城郭都市
प्राकृत[1] [形] (1) 自然の；天然の (2) 自然な；当然な (3) 本来の (4) 生来の；生得の
प्राकृत[2] [名*]〔言〕プラークリット語 (中期インドアーリア語の総称)
प्राकृतिक [形] (1) 自然の；自然界の；大自然の；自然界にある प्राकृतिक शक्तियाँ 自然の力 प्राकृतिक दृश्य 自然の光景 प्राकृतिक घटना 自然現象 प्राकृतिक जगत् 自然界 प्राकृतिक सुंदरता 自然美＝प्राकृतिक सौंदर्य. (2) 自然界による；自然のもたらす प्राकृतिक विपदा 天災 (3) 人工の加わらない；天然の प्राकृतिक ईंधन 天然燃料 प्राकृतिक उर्वरक 天然肥料 प्राकृतिक गैस 天然ガス प्राकृतिक चुंबक 天然磁石 प्राकृतिक जल 天然水 प्राकृतिक रेशम 本絹；正絹 प्राकृतिक रेशे 天然繊維 प्राकृतिक विटामिन 天然ビタミン प्राकृतिक संपदा 天然資源＝प्राकृतिक साधन. (4) ひとりでに生じる；自ずからの；当然の；自然な अपनी रक्षा करना प्रत्येक व्यक्ति का कर्त्तव्य है, प्राकृतिक माँग है 自衛は各人の義務であり当然の要求である यौवन की प्राकृतिक माँग 青春の自然な要求
प्राकृतिक चिकित्सा [名*]〔医〕自然療法
प्राकृतिक चुनाव [名]〔生〕自然淘汰＝प्राकृतिक वरण; सहज वरण. 〈natural selection〉
प्राकृतिक भूगोल [名] 自然地理学 〈physical geography〉
प्राकृतिक लिंग [名]〔言〕自然性 ↔ व्याकरणिक लिंग 文法性
प्राक्कथन [名] (1) 序文；端書き；緒言 (2) 前言
प्राक्कलन [名] 見積もり；評価
प्राक्कलित [形] 見積もられた；評価された प्राक्कलित मूल्य 見積もり額；評価額＝निरूपित मूल्य.
प्राक्कल्पना [名*] 仮定
प्राक्कल्पित [形] 仮定の；仮定された
प्रॉक्टर [名] 《E. proctor》〔教〕学生監
प्राक्तन[1] [形] (1) 以前の；前の；昔の (2) 昔の；古代の (3) 前世の
प्राक्तन[2] [名] 運命；運勢
प्राक्तनय [名] 教え子；以前の弟子 क्या अपनी किसी प्राक्तनय छात्रा से ऐसा मज़ाक कर सकती थी? 昔の教え子にこのような冗談を言うことができましたか
प्राक्सी [名*] 《E. proxy》(1) 委任状；代理投票＝प्रतिपत्र. (2) 代理人＝प्रतिपत्री; परोक्षी.
प्राग् [接頭] → प्राक्. प्राग्वैदिक सभ्यता ヴェーダ時代以前の文明
प्रागार [名] 家；建物
प्रागुक्त [形] 前に述べた；先に述べられた
प्रागुक्ति [名*] 前言＝पूर्वकथन.
प्रागैतिहासिक [形] 先史の；有史以前の प्रागैतिहासिक काल 先史時代 प्रागैतिहासिक कालीन 先史時代の
प्राग्जीव महाकल्प [名]〔地〕原生代 〈Proterozoic Era〉
प्राग्जैविक [形]〔地〕無生代の 〈azoic〉
प्राग्दक्षिणा [名*] 東南の方角；東南方
प्राग्र [名] 極；極点
प्राग्वचन [名]＝प्राक्कथन.
प्राङ्मुख[1] [形] 東向きの＝पूर्वाभिमुख.
प्राङ्मुख[2] [副] 東向きに
प्राचार्य [名] 校長；学校長 सरकारी और सरकारी सहायता प्राप्त स्कूलों के प्राचार्य 公立学校及び公的援助を受けている学校の校長
प्राची [名*] (1) 東；東方＝पूर्व; पूर्व दिशा; पूरब. प्राची का अरुणाभ क्षितिज 東の赤みの差した地平線 (2) 前；前方
प्राचीन [形] 古代の न्याय पंचायत प्राचीन भारतीय परंपरा पर आधारित है 司法パンチャーヤットは古代のインドの伝統に基づいている प्राचीन धर्म ग्रंथ 古代の聖典 प्राचीनकाल 古代 प्राचीन काल और मध्यकाल 古代と中世 (2) 古い (3) 東の；東方の
प्राचीनतम [形] 最古の；最も古い
प्राचीनतर [形] 更に古い；より古い；一層古代の
प्राचीनता [名*] ←प्राचीन. (1) 古さ भारत की सभ्यता की प्राचीनता インド文明の古さ (2) 古めかしさ
प्राचीर [名] (1) 城壁；塁壁；城郭 (2) 四方を囲む高い塀や壁 हमें न बाँधो प्राचीरों में おれたちを塀で囲まないでくれ
प्राचुर्य [名] 多くあること；豊富なこと；潤沢
प्राच्य[1] [形] (1) 東の；東方の (2) 東洋の प्राच्य पद्धति की लगभग 200 केश विन्यास पद्धतियाँ 東洋風の約 200 の髪型 प्राच्य सभ्यता 東洋文明
प्राच्य[2] [名] (1) 東方 (2) 東洋
प्राच्यविद् [名] 東洋学者；オリエンタリスト
प्राच्यविद्या [名*] 東洋学
प्राच्यवेत्ता [名] 東洋学者；オリエンタリスト
प्राजक [名] 駆者；御者；馭者＝सारथी.
प्राजन [名] 鞭＝कोड़ा; चाबुक.
प्राजापत्य[1] [形] (1) プラジャーパティの (2) プラジャーパティから生じた→ प्रजापति.
प्राजापत्य[2] [名] (1)＝प्राजापत्य विवाह. (2)〔ヒ〕節食・断食を行う 12 日間にわたるヴラタ (戒行)
प्राजापत्य विवाह [名]〔ヒ〕プラジャーパティ婚 (古代インドで正統的とされた結婚様式の一．マヌ法典 3 - 30)
प्राजापत्या [名*]〔ヒ〕世俗生活を捨てる際に一切の財産を施与すること
प्राज्ञ[1] [形] (1) 頭のよい；賢い；利口な (2) 学問のある；知識のある；学識のある
प्राज्ञ[2] [名] (1) 賢人 (2) 学者；智者
प्राज्ञता [名*]＝प्राज्ञत्व.
प्राज्ञत्व [名] (1) 賢明さ；頭の良さ (2) 学識；学殖
प्राज्ञा [名*] 知性；理性
प्राज्ञी [名] (1) 賢人 (2) 学者
प्राज्य [形] (1) 沢山の；多くの；大量の＝प्रचुर; अधिक. (2) 大きい；立派な；堂々とした

प्राण [名]（普通，pl. 扱い）(1) 呼吸；息 (2) 息；呼吸する空気 (3) 命；生命；生命力；生命力を保たせるものと考えられている 5 種の気，もしくは，生気（प्राण, अपान, समान, उदान, व्यान）；生命エネルギー；プラーナ हम दोनों एक प्राण दो देह हैं 私たち 2 人は一心同体です वह मेरे लिए प्राणों के समान था その人は私にとっては自分の命も同然の人だった (4) 精力；活力 (5) 魂；霊魂 मूर्ति में प्राण प्रतिष्ठित किया गया 神像に入魂がなされた **प्राण अँधेरा हो॰** 失望する **प्राण अटकना** *a.* 生命の危険が生じる *b.* 気になる；心配になる *c.* 死にきれない **प्राण अरगाना** 肝を冷やす **प्राण आ॰** 安堵する；ほっとする **प्राण उठ जा॰** 甚だあわてる；あわてふためく **प्राण उड़ जा॰** *a.* 死ぬ *b.* 肝がつぶれる *c.* 茫然となる **प्राण उतावला क॰ (- हो॰)** あわてる；あわてふためく **प्राण ओंटना** 苦労する **प्राण ओठों तक आ॰** *a.* 危機に陥る *b.* 死にかける *c.* 肝がつぶれる **प्राण कंठ तक आ॰** = प्राण ओठों तक आ॰. **प्राण कँपाना** 震えあがらせる नभ अपने वज्र प्रहारों से धरती के प्राण कँपाता है 天は雷で打って大地を震えあがらせる **(-के) प्राण काँपना** （ーが）震えあがる；怯える **प्राण का ग्राहक** *a.* 命を狙う *b.* 悩ませる；苦しませる **(-के) प्राण खाना** （物をねだって人を）悩ませる **(-के) प्राण खिंचना** （ーが）命を落とす **(-के) प्राण ख़ुश्क रहना** 震えあがる **प्राण ख़ुश्क हो॰** = प्राण ख़ुश्क रहना. **(-के) प्राण खोना** （ーが）死ぬ **(-के) प्राण गँवाना** = प्राण खोना. **(-के) प्राण गले को आ॰** *a.* （ーが）死にかける *b.* （ーが）大変困る **प्राण गूँथ दे॰** 命を吹き込む；生き生きとさせる **(-के) प्राण चंचल हो॰** 落ち着きがなくなる；落ち着かなくなる **(-के लिए) प्राण चढ़ाना** （ーに）命を捧げる **प्राण चलना** 死ぬ；息が切れる；息が絶える；絶命する **(-पर) प्राण छिड़कना** （ーを）大変可愛がる **(-से) प्राण छुटाना** （ーを）避ける；（ーから）逃げる **(-के) प्राण छूटना** （ーの）息が切れる；死ぬ **(-से) प्राण छूटना** （ーから）逃れる **प्राण छोड़ना** 息を引き取る；絶命する；死ぬ **प्राण जा॰** *a.* 大変辛い思いをする；死ぬほど苦しい思いをする *b.* 息を引き取る；死ぬ **(-पर) प्राण जा॰** （ーが）大好きになる；大変気に入る **प्राण जुड़ाना** 楽しむ；喜ぶ **(-में) प्राण टंगा रहना** （ーに）気がもめる；（ーが）気にかかる **(-में) प्राण डालना** （ーを）復活させる；よみがえらせる；（ーに）活気を戻らせる **प्राण तजना** = प्राण खोना. **प्राण तड़पना** 焦る **प्राण त्यागना** = प्राण खोना. **(-के लिए) प्राण दिये दे॰** （ーを）大変欲しがる **प्राण दे॰** *a.* 命を絶つ मैं स्वयं प्राण दे दूँगी 自ら命を絶つつもりです *b.* 命を投げ出す；命がけでする तो क्या प्राण देकर काम करोगे? それじゃ命がけでやるのかね *c.* 大変な苦労をする；とても辛い目に遭う **प्राण नहों में समाना** *a.* 激しく動揺する；落ち着きがなくなる *b.* ひどく怯える **प्राण नाख़ून में आ॰** = प्राण नहों में समाना. **प्राण निकलना** *a.* 生気や輝きがなくなる *b.* とても苦しむ *c.* 怯える *d.* 死ぬ प्राण निकाले नहीं निकले, इस लिए अपने उन बच्चों की खोज में निकला हूँ 死のうとしても死ねなかったのであの子らを探しに出たのです **(-के लिए) प्राण निकालकर रख दे॰** （ーに／ーのために）全身全霊を捧げる **(-के) प्राण निकाल ले॰** （ーの）魂を奪う；魅了する **प्राण निछावर क॰** 命を捧げる **(-के) प्राण पक जा॰** （ーが）大変悲しい思いをする **(-के) प्राण पखेरू उड़ जा॰** （ーの）息が切れる；絶命する；死ぬ **(-के) प्राण पत्ते पर हो॰** （ーが）臆病な **प्राण पयान क॰** 息を引き取る；死ぬ **प्राण पलट आ॰** 希望がよみがえる **प्राण पिघलना** 哀れみを催す；同情する **(-में) प्राण फूँकना** = प्राण डालना. बटन उनमें प्राण फूँकता है ボタンがそれをよみがえらせる देवालय के बाह्य कलेवर में प्राण फूँके जा सकें 神社の外観をよみがえらせることができるように **प्राण बचाना** *a.* 逃げる；逃れる *b.* 助ける；守る **(-में) प्राण बसना** （ーに）深く愛着を持つ（ーが）大好きな **प्राण मुँह को आ॰** = प्राण ओठों तक आ॰. **प्राण मुँह तक आ॰** = प्राण ओठों तक आ॰. **प्राण मुट्ठी में लिए रहना** 命がけでする **प्राण में प्राण आ॰** ほっとする；安心する；安堵する सरदार की बात सुनकर मेरे प्राण में प्राण आये 親方の話を聞いてほっとした **प्राण रखना** 命を保つ；生命を保つ **प्राण रहते** 命の限り；生きている限り；命の続く限り **प्राण लगा रखना** 大好きな **प्राण लेकर भागना** 一目散に逃げ出す **(-के) प्राण ले ले॰** *a.* （ーの）命を奪う；（ーを）殺す *b.* （ーを）激しく苦しめる *c.* （ーの）魂を奪う **(-के) प्राण लौट आ॰** 危うく助かる；命拾いをする उसकी तो जैसे प्राण ही लौट आए थे 命拾いをしたも同然だった **प्राण वारना** 命を捧げる **(-के) प्राण शूली पर टँगा रहना** 気が気でならない；心配でたまらない **(-के) प्राण सनसनाना** （ーが）怯える；震えあがる **(-के) प्राण सुखाना** 苦しむ **प्राण सूखना** ひどく怯える；肝を冷やす；死にそうになる लड़कियों को पास देखकर मेरे प्राण सूखने लगते हैं 女の子が近くにいるととても怖くなるんだ ठंडा-ठंडा पानी पिलाओ दोस्त, प्राण सूखे जा रहे हैं ねえ君，うんと冷たい水を飲ませてくれ．死にそうだ **(-के) प्राण हनना** （ーに）とても辛い思いをさせる **(-के) प्राण हरना** *a.* （ーを）殺す；（ーの）命を奪う *b.* （ーを）激しく苦しめる；悩ます **(-के) प्राण हरे हो॰** 嬉しくなる；楽しくなる；喜ぶ **प्राण हाथ में लिए रहना** = प्राण मुट्ठी में लिए रहना. **प्राण हारना** *a.* 死ぬ *b.* 気力が失せる **(-के) प्राणों का प्यासा** （ーの）命を狙う **प्राणों की आहुति दे॰** 命を捧げる；命がけでする **प्राणों की पुतली** 最愛のもの **प्राणों की बाजी लगाकर** 命がけで प्राणों की बाजी लगाकर भी वे मेरी दुखिया बहन की रक्षा करें 命をかけても哀れな私の妹を守ってやって下さることを願う **प्राणों की भीख माँगना** 命乞いする **प्राणों के प्राण** 命より大切なもの；最愛のもの **(-के) प्राणों के साथ हो॰** （ーにとっての）とても大切なもの **(-के) प्राणों को चुरा ले॰** （ーを）魅了する；虜にする **(-के) प्राणों को पड़ना** （ーを）大変悩ませる；ひどく苦しめる **प्राणों को मुट्ठी में ले॰** 命を懸ける **(-के) प्राणों को सोखना** （ーを）震えあがらせる **प्राणों पर आ पड़ना** 命が危うい；命が危険にさらされる **प्राणों पर आ बनना** = प्राणों पर आ पड़ना. **प्राणों पर खेलना** 命を惜しまずにする अपने प्राणों पर खेलकर 命を賭して；命がけで **(-के) प्राणों पर बीतना** *a.* （ーの）命が危うい *b.* （ーが）死ぬ *c.* （ーが）耐える；忍ぶ **(-के) प्राणों में समा जा॰** *a.* （ーを）深く思う；（ーに）惚れ込む *b.* （ーを）とても恐れる **प्राणों से खेलना** 命がけでする；命知らずのことをする；命を惜しまない **प्राणों से प्राण लगाना** 愛する；恋する **प्राणों से हाथ धोना** 命を失う

प्राणकर [形] 栄養のある；滋養のある

प्राणकष्ट [名] 断末魔の苦しみ

प्राणकृच्छ्र [名] = प्राणकष्ट.

प्राणघातक [形] 致命的な；命に関わる

प्राणच्छेद [名] 殺害

प्राणजीवन [名] (1) 生命の源 (2) 最愛の人

प्राणत्याग [名] 自殺；自害= आत्महत्या; आत्मघात; ख़ुदकुशी. प्राण-त्याग क॰ 自殺する；自害する

प्राणत्व [名]〔言〕呼気 ⟨breathing⟩

प्राणथ [名] (1) 呼吸 (2) 空気

प्राणदंड [名] 死刑；極刑

प्राणद[1] [形] (1) 生命を与える (2) 生命を守る

प्राणद[2] [名] (1) 水 (2) 血；血液

प्राणदाता [形] = प्राणद.

प्राणदान [名] (1) 助命 प्राणदान दे॰ 助命する (2) 命を投げ出すこと (3) 命を与えること；生命を与えること

प्राणदायक [形] (1) 生命を与える (2) 生気を与える शुद्ध और प्राणदायक वायु きれいな活力を与える空気

प्राणदायिनी [形*] (1) 生命を与える (2) 活力を与える प्राणदायिनी शक्ति 活力 "भारत माता की जै" इस नारे में कितनी प्राणदायिनी शक्ति थी! 「インド万歳！」というスローガンにどれほどの活力があったことか

प्राणधन [名] (1) 命より大切なもの；最愛のもの (2) 夫 (3) 愛人

प्राणधार[1] [形] 生きている；生命を持つ；命あるもの

प्राणधार[2] [名] 生き物

प्राणधारण [名] (1) 生命を保つこと (2) 生命保持の手段

प्राणधारी[1] [形] 生きている；生命を持つ

प्राणधारी[2] [名] 命あるもの；生き物；生類

प्राणन [名] (1) 生命を与えること (2) 生命；命

प्राणनाथ[1] [名] (1) 生命の支配者 (2) 最愛の人 (3) 夫 (4) 愛人 (5) ヤマ यम

प्राणनाथ[2]〔人名〕プラーナナート（1618–1694. グジャラート出身の宗教家・思想家．様々な宗教の普遍的合一を説いた）

प्राणनाथी [名] プラーナナート派（プラーナナートの興した一派）とその信徒

प्राणनाश [名] (1) 死 (2) 殺害

प्राणनाशक [形] 殺す；殺害する

प्राणनिग्रह [名] (1) 呼吸を整えること (2)〔ヨガ〕制息；調気；調気法

प्राण-पखेरू [名] 命；生命（を鳥になぞらえた表現） एक दिन उसके प्राण-पखेरू उड़ गए ある日男は亡くなってしまった
प्राणपण [名] 命を賭すこと；命を懸けること **प्राणपण से** 命がけで；命を賭して प्राणपण से चेष्टा क॰ 命がけで努力する राजेंद्र ने जब जैसी इच्छा प्रकट की महेंद्र ने उसे प्राणपण से पूरा किया ラージェーンドラの述べた願いは何であれマヘーンドラは命がけで叶えてやった
प्राणपति [名] = प्राणनाथ[1].
प्राणपरिग्रह [名] 生命を得ること；生まれ変わること
प्राणपूरक [形] 活力を与える；生命力に満ちた
प्राणप्यारा [形+] 最愛の；命ほど大切な；命以上に大切な
प्राणप्रतिष्ठा [名*] (1) 生命を与えること；命を吹き込むこと (2) 入魂（神像などに魂を入れること） प्राणप्रतिष्ठा के बाद मूर्ति देवता बन जाती है, उसके पहले तो पत्थर है 入魂すると像は神になるが，それまでは石なのだ विष्णु भगवान् की स्वर्ण-मूर्ति बनाकर उसमें प्राणप्रतिष्ठा कराने के बाद ヴィシュヌ神の金像をこしらえそれに入魂してもらった後
प्राणप्रद [形] (1) = प्राणद. (2) 命を守る (3) 健康を増進させる
प्राणप्रिय [形・名] 最愛の（人）= प्राणप्यारा.
प्राणप्रिया [名*] 最愛の人；最愛の女性
प्राणभृत् [形・名] 命あるもの；命を持つもの
प्राणमय [形] 生命を有する；命のある
प्राणयात्रा [名*] (1) 呼吸（すること） (2) 生命の営み (3) 生計；生業
प्राणयोग [名] = प्राणायाम.
प्राणरंध्र [名] 身体の孔（特に口や鼻孔）
प्राणरक्षा [名*] 救命 लाखों की प्राणरक्षा 無数の人の命を救助すること
प्राणलेवा [形] 命を狙う；命を奪う प्राणलेवा शत्रु 不倶戴天の敵
प्राणवंत [形] 生きている；命のある= सजीव; जीवंत.
प्राणवती [形*] 生命力のある→ प्राणवान्. भारतीय संस्कृति कितनी प्राणवती और चिरायु है インド文化はなんという生命力を持ち不滅であることか
प्राणवत्ता [名*] 生命の存すること；生命力 अपनी संस्कृति की प्राणवत्ता का ज्ञान 自分の文化の生命力についての知識
प्राणवध [名] 殺害；殺生
प्राणवल्लभ [名] (1) 最愛のもの (2) 夫 (3) 愛人
प्राणवान् [形] 生命を持つ；生命のある= प्राणी; जीव.
प्राणवायु [名*] (1) 生命を活動させる生気；5種の気= प्राण. (2) 生き物= जीव; प्राणी. (3) 酸素
प्राणव्यय [名] 死= मृत्यु; मौत; देहांत.
प्राणसंकट [名] 生死の瀬戸際
प्राणहंता [形・名] 殺す；殺害する
प्राणहर [形・名] (1) 命を奪う；殺す (2) 精力を奪い取る
प्राणहानि [名*] 死= मृत्यु; मौत.
प्राणहारक [形] = प्राणहर.
प्राणांत [名] 死；死去；絶命= मरण; प्राणनाश. उनका प्राणांत हो गया あの方がお亡くなりになった प्राणांत होते ही शंख बजाया जाता है 絶命と同時にほら貝が吹き鳴らされる
प्राणांतक [形] (1) 致命的な= घातक. (2) 猛烈に苦しい；死にそうな苦しみのある
प्राणांतिक[1] [形] = प्राणांतक.
प्राणांतिक[2] [名] 殺害= हत्या; वध; कत्ल.
प्राणाघात [名] (1) 生命に対する危害 (2) 殺害
प्राणाचार्य [名] 御典医= राजवैद्य; राजचिकित्सक.
प्राणातिपात [名] 殺害；殺生
प्राणाधार[1] [形] 最愛の= प्राणप्रिय.
प्राणाधार[2] [名] (1) 夫 (2) 愛人
प्राणाधिक [形・名] 最愛の；命より大切な
प्राणाधिप [名]〔イ哲〕アートマン आत्मन्
प्राणायतन [名] 身体から気（プラーナ प्राण）の出る穴，すなわち，両眼，両耳，鼻，口，肛門，陰部の合計9つの穴
प्राणायाम [名]〔ヨガ〕ヨーガにおける制息；呼吸を整え制御すること．調気法；調息
प्राणायामी [形] 調息を行う
प्राणाहुति [名*] (1) プラーナーフティ（5つの気 प्राण に食事前に5つのお供えを捧げること） (2) 命を捧げること；殉難；殉死 **प्राणाहुतियाँ दे॰** 命を捧げる；殉死する उसने असमत की हिफ़ाज़त के लिए आग की लपटों में अपनी प्राणाहुतियाँ दे दी थीं その女性は貞操を守るために紅蓮の炎に身を投じた
प्राणिक [形] 気（प्राण）の；プラーナの
प्राणित [形] (1) 生命を与えられた (2) 生きている
प्राणि-परिमंडल [名] 動物界 ⟨zoological realm⟩
प्राणिवध [名] 殺生= प्राणिहिंसा.
प्राणि विज्ञान [名] 動物学 ⟨zoology⟩
प्राणि विज्ञानी [名] 動物学者 ⟨zoologist⟩
प्राणि शास्त्र [名] 動物学→ प्राणि विज्ञान.
प्राणी[1] [形] 生きている；生命を持つ
प्राणी[2] [名] (1) 生き物；生物；動物 (2) 人；人間 (3) 夫と妻 दोनों प्राणी 夫婦 जलीय प्राणी 水生動物 सामाजिक प्राणी 社会的動物 मनुष्य मूलतः सामाजिक प्राणी है 人間は本来社会的動物である परिवार में थे सिर्फ़ दो प्राणी 家族はたったの2人だった（夫婦2人だった）
प्राणेश [名] (1) 生命を司るもの (2) 夫 (3) 最愛の人= प्राणेश्वर.
प्राणोत्सर्ग [名] 死；死亡= मृत्यु; मौत.
प्राणोपेत [形] 生命を持つ；生命のある
प्रातः [名・副] 早朝（に）；夜明け（に）；朝早く= सवेरा; तड़का (तड़के).
प्रातःकर्म [名]〔ヒ〕起床後になすべき洗顔，歯磨き，排尿，排便など一連の身繕い
प्रातःकार्य [名] = प्रातःकर्म.
प्रातःकाल [名] (1) 早朝；夜明け (2) 朝 (3) 午前中
प्रातःकालिक [形] = प्रातःकालीन.
प्रातःकालीन [形] (1) 夜明けの；早朝の (2) 朝の (3) 午前中の
प्रातःकृत्य [名] = प्रातःकर्म.
प्रातःस्मरण [名]〔ヒ〕早朝行われる祈祷，読経，賛歌の詠唱など朝のお勤め
प्रातःस्मरणीय [形] 拝すべき；尊敬すべき；尊い（敬称として用いられる）= पूज्य.
प्रातराश [名] 朝食；朝餉；朝の食事として食べる軽食= कलेवा; जलपान. (भोजन とは異なる)
प्राति [名*] 親指と人差し指との間の部分
प्रातिनिधिक [形] ←प्रतिनिधि. (1) 代表の (2) 代表的な
प्रातिपद [形] (1) 陰暦各半月の第1日目の (2) 同上に行われる (3) 最初の
प्रातिपदिक [名]〔言〕名詞語幹 ⟨stem; noun base⟩
प्रातिभ [形] (1) 才能の (2) 才能による (3) 直観の；直観的な प्रातिभ ज्ञान 直観
प्रातिभासिक [形] (1) 幻覚の (2) 虚像の
प्रातिशाख्य [名] プラーティシャーキャ（ヴェーダの発音の綱要書）
प्रातिहारिक [名] (1) 門番 (2) 魔術師= प्रातिहार.
प्रातिहार्य [名] (1) 奇跡 (2) 魔術
प्राथमिक [形] (1) 第1の；1番目の；最初の；重要な；優先的な प्रत्येक स्त्री का प्राथमिक कर्तव्य 全ての女性の第一の義務 (2) 初等の प्राथमिक पाठशाला 小学校= प्राथमिक विद्यालय; प्राइमरी स्कूल. (3) 初期の；最初の (4) 一番上の；一番強い；一番の；第1の **प्राथमिक बलाघात**〔言〕第一強勢 ⟨primary stress⟩
प्राथमिक उपचार [名] 救急；急場の手当；救急の手当；応急手当= प्राथमिक चिकित्सा.
प्राथमिकता [名*] (1) 最初であること；第1であること (2) 優先；重点 **(-को) प्राथमिकता दे॰** （－を）優先する；重視する；（－に）重点を置く महिला कथाकारों को प्राथमिकता दी जाती है 女流作家が優先される इस कार्यक्रम में कृषि को सब से अधिक प्राथमिकता दी गई है この計画では農業に最重点が置かれている
प्राथमिक शिक्षा [名*] 初等教育 → माध्यमिक शिक्षा 中等教育.
प्रादुर्भाव [名] 現れること；生じること；出現；誕生 बौद्ध धर्म का प्रादुर्भाव 仏教の出現 हिंदी का प्रादुर्भाव ヒンディー語（カリーボーリー語）の誕生 चेहरे की मनहूसियत दूर होकर उसमें मधुरता, आकर्षण और सुंदरता का प्रादुर्भाव हो सके 表情に陰気さがなくなり優しさと魅力と美しさが現れるように
प्रादुर्भूत [形] 現れた；出現した；誕生した
प्रादुष्करण [名] 現出；出現させること；顕示

प्रादेश [名] (1) 命令；指令 (2) 委任統治 (3) プラーデーシャ（親指と人差し指とをいっぱいに広げた長さの単位） (4) 親指と人差し指との間の部分
प्रादेश क्षेत्र [名] 委任統治領
प्रादेशिक [形] (1) 州の कांग्रेस की प्रादेशिक कार्यकारिणी 国民会議派州執行委員会 (2) 領土の；領地の ऐसा सह-अस्तित्व जो अनाक्रमण और एक दूसरे की प्रादेशिक अखंडता के आदर करने के सिद्धांत पर आधारित हो 軍事力の不行使と領土の不可分性（保全）を尊重する原則に立つような共存 (3) 地域の；地域的な
प्रादेशिकता [名*] 特定地域の利益を優先させる考え方や主張（に基づく運動）；地域利益偏重主義 〈provincialism〉＝ प्रांतीयता.
प्रादेशिक समुद्र [名] 領海
प्रादेशिक सेना [名*] 国防義勇軍〈Territorial Army〉
प्राधनिक[1] [形] 戦う；戦をする
प्राधनिक[2] [名] 武器＝ युद्ध सामग्री; अस्त्र-शस्त्र.
प्राधान्य [名] (1) 支配（的なこと）；優勢（なこと）；卓越；優勢 (2)〔言〕（音声の）プロミネンス〈prominence〉
प्राधिकार [名] (1) 構成 (2) 権限 (3) 特権
प्राधिकार पत्र [名] 委任状
प्राधिकारिक [形] (1) 権威に関する (2) 権限に関する (3) 特権に関する
प्राधिकारिवर्ग [名] 当局
प्राधिकारी[1] [形] (1) 権力のある (2) 権限のある (3) 特権のある
प्राधिकारी[2] [名] (1) 権限を持つ者 (2) 権威者；大家
प्राधिकृत [形] 権限を授けられた
प्राध्यापक [名]（大学などの教育機関の）教授
प्राध्यापन [名] 教授（すること） दिल्ली विश्वविद्यालय में प्राध्यापन करनेवाले एक मनोवैज्ञानिक का यही मत है これがデリー大学で教える心理学者の意見だ
प्राध्यापिका [名*]（女性）教授→ प्राध्यापक. मिरांडा हाउस में प्राध्यापिका ミランダハウス・カレッジの教授
प्रॉपर्टी [名*] 《E. property》(1) 不動産＝ अचल संपत्ति. (2) 土地；地所＝ जमीन-जायदाद.
प्रॉपर्टीज़ [名] 《E. properties》不動産会社
प्रॉपर्टी डीलर [名] 《E. property dealer》不動産屋；不動産会社
प्राप्त [形] (1) 得た；得られた；手に入った；入手した；獲得された (2) 受けた मृत्युदंडप्राप्त कैदी 死刑囚 (3) 達成された；達した मतदान का अधिकार प्राप्त नागरिक 選挙権を得た市民 सूर्य से प्राप्त ऊर्जा 太陽（から得られた）エネルギー **प्राप्त क°** *a.* 得る；獲得する；手に入れる वह भगवान को धन से प्राप्त करना चाहता था 男は富によって神を得ようと思っていた अधिकार प्राप्त करने पर भी वह जनता की गरीबी नहीं भूल सके 権力を得たにもかかわらず民衆の貧困を忘れることができなかった *b.* 達成する उस लक्ष्य को प्राप्त करने के लिए その目標を達成するために महिलाओं की चक्काफेंक में भारत की अनुसूया ने 39 दशमलव 65 मीटर की दूरी प्राप्त करके रजत पदक जीता インドのアヌスーヤーが女子円盤投げで 39.65m の成績を収めて銀メダルを獲得した **प्राप्त हो°** *a.* 得られる；手に入る भोजन से शरीर को ऊर्जा प्राप्त होती है 肉体には食物からエネルギーが得られる अपने बच्चों की देखभाल स्वयं करके जो आत्मसंतुष्टि प्राप्त होती है 自ら自分の子供の面倒を見て得られる充実感 *b.* 達する；到達する वह धीरे-धीरे वृद्धावस्था को प्राप्त हो गया やがて老齢に達した
प्राप्तकर्ता [名] (1) 受取人 प्राप्तकर्ता का नाम 受取人名 (2) 受け入れ側 प्राप्तकर्ता का शरीर （臓器移植手術の）受け入れ側の身体
प्राप्तकाल [名] (1) 頃合 (2) 最期；死期
प्राप्तदोष [形] 欠陥のある；瑕のある
प्राप्तपंचत्व [形] 死亡した；五大に帰した＝ मरा हुआ; मृत.
प्राप्तयौवन [形] 年頃の；適齢期の＝ जवान.
प्राप्तयौवना [形*] ＝ प्राप्तयौवन.
प्राप्तव्य [名] 支払われるべきもの
प्राप्ति [名*] (1) 得ること；手に入れること；入手；獲得；達成 जीवन का अंतिम व सब से महत्त्वपूर्ण लक्ष्य मोक्षप्राप्ति करना बतलाया गया था 人生の最終で最大の目標は解脱を得ることとされた ईश्वर-प्राप्ति के लिए 神を自分の目で拝むために स्वतंत्रताप्राप्ति की भावना 独立達成の思い (2) 到達すること निर्वाण की प्राप्ति 涅槃に到達すること स्वर्ग की प्राप्ति 天国に至ること (3) 受け取ること；受け取り (4) プラープティ（8種の神通力の一．これにより欲するものが全て得られるとされる）→ सिद्धि. (5)〔演〕大団円
प्राप्य [形] (1) 得られる；入手できる (2) 支払われるべき；受け取れる
प्राबल्य [名] (1) 強さ；強力さ＝ प्रबलता. (2) 支配；優勢；卓越；優越＝ प्रधानता.
प्राभृत [名] (1) 贈り物＝ उपहार. (2) 貢ぎ物＝ नज़र. (3) 賄賂＝ रिश्वत; घूस.
प्रामाणिक [形] (1) 権威のある；信頼すべき पक्षियों के संबंध में प्रामाणिक पुस्तकें 鳥に関する権威書 (2) 正真正銘の；本物の (3) 正しい प्रामाणिक जानकारी 信頼すべき情報；確実な情報
प्रामाण्य [名] (1) 確実性；信頼性；信憑性 (2) 真正なこと (3) 正しさ
प्रॉमिसरी [形] 《E. promissory》支払い約束の
प्रॉमिसरी नोट [名]《E. promissory notes》約束手形＝ प्रॉमिसरी नोट्स; रुक्का; प्रोनोट; वचन-पत्र.
प्रायः [副] (1) たいてい；大概；ほとんど पुरुष प्रायः दाढ़ी रखते थे 男子はたいていあごひげを蓄えていた (2) およそ；だいたい प्रायः सब 九分九厘＝ लगभग सब.
प्राय- [接頭・造語] ほぼ，ほとんど，大体，たいていなどの意を付加する प्रायद्वीप 半島 प्रायभव よくある；普通の प्रायवृत्त 楕円形の
-प्राय [接尾]（－）に似た，（－）に類似した，ほぼ（－）したなどの意を加える मृतप्राय 半死半生の；死にかけた
प्रायण [名] (1) 移動 (2) 生まれ変わること（死後に別の肉体に移ること）；転生 (3) 死ぬこと；死亡 (4) 断食を伴う願行ヴラタ व्रत の終了に際して食べる食物
प्रायद्वीप [名] 半島＝ प्रायोद्वीप; जज़ीरानुमा. बालकन प्रायद्वीप バルカン半島
प्रायभव [形] ありふれた；よくある；ありきたりの＝ साधारण.
प्रायशः [副] たいてい；しばしば；大方＝ प्रायः.
प्रायश्चित्त [名] (1) 罪の償い；罪の償いの苦行 अपने पापों का प्रायश्चित्त करता रहा ずっと罪の償いを続けた यह तो प्रायश्चित्त है, कोई हँसी-खेल थोड़े ही है これは罪の償いなんだよ．お遊びなんぞじゃないんだ (2) 贖罪；あがない
प्रायश्चित्तीय [形] 罪の償いの；贖罪に関わる
प्रायिक [形] (1) 通例の；通常の；普通の (2) ありそうな；起こりそうな；よくある
प्रायिकता [名*] (1) 見込み；公算 (2) 確率〈probability〉
प्रायिक नियम [名]〔数〕確率の法則〈laws of probability〉
प्रायोगिक [形] (1) 実験的な (2) 試験的な (3) 実用的な；実用の
प्रायोजक [名] 保証人；発起人；後援者；スポンサー
प्रायोजित [形] 保証された；後援された प्रायोजित क° 保証する；後援する
प्रारंभ [名] (1) 物事の初め；最初；起こり प्रारंभ में आशा की गई थी कि उपग्रह पृथ्वी की कक्षा में छह मास तक रहेगा 最初，衛星は地球を回る軌道上に 6 か月間留まるものと期待された (2) 開始；始めること उसने खुली हुई कापी से नज़र उठाकर कमरे का जायजा लेना प्रारंभ कर दिया 開いたノートから目を上げて部屋の様子を窺い始めた
प्रारंभिक [形] (1) 初めの；最初の；初期の ईसा के बाद की प्रारंभिक शताब्दियों में 西暦紀元の最初の数世紀に जोशी ने प्रारंभिक वर्षों में पत्रकार के रूप में कार्य किया 最初の頃ジョーシーはジャーナリストとして活動した प्रारंभिक सत्र （株式市場の）最初の立ち会い；寄り付き कैंसर की प्रारंभिक अवस्था がんの初期 परीक्षणों के प्रारंभिक परिणाम एक महीने के अंदर उपलब्ध होने लगेंगे 実験の一次的な結果は 1 か月以内に得られるようになろう (2) 初等の प्रारंभिक शिक्षा 初等教育
प्रारक्षण [名] (1) 保留；留保 (2) 予約
प्रारक्षित [形] (1) 保留された；留保された (2) 予約された
प्रारब्ध[1] [形] 始まった；始められた
प्रारब्ध[2] [名] (1) 運勢；運命 (2) 開始されていること
प्रारब्धि [名*] 開始；始まり＝ आरंभ; आरम्भ; शुरू; शुरुआत.
प्रारब्धी [形] 幸運な；運の強い＝ भाग्यवान; भाग्यशाली.
प्रारम्भ [名] ＝ प्रारंभ.
प्रारम्भिक [形] → प्रारंभिक.

प्रारूप [名] (1) 草案；草稿= मसौदा. संविधान का प्रारूप 憲法草案 संयुक्त विज्ञप्ति का प्रारूप 共同声明の草案 (2) 試作品 गोबर गैस यंत्र का प्रारूप तैयार भी किया गया था 牛糞ガス発生器の試作品が作られもした
प्रारूपकार [名] 起草者；立案者
प्रारूपिक [形] 典型的な
प्रारोह [名] = प्ररोह.
प्रार्थक [名・形] (1) 依願者；依頼する (2) 志願者；志願する
प्रार्थना [名*] (1) 懇願；懇請；頼み；依頼 दादी जी, आपसे एक प्रार्थना है おばあちゃん, 1つお願いがあるの (2) 祈り；祈祷 (-से) प्रार्थना क॰ *a.* (ーに) 懇願する；依頼する *b.* (ーに) 祈る
प्रार्थनापत्र [名] (1) 願書 (2) 申請書 (3) 請願書；陳情書；嘆願書
प्रार्थना समाज [名]〔ヒ〕プラールタナー・サマージ（ヒンドゥー教改革運動のために 1867 年にボンベイに設立された団体）
प्रार्थनीय [形] (1) 懇願さるべき；懇請すべき；依頼すべき (2) 祈るべき
प्रार्थित [形] (1) 望まれた；求められた；願われた (2) 祈られた
प्रार्थी [形・名] (1) 請願する（人）；依頼する（人）；希う（人） (2) 志願する（人）；志願者；応募者 प्रार्थियों की कतार 志願者の列
प्रालंब [形・名] (1) 垂れ下がった（もの） (2) 首から胸に垂らす装身具や飾り物
प्रालेख [名] 草案；草稿；下書き
प्रालेय[1] [名] (1) 雪 (2) 氷 (3) 雹
प्रालेय[2] [形] 天地破滅の→ प्रलय.
प्रालेयाद्रि [名] ヒマーラヤ山= हिमालय.
प्रावदा [名]《R. Pravda》プラウダ（ソ連共産党中央委員会機関紙）
प्रावधान [名] 規定；決まり गलत किस्म के पत्रपत्रिकाओं के विरुद्ध काररवाई का प्रावधान 誤ったジャーナリズムに対処する規定 यह प्रावधान है कि उसकी जगह पर कोई दूसरा चौकीदार तुरंत रखा जाना चाहिए その人の代わりに他の警備員を直ちに採用すべしという規定がある अधिनियम के प्रावधानों का उल्लंघन करने वालों को दंड की राशि के रूप में 条例の規定の違反者に対する罰金として
प्रावरण [名] (1) 覆い（の布）= ढक्कन. (2) 羽織る物；引っかけるようにして着用する着物；チャーダル = चादर.
प्रावसादन [名] (1) 意気消沈 (2) 不景気；不況 (3)〔気象〕低気圧
प्रावालिक [名] 珊瑚商人
प्राविधान [名] 規定；決まり→ प्रावधान.
प्राविधि [名*] 技術；テクノロジー विज्ञान और प्राविधि 科学と技術
प्राविधिक [形] 技術的な；技術上の
प्राविधिकता [名*] (1) 専門；専門的なこと (2) 専門知識 (3) 専門事項
प्राविधिज्ञ [名] 専門家
प्रावीण्य [名] 熟達；熟練 → प्रवीण.
प्रावृत[1] [名] (1) 覆い（覆うための布） (2) 羽織って着る着物
प्रावृत[2] [形] (1) 囲まれた= घिरा हुआ. (2) 覆われた= आच्छादित.
प्रावृति [名*] 囲い
प्रावृषा [名*] 雨季= वर्षा ऋतु.
प्रावृषिक [形] 雨季の；雨季に関する
प्राव्राज्य [名] (1) 行乞者や遍歴者の生活 (2) 遍歴→ प्रव्रज्या.
प्राश [名] (1) 食事をとること (2) 食事；食べ物
प्राशक [名] 食事をする人；食べる人
प्राशन [名] (1) 食事をすること (2) 食事させること (3) 味わうこと (4) 味わわせること (5) 子供の食い初めの儀式= अन्नप्राशन.
प्राशनीय [形] 食べられる；食用になる= खाने के योग्य; खाने के लायक.
प्राशित[1] [形] (1) 食べられた= खाया हुआ; भक्षित. (2) 味わわれた= चखा हुआ.
प्राशित[2] [名] 祖霊の供養= पितृयज्ञ; तर्पण.
प्राशित्र [名] (1)〔ヒ〕供犠に供された物の一部でブラーフマンに贈られる物 (2) それを入れる容器
प्राशी [形] (1) 食べる= खानेवाला. (2) 味わう= चखनेवाला.
प्राशु[1] [形] 急ぎの；急用の
प्राशु[2] [名] 食べること= खाना; भक्षण.
प्राश्निक[1] [形] (1) 問う；質問する；たずねる= पूछनेवाला. (2) 試す= परीक्षक.
प्राश्निक[2] [名] (1) 質問者= प्रश्नकर्ता. (2) 試験官= परीक्षक.
प्रासंग [名] (1) 棹秤（竿秤）の棹（竿） (2) 棹秤（竿秤）
प्रासंगिक [形] (1) 関連のある；関係のある；関連性のある (2) 当面の；適切な (3) 付随的な；付帯的な；偶発的な
प्रासंगिकता [名*] (1) 関連性 (2) 適切さ (3) 付随性；偶発性
प्रास [名] (1) 投げること= फेंकना; प्रक्षेपण. (2) 投げ槍= भाला; बरछी. (3) 距離 (4) 範囲
प्रासन[1] [名] 投げること；投擲
प्रासन[2] [名] = प्राशन.
प्रासविक [形] (1) 出産に関する (2) 産科に関する→ प्रसव.
प्रासविक विज्ञान [名] 産科学
प्रासाद [名] (1) 宮殿 क्रेमलिन प्रासाद クレムリン宮殿 (2) 大邸宅；豪壮な建物；館；殿堂
प्रासादीय [形] (1) 宮殿の；宮殿のような (2) 豪壮な；広大な；堂々たる
प्रास्ताविकी [名*]〔修辞〕主題
प्राहुण [名] 客；客人= अतिथि; पाहुना.
प्रिंट [名]《E. print》(1) 印刷；プリント (2) 染め物の模様；柄 बड़े प्रिंट वाली साड़ियाँ 大柄のサリー (3) プリント地；捺染の布 (4) 捺染 कृत्रिम रेशों के प्रिंट किये हुए कपड़े 人造（化学）繊維のプリント地
प्रिंटर [名]《E. printer》(1) 印刷屋；印刷者；印刷業者 (2) 印刷機；印字機；プリンター
प्रिंटिंग [名*]《E. printing》印刷；印刷業= मुद्रण.
प्रिंटिंग इंक [名]《E. printing ink》印刷用インク
प्रिंटिंग प्रेस [名]《E. printing press》印刷機（特に手動印刷機；ハンドプレス）
प्रिंटिंग मशीन [名*]《E. printing machine》印刷機
प्रिंटिंग हाउस [名]《E. printing house》印刷所；印刷屋
प्रिंटेड [形]《E. printed》(1) 印刷した；印刷された (2) 捺染した；プリントの प्रिंटेड शिफ़न 捺染のシフォン
प्रिंटेड मैटर [名]《E. printed matter》印刷物（郵便）
प्रिंस [名]《E. prince》(1) 王子；皇子；親王；プリンス= राजकुमार; राजकुँवर. (2)（公国など小国の）君主；王；公；プリンス प्रिंस फ़िलिप エジンバラ公；プリンス・フィリップ (3) 公爵
प्रिंस आफ़ वेल्स [名]《E. Prince of Wales》プリンス・オブ・ウェールズ（英国皇太子の称号）
प्रिंसिपल [名]《E. principal》(1)（上級学校の）校長 (2) 元金
प्रियंकर [形] (1) 愛情や情けを寄せたりかけたりする (2) 喜ばせる；感じのよい
प्रियंगु [名*] (1) = कंगनी. (2) = राई.
प्रियंवद [形] (1) 言葉の美しい；言葉の優しい (2) 感じのよい；愛想のよい
प्रिय[1] [形] (1) 親しい；愛しい；親愛なる；愛する (2) 好きな；愛好する；気に入りの आप का प्रिय खेल 貴方のお好きなスポーツ अपने प्रिय अभिनेता 自分の好きな俳優 कानपुर का 'जमाना' और लाहौर का 'मखज़न' इनके प्रिय रिसाले थे カーンプルの「ザマーナ」誌やラーホールの「マクザン」誌がこの方のお気に入りの雑誌だった प्रिय भोजन 好きな食べ物；好物 मेरी प्रिय कहानियाँ 自選短編集 आम कोयल का प्रिय आहार है マンゴーはオニカッコウの好物です (3) 愛らしい；可愛い (4) 手紙の書き出しの中で親しい間柄で用いられる言葉
प्रिय[2] [名] (1) 夫 (2) 愛人；恋人
प्रियजन [名] (1) 親しい人 (2) 親類= सगा संबंधी.
प्रियतम[1] [形] 一番親しい；大好きな；最愛の
प्रियतम[2] [名] (1) 夫 (2) 恋人；愛人
प्रियतमा [名*] (1) 妻 (2) 恋人；愛人
प्रियता [名*] 好むこと；愛好（すること，されること） आदिम जनजातियों में आभूषण प्रियता सर्वत्र मिलती है 部族民の間では装身具の愛好が至る所で見られる शांतिप्रियता 静けさを好むこと；平静を好むこと；争いを避けること
प्रियदर्शन [形] (1) 容貌のすぐれた；容貌の美しい；美貌の (2) 美しい；きれいな (3) 美しく感じのよい
प्रियदर्शी[1] [形] すべてのものに優しい眼差しを向ける；すべての人に優しい
प्रियदर्शी[2] [名] マウリヤ王朝のアショーカ王 अशोक の敬称
प्रियपात्र [形・名] 気に入りの（人）；好きな（人）；愛しい（人）

प्रियभाषी [形] (1) 言葉の優しい；優しい言葉をかける (2) 感じのよい；愛想のよい
प्रियवर [形] 最愛の（普通，男性宛の手紙の書き出しに用いられる）
प्रियवादी [形] 言葉の優しい；言葉遣いの優しい；優しい言葉をかける= मधुर भाषी.
प्रियविप्रयोग [名]〔仏〕愛別離苦= प्रियविप्रयोग दुःख.
प्रियांबु [名] (1) マンゴーの木= आम का पेड़. (2) マンゴーの実
प्रिया [名*] (1) 妻= पत्नी; भार्या. (2) 恋人；愛人= प्रेमिका. (3) 女性= स्त्री; नारी.
प्रियात्मा [形] 優しく感じのよい
प्रियाप्रिय[1] [形] 好悪の；好き嫌いの
प्रियाप्रिय[2] [名] 損得；利害
प्रिये [名*]《Skt.sg.,voc.》 प्रिया のサンスクリット呼格形で妻や恋人などに親しく呼びかける用法 क्या बताऊँ प्रिये! मैंने क्या देखा そなたになんと話したらよいものか，予が何を目にしたかと
प्रियोक्ति [名*] (1) 優しい言葉；親切な言葉 (2) 追従の言葉
प्रिविलेज लीव [名*]《E. privilege leave》一定年限の勤務をした人に与えられる特別休暇= विशेषाधिकार अवकाश.
प्रिवी कांसल [名]《E. Privy Council》枢密院（英国皇室の枢密院，すなわち，皇室諮問会に倣って設置された独立前のインドの藩王国の司法関連問題の最高諮問機関）
प्रिस्क्रिप्शन [名] (1)〔医〕処方；処方箋= नुस्खा. प्रिस्क्रिप्शन का परचा 処方箋 (2)〔医〕処方薬
प्रिस्म [名]《E. prism》プリズム
प्रीत[1] [形] (1) 嬉しい；喜んだ= प्रसन्न; हर्षित. (2) 愛おしい；愛らしい= प्रिय.
प्रीत[2] [名*] = प्रीति.
प्रीतम [名] = प्रियतम.
प्रीति [名*] (1) 喜び；嬉しさ (2) 愛情；慈しみ (3) 好意
प्रीतिकर [形] 愛らしい；感じのよい；好感を与える
प्रीतिकारक [形] = प्रीतिकर.
प्रीतिदान [名] 愛情を込めた贈り物
प्रीतिभोज [名] 宴会；祝宴；パーティー नववर्ष के दिन उनके नये शाखा-प्रबंधक ने सभी कर्मचारियों को एक प्रीति-भोज पर आमंत्रित किया 元日に新しい支店長が全職員をパーティーに招いた
प्रीतिविवाह [名] 恋愛結婚= प्रेम विवाह.
प्रीमियम [名]《E. premium》(1) 割り増し金；プレミアム (2) 保険料；掛け金 (3) 奨励金；特別賞与
प्रीमियम चाय बाग़ान [名]《E. premium + H.चाय+ P. باغان बाग़ान》高級品種栽培を行う茶園
प्रीमियर[1] [名]《E. premiere》(1)〔演〕初演 (2)〔映〕プレミアムショー；特別封切り= चैरिटी प्रीमियर.
प्रीमियर[2] [名]《E. Premier》首相；内閣総理大臣 = प्रधान मंत्री.
प्रीस्ट [名]《E. priest》〔キ〕キリスト教聖職者；カトリック司祭；神父
प्रूफ़ [名]《E. proof》(1) 校正刷り；ゲラ (2) 証明；証拠 **प्रूफ़ उठाना** ゲラを刷る
प्रूफ़रीडर [名]《E. proof reader》(1) 校閲係 (2) 校正係
प्रूफ़रीडिंग [名]《E. proof reading》校正
प्रूफ़शोधन [名]《E. proof + H.》校正= प्रूफ़ संशोधन.
प्रूफ़ स्पिरिट [名]《E. proof spirit》プルーフスピリット；標準強度のアルコール飲料
प्रूम [名]《← E. plumb》測鉛；測錘
प्रेक्षक [名] (1) 見物人 (2) 観察者；観測者 (3) 消息筋；消息通；観測筋 राजनैतिक प्रेक्षक 政治消息通
प्रेक्षण [名]（理科などの）観察；観測 प्रेक्षण बिंदु 観測点 प्रेक्षण स्थल 観測地
प्रेक्षणीय [形] 観察すべき；観測すべき
प्रेक्षा [名*] (1) 見ること；見つめること= देखना. (2) 眺め= दृश्य; नज़ारा. (3) 見物 (4) 演技 (5) 考えること；考察
प्रेक्षागार [名] (1) 劇場や演技場の観覧席；見物席 (2) 会議場
प्रेक्षागृह [名] = प्रेक्षागार.
प्रेक्षावान [形] 思慮深い；賢明な
प्रेक्षित [形] 観察された；観測された
प्रेक्षी[1] [形] 見る；観察する；観測する
प्रेक्षी[2] [名] (1) 観客 (2) 観測者；観察者
प्रेक्ष्य [形] 観察すべき；見るべき
प्रेजिडेंट [名]《E. president》(1) 大統領 (2) 総裁 (3) 会長 (4) 社長
प्रेजेंट [名]《E. present》プレゼント；贈り物= उपहार; भेंट.
प्रे०ट्र० [名]《E. Press Trust of India; PTI》インドの通信社プレストラスト・オブ・インディアの略称
प्रेत[1] [名] (1) 死者；死人 (2) 死者の魂；亡霊；死霊 (3)〔ヒ〕プレータ（人が死んでから祖霊界に入るまでの存在）；亡者；餓鬼 (4) 亡霊；幽霊；悪霊；怨霊 (5) 祖霊 (6) 地獄に堕ちた者 (7) おぞましい人；悪漢；悪辣な男 **प्रेत लगना** 怨霊に取り憑かれる
प्रेत[2] [形] この世を去った；死去した；死亡した；死んだ= मरा हुआ; मृत. इनपर प्रेत आत्माओं के वास होते हैं これらの木に死人の霊（亡霊）が住む
प्रेतकर्म [名]〔ヒ〕火葬から 12 日目に行われる死者の霊を祖霊に導くまでの一連の葬儀
प्रेतकार्य [名] = प्रेतकर्म; प्रेतकृत्य.
प्रेतगृह [名] 墓地；墓場；火葬場= श्मशान; मसान; मरघट.
प्रेततर्पण [名]〔ヒ〕死霊に水を供える供養
प्रेतता [名*] = प्रेतत्व.
प्रेतत्व [名]〔ヒ〕プレータとしての存在；プレータの境涯
प्रेतदेह [名*]〔ヒ〕死後祖霊界に入るまでの存在の姿= प्रेतशरीर.
प्रेत नदी [名*] (1)〔ヒ〕ヤマの世界の境界，すなわち，この世とあの世の境界に流れているとされる川，ヴァイタラニー川= वैतरणी. (2)〔仏〕三途の川
प्रेतनी [名*] ←प्रेत. (1) プレータの女 (2) おぞましく心の邪な女
प्रेतपक्ष [名] = पितृपक्ष.
प्रेतपति [名] 冥界の王ヤマ= यम.
प्रेतपर्वत [名]〔ヒ〕ビハール州ガヤー गया の祖霊供養の霊場となっている山
प्रेतपावक [名] 沼地などに生じる燐光
प्रेतपिंड [名]〔ヒ〕死者の霊が祖霊になるまでの間（12 日間，古くは 1 年間）供えられる握り飯（ピンダ） → पिंड.
प्रेतभूमि [名*] 墓場；火葬場
प्रेतराज [名] (1)〔ヒ〕ヤマ यम (2)〔ヒ〕シヴァ神 शिव
प्रेतलोक [名]〔ヒ〕死者の世界；よみ（黄泉）；冥界の王ヤマの支配する世界
प्रेतवन [名] 火葬場；墓地= श्मशान; मरघट.
प्रेतशरीर [名]〔ヒ〕死者の霊が祖霊になるまでにとるとされる姿 → प्रेत[1] (3).
प्रेतशिला [名*] = प्रेतपर्वत.
प्रेतशुद्धि [名*] 死の忌みが祓われること
प्रेतश्राद्ध [名]〔ヒ〕死後 1 年間に行われる供養
प्रेता [名*] = प्रेतनी.
प्रेतात्मवाद [名] 心霊論
प्रेतात्मविद्या [名*] 心霊研究
प्रेतात्मा [名*] 死者の霊；死霊 यह गड़ा हुआ धन, उसपर बैठी प्रेतात्मा की बातें 埋められている宝物，それについている死霊の話
प्रेतावास [名] 墓場；火葬場
प्रेताशौच [名]〔文人〕人の死に関わる不浄；黒不浄
प्रेम [名] (1) 愛；愛情；思い；好意；思いやり भगवान की सच्ची पूजा के लिए सच्चा भाव और प्रेम चाहिए 神を本当に礼拝するには本当の気持ちと本当の思いがなければならない पति का सच्चा प्रेम 夫の真の愛情 हिंदी के प्रति राजेंद्र बाबू का प्रेम ヒンディー語に対するラージェーンドラ氏の愛情 हर्ष को बौद्ध धर्म से प्रेम था ハルシャ王は仏教に好意を抱いていた उसकी दाढ़ी जैसे-जैसे बढ़ती गई, रजुआ के धर्म-प्रेम का समाचार भी फैलता गया あごひげが伸びるにつれてラジュアーの信心の噂も広がって行った मेरा स्वयं अपार प्रेम था बेचारी बूढ़ी पर, मगर... 気の毒な老女に対する思いやりの気持ちは私自身も限りないものを抱いていたのだが सभी लोग आपस में प्रेम-भाव से रहें みんなお互い仲よく暮らすようにしなさい मातृभाषा-प्रेम 母語に対する愛情 (2) 愛好；好むこと；親しむこと एंडरसन को संगीत से बहुत प्रेम था アンダーソンは音楽をとても愛好していた सिगरेट की बजाय दूध से प्रेम करना タバコの代わりに牛乳が好きになる (3) 恋；恋愛 प्रेम से असफल होना 失恋する प्रेम-उपन्यास 恋愛小説 प्रेम अंधा होता है 恋は盲目なり (-) **प्रेम क॰** *a.*（ーを）可愛がる；愛撫する *b.*（ーに）犬がじゃれつく (-से) **प्रेम क॰**（ーを）好く；（ーが）好きになる；（ーに）恋を

प

する= (-से) जी लगाना. **प्रेम का अंकुर जमाना** 恋が芽生える **प्रेम का कांटा लगना** 恋に落ちる **प्रेम की ज्वाला दहकना** 恋心が燃え立つ **प्रेम की डोर में बँधना** 恋に落ちる= प्रेम की बेड़ी पड़ना. **प्रेम जोड़ना** *a.* 好きになる दूध से प्रेम जोड़ना 牛乳が好きになる *b.* 恋をする **प्रेम ठानना** = प्रेम जोड़ना. **प्रेम डोर में बँधना** = प्रेम में पगना. **प्रेम न रखना** 諦める **प्रेम में पगना** 恋に焦がれる **प्रेम में लिपटे रहना** = प्रेम में पगना. **प्रेम लड़ाना** 激しい恋をする **प्रेम से** *a.* 心をこめて；心から मैंने उसे बड़े प्रेम से भोजन कराया 真心こめて食事をさせた प्रेम से बोलो जय महावीर 心をこめて唱えよう「マハーヴィール万歳」 *b.* のんびり；暢気に सुबह हुई और वह देखती है कि बकरी देहरी पर बैठी प्रेम से उसे देख रही है 夜が明けてみるとなんと山羊はかまちに座り込んでのんびりと自分のほうを眺めているではないか

प्रेम काव्य [名]〔イ文芸〕中期ヒンディー文学の中でスーフィズムの影響下に作られた一群の詩（मलिक मुहम्मद जायसी, उसमान, कुतबन, मंझन などがその代表的な詩人）の呼称

प्रेमक्रीड़ा [名*] 愛情表現；求愛行動；ディスプレー पक्षियों में प्रेमक्रीड़ा अलग अलग प्रकार से होती है 鳥の愛情表現の方法は様々である

प्रेमजाल [名] 恋の罠 प्रेमजाल में फँसना 恋に落ちる

प्रेमपात्र [名] お気に入り；好きな人 श्यामा का प्रेमपात्र नंदन है シャーマーのお気に入りはナンダンなのだ

प्रेमपूर्ण [形] 優しさに満ちた；とても優しい；愛情に満ちた；心のこもった प्रेमपूर्ण व्यवहार 大変優しい振る舞い

प्रेमभक्ति [名*]〔ヒ〕クリシュナやラーマに対する信愛や熱烈な信仰

प्रेम रोग [名] 恋煩い

प्रेम रोगी [名] 恋患いをしている人

प्रेमलक्षणा भक्ति [名*] = प्रेमभक्ति.

प्रेमलीला [名*] ロマンス；ローマンス；恋愛= रोमांस.

प्रेमविवाह [名] 恋愛結婚 (-से) प्रेमविवाह क॰ （ーと）恋愛結婚する

प्रेमसंबंध [名] 恋愛関係

प्रेमांकुर [名] 恋の芽生え；恋愛の始まり

प्रेमाख्यान [名] 恋愛小説；ロマンス；恋物語

प्रेमाचार [名] 恋愛（関係）

प्रेमालाप [名] 愛の語らい；恋人の語らい

प्रेमालिंगन [名] 愛情をこめて抱きしめること；抱擁 प्रोफ़ेसर साहब ने उसकी बाँह पकड़कर प्रेमालिंगन में भर लिया 教授は彼の手を取りあふれんばかりの愛情をこめて抱きしめた

प्रेमाश्रु [名] 愛情からほとばしる涙

प्रेमास्पद [名] 恋人；愛人

प्रेमिका [名*] 恋人；愛人；彼女 उसने प्रेमिका की हत्या के बाद खुदकुशी की कोशिश की थी 恋人と無理心中を図った

प्रेमी [形・名] (1) 恋する（人）；恋人 (2) 愛好する人 कला के प्रेमी और संरक्षक 芸術の愛好者で庇護者 प्रेमी आत्मा 説法をする師が信徒に対する呼びかけの言葉 पक्षी-प्रेमी 愛鳥家 प्राकृतिक दृश्यों के बड़े प्रेमी 天然の美の大いなる愛好家

प्रेय[1] [形] 大変愛しい；大好きな

प्रेय[2] [名] (1) 最愛の人 (2) 夫 (3) 恋人

प्रेयस्[1] [形] 最愛の；一番好きな= प्रियतम.

प्रेयस्[2] [名] (1) 最愛の人 (2) 夫 (3) 最愛の友

प्रेयसी [名*] (1) 恋人；愛人 (2) 妻

प्रेयिंग मैंटिस [名]《E. preying mantis》〔昆〕カマキリ科カマキリ；蟷螂

प्रेरक[1] [形] 発奮させる；鼓舞する；奮い立たせる；鼓吹する बापू के जीवन से कुछ प्रेरक प्रसंग नीचे लिखे जा रहे हैं ガンディージーの生涯から発奮させる話を幾つか次に記してみよう प्रेरक और उद्देश्यपूर्ण साहित्य 鼓吹的，プロパガンダ的な文学

प्रेरक[2] [名] (1) 鼓舞する人；鼓吹者 (2) 刺激；動機；きっかけ

प्रेरणा [名*] (1) 励まし；激励；鼓吹；刺激 मानो उसे धोखा देने की प्रेरणा थी まるでだますのを励ますようなことだった यह पद्यांश अनेक लोगों के लिए प्रेरणा का स्रोत ही बन गया この句は多数の人たちを鼓舞する源泉となった (2) 思いつき；着想 इसकी प्रेरणा उसे फ़िल्मों से मिली थी これは映画から思いついた (3) 霊感；インスピレーション **प्रेरणा मिलना** *a.* 激励される；励まされる；鼓舞される *b.* 思いつく *c.* 霊感を得る

प्रेरणात्मक [形] (1) 鼓舞する (2) 霊感を与える

प्रेरणादायक [形] 鼓舞する；励ます；刺激的な；発奮させる रानी की कहानी बड़ी प्रेरणादायक और बड़ी साहसवर्द्धिनी है 王妃の物語は大いに鼓舞し大いに勇気を増さしめるものだ

प्रेरणार्थक [形] (1)〔言〕使役の (2) 刺激的な；鼓舞する **प्रेरणार्थक क्रिया**〔言〕使役動詞〈causative verb〉

प्रेरणावृत्ति [名*]〔社〕動機

प्रेरणा-स्रोत [名] 霊感の源泉；インスピレーションを与えるもの युवकों का प्रेरणा-स्रोत 若者たちにインスピレーションを与えるもの हमारे राष्ट्रीय स्वतंत्रता-संघर्ष में वे जनता के प्रेरणा-स्रोत थे あの方はわが国の民族闘争で民衆を鼓舞する源であった

प्रेरणाहीन [形] 刺激のない；緊張のない；だらけた प्रेम का बंधन बड़ा मूल्यवान है, इसके बिना जीवन सूना है, प्रेरणाहीन है 愛の絆はとても貴重なものだ．それがなくては人生は空しくだらけたものだ

प्रेरित [形] 励まされた；発奮させられた；鼓舞された；動かされた；刺激を受けた मार्क्सवाद से प्रेरित होकर マルクス主義に鼓舞されて **प्रेरित क॰** 励ます；発奮させる；鼓舞する；刺激する；動かす समय समय पर उन लोगों के काम आने के लिए भी पति को प्रेरित करना चाहिए 折々にその人たちの役に立つように夫を発奮させる必要がある **प्रेरित हो॰** 励まされる；発奮する；鼓舞される；刺激を受ける；動かされる वे किसी उद्देश्य से प्रेरित होकर कार्य करते हैं 何かの目標に動かされて活動する

प्रेशर [名]《E. pressure》圧力

प्रेशर कुकर [名]《E. pressure cooker》圧力釜；圧力鍋

प्रेशर पैन [名]《E. pressure pan》圧力鍋

प्रेषक [形・名] (1) 送る（人）；発送者；発信人 (2) 荷主；荷送り人

प्रेषण [名] (1) 発送；託送 समाचारों का प्रेषण 新聞の発送 (2) 伝達 (3) 発信；送信

प्रेषणीय [形] (1) 送られるべき；発送されるべき (2) 伝えるべき (3) 発信すべき；伝達すべき

प्रेषणीयता [名*] 伝達力；伝達能力；発信力= संप्रेषणीयता.

प्रेषित [形] (1) 送られた；発送された (2) 伝達された；発信された

प्रेषी [名] 送信機；発信機；発信装置

प्रेष्ठ [形] 最愛の= प्रियतम.

प्रेष्य [形] (1) 送るべき；送られるべき (2) 送れる (3) 伝達すべき

प्रेस [名]《E. press》(1) アイロンかけ；プレス प्रेस की भी ज़रूरत नहीं पड़ती アイロンかけの必要もない **प्रेस क॰** アイロンをかける；プレスする= लोहा क॰. (2) 圧縮機 (3) 圧縮；圧迫 (4) 印刷機 = प्रिंटिंग प्रेस. (5) 印刷所= छापाखाना. (6) 印刷= प्रिंटिंग; मुद्रण. (7) 新聞 (8) 報道関係；報道機関

प्रेस-अप [名]《E. press-up》〔ス〕腕立て伏せ

प्रेसकम्यूनिक [名]《E. press communique》プレスコミュニケ；公式発表= प्रेसविज्ञप्ति.

प्रेसकांफ्रेंस [名*]《E. press conference》記者会見= पत्रकार सम्मेलन.

प्रेसगैलरी [名*]《E. press gallery》報道記者席；新聞記者席= पत्रकार दीर्घा; पत्रकार गैलरी.

प्रेसनोट [名]《E. press note》プレスノート；新聞発表；記事発表

प्रेसपत्रक [名] 新聞発表〈press handout〉

प्रेसमैन [名]《E. pressman》(1) 印刷工 (2) 新聞記者；報道記者；レポーター

प्रेसरिपोर्टर [名]《E. press reporter》新聞記者；探訪記者；レポーター= समाचारदाता; संवाददाता.

प्रेसविज्ञप्ति [名*]《E. press + H.》新聞コミュニケ；公式発表

प्रेसिडेंट [名]《E. president》(1) 大統領 (2) 総裁；会長 (3) 社長

प्रेसिडेंसी [名*]《E. Presidency》〔イ史〕プレジデンシー（植民地インドの統括区分，管区．マドラス管区，ボンベイ管区，ベンガル管区があった） बम्बई प्रेसिडेंसी ボンベイ管区

प्रेसीडेंट [名] = प्रेसिडेंट.

प्रेसीडेंसी [名*] = प्रेसिडेंसी.

प्रेस्क्रिप्शन [名]《E. prescription》処方箋= नुसख़ा; नुस्खा.

प्रैक्टिस [名*]《E. practice》(1) 医者や弁護士の業務；仕事；開業 प्रैक्टिस अच्छी चल निकली थी 仕事は順調に滑り出していた (2) 練習；稽古 प्राइवेट प्रैक्टिस 個人開業= निजी प्रैक्टिस. सरकारी डाक्टरों के निजी प्रैक्टिस करने के कारण आम मरीज़ों का शोषण होता है 国公立病院の医者が個人開業をするものだから一般患者がひどい目に遭うことになる

प्रोंछन [名] (1) 拭くこと；拭うこと (2) 雑巾
प्रोक्त [形] 上述の；既述の；上に述べた= उपर्युक्त.
प्रोक्षण [名] (1) 水をかけること；水をふりかけること (2) 聖水をかけて浄めること (3) 供犠で動物を生け贄にすること
प्रोक्षणी [名*]〔ヒ〕(1) 供犠 यज्ञ に用いられる浄めの聖水 (2) 同上を入れるための容器
प्रोक्षित [形]〔ヒ〕(1) 聖水をかけて浄められた (2) 生け贄にされた
प्रोग्राम [名]《E. program》(1) 計画；企画；予定 हम लोगों ने पिकनिक का प्रोग्राम बनाया था ピクニックを計画した (2) 出し物；番組；プログラム 14 अक्टूबर को बच्चे स्कूल में रंग बिरंगे और दिलचस्प प्रोग्राम पेश करते हैं 10 月 14 日に子供たちは学校でいろんな興味深い出し物を出す (3) 要目 (4) 綱領 (5) 予定表
प्रोजेक्ट [名]《E. project》プロジェクト；計画；企画
प्रोटीन [名]《E. protein》蛋白質
प्रोटेस्टेंट [名・形]《E. Protestant》(1)〔キ〕プロテスタント；新教徒 (2) プロテスタントの；新教徒の
प्रोटेस्टेंट चर्च [名]《E. Protestant Church》〔キ〕プロテスタント教会
प्रोटेस्टेंट मत [名]〔キ〕新教；新教の教義〈protestantism〉
प्रोटेस्टेंट मिशनरी [名]《E. Protestant Missionary》〔キ〕プロテスタント伝道師
प्रोटोकाल [名]《E. Protocol》(1) 議定書 = पूर्वसंधि. (2) 儀礼；典礼= नयाचार.
प्रोटोज़ोआ [名]《E. protozoa》〔生〕原生動物類；原虫類
प्रोटोटाइप [名]《E. prototype》(1)〔史〕原型= आद्य रूप; आद्य प्ररूप. (2)〔生〕原形= आदिरूप.
प्रोटोन [名]《E. proton》〔物理〕陽子；プロトン
प्रोटोपेक्टिन [名]《E. protopectin》〔化〕プロトペクチン
प्रोडक्ट [名]《E. product》(1) 製品；製作品 एक नया प्रोडक्ट 新製品 (2) 産出物
प्रोडक्शंस [名*]《E. productions》映画製作所；プロダクション उन्होंने कलकत्ता में अपनी एम॰पी॰प्रोडक्शंस खोली थी カルカッタに自分の M.P. プロダクションを設立した
प्रोड्यूसर [名]《E. producer》プロデューサー जयपुर आकाशवाणी केंद्र में प्रोड्यूसर ジャイプル放送局のプロデューサー दूरदर्शन के प्रोड्यूसर テレビ局のプロデューサー
प्रोत [形] 充満した；行き渡った；横溢した
प्रोत्कट [形] とても激しい；強烈な
प्रोत्कर्ष [形・名] 最高の；最上の
प्रोत्थित [形] 載せられた；置かれた
प्रोत्सारण [名] 除去；排除
प्रोत्सारित [形] (1) 除かれた；除去された (2) 引き離された；はずされた
प्रोत्साहक [形] 励ます；強める；刺激する；鼓舞する；煽る
प्रोत्साहन [名] (1) 奨励；励まし；激励；後押し (2) 刺激；助長；煽り **प्रोत्साहन दे॰** *a.* 励ます；奨励する；後押しする वे कलाकारों को अनेक प्रकार के प्रोत्साहन देते रहते あの方は芸術家たちを様々な形で激励していらっしゃる खेल-कूद को प्रोत्साहन दे॰ スポーツを奨励する खेलकूद को प्रोत्साहन देने के लिए スポーツ振興のために *b.* 助長する；煽る जमाखोरी को प्रोत्साहन दे॰ 退蔵を助長する
प्रोत्साहित [形] (1) 奨励された；励まされた；後押しされた (2) 刺激された；煽られた；助長された **प्रोत्साहित क॰** *a.* 奨励する；励ます बच्चों को खेलकूद के लिए भी प्रोत्साहित क॰ 子供たちにスポーツも奨励する *b.* 煽る；助長する *c.* 刺激する；煽る；助長する
प्रोथ [名] (1) 豚や猪の突き出た口 (2) 馬の鼻（の先） (3) 腰 (4) 臀部
प्रोद्भवन [名] (1) 出現 (2) 生じること；発生
प्रोद्भूत [形] (1) 出現した；現れた (2) 生じた；発生した
प्रोनोट [名]《← E. promissory note》約束手形
प्रोन्नत [形] (1) 大変高い；高く位置した (2) 前へ突き出た
प्रोन्नति [名*] 昇進 आरक्षण की व्यवस्था प्रोन्नति के समय भी लागू हो 留保制度は昇進の際にも適用されるべきこと
प्रोपर्टी [名*]《E. property》(1) 財産；資産 = संपत्ति; दौलत. (2) 地所；所有地 (3)〔演〕小道具 = सामग्री; उपकरण.
प्रोपर्टी डीलर [名]《E. property dealer》不動産業者；不動産屋
प्रोपेलर [名]《E. propeller》プロペラ
प्रोपैगेंडा [名]《E. propaganda》プロパガンダ
प्रोपोज [名]《E. propose》(1) 提案；計画 (2) 結婚申し込み；プロポーズ
प्रोप्राइटर [名]《E. proprietor》(1) 持ち主；所有者 (2) 経営者
प्रोफ़ेसर [名]《E. professor》(1) 教授 (2)（大学の）教師に対する丁寧な呼びかけの言葉 प्रोफ़ेसर साहब! 先生！
प्रोफ़ेसरी [名*]《E. professor + H. -ई》教授（すること）
प्रोबेट [名]《E. probate》〔法〕遺言検認
प्रोबेशन [名]《E. probation》(1) 見習い期間；実習期間；試験期間；研修期間 प्रोबेशन पर लंबे समय तक शिक्षकों को रखने से दो फ़ायदे हैं 教員を長い間研修期間に置くと 2 つの利点がある (2)〔法〕保護観察 (3)〔法〕執行猶予；仮釈放= परिवीक्षा.
प्रोबेशन पीरियड [名]《E. probation period》〔法〕保護観察中；執行猶予中= परिवीक्षाकाल.
प्रोबेशनरी [形]《E. probationary》(1) 見習い期間の (2)〔法〕保護観察中の；執行猶予中の= परिवीक्षाधीन.
प्रोब्लेम [名*]《E. problem》問題；厄介な問題；難問= समस्या; मुश्किल. वह प्रोब्लेम हो जाएगी それは問題になりましょう
प्रोमिसरी नोट [名]《E. promissory note》約束手形= प्रोनोट; हैंडनोट; रुक्का.
प्रोमोशन [名]《E. promotion》(1) 昇進；昇格= पदोन्नति; प्रोन्नति; तरक्की. (2)〔教〕進級 (3) 振興；増進；奨励
प्रोमोशन टूर [名]《E. promotion tour》販売促進ツアー
प्रोलेटेरियट [名]《E. proletariat》プロレタリアート；プロレタリア階級；無産階級；労働者階級= सर्वहारा वर्ग; श्रमजीवी वर्ग.
प्रोलेटेरियन [形]《E. proletarian》プロレタリア階級の；プロレタリアの；プロレタリアによる
प्रोवाइस चांसलर [名]《E. pro-vice chancellor》副学長補佐
प्रोविजन स्टोर्स [名]《E. provision stores》食料品店；食糧雑貨店
प्रोवोस्ट [名]《E. provost》〔教〕学寮長
प्रोष [名] (1) 燃焼 (2) 激しい苦痛
प्रोषित [形] 異国や異郷に出掛けた；遠く異郷に暮らす
प्रोषितनायक [名]〔イ文芸〕妻と離れて異郷に暮らす主人公= प्रोषितपति.
प्रोषितनायिका [名*]〔イ文芸〕夫が異郷に暮らす女性；異郷の夫と別れて暮らす女性= प्रोषितपतिका.
प्रोषितमरण [名] 客死
प्रोषितयौवन [形] 青春の過ぎた（人）
प्रोष्ण [形] 高熱の；高温の= अत्यंत उष्ण.
प्रोसीडिंग [名*]《E. proceeding(s)》議事録= कार्यवाही.
प्रोसेशन [名]《E. procession》行列= जुलूस; शोभायात्रा.
प्रोसेसिंग [名]《E. processing》加工= संसाधन.
प्रोस्टेट ग्रंथि [名*]《E. prostate》〔解〕前立腺= पुरःस्थ ग्रंथि.
प्रौढ़ [形・名] (1) 成熟した (2) 成長した；成長を遂げた (3) 熟年の (4) 円熟した प्रौढ़ गद्यलेखक 円熟した散文の書き手 (5) しっかりした；がっしりした；丈夫な (6) 充実した (7) 重厚な (8) 器用な；熟達した (9) 成人 (10)〔生〕成体 (11)〔昆〕成虫
प्रौढ़ता [名*] ←प्रौढ़. (1) 成熟；成長 (2) 円熟 (3) 充実 (4) 熟達
प्रौढ़मताधिकार [名]〔政〕成年選挙権；成年参政権= वयस्क मताधिकार. 〈adult suffrage〉
प्रौढ़वाद [名] 断言
प्रौढ़-शिक्षा [名*]〔教〕成人教育〈adult education〉
प्रौढ़ा [名*] (1) 中年の女性；熟年の女性；熟女 युवावस्था में ही प्रौढ़ा दिखलाई पड़ने लगती है まだ若いのに熟年に達したように見受けられる (2)〔イ文芸〕プローラー（インドの詩論で女性主人公 नायिका の分類の一である स्वकीया, すなわち，貞女の三分類のうち年齢が高く性的な熟成度において一番上位に位置するものとされる．男女の愛情の機微や性愛学によく通じた中年女性 = प्रगल्भा）
प्रौढ़ाधीरा [名*]〔イ文芸〕プローラーディーラー（女性主人公の分類 नायिकाभेद において स्वकीया の一．夫を熱愛するが性愛には冷淡な女性）
प्रौढ़ावस्था [名*] 熟年 प्रौढ़ावस्था में ही वृद्धा बन जाती है まだ熟年のうちに老け込んでしまう
प्रौद्योगिकी [名*] 技術；テクノロジー；工学 आधुनिक प्रौद्योगिकी 近代的技術 उच्च प्रौद्योगिकी ハイテク उच्च प्रौद्योगिकी का इस्तेमाल

प

करते हुए ハイテクを用いて प्रौद्योगिकी स्नातक 工学士 प्रौद्योगिकी निष्णात 工学修士 अंतरिक्ष विज्ञान एवं प्रौद्योगिकी केंद्र 宇宙工学及び技術センター

प्लंबर [名] 《E. plumber》(1) 配管工；鉛管工＝ नलसाज (2) 水道業者；水道工事人

प्लकर [名] 《E. plucker》毛抜き

प्लक्ष [名] (1) ＝ पीपल. (2) ＝ पाकर. (3) ＝ प्लक्षद्वीप.

प्लक्षद्वीप [名]〔ヒ〕プラクシャ（ドヴィーパ）洲（プラーナの世界観で地上界を構成する七つの洲の一）

प्लग [名] 《E. plug》プラグ

प्लवक [形] (1) 浮く；浮上する；浮揚する (2) 泳ぐ

प्लवग[1] [形] (1) 飛び跳ねる (2) 泳ぐ

प्लवग[2] [名] (1)〔植〕マメ科高木ビルマネムノキ【*Albizzia lebbek*】＝ सिरस. (2)〔植〕クワ科高木【*Ficus infectoria*】 (3) 猿 (4) 蛙

प्लवन [名] (1) 泳ぎ (2) 浮揚 (3) 水浴 (4) 跳躍 (5) 洪水

प्लांट [名] 《E. plant》プラント

प्लाई [名*] 《E. ply》より（撚り）；こ（絇） सलाइयाँ तीन प्लाई के लिए 10 और 19 नंबर, चार प्लाई के लिए 9 और 10 नंबर 三つ撚りのためには 10 番と 11 番の編み針，四つ撚りのためには 9 番と 10 番の編み針

प्लाईवुड [名] 《E. plywood》合板；ベニヤ板

प्लाज़ा [名] 《E. plaza》プラザ；ショッピングセンター

प्लाज़्मा [名] 《E. plasma》(1)〔物理〕プラズマ प्लाज़्मा किरण プラズマ光線 (2)〔生理〕血漿

प्लाट [名] 《E. plot》 ＝ प्लॉट. (1) 区画；地面 200 गज़ ज़मीन का एक प्लाट 10 हज़ार रुपए में 200 ガズの 1 区画が 1 万ルピーで (2)〔文芸〕筋；プロット (3) 陰謀；策略

प्लाटून [名] 《E. platoon》〔軍〕小隊 **प्लाटून कमांडर** *a.*〔軍〕小隊長 *b.*〔軍〕陸軍中尉

प्लान [名] 《E. plan》プラン；計画；企画＝ योजना; परियोजना.

प्लायर्स [名] 《E. pliers》ペンチ（工具）＝ प्लायर.

प्लायोडिज [名]《E. Pleiades》〔天〕プレアデス星団；すばる（昴）

प्लाव [名] (1) ブイ (2) 浮き袋

प्लावन [名] (1) あふれ出ること (2) 洪水 (3) 沐浴

प्लावित [形] (1) あふれ出た (2) 洪水になった (3) 濡らされた

प्लावी हिमखंड [名] 氷原；浮き氷原；浮き氷塊〈E. ice floe〉

प्लावी हिमपुंज [名] 大浮氷群〈ice pack〉

प्लावी हिमशैल [名] 氷山〈iceberg〉

प्लास्टर [名] 《E. plaster》(1) 石膏 (2) 膏薬＝ पलस्तर. प्लास्टर की मूर्ति 塑像

प्लास्टर ऑफ़ पैरिस [名] 《E. plaster of Paris》焼き石膏

प्लास्टिक[1] [形] 《E. plastic》(1) プラスチックの；合成樹脂の；ビニールの प्लास्टिक उद्योग プラスチック産業 प्लास्टिक उद्योग का कच्चा माल プラスチック産業の原料 (2) プラスチック製の (3) 可塑性の＝ सुघट्य. (4) 形成の；形成外科の प्लास्टिक शल्यचिकित्सा 形成外科

प्लास्टिक[2] [名] 《E. plastic》プラスティック；合成樹脂 प्लास्टिक का कपड़ा ビニールの布 प्लास्टिक का फूलदान プラスチック製の花びん प्लास्टिक की सस्ती चप्पल ビニール製の安物のサンダル प्लास्टिक की टोकरी ビニールかご प्लास्टिक के फूल プラスチックの造花 कृत्रिम प्लास्टिक 合成樹脂 कुछ प्लास्टिक धातुओं से भी मज़बूत होते हैं 一部のプラスチックは金属よりも丈夫だ

प्लास्टिक टेप [名] 《E. plastic tape》(1) ビニールテープ (2) セロテープ

प्लास्टिक सर्जन [名] 《E. plastic surgeon》〔医〕形成外科医

प्लास्टिक सर्जरी [名*] 《E. plastic surgery》〔医〕形成外科

प्लास्टिसीन [名] 《E. plasticine》〔商標〕工作用粘土

प्लीज़ [感]《E. please》(1) お願いです；ねえお願い；どうもすみませんが राजू प्लीज़ ねえラージューお願いなの (2) どうぞ प्लीज़, लीजिए さあどうぞお召し上がり下さい

प्लीडर [名] 《E. pleader》弁護人；申立人；抗弁者 नेटिव प्लीडर 現地人弁護人

प्लीहा [名]〔解〕脾臓＝ तिल्ली. 〈spleen〉

प्लुत[1] [形] (1) 揺れた；振動した (2) 跳んだ；跳躍した；跳ねた (3) 沈んだ (4) ずぶぬれになった；びしょぬれになった (5)〔言〕（音量が長母音より長く発音される）超長の〈over-long〉；3 音量の長さの；3 拍の

प्लुत[2] [名] (1) アンブル（馬の歩き方） (2)〔言〕超長（母音の音量）；3 音量（母音の長さ）；3 拍 (3)〔イ音〕プルタ（12 アクシャラの拍）

प्लुतगति [形] 飛び跳ねて進む

प्लुति [名*] 弾むこと；跳ね回ること；飛び跳ねること

प्लूटो [名] 《E. Pluto》〔天〕冥王星

प्लूरिसी [名*] 《E. pleurisy》〔医〕肋膜炎

प्लेइंग कार्ड [名] 《E. playing card》トランプ；カルタ＝ ताश.

प्लेग [名*] 《E. plague》(1) 疫病；伝染病 (2)〔医〕ペスト

प्लेट [名*]《E. plate》(1)（金属や陶磁器の）皿；皿の類；プレート प्रत्येक प्लेट के साथ सोने-चाँदी के चम्मच और छुरी काँटे भी रखे गए それぞれのプレートに金銀のスプーンやフォーク，ナイフも添えられていた नाश्ते की प्लेट 軽食用のプレート (2) 金属の板；板金；延金 लोहे की प्लेट 薄い鉄板 निकल प्लेट ニッケル板 (3)〔写〕感光板；種板 (4) 表札；看板

प्लेटफ़ार्म [名] 《E. platform》(1) プラットホーム (2) 演壇；講壇 (3) バス乗降口＝ प्लैटफ़ार्म.

प्लेटफ़ार्म टिकट [名] 《E. platform ticket》駅の入場券

प्लेटिपस [名]《E. platypus》〔動〕カモノハシ科カモノハシ〈duckbill〉

प्लेटो 〔人名〕《E. Plato》プラトン（古代ギリシアの哲学者）

प्लेनेटेरियम [名] 《E. planetarium》プラネタリウム

प्लेनेरिया [名] 《E. planaria》〔生〕扁形動物プラナリア科プラナリア

प्लेबैक [名] 《E. playback》(1) 録音・録画のプレーバック；再生 (2)〔映〕吹き替え प्लेबैक पर गाना शुरू हुआ プレーバックで歌が始まった

प्लेसिंग [名] 《E. placing》〔ス〕（テニス）プレースメント

प्लैकार्ड [名] 《E. placard》プラカード；掲示；ポスター；貼り紙＝ इश्तहार. प्लैकर्ड चिपकाना (लगाना) ポスターを貼る

प्लैज़्मा [名] 《E. plasma》〔生〕プラズマ；細胞質

प्लैज़्मा झिल्ली [名*]〔生〕《← plasma membrane》細胞膜

प्लैटिनम [名] 《E. platinum》白金；プラチナ

प्लैटीहेल्मिन्थीज़ [名] 《E. platyhelminthes》〔動〕扁形動物＝ चपटे कृमि.

प्लैसेंटा [名] 《E. Placenta》胎盤＝ खेड़ी; अपरा.

प्लैस्टिक [名・形] → प्लास्टिक.

प्वाइंट [名] 《E. point》(1) 点 (2) 小数点 (3) 終止符 (4) 箇所；個所；ポイント；点 यही वह प्वाइंट है जहाँ पर हम भूल कर बैठते हैं ここが我々が過ちを犯してしまうポイントなんだ

फ

फंका［名］(1) 粉末状のものや粒状のものを掌にのせて放り込むようにして口に入れること，もしくは，そのようにして食べること (2) そのようにして口に入れる一口分，あるいは，一回分の分量 (-का) फंका क॰ (ーを) 駄目にする；つぶしてしまう；なくしてしまう फंका मारना (粉末状や粒状の食べ物や粉薬などを) 口に放り込む

फंकी［名*］(1) फंका の縮小形で，同義． (2) 粉薬 (の一服分や一包) (3) 小さなかけら फंकियाँ लगाना 粉薬を服用する एक दिन पेट में दर्द हुआ और सारे दिन मैं मछली की भाँति तड़पता रहा. फंकियाँ लगाईं, मगर दर्द न कम हुआ ある日，腹痛が起こり一日中のたうち回った．粉薬を飲んだが痛みは変わらなかった

फ़ंक्शन［名］《E. function》行事；催し；儀式；祭典；祝典

फंग［名］(1) 束縛；制約= बंधन. (2) 罠= फंदा; पाश. (3) 輪縄；引き結び= फंदा. (4) 服従；従属 फंग पड़ना 罠にかけられる；罠にかかる

फ़ंगस［名］《E. fungus》かび (黴)；かび菌；真菌類；菌類 रोटी में फ़ंगस या फफूंदी パンのかび

फ़ंजीसाइड［名］《E. fungicide》殺菌剤= फफूंडनाशक.

फंड[1]［名］蛇の鎌首= फण.

फंड[2]［名］下腹部；下腹= पेड़ू.

फंड[3]［名］(1) 輪縄；引き結び (2) 罠 (3) 策略；ぺてん；ごまかし

फ़ंड［名］《E. fund》基金；資金= कोष; निधि.

फंदना[1]［自］(1) 罠にかかる= फँसना. (2) だまされる；ぺてんにかかる= धोखा खाना. (3) うっとりする；魅了される

फंदना[2]［他］(1) 罠を仕掛ける (2) 罠にかける

फंदना[3]［自］飛び越える；またぐ= लाँघना.

फंदरा［名］= फंदा.

फंदा［名］(1) ものを縛るための輪の形にした縄や綱など；輪縄；引き結び फाँसी का फंदा 絞首刑の輪縄 (2) わな (罠)，落とし穴などの仕掛け धर्म के फंदे से निकलने का प्रयत्न 宗教の罠から逃れようとする努力 (3) 計略；策略；ぺてん；ごまかし (4) 織物や編み物の目 इकहरा फंदा〔手芸〕鎖目 फंदा टूटना 迷妄から解き放たれる फंदा डालना 罠にかける फंदा दे॰ *a.* 罠にかける *b.* だます；欺く (-पर) फंदा पड़ना (ーが) 計略にかかる फंदा लगना 罠にかかる फंदा लगाना = फंदा दे॰. फंदे में आ॰ = फंदे में पड़ना. (-के) फंदे में पड़ना *a.* (ーの) 計略にかかる *b.* (ーの) 統御の下に入る = (-के) फंदे में फँसना. फंदे में लाना 罠にかける

फँदाना[1]［他］輪縄をかける= फंदे में लाना; जाल में फँसाना.

फँदाना[2]［他］跳ねさせる；飛び跳ねさせる= उछालना; कुदाना; फाँदना.

फंदेदार［形］《H.+ P. دار दार》輪縄のついた

फंफाना［自］(1) どもる= हकलाना. (2) (牛乳が煮えて) 吹き上がる

फँसड़ी［名*］わな；罠= फाँस; पाश.

फँसना［自］(1) (罠などに) かかる；引っかかる；はまる (2) 詰まる；挟まる；つかえる (支える) कान की नली में कोई चीज़ फँस जाए 耳の穴に何かが挟まると रोटी और सालन के ज़र्रे दाँतों में फँस जाते हैं パンやおかずの屑が歯の間に挟まる (3) 巻き込まれる；引き込まれる युद्ध में फँसी हुई दुनियाँ 戦争に巻き込まれた世界 (4) 捕らわれる；引っかかる；かかる अंधविश्वासों में फँसे रहे 迷信に囚われ続けた उन स्वार्थी नेताओं के चंगुल में फँसे रहते हैं その利己的な領袖たちの魔手にいつもかかっている दिन भर काम में फँसी रहती हूँ 一日中仕事にかかり切りでいる (5) はまる；入り込む अब मैं एक बहुत कठिन उलझन में फँस गया था 今度はある大変な難局に陥ってしまったのだった आँख में किनकी फँसी हुई है 目に穀物のかけらが入っている अगर आप ऐसी स्थिति में फँस गई हैं तो आप इससे बचने के लिए क्या क्या उपाय कर सकती हैं? もしもこのような状況に陥ったとしたらそれから脱するのにどのような方法をとることができますか (6) かかずらう；かかずらわる हम ऐसे धंधे में फँसे हुए हैं कि अपनी छाया तक का भरोसा नहीं कर सकते 自分自身すら信用できないような仕事にかかずらわっている (7) だまされる；口車に乗る；甘言に引っかかる (8) (男女が) 好ましくない関係に陥る；関係ができる；引っかかる मुहल्ले में कौन-कौन सी लड़की किससे फँसी है 界隈のどの娘がだれとできているのか

फँसाना［他］(1) 輪縄などの仕掛けにかける चूहे फँसाने के लिए ネズミをねずみ取りにかけるのに (2) 詰まらせる；支えさせる；挟む (3) 巻き込む；引き入れる；引きずり込む (4) 引っかける；捕らえる；かける मछली फँसानेवाले काँटे 魚を引っかける (釣る) 針 (5) はめる；おとしいれる (6) だます；口車に乗せる；甘言で釣ったり引っかけたりする (7) (男女間に) 好ましくない関係を持つ；引っかける नई लड़की फँसाने के लिए 新しい女の子を引っかけるのに

फँसाव［名］← फँसना. (1) 輪縄などにかかったり捕らえられること (2) 関わり合いになること (3) 紛糾 (4) 泥濘

फँसावा［名］= फँसाव.

फँसियारा［名］首を絞める者；強盗= ठग.

फक［形］(1) きれいな；清潔な；汚れのない= स्वच्छ; साफ़. (2) 白い= सफ़ेद; श्वेत.

फ़क［名］= फ़क्क《A. فک》(1) あご (顎) (2) 分離すること；離れること；脱すること फ़क क॰ 解放する；解き放す；解き放つ फ़क कराना 質請けする फ़क रहना 解き放される फ़क रेहन = फ़क्कुर्रह्न.

फ़क़［形］《A. فق फ़क/फ़क्क》顔色の青ざめた；血の気の失せた；顔色の失せた फ़क़ पड़ जा॰ (हो जा॰) *a.* あわてふためく；気が動転する *b.* 顔色が失せる उनका चेहरा फ़क़ हो गया あの方の顔が青ざめた यह बात सुनते ही मोहन का मुँह अप्रत्याशित रूप से ऐसे फ़क़ हो गया कि मैं एकदम डर गया この言葉を聞いたとたんにモーハンの顔色は思いがけぬほど血の気が失せてしまいこちらが怖くなったほどだった फ़क़ हो जा॰ = फ़क़ पड़ जा॰.

फकड़ी［名*］惨めなさま；哀れなさま= दुर्दशा; दुर्गति.

फ़क़त[1]［副］《A. فقط》単に；ただ；ひたすら；(ー) だけ；(ー) ばかり= केवल; सिर्फ़. फ़क़त हाँ में हाँ मैं मिलाता नहीं 私は単に相槌を打たないことにしているんだ

फ़क़त[2]［名］《A. فقط》終わり；しまい；以上

फ़क रेहन［名］《← A. فک الرہن फ़क्कुर्रह्न》質請け= बंधनछूट.

फ़क़ीर［名］《A. فقیر》(1) 乞食；物乞い= भिखमंगा. (2)〔イス〕(イスラム教神秘主義の) 修行者；托鉢僧；ファキール (3) 大変貧しい人；無一文の人= निर्धन; कंगाल.

फ़क़ीरी[1]［名*］《A.P. فقیری》(1) 乞食 (すること)；乞食生活 (2) 貧困；貧乏 (3) 托鉢；行乞 सब ने आराम की आमदनी को छोड़कर फ़क़ीरी धारण की 皆は安楽な収入の道を捨て托鉢を始めた फ़क़ीरी-बेफ़िक्री 無欲で無頓着なこと फ़क़ीरी ले॰ *a.* 出家する；頭を丸める *b.* 托鉢する；行乞する

फ़क़ीरी[2]［形］(1) 乞食の (2) 托鉢僧の；ファキールの फ़क़ीरी लटका ファキールの与えたり教えたりする薬草

फ़क़ीह［名］《A. فقیہ》〔イス〕イスラム教法学者；イスラム法の専門学者；ファキーフ

फक्क［名］身体障害者；身体に障害のある人；身体が不自由な人

फ़क्क［名］《A. فک》= फ़क. (1) あご (顎)；あぎと (2) 解放すること；引き離すこと；緩めること= मोचन; छूटना.

फक्कड़[1]［形］(1) (貧しくても) 暢気な；無欲な；くよくよしない फक्कड़ स्वभाव 暢気な性格 (2) 金銭に無頓着な；金銭に鷹揚な जीवन भर काफ़ी पैसे कमाकर भी फक्कड़ ही बने रहे 一生涯かなりの金を稼いだのだが金には無頓着なままだった (3) 無頓着な (4) 無遠慮な；歯に衣着せぬ

फक्कड़[2]［名］粗野な言葉；口汚い表現；下品な言葉遣い फक्कड़ तौलना 口汚くののしる

फक्कड़पन［名］← फक्कड़[1].

फक्कड़बाज़［形］《H.+ P. باز》口汚い；下品な言葉を用いる

फक्किका［名*］(1) 証明されるべき命題 (2) 不届きなこと；不届きな振る舞い (3) 詐欺

फ़क्कुर्रह्न [名] 《A. فک الرہن》質請け= फ़क्के रह्न; फ़करेहन.

फ़क्के रह्न [名] = फ़क्कुर्रह्न.

फ़ख़र [名] = फ़ख़्.

फ़ख़् [名] 《A. فخر》(1) 誇り；誇らしさ= गर्व; गौरव; नाज़. पूरी मुसलमान क़ौम को तुम्हारे नाम पर फ़ख़् होना चाहिए イスラム教徒全員が君の名前を誇りに思うべきだ हमारा सिर फ़ख़् से ऊँचा हो जाता है 我々は誇らしさに胸を張る अपने देश की दो चार चीज़ों का मुझे बड़ा ही फ़ख़् है 自分の国のもので３つ４つとても誇りとするものがある फ़ख़् के साथ 誇りを持って तुम्हारा ये क़दम क़ाबिले फ़ख़् होगा 君のなしたことは誇るべきことだろう (2) 栄誉；誉れ；光栄 मेरी तलवार से कटने का फ़ख़् हासिल कर 予の刀で斬られる光栄に浴せよ **फ़ख़् के साथ** 誇らしげに

फ़ग़फ़ूर [名] 《P. فغفور फ़ग़फ़ूर》中国の皇帝の称号

फगुआ [名] (1) 〔ヒ〕パールグン月，すなわち，インド暦の 12 月（陽暦の 2～3 月）の末に祝われる春祭．翌朝から正午にかけて色粉をつけ合ったり色水をかけ合ったりする無礼講が行われる；ホーリー祭= होली. मार्च की फगुआ शाम 3 月のホーリー祭の夕べ (2) ホーリー祭に歌われる主に野卑な内容の歌 (3) ホーリー祭の陽気な騒ぎ (4) ホーリー祭に贈答される贈り物 **फगुआ खेलना** ホーリー祭で色粉や色水を互いに掛け合うこと

फगुनहट [名*] (1) パーグン月（インド暦の 12 月）に吹く激しい風 (2) パーグン月に降る雨

फ़जर [名*] 《A. فجر फ़ज्र》(1) 夜明け；早朝；曙 (2) 〔イス〕イスラム教徒の義務としての 1 日 5 回の礼拝のうち日の出前の礼拝

फ़ज़ल [名] → फ़ज़्ल.

फ़ज़ा [名*] 《A. فضا》(1) 広場 (2) 空き地 (3) 空間 (4) 周囲；環境

फ़ज़िर [名*] = फ़जर.

फ़जीत [名*] → फ़जीहत.

फ़जीता [名*] = फ़जीहत.

फ़ज़ीलत [名*] 《A. فضیلت》(1) 優秀さ (2) 卓越 (3) 美点；長所 (4) 学識；学殖 **फ़ज़ीलत की पगड़ी** *a.* 学殖のすぐれていることを示すターバン *b.* 学殖を示すもの

फ़ज़ीलतनुमा [形] 《A.P. فضیلت نما》衒学的な；学識をてらう

फ़ज़ीहत [名*] 《A. فضیحت》(1) 不面目；不名誉；無様なこと；みっともないこと；見苦しさ अपनी इस प्रकार फ़जीहत देखकर वह खिसिया गया このように自分の無様なありさまを目にして恥じ入った (2) 見苦しい争い

फ़ज़ीहती [名*] = फ़जीहत.

फ़ज़ूल[1] [形] 《← A. فضول फ़ुज़ूल》(1) 無駄な；無益な (2) 無意味な

फ़ज़ूल[2] [名] 愚かしいこと；愚かさ；愚行 यह फ़ज़ूल की ज़िद छोड़ दे 馬鹿げた強情を張るのはやめにしなさい

फ़ज़ूलख़र्च [形] 《← A.P. فضول خرچ फ़ुज़ूल ख़र्च》無駄遣いをする；浪費する= अपव्ययी.

फ़ज़ूलख़र्ची [名*] 《← فضول خرچی फ़ुज़ूलख़र्ची》浪費；無駄遣い= अपव्यय.

फ़ज्र [名*] 《A. فجر》(1) 夜明け；早朝；曙 अम्मी फ़ज्र के बाद ही चूल्हा जला देती हैं 母さんは夜が明けるとかまどに火をつける (2) 〔イス〕イスラム教徒の義務としての 1 日 5 回の礼拝のうち夜明けの礼拝（ファジュル）

फ़ज़्ल [名] 《A. فضل》(1) 恩恵；恩寵；情け (2) 卓越；優越 (3) 学識；学殖

फट [名*] (1) 破れたり破裂したりすること← फटना. (2) 破れたり破裂したりする音 **फट से** *a.* すぐさま；即刻；直ちに；いきなり *b.* にわかに；急に；突然；すぐさま सहसा हवा के तेज़ झोंके से झोंपड़ी का दरवाज़ा फट से खुल गया にわかに激しく吹きつけた風で小屋の戸がぱっと開いた

फटक[1] [名] (1) ← फटकना[1]. (2) = फटकन[2].

फटक[2] [副] すぐさま；即刻；直ちに= झट; झटपट; फ़ौरन.

फटक[3] [名] 水晶= स्फटिक; बिल्लौर पत्थर.

फटकन [名*] (1) 強く振り払うこと (2) 振り払って出るごみや屑 (3) 箕で穀物から不純物を選り分けること (4) 穀物を箕で選り分けて出る籾殻などの不純物

फटकना[1] [他] (1) ぱたぱたと音を立てる；物をはたく (2) （強く）振り払う；払い落とす；払う (3) 箕で穀物を選り分ける (4) 綿を打つ；綿打ちをする **फटकना-पछारना/ फटकना-पछोड़ना** *a.* 箕などで穀物を選り分ける *b.* 念入りに調べる；調べ上げる；ためつすがめつ調べる

फटकना[2] [自] (1) 干渉する；口出しをする आप की अमलदारी में पुलिस फटकती नहीं थी この方の治めていた間は警察が口出しをしなかった (2) 近寄る；近づく；徘徊する；うろうろする (3) 離れる (4) 距離を置く (5) 手足を激しく振る **फटकने न दे°** 寄せつけない；近寄らせない यहाँ की ठंडी छाया और शीतल समीर कभी गरमी को पास नहीं फटकने देते ここのひんやりした木陰と風は決して熱気を寄せつけない वह किसी को दरवाज़े पर भी फटकने न देता だれも戸口にさえ寄せつけない मम्मी तो बिल्ली को पास भी नहीं फटकने देतीं 母さんはネコを全然寄せつけない

फटकना[3] [名] ぱちんこや石弓のひもや綱

फटकनी [名*] (1) = फटकना[1]. (2) 箕 = सूप.

फटकवाना [他・使] ← फटकना[1].

फटका[1] [名] (1) 綿打ち弓= धुनकी. (2) 鳴子 (3) 文学性に欠ける詩；下手な詩；拙劣な詩；へぼ詩

फटका[2] [名] 砂や砂利の多い土

फटकार [名*] (1) ← फटकारना. (2) 叱責 (3) 非難 (4) 鞭 आप की प्यारभरी फटकार और उलाहना सुनकर 貴方の愛情に満ちた叱責と戒めとを聞いて **फटकार बताना** 叱りつける= फटकार सुनाना. अफ़सर को ऐसी फटकार सुनाऊँगी कि नानी याद करा दूँगी 役員が震えあがるように叱りつけてやる **फटकार सुनना** 叱責される；厳しい叱責を受ける

फटकारना [他] (1) 激しく振り動かす；勢いよく振る；振るう सारा वक़्त उनकी पीठ पर अपनी चाबुक फटकारता रहता है 四六時中あの方の背に鞭を振るう शास्त्री जी शिखा फटकारकर बोले シャーストリーさんはシカー（ヒンドゥー男子が頭頂部に長いまま残すひとつまみの毛髪）を激しく振って（激しく首を振って）おっしゃった सूप जैसे कानों को फटकारकर 箕のような形の耳をぱっと動かして बिल्ली पूँछ फटकारती, तो चूहे भाग जाते ネコが尻尾をぴんと振るとネズミは逃げて行く (2) 棒，棍棒，武器などを振る；振り回す इसी बीच बग़ीचे का माली डंडा फटकारता और गालियाँ बकता वहाँ आ धमका ちょうどその時，庭師が棒をびゅんびゅん振り回し悪態をつきながらやって来た (3) 振り払う；払いのける (4) 叩きつける；打ちつける；洗濯物を石などに打ちつけるようにして洗う (5) 叱る；叱りつける；叱責する उसने बालक के माता-पिता को बुलाकर बुरी तरह फटकारा 子供の両親を呼びつけて激しく叱責した (6) 非難する सीता को चुरा लाने के लिए पहले तो कुम्भकर्ण ने रावण को बहुत फटकारा シーターをさらってきたので最初はクンバカルナはラーヴァナをさんざん非難した

फटकी [名*] 狩人が獲物を入れるかごや袋

फटकेबाज़ [名] 《← H.फटका+ P.باز बाज़》三流詩人

फटना [自] (1) 裂ける；ひび割れる；ひびが入る तुरत त्वचा फटने लगती है 肌がすぐにひび割れ始める बकरी के खुर बीच से फटे होते हैं 山羊の蹄は中央で裂けている (2) 破れる；破裂する कपड़े फटेंगे 服が破れる कानों के पर्दे फट जा° 鼓膜が破れる उसकी कैरोटिड धमनी फट गई 頸動脈が破裂した (3) 爆発する；破裂する बम फटा 爆弾が破裂 पहाड़ किस वक़्त फट पड़ेगा 山はいつ爆発するのか अटम के टूटने और फटने से हरारत और रोशनी के जो तूफ़ान उठ सकते हैं 原子が破壊され破裂して生じる熱と光の嵐 (4) 割れる；はじける यह डोडियाँ पकने पर फट जाती हैं この（綿の実の入った）さく果は熟すとはじける (5) 分離する（水分と流動物資とに） दूध फट गया 牛乳が分離した (6) （声が）割れる (7) 割れ目ができる；ひび（皹）が入る；ひび割れする उसके पाँव फट गए 足がひび割れた= बिवाई फटना. **फट पड़ना** *a.* かっとなって言う；腹を立てて喚く बाबू जी ने मुझसे कहा तो मैं फट पड़ी थी, 'क्या आप इसकी ज़रूरत समझते हैं?' 父の言葉にかっとなって喚いた．「お父さんはこれが必要だとお考えなのですか」 ज़रा-सा छेड़ा तो फट पड़ी ちょっとからかったらわめきちらすんだお前は *b.* いっぱいになる；山のようになる *c.* どっと押し寄せる；押し掛ける *d.* にわかに現れる **फटा जा°** 激しい痛みが生じる；激痛が走る **फटा पड़ना** *a.* あふれる；あふれかえる；あふれんばかりになる *b.* 肥え太る **फटा फटा रहना** （人を）避ける；距離を置く；よそよそしく振る舞う **फटा** →見出し語 फटा[1]

फटफट [名*] (1) スリッパやサンダルなどのぱたぱたという音 चप्पलों की फटफट की आवाज़ サンダルのぱたぱたという音 (2) 自

動車やオートバイなどのエンジンの音 (3) 無駄口 (4) 言い争い；口論 (5) オートリキシャ（客席が２人掛けの三輪オートバイや特に大型の乗合三輪車） फटफटवाला オートリキシャの運転手

फटफटाना[1] [他] ぱたぱた，ばたばたなどの音を立てる उससे पहले तो मैं महज़ चप्पलें फटफटाता घूमता था それまではただサンダルをぱたぱた鳴らして歩き回るだけだった

फटफटाना[2] [自] (1) 騒々しい音を立ててうろつき回る (2) ぺちゃくちゃしゃべる (3) うろたえる **फटफटाकर रह जा०** 必死になってする

फटहा [形+] 口汚い；下品な物言いをする；言葉遣いが卑しい

फटा[1] [形+] ←फटना. (1) 破れた；破れている फटी कमीज़ 破れたシャツ (2) 惨めな；哀れな **फटा गला** 割れ声 **फटा-पुराना** ぼろぼろの；古びた；古ぼけた फटे-पुराने कपड़ों के चिथड़े ぼろ切れ कोई फटा-पुराना कपड़ा दे दो 何でもいいからぼろをおくれ **फटा हाल** 哀れなさま；惨めな状態；落ちぶれた境涯→ फटेहाल. **फटी आँखें** 大きく見開いた目 उसने फटी आँखों के साथ गहरी साँस ली 目を大きく見開き深い溜め息をついた **फटी ज़बान हो०** 下品な物言いをする **फटी-फटी आँखों से देखना** *a.* ぽかんとする；茫然となる；ぽかんと見とれる वे बच्चे जो बमों के धमाके से चेतना खो बैठे हैं और सिर्फ़ गुम सुम पड़े फटी-फटी आँखों से देखते रहते हैं 子供たちは爆弾の破裂に正気を失いひたすら気の抜けたように身じろぎもせずぽかんとして見ている *b.* ぎょっとして見る **फटी फटी चिल्लाना** 品のない話をする；下品な話をする **फटी-फटी नज़रों से घूरना** = फटी-फटी आँखों से देखना. फटी-फटी नज़रों से हमें घूर रहे थे 皆は怯えきったように見つめていた **फटी-फटी पड़ना** 心配な；気がかりな **फटी-फटी बातें** 憂鬱な話 **फटी बाबा** 大変貧しい；極貧の **फटी हालत हो०** = फटे हाल हो०. **फटे पड़ना** 大喜びの；上機嫌の **फटे बाँस-सा स्वर** がらがら声

फटा[2] [名] 裂け目；割れ目= छेद; दरार. **(-के) फटे में पाँव डालना** （他人の）喧嘩に割って入る；（他人の）喧嘩を買う= (-के) फटे में पाँव दे०.

फटाटोपी [名] 蛇= साँप; सर्प.

फटाफट[1] [副] (1) すぐ；すぐさま；直ちに (2) 急いで

फटाफट[2] [形] (1) 早口の (2) ぺらぺらの

फटाफट[3] [名*] オートバイなどのエンジンの音．ぱたぱた；ばたばた आटोरिक्शा की फटाफट オートリキシャのぱたぱたの音

फटाव [名] (1) 破れること；破裂すること；裂けること (2) 裂け目；割れ目

फटिक [名] (1) 水晶= स्फटिक; बिल्लौर. (2) 大理石= संगमरमर; मरमर पत्थर.

फटिका [名*] 大麦などを原料にして作られる発酵酒

फटीचर [形] (1) ぼろをまとった；みすぼらしいなりをした (2) 惨めな；哀れな

फटेहाल [形] 落ちぶれた；経済的に惨めなありさまや窮状におちいった यह इतना अमीर क्यों बन गया और मैं इतना फटेहाल क्यों हूँ どうしてこの男がこれほどの金満家になりこちらがこれほど落ちぶれたのか उसे फटेहाल देख ऐसे द्रवित हुए 男の惨めなさまに涙が出た

फट्ट [名] = फट. फट्ट से = फट से.

फट्टा [名] (1) 板切れ काफ़ी चौड़े फट्टे पर लोहे का एक रिंग लगा होता है かなり幅の広い板切れに鉄のリングがついている (2) 割り竹

फट्टी [名*] (1) 板切れ पिंजरे के पूरे तले में खिसकनेवाली ट्रेनुमा एक फट्टी भी उसने लगा दी 鳥かごの底一面にスライド式のトレイのような板を取りつけた (2) 細い割り竹

फट्ठा[1] [名] = फट्टा.

फट्ठा[2] [名] 厚手の麻布 = टाट. **फट्ठा उलटना/पलटना** 破産する = दिवाला निकलना; टाट उलटना.

फड़[1] [名*] (1) 商品を広げて見せるのに用いる敷物 (2) 腰を下ろして商いをする場所 (3) 敷物 (4) 賭場= जुए की फड़. **फड़ जीतना** 博打で完全な勝ちを収める **फड़ डालना** 博打をする；賭場を開く = फड़ बिछाना. **फड़ पर आ०** 立ち向かう；対抗する **फड़ मारना** = फड़ जीतना.

फड़[2] [名] (1) 牛車や馬車の前方に突き出た棒；長柄（轅）= हरसा. (2) 砲車

फड़[3] [名] = फट.

फड़क [名*] ←फड़कना.

फड़कन [名*] ←फड़कना. माँसपेशियों में फड़कन 筋肉の痙攣

फड़कना [自] (1) 小刻みに動く；ぴくぴくする；小刻みに震える；ひくひくする मुझे फिर लगता है कि उसके होंठ फड़क रहे हैं और स्ट्रा पकड़े हुए अँगुलियाँ काँप रही हैं 私にはまた彼女の唇がひくひくしてストローをつかんだ指が震えているように思える दूसरे बालक की भुजाएँ फड़कने लगीं （怒りに）もう１人の子供の腕が震えだした उसके गले की नस फड़कने लगी 首の血管がぴくぴくし始めた राक्षसों की इस क्रूरता पर राम की भुजाएँ फड़क उठीं ラークシャサ共のこの残虐な行為にラーマの腕が震えだした (2) 痙攣する；ひくひくする (3) （嬉しさなどのため）興奮して体に震えを感じる；ぞくぞくする **फड़क उठना** *a.* 喜びに打ち震える；ぞくぞくする ज़िलाधीश उन लोगों की राय सुनकर फड़क उठा その人たちの意見を聞いて県の行政長官は嬉しさに打ち震えた *b.* 激しく興奮する अब की 'हंस' में आपका लेख देखकर दिल फड़क उठा 今度の「ハンス」誌に貴殿の文章を見つけて大喜び致しました

फड़काना [他] (1) 小刻みに動かす；小刻みに震わせる；ひくひくさせる；ぴくぴくさせる (2) 痙攣させる (3) 興奮させる

फड़नवीस [名] 《← A.P. فرد نویس फ़र्दनवीस》〔イ史〕マラーター統治期の徴税記録の任務に当たった役人の主管；ファルナヴィース；パルナヴィース；パドニース= फडनवीस.

फड़ फड़ [名] ぱたぱたなど羽ばたきの音

फड़फड़ाना[1] [自] (1) ぱたぱた，ばたばたなどの音がする (2) はためく वहाँ रंग-बिरंगे चीथड़े फड़फड़ा रहे थे 色とりどりのぼろがぱたぱたと風にはためいていた (3) 羽ばたく हवा में उड़ सकने से पहले उसे पानी की सतह पर फड़फड़ाना पड़ता है 空中に飛び立つ前に水面で羽ばたかなくてはならない (4) 震える "जी… मैं… वह… लीना". मनोज के होंठ फड़फड़ाए 「はい，え一私は…あの…リーナー」マノージの声は小刻みに震えた (5) のたうつ；のたうち回る；悶える अतः ऐसी परिस्थिति में उसका मन घायल पक्षी की तरह फड़फड़ाता रहता है それでこのような状況では彼の心は傷ついた鳥のように悶えていた (6) 焦がれる

फड़फड़ाना[2] [他] (1) はためかす (2) 羽ばたく；羽を動かす कभी तोतों का झुंड पर फड़फड़ाता और चीं चीं करता किसी पेड़ पर से उड़ जाता है インコの群れが羽ばたきキーキーと鳴きながら木の枝から飛び立って行く (3) ぱたぱたなどの音を立てる

फड़फड़ाहट [名*] ←फड़फड़ाना. झाड़ी में फड़फड़ाहट सी हुई 灌木の中に鳥の羽音のようなものがした

फड़बाज़ [名] 《H. + P. باز》どうおや（筒親；胴親）；どうもと（胴元；筒元）

फड़वाना [他・使] ←फाड़ना. उसने मुझसे कपड़े फड़वाए 私に服を引き裂かせた

फड़िया [名] (1) 穀物商= बनिया. (2) どうおや（筒親）= फड़बाज़.

फड़ी [名*] (1) 石板 (2) 石のブロック

फण [名] (1) 蛇の鎌首（特にコブラの膨らんだ頭部） (2) ひもの結び目= फंदा; मुद्धि. (3) 舳先 **फण पीटना** 必死の努力をする **फण मारना** *a.* 蛇がかみつく *b.* 必死の努力をする

फणकर [名] 蛇 = साँप.

फणधर [名] 蛇 = साँप.

फणमणि [名] 蛇の頭の中にあると考えられてきた宝玉

फणिक [名] 蛇 = साँप.

फणिनी [名*] 雌の蛇= साँपिन.

फणिफेन [名] アヘン；阿片= अफ़ीम; अहिफेन.

फणिमुक्ता [名*] = फणमणि.

फणींद्र [名] (1)〔イ神〕ナーガ（蛇）族の王シェーシャナーガ शेषनाग (2)〔イ神〕蛇王ヴァースキ वासुकि (3) コブラ

फणी [名] 蛇（特にコブラ）= साँप.

फणीश [名] (1)〔イ神〕シェーシャナーガ= शेषनाग. (2)〔イ神〕ヴァースキ= वासुकि. (3) 大蛇

फणीश्वर [名] = फणीश.

फतंगा [名] = फतिंगा; पतंगा; पतिंगा.

फ़तवा [名] 《A. فتوا/فتوى फ़त्वा》(1)〔イス〕教令= धर्मादेश. (2) 宣告 **फ़तवा दे०** 宣告する；宣告を下す अभी इलाज तक शुरू नहीं हुआ और तुमने पहले ही फ़तवा दे डाला まだ治療も始まらぬうちに宣告を下してしまった

फ़तह [名*] 《A. فتح फ़तह्》 (1) 勝利；戦勝；勝ち फ़तह हासिल हो॰ 勝利を収める फ़तह के झंडे लहराते हुए 勝利の旗をひるがえしながら **फ़तह क॰** 勝利する मानो वे बड़ी जंग फ़तह करके लौटे हों まるで大きな戦いから凱旋したかのように (2) 征服 बिहार की फ़तह के बाद वह दिल्ली लौट रहे हैं ビハールを征服してデリーへの帰途にある **फ़तह हो॰** 征服される मोर्चा फ़तह हो चुका है 戦線は征服されてしまっている

फ़तह पेच [名] 《A.P. فتح پیچ》 (1) ターバンの巻き方の一 (2) 女性の髪の結い方の一 (3) 水ぎせるの管の一種

फ़तहमंद [形] 《A.P. فتح مند》 (1) 勝利を収めた (2) 征服した

फ़तहयाब [形] 《P.A. فتح یاب फ़तहयाब》 = फ़तहमंद.

फ़तहयाबी [名*] 《A.P. فتح یابی》 戦勝；勝利；征服

फतिंगा [名]〔昆〕(1) 蛾 (2) バッタ，キリギリスなどの昆虫

फ़तीर [形・名] 《A. فطير》 (1) パン種の入っていない (2)（パン種の入っていない）こねただけのパン生地

फ़तील [名] 《← A. فتیلہ》 = फ़तीला.

फ़तीलसोज़ [名] 《A.P. فتیل سوز》 燭台

फ़तीला [名] 《A. فتیلہ》 ロウソクやランプの芯= बत्ती.

फ़तूई [名*] = फ़ुतूही.

फ़तूर [名] = फ़ुतूर; फ़ितूर.

फ़तूह [名*] 《← A. فتوح फ़ुतूह》 (1) 勝利；戦勝 (2) 戦利品

फ़तूही[1] [名*] 《A. فتوحی》 袖無しのジャケット；チョッキ

फ़तूही[2] [名*] 《← A. فتوحی》 戦利品

फ़तेह [名*] = फ़तह.

फ़तेहपुर सीकरी [名]〔イ史〕ファテープル・シークリー（ムガル朝アクバル帝によってアーグラーの西方に建設された城で一時アクバル帝の居城でもあった）

फ़त्वा [名] = फ़तवा.

फदकना [自] 煮物がぐつぐつ音を立てる；ぐつぐつ音を立てて煮える

फदफदाना [自] (1) 煮物がぐつぐつ音を立てる；ぐつぐつ音を立てて煮える；煮物が吹き上がる (2) 木の芽や蕾が出る；吹き出る (3) 吹き出物が出る

फन [名] = फण.

फ़न [名] 《A. فن》 (1) 芸術 (2) 手工芸 (3) 技術 (4) 技芸 (5) 学問 (6) 欺瞞；奸策；偽り

फनकना [自] ひゅーとかしゅーとか気体の激しく吹き出たり流れ出たりすることによって生じる音がする

फ़नकार [名] 《A.P. فن کار》 (1) 技術者；職人 (2) アーチスト；芸人

फनगना [自] 木の芽が出る

फनगा [名] = फतिंगा.

फनफनाना [自] (1) 気体の激しく出たり流れ出たりする音がする（コブラの威嚇したり牛の激しい息づかいなどを表すのに用いられる） (2) 速く激しく動き回る

फनस [名]〔植〕クワ科高木ハラミツ；ナガミパンノキ；ジャックフルーツ= कटहल.

फ़ना[1] [形] 《A. فنا》 (1) 消滅した；滅した फ़ना हो॰ 消滅する；滅びる；消え去る हर चीज़ मारे सर्दी के ठिठुरकर फ़ना हो जाए 何もかも寒さのあまり縮んで消えてしまう (2) 死んだ；死滅した

फ़ना[2] [名*] (1) 消滅；滅亡 (2) 死；死滅 (3)〔イス〕スーフィズム（イスラム教神秘主義思想）で神との合一（の忘我の状態を表す言葉）；神人合一の境地

फनाना [他] (1) 結び目を作る (2) 仕事を始める；開始する

फनिग [名] = फतिंगा.

फनी [名] = फणी.

फ़नी [形] 《← A. فنی फ़न्नी》 (1) 芸術の (2) 工芸の (3) 芸術の (4) 抜け目のない；狡猾な

फ़नूस [名] = फ़ानूस.

फन्नी [名*] (1) 穴や隙間に打ち込む木切れ (2) おさ（筬）

फ़न्ने जर्राही [名] 《A. فن جراحی》〔医〕外科学；外科治療= शल्य चिकित्सा.

फ़न्ने तामीर [名] 《A. فن تعمیر》 建築学；建築術= स्थापत्य कला.

फप्फस [形] (1) 病気などで腫れ上がった (2) みっともない；醜悪な

फफकना [自] しゃくりあげて泣く；わんわん泣く；おいおい泣く = फफक फफककर रोना. **फफक पड़ना** わっと泣き出す फिर अपनी आँखें उनके चेहरे के पास ले गए और फफक पड़े 次にその方の顔を覗き込むようにひっつけた．そしてわっと泣き出した कुम्हार और उसकी पत्नी अपने दुर्भाग्य की कल्पना कर फफक पड़े 陶工の夫婦はわが身の不運を想像してわっと泣き出した **फफक - फफककर रोना** しゃくりあげて泣く；おいおい泣く

फफसा[1] [名] 肺；肺臓= फुप्फुस; फेफड़ा.

फफसा[2] [形$^+$] (1) すかすかの；空洞の；中が空っぽの (2) かすかすの；ぱさぱさの (3) 味のない；味気ない

फफूँद [名*] かび（黴）；糸状菌（特に白黴） एक किस्म की फफूँद 一種のかび；かびの一種 फफूँद और काई के कारण हमारा भोजन अकसर विषाक्त हो जाता है 白かびや青かびのために食物が有毒（中毒を引き起こす物）になる फफूँदों में फूल और फल नहीं होते かびには花も実もつかない

फफूँदनाशक [形・名] 殺菌する；殺菌性の；殺菌剤；かび除け

फफूँदनाशी [形] かびを取る；かびを殺す；殺菌の फफूँदनाशी रसायन かび取り剤

फफूँदप्रतिरोधक [形・名] かび除け（になる）

फफूँदी [名*] = फफूँद. (-पर) फफूँदी जमना (लगना)（ーに）かびが生える

फफोला [名] (1) 火膨れ (2) 水膨れ；水疱；水疱疹 = छाला. **जले फफोले फोड़ना** 恨みを晴らす；意趣返しをする **दिल के फफोले फोड़ना** 積もった怒りをぶちまける **फफोला पड़ना** 火膨れや水膨れができる जले हुए स्थान पर फफोले पड़ना 火傷したところが火膨れになる जले हुए स्थान पर शहद लगा लेने से फफोले नहीं पड़ते 火傷に蜂蜜をつけると火膨れにならない

फफोलेवाली [名*]〔ヒ〕疱瘡神シータラー सीतला/ शीतला の異名の一（忌み言葉）

फबती [名*] (1) からかい；冷やかし；冗談；ジョーク= व्यंग्य; चुटकी. (2) 気の利いた表現；機転の利いた言葉；当意即妙の言葉 **फबती उड़ाना** = फबती कसना. **फबती कसना** からかう；冷やかす；冗談を言う；しゃれを飛ばす वह साहब फबती कसनेवाले मित्र से न बोलने की क़सम खाते हैं からかうような友達とは口をきかないことにきめている बाज़ार में यदि कोई बहन को देखकर फबती भी कस दे तो उसका ख़ून खौलता है 市場でだれかが妹を冷やかそうものならかっとなる **फबती कहना** 気の利いたことを言う

फबन [名*] (1) 装飾；飾り付け (2) 優美；気品 (3) 愛嬌；美点；魅力

फबना [自] (1) 似合う；合う；ぴったりする；合致する यह चुनरी तुझे बड़ी फबती है このチュヌリーはあなたにとても似合っているわよ (2) 映える；調和する उस राजस्थानी घाघरा चोली पर यह सतलड़ी सोने का हार कितना फब रहा है ラージャスターンのガーグラーとチョーリーにこの七連の金の首飾りはほんとに映えている

फबाना [他] (1) 飾る；装飾する；美しくする (2) 美しく装わせる

फया [名]〔植〕バラ科サンカオウトウ【*Prunus cerasus*】

फ़रंगिस्तान [名] 《P. فرنگستان》 (1) ヨーロッパ；欧州 (2) イギリス= फ़िरंगिस्तान.

फ़रंगी[1] [形] 《P. فرنگی》 (1) ヨーロッパの (2) イギリスの→ फ़िरंगी.

फ़रंगी[2] [名] (1) ヨーロッパ人；欧州人 (2) イギリス人 (3) フランク人

फ़र [名] 《E. fur》 毛皮 सिर पर फ़र की टोपियाँ 頭には毛皮の帽子 फ़र वाला कपड़ा 毛皮の衣服

फ़रअन [名] 《A. فرعون फ़िरऔन》 (1)〔史〕ファラオ (2) 暴君；勝手気ままな行動をする人

फ़रक़ [名] = फ़र्क़. **फ़रक़ फ़रक़ हो॰** 道をあける；のく（退く）

फरकन [名*] = फड़कन.

फरकना [自] 《← A. فرق》 (1) 離れる；退く (2) ちぎれる

फरका [名] 両側から棟木にのせられる作りつけの草葺き屋根（の片側）

फरक्का बाँध [名] ファラッカー・ダム（ビハール州と西ベンガル州との州境にガンジス川をせき止めて建設されたダム）

फरचा [形$^+$] (1) 手や箸のつけられていない；食べ残しでない（食物） (2) 清潔な；清らかな

फरचाना [他] (1) 洗う；洗ってきれいにする= धोकर साफ़ क॰. (2) 浄める；清める= शुद्ध क॰; पवित्र क॰.

फ़रज़ंद [名] 《← P.فرزند फ़र्ज़ंद》子供；息子

फ़रज़ंदी [名*] 《← P.فرزندی फ़र्ज़ंदी》親子関係（父と息子との関係） (-को) फ़रज़ंदी में ले॰ *a.* (ーを) 息子にする *b.* (ーを) 娘婿にする

फ़रज [名] 《A.فرج》(1) 容易さ；簡易さ= सुगमता; आसानी. (2) 安楽；安心= सुख; चैन; आराम.

फ़रज़ [名] 《A.فرض》= फ़र्ज़.

फ़रज़ाना [形] 《← P.فرزانہ फ़र्ज़ाना》(1) 利口な；賢明な (2) 学問のある

फ़रजाम [名] 《← P.فرجام फ़र्जाम》(1) 終わり；最後= अंत; आख़ीर. (2) 結果= परिणाम; नतीजा.

फ़रज़ीं [名] 《← P.فرزین》チェスの女王；クイーン= रानी; वज़ीर.

फ़रज़ी [形] 《← A.فرضی फ़र्ज़ी》(1) 想像上の (2) 仮定の (3) 偽の；偽物の= नक़ली.

फ़रज़ीबंद [形] 《← P.فرزین بند फ़र्ज़ीबंद》（チェスの）クイーンに守られた

फ़रतूत [形] 《← P.فرتوت फ़र्तूत》老いぼれた；よぼよぼの；老衰した

फ़रद[1] [名] 《← A.فرد फ़र्द》人；個人

फ़रद[2] [形] 《← A.فرد फ़र्द》(1) 唯一の (2) 1 人だけの；ただ 1 人の (3) 並ぶもののない；無比の；独特の (4) 奇数の

फ़रद[3] [名*] 《← A.فرد फ़र्द》(1) 帳簿 (2) 表；リスト (3) 記録簿

फ़रनीचर [名] 《E. furniture》= फ़र्नीचर. 家具；調度品 न कहीं फ़र्श, न फ़रनीचर, न गमले 敷物もなければ調度品もなく植木鉢も見あたらない

फ़रनीचर पालिश [名*] 《E. furniture polish》（家具の）つや出し

फरफंद [名] (1) 欺瞞；ごまかし；いんちき；いかさま= छलकपट. (2) 気取り= नखरा. **फरफंद रचना** いんちきをする；いかさまなことをする

फरफंदी [形] (1) ごまかしの；いんちきな；いかさまの (2) 気取り屋の

फरफर [名・副] (1) 旗や布などがはためいたりひるがえったりする音．はたはた，ぱたぱたなど (2) 滞りのない様子．よどみなく，すらすらとなど फरफर पढ़ना すらすら読む；よどみなく読む

फरफराना[1] [自] (1) はためく；ひるがえる（翻る）；衣服が風に煽られてぱたぱたする हवा के झोंके से मेरी रेशमी साड़ी का पल्लू फरफराता है 風に煽られてサリーの端がひるがえる (2) 震える उसका चेहरा तना हुआ था और होंठ हलके से फरफरा रहे थे 顔は緊張し唇は微かに震えていた

फरफराना[2] [他] (1) ぱたぱたなどと布などがひるがえって音を立てる (2) はためかす；ひるがえす（翻す）

फरफराना[3] [自] = फड़फड़ाना. चिड़िया फरफराती हुई बाहर निकल गई 小鳥は羽ばたきながら出ていった

फ़रमाँबरदार [形・名] 《← P.فرماں بردار फ़र्मांबरदार》従順な；忠実な हम तो सात पुश्त से सरकार के फ़रमाँबरदार हैं 先祖代々当方はお上の仰せの通りに致して参りました

फ़रमाँबरदारी [名*] 《← P.فرماں برداری फ़र्मांबर्दारी》従順さ；忠実；忠誠 वह मुझसे मेरी फ़रमाँबरदारी का सबूत तलब किया करती है 私に忠誠の証拠を要求する

फ़रमाँरवा [名] 《← P.فرماں روا फ़र्मांरवा》支配者；統治者；王；君主

फ़रमा[1] [名] 《E. frame》(1) 枠；フレーム；型 (2) 靴の木型

फ़रमा[2] [名] 《E. forme》組版

फ़रमाइश [名*] 《← P.فرمائش फ़र्माइश》(1) 要求；求め；注文；依頼；頼むこと；オーダー पति की फ़रमाइश को न-न कहकर ठुकराना 夫の要求をいやいやと言って退ける उसने काफ़ी की फ़रमाइश की コーヒーを注文した किसी काम की फ़रमाइश 仕事の依頼 (2) ねだること आए दिन इनकी एक न एक फ़रमाइश लगी रहती है 来る日も来る日も何かしらねだる (3) 注文の品 (4) リクエスト（ラジオ番組の） बिना फ़रमाइश किये リクエストもしないのに

फ़रमाइशी[1] [形] 《← P.فرمائشی फ़र्माइशी》注文の；依頼の；オーダーメードの

फ़रमाइशी[2] [名*] ←फ़रमाइश 靴（などの履き物）で叩くこと (-की) फ़रमाइशी क॰ （ーを）靴で叩く **फ़रमाइशी खाना** 靴で叩かれる

फ़रमान [名] 《P.فرمان फ़र्मान》(1) 命令；指令；訓令；指示 एक जगह काफ़ी भीड़ देखकर बैंडवाले को फ़रमान जारी कर दिया गया, तेज़ से तेज़ धुन बजाओ あるところでかなりの人だかりがしているのを見て楽隊に指示が出された．思いきり派手に演奏しろ (2) 勅令

फ़रमानबरदार [形・名] → फ़रमाँबरदार. हम मुसलमान हैं.मुसलमान अल्लाह के फ़रमानबरदार को कहते हैं 我々はムサルマーン．ムサルマーンとはアッラーに忠実な下僕のこと

फ़रमाना [他] 《← P.فرمان फ़र्मान》(1) おっしゃる（言うの意の尊敬語） आप ठीक फ़रमाते हैं श्रीमान まことにおっしゃる通りでございます (2) なさる（する，為すの尊敬語） अच्छा कभी मेरे लायक सेवा हो तो याद फ़रमाइएगा 何か私にできることがございましたら私のことを思い出して下さい खुदा ने आपको रहम अता फ़रमाया तो आपने हम तीन बंदों की ज़िंदगी बचा ली 神様が殿に慈悲を下さり殿は手前共 3 人の命を助けて下さったのであります (3) 本来は丁寧な表現であるが，ふさわしくないものに用いられた場合，滑稽な，あるいは，ふざけた調子の表現になる नीले सागर पर बिछी बर्फ़ीली चादर पर आराम फ़रमा रहे हैं एलिफ़ैंट सील ゾウアザラシは青い海に敷かれた氷のシーツの上で休憩なさっていらっしゃる

फ़रयाद [名*] 《P.فریاد फ़र्याद》→ फ़रियाद. (1) 嘆願；哀願；救いを大声で求めること फ़रयाद क॰ 嘆願する और ये याद रहे कि गुनहगार सिर्फ़ फ़रयाद किया करता है, ज़ुबानदराज़ी नहीं 悪事を働いた人はひたすら嘆願することができるのであって弁舌を弄することはできないものだよ मैं कानून से इंसाफ़ की फ़रयाद करूँगी 法律による正しい裁きを嘆願する (2) 訴訟を起こすこと；告訴

फ़रयादी [形・名] 《P.فریادی फ़र्यादी》(1) 嘆願者；哀願者；救いを求める（人） (2)〔法〕告訴する人；告訴人

फ़रलांग [名] 《E. furlong》ファーロング（距離の単位．220 ヤード = 201.168m）

फ़रलो [名] 《E. furlough》半分の有給による長期休暇

फ़रवरी [名] 《E. February》太陽暦の 2 月

फरवी [名*] 煎って膨らませた米；炒り米= मुरमुरा; लाई.

फ़रश [名⁻] 《P.فرش फ़र्श》(1) 絨毯などの床に敷く敷物 (2) 建物の中で漆喰やセメントなどを用いた床 (3)（板の間などを含めた）床 (4) 平らな地面 (5) 地面 (6) 舗装 **फ़रश से अर्श तक** 地界から天界まで

फ़रशबंद [名] 《P.فرشبند फ़र्शबंद》漆喰で高く平らにしたところ

फ़रशी[1] [形] 《P.فرشی फ़र्शी》(1) 床の (2) 地面の (3) 床や地面に置く（置かれる） **फ़रशी सलाम** 頭が（床や地面につくような）最敬礼

फ़रशी[2] [名*] 《P.فرشی फ़र्शी》床に置いて用いる大型の水ぎせる

फ़रसंग [名] 《P.فرسنگ फ़र्संग》ファルサング（距離の単位．6.24km）

फरस [名] (1) = फरसा. (2) = फ़रश; फ़र्श.

फरसा [名] (1) 斧；まさかり（鉞）；戦闘用の斧 परशुराम ने अपना फरसा हवा में घुमाया パラシュラーマは自分の斧を振り回した (2) くわ（鍬）

फ़रहंग [名] 《P.فرہنگ फ़र्हंग》辞書；辞典= शब्दकोश; लुग़त.

फरहद [名]〔植〕マメ科高木デイコ；デイゴ【*Erythrina variegata var. indica; E. indica*】= मंदार. 〈Indian coral tree〉

फरहरना [自・他] → फरहराना[1, 2].

फरहरा [名] 旗= झंडा; पताका.

फरहराना[1] [自] ひるがえる（翻る）；はためく

फरहराना[2] [他] ひるがえす（翻す）；はためかす

फ़रहाद 〔人名・文芸〕《← P.فرہاد फ़र्हाद》ファルハード（ペルシア文学の神秘主義詩人ニザーミーの叙事詩『ホスローとシーリーン』に登場する青年．神秘主義思想を象徴する愛を美女シーリーンに捧げる人物）

फ़राइज़ [名, pl.] 《A.فرائض ← فریضہ फ़रीज़ा》(1) 義務 तीन साल तक अपने फ़राइज़ अंजाम देते हैं 3 年間にわたって義務を果たす (2)〔イス〕宗教的義務（礼拝，断食の行など）

फ़राक [名] 《E. frock》フロック（子供用のワンピース）= फ़्रॉक.

फ़राख़ [形] 《P.فراخ》広い；広々とした；広大な

फ़राख़दस्त [形] 《P.فراخ دست》(1) 気前のよい (2) 金持ちの

फ़राख़ी [名*] 《P.فراخی》(1) 広がり；大きさ (2) 豊かさ

फ़राग़त [名*] 《P.فراغت》(1) 暇 (2) 休息；休み (3) 安心 (4) 用足し（排便，排尿） (5) 豊かさ **फ़राग़त क॰** *a.* 完了する；成し遂げる *b.* 便所へ行く；用足しに行く **फ़राग़त जा॰** 便所へ行く；用

足しに行く फ़राग़त पाना 解き放たれる；解放される；のびのびする＝ फ़राग़त हो॰.

फ़राज़[1] ［形］《P. فراز》高い＝ ऊँचा.

फ़राज़[2] ［名］《P. فراز》高さ＝ ऊँचाई; बलंदी; फ़राज़ी.

फ़रात ［名*］《A. فرات फ़ुरात》ユーフラテス川＝ फ़ुरात नदी.

फ़रामोश ［形］《P. فراموش》忘れられた；忘れた；忘却された＝ भूला हुआ; विस्मृत. न सिर्फ़ रास्ता ही खो गया था, बल्कि मंज़िल भी फ़रामोश हो चुकी थी 道に迷ったばかりか行く先まで忘れてしまっていた

फ़रामोशकार［形］《P. فراموش کار》忘れっぽい；忘れやすい＝ भुलक्कड़.

फ़रामोशकारी ［名*］《P. فراموش کاری》忘れっぽいこと

फ़रामोशी［名*］《P. فراموشی》忘れること；忘却；失念＝ भूल; विस्मृति.

फ़रार［形］《A. فرار》逃亡している；逃亡中の 1983 से फ़रार आतंकवादी गिरफ़्तार 1983 年から逃亡中のテロリスト逮捕 फ़रार सिख युवक 逃亡中のシク青年 क़ातिल के फ़रार हो जाने की नाकाम कोशिश 殺人犯が逃亡に失敗

फ़रारी ［形・名］《A. فراری》逃亡した；逃亡中の；逃亡者

फ़राश［名］〔植〕ミソハギ科小木サルスベリ（百日紅）【*Lagerstroemia indica*】

फ़राशबीन［名］《E. French bean》〔植〕マメ科インゲンマメ【*Phaseolus vulgaris*】〈kidney bean, dwarf bean〉＝ बाकला; लोबिया.

फ़रासीस ［名］《P. فراسیس》(1) フランス＝ फ़्रांस. (2) フランス人＝ फ़्रांस निवासी.

फ़रासीसी[1] ［形］《P. فراسیسی》(1) フランスの (2) フランス製の；フランス産の

फ़रासीसी[2] ［名*］フランス語＝ फ़्रेंच; फ़्रेंच भाषा.

फ़रासीसी[3] ［名］フランス人＝ फ़्रांस निवासी; फ़्रांसीसी पुरुष; फ़्रांसीसी स्त्री.

फ़राहम ［形］《A. فراہم》集められた＝ इकट्ठा. फ़राहम क॰ 集める

फ़राहमी ［名*］《P. فراہمی》集まること；集めること

फरिया[1] ［名*］(1)〔服〕パリヤー（娘の着用するラハンガー लहँगा の一種で前が開く） (2)〔服〕オールニー ओढ़नी（ラハンガーを着るときに頭からかけて着用するもの）

फरिया[2] ［名］ペルシア井戸の水車の水がめを取りつける板

फरिया[3] ［名］＝ हौद. 製糖所で用いられるかめ

फ़रियाद ［名*］《P. فریاد》＝ फ़रयाद. **फ़रियाद क॰** 訴える；嘆願する उसने बादशाह से फ़रियाद की 国王に嘆願した अब मैं आपके पास फ़रियाद लेकर न आऊँगी もうこれからはお願いには参りません न कोई शिकायत की और न कोई फ़रियाद だれも何の不平も言わず何の訴えもしなかった

फ़रियादी ［形・名］《P. فریادی》訴える；嘆願する；告訴する；告訴人；訴願する（人） अगले दिन पंडित जी राजा के पास फ़रियादी हुए 翌日バラモンは王の元へ訴え出た

फरियाना[1] ［他］(1) 話をつける；決着をつける कभी-कभी मैं सोचता था कि मोहन से भेंट हो जाए तो मामला फरियाए （何をしたらよいかわからなくなったので）モーハンに会ったら話をつけたいと思っていた (2) きれいにする；汚れやごみ，埃などを取り除く

फरियाना[2] ［自］(1) 話がつく；決着がつく (2) きれいになる；汚れや埃，ごみなどが除かれる

फ़रिश्ता ［名］《P. فرشتہ फ़िरिश्ता》(1) 天使 आसमान के फ़रिश्ते तो पंचायत करने आएँगे नहीं 天にいます天使はパンチャーヤットの裁きにおいでになるはずもなし वह महानुभाव फ़रिश्ते नहीं, आदमी नज़र आने लगे その御仁は天使ではなく人間に見えよう (2) 神 (3) 天使のような立派な人 **फ़रिश्तों के पर जलना** 大被害を被る；大きな損害を受ける

फरी ［名*］(1) 犂の柄 (2) 車の長柄 (3) 木刀の技を競う際に防具として用いられる革製の盾

फ़रीक़ ［名］《A. فریق》(1)（相対する）派；党 (2) 敵；敵対者

फ़रीक़े सानी ［名］《A. فریق ثانی》対立者；反対派

फ़रीक़ैन ［名］《A. فریقین》両者；両派；両当事者＝ उभय पक्ष.

फ़रीज़ा ［名］《A. فریضہ》(1) 義務；天から命ぜられたこと；本分＝ कर्त्तव्य; फ़र्ज़. (2)〔イス〕イスラム教徒の宗教的義務（礼拝，断食，巡礼など） जिहाद का फ़रीज़ा अदा क॰ ジハード（聖戦）の義務を果たす

फ़रीद[1] ［形］《A. فرید》(1) 唯一の；単一の (2) 比類のない；無類の；無比の

फ़रीद[2] ［名］《A. فرید》宝石；宝玉

फ़रीदबूटी ［名*］《A. فرید ＋ H.बूटी》〔植〕アブラナ科草本【*Farsetia jacquemontii*】

फरुआ ［名］托鉢用の木製の鉢；椀

फरुई ［名*］＝ फरुही.

फरुहा ［名］くわ（鍬）＝ फावड़ा.

फरुही[1] ［名*］小型の鍬

फरुही[2] ［名*］炒り米＝ मुरमुरा; लाई.

फरेंदा ［名］＝ जंबुक. 〔植〕フトモモ科高木ムラサキフトモモの一品種【*Eugenia jambolana*】

फ़रेफ़्ता ［形］《P. فریفتہ फ़रेफ़्ता/फ़िरेफ़्ता》(1) 魅せられた；魅惑された (2) だまされた；欺かれた

फ़रेब ［名］《P. فریب》詐欺；欺き；欺瞞 रुपये भी वो, जिन्हें हाथ का मैल कहा जाता है, जो सिर्फ़ मक्कारियों और फ़रेबों से बनाये गये हैं 手の垢と言われる金だがこれも虚偽と欺瞞でこしらえたものだ **फ़रेब क॰** 欺く；だます **फ़रेब का जाल बिछाना** 陰謀を巡らす **फ़रेब दे॰** ＝ फ़रेब का जाल बिछाना. **फ़रेब रचना** ＝ फ़रेब का जाल बिछाना.

फ़रेबी ［形・名］《P. فریبی》欺く；だます；詐欺師；ぺてん師＝ धोखेबाज़. ईश्वर के संबंध में कोई भी फ़रेबी कैसी भी अफ़वाह फैलाए 神について如何なるぺてん師がどんな噂を立てようとも

फरोंज ［名］〔植〕ブナ科ナラ属アラカシ【*Quercus glauca*】〈blue Japanese oak〉

फ़रो ［副］《P. فرو》下に；下へ＝ फ़िरो; फ़िरोद. फ़रो क॰ 押さえる；制する；抑える；抑制する；抑圧する फ़रो हो॰ 下がる；低下する；沈む；静まる

फ़रोख़्त ［名*］《P. فروخت》販売；売却；売ること (-) फ़रोख़्त क॰ （ーを）売る रेशम फ़रोख़्त क॰ 絹を売る

फ़रोख़्तगी ［名*］《P. فروختگی》売ること；販売＝ बिक्री; विक्रय.

फ़रोख़्ता ［形］《P. فروختہ》売られた；売れた＝ बेचा हुआ; बिका हुआ.

फ़रोदस्त ［名］《P. فرودست》〔イ音〕ファローダスト（ターラの一）

-फ़रोश ［造語］《P. فروش》（ーを）売る；販売する（もの）の意を有する合成語の構成要素 मेवाफ़रोश 果物売り दवाफ़रोश 薬売り

फ़रोशी ［名*］《P. فروشی》(1) 売ること；販売＝ बिक्री; विक्रय. (2) 売上げ

फ़र्क़ ［名］《A. فرق》(1) 違い；相違 (2) 区別 (3) 分離 (4) 差別 **फ़र्क़ क॰** 区別する；差別する；弁別する पैसा आदमी आदमी में फ़र्क़ कर देता है 金は人と人とを差別する

फ़र्ज़ंद ［名］《P. فرزند》(1) 子供＝ लड़का. वतन के बहादुर फ़र्ज़ंद 祖国の勇敢な子供たち (2) 息子；倅＝ बेटा; पुत्र. शेख़ जमालुद्दीन के फ़र्ज़ंद का नाम シャイフ・ジャマールッディーンの息子の名前

फ़र्ज़ंदी ［名*］《P. فرزندی》息子であること；父と息子との関係；親子関係

फ़र्ज ［名*］《A. فرج》(1) 裂け目；割れ目；分かれ目＝ दरार; शिगाफ़. (2) 穴＝ छेद. (3) 女陰＝ योनि; भग.

फ़र्ज़ ［名］《A. فرض》(1) 義務；責務；務め नमाज़ और रोज़ा हर मुसलमान पर फ़र्ज़ हैं ナマーズとローザーはすべてのイスラム教徒の務めである तुझे कौमी फ़र्ज़ बुला रहा है 君を国民としての義務が呼んでいる **फ़र्ज़ अदा क॰** 義務や責任を果たす क्या तुम्हारे पिता जी का फ़र्ज़ नहीं बनता कि यहाँ आकर बाबू जी से भी मिलते? ここに来て私の父と会うのが君のお父さんの義務となるのではないだろうか अपना फ़र्ज़ किस किस तरह अदा कर सकता है 自分の責務をどのようにして果たすことができるか मैंने तो सिर्फ़ अपना फ़र्ज़ अदा किया है 私はただ自分の務めを果たしただけ (2) 役割；なすべきこと；任務 गुर्दे अपना फ़र्ज़ ज़्यादा अच्छे तरीके से अदा करते हैं もし腎臓がその任務をより正しく果たすならば (3) 想像；想定；仮定 **फ़र्ज़ क॰** 想像する；仮定する फ़र्ज़ करो कि किसी आदमी को खाने कमाने के लिए काम करने की ज़रूरत नहीं है 食べるために働く必要のない人がいると仮定してごらん

फ़र्ज़शनास ［形］《A.P. فرض شناس》責任のある；義務を果たす

फ़र्ज़शनासी ［名*］《A.P. فرض شناسی》義務や責任を果たすこと

फ़र्जाम ［名］《A. فرجام》(1) 終わり；終末＝ अंत. (2) 結果；結末＝ परिणाम; नतीजा.

फ़र्ज़ीं [名] 《P. فرزین》(チェスの) クイーン；女王= वज़ीर.

फ़र्ज़ींबंद [形] 《P. فرزین بند》(チェスの) クイーンに守られた

फ़र्ज़ी [形] 《A. فرضی》(1) 想像上の；空想の फ़र्ज़ी जानवर 想像上の動物 (2) 架空の；仮定の फ़र्ज़ी विक्रेता 架空の売り手 (3) でっち上げた；偽りの；いかさまの फ़र्ज़ी सूची でっち上げた表 फ़र्ज़ी नाम 偽名；仮名；筆名= छद्मनाम. फ़र्ज़ी सर्टीफ़िकेट 偽りの証明書

फ़र्द[1] [名・形] 《A. فرد》= फ़रद[1, 2]. किसी क़ौम का फ़र्द होने की वजह से ある民族が独特なために

फ़र्द[2] [名*] = फ़रद[3].

फ़र्दन फ़र्दन [副] 《A. فرداً فرداً》(1) 1つずつ (2) 1人ずつ (3) 別々に；個別に

फ़र्दे जुर्म [名*] 《P.A. فرد جرم》〔法〕訴訟事件表；起訴状= अभियोग-पत्र. 〈calender of crime〉

फ़र्दे हिसाब [名*] 《A.P. فرد حساب》帳簿

फ़र्न [名] 《E. fern》〔植〕シダ（羊歯）

फ़र्नीचर [名] 《E. furniture》= फ़रनीचर. 家具；調度品 फ़र्नीचर की लकड़ी 家具製造用の木材

फ़र्म [名*] 《E. firm》合資商会；商店；合資会社；会社 नेपाल के साथ व्यापार करनेवाली फ़र्म ネパール貿易の商社 हथियार बनानेवाली स्वीडिश फ़र्म スウェーデンの武器製造会社

फ़र्माइश [名*] → फ़रमाइश.

फ़र्मान [名] 《P. فرمان》→ फ़रमान.

फ़र्माना [他] = फ़रमाना. यह जो फ़र्मा देती हैं, हम बजा लाते हैं この方がお命じになることを私どもが致すのです

फ़र्याद [名*] = फ़रयाद; फ़रियाद.

फ़र्र फ़र्र [名] = फ़र्र फ़र्र. ひらひらする様子 हवा से उसकी पीले फ़ूलों वाली साड़ी फ़र्र फ़र्र करने लगी 黄色い花柄のサリーが風でひらひらし始めた

फ़र्राटा [名] = फ़राटा. (1) 敏速なこと；速いこと；素早いこと；素早い様子 **फ़र्राटे से** さっさと；素早く साइकिल पर बैठी फ़र्राटे से रोज़ उसके सामने से गुज़र जाती थी 自転車に乗って毎日その前をさっと通り過ぎて行く (2) 競走 100 मीटर फ़र्राटे तथा लंबी कूद में स्वर्ग जीत चुके अमरीकी खिलाड़ी 100m 競走と走り幅跳びで金メダルを手に入れたアメリカ人選手 **फ़र्राटा भरना** 速く走る **फ़र्राटा मारना** = फ़र्राटा भरना. **फ़र्राटे उड़ाना** 大いに楽しむ；大いに遊ぶ

फ़र्राटा दौड़ [名*] = फ़र्राटा. 〔ス〕競走 100 मीटर फ़र्राटा दौड़ 100m 競走

फ़र्राश [名] 《A. فراش》(1) 下僕；従者；家事使用人；奉公人；召使い= नौकर; ख़िदमतगार; सेवक. (2) 床の敷物，清掃，灯火，寝床などの管理に従事する使用人；ファッラーシュ

फ़र्राशी[1] [形] 《A.P. فراشی》(1) 地面の；床の (2) 下僕の；使用人の；ファッラーシュの **फ़र्राशी पंखा** 天井から吊るす大型の扇（パンカークリーが綱を引いて風を起こす） **फ़र्राशी सलाम** 最敬礼= फ़र्शी सलाम.

फ़र्राशी[2] [名*] 《A.P. فراشی》ファッラーシュ（下僕，従者，使用人など）の地位や身分

फ़र्लांग [名] 《E. furlong》ファーロング（長さの単位．220 ヤード．8 分の 1 マイル＝ 201.168m）→ फ़रलाँग.

फ़र्लो [名*] = फ़रलो.

फ़र्श [名⁻] = फ़रश.

फ़र्शी [形・名] = फ़रशी.

फ़र्शी सलाम [名] 《A. فرشی سلام》= फ़रशी सलाम. मछुआ दूर से, अदब से फ़र्शी सलाम बजाकर बादशाह के पास पहुँच गया 漁夫は遠くからうやうやしく最敬礼をして王のそばへ行った

फ़र्शे ख़ाक [名] 《A.P. فرش خاک》地面；地表= सतहे ज़मीन; पृथ्वीतल.

फ़र्शे ज़मीं [名] 《A.P. فرش زمیں》地面；地表

फ़र्स्ट [形] 《E. first》(1) 1 番の；1 位の；1 等の= पहला; प्रथम. (2) 一流の；最高の；一級の；ファースト= फ़र्स्ट क्लास का; अव्वल दर्जे का. फ़र्स्ट आ॰ 1 番になる；1 位になる वह एम-एस॰सी॰में फ़र्स्ट आ गया 理学修士の試験で 1 番になった

फ़र्स्ट एड [名] 《E. first-aid》応急手当；救急医療= प्राथमिक उपचार; प्रथम उपचार; प्रथमोपचार. **फ़र्स्टएड बक्स** 救急箱〈first-aid box〉

फ़र्स्ट क्लास[1] [形] 《E. first class》一級の；一流の；最高級の；最上の；最優秀の；とびきり上等の= प्रथम श्रेणी का; अव्वल दर्जे का. फ़र्स्ट क्लास उपन्यास 第一級の小説 वहाँ नदी का दृश्य फ़र्स्ट क्लास था 同地の川の景色はとびきりだった

फ़र्स्ट क्लास[2] [名] 《E. first class》(1) 乗り物の一等 फ़र्स्ट क्लास का वेटिंग रूम 一等の待合室 फ़र्स्ट क्लास का किराया 一等の料金 (2) 大学などの学校の試験の成績の区分での第一級；最上級→ सेकिंड क्लास 第二級，→ थर्ड क्लास 第三級

फ़र्स्ट डिग्री [名*] 《E. first degree》第一級

फ़र्स्ट नेम [名] 《E. first name》ファーストネーム；クリスチャンネーム；（姓に対する）名

फ़र्स्ट फ़्लोर [名] 《E. first floor》（高層建物の）2 階→ ग्राउंड फ़्लोर 地階

फल [名] (1) 果物；果実；実 फल सब्ज़ी विक्रेता 果物や野菜を売る人；八百屋 (2) 結果；成果 मेहनत का फल 努力の成果 परिश्रम और ईमानदारी का फल 勤勉と誠実さのもたらすもの मनुष्य अपने कर्मों का ही फल भोगता 人間は自分の行為の結果を享受するものだ (3) 報い कर्म-फल 前業の報い कर्म-फल पाना 前業の報いを受ける (4) 利得 (5) 計算の結果 (6) 運勢；運 (7) 刃物の刃；刃物の刃渡り बरछे का फल 矛先 **फल आ॰** 実がつく；結実する **फल खाना** 結果を享受する= फल चखना. **फल चखाना** (- दे॰) 結果を与える；結果を味わわせる **फल पाना** 報いを受ける= फल भोगना; फल मिलना.

फलक [名] (1) 板= तख़्ता; पटल. मिट्टी का फलक 粘土板 (2) 紙や用紙の 1 枚 (3) 頁= पृष्ठ; वरक़. (4)〔植〕葉片；葉身〈lamina〉(5) 物体の面；小面；切子面 (6)〔植〕オトギリソウ科小木セイロンテツボク【*Mesua ferrea*】(7) 前額部の骨 (8)（卓球の）ラケット

फ़लक [名] 《A. فلک》(1) 空；大空；蒼穹= आसमान; आकाश. (2) 天国 **फ़लक टूटना** にわかに災難が降りかかる；青天の霹靂= आसमान टूटना.

फलका[1] [名] 水膨れ= फफोला; छाला.

फलका[2] [名] 船の甲板から船倉への出入り口の扉

फलकाल [名] 特定の果物の出さかる季節；果物の旬

फलतः [副] 結果として；結果的に；故に फलतः ग़रीबी बढ़ेगी 結果的に貧困が増大することになろう

फलत [名]〔植〕ブナ科ナラ属アラカシ

फलत्रय [名] (1) 3 種の果物（ブドウ，ザクロ，ナツメヤシ） (2) 3 種の薬用果実（マラッカノキ，セイタカミロバラン，ミロバランの実）

फलद[1] [形] (1) 実のなる (2) 効果のある；利益のある (3) 有利な；都合の良い

फलद[2] [名] (1) 実のなる (2) 木；樹木

फलदाता [形] (1) 実のなる (2) 結果をもたらす (3) 利益をもたらす

फलदान [名]〔ヒ〕花嫁側から花婿側に贈り物が贈られる婚約式の儀礼やその贈り物（金子，菓子，花など）

फलदायक [形] = फलद. भादों मास की द्वितीया का चंद्रदर्शन फलदायक होता है バードン月の二日に月を拝むと御利益がある ऐसे यजमानों के सामने अपने नेम का डंका बजा देना फलदायक होता है このような檀徒の前で自分の行っている行を言い触らすことは効果的なのだ

फलदार [形] 《H. + P. دار》(1) 実のなっている (2) 刃のついている

फलदू [名]〔植〕ミソハギ科落葉高木= धौली.

फलन [名] (1) 実を結ぶこと；実のなること；結実 (2) 結果の出ること

फलना [自] (1) 果実がなる；果実が実る；実がつく；実を結ぶ आम इस बार फले भी ख़ूब हैं.हाँ, फले तो हैं मगर वैशाखी अंधड़ का कोई ठिकाना नहीं 今年のマンゴーはなかなかの豊作だ．確かにそうだがバイサーク月の嵐が何をしでかすやらわからない सेब संतरे भी पेड़ों में फलते हैं リンゴもポンカンも木になるもの (2) 勢いや力をつける；実をつける；大きくなる जातिवाद समाप्त होने के स्थान पर दिन-दूनी और रात-चौगुनी गति से फल रहा है カーストイズムは滅亡するどころかますます強大になりつつある (3) 実る；身につく；成果を得る；成果が上がる रानी को रैयत की कौड़ी नहीं फली （悪銭が身につかぬように臣民から取り立てた金で買ったものが）王妃の装身具にならなかった (4) 子宝を得て家が栄える (5) 発疹が出る；吹き出物が出る **फलना-फूलना** *a.* 富み栄える झूठ तथा फ़रेब का रोजगार करने वाले फल-फूल रहे हैं 人を欺きだま

फ

す商売の連中が富み栄えている *b*. 盛んになる देश में यह उद्योग काफ़ी बड़े क्षेत्र में खूब फल-फूल रहा था わが国でこの産業はかなり広範な地域で随分盛んになっていた *c*. 繁茂する वह लता जो वृक्ष का सहारा पाकर ही फलती फूलती है 木に支えられてはじめて繁茂する蔓草 *d*. 願いが叶う

फलनिष्पत्ति [名*] 結果の出ること

फलपरिणति [名*] 果実の完熟

फलपूर [名] (1) ザクロ = अनार. (2) シトロン = बिजौरा नीबू.

फलभित्ति [名*]〔植〕果皮〈pericarp〉

फलमक्खी [名*]〔昆〕ミバエ科ミバエ（実蝿）

फलवती [形*] = फलवान. यह अभिलाषा निःसंदेह ही फलवती सिद्ध हुई この願いは確かに結実した

फलवान [形] 実のついた；実を結んでいる；結実した；実りのある；結実する；効果のある उपदेश फलवान रहा 説教は効果があった

फलशर्करा [名*] 果糖〈fructose; fruit sugar〉

फलस [名]〔植〕ジャックフルーツ= कटहल.

फ़लसफ़ा [名]《A. فلسفہ》哲学= दर्शन शास्त्र.

फ़लसफ़ादाँ [名]《P. فلسفہ داں》哲学者= दार्शनिक.

फ़लसफ़ादानी [名*]《A.P. فلسفہ دانی》哲学の知識

फलसा [名] (1) 地域；区域；区画；界限 (2) 門；門扉 (3) 境界

फलसिद्धि [名*] 結実；実を結ぶこと

फलस्वरूप [副] (-के) फलस्वरूप の形で用いられる（ーの）結果；（ーの）結果として प्रयत्नों के फलस्वरूप 努力の結果 उत्खनन के फलस्वरूप 発掘の結果

फलहार [名] (1) 食事に穀類を食べず果物のみを食べること= फलाहार. (2) 果物でこしらえた料理

फलहारी [形] 穀物を用いずに作られた（料理）

फलहीन [形] (1) 身を結ばない；実のならない (2) 無駄な；無益な

फ़लाँ [形・代]《A. فلاں》ある（もの）；さる（もの）；不特定の（もの）；しかじかの（もの）；これこれの（もの）；それがし；某= अमुक; फ़लाना. फ़लाँ शख़्स ある人

फलाँग [名*] (1) 跳躍（して越えること） (2) 一跳びの幅 **फलाँग भरना** 跳ぶ；飛び跳ねる= फलाँग मारना.

फलाँगना [自] 跳ぶ；跳び越える बकरी पर्वत पर चढ़कर स्वच्छंद विचरती, कूदती, फलाँगती दिन भर पहाड़ पर चरती रही ヤギは山に登り気ままに歩き回り跳んだり跳ね回ったりしながら一日中山の中で草をはんでいた

फलागम [名] (1) 実のなること；結実 (2) 実のなる季節；秋 (3)〔演〕大団円

फलाढ्य [形] たわわな；たわわに実った

फ़लातूँ [人名] = फ़लातून.《A. فلاطون》古代ギリシアの哲学者プラトン (前 427–347) = अफ़लातून.

फलादेश [名] 結果について述べること；予言

फलाना [他] 実らせる；稔らせる；結実させる

फ़लाना [形・代]《← A. فلاں फ़लाँ》不特定の（もの）；ある（もの）；さる（もの）；某；それがしの= फ़लाँ.

फलापेक्षा [名*] 結果を望むこと

फलाफल [名] 良い結果と悪い結果

फलाफूला [形] (1) 花と実のついた (2) 発展した；充実した；盛んな

फ़लालेन [名]《E. flannel》フランネル；ネル फ़लालेन का कुर्ता フランネルのクルター

फलावरण [名] 果皮

फलाहार [名] (1) 果物を食べること (2)〔ヒ〕穀物を食べずに果物のみ，もしくは，果物からこしらえたもののみを食すること（主に宗教的，ないしは，健康上の理由で）

फलाहारी[1] [形] (1) 果物を食べることに関する (2) 果物のみを食べる

फलाहारी[2] [名] 果物のみを食する人

फलित [形] (1) 実のなった；結実した (2) 結果の出た；完成した；完了した फलित हो॰ 実る；結実する；結果が出る उनका यह विश्वास फलित नहीं हुआ その人たちのこの信頼は実らなかった

फलित ज्योतिष [名] 占星術= इल्मे नुजूम.

फलितार्थ [名] (1) 趣旨；意味 (2) 要旨

फलिन [形・名] 果実のつく；果実を生じる（木）；果樹

फली[1] [形] (1) 実のなる；果実の生じる (2) 実のなっている；果実のついている (3) 実りのある；利益をもたらす

फली[2] [名*] (1) 豆類のさや（莢） फलियाँ दानों से भर गईं 莢には実がいっぱい詰まった (2) 莢のような形をしたもの लहसुन की दो-तीन फलियाँ ニンニクのかけら 2〜3 個 केले की फलियाँ バナナの実 **फली के दो टूक क॰** *a*. 絶交する *b*. ほとんど仕事をしない；ほとんど働かない

फलीकरण [名] 脱穀

फलीकृत [形] 脱穀された

फ़लीता [名]《A. فلیتہ》(1) ろうそくの芯；灯心 (2) 導火線= पलीता.

फलीदार [形] マメ科の；豆のなる；豆をつける

फलीभूत [形] (1) 結果の出た；実を結んだ (2) 結実した；成功を収めた **भलीभूत हो॰** *a*. 結果が出る；結実する *b*. 成功を収める लच्छी चाची-सी अनगिन देवियों का अमर बलिदान फलीभूत हुआ ラッチー小母さんのような無数の女性の不滅の犠牲が実った

फलेंदा [名]〔植〕フトモモ科ムラサキフトモモの一種→ जामुन.

फलोत्पत्ति [名*] (1) 果実の生じること；結実 (2) 利益；儲け

फलोदय [名] (1) 果実の出現 (2) 結果の出現 (3) 成功

फल्गु[1] [形] (1) 中身のない；空虚な (2) 小さな (3) 取るに足らない；下らない；ちっぽけな (4) 無意味な；無益な (5) 弱い；弱々しい (6) 並みの；ありきたりの

फल्गु[2] [名*] (1) 春；春の季節 (2)〔占星〕インドの二十七宿の第 11 の पूर्वा फाल्गुनी (帳) と第 12 の उत्तरा फाल्गुनी (翼) (3)〔仏〕パルグ川（ビハール州）；にれんぜんが（尼連禅河）

फल्गुन [名] パーグン月／パールグン月 (फाल्गुन インドの太陰太陽暦の 12 月で太陽暦の 2〜3 月に相当)

फल्गुनी [名*] = फाल्गुनी.

फ़ल्सफ़ा [名]《A. فلسفہ》哲学= दर्शन शास्त्र; फ़लसफ़ा.

फ़ल्सफ़ादाँ [名]《A.P. فلسفہ داں》哲学者 = दार्शनिक.

फ़ल्सफ़ादानी [名*]《A.P. فلسفہ دانی》= फ़लसफ़ादानी.

फ़ल्सफ़ियाना [形]《A. فلسفیانہ》哲学者のような；哲学者風の

फ़ल्सफ़ी [形・名]《A. فلسفی》(1) 哲学に関する (2) 哲学の知識を持つ；哲学者= दार्शनिक.

फ़व्वारा [名]《A. فوارہ》(1) 噴水；泉 फ़व्वारे की तरह बाहर छिड़काव होगा 噴水のように外に撒水される (2) 噴出；吹き出ること बालू का एक फ़व्वारा उछलता है 砂がひと吹き噴出する

फसकड़ा [名] (1) 両足を投げ出す座り方 फसकड़ा मारना 腰を下ろして足を投げ出して座る (2) あぐら（胡座）

फसकना [自] (1)（布が）裂ける；破れる (2) めり込む；沈む；沈下する (3) はじける (4) 妊娠する；はらむ

फसकाना [他] (1) 裂く；破る (2) めり込ませる；沈める；沈下させる (3) はらませる

फ़सद [名*]《A. فصد फ़स्द》〔医〕瀉血；刺絡 **फ़सद खुलवाना** (ले॰) 瀉血してもらう **फ़सद खोलना** 瀉血する

फ़सल [名*]《A. فصل फ़स्ल》(1) 季節= ऋतु; मौसम. (2) 作物 फ़सल पकने पर 作物が熟すと；熟れると अब यहाँ गेहूँ की फ़सल भी लहलहाने लगी है 今やこの地では小麦が茂るようになっている नकदी फ़सल 換金作物 (3) 収穫物 सूखी ज़मीन पर दो फ़सलें होने की आशा 乾いた土地に二毛作の希望 दोहरी फ़सलें 二期作 फ़सल न हो॰ 不作；凶作 (4) 収穫；取り入れ जैसे ही पटसन या धान की फ़सल कटी कि गेहूँ बो दिया サンヘンプとイネの取り入れが済んだら直ちに小麦を蒔いた (5) 章= परिच्छेद; बाब. **फ़सल उगाना** 作物を植える **फ़सल काटना** 取り入れる；収穫する **फ़सल मारी जा॰** 霜害に遭う

फ़सली[1] [形]《A. فصلی फ़स्ली》(1) 季節の (2) 季節的な

फ़सली[2] [名*]〔医〕コレラ= हैज़ा; फ़सली बीमारी.

फ़सली[3] [名] = फ़सली सन्.

फ़सली कौआ [名] (1)〔鳥〕カラス科コクマルガラス【*Corvus monedula*】= पहाड़ी कौआ. (2) 利己的な人；身勝手な人= स्वार्थी; मतलबी.

फ़सली गुलाब [名]《A.P. فصلی گلاب》〔植〕バラ科ダマスクローズ【*Rosa damascena*】〈Damask rose; summer Damask rose〉= बसरा; चैती गुलाब.

फ़सली बीमारी [名*]〔医〕コレラ= हैज़ा.

फ़सली बुख़ार [名] 《A.P. فصلی بخار》 (1)〔医〕間欠熱；マラリア熱 (2) 季節の変わり目に罹患する熱病

फ़सली सन [名] 《A. فصلی سن》ファスリー暦（純粋な太陰暦であるイスラム暦と季節とのずれを調整するためにムガル朝第３代アクバル皇帝が1555年９月10日をもって紀元としたとされる太陽暦．徴税などの会計年などに用いられた．地域差があり合計３種あったとされるが北インドと南インドに２種伝わる）＝ फ़सली साल.

फ़सले गुल [名*] 《A.P. فصل گل》春；春季 ＝ फ़स्ले बहार; बहार; वसंत.

फ़साद [名] 《A. فساد》 (1) 騒動；騒乱；暴動；騒擾（दंगा-फ़साद とも呼ばれる．特にインドにおいて異教徒間に生じる騒乱，暴動について言う）＝ साम्प्रदायिक झगड़ा; फ़िरक़ावाराना मारकाट. हिंदू-मुसलिम फ़साद ヒンドゥーとムスリム間の暴動． **फ़साद क॰** 暴動や騒動を起こす **फ़साद कराना** 暴動や騒動を起こさせる हिंदुओं-सिखों में फ़साद कराने की साज़िशें ヒンドゥーとシクとの間に騒動を起こさせようとの企み (2) 大騒ぎ；騒動；混乱 किसी चुड़ैल का फ़साद だれか魔女や鬼女の起こした騒動 (3) いざこざ；喧嘩；争い (4) 悪化；腐敗；堕落 **फ़साद उठाना** 喧嘩や争いを起こす＝ फ़साद क॰; फ़साद खड़ा क॰. **फ़साद का घर** 喧嘩好きな；喧嘩早い **फ़साद की जड़** いさかいの原因 **फ़साद दबना** 暴動，喧嘩，争いなどが鎮まる **फ़साद मचाना** ＝ फ़साद उठाना.

फ़सादात [名, pl.] 《A. فسادات ← فساد फ़साद》暴動；騒動 अंग्रेज़ी अफ़सरों ने फ़सादात को रोका नहीं イギリス人当局者たちは暴動を阻止しなかった

फ़सादी[1] [形] 《A. فسادی》 (1) 騒動を起こす；暴動を起こす (2) 混乱させる；混乱におとしいれる (3) ごたつかせる；ごたごたを起こす (4) いたずらな

फ़सादी[2] [名] 《A. فسادی》暴徒 हिंदू और मुसलमान फ़सादी ヒンドゥーとムスリムの暴徒

फ़साना [名] 《P. فسانه ← افسانه अफ़साना》 (1) 物語 (2) 短編小説

फ़सानानवीस [名] 《P. فسانه نویس》小説家

फ़सानानिगार [名] 《P. فسانه نگار》＝ फ़सानानवीस.

फ़साहत [名*] 《A. فصاحت》 (1) 明解，明晰な文体 (2) 文章の明解さ，明晰さ

फ़सील [名*] 《A. فصیل》防壁；塁壁；市街を取り囲む壁；城壁 अपने मुल्क से मुहब्बत रखनेवाले चीनियों ने यह फ़सील बनाई थी 国を愛する中国人たちがこの防塁を建設した

फ़सीह [形] 《A. فصیح》明解な；明晰な

फ़स्द [名*] → फ़सद.

फ़स्दज़न [名] 《A.P. فصدزن》〔医〕刺絡治療を施す人

फ़स्ल [名*] 《A. فصل》→ फ़सल. न फ़स्लें उगतीं न अनाज पकते 作物も生えず穀物も熟さない

फ़स्ली [形] 《A. فصلی》→ फ़सली. सरकार ने क़ीमतों में इज़ाफ़ा को फ़स्ली उतार-चढ़ाव का नतीजा क़रार दिया 当局は物価の上昇を季節的な変動の結果だと決めつけた **फ़स्ली साल** 1555年９月10日に始まった会計年の暦→ फ़सली सन.

फ़स्साद [名] 《A. فصاد》〔医〕瀉血（刺絡）を施す人＝ फ़स्दज़न.

फ़हम [名*] 《← A. فہم फ़हम》 (1) 理解；理解力 (2) 知力 (3) 分別

फ़हमाइश [名*] 《P. فہمائش फ़हमाइश》 (1) 忠告；警告 (2) 教訓 (3) 命；命令；指令

फहरना [自] はためく；ひらめく；（旗などが）掲げられる；掲揚される

फहरान [名*] ← फहराना.

फहराना[1] [他] はためかす；（旗などを）掲げる ओलंपिक ध्वज के फहराए जाते ही オリンピック旗が掲揚されると同時に

फहराना[2] [自] ＝ फहरना.

फ़हरिस्त [名*] 《← A. فہرست फ़ेहरिस्त》目録；カタログ＝ सूची पत्र; सूची.

फ़हश[1] [形] 《A. فحش फ़ह्श》下品な；卑猥な；いかがわしい；みだらな＝ फूहड़; अश्लील.

फ़हश[2] [名] 《A. فحش फ़ह्श》下品な言葉；卑猥な言葉；罵詈雑言

फ़हहाश [形] 《A. فحاش》卑猥な；下品な

फ़हहाशी [名*] 《A. فحاشی》卑猥なこと；下品さ＝ फ़हश[2].

फाँक [名*] (1) 一切れ；スライス；果物などを薄く切ったもの；薄く輪切りにしたもの (2) ミカンなどの果実の一袋やニンニクなどの一片；ひとかけら (3) 食べ物の一口に入れる分；掌に載せて口に放り込む分 नींबू की फाँकें ライムのスライス **फाँक मारना** 粉や粒状の食べ物を口に放り込む (4) 亀裂；裂け目；割れ目 फाँक पड़ना 亀裂が生じる सरकारी मशीनरी में पड़ी फाँक 政府の機構に生じた亀裂

फाँकड़ा [形⁺] (1) 斜めの＝ तिरछा. (2) 頑丈な；頑健な＝ तगड़ा; हृष्टपुष्ट; मुस्टंडा.

फाँकना [他]（粉状や粒状のもの，あるいは，小さく刻んだものを）口に放り込む；掌に載せてほおばる शक्कर फाँक ले॰ 砂糖を口に放り込む सत्तू फाँकना はったい粉をほおばる सुपारी-ज़र्दा फाँककर उसने पढ़ना शुरू किया スパーリーやザルダーを口に放り込んで勉強を始めた **धूल फाँकना** → धूल. *a.* 食うに事欠く *b.* 落ちぶれる *c.* 土埃を吸う（ような所へ行く）

फाँका[1] [名] (1) ＝ फाँकना. (2) 一口に放り込んだりほおばったりする分 **फाँका मारना** 口に粉状や粒状のものを放り込む

फाँका[2] [名] ＝ फ़ाक़ा.

फाँकी[1] [名*] 口に放り込んで食べるものの１回分 **फाँकी लगाना** 口に放り込む उसने जल्दी-जल्दी दालमोट की दो-तीन फाँकियाँ लगाईं 大急ぎでダールモートを口に二口，三口放り込んだ

फाँकी[2] [名*] だまし；だますこと；欺くこと；詭弁

फाँट[1] [名*] (1) 分割；分配；分かつこと；分かち (2) 分割したもの；分配したもの

फाँट[2] [名] (1) 煎じ出し；煎じること (2) 煎じ薬；煎じ出し＝ काढ़ा; क्वाथ.

फाँटना[1] [他] 分ける；分割する＝ बाँटना; विभाजित क॰; विभाग क॰.

फाँटना[2] [他]（薬草を）煎じる；煎じ出す＝ जड़ी-बूटी को औटाना.

फाँटा [名] かすがい（鎹）

फाँड़ा [名] ドーティーの上部の縁で腰にたくし込む部分＝ फेंटा. **फाँड़ा कसना** 構える；用意をする；身構える；待ち構える＝ कटिबद्ध हो॰; मुस्तैद हो॰. (-का) **फाँड़ा पकड़ना**（－に）取りすがる；取りすがってものを乞う **फाँड़ा बाँधना** ＝ फाँड़ा कसना.

फाँद[1] [名*] ← फाँदना[1].

फाँद[2] [名] (1) 輪縄；罠 (2) 網 (3) 困惑；当惑；困難 **फाँद मारना** 罠にかける；縄で捕らえる

फाँदना[1] [他] (1) 飛び越える जेल की दीवार फाँद निकल भागे 刑務所の塀を飛び越えて脱走した रेलिंग फाँदकर दूसरी ओर खड़ा हो गया 柵を飛び越えて向こう側に立った (2) 横切る；渡る；越える लंबी चौड़ी सड़कों को फाँदकर 大きな道を横切って

फाँदना[2] [自] (1) 飛び越える；跳躍して乗り越える (2)（動物の雄が交尾のため雌の体に）乗りかかる

फाँदना[3] [他] 輪縄をかける；輪縄で捕らえる；網で捕らえる

फाँदी [名*] (1)（束ねて結ぶための）ひもや綱 (2) 束；束ねたもの

फाँफी [名*] (1) 薄い膜 (2) 牛乳の表面に張るクリームの膜 (3)〔医〕白内障のため瞳に白く膜がかかったようになること

फाँस[1] [名*] (1) 鳥獣を生け捕りにするための輪の形にした罠；輪縄 (2) 生け捕りに用いる網や縄

फाँस[2] [名*] (1) ささくれ；木や竹などのとげのように割れた細片 (2) 感情を刺激するとげ (3) ひご；竹ひご **फाँस गड़ना** *a.* ささくれが刺さる *b.*（言葉などが）胸に突き刺さる＝ फाँस चुभना. **फाँस निकलना** 胸に刺さったとげが抜ける；悩みの原因がなくなる **फाँस मारना** 妨げる；妨害する **फाँस लगना** ＝ फाँस गड़ना.

फाँसना [他] (1) 鳥や獣を罠にかける (2)（善良なものを）毒手にかける；危害を加えるために（罠や悪い手で）捕らえる；引っかける उन अनुभवहीन तथा निर्दोष छात्रों को अपने चंगुल में फाँसते हैं あの世間知らずの罪のない生徒たちを毒手にかける (3) すっかりだます；たらし込む；虜にする पतंगबाज़ी के शौक़ीन एक मोटे लाला को फाँसकर उनके पंद्रह रुपये ऐंठ लिये थे 凧揚げの好きな金持ちの商人をだまして15ルピーをせしめた

फाँसा [名] 輪縄；投げ縄

फाँसी [名*] (1) 輪縄（一端を輪の形にした縄） उस औरत ने गले में फाँसी लगाकर आत्महत्या कर ली その女は首に縄をかけて自殺した (2)（処刑用の）首吊り縄 (3) 絞首刑 (-को) फाँसी हो जा॰（－が）絞首刑になる **फाँसी का झूलता फंदा** 生命の危険のあるよ

फ

うな事や場所= फाँसी का तख़्ता; फाँसी का फंदा. **फाँसी की सज़ा** 絞首刑（の処罰） उन सब को फाँसी की सज़ा दी गई 全員に絞首刑が下された **फाँसी के तख़्ते पर चढ़ना** = फाँसी के तख़्ते पर झूल जा॰. **फाँसी के तख़्ते पर चढ़ाना** *a.* 絞首刑にする *b.* 大変苦しめる **फाँसी के तख़्ते पर झूल जा॰** *a.* 絞首刑に処せられる *b.* 苦悶する；ひどい苦しみに遭う **फाँसी के फंदे पर झूलना** = फाँसी के तख़्ते पर झूलना. **फाँसी खड़ी हो॰** 生命の危険が迫る **फाँसी चढ़ना** = फाँसी के तख़्ते पर झूल जा॰. **फाँसी चढ़ाना** 絞首刑に処す (-के गले में) **फाँसी डालना** （ーを）厄介な目に遭わせる (-को) **फाँसी दे॰** （ーを）絞首刑にする (-को) **फाँसी पड़ना** （ーが）損害を被る (-को) **फाँसी पर चढ़ाना** = फाँसी के तख़्ते पर चढ़ाना. ऐसा करनेवाले को फाँसी पर चढ़ा दिया जाएगा こういうことをする人は絞首刑に処せられる **फाँसी पर झूलना** = फाँसी के तख़्ते पर झूल जा॰. **फाँसी पर लटक जा॰** = फाँसी के तख़्ते पर झूल जा॰. **फाँसी लगना** = फाँसी के तख़्ते पर झूल जा॰. जिस दिन फाँसी लगने वाली होती है 絞首刑に処せられる日

फ़ाइटर प्लेन [名] 《E. fighter plane》戦闘機= लड़ाकू विमान; लड़ाकू वायुयान.

फ़ाइदा [名] → फ़ायदा.

फ़ाइन[1] [名] 《E. fine》罰金= जुर्माना; अर्थदंड. फ़ाइन भरना 罰金を納める；罰金を払う (-पर) **फ़ाइन हो॰** （ーが）罰金に処せられる

फ़ाइन[2] [形] 《E. fine》素晴らしい；素敵な；立派な

फ़ाइन आर्ट [名] 《E. fine art》美術 = ललित कला. फ़ाइन आर्ट व कमर्शियल आर्ट美術と商業美術

फ़ाइनल[1] [形] 《E. final》最後の；最終の；最終的な = अंतिम.

फ़ाइनल[2] [名] 《← E. final; final match (round, game)》(1)〔ス〕決勝戦 नेहरू स्टेडियम पर खेले गए फ़ाइनल में ネルースタジアムで行われた決勝戦で फ़ाइनल में भारत ने जर्मन टीम को 8-1 से हराया था 決勝戦ではインドはドイツチームに 8 対 1 で勝った (2)〔教〕最終学年 बी॰ए॰फ़ाइनल 文学士課程の最終学年

फ़ाइनल मैच [名] 《E. final match》〔ス〕決勝戦

फ़ाइनांस [名] 《E. finance》財政；ファイナンス；財務= वित्त.

फ़ाइनानशल [形] 《E. financial》財政の；財政上の；財務の；ファイナンシャル= वित्तीय.

फ़ाइबर [名] 《E. fibre》繊維；ファイバー= रेशा; तंतु.

फ़ाइबर ग्लास [名] 《E. fibre glass》繊維ガラス；ファイバーグラス= काँच रेशा.

फ़ाइल[1] [名*] 《E. file》(1) 書類（の綴じ込み帳）；ファイル मैंने फ़ाइल मँगवाई है 私も書類を取り寄せた हाथ में एक फ़ाइल लिए 手にファイルを 1 丁持って अपराधियों की फ़ोटोग्राफ़ फ़ाइल 犯罪人の写真のファイル (2) 綴じ込みファイル (3) 綴じ込み帳整理箱

फ़ाइल[2] [名*] 《E. file》やすり（鑢） = रेती.

फ़ाइलम [名] 《E. phylum》〔生〕門

फ़ाइलेरिया [名] 《E. filaria》〔医〕フィラリア症（糸状虫による病気）；象皮病= फ़ील पाँव; हाथी पाँव.

फ़ाइव स्टार होटल [名] 《E. five-star hotel》ファイブスターホテル；五つ星ホテル；一流ホテル

फ़ाईल [名*] → फ़ाइल.

फ़ाउंटेन [名] 《E. fountain》泉；噴水= चश्मा; फ़व्वारा.

फ़ाउंटेन पेन [名] 《E. fountain pen》万年筆

फ़ाउंडेशन [名] 《E. foundation》ファンデーション（化粧の下地になる化粧品）

फ़ाउंड्री [名*] 《E. foundry》鋳造所；鋳物工場

फ़ाउल [名] 《E. foul》〔ス〕ファウル क्या अब फिर फ़ाउल हो गया またもファウルかい रैफ़री ने आफ़-साइड का फ़ाउल दे दिया 審判がオフサイドを宣告した

फ़ाक़ा [名] 《A. فاقہ》断食；絶食 **फ़ाक़ा क॰** 断食する；絶食する **फ़ाक़ा पड़ना** 絶食する；食べ物がない（状態になる） **फ़ाक़ों का मारा** 飢えにひどく苦しんだ；飢え死にしそうな **फ़ाक़ों मरना** *a.* ひどく飢える *b.* 飢え死にする

फ़ाक़ाकश [形] 《A.P. فاقہ کش》(1) 断食する (2) 飢え死にする

फ़ाक़ाकशी [名*] 《A.P. فاقہ کشی》断食；絶食

फ़ाक़ामस्त [形] 《A.P. فاقہ مست》(1) 食べ物がなくても苦にしない (2) 貧困や苦労にめげない；暢気な；くよくよしない

फ़ाक़ामस्ती [名*] 《A.P. فاقہ مستی》←फ़ाक़ामस्त.

फ़ाक़ेमस्त [形] = फ़ाक़ामस्त.

फ़ॉक्स टेरियर [名] 《E. fox terrier》〔動〕フォックステリア

फ़ाख़तई [形・名] 《P. فاختئی》(1) 赤茶色（の） (2) 黄褐色（の）

फ़ाख़्ता [名*] 《A. فاختہ》〔鳥〕ハト科キジバト属の鳥の総称 **इंटकोहरी फ़ाख़्ता**〔鳥〕ハト科ベニバト【*Streptopelia tranquebarica*】 **काल्हक फ़ाख़्ता**〔鳥〕ハト科キジバト【*Streptopelia orientalis*】 **चित्रोखा फ़ाख़्ता**〔鳥〕ハト科カノコバト【*Streptopelia chinensis*】 **टुटरूँ फ़ाख़्ता**〔鳥〕ハト科セネガルキジバト【*Streptopelia senegalensis*】 **धवर फ़ाख़्ता**〔鳥〕ハト科シラコバト【*Streptopelia decaocto*】 **फ़ाख़्ता उड़ जा॰** *a.* 気が動転する= घबड़ा जा॰. *b.* 失神する；気を失う= बेहोश हो॰. **फ़ाख़्ता हो॰** さっぱり理解できない→ होश फ़ाख़्ता हो जा॰.

फाग [名] (1)〔ヒ〕ホーリー祭 (2)〔ヒ〕ホーリー祭に際して歌われる歌；パーグ **फाग खेलना** ホーリー祭を（色粉を付け合ったり色水を掛け合ったりして）祝う

फागुन [名] パーグン（インドの太陰太陽暦 12 月，太陽暦の 2～3 月．パールグナ月 फाल्गुन)

फागुनी [形] パーグン月の；パーグン月に関わる

फ़ाजिर [名] 《A. فاجر》不品行な男；身持ちの悪い男性= दुश्चरित.

फ़ाज़िल[1] [形] 《A. فاضل》(1) 余りの；余分な；超過した (2) 残りの；残余の (3) 学問のある；博学な；碩学の

फ़ाज़िल[2] [名] (1) 超過；余分 (2) 残余 (3) 学者；大学者；碩学 **फ़ाज़िल निकलना** 越える；超える；超過する

फ़ाज़िल बाक़ी [名*] 《A. فاضل باقی》差し引き残余額；残額 (-की) **फ़ाज़िल बाक़ी निकालना** （ーの）差し引き勘定をする

फाटक [名] (1) 門；大きな門；大門 किले का फाटक 城門 फाटक के बाहर 門の外に (2) 道路や鉄道線路の踏切りの遮断機；開閉機；ゲート (3) 水門；閘門 (4) 家畜収容所（飼い主不明の家畜を収容する） = काँजी हाउस. (-) **फाटक में दे॰** *a.*（人を）刑務所に入れる *b.*（家畜を）家畜収容所に入れる

फाटका [名] (1) 投機= सट्टा. (2) 証券取引所

फाटकी [名*]〔化〕ミョウバン（明礬） = फिटकिरी.

फाटकेबाज़ [名] 《H. + P. باز बाज़》投機師；相場師

फाड़न [名*] (1) 引き裂くこと；破ること= फाड़ना. (2) 引き裂いたもの；破ったもの

फाड़ना [他] (1) 裂く；引き裂く；ちぎる फाड़े हुए कागज़ 引き裂かれた紙 (2) 切り裂く= चाक क॰; चीरना (3) 割る लकड़ी फाड़ना 薪を割る (4) 破る लिफ़ाफ़ा फाड़कर मैंने पत्र पढ़ा 封筒を破って手紙を読んだ बाण कवच फाड़कर कमर की ओर निकल गया 矢は鎧を突き破って腰のほうに抜けた किवाड़े फाड़े गए 扉が破られた लक्ष्मी जी को छत फाड़ने में तकलीफ़ न हो （ディーワーリー祭の夜に）ラクシュミー神が屋根を破って入って来るのに困らないように मक्खियों की भिनभिनाहट उसके कानों के परदे फाड़ने लगी ハエのぶんぶん飛び回る音が彼の鼓膜を破り始めた（甚だしくうるさかった） (5) 大きく開く बड़ी-बड़ी आँखें फाड़े 目を皿のようにして

फाणि [名*] 黒砂糖；粗糖= गुड़.

फ़ातिमा [人名*・イス] 《A. فاطمہ》第 4 代カリフで初代イマームのアリーと結婚しハサンとフサインの母となった預言者ムハンマドの 4 女ファーティマ（ファーティマー） = बीबी फ़ातिमा.

फ़ातिह [名] 《A. فاتح》勝利者；戦勝の将；征服者 मुसलमान पुराने मुजाहिदों और फ़ातिहों की कहानियाँ सुन-सुनकर बड़े होते हैं イスラム教徒は昔の殉教者や征服者たちの話を繰り返し聞いて大きくなる

फ़ातिहा [名] 《A. فاتحہ》(1) はじめ；始まり；最初 (2) 序；序文 (3) コーランの序章，ファーティハ（ー）（墓前で読誦される） **फ़ातिहा पढ़ना** イスラム教徒が死者の霊を弔うためにコーランの序章を墓前で読誦すること हम दोनों अपने बाप की क़ब्र पर फ़ातिहा पढ़ रहे थे 私たち 2 人は父の墓前でファーティハーを朗唱していた

फ़ादर [名] 《E. Father》〔キ〕キリスト教神父（の尊称）；キリスト教修道院長

फानना [他] 綿を打つ；綿打ちする= धुनना.

फ़ानी [形] 《A. فانی》はかない；移ろいやすい；転変する= नश्वर; नाशवान.

फ़ानूस[1] [名] 《A. فانوس》(1) 提灯 (2) カンテラ (3) シャンデリア (4) 燭台= कंदीलिया.

फ़ानूस[2] [名] 《E. furnace》鎔鉱炉；熔鉱炉= भट्टी; भ्राष्ट.

फाफड़ [名] = फाफर.〔植〕タデ科ソバ【*Fagopyrum esculentum*】〈common buckwheat〉 = कूटू.

फाफा [名*] 歯の抜けた老婆；歯が抜けて言葉が明瞭でなくなった老婆 **फाफा कुटनी** 近所に告げ口をして回り喧嘩を起こさせるような老婆= फाफे कुटनी.

फाफुंदा [名] = फतिंगा.

फाब [名*] = फबन.

फाबना [名] = फबना.

फ़ायदा [名]《A. فائده》(1) 効果；効能；効き目= लाभ. ख़ूब इलाज भी कराए, लेकिन कोई फ़ायदा नहीं हुआ 随分治療してもらったが何の効果もなかった (2) 利益；儲け (3) 得；良い結果 इससे तुम्हें क्या फ़ायदा? 君にとってこれが何の得になる (-का) **फ़ायदा उठाना** (一を) 利用する **फ़ायदा पहुँचाना** 益する

फ़ायदेमंद [形]《A.P. فائده مند》有益な；有用な；役立つ；得な；うまい= फ़ायदामंद. दूध, दही, मक्खन निहायत फ़ायदेमंद ग़िज़ाएँ हैं 牛乳とヨーグルトとバターは大変有益な食品だ उसका क़ानूनी रवैया ज़्यादा फ़ायदेमंद नहीं रहा あの人の採った法的措置は余り役立たなかった यह जानकारी ज़रूर फ़ायदेमंद होगी この知識は必ず役に立つだろう **फ़ायदेमंद न हो॰** 割に合わない= लाभजनक न हो॰.

फ़ायर[1] [名]《E. fire》(1) 火 (2) 火災 (3) 発射；射撃；発砲= फ़ैर. **फ़ायर क॰** 発射する；撃つ= फ़ैर क॰. राइफ़ल फ़ायर क॰ ライフルを発射する **हवाई फ़ायर क॰** 空砲を撃つ

फ़ायर[2] [感]《E. fire》(1)〔軍〕(号令) 撃て；発射 (2) 点火

फ़ायर इंजन [名]《E. fire engine》消防車；消防自動車= फ़ायर इंजिन; इंजन; इंजिन; दमकल (ट्रक).

फ़ायर इंजिन [名] 消防車= दमकल (ट्रक); इंजिन; इंजन.

फ़ायर एक्स्टिंगिशर [名]《E. fire extinguisher》消火器

फ़ायरप्लेस [名]《E. fireplace》暖炉；ファイアプレース

फ़ायर ब्रिगेड [名]《E. firebrigade》消防隊

फ़ायरमैन [名]《E. fireman》消防士；消防隊員

फ़ायर स्टेशन [名]《E. firestation》消防署

फ़ायरिंग [名*]《E. firing》発砲；(火器の) 発射；射撃 फ़ायरिंग मुसलसल जारी थी 発砲がずっと続いていた

फाया [名] (1) 傷の手当に用いる綿切れやリント रुई का फाया 綿切れ= फाहा. माँ के हाथ पर लहसुन का फाया लगाओ 母さんの手にニンニクのリントをつけなさい (2) 香水をつける綿切れ

फार [名] (1) 部分；一部 (2) 幅が広く薄いもの

फ़ारख़ती [名*]《A.P. فارغ خطی फ़ारिग़ख़ती》(1) 決済証明書 (2) 絶縁状

फ़ारनहीट[1] [名]《E. Fahrenheit》(1) 華氏温度；カ氏温度 (2) 華氏温度計

फ़ारनहीट[2] [形] 華氏の；カ氏の

फ़ारनहीट थर्मामीटर [名]《E. Fahrenheit thermometer》華氏温度計；カ氏温度計

फारना [他] = फाड़ना.

फ़ारम[1] [名]《E. form》= फ़ार्म. (1) 形；形状 (2) 型；形態 (3) 書式；書式様式 (4) 願書などの申し込み用紙；書式用紙 फ़ार्म भरना 願書に書き込む (5) 運動選手の調子；コンディション

फ़ारम[2] [名]《E. farm》= फ़ार्म. (1) 農場；農園 (2) 養殖場

फ़ारम[3] [名]《E. forme》〔印刷〕組版

फ़ारमलडीहाइड [名]《E. formaldehyde》〔化〕ホルムアルデヒド फ़ारमलडीहाइड ड्रम में विस्फोट ホルムアルデヒド缶の爆発

फ़ारमूला [名]《E. formula》(1) 方式 (2) 処方；調理法；処理法 आसान फ़ारमूला 簡単な処方 (3) 公式 (4) パターン आम बंबइया फ़िल्मों की तरह एक मारधाड़ वाली फ़ारमूला फ़िल्म ありきたりのボンベイ映画のようなアクション入りのお決まりの映画

फ़ारमोसा〔地名〕《E. Formosa》台湾= ताइवान.

फ़ारस〔地名〕《P. فارس》ペルシア= फारस. → ईरान. **फ़ारस की खाड़ी** ペルシア湾

फ़ारसी[1] [形]《P. فارسی》ペルシアの

फ़ारसी[2] [名*]〔言〕ペルシア語= फ़ारसी ज़बान.

फ़ारसी लिपि [名*] ペルシア文字（ウルドゥー語の書写に用いられる文字も含めて）

फ़ारिग़ [形]《A. فارغ》(1) 用事や仕事の済んだ；終了した；暇になった (-से) **फ़ारिग़ हो॰** (一を) 済ませる；終える नमाज़ और तलावत से फ़ारिग़ होकर 礼拝とコーランの読誦とを済ませて **ज़रूरियात से फ़ारिग़ हो॰** 用便を済ませる；用足しを済ませる (2) 解放された；自由になった

फ़ारिग़ख़ती [名*]《A.P. فارغ خطی》(1) 完済証明書；支払い証 (2) 解散証明書 (3) 離婚証明書

फ़ारिग़ुलबाल [形]《A. فارغ البال》(1) 心配のない；安心な；気楽な= निश्चिंत. (2) 豊かな；富んでいる= संपन्न; समृद्ध.

फारी [名*]〔服〕オールニー ओढ़नी

फ़ारेनहाइट [名・形]《E. Fahrenheit》→ फ़ारनहीट.

फ़ार्म[1] [名]《E. farm》(1) 農場；農園 (2) 養殖場

फ़ार्म[2] [名] = फ़ारम[1]

फ़ार्मलीन [名]《E. formalin》〔化〕ホルマリン

फ़ार्मसिस्ट [名]《E. pharmacist》薬剤師

फ़ार्म हाउस [名]《E. farm house》農場付属の住宅；別荘

फ़ार्मूला [名]《E. formula》→ फ़ारमूला. सरकार के इस फ़ार्मूले का समर्थन किसी और ने नहीं किया है 政府のこの方式は他のだれも支持していない लोकप्रिय उपन्यास लिखने के कुछ फ़ार्मूले 人気小説の書き方の幾つか

फ़ार्मेट [名]《E. format》(1) 書物の型；判 (2) 方式 (3) フォーマット

फ़ार्मेसिस्ट [名]《E. pharmacist》薬剤師

फ़ार्मेसी [名*]《E. pharmacy》(1) 薬屋；薬局 दवा बनाने या बेचनेवाली दुकान 薬を作ったり販売したりする店 (2) 製薬所；製薬会社 (3) 薬学

फ़ार्मोसा〔地名・国名〕《E. Formosa》台湾

फ़ार्वर्ड [名]《E. forward》〔ス〕フォワード；前衛

फ़ार्वर्ड ब्लॉक [名]《E. Forward Block》(1)〔イ史〕フォワードブロック（前衛ブロック．チャンドラ・ボースが 1939 年に結成した政治集団） (2)〔イ政〕フォワード・ブロック（現代インドの政党の一）

फाल[1] [名] (1) 犂の刃= हल का फाल. (2) シヴァ神の異名の一 (3) バララーマ = बलराम の異名の一

फाल[2] [名] (1) またぎ；一歩 (2) 跳躍 (3) 歩幅 **फाल बाँधना** 飛び越える **फाल रखना** 歩を進める

फाल[3] [名*] (1) 薄く切ったり削ったりしたもの；切片 (2) ビンロウジを削ったもの；ビンロウジの切片

फ़ाल[1] [名*]《A. فال》(1) 前兆= शकुन. (2) 占い= शकुन बताना. (-की) **फ़ाल खोलना** *a.* (一について) 占う *b.* 予言する (-की) **फ़ाल देखना** (一を) 占う

फ़ाल[2] [名]《E. fall》髪飾りの垂れ；フォール साड़ी का फ़ाल サリーのフォール

फालतू [形] = फ़ालतू. (1) 残った；余った；余分の；余剰の；余計な बाद में टिश्यू-पेपर लेकर चेहरे पर से फालतू फाउंडेशन पोंछ दें 後でティッシューペーパーで顔についた余分な（つきすぎた）ファンデーションを拭き取ること खाते-पीते लोग अपना फालतू रुपये अमानत के तौर पर जमा करा देते 経済的に余裕のある人は余分なお金を預ける (2) 不必要な；不要な；無用な फालतू असबाब 不要品 घर का फालतू सामान 家庭の不要品 जो मज़दूर फालतू होंगे उनकी मुआवज़ा देकर छुट्टी कर दी जाएगी 余剰の労働者がいれば補償金を払って解雇することになろう घरों से निकलनेवाला फालतू पानी 家庭排水 (3) 役に立っていない；遊んでいる；余分な फालतू ज़मीन 遊休地 फालतू रुपये 余分なお金 अगर चेहरे पर कुछ फालतू पाउडर लगा हुआ दिखाई पड़े तो もしも顔に余分なパウダーがついているのが見えるなら (4) 役に立たない；役立たずの；みそっかすの

फ़ालनामा [名]《A.P. فال نامه》占いの本

फ़ालसई[1] [形]《P. فالسئی ← فالسه फ़ालसा》紫色の

फ़ालसई[2] [名] 紫色

फ़ालसा [名]《P. فالسه फ़ालसा》〔植〕(1) シナノキ科ウオトリギ属小木【*Grewia subinaequalis; G. asiatica*】(2) 同上の実

फ़ालिज [名]《A. فالج》(1) 麻痺 (2) 半身不随= लकवा; पक्षाघात. **फ़ालिज गिरना** 半身不随になる= लकवा मारना.

फ़ालूदा [名]《P. فالوده》(1) ファールーダー（はったい粉に牛乳，砂糖，氷を加えて作られる一種の飲料） (2) フラメリの一種

फाल्गुन [名] パールグン月（インドの太陰太陽暦の 12 月．太陽暦の 2～3 月に相当）= फागुन.

फाल्गुनी [名*] パールグン月の満月

फ़ाल्ट [名]《E. fault》〔ス〕(テニスの) フォールト यह सर्विस ग़लत या 'फ़ाल्ट' होगी このサーブはフォールト，すなわち，サーブの仕損じになる

फावड़ा [名] くわ（鍬）；唐鍬 **फावड़ा चलाना** *a.* 鍬で掘る *b.* 懸命に努力する **फावड़ा बजना** 掘られる **फावड़ा बजाना** 掘る
फावड़ी [名*] 小さい鍬；小型の鍬
फ़ाश [形]《A. فاش》(1) 明らかな；明白な (2) 露な；覆いのない；覆われていない (3) 暴露された；暴かれた **फ़ाश क॰** （秘密を）暴く；暴露する；露にする
फ़ासफ़ोरस [名]《E. phosphorus》〔化〕リン（燐）→ फ़ास्फ़ोरस.
फ़ासला [名]《A. فاصله फ़ासिला》距離；間隔；スペース；へだたり कुछ फ़ासले पर जाकर 少しの距離を進んで；少し進んで लाल किले से थोड़े फ़ासले पर जमुना बहती है ラールキラー（デリー城）から少し離れた所をジャムナー川が流れている **फ़ासला रखना** 距離を置く；間隔をとる बहुधा मित्र भी पारिवारिक मामलों में एक दूसरे के मध्य एक फ़ासला रखते हैं たいていは友人も家庭の問題については互いにある距離を置くものです
फ़ासिज़्म [名]《E. fascism; Fascism》ファシズム；独裁的国家社会主義= फ़ासिस्टवाद.
फ़ासिद [形]《A. فاسد》(1) 腐敗した；堕落した (2) 邪悪な (3) 悪意のある；意地悪な
फ़ासिल[1] [名]《E. fossil》化石= जीवावशेष; जीवाश्म. **फ़ासिल ईंधन** 化石燃料〈fossil fuel〉
फ़ासिल[2] [形]《A. فاصل》引き離す；分離する；へだたりを作る
फ़ासिला [名] = फ़ासला.
फ़ासिस्ट [名]《E. fascist; Fascist》ファシスト= फ़ासिस्टवादी. इटली की फ़ासिस्ट सरकार イタリアのファシスト政府
फ़ासिस्टवाद [名]《E. + H.वाद》ファシズム= फ़ासिज़्म.
फ़ासिस्टवादी [名] ファシスト
फ़ास्टफ़ूड [名]《E. fast food》ファーストフード फ़ास्ट-फ़ूड रेस्तराँ ファーストフードレストラン
फ़ास्ट ब्रीडर टेस्ट रियेक्टर [名]《E. fast breeder test reactor》増殖型高速実験原子炉
फ़ास्फ़ाइड [名]《E. phosphide》〔化〕リン化物
फ़ास्फ़ेट [名]《E. phosphate》(1)〔化〕リン酸塩 (2) リン酸肥料
फ़ास्फ़ोरस [名]《E. phosphorus》〔化〕リン（燐）
फ़ास्फ़ोरस ऐसिड [名]《E. phosphorous acid》〔化〕亜リン酸
फ़ास्फ़ोरिक [名]《E. phosphoric》〔化〕リン（燐）の；リンを含む
फ़ास्फ़ोरिक ऐसिड [名]《E. phosphoric acid》〔化〕リン酸；燐酸= फ़ास्फ़ोरिक अम्ल.
फ़ाहशा [名*] → फ़ाहिशा.
फाहा [名] = फाया. 詰め綿；綿の塊 रूई के फाहे リント (-पर) **फाहा रखना** （ーを）いたわる；慰める
फ़ाहिश [形]《A. فاحش》(1) みだらな；猥褻な तुम इस तरह फ़ाहिश गालियाँ क्यों बकते हो? なぜこんなに顔を赤らめるような言葉でののしるのだね (2) 下品な；恥ずべき (3) 甚だしい；度の過ぎた
फ़ाहिशा [名*]《A. فاحشه》ふしだらな女性；好色な女；自堕落な女；不義密通をする女= पुंश्चली; व्यभिचारिणी.
फिंकवाना [他・使] ← फेंकना. = फेंकवाना. वह दवा फिंकवा दो その薬を捨てさせなさい ये लाशें हैं, जिन्हें पुलिस रिक्शेवालों से फिंकवाती है これらが警察が車夫たちに捨てさせている遺体だ
फ़िंगर प्रिंट्स [名]《E. fingerprints》指紋= अंगुलिछाप. फ़िंगर प्रिंट्स विशेषज्ञ 指紋鑑定者
फ़िएट कार [名*]《E. Fiat car》フィアット社製造の自動車
फिकना [自] 投げられる；投げ捨てられる→ फेंकना.
फ़िकर [名⁻] = फ़िक्र.
फ़िक़रा [名]《A. فقره फ़िक़रा》(1) 文章；文；センテンス (2) 嘘；口実 (3) 皮肉；嫌味；当てこすり；冷やかしの言葉 शोहदों के फ़िकरे ならず者たちの冷やかし (4) 脊椎 **फ़िक़रा कसना** 皮肉を言う；嫌味を言う；当てこする तरह-तरह के फ़िकरे कसे जाने लगे, व्यंग किए जाने लगे いろいろな嫌味や皮肉が言われ出した **फ़िक़रा चलाना** 作り話をする **फ़िक़रा चुस्त क॰** = फ़िक़रा कसना. **फ़िक़रा तराशना** 作り話をする (-को) **फ़िक़रा दे॰** *a.* （ーを）口車に乗せる *b.* （ーに）言い逃れをする= फ़िक़रा बताना. **फ़िक़रा बनाना** = फ़िक़रा तराशना.
फ़िक़रेबाज़ [形]《A.P. فقره باز फ़िक़रेबाज़》皮肉を言う；嫌味を言う；当てこする
फ़िक़रेबाज़ी [名*]《A.P. فقره بازی फ़िक़रेबाज़ी》皮肉を言うこと；嫌味を言うこと；当てこすること= फ़िक़रा कसना.
फिकवाना [他・使] → फिंकवाना.
फ़िक्स्ड डिपाज़िट [名]《E. fixed deposit》= फ़िक्स्ड डिपाजिट. 定期預金= सावधि जमा.
फ़िक़ाह [名*]《A. فقه फ़िक़ह》〔イス〕イスラム法学；フィクフ
फ़िकिर [名⁻] = फ़िक्र.
फिकैत [名] (1) 棒術の使い手 (2) 槍の使い手
फिकैती [名*] (1) 棒術 (2) 槍術
फ़िक्र [名⁻]《A. فکر》(1) 心配；配慮；気配り घर की सफ़ाई की फ़िक्र 家の掃除の心配 आप फ़िक्र न कीजिए ご心配なさいませんように (2) 悩み；思い煩い (3) 不安；心配；懸念 (4) 考え；思考
फ़िक्रमंद [形]《A.P. فکرمند》思い悩んだ；心配した；不安な उसने फ़िक्रमंद लहजे में पूछा 心配げな口調でたずねた
फ़िक्रमंदी [名*]《A.P. فکرمندی》心配；不安；懸念；悩み
फ़िक्रा [名]《A. فقره》→ फ़िक़रा. लंबा फ़िक़रा 長い文章
फ़िगार [形]《P. فگار》負傷した；傷ついた；けがを負った= घायल; ज़ख़्मी; आहत.
फ़िगुअर स्केटिंग [名]《E. figure skating》〔ス〕フィギュアスケート
फिचकुर [名] てんかんなどで気絶して倒れた時に口から吹き出す泡 **फिचकुर निकलना** (-बहना) 口から泡を吹く (-का) **फिचकुर निकालना** （ーを）こき使う；酷使する
फ़िज़ूल [形] = फ़ुज़ूल. फ़िज़ूल की हुज्जत 無駄な言い争い लेकिन यह क्या फ़िज़ूल की बातें हैं, बेओर-छोर की だけど何という馬鹿げたことだ. 全く支離滅裂な फ़िज़ूल ख़र्च 無駄な出費；浪費
फ़िज़ूलख़र्ची [名*] 無駄遣い；浪費（すること）= फ़ुज़ूलख़र्ची.
फिट[1] [名] 呪い；呪詛
फिट[2] [感] 軽蔑や不快感を表す感動詞で人を排斥したり非難する言葉= छी; छी छी; धिक्.
फ़िट[1] [形]《E. fit》(1) ぴったりした；合致した；適合した；適切な；ふさわしい (2) 備わった；取り付けられた；はめ込まれた हमारा मस्तिष्क, हड्डी से बनी खोपड़ी की गोलाकार खोल में मज़बूती से फ़िट है 私たちの脳は骨でできた丸い殻にしっかりはめ込まれている
फ़िट[2] [名]《E. fit》〔医〕発作；ひきつけ फ़िट आ॰ ひきつけが起きる फ़िट का रोग てんかん（癲癇）
फिटकरी [名*] → फिटकिरी. 〔化〕ミョウバン（明礬）
फिटकार [名*] (1) 遠ざけること (2) 退けること；追い払うこと (3) ののしり (4) 呪い；呪いの言葉 (5) 非難；叱責；咎め **फिटकार खाना** 叱られる；叱責される；咎められる (-की) **फिटकार लगना** （ーの）叱責が効く **मुँह पर फिटकार बरसना** 気力がなくなる；元気がなくなる；しょげる
फिटकारना [他] (1) 遠ざける；追い払う (2) 退ける；追い払う (3) ののしる (4) 呪う；呪詛を発する
फिटकिरी [名*]〔化〕みょうばん（明礬）= फिटकरी. फिटकिरी और नीम के दातून से मुँह के सारे कीड़े नष्ट हो जाते हैं ミョウバンとインドセンダンの楊枝で口の中の虫は皆死んでしまう
फिटकी [名*] = फुटकी.
फ़िटन [名]《E. phaeton》フェートン（二頭立ての四輪馬車）
फिट-फिट [感] = फिट[2]. **फिट-फिट क॰** フィトフィトと言って人を追い払ったりののしったりする
फ़िटर [名]《E. fitter》(1) 機械組立て工 (2)（仮縫いの）着付け人
फिटसन [名]〔植〕ウコギ科小木【*Scefflera impress; Heptapeurum immpressum*】= कठसेमल.
फ़िटिंग [名]《E. fitting》(1) 仮縫い；仮縫いの着付け (2) 備品；家具類；調度品 (3) フィットすること（服などが体にぴったり合うこと）
फिट्टा [形⁺] 恥をかいた；赤恥をかいた；侮辱された **फिट्टा मुँह** *a.* 恥をかいてしょげ返った顔 *b.*（感動詞として用いられて）くたばってしまえ= फिट्टे मुँह.
फ़ितरत [名*]《A. فطرت फ़ित्रत》(1) 性質；性格；気質；性分；たち जिसकी फ़ितरत नेक है 性格の良い人 (2) 狡猾さ；抜け目のなさ；ずるさ (3) 策略；企み；手練手管 तुम्हारी फ़ितरतों व चाल में, वह आ नहीं सकता あいつは君の企みには乗らないよ
फ़ितरती [形]《A. فطرتی फ़ित्रती》(1) 性質上の；生来の (2) 抜け目のない；油断のならない आवाज़ से मालूम होता है कि काफ़ी अनुभवी और फ़ितरती महाशय हैं その声からなかなか経験を積んだ抜け目のない御仁と言う感じがする बड़ी फ़ितरती है फफूँद बेगम このかびさんと来たらなかなか油断がならないんだ

फ़ितरी [形] 《A. فطری फ़ित्री》生来の；天性の
फ़ितूर [名] → फ़ुतूर.
फ़िदवी [形・名] 《P. فدوی》(1) 献身的な；忠実な (2) 献身的な人；忠僕 राजा के उस फ़िदवी ने वहाँ से घर की राह ली 国王のその忠僕はそこから家路についた (3) 手前；拙者；やつがれ；小生
फ़िदा[1] [名*] 《A. فدا》(1) 身代金= फ़िरौती. (2) 犠牲；生け贄= बलिदान; क़ुर्बानी. (3) 献身；熱誠= जाँनिसारी. (4) 熱中；熱愛= आसक्ति; मुग्धता.
फ़िदा[2] [形] 《A. فدا》(1) 身を捧げた；献身した= न्योछावर; निसार. (2) 熱中した；熱愛した= मुग्ध; आसक्त. (-पर) **फ़िदा हो॰** *a.* (−に) 身を捧げる；献身する *b.* (−に) 首っ丈の；(−が) 目に入れても痛くない；大好きな डाक्टर साहब तो मुन्नी पर फ़िदा थे お医者さんはムンニーに首っ丈だった
फ़िदाई [形・名] 《A.P. فدائی》(1) 献身する；身を捧げる；身代わりになる= वफ़ादार; जाँनिसार. (2) 熱愛する= आसक्त; मुग्ध.
फ़िनाइल [名] = फ़िनायल. 《E. phenol》石炭酸；フェノール
फ़िनायल लोशन [名] 《E. phenol lotion》〔化〕フェノールの 100 倍溶液
फ़िनोल [名] 《E. phenol》〔化〕フェノール= फ़िनायल.
फिया [名*] = प्लीहा.
फ़िरंग [名] 《P. فرنگ》(1) フランク族の国 (2) (西) ヨーロッパ (3)〔医〕梅毒= सिफ़लिस; गर्मी; उपदंश. फ़िरंग के रोगी 梅毒患者
फ़िरंगिस्तान [名] 《P. فرنگستان》ヨーロッパ= यूरोप.
फ़िरंगी[1] [形] 《P. فرنگی》(1) (西) ヨーロッパの；(西) ヨーロッパ風の；西欧の；西洋の फ़िरंगी तरीके पर 西洋式に (2) (西) ヨーロッパ人の；白人の；毛唐の फ़िरंगी डाक्टर 白人の医者；毛唐の医者 फ़िरंगी ज़बान ヨーロッパ人の言葉；毛唐の言葉 (3) イギリスの；イギリス人の
फ़िरंगी[2] [名] (1) (西) ヨーロッパ人；西欧人；毛唐；白人 दूर फ़िरंगी को करने की सबने मन में ठानी 皆が毛唐を追い払おうと決意した फ़िरंगी अफ़सर 白人将校 (2) ポルトガル人；インド生まれのポルトガル人 (3) イギリス人
फ़िरंगी[3] [名*] ヨーロッパ製の刀
फ़िरंट [形] 《E. front》対立している；反対している；不機嫌な
फिरंदर [形] 移動を続ける；定住しない；流浪の；放浪の；さすらう= घुमंतू; खानाबदोश.
फिर[1] [副] (1) 再び；再度；もう一度 फिर तो गाओ もう一度歌いなさい फिर कभी ऐसी बात की तो いつかまたこのような話をしたら फिर-फिर 繰り返して फिर से 再び；もう一度；再度 फिर मिलेंगे 友人など同輩の間で交わされる別れの挨拶の言葉 (2) 後で；また；今度 काम फिर कर लेना 仕事は後でしなさい (3) 次に पहले भोज और फिर भाषण まず食事，次にスピーチ वह पहले तो हम लोगों को बड़े कमरे की ओर जाते देखता रहा, फिर लपककर आ गया 最初は私たちが大きな部屋に向かっているのを見ていたが次には急ぎ足で来た खाक को उसने सब्ज़ा बनाया, सब्ज़े को फिर गाय ने खाया (神が) 土を緑の草に変え次に牛がそれを食べた (4) やはり बच्चे तो फिर बच्चे थे 子供はやはり子供だった
फिर[2] [接] (1) それに；その上；更に फिर ख़ज़ांची हमारे साथ है それに出納長もこちらの味方だし (2) それから；やがて फिर सिद्धार्थ के एक लड़का भी पैदा हुआ やがてシッダールタには 1 人の男の子も産まれた यह तो पूरी कर लो, फिर चबेना कर लेना これは片付けてしまいなさい．それからお昼にしなさい फिर क्या करूँ? それからどうしようか私は (3) で；それで；じゃ फिर मैं कहाँ जाऊँ? じゃ私はどこへ行ったらいいの अच्छा, फिर क्या हुआ? そうなの．で，それからどうなったの
फ़िरऊन [名] 《A. فرعون》(1) ファラオ (古代エジプト王の尊称) = फ़िरऔन. (2) 甚だ傲慢な人
फ़िरऔन[1] [名] = फ़िरऊन.
फ़िरऔन[2] [形] 傲慢な= अहंकारी; बड़ा घमंडी.
फिरकना [自] (1) くるくる回る；回転する (2) 踊るような身のこなしをする
फिरकनी [名*] = फिरकी.
फ़िरक़ा [名] 《← A. فرقہ फ़िर्क़ा》(1) 宗派 इस्लाम के 73 फ़िरक़े イスラム教の 73 宗派 (2) 派；分派；党派；派閥 (3) 集団；小社会；コミュニティー
फ़िरक़ापरस्त [形・名] 《A.P. فرقہ پرست फ़िर्क़ापरस्त》(1) 宗派的な；宗派的価値観にこだわる (2) 党派心の強い (3) コミュナルな意識の強い；コミュナリスト
फ़िरक़ापरस्ती [名*] 《A.P. فرقہ پرستی फ़िर्क़ापरस्ती》コミュナリズム = साम्प्रदायिकता.
फ़िरक़ाबंद [形] 《A.P. فرقہ بند फ़िर्क़ाबंद》党派を組んだ；徒党を組んだ；派閥をこしらえた
फ़िरक़ाबंदी [名*] 《A.P. فرقہ بندی फ़िर्क़ाबंदी》党派，徒党，派閥などを作ること= गुटबंदी; दलबंदी.
फ़िरक़ावाराना [形] 《A.P. فرقہ وارانہ फ़िर्क़ावाराना》(1) 宗教的な (2) 宗派的な (3) コミュナルな
फ़िरक़ावाराना इश्तआल [名] 《A.P. فرقہ وارانہ اشتعال》コミュナルな煽動= साम्प्रदायिक उत्तेजना.
फिरकी [名*] (1) かざぐるま (風車) कागज़ की फिरकी 紙でできた風車 फिरकियाँ घुमाना 風車を回す (2) 糸巻き (3) リール；巻き枠 **फिरकी की तरह घूमना** 忙しく走り回る；かけずり回る= फिरकी की तरह फिरना.
फ़िरक़ेबंदी [名*] 《P. فرقہ بندی फ़िर्क़ेबंदी》(1) 派閥作り (2) 派閥活動
फिरता [名] (1) 戻ること (2) 戻すこと (3) 仲介料
फिरती हुंडी [名*] 不渡り手形= हुंडी जो न पटे.
फ़िरदौस [名] 《← P. فردوس फ़िर्दौस》(1) 天国 (2) 花園；庭園
फ़िरदौसी 〔人名・文芸〕《← P. فردوسی फ़िर्दौसी》フィルドゥーシー／フェルドゥスィー (イランの叙事詩詩人 934–1025.『シャー・ナーメ』が著名)
फिरना [自] (1) 回る；回転する；ぐるぐる回る (2) 曲がる；折れる；方向が変わる；回る (-की) **ओर/तरफ़ फिरना** (−に) 向かう (3) 回る；順番に行く；移動する इसमें है ही कितना कि सब को बाँटते फिरोगे 皆に配って回るほどの分量はありゃしない (4) うろつく；(当て所もなく) 歩き回る बेचारे नंगे फिरते हैं.भला उनसे यह सर्दी कैसे सही जाती होगी 気の毒に裸同然でうろついている．一体この寒さをどうやって凌げるのやら चारा और पानी के लिए इधर उधर फिरना पड़ता है 餌と水を求めてあちらこちらへ歩き回らなくてはならない न्याय माँगने के लिए कहाँ कहाँ फिरते रहेंगे? 正しい裁きを求めてどこまで歩き回るのか (5) 反対を向く；ひるがえる (翻る)；くつがえる (覆る)；逆転する संचय की ओर से मनुष्य की वृत्ति फिरती तो नहीं दिखाई देती.वह तो तभी फिरती है जब दबाव डाला जाता है 貯蓄に対する気持ちが反対向くとは思えない．強制されて初めてくつがえるものなのだ (-की ओर से) **फिरना** (−に) そっぽを向く (6) 戻る；返る (7) 流される；触れ回って伝えられる (8) 狂う；正常でなくなる तुम्हारा दिमाग़ फिर गया है 君は頭がおかしくなったのだ (9) 塗られる；塗りつけられる (10) なでられる **आँखों में फिरना** → आँख. **फिरकर भी न देखना** 振り向きさえしない；振り向いてもみない (-पर) **फिर पड़ना** (−に) 腹を立てる
फ़िरनी [名*] 《P. فرنی फ़िर्नी》〔料〕フィルニー (牛乳に米粉，ナッツ，砂糖などを加え煮詰めた料理)
फिर भी [接] しかし；それでも；だが；でも मेरे मित्रों को अपनी असफलता का पता तो चला फिर भी वे निराश नहीं हुए 友人たちは失敗が判明したが落胆はしなかった उसका स्वास्थ्य बड़ा चिंताजनक है, फिर भी वह किसी की बात नहीं सुनता 健康状態は甚だ憂慮すべきものなのだがそれでもあの人はだれの言うことも聞き入れない
फिरवाना [他・使] ← फेरना. उस्तरा या मशीन फिरवा लिया करें (理髪師に) 剃刀やバリカンを当ててもらうようにしなさい
फिराऊ [形] (1) 戻る；帰る (2) 返却できる；変換できる；戻せる
फ़िराक [名*] 《E. frock》〔服〕フロック (女児のワンピース) = फ़्राक; फ़राक. नई फ़िराक का कपड़ा 新しいフロックの生地
फ़िराक़ [名*] 《A. فراق》(1) 別離 मेरे साथ न वस्ल है और न फ़िराक़ 私にとっては逢う瀬も別離もない (2) 切望；熱望 (3) 待機；(様子や機会を) 窺うこと उसे छल-बल से हथियाने की फ़िराक़ में रहने लगा それをだまし取る機会を窺い始めた शहर में कुछ असामाजिक तत्त्व शांतिभंग करने की फ़िराक़ में रहते हैं 市中では一部反社会分子が治安を混乱させる機会を窺っている बादशाह हमेशा बड़ी कहानियाँ सुनने की फ़िराक़ में था 殿様はいつも長い話を聞こうと待ち構えていた
फ़िराक़िया [形] 《A.P. فراقیہ》(男女の) 別離の；別離に関する

फ

फिराना [他] (1) 回す；回転させる (2) 返す；戻す (3) 連れ歩く；案内する (4) ねじる (5) 背ける；反対向ける उसे देख मुँह फिराकर その男を見て顔を背けて सारी दुनिया नज़र फिराती है 世間がみなそっぽを向く (6)（器具や道具を）当てる；なでる बालों पर कंघी फिरा रहा था 髪に櫛を入れているところだった

फ़िरार [形] = फ़रार.

फ़िरिश्ता [名] = फ़रिश्ता. 《P. فرشته》(1) 天使 (2) 神 (3) 上品で優しい人

फ़िरेफ़्ता [形] 《P. فریفته》熱中した；熱愛した；夢中になった

फ़िरेब [名] 《P. فریب》= फ़रेब.

फ़िरोख़्त[1] [名*] 《P. فروخت》販売= बिक्री; विक्रय.

फ़िरोख़्त[2] [形] 売られた；販売された

फ़िरोख़्तगी [名*] 《P. فروختگی》売り；販売= बिक्री.

फ़िरोज़ा [名] = फ़ीरोज़ा. トルコ石 फ़िरोज़े के मनकों की माला トルコ石の数珠

फिरौती [名*] (1) 返還；返却 (2) 返品 (3) 返品手数料 (4) 身代金 फिरौती ले。 身代金を取る

फ़िरऔन [名] 《A. فرعون》ファラオ→ फ़िरऔन.

फ़िर्क़ा [名] 《A. فرقه》= फ़िरक़ा.

फ़िर्क़ापरस्त [形・名] → फ़िरक़ापरस्त.

फ़िर्क़ापरस्ती [名*] → फ़िरक़ापरस्ती.

फ़िर्क़ाबंद [形] → फ़िरक़ाबंद.

फ़िर्क़ाबंदी [名*] → फ़िरक़ाबंदी.

फ़िर्दौस [名] 《A. فردوس फ़िर्दौस》天国；極楽；楽園= फ़िरदौस.

फ़िर्दौसी [人名] 《A. فردوسی फ़िर्दौसी》= फ़िरदौसी.

फ़िर्नी [名*] 《A. فرنی》〔料〕フィルニー= फ़िरनी.

फ़िल-अप [名] 《E. fill-up》〔医〕（歯科治療の）充填 मुझे फ़िल-अप कराना है 充填してもらわなくてはならない

फ़िलफ़िल [名*] 《A. فلفل》〔植〕ナス科トウガラシ（唐辛子）とその実= मिर्च.

फ़िलफ़ौर [副] 《A. فی الفور》直ちに；即刻= तुरंत; शीघ्र; फ़ौरन.

फ़िलहक़ीक़त [副] 《A. فی الحقیقت》実際；実際に；事実上= सचमुच; मूलतः; हक़ीक़त में.

फ़िलहार्मोनिक आरकेस्ट्रा [名] 《E. philharmonic orchestra》交響楽団

फ़िलहाल [副] 《A. فی الحال》今のところ；目下；一応；当面；差し当たり= इस समय; संप्रति. फ़िलहाल हमारे पास सिर्फ़ दो अच्छे बल्लेबाज़ हैं 目下，わが方には優秀なバッター（クリケット選手）は 2 人しかいない फ़िलहाल इससे अधिक मुझे कुछ कहना नहीं 今のところこれ以上言うつもりはない फ़िलहाल इतना समझ लीजिए कि मुझे उनसे कुछ ऋण वसूल करना है さし当たりあの人から幾らか取り立てなくてはならないんだと理解して下さい

फ़िलामेंट [名] 《E. filament》〔電〕フィラメント

फ़िलासफ़ी [名*] 《E. philosophy》(1) 哲学 (2) 道理；哲理 तो यह कौन-सी फ़िलासफ़ी है कि जीवित मनुष्य का ढोना ही दयनीयता है? 生身の人間が運搬に従事するのが哀れだと言うのは一体何という道理なのだ (3) 人生観；人生哲学；哲学；処世観；世界観 मैंने स्वार्थ की फ़िलासफ़ी सुनाई 私は利己主義の哲学を話してやった

फ़िलिपाइन 〔国名〕《E. Phillippines》フィリピン फ़िलिपाइन द्वीप समूह フィリピン群島

फ़िलिस्तीन 〔地名〕《A. فلسطین》パレスチナ

फ़िलिस्तीनी[1] [名] 《A. فلسطینی》パレスチナ人

फ़िलिस्तीनी[2] [形] パレスチナの

फ़िलीपीन 〔国名〕《E. Phillippines》フィリピン共和国

फ़िल्टर [名] 《E. filter》(1) 濾過器；濾過装置 कल-कारख़ानों में फ़िल्टर का उपयोग किया जाए 工場では濾過器が使用されなくてはならない (2) 濾過用物資 (3)〔写〕フィルター (4) 紙巻きタバコのフィルター फ़िल्टर क。 濾過する；濾す

फ़िल्टरन [名] 濾過《← E. filteration》

फ़िल्टर पेपर [名] 《E. filter paper》濾紙；漉し紙= फ़िल्टर पत्र.

फ़िल्टर सिगरेट [名] 《E. filter cigarettes》フィルター付き紙巻きタバコ〈filter tip〉

फ़िल्म [名*] 《E. film》(1)〔写〕フィルム (2) 映画 मूक फ़िल्म 無声映画 फ़िल्म की पटकथा 映画のシナリオ फ़िल्म अभिनेता (फ़िल्म अभिनेत्री) 映画俳優（女優） फ़िल्म उद्योग 映画産業 फ़िल्म कंपनी (कम्पनी) 映画会社 फ़िल्म-निर्माता 映画製作者 फ़िल्म प्रोजेक्टर 映写機 फ़िल्म प्रोड्यूसर 映画監督 फ़िल्म लाइन 映画界 फ़िल्म वितरक 映画配給会社 फ़िल्म समीक्षा 映画評論 फ़िल्म स्टार 映画スター (3) 薄い膜；薄膜；薄皮

फ़िल्म स्लाइड [名] 《E. film slide》映写用スライド

फ़िल्माना [他] 《← E.film》映画化する

फ़िल्मी [形] 《← E. film》映画の；映画に関する फ़िल्मी गीत 映画主題歌 फ़िल्मी गीतकार 映画主題歌の作詞者 फ़िल्मी दुनिया 映画界 फ़िल्मी धुन 映画主題歌；映画主題曲 फ़िल्मी पत्रिका 映画雑誌

फ़िल्मोद्योग [名] 《E. film + H.》映画産業

फ़िशटैंक [名] 《E. fishtank》魚を飼うための水槽

फ़िशप्लेट [名] 《E. fishplate》（鉄道レールの）継ぎ目板

फिस [形] (1) 役に立たない (2) つまらない फिस हो जा。 駄目になる；全く無駄なものになる；全然役立たない→ टाँय टाँय फिस.

फिसड्डी [形] (1) 最下位の；どん尻の；ビリの；最低の दीनू फिसड्डी था ディーヌーがビリだった परीक्षा में फिसड्डी नंबर लाता 試験では最低の点を取ってくる (2) 取り残された；落ちこぼれた सोचा क्या हमीं ज़माने भर में फिसड्डी रह गए हैं おれだけが時代に取り残されてしまったのだろうかと考えた (3) 能なしの；ぐうたらな

फिसलदार [形] 《H. + P. دار》すべすべした；滑りやすい ढलान इतनी सीधी और फिसलदार थी कि... 坂は余りにも急で滑りやすかったので…

फिसलन [名*] (1) 滑ること (2) 足元の滑りやすいところ (3) すべすべすること；滑りやすいこと (4) 滑り台（遊具）

फिसलना [自] (1) 滑る भय होता था कि कहीं ठोकर न लग जाए, कहीं पैर न फिसल जाए つまずきはしないか足が滑りはしないかと不安だった (2)（所定の位置や基準などから）はずれる；ずれる；食い違う अगर लगे कि मामला फिसल रहा है तो もしも問題がずれかかっていると感じたら (3) 抜ける；すり抜ける；過ぎ去る；さっと過ぎ去る；抜け落ちる；抜け出る；滑り落ちる बस, बातों ही बातों में समय हाथों से फिसल जाता था 話し込んでいるうちに時間はさっと過ぎ去ってしまうのだった (4) 誘惑に乗る；乗せられる (5) 道を踏みはずす

फिसलपट्टी [名*] 滑り台

फिसलाना [他] 滑らせる

फ़िसाद [名*] = फ़साद. अगर यहाँ फ़िसाद हो जाए तो आप ज़िम्मेदार होंगे? ここで暴動が起こったらあなたが責任をお取りになりますか

फ़िसाना [名] = फ़साना/अफ़साना.

फिसियाना [自] ぐったりする；だらりとなる

फिसिर-फिसिर [名*] (1) ひそひそ；ささやき (2) ひそひそ話；内緒話 फिसिर-फिसिर चलना 内緒話をする

फ़िहरिस्त [名*] = फ़ेहरिस्त. दर्जेवार फ़िहरिस्त 番付（表） मुसलमानों की अज़ीमुश्शान ईजादों की फ़िहरिस्त तो बहुत लंबी है イスラム教徒の行った偉大な発明のリストは長大なものである

फींचना [他] (1) 搾る；絞る；絞り出す (2) もみ洗いをする；濯ぐ；軽く洗う कपड़े पानी में डुबाये, फींचे 服を水に浸けもみ洗いをした

फ़ी[1] [前置] 《A. فی》（ーに）つき；（ー）当たり；（ー）ごとになどの意を加える फ़ी आदमी 頭割りで；1 人当たり= फ़ी रास; फ़ी कस. **फ़ी सदी** パーセント= प्रतिशत. बर्क़ी लहरों की रफ़्तार एक लाख छियालीस हज़ार मील फ़ी सेकिंड होती है 電波の速度は毎秒 14 万 6000 マイルである

फ़ी[2] [名*] 《E. fee (fees)》→ फ़ीस.

फीक [名] 鞭打つこと；鞭打ち

फीका [形⁺] (1) 味わいに欠ける；旨味のない；うまくない；風味のない；大味な (2)（果物などが汁気がなく）ぱさぱさの；かすかすの अमरूद अच्छे न मिलेंगे.फीके होंगे グアバはいいのが見つかるまい．ぱさぱさだろう (3) 面白味のない；つまらない；味気ない आज ह्विस्की, ब्रांडी, रम और दौलत के सारे नशे फीके पड़ गये हैं 今やウイスキー，ブランデー，ラム，そして富のもたらすあらゆる酔いが味気なくなってしまっている (4) 色つやが失われた；色褪せた；輝きのない रंग-रूप तथा यौवन भी फीका पड़ने लगा 容姿と若さも色褪せ始めた (5) 貧弱な；影が薄い；見劣りがする उसके सामने अन्य सभी फीके पुराने हैं それに比べると他のものは皆

貧弱で古ぼけている उनका ज्ञान वृद्ध के आगे फीका पड़ गया था 彼の知識は老人の前では影が薄くなった (6) 弱々しい；元気のない；力のない फीकी मुस्कान 弱々しい笑み फीकी आवाज़ 元気のない声 (7) 意気消沈した；気力の失せた **फीका पकवान** 味気ないもの **फीका पड़ना** *a.* しょげる；元気がなくなる *b.* 軽くなる；軽減される **फीकी बात** つまらない話

फ़ीचर [名] 《E. feature》（新聞の）呼び物；特集記事

फ़ीचर फ़िल्म [名*] 《E. feature film》〔映〕長編映画；長編特作映画= कथाचित्र.

फ़ीजी 〔国名〕《E. Fiji》フィジー共和国〈Republic of Fiji〉

फ़ीट [名] 《E. feet》フィート→ फ़ुट. छह फ़ीट का गोरा कद्दावर यह अंग्रेज़ 身長 6 フィートの色白で背の高いこのイギリス人

फ़ीटिश [名] 《E. fetish》呪物；物神；フェティッシュ= देवक; दैवी.

फ़ीडर [名] 《E. feeder》(1) よだれ掛け= छाती का फ़ीडर; बिब. (2) ほ乳びん（哺乳ビン）

फ़ीडिंग कप [名] 《E. feeding cup》吸い飲み；楽飲み〈spout cup〉

फ़ीडिंग ट्यूब [名] 《E. feeding tube》流動食を食道に流し込むチューブ

फ़ीडिंग बोतल [名*] 《E. feeding bottle》ほ乳びん（哺乳ビン）

फ़ीता [名] 《Por. fita》(1) 巻き尺；メジャー फ़ीते द्वारा मापी गई लंबाई 巻き尺で測られた長さ (2) ひも（紐）；テープ；リボン (3) 靴紐

फ़ीनोल [名] 《E. phenol》〔化〕フェノール→ फ़िनायल; फ़िनोल.

फ़ीरनी [名*] → फ़िरनी; फ़िर्नी.

फ़ी रास [副] 《A. فی راس》(1) 頭割りで；1 頭につき (2) 1 頭につき；1 頭当たり

फ़ीरोज़ [形] 《P. فیروز》(1) 勝利した= विजयी. (2) 成功した= सफल; कामयाब. (3) 栄えている；繁昌している= समृद्ध. (4) 幸運な= भाग्यशील; ख़ुशक़िस्मत.

फ़ीरोज़ा [名] 《P. فیروزه》トルコ石；トルコ玉

फ़ीरोज़ी[1] [名*] 《P. فیروزی》(1) 勝利 (2) 成功 (3) 繁栄；繁昌 (4) 幸運

फ़िरोज़ी[2] [形] 空色の；青緑色の

फ़ील [名] 《P. فیل》(1)〔動〕ゾウ（象）= हाथी; गज. (2)（チェスの）カースル（城将；飛車）

फ़ीलख़ाना [名] 《P. فیل خانہ》象舎

फ़ीलपाँव [名] 《P. فیل + H.》〔医〕フィラリア症；象皮病= श्लीपद.

फ़ीलपा [名] 《P. فیل پا》= फ़ील पाँव.

फ़ीलपाया [名] 《P. فیل پایہ》煉瓦，コンクリート，石などを用いてこしらえた太い柱；太い支柱

फ़ीलबान [名] 《P. فیل بان》象使い

फ़ीलमुर्ग़ [名] 《P. فیل مرغ》〔鳥〕七面鳥

फ़ीला [名] 《P. فیلہ》（チェスの）ルーク；カースル（城将；飛車）= पील.

फ़ीली [名*]〔解〕ふくらはぎ；すね（臑）

फ़ील्ड [名] 《E. field》(1) 野原 (2) 分野 (3) 現場 (4) 運動場；競技場；フィールド फ़ील्ड पर पी॰टी॰करते हुए 運動場で体育をしながら (5)〔ス〕（クリケット）非打撃側；フィールド

फ़ील्ड ऐंबुलेंस [名] 《E. field ambulance》〔軍〕野戦病院

फ़ील्ड गन [名*] 《E. field gun》〔軍〕野砲；野戦砲

फ़ील्ड मार्शल [名] 《E. field marshall; F.M.》〔軍〕陸軍元帥

फ़ील्डर [名] 《E. fielder》(1)〔ス〕（クリケット）野手 (2)〔ス〕（野球）外野手

फ़ील्ड वर्क [名] 《E. fieldwork》(1)〔社〕実地調査；フィールドワーク= क्षेत्रकार्य. (2) 野外作業

फ़ील्डिंग [名] 《E. fielding》〔ス〕（クリケット・野球）守備；フィールディング

फ़ीवर [名] 《E. fever》〔医〕(1) 熱；発熱 (2) 熱病

फ़ीस [名*] 《E. fees》(1) 謝礼金；礼金；報酬（診察料などを含む） (2) 授業料 फ़ीस ले॰授業料を取る फ़ीस जमा कराना 授業料を納める मासिक फ़ीस 月謝= माहवारी फ़ीस. (3) 会費= सदस्यता की फ़ीस. (4) 手数料

फ़ी सद [形] 《P. فی صد》パーセントの；百分率の यहाँ के तक़रीबन निन्नानवे फ़ी सद लोग この地のおよそ 99 %の人たち

फ़ी सदी [名・形・副] 《P. فی صدی》パーセント（の）；百分の一（の）；百分率 सौ फ़ी सदी 100 %；全く；完全に

फुँकना[1] [自] (1) 燃える；燃えつきる；焼ける कितने घर फुँके?（火事で）何軒焼けたのか (2) 激しい感情に燃える；焦がれる (3) 空気や息が吹き込まれる (4) 無駄に金が費やされる；いいかげんに使われる；浪費される；捨てられる सौ रुपये फ़ोटो ही फ़ोटो में फुँक गए 100 ルピーもの金が写真に無駄に使われた

फुँकना[2] [名] (1) 火吹き竹= फुँकनी. (2) 膀胱= मूत्राशय.

फुँकनी [名*] (1) 火吹き竹 (2) ふいご= भाथी.

फुँकरना [自] 激しい勢いで息が出る；ぷーっとかしゅーっとか音を立てて激しく息を吹く

फुँकवाना [他・使] ← फूँकना.

फुँकाना [他・使] ← फूँकना.

फुँकार [名] 激しい勢いで息を吐いたり吹きかけたりすることやその音= फुत्कार.

फुँकारना [自] = फुँकरना. साँप ने चूहे को देखा तो फुँकारकर उसने अपना फन पटका 蛇はねずみを見つけるとしゅーっと音を立ててかま首を振った काली नागिन की तरह फुँकारती हुई उसपर झपटेगी あの女はコブラのようにしゅーっと音を立てながら襲いかかるだろうあの人に

फुँगी [名*] (1) 芽；新芽 (2) 先；先端

फुँदना [名] (1) 房；飾り房；玉房；ポンポン (2) 玉房のような形をしたもの

फुँदनेदार [形] 《H.+P.》飾りのついた फुँदनेदार टोपी ポンポン（玉のついた）帽子

फुँदी[1] [名*] 結び目 = गाँठ.

फुँदी[2] [名*]〔装身〕ビンディー = बिंदी; टीका.

फुंसी [名*] にきびなどの小さな吹き出物

फु [名]〔ヒ〕呪文を唱えた後に発するふっと息を吹きかける音

फुआ [名*] おば（父の姉妹） = बूआ.

फुआरा [名] = फुहारा.

फुकना[1] [自] = फुँकना[1].

फुकना[2] [名] = फुँकना[2].

फुकना[3] [名] 風船 बहुत-से रंग बिरंग के फुकनों में हवा भरना 沢山の色とりどりの風船に息を吹きこむ

फुकनी [名*] (1) 火吹き竹 (2) 膀胱

फुकाना [他・使] → फुँकाना.

फुक्क [形] (1) 燃えつきた；灰燼に帰した (2) 台無しになった

फुचड़ा [名] (1) 布の端からはみ出た糸 (2) ふさ飾り；ふさべり

फ़ुज़ला [名] 《← A. فضلہ फ़ुज़्ला》(1) 残り；残り物 (2) 食べ残し (3) かす (4) 糞；排泄物

फ़ुज़ूल [形] 《A. فضول》(1) 無駄な= बेकार; निकम्मा. फ़ुज़ूल की ख़ुराफ़ातों में दिमाग़ उलझाना 無駄話に頭を使う फ़ुज़ूल की बातें छोड़ो 無駄口は止めたまえ；無駄口をきくではない (2) 無意味な= व्यर्थ; निरर्थक.

फ़ुज़ूलख़र्च [形] 《A.P. فضول خرچ》無駄遣いをする；無駄金を使う；浪費する= अपव्ययी.

फ़ुज़ूलख़र्ची [名*] 《A.P. فضول خرچی》無駄遣い；浪費= अपव्यय. फ़ुज़ूलख़र्ची क॰ 無駄遣いする

फ़ुज़ूलगो [形] 《A.P. فضول گو》無駄口を叩く；おしゃべりな= वाचाल; बातूनी.

फ़ुज़ूलगोई [名*] 《A.P. فضول گوئی》無駄口をきくこと；おしゃべりなこと= वाचालता.

फ़ुज़्ला [名] 《A. فضلہ》= फ़ुज़ला. खाना-पीना मेदे में हज़्म होता है फ़ुज़्ला पाख़ाने की राह से बाहर निकल जाता है 飲食物は胃（腸）で消化され残りかすは排泄物となって体外へ出ます ख़ून की गंदगी और फ़ुज़्ला 血の汚れと老廃物

फुट [形] (1) はぐれた；単独の= एकाकी; अकेला. (2) 他のものから離れた；はずれた；別個の= अलग; पृथक्; अलहदा.

फ़ुट [名] 《E. foot》フィート；フット（長さの単位）

फुटकर[1] [形] (1) 単独の= अकेला; एकाकी. (2) 雑多な；種々な= भिन्न-भिन्न. (3) 多方面にわたる= कई प्रकार के（की）. (4) 小売りの；ばら売りの ↔ थोक 卸売りの फुटकर चीज़ें 雑貨 फुटकर चीज़ों की दूकान 雑貨店 फुटकर दुकानदार 小売商 फुटकर व्यापारी 小売商 = फुटकर विक्रेता. **फुटकर कविता**〔イ文芸〕主題による相互の関連のない独立完結の詩 = मुक्तक.

フ

फुटकर[2] [名] 小銭；ばら銭= ख़ुदरा; रेज़गारी.
फुटकल [形] = फुटकर.
फुटका[1] [名] (1) 水膨れ= फफोला; छाला. (2) 小さなしみや斑点 (3) 小さな粒状のもの (4) 米やトウモロコシなどの粒を煎ったもの= लावा.
फुटका[2] [名] サトウキビの搾り汁を煮つめるための大きな鉄鍋
फुटकी [名*] (1) しみ；汚点= धब्बा. (2) 小さい点や塊 (3) しぶき；はね；はねかけ= छींटा. मुँह में ख़ून की फुटकियाँ 口の中に血のかたまり बलगम में ख़ून की फुटकियाँ 痰に血のかたまり
फ़ुटनोट [名] 《E. footnote》フットノート；脚注= पाद- टिप्पणी.
फ़ुटपट्टी [名*] 《← E.foot + H.पट्टी》ものさし（物差し）
फ़ुटपाथ [名] 《E. footpath》(1) 歩道 (2) 小道
फ़ुटबाल [名] 《E. football》(1) フットボール；蹴球；サッカー (2) フットボールの球 फुटबाल का मैदान サッカー場
फ़ुटबोर्ड [名] 《E. footboard》ステップ（車の）
फुटमत [名] (1) 意見の対立= मतभेद. (2) 仲違い= विरोध.
फ़ुटरूल [名] 《E. footrule》フィートざし（物差し）
फ़ुटवर्क [名] 《E. footwork》〔ス〕フットワーク
फ़ुटा [名] 《← E. foot》フィートざし（物差し）
फुटेहरा [名] エンドウマメ，ヒヨコマメ，トウモロコシなどを煎ってはじけさせた食品
फुट्टैल[1] [形] 仲間にはぐれたりつがい（番）が片方だけになった（鳥獣）
फुट्टैल[2] [形] 不運な；非運の= अभागा.
फुड़िया [名*] 小さなできもの= फुँसी. → फोड़ा, फोड़िया
फ़ुतूर [名] 《A. فتور》(1) 不調= दोष; विकार. (2) 混乱；ごたごた；騒動= ख़राबी. (3) 悪さ；いたずら= उत्पात; शरारत. यह तो सब कलियुग महाराज का फ़ुतूर है これはなにもかも末世のなせるわざですよ शैतान चूहे के दिमाग़ में सदैव एक न एक फ़ुतूर घूमता रहता था 性悪のねずみのやつはいつも何かしらいたずらを考えていたんだ
फ़ुतूही [名*] 《A. فتوحی फ़तूही》〔服〕フトゥーヒー（袖無しの胴着）；チョッキ
फुदकना [自] (1) （一部の鳥のように歩くのではなく）ぴょんぴょんと飛び跳ねる；跳ねる जमीन पर फुदकने वाले पक्षी 地面を跳ねる鳥 तोता फुदककर और ऊँची डाल पर चढ़ बैठा インコはひょいと飛んで高い枝にとまった (2) はしゃぐ；はしゃぎまわる；跳ねまわる भगवान ने शरीर तो इसे लड़की का दिया है, पर आत्मा जैसे पक्षी की, तभी यह सारा वक़्त फुदकती-चहकती फिरती है 神様からは女の子の体を授かったのだが魂は鳥の魂を授かったのだよ．だから四六時中賑やかにはしゃいでいるんだ फुदकती फिरती लड़की 跳ねまわっている女の子
फुदकी [名*] (1) 飛び跳ねること (2)〔鳥〕サイホウチョウ，セッカなどの総称 (3)〔鳥〕ムシクイ科オナガサイホウチョウ【*Orthomus sutorius*】
फुनंग [名*] 木や枝の先端（部）
फुनग [名]〔イ神〕シェーシャナーガ शेषनाग
फुनगा [名] (1) てっぺん；頂点；頂き (2) 先端
फुनगी [名*] 木や枝の先端 सेब के पेड़ की फुनगी リンゴの木のてっぺん आम के पेड़ की ऊँची फुनगी マンゴーの木の高い先端
फुनना [名] = फुँदना.
फुन्नो [名*] 小児の陰茎，ちんちん= नूनी; सींगरी.
फुपू [名]〔鳥〕ホトトギス科カッコウ【*Cuculus canorus*】
फुप्फुस [名]〔解〕肺；肺臓 = फेफड़ा.
फुप्फुस धमनी [名*] 肺動脈
फुप्फुस पर्णाभ [名]〔生・医〕肺臓ジストマ
फुफँदी [名*] 女性の腰布を腰で締めるひもの結び目
फुफकाना [自] = फुफकारना.
फुफकार [名*] (1) = फुफकारना. (2) 怒りや威嚇のために発せられる激しい声やうなり声 (3) 特にコブラなどの蛇が威嚇のために発する音
फुफकारना [自] (1) （コブラなどが）しゅーっというような音を出す (2) 激しい勢いでしゃべる वह क्रोध से नागिन की तरह फुफकार उठी 怒りのあまり激しい口調で話し出した यह सब देख उसकी ईर्ष्या आग की तरह फुफकार उठी 一切を目にして嫉妬心がコブラのように鋭い音を立てた
फुफनी [名*] = फफूँदी.
फुफी [名*] おば（父の姉妹）= फूफी; बूआ.
फुफू [名*] = फूफी.
फुफेरा [形+] 父の姉妹（の夫）に関する；父の姉妹（の夫）の血を引く **फुफेरा भाई** 父方のいとこ（父の姉妹の子） **ममेरे फुफेरे भाई बहिन** 〔文人〕交叉いとこ= भ्राता-भगिनि संतति.
फुयू [名]〔鳥〕ホトトギス科カッコウ【*Cuculus canorus*】〈cuckoo〉
फुर[1] [形] 正しい；まことの；本当の= सच्चा; सत्य.
फुर[2] [副] 本当に；実際に；まことに
फुर[3] [名] 鳥の羽音；羽ばたきの音 **फुर से** *a.* ぱっと；さっと；すぐさま *b.* 羽音を立てて
फ़ुरक़त [名*]《A. فرقت फ़ुर्क़त》（恋人の）別離= वियोग; विरह; जुदाई; फ़िराक़.
फ़ुरक़तज़दा [形] 《A.P. فرقت زده फ़ुर्क़तज़दा》別離に苦しむ（恋人）= वियोगी; विरह-पीड़ित.
फुरती [名*] (1) 活気；活発さ；はつらつさ；元気 शराब पीने से बदन में फुरती आ जाती है 酒を飲むと体内が活発になる (2) 機敏さ；敏捷さ कुत्ते में फुरती होती है 犬は敏捷だ **फुरती से** 機敏に；素早く；きびきびと；敏捷に बच्चे फुरती से मेज़ साफ़ कर रहे थे 子供たちはきびきびと机を拭いていた
फुरतीबाज़ [形]《H. + P. باز》機敏な；敏捷な वह शख़्स बहुत फुरतीबाज़ है とても機敏な人だ
फुरतीला [形+] (1) 機敏な；敏捷な；すばしこい；俊敏な फुरतीला बंदर すばしこい猿 छोटे डील का, गठीला, काला, फुरतीला आदमी था 小柄でがっしりした体格の色黒で機敏な人だった (2) はつらつとした；軽快な；活発な；小気味のいい (3) 足の速い；俊足の
फुरन [名*] 衝動；発作
फुरना [自] (1) 発する；生じる；現れ出る；出現する；湧き起こる； उस वक़्त क्षण भर के लिए चौधरी के अंदर फुरन-सी फुरी कि वहाँ से उठ जाए その時，一瞬チョードリーの胸は席を立ちたい衝動に駆られた (2) 当たる；的中する；証明される (3) 思い通りになる；その通りになる (4) 分かる；了解される (5) 光る；輝く
फुर-फुर [名*] 鳥の羽ばたきの音 चिड़िया फुर-फुर करती उसके रास्ते में आ बैठी 鳥が羽ばたきしながら前にやって来た
फुरफुराना[1] [自] (1) 虫や鳥などの羽が震える；羽ばたく (2) ひるがえる
फुरफुराना[2] [他] (1) 羽などをぱたぱたひらひらふるわせる (2) ひるがえす
फुरफुराहट [名*] ←फुरफुराना. 羽ばたきの音や羽ばたく様子
फुरफुरी [名*] (1) 羽ばたき (2) 震え बदन में सर्दी की फुरफुरी छूटने लगी 寒さに体が震え出した
फुरमान [名*] → फ़रमान.
फ़ुरसत [名*] 《A. فرصت फ़ुर्सत》(1) いとま；暇 खाने की फ़ुरसत न मिलती 食事をする暇もない मुझे तो आज बाज़ार से ही फ़ुरसत नहीं मिल सकेगी 今日は市場から出てくる暇が見つけられないだろう (2) 機会 (3) 解放されること；自由になること **फ़ुरसत से** ゆっくりと；時間をかけて वे अब फ़ुरसत से लड़का ढूँढने का कार्य कर सकते थे 今度はゆっくりと花婿探しができるようになった
फुरसा [名]〔動〕(1) 爬虫類ノコギリヘビ【*Echis carinatus*】〈sawscaled viper〉 (2) クサリヘビ科ラッセルクサリヘビ【*Vipera russelli*】
फुरसी [名*]〔法〕加重される刑
फुरहरना [自] 現れる；出現する；現れ出る
फुरहरी [名*] = फुरेरी. (1) 羽ばたくこと (2) はためくこと (3) 弾むこと (4) 身の震えること；戦慄 **फुरहरी खाना** *a.* 羽ばたく= फुरहरी ले॰. *b.* 弾む= फुरहरी ले॰. **फुरहरी ले॰** *a.* 弾む= फुरहरी खाना. *b.* 震える
फ़ुरात [名*] 《A. فراط》ユーフラテス川= फ़ुरात नदी.
फुराना [他] 明かす；証明する= प्रमाणित क॰.
फुरेरी [名*] (1) はたはた，ぱたぱたなどはためいたり物が当たったりする音やそのような状態 (2) 鳥の羽ばたいたりそうして立てる音 (3) 寒さや恐怖による震えや戦慄 (4) 竹ひごなどの先に綿を巻きつけた物，綿棒（香水，薬，油などをつけるのにも用いる） रुई की फुरेरी बनाकर कान साफ़ कर लिया करें 綿棒をこしらえて耳をいつもきれいにすること **फुरेरी आ॰** 身震いが出る；ぞくっとする **फुरेरी ले॰** = फुरेरी आ॰.
फुर्ती [名*] = फुरती.

फुर्र [名] = फुर[3]. **फुर्र से** さっと；ぱっと；素早く एक छोटी चिड़िया फुर्र से उड़ गई 1 羽の小鳥がぱっと飛び去った सूखी डालियों पर से चिड़ियाँ चीं-चीं करती हुई फुर्र से सिर पर जा बैठती हैं 枯れ枝の上でさえずっている小鳥たちはぱっと頭の上に行ってとまる **फुर्र हो॰** さっと消える；さっと消えてなくなる उनकी अक्ल एकाएक फुर्र हो गई है あの人は突然頭の働きが止まってしまった

फ़ुर्सत [名*] = फ़ुरसत.

फुल- [造語] 花 (फूल) の短縮形で合成語の構成要素 फुलवारी 花園

फ़ुल [形] 《E. full》一杯になった；満ちた；満ちあふれた फ़ुल प्लेट フルプレート（料理を盛った大皿，もしくは，大きなプレート） फ़ुल प्लेट चावल フルプレートのライス→ हाफ़ प्लेट ハーフプレート

फुलई [名*]〔植〕花柄；花梗

फुलका[1] [形+] (1) ぷっとふくれた；ふくれあがった (2) 軽い

फुलका[2] [名] (1) とても薄く伸して焼いたローティー (रोटी)；チャパーティー (चपाती)；プルカー (2) 小さな鉄鍋 (3) 水ぶくれ；水疱

फुलकारी [名*] (1) 刺繍；ぬいとり（特にパンジャーブ地方の伝統的な花柄の刺繍） लड़कियाँ गुड़ियाँ बनाती हैं, औरतें फुलकारियाँ बनाती हैं 女の子たちは人形を作り女たちは刺繍をする (2) 花模様のついた布

फुलकी [名*] プルキー；チャパーティー= फुलका[2].

फुलचुही [名*]〔鳥〕ハナドリ科アカハシハナドリ【*Dicaeum erythrorhynchos*】

फुलझड़ी [名*] プルジャリー（壺形の容器から火花を噴出する仕掛けの花火）= तोमड़ी. **फुलझड़ी छोड़ना** *a.* 皮肉を言う *b.* 冗談を言う *c.* 騒動のもとになるようなことを言う *d.* ほめる（褒める） *e.* 新しいことを始める

फुलटॉस [名] 《E. fulltoss》〔ス〕（クリケットの）フルトス= फ़ुल पिच 〈full pitch〉

फुलढोंक [名]〔魚〕タイワンドジョウ科タイワンドジョウの一種【*Channa punctatus Bloch / Phiocephalus puncatus of Day*】

फ़ुल प्लेट [名*] 《E. full plate》（料理の）一皿分（大皿分）→ हाफ़ प्लेट ハーフプレート；小皿（一杯分）

फुलफुला [形+] ふっくらした；ふくらんだ感じのする

फुलबैक [名] 《E. fullback》〔ス〕フルバック（ラグビー，サッカー）

फुलवर [名] 絹糸の刺繍の施された布

फुलवाड़ी [名*] = फुलवारी.

फुलवारी [名*] (1) 花園；花壇 (2) 結婚式の行列の装飾に用いられる紙製の花飾り

फुलसुँघी [名*]〔鳥〕ハナドリ科ハシブトハナドリ【*Dicaeum agile*】

फ़ुलस्केल [形] 《E. full-scale》実物大の

फ़ुलस्पीड [形] 《E. full-speed》最高速度の；フルスピードの；強の फ़ुलस्पीड पंखे के नीचे भी 強で回した扇風機の下でも

फुलाई[1] [名*] (1) ふくらんでいること；ふくれていること；ふくらみ (2) ふくらませること

फुलाई[2] [名*]〔植〕マメ科中高木【*Acacia modesta*】

फुलाना [他] (1) 花を咲かせる；開花させる→ फूलना. (2) ふくらませる；大きくする；広げる कुछ पक्षी अपने चमकीले परों को फुलाकर मादा के समीप हवा में मँडराते हैं 一部の鳥はその光沢のある羽を広げて雌の側を飛び回る (3) 喜ばせる= पुलकित क॰; आनंदित क॰. (4) 得意がらせる= घमंड बढ़ाना.

फुलाव [名] (1) ふくらんでいること；ふくらみ；ふくらむこと；ふくれていること (2) 花をつけること；開花

फुलावट [名*] = फुलाव.

फुलावा [名] 毛髪を束ねるひも

फुलिंग [名] 火花 = चिनगारी.

फुलिया [名*] (1)〔装身〕小鼻につける丁子の形をした金製の飾り= लौंग. (2) 頭が花の形をした釘

फ़ुलिसकेप [名] 《E. foolscap》フールスキャップ判（紙の大きさのサイズ 17 × 13.5 インチ判）= फ़ुलिस्केप.

फुलुरिया [名*] おしめ = गंतरा; गँतरा; पोतड़ा.

फुलेरा [名] 神像にかざすために花でこしらえた天蓋

फुलेल [名]〔植〕アカテツ科落葉高木インドバターノキ【*Diploknema bulyracea*】〈Indian butter tree〉

फुलेला [名] (1) 花の香りをつけた髪油；香油 (2) = फुलेल.

फुलेली [名*] 髪油を入れる容器

फुलौरा [名] = फुलौरी; पकौड़ा.

फुलौरी [名*]〔料〕プローリー（ヒヨコマメの粉を衣にして野菜などをギーや油で揚げた料理）；パコーラー= पकौड़ा.

फुल्ल[1] [形] (1) ふくらんだ；ふくれた= फूला हुआ. (2) 喜んだ= प्रसन्न; खुश.

फुल्ल[2] [名] 花 = फूल; पुष्प.

फुल्ला [名] (1) 穀物を煎ってふくらませたもの（煎り米など） (2) 花のような形のもの (3)〔医〕白内障による水晶体の濁り

फुल्ली [名*] (1) 小さな花 (2) 花の形をした装身具 (3) = फुल्ला (3).

फुवारा [名] = फुहारा.

फुस [名*] ひそひそ声；ぼそぼそ話す声= फुस फुस. फुस फुस क॰ ひそひそ声で話す；ひそひそ話をする फुस से ひそひそ声で；聞き取れないほどの小声で

फुसकारना [自] プッと息を吹く；息を吹きかける

फुसकी [名*] (1) 耳うち (2) 音のしない屁

फुसफुस[1] [名*] (1) 耳打ち (2) ひそひそ話

फुसफुस[2] [副] ひそひそと；ひそひそ声で；声をひそめて फुस-फुस बातें क॰ ひそひそと話す；声をひそめて話す；ひそひそ話をする

फुसफुस[3] [形] 容易に砕ける；砕けやすい；もろい；崩れやすい；ぼろぼろした；ぼろぼろの

फुसफुसा [形+] (1) もろい；砕けやすい；崩れやすい；壊れやすい；弱い (2) ゆるい；ゆるやかな

फुसफुसाना [自] 声をひそめて言う；ひそひそ声で話す；耳打ちする श्याम फुसफुसाया シャームがひそひそ声で言った माँ के कान में फुसफुसाने लगा 母に耳打ちしはじめた वह फुसफुसाकर बोला 声をひそめて言った

फुसफुसाहट [名*] (1) ささやき；ひそひそ声；小声 फुसफुसाहट भरी आवाज़ में बोला, 'जल्दी ऊपर चलो' ひそひそ声で言った「早く上がれ」 (2)〔言〕ささやき〈whisper〉

फुसलाना [他] (1) 甘い言葉で誘う；そそのかす；おだてる；たぶらかす（誑かす） रोहिणी मनु को फुसला रही थी ローヒニーがマヌをそそのかしていた (2) あやす；なだめる；機嫌を取る ऐसी दशा में उनके माता-पिता, बड़े भाई-बहन या घर के बूढ़े उन्हें किसी बात का प्रलोभन देकर फुसला लिया करते हैं こんな時，両親や兄や姉，年寄りたちがなにかを餌にして機嫌を取る मैंने उसे और तरह-तरह से फुसलाया, ढाढ़स बँधाया さらにいろいろとなだめ励ました

फुसलावा [名] 鳥獣を捕らえるためのおとり（囮）

फुहार [名*] (1) 小糠雨；霧雨 अब बारिश की फुहार-सी पड़ने लगी थी 霧のような雨が降り始めた (2) 霧状のもの

फुहारना [他] 霧吹きをする

फुहारा [名] (1) 噴水 (2) 如雨露（などの撒水器具や装置） फुहारे से छिड़काव करना चाहिए 如雨露で撒水しなければならない (3) シャワー（水や空気の） पहले एक कमरे में तेज़, स्वच्छ हवा के फुहारे से हर व्यक्ति की सफ़ाई होती है （無塵室に入るために）まずは 1 つの部屋で清浄な空気の強力なシャワーでだれもがきれいにされる

फुही [名*] (1) 細かい水玉；水しぶき= महीन छींटा. (2) 小糠雨；霧雨= फुही.

फुहुँकना [自] = फुफकारना.

फूँक [名*] (1) 口から強く吐き出す息 (2) 息= साँस; मुँह की हवा. (3) 呪文を唱えた後その対象の人に吹きかける息 **फूँक दे॰** *a.* かき立てる；煽る *b.* 吹く；息を吹きかける **फूँक निकल जा॰** 息が絶える；死ぬ；死んでしまう **फूँक मारकर उड़ा दे॰** 一息で吹き飛ばす；簡単にやっつける **फूँक मारना** 強く息を吹きかける；ぷっと吹く मुँह से फूँक मारते हुए सामने पड़े हुए कागज़ को उड़ाएँ ぷーっと息を吹きかけて前にある紙を飛ばしなさい आग जलाने के लिए चूल्हे में फूँक मार रही है 火を燃やそうとしてかまどの火を吹いている **फूँक में उड़ा दे॰** = फूँक मारकर उड़ा दे॰. **(-की) फूँक सरक जा॰** *a.*（ーが）死ぬ；息が切れる *b.*（ーが）ひどい目に遭う；さんざんな目に遭う **(-की) फूँक सरका दे॰** *a.*（ーを）殺す；やっつける *b.*（ーを）ひどい目に遭わせる **फूँक से उड़ जा॰** 少しの打撃に打ちのめされる；一撃でやっつけられる **फूँक से पहाड़ उड़ाना** *a.* 不可能なことを試みる *b.* 大それたことをする

फूँक नली [名*] 吹き矢〈blow gun〉

फूँकना [他] (1) 息を強く吹く (2) 楽器などを吹く (3) 吹き込む；与える उत्साह लोगों में नया जीवन फूँक देता था 意気込みはいつも人々に新しい生命を吹き込むものであった शराबी की भूमिका में प्राण फूँकने वाले बाबूराव 飲み助の役柄に命を吹き込むバーブーラーオ (4) 触れまわる；吹聴する (5) 呪文を唱え息を吹き込む；呪文を唱える (6) 火が燃えるように息を吹く；息を吹いて火をおこす देर तक फूँकती रही तब कहीं जाकर चूल्हा गरम हुआ しばらく吹いていたらようやくかまどに火がついた (7) 口から煙を吐き出す；吹かす पापा अपने कमरे में सिगरेट फूँक रहे थे パパは自分の部屋でタバコを吹かしていた (8) 燃やす；焼き払う；焼く अड़ोसियों-पड़ोसियों को तो दूसरों का घर फूँक तमाशा देखने में ही मज़ा आता है 隣近所の人はよその家に火をつけて見物を楽しむものだ कुछ वाहन फूँक दिए गए थे 若干の乗り物が焼き払われた कई एक घर फूँक दिए गए हैं 何軒かの家が焼き払われた (9) 火葬する नदियों के किनारे मुर्दे फूँके जाते हैं 遺体は川岸で荼毘に付される (10) 無駄にする；捨てる；台無しにする；めちゃくちゃにする；浪費する भला कोई पत्नी अपने पति का ख़ून फूँकना चाह सकती है? 夫の血を無駄にしたいと思う妻がいるものだろうか करोड़ों रुपया व्यर्थ में फूँका गया 数千万ルピーの金が無駄に費やされた...तो उन्हें विज्ञापनदाताओं और डाक्टरों के चक्कर में पड़कर धन भी नहीं फूँकना पड़ेगा そうすればスポンサーと医者とのごたごたに巻き込まれて金を無駄にすることもなかろう बाक़ी बच गए खेत-खलिहान, वे अंग्रेज़ी अदालत के ख़र्चे में फूँक गए 残った田畑は裁判費用に使い果たした इन सब सस्ती और मामूली चीज़ों के लिए मैंने 500 रुपए फूँक डाले これらありきたりの物のために 500 ルピーの金を無駄に費やしてしまった इतना पेट्रोल फूँकते हैं फ़ालतू में こんなに沢山のガソリンを無駄にするんだ **फूँक डालना** なくしてしまう；台無しにしてしまう **फूँक दे॰** 使ってしまう；使いきる；消耗してしまう **फूँक ताप के बराबर क॰** = फूँक ताप डालना. **फूँक ताप डालना** 使い果たす **फूँकना-तापना** = फूँक-ताप डालना. **फूँक-फूँककर** 用心深く；細心の注意を払って **फूँक-फूँककर क़दम रखना** = फूँक-फूँककर चलना. **फूँक - फूँककर चलना** 石橋を叩いて渡る；用心深く行動する **फूँक-फूँककर पैर रखना** = फूँक-फूँकर चलना.

फूँका [名] (1) ふいごや火吹き竹などで火を煽ったり吹くこと (2) 火吹き竹 (3) 竹筒に刺激を与えるものを入れて牛などの乳房に吹きつけること（乳が残らず出るようにする工夫）

फूँद [名*] = फुँदना.

फूँस [名] = फूस.

फू [名*] 息を強く吐き出す音；ぷーっ

फूआ [名*] 父の姉妹= बूआ.

फूक नली [名*] 吹き矢= फूँक नली.

फूकना [他] = फूँकना.

फूट [名*] ←फूटना. (1) 分裂；対立；仲違い；亀裂 देश में फूट का उदय होगा 国の中に分裂が生じるであろう आपसी मत-मतांतरों में फूट फैलाकर 相互の信仰・宗教間の対立をひろげて राजाओं की आपसी फूट 王侯たちの対立 (2)〔植〕ウリ科キュウリ属シロウリの変種【*Cucumis melo var. momordica*】 (3) 同上の実 **फूट का बीज बोना** = फूट डालना. (-में) **फूट डलवाना** （ーに）仲違いを起こさせる；亀裂を生じさせる←फूट डालना. चाणक्य ने भी इन सब में फूट डलवाने की योजना बनाई थी チャーナキヤもこれらの間に亀裂を生じさせる計画を立てた (-में) **फूट डालना** （ーを）分裂させる；対立させる；仲違いさせる राष्ट्रीय आंदोलन में फूट डालने के लिए 民族運動を分裂させるために उन्होंने उसके बेटों में फूट डाली あの人はその人の息子たちを仲違いさせた "**फूट डालो और राज करो**" **वाली नीति** 「分割して統治せよ」の政策〈divide and rule〉 **फूट पड़ना** 分裂が生じる；対立が生まれる；仲違いが生じる तुम्हारे दल में फूट पड़ चुकी है 君の党内にはすでに分裂が生じてしまっている **फूट बोना** = फूट डालना.

फूटन [名*] ←फूटना. (1) 破片；断片 (2) 激痛；身体に生じる痛み

फूटना [自] (1) 割れる；分裂する；分かれる；離れ離れになる (2) 離れる；去る काम करना है तो रुक, नहीं तो फूट यहाँ से 仕事をするのならとどまれ，そうでなければ去れ (3) 破れる；破裂する；はじける；つぶれる；駄目になる；台無しになる गुल्ली से आँख फूट जाने का भय रहता है グッリー（棒打ち遊び गुल्ली डंडा の遊具）で目がつぶれる心配がある (4) 中や内部から吹き出る；吹き出す；はじけて出る；爆発する ज्वालामुखी फूटा 火山が爆発 (5) 現れる；露になる；はっきりする उसके मुख पर तिरस्कार की हँसी फूट पड़ी 顔に軽蔑の笑みが現れた (6) 正体が明らかになる；秘密が暴かれる (7)（疫病などが爆発的にあるいは激しい勢いで）おこる；発生する；荒れ狂う हर साल वबाई बीमारियाँ फूट पड़ती हैं 毎年疫病が荒れ狂う (8) 光が射す；光線が出る；光が発射される जीवन की पहली किरण फूटी 人生の最初の光が差した उसमें से बहुत तेज़ हरी और नीली ज्योति फूट रही थी そこからとても強い緑と青の光が発射されていた (9) 湧き出る；吹き出る；噴出する पहाड़ से फूटकर निकले झरने के पानी में 山から湧き出てくる川の水に (10)（皮膚病や発疹などが）出る；吹き出る (11) 植物の枝や芽が吹き出るように出る；（花芽が）はじける थोड़े दिनों में गेहूँ के पौधे फूट निकलते हैं 数日すると小麦の芽が吹き出てくる अंकुर फूटने के बाद पौधा बढ़ता है 芽が吹き出てから苗が成長する (12) 台無しになる；わやになる；つぶれる करम फूटना 運に見放される；不運に見舞われる (13)（インクなどが紙に）滲む (14) 声や言葉が出る（発せられる）；音が出る मेरी घिग्घी बँध गई शब्द कंठ से फूटा ही नहीं しゃくり上げてしまいのどから言葉がまるで出なかった उँगलियाँ फूटना 指（の節）が鳴る **फूट जा॰** 仲間から離れる；仲間割れする **फूट पड़ना** *a.* 泣き伏す जीजी भी पास आते ही फूट पड़ीं 姉もそばに来たとたん泣き伏した *b.* こらえきれなくなる **फूट फूटकर रोना** おいおい泣く；泣きじゃくる मैं फूट फूटकर रो पड़ी 私はわんわん泣き出した **फूटा भाग्य** 不運；身の不幸 **फूटी आँख का तारा** *a.* ただ 1 人生き残った息子 *b.* 愛児；愛し子 *c.* 唯一残った物 **फूटी आँख न देख सकना** 全く気にくわない；大嫌いな **फूटी आँख (आँखों) न सुहाना** = फूटी आँख न देख सकना. मेरा मित्रों के साथ उठना - बैठना तो इसे फूटी आँखों नहीं सुहाता 私が友達とつきあうのがこの人は大嫌いなんだ रामराव के साथ शंकर के घनिष्ट संबंध कुछ लोगों को फूटी आँख नहीं सुहा रहे थे ラームラーオとシャンカルの密接な関係が一部の人たちには全く気にくわなかった **फूटी आँखों न भाना** = फूटी आँख नहीं देख सकना. माँ-बाप को अपने बेटे का यह रवैया फूटी आँखों न भाया 両親には息子のこの振る舞いは全く気にくわなかった **फूटी क़िस्मत** = फूटा भाग्य. **फूटी कौड़ी** ほんのわずかの金；一銭；一厘の金；一厘；鐚銭 एक फूटी कौड़ी नहीं मिली 全く一銭の金にもならなかった **फूटी ढोल की तरह गले पड़ना** 厄介者になる **फूटी तक़दीर को रोना** 不運を嘆く **फूटी सहना आंजी (आंझी / आंजना) न सहना** 〔諺〕当面の辛さを逃れるために将来の不都合を招くことをする；その場逃れの愚かしい選択をする= फूटी सही जाती है, आंझी नहीं सही जाती. **फूटी हड़िया सूँघना** つまらないものに接近したり親しむ **फूटे नसीब का ढोल** 不運な **फूटे मुँह से भी** 口先だけでも **फूटे मुँह से भी न बोलना** *a.* 声もかけない；そっぽを向く；顔を背ける *b.* まともな話もできない；口もきけない

फूटा [名] (1) 落ち穂 (2) 関節に生じる激痛

फूत्कार [名] (1) 激しく息を吹く音= फूँक. (2) 蛇が威嚇する際に発する音 (3) すすり泣き (4) 叫び声

फूत्कृति [名*] = फूत्कार.

फूफा [名] おじ（父の姉妹の夫）

फूफी [名*] おば（父の姉妹）= बुआ.

फूफीज़ाद [形]《H. + P. زاد》（父の姉妹である）おばの生んだ（子） फूफीज़ाद भाई-बहन いとこ（父方のおばの子）

फूफू [名*] = फूफी.

फूर्सा [名]〔動〕ノコギリヘビ【*Echis carinatus*】= फुरसा.

फूल[1] [名] (1) 花 मटर के कासनी फूल エンドウのすみれ色の花 गुलाब के फूल バラの花 फूलों का गुलदस्ता 花束 फूल पौदे 草花 (2)（刺繍などの）花柄模様 (3) 花の形に似た物（飾り鋲，帽子飾りなど） (4) 花の形をした装身具（鼻飾り，耳飾り） (5) 鐘青銅 फूल का कटोरा 鐘青銅製のカトーラー（鋺） (6) 皮膚病のため皮膚にできる斑紋 (7) 経血 (8) 遺骨；遺灰 (9)〔医〕小膿疱（天然痘などの） **फूल आ॰** *a.*（植物に）花がつく；（草木が）花を持つ चीड़ के पेड़ों में बीज तो बनते हैं, मगर फूल नहीं आते 松の木には実はできるが花はつかない *b.* 生理になる **फूल उठना** 〔イス〕イスラム教徒の死後 3 日目に行われる追悼の儀式 **फूल उतरना** 花が摘まれる **फूल उतारना** 花を摘む **फूल क॰** 明かりの火を消す（忌み言葉） **फूल काढ़ना** 刺繍をする अम्मी रूमाल बना लेती हैं, बहन फूल काढ़ देती हैं 母さんがルーマールをこしらえ，姉さんが刺繍をする **फूल की छड़ी से भी न छूना** *a.* とても大切に育てる *b.* 決し

て口出しをしない **फूल की तरह** *a.* とてもきゃしゃな *b.* とても軽い **फूल की थाली बजना** 祝いをする **फूल के दिन** 生理中；生理期間 **फूल खिलकर मुरझा जा॰** 老いが訪れる （-पर） **फूल चढ़ाना** *a.* （ーを）称える；称賛する；感心する हमने तेरी बात पर फूल चढ़ाये, आगे तू जान, तेरा ईमान जाने 君の話には全く感心したよ．後は君の心次第さ *b.* （ーを）敬う；尊敬する **फूल चुनना** *a.* 花を摘む *b.* こつあげ（骨揚げ）する **फूल झड़ना** やさしい言葉が出る；丁寧な言葉で話す **फूल झाड़ना** 丁寧な言葉遣いをする **फूल न हो तो पंखड़ी सही** 何でもよいから **फूल पड़ना** 灯芯の先に黒いかたまりができる **फूल-पत्तियाँ और बेल** 唐草模様 **फूल पर सुलाना** 安楽に過ごさせる **फूल-पान** *a.* 花やパーン *b.* 花やパーンのように柔らかで痛みやすく脆い（もの）；とてもきゃしゃな（もの） **फूल-पान की तरह सेना** とても慎重に，あるいは丁重に取り扱ったりもてなす (-को) **फूल-पान समझना** （ーを）快く受け入れる (-को) **फूल-पान से पूजना** *a.* （ーを）もてなす *b.* （ーに）賄賂を贈る **फूल बरसना** *a.* 上品な言葉遣いをする *b.* 歓迎する **फूल बोना** ためになることをする **फूल मुरझा जा॰** 花がしおれる **फूल लेकर कांटा गड़ाना** 恩を仇で返す **फूल लोढ़ना** = फूल चुनना. **फूल-सा** *a.* 花のように柔らかく美しい *b.* 優美な；繊細な *c.* きゃしゃな；脆い；脆くはかない **फूल-सा मुखड़ा** 美しく愛らしい顔 **फूल सूँघकर रहना** *a.* 食事をとらないこと *b.* とても少食なこと **फूल से भी न मारना** 辛い思いを全くさせない **फूलों का गहना** 愛らしく美しい **फूलों का सपना** 空想 **फूलों की सेज पर सोना** とても安楽に暮らす **फूलों के दिन** 青春 **फूलों में तुलना** ひどく甘やかされて育つ **फूलों-सा महकना** 花のように匂う

फूल[2] ［名*］ ← फूलना.

फूलकारी ［名*］ 《H. + P. کاری》 プールカーリー刺繍（主にパンジャーブ地方に行われてきている．布一面になされる花柄のもの）

फूलकारीदार ［形］ 《H.P.+ P. دار》 プールカーリー刺繍をした；プールカーリー刺繍の入った फूलकारीदार चोली プールカーリーの刺繍をしたチョーリー

फूलगाँठ ［名*］ 蝶結び

फूलगोभी ［名*］〔植〕アブラナ科野菜ハナキャベツ；カリフラワー【*Brassica oleracea var. botrytis*】

फूलझाड़ ［名］ ススキなどの穂先でこしらえた小型のほうき

फूलडोल ［名］〔ヒ〕プールドール（チャイト月の白分 11 日にクリシュナ神像を花で飾った揺りかごにのせる祭り）

फूलदान ［名］ 《H.+ P.دان दान》 花びん；水盤 छोटी गोल मेज़ पर सुंदर फूलदान रखा है 小さな丸テーブルに美しい花びんが置かれている प्लास्टिक का फूलदान プラスチックの花びん

फूलदार ［形］ 《H. + P. دار》 (1) プールカーリー（花柄の刺繍）をした (2) 花のついている फूलदार पौधे 花のついている草木；草花

फूलना ［自］ (1) 花がつく (2) 花が咲く；花が開く；開花する (3) ふくらむ（膨らむ）；ふくれる（膨れる）；大きくなる；広がる；張る गुब्बारे फूलकर उड़ने लगते हैं 風船に空気が入ってふくらんで飛び始める साँस लेने पर उनमें हवा भरती है जिससे सीना फूल जाता है 息を吸うと肺に空気がたまり胸がふくらむ उसकी छाती गर्व और आनंद से फूल उठी ほこらしさと嬉しさに胸を張った फूले गाल और मोटी तोंद ぷくぷくふくらんだ頬に突き出た腹 (4) はれる（腫れる） मसूड़े का फूलना はぐきのはれ फूली नाक はれた鼻 (5) うぬぼれる；得意になる कौआ अपनी बड़ाई सुनकर फूल उठा カラスはほめ言葉を聞いて得意になった (6) 息が弾む；息が切れる；喘ぐ साँस फूल आई 息がはずんできた फूली हुई साँस 息切れ घबराहट से उसकी साँस फूलने लगी 気が動転したために喘ぎ始めた (7) 不機嫌になる；ふくれる **फूल उठना** 有頂天になる；のぼせあがる = पाँव ज़मीन पर नहीं पड़ना. **फूलकर कुप्पा हो॰** *a.* 大変太る；とても肥える *b.* 上機嫌になる **फूलकर तुम्मा हो॰** = फूलकर कुप्पा हो॰. **फूलकर नक़्क़ारा हो॰** = फूलकर कुप्पा हो॰. **फूल जा॰** 不機嫌になる；腹を立てる **फूलना-फलना** 富み栄える；あらゆるものに恵まれる **फूल-फूलकर हँसना** 大笑いする **फूला चेहरा** ふくれっ面 भाभी का फूला चेहरा 兄嫁のふくれっ面 **फूला न समाना** 嬉しくてたまらない इनाम पाकर वह फूला न समाया 褒美をもらって嬉しくてたまらなかった उसका पिता खेल में अपने बेटे की फुरती और कलाबाज़ी पर फूला नहीं समाता 父親は競技で見せる息子の俊敏さとすぐれたわざが嬉しくてたまらない **फूला फिरना** *a.* うぬぼれる *b.* 有頂天になる **फूली-फूली खाना** 安穏に暮らす **फूले अंग न समाना** = फूला न समाना. **फूले न समाना** = फूला न समाना. निस्संतान दम्पति बालक को पाकर फूले न समाए 子のなかった夫婦が男の子を授かって嬉しくてたまらなかった **फूले फिरना** *a.* 喜ぶ；嬉しい *b.* 得意になる；うぬぼれる **फूले-फूले फिरना** = फूले फिरना.

फूल-पत्ती ［名*］ (1) 神前に供えた花 (2) 花弁

फूल-पान ［形・名］ → फूल の項

फूलबत्ती ［名*］ アールティー（आरती）などの灯明に用いる綿でこしらえた花形の灯心

फूल बाग़ ［名］ 《H. + P. باغ》 花園

फूलमटर ［名］〔植〕マメ科スイトピー

फूलमती ［名*］〔ヒ〕プールマティー（疱瘡神の一）→ शीतला.

फूलमाला ［名*］ 摘んだ花に糸などを通してこしらえた花環

फूलवार पौधा ［名］〔植〕裸子植物= जिम्नोस्पर्म; अनावृत्तबीजी. 〈gymnosperma〉

फूलवारा ［名］〔植〕アカテツ科高木インドバターノキ【*Diploknema butyracea*】〈Indian butter tree〉= चिउली; चिउरा.

फूलवाला[1] ［形+］ (1) 花のついている (2) プールカーリーの花柄刺繍の施された→ फूलकारी.

फूलवाला[2] ［名］ 庭師 = माली.

फूला ［名］ (1) 穀物の粒を煎ってふくらませた食品 (2) サトウキビの汁を煮つめるのに用いる大釜

फूली ［名*］ 目の星；目にできる斑点

फूस ［名］ 屋根ふきなどに用いる乾燥したチガヤ（茅）などの草やわら फूस और मिट्टी से बने दो कमरों के घर में カヤ葺き（茅葺き）屋根で粘土でこしらえた 2 部屋の家の中に **फूस का तापना** 無駄な試み **फूस में चिंगारी डालना** *a.* 火に油を注ぐ *b.* 争いを煽る

फूहड़ ［形］ (1) 下品な；下劣な；無作法な；みっともない इतना फूहड़ था कि बजाए हास्य के जुगुप्सा पैदा कर रहा था あまりにも下品であったがためにおかしさではなくおぞましい感じを起こさせるほどだった फूहड़ फ़िल्मी रिकार्ड 下品な映画主題歌のレコード (2) 不出来な；出来の悪い；気のきかぬ；野暮ったい हमारी माला भी तो इसके साथ की है. बिलकुल फूहड़ है 家のマーラーもこの人と肩を並べる程度で全く野暮ったいのだ (3) だらしのない；ぐうたらな जो स्त्री घर में सफ़ाई और उचित व्यवस्था नहीं रखती वह फूहड़ कहलाती है 家を清潔にしきちんと整頓しない女性はぐうたらと言われる

फूहड़पन ［名］ ← फूहड़. 下品さ；不出来；だらしのなさ बाज़ गंदे बच्चे हर वक़्त नाक में उँगली डाला करते हैं. यह फूहड़पन भी है और बेतमीज़ी भी 一部の不潔な子供は四六時中鼻の穴に指を突っ込んでいるが，これはみっともなくもあるし無作法でもある

फूहर ［形］ = फूहड़. वह महा फूहर दिख पड़ती थी いつもとても無作法な女性に見えた

फूहा ［名］ = फाहा.

फूही ［名*］ (1) しぶき；飛沫；水しぶき (2) 霧雨；糠雨 (3) かび；白黴 **फूही फूही तलाव भरता है** 〔諺〕塵も積もれば山となる

फेंक ［名*］ ← फेंकना.

फेंकउआ जाल ［名］ 《Br.》 投網

फेंकना ［他］ (1) 投げる अब उसने अपने हाथ के पत्थर ज़ोर से रीछ की ओर फेंके 今度は自分の手に持った石を勢いよく熊に向かって投げた बच्चों ने पत्थर फेंकने शुरू कर दिये 子供たちは石を投げ始めた मंदिर तथा मस्जिद पर ईंटें फेंकना 寺院やモスクに（砕いた）煉瓦を投げる (2) ほうり出す साइकिल वहीं फेंक-फाँककर चले आओगे 自転車をそこにほうり出して来るだろう (3) ほうり投げる उसकी रिपोर्ट को बाद में रद्दी की टोकरी में फेंक दिया गया その報告書は後にくずかごにほうり投げられた नदी में जाल फेंकना 川で投網を打つ (4) 射る；発射する；撃つ (5) 捨てる；投げ捨てる；うっちゃる केले के छिलके फेंकना バナナの皮を投げ捨てる कूड़ा-करकट सड़क पर न फेंका जाए ごみを道路に捨てないように शराब की खाली बोतल फेंककर चला गया है 男は空の酒びんを投げすてて行った कोई उसे घसीटकर कहीं फेंक आएगा それをだれかが引きずって行ってどこかへ捨てて来るだろう (6) 無駄遣いする；捨てる (7) 投げ飛ばす；投げ倒す；投げ落とす **उठाकर फेंकना** 抱え上げて投げ落とす

फेंट[1] ［名*］ ← फेंटना.

फेंट[2] ［名*］ (1) 衣服のウエストの寸法 (2) ねじって締めるドーティーのウエストの部分 (3) ベルト **फेंट कटना** すられる；すり

फ

取られる＝ जेब कटना. **फेंट कसना** ふんどしを締めてかかる（気を引き締めて事に当たる） **फेंट काटना** する；すりとる **फेंट धरना** ＝ फेंट पकड़ना. **फेंट पकड़ना** 逃さぬようにしっかりとつかまえる **फेंट बाँधना** ＝ फेंट कसना.

फेंटना [他] (1) かきまぜる；撹拌する इसमें थोड़ा-सा शुद्ध घी मिलाकर तथा अच्छी तरह फेंटकर डिबिया में भर लें これに少量の純粋のギーを加え良くかき混ぜて容器に入れること (2) トランプの札などを良く混ぜる；よく切る उसने गड्डी दो चार हाथ फिर फेंटी 札をさらに2〜3度切った

फेंटा [名] (1) ＝ फेंट^2. (2) 被り物になっているターバンの下捲えに巻いて着用される短い布

फेंसिंग [名*] 《E. fencing》フェンシング＝ पटेबाज़ी.

फ़े [名] 《ﻓﮯ》ウルドゥー文字の第26字の字母 ف の名称

फेकरना [自] (1) おいおい泣く；わんわん泣く (2) けたたましい音を立てる

फेकैत [名] ＝ फिकैत.

फेटना [他] ＝ फेंटना.

फ़ेदरवेट [名] 《E. feather weight》〔ス〕フェザー級（ボクシング）

फेन [名] (1) 泡；泡沫＝ झाग. (2) はなくそ＝ रेंट; नाक का मल. (3) 口から出る泡＝ झाग. (4) よだれ＝ लाला; लार. **फेन उठना** 泡立つ；泡が出る＝ फेन निकलना. **फेन उठाना** 泡立たせる

फेनक [名] (1) 泡＝ फेन; झाग. (2) せっけんなどを泡立てて体を洗うこと (3) せっけん＝ साबुन.

फेनदार [形] 《H. + P. دار》泡立った；泡立つ अधिकतर यह स्राव सफ़ेद-से रंग का, पतला और फेनदार होता है 大体この分泌物は白っぽくてねばりけが少なく泡立っている

फेनना [他] 泡立てる

फेनाइल [名]〔化〕石炭酸；フェノール＝ फ़िनायल; फ़िनाइल.

फेनिका [名*] ＝ फेनी.

फेनिल [形] 泡の出た；泡立った उनपर सागर की फेनिल लहरें टूटती थीं それに海の泡立つ波が当たって砕けていた

फेनी [名*] ペーニー（小麦粉を原料にしてギーや油で揚げて作るケーキの一種）

फेनोच्छ्वासित [形] 口から泡を飛ばした

फेनोज्ज्वल [形] 真っ白な；純白の

फेपड़ा [名] ＝ फेफड़ा.

फेफड़ा [名] 肺；肺臓 फेफड़ों के रोग 呼吸器の病気；呼吸器病 **फेफड़ा जलाना** 熱を上げる；熱中する

फेफड़ी [名*] (1) 唇が乾いたりひび割れること (2) 唇が乾いて薄い膜のようになったもの；唇にできたかさぶた **फेफड़ी पड़ना** 唇が乾く；唇がひからびる＝ ओठ सूखना. **फेफड़ी बँध जा०** 口がきけなくなる；話せなくなる **फेफड़ी बाँधना** 唇が乾く ＝ ओठ सूखना.

फेरंड [名]〔動〕ジャッカル＝ गीदड़; सियार.

फेर [名] (1) 回ること；周回；回転 (2) 変化；変転 (3) 錯覚 (4) 動転 (5) 企み；策謀 (6) 手立て；方策 (7) 取引；やりとり (8) もめごと；ごたごた (9) たたり（祟り） **फेर की बात** *a.* 嘘話 *b.* まわりくどい話 **फेर खाना** *a.* 道に迷う *b.* 遠回りをする **फेर डालना** 宙に浮かせる **फेर पड़ना** *a.* 厄介なことになる；面倒が生じる *b.* 不足する；足らない *c.* 損をする *d.* 幽霊などに祟られる **फेर बंद हो जा०** やりとりや取引がなくなる **फेर बँधना** 取引関係ができる **फेर बाँधना** 取り引き関係を持つ **फेर बैठना** 都合がつく (-के) **फेर में आ०** （一の）口車に乗せられる (-को) **फेर में डाल दे०** （一を）困ったことや厄介なことに巻きこむ；引きずりこむ **फेर में पड़ना** 損をする；とまどう；途方にくれる (-के) **फेर में पड़ना** *a.* （一の）面倒に巻きこまれる *b.* （一の）おだてに乗せられる **फेर लगाना** *a.* 工夫する；工面する *b.* 厄介な目に遭わせる

फेरना [他] → फिरना. (1) 回す；ぐるぐる回す；回転させる；周回させる (2) なでる；当てる मैंने उसके सिर पर हाथ फेरा その子の頭を手でなでた ब्रुश को पहले विपरीत दिशा में ऊपर की तरफ़ फेरें ブラシを最初反対向きに上の方に当てること (3) なでるように動かす；すべらせるように動かす；走らせる उसने गेहुएँ रंग में डुबोई कूँची फेर दी 小麦色の絵の具につけた筆を動かした उसके बाद अंदर एक समान रूप में लिपस्टिक फेरनी चाहिए それから内側に均等に口紅を塗りつけること उस्तरा फेरना かみそりをあてる (4) 戻す；返す；返却する अगर उसी समय दाम दे दिए जाते तो आज समझूँ उसे फेर लेने का आग्रह न करते もしもその時点で代価が支払われていたならば今それを戻してくれとは言わないと思う (5) 向きを変える；動きの方向を変える मैंने बातों का सिलसिला दूसरी ओर फेरते हुए कहा 話の流れを別の方向に変えながら（話題を変えて）言った बेमेल या धोखे से हुआ विवाह भी कई बार पति का मन फेर देता है 不釣り合いな結婚やだまされてした結婚もしばしば夫の気持ちを変えるものだ राजेंद्र की जीवन-दिशा को फेरने में ラージェーンドラの生き方を変える上で (6) 曲げる；曲がるようにする (7) 覆す **फेर दे०** *a.* 向きを変える *b.* 返す；返却する ＝ लौटाना; लौटा दे०.

फेर पलटा [名] ヒンドゥーの婚姻で結婚式の後，同棲を始めるために新婦が婚家へ行くこと＝ गौना; द्विरागमन.

फेरफार [名] (1) 大変化；大変動；重要な変更 (2) 遠回り (3) いんちき；ごまかし；狡猾な振る舞い (4) 交際；付き合い फेरफार क० いんちきなことを言う；だまそうとする फेरफार की बातें क० ＝ फेरफार क०. फेरफार के साथ 変更して；訂正して；修正して

फेरबदल [名] (1) 変更；修正 किराया कानून में फेरबदल का प्रस्ताव 借家法の修正案 इकतरफ़ा फेरबदल 一方的な変更 (2) 更迭；改造 मंत्रियों के फेरबदल के पीछे 大臣更迭の背後に मंत्रिमंडलीय फेरबदल 内閣改造

फेरव[1] [形] (1) ずるい；狡猾な；欺く＝ चालबाज़; धूर्त. (2) 獰猛な＝ हिंस्र.

फेरव[2] [名] (1) 悪漢 (2) ぺてん師 (3) ラークシャサ；羅刹 (4) ジャッカル

फेरवट [名*] (1) ＝ फेरना. (2) ＝ फिरना. (3) 回転；転回 (4) 遠回し；婉曲 (5) 差；相違；差違

फेरवा [名] 指を3回りする細い金製の指輪

फेरा [名] (1) 回転；周回 (2) 巻きつけること (3) 往復；往来；行き来 (4) 訪問；訪れること；訪ねること (5) 巡回 (6) 周囲；回り；ぐるり (7)〔ヒ〕結婚式で新郎新婦が炉の火の周りを回ること（挙式の完了を意味する）；ペーラー अभी तो फेरे भी नहीं पड़े थे まだペーラーも済んでいなかった वेद मंत्रों और मंगल-गीतों के बीच राम और सीता के फेरे पूरे हुए ヴェーダの読誦と祝い歌が歌われる間にラーマとシーターのペーラーが終わった **फेरा क०** *a.* 戻ってくる *b.* 輪廻転生する **फेरा डालना** *a.* 行き来する *b.* 訪れる *c.* 結婚する **फेरा दे०** ＝ फेरा लगाना. **फेरा पड़ना** 〔ヒ〕結婚式で聖火のまわりを回る儀礼が行われる **फेरा लगाना** *a.* 行き来する；往復する *b.* 火のまわりを回る（結婚式） **फेरा ले०** ＝ फेरा पड़ना. वह उनके साथ खड़ी होकर फेरे लेने लगी 新郎と並んで立ち聖火のぐるりを回り始めた

फेराफेरी [名*] (1) ぐるぐる何度も回ること (2) 入れ替え；置き変え；順序や場所などを変えること

फेरी [名*] (1) 神像などの周囲を時計回りに周回すること (2) 結婚式の際新郎新婦が聖火のまわりを回ること；ペーリー (3) 托鉢のため家々を訪れること (4) 行商 (5) 行ったり来たりを繰り返すこと **फेरी डालना** (**फेरी पड़ना**) ペーリーを行う **फेरी दे०** *a.* 幾度も訪れる；繰り返し訪れる *b.* 托鉢に訪れる *c.* 行商する *d.* 神像や寺院を右繞する **फेरी लगाना** *a.* 歩き回る；ぐるぐる回る *b.* 巡視する *c.* 何度も訪れる *d.* 行商する वह कंधे पर कपड़ा रखकर फेरी लगाता था 布地を担いで行商していた *e.* 托鉢に訪れる

फेरीदार [名] 《H. + P. دار》貸し金の取り立て代行人

फेरी वाला [名] 行商人

फेरुक [名]〔動〕ジャッカル＝ गीदड़.

फेरौरी [名*] 屋根瓦の取り替え

फ़ेल[1] [名] 《A. فعل》(1) 行為；行動 (2)〔言〕動詞 (3) 偽り (4) 口実 (5) 悪事 (6) 不貞 (7) 性交 (-से) **फ़ेल लाना** （一と）喧嘩する；言い争いをする

फ़ेल[2] [形] 《E. fail》(1) 落第した；留年した (2) 失敗した；しくじった (3) 役立たない (4) 不足した；切れた；機能が停止した बिजली का निज़ाम फ़ेल हो गया था （飛行機の）電気系統が切れていた

फ़ेली [形] 《← A. فعل》(1) 悪事を働く (2) 不品行な (3) 狡猾な

फ़ेलो [名] 《E. fellow》(1) 仲間；同僚；同輩 (2) 大学の評議員 (3) 特別研究員 (4) 特別会員

फ़ेल्ट [名] 《E. felt》(1) フェルト (2) フェルト帽；中折れ帽

फ़ेल्ट हैट [名] 《E. felt hat》中折れ帽

फ़ेवीकोल [名] 《E. Fevicol》〔商標〕接着剤（商品名）

फ़ेशियल [形・名]《E. facial》(1) 顔の (2) 美顔用の (3) 顔面マッサージ
फ़ेशियल क्रीम [名⁻]《E. facial cream》化粧クリーム
फ़ेस क्रीम [名]《E. face cream》化粧用クリーム
फ़ेस पाउडर [名]《E. face powder》おしろい
फ़ेस पैक [名]《E. facepack》美顔用パック
फ़ेसियोला [名]《E. fasciola》〔動〕吸虫目カンゾウジストマ＝लिवर फ़्लूक.
फ़ेहरिस्त [名*]《A. فہرست》(1) 表；一覧表 चीज़ों की फ़ेहरिस्त 物品表 (2) 名簿 ऐसे लोगों की फ़ेहरिस्त このような人たちの名簿 (3) 目録；カタログ
फ़ैंसी [形]《E. fancy》(1) 美しい；美しく飾った (2) 上等の；特製の फ़ैंसी साड़ियाँ 特製サリー
फ़ैकल्टी [名*]《E. faculty》(1) 学部＝संकाय. (2) 教授団
फ़ैक्टर [名]《E. factor》ファクター
फ़ैक्टरी [名*]《E. factory》工場 दवा फ़ैक्टरी 製薬工場 फ़ैक्टरी लगना 工場が設置される；工場が建設される छोटे बड़े शहरों में कारखाने और फ़ैक्टरियाँ लगी हुई हैं 大小の都市に工場ができている
फ़ैक्सीमिल [名*]《E. facsimile》〔通信〕ファクシミリ；ファクス；ファックス
फ़ैज़ [名]《A. فیض》(1) 気前のよさ＝दानशीलता. (2) 利益；利得＝लाभ; नफ़ा. (3) 善行＝उपकार; नेकी. (4) 名声＝यश.
फ़ैज़ टोपी [名*] ファイズ帽（トルコ帽の一種で側面が高い）
फ़ैदम [名]《E. fathom》ひろ（尋）
फ़ैनेरोगम [名]《E. Phanerogam》〔植〕顕花植物
फ़ैमिली [名*]《E. family》家族＝परिवार; कुटुंब; कुंबा. फ़ैमिली डाक्टर ホームドクター फ़ैमिली वाली सीट（レストランの）家族席
फ़ैयाज़ [形]《A. فیاض》(1) 気前のよい (2) 心の広い；寛容な；寛大な
फ़ैयाज़ी [名*]《A. فیاضی》(1) 気前のよさ (2) 心の広さ；寛容さ；寛大さ मैंने गोपाल की फ़ैयाज़ी को सराहा ゴーパールの心の広さを称えた
फ़ैर [名*]《E. fire》(1) 銃砲の発射；射撃 (2) 銃砲の発射音 फ़ैर क॰ 発射する；発砲する फ़ैर हो॰ 発射される；発砲される
फ़ैरोहो [名]〔史〕ファラオ（古代エジプトの王の称号）→फ़िरऔन.
फैल [名*] (1) 広がり (2) 強情 (3) だだ **फैल फैलाना (- मचाना)** *a.* 強情を張る *b.* だだをこねる
फैलना [自] (1) 広まる；弘まる；行き渡る；広がる दुनिया भर में उस वैज्ञानिक का नाम फैल गया 世界中にその科学者の名が広まった समस्या पूरे समुदाय या समाज में फैल रही है 問題は全集団というか全社会に広がりつつある सारे घर में बदबू फैल जाए तो 家中に悪臭が広がれば दो धर्मों के अनुयायियों के बीच में फैले आपसी वैर 両教徒間に広がった憎悪 जब तुम बोलते या गाते हो तो ध्वनि फैल जाती है しゃべったり歌ったりすると音が広がる बालकनी के ठीक नीचे फैला था गंगा का फेनिल संसार バルコニーの真下にはガンジスの泡立つ世界が広がっていた आग फैलने का खतरा 火事が広がる心配 उसका राज्य दूर-दूर तक फैला हुआ था 彼の支配した王国は大変広かった (2) 一面に広がる；散らかる；拡散する इन सब से गंदगी फैलती है これらの一切のもので汚れが広がる (3) 開く；閉じたりたたんだりしたものが広がる；伸びる उस बच्चे की आँखें फैल गई その子の眼が大きく開いた मेरी फैली बाँहों पर 私の広げた腕に (4) 広まる；普及する；行き渡る उनके उपदेश विदेशों तक में फैल गये थे 同氏の教えは外国にまで広まっていた हमारे देश में कितनी ही सामाजिक बुराइयाँ, कुरीतियाँ तथा अंधविश्वास फैले हुए हैं わが国には一体どれほど多くの社会悪，悪習，迷信が広まっていることか (5) 達する；及ぶ；届く；広がる उसका प्रकाश सब जगह फैल जाता है それの光は至る所に広がって行く नीली किरणें सब से अधिक फैलती हैं 青色の光線は一番遠くまで届く (6) 広がる；広まる；はやる；伝染する इससे बीमारियाँ फैलती हैं これにより病気が広がる **फैलकर बैठना** のうのうと過ごす **फैलकर सोना** 大の字になって寝る वह फैलकर सोने का आदी था いつも大の字になって寝ていた
फ़ैलसूफ़[1] [名]《A. فیلسوف》哲学者＝दार्शनिक.
फ़ैलसूफ़[2] [形・名] いんちきな；いかさまの；いかさま師
फैलाना [他] (1)（面積や範囲，形や規模などを）広げる；拡大する；大きくする फूट फैलाना 対立を広げる；対立を大きくする घृणा फैलाना 憎悪を広げる फ़ौज ने पास पड़ोस के तमाम इलाकों में ज़बरदस्त खौफ़ और दहशत फैला दी थी 軍隊は近辺一帯に猛烈な恐怖感と戦慄を広げていた (2) 一面に広げる；散らかす कागज़ पर फैलाना 紙の上に広げる इसे मलकर एक सार फैला लें これを塗りつけて一様に広げること (3)（巻いたものや折りたたんだもの，折り曲げたものなどを）開く；広げる；伸ばす कुर्सी पर आराम से टाँगें फैलाकर बैठ गया था 椅子にゆったりと足を開いて腰を下ろした उसने बाँहें फैलाई 腕を広げた (4)（影響や効果を）広める；弘める；行き渡らせる；普及させる भारत के लोगों में क्रिकेट का खेल फैलाने में राजाओं का बड़ा हिस्सा रहा है インド人の間にクリケット競技を広めるのに藩王たちの力が大きかった राजाओं ने गुरु के विचारों को फैलाने में बहुत अधिक योग दिया था 王侯たちが師の考えを広めるのに大いに協力した (5) ある場所までに届くようにする；及ぼす；届ける；広げる वह सारे जग में रोशनी फैलाती है それは全世界に光を及ぼす (6)（現象や状態を）作り出す；広がらせる；はやらせる；伝染させる；移す मलेरिया फैलाने वाला मच्छर マラリアをはやらせる蚊 मच्छर मलेरिया फैलाता है मक्खियाँ हैज़ा फैलाने में मदद देती हैं 蚊がマラリアを伝染させる．はえはコレラを伝染させるのに力がある
फैलाव [名] (1) 広がり पीछे काशी नगरी का फैलाव 後方にはカーシーの町の広がり (2) 規模 (3) 広まり；普及 (4) 拡張；伸張
फैलावट [名*]＝फैलाव.
फ़ैल्ट [名]《E. felt》＝फ़ेल्ट. (1) フェルト (2) 中折れ帽＝फ़ैल्ट हैट〈felt hat〉
फ़ैशन [名]《E. fashion》ファッション；様式；形式 नए फ़ैशन की साड़ियाँ ニューファッションのサリー साड़ियों के नये फ़ैशन サリーのニューファッション गाढ़े मेकअप में सजी सँवरी कुँआरियों और सुहागनों की फ़ैशन परेड 厚化粧をし美しく着飾った乙女と婦人たちのファッションのパレード फ़ैशन जगत ファッション界
फ़ैशन पत्रिका [名*] ファッション雑誌〈fashion magazine〉
फ़ैशन शो [名]《E. fashion show》ファッションショー
फ़ैशनेबल [形]《E. fashionable》＝फ़ैशनेबुल. (1) ハイカラな；おしゃれな एक बी॰ए॰पास तथा बहुत फ़ैशनेबल महिला का उदाहरण सुनिए 大学卒でとてもおしゃれな女性の例です (2) しゃれた；おしゃれな；好みのよい；気のきいた तीन जोड़ी फ़ैशनेबल चिक 3 対のしゃれたすだれ (3) 流行の
फ़ैसल [名]《A. فیصل》(1) 調停；仲裁 आपसी झगड़ों का फ़ैसल もめごとの仲裁 (2) 判定；裁定 (3) 決定 (-का) **फ़ैसल क॰** （ーを）取り決める；決定する；裁定する **फ़ैसल हो॰** 決められる；決まる；決定される；裁定が下される
फ़ैसलनामा [名]《A.P. فیصلنامہ》〔法〕判決；裁判所の命令
फ़ैसला [名]《A. فیصلہ》＝फ़ैसल. उनके फ़ैसलों की अपील नहीं होती. それの判決に対して控訴はできないことになっている **फ़ैसला क॰** 判決を下す；裁決を下す；判定を下す＝फ़ैसला दे॰. फ़ैसला सुनाना 宣告をする **फ़ैसला हो॰** 判決が下る；判定される；判定が下される
फ़ैसिज़्म [名]《E. Fascism》ファシズム＝फ़ासिस्टवाद.
फ़ैसिस्ट [名]《E. Fascist》ファシスト＝फ़ासिस्टवादी.
फोंक [名] 矢の矢羽（矢羽根）をつける部分
फोंका [名] 太い筒
फोंका गोला [名] 大砲の弾丸；砲弾
फोंफर [形] (1) 中空の；中が空っぽの＝पोला. (2) 空虚な；中身（中味）のない；つまらない＝नि:सार.
फोंफी [名*] (1) 長い筒 (2) 火吹き竹
फोक [名] (1) 搾りかす＝सीठी. (2) かす；残りかす (3) 殻（もみがらなどの）
फोकट [名] (1) つまらない人や物；くだらない人や物 (2) ただの物；無料の品 **फोकट का** ただの；無料の **फोकट का खाना** ただ飯を食う；徒食する सिनेमा देखते हैं कॉफ़ी हाउस जाते हैं और मोटाते जाते हैं और मोटाते जा रहे हैं सांड सरीखे, फोकट का खा-खाकर 映画を見る．喫茶店へ行く．ただ飯食って種牛みたいにどんどん太って行く **फोकट में** *a.* ただで；無料で *b.* 無駄に
फोकला [名]（果実などの）外皮；皮
फ़ोकस [名]《E. focus》〔写〕フォーカス；焦点 फ़ोकस क॰ 焦点を合わせる
फोका[1] [形⁺] (1) 味気ない (2) うまみのない (3) 空の；空虚な；空っぽの (4) 空洞の；中空の (5) つまらない

फोका[2] [副] 単に；ただ；ひたすら；もっぱら
फोटा [名] (1) 女性が額につけるビンディー (बिंदी) やティーカー (टीका) (2) 丸いしるし
फ़ोटो [名] 《E. photo》写真 फ़ोटो उतारना 写真を撮る；写真を撮影する= फ़ोटो खींचना; फ़ोटो ले॰; तस्वीर खींचना
फ़ोटोकॉपी [名*] 《E. photocopy》写真複写；複写；コピー (-) फ़ोटोकॉपी क॰ 写真複写する；コピーする
फ़ोटोकॉपी मशीन [名*] 《E. photocopy machine》写真複写機；複写機
फ़ोटोग्राफ़ [名*] 《E. photograph》写真 = फ़ोटो; छायाचित्र.
फ़ोटोग्राफ़र [名] 《E. photographer》(1) 写真屋 (2) 写真家 (3) カメラマン
फ़ोटोग्राफ़िक प्लेट [名*] 《E. photographic plate》〔写〕感光板；種板
फ़ोटोग्राफ़ी [名*] 《E. photography》(1) 写真術 (2) 写真撮影 फ़ोटोग्राफ़ी उद्योग 写真産業
फ़ोटोग्रैव्यूर [名] 《E. photogravure》(1) グラビア印刷 (2) グラビア写真；写真凹版画
फ़ोटो टाइप [名] 《E. phototype》フォトタイプ；写真凸版
फ़ोटो प्लेट [名*] 《E. photoplate》〔写〕感光版；種板
फ़ोटोफ़िनिश [名*] 《E. photo finish》〔ス〕写真決勝；写真判定 फ़ोटोफ़िनिश से हुए निर्णय से 写真判定により；写真判定で
फ़ोटोफ़िल्म [名*] 《E. photofilm》〔写〕フィルム；フィルム乾板
फ़ोटोफ़्लैश [名] 《E. photoflash》〔写〕フラッシュ（人工照明）
फ़ोटोस्टैट [名] 《E. photostat》(1) フォトスタット（カメラ） (2) 直接複写写真
फोड़न [名*] 料理の最初に油で炒める香辛料
फोड़ना [他] (1) つぶす；押しつぶす；破る सप्रयास फोड़े गये मुहाँसे दाग छोड़ देते हैं わざとにきびをつぶすとしみが残る फफोलों को फोड़ना नहीं चाहिए 水膨れをつぶしてはいけない ग्लानि से अपनी आँखें फोड़ लेता है 嫌悪感のあまり自分の目をつぶす (2) 割る；砕く；破る अगर भगवान के मंदिर की सीढ़ी पर पैर रखा तो सिर फोड़ दूँगा お寺の階段に足をかけたら頭を割ってやるぞ दीवार फोड़कर 壁を破って (3) 破裂させる；爆発させる इस दौरान ठाकुरों ने एक बम भी फोड़ा この間にタークルたちは爆弾も１つ爆発させた (4) 相手側の結束などをつぶす；ひびを入れる；亀裂を生じさせる (5) 指（の関節）を折ってぽきぽき鳴らす अपनी ओर फोड़ ले॰ 味方に引き入れる；引き込む（離脱させる；変節させる） फोड़ना-तोड़ना 破壊する；駄目にする；台無しにする
फोड़ा [名] はれもの（腫れ物）；吹き出物 फोड़ा पक जा॰ できものが完全に化膿してしまう फोड़ा फूटना できものがつぶれる फोड़ा मथना 出来物がずきずき痛む फोड़े-फुँसी 腫れ物や吹き出物 त्वचा पर फोड़े-फुँसी 肌の吹き出物 त्वचा में बार बार फोड़े-फुँसी निकलना 肌に吹き出物が頻繁にできる
फोड़िया [名] 小さな腫れ物；小さい吹き出物
फ़ोता [名] 《A. فوطہ》(1) 地税；小作料 (2) 睾丸 (3) 腰巻き布；ルンギー (लुंगी) (4) 金入れ；巾着；財布 फ़ोता भरना 地税を納める
फ़ोतेदार [名] 《A.P. فوطہ دار》(1) 会計係；出納係 (2) 収入役；出納局長
फ़ोन [名] 《E. phone; telephone》(1) 電話 (2) 電話機 (3) 受話器 फ़ोन रखकर अपने कमरे की ओर चली 受話器を置いて自分の部屋に向かった फ़ोन क॰ 電話をする फ़ोन की घंटी 電話のベル फ़ोन की घंटी बजना 電話のベルが鳴る फ़ोन घुमाना ダイヤルを回す
फ़ोनटेप [名] 《E. phonetap》電話などの機器による盗聴
फ़ोनटेपिंग [名] 《E. phonetapping》盗聴〈wire tapping〉
फ़ोननंबर [名] 《E. phone number》電話番号
फ़ोनेशिया [名] 《E. Phoenicia》〔史〕フェニキア（古代国家）
फ़ोनोग्राफ़ [名] 《E. phonograph》レコードプレーヤー फ़ोनोग्राफ़ की रेकार्ड レコード盤
फोफा [名] = फाफा.
फ़ोम [名] 《E. foam ← foam rubber》フォームラバー；気泡ゴム फ़ोम तथा रेशीले काँच フォームラバーとグラスファイバー
फ़ोरम [名] 《E. forum》フォーラム
फ़ोरमन [名] 《E. foreman》職長 = फ़ोरमैन.
फ़ोरसेप [名] 《E. forceps》鉗子；ピンセット
फ़ोरहैंड [名・形] 《E. forehand》〔ス〕（テニス）フォアハンド（の）；前打ち（の） फ़ोरहैंड स्मैश フォアハンドスマッシュ（テニス）
फ़ोरहैंड ड्राइव [名] 《E. forehand drive》〔ス〕（テニス）フォアバンドドライブ
फ़ोर्डियन कार [名*] 《E. Fordian car》フォード社製の自動車
फ़ोलिक अम्ल [名] 《← E. folic acid》〔生化〕葉酸 = फ़ोलिक ऐसिड.
फ़ोलियो [名] 《E. folio》(1) ２つ折り紙 (2) ２枚折り本；２つ折り判 (3) 一葉；一枚
फ़ोल्डिंग [名*] 《E. folding》(1) 折りたたみ（式） फ़ोल्डिंगवाला 折りたたみの (2) ズボンの折り返し= मुहरी.
फ़ोल्डिंग कुर्सी [名*] 《E. folding + A. کرسی》折りたたみ椅子
फोहारा [名] = फुहारा.
फ़ौक़ [形] 《A. فوق》(1) 上の；上位の (2) 優秀な；優位な (3) 優秀な (-से) फ़ौक़ ले जा॰ （－を）凌ぐ；打ち負かす
फ़ौक़ियत [名*] 《A. فوقیت》(1) 上位 (2) 優勢；優位 (3) 優秀さ
फ़ौज [名*] 《A. فوج》(1) 軍；軍隊；軍勢 बड़ी फ़ौज 大軍 (2) 大勢；集団；大群 अरदलियों और नौकरों की फ़ौज 大勢の用務員と使用人 धार्मिक भिखारियों की फ़ौज 宗教的な乞食の大群 कार्यकर्ताओं की फ़ौज का वेतन और भत्ता 大勢の活動員の給与と手当 फ़ौज में भरती हो॰ 入隊する；入営する फ़ौज रेंगाना 進軍させる
फ़ौजदार [名] 《A.P. فوج دار》(1) 〔イ史〕中世インドにおいてムガル朝以前の時代から県（サルカール）の治安維持及び警察・司法権を行使した長官；ファウジダール (2) 判事；裁判官 (3) 〔軍〕英領インドで県に駐屯した軍隊の司令官 (4) 巡査
फ़ौजदारी [名*] 《A.P. فوج داری》(1) 刑事裁判所 (2) 刑事裁判 फ़ौजदारी की कचहरी 刑事裁判所 (3) 刑事事件 फ़ौजदारी का वकील 刑事事件の弁護士 (4) 暴力事件；殴り合い；暴力沙汰 इन्हें बैठने की जगह देना चाहिए, नहीं तो आज यहाँ फ़ौजदारी हो जाएगी この方に席をすすめなくては今日はここで暴力事件になるぞ ज़ाब्ता फ़ौजदारी 刑事訴訟法 फ़ौजदारी क़ानून 刑法典 फ़ौजदारी मुक़दमा 刑事裁判
फ़ौजी[1] [形] 《A. فوجی》(1) 軍の；軍隊の；軍隊用の फ़ौजी जूते 軍靴 (2) 陸軍の फ़ौजी अफ़सर 陸軍将校 फ़ौजी डेरा 軍営；宿営地 फ़ौजी लिबास 軍服 = फ़ौजी वर्दी. फ़ौजी शासन 軍事支配
फ़ौजी[2] [名] 軍人；兵士；兵隊
फ़ौजी अदालत [名*] 《A. فوجی عدالت》軍法会議；軍事裁判所
फ़ौजी क़ानून [名] 《A. فوجی قانون》軍法
फ़ौजी छावनी [名*] 《A. فوجی + H.》軍営；兵営
फ़ौजी झंडा [名] 《A. فوجی + H.》軍旗
फ़ौजी भरती [名*] 《A. فوجی + H.》〔軍〕募兵
फ़ौजी रंगरूट [名] 《A. فوجی + E. recruit》募集兵；新兵
फ़ौजी वरदी [名*] 《A. فوجی وردی》軍服
फ़ौजी सलामी [名*] 《A. فوجی سلامی》軍隊式の敬礼
फ़ौजी हुकूमत [名*] 《P.A. فوجی حکومت》軍政 = सैनिक शासन.
फ़ौत[1] [名*] 《A. فوت》死；死去；死亡= मौत; मृत्यु.
फ़ौत[2] [形] (1) 死んだ；死去した；死亡した (2) 無くなった；失せた；消えた फ़ौत हो॰ 亡くなる；死ぬ उन्हें फ़ौत हुए इतनी मुद्दत गुज़र चुकी है あの方が亡くなられて随分と久しい उनका इकलौता था, जवानी में फ़ौत हो गया あの方の一人息子であったが若くして亡くなった
फ़ौती[1] [形] 《A. فوتی》(1) 死の；死に関する (2) 死んだ；死亡した
फ़ौती[2] [名*] (1) 死；死亡
फ़ौतीनामा [名] 《A.P. فوتی نامہ》(1) 死亡の記録 (2) 〔軍〕軍が遺族に出す軍人の死亡通知
फ़ौरन [副] 《A. فوراً》直ちに；即刻；直に；間髪を入れず
फ़ौरी [形] 《A. فوری》(1) 即席の；即時の；間に合わせの；差し当たりの= तात्कालिक; जल्दी का; तुरत. यदि बदन में तेल की मालिश करने का आपको वक़्त न मिले तो उसके बदले यह सीधा-सादा फ़ौरी उपाय अपनाइए もしも体に油をすりこむ暇がなければこの簡単な即席の方法を採って下さい (2) 緊急の；急を要する किसानों की फ़ौरी ज़रूरतों के लिए 農民たちの緊急の要請に対して
फ़ौलाद [名] 《A. فولاد》鋼鉄；はがね

फ़ौलादी [形] 《A. فولادی》(1) はがねの；鋼鉄の (2) はがねのような；鋼鉄のような वे क्रांतिकारियों के फ़ौलादी इरादों और उद्देश्यों से परिचित करना चाहते थे あの方は革命家たちの鋼鉄の意志と目的を知りたかった फ़ौलादी शरीर はがねのような体；鋼鉄のような体

फ़ौवारा [名] 《A. فواره फ़व्वारा》(1) 噴水 (2) 噴出＝फ़व्वारा.

फौहारा [名] ＝फ़ौवारा; फ़व्वारा.

फ़्यूज़ [名] 《E. fuse》(1)〔電〕ヒューズ (2) ヒューズが飛ぶこと；ヒューズが切れて電灯が消えること＝फ़्यूज़ उड़ जा॰. उसके मस्तिष्क का बल्ब फ़्यूज़ हो गया है 頭の中の電球が切れてしまった

फ़्यूनेरल वान [名] 《E. funeral van》霊柩車 ＝ शवयान; ताबूत गाड़ी.

फ़्यूल [名] 《E. fuel》燃料

फ्रंट [名] 《E. front》〔軍〕戦地；戦場；最前線

फ्रक्चर [名] 《E. fracture》〔医〕骨折＝फ्रैक्चर. फ्रक्चर हो जा॰ 骨折する

फ्रांस [国名] 《E. France》フランス

फ्रांसबीन [名*] 《E. France bean; French bean》〔植〕マメ科インゲンマメ；サヤインゲン

फ्रांसीसी[1] [形] 《← E. France》フランスの

फ्रांसीसी[2] [名] フランス人 ＝ फ्रेंच.

फ्रांसीसी[3] [名*]〔言〕フランス語＝ फ्रेंच भाषा.

फ्राइंग पैन [名] 《E. frying pan》フライパン

फ्राइड फ़िश [名*] 《E. fried fish》〔料〕魚フライ

फ्राक [名*] 《E. frock》フロック（特に子供用ワンピースドレス）

फ्राड [名] 《E. fraud》(1) 詐欺師；ぺてん師 (2) 詐欺

फ्रिज़ [名] 《E. fridge》電気冷蔵庫

फ्रिज़ डिहाइड्रेशन [名] 《E. fridge dehydration》冷凍乾燥＝ हिमी-करण निर्जलीकरण.

फ्रिल [名] 《E. frill》フリル；へり飾り；ひだ飾り फ्रिल वाला フリルのついた

फ्री [形] 《E. free》(1) 自由な；束縛のない；制限のない (2) 無料の (3) 無税の；免税の

फ्री किक [名] 《E. free kick》〔ス〕フリーキック फ्री किक द्वारा गोल लगाना フリーキックで得点する

फ्रीजर [名] 《E. freezer》(1) フリーザー；冷凍機 (2) 冷蔵庫

फ्री ट्रेड [名] 《E. free trade》〔経〕自由貿易 ＝ मुक्त व्यापार.

फ्री-थ्रो [名] 《E. free throw》〔ス〕フリースロー＝ दो फ्री-थ्रो दिए जाते हैं. 2つのフリースローが与えられる

फ्री पास [名] 《E. free pass》無料乗車券

फ्रीमेसन [名] 《E. Freemason》フリーメーソン団の会員

फ्रीमेसनरी [名*] 《E. Freemasonry》(1) フリーメーソン団 (2) フリーメーソン団の主義

फ्रीलांस [名・形] 《E. free lance》フリーランサー（の）

फ्रीलांसिंग [名] 《E. freelancing》自由契約；非専属

फ्रीस्टाइल [名・形] 《E. free style》〔ス〕フリースタイル（の） फ्रीस्टाइल कुश्ती フリースタイルのレスリング；プロレス

फ्रीहोल्ड [名] 《E. freehold》(1)〔法〕自由保有権＝ उन्मुक्त भूम्यधिकार. (2)〔法〕自由保有不動産＝ माफ़ी ज़मीन.

फ्रेंच[1] [形] 《E. French》(1) フランスの (2) フランス人の (3) フランス風の

फ्रेंच[2] [名*]〔言〕フランス語

फ्रेंच[3] [名] フランス人

फ्रेंच कर्व [名] 《E. French curve》〔裁〕雲形定規；曲線定規

फ्रेंचबीन [名] 《E. French bean》(1) インゲンマメ (2) サヤインゲン

फ्रेम [名⁻] 《E. frame》(1) 骨組み；フレーム साइकिल का फ्रेम 自転車のフレーム (2) 枠 खिड़कियों के फ्रेम 窓枠 (3) フィルム；写真のこま（齣） (4) 額；額縁；フレーム कैबिनेट पर बड़ी फ्रेम में लगे सपरिवार चित्र キャビネットに載っている大きな額縁の家族写真

फ्रेशमैन [名] 《E. freshman》〔教〕新入生

फ्रेशर [名] 《E. fresher》〔教〕新入生

फ्रैंक [名] 《E. Franc》フラン（貨幣単位）

फ्रोगमैन [名] 《E. frogman》〔軍〕フロッグマン；潜水工作員

फ़्लश[1] [名] 《← E. flush toilet》水洗トイレ；水洗便所＝ फ़्लश का शौचालय; प्रवाही शौचालय.

फ़्लश[2] [名] 《E. flush》〔トラ〕フラッシュ（ポーカーの）

फ़्लाइंग अफ़सर [名] 《E. flying officer》〔軍〕空軍中尉

फ़्लाइंग किक [名] 《E. flying kick》〔ス〕跳び蹴り

फ़्लाइट डाटा रिकार्डर [名] 《E. flight data recorder; flight recorder》フライトレコーダー；飛行記録装置＝ फ़्लाइट रिकार्डर.

फ़्लाइट लेफ़्टिनेंट [名] 《E. flight lieutenant》〔軍〕空軍大尉

फ़्लाई ब्वाय [名] 《E. flyboy》〔印〕紙取り工

फ़्लाप [形] 《E. flop》＝ फ़्लॉप. （催しや映画などの作品が）失敗した；つぶれた；駄目になった；頓挫した यदि फ़िल्म फ़्लाप हो गई तो 映画が失敗したら

फ़्लावर पॉट [名] 《E. flowerpot》植木鉢 ＝ गमला.

फ़्लावर शो [名] 《E. flower show》草花品評会；フラワーショー

फ़्लाश [名] 《← E. flush toilet》水洗便所 ＝ फ़्लश[1]

फ़्लास्क [名] 《E. flask》(1) 魔法びん (2) 水筒 (3) フラスコ काँच का फ़्लास्क ガラスのフラスコ

फ़्लिपर [名] 《E. flipper》(1) フリッパー（潜水に用いる）；足ひれ रबर के फ़्लिपर ゴムのフリッパー (2) ひれ状の足；鯨などの前ひれ；足ひれ ह्वेलों में फ़्लिपर होते हैं 鯨には前びれがある

फ़्लुओराइड [名] 《E. fluoride》〔化〕フッ化物

फ़्लू [名] 《E. flu》〔医〕インフルエンザ；流感

फ़्लूट [名] 《E. flute》フルート

फ़्लेक [名] 《E. flake》薄片；フレーク

फ़्लैग [名] 《E. flag》旗；フラッグ

फ़्लैट [名] 《E. flat》フラット；共同住宅；マンション नई दिल्ली में कनाट प्लेस से आधा मील दूर, पाँच कमरे का फ़्लैट ニューデリーのコンノートプレースから半マイルの距離にある5室のマンション

फ़्लैनेल [名] 《E. flannel》フランネル；フランネルの布＝ फ़लालैन.

फ़्लैश [名] 《E. flash》〔写〕フラッシュ फ़्लैश बल्ब フラッシュの球

फ़्लैश फ़ोटोग्राफ़ी [名*] 《E. flash photography》フラッシュ撮影

फ़्लैशबैक [名] 《E. flashback》〔映〕フラッシュバック जब कहानी फ़्लैशबैक में चल रही होती है 物語がフラッシュバックで展開中に

फ़्लैशलाइट [名] 《E. flashlight》〔写〕フラッシュ；閃光＝ क्षणदीप.

फ़्लोर [名] 《E. floor》フロア

फ़्लोराइड [名] 《E. fluoride》〔化〕フッ化物＝ फ़्लुओराइड.

फ़्लोरेसैंट [形] 《E. fluorescent》蛍光性の＝ प्रतिदीप्तिशील.

फ़्लोरेसैंट ट्यूब [名] 《E. fluorescent tube》蛍光灯管＝ प्रतिदीप्ति नलिका.

फ़्लोरेसैंट लैम्प [名] 《E. fluorescent lamp》蛍光灯＝ ट्यूब लाइट; प्रतिदीप्ति लैम्प.

ब

बंक[1] [形] (1) 曲がった；湾曲した＝टेढ़ा. (2) 険しい＝दुर्गम; विकट. (3) 恐ろしい (4) 勇ましい；雄々しい＝पुरुषार्थी. → बंका.

बंक[2] [名] 《E. bank》 ＝ बैंक.

बंकट [形] ＝ बंक[1].

बंकनाल [名] (1) 金細工師が火吹きに用いる先端部の少し曲がった細い金属の管 (2) ＝ सुषुम्ना.

बंकर [名] 《E. bunker》〔軍〕掩蔽壕；塹壕；トーチカ；バンカー

बंकसल [名] 縄ばしごや綱などを格納するための船内の倉庫

बंका [形+] (1) 曲がった；曲線の；屈曲した；湾曲した (2) 険しい (3) 恐ろしい (4) 勇ましい；勇猛な；雄々しい (5) おしゃれな；粋な

बंकाई [名*] 曲がっていること；屈曲；湾曲

बंकिम [形] 曲がった；屈曲した；弧を描いた＝वंकिम; टेढ़ा; तिरछा.

बंग[1] 〔地名〕ベンガル＝वंग; बंगाल.

बंग[2] [名] 《← P. بانگ बाँग》〔イス〕礼拝の時を告げる呼びかけの声；アザーンの声＝अज़ान.

बंग[3] [名] 《← P. بنگ》 (1)〔植〕クワ科アサ／インド大麻【*Cannabis sativa*】＝ भाँग. (2) ハシーシ

बंगई [名*] バングラデシュのシルハト सिलहट 地方に産する上質綿花

बंगड़ी [名*]〔装身〕ガラス，もしくは，ラック製の手首飾り・腕輪；バングリー＝ बंगरी; बंगली；チューリー बंगड़ी सोने की चूड़ी-सी होती है जिसके किनारे पर सिंह, गज आदि के स्वरूप होते हैं バングリーは金製のチューリーのようなもので，その縁にライオンや象などの像が造られている

बंग-भंग [名]〔イ史〕ベンガル分割（1905 年 10 月にインド総督カーゾンの下で住民の強い反対にもかかわらずベンガル管区がビハール，オリッサ及びベンガル西半から成る地域とアッサム及びベンガル東半から成る地域の 2 つに分割されたため激しい反英運動が展開された．その結果 1911 年にはベンガル州，ビハール・オリッサ州，アッサム州の 3 州に再編成された） बंग-भंग का आंदोलन ベンガル分割反対運動

बँगला[1] [形] (1) ベンガルの (2) ベンガル地方の

बँगला[2] [名*] ベンガル語＝ बँगला भाषा; बँगला जबान.

बँगला[3] [名] 《E. bungalow》 (1) バンガロー；バンガロー式住宅（軒が深く正面にベランダのある平屋建て．大きな庭付きであることが多かった．大邸宅を指すこともある） उन्हीं दिनों मेरे पिता जी की तरक्की हुई और हम लोग एक बड़े घर में जाकर रहने लगे.घर नहीं था, बँगला था, मगर पुराने ढंग का, और शहर के बाहर その頃父は昇進して私たちは大きな家に住むようになった．家と言うものではなくバンガローだった．でも昔風のもので郊外にあった (2) 上記に似せて作られたモダンな住宅 सरकारी बँगला バンガロー風の官舎 हमें सरकारी बँगला मिला हुआ है 官舎をもらっている（貸与されている） (3) 最上階に作られた風通しの良い部屋

बँगला देश 〔国名〕バングラデシュ（バングラーデーシュ）

बँगलादेशी[1] [形] バングラデシュの

बँगलादेशी[2] [名] バングラデシュ人

बंगली[1] [名*] 《← E. bangle》〔装身〕バングリー；腕輪（女性の装身具，手首飾りの一）

बंगली[2] [名*] 嗜好品パーン（पान）の一種

बंगलोर 〔地名〕バンガロール（カルナータカ州南東部の都市で同州の州都）＝ बंगलूर.

बंगवासी [名] ベンガルの住民；ベンガル人

बंगसार [名] 桟橋＝ वनसार.

बंगा [形+] (1) 曲がった；屈曲した；弧を描いた (2) 好戦的な；喧嘩早い (3) 愚かな；無知な (4) 性悪の (5) 横柄な；傲慢な

बंगाड़ [名]〔地〕沖積台地

बंगाल 〔地名〕ベンガル पश्चिमी बंगाल *a.* 西ベンガル州 *b.* 西ベンガル बंगाल का जादू 人を驚嘆させる魔法 बंगाल की खाड़ी ベンガル湾 बंगाल की मैना おしゃべり女

बंगालिन [名*] ベンガル人女性

बंगाली[1] [形] (1) ベンガルの；ベンガル地方の (2) ベンガル産の (3) ベンガル風の；ベンガル地方独特の

बंगाली[2] [名] ベンガル人

बंगाली[3] [名*]〔言〕ベンガル語＝ बँगला भाषा.

बंगुरी [名*] ＝ बंगली[1].

बंगोमा [名]〔動〕爬虫類スッポン科スッポン【*Trionyx gangeticus*】〈Ganges softshell〉

बंचक [形] 人を欺く；欺瞞的な＝ वंचक.

बंचन [名] 詐欺；欺瞞＝ छल; धोखा.

बंचनता [名*] 詐欺；欺瞞

बंचना[1] [他] 欺く；だます；ぺてんにかける＝ ठगना; छलना.

बंचना[2] [自] 欺かれる；だまされる；ぺてんにかけられる＝ ठगाना; धोखा खाना.

बंचना[3] [名*] 詐欺；欺瞞＝ धूर्तता.

बंचना[4] [他] ＝ बाँचना; पढ़ना.

बँचवाना [他・使] ← बाँचना. 読ませる；読んでもらう；読んで頂く；読み上げてもらう

बंचित [形] 欺かれた；だまされた＝ वंचित.

बंज[1] [名]〔植〕(1) ブナ科グリーンオーク【*Quercus dilatata*】〈green oak〉 (2) ブナ科グレーオーク【*Quercus incana*】〈grey oak; ban oak〉＝ सिल; मारू.

बंज[2] [名*]〔植〕ナス科ヒヨス【*Hyoscyamus niger*】〈henbane〉

बंजर[1] [形] (1) 不毛の＝ ऊसर. बंजर भूमि 不毛の地；荒れ地 (2) 休閑（地）の；休閑中の गाँव की बंजर भूमि 村の休閑地

बंजर[2] [名] (1) 不毛地 (2) 5 年以上の休閑地 बंजर क़दीम 長期にわたり休耕になっている農地 बंजर जदीद 数年間の休耕後，新しく耕作された土地

बंजारा [名] ＝ बनजारा.

बंजुल [名]〔植〕マメ科小木ムユウジュ（無憂樹）【*Saraca indica*】＝ अशोक.

बंझा [形*・名*] 子を産めない；不妊症の；うまずめ（石女）＝ बाँझ.

बंट [名] 天涯孤独の人；全く身寄りのない人

बँटना [自] (1) 分かれる；分割される；分断される लोग जाति, धर्म, भाषा, जन्म-स्थान के संकीर्ण मापदंडों के आधार पर पृथक्-पृथक् वर्गों तथा समुदायों में बँट जाते हैं 人はカースト，宗教，言語，出生地といった狭隘な尺度で別々のグループや集団に分かれていく दायें-बायें सोच के साँचों में बँटा अभिजात्य मानस 右顧左眄の鋳型に分けられた上層階級の人 (2) 配られる；配布される हो सकता है कि डाक भविष्य में सात में पाँच दिन ही बँटे 将来郵便は週に 5 日しか配達されなくなることもありうる

बँटवाई [名*] ← बँटवाना.

बँटवाना [他・使] ← बाँटना. (1) 分けさせる；分割させる；分けてもらう (2) 配らせる；配ってもらう；配布させる；配布してもらう उन्होंने मतदाताओं के बीच रजाइयाँ, कंबल व धोतियाँ बँटवाईं （人を使って）有権者に布団や毛布，ドーティーを配らせた（配った）

बँटवारा [名] (1) 分割 भारत और पाकिस्तान का बँटवारा インドとパキスタンの分割 इनमें एक समस्या खेती की जमीन के फिर से बँटवारे की है 問題の 1 つは農地の再分割に関わるものである (2) 分配 रावी-व्यास पानी के बँटवारे की समस्या ラーヴィー川とヴィヤース川の水の分配問題

बंटा[1] [名] (1) 丸や長方形の小さい容器，もしくは，物入れ (2) 真鍮製の水入れ

बंटा[2] [形+] 背の低い；小柄な；ちびの

बंटा[3] [名] 暇；しみ；欠点；汚点＝ दाग़; ऐब; दोष.

बँटाई [名*] (1) 分けること；分割 (2) 分配 (3)〔農〕金納や立ち毛の見積もりによるのではなく収穫時に収穫物を地主，もしくは，政府と小作とが一定の比率で分配する刈り分け（小作）＝ बटाई. बँटाई जिंसी 現物で地税の支払われる刈り分け小作

बँटाढार [名] = बँटाधार.
बंटाधार [名] 破滅；全滅；壊滅；駄目になること；めちゃくちゃになること बस पकड़ने में देरी हो जाए तो सब बंटाधार हो जाता है バスを捕まえ損なったら何もかも駄目になる
बँटाना [他・使] (1) 分けてもらう；分けさせる；分割してもらう (2) 分配してもらう；分配させる；配らせる；配ってもらう (3) 手を貸す；手助けする मैं उसके काम में हाथ बँटाता हूँ 私はあの人の仕事を手伝っている
बँटाव [名] ←बँटाना.
बंटी[1] [名*] 罠= फंदा; जाल.
बंटी[2] [名*] 小型の容器；小さな入れ物→ बंटा[1].
बंटू[1] [名・形] 《E. Bantu》(1) バンツー族（の） (2)〔言〕バンツー語族（の） (3) バンツー語の
बंटू[2] [名*]〔言〕バンツー語
बँटैया[1] [形] 分ける；分配する
बँटैया[2] [形] 分けさせる；分配させる；分割させる；分けてもらう；分配してもらう；分割してもらう；分け前を取る
बंडल [名] 《E. bundle》(1) 包み（紙や布などで包んだもの） पुरानी रजाइयों के बंडल 古い掛け布団の包み (2)（札や花などの）束 नोटों के बंडल बनाना 札束を作る；紙幣を束ねる बंडल बनाना 包む；包装する；束ねる
बंडा[1] [名]〔植〕サトイモの一種
बंडा[2] [名] → बंदा[3].
बंडी [名*] (1)〔服〕バンディー（チョッキの一種） (2) ランニングシャツ
बंद[1] [名] 《P. بند》(1) 結ぶこと；締めること；結び；締め (2) 結び目；体の節；つなぎ目 (3) ひも；帯；ベルト；バンド (4) 停止；中断 (5) 妨げ；妨害 (6) 枷；束縛 (7) 拘禁；監禁 (8) 堤防 (9) ダム भाखड़ा नंगल का बंद バークラー・ナンガルダム (10) ゼネスト；バンド दिल्ली बंद デリー市のゼネスト पंजाब की वारदातों के विरोध में दिल्ली 'बंद' जन समर्थन パンジャーブでの殺戮に対するデリー・バンドに民衆の支持 (11)（詩の）連（聯） पहले तीसरे और छठे बंद का मतलब लिखें 第1，第3及び第6の連の意味を記しなさい (12) 文節 (13) 手；技 **बंद बंद अलग क॰** ばらばらにする **बंद बंद जकड़ जा॰** = बंद बंद टूटना. (-के) **बंद बंद जुदा क॰** (ーを) ひどく殴る；打ち据える **बंद बंद टूटना** 体の節々が痛む (-के) **बंद बंद ढीले कर दे॰** *a.* (ーを) くたくたに疲れさせる *b.* (ーを) 叩きのめす (-का) **बंद बंद पकड़ना** (ーに) とりつく **बंद में गिरह दे॰** 忘れないようにする；念入りに記憶する；肝に銘じる
बंद[2] [形] 《P. بند》(1) 閉じこめられた जेल में बंद हो॰ 投獄される (2) 閉ざされた；閉じられた；閉じた सुना है लोगों ने चढ़ाकर अपने बंद कमरों में उस संगीत के साथ-साथ नाचा 皆は一杯引っかけて締め切った部屋で例の曲にあわせて踊ったということだ दासी ने किवाड़ बंद कर लिया 侍女は扉を閉めた बंद डिबिया-सी रखी थी 蓋付きの小さな手箱のようなものが置かれていた **बंद क॰** 閉じる；締める；閉ざす शीशी को कार्क से बंद करो ビンをコルクの栓で閉じなさい **बंद हो॰** 閉じられる；締まる टीन के कपाट बंद थे ブリキのシャッターは閉まっていた (3) 閉鎖された；（活動や業務などが）閉じられた ये मिलें कई बरसों से बंद पड़ी थीं これらの工場は数年来閉鎖されていた (4) 詰まった；詰まっている नाक बंद हो॰ 鼻が詰まる（風邪などで） (5) 停止した；止まった；終わった；終了した युद्ध बंद होने के बाद 停戦後；終戦後 मरम्मत के कारण शनिवार को सुबह 10 बजे से शाम 4 बजे के बीच बिजली बंद रहेगी 修理工事のため土曜日の朝10時から夕方4時までの間停電になる **बंद कमरे में** こっそりと；内緒で **बंद भाव** 終わり値；引け値 दिल्ली बाज़ार बंद भाव デリー市場終わり値
-बंद [造語] (ーに) 閉じられた，閉ざされたなどの意を有する合成語の構成要素 डिब्बाबंद सब्ज़ी 野菜の缶詰 डिब्बाबंद फल 果物の缶詰
बंद गली [名*] 《P. بند+ H.》袋小路
बंदगी [名*] 《P. بندگی》(1) 奴隷，臣下，部下などとして服従すること；臣従；服従；仕えること；奉仕 (2) 祈り；祈祷；礼拝；崇拝 हज से लौटने के बाद दादा का ज़्यादा वक़्त नमाज़-बंदगी में बीतता メッカ巡礼から戻ると祖父は以前に増して礼拝，祈祷に時間を過ごすようになった गोगा जी की बंदगी जिसमें यात्रीगण गोगा जी की समाधि पर श्वेत चंदन का चूरा, इत्र और घृत आदि सुगंधित पदार्थ मलते हैं ゴーガージーの礼拝には巡礼者たちがゴーガージーの墓に白檀の粉や香水，ギーなど芳香のするものを塗る (3) 丁寧な挨拶；丁重な礼 (-की) **बंदगी बजाना** (ーに) 仕える；奉仕する；(ーの) 配下になる (4) 丁重な挨拶の言葉 सेठ जी बंदगी! 旦那さま，今日は
बंद गोभी [名*] 《P. بند+ H.》〔植〕アブラナ科野菜キャベツ；カンラン；タマナ【*Brassica oleracea var. capitata*】= करमकल्ला; पातगोभी; पत्तागोभी.
बंददार [形] 《P. بند دار》結びひものついた；ひも付きの चिकन का बंददार अंगा チカンの前閉じひものついたアンガー
बंदन[1] [名] しんしゃ（辰砂）= ईंगुर; सिंदूर; सेंदुर.
बंदन[2] [名] (1) 賛歌；称賛 (2) 崇拝 (3) 敬服= वंदन.
बंदनवार [名⁻]〔ヒ〕バンダンワール（マンゴーやムユウジュの葉や花などでこしらえたひもの飾りで祝い事の際に家や式場の出入り口の上に飾る）；花綱 आम के पत्तों की बंदनवार से マンゴーの葉でこしらえたバンダンワールで दरवाज़े पर बंदनवार लगा रहता 戸口にはいつもバンダンワールが掛けられている केले के खंभों और आम के पत्तों की झूमती हुई बंदनवारों के बीच バナナの木の株と揺れているマンゴーの葉のバンダンワールの間に
बंदना [他] (1) 拝む；礼拝する；崇拝する (2) お辞儀する；敬礼する
बंदनाक [名*] 《P. بند + H.》鼻づまり बंदनाक से राहत 鼻づまり解消
बंदनी [名*] (1)〔装身〕バンダニー（前頭部につける女性の金製の装身具）= सिरबंदी. (2) バンドニー（馬の前額部につける飾り）
बंद बंद [名] 《P. بند بند》体の節々= जोड़-जोड़. → बंद[1].
बंदर[1] [名] (1)〔動〕猿の総称 अब तो बेघर बंदर हूँ और सब से बड़ी बात यह है कि बेपर हूँ おれは今じゃ家のない猿さ．それに一番の問題は羽を持たないことだ (2) 雄猿 (3)〔動〕アカゲザル【*Macaca mulatta*】 (4)〔動〕ボンネットザル【*Macaca radiata*】 (5) いたずら小僧；餓鬼；悪餓鬼 **बंदर आदी का स्वाद क्या जाने?** 〔諺〕愚か者にはわからない **बंदर का घाव** → बंदरखत. **बंदर की आशनाई** 当てにならない，もしくは，危険な交友；迷惑の生じるような交友 **बंदर की तरह आँख बदलना** 些細なことに腹を立てる **बंदर की तरह नचाना** こき使う；酷使する **बंदर की बला तबेले के सिर पड़ना** 〔諺〕巻き添えを食う；とばっちりを食う **बंदर की यारी** = बंदर की आशनाई. **बंदर के गले में मोतियों की माला** 〔諺〕猫に小判；無能な人や不相応な人が立派な物を持つことを揶揄する言葉= बंदर के गले में मूँगे की माला. **बंदर के हाथ अदरक** 〔諺〕価値ある物が真価を知らぬ者の手に渡ること；猫に小判 **बंदर के हाथ आईना** = बंदर के हाथ अदरक. **बंदर के हाथ नारियल** = बंदर के हाथ अदरक. **बंदर को आइना दिखाना** 過剰なことや不可能なことを期待すること **बंदर-बंदरिया का नाच** 猿回しの見世物（夫婦の役割を演じる猿の踊りや芝居） बंदर - बंदरिया का नाच हो रहा था 猿回しの見世物が行われているところだった
बंदर[2] [名] 《P. بندر》港；港湾= बंदरगाह.
बंदरखत [名] (1) 癒えることのない傷 (2) 消えることのない悩み
बंदर ख़त [名] 《H. + A. خط》悪筆
बंदरगाह [名⁻] 《P. بندرگاه》港；港湾 सिकंदरिया का बंदरगाह アレクサンドリア港
बंदर घाव [名] = बंदर खत.
बंदरघुड़की [名*] こけおどし（虚仮威し）= बंदरभभकी.
बंदरबाँट [名*] 漁夫の利を占めること
बंदर भभकी [名*] = बंदर घुड़की.
बंदरिया [名*] 雌の猿；雌猿 बंदर के पास बंदरिया बैठी थी 雄猿のそばには雌猿が座っていた
बंदरी[1] [名*] 雌猿= बंदरिया.
बंदरी[2] [形] 《P. بندری》(1) 港の (2) 舶来の
बंदवान [名] 刑務所所長；典獄
बंदसाल [名] 刑務所；牢屋；獄舎= क़ैदख़ाना; बंदीगृह; जेल.
बंदा[1] [名] 《P. بنده》(1) 下僕 ख़ुदा के सच्चे बंदे 神の真の下僕 (2) 従者 (3) 信奉者 (4) 奴隷 (5) 自分のことを表す謙称；手前；小生；拙者；やつがれ
बंदा[2] [名] 囚人= बंदी; क़ैदी.

ब

बंदा[3] [名] (1)〔植〕ヤドリギ科半寄生ヤドリギ【*Viscum album; V. costatum*】 (2)〔植〕ヤドリギ科半寄生の一【*Dendrophtoe falcata; Loranthus falcatus*】 (3) ラン科着生植物の一【*Vanda tessellata*】

बंदाज़ादा [名]《P. بنده زاده》自分の息子のことをへり下って言う言い方；愚息；豚児

बंदानवाज़ [形・名]《P. بنده نواز》(1) 情け深い；心優しい；慈悲深い (2) 敬称のようにも用いられる आप बुरा मानेंगे बंदा नवाज़ あなた様は悪く取られたのですね（気を悪くなさったのですね）

बंदानवाज़ी [名*]《P. بنده نوازی》情け深いこと；慈悲深いこと

बंदानिवाज़ [形] = बंदानवाज़.

बंदापरवर [形]《P. بنده پرور बंदापर्वर》= बंदानवाज़.

बंदानी[1] [名] 砲手= गोलंदाज़.

बंदानी[2] [名] 赤紫

बंदानी[3] [形] 赤紫の

बंदारु [形] (1) 拝むべき；礼拝すべき= वंदनीय. (2) 尊敬すべき = पूजनीय; आदरणीय.

बंदि [名] = बंदी[2].

बंदित्व [名] 囚われの身；虜囚の身

बंदिपाल [名] 刑務所所長；典獄

बंदिया [名*] = बंदी[5].

बंदिश [名*]《P. بندش》(1) 制約；制限；抑制；束縛 कानून की बंदिशों से दूर 法律の制約から離れて (2) 構成；構造 (3) 工夫；細工；準備；下準備；下拵え；根回し (4) 陰謀 (5) 彫琢 (6) 節；節回し **बंदिश बाँधना** *a.* 制約する *b.* 予防する *c.* 工夫する *d.* 陰謀を巡らす *e.* 彫琢する *f.* 節付けする= बंदिश में बाँधना.

बंदी[1] [名*]《P. بندی》(1) 結ぶこと；つなぐこと；結成すること (2) 閉じること；閉ざすこと；止めること；閉鎖 (3) 整えること；整理；配置 (4) 投獄

बंदी[2] [名]《P. بندی》(1) 捕虜 सात महीने के लिए बंदी बना लिए गए 7か月間捕虜にされた (2) 囚人 **बंदी बनाना** *a.* 捕らえる；捕虜にする राजा ने तुरंत सिपाही भेजकर सेठ को बंदी बना लिया 王は直ちに兵を派遣して豪商を捕らえた *b.* 虜にする；思い通りにする；意のままに操る

बंदी[3] [名*]《P. بنده←بندی》腰元；侍女= दासी; चेरी.

बंदी[4] [名] バンディー（王侯称賛の詩を作って仕えていた詩人カーストの人）= चारण.

बंदी[5] [名*]〔装身〕バンディー（女性が前額部につける金製の装身具の一）= बंदनी; दावनी

बंदीख़ाना [名]《P. بندی خانه》刑務所；牢獄

बंदीघर [名]《P.+ H.》刑務所；牢獄= कारावास; क़ैदख़ाना.

बंदीछोर [形] (1) 牢獄から釈放する (2) 危難から救出する

बंदीजन [名] = बंदी[4] ;चारण.

बंदीवान [名] 囚人；受刑者

बंदीशत्रु [名] 捕虜

बंदूक़ [名*]《A. بندوق》(1) 鉄砲；銃；小銃 बंदूक़ की गोली 銃弾 (2) 火縄銃 (3) マスケット銃 **ख़ाली बंदूक़ दाग़ना** 空砲を撃つ **बंदूक़ चलाना** 銃撃する= बंदूक़ छोड़ना; बंदूक़ दाग़ना. **बंदूक़ भरना** 銃に弾を込める **बंदूक़ मारना** = बंदूक़ चलाना. **बंदूक़ लगाना** = बंदूक़ चलाना.

बंदूक़ची [名]《A.P. بندوقچی》(1) 銃撃手；射撃手；銃士 (2) 火縄銃兵

बंदोबस्त [名]《P. بند و بست》(1) 整理；配列；配置 (2) 管理；運営；企画；手配 (3) 地税設定 **बंदोबस्त इस्तमरारी** 永代地税設定 **बंदोबस्त के काग़ज़** 地税記録 **बंदोबस्त चंदरोज़ा** 短期地税設定

बंदोबस्ती [名*]《P. بند و بستی》地税設定

बंध [名] (1) 結ぶもの (2) 結ぶこと (3) 束縛；拘束；枷 (4) 製作；作成 (5) 創作

बंधक[1] [名] (1) 担保= रेहन. बंधक पड़ना 担保になる बंधक रखना 担保に入れる (2) 人質 (-को) बंधक बनाना （ーを）人質にする नागरिकों को बंधक बनाने की कार्रवाई 市民を人質にする行為 (3) 借金のために身分拘束を受ける人（特に農民）；拘束労働を強制される人 ऋण का भुगतान वह बंधक श्रम द्वारा करने की चेष्टा करता था その拘束労働者は労働によって借金の返済に努めていた

बंधक[2] [形] (1) 捕らえる (2) 縛る (3) 担保の

बंधककर्ता [名] 抵当権設定者；質権設定者

बंधकग्राही [名] 質権者；抵当権者

बंधकदाता [名] = बंधककर्ता.

बंधक मज़दूर प्रथा [名*] 拘束労働制度（借金返済のため身分拘束下で労働させる制度）= बंधक प्रथा.

बंधक श्रम [名] 借金返済のための拘束労働〈bonded labour〉

बंधकी [形] 抵当に入っている；質に入っている

बंधन [名] (1) 縛るもの पहले मेरे बंधन खोल दो まずひもをほどいてくれ (2) 制約；束縛；拘束；枷 सामाजिक बंधन 社会的制約 आत्मा का बंधन कर्मों के फलस्वरूप है 霊魂は業によって縛られる परतंत्रता के बंधन 隷従の束縛 जाति के बंधन カーストの制約 पर्दे का बंधन パルダーという束縛 **बंधन टूटना** 束縛がとれる；拘束から脱する मोह, ममता के सारे बंधन टूट गए 愛着や愛情の束縛から解放された (-के) **बंधन ढीले क॰** *a.* 規制や制限，束縛を緩める *b.*（ーを）ひどく殴る；打ちのめす *c.*（ーの）自慢の鼻をへし折る；慢心を打ち砕く **बंधन तोड़ना** *a.* 束縛を打ち破る *b.* 解脱を得る **बंधन में पड़ना** *a.* 束縛を受ける；拘束される मैं किसी बंधन में नहीं पड़ना चाहता 私は如何なる束縛も受けたくない *b.* 愛情・情愛に縛られる *c.* 囚われる；拘禁される (-के) **बंधन में बाँधना** （ーに）縛りつける；（ーの）責任を負わせる **बंधन से छूटना** 束縛から解かれる；解放される；責任から解かれる

बंधनपालक [名] 刑務所所長；典獄

बंधनरक्षी [名] 刑務官；看守；獄卒

बँधना [自] (1) つながれる（繫がれる） दरवाज़े पर दो भैंसें और तीन गाएँ बँधी हैं 戸口のところに2頭の水牛と3頭の雌牛が繋がれている (2) 結ばれる；結びつけられる；巻かれる；縛られる कलाई पर बँधी हुई घड़ी 手首の時計 हमारी देह पर कितनी ही पट्टियाँ बँधी थीं 体にはどれだけの包帯が巻かれていたことか सिर पर मैला रूमाल सूत की रस्सी से बँधा था 頭には汚いハンカチが綿のひもで結ばれていた सिर पर पट्टियाँ बँधी हैं 頭に包帯が巻かれている पर अब तो सारा सामान बँध चुका है だがもう荷物は全部縛られてしまっている (3) 繫がれる；拘束される；束縛される；抑制される अच्छा हुआ भाई तुम अभी तक इस खूँटे से नहीं बँधे この杭にまだ繫がれていない君は幸いだ विवाह में बँधने से पहले सोचना था कि गृहस्थी भी होगी और बच्चे भी होंगे 結婚というものに繫がれる前に家事の営みもあれば子供も生まれるものと考えるべきだった (4) 片付けられる；整理される；まとめられる खाना बन गया, बिस्तर बँध गया, रिकशा आ गया 食事の用意ができ，家具は片付けられ輪タクが来た (5) 決められる；定められる；規定される कुछ लोगों ने एक बँधे इशारे से ठाकुर को बुलवाया 一部の人が規定の合図でタークルを呼んだ वह कभी मिलता था, कभी नहीं मिलता था.वह बँधा हुआ काम है それは手に入ることもあればないこともあった．決まり切った仕事なのだ भय था तो यही कि फिर बेटी न हो जाए.नहीं तो वही बँधा हुआ एक रुपया और एक साड़ी मिलकर रह जाएगी またまた女の子が産まれるのではないかと不安だった．でなければお決まりの１ルピーとサリーの１枚をもらうだけでおしまいになる (6) 備わる；整う；用意ができる कुछ कहने को, कुछ पूछने को उसका स्वर बँधा नहीं 口を開きものをたずねるのに声の調子が整わなかった (7) 起こる；湧く；生じる शीला की बात सुनकर मोहन के माता-पिता का साहस बँध गया シーラーの話を聞いてモーハンの両親は元気が出た (8) つく；離れなくなる ऐसा विचार कर वे वहाँ से कुछ दूर निकल गये, परंतु उनको उस बात की धुन बँधी रही そう考えてそこから少し先へ進んだが，そのことから頭が離れなかった (9) 動きが止まる；停止する बँधा पानी 溜まり水；よどんだ水 **बँधा-बँधाया** *a.* 決まった；一定の；定まった उसे एक बँधी-बँधाई रकम हर महीने पहुँच जाती थी 毎月一定の金額が届いていた *b.* 慣行上の；慣行になった **बँधा हुआ** *a.* 繫がれた *b.* 動きのない；停滞した；よどんだ *c.* 決まった；一定の **बँधी गत बजाना** 慣行やしきたり通りに行う **बँधी दीठ** 無知 **बँधी मुट्ठी** 内輪の話；秘密の話；内密 **बँधी रक़म** *a.* 一定額 *b.* 一時金 **बँधे बँधे फिरना** 牢に繫がれる；臭い飯を食う

बंधनागार [名] 牢屋；牢獄；刑務所= कारागार; जेलख़ाना.

बंधनी [名*] (1) 関節；節 (2) 角形括弧 धनु बंधनी 弓括弧；中括弧 (3) ひも；綱

बंधनीय[1] [名] 橋；橋梁= पुल; सेतु.

बंधनीय[2] [形] 結ぶべき；縛るべき；拘束すべき

बंधपत्र [名] (1) 契約書 (2) 公債証書；債券

बंधव [名] → बांधव.

बँधवाना [他・使] ←बाँधना. 縛らせる；縛ってもらう；結わえさせる；結わえてもらう；拘束させる；拘禁させる मैंने फल के टोकरे बँधवाये 果物かごを縛ってもらった (-को) **बँधवा दे॰** (ーを) 縛らせる；(ーに) 縄をかけさせる；刑務所に送る

बंधान [名] (1) 決められていること；定められていることやその状態 (2) しきたり；慣行 (3) 慣行として支払われるもの；しきたりとしてやりとりされるもの

बँधाना [他・使] ←बाँधना. (1) = बँधवाना. (2) = बाँधना の行為を直接手助けする हिम्मत बँधाना 勇気づける；元気づける आस हिम्मत बँधाती है हर बार いつも希望が勇気づけてくれる

बँधानी [名] 荷役労働者；人夫

बँधाल [名] 舟底のあか（淦水）の溜まる部分；ビルジ= गमतखाना; गमतरी.

बंधित[1] [形] (1) 結ばれた；繋がれた (2) 縛られた；制約を受けた

बंधित[2] [形*] 子の産めない；不妊の= बाँझ.

बंधी[1] [形] 縛られた；束縛された；制限や制約を受けた

बंधी[2] [名*] (1) 決まり；規定 (2) 慣行

बंधु [名] (1) 兄弟= भाई; भ्राता. (2) 実の兄弟同様に親密な人；親友 (3)〔キ〕(カトリックの) 修道僧；平修士；労働修士（ブラザー brother）

बंधुआ[1] [形] (1) 繋がれた；縛られた (2) 拘束された；身分に制限を受けた

बंधुआ[2] [名] (1) 囚人 (2) 借金の形に（担保に）身分の自由を拘束された人（労働者，農業労働者） **बंधुआ मज़दूर** 借金のために身分の拘束された労働者 **बंधुआ मज़दूरी प्रथा** 借金のために拘束労働を課する制度（一種の奴隷制度） देश भर में बंधुआ मज़दूरी प्रथा समाप्त 全国で拘束労働制度が終滅 → बंधक मजदूर.

बंधुक [名] = बंधुजीव.

बंधुजन [名] (1) 親戚；親族= स्वजन; आत्मीय. (2) 友人；朋友= मित्र; दोस्त; साथी.

बंधुजीव [名] = बंधुजीवक. (1)〔植〕アオギリ科雑草ゴジカ【*Pentapetes phoenicea*】= दुपहरिया. (2) 同上の花

बंधुता [名*] (1) 兄弟関係 (2) 親族関係 (3) 友人関係；友愛；友情

बंधुत्व [名] = बंधुता. **बंधुत्व शब्दावली** 〔文人〕親族名称

बंधुर[1] [形] (1) 美しい；魅力的な (2) 慎み深い (3) 曲がった；屈折した (4) でこぼこの；凹凸のある

बंधुर[2] [名] (1) 冠 (2) ゴジカの花= बंधुजीव.

बंधुरा [名*] ふしだらな女性；好色な女性= कुलटा.

बंधुल[1] [形] (1) 曲がった；折れ曲がった；しなった (2) 美しい

बंधुल[2] [名] (1) 不貞な女や売春婦の生んだ子 (2) 遊女や売春婦の世話を焼く男

बंधूक [名] = बंधुजीव.

बंधेज [名] (1) 慣行；慣例 (2) 慣行によって与えられる金品 (3) 絞り染め (4) 制限；制約

बंध्य [形] (1) 繋がれるべき；繋ぐべき (2) 牢に入れるべき；投獄されるべき (3) 実を結ばない；結実しない；不毛の (4) 不妊の；妊娠できない = बाँझ.

बंध्यत्व [名] (1) 不毛 (2) 不妊症= बाँझपन.

बंध्या [名*] (1) 不妊の女性；うまずめ（石女） (2) 不妊の動物

बंध्या-पुत्र [名] あり得ないもの；あり得ないこと

बंपर [形] 《E. bumper》(1) 大変大きな；でかい (2) どっさりある；素晴らしい बंपर पुरस्कार（宝くじの）大当たり；特等賞

बंपुलिस [名*] 公衆便所= सार्वजनिक शौचालय.

बंब [名] (1)〔ヒ〕シヴァ派の信徒がシヴァ神への呼びかけに唱える言葉（バン，バムなど） बंब बंब महादेव, बम बम महादेव などと唱えられる (2) 鬨の声；鯨波 (4) 太鼓

बंबइया [形] (1) ボンベイの；ムンバイの= मुंबई का. → मुंबई. (2) ボンベイで作られた (3) ボンベイ風の बंबइया फ़िल्म ボンベイ風の映画（娯楽中心の大衆映画や芸術性の低い通俗的な映画の通称）

बंबई 〔地名〕ボンベイ（マハーラーシュトラ州の州都，旧ボンベイ州の州都）， बम्बई Bombay; ムンバイ= मुंबई; मुम्बई.

बंबा [名] 《Por. pompa; A. منبع मंबा?》(1) 泉；噴水 (2) ポンプ (3) 消火器；龍吐水 (4) 用水路；疎水 (5) 郵便ポスト

बँबाना [自] 牛，水牛などの動物が鳴く

बंबार[1] [名] 《← E. bomber》爆撃機= बमवर्षक.

बंबार[2] [形] 野蛮な；残酷な；残虐な

बंबार्ड [形] 《E. bombard》砲撃された；爆撃された बंबार्ड क॰ 砲撃する；爆撃する

बंबू [名] 《E. bamboo》(1)〔植〕イネ科インドトゲタケ【*Bambusa arundinacea*】 (2) アヘン吸飲具の管 (3) 管

बंबूकाट [名] 《← E. bamboo cart》バンブーカート（乗合馬車）

बंभन [名] ブラーフマン；バラモン= ब्राह्मण; बाभन. बँभन टोली 村落内のバラモン居住区

बंभनाई [名*] (1) バラモンの身分 (2) 強情

बंभोला [名]〔ヒ〕シヴァ神の異名の一 **बंभोले को आकधतूर** 〔諺〕真心があれば相手に通じるもの；信心は金ではなくて真心

बंस [名] (1) 家系；系譜= वंश. (2) 竹= बाँस.

बँसकार [名] 竹笛= बाँसुरी.

बँसखट [名*] 木の脚や枠の代わりに竹を用いてこしらえた簡易寝台= बँसहटा.

बँसगर [名] 《H. + P. گر》竹細工師；竹屋

बंसदिया [名] バンサディヤー（垂直に立てた竹の先端に吊るすランプ）= आकाशदीप.

बंसलोचन [名] 竹からとれるマンナ；竹のマンナ（竹の中空部分に見られる浸出液の凝結物）= वंशलोचन; तबाशीर.

बँसवाड़ा [名] (1) 竹細工の職人の仕事場や竹材店，竹細工職人の店の並ぶ通り (2) 竹林

बँसवाड़ी [名*] 竹林= बँसवारी. बँसवाड़ी में आँख-मिचौनी खेलनेवाली हवा 竹林でかくれんぼをする風

बंसहटा [名] 脚や枠組みが木材ではなく竹でできている簡易ベッド= बंसखट.

बंसी [名*] (1) 竹笛= बाँसुरी; वंशी; मुरली. (2) 釣竿（釣り針及び釣り糸も含めて）

बंसीकाँटा [名] 釣り針

बंसीधर [名] クリシュナ神の異名の一（竹笛を持つ者の意）= वंशीधर; श्रीकृष्ण.

बँसोर [名] バンソール（竹細工を生業としてきたカースト）

बँहगी [名*] 天秤棒（として用いる竹竿） बँहगी उठाना 天秤棒を担ぐ

बँहिया [名*] (1) 腕 (2) 天秤棒

ब [前置] 《P. بہ》(1) (ー) で；(ー) によって (2) (ー) に向かって；(ー) に；(ー) へ (3) (ー) につき；(ー) ごとに

ब अदब [副] 《P.A. بہ ادب》うやうやしく；尊敬の念をこめて；丁重に；鄭重に

ब आराम [副] 《P.A. بہ آرام》(1) 楽に；気楽に；のんびりと= आराम से. (2) 容易に；簡単に= सुगमता से; सुगमतापूर्वक.

ब आसानी [副] 《P. بہ آسانی》容易に；簡単に= आसानी से.

बक[1] [名*] (1) 馬鹿話をすること；ぺちゃくちゃ話をすること (2) 馬鹿話；たわごと

बक[2] [名]〔鳥〕サギ科の鳥の総称（アオサギ，ダイサギ，コサギなど）= बगला; बगुला.

बक[3] [名]〔イ神〕バカ（マハーバーラタにおいてビーマに退治されたラークシャサ・アスラ）→ बकासुर.

बकचर [名] 偽善者= ढोंगी.

बकचा [名] = बकुचा.

बकची [名*]〔植〕キク科草本サニギク（種子が薬用）【*Vernonia anthelmintica*】→ सितावरी.

बकझक [名*] (1) 訳のわからぬこと（を言うこと） वह कभी-कभी बकझक करने लगती है और बेहोश हो जाती है 時々訳のわからぬことを言い出し失神してしまう (2) 馬鹿話；無駄口 पत्नी की बकझक से परेशान पति 妻の無駄口でうんざりの夫 (3) 言い合い；言い争い；口喧嘩 जो चीज़ हमने इतनी बकझक के बाद खरीदी है क्या वह वाक़ई उस कीमत की भी है? これだけ口角泡を飛ばして購入した物が本当にその値段に値するものだろうか

बकतर [名] 《P. بکتر बक्तर》鎧；甲冑；鎖かたびら= कवच; ज़िरिह.

बकतरपोश [名] 《P. بکتر پوش》鎧を着た人；甲冑をつけた人

बकतरबंद [形] 《P. بکتر بند》(1) 甲冑をつけた (2) 装甲した **बकतरबंद गाड़ी** 〔軍〕装甲車 **बकतरबंद रजिमेंट** 〔軍〕輸送連隊

बकध्यान [名] 偽善的な振る舞いや行為 बकध्यान लगाना 瞑想に耽ったふりをする

बकध्यानी [形・名] 偽善的な；偽善者= बगला भगत.

बकना [他] (1) 訳のわからないことを言う；馬鹿げたことを言う (2) 喚く；叫ぶ माँ बेतहाशा गालियाँ बक रही थीं 母は激しくののしっていた (3) 白状する；吐く **बकना-झकना** 腹立ちまぎれに喚き散らす

बकबक [名*] 無駄話；無駄口；馬鹿話 बकबक क॰ 馬鹿話をする；無駄口をきく क्या बक बक कर रही है.कुछ अच्छी बात नहीं सूझती? 無駄口を叩いているが，少しはましなことを思いつかぬものかい तुम्हारी इस बकबक से न तो देश की दुर्दशा दूर होगी और न इसकी पराधीनता 君が無駄口を叩いたからとて国が良くなるわけでも独立するわけでもないさ **बकबक झकझक** 無駄話；無駄口；馬鹿話

बकमौन[1] [名] 偽善を隠すためや人を欺くための沈黙や殊勝な行為

बकमौन[2] [形] 黙々として目的達成に努める（人）

बक़र [名] 《A. بقر》牛

बक़र ईद [名*] 《A. بقر عيد》〔イス〕バカルイード／バクリード（ズ・ル・ヒッジャ月の 10 日から 13 日にかけて行われる犠牲祭イード・ウッ・ゾハー）＝ बकरीद.

बकर दाढ़ी [名*] 山羊ひげ

बकरना [他] (1) 喚く；喚き散らす＝ बड़बड़ाना. (2) 白状する；吐く＝ कबूल क॰.

बकर बकर [副] 茫然として

बकरम [名] 《E. buckram》バックラム

बकरा [名]〔動〕ヤギ（山羊）；雄山羊（あごひげの短いことや好色なことのたとえとなる） **बकरे की माँ का ख़ैर मनाना** *a.* いずれ避けられないことを引き延ばそうと試みること *b.* 無駄な期待をかけること *c.* いずれ正体の暴かれること＝ बकरे की माँ कब तक ख़ैर मनाएगी.

बकरी [名*] 雌山羊（おとなしいこと，素直なことのたとえになったり四六時中食べることのたとえになる） **बकरी से हल चलता तो बैल कौन रखता** 〔諺〕山羊は牛の代わりに犂を曳くことはできない；物事には専門の人にしかできないことがあるものだ；餅は餅屋

बकरीद [名*] → बकर ईद.

बकल [名] 木の皮；樹皮＝ पेड़ की छाल; वल्कल.

बकलस [名] 《E. buckle》バックル＝ बकसुआ.

बकला [名] (1) 樹皮＝ पेड़ की छाल. (2) 果物の皮

बकली [名*]〔植〕ミソハギ科サルスベリ属中高木【*Lager- stroemia parviflora*】＝ अघौरी.

बकलेस [名] ＝ बकलस.

बकवाद [名*] 無駄口；馬鹿話；でたらめ話；いいかげんな話

बकवादी [形] (1) 無駄口を叩く；ぺちゃくちゃしゃべる (2) おしゃべりな；饒舌な

बकवास[1] [名*] (1) ＝ बकवाद. (2) 無駄口をきいたり馬鹿話をする癖 **बकवास क॰** 無駄口を叩く；無駄口をきく अब अपनी बकवास बंद करो もう無駄口はやめにしなさい

बकवास[2] [形] 馬鹿げた；ばかばかしい बकवास फ़िल्मों के नायक 馬鹿げた映画の主人公

बकवासी [形] ＝ बकवादी.

बकवृत्ति[1] [名] 偽善的な人；偽善者

बकवृत्ति[2] [形] 偽善的な；善人ぶる；殊勝な心がけをしているように見せかける

बकस [名] 《E. box》(1) 木の箱；ボックス (2) 金属製の容器；缶；衣裳缶 (3) ボクシングデー (boxing day) の贈り物

बकसना [他] 《← P. بخش बख़्श》(1) 恵む；恵みを与える (2) 赦免する (3) 許す；赦す

बकसीस [名*] 《← P. بخشيش बख़्शीश》(1) 贈り物；進物 (2) 心付け；褒美 (3) 施し

बकसुआ [名] 《← E. buckle》バックル

बक़ा [名*] 《A. بقا》(1) 永遠；恒久；不滅 (2) 存続 (3) 生存 (4) 保護；防御

बकायन [名]〔植〕センダン科高木タイワンセンダン【*Melia azedarch*】＝ महानिब; द्रेका.

बक़ाया[1] [名] 《A. بقايا》(1) 未納金；滞納金 5 करोड़ का बक़ाया किसानों के ज़िम्मे है 農民たちは5000 万ルピーの未納金を抱えている (2) 残金 (3) 残り

बक़ाया[2] [形] 未払いの बक़ाया किस्त 未払い分 ये कर्मचारी वेतन बढ़ाने तथा महँगाई भत्ते की पाँच बक़ाया किस्तों का भुगतान करने की माँग कर रहे हैं これらの職員は増給と物価手当の未払いの 5 回分の支払いを求めている

बकार[1] [名] 口から出る言葉や声＝ आवाज़. उनके सामने आ जाने पर मेरे मुँह से बकार तक नहीं निकला あの方が目の前に来られると私は声さえ出なくなるのであった बकार निकलना 赤子がしゃべり始める＝ बकार फूटना.

बकार[2] [名] 軸；中軸；中心＝ अक्ष ; धुरी; केंद्र.

बकारत [名*] 《A. بكارت》処女性＝ कौमार्य.

बकारि [名]〔イ神〕クリシュナ神（バカ・アスラ बक असुर の敵）＝ बकासुर.

बकारी [名*] ＝ बकार[1].

बकावल [名] 《P. بكاول》料理長；コック長

बकावली [名*] ＝ गुल बकावली.

बकाश्त [名*] 《P. بہ كاشت》〔農〕(1) バカーシュト（ザミーンダールが直接，もしくは，刈り分けによって拓いた農地） (2) ザミーンダールが小作料の未払いと称して小作人を追い立てて占有した農地

बकासुर [名]〔イ神〕クリシュナに退治されたアスラ（巨人，バカ・アスラ）

बकिंघम [名] 《E. Buckingham Palace》バッキンガム宮殿

बक़िया [名] 《A. بقيه》(1) 残り；残余 (2) 残金；残高

बकुचा [名] (1) 小さな包み (2) 集まり (3) 束ねたもの (4) 組み合わせた両手

बकुची[1] [名*] बकुचा の指小形. **बकुची बाँधना** 手（腕）を組み足を組んで何もしないこと；じっと座ったままで何もしないこと；無為に過ごすこと

बकुची[2] [名*]〔植〕キク科草本サニギク【*Veronia anthelmintica*】

बकुर [名] (1) 太陽 (2) 雷

बकुराना [他・使] ← बकरना. 白状させる；吐かせる

बकुल [名] ＝ मौलसिरी.

बकैयाँ [名] 這うこと；四つん這い **बकैयाँ चलना** 這う；四つん這いをする＝ घुटनों के बल चलना.

बकोट [名*] (1) つねること；爪で引っかくこと (2) つねった傷跡 (3) 物をつまみとる際の手の形やそのようにしてつまんだ分量；ひとつまみ

बकोटना [他] (1) つねる；爪でひっかく (2) むしり取る

बकोटा [名] ＝ बकोट.

बक़ौल [副] 《A. بقول》(一の) 言葉によると；(一の) 言によると

बक्कम [名] ＝ पतंग[3].

बक्कल [名] (1) 樹皮；木の皮＝ छाल. (2) 果物の皮＝ छिलका. **(-का) बक्कल उतारना** (ーを) さんざん殴る；ひどい目に遭わせる

बक़्क़ाल [名] 《A. بقال》(1) 穀物商；食料品商＝ परचूनिया. (2) 野菜売り；八百屋

बक्की [形] 無駄口を叩く；馬鹿話に興じる

बक्कुर [名] 口から発せられた言葉＝ बोल; वचन.

बक्खर [名] 酵母；酵母菌を発酵させたもの

बक्तर [名] ＝ बकतर

बक्तरबंद [形] ＝ बकतरबंद. बक्तरबंद रेजिमेंट 装甲車連隊

बक्स [名] 《E. box》ボックス；箱；入れ物＝ बकस. लकड़ी का बक्स. 木箱 शृंगार बक्स 化粧品入れ；化粧台

बख़त [名] 《← A.وقت वक़्त》時；折；機会

बख़तर [名] ＝ बकतर; बक्तर.

बख़रा [名] 《P. بخره》(1) 部分＝ भाग; हिस्सा. (2) 分け前；配分 **बख़रा क॰** 分配する＝ बाँटना.

बखसना [他] 《← P. بخش बख़्श》許す；赦す；赦免する

बखसीस [名*] → बख़्शिश.

बखसीसना [他] 《← P. بخشش बख़्शिश》施す；恵む；恵み与える

बखान [名] (1) 説明＝ व्याख्यान. बखान क॰ 説明する (2) 長々と話すこと बखान क॰ 長々と話す वह अपनी बहादुरी का बखान करने लगा 自分の勇ましさを長々と話し始めた (3) 誉めること；称賛；賛歎 मैं गोमती से बार-बार आपका बखान किया करता हूँ いつもゴームティーにあなたのお噂を致しているのです सभी जगह लोग राजा के गुणों का बखान करते थे 世間の人たちは至る所で王の徳を称えていた

बखानना [他] (1) 説明する＝ कहना; वर्णन क॰. (2) 称える；称賛する＝ सराहना; प्रशंसा क॰; तारीफ़ क॰. अपने भाग्य को बखानो

कि अंग्रेज़ी अमलदारी में हो イギリスの統治下にある自分の幸運を称えるがよい (3) ののしる= बुरा भला कहना.

बखार [名] (1) 穀物貯蔵所；穀物倉庫 (2)（何かの）豊富にあるところ

बख़िया [名]《P. بخیه》(1)〔裁〕返し縫い (2) 銭金；金；財力；経済力 (3) 能力；力 **बख़िया बनाना** 返し縫いをする (-के) **बख़िये उखेड़ना**/ (-के) **बख़िये उधेड़ना** *a.*（ーの）秘密を暴く；正体を暴露する；（ーを）暴く；暴露する *b.*（ーの）あら探しをする हर छोटे-बड़े आदमी के बख़िये उधेड़ना 誰彼なしに人のあら探しをする

बख़ियाना [他] ← बख़िया. 返し縫いをする

बखीर [名] 黒砂糖を用いたりサトウキビの絞り汁で煮た粥

बख़ील [形]《A. بخیل》けちな；物惜しみする；吝嗇な= कृपण; सूम; कंजूस.

बख़ीली [名*]《A. بخیلی》吝嗇；けちなこと；物惜しみすること

बख़ुदा [副]《P. بخدا》後生だから；神かけて= ख़ुदा के लिए; ईश्वर के लिए; ख़ुदा की क़सम.

बख़ुशी [副]《P. بہ خوشی》喜んで；喜び勇んで；嬉々として

बख़ूबी [副]《P. بہ خوبی》十分に；立派に；よく；きちんと；ちゃんと तज्रिबे से यह भी बख़ूबी साबित हो चुका है 経験からこのことも十分に証明されている भारतीयों के पड़ोस में रहनेवाले चीनी भी भोजपुरी बख़ूबी बोल लेते हैं インド人の近くに住む中国人もボージプリー語を立派に話す मैं अपना असली रूप बख़ूबी देख रहा हूँ 私は自分の正体をきちんと見ている

बखेड़ा [名] (1) 散乱すること；散らかること (2) 厄介なこと；面倒なこと；ごたごた (3) 煩瑣なこと (4) いさかい；争い；騒ぎ (5) 見せびらかし；虚飾 **बखेड़ा खड़ा क॰** 厄介なことや面倒なことをしでかす；問題を起こす；騒ぎを起こす सुबह उठते ही उसने एक नया बखेड़ा खड़ा कर दिया 朝起きるなり新しい問題を起こした **बखेड़ा खड़ा हो जा॰** 厄介なことになる；面倒な事態になる；問題が起きる कोई लुच्चा-लफ़ंगा होगा जो इसके पीछे पड़ गया है.यहाँ पर तो बखेड़ा खड़ा हो जाएगा この人を追い回しているのはならず者か何かだろう．ここでは厄介なことになるぞ (-का) **बखेड़ा चुकाना** （ーの）決着をつける；話をつける **बखेड़ा फैलाना** = बखेड़ा खड़ा क॰. **बखेड़ा मचाना** = बखेड़ा खड़ा क॰. **बखेड़े में डालना** 面倒なことに引きずり込む

बखेड़िया [形] (1) うるさい；厄介な；面倒な (2) 喧嘩早い；戦闘的な；喧嘩腰の

बखेरना [他] = बिखेरना. 撒き散らす；散らかす；ばらまく；広げる= छितराना; फैलाना.

बख़ैर [形]《P. بہ خیر》元気な；健康な

बख़्त[1] [名]《← A. وقت वक़्त》(1) 時；時間（特に，ある行為のために定められた時間）；時機 दो बख़्त की रोटी 1 日 2 度の食事（日本語で 3 度の食事の意．不足のない食事；三度三度の食事） (2) 時期 बख़्त अच्छा नहीं अम्मा.बच्चों को ऐसी भीड़-भाड़ में बाहर न भेजा करो 時期が良くないのよ．子供たちをこんな人混みの中に出さないようにしなさい

बख़्त[2] [名]《P. بخت》(1) 分け前；分配された分 (2) 運；運勢= भाग्य; प्रारब्ध; क़िस्मत.

बख़्त आज़माई [名*]《P. بخت آزمائی》運試し= भाग्य परीक्षा.

बख़्तबरगश्ता [形]《P. بخت برگشته》不運な；運のない；つきのない= अभागा; हतभाग्य.

बख़्तयार [形]《P. بخت یار》幸運な；運に恵まれた；幸せな= नसीबवर; सौभाग्यवान्; भाग्यवान; भाग्यशाली.

बख़्तर [名]《← P. بکتر बकतर》鎧；甲冑

बख़्तवर [形]《P. بخت ور》幸運な；運に恵まれた；運のある= भाग्यवान्; प्रारब्धी; ख़ुशनसीब.

बख़्तवरी [名*]《P. بخت وری》幸運= भाग्यशीलता; ख़ुशनसीबी.

बख़्तावर [形]《P. بخت آور / بختاور》(1) 幸運な；運に恵まれた (2) 豊かな；恵まれた

-बख़्श [造語]《P. بخش》(1)「与える」意を名詞に加える造語要素 सेहतबख़्श 健康に良い；健康をもたらす (2)「許す，赦す」意を有する造語要素 गुनाहबख़्श 罪を赦す

बख़्शना [他]《← P. بخش बख़्श》(1) 与える；贈る；恵む；授ける बादशाह शाहजहाँ ने अमर सिंह राठौड को नागौर का राज्य बख़्शा था シャージャハーン王はアマルシン・ラートールにナーゴールの領地を与えた बात कहने को तूने बख़्शी ज़बान 言葉を話すようにと舌を恵んで下さった（神） नई सरकार इन अफ़सरों को पूरा सम्मान और इज़्ज़त बख़्शेगी 新政府はこれらの幹部職員に敬意と名誉とを贈る (2) 赦す अनुचित लाभ उठानेवालों को बख़्शा न जाएगा 不当な利益を上げる者は赦されないであろう (3) 見逃す；免除する तो मुझे तो बख़्शो だからわしはごめんしてくれ（お前たちと一緒に行くのは）

बख़्शवाना [他・使] ← बख़्शना.

बख़्शाना [他・使] = बख़्शवाना.

बख़्शिश [名*]《P. بخشش》(1) 容赦；赦し；寛容さ उनकी बख़्शिश की दुआ माँगी あの方の赦しを希った (2) 恵み；贈り物；授かりもの；頂きもの हमारे जिस्म और जिस्म में जान सब कुछ उन ही की बख़्शिश है 私たちの肉体と肉体にある命は皆あの方のお授け下さったもの (3) 褒美；心付け= पुरस्कार; इनाम.

बख़्शिशनामा [名]《P. بخشش نامه》贈与証書 बख़्शिशनामा की रूह से हम लोग कुछ नहीं कर सकते 贈与証書の精神から私どもにはどうすることもできません

बख़्शी [名]《P. بخشی》(1) 主計官 (2) 会計係；金庫番 (3) 徴税人

बख़्शीश [名*] = बख़्शिश.

बग [名] = बगुला.

बगछुट[1] [形] 猛烈な勢いで走る；全速力で走る；一目散に走る；疾駆する；ギャロップで走る

बगछुट[2] [副] 全速力で；一目散に；ギャロップで **बगछुट फेंकना** （馬を）疾駆させる उसके पीछे मैंने घोड़ा बगछुट फेंका それを追って馬を疾駆させた **बगछुट भागना** 疾走する；疾駆する；全速力で走る

बगटुट [形・副] = बगछुट.

बगड़ [名] 囲い；囲い地；構内；敷地

बगदना [自] (1) 悪くなる；悪化する；傷む；損傷する；くずれる (2) 道からそれる；道を踏みはずす (3) 道に迷う

बगदवाना [他・使] ← बगदाना.

बग़दाद 〔地名〕《A. بغداد》バグダード（イラク）

बगदाना [他] (1) 台無しにする；つぶす= बिगाड़ना; नष्ट क॰; ख़राब क॰; बरबाद क॰. (2) 迷わせる= भटकाना; भुलाना. (3) そらす

बगभेरेंडा [名]〔植〕トウダイグサ科低木ナンヨウアブラギリ【*Jatropa curcas*】

बगमेल[1] [名] (1) 馬を並べて進むこと；歩調を合わせて進むこと；馬首を揃えること；轡を並べること (2) 騎馬の列 (3) 道連れ (4) 並ぶこと

बगमेल[2] [副] (1) 馬首を揃えて；轡を並べて= बाग मिलाकर（चलना）. (2) 並んで= साथ साथ.

बगर[1] [名] (1) 宮殿；王宮= महल; प्रासाद. (2) 大きな家；屋敷；大邸宅= बड़ा मकान. (3) 部屋 (4) 家屋の裏手の住居部分や中庭に面した部分= सहन; आँगन. (5) 牛などの家畜のつないで置かれる場所= बगार. (6) 家畜を囲っておく場所や柵

बगर[2] [名*] = बग़ल.

बगरवाना [他・使] ← बगराना.

बगराना[1] [他] 散らす；撒く；撒き散らす；広げる；拡張する= फैलाना; छितराना; छिटकाना.

बगराना[2] [自] 散る；散らばる；散乱する；広がる= बिखरना.

बगरी [名*] 家= घर; मकान.

बगरूरा [名] 風の渦；渦巻いて吹く風；竜巻= बवंडर; बगूला.

बगरेंडी [名*] = बगभेरेंडा.

बग़ल [名*]《P. بغل》(1) 腋；腋の下 (2) 脇；胸の横側；脇腹 (3) 左右のすぐ近くのところ；脇；傍ら；側 बग़ल का पलंग 側の寝台 बग़लवाला 近くの；側の；横の बग़लवाले मकान में 隣家に (4)〔裁〕腋の下のまち（襠）；脇 **बग़ल का दुश्मन**〔諺〕獅子身中の虫 **बग़ल की सड़क** 脇道；路地 **बग़ल गरम क॰** *a.* 賄賂を受け取る *b.* 交接する **बग़लबच्चा** 片時も側を離れない人 **बग़ल में ईमान छिपाना** 不誠実なことをする **बग़ल में ईमान दबाकर बातें क॰** = बग़ल में ईमान छिपाना. **बग़ल में ईमान दबाना** = बग़ल में ईमान छिपाना. **बग़ल में छिपाना** 取る；奪う；横取りする **बग़ल में छुरी, मुँह में राम-राम**〔諺〕面従腹背 **बग़ल में दबाना** = बग़ल में छिपाना. **बग़ल में दबाना** 脇に挟む पंडित जी बेंत बग़ल में दबाकर बाहर जाने लगे パンディットは籐の鞭を脇に挟んで外へ出かかった **बग़ल में मारना** *a.* 脇に挟む *b.* だまし取る **बग़ल में मुँह डालना** 恥じ入る **बग़ल में रखना**

= बग़ल में छिपाना. **बग़ल सूँघना** 悔やむ；後悔する **बग़ल हो जा॰** 道をあける；よける；道を譲る **बग़लें झाँकना** *a.* ぽかんとする；茫然とする इतनी जल्दी यह संकट आ जाएगा, इसकी कल्पना तक उन्होंने नहीं की थी.बग़लें झाँकने लगे これほど早く危難が訪れようとは想像すらしていなかった．茫然となった *b.* 答えに窮する यह सुनकर सब-के-सब बग़लें झाँकने लगे これを聞いてだれしも答えに窮してしまった *c.* 逃げ腰になる उसे रास्ते में देखकर जाने-पहचाने बग़लें झाँकने लगते हैं あの男を道で見かけると知人たちは逃げ腰になる **बग़लें निकलना** 腋毛が生える **बग़लें बजाना** 小躍りする

बग़लकतरनी [形] 裏切る；裏切りを働く；信頼を裏切る；背信行為をする；信用ならない

बग़लगंध [名*] (1) 腋の下に生じる出来物や腫れ物 (2) わきが(腋臭)

बग़लगीर [形] 《P. بغل گیر》 (1) 側にいる；側にある；側の；近くの= पार्श्ववर्ती; पार्श्वस्थ. (2) 抱擁された；抱かれた= आलिंगित. (-का) **बग़लगीर हो॰** (ーを) 抱く；抱擁する

बग़लबंदी [名*] 《P. بغل بندی》〔服〕バガルバンディー（ジャケットの一種）

बग़लवाला [形$^+$] 《P. بغل + H. वाला》側の；隣の；脇の बग़लवाली कोठरी 隣の小屋

बगला [名]〔鳥〕サギ科の鳥の内アオサギ，アマサギ，シラサギなどの総称= बगुला. **आँजन बगुला** 〔鳥〕サギ科アオサギ【*Ardea cinerea*】 **करछिया बगला** 〔鳥〕サギ科コサギ【*Egretta garzetta*】 **गाय बगला** 〔鳥〕サギ科アマサギ【*Bubulcus ibis*】 **नरी बगला** 〔鳥〕サギ科ムラサキサギ【*Ardea purpurea*】 **मलंग बगला** 〔鳥〕サギ科ダイサギ【*Egretta alba*】 **वाक बगला** 〔鳥〕サギ科ゴイサギ【*Nycticorax nycticorax*】 **बगले का हंस हो जा॰** 無能だったものが力をつける **बगले के पर की तरह सफ़ेद** 純白の；雪のように白い

बगला भगत [名] 偽善者= कपटी; धोखेबाज़.

बग़लियाना[1] [自] 《← P. بغل》脇をすり抜ける= राह काटकर निकलना; बग़ल से होकर जा॰.

बग़लियाना[2] [他] (1) 近づける；側に寄せる (2) 脇に挟む (3) 除ける

बगली [名*] (1) サギ बगला の雌 (2)〔鳥〕サギ科インドアカガシラサギ【*Ardeola grayi*】

बग़ली[1] [形] 《P. بغلی》 (1) 脇の (2) 片方の；片側の **बग़ली घूँसा** *a.* 脇腹を拳骨で殴ること *b.* だまし討ち *c.* 裏切り者 **बग़ली घूँसा दे॰** 寝首を掻く；だまし打ちにする वल्लाह इनको सूझती ख़ूब है! बग़ली घूँसे मारना कोई इनसे सीख ले やあやあ大したもんだ．だまし討ちはこの人から習うがいい

बग़ली[2] [名*] (1) 仕立屋の道具入れ (2) 鉄亜鈴 (3) 盗みに入るため出入り口の脇に開ける忍び込みの穴 (4)〔裁〕脇の下の襠；脇

बगा [名] = बगला.

बगाना [他] 連れ歩く；案内して歩く；散歩に連れ出す= टहलाना; घुमाना.

बगार [名] 牛をつないでおく場所；牛舎

बगारना [他] (1) 広げる；並べる (2) 撒く；撒布する；撒き散らす

बग़ावत [名*] 《A. بغاوت》反乱；叛乱；謀反 बग़ावत का झंडा बुलंद क॰ 叛旗を翻す **बग़ावत का झंडा ऊँचा क॰** = बग़ावत का झंडा बुलंद क॰. **बग़ावत का झंडा खड़ा क॰** = बग़ावत का झंडा बुलंद क॰. **बग़ावत फैलाना** 反乱を広げる पलटन में बग़ावत फैलाने का प्रयत्न किया था 軍の中に反乱を広げようとした

बगिया [名*] 《← P. باغ बाग़》小さな庭園；花園；花壇

बग़ीचा [名] 《P. بغیچہ》 (1) 小さい庭園 (2) 花壇；花園 बग़ीचा लगाना 花壇を作る (3) 果樹園 आम का बग़ीचा マンゴー園 अंगूर के बग़ीचों में ブドウ園で

बगुला [名] (1) = बगला. (2) = बगूला.

बगूगोशा [名]〔植〕バラ科セイヨウナシ【*Pyrus communis*】

बगूला[1] [名] つむじ風；竜巻= चक्रवात; बवंडर. खेतों में जहाँ बगूले उठते थे, वहाँ हल चलने लगे 畑に竜巻が発生し出すと犂が引かれ始めた

बगूला[2] [名] = बगला.

बगेरी [名*]〔鳥〕ヒバリ科ヒメコウテンシ【*Calandrella cinerea*】〔鳥〕ヒバリ科コヒバリ【*Calandrella rufescens*】= बरगोली.

बग़ैर [後置・前置] 《P.A. بغیر》名詞類に केを介して接続したり先行したりして名詞類を副詞的に機能させる語句を作る．(ー) を欠いて；(ー) なくして बग़ैर भूख के 食欲がなくて हवा के बग़ैर एक मिनट भी ज़िंदा रहना मुश्किल है 空気がなくては 1 分間も生きているのが難しい बग़ैर साधनों के手立てなくして मैं बग़ैर कहे हाज़िर हो गया हूँ 手前は（お知らせもせずに）黙って参りました सुनीता के बग़ैर रह नहीं सकता スニーターがいなくてはじっとしてはいられない वह किसी भी तरह नंद्र से आज इस बात का फ़ैसला किये बग़ैर नहीं रहेगा 彼はなんとしてもナンドゥーとの間にこのことについての決着を今日つけずにはおかないだろう

बग्गी [名*] 《E. buggy》バギー= बग्घी.

बग्घी [名*] 《E. buggy》バギー（四輪幌付き馬車）

बघंबर [名]（なめした）虎の皮（の敷物）

बघछाल [名] 虎の皮= बघंबर.

बघनखा [名] (1) 手の甲から指にかけて装着して用いる虎の爪の形をした鋭利な中世の武器 (2) 首飾りの一種（虎の爪形模様が入っている子供の魔除け）

बघनहा [名] = बघनखा.

बघरूरा [名] つむじ風；旋風；竜巻= बवंडर; बगूला.

बघर्रा [名]〔動〕ハイエナ科シマハイエナ【*Hyaena hyaena*】

बघार [名] (1) 料理に香辛料を油で炒めて香りづけをすること← बघारना. (2) 同上に用いられる香辛料 (3) 同上による芳香 (4) 知識，学問をひけらかすことやてらうこと；衒い

बघारना [他] (1) クミンシードやアギなどの香辛料を熱したギーに入れたもので野菜料理や豆汁などに香りをつける तली-बघारी हुई तरकारी 油で炒めたり香りづけをした野菜料理 बघारी दाल 香りづけをしたダール（豆汁） (2) 見せびらかす；ひけらかす दूसरा बच्चा, जो उम्र में उससे बड़ा था, अपना ज्ञान बघारते हुए बोला, "तुम्हें पता नहीं कि हम ग़रीब हैं" 別の年かさの子が知識をひけらかして言った．「俺たちが貧しいのを君は知らないのかい」 (3) 自慢したりうぬぼれの言葉を発する；大きな口を叩く बस रहने दो, बहुत शेख़ी न बघारो もう止せ，大きな口を叩くな

बघेलखंड 〔地名〕バゲールカンド（マッディヤ・プラデーシュ州北部地域）

बघेलखंडी[1] [形] バゲールカンドの

बघेलखंडी[2] [名*]〔言〕バゲールカンディー語= बघेली.

बघेली [名*]〔言〕バゲーリー語（マッディヤ・プラデーシュ州東北部のバゲールカンド बघेलखंड を中心に行われるアワディー語 अवधी の南部方言形）

बच [名*]〔植〕サトイモ科ショウブ【*Acorus calamus*】= वचा.

बचकाना [形$^+$] 《← P. بچگانہ बचगाना/बच्चागाना?》 (1) 子供用の；子供の (2) 子供らしい बचकानी बुद्धि 子供らしい知恵 (3) 子供じみた；稚拙な；子供っぽい；幼稚な ऐसा मानना सिर्फ़ बचकाना है このように判断するのは単に子供じみたことだ सरकार की बचकानी हरकतों का प्रतीक 政府の稚拙な行動の象徴

बचत [名*] (1) 残り；残余 (2) 残金；儲け (3) 節約；倹約 यंत्रों द्वारा समय और श्रम की बचत 機械で時間と労力の節約 अब इन 500 रुपए के अतिरिक्त ख़र्च को अगले 2 - 3 महीने में बचत करके पूरा करना पड़ेगा そこでこの 500 ルピーの余分の出費を次の 2〜3 か月に節約して補わなくてはならない (4) 貯金；預金 इसी सीमित आय में से कुछ बचत भी की जा सके この限られた収入の中から若干貯金もできるように

बचत खाता [名] 預金口座；貯金口座

बचन [名] → वचन. (1) 言葉 (2) 約束；約束の言葉；誓約 (3) 依頼や依願（の言葉） (-के आगे) **बचन डालना** (ーを) 依頼する **बचन दे॰** 約束する；誓約する (-से) **बचन बँधाना** (ーに) 誓わせる；約束させる **बचन माँगना** 約束を迫る **बचन हारना** 約束を果たせなくなる

बचना [自] (1) 残る；余る；留まる；溜まる दीवाली को एक सप्ताह भी नहीं बचा था ディーワーリー祭まで後 1 週間もなかった थाली में बची सब्ज़ी और चावल देखकर ターリーに残ったおかずとご飯を見て जिनके ऊपर साधारण मुसलमान का विश्वास नहीं बचा था 一般のイスラム教徒には信用されなくなっていた人 अपने बचे समय का सदुपयोग 自分の余った時間を正しく使うこと (2) 節約される；切り詰められる समय बचना 時間が節約される (3) 助かる；救われる；逃れる；脱する；免れる；守られる जान बची 命が助かった जिससे संयुक्त परिवार टूटने से बच जाता है それによって合同家族が崩壊するのを免れる (4) 避ける；よける；退く ऐसी भूलों से बचने के लिए こういう間違いを避けるために धूप से बचते हैं 日差しを避

ける शरारती आ गया. उससे बचो いたずら坊主が来たぞ，近寄るな गोली की मार से बचने के लिए 射撃を避けるために हम दोनों बौछार से बचते हुए उसी ओर लपक लिये 土砂降りをよけながらそちらの方へ急ぎ足で進んだ बचना साहब (ताँगेवाला) 「退いた退いた」(馭者の言葉) (5) 避ける；慎む；控える गरम चाय, बर्फ़ में लगे अधिक ठंडे पेय आदि से भी बचें 熱いお茶とか氷で冷やしたうんと冷たい飲料なども控えること (6) 用心する；気をつける；警戒する जैसे-तैसे दो ट्रंक सिर पर रखे, बगल में गठरी उठाये बच-बचकर पाँव रखता हुआ, नीचे उतर रहा था どうにかこうにかトランクを2個頭にのせ，脇に包みを抱え用心深く足を下ろしながら降りて行くところだった कितना भी बचकर चलो दीवाली के मौके पर दो ढाई हज़ार के दिवाले की चपेट में आ जाना बड़ी साधारण-सी बात है ディーワーリーの祭にはどんなに用心しても 2000 ルピーを超える破綻になるのはごく当たり前のことだ कब्ज से बचा जाए 便秘に気をつけること **बचा-खुचा** 残った；残りの बचे-खुचे निशानात 残ったしるし

बचपन [名] (1) 幼少；年少 (2) 幼児期；少年期；子供時分 बचपन में उनका नाम नरेंद्रनाथ था その方の幼名はナレーンドラナートだった (3) 幼さ；幼児性；幼稚さ

बचवैया [形] 助ける；守る；守護する；保護する

बचा [名] «P. بچہ बचा/बच्चा» → बच्चा. (1) 子供 (2) 野郎；餓鬼；こいつ；こやつ；奴 आखिर बचा को अपना अदूरदर्शिता का दंड भोगना पड़ा とうとう奴は先見のなさの罰を受ける羽目になった

बचाना [他] (1) 残す；余らす；貯める；蓄える उसकी पत्नी ने उड़द खाये नहीं, बल्कि बचाकर रख दिये हैं 妻はケツルアズキを食べずに残して置いた इस तरह बचाते-बचाते उसके पास काफ़ी पैसे जमा हुए こうして貯めているうちにかなりの金が貯まった धोखाधड़ी से बचाया गया दो लाख रुपए का बिक्री कर 人を欺いて貯めた 20 万ルピーの売上税 (2) 節約する；切り詰める ईंधन बचाएँ 燃料を節約しよう (3) 救う；助ける राज्य की सरकारों ने ज़मींदारी प्रथा का अंत कर किसानों को इस शोषण से बचा लिया है 州政府はザミーンダーリー制を廃止して農民たちをこの搾取から救った (4) 守る；かばう (庇う)；防ぐ；保護する ज़ख्मी हिस्से को हिलने-डुलने से बचाना चाहिए 負傷したところを振動から守らなくてはならない कुत्ता मवेशियों के झुंडों को जंगली जानवरों से बचाता है 犬は家畜の群れを野獣から守る जस्ता लोहे की सभी प्रकार की वस्तुओं को जंग से बचाने के लिए उपयोगी है 亜鉛はあらゆる鉄製品を錆から防ぐのに役立つ (5) 避ける；よける；除ける；人の目を盗む नज़र बचाना 視線を避ける；人目を避ける **बचाकर** 用心して；警戒して；注意を払って＝ बचा बचाकर. एक दिन चूक गए. शोरबा कुरते पर गिरा. कुर्ता खराब हो गया. अब हम बचा बचाकर खाते हैं ある日しくじって，汁がクルターにこぼれてクルターが汚れた．それからは用心しながら食べている हम पीने का पानी बहुत बचाकर रखते हैं 飲料水はとても注意して保管している **बचाकर रखना** 溜めておく＝ गठरी क॰.

बचाव [名] (1) 守ること；防衛；保護；防御 उसने अपने बचाव का कोई प्रयास नहीं किया था 自分を守る努力は全くしなかった पशुओं से बचाव 動物から守ること (2) 防ぐこと；避けること सर्दी से बचाव 防寒 (3) 救助 (4) 安全 (5) 貯金；貯蓄

बचाव पक्ष [名] 被告 (人) 側；弁護 (人) 側 बचाव पक्ष की दलील 被告側の主張 बचाव पक्ष की वकील भट्टाचार्य 被告側のバッターチャーリヤ弁護士

बचावी [形] 守るための；防衛のための；保護のための आँखों के बचावी उपायों पर ध्यान देने के बाद भी 目を守る方法に注意を払ったのに

बचुआ [名]〔魚〕キョダイナマズ科の淡水魚【*Eutrophchthys vacha, Ham*】

बच्चा[1] [名] «P. بچہ» (1) 動物の子；子供，ひな，幼虫など हाथी का बच्चा 子象 अंडों से बच्चे निकलते हैं 卵から子が産まれる (2) 生まれたばかりの子；赤子 नवजात बच्चा 新生児；赤子；赤ちゃん एक साथ तीन बच्चों का जन्म 3 つ子の誕生 (3) (親に対して) 自分の子；息子 (4) (大人に対して) 子供；幼児；少年；児童 बच्चों की टोलियाँ 子供たちのグループ बच्चों की किताबें 子供の本；児童書 ये क्या, तुम तो बिलकुल बच्चे बन रहे हो (別れ際に涙を流しているので) まるで子供みたいだね (5) (軽蔑や親愛の気持ちから) 奴 ओ मनोज के बच्चे! おーい，マノージ ठहर जा नटखट के बच्चे, अभी तेरी खबर लेती हूँ こら待て，いたずら小僧，今すぐ痛い目に遭わせてやるから वो सिंधी का बच्चा あのシンディーの奴 बता तो सही उस मोहन के बच्चे ने तुझे घर से क्यों निकाल दिया? ともかくモーハンの奴，どうしてお前を家から追い出したのだ．話してごらん **बच्चा दे॰** 子を生む；出産する **बच्चा-बच्चा** 誰も彼も；1 人残らず **बच्चा (बच्ची) बनना** 子供のような振る舞いをする；わからず屋を言う शीला, बच्ची न बनो ねえシーラー，わからず屋を言わないのよ **बच्चे-बच्चे की ज़बान पर हो॰** だれもが口にする；広く人の口にのぼる；すべての人が知る **बच्चे से हो॰** 妊娠する；子をはらむ；お腹が大きくなる **बच्चों का खेल** たやすいこと；容易なこと；簡単なこと；児戯 बच्चों का चिकित्सा विशेषज्ञ 小児科医

बच्चा[2] [形] (1) 幼い；幼少の；子供の बच्चा पक्षी 幼鳥 बच्चा पपीहा (チャバラ) カッコウの雛 (2) 無邪気な (3) 世間知らずの

बच्चागाड़ी [名*] «P. بچہ + H.» 乳母車

बच्चादान [名] «P. بچہ دان» 〔解〕子宮＝ गर्भाशय; कोख.

बच्चादानी [名*]〔解〕子宮 बच्चेदानी में 子宮内に

बच्ची [名*] ↔ बच्चा (1) 動物の子；子供；子 (2) 生まれたばかりの子 (3) 娘；女の子；我が娘同然の関係の女性に対する愛情をこめた表現 मेरी फूल-सी बच्ची को わたしの花のような娘を **बच्ची बनना** → बच्चा बनना.

बच्चू [名] 軽蔑や親しみの気持ちをこめた呼びかけに用いる言葉．こいつ，こやつ，野郎，奴など

बच्चेदानी [名*] ＝ बच्चादान.

बच्चों का दिन [名] 子供の日 (インドの初代首相 J．ネルーの生誕記念日の 11 月 14 日にちなんでインド連邦共和国の全国的な祝祭日) ＝ बाल-दिवस.

बच्चो [名] बच्चा の複数呼格形 बच्चो, तुमने राजा अशोक का नाम सुना है みなさんはアショーカ王の名前を聞いたことがありますね

बच्छ [名] (1) 子；子供 (2) 息子 (3) 子牛→ वत्स.

बच्छा [名] (1) 動物の子＝ बच्चा. (2) 子牛＝ बछड़ा; बछवा.

बछड़ा [名] 雄の子牛→ बछड़ी. **बछड़े का खूँटे के बल उछलना** 〔諺〕何かの支援や威を借りて大きな態度をとる．虎の威を借る狐＝ बछड़ा खूँटी ही के बल कूदता है.

बछड़ी [名*] 雌の子牛

बछनाग [名] ぶし (付子，トリカブトから取り出される毒薬)

बछवा [名] 子牛；雄の子牛＝ बछड़ा; गाय का बच्चा.

बछिया [名*] 雌の子牛＝ गाय की बच्ची. **बछिया का ताऊ** とんま；間抜け＝ बछिया के बाबा.

बछेड़ा [名] 子馬＝ घोड़े का बच्चा. अलल बछेड़ा 青二才；経験不足の人＝ अनुभवहीन.

बजकना [自] 腐った水などの液体からあぶくが出る；(ガスがぶくぶく) 泡立つ＝ बजबजाना.

बजगारी [名*] 落雷＝ वज्रपात.

बजट [名] «E. budget» 予算；予算案；予算額 पाक का रक्षा बजट パキスタンの防衛予算 दीवाली के समय अचानक कपड़ों के दाम बढ़ने का असर उनके बजट पर नहीं पड़ता था ディーワーリー祭の際，衣料品の値段が急に高くなった影響は彼の予算には及ばなかった आय-व्यय का बजट 予算案 आय-व्यय का बजट पास क॰ (市議会が) 予算案を通す **घाटे का बजट** 赤字予算 **पूरक बजट** 補正予算 **बजट अनुभाग** 主計局＝ बजट ब्यूरो.

बजना [自] (1) 音が出る；鳴る गहरी नींद में धीरे-धीरे बजती नाक 熟睡中に出る軽いいびき एक तेज़ झनक दिमाग में बज उठती है 頭の中で激しい音がする (2) 時計や楽器などが鳴る；音を発する；奏でられる ढोल बजने लगे 太鼓が鳴り始めた (3) 時を刻む डेढ़ बजा 1 時半，डेढ़ बजे 1 時半に，दो बजे 2 時 (に)，साढ़े तीन बजे 3 時半 (に)，सवा नौ बजे 9 時 15 分 (に)，पाँच बजकर पाँच मिनट हुए 5 時 5 分 (になった)，एक बजा 1 時 (になった) एक बजे 1 時に (4) 物が激しく当たる；ぶち当たる (5) 激しい喧嘩が起こる；殴り合いになる (6) 名が轟く

बजनियाँ [名] 楽士；楽隊士

बजनी [名*] 殴り合いの喧嘩

बजनूँ [形] 鳴る；鳴らされる；奏でられる

बजबजाना [自] 液体が発酵したり腐敗したりして泡立つ

बजमारा [形⁺] (1) 雷の落ちた；雷に打たれた (2) 悲運の；不幸極まりない

बजरंग[1] [形] 屈強な；頑強な
बजरंग[2] [名] ハヌマーン神 हनुमान の異名
बजरंगबली[名] バジラングバリー（ハヌマーン神の異名） बजरंगबली का भक्त ハヌマーン神の信徒
बजर[1] [形] (1) 頑丈な；強靭な (2) 堅い；堅固な
बजर[2] [名] = वज्र. (1) 雷；稲妻 (2) 金剛石；ダイヤモンド；ダイヤ
बजर[3] [名] 《E. buzzer》ブザー
बजरबट्टू[1] [名] (1)〔植〕ヤシ科タリポットヤシ／コウリバヤシ【*Corypha umbraculifera*】〈talipot palm; fan palm〉 (2) 同上の種子（数珠のようにしてヒンドゥーが首からかけたりお守りとして用いたりする）
बजर बट्टू[2] [名] = नजर बट्टू.
बजरा[1] [名] (1)（平底の）屋形船 (2) はしけ
बजरा[2] [名] = बाजरा.
बजरिया [名*] 《← P. بازار बाज़ार》小さな市場；商店街；小さなバーザール
बजरी [名*] (1) 砕石；バラス；砂利 (2) 雹
बज़रीये [前置] 《P. A. بذریعہ》（ーを）介して；媒介して
बजवाई [名*] (1) 楽器を弾かせること；弾いてもらうこと；演奏（してもらうこと）；奏楽 (2) 演奏料
बजवाना [他・使] ← बजाना.
बजवैया [形] 鳴らす；鳴らせる；音を立てる
बजा [形] 《P. بجا》(1) 正しい；正当な；まともな आपका कहना बजा है 仰せの通りです（ごもっともです） (2) 適切な；相応しい；当然の；もっともな；ぴったりの= उचित; वाजिब. वैसे उसका गुस्सा बजा था, उसका गुस्सा हमेश बजा होता है あの人が怒ったのはもっともなことだった．あの人の怒りはいつももっともだ **बजा फ़रमाना** 正しいことを仰る；もっともなことを仰る ये तो आपने बिलकुल बजा फ़रमाया 全く仰せの通りでございます **बजा लाना** なす；果たす；遂行する मैं आपकी क्या ख़िदमत बजा ला सकता हूँ?. 私があなたの何のお役に立てましょうか **हुक्म बजा लाना** 命令に従う；命令通りにする मुझे तो गुरु महाराज का हुक्म बजा लाना है 手前はお師匠様の仰せの通りに致します
बज़ाज़ [名] 《← A. بزاز बज़्ज़ाज़》衣料品商；織物商；服地商
बज़ाज़ा [名] 《A.P. بزازہ》衣料店街
बज़ाज़ी [名*] 《← A. بزازی बज़्ज़ाज़ी》(1) 衣料品の商売；衣料品店；衣料品商い (2) 服地；衣料品
बजाना[1] [他] (1) 鳴らす；（そのための物の）音を立てる थाने का घड़ियाल दो घंटे बजाता है 警察署の鐘が2時を打つ घंटाघर ने पाँच बजा दिये 時計台の鐘が5時を打った टन टन घंटी बजाना（自転車のベルを）ちりんちりんと鳴らす कालबेल बजाना 呼び鈴を鳴らす (2) 楽器を奏でる；弾く (3)（機器を）機能させる रेडियो बजाना ラジオを鳴らす（スイッチを入れる） (4) 詳しく調べる；精査する (5) 殴り合いをする **ठोंकना-बजाना** 丹念に調べる；徹底的に調べる **बजाकर** 大っぴらに；公然と言い放って= निशान बजाकर; डंका पीटकर; खुल्लम खुल्ला.
बजाना[2] [他] 《← P. بجا》果たす；守る；従う कुछ पुलिसवालों को बैंकों में सुरक्षा गार्ड की ड्यूटी भी बजानी पड़ती है 一部の警官は銀行で警備の任にも当たらなくてはならない मुझे भी बधाई बजाने जाना पड़ेगा 私もお祝いに行かなくてはなるまい
बजाय [後置・前置] 《P. بجاے》 -के もしくは -की のいずれかを介して名詞類に接続する．（ーの）代わりに；（ー）ではなく．कानून बनाने की बजाय 立法措置をとる代わりに (-की) बजाय（ーの）代わりに；代わって नौकर की बजाय 使用人の代わりに माँ के दूध की बजाय 母乳の代わりに सहायता की बाट जोहने के बजाय 援助を待つ代わりに उपयुक्त समाधान खोजने के बजाय 適切な解決策を探す代わりに चाय के बजाय काफ़ी 紅茶の代わりにコーヒー छिपने के बजाय एक साथ वार किया होता तो 隠れるのではなく一緒に攻撃していたならば पक्षीदर्शक पक्षियों को ढूँढ निकालने में आँख की बजाय कानों का अधिक सहारा लेते हैं バードウォッチャーは鳥を見つけるのに目より耳のほうを一層利用する
बजारी [形] 《← P. بازاری बाज़ारी》(1) 市場の= बाज़ारी. (2) 普通の；並みの；通常の (3) 通俗的な= बाज़ारी.
बजारू [形] = बाज़ारू.
बज़ाहिर [副] 《P.A. بظاہر》外見では；見かけでは
बजुज़ [後置・前置] 《P.A. بجز》 -के に接続（後接，ないし，前接）して「ーの他に，ー以外になど」の意に用いられる
बज़ूका [名] 《E. bazooka》〔軍〕バズーカ（対戦車）砲
बज्जर [名] 雷 = बज्र; वज्र.
बज़्ज़ाज़ [名] 衣料品商= बज़ाज़.
बज्जात [形] 《← P. بد ذات बद ज़ात》(1) 卑しい；下賤な (2) 悪辣な；質の悪い；性根の腐った
बज्जाती [名*] ← बज्जात (1) 卑しさ；浅ましさ (2) 悪辣さ
बज़्म [名*] 《P. بزم》会合；集会；集合= सभा; गोष्ठी; महफ़िल.
बज्र [名] = वज्र.
बज्रकीट[名]〔動〕センザンコウ科センザンコウ【*Manis pentadactyla*】〈Chinese pangolin〉
बझना [自] (1) 縛られる；束縛される；罠にかかる (2) 絡まる；巻き込まれる；引っかかる (3) はまる (4) 拘わる；かかずらう；かかずらわる आज भी वह मुवक्किलों से बझा हुआ था 今日も弁護依頼人たちにかかずらわっていた (5) 意地を張る；絡む
बझाना [他] (1) 縛る；束縛する；罠にかける；網にかける (2) 絡ませる；巻き込む；引っかける (3) はめる
बझाव [名] (1) 罠や網にかけること (2) 罠や網など絡め取る道具
बझावा [名] 計略；企み
बट[1] [名]〔植〕クワ科中高木バンヤンジュ【*Ficus bengalensis*】= बड़; बरगद; वट.
बट[2] [名] = बट्टा.
बट[3] [名] ← बाट. 道；道路= राह; रास्ता; मार्ग. → बाट.
बट[4] [名] 分銅= बटखरा; बाट.
बट[5] [名] (1)（ひもや綱の）縒り；撚り；縒れること；捻れ；捻り वही बट दुबारा खुलने से その縒りが再びほどけると (2) 腹のよじれるような痛み **बट पड़ना** よれる；よじれる
बट[6] [名] 分け前；分配される分
बटई [名*]〔鳥〕キジ科ヤブウズラの仲間の総称 **ककुनी बटई** キジ科サイシキヤブウズラ【*Perdicula erythrorhyncha*】 **गिरजा बटई** キジ科ヤブウズラ【*Perdicula asiatica*】 **रोली बटई** キジ科イワヤブウズラ【*Perdicula argoondah*】
बटखरा [名] 分銅= बाट.
बटन[1] [名] 《E. button》(1) ボタン；衣服のボタン बटन रूपी छत्र ボタンのような形をした（キノコなど菌類の）傘 **बटन का घर** ボタン穴 (2) 押しボタン；スイッチ= स्विच. **बटन दबाना** 押しボタン（スイッチ）を押す इन सब कलों का संचालन एक बटन मात्र दबाने से होता है これらすべての機械はスイッチを1つ押すだけで作動する बिजली का बटन दबाना 電気のスイッチを押す
बटन[2] [名*] よること（縒ること）；より（縒り）
बटनहोल [名] 《E. buttonhole》ボタン穴
बटना[1] [他] 糸などをよる（撚る；縒る）；より合わせる；なう；編む ऊन को बटकर ऊन के धागे बनाना 羊毛を撚って毛糸をこしらえる बूढ़ा रस्सी बटकर बाज़ार में बेच लाता 老人はひもを編んで市場で売って来る
बटना[2] [自] 分かれる；分けられる；分割される काम बटा हुआ है.हरेक अपना काम डटकर करती है 仕事は分担されており各人はそれぞれの仕事にしっかり努めている मुल्क बट जाने पर भारत के बहुत-से मुसलमान पाकिस्तान चले गए 国が分割されるとインドの多数のイスラム教徒はパキスタンに移住した वह चार बड़े क़िताओं में बट गया है それは4つの大きな部分に分けられている
बटपार [名] 追い剥ぎ= बटमार; बटमारा; लुटेरा.
बटम [名] 石工の用いる三角定規= कोनिया.
बटमार [名] 追い剥ぎ = लुटेरा; डाकू. इश्क के रास्ते मत चलना ठग बटमारे हैं 恋の道に進むでない．タグや追い剥ぎがいるんだよ
बटमारी [名*] 追い剥ぎ（行為） = लूट.
बटरफ़्लाई [名*] 《E. butterfly》〔ス〕バタフライ（水泳）
बटला [名] 真鍮製の大鍋
बटली [名*] = बटलोई.
बटलोई [名*] 真鍮製の調理鍋
बटवाँ[1] [形] すりつぶされた
बटवाँ[2] [形] よられた（撚られた；縒られた）
बटवाई [名*] ← बटवाना[3].
बटवाना[1] [他・使] ← बटना.
बटवाना[2] [他・使] ← बाटना.

बटवाना[3] [他・使] ←बाँटना.

बटवार [名] (1)（道路）の見張り番（人） (2) 通行税の徴収人

बटवारा [名] 分割；分配 = बँटवारा.

बटा[1] [名] (1) 球形の物；円形の物 (2) 球；鞠；ボール (3) 食品をすりつぶすのに用いられる円形の石= बट्टा. (4) 石のかけら

बटा[2] [名] (1) 分数の分母と分子を分ける横線 (2) 分数の分子

बटाई[1] [名*] (1) 縒ったりなったりすること (2) その作業の手間賃

बटाई[2] [名*] = बँटाई. सारे खेत बटाई पर उठे हुए थे 畑は全部（刈り分け）小作に出してあった

बटाईदार [名]《H.+ P. دار》〔農〕刈り分け小作

बटाऊ[1] [名] (1) 通行人 (2) 旅人 (3) 見知らぬ人 (4) つれない人 (5) 行きずりの人；かりそめの人；その場限りの人

बटाऊ[2] [名] 分け前や分配される物を受け取る人

बटाटा [名]〔植〕ジャガイモ= आलू.

बटान [名]〔鳥〕チドリ科ムナグロ【*Pluvialis dominica*】

बटाना [他] = बँटाना. 分かつ；分ける हाथ बटाना 手助けする；手伝う चल, मैं तेरा हाथ बटाऊँगी じゃ私が手伝ってあげよう

बटालियन [名]《E. battalion》〔軍〕大隊

बटाली [名*] のみ（鑿）；たがね= रुखानी.

बटिया [名*] (1) 小さい球形の物；球；玉 (2) 食品などのすりつぶしに用いられる円筒形の石

बटी [名*] 粒；粒状のもの；小さい球；団子状の物；玉

बटुआ [名] (1) 財布；口ひもの付いた布や革の袋= बटुवा. (2) 真鍮製の小鍋= बटलोई.

बटुई [名*] 真鍮製の鍋= बटलोई.

बटुक [名] バラモンの若者；若いバラモンの学生= वटुक.

बटुरना [自] (1) 集まる (2) 片付けられる；まとめられる (3) 溜まる (4) 縮まる；縮む；畳まれる सिकुड़-बटुरकर सोना मत 縮こまって寝てはいけない

बटुरी[1] [名*] = खेसारी.

बटुरी[2] [名*] = बटलोई.

बटुला [名] = बटला.

बटुवा [名] = बटुआ.

बटे [名] 分数の表示に用いられる横線= बटा. दो बटे पाँच 5 分の 2, $\frac{2}{5}$

बटेर [名*]〔鳥〕キジ科ウズラの仲間の総称 **घाघस बटेर** ウズラ【*Coturnix coturnix*】 **चिनिंग बटेर** ムナグロウズラ【*Coturnix coromandelica*】 **पहाड़ी बटेर** ケバネウズラ【*Ophyrysia superciliosa*】 **बटेर लगी अंधे के हाथ**〔諺〕人物に不相応な持ち物のたとえ= अंधे के हाथ बटेर.

बटेरबाज़ [名]《H. P.+ باز》ウズラの飼育と闘わせるのを趣味とする人

बटेरा [名]〔鳥〕ウズラ = घाघस बटेर.

बटैरी [名*]〔ヒ〕バタイリー（結婚式の行事の一．花嫁側が新郎側に装身具，金品，衣服などを贈る）

बटोई[1] [名] = बटोही; राही; पथिक.

बटोई[2] [名*] = बटलोई.

बटोर [名] ←बटोरना. (1) 集めること；かき集めること；寄せ集めること (2) 片付けること；まとめること (3) 貯めること (4) 縮めること (5) 拾うこと

बटोरना [他] (1) 広がったり散乱しているものを１か所に集める；かき集める；拾い集める；寄せ集める तिनके बटोरना 藁をかき集める मुर्गियों के अंडे बटोरने के लिए 雌鶏の卵を集めに जंगल से ईंधन बटोरकर लाती 森から薪を拾い集めてくる अभी तक हम लोग वर्षों पुरानी केवल कुछ किंवदंतियाँ ही 'यति' के बारे में बटोर पाए थे これまで我々は雪男に関しては幾年も昔の若干の伝聞しか集めることができなかった (2) まとめる；片付ける；揃える；整理する；整頓する अपना सामान बटोरने लगी （散乱した）荷物をまとめにかかった इतना कहकर पंडित जी ने पोथी-पत्रा बटोरा それだけ言うとバラモンは経典などを片付けた (3) 貯める खुले आम निजी क्लिनिक खोलकर लाखों रुपया बटोर रहे हैं 公然と開業して大金を貯めている (4) 縮める；小さくする；畳む；折りたたむ

बटोही [名] 道行く人；旅人；通行人= पथिक; राहगीर.

बट्ट[1] [名] (1) 球；球状の物 (2) 鞠；ボール (3) 分銅= बाट; बटखरा.

बट्ट[2] [名] (1) より（縒り／撚り） (2) しわ（皺）；折り目

बट्टा[1] [名] (1) すり鉢に相当する刻みの入った石の板（सिल）に載せた物をすりつぶすのに用いられる円筒形の石 (2) 石などの丸みのあるかけら (3) 円形の小さな容器 (4) 小さな丸い鏡

बट्टा[2] [名] (1) きず（瑕疵）；欠陥 (2) 割引；減価；控除；差し引き (3) 手数料 (4) 口銭 **बट्टा दे॰** *a.* 割引を与える；割り引く；値引きする *b.* 不足を補う；埋め合わせをする **बट्टा लगना** *a.* 傷がつく；汚点がつく；信用を失う *b.* 値引きになる **बट्टा लगाना** *a.* 傷をつける；汚点をつける；汚す *b.* 損を与える；損をさせる **बट्टे पर ख़रीदना** 割り引きで買う；値引きで購入する

बट्टाखाता [名]〔簿〕(1) 損益 (2)〔簿〕貸し倒れ；焦げつき (3)〔簿〕不良債権 **बट्टेखाते जा॰** 貸し倒れになる；焦げつく **बट्टेखाते डालना** 貸し倒れに記入する；焦げつきに記入する **बट्टेखाते में चला जा॰** *a.* 貸し倒れになる；焦げつく *b.* 無駄になる= बट्टे खाते में जा॰. यदि समय से वर्षा न हुई तो मज़दूरी पर ख़र्च किया गया धन बट्टेखाते में चला जाएगा 雨が然るべき時に降らなければ賃金に支出した金が無駄になる **बट्टेखाते लिखना** 貸し倒れに扱う

बट्टी [名*] = बटिया.

बट्टेदार [形]《H. + P. دار》不完全なところや欠陥がある；きず（傷／疵）がある **बट्टेदार रुपया** きずや摩損のできた硬貨；鐚銭

बड़[1] [名*] (1) 訳のわからぬことをぶつぶつ言うこと (2) 訳のわからぬこと (3) 無駄口 (4) 馬鹿話 **बड़ मारना** 無駄口を叩く **बड़ हाँकना** 馬鹿話をする

बड़[2] [名]〔植〕クワ科バンヤンジュ= वट; बरगद.

बड़का [形⁺] 最年長の；一番年長の बड़की बहू 長男の嫁（→ बिचली बहू 次男の嫁 छुटकी बहू 三男の嫁） बड़की की लल्ली की शादी पक्की हो गई 長男の嫁の娘のラッリーの縁談がまとまった

बड़प्पन [名] 偉さ；偉大さ；立派さ；優秀さ；上位 ये अंग्रेज़ी बोलने में अपना बड़प्पन समझते हों 英語を話すことで自分が偉いのだと思っているのかも（知れない） शायद इसी बड़प्पन की भावना के तहत ही भाई यह भी स्वीकार नहीं कर पाता 多分兄は自分が上なのだという意識のためにこれも受け入れることができないのだ यह भी आपका बड़प्पन है कि आप अपने इस कार्य को इतना साधारण मानती हैं ご自分のこの行為をごく普通のことと考えていらっしゃることもあなたの偉大さなのです

बड़बट्ट [名] バンヤンジュ (→ बड़) の実

बड़बड़ [名*] (1) つぶやき (2) 馬鹿話；無駄口 (3) 不平や不満の気持ちから小声で言う言葉 अरे, क्यों बड़बड़ कर रही है おい，どうしてぶつぶつ言うんだい

बड़बड़ाना [自] (1) 訳のわからない独り言をぶつぶつ言う (2) ぼやく；小言や不平の言葉をぶつぶつ言う बड़बड़ाते-ही-बड़बड़ाते सास खाट पर पड़ गई ぶつぶつ言いながら姑は床についた (3) 譫言を言う (4) 寝言を言う मेरे पति सोते में बहुत बड़बड़ाते हैं 夫はよく寝言を言う (5) 喚く；喚き散らす पंडित जी बड़बड़ा उठे, घोर अनर्थ, अमंगल ही अमंगल バラモンは喚き出した．ああ，とんでもないことになった．途方もないことになった (6) 馬鹿話をする；無駄口をきく

बड़बड़िया [形] (1) 無駄口をきく (2) おしゃべりな；内緒事のできない；包み隠しのできない；腹にしまっておけない

बड़बोला [形⁺] 大きな口をきく（人）；分不相応な発言をする（人） मदन को समझाओ, बहुत बड़बोला हो गया है マダンに口を慎むように言ってやれ．大きな口をきくようになっているぞ

बड़बोली [形*] ↔ बड़बोला. बड़बोली कहीं की 大きな口をきくじゃないのあんた

बड़भस [名*] 年甲斐もなく若作りをすること；年寄りの冷や水

बड़भाग [形] = बड़भागी.

बड़भागा [形⁺] = बड़भागी.

बड़भागी [形] 運に恵まれた；つきのある；ついている；幸運な = भाग्यवान; भाग्यशाली; ख़ुशकिस्मत.

बड़भैया [名] 兄貴分

बड़रा [形⁺] = बड़ा.

बड़लाई [名*]〔植〕アブラナ科オオガラシ；タカナ【*Brassica juncea*】 = राई.

बड़वा [名*] 雌馬= घोड़ी.

बड़वाग्नि [名*]〔イ神〕バラヴァーグニ／ヴァダヴァーグニ（南海の果てに燃えていると伝えられてきた火；海中に燃える火）

बड़वानल [名] = बड़वाग्नि.

बड़वामुख [名] = बड़वाग्नि.
बड़वारी [名*] (1) 大きさ (2) 偉大さ；重要性 (3) 称賛
बड़सिरी [名*]〔鳥〕イシチドリ科ハシブトイシチドリ【*Esacus magnirostris*】
बड़हल [名] (1)〔植〕クワ科高木タネパンノキ及びタネナシパンノキ【*Artocarpus communis*】 (2) 同上の果実 (3)〔植〕クワ科高木リンゴパンノキ【*Artocarpus lakoocha*】 (4) 同上の果実
बड़हार [名]〔ヒ〕挙式後に新婦側が新郎側をもてなす宴席
बड़ा[1] [形+] (1) 形態や規模の大きい बड़ी बोतल 大きなびん नीचे नदी बहती है, जिसमें बड़े-बड़े शिलाखंड हैं 下には巨大な岩のある川が流れている (2) 大きい；数量が多い भारत में इसके मरीज़ों की संख्या काफ़ी बड़ी है インドではこの病気の患者数はかなり大きい (3) 地位の高い；序列が上の आज की बातचीत में दोनों देशों के विदेश विभाग के बड़े अधिकारी शरीक हुए 今日の会談には両国の外務省の高官が参加した बड़ी जातवाले गंदे रहकर भी पवित्र गिने जाते हैं 高カーストの人たちは汚くしていても清らかとされる (4) 程度の甚だしい；大変な；大いに；激しい；ひどい जिस्म के बहुत-से हिस्से हैं.हर हिस्सा बड़े काम का है 体は幾つもの部分からできている．どの部分も大変有用なものだ बड़ी बेचैनी 心のひどく落ち着かないこと (5) 立派な；尊敬される；長老の उन दिनों वे 'हिन्दुस्तान' अखबार के संपादक थे और उनका बड़ा नाम था 当時ヒンドゥスターン紙の編集長で高名な方だった बड़े-बड़े खिलाड़ी 大選手たち (6) 年長の；年上の；年配の；成熟した；成長した सब से बड़ा राजकुमार 一番年上の王子（皇太子） यह घर के बड़े लोगों से सुना था この話は家族の年長者たちから聞いたものだった दीदी तुमसे कितने साल बड़ी है? 姉さんはあんたの何歳年上なの बड़ा हो॰ 大きくなる；成長する；成人する；成熟する (7) 重要な；大事な；大した यह बहुत बड़ी चीज़ थी, इससे मैं उत्तेजित हो गया これはとても重要なことだった．だから興奮したのだ बड़े अतिथि 賓客；大切な客= बड़े मेहमान. (8) 時間的及び空間的に長い ↔ छोटा 短い. सुख के दिन कितने छोटे और दुख के कितने बड़े होते हैं 楽しい時間は実に短く辛い時間は実に長いものだ अकसर गवैये या संगीतकार सिर्फ़ कुर्ते और पाजामे में होते हैं उनके सिर के बाल भी बड़े-बड़े... 歌手とか音楽家はたいていクルターとパージャーマーとを着ているだけで髪もとても長いものだ दिन बड़े और रातें छोटी होने लगती हैं 日が長く夜が短くなり始める बड़ी उम्र 長命；長生き छोटी 'इ', बड़ी 'ई' 短い（短母音の）イ，長い（長母音の）イー (9) 勢力の強い；強力な；手強い ये हमारे स्वास्थ्य के सब से बड़े दुश्मन हैं これらが私たちの健康の最大の敵だ (10) 忌み言葉に用いられる बड़ा जानवर 蛇 **बड़ा क॰** *a.* 大きくする；育てる *b.* ランプの火を消す **बड़ा कलेजा** *a.* 勇ましい（人）；勇敢な（人）；肝玉の大きい（人） *b.* 太っ腹の **बड़ा कुल** 立派な家系 **बड़ा गाल हो॰** 大きな口をきく；大言壮語する **बड़ा घर** 刑務所の隠語 = जेल. बड़े घर की हवा खाना 刑務所に入れられる；投獄される；臭い飯を食う **बड़ा घराना** 立派な家柄；名家；名門 **बड़ा जग जीत ले॰** 大仕事をする；大きな業績や成果を上げる (-का) **बड़ा ज़ोर हो॰** (ーの) 勢いが激しい；威勢の良い **बड़ा तीर लगाना** 大仕事をする；大成功を収める **बड़ा दिल** 度量の大きい；寛大な **बड़ा नाम क॰** 名を揚げる；名を高める (-का) **बड़ा नाम हो॰** (ーが) 有名になる；高名になる (-का) **बड़ा पेट हो॰** (ーが) 欲の大きい **बड़ा बोल आगे आ॰** 悪いことをすれば悪い報いを得る；悪因悪業 **बड़ा बोल बोलना** *a.* 大きな口を叩く *b.* ののしる= बड़ा बोल मारना. **बड़ा भाग्य** 幸運 **बड़ा मुँह खोलना** 多くのものを求める；欲張る (-का) **बड़ा मुँह हो॰** = बड़ा मुँह खोलना. **बड़ा रास्ता पकड़ना** *a.* 長旅をする *b.* 処罰する **बड़ा स्थान रखना** 高い地位を占める (-का) **बड़ा हाथ हो॰** (ーが) 気前のよい；寛大な (-में = का) **बड़ा हाथ हो॰** (ーに=が) 大きな力を及ぼす；寄与する；(ーに=の) 力が大きい (-का) **बड़ा हिस्सा हो॰** (ーの) 力が大きい **बड़ी चीज़** 大事なもの；大切なもの；大切なこと **बड़ी नाक** 面子を気にすること **बड़ी बड़ी बातें क॰** 大ぼらを吹く **बड़ी-बड़ी बातें बनाना** 大きな口をきく बड़ी-बड़ी बातें बनाने लग गए हो 大きなことを言うようになったね君は (-की) **बड़ी बाँह हो॰** (ーが) 大変親切な **बड़ी बात** *a.* 大したこと；立派なこと जो कहो वही कर दें तो बड़ी बात है こちらの言ったことをしさえすれば大したことなんだ *b.* 口先だけのこと；中身のないこと **बड़ी यात्रा क॰** あの世へ旅立つ；死ぬ；亡くなる **बड़ी रात गए** 夜遅く **बड़ी साध का** 丹精こめた **बड़े आये** 大きな顔をして；偉そうに；柄でもない；その器でもないのに **बड़े काँटे का** 名誉のある **बड़े दिमाग़ से** 張り切って；威勢よく **बड़े देवता हैं** とてもおとなしい；とても純真な；人柄の大変立派な（反意的にも用いられる） **बड़े ननिहाल पहुँचना** 刑務所に入る；臭い飯を食う **बड़े पेटवाला** *a.* 大食の *b.* 忍耐強い *c.* 口が固い **बड़े-बड़े खेल क॰** 奇妙な行動をとる= बड़े-बड़े खेल खेलना. **बड़े-बड़े लोग** *a.* 金持ち *b.* 名士 **बड़े बोल का सिर नीचा** = बड़ा बोल आगे आ॰. **बड़े माथे वाला** 頭のよい；頭脳のすぐれた **बड़ों की बड़ी बात हो॰** 偉い人たちのすることはわかり難いもの
बड़ा[2] [副] とても；大変（に）；大いに；ひどく；激しく अब समय बड़ा नाज़ुक आ गया है 今や大変微妙な時に至っている बड़ी टेढ़ी खीर है 大変錯綜していることや複雑な問題 पहले तो मैं बड़ी डरा करती थी 以前はとても心配していたものよ वे इससे बड़े दुःखी हुए このことでとてもお悲しみになられた बड़ी-बड़ी महँगी दावतें दी जाती हैं えらく盛大な宴会が催される मैं तो आपके संदेश से बड़ा डर गई थी 私はあなたからの伝言でひどく怯えてしまっていた हुज़ूर, बड़ा ग़रीब आदमी हूँ, मेरा लड़का कई दिन से... へえ旦那様，手前はとても貧しいものでございます．息子はこの数日間… मुझे रजनीगंधा के फूल बड़े पसंद हैं 私はゲッカコウの花が大好きなの राजा बड़ा पराक्रमी और प्रतापी था 大変勇猛で威厳のある王だった उस दिन बड़े सबेरे श्यामू की नींद खुली シャームーはその日はとても朝早く目が覚めた
बड़ा[3] [名] (1) 大人 ↔ छोटा 子供. वह बच्चा बड़ों की तरह बातें करता है あの子は大人みたいな口をきく **बड़े-छोटे** 大人も子供も；誰も彼も (2) 目上の人；年長者；長上 बड़ों की इज़्ज़त क॰ 目上の人を敬うこと
बड़ा[4] [名]〔料〕バラー（ケツルアズキのひき割りを水に浸してすりつぶし団子状にして油で揚げた食べ物）
बड़ा आदमी [名] (1) 金持ち (2) 立派な人
बड़ाई [名*] (1) 大きいこと (2) 美点 (3) 名声；名誉 (4) 賛辞 (5) 称賛 (-की) **बड़ाई क॰** (ーを) 誉める；称える **बड़ाई खाना** 尊敬される；敬われる (-को) **बड़ाई दे॰** (ーに) 敬意を表する；(ーを) 尊敬する；称賛する **बड़ाई पाना** 名声を博する；名が揚がる；高名になる **बड़ाई मारना** 威張る；自慢する (अपनी) **बड़ाई मारना** 自画自賛
बड़ा कीड़ा [名]〔動〕袋形動物カイチュウ科カイチュウ（回虫）
बड़ा घर [名] (1) 刑務所（の婉曲な表現）；豚箱= जेलखाना. (2) 名家；名門 प्रायः बड़े घरों की लड़कियाँ इस ओर ध्यान नहीं देतीं たいてい名門の娘たちはこの方面には注意を払わない (3) かわや；お手洗い（便所の婉曲な表現） बड़े घर हो आ॰ 手洗いに行って来る **बड़ा घर दिखला दे॰** 投獄する **बड़ा घर देखना** 投獄される；入獄する；下獄する **बड़े घर का रास्ता दिखला दे॰** = बड़ा घर दिखला दे॰. **बड़े घर की हवा खाना** 臭い飯を食う **बड़े घर की हवा खिलाना** 投獄する；臭い飯を食わせる
बड़ा दिन [名]〔キ〕クリスマス；キリスト聖誕祭= क्रिसमस; एक्समस. बड़े दिन की छुट्टियों में. クリスマスの休暇に
बड़ा नहान [名]〔ヒ〕産後 40 日目に行われる産婦の沐浴・床上げの儀式
बड़ा नींबू [名]〔植〕ミカン科レモン【*Citrus limon*】
बड़ा बाबू [名] 主任事務官；上級事務官；上役；上司
बड़ा-बूढ़ा [名] (1) 年長者；年寄り उन्हें अपने बड़े-बूढ़ों से भरपूर स्नेह प्राप्त हुआ 家の年寄りたちから一杯の愛情を受けた (2) 目上；長上；長老
बड़ी[1] [形*] ← बड़ा.
बड़ी[2] [名*] バリー（ジャガイモ，豆などをすりつぶし調味料を加えて干したもの．汁物などに加えて料理される）
बड़ी आँत [名*]〔解〕大腸（普通 pl. で用いられる． बड़ी आँतें）
बड़ी इलायची [名*]〔植〕ショウガ科ラージカーダモン；グレーターカーダモン（香辛料の一）【*Amomum subulatum*】〈large cardamon〉 → इलायची カーダモン.
बड़ी गोटी [名*]〔医〕牛疫
बड़ी दाख [名*] 種を除いて干しブドウを作るブドウの一種 → दाख.
बड़ी बत [名*]〔鳥〕ガンカモ科ハイイロガン【*Anser anser*】
बड़ी-बूढ़ी [名*] → बड़ा-बूढ़ा. 年長の女性や老女 घर की बड़ी-बूढ़ियों से 家の年寄りたちから पड़ोस की बड़ी-बूढ़ियों ने कहा 近所の老女たちが言った

बड़ी माता [名*]〔医〕天然痘；疱瘡（忌み言葉として用いられた婉曲な表現）＝शीतला；चेचक. → छोटी माता.

बड़ी राई [名*] → लाही.

बड़ेरा [名] (1) 棟木 (2) 釣瓶井戸の井戸車を吊るす櫓の横木

बड़ेरी [名*] ＝बड़ेरा.

बड़े लाट [名]《← E. lord》（植民地インドの）インド副王；インド総督＝लाट साहब；वायसराय.〈Viceroy〉

बड़ोदरा〔地名〕バドーダラー市→ बड़ौदा バローダー（グジャラート州）

बड़ौदा〔地名〕バローダー（グジャラート州南東部に位置する都市. 旧バローダー藩王国の都. 現地名は बडोदरा）

बढ़ [形] (1) 抜き出ている (2) より多い

बढ़ई [名] (1) 木工に従事することを主たる生業としてきたカースト；バライー (2) 同上のカーストの人；バライー (3) 同上の職業に従事する人；木工職人；大工（煉瓦を扱うラージ राज とは異なる）

बढ़ईगिरी [名*]《H. + P. गिरी》バライー बढ़ई の職業や仕事；大工仕事；大工職

बढ़कर [形] 抜き出ている；抽んでている；凌ぐ；すぐれている；（ー）以上の；（ーを）越えている अब तो वह मदनलाल को अपने पुत्र से भी बढ़कर समझने लगा 今ではマダンラールを自分の息子を凌いでいると思うようになった सेब तो रस और स्वाद में अगर आम से बढ़कर नहीं है तो घटकर भी नहीं リンゴは味わいでマンゴー以上でなければ以下でもない इससे बढ़कर बेवक़ूफ़ी और क्या हो सकती है? これ以上に愚かしいことがあり得ようか

बढ़त [名*] (1) 優位；リード **बढ़त पाना** 優位に立つ；リードする वेस्ट इंडीज ने इंग्लैंड के ख़िलाफ़ 3 -0 की बढ़त पा ली 西インド連邦（西インド諸島）チームがイングランドに対して 3 対 0 でリードを取った **बढ़त ले॰** 優位に立つ；リードする कई मीटर की बढ़त उसने ले ली थी 彼が数メートルリードした (2) 成長 बच्चे की बढ़त 子供の成長

बढ़ती [名*] (1) 大きくなること；拡大 (2) 増大；増加 इस तरह वह आमदनी में बारह हज़ार सालाना की बढ़ती कर सकता है このようにして収入を年額 1 万 2000 ルピー増大させることができる (3) 成長 (4) 繁栄；隆盛 आपकी बढ़ती होए, दीनबंधु 貴方様の弥栄をお祈り致します（情けを受けた人が相手に述べる感謝の言葉）(5) 余り；余剰 (6) 物価騰貴 **बढ़ती का पहरा** 好調；繁栄や隆盛（の時期）

बढ़ती फ़सल [名*]《H. + A. فصل फ़स्ल》〔農〕立ち毛

बढ़ना [自] (1) 成長する；大きくなる बच्चों के बढ़ने के दिन 子供が成長する時 बच्चों को भोजन बढ़ने के लिए भी चाहिए 子供には成長するためにも食物が必要だ जिनके बीच बढ़ा-पला हो अथवा जिससे उसके सुखद संबंध हों その中で育まれたり良好な関係にある人たち (2) 形状が大きくなる；広がる；肥大する；腫れる यकृत का बढ़ जा॰ 肝臓の肥大 बरसात में दोनों नदियाँ बढ़कर समुद्र का रूप ले लेती हैं 雨季には 2 つの川は増水して海のようになる (3) 伸びる；長くなる；先に出る बढ़े हुए बाल 伸びた髪 बढ़े हुए नाखुन 伸びた爪 (4) 延長される；延びる अवधि बढ़ गई 期限が延びた (5) 差し出される；延びる；前に出る；前方に向かう उसका हाथ बढ़ा 男の手が差し出された（手が延びた） (6) 程度が高くなったり増したりする；高まる दोनों के बीच की दूरी, अनकही बातों की दीवार बढ़ती जा रही है 2 人の間の距離，口には出ない壁はどんどん高くなっている (7) 数や量が増す；増える；増加する；加わる पैदावार कुछ बढ़ती है 作物が少し増える इस तरह आप के अक़ीदतमंदों की तादाद बढ़ती चली गई こうしてこの方の信徒の数はどんどん増えて行った मुस्लिम आबादी 1971 में 5.57 करोड़ थी जो 30.59 प्रतिशत बढ़कर 7.55 करोड़ हो गई 1971 年に 5570 万だったムスリムの人口は 30.59 %増加して 7550 万になっている बेरोजगारों की तादाद बढ़ी 失業者数が増加した (8) 程度が高まる；上昇する；上がる；増す；増大する；増える मैं जितना इसपर सोचता गया, अपने प्रति मेरा क्षोभ बढ़ता गया これについて考えれば考えるほど自分に対する腹立たしさが増して行った बढ़ती माँग 増大する需要 उधर लड़की की उम्र भी बढ़ने लगती है 他方娘の年齢も大きくなり始める नाइलोन की बढ़ती हुई उपयोगिता ナイロンの増大する有用性 अँधेरा भी बढ़ने लगा 闇も深まり始めた (9) 程度が増す；強まる；強くなる；激しくなる；つのる（募る） चमत्कार की कहानी सुनकर लोगों की श्रद्धा मंदिर के प्रति बढ़ जाएगी 奇跡の話を聞いてお寺に対する世間の人々の信心は増すだろう बच्चों की उत्सुकता बढ़ी 子供たちの知りたいという気持ちが募った बढ़ती महँगाई 激しくなる物価高 नरेन्द्र की जिज्ञासा बहुत बढ़ गई ナレンドラの知識欲がうんと増した दरवाज़े पर पहुँच उसकी उद्विग्नता फिर बढ़ गई 戸口へ行くと動揺が再び激しくなった राज्य की शक्ति बढ़ेगी तो जनता की शक्ति घटेगी 国家の力が強まれば人民の力は弱くなる (10) ある方向や目標に進む；向かう；はかどる；前進する उस देश की राजनीति निश्चित रूप से एक दलीय शासन की ओर बढ़ने लगी その国の政治は確実に一党支配の方向に進み始めた हम बढ़े चले, पीछे लौटने का सवाल नहीं उठता था 我々はどんどん進んでいった．引き返すことは問題にならなかった अपने निर्दिष्ट लक्ष्य पर बढ़ते हैं 目指した目標に向かって進む पंडित सभी को आशीर्वाद देते हुए अपने घर बढ़ लिए パンディットは皆に祝福を与えながら自分の家に向かった मैं धीरे-धीरे दक्षिणा की ओर बढ़ा 徐々に南の方に進んだ बढ़ता हुआ औद्योगीकरण 進行中の工業化 (11) 進む（病状などが）；進行する；悪化する；ひどくなる जब रोग बढ़ जाता है और घातक स्थिति में पहुँच जाता है 病状が進み危険な状態になると (12) 抜き出る；抜く；越える；進み出る हद से बढ़ी हुई एकरसता 度を越えた単調さ (13) 忌み言葉として，終わる，終わりになる，割れる，壊れる，尽きる，消える，閉じる，片付くなどの意を表すのに婉曲な表現として用いられる चूड़ियाँ बढ़ गईं（既婚ヒンドゥー女性の幸運，幸福の象徴としての手首飾りの）チューリーが割れた **बढ़कर चलना** 威張る **बढ़कर बात क॰** 威張った口をきく；大きな口を叩く **बढ़कर हाथ मारना** 大儲けをする **बढ़चढ़कर** *a.* 進んでいる；凌いでいる；抜き出る；先んじる；先頭に立つ रूप रंग साज सज्जा में भी अपने क्षेत्र की हर पत्रिका से बढ़ चढ़कर है デザインや想定においてもこの種のどの雑誌も凌いでいる *b.* 先頭に立って；進んで；積極的に；先んじて स्वाधीनता आंदोलन में उन्होंने बढ़ चढ़कर भाग लिया था 氏は独立運動において先頭に立って参加された *c.* 出しゃばって；しゃしゃり出て स्वयं आगे बढ़चढ़कर अधिक न बोलें あまり出しゃばってしゃべらないように **बढ़ चलना** 急ぎ足で進む **बढ़ना-घटना** 上がり下がり；増減 **बढ़ बढ़कर** ＝बढ़ चढ़कर. **बढ़ बढ़कर बातें मारना** *a.* 大きな口をきく *b.* 皮肉を言う **बढ़ी गुड्डी कट जा॰** 障害発生のため完成を目前にして台無しになる；九仞の功を一簣にかく **बढ़े-चढ़े** ＝बढ़-चढ़कर.

बढ़बोल [名] 自慢

बढ़बोला [名] 自慢屋；自慢家

बढ़बोली [名*] 大きな口；大言；偉そうな口；ほら（法螺） **बढ़बोली हाँकना** ほらを吹く；大言壮語する

बढ़वाना [他・使] ← बढ़ाना. अपने पारिश्रमिक को बढ़वाने की माँग 賃上げ要求

बढ़वार [名*] 成長＝बढ़वारि. बच्चों में बढ़वार का रुक जा॰ 子供の成長の停止 फफुंदी की रुई जैसी बढ़वार को सूक्ष्मदर्शी यंत्र के बिना भी देखा जा सकता है かびの綿のような成長は顕微鏡を用いなくても見ることができる

बढ़ाना [他] (1) 成長させる；大きくする (2) 形状を大きくする；拡大する；拡張する (3) 伸ばす；長くする；延びるようにする；生やす उसने कवियों की तरह बाल बढ़ा लिये हैं 詩人のように髪を伸ばしている तुमने यह लंबी दाढ़ी धोखा देने के लिए बढ़ाई है? 君のこの長いあごひげは人を欺くために伸ばしたものなのか (4) 延長する；延ばす；引き延ばす；遅らせる अवधि बढ़ाना 延期する (5) 差し出す；伸ばす；前へ進める उसने हाथ मिलाने को आगे बढ़ाया 握手をしようと手を差し出した कोट लेने के लिए मेरी ओर हाथ बढ़ा दिया コートを受け取ろうとして私のほうに手を伸ばした बूढ़े ने पुलिंदा अपने हाथ में ले छाती से लगा फिर मेरी तरफ़ बढ़ाते हुए कहा 老人は包みを手に取り胸に当てそれから私の方に差し出しながら言った अनिल ने कॉफ़ी का प्याला उसकी ओर बढ़ाया アニルはコーヒーのカップを彼女に差し出した (6) 高くする；積み上げる दीवार बढ़ाना 煉瓦塀を高く積み上げる (7) 増やす；増す；増大させる；足す；追加する पके आम में मांस बढ़ानेवाले पदार्थ होते हैं 熟したマンゴーには肉をつける物質が含まれている मूत्र बढ़ाने वाले पदार्थ 尿を増やす物質 एथलीट निरंतर अपनी क्षमता बढ़ाकर मानक लक्ष्यों को पार करते हुए प्रगति कर सकते हैं 選手は常に体力を増して標準目標を越え上達して行くことができる खेती की पैदावार बढ़ाने के लिए सिंचाई 農業生産を増やすための灌漑 वह

ब

चीज़ जो कमी पूरी करने के लिए बढ़ाई जाए 不足分を補うために追加されるもの (8) 程度を高くする；高める；上げる；増す；上昇させる；増進させる；つり上げる बीमा, टेलीफ़ोन इत्यादि के दाम लगभग 25 से 75 प्रतिशत बढ़ा दिए गए हैं 保険，電話などの料金は約 25 %から 75 %上げられている स्वास्थ्य बढ़ाने वाला 健康を増進させる कार्यक्षमता बढ़ाना 能率を上げる गाड़ी की रफ़्तार बढ़ाई जा सकती है 車のスピードを上げることができる (9) 今まで以上に高める；強める；強くする；かき立てる；引き立てる；募らせる उस साड़ी के गहरे नीलेपन ने उसके चेहरे का गोरापन बढ़ा दिया था そのサリーの濃紺が女性の顔の白さを引き立たせた वे अपने जवानों का हौसला बढ़ा रहे थे その人が兵士たちの士気をかき立てていた उत्पादन-क्षमता बढ़ाना 生産力を高める पुलिस का सम्मान बढ़ाएँ 警察の尊厳を高めよう (10) 進める；前進させる；推進する；向かわせる इस विचार का अध्ययन आगे बढ़ाना चाहिए この思想の研究を推進すべきである (11)（病状を）悪化させる；進行させる (12) 抜かせる；他のものより前へ出す；凌がせる (13) 忌み言葉として用いられ，終わらせる，終える，終わりにする，壊す，割る，消す，閉じる，片付ける，畳む，はずすなどの動作を表す言葉の代わりに婉曲な表現として用いられる दस्तरख़्वान बढ़ाकर उसकी जगह एक अख़बार बिछा दे ダスタルカーンを畳んでその代わりに新聞紙を広げなさい दुकान बढ़ाना 店じまい（1 日の営業の閉店）する **बढ़ा चढ़ाकर** *a.* 大げさに；誇張して；たいそうに मायके की बढ़ा चढ़ाकर प्रशंसा करती है 実家のことをたいそうに褒める इसका इतना बढ़ा-चढ़ाकर यशोगान कर रहे हो このことをこんなに褒めそやしている *b.* つり上げて दुकानदार बढ़ा चढ़ाकर ही क़ीमत बताता है 店主は値段をふっかけてしか言わない **बढ़ा-चढ़ाकर कहना** (-**बताना**; - **बोलना**) 大げさに言う；針小棒大に言う

बढ़ाव [名] ←बढ़ना. 増すこと；増加；拡大；上昇 यमुना भी इटावा व चिल्लाघाट में बढ़ाव की तरफ़ है ヤムナー川もイターワーとチッラーガートで増水に向かっている

बढ़ावा [名] ←बढ़ाना. (1) 増加；増大； (2) 推進；増進；煽り；扇動 मुस्लिम सांप्रदायिकता को बढ़ावा देने में コミュナリズムを煽る上で (3) 後押し；励まし；激励；刺激 **बढ़ावा दे॰** 後押しする；推進する；煽る；扇動する；励ます सहायक उद्योग-धंधे जैसे मुर्ग़ी-पालन, सूअर-पालन, मछली-पालन को बढ़ावा देते हैं 協同事業は養鶏，養豚，養魚などを推進する अपने पति की अनुपस्थिति में उनके मित्र को घर पर आने या मिलने -जुलने का बढ़ावा न दें 夫の不在時に夫の友人が家を訪れたり友人と親しく会ったりするようにしむけないこと कुटीर उद्योगों को बढ़ावा देना 家内工業の推進 आज़ाद भारत में अन्न के अनुसंधान को और बढ़ावा दिया गया 独立インドでは食料の研究が更に推進された **बढ़ावा मिलना** 後押しされる；推進される；煽られる；奨励される；激励される इससे घृणा को और बढ़ावा मिला これによって憎しみが一層煽られた पार्टी में आरंभ से ही व्यक्तिपूजा को बढ़ावा दिया गया 結党当初から個人崇拝が煽られた (-के) **बढ़ावे में आ॰** （－に）刺激される；煽られる；そそのかされる；励まされる

बढ़िया[1] [形] 程度や水準が上等の；すぐれた；素晴らしい；質の良い；立派な= उत्तम; अच्छा; उम्दा. बढ़िया खाद 良い肥料 बढ़िया शीशम की छड़ी 上等の黒檀の杖 बढ़िया साड़ी 上等のサリー इसमें तुम्हारे लिए कुछ बढ़िया चीज़ है その中には君に上げる何かいいものが入っているんだよ बढ़िया वस्त्र 晴れ着 बढ़िया अवसर देखकर 好機を見て बढ़िया भोजन ご馳走 बढ़िया क्वालिटी का 上質の；上等の कोई और बढ़िया नौकरी 何か他の立派な職（仕事）

बढ़िया[2] [副] 上手に；うまく；素晴らしく वह टेबलटेनिस बढ़िया खेलता है 卓球がうまい人

बढ़ेल [名*]〔動〕ウシ科バーラル；アオヒツジ；エセヒツジ（ヒマラヤ，チベットに棲む野生のヒツジ）【*Pseudois nayaur*】〈bharal; blue sheep〉= भरल.

बढ़ेला [名]〔動〕イノシシ科イノシシ（猪）= जंगली सूअर; बनेला सूअर.

बढ़ैया[1] [形] 増す；増加する；増進する；発展する

बढ़ैया[2] [形] 増やす；増加させる；増進させる；発展させる

बढ़ोत्तरी [名*] (1) 成長；生育 बच्चों को नियमित रूप से संतरे का रस दिया जाए तो उनकी बढ़ोतरी अच्छी होती है 子供に規則的にポンカンのジュースを与えると成長がよい (2) 高まること；向上；上昇；上がること इज़्ज़त में बढ़ोतरी 信望が高まる कांग्रेस की मान में बढ़ोतरी हुई 国民会議派の威信が高まった पेट्रोलियम पदार्थों के दामों में बढ़ोतरी 石油製品の価格上昇 (3) 増加；増大；増額 पानी के बिलों में बढ़ोत्तरी 水道代の増額 जनसंख्या की बढ़ोतरी दर लगभग शून्य है 人口増加率はほぼゼロ तनख़्वाह में बढ़ोतरी होगी 昇給があるだろう अपना छोटा-सा उद्योग लगा कर परिवार की आय में बढ़ोत्तरी करें 何かちょっとした事業を始めて家庭の収入を増やすようにしなさい (4) 利益 सालाना बढ़ोतरी 32 लाख होगी 年間利益は 320 万になるだろう

बढ़ौती [名*] (1) 増加 (2) プレミアム

बणिक [名] 商人；あきんど= बनिया; बनियाँ; सौदागर; व्यापारी.

बणिग्वृत्ति [名*] 商業；商い

बतंग [形]《P. بتنگ》困った；困惑した；悩んでいる **बतंग आ॰** 困る；悩む

बतंगड़ [名] おおごと（大事）；大げさなこと इत्ती ज़रा-सी बात थी और कितना बड़ा बतंगड़ बन गया こんなにちっぽけなことだったのになんとまあ大げさなことになってしまったのか **बात का बतंगड़ क॰** = बात का बतंगड़ बना दे॰. **बात का बतंगड़ बनना** 大げさな話になる जब कोई बात कही ही नहीं तो न बात फैलेगी और न बात का बतंगड़ बनेगा 何も話さなかったら話が広がることも大げさになることもないものだ **बात का बतंगड़ बना दे॰** 大げさな話にする；針小棒大に言い触らす बस इतनी-सी बात पर भी बड़े लोग बात का बतंगड़ बना देते हैं たったこれぽっちのことなのに偉い人たちは大げさな話にするんだ

बत [名*]《P. بت》(1)〔鳥〕ガンカモ科ハイイロガン【*Anser anser*】= बड़ी बत. (2) アヒル（家鴨）→ बतख़, बत्तख़.

बत- [造語] बात の縮小形で造語要素として用いられる बतधर 約束を守る

बतक [名*]〔鳥〕アヒル；家鴨→ बतख़, बत्तख़.

बतकट [形] (1) 人の言葉を遮る (2) 打ち消す；否定する

बतकहा [形⁺] おしゃべりな；べらべらしゃべる；よくしゃべる

बतकहाव [名] (1) 話；会話 (2) 言い争い；口論

बतकही [名*] (1) おしゃべり；雑談 (2) 談話；言及；話題 (3) 言い争い；口論 **बतकही क॰** 雑談する；ぺちゃくちゃしゃべる；無駄話をする

बतख़ [名*]《P. بطخ बत्तख़》= बत्तख़.〔鳥〕ガンカモ科アヒル（家鴨）

बतचल [形] おしゃべりな= बकवादी.

बतछुट [形] (1) おしゃべりな；べらべらしゃべる；無責任に何でも話す (2) あてにならない；信頼できない

बतबढ़ाव [名] (1) おしゃべり (2) 言い合い；言い争い उसने ज़्यादा बतबढ़ाव न किया あまり言い争いをしなかった

बतरस [名] 会話の楽しみや喜び

बतरसिया [形] 話好きな；おしゃべり好きな

बतरान [名*] 話；会話；話し合い；談話

बतराना [自] 話をする；会話をする；話し合う

बतलाना [他] 言う；述べる；語る；告げる भारत में जातियों की सही संख्या को कोई नहीं बतला सकता है インドのカーストの正確な数はだれも言えない कोई काम हो तो बतलाइये? 何か御用があれば仰って下さい क्या इतना भी नहीं बतलाएँगे कि इनका अपराध क्या है? この人の罪が一体何なのかさえ話さないのかね

बताना[1] [他] (1) 語る；話す；述べる मैं सोचती हूँ मैं इसे संजय की बात बता दूँगी この人にサンジャヤのことを話してしまおうと思っているの शाम की चाय तुम्हारे पास आकर पिऊँगा.तभी तुम्हें पूरी बात बताऊँगा 夕方のお茶は君のところへ来て飲もう．その時一部始終を語りましょう नीचे बताया गया सामान 下記の道具 (2) 伝える；告げる उसने जमुना को सोचकर बताने की छूट दे दी 彼は考えた上なら伝えて良いとジャムナーに許可した मैंने उसे कलकत्ता आने का मक़सद बताया 私はあの人にカルカッタに来た目的を告げた **बताते हैं**……という話だ；…ということだ दिल्ली से असलियत के बारे में मिश्र ने भी पूछताछ की बताते हैं ミシュラは真相についてデリーに問い合わせたという話だ (3) 示す；指示する बड़ों की बताई हुई बातों पर ज़रूर अमल करना चाहिए 年配の人たちの指示したことは必ず実行しなくてはならない छोटी सूई घंटा बताती है, बड़ी मिनट 短針は時間を示し長針は分を示す (4) 教える आप उदास न हों, मैं आप को प्रश्नों के उत्तर बता दूँगा 心配なさいませんように．私が質問の答えを教えましょう

बताना[2] [名] (1)〔装身〕バターナー（腕，手首につける装身具）；カラー（कड़ा） (2) ターバンの下に巻く布

बताशा [名] バターシャー= बतासा.

बतास [名*] (1)〔医〕リューマチ= गठिया; वात रोग. (2) 風= वायु; हवा.

बतासा [名] (1)〔ヒ〕バターサー（白砂糖のシロップにソーダなどを加えて沸騰させ空気圧でふくらませた後，鉄板で熱して固めた真っ白な円形の砂糖菓子．供物として供えられお下がりとして食される．カルメ焼きの一種） (2) 脆いもの；崩れやすいもの **बतासा-सा घुलना** すぐに消え去る；とても脆い；甚だはかない (3) 花火の一種 (4) 水泡→ बताशा.

बतासी [名*]〔鳥〕アマツバメ科ヒメアマツバメ【*Apus offinis*】→ चोटीदार बतासी.〔鳥〕カンムリアマツバメ科カンムリアマツバメ【*Hemiprocne coronata*】

बतिया [名*] 実ったばかりの小さい果実

बतियाना [自] しゃべる；雑談する दो चार ग्रामीण लुंगी-बनियाइन में खड़े बतिया रहे हैं 3～4 人の田舎の人がルンギーとランニングシャツを着た姿で立ち話をしている दो नन्ही-नन्ही लड़कियाँ सफ़ेद फ्राक पहने बतिया रही थीं 白いフロックを着た 2 人の幼い女の子がおしゃべりをしていた हम बतियाते हुए चले जा रहे थे 雑談しながら進んで行った

बतियार [名*] 話；会話= बातचीत.

बतीसा [名] = बत्तीसा.

बतीसी [名*] = बत्तीसी.

बतोला [名] (1) 無駄口；無駄話= बकवास. **बतोला दे°** 言い逃れをする；いいかげんなことを言う= बतोला मारना. ज़्यादा बतोले न मार あまりいいかげんな話をするな **बतोले बनाना** *a.* 作り話をする *b.* ごまかす

बतोल्ला [名] = बतोला.

बतौर [後置・前置]《A.P. بہ طور》 (-के) बतौर 及び बतौर (-के) の形で用いられる (1) (ーと) して सज़ा के बतौर 処罰として हम उसे बतौर दवाई इस्तेमाल करेंगे それを薬として使用する (2) (ーの) ように；(ー) みたいに= (-के) समान; (-की) मानिंद.

बत्तख़ [名*]《P. بطخ》〔鳥〕ガンカモ科アヒル（家鴨）= बतख़.

बत्तमीज़ [形・名]《← P.A. بد تمیز बद तमीज़》無礼な（人）；無作法な（人） चुप रह बत्तमीज़! 黙れ無礼者め

बत्ती [名*] (1) 灯心 रुई की बत्ती 綿糸の灯心 (2) 灯火；電灯 (3) 明かり (4) 交通信号；信号灯 हरी बत्ती 青信号 लाल बत्ती 赤信号 वह बत्ती का रंग बदलने की राह देख रहा था ちょうど交通信号が変わるのを待っているところだった (5) 灯心のような形をした細長いもの；こより（紙縒り）状のもの रुई की पतली बत्ती दूध में भिगोकर 綿を細長くよったものを牛乳に浸して इस प्रकार इन अंगों को मलते समय आप देखेंगी कि मैल की बत्तियाँ-सी उतरेंगी こうしてこの部分をこすると垢が紙縒りのようにしてとれるのがわかるでしょう **बत्ती चढ़ाना** 灯心を出す；灯心を上げる；灯心をかき立てる **बत्ती जलाना** 明かりをつける；電灯をつける；ライトをつける **बत्ती दिखाना** 照らす；照らし出す (-पर) **बत्ती रखना** (ーを) 台無しにする= बत्ती लगाना.

बत्तीस [数] 32 बत्तीसवाँ 第 32 の；32 番目の **बत्तीस धार होकर निकलना** 激しく流れ出す；勢いよく流れ出る

बत्तीसा [名] (1) 32 種のものの集まり (2) 産婦に食べさせる 32 種の，すなわち，多種多様な薬や滋養物を混じたもの= बतीसा. (3) 咬み傷

बत्तीसी [名*] (1) 32 個のものの集まり (2) 人間の 32 本の歯 **नक़ली बत्तीसी** 総入れ歯 **बत्तीसी खिलना** 口を大きく開けて笑う；笑顔を見せる **बत्तीसी गिरना** 歯が全部抜ける **बत्तीसी झड़ना** = बत्तीसी गिरना. **बत्तीसी दिखाना** = बत्तीसी खिलना. **बत्तीसी निकलना** = बत्तीसी खिलना. **बत्तीसी पड़ना** = बत्तीसी गिरना. **बत्तीसी पेट में जा°** 歯を全部折られる；ひどく殴られる **बत्तीसी बजना** *a.* 甚だ寒い；ひどく寒気がする；寒さに歯の根が合わない；歯ががちがち鳴る *b.* 言い争う

बथान[1] [名] 家畜をつないで置く場所；牛舎；畜舎

बथान[2] [名] 痛み；苦痛= दर्द; पीड़ा.

बथिया [名*] 燃料用の乾燥牛糞を積み重ねたもの

बथुआ [名]〔植〕アカザ科野菜シロザ；シロアカザ【*Chenopodium album*】

बद[1] [名]〔医〕(1) そけい腺腫 (2) 家畜の口蹄疫病

बद[2] [名] 代わり；交換；交代= पलटा; बदला; एवज़. **बद में** 代わりに= एवज़ में; बदले में.

बद[3] [形]《P. بد》(1) 良くない；悪い；邪悪な；質の悪い= बुरा; ख़राब; निकृष्ट. (2) 不吉な= अशुभ. (3) 不正な (4) 粗野な= अशिष्ट.

बद[4] [名]《P. بد》〔イス〕ムスリムが豚を忌んで言う言葉

बदअख़्लाक़ [形]《P.A. بد اخلاق》(1) 性質の良くない；品のない (2) 不品行な；ふしだらな

बदअख़्लाक़ी [名*]《P. A. بد اخلاقی》不道徳な行動；ふしだらなこと；不品行

बदअमल [形]《P.A. بد عمل》行いの良くない；悪事を働く；品行の悪い= दुष्कर्मी.

बदअम्नी [名*]《← P.A. بد امنی बदअम्नी》(1) 騒乱；騒動；混乱；治安の乱れ= अशांति; दंगा; उपद्रव. मुल्क में बदअम्नी और भूख 国内の騒乱と飢餓 (2) 暴動；反乱

बदअस्ल [形]《P.A. بد اصل》下品な；品性の欠けた

बदआईन [形]《P.A. بد آئین》規則のない；めちゃくちゃな；原則のない

बदइंतिज़ामी [名*]《P.A. بد انتظامی》管理や段取りの悪さ；不手際；無秩序；混乱

बदउस्लूब [形]《P.A. بد اصلوب》みっともない；不恰好な= बेढंगा.

बदएहतियाती [名*]《P.A. بد احتیاطی》不注意 इन बीमारियों का सबब बज़ाहिर गंदगी और बदएहतियाती है これらの病気の原因は明確に不衛生と不注意である हमारी नादानी और बदएहतियाती के सबब कभी कभी मुफ़ीद होने के बजाए 我々の無知と不注意のためにしばしば利益を受ける代わりに

बदकरदार [形]《P. بد کردار बदकर्दार》不品行な；不身持ちな= दुराचारी; व्यभिचारी; हरामकार.

बदकरदारी [名*]《P. بد کرداری बदकर्दारी》不品行；不身持ち= व्यभिचार.

बदकर्दार [形] = बदकरदार.

बदकार [形]《P. بد کار》行いの良くない；不品行な；身持ちの悪い

बदकारी [名*]《P. بد کاری》不品行；不身持ち

बदकिरदार [形] → बदकर्दार.

बदकिरदारी [名*]《← P. بد کرداری बदकर्दारी》不身持ち；不品行；悪徳= बदकरदारी.

बदक़िस्मत [形]《P.A. بد قسمت》不運な；運の悪い；運に見放された；運のない= भाग्यहीन; हतभाग्य; अभागा.

बदक़िस्मती [名*]《P.A. بد قسمتی》不運；非運= दुर्भाग्य. बदक़िस्मती से 運悪く= दुर्भाग्यवश.

बदक़ौम [形]《P.A. بد قوم》品性の欠ける；下品な；卑しい；下賤な

बदख़त [名]《P. بد خط》悪筆の；字の下手な

बदख़ती [名*]《P. بد خطی》悪筆= कुलेख.

बदख़्वाबी [名*]《P. بد خوابی》(1) 熟睡できぬこと (2)〔医〕不眠症= अनिद्रा रोग.

बदख़्वाह [形]《P. بد خواه》悪意を持つ；憎しみを持つ

बदख़्वाही [名*]《P. بد خواہی》悪意；憎しみ；他人の不幸や不運を願うこと

बदगुमान [形]《P. بد گمان》悪い印象を持つ；疑う；疑る；信用しない वे लोग मुसलमानों से बदगुमान रहते थे あの人たちはイスラム教徒を疑っていた

बदगुमानी [名*]《P. بد گمانی》疑い；不信；疑念 मुझ-जैसे सरकार के शुभचिंतक दोस्तों के दिलों में भी अपनी सरकार के बारे में ख़ामख़ा बदगुमानी पैदा होगी 私のように政府を支持する者の胸にもわが政府に対する不信感が何となく生じるだろう

बदगो [形]《P. بد گو》(1) 中傷する= चुगलख़ोर; पिशुन. (2) ののしる= गालियाँ दे°; गालियाँ बकने वाला.

बदगोई [名*]《P. بد گوئی》(1) 中傷= चुगली; चुगलख़ोरी. (2) ののしり= निंदा; बदनामी.

बदचलन [形]《P. بد + H. चलन》品行の悪い；身持ちの悪い= लंपट.

बदचलनी [名*] ← बदचलन. (1) 不品行；身持ちの悪さ (2) 姦通 (3) 売春 (4) 買春

बदज़बान [形]《P. بد زبان》口の悪い；口汚い；毒づく= मुँहफट.

ब

बदज़बानी [名*] 《P. بد زبانی》毒づくこと；ののしること；口汚いこと ख़बरदार, जो बदज़बानी की! 汚い口をきいたら承知しないぞ

बदज़ात [形] 《P.A. بد ذات》げす（下司／下種／下衆）の；卑しい；質の悪い पर अगर बदज़ात कौआ आ गया तो? でももしもカラスの奴がやって来たら वह बदज़ात मज़े में बैठा बीड़ी पी रहा था 下司野郎，のほほんとビーリーをふかしておった

बदज़ायक़ा [形] 《P.A. بد ذائقہ》味のまずい；うまくない；旨味のない

बदज़ौक़ [形] 《P.A. بد ذوق》(1) 怠け者の；怠惰な；不熱心な (2) 野暮な；無粋な

बदतमीज़ [形] 《P.A. بد تمیز》不作法な；無礼な；失礼な；がさつな；粗野な；つっけんどんな= बत्तमीज़.

बदतमीज़ी [名*] 《P.A. بد تمیزی》不作法；無礼；失礼 = बत्तमीज़ी. शरम नहीं आती तुम लोगों को बदतमीज़ी करते? 無礼なことをして君たちは恥ずかしくないのか **बदतमीज़ी से** 不躾に；不作法に；つっけんどんに

बदतर [形] 《P. بد تر》（他に比べて）劣る；下の；劣等な；並み以下の；より悪い；一層ひどい इस मामले में स्थिति अब पहले से बदतर होती जा रही है このことに関しては状況は以前より一層悪化しつつある हम लोग पेड़-पौधे और खरपतवार से भी बदतर समझे गए 我々は草木や雑草以下の者に思われた कपड़ा मिलों के बंद होने से भी स्थिति बदतर हुई 織物工場が閉鎖されたことでも状況は悪化した

बददिमाग़ [形] 《P.A. بد دماغ》(1) 高慢な= अभिमानी; अहंकारी. (2) 気むずかしい= नाज़ुक मिज़ाज; नाज़ुक दिमाग़.

बददिमाग़ी [名*] 《P. A. بد دماغی》(1) 高慢さ= अभिमान; घमंड; अहंकार. (2) 気むずかしさ= नाज़ुक दिमाग़ी.

बददियानत [形] 《P.A. بد دیانت》誠実さのない；不誠実な；信義に欠ける= बेईमान.

बददियानती [名*] 《P.A. بد دیانتی》不誠実；信義に欠けること

बददुआ [名*] 《P.A. بد دعا》呪い；呪詛= शाप; कोसना. किसी पीर की बददुआ का नतीजा है これはだれかピールの呪いのもたらしたものだ **बददुआ दे॰** 呪う；呪詛を発する

बदन [名] 《A. بدن》体；身体；肉体；五体= शरीर; देह; जिस्म. पूरा बदन 全身；体の節々 **बदन चुराना** （恥ずかしさに）身を縮める **बदनचोर हो॰** *a.* 発育不全の *b.* 見た目に発育のわからない **बदन छिपाना** 顔を隠す **बदन छिलना** 大変な人混み **बदन टूटना** 体の節々が痛む आठ-नौ ईंट सिर पर लादे सीढ़ियाँ चढ़कर तिमंज़िले तक पहुँचने में उसका सारा बदन टूट गया 8～9 個の煉瓦を頭に載せ梯子を登って 3 階まで行く内に体中に痛みを覚えた **बदन तोड़ना** *a.* 伸びをする *b.* 体を痛める **बदन नोचकर खा जा॰** 四方八方から苦しめる **बदन फल जा॰** 全身に吹き出物が出る **बदन बिगड़ना** ハンセン病に罹る **बदन मलिन हो॰** 悲しげな **बदन में आग फूँकना** 体に激しい熱を感じる；体が燃えるように熱い **बदन में आग लग जा॰** 激怒する **बदन में खाज उठना** 不快さに虫酸が走る **बदन मोड़ना** *a.* そっぽを向く *b.* 謙虚な振る舞いをする **बदन समेटना** 身を縮める

बदनसीब [形] 《P.A. بدنصیب》不運な；運の悪い= अभागा; बदक़िस्मत.

बदनसीबी [名*] 《P.A. بد نصیبی》不運；非運= दुर्भाग्य; बदक़िस्मती.

बदनस्ल [形] 《P.A. بد نسل》身分の卑しい；家柄の低い= अकुलीन.

बदना[1] [他] (1) 定める；決める= निश्चित क॰; ठहराना; नियत क॰. भाग्य में तो बदा था 運命に定められていた；運命づけられていた (2) 誓う= सौगंद खाना; शपथ खाना. (3) 認める；承認する；認定する；同意する= मान ले॰; स्वीकार क॰. किसे पंच बदते हो? 君はだれをパンチとして認めるのか (4) 賭ける पर 1 हज़ार रुपये की शर्त भी बदी थी だが 1000 ルピーも賭けていた **बदकर** 絶対に；間違いなく；きっと；必ず हाँ-हाँ, तुम आओगे ज़रूर बदकर आओगे そうだお前は来るんだ．間違いなく来るんだ

बदना[2] [自] 運命づけられる；宿命とされる；天命の；天の定めの मेरी क़िस्मत में कुछ वर्ष बाद में डा॰हुसैन से मिलना बदा था 私は数年後にフサイン博士と出会うことが運命づけられていた महान फ़िल्मों के निर्देशक-नायक के नसीब में ऐसे भी बदे थे 偉大な映画監督兼俳優の運命にこれも宿命づけられていたのだ जिसके भाग्य में चक्की पीसना बदा हो 粉碾き（馬車馬のように働くことや大変な苦労）が運命づけられている人

बदनाम [形] 《P. بد نام》悪名の；悪名の高い；名のけがれた；不名誉な；不評の वे उधार देने वाले और ब्याज खानेवाले लोगों के रूप में बदनाम हैं あの人は金貸しとして評判が悪い (-) **बदनाम क॰** （－に）汚名を着せる；（－の）評判を落とす；（－を）悪く言う मुझे बदनाम करना चाहता है? 私の評判を落としたいのかい तुम्हें तो कोई कुछ न कहेगा, सब लोग मुझे ही बदनाम करेंगे 君にはだれも何も言わないだろう．皆は私を悪く言うだろう

बदनामी [名*] 《P. بد نامی》不評；悪名；汚名；不名誉= कुख्याति; अपयश. **बदनामी हो॰** 汚名を着る；不名誉になる

बदनी [形] 《A. بدنی》体の；身体の；肉体の；身体上の= शारीरिक; शरीर का.

बदनीयत [形] 《P.A. بد نیت》(1) 不誠実な；心がけの悪い= बेईमान. (2) 欲張りな；貪欲な= लोभी. (3) 不真面目な= बददियानत.

बदनीयती [名*] 《P.A. بد نیتی》(1) 不誠実；不心得= बेईमानी. (2) 貪欲= लालच; लोभ. (3) 不真面目= बददियानती.

बदनुमा [形] 《P. بد نما》醜い；見苦しい；みっともない= कुरूप; भद्दा. ये बदनुमा दाग この醜い傷跡

बदपरहेज़ [形] 《P. بد پرہیز》不養生な；不摂生な

बदपरहेज़ी [名*] 《P. بد پرہیزی》不養生；不摂生

बदफ़ैली [名*] 《P. A. بد فعلی》不品行；姦通；不倫行為= व्यभिचार; लंपटता.

बदबख़्त [形] 《P. بد بخت》不運な；つきのない= बदक़िस्मत; अभागा.

बदबख़्ती [名*] 《P. بد بختی》不運；非運= बदक़िस्मती; दुर्भाग्य.

बदबला[1] [名*] 《A. بد بلا》不幸をもたらす女；残忍な女；鬼女 = चुड़ैल; डाइन.

बदबला[2] [形] 質の悪い；邪悪な= दुष्ट; पापी.

बदबातिन [形] 《P.A. بد باطن》性質の悪い；意地悪な= दुरात्मा; ख़बीस.

बदबू [名*] 《P. بد بو》悪臭；いやな臭い= दुर्गंध. मोज़े की बदबू 靴下の悪臭 पसीने की बदबू 汗のいやな臭い साँस की बदबू 口臭 **बदबू आ॰** 悪臭がする；臭くなる पानी में बदबू आ॰ 水が臭う मुँह से बदबू आने लगती है 口が臭くなる；口から悪臭がする

बदबूदार [形] 《P. بد بو دار》悪臭のある；いやな臭いのする= दुर्गंधयुक्त. यह तेल बदबूदार होता है この油は悪臭がするものだ गंदी बदबूदार जगह 汚くて臭いところ

बदमज़गी [名*] 《P. بد مزگی》(1) まずいこと；旨味のないこと (2) 後味の悪さ；不快感；不愉快さ

बदमज़ा [形] 《P. بد مزہ》(1) まずい；うまくない (2) 不快な感じのする；不愉快な；後味の悪い= खिन्न; उदास; मलिन.

बदमस्त [形] 《P. بد مست》(1) 酔いしれた；泥酔した= मदोन्मत्त; नशे में चूर. (2) 色情に目のくらんだ

बदमस्ती [名*] 《P. بد مستی》(1) 泥酔 (2) 色欲に耽ること

बदमाश[1] [形] 《P.A. بد معاش》(1) 不道徳な；邪悪な (2) みだらな；猥褻な (3) 粗暴な；乱暴な

बदमाश[2] [名] (1) ならず者；ごろつき；不良；悪党 (2) 泥棒；引ったくり

बदमाशी [名*] 《P.A. بد معاشی》不道徳な行為；みだらな行為；乱暴；不良行為；悪さ

बदमिज़ाज [形] 《P.A. بد مزاج》怒りっぽい；気むずかしい= चिड़चिड़ा; गुस्सैल.

बदमिज़ाजी [名*] 《P. بد مزاجی》怒りっぽいこと；気むずかしいこと= चिड़चिड़ापन.

बदरंग [形] 《P. بد رنگ》(1) 色の悪い (2) 変色した；色の剥げた；色の褪せた；色の褪めた काँपते हाथों से बदरंग हो आए उन काग़ज़ों पर जमी धूल को वे साफ़ करने लगे 震える手でその変色した紙に積もった埃を取り除きにかかった (3) 邪悪な；邪な (4) 〔トラ〕切り札と色の異なる（カード） **बदरंग हो॰** *a.* 変色する *b.* 色が褪せる；色が褪める

बदरंगी [名*] 《P. بد رنگی》(1) 色の悪いこと (2) 変色 (3) 褪色

बदर[1] [名] (1) 〔植〕クロウメモドキ科イヌナツメ【*Zizyphus jujuba*】= बेर. (2) その実 (3) 綿の実の莢 (4) 綿の実

बदर[2] [副] 《P. بدر》戸外へ；戸口で= बाहर. (-को) **बदर क॰** 戸口から追い払う；追い出す (-के नाम) **बदर निकालना** （－の）借り方に記入する

बदरनवीसी [名*] 《P. بدر نویسی》〔簿〕会計検査；監査

बदराह [形] 《P. بد راه》悪い方へ進む；道を誤った；邪なことをする
बदरि [名] (1)〔植〕イヌナツメ＝ बदर. (2) イヌナツメの実
बदरिका [名*] (1)〔植〕イヌナツメ (2) その実 (3)〔ヒ〕ウッタラーンチャル・プラデーシュ州ガルワール地方 गढ़वाल にある聖地の一．ガンジス川の源流の一であるアラカナンダー川の水源に近い→ बदरी.
बदरिकाश्रम [名]〔ヒ〕ヴィシュヌ神の化身の一であるバダリーナート神（ナラ・ナーラーヤナ神）を祀ったヒンドゥー教の聖地の一，バダリカー・アーシュラム→ बदरिका
बदरी [名*] (1)〔植〕イヌナツメ (2) その果
बदरीनाथ〔地名〕＝ बदरिकाश्रम.〔ヒ〕バダリーナート（ヒンドゥー教の四大聖地の一でヴィシュヌ神の化身の一，バダリーナート神が祀られている）
बदरीनारायण [名] (1)〔ヒ〕ナラ・ナーラーヤナ神の形でバダリカー・アーシュラムに祀られているヴィシュヌ神 (2) 同上の神像
बदरीवन [名] (1) イヌナツメの林 (2) バダリカー・アーシュラム
बदरू [形] 《P. بد رو》醜い（容貌の）；みっともない；器量の悪い＝ कुरूप; बुरी सूरतवाला.
बदरोज़गार [形] 《P. بد روزگار》不運な；非運の；運に見放された＝ बदकिस्मती; हतभाग्य.
बदरौ [形] 《P. بد رو》間違った道や方向に進む；道を間違えた
बदरौनक़ [形] 《P. بد رونق》輝きのない；美しさのない；優美さのない मैं काला सही, बदरौनक सही, नीच और कमीना सही... 私が色黒だろうが美しくなかろうが身分が低かろうが卑賤であろうが…
बदरौनक़ी [名*] 《P. بد رونقی》美しさや優美さに欠けること
बदल [名] 《A. بدل》(1) 変換；交換；交替 (2) 代わりのもの रेल का बदल बस और ट्रक सेवा है, पर डाकतार, टेलीफ़ोन का कुछ नहीं 鉄道の代わりはバスやトラックだが電信や電話の代わりは何もない (3) 復讐 (4) 賠償
बदलगाम [形・名] 《P. بد لگام》(1) 御しがたい（馬）；暴れ馬；じゃじゃ馬 (2) 奇抜な；奔放自在な
बदलना[1] [自] 《← A. بدل》(1) 変わる；変化する；化する；（人が）変わる क्या मैं बहुत बदल गई हूँ, भैया 兄さん，私随分変わったと思う？ मुझे माहौल बदला हुआ लगा 私には雰囲気が変わったように思えた आज के बदलते हुए सामाजिक-आर्थिक परिप्रेक्ष्य में 今日の変貌する社会的，経済的展望において (-में) बदलना （－に）変わる；変化する गाजर, पपीता, आम आदि फलों में करोटीन नामक तत्त्व होता है जो शरीर में विटामिन 'ए' में बदल जाता है ニンジンや，パパイヤ，マンゴーなどの果物に含まれているカロチンと言う物質は体内でビタミン A に変わる मेरे आँसू हँसी में बदल गए 私の涙は笑いに変わった अगले जन्म में गाड़ीवान चूहे में और नौकर मक्खियों में बदल जाएँगे 来世において御者はネズミに使用人はハエになるだろう यदि परमाणु युद्ध छिड़ गया तो क्षण में विश्व खाक में बदल सकता है もし核戦争が勃発するならば世界は瞬時にして灰と化しうる (2) 代わる；交替する；交換される हेडमास्टर बदल गए 校長先生が代わった (3) 移る；移転する；移される उसकी जगह बदल गई それは移転した
बदलना[2] [他] (1) 替える；違うものにする；変化させる；変更する स्वर बदलकर बोली 声を変えて話した हमें अपनी यह धारणा बदलनी होगी 我々はこの考えを変えなくてはならない दिशा बदलना 方向を変えること；方向転換 (-में) बदलना （－に）変える अपने ही विशाल मकान को उसने सराय में बदल दिया 彼は大きな自宅を宿屋に変えた यह भोजन को ऊर्जा में बदलने के लिए आवश्यक है これは食物をエネルギーに変えるのに大切である मृत्युदंड को आजीवन कारावास में बदल दिया है デリーの高等裁判所は死刑を終身刑に変えた सूर्य परमाणु ऊर्जा को प्रकाश और ऊष्मा में बदलता है 太陽は原子力を光と熱とに変える (2) 交換する；代える；替える；交換する अनाज से चीज़ें बदलने का रिवाज 穀物と物々交換する習慣 कपड़े बदलना 着替える **करवट बदलना** *a.* 寝返りを打つ *b.* 寝返る (3) 移す；移植する；移し替える पौदों को एक गमले से दूसरे गमले में बदलना 苗木を１つの鉢から別の鉢に移す
बदलवाना [他・使] ← बदलना[2]. डाक्टरों ने उन्हें गुर्दा बदलवाने की सलाह दी थी 医師団は同氏に腎臓移植（手術）を（受けるように）勧めた
बदला [名] 《بدلا ← A. بدل बदल》(1) 変えること；変換 (2) 交換 उसके बदले में बढ़िया चीज़ मिल जाएगी それの代わりにいいものが手に入るだろう (3) 賠償；償い (4) 返し；返報 (5) 報復；仕返し；復讐 (6) 報い (7) 返礼；御礼 **बदला चुकना** 復讐される；報復される；仕返しされる बहन के अपमान का बदला भी चुक जाएगा 妹の侮辱の報復もなされよう **बदला चुकाना** 復讐する；報復する；仕返しをする अपने भाई की मृत्यु का बदला चुकाना 兄の死の仇を取る (-का) **बदला दे०** （－を）償う；（－の）償いをする；（－の）代価を払う **बदला ले०** ＝ बदला चुकाना; प्रतिकार क०. (-के) **बदले** （－の）代わりに；見返りに＝ (-के) बदले में. मैं भेड़ के बदले मुर्गी लाया हूँ 羊の代わりに鶏を持ってきた पैसे के बदले में हींग दे० お金と引き替えにアギを渡す
बदलाई [名*] ← बदलना. (1) 交換 (2) 代わり；代替物 (3) 償い；弁償
बदलाना [他・使] ← बदलना[2]. ＝ बदलवाना. कपड़े बदला दे० 服を着替えさせる
बदलाव [名] ← बदलना. 変化；変動；改変 दिन के तापमान में ज़्यादा बदलाव नहीं 日中の温度に大きな変化なし **बदलाव आ०** 変わる；変化する；変化が生じる चीन की स्थितियों में बदलाव नहीं आएगा 中国の状況には変化は生じないだろう (-में) **बदलाव क०** （－を）変える；改変する सरकार आगामी अपराध क़ानून संशोधन विधेयक में ये बदलाव करना चाहती है 政府は次の刑法改定案に以下の改変を望んでいる (-में) **बदलाव लाना** （－を）変化させる；変えること चरवाहे के रहन-सहन में बदलाव लाने के लिए 牧夫の生活様式を変えるために
बदली[1] [名*] (1) 曇り；空が曇っている状態；曇天 सुबह से बदली छायी थी 朝から曇っていた बदली खुल गई थी （曇っていた空が）晴れてしまっていた (2) 小さな雲
बदली[2] [名*] ← बदलना. (1) 転勤 बदली हो गई 転勤になった (2) 変化 (3) 代理
बदलू [形] 変わる；交代する；交代の बदलू खिलाड़ी 交代選手
बदलौअल [名*] 交換＝ बदलौवल.
बदशकल [形] 《P.A. بد شکل बदशक्ल》不恰好な；醜い；みっともない＝ कुरूप; बेडौल.
बदशकली [名*] 《P.A. بد شکلی बदशक्ली》形の悪さ；不恰好さ；醜さ
बदशुऊर [形] 《P.A. بد شعور》不作法な；無礼な；失礼な＝ अशिष्ट; बेतमीज़.
बदशुगून [形] 《P. بد شگون》不吉な；縁起の悪い＝ अशुभ; मनहूस.
बदशुगूनी [名*] 《P. بد شگونی》不吉さ；縁起の悪いこと＝ नुहूसत.
बदसलीक़ा [形] 《P.A. بد سلیقہ》粗野な；不躾な；無礼な＝ बदशुऊर; फूहड़.
बदसलूकी [名*] 《P.A. بد سلوکی बदसुलूकी》(1) 不作法；無礼な振る舞い (2) 危害；虐待
बदसुलूकी [名*] → बदसलूकी.
बदसूरत [形] 《P. A. بد صورت》醜い；みっともない；不器量な；不細工な＝ कुरूप; बेडौल. बदसूरत कन्या 器量の悪い娘
बदसूरती [名*] 《P. A. بد صورتی》醜さ；不器量；不細工＝ कुरूपता; बदशकली.
बदस्तूर [副] 《P. بدستور》平常通り；いつも通り；以前と同じく；慣例によって＝ पहले की तरह; यथापूर्व. वह अपना काम बदस्तूर अंजाम दे रहा है 自分の仕事をいつもの通り果たしている
बदहज़मी [名*] 《P.A. بد ہضمی बदहज़्मी》消化不良 बदहज़मी हो जा० 消化不良になる
बदहवास [形] 《P.A. بد حواس》あわてふためいた；動転した；どぎまぎした＝ हतबुद्धि. वह बदहवास होकर उससे मिलने के लिए ख़ुद भी उसकी तरफ़ दौड़ा あわてふためいてその人と会うために自分の方からも駆け出した वह बदहवास दौड़ा हुआ आया あわてふためいて走って来た घटनास्थल पर पहुँचते ही वहाँ का दृश्य देखकर वह बदहवास हो गया 事故現場へ行きその光景を見て気が動転してしまった
बदहवासी [名*] 《P.A. بد حواسی》あわてふためくこと；気が動転すること＝ उद्विग्नता; बौखलाहट.
बदहाल [形] 《P.A. بد حال》(1) 困窮した (2) 惨めなありさまの；哀れな状態の राज्य को और बदहाल बनाना 州を更に惨めなありさまにする (3) 病気に苦しんでいる；体調の悪い

बदहाली [名*]《P.A. بد حالی》(1) 困窮 (2) 惨めなさま；惨状 (3) 体の不調；病気
बदान[1] [名*] 賭け
बदान[2] [副] (1) 賭けて (2) 誓って
बदाबदी [名*] 競争= होड़; प्रतिस्पर्धा.
बदाम [名] = बादाम.
बदामी [形] ← बादाम. (1) アーモンド色の (2) アーモンドの香りのする
बदी[1] [名*]《P. بدی》(1) 悪 (2) 悪事；悪行 बदी नेक आमाल देखे तू सब के 善悪一切の行いを見る（神）
बदी[2] [名*] 陰暦で満月から新月へ向かう黒分→ सुदी 白分
बद्दू [名]《A. بدو बद्दू》（アラビア半島の）ベドウィン族 = बद्दू.
बदौलत [後置]《P.A. بدولت》(-की) बदौलत（希に，के बदौलत）の形で用いられて次の意味を表す (1)（ーを）介して；（ーに）よって इसके बदौलत ही मेहमान व मेज़बान में आत्मीय संबंध बना रह सकता है これを介して客人と主人との間に親密な関係が保たれる उनकी पुस्तक की बदौलत भारतवासियों को अपनी बहुत-सी भूली हुई बातें फिर याद आ गईं 同氏の書物を介してインド人は自分たちの忘れ去っていたことを思い出した (2)（ーの）おかげで धोबी की बदौलत हर आठवें दिन हमें साफ़ सुथरे कपड़े पहनने को मिल जाते हैं ドービー（洗濯屋）のおかげで 8 日目ごとに清潔な服が着られる
बद्दू [名]《A. بدو》（アラビア半島の）ベドウィン族= बद्दू.
बद्ध [形] (1) 縛られた；結ばれた (2) つながれた (3) 制限された；制限を受けた (4) 閉ざされた；閉じこめられた (5) 規定された；律せられた **बद्ध समाज**〔社・文人〕共同社会；協同体
बद्धकोष्ठ[1] [名]〔医〕便秘= बद्धकोष्ठता; कब्जियत.
बद्धकोष्ठ[2] [形] 便秘している
बद्धनिश्चय [形] 心に固く決めた；決意の固い；固く誓った
बद्धपरिकर [形] 準備を整えた；待ち構えた；同意している= कटिबद्ध; कमर बाँधे हुए; तैयार.
बद्धप्रतिज्ञ [形] 約束した；誓った
बद्धमूल [形] (1) 根を下ろした (2) 足場の固まった
बद्ध रूप [名]〔言〕拘束形式〈bound form〉↔ स्वतंत्र रूप 自由形式.
बद्धांजलि [形] 手を合わせた；合掌した= करबद्ध.
बद्धी [名*] (1) ひも= रस्सी; डोरी. (2)〔装身〕バッディー（女性が首と肩に掛ける四連の貴金属製の飾りもの）(3) 鞭などの細長いものによる体の傷跡
बद्रीनाथ [地名] → बदरीनाथ.
बधना[1] [他] 殺す；殺害する= (-) मार डालना; (-की) हत्या क॰; (-का) वध क॰.
बधना[2] [名] バドナー（イスラム教徒の用いる注ぎ口のついた水差し लोटा)
बधाई [名*] (1) 祝辞；祝賀；祝いの言葉 कल्याण-विजय पर तुम्हें बधाई カリヤーン征服を祝賀する（カリヤーンの征服おめでとう）(2) 祝賀行事；祝い (3)（祝われる人が祝う人に贈る）祝いの品；祝いの贈り物；内祝い；祝儀 (4) 男児出生の祝いや祝いの言葉 *a.*（ーに）祝辞を述べる；お祝いを言う；称える= मुबारकबाद क॰. *b.* 祝いの品（上記 (3)）を贈る **बधाई बजना** 祝いの歌が歌われたり奏せられる **बधाई बजाना** = बधाई दे॰. मुझे भी बधाई बजाने जाना पड़ेगा 私もお祝いに行かなくてはなるまい
बधाईदार [形]《H. + P. دار》祝いを述べる；祝辞を述べる
बधाना [他・使] ← बधना. = वध करवाना.
बधावा [名] (1)〔ヒ〕祝典（男児の誕生，結婚式など）(2)〔ヒ〕祝賀の音曲；祝典の際の歌や奏楽 (3)〔ヒ〕内祝いの贈り物；内祝い= उपहार. **बधावा बजना** 祝い事，祝典に際して歌が歌われたり楽が奏でられたりする；祝賀の音曲が奏せられる
बधिक [名] (1) 殺害者 (2) 死刑執行人 (3) 猟師
बधिया [名⁻] 去勢された牛や水牛などの家畜= खस्सी; आख़्ता. **बधिया क॰** 去勢する= आख़्ता क॰. **बधिया बैठना** *a.* 破産する；破産するような大打撃や大損害を被る；大赤字になる मेरी तो बधिया बैठ जाएगी これでは破産してしまう *b.* すっかり元気をなくす；意気消沈する
बधियाना [他] 去勢する= बधिया क॰; बधिया बनाना.
बधिर [名] 耳の聞こえない人；聾者；つんぼ= बहरा.
बधिरता [名*] ← बधिर. 耳の聞こえないこと；ろう（聾）；聾唖 = बहरापन.
बधू [名*] = वधू; बहू. 嫁；若嫁；花嫁
बधूटी [名*] (1) 息子の嫁= पतोहू. (2) 新婚の女性；新妻= नई आई हुई बहू. (3) 夫が存命の女性= सुहागिन स्त्री.
बधैया[1] [名*] = बधाई.
बधैया[2] [形・名] 祝いを述べる（人）；祝辞を述べる（人）
बन[1] [名] (1) 森；森林；ジャングル= जंगल; कानन; वन. (2) 庭；庭園 (3) 草取りの労賃 (4) 作男に穀物で支給される現物給 (5) 小作人が地主の家の祝い事に贈る贈り物 **बन का कुआँ** 無駄なもの；無益なもの **बन की धातु** 赭土；赤土 **बन बन की पत्ती तोड़ना** = बन बन में पत्ती तोड़ना. **बन बन की लकड़ी चुनना** = बन बन में पत्ती तोड़ना. **बन बन में पत्ती तोड़ना** *a.* 流浪する *b.* かけずり回る；必死の努力をする **बन में रोना** 何の効果もないこと；全く無駄なことや無益なこと= अरण्यरोदन.
बन[2] [名]《E. bun》菓子パン
बन अजवाइन [名*]〔植〕シソ科草本ワイルドタイム【*Thymus serpyllum*】
बनकंडा [名] 森や林に落ちて乾燥した牛糞（燃料として用いられる）→ कंडा.
बनक [名*] 森林の産物；森林から得られる資源
बनककड़ी [名*]〔植〕メギ科多年草ヒマラヤハッカクレン【*Podophyllum hexandrum*】= पापड़ा.
बनकटाई [名*] 森林伐採
बनकटी [名*] 地主より農民に与えられる森を伐採して開墾する権利
बनकटैया [名*] = भटकटैया.
बनकठकीरा [名]〔植〕イラクサ科草本カラムシ；ラミー；チョマ【*Boehmeria nivea*】〈ramie; rhea; China grass〉
बनकपासी [名*]〔植〕アオイ科小木【*Thespesia lampas; Hibiscus lampas*】= जंगली भिंडी.
बनकलमी [名*]〔植〕ヒルガオ科ホシアサガオ【*Ipomoea maxima*】
बनकुकड़ी [名*]〔鳥〕キジ科アカキョケイ= चकोरी.
बनकोकिल [名]〔鳥〕ホトトギス科フナシヒメカッコウ【*Cacomantis merulinus*】
बनखंड [名] 森林地；森林地帯
बनखंडी[1] [形] (1) 森林にある (2) 森林に住む
बनखंडी[2] [名*] 森林地
बनखोर[1] [名]〔植〕ウコギ科低木【*Aralia cachemirica*】
बनखोर[2] [名]〔植〕トチノキ科高木インドトチノキ；インドウマグリ【*Aesculus indica*】〈Himalayan chestnut; Indian horse chestnut〉
बनगाय [名*]〔動〕ウシ科ニルガイ；ニールガーイ；ウマカモシカ= नीलगाय.
बनगाव [名]《H.बन + P. گاو》〔動〕ウマカモシカ；ニールガーイ→ नीलगाय.
बनघास [名*] 野草；雑草= जंगली घास.
बनचर [名] (1) 野獣= वन्य पशु. (2) 未開人= जंगली आदमी.
बनचहा [名]〔鳥〕ヒレアシシギ科ヤブジシギ【*Gallinago nemoricola*】
बनचारी [名・形] (1) 森を歩く；森を歩き回る (2) 森に住む（人）(3) 野獣
बनचूर [名]〔鳥〕サケイ科オオサケイ【*Pterocles orientalis*】
बनचौंर [名*]〔動〕ウシ科ヤク【*Bos grunniens*】= सुरागाय.
बनज [名] 森林に生息する動物
बनजरिया [名*] 焼畑
बनजारा [名] (1) バンジャーラー，役牛に穀物や綿花などの荷を積んで運搬することや商業，家畜飼育などを主な生業としてきたカースト（及びそのカーストの人）(2) 商人 (3) 放浪者
बनजारिन [名*] バンジャーリン（バンジャーラーの女性や妻）
बनजारी कुत्ता [名] 猟犬= शिकारी कुत्ता.
बनझाऊ [名]〔植〕ヒノキ科ホソイトヒバ= सरो.
बनत [名*] (1) 作り方；製法 (2) 作り；構造 (3) 設計；デザイン
बन तीतर [名]〔鳥〕キジ科ミヤマテッケイ属アカチャガシラミヤマ【*Arborophila torqueola*】
बनतुलसी [名*]〔植〕シソ科草本灌木メボウキ【*Ocimum gratissimum*】
बनदेव [名] 森の神；森を支配する神
बनदेवी [名*] 森の女神；森を支配する女神
बनधातु [名*] = गेरू.

बनना[1] [自] (1) (何かに) 成る；(何かが) 成り立つ；出来る；出来上がる；構成される；作られる；製造される इन्हीं चीज़ों से शरीर बनता है 体はこれらのもので出来る मोर्चा न लगने के गुण के कारण ही स्टेनलेस स्टील के बने बरतनों को अन्य धातुओं की अपेक्षा अधिक पसंद किया जाता है 錆のつかない特性のためにステンレススチール製の調理器具は他の金属よりも好まれる यह गोलक मिट्टी के नहीं होते बल्कि टीन या प्लास्टिक के बने होते हैं これらは陶器ではなくてブリキやプラスチックで出来ている ऊन के बने हुए कपड़े ウールの着物 (2) 加工される；調理される；料理される मेम साहब, पराठे अभी बनेंगे? 奥様，パラーターは今すぐこしらえるのですか दूध से मिठाइयाँ भी बनती हैं 牛乳からはお菓子も作られる (3) 建てられる；建築される；建造される；出来る नई सड़क बन गई है 新しい道路が出来上がっている पुल बन गया है 橋が出来上がっている (4) 生まれる；生み出される；生じる；発生する；作られる यहीं से गैस बनती है 他でもないここからガスが発生する नई स्थिति बन रही है 新しい状況が作られつつある (5) 作成される；創作される (描かれる；詠まれる；書かれる；作られる) उसे देखकर एक कविता बनी それを見て詩がひとつ出来た फ़िल्म बन रही है 現在映画が製作されつつある (6) 定められる；規定される；作られる；制定される क़ानून बन रहा है 法律が制定されつつある (7) ある状態 (立場，身分，境遇など) になる दोस्त बनना 友人になる अध्यक्ष बनना 議長になる भारत में प्रतिवर्ष अमेरिका से भी अधिक महिला डाक्टर बनती हैं インドでは毎年アメリカ以上に女医が誕生する (8) 成る；成功する；首尾よく行く；出来る；目的が達せられる；完成される मदन का काम बन गया マダンの目的は達せられた आपका काम बना? 用事はうまく進みましたか हमारी गाय तो बड़ी मरियल है.उससे तुम्हारा क्या बनेगा! わが家の雌牛は随分くたびれているのであなたのお役に立つはずもございません पछताने से बिगड़ा काम नहीं बनता 悔やんだところでしくじったことはうまく元通りにはなりません केस मेरे अपने हाथ में है और जहाँ तक मुझसे बन सका, कोशिश करूँगा 事件は私が扱うことになっている．私に出来るだけのことは努力しよう (9) ある状態にある；ある状態が持続する；続く；継続する औपनिवेशिक दिमाग़ आज भी बना हुआ है हमारा 我々の植民地根性は今なお続いている तुम बूढ़े हो गए, लेकिन वह तो अब भी जवान बनी है 君は老け込んだがあの人はまだまだ若い (10) 映える；ぴったりする；引き立つ；調和する (-) देखते ही बनना (ーは) 自分の目で見ないとわからない；口ではうまく表現出来ない मोर के पर की सुंदरता बस देखते ही बनती है クジャクの羽の美しさはこの目で見なくては話にならない इस समय भीड़ का जो दृश्य होता है वह देखते ही बनता है その時の群集の光景は言葉では言い尽くせぬものである वहाँ सूर्योदय और सूर्यास्त का नज़ारा देखते ही बनता है 同地の日の出と日没の光景はたとえようがない (見た人にしかわからない) (11) 修理される；修繕される；直される हम लोगों का रेडियो ख़राब हो गया.बनने गया हुआ है 家のラジオは故障してしまい修理に出ている (12) 関係や折り合いがうまく行く；合い口がうまく行く；気が合う；馬が合う वह तेज़ स्वभाव की थी, अतः उसकी अपने सास ससुर से नहीं बनी 気のきつい女性だったので舅や姑とうまく行かなかった उनकी किसी से नहीं बनती - न मित्रों से, न आफ़िस के कर्मचारियों से, और न घर के नौकरों से あの人はだれともうまく行かない．友人とも職場の人とも家の使用人とも (13) 真似る；気取る चले हैं अनूप बनने アヌープを真似ているつもりなんだ！ (14) わざとらしいしぐさをする (15) しらばくれる；とぼける बनो मत.मैं तुमको ख़ूब जानता हूँ しらばくれるな．お前のことはよく知っているんだ (16) 笑いものになる；からかわれる (-की) **बन आ०** (ーに) 好機が巡ってくる；調子が出る；(ーの) 調子が良くなる；順調になる；好調になる कुछ पंडितों की बन आई, कुछ मुल्लाओं की चलती बनी 一部のバラモンたちは好機に恵まれたが一部のムッラーたちは機を逸した लेकिन पैसा कमाने वाले डाक्टरों की बन आती है でも金儲けが目的の医者たちはうまくせしめる वहाँ शहरों में जहाँ रोशनी और आतिशबाज़ी की बन आती है, वहाँ पहाड़ी गाँवों में मोमबत्ती तक नहीं जलाई जाती 片や都会では照明と花火が派手になされる一方，山間の村ではロウソクさえともされないのだ **बनकर** *a.* めかしこんで；おしゃれをして *b.* 着飾って；盛装して *c.* うまく；上手に；完全に **बनकर खेल बिगड़ जा०** うまく行っていたものが駄目になる **बनकर बैठना** 待ち構える **बन जा०** *a.* 調子よく進む；順調に進む *b.* 輪廻転生の境涯を脱する **बन ठनकर** = बनकर. → बनना-ठनना. आया सावन चलो देखने मेला सब बनठनकर サーワン月がやってきた／メーラー見物に出掛けよう／みんな着飾って एक दिन वह बनठन कर उस अभिनेता के बंगले पर पहुँच गया ある日盛装してその俳優の邸宅に行った **बनती के साथी** (羽振りがいい時だけの仲間) 身勝手な **बनते-ठनते बन जा०** 徐々に完成する **बनना-ठनना** めかす；おしゃれをする；盛装する पड़ोसी ख़ूब बन-ठनकर कहीं जा रहा था 隣の人がすっかり着飾ってどこかへ出掛けるところだった **बनना-बनाना** 欺く；馬鹿にする；愚弄する **बन पड़ना** ((-की) बन पड़ना の形で用いられて) (ーが) 成功を収める；首尾良く行く तुम्हारी बन पड़ी है जिसे चाहो पंच बदो 君の策が当たったんだ．好きな人をパンチに選びなさい ख़ुशामदी चुटकी बजाने वाले मुफ़्तख़ोरों की बन पड़ी お世辞上手の取り巻き連中がうまくやったんだ **बन बनाकर** = बनकर. **बन सँवारना** = बनना-ठनना. वह इतना अधिक बन सँवारकर आई थी कि हरेक उसे ही देख रहा था 余りにもしゃれ込んでやって来ていたので皆が彼女ばかり見ていた **बना-बनाया** 出来合いの；出来上がった **बना-बनाया खेल बिगड़ना** 順調だったのが駄目になる；完成を前に駄目になる **बना रहना** *a.* 持続する；続く；継続する मुसलमानों का अस्तित्व तथा स्वाभिमान भारत में तभी बना रह सकता है イスラム教徒の主体性と誇りはそうしてこそ持続しうるものである पशु के मर जाने की आशंका बनी रहती है 動物が死んで行く恐れが続いている *b.* 居続ける श्यामू बना रहा, तो उनके सारे किये कराये पर पानी फिर जाएगा シャームーが居続けたらあの人のしたことが水の泡になる मैं अधिकतर घर ही पर बना रहता हूँ 私はたいてい家にこもっているのです *c.* ある状態に留まる किसी का दिल न पसीजा.सभी दर्शक बने रहे だれも同情する者はなく皆見物人に留まった फिर भी वह समझती है कि इनसे मेरा भ्रम बना रहता है それでも私が錯覚したままでいると思っているんだ *d.* 生きている；生き続ける **बना हुआ आदमी** いんちきな बने हुए आदमी दिन के वक़्त भेस बनाकर भीख माँगा करते हैं いんちきな連中は昼間は変装して物乞いをするものなのだ **बनी के साथी** 景気や調子の良い時のみの友；身勝手な振る舞いをする；自己中心的な **बनी बात बिगड़ जा०** 完成を前に邪魔の入ること **बने के मीत** = बनी के साथी.

बनना[2] [助動] 疑問文及び否定文において -ते化した主動詞の未完了分詞に付加して用いられ主動詞の動作の可能・不可能や達成・完結を表す．自動詞の場合は常に男性単数形になる जब तक अंत तक न पहुँचूँ, मुझसे रुकते नहीं बनता 最後まで行かずには立ち止まれないんだ私は．他動詞の場合は目的語の性・数と一致する． मुझसे तो कोई जवाब नहीं देते बना 私にはどうしても何も答えられなかった मुझसे तो यह कहते न बनेगी 私にはこれはどうしても言えないだろう उस मेंबर से जवाब देते न बन पड़ा था そのメンバーには答えられなかった

बननिंबू [名]〔植〕ミカン科低木ハナシンボウキ【*Glycosmis pentaphylla*】

बननिधि [名] 海= समुद्र.

बननीबू [名] = बननिंबू.

बनपति [名]〔動〕ライオン；獅子= सिंह; शेर.

बनपशु [名] 野生の動物；野獣= जंगली जानवर.

बनपिंडालू [名]〔植〕アカネ科クチナシ属【*Gardenia latifolia*】〈Boxwood gardenia〉

बनप्याज़ी [名*]〔植〕ユリ科カイソウ属インドカイソウ【*Urginea indica*】= जंगली प्याज़.

बनफल [名] 野の草木に成る果実；野生の果実

बनफ़्शा [名]《P. بنفشه》〔植〕スミレ科ニオイスミレ【*Viola odorata*】

बनबकर [名]〔植〕ミズキ科ミズキ属高木【*Cornus oblonga*】

बनबकरा[1] [名]〔動〕ウシ科ヒマラヤタール【*Hemitragus jemlahicus*】

बनबकरा[2] [名]〔鳥〕ヒヨドリ科クロヒヨドリ【*Hypsipetes madagascariensis*】

बनबास [名] (1) 森で生活すること；森に住むこと (2) 国外追放 (特に刑罰として都市や人里から森への追放，所払い，遠島など)

बनबासी [形・名] (1) 森に棲息する (2) 森に住む (人)；森の住人 (3) 隠遁する人；隠棲者

बनबिलाव [名] (1)〔動〕ネコ科のジャングルキャット，カラカルなどの動物 (2)〔動〕ネコ科オオヤマネコ；カラカル【*Felis caracal*】

ब

= सियाहगोश. (3)〔動〕ネコ科スナドリネコ【*Felis viverrina*】〈fishing cat〉

बनबिल्ली [名*] = बनबिलाव. (1)〔動〕ネコ科ジャングルキャット【*Felis chaus*】= बनबिलार; जंगली बिल्ली; खटास. (2)〔動〕ネコ科スナドリネコ【*Felis viverrina*】

बनबेर [名]〔植〕クロウメモドキ科低木イヌナツメ【*Zizyphus jujuba*】= उन्नाब.

बन भांटा [名]〔植〕ナス科野菜ナス【*Solanum melongena*】

बनभेंडी [名*] = कनभेंडी.

बनमानुस [名]〔動〕類人猿

बनमाला [名*] バンマーラー（野の花でこしらえた花輪）

बनमाली[1] [形] バンマーラーをつけた

बनमाली[2] [名] (1) クリシュナ神 (2) ヴィシュヌ神 (3) ナーラーヤナ神

बनमुरग़ा [名]《H.बन+مرغا← P. مرغ मुर्ग़》〔鳥〕野鶏

बनराज [名]〔動〕ライオン；獅子= सिंह; शेर.

बनरी [名*] 新妻；若嫁

बनरीठा [名] (1)〔植〕センダン科小木ヘイネヤ【*Heynea trijuga*】(2)〔植〕マメ科小木アラビアゴムノキ【*Acacia senegal; A. verek*】〈Gum Arabic tree〉= खोर. (3)〔植〕ムクロジ科高木ムクロジ【*Sapindus mukorossi*】

बनरीसा [名]〔植〕イラクサ科低木もしくは小木（樹皮から有用な繊維が採れる）【*Oreocnide integrifolia; Villebrunea integrifolia*】

बनरीहा [名*] = बनकठकीरा.

बनरोहू [名]〔動〕センザンコウ科センザンコウ（穿山甲）

बनवाना [他・使] ←बनाना. 作らせる，作ってもらうなど उसने एक पिंजरा बढ़ई से बनवाया 鳥かごを１つ木工にこしらえさせた नई सड़कें बनवाना 新しい道路の建設 उसने राजकुमारी के रहने के लिए एक सुंदर महल बनवाना चाहा 王女の住まいとして美しい館を建て（させ）ようと思った आमलेट बनवाना オムレツをこしらえてもらう अब्बू सब के लिए नए नए कपड़े बनवाते हैं （イードが来ると）お父さんはみんなに服を新調して下さる मैंने एक गिलास शर्बत बनवाया シャルバトをコップ１杯分こしらえさせた（作ってもらった） एक मुद्दत गुज़री, जब उन्होंने एक अचकन बनवाई थी アチカンを仕立てて（もらって）から随分久しくなる तब जन्म-पत्रियाँ बनवाई जाती हैं その際ホロスコープを作成して（こしらえて）もらうことになっている

बनवारी [名] クリシュナ神の異名の一

बनवासी [形・名] 森に生息する；森に住む；森の住人

बन विभाग [名] 林野庁

बनसर्रा [名]〔鳥〕カラス科ミヤマコンヨウキン【*Garrulus lanceolatus*】

बनसार [名] 桟橋；波止場；突堤

बनात [名*] (1) バナート（上質広幅のラシャ） (2) 広幅の毛織物

बनाती [形] バナート（上質広幅のラシャ）の

बनाना [他] (1) 作る；作り出す；作成する；こしらえる；造る；作成する यौगिक शब्द बनाने के लिए 複合語を作るのに ब्राह्मण जन्मपत्री बनाता है バラモンは運勢図（ホロスコープ）を作る आज का भोजन मैं अपने ही हाथों से बनाऊँगी 今日の食事は自分でこしらえる चावल, कढ़ी, दाल बनाना ご飯，カリー（ヒヨコマメのスープ料理名），ダール（豆汁）をこしらえる खाना बनाना 食事を作る आपके लिए चाय बना दूँ? 紅茶を入れましょうか शरीर में मांसपेशियों को बनाने के लिए प्रोटीन आवश्यक पोषक पदार्थ है 体の筋肉を作るのに蛋白質は欠かせない栄養だ (2) 建てる；建造する；建設する；作る कारखाना बनाना 工場の建設 (3) 生み出す；発生させる；生じさせる；起こす आग बनाना 火を起こす क्रांतिकारी परिवर्तन का वातावरण बनाने में 革命的な変革の雰囲気を生み出すのに (4) 作成する；創作物を作る（描く；詠む；書く） कार्टून बनाना 漫画を描く चंपा चित्र बना रही है チャンパーが絵を描いている निशान बनाना しるしをつける= निशान क॰. (5) 定める；制定する；作る कानून बनाना 法律を作る；法を定める (6) 新しい状態にする；起こす；作る；（計画を）立てる हिंदुस्तान ने एक मंसूबा बनाया है インドは１つの計画を立てている (7) 新しい立場や身分にする；ある地位につける；任命する；関係を作る इन तीनों में से किसी एक को वायुसेनाध्यक्ष बनाया जाएगा この３人のうちの１人が空軍大将に任命されよう ऐसे लोगों को साथी न बनाओ こういう人たちを仲間にするな बाप मर गया और माँ दूसरा आदमी बनाकर चली गई 父親は死に母親は男を作って出ていった (8) 修理する；直す घड़ी बनाना 時計の修理 (9)（切ったり刈ったり削ったりして）整える；形を整える दाढ़ी बनाना あごひげをそる बाल बनाना 髪を刈る；調髪する किसी बेसहारा की ज़िंदगी बनाने का संतोष भी उन्हें होगा 身寄りのない人の生活を整えてやる満足感もあるだろう मैंने क़लम बना ली है （葦）ペンの先を削った（小刀で筆先を整えた） एक ब्लेड से मैंने कुछ देर पहले पेंसिल बनाई थी つい先ほどかみそりの刃で鉛筆を削ったところです (10) からかう；笑いものにする；愚弄する लीजिए आपने भी मुझे बनाना शुरू कर दिया ほらね．あなたまでもが私をからかいを始めましたね **बनाए रखना** *a.* 保持する；保つ；持続させる सत्ता बनाए रखना 政権を維持する यदि आप अपनी त्वचा को सुंदर और आकर्षक बनाये रखना चाहती हैं 肌を美しく魅力的に保ちたいのであれば स्थिर बनाए रखना 安定させておく शरीर का ताप स्थिर बनाए रखने के लिए 体温を安定させておくために हरियाणा तीन साल तक चंडीगढ़ को राजधानी बनाए रख सकेगा ハリヤーナー州は３年間チャンディーガルを州都にしておくことができる *b.* 仲良くする ननद तथा देवरों से बनाए रखें 義弟や小姑との関係を良好にしておくこと *c.* 生かしておく **बनाकर** *a.* 作って；見せかけで *b.* しっかりと；よく **बनाना-सँवारना** 美しく飾る；飾り立てる **बना ले॰** 稼ぐ；儲ける

बनाम [前置]《P. بنام》(1)（बनाम - के，もしくは，बनामे -の形で用いられて） ーの名で；ーの名によって (2) बनाम - ーに対して；ーに宛てて；ーの名宛で (3) - बनाम = ーに対抗して／対して＝；ー対＝；ーが＝に対して सिंध बनाम पंजाब シンド対パンジャーブ

बनारस〔地名〕バナーラス；ベナレス；ヴァーラーナシー；カーシー= वाराणसी. ウッタル・プラデーシュ州東部ガンジス川左岸のヒンドゥー教及び仏教の聖地

बनारसी [形] (1) バナーラスの；ベナレスの (2) バナーラス産の；バナーラス製の बनारसी साड़ी バナーラス産の金銀糸を織り込んだ絹のサリー

बनारसी पान [名] バナーラシーパーン（マガヒーパーン मगही पान とも呼ばれるパーンの一種．最高級のものとされる）→ पान.

बनारसी राई [名*]〔植〕アブラナ科クロガラシ【*Brassica nigra*】

बनाव [名] (1) 製作；製造；作成 (2) 構造；作り (3) 飾り；装飾；装い

बनाव-चुनाव [名] 化粧= बनाव-सिंगार; शृंगार-रचना.

बनावट [名*] (1) 作り；構造 जिस्म की बनावट 体の構造 मंदिर की बनावट 寺の構造 (2) 作り；形 बहुत गोरी थी वह, पर उसके चेहरे की बनावट अच्छी नहीं थी とても色白だったが顔の作りがよくなかった देवदार की बनावट ヒマラヤ杉の形 (3) 作為；人工 (4) 見せかけ (5) 気取り；気障

बनावटी [形] (1) わざとらしい；作った；作りものの；作為的な बनावटी मुसकान 作り笑い दुकानदार ने बनावटी गुस्सा दिखाते हुए कहा 店主は怒ったふりをして言った (2) 人為的な；人工の；人の手の加わった；加工された (3) 気障な **बनावटी साँस** 人工呼吸 बनावटी साँस दिलाने की व्यवस्था करें 人工呼吸を施せるように手配すること

बनावटीपन [名] (1) わざとらしさ；作りもの；作為 उसकी बातों में अजीब-सा बनावटीपन है, वह बनावटीपन जो आदमी किताबों से सीखता है あの人の話には奇妙なわざとらしさがある．書物から学びとるわざとらしさがある (2) 人工；人為性；加工 (3) 気障

बनावन [名] (1) = बनाना. (2) 穀類からより出されたもの（不純物）→ बीनना.

बनावनहारा [名・形] = बनानेवाला. 作る人；作り手；製作者；製造者

बनाव-शृंगार [名] = बनाव-सिंगार. 化粧；おしゃれ अधिक बनाव-शृंगार रात के समय शादी-विवाह के अवसरों पर ही शोभा देता है 濃い化粧は夜とか結婚式の時にだけふさわしいのものです

बनाव-सिंगार [名] 化粧；おしゃれ मुझे तो उसके बनाव-सिंगार पर गुस्सा आता है あの人の化粧が気にくわないのです

बनास्पती [名*] = वनस्पति.

बनिक [名] 商人；商売人；あきんど= बणिक; वणिक्.

बनिज [名] (1) 商売；取引= व्यापार. (2) 商品= सौदा. **बनिज-व्यापार** 商業；商い बनिज-व्यापार से भी अच्छी होती है खेती. 商売よりも農業のほうがよい

बनिजारा [名] = बनजारा.
बनिजारिन [名*] = बनजारिन.
बनिता [名*] (1) 妻；家内= पत्नी; स्त्री; औरत. (2) 女性= स्त्री; नारी; औरत.
बनिया [名] (1) 商人（商業に従事するカーストの人，特に小商人のイメージで用いられることが多い；バニヤー） (2) 食料日用雑貨商；バニヤー (3) ヴァイシュヤ वैश्य (4) 金儲け中心で利にさとい商人的心性の持ち主
बनियाइन[1] [名*] 商人やバニヤー・カーストの女性
बनियाइन[2] [名*] 丸首のアンダーシャツ= बनियान; गंजी.
बनियान [名*] 丸首アンダーシャツ= बनियाइन[2].
बनियानी [名*] = बनियाइन. バニヤー・カーストの女性
बनिस्बत [前置・後置] 《P.A. بنسبت》 (-की) に接続して用いられる. (ーに) 比べて；比して；比較して मर्दों की बनिस्बत औरतों में 男性よりも女性の間に
बनिहार [名] 現物給を受ける農業労働者；作男
बनी[1] [名*] (1) 木立；小さい森林 (2) 庭園= बाग; वाटिका.
बनी[2] [名*] (1) 花嫁；嫁；新妻= नववधू; दुलहिन; बन्नी[2]. (2) 女性
बनी आदम [名] 《A. بنی آدم》 人；人間；人類
बनी इस्राईल [名] 《A. بنی اسرائیل》 ユダヤ人
बनीठी [名*] = बनेठी.
बनेठी [名*] バネーティー（棒術に用いられる両端に球形の重しのついている棍棒）
बनैला [形+] 野生の；野の= जंगली; वन्य. जंगली सूअर जैसे बनैले पशु और पक्षी イノシシのような野生の動物や鳥
बनौकस [形] 森林に住む
बनौट [名*] 見せかけ；上辺をつくろうこと
बनौटी [形] 綿の花のような
बनौरी [名*] 雹= ओला; पत्थर.
बनौवा [形] 作りものの；見せかけの；まがいものの= बनावटी; कृत्रिम; नकली.
बन्ना [名] (1) 花婿；新郎= दूल्हा. (2) 結婚式に際して花婿側の女性が歌う歌
बन्नात [名*] 広幅のラシャ（羅紗）= बनात.
बन्नी[1] [形] 森の；森林の；野山の
बन्नी[2] [名*] (1) 花嫁；嫁；新妻= दुल्हन. (2) 女性
बन्नी[3] [名*] 農業労働者に支払われる現物給（収穫物の 3 分の 1 など）
बन्नो [名*] (1) 女性 (2) 花嫁
बपंस [名] 父親から息子に分け与えれられる財産；父親からの遺産= बपौती.
बप [名] 父；父親；おやじ= बाप; पिता.
बपतिस्मा [名] 《E. Baptism; L. baptisma》〔キ〕洗礼；浸礼；バプティスマ；バプテスマ ईसाइयों में बपतिस्मा की रस्म भी होती है クリスチャンにはバプティスマの儀礼も行われる
बपना [他] 種を蒔く = बोना.
बप-मार [形] (1) 父親を殺す（ような） (2) 目上の人を裏切る（ような） (3) 背信行為をする
बपु [名] (1) 体；肉体；身体= शरीर; देह. (2) 権化；化現= अवतार.
बपुरा [形+] 哀れな；無力な；寄る辺ない
बपौती [名*] (1) 世襲財産 (2) 遺産 वह क्यों उस प्रतिष्ठा और सम्मान को त्याग दे जो उसके पुरखों ने संचय किया था? यह उसकी बपौती है あの人が代々の先祖が蓄えてきたその栄誉と尊敬をどうして捨て去るものか. それは受け継いだ遺産なのだ
बप्तिस्मा [名] = बपतिस्म.
बप्पा [名] 父；父親；おやじ；お父さん；お父っつあん（呼びかけに用いられることが多い）= बाप; पिता.
बफरना [自] 挑戦的に怒鳴りつける；居丈高に言う= वह कुशल योद्धे की भाँति, शत्रु को पीछे हटता देखकर बफरकर बोला 百戦錬磨の兵のように敵が退却するのを見て居丈高に言った
बफ़र स्टेट [名] 《E. buffer state》〔政〕緩衝国= अंत:स्थ राज्य; अंतर्रोधी राज्य.
बफारा [名] (1) 蒸気；湯気 (2) 煎じ薬の湯気 (3) 同上の湯気の吸入
बफौरी [名*] ギーや油で揚げる代わりに蒸してこしらえたパコーリー（पकौड़ी）
बबकना [自] (1) 喚き散らす；怒鳴り散らす (2) 興奮して暴れ回る
बबर [名] 《P. ببر》 (1) 虎 (2) ライオン= बबर शेर; सिंह.
बबरी [名*] たてがみ
बबलू [名] 小さな男の子に親愛の気持ちをこめて呼びかける言葉（ムンナー मुन्ना などと同じ）女の子に対しては बबली
बबुआ [名] (1) 息子や娘婿に対する親愛の情をこめた（呼びかけの）言葉 (2) 小さな男の子に対する親愛の情をこめた（呼びかけの）言葉，坊や，坊，ぼんなど यही बात बबुआ को लग गई この言葉がぼうやの気に障ったわけなの（母親が自分の息子のことに言及） वहाँ जाने में बहुत ख़र्च पड़ते हैं, बबुआ あのね，そこに行くのにはえらく金がかかるのだよ (4) バブアー（男の子の姿の人形） ड्राइंग रूम में रखने के लिए एक चीनी वाला बबुआ दिलवा दीजिए 応接間に置く瀬戸物のバブアーを買ってちょうだい (5) ザミーンダール=ज़मींदार
बबुई [名*] (1) 娘= बेटी. (2) 夫の妹= छोटी ननद. (3) ザミーンダールの娘
बबुई तुलसी [名*]〔植〕シソ科草本メボウキ；ヒメボウキ【*Ocimum basilicum*】= काली तुलसी.
बबुनी [名*] = बबुई.
बबूल [名]〔植〕マメ科高木アラビアゴムモドキ【*Acacia arabica; A. nilotica*】= कीकर. 〈Indian gum arabic tree; babul〉 **बबूल के पेड़ से आम की आशा क॰** 悪人に善行を期待する **बबूल बोना** 悪さをする；悪事を働く；悪い種を蒔く **बबूल लगाकर आम चाहना** 悪事を働いて良い結果を望む；行為と反対の結果を欲する
बबूला [名] (1) 泡；水の泡；バブル= बुलबुला; बुदबुदा. उन देशों की समृद्धि एक क्षणिक बबूले की तरह थी それらの国の繁栄ははかない水泡の如きものであった (2) 竜巻；つむじ風；旋風
बब्बर शेर [名]《P. ببر شیر बबर शेर》ライオン = बबर शेर; शेर बबर.
बब्बू [名]〔鳥〕フクロウ科ウスグロワシミミズク【*Bubo coromandus*】〈dusky eagle-owl〉
बब्बूगोशा [名] → बगू गोशा. 〔植〕セイヨウナシ
बभना [名] ブラーフマン；バラモン= ब्राह्मण.
बभनी[1] [名*] (1) ブラーフマンの妻；ブラーフマンの女 (2) デーヴァナーガリー文字 देवनागरी の別称
बभनी[2] [名*] (1)〔動〕爬虫類トカゲ科トカゲ【*Mabuya carinata*】 (2)〔医〕ものもらい；麦粒腫 (3)〔農〕サトウキビやイネなどの虫害による胴枯れ病 (4)〔農〕少し赤みを帯びたローム土の一種 = बह्मनी. (5)〔植〕イネ科カヤ（茅）の一
बभूत [名*]〔ヒ〕聖灰；バブーティ；バブート= बभूति; भभूत. → भभूत. हथेली पर रखे फूल बभूत बन गए 掌に載せた花がバブーティになった
बभ्रु[1] [形] (1) 褐色の；こげ茶色の (2) 頭の禿げた= गंजा; खल्वाट.
बभ्रु[2] [名] 褐色；こげ茶色
बम[1] [名] シヴァ派の信徒が唱えるシヴァ神を称える聖音；バム；バムバム बम बम भोलानाथ, बम बम महादेव など **बम बोल जा॰** しまいになる；終わりになる；尽きる；精根尽き果てる；おだぶつになる；破産する
बम[2] [名] 《E. bomb》爆弾；爆発物
बम[3] [名] ターンガー（馬車）などの馬をつなぐ竹の轅
बम[4] [名] (1) 泉；噴水 (2) ポンプ
बम[5] [名] 《P. بم》〔イ音〕(1) 低音；バス (2) 低音の出る小型のナガーラー（नगाड़ा）
बमकना [自] (1) 膨らむ；腫れる (2) ほらを吹く；自慢する
बमकाना [他] ほらを吹かせる；自慢させる
बमगोला [名] 《E. bomb + H.गोला》爆弾
बमचख [名*] (1) 騒ぎ；騒動= शोर; शोरगुल. (2) 争い；喧嘩；衝突= लडाई; झगडा. बमचख मचना 騒ぎが起こる；争いが起こる；喧嘩が起こる
बमना [他] 吐く；嘔吐する；戻す= कै क॰; वमन क॰; उलटी क॰.
बमपुलिस [名] 《H. बन + E. place; E.bang + E. place?》公衆便所 = बंपुलिस. ठौर ठौर बमपुलिस बनाये गए あちこちに公衆便所が設けられた
बमबाज़ [形] 《E. bomb + P. باز》 (1) 爆撃する；爆撃用の (2) 爆弾を投げる；砲撃する
बमबाज़ी [名*] ← बमबाज़ी. (1) 爆撃 (2) 砲撃
बमबार [名] 《E. bomber》爆撃機 = बमबार तय्यारा; बमवर्षक.

बमबारी [名*] 《E. bomb + P.باری》 (1) 爆撃 (2) 砲撃
बममार [名] 《E. bomber》爆撃機 = बनबार. कैनबारा बममार キャンベラ爆撃機〈Canberra〉 बममार स्क्वैड्रन〈squadron〉爆撃中隊
बमवर्षक [名] 《E. bomb + H.》爆撃機
बमवर्षा [名*] 爆撃 = बमबारी.
बमीठा [名] 蟻塚 = वल्मीक; बाँबी.
बमुक़ाबला [前置] 《P. A. بہ مقابلہ》 (1) (−の) 前に；(−と) 向かい合って (2) (−と) 比べて；(−に) 比して
बमुश्किल [副] 《P.A. بہ مشکل》ようやく；やっとのことで अक्सर लोगों को तो साल में एक दो जोड़े बनवाने की नौबत भी बमुश्किल आती है たいていの人は年に 1〜2 着の服さえやっとのことで仕立てられるものなのだ
बमूजिब [前置・後置] 《P.A. بہ موجب》 -के बमूजिब; बमूजिब -के の形で用いられる (−に) よって；従って；ならって
बमूजिबे हुक्म [副] 《P.A. بہ موجب حکم》 (−の) 命令に従って；命によって
बमोट [名] 蟻塚 = बमीठा; बाँबी; वल्मीक.
बम्भण [名] ブラーフマン；バラモン= ब्राह्मण.
बम्हनी [名*] (1)〔動〕トカゲ科トカゲ【*Mabuya carinata*】= बभनी. (2)〔医〕麦粒腫；ものもらい
बय[1] [名*] 年；年齢= वय; आय.
बय[2] [名] 《A. بیع》販売；売り= बै.
बयन [名] ことば (言葉)；文言；文句= वचन.
बयना [他] 種を蒔く；播種する= बोना.
बयस[1] [名*] 年；年齢= वय; उम्र; आयु; अवस्था.
बयस[2] [名] (1) 祝い事の際，親戚縁者知己などに贈られる菓子= बायन. (2) 贈り物= उपहार; भेंट.
बयसवाला [形⁺] 若い；青年の= युवक; जवान.
बयसशिरोमणि [名] 青春；若い盛り= जवानी; युवावस्था.
बया[1] [名]〔鳥〕ハタオリドリ科キムネコウヨウジャク【*Ploceus philippinus*】 **तेलिया बया**〔鳥〕ハタオリドリ科コウヨウジャク【*Ploceus manyar*】
बया[2] [名] 穀物の計量を職とする人
बयान [名] 《A. بیان》(1) 表現；言い方 (2) 言及；述べること；発表；言明 एक सरकारी बयान के अनुसार 政府の発表によると (3) 説明 (4)〔法〕陳述 (5)〔法〕供述 **खोलकर बयान क॰** 敷衍する **बयान क॰** *a.* 述べる；言明する इस सबक़ में जो कहानी बयान की गई है この課で述べられている話 *b.* 主張する；力説する *c.* 説明する **बयान दे॰** 陳述する **बयान बदलना** 言い逃れをする；ごまかす **बयान ले॰** 調書を取る；取り調べをする लगता है आप तो जैसे बयान ले रहे हैं まるで調書でも取っていらっしゃるような感じですね **बयान हो॰** 述べられる ऊपर जो बातें बयान हुईं 上述のことがら；上に述べられたこと **संयुक्त बयान** 共同声明
बयान ज़बानी [名] 《A.P. بیان زبانی》〔法〕口述；口頭陳述
बयान तहरीरी [名] 《A. بیان تحریری》〔法〕陳述書
बयाना [名] 《A.P. بیعانہ बैआना》前金；手付け金 उसने ऐन वक़्त पर बयाना लौटा दिया いざという時に前金を返却した **बयाना बट्टा हो॰** 商談が成立する；話がまとまる
बयाबान [名] 《P. بیابان बियाबान》(1) 森；ジャングル (2) 荒野
बयाबानी [形] 《P. بیابانی》森の；ジャングルの
बयार [名*] (1) 風 यह कैसी ठंडी बयार चल पड़ी なんとまあ冷たい風が吹き始めたことか समुद्री बयार 浜風 बंबई की मरीन ड्राइव की समुद्री बयार में लहराते हुए युवा ボンベイのマリーンドライヴの浜風に吹かれている若者 (2) そよ風 **बयार क॰** (うちわなどで) あおぐ；風を送る **बयार भखना** ヨーガの行で鼻から息を吸う
बयारा [名] (1) 一陣の風 (2) 嵐；暴風；強風
बयारि [名*] 風= बयारी.
बयाला [名] (1) 壁にあいた穴 (2) 壁をくぼませた棚；壁龕 (3) 銃眼
बयालीस [数] 42 बयालीसवाँ 第 42 の；42 番目の
बयासी [数] 82 बयासीवाँ 第 82 の；82 番目の
बरंग [名]〔植〕アオイ科落葉小木【*Kydia calycina*】= पोला.
बरंगा [名] (1) 屋根板 (2) 屋根に敷く石の板；スレート (3) 垂木 (平屋根の)
बरंगेख़्ता [形] 《P. بر انگیختہ》怒り狂った；激怒した；殺気立った= क्रुद्ध; कुपित.
बरंदाज़ [形] 《P. بر انداز》破滅させる；破壊的な
बर[1] [名] (1) 花婿；新郎= दूल्हा; वर. (2) 祝福の言葉 **बर दे॰** 祝福を与える **बर माँगना** 祝福を求める **बर मिलना** 祝福を受ける；祝福される (3) 選ぶこと；選択；選抜
बर[2] [名]〔植〕クワ科バンヤンジュ= बरगद; बट.
बर[3] [名] 《P. بر》(1) 胸 (2) 布地の幅
बर[4] [名] 《P. بر》(1) 果実；果物；実 (2) 結果；成果
बर[5] [接] が；けれども；だが；しかし बल्कि; वरन्
बर[6] [形] すぐれた；優秀な= उत्तम; श्रेष्ठ; अच्छा.
बर[7] [後置] 《A.,P. بر》(−の上) に；(−の) 上に；(−に) 対して (-से) बर आ॰ (बर पाना) (−を) 凌ぐ；(−に) 勝る
बरअक्स [後置] 《A.,P. برعکس》 (-के) बरअक्स の形で用いられる (−に) 反対に；逆に तीनों लड़के बाप के बरअक्स थे 息子は 3 人とも父親に反対だった
बरक़ंदाज़ [形] 《A.P. برق انداز बर्क़ंदाज़》(1) 小使い (2) 兵士；兵卒 (3) 銃手 (4) 砲手
बरक़ [名*] 《A. برق बर्क़》(1) 雷；雷光；稲妻 (2) 電気；電流
बरकत [名*] 《A. برکت》(1) 祝福；天恵 (2) 豊富；潤沢；十分なこと (3) 慈悲；同情；情け (4) 繁栄；隆盛；幸福= बढ़ती. इत्तिफ़ाक़ में बरकत है 団結により繁栄がもたらされる (5) 忌み言葉として「不足」の意味に用いられる **बरकत उठना** 盛りが過ぎる；盛りが終わる **बरकत दे॰** 祝福を与える；恵む अरे जैसी नीयत होती है अल्ला भी वैसी ही बरकत देता है 幸せは神様がこちらの心がけ次第でお授け下さるのさ **(-में) बरकत हो॰** (−が) 十分にある वह बड़ा कारसाज़ है, तुम्हारी कमाई में हमेशा बरकत होगी なかなか役に立つ人だからいつまでもよい稼ぎがあるだろう
बरकती [形] 《بركتى ← A. برکت》(1) 恵みの；繁栄をもたらす (2) めでたい
बरक़दम [名*] 《A.P. برق دم बर्क़ दम》マンゴーを材料としたチャトニー (चटनी) の一種
बरकना [自] (1) 離れる= अलग हो॰; दूर हो॰; पृथक् हो॰. (2) 逃れる；脱する；避けられる；免れる= बचना; न घटित हो॰.
बरक़रार [形] 《P.A. برقرار》(1) 確立した；しっかりした；安定した= स्थिर; क़ायम. (2) そのままの；不変の；従来の；継続する；持続する यही स्थिति विधानसभा चुनावों में भी बरक़रार रहेगी 正にこの状況が州議会選挙中も続くであろう बेहोशी की हालत में भी उसकी सुनने की क्षमता बरक़रार रहती है 意識がない状態でも聴力は持続している अगर तुम्हारा पढ़ाई का शौक़ बरक़रार रहा, तो 君の勉学心が続いたならば (3) 復職した= बहाल. (-) **बरक़रार रखना** (−を) 続ける；保持する；維持する जिस्म को बरक़रार रखने के लिए तीन चीज़ें ज़रूरी हैं 肉体を維持するのに 3 つの物質が欠かせない कामयाबी हासिल करना उतना मुश्किल नहीं, जितना कि उसे बरक़रार रखना 成功を得ることはそれを保持するほど難しくはない
बरकस [副] 《P.A. برعکس बरअक्स》逆に；反対に= प्रतिकूल; ख़िलाफ़.
बरकाज [名] 祝い事；めでたいこと (特に結婚式)
बरकाना [他] (1) のける；退ける；別扱いにする；排除する मौक़ा पड़ने पर भी बरका दिए गए 機会があったにもかかわらず退けられた (2) 巻く (行方をくらます) (3) 禁じる
बरक़ी [形] 《A. برقی बर्क़ी ← बर्क़》電気の बरक़ी लहर 電波
बरक्कत [名*] → बरकत. इसी आमदनी में उसके हाथों इतनी बरक्कत थी कि कमी कभी नहीं पड़ी これだけの収入で何一つ不自由な思いをしたことはなかった
बरखना [自] 雨が降る= वर्षा हो॰; बारिश हो॰; पानी बरसना; बरसना.
बरखा [名*] ← वर्षा. (1) 雨 (2) 降雨 (3) 雨季
बरखाना [他] 降らせる= बरसाना.
बरख़ास्त [形] 《P. برخاست》(1) 集会や会合などが散会した；お開きになった；終了した मीटिंग बरख़ास्त क॰ 散会にする (2) (組織などが) 解散された；解消された राज्य सरकारों को बरख़ास्त करने की योजना 州の内閣を解散させる計画 (3) 排除された；除外された；追放された अस्पताल में वह चार-पाँच दिन रहा, फिर वहाँ से बरख़ास्त कर दिया गया 病院に 4〜5 日いたが，またそこから追い出された (4) 解任された；解職された；解雇された；首になった उसे नौकरी से बरख़ास्त किया जा सकता है その人を解職することができる

बरख़ास्तगी [名*]《P. برخاستگی》(1) 散会 (2) 解散；解消 (3) 排除；除外；追放 (4) 解任；解職；解雇 जहाँ इस प्रकार की बरख़ास्तगी होगी このような解雇が行われるところでは

बरख़िलाफ़ [副]《P.A. بر خلاف》(-के) बरख़िलाफ़ の形で用いられる. (ーの) 反対に；(ーと) 反対に；(ーの) 逆に इसके बरख़िलाफ़ これと (正) 反対に

बरख़ुरदार[1] [形]《P. بر خوردار बरख़ुर्दार》(1) 楽しむ；享受する (2) 成功した；繁栄した (3) 幸運な

बरख़ुरदार[2] [名] (1) 息子 (父親が息子に呼びかけの言葉として用いる)；せがれ (倅) क्यों बरख़ुरदार, यहाँ टाँग तुड़वाए हो और हमें ख़बर तक नहीं की なあ倅やここで足を骨折したというのにお前はおれたちに知らせもせずにいたんだ (2) 目下の者や年少者に対する親愛の情をこめた呼びかけの言葉

बरख़ुरदारी [名*]《P. بر خورداری बरख़ुर्दारी》← बरख़ुरदार. (1) 幸運；幸せ (2) 成功 (3) 繁栄

बरग [名]《P. برگ बर्ग》草木の葉 = पत्ता; पत्ती.

बरगद [名]〔植〕クワ科バンヤンジュ = बट; न्यग्रोध.

बरगलाना [他] 煽る；扇動する；かき立てる उसी ने कैलाश के ज़रिए महतो को बरगलाया あの人がカイラーシュを使ってマハトーを煽ったのだ जनता के इस उमड़ते हुए जोश को बरगलाना 民衆のこの湧き上がる情熱をかき立てる

बरगश्ता [形]《P. برگشته》(1) 戻った；反対向いた；反対の；ひっくり返った = फिरा हुआ; विपरीत. (2) 不運な (3) 横柄な；生意気な = उद्दंड; सरकश.

बरगेल [名]〔鳥〕ヒバリ科コヒバリ【*Calandrella fufescens*】= बगेरी; बरगेली.

बरचर [名]〔植〕ブナ科ナラ属高木【*Quercus semecarpifolia*】〈brown oak of Himalaya; Kharshu oak〉= घेसी.

बरच्छा [名] (1)〔ヒ〕嫁側が婿を見て縁談を決める儀式；婚約式 (2)〔ヒ〕縁談が決まった段階で花婿の父親にジャネーウー (聖紐), 金子及び果物を手渡す儀礼

बरछा [名] 武器としての槍と投げ槍 = भाला. बरछे का फल 槍の先；槍の穂先

बरछा फेंक [名*]〔ス〕槍投げ

बरछी [名*] 小さな槍 **बरछी से छेद क॰** 激しく苦しめる

बरछैत [名] 槍使い；槍の使い手 = भालाबर्दार.

बरजन [名] 禁止；禁じること = निषेध; मनाही.

बरजनहारा [形+] 禁止する；禁じる

बरजना [他] 禁じる；禁止する；止める = मना क॰; रोकना; (-का) निषेध क॰. गाँव के लड़कों को बरजना होगा, वे शोर करना छोड़ें. 村の子供たちを禁じなくてはいけない. 騒ぎ立てないように

बरज़बान [形+]《P. بر زبان》暗唱した；そらんじた (諳んじた) = कंठस्थ; मुखाग्र.

बरजस्ता[1] [形]《P. بر جسته》即座の；その場の；即刻の = तुरंत का; फ़ौरी; आशु.

बरजस्ता[2] [副] 直ちに；即刻 = तुरंत; फ़ौरन.

बरजस्तागो [形]《P. بر جسته گو》(1) 雄弁な；能弁な；弁の立つ (2) 即興で詩を詠む (3) 機転のきく

बरज़ोर[1] [形]《← H. बल + P. زور》(1) 強い；強力な；強烈な；猛烈な；圧倒的な = ज़बरदस्त. (2) 無法な；力ずくの；強引な = अत्याचारी.

बरज़ोर[2] [副] = बरज़ोरी.

बरज़ोरी [副]《H.बल + P. زوری ज़ोरी》← बरज़ोर[1]. 無理に；むりやりに；強引に = ज़बरदस्ती; ज़ोर-ज़बरदस्ती.

बरत[1] [名*] ひも；綱 = रस्सी.

बरत[2] [名] = व्रत.

बरतन[1] [名] 水などの液体を入れたり飲食に用いたり飲食物を入れるのに用いる陶磁器や金属製の容器や食器 (びん, コップ, 皿, プレート, 鍋など) = बर्तन. दही का बरतन ヨーグルトの容器 चाय के बरतन 紅茶の道具；茶道具

बरतन[2] [名] (1) 取り扱い = बरतना. (2) 態度 = बरताव; व्यवहार.

बरतना[1] [他] (1) 用いる；使う；使用する；扱う चीज़ें बरत लेने के बाद मुकर्रर जगह पर रख दिया करें 使用後は定まった場所に置くこと कुत्ते को सिखाने के लिए दंड और पुरस्कार दोनों नियम बरते जाते हैं 犬の訓練には賞と罰との 2 つの規則が用いられる (2) 行動や態度をとる；行う；扱う；遇する；なす；払う देखो जी, तुम बहुत बदतमीज़ी बरत रहे हो いいかい君は今大変無礼を働いているんだ अपनी ओर से पूरी एहतियात बरतकर वे नीचे आए 自ら最大の注意を払って降りて来た लापरवाही बरतना 注意を怠る घर-बार, कपड़े-लत्ते और खाने-पीने तथा रहन-सहन में सफ़ाई बरती जाए 家の中, 着るもの, 飲食物, 生活に清潔を保つべし स्वयं कितनी सभ्यता एवं शिष्टता बरत रहे हैं, यह तो सभी देख रहे हैं 自らどれだけ礼節にかなったことを行っているかは皆が見ているところだ इन प्रश्नों के उत्तर देते समय यह सावधानी अवश्य बरतें कि जो कुछ आप सचमुच अनुभव करती या करते हैं, वही लिखें これらの問いに対する返答をする際に実際に経験していることを書くように必ず注意を払うこと अपने आहार के प्रति भी सावधानी बरतनी चाहिए 自分の食べ物にも注意を払うことが大切 लापरवाही बरतने के आरोप में चार कर्मचारियों को निलंबित कर दिया गया है 職務怠慢 (不注意) のかどで職員 4 名が休職にされた अपने अधीन चपरासियों द्वारा उनके प्रति बरती गई सामाजिक घृणा का शिकार बनना पड़ा था 自分の部下の用務員たちによる社会的憎悪の餌食にならなければならなかった

बरतना[2] [自] (1) 扱われる；遇される (2) 振る舞う (3) 過ぎる；経過する (4) よそわれる；盛られる

बरतनी [名*] (1) 綴り = हिज्जे; वर्तनी. (2) 筆；ペン；筆記具

बरतर [形]《P. برتر》(1) (ーより) 高い；一層高い = ऊँचा; बलंद; बुलंद. (2) すぐれている；勝っている；優秀な = श्रेष्ठ; उत्तम.

बरतरफ़ [形]《P.A. بر طرف》(1) 離れた；排された；除かれた (2) 解職された；解雇された；解任された = पदच्युत; बरख़ास्त.

बरतरफ़ी [名*]《P.A. بر طرفی》解職；解雇 = बरख़ास्तगी; पद च्युति.

बरतरी [名*]《P. برتری》(1) 優秀なこと；すぐれていること = श्रेष्ठता; उत्तमता. (2) 高いこと = ऊँचाई.

बरतानवी [形]《P. برطانوی》イギリスの बरतानवी सरकार イギリス政府

बरताना[1] [他] 配る；分配する；配り歩く = बाँटना.

बरताना[2] [自] 振る舞う；行動する = बरताव क॰; व्यवहार क॰.

बरतानिया [名]《P. برطانیہ, E. Britania》大英帝国；ブリタニア；イギリス = ब्रिटेन.

बरताव [名] (1) 扱い；取り扱い；使用；扱い方；使用法 (2) 振る舞い；行動 = व्यवहार.

बरती [形]〔ヒ〕ヴラタ, もしくは, ヴラト (व्रत) を行っている；(断食を伴う) 願行を行っている = व्रती. → व्रत.

बरद[1] [形] 恵みを与える；好意的な；親切な = वरद. इन्हीं के बरद हस्त का सहारा लेकर この方の支援 (親切な手) を支えにして

बरद[2] [名] 牛；役牛；去勢牛 = बैल.

बरदवाना [他] ← बरदाना. 交尾させる；つがわせる = जोड़ा खिलाना.

बरदा[1] [名] 牛；役牛；去勢牛 = बैल; बरधा.

बरदा[2] [名]《P. برده बर्दा》(1) 捕虜 (2) 奴隷 = दास; गुलाम.

बरदाना[1] [自] つがう (番う)；交尾する = जोड़ा खाना.

बरदाना[2] [他] (家畜を) つがわせる (番わせる)；交尾させる = जोड़ा खिलाना; बरदवाना.

बरदाफ़रोश [名]《T.P. برده فروش बर्दा फ़रोश》奴隷商人

बरदाफ़रोशी [名*]《T.P. برده فروشی बर्दा फ़रोशी》奴隷売買

बरदायक [形] = वरदायक.

-बरदार [造語]《P. بردار》(1) (ーを) 担ぐ, 担う, 持つなどの意を有する造語要素 अलमबरदार 旗手 (2) (ーを) 運ぶ, 運搬するなどの意を有する造語要素 फ़र्मानबरदार 従順な

बरदाश्त [名*]《P. برداشت》忍耐；耐え忍ぶこと；我慢；辛抱 **बरदाश्त क॰** 耐える；忍ぶ；耐え忍ぶ；忍耐する；我慢する न किसी का हस्तक्षेप बरदाश्त करता है だれの干渉も我慢しない पुलिस के ज़ुल्म को बरदाश्त करना 警察の暴虐に耐える उसने क़ैद व बंद की सख़्तियाँ बरदाश्त कीं 囚われの辛さに耐えた वह इस स्थिति को अपना भाग्य समझकर बरदाश्त करती रहती है この状況を自分の運命と思っていつも耐えている **बरदाश्त से बाहर** 耐えられない；我慢できない पेशाब बरदाश्त से बाहर होने लगा 小便が我慢できなくなった

बरदी [名*] 雄牛の皮

बरदौर [名] 牛舎；畜舎 = गोशाला; मवेशीख़ाना.

बरद्द [名] 役牛；去勢牛

बरध [名] 役牛；去勢牛 = बरधा; बैल.

बरन[1] [接] 逆接の接続詞. しかし；しかしながら；けれど = बल्कि. निश्चित विधि के विपरीत तथा नाजायज़ ढंग से कराने में न केवल

झिझकते ही हैं, बरन... 決まりに反し不法に行わせることをためらわぬばかりか…

बरन[2] [名] (1) 色 (2) ヴァルナ= वर्ण.

बरनमाला [名*] アルファベット = वर्णमाला.

बरनर [名] 《E. burner》バーナー

बरना[1] [他] (1) 結婚する（結婚相手として選ぶ） (2) 任命する；任じる (3) 贈る；贈与する

बरना[2] [名]〔植〕フウチョウソウ科低木インドギョボク【*Crataeva roxburghii*】

बरना[3] [自] 燃える = बलना; जलना.

बरना[4] [名*] ヴァルナー川（वरुणा バナーラスの近くを流れる）

बरनाला [名] 甲板排水孔

बरनेत [名*]〔ヒ〕結婚式の式次第の一．花嫁側が花婿側を式壇に招いてガネーシャ神等を礼拝させる

बरपटे [形] 支払いの終了した；完済された

बरपा [形] 《P. برپا बर्पा》(1) 立っている；起立している (2) 発生した；生じた；起こった (3) 存在する；居合わせる **कहर (कह्र) बरपा दे॰** の形で用いられて，大混乱や大騒動などを引き起こす；巻き起こす **बरपा क॰** 引き起こす；惹起する

बरफ़ [名*] 《← P. برف बर्फ़》(1) 雪 (2) 氷 (3) 練乳や果汁などを半ば凍らせた飲みもの **बरफ़ हो जा॰** *a.* 冷え切る；とても冷たくなる *b.* 死ぬ

बरफ़ानी [形] 《P. برفانی बर्फ़ानी》雪の；雪の降った；雪に覆われた

बरफ़िस्तान [名] 《P. برفستان बर्फ़िस्तान》雪の多い所；雪国；氷雪の地

बरफ़ी[1] [名*] 《P. برفی बर्फ़ी》(1) バルフィー（濃縮牛乳に砂糖とアーモンドやピスタチオなどのナッツを加えて煮つめ型に入れて固めた菓子） (2) 菱形 **बरफ़ी खाने के बाद गुड़ खाना** （バルフィーを食べた後黒砂糖を食べる）良いものや上等のものの後に良くないものや上等でないものを得るたとえ

बरफ़ी[2] [形] = बरफ़ीला; बर्फ़ीला.

बरफ़ीला [形⁺] 《P. برف बर्फ़ + H. -ईला》(1) 氷の；雪の；氷や雪の混じった (2) 雪や氷のように冷たい बरफ़ीले पानी में雪のように冷たい水の中に= बर्फ़ीला.

बरफ़ीला तूफ़ान [名]（大）吹雪；暴風雪；ブリザード

बरबंड [形] (1) 強い；強力な= बलवान; ताकतवर. (2) 威力のある= प्रतापशाली. (3) 横柄な= उद्दंड. (4) 猛烈な= प्रचंड.

बरबत [名] 《P. بربت बर्बत》〔音〕バルバト（リュートの一種）

बरबर[1] [名*] = बड़बड़.

बरबर[2] [形] = बर्बर.

बरबरता [名*] = बर्बरता.

बरबस[1] [副] (1) 力ずくで；しゃにむに；激しく；強く वह बरबस लोकलोचनों को अपनी ओर आकृष्ट करती है それは強く世間の目を引きつける चोट तो ऐसी ज़्यादा न थी, इन लोगों ने बरबस पट्ठी-सट्ठी बाँधकर ज़ख़्मी बना दिया 大したけがでもなかったのにこの人たちがしゃにむに包帯など巻いてけが人に仕立てたんだ (2) やむなく；しかたなく；どうしようもなく；思わず प्रत्येक पुरुष सौंदर्य और आकर्षण की ओर बरबस खिंच जाता है 男はだれでも美しいもの，魅力のあるものに思わず引きつけられる (3) 無駄に；意味もなく；わけもなく बरबस उसका अपमान करते हैं あの人を意味もなく侮辱する (4) にわかに；突然

बरबस[2] [形] 余儀ない；やむをえない；どうすることもできない

बरबाद [形] 《P. برباد》(1) 破壊された；滅された；破滅された मैं बरबाद हो गया.न तो मैं इस घर में रह सकता हूँ न अब नया भवन बनवाने के लिए पैसा ही बचा है いやもう私はおしまいだ．この家には住むこともできないし新しい家を建てる金も残っていない (2) 損ねた；悪くなった；傷んだ सेहत बरबाद हो जाएगी 健康が悪くなるだろう (3) 台無しの；駄目な तुम्हारा सारा धन यहाँ बरबाद हो रहा है 君の財産がここでは全部台無しになる (4) 無駄な；役に立たない पूरा दिन बरबाद हो गया まる１日無駄になった

बरबादी [名*] 《P. بربادی》破滅；滅亡；全滅 पराई सीख से कभी-कभी बरबादी ही हाथ लगती है 人に教えられたことで全くひどい目に遭うことがあるものだ भेड़-बकरियों के विशाल झुंडों द्वारा वनस्पति की बरबादी होती है 羊や山羊の大群に植物が全滅させられる

बरम [名] 鎧 = कवच; अंगरक्ष; ज़िरिह बक्तर; शरीरत्राण.

बरमला [形] 《P. برملا》公然と；大っぴらに；堂々と= खुल्लम खुल्ला.

बरमहल[1] [形] 《P.A. برمحل》(1) ぴったりの；時宜にかなった= उचित. (2) 容赦のない= मुँहतोड़.

बरमहल[2] [副] 正にその時に；ちょうどその時

बरमा[1] [名] = छिद्रक. 木工ぎり（錐）

बरमा[2]〔国名〕《E. Burma》ビルマ；ミャンマー= म्यानमार; बर्मा; ब्रह्मदेश.

बरमी[1] [形] ビルマの；ミャンマーの= बर्मी.

बरमी[2] [名] ビルマ人；ミャンマー人= बरमा का रहनेवाला; बरमा निवासी; बर्मीज़.

बरमी[3] [名*]〔言〕ビルマ語= बर्मीज़.

बरमी[4] [名*] 小さな木工ぎり → बरमा.

बरमी[5] [名*]〔植〕イチイ科常緑樹イチイ【*Taxus baccata*】〈common yew〉→ बिरमी.

बरमीज़[1] [形・名] 《E. Burmese》ビルマの；ビルマ人

बरमीज़[2] [名*] 《E. Burmese》〔言〕ビルマ語

बरम्हा [名]〔イ神〕ブラフマー= ब्रह्मा.

बरम्हाना [他]（バラモンが）祝福を与える

बररना [自] そる（反る）；そり返る गीली लकड़ी जब धूप में सूखती है, तो बरर जाती है.लेकिन अच्छी किस्म की लकड़ी बररती नहीं है 湿気を含んだ木材は日光に当たって乾くと反るが，上等の木材は反らない

बरवै [名]〔韻〕バルワイ（第１及び第３の奇数パーダが 12 マートラー，第２及び第４の偶数パーダが７マートラーから成るモーラ韻律．偶数パーダの終わりには जगण か तगण が来る）

बरस [名] (1) 年；１年（太陽暦の） वर्ष; साल (2) 暦年 (3) 年齢；年；歳 **बरस दिन का दिन** 年に１度の祭り **बरसों झुलाना** 長い間待たせる **बरसों लगना** 幾年もかかる；長期にわたる

बरसगाँठ [名*] (1) 誕生日= जन्मदिन; सालगिरह. (2) 誕生祝い；誕生日の祝い

बरसना [自] (1) 雨が降る；雨滴が落ちる= मेंह पड़ना; बारिश हो॰. बरसते पानी में 雨の降る中を (2) しずく，小さなかけら，粉のようなものが上から落ちてくる；落下する；降る；降り注ぐ अँगारे बरसने लगे 火の粉が降り注ぎ始めた बरसती आँखों से बेटे की ओर देखते हुए बोली 涙のあふれ出る眼で息子のほうを見ながら言った (3) 激しく続けざまに落ちる；降る；降り注ぐ；浴びせられる मुझपर पुलिस की गोलियाँ बरस रही हैं 警察の銃弾が私に浴びせられている (4) 怒鳴る；叱りつける；罵声を浴びる；文句を言う बच्चे से पूछे बग़ैर उसपर बरसेंगी わけもたずねずに子供を叱りつける माँ तो अपने पति पर बहुत बरसी कि धन दौलत व व्यापार के चक्कर में पड़कर वह अपने बच्चों पर भी कोई ध्यान नहीं देते…母親は夫に激しく噛みついた．銭金，商売に熱中するあまり子供たちのことをまるで気にかけない… (5)（ばらばらになって）崩れ落ちる माँ के सारे संस्कारगत बंधन गरज-गरजकर बरस रहे थे （母の）品位を保ってきた一切のものが音を立てて崩れ落ちて行くのだった **बरस पड़ना** 怒鳴りつける；怒りを発する

बरसात [名*] (1) 降雨；雨降り= वर्षा; बरसात; बारिश. (2) 雨季（北インドでは地域差があるが，６月中旬から９月末まで）梅雨；さみだれ= वर्षा ऋतु. बरसात के मौसम में 雨季に

बरसाती[1] [形] (1) 雨の बरसाती पानी 雨水 **बरसाती कोट** レインコート (2) 雨季の；梅雨時の **बरसाती नदी** 雨季にのみ流れる川 **बरसाती नदी हो॰** 最盛期になる；最盛期を迎える **बरसाती नाला** 成金風を吹かせる **बरसाती मेंढक** （雨季の蛙のように）やかましく，あるいは，けたたましくしゃべる（人） **बरसाती मौसम** 雨季 = वर्षा ऋतु.

बरसाती[2] [名*] (1) 雨合羽；レインコート (2) 車寄せ (3) 屋根裏部屋 (4)〔医〕馬鼻疽腫〈farcy〉

बरसाना[1] [他] (1) 雨などを降らせる (2) 続けざまに沢山射たり撃ったり浴びせたりする；降らせる गोलियाँ बरसाना 弾雨を降らせる；弾を雨霰と降らせる；弾を浴びせる भीड़ पर पुलिस लाठियाँ बरसाती है 警察が群衆にラーティー（棍棒）の雨を浴びせる दो पहर का वक़्त था, सूरज आग बरसा रहा था 昼時だった．太陽が火を降らせていた (3)（風選の要領で）箕などを用いて風の力で脱穀した穀粒を籾殻と分ける

बरसाना[2] [名]〔農〕風選の要領で脱穀した穀粒を籾殻と分ける作業

बरसाना[3] 〔地名・イ神〕バルサーナー（ウッタル・プラデーシュ州マトゥラー मथुरा の近くの村でラーディカー राधिका，すなわち，ラーダー राधा の生誕地とされる）

बरसायत[1] [名*]〔ヒ〕ジェート月黒分の朔日（ヴァトサーヴィットリーヴラタ वट-सावित्री व्रत の行われる日）

बरसायत[2] [名*] 吉祥の時刻= शुभ घड़ी; शुभ मुहूर्त.

बरसी [名*] (1) 命日 (2) 年忌= वार्षिक श्राद्ध. बरसी समारोह 年忌法要 बरसी मनाना 年忌をする

बरहंटा [名]〔植〕ナス科小低木シロスズメナスビ【*Solanum indicum*】

बरहक़ [形]《P.A. برحق》(1) 公正な (2) 正しい；適正な

बरहना [形]《P. برہنہ बरहना》裸の；素っ裸の；一糸まとわぬ= नंगा; नग्न. बरहना जलूस 裸の行列

बरहनागो [形]《P. برہنہ گو बरहनागो》歯に衣着せない；ずけずけものを言う；遠慮なく言う= साफ़गो; स्पष्टवक्ता.

बरहनागोई [名*]《P. برہنہ گوئی बरहनागोई》遠慮のない口をきくこと= साफ़गोई; स्पष्टवादिता.

बरहनापा [副]《P. برہنہ پا बरहनापा》はだしで= नंगे पाँव.

बरहम [形]《P. برہم बरहम》(1) 混乱した；散乱した (2) 怒った；取り乱した (3) 不快な

बरहमन [名] ブラーフマン；バラモン= ब्राह्मण.

बरहा[1] [名] (1) 小川 (2) 畑の灌漑用水路；用水路

बरहा[2] [名] 太綱 = मोटा रस्सा.

बरही[1] [名*] (1) バルヒー（誕生から 12 日目産婦の沐浴，命名などの行事が行われる） लड़का पैदा हुआ है, आज उसकी बरही है 男の子が生まれ今日がその 12 日目のバルヒーだ (2)〔ヒ〕出産日から 12 日目に行われる産婦の床上げ

बरही[2] [名*] (1) 太綱 (2) 薪の束

बरही[3] [名] (1)〔鳥〕クジャク (2)〔動〕ヤマアラシ (3) 火

बरही पीड़ [名] クジャクの羽でこしらえた冠

बरहौं [名] 命名式の行われる生後 12 日目= बरही.

बरांडल [名] 帆綱

बरांडा[1] [名] バラームダー → बरामदा.

बरांडा[2] [名] 帆綱

बरांडी [名*]《E. brandy》ブランデー

बरा [名] → बड़ा[2] バラー（ケツルアズキの豆粉を材料に油やギーで揚げたスナック）

बराए [前置]《P. برائے》(1)（一の）ために (2)（一に）とって

बराए नाम [副]《P. برائے نام》名ばかりで；名目的に बालाई बराए नाम पड़ी है クリームはほんの名ばかり入っている

बराक [形] (1) みじめな；哀れな= शोचनीय; बेचारा. (2) 卑しい；下賤な= नीच; अधम. (3) 邪悪な= दुष्ट.

बराट [名]〔貝〕タカラガイ（宝貝）；コヤスガイ（子安貝）= कौड़ी.

बरात [名*] (1)〔ヒ〕バラート（挙式のため楽隊や象，馬などを従え花嫁の家を訪れる花婿及び花婿の親戚縁者，友人，知人たちの一行やその行列） (2) 旅行の仲間；一行 **बरात उतरना** *a.* バラートが到着する *b.* 大変な人だかりになる；大変な人混みになる；大勢の人が押し寄せる **बरात क०** バラートに加わる **बरात का दूल्हा** 中心になる人 **बरात चढ़ना** 結婚式が行われる；結婚式が挙げられる **बरात निकलना** バラートが出発する **बरात लगना** 大変な人だかりになる

बरातिन [名*] バラートに加わった女性← बराती.

बराती[1] [形] バラートの → बरात.

बराती[2] [名]〔ヒ〕(挙式のために花嫁の家に向かう婿側の参列者の行列）バラートに加わる人

बरानकोट [名]《← E. browncoat》(1) ブラウン・コート（軍服の上に着用するオーバー） (2) オーバーコート

बराना[1] [他] (1) 口を濁す；曖昧な返事をする (2) 取り除く；より出す (3) 選び出す

बराना[2] [他] (1) 水を引く (2) 灌水する；畑に水をやる；水を入れる

बराबर[1] [名・形・後置]《P. برابر》(1) 等しい（もの）；同じ（の）；同等（の）；同数（の）；同量（の）；同程度（の） मटर के दाने के बराबर आकार エンドウマメと同じ大きさ समाज को नुक़्सान पहुँचाने वाले स्त्री-पुरुष दोनों को बराबर दंड मिलना चाहिए 社会に害を及ぼす者には男女とも同じ刑罰を与えるべきだ आलपिन के सिरे के बराबर जगह ピンの先端と同じ広さ (2) 滑らかな；平らな；凹凸のない (3) ぴったりの (4) 貸借のない；支払いの済んだ (5) 終了した；完結した (6) 引き分けの；タイの आज दोनों टीमें गोल रहित बराबर रहीं 本日は両チーム無得点の引き分けに終わった **बराबर क०** 台無しにする；全滅させる **बराबर कहना** きっぱりと言う **बराबर का** *a.* 等しい；対等の *b.* 並ぶ；競う *c.* 隣接する उसके बराबर की मेज़ पर それに並んだ机に **बराबर की टक्कर** 同じ力の者同士の対抗や競争；実力伯仲の人や関係の競争や争い **बराबर वाला** *a.* 相並ぶ；脇の；そばの *b.* 同じの（年齢や境遇などが） *c.* 隣の；隣接した **बराबर हो०** *a.* 等しい；対等な *b.* 台無しになる；全滅する

बराबर[2] [副] (1) 絶えず；絶え間なく；続けざまに इलाज भी बराबर चलता रहा था 治療も絶えず続いていた कई दिन तक बराबर बारिश होती रहती है 数日間ひっきりなしに雨が降る **बराबर-बराबर** 絶えず；常に उसका फ़ायदा हिंदू तथा मुसलमान राजनैतिक नेताओं ने बराबर-बराबर उठाया ヒンドゥーの政治指導者もムスリムの政治指導者も絶えずこれを利用した (2) 同じほど；同程度に अपने बराबर पढ़ी-लिखी लड़की 自分と同じほど学歴のある女の子 (3) 一様に；変わりなく दिनों का फेर है भाई, सब दिन बराबर नहीं जाते これが月日の流れと言うものさ．常に変わらずとは行かぬものさ (4) 頻繁に；よく；ちょいちょい मेरे यहाँ बराबर आया करता था 私の家によく来ていたものだ (5) 完全に；きちんと；ぴったりと नली के बाहर का छोर भी कार्क से बराबर बंद कर दो 管の外側の端もコルクでぴったりと閉じなさい (6) 並んで；脇に (7) 一緒に；共に (8) 並行して

बराबरी [名*]《P. برابری》(1) 同等；平等 स्त्रियों की अपनी आज़ादी और बराबरी के लंबे ऐतिहासिक संघर्षों के नतीजे 女性の自由と平等の長い歴史的な闘争の結果 (2) 同格；対等 अगर तुम्हारी सामर्थ्य कम थी तो अपनी बराबरी का घर देखते 甲斐性がなかったのであれば対等の家柄を探せばよかったのだよ महिलाओं को बराबरी का दर्जा मिले 女性にも対等な地位の得られることを（望む） (3) 競争；対抗 हम दूसरों की सुख-सुविधा को देखकर उसकी बराबरी करने का प्रयास करते हैं 人は他人の幸せな様子を見てそれと競争しようとするものだ वे कहते हैं कि पढ़-लिखकर ये लोग बराबरी करेंगे この連中学問をして肩を並べるんだと言う (4) 引き分け；タイ **बराबरी पर छूटना** 引き分ける；タイになる

बरामद [形]《P. برآمد》(1) 現れた；外に出た (2) 発見された；見つけられた दिल्ली चिड़ियाघर से लापता लड़की उ०प्र०में बरामद デリーの動物園から失踪した女の子がウッタル・プラデーシュ州で発見（保護）された (3) 差し押さえられた；押収された पुलिस ने इस गिरोह द्वारा ठगे गए करीब ढाई लाख रुपए के ज़ेवर बरामद कर लिये हैं 警察はこの一味の盗んだ約 25 万ルピーの宝石や貴金属を押収した दो हज़ार किलो खाद्य तेल बरामद 2000kl の食用油押収

बरामदगी [名*]《P. برآمدگی》(1) 出現 (2) 押収

बरामदा [名]《P. برآمده》屋根付きの吹き抜けの廊下；回廊；柱廊；バラームダー；ベランダ（屋根付きで一方，二方，ないしは三方から吹き抜けの部分） मैं होटल के एक बरामदे से दूसरे बरामदे में चक्कर काटता अपने लिए कमरा खोजता रहा ホテルの回廊から回廊をぐるぐる歩き回りながら部屋を探していた

बरामीटर [名]《E. barometre》→ बैरोमीटर. バロメーター

बराय [前置] → बराए.

बराय नाम [副] → बराए नाम. 名ばかり；名目上= नाम मात्र को; कहने भर को.

बरार 〔地名〕バラール，もしくは，ベラール（独立前はマディヤ・プラデーシュ州，今日はマハーラーシュトラ州に含まれる北緯 20 度〜22 度，東経 76 度〜80 度あたりの地域）

बराव [名] 忌み；禁忌；忌避= परहेज़; बचाव; निवारण.

बरास[1] [名]《E. brace》帆の引き綱

बरास[2] [名] 龍脳= भीमसेनी कपूर.

बराह[1] [名] = वराह. (1) イノシシ；野猪 (2)〔イ神〕ヴィシュヌ神の化身の一

बराह[2] [副]《P. براه》(→) बराहे の形でも用いられる (1)（一の）道で (2)（一を）経て；経由して (3)（一）として (4)（一）から

बराहमन [名] = ब्राह्मण. ブラーフマン；バラモン

बराहे [副] = बराह[2].

बराहे अदब [副]《P.A. براه ادب》うやうやしく；丁重に；礼儀正しく

बराहे इंसाफ़ [副] 《P. A. براه انصاف》正義の立場から；正義と公正さから
बराहे रास्त [副] 《P. براه راست》直接に = सीधे तौर पर.
बरिआई[1] [名*] (1) 強力なこと；力の備わっていること= बलवान हो°. (2) 強制= बल प्रयोग; ज़बरदस्ती.
बरिआई[2] [副] (1) 力ずくで；しゃにむに= ज़बरदस्ती; ज़ोर-ज़बरदस्ती. (2) 思わず；どうしょうもなく；図らずも= अनायास.
बरिक्षा [名*] = बरच्छा; बरछेकाई.
बरिच्छा [名*] = बरच्छा.
बरियाई[1] [副] (1) 力ずくで；むりやり (2) やむを得ず；仕方なく
बरियाई[2] [名*] (1) 力持ちなこと；強力なこと (2) 力を用いること；強引なこと
बरियारा [名]〔植〕アオイ科低木ホリバキンゴジカ【*Sida acuta*】
बरी[1] [形] 《A. برى》(1) 無罪の；無実の सर्वोच्च न्यायालय तक पहुँचते पहुँचते साफ़ बरी हो जाएँगे 最高裁に行くまでにきれいさっぱり無罪になる बड़े नेताओं का दखल होने से अभियुक्त बाइज़्ज़त बरी हो जाते हैं 有力者の干渉で被告は堂々と無実になる (2) 解放された；自由になった；釈放された (3) 免れた；免除された
बरी[2] [名*] = बड़ी[2].
बरी[3] [名*]〔ヒ〕挙式前に花婿側から花嫁側に贈られる装身具，衣類，菓子，果物などの贈り物
बरी[4] [名*] 生石灰= कंकड़ का चूना.
बरी-पडला [名]〔ヒ〕結納の品の一部となる女性の装身具及び果物と菓子= सुगंधित वस्तुएँ.
बरु [接] (1) たとえ；仮に (2) しかし；しかしながら；けれども
बरुआ [名]〔ヒ〕(1) ヒンドゥーとしての入門式を済ませて学行期にあるとされる独身者；梵行者= ब्रह्मचारी; बटु. (2) 入門式の際に歌われる歌 (3) ヒンドゥーの入門式 (4) バラモンの男児
बरेंड़ा [名] 棟木 = बरेंड़ी.
बरे[1] [副] (1) 強く；激しく= ज़ोर से. (2) 大声で= ऊँचे स्वर से. (3) むりやりに；力ずくで= ज़ोर ज़बरदस्ती.
बरे[2] [副] (1) とうとう；ついに (2) ある時；一度
बरेखी[1] [名*]〔装身〕バレーキー（女性が上腕につける金製の装身具の一）
बरेखी[2] [名*] 結婚のため相手方を見ること（いわば見合いであるが，相手側の親などが見ることであって本来当人同士のものではない）
बरेच्छा [名*] = बरच्छा.
बरेजा [名] パーンの材料となるキンマの栽培園→ पान.
बरेठा [名] ドービー（洗濯屋）・カースト= धोबी; रजक.
बरेत[1] [名] = बरेता.
बरेत[2] [名] バターやチーズをとるためにかめに入った牛乳を撹拌するための撹拌棒についているひも
बरेता [名] 麻の太い綱
बरेषी [名*] = बरेखी[2].
बरोक[1] [名]〔ヒ〕(1) 婚約式；バラッチャー= बरच्छा. (2) バラッチャーの際花嫁側が花婿側に贈与する贈り物（金子）
बरोक[2] [副] 無理に；むりやりに= ज़बरदस्ती; ज़ोरज़बरदस्ती; बलपूर्वक.
बरोक[3] [名] 軍；軍隊 = सेना; फ़ौज.
बरोठा [名] (1) 応接間 (2) 家屋の出入り口や表側の部屋；玄関；玄関ホール
बरोठी [名*]〔ヒ〕花嫁の家での花婿の出迎え式
बरोह [名*] バンヤンジュの気根= बरगद की जटा.
बरौठा [名] = बरोठा.
बरौनी [名*] まつげ（睫毛）
बरौरी [名*] = बड़ी.
बर्क़[1] [名] 《A. برق》(1) 雷= चपला; तड़ित. (2) 電気= बिजली; विद्युत्.
बर्क़[2] [名] → वरक़. 金属の箔
बर्क़ी [形] 《A. برقى》電気の= बिजली का.
बर्ख़ास्त [形] = बरख़ास्त.
बर्ख़ास्तगी [名*] = बरख़ास्तगी.
बर्ग[1] [名] 《P. برگ》草木の葉= दल; पत्ता.
बर्ग[2] [名] 《B.》ベンガル地方でジョートダールが小作人と交わした契約（小作人が収穫の半分を納め土地保有者が種子の半分と地税の全額を負担した）
बर्गदार [名] 《B.》バルグダール（ベンガル地方の土地所有農民ジョートダールとの間に小作関係を有した農民）
बर्गैत [名] 《B.》= बर्गदार; बर्गाइत.
बर्छा [名] = बरछा.
बर्जना [他] = बरजना.
बर्डी [名] 《E. birdie》〔ス〕バーディー（ゴルフ）
बर्णन [名] → वर्णन.
बर्तन [名] 鍋，釜などの調理用具やわんや皿などの食器= बरतन. मिट्टी के बर्तन 土器；陶磁器；瀬戸物 बर्तन माँझना 食器を洗う；金属製の食器を灰などを用いて磨く
बर्तना [他] → बरतना. (1) 振る舞う；行動する (2) 用いる；使用する
बर्तानिया [名] 《E. Britania》ブリタニア；イギリス= बरतानिया.
बर्ताव [名] = बरताव. इस शब्द का पूर्ण बर्ताव この語の完全な用法
बर्थ [名*] 《E. berth》= सोने की बर्थ. 寝台（寝台車など乗り物に設置されている）；段ベッド ऊपर की बर्थ पर चुपचाप सो गई 上段のベッドに入りおとなしく眠り込んだ अपर बर्थ 〈upper berth〉段ベッドの上段
बर्थ-डे [名] 《E. birthday》バースデー；誕生日 = जन्मदिन.
बर्थडे केक [名] 《E. birthday cake》バースデーケーキ
बर्थडे पार्टी [名*] 《E. birthday party》バースデーパーティー；誕生日祝い बर्थडे पार्टी क° 誕生パーティーをする
बर्द [名] 役牛；去勢牛= बैल.
बर्दाश्त [名*] = बरदाश्त.
बर्नर [名] 《E. burner》バーナー
बर्फ़ [名*] 《A. برف》= बरफ़. (1) 氷 (2) 雪 बर्फ़ गलना 氷が溶ける；雪が解ける बर्फ़ गलाना 氷を溶かす；雪を溶かす बर्फ़ जमना 凍る；氷結する बर्फ़ जमाना 凍らせる बर्फ़ की सिल्ली ドライアイス बर्फ़ की सिल्लियों पर रखी गई दो नन्ही लाशों को श्रद्धांजलि देने के लिए ドライアイスに載せられたこの小さな遺体を拝みに (3) 雹 = ओला. (4) 霜= पाला. बर्फ़ की थैली 氷嚢
बर्फ़फ़रोश [名] 《P. برف فروش》氷屋；氷売り
बर्फ़बारी [名*] 《P. برف بارى》降雪 = हिमपात. बर्फ़बारी के दिनों में 雪の季節に
बर्फ़ानी [形] 《P. برفانى》(1) 氷の；氷の入った (2) 氷のように冷たい；氷雪のような
बर्फ़िस्तान [名] 《P. برفستان》(1) 氷雪の世界；極寒の地 (2) 雪深い所；雪国
बर्फ़ी[1] [名*] 《P. برفى》= बरफ़ी; कलाकंद. चवन्नी की बर्फ़ी 4 アンナのバルフィー नारियल की बर्फ़ी ココヤシの実の入ったバルフィー
बर्फ़ी[2] [形] = बरफ़ी; बर्फ़ानी. 氷の；氷雪の；極寒の；氷のように冷たい बर्फ़ी समुद्र 氷の海
बर्फ़ीला [形+] = बरफ़ीला. बर्फ़ीली आँधी 吹雪；ブリザード
बर्बट [名]〔植〕マメ科インゲンマメ；ウズラマメ【*Phaseolus vulgaris*】= राजमाष; राजमा.
बर्बर[1] [形] (1) 野蛮な；未開の (2) 残酷な；残忍な चंबल घाटी के बर्बर डाकू チャンバル渓谷の残忍なダコイト（強盗） (3) 横柄な；粗野な
बर्बर[2] [名] (1) 野蛮人；未開人 (2) 非アーリア人
बर्बरता [名*] (1) 野蛮さ；粗野な行為 (2) 蛮行；残忍さ；残虐行為
बर्बरा [名*] = बनतुलसी.
बर्बरी [名*] (1)〔植〕シソ科灌木メボウキ = बनतुलसी. (2) = ईंगुर.
बर्मा [国名] 《E. Burma》= बरमा. ビルマ；ミャンマー= म्यानमार. बर्मा और मलाया ビルマとマレー半島
बर्मी [名・形] → बरमी[1,2,3].
बर्र[1] [名]〔昆〕スズメバチ科，トックリバチ科，ヒメバチ科，キバチ科，ハバチ科などの昆虫の総称 बर्र उड़ाना スズメバチを追い払う
बर्र[2] [名] 《A. بر》(1) 大陸 (2) 陸地
बर्राक़ [形] 《A. براق》(1) 光る；輝く；ぴかぴかの (2) 真っ白い；純白の
बर्राना [自] (1) 訳のわからぬことをつぶやく；ぶつぶつ言う (2) 寝言を言う

बर्रे आज़म [名] 《A. بر اعظم》大陸 = महाद्वीप.
बर्रे सग़ीर [名] 《A. بر صغیر》(1) 亜大陸= उपमहाद्वीप. (2) インド亜大陸= बर्रे सग़ीर पाको हिंद.
बर्रे [名] → बर्र[1].
बर्सात [名*] = बरसात.
बर्ह [名] クジャクの尾= मयूरपिच्छ.
बलंद [形] 《P. بلند》= बुलंद. (1) 高い (2) 長い (3) (声が) 大きい (4) 強い बलंद ताक़त 強力な (5) 偉大な;立派な= बुलंद.
बलंदी [名*] 《P. بلندی》= बुलंदी. (1) 高さ (2) 大きさ (3) 偉大さ;偉さ= महत्त्व; श्रेष्ठता; बड़ाई.
बल[1] [名] (1) 物理的な力 किसी वस्तु की गति में परिवर्तन करने के लिए तुम्हें हर परिस्थिति में बल लगाना होगा 何かの物体の運動を変えるためには常に力を加えなくてはならない (2) 実力;武力;腕力 अपराधियों को पकड़ना, यातायात का नियंत्रण करना तथा युद्ध करना इन सभी कार्यों में बल प्रयोग की आवश्यकता होती है 犯罪者を捕らえたり交通を規制したり戦争したりするのにすべて実力を行使しなければならない मैं उसका बल मैदान में देखूँगा あの男の力を戦場で見てみよう (3) 精神や頭脳の力 बुद्धिबल 知力 (4) 力;効力;威力;勢い क्रोध के बल पर 怒りの勢いで;腹立ちまぎれに (5) 支え अपनी मेहनत के बल पर तुम ख़ुद पढ़ना और आगे बढ़ती रहना 自らの努力を支えに勉学し前進して行きなさい (6) 強調 स्वार्थहीन कार्य पर बल दे॰ 無償の行為の強調 (7) 軍;軍隊;警官隊 सीमा सुरक्षा बल 国境警備隊 ⟨Border Security Force⟩ **पेट के बल** うつぶせで;腹這いで पेट के बल सरककर मैड़ी की परिक्रमा करना 腹這いになってお堂のぐるりを回る **(-के) बल** (ーを) 支えに घुटनों के बल चलना = बकैयाँ चलना. 這う पीठ के बल लेटना 仰向けになる;仰臥する **बल झाड़ना** 力をそぐ;力を弱める **बल तोड़ना** = बल झाड़ना. **(-पर) बल दे॰** (ーを) 強調する;重視する उन्होंने शारीरिक शिक्षा पर विशेष बल दिया. あの方は体育を特に重視した वे साध्य और साधन दोनों की पवित्रता पर बल देते थे あの方は目的と手段の両方の純粋さを強調しておられた **बल पकड़ना** 勢いづく;盛んになる मुस्लिम काल में दहेज़ प्रथा ने और बल पकड़ा イスラム教徒の統治時代にダヘーズ (持参金) の風習が更に勢いを得た **(-के) बल पर** = (-के) बल. **बल पाना** 勢いづく;勢いを得る;力がつく **बल बाँधना** 力を入れる **(-में) बल भरना** (ーを) 励ます;激励する **बल मिलना** = बल पाना. **बल लगाना** 力を使う;力を入れる **बल रखना** 憎しみを抱く
बल[2] [名] (1) ねじれ;よじれ (2) 一巻き (巻くこと) (3) しわ (4) くねり;湾曲;屈曲 **बल की ले॰** うぬぼれる;自慢する **बल खाना** *a.* くねる;くねらせる बल खाती कमर में लटकती चाँदी की तगड़ी くねる腰にぶら下がっている銀製のタグリー *b.* うねる बल खाती लहरें うねっている波 *c.* ねじれる;よじれる;ぐるぐる回る;螺旋状の बल खाती हुई सीढ़ियाँ 螺旋階段 *d.* かがむ *e.* 損する;被害を受ける **बल खुलना** ほどける **बल खोलना** ほどく **बल डालना** *a.* しわを寄せる उन्नत माथे पर बल डाले 広い額にしわをよせた बात सुनकर वह गम्भीर हो गया और माथे पर बल डालकर कुछ सोचने लगा 話を聞くと真顔になり額にしわを寄せて何か考え始めた *b.* ひきつらせる *c.* ねじる *d.* 傷つける **बल दे॰** *a.* よる;よりをかける *b.* ねじる;ひねる **(-में) बल दे॰** (ーを) ねじる;ひねる **बल निकालना** = बल खोलना. **बल पड़ना** *a.* しわが寄る *b.* ひきつる *c.* ねじれる आँतों में बल पड़ना おかしくて腹の皮がよじれる *d.* 傷つく ख़बरदार, बुंदेलों की लाज रहे या न रहे, पर उनकी प्रतिष्ठा में बल न पड़ने पाए ブンデール族の名誉が保たれようと保たれまいとあの方の名誉が傷つかぬように
बलकट [形] 前もって支払われる;前金の= पेशानी; अगाऊ.
बलकना [自] (1) 沸き立つ;にえたぎる;沸騰する= उबलना; खौलना. (2) 興奮する;浮き立つ (3) 盛り上がる;突き出る= उमगना.
बलकर[1] [形] (1) 力を与える;力づける= बल देनेवाला. (2) 力を増す
बलकर[2] [名] 骨 = हड्डी.
बलकाना [他] (1) たぎらせる;沸騰させる (2) 興奮させる;浮き立たせる (3) 盛り上げる
बलकारक [形] = बलकर[1].
बलकारी [形] = बलकर[1].
बलकृत [形] (1) 機械の;機械的な (2) 自動的な
बलक्ष [形] 白い;白の= श्वेत; सफ़ेद; धवल.
बलख़ 〔地名〕《P. بلخ》バラフ (アフガニスタン)
बलगतिकी [名*] 動力学 ⟨kinetics⟩ = बलगति विज्ञान.
बल विज्ञान [名] 力学 ⟨mechanics⟩
बलग़म [名] 《A. بلغم बल्ग़म》(1) 粘液 (口や鼻から出る汁) नाक से बलग़म निकलता है 鼻からはなみずが出る (2) たん (痰) बलग़म में ख़ून आ॰ 血痰が出る
बलग़मी [形] 《A. بلغمی》(1) 粘液質の (2) (口や鼻から出る) 粘液の (3) 痰の
बलगर [形] (1) 力のある;力持ちの (2) 強固な;頑丈な
बलगेरिया 〔国名〕《E. Bulgaria》ブルガリア
बलचक्र [名] (1) 国土;領土 (2) 統治;支配 (3) 軍;軍隊
बलज [名] (1) 穀類の山 (2) 収穫;収穫物 (3) 城郭都市の門 (4) 門;出入り口
बलजा [名*] (1) 大地= पृथ्वी. (2) ひも;綱= रस्सी.
बलद [名] 牛;雄牛;役牛= बैल.
बलदर्प [名] 自分の力量を過信して誇らしく思う気持ち;自分の力を誇ること
बलदाऊ [名]〔イ神〕ヴィシュヌ神の第七化身バルダーウー;バラーラーマ= बलदेव; बलराम.
बलदिया[1] [名] 牧夫が牧草地で家畜に牧草を食ませる労賃
बलदिया[2] [名] (1) 牛飼い;牧夫 (2) バンジャーラー (बनजारा)
बलदेव [名]〔イ神〕バララーマ= बलराम.
बलन [名] 力を増強すること;力をつけること
बलना [自] (1) 燃える (炎を上げて) (2) ともる (点る) दीवार पर बलती चिमनी 壁際に点っているランプのほや
बलनीति [名*]〔政〕武力外交 = शक्ति-राजनीति.
बलपरीक्षा [名*] (1) 力試し (2) 対決
बलपूर्वक [副] (1) 力で;力ずくで;力を用いて (2) 強引に;むりやりに;しゃにむに जो है, उसे बलपूर्वक अस्वीकार कर 存在しているものを強引に否定して
बलप्रयोग [名] (1) 強制 (2) 実力行使
बलबलाना [自] (1) 液体が音を立てて沸騰する (2) ラクダが鳴き声をあげる बलबलाते ऊँट 鳴き声をあげているラクダ (3) つまらぬ話をする;ぺちゃくちゃ無駄話をする
बलबलाहट [名*] ← बलबलाना. (1) ラクダの鳴き声 (2) 無駄話;無駄口をきくこと
बलबीर [名]〔イ神〕クリシュナ (バララーマの弟)
बलबूता [名] (1) 力;能力;力量 (2) 威力;威勢 **(-के) बलबूते पर** (ーを) 笠に着て;後ろ盾にして इन सब सामंत राजाओं के बलबूते これらあらゆる王侯を後ろ盾にして
बलभद्र [名] = बलदेव.
बलभी [名*] 家の最上階にある部屋;屋上階
बलम [名] (1) 最愛の人= प्रियतम. (2) 夫= पति.
बलराम [名]〔イ神〕バララーマ (ヴァスデーヴァ वसुदेव の第7子でクリシュナ कृष्ण の兄. ヴィシュヌ神の第7番目の化身)
बलवंत [形] (1) 強い;強力な;力持ちの (2) 激しい
बलवती [形*] (1) 強い (2) 激しい (3) 丈夫な कभी-कभी मेरे मन में यह इच्छा बलवती होती कि स्वच्छंद होकर पहाड़ों की सैर करूँ のびのびと野山を歩き回りたいという気持ちが心の中に強く起こることが時々ある → बलवान.
बलवत्ता [名*] (1) 力強いこと;力を備えていること (2) 優勢
बलवर्धक [形] 力をつける;増強する= बलवर्धी.
बलवर्धन [名] 力づけ;増強
बलवा [名] 《A. بلوا बल्वा》(1) 暴動;騒乱;騒擾 (2) 反乱;謀反
बलवाई [名] 《A. بلوائی》← बलवा (1) 暴動を起こす人= उपद्रवी; फ़सादी. (2) 反乱者;謀反人= बाग़ी; विद्रोही.
बलवान (बलवान्) [形] (1) 強い;強力な (2) 激しい (3) 丈夫な;頑丈な
बलशाली [形] 強力な;強大な;有力な पृथ्वी के सारे बलशाली राजाओं को 地上のすべての有力な王たちを
बलशील [形] = बलवान्.
बलसूदन [名] (1) インドラ神 (इंद्र) (2) ヴィシュヌ神 (विष्णु)
बलहीन [形] 力のない;無力な;弱い;衰弱した= निर्बल; कमज़ोर.
बला[1] [名*] 《A. بلا》(1) 災厄;災難= आपत्ति; आफ़त. (2) 苦労;大変なこと= कष्ट. भूख बुरी बला है 腹を満たすことは厄介なこと;生きていくのは辛いこと (3) 厄介な人;面倒なもの (4) 不快なも

の；いやなもの (5) 憑きもの＝भूत; प्रेत. **बला उतरना** 面倒がなくなる；厄介がなくなる；苦労から逃れる (-की) **बलाएँ (बलायें) ले॰** 他人の不幸や災厄を身代わりになって自分が引き受けることを表す動作をする（他人の頭上に両手をかざしその手を自分の頭のほうへ引き指を鳴らす．これは魔除けをして祝福を与えたり感動や喜びの気持ちを表したり相手を称えたりする仕種でもある）；喜んで（－の）身代わりになる；犠牲になる（相手が大好きなことの表現の一）＝बलैया ले॰; बलाइयाँ ले॰; बलिहारी ले॰. **बला का** すごい；猛烈な；ものすごい；ひどい；すさまじい；とほうもない कमरे में पहुँचे तो मुझे लगा जैसे हम किसी जानवर की माँद में पहुँच गए हों.बला की बू थी, और फ़र्श पर बिखरे पंख और पक्षियों की बीट 部屋に行ってみるとまるで獣の巣穴に入ったみたいな感じであった．ものすごい悪臭，散乱した鳥の羽や糞 आज तुम्हारी आवाज़ में बला का लोच है 今日の君の声にはすごい張りがある बड़ी ख़ुशमिज़ाज और इसके साथ बला की निर्भीक स्त्री थी とても陽気だが同時にものすごく勇敢な女性だった **बला गले पड़ना** 厄介に巻きこまれる；災難に見舞われる **बला जा॰** ＝बला उतरना. **बला टलना** ＝बला उतरना. यह बला तो टलेगी この厄介はなくなろう **बला टालना** 面倒をなんとか片付ける **बला टूट पड़ना** 大変な災厄が降りかかる **बला पड़ना** ＝बला गले पड़ना. **बला पालना** 厄介を背負いこむ मगर लड़कों को तो अपने सर पर यह बला न पालनी चाहिए でも子供たちはこの厄介を背負いこんではならない **बला पीछे फिरना** ＝बला गले पड़ना. **बला पीछे लगना** ＝बला गले पड़ना. **बला मोल ले॰** わざわざ厄介なことを背負いこむ **बला सिर पड़ना** *a.* 災厄が降りかかる *b.* 呪われる **बला सिर पर आ पड़ना** ＝बला गले पड़ना. **बला सिर पर ले॰** ＝बला मोल ले॰. **बला से** 構わない；勝手にしろ；気にしない；平気な हाँ, जो कुछ हमारा हो, वह हमको मिलना चाहिए.बाँट-बखरा कर दीजिए.बला से चार आदमी हँसेंगे, अब कब तक दुनिया की लाज ढोएँ? 自分のものはみなもらわなくっちゃ，（遺産を）分けておくれ，笑いたけりゃ笑うがいいさ，この先いつまで世間のことを気にして行くことがあろうか जाओ या न जाओ, मेरी बला से.मुझे क्या... 君が行こうが行くまいが僕の知ったことじゃない（勝手にしなさい）．僕にはどうでもいいんだ…

बला[2] ［名*］〔植〕アオイ科低木ホソバキンゴジカ＝बरियारा.

बलाई[1] ［名*］＝बला[1].

बलाई[2] ［名］バラーイー（皮革業を主たる生業としてきたラージャスターンの被差別民 अछूत の一，カースト名）

बलाक ［名］＝बगला.

बलाका ［名*］アオサギなどサギの雌＝बगली.

बलाघात ［名］(1) 強調 (2)〔言〕ストレスアクセント；ストレス 〈stress accent〉

बलाढ्य[1] ［形］＝बलवान.

बलाढ्य[2] ［名］〔植〕マメ科ケツルアズキとその実＝उरद; उड़द.

बलात् ［副］(1) 力で；力ずくで；強引に＝बल से; बलपूर्वक; ज़बरदस्ती. (2) 意地で；意地になって＝हठ से.

बलात्कार ［名］(1) 暴力；暴力行為；暴行 (2) 婦女暴行；レイプ

बलात्कारी ［名・形］(1) 暴力を働く（者） (2) 婦女暴行を働く（者）

बलात्कृत ［形］(1) 暴行を受けた (2) 強制された

बलाबल ［名］強さと弱さ；強みと弱み

बलाय[1] ［名］＝बला[1].

बलाय[2] ［名］＝बरना[2].

बलास[1] ［名］＝बरना[2].

बलास[2] ［名］〔医〕(1) 肺炎 (2) 肺病；労咳

बलासी ［名］＝बरना[2].

बलाहक ［名］雲＝मेघ; बादल.

बलि[1] ［名⁻］(1) 供物；神饌 (2) 神に供えられるいけにえ（生け贄） पशु-बलि 動物の生け贄 नर-बलि 人身御供 (3) 地税；地租；租税 (4) 犠牲；生け贄 पुरुष की वासना की बलि 男の情欲の犠牲 हरियाणा और राजस्थान के हितों की बलि ハリヤーナー州とラージャスターン州の利益の犠牲 (5)〔イ神〕バリ王（ダイティヤ王．一時は三界を支配したがヴィシュヌ神がヴァーマナ वामन の姿で現れて天界地界を取り戻したため地下界パーターラの支配者となった．約束をあらゆる犠牲にもかかわらず守ったという意味合いで言及されることが多い） **बलि का बकरा** 生け贄；犠牲 केवल दिखाने के लिए बलि के बकरे बनाये गए ただ見せかけだけのために犠牲にされた बलि के बकरे की तरह 生け贄の山羊のように **बलि चढ़ना** 生け贄になる；犠牲になる **बलि चढ़ाना** 生け贄にする；犠牲にする बलि चढ़ाये गए पशु 生け贄にされた動物 **बलि जा॰** 自らを捧げつくす；熱中する；熱狂する；心酔する；身も心も捧げる；命を惜しまない；参る **बलि दे॰** ＝बलि चढ़ाना. बलि देने से जल देवी ख़ुश हो जाएगी 生け贄を捧げると水神が嘉される **बलि बलि जा॰** ＝बलि जा॰.

बलि[2] ［名*］(1) しわ＝झुर्री. (2) ねじれ；よじれ (3) より

बलिकर ［形］(1) 生け贄や犠牲を捧げる (2) 租税を払う

बलिदान ［名］(1) 生け贄を捧げること；犠牲を捧げること；供犠 बकरे का बलिदान 山羊の犠牲 (-का) **बलिदान हो॰** （－が）犠牲にされる；犠牲に捧げられる；（－の）犠牲が捧げられる पुरोहितों द्वारा मंत्र-ध्वनि के साथ-साथ पशुओं का बलिदान होता था （当時）祭官たちの呪文と共に動物の犠牲が捧げられていた (2) 犠牲 (-का) **बलिदान क॰** （－を）犠牲にする अपने धार्मिक हितों के लिए राष्ट्रहित का भी बलिदान कर दे॰ 宗教上の利益のために国益をも犠牲にする **बलिदान का बकरा** 他の目的のための犠牲；生け贄

बलिपशु ［名］供犠に供される動物；いけにえ（生け贄）

बलिभुक् ［名］〔鳥〕カラス（鳥）＝बलिभुज; बलिभोजी.

बलिवर्द ［名］雄牛＝साँड़.

बलिवेदी ［名*］(1) 供犠の祭壇 (2) 犠牲の祭壇 भारतीय स्वतंत्रता की बलिवेदी पर जिन सपूतों ने अपने प्राणों की आहुति दी インド独立達成のための犠牲の祭壇に命を捧げた忠義の息子たち

बलिश ［名］釣り針＝काँटिया.

बलिष्ठ ［形］(1) 強健な；強壮な कुछ लोग बलिष्ठ तथा कुछ दुर्बल होते हैं 強壮な人もいれば虚弱な人もいる (2) 強力な；強い；たくましい बलिष्ठ हाथों में चप्पू थामे हुए 逞しい手に櫂を握って

बलिहारना ［他］犠牲に捧げる；生け贄にする；身命を捧げる＝निछावर कर दे॰; क़ुर्बान कर दे॰.

बलिहारी ［名*］献身；身を捧げること＝निछावर; क़ुरबान. (-की) **बलिहारी जा॰** （－に）身を捧げる；献身する；捧げつくす；（－が）大好きな (-की) **बलिहारी ले॰** （大切な人，愛する人，好きな人などのために）他人の災厄をわが身に引き受ける（感激，喜びの気持ちや賛歎の気持ち，大好きなことなどを表現する言葉）→ बलाएँ ले॰; बलैया ले॰. **बलिहारी है** *a.*（感嘆詞的な用法で）美しいこと，素敵なこと，素晴らしいこと，大好きなことなどを表現する言葉．お見事，感心感心など *b.* 醜悪なことや不快なこと，非道なことなどを評する際に用いられることもある．参った（参った），一本参ったなど

बलिहृत् ［形］(1) お供えをする；供物を持ってくる (2) 税を納める；納税する

बलींडा ［名］棟木＝बलेंडा[1].

बली[1] ［形］力持ちの；力強い ख़ूब तगड़ा और बली दिखता है なかなか頑丈で力持ちに見える वह भाग्य का बली है 運が強い；強運な

बली[2] ［名*］＝बल[2]

बलीयान् ［形］力持ちの；強力な＝बलवान्; सबल.

बलीवर्द ［名］(1) 種牛 (2) 去勢牛；役牛＝बलिवर्द.

बलीश ［名］(1)〔鳥〕カラス（鳥） (2) 狡猾な人

बलुआ[1] ［形⁺］砂の混じった；砂地の；砂の多い＝रेतीला. बलुई भूमि में होनेवाला एक वृक्ष 砂地に生える木の一 **बलुआ पत्थर** 砂岩〈sand stone〉 **बलुई दुमट** サンディーローム〈sandy loam〉 **बलुई पुलिन** 砂浜＝बलुई तट. **बलुई मिट्टी** 砂土＝बलुई मृदा.

बलुआ[2] ［名］砂地＝बलुई मिट्टी.

बलुआही ［形］砂地の；砂の多い दियारे की कोसों फैली बलुआही जमीन 川沿いの低地に幾マイルも広がっている砂地

बलूच ［名］《P. بلوچ बलूच》バルーチ族／バローチ族（パキスタン西部，イラン東部地方を中心に一部はアフガニスタンやトルクメニスタンなどにも居住しイラン語族のバローチー語を母語とする民族） → बलोच.

बलूचिस्तान ［地名］《P. بلوچستان》バルーチスターン／バローチースターン（バローチ族の居住するパキスタン南西部からイラン南東部へ広がる高原地帯）

बलूची ［名］《P. بلوچی》バローチ族；バローチ人

बलूत ［名］《A. بلوط》〔植〕ブナ科カシノキ【*Quercus ilex; Q. baloot*】

बलूला [名] あぶく；水泡
बलेंडा[1] [名] [名] 棟木 = बरेंडा; बड़ेरा; बलींडा.
बलेंडा[2] [名] 竜巻
बलैया [名*] = बला. (-की) बलैया ले॰ → बलाएँ ले॰.
बलोच [名] 《P. بلوچ》バローチ族（の人）→ बलूच.
बलोचिस्तान 〔地名〕《P. بلوچستان》バローチスターン（パキスタン）
बलोची[1] [名] 《P. بلوچی》バローチ族（の人）
बलोची[2] [形] バローチ族の；バローチ人の
बलोची[3] [名*]〔言〕バローチー語（イラン語派西部グループに属する言語でパキスタン，イラン，アフガニスタンなどに話される）
बल्कल [名] = वल्कल. 樹皮；木の皮
बल्कि [接] 《A.P. بلکہ》逆接の接続詞．いや；否；それどころか；（−）ではなくて；（−）ではなくむしろ उसके हाथ में लाठी नहीं होती, बल्कि एक गन्ना होता है 男が手に持っているのは棍棒ではなくてサトウキビなのだ हरी सब्जियाँ सिर्फ़ स्वादिष्ट ही नहीं होतीं, बल्कि इनमें विटामिन 'ए', 'बी', 'सी', 'डी', 'ई' व 'के' तत्त्व मौजूद होते हैं 青野菜は美味であるばかりでなくビタミン A, B, C, D, E 及び K を含んでいる कोयल अपने बच्चे ख़ुद नहीं पालती, बल्कि उन्हें कौवों से पलवाती है オニカッコウは自分の雛を自らは育てずにカラスに育てさせる **न केवल (सिर्फ़) (-) बल्कि (=)** （−）ばかりでなく（=）も；（−）ばかりか（=）も यहाँ की स्त्रियाँ भी पढ़ी-लिखी हुई हैं बल्कि लियाक़त में बिलायती परियों के कान काटने को तैयार हैं この地の女性たちは教育があるばかりでなく，否むしろその能力においては西洋の女性たちをも凌ごうとしている यही हवा न केवल इंसान को बल्कि सभी प्राणियों को भी जीवित रखती है この空気が人間ばかりでなく一切の生き物をも生かしておく
बल्ब [名] 《E. bulb》(1)〔植〕球根；鱗茎 (2) 電球；バルブ बिजली का बल्ब 電球 नंगा बल्ब 裸電球 (3)〔写〕バルブ रंग-बिरंगे बल्ब 電飾；イルミネーション रंग बिरंगे बल्बों इत्यादि से सजायी गयी यज्ञशालाओं का वैभव 色とりどりのイルミネーションなどで飾り立てられた式場の壮観
बल्बज [名]〔植〕イネ科雑草オヒシバ【*Eleusine indica*】= बल्वज.
बल्बन 〔人名・イ史〕《بلبن》ギャースッディーン・バルバン（インド奴隷王朝の支配者．在位 1266–87）
बल्य[1] [形] (1) 力をつける；力づける；精力をつける= बलकारक. (2) 力のある= बलशाली.
बल्य[2] [名] 精液 = वीर्य; शुक्र.
बल्लम [名] (1) 太い棒= छड़. (2) 棍棒= सोंटा; डंडा. (3) 槍= बरछा; भाला. (4) 権標（王権を示す）
बल्लमटेर [名] 《E. volunteer》(1) 志願兵= वालंटियर. (2) ボランティア= स्वयंसेवक; स्वेच्छासेवक.
बल्लमनोक [形] (1) 槍先のようにとがった (2) 鋭い；辛辣な
बल्लमबरदार [名] 《H. + P. بردار》（王権を示す）権標捧持者；槍持ち；護衛（兵）；チョーブダール चोबदार
बल्लव [名] 牧夫 = चरवाहा; ग्वाला.
बल्ला[1] [名] (1) 梁；けた (2) 太い棒 (3)〔ス〕クリケットなどのバット बल्ला थामे खड़ा हो गया バットを握って立った (4) みなれざお（水馴れ竿）；水竿
बल्ला[2] [名] = बरना[2]
बल्ली [名*] (1) 棒 (2) 棍棒 (3) 柱= खंभा. (4)（船を操るための）みなれ竿（水馴れ竿）；水竿 बल्ली अड़ाना 水竿をさす= बल्ली टेकना. **बल्लियों उछलना** *a*. ときめく；喜びにはずむ；どきどきする उसका दिल बल्लियों उछलने लगा 胸がどきどきしはじめた *b*. 不安にびくびくする；心配のためにどきどきする **बल्लियों पानी हो॰** 水のとても深いこと **बल्ली दे॰** 棒で打つ **बल्ली मारना** 水竿をさして船を進める
बल्ली कूद [名*]〔ス〕棒高跳び= पोल वाल्ट. 〈pole vault〉
बल्लेबाज़ [名] 《H. + P. باز》〔ス〕（クリケットの）打手；打者
बल्लेबाज़ी [名*] 《H. + P. بازی》〔ス〕（クリケットの）打撃 दोनों टीमें बारी-बारी से बल्लेबाज़ी करती हैं 両チームは交互に打撃をする
बल्वज [名]〔植〕イネ科雑草オヒシバ【*Eleusine indica*】
बवंडर [名] (1) つむじ風；旋風；竜巻= हवा का बवंडर. धूल का बवंडर उठना 砂嵐が巻き上がる (2) 嵐；強風 (3) 大騒動 **बवंडर उठना** 旋風が起こる；竜巻が起こる
बवना[1] [他] (1) 種を蒔く= बोना. (2) 撒き散らす；散乱させる= छितराना; बिखराना.
बवना[2] [自] 散らかる；散乱する= छिटकना; बिखरना.
बवाल [名] → वबाल.
बवासीर [名] 《A. بواسیر》〔医〕痔；痔疾= अर्श. ख़ूनी बवासीर 裂肛痔
बशर [名] 《A. بشر》人；人間= आदमी; मनुष्य.
बशर्ते [接] 《P.A. بشرطے》= बशर्ते कि. बशर्ते कोई पढ़ने न बैठा दे だれかが勉強に向かわせない限り बशर्ते आप पूरी ईमानदारी से इसका पालन करें 全く忠実にこれを守ることを条件に यों तो हर पोशाक और हर रंग अपने आप में ख़ूबसूरत होता है बशर्ते उसे उम्र, शरीर की बनावट, समय, स्थान और मौसम के अनुसार पहना जाए どんな服装もどんな色も年齢，体つき，時，場所，季節に応じて用いられる限りそれ自体は美しいものである
बशर्ते कि [接] 《P.A.P. بشرطے کہ》（−する／−しない）限り；−の条件で बशर्ते कि अति न की जाए 無理がなされない限り पाकिस्तान की टीम के जीतने के अवसर शत प्रतिशत हैं, बशर्ते कि कोई चमत्कार न हो 奇跡でも起こらない限りパキスタン・チームの勝利は 100 %確実だ
बशीर [形] 《A. بشیر》吉報を伝える；吉報をもたらす
बशीरो नज़ीर [形・名] 《A. بشیر و نزیر》預言者 = पैगंबर.
बश्शाश [形] 《A. بشاش》元気はつらつな；はつらつとしている；生き生きとした बश्शाश चेहरा はつらつとした顔
बसंत [名] 春 = वसंत; बहार.
बसंता [名]〔鳥〕ゴシキドリ科の鳥 **बड़ा बसंता** シマゴシキドリ【*Megalaima zeylanica*】= कुतुरझा.
बसंती[1] [形] (1) 春の (2) 黄色の；浅黄色の बसंती रंग 浅黄色= बसंती.
बसंती[2] [名] 黄色；浅黄色
बस[1] [形] 《P. بس》(1) 十分な (2) 沢山の (3) 終わった；終了した **बस क॰** しまいにする；やめる；終わりにする；停止する बस करिए बाबू जी, बाबू जी お父さんやめて，もうやめて बस करो よせ；やめろ= अरे जा, जा. (-) **बस हो॰** （−が）耐えられない；きつすぎる；度が過ぎる；激し過ぎる
बस[2] [副] 単に；ただ；だけ；のみ；ほんの तो क्या बस सेब ही यहाँ से बाहर को जाते हैं? それじゃリンゴだけがこの国から輸出されると言うわけですか बस, एक मिनट ほんのちょっと（の間待ってくれ）；ちょっと待って बहुत दिनों से मैं इसी में रह रहा था, बस इधर कुछ दिनों से मैं बाहर गया था 長い間この家に住んでいたのです．ただここしばらくの間だけ外へ出掛けていたわけです
बस[3] [接] さて；そこで；それで राजकुमार मन-ही-मन बहुत ख़ुश हुआ.बस उसने एक तरकीब सोची 王子は心の中で大喜びした．そこで１つのことを思いついた बस फिर क्या था さてそれからどうなったか
बस[4] [感] もう十分；もう結構；もうやめて बस, कुछ न पूछिए もういい（から）その話はやめにして下さい बस, बस, बस ख़त्म करो よせよせ，もうおしまいにしろ
बस[5] [名] 支配；管理；抑制；制御→ वश. लेकिन तक़दीर खोटी है तो उनका क्या बस? でも運が悪けりゃあの人にはどうすることもできない (-को) **बस क॰** = (-) बस में क॰. (-के) **बस का हो॰** （−の）思い通りになる；言いなりになる (-के) **बस के बाहर का हो॰** （−の）力の及ばない；どうすることもできない (-का) **बस चलना** （−の）思い通りになる；考え通りになる (-) **बस में क॰** （−を）魅了する= बस में लाना.
बस[6] [名*] 《E. bus》バス；乗合バス बस अड्डा バスセンター；バスターミナル बस सेवा バスの運航
बस कंडक्टर [名] 《E. bus conductor》バスの車掌
बस क्लीनर [名] 《E. bus cleaner》バス清掃員 सरकार के मंत्री से लेकर बस क्लीनर तक सब काम की अवहेलना 大臣からバス清掃員まで全員職務怠慢
बस टर्मिनल [名] 《E. bus terminal》バスターミナル बस टर्मिनलों और डिपो का अचानक दौरा バスターミナルと車庫の予告無しの視察
बसती [名*] → बस्ती.
बसना[1] [自] (1) 住む；棲息する (2) 生活する；住む；居住する विदेशों में बसे भारतीय 外国居住のインド人 अन्य प्रांतों से आकर बसे

लोगों को डरा- धमकाकर प्रांत छोड़ने के लिए मजबूर करना 他州から移住してきた人たちを脅かして州から立ち退くことを余儀なくする (3) 賑わう；賑やかになる कल तो कमलानंद का उजड़ा हुआ घर बस जाएगा 明日はカマラナーンドのさびれた家が賑わうだろう (4) 開ける；開発される；拓かれる हरी-भरी पहाड़ियों के बीच बसा यह नगर 緑のあふれる山間に開けたこの町 (5)（印象が）焼きつく；焼きつけられる；強く印象づけられる **बसा-बसाया**（大勢の人で）賑わった；賑やかな बसे-बसाये घर को उजाड़ना 賑わった家をさびれさせる

बसना[2] [自]（臭いが）つく；しみこむ；しみつく उसमें एक गौरवशाली पद की गरिमा की सुगंधि बसी हुई है 女性には誉れ高い地位のもたらす気品が芳香となってしみこんでいた मिट्टी के तेल की गंध चारों तरफ़ बसती-सी जा रही थी 石油の臭いがあたり一面にしみついて行くようだった

बसना[3] [名] (1) 物を包む布 (2) 物を入れておく袋 (3) 財布；銭入れ (4) 分銅などの秤の道具を入れる袋

बसनी [名*] 胴巻き = टाँची.

बस पड़ाव [名] バス発着場；バスターミナル

बसपा [名*]〔イ政〕大衆社会党（बहुजन समाज पार्टीの略，インドの政党名）

बसर [名*] 《P. بسر》(1) 過ごすこと = गुज़र. (2) 生活すること；暮らすこと = निर्वाह. मच्छर गंदी मोरियों में जिंदगी बसर करता है 蚊は汚いどぶの中で生きる

बसरागुलाब [名] 《A.P. بصره گلاب》〔植〕バラ科ダマスクローズ = फ़सली गुलाब.

बसवर्ती [形] = वशवर्ती.

बसवार [形] 芳香のある；芳ばしい= सुगंधित.

बसस्टॉप [名] 《E. bus stop》バス停留所；バス停

बसह [名] 牡牛；雄牛；役牛= वृषभ; बैल.

बसा[1] [名*]〔昆〕スズメバチ = भिड़; बर्रे.

बसा[2] [名*] 脂肪；脂身= वसा.

बसाना[1] [他] (1) 住まわせる；住みつかせる；定住させる लाखों विस्थापितों को बसाने की समस्या 数十万人の難民を定住させる問題 भूकंप-पीड़ितों को बसाने 地震被害者たちに住みかを与えるため (2)（土地や町などを）開く；拓く；開発する；開拓する इस नगरी को बसाने वाले थे महाराज प्रताप この町を拓いたのはプラタープ大王であった (3) 賑やかにする；賑わす；活気を作り出す उजड़े घरों को बसाया है तूने さびれた家を賑わした君 (4) 家や所帯を持つ अपना अलग घर बसाना 今までとは違う自分の別の所帯を持つ (5) 泊める；宿泊させる (6)（心に）焼きつける；印象づける

बसाना[2] [他] 臭いをつける；臭わせる= बास क॰; महकाना.

बसाना[3] [自] 臭いがつく；臭う

बसारत [名*] 《A. بصارت》(1) 視力 (2) 眼力；洞察力

बसाव [名] → बसना. 住み着くこと，住むこと，暮らすこと，拓かれることなど

बसावट [名*] たたずまい समूचा जयपुर शहर अपनी निराली बसावट के लिए नामी है ジャイプル市全体がその独自のたたずまいで有名である

बसियाना[1] [自] 時間の経過で料理したものが古くなり臭う；料理が食べられずに残る

बसियाना[2] [自] 臭いがつく

बसीकत [名*] (1) 住むこと；暮らすこと (2) 住むところ；住まい (3) 人の住むところ；人里；町；村

बसीगत [名*] = बसीकत.

बसीठ [名] (1) 使い；使いの者；使者 (2) 使徒 (3) 村の長；村長

बसीला[1] [形+] (1) 臭いのする；臭いのついた= गंधयुक्त. (2) 悪臭のする；いやな臭いのする= दुर्गंध भरा.

बसीला[2] [名] → वसीला.

बसूला [名] ちょうな（手斧）

बसूली [名*] (1) 小さなちょうな（手斧） (2) 左官が煉瓦を削るのに用いる道具

बसेंधा [形+] (1) 匂いのついた (2) 芳香のする

बसेरा [名] (1) 宿；宿屋；旅館；はたご（旅籠） बसेरा कहीं-न-कहीं लेना ही था どこかに宿を取らなくてはならなかった (2) ねぐら；鳥の巣 पेड़ पक्षियों को बसेरा देते हैं 木は鳥にねぐらを提供する (3) ねぐら；住居；居住地 चंद्रभागा नदी के तट पर इनका बसेरा होता है チャンドラバーガー川のほとりにこの人たちの住居がある **बसेरा क॰** = बसेरा ले॰. **बसेरा दे॰** *a.* 宿を与える；宿所を提供する *b.* 泊める；泊まらせる *c.* 庇護する **बसेरा ले॰** *a.* 宿を取る；泊まる *b.* ねぐらにする रंग-बिरंगे दुर्लभ पक्षी आकर बसेरा लेते हैं 色とりどりの珍しい鳥がやって来てねぐらにする

बसौंधी [名*] 砂糖やナッツなどを加えて濃く煮つめた牛乳（ラブリー रबड़ी の一種）

बस्ट [名] 《E. bust》(1) 胸像；半身像 (2) バスト= छाती; सीना; वक्षस्थल.

बस्तक [名] ラージャスターンのサーンバル湖（साँभर）より採れる塩= साँभर नमक; साँभर.

बस्ता [名] 《P. بستہ》(1) 書物や学用品などを包む布；風呂敷 (2) 風呂敷で包んだもの (3) 通学かばん；ランドセル बस्ता लेकर मदरसे जाओ かばんを持って学校へ行きなさい **बस्ता बाँधना** *a.* ふろしきに包む；包んでまとめる *b.* 出かける用意をする

बस्ति [名*]〔ヨガ〕ハタヨーガの行法の一（水中での灌腸）= वस्ति.

बस्ती [名*] (1) 集落；人里 गाँव से बाहर अपनी अलग बस्ती 村はずれに独自の集落 (2) 町や村の居住区の区画；部落 बढ़इयोंकी बस्ती バラーイー（木工カースト）の集落もしくは居住区 **कच्ची बस्ती** スラムの別称 हमीरपुर शहर की कच्ची बस्तियाँ ハミールプル市のスラム **गंदी बस्ती** スラム

बस्तु [名*] = वस्तु.

बस्त्र [名] = वस्त्र.

बहँगा [名] 大型天秤棒

बहँगी [名*] 天秤棒

बहक [名*] (1) 道からそれること；道からはずれること (2) 動揺すること；安定しないこと (3) 大口を叩くこと；大げさなことを言うこと

बहकना [自] (1)（進むべきところや道などから）はずれる；それる；離れる；逸脱する；迷う；的からはずれる；道を間違える मैं विषय से बहक रहा हूँ 私は本題からそれている (2) のぼせる；のぼせあがる；浮かれる आज कल के लौंडे बहुत बहक गये हैं 今時の若僧たちひどくのぼせていやがるわい (3) 酔いしれる；酔っぱらう कौन है बे जो मयखाने में बहक रहा है 酒場で酔いしれているのはどこのどいつだ (4)（動物が）暴れる **बहककर बोलना** のぼせあがったり勢い込んだり調子に乗ったりして大きなことを言う **बहकी बहकी बातें क॰** 訳のわからぬ話をする；支離滅裂なことを言う कैसी बहकी-बहकी बातें करते हो, जो भगवान से प्रेम करेगा, वह इंसान से भी प्रेम करेगा ひどく訳のわからぬ話をしているのではないか．神様が好きな人は人間も好きになるものだ

बहकाना [他] (1) 迷わす；まどわす；（進むべきところや道から）そらせる；はずれさせる；逸脱させる (2) のぼせあがらせる；浮かれさせる फिर तुम्हारी आँखों में महकते युवा बौर की आहट मुझे बहका गई है 君の瞳に香しく匂う花房の優しい気配に私は惑わされた (3) そそのかす；おだてる= पट्टी पढ़ाना. (4) だます；欺く；たぶらかす केवल जनता को बहकाने के लिए ही उन्मूलन का नारा लगाते हैं ただただ民衆を欺くためだけに撤廃スローガンを叫んでいるのだ **बहका ले जा॰** かどわかす；だまして連れていく

बहकावा [名] だまし（騙し）；たぶらかし（誑かし）；誘惑 (-के) **बहकावे में आ॰** （ーに）だまされる；（ーの）だましにひっかかる；甘言にひっかかる；口車に乗せられる किसन उसके बहकावे में आ गया キサンは奴の甘言にひっかかった वह मौलवी साहब के बहकावे में आ गई マウルヴィーのだましにひっかかってしまったあの女性 **बहकावे में ले॰** だます；口車に乗せる समझहीन बालकों, निस्सहाय स्त्रियों और रोगियों को बलपूर्वक या बहकावे में लेकर ईसाई धर्म में परिवर्तित करना अनुचित माना जाएगा 物心のついていない子供，身寄りのない女性，病人たちを力ずくで，あるいは，だましてキリスト教に改宗させることは不当なこととされる

बहत्तर [数] 72 बहत्तरवाँ 第 72 の；72 番目の **बहत्तर घाट का पानी पिये हो॰** *a.* 海千山千の；悪ずれした *b.* 様々な経験を積んだ

बहन [名*] = बहिन. (1) 姉妹；姉や妹 बड़ी बहन 姉 छोटी बहन 妹 (2) 親しい同輩の女性 बहन जी お姉さん；お客さん（バスの車掌が若い娘の客に）など (3) 話者とあまり年齢差のない女性に対して親しみを込めて呼びかける言葉；おねえさん (4)（カトリック教で）シスター〈sister〉；尼僧；修道女

बहना [自] (1) 液体や流動するとされるものが動く；移動する；流れる मलगोबा का बहना 溶岩が流れる नीचे सतलज बह रही है 下の方にはサトラジ川が流れている उसके ठीक नीचे छह ज़िंदा तार थे जिनमें पौने तीन लाख वाट बिजली बह रही थी それの真下に27万5000ワットの電気が流れている6本の電線があった (2) 液体や流動物が中から外へ流れ出る；流れ落ちる कान बहने की बीमारी 耳だれの出る病気 नाक से ख़ून बहना 鼻血が出る (3) 液体や流動物に流される；押し流される (4) 風などの気体が動く；吹く；流れる बहती हुई हवा में पालदार नाव को चलाने की क्षमता 吹いている風で帆船を動かす力 (5) あふれ出る；あふれる；こぼれる (6) 感情に動かされる；流される जो न कभी भावनाओं में बहता है और ग़लती कर सकता है 決して感情に流されることも間違いを犯すこともない人 (7) それる；進むべき方向や道からはずれる；あるべき場所や位置からずれる；ずり動く；道を踏みはずす (8) 無駄なく費やされる **बह आ॰** *a.* 流れてくる *b.* 流されてくる *c.* 流れ出す **बह जा॰** *a.* 感情に押し流される *b.* 消え失せる *c.* 氾濫する *d.* 流れてしまう **बहता पानी** *a.* 流れる水；流水 *b.* 場所や位置の定まらない（もの）；一定しない（もの）；常に移動する（もの） **बहता पानी निर्मला, बंधा गंदलाता होय। साधू जन रमता भला, दाग न लागे कोय॥** 〔諺〕淀める水は濁り流水は清し，行者遊行すべしされば穢れなし **बहता हुआ जोड़ा** よく卵を産む（鳥の）つがい（特にハトについて用いられる） **बहती गंगा धो ले पाँव** 〔諺〕= बहती गंगा में हाथ धोना. **बहती गंगा में हाथ धोना** 〔諺〕だれしもが利用できたり利益の得られるところでは皆と一緒に好機を利用するのがよい **बहती नदी में पाँव पखारना** = बहती गंगा में हाथ धोना. **बहा फिरना** 商品があふれるほど多く出まわって値打ちの下がること

बहनापा [名] 女性同士の親交や擬似姉妹のような関係；姉妹の約束をした間柄 बहनापा जोड़ना そのような関係を結ぶ

बहनी [名*] (1) 水などの液体の流れる管 (2) 搾った液体の溜まるかめ

बहनेली [名*] 擬似姉妹の関係を結んだ相手→ बहनापा.

बहनोई [名] 姉妹の夫（義兄，義弟）

बहनोत [名] 姉妹の息子（甥）= बहनौत; बहनौता; भाँजा.

बहबहा [形⁺] ぶらぶらする；ぶらぶらうろつく；うろつきまわる

बहबूद [名*] 《P. بهبود बेहबूद》(1) 利益；利得 (2) 安寧；福祉；幸せ= भलाई; कल्याण

बहबूदी [名*] 《P. بهبودی बेहबूदी; बिहबूदी》(1) 利益；利得= बेहबूदी. (2) 幸せ；幸福

बहम[1] [副] 《P. بهم》(1) 共に；一緒に (2) 互いに **बहम पहुँचना** 手に入る **बहम पहुँचाना** *a.* 手に入れる *b.* 提供する

बहम[2] [形] お互いの；相互の

बहम[3] [名] → वहम.

बहर[1] [名] 《A. بحر बह्र》海；大海；大洋= समुद्र; समंदर; सागर.

बहर[2] [名] 《A. بحر बह्र》韻律

बहरतौर [副] 《P.A. به هرطور》= बहरहाल.

बहरसूरत [副] 《P.A. به هرصورت》= बहरहाल.

बहरहाल [副] 《P.A. به هر حال》どうあれ；どのようにあれ；ともかく；要するに= हर हालत में; जैसे भी हो. लेकिन वह साहूकारों के पंजे से बहरहाल निकल गई しかし彼女はともかく金貸しの牙からは脱した बहरहाल तुम अभी जाकर दवाओं को लकड़ी के बैक्सों में पैक कर लो ともかく今すぐ行って薬を木箱に詰めなさい बाज़ार की मिठाई से तो बहरहाल परहेज़ किया करो 市場で売っている菓子はともかく控えるようにしなさい

बहरा [形⁺] (1) 全く耳の聞こえない；耳の不自由な；つんぼの मैं कानों से बहरी हूँ 私は耳が聞こえないのです (2) 人の言うことに耳を貸さない；人の意見を聞こうとしない **बहरा पत्थर** 耳が全く聞こえない **बहरा बज्र** = बहरा पत्थर. **बहरा बनना** 人の話に耳を貸さない；人の言うことを聞こうとしない

बहराना [他] = बहलाना.

बहरी[1] [形] 外の；外側の= बाहरी. बहरी अलंग 市外の景勝地

बहरी[2] [形] 《A. بحری बह्री》海の；海による；海での；海上の बहरी सफ़र 海の旅；海路の旅；船旅

बहरी[3] [名*]〔鳥〕ハヤブサ科ハヤブサ（隼）【*Falco peregrinus*】

बहरूप [名] バフループ（牛の売買を生業としてきたカーストの人）；馬喰

बहरैन 〔国名〕《A. بحرين》バーレーン

बहलना [自] (1)（気が）まぎれる（紛れる）；紛らわされる गाने से मेरी तबीयत बहुत-कुछ बहल जाती और हृदय भी शांत हो उठता 私は歌うと気もかなりまぎれ心も落ち着く (2) 慰められる；楽しくなる ऐसी बातों से सामान्य व्यक्ति बहल जाता है こういうことでたいていの人は気持ちが慰められるものだ

बहला [名*] カーダモン= इलायची.

बहलाना [他] (1) そらす（逸らす）；紛らす；ごまかす；はぐらかす；はずす इस तरह आधी रात तक नींद को बहलाते रहे こうして真夜中まで眠気を紛らし続けた (2)（気持ちを）ほぐす；慰める；楽しませる अपना मन बहलाने के लिए उसने पक्षियों से दोस्ती करने की सोची 気持ちを紛らすために鳥と親しくしようと思った वह मज़ेदार कहानियाँ सुनाकर उनका मन बहला रहा था 面白い話を語って聞かせて慰めてやっていた कुछ समय निकालकर मनोरंजन द्वारा अपने मन को बहलाया जाए तो 少し時間を作って娯楽で気持ちを楽しくすれば बच्चों को बहलाने वाला, खिलौनेवाला 子供たちを楽しませるおもちゃ売り（おもちゃ行商人の呼び声） (3) なだめる；言いくるめる दोनों बच्चों को बहलाने के लिए 2人の子供をなだめるために (4) あやす छोटे भैया को बहला देता हूँ 弟をあやす **बहलाना - फुसलाना** おだてに乗せる；甘言に乗せる；言いくるめる；甘言を弄する；だます वे लोग इनको बहला-फुसलाकर इनके साथ विवाह कर लेते हैं あの連中はこの人たちを言いくるめて結婚する वह बहला - फुसला कर बच्चे को ले गया 子供を言いくるめて連れて行った वे अपने बदमाश साथी के बहलाने फुसलाने से या कभी-कभी स्वयं भी इस ओर प्रेरित हुए हैं 彼らは悪い仲間の甘言に乗せられたりあるいは時には自分からこの方向に向かったものである

बहलाव [名] ← बहलना.

बहलावा [名] (1) = बहलाव. (2) = बहकावा.

बहली [名*] バハリー（4本柱の幌のついた人を乗せる二輪の牛車）

बहशत [名*] → वहशत.

बहस [名*] 《A. بحث बह्स》(1) 議論；論議 लंबी बहस 長い議論 (2) 討議 गरम बहस 熱っぽい議論 (3) 口論；口争い；口喧嘩；言い争い दोनों में बहस होने लगी 2人は口論を始めた बहस छिड़ना 議論になる；口論になる एक बार एक मुसलिम से इस मसले पर बहस छिड़ी 一度1人のムスリムとこの問題で議論になった

बहसतलब [形] 《A. بحث طلب बह्सतलब》議論すべき；論ずべき

बहसना [自] 《← A. بحث बह्स》(1) 論じる；論じ合う；議論する；言い争う (2) 競う；競争する；争う

बहस-मुबाहसा [名] 《A. بحث و مباحثه बह्सोमुबाहसा》議論；論争；論議= वाद-विवाद; तर्क-वितर्क.

बहाई [名] バハーイー教及びバハーイー教徒（イラン人のバハー・アッラーフこと，ミールザー・フセイン・アリーが1863年に創始したバハーイー教とその信徒．欧米を含め世界的に布教活動が行われてきている）

बहाऊ [形] つまらない；ろくでもない；役立たずの；しょうのない

बहादुर[1] [形] 《P. بهادر》勇ましい；勇敢な；勇猛果敢な बहादुर फ़ौज 勇敢な軍隊で मेरे वतन के बहादुर सिपाही わが祖国の勇敢な兵士たち

बहादुर[2] [名] バハードゥル（英領インドにおいて当局がヒンドゥー，ムスリムの名士たちに与えた称号の一）→ रायबहादुर; ख़ाँ बहादुर.

बहादुराना [形] 《P. بهادرانه》勇者にふさわしい；勇者らしい

बहादुरी [名*] 《P. بهادری》勇ましさ；勇猛；勇気；勇敢な行為= वीरता. सारी दुनिया उनकी बहादुरी का लोहा मानती है 全世界が彼らの勇気に一目置く लोग उस युवक की बहादुरी की तारीफ़ कर रहे थे 皆はその青年の勇気を称えていた

बहाना[1] [他] (1) 流す；流れるようにする（液体や移動するものを） बाल्टी का पानी बहाना バケツの水を流す (2) 中から流し出す；流す；出す उसके सामने आँसू बहाओ तो उसका क्या हाल होता होगा あの人の前で涙を流したらあの人はどうなるだろうか (3) 液体や流動物で流す；押し流す मिट्टी बहा दे॰ 土を流し去る (4)（気体のものが物体を）移動させる；押しやる；吹き飛ばす；吹

ब

きやる (5) あふれさす；こぼす (6) 台無しにする；駄目にする (7) 浪費する वे पैसे को पानी की तरह बहा रहे थे あの人は金を湯水のように使っていた → बहना.

बहाना[2] [名] 《P. بہانہ》 (1) 口実；かこつけ हर एक बहाने से पैसा खींचते हैं ありとあらゆる口実を設けて金を搾り取る रोग का बहाना बनाकर 仮病を使って (2) 言い訳；言い逃れ उनके सामने कोई बहाना नहीं चलेगा あの人の前ではどんな言い訳も通用しない **बहाना क॰** 言い訳をする；言い逃れをする；かこつける अब ये सरकारी उच्च अधिकारी सरकारी काम का बहाना करके पिकनिक, सैरसपाटे पर जाएँगे 今やこれらの政府高官たちは公務と称して物見遊山に出掛けるだろう **बहाना ढूँढना** 口実を探す **बहाना बनाना** 口実を作る लोगों से बहाना बनाना 世間に対し口実を作る (-के) **बहाने** (ーに) かこつけて；(ーを) 口実に शादी के बहाने ख़ूब छेड़खानी की थी हमने एक दूसरे से 結婚にかこつけてお互い随分とからかい合ったものだった

बहानेबाज़ [形・名] 《P. بہانہ باز बहानाबाज》 (1) 言い抜けする (人) = हीला हवाला करनेवाला. (2) いつも口実を設けては仕事を怠る (人)

बहानेबाज़ी [名*] 《P. بہانہ بازی बहानाबाजी》 言い抜け；言い逃れ= हीला-हवाला.

बहानेसाज़ [形] 《P. بہانہ ساز बहानासाज》 = बहानेबाज़.

बहानेसाज़ी [名*] 《P. بہانہ سازی बहानासाजी》 = बहानेबाज़ी.

बहार [名*] 《P. بہار》 (1) 春 (2) 花盛り；開花；開花期 जैसे भारत में वसंत ऋतु में फूलों की बहार रहती है, उसी प्रकार हालैंड, यूरोप, में अप्रैल से जून तक फूलों की बहार दिखाई देती है インドでは春に花盛りとなるようにオランダやヨーロッパでは4月から6月までの間が花盛りとなる (3) 青春；青年期 (4) 美しさ；美しい眺め (5) 喜び；嬉しさ **बहार आ॰** 楽しい；楽しい時が訪れる；楽しくなる；うきうきする (-की) **बहार आ॰** (ーが) 楽しまれる；楽しい **बहार उतरना** 楽しい時が過ぎ去る **बहार पर आ॰** *a.* 花が開く；開花する *b.* 栄える；繁栄する；繁盛する；盛んになる *c.* 楽しい **बहार बजना** 喜びがあふれる；喜びにあふれかえる (-की) **बहार लूटना** *a.* (ーを) 楽しむ *b.* (ーの) 繁栄を台無しにする；幸せや喜びをつぶす

बहारना [他] (ほうきで) 掃く；清掃する= बुहारना.

बहारबुर्ज [名] 《P.A. بہار برج》 天守閣

बहाल [形] 《P.A. بحال》 (1) 復活した；回復した इराक और लीबिया में राजनयिक संबंध बहाल イラクとリビア間の政治関係復活 (2) 復職した；再任された मैंने उसको पुरानी नौकरी पर बहाल कर दिया あの男を元の仕事に復職させてやった नौकरी पर बहाल हो॰ 復職する (3) 元気を取り戻した；回復した (4) 喜んでいる；嬉しい वह अपने पति से ऊँची नौकरी पर बहाल थी 彼女は夫よりも高い仕事について喜んでいた **बहाल रखना** 保持する；維持する

बहाली [名*] 《P.A. بحالی》 (1) 復活；再現；回復 जम्हूरियत की बहाली के लिए 民主主義の復活のため (2) 復職；再任 (3) 回復；元気；健康 (4) 喜び；嬉しさ

बहाव [名] ← बहना. (1) 流れること；流されること；流れ；推移 समय के बहाव में बहकर एक दिन सब बदल जाते हैं 時の流れに流されていつの日かすっかり変わってしまうものだ (2) 流れ出ること；流出 ज़ख्म से ख़ून का बहाव けがによる出血 ख़ून का बहाव रोकना 止血する (3) 川などの流れ (4) あふれること

बहि: [接頭] 外，外側，外部などの意を加える接頭辞．後接する語頭音によって बहिर्, बहिश्, बहिष्となる→ बहिर्गमन, बहिश्चर, बहिष्कार.

बहिन [名*] 姉妹 = बहन; भगिनी.

बहिनापा [名] = बहनापा.

बहियाँ [名*] 腕 = बाँह.

बहिया [名*] 洪水 = बाढ़; प्लावन.

बहिर् [接頭] → बहि:.

बहिरंग[1] [形] (1) 外の；外部の；外側の (2) 別の；他の；異なった (3) 付加的な；付随的な

बहिरंग[2] [名] (1) 外側；外面；外部 (2) よそ者；外部者

बहिर्गत [形] (1) 内側やある範囲から出た；外に出た (2) 外の；外部の；外側の (3) 別の；別個の；異なった

बहिर्गमन [名] (1) 外に出ること (2) 退場 विपक्ष ने जाँच की माँग करते हुए बहिर्गमन कर दिया 野党が調査を要求して退場した

बहिर्जंघिका [名*] 〔解〕 腓骨 〈fibula〉

बहिर्जगत् [名] 眼に見える世界；外界

बहिर्देश [名] 異国；異郷= विदेश; परदेश.

बहिर्मंडल [名] 〔気象〕 外気圏；逸出圏 〈exosphere〉

बहिर्मुख [形] (1) 外を向いた (2) そっぽを向いた (3) 外面に心を奪われた (4) 逆の；反対の

बहिर्मुखी [形] (1) 外を向いた (2) 外向的な

बहिर्विवाह [名] 〔文人・社〕 族外婚；族外結婚；異族結婚；外婚 〈exogamy〉

बहिश्चर [形] 外へ向かう；外へ出る；外側の；外面の

बहिश्त [名*] 《P. بہشت बिहिश्त》 天国 = बिहिश्त; स्वर्ग; जन्नत.

बहिष्करण [名] (1) 外に出すこと；排出 (2) 追放 (3) (内臓に対して) 身体の外部の器官

बहिष्कार [名] (1) 排出 (2) 排除；除去 (3) ボイコット；排斥 कक्षाओं का बहिष्कार 授業ボイコット；授業放棄 सरकारी कालेजों का बहिष्कार 国公立大学のボイコット सामाजिक बहिष्कार 社会的排除 (4) 不買同盟；ボイコット मदिरा की दूकानों का बहिष्कार कैसे होगा 酒屋のボイコットをどのようにして行うか

बहिष्कृत [形] (1) 外に出された；排出された (2) 排斥された (3) ボイコットされた

बहिष्क्रिया [名*] (1) 外面的な行為 (2) 排出 (3) 追放 (4) 排斥；ボイコット

बही [名*] 帳簿 **बही पर चढ़ना** 帳簿に記入される **बही पर चढ़ाना** 帳簿に記入する **बही पर टाँकना** = बही पर चढ़ाना.

बहीखाता [名] 会計簿；出納簿；元帳

बहीर [名*] 《P. بہیر》 (1) 〔軍〕 軍用行李 (2) 〔軍〕 軍属；軍隊と共に移動した軍の雇いの者や商人など

बहु [形] (1) 多くの；多数の= बहुत; अनेक. (2) 多量の；大量の = अधिक; ज़्यादा.

बहु-अर्थक [形] 〔言〕 多義の बहु-अर्थकता 多義性

बहु-आयामी [形] 多面的な निबंध, साहित्य की एक बहु-आयामी व्यापक विधा बन गया है 随筆は文学の多面的な広がりのあるジャンルになっている

बहु-उद्देशीय [形] 多目的の बहु-उद्देशीय गाड़ी 多目的車両

बहुक [形] (1) 多くの；多数の (2) 大量の (3) 高価な

बहुकता [名*] 多数；多様性

बहुकवाद [名] 〔哲〕 多元論 = बहुवाद; बहुतत्त्ववाद.

बहुकवादी[1] [形] 多元論の；多元論的；多元論者の = बहुवादी.

बहुकवादी[2] [名] 〔哲〕 多元論者 = बहुवादी.

बहुकोशिक [形] 〔生〕 多細胞の 〈multicellular〉

बहुकोशिकीय [形] = बहुकोशिक; बहुकोशीय.

बहुकोशीय [形] 〔生〕 多細胞の= बहुकोशिकीय. फफूँदी बहुकोशीय सूक्ष्म वनस्पति है かびは多細胞の微小な植物である

बहुगुण [形] (1) 多くの美点や特長を持つ；多くの特性を持つ (2) 多数の；多重の；複式の

बहुगुणी [形] = बहुगुण. इस मशीन के बहुगुणी काम का कमाल この機械の多様な用途の素晴らしさ

बहुचर्चित [形] (1) 名高い；言いならわされている वह हमारी बहुचर्चित उदारता तथा धर्मनिरपेक्षता से मेल नहीं खाती それは我々の名高い寛容性と世俗主義とに合致しない (2) 話題の；よく話題に上る；噂の；噂の高い वैसे भी मालवा अंचल का यह क्षेत्र, मंदसौर जिला अपने सांस्कृतिक वैभव के कारण बहुचर्चित रहा है もともとマールワー地方のこのマンダソール県は文化的な栄光のためによく話題になってきている पूर्वी उत्तर प्रदेश के बहुचर्चित तिवारी U.P. 東部で噂のティワーリー (3) よく議論された；議論を呼んだ बहुचर्चित विषय 議論を呼んだテーマ

बहुजन समाज पार्टी [名*] 〔イ政〕 バフジャン・サマージ・パーティー (大衆社会党，もしくは，多数者社会党．1984年結成)

बहुज्ञ [形] 博識の；物知りの

बहुज्ञता [名*] 博識

बहुत [形・代・副] (1) 多数の (もの)；多くの (人や物) = अनेक. (2) 多量の；多くの；沢山の= अधिक; ज़्यादा. अभी बहुत रात है, सो जाओ まだまだ夜は長いよ，寝なさい (3) 大変な；非常な；甚だ

しい；とても；激しい बहुत बचपन में とても幼かった頃 बहुत ज़ोर की भूख 激しい空腹感 (4) 多く；沢山 इस तालाब में स्नान करने से बहुत पुण्य मिलता है この池で沐浴すると沢山功徳が得られる (5) とても；大変；大いに；相当；かなり；ひどく इसमें बहुत जोखिम होगा これは相当危険だろう **बहुत कम** = बिरले ही. *a.* 甚だ少し *b.* たまに；めったに **बहुत ज़्यादा** とても；大変；非常に；甚だしく (6) 度を越えて；余分に बहुत बातें करने लगा है! （偉そうに）大きな口をきくようになった！ **बहुत करके** *a.* たいてい *b.* 多分 *c.* 幾度も；何度も **बहुत-कुछ** *a.* かなり；かなりのこと；随分のこと；相当なこと；相当なもの यह वही स्थान है, जिसके संबंध में मैंने बहुत कुछ सुना है これが随分のことを耳にした例の場所だ *b.* かなりのもの；相当なもの नौकरीपेशा महिलाओं ने बहुत कुछ खोया है 勤労女性はかなりのものを失っている *c.* 相当なこと，度の過ぎること，耐え難いことなど चौधरी की छत्रछाया में उनके दामाद बहुत कुछ कर जाते हैं チョードリーの庇護の下，娘婿が相当なことをしてのける *d.* かなり；随分；相当に अभी दिन का उजाला बहुत-कुछ बाक़ी था まだ昼間の明るさはかなり残っていた *e.* かなり；多分に पति की लोकप्रियता बहुत-कुछ पत्नी के व्यवहार पर निर्भर करती है 夫の評判は多分に妻の行動に依る **बहुत ख़ूब** やあ素敵（だ）；ご立派だ **बहुत-सा** 沢山の；大量の；山のような **बहुत-ही** 甚だ（しく）；極めて；極度に= बेहद. बहुत-ही भिनसारे वे लोग चल दिये थे あの人たちはとても朝早く出掛けたのだった **बहुत होगा**（तो भी）せいぜい；多く見積もっても；（仮に）大したことになっても बहुत होगा दो-चार महीने हवालात में रहना पड़ेगा せいぜい3か月ほど拘置所に入ることになろう

बहुतत्ववाद [名]〔哲〕多元論 ⟨pluralism⟩

बहुताइत [名*] = बहुतायत.

बहुताई [名*] ← बहुत. = बहुतायत; अधिकता; ज़्यादती.

बहुतात [名*] = बहुतायत. **बहुतात से** しきりに；多く

बहुतायत [名*] (1) 多いこと；多数；多量 इस प्रकार की घटनाओं की बहुतायत この種の事件の多いこと जानवरों की बहुतायत से यह बात प्रमाणित होती है कि उनके यहाँ जंगल बहुत थे और जल की भी कमी न थी 動物が多いことから彼らは多数の森を所有し水にも不足していなかったことが証明される (2) 余剰 पैदावार की बहुतायत 作物の余剰 **बहुतायत में** 多数；大量に；沢山 यहाँ पवन-चक्कियाँ बहुतायत में लगी हैं ここには風車が沢山設置されている **बहुतायत से** 多数；沢山；大量に संस्कृत की पुस्तकों में तो ऐसी सामग्री बहुतायत से देखी जा सकती है サンスクリットの書物にはこのような資料が多数見られる

बहुतेरा[1] [形+] 多くの；多数の；沢山の= बहुत-सा. बहुतेरे प्रसिद्ध तथा प्रकाशित ग्रंथों के बारे में जानकारी 多数の有名な出版書籍に関する情報

बहुतेरा[2] [副] 随分；相当；様々に；いろいろと मैंने बहुतेरा ढूँढवाया था 私は随分と（手をつくして）探させた महावत ने बहुतेरा सँभाला 象使いが（象を制御しようと）随分頑張った

बहुत्व [名] ← बहु. = आधिक्य; अधिकता.

बहुदर्शिता [名*] 世事に通じていること；経験や世故に長けていること

बहुदर्शी [形] 世事に通じている；世の中のことをよく知っている；経験豊かな

बहुदलीय [形]〔政〕複数政党の；多数の政党からなる；多数の政党を含む वहाँ 20 वर्ष बाद बहुदलीय आधार पर चुनाव होगा 20年ぶりに複数政党制による選挙の予定 बहुदलीय व्यवस्था 複数政党制 ⟨multiparty system⟩

बहुदेववाद [名]〔宗〕多神教 ⟨polytheism⟩

बहुदेववादी [形・名] (1) 多神教の；多神教的な (2) 多神教徒 ⟨polytheist⟩

बहुदेशीय [形] (1) 多国の (2) 多国籍の ⟨multinational⟩ = बहुराष्ट्रीय. बहुदेशीय कंपनी 多国籍企業

बहुधा [副] (1) 一般に；一般的に；普通；たいてい (2) 様々に；多様に

बहुध्येयी [形] 多目的の；多数の目的を持つ ऐसी सहकारी समितियों को बहुध्येयी समितियाँ कहा जाता है このような協同組合を多目的協同組合と呼ぶ

बहुपतिका [形*] 一妻多夫の

बहुपतित्व [名] = बहुपति प्रथा.〔文人・社〕一妻多夫婚；一妻多夫制 ⟨polyandry⟩

बहुपतिप्रथा [名*]〔文人・社〕一妻多夫婚；一妻多夫制= बहुपति विवाह प्रथा.

बहुपतिविवाही परिवार [名]〔文人・社〕一妻多夫制家族 ⟨polyandrous family⟩

बहुपत्नीक [形]〔文人・社〕一夫多妻の बहुपत्नीक परिवार 一夫多妻家族

बहुपत्नीत्व [名]〔文人・社〕一夫多妻制；一夫多妻婚

बहुपत्नी परिवार [名]〔文人・社〕一夫多妻家族 ⟨polygynous family⟩

बहुपत्नी प्रथा [名*]〔文人・社〕一夫多妻婚；一夫多妻制

बहुपाद [形] 足の多い；多足の；多数の足を持つ

बहुपाद प्राणी [名]〔動〕多足類 = मिरियापोडा. ⟨Myriapoda⟩ .

बहुप्रजाता [名*] 経産婦

बहुप्रतीक्षित [形] 待望の；待望久しい बहुप्रतीक्षित 待望の；久しく待たれた चौधरी साहब का बहुप्रतीक्षित वक्तव्य チョードリー氏の待望の声明

बहुफलक [名] 多面体 ⟨polyhedron⟩

बहुफलकीय [形] 多面体の

बहुबिधि [副] 多様に；様々に= बहुविध.

बहुब्रीहि [名] → बहुव्रीहि.

बहुभाषी [形] (1) 多弁な；よくしゃべる；おしゃべりな (2) 多言語に通じた；多言語を話す

बहुभुज [名] 多角形 ⟨polygon⟩

बहुभुजा [名*] ドゥルガー神 दुर्गा の異名の一

बहुभुजी [形] 多角形の ⟨polygonal⟩

बहुमंज़िला [形]《H. + A. منزل》高層の बहुमंज़िला इमारतों की बाढ़ 高層ビルの（建設）ラッシュ

बहुमत [名] (1) 多数意見 (2) 多数派；過半数 बहुमत पर अल्पमत का शासन 少数派による多数派支配 (3) 多数票 विशेष बहुमत 特別多数票 ↔ साधारण बहुमत 通常多数票；一般多数票

बहुमत दल [名]〔政〕多数派（政党） बहुमत दल का नेता 多数派政党のリーダー

बहुमत शासन [名] 多数派支配

बहुमार्ग [名] 四つ辻

बहुमुखी [形] 様々な；多様な；多面的な；多彩な समाज की बहुमुखी भलाई 多面的な社会福祉 बहुमुखी प्रतिभा 多彩な才能；多才 उनकी देन बहुमुखी है あの方の寄与は多方面にわたっている

बहुमूत्र [名]〔医〕頻尿症

बहुमूर्तिदर्शी [名] 万華鏡；カレイドスコープ ⟨kaleidoscope⟩

बहुमूल्य [形] (1) 高価な= क़ीमती. बहुमूल्य जवाहरात 高価な宝石 (2) 貴重な；値打ちのある बहुमूल्य जानकारी 貴重な情報

बहुरंगा [形+] = बहुरंगी.

बहुरंगी [形] (1) 多色の；様々な色の (2) 多様な；多彩な इस तरह तुम अपने संग्रह को बहुरंगी बना सकते हो このようにしてコレクションを多彩なものにすることができる

बहुरना [自] (1) 戻る；返る बड़ी जल्दी बहुरे बाज़ार से 市場からとても早く戻った (2) 手に戻る；再び手に入る

बहुराना [他] 戻らせる；戻す；返す= लौटाना.

बहुराष्ट्रीय [形] 多国籍の ⟨multinational⟩ बहुराष्ट्रीय निगम 多国籍企業 ⟨multinational corporation⟩ बहुराष्ट्रीय दवा कंपनी 多国籍製薬会社

बहुराष्ट्रीय कंपनी [名*] 多国籍企業 ⟨multinational company⟩

बहुरि [副] (1) 再び；再度= फिर; पुनः. (2) 後に；次に；それから= पीछे; उसके बाद; इसके बाद; अनंतर.

बहुरिया [名*] 新妻；お嫁さん；花嫁さん；可愛い嫁

बहुरूप[1] [形] 様々な姿や装いをする

बहुरूप[2] [名] (1) ヴィシュヌ神 (2) シヴァ神 (3) カーマ神 (4) ブラフマー神 (5) カメレオン

बहुरूपा [名*] ドゥルガー神 दुर्गा

बहुरूपिया[1] [形] (1) 様々な形の (2) 千変万化の फफूँद बहुत ही बहुरूपिया होती है かびは実に千変万化である (3) 様々に変装する

बहुरूपिया[2] [名] 変装や物真似を生業とする芸人；百面相

बहुरूपियापन [名] 百面相；七変化；物真似 नेताओं, मंत्रियों और बड़े लोगों का बहुरूपियापन 政党指導者，大臣，名士たちの七変化

बहुरोमा[1] [形] 体の毛の多い；多毛の；体毛の多い

बहुरोमा[2] [名] (1) 羊 (2) 多毛の動物 (3) 猿
बहुल [形] (1) 多くの；多数の；沢山の (2) 黒い；黒の
बहुलक [名]〔化〕重合体；ポリマー 〈polymer〉
बहुलकीकरण [名]〔化〕重合 〈polymerization〉
बहुलता [名*] ←बहुल. 多いこと；多量；豊富；充満
बहुलाचौथ [名*]〔ヒ〕バフラーチョウト（バードン月黒分４日及びこの日行われるヴラット（ヴラタ） →व्रत. この日断食を伴う願行が行われると共に母性愛と誠実さを強調するヴラット・カター व्रत कथा 物語が語られる） = बहुला चतुर्थी.
बहुवचन [名]〔言〕複数；複数形 〈plural〉 जिन्नात जिन्न का बहुवचन है ジンナートはジンの複数（形） बेगमात उर्दू में बेगम का बहुवचन रूप है. बेगमात はウルドゥー語の बेगम の複数形
बहुवर्षी [名]〔植〕多年草；多年生植物 〈perennials〉
बहुवर्षीय [形]〔植〕多年草の；多年生植物の
बहुवाद [名]〔哲〕多元論 〈pluralism〉
बहुवादी [形・名] (1) 多元論の；多元論的 (2) 多元論者
बहुविज्ञापित [形] 喧伝された बहुविज्ञापित हरित क्रांति 喧伝された緑の革命
बहुविद्य [形] (1) 多くの学問を修めた (2) 博識の
बहुविध [形] 多様な；様々の ताँबे का बहुविध प्रयोग 銅の多様な用途
बहुविवाह [名]〔文人・社〕複婚= बहुविवाह प्रथा. 〈polygamy〉
बहुविवाही [形] 複婚の 〈polygamous family〉 बहुविवाही परिवार 複婚家族
बहुव्रीहि [名]〔言〕所有複合語（サンスクリット語の複合語の分類の一で合成された語は形容詞ないしは名詞．複合された語の意味するものを所有するものを指す）；所有形容合成語；有財釈 **बहुव्रीहि समास** 〈exocentric compound〉（例） अल्पमत 少数派；少数者 बहुमत 多数派；多数者
बहुशः [副] (1) 頻繁に；しばしば；幾度も (2) 様々に；多様に
बहुश्रुत [形] (1) 多くの学問を学んだ (2) 学識豊かな
बहुसंख्यक[1] [形] (1) 多数の；大勢の बहुसंख्यक जनता 多数の民衆 (2) 多数者の；多数派の बहुसंख्यक काले 多数派黒人 बहुसंख्यक सम्प्रदाय 多数派の宗派
बहुसंख्यक[2] [名] 多数者；多数派
बहू [名*] (1) 息子の配偶者；嫁 (2) 妻；家内 (3) 新妻；嫁→ वधू.
बहूटी [名*] (1) 息子の妻；嫁= पुत्रवधू; पतोहू. (2) 夫が存命の妻 = सुहागिन स्त्री.
बहूद्देशीय [形] 多目的の；万能の
बहूपयोगी [形] 万能の；多目的の= मल्टीपर्पज; मल्टीपर्पज.
बहेंगा[1] [名]〔鳥〕オーチュウ科オーチュウ【*Dicrurus macrocercus*】
बहेंगा[2] [形+] (1) うろつく；うろつき回る (2) 浮浪の；放浪の
बहेड़ा [名] (1)〔植〕シクンシ科高木セイタカミロバラン【*Terminalia belerica*】 (2) 同上の果実（薬用，染料に用いられる）
बहेतू [形] (1) うろつく；さまよう；放浪する= मारा मारा फिरनेवाला; आवारा. (2) 下品な；低級な= तुच्छ; ओछा.
बहेलिया [名] 猟師；狩人= शिकारी; चिड़ीमार; अहेरी.
बहैसीयत [前置]《P.A. بہ حیثیت》（－の）資格で；（－と）して बहैसीयत कंपनी कमांडर 中隊長として
बहोत [副・形]〔俗〕 = बहुत. आप तो बहोत हँसोड़ हैं चाचा जी おじさんは大変な笑い上戸だね
बहोरना [他] (1) 戻らせる；帰らせる；連れ戻す= लौटाना; वापस क॰. (2) 元通りにする
बहोरि [副] 再び；再度；もう一度= पुनः; फिर; फिर से.
बह्मनी [名*] (1)〔動〕爬虫類トカゲ科トカゲ【*Mabuya carinata*】 〈common skink〉 = भबनी; बभनी. (2)〔医〕ものもらい；麦粒腫 = बिलनी; गुहांजनी. (3)〔農〕サトウキビやイネなどの胴枯れ病 (4)〔農〕少し赤みを帯びたローム質の土= बभनी.
बह्र[1] [名] 《A. بحر》海；海洋；大洋= समुद्र; महासागर.
बह्र[2] [名*] 《A. بحر》韻律= छंद; वृत्त; शेर का वज़्न.
बाँ [名] 牛の鳴き声．もー
बाँक[1] [名*] (1) 曲がっていること (2) 曲がっているところ (3)〔装身〕手首飾り（チューリー चूड़ी の一種）；バーンク (4) 足首飾り；バーンク (5) 鍛冶屋の用いる万力 (6) 竹伐り用のナイフ
बाँक[2] [形] (1) 曲がっている；屈曲している (2) = बाँका.
बाँकनल [名] 熔接用の吹管
बाँकपन [名] (1) 曲がっていること (2) 曲がり具合 (3) しゃれ（洒落） (4) 伊達
बाँकला [名] → बाकला.
बाँका[1] [形+] (1) 曲がった；曲がっている (2) しゃれた感じの；ダンディーな (3) 粋な；魅力的な；素晴らしい；素敵な उसने सहस्रों घोड़े देखे थे, परंतु ऐसा बाँका घोड़ा उसकी आँखों से कभी न गुज़रा था これまでに幾千頭の馬を見てきたがこんなに素敵な馬に出会ったことはなかった (4) 侠気のある；豪胆な；勇猛な= तीसमार ख़ाँ. **बाँका छैला** ダンディーな；おしゃれな **बाँका-तिरछा** *a.* 曲がった；屈曲した *b.* 流し目をする；色目を使う **बाँका वीर** 豪傑
बाँका[2] [名] (1) 刃が鉤形の鉈；バーンカー (2) （バーンカーを持ち歩くような）ならず者 (3) 祝い事の行列に美しく飾られて参加する子供や若者；稚児 (4) しゃれもの（洒落者）
बाँका चोर [名] 大泥棒；大盗人
बाँकिया [名]〔イ音〕バーンキヤー（管がいわゆる s 字形に屈曲したラッパの一種） = नरसिंघा; नरसिंहा.
बाँकी [名*] (1) 竹伐りに用いる刃の湾曲した刃物 (2)〔昆〕ガムシ（牙虫）などの水生の甲虫
बाँकुर [形] = बाँकुरा.
बाँकुरा [形+] (1) = बाँका[1]. (2) 鋭利な；刃の鋭い (3) 巧みな；抜け目のない
बाँग [名*] 《P. بانگ》(1) 音 (2) 叫び声 (3)〔イス〕礼拝の時を告げる叫び声；バーング (4) 夜明けを告げる鶏の声 **बाँग दे॰** *a.* 叫ぶ *b.* 雄鶏が鳴く= बाँग लगाना.
बाँगड़[1] 〔地名〕バーンガル（रोहतक, हिसार などハリヤーナー州東部地方）
बाँगड़[2] [名*]〔言〕バーンガル語（同上の地方に話される西部ヒンディー語の一方言） = बाँगरू.
बाँगड़ा [名]〔魚〕サバ科サバ（鯖） 〈mackerel〉
बाँगड़ू [形] 全く粗野な；全く田舎者の
बाँगदरा [名] = बाँगे दिरा.
बाँगर [名] (1) 丘陵地；高台 (2) 牧草地
बांगला देश 〔国名〕バングラデシュ= बांग्ला देश.
बाँगा [名] 綿花；原綿= कपास.
बाँगुर [名] (1) 罠 (2) 罠を仕掛ける場所
बाँगे दिरा [名] 《P. بانگ درا》隊商隊のラクダの首につける鈴の音= बाँगे दरा; बाँगे जरस.
बांग्ला देश 〔国名〕バングラデシュ
बाँचना [他] (1) 読む；読み上げる कपूर साहिब बैठे हुए अख़बार बाँच रहे थे カプールさんは腰掛けて新聞を読んでいるところだった (2) 声を出して読む；唱える；語る；語り聞かせる कथा बाँचना 物語を語り聞かせる；物語を詠唱して聞かせる पुरानी विद्या पढ़कर पत्रा देखने और कथा बाँचने के सिवाय और क्या आता है 昔の学問を修めた身で占いのため暦を解釈してやったり御利益話を語って聞かせる以外に（この人に）何ができようか
बाँछ [名*] 口の両端= बाछ. **बाँछें खिल जा॰** 口元に笑みを浮かべる चतरसिंह की बाँछें खिल गईं チャタルシンの口元に笑みが浮かんだ
बाँछना[1] [他] (1) 望む；願う；欲する (2) 選ぶ；よる；選り出す
बाँछना[2] [名*] = बाँछा.
बाँछा [名*] 欲求；念願= वांछा; इच्छा; कामना.
बाँझ[1] [名*] (1) 不妊の女性；うまずめ（石女） (2) 妊娠できない雌
बाँझ[2] [名*]〔植〕ブナ科ナラ属グレーオーク【*Quercus incana*】グリーンオーク【*Quercus dilatata*】
बाँझपन [名] (1) 妊娠できないこと (2)〔医〕不妊症= वंध्यत्व.
बाँट [名*] (1) 分配；分けること= आवंटन. (2) 配達= बँटाई. (3) 分け前= भाग; हिस्सा; बखरा. (4) 供与
बाँट-चूँट [名*] = बाँट-बूँट.
बाँटना [他] (1) 配る；分ける；分配する；分け与える जल चढ़ाने तथा ग़रीबों को ख़ैरात बाँटने 水を供え貧者に施しを与えに सेना के जवान राहत सामग्री बाँट रहे हैं 兵士たちが救援物資を配っている निर्धनों, फ़कीरों को ख़ैरात (दान) बाँटी जाती है 貧者や乞食に施しが分け与えられる राजा ने उसका सारा धन ग़रीबों में बाँट दिया 国王は一切の財物を貧者に分け与えた (2) 分ける；分割する；分かつ；分かち与える ज़िम्मेदारियाँ बाँट ली जाती हैं 責任が分かたれ

る अपना दुख या ख़ुशी बाँटना 悲しみや喜びを分かち合う (3)〔数〕割る (4) 分ける；分割する；分断する देश के लोगों को बाँटकर 国民を分断して

बाँट-बख़रा [名] (1) 分け前；相続配分；取り分 जो कुछ हमारा हो, वह हमको मिलना चाहिए.बाँट-बख़रा कर दीजिए わしの分はわしが貰わなくてはならん．分けて下され (2) 分配

बाँट-बूँट [名*] 分け前；取り分

बाँटा [名] (1) 分けること；分配= बाँट. (2) 分け前

बांटू[1] [名] 《E. Bantu》バントゥー族（の人）= बांतू.

बांटू[2] [名*]〔言〕バントゥー語

बांटू परिवार [名] 《E. Bantu + H.》〔言〕バントゥー語族

बांड [名] 《E. bond》(1) 債券 (2) 保釈金 (3) 保証金

बाँड़ [名] 川の合流点にある中州

बाँड़ा[1] [名] (1) 尻尾の切れた動物 (2) 係累のない人

बाँड़ा[2] [形+] 尻尾のない；尻尾の切れた

बाँड़ी [名*] (1) 短い棍棒；杖 (2) 尻尾の切れている牛などの動物

बाँड़ीबाज़ [名] (1) 棍棒を用いて闘う人 (2) 騒動を起こす人

बांतू [名] バントゥー族= बांतू जन जाति; बांतू क़बीला. → बांटू.

बाँदा [名] (1)〔植〕ヤドリギ科ヤドリギ【*Dendrophthoe falcata*】(2)〔植〕ラン科エピデンドラム【*Epidendrum tesselatum*】

बाँदी[1] [名*] 下女；侍女 कोई बाँदी ढूँढ निकालो, उसी के साथ उसका निकाह करा दो だれか侍女を見つけだしその女とこの男を結婚させてやりなさい **बाँदी का बेटा** *a.* 言いなりの；忠実な *b.* 卑しい；下賤な；身分の低い

बाँदी[2] [名] 《← P. بندی बंदी》囚人；受刑者

बाँद्र [名] 《← P. بندی》= बाँदी[2].

बाँध [名] (1) 結ぶこと (2) つなぐこと (3) 巻くこと (4) 制約 (5) 堤防 (6) ダム；堰 बस्तियाँ उजाड़ो, बाँध बनाओ 村をつぶしてダムを作れ (7) 見せかけに飾るもの **बाँध टूटना** *a.* 堰が切れる *b.* 節度がなくなる **बाँध तोड़ना** *a.* 堰を切る *b.* 節度を失う **बाँध बाँधना** 仰々しく飾り立てる

बांधणू [形] 《Raj.》絞り染めの；絞り染めにした

बाँधना [他] (1) 結ぶ；結びつける；結わえる；つなぎ合わせる मुस्लिम महिलाओं के पैरों की ज़ंजीर को और मज़बूती से बाँधने वाले विधेयक का नाम 女性の足の鎖を更にきつく結ぶ法案の名称 एक दूसरे को बाँधनेवाले सूत्र और तंतु भी पक्के होने लगे お互いを結びつける絆も緊密になり始めた छल्ला बाँधना （鳥の足首に）足輪を結びつける (2) つなぐ；縛る；縛りつける औरतों ने उसे इस या उस काम में बाँध रखा 女たちも彼女をあれこれの仕事に縛りつけておいた मैंने घोड़ी को पेड़ से बाँधा 馬を木につないだ पुलिस ने एक विज्ञप्ति जारी करके कहा है कि पालतू कुत्तों को बाँधकर रखा जाए 警察が飼い犬をつないで置くようにとの通達を出した (3) 縛る；縛り上げる；動けなくする；捕らえる सिपाही ने उसे बाँध लिया 警官は男を縛り上げた (4) （ドーティーやサリーなどを体に）巻く；巻きつける；巻きつけるようにして着る उसके घर के सब लोग धोती बाँधते हैं その人の家族は全員ドーティーを巻く（着用する） (5) 包む बुढ़िया ने एक पोटली में थोड़ा-सा चबेना बाँधकर दिया 老婆は布切れに穀物の煎ったのを少々包んでやった (6) 抱く；持つ क्या पता वह तुझसे क्या बैर बाँध ले? あの人がお前にどんな憎しみを抱くか知れない (7) 綴じる；綴る；まとめる इकबाल ने इसी तथ्य को एक शेर में बाँधकर यों कहा है イクバールはこのことを１つの詩に詠み込んでこう言っている (8) 片付ける；まとめる；整理する वह जून में सामान बाँध-बूँधकर कनाडा चला गया 彼は６月に家財を片付けてカナダへ行ってしまった मैं असबाब वग़ैरा बाँधकर तैयार रखती हूँ 私は荷物などをまとめて用意しておく (9) 掛ける；作る（小屋，橋などを建造・構築する） वह साधु जंगल में झोंपड़ी बाँधकर रहता था そのサードゥは森に小屋を掛けて住んでいた (10) せき止める उस नदी के पानी को बाँधकर बरियापुर नहर भी निकाली गई है バリヤープル用水路もその川の水をせき止めて引かれている (11) 制限する；限定を設ける；縛る अचल संपत्ति तथा खेती की भूमि बाँधना 不動産及び農地の上限を設定すること उसे किसी परिभाषा में बाँधना कठिन है それを何らかの定義で縛るのは難しい (12) 定める；決める कुछ दिन हम तेरा काम देखेंगे.फिर तेरी मज़दूरी बाँध देंगे しばらくお前の仕事ぶりを見て見よう．それから賃金を決めよう (13) 狙い定める निशाना बाँधकर पत्थर फेंकने शुरू कर दिये 的を狙い定めて石を投げ始めた

बाँधनू [名] (1) 創案；創作；製作 (2) 計画；企画 (3) 中傷 (4) 作り話 (5) 絞り染めで布を糸で絞る作業 बाँधनू की रँगाई 絞り染め **बाँधनू बाँधना** *a.* 作り出す；創案する *b.* 皮算用をする= ख़याली पुलाव पकाना.

बांधव [名, pl.] 《Skt.बान्धव ← बन्धु》(1) 兄弟= भाई; बंधु; बन्धु. (2) 親類縁者= रिश्तेदार; नातेदार. (3) 親友；友人= मित्र; दोस्त.

बांधव जन [名] 親類縁者；親戚= रिश्तेदार; नातेदार.

बाँधुआ [形・名] = बँधुआ.

बाँब [名*] (1) 蛇 (2)〔魚〕ウナギ

बाँबाँ [名*] べらべらしゃべること；ぺちゃくちゃしゃべること

बाँबी [名*] (1) 蟻塚 (2) 蛇の穴

बाँभन [名]〔ヒ〕ブラーフマン；バラモン（婆羅門）= ब्राह्मण.

बाँभी [名*] = बाँबी.

बामा [名*] 女性；女= स्त्री; नारी; वामा.

बाँया [形] 左の；左手の；左側の= बायाँ.

बाँस [名] (1)〔植〕イネ科タケ亜科タケ（竹）の総称 (2)〔植〕タケ亜科インドトゲタケ【*Bambusa arundinacea*】(3) 長さの単位（3.25 ヤード=2.97m） (4) 背骨；脊椎 **बाँस का अँखुआ** タケノコ= बाँस का नया कल्ला; करीर. **बाँस के बाँस**〔諺〕親に似た子 **बाँस टूटना** 竹の棒で激しく打たれる **बाँस पर चढ़ना** *a.* うんと上昇する；激しく高まる *b.* 名が揚がる；有名になる *c.* 悪名が広まる；悪評が立つ *d.* 笑いものになる **बाँस पर चढ़ाना** *a.* 誉め称える；称賛する *b.* 評判を落とす；評判を悪くする *c.* 笑いものにする **बाँस पर टाँगना** = बाँस पर चढ़ाना. **बाँसों उछलते दिल** 胸をときめかせながら मैंने बाँसों उछलते दिल उसे खोला 胸をときめかせながらそれを開けた **बाँसों उछलना** *a.* 小踊りする；大喜びする *b.* 大変興奮する **बाँसों पानी चढ़ना** 非常に危険な状況になる **बाँसों पानी हो॰** 水深が甚だ深い **बाँसों बढ़ना** 非常に激しくなる；非常に勢いづく **बाँसों बल्लियों उछलना** = बाँसों उछलना. **बाँसों में कुआँ डालना** 徹底的に調べ上げる；しらみつぶしに調べる

बाँस कूद [名*]〔ス〕棒高跳び

बाँसख़ुर्द [名] 《H. + P. خورد》〔植〕イネ科アナナシタケ【*Dendrocalamus strictus*】= बाँस का बन; नर बाँस.

बाँसफोड़ [名] バーンスポール（元来竹細工を主たる生業としてきたカースト）

बाँसली[1] [名*] 胴巻き（銭入れ）

बाँसली[2] [名*] = बाँसुरी. (1) 竹笛 (2) フルートなどの管楽器

बाँसा[1] [名] (1) 背骨；脊椎 (2) 鼻骨 नाक का बाँसा 鼻柱 **बाँसा फिर जा॰** 死相が現れる (3)〔植〕キツネノマゴ科アダトダ【*Adhatoda zeylanica*】

बाँसा[2] [名] (1) 犂につけて用いる播種用の竹製種子入れ（自動的に種が播かれる） (2)〔植〕ヒルガオ科蔓木オオバウラジロアサガオ【*Argyreia nervosa*】

बाँसा[3] [名]〔植〕イネ科タケ亜科タケの一種【*Dendrocalamus tulda*】

बाँसी[1] [名*] (1) 竹笛，篠笛などの総称= बाँसुरी. (2) イネ科ダンチク属【*Arundo donax*】〈Danubian bamboo reed〉= नरसल.

बाँसी[2] [形] 竹の；竹製の

बाँसुरी [名*] 竹笛；竹製の横笛= मुरली.

बाँसुली [名*] = बाँसुरी.

बाँह [名*] (1) 腕（肩から手首にかけて）= बाहु; भुजा. (2) 着物の袖= आस्तीन. (3) 腕の力；腕力；力= भुजबल. (4) 支え；支援；後援= सहारा. (5) 支援者；協力者= सहायक. **बाँह उठाकर प्रतिज्ञा क॰** 手を挙げて宣言する；宣誓する उन्होंने बाँह उठाकर प्रतिज्ञा की कि वे जल्दी ही राक्षसों के अत्याचारों से धरती को छुटकारा दिलाएँगे 速やかに悪鬼たちの横暴から大地を救い出すと宣誓した **बाँह उठाकर पुकारना** = बाँह उठाकर प्रतिज्ञा क॰. **बाँह की छाँह** 好意；情け；慈悲= अनुग्रह; कृपा. (-की) **बाँह की छाँह ले॰** （ーに）すがる；（ーの）庇護を求める **बाँह की लंबाई**〔裁〕袖丈 बाँह की लंबाई 28～31 सें॰मी॰ 袖丈 28～31cm (-की) **बाँह गहना** *a.* （ーと）結婚する *b.* （ーに）すがる；（ーの）庇護を受ける *c.* （ーを）助ける；（ーに）助力する；庇護を与える **बाँह गहे की निभाना** 支援の約束を守る **बाँह गहे की लाज** = बाँह गहे की निभाना. **बाँह चढ़ाना** → बाँहें चढ़ाना. **बाँह छुड़ाना** 支援を止めさせる (-की) **बाँह छोड़ना** （ーから）離れる；（ーと）縁を切る；（ーを）見放す **बाँह टूटना** 支えたり支援するものがなくなる **बाँह टेककर** うやうやしく；丁重に **बाँह त्यागना** 支援を止める (-को) **बाँह दे॰** *a.* （ーを）助ける；援

助する；(−に) 助力する *b.* 優しくする **बाँह पकड़ना** = बाँह गहना. (-की) **बाँह** (=) **पकड़ाना** (−に=を) 委ねる **बाँह पसारकर** *a.* うやうやしく；丁重に *b.* 断固として **बाँह फड़कना** (気合が入って) 腕が鳴る；腕がむずむずする **बाँह फैलाकर** うやうやしく；丁重に **बाँह फैलाना** 支援や助力を乞う (-की) **बाँह बुलंद हो॰** *a.* (−が) 勇ましい；勇猛な *b.* (−が) 心の広い；親切な **बाँह बोलना** 支援を約束する (-की) **बाँह में बसना** = बाँह की छाँह ले॰. (−の) 助力や支援を受ける (-की) **बाँह ले॰** (−の) 支援や助けを受ける **बाँहें चढ़ाना** *a.* 腕まくりをする；挑戦的な態度をとる खड़ा होकर बाँहें चढ़ाने लगा 立ち上がって腕まくりを始めた *b.* 身構える；準備をする；備える **बाँहों में कसना** = बाँहों में भरना. (-को) **बाँहों में भरना** (−を) 抱きしめる वह माँ को बाँहों में भर लेता है 母親を抱きしめる **बाँहों में ले॰** = बाँहों में भरना. वह रोहिणी को बाँहों में ले अंदर आ गए ローヒニーを抱きしめて中へ入った

बाँह उसिसवाँ [名] 手枕= बाँह उसीसा.

बाँहबोल [名] 支援や庇護・保護の約束

बाँहाँजोड़ी[1] [副] 肩を組んで

बाँहाँजोड़ी[2] [名*] 肩を組んで立つこと

बा [名*] 《Guj.》(1) 母；母親；母さん= माता; माँ. (2) 女性に対する敬称

बा- [接頭] 《P. با》(−と) 共に，一緒に，(−) で，(−を) 伴ったなどの意を持つペルシア語の前置詞であるが接頭辞として用いられる

बा॰ [名] बाबू. の省略形

बाअख़्लाक़ [形] 《P.A. با اخلاق》気立ての良い；性質の良い；礼儀正しい= शिष्ट; सुशील.

बाअदब[1] [副] 《P.A. با ادب》敬意をこめて；うやうやしく；丁重に

बाअदब[2] [形] 礼儀正しい；丁寧な；鄭重な

बाअसर [形] 《P.A. با اثر》力のある；影響力のある；有力な

बाआबरू [形] 《P. با آبرو》尊敬すべき；名誉ある= प्रतिष्ठित.

बाइ[1] [名] 《E. bye》〔ス〕(クリケット) バイ

बाइ[2] [感] 《E. bye》さようなら बाइ बाइ バイバイ

बाइख़्तियार [形] 《P.A. با اختیار》権威ある

बाइज़्ज़त [副] 《P.A. با عزت》堂々と；大手を振って अभियुक्त बाइज़्ज़त बरी हो जाते हैं 被告は堂々と放免される

बाइपास सर्जरी [名*] 《E. bypass surgery》〔医〕バイパス手術

बाइबिल [名*] 《E. Bible》バイブル；聖書= इंजील.

बाइरस [名] 《E. virus》〔医〕ビールス；ウイルス= वाइरस.

बाइल [名] 《E. bile》胆汁= पित्त. **बाइल-डक्ट** 胆汁管= पित्त-वाहिनी

बाइलर [名] 《E. boiler》ボイラー= बॉयलर; क्वथित्र.

बाइस[1] [名] 《P. باعث》(1) 原因；理由 आख़िरकार वही उनकी मौत का बाइस बना 結局それがあの方の死因となった (-के) **बाइस** (−の) ために；(−が) 原因で；(−の) 理由で दूध न हज़म कर सकने के बाइस बार बार कै करता और रोज़-बरोज़ लाग़र होता जाता था 牛乳を消化できないために何度も嘔吐し日に日にやせ細って行くのであった ख़ुश्क साली के बाइस 旱魃のために नदी को पार न कर सकने के बाइस 川を渡れないために (2) きっかけ；根元；発端；原因；基礎 यही ख़याल छापे के ईजाद का बाइस हुआ この考えが印刷の発明のきっかけとなった ख़तरे का बाइस बने हुए थे 危険の原因はそのまま残っていた बरसात का मौसम मुसीबत का बाइस भी होता है 雨季は災いの発端にもなるものだ उस ज़माने में यह सब बातें किसी औरत की बड़ी इज़्ज़त का बाइस थीं 当時このようなこと一切が女性の名誉の基盤をなすものだった

बाइस[2] [数] 22 = बाईस. बाइसवाँ = बाईसवाँ.

बाइसिकिल [名*] 《E. bicycle》自転車= साइकिल.

बाईं [形*] ←बायाँ. **बाईं ओर** (बायीं ओर) *a.* 左手に；左側に *b.* 〔演〕下手 (しもて) = बाईं ओर. बाईं ओर से पेशवा मोरोपंत पिंगले का प्रवेश 下手から宰相モロパント・ピンガレーの登場

बाई[1] [名*] 《H.; → Guj.》(1) 女性；婦人 (2) 女性に対する敬称. その名の後につける अहिल्या बाई アヒルヤーバーイー (3) 遊女や芸者の名前につける語. 姐さん वह अपनी बड़ी-बड़ी आँखें फाड़े गोमती बाई को देख रही थी 大きな目を皿のようにしてゴーマティー姐さんを見つめていた **बाई जी** 芸者；遊女 (4) お手伝い

बाई[2] [名*] 〔アユ〕身体を構成する三要素の一であるヴァータ (वात) बाई की झोंक ヴァータの障り **बाई चढ़ना** *a.* ヴァータの障りが生じる *b.* 感情が激しく動く **बाई छूना** = बाई चढ़ना. **बाई पचना** *a.* ヴァータの障りが治まる *b.* 激しい感情が鎮まる *c.* 鼻を折られる；へこまされる (-की) **बाई पचाना** (−の) 鼻を折る；へこませる **बाई लगना** = बाई चढ़ना.

बाई जी [名*] (1) 遊女；芸者 (2) 娼婦

बाई-बाई [感] 《E. bye-bye》バイバイ；さよなら；さようなら= बाइ-बाइ. बाई-बाई भिक्कू ビックーさよなら；ビックーバイバイ

बाईबिल [名*] 《E. Bible》(キリスト教の) 聖書；バイブル= बाइबिल.

बाईमान [形] 《P.A. با ایمان》(1) 信心深い；敬虔な (2) 誠実な

बाईस [数] 22 → बाइस. बाईसवाँ 22 番目の；第 22 の

बाईसी [名*] (1) 同種のものの 22 個の集まり (2) 〔イ史〕ムガル朝廷軍 (3) 〔軍〕2 万 2000 人より成る軍 **बाईसी टूटना** 総攻撃を加える；全力を注いで襲いかかる

बाउंटी [名*] 《E. bounty》奨励金；補助金；助成金

बाउंडरी [名*] 《E. boundary》(1) 〔ス〕(クリケット) 球場との境界線，バウンダリー (2) 〔ス〕(クリケット) 境界線に達するかそれを越える打撃；バウンダリー

बाउंडरीज़ [名] 《E. boundaries》= बाउंडरी. (1) 〔ス〕(クリケット) 境界線 (2) 〔ス〕(クリケット) 境界線に達するかそれを越える打撃

बाउचर [名] 《E. voucher》(1) クーポン券 (2) 証書

बाउर [形] (1) 狂気の (2) 純情な；朴訥な；純朴な (3) 愚かな = मूर्ख. (4) おしの (唖の) = गूँगा.

बाउल [名] (1) バーウル／バウル (ベンガル地方に行われてきたヒンドゥー教，タントリズム，仏教，イスラム教の影響を受けた信仰) (2) その信仰を歌や踊りの形で表現する信徒や信徒である大道芸人 (3) バウルの伝承してきている歌謡と音楽

बाऊ[1] [名] (1) 風 (2) 空気= वायु; वात; हवा.

बाऊ[2] [名] 旦那；主人= बाबू.

बाएँ[1] [形] = बायें. ←बायाँ. 左の；左側の；左手の बाएँ हाथ का खिलाड़ी 左利きの選手

बाएँ[2] [副] 左に；左手に；左側に= बायें; बाएँ हाथ.

बाओटा [名] 〔医〕リューマチ

बाक [名*] = वाक्.

बाकचाल [形] おしゃべりな；よくしゃべる= बातूनी; बक्की.

बाकमाल [形] 《P.A. با کمال》熟達した；熟練した= कमाल दिखानेवाला; दक्ष; प्रवीण; हुनरमंद.

बाक़ला [名] 《A. باقلا》(1) 〔植〕マメ科インゲンマメ【*Phaseolus vulgaris*】 (2) 〔植〕マメ科ソラマメ【*Faba sativa; Vicia fava*】= बाकला सेम.

बाकली [名*] 〔植〕ミソハギ科サルスベリ属落葉中高木【*Lagerstroemia parviflora*】

बाक़ायदगी [名*] 《P. با قاعدگی》決まり；秩序；規則；規律；規律性；整理；整頓 बाक़ायदगी से 規則通り；規定に則り；決まりに従い；きちんと；秩序正しく

बाक़ायदा[1] [副] 《P.A. با قاعده》(1) 正式に दीनू के साथ उसकी शादी बाक़ायदा हुई है ディーヌーと正式に結婚した (2) 規則正しく (3) 順調に；普通に；正常に (異常に対して) अब वह बाक़ायदा अपनी परीक्षा दे रही है もう普通に試験を受けている

बाक़ायदा[2] [形] (1) 正式な；本式な आपका बाक़ायदा चालान होगा 貴殿は正式に起訴されよう (2) 規則的な बाक़ायदा प्रशिक्षण 規則正しい訓練 (3) 正常な；普通の

बाक़िरख़ानी [名*] 《P. باقر خانی》バーキルハーニー (牛乳とバターを混じて固く焼いたパン)

बाक़ी[1] [形] 《A. باقی》(1) 残っている；残されている；終わっていない अभी तो बहुत-सा काम बाक़ी है まだまだ沢山の仕事が残っている उसका अफ़सोस बाक़ी है そのことについての残念な気持ちはまだ残っている रात अभी बाक़ी थी, जब गाड़ी उस छोटे से स्टेशन पर रुकी 列車がその小さな駅に着いた時には夜はまだ明けていなかった पाँच बजने में पाँच मिनट बाक़ी थे 5 時 5 分前だった (2) 他の；その他の；残りの मस्जिद की बाक़ी इमारत सुर्ख़ पत्थर की है モスクの残りの建物は赤い石でできている

बाक़ी[2] [名*] (1) 引き算 (2) 差し引き (差し引いた残り) (3) 残金；未払金 (4) 残りの金銭；残金 (5) 残ったもの；残り；残余 **बाक़ी न उठा रखना** *a.* 余すところなく述べる *b.* 全力を傾ける= बाक़ी न रखना.

बाक़ीदार [形] 《A.P. باقی دار》(1) 借金のある；負債のある (2) 滞納金のある किसी बाक़ीदार असामी के सामने 滞納している小作人を前に

बाक्स [名] 《E. box》= बॉक्स. 箱 शीशे का बाक्स ガラスの箱（観賞魚を入れる水槽）

बाक्साइट [名] 《E. bauxite》〔鉱〕ボーキサイト；アルミニウム鉱石

बाक्सिंग [名] 《E. boxing》〔ス〕ボクシング= मुक्केबाज़ी.

बाख़बर [形] 《P.A. با خبر》(1) 注意深い；用心深い= सचेत; सतर्क; होशियार. (2) 知識の豊かな；物知りの= जानकार; ज्ञाता.

बाख़िरद [形] 《P. با خرد》聡明な；賢明な= बुद्धिमान; अक़्लमंद.

बाख़ुदा [形] 《P. با خدا》信心深い；敬虔な= पुण्यात्मा.

बाख़ैर [形] 《P.A. با خیر》(1) 気前のよい；物惜しみしない (2) 善良な；誠実な

बाख़्तर [名] 《P. باختر》(1) 東= पूर्व; मश्रिक़. (2)〔史〕バクトリア

बाग [名*] (1) 手綱 (2) 抑制；制御；統御 **बाग उठाना** 馬を走らせる **बाग कड़ी रखना** 統制を厳しくする；締めつける **बाग खींचना** 動きを止める **बाग ढीली क॰** *a.* 統制を緩める；手綱を緩める *b.* 気遣いを止める **बाग मोड़ना** *a.* 馬の向きを変える *b.* 方向を変える **(-की) बाग ले॰** (ーを) 引き受ける **बाग हाथ से छूटना** 統御できなくなる；統制や抑制が利かなくなる

बाग़ [名] 《A. باغ》(1) 庭；庭園 (2) 果樹園 खजूर के बाग़ ナツメヤシ園 उसके घर में खेतीबारी होती थी, गाएँ, भैंसें थीं और बाग़-बगीचे भी थे 彼の家では農業をしていた．牛や水牛も飼っていたし果樹園も持っていた **बाग़ लगाना** 庭園や果樹園を作る ज़मींदार ने सेब के बाग़ लगा रखे थे ザミーンダールはリンゴ園を営んでいた

बाग़चा [名] 《P. باغچه》(1) 小さな庭 (2) 花園；花壇

बागड़ = बाँगड़. 〔地名〕ハリヤーナー州の東南部に含まれる地域（हिसार, रोहतक, करनाल などの諸県）

बागड़ी [名*]〔言〕バーガリー語（ラージャスターン州南部を中心にビール族によって用いられるインド・アーリア語中央グループの一方言）= वागड़ी.

बागडोर [名*] (1) 端綱 (2) 手綱 (3) 統御；抑制 शासन की बागडोर 統治の手綱 **(-की) बागडोर पकड़ना** (ーの) 手綱を取る；統御する **(-की) बागडोर सँभालना** = बागडोर पकड़ना. उन्होंने स्वतंत्रता आंदोलन की बागडोर अच्छी तरह सँभाल ली थी 同氏が独立運動の手綱をしっかりと握った **(-की) बागडोर (=के) हाथ (हाथों) में हो॰** (ーの) 手綱を (=) が握る यह एक तथ्य है कि देश की बागडोर उनके हाथों में है あの方が国家の手綱を握っているのは確かだ

बाग़बाग़ [形] 《P. باغ باغ》大喜びの；大満足の；嬉々とした= बहुत खुश; बड़ा प्रसन्न. बाग़बाग़ हो॰ 大喜びする

बाग़बान [名] 《P. باغبان》職業として庭の手入れや果樹園の手入れや管理を行う人；庭番；庭師= माली.

बाग़बानी [名*] 《P. باغبانی》(1) 庭造り (2) 園芸；庭仕事 (3) 庭師の仕事 (4)（趣味や娯楽としての）庭いじり

बागर [名] 川の水面よりうんと高い川岸

बाग़वान [名] = बाग़बान.

बाग़वानी [名*] = बाग़बानी.

बागा [名] (1)〔服〕バーガー（膝まで丈のある男子服で胸には掛けひもが 3 本ついている） (2)〔服〕男子の結婚式の式服

बाग़ात [名, pl.] 《P. باغات←باغ बाग़》果樹園 वहाँ ख़ूबानी, सेब और नाशपाती के बाग़ात कस्रत से हैं 同地にはアンズ，リンゴ，ナシの果樹園が沢山ある

बाग़ी [名] 《A. باغی》反乱者；反逆者= विद्रोही; राजद्रोही.

बाग़ीचा [名] 《P. باغیچه》(1) 小さな庭園；庭= वाटिका. (2) 果樹園

बागुर [名] 鳥や獣を捕らえる網= बागौर.

बागेसरी [名*]〔ヒ〕サラスヴァティー女神= सरस्वती; वागीश्वरी.

बाघंबर [名] 虎のなめし革（敷物として用いられる）

बाघ [名]〔動〕ネコ科トラ（虎）【*Panthera tigris*】= व्याघ्र.

बाघन [名*] 雌虎= बाघिन; बाघिनी.

बाघनख [名] (1) 虎の爪（魔除け） (2) 手にはめて用いる虎の爪の形をした刃物（中世の武器）

बाघ-बकरी [名*] キツネとガチョウ遊び（男児の遊び）

बाघिन [名*]〔動〕雌のトラ；雌虎= बाघन. → बाघ. बाघिन-सी क्रुद्ध हो गई 雌虎のように怒った（女性が激怒した様子）

बाघी [名*]〔医〕横根

बाचा [名*] (1) 弁舌の能力 (2) 言葉；話；会話；談話 (3) 誓い

बाछ[1] [名] (1) 選別；より分け（ること） (2) 分離 (3) 比率 (4) 配分率

बाछ[2] [名*] 口の両端= बाँछ. **बाछें आ॰** 口の両端が爛れる **बाछें खिलना** 思わず笑みがこぼれる **बाछें पकना** = बाछें आ॰. **बाछें फटना** = बाछें आ॰.

बाछा [名] (1) 子牛= बछड़ा. (2) 子供に優しく呼びかける言葉

बाज[1] [名] 《P. باج》(1) 貢ぎ物 (2) 税 (3) 通行税

बाज[2] [名] 馬= घोड़ा; अश्व.

बाज़[1] [名] 《P. باز》〔鳥〕ワシタカ科オオタカ【*Accipiter gentilis*】

बाज़[2] [副] 《P. باز》再び；もう一度；元に **बाज़ आ॰** *a.* 止める；止す क्यों बे शकर, तू बाज़ नहीं आएगा おいシャンカル，止めないか，止めろったら वह कभी भी अपनी हरकतों से बाज़ नहीं आता था 彼は決して悪さを止めなかった अपनी शैतानी से बाज़ नहीं आते いたずらを止めない *b.* 懲りる；うんざりする；飽きる बाज़ आया मैं ऐसे स्वार्थी और दुष्ट चाटुकारों से! こんな身勝手で性の悪いおべっか使いたちにはうんざりだ **बाज़ क॰** = बाज़ रखना. **बाज़ नहीं आ॰** 懲りない जब भी कोई ऐसा व्यक्ति जिसपर पूरा भरोसा होता है, मौक़ा आने पर धोखा देने से बाज़ नहीं आता, तो लोग, उसे 'आस्तीन का साँप' कहते हैं 全く信用されている人が機会があると懲りずに裏切ることがあればそういう人を「獅子身中の虫」と呼ぶ **बाज़ रखना** 止めさせる；止める；禁じる बच्चों को शोर व गुल से बाज़ रखना 子供たちに騒がせない

बाज़[3] [名] 《A. بعض》一部；若干 बाज़ तो इतनी ज़रूरी हैं कि उनके बग़ैर हमारा जीना नामुमकिन है जैसे खाना, पानी और हवा 一部（のもの）は食べ物とか水とか空気のようにそれがなければ生きて行けないほど大切なものなのです

बाज़[4] [形] 一部の；若干の बाज़ बच्चे खोंचेवालों से चीज़ें लेकर खाते हैं 一部に行商人から買って買い食いする子供たちがいる यहाँ के बाज़ इलाके बहुत ज़रखेज़ हैं この地の一部の地域はとても地味が肥えている बाज़ अशिया मस्लन चीनी, गुड़, फल, सब्ज़ियाँ 若干の品，すなわち，砂糖，黒砂糖，果物，野菜 **बाज़ औक़ात** 時たま

-बाज़ [接尾] 《P. باز》名詞に付加され「(ーに) 関係のある（人），関わりのある（人），(ーを) 行う（人），(ーを) 愛好する（人）など」の意を持つ形容詞や名詞を作る धोखा 欺瞞；詐欺→ धोखेबाज़ 詐欺師 आतश 火→ आतशबाज़ 花火師

बाज़गश्त [名*] 《P. بازگشت》(1) 戻ること；帰ること (2) 復帰；復活；再来 मरती हुई इंसानियत की बाज़गश्त 死にかけたヒューマニズムの復活

बाजगीर [名] 《P. باج گیر》徴税官；収税吏

बाज़गीर [名] 《P. باز گیر》鷹匠

बाजदार [名] 《P. باج دار》= बाजगीर.

बाज़दार [名] 《P. باز دار》鷹匠

बाज़दावा [名] 《P.A. بازدعوی》訴訟の取り下げ

बाजना[1] [自] (1) 行く (2) 到着する；届く；達する；及ぶ= लगना; पहुँचना; जा पहुँचना.

बाजना[2] [自] (1) 言い争う (2) 喧嘩をする= लड़ना; झगड़ना.

बाजना[3] [自] (1)（楽器や時計が）鳴る；音がする；音が出る (2) 知られる；名が出る

बाजरा [名]〔植〕イネ科トウジンビエ【*Pennisetum typhoides*】〈pearl millet; bulrush millet; spiked millet〉= जोंधरिया. बाजरे की रोटी トウジンビエの粉でこしらえたパン

बाजा [名] 楽器= वाद्य. **बाजे बज चुकना** 盛りを過ぎる；斜陽の

बाजा-गाजा [名] 様々な楽器の奏でられる賑やかな音や鳴り響く音 **बाजे गाजे के साथ** 盛大に；賑やかに；鳴り物入りで मुहर्रम की ग़मी के बाजे-गाजे की धूम किए रहते ムハッラム祭の哀悼の楽を響かせている

बाज़ाप्ता [副] → बाज़ाबिता[2]. कांग्रेस ने असहयोग संबंधी अपना फ़ैसला बाज़ाप्ता घोषित नहीं किया था コングレスは非協力に関する決定を正式に発表しなかった

बाज़ाबिता[1] [形] 《P.A. باضابطه》正規の；規則に合致した；合法的な= नियमबद्ध. निहायत बाज़ाबिता 厳正な बाज़ाबिता तौर पर 正規に；厳正に

बाज़ाबिता[2] [副] 正式に；正規に；規則通りに；合法的に

बाज़ाब्ता [形・副] → बाज़ाबिता.

बाज़ार [名] 《P. بازار》 (1) いちば (市場)；マーケット (2) 市；定期市 (3) 市況 (4) しじょう (市場)；マーケット **बाज़ार उतरना** 需要が減少する；景気がよくない **बाज़ार क॰** 買い物をする；買い物に行く；買い物に出掛ける；ショッピング **बाज़ार कमज़ोर हो॰** 調子があまりよくない **बाज़ार कमाना** 市場で稼ぐ **बाज़ार की ख़ाक छानना** 買い物で市場を歩き回る **बाज़ार के भाव पिटना** ひどく殴られる；打ちのめされる **बाज़ार के भाव पीटना** ひどく殴る；ひどい目に遭わせる **बाज़ार गरम हो॰** *a.* 調子がよい；好調な *b.* 盛んになる；盛んに行われる；横行する चारों तरफ़ ख़यानत, गबन और बेईमानी का बाज़ार गर्म था どちらを向いても詐欺，横領，背信行為が横行していた *c.* 賑わう *d.* 取引で相場が上がる **बाज़ार गिरना** 価格や相場が下落する **बाज़ार चढ़ना** *a.* 相場が上がる *b.* 需要が増す；景気がよい **बाज़ार चलते हाथ पटकना** 至る所で喧嘩をする **बाज़ार चलना** 需要がある **बाज़ार जीतना** 博打で勝ち抜く **बाज़ार ठंडा हो॰** = बाज़ार उतरना. **बाज़ार ठहरना** 相場が安定する；落ち着く **बाज़ार ढीला हो॰** = बाज़ार उतरना. **बाज़ार तेज़ हो॰** = बाज़ार चढ़ना. **बाज़ार नरम हो॰** = बाज़ार उतरना. **बाज़ार नापना** 浮浪する；放浪する **बाज़ार पट्ट हो॰** 不景気になる **बाज़ार बंद हो॰** 目が見えなくなる **बाज़ार बना रहना** 需要が続く **बाज़ार भाव** *a.* 相場= चालू निर्ख़. *b.* 市場価値 डाक्टरों व इंजीनियरों की संख्या अगर बढ़ गई तो उनका बाज़ार भाव घट जाएगा 医者や技術者の数が増えれば市場価値は下がるだろう **बाज़ार भाव पिटना** さんざん殴られる **बाज़ार मंदा हो॰** = बाज़ार उतरना. **बाज़ार मज़बूत हो॰** 市場に活気がある；需要がある **बाज़ार में आग लगना** 甚だしく値上がりする；暴騰する **बाज़ार में गरमी आ॰** 市場に活気が出る **बाज़ार में गिरावट आ॰** *a.* 需要が減る *b.* 値下がりする **बाज़ार में डंका पीटना** 公言する；大っぴらに言う **बाज़ार में पटा रहना** 市場にあふれる **बाज़ार में बैठना** 売春する **बाज़ार लगना** *a.* 市が立つ *b.* 散らかる；散乱する **बाज़ार ले॰** 買い物をする रोज़ ही बाज़ार लेने स्वयं जाती थीं 毎日自ら買い物に出掛けていた **बाज़ार सर्द हो॰** 景気が悪い **बाज़ार सुस्त हो॰** = बाज़ार उतरना. **भरे बाज़ार में** 公衆の面前で；街の真ん中で

बाज़ारी [形] 《P. بازاری》 (1) 市場の (2) 並みの；ありきたりの (3) 市場で行われている (4) 安っぽい；品のない；下品な **बाज़ारी औरत** 売春婦；娼婦

बाज़ारू [形] 《P. بازارو》 (1) 市場の (2) 俗な；通俗的な (3) 安っぽい विवाह धार्मिक पवित्रता खोकर एक बाज़ारू चीज़ बन गया है 結婚は宗教的な神聖さを失って安っぽいものになってしまっている **बाज़ारू औरत** = बाज़ारी औरत.

बाज़ारे हुस्न [名] 《P.A. بازار حسن》 遊郭= चकला; रंडीखाना.

बाज़िंदा [形] 《P. بازنده》 (1) ずるい (狡い)；狡猾な；抜け目のない (2) 嘘つきの；いんちきな (3) 遊び好きな

बाज़ी [名*] 《P. بازی》 (1) 遊び；遊戯 (2) 賭け (3) 賭け金 (4) 局；1局；1試合；対局；対戦；チェスやトランプなどの勝負 ताश की एक बाज़ी トランプの1ゲーム **बाज़ी लगाना** 対局する；試合をする फ़ुरसत हो, तो आओ, आज दो-चार बाज़ियाँ हो जाएँ 暇があるなら今日は2〜3局やろうではないか (5) 欺くこと；だますこと (6) (試合などの) 番；順番 (7) 勝ち；勝利 जुम्मन को पूरा विश्वास था कि अब बाज़ी मेरी है ジュンマンは自分の次の勝利を確信していた **बाज़ी खाना** 負ける **बाज़ी जीतना** 勝つ；勝利を収める क्या आप उन लोगों को बाज़ी जीत ले जाने देंगे あの人たちに勝利を譲るつもりですか (-) **बाज़ी पर लगाना** (ーを) 賭ける；賭す **बाज़ी पलटना** 形勢を変える **बाज़ी पाना** 勝利を収める (-) **बाज़ी बदना** (ーを) 賭ける **बाज़ी बीस हो॰** 荒稼ぎする **बाज़ी मात हो जा॰** (チェスで) 詰む **बाज़ी मार ले जा॰** 勝つ；勝利する झूठे रोनेवाले सच्चे रोनेवालों से बाज़ी मार ले जाएँगे 嘘泣きする者が本当に泣く人に勝つのさ **बाज़ी लगाना** = बाज़ी बदना. (-से) **बाज़ी ले जा॰** = बाज़ी मार ले॰. **बाज़ी (-के) हाथ रहना** (ーが) 勝利を収める= बाज़ी मार ले॰. तीसरे स्थान के लिए हुए संघर्ष में बाज़ी ब्राज़ील के हाथ रही 3位決定戦ではブラジルの勝ちになった **बाज़ी हारना** 負ける；負かされる

-बाज़ी [接尾] 《P. بازی》 ← बाज़[5] धोखेबाज़ 詐欺師→ धोखेबाज़ी 詐欺行為 सुरक्षा सेवाओं के इन कर्मचारियों को किसी भी प्रकार की यूनियनबाज़ी की स्वीकृति नहीं दी जानी चाहिए 治安活動に従事するこれらの職員には如何なる形の組合活動も認めるべきではない

बाज़ीगर [名] 《P. بازیگر》 (1) 魔術師；手品師；奇術師 (2) 軽業師；曲芸師

बाज़ीगरी [名*] 《P. بازیگری》 (1) 魔術；手品；奇術 (2) アクロバット；曲芸

बाज़ू [名] 《P. بازو》 (1) 腕 (2) 上腕 (3) 脇；側面；そば (-के) **बाज़ू** (ーの) 側で；近くで स्टेशन के बाज़ू में ही 駅のすぐ側で (4) 袖 स्वेटर का बाज़ू セーターの袖 (5) 鳥の翼 **बाज़ू टूटना** 支援者や協力者がいなくなる **बाज़ू दिखाना** 力を見せる (-को) **बाज़ू दे॰** (ーを) 助ける；助力する；支援する (-का) **बाज़ू पकड़ना** = बाज़ू दे॰.

बाज़ूबंद [名] 《P. بازو بند》〔装身〕バーズーバンド (上腕にひもを用いてつける金製の腕飾り) = भुजबंद.

बाझन [名*] (1) 罠にかかること；絡まること (2) もつれ (3) ごたごた (4) 争い；喧嘩；つかみ合い

बाझना [自] (1) 絡まる；もつれる；(罠などに) かかる (2) 組み打ちをする；取っ組み合う；つかみ合う

बाट[1] [名*] 道；道路= रास्ता; राह; मार्ग. **बाट क॰** 道を作る；道を開く **बाट-घाट** 至る所に **बाट जोहते आँखें पथरा जा॰** 待ちくたびれる (-की) **बाट जोहना** (ーを) 待つ= (-की) प्रतीक्षा क॰; (-का) इंतज़ार क॰. दुःखित मनुष्य विकलता से सुबह की बाट जोहता है 悩める人は切ない思いで夜明けを待つ वह किसी उचित अवसर की उत्सुकतापूर्वक बाट जोहने लगा いつかの好機を熱心に待ち始めた **बाट ताकना** = बाट जोहना. **बाट दिखाना** *a.* 道を示す；案内する；指導する *b.* 待たせる **बाट निरखना** = बाट जोहना. **बाट निहारना** = बाट जोहना. **बाट पड़ना** *a.* 道端に出てきては邪魔をしたり困らせたりする *b.* 追い剥ぎに遭う **बाट पारना** 強盗を働く；(通行人から) 強奪する；追い剥ぎをする (**बालों से**) **बाट बुहारना** 下にも置かぬもてなしをする **बाट मारना** = बाट पारना. **बाट रोकना** 道をふさぐ；妨げる；妨害する **बाट लगना** 馬鹿にされる；からかわれる (-को) **बाट लगा दे॰** *a.* (ーを) 馬鹿にする；からかう *b.* (ーに) 仕事を教える *c.* (ーに) 道を教える；道案内をする

बाट[2] [名] (1) 分銅 (2) (刻み目の入った石の板 सिल の上で) 香辛料などをすりつぶす際に擂り粉木の役目をする石= बट्टा. → सिल.

बाट[3] [名*] (1) よりを掛けること；ひねりを加えること (2) より (撚り)；捻り

बाटना[1] [他] 石ですりつぶす (→ सिल-बट्टा を用いて)

बाटना[2] [他] よる；撚りを掛ける ऊन बाटने का 'बाटणू' लिए 毛糸をよるためのバートヌーを握って

बाटली[1] [名*] 帆綱 **बाटली चापना** 帆を張る

बाटली[2] [名*] 《← E. bottle》 びん；ボトル

बाटिक [名] 《E. batik》 ろうけつ染め；バチック= बाटिक का काम.

बाटिका [名*] 庭；庭園= बाग़; फुलवारी.

बाटी[1] [名*] (1) 火で直に焼いた小さく丸いパン (2) 小さい球；球状のもの

बाटी[2] [名*] 金属の皿；プレート

बाटी[3] [名*] 建物；家；住居

बाड़[1] [名*] 囲い；垣根；フェンス कँटीले तारों की बाड़ लगा दी गई 有刺鉄線の囲いが巡らされた अहाते के चारों ओर काँटों की बाड़ है 敷地の四囲に茨の囲いがある

बाड़[2] [名*] 洪水；大水= बाढ़.

बाडकिन [名] 《E. bodkin》 (1) ひも通しの針 (2) 千枚通し

बाड़वानल [名] = बड़वानल.

बाड़ा [名] (1) 囲い；柵 (2) 構内；囲い地 (3) 動物や家畜を囲っておく場所；囲い चिड़िया घर का वह बाड़ा और उसमें डोलती हिरनों की वह डार 動物園の囲いとそこで飛び跳ねている鹿の群れ (4) 檻 सरकस का बाडा サーカスの檻

बाडिस [名*] 《E. bodice》〔服〕ボディス (胴着)

बाडी[1] [名*] 《← E. bodice》〔服〕ボディス；胴着 ब्लाउज के बटन तो ठीक कर लो, तुम्हें अब ठीक ढंग से बाडी पहनना चाहिए ブラウスのボタンをちゃんとしなさい．あんたはもうボディスをきちんと着なくてはいけないよ

बाडी[2] [名] 《E. body》 (1) ボディー；からだ；身体；= शरीर; देह; जिस्म. (2) 胴体 (3)〔裁〕胴部

बाड़ी [名*] (1) 庭園；菜園 (2) 綿畑

बाडीगार्ड [名] 《E. bodyguard》 護衛；ボディーガード

बाडी लोशन [名] 《E. body lotion》 ボディーローション

बाढ़[1] [名*] (1) 成長；生育；成熟 मेरी बाढ़ बचपन से ही अच्छी थी 私は子供の頃生育が良かった **पूरी बाढ़** 成熟しきること वे डेढ़ वर्ष में पूरी बाढ़ को पहुँचते हैं それらは1年半で完全に成熟する (2) 洪水= सैलाब. (3) あふれること；いっぱい出回ること；氾濫 भारतीय चीज़ों की बाढ़ インド製品の氾濫 (4) 柵；囲い；垣根 (5) (器物の) 高くなった縁；縁が高くなったもの (6) 商売の大儲け (7) 続けざまに生じたり連続すること **बाढ़ आ॰** 洪水になる；大水になる；出水する (-की) **बाढ़ आ॰** (ーが) あふれる；氾濫する **बाढ़ उड़ाना** 銃弾を浴びせる **बाढ़ छोड़ना** = बाढ़ उड़ाना. **बाढ़ दाग़ना** = बाढ़ उड़ाना. **बाढ़ पर आ॰** 盛んになる；発展する；盛況 (-की) **बाढ़ पर आ॰** (ーの話に) 乗せられる **बाढ़ पर हो॰** 盛んになる **बाढ़ मारना** = बाढ़ उड़ाना. **बाढ़ में बह जा॰** 強い影響を受ける；強い感化を受ける

बाढ़[2] [名*] ナイフ，鋏などの刃物の刃 बाढ़ का डोरा 刀の刃 (-पर) **बाढ़ रखना** (ーを) 研ぐ；研磨する

बाढ़ग्रस्त [形] 洪水被災の बाढ़ग्रस्त क्षेत्र 洪水被災地 (域)

बाढ़ना [他] (1) 刃物で殺す；斬り殺す；斬殺する (2) 破滅させる；めちゃくちゃにする

बाढ़ी[1] [名*] (1) 洪水；大水= बाढ़. (2) 貸した穀物に対する利子 (3) 利益 (4) 増加；増大

बाढ़ी[2] [名] = बढ़ई.

बाढ़ीवान [名] 研ぎ師；刃物研ぎ；刀研ぎ

बाण [名] (1) 矢 बाण छोड़ना 矢を射る (2) 鏃 (3) 的；射的

बाणगोचर [名] 矢の飛ぶ距離

बाणभट्ट 〔人名・イ文芸〕バーナバッタ (7世紀の前半ハルシャ王の宮廷詩人. サンスクリット語による作品『ハルシャチャリタ』と『カーダンバリー』が有名)

बाणवृष्टि [名*] 矢の雨；降りそそぐ矢

बाणाग्र [名] やじり (鏃)

बाणासुर [名] 〔イ神〕バーナ・アスラ；バーナ (ダイティヤ दैत्य のバリ王 बलि の長子)

बात [名*] (1) 言葉を述べること；口に出して言うこと；発言 (2) 話；話の内容；発言したこと；言葉 आवभगत की बात もてなしの言葉；歓迎の言葉 (3) 言い分；主張 (4) 会話；話のやりとり (5) 話；相談；交渉 (6) 噂；話題；話 (7) こと (事)；行為；行動 चिंता की कोई बात नहीं 少しも心配することはない जो बात हम करना चाहते हैं वह नहीं होती したいことができないでいる (8) 事態；事情；わけ (訳) (9) 事柄；事 ज़रा एक बात का ख़याल रखिएगा 1つのことを気に留めて下さい ऊपर जो बातें बयान हुई 上に述べられたこと मज़हबी किताबों का पढ़ा हुआ और मज़हब की बातों का अच्छा जानने वाला 宗教書を学び宗教についてよく知っている人 (10) 問題；事 यही तो बात है 正にこれが問題なのだ **बात आँचल में बाँधना** 心に深く留める；肝に銘じる **बात आ॰** a. (女性の方に) 縁談が来る b. 話題になる；話題に上る c. 問題にされる；責任を問われる **बात आइना हो॰** 明々白々な **बात आई गई क॰** それ以上に問題にしない；事を荒立てない **बात आई गई हो॰** 話がそのまま落ち着く；事が荒立てられない；事がそのままになる बात आई गई हो गई 話はそれきりになった **बात आगे बढ़ना** a. 話が先に進む；話が進展する b. 喧嘩になる **बात आगे बढ़ाना** a. 話を先に進める b. 喧嘩をする **बात आ पड़ना** 話題になる **बात उखड़ जा॰** 話が飛ぶ **बात उगलना** 白状する；隠しごとを話す **बात उगलवाना** 白状させる；隠しごとを話させる；問い詰めるなどして言わせる **बात उघारकर कहना** a. 明言する b. 歯に衣着せずに言う **बात उछालना** 笑い話にする **बात उठना** 言及する；話題に上る **बात उठा रखना** 話を棚上げにする **बात उठाई जा॰** 話が始まる **बात उठा दे॰** 話題にしない；話を棚上げにする **बात उठाना** 話題にする；話題に取り上げる **बात उड़ना** 噂が広がる **बात उड़ाना** a. 話をそれ以上に取り上げない b. 噂を広げる c. 話題を変える **बात उलटना** 前言をひるがえす (अपनी) **बात ऊपर रखना** 自分の主張を言い張る **बात ऊपर हो आ॰** a. 秘密が明らかになる b. 話がはっきりする **बात क॰** a. 口をきく；話をする अब कभी मुझसे बात न करना もう決しておれと口をきくな b. 結婚話をする **बात कट जा॰** 反論される **बात कढ़ाना** 口を切る；話を始める **बात करते ही** すぐさま；即刻 **बहुत बातें क॰** 大きな口をきく **बात कसना** 皮肉を言う **बात कहकर पलट जा॰** 前言をひるがえす **बात कहते** すぐさま；直ちに；即刻 **बात कहते नाक कटी जा॰** ことごとに恥をかかせる **बात कहे की लाज हो॰** 言葉に責任を持つ；発言に責任を負う **बात का एक** 固く約束を守る；二言のない **बात का कच्चा** 発言に責任を持たない (人)；無責任な発言をする (人) **बात का घाव** 言葉で負わされた心の深い傷 **बात काटकर बोलना** (人の) 言葉を遮る；言葉を遮って言う **बात काटना** = बात में दख़ल दे॰. a. 言葉を挟む；人の言葉を遮る उसने बात काटते हुए कहा 言葉を遮って言った b. 反論する；言い返す **बात का टेकी** = बात का एक. **बात का तार उठाना** 話を続ける；話が途切れぬようにする **बात का तार न टूटना** 途中で切れずに話が続く；話を続ける **बात का तार पकड़ाई में आ॰** 話に納得する **बात का तुर्रा हो॰** 針小棒大になる **बात का तोड़** 話題を転換すること；話題の転換 **बात का धनी** 約束を守る人；発言に責任を持つ人 **बात कान में पड़ना** 話が耳に入る **बात का पक्का** = बात का एक; बात का पूरा. **बात का बतंगड़ क॰** 些細なことを大事に至らせる **बात का बतंगड़ बनना** 小事がおおごとになる **बात का बतंगड़ बनाना** = बात का बतंगड़ क॰. **बात का सच्चा** = बात का एक. **बात का सिर पैर न हो॰** 支離滅裂な話 **बात का हेठा** = बात का कच्चा. **बात की आन बनाये रखना** 約束を固く守る **बात की कड़ी जोड़ना** 話を進める **बात की चोट** = बात का घाव. **बात की तह तक पहुँचना** 事の真相に迫る **बात की तान टूटना** 話が始まる **बात की पेंच ढीली क॰** 話をはっきりさせる **बात की पेंच पड़ना** 約束を守るために苦労する **बात की बात** 肝心な話；大切な点 **बात की बात चलना** 話が話を呼ぶ **बात की बात में** 直ちに；即刻；またたく間に；あっと言う間に बात की बात में बालकों के अपहरण होते हैं あっと言う間に幼い子供がさらわれる दौड़ने में इतना तेज़ था कि बात-की-बात में आँखों से ओझल हो गया 走る速さと言ったらなかった. またたく間に見えなくなるのだ **बात की मार खाना** 理屈で負ける (-की) **बात की लाज रखना** (ーの) 顔を立てる **बात कुर्सीनशीन हो॰** a. 認められる b. 支配する；風靡する；圧倒する **बात के पीछे पड़ना** 根掘り葉掘りたずねる **बात के पीछे लट्ठ लेकर पड़ जा॰** = बात के पीछे पड़ना. (-की) **बात को काटना** (人の) 言葉を遮る नंदन ने आशा की बात को काटते हुए कहा ナンダンがアーシャーの言葉を遮って言った **बात कोठे चढ़ना** 噂が広まる **बात कौंधना** 考えがひらめく **बात खटकना** 気にかかる；引っかかりを感じる **बात खा जा॰** a. 聞かぬふりをする b. 話を途中までしか言わない **बात ख़ाली जा॰** 約束が果たされない **बात खुलना** 秘密が明かされる **बात खोना** a. 言い分が認められない b. 信用を失う **बात खोलकर कहना** はっきり言う；明確に述べる **बात खौलना** しきりに思い出されて心の平静が失われる **बात गई गुज़री क॰** = बात आई-गई क॰. **बात गठियाना** = बात आँचल में बाँधना. **बात गढ़ना** 作り話をする **बात गले के नीचे उतरना** 話に納得する **बात गाँठ में बाँधना** 心に銘記する；心に深く刻む **बात गांस क॰** 記憶する；忘れぬようにする **बात गाड़ दे॰** 話を終わらせる **बात गिरह में बाँधना** = बात गाँठ में बाँधना. **बात गोल कर दे॰** 話さない；言わない；口にしない **बात घुमा दे॰** 話題を変える **बात घुलना** 厄介なことになる **बात घूँट जा॰** 聞き流す **बात चबा जा॰** 話しかけて止める；言いかけて止める **बात चलना** a. 話が出る；話題に上る；話題になる जेलों में व्याप्त भ्रष्टाचार की बात चली तो 刑務所に広まった汚職の話になったら जब भी भाभी लाने की बात चलने पर 兄嫁を迎えに行く話になるといつも b. 縁談がある；縁談が来る दिल्ली में आने के बाद भी दो एक जगह बात चली デリーに来てからでも縁談は1～2あったのだが **बात चलाना** (ーの) 話を持ち出す；(ーを) 話題にする **बात चूकना** 話す機会を逃がす **बात चौड़ियाना** 話が広がる；話が広まる；噂が広まる (-की) **बात छिड़ना** (ーの) 話が出る；(ーが) 話題になる (-की) **बात छीनना** (人の) 思っていることを言う；(人の) 考えを先に言う राजीव ने बीच में ही आंटी की बात छीन ली ラージーヴァは話の最中におばさんの思っていることを言った **बात छीलना** 詳しくたずねる；根掘り葉掘りたずねる **बात छू जा॰** 胸に深く響く；心に強く訴える；深い感動を与える；心琴を奏でる **बात छेड़ना** 話を持ち出す；話題にする **बात छोटी पड़ना** 約束や公言を守れない (果たせない) **बात छोड़ना** 言葉をひるがえす；前言をひるがえす **बात जँचना** 納得できる **बात जड़ना** 言い触らす **बात ज़बान से नीचे न गिरने दे॰** a. 発言を直ちに実行する b. 発言を直ちに実行するように求める **बात जमना** a. 話が納得できる；納得される b. 話が弾む c. 話がうまく行く；うまく進む (-में) **बात जमना** (ーの間が) うまく行く **बात ज़मीन में न गिरने दे॰** 願いが直ちに叶えられる **बात जा॰** a. 信用がなくなる b. 話が認められない；話が駄目にな

る **बात झूठी पड़ना** 公言したことが果たされない **बात टालना** *a.* 拒否する；断る *b.* 話をそらす वह हँसकर बात टाल देती है 笑って話をそらす **बात टूटना** *a.* 話が駄目になる；話がまとまらない *b.* 言葉を明瞭に言えない **बात ठंडी पड़ना** ほとぼりが冷める；熱気がなくなる；静かになる **बात ठहरना** *a.* 縁談がまとまる *b.* 話が決まる **बात ठीक उतरना** 言った通りになる **बात डालना** 人の言うことを聞き入れない (-के सामने) **बात डालना** （ーの前に）話を持ち出す；（ーに）話を持ち出す **बात डुबा दे॰** 恥をかく **बात डूबना** *a.* 無視される *b.* 話し声がかき消される **बात ढँकना** 言葉を繕う **बात ढालकर कहना** 暗示する；それとなく言う **बात तक पहुँचना** 問題点を理解する；真相を知る **बात ताज़ी हो जा॰** 再び話題になる；再度話題に上る **बात तोड़ना** *a.* 言葉を歪める *b.* 話を途中で止める；話しかけて止める **बात तोलकर कहना** よく考えて発言する；慎重に話す；言葉を選んで話す **बात दबना** 話がそれまでになる；事が荒立たずに鎮まる；話が鎮まる **बात दबाना** 話を大きくしない；事を荒立てない **बात दर्पण-सी हो॰** 明白になる；事がはっきりする **बात दुलखना** *a.* 話を聞き入れない *b.* 気に障る **बात दे॰** 約束する；確約する **बात धरना** *a.* 理屈をこねる *b.* 他人の発言や言葉にこだわる；言葉尻をとらえる= बात पकड़ना. **बात न आ॰** （緊張などのため）口がきけない；声が出ない；言葉にならない **बात न उठा रखना** 努力を惜しまない (-से) **बात न क॰** うぬぼれや蔑視のため（ーと）口をきかない **बात न लगने दे॰** 人の話に耳を貸さない **बात नाचना** 話が広まる；噂になる；噂が広まる **बात निकलवाले॰** 口を割らせる **बात निकालना** 話を進める= बात चलाना. **बात निबटना** 話が片付く **बात नीची पड़ना** *a.* 約束が果たせない *b.* 言葉が無視される= बात नीची हो॰. **बात नीचे न गिरने दे॰** 人の話を遮ってしゃべり出す；他人の意見をよく聞かずに自分の意見を述べる **बात पकड़ना** 言葉尻をとらえる= बात धरना. **बात पकाना** 話をつける；話の決着をつける **बात पक्की क॰** *a.* 決断する；結論を出す *b.* 縁談を決める **बात पक्की हो॰** *a.* 結論が出る *b.* 縁談がまとまる **बात पचना** 話を胸に収める；他言しない **बात पड़ना** *a.* 話題になる *b.* その時になる；機会が生じる **बात पर आ॰** *a.* 意地を張る *b.* 本題に戻る (-की) **बात पर आ॰** （ーの）話に耳を傾ける；話に乗る **बात पर गिरह लगना** 話がもつれる；厄介な話になる；話がこじれる (-की) **बात पर चलना** （ーに）命じられた通りにする (-की) **बात पर जा॰** （ーの）話を信用する **बात पर तुल जा॰** 何かをしようとこだわる **बात पर धूल डालना** = बात आई-गई क॰. **बात पर बात आ॰** 話が話を呼ぶ；話題が次々と変わって尽きることがない **बात पर बात निकलना** = बात पर बात आ॰. **बात पलटना** *a.* 前言をひるがえす= अपनी बात से मुकर जा॰. *b.* 話題を変える **बात पल्ले में बाँधना** = बात आँचल में बाँधना. **बात पाना** = बात तक पहुँचना. **बात पिरोना** 内緒話をささやく **बात पी जा॰** 不快な話を我慢して口に出さない **बात पूछना** *a.* 相手の機嫌や体調をたずねる；*b.* 高く評価する；重んじる **बात पेट में डालना** 口外しない **बात पैदा हो॰** 話題や問題が生じる **बात पैरों चलना** 目的が達せられる **बात फूटना** 事が露見する **बात फेंकना** 皮肉を言う；当てこする= बात मारना. **बात फेंटना** 同じことを繰り返し言う **बात फेरना** = बात पलटना. **बात फैलना** 話が広まる **बात फैलाना** 言い触らす **बात फोड़ना** 秘密を明かす **बात बड़बोली लगना** 大きな口を叩いているように思える (-की) **बात बड़ी क॰** （人の）話を重んじる **बात बढ़ना** 事が大きくなる；話が大きくなる；大事になる；重大事になる ज़रा-सी बात कितनी बढ़ गई ほんのちょっとしたことがなんと大事になったことか **बात बढ़ाना** 事を大きくする；問題を大きくする उसने बेकार बात बढ़ाई 無駄に事を大きくした **बात बदलना** 話題を変える= बात पलटना. मैंने बात बदलने के लिए कहा 話題を変えようと思って話した **बात बनना** *a.* 話がうまく行く सिर्फ़ इतने से काम नहीं चलेगा.हमें अपनी पीठ पर बैठा कर जंगल की सैर करा दो, तभी बात बनेगी たったそれだけでは済まないぞ．僕を背中に乗せてジャングルの中を散歩させてくれなくっては *b.* 目的が達せられる कम से कम एक मेमना और मिल जाता तो कुछ बात बनती - वह मन-ही-मन सोचने लगा せめてあと１匹子山羊が手に入ると少しはうまく行くのだが…と思い始めた *c.* 信用される **बात बनाना** *a.* とりなす माँ ने बात बनानी चाही 母がとりなそうと思った *b.* 作り話をする *c.* 目的を達する；思い通りにする *d.* 信用を得る **बात बना रखना** 約束を果たす；約束を守る **बात बहना** 噂が広がる **बात बहलाना** = बात टालना. **बात बाँधना** こじつける **बात बात का फेर** 言い方の違い **बात बात के लिए** 些細なことで **बात-बात पर** *a.* 事ごとに *b.* わずかなことで；些細なことで उन्हें बात बात पर डाँटने की आदत थी ほんの些細なことで叱りつける癖があった नाराज़ हो गए? बात-बात पर तो मुँह फुला लेते हो 怒ったのかい．些細なことで膨れっ面をするんだね **बात बात में** *a.* 事ごとに बात बात में मुझसे बहस करने लगता 事ごとに私と議論する *b.* 些細なことで **बात बात में बात निकालना** 話に話を咲かせる **बात बात में मोती पिरोना** くどく言う；くだくだしい；冗長な **बात बात में शाख़ें निकालना** *a.* 小さなことにあら探しをする；目くじらを立てる *b.* いろいろな話をする；話に話を咲かせる **बात बिगड़ना** *a.* 状況が悪化する *b.* 恥をかく *c.* しくじる **बात बिगाड़ना** *a.* 状況を悪化させる *b.* 恥をかかせる *c.* 失敗させる **बात बीच में से ले॰** 話を遮る；相手の話の途中で口を挟む **बात बीस पड़ना** 発言や話が重みを増す **बात बैठना** *a.* うまく行く；調和する *b.* 成功する；首尾よく行く **बात मठोरना** 話をする；言葉を交わす **बात मथना** 話をして相手の腹を探る **बात मन में बैठना** しっくりする；納得する；納得が行く **बात माँजना** 話をまとめる **बात मारना** = बात फेंकना. **बात मुँह पर लाना** 口に出す；口にする；言及する **बात मुँह से गिरना** 言葉が発せられる **बात मुँह से निकलना** 述べられる；語られる **बात में चेपियाँ लगाना** 口を濁す；はっきり言わない= साफ़-साफ़ न कहना. **बात में छौंका लगाना** きつい言い方をする **बात में पख निकालना** あら探しをする **बात में पहलू हो॰** 言葉に別の意味や隠された意味がある **बात में फ़र्क़ आ॰** 約束を違える；前言をひるがえす **बात में फ़ीं निकालना** = बात में पख निकालना. **बात में बात निकलना** １つの話から別の話が始まる；途中で話題が変わる；話が飛ぶ (-की) **बात में बात निकालना** （ーの）言葉尻をとらえる **बात में बात पैदा क॰** 調べ上げる；詳細に調べる **बात मोड़ना** 話題を変える；話題を転じる (-की) **बात रखना** *a.* （ーの）言葉を守る；約束を守る；約束を果たす *b.* （ーの）顔を立てる；面子を立てる मानती हूँ कि तुम मुझसे कहीं ज़्यादा समझदार हो, लेकिन कभी-कभी मेरी बात रखने के लिए ही सही... あなたが私よりはるかに頭がいいのは認めるけどたまには私の顔を立てるだけのためでもいいから… (-की) **बात रह जा॰** *a.* （ーの）言葉通りになる；（議論でーの）勝ちになる *b.* （ーの）名誉が保たれる；（ーの）顔が立つ **बात लगना** *a.* 言葉が胸に突き刺さる；不快な感じを受ける *b.* 縁談が決まる **बात लगाना** *a.* 告げ口をする *b.* 中傷する **बात लाना** *a.* 〔ヒ〕婚約の知らせを持ってくる *b.* 非難する；けなす（貶す） **बात ले॰** = बात तक पहुँचना; बात पाना. **बात लोक ले॰** 言葉を深く受けとめる **बात ले उड़ना** 何でもないことを大事（おおごと）にする **बात ले बैठना** *a.* 話題にする *b.* = बात ले उड़ना. **बात व हलदी चाहे जहाँ लगा दे॰** 目出たい話は時と場所を選ばない（からいつでもどこでも話してよい） **बात सँवरना** = बात बनना. **बात सँवारना** = बात बनाना. **बात सम्हाल दे॰** 事態や話をよい方へ向ける **बात सुनना** *a.* 聞き入れる *b.* 小言を言われる *c.* 願いを聞き入れる **बात सुनाना** 文句を言う；ののしる **बात से टल जा॰** 前言をひるがえす **बात से फिर जा॰** = बात से टल जा॰. **बात से बात निकलना** １つの話から別の話になる **बात हँसी में उड़ा दे॰** 大事な話を冗談に紛らす **बात हलकी हो॰** 話に重みがなく軽んじられる；言葉があしらわれる **बात हवा में उछलना** 噂になる **बात हवा में उड़ जा॰** *a.* 噂が立つ *b.* 話が消えてしまう (-की) **बात हवा में उड़ा दे॰** （ーの）話を全く無視する **बात हाँकना** 大きな口をきく；大きな口を叩く= बढ़-चढ़कर बातें क॰. **बात हाथ आ॰** 様子が知れる；事情がわかる **बात हारना** 約束を違える मैंने तो यही सीखा है कि बात न हारनी चाहिए, चाहे लाखों का नुक़्सान क्यों न हो जाए たとえどれほど巨額の損害を被ろうとも約束を違えてはならないと言うことを学んだ **बात ही बात** 話しているうちに **बात ही बात में** *a.* 世間話のうちに；何でもない話をしているうちに *b.* すぐに；間もなく (-की) **बात ही है** （ーは）話だけで本当ではない；（ーの）話は間違い (-की) **बात हेठी हो॰** （ーの）値打ちが下がる **बात है** = बात ही है. **बातें छाँटना** ほらを吹く；大きなことを言う **बातें जोड़ना** *a.* よくしゃべる *b.* 嘘をつく **बातें झाड़ना** よく話す；話し続ける；べらべらしゃべる **बातें तोड़ना** すっかり別の話にする **बातें बघारना** ほらを吹く **बातें बनाना** *a.* 作り話をする；嘘をつく *b.* 口先ばかりでなすべきことをしない *c.* いいかげんな話をする अरे क्या बातें बनाता है? なになになんということをぬかすのじゃ *d.* 世辞を言う **बातें मारना** *a.* ほらを吹く *b.* 遠

回しに言って本当のことを言わない *c.* 皮肉を言う；当てこする **बातों का ताँता बँधना** 話が長々と続く；長話になる **बातों का शेर** 大ぼら吹き **बातों की झड़ी बँधना** = बातों का ताँता बँधना. **बातों के बग़ीचे लगाना** 空中楼閣を築く **बातों के लिए बातें क॰** 無駄話をする बातों के लिए बातें करके आज कई लोग अपनेपन की आड़ में दूसरों का समय नष्ट करते हैं 近頃は親しさにつけ込み無駄話をして他人の時間を台無しにする人たちがいる **बातों-बातों में** 話しているうちに；話し込んでいるうちに；話のついでに；それとなく एक दिन बातों-बातों में पूछ ही लिया それとなくある日たずねてみた वे बातों -बातों में बहुत कुछ सिखा देते हैं それとなくいろんなことを教えて下さる **बातों-बातों में टटोलना** それとなく腹の中を探る **बातों में** とても簡単に (**-की**) **बातों में आ॰** (一の) 話を信じ込む；(一の) 話に乗せられる **बातों में उड़ा दे॰** 話をそらす；茶化す **बातों में काम निकालना** 口先でうまくあしらう **बातों में धर ले॰** うまく話して自分の思い通りにさせる；受け入れさせる；認めさせる (**-की**) **बातों में पड़ना** *a.* (一の) 言葉を信じる *b.* (一に) 口出しする **बातों में फुसलाना** 無責任におだてる；けしかける **बातों में बहलाना** = बातों में फुसलाना. **बातों में मिश्री घोलना** とても優しい言葉を語る **बातों में लगाना** 話に熱中させる；話し込ませる **बातों में लाना** = बातों में लगाना. (**अपनी**) **बातों में लाना** (自分の) 主張に従わせる；(自分の) 思い通りにさせる **बातों-ही-बातों में** = बातों-बातों में. वह बातों-ही-बातों में मुझसे यह कह रहा था それとなく私にこう言っていた पर कभी-कभी ऐसा हो जाता है कि आप बातों-ही-बातों में यह भूल जाते हैं कि आप पति के साथ हैं でも話し込んでいるうちに自分が夫と一緒にいることを忘れてしまうことがしばしばあるものです

बातचीत [名*] (1) 話；会話；語らい；談話 (2) 話し合い；相談；交渉 मसला बातचीत से हल क॰ 問題を話し合いで解決する बातचीत की मेज़ 交渉のテーブル (3) 対話；対談 गोरखपुर विश्वविद्यालय के उपकुलपति के साथ बातचीत ゴーラクプル大学の学長との対談 (4) 会談 टीटो-ब्रेजनेव बातचीत チトー・ブレジネフ会談

बातनख़्वाह [形] 《P. با تنخواه》 有給の；給与を受ける

बातफ़रोश [名] 《H. + P.فروش》 作り話をする人

बातमीज़ [形] 《P.A. باتمیز》 品のある；上品な；洗練された= शिष्ट; तमीज़दार.

बातर्तीब [形] 《P.A. باترتیب》 順序だった；整理された；整頓された= क्रमबद्ध; शृंखलित.

बातस्वीर [形] 《P.A. باتصویر》 絵入りの；イラスト入りの；挿し絵入りの= सचित्र.

बातहज़ीब [形] 《P.A. باتہذیب》 洗練された；上品な；気品のある

बातिन [名] 《A. باطن》 (1) 内部；内面= अंदर; भीतर. (2) 心；胸 = दिल; मन; हृदय.

बातिनी [形] 《A. باطنی》 (1) 内部の；内面の= अंदरूनी. (2) 心の；胸の；胸中の= दिली.

बातिल [形] 《A. باطل》 (1) 役に立たない；無駄な= बेकार. (2) 嘘の= झूठ; असत्य. (3) 違反した= ग़लत.

बातुल[1] [形] 気の触れた；狂気の= पागल; सनकी.

बातुल[2] [形] = बातूनी.

बातूनी [形] (1) おしゃべりな；よくしゃべる；多弁な बातूनी स्त्री की तरह おしゃべりな女性のように (2) 無駄口を叩く

बातूल [名] つむじかぜ；旋風；竜巻；嵐；台風= वातूल.

बाथ [名] 《E. bath》 (1) 入浴；沐浴 (2) ふろ (風呂)；浴槽

बाथटब [名] 《E. bath tub》 湯船；浴槽；風呂桶；バスタブ

बाथरूम [名] 《E. bathroom》 (1) 浴室；バスルーム (2) 洗面所 (兼風呂場及び便所) उसने बाथरूम में जाकर मेकअप दुरुस्त किया 洗面所に行って化粧を直した (3) 便所の婉曲な表現；お手洗い；御不浄

बाथ स्पोंज [名] 《E. bath sponge》 浴用スポンジ

बाद[1] [名] → वाद. (1) 議論 (2) 口論 (3) 約束；誓い (4) 賭け **बाद मेलना** 賭ける

बाद[2] [名] 《A. بعد》 のち (後) बाद का 後の बाद को 後に；後刻；後日 बाद को यह प्रश्न ब्रिटिश पार्लियामेंट में भी उठाया गया था この問題は後日イギリス議会でも取り上げられた **बाद में** 後に；後刻；後日 **बाद में चलकर** 後に；後刻；後日；後になって **बाद में जाकर** 後に；その後 बहुत बाद में जाकर लोहे का पता चला 随分後になって鉄が見つかった

बाद[3] [後置] 《A. بعد》 次のように (-के/-) बाद の形で用いられる (1) (一の) 後で；後に (のちに) थोड़ी देर बाद 間もなく चुनाव बाद की साझा सरकार 選挙後の連立内閣 तक़रीबन 4 सप्ताह बाद およそ 4 週間後に；1 か月ほど後に चार घंटे बाद 4 時間後に क़रीब आधे घंटे के बाद 約半時間後に विवाह के बाद भी वह अपनी पढ़ाई चालू रखना चाहती है 結婚後も自分の勉強を続けたがっている स्वतंत्रता प्राप्ति के बाद 独立達成後 (2) (一に) 次いで；続いて यहाँ की आबादी दुनिया में चीन के बाद सब से ज़्यादा है 人口は中国に次いで世界第 2 位である काफ़ी देर के सोच विचार के बाद かなりの間考えてから थोड़ी देर तक सोचने के बाद बोलीं しばらく考えてから言った कुछ ही दिनों बाद ほんの数日後 दो तीन दिन के बाद 2〜3 日後 पुलिस ख़ून ख़राबा निपट जाने के एक घंटे बाद पहुँची 警察は流血の 1 時間後に到着した

बाद[4] [形] (一を) はずした；別にした；除いた (-) **बाद क॰** *a.* (一を) 除く；除ける；別にする；剥がす *b.* (一を) 離れる；去る；捨てる

बाद[5] [名] 《P. باد》 (1) 風= वायु; हवा. (2) 空気= हवा; वायु.

-बाद [造語] 《P. باد》 (一で) あれ，あれかし，(一に) なれなどの意を有する合成語の構成要素 ज़िंदाबाद 栄えあれ；栄えよ；長命を祈る；万歳 मुर्दाबाद (मुरदाबाद) 死ね；くたばれ

बादनुमा [名] 《P. بادنما》 風見；風見鶏；風向計

बादफ़रोश [形・名] 《P. بادفروش》 (1) おしゃべりな (2) 人に取り入る；追従する；お世辞を言う；おべっかを使う (3) ほらを吹く

बादबान [名] 《P. بادبان》 船の帆；帆船の帆

बादबानी [形] 《P. بادبانی》 (1) 帆の (2) 帆のついた；帆で動く；帆船の

बादय [名] 〔医〕 痛風= वात रोग.

बादर[1] [形] (1) イヌナツメの→ बदर; बेर. (2) 綿の (3) 太い；粗大な；粗い

बादर[2] [名] (1) 〔植〕 ワタノキ→ कपास. (2) 綿布= बादरा.

बादरायण 〔人名・イ哲〕 バーダラーヤナ (ヴェーダーンタ学派の開祖とされる哲学者．紀元前 1 世紀頃)

बादल [名] (1) 雲= मेघ. (2) (比喩的用法) 覆い被さるもの **बादल आँख न खोलना** 雲が覆ったままになる **बादल आ॰** 曇る；雲が出る；雲が湧く；雲が現れる **बादल उठना** = बादल आ॰. **बादल उमड़ना** = बादल आ॰. **बादल की छाँह-सा** はかない；束の間の **बादल खुलना** 晴れる；雲がとれる；雲が消える **बादल गरजना** 雷鳴が轟く बादल गरजने से 雷雲が轟くと उसी समय बादल गरजे ちょうどその時雷鳴が轟いた **बादल घिर आ॰** 雲が押し寄せる；雲が覆う；雲が湧き出る घिर घिर के आए बादल 湧き出てきた雲 **बादल चढ़ना** = बादल आ॰. **बादल छँटना** *a.* 雲が散る；雲が切れる *b.* 災厄が遠ざかる **बादल छाना** 雲が覆う；曇る शनिवार को बादल छाए रहेंगे.एक या दो बार तेज़ बारिश की संभावना 土曜日は曇り．1〜2 度激しく降る見込み **बादल छूना** *a.* 嬉しくてたまらない *b.* 不可能なことを試みる **बादल झुक आ॰** 雲が垂れこめる **बादल ठनकना** 雷雲が鳴り響く **बादल देखकर घड़ा फोड़ना** 早まったことをする **बादल फटना** 雲が切れる；雲の切れ間ができる；雲が切れ晴れ間が見える बादल फट गए और धूप निकल आई 雲が切れて日が射してきた **बादल फट पड़ना** *a.* 土砂降りになる；大雨になる *b.* 突然災難に襲われる **बादल मँडराना** 暗雲が立ちこめる **बादल में चकती लगाना** = बादल में थिगली लगाना. **बादल में छेद हो॰** 土砂降りになる；豪雨になる **बादल में थिगली लगाना** *a.* 非常に難しいことをする *b.* 不可能なことを試みる *c.* あり得ないことを言う **बादल में पैबंद लगाना** = बादल में थिगली लगाना. **बादल-सा छाना** 雲のように覆う बूआ जी के मुख पर क्षणिक बादल-से छा गए おばの顔を一瞬雲のようなものが覆った **बादल हट जा॰** 暗雲が消え去る **बादलों की गड़गड़ाहट** 雷鳴 **बादलों से बातें क॰** *a.* 非常に高い；そびえ立つ *b.* 大きな口をきく

बादला [名] (1) 金糸 (2) 銀糸 (3) 錦；金襴

बादली [名*] = बदली.

बादशाह [名] 《P. بادشاه》 (1) 皇帝；大王；国王；君主 शाहजहाँ बादशाह シャージャハーン皇帝 मुग़ल बादशाह जहाँगीर संभवतः प्रकृति वैज्ञानिक एवं विहंग प्रेक्षक था ムガル朝のジャハーンギール皇帝は多分自然科学者であり鳥の観察者であった (2) 第一人者；王；王者；最高のもの अनेक लोग क्रिकेट को खेलों का बादशाह मानते हैं 多くの人がクリケットを最高のスポーツだと考えている

ब

रॉक संगीत का बादशाह ロックミュージックの帝王 (3) 大変大様であったり気ままであったりする人；殿様 (4)〔チェス〕キング；王将 (5)〔トラ〕キング

बादशाही[1]〔形〕《P. بادشاہی》(1) 王の；皇帝の；国王の (2) 王者らしい；皇帝にふさわしい वह बादशाही इत्मीनान से उठ खड़े हुए 王者の落ち着きで立ち上がった **बादशाही फ़रमान** 勅命；勅令

बादशाही[2]〔名*〕(1) 統治；支配 (2) 王国；領土 (3) 専横 (4) 王者の風格；威厳 बादशाही उड़नछू हो जा॰ 威厳がなくなる

बादस्तूर〔副〕《P. با دستور》規則通り；慣例により；いつものように पुलिस बादस्तूर उनका पीछा किए जा रही है 警察は規定通り同氏を追跡中である

बादहवाई[1]〔副〕《P. باد ہوائی》無駄に

बादहवाई[2]〔名*〕無駄話；馬鹿話；愚にもつかない話

बादाम〔名*〕《P. بادام》(1)〔植〕バラ科高木アーモンド；はたんきょう（巴旦杏）【*Prunus amygdalus; P. communis*】(2) アーモンドの種子；アーモンドの果実の仁；アーモンド＝ बादाम गिरी (3)〔植〕シクンシ科モモタマナ【*Terminalia catappa*】**बादाम का तेल** アーモンド油 **बादाम गिरी** アーモンドの種子

बादामा〔名〕《P. بادامع》(1) 蛹；繭 (2) ファキール फ़कीर の着用するぼろ切れをつなぎ合わせた服

बादामी〔形〕《P. بادامی》(1) アーモンド色の；黄褐色の बादामी रंग का सूट アーモンド色のスーツ बादामी करमज़ी रंग えび茶（葡萄茶）(2) アーモンドの形をした；楕円形の (3) アーモンドの入った **बादामी आँख** 細く穏やかな目

बादि〔副〕無駄に；意味もなく＝ व्यर्थ; फ़ुज़ूल.

बादी[1]〔形〕《A. بادی》(1) 風の (2) 空気の (3)〔アユ〕ヴァータ (वात) の異常による (4) ヴァータの異常を起こす；消化器内にガスを溜める

बादी[2]〔名〕〔アユ〕ヴァータ (वात) の不調より生じる消化器官の疾病や異常 बैंगन का भुरता होता तो बड़ा स्वादिष्ट है लेकिन ज़रा बादी करता है ナスのマッシュは大変おいしいが少しガスを溜める

बादी[3]〔名〕金属の研磨に用いる道具

बादी[4]〔名〕〔法〕原告＝ वादी; मुद्दई. 〈plaintiff〉

बादुर〔名〕〔動〕コウモリ（蝙蝠）＝ चमगादड़.

बाध〔名〕(1) 妨げ；障害；障壁＝ बाधा; रुकावट. (2) 困難＝ कठिनाई; कठिनता; मुश्किल.

बाधक〔形・名〕妨げる；妨害する；障害となる ज़मींदारी प्रथा गाँव के विकास में बाधक थी ザミーンダーリー制は村の発展を妨げていた तुम्हारे पवित्र प्रेम में मैं बाधक नहीं बनूँगी あなたの清純な恋愛の邪魔はしないわ पुत्री के मार्ग में बाधक 娘の進む道を妨げる（者） विवाहित पुरुष दूसरी स्त्री से प्रेम करता है मगर पत्नी और समाज बाधक है 既婚男性が他の女性と恋愛すると妻と社会とが邪魔になる

बाधकता〔名*〕←बाधक. 障害；妨害；邪魔

बाधता〔名*〕障害；差し障り；支障 मानसिक बाधता 知恵後れ＝ मानसिक विकास में पिछड़ापन.

बाधन〔名〕(1) 妨害；妨げ (2) 苦痛を与えること；苦しめること

बाधना〔他〕(1) 妨げる；妨害する (2) 苦しめる

बाधा〔名*〕(1) 妨げ；障害；邪魔（物） निर्वाणप्राप्ति में बाधा 悟りの妨げ मैं तुम्हारे मार्ग में बाधा नहीं बनूँगी あなたの進む道の邪魔にはなりません लोगों ने सड़कों पर लगाई गई बाधाओं में आग लगा दी 民衆は道路のバリケードに火を放った (2) ハンディキャップ；不利（な条件） (3) 障り；憑き物 **बाधा डालना** 妨げる；妨害する दूसरों की स्वतंत्रता में बाधा डालना 人の自由を妨げる राष्ट्रसंगठन के कार्य में यही संकुचित भाव बार-बार बाधा डालता है 国家統合の活動をこの狭隘な意識がしばしば妨害する **बाधा दे॰** ＝ बाधा डालना. आपके काम में बाधा दी, इसके लिए क्षमा करें お仕事の邪魔を致しましたことをお許し下さい **बाधा पहुँचाना** ＝ बाधा डालना.

बाधादौड़〔名*〕〔ス〕障害物競走；ハードル競走 110 मीटर बाधा दौड़ 110m ハードル競走 400 मीटर बाधा दौड़ (महिला) 400m ハードル（女子）

बाधित〔形〕(1) 妨げられた；妨害された (2) 余儀なくされた इनका खानाबदोशी जीवन इन्हें आधुनिक जीवन स्तर से नीचे का जीवन व्यतीत करने पर बाधित करता है この人たちの遊牧生活が近代的な生活水準以下の生活を過ごさざるを得ないようにしている (3) 制限された

बाधी〔形〕妨げる；妨害する＝ बाधक.

बाध्य〔形〕(1) やむを得ない；仕方のない；強制的な；余儀ない；避けられない；義務的な किसी प्रभावपूर्ण व्यक्ति को चुनाव लड़ने के लिए प्रोत्साहित या बाध्य किया जाता है 影響力の強い人に立候補を勧めるか余儀なくする भारत छोड़कर जाने को बाध्य होना पड़ा やむを得ずインドを立ち去らねばならなくなった अब हम लोग अपने पूर्वजों का रोज़गार करने के लिए बाध्य नहीं हैं 我々は今や世襲の職業に就かなくてもよい बाध्य होकर उसे संशोधन के लिए आवेदन का सहारा लेना पड़ा 仕方なく訂正を願い出なくてはならなくなった अतः वह अपने छोटे से व्यापार को बंद करने के लिए बाध्य हो गया そのため小さな商いをしまいにしなくてはならなくなった (2) 妨げられる

बाध्यपरक〔形〕義務的な；不可避的な बाध्यपरक कार्य 義務的な業務

बान[1]〔名〕(1) 矢＝ बाण; तीर. (2) 打ち上げ花火 (3) 綿打ち弓の弦を弾く棒 (4) 高波

बान[2]〔名〕(1) 色；色彩＝ रंग. (2) 光；輝き；つや＝ कांति.

बान[3]〔名*〕(1) 癖；習慣；習性＝ टेव; आदत. (2) 性質；性格 (3) 作り；構造 (-की) **बान डालना** (ーの) 癖をつける；習慣をつける；(ーに) 慣れさせる (-की) **बान पड़ना** (ーの) 癖がつく；習慣がつく＝ बान लगना. (-की) **बान सीखना** ＝ बान पड़ना.

बान[4]〔名〕〔ヒ〕バーン（結婚式の前に行われる行事の一．新郎，新婦が規定の回数沐浴する） **बान बैठना** バーンを行う

बान[5]〔名〕チャールパーイーの床の部分を編むのに用いるムンジャソウの繊維でこしらえた縄→ मूँज.

बान[6]〔名〕(1)〔植〕ブナ科高木グレーオーク【*Quercus incana*】(2)〔植〕センダン科【*Melia sempervirens*】＝ बकाइन. (3)〔植〕エゴノキ科スマトラアンソクコウ【*Styrax benzoin*】(4)〔植〕ヤナギ科【*Salix aegyptia*】(5)〔植〕ヤドリギ科半寄生ヤドリギ【*Viscum album*】〈European mistletoe〉(6)〔植〕クマツヅラ科高木キダチョウラク【*Gmelina arborea*】(7)〔農〕田植えの際ひとつまみに植えられる苗

-बान〔接尾〕《P. بان》名詞に付加されて「(ーに) 関わりのある」意の名詞や形容詞を作る बाग़ 庭；庭園→ बाग़बान 庭師；園丁 दर 戸；扉；門扉→ दरबान 門番；ドアマン मेहर 情け；哀れみ→ मेहरबान 親切な；哀れみ深い

बानक[1]〔名〕(1) 服装；身なり＝ वेष; भेस. (2) 装い；外観 **बानक बनना** 姿を取る；姿をする

बानक[2]〔名〕好機 समय का बानक बनना (- बैठना) 好機に恵まれる

बानगी〔名*〕見本；サンプル＝ नमूना.

बानबे〔数〕92 बानबेवाँ 92 番目の；第 92 の

बानर〔名〕猿＝ बंदर; वानर.

बानवर〔名〕〔鳥〕ヘビウ科アジアヘビウ【*Anhinga melanogaster*】＝ नागिन.

बानवे〔数〕92 ＝ बानबे.

बाना[1]〔名〕(1) 織り；織ること＝ बुनावट; बुनन; बुनाई. (2) 横糸 → ताना 縦糸 (3) 織ったり縫ったり凧揚げなどに用いるよりのかかった糸

बाना[2]〔名〕(1) 服装；身なり；衣裳；恰好＝ पहनावा; वस्त्र; पोशाक; भेष; भेष-भूषा. (2) 外観；見かけ (3) 地位 (4) 振る舞い；行動 कृत्रिमता और बनावट का बाना धारण कर わざとらしい姿をして

बाना[3]〔名〕賭け बाना बाँधना 賭ける

बाना[4]〔名〕刀

बाना[5]〔他〕開ける；開く मुँह बाए 口を開けて；ぽかんとして मुँह बाए खड़े थे 口を開けて立っていた；ぽかんと口を開けて立っていた；ぽかんとして突っ立っていた मुँह बाना がつがつする；あさましく欲しがる

बाना[6]〔名〕《P. بانہ》下腹部；下腹

बानारसी〔地名〕バナーラス（बनारस）＝ वाराणसी; वाणारसी.

बानि[1]〔名*〕(1) 色＝ रंग. (2) 輝き＝ चमक; आभा.

बानि[2]〔名*〕＝ बान[3].

बानिक〔名*〕身なり；服装；装い

बानिज〔名〕商人；あきんど；バニヤー（बनिया）

बानिन〔名*〕バニヤーの妻

बानी[1]〔名*〕(1) 言葉；言説＝ वचन; वाणी. (2) 誓い（の言葉）＝ प्रतिज्ञा. (3) 聖者，高僧と呼ばれる人たちの説法の言葉；説教；法語＝ उपदेश; वचन. (4) 願；願掛け

बानी[2] [名] (1) 色；色彩= रंग; वर्ण. (2) 輝き；光沢；つや= आभा; दमक. (3) 気質

बानी[3] [名] 《A. بانی》 (1) 起源；発祥 (2) 創立者；設立者 कालिज के बानी का दिन カレッジの創立記念日（建学記念日）

बानी[4] [名] バニヤー；商人

बानी[5] [名] 商業；商い= वाणिज्य.

-बानी [接尾] 《P. بانی》 -बान の抽象名詞化したもの मेहरबान 親切な；哀れみ深い→ मेहरबानी 親切；哀れみ

बानू [名*] 《← P. بانو》 (1) 貴婦人；令夫人 (2) 女性に対する敬称

बानैत [名] 弓を射る人；弓術家

बानो [名*] → बानू.

बाप [名] 父；父親；親父= पिता. (अपने) **बाप की बूँद से पैदा हो॰** 実の子；実子 **बाप के जाए हो॰** = (अपने) बाप की बूँद से पैदा हो॰. **बाप तक जा॰ (पहुँचना)** （相手ばかりかその人の）親まで悪しざまに言う **बाप दादा** 先祖= पूर्वज. अंगरेज़ों के बाप-दादा イギリス人の先祖 **बाप दादा का नाम उजागर क॰** 先祖の名を揚げる **बाप दादा का नाम डुबाना** 先祖の名をけがす **बाप दादा का नाम डूबना** 先祖の名をけがされる **बाप दादा का नाम मिटना** = बाप दादा का नाम डूबना. **बाप दादा का नाम मिटाना** = बाप दादा का नाम डुबाना. **बाप दादा का नाम रोशन क॰** = बाप दादा का नाम उजागर क॰. **बाप दादा के नाम को कलंक लगना** = बाप दादा का नाम डूबना. **बाप दादा के नाम को कलंक लगाना** = बाप दादा का नाम डुबाना. (-के) **बाप दादा बखानना** = बाप बखानना. (-के) **बाप बखानना** （－の）親や先祖のことを悪しざまに言う (-को) **बाप बनाना** *a.* （－を）深く敬う *b.* （－に）へつらう **बाप बाप चिल्लाना** 悲鳴をあげる；大声をあげて助けを求める **बाप-महतारी** 父母；両親 बाप-महतारी तो डाँटते ही रहते हैं 両親は叱ってばかりいる (-में) **बाप महतारी हो॰** （－の喧嘩で相手の）親のことまでののしり合う **बाप-माँ** 保護者；守護者；身寄り= रक्षक; पालन करनेवाला; अभिभावक.

बाप रे [感] 驚きや恐怖の気持ちを表したり悲鳴や救いを求める言葉 **बाप रे बाप** = बाप रे. बाप रे! मर गया! मर गया! （叩かれた人が叫ぶ）痛い！痛い！いたーい！助けて！

बापा [名] 父；父親；親父

बापी [名*] = वापी.

बापीदार[1] [形] 《Raj. + P. دار》 世襲の；先祖伝来の= ख़ातेदार; मुस्तकिल; स्थायी.

बापीदार[2] [名*] 世襲の土地や資産；先祖伝来の土地や資産

बापुरा [形+] (1) ものの数に入らない；取るに足らない= तुच्छ. (2) 寄る辺ない= बेचारा; दीन.

बापू [名] (1) 父親；親父；おとっつあん अचानक बापू का मरियल चेहरा सामने पड़ गया 突然親父のくたびれた顔が目に浮かんだ अपने बापू का नीला कुर्ता 親父の着ている青いクルター बापू-अम्मा 両親= माँ-बाप. (2) 中，老年の男性で父親同様の人 (3) バープー（マハートマー・ガンディー 1869-1948，インドの政治家・思想家 Mohandas Karamchand Gandhi मोहनदास करमचंद गाँधी に敬愛の念をこめた呼称） बापू शांति, प्रेम और मनुष्यों की आपस की एकता के पुजारी थे バープーは平和，愛，人間の平等を信奉していらっしゃった बापू की समाधि バープーの墓所

बाफ़ता [名] 《P. بافتہ बाफ़्ता》 (1) バーフター（金糸，銀糸の刺繍のある絹織物の一種） (2) 〔生理〕組織

बाब [名] 《A. باب》 (1) 戸= द्वार; दरवाज़ा. (2) 章= अध्याय; परिच्छेद. (3) 事柄= विषय. (4) 問題

बाबची [名*] 〔植〕マメ科草本【*Psoralea corylifolia*】（実が薬用） = बकुची.

बाबत [名*] 《P. بابت》 (1) 事柄 (2) 関係；関連 (-की) बाबत （－に）ついて；（－に）関して जादुई खड़िया की बाबत マジックペンについて उस बाबत そのことについて；それについて आधुनिकीकरण योजना की बाबत 近代化計画に関連して

बाबननेट [名*] 《E. bobbin net》 レース織り

बाबर 〔人名・イ史〕 《P. बाबर, T. بابر बाबुर》 バーブル (1483-1530)（ムガル帝国の創設者）

बाबरची [名] → बावरची; बावर्ची.

बाबरलैट [名*] = बाबननेट.

बाबरी [名*] (1) 伸ばした長い髪 (2) 巻き毛

बाबल [名] 父；父親= बाबू.

बाबा[1] [名] 《P. بابا》 (1) 父；父親= पिता; बाप. आप को पता है, ये हमारे बाबा के बाबा हैं, हमारे दादा जी! ご存じの通りこの方が父の父，つまり，祖父なのです (2) 祖父（父母の父親）；祖父に対する敬称= दादा; नाना. (3) 年長者や老人に対する敬称，バーバー (4) 行者，修行者，上人などの敬称，バーバー उसने झुककर बाबा के पैर पकड़ लिए バーバーの足元にひれ伏した अच्छा बाबा, ये बातें तो हो गईं अब धर्म के विषय में कुछ कहिए はいはい，お上人さま，それでそのお話はおたずね致しました．次はダルマについてお話し下さい परमपूज्य बाबा, डा॰भीम राव अम्बेदकर 尊貴なるバーバーサーヘブ・ビームラーオ・アムベードカル博士 (5) 指導者；指揮者；頭；長老 (6) 子供への親しみをこめた呼びかけの言葉；坊や；ぼん；ぼんぼん；ぼくちゃん (7) 老人に対する丁寧な呼びかけの言葉 **बाबा के मोल का** 非常に高価な；とびきり値の張る **बाबा मोल का** = बाबा के मोल का.

बाबा[2] [感] (1) 驚きやあきれた気持ちを表す भला, यह कैसी सख़्त बीमारी है, बाबा! こりゃまたなんとひどい病気なんだろう अरे बाबा, वो तो ऐसा काला साँप है जिसके काटने का कहीं इलाज नहीं よせやい，あいつはな，あいつに噛まれたが最後手当のない傷を負わせる奴よ (2) 冷静さと丁重さを相手に伝えるために用いられる呼びかけの言葉；興奮した相手をなだめるための言葉 अच्छा बाबा, अब नहीं बोलूँगा よしよしわかったわかった，もう言わないよ अरे बाबा, इसमें इतना बुरा मानने की क्या बात है? まあまあ，そんなに怒ることはないでしょうに न बाबा だめだめ；いけませんよ；いけないよ न बाबा न, यहाँ पर तो मैं तुझे नहीं सोने दूँगी だめだめ，ここではあんたを眠らせないよ तो बाबा तेरी औरत है, तू ही उसकी मार सह 何だ，あれはお前の嫁さんかい．自分 1 人で我慢するんだな (3) 親が幼児への呼びかけに用いる言葉 (4) 自称として用いられる（例えば友人同士が自称に）；おれ；わし；俺様 वह अपने बाबा को बीवी समझता है あの男は俺様を嫁さんだと思っているんだ

बाबा आदम [名] 《P.A. بابا آدم》 アダム **बाबा आदम के ज़माने का** *a.* 大昔の；太古の *b.* 時代遅れの；時代物の छत से लटकते बाबा आदम के ज़माने के पंखे, नंगे तारों से लटकते बल्ब 天井からぶら下がっている時代物の扇風機，裸線に垂れ下がっている電球 *c.* ひどく年老いた **बाबा आदम निराला हो॰** 風変わりな；変わり者の

बॉबिन [名] 《E. bobbin》〔裁〕ボビン= बाबीन.

बॉबिन केस [名] 《E. bobbin case》〔裁〕ボビンケース

बाबिल 〔地名・史〕 《A. بابل》 バービル；バベル；バビロン（バビロニアの首都）

बाबी [名*] (1) 出家した女性= सन्यासिन. (2) 女の子に対する親しみをこめた呼びかけの言葉

बाबीन [名] 《E. bobbin》 ボビン；糸巻き

बाबुना [名] 〔鳥〕メジロ科ハイバラメジロ【*Zosterops palbebrosa*】

बाबुल [名] (1) 父；父親；お父さん= बाबू; पिता; बाप. मेरे बाबुल ने कहा था - बेटी, लड़की की डोली बाप के घर से निकला करती हैं और अरथी पति के घर से 父が言った．いいか，花嫁の駕籠は実家から出るが，棺は嫁ぎ先から出るものなのだ (2) 目上の人；長上 (3) 子供に対する愛称

बाबू [名] (1) バーブー．洋式の教育を受けたり社会的地位や学識のある男子に対する敬称．一般に高カーストの人に対して用いられてきた．このほか，目上の人，父親，事務官，事務員に対しても用いられる सोचा था कि पढ़ लिखकर, हम बाबू बन जाएँगे मगर ख़बर ये नहीं थी हमको, ये धक्के खाएँगे 学問を修めてジェントルマンになるつもりだったが，こんなに打撃を被るものだとは知らなかった उसकी पगार डेढ़ हज़ार रुपए प्रति माह थी, पर वह कहलाता बाबू ही था 月給は 1500 ルピーなのだがバーブーと呼ばれていた सरकारी दफ़्तर के बाबू 役所の事務官 टिकट बाबू 出札係 जी, बाबू जी （使用人が主人に対して）へえ左様でございます लड़की की शादी के मामले में बाबू का स्तर कुछ ऊँचा नहीं आँका जाता 縁談では事務職はあまり評価されないものだ (2) 年長者や父親（に対する敬称） बाबू जी भी धीरे धीरे भाभी और उनके मायके वालों से तटस्थ होते चले गए थे 父さんも次第に兄嫁と兄嫁の実家の人たちに対して中立の立場に移って行ったのだった (3) 子供や年少者に対する親しみをこめた呼びかけ **बाबू बने फिरना** *a.* しゃれた恰好をする *b.* 威張る

बाबूगीरी [名*]《H. + P.گیری》バーブー（बाबू）らしく振る舞うこと **बाबूगीरी क॰** = बाबू बने फिरना.

बाबूना [名]《P.بابونہ》〔植〕キク科草本ローマカミツレ；カモミルラ【*Anthemis nobilis*】〈camomile〉

बाबूपन [名] バーブーと認められる教育を受け社会的地位を保つこと

बाभन [名] (1) ブラーフマン= ब्राह्मण (2) バーバン；ブーミハール（ビハールや東部ウッタル・プラデーシュ州を中心に居住する自称ブラーフマン・カーストの一）→ भूमिहार.

बाम[1] [名]《E. balm》香油；香膏 बाम लगाना 香油を塗る बाम की शीशी 香油のビン

बाम[2] [名]《P.بام》(1) 屋根 (2) 屋根裏部屋= अटारी.

बाम[3] [名*]〔魚〕(1) ウナギ科ウナギ【*Anquilla bengalensis*】(2) ハモ科ハモ【*Muraenesox cinereus; M. talabonoides*】

बाम[4] [形] → वाम.

बामन[1] [名] = वामन. (1)〔イ神〕ヴァーマナ (2) こびと **बामन होकर भी चाँद छूना** 不可能と思われていることをやり遂げる

बामन[2] [名] バラモン；バーマン= ब्राह्मण.

बामशक़्क़त [形]《P.A.با مشقت》労働を伴う बामशक़्क़त से आजीवन क़ैद तक की सज़ा सुनाई गई 懲役刑から終身禁固刑までの刑が下された

बामशक़्क़त क़ैद [名*]《P.A.با مشقت قید》懲役（刑） उसे बामशक़्क़त क़ैद की सज़ा मिली 懲役刑に処せられた

बामसेफ़ [名]《E. Backward and Minority Communities Employees Federation; BAMCEF》後進・少数コミュニティー従業員連合

बामुरव्वत [副]《P.A.بامروت》(1) 寛大に；慈悲深く；思いやりの気持ちで (2) 丁重に

बामुलाहज़ा [副]《P.A.با ملاحظہ》注意して；注意深く；注目して बाअदब, बामुलाहज़ा होशियार! 要人などが到着したことを警護の者や守衛などが大声で告げる言葉

बायँ[1] [形] 的がはずれた **बायँ दे॰** *a.* 攻撃をかわす *b.* 無視する *c.* 周回する

बायँ[2] [形] = बायाँ.

बाय[1] [名*] (1) 空気= वायु; हवा. (2) 風= वायु; हवा. (3)〔アユ〕ヴァータ → वात.

बाय[2] [名]《E. buoy》(1) ブイ；浮標 (2) 救命浮標；浮輪；ブイ〈life buoy〉

बॉय [名]《E. boy》ボーイ；ウエイター= ब्वाय.

बायकाट [名]《E. boycott》ボイコット（不買・不売同盟；集団排斥・放棄） युवराज का बायकाट（イギリス）皇太子に対するボイコット

बायद व शायद [形]《P.باید و شاید》比類ない；希な；珍しい= बायदो शायद.

बायन [名] (1) 内祝いに配る菓子や料理 (2) 贈り物 (3) 手付け金

बायफ़्रेंड [名]《E. boyfriend》ボーイフレンド

बाय-बाय [名]《E. bye-bye》バイバイ= बाए-बाए.

बायबिडंग [名]〔植〕ヤブコウジ科蔓木エンベリヤ【*Embelia ribes*】

बायबिल [名*]《E. Bible》〔キ〕バイブル；新約聖書

बायल [形] (1) 的をはずれた (2) 賭けのはずれた

बायलर [名]《E. boiler》(1) ボイラー；汽缶 (2) 釜；なべ

बायलिन [名]《E. violin》バイオリン

बायवी [形] (1) 見知らぬ；全く無縁な= अजनबी; ग़ैर; पराया; अनजान. (2) 新参の= नया आया हुआ.

बायस [名] = वायस.

बायस्काउट [名]《E. boy scout》ボーイスカウト

बायस्कोप [名]《E. bioscope》ビオスコープ；バイアスコープ；映画映写機

बायाँ[1] [形+]（बायें, बाएँ, बाई, बायी と被修飾語の性・数・格に応じた変化をする）(1) **बायाँ अलिंद**〔解〕左心房 (2) 逆の；反対の；さかさまの (-का) **बायाँ क़दम ले॰**（ーを）尊敬する；敬う (-को) **बायाँ दे॰**（ーを）よける **बायाँ पाँव पूजना** = बायाँ क़दम ले॰. 左の；左手の；左側の **बायाँ हाथ** *a.* 左手 *b.* 左側 **बाईं आँख फरकना** 左目の瞼が震える（男性にとっては吉兆，女性にとっては凶兆とされる） **बाईं भुजा** 協力者；助力者 **बायें छींक हो॰** 左側にだれかのくしゃみを聴く（凶兆） **बायें जा॰** 無駄になる (-को) **बायें जाने दे॰**（ーを）無視する；侮る **बायें हाथ** 左に；左側に；左手に **बायें हाथ का काम** = बायें हाथ का खेल. **बायें हाथ का खेल** ごく容易なこと；ごく簡単なこと；朝飯前 रसोइये का तो यह बायें हाथ का खेल था 調理人にとってはこれはいとも簡単なことだった **बायें हाथ गाड़ी मोड़ना**（車で）左折する **बायें हाथ से** *a.* 黙って *b.* おとなしく；素直に

बायाँ[2] [名]〔イ音〕バーヤーン（タブラー तबला と対になっている太鼓で左手で演奏される．胴の部分は金属製，もしくは，陶製）

बायें [副] (1) 左手に (2) 反対側に (3) 反対に (4) 不快になって **बायें हो॰** *a.* 反対する *b.* 不快になる **बायें मुड़ना** 左に曲がる；左に折れる

बायोकैमिस्ट [名]《E. biochemist》生化学者= जीव रसायन विज्ञानी; जीव रसायनज्ञ.

बायोकैमिस्ट्री [名*]《E. biochemistry》生化学= जैव रसायन.

बायोगैस [名*]《E. biogas》（家畜の糞尿や植物などの有機物の腐敗や発酵を利用した）生物ガス；バイオガス उस कार्यक्रम के तहत सौर ऊर्जा तथा बायोगैस के कारगर इस्तेमाल पर ज़ोर दिया गया है その計画ではソーラーエネルギーとバイオガスの効果的な利用が強調されている

बायोडाटा [名]《E. biodata》履歴書= बायोडेटा.

बारंबार [副] 幾度も；何度も；繰り返し= पुनः; बार बार. बारंबार उसने प्रभु से यही प्रार्थना की 繰り返し繰り返し神に祈った यदि कोई कन्या अपने विवाह को बारंबार टालती जाती है तो 娘が何度も縁談を断ると

बारंबारता [名*] ← बारंबार. フリクエンシー；頻度

बार[1] [名*]《P.بار》(1) 時；時間= समय; काल. (2) 回；度= दफ़ा; मरतबा. हर बार 毎度；毎回；いつも；常に= हर वक़्त. **इस बार** 今度；次に= अब की बार. इस बार मैंने अपने कैमरे से दीनू के कई चित्र लिए थे 今度は私がカメラでディーヌーの写真を何枚か撮った इस बार चौपट करके ही जाएँगे 今度はめちゃくちゃにしてやる **एक बार** *a.* かつて *b.* 一旦 **एक बार फिर** アンコール एक बार फिर चिल्लाते सब 皆がアンコールと叫ぶ **बार बार** 幾度も；何度も；繰り返し= पुनः पुनः. बार बार फ़ोन क॰ 何度も電話をする **बार बार सोचना** 熟慮する ऐसे मामले में हाँ कहने से पहले बार-बार सोचें こういう問題についてはうんと言う前に熟慮することだ

बार[2] [名] (1) 戸；扉= द्वार; दरवाज़ा. (2) 寄る辺= ठिकाना. (3) 宮廷= दरबार.

बार[3] [名]《P.بار》(1) 荷物；荷 (2) 積み荷 (3) 重荷；負担 ज़िंदगी का बार 人生の重荷 बार क॰ 船荷を降ろす (4) 収穫；実り

बार[4] [名]《E. bar》金梃子（かなてこ）；バール= क्रो बार; सब्बल.

बार[5] [名]《E. bar》法曹界；弁護士団 मेरठ बार एसोसिएशन メーラト市弁護士会

बार आवर [形]《P.بار آور》(1) 実をつけた；果実のついた (2) 妊娠した

बारक[1] [名*]《E. barrack》兵舎；兵営= बैरक. अंग्रेज़ी फ़ौज की बारकों से イギリス兵の兵舎から

बारक[2] [副] ある時；一夜= एक बार; एक दफ़ा.

बारकश [形・名]《P.بار کش》運搬人；人夫；クリー

बारगाह [名*]《P.بار گاہ》(1) 王宮；宮殿 (2) 宮廷 (3) 法廷 शहादत के लहू में नहाकर ख़ुदा की बारगाह में पहुँच गया 殉教の血を浴びて神の裁きの間にやって来た

बारगी [名]《P.بارگی》馬；駄馬= घोड़ा.

बारगीर [名]《P.بارگیر》(1) 馬丁 (2) 駄馬など運搬に使われる動物 (3) 運搬人；人夫；クリー= बोझ ढोनेवाला.

बारजा [名] (1) 玄関の上に造られたバルコニー (2) 中庭 (3) 屋根裏（部屋）；屋上階の部屋

बारदाना [名]《P.باردانہ》(1) 荷物を入れる袋 (2) 荷物を包装するのに用いられる麻布 (3) 糧秣；糧食

बारदार [形]《P.باردار》(1) 荷を負っている (2) 果実のなった；実のついた (3) 妊娠した

बारना[1] [他] (1) 禁じる= मना क॰. (2) 妨げる= रोकना.

बारना[2] [他] 燃やす= जलाना; बालना.

बारना[3] [他] 捧げる= न्यौछावर क॰; वारना.

बारना[4] [名]〔植〕フウチョウソウ科低木アフリカギョボク【*Crataeva nurvala; C. religiosa*】→ विलासी.

बारनिश [名]《E. varnish》= वार्निश. ワニス；ニス

बारबरदार [形]《P.بار بردار》荷を運ぶ；運搬する= भारवाहक.

बारबरदारी [名*] 《P. بار برداری》運搬；運輸；輸送
बारह [数] 12 **बारह महीनों** 一年中；年中；一年を通して बारहवाँ 第 12 の；12 番目の
बारह खड़ी [名*] バーラーカリー（デーヴァナーガリー文字の子音字の子音を次の 12 の文字（音）と結んで書いたもの．初心者の学習用 अ, आ, इ, ई, उ, ऊ, ए, ऐ, ओ, औ, अं, अः. すなわち， क् と結んだ場合， क, का, कि, की, कु, कू, के, कै, को, कौ, कं, कः となる） **बारह खड़ी पढ़ाना** *a.* 初等教育を与える *b.* 手ほどきをする
बारहठ [名] バールハト（ラージャスターン地方のチャーラン・カースト चारण の一派）
बारह दरी [名*] (1) 四阿；東屋 (2) 屋上階（の四方に 12 の扉を有する，すなわち，扉が多く風通しのよい）部屋；バーラーダリー= बारहदार; बारहद्वारी.
बारह पत्थर [名] (1) 軍営の境界を示すための石 (2) 軍営；兵営；宿営地；駐屯地
बारह बाट [形] (1) 散らばった；散乱した (2) 滅びた；破滅した (3) 困惑した；気が動転した (4) 混乱した **बारह बाट क॰** *a.* ばらまく *b.* 滅ぼす；破滅させる *c.* 困惑させる *d.* 混乱させる **बारह बाट हो॰** *a.* ばらばらになる；ばらまかれる *b.* 滅ぼされる；破滅する *c.* 困惑する *d.* 混乱する
बारहबान [名] 純金
बारहबाना [形⁺] (1) 光り輝く (2) 純金の；純金製の
बारहबानी[1] [形] (1) 光り輝く (2) 純金の (3) 全く欠陥のない；非の打ち所のない；非難すべきところのない
बारहबानी[2] [名*] (1) 太陽のような輝き (2) 光；輝き；光輝 (3) 純金
बारहमासा [名]〔イ文芸〕夫婦や恋人との別離の気持ちを四季の移ろいに託して歌う詩歌の一形式
बारहमासी [形] (1) 四季を通じた；年中の बारहमासी नदी 雨季ばかりでなく年中流れる川 (2) 四季に関した
बारह वफ़ात [名*] 《H. + A. وفات》〔イス〕(1) バーラーワファート（イスラム暦第 3 月ラビーウル・アッワルの 12 日．預言者ムハンマドの命日であり誕生日ともされる） (2) 預言者ムハンマドの命日に至る 12 日間
बारहसिंगा [名] (1)〔動〕シカ科シカ亜科ヌマジカ；インドヌマジカ；バーラーシンガージカ【*Cervus duvauceli*】 (2)〔動〕シカ科シカ亜科アカシカ【*Cervus elaphus hanglu*】 (3)〔動〕トナカイの意に誤用されることがある
बारहा [副] 《P. بارہا》(1) しばしば；幾度も；繰り返し= बार बार. (2) たいてい；大方= प्रायः; अक्सर; बारंबार.
बारहीं [名*]〔ヒ〕誕生 12 日目（の祝い）の通過儀礼
बारहों[1] [形] 12 もの；12 が 12 とも बारहों मास 年中；一年中；年から年中
बारहों[2] [名] (1) 死後 12 日目 (2) 誕生 12 日目
बाराँ [名] 《P. باراں》(1) 雨 (2) 雨水 (3) 雨季；雨期
बारा[1] [形⁺] 幼い；若い；若年の；幼少年の **बारे तें** 幼少時から；幼時に；幼い時から= बचपन से.
बारा[2] [名] 子供；男の子；少年= बालक; लड़का.
बारा[3] [名] (1) 誕生 12 日目に行われる祝いの会食= बारही. (2) 死後十二日目
बारा[4] [名] (1) 灌漑用の水汲み (2) 同上の作業の際歌われる作業歌 (3) 灌漑用の水汲みに従事する人
बारा[5] [名*] 《← P. باراں बाराँ》(1) 雨= बारिश; वर्षा. (2) 雨水= वर्षा का पानी. (3) 雨季= वर्षा ऋतु.
बारा[6] [名] 《A. بارہ》回；回数；度；度数= बार[1].
बारा[7] [名] 《P. بارہ》(1) 囲い；敷地；コンパウンド (2) 事項；事柄；関係；関連 (-के/-के) बारे में → बारे[2]. जापान भारत से बड़े पैमाने पर कोयला आयात करने के बारे में दीर्घकालीन समझौता करने के लिए भी तैयार है 日本はインドから大規模な石炭の輸入について長期契約を結ぶ用意がある
बारात [名*] = बरात. 〔ヒ〕バラート（結婚式に際して花嫁の家に向かう花婿と花婿側の参列者の一行及びその行列）
बाराती [名] = बराती.
बारादरी [名*] = बारहदरी.

बारानी[1] [形] 《P. بارانی》(1) 雨の (2) 天水の；天水による बारानी खेती〔農〕天水耕作 बारानी भूमि〔農〕天水耕作地
बारानी[2] [名*] (1) 天水耕作の畑；灌漑されていない耕作地 (2) 天水耕作の作物
बारासिंघा [名] → बारहसिंगा.
बारिक [名*]《E. barrack》兵営；兵舎；駐屯兵宿舎= छावनी; बारक.
बारिगर [名] 《H.बारी[1] + P. گر》刃物の研ぎ師= सिकलीगर.
बारिश [名*] 《P. بارش》(1) 雨；降雨= वर्षा; वृष्टि. भीषण बारिश हुई ものすごい雨が降った (2) 雨季 बारिश के दिन थे 雨季の頃だった
बारिस्टर [名] 《E. barrister》〔法〕法廷弁護士= बैरिस्टर.
बारिस्टरी [名*] 《← E. barrister》（法廷）弁護士の職や地位；弁護士業= बरिस्टरी; बैरिस्टरी.
बारी[1] [名*] (1) 端 (2) 岸 (3) 囲い；柵 (4) 容器などの高くなった縁 (5) 刃物の刃
बारी[2] [名*] (1) 林；木立 (2) 庭園 (3) 果樹園 (4) 家；家屋；住宅 (5) 窓
बारी[3] [名] バーリー（木の葉を編んでこしらえる食器の製造を主な生業としてきたカースト）
बारी[4] [名*]《P. باری》(1) 順番；番 अपनी बारी की प्रतीक्षा में बैठ गए 順番を待って腰を下ろした (2) 当番 (-की) **बारी आ॰**（ーの）番になる；順番になる；当番になる= (-का) नंबर आ॰ **बारी बँधना** 順番になる；順番に並ぶ **बारी बाँधना** 順番に並べる **बारी-बारी (से)** 順に；順番に；順々に उसने तीनों से बारी-बारी से पूछा - तुम्हें क्या चाहिए? 3 人に順番に何が欲しいのかとたずねた डाक्टर साहब बारी बारी सब को देख रहे थे 医者は順番に皆を診察していた
बारी[5] [名] 《A. باری》創造主；神
बारीक [形] 《P. باریک》(1) 薄い；薄手の= महीन; पतला. बारीक कपड़ा 薄手の布；薄い布 भोजपत्र की बारीक छाल カバノキの薄い樹皮 (2) 細い= पतला. फ़ाइबर ग्लास (काँच के बारीक रेशे) ファイバーグラス（ガラスの細い繊維） (3) ごくこまかい（細かい）；微細な= सूक्ष्म; बहुत छोटा. चंदन की लकड़ी पर बारीक छोटा खुदाई का काम 白檀の木にこまかい彫刻 पत्थर के बारीक कण 石の微細なかけら नमक, हरी मिर्च तथा धनिया और अदरक बारीक काटकर मिलाएँ 塩，青トウガラシ，コエンドロの葉，それにショウガを細かく刻んで混ぜること तुम्हें बारीक काम करने में तकलीफ़ होती होगी こまかい作業をするのが大変だろう (4) 微小な बारीक बारीक कीड़े とても小さな虫 (5) 微妙な= सूक्ष्म. (6) 繊細な；こまやかな（細やかな）
बारीकी [名*] 《P. باریکی》← बारीक. भावों की बारीकी के अनुरूप 感情のこまやかさに倣って कपड़ों की बारीकियाँ परखना 布の薄さを見分ける एक एक के गहनों और कपड़ों की बारीकियाँ 1 人 1 人の装身具と衣服の繊細さ बारीकी से 細かく；詳しく समस्या पर वह बड़ी बारीकी से सोच विचार करने लग गया 課題についてとても詳細に考えるようになった
बारीदार [名] 《H. + P. دار》番人；見張り人
बारूद [名*]《P. بارود》爆薬；火薬 फ़रीदाबाद में बारूद लगाकर पत्थर के पहाड़ तोड़नेवाले हजारों गरीब ファリーダーバードで爆薬を仕掛けて石の山を砕く幾千人もの貧しい人たち **बारूद के ढेर पर बैठना** 爆弾を抱える；甚だ危険な（状態） नेतृत्व ऊपर से बिलकुल सुरक्षित दिखाई देता है, लेकिन अंदर से देखा जाए, तो बारूद के ढेर पर बैठा है 指導性は外見では安泰に見えるのだが内情はと言えば爆弾を抱えているありさまだ
बारूदख़ाना [名] 《P. بارود خانہ》弾薬庫；火薬庫
बारूदी [形] 《P. بارودی》(1) 爆弾の；火薬の (2) 爆薬の仕掛けられた；火薬の仕掛けられた **बारूदी सुरंग** 地雷 बारूदी सुरंग बिछाना 地雷を仕掛ける छापामारों द्वारा बिछाई एक बारूदी सुरंग ゲリラの仕掛けた地雷
बारे[1] [副] 《P. بارے》とにかく；結局；つまるところ= आख़िरकार; अंत को.
बारे[2] [名] 《← P. بارہ बारा》関連；関わり；事柄= संबंध; मुआमला. (-के/-) **बारे में** の形で用いられる.（ーに）関して.（ーに）関連して；（ーに）ついて→ बारा[7]. गिरते स्वास्थ्य के बारे में 衰えてきている健康について इस बारे में जानकारी यहाँ दी जा रही है これについて次に情報が提供されつつある
बारोठा [名] (1)〔ヒ〕結婚式の際，花嫁の家の戸口で花婿を出迎える儀礼 (2) 戸口；扉

बारोमीटर [名] 《E. barometre》バロメーター；気圧計= बैरोमीटर.
बार्जा [名] → बारजा.
बार्डर [名] 《E. border》(1) へり；縁；端 (2) サリーの縁；縁飾り；ボーダー चौड़े बार्डर वाली साड़ी 幅広のボーダーのついているサリー
बार्बर [名] 《E. barber》理髪師；床屋；バーバー= नाई.
बार्बरीट [名] (1) マンゴーの仁= आम की गुठली. (2) 若芽；芽
बार्बेक्यू [名] 《E. barbecue》バーベキュー
बार्ली वाटर [名] 《E. barley water》大麦の重湯
बालंगा [名]《← P. بالنگو बालंगू》シソ科多年草【*Lallemantia royleana*】の種子= तुख़्मबालंगू; तुख़्मेलंगा.
बाल[1] [名] (1) 子供；児童= बालक; लड़का. देश की उन्नति के इस महान कार्य में नर और नारी, बाल और वृद्ध, सब का स्थान है 国家の発展という偉大な事業のために男も女も老いも若きも全員が責務を負う बाल कार्यक्रम (テレビの) 子供番組 (2) 少年 (成人に対して未成年者) (3) 動物の子 लेकिन बाल भालू मचल गया. वह उसके साथ खेलना चाहता था でも子供の熊はだだをこねた. その子供と遊びたかったのだ **बाल सुधार संस्था** 非行少年の矯正施設；少年院；感化院；教護所；教護院
बाल[2] [名] (1) 動物の体に生える毛 भेड़ के बाल 羊の毛 मूँछ के बाल 口ひげ सिर के बाल 頭髪；髪の毛 बालों की जड़ों में 毛根に घुँघराले बाल 縮れ毛；縮れた毛髪；巻き毛 कृत्रिम बाल 鬘= नकली बाल. अनचाहे बाल むだ毛 लंबे बालों वाले युवक 髪の長い青年 बाल सुखाना 髪を乾かす (2) 微細なひび割れ (割れ) **बाल आ°** 細い割れ目ができる；細い筋や線が入る **बाल उतरना** 髪を剃られる बच्चे के बाल बुआ की गोदी में ही उतरते हैं 剃髪儀礼は父親の姉妹に抱かれて行われることになっている **बाल उतारना** 〔ヒ〕ムンダン，すなわち，通過儀礼の剃髪 (मुंडन) を行ってもらう；髪を剃ってもらう；髪を剃る **बाल कटाना** *a.* 散髪してもらう；調髪してもらう *b.* 出家する；頭を丸める **बाल का कंबल क°** 小さなことを大げさにする= बाल का कंबल बनाना. **बाल की खाल और हिंदी की चिंदी क°** つまらぬことであら探しをする **बाल की खाल काढ़ना** = बाल की खाल खींचना. **बाल की खाल खींचना** 小さいことにこだわる；重箱の隅をつつく；屁理屈をこねる；こまかいことをくだくだ言う **बाल की खाल निकालना** = बाल की खाल खींचना. वह हर बात में बाल की खाल निकालता है 何かにつけて小さいことにこだわるんだ तुमने तो ऐसी बाल की खाल निकाली है कि कुछ समझ में नहीं आता 君は全然理解できないような小さなことにこだわるんだね (-) **बाल की नोक बराबर नहीं** (ーが) 全然ない；ほんの少しも (ーが) ない **बाल की भेड़ बनाना** = बाल का कंबल बनाना. **बाल खड़े हो°** 毛が逆立つ；ぞくっとする (寒気や戦慄のために) **बाल खसना** 不都合なことが起きる **बाल खिचड़ी हो°** *a.* ごま塩頭になる *b.* 中年になる **बाल खोले** 髪を振り乱して (悲しみや怒りを表す) **बाल चुनवाना** ひどい目に遭わせる **बाल झड़ना** 髪の毛が抜ける；毛髪が抜け落ちる **बाल झाड़ना** 髪をくしけずる (-का) **बाल टेढ़ा न कर सकना** (ーに) 指一本触れられない；(ーに) 全く手出しができない **बाल धूप में सफ़ेद न हो°** 無駄に年をとらない；経験を積んでいる **बाल निकलना** ひび (罅) が入る (-के) **बाल नोचना** (ーを) 悩ます；苦しめる **बाल पकना** 白髪になる= (बुढ़ापे में) बाल सफ़ेद हो°. **बाल पकाना** 年をとる；老いる (-में) **बाल पकाना** (ーに／の) 経験を積む **बाल पड़ना** ひびが入る= बाल निकलना. **बाल फूलना** = बाल पकना. **बालबंधा** 全くの；完全な **बाल बढ़ाना** 髪の毛を伸ばす **बाल बनवाना** *a.* 散髪してもらう *b.* 髪の手入れをしてもらう **बाल बनाना** *a.* (理髪師が) 散髪する *b.* 髪の手入れをする；髪を結う आपके बाल बना दूँ? 散髪致しましょうか；髪を結いましょうか **बाल बराबर** *a.* ほんのわずかな；微量の *b.* 微細な；微少な (-) बाल बराबर दरार 微細なひび割れ **बाल बराबर न समझना** (ーを) 全くものの数に入れない (-) **बाल बराबर न हो°** (ーが) 全くない；全然ない **बाल बराबर लगी न रखना** ありとあらゆる手を尽くす；一切労を厭わない (-का) **बाल बाँका न क°** = बाल टेढ़ा न कर सकना. (-का) **बाल बाँका न कर सकना** (ーの) 髪の毛1本にも触れられない；(ーに) 何一つ手出しできない यदि तू इन दो बातों को सदा याद रखेगा, तो संसार में कोई भी तेरा बाल बाँका नहीं कर पाएगा この2つのことを常に忘れないならば，だれ一人お前に何一つ手出しはできないだろう **बाल बाँधा** *a.* 直ちに *b.* 必ず；絶対に **बाल बाँधा निशाना उड़ाना** 見事に的を射る **बाल बाँधी कौड़ी उड़ाना** = बाल बाँधा निशाना उड़ाना. **बाल बाल** *a.* 全部の *b.* ほんのわずかの；微量の **बाल बाल क़र्ज़ से बँधा हो°** すっかり借金を背負い込む；借金にはまりこむ **बाल बाल गुनहगार हो°** 大悪人になる **बाल बाल दुश्मन हो°** 皆を敵にする；あらゆるものが敵に回る；四面楚歌 **बाल बाल बँधना** = बाल बाल क़र्ज़ से बँधा हो°. **बाल बाल बचना** 間一髪で助かる；九死に一生を得る；危うく命を落とす **बाल बाल बिन जा°** ひどい目に遭う **बाल बाल मोती पिरोना** 全身を飾り立てる **बाल भर** = बाल बराबर. **बाल भर भी** 髪の毛1本でも；ほんのわずかでも **बाल भी बाँका न कर सकना** = बाल बाँका न कर सकना. **बाल सँवारना** 髪を結う；髪を整える आज बिलकुल नई तरह से बाल सँवारे 髪を今日は全く新しい型に結った **बाल सफ़ेद क°** *a.* 年をとる *b.* 経験を積む **बाल सफ़ेद हो°** *a.* 老け込む；老いる *b.* 年をとる **बाल सहलाना** (濃密な愛情表現の1つとして他人の) 髪をなでる **बालों पर हाथ फिराना** 髪をなでる उसके बालों पर प्यार से हाथ फिराते हुए बोली 優しく髪をなでながら語った
बाल[3] [名*] イネやムギなどの穂 गेहूँ की बाल 小麦の穂 धान की बाल 稲穂
बाल[4] [名] 《E. ball》(1) ボール (2) 〔ス〕(クリケットの) 投球
बाल[5] [名] 《E. ball》舞踏会
बाल-अधिकार (का) घोषणा-पत्र [名] 児童憲章
बाल-अपचार [名] 少年非行
बाल-अपराध [名] 少年犯罪
बाल-अपराधी [名] 少年犯罪者；少年犯
बाल-अभिनेता [名] 子役
बाल-अरुण [名] 日の出の太陽；朝日；朝陽；旭；昇る太陽
बालक [名] (1) 男の子；男児；少年 (15〜16 歳以下) (2) 息子 (3) 子供のように無邪気な人
बालकता [名*] 子供時分= लड़कपन; बालकपन.
बालकताई [名*] (1) 子供時分；子供時代；幼少年期 (2) 幼さ；稚拙さ
बालकनी [名*] 《E. balcony》バルコニー बालकनी में खड़ी बच्चों की राह देखती रहती いつもバルコニーに立って子供たちの帰りをずっと待っている
बालकपन [名] (1) 子供らしさ (2) 幼さ；子供っぽさ；稚拙さ= नासमझी. (3) 子供時分= बालकपन.
बालकमानी [名*] 《H.+ P. كمانی》懐中時計などのひげゼンマイ (ばね)
बालकवृंद [名, pl.] 子供たち बालकवृंद भी उसके पीछे दौड़े 子供たちも男について走った
बालकांड [名] 〔イ文〕『ラーマーヤナ』の少年時代の章→ रामायण.
बालकाल [名] 少年期= बाल्यावस्था; बचपन; लड़कपन.
बालकीय [形] (1) 子供の；少年の (2) 子供っぽい；子供らしい
बालकृमि [名] 〔昆〕シラミ目シラミ；カミジラミ= जूँ.
बालकृष्ण [名] 〔ヒ〕幼少年期のクリシュナ神 (ヒンドゥー教ヴィシュヌ派の主要な信仰対象の一)
बालकेलि [名*] (1) 子供の遊び (2) とても簡単なこと
बालकोचित [形] 子供らしさ；子供っぽさ बालकोचित उमंग में आकर 子供らしく浮かれて
बालकोनी [名*] 《E. balcony》バルコニー
बालक्रीड़ा [名*] 子供の遊戯；児戯
बालक्लब [名] 《H. + E. club》子供会；子供クラブ
बालखिल्य [名] 〔イ神〕ブラフマー神の毛から生じたとされる一団のリシ (聖仙)
बालगोपाल [名] (1) 子供時代のクリシュナ神 (2) 養うべき子供；扶養すべき子供
बालगोविंद [名] 子供時代のクリシュナ神= बालकृष्ण.
बालघर [名] 〔古〕幼稚園= बालबाड़ी.
बालचर[1] [名] (1) ボーイスカウト；少年団 (2) ボーイスカウト；少年団員
बालचर[2] [名] 〔植〕オミナエシ科カンショウ (甘松) = जटामांसी; जटामासी.
बालटी [名*] 《Por. balde》バケツ
बालटू [名] 《E. bolt》ボルト
बाल डांस [名] 《E. balldance》舞踏会
बालतोड़ [名] = बरतोर.
बालद[1] [名] 農耕作業や運搬に使役される役牛；去勢牛= बैल.

बालद[2] [名] バンジャーラー（インドの隊商）の率いていく役牛の群れ；隊商の集団= सार्थवाह.

बालदिवस [名] 子供の日（ネルー J. Nehru 初代インド連邦首相の誕生日にちなんだインド連邦の祭日．11 月 14 日）= बालदिन.

बालधी [名*] 尻尾；尾= पूँछ; दुम.

बालना [他] (1) 燃やす= जलाना. (2) 明かりをともす= रोशन क॰; प्रज्वलित क॰.

बालपन [名] (1) 子供らしさ (2) 子供時分；子供時代 (3) 幼さ

बालपाइंट पेन [名]《E. ballpoint pen》ボールペン= बालप्वाइंट पेन.

बालपेन [名]《E. ball pen》ボールペン= बॉलपेन.

बाल-बच्चा [名] (1)（親にとっての）子供；子 उसके कोई बाल-बच्चा नहीं था 子供は 1 人もなかった (2) 家族 तुम्हारे भी तो बाल-बच्चे हैं, कुछ दया के साथ काम लो 君にも家族があるだろう．少し情けをかけてやれ बाल-बच्चों वाले आदमी हैं ख़ुदा न करे कि आप पर कोई मुसीबत आए 家族もあることだ（あんたが困ることがないように祈る）

बालबाड़ी [名*] 保育園；幼稚園

बालबुद्धि[1] [名*] (1) 幼い知恵；子供のような知恵；幼稚な知恵 (2) 愚かさ；知恵のなさ

बालबुद्धि[2] [形] (1) 子供のような知能の；知能の幼稚な (2) 愚かな；知恵のない

बॉल बेयरिंग [名]《E. ball bearing》ボールベアリング

बालबोध[1] [名] デーヴァナーガリー文字= देवनागरी लिपि.

बालबोध[2] [形] わかりやすい；理解しやすい；易しい

बालब्रह्मचारी [名]〔ヒ〕少年期より梵行（禁欲）を貫いてきている修行者

बालभाव [名] (1) 幼さ；幼稚さ (2) 幼児期 (3) 子供っぽさ

बालभोग [名] (1)〔ヒ〕神像に毎朝供えられる神饌 (2) 朝食などの軽い食事= कलेवा; जलपान; नाश्ता.

बालम [名] (1) 夫= पति; स्वामी. (2) 恋人；愛人= प्रेमी.

बालमुकुंद [名] (1)〔ヒ〕幼少期のクリシュナ神 (2) クリシュナ神の這っている姿の偶像

बालरखा [名] (1) 畑の見張り台 (2) 畑の見張り番の労賃

बालरूम डांस [名]《E. ballroom dance》社交ダンス

बाल रोग [名]〔医〕小児病 **बालरोग विशेषज्ञ** 小児科医

बाललीला [名*] 子供の遊戯= बच्चों के खेल; बालकों के खेल.

बालवध [名] 嬰児殺し；幼児殺し

बालवाटिका [名*] 幼稚園；保育園；託児所

बालविधवा [名*]〔ヒ〕幼時婚のため実際の婚姻生活に入る前に寡婦になった女性

बालविधु [名] 白分 2 日の月；新月；三日月

बालविवाह [名]〔ヒ〕幼児婚（ヒンドゥー教徒の間に古くから行われてきた実際の婚姻生活に入れないほどの幼年期，少年・少女期に取り決められてきた婚姻）

बालवैधव्य [名]〔ヒ〕幼児婚のため実際の婚姻生活に入る前に寡婦となること→ बालविधवा.

बालव्यजन [名] (1) ほっす（払子）= चामर; चँवर. (2) 扇子= पंखा; पंखी.

बालसखा [名] 竹馬の友= लंगोटिया दोस्त; लंगोटिया यार.

बालसफ़ा [形]《H.+ A.صفا》除毛する；脱毛する；除毛用の

बालसफ़ा क्रीम [名] 除毛クリーム；脱毛クリーム

बाल साहित्य [名] 児童文学

बालसुलभ [形] 子供らしい बालसुलभ आश्चर्य 子供らしい驚き

बालसूर्य [名] 朝日；昇る太陽；旭日

बालस्थान [名] (1) 幼少年期；子供時分= बचपना; किशोरावस्था. (2) 幼稚さ；幼さ；経験不足

बाला[1] [名*] (1) 少女= लड़की. (2) 思春期の娘；年頃の娘；乙女；処女= युवती. (3) 妻= पत्नी. (4) 女性= स्त्री; औरत; नारी. (5) 幼女= बहुत छोटी लड़की.

बाला[2] [形] (1) 無邪気な (2) 純真な；純朴な बाला जोवन 思春期

बाला[3] [形]《P. بالا》(1) 高い；位置の高い (2) すぐれている；優秀な (3) 離れている (4) 秘められた；隠れている **बाला दे॰** = बाला बताना. (-को) **बाला बताना**（ーに対して）口実を用いる；言い逃れをする **बाला-बाला** *a.* しかるべき順序や手続きを踏まずに（直接に）*b.* 内緒で；内々で；人に知れぬように उसने मुझे बाला बाला बुलवा लिया था 私を内緒で呼び寄せた

बाला[4] [名]〔装身〕耳につけるリングの装身具の一= बाली[2].

बालाई[1] [形]《P. بالائی》(1) 上の；上部の (2) 正規以外の बालाई आमदनी 余得；役得；余禄

बालाई[2] [名*]《P. بالائی》クリーム（動物の乳の）= मलाई.

बालाए ताक़ [副]《P. بالائے طاق》別に；別個に；別扱いに **बालाए ताक़ रखना** 棚上げする；棚に上げる；棚に置く दुश्मन ने इंसानियत को बालाए ताक रखकर संयुक्त राष्ट्रसंघ के चार्टर में अंकित सारे बुनियादी मानवीय अधिकारों का हनन किया है 敵は人道を棚に上げて国連憲章に記された一切の基本的人権を蹂躙した

बालाख़ाना [名]《P. بالا خانہ》最上階；屋根裏（部屋）= अटारी.

बालाग्र [名] 毛髪の先端

बालातर [形]《P. بالاتر》（何かに比べて）一層高い；更に高い；より高い；一段と上の

बालादस्त [形]《P. بالا دست》(1) 優秀な；すぐれた (2) 高い；高度な (3) 強力な

बालादस्ती [名*]《P. بالا دستی》(1) 優秀さ；優越；卓越 (2) 上位 (3) 強力さ

बालादित्य [名] 日の出の太陽；旭日= बालादित्य.

बालानशीं [形]《P. بالا نشیں》(1) 卓越した；尊い；尊崇すべき (2) 上座の；上位に位置する；上席の

बालापन [名] 子供時分；少年期= बालपन; बचपन; लड़कपन.

बालाबाला [副] → बाला.

बालाभोला [形+] 全く純朴な；全く純真な

बालार्क [名] 朝日；朝の太陽；旭日= बालादित्य.

बालिंगू [名]《P. بالنگو》→ बालंगा.

बालि [名]〔ラマ〕バーリー／バーリン（インドラ神の子でラーマーヤナのキシュキンダーの猿の王．弟のスグリーヴァと同盟を結んだラーマに討たれた）

बालिका [名*] (1) 幼女；童女 एक 6 वर्षीय बालिका 6 歳の女の子 (2) 少女 (3) 娘 (4) 耳輪バーリカー नाक और कानों में चाँदी की बालिकाएँ 鼻と耳に銀のバーリー

बालिका-अभिनेत्री [名*] 子役の女の子

बालिका विद्यालय [名] 女子学校；女学校= गर्ल्स स्कूल.

बालिकुमार [名]〔ラマ〕アンガダ（バーリ बालि と妻ターラー तारा との間に生まれた猿でランカーでのシーター捜索に参加した）

बालिग़ [形]《A. بالغ》成人した；成人の；成年の= वयस्क. **बालिग़ मताधिकार** 普通選挙権；成人選挙権 = वयस्क मताधिकार.

बालिश[1] [形] (1) 子供のような；子供っぽい (2) 愚かな；無知な

बालिश[2] [名] (1) 子供 (2) 愚かな人；愚者；愚人

बालिश[3] [名]《P. بالش》枕= तकिया; मसनद.

बालिश्त [名]《P. بالشت》(1) 枕 (2) スパン（親指と小指とを張った長さ．約 9 インチ，約 23 センチ）；指尺= बीता; बित्ता. **बालिश्त भर का** ほんのまだ幼い；一人前でない

बालिस[1] [形] = बालिश[1].

बालिस[2] [名]《E. ballast》バラス；バラスト；砂利

बालिस ट्रेन [名*]《E. ballast train》バラス輸送車

बालीं [名]《P. بالیں》(1) 枕= तकिया. (2) ベッドの枕元= सिरहाना.

बाली[1] [名]〔イ神〕バーリ→ बालि.

बाली[2] [名*]〔装身〕金銀製のリング；バーリー；耳輪 बालियाँ तथा इयरिंग आधुनिक महिलाओं द्वारा पहने जानेवाले गहने हैं バーリーとイヤリングが近代女性のつける装身具

बाली[3] [名*] (1) 穀物の穂= बाल. गेहूँ की सुनहरी बालियाँ 小麦の金色の穂 (2) 農業労働者に現物給として支払われる穀物 बालीभुट्टा イネ，ムギなどの穀物やトウモロコシなどの穂

बालीदार [名]《बाली + P. بالی دار दार》〔農〕穀物の形で現物給を受ける農業労働者

बालुई [形] ← बालू. 砂の तटवर्ती बालुई ज़मीन 海辺の砂地

बालुका [名*] 砂= रेत; बालू.

बालुपंक [名] 流砂；水に流された砂

बालू [名*] 砂= रेत; रेणुका. **बालू का घरौंदा** はかないもの；当てにならないもの= बालू की भीत. **बालू की भीत** 砂の壁，すなわち，砂上の楼閣；はかないもの；当てにならないもの **बालू के क़िले और घरौंदे**（砂浜で砂で築いた城や家）はかないもの

बालूदानी [名*]《H. P. بالو دانی》（昔用いられた吸い取り紙の代用品の）砂を入れた箱

बालूबुर्द [形] 《H. + P. برد》(川砂に覆われて) 荒れた (土)
बालूशाही [名*] バールーシャーヒー (小麦粉, 砂糖を原料とする菓子) = बालूसाही.
बालूसाही [名*] = बालूशाही.
बालेंदु [名] 陰暦白分 2 日の月; 新月; 三日月= दूज का चाँद.
बालेय [形] (1) 愛らしい; 可愛い; 子供らしい (2) 子供のための (3) 供物にふさわしい
बालोचित [形] 子供らしい= बालसुलभ.
बालोपचार [名] 子供の治療
बालोपयोगी [形] 子供の役に立つ; 児童用の बालोपयोगी पुस्तकें 児童図書; 児童書
बालोपवीत [名] (1) 褌; 下帯= लँगोटी; कौपीन. (2) ジャネーウー जनेऊ = यज्ञोपवीत.
बालोबाल [副] ごくわずか; 毛ほど; ほんの微量= ज़र्रा ज़र्रा.
बाल्टी [名*] → बालटी. バケツ
बाल्य[1] [形] (1) 子供の; 小児の (2) 少年期の
बाल्य[2] [名] (1) 子供時分; 少年期 (2) 子供らしさ (3) 子供っぽさ; 幼さ
बाल्यकाल [名] (1) 幼少期 (2) 少年期= बचपन; बालकपन.
बाल्य विवाह [名] 幼児婚; 幼児結婚= बाल विवाह.
बाल्यावस्था [名*] (1) 幼少期 (2) 少年時代; 少年期 बाल्यावस्था में 少年期に बाल्यावस्था के मित्र 幼友達
बाव [名] (1) 空気 (2) 風 (3) 〔アユ〕 ヴァータ (वात) の不調和によって身体に生じる障害 (4) 屁 **बाव रसना** 屁が出る **बाव सरना** = बाव रसना.
बावजूद [前置・後置] 《P.A. با وجود बावुजूद》 बावजूद (-)के, もしくは, (-)के बावजूद の形で名詞類に前接, もしくは, 後接して用いられる. ーにもかかわらず; ーにしても; ーであろうとも; ーながらも आर्थिक असमानता के बावजूद 経済的不平等にもかかわらず पुलिस की भरसक कोशिशों के बावजूद 警察の必死の努力にもかかわらず संशय और अविश्वास के बावजूद 疑念と不信にもかかわらず मज़बूती और ताक़त के बावजूद 強くて力がありながらも इसके बावजूद それでも; それにもかかわらず इसके बावजूद केंद्रीय सरकार से तीन बटालियन फ़ोर्स मँगायी गई それにもかかわらず中央政府は 3 個大隊を呼び寄せた
बावड़ी [名*] (1) バーオリー (水面に通じる傾斜や階段のついた灌漑用の井戸や貯水池) = बावली. बावड़ी का निर्माण バーオリーの建設 (2) 小さな池
बावन [数] 52 बावनवाँ 第 52 の; 52 番目の **बावन गज का हो॰** 抜け目のない; ずるい; 狡猾な **बावन तोले पाव रत्ती** 非の打ちどころのない; 全く申し分のない; 全く正しい आपका कहना बावन तोले पाव रत्ती ठीक है 全く仰る通りでございます **बावन परकार** 多種多様な食膳の品 **बावन बीर** 勇ましく抜け目のない (-के) **बावन हाथ हो॰** (ーが) 豊かな; 何一つ不自由のない
बावनी [名*] (1) 52 のものの集まり (2) 多くの人の集まり
बावफ़ा [形] 《P.A. با وفا》 忠節な; 忠義な; 誠実な ↔ बेवफ़ा.
बावर [名] 《P. باور》 信頼; 信用= विश्वास; यक़ीन.
बावरची [名] 《P. باورچی》 料理人; 調理人= रसोइया.
बावरचीख़ाना [名] 《P. باورچی خانہ》 台所; 調理場; 調理室; お勝手
बावरा [形+] 正気でない; 頭がおかしい; 気がふれた= बावला. अरे बावरा हो गया है ありゃこの人頭がおかしくなっているぞ
बावर्ची [名] → बावरची.
बावर्चीख़ाना [名] → बावरचीख़ाना.
बावल [名] 嵐; 砂嵐= आँधी; अंधड़.
बावला [形+・名] 気の狂った; 頭のおかしくなった; 気の違った= पागल; सनकी; विक्षिप्त. **बावले का काटा** *a.* 狂犬の噛んだ; 狂犬に噛まれた *b.* 頭のおかしくなった **बावले की बड़** 狂人のたわごと
बावलापन [名] 狂気= पागलपन.
बावली [名*] 水面に至る階段のついた灌漑用の井戸や貯水池= बावड़ी.
बावेला [名] 《← A. واويلا वावैला》 悲鳴; 悲嘆の声= कुहराम; शोरगुल. बावेला मचाना 大騒ぎする; 大騒動を起こす; 騒ぎ立てる विपक्षी दलों ने इस बिल के विरुद्ध काफ़ी बावेला मचा दिया है 野党はこの法案に対してかなり騒いでいる उनके इस कार्य पर दक्षिण अफ्रीका के गोरे पत्रों ने बड़ा बावेला मचाया था 同氏のこの行為に対して南アフリカの白人たちの新聞は大きく騒ぎ立てた
बाशिंदा [名] 《P. باشنده》 住民; 住人= रहनेवाला; निवासी. इस शहर के पुराने बाशिंदे この街の古くからの住民 भारत का हर बाशिंदा あらゆるインド人; インド人一人一人
बाशुऊर [形] 《P.A. با شعور》 (1) 品のある; 洗練された; 気品のある (2) 礼儀正しい
बाष्प [名] (1) 涙= आँसू; अश्रु. (2) 水蒸気= भाप.
बाष्पाकुल [形] 涙にむせんだ (咽んだ)
बासंतिक [形] (1) 春の; 春季の (2) 春に関わる; 春に関する; 春に関連した
बासंती[1] [名*] 〔植〕 キツネノマゴ科低木アダトダ【*Adhatoda vasica*】 = अड़ूसा.
बासंती[2] [形] 黄色の; 黄色い= पीला.
बास[1] [名] (1) 居住 (すること; 住むこと= निवास. (2) 居住地; 住所= निवास स्थान.
बास[2] [名] 衣服; 衣類= वस्त्र; कपड़ा.
बास[3] [名] (1) 匂い; 香り= गंध; बू. (2) いやな臭い (3) よくないものの感じや気配 (4) (何かの) ほんのわずかの分量; かけらほどのもの; 微量= कण; अल्प मात्र. सौंदर्य बास 芳香 **बास मारना** 悪臭を放つ; いやな臭いを発する यह तो बहुत बास मार रहा है これはひどい臭いだな
बास[4] [名] 日= बासर; दिन.
बॉस [名] 《E. boss》 親分; 親方; ボス (上役, 上司, 主任, 所長, 社長などの意で) अपनी पदोन्नति भी बॉस को ख़ुश करके जल्दी ही करवा लेती है 上司にごまをすって人より先に昇進させてもらう女性
बासठ [数] 62 बासठवाँ 第 62 番目の; 第 62 の
बासदेव [名] = वासुदेव.
बासन[1] [名] 器; 容器= बरतन; भाँड़ा.
बासन[2] [名] 衣服; 衣料; 衣裳= वस्त्र; परिधान.
बासना[1] [名*] 欲; 欲求; 意欲= वासना; चाह; इच्छा.
बासना[2] [名*] (1) 匂い; 香り (2) 仄かな香り
बासना[3] [自] 臭う (汗や体臭などいやな臭いが) श्रीधर का पसीना इनकी तरह नहीं बासता シュリーダルの汗はこの人のようには臭わない
बासना[4] [他] 香りをつける; 芳香をつける
बासना[5] [自] 住む; 暮らす= बसना; निवास क॰; रहना.
बासमती [名] (1) バースマティー (芳香のする米のとれる稲の種類で上等の稲とされる) (2) その稲からとれる米= बासमती चावल.
बासर [名] (1) 日= दिन; रोज़. (2) 朝= सबेरा; सुबह; प्रातःकाल.
बासलीक़ा [形] 《P.A. باسلیقہ》 品の良い; 洗練された; 捌けた; 秩序正しい; 折り目正しい; きちんとした
बासा[1] [名] ← वास. (1) 住所; 居住地 (2) ねぐら (3) 大衆食堂; 飲食店; 飯屋 **बासा क॰** 宿を取る; 下宿する
बासा[2] [名] 衣服= वस्त्र; बासस; वासस्.
बासा[3] [名] 〔植〕 キツネノマゴ科低木アダトダ= अड़ूसा.
बासित [形] 香りのつけられた; 芳香のつけられた= सुगंधित किया हुआ; सुवासित.
बासी[1] [形] (1) 調理後かなり時間の経過した (飲食物) कई कई दिन का बासी गोश्त 調理後幾日も経った肉料理 रात की बासी रोटी 昨夜のローティー (昨夜焼いたパン) (2) 残り物の (飲食物) **बासी खाना** 残り物の食べ物 (朝調理されたものも夕食に出されると残り物である) बासी दाल-सब्ज़ी 残り物のダールと野菜; 残り物のおかず (3) 新鮮でない; 取り立てやもぎ立てでない; 収穫したばかりでない बासी, सूखे मुरझाए फूल को उठाकर कोई भी नहीं सूँघता 古くなってひからびた花はだれも手に取って匂いを嗅がないものだ वह बासी और ताज़ा की परवाह नहीं करती あの女性は新鮮か古いかは気に留めない **बासी कढ़ी में उबाल आ॰** *a.* 一度冷めた情熱が再び盛んになる *b.* 年寄りの冷や水 *c.* 訳もなく立腹すること (-पर) **बासी झाड़ू फेरना** (ーを) 激しく侮辱する **बासी दाल** つまらないもの; 役に立たないもの; ろくでもないもの **बासी बचे न कुत्ता खाए** 〔諺〕 *a.* 自ら隙を見せなければ危難におちいることはない *b.* 寸分の狂いもなく段取りの行き届いていること **बासी भात में भी ख़ुदा मियाँ का हिस्सा होना** 〔諺〕 ありとあらゆるものに神の

意志や力が及んでいると考えること **बासी मुँह** 昨晩から，あるいは，今朝から何も食べずに

बासी[2] [形・名] 住む (人)；住人；暮らす (人) = रहनेवाला; बसनेवाला.

बासी-निबासी [形] 2〜3 日前に作られた (料理)

बासुदेव [名] → वासुदेव.

बास्केट [名*] 《E. basket》(1) 手提げかご；バスケット (2) 背負いかご (3) バスケット (バスケットボールの)

बास्केटबाल [名] 《E. basketball》〔ス〕バスケットボール

बाह [名] 土地を耕すこと；耕作；農耕= जोताई.

बाहक [名] → वाहक. (1) 運ぶ人；運搬人 (2) カハール・カーストの人 कहार

बाहन[1] [名] (1)〔植〕ヤナギ科ハコヤナギ属インドポプラ【*Populus euphratica*】〈Indian poplar〉 (2)〔植〕ヤナギ科ハコヤナギ属ホワイトポプラ【*Populus alba*】〈white poplar〉= सफ़ेदा.

बाहन[2] [名] 乗り物= वाहन; सवारी.

बाहना [他] (1) (口を) 開く；開ける；(歯を) 見せる (2) (牛車や馬車を) 駆る；御する；走らせる (3) 運ぶ；運搬する= ढोना; लादना. (4) (犂で) 耕す= जोतना; हल चलाना. (5) つがわせる (6) くしけずる (7) 種を播く

बाहनी [名*] 軍；軍隊= वाहिनी; सेना; फ़ौज.

बाहम [副] 《P. باہم》(1) 共に；一緒に= मिलकर; एक साथ. (2) 互いに；相互に= आपस में; परस्पर. **बाहम लड़ना** 内輪もめ；内部抗争；内部対立

बाहमी [形] 《P. باہمی》相互の；互いの= आपस का; पारस्परिक. बाहमी मुखालिफ़त 対抗

बाहर[1] [副] (1) 外に；外へ；外で (2) よそに；よそへ；よそで (3) 規範などからはずれた状態で；範囲や限界の外で；埒外に **बाहर आ॰** *a.* 現れる；外に出る；出てくる *b.* (隠れていたものや秘められていたものが) 明らかになる बाहर खुली हवा में 戸外で；屋外で；外気に **बाहर क॰** 除く；排除する；除ける **बाहर जा॰** *a.* 出て行く；外に出る；外出する पति के साथ बाहर जाकर आप किस ढंग से आचरण करती हैं? 夫と (一緒に) 外出してどのように振る舞っていますか *b.* 離れる **बाहर निकलना** *a.* 外に出る *b.* 外出する *c.* 排出される *d.*〔ヒ〕バーハルニカルナー (産婦が新生児を抱いて太陽を拝みに家 (建物) の外に出る儀式で産後 10 日前後に行われるのが普通. 産の忌みの明ける日で産婦が沐浴するほか，屋内を清めたり水がめを新しいのに取り替えたりする) **बाहर निकालना** *a.* 内から外へ出す；排出する जब हम साँस बाहर निकालते हैं तो जिस्म के अंदर से ख़राब हवा और कार्बन डाइआक्साइड बाहर निकलती है 息を吐き出すと体内から汚れた空気と炭酸ガスが排出される *b.* 追いやる；追い出す **बाहर-बाहर** 内々で **बाहर भीतर क॰** 出たり入ったりする **बाहर हो॰** = बाहर आ॰.

बाहर[2] [後置] (-के) बाहर の形で (一の) 外へ，(一) 以外になどの意に用いられる = (-से) बाहर. छुट्टियों में बच्चों को शहर के बाहर ले जाया जाता है 休みには子供たちは郊外へ連れて行かれる अपनी सामर्थ्य के बाहर काम क॰ 自分の力量以上に努力する

बाहर[3] [名] (1) 内に対する外；外部 (2) 外面；外側；表面 (3) よそ；ほか；ほかの所 (4) 異質なもの；共通性のないもの बाहर की तरफ़ निकले हुए दाँत 反っ歯 तेज़ी से बाहर को लपकती है 大急ぎで外へ向かう बाहर से कुछ भी लेकर नहीं खाए 外では何も買って食べないようにしなさい **बाहर का आदमी** よそ者；他人= पराया आदमी; बेगाना. **बाहर की हवा लगना** *a.* 外部の影響に毒される *b.* 家の外が気に入る **बाहर से देखने में** 外見は；見かけは

बाहरी[1] [形] (1) 外の；外部の गिलास का बाहरी भाग コップの外側 हमारा मुल्क किसी भी बाहरी ताकत के आगे नहीं झुकेगा わが国は如何なる外からの力にも屈しない बाहरी सत्ता 外部の権力 (2) 異質な；外来の (3) 外面だけの；見せかけの；表面的な (4) 別の；別個の **बाहरी कारण** 外因= बाहरी वजह. **बाहरी चूड़ियाँ** 雄ねじ **बाहरी चोट** 外傷 **बाहरी तौर पर** まことしやかに= ज़ाहिर तौर पर. **बाहरी व्यक्ति** 外部の人 (-में) **बाहरी हाथ हो॰** (一に) 外からの作用が及ぶ；(一に) 外部の影響や力が大きい

बाहरी[2] [名] 外部の人；非当事者；第三者；よそ者

बाहाँजोरी [副] 腕を組んで；腕組みして= हाथ से हाथ मिलाकर.

बाहा[1] [名] 櫓を櫓杭につなぐ綱

बाहा[2] [名] 流れ

बाहिज[1] [副] 外面的に；表面的に；外見上= बाहर से; देखने में.

बाहिज[2] [形] = बाहरी[1].

बाहिनी [名*] → वाहिनी.

बाहिफ़ाज़त [副] 《P.A. با حفاظت》安全に；無事に= सुरक्षित रूप में.

बाहिर [副・後置・名] → बाहर.

बाहिरी [形] → बाहरी.

बाहु [名*] 手；腕= बाँह; भुजा; हाथ.

बाहुज [名] (インド神話でブラフマー神の腕から生まれたとされる) クシャトリヤ क्षत्रिय

बाहुत्राण [名] 手甲 (武具)

बाहुपाश [名] 腕で抱きしめること；抱擁

बाहुबल [名] 腕の力；腕力 उसके पास बाहुबल था 腕力のある人だった

बाहुमूल [名] 腕の付け根

बाहुयुद्ध [名] レスリング；相撲= कुश्ती.

बाहुल[1] [形] 多くの；多数の；あまたの= अनेक; बहुत; अधिक.

बाहुल[2] [名] 手甲 (武具) や手袋など手の防護のためにつけるもの

बाहुल्य [名] ←बहु. (1) 豊富なこと；多数あること= बहुतायत. धातु में ताँबे का ही बाहुल्य होता था 金属の中では銅がとりわけ豊富だった (2) 多様さ；多様性；多種多様なこと

बाहेर [副] 失墜した状態で；今までの権威や信用，地位や身分を失った状態で

बाह्मन [名] ブラーフマン → ब्राह्मण.

बाह्य [形] (1) 外側の；外面の；表面の= बाहरी देवालय का बाह्य कलेवर 寺院の外形 (2) 見かけ上の (3) 別の；異なった；外の (4) 戸外の；屋外の

बाह्य कान [名]〔解〕外耳= बाह्यकर्ण 〈outer ear〉

बाह्यत्वचा [名*]〔解〕表皮；外皮〈epidermis〉

बाह्य दल [名]〔植〕萼片〈sepal〉

बाह्य दलपुंज [名]〔植〕がく (萼) 〈calyx〉

बाह्य नाम [名] 宛名

बाह्य रूप [名] 外形

बाह्य रोगी [名] 外来患者

बाह्याचार [名] 見せかけ

बाह्येंद्रिय [名*] 眼，耳，鼻，舌及び皮膚の感覚器官

बिंग [名] 皮肉= व्यंग्य.

बिंगो [名] 《E. bingo》ビンゴゲーム

बिंद [名] (1) 水滴 (2) 眉間 (3) ビンディー बिंदी[2]

बिंदना [他] (1) 礼拝する (2) 瞑想する (3) 称賛する

बिंदा [名] (1)〔ヒ〕額につける大きなティーカー (टीका) (2) 円形のしるし

बिंदास [形] のんびりした；暢気な；おっとりした；くよくよしない

बिंदी [名*] (1) 点；丸印；丸い点 (2) ゼロ (の数字)；ゼロ；零 (3)〔ヒ〕ヒンドゥー女性が装いのために額に描いたり額につけたりする小さな丸いしるし टीका；ビンディー (4) 丸く小さい形 (の物) (5) スパンコール गहरे लाल रंग की ओढ़नी , जिसपर सफ़ेद रंग का झिलमिलाती बिंदियाँ लगी थीं 深紅のオールニー，それには，白色のきらきら輝くスパンコールがついていた बिंदी चूड़ी की दुकान 化粧品や装身具を売る店；小間物店 (6)〔魚〕カタクチイワシ科カタクチイワシ【*Setipinna phasa Ham. / Engraulis telara Day*】

बिंदु [名] → बिंदु. (1) 液体の滴 पसीने के बिंदु 汗の滴 (2) 物体の小さなかけら (3) 幾何学の点 (4) 額の中央部 (5)〔言〕ナーガリー文字で鼻子音を表すのに用いられる点 (アヌスヴァーラ अनुस्वार) (6)〔ヨガ〕ビンドゥ (個我の内部のナーダが発する光) → नाद.

बिंदुक [名] → बिंदु. (1) 滴= बूँद. (2) ビンディー (बिंदी)

बिंदुपत्र[1] [名] = भोजपत्र.

बिंदुपत्र[2] [名] 真珠

बिंदुरेखा [名*] 点線

बिंदुली [名*] ビンディー बिंदी.

बिंधना [自] (1) 穴があけられる；穴があく；突き抜ける；貫通する गौशरीर बिंधने से रक्त की बूँदें धरती पर गिरीं 牛の体に穴があいたので血の滴が地面に落ちた (2) 射抜かれる तीरों से बिंधा हुआ 矢に射抜かれた (3) 突き刺される ये तीर सभी पेड़ के तने में बिंध गए これらの矢はすべてが木の幹に突き刺さった इस लौटने के प्रश्न

ब

से दया जैसे हठात् बिंध-सी गयी है この戻る戻らないの問題でダヤーはまるで体ににわかに矢が突き刺さったような感じがした
बिंधवाना [他・使] ←बींधना.
बिंधाना [他・使] ←बींधना.
बिंधिया [名] 真珠の玉に穴をあけるなどの装身具や小間物の加工をする職人
बिंब [名] (1) 像；映像；影像；姿 (2) 心象；面影 (3) 丸い形；円盤状のもの；ディスク (4) 太陽と月の表面 (5) 形象；印象；心象 (6) 鏡 आम लोगों के जीवन के बिंबों के सहारे 普通の人たちの人生のイメージを支えに (7)〔植〕ウリ科蔓草ヤサイカラスウリ【*Coccinia indica; Cephalandra indica*】
बिंबफल [名]〔植〕ウリ科ヤサイカラスウリ= कुँदरू.
बिंब योजना [名*] イメージ；形象；像；心象
बिंबवाद [名]〔文芸〕イマジズム；写象主義〈imagism〉
बिंबवादी [名]〔文芸〕イマジスト；写象主義者〈imagist〉
बिंबा [名]〔植〕ウリ科ヤサイカラスウリ= कुंदरू. → बिंब.
बिंबिनी [名*] 瞳 = आँख की पुतली; तारा.
बिंबिसार〔人名・仏〕= बिम्बिसार. ビンビサーラ王（シャカムニの弟子となったマガダ国の王）；頻毘娑羅 लगभग 542 ई॰पू॰में बिंबिसार मगध का राजा हुआ およそ紀元前 542 年にビンビサーラはマガダ国の王になった
बिआना [他]（人や動物が）子を生む；出産する= ब्याना; बच्चा दे॰; जनना.
बिआह [名] 結婚 → ब्याह; विवाह.
बिकच [形]（閉じていたものが）開いた= खिला हुआ.
बिकट [形] → विकट.
बिकना [自] (1) 売られる；売れる यूनान देश में एक समय ऐसा था जब अन्य चीज़ों की तरह आदमी भी बिका करते थे ギリシアにはかつて物のように人間も売られていた時代があった विदेशी शराब अब बहुत महँगी बिकती है 現在，洋酒は非常に高く売られている (2) 思いのままになる；言いなりになる (-के) हाथ बिकना（ーの）思いのままになる；（ーに）操られる；（ーの）手に渡る；（ーの）手中に落ちる
बिकरार [形] → विकराल.
बिकल [形] (1) 落ち着きのない；あわてる；うろたえる= व्याकुल; घबराया हुआ. (2) 不安な= बेचैन.
बिकलाना[1] [自] (1) 落ち着かなくなる；あわてる；うろたえる (2) 不安になる
बिकलाना[2] [他] (1) あわてさせる；うろたえさせる (2) 不安がらせる
बिकवाना [他・使] ←बेचना. 売らせる；売ってもらう इन उद्योगों को कच्चा माल उपलब्ध कराने, और तैयार माल के बिकवाने में सहयोग देने के लिए कहा गया है これらの産業の原材料の入手，製品の販売に協力するようにと伝えられた हथियार बिकवाने के लिए 武器を売ってもらうために
बिकवाल [名] (1) 販売者；販売人 (2)〔商〕売り手；売り手側
बिकवाली [名*] (1) 販売；売ること (2)〔商〕売り
बिकसना [自] (1)（閉じたり縮まっているものなどが）開く；広がる；大きくなる；ほころぶ= खिलना; फूलना. (2) 大喜びする = बहुत प्रसन्न हो॰; बहुत खुश हो॰.
बिकसाना [他] (1)（閉じたり縮まっているものなどを）開ける；広げる；大きくする；ほころばせる (2) 大喜びさせる
बिकाऊ [形] 売り物の；売りに出た；販売用の
बिकाना[1] [他・使] = बिकवाना.
बिकाना[2] [自] = बिकना.
बिकार [名] → विकार.
बिकारी[1] [形] (1) 形の崩れた；形の歪んだ (2) 崩す；歪める→ विकारी.
बिकारी[2] [名*] 金額や重量などの数を記す際に数の位や単位を表す下端が左に折れた曲線になっている垂線や ऽ に似た曲線
बिकाल [名]《B.》午後= अपराह्न काल. → सकाल 午前
बिकास [名] → विकास.
बिकासना[1] [自] (1) 広がる；大きくなる (2) 明らかになる；はっきりする
बिकासना[2] [他] (1) 広げる；大きくする= विकसित क॰; खिलाना. (2) 明かす；はっきりさせる= उद्‌घाटित क॰.
बिकृत [形] → विकृत.
बिक्रम [名] → विक्रम.
बिक्रमी [形] → विक्रमी.
बिक्री [名*] (1) 販売= विक्रय. (2) 売れること；売れ行き= बिकना. (3) 売り上げ；売上金
बिक्री-उपरांत सेवा [名*] アフター・サービス
बिक्रीकर [名] 売上税〈sales tax〉
बिक्रीकर्ता [名] セールスマン〈salesman〉
बिक्री केंद्र [名] 販売所；販売店 दूध का बिक्री केंद्र 牛乳販売所
बिक्री-ख़रीद [名*] 売り買い；売買；販売と購入= क्रय-विक्रय; ख़रीदफ़रोख़्त.
बिख [名] 毒= विष; ज़हर. **बिख बोना** 不幸の種を蒔く **बिख बोलना** 胸に突き刺さるようなことを言う
बिखरना [自] (1)（まとまったり集まったりして一体であるものが）散る；散らばる；散乱する；散らかる；拡散する；撒き散らされる；撒かれる राह पर पीली पत्तियाँ बिखरी हुई थीं 道に黄色い木の葉が散らばっていた इस क्रिया से फूलों का पराग बिखरकर उनके मादा भाग तक पहुँच जाता है この作用により花粉は散って雌蕊のところまで行く दुर्घटना-स्थल पर चारों ओर कटे अंग और शव बिखरे पड़े थे 事故現場には四方に切断された肢体や死体が散乱していた सारा दूध फ़र्श पर बिखर गया 全部の牛乳が撒き散らされてしまった मेज़ पर किताबें बिखरी पड़ी हैं 机に本が散乱している सीमा के होंठों पर हँसी की एक लहर बिखर गई シーマーの唇に笑みがさっと走った परिवार का बिखरना 家族の離散 (2) あちこちにある；離れ離れに存在する；散在する；（まとまっていたものが）ばらばらになる；（集まっていたものが）散る；散り散りになる；乱れる लोग बिखरने लगे हैं 皆は散り始めている एक ही किसान के खेतों का अलग-अलग जगह बिखरा रहना 1 人の農夫の畑があちこちに散在していること बिखरे केशों को सँभालना 乱れた髪を束ねる (3)（ひとまとまりのものがその機能を失って）崩壊する；分解する；崩れる；分裂する；ばらばらになる वह उन्हें अपनी गृहस्थी के बिखर जाने का दुःख भुलाने में थोड़ी मदद करे それは家庭崩壊の悲しみを忘れさせるのに少しは役立つかも यदि हम ऐसा नहीं कर पाते तो दांपत्य जीवन के बिखरने के आसार साफ़ नज़र आएँगे もしこういうことができないならば夫婦生活が分解する徴候がはっきり見えよう सिक्खों की हुकूमत का शीराज़ा बिखरने लगा シク教徒の支配の糸がばらばらになり始めた (4)（実体のあるものが）壊れる；破れる；破裂する；分解する；砕ける इस तरह बरसों की दोस्ती क्षण भर में बिखर गई こうして幾年来の友情が瞬時にして壊れてしまった
बिखरवाना [他・使] ←बिखेरना. मैंने एक मज़दूर से उसमें बीज बिखरवा दिया था 1 人の男にそこに種を蒔かせた
बिखराना [他] = बिखेरना; फैलाना; छितराना. तेज़ हवाएँ विषैली गैसों को इधर-उधर बिखरा देती हैं 強い風は有毒ガスを拡散させる
बिखराव [名] ←बिखरना. राजनीतिक पार्टियों का बिखराव 政党の分裂 अनेक पेड़-पौधों के बीज के बिखराव की क्रिया चिड़ियों द्वारा होती है 多くの植物の種の拡散は鳥によって行われる
बिखेरना [他] (1)（ひとまとまりのものや集合したりしたものなどを）散らす；散乱させる；撒き散らす；散らかす；拡散させる फूलों ने खिलकर सुगंध और रंग बिखेरने शुरू कर दिए 花が咲いて芳香と美しい色を撒き散らし始めた वह हमारी शक्ति को बिखेरती है それが我々の力を散らす सड़क और बस्ती के आस-पास की जगह पर गंदगी बिखेर दी जाती है 道路と付近にごみが撒き散らされる हरियाली की छटा बिखेरते हुए 緑の輝きを撒き散らしながら पक्षी कई बार पानी पीते हैं, और पानी बिखेरने में उन्हें बहुत ही आनंद आता है 鳥は何度も水を飲む．そして水を辺りに撒き散らすのが大変楽しいのだ उसका मंचीयन हावभाव एवं क्रियाकलाप कितनी ग्लानि और दुर्गंध बिखेरता होगा あの男の芝居じみたしぐさと身のこなしがいかほどの嫌悪感と悪臭を撒き散らしていることか (2) 引き離す；ばらばらにする；散らばらせる；離れ離れにする；散り散りにする；乱す बाल बिखेरना 髪を乱す (3) 崩す；壊す；崩壊させる；分解させる；分裂させる；ばらばらにする (4) 砕く；壊す；破る；破裂させる；分裂させる
बिगड़ना [自] (1)（本来の姿や正常な状態のものが）悪くなる；傷む；損なわれる；こじれる धीरे-धीरे उनका स्वास्थ्य बिगड़ता गया 徐々にあの方の健康が損なわれて行った मामला बिगड़ गया है 問題は

こじれてしまっている अगर काम अधूरा रह गया तो काम बिगड़ जाएगा 仕事が中途半端のままになれば厄介なことになろう रवि की आदतें बिगड़ती जा रही हैं ラヴィの態度がどんどん悪くなって行く (2) ゆがむ；変形する；いびつになる सामूहिक जीवन के मान्य प्रतिमानों के बिगड़ जाने या भंग हो जाने की दशाओं को 集団生活の規範が歪んだり破壊されたりする状態を बिगड़ा हुआ रूप 歪んだ姿 (3) 出来損なう；堕落する；不健全になる；ぐれる अगर हम उस वक्त इसे ढील दे देते तो यह सचमुच बिगड़ जाता もしあのとき手綱を緩めていたならば実際堕落してしまっていただろう बच्चों को प्रारंभ से प्यार करने से वे बिगड़ जाते हैं 子供たちを初めから甘やかすと出来損なうことになる जिन परिवारों में कोई भी बालक या सदस्य किसी बुरी लत के कारण बिगड़ गया हो 子供やその一員が何か悪癖のためにぐれてしまった家族の中では वे किसी कीमत पर भी बड़े बच्चे को बिगड़ने नहीं देना चाहते 如何なる代償を払っても上の子をぐれさせないように願うものだ (4) 台無しになる；崩れる；崩壊する；しくじる；失敗する उस स्त्री के जीवन को बिगड़ने से बचाने के लिए その女性の一生が台無しになるのを防ぐため संसार में शक्ति संतुलन बिगड़ने की पूरी संभावना 世界の力の均衡が崩れる十分な可能性 करोड़ों वर्षों में बना वायु मंडल का यह नाज़ुक संतुलन बिगड़ सकता है 幾千万年の間にできた大気圏のこの微妙な均衡が崩れることがありうる (5) (機能，動き，秩序などが) 狂う；崩れる；乱れる न तो सुशीला का बजट बिगड़ता न प्रकाश को छुट्टी लेनी पड़ती スシーラーの予算が狂うこともプラカーシュが休暇を取る必要もなかったのに (6) 醜くなる चेचक के कारण कई बच्चे अंधे हो जाते हैं, उनका चेहरा बिगड़ जाता है 天然痘のために一部の子供は失明したり顔が醜くなったりする (7) 損をする；不都合なことになる；悪い結果を招く पर किसी का कुछ नहीं बिगड़ा でもだれも何の損もしなかった (-का) **क्या बिगड़ जाता** …したからと言ってどうということはない दफ़्तर में बैठे बैठे पिता जी एक बार फ़ोन ही कर देते तो क्या बिगड़ जाता उनका! オフィスに座ったままで１度電話して下さってもお父さんには何の不都合もなかったはずなのに (8) 機嫌を損ねる；腹を立てる；不機嫌になる；不快になる बिगड़ते क्यों हो, यार 腹を立てることはないじゃないか，君 मेरे इस प्रश्न से वे बिगड़ गए 私がこれをたずねるとあの方は立腹された ज़रा-सी गलती होने पर यह बुरी तरह से बिगड़ उठते ほんの少し間違うとこの人はひどく不機嫌になる दरबारी विद्वानों में व्याप्त लोभ को देख उसका मन बिगड़-सा गया 宮廷に仕える学者たちに広まっている貪欲さを見て彼は不快な感じを抱いた बाबू जी मुझपर बहुत बिगड़े 父は私に対して激しく立腹した (9) 滅びる；滅亡する；崩壊する कितने राज्यों का बनना और बिगड़ना 幾多の国家が興り幾多の国家が滅びる (10) (動物が) 暴れる；言うことをきかなくなる；制御に従わなくなる；手に負えなくなる घोड़ियाँ बिगड़ी हुई हैं 馬たちが言うことをきかなくなっている (11) 転訛する；訛る **बिगड़ खड़े हो॰** 不機嫌になる **बिगड़ा ज़माना** *a.* 乱れた時代；秩序や規範の覆った時代 *b.* 不景気な時代 (-की) **बिगड़ी बनना** (ーが) 持ち直す **बिगड़े दिन** 苦難の時期；苦難の日々 **बिगड़े दिल** *a.* 気むずかしい（人）*b.* 怒りっぽい（人）；短気な（人） **बिगड़े नवाब** 没落貴族；没落した上流階級；斜陽族

बिगड़ैल [形] (1) 怒りっぽい；短気な दिन पर दिन बच्चे बिगड़ैल और ज़िद्दी होते जा रहे हैं 子供たちは１日１日と怒りっぽく強情になっていく (2) ぐれた；出来損なった (3) 強情な＝ हठी; ज़िद्दी.

बिगत [形] 過ぎた；過ぎ去った→ विगत.

बिगलित [形] (1) 溶けた；溶解した (2) 形の崩れた＝ टूटा फूटा.

बिगहा [名] ビーガー (बीघा) (土地面積の単位で約８分の５エーカー) पाँच बिगहे की खेती ５ビーガーの畑（耕作）

बिगाड़ [名] ← बिगड़ना. (1) 歪み (2) 不調；欠陥；落ち度 (3) 損害；損傷 (4) 不和；対立 बिगाड़ क॰ 仲違いをする；対立する मोहन मेरा पुराना मित्र है.उससे बिगाड़ नहीं कर सकता モーハンは古い友人だ．仲違いすることはできない कहीं उनकी बेटी अपनी इस आदत के कारण हर किसी से बिगाड़ न कर ले あの人の娘がひょっとしてこの癖のために誰彼なしにいさかいを起こさなければよいが

बिगाड़ना [他] → बिगड़ना. (1) 損なう；悪くする；悪化させる हिंदुओं तथा मुसलमानों के बीच के संबंधों को बिगाड़ने का प्रयत्न ヒンドゥーとムスリムとの関係を損なう試み उन्होंने ससुराल पक्ष की छवि पहले ही बिगाड़ रखी हो あの人が花婿側のイメージを初めから悪くしてしまっているのかも知れない कोई तुम्हारा कुछ न बिगाड़ सकेगा だれも君に手出しできない (2) 歪める मुँह बिगाड़ना しかめっ面をする सरदार ने मुँह बिगाड़कर कहा 頭目はしかめっ面をして言った (3) 出来損ないにする；甘やかす；つけあがらせる；損なう और बिगाड़ो इन्हें .मेरा क्या, बिठाओ इन्हें सिर आँखों पर この連中を大いに甘やかすとよいさ．俺にはどういうこともなしだ．大いに丁重にもてなし給え तुम इसको बिगाड़ रही हो, समझे? 君はこの子を駄目にしているんだよ．わかったかい बहुओं को कौन बिगाड़ता है? 嫁たちをつけあがらせているのはだれだい (4) 痛める；傷める；傷をつける；害する；悪事を働く；悪いことをする इन बालकों ने क्या बिगाड़ा है? この子供たちが何の悪さをしたのだい गंदी हवा सेहत को बिगाड़ती है 汚れた空気は健康を害する उस लड़की ने आपका क्या बिगाड़ा है? あの娘があなたにどんな害を及ぼしましたか सुबूत के अभाव में अदालतें उनका कुछ बिगाड़ ही नहीं पातीं 証拠がないため裁判所はその連中に全く手が出せない (5) 崩す (6) 狂わせる (7) 醜くする (8) 無駄にする；駄目にする；ひどいものにする तूने आज दाल बिलकुल बिगाड़ दी 今日のダール（の料理）は全く出来損ないだね

बिगुल [名]《E. bugle》軍隊ラッパ；ビューグル **बिगुल फूँकना** *a.* ラッパを吹く *b.* 宣言する；宣明する＝ बिगुल बजाना. **बिगुल बजना** *a.* 指令が出る；命令が出る *b.* 出発する；発進する；進軍する

बिगुलची [名]《بگل E.+ T.P. چی》〔軍〕ラッパ手；ラッパ吹き＝ बिगुलर.

बिगुलर [名]《E. bugler》〔軍〕ラッパ手；ラッパ吹き

बिगूचन [名*] (1) 茫然自失；なすべきことがわからなくなること＝ असमंजस. (2) 困難；困惑＝ कठिनता; दिक्कत.

बिगूचना[1] [自] (1) 困る；困惑する；戸惑う (2) 押さえ込まれる；押さえつけられる

बिगूचना[2] [他] 押さえつける；押さえ込む＝ दबोचना; धर दबाना.

बिगूतना[1] [自] ＝ बिगूचना[1].

बिगूतना[2] [他] (1) つぶす；滅ぼす (2) 台無しにする；傷める

बिगोना [他] (1) 駄目にする；傷める；台無しにする (2) 悪用する (3) 隠す；秘める＝ छिपाना; दुराना. (4) 悩ませる；困らせる (5) だます；欺く＝ बहकना.

बिगोनिया [名*]《E. begonia》〔植〕シュウカイドウ科ベゴニア

बिग्रह [名] (1) 体；身体；肉体 (2) 小区分；細分 (3) 神体；神像；偶像＝ विग्रह.

बिघटना[1] [他] (1) 壊す；破壊する＝ तोड़ना; फोड़ना. (2) つぶす；台無しにする＝ नष्ट क॰.

बिघटना[2] [自] (1) 壊れる；破壊される＝ टूटना. (2) つぶされる；台無しになる；つぶれる＝ नष्ट हो॰.

बिच [名・後置]《Pan.》(1) 間；中間；中＝ बीच. दिल के बिच में मैल नहीं रहनी चाहिदी 心に汚れがあってはいけない (2) 間に；中に；中間に हमारे घर बिच 我々の家（の中）に

बिचकना [自] (1) 顔が歪む；しかめっ面をする (2) 驚く；びっくりする (3) 怯える；逃げ腰になる

बिचकाना [他] (1)（憎しみや軽蔑，挑発のため人に向かって顔を）歪める；おかしな表情をする；しかめっ面をする बच्चे मुँह बिचकाकर कह देते हैं 子供たちは憎らしい表情をして言う उसने कंधे उचकाकर होंठ बिचका दिये 肩をすくめ口元を歪めた (2)（不快感や嫌悪感を表すため顔を）しかめる；しかめっ面をする यह अच्छा नहीं लगता कि बिना ध्यान दिए पहले मांसाहारी मेज़ पर जाएँ और फिर नाक भौं सिकोड़, मुँह बिचका कर शाकाहारी की तरफ़ जाएँ 不注意から最初はノンベジタリヤンのテーブルに行き顔をしかめてベジタリヤンのほうのテーブルに移動するのは感じが良くないものだ

बिचरना [自] (1) 歩き回る；徘徊する；散策する (2) 旅をする；旅に出る

बिचलना [自] (1)（位置が）ずれる；はずれる；動く (2) がっかりする；元気を失う；しょげる (3) 前言をひるがえす

बिचला [形[+]] (1)（前後左右上下から見て）間の；中央の；真ん中の；中間の मेरी माँ और भाभी को मकान के पिछले खंड में क़ैद कर बिचले खंड में जुए का फड़ डालता 母と兄嫁とを奥の部屋に閉じこめ真ん中の部屋で賭場を開く (2) 順序が２番目の；中間の；中の मदनलाल के सब से छोटे भाई नत्थू की दूसरी पत्नी से जन्मा बिचला बेटा श्यामू マダンラールの末弟ナットゥーの２人目の妻から生ま

れた中の息子のシャームー (3) 中程度の；中程の (4) 中級の；中流の

बिचलाना [他] (1) はずす；はずさせる；動かす (2) 惑わせる；踏みはずさせる (3) 散らす；撒き散らす

बिचवई[1] [名] (1) 仲裁人；仲裁者；調停者 (2) 斡旋人；仲介人 (3) 仲人

बिचवई[2] [名*] 仲裁；調停

बिचारना [自] 思う；考える；思考する= सोचना; विचार क॰.

बिचारा [形+] → बेचारा.

बिचाल [名] 違い；相違；差

बिचुरना [他] (1) 選別する；より出す；選ぶ (2) 綿の実を取り出す

बिचूरना [他] 砕く；粉砕する

बिचेत [形] (1) 失神した；気を失った= अचेत; बेहोश. (2) あわてふためいた；動転した= व्याकुल. (3) 頭のおかしい；正気でない= मूढ़.

बिचोली [名] = बिचौलिया.

बिचौलिया [名] ブローカー；中間商人；仲買人 दलाल या बिचौलिये का कार्य ブローカー業

बिच्छा [名] (1) (時間や空間の) 間隔；間；へだたり (2) 相違；差異；違い

बिच्छू [名] (1)〔節動〕クモガタ類サソリ (蠍) (2)〔天・占〕蠍座 (3)〔植〕イラクサ科低木マオ【*Urtica parviflora*】 (4) → बिच्छूबूटी. ニセホウレンソウ (5)〔植〕イラクサ科草本カワリバイラクサ= बिछुआ; वृश्चिका. **बिच्छू की तरह डंसता** 激しい痛みを与える (-को) **बिच्छू मार जा॰** (ーが) 突然怒り狂う

बिच्छूबूटी [名*]〔植〕イラクサ科草本ニセホウレンソウ【*Urtica dioica*】 ⟨stinging nettle⟩

बिछड़न [名*] ← बिछड़ना. (1) (人と) 別れ (ること)；離れること (2) (恋人との) 別離

बिछड़ना [自] (1) (人と) 別れる；離れ離れになる (2) (恋人と) 別離の状態になる；離れる

बिछना [自] (1) 広げられる；敷かれる पलंग पर बिछी चद्दर 寝台に広げられたシーツ दालान में जाजिम बिछी है 廊下にはジャージムの敷物が敷かれている (2) 置かれる；設けられる；仕掛けられる इर्दगिर्द कई एक कुर्सियाँ बिछी हैं 辺りには何脚かの椅子が置かれていた पश्चिम के द्वार के पास एक पलंग बिछा है 西口の側にベッドが1台置かれている (3) 敷設される；引かれる सुरंगें बिछी हैं 地雷が敷設されている जंगल में सर्वत्र अच्छी सड़कें बिछी हुई हैं 森の中には至るところに立派な道路が作られている (4) 撒かれる जिंदगी की लंबी राह पर चलने के लिए मार्ग में बिछे इन काँटों को हटाना होगा 人生の長い道程を歩むためには道に撒かれたこれらのいばらを取り除かなくてはなるまい (5) 倒れる；押し倒される；下敷きになる आस पास बिछी हुई झाड़ियों को देखकर 近くに倒れた灌木を見て

बिछलना [自] (1) 滑る मैंने पाँच बार फेंका दो बार लगा भी तो उसकी मूठ तने से टकराकर दूर बिछल गई 5 度投げて 2 度は当たったのだがそれの柄が幹にぶつかって遠くへ滑り落ちてしまった (2) すり抜ける छोटी बहू उसे बाँह से पकड़कर अंदर ले जाने लगी मुन्ना बिछलकर पिता की ओर भागा और रोते-रोते कहा 下の嫁が腕をつかまえて中へ連れていこうとするとムンナーはすり抜けて父親の方へ逃げ泣きながら言った

बिछवाना [他・使] ← बिछाना.

बिछात [名*] (1) 敷物 (2) 寝具= बिछायत; बिछौना; बिछावन.

बिछाना [他] (1) 広げる；張る；敷く；当てる रुई की एक मोटी परत बिछाएँ और पट्टी लपेटें 厚く重ねた脱脂綿を当ててその上に包帯を巻くこと दरी पर सफ़ेद चादर बिछा लेता हूँ ダリーの上に白いシーツを敷く जासूसों का जाल बिछा रखा था スパイ網を広げていた (2) 置く；設ける；仕掛ける हाँ कोई अभिनय रचाइये, जाल बिछाइये, किसी को दूत बनाकर पठाइए そう，芝居をするなり罠を仕掛けるなりスパイを出すなりなさるが良い चल, लेट जा, इधर मैं खटिया बिछा देती हूँ さあ，横になりなさい．こちらにベッドを置いて上げるわ (3) 敷設する；引く (4) 撒く；撒き散らす (5) 倒す；押し倒す；下敷きにする अगर कोई तुम्हारे रास्ते में काँटे बिछाए और जवाब में तुम भी उसके रास्ते में काँटे बिछा दो, तो यह अच्छी बात न होगी 君の通る道にいばらを撒く人があろうともその人の通る道に君がいばらを撒くことは良くないことだ

बिछायत [名*] = बिछावन.

बिछावन [名] (1) 敷物 (2) 寝床；寝具 उन्हें बिछावन पर सुला देते थे その人をいつも寝床に寝かせていた

बिछिया [名*]〔ヒ〕〔装身〕ビチヤー (既婚のヒンドゥー女性が足の第二指につける銀製のリング)

बिछुआ [名] (1)〔装身〕ビチュアー (ヒンドゥーの既婚女性が足の親指につける銀製のリング) (2) 刃の先端が少し湾曲した短刀；短剣；錐刀 (3)〔植〕マメ科サンヘンプ【*Crotalia juncea*】 (4) サンヘンプの莢 (5) 指を通して手の甲にはめる突起のついた武器 (6)〔植〕イラクサ科草本カワリバイラクサ【*Griradinia heterophylla*】= अगिया. **बिछुआ उतरना** 夫に死なれる；未亡人になる

बिछुड़ना [自] (1) (人と) 別れる；離れる；離れ離れになる；はぐれる जहाँ उसका मित्र बिछुड़ा था 友と別れた場所 सभी जानवर अपने बिछुड़े साथियों से गले लग गये 動物たちは皆別れていた仲間と抱き合った कोई पिता बहुत दिन के बिछुड़े हुए पुत्र से मिल रहा हो 久しく別れていた息子に出会った父親のように वह मुझसे बिछुड़ गए हैं あの方は私と別れてしまった राम से बिछुड़ने की बात ラーマと離れ離れになること पहाड़ की निर्जनता में किसी बिछुड़े हुए साथी को बुला रहा हो 人気のない山の中ではぐれた仲間を呼んでいるかのような (2) 離れる；遠ざかる；へだたる हम प्रकृति से बिछुड़ गए हैं 私たちは自然から離れてしまっている

बिछोड़ा [名] = बिछोह.

बिछोह [名] 別離= वियोग; जुदाई; विरह. मृत्यु के साथ सदैव-सदैव का बिछोह न जुड़ा हो तो शायद मौत पर कभी किसी को रोना न आए 死と永遠の別離とがつながっていなければ恐らく人に死なれても泣くことはあるまい **बिछोह पड़ना** 別れる；離れ離れになる

बिछोही [形] (1) 人と離れ離れになった；はぐれた (2) 別離の悲しみにある (人)

बिछौना [名] (1) 寝床 (2) 寝具 (3) 敷物 **बिछौना छोड़ना** 起床する बिछौने में पेशाब करने की आदत 夜尿症

बिजड़ा [名]〔鳥〕ハタオリドリ科キムネコウヨウジャク= बया.【*Ploceusa philippinus*】

बिजन[1] [名] 人のいないところ；無人の地；無人の場所

बिजन[2] [形] (1) 人気のない；寂しい (2) 孤独な

बिजन[3] [名] 《E.vengeance》 (1) 復讐 (2) 虐殺 = क़त्ले आम.

बिजना[1] [名] 扇= पंखा ; बेना.

बिजना[2] [形+] (1) 人気のない；寂しい (2) 孤独な

बिजनेस [名] 《E. business》ビジネス；商売；取引 उन्होंने बिजनेस की भावना पर तरजीह दी थी 取引先の気持ちを優先させた **बिजनेस इज़ बिजनेस** 商売は商売 ⟨business is business⟩

बिजनेसमैन [名] 《E. businessman》ビジネスマン

बिजबिजाना [自] 固形のものが変質して液状になる；ぐじゃぐじゃになる；崩れる

बिजय [名*] → विजय.

बिजय घंट [名] 寺院の大きな釣鐘

बिजयसार [名]〔植〕マメ科高木マラバルキノカリン【*Pterocarpus marsupium*】 बिजैसार; बीजक; बीजा

बिजयसाल [名] = बिजयसार.

बिजया [名*] = भाँग.

बिजयी [形] = विजयी.

बिजरी [名*]〔植〕アマ科一年草アマ (亜麻) = अलसी.

बिजली [名*] (1) 電気 बिजली का ख़र्चा 電気使用料 **बिजली का करेंट** 電流= बिजली का प्रवाह **बिजली का करेंट छू जा॰** *a.* 感電する *b.* 突然思い起こす **बिजली का झटका लगना** 感電する बिजली का तार छू जाने से दो मजदूरों की मृत्यु 作業員2人が感電死 **बिजली का नंगा तार** 裸線 **बिजली का प्रवाह** 電流 **बिजली का बल्ब** 電球 (2) 雷；稲妻；電光 **बिजली कड़कना** 雷鳴が響く इसका बिजली जैसा असर हुआ 電光のような影響が生じた (3) 電灯 सड़कों पर बिजलियाँ जल गई थीं 街灯はすでに点っていた **बिजली की कड़कड़ाहट** 雷鳴 **बिजली की तरह दौड़ जा॰** 体中に衝撃が走る **बिजली की तरह ख़बर फैल जा॰** ニュースが即座に広がる **बिजली गिरना** *a.* 雷が落ちる；落雷する= वज्रपात हो॰. बिजलियाँ कितनी गिरी हैं? 幾つ雷が落ちた *b.* 災難が降りかかる *c.* 不幸な出来事のために茫然となる **बिजली चमकना** 稲妻；雷が光る चमचम चमचम बिजली चमकती है ぴかっぴかっと雷が光る **बिजली छू जा॰** 全身に電流のようなショックが走る **बिजली (की बत्ती) जलाना** 電灯を点ける **बिजली टूटना** 落雷す

る= वज्रपात हो॰. **बिजली पड़ना** = बिजली गिरना. **बिजली, पानी का ख़र्चा** 電気・水道代 **बिजली बंद रहेगी** 停電予告 **बिजली बंद हो॰** 停電する= बिजली चली जा॰. **बिजली मार जा॰** *a.* 落雷で作物や樹木が焼ける *b.* 突然のことに正気を失う；茫然となる **बिजली-सी गिरना** *a.* 災難が降りかかる *b.* 不幸な出来事のために茫然となる **बिजली-सी दौड़ जा॰** = बिजली की तरह दौड़ जा॰. (4)〔装身〕垂れのついた耳飾りの一種；ビジュリー (5) マンゴーの種の仁

बिजली-उत्पादन [名] 発電（すること）；電気を起こすこと

बिजलीकरण [名] 電化 गाँवों का बिजलीकरण 村落の電化

बिजली घर [名] 発電所 तारापुर परमाणु बिजली घर ターラープル原子力発電所 बदरपुर में निर्मित ताप बिजली घर バダルプルに建造された火力発電所

बिजली बचाव [名] 避雷針

बिजली वितरण संस्थान [名] 電力供給公社；電力会社

बिजहन [名] 芽の出ない種子；発芽力のない種子

बिजाई [名*]〔農〕(1) 播種時に余分に支給される種籾 (2) 播種時に支給される現物給

बिजाती [形] 別カーストの；異カーストの= भिन्न जाति का.

बिजूखा [名] かかし；案山子（煤のついた素焼きの壷をさかさまにして棒に載せたものなど）= उजका; धोखा.

बिजै [名*] = विजय.

बिजौरा[1] [形+] みしょう（実生）の

बिजौरा[2] [名]〔植〕ミカン科シトロン／マルブシュカン【*Citrus medica var. medica*】= तुरंज; बड़ा निंबू.

बिज्जुल [名*] 雷 = बिजली; दामिनी.

बिज्जू [名]〔動〕イタチ科ミツクイアナグマ【*Mellivora capensis*】〈ratel; honey badger〉= बीजू.

बिझरा [名]〔農〕エンドウマメ，ヒヨコマメ，コムギ，オオムギを混じたもの（これら春作のうちの 2〜3 種を一緒に蒔いて栽培する）

बिझुकना [自] (1) 驚く (2) 怯える；おののく

बिझुकाना [他] (1) 驚かす= डराना. (2) 怯えさせる；おののかせる= भड़काना.

बिझूका [名] かかし（案山子）= बिजूखा.

बिटंड [名] = वितंडा.

बिटंबना [自] 嘲笑う

बिटक [名] 出来物；吹き出物= फोड़ा; फुंसी.

बिटामिन [名]《E. vitamin》ビタミン = विटामिन. बिटामिन 'बी 12' ビタミン B12

बिटारना [他] (1) かき混ぜたり振ったりして液体に溶かす (2) 容器に入った水などの液体を振って濁らせる

बिटालना [他] 広げる；撒く；撒き散らす

बिटिया [名*] 娘に対する愛情をこめた呼び方；お嬢さん，お嬢ちゃんなど→ बेटी.

बिटोरना [他] = बटोरना. (1) 寄せ集める；かき集める；揃える (2) 蓄財する；金を貯める

बिटौरा[1] [名] (1) 乾燥牛糞を積んで貯蔵したもの (2) 寄せ集めたもの；積み重ねたもの

बिटौरा[2] [形+] 山のような；とても大きな；巨大な

बिट्ठल [名] (1)〔ヒ〕ヴィシュヌ神の異名の一 (2)〔ヒ〕マハーラーシュトラ州南部の聖地パンダルプル पंढरपुर に祀られているビッタル神の神像

बिठलाना [他] 座らせる；腰を下ろさせる= बैठाना. गोदी में इसको बिठलाऊँ? この子を抱きかかえようかしら

बिठाना [他] = बैठाना. (1) 座らせる गंदे बच्चों को कोई भी अपने पास बिठाना पसंद नहीं करता 不潔な子供をだれも自分の側に座らせようとしない (2) (ーに) 座らせる；据える；(位などに) つける；位置づける राक्षस ने महापद्मानंद के भाई को राज्यसिंहासन पर बिठाया 鬼はマハーパドマーナンダの弟を玉座に据えた (3) 任務に就ける；任じる；立てる पहरा बिठाना 見張りを立てる पुलिस की पिकेट बिठाने के लिए 警察の見張りを立てるために (4) (乗り物に) 乗せる；(台などに) 載せる साइकिल पर बिठाना 自転車に乗せる (5) 植えつける (6) はめる；取りつける；装着する；設置する；設ける मशीन की सुई बिठाना ミシンの針をつける (7) 設置する；設ける आयोग बिठाए गए 審議会が設置された (8) 刻みつける；固定する；植えつける बचपन से ही हमारे मन में ईश्वर, देवी-देवता, भूत-प्रेत इत्यादि का जो डर बिठा दिया जाता है, वह धीरे-धीरे अपना असर दिखाता है 子供の頃から私たちの頭の中に神々や鬼や幽霊などに対する恐怖心が植えつけられるがそれが次第にその影響力を発揮する

बिठालना [他] = बिठाना; बैठाना. (-को) दुकान पर बिठाल दे॰ (ーを) 店に座らせる；(ーに) 店番をさせる

बिडंब [名] 見せかけ；外見を繕うこと= आडंबर; दिखावा.

बिडंबना [名*] (1) 人の真似 (2) 人の真似をして嘲ること；嘲笑 → विडंबना.

बिडर [形] ばらばらになった；散り散りになった

बिडरना [自] (1) 散る；散らばる (2) 怯える；びくびくする (3) 台無しになる；駄目になる

बिडराना [他] (1) 散らす；撒き散らす；散らかす= तितर बितर क॰. (2) 追いやる；追い払う= भगाना.

बिड़ार [名] 苗代= बियाड़; बियार.

बिडारना [他] (1) 怖がらせて追い払う (2) 排除する；除く；外へやる (3) 台無しにする

बिडाल [名] (1) 雄猫 (2) 眼球

बिडालक [名] (1) 目の玉；眼球 (2) 猫

बिडाली [名*] 雌猫= बिल्ली.

बिढ़का [名] かかし（案山子）= बिजूखा; बिझूका; औझप्पा.

बितताना[1] [自] (1) 悲しむ (2) 嘆く

बितताना[2] [他] 悲しませる；苦しませる= सताना; दुःखी क॰.

बितना [名] → बित्ता.

बितरना [他] (1) 配る；配布する；分かつ；分配する= बाँटना. (2) 広げる= बितराना.

बिताना [他]（時を）過ごす；費やす；(生活を) 送る；暮らす；生活する सादा जीवन बिताना 質素な生活を送る छुट्टियाँ बिताने के लिए 休暇を過ごしに गर्मियाँ बिताना 夏を過ごす जो पक्षी ऊँचे पहाड़ों पर गर्मियाँ बिताते हैं 高山で夏を過ごす鳥たち

बितीतना[1] [自] 過ぎる；過ぎ去る= व्यतीत हो॰; गुज़रना.

बितीतना[2] [他] 過ごす= बिताना.

बित्त [名] (1) 富；財産= वित्त; धन; दौलत. (2) 能力；力量；力 = हैसियत; औकात. (3) 経済力= सामर्थ्य.

बित्ता [名] ビッター（長さの単位. 約 23cm. 思いきり掌を開いた際，親指の先端から小指の先端までの長さとされる）= बालिश्त. **बित्ता भर का** ちっぽけな；ほんの小さな

बित्ती[1] [形] (1) 財力のある；豊かな (2) 力量の備わった

बित्ती[2] [名*] ビッティー（1 人が石ころなどを蹴ったり投げたりしたのを息を切らさぬうちに持ち帰る子供の遊び. 持ち帰る際ビッティーと唱える）

बित्ती[3] [名*]〔ヒ〕商店主たちが慈善の寄付をするため売り上げの一部を取り除けておくもの

बिथकना [自] (1) 疲れる；くたびれる (2) 驚く (3) うっとりする = मोहित हो॰; मुग्ध हो॰.

बिथकाना [他] (1) 疲れさせる (2) 驚かせる (3) うっとりさせる

बिथरना[1] [自] (1) 散らかる；散乱する= छितराना; बिखरना. (2) ばらばらになる；まとまりがなくなる= अलग अलग हो॰; पृथक्-पृथक् हो॰. (3) つぶれる= टूटना.

बिथरना[2] [他] (1) 散らす；撒き散らす；散乱させる (2) ばらばらにする

बिथा [名*] → व्यथा. 悲痛な思い；悲しみ；苦しみ = दुःख; पीड़ा.

बिथारना [他] 撒く；散らす；撒き散らす

बिथुआ [名]〔植〕マメ科高木マルバシタン= पस्सी; भकोली.

बिदकना [自] (1) ひるむ；怯える मोहन समझ ले कि हम भी बिदकने वाले नहीं हैं, हमारी रगों में भी खत्री का खून बहता है モーハンの奴，こちらも怯えるような人間じゃない. この体にはクシャトリヤの血が流れているのを知るがよい (2) 警戒する；用心する वे क्या कारण है जिनकी वजह से वे हमसे बिदकते हैं 俺たちを警戒する理由は一体何なのだ शुरू शुरू में तो हम दोनों एक दूसरे को देखकर बिदके ही थे 最初のうちは 2 人はお互いを見て警戒したものだった (3) 動物が驚いて暴れる (4) 裂かれる；切り裂かれる (5) 傷つく；傷を負う= जख़्मी हो॰; घायल हो॰.

बिदकाना [他] (1) ひるませる；怯えさせる (2) 警戒させる；用心させる (3) 裂く；切り裂く (4) 傷つける；傷を負わせる

बिदर [名] (1)〔地名〕ビダル（古くはヴィダルバ（विदर्भ），近代はバラール बरार，もしくは，ベラール बेरार と呼ばれ，東経77度，北緯21度辺りを中心とする地域） (2) 銅と亜鉛の合金 (3) 銅と鉛と亜鉛の合金 (4) 亜鉛と錫と銅の合金

बिदरन [名*] (1) 避けること (2) 割れ目；裂け目

बिदरी[1] [名*] (1) ビダル（銅と亜鉛，錫などの）合金の細工 (2) ビダル細工の製品

बिदरी[2] [形] (1) バラール地方 बरार の (2) バラール地方のビダル細工の

बिदरीसाज़ [名] 《H. + P. ساز》ビダル細工の職人

बिदलित [形] → विदलित.

बिदहना[1] [他] (1) 焼く；焼却する (2) ひどく苦しめる

बिदहना[2] [他]〔農〕(1) イネの籾蒔きの後，籾に土を被せるために犂で再度軽く耕す (2) ヒエ，キビなどの畑の除草をする

बिदा [名*] 《← P.وداع विदा/विदाअ ← A.وداع वदा》(1) 別れ (2) 辞去 (3) 暇乞い (4)〔ヒ〕= गौना; द्विरागमन 結婚した女性が同棲を始めるため婚家へ行くこと (5) 別れの言葉；さようなら（手紙の末尾にも用いられる） **बिदा क॰** 見送る；別れを告げる；別れの挨拶をする **बिदा ले॰** *a.* 止める；去る *b.* 暇乞いする；暇を告げる **बिदा हो॰** 去る；別れる；失礼する；辞去する अब मैं बिदा होती हूँ それではこれで失礼いたします

बिदाई [名*] 《وداع ← A. + H.-ई》(1) 別れ；別れること (2) 別れの挨拶や式典 (3) 暇乞い；辞去の許し (4) 送別の際に送る人が贈る金子；餞別 (5) 花嫁を婚家に送り出す儀式→ द्विरागमन.

बिदारना [他] (1) 裂く；引き裂く；切り裂く= चीरना; फाड़ना. (2) 潰す；砕く= नष्ट क॰.

बिदारी [名] (1)〔植〕マメ科草本タマツナギ【*Desmodium gangeticum*】(2)〔植〕ウリ科蔓草マルミノオオカラスウリ【*Trichosanthes cordata*】(3) = बिदारी कंद.

बिदारी कंद [名] (1)〔植〕ヒルガオ科ヤツデアサガオ【*Ipomoea digitata*】= बिलाई कंद. (2) 同上の根にできるイモ（芋）

बिदूरित [形] 遠ざけられた；退けられた

बिदेस [名] (1) 異国；他国；異郷 (2) 外国

बिदेसिया [名] ビデーシヤー（主にビハール州及び東部ウッタル・プラデーシュ州のボージプリー語地域で歌われる出稼ぎのため異郷にある夫を思う妻の心情を歌った俗謡）（→ボージプリー भोजपुरी）.

बिदेसी [形] (1) 異国の；他国の；異郷の (2) 外国の

बिदोरना [自] 歯を見せて笑う；にっと笑う

बिध [名*] (1) 最高神，ブラフマー；創造神= विधि; विधाता. (2) 方法；様式 तरह; प्रकार; भाँति (3) 収支計算 **बिध खाना** うまく行く；調子が合う；調和する **बिध बैठना** = बिध खाना. **बिध बैठाना** 工夫する；手立てをする **बिध मिलना** *a.* 収支が合う *b.* 合う；合致する *c.* 花婿と花嫁のホロスコープがめでたく合致する *d.* 吉兆判断で星占いが吉と出る **बिध मिलाना** *a.* 帳簿の収支を対照する *b.* 比較する；合わせてみる *c.* 婚約の準備のため花婿と花嫁とのホロスコープを照合してみる；星占いをする *d.* 吉兆の判断のため星占いをする

बिधना [名] ブラフマー神；創造主；最高神= ब्रह्मा; कर्तार; विधाता.

बिधवा [名*] → विधवा. 寡婦；未亡人；夫と死別した妻= राँड़; बेवा.

बिधवा बिवाह [名] = विधवा विवाह. 〔ヒ〕寡婦の再婚（ただし，近年に至るまで多くの上層カーストにおいてその寡婦は幼児婚の結果から生じた名目上の寡婦で実際は処女であった）

बिधान [名] → विधान.

बिधि [名*] = विधि.

बिधिना [名] = बिधना.

बिधु [名] → विधु. 月；太陰

बिधुली [名*]〔植〕イネ科タケ亜属アナナシタケ【*Dendrocalamus strictus*】〈male bamboo; solid bamboo〉= नर बाँस; देव बाँस.

बिन [前置] = बिना. 普通，बिन (-) の形で用いられる.（−）なく，（−）せずになど. बिन खाये-पिये 飲まず食わずに बिन बोले 無言で **बिन खिले मुरझा जा॰** 若死にする；早世する；早逝する；青春を迎えずに死ぬ

बिन- [接頭] −を欠いた，意を表す造語要素 बिनब्याहा 未婚の अधेड़ हो गये थे, लेकिन अभी तक बिनब्याहे थे 中年になっていたが，まだ独身だった बिन माँ का बच्चा 母のない子

बिनता [名*]〔鳥〕ハト科コキジバト【*Streptopelia turtur*】

बिनती [名*] 祈願；請願；嘆願；哀願；依願= प्रार्थना; निवेदन. आपसे मेरी बिनती है お願いでございます

बिनना[1] [他]（穀粒の中から小石やごみなどを）より出す；抜き出す；拾い出す；選別する= चुनना; बीनना.

बिनना[2] [他] = बुनना.

बिनना[3] [他] 毒針を持つ生き物が刺す= काटना.

बिनवाना [他・使] ← बीनना. より出させる；よりだしてもらう；選別させる；選別してもらう

बिनसना[1] [自] 潰える；滅びる；駄目になる；台無しになる

बिनसना[2] [他] つぶす；滅ぼす；駄目にする；台無しにする

बिना[1] [前置・後置] - बिना, - के बिना, बिना -के, बिना -का, बिना - の形で名詞類に接続して用いられる (1)（−）なく，（−）せず（に） बिना तजुर्बे के बात कच्ची होती है 経験なくしては物事は不確かなもの बिना रुके चलता रहा 止まらずに歩み続けた बिना मेहनत के कुछ भी सम्भव नहीं है 努力なくしては何事も不可能である खाद के बिना अच्छी खेती नहीं हो सकती 肥料がなくてはよい農業は成り立たない चौधरी से मिले बिना नहीं जाता チョードリーに会わずに行くことはない बिना पैसा लिये 金を受け取らずに बिना ख़ून बहाये 血を流さずに उसे बिना माँगे ही सब कुछ मिल गया 求めずしてすべて手に入った पेड़-पौधों से बिना हमसे रहा ही नहीं जाता 植物がなくては私どもは生きて行けない बिना कुछ कहे-सुने 口もきかずに **बिना कठिनाई के** 困難なく；容易に；たやすく **बिना पूछे** 人にたずねずに；無断で；断りなく बिना पूछे मत बाहर जाया करो 無断で外出しないようにしろ **बिना पूछे ही** 一言の断りもなく **बिना बात** 訳もなく；理由もなく सास बिना बात उसपर झुँझलाने लगी 姑は訳もなく彼女に腹を立て始めた **बिना लाग लपेट के** 歯に衣着せずに；明け透けに；遠慮なく；無遠慮に जीजी ने बिना लाग लपेट के कह दिया 姉は明け透けに言ってのけた **बिना वजह** *a.* 理由のない बहर हाल आप बिना वजह डर को निकाल दें ともかくわけもない不安を捨て去って下さい *b.* 理由なく；訳もなく (2) −なしで；−抜きで बिना गरदन का एक आदमी 首のない男 बिना हत्थे की कुर्सी 肘掛けのついていない椅子 **बिना आग के जलना** 訳もなく苦しい目に遭う **बिना कण के भूसा कूटना** 金儲けにならないことをする；ただ働きをする **बिना कण के भूसा फटकना** = बिना कण के भूसा कूटना. **बिना कान-पूँछ डुलाये** 不平や文句を言わずに；反論をせずに；口答えせずに= बिना कान-पूँछ हिलाये. **बिना कौड़ी दाम के** 全くのただで；一銭も使わずに **बिना गुठली का मेवा**（一銭も費用のかからない）丸儲けの品 **बिना ज़बान का** *a.* 文句の言えない *b.* 臆病な **बिना डोर की गुड़िया** 寄る辺ない **बिना तप के काशी पाना** 努力なしに大変な利益を得ること **बिना ताज का बादशाह** 無冠の帝王 **बिना दाम का नौकर** 常に陰日向なく仕える **बिना दाम के ख़रीद ले॰** 魅了する **बिना दाम के बिक जा॰** 全面的に服従する **बिना दीया का घर** 世継ぎのいない家 **बिना नकेल का ऊँट** 自由奔放な人 (-) **बिना नाक का क॰**（−に）恥をかかせる **बिना नाक का हो॰** 恥をかく **बिना पंख का पक्षी** 全く無力な人 **बिना पंख के उड़ना** *a.* 不可能なことをする *b.* 手立てもなく行う **बिना पढ़ा-लिखा** 無学な बिना पढ़े-लिखे लोग 無学な人々 **बिना पतवार की नाव** 寄る辺なき人 **बिना पानी की मछली** ひどく喘ぎ苦しむ **बिना पानी के डूब मरना** 全く予期せぬことにとても苦しめられる **बिना पानी के मोजा उतारना** 理由のないことをする **बिना पूँछ का आदमी** 臆病者 **बिना पूँछ के पशु** 尻尾のない獣（人間のこと） **बिना बाँह का** 袖無しの **बिना बात का** 理由もない；全く無駄な बिना बात के धक्के 理由もなくぶつかること **बिना बात की बात** 取るに足らぬこと **बिना बादल के बिजली गिरना** 青天の霹靂 **बिना भीति के चित्र बनाना** あり得ないことをなそうとする **बिना मुँह का** = बिना ज़बान का. **बिना मुँह के देवता** 一言も口をきかない人 **बिना मुकुट का राजा** = बिना ताज का बादशाह. **बिना मोल का गुलाम** = बिना दाम का नौकर. **बिना मोल बिकना** *a.* = बिना दाम के बिक जा॰. *b.* 正当な代価を得ないで **बिना मौत मरना** 訳もなくひどい目に遭う；理由もなく辛い思いをする **बिना लंगर की नाव** = बिना पतवार की नाव. **बिना लगाम की जीभ** 抑制なく気ままに話すこと；放言する **बिना लगाम की हाँकना** 大きな口を叩く **बिना शर्त** 無条件な बिना शर्त रोक 無条件な抑止 **बिना साँस लिए** 一気に；続けざまに；一息に **बिना सींग पूँछ का पशु** 人面獣心；角と尻尾を持たない獣 **बिना सूँड़ का हाथी** 大変肥え太った人

बिना[2] [名*] 《A. بنا》(1) 基礎；土台= नींव; बुनियाद. (2) 理由；原因；いわれ；根拠= वजह; सबब.
बिनाई[1] [名*] (1) 選ぶこと；より出すこと；選別；選抜 (2) その手間賃→ बिनना; बीनना.
बिनाई[2] [名*] 織ること；織り= बुनाई. → बिनना; बीनना.
बिनाई[3] [名*] 《P. بینائی बीनाई》視力
बिनाना [他・使] = बुनवाना.
बिनानी [形] 無知な；蒙昧な= अनजान; अज्ञानी.
बिनावट [名*] = बुनावट.
बिनास[1] [名*] 鼻血 बिनास फूटना 鼻血が出る
बिनास[2] [名] = विनाश.
बिनासना [他] (1) つぶす；破滅させる；滅ぼす (2) 絶滅させる
बिनि [前置] = बिना.
बिनूठा [形+] 特異な；独特な= अनूठा; अनोखा.
बिनौला [名] 綿の実 बिनौले का तेल 綿の実油；綿実油
बिपक्ष [名] = विपक्ष.
बिपच्छ [名] → विपक्ष. 敵；仇；対立者= शत्रु; बैरी.
बिपत [名*] = विपत्ति.
बिपता [名*] 不幸；災難= विपत्ति. बिपता में याद आनेवाले 困った時に思い出される（もの）
बिपत्ति [名*] = विपत्ति.
बिपद [名*] = विपद्. 災難；災厄
बिपदा [名*] = विपद.
बिपर [名] ブラーフマン；バラモン= विप्र; ब्राह्मण.
बिफरना [自] (1) いきり立つ；怒り狂う मैंने उसे सौ रुपये की याद दिलाई तो वह बिफर कर बोला, 'तुम मुझपर भ्रष्टाचार का झूठा आरोप लगा रहे हो.मैं अभी पुलिस को सूचित करता हूँ' 私が 100 ルピーのことを持ち出すと彼はいきり立って言った.「君は俺が汚職をしているとあらぬ嫌疑をかけているが，今すぐ警察に知らせてやる」 अपने जी में बिठा चुकी थी, अब उसे भूलने का आदेश पाकर बिफर गई 胸の内に思い定めていたのを忘れよと命じられていきり立った हम बहुत झल्लाए, प्रबंधक महोदय को बतलाया तो वह भी हमपर बिफर गए 我々はひどく悔しい思いをした．マネージャーに話すとマネージャーも我々に対して怒り狂った (2) 反乱を起こす；謀反を起こす
बिब [名] 《E. bib》よだれ掛け
बिबरन [形] (1) 色の褪せた (2) 顔色を失った；顔の青ざめた= विवर्ण.
बिबस[1] [形] = विवश.
बिबस[2] [副] 余儀なく；どうしようもなく= विवश होकर; लाचार होकर.
बिबाई [名*] = बिवाई.
बिमन [形] → विमन. ほかごとを考えている；上の空の
बिमानी [形] 驕りや慢心のない
बिमोचना [他]（結んである物を）ほどく；（拘束を）解く；放してやる；解き放つ
बिमोहना [他] 魅了する；心を奪う；虜にする
बिमौट [名] 蟻塚= बिमौटा.
बिमौर [名] 蟻塚= वाल्मीक.
बिय [形] (1) 2つの；対になっている (2) 第2の (3) 他の；別の
बियन [名] 人気のないところ；寂しいところ
बियना [他] 種を播く
बियर [名] 《E. beer》ビール
बियरर चैक [名] 《E. bearer cheque》持参人払い小切手
बिया [形] 別の；他の= दूसरा; अन्य; अपर.
बियाज [名] (1) 利子 (2) 口実= ब्याज.
बियाड़ [名] (1) 苗床 (2) 苗代；苗代田
बियाध [名] 狩人；猟師= व्याध.
बियान [名] 出産；お産
बियाना [他]（動物が）子を産む= ब्याना.
बियाबान [名] 《P. بیابان》(1) 荒野；砂漠 बियाबान और बीहड़ वन्य प्रदेश 荒野と深い森林地帯 (2) 深い森= बयाबान.
बियाबानी [形] (1) 荒涼たる；荒れ野の (2) 深い森の
बियार [名] 苗床；苗代= बियाड़.
बियारू[1] [名*] 夕食；晩ご飯；夕飯；夕餉= बियालू; ब्यालू.
बियारू[2] [名] 風= वायु; हवा.
बियावर [形*] 出産間近の（動物）
बियाह [名] 結婚 = ब्याह; विवाह.
बियाहता [形*] = ब्याहता. 既婚の
बियाहा [形+] 結婚した；既婚の= ब्याहा; विवाहित; शादीशुदा.
बियो [名] 息子の息子（孫）= पोता.
बियोग [名] = वियोग.
बिरंग [形] (1) 多色の；様々な色の；色とりどりの (2) 無色の
बिरंच [名] → विरंचि.
बिरंज [名] 《P. برنج बिरंज/बिरिंज》(1) 米；脱穀した米= चावल. (2) 飯；ご飯= भात.
बिरगिड [名] 《E. brigade》〔軍〕旅団= ब्रिगेड.
बिरचना[1] [他] 作る；こしらえる（拵える）= रचना; बनाना.
बिरचना[2] [自] (1) 嫌気がさす；いやになる；飽きる (2) 不快になる；腹立たしくなる
बिरज [形] (1) 汚れのない；きれいな；清浄な (2) 激質（रजस्）を去った
बिरझना [自] (1) 絡まる；もつれる (2) もめる
बिरझाना [他] (1) 絡ませる；もつれさせる (2) けしかける
बिरता [名] 力量；器量；甲斐性；経済力 दया धर्म अपने बिरते पर किया अच्छा होता है 情けをかけ仁義を尽くすのも己の力量に応じてなすがよい
बिरतिया [名] 縁談を伝えたり縁談に関する調べものをしたりする人（特に，ナーイーやバートのカーストの人）
बिरथा[1] [副] 無駄に；無益に；無意味に；わけもなく= वृथा; बिना कारण.
बिरथा[2] [形] 無駄な；無益な；無意味な= व्यर्थ; निरर्थक.
बिरद[1] [形] 歯のない；歯の欠けた
बिरद[2] [名] = विरुद. 名声；声望= यश; नेकनामी.
बिरधाई [名*] = बिरधापन.
बिरधापन [名] 老い；老年= बुढ़ापा; वृद्धापन; वृद्धावस्था.
बिरमना[1] [自] 惚れる；惚れ込む；魅せられる；魅了される
बिरमना[2] [自] 遅れる；遅刻する；ぐずぐずする；のろのろする
बिरमना[3] [自] (1) 休む；休憩する；憩う (2) 止まる；立ち止まる (3) 離れる；去る
बिरमाना [他] 魅せる；魅了する；魅惑する
बिरमी [名*]〔植〕イチイ科イチイ→ गीली; बरमी[5].
बिरल [形] → विरल.
बिरला [形+] (1) 数少ない；希な (2) 珍しい；珍奇な；変わった मुझ जैसे बिरले जीव बहुत कम हैं जो न जानवरों में हों और न इंसानों में 私みたいな変わった生き物，すなわち，動物でもなければ人間でもないというのはとても数少ないものだ बिरले ही 滅多に…ない；ほとんど…ない
बिरवा [名] (1) 木；樹木 (2) 苗；幼木；苗木 (3) ヒヨコマメ = चना.
बिरवाही [名*] (1) 木の多いところ (2) 種苗場；苗床
बिरह [名] 愛する人と離れ離れになること；愛しい人と別れて暮らすこと= विरह.
बिरहमन [名] ブラフマン；バラモン= ब्राह्मण.
बिरहा[1] [名] (1) ビルハー（ビハール西部やウッタル・プラデーシュ州東部のボージュプリー語の話される地域のアヒール अहीर, ガラリヤー गड़रिया, パーシー पासी などのカーストの男性たちに歌い継がれてきた民謡） (2)〔韻〕ビルハー（ボージプリー語民謡 भोजपुरी लोकगीत に用いられる二行詩であるが韻律の決まりは厳密ではない．アヒール अहीर を始めとする牧夫やドービー धोबी, 農夫などのいわゆる下層カーストの男性たちによって歌い継がれて来た．農村地域の家庭生活の喜びと悩み，夫婦の愛情，家族，親族，姻族などの人間関係をめぐる様々な事柄が主題として掛け合いで歌われる）→ भोजपुरी.
बिरहा[2] [名] 愛し合い恋い焦がれる男女の別離 → विरह.
बिरहागि [名*] 離れて暮らす恋人を悩ます激しい苦しみ
बिरांच [名*] 《E. branch》= ब्रांच; शाखा. (1) 支部 (2) 支店 बैंक की पंचशील इंक्लेव बिरांच 銀行のパンチシール・インクレーヴ支店
बिराजना [自] (1) 輝く；照りはえる (2) ある，いる，の丁寧な表現；まします（在す） इस मूर्ति की बगल में कुबेर और गणेश जी दायीं ओर तथा लक्ष्मी जी, नर और नारायण बाईं ओर विराजे हैं この像の脇にクベーラ神とガネーシャ神が右手にラクシュミー神と

ナラ神，ナーラーヤナ神とが左手に在す (3) 座る，腰を下ろす，の敬語表現 आइए, बिराजिए さあどうぞこちらへおいで下さい．おかけ下さい

बिरादर [名] 《E. برادر》兄弟= भाई; भ्राता; भ्रातृ.

बिरादराना [形] 《P. برادرانہ》(1) 兄弟のような (2) 兄弟の間の

बिरादरी [名*] 《P. برادری》(1) 兄弟関係 (2) 仲間；集団；コミュニティー ईसाई बिरादरी के प्रमुख रेवरेंड मैथ्यू क़ुरीलोस キリスト教徒コミュニティーの指導者マシュー・クーリロス師 (3) 同一カーストで冠婚葬祭上の関わりや付き合いのある人々；ビラーダリー गाँवों में लोग बिरादरी को बड़ा महत्त्व देते हैं 村人たちはビラーダリーをとても重要視する (4) カースト；ジャーティ मुसलमानों में बिरादरी イスラム教徒のカースト बिरादरी की पंचायत カースト・パンチャーヤト बिरादरियों की पंचायतें तो अब भी पुराने तरीक़ों पर चली आ रही हैं カースト・パンチャーヤトは今日なお古めかしい方法で継続している (5) カースト・パンチャーヤット；カーストの自治組織；ビラーダリー

बिरान [形] = बिराना. बस ये बच्चे बिरान हो जाते हैं やがてこの子らはよそ者となってしまうのだ

बिराना[1] [形+] よその（例えば娘は嫁いでよその家のものとなる） बहन बिरानी हो जाए, भाई भाई ही रहे 姉妹はよそのものとなるが兄弟は兄弟のまま

बिराना[2] [他] 笑わせたりからかったり威嚇したりするために顔をしかめたりして表情を作る उसने जीभ निकालकर मुँह बिराया 舌を出して顔をしかめて見せた（おかしな表情をして見せた） बंदर को अपनी ओर मुँह बिराते हुए पाया 猿が自分のほうを向いて威嚇しているのを見つけた

बिराल [名] ネコ（猫）；雄猫= बिडाल.

बिराहमण [名] ブラーフマン；バラモン= ब्राह्मण.

बिरियाँ[1] [名*] 時；時間；時刻= समय; वक़्त; बेला.

बिरियाँ[2] [名*] (1) 度；回= बार; दफ़ा. (2) 順番= पारी; नंबर.

बिरिया [名*]〔装身〕ビリヤー（貴金属製の耳飾りの一）

बिरियानी [名*] 《P. بریانی बिर्यानी》〔料〕ビリヤーニー（米に野菜，肉，ナッツなどを沢山入れて煮込んだ料理）

बिरुझना [自] (1) 絡まる；もつれる= उलझना. (2) 争う= झगड़ना.

बिरुझाना [他] (1) 絡める；もつれさせる= उलझाना. (2) 争わせる

बिरुदावलि [名*] → विरुदावली.

बिरुधाई [名*] 老い；老齢；老年= बुढ़ापा; वृद्धावस्था.

बिरूप [形] 反対の；逆の；さかさまの= उलटा; विपरीत.

बिरोग [名] → वियोग. (1) 別離 (2) 悲しみ (3) 不安；心配；懸念

बिरोज़ा [名] = गंदा फ़ीरोज़ा; गंधा बिरोज़ा. **बिरोज़े का तेल** テレビン油

बिरोधना [自] (1) 反対する；対立する (2) 憎む (3) 道をふさぐ

बिलंद [形] → बुलंद.

बिलंब [名] → विलंब. 遅れ；遅滞

बिलंबना [自] (1) 遅れる；遅刻する (2) 止まる；停止する

बिलंबित [形] → विलंबित.

बिल[1] [名] (1) 穴；隙間 (2) 巣穴 साँप का बिल 蛇の穴 **बिल खोदना** *a*. 害を及ぼす *b*. 身の寄せ所を探す **बिल ढूँढना** 逃げ場を探す；身の安全を図る **बिल ढूँढते फिरना** 必死になって逃げ場を探す

बिल[2] [名] 《E. bill》(1) 勘定書；請求書= बीजक. (2) 議案= विधेयक. (3) 手形= हुंडी. **वित्त बिल** 予算案 वित्तमंत्री वित्त-बिल पर विचार के दौरान 大蔵大臣が予算案の審議中に

बिलइजमाल [副] 《A. بالاجمال बिलइज्माल》要約すれば；簡約すれば；つまり= संक्षेप में; संक्षेपतः.

बिलकलेक्टर [名] 《E. bill collector》集金人

बिलकुल [副] 《A. بالکل》全く；すっかり；完全に **बिलकुल पास में** すぐ側に；すぐ近くに **बिलकुल ग़लत** 全くの誤り；もってのほか 'क्या तुम से भी मन की बात न कहूँ?' 'बिलकुल कहनी चाहिए' 「じゃ君にも自分の思っていることを言ってはいけないと言うのかい」「もちろんそれは言うべきだよ」 **बिलकुल भी...नहीं...** 少しも…（し）ない；全く…（し）ない；からきし…（し）ない आज उसकी आँखों में बिलकुल भी नींद नहीं थी 今日はあの人の目には全く眠気がなかった

बिलखना [自] 嘆く；嘆き悲しむ आल्हा को जब इस बात का पता चला कि यह बहादुर और कोई नहीं, उसका भाई ऊदल ही है, तब वह बिलखकर रो पड़ा アールハーはこの勇者が他でもない自分の弟のウーダルであることを知ると嘆き悲しんで泣き伏した **बिलख-बिलखकर रोना** おいおい泣く；わんわん泣く= धाड़ मार कर रोना; ज़ार ज़ार रोना. श्रीपाल को देखते ही वह बिलख बिलख रोने लगी 彼女はシュリーパールを見たとたんおいおい泣き出した **रोना-बिलखना** 泣き喚く दोनों प्रातःकाल रोते-बिलखते घर पहुँचे 2 人は早朝泣き喚きながら家に着いた

बिलखाना [他] 嘆かせる；悲しませる

बिलग[1] [形] (1) 別の；他の；ほかの (2) 離れている；別々の

बिलग[2] [名] (1) 別であること；異なっていること；違っていること；相違 (2) 他者であること；他人であること (3) 憎しみ **बिलग मानना** 別扱いする

बिलगन [名] 孤立

बिलगर [名]〔植〕ミカン科低木ハナシンボウギ（その果実は食用）【*Glycosmis pentaphylla*】= गिरगिट्टी.

बिलगाना[1] [自] (1) 別になる；別なものになる；別扱いになる；疎外される (2) よられる（選られる）；より出される（選り出される）

बिलगाना[2] [他] (1) 別にする；別なものにする；別扱いする；疎外する (2) よる（選る）；より出す（選り出す）

बिलगाव [名] 別物であること；別個であること；疎外；分離 **बिलगाव की भावना** 疎外感〈alienation〉

बिलच्छन [形] → विलक्षण.

बिलछाना[1] [自] 見えなくなる；視界から消える

बिलछाना[2] [他] 選り分ける；選別する= पृथक् पृथक् क॰; चुनना.

बिलटना [自] (1) 覆る；ひっくり返る (2) 台無しになる；駄目になる (3) しくじる；失敗する

बिलटाना [他] (1) ひっくり返す；覆す；さかさまにする (2) 台無しにする；駄目にする

बिलटी [名*] 《← E. billet》鉄道荷物の預かり証

बिलनी [名*] (1)〔昆〕ヒメバチ科ヒメバチ→ भृंगी. (2)〔医〕ものもらい= गुहांजनी.

बिलबिलाना [自] (1)（虫などの小動物が）うごめく；蠢動する；はいずり回る उस कमरे में चमगादड़ लटके हुए बिलबिला रहे हैं 部屋にはコウモリがぶら下がって蠢いている (2) 泣き喚く लड़के सुबह उठते ही भूख से बिलबिलाने लगे 子供たちは起きたとたんにひもじさに泣き喚きだした (3) 喚く (4) 落ち着きを失う；気が動転する भूख से बिलबिलाता हुआ शेर दहाड़ने लगा ひもじさのあまり動転したライオンは吼え始めた

बिलमना [自] 遅れる= देर क॰; विलंब हो॰.

बिलमाना [他] 遅らせる；留める；とめる；差し止める

बिलमुक़्ता [形] 《A. بالمقطع बिल्मुक़्ता》〔農〕(1) 何らかの基準で農地の貸与条件が固定されている (2) 一枚の畑ごとではなく小作地全体の一括納入の小作料 **बिलमुक़्ता जमा** 固定された地税 **बिलमुक़्ता पट्टा** 農地貸与の条件が稔や耕地面積，あるいは，規定された率などに基づき固定されている借地契約

बिललाना [自] (1) 泣き喚く (2) 喚く

बिलल्ला [形+] 大馬鹿の；間抜けの= मूर्ख.

बिलवाना [他] (1) 消滅させる= बरबाद क॰. (2) 消す= मिटा दे॰. (3) つぶす；消滅させる= नष्ट क॰.

बिलसना[1] [自] 映える；美しく見える；引き立って見える= शोभा दे॰.

बिलसना[2] [自] 享受する；味わう

बिला [前置] 《A. بلا》 बिला -の形で用いられる= बिना -, -के बिना; बग़ैर -. **बिला किसी सोच-विचार** 考えなしに；後先の考えなく **बिला ज़रूरत** 必要もなく；用もないのに बिला ज़रूरत बाहर न निकालें 必要もないのに外へ出さないこと **बिला वजह** 訳もなく；いたずらに= अकारण; बेसबब.

बिलाई [名*] (1)〔動〕ネコ= बिल्ली. (2) 閂の猿（仕掛け）

बिलाईकंद [名] (1) ヒルガオ科蔓草ヤツデアサガオ【*Ipomoea digitata*】(2) 同上の根にできるイモ（芋） (3)〔植〕マメ科蔓草インドクズ【*Pueraria tuberosa*】〈Indian kudzu〉

बिलाना [自] (1) 消える；吸い込まれる (2) なくなる (3) 隠れる；ひそむ（潜む）

बिला नाग़ा [副] 《A.P. بلا ناغہ》休みなく；休まずに；怠りなく；間違いなく；必ず；決まって；毎日；1 日も欠かさずに इसी साल मैंने बड़े बाबू के छोटे सुपुत्र को छः महीने तक बिला नाग़ा पढ़ाया 今年

部長の下の坊ちゃんを半年間1日も休まず教えた बाबा के सामने तो कम, बाबू जी के सामने बिला नागा おじいさんの前ではあまりしないがお父さんのまえでは必ず

बिलार [名]〔動〕ネコ（猫）；雄猫= बिल्ला; मार्जार.

बिलाव [名] = बिलार.

बिला वजह [副]《A. بلا وجه बिला वजह》訳もなく；いたずらに（徒に） न अपने कान को बिला वजह कुरेदना चाहिए いたずらに耳をほじってはいけない मेरी तरह और किसी को बिला वजह ऐसी पूछताछ से गुज़रना न पड़े 他の人が私みたいにこのような取り調べにわけもなく遭わないように

बिलास [名] → विलास.

बिलासना [他] 享受する；楽しむ= भोगना.

बिलासिनी [名*] → विलासिनी.

बिलासी[1] [名] (1)〔植〕フウチョウソウ科低木アフリカギョボク【*Crataeva nurvala*】= बारन. (2)〔植〕フウチョウソウ科高木ギョボク【*Crataeva religiosa*】

बिलासी[2] [形] → विलासी.

बिलिंग [名*]《E. billing》広告；宣伝

बिलियर्ड [名]《E. billiards》ビリヤード；玉突；撞球= बिलियर्ड्स.

बिलिया [名*] 金属製の小型のわん（鋺）= कटोरी.

बिलिश [名] (1) 釣り針 (2) 釣り針につける餌；釣り餌

बिलूमना [自] 遅れる；遅延する

बिलूर [名] → बिल्लौर.

बिलेशय [名] (1) ネズミ (2) 蛇 (3) 巣穴に住む動物

बिलैया[1] [名*] (1)〔動〕猫 (2) 掛け金（木の）；門の桟；さる（猿）(3) 下ろし金

बिलैया[2] [形] 猫被りの；本心を隠した；裏表のある **बिलैया दंडवत** 上辺だけ丁寧な挨拶；慇懃無礼な振る舞い **बिलैया भगत** 上辺だけ信心深い；見かけばかりの信心を見せる

बिलोकना [他] (1) 見る；見つめる (2) 見定める

बिलोचन [名] 眼；目→ विलोचन.

बिलोना[1] [他] 液体や液状のものをかき混ぜる；撹拌する；かき回す= मथना. दही बिलोया नहीं गया ヨーグルトは撹拌されなかった दही बिलोकर मक्खन निकाला जाता है ヨーグルトを撹拌してバターが取り出される दूध बिलोना 牛乳をかき混ぜる

बिलोना[2] [形+] (1) 塩の入っていない；塩気のない (2) 美しくない；醜い (3) 味気ない

बिलोरना [他] = बिलोना.

बिलोलना [自] 揺れる；揺れ動く；震動する

बिलौटा [名] 雄の子猫

बिलौर [名] = बिल्लौर.

बिल्कुल [副] = बिलकुल.

बिल्ट-इन [形]《E. built-in》はめ込みの；作りつけの；内蔵の बिल्ट-इन इंडिकेटर्स 内蔵の方向指示器《E. built-in indicators》

बिल्डिंग [名*]《E. building》(1) 建築 (2) ビルディング；ビル

बिल्ला[1] [名] 徽章；腕章 उसका बिल्ला लगाकर चलते हैं 徽章をつけて（腕章をつけて）歩く

बिल्ला[2] [名]〔動〕雄猫

बिल्लाहि [感]《A. بالله》= बिल्लाह. 神に誓って；神かけて；真に；絶対に

बिल्ली [名*] (1)〔動〕猫 (2) 雌猫 (3) 掛け金（門の猿）(4)〔魚〕ナマズ科の魚の総称 **बिल्लियों के झगड़े में बंदर बनना**〔諺〕漁夫の利を得るたとえ **बिल्ली अलांगकर आ०** 縁起の悪い（不吉な）時刻に出掛ける（出発や出だしの時刻が不吉であったため不都合が続く）**बिल्ली और चूहे की दौड़** 鼬ごっこ **बिल्ली और दूध की रखवाली**〔諺〕猫に牛乳の番をさせるような愚かしい行為のたとえ **बिल्ली का बकोटा** 猫が爪を立てて引っかくこと；かきむしること **बिल्ली का बाघ न बियाना** 猫は虎を産まず，すなわち，元手や投資額に見合った利益しか得られないことのたとえ **बिल्ली की चाल आ०** 足音を忍ばせこっそりやって来る **बिल्ली की चाल चलना** = बिल्ली की चाल आ०. **बिल्ली की चाल जा०** = बिल्ली की चाल आ०. **बिल्ली कुत्ते की तरह लड़ना** 見境なく争う **बिल्ली के गले में घंटी बाँधना** 猫の首に鈴を掛ける，すなわち，一番困難なことをする；もっとも難しいことをやり遂げる **बिल्ली के पैर आ०** = बिल्ली की चाल आ०. **बिल्ली के भाग्य से छींका टूटा** *a.*〔諺〕棚から牡丹餅；思いがけない幸運に恵まれるたとえ *b.* 能なしがにわかに出世すること= बिल्ली के भागों छींका टूटा. आखिर एक दिन बिल्ली के भागों छींटा टूटा とうとうある日のこと棚から牡丹餅となった **बिल्ली मारना** *a.* 結婚初夜に夫婦の間でゲームをして勝ち負けを競い合うこと *b.* 先に自分の勇気や武勇をみせる（後手を取らないようにする）**बिल्ली लाँघकर चलना** = बिल्ली अलांगकर आ०. **बिल्ली से दूध की रक्षा कराना**〔諺〕猫に牛乳の見張り番をさせる．すなわち，愚かしいことや至難のこと **मेरी बिल्ली मुझी से म्याऊँ**〔諺〕身内や部下による裏切り行為や背信行為のたとえ= मेरा कुत्ता मुझी को भौंके.

बिल्लीलोटन [名] (1)〔植〕シソ科草本ネペタヒンドスターナ【*Nepeta hindostana*】，チクマハッカ／イヌハッカの一種 (2)〔植〕マメ科シナガワハギ属【*Melissa parviflora; M. indica*】

बिल्लौर [名]《P. بلور》水晶；玻璃= स्फटिक.

बिल्लौरी [形] ← बिल्लौर. (1) 水晶の (2) 水晶製の बिल्लौरी झाड़-फानूसों से प्रकाश की किरणें फूटती हैं 水晶のシャンデリアから光線が放たれている (3) 透き通った बिल्लौरी आँखों से 透き通った目から

बिल्व [名] (1)〔植〕ミカン科小木ベルノキ【*Aegle marmelos*】(2) ベルノキの実

बिल्वपत्र [名]〔ヒ〕ベルノキの葉（神聖視されシヴァ神に供えられる） तुम्हारा आदेश मेरे लिए बिल्वपत्र है, जिसे अपने सिर पर धारण कर अब मैं ... あなたの命令は私にとってはベルノキの葉も同然です．御命令に従ってこれから先は…

बिल्हण〔人名・文芸〕ビルハナ（11世紀のサンスクリット詩人．叙情詩 चौरपंचाशिका が有名）

बिवरना [他] (1) ほどく；ほぐす (2)（髪を）くしけずる (3) 詳しく述べる (4) きれいにする

बिवराना [他・使] ← बिवरना. (1) ほどかせる；ほどいてもらう；ほぐしてもらう (2) くしけずってもらう (3) 詳しく述べさせる

बिवहार [名] = व्यवहार.

बिवाई [名*]〔医〕（特に足にできる）ひび（皹）；あかぎれ；しもやけ बिवाई फटना ひびが切れる= शिगाफ़ हो०.

बिशप [名]《E. bishop》〔キ〕司教（ビショップ）= बिशॉप.

बिसंच [名] (1) 管理の悪いこと (2) 不注意 (3) 障害；妨げ

बिसँभर [形] (1) 管理の行き届かない (2) 不注意な；だらしのない (3) 前後不覚の

बिस [名] 毒= विष; गरल. **बिस की गाँठ** 悪の根元

बिसखपरा [名] (1)〔植〕ツルナ科雑草【*Trianthema pentandra; T. govindia; T. obcordatum*】(2)〔植〕ツルナ科雑草スベリヒユモドキ【*Trianthema portulacastrum*】(3)〔植〕マメ科ジャケツイバラ属小木【*Caesalpinia cucullata*】(4)〔動〕トカゲの一種，コモチカナヘビ属（有毒）【*Lacerta iguana*】

बिसतरना[1] [自] 広がる；拡大される→ विस्तार.

बिसतरना[2] [他] 広げる；拡大する

बिसनी [形] (1) 悪徳に耽る (2) 気取りのある (3) おしゃれな；ぱりっとした；派手な= छैला; चिकनिया. (4) 女遊びをする；女道楽に耽る

बिसमय [名] → विस्मय.

बिसमिल [形]《P. بسمل बिस्मिल》(1) 生け贄にされた (2) けがをした；負傷した；傷ついた= आहत; क्षत; घायल.

बिसमिल्ला [感] → बिस्मिल्लाह.

बिसरना[1] [他] 忘れる；忘却する= भूल जा०. भूली-बिसरी स्मृतियाँ ताज़ी हो जाने पर 忘れ去っていた記憶がよみがえると

बिसरना[2] [自] 忘れる；忘れ去る

बिसराना [他] 忘れる；忘れ去る；忘却する= भुला दे०; विस्मृत क०.

बिसराम [名] → विश्राम.

बिसल [名] 芽= कोपल; अंकुर.

बिसवाँसी [名*] ビスワーンシー（ビスワー बिस्वा の20分の1の面積．ビスワーは20分の1ビーガー बीघा の広さ）

बिसवा [名] = बिस्वा.

बिसवार [名] 理髪師・床屋の道具入れ

बिसवासी[1] [形] (1) 信頼する (2) 信頼すべき

बिसवासी[2] [形] 信頼できない；信用できない；当てにならない

बिससना[1] [他] 信頼する；信用する= विश्वास क०.

बिससना[2] [他] 殺す；殺害する= वध क०; मार डालना.

बिसहना [他] 買う；購入する= मोल ले॰; ख़रीदना.
बिसहर[1] [形] 毒を持った；有毒な= विषधर; विषैला.
बिसहर[2] [名]〔動〕蛇；毒蛇
बिसात [名*] 《A. بساط》 (1) 敷物 (2) 小間物屋などが商いの品を広げる敷物 (3)（チェスなどの）盤 (4) 経済力；甲斐性 हमारे जैसे मामूली लोगों की बिसात क्या है! 俺たちみたいな普通の人間の甲斐性は知れたものだよ (5) 力；権限 दफ़्तर में उनके नीचे काम करने वालों की तो बिसात ही क्या? オフィスであの人の下で仕事をする者の力なんぞ知れたものだ वहाँ तो परिंदा भी पर नहीं मार सकता, आम इंसान की बिसात ही क्या है? あそこは鳥さえ近づけないところだ．そこらの人間の力が及ぶものかね
बिसातख़ाना [名] 《A.P. بساط خانه》 (1) 小間物店；雑貨店 (2) 小間物；雑貨
बिसातबाना [名] 小間物；雑貨
बिसाती [名] 《A. بساطی》 小間物屋；小間物商；雑貨商（糸，針，ボタン，せっけん，油などを商う）
बिसाना[1] [自] 支配が及ぶ；影響が及ぶ= बस चलना; वश चलना.
बिसाना[2] [自] 毒を持つ；毒を及ぼす；毒気がある= ज़हरीला हो॰. **मरा हुआ कायस्थ भी बिसाता है**〔諺〕カーヤストは死んでも毒を持つ（カーヤストの油断ならないことをたとえる表現）
बिसाना[3] [他] 有毒にする
बिसायँध [形・名*] 生臭い（臭い）；魚や肉の腐ったような臭い（のする）
बिसायत [名*] = बिसात.
बिसारना [他] 忘れる；忘却する= भुला दे॰.
बिसारा [形+] 毒のある；有毒な= विषैला; विषाक्त.
बिसास [名] (1) = विश्वास. 信頼 (2) = विश्वासघात. 背信；裏切り
बिसासी [形] (1) 信頼できない；裏切る (2) いんちきな
बिसाहना[1] [他] (1) 買う；買い入れる；購入する= ख़रीदना; मोल ले॰. (2) 良くない結果を招く言動をする；不利益を招く言動をする बैर बिसाहना 恨みや憎しみを買う
बिसाहना[2] [名] (1) 商品；商いの品；品物 (2) 購入
बिसाहनी [名*] 売買；売り買い= सौदाबाज़ी.
बिसाहा [名] 商品；商いの品 = सौदा; बिसाहना.
बिसूरना [自] (1) ふさぎ込む；考え込む；悲しむ रोती हुई अम्मा और बिसूरते हुए पप्पा मुझे सारी रात दिखाई दिए 泣いているママとふさぎ込んでいるパパの姿が夜通し瞼に浮かんだ (2) しくしく泣く देर तक दरवाज़े में खड़ी बिसूरती रही 長い間戸口に立ってしくしく泣いていた बाद में बिसूरते हुए मेरे पास आकर, वे बहुत देर तक मेरा शरीर प्यार से सहलाते रहे その後しくしく泣いている私の側に来て随分長い間私の身体をさすっていた
बिसेख [形] = विशेष.
बिसेस [形] = विशेष.
बिस्किट [名] 《E. biscuit》 ビスケット= बिस्कुट.
बिस्कुट [名] 《E. biscuit》 (1) ビスケット (2) ビスケットの形をした板状の金塊= सोने का बिस्कुट.
बिस्तर [名] 《P. بستر》 (1) 床；寝床；寝具 (2) ベッド；寝台；（病院の）ベッド सरकारी अस्पतालों में 24,000 बिस्तरों की व्यवस्था 官立病院に2万4000床の設備 **बिस्तर उठाना** 荷物を片付ける；出立の準備をする **बिस्तर गीला क॰** 寝小便をする **बिस्तर गीला कर देने की आदत** 夜尿症 **बिस्तर गोल क॰** = बिस्तर उठाना. **बिस्तर छोड़ दे॰** *a.* 起きる；床を離れる；起床する *b.* 床上げする；床払いする **बिस्तर जमाना** 住む；住み着く **बिस्तर पकड़ना** 寝込む；病気で床につく；病みつく **बिस्तर पर पेशाब क॰** 寝小便をする **बिस्तर बिछाना** 床を取る；寝床を敷く बिस्तर बिछाकर सो गया 床を敷いて寝てしまった **बिस्तर भिगोना** 寝小便をする；布団を濡らす；夜尿 **बिस्तर लगाना** 寝床を敷く；床を取る **बिस्तर लपेटना** = बिस्तर उठाना. **बिस्तर से लग जा॰** = बिस्तर पकड़ना.
बिस्तरबंद [名] 《P. بستر بند》 携帯用の寝具入れ（の袋）
बिस्तारना [他] (1) 広げる= फैलाना. (2) 詳しく述べる
बिस्तुइया [名*]〔動〕爬虫類ヤモリ科ヤモリ
बिस्मिल [形] 《A. بسمل》 (1) 生け贄にされた (2) 傷ついた；負傷した；手負いの
बिस्मिल्लाह [感] 《A. بسم الله》 (1) イスラム教の聖句「慈愛あまねく慈悲深きアッラーの御名によって」の句の最初の部分 (2) これを唱えてから学業始めなどの行事や儀礼を開始すること (3) これを唱えながら行われる屠畜 **बिस्मिल्लाह क॰** 始める；開始する हम लोग बिस्मिल्लाह करके खाना शुरू करते हैं 私たちはビスミッラーを唱えてから食事を食べ始める **बिस्मिल्लाह ही ग़लत हो॰** 物事の最初から間違いをする；出端からしくじる
बिस्वाँसी [名*] ビスワーンシー（面積の単位で 20 分の 1 ビスワー．約 $6.322m^2$）→ बिस्वा.
बिस्वा [名] ビスワー（面積単位の一で 1 ビーガー(बीघा）の 20 分の 1．約 $126.45m^2$）→ बीघा. **बीस बिस्वे** 確実に；間違いなく；必ず；100 %
बिस्वादार [名] 《H. + P. دار》 土地や田畑の共同相続人
बिस्वादारी [名*] 《H. + P. داری》 土地や田畑の共同相続
बिस्वार [名] ビスワール（アルパナー अल्पना を描くのに用いる米粉を水で溶いたもの．कुमाऊँ地方での呼称）→ अल्पना.
बिहंगम [名] = विहंगम.
बिहँसना [自] (1) ほほえむ（微笑む） (2) 笑う (3) 花が開く；花の蕾がほころぶ (4) 嬉しくなる
बिह [形] 《P. بہ / بِہ》 良い；すぐれた；立派な= बिहतर; बेहतर; उम्दा.
बिहग [名] = विहग.
बिहतर [形] 《P. بہتر》 更に良い；もっとすぐれた；一層すぐれた；さらに立派な= बेहतर.
बिहतरी [名*] 《P. بہتری》 = बेहतरी.
बिहबूद [名*] 《P. بہبود》 = बेहबूद.
बिहबूदी [名*] 《P. بہبودی》 = बेहबूदी.
बिहरना[1] [自] (1) 裂ける= फटना. (2) 壊れる；つぶれる= टूटना.
बिहरना[2] [他] (1) 裂く；引き裂く (2) 壊す；つぶす
बिहरना[3] [自] 散策する；散歩する
बिहाग [名] → विहाग.〔イ音〕ビハーグ（ラーガ）；ヴィハーグ
बिहान [名] 早朝；暁= सबेरा; प्रातःकाल.
बिहाना [他] 手放す；捨てる；放棄する
बिहार [名] (1)〔地名〕ビハール州= बिहार प्रदेश. (2) 僧院（仏教やジャイナ教の）= विहार.
बिहारना [自] 散策する= बिहार क॰.
बिहारी[1] [名] ビハール州（地方）の人；ビハール出身の人
बिहारी[2] [名*]〔言〕ビハール地方の言葉（ミティラー地方のマイティリー मैथिली, ガヤー地方を中心に話されるマガヒー मगही, 州西部を中心に話されるボージプリ भोजपुरी が代表的な言語でこれらを総称してビハーリーと呼ぶ）
बिहारी[3] [形] ビハールの；ビハール州の；ビハール地方の
बिहारी[4] [形] 散策する
बिहारी[5] [名] クリシュナ神の異名の一
बिहिश्त [名] 《P. بہشت》 天国；極楽= स्वर्ग; जन्नत.
बिहिश्ती[1] [形] 《A. بہشتی》 天国の；極楽の= स्वर्ग का; स्वर्गीय.
बिहिश्ती[2] [名] (1) 天国の住人= स्वर्ग का निवासी. (2) = भिश्ती.
बिही[1] [名*] 《A. بہی》 (1)〔植〕バラ科マルメロ／カリン【*Cydonia oblonga; C. vulgaris*】 (2) マルメロの実 (3)〔植〕フトモモ科小高木グアバ／バンジロウ→ अमरूद.
बिही[2] [名*] 《P. بہی》 よさ；優秀さ
बिहीदाना [名] 《P. بہیدانہ》 マルメロ（カリン）の種（薬用）
बिहीन [形] → विहीन.
बिहुला [名]〔イ文芸〕ビフラー（ウッタル・プラデーシュ，ビハール，ベンガルなどの広い地域に伝承される物語詩．新妻が夫を死からよみがえらせる話が主題になっている）
बींट [名*] 鳥の糞 = बीट. कबूतर की बींट 鳩の糞
बींड़ा [名] (1) ビーンラー（小枝などを編んでこしらえた円筒形のもので簡易井戸の壁面の補強用に用いられる） (2) 植物繊維を編んでこしらえた綱の代用品 (3) わらを編んでこしらえた円形の敷物 (4) わらでこしらえた水がめなどを置く敷物
बींड़ी [名*] (1) 後頭部で編んだ女性の髪 (2) 頭上運搬用の頭に載せる台になる輪形のもの；かんわめ बींड़ी गूँधना 後頭部で髪を編む
बींदना[1] [他] 推量する；推察する
बींदना[2] [他] = बींधना.

बींधन [名*] (1) 貫くこと；穴をあけること (2) 突き刺すこと (3) 穴をあけた跡 (4) 困難

बींधना[1] [他] (1) 突き刺す अपने शिकार को काँटों में बींधकर लटका देने की विचित्र आदत होती है (モズには) 獲物をとげに突き刺すという変わった習性がある (2) 穴をあける；貫く；突き通す मोती बींधने का काम 真珠に穴をあける作業 (3) 奥深く入り込んで痛みを与える；言葉などが心を突き刺す समाज के ताने भी माता-पिता के कलेजे को बींधने लगते हैं 世間の嘲りが親の胸を突き刺すようになる

बींधना[2] [自] (1) 突き刺さる (2) 貫かれる

बी [名*] 《P. بی ← بی بی》 (1) 婦人；貴婦人 (2) 女性に対する敬称

बी॰ई॰ [名] 《E. B.E., Bachelor of Engineering》 工学士

बी॰ए॰ [名] 《E. B.A.; Bachelor of Arts》 (1) 文学士 बी॰ए॰की डिग्री प्राप्त क॰ 文学士号を取得する (2) (文) 学士課程 बी॰ए॰तक पढ़ना (文) 学士課程を修める

बी॰एच॰सी॰ [名] 《E. B.H.C.; benzoine hexachloride》 ビーエッチシー（有機塩素系殺虫剤）

बी॰एस॰एफ़॰ [名] 《E. B.S.F.; Border Security Force》 インド国境警備隊

बी॰एस॰सी॰ [名] 《E. B. Sc., Bachelor of Science》〔教〕理学士

बी॰ओ॰डी॰ [名] 《E. BOD; biochemical oxygen demand》〔生化〕生物化学的酸素要求量

बीकर [名] 《E. beaker》 ビーカー पानी से भरा हुआ बीकर 水の入ったビーカー

बीका [形⁺] 曲がった；屈曲した= टेढ़ा; बाँका.

बीकानेर 〔地名〕ビーカーネール（ラージャスターン州北西端にある都市．旧ビーカーネール藩王国時代の首都）

बीकानेरी [形] (1) ビーカーネールの (2) ビーカーネール地方の बीकानेरी रंगीन साफ़ा ビーカーネール風のサフラン色のチンツのターバン

बी॰कॉम॰ [名] 《E. B. Comm.; Bachelor of Commerce》 商学士

बीग [名]〔動〕オオカミ（狼）= भेड़िया.

बीगना [他] (1) まく（撒く）；散布する (2) 投げる

बीगहाटी [名*]〔農〕保有面積（ビーガー बीघा）に応じて徴集される地税

बीगिन [名*] 雌狼 ← बीग.

बीगोडी [名] 《Raj.》〔イ史〕面積により現金で徴集された地税（ラージャスターン）= बीघोड़ी; नक़द भूमिकर.

बीघा [名] ビーガー（土地面積の単位．パッカービーガー पक्का बीघा すなわち，公式ビーガーは 1 エーカーの 8 分の 5 の広さ，約 2529m^2．地域によって異なるビーガーは कच्चा बीघा と呼ばれた） दो-दो बीघे खेत दोनों की शादियों के लिए बेच दूँगी 2 人の結婚費用に 2 ビーガーずつ売り払うつもりです

बीच [名・後置]（後置詞としては - के बीच の形で用いられる）(1) 中央；真ん中 बीच का गुंबद बड़ा है 中央のドームが大きい (2) 中間；間 उन लड़कों की उम्र भी बारह से सोलह वर्ष के बीच थी その少年たちの年齢も 12 歳から 16 歳の間だった त्रिवेंद्रम और कन्या कुमारी के बीच की भूमि सुपारी, काजू, केला, नारियल, धान आदि से उर्वर है トリバンドラムとカニヤークマーリーとの間の土地はビンロウジ，カシューナッツ，バナナ，ココヤシ，イネなどが豊かに稔る दो पक्षों के बीच में 両派の間に **- से = के बीच** ーと=との中間に क्रिकेट की गेंद का वज़न 156 ग्राम से 163 ग्राम के बीच होता है クリケットのボールの重さは 156g から 163g の間である (3) 隙間 दाँतों की दरारों के बीच में 歯と歯の隙間に (4) 間；時間 इसी बीच सरपंच जी चाय थमा गए ちょうどこの間にサルパンチがお茶を配った (5) 間；関係あるものの中間；関係 पुरुषों और स्त्रियों के बीच असमानता है 男と女の間には不平等がある (6) 距離；へだたり；差；差違 **बीच क॰** 仲裁する = झगड़ा मिटाना; बीच बचाव क॰. **बीच का आदमी** *a.* 仲介人；仲人 *b.* 中間の人；上下の中間の人 **बीच का रास्ता निकालना** （両者の）間を取る；中間の道を取る **बीच खेत** *a.* 公然と；あからさまに *b.* きっと；必ずや देख लेना, बेटी होगी और बीच खेत बेटी होगी いいかい，（今度生まれるのは）きっと女の子だよ，きっとだよ **(-के) बीच (से) गुज़रना** （ーを）経る；通過する **बीच डालना** 変える；変化させる **(-को) बीच (में) देकर** *a.* （ーを）証人にして；（ーに）誓って *b.* （ーを）仲裁人にして **बीच पड़ना** 間に入る；仲裁する **(-का) बीच पड़ना** （ーの）差が生じる **बीच पारना** = बीच डालना. **बीच बाज़ार (में)** 公然と；大っぴらに **बीच बाज़ार में कपड़े उतरवाना** 人前で恥をかかせる **बीच बीच में** 間を置いて；間隔を置いて **बीच भँवर में नाव पड़ना** 甚だ困った状況になる **बीच में आ॰** *a.* 間に立つ；間に入る；仲裁する *b.* 干渉する *c.* 保証人になる **बीच में कूद पड़ना** 余計な口出しをする；話にわりこむ；口を挟む तुमसे क्या मतलब है जी, क्यों बीच में कूद पड़ते हो? お前に何の関係があるのだ．なぜ口を挟むのだ तुम लोग बीच में न कूद पड़ते, तो मैंने उन सबों को ठीक कर लिया होता 君たちが余計な口出しをしなかったらあの連中にみな思い知らせてやったのに **बीच में घसीटना** 引きずりこむ **बीच में छोड़ दे॰** 中途半端にする；途中でやめる **बीच में टाँग खींचना** おせっかいをやく；口出しする；余計なことに口を挟む ख़ैर, अपने अपने शौक़.हम कौन होते हैं बीच में टाँग खींचने वाले ともかく人それぞれの好みのあるもの，おれたちが口出しする権限はない **(-को) बीच में डालकर** （ーを）証人に立てて **(-को) बीच में डालना** （ーを）間に入れる；証人にする **(-के) बीच में दीवार खड़ी क॰** （ーの間に）壁を作る **बीच में पड़ना** = बीच में आ॰. काफ़ी बहस के बाद और अन्य लोगों के बीच में पड़ने से राजेंद्र का माया से विवाह हो गया かなりの議論がありまた他の人たちが間に入ってラージェーンドラとマーヤーの結婚となった **बीच में बोलना** *a.* 口を挟む मंत्री जी उसे अनसुना करके बीच में ही बोले 大臣はその言葉を遮って口を挟んだ *b.* 口出しする तुम कौन होते हो बीच में बोलनेवाले お前には口出しをする資格はない **बीच रखना** 距離を置く **बीच रास्ते** 途中に；途中で **बीच सड़क (में)** 公然と；大っぴらに **(-) बीच ही में लोक ले॰** （ーを）妨害して自分の利益をはかる

बीचबचाव [名] (1) 仲裁；間に入ること बड़ों के बीचबचाव से मामला दबाकर 先輩たちの仲裁で問題を抑えて **बीच-बचाव क॰** 仲裁する；仲を取りもつ (2) 斡旋 कुछ लोगों ने बीच-बचाव कर सौदा और नम्र करना चाहा 一部の人たちが斡旋して取引をさらに穏やかなものにしようとした

बीचों बीच [名・副] 真ん中（に）；中央（に） चमन के बीचों बीच चौड़े रास्ते हैं 庭園の真ん中に広い道がある ब्रह्मा का मंदिर नगर के बीचों बीच है ブラフマー神を祀った寺院は街の真ん中にある नाव के पिछले भाग में बीचों बीच एक कैंची से काट बनाओ 船形の後部の真ん中に鋏で切り込みを入れなさい

बीछना [他] よる；より出す；よりわける= चुनना.

बीछी [名*]〔節動〕サソリ；蠍= बिच्छू. **बीछी चढ़ना** サソリの毒が回る **बीछी मारना** サソリが毒針で刺す

बीछू [名] (1) = बिच्छू. (2) = बिछुआ.

बीज[1] [名] (1) 種；種子 बीजों की दूकान 種苗店 (2) 基；原因；種；源泉 ये छोटी-छोटी बातें उसके मन में भी कलह के बीज बो सकती हैं こうしたささいなことがその人の心の中にも争いの種を蒔きうる (3) 精液= शुक्र; वीर्य. (4)〔ヒ・仏〕マントラの中核を成す象徴的な文字，あるいは，音節 (5)〔仏〕しゅうじ（種子）；種字 (6) 代数（学） (7) 演劇の要素の一．筋の端緒 **बीज बोना** *a.* 種を蒔く *b.* 開始する；始める

बीज[2] [名] 雷 = बिजली.

बीजक [名] (1) 表= सूची; फ़िहरिस्त. (2)〔商〕送り状 (3) 聖者の言葉を集めたもの；聖者の語録（カビールダース कबीरदास のものが有名） (4) 穀粒 (5)〔植〕マメ科高木マラバルキノカリン= असना. (6)〔植〕ミカン科低木シトロン बिजौरा

बीजकोश [名] (1)〔植〕子房 (2) 蓮の花托

बीजखाद [名]〔農〕小作人が地主や金貸しから種子及び肥料代として受け取る代金

बीजगणित [名] 代数 〈algebra〉

बीजगोलक [名]〔植〕(1) カルンクル 〈caruncle〉 (2) 種枕；種阜 〈strophiole〉

बीजधारी [形] 種を持つ；種子を有する बीजधारी पौधे 種子植物

बीजन [名] うちわ；扇= पखा; बेना.

बीजना [他] 種を蒔く；種蒔きをする

बीजपत्र [名]〔植〕子葉 〈cotyledon〉

बीजमंत्र [名] (1)〔ヒ〕特定の神を象徴する文字や音節 (2)〔仏〕種字= मूलमंत्र.

बीजवाहन [名] シヴァ神

बीजवृक्ष [名]〔植〕マメ科高木マラバルキノカリン= असना का पेड़. 〈Pterocarpus marsupium〉

बीजांकुर [名] 二葉；双葉
बीजांड [名]〔生〕小卵〈ovule〉
बीजा[1] [形⁺] 第２の；２番目の＝ दूसरा; अन्य.
बीजा[2] [名] (1) ＝ बीज. (2)〔植〕マラバルキノカリン＝ बीजक; असना.
बीजाक्षर [名]（タントリズム，密教における）種子；種字
बीजाणु [名]〔生〕胞子；芽胞〈spore〉 बीजाणु हवा में उड़कर इधर-उधर फैल जाते हैं 胞子は空中に浮かんであちこちに広がって行く
बीजाणु थैली [名*]〔生〕胞子嚢＝ बीजाणुधानी.
बीजाणुधानी [名*]〔生〕胞子嚢〈sporangium〉
बीजारोपण [名] (1) 播種；種を蒔くこと；植え付け (2) 不和や心配などの基になる種を蒔くこと；原因を作ること द्वेष और कलह का बीजारोपण कर देते हैं 憎しみと争いの種を蒔く (3) 基礎作り；植え付け क्रांतिकारी भावनाओं का बीजारोपण 革命精神の植え付け
बीजित [形] 種の蒔かれた；種蒔きの済んだ＝ बोया हुआ.
बीजी[1] [形] (1) 種の入っている (2) 種の；種に関する
बीजी[2] [名] 父親
बीजी[3] [名*] 果実の核；さね（実，核）；果実の核に入っている仁（にん）；胚
बीजीटीरियन [名]《E. vegetarian》菜食主義者；ベジタリアン＝ शाकाहारी.
बीजू[1] [形] ← बीज. (1) 実生の；実生えの बीजू पौधा 実生の草木 (2) 実生の木の बीजू आम 実生の木になったマンゴー
बीजू[2] [名]〔動〕イタチ科ミツゲイアナグマ【*Mellivora capensis*】
बीजोदक [名] ひょう（雹）＝ ओला.
बीझा [形⁺・名] 人気のない（所）；無人の（所）
बीट[1] [名*] (1) 鳥の糞 (2) 糞；くそ (3) 全く取るに足らぬもの
बीट[2] [名*]《E. beat》〔音〕ビート उसकी जानी पहचानी बीट 彼の馴染みのビート
बीटर [名]《E. beater》泡立て器
बीटा [名]《E. beta》〔物理〕ベーター बीटा किरण ベーター線〈beta ray〉
बी॰टेक॰ [名]《E. B.T.; Bachelor of Technology》工学士
बीड़ [名*] 硬貨を積み重ねたもの
बीड़ा [名] ビーラー（キンマの葉に石灰，アセンヤクなどを塗ったりビンロウジなどの薬味を加えて嗜好品として噛めるようにしたもの．これは人に重要な任務を与える際に儀礼的に下賜されてきた）．(-का) **बीड़ा उठाना** 任務を引き受ける इतने बड़े काम का बीड़ा उठा लिया こんな大任を引き受けた मार्क्सवाद ने पूँजीवादी व्यवस्था को समाप्त करने का बीड़ा उठाया マルキシズムは資本主義体制を終結させる任務を引き受けた **बीड़ा डालना** 挑戦する；挑む **बीड़ा दे॰** 任務を与える **बीड़ा रखना** ＝ बीड़ा डालना. **बीड़ा ले॰** ＝ बीड़ा उठाना.
बीड़ी [名*] (1) ビーリー（一種の葉巻タバコであるが，乾燥したリュウキュウコクタンなどの葉に刻みタバコを巻いたもので安価なタバコの代表） (2) 小さい形のビーラー（बीड़ा）
बी॰डी॰ओ॰ [名]《E. B.D.O.; block development officer》インドの農村開発プロジェクトのブロックの責任者＝ खंड विकास अधिकारी.
बीत [名*] (1) 牧夫に支払われる労賃 (2) 家畜の飼育料
बीतना [自] (1) 過ぎる；経過する आगे इसपर बात नहीं हुई, इधर-उधर की छोटी-छोटी निरर्थक बातों में समय बीत गया それ以上このことについては話は進まず，つまらぬよもやま話のうちに時間が過ぎ去った परीक्षा का दिन तो बीत चुका था 試験日は過ぎてしまっていた बीते हुए समय का 過ぎ去った時の (2) 生じる；起こる；発生する उसने अपने ऊपर बीती घटना फ़क़ीर को सुनाई 自分の身の上に生じた事件をファキールに語った उनके ऊपर क्या बीतेगी（そうしたら）父や母の身の上には一体何事が起こるやら
बीता [名] ＝ बित्ता.
बीदर [名] (1)〔地名〕ビーダル；ビダル (2) 銅合金の総称（1. 真鍮；黄銅，2. 特殊黄銅，3. 青銅）→ बिदर.
बीदरी [名*]（ビダル地方で盛んになったことからこの名がある）真鍮細工；黄銅細工；青銅細工；ビーダリー→ बिदरी.
बीधना [他] ＝ बींधना.
बीन [名*] (1)〔イ音〕ビーン（北インドで用いられるヴィーナーの一種の弦楽器） (2) ビーン（蛇使いの吹く笛，トゥームリー तूमड़ी）
-बीन [造語]《P. بین/بیں》＝ -बीं.（ーを）見る，眺めるなどの意を有する合成語の構成要素 दूरबीन 望遠鏡 ख़ुर्दबीन 顕微鏡
बीनकार [名] ビーンの弾き手；ヴィーナー演奏者
बीनना [他] (1) より出す；選別する；よりわける गेहूँ व चावल में से कंकर बीनकर अलग करना 小麦や米から小石をより出す बुढ़िया बाहर आँगन में बैठी चावल बीन रही थी 老婆は中庭に腰を下ろして米（の石）をより出していた (2) 拾う；拾い集める；寄せ集める घसियारिनें पहाड़ों पर लकड़ी बीनने लगीं 草刈りの女たちは山で薪を拾い集めにかかった वे अपनी जीविका खेत काटने पर वहाँ गिरे अन्न के दानों को बीनकर एकत्रित कर चलाते थे 収穫後に畑に落ちた穀粒を拾い集めて（落穂拾いをして）生計を営んでいた समुद्रतट पर नमक बीनकर 海岸で塩を集めて
बीनाई [名*]《P. بینائی》視力 सोने से पहले आँखें धोकर सुरमा लगा लेने से बीनाई बढ़ती है 寝る前に目を洗いスルマーをつけると視力が増す बाप की आँखों में बीनाई आ गई お父さんの目が見えるようになった（視力が戻った）
-बीनी [造語]《P. بینی》（ーを）見ること，眺めることなどの意を有する造語要素 तमाशबीनी 廓通い
बीफ़ [名*]《E. beef》牛肉もしくは水牛の肉
बीफे [名] 木曜日＝ बीफै. बीफे के दिन आठ बजे सुबह 木曜日の午前８時に
बीफै [名] 木曜日＝ वृहस्पतिवार; गुरुवार.
बीबी [名*]《P. بی بی》(1) 婦人 (2) 貴婦人 (3) 女性に対する丁寧な呼びかけの言葉 (4) 人名について敬意を表す語．様，さん बीबी जी お嬢さん（主家の娘に召使いの呼びかけ） अरे वाह माया बीबी, बड़ा सुंदर डिज़ाइन है! わあすごいわマーヤーさん，とても素敵なデザインだわ
बीभत्स[1] [形] いとわしい（厭わしい）；おぞましい；忌むべき；気味の悪い＝ वीभत्स.
बीभत्स[2] [名] (1) いとわしさ（厭わしさ） बीभत्स में सुंदर और सत्य मौजूद हैं 厭わしさの中に美と真実とが存在している (2) ＝ बीवत्स रस.
बीभत्स रस [名]〔イ文芸〕古典インド文学の詩論によりラサ（情調）の一，憎悪→ वीभत्स रस.
बीभत्सा [名*] 厭わしさ；おぞましさ；嫌悪感＝ घृणा; जुगुप्सा; अरुचि.
बीम[1] [名]《E. beam》(1) 梁 (2) 船のビーム；横梁 (3) 帆柱
बीम[2] [名]《P. بیم》(1) 恐れ；恐怖＝ भय; डर. (2) 絶望＝ निराशा.
बीमा [名]《A. بیمہ》(1) 保険 (2) 保険証書 बीमा करवाना 保険に入る बीमा किया हुआ 保険に入っている；保険付きの जीवन-बीमा 生命保険 जीवन-बीमा करवाना 生命保険に入る
बीमा उद्योग [名] 保険業
बीमा एजेंट [名]《A. بیمہ + E. agent》保険代理人
बीमा कंपनी [名*]《A.+ E. company》保険会社 बीमा कंपनी का एजेंट 保険代理店
बीमा कराई [名*]《A.+ H.》保険料
बीमाकर्ता [名] (1) 保険業者；保険会社 (2) 保険代理人；保険代理業者＝ बीमा एजेंट.
बीमा-क़िस्त [名*]《A. بیمہ قسط》保険の掛け金；保険料
बीमाकृत [形]《A. بیمہ + H.》保険に入っている；保険付きの
बीमा दलाल [名]《A. بیمہ دلال》保険ブローカー；保険代理人
बीमा धारा [名*]《A. بیمہ + H.》保険約款
बीमा पॉलिसी [名*]《A. بیمہ + E. policy》(1) 保険契約 (2) 保険証書；保険証券
बीमार [形]《P. بیمار》(1) 健康を損ねた；病気に罹っている；病気の；病気を患っている बीमार पड़ना 病気になる；病気に罹る (2) 経営不振の；経営の悪化している जो मिलें या फ़ैक्टरियाँ बीमार हो गई हैं 経営不振の工場 7 बीमार चीनी मिलों के प्रबंध को राज्यनिगम द्वारा अपने हाथ में लेने का फ़ैसला 経営不振の７つの製糖工場の経営を州の公社が引き受ける決定 (3) 勢いのない रोशनी धुंधलके के कारण पीली, अशक्त और बीमार मालूम पड़ रही थी 明かりは薄暗がりのため黄色く元気がなく勢いがないように見えていた (-) **बीमार क॰**（ーを）病気に罹らせる；病人にする अरे, इतनी सर्दी में इसे बरफ़ जैसे पानी में नहलाओगी? बीमार करना है क्या? こんな

に寒いところで氷のように冷たい水で体を洗ってやるのかい，病気にさせるつもりかい

बीमारदार [形・名]《P. بیمار دار》看護する（人）；看病する（人）= तीमारदार.

बीमारदारी [名*]《P. بیمار داری》看病；看護；病人の世話= तीमारदारी.

बीमार-पुर्सी [名*]《P. بیمار پرسی》病気見舞い चलते-चलते ही बीमारपुर्सी भी हो जाएगी ついでに病気見舞いにもなるだろうし

बीमारी [名*]《P. بیماری》(1) 病気；患い= रोग. लंबी बीमारी 長患い पुरानी बीमारी 持病 गले की बीमारी のどの病気 बीमारी（बीमारियाँ）फैलना 病気が広がる इससे बीमारियाँ फैलती हैं これで病気が広がる बीमारी（बीमारियाँ）फैलाना 病気を広める (2) 悪い癖；悪癖

बीमेदार [形]《A.P. بیمه دار》保険に入った（人）；保険加入者

बीयरर चैक [名]《E. bearer check》持参人払い小切手

बीया[1] [形] 2番目の；第2の= दूसरा; द्वितीय.

बीया[2] [名] 種；実 = बीज; दाना.

बीर[1] [名] (1) 兄弟に対する呼びかけの言葉 (2) 呪法・呪術に長じた人 (3) 調伏されない霊 (4)（造語要素として）何かに長じていたり勇猛な人の意を有する複合語を作る (5) → वीर.

बीर[2] [名*] (1) 女性にとって女性の友達，あるいは，女性が友達を呼ぶ言葉 (2)〔装身〕女性の金銀製の耳飾りの一 = बिरिया. (3)〔装身〕女性の手首飾りの一

बीर[3] [名] (1) 牧場；牧草地 (2) 牧場や牧草地で家畜に草を食べさせる料金；放牧料

बीरन [名] 女性が兄弟に呼びかける言葉= बीर; भाई.

बीरबहूटी [名*]〔昆〕半翅類カイガラムシ科エンジムシ【*Dactylopius coccus Costa syn. Coccus cakti Linn.*】= इंद्रवधू. 〈cochineal insect〉= इंद्र वधू.

बीरा [名] (1) 神様へのお供えのお下がり（花や果物） (2) パーン（पान）のビーラー（बीड़ा）

बीरी [名*] ビーリー = बीड़ी.

बीरूनी [形]《P. بیرونی》外の；外側の；外部の वह जिस्म के बीरूनी हिस्सों को गंदा कर देता है それが体の表面を汚す

बील[1] [形] うつろな；空の；中空の= पोल.

बील[2] [名] 低地；低湿地

बीवर [名]《E. beaver》〔動〕ビーバー科ビーバー；海狸

बीवी [名*] 妻；家内 बीवी बच्चे 妻子；家族

बीस [数・形] (1) 20 (2) 他と比べて程度が上の；よりすぐれている；勝っている (3) より多い (4) 沢山の **बीस पड़ना** 勝る；すぐれる；凌ぐ उन विद्वानों के साथ दार्शनिक बातचीत में वही बीस पड़ते थे その学者たちと哲学の議論をすると同氏の方がいつも勝っていらっしゃった वह किसी पुलिस कांस्टेबल से कम तगड़ा और कम तेज़ नहीं दौड़ता था, बीस ही था, उन्नीस नहीं どの巡査より体格もすぐれており走るのも早かった．勝りこそすれ劣ることはなかった हमारे वैज्ञानिक विदेशों के वैज्ञानिकों से इस मामले में बीस ही हैं わが国の科学者は外国の科学者に比べてこの面では確かにすぐれている **बीस उन्नीस हो॰** 大差のない；五十歩百歩の関係 **बीस बिस्वा** 間違いなく；完全に；確実に= बीस बिस्वे. **बीस से उन्नीस पड़ना** 少し劣る **बीसों**→別項見出し．

बीसना [他] チェスなどの盤を広げる

बीसपंथी [名]〔ジャ〕ビースパンティー（ジャイナ教空衣派に属する人）

बीसवाँ [形$^+$] 20番目の बीसवीं शती 20世紀= बीसवीं सदी. बीसवीं सदी का सर्वाधिक समर्थ और अनूठा संत-योद्धा 20世紀の最も強力なかつ風変わりな聖者兵士

बीसा [名] ビーサー（北インドのヒンドゥー教徒のカースト名，商人カーストの一）

बीसी[1] [名*] (1) 20個のものをひとまとめとして数えたもの；20のものの集まり = कौड़ी. (2) 20を一単位とするもの 20 बीसी रुपये 400ルピー (20 × 20) **बीसियों** 幾十の；数十の；非常に多くの；山ほどの बीसियों तो चूहे बसते हैं ねずみは数十匹は住んでいる पेट की बीमारी बीसियों बीमारियों की जड़ है 胃の病気はいろんな病気のもとになる बीसियों किस्म के खिलौने さまざまな玩具

बीसी[2] [名*] 土地面積の単位の一で1アール弱の面積

बीसी[3] [名*] ザミーンダールに納められた1ビーガーにつき2ビスワー（約252m^2）分の収穫物

बी॰सी॰जी॰ [名]《E. Bacille de Calmette-Guérin; BCG》〔医〕ビーシージー（BCG）の注射（予防接種）

बीसों [副] ←बीस. (1) 幾十も；数十も (2) うんと；山ほど；沢山 बीसों बार 数十回；しきりに；幾度となく

बीह [名] 恐れ；恐怖= भय; भीति.

बीहड़ [形] (1) でこぼこした；起伏の多い मार्ग बहुत बीहड़ था और सुनसान 道はでこぼこで人気がなかった यह रास्ता बहुत दुर्गम और बीहड़ है この道はとても険しく起伏が多い (2) 耕作されていない；耕されていない；荒れた (3) 荒々しい；殺伐とした；殺風景な बियाबान और बीहड़ वन्य-प्रदेश 寂しい殺伐とした原野

बुंद [名*] (1) しずく= बूँद; बिंदु; टोप. (2) 精液= वीर्य; शुक्र.

बुंदकी [名*] (1) 小さく丸い斑点やしるし (2) 小さなしずく

बुंदकीदार [形]《H. + P. دار》小さく丸い斑点やしるしのついた

बुंदा [名] (1)〔装身〕ブンダー（ヒンドゥー女性が耳たぶにさげる耳飾りの一種） (2)〔装身〕ブンダー（ヒンドゥー女性が額に貼りつける飾り物の一種）

बुँदिया [名*] (1) 小さなしずく（雫） (2) ブンディヤー（ヒヨコマメの粉を原料に油で揚げた甘味，もしくは，塩味の小さな粒状の食品）

बुँदीदार [形]《H. + P. دار》小さな粒状の形が描かれている

बुंदेलखंड〔地名〕ブンデールカンド（マッディヤ・プラデーシュ州北部の北緯24～25度東経80度を中心とする地域．武勇の誉れ高いブンデーラー बुंदेला 族が支配したことによりこの名がある）

बुंदेलखंडी[1] [形] ブンデールカンド地方の

बुंदेलखंडी[2] [名] ブンデールカンド地方の住人

बुंदेलखंडी[3] [名*]〔言〕ブンデールカンディー（ブンデールカンド地方に話される西部ヒンディー語の一）

बुंदेला [名] (1)（ガーハダヴァーラ，もしくは，ガハラワーラ朝 गहरवार वंश から出たとされるクシャトリヤの一支派ブンデールカンド地方を根拠地とした）ブンデーラー族 बुंदेला सरदार छत्रसाल ブンデーラー族の頭目チャットラサール (2) ブンデールカンド地方の住人

बुंदेली [名*]〔言〕ブンデーリー語（グワーリヤル，ボーパール，ハミールプル，ジャーンシーなどを中心とするブンデールカンド地方の言語，西部ヒンディー語の一）

बुआ [名*] (1) おば（父の姉妹）= बूआ. (2) 年配の女性に対する呼びかけに用いられる बुआ जी（例えば上司の母親に向かっての呼びかけに用いて）お母さん

बुआई [名*] 種蒔き；播種= बोआई. ये बुआई के दिन हैं 今が種蒔き時だ अगर आधा खेत मुझे मिल जाए, तो मैं बुआई करूँगा 半分の畑がもらえるならば種を蒔くんだが बुआई हमेशा समय पर होनी चाहिए 種蒔きはいつも正しい時にしなくてはならない

बुआरी [名*]〔魚〕ナマズ科ワラゴ属の淡水魚【*Wallago attu*】= बुआली.

बुक[1] [名*] (1) モスリン (2) ぴかぴか光る薄い金属片

बुक[2] [名*]《E. book》本；書物；書籍= पुस्तक; किताब.

बुक[3] [名]《← E. book》(1) 予約 बुक कराना 購入のため予約する स्कूटर बुक कराना スクーターの購入を予約する (2)（荷物の）託送 बिना बुक कराए 託送扱いせずに → बुकिंग.

बुक़चा [名]《P. بقچه / بغچه बुग़चा/बुक़्चा》衣類の包み；風呂敷

बुक़ची [名*]《P. بقچی》小さな包み物

बुकना [自] 粉になる；砕かれる；粉砕される

बुकनी [名*] 粉；砕かれたもの= चूर्ण. (-) बुकनी कर डालना（－を）粉砕する；粉々にする

बुकबाइंडर [名]《E. bookbinder》製本屋 = दफ़्ती; जिल्दसाज़.

बुकबुक [名] 水の泡立つ音；ぶくぶく；ごぼごぼ नैचे से बुकबुक निकलने वाले पानी की आवाज़ 水ぎせるの管から発する水の音

बुकरम [名]《E. buckram》〔裁〕バックラム；えり芯

बुकशाप [名]《E. bookshop》= बुकशॉप. 本屋；書店

बुकस [名] 便所掃除人= भंगी; मेहतर.

बुकसेलर [名]《E. bookseller》本屋；書店主= पुस्तक विक्रेता.

बुका [名] → बुक्का[2].

बुकार [名] 雨季明けに川岸に残るきめのこまかい泥土

बुकिंग [名*]《E. booking》予約（座席の予約，切符の発売など）स्कूटर की बुकिंग スクーターの購入予約 अग्रिम बुकिंग 予約販売

बुकिंग क्लर्क [名] 《E. booking clerk》出札係
बुकुन [名] (1) 粉＝बुकनी. (2) 消化剤（粉薬）；消化薬＝चूर्ण.
बुक्क [名] (1) 心臓＝हृदय. (2) 胸；胸部＝वक्षस्थल. (3) 雄山羊＝बकरा.
बुक्कन [名] (1) 犬が吠えること (2) 動物が吠えたり鳴くこと
बुक्कस [名] (1) ブッカス（カースト制度の中でカースト外の賤民とされた人，プッカサ）＝चांडाल. (2) 便所掃除人
बुक्का[1] [名] (1) 心臓 (2) 肝臓 (3) 血；血液 (4)〔動〕雄山羊
बुक्का[2] [名] 雲母をこまかく砕いたもの；雲母粉（ホーリー祭に掛け合う色粉の材料の一）
बुक्की [名*] 心臓＝हृदय.
बुख़ार [名] 《P. بخار》(1) 蒸気；水蒸気 (2) 病気による発熱；熱（特にマラリア熱をさすことがある） बुख़ार देखने का आला 体温計 (3) 熱中；熱中状態；興奮状態 बुख़ार उतरना マラリア熱が下がる **लाल बुख़ार** 〔医〕スペイン風邪
बुख़ारा 〔地名〕《P. بخارا》ブハーラー（ウズベキスターン）
बुख़ारात [名., pl.] 《P. بخارات←بخار बुख़ार》蒸気；湯気；水蒸気 सूरज की गर्मी न होती तो समंदर का पानी बुख़ारात बनकर न उठता 太陽の熱がなかったら海水は水蒸気になって蒸発しない
बुख़ारी[1] [形] 《P. بخاری》(1) 蒸気の (2) 蒸気で動く
बुख़ारी[2] [形・名] 《P. بخاری》ブハーラーの（住人）
बुग़चा [名] 《T. بغچه》衣類の包み；風呂敷
बुग़ज़ [名] → बुग़्ज़.
बुग़दा [名] 《P. بغدا बुग़दा》肉屋の用いる肉切り包丁
बुग़्ज़ [名] 《A. بغض》(1) 敵意＝दुश्मनी; द्वेष. (2) 恨み；怨念＝बैर.
बुज़ [名*] 《P. بز》雌山羊＝बकरी; आजा.
बुज़कसाब [名] 《P.A. بز قصاب बुज़कस्साब》肉屋（屠畜・食肉処理業と食肉の販売）＝कसाई.
बुज़जिगर [形] 《P. بز جگر》＝बुज़दिल.
बुज़दिल [形] 《P. بز دل》小心な；臆病な＝डरपोक; भीरु. ↔ शेरदिल. 大胆な；度胸のある. न जाने क्यों मैं कुछ थोड़ा बुज़दिल हो गया हूँ なぜかわからぬが少し気が小さくなっている कहा न कि मैं एक बुज़दिल इनसान हूँ 申した通り一介の小心者でございます
बुज़दिली [名*] 《P. بز دلی》小心さ；臆病さ＝डरपोकपन; भीरुता. अपनी बुज़दिली पर उन्हें कोई दुख नहीं था あの人には自分の小心さに何ら辛い思いはなかった
बुजनी [名*]〔装身〕ブジニー（耳たぶにつける垂れのついた耳飾りの一種）
बुज़ियाला [名] 《← P. بز बुज़》(1) 大道芸人が芸をしこんだ子山羊 (2) 大道芸の猿回しの猿
बुज़ुर्ग[1] [形] 《P. بزرگ》(1) 年長の；年配の＝वृद्ध; बड़ा. (2) 目上の＝बड़ा.
बुज़ुर्ग[2] [名] (1) 目上の人；年長者；老人 घर में ससुर, जेठ तथा गाँव के किसी भी बुज़ुर्ग से पर्दा किया जाता है 家の中では舅，義兄，それに村の年長者ならだれに対してもパルダーが行われる (2) 祖先；先祖 हमारे बुज़ुर्ग यह कह गए हैं ご先祖さまのおっしゃったことです जो फल मैं आज खाता हूँ बुज़ुर्गों ने लगाये थे 今私の食べている果実は先祖の植えた（木になった）ものなのです
बुज़ुर्गवार [形] 《P. بزرگوار》(1) 尊敬すべき (2) 寛大な；度量の大きい (3) 偉大な
बुज़ुर्गाना [形] 《P. بزرگانه》(1) 尊敬すべき＝गुरुजनोचित. (2) 重厚な；重々しい (3) 先輩ぶった；偉そうな；態度の大きい पर पत्नी बुज़ुर्गाना अंदाज़ में उलटे समझा देती है ところが妻は先輩ぶった口調で逆に言いきかせる
बुज़ुर्गी [名*] 《P. بزرگی》(1) 大きさ (2) 偉大さ (3) 名誉；名声 (4) 尊敬 इलाके भर में उसकी बुज़ुर्गी की धाक थी その一帯に男の高名が轟いていた
बुज्जा [名]〔鳥〕トキの総称 काला बुज्जा〔鳥〕トキ科アカアシトキ【*Pseudibis papillosa*】 सफ़ेद बुज्जा〔鳥〕トキ科クロトキ【*Threskiornis melanocephalus*】
बुझना [自] (1)（火や火になぞらえられるものが）消える；鎮火する वह नक्सलवाद की आग को बुझने नहीं देती है それがナクサライトの火を消えさせない (2)（熱せられたものが水で）冷える；冷たくなる (3) のどの渇きが止まる；心の渇きが癒される；満足感で満ちる इसकी प्यास सदा बढ़ती है, बुझती नहीं 渇きは増すばかりでいやされることがない (4)（気力や気分などが）沈む；衰える；弱まる；しゅんとなる उसके दूसरे दिन वह कुछ बुझे-बुझे से दिखाई पड़े その翌日は何か沈んでいるように思えた श्यामू बेचारे का दिल बुझ गया あわれシャームーは沈みこんでしまった उसकी आवाज़ बुझी हुई है 元気のない声だ **बुझे मन से** 沈んだ気持ちで (5) ひっそりする；静まる；静かになる；おさまる चहकता हुआ आंगन बुझा-सा पड़ा था かつてさざめいていた中庭が今は火が消えたように静まりかえっていた (6)（まぶたが）ふさがる इब्राहीम की बुझती हुई आँखों के सामने イブラーヒームのふさがって行く目の前に **बुझी-बुझी सी आँखें** しょぼしょぼした目 (7) 減る；さがる **बुझ जा॰** *a*. 気力がなくなる *b*. 終わりかける *c*. 死にかける **बुझता दीपक** 死にかかっている人 **बुझती आग में घी दे॰** 静まりかけた怒りを再度かき立てる **बुझती आग में घी पड़ना** 静まりかけた怒りが再び燃え上がる＝बुझती आग में तेल पड़ना. **बुझे दिल से** しぶしぶ；気乗りせぬまま
बुझवाना [他・使] ←बूझना.（謎などを）解かせる＝बुझाना. वह लोगों से पहेलियाँ बुझवाने में बड़ी दिलचस्पी लेता था 謎かけ遊び（謎解きをさせるの）が大好きだった **पहेलियाँ बुझवाना** *a*. 謎かけ；謎解き *b*. 謎めかして言う；遠回しに言う तुम तो पहेलियाँ बुझवा रहे हो.साफ़-साफ़ क्यों नहीं कहते? 君は遠回しに言うんだね．なぜはっきりと言わないのだ
बुझाई [名*] ←बुझाना.
बुझाना[1] [他] (1) 火を消す；消火する←अगर तुरंत आग न बुझाई जाएगी तो. 即刻火を消さないと दीपक बुझाना 明かりを消す रोशनी बुझा दो 明かりを消しなさい (2)（熱したものを水につけて）冷やす (3) 焼きを入れる（- पानी में）बुझाना (4)（のどや畑などを）水でうるおす प्यास बुझाना のどの渇きを癒す नदियाँ खेतों की प्यास बुझाती 川は畑をうるおす／畑の渇きをいやす（川） (5)（怒りや激しい感情などを）静める；落ち着かせる
बुझाना[2] [他] (1) 理解させる；解らせる；説明する (2) 納得させる (3) 謎などを解かせる；謎をかける **पहेलियाँ बुझाना** *a*. 謎かけ；謎解き *b*. 謎めかして言う；遠回しに言う अब पहेली न बुझाओ もう遠回しに言うのはやめてくれ
बुझारत [名*] (1) 村のザミーンダールの通年の収支記録 (2) 説得
बुझौअल [名*] (1) なぞ；なぞなぞ (2) なぞめいた言葉；遠回しな表現 **बुझौअल बुझाना** 遠回しに言う；まわりくどく言う
बुड़की [名*] 水に潜ること；潜り；潜水＝डुबकी; गोता.
बुड़ना [自] (1) 沈む (2) 水に潜る；潜水する＝डुबकी; गोता.
बुड़बक [形] 間抜けの；愚かしい
बुड़बुड़ाना [自] (1) ぶつぶつ言う；不平をこぼす (2) 訳のわからぬことをつぶやく पुनः अचेत अवस्था में बुड़बुड़ाते हैं また気を失って意味不明のことをぶつぶつ言う
बुड़भस [名*] 年寄りが年甲斐もなく若い者のように振る舞うこと；年寄りの冷や水
बुड़ाना [他] 沈める＝डुबाना. → बूड़ना.
बुड़ार [名]〔鳥〕ガンカモ科ホシハジロ【*Aythya ferina*】
बुड़ीत [形・名] 回収不能の（金）；焦げついた；焦げつき
बुड्ढा [形⁺] 年老いた；老年の；老齢の
बुढ़ऊ[1] [形] ＝बुड्ढा.
बुढ़ऊ[2] [名] 老人；年寄り（時に，じじい，おいぼれなど老人を卑しめた言い方にもなる）
बुढ़ना [名] (1)〔植〕地衣類；苔＝पत्थरफूल. (2)〔植〕キク科多年草【*Pulicria crispa*】
बुढ़भस [名*] ＝बुड़भस.
बुढ़वा [形] ＝बुड्ढा.
बुढ़ाई [名*] ＝बुढ़ापा.
बुढ़ाना [自] ふける（老ける）；老いぼれる आप तो एकदम ही बुढ़ा गईं あの方はすっかり老けこんでしまわれた वह पहले से कहीं ज़्यादा बुढ़ा गये थे 以前よりはるかに老けこまれた तू तो जवान होने के पहले ही बुढ़ा गया था रे गिरस्ती में फँसकर お前は若くなる前に老いぼれてしまったね生活に追われて
बुढ़ापा [名] 老い；老齢；晩年；老後 अपने बुढ़ापे के बारे में सोचने का समय तब है जब आप जवान हैं और काम-काज कर रहे हैं 老後について考えるべき時は若くて仕事をしている時なのです जल्दी ही बुढ़ापा आ जाता है 老いはまたたく間に訪れるものだ **बुढ़ापे का मारा** 老いぼれた **बुढ़ापे का सहारा** 老後の支え；子供 **बुढ़ापे की लकड़ी** ＝बुढ़ापे का सहारा; बुढ़ापे की लाठी.

बुढ़िया [名*] 老女；老婆 **बुढ़िया आँधी** 猛烈な砂嵐 **बुढ़िया का काता** 綿菓子= बुढ़िया के बाल.
बुढ़ौती [名*] 老齢；老い；晩年；老後 कैसी बुढ़ौती बिगड़ी तुम्हारी भी お前さんも齢をとってからひどい目に遭ったもんじゃ気の毒に तुम्हारे बालों में तो बुढ़ौती आ गई पर गालों पर नहीं 君の髪の毛には老いが見られるが顔には見られない
बुत [名] 《P. بت》(1) 崇拝の対象としての像；偶像；神像 (2) 操り人形；隠れ蓑 आप तो बुत हैं जिसके पीछे जगदीश छिपकर मुझपर वार कर रहा है あなたはジャグディーシュが私を攻撃するのに使う隠れ蓑ですね **बुत की तरह** 無感動に；無表情に बुत की तरह खड़ा हो॰ 茫然と突っ立つ；棒立ちになる **बुत बनकर बैठना** なにも仕事をせずに過ごす；じっとしたままでいる **बुत बन जा॰** じっと動かなくなる；唖然とする；茫然とする
बुतकदा [名] 《P. بت کده》= बुतख़ाना.
बुतख़ाना [名] 《P. بت خانه》寺院；偶像の祀られている寺院
बुततराश [名] 《P. بت تراش》(神像，仏像などの) 彫刻師；彫刻家；仏師；神像製作者
बुततराशी [名*] 《P. بت تراشی》彫像；彫刻 = मूर्तिकला.
बुतपरस्त [名] 《P. بت پرست》偶像崇拝者 = मूर्तिपूजक. तुम असल में बुतपरस्त हो 君は実のところ偶像を崇拝しているんだね
बुतपरस्ती [名*] 《P. بت پرستی》偶像崇拝 = मूर्तिपूजा.
बुतशिकन [形・名] 《P. بت شکن》偶像を破壊する；偶像破壊者
बुतशिकनी [名*] 《P. بت شکنی》偶像破壊
बुतसाज़ [名] 《P. بت ساز》彫像家；彫刻家；仏師
बुताना [他] = बुझाना.
बुतीक [名*] 《E. boutique ← F. boutique》ブティック；ブチック पेरिस की विश्वविख्यात बुतीक パリの世界的に有名なブティック
बुत्ता [名] (1) ごまかし；いんちき；ぺてん= धोखा; झाँसा. (2) 言い訳；口実 **बुत्ता दे॰** *a.* だます；ぺてんにかける= झाँसा दे॰. *b.* 言い訳をする；口実をもうける **बुत्ते में आ॰** ごまかされる；だまされる；ぺてんにかけられる
बुदबुद [名] = बुदबुदा; पानी का बुलबुला; बुल्ला.
बुदबुदा [名] 泡；水泡；あぶく；気泡= पानी का बुलबुला; बुल्ला. हवा के बुदबुदे निकलते हुए दिखाई देते हैं あぶくが出るのが見える
बुदबुदाना [自] (1) 泡立つ；泡が出る；沸騰する (2) つぶやく；ぶつぶつ言う；ぼそぼそ話す वह धीरे से बुदबुदाया ぼそぼそとつぶやいた मैं जब देखता हूँ, आप रोज आधी आँखों से उन्हें देखते हैं, उनसे बुदबुदाकर बातें करते हैं いつ見ても半分目を閉じてぼそぼそと話していらっしゃる
बुद्ध[1] [形] (1) 目覚めた；覚醒した (2) 知識を持つ；知識のある (3) 学識のある
बुद्ध[2] [名] 仏陀；シャカムニ；釈迦牟尼 (仏) = भगवान बुद्ध. बुद्ध भगवान की सुंदर मूर्तियाँ 立派な仏像
बुद्धत्व [名] (1) 悟り= अध्यात्म ज्ञान. बोधिसत्त्व का अर्थ है वह व्यक्ति जो बुद्धत्व प्राप्त करने का अधिकारी हो, पर अभी बुद्ध नहीं हो पाया हो 菩薩とは悟りを会得する資格のある人でいまだ覚者になっていない人のことを言う बुद्धत्व प्राप्त करने पर 悟りを得ると (2)〔仏〕正覚；無上覚
बुद्धद्रव्य [名] ストゥーパに遺されているとの伝承のある仏陀の遺骨，遺髪，爪などの遺物
बुद्धपद [名]〔仏〕仏足 (石) अमरावती के स्तूप में जो बुद्धपद मिलते हैं, उनमें स्वस्तिक अंकित है アマラーヴァティーのストゥーパにある仏足石にはスヴァスティカ (万字, 卍) が刻まれている
बुद्धप्रतिमा [名*] 仏像
बुद्ध मज़हब [名] 《H.+ A.مذہب》仏教= बौद्ध धर्म.
बुद्धि [名*] (1) 知性；知力；知能 वे छात्रों की बुद्धि तथा विवेक को नष्ट करके लकीर का फ़कीर बनाने में सहायता करते हैं その人たちは生徒の知性と判断力とをつぶして古めかしくするのを助ける प्रखर बुद्धि 英才；俊才 विवेक बुद्धि 分別力 ऐसे कवियों को जिनमें सामान्य बुद्धि भी नहीं थी 通常の知性すら持ち合わせていないような詩人たちに (2) 頭；頭の働き；頭脳の働き；理解力 बुद्धि बढ़ाना (薬が) 頭をよくする (3) 理知；判断；判断力 **बुद्धि का कोठा ख़ाली हो॰** 頭が空っぽの **बुद्धि का शत्रु** 全くの愚か者 **बुद्धि की दृष्टि** 判断力 **बुद्धि ख़र्च क॰** 頭を使う **बुद्धि खो दे॰** 正常な判断力を失う **बुद्धि चकरा जा॰** 茫然となる；判断力がなくなる；何が何だかわからなくなる **बुद्धि चक्कर में पड़ना** = बुद्धि चकरा जा॰. **बुद्धि चलाना** 頭を使う **बुद्धि जवाब दे॰** どうしてよいかわからなくなる；正常な判断力がなくなる **बुद्धि जागना** 判断力がつく **बुद्धि टेढ़ी हो॰** 判断力がおかしくなる **बुद्धि दौड़ाना** 手立てを考える **बुद्धि पर ताला लगना** 頭が働かない；どうしてよいかわからなくなる **बुद्धि पर पड़ा पर्दा दूर हो॰** 目から鱗が落ちる **बुद्धि पर पत्थर पड़ना** 判断できなくなる；判断できかねる **बुद्धि पर पर्दा पड़ना** = बुद्धि पर पत्थर पड़ना. **बुद्धि पीछे हो॰** 間抜けな **बुद्धि फिर जा॰** 頭がおかしくなる **बुद्धि बेच खाना** 頭が空っぽの **बुद्धि भिड़ाना** 頭を使う **बुद्धि मंद हो॰** 頭が悪い **बुद्धि मारी जा॰** *a.* 判断力がなくなる *b.* 頭がおかしくなる **बुद्धि में पैठना** よく理解する；深く理解する= बुद्धि में बैठना. **बुद्धि मोटी हो॰** 愚かな；愚鈍な；愚昧な **बुद्धि से काम ले॰** 思慮深くする；慎重に対処する **बुद्धि सो जा॰** 頭が働かなくなる
बुद्धि-कौशल [名] (1) 賢明さ；利口さ अंगरेज़ों का बुद्धिकौशल イギリス人の頭のよさ (2) 巧みさ
बुद्धिगम्य [形] 理解できる；理解可能な
बुद्धिग्राह्य [形] 理解できる
बुद्धिजीवी [名] (1) 知識人；インテリゲンツィア (2) 文化人 **बुद्धिजीवी वर्ग** 知識階層；知識階級
बुद्धिबल [名] (1) 知力 (2) 賢明さ (3) 巧みさ
बुद्धिमंत [形] 頭脳のすぐれた；賢明な；英知のある
बुद्धिमत्ता [名*] (1) 知力 (2) 賢明さ विलक्षण बुद्धिमत्ता 比類のない頭脳 **बुद्धिमत्तापूर्वक** 賢明に；賢明な方法で；巧妙に
बुद्धिमान [形] 頭のよい；賢い；賢明な；知能のすぐれた
बुद्धिमानी [名*] 頭のよさ；賢さ；賢明さ उस आदमी को अपनी बुद्धिमानी पर बड़ा गर्व था 男は頭のよいのをえらく自負していた उसकी बात मान लेना ही बुद्धिमानी है あの男の言うことを聞き入れるのが賢明なことだ
बुद्धिवंत [形] = बुद्धिमान.
बुद्धिवाद [名] (1)〔哲〕主知主義 (2) 理知主義 (3) 理性論；理性主義
बुद्धिवादी [名] (1) 主知主義者 (2) 理知主義者 (3) 理性論者；合理主義者
बुद्धिशील [形] 利口な；賢明な बुद्धिशील प्राणी 賢明な動物
बुद्धिहत [形] 知能の機能しない；頭のおかしくなった
बुद्धिहीन [形] 頭の悪い；愚かな= मूर्ख; बेवक़ूफ़. जानवरों में गधा सब से ज़्यादा बुद्धिहीन समझा जाता है 動物の中ではロバが一番頭が悪いと思われている
बुद्धू [形] 頭の悪い；間抜けな= मूर्ख; बेवक़ूफ़. **(-को) बुद्धू बनाना** (ーに) いっぱい食わす；(ーを) 欺く；だます= (-को) बेवक़ूफ़ बनाना. भेजे में थोड़ी-सी अक़्ल होनी चाहिए तब दुनिया को बख़ूबी बुद्धू बनाया जा सकता है 頭にはほんのわずかの知恵がなくてはならぬものだ．そうすれば世の中をまんまとだますことができる बड़े बुद्धू हो! 馬鹿だなあお前は；お馬鹿さんね
बुद्बुद [名] 水の泡；水泡；あぶく；気泡= बुदबुदा.
बुध[1] [形] (1) 賢い；賢明な (2) 学問のある
बुध[2] [名] (1) 水星 (2) 水曜日= बुधवार.
बुधजन [名] 賢者；知者
बुधवार [名] 水曜日
बुनकर [名] 織工；機織り= जुलाहा.
बुनना [他] (1) 布を織る；機織りをする कोई कपड़ा बुनता है तो कोई कालीन 布を織る人もあれば絨毯を織る人もある (2) 編む；編み物をする वह स्वेटर बुन रही है セーターを編んでいる हाथ से बुना 手織の यह शीतलपाटी उसी की बुनी हुई है このござはそれで編まれている (3) 思いめぐらす；考えや思索をめぐらす गाड़ी में लेटे लेटे मनु सारे रास्ते सपने बुनता रहा 車中で横になったままマヌは途中ずっと空想に耽っていた
बुनवाना [他・使] ← बुनना.
बुनवाई [名*] (1) 織らせること；織ってもらうこと (2) その手間賃
बुनाई [名*] (1) 織ること (2) 織り；織り方；織り目 बुनाई की ऊन 編み物用の毛糸 (の玉)；かせ糸 (綛糸) 〈knitting yarn〉 बुनाई धागे (編み物用の) 毛糸 (の玉)
बुनावट [名*] 織り；織り方
बुनियाद [名*] 《P. بنیاد बुन्याद》(1) 基礎；根本；根源；基幹；基本= आधार; नींव. (2) 根= मूल; जड़. (3) 開始；始め；始まり = आरम्भ; इब्तिदा **(-की) बुनियाद डालना** (ーの) 基礎を置く；

ब

(ーを) 開始する (-की) **बुनियाद पक्की क॰** (ーの) 基礎を固める (-की) **बुनियाद पड़ना** (ーが) 開始される；始められる；(ーの) 礎石が置かれる (-की) **बुनियाद पर** (ーを) 基に；根拠に；支えに (-की) **बुनियाद मज़बूत क॰** = बुनियाद पक्की क॰. (-की) **बुनियाद रखना** = बुनियाद डालना. (-की) **बुनियाद हिल उठना** (ーの) 基礎が揺らぐ

बुनियादी [形] 《P. بنیادی》 基本的な；基礎的な；基盤の बुनियादी मतभेद 基本的な意見の対立 कारीगर और मज़दूर में बुनियादी फ़र्क होता है 職人と労働者の間には根源的な相違がある बुनियादी उद्योग 基幹産業 बुनियादी उसूल 原則 तंदुरुस्त रहने के बुनियादी उसूल 健康維持の原則 बुनियादी पत्थर 礎石 बुनियादी पत्थर रखना 礎石を置く बुनियादी रंग 原色

बुन्सेन बर्नर [名] 《E. Bunsen burner》 ブンゼン灯

बुबुकना [自] 大声をあげて泣く；わんわん泣く；おいおい泣く= ज़ोर ज़ोर से रोना.

बुबुकारी [名*] 大きな泣き声；わんわん泣く声 बुबुकारी मारना 大声をあげて泣く

बुभुक्षा [名*] ひもじさ；飢え；食欲

बुभुक्षित [形] ひもじい；飢えた；飢えている

बुभुक्षु [形] (1) 飢えている (2) 欲の張った；欲張りな

बुभुत्सा [名*] 知識欲；探求心 = जिज्ञासा.

बुभूषा [名*] 名誉欲

बुर [名*] 女性性器；女陰= भग; योनि.

बुरकना [他] 指先につまんでふりかける अलग रखे मैदे में $\frac{1}{4}$ प्याला बादाम मिला कर बुरकें 別にしてある小麦粉にカップ 4 分の 1 のアーモンドをふりかける

बुरक़ा [名] 《A. برقع बुर्क़ा》 (1) 〔イス〕ブルカー (地域差などがあり概括的には言えないがムスリムの女性が外出時に着用するコート・袋状の被り物で頭から足首まである．目の部分は網目状になっている) (2) 羊膜 **बुरक़ा उतारना** ブルカーを用いなくなる；ブルカーの着用をやめる

बुरकाना [他・使] ← बुरकना.

बुरक़ापोश [形] 《A.P. برقعه پوش बुर्क़ापोश》〔イス〕ブルカーをまとう；ブルカーを着用する

बुरकी [名*] (1) 呪法の際に用いられる灰や砂 (2) 呪法 **बुरकी मारना** 呪文を唱え呪法の灰や砂をかける

बुरज [名] → बुर्ज.

बुरडू [名] 《E. board》 (1) 側面 (2) 方角 (3) 舷側

बुरबक [形] = बुड़बक.

बुरा [形⁺] (1) 正常でない；欠陥のある (2) 性質の悪い；たちの悪い；ひどい बुरी चाल 素行が悪い= चरित्रहीन. (3) 道徳的に悪い (4) みっともない；醜い；良くない सूरत बुरी है 姿が良くない (5) 困った；困り果てた；みじめな；哀れな पुत्र को इस रूप में देख, माता-पिता का बुरा हाल हो गया 息子のこのさまを見て両親は哀れなさまになった (6) 好ましくない結果をもたらす；悪い；程度が悪い；ひどい गाँव वालों की सेहत पर बुरा असर 村人たちの健康に悪影響 कोई बुरा शौक़ थोड़े ही है पिल्ला पालना 子犬を飼うのは何も悪い趣味ではない देखा न, बड़ों की बात न मानने से कितना बुरा नतीजा होता है 年長者の言うことを聞かないとどんなにひどいことになるものか，わかったね (7) 縁起の悪い；不吉な；好ましくない बुरे ख़्वाब 悪夢；不吉な夢 बुरी नज़र 不吉を招く眼差し ज़रूर कुछ बुरी बात हुई है きっと何か不吉なことが起こったのだ (8) 不快な；不愉快な मुझे उसकी ज़बानदराज़ी बहुत बुरी लगी あの人の横柄な態度がとても不快に感じられた (9) 重大な；大変な यह तो बड़ा बुरा हुआ, बहू これは大変なことになったわね (10) 不遇な；不運な बुरे दिन 不遇な日々；不遇な時機；苦難の時期 बुरे दिन तो सब पर आते हैं 不遇な日はだれにでも訪れるもの बुरे दिन का साथी 不遇な時に味方になってくれる人 (11) 悪性の बड़ा बुरा मर्ज़ है आनंद को アーナンドはひどく悪性の病気に罹っている **दूसरों का बुरा चाहता है उसी का बुरा होता है** 〔諺〕人を呪わば穴二つ (-को) **बुरा कहना** (ーを) とがめる= (-पर) उँगली उठाना. (-का) **बुरा चाहना** (ーの) 不幸を願う भूलकर भी किसी का बुरा मत चाहो 決して人の不幸を願ってはならない (-का) **बुरा चेतना** (ーを) 悪くとる **बुरा फँसना** はまる；落ちこむ；おちいる；厄介な目に遭う **बुरा भला** 良かれ悪しかれ (-को) **बुरा भला कहना** = अंडबंड कहना; उलटी सीधी कहना. (ーを) ののしる；叱りつける **बुरा-भला जो भी हो** とまれ (-) **बुरा मानना** (ーを) 悪く思う；悪いものと判断する दूसरे देशों के काम में दख़लअंदाज़ी को भारत सरकार बुरा मानती है 外国の内政への干渉をインド政府はよくないことと考える (-का) **बुरा मानना** (ーを) 悪くとる वो बड़ा हँसमुख है, किसी बात का बुरा नहीं मानता とても明朗な人でどんなことも悪くはとらない मैंने दोस्तों की बातों का बुरा नहीं माना 友人の言葉を悪く思わなかった (-से) **बुरा मानना** (ーを) 憎む **बुरा रास्ता** 悪の道；間違ったこと **बुरा लगना** 不快な；むかつく；気にくわない；くやしい= पेट फूलना; अखरना. **बुरा वक़्त** 不遇の時；不運な時期 **बुरा हाल हो॰** = रंग बिगड़ना. *a.* 悪化する；状態や状況が悪くなる；ひどいありさまになる *b.* 苦しくなる；(苦しくなるほど) たまらない दोनों लड़कों का ख़ुशी के मारे बुरा हाल था 2 人は嬉しくて嬉しくてたまらなかった हमारा हँसते-हँसते बुरा हाल था 笑いころげて苦しくなった **बुरी आँख से देखना** *a.* よく思わない *b.* 悪意を抱く **बुरी घड़ी** 不吉な時 **बुरी घड़ी पड़ना** 面倒な事態になる；厄介なことになる **बुरी तरह** すさまじく；ひどく；激しく लोग जूठन पर भी किस बुरी तरह टूट सकते हैं 食べさしにさえ人はすさまじく飛びつくことがあるものだ "क्या?" चंपक बुरी तरह उछल पड़ा 「なんだって」チャンパクはとても驚いて飛び上がった अजनबी को देखते ही नौकर उससे बुरी तरह लिपट गया 見知らぬ人を見たとたん使用人はその人に激しく抱きついた जिसके परिणाम स्वरूप एक सिपाही की मृत्यु हो गई तथा दो अन्य बुरी तरह से घायल その結果警官 1 名が死亡し，2 名が重傷を負った **बुरी तरह** (-की) **ख़बर ले॰** (ーを) 打ちのめす (-से) **बुरी तरह पेश आ॰** (ーに) ひどい仕打ちをする **बुरी तरह फँसना** 泥沼に落ちる；泥沼にはまる (-पर) **बुरी नज़र रखना** (ーを) 邪悪な目で見る **बुरी नज़र से देखना** = बुरी आँख से देखना. (-की) **बुरी नज़र से बचना** (ーの) 邪視を逃れる **बुरी बला गले पड़ना** 災難や不幸に出くわす **बुरी लीक पर लगना** 悪の道に進む **बुरे का मुँह देखकर उठना** 朝から縁起が悪い **बुरे बुरे सपने दिखाई दे॰** 不吉な予感がする；次々と心配なことが現れる **बुरे भले पर नज़र डालना** 損得を考える；得失を考える **बुरे रास्ते पर चलना** 悪の道に入る **बुरों की जान को रोना** 無駄な心配をする

बुराई [名*] (1) 悪；好ましくないこと；弊害 सामाजिक बुराई 社会悪 (2) 悪事；悪いこと；よくないこと अमीरों की बुराइयों की नक़ल 金持ちたちの働く悪事の真似 (3) 悪口 बुराइयाँ वह मुँह पर करता था और दूसरों से भी यही आशा रखता था 人の悪口を言い，他人もそうするものと思っていた (4) 悪習 उस समय हमारे समाज में कितने ही अंधविश्वास और बुराइयाँ भरी पड़ी थीं 当時，我々の社会には迷信と悪習が満ち満ちていた (5) 落ち度；欠点；あら हरिदास में बुरी बात देखो, तो उसे समझाओ ハリダースに欠点を見つけたら言い聞かせてやりなさい **बुराई आगे आ॰** 悪事を働けばその報いがある (-की) **बुराई क॰** (ーの) 悪口を言う；非難する；(ーを) けなす **बुराई खोजना** = छेद निकालना. あら探しをする；人の欠点を暴く **बुराई ले॰** わざと憎まれる

बुराई-भलाई [名*] (1) 凶事と吉事 (2) 毀誉褒貶

बुराक़ [名] 《A. براق》〔イス〕預言者ムハンマドが天界へ赴いた際乗ったとされる馬，ブラーク

बुरादा [名] 《A. برادہ》 (1) おがくず (2) くず；粉 लकड़ी का बुरादा 木くず；かんなくず चूने का बुरादा 石灰の粉 अगर कमरों में नमी हो तो चूने का बुरादा छिड़क दें 室内の湿気が多い時には石灰の粉をまきなさい (3) 穀物の皮やその砕けたもの；ふすま (麸) やぬか (糠)

बुरापन [名] = बुराई.

बुरि [名*] = बुर; बुलि.

बुरुंडी 〔国名〕《E. Burundi》 ブルンジ共和国

बुरुज [名] → बुर्ज.

बुरुश [名] 《E. brush》 (1) ブラシ；はけ (刷毛) (2) 歯ブラシ

बुर्क़ा [名] → बुरक़ा.

बुर्ज [名] 《A. برج》 (1) 塔；尖塔 99 बुर्जों वाले परकोटे से घिरा यह किला 99 の尖塔のある城壁に囲まれたこの城 (2) やぐら (櫓)；見張り台 (3) 円天井；ドーム (4) 〔天〕(黄道十二宮の) 宮

बुर्जी [名*] 小尖塔

बुर्जुआ [名] 《E. bourgeois》 ブルジョア = बूर्जुआ; मध्यवर्गीय. बुर्जुआ जनतंत्र ブルジョア民主主義

बुर्द [名*] 《P. برد》(1) 競争= होड़. (2) 賭け= शर्त. (3) 余得= ऊपरी आमदनी. (4)（チェス）キングのみが残った状態 इधर दादा का चालीसवाँ हुआ, उधर नवाबी बुर्द हुई 祖父の 40 日目の法事がすむと今までの大尽暮らしも終わりになった

बुर्दबार [形] 《P. برد بار》(1) 忍耐強い；辛抱強い (2) 慎重な

बुर्दबारी [名*] 《P. برد باری》忍耐強さ；辛抱強さ

बुर्दा [名] 《T. برده बर्दा》奴隷 = दास; गुलाम; दासी; कनीज़.

बुर्दाफ़रोश [名] 《T.P. برده فروش बर्दाफ़रोश》奴隷商人

बुर्दाफ़रोशी [名*] 《T.P. برده فروشی बर्दाफ़रोशी》奴隷売買

बुर्राक़[1] [名] 《A. براق बुराक़》→ बुराक़.

बुर्राक़[2] [形] 《A. براق》(1) 光；輝く；ぴかぴかの सफ़ेद-बुर्राक सुंदर-सी साड़ी 白くぴかぴかの美しいサリー (2) 素早い；敏速な (3) 利口な；賢明な (4) 鋭い

बुर्री [名*]〔農〕犂で耕すのと同時に種が蒔かれる播種法

बुर्श [名] 《E. brush》(1) ブラシ (2) 歯ブラシ= बुरुश.

बुलंद [形] 《P. بلند》(1) 位置が高い= बगावत का झंडा बुलंद किया. 反乱の旗を高く掲げた (2) 水準より高い；（野望，野心などの）大きい；強い आत्मविश्वास और बुलंड हौसला 自信と強い意気込み (3) 声の大きい；高い समाज में भ्रष्टाचार के खिलाफ़ आवाज़ बुलंद की गई 社会では汚職腐敗に対して声が大にされた बुलंद आवाज़ से大声で

बुलंदनज़र [形] 《P.A. بلند نظر》(1) 気高い；高潔な；高邁な (2) 大志を抱く

बुलंदनज़री [名*] 《P.A. بلند نظری》(1) 気高さ；高潔さ；高邁さ (2) 大志

बुलंदबीनी [名*] 《P. بلند بینی》(1) 高邁さ (2) 大志；大望

बुलंदी [名*] 《P. بلندی》← बुलंद. आसमान की बुलंदियों पर सूरज तुलू होकर जब सिरों के ऊपर आ पहुँचता 天空高く太陽が昇り頭上に来る時

बुलट [名*] 《E. bullet》銃弾；弾丸 = बुलेट.

बुलटप्रूफ़ [形] 《E. bulletproof》防弾の；防弾装備の

बुलटप्रूफ़ कार [名*] 《E. bulletproof car》防弾車

बुलटप्रूफ़ ग्लास [名] 《E. bulletproof glass》防弾ガラス बुलटप्रूफ़ ग्लास के पीछे से 防弾ガラスに守られて

बुलटप्रूफ़ वेस्ट [名] 《E. bulletproof vest》防弾チョッキ

बुलडॉग [名] 《E. bulldog》〔動〕ブルドッグ

बुलडोजर [名] 《E. bulldozer》ブルドーザー

बुलबुल [名*] 《P. بلبل》(1)〔鳥〕ヒタキ科サヨナキドリ／ナイチンゲール【*Erithacus megarhynchos*】 **बुलबुल हज़ारदास्ताँ** 〈nightingale〉 (2) ヒヨドリ科の以下の鳥の総称 **कांगड़ा बुलबुल**〔鳥〕ホオジロヒヨドリ【*Pycnonotus leucogenys*】 **गुलदुम बुलबुल**〔鳥〕シリアカコウラウン【*Pycnonotus cafer*】（この鳥は闘わせるために飼育されることが多い） **पीली बुलबुल**〔鳥〕キマユヒヨドリ【*Hypsipetes indicus*】 **मछरिया बुलबुल**〔鳥〕スミジロオリーブヒヨドリ【*Pycnonotus luteolus*】 **बुलबुल अड्डे पर आ॰** 失ったものや行方知れずの人が戻ってくる **बुलबुल पाल रखना** *a.* 病気を長引かせる *b.* 厄介なことをいつまでも抱える **बुलबुल फँसाना** 罠にかける **बुलबुल हो जा॰** 有頂天になる；うっとりする

बुलबुलबाज़ [名] ヒヨドリ（シリアカコウラウン）を飼ったり闘わせたりする趣味の人

बुलबुलहज़ार दास्ताँ [名*] → बुलबुले हज़ारदास्ताँ.

बुलबुला [名] (1) 泡 (2) はかないもの；消えやすいもの；うたかたの पानी का बुलबुला तेरी ज़िंदगी うたかたの命ぞ汝が生涯は वायु के बुलबुले 気泡 इंसान पानी का बुलबुला है 人の命は朝露の如くはかないもの

बुलबुले हज़ारदास्ताँ [名] 《P. بلبل ہزار داستان》〔鳥〕ツグミ科コマドリ属サヨナキドリ／ナイチンゲール（様々な鳴き声を聞かせるサヨナキドリ）〈nightingale〉

बुलवाना[1] [他・使] ← बोलना. しゃべらせる；言わせる；語らせる खुदा झूठ न बुलवाए तो यह आपकी एक दिन की आमदनी है 正直に言えば（実のところ）これがあなたの 1 日の収入なのです उनकी समझ में नहीं आता इस औरत से किस तरह सच बुलवाएँ この女性にどのようにして本当のことを言わせればよいのか解らない सीता से झूठ नहीं बुलवा सकते थे シーターの口から（シーターに）嘘を言わせることはできなかった

बुलवाना[2] [他・使] ← बुलाना[1]（人を介して）呼び寄せる；呼ばせる；呼んでもらう；呼び出す रज्जब ने उसे अंदर बुलवाया ラッジャブはその女性を中に呼び入れさせた राजा ने विप्र को गुणी जान उसे दरबार में बुलवा लिया 王はバラモンを高徳の人と知って宮廷に呼び寄せた（呼ばせた） प्रधानाचार्या ने चपरासी भेजकर अल्पना को अपने कमरे में बुलवाया 校長は用務員を遣わしてアルプナーを部屋に呼びつけた（呼ばせた） जब भी आपको हमारी ज़रूरत पड़े बुलवा लें お役に立つことがあればいつでも呼びつけて下さい उन्होंने उस आदमी के परिवार को हवेली पर बुलवा लिया था その男の家族を館に呼び出させた **बुलवा भेजना** 呼び寄せさせる उनके वालिद को उसने काबुल बुलवा भेजा 彼は同氏の父親をカーブルに呼び寄せ（させ）た

बुलाक़ [名] 《T. بلاق बुलाक़》(1) 鼻中隔 (2) 女性の鼻飾り（小鼻や鼻中隔につける） (3) 鼻飾りにつける真珠の玉

बुलाना [他] (1) 呼ぶ；呼び寄せる；召集する मुझे अपने घर बुलाकर 私を自宅に呼んでおいて डाक्टर को बुलाना 医者を呼ぶ；医者に来てもらう；来診を依頼する= डाक्टर भिजवाना. मैं तार से वापस बुला लिया गया 私は電報で家に呼び寄せられた (2) 招く बीमारियाँ बुलाना 病気を招く उसे कभी अपने घर बुलाएँ あの人をいつか家に招こう (3) 招集する；召集する आपत्कालीन बैठक बुलाई गई 緊急会合が招集された अधिवेशन बुलाना 議会を招集する राष्ट्रपति संसद के दोनों सदनों के अधिवेशन बुलाता है 大統領は上下両院の会議を招集する संसद को बुलाना 議会招集 मैंने ही बोर्ड की मीटिंग बुलाई है 会議を招集したのは私なんだ लंदन में गोलमेज सम्मेलन बुलाया गया ロンドンで円卓会議が招集された **बुला भेजना** 招かせる；召集させる राजा ने पंडित को बुला भेजा 王は学僧を招かせた **बुला लाना** 呼んでくる जा, उन्हें बुला ला あの方を呼んで来なさい नौकर-चाकर दौड़कर सेठ को बुला लाए 使用人たちが走って行き商人を呼んで来た (4) 言わせる (5) 鳴らせる；音を立てる नाक बुलाना（鼻を鳴らす）いびきをかく आराम से यह मतलब नहीं है कि दुपट्टा तानकर सो रहे और भैंस की तरह नाक बुलाए 休憩するというのはドゥパッターを広げて眠り水牛のようにいびきをかくということではない

बुलावा [名] (1) 呼び出し；招集；召集 बुलावा आ॰ 呼び出しがかかる；招集される；召集がかかる मिल से बुलावा आ गया 会社から呼び出しが来た (2) 招き；招待 बुलावा आ॰ 招かれる；招待される बुलावा आया है क्या? 招待が来たかい **(-को) बुलावा दे॰** (ーを) 招待する= (-को) न्यौता दे॰. **(-को) बुलावा भेजना** (ーを) 招待する

बुलाहट [名*] 呼び出し

बुलि [名*] 女性性器；女陰= योनि; भग.

बुली [名*] 《E. bully》〔ス〕ホッケーの試合開始 हाकी की बुली और किसी खेल में देखने को नहीं मिलती ホッケーのブリーは他のスポーツには見られないもの

बुलेट [名*] 《E. bullet》銃弾 = बुलट.

बुलेट प्रूफ़ [形] 《E. bulletproof》防弾の；防弾用の

बुलेटप्रूफ़ जाकिट [名] 《E. bulletproof jacket》防弾チョッキ

बुलेटिन [名] 《E. bulletin》(1) 公報 (2) ニュース報道 बी॰बी॰सी॰और रेडियो ऑस्ट्रेलिया के बुलेटिनों में BBC とオーストラリア放送のニュース報道では (3) 病状発表 यह तो न था कि मेरे बीमार होने पर भी दिन में दो बार बुलेटिन निकलते 私が病気になっても 1 日 2 回の病状発表が行われるということではなかった

बुल्लन [名] 泡；気泡= बुलबुला; पानी का बुलबुला.

बुल्ला [名] = बुदबुदा.

बुवाई [名*] 種蒔き；播種= बोआई.

बुशशर्ट [名] 《E. bush shirt》= बुश्शर्त.〔服〕ブッシャルト；ブッシュシャツ；ブッシュジャケット（折りえりつき長袖，もしくは，半袖シャツ．前は下まであいている）

बुस [名] 米，麦など穀粒の果皮；ぬか（糠）；ふすま（麸）= बुष.

बुसना [自] 食べ残しの飲食物がすえかかり臭う；食べ物のすえた臭いがする

बुहारना [他] 掃く；ほうきで掃く वह कमरों को बुहार रही है 部屋を掃いている वह सारे मकान को झाड़ू से बुहारने लगा 家中をほうきで掃き始めた

बुहारा [名] ウチワヤシの葉でこしらえた大きなほうき（箒）

बुहारा प्रथा [名*]〔農〕結い；手間替え बुहारा प्रथा कृषक वर्ग की सहयोग भावना की ज्वलंत प्रतीक है 結い制度は農民たちの協力精神を明示するもの
बुहारी [名*]（ウチワヤシの葉でこしらえた）ほうき
बूँच [名*]〔魚〕ナマズ科淡水魚【*Bagarius bagarius*】＝ गूँछ.
बूँद [名*] (1) 一滴；したたり；しずく（雫） पसीने की बूँदें 汗の雫 (2) 精液 (3) 水玉模様の絹布 **बूँद गिरना** ＝ बूँद पड़ना. **बूँद चुराना** 妊娠する；孕む；妊む **बूँद पड़ना** ぽつぽつ雨が降る **बूँद भर** ほんの少し；ほんの一滴 **बूँद बूँद करके घड़ा भरता है**〔諺〕塵も積もれば山となる
बूँदाबाँदी [名*] 小雨 हलकी-हलकी बूँदाबाँदी हो रही थी ぽつりぽつりと小雨が降っていた
बूँदी [名*] (1) 雨滴 (2) ブーンディー（ヒヨコマメの粉を水にとき，粒状にして油に揚げてこしらえる菓子）
बू [名*]《P. بو》(1) 匂い；香り (2) いやな臭い；悪臭；臭さ (3) 感じ；様子；風；気配 वासना की घिनौनी-सी बू 情欲のいやらしい感じ अंगरेज़ी साहबीयत की बू イギリス紳士の臭味 (-की) बू आ॰ *a.*（ーの）臭いがする *b.*（ー）臭い *c.*（ーの）感じがする (-की) बू न जा॰ （ーの）臭いがとれない；臭みがとれない
बूआ [名*] → बुआ. (1) 父の姉妹；おば＝ फूफी. (2) 姉 (3) 女性同志の呼びかけに用いられる尊敬語 (4)〔魚〕＝ ककसी.
बूई[1] [名*]〔植〕アカザ科ハハチヂ属草本【*Kochia indica*】
बूई[2] [名*] 化け物；お化け
बूक[1] [名] ＝ चंगुल.
बूक[2] [名] 水量が減って現れた川岸や川底の土＝ बूका[3].
बूक[3] [名]〔植〕ブナ科カシ【*Quercus lamellosa*】
बूकना [他] (1) すりつぶす (2) ひけらかす；見せびらかす＝ बघारना.
बूका[1] [名] 粉＝ चूर्ण.
बूका[2] [名] 小粒の真珠玉
बूका[3] [名] ＝ बूक[2].
बूगनवेलिया [名*]《E. bougainvillea》〔植〕オシロイバナ科低木ブーゲンビレア／ブーゲンビリア खिलती बूगनवेलिया 咲いているブーゲンビリア
बूगा [名] ＝ भूसा.
बूच [名*] (1) 杭 (2) 釘
बूचड़ [名]《E. butcher》食肉処理に従事する人；屠畜業者；肉屋；食肉販売者
बूचड़खाना [名]《E. butcher + P. خانه》屠畜場；屠殺場；食肉処理場
बूचा [形+] (1) 耳のない；耳の欠けた (2) 何らかの原因で身体の一部が欠けている；手（や足）のない (3) 不恰好な；みっともない
बूझ [名] (1) 理解＝ समझ. (2) 理解力＝ बुद्धि; अक़्ल. (3) なぞなぞ＝ पहेली.
बूझना [他] (1) 理解する；わかる；知る (2) 問う；たずねる बच्चों से पहेलियाँ बूझते 子供たちになぞなぞを問う（謎掛け遊びをする） (3) 解く；謎を解く बूझो तो इसमें क्या है この中に何が入っているのかわかるかい
बूट[1] [名]《E. boot》編み上げ靴；半長靴 फ़ौजी बूट 軍隊用の半長靴
बूट[2] [名] (1) ヒヨコマメの苗 (2) ヒヨコマメの青い実
बूट पालिश [名*]《E. bootpolish》(1) 靴磨き (2) くつずみ（靴墨）
बूट पुलाव [名]〔料〕ヒヨコマメの青い実を入れたプラーオ（ピラフ）
बूटा [名] (1) 花 (2) 小枝；若枝 (3) 花や小枝，若枝の模様や図柄 बूटा क़द *a.* 小ぶりの；小さい *b.* 可愛いらしい；愛らしい (-पर) बूटा क॰ （ーに）刺繍する
बूटी [名*] (1) 薬草 (2) 草花の模様 (3) 斑点 (4) トランプ札の点
बूटीक [名*]《E. boutique》ブティック
बूटेदार [形]《H. + P. دار》花柄の；花模様の；草木や花の模様のある
बूठना [自] 雨が降る＝ बरसना; मेंह पड़ना.
बूड़ [名*] 人の身の丈ほどの水の深さ
बूड़ना [自] (1) ひたる (2) 潜る (3) 沈む；溺れる **खेती छोड़ बनिज को धावे, ऐसो बूड़ै थाह न पावे**〔諺〕畑仕事（農業）をやめて商いを始める者は底知れぬ水に溺れることになる (4) 没頭する；熱中する
बूड़ा [名] (1) 洪水；大水 बूड़ा-सूखा 洪水と旱魃 बूड़े-सूखे और पोत-लगान का बोझ तो न रहेगा 大水や旱魃，それに地代の重荷は残るまい (2) 人の溺れるほどの深さの水
बूड़िया [名] 潜水夫
बूढ़ा[1] [形+] 老いた；年老いた बूढ़ी आँखें क्या देखेंगी 年老いた眼に見えるはずもない बूढ़ा हो चलना 老けこむ；老いる **बूढ़े तोते पढ़ना** 六十の手習い कहीं बूढ़े तोते भी पढ़े हैं? 年寄りに新しいことが学べるはずもなし भैया, हमारे साथ आप क्यों माथा-पच्ची करते हैं - कहीं बूढ़े तोते भी पढ़े हैं わしのことで頭を悩まされることはありゃしないのに．年寄りが新しいことを覚えたためしはないんだよ **बूढ़े तोते को पढ़ाना** 年寄りに教える（無理なこと；甲斐のないこと） **बूढ़े तोते को रटाना** ＝ बूढ़े तोते को पढ़ाना. **बूढ़े तोते को राम-राम पढ़ाना** ＝ बूढ़े तोते को पढ़ाना. **बूढ़े मुँह मुँहासा हो॰** 年寄りの冷や水 ＝ बूढ़े मुँह मुहासे, लोग आये तमाशे. **बूढ़े हाथी का भी सवा लाख का हो॰**〔諺〕本当の身上持ちは落ちぶれても大したもの **बूढ़ों में बूढ़े जवानों में जवान बनना** 臨機応変に振る舞うことのたとえ
बूढ़ा[2] [名] 年寄り；老人 बच्चे-बूढ़े 年寄りも子供も
बूता[1] [名] (1) 力＝ बल; शक्ति. (2) 能力；力量；手腕 400 मील की यात्रा तुम अपने बूते पर अकेले कर सकती हो ऐसा मुझे विश्वास नहीं है 君が自分の力だけで 400 マイルもの旅をすることができるとは私には信じられない (-के) बूते के बाहर （ーの）力や能力の及ばない
बूता[2] [名]《P. بوته》坩堝
बूथ [名]《E. booth》(1) 直売場；直売所；ブース (2) 屋台店 (3) 小さく仕切った部屋や席；ブース दूध का बूथ 牛乳販売所 बूथ खुलने से घंटा भर पहले ही 販売所の開店する 1 時間前に
बूथड़ी [名*] (1) 形 (2) 顔立ち；容貌＝ चेहरा.
बूफ़े [名]《E. buffet》(1) 立食；ビュッフェ式の食事 (2) 立食用テーブル
बूबास [名*]《P. بو + H.बास》(1) 匂い；香り (2) 気配
बू बू [名*] (1) 姉 (2) 年長の女性に対する丁寧な呼びかけの言葉 ＝ दीदी.
बूम[1] [名]《A. بوم》〔鳥〕フクロウ（梟）科の鳥＝ उल्लू.
बूम[2] [名]《E. boom》(1) 帆船のブーム；下桁 (2) 港湾の防材 (3) 流木止め
बूम[3] [名] (1) ほら (2) 大騒ぎ **बूम मारना** ほらを吹く
बूमेरेंग [名]《E. boomerang》ブーメラン
बूर[1] [名] (1) まぐさ；切りわら (2) おがくず (3) 屑；がらくた (4) ぬか（糠） (5) けば **बूर का लड्डू** *a.* ぬかの入ったラッドゥー菓子 *b.* 見かけ倒し **बूर के लड्डू खाए तो पछताए, न खाए तो पछताए**〔諺〕してもしなくても悔いることのたとえ
बूर[2] [名] (1)〔植〕キク科ガーベラ属草本【*Gerbera lanuginosa; G. gossypina*】 (2) 西部インドに産する牧草の一
बूरना [自] ＝ बूड़ना.
बूरदार [形]《H. + P. دار》けば立った；けばのある
बूरा [名] (1) 粗糖 (2) おがくず (3) 粉
बूर्जवा [名] → बूर्जुआ.
बूर्जुआ [名]《E. bourgeois》ブルジョア；中産階級市民＝ मध्यवर्गीय. बूर्जुआ जनतंत्र ブルジョア民主主義 बूर्जुआ तंत्र ブルジョア体制 बूर्जुआ समाज ブルジョア社会＝ मध्यवर्गीय समाज.
बूला [名] わらぞうり ＝ लतड़ी.
बूस्टर [名]《E. booster》(1)〔電〕増幅器；ブースター (2)〔薬〕効能促進剤；ブースター
बृंहण[1] [形] 強壮性の；滋養になる
बृंहण[2] [名] 強壮；増強すること；力づけること
बृटिश [形]《E. British》＝ ब्रिटिश.
बृष [名] (1) 雄牛；種牛＝ साँड़. (2) 役牛；去勢牛＝ बैल.
बृहज्जन [名] 偉大な人；著名な人
बृहत् [形] (1) 大きな；巨大な (2) 広い；広大な (3) 丈の高い；そびえ立つ (4) 強力な；力強い (5) 頑丈な (6) 密な；濃密な (7) 高く大きい（声） बृहत् आंत्र〔解〕大腸 ＝ बड़ी आँत; बृहदांत्र.
बृहत्तर [形] बृहत्の比較級．更に大きな；より大きな；より広大な
बृहद् [形] बृहत्が有声音に先行する際採る形→ बृहदांत्र 大腸
बृहदांत्र [名]〔解〕大腸 ＝ बड़ी आँत.

बृहदाकार [形] 大きな；巨大な बृहदाकार पर्वत 巨大な山
बृहदारण्यक [名]〔ヒ〕ブリハダーランニャカ／ブリハド・アーランニヤカ（ウパニシャッドの一）
बृहन्नला [名*]〔マハ〕国を追われ放浪の身であったアルジュナが मत्स्य 国の विराट 王のもとで素性を隠していた時の名前
बृहस्पति [名] (1)〔イ神〕ブリハスパティ神 (2)〔天〕木星
बृहस्पतिवार [名] 木曜日 = गुरुवार.
बें [名] 山羊の鳴き声，めえ= में. बें बें めえめえ
बेंग [名]〔動〕カエル（蛙）
बेंगची [名*]〔動〕オタマジャクシ
बेंगा [名] 苗代 = बिड़ार; बियार.
बेंच [名*] 《E. bench》(1) ベンチ；長い腰掛け (2) 判事席 (3) 議席
बेंचना [他] = बेचना.
बेंज़ाइन [名*] 《E. benzoin》〔化〕ベンゾイン
बेंज़िन [名] 《E. benzine》〔化〕ベンジン
बेंज़ीन[1] [名] 《E. benzene》〔化〕ベンゼン
बेंज़ीन[2] [名] 《E. benzine》〔化〕ベンジン
बेंज़ोइक अम्ल [名]〔化〕安息香酸 〈benzoic acid〉 = बेंज़ाइक एसिड.
बेंज़ोल [名] 《E. benzol》〔化〕ベンゾール
बेंट [名*] 道具の柄；取っ手（把手）= मूठ; दस्ता. बिना बेंट या मूठ की कुल्हाड़ी 柄のない斧
बेंडा [形+] (1) 曲がった；屈曲した= तिरछा; आड़ा. (2) 難しい；厄介な；扱い難い= कठिन; मुश्किल.
बेंड़ी [名*]〔農〕2 人がかりで水を汲み上げる方式の灌漑法に用いられる 4 本の綱のついたざる（笊）の一種
बेंत [名*] (1)〔植〕ヤシ科蔓木トウの総称 **चाची बेंत**【*Calamus rotang*】**बेंत**【*Calamus tenuis*】**बड़ी बेंत**【*Calamus viminalis*】(2) トウ（籐）の杖 **बेंत कँपाना** 震えあがらせる；脅す **बेंत की तरह काँपना** ぶるぶる震える；震えあがる **बेंत खाना** 籐の杖で打たれる **बेंत मारना** とう（籐）の杖で（懲罰のため）打ち叩くこと；むち打ち उन आदमियों को 80 बेंतें मारी जाएँ その連中に籐の杖で 80 回打ちくらわせること वहाँ महंत के आदमियों ने किसी लौंडे को बेंत मारी マハントの手下たちが少年を籐の杖で打った **बेंत लगना** = बेंत खाना.
बेंदा [名] (1)〔ヒ〕ベーンダー（額につけるビャクダンの粉などの丸いしるし）；ティーカー (2) = बेंदी[3]
बेंदी [名*] (1) = बिंदी. (2) 丸い点；零の点 (3) 額につける装身具，ベーンディー
बे[1] [感] 対等かそれ以下の関係の人に対して自分の主張を強く言ったり蔑んだりののしったりする気持ちをこめる言葉 तो यहाँ कौन आता है देखने बे? なんだとそれじゃだれがここに見物に来るのだい देख बे, मेरा काम सब से पहले होना चाहिये おいよいか，わしの仕事を一番先に済ませるんだぞ बैल नहीं है बे, उस जनम के आदमी है（これは本当は）牛じゃないんだぞ．前世では人間だったのだ तू बड़ा बेदर्द है बे! ひどく冷たい人だねお前さんは बे साला この野郎；こん畜生
बे[2] [名] 《بے》ウルドゥー文字第 2 字の字母 ب の名称
बे[3] [前置] 《P. بے》（ー）せずに；（ー）なしに；（ー）を欠いて = बग़ैर; बिना. एक तो बे बुलाये पराये घर में घुस आना और ऊपर से घर वाले को ही उलटी-सीधी सुनाना? 1 つには呼ばれもせぬのに人の家に入り込みおまけに家の人を誇るとは **बे पूछे ही** *a.* 問わずに *b.* 問われずに；求められずに आपने बे पूछे ही कह डाली あなたは問われないのに仰ってしまいました
बे- [接頭] 名詞について「(ーを) 欠いた；備えていないなどの」意の形容詞や副詞を作る बेपढ़ा 無学な；教育のない बेईमान 不正直な बेहद 際限のない；甚だしい；甚だ
बेअंत [形] 《P. بے + H.》限りない；無限の；終わりなき
बेअंदाज़ा [形] 《P. بے اندازه》見当のつかない；惜しげもないほどの
बेअंदाम [形] 《P. بے اندام》無作法な；無礼な
बेअक़्ल [形] 《P.A. بے عقل》愚かな；馬鹿な= मूर्ख; बुद्धिहीन.
बेअक़्ली [名*] 《P.A. بے عقلی》愚かさ；愚昧；無分別 कैसी बेअक़्ली की बात करते हो? なんとまあ愚かなことを言うのだい
बेअदब [形] 《P.A. بے ادب》無作法な；無礼な；粗野な= धृष्ट; गुस्ताख़; अशिष्ट; उद्दंड; असभ्य.
बेअदबी [名*] 《P.A. بے ادبی》無作法；無礼；粗野= धृष्टता; गुस्ताख़ी; अशिष्टता; उद्दंडता. बेअदबी तब बदनसीबी का कारण मानी जाती थी 無作法は当時不運の基と考えられていた नंगे सिर फिरना बेअदबी है 頭に被り物をせずに歩き回ることは無作法なこと
बेअरिंग [名*] 《E. bearing》ベアリング= बेयरिंग. विविध प्रकार की बेअरिंग 各種のベアリング
बेअसर [形] 《P.A. بے اثر》効果のない；結果のない= निष्फल; बेनतीजा. वह नुसख़ा उनके लिए पुराना और बेअसर हो चुका था その調剤はあの方にとっては効果のないものになってしまっていた
बेअस्ल [形] 《P. بے اصل》根拠のない；いわれのない= निराधार; निर्मूल; बेबुनियाद.
बेआबरू [形] 《P. بے آبرو》侮辱された；恥をかいた；名誉を失った= अपमानित.
बेआस [形] 《آس بے P. بے + H. आस》絶望した；失望した；失意の बेआसों की आस 絶望した人たちの希望
बेइंतिहा[1] [副] 《P.A. بے انتہا》= बेइंतहा; बेहद. 極度に；度はずれに = असीम; अपार; बेहद. बेइंतिहा तकलीफ़ और मुसीबत का ज़माना था 極度に苦難の時代であった
बेइंतिहा[2] [形] = बेइंतहा; असीम; अपार; बेहद. 無制限の；度はずれの；極度な बेइंतहा अधिकार 無制限の権限
बेइंसाफ़ [形] 《P.A. بے انصاف》不正な；不公正な；不公平な
बेइंसाफ़ी [名*] 《P.A. بے انصافی》不正；不公正；不公平
बेइख़्तियार[1] [形] 不本意な；余儀ない；心ならずの= बेबस.
बेइख़्तियार[2] [副] 《P.A. بے اختیار》不本意に；余儀なく；心ならず；思わず
बेइजिन 〔地名〕《E. Beijin》北京= पीकिङ.
बेइज़्ज़त [形] 《P.A. بے عزت》恥をかいた；侮辱された；不名誉な= अपमानित; तिरस्कृत; गर्हित; निंदित. (-को) बेइज़्ज़त क॰（ーに）恥をかかせる；(ーを) 侮辱する= (-को) लज्जित क॰; अपमानित क॰; (-का) तिरस्कार क॰.
बेइज़्ज़ती [名*] 《P.A. بے عزتی》侮辱；恥辱；不名誉= अपमान; तिरस्कार; निंदा. अपनी माँ की बेइज़्ज़ती नहीं सह सकता 自分の母親の恥辱には耐えられない बेइज़्ज़ती की ज़िंदगी से मौत बेहतर है 恥辱の中に生きて行くよりも死んだがよい **(-की) बेइज़्ज़ती क॰**（ーを）侮辱する；（ーに）恥をかかせる= (-का) अपमान क॰. **(-की) बेइज़्ज़ती हो॰**（ーが）侮辱される；（ーが）恥をかかされる मेरी बेइज़्ज़ती ज़रा भी नहीं हुई 全然恥をかかされなかった
बेइल्म [形] 《P.A. بے علم》無学な；無知蒙昧な= निरक्षर; बेपढ़ा-लिखा; विद्याहीन.
बेइल्मी [名*] 《P.A. بے علمی》無学；文盲= विद्याभाव; निरक्षरता; जहालत.
बेईमान [形] 《P.A. بے ایمان》(1) 不誠実な；いんちきな；いかさまの= अविश्वसनीय; बददियानत. (2) 不信心な= अधर्मी.
बेईमानी [名*] 《P.A. بے ایمانی》(1) 不誠実；いんちき；いかさま；不正；ずるいこと खेल में बेईमानी करना スポーツでいんちきをする (2) 不信心 हम लोग हमेशा बहादुरी से खेलते हैं मगर बेईमानी कभी नहीं करते いつも正々堂々とプレーを行い決して不正なことはしない व्यापार में बेईमानी 商取引での不正
बेउज़्र [形] 《P.A. بے عذر》不平や文句を言わない；素直な
बेउसूल[1] [形] 《P.A. بے اصول》原則のない；無原則な
बेउसूल[2] [副] 無原則に
बेएतबार [形] 《P.A. بے اعتبار बेएतिबार》信用ならない；信頼できない= अविश्वसनीय.
बेएतबारी [名*] 《P.A. بے اعتباری बेएतिबारी》信用できないこと，信頼できないこと= अविश्वास.
बेऐब [形] 《P.A. بے عیب》欠陥のない；欠点のない；無瑕な；申し分のない= निर्दोष.
बेओर-छोर [形] 《بے اور چھور P. بے + H.》限りない；無制限な यह क्या फ़िज़ूल की बातें हैं, बे ओर-छोर की なんという馬鹿げた話だ．とどまるところがない
बेऔलाद [形] 《P.A. بے اولاد》子のない；子供のない= निःसंतान.

बेक [形] 《E. bake》（パンや菓子が）焼かれた；ベークされた **बेक क॰**（パンや菓子を）焼く；ベークする 250°फ़ारेनहाइट पर 10 मिनट तक बेक करें カ氏 250 度で 10 分間ベークすること

बेक़द्र [形] 《P.A. بے قدر》(1) 無価値な；評価されない (2) あなどられた；侮辱すべき；蔑むべき；卑しむべき

बेक़द्री [名*] 《P.A. بے قدری》(1) 評価されないこと (2) 軽蔑；あなどること；侮蔑すること；蔑むこと；卑しむこと हमारी बहिन की ऐसी बेक़द्री हो रही है 妹がこんなに侮蔑されている

बेकराँ [形] 《P. بیکراں》洋々たる；はてしない＝अपार; असीम.

बेक़रार [形] 《P.A. بے قرار》(1) 落ち着かない；そわそわする；うずうずする；いても立ってもいられない；とても切ない उसे फिर से देखने के लिए वह बेकरार हो रही है もう一度見ようとそわそわしている माताओं की बेक़रार ममता 母親たちの切ない愛情 (2) 不安な；心配な (3) 不安定な

बेक़रारी [名*] 《P.A. بے قراری》(1) 落ち着かないこと (2) 不安；心配 (3) 不安定；動揺

बेकरी [名] 《E. bakery》製パン；パン製造；パン屋；ベーカリー；パン菓子製造店 **बेकरीवाला** パン屋；パン製造販売者；ケーキ屋

बेकल [形] 《P. بے + H.》落ち着きのない；不安な；心配な＝व्याकुल; बेचैन; विकल.

बेकली [名*] 《P. بے + H.》←बेकल. 落ち着きのないこと；不安；心配；動揺 प्रातःकाल की असीम स्वच्छता से हृदय एक अपूर्व उत्साह और पवित्रता से भर जाता और रात्रि की कालिमा एक मीठी टीस, बेकली और उदासी उत्पन्न कर देती 早朝の限りない清らかさに心はかつてないほどの気力とおごそかさに満たされる．夜の暗がりは鈍い痛みと不安，それに憂鬱を生じさせる

बेकस [形] 《P. بے کس》(1) 寄る辺ない；身寄りのない＝निस्सहाय; निराश्रय. (2) 哀れな；みじめな；苦しんでいる；悲しんでいる क्यों बेकस की आह लेता है? なぜに哀れな者の恨みを買うのか（苦しめるのか） (3) 苦しんでいる；悲しんでいる＝दुःखी; पीड़ित.

बेकसी [名*] 《P. بے کسی》(1) 身寄りのないこと；寄る辺のないこと；孤独 (2) 哀れさ；みじめさ गाँव की नर्म दिल स्त्रियाँ आ आकर लाश देखती थीं और उसकी बेकसी पर दो बूँद आँसू गिराकर चली जाती थीं 村のやさしい女たちはやって来ては遺体を見，哀れさに涙を流し立ち去るのだった (3) 苦しみ；悲しみ उनके पैरों में वह कमज़ोरी, आँखों में वह बेकसी न थी その人の足取りには弱々しさはなく眼には悲しみの表情はなかった

बेक़सूर [形] 《P.A. بے قصور बेक़ुसूर》無実の；科のない＝निरपराध; निर्दोष. **बेक़सूर मारा जा॰** 無実の罪で処罰される

बेकहा [形] 《بے کہا P. بے + H.》人の言葉に従わない；他人の言葉を聞き入れない

बेक़ाबू [形] 《P.A. بے قابو》制御できない；統制外の；抑制できない हाथ-पैर बेक़ाबू हो जाते हैं 手足が制御できなくなる

बेकाम [形] 《P. بے + H.》(1) 仕事のない；用のない (2) 無用の；役に立たない；無役な

बेक़ायदा [形] 《P.A. بے قاعده》(1) 不規則な (2) 無秩序な अल्लाह मियाँ का कोई काम बेक़ायदा नहीं होता 神様のなさることには何一つ無秩序なものはありません

बेकार[1] [形] 《P. بیکار》(1) 役立たない；無用の परंपरागत प्रतिरक्षा हथियार बेकार होते जा रहे हैं 伝統的な防衛武器はどんどん無用のものとなって行きつつある पर्दा बेकार है パルダーは無用（のもの）です हम लोगोंने बेकार पौदे निकाल कर फेंक दिये 無用の草木を抜き捨てた **बेकार की चीज़ें** がらくた＝कंकड़; पत्थर. 空いている (2) 使用されていない；役立てられていない **बेकार पड़ी हुई भूमि** 空地 (3) つまらない；出来の悪い；仕様がない；下らない फ़िल्म का छायांकन भी बेकार है カメラ（撮影）もつまらない（出来だ） **बेकार फ़िल्म** 下らない映画 (4) 仕事をしない；怠惰な；仕事のない；暇な (5) 失職した **बेकार हो॰** 失職する＝बेरोज़गार हो॰.

बेकार[2] [副] 無駄に；いたずらに＝बिला वजह; व्यर्थ में. बिना सोचे समझे उसने बेकार बच्चे को पीटा あの人は思慮もなくいたずらに子供を叩いた **बेकार जा॰** 無駄になる लेकिन पूजा, क्या तुम्हें नहीं लगता कि तुम्हारी माँ का त्याग बेकार नहीं गया でも君のお母さんの献身的な行為が無駄にはならなかったとは思わないかい

बेकारी [名*] 《P. بیکاری》(1) 役に立たないこと；無用 (2) 怠惰 (3) 失業

बेकिंग [名] 《E. baking》ベーキング；パン焼き；オーブン

बेकिंग आवेन [名] 《E. baking oven》パン焼器

बेकिंग डिश [名] 《E. baking dish》パン焼き皿

बेकिंग पाउडर [名] 《E. baking powder》ふく（膨）らし粉；ベーキングパウダー

बेक़ुसूर [形] 《P.A. بے قصور》＝बेक़सूर. मैं बेक़ुसूर हूँ, बिलकुल बेक़ुसूर हूँ 手前は無実なのです，全く無実なのです

बेकेलाइट [名] 《E. bakelite》ベークライト

बेख़ [名] 《P. بیخ》(1) 根；根元；根本＝मूल; जड़. (2) 基礎；根底

बेखटक[1] [形] 《P. بے + H.》不安のない；心配のない

बेखटक[2] [副] ＝बेखटके.

बेखटके [副] 《P. بے + H.》不安なく；心配なく；安心して；確実に संतरे का रस सरदी में भी बेखटके दे सकते हैं ポンカンのジュースは冬でも安心して与えることができる दिन भर में बेखटके तीन खेप हों 1 日に確実に 3 度の積み出しができること

बेख़ता [形] 《P.A. بے خطا》失敗のない；確実な＝अमोघ; अचूक; कारगर.

बेख़बर[1] [形] 《P.A. بے خبر》(1) 安心している；警戒していない；無用心な बेख़बर को डंक मारना मर्दानगी नहीं 無警戒な人を襲うのは男らしくないことだ (2) 知らない；情報を持たない पार्टी की एकता से बिलकुल बेख़बर 党の団結について全く知らない (3) 意識を持たない

बेख़बर[2] [副] (1) にわかに；予告なしに (2) 意識なく；前後不覚に **बेख़बर सोना** ぐっすり眠る；熟睡する；眠りこける वह गहरी नींद में बेख़बर सोया पड़ा है ぐっすり寝込んでいる इतने बेख़बर सो जाते कि उन्हें नींद में ही गोद में बिठाकर खाना खिलाया जाता था 眠ったまま膝に抱かれて食べさせられるほどぐっすり寝込んでしまうのだった (3) 熱中して；没頭して；無用心に；不用心に सब अपने से बेख़बर झील में डुबकी लगाते हैं すっかり熱中して潜水している

बेख़ुद [形] 《P. بے خود》我を忘れた；忘我の；意識を失った

बेख़ुदी [名*] 《P. بے خودی》正気でないこと；狂気；忘我 अरे यार, यह तो बेख़ुदी में कुछ से कुछ बक रहा है, मगर इसे यह ख़बर नहीं कि दीवारों के भी कान होते हैं あのねえ，この人は正気ではなくなってとんでもないことを喚いているんだ．でも壁に耳ありということを知らないんだ

बेख़ौफ़ [形] 《P.A. بے خوف》＝जानबाज़; निडर. 怖さ知らずの；怖いもの知らずの；命知らずの

बेग[1] [名] 《E. bag》バッグ＝बैग.

बेग[2] [名] 《T. بیگ》(1) 首長 (2) ベーグ（ムガルの称号の一）→ मुग़ल.

बेग[3] [副] 速やかに；すぐさま；急ぎ

बेगड़ी [名] ダイヤ細工師

बेगम [名*] 《T. بیگم》(1) 貴夫人；夫人 (2) 妻；令夫人 सरकार से उसे बेगम की उपाधि मिली है お上からベーガムの称号が授けられた (3) トランプのクイーンの札

बेग़म [形] 《P.A. بے غم》心配のない；悩みのない；不安のない＝निश्चिंत.

बेगमबलिया [名*] 《E. bougainvillia》〔植〕オシロイバナ科低木ブーゲンビレア बेगमबलिया के लाल फूलों की लताएँ ブーゲンビレアの赤い花のついた枝

बेगमात [名*, pl.] 《T.P. بیگمات》 बेगम の複数形．奥方たち；夫人たち；令室たち उनकी बेगमात के कपड़े 貴夫人たちの衣服

बेगमी[1] [形] 《T. بیگمی》(1) 貴夫人の；令夫人の (2) 上等の

बेगमी[2] [名] (1) 上等のパーン（पान）の一種 (2) 上等の米の一種

बेग़मी [名*] 《P.A. بے غمی》心配のないこと；安心なこと＝बेफ़िक्री; निश्चिंतता.

बेग़रज़ [形] 《P.A. بے غرض》公平な；公正な；無私の＝निःस्वार्थ.

बेग़रज़ी [名*] 《P.A. بے غرضی》公平さ；公正さ；無私＝निःस्वार्थता.

बेगानगी [名*] 《P. بیگانگی》(1) 見知りのないこと；知らないこと＝अनजानपन; अपरिचय. (2) 疎遠なこと；疎外＝परायापन.

बेगाना [形⁺・名] 《P. بیگانہ》(1) 見知りのない；見ず知らずの；知らない；よそ者の；他人である＝दूसरा; पराया; ग़ैर. हम समझते

है कि अपनों से बेगाने अच्छे होते हैं 身内よりも他人の方がよいと思っている बेगानों में भी हमें अपनापन पैदा करना ही पड़ता है 知らない人との間にも親しみを生み出さなくてはなりません (2) 縁のない；無関係の；遠い；疎遠な तुम अपनी मुसकराहट से कितने नावाकिफ़ हो, कितने अनजान और कितने बेगाना 君は自分の微笑についてなんと認識が薄いことかなんと無知なことかなんと無縁なことか यह संस्कृति किसी को बेगाना नहीं रहने देती, सब को अपना बनाती है この文化というものはだれ１人として疎遠なものとはしておかずだれかれなしに身近なものとします दुनियाँ से बेगाना बन जाऊँ 私は世間から離れようか

बेगानापन [名] 《بیگانہ پن P.بیگانہ + H.》= बेगानगी.

बेगार[1] [名] 《P. بیگار》(1) 強制労働；無賃労役 (2) 夫役；賦役 (3) いいかげんになされる仕事 **बेगार दे॰** ただ働きする= बेगार भरना. **बेगार प्रथा** 強制労働の制度 बेगार टालना 仕事をいやいや片付ける

बेगार[2] [形] 強制労働の；無賃労働の；ただ働きの उन दिनों हरिजनों से बेगार सेवाएँ ली जाती थीं. 当時ハリジャンたちは強制労働をさせられていた

बेगारी[1] [名*] 《P. بیگاری》(1) 強制労働；無賃労働 बेगारी कराना 強制労働をさせる (2) いやいやする仕事

बेगारी[2] [形] (1) 強制労働に従事する（人） (2) いやいや仕事をする（人）

बेगि [副] (1) 急いで；早く= जल्दी. (2) 直ちに；即刻= तुरंत; फ़ौरन.

बेगुनाह [形] 《P. بے گناہ》無実の；罪や科のない（人）；潔白な= निष्पाप; निर्दोष; बेकुसूर. कितने बेगुनाह मारे गए 実に多数の無実の人たちが殺害された **बेगुनाह मारा जा॰** 無実の罪で罰せられる

बेगुनाही [名*] 《P. بے گناہی》無実；潔白= निर्दोषता; बेकुसूरी. बेगुनाही के बावजूद 無実にもかかわらず

बेग़ैरत [形] 《P.A. بے غیرت》下品な；無恥な；厚顔な मैं ज़लील हूँ, बेग़ैरत हूँ, बेहया हूँ 手前は卑しく無恥で厚顔な奴なのです अरे बेग़ैरत इनको तो अपना बाप कहता है この恥知らずめが，この人を父親呼ばわりしている

बेग़ैरती [名*] 《P.A. بے غیرتی》厚顔無恥；恥知らず= निर्लज्जता; बेहयाई.

बेग़ोरो कफ़न [形] 《P.A. بے غور و کفن》屍衣（経帷子）も着せられず埋葬もされない（遺体） इब्राहीम बिन मुहम्मद अब्बासी की लाश बेग़ोरो कफ़न पड़ी थी イブラーヒーム・ビン・ムハンマド・アッバーシーの遺体は屍衣も着せられず埋葬もされずに横たわっていた

बेघर [形] 《P. بے + H.》家のない；家を失った भूचाल ने लाखों को बेघर कर दिया 地震が幾十万人の家を奪った हमारा नुक़सान भी करें और हमें बेघर भी करें 危害を加えた上に家まで奪ってしまうとは बेघर हो जा॰ 家を失う

बेघरबार [形] 《P. بے + H.》家を失った；家屋敷を失った लाखों निर्दोष नर-नारी बेघरबार हो गए 無数の無辜の男女が家屋敷を失った

बेच [名*] 売ること = विक्रय. ख़रीद-बेच 売買= ख़रीद-फ़रोख़्त; क्रय-विक्रय.

बेचक [名] 売り手 = बेचनेवाला; विक्रेता.

बेचना [他] (1) 売る；販売する；売却する हम अपनी कन्याओं को पैसे के लिए बेचें? 自分の娘を金のために売るとは (2) 大切なものを自分の利益のために捨てる ईमान बेचकर 信義を売って **बेच खाना** 失う；なくしてしまう；台無しにする प्रभु को छोड़कर तूने लगन किससे लगाई है हुआ नादान क्यों ऐसा समझ क्या बेच खाई है 主を捨てだれにすがったのか．愚かしいことよ，判断力を失ってしまったのか **बेच डालना** 売ってしまう；売り払う **बेचना-बाचना** 売り払う जल्दी से जल्दी घर का भारी सामान बेच-बाचकर 急いで大きな家財を売り払って

बेचवाना [他・使] ←बेचना. = बिकवाना.

बेचारगी [名*] 《P. بے چارگی》(1) 哀れなさま；みじめなさま；気の毒なさま= दीनता; हीनता. (2) 無力さ= विवशता. (3) 貧しさ；貧困；困窮= दरिद्रता; मुफ़लिसी.

बेचारा [形+] 《P. بے چارہ》(1) 哀れな；みじめな；気の毒な；不幸な उन बेचारों की आँखें नहीं होतीं あの気の毒な人たちは眼が（見え）ないんだ मेहतर बेचारा सारी गंदगी साफ़ करता है 掃除人は気の毒に一切のごみを清掃するのです वह बेचारी मज़दूरी करके अपना पेट पालती है あの女性は気の毒なことに力仕事をして暮らしを立てている (2) おとなしい भालू बेचारा था सीधा-भोला, नादान और लोमड़ी थी चालाक, चतुर, सयानी 熊はおとなしく素直で世間知らずだったが狐は抜け目がなく機敏でずる賢かった (3) 無力な पालती है इसे वह बेचारी その無力な女性がこの子を養っている (4) 貧しい

बेचिराग़ [形] 《P. بے چراغ》(1) 灯りのともらない；貧しい= ग़रीब. (2) 子供のない；世継ぎのいない；跡取りのいない= निःसंतान.

बेचैन [形] 《P. بے + H.》あれこれ心が動かされる；気があせる；そわそわする；心が落ち着かない；動揺する；不安な；心配な जो मिल नहीं सकता, उसके लिए बेचैन क्यों होता 手に入らないものを求めてなぜ落ち着きをなくすのか बचपन की बेचैन करने वाली भूख 子供の頃のじっとしておれなくなるひもじさ

बेचैनी [名*] 《P. بے + H.》心の激しい動き；落ち着きのなさ हाल के वर्षों में निम्न जातियों में इस प्रकार की परम्परागत शोषणपूर्ण ग्रामीण व्यवस्था से छुटकारा पाने के लिए बहुत बेचैनी रही है और उन्होंने कई प्रयास भी किये हैं この種の搾取に満ちた農村の制度からの解放を求める心の激しい動きがあった अब तो शांति की माता की बेचैनी और भी बढ़ गई するとシャーンティの母親の心配は更に増した मैं बेचैनी में लेटा, थोड़ी नींद लेने की कोशिश कर रहा था 心の落ち着かぬまま横になりしばしまどろもうとしていたところだった वह बेचैनी से उस दिन का इंतज़ार करने लगा 今か今かとその日を待ち始めた

बेजड़ [形] 《P. بے + H.जड़》(1) 根のない (2) 根拠のない；基礎のない

बेज़बान [形] 《P. بے زبان》(1) 口のきけない；言葉を持たない（畜生） (2)（不平や不満，反論の）言葉を持たない；おとなしい दफ़्तर का बाबू एक बेज़बान जीव है 事務員は言葉を持たないもの

बेज़बानी [名*] 《P. بے زبانی》(1) 口のきけないこと (2) 無言 (3) 不平や文句を言わないこと

बेज़र [形] 《P. بے زر》金のない；貧しい= ग़रीब; निर्धन.

बेजा[1] [形] 《P. بے جا》(1) 不都合な；都合の悪い इसमें बेजा क्या है? このことに何の不都合があるのか (2) 不当な；度はずれな；ひどい；途方もない；常軌を逸した；とんでもない；理屈にあわない अपने बच्चे तो बड़े सीधे हैं कोई बेजा माँग नहीं करते うちの子供たちはなかなか素直なもので途方もない要求はしない बेजा परिश्रम करके मैंने अपने स्वास्थ्य को बिलकुल नष्ट कर लिया めちゃくちゃに仕事をして体をすっかり壊してしまった (-से) बेजा नफ़ा उठाना （ーに）乗じる；不当な利益を得る；つけ入る

बेजा[2] [副] 度外れに；ひどく；不当に；めちゃくちゃに चोर, उचक्के और गुंडों की हिम्मत बेजा बढ़ गई है どろぼう，ひったくり，ならず者たちがめちゃくちゃに図に乗っている

बेजान [形] 《P. بے جان》(1) 生命のない；命を持たない बेजान पुतला 生命のない人形 (2) 死んだ；命の絶えた रात भर की परेशानी से आपका शरीर बेजान-सा हो गया है 夜通しの心配で体は死んだようになっている (3) つまらない；面白味のない；熱の入らない；気合の入らない मुक्केबाज़ी के इतिहास में यह अब तक का सबसे बेजान प्रदर्शन रहा ボクシングの歴史でこれまでで一番つまらない試合だった (4) 鈍重な

बेज़ाबिता [形] 《P.A. بے ضابطہ》(1) 規則や決まりに反する (2) 不規則な

बेज़ार [形] 《P. بے زار》(1) いやになった；うんざりした；嫌気がさした ज़िंदगी से बेज़ार हो गए हैं 生きているのがいやになっている (2) 不快な；不機嫌な (3) 困った；弱った

बेज़ारी [名*] 《P. بے زاری》(1) 嫌気 (2) 不快；不機嫌 (3) 困惑

बेज़ुबाँ [形] 《P. بے زباں》= बेज़बान. बेज़ुबान लोगों का 声なき人々の

बेजुर्म [形] 《P.A. بے جرم》無実の；潔白な= निर्दोष.

बेजू [名] 《E. badger》〔動〕イタチ科アナグマ

बेजोड़ [形] 《P. بے + H.जोड़》(1) 無二の；無比の；無類の；２つとない；並ぶもののない；独特の= अद्वितीय. हिंदी व्यंग्य साहित्य में बेजोड़ ヒンディー風刺文学で無二の बलिदान की बेजोड़ मिसाल 犠牲の無類の例 मेड़तिया राठौड़ों के कुल देवता चारभुजा का मंदिर भी अपनी भव्यता में बेजोड़ है メールターのラートール族の守護神を

祀ったチャールブジャー寺院は壮麗さにおいて並ぶものがない बेजोड़ म्यूज़ियम ユニークな博物館 (2) 全体がひとつながりの；つないだりあわせたりしたものではない

बेज़ौक़ [形] 《P.A. بے ذوق》味のない；つまらない

बेझड़ [名] 小麦，ヒヨコマメ，大麦などの穀物を混ぜ合わせたもの（粉にしたものをパンなどにして食する）

बेझा [名] まと（的）；標的= निशाना; लक्ष्य.

बेझिझक [副]《P. بے + H.》躊躇なく；遠慮なく；気兼ねなく बेझिझक कहो 遠慮なく言いなさい

बेट[1] [名*] 柄；取っ手（把手）= बेंट. उसमें लकड़ी की बेट डालने का छेद भी है それには木の柄をさしこむ穴もあいている

बेट[2] [名] 《E. bet》賭け = दाँव; शर्त. बेट लगाना 賭ける

बेटवा [名] = बेटा.

बेटा [名] (1) 息子；せがれ（倅／悴） (2) 性を問わず自分の子や自分の子供の年配のものに対する親しみをこめた呼びかけの言葉でもっぱら呼格に用いられる बेटा, कुछ नहीं（娘に対して）どうということはないんだよ（心配しなくていいよ） (3) 生意気な者，いたずら者などに対して言う言葉.「ーの奴」,「ー小僧」など वाह बेटा ख़रगोश! うーん，やるじゃないかうさぎの奴 (-को) **बेटा बनाना**（ーを）養子にする **बेटा बाप से भी बड़ा हो॰** 親まさり（良い意味でも悪い意味でも） **बेटेवाला** 花婿側の人（花婿の父親など花婿側の責任者）

बेटा-बेटी [名] (1) 子供；子女 (2) 子孫= संतान; औलाद. बेटे-पोते 子や孫；子孫

बेटिकट [形・副] 《P. بے + E. ticket》切符や札を持たない；切符なしで；無賃で बेटिकट सफ़र 無賃旅行；無賃乗車

बेटी [名*] (1) 娘 अपनी बेटी का मुझसे ब्याह कर दीजिए お嬢さんと結婚させて下さい (2) 自分の娘と同年輩の女性に対して親しみをこめて用いられる言葉 **बेटी दे॰** 嫁にやる；嫁がせる (-की) **बेटी ले॰**（ーの）娘を嫁に取る；（ーと）結婚する **बेटी वाला** 娘を持つ者（花嫁の父親や花嫁側の責任者） किंतु यह न भूलिए कि आप भी बेटी वाले हैं あなたも娘をもつ身であることをお忘れになりませんように **बेटीवाले** 嫁側の人

बेठ[1] [名] 耕作地として適さない砂地の土地

बेठ[2] [名] 前借り；先借り

बेठन [名] 物を包んだり被せたりする布

बेठिकाने[1] [形] 《P. بے + H.ठिकाना》(1) 本来の場所にいない (2) 住所不定の (3) つかみどころのない (4) 無駄な；無意味な

बेठिकाने[2] [副] あてにならない（頼りにならない）状態で

बेड [名] 《E. bed》ベッド डबल बेड ダブルベッド सिंगल बेड シングルベッド

बेड़[1] [名] (1) 苗代 बेड़ डालने का भी कुशल ढंग हो तो बताइए 苗代作りの上手な方法があれば教えて下さい (2) 畑や木の囲いや柵 (3) 馬鍬の引き綱

बेड़[2] [名] 現金；現ナマ = नगद रुपया.

बेड कवर [名] 《E. bedcover》ベッドカバー

बेड टी [名*] 《E. bed tea》ベッド・ティー（朝ベッドにいる人に目覚ましに供される紅茶）

बेड़ना[1] [他] 苗木などを守るために囲いや柵を作る

बेड़ना[2] [他] 破壊する；潰す

बेडपेन [名] 《E. bedpan》便器；おまる

बेडरूम [名] 《E. bedroom》寝室；ベッドルーム= शयनकक्ष; सोने का कमरा.

बेडसोर [名] 《E. bedsore》床ずれ

बेड़ा[1] [名] (1) いかだ（筏） (2) 艦隊；船団 अमेरिकी सातवाँ बेड़ा 米国第七艦隊 (3) 隊；隊列；組織 दिल्ली परिवहन के बेड़े में 350 नई बसें शामिल होंगी デリー市交通局に 350 両の新しいバス **बेड़ा ग़र्क़ क॰** 駄目にする **बेड़ा ग़र्क़ हो॰** 駄目になる **बेड़ा डुबाना** 駄目にする **बेड़ा डूबना** 駄目になる **बेड़ा पार क॰** = बेड़ा पार लगाना. **बेड़ा पार लगाना** 助ける；救助する；助け出す अब आप ही बेड़ा पार लगाइए तो लगे もうあなたが助けて下さるならばようやく助かるような状況です मगर भगवान ने किसी-न-किसी तरह बेड़ा पार ही लगाया で も神様がなんとか助け出して下さいました **बेड़ा पार हो॰** *a*. 助かる；救い出される *b*. すべてが終わる；それまでになる मैंने समझा, बेड़ा पार हुआ これで助かったと思った **बेड़ा बाँधना** 人を集める；結集する

बेड़ा[2] [名] = बीड़ा. **बेड़ा उठाना** 大仕事を引き受ける

बेड़ा[3] [形+] (1) 横の；水平の (2) 難しい；困難な；厄介な

बेड़िचा [名] 割竹を編んでこしらえた一種の竹製の容器（2 人がかりで行う灌漑用の水汲みに用いる）= बेड़ी; बेंड़ी.

बेड़िन [名*] = बेड़िनी.

बेड़िनी [名*] (1) ナト・カースト नट のサブカーストの一であるベーリヤー बेड़िया の女性. 特にマッディヤ・プラデーシュ州ブンデールカンド地方の民俗舞踊ラーイーの歌と踊りをその一部の女性が時には宴席で時には大道芸の形で伝承してきた；ベーリン बेड़िन. → बेड़िया, राई[2]. (2) 歌や踊りなどをなりわいとしてきたとされる下層カーストの女性の称；ベーリン

बेड़िया [名] ベーリヤー（ナト・カーストのサブカーストの一. その女性がベーリニー बेड़िनी; बेड़िन） → राई.

बेड़ी[1] [名*] (1) 足枷（の鉄鎖） **बेड़ी पहनाना** 足枷をはめる सरदार को तत्काल बेड़ियाँ पहना दी 頭目は即刻足枷をはめられた (2) 束縛 (3) 重荷；負担 किसी के पाँवों की बेड़ी बनना（他人の）邪魔になる；（ーに）迷惑をかける；（ーにとって）重荷な存在となる **पाँवों की बेड़ी** 足枷；重荷（になるもの）；負担になるもの (4) 割り竹を編んだざるの一種（綱をつけ灌漑用の水を 2 人で汲み上げるのに用いる） **बेड़ियाँ पड़ना** 鎖につながれる；鎖をつけられる；束縛を受ける **बेड़ी उतार फेंकना** 束縛を打ち砕く **बेड़ी काटना** 制限や束縛を破る पराधीनता की बेड़ियों को काटने के लिए 隷属の足枷を断ち切るために **बेड़ी में जकड़े रहना** 束縛される

बेड़ी[2] [名*] 小さな筏

बेडौल [形] 《P. بے + H.》(1) 形のよくない；不恰好な；みっともない；不体裁な बेडौल काया 不恰好な体 (2) そぐわない

बेडौलता [名*] ← बेडौल. वक्ष स्थल और कूल्हों आदि की बेडौलता 胸や腰などの不恰好さ

बेढंगा [形+] 《← P. بے + H.ढंग》(1) 乱雑な；秩序立っていない ज़रा उन्होंने जूते बेढंगे ढंग से रखे देखे 靴が乱雑に置かれているのを見た (2) そぐわない；ちぐはぐな सहायक निदेशक की यह बैठक उसे कुछ बेढंगी-सी लगी 飾りらしいものも調度品らしいものもなく所長代理のこの応接間は彼女には何かちぐはぐな感じがした धर्म, न्याय, सदाचार, कर्त्तव्य और ऐसे कई अन्य बेतुके व बेढंगे शब्द 人倫とか正義とか品行とか義務とかいったようなその他幾つかの滑稽でそぐわない言葉 (3) 不恰好な उनकी बेढंगी सूरत को देखकर सभा के सभी विद्वान हँस पड़े その人の不恰好な姿を見て居合わせた学者たちはぷっと吹き出した

बेढंगापन [名] ← बेढंगा.

बेढ़ [名] 囲い；柵 = बेड़; घेरा.

बेढ़न [名] 囲い= घेरा; बेड़[1].

बेढ़ना [他] (1) 木や畑を家畜などから保護するために柵などで囲う (2) 家畜を追い込む；家畜を逐う

बेढब[1] [形] 《P. بے + H.ढब》(1) 奇妙な；奇異な (2) みっともない；体裁の悪い；恰好の悪い उसे ऐसी बेढब शरमिंदगी हुई なんとも不体裁なことになった

बेढब[2] [副] (1) 大変；異様に (2) 不当に；不適切に

बेढ़ा [名] (1)〔装身〕手首飾り (2) 家の周囲の菜園

बेत [名*] = बेंत.

बेतकल्लुफ़[1] [形] 《P.A. بے تکلف》遠慮のない；無遠慮な；気兼ねのない；形式張らない

बेतकल्लुफ़[2] [副] 無遠慮に；気兼ねなく；うちとけて

बेतकल्लुफ़ाना [形+] 《P.A. بے تکلفانہ》遠慮のない；気兼ねのない बेतकल्लुफ़ाने अंदाज़ से बोले 不遠慮に言った

बेतकल्लुफ़ी [名*] 《P.A. بے تکلفی》遠慮のないこと；気兼ねのないこと；形式ばらないこと；うちとけること

बेतक़सीर [形]《P.A. بے تقصیر》無実の；罪科のない= निर्दोष; बेगुनाह.

बेतमीज़ [形] 《P.A. بے تمیز》(1) 不作法な；不躾な= बेहूदा; अशिष्ट; असभ्य. (2) 横柄な；横着な= उद्दंड; धृष्ट; गुस्ताख़.

बेतमीज़ी [名*] 《P.A. بے تمیزی》(1) 不作法；不躾 (2) 横柄さ；横着さ

बेतरतीब[1] [形] 《P.A. بے ترتیب》無秩序な；乱雑な；不規則な；気ままな（気儘な）；いいかげんな शहर के बेतरतीब नियोजन के परिणाम स्वरूप 市当局のいいかげんな採用の結果

बेतरतीब[2] [副] 無秩序に；乱雑に；不規則に；勝手に；気ままに
बेतरतीबवार [副] 《P.A. بے ترتیب وار》不規則に；乱雑に उसके बड़े मुँह पर मूँछें घास की तरह बेतरतीबवार उग आई थीं 大きな口ひげが雑草のように気ままに伸びていた
बेतरतीबी [名*] 《P.A. بے ترتیبی》片付いていないこと；無秩序；散らかっていること；乱雑さ；不規則 बेतरतीबी और अव्यवस्था से उन्हें चिढ़ है 無秩序と混乱とがお嫌いな方なのだ
बेतरद्दुद [形] 《P.A. بے تردد》不安のない；心配のない＝ बेखटके; निश्चिंत.
बेतरह [副] 《P.A. بے طرح》(1) ひどく；大変に；とても；極度に；甚だしく＝ बुरी तरह से. (2) ずいぶん；沢山＝ बहुत; बहुत ज़्यादा. तुम्हारी मैं बेतरह आभारी हूँ 君にはとても感謝しています
बेतरीक़ा [副] 《P.A. بے طریقہ》不規則に；めちゃくちゃに
बेतर्तीब [形] 《P.A. بے ترتیب》順序のない；混乱した；脈絡のない
बेतर्तीबी [名*] 《P.A. بے ترتیبی》順序のないこと；乱雑なこと；混乱
बेतलब [副] 《P.A. بے طلب》(1) 求められずに (2) 呼ばれずに；招かれずに
बेतहाशा[1] [副] 《P.A. بے تحاشہ》(1) めちゃくちゃに；猛烈に；度はずれに उनपर बेतहाशा ज़ुल्म हो रहे हैं めちゃくちゃにひどい目に遭わされている दो-तीन व्यक्ति आँख मूँद तथा उछल-कूदकर उसे बेतहाशा पीट रहे थे 2～3 人が目を閉じ飛び跳ねながら男をめちゃくちゃ叩いていた (2) 急激に；急速に；にわかに；めちゃくちゃに；一目散に देश में बेतहाशा बढ़ती हुई आबादी わが国の急激に増加中の人口 मैं बेतहाशा दौड़ा めちゃくちゃに走った (3) 度はずれに；極度に；ひどく；際限なく कई क्षेत्रों में मतदाताओं की संख्या बेतहाशा बढ़ी है 数地域では有権者数が極度に増加した माँ बेतहाशा गालियाँ बक रही थीं 母は際限なくののしりの言葉を発していた वहाँ पहुँचकर हम बेतहाशा हँसने लगे そこに着くと私たちは激しく笑い出した
बेतहाशा[2] [形] (1) ものすごい；際限のない；大変な；めちゃくちゃな बेतहाशा दौलत ＝ अकूत संपत्ति 巨万の富 (2) 猛烈な；激しい；激烈な
बेताक़त [形] 《P.A. بے طاقت》力のない；無力な；非力な
बेताज [形] 《P.A. بے تاج》無冠の；冠をつけない **बेताज बादशाह** 無冠の帝王 सास को तो एकदम बेताज बादशाह ही समझो 姑は全くの無冠の帝王と考えるがよい
बेताब [形] 《P. بے تاب》落ち着きのない；うずうずする；いらいらする；じれったい；耐え難い हम लोग यह रहस्य जानने के लिए बेताब थे この秘密が知りたくてうずうずしていた परिणाम जानने को सभी बेताब हो उठे 結果が知りたくて全員落ち着きがなくなった
बेताबी [名*] 《P. بے تابی》焦り；いらだち；じれったさ उसके चेहरे पर बेताबी फैली हुई थी 顔には焦りの表情が広がっていた इंतिज़ार में बेताबी व बेचैनी बढ़ गई 待っているのが更に耐え難く落ち着かなくなった बड़ी बेताबी से उस दिन की प्रतीक्षा कर रहा हूँ とても切ない思いでその日を待っている बेताबी से दीनू की राह देखने लगी 今か今かとディーヌーの来るのを待ち始めた
बेतार[1] [形] 《P. بے تار》無線の
बेतार[2] [名] 無電；無線電信 **बेतार का तार** 無線電信；電信；電報
बेताल [名] (1) 火葬場に住み人の死体を操るとされる幽鬼；ベータール／ヴェーターラ→ वेताल; वैताल. (2) 幽鬼に操られる屍体 **अगिया बेताल** やり手（積極性のある人のこと）
बेताला [形+] 《P. بے + H.》調子はずれの；拍子はずれの
बेतुका [形+] 《P. بے + H.》(1) 脚韻を踏まない (2) 見当違いの；的はずれの；ふさわしくない प्रतिबंध लगाना बेतुका एवं तर्कहीन लगता है 禁止することは的はずれで理に合わないものに思える त्यागपत्र की बेतुकी माँग 見当違いの辞表要求 (3) 馬鹿げた बेतुकी बातें 馬鹿げた話 (4) 滑稽な (5) 異様な
बेतुकापन [名] ← बेतुका. (1) 見当違い；的はずれ (2) 馬鹿らしさ (3) 滑稽さ (4) 異様さ
बेतौर[1] [副] 《P.A. بے طور》ひどく；めちゃくちゃに＝ बुरी तरह से; बुरी तरह.
बेतौर[2] [形] 乱雑な；無秩序な
बेद[1] [名] ＝ वेद.
बेद[2] [名*] 《P. بید》(1)〔植〕ヤナギ科ヤナギ属の木 (2)〔植〕ヤシ科トウ（籐）【*Calamus rotang*】
बेदख़ल [形] 《P. بے دخل》〔法・農〕追い立てられた；立ち退かされた काश्त से बेदखल क॰ 土地保有権を奪う；土地から追い立てる
बेदख़ली [名*] 《P. بے دخلی》〔法・農〕追い立て；立ち退き；占有剥奪〈dispossession; ouster〉
बेदम [形] 《P. بے دم》力のない；弱い；ひ弱い；活気のない
बेदमजनूँ [名] 《P.A. بید مجنوں》〔植〕ヤナギ科シダレヤナギ【*Salix babylonica*】
बेद मुश्क [名] 《P. بید مشق》(1)〔植〕ヤナギ科小木ないし低木シダレヤナギ属サルヤナギ【*Salix caprea*】〈musk willow〉 (2) 同上からとれるエッセンス（薬用）
बेदरी [形] ＝ बीदरी.
बेदरेग़ [副] → बेदिरेग़.
बेदर्द [形] 《P. بے درد》無情な；冷酷な；無慈悲な；極悪な＝ निर्दय; कठोरहृदय.
बेदर्दी [名*] 《P. بے دردی》無情さ；冷酷さ；無慈悲 बेदर्दी से 冷酷に；無情に；残酷に
बेद लैला [名] 《P. بید لیلا》〔植〕ヤナギ科シダレヤナギ【*Salix babylonica*】
बेदाग़[1] [形] 《P. بے داغ》(1) 汚れやしみのない (2) 落ち度のない (3) 無実の
बेदाग़[2] [副] 文句なしに；咎めなしに तब वे बच्चे ज़रूर बेदाग़ छूट जाएँगे そうすれば子供たちはきっと文句なしに解放されるだろう
बेदाद [名*] 《P. بے داد》非道；不正；不法＝ अन्याय; अत्याचार; ज़ुल्म.
बेदाना[1] [形] 《P. بے دانہ》実に種のない；種の入っていない；種なしの
बेदाना[2] [名] (1)〔植〕ザクロの一種 (2) マルメロ
बेदानिश [形] 《P. بے دانش》(1) 無学な＝ बेइल्म; विद्याहीन; अनपढ़. (2) 無知な；愚かな；愚昧な＝ मूर्ख.
बेदाम[1] [形] 《P. بے دام》無償の；無料の＝ मुफ़्त का; नि:शुल्क.
बेदाम[2] [副] 無償で；無料で＝ मुफ़्त में.
बेदार [形] 《P. بیدار》(1) 目の覚めた＝ जाग्रत. (2) 目覚めた；覚醒した；啓発された＝ सचेत; जागरूक. बेदार जवान कभी पछतावा नहीं किया करते 目覚めた若者は決して悔いることがない **बेदार क॰** 目覚めさせる；覚醒させる सोई हुई क़ौम को बेदार करने की ग़रज़ से 眠っている民族を目覚めさせるために
बेदारी [名*] 《P. بے داری》(1) 目覚め；覚醒 उन्होंने मुसलमान औरतों में ज़िंदगी और बेदारी पैदा की 女史はムスリムの女性の間に活気と覚醒とを生み出した (2) 警戒；用心
बेदिमाग़ [形] 《P.A. بے دماغ》(1) 不機嫌な；いらだっている (2) 短気な；気むずかしい
बेदियानत [形] 《P.A. بے دیانت》無責任な；不誠実な
बेदिरंग [副] 《P. بے درنگ》即刻；遅滞なく＝ फ़ौरन; तुरंत.
बेदिरेग़ [副] 《P.A. بے دریغ》(1) どんどん；やたらと (2) 惜しまずに बेदिरेग़ रुपए आते हैं और बेदिरेग़ ख़र्च करता हूँ どんどんお金が入って来，惜しげもなく使う (3) めちゃくちゃに；手当たりしだいに उन्हें बेदिरेग़ क़त्ल किया 手当たり次第に殺害した
बेदिल [形] 《P. بے دل》気のふさいだ；憂鬱な，気の晴れない；気の進まない；乗り気でない＝ दु:खी; उदास.
बेदिली [名*] 《P. بے دلی》気のふさいでいること；憂鬱なこと；気の晴れないこと；いやなこと；気乗りしないこと
बेदीदा [形] 《P. بے دیدہ》(1) 目のない (2) 恥知らずの；厚顔な＝ निर्लज्ज; धृष्ट.
बेदीन [形] 《P.A. بے دین》信仰を持たない；無信仰の；不信心な；信心のない
बेदीनी [名*] 《P.A. بے دینی》無信仰；不信心＝ नास्तिकता.
बेध [名] (1) 穴 (2) 隙間
बेधड़क[1] [形] 《P. بے + H.धड़क》(1) 大胆な；恐れを知らぬ；勇敢な (2) 不安のない；安心した (3) 無計画な बेधड़क अख़बारनवीसी से मौत मिली 恐れを知らぬ記者の仕事のため招いた死

ब

बेधड़क[2] [副] (1) 大胆に；堂々と；大ぴらに (2) 安心して (3) 無計画に

बेधना [他] (1) 穴をあける；貫く= छेद क॰; छेदना; सूराख़ बनाना. (2) 突き刺す हृदय को बेधनेवाली ईर्ष्या 胸を突き刺す嫉妬心 जिन भावनाओं को हम दूर रखना चाहते हैं, जिन बातों को हम याद करना नहीं चाहते, वे बार बार हृदय में उठती हैं और बेधती हैं 遠ざけたかったり思い出したくない感情が幾度もこみ上げてきては胸を突き刺す

बेधिया [名] 抑制 = अंकुश.

बेधी [形] 穴をあける；突き刺す

बेन[1] [名] (1) 竹笛= वंशी; मुरली; बाँसुरी. (2) 蛇使いの用いる笛；ビーン= बीन.

बेन[2] [名] 言葉= बैन; वाणी.

बेनक़ाब [形] 《P.A. بے نقاب》 (1) 明白になった (2) 露になった；暴露された पुलिस का सांप्रदायिक नज़रिया बेनक़ाब होता है 警察のコミュナルな見方が暴露される ये तर्क उन लोगों को बेनक़ाब कर देते हैं この論理があの人たちの正体を暴く

बेनज़ीर [形] 《P.A. بے نظیر》 比べるもののない；無比の；無類の = अद्वितीय; बेजोड़.

बेनट [名*] 《E. bayonet》 銃剣 = संगीन.

बेनवा [形] 《P. بے نوا》 無一文の；極貧の= कंगाल.

बेनवाई [名*] 《P. بے نوائی》 貧窮；極貧；赤貧

बेनसीब [形] 《P.A. بے نصیب》 運のない；不運な；非運の；つきのない= भाग्यहीन; बदक़िस्मत.

बेनसीबी [名*] 《P.A. بے نصیبی》 運に恵まれないこと；不運；非運= भाग्यहीनता; बदक़िस्मती.

बेना[1] [名] (1) 竹 (2) 竹製の扇

बेना[2] [名]〔装身〕ベーナー（女性が前額部の分けぎわにつける金製の装身具）

बेना[3] [名]〔植〕イネ科草本ベチベルソウ【*Vetiveria zizanioides*】= खस.

बेनाग़ा [副] 《P.T. بے ناغہ》 常に；絶えず；怠りなく

बेनाम [形] 《P. بے نام》 (1) 名のない (2) 無名の；名の知られていない

बेनामी [形] 《P. بے نامی》 匿名の；無記名の

बेनामोनिशाँ [形] 《P. بے نام و نشان》 所在不明の；匿名の

बेनिफ़िट आफ़ डाउट [名] 《E. the benefit of the doubt》〔法〕疑わしきは罰せず（疑わしい点を被疑者に有利に解釈してやること）；疑わしい点に関する被告の有利= संदेह लाभ.

बेनियाज़ [形] 《P. بے نیاز》 (1) 無欲な；欲のない (2) のびやかな；大様な (3) 無頓着な

बेनी [名*] = वेणी. (1)（女性の）編んだ髪 (2) ガンジス川，ヤムナー川及び伝説上のサラスヴァティーの合流点；サンガム संगम

बेनी-इजरायली यहूदी [名] 主としてムンバイに居住するユダヤ教徒のジャーティ名〈Ben-i-Israel, Bene Israel〉

बेनु [名] → वेणु.

बेनूर [形] 《P. بے نور》 光のない；輝きのない

बेनौटी[1] [形] 薄黄色の；黄白色の

बेनौटी[2] [名] 薄黄；黄白色

बेपढ़ा [形+] 《P. بے + H.》 無学な；教育を受けていない बेपढ़ा हिंदू 無学なヒンドゥー बेपढ़ी स्त्री 無学な女性

बेपनाह [形] 《P. بے پناہ》 (1) ものすごい；猛烈な；やたらな अपने मुल्क और अपनी क़ौम से बेपनाह प्यार था 自分の国と民族とが大好きだった टी-हाउस में बेपनाह शोर है 茶店はやたらと騒がしい (2) 寄る辺ない；保護のない；無防備の

बेपर [形] 《P. بے پر》 (1) 羽のない；羽なしの (2) 無力な；力のない (3) 支援のない बेपर का कबूतर उड़ाना 不可能なことを試みる बेपर की उड़ाना ほらを吹く

बेपरदा [形] → बेपर्दा.

बेपरवा [形] → बेपर्वा, बेपर्वाह.

बेपर्दगी [名*] 《P. بے پردگی》 (1) あからさまなこと (2) 大っぴらなこと；奔放なこと अंगरेज़ी की फ़िल्म में चाहे जितनी बेपर्दगी हो 洋画の中で女性がどれほど大っぴらに振る舞おうとも (3) 女性がパルダーの風習を守らないこと

बेपर्दा [形] 《P. بے پردہ》 (1) あからさまな (2) 大っぴらな；奔放な (3) 女性がブルカーを用いない；パルダー (पर्दा) を守らない → परदा/पर्दा.

बेपर्वा [形] 《P. بے پروا》 (1) 心配しない (2) 不注意な (3) 大胆な

बेपर्वाई [名] 《P. بے پروائی》 (1) 安心；心配のないこと (2) 不注意 (3) 大胆さ

बेपर्वाह [形] = बेपर्वा.

बेपर्वाही [名*] = बेपर्वाई.

बेपानी [形] 《P. بے + H.》 恥をかいた बेपानी कर दे॰ 恥をかかせる = लज्जित क॰. बेपानी हो॰ *a.* 恥をかく= लज्जित हो॰. *b.* 恥知らずになる= निर्लज्ज हो॰.

बेपार [名] 商売；商い = व्यापार; ब्यौपार.

बेपारी [名] 商人 = व्यापारी; सौदागर.

बेपीर[1] [形] 《P. بے پیر》 精神的な指導者のいない；師を持たない

बेपीर[2] [形] 《P. بے + H.》 (1) 冷酷な；無慈悲な；残忍な；情けや容赦のない= निर्दय; निष्ठुर. (2) 性質の良くない；意地の悪い

बेपेंदी [形] 《P. بے + H.पेंदी》 (1) 底のない (2) 原則のない；無節操な बेपेंदी का लोटा 付和雷同する人；無節操な人

बेफ़ायदा[1] [形] 《P.A. بے فائدہ》 無益な；無駄な= व्यर्थ का; बेकार; फ़ुज़ूल.

बेफ़ायदा[2] [副] 無駄に；無益に= व्यर्थ; बिना कारण; वृथा.

बेफ़िक्र [形] 《P.A. بے فکر》 (1) 心配のない；気楽な；安心な；平気な；安穏な बेफ़िक्र हो॰ 安心する आप बेफ़िक्र रहिए. पूरा गाँव आप के साथ रहेगा 安心なさって下さい村中があなたに味方します (2) 不注意な；無計画な

बेफ़िक्री [名*] 《P.A. بے فکری》 (1) 安心；安穏 मैंने उनके साये में 8 वर्ष इतनी बेफ़िक्री से काट दिए थे あの方の庇護のもとに 8 年間をすっかり安穏に過ごした बेफ़िक्री से खाना चबा चबाकर खाओ 安心して食べ物をよく噛んで食べなさい (2) 無造作；気軽さ वह बहुत बेफ़िक्री से गाड़ी में बैठ गया 無造作に車に腰を下ろした

बेबदल [形] 《P.A. بے بدل》 かけがえのない；2 つとない；無二の；無双の= अकेला; जिसका कोई जोड़ न हो; लासानी.

बेबस [形] 《P. بے + H.बस》 (1) 無力な；力のない बेबस हो॰ 手も足もでない；圧倒される= विवश हो॰. बेबस बेवा हूँ 無力な未亡人でございます (2) つまらない；くだらない

बेबसी [名*] 《P. بے + H.बसी》 (1) 無力さ= लाचारी; मजबूरी. (2) 思うままにならぬこと= परवशता.

बेबाक [形] 《P. بے باک》 (1) 忌憚のない；きっぱりとした；遠慮のない；ずけずけとものを言う= मुँहफट; मुक्तकंठ. बेबाक समीक्षा 忌憚のない批評 (2) 大胆な；恐れを知らない= निडर. अपने जीवन और परिवेश का बेबाक चित्रण 自分の生涯と身の回りの大胆な描写 (3) 横着な；横柄な= धृष्ट; गुस्ताख़. (4) 破廉恥な；恥知らずの= निर्लज्ज; बेहया.

बेबाक़ [形] 《P.A. بے باق》 完済した；支払いや返済の済んだ= परिशुद्ध; ऋणमुक्त.

बेबाकी [名*] 《P. بے باکی》 (1) 忌憚のなさ；遠慮のなさ；気兼ねのなさ बेबाकी से 忌憚なく；遠慮や気兼ねなく मार्क्स की मान्यताओं-स्थापनाओं को लेखक ने बेबाकी से जाँचा-परखा है マルクスの思想や理論体系を筆者は忌憚なく調べ上げ点検した (2) 大胆さ= निडरता. (3) 横着さ；横柄さ= धृष्टता; गुस्ताख़ी. (4) 破廉恥= निर्लज्जता; बेहयाई.

बेबाक़ी [名*] 《P.A. بے باقی》 完済= परिशोधन.

बेबात[1] [形] 《P. بے + H.》 (1) 時ならぬ；時機に合わぬ (2) 不適切な बेबात की बात その場にふさわしからぬ話題

बेबात[2] [副] 《P. بے + H.》 わけもなく；理由もなく ऐसे बच्चे बेबात सज़ा भुगतने को मजबूर हैं このような子供は理由もなく処罰を受けなくてはならない

बेबी [名*] 《E. baby》 (1) 赤ん坊；赤ちゃん；赤子；ベビー (2) 家族などの集団の中の年少者 (3)「可愛い子」の意味で用いられる呼びかけの言葉 अरे बेबी! नई नई इस शहर में आई हो तो सैर को

बाहर क्यों नहीं जातीं? お嬢ちゃん，この町に来たばかりなんだから散歩に出なくてはね
बेबी कमोड [名] 《E. baby commode》幼児用便器
बेबी फ़ूड [名] 《E. baby food》ベビーフード；離乳食
बेबीब्रुश [名] 《E. baby-brush》小型刷毛；ベビーブラシ
बेबीलोन 〔地名・史〕《E. Babylon》バビロン
बेबी वाकर [名] 《E. baby-walker》幼児歩行練習器
बेबुनियाद [形] 《P. بے بنیاد बेबुनयाद》根拠のない उनकी आपत्तियाँ बेबुनियाद मालूम दें तो あの人の言う反対に根拠がないように思えたら बेबुनियाद आरोप 言いがかり；根拠のない非難 बेबुनियाद बात 根拠のない話
बेब्याहा [形+] 《P. بے + H.》未婚の；独身の= अविवाहित.
बेभाव[1] [形] 《P. بے + H.》無数の；限りない；数限りない **बेभाव की पड़ना** *a*. ひどく殴られる；めちゃくちゃに殴られる मार पड़ने लगी और बेभाव की पड़ने लगी 殴られ出した．めちゃくちゃに殴られ出したのだ *b*. ひどく叱られる
बेभाव[2] [副] 度はずれに；際限なく
बेमग़ज़ [形] 《P.A. بے مغز》愚かな；間抜けの
बेमज़गी [名*] 《P. بے مزگی》(1) 味のないこと (2) 面白味のないこと (3) 白けた状態；白々しさ
बेमज़ा [形] 《P. بےمزہ》(1) 味のない；まずい；大味な (2) 面白味のない；楽しくない (3) 白けた；白々しい
बेमतलब [副] 《P.A. بے مطلب》意味もなく；わけもなく；理由もなく；用もなく मनुष्य की अमूल्य ज़िंदगी बेमतलब ख़तरे में पड़ सकती है 人の大切な命がわけもなく危険に瀕することがありえる
बेमन[1] [副] 《P. بے + H.》しぶしぶ；いやいや；気乗りせずに **बेमन से** しぶしぶ；いやいや；不承不承；気の進まぬ状態で राम ने बेमन से कहा ラームはしぶしぶ言った
बेमन[2] [形] 気の向かない；気の進まない；気の乗らない；味気ない दिन भर ख़ाली ख़ाली पहाड़-सा दिन...बेमन，बेकाम...बेकार 一日中仕事のないうんざりするような長い 1 日．気が乗らず，用事なく無駄な 1 日
बेमरम्मत [形] 《P.A. بے مرمت》壊れてしまっている；古びてぼろぼろになった；修理されていない
बेमाना [形] 《P.A. بے معنی》= बेमानी.
बेमानी [形] 《P.A. بے معنی》(1) 無意味な बेमानी और पिटी हुई ललकार 無意味で使い古された挑戦の言葉 अगर ख़र्च के अनुपात में उत्पादकता नहीं बढ़ी तो पूर्ण रोज़गार का लक्ष्य बेमानी होगा もしも費用に応じて生産性が増さなければ完全雇用の目標は無意味なものと考えられよう (2) 無益な；役に立たない (3) 馬鹿げた मालाबार हिल क्षेत्र में 10 लाख रुपए से कम का फ़्लैट ढूँढना ही बेमानी है マーラーバールヒル地区に 100 万ルピー以下のマンションを探すのは馬鹿げたことだ बेमानी गुफ़्तगू ちんぷんかんぷんな話
बेमारे [副] 《P. بے + H.मारे》打撃を受けずに；取り立てた理由もなく **बेमारे मरना** 特別の理由もなく不調であったり調子が悪いこと
बेमालूम [副] 《P.A. بے معلوم》気づかれぬように；こっそりと
बेमिसाल [形] 《P.A. بے مثال》独特の；類のない；比類のない= अद्वितीय; अनुपम; बेनज़ीर. बेमिसाल कारीगरी 比類のない技術
बेमुनासिब [形] 《P.A. بے مناسب》不当な；不適当な；不適切な
बेमुरव्वत [形] 《P.A. بے مروت》(1) 冷たい；冷淡な；不人情な；思いやりのない；信頼を裏切る हाँ, बड़ा बेमुरव्वत शहर है यह そう，この街はひどく不人情な街だ (2) ぶっきらぼうな；無愛想な
बेमुरव्वती [名*] 《P.A. بے مروتی》(1) 冷淡さ；不人情；思いやりのなさ；あこぎなこと；裏切り दोस्तों से बेमुरव्वती तो नहीं की जाती 友人に対しては不人情なことはできない (2) 無愛想なこと
बेमेल [形] 《P. بے + H.》(1) 不調和な；うまく行かない；なじまない बेमेल पदार्थ なじまない物質 (2) 不釣り合いな；不均衡な **बेमेल विवाह** 不釣り合いな結婚（特に女性側の経済的な理由による中年もしくはそれ以上の年齢の男性と若い女性もしくは少女との婚姻などを指す）
बेमौक़ा[1] [形] 《P.A. بے موقع》(1) 時機を失した (2) 場所のふさわしくない
बेमौक़ा[2] [副] 折悪しく
बेमौत [副] 《P.A. بے موت》死んだのでもないのに；理由もなく（死ぬ）；わけもなく अब तो लोग बेमौत धड़ाधड़ मरने लगे それからは人々が理由もなく次から次へと死に始めた **बेमौत मरना** わけもなく被害を被る；わけもなくひどい目に遭う
बेमौसम [形] 《P.A. بے موسم बेमौसिम》(1) 季節はずれの (2) 時機を失した
बेमौसमी [形] 《P.A. بے موسمی बेमौसिमी》季節はずれの बेमौसमी पतझड़ 季節はずれの落葉
बेयरर[1] [名] 《E. bearer》(1) 召使い；ボーイ；ベアラー (2)（小切手，手形の）持参人
बेयरर[2] [名] = बेयरर चैक; बेयरर चेक. दो हज़ार का बेयरर 2000 ルピーの（持参人払いの）小切手
बेयरर-चैक [名] 《E. bearer cheque》持参人払い小切手
बेयरिंग [名] 《E. bearing》ベアリング；ベヤリング
बेरंग[1] [形] 《P. بے رنگ》(1) 無色の (2) 色のよくない；色の褪せた；色の剥げた
बेरंग[2] [形] 《P.+ H.रंग》つまらない；味気ない किसी प्रकार की चखचख से मैं आज की शाम बेरंग नहीं करना चाहती थी 何らかの言い争いで今宵をつまらないものにしたくなかった
बेरंग[3] [形] 《E. bearing》料金不足の（郵便物）
बेर[1] [名] (1)〔植〕クロウメモドキ科低木イヌナツメ【*Zizyphus jujuba*】 (2) その実 **बेर देकर मोती ले॰** 欺く；だます **बेर में गुठली मिला दे॰** 台無しにする；駄目にする；無駄にする；ふいにする
बेर[2] [名*] (1) 度；回；度数；回数 (2) 時間
बेर[3] [名]〔鳥〕ガンカモ科カルガモ【*Anas poecilarhyncha*】
बेरग [形] 《P. بے رگ》無情な；薄情な
बेरग़बती [名*] 《P.A. بے رغبتی बेरग़बती》嫌気；気の進まぬこと बेरग़बती हो॰ 嫌気がさす
बेरजा [名] = बिरोजा.
बेरस [形] 《P. بے + H.》(1) 味のない；味気のない (2) 面白くない；面白味のない
बेरहम [形] 《P.A. بے رحم बेरहम》無慈悲な；冷酷な；残酷な；苛酷な= निष्ठुर; निर्दय.
बेरहमी [名*] 《P.A. بے رحمی बेरहमी》無慈悲；冷酷さ；残酷さ；苛酷さ= निष्ठुरता; निर्दयता. **बेरहमी से** 無慈悲に；残酷に= निष्ठुरता से; निर्दयता से. एक आदमी एक औरत को जानवरों की तरह धुन रहा है बेरहमी से और कोई रोक तक नहीं रहा है 1 人の男が 1 人の女性をまるで動物でも叩くように残酷に叩いている．それなのにだれ 1 人止めようとしない
बेरा[1] [名] (1) 時間= समय; वक़्त; बेला. (2) 朝；朝方
बेरा[2] [名] 大麦とヒヨコマメを混ぜたもの
बेरा[3] [名] 《E. bearer》(1) 召使い；ベアラー (2) ボーイ
बेराग [形] 《P. بے + H.》感動のない；感情のない
बेराह [形] 《P. بے راہ》道に迷った；悪の道に入った= पथभ्रष्ट. **बेराह चलना** 悪の道から離れなくなる；間違った道を進む
बेरिंग सागर [名] 《← E. Bering Sea》ベーリング海
बेरियम [名] 《E. barium》〔化〕バリウム बेरियम द्वारा इन अंगों के चित्र उतारना バリウムでこの部分の写真を撮る
बेरियाँ [名*] 時；時間
बेरिया [形] 《P. بے ریا》偽りのない；純粋な；虚飾のない
बेरियाई [名*] 《P. بے ریائی》純粋さ；虚飾のないこと
बेरी[1] [名*] (1) イヌナツメの小木 बेरी की टहनी イヌナツメの小枝 (2)〔植〕ヒルガオ科蔓草セイヨウヒルガオ【*Convolvulus arvensis*】
बेरी[2] [名*] (1) 度（数）；回（数） (2) 碾き臼に一度に入れられる分量
बेरीबेरी [名*] 《E. beriberi ← Sin. beri》〔医〕脚気
बेरुख़ [形] = बेरुख़ा. बेरुख़ हो॰. 横を向く；顔をそむける
बेरुख़ा [形+] 《← P. بے رخ》(1) 横を向く；無視する (2) 冷たい；冷淡な तुम क्यों ऐसे बेरुखे हो रहे हो? なぜそんなに冷淡になるのだね君は
बेरुख़ी [名*] 《P. بے رخی》(1) 無視；いやな顔をすること；要求に応じないこと；知らぬ顔をすること (2) 冷たさ；冷淡さ；無愛

ब

想 मंगल ने पार्वती की बेरुख़ी पर कठोरता से कहा マンガルはパールヴァティーの冷たい仕打ちに対して厳しく言った दूसरों की बातें सुनते समय बेरुख़ी मत दिखाइए 他人の話を聞く時にはいやな顔をしないこと बड़ी बेरुख़ी से बोली ひどく無愛想に言った

बेरुती [形] 《← P. بے + H.रुत》季節はずれの → ऋतु.

बेरूँ [副] 《P. بیرون》外側に；外に；はずれて = बाहर.

बेरूँ मीयाद [形] 《P. بیرون میعاد बेरूँ मीआद》〔法〕時効の；時効になった

बेरोक[1] [形] 《P. بے + H.》制約のない；制限のない；自由な

बेरोक[2] [副] 制約なく；制限なく；自由に；のびのびと

बेरोकटोक [副] 《P. بے + H.》(1) のびのびと；自由に बेरोकटोक काम करने देना 自由に仕事をさせる (2) 無制限に；限度なく；きりなしに वे बेरोकटोक कुमार्ग की ओर प्रायः अग्रसर होते रहते हैं きりなしに悪の道に進んで行く (3) 公然と；大っぴらに आजकल बेरोकटोक जुआ चल रहा है 近頃大っぴらに賭博が行われている (4) 遠慮や気がねなく इतने में एक बकरी निडर होकर एकदम बेरोकटोक शेर के पास जा पहुँची そうこうするうちに１頭の山羊が恐れることなく遠慮会釈なくライオンのそばへやって来た

बेरोज़गार [形] 《P. بے روزگار》仕事のない；職のない；失業している；失職している बेरोज़गारों को रोज़गार मुहैया कराने के लिए 失業者に職を与えるために

बेरोज़गारी [名*] 《P. بے روزگاری》失業；失職

बेरोज़गारी भत्ता [名] 失業手当

बेरौनक़ [形] 《P.A. بے رونق》(1) つやのない；光沢のない (2) 活気のない；元気のない (3) 不活発な；不振の

बेरौनक़ी [名*] 《P.A. بے رونقی》(1) つやのないこと；光沢のないこと；輝きのないこと (2) 活気のないこと；元気のないこと (3) 不活発；不振

बेल[1] [名] (1)〔植〕ミカン科小木ベルノキ【*Aegle marmelos*】(2) 同上の実

बेल[2] [名]〔植〕モクセイ科低木マツリカ【*Jasminum sambac*】

बेल[3] [名*] (1) つるくさ（蔓草） (2) つる（蔓） मटर की बेल エンドウマメの蔓 बेलों पर अंगूरों के बड़े-बड़े गुच्छे लटक रहे थे 蔓にはブドウの大きな房がぶら下がっていた लड़का परसों सुबह मुँह-अँधेरे बेलों में से पके ख़रबूज़े चुन रहा था 一昨日の朝暗いうちに男の子が蔓の中から熟したメロンをちぎっていた (3) つる草の模様；唐草模様 फूल और बेल 花とつる草の模様；唐草模様 (4) 絹やビロードに施された金糸の唐草模様 (5) 系譜 (6) 結婚式などの祝い事に際して親類，縁者，知人などから床屋などの特定のサービスカースト及び踊り手，楽士などに与えられる祝儀 **बेल फलना** *a.* 実が生る；実を結ぶ *b.* 子宝を授かる *c.* 念願を果たす **बेल फैलना** *a.* 一家，一門が繁栄する *b.* 大きくなる **बेल बढ़ना** = बेल फैलना. **बेल बोना** 始める **बेल मंढे चढ़ना** *a.* 頂上に達する *b.* 完成する *c.* 繁栄する **बेल लगाना** 開始する；端緒をつける

बेल[4] [名] 《← P. بیلچہ बेलचा》(1) 土を掘るのに用いるスペード (2) 穴掘り用の鍬；根掘りぐわ (3) 道路工事のためにひかれた線 (4) 船を漕ぐための棹

बेल[5] [名] 《E. bale》こり（梱）

बेल[6] [名] 《E. bail》〔ス〕クリケットの三柱門 (wicket) に渡した横木

बेलगाम [形] 《P. بے لگام》(1) くつわのついていない (2) 勝手気ままな；自由奔放な；抑制のない

बेलचा [名] 《P. بیلچہ》(1) 根掘りぐわ (2) シャベル；スコップ

बेलजियम 〔国名〕《E. Belgium》ベルギー王国 = बेल्जियम.

बेलज़्ज़त [形] 《P.A. بے لذت》(1) 味のない；味わいのない；うまみのない (2) 面白味のない；つまらない

बेलदार[1] [名] 《P. بیلدار》土木作業員；土工；土方；建築労働者；土木工事の労務者（土掘り，穴掘り，基礎工事などをする）

बेलदार[2] [形] 《H. + P. دار》唐草模様の刺繍のある

बेलदारी [名*] ← बेलदार. ベールダールの職や労賃

बेलन [名] (1) ローラー (2) 心棒の軸 (3) 麺棒 (4) 円柱形や円筒形のもの (5) 綿打ち弓の弦を弾かせるのに用いる棒

बेलना [他] (1) のす（伸す）；押し伸ばす गुथे हुए आटे को बेलना こねた小麦粉をのす इसे विभिन्न आकार दिए जा सकते थे, यहाँ तक कि इसे बेला भी जा सकता था これは様々な形にすることができ，押し伸ばすことさえできた (2) 綿繰り機にかける

बेलनी [名*] 綿繰り機

बेलपत्ती [名*] = बेलपत्र.

बेलपत्र [名]〔ヒ〕ベルノキの葉（シヴァ神に供えられる）→ बेल.

बेलफल [名] ベルノキの実

बेलबचला [名*]〔植〕ツルムラサキ科ツルムラサキ【*Basella alba*】

बेलबॉटम [名] 《E. bellbotoms》〔服〕ラッパズボン；ベルボトム；パンタロン

बेलबूटा [名] (1) 低木と蔓草 (2) 唐草模様；アラベスク= बेलबूटे का काम. वह दुलहन की हथेलियों पर मेंहदी से बेलबूटे बनाती रही その女性は花嫁の掌にヘンナで唐草模様を描き続けた (3)（唐草模様の）刺繍 अम्मी और बा जी ने मेज़पोश पर रेशमी धागों से बेलबूटे बनाए हैं お母さんとお姉さんがテーブルクロスに絹糸で刺繍をした **मनोहर बेलबूटे** 美しい唐草模様の刺繍

बेलवाना [他・使] ← बेलना.

बेलसना [自] 享楽する；耽る

बेलसुंठ [名]〔植〕マメ科レイリョウコウ属の草本【*Trigonella corniculata*】

बेला[1] [名]〔植〕モクセイ科マツリカ= बेल[2]

बेला[2] [名*] 時間の区分；時；時刻；時分 इस बेला 今時分 विदाई की बेला में（花嫁の実家との）別れの時に；暇乞いの時に देश के नवजागरण की बेला 国家覚醒の時 **बेला झुकना** 日が暮れる；日が傾く= बेला ढलना. **बेला बाँटना** 朝夕貧者に食べ物を施すこと

बेला[3] [名] 《← E. viola》(1) ビオラ (2) バイオリン→ बेहला.

बेलाई [名*] ← बेलना. 伸ばしたり押し伸ばしたりすることやその手間賃

बेलाग [形] 《P. بے + H.》(1) 見せかけや飾りのない；真率な；屈託のない (2) 純粋な；偽りのない वह कितने बेलाग तरीक़े से हँसती है ほんとに腹の底から笑う人なんだあの人は (3) 直情径行な

बेलावल [名] (1) 夫 (2) 恋人；愛人

बेलिफ़ [名] 《E. bailiff》〔法〕執行吏

बेलियाक़त [形] 《P.A. بے لیاقت》能なしの है ग्राम के मुखिया की छोकरी और इतनी बेलियाक़त 村長の娘のくせにこんな能なし

बेलिहाज़ [副] 《P.A. بے لحاظ》(1) 遠慮会釈なく；無遠慮に= निःसंकोच. (2) 配慮なく；容赦なく= बेमुरव्वत.

बेली[1] [名] 仲間；味方；守護者；保護者= साथी; संगी.

बेली[2] [名*]〔植〕ミカン科低木ナガエミカン【*Hesperethusa crenulata; Limonia crenulata; L. acidissima*】

बेलुत्फ़ [形] 《P.A. بے لطف》(1) つまらない；面白くない；興味のわかない (2) 味気ない；うまみのない；楽しくない खाना कैसा ही लज़ीज़ क्यों न हो बेलुत्फ़ हो जाता है 食事がどれほど美味なものであろうとも味気ないものになる

बेलुत्फ़ी [名*] 《P.A. بے لطفی》← बेलुत्फ़. अगर घरों का इंतज़ाम ठीक न हो और घर के लोग मिल-जुलकर न रहें तो सेहत पर भी असर पड़ेगा और बेलुत्फ़ी भी रहेगी 家の中がうまく行かないとまた家族がむつまじくしていないと健康にも影響があるし楽しくもなくなる

बेलौस [形] 《P.A. بے لوث》(1) 無欲の；私利私欲を去った (2) けがれなき；純正な；無垢な

बेलौसपन [名] 《P.A. + H. -पन》← बेलौस.

बेल्जियन[1] [名] 《E. Belgian》(1) ベルギーの बेल्जियन टीम ベルギーチーム (2) ベルギー人の

बेल्जियन[2] [名] 《E. Belgian》ベルギー人

बेल्जियम 〔国名〕《E. Belgium》ベルギー

बेल्ट [名] 《E. belt》(1) ベルト；革帯；バンド बेल्ट से एक हथकड़ी निकालकर ベルトから手錠を取り出して (2) 座席のベルト (3) 機械のベルト

बेल्लाबी [名] 《E. wallaby》〔動〕カンガルー科ワラビー

बेवक़ूफ़[1] [形] 《P.A. بے وقوف बेवुक़ूफ़》愚かな；馬鹿な；間抜けな (-को) **बेवक़ूफ़ बनाना** (ーを) 馬鹿にする；馬鹿呼ばわりをする；からかう；嘲る उस्ताद ने मोहन को बहुत बेवक़ूफ़ बनाया कि उनका इशारा न समझ सका 教師は自分の合図を理解できなかったとしてモーハンをひどく嘲った

बेवक़ूफ़[2] [名] 馬鹿（者）；愚か者；間抜け= मूर्ख; नादान.

बेवक़ूफ़ी [名*] 《P.A. بے وقوفی बेवुक़ूफ़ी》 (1) 愚かさ (2) 愚行；愚かしい行為 **बेवक़ूफ़ी क॰** 愚かしいことをする उसने यह घोषणा करके निहायत बेवक़ूफ़ी की है あの男はこのことを宣言してなんとも愚かしいことをしたものだ

बेवक़्त[1] [副] 《P.A. بے وقت》 不都合な時間に；時ならぬ時に；不意に；時機を逸して ऐसे बेवक़्त ये कैसे आए? この御仁こんな時ならぬ時にどうしてお出ましになったんだろう बेवक़्त कुछ नहीं खाना चाहिए 時ならぬ時には何も食べてはいけない

बेवक़्त[2] [形] (1) 時機を失した；時機を得ない；時機にかなっていない बेवक़्त की सजावट 時をわきまえない装飾や身繕い बेवक़्त और बेमौक़े काम बजा लाना 時を失したまた不適切なことをする (2) 時ならぬ；不意の；不時の बेवक़्त का 時ならぬ；不意の इस बेवक़्त की पुकार पर थोड़ी घबराहट-सी हुई उसे 彼女はこの不意の叫び声に少し驚いた **बेवक़्त की शहनाई** 時ならぬ時に吹き鳴らされるシャフナーイー，すなわち，時機を失したことを行うこと＝बेवक़्त का राग छेड़ना. जिस प्रकार बेवक़्त की शहनाई शोभा नहीं देती, उसी प्रकार आपकी वेशभूषा में भी बेवक़्त की सजावट या सादगी भी अप्रिय लग सकती है 時ならぬ時のシャフナーイーの音がそぐわないのと同じように服装や身の装いもその時にふさわしくない飾りや質素なものであればやはり不快に感じられることがあるものなのです

बेवजह [副] 《P.A. بے وجہ》 (1) 理由なく；わけもなく＝अकारण; बिला वजह. किसी भी आदमी को बेवजह तंग न करें 人をわけもなく苦しめないこと (2) わざわざ अपने डर को बेवजह अपने बच्चों के ऊपर थोपती है 自分の恐怖心をわざわざ自分の子供たちに押しつける

बेवफ़ा [形] 《P.A. بے وفا》 不誠実な；忠実でない；裏切る；信義を破る；約束を破る

बेवफ़ाई [名*] 《P.A. بے وفائی》 不誠実；不忠実；裏切り मेरी मुहब्बत में बेवफ़ाई का कुछ भी अंश नहीं होगा... 私の愛情には不誠実のかけらもない **बेवफ़ाई क॰** （信義，信頼を）裏切る；背信行為をする जमुनादास जीते जी तुमसे बेवफ़ाई नहीं करेगा ジャムナーダースは命の限り君を裏切ることはあるまい

बेवरा [名] → ब्योरा.

बेवरेबाज़ी [名*] 《H. + P. بازی》 ずるさ；狡猾さ；狡猾な行為＝चालाकी; चालबाज़ी.

बेवरेवार [形] 詳細な；詳しい＝तफ़्सीलवार; विस्तृत; ब्योरेवार.

बेवहरिया [名] (1) 金貸し＝महाजन. (2) 会計係＝मुनीम.

बेवहार [名] (1) 金貸し業；金融業 (2) 職業；仕事 (3) ＝व्यवहार.

बेवा [名*] 《P. بیوہ》 夫の死んだ女性；夫と死別した女性；寡婦；未亡人＝विधवा; राँड. बेबस बेवा हूँ मैं 寄る辺ない（哀れな）未亡人でございます

बेवाई [名*] → बिवाई.

बेश[1] [形] 《P. بیش》 多い；より多い＝अधिक; ज़्यादा.

बेश[2] [名] → वेश.

बेशऊर [形] 《P.A. بے شعور बेशुऊर》 (1) 不作法な（無作法な）；不躾な；無礼な；非常識な (2) 愚かな

बेशऊरी [名*] 《P.A. بے شعوری बेशुऊरी》 (1) 不作法；不躾；無礼；非常識 (2) 愚かさ

बेशक [副] 《P.A. بے شک》 疑いなく；間違いなく；確かに；もちろん（勿論）＝निःसंदेह; अवश्य ये फ़ायदे की तो बेशक हैं これらが利益になることは間違いない बेशक, क़ानून तो हैもちろん，法律があるにはあるさ हाँ! बेशक! うん確かに；そう，そうに決まっている "चाचा जी, आप औरत को इसी लिए कमज़ोर समझते हैं" "बेशक" 「おじさんはだから女性は弱いものだと考えていらっしゃるんだ」「もちろんそうだよ」

बेशक़ीमत [形] 《P.A. بیش قیمت》 (1) 高価な；高値の；高額な；値の高い＝बहुमूल्य. (2) 貴重な＝अमूल्य. बेशक़ीमत वक़्त 貴重な時間

बेशक़ीमती [形] 《P.A. بیش قیمتی》 (1) 高価な बेशक़ीमती चीज़ 高価な物 (2) 貴重な बेशक़ीमती धातु 貴重な物質 अपना बेशक़ीमती समय उन्होंने देकर हमें कृतार्थ किया है 貴重な時間を割いて下さったあの方に私どもは恩義を感じています

बेशतर [形] 《P. بیشتر》 より多くの；大半の；大部分の＝अधिकतर; प्रायः; बहुधा. हमारा बेशतर वक़्त 私たちの大半の時間 हमारी ख़ुराक का बेशतर हिस्सा अनाज है 私たちの食料の大半は穀物です

बेशरम [形] 《P. بے شرم बेशर्म》 (1) 恥知らずな (2) ふとどきな；けしからぬ (3) 厚かましい；横着な (4) 恥ずかしがることのない；はにかみのない；甘えん坊の

बेशरमी [名*] 《P. بے شرمی बेशर्मी》 (1) 恥知らずなこと；無恥；破廉恥 (2) 不届きなこと；けしからぬこと (3) 厚かましさ (4) はにかみのないこと नहीं, हमें पसंद नहीं है यह बेशरमी! いや，私はこの恥知らずな行為は嫌いなのだ **बेशरमी से** 恥ずかしげも無く वह ठहाका मार बेशरमी से हँसने लगा 大声で恥ずかしげもなく笑い出した

बेशर्म [形] ＝बेशरम.

बेशर्मी [名*] ＝बेशरमी.

बेशी [名*] 《P. بیشی》 (1) 多いこと；過ぎること (2) 過多；超過 (3) 利益 बहुत खींचतान करने पर भी दो सौ से बेशी न मिलेंगे どんなに無理をしてみても 200 ルピー以上は手に入るまい

बेशुऊर [形] 《P.A. بے شعور》 → बेशऊर.

बेशुऊरी [名*] 《P.A. بے شعوری》 → बेशऊरी.

बेशुबहा [副] 《P.A. بے شبہ》 疑いなく；間違いなく；確実に＝निःसंदेह; निःशंक; बेशक.

बेशुमार [形] 《P. بے شمار》 無数の；数えられない；山ほどの＝असंख्य; अनगिनत; बेतादाद. उसने बेशुमार ऐसे काम किये この種の仕事を山のようにした बेशुमार जगह 無数の場所；数えきれぬ所

बेशो कम [形・副] 《P. بیش و کم》 (1) 多少の (2) 多少；多かれ少なかれ；多少とも＝थोड़ा-बहुत.

बेश्म [名] → वेश्म. 家；家屋；住居

बेस[1] [名] 《E. base》 (1) ベース（基本）；（化粧の）下地；ベース मेरे चेहरे का रंग काला है.कृपया बताएँ कि मैं मेकअप में कौन सा बेस इस्तेमाल करूँ?. 色黒なのですが，化粧では何（色）をベースにしたらよろしいでしょうか (2)〔ス〕ベース

बेस[2] [名*] 年齢；年；齢＝वयस.

बेसतर [形] 《P.A. بے ستر बेसत्र》 (1) 裸の (2) 不名誉な (-) **बेसतर क॰** *a.* (ーを) 裸にする *b.* (ーに) 恥をかかせる

बेसन [名] マメ科のヒヨコマメ (→ चना) の粉；ベーサン बेसन के लड्डू ベーサンでこしらえたラッドゥー（菓子）

बेसनी [形] (1) ヒヨコマメの粉でできた；ベーサンの (2) ベーサンの入った

बेसबब [副] 《P.A. بے سبب》 理由なく；わけもなく＝बिना कारण; अकारण. यों तो भाई मुझे भी मारता-पीटता; बेसबब, बहुत बुरी तरह, अक्सर もっとも兄はしばしば私までもわけもなくひどく殴っていたが

बेसब्र [形] 《P.A. بے صبر》 気がせく；落ち着かない；いらいらする；じりじりする；焦る＝अधीर; जल्दबाज़. **बेसब्र हो॰** せかせかする；落ち着かない；いらいらする；じりじりする；焦る

बेसब्री [名*] 《P.A. بے صبری》 気がせくこと；落ち着かないこと；気が気でないこと＝अधीरता; आतुरता; जल्दबाज़ी. सेठ को रात-भर बहुत बेसब्री रही 商人は夜通しじっと落ち着いていられなかった **बेसब्री से** せかせかしながら；落ち着かずに；いらいらしながら；焦りながら वह बस अड्डे के पास खड़ा सवारियों का बेसब्री से इंतज़ार कर रहा था バスターミナルの近くに立って乗客たちをいらいらしながら待っていた

बेसमझ [形] 《P. بے ＋ H.》 頭の悪い；愚かな；間抜けな＝मूर्ख; नासमझ. वह नादान, बेसमझ और भोले थे 無知で愚かで間抜けだった

बेसमझी [名*] 《P. بے ＋ H.समझी》 間の抜けていること；愚かしさ；愚行＝मूर्खता; नासमझी.

बेसर[1] [名*]〔装身〕ベーサル（女性が左の小鼻につける真珠の玉と赤珊瑚のついた金製の装身具）

बेसर[2] [名] (1)〔動〕ロバ＝गधा; गर्दभा. (2)〔動〕ラバ＝ख़च्चर.

बेसरा [形] 《P. بے سرا》 寄る辺なき；身を寄せるところのない；泊まるところのない＝आश्रयहीन; बेसहारा.

बेसरी [名*] → बेसर. 女性が小鼻につける金製の小さな鼻飾り→ बेसर[1].

बेसरोकार [副] 《P. بے سروکار》 (1) 用もなく (2) 関わりや関連なく；関係なく

बेसरोपा [形] 《P. بے سر و پا》根も葉もない；全くうその；全く根拠のない；でたらめの

बेसरोसामान [形] 《P. بے سرو سامان》(1) 家財を持たない (2) 貧しい= दरिद्र; कंगाल.

बेसलाइन [名*] 《E. baseline》〔ス〕(テニスの) ベースライン

बेसलीक़ा [形] 《P.A. بے سلیقہ》(1) 行儀をわきまえていない (2) 粗野な；洗練されていない

बेसवा [名*] 遊女；娼婦；女郎= वेश्या; पतुरिया; कसबी.

बेसवार [名] 酒造用に発酵させた原液 (蒸留前の状態)

बेसहनी [名*] 商品= सौदा.

बेसहारा [形] 《P. بے + H.》寄る辺のない；身寄りのない बेसहारे की जिंदगी 孤独な人生 बेसहारों के घोंसले 寄る辺なき人のねぐら नितांत निर्धन गरीब बेसहारा लोगों के बच्चे 甚だ貧しくあわれな寄る辺ない人たちの子供 बेसहारा उर्मिला का भार अब तुम्हें ही तो बर्दाश्त करना होगा 身寄りのないウルミラーの面倒はお前が引き受けなくてはならない

बेसहारे [副] 《P. بے + H.》寄る辺なく；身寄りがなく

बेसाख़्ता [副] 《P. بے ساختہ》(1) 思わず；自然に；ひとりでに；無作為に；図らずも मेरे सहपाठी से अब बर्दाश्त नहीं हुआ.वे अपनी सीट से बेसाख़्ता चिल्लाए クラスメートはもはや我慢できなくなり自分の席から思わず叫んだ (2) にわかに；いきなり

बेसाहना [他] (1) 買う；購入する= ख़रीदना; मोल ले०; लेना. (2) 自ら悪い結果を抱え込む；買う= अपने पीछे लगाना.

बेसाहा [名] (1) 買った物；買った品= सौदा. (2) 自ら抱えこんだ厄介なもの

बेसिन [名] 《E. basin》(1) 洗い桶；洗面器 (2) 盆地

बेसिर [形] 《P. بے + H.》頭のない **बेसिर पैर का** 理屈に合わない；支離滅裂な；めちゃな；めちゃくちゃな बे सिर पैर की बातों का सहारा लेकर めちゃくちゃな話を拠り所にして **बेसिर पैर की बातें क०** 支離滅裂な話をする **बेसिर बेठिकाने की बात क०** = बे सिर पैर की बात क०.

बेसिलसिले [副] 《P.A. بے سلسلہ》脈絡なく；順不同に

बेसिलसिलेवार [形] 《P.A. بے سلسلہ وار》脈絡のない；順不同の

बेसींग [形] 《P. بے + H.》角のない；角の生えていない **बेसींग का बछड़ा** *a.* 若いもの；未だ経験の足りない；未熟な *b.* とても純朴な (人)

बेसी[1] [形] = बेश. बस, अब ज़बान न हिलाना, एक कौड़ी भी बेसी न दूँगा もう黙れ，一銭一厘も多くは (これ以上は) 出さぬぞ

बेसी[2] [名*] = बेशी.

बेसुकून [形] 《P.A. بے سکون》安らぎのない；落ち着きのない；動揺している

बेसुध [形] 《P. بے + H.》(1) 失神した；気を失った (2) 動転した；あわてふためいた

बेसुधी [名*] ← बेसुध.

बेसुर [形] = बेसुरा. कैसा बेसुर करते जा रहे थे दोनों 2 人ともなんとも調子はずれの歌を歌っていた

बेसुरा [形⁺] 《P. بے + H.》(1) 調子はずれの (歌) बेसुरे राग का शोर 調子はずれのうなり声 (2) 音痴の (3) 時機のはずれた；時機を失した **बेसुरा तार बोलना** = बेसुरा राग अलापना. **बेसुरा राग अलापना** 内容や場所，時にふさわしくない話をする **बेसुरी तान अलापना** = बेसुरा राग अलापना.

बेसूद [形] 《P. بے سود》無駄な；意味のない；実りのない= व्यर्थ; निरर्थक; निष्फल.

बेस्ट [形] 《E. best》最良の；最もすぐれた；最善の बेस्ट एक्ट्रेस 最優秀女優

बेस्टसेलर [名] 《E. bestseller》ベストセラー

बेस्या [名*] → वेश्या.

बेस्वा [名*] → वेश्या.

बेस्वाद [形] 《P. بے+ H.》(1) おいしくない；まずい；味のない बेस्वाद बिस्कुट まずいビスケット (2) つまらない；面白味のない；面白くない

बेहंगम [形] (1) みっともない；みにくい (2) 不恰好な (3) 恐ろしい

बेह [形] 《P. بہ बिह》良い；すぐれた；立派な

बेहक़ीक़त [形] 《P.A. بے حقیقت》(1) 嘘の；事実に反する (2) 根拠のない (3) いやらしい；下品な；あさましい

बेहड्डी [形] 《P. بے + H.》骨のない बेहड्डी के जानवर〔古〕無脊椎動物

बेहतर [形] 《P. بہتر》(1) (何かに比較して) よりよい；良い；(ーが) すぐれている；立派な (2) 望ましい；好ましい；ましな बेहतर होगा कि अपने लश्कर को एक महफ़ूज़ जगह पर इकट्ठा किया जाए 自軍を安全な場所に集結させるのが望ましい ऐसा करना सेहत व सफ़ाई दोनों के लिहाज़ से बेहतर है こうしたほうが健康と清潔の両面からよい ई॰सी॰जी॰करा ले तो बेहतर है 心電図を取ってもらったがよい कुछ लोग भीख माँगना बेहतर समझते हैं 一部には物乞いをましなことと考えている人がいる गुलामी की जिंदगी से मौत बेहतर है 奴隷として生きるよりも死んだがましだ बेहतर होता कि उस छात्रा के खिलाफ़ कार्रवाई होती その女子学生に対する措置がとられるのが望ましかったのだが

बेहतरी [名*] 《P. بہتری》(1) すぐれていること；勝っていること (2) 改良；改善 (-की) **बेहतरी क०** (ーを) 改善する；改良する

बेहतरीन [形] 《P. بہترین》最上の；最上等の；最良の；最高の मलेरिया की बेहतरीन दवा कुनैन है マラリアに一番よい薬はキニーネだ शिक्षा की बेहतरीन व्यवस्था 教育の最良の制度 बेहतरीन प्लास्टिक की चीज़ें 最高 (級) のプラスティック製品 इसके लिये भी बेहतरीन तोहफ़ा है मेरे पास 私はこの子に対しても最高の贈り物を持っている बेहतरीन वस्त्र 最高級の衣料品 उसने बेहतरीन प्रदर्शन किया (スポーツで最高のプレー) ファインプレーを演じた

बेहद[1] [副] 《P.A. بے حد》とても；大変；極めて；ものすごく (もの凄く)；度はずれに；極度に खाना या गिज़ा हमारे लिए बेहद ज़रूरी है 食べ物は人間にとても大切なものです गाने का बेहद शौक़ीन 歌うのが大好きな बेहद सस्ते रेट पर 極端に安いレートで

बेहद[2] [形] 大変な；非常な；甚だしい；極度の बेहद खिन्नता 非常な怒り

बेहन [名] (1) 種蒔きに蒔かれる種子 (2) イネの種；種もみ；苗代作りに用いるもみ (籾)；もみごめ (籾米) **बेहन डालना**〔農〕*a.* 籾蒔き；苗代作り *b.* 種蒔き

बेहना [名] ベーナー (機織り，綿打ちを主たる生業としてきたカーストの一)

बेहनौर [名]〔農〕苗代= बियाड़ा.

बेहबूद [名*] 《P. بہبود बिहबूद/बहबूद》安寧；幸せ；幸福

बेहबूदी [名*] 《P. بہبودی बिहबूदी/बहबूदी》(1) 幸せ；幸福；安穏 (2) 福祉

बेहया [形] 《P.A. بے حیا》(1) 恥知らずの；破廉恥な (2) 厚かましい；厚顔な बेहया आदमी 厚かましい人；恥知らず；厚顔無恥な人

बेहयाई [名*] 《P.A. بے حیائی》(1) 恥知らずなこと；破廉恥なこと ऐसी बेहयाई की जिंदगी से मर जाना कहीं अच्छा है このような恥知らずの人生よりも死んだほうが余程よい दुनिया की बेहयाई ढँकने के लिए 世間の恥知らずな行為を覆い隠すために (2) 不作法；厚かましさ

बेहरना [自] 割れる；ひび割れる；はじける= बेहराना.

बेहरा[1] [形] 異なる；異なった；別の；別個の= अलग, जुदा.

बेहरा[2] [名] 畑に牧草として残してある草

बेहराना[1] [自] 破れる；裂ける；割れる；はじける

बेहराना[2] [他] 破る；裂く；割る

बेहरी [名*] (1) 募金 (2) 寄付金；募金で集められた金 **बेहरी उगाहना** 募金する

बेहला [名] 《E. viola》(1) ビオラ (2) バイオリン= बेला.

बेहाथ [形] 《P. بے + H.》(1) 手立てを失った (2) 影響力の及ばない；支配の外の **बेहाथ-पैर का हो०** 茫然とする= स्तब्ध हो०. **बेहाथ हो०** *a.* 怠けている；怠惰な *b.* 手に負えない；手がつけられない भला मैं तुम्हें बेहाथ होने दे सकता हूँ? 一体全体僕が君を勝手に振る舞わせられると思うかい

बेहाल [形] 《P.A. بے حال》(1) 意識を失った；失心した；気を失った तुम्हारी माँ बिचारी रोते-रोते बेहाल हो गई お前の母さんは可哀相に泣きに泣いて気を失ってしまった (2) みじめな；哀れな (3) 動転した；あわてふためいた

बेहाली [名*] 《P.A. بے حالی》← बेहाल.

बेहिचक [副] 《P. بے + H.》ためらいなく；躊躇なく आप उनकी शिकायत बेहिचक कोर्ट में कर सकती हैं それについて不安があればためらいなく裁判所に訴え出ることができる बेहिचक सवाल पूछो 遠慮なく質問しなさい

बेहिजाब [形] 《P.A. بے حجاب》〔イス〕ヒジャーブ（イスラム教徒の女性が慎みとして被るべきベール）を被らない；（パルダーの風習の下女性があまり露にすべきではないとされてきた）顔を隠さない；女性として守るべき慎みのない

बेहिस [形] 《P.A. بے حس》無感覚な；感覚を失った；麻痺した；しびれた

बेहिसाब[1] [形] 《P.A. بے حساب》非常に多くの；厖大な；数えられない；無数の；度外れな बेहिसाब मुनाफ़ा すごい儲け；巨額の利益；巨利

बेहिसाब[2] [副] 甚だ；非常に（多く）；度外れに

बेहिसी [名*] 《P.A. بے حسی》感覚のないこと；感覚麻痺

बेहुनर [形] 《P.A. بے ہنر》技や技芸などを持たない

बेहुर्मत [形] 《P.A. بے حرمت》恥をかいた；恥辱を受けた；侮辱を受けた；不名誉な= अपमानित; तिरस्कृत; बेइज़्ज़त.

बेहुर्मती [名*] 《P.A. بے حرمتی》恥辱；侮辱；不名誉 ऐसे बहादुर इनसान की लाश की बेहुर्मती करना मुनासिब नहीं このように勇敢な人の遺体に対し侮辱を加えることはよくない

बेहूदगी [名*] 《P. بیہودگی》(1) 馬鹿げたこと；愚かしさ (2) 無意味なこと；無駄 (3) 無作法なこと；あさましいこと；下劣なこと कितनी बेहूदगी से डटकर दूसरे का माल उडाते हैं なんとまああさましく他人のものを奪い取ることか (4) 不思慮

बेहूदा [形] 《P. بیہودہ》（語源的には無変化の形容詞であるが［形+］扱いされることが時にはある）(1) 馬鹿馬鹿しい；馬鹿げた；愚かしい；根も葉もない बेहूदा प्रथाएँ 愚かしい風習 बेहूदा बातें 根も葉もない話 कुछ पार्टी सदस्यों द्वारा प्रधानमंत्री के बारे में तर्कहीन ढंग से बेहूदा बातें करने पर 一部の党員が首相についてめちゃくちゃな論理で根も葉もない話をするのに対して (2) 無意味な；無駄な (3) 無作法な；あさましい；下劣な (4) 不思議な；不可解な बेहूदी हरकत 不可解な行動

बेहूदापन [名] 《P.+ H.》← बेहूदा. = बेहूदगी.

बेहोश [形] 《P. بے ہوش》= अचेत; निस्संज्ञ; बेसुध. (1) 意識のない；失神した；意識不明の；気絶した बेहोश हो॰ 失神する；気を失う = आँख बंद हो॰; कलेजा उलटना. (2) 感覚のない= बेहिस. बेहोश करने की दवा 麻酔薬

बेहोशी [名*] 《P. بے ہوشی》(1) 失神；無意識；意識不明；気絶 बेहोशी की अवस्था में 失神状態で बेहोशी की स्थिति में अस्पताल में भर्ती कराया गया था 意識不明の状態で入院させられた मैं आज शराब की बेहोशी में डूब जाना चाहता हूँ 今日は酔って我を忘れたい (2) 感覚麻痺；麻酔 बेहोशी की दवा 麻酔薬 बेहोशी का इंजेक्शन 麻酔の注射 बेहोशी का इंजेक्शन लगाना 麻酔薬を注射する

बैंक [名] 《E. bank》(1) 銀行 बैंक क्लर्क 銀行員 बैंक गारंटी 銀行保障 बैंक जमा 銀行預金 बैंक डकैती 銀行強盗 बैंक प्रभार 銀行手数料 बैंक व्यवसाय 銀行業 (2) 無いものや足りないものを融通する仕組み；バンク

बैंकखाता [名] 《E. bank + H.》銀行口座 = बैंक लेखा; बैंक एकाउंट. 〈bank account〉

बैंकनोट [名] 《E. bank note》銀行券

बैंक बिल [名] 《E. bank bill》銀行券；紙幣 = बैंक हुंडी.

बैंक बैलेंस [名] 《E. bank balance》銀行預金（残高）；預金勘定残高= बैंक शेष.

बैंकर [名] 《E. banker》銀行家 = महाजन; साहुकार.

बैंकाक 〔地名〕《E. Bangkok》バンコック（タイの首都）

बैंकिंग [名] 《E. banking》銀行業務；銀行業= अधिकोषण; महाजनी. बैंकिंग सुविधा 銀行サービス बैंकिंग सुविधा का प्रसारण 銀行サービスの拡大

बैंगची [名*]〔動〕オタマジャクシ= बेंगची.

बैंगन [名] (1)〔植〕ナス科ナス（茄子）= भंटा. (2) ナスの実 बैंगन का भुरता〔料〕ナスのマッシュ（ナスを焼いてつぶし味付けした料理）= बैंगन का भरता. **बैंगन का भुरता हो॰** 激しく腹を立てる

बैंगनकुटी [名*]〔鳥〕ツバメ科ズアカサンショウツバメ【*Petrochelidon fluvicola*】

बैंगनी[1] [形] ナス色の；なす（茄子）色の；なす紺の；紫色の；紫紺の

बैंगनी[2] [名] なす色；なす紺；紫色；紫紺

बैंगनी[3] [名*]〔料〕バインガニー（刻んだナスにヒヨコマメの粉の衣をつけてギーや油で揚げた料理）

बैंच [名*] 《E. bench》= बेंच. मद्रास में सुप्रीम कोर्ट की बैंच गठित करने पर विचार マドラス（チェンナイ）に最高裁法廷設置を検討

बैंजनी [形] = बैंगनी[1]

बैंजोइक अम्ल [名] 《E. benzoic + H.》安息香酸〈benzoic acid〉

बैंटमवेट [名] 《E. bantam weight》〔ス〕（ボクシング）バンタム級

बैंटा [名] = बेंट.

बैंड [名] 《E. band》楽団；楽隊；バンド；吹奏楽団 बैंड व बाजे फिर से बजने लगे 楽団の演奏が再び始まった

बैंड एड [名] 《E. Band-Aid》(1)〔商標〕バンドエイド (2) ばんそうこう（絆創膏）；救急ばんそうこう

बैंडबाजे [名] 《E. band + H. बाजा》バンド；楽隊；楽団 बैंडबाजे वाले 楽手；楽隊員；バンドマン

बैंड मास्टर [名] 《E. bandmaster》楽長；バンドマスター；指揮者 बैंडमास्टर अपनी सारी ताकत लगाकर बैंड बजा रहे हैं 指揮者は全力を傾けて楽団を指揮している

बैंड स्टैंड [名] 《E. band stand》音楽堂

बै [名*] 《A. بیع》売ること；売却；販売= बिक्री.

बैक [名] 《E. back》(1) 後ろ (2)〔ス〕後衛；バック (3) 自動車の後進 बैक क॰ （車を）バックさせる= पीछे को चलवाना. बैक हो॰ バックする जीप बैक होकर बस के पीछे चली गई थी ジープはバックしてバスの後ろへ行っていた (4)〔裁〕後身頃= पीछा.

बैक कोर्ट [名] 《E. back court》〔ス〕バックコート（テニス）

बैक नंबर [名] 《E. back number》バックナンバー = पुराना अंक.

बैकल [形] (1) 落ち着きをなくした；動揺した= विकल; बेचैन. (2) 興奮した；狂った

बैकलाइट [名] 《E. Bakelite》〔商標〕ベークライト（合成樹脂）

बैकवाटर्स [名] 《E. backwaters》(1) よどみ（淀み） (2) 逆流

बैकस्ट्रोक [名] 《E. backstroke》(1)〔ス〕（水泳）背泳 (2)〔ス〕さか手打ち；逆手打ち；バックストローク

बैकहैंड [名] 《E. backhand》〔ス〕（テニス）バックハンド उसके बैकहैंड के शाट 彼のバックハンド・ショット

बैकहैंड ड्राइव [名] 《E. backhand drive》〔ス〕（卓球）バックハンド・ドライブ

बैकहैंड स्ट्रोक [名] 《E. backhand stroke》（テニス）バックハンド；逆手打ち

बैकुंठ [名] → वैकुंठ. (1)〔イ神〕ヴァイクンタ（ヴィシュヌ神の天界） (2) 天国；極楽= वैकुंठ. **बैकुंठ मिलना** 「死ぬ」の婉曲な表現；亡くなる；天国に召される；極楽往生する= बैकुंठवासी हो॰.

बैकुंठवासी [名] ヴァイクンタの住人；ヴィシュヌ神の住居であるヴァイクンタ天界に住む人→ वैकुंठ. **बैकुंठवासी हो॰** = बैकुंठ मिलना.

बैक्टीरियल [形] 《E. bacterial》バクテリアの；細菌による；細菌性の **बैक्टीरियल इंफ़ेक्शन** 〔医〕細菌感染〈E. bacterial infection〉

बैक्टीरिया [名] 《E. bacteria》〔生〕バクテリア；細菌；黴菌= जीवाणु.

बैक्स [名] 《E. backs》〔ス〕バックス

बैग [名] 《E. bag》バッグ；かばん दस्ती बैग 手提げかばん

बैच [名] 《E. batch》(1) 一団；一群；群れ；班；集団；集まり 50 युवकों का पहला बैच प्रशिक्षण पूर्ण भी कर चुका है 50 人の若者の第 1 班が訓練をすでに完了している (2) 学級；学年（などの一団や一群） अपना बैच 自分の同級生 अपने बैच का 同学年の

बैजंती [名*] (1) 旗 (2) ヴィシュヌ神の旗 (3) ヴィシュヌ神の首飾り= वैजयंती माला. (4)〔植〕マメ科ツノクサネム= वैजयंती.

बैज [名] 《E. badge》(1) 記章；バッジ (2) しるし；象徴

बैजनाथ [名] → वैद्यनाथ.

बैजयंती [名*] = बैजंती; वैजयंती.

बैजवाड़ा 〔地名〕ヴィジャヤワダ（アーンドラ・プラデーシュ州）

बैज़वी [形] 《A. بیضوی》卵の形をした；卵の形の；卵形の= अंडाकार.

बैज़ा [名] 《A. بیضا》(1) 卵 (2) 睾丸

ब

बैज़ावी [形] 《A. بیضاوی》卵形の；長円形の
बैट [名] 《E. bat》バット क्रिकेट का बैट और गेंद クリケットのバットとボール बैट टूट गया है バットが折れた
बैटरी [名*] → बैट्री. バッテリー सूखी बैटरी バッテリー；乾電池 वह सूखी बैटरी से जलती है それは乾電池で点灯する सौर बैटरी 太陽電池；ソーラー電池
बैटिंग [名*] 《E. batting》〔ス〕バッティング；打撃
बैट्री [名*] 《E. battery》バッテリー；乾電池= बैटरी.
बैट्री सैल [名] 《E. battery cell》電池；乾電池
बैट्समैन [名] 《E. batsman》〔ス〕(クリケット) 打者
बैट्समैन रिटायरिंग [名] 《E. batsman retiring》〔ス〕(クリケット) 打者がアウトになって退くこと
बैठक [名*] (1) 座ること；座り；座り方 (2) 住居のうち来訪者や外部の人が出入りする空間や部屋；玄関；応接間；ベランダ；居間 बैठक की यह दशा है तो बाक़ी घर के बारे में क्या अनुमान लगाना 応接間がこのありさまなのだからその他の部分については推察するまでもない (3) 敷物 (すわるもの)；座る際に敷くもの (4) 台座 (5) 会合；会議；集会 लोकसभा की बैठक बुलाने की माँग (インド) 下院の開催要求 ग्रामपंचायत की बैठक 農村パンチャーヤットの会合 गुप्त बैठक क॰ 秘密会合を開く (6) 集い；寄り集まり प्रसाद जी के साथ ख़ूब बैठक होती थी プラサードさんとよく寄り集まったものだった (7) 村を訪れる行者などの来客の宿泊所を兼ねた集会所や東屋 (8)〔ス〕立つのとしゃがむのを反復する足腰の屈伸体操，バイタキー；ヒンドゥースクワット
बैठकख़ाना [名] 《H.+ P.خانہ》(1) 集会所 (2) 応接間→ बैठक.
बैठकबाज़ [名] 《H.+ P. باز》(1) いつも長話をする人 (2) したたかな人；古狸
बैठकबाज़ी [名*] 《H. + P. بازی》長話に耽ること；長々と話しこむこと
बैठका [名] 住宅の表や玄関口の屋根があるが柱のみのある空間；ベランダ；集会所；集合所；応接間→ बैठक; चौपाल; दालान. इस लिए वह चबूतरा शाम के वक़्त अक्सर बैठका बन जाया करता है だからそのチャブータラーが夕方にはしばしば集合所になるのだ
बैठकी [名*] (1) 話しこむこと (2) 座る姿勢；座り方 (3)〔ス〕しゃがんでは立ち上がるのを繰り返す足腰の屈伸体操；バイタキー；ヒンドゥー・スクワット (4) 貴金属の装身具にはめ込まれる宝石 **बैठकी हो॰** 仕事もせずに無駄話に耽る
बैठकी हड़ताल [名*] 座り込みなどによるストライキ
बैठना[1] [自] (1) (あぐらをかくなどして) 腰を下ろす；すわる (座る)；椅子や台座などに掛ける；腰掛ける；座る ज़रा उनके पास जा बैठो あの人のそばに行って座りなさい उसके पास एक बिल्ली और एक चूहा बैठे रहते हैं あの人のそばには１匹の猫と１匹のねずみがいつも座っている वहाँ पाल को भला चंगा राजा की बगल में बैठा देख ईर्ष्या से जलभुन गया そこにパールが元気はつらつとして王のかたわらに座っているのを見て嫉妬心に燃え立った (2) 地位につく；据わる；就任する (3) 配置される；地位や役につく (4) 設けられる；設置される (5) 退く；退けられる；引き込む (6) (腫れや膨らみ，盛り上がりなどが) ひく (引く；退く)；引っ込む；へこむ；元に戻る；沈む；低下する；下がる (7) 乗り物に乗る लपककर फटफट पर बैठ जाता है 大急ぎで三輪オートバイに乗り込む (8) 集まる；集う प्रभात वेला में बैठा करेंगे. दिन चढ़ने पर अपने-अपने काम पर चले जाया करेंगे 朝早く集まることにしよう．日が昇ったらそれぞれ仕事に出掛けることにしよう (9) (何らかの目的のために) 席につく；身を置く परीक्षा में बैठना 受験する मेज़ पर बैठो 食卓に着きなさい (10) とまる；動かずにいる मक्खी बैठना ハエがとまる चाहे तितली बैठी हो या उड़ रही हो 蝶がとまっていようが飛んでいようが टहनियों पर बैठनेवाले पक्षी 小枝にとまる鳥たち उनपर मक्खियाँ बैठती हैं それにハエがとまる फूलों पर तितलियाँ बैठती हैं 花に蝶がとまる (11) 働かずにじっとする；ぶらぶらする लड़के ने एम॰ए॰कर लिया है. 3 साल से घर बैठा है 倅は文学修士号を取ってはいるが３年来家でぶらぶらしている (12) ひっつく；つく；付着する (身体の部分につけたものがついたままの状態にある；剝げ落ちるのに対し) अब भला इतने सब के बाद आँखों में काजर कहाँ तक बैठा रह सकता था? これだけあれこれあった後で目の縁のカージャルがいつまでもついているはずがなかった (13) 引き下がる；引っ込む；退く；座り込む जब तीनों बेटे नाकाम होकर बैठ गए 息子たちが３人ともしくじって座り込んでしまうと (14) (働きや機能が) 下がる；低下する；勢いが衰える；弱くなる；沈む；悪くなる；低下する；落ちる गला बैठना 声がかすれる= आवाज़ बैठना; गला फटना. धीरे-धीरे रोगी की नाड़ी बैठने लगती 徐々に病人の脈が弱くなってくる पर वहाँ पहुँचकर जो उसने देखा उससे उसका दिल बैठ गया だがそこへ行って見てみるとすっかり気が沈んでしまった (15) 落ち着く；安定する；座る (16) 固まる；固くなる दुरमुट से मिट्टी बैठती है 地搗き棒 (たこ) で地面がつき (搗き) 固められる (17) 元に戻る；元に落ち着く (18) (建造物が) つぶれる；ひしゃげる；倒れる；倒壊する बनी-बनायी दीवार बैठ जाए? 出来上がっていた塀がつぶれてしまうとは (19) 駄目になる；機能しなくなる；(会社などが) つぶれる आपके जैसे और आदमी हों तो फ़र्म ही बैठ जाए あなたみたいな人が他にもいたら会社はつぶれてしまう (20) 沈殿する；淀む गंदले पानी में धूल के कण नीचे बैठना 濁った水の微細な土が沈殿する (21) (結果などが) 出る；結果になる；当たる；つく दिल्ली में ही यमुना की सफ़ाई पर कम से कम 200 करोड़ रु॰ख़र्च बैठेगा ヤムナー川の清掃にはデリー市の部分だけで最低20億ルピーにつく (22) 合う；合致する；一致する；ぴったりする इनके परिणाम - स्वरूप शासकों और शासितों के बीच सही प्रकार का समन्वय या ताल-मेल नहीं बैठ पाया है それらの結果として支配者と被支配者との間には正しい調和は達成できないものだ (23) (的に) 当たる वह तीर निशाने पर बैठा その矢は的に当たった उनके बाणों का निशाना ऐसा अचूक बैठता था 彼の放った矢は見事に的に当たるのであった (24) しみこむ；しみいる；達する；届く निरंतर पढ़ने के अभ्यास से पठित वस्तु अधिक से अधिक स्पष्टता के साथ मस्तिष्क में बैठ जाती है いつも読む訓練をしていると読んだものが一層明確に頭の中にしみこんで行くものだ ईश्वर की कृपा से मेरी बात उसके मन में बैठ गई ありがたいことに私の言葉があの人の胸の中に届いた (25) 深くとどまる；深く刻まれる；刻みこまれる (26) 上達する；熟達する；技能が上がる (27) (天体が) 沈む；見えなくなる (28) 遺族のもとへ悔やみに行く (悔やみのしるしに弔問先でしばらく無言で座る) (29) 交尾する；つがう **बैठकर खाना** 無為徒食する **बैठते-उठते** 四六時中 **बैठना-उठना** 行動を共にする；起居を共にする **बैठने का ठिकाना** *a.* 生計；なりわい *b.* 身を寄せるところ **बैठ रहना** *a.* 長居する；座り込む *b.* 失望する；がっかりする *c.* 勤めをやめる **बैठा-ठाला** 無為に過ごす人 **बैठा रहना** *a.* 未婚のままになる *b.* 待つ；待機する **बैठे खाना** 徒食する **बैठे-ठाले** 努力せずに；何もせずに；努力もせずに；働きもせずに **बैठे ठाले मिल रही मलाई** 棚から牡丹餅 **बैठे-बिठाये** *a.* じっとしたまま；座ったまま；座っているうちに *b.* わけもなく；理由もなく *c.* 不意に；突然に；不図；図らずも **बैठे-बैठे** = बैठे बिठाये. पलंग पर बैठे-बैठे ही उसने कहा ベッドに腰を下ろしたまま言った दिमाग़ी काम बैठे-बैठे करने का होता है 頭を使う仕事はじっとしてするもの भंडार घर में बैठे-बैठे सो गई 物置でじっとしているうちに眠りこんでしまった एक दिन बैठे-बैठे मुझे एक उपाय सूझा ある日ふと１つのことを思いついた **बैठे-बैठे पादा क॰** 何の仕事もしない；ぶらぶらする **बैठे-बैठे रोटियाँ तोड़ना** 無為徒食する **बैठे-बैठे सूखना** 何もせずに働かずにやせ細る **बैठे-बैठाए** = बैठे बिठाए. बैठे बैठाये यह हत्या कहाँ से लगी! わけもなく殺生を犯したことになるとはどういうことか **बैठे से बेगार भली** 〔諺〕無為に過ごすよりただ働きがましだ
बैठना[2] [助動] 助動詞として主動詞の語根に付加して用いられて主動詞の動作・状態が以下の相で行われることを示す (1) 予期しないことや不本意な状態におちいる；(ーして) しまう जिस प्रकार कृष्ण की बाँसुरी से गोपियाँ सुध-बुध खो बैठती थीं, उसी प्रकार... クリシュナの笛の音に牧女たちがいつも我を忘れてしまっていたように फलतः कई युवा कन्याएँ इस संबंध में कई बार अतिरंजित कल्पना कर बैठती हैं 結果として一部の若い娘たちはこのことについてしばしば度はずれな空想をしてしまう वह आज यह क्या कह बैठा है この男今日はまたなんということを口にしたんだい मैं पलंग से उठकर बैठ गया और घबराकर पूछ बैठा ベッドから起き上りあわててたずねてしまった पाँच रुपए की माँग सुनकर संतुलन खो बैठे 5ルピー請求されて落ち着きを失ってしまった पर मैं यह सब जानते-समझते उसे आवाज़ दे बैठा था でもそのことを全部承知

の上で彼に声をかけてしまったのだった एक बार बच्चों की ज़िद में आकर उनके मामा के यहाँ जाने का कार्यक्रम बना बैठी 子供たちにせがまれて家内の実家を訪れる計画を立ててしまった (2) 無思慮や軽率さのためよからぬ事態をもたらす；しでかす；不本意な事態を招く लगता है श्रीधर कोई पागलपन कर ही बैठा シュリーダルの奴何かとんでもないことをしでかしたようだ जब भी कोई बिना किसी कारण के झगड़ा कर बैठता है 何の理由もなく喧嘩をしでかすと कच्ची उम्र में अकसर लड़के लड़कियाँ विपरीत लिंग के आकर्षण को प्यार समझकर ऐसी भूल कर बैठते हैं 年端の行かぬ子供がしばしば異性の魅力を愛と思ってこのような過ちをしでかす (3) 激しく，あるいは，勢いよく動作の行われる様子を述べる वह अभी तक सोने का अभिनय कर रही थी.वारंट के नाम से एकदम उठ बैठी 彼女はそれまでは眠ったふりをしていたが，逮捕状と聞くと飛び起きた कहानी का नाम सुनते ही दोनों उठ बैठे お話と聞いたとたんに２人は（横になっていたのが）ぱっと起き上がった (4) ある状態にまで至る；（一）こむ（込む）；立ち至る；到達する बारबार ऐसा करने पर वह इसे अपमान समझ बैठता है 繰り返しそうするとこれを侮辱行為と思いこむ ऐसी साफ़-सुथरी ज़मीन पर पैर रखते हुए भय हो रहा था कि कोई घुड़क न बैठे 足を踏み入れたらだれかが叱りはしないかと思えるほどきれいな地面だった पहले से ही बिफरा बैठा था すでにその前にいきり立っていた बहुत सम्भव है कि वे हाथा-पाई कर बैठे 暴力にまで及ぶ可能性は高い अँधेरे में पड़ी हुई रस्सी को वह साँप समझ बैठते हैं 暗闇の中に落ちているひもを蛇と思いこむ (5) 思いきってする；（一して）のける；（危険なことなど）思いきったことをする कभी-कभी बड़े जोखिम का काम भी कर बैठते थे 時々非常に危険なこともしてのけるのだった (6) 間違った判断や認識，予断に立ったことをする कई माताएँ बच्चे के ज़रा-सा रोने पर उसको भूखा समझ बैठती हैं 一部の母親は子供が少し泣くと子供がひもじいのだと思ってしまう वे यह मान बैठते हैं कि माता पिता हमें नहीं चाहते, छोटों को अधिक चाहते हैं 上の子は，親が自分よりも下の子のほうが好きなのだと思いこむものだ इतनी-सी बात पर पत्नी अपने पति के चरित्र पर संदेह कर बैठी たったこれだけのことで妻は夫の品行を疑ってしまった

बैठवाना ［他・使］←बैठाना.

बैठाऊँ ［形］役立たずの

बैठाना ［他］(1) 座らせる；腰を下ろさせる；腰掛けさせる；席をすすめる "बैठ जा, बैठ जा" सोहन उसे बैठाने की कोशिश कर रहा था 「お掛けなさい」ソーハンはその人に席をすすめていた इसके बाद ज़िलाधीश ने मधु को अपनी बगल में बैठाया それから県長官はマドゥを自分の横に座らせた (2) 地位につかせる；据える；就任させる गद्दी पर बैठाना 玉座につかせる (3) 配置する；地位や役につける पूर्व मंत्री के घर पर पुलिस का पहरा बैठा दिया गया है 前大臣の家に警察の見張りが立てられている (4) 設置する；設ける जाँच कमेटियाँ बैठाई जाती हैं 調査委員会が設置される (5) 退ける；退かせる；引き込ませる (6)（腫れたり盛り上がったものなどを）引かせる；引っ込ませる；元に戻す (7)（乗り物に）乗せる उसे विमान में बैठाकर स्वर्ग को ले जाने लगे ヴィマーナに乗せて天国へ連れて行こうとしはじめた (8)（木などを）植える；植えつける (9) 植えつける；刻む；刻みつける अपने व्यवहार से आप अपने प्रियतम को इस बात का पूरा विश्वास बैठा दें कि आप उन्हें अपने सच्चे दिल से प्यार करती हैं 自分の振る舞いで最愛の人に自分が心から愛しているという確信を植えつけるようにしなさい (10) つぶす；押しつぶす；めりこませる (11)（機能や活動を）つぶす；駄目にする (12)（機能や活動などを）低下させる；下げる；弱らせる (13) 沈殿させる；沈める (14)（的や標的に）当てる (15) 当てはめる (16) はめこむ（嵌め込む） (17)（調子などを）合わせる；対応させる यह मानकर चलें कि संसार अपने ढंग से चलेगा.हमें ही तालमेल बैठाकर चलना है 世間は世間独自の歩調で歩んで行くものだ．こちらの方がそれに調子を合わせて歩んで行かなくてはならない (18)（計算などを）ぴったり合わせる (19) 熟達させる；熟練させる；慣らす；（腕を）磨く (20) 囲う（女を）；引き入れる उसने चमारिन बैठा ली, तो किसी ने क्या कर लिया あの男がチャマールの女を囲った時にだれかがどうかしたかね (21) つがわせる；交尾させる

बैठारना ［他］= बैठाना.

बैठालना ［他］= बैठाना. वह प्रेम से सब को बैठालता है（茶店の客の）皆に丁寧に席をすすめる

बैड ［名］《E. bed》ベッド = बेड; पलंग; चारपाई.

बैडमिंटन ［名］《E. badminton》バドミントン = बैडमिंटन का खेल.

बैडरूम ［名］《E. bedroom》ベッドルーム；寝室= सोने का कमरा; बेडरूम.

बैड़ाल व्रत ［名］猫被り

बैड़ालव्रती ［形・名］猫被りをする（人）；油断ならない（人）

बैण ［名］竹屋；竹細工師；竹細工の職人

बैत ［名*］《A. بیت》(1) 対句 (2) 家；住居 (3) 場所

बैतबाज़ी ［名*］《A.P. بیت بازی》しりとり歌合戦（２人もしくは２手にわかれた人が互いに歌詞の知識を競い合う遊び．一方が詠んだ詩の最後の音節で始まる歌を他方が詠む形式で行われる）

बैतरनी ［名*］= वैतरणी. (1)〔イ神〕ヴァイタラニー川（वैतरणी ヤマの支配する国，すなわち，祖先の世界を流れる川でその祖先の世界である地界とこの世との境を作る）；バイタルニー川 (2)〔仏〕三途の川 **बैतरणी पार क॰** 危険な所や汚い所を越える

बैताल ［名*］= बेताल.

बैतुल उलूम ［名］《A. بیت العلوم》大学

बैतुलख़ला ［名］《A. بیت الخلا》便所；手洗い；ご不浄= शौचालय.

बैतुल मक़दिस ［名］《A. بیت المقدس》〔イス〕イスラム教においてメッカ，メディナに次ぐ聖地としてのエルサレムの尊称；バイトゥル・ムカッダス；バイトゥル・マクディス= बैतुलमुक़द्दस; यरोशलम.

बैतुल हराम ［名］《A. بیت الحرام》〔イス〕カーバ神殿= ख़ानाए काबा.

बैतुल्लाह ［名］《A. بیت الله》(1)〔イス〕カーバ神殿 (2) 神殿

बैन[1] ［名］言葉 **बैन झरना** 話す；しゃべる **बैन न आ॰** 言葉が出ない；言葉にならない

बैन[2] ［名］竹笛；しの（篠）笛= वंशी; बेणु; बाँसुरी.

बैना ［名］祝い事に際して贈られる菓子 **बैना बाँटना** *a*. 祝いの菓子を配る *b*. 言い触らす；触れまわる

बैनामा ［名］《A.P. بیع نامہ》売却証書= विक्रय-पत्र.

बैमाता ［名*］〔ヒ〕バイマーター（ウッタル・プラデーシュ州やラージャスターン地方などの北インドの俗信で新生児の運命を定めるとされる神．出生１週間後にその子の家を訪れ，子供の額に運命を書き込むものとされる）

बैयाँ[1] ［名*］腕；かいな = बाँह; भुजा.

बैयाँ[2] ［副］四つ這いになって = घुटनों के बल.

बैरंग ［形］《E. bearing》(1) 料金未納もしくは料金不足の（郵便物） **बैरंग लिफ़ाफ़ा** 料金不足の封筒（封書などの郵便物） (2) 稼ぎのない；稼ぎがなく手ぶらで戻る；手に無一物のまま戻る；しくじって戻る= बैरंग वापस हो॰; बैरंग लौटना. **बैरंग लौटाना** もてなしをせずに帰らせる

बैर ［名］(1) 敵意；憎しみ；悪意= शत्रुता; दुश्मनी. **बैर रखना** 悪意を抱く= अदावत रखना. मेरे मन से बैर-भाव निकल गया है 心から憎しみの気持ちはなくなってしまっている (2) 対立 व्यवहार बुद्धि और भावना में क्यों बैर है? 常識と感情とが対立するのはなぜか (3) 復讐心 **बैर काढ़ना** = बैर निकालना. **बैर चुकाना** = बैर निकालना. (-में) **बैर ठहरना**（互いに）憎しみを抱く；憎しみ合う **बैर ठानना** 憎しみを抱く (-में) **बैर डालना**（一に）憎悪を抱かせる **बैर ताकना** 憎しみを抱く **बैर निकालना** 恨みを晴らす **बैर पड़ना** 仇になる；悩ます；苦しめる **बैर पलटाना** 復讐する **बैर बिसाहना** 喧嘩をしかける **बैर मानना** 憎しみを抱く **बैर मोल ले॰** 喧嘩をしかける (-से) **बैर रखना**（一に）悪意を抱く；憎む **बैर ले॰** = बैर निकालना. **बैर साधना** = बैर निकालना.

बैरक ［名*］《E. barrack; barracks》兵営；兵舎

बैरक़ ［名］《T. بیرق》旗（征服や定住のしるしとして掲げられる旗） **बैरक़ बाँधना** 人を支配下に置くために旗を立てる

बैरन ［名］《E. baron》男爵；バロン बैरन पियेर द कूबर्तें ピエール・ド・クーベルタン男爵

बैरल ［名］《E. barrel》バレル；バーレル（液量単位） 26 डालर प्रति बैरल के हिसाब से １バレル 26 ドルの計算で एक बैरल कच्चे तेल की क़ीमत 原油１バレルの価格

बैरा[1] ［名］《E. bearer》= बेयरा. 召使い；ボーイ（飲食店などの） कुछ देर बाद बैरा उसे एक कप चाय दे गया しばらくするとボーイが紅茶を１杯置いて行った

बैरा[2] [名] 犂に取りつけて用いられる竹筒型の種蒔き道具
बैराग [名] → वैराग्य. 厭世；厭世観
बैरागी [形・名] 厭世的な；俗世を厭う；俗界を捨てた→ वैरागी.
बैराग्य [名] = वैराग्य. 厭世；厭世観 रानी को बैराग्य हो गया 王妃はこの世がうとましくなった
बैरिस्टर [名] 《E. barrister-at-law》法廷弁護士
बैरिस्टरी [名*]《E. barrister》(1) 弁護士資格 (2) 弁護士業 बैरिस्टरी की शिक्षा 法廷弁護士になるための教育
बैरी[1] [形] 憎しみを持つ；怨念を抱く
बैरी[2] [名] 怨敵；仇；仇敵 = दुश्मन.
बैरोनेस [名*] 《E. baroness》(1) 男爵夫人 (2) 女男爵
बैरोमीटर [名] 《E. barometer》バロメーター；気圧計
बैल [名] (1) 雄牛 बैल शिव का वाहन माना जाता है 雄牛はシヴァ神の乗物とされる (2) 役牛（車をひいたり犂をひくなどの目的に使役される去勢牛） एक जोड़ी बैल 1 対の役牛（2 頭を 1 組にして使役されるのが普通） (3) 間抜け；馬鹿者；愚か者 तू तो बिलकुल बैल लगता है 本当にお前は間抜けみたいだな (4) 働きづめに働く人 **बैल की तरह कमाना** 牛馬のように働いて金を稼ぐ **बैल की तरह (बैलों की तरह) काम क॰** 馬車馬のように働く दिन रात बैलों की तरह काम में जुते रहते हैं 日夜馬車馬のように仕事にかかりきりでいる **बैल के से दीदे निकालना** ただじっと見つめる **बैल से दूध निकालना** ありとあらゆる努力を試みる；不可能なことまで試みる
बैलख़ाना [名] 《H. + P. خانه》牛小屋；牛舎
बैलगाड़ी [名*] 牛車
बैलट [名] 《E. ballot》(1) 投票用紙 = मतपत्र. (2) 無記名投票= मतदान. बैलट से 無記名投票で
बैलट पेपर [名] 《E. ballot paper》投票用紙 = मतपत्र.
बैलट बॉक्स [名] 《E. ballot box》投票箱= मतपेटी.
बैलबाटम [名] 《E. bellbottom, bellbottomed》〔服〕らっぱズボン；ベルボトム
बैलर [名] 《E. boiler》ボイラー
बैलिफ़ [名] 《E. bailiff》〔法〕執行吏= बेलिफ़.
बैली [名] 《E. ballet》バレエ बैली शूज़ バレエシューズ；バレエ靴 = बैलेरीना शूज़.
बैलून [名] 《E. balloon》(1) 風船 (2) 気球
बैलेंस शीट [名] 《E. balance sheet》貸借対照表= पक्का चिट्ठा; तुलनपत्र.
बैले [名] 《E. ballet》バレエ
बैलेट [名] 《E. ballet》バレエ
बैलेरीना [名*]《E. ballerina》バレリーナ **बैलेरीना शूज़** バレエシューズ 〈ballerina shoes〉
बैल्ट [名] 《E. belt》ベルト；バンド
बैस[1] [名*] (1) 年齢；齢 (2) 青春；青年期 **बैस चढ़ना** 年頃になる
बैस[2] [名] ヴァイシュヤ = वैश्य.
बैसवाड़ा 〔地名〕バイスワーラー（ラクナウ लखनऊ, ウンナーオ उन्नाव, ラーイバレーリー रायबरेली などのウッタル・プラデーシュの諸県の含まれる地域名）
बैसवाड़ी [名*]〔言〕バイスワーリー語（バイスワーラー地方に行われるアワディー語 अवधी の一方言）
बैसवारा [形[+]] 若い；青年の；若々しい
बैसा [名]（器具の）柄；把手
बैसाख [名] バイサーク月（インドの太陰太陽暦の 2 月，太陽暦の 4 月〜5 月．日本の旧暦 3 月 16 日〜4 月 15 日）= वैशाख.
बैसाखनंदन [名] (1) ロバ= गदहा; गधा. (2) 大馬鹿= मूर्ख; बेवक़ूफ़.
बैसाखी[1] [形] バイサーク月（陽暦 4〜5 月）の
बैसाखी[2] [名*] (1) バイサーク月（陽暦 4〜5 月，の白分 15 日）= वैशाखी. (2) バイサーキー（4 月 13 日．パンジャーブや北部インドの祭日．聖なる河川で沐浴が行われる） (3)〔シク〕バイサーキー祭（太陽暦の 4 月 13 日．36 年に一度 4 月 14 日．10 代目のグル・ゴーヴィンド・シンがカールサーを創設した日を祈念する大祭の日）
बैसाखी[3] [名*] (1) 松葉杖 (2) 支えになるもの अब झूठी सांत्वना की बैसाखी क्यों पकड़ाना चाहते हैं なぜ嘘を支えに慰めようとなさるのですか धर्म दोनों के लिए बैसाखी रहा है 両者にとって宗教が支えであった **बैसाखी का सहारा ले॰** 松葉杖にすがる；頼りにする **बैसाखी छोड़ना** 支えを手放す

बैसिलस [名] 《E. bacillus》(1) 桿菌 (2) 病原菌
बोंट [名]〔昆〕カマキリ；とうろう（蟷螂）〈preying mantis〉
बोंडा [名] 導火線
बोंड़ी [名*] つぼみ（蕾）；花芽
बोआई [名*] (1) 種を蒔くこと；種蒔き (2) 種蒔きの労賃
बोआना [他・使] ← बोना.（種を）蒔かせる；蒔いてもらう
बोआरी [名*] 池や沼の岸辺での稲作
बोक [名] 雄山羊 = बकरा.
बोकरा [名] 雄山羊 = बकरा.
बोकरी [名*] 雌山羊 = बकरी.
बोकला [名] 木の皮；樹皮= बल्कल.
बोका[1] [名] (1) 雄山羊 (2) 山羊の皮でこしらえた水汲み用バケツ
बोका[2] [形] 愚かしい；愚か者；馬鹿な
बोक्काण [名] 馬などの家畜の首から下げる飼い葉袋= तोबड़ा.
बोखार [名] → बुख़ार.
बोगदा [名] トンネル
बोगनविला [名*] 《E. bougainvillea》〔植〕オシロイバナ科の低木ブーゲンビリヤ；ブーゲンビレア
बोगस [形] 《E. bogus》(1) にせの；いんちきの (2) 偽造の (3) つまらない；くだらない
बोगी [名*] 《E. bogie (car)》ボギー台車（鉄道）
बोगेनविलिया [名*] 《E. bougainvillea》〔植〕ブーゲンビリア
बोझ [名] (1) 重いこと (2) 重荷 (3) 荷の重さ (4) 負担 हम तुमपर खाने-पीने का बोझ नहीं डालना चाहते 君に食事の負担をかけたくないんだ अपने हृदय के बोझ को हलका करने के उद्देश्य से ही मैंने उसको सब कुछ बता दिया था 心の負担を軽くするためにあの人になにもかもすっかり話してしまった (5) 重荷 मुझे लगता है कि मैं तुम पर बड़ा बोझ बनती जा रही हूँ （病気の妻が夫に）だんだんあなたの大きな重荷になって行くみたいに思えるわ (6) 重苦しさ पेट में बोझ न मालूम हो 腹に重苦しさを感じないように (7) 一度に運べる荷 **(-का) बोझ उठाना** （ーの）責任を引き受ける；（ーを）背負う संतान का बोझ उठाना 子供を養う責任を負う **बोझ उतरना** 荷がおりる；肩の荷がおりる；荷が軽くなる **बोझ उतारना** 荷をおろす；肩の荷をおろす；荷を軽くする **बोझ कंधों पर उठाना** 責任を引き受ける **बोझ कंधों पर पड़ना** 責任が肩にかかる **बोझ डालना** 責任を負わせる **बोझ ढोना** 荷を負う；重荷を負う पूर्वजों की गलतियों का बोझ ढोना 先祖の過ちの重荷を背負う **बोझ सिर से उतारना** 責任を果たす **बोझ से दबे जा॰** 重荷や負担に喘ぐ **बोझ से लदे हो॰** いっぱい背負っている **बोझ हलका हो॰** 負担が軽くなる
बोझना [他] 荷を積む；積み込む= लादना.
बोझा [名] = बोझ. बोझा ढोना 荷運び；運搬 गधा बोझा ढोने में होशियार है ロバは荷物の運搬に役立つ
बोझिल [形] (1) 重い；重く感じられる पलकें बोझिल होने के बावजूद उसे नींद नहीं आ रही थी まぶたが重いのに眠れずにいた (2) 重い；重苦しい；気分の進まぬ मौसी के कहने पर बोझिल क़दमों से बिशनदास दूसरे कमरे में आया おばに言われてビシャンダースは重い足取りで次の部屋に来た बोझिल मन से मैं अपने फैलाए हुए बिस्तर पर लेट जाती हूँ 重苦しい気持ちで自分が広げた寝具の上に横になる (3) 重苦しさに苦しむ；大きな負担に苦しむ असुरों के पाप से बोझिल धरती का भार हरण हेतु 悪鬼どもの罪の重さに喘ぐ大地の重荷を取り去るために
बोझी [名] ← बोझ. ポーター；荷物運搬人；人夫；クリー
बोट [名*]《E. boat》(1) ボート= नाव; नौका. (2) 蒸気船= स्टीमर. → अगिनबोट.
बोटशेप [名] 《E. boatshape》〔裁〕ボートネック
बोटा [名] (1) 丸太 (2) 切ったものの大きなかたまり
बो-टाइ [名*] 《E. bow tie》蝶ネクタイ
बोटी [名*] 小さな肉片；チョップ **(-की) बोटियाँ चील कौओं को खिलाना** （ーに）極めて厳しい罰を与える **(-की) बोटियाँ नोचना** （ーを）ひどく苦しめる **बोटी-बोटी उड़ा दे॰** *a.*（体を）ばらばらにする *b.* 厳罰に処する **बोटी-बोटी क॰** = बोटी-बोटी उड़ा दे॰. **बोटी-बोटी काँपना** がたがた震える；震えあがる **बोटी-बोटी काटना** （体を）切り刻む उन डाकुओं ने उसकी बोटी-बोटी काटकर फेंक दी その強盗たちはその人を切り刻んで捨てた **बोटी-बोटी नाचना** *a.* そわそわする *b.* うきうきする **बोटी-बोटी नुचना** ひどい目に遭う；苦しい思いをする **(-की) बोटी-बोटी नोचना** （ーを）激しく苦しめ

る；責め苛む लड़के बड़े शैतान होते हैं.वे मेरी बोटी-बोटी नोच डालेंगे 男の子は悪いもの，私をうんと苦しめることだろう **बोटी-बोटी फड़कना** = बोटी-बोटी नाचना. **बोटी भरना** 肉を噛み切る

बोड़री [名*] へそ = तोंदी; नाभि.

बोड़ा[1] [名] = बोरा. 〔植〕マメ科蔓木フジマメ【*Dolichos lablab*】 = लोबिया.

बोड़ा[2] [名]〔動〕有鱗目クサリヘビ科ラッセルクサリヘビ【*Vipera russelli*】〈Russell's viper〉

बोडिस [名*] 《E. bodice》〔服〕ボディス

बोडी [名*] 《← E. bodice》= बोडिस.

बोड़ी [名*] ごく少額の金= दमड़ी.

बोतल [名*] 《E. bottle》(1) びん（瓶） रंग-बिरंगी बोतलें 色とりどりのびん दूध की बोतल 牛乳びん आधी बोतल ह्विस्की ボトル半分のウイスキー (2) 酒= शराब; मदिरा. **बोतल उड़ाना** 酒を飲む；一杯やる= बोतल चढ़ाना. **बोतल ढलना** 飲酒が行われる

बोतल-आपनर [名] 《E. bottle-opener》栓抜き

बोतलिया [形] = बोतली[2].

बोतली[1] [名*] 《E. bottle》小さなびん；小びん

बोतली[2] [形] 濃い緑色の；深緑色の

बोतली[3] [名] 濃い緑色；深緑

बोता [名] ラクダの子；子ラクダ

बोथना [他] 塗る；塗布する माँ हमारे सिर में कड़वा तेल बोथकर 母さんは僕の髪にからし油を塗って

बोदका [名*] 《E. vodka》ウオツカ= वोदका.

बोदर [名] 池や貯水池の水を畑に汲み上げる場所

बोदा [形+] (1) のろまな (2) のろい；のろのろした (3) 心細い भय और तनाव के उस बोदे वातावरण में 恐怖と緊張のあの心細い状況で (4) 臆病な；小心な (5) つまらない बोदा अंधविश्वास つまらない迷信

बोदापन [名] ←बोदा. वह अपनी कायरता और बोदेपन पर झल्लाई 自分の卑怯さと小心さに対して苛立った

बोदुला [名]〔植〕アオギリ科中高木【*Erythropsis colorata; Sterculia colorata*】

बोध [名] (1) 知覚されること；認識されること (2) 知識 (3) 理解 बोध हो॰ 知覚される；理解される यह किसी को नहीं बोध होता था これはだれにもわからなかった

बोधक [形] 知らせる；認識させる；示す；表す आत्मीयता - बोधक 親しみを示す；親しみを表す

बोधगम्य [形] わかる；理解される；わかりやすい पुस्तक के अंत में कठिन अंशों को बोधगम्य बनाना 本の末尾で難解な個所をわかりやすくする

बोधगया [名]〔地名・仏〕ボードガヤー（ビハール州のガヤー市の近くブッダが悟りを開いたとされる仏教徒の聖地）= बुद्धगया.

बोधन [名] (1) 知らせること；知覚させること；認識させること (2) なだめること；説得すること

बोधना [他] (1) 知らせる (2) 納得させる

बोधायन 〔人名・イ哲〕ボーダーヤナ（西暦500年頃のインドの哲学者）

बोधि [名*] (1)〔仏〕菩提；完全な智 (2) 菩提樹 = बोधितरु.

बोधिचित्त [名]〔仏〕菩提心

बोधिचित्त उत्पाद [名]〔仏〕発菩提心；発心

बोधितरु [名]〔植〕菩提樹；クワ科高木インドボダイジュ【*Ficus religiosa*】= बोधिवृक्ष.

बोधिद्रुम [名]〔植〕菩提樹 = बोधितरु.

बोधिवृक्ष [名]〔植〕菩提樹 बोधिवृक्ष के नीचे तथागत ने यह ज्ञान प्राप्त किया है 菩提樹の下でターガタ（如来）がこの知を得た

बोधिसत्त्व [名]〔仏〕ボーディサットヴァ；菩薩

बोधिसत्त्व चर्या [名*]〔仏〕菩薩行

बोनट [名] 《E. bonnet》ボンネット

बोनस [名] 《E. bonus》(1) 奨励金；特別手当；賞与金 मजदूरों को प्रोत्साहन के रुपये दिये जाने वाले बोनस में कटौती कर दी गई 労働者たちを励ますための奨励金が削減されている पंजाब के किसानों को बोनस パンジャーブ州の農民に特別奨励金 (2) おまけ；ボーナス इस खेल में 50,000 अंकों पर बोनस मिलता है このゲームでは5万点に達するとボーナスがもらえる

बोनस प्वाइंट [名] 《E. bonus point》〔トラ〕ボーナスポイント；賞点 इस खेल (बैटल) में 20,000 अंकों पर बोनस प्वाइंट मिलता है このゲームでは2万点につきボーナスポイントがもらえる

बोनसाई [名*] 《E. bonsai ← Jp.》盆栽 = बोनसाई कला.

बोना [他] (1)（種を）蒔く (2) 植える (3) 発端を作る；きっかけを作る अनेकता के बीज बोये गये 多様性の発端が作られた **बोया पेड़ बबूल का तो आम कहाँ?** 〔諺〕蒔いた種は刈らねばならぬ；悪事を働いて楽の得られるはずもなし

बोनाफ़ाइड [形] 《E. bonafide》誠実な；誠意の；善意の= वास्तविक; असली; सद्भावी. बोनाफ़ाइड पैसेंजर 善意の旅行者；真正の旅行者 = वास्तविक यात्री.

बोनी [名*] (1) 蒔き時 (2) 植え時 (3) 蒔くこと (4) 植えること

बोबा [名] (1) 乳房 (2) 乳飲み子 (3) 家財道具（のがらくた）

बोया [名] 《← E. buoy》ブイ

बोर[1] [名] (1) 水などに浸すこと；つけること；沈めること (2) 潜ること；潜り→ बोरना.

बोर[2] [名] (1)〔装身〕ボール（女性の額飾りの一）；ボール राजपूत तथा भील महिलाएँ बोर का प्रयोग अधिक करती हैं ラージプートとビール族の女性はボールをよくつける (2) パージェーブ（पाजेब）につける小さな鈴；ボール

बोर[3] [名] 《E. bore》（銃の）口径

बोर[4] [形] 《E. bore》(1) うんざりさせる；わずらわしい यह आदमी ख़ासा बोर है なかなかわずらわしい人だ (2) 退屈な；面白くない ऐसी बोर चिट्ठियाँ पढ़ने का फ़ालतू समय किसके पास है? こんな面白くない手紙を読む暇などだれにあろうか इतनी देर के लिए वह अख़बार या पत्रिका पढ़ने को दे ताकि इस प्रतीक्षा से वह बोर न हो 待っている間に退屈しないようにその間新聞か雑誌を見せておきなさい

बोरना [他] (1) 沈める= डुबाना. (2) 濡らす= भिगोना. (3) 台無しにする；つぶす= नष्ट क॰; बरबाद क॰. **बोर दे॰** 台無しにする；つぶしてしまう

बोरसी [名*] (1) こんろ（焜炉） (2) るつぼ（坩堝）

बोरा[1] [名] ズックの袋；南京袋；麻袋；ドンゴロス

बोरा[2] [名]〔植〕マメ科アオイマメ【*Dolichos catjang*】

बोरिंग [名] 《E. boring》ボーリング बोरिंग करवाना ボーリング（井戸掘り）をしてもらう

बोरिक अम्ल [名] 《E.boric + H.》= बोरिक ऐसिड 〔化〕ほう酸（硼酸）→ बोरिक ऐसिड.

बोरिक ऐसिड [名] 《E. boric acid》〔化〕ほう酸（硼酸）= बोरिक अम्ल.

बोरियत [名*] 《← E. bore》退屈 अगर किसी के अधिक देर तक बैठे रहने से 'बोरियत' होने लगे तो भी たとえだれかが長居をしたために退屈し始めたとしても ज़िंदगी की एकरसता और बोरियत से 人生の単調さと退屈さから

बोरिया[1] [名*] 小さな南京袋；麻袋；ドンゴロス → बोरा.

बोरिया[2] [名] 《P. بوريا》(1) シュロやヤシなどの繊維でこしらえた敷物 (2) 寝具 **बोरिया-बँधना** わずかの家財 **बोरिया-बँधना उठाना** 荷物をまとめる；出発準備をする；出発する **बोरिया-बँधना छोड़कर भागना** 何もかも捨てて逃げる बोरिया-बँधना समेटना = बोरिया-बँधना उठाना. बोरिया बकचा लादना = बोरिया बँधना उठाना.

बोरी [名*] 小さな南京袋；麻袋→ बोरा.

बोरेक्स [名] 《E. borax》〔化〕硼砂

बोरोबुदूर [名] 《E. Boro-budur》〔仏〕ボロブドゥール（中部ジャワにある仏教遺跡）

बोर्जुआ [名] 《E. bourgeois》ブルジョア= बूर्जुआ; बुर्जुआ; बुर्जुवा.

बोर्ड [名] 《E. board》(1) 板 काठ का बोर्ड 木の板 (2) 黒板 चाक या खड़िया से बोर्ड पर लिखते हो तो チョークや白墨で書くのであれば (3) 掲示板，道路標識など (4) 標札 (5) 厚紙；ボール紙 (6)（遊戯用の）盤 (7)（官庁の）庁；院；局；部 पंजाब स्कूल शिक्षा बोर्ड パンジャーブ州教育局 उत्तर प्रदेश माध्यमिक शिक्षा बोर्ड ウッタル・プラデーシュ州中等教育局 (8) 委員会；役員会；理事会など 10 वीं कक्षा का बोर्ड का परिणाम निकला 10年級に関する試験委員会による成績発表

बोर्डर [名] 《E. boarder》寮生；下宿生；下宿人

बोर्डिंग [名] 《E. boarding》下宿；学生寮；寄宿舎

बोर्डिंग हाउस [名] 《E. boarding house》下宿屋 = बोर्डिंग.

बोर्नियो 〔地名〕《E. Borneo》ボルネオ

बोल [名] (1) 言葉 कितने अबोध बोल थे ये なんとも無邪気な言葉だったことか प्यार का बोल 愛の言葉；やさしい言葉 बड़ा बोल बोलना 大きな口をきく मैं कोई बड़ा बोल तो नहीं बोलती 大きなことは申しませんが… (2) 発言 (3) 冷やかし；皮肉；嫌味 (4) 歌の歌いだしの文句 (5) 楽器それぞれの音符を表すことば **बोल न आ॰** 言葉が出ない；返答ができない **बोल फूटना** 言葉を発する यह सुनकर मोहिनी के मुँह से कोई बोल नहीं फूटा これを聞いてモーヒニーの口からは一言も発せられなかった **बोल बोलना** 嫌味を言う **बोल मारना** 皮肉を言う；嫌味を言う **बोल रखना** 言葉に従う；言うことを聞き入れる **बोल रहना** 顔が立つ；面子が立つ **बोल सहना** 皮肉に耐える；嫌味な言葉に耐える

बोलचाल [名*] (1) 日常生活で言葉を交わすこと；日常生活の話のやりとり；日常の会話；会話 (2) 日常の会話を交わす間柄 (3) 言葉遣い (4) 話し言葉 **बोलचाल की भाषा** 口語；話し言葉 (5) 決まり文句 **बोलचाल न रहना** 口をきかなくなる **बोलचाल हो॰** 口をきく；言葉を交わす

बोलता[1] [名] (1) 精神；精神活動 (2) 生命 (3) 水ぎせる

बोलता[2] [形+] (1) よく話す；よくしゃべる；能弁な (2) 話す；しゃべる (3) 生命力のある；命を持った

बोलती [名*] (1) 話す力；弁舌；弁 (2) 舌 **(-की) बोलती बंद क॰** (一を) 黙らせる **बोलती बंद हो॰** *a.* 息が絶える *b.* 返す言葉がない **बोलती मारी जा॰** 言葉が出なくなる；口がきけなくなる

बोलना [自] 標準語的には能格を要求しないが口語では能格表現になることがしばしばある. (1) 話す；言う；しゃべる बोलने का ढंग 話し方 यार, बुरा मत मानना.इतनी रात तुझे परेशान कर रहा हूँ, मैं हवाई अड्डे से बोल रहा हूँ 悪く思わないでくれ. こんなに遅く申し訳ないが, 空港から電話しているんだ किसी से भी बोल नहीं रही थी だれと話しているのでもなかった सोते हुए बोलना 寝言を言う वह शीला से बोली 彼女はシーラーに語った वह कुछ नहीं बोला 全然しゃべらなかった बोलता क्यों नहीं? बोल! なぜ黙っている. 言いなさい (2) 声を出す इस पुस्तक के पाठों को घर पर बोलकर पढ़ने का अभ्यास करो この本の課を家で声を出して読む練習をしなさい (3) 唱える；大きな声で叫ぶ सब मिल बोलो, जय महावीर! 皆の衆唱和なされよ. マハーヴィール (ハヌマーン神のこと) に勝利あれ！ (4) (鳥や虫などが) 鳴く मीठी बोली कौन बोल रहे हैं? 美しい声で鳴いているのは何なの तोते को मनुष्य की बोली बोलते देखकर インコが人の声を真似ているのを見て (5) 音を出す；音が発せられる；音が出る；音がする；鳴る；言う अगली रोटी उसने काफ़ी कुरकुरी कर दी.थाल में पड़ते ही टन्न से बोली 次のローティーはかなり固く焼いたので器に入ったとたんにかさっと音がした तेल का कोल्हू चूँ-चर्र बोल रहा है 油搾りの機械がぎーぎーと音を出している (きしんでいる) (6) (味や香りが) よくきく；はっきりする；際立つ (7) 願掛けに誓って言う **बोल जा॰** *a.* 音を上げる；弱音を吐く；負ける *b.* 死ぬ *c.* くたびれる；使いものにならない；古びる；ぼろぼろになる *d.* なくなる *e.* 破産する；倒産する वह प्रोडक्शन एक 'रानी' फ़िल्म बनाने में ही बोल गए そのプロダクションは「ラーニー」1本作っただけで倒産した **बोलता सुग्गा उड़ जा॰** あっけなく死の訪れること **बोलती आँखें** 気持ちの表れている眼 **बोलती चिड़िया उड़ जा॰** = बोलता सुग्गा उड़ जा॰. **बोलते चालते** 話しているうちに

बोलपट [名]〔映〕トーキー〈talkie; talking picture〉

बोलबाला [名] (1) のさばること；はびこること；跋扈 उन ज़िलों के प्रशासन पर तस्करों का बोलबाला है それらの県の行政に密輸業者がのさばっている (2) 横行；猖獗 चारों ओर भ्रष्टाचार का बोलबाला है どちらを向いても汚職の横行 (3) 圧倒；支配；席巻 आज की दुनिया में तो पश्चिमी देशों में बने खिलौनों का ही बोलबाला है 今日の世界では西洋諸国製の玩具が市場を席巻している

बोलर [名]《E. bowler》〔ス〕(クリケット) 投手

बोलवाना[1] [他] (1) 言わせる；語らせる (2) 唱えさせる

बोलवाना[2] [他] 呼ぶ；招く

बोलाना [他] = बुलाना. वृक्ष पथिकों को बोला रहे हों あたかも木々が旅人を呼んでいるかの如く

बोलावा [名] = बुलावा.

बोली [名*] ←बोलना. (1) 言葉；言語 मनुष्य की बोली 人間の言葉；人語 (2) 言葉；話すこと (3) 動物の声；鳴き声 (4) 方言 (5) 皮肉，嘲り，嫌味などの言葉 (6) 付け値= ख़रीदनेवाले का कहा दाम. **बोली कसना** 皮肉を言う；嘲る；からかう；嫌味を言う **बोली न फूटना** 声が出ない；口がきけない；声を出せない **बोली बोलना** 付け値を言う；値をつける **बोली मारना** = बोली कसना. **बोली में मिठास घोलना** とても優しく心地よい言葉を話す **बोली लग जा॰** 付け値がつく अपने ही समाज में शादी करते तो तुम्हारी भी अच्छी बोली लग जाती 同じカースト内で結婚すればお前にもいい (付け) 値がつくものを **बोली लगाकर ख़रीदना** 競売で競って買う **बोली से अमृत टपकना** = बोली में मिठास घोलना.

बोलीठोली [名*] 厭味；皮肉；嘲り बोली ठोली कसना = बोली कसना.

बोल्ट [名]《E. bolt》ボルト = काबला.

बोल्शेविक [名]《E. Bolshevik》〔史〕ボルシェヴィキ派の人

बोल्शेविकी [名]《E. Bolsheviki》〔史〕ボルシェヴィキ

बोल्शेविज़्म [名]《E. Bolshevism》〔史〕ボルシェヴィズム

बोवाई [名*] ←बोना. = बोवाई.

बोसा [名]《P. بوسہ》くちづけ；キス；接吻 = चुंबन; चूमा. **बोसा दे॰** くちづけをする；キスをする ख़ुदा तुम्हारी पेशानी पर बोसे देगा 神様がお前の額に口づけをして下さるだろう

बोसीदा [形]《P. بوسیده》(1) くちづけされた；キスされた (2) ぼろぼろになった；崩れた；いたんだ；くたびれた；古びた；古ぼけた= सड़ा-गला; फटा-पुराना. बोसीदा मिल おんぼろの工場 30-32 साल पुराना बोसीदा सोफ़ा बिछा था 30年余りも昔のくずれかけたソファーが置かれていた ऐसे शहर में रहना...कितना बोसीदा こんな町に住むんだなんて…なんとまあ古ぼけた町だ

बोह [名*] (1) 水などの液体につかること (2) 潜り；潜水= डुबकी; गोता. बोह दे॰ 潜る = बोह लगाना; बोह ले॰.

बोहना[1] [自] (1) つかる (漬かる)；水につかる (漬かる) (2) 水にもぐる (潜る)

बोहना[2] [他] 作る；産出する

बोहनी [名*] (1) その日の初売りや初めての売り上げ बोहनी के समय बिना लाभ लिए ही बेच रहे हैं 初売りで儲けなしで売っている (2) 初売りの売上代金 हम तुम्हारे हाथ की बोहनी माँगते हैं あなたの手から初売りの代金を頂きたいのです (3) 最初の成果

बोहनी बट्टा [名] その日の最初の売り上げ

बोहरा [名] (1)〔イス〕ボーホラー／ボーフラー派とその信徒 (グジャラート，マハーラーシュトラ地方など西部インドやパキスタンに居住するシーア派イスマーイール派に属する一派. 多くは商業に従事) (2) ヒンドゥーのボーホラー・カーストとその構成員 (3) 商人

बोहारना [他] = बुहारना.

बोहारी [名*] ほうき (箒) = झाड़ू.

बोहित / बोहित्थ [名] (1) 船= जहाज़. (2) ボート= नाव.

बौंड [名]《E. bond》(1) 証書；証文 (2) 公債証書；債券 (3) 保証金；保釈金；身代金

बौंड [名*] (1) 小枝；細枝 (2) 蔓

बौंड़ना [自] 枝が茂る

बौआना [自] (1) 寝言を言う (2) 訳のわからないことを口走る

बौखला [形] 気のふれた；頭が正常でない；狂乱した

बौखलाना [自] (1) 激怒する；狂乱したようになる；激しく興奮する；激昂する ऊँची जाति के लोग इस बात से बौखला उठे 高カーストの人たちはこの話に激昂した (2) 興奮のあまり理性を失った行動をする；取り乱す माता-पिता उसके दहेज़ जुटाने की चिंता से बौखलाकर बार-बार उसे कोसते रहते हैं 両親は娘の持参金の心配で取り乱し繰り返し娘をののしっている

बौछाड़ [名*] = बौछार.

बौछार [名*] (1) 吹き降り；篠突く雨 राजधानी में भारी गर्मी के बाद बौछारें 首都に猛暑の後吹き降り तेज़ अंधड़ के साथ बौछार पड़ने से 激しい砂嵐と共に吹き降りとなり (2) 次から次に続くこと；ひっきりなしに行われること；絶え間なく降りそそぐもの；雨；雨霰 चुंबनों की बौछार キスの雨 प्रश्नों की बौछार शुरू क॰ 矢継ぎ早の質問を始める **(-पर) बौछार उड़ना** (一が) 皮肉や嫌味を浴びせられる **(-की) बौछार क॰** (一を) 惜しげもなく振る舞う **(-पर = की) बौछार क॰** (一に=を) 浴びせる；(一に対して次から次へと=を) 浴びせる **बौछारें छोड़ना** 皮肉を言う；嫌味を言う **(-पर) बौछारें पड़ना** (一が) 降りそそぐ；(一の) 雨が降りそそぐ जंगल पर्वत के बीच बसनेवाले आदिवासी समाज में परिवर्तन की बौछारें पड़

रही है ジャングルや山間地に居住する部族民の社会に変革が雨霰と降りそそいでいる
बौड़मपन [名] 狂気；正気を失うこと= पागलपन; सनक.
बौड़मा [名] 気のふれた人；狂人；気違い= पागल; सनकी.
बौड़हा [形+] 気の狂った；気の違った= पागल; बावला.
बौता [名] ブイ；浮標
बौद्ध[1] [形] (1) 仏陀の (2) 仏教の (3) 知能の；知力の **बौद्ध भिक्षु** 比丘 **बौद्ध मत** 仏教 = बौद्ध धर्म. **बौद्ध मूर्ति** 仏像 **बौद्ध विहार** 仏教僧院 **बौद्ध सूत्र** 仏典
बौद्ध[2] [名] 仏教徒；仏教信者
बौद्ध धर्म [名] 仏教 बौद्ध धर्म दर्शन 仏教哲学
बौद्धिक[1] [形] (1) 頭脳の；知能の छात्रों का बौद्धिक स्तर 生徒の知能水準 बच्चों का शारीरिक और बौद्धिक विकास 子供の肉体と知能の発達 (2) 知性の；知的な बौद्धिक प्रखरता और विचार की दृढ़ता सदा बनी रही 知的な鋭さと思考の堅固さはいつまでも続いた
बौद्धिक[2] [名] 知識人 = बुद्धिजीवी.
बौद्धिकता [名*] 知性
बौधायन [名]〔ヒ〕バウダーヤナ（シュラウタ・スートラ等の作者とされる聖仙）
बौना[1] [名] (1) こびと；小人；身長の極めて低い人；侏儒 (2)〔医〕小人症の人 (3) 想像上の小人や妖精；いわゆる，こびと जब आधी रात हुई तो दो बौने कहीं से घूमते-फिरते आये 真夜中になると 2 人のこびとがどこからかぶらぶらとやって来た
बौना[2] [形+] (1) 小型の；小形の गेहूँ की बौनी किस्म 小麦の短小種 (2) 矮性の बौना पेड़ 盆栽の木= बोनसाई. बौने धान 矮性のイネ (3)〔医〕小人症の（人）
बौनापन [名]〔医〕小人症= अवटु वामनता. 〈cretinism〉
बौनी [名*] 種蒔き；播種= बोआई.
बौर [名] 花の房；花房（特にマンゴーの木の）= मंजरी.
बौरई [名*] ←बौरा. 気のふれること；狂気= बौराई; पागलपन.
बौरना [自] 花房が出る
बौरहा [形+] 気の狂った；狂気の= पागल; विक्षिप्त.
बौरा [形+] (1) 狂気の；熱狂した= बावला; पागल; विक्षिप्त. (2) 純朴な；素直な；すれていない= भोला. (3) 愚かな；無知な= नादान; मूर्ख.
बौराई [名*] ←बौराना. 狂気
बौराना[1] [自] (1) 気が狂う；気がふれる (2) 激しく興奮する इन दंगाइयों से निपटते हुए पुलिस कोई कम बौराई हुई नहीं थी これらの暴徒に対処した際警察の興奮は少なからぬものがあった
बौराना[2] [他] (1) 気を狂わせる (2) からかう
बौलड़ा [名]〔装身〕ボウルラー（女性が頭の中央部の髪の分け際につける金製の装身具）= बोरला; बाल्ला; सीसफूल.
बौलाना [自] = बौराना.
बौलिंग क्रीज़ [名*] 《E. bowling crease》〔ス〕（クリケット）投手線
ब्यतीतना [自] ←व्यतीत. 過ぎる；経過する= व्यतीत हो°.
ब्यवसाय [名] → व्यवसाय.
ब्यवस्था [名*] → व्यवस्था.
ब्यवहरिया [名] 金貸し；金融業者= महाजन.
ब्यवहार [名] (1) 金貸し；金融業 (2) 金の貸借；取引 (3) 商取引 (4) 親交 (5) = व्यवहार; ब्यौहार.
ब्यवहारी [名] (1) 金貸し；金融業者 (2) 金融業 (3) 交友；交際のある人；付き合っている人= व्यवहारी; ब्यौहारी.
ब्यसन [名] = व्यसन.
ब्याज [名] (1) 利子 कम ब्याज पर कर्ज़ा मिल जाता है 低金利で金が借りられる (2) 詐欺；かたり；虚偽；ぺてん **ब्याज की दर** 利率 ब्याज की फैलावट क° 利子を計算する **ब्याज के लिए मूल गँवाना** 欲張って元も子も失う **ब्याज खानेवाला** 金貸し；高利貸し **ब्याज पर ब्याज** 複利（法） उसके उधार पर ब्याज पर ब्याज लगाता है それの貸し金について複利を取る **ब्याज में मिलना** 景品（おまけ）としてもらう **ब्याज लगाना** 利子を取る **ब्याज सहित चुका दे°** 利子をつけて返す **ब्याज सहित मूल वसूलना** きっちり（容赦なく）取り立てる
ब्याजख़ोर [名] 《H. + P. خور》金貸し；高利貸し
ब्याजख़ोरी [名*] 《H. + P. خوری》金貸し（業）；高利貸し
ब्याज दर [名*] 利率 ऊँची ब्याज दर लेकर 高い利率で
ब्याज निंदा [名*] あてこすり；婉曲な皮肉= व्याज निंदा.
ब्याजस्तुति [名*] = व्याजस्तुति. 婉曲な誉め言葉；遠回しな称賛
ब्याजू [形] (1) 利子の (2) 利子のついた **ब्याजू ले°** 利子付きで借りる
ब्याना[1] [自] 動物に子供が産まれる कल-परसों ही तो ब्यायी है मेरी गाय.बछड़ा दिया है.और क्या ख़ूब तंदुरुस्त है! うちの牛に子が産まれたのはつい 2〜3 日前のこと．雄でとても元気だ
ब्याना[2] [他] 動物が子を産む गाय बछड़ा और घोड़ी बछेड़ा ब्याएगी 雌牛は子牛を雌馬は子馬を産む
ब्यापना [自] (1) 広がる (2) 覆う (3) 囲む；取り囲む (4) 入り込む；届く；到達する (5) 感じられる
ब्यापार [名] 商い；商売= व्यापार; ब्योपार; ब्यौपार.
ब्यापारी [名] 商人= व्यापारी; ब्योपारी; ब्यौपारी.
ब्यार [名*] 風 = बयार; वायु.
ब्याल [名] 蛇= व्याल.
ब्याली [名*] 雌の蛇 = साँपिन; नागिन.
ब्यालू [名] 夕食；夕餉 उस दिन ब्यालू करने के बाद その日夕食後に
ब्याह [名] (1) 結婚 (2) 交配 ठिगने कद के गेहूँओं का ब्याह अमरीकी गेहूँओं से रचाया गया 短幹種の小麦とアメリカ種の小麦との交配が行われた (-का) **ब्याह क°** （ーを）結婚させる (-से) **ब्याह क°** （ーと）結婚する **ब्याह करवाना** 結婚式を執り行う（挙式を取りしきる） ब्याह पंडित करवाता है パンディット（バラモン）が結婚式をとり行う (-) **ब्याह दे°** （ーを）嫁がせる **ब्याह पीछे पत्तल भारी हो°** 重要な行事の後，それに関わる費用や雑事が煩わしく感じられること **ब्याह पीछे बरात आ°** 時機を失する (-का) **ब्याह रचना** （ーの）結婚を祝う **ब्याह रचाना** 結婚式を挙げる；結婚式を執り行う (-) **ब्याह लाना** （ーを）嫁に取る (-) **ब्याह ले°** = ब्याह लाना. (-) **ब्याह ले आ°** = ब्याह लाना.
ब्याहकराई [名*] 結婚式の挙式でのバラモンへの謝礼（礼金）
ब्याहता[1] [形] 正式に結婚式を挙げている；結婚している；既婚の = शादीशुदा. 'तुम्हारी बहन कुँवारी है या ब्याहता?' 'कुँवारी नहीं है, शादीशुदा है' 「君の姉さんは結婚しているのかいないのか」「未婚ではなくて結婚しています」
ब्याहता[2] [名*] 既婚女性 वह बहन बड़ी और ब्याहता थी （妹ではなくて）姉ですでに嫁いでいた अब यह ब्याहता होकर ससुराल छोड़कर नौकरी करेगी! 今度は結婚しているのに婚家を離れて勤めをするというのかい
ब्याहता[3] [名]（正式に結婚した）夫
ब्याहना[1] [自] 嫁ぐ एक बहन ऋषि जमदग्नि को ब्याही थी 1 人の姉はジャマダグニ・リシのところへ嫁いでいた
ब्याहना[2] [他] (1) 嫁がせる；嫁にやる (2)（息子を）結婚させる
ब्याहना[3] [自・他] = ब्याना. (1) 動物の子が産まれる；動物が子を産む बीस दिन हो चुके न 'मिज़ी' को ब्याहे? ミジーが子を産んで 20 日経ったね (2) 交配させる बाद में इन्हें मैक्सिको के गेहूँओं से ब्याह दिया गया 後にこれがメキシコの小麦と交配された
ब्याह-शादी [名*] 結婚
ब्यूटी क्लिनिक [名] 《E. beauty clinic》美容クリニック
ब्यूटी पार्लर [名] 《E. beauty parlour》美容院
ब्यूटीफ़ुल [形・感] 《E. beautiful》(1) 美しい；きれいな (2) 立派な；見事な (3) 素晴らしい；素敵な；すごい
ब्यूटीशियन [名] 《E. beautician》美容師 वह ब्यूटीशियन का कोर्स कर रही है 彼女は美容学校で学んでいる
ब्यूटी सैलून [名] 《E. beauty saloon》美容院 ब्यूटी सैलून वालों से 美容師たちに
ब्यूबोनिक प्लेग [名] 《E. bubonic plague》〔医〕腺ペスト
ब्यूरो [名] 《E. bureau》局；ビューロー गुप्तचर ब्यूरो（内務省）情報局
ब्योंच [名] 捻挫 = मोच; मुरकी.
ब्योंचना [自] 捻挫する；くじく
ब्योंची [名*] 吐くこと；吐き出すこと；嘔吐= उलटी; कै.
ब्योंत [名*] (1) 布地を裁断すること (2) 裁断の型 (3) 仕立て (4) 寸法 (5) 段取り；準備 (6) 工面；工夫 (7) 頃合 **ब्योंत खाना** 都合がつく；工面がつく ब्योंत निकालना = ब्योंत बैठाना. **ब्योंत फैलना** = ब्योंत खाना. **ब्योंत बैठना** = ब्योंत खाना. **ब्योंत बैठाना** 都合をつける；都合する；工面する
ब्योंतना [他] (1) 裁断する (2) 寸法を取る

ब्योपार [名] = व्यापार; व्यापार.
ब्योपारी [名] = व्यापारी; व्यापारी.
ब्योरना[1] [他] (1) 詳しく述べる；詳しく説明する (2) もつれをほぐす
ब्योरना[2] [自] よく考える；熟慮する
ब्योरा [名] (1) 詳細 (2) 詳細な記録 तुम हमारे सेक्रेटरी के पास अपने लड़के का ब्योरा छोड़ जाओ 息子さんの履歴書はうちの秘書のところに預けておいてくれ (3) 細目 निजी संपत्ति का ब्योरा 個人財産の細目 **ब्योरा क°** 詳しく計算する；詳細に検討する (-का) **ब्योरा क°** (-を) 述べる；伝える；報告する (-का) **ब्योरा रखना** (-を) 記録する；(-の) 記録を保管する जन्म और मृत्यु का ब्योरा रखना 出生と死亡の記録をとる **ब्योरे के साथ** 詳細に；詳しく उसने ब्योरे के साथ श्यामा बीवी को बता दिया कि कैसे शादी हुई थी どういうふうに結婚したのかを詳しくシャーマーさんに話した
ब्योरेबाज़ [形] 《H. + P. باز》(1) 物事にこまかい (2) 抜け目のない
ब्योरेबाज़ी [名*] 《H. + P. بازی》← ब्योरेबाज़.
ब्योरेवार[1] [副] 詳しく；詳細に इस तरह के ज़ख्मों के बारे में आगे ब्योरेवार बताया गया है この種の傷についてはこれから先に詳しく述べられている
ब्योरेवार[2] [形] 詳しい；詳細な ब्योरेवार समाचार ニュースの詳報
ब्योहरिया [名] = व्यवहरिया.
ब्योहार [名] = व्यवहार; व्यवहार.
ब्यौरा [名] → ब्योरा.
ब्यौरेबाज़ [形] → ब्योरेबाज़.
ब्यौरेवार [形] → ब्योरेवार.
ब्यौहरिया [名] = व्यवहरिया.
ब्यौहार [名] = व्यवहार.
ब्रज[1] = व्रज. 〔地名・イ神〕ブラジ地方 (ウッタル・プラデーシュ州マトゥラー近辺の地域でクリシュナ神が成人するまで過ごした地域として知られる)
ब्रज[2] [名*] = ब्रजभाषा.
ब्रजबुलि [名*] 〔言〕ブラジブリ語 (ビハール州ミティラー地方の言語であるマイティリー語とベンガル語を基礎に 15～16 世紀のクリシュナ信仰の詩人たちが用いた人工語でマトゥラー，ヴリンダーワン地方の方言も含まれている．中世のベンガル，アッサム，オリッサなど東部インドでクリシュナ信徒によって用いられた)
ब्रजभाषा [名*] 〔言〕ブラジバーシャー (シャウラセーニー・アパブランシャ शौरसेनी अपभ्रंश に発するとされる西部ヒンディー語群の重要な言語の一．アーグラー，マトゥラー，アリーガル等がその中心地．16 世紀以降 20 世紀初頭に及ぶ時期，今日のヒンディー語地域の最重要な文学語であった)
ब्रत [名] = व्रत.
ब्रश [名] 《E. brush》(1) ブラシ (2) 絵筆= बुरुश.
ब्रह्म [名] (1) ブラフマ (世界の根本原理，最高存在としてのブラフマン)；梵 (2) ヴェーダ (3) 最高神 (4) ブラーフマン；バラモン (5) 心；良心 ब्रह्म बोलना 心底思う
ब्रह्मकर्म [名] バラモンの任務；祭官の職務
ब्रह्मकल्प [名] 〔イ神〕ブラフマーの存在する期間 (ブラフマー神の誕生から死までの期間)
ब्रह्मगति [名*] 解脱 = मुक्ति.
ब्रह्मगाँठ [名*] ジャネーウー जनेऊ の結び目 = ब्रह्मग्रंथि.
ब्रह्मघातक [名] ブラーフマン (バラモン) 殺害者
ब्रह्मघाती [形] = ब्रह्मघातक.
ब्रह्मचर्य [名] (1) ブラフマチャリヤの時期 (古代からヒンドゥーの人生観の基本となってきた四姓と四住期の法，すなわち，ヴァルナとアーシュラマのダルマ वर्णाश्रम धर्म に基づき過ごす人生の四つの段階，もしくは，階梯である四住期の第 1 期．ヒンドゥーとしての生命を授かる入門式，もしくは，授戒式である उपनयन の後，師の下で世俗・俗界から離れ一切の欲望を断って勤労，托鉢の傍ら学習に励み次の世俗生活，すなわち，家庭生活である家住期 गृहस्थाश्रम に入ることが義務であり理想とされた) →ブラフマチャリヤ・アーシュラマ ब्रह्मचर्य आश्रम (2) 禁欲生活；身を慎み禁欲の独身生活を過ごすこと आगे जीवन भर बाधित ब्रह्मचर्य का पालन करना ही उसके लिए निश्चित किया गया है それから生涯にわたって制限された禁欲生活を守ることが規定されている (3) 〔ヨガ〕性欲抑制の修行
ब्रह्मचर्य आश्रम [名] 〔ヒ〕ヒンドゥー教徒の四住期の第 1 期；学生期；梵行期；独身で過ごす学修期；ブラフマチャリヤ・アーシュラマ→ आश्रम.
ब्रह्मचारी [名] (1) 〔ヒ〕ブラフマチャリヤ・アーシュラマ ब्रह्मचर्य आश्रम，すなわち，学生期・梵行期にある人；ブラフマチャーリー → ब्रह्मचर्य. (2) 禁欲を保持し独身の生活を送る人
ब्रह्मजन्म [名] 〔ヒ〕ヒンドゥーの通過儀礼，入門式 (ヒンドゥー教徒としての生命を授けられる儀式) = उपनयन संस्कार.
ब्रह्मज्ञ [形] 〔ヒ〕ブラフマンを知っている；ヴェーダーンタの哲理に通じている
ब्रह्मज्ञान [名] 〔ヒ〕ブラフマンに関する知識；根本原理に関する知識
ब्रह्मज्ञानी [形] 〔ヒ〕ブラフマンに関する知識を有する
ब्रह्मण्य [形] (1) ブラーフマン (バラモン) を信奉する (2) ブラフマ，もしくは，ブラフマーに関する
ब्रह्मतेज [名] 高徳のバラモンから発するとされる輝き；ブラーフマンの光輝；ブラフマテージャ इनकी आँखों की ज्योति देखी? इनका ललाट देखा? कैसे चमकता है.यह ब्रह्मतेज है この人の眼光を見たかい．この人の額を見たかい．何という輝きだ．これがブラフマテージャと言うものだ
ब्रह्मदेश 〔国名〕ビルマ；ミャンマー→ म्यानमार ミャンマー
ब्रह्मदोष [名] 〔ヒ〕ブラーフマン殺しの罪
ब्रह्मनिष्ठ [形] ブラーフマンを崇敬する
ब्रह्मपुत्र [名] (1) ブラーフマンの息子 (2) 〔イ神〕聖者ナーラダ (नारद) (3) マヌ (मनु) (4) ブラフマプトラ川= ब्रह्मपुत्र नद.
ब्रह्मपुत्री [名*] (1) サラスヴァティー神 (सरस्वती) (2) サラスヴァティー川
ब्रह्मबाण [名] 〔イ神〕ブラフマー神の所持する必殺の飛び道具= ब्रह्मास्त्र. आखिर मेघनाद ने ब्रह्मबाण चलाकर हनुमान को कब्जे में किया ついにメーガナーダはブラフマバーナを飛ばしてハヌマーンを捕らえた
ब्रह्मभोज [名] 〔ヒ〕ブラフマボージャ (多数のブラーフマンを同時に法事に招いて食事を供すること．功徳のあることとされる)
ब्रह्मयज्ञ [名] 〔ヒ〕規定に則ったヴェーダの学修と教授
ब्रह्मरंध्र [名] 〔ヨガ〕ブラフマランドラ (ブラフマーの穴；ハタヨーガにおいて気息，すなわち，生命エネルギーであるプラーナの通り道としてのイラー，ピンガラー，スシュムナーの合する所でプラーナがこの穴から出るとされる頭頂部に想定される) → हठयोग.
ब्रह्मराक्षस [名] 死後解脱を得られず浮かばれぬ幽鬼となったバラモン
ब्रह्मर्षि [名] ブラーフマン・ヴァルナの出身のリシ → ऋषि.
ब्रह्मलेख [名] (1) ブラフマー神が人間の額に記すとされる運命 (2) 絶対に消えることのないことや確実に起こること
ब्रह्मवाक्य [名] (1) 最高の真理；ヴェーダ (2) 至上命令 पति की बात को ब्रह्मवाक्य मानकर 夫の言葉を最高真理と考えて
ब्रह्मवाद [名] ヴェーダ聖典の読誦と学習
ब्रह्मवैवर्त्त पुराण [名] 〔ヒ〕主要 18 プラーナの一であるブラフマヴァイヴァルタ・プラーナ
ब्रह्म समाज [名] 〔ヒ〕ブラフマ・サマージ (19 世紀インドのヒンドゥー教及びインド社会の改革運動の嚆矢となった団体．1828 年に R.M. ロイ राममोहन राय1774–1833 によって設立された)
ब्रह्मसमाजी [名] ブラフマ・サマージの信者や会員
ब्रह्मसूत्र [名] 〔ヒ〕カースト・ヒンドゥーが身につける聖紐= जनेऊ; यज्ञोपवीत.
ब्रह्महत्या [名*] ブラーフマンの殺害 ब्रह्महत्याजनित पाप ブラーフマンの殺害によって生じた罪
ब्रह्मांड [名] (1) 〔ヒ〕ヒンドゥーの世界観における宇宙 (2) 宇宙 〈cosmos〉 (3) 頭；頭蓋 **ब्रह्मांड चटकना** *a.* 頭が割れそうに暑い *b.* 頭がけがで割れる
ब्रह्मांड किरण [名*] 〔天〕宇宙線 = अंतरिक्षकिरण; कॉस्मिक किरण. 〈cosmic ray〉
ब्रह्मांड पुराण [名] 〔ヒ〕ブラフマーンダ・プラーナ (18 大プラーナの一) → पुराण; महापुराण.

ब्रह्मांड विकिरण [名] 宇宙線 = अंतरिक्षकिरण.
ब्रह्मांड विज्ञान [名]〔天〕宇宙論= ब्रह्मांडिकी. 〈cosmology〉
ब्रह्मा [名] (1)〔ヒ〕ブラフマー神 (2) ヴェーダ祭式を総括する祭官 ऋत्विक. **ब्रह्मा का दिन** *a.* ブラフマー神の1日（カルパ कल्प）*b.* とても長く感じられる日 **ब्रह्मा का लेख** 運命に記されたこと；運命に定められたこと ब्रह्मा के अक्षर = ब्रह्मा का लेख.
ब्रह्मानंद [名] (1) ブラフマンとの合一による歓喜；喜悦 (2) 至上の喜悦 कई हिंदू धार्मिक ग्रंथों में यौन सुख की तुलना ब्रह्मानंद अर्थात् अपार आनंद से की गई है 幾つものヒンドゥー聖典の中で性の快楽がブラフマーナンダ，すなわち，至上の喜悦と対比されている
ब्रह्मास्त्र [名]〔イ神〕ブラフマーストラ（神話上のブラフマー神の飛び道具）= ब्राह्म-बाण.
ब्रांड [名]《E. brand》ブランド = छाप. ब्रांड-नाम ブランド名；商標名
ब्रांडी [名*]《E. brandy》ブランデー
ब्रा [名*]《E. bra》ブラジャー
ब्राइडल मेकअप [名]《E. bridal makeup》結婚式の化粧
ब्राउन [形]《E. brown》茶色の；ブラウンの ब्राउन पालिश ブラウンの靴墨
ब्राजील〔国名〕《E. Brazil》ブラジル
ब्राह्मण [名] (1) 古代インドの四姓制度の最高位ブラーフマナ（ヴァルナ）= ब्राह्मण वर्ण. (2) ブラーフマナ・ヴァルナの人；ブラーフマン；バラモン；婆羅門= बाभन. (3)〔ヒ〕ヴェーダに属するバラモン教聖典の一部であるブラフマナ聖典；梵書 **ब्राह्मण से दान माँगना** 間違ったことを求める
ब्राह्मण वर्ण [名] ブラフマナ・ヴァルナ；バラモン・カースト
ब्राह्मणी [名*] ブラーフマンの女性；バラモン女性
ब्राह्मणेतर [形] ブラーフマン以外の；非バラモンの ब्राह्मणेतर जातियाँ 非バラモン・カースト（ジャーティ）
ब्राह्ममुहूर्त [名] ブラーフマ・ムフールタ（日の出前の約50分間ほどの時間，吉祥の時刻とされる）
ब्राह्म विवाह [名]〔ヒ〕ブラーフマ婚（古法典における正統的結婚様式の第一，マヌ法典 3 - 27）
ब्राह्म समाज [名] ブラフマサマージ→ ब्रह्म समाज.
ब्राह्मी [名*] (1) ドゥルガー神（दुर्गा） (2) 古代インド文字の一，ブラフミー文字（グプタ文字，ナーガリー文字，デーヴァナーガリー文字の祖形）= ब्राह्मी लिपि.
ब्रिंग फ़ार्वर्ड [名]《E. bring forward》〔簿〕前期からの繰り越し
ब्रिगेड [名]《E. brigade》〔軍〕旅団
ब्रिगेडियर [名]《E. brigadier》〔軍〕陸軍准将；代将；旅団長
ब्रिगेडियर कमांडर [名]《E. brigadier commander》〔軍〕代将；准将
ब्रिज [名]《E. bridge》(1) 橋 (2)〔トラ〕ブリッジ
ब्रिटानिका [名]《E. Britanica》イギリス；英国；連合王国
ब्रिटानिया〔国名〕《E. Britannia》(1) グレートブリテン；ブリタニア；英本国 (2) 英国 लंदन ब्रिटानिया की राजधानी है ロンドンはイギリスの首都
ब्रिटिश[1] [形]《E. British》(1) 英国の；イギリスの；イギリスによる = ब्रिटिश सरकार. 英国政府；イギリス政府 ब्रिटिश विदेश मंत्री 英外相；イギリス外務大臣 ब्रिटिश शासन イギリス統治 ब्रिटिश साम्राज्य पर सूरज छिपता ही नहीं 英帝国は日の没することなし (2) イギリス人の，英国人の सुधा की हिंदी ब्रिटिश अंदाज़ में है スダーの話すヒンディー語はイギリス人風だ ब्रिटिश पर्वतारोहियों का दल イギリス人登山隊
ब्रिटिश[2] [名] イギリス人；英国民
ब्रिटिशकालीन [形] イギリス統治時代の ब्रिटिशकालीन शिक्षा व्यवस्था 英領インドの教育制度
ब्रिटिश सरकार [名*] イギリス政府
ब्रिटेन [名]《E. Britain》英国；イギリス；大英帝国 ब्रिटेन के प्रधान मंत्री विल्सन イギリス首相ウィルソン
ब्रितानी [形]《← E. Britain》イギリスの ब्रितानी पत्र イギリスの新聞 ब्रितानी संरक्षण में イギリスの庇護下に
ब्रीड़ [名] = व्रीडा; ब्रीड़ा. 恥；羞恥
ब्रीड़ा [名*] 恥；羞恥；恥じらい= व्रीडा; लज्जा; शर्म.
ब्रीफ़ [名]《E. brief》(1) 摘要；短い報告や発表 (2)〔服〕ブリーフ
ब्रीफ़केस [名]《E. brief case》ブリーフケース；折りかばん
ब्रीफ़िंग [名*]《E. briefing》要旨説明；簡潔な報告や発表 आप की ब्रीफ़िंग काम आई して下った要旨説明が役立ちました
ब्रीवियर [名]《E. brevier》〔印〕ブレービヤ
ब्रुनेई〔国名〕《E. Brunei》ブルネイ・ダルサラーム国
ब्रुश [名]《E. brush》(1) ブラシ；刷毛 (2) 歯ブラシ दाँत साफ़ करने का ब्रुश 歯を磨くブラシ (3) 絵筆 **ब्रुश क**॰ *a.* 歯を磨く *b.* ブラシをかける
ब्रूहम [名*]《E. brougham》ブルーム型四輪馬車
ब्रेक [名*]《E. brake》ブレーキ ब्रेक लगाकर रोकना ブレーキをかけて止める गाड़ी की ब्रेक 車のブレーキ ब्रेक लगाना ブレーキをかける
ब्रेज़री [名*]《E. brassiere》ブラジャー
ब्रेड [名]《E. bread》パン；食パン= डबल रोटी; पाव रोटी.
ब्रेन अटैक [名]《E. brain attack》〔医〕脳卒中
ब्रेन ट्यूमर [名]《E. brain tumor》〔医〕脳腫瘍
ब्रेन वाशिंग [名]《E. brain washing》洗脳 = दिमागी सफ़ाई.
ब्रेन हैमरेज [名]《E. brain hemorrhage》脳溢血；脳出血
ब्रेल लिपि [名*]《E. Braille ← F. Louis Braille》点字
ब्रेसरी [名*]《E. brassiere》ブラジャー
ब्रेसियर [名*]《E. brassiere》ブラジャー
ब्रैंड [名]《E. brand》ブランド；銘柄= ब्रांड. किसी ख़ास ब्रैंड की चाय 何か特定ブランドの紅茶
ब्रोंकस [名]《E. bronchus》〔解〕気管支 = श्वसनी.
ब्रोंकोस्कोपी [名]《E. bronchoscopy》〔医〕気管支鏡
ब्रोकर [名]《E. broker》(1) ブローカー；仲買人 (2) 株式仲買人
ब्रोमाइड [名]《E. bromide》(1)〔化〕臭化物 (2)〔写〕ブロマイド（印画紙）
ब्लड [名]《E. blood》血液 = ख़ून; रक्त.
ब्लड ग्रूप [名]《E. blood group》血液型 = रुधिर वर्ग.
ब्लड प्रेशर [名]《E. blood pressure》血圧 = रक्तचाप. ब्लड प्रेशर चेक क॰ 血圧を調べる
ब्लड बैंक [名]《E. blood bank》血液銀行= रक्त कोश; ब्लैड बैंक.
ब्लड शुगर [名]《E. blood sugar》血糖 = रुधिर शर्करा. ब्लड शुगर टेस्ट 血糖値検査〈bloodsugar test〉
ब्लाउज [名]《E. blouse》ブラウス= ब्लाउज़. पूरी आस्तीन का ब्लाउज (स्वेटर) 長袖のブラウス（セーター）
ब्लॉक [名]《E. block》(1) 区画；ブロック；住宅区域の単位 डी ब्लॉक Dブロック चौथे ब्लॉक के एक घर के पिछवाड़े 第4ブロックの一軒の家の裏に (2) 阻害；ブロック (3)〔ス〕妨害；ブロック
ब्लाटिंग पैड [名]《E. blotting pad》吸い取り紙 = स्याहीसोखपत्र; ब्लाटिंग पेपर.
ब्लीच [名]《E. bleach》(1) 漂白；さらすこと (2) 漂白剤；さらし粉 ब्लीच क॰ 漂白する；さらす
ब्लीचिंग [名]《E. bleaching》漂白 **ब्लीचिंग क**॰ 漂白する
ब्लीचिंग क्रीम [名]《E. bleaching cream》漂白クリーム
ब्लीचिंग पाउडर [名]《E. bleaching powder》さらし粉；漂白剤
ब्लू प्रिंट [名]《E. blue print》青写真
ब्लू फ़िल्म [名*]《E. blue film》ブルーフィルム
ब्लू ह्वेल [名*]《E. blue whale》〔動〕クジラ科シロナガスクジラ= नीली ह्वेल; नील तिमिंगिल.
ब्लेज़र [名*]《E. blazer》〔服〕ブレザー
ब्लेड [名]《E. blade》（安全かみそりなどの）替え刃
ब्लैंक चेक [名]《E. blank cheque》白地式小切手 (-को) **ब्लैंक चेक दे**॰（ーに）すべてを任せる；(ーの) 自由に任せる；(ーに) 白紙委任する
ब्लैक [名]《← E. black market》闇取引 **ब्लैक में** やみ（闇）で；闇取引で；闇値で टिकटें ब्लैक में बिकने लगीं チケットは闇で売られ出した
ब्लैक आउट [名]《E. blackout》消灯；灯火管制
ब्लैक एण्ड ह्वाइट [形]《E. black and white》(1) 黒と白の (2) 白黒の **ब्लैक एण्ड ह्वाइट टेलीविजन**〈black and white television〉白黒テレビ
ब्लैक बॉक्स [名]《E. black box》ブラックボックス
ब्लैक बैल्ट [名]《E. black belt》〔ス〕（柔道の）黒帯
ब्लैकबोर्ड [名]《E. black board》黒板 = श्यामपट्ट; काला तख़्ता.

ब

ब्लैक मार्केट [名] 《E. black market》闇市 यह ब्लैक मार्केट का माल नहीं これは闇物資ではない
ब्लैकमेल [名] 《E. blackmail》恐喝 ब्लैकमेल क॰ 恐喝する
ब्लैकमेलर [名] 《E. blackmailer》ゆすり（人）；恐喝者
ब्लैडर [名] 《E. bladder》（ゴムの）空気袋 वास्केटबाल के ब्लैडर में हवा भरकर バスケットボールの空気袋に空気を入れて
ब्लोटिंग पेपर [名] 《E. blotting paper》吸取紙 = स्याहीसोख़पत्र.
ब्वॉय [名] 《E. boy》(1) ボーイ；給仕；ウエイター (2) 少年；男の子
ब्वॉयफ्रेंड [名] 《E. boyfriend》ボーイフレンド= ब्वायफ्रेंड.
ब्वॉयलिंग प्वाइंट [名] 《E. boiling point》沸点 = क्वथनांक.

भंग[1] [形・名] (1) ある連続した状態を断つことやそれが断たれること，あるいは，その状態；切断；続いてきたものを終了させることや終了すること；破壊された状態 (-) **भंग क॰** (ーを）破る；砕く；破壊する；断つ (-) **भंग हो॰** (ーが）破られる；砕かれる；破壊される；断たれる प्रकृति में संतुलन को भंग क॰ 自然の均衡を破壊する शांति को भंग करते हुए 平和を破りながら कौमार्य के भंग होने का भय 処女性が破られる恐れ अमिता की आवाज़ से सुशीला की तंद्रा भंग हुई アミターの声でスシーラーのうたた寝が破られた आज लगातार चौथे दिन भी दूरमुद्रक तथा तार संपर्क भंग रहे 今日も連続4日間テレプリンターと電話は切れたままであった (2) 決まり，組織，制度などを破ったり破られた状態にあること；壊れたり壊された状態にあること नियम भंग क॰ 規則を破る (3) 機能や活動が止められたり停止されたりされている状態にあること राष्ट्रपति लोकसभा को भंग कर सकता है 大統領は（インド）下院を解散させることができる
भंग[2] [名*] (1)〔植〕クワ科草本インドタイマ（大麻）【*Cannabis sativa*】 (2) 大麻から製造される麻薬（タイマの葉と小枝とを乾燥させたもの．飲料及び喫煙を介する麻薬のほか麻酔剤にもなる）；バング **भंग के भाड़े में जा॰** 無駄になる **भंग खाना** 頭がおかしくなる；気が狂う；頭の働きが正常でなくなる **भंग चढ़ाना** バングを飲む **भंग तड़कना** バングが効く **भंग पीना** = भंग खाना.
भंगड़ [形・名] 大麻を常習的に摂取する（人）；そのために常軌を逸する（人）；大麻中毒の人
भंगड़ा [名] バングラー・ダンス（パンジャーブ地方で行われる舞踊の一で，太鼓と手拍子のリズムに合わせた動きの激しいダンス）；バングラー踊り= भंगड़ा नृत्य. डिस्को और भंगड़ा का मिला जुला नृत्य ディスコとバングラーのミックスしたダンス इसके बाद बाहर चौराहे पर जमा भीड़ भंगड़े की उमंग में नाचने लगी その後四辻に集まった群衆もバングラーに乗って踊りだした
भंगन [名*] バンギー・カーストの女性→ भंगी
भँगना[1] [自] (1) 壊れる；破壊される (2) 破れる；破られる (3) 圧倒される
भँगना[2] [他] (1) 壊す；破壊する (2) 破る (3) 圧倒する
भंग-बूटी [名*] バング भंग[2] などの麻薬 उसे भंग-बूटी से प्रेम नहीं, जो इस श्रेणी के मनुष्यों में एक असाधारण गुण है この種の人たちにあっては珍しいことなのだがバングなどの麻薬が好きではない एक दल की भंग-बूटी चौधरी के द्वार पर छनती, तो दूसरे दल के चरस-गाँजे के दम भगत के द्वार पर लगते थे 1つのグループの（麻薬の）バングがチョウドリーの家で用意されればもう1つのグループのチャラスやガーンジャーの宴はバガトの家で催されるのであった
भँगरा [名] (1)〔植〕キク科雑草タカサブロウ【*Eclipta prostrata; E. alba*】 (2)〔植〕ヤドリギ科ヤドリギ属【*Viscum album*】
भंगराज [名]〔鳥〕オーチュウ科カザリオウチュウ【*Dicrurus paradiseus*】= भृंगराज.
भंग रेखा [名*] 破線 = खंडित रेखा.
भंगरैया [名] (1) = भँगरा. (2) = भृंगराज.
भंगा [名*] = भाँग. (1)〔植〕クワ科草本アサ；インドタイマ【*Cannabis sativa*】 (2) 同上の葉
भँगार[1] [名] 雨季に水の溜まる低地や窪地
भँगार[2] [名] (1) 草や藁 (2) ごみ；くず（屑）
भंगि [名*] (1) 壊れていること；破砕 (2) 破れていること；破裂 (3) 断たれていること；分断 (4) 曲がっていること；曲折 (5) くねっていること；くねり
भंगिन [名*] バンギー（カースト）の女性 → भंगी[1].

भंगिमा [名*] (1) 姿；姿勢；ポーズ आज की कहानी नयी भंगिमा में उभरकर सामने आई है 今日の短編小説は新しい姿を現してきている (2) 曲がり；折れ曲がり；屈折
भंगी[1] [名] (1) 清掃人 (2) 清掃，特に便所掃除などを主たる生業として来たカーストの人；バンギー・カースト（の男性）
भंगी[2] [形] (1) 壊れる (2) つぶれる (3) 壊す (4) つぶす (5) 折る (6) 折れる
भंगी[3] [名*] = भंगिमा.
भंगी[4] [形] バング（大麻）を飲む；バングを常用する
भंगुर [形] (1) 壊れやすい；割れやすい；脆い भंगुर होने पर भी 割れやすいのではあるが (2) はかない (3) 曲がっている
भंगुरता [名*] ← भंगुर. (1) 壊れやすさ；割れやすさ；脆さ लोहे में कार्बन की मात्रा बढ़ाने से इसकी कठोरता एवं सामर्थ्य में अभिवृद्धि तो होती है लेकिन साथ ही उसकी भंगुरता भी बढ़ती जाती है 鉄に炭素の分量を増すと固さと強さとが増大するが同時に脆さも増す (2) はかなさ (3) 曲がっていること
भंगेड़ी [名] (1) 大麻常用者 (2) 大麻中毒者
भंजक [形] (1) 壊す；つぶす；割る；折る (2) 破壊する (3) 破滅させる
भंजक आसवन [名]〔化〕分解蒸留〈cracking〉
भंजन [名] (1) 壊すこと；つぶすこと；割ること；折ること (2) 破壊すること (3) 破滅させること (4) 石油の分留 **भंजन जीवाणु** 腐敗バクテリア= भंजन बैक्टीरिया.
भँजना [自] (1) 壊れる；つぶれる；割れる；折れる (2) 破壊される (3) 折り曲げられる (4) 曲げられる (5) 振り回される (6) 小銭になる；壊れる（小額の通貨に）
भँजाई [名*] ← भाँजना. (1) 両替 (2) 両替手数料 (3) 折りたたみ
भँजाना [他・使] ← भाँजना.
भँटकटैया [名*] = भटकटैया.
भंटा [名]〔植〕ナス科野菜ナス；ナスビ= बैंगन.
भंड[1] [形] (1) 下品な言葉をよく使う (2) 言葉遣いの下卑た (3) 似非の；偽の；いんちきな
भंड[2] [名] = भाँड़.
भंडन [名] (1) 打撃；危害 (2) 損害
भंडना [他] (1) 打撃を与える；危害を及ぼす (2) 損害を与える (3) 打ち砕く
भँड़भाड़ [名]〔植〕ケシ科一年草アザミゲシ【*Argemone mexicana*】= पीला धतूरा.
भँडरिया[1] [名*]（壁面をへこませた）物入れの棚；小さな押し入れ= छोटी आलमारी.
भँडरिया[2] [名] = भंडेरिया; भड्डर.
भँडरिया[3] [形] 狡猾な；いんちきな
भंडसाल [名*] 穀物倉庫
भंडा [名] (1) 容器；器 (2) 蔵；倉；庫 (3) 秘密 **(-का) भंडा फूटना** (ーが) 暴かれる；暴露される अन्यथा उन्हें पहले के चार पंडितों का भंडा फूटने का भय था さもなくば最初の 4 人のパンディットの秘密が暴かれる心配があった **(-का) भंडा फोड़ना** (ーを) 暴く；暴露する
भंडाकी [名*]〔植〕ナス科野菜ナス；ナスビ；茄；茄子= भंटा; बैंगन.
भँडाना [他] (1) 騒ぐ；騒ぎ立てる (2) 壊す；つぶす
भंडाफोड़ [名] 暴露；秘密を暴くこと **(-का) भंडाफोड़ क॰** (ーを) 暴露する चमत्कारों का भंडाफोड़ करने के लिए 奇跡の秘密を暴くために **(-का) भंडाफोड़ हो॰** (ーが) 暴かれる；暴露される= (-का) भंडा फूटना; (-का) पर्दाफाश हो॰; (-का) भेद खुलना; कलई खुलना.
भंडार [名] (1) 資源 पृथ्वी पर धातुओं के भंडार सीमित हैं 地球の鉱物資源は有限である तेल का भंडार 石油資源 (2) 貯蔵 दो या दो से अधिक देशों में परमाणु शस्त्रास्त्रों के निर्माण और उनका भंडार बढ़ाने की होड़ या मुकाबला 2 か国以上の国々の間で原子兵器の製造とその貯蔵の競争 (3) 貯蔵所；埋蔵地 चाँदी के बड़े-बड़े भंडार मेक्सिको तथा पीरू में पाए जाते हैं 銀の大きな埋蔵地はメキシコとペルーにある ताँबे के नये भंडार 新発見の銅の埋蔵地 (4) 庫；倉庫；蔵；宝庫 ये धाम प्रकृति की सुंदरता के भंडार हैं これらの聖地は自然美の宝庫である (5) 穀物置き場；穀物倉庫 (6) 台所用品及び食料品の置き場や建物 (7) 物産館 (8) 組合 सहकारी उपभोक्ता भंडार 消費者協同組合
भंडारगृह [名] 倉庫；貯蔵庫；物置
भंडारण [名] 貯蔵 भंडारण की सुविधाएँ 貯蔵の施設；貯蔵設備
भंडारा [名] (1)〔ヒ〕サードゥ（ヒンドゥー教行者）たちに食事を振る舞うこと= भंडारा क॰, भंडारा दे॰. (2) 身分に関係なくすべての人に食事を振る舞うこと (3) 腹；腹部= पेट. (4) 頭；頭蓋 **भंडारा खुलना** *a.* 頭が割れる *b.* 腹が裂ける *c.* 死ぬ **भंडारा खोलना** *a.* 頭を割る *b.* 腹を裂く *c.* 殺す **भंडारा दे॰** = भंडारा क॰.
भंडारित [形] 貯蔵された；蓄えられた तुरंत उपयोग न हो सकने वाली मात्रा को भंडारित करके ख़राब होने से कुछ महीनों तक बचाया जा सके 直ちに使用されない分を貯蔵して数か月間傷むのを防ぐことができるように
भंडारी [名] (1) 倉庫の管理（責任）者；倉庫番 (2) 料理人 (3) 食料管理人（例えば，軍や城内の厨房長や料理長） (4) 出納係；出納長；会計係
भंडिर [名]〔植〕マメ科高木ビルマネム【*Albizzia lebbek*】= सिरसा; शिरीष.
भंडेरिया [名] 占い師= भँडरिया; भड्डर.
भंडेहर [名*] (1) 小さな土器 (2) 小さな土器を高く積み重ねたもの
भंडेहरी [名*] バーンド（भाँड）の仕事や職
भँड़ैती [名*] バーンド（भाँड）の仕事や職
भँड़ौआ [名] (1) バーンド（भाँड）の歌う歌 (2) 低俗下品な歌や詩
भंते [代]〔古〕敬意をこめた二人称の呼びかけの言葉（パーリ語 भदन्त の呼格形）
भंभ [名] (1) 竈の炊き口= चूल्हे का मुँह. (2) 煙
भँभरना [自] 怯える；ひるむ= डरना.
भंभा [名] (1) 穴；隙間 (2) 裂け目；割れ目= बिल; छेद.
भंभाका [名] (1) 大きな穴 (2) 大きな裂け目
भँभाना [自] 牛や水牛が鳴く= रँभाना.
भँभीरी [名*] (1)〔昆〕トンボ（蜻蛉）= जुलाहा. **उड़ भंभीरी, सावन आया**〔諺〕「飛べ飛べトンボ，サーワン月がやってきた」（機会を逃すな；好機を活かせ） (2) かざぐるま（風車）= फिरकी.
भँभूरा [名] 竜巻；旋風；つむじ風= बगूला; चक्रवात.
भँभोड़ [名] 引っかくこと；爪を立てること **भँभोड़ खाना** 引っかく；爪を立てる अनूप चीखता और शीला के हाथ में भँभोड़ खाता アヌープは大声を上げシーラーの手を引っかく
भंभोड़ना [他] 引っかく；爪を立てる
भँवर [名] (1) 回転；ぐるぐる回ること (2) 渦；渦巻き（迷路，危難，苦難などの比喩的な意にも用いられる） तब आपकी डगमग करती जीवन-नौका भँवर से बाहर निकल आएगी すると揺れ動いているあなたの人生の小船は渦巻きを脱するでしょう (3) 穴；窪地 (4)〔昆〕ハナバチ；マルハナバチ= भौंरा. **भँवर की नाव** ぐるぐる回るばかりでその場や境遇から逃れられない人 **(-) भँवर में डालना** （ーを）巻き込む **भँवर में नाव पड़ना** 危険な状態におちいる；苦境や危難におちいる
भँवरा [名] = भौंरा. नाचे भँवरे कलियाँ झूमीं マルハナバチが踊り蕾が揺れた
भइया [名] (1) 兄弟 (2) 兄弟や同輩に対する呼びかけの言葉
भईं [自]《Br.》 भई[2] の複数形= हुईं.
भई[1] [感] (1) 同輩に対して用いられる呼びかけの言葉；おい，あの（ね），ようなど भई मैं कुछ नहीं जानता 僕は何も知らないんだ（よ） (2) 自分の気持ちや判断などを相手に強く訴えかけようとする言葉；（…）よ，（…）だなど भई, नौकरी ही ऐसी है あのね，仕事そのものがこんなものなのさ भई, क्या करें, तुमने इतनी स्वादिष्ट सब्ज़ी बनाई कि उसपर से हाथ उठ ही नहीं पाया あのね，困ったことに君があんまりおいしいおかずをこしらえたものだから手を止められなくなったんだ
भई[2] [自]《Br.》「なる」の意の女性単数過去形= हुई.
भक [名*] 火がにわかに燃え立つ音，ぱっ，ばっ，ぼっなど **भक से** 突然に；ぱっと；ばっと；ぼっと
भकभकाना [自] ぱっ，ばっ，ぼっなどと音を立てて火が燃え立つ
भकभूर [形] = भकभूरि. (1) 愚かな (2) 強情な
भकराँध [名*] 穀物の腐った臭い
भकराँधा [形+]（食物が）腐敗した；腐敗した臭いのする
भकसना [自]（食物が）腐敗して臭う
भकसाना [自・他] (1) 腐って臭う (2) 腐らせて臭わせる
भकुआ [形・名] (1) 愚かな；愚昧な（人） (2) 気が動転した；頭の働きが狂った（人）

भकुआना [自] 驚く；たまげる；茫然とする मोहन कुछ समझ न सका और मेरी ओर भकुआकर देखने लगा モーハンは何も理解できず茫然として私のほうを見始めた

भकुवा [形・名] = भकुआ. अब्बा जान ने ज़िंदगी भर ऐश किया, ऐसा ऐश किया कि क्या कोई भकुवा करेगा 父は生涯贅沢三昧をしたがそれはどんな阿呆もしないようなものだった

भकोली [名*]〔植〕マメ科マルバシタン= बिथुआ.

भकोसना [他] (1) 食物をよく噛まずに飲み込む；詰め込むようにして食べる；かき込む (2) 蕩尽する

भकोसू [形] (1) 大食の；大食いの (2) 蕩尽する

भक्त[1] [形] (1) 分けられた；分割された (2) 分配された；配分された (3) 一方や一派に与した (4) 強く何かを信じる；信奉する पूरी तरह से (-का) भक्त हो॰ (ーに) 傾倒する

भक्त[2] [名] (1) 信奉する人；信奉者；信者 वे कृष्ण के बड़े भक्त थे クリシュナ神の熱烈な信者だった तुम भी बुराई के भक्त बन जाओगे お前も悪の信奉者になるだろう चोल देश के राजा को अपने विष्णु भक्त होने और अपने धन का बहुत अहंकार था チョーラ朝の国王はヴィシュヌ神の信奉者であることと自分の富が大層ご自慢であった बजरंगबली का भक्त ハヌマーン神の信徒 (-का) अनन्य भक्त बनना (ーを) 絶対的に信奉する पूँजीवाद का अनन्य भक्त 資本主義の全幅の信奉者 (2) (バクティ，すなわち，神への熱烈な信愛や信仰を捧げる) バクティの信奉者；バクト (バクタ) भक्त कवियों की कविताएँ バクトであった詩人たちの詩

भक्तजन [名] バクティの信徒；バクティを抱く人；バクトたち

भक्तमंडली [名*] 信愛の徒の集団；バクトたちの集まり；信徒たち

भक्त-वत्सल[1] [形]〔ヒ〕(神が) 信徒を愛おしむ；信徒に優しい；信徒に愛情を注ぐ

भक्त-वत्सल[2] [名] ヴィシュヌ神の別名の一

भक्ति [名*] (1) 分割；分配；分かち合うこと (2) 部分；断片 (3)〔ヒ〕神への熱烈な信仰心；信心；信愛；バクティ；神への敬虔な気持ち ईश्वर की भक्ति को अधिक महत्त्व दिया जाने लगा 神への信愛が一層重要視されるようになった (4) 傾倒；熱愛；渇仰

भक्तिन [名*]〔ヒ〕(1) 熱心な (女性) 信徒 (2) (女性) バクト भक्त[2] (2)

भक्तिभाजन [名] アイドル

भक्तिभाव [名] (1) 敬虔な気持ち भक्तिभाव से डुबकी लगाने के लिए 敬虔な気持ちで水に潜るために (2) 信愛の気持ち

भक्तिमय [形] (1) 敬虔な उसने भक्तिमय कृतज्ञता के भाव से देखकर कहा 敬虔な感謝の念をこめて見て語った (2) 信愛の念に満ちた；バクティに満ちた

भक्तिमार्ग [名]〔ヒ〕解脱を得る3つの方法の1つとしての信愛道 (神への熱烈な信仰によって解脱を得るとする)

भक्तियोग [名]〔ヒ〕バクティによる解脱の達成

भक्तिरस [名]〔イ文芸〕神への熱烈な信愛とされるバクティ भक्ति に基づく第9番目のラサであるバクティラサ (一部の人はバクティをラサの最高のものとする) → रस.

भक्ति-साधना [名*]〔ヒ〕信愛の道に精励すること

भक्षक [形] 食べる；食する (造語要素として用いられるのが普通) मांसभक्षक 肉食の；肉食する

भक्षण [名] 食べること；食すること

भक्षणीय [形] 食べられる；食用の

भक्षित [形] 食べられた；食われた

-भक्षी [造語] (ーを) 食べる，食するなどの意を有する合成語の構成要素 मांसभक्षी 肉食の

भक्ष्य [形] 食べられる；食べることのできる

भगंदर [名]〔医〕痔瘻

भग[1] [名] (1) 太陽 (2) 分け前 (3) 幸福 (4) 希求 (5) 幸運 (6) 解脱

भग[2] [名*] 女性性器；女陰= योनि.

भगण [名]〔韻〕バガナ (3音節を単位 वर्ण गण とする音節韻律の8種の詩脚分類の一で，長・短・長の順になる. ऽ । ।と記される)

भगत [形・名] 信愛 (→ भक्ति). を抱く = भक्त；熱烈に信奉する(人)；信徒；信者；信心深い人 भगवान भगत के वश में होते आये 神は信徒の思いのままになってきておられる भगत बनना 善人ぶる

भगतन [形*・名*] ←भगत. 信愛を抱く；熱烈に信仰する；信心深い भगतन वेश्या 信仰心の篤い娼婦

भगतिन [形*・名*] = भगतन.

भगतिया [名] バガティヤー (ラージャスターン地方の音楽や踊りの芸能を主たる生業としてきたカーストの一)

भगदड़ [名*] (1) 大勢が押し寄せること；群衆の殺到；大混乱 सिनेमा घर के बाहर भगदड़ में 4 मरे 映画館の外の混乱で4人死亡 (2) 背走；総崩れ राक्षसों की सेना में भगदड़ मच गई 鬼の軍勢に総崩れが起こった

भगनासा [名*]〔解〕陰核；クリトリス= भगशेफ.

भगर [名] 腐った穀物

भगरना [自] (穀物倉で) 穀物が腐る

भगल [名] (1) ごまかし；いんちき；だまし (騙し) (2) 見せかけ (3) 魔術 भगल गाँठना いんちきをする；いかさまをする भगल मचाना 真似事をする

भगलबाज़ [名]《H.+ P. باز》詐欺師

भगलिया [名] (1) いかさま師；ぺてん師 (2) 偽善者 (3) 魔術師

भगली [名] = भगलिया.

भगवत्[1] [形] (1) 幸運を持つ；幸運な (2) 尊敬すべき；尊崇すべき

भगवत्[2] [名] (1) 神；最高神 (2) ヴィシュヌ神 (3) シヴァ神 (4) 仏陀 (5)〔ジャ〕ジナ (जिन) (6) 高貴な人や身分や地位の高い人，あるいは，権力者に対する敬称

भगवती [名*] (1) ドゥルガー神 (दुर्गा) (2) サラスヴァティー神 (सरस्वती) (3) ラクシュミー神 (लक्ष्मी)

भगवदीय [形] (1) 神を信奉する (2) 神の

भगवद्गीता [名*]〔ヒ〕バガヴァッド・ギーター (叙事詩マハーバーラタに含まれる哲理を説く詩篇として今日もヒンドゥー教の聖典の一部として尊重される．略してギーターとも呼ばれる) = श्रीमद् भगवद्गीता.

भगवद्भक्त [名] (1) バクティ (信愛) を抱く人；信徒；信愛を持つ人 (2) ヴィシュヌ神の信徒

भगवद्भजन [名]〔ヒ〕神を称える歌を歌うこと；賛歌を詠唱すること भगवद्भजन से जो समय बचता 祈りを捧げた後残る時間

भगवद्विग्रह [名] 神像；御神体

भगवन् [名]《Skt.》サンスクリットの भगवत् の単数呼格形 (sg.,voc.) がヒンディー語にそのまま用いられたもの．神様，神よなど． दया करो हे भगवन् 神よ哀れみを垂れ給え मैं यह भी नहीं जानता, भगवन् このことも手前は存じておりません

भगवा[1] [名] 代赭色；黄褐色；サフラン色；赤褐色

भगवा[2] [形+] サフラン色の；黄褐色の भगवे रंग का मराठा झंडा サフラン色のマラーター族の旗 भगवा वस्त्र 修行者，行者，出家者などの着る黄褐色の衣；僧衣；袈裟

भगवा[3] [名] (1) 代赭石；紅土 (2) ヒンドゥー教などの出家者，行者，修行者，世捨て人などのまとう代赭色に染めた衣 भगवा पहनना *a.* 隠遁する *b.* 引退する

भगवा[4] [名] 行者，修行者，世捨て人などの着用する衣；袈裟；僧衣 भगवे में न्येरेरे 出家したニエレレ氏 (引退のニエレレ氏)

भगवा ध्वज [名] 代赭色の旗；ベンガラ色の旗；サフラン色の旗；紅土，もしくは，代赭石の色 (ヒンドゥーなどの出家者の着用する袈裟の色) に染めた旗 (ヒンドゥー教を象徴する旗として用いられる)

भगवान[1] [名] (1) 神；最高神 सब भगवान का धन्यवाद कर रहे थे 皆が神様に感謝していた हे भगवान, मैं क्योंकर इस कमरे में रहने की भूल कर बैठा? 神様，私はどうしてこの部屋に留まるという間違いを犯したのでございましょうか (2) ヴィシュヌ神 (3) シヴァ神 (4) 仏陀 (5)〔ジャ〕ジナ (जिन) भगवान महावीर 大聖マハーヴィーラ भगवान का चरण छूकर 神かけて；神に誓って भगवान का चरण छूकर कह सकती हूँ 私は神に誓って申すことができます भगवान का दिया 神が与えたもの；神から授かったもの भगवान का दिया तेरे पास बहुत है 君は神様から頂いたものを沢山持っている भगवान के घर जा॰ 死ぬ；息を引き取る；神に召される भगवान के भरोसे 運を天に任せて नहीं तो गाँवों के लोग भगवान के भरोसे ही दिन काटते हैं さもなくば村人たちは運を天に任せて日々を過ごしている भगवान के यहाँ जा॰ = भगवान के घर जा॰. भगवान के लिए 後生だから；お願いだから भगवान को प्यारा हो॰ 天に召される भगवान जाने どういう訳かわからない；一体全体どういう訳なのか知らないが कल रात भगवान जाने कहाँ से लाकर मेरी चारपाई में खटमल छोड़ दिये 昨夜一体全体神様はどこから南京虫を私のベッ

ドに運んでこられたのやら **भगवान ने चाहा तो** 神のご加護があれば；運が良ければ；幸運に恵まれれば भगवान ने चाहा तो मैं अपने लक्ष्य में सफल होकर रहूँगा 神のご加護があれば目標を絶対達成してみせる **भगवान भी न पूछना** 死も訪れない；お迎えも来ない

भगवान[2]［形］(1) 幸運な (2) 尊敬すべき

भगशेफ［名］〔解〕陰核；クリトリス

भगांकुर［名］〔医〕痔核

भगाई［名*］(1) = भागना. (2) = भगदड़.

भगाना［他］(1) 追う；追いかける (2) 追い払う दो चार गुंडे बुलाकर भगा क्यों नहीं देते? ならず者を2〜3人呼んで来て追い払わせればよいのに उनका पीछा करके उन्हें भगा देते थे いつも連中を追いかけて追い払っていた उसने मुझे निर्दयता से भगा दिया あの人は私を無慈悲に追い払った (3) 誘拐する；さらう；拐かす ढाई महीने पहले उस ग्राम से भगाई गई 10 साल की आदिवासी लड़की 2か月半前にその村からさらわれた10歳の部族民少女 तुममें सचमुच मर्दानगी है तो जाकर किसी की लड़की भगाओ お前が本当の男ならだれかの娘をさらってこい स्त्रियों के स्वयं भागने या भगा ले जाने तथा भूमि, आवास संबंधी समस्याओं से जुड़े कई दंगे फ़साद होते रहते हैं 女性が失踪したり女性を拐かしたり土地や住居を巡る問題に関連した騒動や暴動が頻繁に起こる (4) 退ける；排除する；取り除く；払う；払いのける；祓う चित्रकला दिमाग़ को साफ़ करती है और आशंकाओं को दूर भगाती है 美術は頭の中をすっきりさせるし不安を払いのけてくれる ओझा ने व्यापारी के शरीर से भूत भगाने के लिए दो महिलाओं की सहायता से उसका सिर हिलाया 祈祷師は商人の体から憑き物を祓うために2人の女性の助けを借りて男の頭を振り動かした (5) 遁走させる

भगाल［名］頭蓋= खोपड़ी.

भगाली[1]［形］(1) 頭蓋の (2) 頭蓋骨を身につける；されこうべを身にまとう.

भगाली[2]［名］シヴァ神

भगिनी［名*］(1) 姉妹= बहन; बहिन. (2) シスター；修道女 भगिनी निवेदिता シスター・ニヴェーディター

भगीरथ［名］〔イ神〕バギーラタ王（アヨーディヤーの王．激しい苦行により天上界からガンジス川の地上への降下をもたらしたとされる） **भगीरथ प्रयत्न** バギーラタ王の行ったような努力，すなわち，猛烈な努力；超人的な努力

भगीरथ सुता［名*］バギーラタの娘ガンガー，すなわち，ガンジス川

भगेलू［形］(1) 逃亡する (2) 卑怯な；臆病な

भगोड़ा［形⁺・名］(1) 逃亡中の；逃亡者；身を隠している भगोड़ों का पीछा करना 逃亡（中の容疑）者の追跡 (2) 脱走した；脱走犯；脱獄した भगोड़ा अपराधी 脱獄犯 (3) 軍（隊）から脱走した；脱走兵 भगोड़े सैनिकों के खिलाफ़ चल रहे कोर्ट मार्शल पर कोई असर नहीं पड़ेगा 進行中の脱走兵に対する軍法会議には何の影響もあるまい

भगोना［名］鍋= भगौना. हैंदलवाला भगोना 片手鍋

भगोष्ठ［名］〔解〕陰唇 वृहत् भगोष्ठ 大陰唇 लघु भगोष्ठ 小陰唇

भगौना［名］鍋類の調理器具 स्टील के भगौने スチールの鍋 कलई किए हुए पीतल के भगौने メッキした真鍮鍋

भग्गी［名*］= भगदड़. भग्गी पड़ना = भगदड़ मचना.

भग्गू［形］(1) 逃げ腰の；逃げ出す；弱虫の (2) 臆病な；肝の小さい；度胸のない

भग्न［形］(1) 壊れた；砕かれた；つぶれた (2) 敗れた；負けた

भग्नचित्त［形］(1) 士気を失った (2) 失望した；がっかりした；落胆した

भग्नमना［形］= भग्नचित्त.

भग्नमनोरथ［形］(1) 野望を挫かれた；挫折した (2) 失望した；当てがはずれた

भग्नमान［形］侮辱された；辱められた

भग्नहृदय［形］(1) 失望した；落胆した मैं भग्नहृदय लेकर लौटी 失望して戻った (2) 失恋した

भग्नावशेष［名］遺跡；廃墟 इस महान विश्वविद्यालय के भग्नावशेष この壮大な大学の遺跡

भचकना［自］茫然とする；茫然となる；呆気にとられる= भौचक्का हो॰.

भजन［名］(1)〔ヒ〕神を念じその行いを詠唱すること；バジャン；祈祷；礼拝 भगवान विष्णु का भजन करते ヴィシュヌ神のバジャンを行う (2) バジャンの歌（詞）；バジャン **भजन-कीर्तन** ヒンドゥー教で信者たちが集い神の賛歌を唱えること；バジャン शाम के समय यहाँ कभी-कभी भजन-कीर्तन भी होता है 夕方ここではしばしばバジャンも行われる

भजना[1]［他］(1)（ーに）仕える；奉仕する (2)（ーに）すがる；頼る (3) 神と神の行いを語り思念する (4) 名号を唱える；唱名する

भजना[2]［自］(1) 逃げる；逃げ出す；逃亡する (2) 到着する；至る

भजनी［名］(1) 常にバジャンを行う人 (2) バジニーク（भजनीक）

भजनीक［名］バジニーク（バジャンを職業的に詠唱し説法する人）

भजनीय［形］(1) 拝むべき；崇拝すべき (2) 帰依すべき

भजाना[1]［他・使］← भजना[1].

भजाना[2]［他］(1) 追う；追い払う (2) 排除する = भगाना.

भजाना[3]［自］= भजना[2].

भजिया［名］パーボイル米（籾のまま半茹でにして保存された米）→ भुँजिया; भुजिया; सेला.

भट[1]［名］(1) 戦士；兵士 (2) 力士

भट[2]［名］《Np.》〔植〕マメ科ダイズ（大豆）= सोयाबीन. → भटमास.

भटई［名*］(1) バート（भाट）の職 (2) お世辞；へつらい（諂い）；おもねり **भटई क॰** お世辞をいう；へつらう（諂う）；おもねる

भटकटैया［名*］〔植〕ナス科草本ギンナンナスビ；ニシキハリナスビ（その実が薬用）【*Solanum surattense; S. xanthocarpum*】= कंटकारि; कटैया.

भटकन［名*］(1) 当て所なく歩き回ること；道に迷って歩くこと；さまようこと；彷徨；ほっつき歩くこと मेरी यह भटकन कब खत्म हो わが彷徨はいつ終わることやら (2) 間違った方向に進むこと；迷い (3) 心の定まらないこと क्या इस भटकन में वह पार्टी कुछ रास्ता ढूँढ पाएगी? あの党はこのさまよいの中から何か道を見つけだすことができるだろうか उसकी सारी भटकन समाप्त हो गई है あの人の迷いはすっかりなくなっている

भटकना［自］(1) さまよう；うろつく；当て所もなく歩く；歩き回る；ほっつき歩く；徘徊する；ぶらぶらする लोभी बनके भटक रहा रात दिन तू इधर उधर 欲に駆られて夜も昼もあちらこちらとさまよい続けた आदिम मानव किस तरह भोजन की खोज में जंगलों में इधर-उधर भटकता था 原始人はどのように食べ物を求めて森を歩き回っていたのか अतः सत्य की खोज में इधर-उधर भटकने लगे そこで真実を求めて歩き回り始めた जिसकी तलाश में वह बचपन से आज तक भटकता रहा था 子供の時から今日までたずね回って探していたもの (2) 方向を間違える；迷う；道に迷う हिरन का पीछा करते हुए वे अपना रास्ता भटक गए 鹿を追いかけているうちに道に迷ってしまった पर मैं जाने कहाँ भटकी थी कि कुछ भी नहीं बता पाई 一体どこに迷い込んだのか何も言えなかった भटकती भटकती एक आश्रम में जा पहुँची さまよい歩いているうちにとある修道場にやって来た (3) 落ち着かない；安定しない；迷う；ふらつく दिल भटकना 心が迷う= चित्त में स्थिरता न हो॰. शायद उसकी भटकी हुई बुद्धि में कुछ बैठ जाए ふらふら落ち着きのない頭に何かが定着すれば मेरी आँखें तो इधर उधर मंगला की खोज में भटक रही थीं 目はあちこちとマンガラーを探し求めて落ち着きがなかった किसी को भी बेकार भटकना ठीक नहीं लगा 何の用もなくぶらぶらするのはだれの気にも入らなかった (4) 魂が救いや解脱が得られずに迷う ऐसा न करने पर मृत आत्मा इस लोक में ही भटकती फिरती है そうしないと死者の霊はこの世に留まり迷い続ける मनुष्य जब तक काम, क्रोध और लोभ आदि छः शत्रुओं को नहीं जीतता तब तक वह संसार में भटकता रहता है 人は愛欲，怒り，貪欲などの6種の敵に勝つまではこの世をさまようものである उनसे कहना कि अगर उन्हें कुछ हो गया तो मेरी आत्मा सदा भटकती फिरेगी あの人に何かが起これば私の魂はいつまでもさまようだろうと伝えておくれ

भटका［名］(1) うろつき回ること (2) ぐるぐる回ること **भटका खाना** 当て所なく歩き回る

भटकाना［他］↔ भटकना. 誤った道へ行かせたり間違った方角へ歩き回らせる；迷わす；惑わす धर्म पर आधारित सोच या धर्म से उपजा पूर्वाग्रह या पक्षपात हमें केवल भटकाएगा और सत्य जानने से रोकेगा 宗教に基づいた思考，すなわち，宗教から生じた先入観や偏向は我々をただ迷わすばかりでなく真理を知るのを妨げることになる

भ

भटकाव [名] (1) 道や進路がわからなくなること；迷い；迷うこと ऐसा निर्णय ही मनुष्य को भटकाव तथा दुखों से बचाकर उसे मंज़िल तक पहुँचाने में सहायक होता है このような決断こそが人を迷いや苦しみから救い出して目的地まで届けてくれるのに役立つ प्रगतिवादी चिंतन : दिशा और भटकाव 進歩主義思想 ― その方向と迷い (2) 混迷；混乱 रंगभेदविरोधी आंदोलन के भटकाव का सबूत 人種差別反対運動の混迷の証拠

भटकैया [名] (1) 迷っている人 (2) 迷わす人

भटतीतर [名] (1) **कुहार भटतीतर** 〔鳥〕サケイ科チャバラサケイ【*Pterocles exustus*】 (2) **गुटू भटतीतर** 〔鳥〕サケイ科セネガルサケイ【*Pterocles senegallus*】

भटधर्मा [形] 真の強者である

भटबन [名]〔鳥〕サケイ科サザナミサケイ【*Pterocles indicus*】

भटमास [名*] 《Np.》〔植〕マメ科ダイズ（大豆）＝सोयाबीन.

भटियारख़ाना [名] 《H. + P. خانه》 (1) 旅宿；宿屋；旅館；旅籠；隊商宿 (2) 騒々しい場所 **भटियारख़ाना मचा रखना** 争う；喧嘩をする

भटियारा [名] バティヤーラー（隊商の宿泊所・旅宿・旅館の主人）；旅籠の主人；隊商宿の主人＝ भठियारा.

भटियारिन [名*] (1) 女性の旅館主；旅籠の女主人；隊商宿の女主人； (2) バティヤーラー，旅館主や旅籠の主人などの妻

भटियारी [名*] バティヤーラーの妻；バティヤーリー

भटियाल [副] 下流に向かって；流れに沿って＝ धार की ओर.

भटू [名*] (1) 女性に対する丁寧な呼びかけの言葉 (2) 女性にとっての女性の友人＝ सखी; सहेली.

भटूरा [名]〔料〕バトゥーラー（小麦粉を水でこね油で揚げたもの．ヒヨコマメの煮たもの छोला と一緒に食べることが多い）→ भठूरा.

भटोला [名] バート（भाट）に賜与された土地

भट्ट [名] (1) バット（バラモンのサブカースト集団名の一） (2) バート（भाट） (3) 勇者；戦士；強者 (4) 教養・学識のあるバラモンに対する呼びかけの言葉

भट्टा [名] 煉瓦を焼く窯→ भट्ठा.

भट्टाचार्य [名] (1) 哲学者 (2) 学匠 (3) バッターチャーリヤ（ベンガル地方のバラモンのサブカースト集団名の一）

भट्टार [名] (1) 尊敬すべき人 (2) 敬称として用いられる言葉

भट्टारक[1] [名] (1) 敬称や尊称として用いられる言葉 (2) 学問あるブラーフマン＝ पंडित. (3) 苦行者

भट्टारक[2] [形] 尊敬すべき；尊い

भट्टारिका [名*] 女性に対する敬称や尊称

भट्टि 〔人名・イ文芸〕バッティ，6〜7 世紀のサンスクリット詩人（バッティカーヴィヤ भट्टिकाव्य, 別名 रावणवध という美文体詩の作品が有名）

भट्टोजि 〔人名・言〕バットージ（パーニニ पाणिनि の文法の注釈書 सिद्धांत कौमुदी の著者）＝ भट्टोजी.

भट्ठा [名] 土器や煉瓦などを焼く窯 मिट्टी के बरतन भट्ठे या आँवे में पकाये जाने लगे 土器が窯で焼かれるようになった

भट्ठी [名*] (1) 暖をとったり熱を加えたりする炉 इसे सर्दी हो गई है, रात भर भट्ठी की तरह तपता रहा है この人は風邪を引いているんだ．夜通し炉のように高熱を出している (2) 熔鉱炉などの炉 परमाणु भट्ठी 原子炉 (3) 蒸留酒製造所＝ शराब की भट्ठी. (4) 洗濯用のボイラー भट्ठी का धुला हुआ पाजामा 洗濯用ボイラーで洗ったパージャーマー (5) 染色用ボイラー रँगरेज़ की भट्ठी 染物屋のボイラー **भट्ठी चढ़ाना** 洗濯物を湯に漬ける **भट्ठी दहकना** 好景気の；景気の良い；好調な **भट्ठी धधकना** 激しい空腹感を覚える **भट्ठी में झोंकना** *a.* 苦しく辛い目に遭わせる *b.* 台無しにする **भट्ठी में फेंकना** ＝ भट्ठी में झोंकना. **भट्ठी में भून डालना** ＝ भट्ठी में झोंकना.

भट्ठीदार [名] 《H. + P. دار》 蒸留酒製造業者；造り酒屋

भठना [他] 穴に物を投げ込む；砂や土で穴をふさぐ；物をつめこんで管などを詰まらせたりふさいだりする

भठियाना [自] 潮が引く＝ भाटा आ॰.

भठियारख़ाना [名] ＝ भटियारख़ाना.

भठियारा [名] ＝ भटियारा.

भठियारी [名*] (1) バティヤーラーの妻 (2) 喧嘩早い女＝ भटियारिन.

भठियाल [名] 干潮；引き潮＝ भाटा.

भठुली [名*] 真鍮細工師の用いる炉

भठूरा [名] ＝ भटूरा 〔料〕バトゥーラー **भठूरे-छोले** 〔料〕バトゥーレー・チョーレー（バトゥーラーとヒヨコマメの煮た物を一緒に食べる料理）

भडंग [名] 虚飾；見せかけ；見せかけだけのもの

भडंबा [名] (1) 虚飾；見せかけ (2) 大げさなことや大げさな騒ぎ

भड़[1] [名] 物の落下する音．どん，どすんなどの音

भड़[2] [名*] 《← E. barge》はしけ

भड़[3] [名] 勇者；強者

भड़क [名*] ← भड़कना. (1) けばけばしさ；派手さ (2) きらびやかなこと；人目を引くこと (3) 閃光 (4) 噴出 (5) 爆発

भड़कदार [形] 《H. + P. دار》 きらきらした；きらびやかな；ぎらぎらした

भड़कना [自] (1) 激しく燃える；燃え上がる；燃えさかる；燃え立つ；火を噴く कूका सम्प्रदाय का आंदोलन घटने की बजाय और भी अधिक भड़क उठा クーカー派の運動は低調になるどころか一層激しく燃えさかった पेट्रोल-जैसा भड़क उठा ガソリンのようなものが燃え上がった मेरे सीने में एक बंद ज्वालामुखी है जो कभी नहीं भड़केगा 私の胸の内には決して火を噴くことのない口を閉ざした火山がある उनके हृदय के भीतर गोरों के विरुद्ध असंतोष की चिनगारियाँ भड़क उठीं 胸の内には白人たちに対する憤懣の火花が吹き出した (2) 感情が燃え上がる；激しく高まる；いきり立つ；興奮する；かっとなる；燃え立つ；怒り狂う；激昂する अरे भाई, आप तो एकदम से भड़क गये どうなさったのですか突然興奮なさったりして आप पहले निजी प्रैक्टिस करने के नाम से ही भड़क उठते थे 以前は開業と聞いただけでかっとなっておられた राजा का क्रोध भड़क उठा 王の怒りは激しく燃え上がった (3) 激しくなる；激化する साम्प्रदायिक तनाव भड़के コミュニティー間の緊張が激化 बारामूला में फिर हिंसा भड़की バーラームーラーで再び暴力行為が激化 (4)（市況が）急騰する；急上昇する (5) 動物が怯える；怯えて暴れる घोड़ा भड़क उठा 馬が怯えて暴れた बादलों की गड़गड़ाहट सुन हाथी भड़क उठा 雷鳴を聞いて象が暴れ出した (6) ひるむ；怯える

भड़काना [他] (1) 火をつける；火を燃やす；火をかき立てる (2) かき立てる；激化させる；煽る；扇動する उस आंदोलन को भड़काने में कम वेतन, अपर्याप्त सुविधाएँ आदि ही प्रमुख कारण बनीं 低賃金や不十分な待遇などがその運動を激化させる主たる原因となった साम्प्रदायिकता की आग भड़काने वाले कुछ लोग コミュナリズムの火をかき立てる一部の人たち विद्रोह भड़काना 反乱を煽る दंगा भड़काकर 暴動を煽って चुनाव के पहले लोगों को मेरे ख़िलाफ़ भड़काने की साजिश है यह これは選挙前に人々を私に反対させようと煽動する陰謀だ (3) そそのかす；けしかける；教唆する＝ उकसाना; उभाड़ना; दुष्प्रेरणा दे॰. समय-समय पर वे मंत्री को राजा के विरुद्ध भड़काते रहते थे しばしば大臣を王に対してそそのかしていた हिंसा भड़काने के अपराध के नाम पर 暴力行為を教唆した咎で इनकी स्वीकृति बिना स्त्री को विवाह के लिए भड़काने वाले दंडित होंगे（保護者の）承認がないのに女性に結婚をそそのかす人は処罰されよう

भड़कीला [形+] (1) 派手な；けばけばしい；品のない；どぎつくきらびやかな भड़कीले कपड़ों में 派手な服装で अधिक चटकीले और भड़कीले वस्त्र 一段とあくどくてけばけばしい衣服 भड़कीले गहने どぎつくきらびやかな装身具 (2) 人目を引く；目立つ；派手やかな हमारे जंगलों में भड़कीले पक्षियों की भरमार है, जैसे बड़ा धनेश (होमराय) जो काला और सफ़ेद होता है わが国の森には白と黒のオオサイチョウのような派手やかな鳥が沢山います

भड़कीलापन [名] (1) 派手さ；けばけばしさ；どぎつさ (2) 目立つこと；派手やかさ

भड़कैल [形] ＝ भड़कीला.

भड़भड़ [名*] (1) 太鼓の鳴る音 (2) 物のぶつかる大きく激しい音 (3) 騒音 (4) 人だかり；人混み (5) わいわいがやがや話す人声

भड़भड़ाना[1] [他] (1) ばんばん，どんどん，がたがた，ごとごとなど太鼓や物のぶつかりあうような音を立てる (2) わいわいがやがやと騒がしく話す

भड़भड़ाना[2] [自] (1) ばんばん，どんどん，がたがた，ごとごとなど太鼓や物のぶつかりあうような音がする (2) わいわいがやがやや騒がしい音がする **भड़भड़ाकर** にわかに；急に

भड़भड़िया [形] (1) 口数の多い；よくしゃべる；おしゃべりな (2) 口の軽い (3) ほら吹きの；口ばかり達者な

भड़भाँड़ [名]〔植〕ケシ科草本アザミゲシ【*Argemone mexicana*】= सत्यनासी; घमोय. 〈prickly poppy〉
भड़भूँजा [名] バルブーンジャー（穀物を煎ったり煎った物を販売するのを主たる生業としてきたヒンドゥーの一カースト）
भड़री [名] = भड्डरी.
भड़साईं [名*] バルブーンジャー भड़भूँजा が穀物を煎る竈
भड़ाभड़ [名*] → भड़भड़.
भड़ास [名*] (1) 蒸し暑さ；湿気の高い暑さ (2) 胸にたまっているものや支えているもの；鬱積した気持ち；心の鬱積 (**मन की**) **भड़ास निकालना** 鬱積した思いを吐き出す खिलौनों से बच्चे अपने मन की बात करते हैं और मन की भड़ास भी निकालते हैं 子供は玩具と自分の本心の話をし鬱積した思いを吐き出すものです आगंतुक समझदार थे, समझ गए कि किसी की भड़ास किसी पर निकाल रहे हैं 客人は物わかりのよい人で心の鬱積を相手を間違えて吐き出しているのだと思った
भड़िक [副] (1) 不意に；突然；にわかに (2) 直ちに；即刻 (3) 無思慮に；前後を考えずに；後先を考えずに
भड़ी [名*] そそのかすこと；おだてること **भड़ी दे॰** そそのかす；おだてる **भड़ी में आ॰** そそのかしに乗る；おだてに乗る
भड़ुआ [名] (1) 遊女の歌や踊りの伴奏をする芸人 (2) 太鼓持ち (3) ぜげん（女衒）
भड़ेरिया [名] = भड्डर.
भड़ैत [名] (1) 借家人；店子 (2) 代理業者；代行業者
भड़ोलना [他] 暴く；暴露する；ばらす
भड्डर [名] バッダル（占いや巡礼者の案内などを主な生業としてきたバラモンの一集団）
भड्डरी [名] = भड्डर.
भणन [名] (1) 述べること；語ること (2) 会話
भणित [形・名] 語られた（こと）；述べられた（こと）
भणिता [名] 語る人；述べる人
भणिति [名*] (1) 発話 (2) 発言；言葉 (3) 諺
भतार [名] 夫；亭主；主人= खसम; ख़ाविंद. **भतार क॰** 女性が不倫をする；不貞行為をする；浮気をする
भतीजा [名] おい（甥）；兄弟の息子→ भांजा おい（姉妹の息子）；甥 **भाई-भतीजावाद** 縁故主義
भतीजी [名*] めい（姪，兄弟の娘）→ भांजी めい（姉妹の娘）；姪
भत्ता [名] (1) 基本給以外の手当 चार सौ रुपया माहवारी चिकित्सा भत्ता 月額 400 ルピーの医療手当 बेरोजगारी भत्ता 失業手当 अतिरिक्तसमय भत्ता 残業手当 (2) 出張手当= यात्राभत्ता.
भदंत[1] [形] 尊敬すべき；尊い= पूजित; पूज्य; सम्मानित.
भदंत[2] [名] 仏教やジャイナ教の僧；尊者；比丘
भद [名*] 物体が落下したり倒れたりする音；どん，どすん，がたっなど
भदई[1] [形] バードン月（भादों インドの太陰太陽暦 6 月，陽暦 7〜8 月）の
भदई[2] [名*]〔農〕バードン月に収穫されるもの
भदभद [形] (1) ぶくぶくに太った；とても太い (2) みっともない
भदरंगा [形+] 色の褪せた
भदर [名]〔ヒ〕服喪儀礼の一として近親者が髪やひげを剃り落とすこと（ラージャスターン）= भद्र.
भदाक [名] (1) 幸運 (2) 隆盛；繁栄；発展
भदेस[1] [形] (1) 醜い；醜悪な (2) みっともない (3) 卑しい；卑賤な
भदेस[2] [名] 気候や食物が健康に良くないところや地域
भदैला [形+] バードン（भादों）月の；バードン月に生じる→ भादों.
भद्द [名*] 体面を失うこと；恥をかくこと；恥辱 यदि सब मिलकर नहीं करेंगे, तो अंतर्राष्ट्रीय क्षेत्र में भारत की भद्द होगी 皆が協力し合ってなさなければ国際的な場でインドの恥となろう (**-की**) **भद्द उड़ना** （-が）からかわれる；笑われる (**-की**) **भद्द उड़ाना** （-を）からかう；笑いものにする (**-की**) **भद्द पिटना** （-が）恥をかく；面子を失う (**-की**) **भद्द पिटवाना** （-に）恥をかかせる
भद्दा [形+] (1) みっともない；醜い हाथ-पैरों पर उगे घने तथा काले बाल बड़े भद्दे लगते हैं 手足に生えた濃い黒い毛はとても醜い感じがする (2) 恰好の悪い；不恰好な नीएंडरथल के औज़ार हमारी दृष्टि से भद्दे थे ネアンデルタール人の用いた道具は我々が見れば不恰好なものだった (3) 下品な；みっともない；はしたない कैसा भद्दा मज़ाक किया था उसने 何とも下品な冗談を言ったものだよあの人は
भद्दापन [名] ← भद्दा. कठोरता और भद्दापन साथ-साथ जन्मा करते हैं 堅苦しさと醜さとは同時に生じるものだ
भद्र[1] [形] (1) 上品な；気品のある；洗練された (2) 縁起の良い；めでたい；吉祥の (3) すぐれた；優秀な
भद्र[2] [名] (1) 無事；平穏 (2) 吉祥；めでたさ
भद्र[3] [名]〔ヒ〕服喪のため近親者が毛髪やひげを剃ること= भद्रा; मुंडन.
भद्रकार [形] 吉祥の；安寧をもたらす= भद्रकारक.
भद्रकाष्ठ [名]〔植〕マツ科ヒマラヤスギ= देवदारु वृक्ष.
भद्रता [名*] ← भद्र. 善良さ；上品さ；洗練；気品
भद्रदारु [名]〔植〕マツ科ヒマラヤスギ= देवदारु.
भद्रपदा [名*] → भाद्रपदा.
भद्रवान [形] 目出たい；吉祥の
भद्रा[1] [名*] (1) 星宿の位置関係から大変不吉とされる日時（黒分の 3 日及び 10 日の前半，8 日と 15 日の前半）；バッドラー (2) 太陰暦の 2 日，7 日，11 日のこと (3) 天の川= आकाश गंगा. (**-की**) **भद्रा उतरना** （-が）損をする；打撃を被る (**-पर**) **भद्रा उतरना** （-が）ひどく叱りつけられる；怒鳴られる **भद्रा लगाना** 妨害する；妨げる
भद्रा[2] [名*] 服喪のための剃髪；毛髪を剃ること निकटतम संबंधियों की भद्रा की जाती है 最も身近な人の剃髪が行われる
भद्राकरण [名] 頭髪や髭を剃ること
भद्राकाली [名*] 疱瘡神の一，バドラーカーリー→ शीतला.
भद्राकृति [形] 形の良い；形の美しい
भद्रानंद [名]〔イ音〕最初の音程を一音程ずつ上げたり下げたりして行われる発声練習
भद्रासन [名] (1) 玉座 (2)〔ヨガ〕ヨーガ座法の一，バッドラ・アーサナ（バッドラーサナ）
भनक [名*] (1) かすかな音や響き；声の感じ नीलम की आवाज़ में सद्भावना की भनक मिला करती थी いつもニーラムの声には好意の響きが混じっていたものだ (2) 気配 जब देश में राजनैतिक आंदोलन शुरू हुआ तो उसकी भनक उस गाँव में आ पहुँची 国に政治運動が始まるとその村にその気配が及んだ इस सब की भनक मालिक को तनिक न होती これの気配は主人にかけらほどもない प्रेम संबंधों की ज़रा भी भनक नहीं हुई 恋愛関係の気配は全くなかった **भनक पड़ना** *a.* かすかに聞こえる *b.* 気配が感じられる किसी को उसकी भनक भी न पड़े だれにもその気配すら感じられないように *c.* 気取られる ऐसे लंपट व्यक्ति इसकी भनक पड़ने से पहले ही अपनी पत्नी के साथ बड़ा क्रूर व्यवहार करने लगते हैं このような好色な男はこのことに関して気取られる前に妻に対して残酷な振る舞いをするようになるものだ **भनक लगना** 察知される；感知される अचानक एक दिन पुलिस को भनक लग गई 突然ある日警察に察知されたのだった
भनपैरा [形+] 縁起の悪い；不運や災いをもたらす；不吉な
भन भन [名*] ぶんぶん（さまざまな昆虫の羽音）
भनभनाना[1] [自] = गुंजारना. (1) ぶんぶん音を立てる（羽音がする） (2) ぶんぶんうなる
भनभनाना[2] [他] (1)（昆虫が羽音を）ぶんぶん立てる (2) ぶんぶんうなるような音を立てる
भनभनाहट [名*] (1) ぶんぶんとかばんばんというような騒音やうなるような音 (2) 喧しい音を立てること (3) ぶんぶんうなる音の出ること
भन्नाटा [名] = भन्नाहट.
भन्नाना [自] (1)（様々な物体や虫などが）喧しい音を立てたり鳴ったりする；（人声などが）がやがやする (2)（頭が）くらくらする；めまいがする रोज़ जब आप राजा साहब को कहानी सुनाकर जाते हैं तो राजा का सिर भन्नाने लगता है あなたが毎日王様に物語を語って行かれるとその後で王様はめまいがし始める (3) すねる；すねて鼻声で言う होगा, मुझे क्या करना उससे? मैं एकदम ही भन्नाकर जवाब देती हूँ 「そうでしょうよ．あの人は私には関係ないわ」私は全くすねた口振りで返答する **भन्ना उठना** 興奮する
भन्नाहट [名*] ← भन्नाना. इसी बीच लोगों की बातों की भन्नाहट हवा में तैरती हुई पार्वती के कानों में पड़ी ちょうどこの間，人々の話し声が風に乗ってパールヴァティー神の耳に達した
भपका [名] = भबका. 噴出；噴き出し
भबका [名] (1) 噴出；噴き出し (2) 蒸留器
भबकी [名*] = भभकी.

भबनी [名*]〔動〕トカゲ科トカゲ【*Mabuya carinata*】〈common Indian skink; Brahminy skink〉= बम्हनी; बह्मनी; बभनी.
भभ्भड़ [名] (1) 人混み；群衆= भीड़भाड़. (2) ごたごた；いさかい；もめごと
भभक [名*] (1) 燃え上がること (2) 熱を帯びて噴出すること；吹き出すこと
भभकना [自] (1) 燃え上がる；燃え立つ；焼ける पंखा हिलने से लैम्प की बत्ती भभकती थी 扇風機が回るとランプの明かりがぱっと燃え上がるのだった पुरानी लालटेन तेज़ हवा से भभक उठती 古いカンテラが強い風に煽られて激しく燃え立つ उसे पढ़कर बाबा का चेहरा भभक उठा था それを読むと祖父の顔はかっと燃え立った (2) たぎる；沸騰する；煮えたぎる；高熱を発する；勢いよく燃える एक दिन मंगल का शरीर बुखार से तवा जैसा भभक रहा था ある日マンガルの体は発熱のため鉄鍋のように焼けていた (3) 腹を立てる；かっとなる；いきり立つ और मैं भभक पड़ती हूँ, "देखो विजय, मैं हज़ार बार तुमसे कह चुकी हूँ कि उसे लेकर मुझसे मज़ाक़ मत किया करो!..." そして私はかっとなる.「いいかいヴィジャイ，お前には何百回といってあるだろう．あのことで私をからかってはならないと…」 इसपर वह बौखला उठा था, और भभककर बोला था それに対して男は興奮してしまいかっとなって言った दीनू की माँ भभक उठी ディーヌーの母親はいきり立った
भभका [名] (1) 蒸留器 (2) 噴出；吹き出し
भभकी [名*] はったり；こけおどし（虚仮威し）= घुड़की; झूठी धमकी. **भभकी दे॰** 脅す；脅しをかける；威嚇する जिहाद की भभकियाँ देना ジハード（聖戦）の脅しをかける (-की) **भभकी में आ॰** （一の）脅しに引っかかる；こけおどしに引っかかる
भभर [名] (1) 不安；心配 (2) 恐れ (-में) **भभर पड़ना** （一に）不安を感じる；狼狽する
भभरना [自] (1) 怯える；怖がる (2) あわてる；動揺する；心配する (3) だまされる (4) 顔色を失う
भभीरी [名*] (1)〔昆〕トンボ（蜻蛉）= भँभीरी. (2) かざぐるま（風車）
भभू [名*] 弟の妻
भभूका[1] [名] (1) 炎；火炎= लपट; ज्वाला. (2) 火花= चिंगारी. **भभूका बनना** 真っ赤になって怒る；かんかんになる **भभूका हो॰** = भभूका बनना. **भभूके उठना** 炎が上がる；燃え上がる
भभूका[2] [形+] (1) 熱で赤くなった (2) 怒りに真っ赤になった (3) 明るい (4) 輝く
भभूत [名*]〔ヒ〕バブート（シヴァリンガの前で燃やした牛糞の灰のことでこれをヒンドゥー教徒は体に塗布したり額や腕などに宗派の標識としてつけたりする．シヴァ神がこれを体につけていたと伝えられる）；聖灰 **भभूत उड़ाना** 台無しになる；めちゃくちゃにする (-का) **भभूत झाड़ना** （一を）殴り飛ばして恥をかかせる **भभूत मलना** バブートを体に塗る= भभूत लगाना. **भभूत रमाना** 出家する
भम्भड़ [名] = भब्भड़.
भयंकर [形] (1) ものすごい；猛烈な；途方もない भयंकर अकाल पड़ा ものすごい飢饉が発生した (2) 恐ろしい；恐い；怖い भयंकर सपना 怖い夢；恐ろしい夢 भयंकर परिणाम 恐るべき結果 भयंकर रूप अख़्तियार क॰ 恐ろしい姿をとる；恐ろしい形になる
भयंकरता [名*] ← भयंकर. ものすごさ；恐ろしさ；怖さ
भय [名] (1) 恐れ；恐怖；怖さ；恐ろしさ आज उन्हें किसी चोरी, किसी डाके का भय न था 今や盗難，強盗の恐れは全くなかった सिर काटे जाने का भय 首をはねられる恐怖 जादू टोने का भय 呪術の恐怖 (2) 心配；不安 ठंड के भय से 寒さが心配のため भय था तो यही कि फिर बेटी न हो जाए また女の子が産まれるのではないかと不安ではあった (3)〔イ文芸〕古典インド文学の詩論に基づくラサ（रस）の一，**भयानक रस** の基になる感情，恐怖 (-से) **भय खाना** （一を）怖がる；恐れる (-को) **भय दिखाना** （一を）恐れさせる；怖がらせる उनको भय दिखाकर भारत छोड़ने के लिए मजबूर करना होगा 彼らを恐れさせてインドを去らざるを得ないようにしなければならぬ
भयकर [形] 怖がらせる；恐れさせる；怖い；恐ろしい
भयडिंडिम [名] 陣太鼓
भयत्रस्त [形] 恐ろしさにおののいた；恐怖感に圧倒された
भयत्राता [形・名] 恐怖から守ってくれる（人）
भयद [形] 恐ろしい；怖い；恐怖感を与える= भयानक.
भयदान [名] (1) 恐ろしさから止むを得ず贈与すること (2) 恐怖心からの贈り物
भयदोहन [名] 恐喝；ゆすり；脅し；強請；強迫；脅迫 दो चार अणुबमों को लेकर भी संसार की बड़ी शक्ति को थोड़ा बहुत भयदोहन किया जा सकता है 2〜3 発の原爆をネタに世界の大国を少しは強請ることができる
भयनाशन [形] 恐怖心を取り除く；恐怖心から解き放つ
भयप्रद [形] 恐怖心を抱かせる；恐ろしい= भयानक.
भयप्रदर्शन [名] 恐ろしがらせること；怖がらせること；脅し；脅迫
भयभीत [形] 恐ろしさに震えあがった；恐れおののいた；怯えた；顔色を失った अंग्रेज़ सरकार उनके अनशन से इतनी भयभीत हुई イギリス政府は同氏の断食にこれほどまでに怯えた जनता निरंतर भयभीत और आतंकित रहती है 民衆は絶えず怯え戦慄している भयभीत हरिणी 怯えきった鹿 **भयभीत हो॰** 怯える；震えあがる；顔色を失う；怖じ気づく
भयमोचन [形] 恐怖感を取り去る；恐れをなくす；恐怖心を消す
भयविह्वल [形] 恐れおののいた；恐ろしさに動転した मैंने भयविह्वल स्वर में पूछा 恐れおののいた声でたずねた
भयहरण [形・名] 恐怖を取り除く（こと）
भयहेतु [名] 恐怖の原因
भया [自]《Br.》= हुआ; भयौ.
भयाकुल [形] 恐怖のため動転した；恐れおののいた；震えあがった
भयाक्रांत [形] 恐怖に圧倒された
भयातुर [形] 恐れおののいた；恐怖におちいった；震えあがった = भयभीत. मनोरमा भयातुर हो बोली. 'दूध तो पीते हैं' マノーラマーは震えあがって言った「牛乳は飲んでいます」
भयानक [形] (1) 恐ろしい；恐るべき；怖い भयानक पशु जैसे बाघ, शेर, चीता, हाथी और गैंडे トラ，ライオン，チーター，ゾウ，サイなどの恐ろしい獣 भयानक युद्ध 恐ろしい戦争 भयानक रोग कैंसर 恐るべき病気がん सती नामक भयानक प्रथा サティーという恐ろしい風習 यह अत्यंत ग़लत और भयानक धारणा है これはとてつもなく誤った恐るべき考えだ (2) 強烈な；ものすごい भयानक बदबू 強烈な悪臭
भयानकता [名*] ← भयानक.
भयानक रस [名]〔詩論〕古典インド文学の詩論によりラサ（情調）の一，驚愕
भयापह [形] 恐怖を取り除く
भयावना [形+] = भयानक.
भयावह [形] (1) 恐ろしい；恐ろしげな；気味の悪い भयावह काली 恐ろしげなカーリー女神像 श्मशानघाट से भी अधिक भयावह कोई स्थान हो सकता है? 火葬場以上に恐ろしいところが他にあろうか भयावह निस्तब्धता 気味の悪い静寂 (2) ものすごい；猛烈な क्रोध के भयावह वेग के कारण 怒りのものすごい激しさのために
भयासक्त [形] 震えあがった；怯えた；怯えきった；恐怖心にとりつかれた
भये [自]《Br.》で「なる」の意の過去形. = हुए. → भयो/भयौ. अतएव वे और भी प्रसन्न भये 従ってその方はなおさらお喜びになられた
भयो [自]《Br.》「なる」の意の過去形= भयौ; हुआ.
भयौ [自]《Br.》= भयो.
भर[1] [副助] (1) 名詞，動詞に接続してその語の示す範囲の限定や限度を示す語句を作る．（一）だけ，（一）のみ，（一）ばかりなど राजा से बदला लेने की बात वह घड़ी भर को भी न भूलता 王への復讐をほんの一時すら忘れはしない अपना आशीर्वाद ही भर दे, माँ 母さん，せめて祝福だけしておくれ वह कुछ बोला नहीं, हाँ, नम्रताप्रदर्शन के लिए थोड़ा झुका और मुसकराया भर था 一言も言わなかった．そう，謙虚さを見せるために少し腰をかがめ微笑んだだけだった बाबू जी ने मेरी ओर देखा भर 父さんは私のほうを見ただけだった सामने रहनेवाले बिशन के आने की आहट भर मिलेगी 向かいに住むビシャンのやってくる足音だけが聞こえるだろう सिर्फ़ खड़े रहने भर के लिए स्थान चाहिए ただ立っているだけの場所が欲しい और यह तो शुरुआत भर है それにこれは始まったばかりなのだ मैं तुम्हारी वेदना का अनुमान नहीं लगा सकता, कुछ सोच भर सकता हूँ 君の苦しみを推し量ることはできない．ただ考えることしかできない (2) 名詞に接続してその語の意味するも

の全体，全部，総体などの意を表す जीवन भर का 生涯の；全生涯の दुनिया भर के गम 世の中全体の悲しみ दुनिया भर में प्रसिद्ध कहानियाँ 全世界に知られている物語 घर भर में भूकंप आ जाता है 家中が大騒ぎになる (3) 名詞に接続してそれの全体を通したり継続することを表す．ずっと（－），（－）通しなど मैं रास्ते भर ऐसे ही विचारों में खोया रहा 途中ずっとこんなことばかり考え込んでいた दिन भर 一日中 रास्ते भर वह भगवान से प्रार्थना करता रहा 途中ずっと神様に祈っていた रात भर 夜通し जीवन भर 一生涯；生涯を通して जीवन भर काम करके 一生働いて रात भर पूरा घर जागता रहा 夜通し家中が眠らずにいた (4) 名詞に接続して分量や程度の限定を表す．－ぶん（分） गिलास भर पानी में आधा नीबू निचोड़ कर पिएँ コップ１杯分の水にライムを半分搾って飲むこと (5) 十分に，たっぷりと，まるまるなどの意を加えた語句や副詞を作る खाना खाए हुए कोई घंटा भर हो गया 食事を済ませてからまる１時間は経った

भर[2] [形] (1) 一杯の；あふれるほどの；満ちた मैंने अंत में मन को इस तरह संतोष दिया कि भोजन बहुत मधुर नहीं, किंतु भर कठौत तो है 食事はとても美味と言うほどではないが十分な量はあるのだと思って心を慰めた (2) 全部の；すべての **भर आँख देखना** 心ゆくまで見る **भर गाल खाना** ほおばる（頬張る） **भर जवानी** 若い盛りに **भर जीभ बोलना** きちんと話をする；ちゃんと話をする **भर नज़र देखना** = भर आँख देखना. **भर नींद सोना** 思いきり眠る **भर पाना** *a.* たっぷり貰う；十分に貰う *b.* 相応の見返りを得る *c.* 完済される **भर पेट** 腹一杯に छोटा आदमी भरपेट खाके बैठता है तो समझता है, अब बादशाह हमीं हैं ちっぽけな人間は腹一杯食べて落ち着くと自分が殿様になったような気分になるものなのだ **भर मुँह की खाना** 厳しくやり返される **भर मुँह बोलना** = भर जीभ बोलना. **भर मुँह मिलना** = भर मुँह की खाना.

भर[3] [名] 荷；荷物= भार; बोझ.

भर[4] [名] バル（ウッタル・プラデーシュ州東部を中心に居住し農業に従事してきたカーストの一）

भरई [名*]〔鳥〕ヒバリ科インドスナヒバリ→ भरदूल.

भरक [名]〔鳥〕ヒレアシシギ科ハリオシギ【*Gallinago stenura*】

भरकना [自] = भड़कना.

भरका [名] 消石灰

भरकाना [他] = भड़काना.

भरट [名] (1) 陶工= कुम्हार. (2) 使用人= नौकर.

भरण [名] (1) 満たすこと (2) 扶養 (3) 給料；給金；（扶養）手当 (4) 保管 (5) → भरणी.

भरण-पोषण [名] 扶養；養育 उसकी माँ सारे परिवार का भरण-पोषण करती थी 母親と家族全体の扶養をしていた

भरणी [名*]〔占星〕バラニー（インドの二十七宿の第２） भरणी तारा मंडल

भरणीय [形] 養育されるべき；扶養されるべき

भरत[1] [名] (1)〔イ神〕バラタ（バラタ族の祖先でチャンドラヴァンシャ，すなわち，月種族（चंद्रवंश）に属し， दुष्यंत と शकुंतला との間に産まれた息子とされる．インド国名バーラタ भारत の名はこのバラタの名にちなむ） (2)〔ラマ〕ラーマの異母弟のバラタ．母はカイケーイー (3)〔イ文芸〕演劇の開祖と伝えられるサンスクリット演劇論の学匠バラタ，もしくは，バラタ・ムニ．नाट्य शास्त्र を著したとされる

भरत[2] [名] 青銅= काँसा.

भरत[3] [名]〔鳥〕ヒバリ科タイワンヒバリ【*Alauda gulgula*】

भरत खंड [名] インド= भारत वर्ष.

भरतरी [名*] 大地= पृथ्वी.

भरतवर्ष [名] = भारतवर्ष. インド

भरतवाक्य [名]〔イ文芸・演〕戯曲の最後に唱えられるインド戯曲の最古の演劇論書の著者バラタ仙 भरत मुनि への賛辞．バラタ祝詞

भरत शास्त्र [名]〔イ文芸・演〕バラタ・ムニ भरत मुनि の著したとされる演劇論書 नाट्य शास्त्र のこと

भरता [名] (1)〔料〕バルター，もしくは，ブルター（ナス，ジャガイモなどを火に炙った後突き砕いて味付けした料理）= चोखा; भुरता. (2) 突き砕いたもの

भरतार [名] (1) 夫；亭主= पति; ख़ाविंद. (2) 主；主人= स्वामी; मालिक.

भरतिया[1] [形] 青銅製の

भरतिया[2] [名] 青銅器を製造する職人；銅細工師

भरती[1] [名*] = भर्ती. (1)（空所や隙間などを）満たすこと；詰めること；埋めること；書き入れること；書き込むこと (2) 入会，入学，入院，入隊など会，組織，団体などに入ることや採用されること राज्य कर्मचारी काम पर नहीं लौटे तो नई भरतियाँ होंगी 州職員が職務に戻らない場合は新規に（職員の）採用が行われるであろう (3) 船荷 (4) 船荷の積み込み **भरती क॰** 満たす；詰める；蓄える；ためる；入れる；書き込む सरकारी अनाथालय से निकालकर मैं सीधा फ़ौज में भरती किया गया 公立の孤児院から出されるとそのまま軍隊に入れられた **भरती कराना** 入会させる；入学させる；入院させるなど स्पिरिट पीने से हालत ख़राब होने पर कल रात तक दस लोगों को शहर के विभिन्न स्थानों से लाकर अस्पतालों में भरती कराया アルコール飲料を飲んで具合が悪くなったため昨夜までに 10 人の人が町のあちこちから病院に収容された **भरती का** 間に合わせの；ありきたりの；つまらない (- में) **भरती हो॰** （－に）入会する；入学する；入院する；入隊する；採用される

भरती[2] [名*] → साँवाँ.

भरथरी [名] = भर्तृहरि.

भरदूल [名]〔鳥〕ヒバリ科インドスナヒバリ【*Ammomanes phoenicurus*】

भरद्वाज [名]〔イ神〕バラドゥヴァージャ（リグヴェーダの賛歌の作者の１人とされるリシ）

भरन [名] 養育；保育= भरण.

भरना[1] [他] (1)（入れ物や容器に）入れる；満たす；詰める；ためる；ため込む गुब्बारे में मुँह से फूँककर हवा भरता हूँ 風船に息を吹き込んで空気を入れる जब पंप द्वारा साइकिल की ट्यूब में हवा भरते हो 空気入れで自転車のチューブに空気を入れると एक बोतल को धुएँ से भरो ビンに煙を入れなさい आवाज़ भरना 声を入れる（録音する） तभी तो उसने फ़िल्म में शुरू से लेकर अंत तक मारधाड़ भर दी है だからこそ映画の最初から最後まで暴力シーンをいっぱい詰め込んだのだ (2) 満たす；あふれさせる；一杯にする ग्रामीण जनता की अधिकांश आमदनी पेट भरने में ही समाप्त हो जाती है 農村の人々の収入の大半は腹を満たすことだけに消えてしまう (3)（色を）入れる；つける；塗る भला दूसरा कौन इतने रंग इतनी छोटी ढेर की ढेर सीपियों में भर सकता है? 他のだれにこれほどの色をこんなに小さくて山ほどある貝につけることができようか यदि चेहरा भरा हुआ और गोल है तो रूज आँखों के कुछ नीचे कपोलों पर लगाएँ もしふっくらした丸顔なら頬紅は目の少し下のところにつけるとよいでしょう (4) 埋める ख़ालीपन के क्षणों को भरने के लिए 空しく過ぎた時間を埋めるために (5)（隙間に）詰める रूई भरना 綿を詰める ठसाठस भरना ぎっしり詰める；ぎゅうぎゅう詰めにする (6) 元の状態に戻す；欠けたものを補ったり詰めたりする；癒す घाव भरना 傷を癒す हमारी राखी वह शीतल प्रलेप है जो सारे घाव भर देता है 私たちのラーキーは一切の傷を癒してくれるひんやりと心地よい塗り薬なのです (7) 書き込む；書き入れる；記入する दूसरे काग़ज़ों और रजिस्टरों को भरना और उनकी देखरेख रखना その他の書類や帳簿に書き込むこととその管理をすること आवेदन पत्र भरना 願書に書き込む (8) 納める；払う；納入する；払い込む उसके पास जुर्माने के रुपए भरने को नहीं थे 罰金を納める金の持ち合わせがなかった फ़ाइन कहाँ से भरा जाएगा? どうやって罰金が納められよう किसान को खेत का लगान भरना पड़ता है 農夫は年貢を納めなくてはならない (9) 汲む कुएँ पर स्वयं पानी भर रहे थे 井戸で自ら水を汲んでいた ये लोग पीने का पानी कुएँ, नदी या तालाब से भरकर लाते हैं この人たちは飲料水を井戸や川，池から汲んでくる (10)（ある目的のもとに知恵，策略，考えなどを）吹き込む；植えつける；信じさせる；授ける (11) 過ごす；凌ぐ；切り抜ける= बिताना; निबाहना. (12) 我慢する；忍ぶ；耐える

भरना[2] [自] (1)（入れ物や容器などが）満ちる；一杯になる；こもる；たまる；詰まる मेरा हृदय कुछ अजीब-सी घृणा से भर उठा 胸が少し異様な感じの憎しみで一杯になった कमरे में घी गर्म किये जाने की सुगंध भर उठी 部屋はギーを温める芳香で満ちた पुराण अविश्वसनीय बातों तथा तर्कों से भरे पड़े हैं プラーナ（神話）は信じられないような話や理屈に満ちている प्रेम भरे बर्ताव से वे बदलेंगे 愛情のこもった取り扱いであの人は変わるだろう उनका दिल करुणा और दया से भर उठा 悲しみと哀れみで胸が一杯になった गुस्से से

भरी हुई सहन में जाती है 怒りで一杯になって中庭に行く चारों ओर सन्नाटा छा गया, एक अजब दहशत भरा 辺りを独特の恐怖感に満ちた沈黙が覆った पेट भरना 満腹になる；満腹する= पूरा भोजन क॰. हृदय ईर्ष्या से भर उठा 胸は嫉妬心で一杯になった भरी हुई बस 満員のバス क्रोध में भरकर देवी ने अपना मुँह टेढ़ा किया है 女神は怒りに満ちて顔を歪めた भाभी गुस्से में भर उठतीं 兄嫁は怒りに一杯になる आज उन दिनों की याद करता हूँ तो हृदय पीड़ा से भर उठता है 今あの頃のことを思い起こすと胸が痛みで一杯になる भरी हुई पिंडलियाँ はちきれんばかりの脹ら脛 हर समय आक्रोश से भरे रहना 四六時中憤懣でいっぱい पेट में पानी भर जाने पर जलोदर हो जाता है 腹に水がたまると腹水になる बहिन ने बहुत ही भरे हृदय और आँसू भरे नेत्रों से भाई को बिदा दी 姉はいっぱい思いをこめ涙を湛えた目で弟を見送った (2) あふれる；満ちあふれる；一杯になる सावन-भादों की भरी गंगा को वह तेजी से पार कर सकता है 雨季の水のあふれ返ったガンジス川を素早く渡ることができる यह देखकर बहन की आँखों में खुशी के आँसू भर आए これを見て姉の目にはうれし涙があふれ出た नदी नाले कुंड तालाब सब भर जाते हैं 川も小川も貯水池も池も何もかもあふれてしまう राजस्थान में ऐसे स्थान भरे पड़े हैं ラージャスターンにはこのような場所があふれている आँसू भरी आँखों से मैं प्लेट फ़ार्म को पीछे छूटता हुआ देखती हूँ 涙のあふれた目でプラットホームが遠ざかるのを見る (3) 埋まる；うずまる कुएँ या झील का तल प्रायः कीचड़ से भरता रहता है 井戸や湖の底は大抵泥に埋まっている (4) 隙間がなくなる；詰まる；通らなくなる छन्ना काम में लाने के बाद गंदा हो जाता है या भर जाता है ふるいは使った後汚れるか穴が詰まってしまう देखकर कंठ भर आया それを見て声が詰まってしまった (5) 元に戻る；欠けていたものが元の状態に戻る；癒える；癒される ज़ख्म के भरने में अधिक विलंब 傷が癒えるのが遅れる (6) あふれる；あふれるほどに一杯になる；人出で一杯になる भरे मेले में 大変な人出の市で (7) 開かれる；(市などが) 立つ अजिया में प्रतिवर्ष एक मेला भरता है アジヤーでは毎年祭礼市が立つ **भर आ॰** (感動に) 胸が詰まる；胸が一杯になる；胸がふさがる **भर जा॰** *a.* 怒る；腹を立てる；怒りに満ちる *b.* 疲れる

भरना[3] [名] (1) 納めるべきもの；納入すべきもの (2) 残金 (3) 罰金 **भरना भरना** 罰金を納める

भरनी [名*] (1) 詰めること；入れること；満たすこと (2) 詰め物 (3) 報い；酬い (4) 種蒔き；播種 (5) 田畑に水をやること；灌漑；灌水 (6) 横糸

भरपाई[1] [名*] (1) 皆済してもらうこと；完済してもらうこと (2) 皆済の証書；完済証書 **भरपाई क॰** 完済する；清算する

भरपाई[2] [副] 完全に；全く；すっかり

भरपूर[1] [形] (1) 一杯の；満ち満ちた；たっぷりの；満ち足りた；不足のない हर चाकलेट दूध के गुणों से भरपूर どのチョコレートも牛乳の成分が一杯 सलाद भरपूर मात्रा में लें 生野菜をたっぷり食べること प्राकृतिक विटामिन से भरपूर 天然ビタミンの一杯入った (2) 思いきり一杯の；全力を投じた；激烈な；猛烈な भरपूर हमला 猛烈な攻撃 उसने सोने के लालच में डंडा भी भरपूर ताकत से जड़ा था 金塊欲しさに棍棒までも思いきり（の力を込めて）打ち下ろした (3) 完全な लगभग आठ-नौ घंटे की भरपूर नींद अवश्य ली जाए およそ 8〜9 時間は熟睡すること (4) 最高の पान का स्वाद और सिगरेट के कश उसे जीवन का भरपूर आनंद दे रहे थे パーンを噛みタバコを吸うのがその男にとっては人生の最高の楽しみだった

भरपूर[2] [副] (1) いっぱい；たっぷり (2) 思いきり；激しく (3) 完全に；完璧に

भरपेट [副] (1) 腹一杯 (2) 十二分に；十分に；たっぷりと

भरभराना [自] (1) 固形のものが脆さにばらばらと，あるいは，ぼろぼろと崩れる बालू की ढूह की तरह भरभराकर गिर जा॰ 砂山のようにぼろぼろと崩れ落ちる पीली मिट्टी का बड़ा-सा ढेला भरभराता हुआ नीचे बिखर गया 黄土の大きな塊がばらばらと崩れ下に散らばった मनु के साहस का बाँध भरभराकर ढह गया マヌの勇気を支えていた堰がぼろぼろと崩れ落ちた (2) 気が動転する；取り乱す कहते-कहते हाँफ उठी और भरभराकर रो पड़ी 話しているうちに息切れがし気が動転して泣き伏した (3) むせび声になる आगे वह कुछ भी नहीं बोल सके.उनका स्वर भरभरा गया था.आखिर दूसरी ओर मुँह करके नाक छिड़कने लगे それ以上は何も言えなかった．むせび声になりついには反対側を向いて鼻をすすり出した **रोआँ भरभराना** 毛が逆立つ；戦慄を覚える

भरभराहट [名*] ←भरभराना.

भरभूँजा [名] = भड़भूँजा. バルブーンジャー（カースト名）

भरभेंटा [名] (1) しっかり抱き合うこと (2) 対抗；対立；衝突= सामना; मुकाबला.

भरम [名] = भ्रम. (1) 錯覚；迷い (2) 秘密 (3) 信頼 **भरम खुलना** 秘密が解ける；謎が解ける **भरम छूटना** 迷いがなくなる；迷いから覚める **भरम बाँधना** *a.* 秘密を保つ；秘密を守る *b.* 信頼を得る

भरमना[1] [自] (1) 歩き回る (2) うろつく；放浪する；徘徊する (3) 迷う

भरमना[2] [名*] (1) 過ち；間違い；誤り= भूल; गलती. (2) 錯覚= गलतफ़हमी. (3) 心の迷い= भ्रम.

भरमाना[1] [他] 迷わす；惑わす= भ्रम में डालना; बहकाना. मुझे लगता है, यह सुख, यह क्षण ही सत्य है, बाकी सब झूठ है, अपने को भूलने का, भरमाने का, छलने का असफल प्रयास है! この快楽，この瞬間こそが真実なのであって他は皆嘘なのだ．自分を忘れよう自分を惑わそう自分を欺こうとする実らぬ努力のように私には思える

भरमाना[2] [自] (1) 迷う= भटकना. (2) 驚く；たまげる= चकित हो॰.

भरमा भरमी [副] 思わず

भरमार [名*] さまざまなものが満ち満ちていたり，豊富に存在すること मच्छरों और मक्खियों की उधर भरमार है 蚊や蝿があちらにはうじゃうじゃいる आज तो बिना कुछ समझे सब-कुछ समझनेवाले समीक्षक स्वयंसेवकों की भरमार-सी है 今日は何もわからぬくせにわかったふりをする評論家的ボランティアが山ほどいる

भरमौहाँ [形] 惑わす；迷わす

भरराना [自] (1) 大きな音を立てて落ちる；どすんと落ちる；どさっと落ちる；大きな音を立てて倒れる (2) 襲いかかる

भरल [名*]〔動〕ウシ科野生羊アオヒツジ；エセヒツジ【*Pseudois nayaur*】〈blue sheep〉

भरवाँ [形] 詰めた；詰め物をした **भरवाँ करेला** 〔料〕バルワーン・カレーラー（ニガウリに香辛料を詰め油で炒めた料理）

भरवाना [他・使] ←भरना. टिकट कलेक्टर ने गलत तरीके से यात्रा करने के जुर्म में हमसे जुरमाना भरवा लिया 集札係は間違った方法で旅行をしたとして私たちに罰金を払わせた सूखा जलाशय पानी से लबालब भरवा देने के लिए 干上がった池に水を一杯張らせるために

भरसक[1] [副] できる限り；あたうかぎり= यथाशक्ति; जहाँ तक हो सके. भरसक प्रयत्न क॰ できる限り努力する

भरसक[2] [形] できる限りの；あたうかぎりの；可能な限りの उसकी भरसक खोज की गई 可能な限りの探究が行われた

भरसाईं [名*] = भड़साईं. भरसाईं झोंकना 何もせずに過ごす；無為に過ごす；ぶらぶらする

भरहरना [自] = भरभराना.

भरा [形+] ←भरना. (1) 一杯の；満ちた；あふれた उसने राख भरे हाथ को माथे पर मारा 灰にまみれた手で額を叩いた दर्द भरे स्वर में 悲しみに満ちた声で भरी सभा में गाना 人の一杯いる前で歌う **भरी आँखों से** 涙ぐんで；目に涙を湛えて हज़ारों लोगों ने उसे भरी आँखों से विदाई दी 幾千人の人が涙ぐんで彼に別れを告げた **भरे दिल से** 胸の詰まった思いで；重苦しい気持ちで उसने भरे दिल से श्रीपाल को विदा कर दिया 辛い思いでシュリーパールを見送った (2) 中身の詰まった；充実した；豊富な；豊かな (3) 盛りの；真っ盛りの；充実した भरी दो पहर और नीम की छाँह! 真昼時，インドセンダンの木陰 जेठ का महीना.भरी दुपहरी ジェート月の真っ昼間 (4) 金銭に恵まれた；経済的に豊かな भरा घर 豊かな家；豊かな家庭 **भरा जानवर** 剥製 **भरा शरीर** 頑健な体；がっしりした体 **भरी गोद** 母親にとって子供のあること **भरी जवानी** 若い盛り इस भरी जवानी में वैधव्य का बोझ सह नहीं पाओगी この若い盛りに後家を通すのは難しい **भरी जवानी माँझा ढीला** 若い盛りに元気のないことのたとえ **भरी थाली** 順調なこと；快調なこと **भरी थाली में लात मारना** 訪れた幸運や好機をしり目にかける **भरी बरसात** 苦労や不自由，不便を厭わずに **भरी महफ़िल में** 人前で；大勢の人前で；公衆の面前で **भरे अखाड़े में पटखनी दे॰** 皆の前でやっつける **भरे का चोर** 豊かさや多さに圧倒される **भरे का साथी** 自分勝手な友人 **भरे को भरना** 金持ちに財貨を与える；何の効果もないこと

भरे घर का चोर = भरे का चोर. भरे मुँह गिरना a. がつがつする b. 負ける
भराई [名*] ← भरना.
भराना [他・使] = भरवाना.
भरापूरा [形+] (1) 一杯の；大勢の फिर भी उनका परिवार काफ़ी भरापूरा था それでも家族はかなり大勢だった हमारा भरापूरा सम्मिलित कुटुंब है うちは大勢の合同家族だ (2) 豊かな；豊富な；富んだ；満ち足りた सुमिता का विवाह भरे पूरे घर में हुआ スミターは豊かな家に嫁いだ अपार धन, अपार यश, सुख-चैन, राज्य पूरी तरह भरापूरा 計り知れない富，計り知れない名声，それに安楽，王国はありとあらゆるもので満ち足りていた
भराव [名] (1) 満ちていること；充満していること (2) 混雑 उन लोगों के चले जाने से कमरे का भराव ज़रा भी कम नहीं हुआ あの人たちが行ってしまっても部屋の混み具合は全く変わらなかった (3) 詰めるもの；詰めもの
भरित [形] (1) 満たされた (2) 詰められた (3) 養われた
भरिया[1] [名] 運ぶ人；運搬人
भरिया[2] [名] 鋳造工
भरिया[3] [形] (1) 満たす (2) 支払う；納入する；納める
भरी[1] [名*] バリー（重量単位で約 8 グラム）
भरी[2] [形] → भरा.
भरोसा [名] (1) 信じること；信用 मुझपर भरोसा नहीं? 私を信用しないのかい (2) 頼り；信頼；安心 ज़िंदगानी का कोई भरोसा नहीं 人生は全く頼りにならないものさ बहू मुझपर बड़ा भरोसा करती है 嫁は私を随分頼りにしている (3) 任せること；委ねること भाग्य के भरोसे रहना 運を天に任せる **भरोसा आ॰** 信じる **भरोसा दे॰** 安心させる (-का) **भरोसा देखना** (ーを) 頼りにする (-पर) **भरोसा रखना** (ーを) 信じる；信頼する；頼りにする भगवान पर भरोसा रखो 神様を信じなさい **भरोसे का** 信頼できる；信用できる
भरोसी [形] (1) 信用する (2) 信頼する；頼りにする (3) 信頼できる；安心できる
भरोसेमंद [形] 《H. + P. مند》信頼できる；安心な；頼りになる；確実な भरोसेमंद थर्मोस्टैट 安心なサーモスタット भरोसेमंद फ़्रीज 信頼できる冷蔵庫
भरौती [名*] (1) 満たすこと (2) 領収書；完済書= भरपाई का कागज़.
भर्ता[1] [形] 養う；養育する；扶養する
भर्ता[2] [名] (1) 主；主人= स्वामी; मालिक. (2) 夫= पति; खाविंद. (3) 指導者；先導者 (4) 養育者；扶養者
भर्ता[3] [名] → भरता.
भर्तृहरि 〔人名〕(1) バルトリハリ（5 世紀頃のインドの文法学者，哲学者） (2) 〔イ文芸〕バルトリハリ（古代インドのサンスクリット詩人 'शृंगार शतक', 'नीति शतक', 'वैराग्य शतक' が有名）
भर्त्तार [名] = भरतार.
भर्त्सना [名*] (1) 咎めること；非難すること ऐसा करने में बच्चे की भर्त्सना नहीं करनी चाहिए そうしたからとて子供を咎めてはならない इस प्रश्न को लेकर उस देश की भर्त्सना करना この問題を取り上げてその国を非難する (2) 訓戒；説諭 पिता जी की भर्त्सना सहने का अब उसमें साहस नहीं है もはや父親の説諭に耐える勇気はなかった
भर्त्सित [形] (1) 咎められた；非難された；譴責された (2) 訓戒された；説諭された
भर्राना [自] (1) かすれる गले की रसौली का पहला लक्षण आवाज़ का भर्राना ही है 喉の腫瘍の最初の徴候は声のかすれることでしかない (2) 声が潤む；涙声になる कहते-कहते बसंती की आवाज़ भर्रा आयी 話しているうちにバサンティーの声が潤んできた उसकी आँखें कम थीं.स्वर भर्राया हुआ था 目は潤み涙声になっていた (3) むせぶ；むせる सिर उसका झुका हुआ और गला व्यथा से भर्राया हुआ 首をうなだれ声は悲しみにむせんでいた
भर्राहट [名*] (1) かすれること；かすれ आवाज़ में भर्राहट आना 声がかすれる (2) 声が潤むこと अपनी आवाज़ की भर्राहट को छिपाने की कोशिश करते हुए （涙を流した後なので）潤んだ声を隠そうとしながら
भलभल [名*] 水など液体の流れる音
भलमनसत [名*] = भलमनसाहत.
भलमनसाहत [名*] (1) 人の善さ；善良さ (2) 礼儀正しさ；紳士らしさ；上品さ
भलमनसी [名*] = भलमनसाहत.
भला[1] [形+] (1) 善良な आज उन्होंने ही मुझे एक भला नागरिक बनाया है 今日あの方が私を 1 人の善良な市民に仕立てられたのです (2) 良い；好ましい भले काम में देर नहीं होनी चाहिए 良いことは遅らせてはならない（善は急げ） ऐसे जीने से तो मौत भली こうして生きているよりは死んだがましだ (3) 感じがよい वे फूल बहुत भले लगते हैं その花はとても感じがよい इसी प्रकार जो प्रसाधन प्रातः या दो पहर में भला लगता है, वह रात्रि या संध्या के समय इतना नहीं खिलता ちょうど同じように昼間に感じよく思われる化粧も夕方や夜にはそれほど映えないものだ (4) ぴったりした（調和したり合致したりすること） भला जान पड़ना 似合う；ぴったりする = अच्छा लगना. **भला क॰** a. 良いことをする b. 抜け目なく行う；賢明に行う c. 成功させる **भला-चंगा** 健康な；元気な；健やかな **भला लगना** a. 感じがよい b. 似合う **भली भाँति** a. 十分に；よく；十二分に；たっぷりと यह तो आप भली भाँति समझ ही गई होंगी このことはよくご理解なさったに違いありません b. きちんと；ちゃんと；丹念に कुकर के सेफ़्टी वॉल्व की सफ़ाई भली भाँति कीजिए 圧力釜の安全弁はきちんと掃除して下さい **भले आदमी को एक बात** 〔諺〕立派な人には一度言えば十分 **भले का मुँह देखना** 縁起の良い徴候
भला[2] [名] ためになること；役立つこと；便益；得；利益 यह तो मेरे भले की ही बात कह रही है この人は私のためになることを話しているのだ पशु-पक्षी सभी अपना ही भला चाहते हैं 鳥獣はみな自分だけの利益を欲するものだ इस प्रकार की विरोधाभास से युक्त शिक्षा छात्रों का क्या भला कर सकती है? この種の矛盾を抱えた教育が生徒に如何なる益をなし得ようか (-का) **भला ताकना** (ーの) 幸せを願う **भला-बुरा** a. 善悪 यहाँ ऊँच-नीच, भले-बुरे का भेद नहीं रह जाता ここでは身分の上下も善悪の違いもなくなる b. 長短；良し悪し माँ से अधिक इस घर का भला-बुरा और कौन समझ सकता है だれが母以上にこの家の長短を理解することができようか c. 得失 (-का) **भला-बुरा कहना** (ーを) 非難する；罵る= खरी-खोटी सुनाना. (-का) **भला मनाना** (ーの) 幸せを祈る (-) **भला मानना** (ーを) 良い意味に解釈する (-के) **भले के लिए** (ーの) ために मैं तो तुम्हारे ही भले के लिए कहता हूँ 君のためにこそ言っているんだよ
भला[3] [副] (1) 一体；そもそも मैं भला झूठ क्यों बोलूँगी 私が一体なぜ嘘を申しましょうか "तो क्या अब आप अपना नारी उत्थान आंदोलन स्थगित कर देंगी?" "भला क्यों?" "क्योंकि इससे कोई फ़ायदा नहीं है" 「それじゃ女性の地位向上運動を中止なさる訳ですか」「一体何のために」「何の効果もないからですよ」 ज़रूर चलूँगा.भला ऐसा सुनहरा अवसर कैसे छोड़ सकता हूँ 是非とも行くよ．一体こんな好機が逃せるものか भला यहाँ कौन आ सकता है そもそもここにだれが来ることができよう (2) 仮にも；まさか；よもや मैं भला अपनी जान जोखिम में क्यों डालूँ? 仮にも自分の命を危険にさらすものか
भलाई [名*] (1) 良さ；優秀さ (2) ため（為）；得；便益；利；利益 यह तुम्हारी भलाई के लिए है これは君のためなんだ अपनी भलाई わが身のため चुपचाप राजा के निर्णय को स्वीकार करने में ही उन्होंने अपनी भलाई समझी 黙って王の決定に従うことが身のためと思った अब मुझे नहर का नाकारा पानी लेना पड़ेगा जिससे कोई भलाई न हो 今度は何の得にもならない．しようのない用水路の水をとらなくてはならない (3) 善良さ (4) 親切；好意を寄せること
भलामानस [名] = भलामानुस. (1) 礼儀正しく思いやりのある人 (2) 善良な人 (3) 尊敬すべき人 (4) 紳士 (5) 身分の高い人；高貴な人 (6)（反語的に用いられて）愚か者；間抜け；悪者；悪漢；悪
भले [副] (1) うまく；上手に；立派に (2) 確かに（反語的に用いられて否定の意に用いられることがある）
भले ही [副] 仮に…しても；たとえ…しても मैंने भले ही शराब पी ली है फिर भी मैं वही हूँ 仮に酒を飲んでいても私が私であることには変わりはないんだ
भल्ल [名] (1) 槍= भाला. (2) 矢= बाण. (3) 〔動〕クマ（熊）= भालू.
भल्लक [名] (1) 〔動〕クマ（熊） (2) = भल्लात.
भल्लात [名]〔植〕ウルシ科小木スミウルシノキ【*Semecarpus anacardium*】
भल्लुक [名]〔動〕熊の総称= भालू.

भ

भल्लूक [名]〔動〕熊= भालू.
भवँ [名*] → भवें. 眉；眉毛= भौंह.
भव [名] (1) 存在 (2) 生起 (3) 起源 (4) 現世 (6) 輪廻転生；流転 भव तरना 輪廻の輪から脱する；解脱を得る
भवकूप [名] 輪廻転生のこの世を深く暗い井戸に見立てた表現
भवचक्र [名] 輪廻観による業とその果の輪；輪廻の輪
भवचाप [名] シヴァ神の持ち物とされる弓；ピナーカ= पिनाक.
भवच्छेद [名] 輪廻転生の輪から脱すること
भवजंजाल [名] 世俗生活の瑣事；浮き世の苦労
भवजल [名] = भवसागर.
भवत् [代]《Skt.》サンスクリットの二人称代名詞（敬称）の語幹
भवदीय [代] = भवदीया*. サンスクリット語二人称代名詞 भवत् の属格形. 書簡文で「敬具」のようにも用いられる
भवन [名] (1) 出現 (2) 生起 (3) 誕生 (4) 建物；建造物 भवन निर्माण कार्य 建築 निजी क्षेत्र के भवननिर्माता 私企業部門の建築業者 (5) 住居；住宅 मोतीलाल नेहरू का आलीशान भवन モーティーラール・ネヘルーの大邸宅 (6) 王宮 (7) 世界 (8) 拠り所
भवभय [名] 輪廻の恐怖；輪廻転生の恐れ
भवभूति〔人名・イ文芸〕バヴァブーティー（古代インド 8 世紀頃のサンスクリット劇作家 'उत्तररामचरित', 'महावीरचरित', 'मालतीमाधव' が著名）
भवभोग [名] 現世での快楽の享受；享楽
भवमोचन[1] [形] 解脱をもたらす；解脱させる
भवमोचन[2] [名] ヴィシュヌ神
भवलोक [名] この世；現世；浮き世
भववामा [名*] パールヴァティー神（पार्वती）
भवविलास [名] (1) 世俗の快楽（の追求） (2)〔イ哲〕人を幻わす力；実存しない現象世界を現出させるブラフマンの幻力；マーヤー（माया）
भवव्यय [名] 生滅
भवशूल [名] 生死輪廻の苦痛
भवशेखर [名] 月= चंद्रमा.
भवसमुद्र [名] = भवसागर.
भवसागर [名]〔ヒ・仏〕輪廻転生の世界；生死流転の海；現世；この世；浮き世= भवसिंधु.
भवसिंधु [名] = भवसागर.
भवाँ[1] [名*] ぐるぐる回ること；回転
भवाँ[2] [名] (1) 前世 (2) 来世
भवांबुधि [名] = भवसागर.
भवा [名*] (1) パールヴァティー神（पार्वती） (2) ドゥルガー神（दुर्गा）
भवानी [名*] (1) ドゥルガー神（दुर्गा） (2) マラーター王国の創始者シヴァージー शिवाजी の所持したと伝えられる刀の名
भवानीकांत [名] シヴァ神の異名の一
भवानीनंदन [名] (1) ガネーシャ神（गणेश） (2) カールティケーヤ神（कार्तिकेय）
भवानीपति [名] シヴァ神の異名の一
भवितव्य [形] (1) 将来起こるべき；必然的な (2) 宿命づけられている
भवितव्यता [名*] (1) 将来起こること；必然 (2) 宿命
भविता [形] (1) 将来起こる (2) 将来性のある；春秋に富む；見込みのある
भविष्य [名] (1) 将来；未来 इन बच्चों के भविष्य की क्या सुरक्षा है? この子らの将来に何の保障があるのか अपने भविष्य का निर्माण 自分の将来を拓くこと यही समय है तुम्हारे भविष्य निर्माण का 今こそ君が未来を築く時だ (-का) भविष्य (=के) हाथ में हो° (ーの) 将来を（=が）握る बच्चों का भविष्य बिगाड़ने वाला 子供たちの将来を損なう (2)〔言〕未来時制→ भविष्यत्काल.
भविष्यकथन [名] 予告；予報 बाढ़ भविष्यकथन सम्भाग 洪水予報局
भविष्यत् [名]〔言〕未来
भविष्यत्काल [名]〔言〕未来時制〈future tense〉
भविष्यदर्शी [名] 予言者；預言者；先見者
भविष्यद्वक्ता [名] (1) 預言者 (2) 占星術師；占い師
भविष्यद्वाणी [名*] 予言；預言
भविष्यद्वादी [名] = भविष्यद्वक्ता.
भविष्यनिधि [名*] 厚生基金〈provident fund〉 भविष्यनिधि से ऋण 厚生基金からの借金
भविष्यपुराण [名]〔ヒ〕バヴィシュヤ・プラーナ（主要 18 プラーナ聖典中の一）= भविष्यत्पुराण.
भविष्यफल [名] 運勢 रविवार 27 जून से शनिवार 3 जुलाई तक का भविष्यफल 6 月 27 日（日）から 7 月 3 日（土）までの運勢 भविष्यफल निकलवाना 運勢を占ってもらう तीतर-बटेरों से अपना दैनिक भविष्यफल निकलवाना シマシャコやウズラに日々の運勢を占ってもらう
भविष्यवक्ता [名] 予言する人（手相見, 占い師など） भविष्य वक्ताओं की पोल 占い師たちのいんちき
भविष्यवाणी [名*] 予言= भविष्यकथन. ऐसी भविष्यवाणी थी कि राजकुमारी एक सिपाही से शादी करेगी 王女は 1 人の兵士と結婚すると言う予言だった
भविष्यवाद [名]〔芸〕未来派〈futurism〉
भवें [名*, pl.] = भौं. 眉, 眉毛の複数形. → भवँ. भवें चढ़ाना *a.* 眉間にしわを寄せる；眉をひそめる भवें चढ़ाये उसकी ओर घूरता रहा था 眉間にしわを寄せてじっとにらみつけていた *b.* 怒る (-में) भवें टेढ़ी क° （ーに）腹を立てる भवें तनना 腹を立てる；怒る भवें सिकोड़ना 眉間にしわを寄せる；眉をひそめる
भव्य [形] (1) 壮大な；壮麗な；華麗な；見事な भव्य इमारत 壮麗な建物 भव्य दृश्य 壮大な眺望 (2) 盛大な अंग्रेज सरकार उनके भव्य स्वागत की तैयारियों में लगी हुई थी イギリス政府は盛大な歓迎準備に取りかかっていた (3) 壮麗な पूरा नगर अपने पौरुष -भरे पाषाण सौंदर्य के कारण भव्य लगता है 全市がその男性的な石の美しさで壮麗なものに思える कन्याकुमारी का भव्य दृश्य コモリン岬の壮麗な眺望 (4) 豪勢な；豪華な भव्य भोज 豪勢な宴会
भव्यता [名*] ← भव्य. इसके भवनों की भव्यता भी देखते ही बनती है これの建物の壮大さも実に素晴らしいものだ स्थापत्य कला की भव्यता 建築術の壮麗さ
भसकाना [他] = भकोसना.
भसना [自] (1) 水に浮く= तैरना. (2) 水に沈む (3) 沈下する；めり込む
भसम [名] 灰= भस्म; राख.
भसमा [名]《← A. وسمہ वस्मा》(1) ホソバタイセイの葉の粉末（白髪染めに用いられる） (2) 白髪染め
भसान [名] (1) 水に沈めること (2)〔ヒ〕祭礼のため制作された神像などを儀礼の終了後川などの水に流すこと
भसाना [他] (1) 水に浮かべる；浮かせる；浮かべる (2) 水に流す
भसिंड [名*] = भसींड. レンコン（蓮根）= कमलनाल; मुरार; कमल की जड़.
भसुंड[1] [名]〔動〕ゾウ（象）= हाथी; गज.
भसुंड[2] [形] 大変太っている；でぶの；でぶっちょの
भसुर [名] 夫の兄（義兄）= जेठ.
भस्म [名*] (1) 灰；燃え殻；燃えかす (2)〔ヒ〕シヴァ派の信徒が額や体に塗る聖灰 (3) 金属灰 लोहे की भस्म 鉄を燃やしたかす भस्म क° *a.* 焼き払う；焼きつくす；焼却する *b.* 滅ぼす；破滅させる；台無しにする भस्म चढ़ाना *a.* シヴァ派の信徒や行者が体に（牛糞を焼いた）灰を塗る *b.* 出家する= भस्म माँजना; भस्म रमाना. भस्म हो° *a.* 消失する；灰燼に帰す *b.* 滅びる；無に帰す；台無しになる
भस्मक[1] [名] (1)〔アユ〕病的な食欲や空腹感 (2) 金属灰
भस्मक[2] [形] 灰にする；焼尽する
भस्मकारी [形] 焼き尽くす；焼尽する
भस्मगर्भा [名*]〔植〕マメ科高木シッソーシタン【*Dalbergia sissoo*】= तिनिश.
भस्मटिक्का [名] 焼き肉
भस्मप्रिय [名] シヴァ神
भस्मवर्ण [名] 灰色
भस्मशायी [名] シヴァ神= शिव जी.
भस्मसात् [形] 灰になった；灰燼に帰した भस्मसात् क° 焼き尽くす；灰にする
भस्मस्नान [名]〔ヒ〕全身に聖なる灰を塗ること→ भस्म (2).
भस्मासुर [名]〔イ神〕バスマ・アスラ（ラークシャサ राक्षस の一）
भस्मित [形] (1) 焼き尽くして灰にした (2) 灰になった

भस्मी [名*] 遺骨；遺灰 शहीद श्री मदन लाल ढींगरा की भस्मी ब्रिटेन से स्वदेश लाई जाए 殉教者マダンラール・ディーングラー氏の遺骨が英国より母国へ移されるよう望まれる
भस्मीकरण [名] (1) 灰にすること (2) 金属灰にすること
भस्मीकृत [形] (1) 灰にされた (2) 金属灰になった
भस्मीभूत [形] 灰になった；灰燼に帰した भस्मीभूत क॰ 焼き尽くす；灰にする
भस्सड़ [形] 大変太った；でぶの；でぶっちょの
भस्सी [名*] 石炭などの粉末
भहराना [自] (1) にわかに倒れる；ばたっと倒れる (2) つぶれる भहरा पड़ना *a.* がつがつする；あさましく欲しがる *b.* にわかに倒れる
भाँई [名] 研ぎ師；研磨師
भाँग [名*] (1)〔植〕クワ科草本インドタイマ（インド大麻．熱帯栽培のもの） (2) インドタイマの葉をすりつぶして団子状にしたものに水や牛乳を加えた麻薬効果のある飲料，バーング **घर में भूँजी भाँग न हो॰** 全く無一文の **भाँग खाना** （バーングを飲んだように）頭がおかしくなる **भाँग घोटना** インドタイマの葉をバーングを作るためにすりつぶす **भाँग छानना** （インドタイマの葉をすりつぶしたものを漉して）バーングを飲む यह तो भाँग छानने का अवसर है こりゃバーングをやるにはもってこいの機会だ **भाँग तड़कना** バーングが効いてくる；バーングが効力を現す भाँग-धतूरा インドタイマとチョウセンアサガオ；そのような麻薬類 **भाँग पीना** = भाँग खाना.
भाँगर [名] 金属などの破片や粉末
भाँज [名*] ← भाँजना. (1) 棒状のものを振り回すこと (2) 折りたたむこと (3) 縦糸 (4) 両替料
भाँजना [他] (1) 振り回す；振りかざす；(刀や棍棒，運動具などを) 振る आगे-आगे तलवार भाँजते हुए चल रहे हैं सिख किसान 先頭をシク教徒の農夫たちが刀を振りかざしながら歩いている (2) たたむ；折りたたむ (3) よる；撚り合わせる **हवा में तलवार भाँजना** 空しく刀を振り回す；努力が無駄になる कभी-कभी तो ऐसा भी होता है कि पुलिस हवा में तलवार भाँजती रह जाती है しばしば警察の努力が空を切るようなことにもなる
भांजा [名] 甥（姉妹の男の子）= भानजा. → भतीजा 甥（兄弟の男の子）.
भांजी [名*] 姪（姉妹の娘）= भानजी. → भतीजी 姪（兄弟の娘）.
भाँजी [名*] (1) 讒言 (2) 陰口= चुगली; शिकायत. **भाँजी डालना** = भाँजी मारना. **भाँजी मारना** *a.* 讒言する *b.* 陰口をきく *c.* 妨害する；妨げる
भाँड[1] [名] = भाँड़. (1) 壷，かめ（瓶）などの容器；陶磁器；瀬戸物 (2) 油などを入れるための革袋 (3) 商品 (4) 元手 (5) 道具；器具 (6) 楽器 **भाँड में जी दे॰** 惚れる；惚れ込む
भाँड[2] [名] (1) 道化師（道化芝居を生業としてきたカーストの人）；幇間 (2) 口の軽い人 (3) 幇間のように軽薄なことを言う人
भाँडकर्म [名] 陶業；窯業；陶器製造業
भांड कला [名*] 陶芸
भाँड़ना [他] (1) 悪口を言い触らす (2) 台無しにする；めちゃくちゃにする= ख़राब क॰; बिगाड़ना.
भांडपति [名] 商人 = व्यापारी.
भांड प्रस्तर [名] ポットストーン；せっけん石〈potstone〉
भांडमृत्तिका [名*] 陶土
भांडशाला [名*] 倉庫；倉；物置
भांडा [名] (1) 陶磁器；瀬戸物の容器；壷やかめ（瓶） (2) 食糧庫；食料置き場 (-का) **भांडा फूटना** *a.* (ーの) 正体が現れる *b.* (ーの) 秘密が暴かれる (-का) **भांडा फोड़ना** (ーを) 暴く；暴露する；(ーの) 正体を暴く **भांडे भरना** 悔やむ；後悔する **भांडे में जी दे॰** 熱中する；惚れる；惚れ込む= भाँडे में जी हो॰.
भांडागार [名] 倉庫；倉；蔵
भांडागारिक [名] 倉庫番；倉番
भांडार [名] (1) 倉庫 (2) 貯蔵庫 (3) 金庫 (4) 宝庫
भांडारपाल [名] 倉庫番の責任者
भांडारा [名] 埋蔵量 बाक्साइट भांडारा ボーキサイト埋蔵量
भांडारी [名] = भांडारपाल.
भांण [名] 太陽；日輪= भानु.
भाँत [名*] (1) 種；種類= भाँति; तरह; किस्म; प्रकार. (2) 型；デザイン **भाँत भाँत के** (- की) 様々な；種々な；色々な जानवरों की भाँत भाँत की बोलियाँ 動物の様々な鳴き声
भाँति [名*] (1) 種類 (2) 様式 (3) 形式 (4) 方法 (- की) **भाँति** (ーの) ように；(ーの) 様式で；(ーの) 形式で；(ー) 風に वह दूसरे पक्षियों की भाँति नहीं उड़ सकता その鳥は他の鳥のように飛ぶことができない वह ख़बर राज्य भर में विद्युत् की भाँति फैल गई その知らせは稲妻のように国中に広まった सदा की भाँति いつものように；例によって **भाँति-भाँति के** (- की) 様々な；種々な हमारे देश के विभिन्न प्रदेशों की भाँति-भाँति की संस्कृतियाँ 我が国の様々な地方の多彩な文化 भाँति-भाँति के मिष्टान्न 種々の菓子
भाँपना [他] (1) 推察する；推量する；推測する उसने बात की असलियत भाँप ली 事の真相を推察した दोनों वज़ीरों ने हकीम की स्थिति भाँप ली 2人の大臣は医者の立場を推察した मनोवैज्ञानिक ने उसकी समस्या भाँप ली और सुझाव दिया 心理学者が彼の問題を推察し対策を示した (2) 察知する शायद वह अपने दोस्त के दिल के संदेह को भाँप गया 多分友人の心の中の疑念を察知した गाँधी जी की दृढ़ता को अंग्रेज भाँप गये イギリス側はガーンディージーの決意の固さを察知した (3) 見破る；見て取る；見抜く वह संभवतः मेरी परेशानी भाँपकर बोला 恐らく私の困惑を見て取って言った
भाँपू [形] 推測する；推量する；推察する
भाँबी [名] バーンビー（死獣の処理や革製品の製造を主たる生業としてきたカーストとそのカーストの人．ラージャスターン地方）
भाँय-भाँय [名*] (1) しーんと静まり返っている様子 (2) 人の気配がなく淋しいところ (3) 風の吹き抜ける音 **भाँय-भाँय क॰** *a.* しーんと静まり返る हवेलीनुमा घर भाँय-भाँय कर रहा है お屋敷風の家がしーんと静まり返っている *b.* 淋しさがこみ上げる（場所） *c.* (沈黙や静けさが) 恐ろしいものとして迫る इसी का मुँह देखकर जीते थे.इस दीपक के बुझते ही जीवन की अँधेरी रात भाँय भाँय करने लगी この人だけをかけがえのないものとして生きてきたのだった．この灯火が消えたとたん人生の暗い夜が恐ろしく迫りだした पहले प्रहर में ही रात का सन्नाटा भाँय भाँय करने लगा まだ宵の口に夜のしじまが恐ろしく迫って来た
भाँवना[1] [他] (1) 回す；回転させる (2) (回転砥石で) 研ぐ；研磨する (3) かき混ぜる；攪拌する (4) けずって形を整える
भाँवना[2] [自] (1) ぐるぐる回る (2) ぶらぶらする
भाँवर[1] [名*] (1) 回ること；ぐるぐる回ること；回転 (2) 周回 (3)〔ヒ〕結婚式で新郎新婦が規定に則り聖火の周りを7度回る儀礼 **भाँवर पड़ना** *a.*〔ヒ〕結婚式で聖火の周りを回ること *b.*〔ヒ〕挙式すること；結婚すること **भाँवर फिरना** 結婚する；結婚式を挙げる **भाँवर भरना** 周回する；うにょう（右遶する） **भाँवर ले॰** = भाँवर फिरना.
भाँवर[2] [名] = भौंरा; भ्रमर.
भाँवरी [名*] = भाँवर.
भा [名*] (1) 光 (2) 輝き；光輝 (3) 光線 (4) 稲妻；電光
भाई [名] (1) 血縁の兄弟や義兄弟；兄；弟；同胞（はらから） (2) いとこ（従兄弟）やまたいとこ（又従兄弟）など同世代の親類の男子 (3) カーストや社会的帰属関係が同じ関係にある者；兄弟；同胞；はらから भाई जान 兄；兄弟 भाई-बहन 兄弟姉妹 भाई हो तो ऐसा 兄弟を持つならこんな兄弟を；理想の兄弟 (4) 性別とは無関係に同輩に対する呼びかけの言葉 हाँ भाई! धनी पिता की इकलौती बिटिया ठहरी そうそう，あんたは金満家の一人娘なんだからね भाई जान 親しい友人や若者に対する呼びかけの言葉 भाई साहब 男女が同年輩の男性に呼びかける言葉．親しみと丁寧さの両方がこめられる **भाई दूर, पड़ोसी नेरे** 〔諺〕遠くの親戚よりも近くの他人 **मुँह बोला भाई** 兄弟分；義兄弟の関係を結んだ相手
भाई अंस [名] (相続分のうち) 兄弟の分け前
भाईचारा [名] (1) 兄弟の間柄；兄弟関係；兄弟の縁 हर ओर भाईचारे और बराबरी का राज्य あらゆる面で兄弟関係と平等の国 (2) 同胞愛；友愛 दुनिया में भाईचारा 世界の友愛；四海同胞 इससे भाईचारा बढ़ता है これで友愛が増す
भाईदूज [名*]〔ヒ〕カールティック月，すなわち，インド暦の8月（陽暦10〜11月）白分2日（日本の旧暦10月2日）のヴラタ（断食を伴う祭礼で姉妹が兄弟との絆を確かめ情愛を深める日とされる）= यमद्वितीया; भैया दूज.
भाईपन [名] (1) 兄弟関係 (2) 友愛；友愛関係

भ

भाईबंद [名] (1) 兄弟 (2) 親類縁者 (3) 仲間；兄弟分 (4) カーストなど社会的帰属を同じにする者

भाईबंदी [名*] 付き合い；交際；交友関係 देख भाई, हिसाब हिसाब की जगह है और भाईबंदी भाईबंदी की あのね，金の貸し借りは貸し借り，付き合いは付き合いだよ

भाई-बहन [名] (1) 兄弟姉妹 अपने माता पिता और भाई-बहनों के साथ 両親及び兄弟姉妹と一緒に (2) 兄弟姉妹のような関係にある者 दुनिया भर के भाई-बहनों को देते हैं 世界中の兄弟姉妹に贈る चचाज़ाद भाई-बहन 父方のいとこ（従兄弟や従姉妹）

भाई-बिरादरी [名*] 《H. + P.برادری बरादरी》社会的な関係で親密な関係にある者や同一の帰属の者；仲間

भाई-भतीजावाद [名] 縁故主義；縁故採用などの緑者贔屓

भाएँ भाएँ[1] [名*] ウシの鳴き声；もう；もうもう

भाएँ भाएँ[2] [名*] → भाँय-भाँय.

भाक्त [形] (1) 二次的な；副次的な (2) 他人に養われる

भाखड़ा बाँध [名] バークラーダム（インドのパンジャーブ州及びヒマーチャル・プラデーシュ州境のサトレジ川に建設された大規模ダム）

भाखना [他] 言う；約束する；誓う गंगा मैया को मैंने चुनरी भाखी थी ガンジス川にチュヌリーを供えると誓った（祈願が叶えられたらお礼にお供えすると）

भाखा [名*] (1) 言葉；発言 (2) 言語= भाषा. (3)（サンスクリットなどの古典語に対して）ヒンディー語 **भाखा मुंशी** 東インド会社設立のカルカッタのフォートウィリアム・カレッジに採用された近代インド諸語のインド人教師

भाग [名] (1) 区分 प्लास्टिक को मुख्यत: दो भागों में बाँटा जा सकता है ताप सुनम्य और तापदृढ़ プラスティックは熱硬化性のものと可塑性のものとの 2 種に大別することができる (2)（全体を構成する）部分；部；一部 (3)（切り離された）部分；断片；破片；小部分 संसार के सारे उत्पादन का लगभग एक तिहाई भाग अनाज कीड़े तथा अन्य कीटाणु नष्ट कर देते हैं 世界の穀物の総生産の 3 分の 1 を虫や細菌が駄目にしてしまう पृथ्वी का लगभग तीन चौथाई भाग 地表の約 4 分の 3 उस ज़माने में किसान सामान्यत: अपनी उपज का छठा भाग राजा को देते थे その時代農民は一般に生産物の 6 分の 1 をお上に納めていた (4) 分け前 वे अपने आनंद का भाग सभी को देने के लिए आतुर थे 自分の喜びの分け前を皆に与えたくてうずうずしていた (5) 運；運勢 (6) 幸運 (7) 割り算 (8) 度（角度の単位） (-को =से) **भाग क॰** (**भाग दे॰**) （ーを=で）割る 25 को 5 से भाग दे॰ 25 割る 5 (-के) **भाग बनाना** （ーを）分ける；仕切る (-के) **भाग में साझा हो॰** （ーの）幸運に与る (-में) **भाग ले॰** （ーに）参加する= (-में) हिस्सा ले॰. सक्रिय भाग ले॰ 積極的に参加する

भागक [名]〔数〕除法の記号÷

भागदौड़ [名*] (1) 走り回ること डर और भागदौड़ में उसकी धड़कन बढ़ जाती है 恐怖心と走り回るために動悸が増す (2) 忙しくすること；かけずり回ること भागदौड़ क॰ 忙しくかけずり回る；あくせくする

भागना [自] (1) 逃げる；逃げ去る；退散する भागते हुए जानवर पर इसे फेंककर 逃げる動物にこれを投げて अरे देर मत करो, भागो जल्दी ぐずぐずするな早く逃げろ (2) 姿をくらます；逃亡する इसका बाप सौ रुपया चुराकर भाग गया この子の親父は100ルピーを盗んで姿をくらました चार साल पहले बंबई भाग गया है.अब तक उसका पता नहीं चला है 4 年前にボンベイへ逃げた．今もって所在がわからない (3) 走る；駆ける मालूम होता था कि सारे पेड़-पौदे और मकानात भाग रहे हैं あらゆる木々や建物が走っているように思えた जल्दी आ जाओ...अरे, भागकर आ जाओ 早く来なさい．さあ早く走って来なさい घोड़ा सरपट भाग रहा है 馬が疾走している भागकर वह अपने कपड़े उठा लाया 走って行って自分の服を取ってきた मुहल्ले के दूसरे लोग भी शोरगुल सुनकर अपने घरों से भागे चले आ रहे थे 界隈の他の人たちも騒ぎを聞きつけて家から駆けて来るところだった (4) 急いで行く；大急ぎで行く；急ぎ足で行く；駆けつける भागता हुआ अपने टेबल की ओर गया 大急ぎで自分のテーブルへ行った जब रोग बढ़ जाता है और घातक स्थिति में पहुँच जाता है तभी मरीज़ विशेषज्ञ डाक्टरों के पास भागते हैं 患者は病気が重くなり重症になるとやっと専門医のところへ駆けつける (5) 駆け落ちする उसकी लड़की एक व्यक्ति के साथ भाग गई है あの人の娘はある男と駆け落ちしている (6) 家出する घर से भागकर आए हो? 家出してきたのかい (7) 去る；立ち去る भागो 出て行け भाग यहाँ से さっさと立ち去れ भाग यहाँ से, हरामज़ादे! この野郎消え失せろ (8) 避ける；逃げる；逃げ出す काम से भागना 怠ける (9) 激しく追う；激しい勢いで追い求める पैसे के पीछे भागनेवाले 金を追いかける人たち **भाग खड़ा हो॰** 浮き足立つ；逃げ腰になる；逃げ出す；背走する बची हुई सेना भाग खड़ी हुई 残った軍勢は浮き足立った और जब शेर उसके नज़दीक पहुँचा तो वह इतना घबड़ा गया कि सिर पर पाँव रखकर भाग खड़ा हुआ 更にライオンが近づくとひどく動転して一目散に逃げ出した मगर एक निरीह बकरी के आगे भाग खड़ा होना उसे कुछ जँचा नहीं しかし 1 頭のおとなしい山羊の前から逃げ出すことにはいささかすっきりしないものがあった **भाग चलना** *a.* 家出する *b.* 駆け落ちする **भागते की लंगोटी भली** 〔諺〕*a.* 全部失うよりは少しでもある方が良い *b.* 少しでもないよりはまし *c.* 全く見込みのない相手から少しでも得られれば御の字だ **भागते कुत्ते पर पत्थर फेंकना** 弱い者をいじめる **भागते भूत की लंगोटी भली** 〔諺〕= भागते की लंगोटी भली. **भागते राह न पाना** 〔諺〕四面楚歌= भागते राह न मिलना. **भागा भागा** 大急ぎで वह भागा भागा आया 大急ぎでやって来た **भागे-भागे** 大急ぎで उस पत्र को सही समझकर उन्होंने नौकरी से त्याग-पत्र दे दिया और भागे-भागे गाँव गए その手紙を本物と思って仕事を止めて大急ぎで村に戻った **भागे-भागे फिरना** *a.* 避ける；逃げ回る *b.* かけずり回る

भागनेय [名] → भागिनेय.

भागफल [名]〔数〕商〈quotient〉

भागबस [副] 運命のなせるところ= भाग्यवश.

भागभरा [形+] (1) 幸運な= भाग्यवान. (2) 幸運をもたらす

भागम भाग[1] [副] (1) 走りながら (2) 大急ぎで

भागम भाग[2] [名*] かけずり回ること；多忙を極めること

भागवंत [形] 幸運な；運の強い；強運の

भागवत[1] [形] (1) ヴィシュヌ神の (2) ヴィシュヌ派の

भागवत[2] [名]〔ヒ〕バーガヴァタ・プラーナ（भागवत पुराण）

भागवत धर्म [名] ヒンドゥー教のバーガヴァタ派；ヴィシュヌ派= वैष्णव संप्रदाय; वैष्णव धर्म.

भागवत पुराण [名]〔ヒ〕バーガヴァタ・プラーナ（主要 18 プラーナの一．バーガヴァタ派の聖典．10 世紀頃の成立とされる）

भागवान [形] 幸運な= सौभाग्यशाली; खुशकिस्मत.

भागाभाग [名*] かけずり回ること；走り回ること；奔走

भागार्थ [形] 分け前を求める

भागार्ह [形] (1) 分けることのできる；分割可能な (2) 分け前を得る資格のある

भागिक [形] (1) 部分の；部分に関する；部分的な (2) 部分を成す

भागिता [名*] (1) 共同；協力；仲間関係 (2) 共同事業；共同経営

भागिनेय [名] 姉妹の息子（おい，甥）

भागी [名] (1) 共有者；分け前を持つ人；取り分を持つ人 (2) 仲間；連れ；相棒 (3) 資格を持つ者 राज-विमुख प्राणी नरक का भागी होता है 謀反の徒は地獄に行く यह कड़े दंड का भागी है この者は厳罰に価する

भागीदार [形・名] 《H. + P. دار》(1) 分かち合う（人）；共有する मैं तो चाहता हूँ कि तुम्हारे हर दु:ख, हर चिंता का भागीदार बन सकूँ 悲しみも悩みも皆君と分かち合いたいと願っている हमें जो कामयाबी मिली है, उसके भागीदार हम सभी लोग हैं 私たちが収めた成功は私たち全員が共有しているのだ (2) 参加する（人）；参加者；参画する（人）；仲間；役割を担う（人）；一翼を担う（人） जनता देश के शासन में भागीदार नहीं होती 民衆は国家の統治に参加していない महत्त्वपूर्ण प्रश्नों के समाधान में भागीदार होना 重要な問題の解決に参画する

भागीदारी [名*] 参加 विश्वविद्यालय की निर्णय प्रक्रिया में छात्रों-अध्यापकों की भागीदारी 大学の意志決定過程に学生と教師の参加 समाजवादी, वामपंथी ताकतों के उदय के बाद स्वाधीनता आंदोलन में मज़दूरों, ग्रामीण गरीबों की भागीदारी से 社会主義勢力及び左派勢力の興隆後，独立運動への労働者，貧農の参加により

भागीरथ [名] = भगीरथ.

भागीरथी[1] [名*] (1) ガンジス川の別名= गंगा. 特に上流の名称 (2) ベンガルを流れるガンジスの 1 支流；バーギーラティー川

भागीरथी² [名] バーギーラティー山（ガルワールヒマラヤ गढ़वाल हिमालय にある山）

भागीरथी³ [形]（天上のガンガーを地上に降下させるためにバギーラタ王が行った厳しい苦行にちなむ）ものすごい；猛烈な；非常な；大変な苦行を伴う भागीरथी प्रयास 大変な努力；猛烈な努力

भागू¹ [形] 逃げる；逃げ腰の；逃避的な

भागू² [名] 逃亡者；逃亡した人

भागे-भागे [副] 大急ぎで

भाग्य [名] (1) 運；運勢；運命；命運 भाग्य अनुकूल हो。 ついている；運が向く भाग्य आज़माना 運を試す；運試し गाँव से बाहर जाकर अपना भाग्य आज़मा सकता है 村を出て運を試すことができる (2) 天からの授かりもの；分け前 भाग्य उदय हो。 運が向く भाग्य उलटना 不運になる；逆運になる भाग्य का अक्षर 運勢；定め；運命に決められていること भाग्य का खेल = भाग्य का अक्षर. भाग्य का धनी 運の強いこと；強運の भाग्य का पलटा खाना 運勢が変わる；運勢がひっくり返る भाग्य का पूरा = भाग्य का धनी. भाग्य का फेर 不運に見舞われること भाग्य का फ़ैसला क。 運命を決める；最終的な決断をする भाग्य का बली = भाग्य का धनी. भाग्य का मोटा = भाग्य का धनी. भाग्य का रोना रोना 不運を嘆く भाग्य का लिखा 運命；運勢；宿命= भाग्य का लेख. भाग्य की परीक्षा 運試し भाग्य की मार 不運 भाग्य की रेख मिटाये न मिटना 如何にも運命は変えられぬものである भाग्य की लकीर 運命；運勢 भाग्य के नाम रोना 己の不運を嘆く भाग्य के भरोसे 運を頼りに भाग्य को कोसना = भाग्य का रोना रोना. भाग्य को रोना = भाग्य का रोना रोना. भाग्य खुलना 運が開ける；運が向く भाग्य चमकना = भाग्य खुलना. (-का) भाग्य छीनना （ーの）分け前を奪い取る भाग्य जागना = भाग्य खुलना. भाग्य जागे तो 運が向けば；運に恵まれれば भाग्य ज़ोर मारना 運が向く；運が開ける भाग्य टेढ़ा हो。 運に見放される भाग्य ठोंकना = भाग्य के नाम रोना. भाग्य तिरछा हो。 = भाग्य टेढ़ा हो。. (अपना) भाग्य परखना 運を試す अपना भाग्य परखने के लिए वहाँ पहुँच गए そこへ運試しに出掛けていった भाग्य पर छोड़ दे。 運を天に任せる；運を天に委ねる भाग्य पलटना 状況が変わる भाग्य पाटी-सा हो。 とても幸運な भाग्य फलना 運が向く भाग्य फिरना = भाग्य पलटना. भाग्य फूटना 不運に見舞われる；運に見放される भाग्य बड़ा हो。 運の強い；幸運な भाग्य बनना 運が向く；運が向いてくる भाग्य बली हो。 = भाग्य बड़ा हो。. भाग्य भरा हो。 = भाग्य बड़ा हो。. भाग्य में बदा हो。 運命づけられる भाग्य रूठना 不運に見舞われる भाग्य लड़ना = भाग्य साथ दे。. भाग्य लौटना = भाग्य खुलना. भाग्य साथ दे。 運に恵まれる；運が向く= भाग्य साथ हो。; भाग्य सीधा हो。. भाग्य सो जा。 運に見放される

भाग्यदा [名*] 宝籤；宝くじ；福引き

भाग्यपत्रक [名] くじ（籤）

भाग्यपरायण [形] 宿命論的な

भाग्यपरायणता [名*] 宿命論

भाग्यलक्ष्मी [名*] 運命の女神

भाग्यवश [副] (1) 運命により；運勢で (2) 幸いに；幸運に भाग्यवश दोनों सेठ एक दूसरे की शक्ल से अपरिचित होने पर भी नाम से भली-भाँति परिचित थे 幸いに 2 人の商人はお互いの姿や顔かたちを知らなかったが名前をよく知っていた

भाग्यवशात् [副] = भाग्यवश.

भाग्यवाद [名] 運命主義；運命論；宿命論

भाग्यवादी [形・名] 運命論の；運命論者；宿命論者；運命主義の；運命主義者

भाग्यवान [形] 運の強い；幸運な；幸せな

भाग्यविधाता [名] 運命を定めるもの；運命を支配するもの；摂理；神意；天佑

भाग्यविप्लव [名] 不運（に見舞われること）

भाग्यशालिनी [形*] 幸運な；幸せな→ भाग्यशाली

भाग्यशाली [形] 幸運な = भाग्यवान्.

भाग्यसंपद् [名*] 幸運= सौभाग्य.

भाग्यहीन [形] 不運な= अभागा.

भाग्योदय [名] 開運；運勢の開けること

भाजक¹ [形] (1) 区別する；区分する；区切る (2) 分配する；分割する

भाजक² [名]〔数〕除数 ⟨divisor⟩

भाजन [名] (1) 器；容器；入れ物 (2)（ーに）値する人；器 स्नेह और सम्मान के भाजन 愛情と尊敬を受けるに値する人；器 (3)〔数〕割り算

भाजपा [名*]〔イ政〕 भारतीय जनता पार्टी インド人民党の略称；BJP

भाज्य¹ [形] 分けられる；分割されうる

भाज्य² [名]〔数〕被除数 ↔ भाजक²

भाट [名] (1) 王侯を鑽仰する詩歌を作る詩人 (2) そのような詩歌を作るのを主たる生業としたカースト（系譜作成なども行った）(3) 追従者

भाटक [名] (1) 賃貸料；賃料 (2) 地代

भाटा [名] (1) 川の流れ (2) 干潮；引き潮 उतरता भाटा 引き潮 ज्वार-भाटा 潮の干満

भाटिया [名] バーティヤー（クシャトリヤやカトリー खत्री のグループ名）

भाठा [名] (1) 川の流れ (2) 潮の流れ (3) 干潮

भाठी [名*] (1) 川の流れ (2) 干潮

भाड़ [名] バルブンジャー（भड़भुंजा）が穀物を煎る竈 भाड़ खाना 不正な稼ぎをする भाड़ झोंकना *a.* 竈に火を焚く *b.* しがない稼業をする *c.* 無駄に時間を過ごす भाड़ पर सोना 寝床もないような極めて貧しい様子；赤貧洗うが如し भाड़ में जा。 台無しになる；くたばる भाड़ में झोंकना 台無しにする；駄目にする；つぶしてしまう भाड़ में डालना = भाड़ में झोंकना. भाड़ में पड़ना 台無しになる；駄目になる；つぶれてしまう भाड़ लीपकर हाथ काला क。 悪事を働く；悪事に手を染める भाड़ लीपना 卑しい仕事をする

भाड़ा¹ [名] (1) 借り賃；料金 मकान का भाड़ा 家賃 (2) 運賃；運送料金 टैक्सी का भाड़ा タクシー料金 भाड़ा देकर बह जा。 金をかけて損をする भाड़े का टट्टू *a.* 貸し馬 *b.* 金を目当てに働く者 *c.* 無気力な人 *d.* はかないもの；当てにならないもの भाड़े के सैनिक 傭兵 (-) भाड़े पर दे。 （ーを）賃貸する

भाड़ा² [名] 風向き；風の向き；風向 भाड़े पड़ना （船が）風下に向かう；順風を受ける；追い風を受ける भाड़े फेरना （船を）風下に向ける；順風を受けて船を進める

भाड़ू [名] = भड़ुआ.

भाड़ोती [名]（運輸や運搬などの）客待ちをする人

भाण [名]〔イ演〕サンスクリット演劇でルーパカ（正劇）に数えられる一幕物の独白喜劇．バーナ

भात¹ [名] (1) 米の飯；米飯；ご飯 (2)〔ヒ〕結婚式の挙式後に双方の親が花嫁の家で食事をする儀式．その際，贈り物もなされる (3) 挙式の際花婿と花嫁とにそれぞれの母方のおじから贈られる贈り物 (4) 妊娠 4 か月目に嫁の兄弟から嫁に贈られる贈り物

भात² [名] 夜明け；曙= सवेरा; प्रभात.

भात³ [形] 光っている；輝いている；輝きを放っている

भाती [名*] ふいご（鞴）= भाथी.

भाथा [名] えびら（箙）

भाथी [名*] ふいご（鞴）= धौंकनी.

भादवा [名] = भादों. भादवे की भयंकर गरमी バードン月のものすごい暑さ

भादों [名] バードン月（インドの太陰太陽暦の 6 月，すなわち，太陽暦 8〜9 月）= भाद्रपद.

भाद्रपद [名] バードラパダ月，バードン月（インドの太陰太陽暦の 6 月，陽暦の 8〜9 月に相当）

भाद्रपदा [名*]〔天・占星〕インドの二十七宿の第 25 と第 26 の 2 つの星宿名，すなわち， पूर्वभाद्रपदा プールヴァバードラパダーと उत्तर भाद्रपदा ウッタラバードラパダー

भान [名] (1) 光；明かり= प्रकाश; रोशनी. (2) 輝き；光輝= चमक; दीप्ति. (3) 知覚；意識；認識 (4) 感じ；印象 इस बात का भान भी नहीं रहा कि यह सिंह है これがライオンだと言う感じすらなかった

भानजा [名] 姉妹の息子（甥）= भागनेय; भांजा.

भानजी [名*] 姉妹の娘（姪）= भागिनेयी; भांजी.

भानमती [名*] 女性の魔法使い भानमती का कुनबा 異様なもの，雑多な物の寄せ集めでこしらえた物 भानमती का पिटारा 異様な物，雑多な物の寄せ集めの入った物（まとまりや一貫性の欠けている物） यह फ़िल्म भानमती का पिटारा बनकर रह गई है この映画は寄せ集めただけの物に終わっている

भ

भाना [自] (1) 気に入る；好きな；好みの मैया मोहे ऐसी दुलहिन भावे 母さん，僕はあんなお嫁さんが好きなんだ राजा और रानी को भी राखी बहुत भायी 王も王妃もラーキーがとても気に入った लड़के को मेरी सहेली भा गई（結婚の相手として）私の友達があの青年の気に入った मानो उसे यह सब कुछ न भाया हो まるで何もかも気に入らなかったみたいに (2) 気が向く；気が進む रसोई में जाना मुझे शुरू से ही अधिक नहीं भाता था お勝手に行くのは最初からあまり気が進まなかった (3) 似合う；ふさわしい；ぴったりする वहाँ तेरा बोलना ही भाता है あそこで君が話すのはぴったりだ

भानु [名] (1) 太陽= सूर्य. (2) 光= ज्योति. (3) 光線= किरण.

भानुज [名]〔イ神〕冥界の王ヤマ神 (यम)

भानुजा [名*] ヤムナー川；ジャムナー川= यमुना; जमुना.

भानुमत् [名] 太陽= सूर्य.

भानुमती [名*] (1)〔人名〕バーヌマティー（ヴィクラマ・アーディティヤ王 विक्रमादित्य の妃） (2) 女魔法使い = भानमती.

भानुसुत [名] (1)〔イ神〕ヤマ (यम) (2) マヌ (मनु)

भानुसुता [名*] ヤムナー川 यमुना

भाप [名*] (1)〔物理〕蒸気 (2) 水蒸気；スチーム；湯気 (3) 息；熱い息 **भाप का इंजन** *a.* 蒸気エンジン；蒸気機関 *b.* 蒸気機関車 **भाप का टर्बाइन** 蒸気タービン〈steam turbine〉 **भाप भरना** *a.* 親鳥が雛の口に息を吹き込む（ことにより子が丈夫になるものと信じられている） *b.* 親鳥が雛に嘴で餌を与える **भाप में पकाना** 蒸す；蒸かす **भाप से सेंक क॰** 湯気で温める= भाप ले॰.

भाप अंगार गैस [名*]〔化〕水性ガス；燃料ガス〈water gas〉

भाप आसवन [名] スチーム蒸留〈steam distilation〉

भापइंजन [名]《H.+ E. engine》(1) 蒸気エンジン (2) 蒸気機関車 = भाप का इंजन.

भाप ऊष्मक [名] 蒸気釜；スチームオーブン〈steam oven〉

भापचालित [形] 蒸気で動く；スチームで動く **भापचालित इंजन** 蒸気エンジン；スチームエンジン

भापीय [形] 蒸気の；蒸気による भापीय आसवन = भाप आसवन. भापीय तापन スチーム暖房

भापीला [形$^{+}$] (1) 蒸気のこもった；湯気の立ちこめる (2) 蒸し暑い；むしむしする विभिन्न पसीनों की तेज़ दुर्गंध, भापीला वातावरण いろんな人の汗の鼻を突く悪臭，むしむしするあたり一面の空気

भाफ [名*] = भाप.

भाबर [名]〔植〕イネ科多年草カモノハシ；ノゲカモノハシ【*Eulaliopsis binata*】= अगिया; बनकस. = अगिया; बनकस.

भाभरी [名*] 熱い灰；残り火のある灰

भाभी [名*] (1) 兄嫁；義姉= भावज; भौजाई; भौजी; बड़ी भाभी. (2) 弟の妻；義妹 (3) 親友などの妻，親類の女性など，義姉との関係に等しいような間柄にある女性に対して用いる敬称

भाभी विवाह [名]〔文人〕レヴィレート婚（夫の死後，その妻が夫の弟，すなわち，義弟との間に行う再婚）〈Levirate marriage〉= देवर विवाह.

भामंडल [名] (1) かさ（暈） (2) 光背

भाम[1] [名] (1) 光= प्रकाश. (2) 輝き= दीप्ति.

भाम[2] [名] 怒り；憤怒= क्रोध.

भाम[3] [名*] 女性；女= स्त्री.

भामक [名] 姉妹の夫= बहनोई.

भामता [名*] 最愛の人；最愛の女性

भामा [名*] (1) 妻= स्त्री. (2) 怒った女性= क्रुद्ध स्त्री. (3)〔イ神〕バーマー（クリシュナの妻の１人でサットラージタ王 सत्राजित の娘）

भामिनी [名*] (1) 若く美しい女性；愛らしい女性 (2) 気むずかしい女性；激しやすい女性

भामी[1] [形] 怒った；不機嫌な

भामी[2] [名*] 気性の激しい女性

भाय[1] [名] 兄弟= भाई; भ्राता.

भाय[2] [名] 気持ち；感情= भाव.

भायप [名] (1) 兄弟関係 (2) 兄弟愛= भाईचारा.

भायहो [名*]〔鳥〕ゴシキドリ科オオゴシキドリ【*Megalaima virens*】

भारंगी [名*]〔植〕クマツヅラ科低木ウスギクサギ【*Clerodendrum indicum; C. siphonantus*】

भार [名] (1) 荷；積み荷；荷物 (2) 重さ；重量 भार में अचानक अत्यधिक वृद्धि 体重の急激な増加 भार के अनुपात से 体重に応じて ख़ाली भार 自重 कुल टन भार 重量トン कुल भार 総重量 (3) 重荷；大変な負担；辛いこと；苦痛を与える物 उन्हें अपना जीवन एक भार स्वरूप लग रहा था 生きているのが重荷に感じられていた केंद्रीय और राज्य सरकारों के भार को हलका करना 中央政府と州政府の負担を軽減する आज बच्चा पढ़ाई को भार समझता है 今や子供は勉強を重荷と感じている (4) 任務；責任；責務 उन्हें राज्यपाल पद का भार सौंपा गया 州知事の任務が委ねられた (5) 邪魔者；厄介な物；足手まとい (6) 荷重；負荷 (7) 電荷 ऋण बिजलीभार युक्त 陰電荷の (8) 容積トン数 **(-का) भार उठाना**（－の）責任や任務を引き受ける **भार उतरना**（肩の）重荷が下りる（楽になる） **(-का) भार उतारना**（－の負っている）重荷を下ろす（下ろしてやる；－を楽にしてやる） **भार ढोना** *a.* 荷を担ぐ；運搬する अनेक पशुओं का भार ढोने में और वाहन तथा हल चलाने में उपयोग होता है 多くの動物は荷を運んだり乗り物や犂を使うのに役立つ *b.* 負担する；責任を負う **(-के लिए) भार बन जा॰**（－の）重荷になる **भार लादना** 負担や重荷を押しつける **(-के) भार से दबा जा॰**（－の）重荷や負担に喘ぐ

भारण [名] (1) 積載 (2) 計量 (3) 降下 वर्षा से धूल के कणों का भारण हो जाता है 雨により土埃の微細な粒子が降下する (4) 沈下

भारत [名] (1) インド；インド連邦共和国；印度= भारतवर्ष. (2)〔イ神〕バラタ भरत の末裔 भारत-भ्रमण インド旅行；インドの観光旅行 संसार के विभिन्न देशों से जो लोग भारत-भ्रमण के लिए आते हैं 世界のいろんな国からインド旅行にやって来る人たち **'भारत छोड़ो' आंदोलन**「インドを去れ」運動（「インドを去れ」が1942年の英領インドの反英独立運動のスローガンとなった）

भारतखंड [名] インド= भारतवर्ष.

भारतबंद [名]《H.+ P. بند》全インド規模のゼネスト

भारतमाता [名*] 母なるインド（愛国心からインドを母と見立てたヒンドゥー教徒の用いる尊称．一般に地図上ではカシミール地方をその頭部に，インド南端を足にしてサリーをまとった姿に描かれる） भारत माता का सपूत インドの愛し子；インド健児 भारत माता की जय-जयकार インド万歳（の唱和）

भारत-यूरोपीय भाषा परिवार [名]〔言〕インド・ヨーロッパ語族；印欧語族= भारोपीय भाषा परिवार.

भारत रत्न [名] インド連邦共和国の最高勲章「インドの至宝」（芸術，文化，学術及び公共奉仕活動などで極めて顕著な功績のあった個人に授与されるインド最高の功労賞．追叙もある）

भारतवर्ष [名] インド；インド国（古代インドの呼称でもあり現代インドの呼称でもある）= आर्यवर्त; हिंदुस्थान.

भारतवर्षीय [形] インドの；インド国の

भारतवासी [名] インド人；インドの住人；インド住民

भारतविद् [名] インド学者；インドロジスト

भारत विद्या [名*] インド学；インドロジー

भारती[1] [名*] (1)〔イ神〕バーラティー女神；サラスヴァティー女神 सरस्वती (2) 言葉；弁舌

भारती[2] [形] インドの भारती हुकूमत インド政府= भारत सरकार.

भारती[3] [名] インド人 भारत के रहनेवाले भारती インドに住むインド人 हम सब भारती हैं 我らはすべてインドの民 भारती प्रजा インド人民

भारतीय[1] [形] インドの= भारती; हिंदुस्तानी; हिंदोस्थानी. भारतीय जलवायु में インドの気候の中では भारतीय खाना インド料理 भारतीय चीज़ें インド製品；インドの産物 भारतीय ढंग से खाना बनाना インド（式で）料理を作る भारतीय मिठाइयाँ インドの菓子 भारतीय समाज का सुधार インド社会の改革 भारतीय वंश के लोग インド系の人

भारतीय[2] [名] インド人= हिंदुस्तानी. भारतीय नारी インド人女性；インド女性

भारतीय आर्य [名] インド・アーリア〈Indo-Aryan〉

भारतीय आर्य परिवार [名]〔言〕インド・アーリア語派；インド語派

भारतीय उपमहाद्वीप [名] インド亜大陸= बर्रे सग़ीर.

भारतीयकरण [名] 非インド的要素とされるもののインド化（インドの本来的な要素ではないとされるもののインド化，ないしは，土着化） मुसलमानों का भारतीयकरण イスラム教徒のインド化

भारतीय क्रांति दल [名]〔イ政〕インド革命党（政党名）

भारतीय जनता पार्टी [名*] バーラティーヤ・ジャナター党（インド人民党，インドの政党名）略称 भाजपा
भारतीयता [名*] インドらしさ；インド的なもの；インド精神 उनके विचार, व्यवहार और वेश-भूषा में भारतीयता की अमिट छाप थी 同氏の思索，行動及び服装にインド的なものが消し難く刻まれていた
भारतीय प्रशासनिक सेवा [名*] インド連邦行政職；インド連邦行政勤務〈Indian Administrative Service; IAS〉
भारतीय लोक दल [名]〔イ政〕インド人民党（政党名）
भारतेंदु [名] (1) インドの月 (2)〔人名・イ文芸〕バーラテーンドゥ・ハリシュチャンドラ भारतेंदु हरिश्चंद्र （1850–85, 近代ヒンディー文学の開拓者）
भारथ [名] 戦；戦争 = युद्ध; लड़ाई; जंग.
भारथी [名] 兵士；戦士；武人= योद्धा; सैनिक.
भारदंड [名] 天秤棒= बहँगी.
भारद्वाज [名]〔イ神〕バーラドゥヴァージャ（バラドゥヴァージャ聖仙 भरद्वाज の系譜につながる人たち）
भारवाहक [形] 荷を運ぶ；運搬する
भारवाही [形] 輸送する；運搬する भारवाही जलयान 貨物船 भारवाही कारवाँ キャラバン隊
भारवि 〔人名・イ文芸〕バーラヴィ（6 世紀頃のサンスクリット詩人． किरातार्जुनीय が著名な作品）
भार-हानि [名*] (1) 重量減少 (2) 体重低下；体重減少
भारहीन [形] (1) 重力のない；無重力の (2) 計れない；重さのない；計量不能の भारहीन अवस्था 無重力状態
भाराक्रांत [形] (1) 大きな荷を負う；重荷を持つ (2) 負担に喘ぐ
भारी [形] (1) 重い ↔ 軽い；重量が重い भैंस का शरीर गाय से भारी होता है 水牛の体重は牛より重い उस धनुष को पर्वत के समान भारी देखकर その矢が山のように重いのを見て (2) 大量の भारी वर्षा 大雨 (3) ものすごい；猛烈な वह भारी दुष्ट था 随分としたたかな奴だった भारी यातायात ものすごい交通量 भारी अकाल 猛烈な飢饉 (4) 重苦しい；鈍い；だるい；圧迫感のある；鬱陶しい उन्हें एक-एक मिनट गुज़ारना भारी पड़ रहा था ほんのわずかの時間を過ごすのが重苦しく感じられていた (5) 重大な；重い बड़ा भारी उत्तरदायित्व とても重い責任；重責 भारी पाप 大罪 (6) 大きな；大規模な；大幅な व्यवस्था बदलेगी इसमें भारी संदेह है 制度の変化については大きな疑念がある भारी तैयारी 大規模な準備 खेल के नियमों में भारी हेरफेर ゲームのルールの大幅な変更 (7) 巨大な；巨額の；ものすごい बहुत भारी संख्या में ものすごい数量で भारी आमदनी 巨額の収入 भारी संख्या में 大量に；多数で भारी दहेज़ 巨額のダヘーズ（結婚持参金） (8) 途方もない；とんでもない शादी करके हमने तो भारी ग़लती की है 結婚して途方もない間違いを犯した (9) 非常に高い सूडान के चुनाव में भारी मतदान スーダンの選挙で非常に高い投票率 (10) 強い；強力な उस ज़माने का एक रुपया आज के सैकड़ों रुपयों पर भारी था 当時の 1 ルピーは今の数百ルピーより強かった（数百ルピー以上の値打ちがあった） (11) 消化しにくい；胃にもたれる= गरिष्ठ. (12) 悲しい；憂いに沈んだ भारी गले से 沈んだ声で **भारी क़दमों से** 重い足取りで **भारी गठरी हाथ आ॰** 沢山のものを手に入れる；沢山のものが手に入る **भारी दिल से** 悲しい思いで **भारी पड़ना** 大変な；一通りでない **भारी पत्थर चूमकर छोड़ दे॰** 大変な仕事と判断して止めてしまう **भारी पाँव से** 重い足取りで **भारी बनकर बैठना** うぬぼれる **भारी बात** 重要な事；大事なこと **भारी रखना** さし当たり中止する **भारी रहना** = भारी रखना. **भारी लगना** 苦になる；負担になる；重荷となる **भारी वर्षा** 大雨 **भारी शर्त** 厳しい条件
भारी उद्योग [名] 重工業= हेवी इंडस्ट्री; हैवी इंडस्ट्री.〈heavy industry〉
भारी उद्योग और लोक उद्यम मंत्रालय [名] インド連邦政府重工業・公共企業省〈Ministry of Heavy Industries and Public Enterprises〉
भारी तेल [名] 重油 = भारी तैल.〈heavy oil〉
भारीपन [名] ← भारी. (1) 重さ (2) 重々しさ आवाज़ का भारीपन 声の重々しさ (3) 重苦しさ दिमाग़ में भारीपन का एहसास （仕事で疲れて）頭が重い感じ
भारी पानी [名] (1) 硬水 (2)〔化〕重水〈heavy water〉
भारी भरकम [形] (1) 大変大きい；とても大きい；でかい；巨大な भारीभरकम जिस्म 巨体；巨躯 भारी भरकम तोप 巨大な大砲；巨砲 भारी भरकम शेर ものすごく大きなライオン (2) ずしりと重い；ずっしりした；甚だ重い भारी-भरकम ओवरकोट ずっしりしたオーバーコート पुरानी भारी-भरकम पुस्तक ずしりと重い古書 (3) 大規模な
भारी हाइड्रोजन [名]〔化〕重水素〈heavy hydrogen〉
भारोत्तोलन [名]〔ス〕重量挙げ भारोत्तोलन स्पर्धा 重量挙げ競技
भारोपीय [形] インド・ヨーロッパ語族の भारोपीय परिवार インド・ヨーロッパ語族；印欧語族 भारोपीय भाषाएँ インド・ヨーロッパ語；印欧語
भार्गव [名] (1) バールガヴァ（ブリグ族 भृगु の出身者） (2)〔イ神〕パラシュラーマ परशुराम (3)〔イ神〕シュクラ・アーチャーリヤ शुक्राचार्य (4)〔イ神〕マールカンデーヤ聖仙 मार्कण्डेय (5)〔イ神〕ジャマダグニ聖仙 जमदग्नि
भार्य [名] (1) 使用人；召使い= सेवक. (2) 養われている者 (3) 兵士= सैनिक.
भार्या [名*] 妻= पत्नी; स्त्री; जोरू.
भाल[1] [名] 額= कपाल; ललाट; माथा; मस्तक. **भाल में लिखा हो॰** 人の額に記されている，すなわち，運命づけられている
भाल[2] [名] (1) 槍= भाला; बरछा. (2) 鏃= गाँसी.
भाल[3] [名]〔動〕熊= भालू; रीछ.
भालचंद्र [名] (1) シヴァ神 शिव जी. (2) ガネーシャ神 गणेश
भालचंद्रा [名*] ドゥルガー神
भालदर्शन [名] = सिंदूर; सेंदुर.
भालना [他] (1) 注視する；注意深く見る (2) 探す
भालनेत्र [名] シヴァ神の異名の一
भाललोचन [名]（額，もしくは，眉間に第 3 の眼を持つ）シヴァ神
भाला [名] 槍= नेजा. भाला फेंकना 槍を投げる **भाला तौलना** 槍を使う；槍を操る **भाला-नेजा** 槍や投げ槍 सुलतान के सिपाही, भाले-नेजे की नोक पर कबीर को वहाँ से ले जाते हैं スルターンの兵士が槍を突きつけてカビールをそこへ連れていく **भाले की आनी** 槍の穂先
भालाबरदार [名]《H.+ P. بردار बरदार》槍の使い手
भालिया [名]〔農〕作男に支払われる現物給
भाली [名*] 槍の穂先= भाले की नोक; भाले की गाँसी.
भालुक [名]〔動〕熊= भालू; रीछ.
भालुनाथ [名]〔ラマ〕ラーマを助けた熊の王，ジャームバヴァーン जाम्बवान；ジャームヴァント जामवंत
भालू [名] (1)〔動〕クマ科ツキノワグマ【*Salenarctos thibetanus*】〈Himalayan black bear〉= रीछ. (2)〔動〕クマ科ナマケグマ【*Melursus ursinus*】〈sloth bear〉= रीछ. (3)〔動〕クマ科ヒグマ【*Ursus arctos*】= लाल भालू.
भालू सूअर [名]〔動〕イタチ科アナグマ【*Arctonyx collaris*】〈hog-badger〉= बिज्जू.
भालोद [名]〔イ政〕 भारतीय लोक दल インド大衆党の略称
भाव [名] (1) 存在；存在すること= अस्तित्व; सत्ता. (2) 考え；思い；気持ち उसके प्रति घृणा और हिंसा के भाव जगे थे その男に対して憎しみと殺意とが生じた नवीन भावों ने हम सबके हृदय और मस्तिष्क को अभी पूर्ण रूप से व्याप्त नहीं किया है 新しい考えが我々すべての者の心と頭とをまだ完全に支配していない (3) 観念 भारतीय समाज में कन्या की पवित्रता और सुरक्षा के संबंध में अत्यंत ऊँचे किंतु कठोर भाव हैं インド社会では処女の神聖さと安全に関して非常に高いが厳しい観念がある (4) 精神 प्रतिगामी भाव और शक्तियाँ 退嬰的な精神と勢力 (5) 表情 मैं आपके चेहरे का भाव देखकर बिना आपके कहे ही समझ रहा हूँ 私はあなたのお顔の表情を見てあなたが仰らないのにお言葉を理解している उसके चेहरे पर जो भाव प्रकट हुए 男の顔に浮かんだ表情 आगंतुक आप के चेहरे के भाव पढ़ते हैं 客はあなたの表情を読みます (6) 気持ち；感情；意向 होटल का मालिक उसका भाव समझ गया ホテルの主人は彼の意向を理解した चित्र के प्रत्येक व्यक्ति का भाव और मुद्रा बड़ी सफलता से अंकित है 絵の中のすべての人物の感情と表情とが非常に巧みに描かれている भगवान की सच्ची पूजा के लिए सच्चा भाव और प्रेम चाहिए 神を本当に拝むには真正な思いと愛とがなくてはならぬ (7) 様子；状態 मनुष्य के भीतर जो महान आंतरिक तत्त्व स्थिर भाव से बैठा हुआ है, वही चरम और परम है 人間の中に非常に大きな内的なものが安定した状態で存在するが，それこそが至上のもの，最高のものなのだ उन्होंने अन्यमनस्क भाव से कहा あの方は上の空で仰った (8)〔文芸〕（詩論における）感情 (9) 取引相場；市価；時価；値段

भ

चीनी, गेहूँ और वनस्पति जैसी कई चीज़ों के भावों में गिरावट आई है 砂糖，コムギ，野菜など幾つかのものの相場が下落した क्यों भाई, किस भाव देते हो? どんな値段で売っているのだい（幾らだい）(10) 憑依；神憑りの状態 (-पर = के) **भाव आ॰** （一に＝の）憑依がある＝ (-पर) जनून का दौरा पड़ना. कुछ महिलाओं पर संतोषी माता के भाव आने की बातें भी अकसर सुनाई दे जाती हैं 一部の女性にはサントーシーマーターの憑依が起こるということもしばしば耳にする **भाव उतरना** 値下がりする；相場が下落する **भाव ऊँचा हो॰** 値上がりする **भाव क॰** 値の取引をする；値の取り決めをする **भाव का भूखा** 愛情に飢えている **भाव के भाव** 儲けなしで；元値で **भाव खड़ा रहना** 同じ値が続く；値動きがない **भाव खेलना** いろいろと思う；思いが巡る **भाव गिरना** = भाव उतरना. **भाव चढ़ना** 値上がりする **भाव टूटना** 値が崩れる **भाव दिखाना** いんちきをする **भाव दे॰** *a.* 気持ちを合図で示す；身振りをする *b.* いんちきをする **भाव नरम हो॰** 弱含み **भाव नीचे जा॰** 値下がりする **भाव बंद हो॰** 値が終わる；値が引ける；引け値になる **भाव बताना** 身振りをする；感情を表す **भाव बनना** 取引が成立する **भाव बहना** 値が続く **भाव में गिरावट आ॰** = भाव उतरना.

भावक[1] ［形］情感に満ちた＝ भावपूर्ण.

भावक[2] ［形］生み出す＝ उत्पादक.

भावक[3] ［副］少し；少々；いささか＝ किंचित; ज़रा-सा.

भावगति ［名*］(1) 意欲＝ इरादा; इच्छा. (2) 意図；考え；意見＝ विचार.

भावगम्य ［形］信仰心によって認識可能な

भावग्राहिता ［名*］感受性；感じやすさ

भावग्राही ［形］感受性に富む

भावग्राह्य ［形］信心によって知ることのできる

भावचक्र ［名］輪廻転生の輪

भावज[1] ［名*］兄嫁＝ भाभी; भौजाई.

भावज[2] ［名］〔イ神〕カーマ神 कामदेव

भावजगत् ［名］感情；感性 मनुष्य के भाव-जगत् को उसके आदिम तथा अनगढ़ रूप में प्रस्तुत करने का प्रयत्न किया गया है 人の感情をその本来の姿のまま提示する試みがなされている

भावज्ञ ［形］感じる；感受する；感じやすい；敏感な

भावठी ［名*］なめされていない皮；生皮＝ कच्ची खाल.

भावता[1] ［形+］感じのよい；気持ちよく感じられる；魅惑的な；魅力的な

भावता[2] ［名］愛しい人；最愛の人

भाव-ताव ［名］(1) 価格；値段；相場 (2) 売買交渉；取引交渉 (3) 特質；性質；様式 **भाव-ताव क॰** 取引（値段の交渉）をする **भाव-ताव का हो॰** 適正な（値）；適当な（値） **भाव-ताव से क॰** 立派にする；盛大に，あるいは，派手に行う

भावधारा ［名*］感情；気持ち लेखक की अपनी भावधारा ही विचारसूत्र का नियंत्रण करती है 筆者自身の感情が思索を統御する सामंत सरदार भी अब महाराज की भावधारा में बहकर 領主と将軍も今やマハーラージャーの気持ちに押し流されて

भावना ［名*］(1) 意識 ऊँच-नीच की भावना 身分の上下の意識 अपराध भावना 罪の意識 हर समय नौकरी पेशा इस अपराध-भावना से ग्रस्त रहती है 勤め人は常にこの罪の意識に囚われている सामाजिक भावना 社会意識 (2) 気持ち；心；意欲；感情 त्यौहार लोगों की विद्रोही भावना के कारण नहीं, धार्मिक भावना के कारण पनपे 祭礼は人々の反逆的な気持ちからではなく信心のために盛んになった प्रतिशोध और विद्वेष की भावना से किया हुआ काम कभी ठीक नहीं होता 復讐と憎悪の気持ちからなされた行為は決して良くない उसमें सुधार की भावना कम और मुझ पर छींटाकशी की भावना अधिक थी それには改革の気持ちは少なく私に対する非難の気持ちが強かった सभी देशों को आपसी मनमुटाव की हर भावना का परित्याग करना चाहिए 各国は相互のわだかまりの一切の気持ちを捨て去らなくてはならない लेकिन भय की भावना दूर नहीं हुई थी しかし恐怖感はとれていなかった लोगों में बचत की भावना प्रोत्साहित करते हैं 人々の心に節約の意欲をかき立てる (3) 精神 ऐसा करना लोकतंत्र की भावना के खिलाफ़ होगा こうしないのは民主主義精神に反することになろう सहयोग की भावना 協力の精神 ताशकंद करार की भावना タシケント協定（インド・パキスタンの 1966 年 1 月のタシケント共同宣言）の精神 (4) 心；思い；想い；念；情念 वफ़ादारी की भावना 忠誠心 राष्ट्रप्रेम की भावना जाग्रत करने वाली सामग्री की बहुत आवश्यकता है 愛国心を覚醒させる材料がとても必要である धार्मिक भावना 信心；信仰心 लोगों की धार्मिक भावना 人々の信仰心 (5) 感情 राष्ट्रीय एकता की भावना 民族団結の感情 कर्म को केवल कर्त्तव्य समझकर करना, उसमें फल या सुख-दुःख की भावना न रखना ऐसी बात थी जिससे पश्चिम वाले अब तक सर्वथा अपरिचित थे 行為を単に義務と考えて行うこと，そこに結果や幸，不幸の感情を抱かないことはこれまで西洋の人たちが全く知らなかったことであった (6) 情緒

भावनात्मक ［形］感情的な；情緒的な देश की भावनात्मक एकता 国家の情緒的な団結 भावनात्मक सुरक्षा 情緒の安定

भावनाप्रधान ［形］情緒的な；感情的な；感情に走りやすい भावनाप्रधान हिंदू 情緒的なヒンドゥー教徒

भावनाशून्य ［形］感動のない；無感動な सब जने कायर थे, भावनाशून्य थे कि मरते आदमी की चीखें भी उन का हृदय नहीं दहला सकीं 皆が皆死に瀕した人の叫び声さえ心を震えあがらせることのできないほど臆病で無感動な連中だった

भावप्रकाशन ［名］感情表現

भावप्रधान ［形］感情的な；情に脆い；情に流されやすい；感動しやすい；感激しやすい

भावप्रवण ［形］感受性の豊かな；感受性の強い；感じやすい；感傷的な；感情的な

भावप्रवणता ［名*］感傷性；感情的な性格

भावप्रेरक ［形］叙情的な；感情を揺り動かすような表現の भावप्रेरक वर्णन 叙情的描写

भावबोधक ［形］表現上の；表現に関する भावबोधक प्रकार्य 表現機能

भाव-भंगिमा ［名*］表情；感情を表す身のこなし इसकी बात सुनकर और भाव-भंगिमाओं को देखकर वे लोग हँसने लगे この人の話を聞き表情を見て皆が笑い出した आपकी आवाज़, शब्दों का चुनाव, आपका लहजा और भावभंगिमा भी मधुर और शिष्ट होनी ज़रूरी है あなたの声，言葉の選択，口振りや表情も楽しくて洗練されていなくてはなりません

भावभंगी ［名*］表情；感情の表れ

भावभीना ［形+］感動的な；胸に迫る；感動にあふれる कई बार विदाई के वे क्षण बहुत भावभीने हो उठते हैं 別れの時はしばしば感動的なものになるものだ वारान्निकोव को साहित्यकारों की भावभीनी बिदाई ヴァラーニコフ氏に文学者たちの感動的なお別れ भावभीनी श्रद्धांजलि अर्पित क॰ 感動的な追悼の挨拶をする

भावमय ［形］情感あふれる

भावमुद्रा ［名*］表情

भावलिपि ［名*］表意文字 = भावलेख.

भावली ［名*］〔農〕(1) 刈り分け小作の耕地；分益小作人の耕地 (2) 物納の行われる小作地→ नगदी 金納の行われる小作地 (3)（一定比率の）物納の小作料 (4) ザミーンダールと小作人との刈り分け＝ बटाई.

भावलेख ［名］表意文字 = भावलिपि. 〈ideogram〉

भाववाचक ［形］抽象的な〈abstract〉

भाववाचक संज्ञा ［名*］〔言〕抽象名詞〈abstract noun〉

भाववाच्य ［名］(1)〔言〕中間態〈middle voice〉 (2) 非人称受動態〈impersonal passive voice〉

भाववाच्य क्रिया ［名*］〔言〕非人称動詞〈impersonal verb〉

भावविभोर ［形］激しく感動した；感動に震えた उनके सुरीले स्वर सुन मंदिर में आए दर्शनार्थी भावविभोर हो उठते 美しい声を聞いて参詣の人たちは感動に打ち震える

भावविह्वल ［形］感動に胸の震える；感激に心の震える हाथ आगे बढ़ाकर भावविह्वल लड़खड़ाती आवाज़ में बोला 手を差し出して感動に声を詰まらせながら言った विदुर कृष्ण को देखकर भावविह्वल हो उठे ヴィドゥラはクリシュナを見て感動に震えた

भावव्यंजक ［形］感情を表現する भावव्यंजक शक्ति 感情の表現力 भावव्यंजक शक्ति भरने के लिए 感情の表現力をつけるために

भावव्यंजन ［名］感情表現

भावसूचकांक ［名］〔経〕物価指数〈price index〉

भावहरण ［名］〔文芸〕文学作品の剽窃

भावहारी ［名］〔文芸〕剽窃者

भावहीन ［形］感情のない；感動することのない；無感動な

भावांतर ［名］(1) 気持ちの変わること (2) 別の意味

भावातिरेक ［名］感激；感動

भावात्मक [形] 感情の；感情的な；情緒的な भावात्मक गड़बड़ी 情緒の不安定
भावानुवाद [名] 意訳；パラフレーズ；言い換え
भावाभाव [名] (1) 有と無 (2) 生起と消滅
भावार्थ [名] (1) いわんとするところ；趣旨；意味；意図 उसने अपने पिता के कहने का भावार्थ समझ लिया 父親の趣旨を理解した (2) 文章の大意の解説や注釈
भावार्थक [形]〔言〕非人称の〈impersonal〉
भावार्थक संज्ञा [名*]〔言〕不定詞 पूर्ण भावार्थक संज्ञा 完了不定詞〈perfect infinitive〉
भाविक [形] (1) 自然な；本来の (2) 未来の；将来の (3) 感情に関わる；感情的な
भावित [形] (1) 考えられた；考察された (2) 混じられた
भाविता [名*] 未来；将来= होनहार; होनी.
भाविनी [名*] (1) 美人；美女；佳人 (2) 貞淑な女性；貞女
भावी[1] [形] 将来の；未来の；予定の भावी वर-वधू 将来の夫婦 भावी जीजा जी 未来の姉婿 भावी भूमिका 将来の役割 प्रत्येक बालक देश का भावी नागरिक है どの子も国の未来の市民なのです हृदय भावी अशुभ की आशंका से दहल गया これから先に起こる不吉なことを案じて震えあがった
भावी[2] [名*] (1) 運命；宿命 भावी को कौन टाल सकता था 運命をだれが変えることができたであろうか तकदीर बिना कुछ नहीं पाता.भावी बलवान है 人は運がなければ何も手に入れることはできない．運命には逆らえないものだ (2) 未来；将来
भावुक [形] (1) 感じやすい；感受性の強い ऐसी लड़कियों का भावुक मन このような女の子たちの感じやすい胸 (2) 感傷的な भूली-बिसरी स्मृतियाँ ताज़ी हो जाने पर प्रायः सभी का मन भावुक हो उठता है 忘れ去っていた思い出がよみがえるとだれしも感傷的になるものだ (3) 激しやすい；感情に動かされやすい；情緒的な
भावुकता [名*] (1) 感受性 (2) 感傷 (3) 情緒的なこと उसने भावुकता से कहा - जहाँ प्रेम नहीं है हुज़ूर, वहाँ कोई स्त्री नहीं रह सकती 彼は感情を高ぶらせて言った．「愛情がないようなところには女性はいたたまれないものなのです」
भावे प्रयोग [名]〔言〕非人称態〈impersonal voice〉
भावोत्तेजक [形] 感情を刺激する भावोत्तेजक वर्णन 叙情
भावोद्रेक [名] 感情の高ぶり
भावोन्मेष [名] 感情の生じること；感情の生起
भाव्य[1] [形] (1) 必然的な (2) 未来の；将来の
भाव्य[2] [名] 未来；将来= भविष्य.
भाव्यता [名*] = भाव्य[2].
भाषण [名] (1) 話すこと；発言= कथन. (2) 演説；講演= व्याख्यान. नेताओं के जोशीले भाषण 大物政治家たちの熱のこもった演説 नीतिसूचक भाषण 基調講演 विद्वत्तापूर्ण भाषण 学殖あふれる講演 (3) 台詞 नाटक में भाषण = संवाद. (4) 会話 **भाषण दे॰** 演説する；講演する जनता में भाषण देता और नयी चेतना लाने की कोशिश करता 民衆に向かって語りかけ新しい意識をもたらそうと努力する **भाषण मारना** 演説をぶつ
भाषण कला [名*] 雄弁術；弁論術
भाषांतर [名] 翻訳；訳= अनुवाद; उल्था; तरजुमा; तर्जुमा.
भाषांतरकार [名] 翻訳者；訳者= अनुवादक.
भाषांतरण [名] 翻訳（の作業）；訳すること；訳出
भाषा [名*] (1) 言葉；言語 आजकी भाषा में वर्गभावना 今日の言語における階級意識 भाषा की योग्यता बढ़ जाएगी 言葉の能力が増す；表現力が豊かになる साहित्यिक भाषा 文語= अदबी ज़बान. (2) 現代ヒンディー語 (3) 社会方言 (4) 話し言葉 = बोलचाल की भाषा.
भाषाई [形] 言語上の；言語関係の；言語的な भाषाई प्रभाव 言語の影響
भाषा-एटलस [名]《H. + E. atlas》言語地図〈linguistic atlas〉
भाषा कालक्रम विज्ञान [名] 言語年代学〈glottochronology〉
भाषाकुल [名]〔言〕語族= भाषा परिवार.〈language family〉
भाषाद्वीप [名]〔言〕言語の島〈speech island〉
भाषा परिवार [名]〔言〕語族 = भाषाकुल.
भाषाबद्ध [形] (1) 言葉にされた；言葉になった (2) 文字化された
भाषाभूगोल [名]〔言〕言語地理学〈language geography〉
भाषा मनोविज्ञान [名] 言語心理学〈linguistic psychology〉
भाषा मानचित्र [名]〔言〕言語地図〈linguistic map〉
भाषावाद [名] 言語優先主義（ある地域において特定の言語に対して優先的な地位を与える考え方や立場）
भाषावार [形] 言語別の；言語に基づいた **भाषावार राज्य** 言語州（地域の主要な言語に基づいて行政単位が分けられた州）；言語別州= भाषावार प्रांत.
भाषा विज्ञान [名] 言語学= भाषा शास्त्र; लिसानीयत. **अनुप्रयुक्त भाषा विज्ञान** 応用言語学 **तुलनात्मक भाषा विज्ञान** 比較言語学 **वर्णनात्मक भाषा विज्ञान** 記述言語学 **संरचनात्मक भाषा विज्ञान** 構造言語学
भाषा विज्ञानी [名] 言語学者〈linguist; linguistician〉
भाषाविद् [名] 言語学者；博言学者
भाषा विश्लेषण [名] 言語分析
भाषा वैज्ञानिक[1] [形] 言語学の；言語学上の
भाषा वैज्ञानिक[2] [名] 言語学者
भाषा शास्त्र [名] 言語学= भाषा विज्ञान.
भाषा शास्त्री [名] 言語学者= भाषा विज्ञानी. शिक्षाविद् और भाषा शास्त्री 教育学者で言語学者
भाषा-शैली [名*] (1) 文体 निबंध की भाषाशैली 随筆の文体 (2) 言い方；表現；表現法
भाषा संबंधी [形] 言語上の；言語的な= भाषिक.
भाषिक [形] 言語の；言語上の；言語に関わる बालकों में भाषिक क्षमता का विकास 子供の言語能力の発達 **भाषिक अर्थ**〔言〕言語的意味〈linguistic meaning〉 **भाषिक रूप**〔言〕言語形式〈linguistic form〉
भाषिका [名*]〔言〕方言 = बोली; उपभाषा.〈dialect〉
भाषिका भूगोल [名] 方言地理学〈dialect geography〉
भाषिका विज्ञान [名]〔言〕方言学〈dialectology〉
भाषित[1] [形] 話された；述べられた；語られた
भाषित[2] [名] (1) 言葉 (2) 会話
भाष्य [名] (1) 注釈 संस्कृत भाष्य サンスクリット語による注釈 (2) 言葉；表現 (3) 注釈書
भाष्यकार [名] 注釈家
भास [名] (1) 感じ；思い लेकिन फिर भी यहाँ कुछ-कुछ खुलेपन का भास ज़रूर होता था しかしそれでもここではいささか開放感がするのは確かだった मित्रों को भास हुआ जैसे उन्होंने कोई आवाज़ सुनी हो 友人たちは何かの音を聞いたような感じを受けた (2) 感づくこと श्यामा ने उसे इस बात का भास नहीं होने दिया कि महाराज के आदेश से उसने जमुना को काम पर लगाया है シャーマーは料理人の命令でジャムナーを仕事に就かせたと彼に感づかれないようにした (3) 光；輝き
भासक [形] 光を放つ；光る；輝く
भासना [自] (1) 光る；輝く (2) 見える；見受けられる (3) 感じられる；思える बचपन और यौवन शायद स्वयं में इतने भरपूर होते हैं कि उस आलम में अभाव भी भावों -भरे भासते हैं 子供時代と青春は多分それ自体がその中では足りないものまでが満ち足りているように思えるほど充実しているものなのだ उसे पहली बार, दीपक के साथ चलते हुए एक समूचे परिवार का-सा भास हुआ 彼はディーパクと一緒に歩みながら初めて１つの家族のような思いがした
भासमंत [形] 光る；輝く；光に満ちた
भासमान [形] (1) 思える；感じられる (2) 明らかな；判明している
भासिक [形] (1) 見える；見られる (2) わかる；判明する
भासित [形] 光り輝く；輝きを放つ= चमकीला; प्रकाशमान.
भासुर[1] [形] 光る；輝く= चमकीला.
भासुर[2] [名] 水晶 = स्फटिक.
भास्कर [名] (1) 太陽 (2) 金 (3) 火 (4) 勇者
भास्वर[1] [形] 光る；輝く；光を放つ；きらめく= चमकदार; चमकीला. तुम संसार में सुख भोगने के पश्चात् आकाश में ध्रुव तारे के रूप में सदैव अटल तथा भास्वर रहोगे 汝はこの世の快楽を享受した後，天に昇り北極星として永久に不動の位置を占め輝き続けるであろう
भास्वर[2] [名] (1) 光 (2) 太陽
भिंचना [自] → भींचना. (1) きつく閉じられる；固く閉ざされる；締めつけられる होंठ भिंचे हुए थे 唇はきつく閉じられていた भिंचे हुए जबड़े खोलने के लिए 固く閉じられたあごを開くため (2) 強く押さえられる；きつく押さえ込まれる घुटना अगर गेंद से ज़्यादा आगे होता है तो गेंद ज़मीन से भिंच जाती है और पूरी तेज़ी से आगे नहीं जाती 膝がボールより前に出すぎるとボールは地面に押さえ込まれて思いきり前に進まない

भ

भिंडी [名*]〔植〕(1) アオイ科草本オクラ= रामतरोई.【*Hibiscus esculentus*】 (2) その実
भिंसार [名] 早朝；朝ぼらけ= भिनसार; भिनुसार; सबेरा; सुबह; प्रातःकाल.
भिंसू [名]〔植〕ヤナギ科小木ヨツシベヤナギ【*Salix tetrasperma*】
भिक्खु [名]〔仏〕比丘= भिक्षु.
भिक्षण [名] こつじき（乞食）；托鉢= भिखमंगी.
भिक्षा [名*] (1) 托鉢；こつじき（乞食） (2) 乞食；物乞い (3) 哀願 (4) 請願；依願 **भिक्षा माँगना** *a.* 托鉢する *b.* 物乞いする
भिक्षाचर [名] 比丘= भिक्षुक.
भिक्षाचर्या [名*] (1) 托鉢 (2) 物乞い
भिक्षाजीवी [形] 物乞いをする；乞食をする
भिक्षाटन [名] (1) 托鉢；こつじき（乞食） एक साधु भिक्षाटन के लिए निकला हुआ था 托鉢に出掛けた1人の修行者がいた (2) 物乞い
भिक्षान्न [名] 托鉢や物乞いによって得られた穀物
भिक्षा-पात्र [名] (1) 托鉢用の鉢 (2) 托鉢する資格のある人
भिक्षार्थी [形] (1) 托鉢する (2) 物乞いする
भिक्षावृत्ति [名*] こつじき（乞食）；托鉢
भिक्षु [名] (1) 托鉢者；托鉢僧；比丘 (2) 乞食 **बौद्ध भिक्षु** 比丘
भिक्षुक [名] = भिक्षु.
भिक्षुचर्या [名*] = भिक्षावृत्ति.
भिक्षुणी [名*]〔仏〕びくに（比丘尼）；尼
भिक्षुसंघ [名]〔仏〕僧伽；サンガ
भिखमंगा [名] 乞食= भिखारी; भिक्षुक.
भिखमंगी [名*] 乞食すること；乞食して歩き回ること
भिखारिन [名*] 乞食（女）；女性の乞食= भिखारिनी; = भिखमंगिन.
भिखारी [名] ↔ भिखारिन 乞食= भिखमंगा.
भिगोना [他] (1) 濡らす；湿らす उसके पैरों को आँसुओं से भिगोऊँगी 私はあの人の足元を涙で濡らす बिस्तर भिगो दे॰ 寝小便をする (2) 浸す；つける कभी कभी तीन तीन दिन की सूखी रोटियाँ पानी में भिगो भिगोकर खाते थे 時には3日も前のひからびたパンを水に浸して食べていた एक कप चिवड़े को पानी से धोकर दूध में भिगो दें カップ1杯のチウラーを水で洗い牛乳に浸して下さい चने या मटर को पानी में भिगोया जाए ヒヨコマメかエンドウマメを水に浸すこと स्पंज को भिगोकर निचोड़ लें スポンジを浸して搾ること **भिगो भिगोकर जूता मारना** ひどい目に遭わせる；さんざんな目に遭わせる **भिगो भिगोकर मारना** = भिगो भिगोकर जूता मारना.
भिगौना [名] 鍋；釜= भगोना; भगौना. अलमुनियम का बड़ा भिगौना アルミの大鍋
भिजवाना[1] [他・使] ← भेजना. (1) 送らせる；送ってもらう मैंने संदेश भिजवाया 知らせを送らせた（送ってもらった） उसने मालिक को खबर भिजवाई 主人の許へ知らせを送らせた (2) 届けさせる；届けてもらう राजा ने उस लाल से भी कीमती सामान उसे बदले में भिजवाया 王はそのルビーよりも高価な物をお礼に男のところへ届けさせた (3)（人を介して）行かせる；派遣させる；入れさせる महेंद्र राजेश को एक षड्‌यंत्र में फँसाकर जेल भिजवा देता है マヘンドラはラージェーシュをある陰謀に巻き込んで投獄させる
भिजवाना[2] [他・使] ← भिजाना.
भिजाना [他] = भिगोना.
भिजोना [他] 濡らす；浸す；つける= भिगोना.
भिटकना [自] 避ける；遠ざかる
भिटना[1] [自] (1) 会う；出会う= भेंट हो॰. (2) 接する；接触する (3) 汚れる；汚染される
भिटना[2] [名] 小さな球形の実
भिड़ंत [名*] (1) ぶつかること；衝突（すること） ट्रकों की भिड़ंत トラック同士の衝突 (2) 小競り合い；対決；組み打ち；衝突；戦闘 पुलिस टुकड़ियों से सशस्त्र भिड़ंत में 警察の小隊との武器での衝突で
भिड़ [名]〔昆〕スズメバチ科スズメバチ **भिड़ का छत्ता** *a.* スズメバチの巣 *b.* 触れたり手出ししたりすると甚だ危険な物 **भिड़ के छत्ते को छेड़ना** 虎の尾を踏む；ハチの巣をつつく वकील से बहस करना भिड़ के छत्ते को छेड़ना था 弁護士と言い争うことは虎の尾を踏むことに等しかった **भिड़ के छत्ते में हाथ डालना** = भिड़ के छत्ते को छेड़ना.
भिड़ना [自] (1) 組みつく；取り組む；組み打ちする；ぶつかる；対決する वह फिर मोती से भिड़ गया もう1度モーティーに組みついた उसने सीधे भिड़ने की बजाय छल-कपट से उन्हें कमज़ोर करने का इरादा किया 正面からぶつかる代わりに策を用いて相手を弱らせようと考えた (2) 必死になってする；気力をふりしぼって立ち向かう；頑張る वे बुरी तरह हाँफ रहे थे, परंतु फिर भी खेत जोतने में भिड़े हुए थे ひどく喘いでいたがそれでも気力を出して犂での作業に精を出していた (3) ぶつかる；衝突する；かち合う
भिड़ाना [他] (1) ぶつける；ぶつけ合う；衝突させる (2) 争わせる
भितल्लाना [名] 裏地；裏布= अस्तर.
भितल्ली [名*] 碾き臼の下段の石
भित्त [名] (1) 部分；一部 (2) 壁；塀
भित्ति [名*] (1) 壁= दीवार. (2) 塀= दीवार. देवालय का प्रवेशद्वार तथा भित्तियाँ 神社の入り口と塀 (3) 物の内側と外側とを仕切るもの आँत की भित्ति को भेदकर 腸壁を突き破って (4) 部分；一部分
भित्तिचित्र [名] (1) 壁画 गुफ़ाओं की दीवारें चित्रकला（भित्ति-चित्र）से ढकी थीं 洞窟の壁は絵画（壁画）で覆われていた (2) ポスター；ビラ
भिदना [自] (1) 突き抜かれる；貫かれる；穴があく= भेदा जा॰; छिदना. (2) 突き入る；入り込む= धँस जा॰.
भिनकना [自] (1) 虫がぶんぶん羽音を立てる (2) ハエなどがたかる；群がる खाने की चीज़ें खुली रहती हैं, उनपर मक्खियाँ भिनकती रहती हैं 食べ物がむき出しのままなのでそれにいつもハエがたかっている (3) 打ち捨てられる；うっちゃられる；役立たずになる विवाह हो या उत्सव दूसरों की चीज़ें माँगी जाती हैं.काम हो जाता है, वे पड़ी भिनका करती हैं 結婚式であれ祝い事であれよそから物を借りることになる．用が済んだ後それらは放り出されたまま邪魔物扱いになる (4) いやな感じがする；嫌気がさす；疎ましい
भिनभिन [名*]（ハエなどの虫の）ぶんぶんという羽音 मक्खियाँ हाथ मुँह पर आकर भिनभिन करती हैं ハエが手や顔にやってきてぶんぶん飛び回る
भिनभिनाना [自] (1) ハエなどの虫がぶんぶん音を立てる；飛び回る मक्खियाँ भिनभिना रही हैं ハエがぶんぶん飛び回っている (2) ハエなどがたかる；群がる मुँह और आँखों पर मक्खियाँ भिनभिनाती हैं 口や目にはハエが群がる
भिनभिनाहट [名*] (1) ハエなどの虫がぶんぶん飛び回ること (2) 虫が群がること (3) 虫の羽音
भिनसार [名] 早朝；明け方= प्रातःकाल; प्रभात; सबेरा; भिनुसार. माघ की भिनसार अधिक सुहावनी थी マーガ月の早朝は一層心地よかった
भिनसारा [名] = भिनसार.
भिनसारे [副] 早朝；朝早く इत्ती भिनसारे कहाँ चला रे? こんなに朝早くどこへ出掛けるのだい
भिनुसार [名] = भिनसार.
भिन्न[1] [形] (1) ちぎられた；引きちぎられた (2) 分けられた；分割された (3) 異なった；違った；違う；異種の भिन्न विचार 異なった考え；異見 (4) 別の；他の (5) 様々な；多様な= विभिन्न. **भिन्न-भिन्न** 様々な；いろいろな इस संबंध में सभी आचार्यों के मत भिन्नभिन्न हैं これに関してはすべての学匠の意見は異なっている
भिन्न[2] [名] (1) 断片；破片 (2)〔数〕分数
भिन्नता [名*] ← भिन्न. (1) 違い；相違；区別 (2) 偏差= विचलन. (3) 多様性 वहाँ के त्यौहारों का स्वरूप भिन्नता लिए है 同地の祭礼の様式は多様である
भिन्नवर्ण [形] (1) 色の異なる；別の色の (2) ヴァルナ वर्ण が別の；ヴァルナが異なる
भिन्नहृदय [形] 胸の引き裂かれた；悲しみに打ちひしがれた
भिन्नांडज [形] 二卵性の **भिन्नांडज यमज** 二卵性双生児
भिन्नात्मक [形] (1) 端数の (2) 分数の
भिन्नाना [自] (1) 怯える；怯えて目がくらむ (2) 逃げ出す；逃げ腰になる (3) 目がくらむ；めまいがする
भिन्नार्थक [形] 意味の異なる；異義の
भिन्नोदर [形・名] (1) 腹違いの；母親の違う (2) 異母兄弟
भिलनी [名*] ビール भील 族の女性→ भील.
भिलावाँ [名] (1)〔植〕ウルシ科小木スミウルシノキ【*Semecarpus anacardium*】= भिलावन. (2) 同上の果実
भिल्ल [名] = भील.
भिल्लतरु [名]→ भिल्लोट; लोध.〔植〕ハイノキ科常緑低木【*Symplocos racemosa*】

भिल्लोट [名] → भिल्लतरु.
भिश्त [名] ← बिहिश्त. 天国 = स्वर्ग.
भिश्ती [名]〔イス〕ビシュティー（水汲み人；水運搬人；飲料水や清掃用の水汲みや水運搬，下水の清掃などに従事する） भिश्ती हमारी नालियाँ धुलवाता है ビシュティーは下水の掃除をする
भिस [名*] 蓮根= भिस्स; कमल की जड़.
भींगना [自] = भीगना.
भींचना [他] (1) きつく握る；強く閉じる；締めつける= खींचना; कसना. कभी अपनी मुट्ठी भींचते थे 拳骨を握りしめる (2) 強く引く；強く引き寄せる उन्होंने मुझे और निकट भींचा 私を更にぐいと引き寄せた (3) 抱きしめる；抱き寄せる यदि मैं उसे जबरदस्ती पकड़ने या पकड़कर भींचने की कोशिश करता हूँ तो एकदम नाराज होकर दूर छिटक जाता है むりやり捕まえたり捕まえて抱き寄せようとすると急に不機嫌になって遠くへ離れて行ってしまう (4) 歯を食いしばる युवक अभी भी अपने तीखे दर्द को दाँतों में भींच रहा है 青年はまだ鋭い痛みを歯を食いしばって我慢している
भींजना [自] (1) 濡れる (2) 湿る= भीगना.
भींत [名*] = भीत.
भी[1] [副助] これは名詞，代名詞，動詞，副詞に接続するが，一般形容詞の付加的用法には接続しない．疑問代名詞 क्या，कौन には接続しない．格助詞には後接する．(1) 包摂的な意味を加える．他に類似のものや同様のもののあることを強調的に表す मैं नाम भी जानता था 名前も知っていた कहीं ये भी बिगड़ न जाएँ ひょっとしてこの子らも出来損なわないように वह गुदगुदा भी हो सकता है それはふわふわした物でもありうる हमें भी तो आपके बारे में सोचना चाहिए 私のほうもあなたのことについて考えなくてはなりません (2) 例示したり列挙したりする कला के पारखी भी हैं सौंदर्य के भी 芸術を見る目ばかりでなく美を見る目も持っている मुझे दादी के प्रश्नों पर हँसी भी आ रही थी और झुँझलाहट भी 祖母の質問はおかしくも感じられいらだたしくも感じられた इस दुनिया में गरीब आदमी भी है और अमीर आदमी भी この世の中には貧しい人もいれば金持ちもいる (3) 極端な例を挙げて限定したり他を推測させる अँधेरे में भी सुंदर 暗がりの中でも美しい जनता क्रांति का सपना भी नहीं देख पा रही है 民衆は革命の夢さえ見れないでいる तुम भी तो आशा का ख़याल रखती होगी あんたさえもアーシャーのことをきっと気にかけているでしょう सपने में भी 夢の中でさえ (4) 限定形容詞や代名形容詞に接続して用いられる．不定代名詞に接続して，すべての（もの），あらゆる（もの），いかなるものも，などの意を表す कोई भी लड़का いかなる男の子も कुछ भी समझ लो, पर एक बात कान खोलकर सुन लो 君がどのように判断しようが構わぬが１つのことはしっかりと聞いておいてくれたまえ किसी भी कीमत पर いかなる代価を払っても (5) 関係代名詞に接続すると包括的・概括的な限定を表す जो भी उस बैठक में उपस्थित होगा その会合に出席する者はだれでも (6) 接続分詞に接続して逆接の確定条件，もしくは，仮定条件を表す पानी पीकर भी 水を飲んでも उसके बाप लाख कोशिश करके भी तो किसी काम में अपना मन नहीं लगा पाती それからはどんなに努力してもどんなことにも熱を入れられない (7) 逆接の仮定条件・譲歩的な意味を表す पानी गर्म करेगा भी तो कैसे 湯を沸かすにしてもどうやって沸かすのだ मेरे मरने के बाद रुपया आया भी, तो मेरे किस काम का 俺が死んでから金が入ったとしても俺の何の役に立つのだ (8) 動詞に接続してその意味を強調する वक़्त पर आया भी 時間通りに来たのは確かだ पति पत्नी के मामले में कोई बोल भी कहाँ तक सकता है 夫婦間のことに第三者がどこまで口出しできるものか (9) 強調や確認を表す बच्चों से कुछ बात करेंगे भी 確かに子供たちと少し話もするさ फिर तुम तो एक मनुष्य हो, वह भी सब ओर से ठुकराई हुई それに君は１人の人間ではないのか．その上だれからもはねつけられた उसकी पसंद भी तो ऐसी ही है あの子の好みにしても正にこれなんだ मगर दूध भी तो इतना ही था でも牛乳にしてもたったのこれだけしかなかった ठीक है, क्रांति ज़्यादा जरूरी है, पर पल्ले पैसे भी तो हों そうだ，革命のほうが大切なんだ．だが，手許にはお金もなくてはね पिक्चर भी तो कल देखी जा सकती है 映画にしても明日見ることができるもの भला, इसमें उसे क्या मिलता होगा? मेहनत भी तो न आती होगी 一体全体あの人がこれで何を得るだろうか．労賃分にさえなるまいに तुम अपनी पसंद भी तो बताओ, तुम्हें कैसी लगी? 君，せめて自分の好みは言えよ．どうだった (10) 命令文に用いられて相手への訴えかけや動作を促したりする気持ちを伝える उठ भी जाओ ともかく起きなさいよ अब चलो भी, ऐसे क्या घूर रहे हो? さあ，もう行こうよ．こんなふうに何を睨んでいるのだい वह हाथ झटका कर बोली थी, "अरे छोड़ो भी" 女は手を振り払って言った．「かまわないのよ」 चुप भी रहो まあ静かになさいよ（うるさいわね） सुनिए भी まあお聞き下さいよ (11) और で接続される動詞表現の前後に用いられ２つの動作の対照を示す．後の動詞は否定表現を伴う जानता भी और बतलाता भी नहीं 知っているくせに語りさえしない (12) 未完了分詞の副詞的用法に接続して逆接の条件を表す न चाहते हुए भी 望まないにもかかわらず इस लिए मन न चाहते हुए भी नहीं मानता था だからその気持ちはなかったにもかかわらず応じなかった **भी तो** भी を強調的に述べる表現 तुम्हारी भी तो आँखें हैं お前にも確かに目はあるじゃないか मुझे खुद भी तो सुनना पड़ता है 私自身も確かに聞かなくてはならない चाचा से पुलिस का सिपाही भी तो डरता था なんと警官すら叔父を恐れていた
भी[2] [終助] 命令文の文末に用いられて意志，感情，判断，意見などを相手に強く訴えたり押しつけようとする表現を作る सुनो भी ねえ聞いてと言ってるのよ इसे हटाओ भी これを退けてくれって言ってるだろうが
भीख [名*] (1) 物乞い (2) こつじき（乞食）；托鉢 (3) 物乞いや乞食して得たもの；物乞いに与えられるもの आधी भीख वह अपने और रमेश के काम में लाता था 乞食して得たものの半分は自分とラメーシュのために用いていた **भीख माँगना** *a.* 物乞いする भीख माँगना तो सब से नीच काम है 物乞いは一番卑しいこと *b.* 懇願する；哀願する
भीगना [自] (1) 濡れる पसीने से सारा शरीर भीग गया है 汗で全身が濡れてしまっている भीगा रूमाल 濡れたハンカチ भीगे हुए पोतड़े 濡れおしめ (2) 湿る (3) 潤む सलीम की आँखें भीग गईं サリームの目が潤んだ (4) 浸る भीगे हुए मुनक्के 水に浸された干しブドウ (5) ふやける；ほとびる (6) 哀れみを感じる；同情する (7) 愛情で胸が一杯になる；愛情に胸があふれる **भीगता स्वर** 悲しげな声 **भीगा चूहा** たちの悪い人 **भीगा हुआ जूता लगाना** ひどい目に遭わせる；打ち据える **भीगी आँखें** 潤んだ目 **भीगी बिल्ली** *a.* 震えあがった；怯えきった；縮みあがった *b.* 狡猾な；悪賢い भीगी बिल्ली बनकर बोलना 震えあがって哀願する **भीगी बिल्ली बताना** 怠けるために口実を設ける；ごまかす
भीचना [他] = भींचना.
भीजना [自] = भीगना.
भीट [名] 丘陵地；小高い場所；傾斜地
भीटा [名] (1) 丘；小さい丘；塚 (2) キンマの栽培のために盛り上げて傾斜をつけ棚の作られた畑
भीड़ [名*] (1) 群衆；群集 (2) 人混み；人込み क्लिनिक में भीड़ अधिक थी 医院はいつもより混んでいた इसी समय यहाँ पर्यटकों की भीड़ रहती है ちょうどこの時，同地は観光客で混み合う (3) 群れ；混雑 मोटरों, गाड़ियों की भीड़ 自動車や荷車の混雑 जिस ओर वह हाथ उठाता है, भीड़ रुक जाती है（警官が）指し示す方角の人の群れは立ち止まる (4) 人数の多いこと；大勢 नौकर-चाकरों की भीड़ थी 使用人，召使いたちが大勢いた **भीड़ चीरना** 人混みをかき分ける **भीड़ छँटना** 人だかりが散る；群衆が散る एक ओर की भीड़ छँटती है 片側の人だかりが散る **भीड़ टूट पड़ना** 人が殺到する **भीड़ पड़ना** 厄介なこと面倒なことが生じる **भीड़ लगना** 人だかりがする；大勢集まる उनके यहाँ इक्के-ताँगे वालों और गाड़ीवानों की भीड़ लगी रहती है 馬車屋や牛車引きたちがいつも大勢集まっている
भीड़-भड़क्का [名] = भीड़-भाड़. भीड़-भड़क्के के प्रति उदासीन 人だかりに無関心な
भीड़-भाड़ [名*] 人出；人混み；人だかり；群衆；混雑 सुबह और शाम जब दफ़्तर जाने आने वालों की भीड़-भाड़ रहती है 朝夕勤め人で混み合う時 बसों में भीड़-भाड़ कम रही バスはあまり混んでいなかった भीड़-भाड़ वाले इलाके में 人混みのある（混雑している）地域で；繁華街で
भीड़ा [形⁺] 狭い；狭苦しい= संकुचित; तंग.
भीत[1] [形] 恐れた；怯えた；恐れおののいた
भीत[2] [名*] (1) 壁；壁面 राजाज्ञाओं का उल्लेख बहुत बड़ी-बड़ी शिलाओं और भीतों पर सम्राट श्री हर्षवर्धन की मुद्रा सहित किया गया था 勅令はとても大きな石や壁面にハルシャヴァルダナ王の印章と共に

記された (3) 塀 (4) 支え **भीत के भी कान होते हैं** 〔諺〕壁に耳あり＝दीवार के भी कान होते हैं. **भीत खड़ी क॰** 壁や塀を巡らせる；障壁を作る (-की) **भीत पर खड़ा हो॰** (ーを) 支えにする (-) **भीत में चुनना** (ーを) 積み上げる煉瓦などの間に埋めこんだり生き埋めにしたりする **भीत में दौड़ना** 力量以上のことをする

भीतर[1] [副・後置] 中に；うちに；内側に भीतर से उठनेवाला 内部から起こる；内側から生じる；内発する भीतर ले आ॰ 搬入する (-के) भीतर (ーの) 中に；内に；内側に＝(-के) अंदर. जगन्नाथ जी का मंदिर बहुत विशाल है तथा दो परकोटों के भीतर है ジャガンナート寺院は広大で二重の塀の内側にある **भीतर पैठकर देखना** 真相を探る **भीतर बाहर क॰** 出たり入ったりする **भीतर-भीतर** ＝भीतर-ही-भीतर. **भीतर भीतर चुरना** *a.* 内密の話が進められる *b.* ゆっくり煮える；ぐつぐつ煮える **भीतर भीतर छुरी चलाना** 陰謀を巡らす；陰に回って危害を及ぼす **भीतर भीतर सुलगना** 悶々とする **भीतर ही भीतर** *a.* 内心 *b.* 密かに；内密に；内緒で

भीतर[2] [名] (1) 内側；内部；内面 (2) 心；内面 (3) 奥；女人部屋 **भीतर का कुआँ** 良いものだが人の役に立たないたとえ **भीतर का पट खुलना** 心眼が開く **भीतर की आँखें अँधी हो॰** 心眼が見えなくなる **भीतर बाहर एक-सा हो॰** 裏表のない；陰ひなたのない **भीतर से पोला हो॰** 中身のない；空虚な；うつろな

भीतरी [形] (1) 内部の；内側の；裏面の (2) 奥まった；内の (3) 秘めた；内緒の；内密の；奥の；隠された भीतरी अर्थ 深い意味；隠された意味 **भीतरी ख़बर** 内密の話 (4) 心の；心の中の；心からの **भीतरी घाव** *a.* 打ち身 *b.* 心の傷 **भीतरी बात** ＝भीतरी ख़बर. **भीतरी मार मारना** 外面や外側ではなく内面に深い打撃を与える **भीतरी पेच** 雌ねじ **भीतरी रक्तस्राव** 内出血

भीति [名*] (1) 恐れ；恐怖 (2) 〔医〕恐怖症

भीनना [自] (1) しみこむ (2) 行き渡る (3) 広がる (4) 覆われる

भीना [形⁺] かすかな；仄かな भोजन की भीनी-भीनी सुगंध 料理の仄かな芳香 चारों ओर भीनी-भीनी-सी ख़ुशबू 辺り一面に仄かな芳香

भीम[1] [形] (1) 恐ろしい；恐るべき (2) 巨大な

भीम[2] [名] 〔マハ〕ビーマ (パーンダヴァ五兄弟の 2 番目)

भीमकाय [形] 体の甚だ大きな；巨体の；巨躯の भीमकाय होने पर भी 巨体でありながらも

भीमता [名*] ←भीम. 恐ろしさ；畏怖すべきこと

भीमराज [名] 〔鳥〕オーチュウ科カザリオーチュウ＝भृंगराज.

भीमसेन [名] 〔マハ〕ビーマセーナ；ビーマの別名＝भीम[2].

भीमसेनी[1] [形] ビーマセーナの

भीमसेनी[2] [名] (1) リュウノウ (竜脳) ＝बरास. (2) 〔植〕フタバガキ科大高木リュウノウ／リュウノウジュ (竜脳樹)【*Dryobalanops aromatica*】＝भीमसेनी कपूर का पेड़.

भीमसेनी एकादशी [名*] (1) 〔ヒ〕ジェーシュタ月，すなわち，インド暦の 3 月の白分 11 日；ビーマセーニー・エーカーダシー (2) 〔ヒ〕カールティカ月，すなわち，インド暦の 8 月の白分 11 日；ビーマセーニー・エーカーダシー→एकादशी.

भीमसेनी कपूर [名] リュウノウ (竜脳) ＝बरास.

भीरु [形] 臆病な；恐がりの；小心な सावित्री स्वभाव से भीरु थी サーヴィトリーは臆病な性格だった

भीरुता [名*] 臆病；小心；怯懦

भील [名] ビール族 (主にラージャスターン，マディヤ・プラデーシュ，マハーラーシュトラなどの丘陵地帯を中心に居住する先住部族民の伝統を受け継ぐ部族民)

भीलनी [名*] ビール族の女性＝भिलनी. →भील.

भीषण[形] (1) 恐るべき；震えあがらせる；震撼させる भीषण हत्याकांड जलियाँवाला बाग़ में ジャリヤーンワーラーバーグでの恐るべき殺戮 (2) ものすごい；猛烈な；激しい；強烈な जनता पर भीषण अत्याचार 民衆に対するものすごい無法行為 भीषण बारिश ものすごい雨 इसी पर दीवार की उस ओर एक भीषण हँसी की प्रतिध्वनि सुनाई दी 壁の向こう側に激しい笑い声の反響が聞こえた भीषण दमे के कारण 激しい喘息のために भीषण आवाज़ 轟音

भीषणता [名*] ←भीषण. (1) 恐ろしさ (2) 激しさ；猛烈なこと संग्राम की भीषणता और भी बढ़ी 戦闘の激しさは更に増した

भीष्म[1] [形] 恐ろしい；恐るべき；戦慄すべき

भीष्म[2] [名] 〔マハ〕ビーシュマ (シャーンタヌ王 शान्तनु とガンガーの間に生まれた) **भीष्म प्रतिज्ञा क॰** 甚だ困難な誓いを立てる (王位を継承せず生涯独身を貫くというビーシュマの立てた誓いになぞらえて)

भुँइँचाल [名] 地震＝भूचाल；भूकम्प.

भुँइ [名*] 大地＝पृथिवी；पृथ्वी；भूमि.

भुँइहरा [名] →भुइँहरा.

भुँजना [自] 煎られる；炙られる

भुँजौना [名] (1) 煎った穀物 (2) 穀物を煎る手間賃

भुंडा [形⁺] (1) (動物の) 角のない (2) 質の悪い；不埒な

भुइँ [名*] 地；地面；大地＝भूमि；पृथ्वी.

भुइँ आँवला [名] 〔植〕トウダイグサ科雑草キダチミカンソウ【*Phyllanthus fraternus; P. niruri*】

भुइँओकरा [名] 〔植〕クマツヅラ科イワダレソウ【*Lippia nodiflora*】

भुइँकुम्हड़ा [名] 〔植〕ウリ科蔓草マルミノオオカラスウリ【*Trichosanthes cordata*】

भुइँखजूर [名] 〔植〕ユリ科草本【*Hypoxis aurea*】

भुइँचंपा [名*] 〔植〕ショウガ科草本【*Kaempferia rotunda*】

भुइँचाल [名] 地震＝भूचाल；भूकंप.

भुइँडोल [名] 地震＝भूचाल；भूकंप.

भुइँदग्धा [名] (1) 火葬税 (2) 地主が商人から取り立てる場所代；場所使用料

भुइँधरा [名] (1) 野積み焼き (窯業) (2) 地下室＝तहख़ाना.

भुइँहरा [名] 地下室＝तहख़ाना.

भुइँहार [名] (1) ブンイハール；ブーミハール→भूमिहार. (2) ブンイハール (東部ウッタル・プラデーシュ州に居住してきた指定部族民の一)

भुइयाँ [名] ブイヤーン・カーストの人 (ビハール州の指定カーストの一)

भुकड़ी [名*] かび (黴) ＝फफूँदी. भुकड़ी लगना かびが生える

भुकराँद [名*] かび臭さ；黴の臭い＝भुकरायँध.

भुक्कड़ [形] ＝भुक्खड़. (1) ひどく空腹の (2) 甚だ飢えた；がつがつした (3) 貪欲な；欲張りな (4) 貧しい

भुक्त [形] (1) 食べられた (2) 享受された (3) 現金化された；換金された

भुक्तभोगी [形] (1) 体験した；経験した यह केवल भुक्तभोगी ही जानता होगा これは経験者のみが知っていることだろう (2) 悪事の報いを受けた

भुक्तशेष [形] 食べ残しの；残り物の＝जूठा.

भुक्ति [名*] (1) 食べ物 (2) 享受 (3) 快楽

भुक्तिपात्र [名] 食器

भुक्तोच्छिष्ट [形] 食べ残しの；残飯の；食べさしの

भुखमरा [形⁺] (1) 飢え死にしかけている (2) 飢えている；がつがつしている；あさましいほど口の卑しい

भुखमरी [名*] (1) 飢え；飢餓 एक तरफ़ तो वहाँ भुखमरी के हालात हैं, दूसरी तरफ़ सरकारी भंडार अन्न से भरे हैं 一方には飢餓の状況があると思えば他方では政府の倉庫には穀物が満ちあふれている (2) 餓死

भुगतना[1] [他] (1) (苦しみや害，罰など好ましくないものを) 受ける अब मुझे उसीका दंड भुगतना पड़ रहा है 今やそれの罰を受けねばならぬ羽目になっている इसके दुष्परिणाम सारे प्राकृतिक जगत् को भुगतने पड़ते हैं それの悪影響を自然界全体が受けなくてはならない (2) 応対する；対応する；対処する；相手にする तुम्हारे जैसे सैकड़ों आदमी को भुगत चुका हूँ 君のような人間をこれまで何百人と相手にしてきているんだ (3) (支払いなどを) 引き受ける；負担する **अपने किये का भुगतना** 自業自得 (-को) **भुगत ले॰** 片付ける；処理する；対処する

भुगतना[2] [自] (1) 終わる；完成する；完了する (2) 過ぎる

भुगतान [名] (1) 支払い करों के भुगतान में 税の支払いに；納税に際して बिल का भुगतान नहीं हुआ है 請求書の支払いが済んでいない अनुग्रह राशि का भुगतान 弔慰金や見舞金の支払い (2) 受けること (3) 引き受けること；負担すること

भुगतान घर [名] 手形交換所 〈clearing house〉

भुगताना[1] [他・使] ←भुगतना. (好ましくないものを) 受けさせる；被らせる；苦しませる

भुगताना[2] [他] (1) 負担する；支払う पति का दो वर्षों से पत्नी का ख़र्च न भुगताना 夫が 2 年間にわたり妻の生活費を負担しないこと (2) 成し遂げる；果たす；終える；済ませる

भुच्च [形] (1) 野暮な；全く粗野な (2) 愚鈍な；間抜けの；大馬鹿の हम तो भुच्च गँवार ठहरे どうせわしらは間抜けの田舎者と言うことですからな

भुच्चड़ [形] = भुच्च.

भुजंग [名] (1)〔動〕ヘビ（蛇） विषधर भुजंग 毒蛇 (2) 間男= जार; यार.

भुजंगभोजी [名] (1)〔鳥〕イヌワシ (2)〔鳥〕クジャク

भुजंगम [名] 蛇；くちなわ= साँप; सर्प.

भुजंगलता [名*]〔植〕コショウ科蔓性低木キンマ（蒟醤）= पान की बेल.

भुजंगा [名] (1)〔鳥〕オーチュウ科オーチュウ【*Dicrurus macrocercus*】(2) 蛇 **भुजंगा उड़ना** 根も葉もない噂話が流れる

भुजंगी [名*] 雌蛇= साँपिन; नागिन.

भुज [名] (1) 腕= बाहु; बाँह. (2) 手= हाथ. (3) 象の鼻 (4) 木の枝 (5) 端 (6)〔数〕横座標〈abscissa〉 **भुज भर भेंटना** 抱きしめる **भुज में भरना** 抱きしめる

भुजकोटर [名] 腋；腋の下= बगल; काँख.

भुजग [名] (1) 蛇= साँप. (2)〔占星〕インドの二十七宿の第 9 アーシュレーシャー आश्लेषा

भुजगपति [名]〔イ神〕ナーガの王，すなわち，蛇王ヴァースキ वासुकि

भुजगराज [名]〔イ神〕蛇族の王シェーシャナーガ शेषनाग

भुजगेंद्र [名] 蛇王；蛇族の王= शेषनाग; वासुकि.

भुजदंड [名] (1) 逞しい腕 (2) 長い腕

भुजबल [名] 腕の力；腕力；体力= बाहुबल.

भुजमूल [名] (1) 肩= कंधा. (2) 腋；腋の下= काँख.

भुजयष्टि [名*] 頑丈な腕

भुजरी [名*] (1)〔ヒ〕女性の特別の祭式に用いられる小麦を芽生えさせたもの．祭式終了後は水に流される= जरई; भुजरिया. (2) 上記を水に流す際歌われる歌；ブジリー

भुजवा [名] = भड़भूँजा.

भुजा [名*] (1) 腕 (2) 腕のように延びたもの स्वस्तिक की चार भुजाएँ 万字の四方に延びた腕 **भुजा उठाकर कहना** 誓って言う **भुजा उठाना** 誓う；誓いを立てる **भुजा टूट जा॰** *a.* 支え（となるもの）がつぶれる *b.* 兄弟に死なれる **भुजा टेककर कहना** = भुजा उठाकर कहना. **भुजा ठोंककर लड़ना** 勇敢に戦う **भुजा भर भेंटना** 親しく抱き寄せる **भुजाएँ फड़क उठना** *a.* 喧嘩したくて腕がむずむずする *b.* うずうずする **भुजाओं में बाँध ले॰** 強く抱く **भुजाओं में भर ले॰** = भुजाओं में बाँध ले॰.

भुजामूल [名] 腕の付け根；腋

भुजाली [名*] 刃の反った短剣= खुखरी; कुकरी.

भुजिया [名] (1) 籾のついたまま茹でて保存される米；茹でた籾米；パーボイル米 (2)〔料〕汁気のないように焼いたり炒めたりした野菜料理

भुट्टा [名] (1) トウモロコシの実；トウモロコシの穂 (2) モロコシ，トウジンビエなどの穂 (3) 房（になったもの） **भुट्टे की जटा** トウモロコシの穂の房 **भुट्टे की तरह उड़ जा॰** ちぎれて飛ぶ **भुट्टे सा उड़ जा॰** = भुट्टे की तरह उड़ जा॰.

भुतहा [形⁺] 幽霊の；亡霊の棲む；亡霊の出る **भुतहा मकान** 幽霊屋敷；化け物屋敷 **भुतही चिनगारी** 鬼火

भुतेला [形⁺] 幽霊の；化け物の भुतेला मकान 幽霊屋敷

भुथरा [形⁺] 刃の鈍った= भोंतला.

भुन [名] ハエなどの虫の羽音 **भुन भुन क॰** *a.* 虫が羽音を立てる *b.* ぶつぶつ言う；ぼやく

भुनगा [名] (1)〔昆〕ジガバチ科ジガバチ (2)〔昆〕蛾

भुनना¹ [自] (1) 炙られる；焙られる (2) 煎られる (3) 炒められる (4) 撃ち殺される (5) 焼き払われる (6) 痛めつけられる→ भूनना.

भुनना² [自] 額の大きな貨幣が少額のものに換えられる；くずれる；こわれる

भुनभुनाना [自] (1) 蚊などの虫がぶーんと羽音を立てる (2) いらだちや怒りをこめてぶつぶつ言う；ぼやく；不平や文句を言う वह रात दिन भुनभुनाया करती है 彼女は日夜ぶつぶつ文句を言う शांता भी भुनभुनाती चली गई シャーンターもぶつぶつ言いながら去ってしまった पहले तो व्यापारी खूब भुनभुनाया फिर श्रीनिवास की बात मान गया 最初は商人は随分と不平を並べ立てたがやがてシュリーニヴァースの言うことを聞き入れた

भुनवाई [名*] (1) 両替 (2) 両替料；両替の手数料

भुनवाना [他・使] ← भुनना.

भुनाना¹ [他・使] 高額の貨幣を少額のものに換えてもらう；壊してもらう；くずしてもらう→ भुनना.

भुनाना² [他・使] → भुनना¹.

भुरकना [自] (1) ぱりぱりに乾く；ぱさぱさに乾く (2) 忘れる

भुरकस [名] = भुरकुस¹.

भुरकाना [他] (1) ぱりぱり，ぱさぱさに乾かす (2) ふりかける= छिड़कना. (3) 迷わす；惑わす= भुलवाना; बहकाना.

भुरकी¹ [名*] (1) 小さな穀物倉 (2) 小さな水溜まり (3) 貯水池

भुरकी² [名*] 土埃；ちり；塵埃

भुरकुटा [名] 小さな虫

भुरकुन [名] 粉；粉末= चूर्ण; चूरा.

भुरकुस¹ [名] (1) ぼろぼろになったもの；つぶれたもの；砕けたもの；砕かれたもの (2) 粉；粉末 **(-का) भुरकुस क॰** = भुरकुस निकालना. **(-का) भुरकुस निकलना** *a.* 打ち砕かれる；めちゃくちゃになる；さんざんな姿になる *b.* 疲れはてる；疲労のあまりぐったりする **(-का) भुरकुस निकालना** *a.* (－を) 叩きのめす；打ちのめす मारते मारते भुरकुस निकाल दूँगा 叩いて叩いて叩きのめしてやる तुम्हारा भुरकुस निकाल देंगे お前を打ちのめしてやる *b.* (－を) めちゃくちゃにする

भुरकुस² [形] 粉々の；粉々になった

भुरजी [名] ブルジー（穀物を煎りそれを販売するのを主な生業としてきたカーストの人）= भड़भूँजा.

भुरत [名]〔植〕ナス科草性低木スズメナスビ【*Solanum torvum*】

भुरता [名] (1) 押しつぶされたもの (2)〔料〕砕いたりつぶしてこしらえた野菜料理；ブルター आलू का भुरता ジャガイモのブルター；マッシュポテト बैंगन का भुरता ナスを丸焼きにしてつぶした料理 उन्हें बैंगन का भुरता दें ナスのブルターを差し上げなさい **(-का) भुरता बनाना** *a.* (－を) 押しつぶす *b.* (－を) 打ちのめす；ひどい目に遭わせる तुम लोगों ने तो मेरा भुरता ही बना दिया お前たちは俺を実にひどい目に遭わせたな उसने शेषनाग के पुत्र का भुरता कर दिया シェーシャナーガの息子を叩きのめした

भुरथा [名] = भुरता. सिर का भुरथा बन गया （殴られて）頭がぼこぼこになった

भुरभुरा [形⁺] (1) ぱさぱさに乾いた；ぱりぱりに乾いた (2) 脆い；砕けやすい；ぼろぼろの खेत की भुरभुरी मिट्टी 畑のぼろぼろの土

भुरभुराना¹ [自] ぼろぼろと砕ける लड्डू का कुछ हिस्सा भुरभुरा कर मुँह से नीचे गिर गया ラッドゥー（菓子）の一部がぼろぼろと砕けて口から落ちた

भुरभुराना² [他] (1) 押さえて砕く (2) 振りかける；振りまく

भुरभुरापन [名] ぼろぼろ，ぼろぼろとしていること；ぼろぼろと砕けやすい様子= भुरभुराहट.

भुराना¹ [自] (1) だまされる；欺かれる (2) 忘れる；忘却する

भुराना [他] たぶらかす；誑かす

भुर्रा [形] 真っ黒の；真っ黒で醜い；真っ黒けの

भुलक्कड़ [形] 忘れっぽい；よく物忘れをする बचपन से ही कुछ भुलक्कड़ प्रवृत्ति के थे 子供時分から忘れっぽい性分の人だった

भुलना [形・名] 忘れっぽい（人）= भुलक्कड़.

भुलवाना [他・使] ← भूलना. (1) 忘れさせる (2) 迷わせる；だます (3) 忘れる = भुलाना.

भुलाना¹ [他] (1) 忘れる；忘却する जिसने जन्म दिया उसको भुलाया रे この世に生んでくれた人を忘れてしまったとは एक चार वर्षीय बच्चे के अपहरण की घटना अभी भुला भी न पाए थे कि 4 歳児の誘拐事件をまだ忘れることもできない時に इनमें से कुछ भी तो ऐसा नहीं जिसे भुलाया जा सकता हो この中には忘れて良いようなものは何もありません नहीं नहीं मैं आप को कभी नहीं भुलाऊँगा いえいえ，あなたのことは決して忘れはしません **भुलाए नहीं भूलना** 忘れようにも忘れられない (2) 迷わす (3) 欺く ज़्यादातर ज्योतिषी अपने मोहक शब्दजाल से जजमानों को भुलाने में सफलता पाते हैं たいていの占い師は魅惑的な弁舌で客を欺くのに成功する

भुलाना² [他・使] ← भूलना. = भुलवाना. तब वह सज्जन आंकड़ों की उलझन में हमें फँसाकर असलीयत को भुला देते हैं するとその人は我々を数字の罠にはめて現実を忘れさせるのだ घर की भी सुधि

भ

भुला दे 家のことさえ忘れさせる तुमने मुझे सब-कुछ भुला दिया 君は私に何もかも忘れさせた
भुलावा [名] (1) だまし；ごまかし **भुलावा दे॰** だます；ごまかす तू मुझे भुलावा नहीं दे सकती あんたは私をだませないわよ (2)〔ス〕フェイント भुलावा दे॰ フェイントをかける फेंकनेवालों को विरोधियों को भुलावा देते हुए साथी खिलाड़ी की तरफ़ गेंद फेंकनी चाहिए 相手側にフェイントをかけながら味方にボールを投げなくてはならない **भुलावे में आ॰** だまされる；ごまかされる；だましに乗る **भुलावे में रखना** だましておく सरकार जनता को भुलावे में रखती है 政府は民衆をだましておく
भुव [名] (1) 虚空；宙；宇宙 (2) 大地= भूमि.
भुवन [名] (1)〔イ神〕世界（古代インドの世界観では三界，すなわち，天界 स्वर्ग，地上界，もしくは，人間界 मर्त्य 及び地下界 पाताल と数えるものと十四界あると数えるものとがある．プラーナの世界観では地上に層を成した世界が 7 層ある．すなわち，地上から上に向かって भू，भुव，स्वः，महः，जनः，तपः，सत्यम् の順となる．地下界にもやはり層を成した 7 つの世界があるとされる．すなわち，上から順に अतल；सुतल，वितल，गभस्तिमत्，महातल，रसातल，पाताल の順になる） (2) 地界；地上界；地球
भुवनकोश [名] (1) 地界；地球 (2) 全世界（十四界あるとされる） (3) 全宇宙
भुवनत्रय [名] 天上界 स्वर्ग लोक，地上界 मर्त्य लोक 及び地下界 पाताल लोक の三界
भुवनमाता [名*] ドゥルガー神の異名の一
भुवनेश [名] (1) シヴァ神像 (2) 世界の主= ईश्वर.
भुवनेश्वर [名] (1)〔ヒ〕シヴァ神像（ブヴァネーシュワルのリンガラージャ寺に祀られている） (2)〔地名〕オリッサ州の州都であり宗教都市であるブヴァネーシュヴァル市；ブバネーシュワル
भुशुंडी [名*] (1) 飛び道具 (2) = काकभुशुंडी.
भुस [名] わら（藁） **भुस के भाव** ただ同然で；二束三文で **भुस के मोल मलीदा हो॰** （立派なものやすぐれたものが）何の値打ちもなくなる；全く評価されない **भुस पर की भीत** 砂上の楼閣 **भुस फटकना** つまらぬことをする；何の役にも立たぬことをする (-से) **भुस भरवाना** （ーを）厳罰に処する **भुस में आग फेंकना** 騒動を起こす **भुस में आग लगना** 激しく燃え上がる **भुस में आग लगाकर तमाशा देखना** 争いを起こしておいて見物をする；告げ口をしては仲違いをさせるような人物のたとえ **भुस में चिनगारी डालना** = भुस में आग फेंकना.
भुसौरा [名] わら，まぐさなどを保存して置く場所や物置
भुँई [名*] 地；大地= भूमि；ज़मीन.
भुँकना [自] (1) イヌが吠える हमारा पालतू कुत्ता उसे देखकर भुँकने लगा わが家の飼い犬がそれを見て吠えだした (2) ののしる；喚く；怒鳴る；吠える
भुँख [名*] = भूख.
भुँखा [形⁺] = भूखा.
भुँचाल [名] 地震= भूकंप；भूचाल. भुँचाल आ॰ 地震が起こる
भुँज [名] = भड़भूँजा；भूँजा.
भुँजना [他] (1) = भूनना. (2) = भोगना.
भुँजा [名] (1) 煎って食べられるようにされた米や豆などの穀物 (2) 穀物を煎って販売するのを主な生業としてきたバルブーンジャー・カーストの人 भड़भूँजा
भुँड [名]〔昆〕コガネムシ科アオドウガネ
भुँड़ [名*] 砂混じりの土；砂地
भुँडरी [名*] インドの村落社会で伝統的なサービス業に従事してきた人たちに与えられていた無税の土地
भुँड़िया [名] 他人の犂や牛などを借りて農耕に従事する農夫
भुँडोल [名] 地震= भूकंप；भूचाल.
भुँसना [自]（犬が）吠える= भुँकना.
भू [名*] (1) 地球= पृथ्वी. (2) 土；土地；大地= ज़मीन.
भूअंतर्हित [形] 地中の；地下の；地中にある कहते हैं कि कुरुक्षेत्र के पास सरस्वती भूअंतर्हित हो गई है サラスヴァティー川はクルクシェートラの近くで地中に潜っていると言われている
भू-अक्ष [名] 地軸 〈axis of earth〉
भूआ [名] 綿花のようにとても軽くて柔らかい物の小片
भू-उपग्रह [名] 地球の軌道上の（人工）衛星
भूकंद [名]〔植〕ゾウゴンニャク= जमीकंद；सूरन.
भूकंप [名] 地震= भूचाल；भूडोल. तीव्र भूकंप 強震
भूकंप अभिलेख [名] 震動記録 〈seismogram〉
भूकंप तीव्रता [名*] 震度
भूकंपमापी [名] 地震計 〈seismometer〉
भूकंपलेख [名] 地震震動記録
भूकंपलेखी [名] 地震計 〈seismograph〉
भूकंप विज्ञान [名] 地震学 〈seismology〉
भूकंपसह [形] 耐震性の
भूकंपी [形] 地震の；地震性の 〈seismic〉
भूकंपी सिंधु तरंग [名*] 津波 〈Tsunami〉
भूक [名*] → भूख.
भूकना [自] → भूँकना.
भूका [形⁺] → भूखा.
भूकेश [名]〔植〕クワ科バンヤンジュ= बरगद；वट.
भूखंड [名] (1) 土地区画 भूखंडों का आवंटन 土地分譲 (2) 場所；地域；区域 लगभग आधे घंटे चलने के बाद ऊँचा भूखंड समाप्त हो गया 30 分ほど歩くと高いところが終わった (3) 土地の広がりや面積 वह अमरीका और यूरोप के सम्मिलित भूखंड से भी बड़ा है それはアメリカとヨーロッパを合わせた面積よりも広い
भूख [名*] (1) ひもじさ；空腹感；食欲；飢え **भूख लगना** ひもじくなる；空腹を感じる= भूक लगना. तेज़ भूख लगना 腹がぺこぺこになる भूख कम लगना 食欲減退 (2) 欲；欲望 शारीरिक भूख 肉欲；性欲 = यौन-क्षुधा. (3) 渇望；希求；飢え स्वराज्य की भूख 独立の渇望 आध्यात्मिक भूख 精神的な飢え भूख चाहे पेट की हो या मन की अथवा इंद्रियों की 飢えは腹の飢えであれ，心の飢えであれ，あるいは，感官の飢えであれ **भूख का मारा** 飢えている；空腹の；ひもじい（思いをしている） **भूख चमकना** 腹がぺこぺこになる；ひもじさが激しくなる **भूख जगना** *a.* ひもじさが増す *b.* 欲しくなる；欲が出る **भूख बुझना** *a.* 飢えが癒される *b.* 願いが叶えられる **भूख मर जा॰** *a.* 食欲がなくなる *b.* 欲がなくなる **भूख मारी जाना** 食欲がそがれる इस लिए बच्चे की भूख भी मारी जाती है それで子供の食欲もそがれることになる **भूख मिटाना** *a.* 飢えを満たす *b.* 願いを叶える **भूख में किवाड़ भी पापड़ लगना** 〔諺〕空腹にまずい物なし= भूख सब से मीठी. **भूख में गूलर भी पकवान** 〔諺〕= भूख में किवाड़ भी पापड़ लगना；भूख में चने भी मखाने. **भूखों मरना** *a.* 飢え死にする；餓死する *b.* 飢えにひどく苦しむ
भूख-प्यास [名*] 飢えと渇き भूख-प्यास से बुरा हाल था 飢えと渇きにひどく苦しんでいた **भूख-प्यास चली जा॰** 飲食を忘れる **भूख-प्यास बंद हो॰** = भूख प्यास चली जा॰. **भूख-प्यास हराम हो॰** 飲食を忘れるほど困り果てる
भूख-हड़ताल [名*] ハンガー・ストライキ；ハンスト भूख-हड़ताल क॰ ハンストをする= अनशन क॰.
भूखा [形⁺] (1) 空腹の；ひもじい；飢えている (2) 渇望する；飢えている आदमी प्रेम का भूखा रहता है, केवल रोटी का नहीं 人は単にパンばかりでなく愛情にも飢えるものだ आप उपहारों की भूखी नहीं हैं, इसे केवल शब्दों में नहीं व्यवहार में उतारिए 贈り物を欲しがっているのではない．言葉ばかりでなく実行に移すことだ भूखे पेट नींद भी नहीं आ रही थी 空腹のため眠れないでいた **भूखा उठाता है, भूखा सुलाता नहीं** 〔諺〕神は万人に食べ物を与える **भूखा मरता क्या न करता** 〔諺〕人は飢えれば如何なることもするもの **भूखे भजन न होहिं गुपाला** 〔諺〕何にも増して食べることが大切である；腹が減っては戦はできぬ= भूखे भजन न होय, गोपाला.
भूखा-नंगा [形⁺] 食べる物や着る物がない；食料，衣料に困っている；貧窮の；極貧の
भूखा-प्यासा [形⁺] 飢えと渇きに苦しむ
भूगर्भ [名] (1) 地下；地中 (2) 地球の内部 (3) ヴィシュヌ神
भूगर्भ विज्ञान [名] 地質学= भू विज्ञान. 〈geology〉
भूगर्भ शास्त्र [名] 地質学= भू विज्ञान.
भूगर्भ शास्त्री [名] 地質学者= भू विज्ञानी.
भूगर्भ शास्त्रीय [形] 地質学の= भू वैज्ञानिक.
भूगोल [名] (1) 地球= पृथ्वी. (2) 地理学 〈geography〉
भूगोल वेत्ता [名] 地理学者
भूगोलार्द्ध [名] 地球の半球
भूगोलीय [形] 地理の；地理上の
भूचक्र [名] (1) 地球の外周 (2) 黄道 (3) 赤道
भूचर [形] 陸上に生息する（生物）

भूचरी [名*]〔ヨガ〕ハタヨーガにおいて瞑想に入る際の専心の行法の一（鼻に意識を集中させる）
भूचाल [名] 地震= भूकंप; भूडोल. भीषण भूचाल 烈震
भूचुम्बकत्व [名] (1) 地磁気 (2) 地球磁気学〈geomagnetism〉
भूचुम्बकीय [形] 地磁気の〈geomagnetic〉
भूजना [他] = भोगना.
भूजल [名] 地下水 भूजल गंभीर रूप से प्रदूषित है 地下水は深刻に汚染されている
भूटान 〔国名〕《E. Bhutan》ブータン王国
भूटानी[1] [形] ブータンの；ブータンに関する；ブータンに産する
भूटानी[2] [名] ブータン人；ブータンの住人
भूटानी[3] [名*]〔言〕ブータンの言葉；ブータン語（チベット語の南部方言ゾンカ語）
भूड़ [名*] (1) 砂地の土壌；砂の多い土壌 (2) 井戸の水源
भूड़ा [名] = भूड़.
भूडोल [名] 地震= भूचाल.
भूत[1] [形] (1) 過去の；過ぎ去った (2) 元の (3)（何かに）変化した；（一に）化した
भूत[2] [名] (1) 生類；生き物 (2) 存在物；被創造物 (3)〔イ哲〕元素；五大のいずれか (4) 幽霊；化け物；ルドラ神の従者で悪事を働くとされるブート（ブータ）；幽鬼；悪霊 वह भूत की तरह काला और पतला था 男は幽霊のように色黒でひょろっとしていた भूत, भूत कहता हुआ बेतहाशा दरवाज़े की ओर भागा（死んでいたはずの人が出てきたので）幽霊だ，幽霊だ，と叫びながら一目散に戸口に向かって走った भूत की ऐसी की तैसी 幽霊なんか糞食らえだ भय के भूत को अपने मन से निकाल देने के लिए 恐怖という幽霊を心の中から追い払うために (5) 恐ろしいもの；恐怖；幽霊（実体は存在しないのに存在するように見せかけたもの） (6) 憑き物；物の怪；死霊（が憑き物になるものと考えられている）；怨霊 (7) 過去 **भूत उतरना** *a.* 熱が冷める；熱中していたのが冷静になる *b.* 憑き物がとれる भ्रम का यह भूत हमारे दिमाग से कब उतरेगा? 迷いという憑き物は何時とれるのだろう **भूत उतारना** *a.* 憑き物を祓う *b.* ひねくれた根性を叩き直す **भूत कबुलवाना** 同じことを幾度も尋ねる（口を開かせようとする） **भूत का डेरा** (**भूतों का डेरा**) *a.* 幽霊屋敷 *b.* 住む人が減り寂しくなった家= भूतवाला मकान. **भूत का बासा** = भूत का डेरा. **भूत की तरह जुट जा°** 熱中する **भूत की बातें भूत जाने** そのような（いいかげんな）ことはこちらの知ったことではない **भूत की मिठाई** = भूतों का पकवान. **भूत चढ़ना** *a.* 物の怪が憑く *b.* 熱中する *c.* 激怒する **भूत झारना** 憑き物を祓う **भूत बनकर लगना** しつこくつきまとう；まとわりつく **भूत बनना** *a.* 大変汚い服装をする *b.* 激しく怒る *c.* 酔いつぶれる **भूत भगाना** 憑き物を祓う ओझा ने एक व्यापारी के शरीर से भूत भगाने में उसकी जान ले ली 祈祷師が1人の商人についた憑き物を祓う際にその人の命を奪ってしまった **भूत भागना** = भूत उतरना. **भूत लगना** ブートにとりつかれる；物の怪にとりつかれる उसे कोई भूत लगा हुआ है あの人は何かにとりつかれている सुंदर की घरवाली को कोई भूत लगा है スンダルの嫁に何かが憑いている **भूत लोटना** 全く人気がなくなる **भूत सवार हो°** = भूत चढ़ना. **भूत सिर पर सवार हो°** = भूत चढ़ना. **भूत से पूत माँगना** 貪欲な人に願いごとをする **भूत होकर चिपटना** まとわりつく **भूतों का पकवान** *a.* あるように見えて実体のないもの *b.* ろくでもないもの；つまらないもの *c.* 簡単に手に入り長持ちしないもの
भूतकाल [名] (1) 過去（現在，未来に対して） भूतकाल में 過去において；過去に (2)〔言〕過去時制〈past tense〉
भूतकालिक [形] (1) 過去の (2) 過去時制の
भूतकालिक कृदंत [名]〔言〕過去分詞；完了分詞
भूतख़ाना [名]《H. + P. خانہ》大変汚くて暗いところ
भूतगण [名] (1) シヴァ神の従者の一団；シヴァ神の眷属 (2) 化け物の集団
भूतत्त्व विज्ञान [名] 地質学 = भू विज्ञान.〈geology〉
भूतत्त्व विद् [名] 地質学者 = भू विज्ञानी.〈geologist〉
भूतत्त्ववैज्ञानिक[1] [形] 地質学の；地質学上の→ भूतत्त्व विज्ञान 地質学.
भूतत्त्ववैज्ञानिक[2] [名] 地質学者
भूतनी [名*] (1) ブートニー／ブータニー（女のブート）← भूत. (2) 魔女；鬼女；幽鬼 (3) 気性の激しい女性
भूतपति [名] シヴァ神の異名の一= महादेव.
भूतपाल [名] ヴィシュヌ神の異名の一
भूतपूर्व [形] (1) 以前の；過去の (2) 元の；前の；旧の भूतपूर्व अध्यक्ष 元議長
भूत-प्रेत [名] 幽霊や悪霊など भूत-प्रेत का प्रकोप 悪霊の祟り
भूतबलि [名*] → भूतयज्ञ.
भूतयज्ञ [名]〔ヒ〕バラモン教において生類一切のために行われた供犠= भूतबलि.
भूतल [名] (1) 地面；地表= धरातल. (2) 地階；1階 (3) 世界= संसार; दुनिया. (4)〔イ神〕地下界；パーターラ पाताल
भूत-साया [名]《H. + P. سایہ》憑き物 "क्या यह मैं हूँ?" "और नहीं तो क्या आपका भूत-साया है?"「これが私ですか」「そうでなかったらあなたの憑き物ですかね」
भूतहत्या [名*] 殺生= प्राणिवध.
भूतात्मा [名] (1) 肉体；身体 (2) 最高神 (3) シヴァ神 (4) ヴィシュヌ神 (5) ブラフマー神 (6)〔イ哲〕個我= जीवात्मा.
भूताधिपति [名] シヴァ神（ブータたちの頭）
भूतानुकंपा [名*] 生類一切に対する憐れみ
भूताप [名] 地熱= पार्थिव ताप.
भूतापसारण [名]〔文人〕悪魔祓い；厄払い；魔除け；悪霊祓い= झाड़फूँक.
भूतापीय [形] 地熱の भूतापीय ऊर्जा 地熱エネルギー पृथ्वी से भूतापीय ऊर्जा प्राप्त होती है 大地から地熱エネルギーが得られる
भूतार्थक वर्तमान [名]〔言〕歴史現在〈historical present〉
भूतावास [名] (1) この世；俗界 (2) 身体；肉体
भूति [名*] (1) 存在= सत्ता. (2) 出生；発生= उत्पत्ति. (3) 繁栄= वैभव. (4) 幸運 (5) 富 (6) 豊潤；潤沢 (7) 超能力
भूतिनी [名*] (1) = भूतनी. → भूत. (2) 鬼女；魔女
भूती [名] 幽鬼を崇拝する人= भूतपूजक.
भूतेल [名] 石油= पेट्रोलियम.
भूतेश [名] (1) 最高神 (2) シヴァ神= भूतेश्वर. (3) カールティケーヤ神
भूदान [名] (1) 土地の贈与 (2) ブーダーン運動による土地の贈与，もしくは，土地の寄進→ भूदान आंदोलन.
भूदान आंदोलन [名] ブーダーン運動（インド独立後，アーチャーリヤ・ヴィノーバー・バーヴェ आचार्य विनोबा भावे がインドの一部地域で進めた大地主たちから自発的に貧しい農民や土地を持たない農業労働者たちに土地を贈与する運動；土地寄進運動）
भूदान यज्ञ [名] ブーダーン・ヤッギャ（ブーダーン・ヤジュニャ，ブーダーン運動による土地寄進をヒンドゥー教の儀礼・供犠に見立てた表現）
भूदानी [形] ブーダーン運動の भूदानी परंपरा ブーダーン運動の伝統
भूदृश्य [名] (1) 景色 (2) 風景画
भूदेव [名] 地上の神，すなわち，ブラーフマン；婆羅門= भूदेवता.
भूधर [名] (1) 山 (2)〔イ神〕シェーシャナーガ शेषनाग (3) ヴィシュヌ神 (4)〔イ神〕ヴィシュヌ神のヴァラーハ（野猪）としての化現
भूधारी [名] 土地所有者
भूधृति [名*] 土地保有
भूनना [他] (1) 炙る；焙る (2) 火や熱した砂や小石で煎る कुछ दाने भूनना 少々の穀物を煎る (3) 油で炒める (4) 撃ち殺す；射殺する = गोली से मार डालना. इन लोगों ने पुलिस सुपरिंटेंडेंट को गोली से भून डाला この連中が警視を射殺した हावड़ा जेल में चार वर्ष पूर्व पुलिस की गोली से 5 नक्सलवादी भूने गये थे ハーオラー刑務所で4年前に5人のナクサライトが射殺されたことがあった (5) 焼き払う；焼き尽くす कुछ ही समय बाद जापान के दो नगरों को भून दिया गया しばらくして日本の2つの都市が焼き尽くされた (6) 激しく苦しめる **भून डालना** 撃ち殺す；射殺する
भूप [名] 王；国王；皇帝；君主
भूपति [名] (1) 王；国王；君主 (2) シヴァ神 (3) インドラ神
भू-परिमाप [名] 土地測量
भूपाल [名] 王；国王；君主= राजा; नृपति; बादशाह.
भू-पुत्र [名] 火星= मंगल ग्रह.
भू-पुत्री [名*]〔ラマ〕ジャナカ王の娘，シーター (सीता = जानकी).
भूपृष्ठ जल [名] 地表水〈surface water〉
भूपृष्ठीय [形] 地上の；地表の〈subaerial〉

भूपेंद्र [名] 王；国王；君主；皇帝= सम्राट्.
भूप्रकंप [名] 地震= भूचाल; भूकंप.
भूभल [名] (1) まだ火の残っている灰 (2) 熱い灰；熱せられた灰
भूभाग [名] (1) 地域；区域 (2) 領地；版図 (3) 地形；地勢
भू-भौतिकी [名*] 地球物理学 भू-भौतिकीय 地球物理学の
भूमंडल [名] 地球= धरती; पृथ्वी.
भूम [名] 大地；地球= पृथ्वी.
भूमध्य रेखा [名*] 赤道〈terrestrial equator〉
भूमध्य सागर [名] 地中海〈Meditaranean Sea〉
भूमध्यसागरीय [形] 地中海の
भूमा[1] [名] (1) 豊富なこと；豊かさ；潤沢= अधिकता; प्रचुरता. (2) 繁栄= ऐश्वर.
भूमा[2] [名*] (1) 大地；地球 (2) 地面 (3) 場所
भूमापन [名] (1) 地図作成 (2) 土地測量
भूमि [名*] (1) 地球 (2) 大地；地面 (3) 土地；場所 राजस्थान वीरों की भूमि है ラージャスターンは勇者の地 (4) 地所 (5) 農地；耕地 (6) 地域 (7) 基盤；下地 (8) 領域；舞台 मुख्यभूमि 本土 चीन की मुख्यभूमि 中国本土（台湾などに対して） भूमि तैयार क० 下地を作る；下地を準備する भूमि मिलना 活動の舞台が得られる
भूमि उद्धार [名] 干拓〈reclamation〉
भूमिकटाव [名] 土地の流失
भूमिकर [名] 地租；地税〈land tax〉
भूमिका [名*] (1) 役割；役目；役柄 भूमिका निभाना 役割を果たす क्रांतिकारी परिवर्तन का वातावरण बनाने में गाँधीवादी कार्यकर्ताओं के एक हिस्से ने महत्त्वपूर्ण भूमिका निभाई 革命的な変化の雰囲気を作る上でガンディー主義活動家たちの一部が重要な役割を果たした जीवों में पानी की क्या भूमिका है? 生物にとって水の果たす役割は何か सामाजिक जीवन में भिन्न-भिन्न प्रकार की भूमिका 社会生活における様々な役目 निचली अदालतों के न्यायाधीशों की भूमिका 下級裁判所における判事の役割 सुरक्षा-परिषद की भूमिका 安全保障理事会の役割 अंधविश्वासों का पोषण करने में धर्म की भूमिका 迷信を育むのに宗教の果たす役割 रेफ़्री की भूमिका レフェリーの役目 (2) 機能 भारतीय ग्रामीण समाज में जातियों की क्या परम्परागत भूमिका रही है? インドの農村社会でカーストはどんな機能を果たしてきたか (3) 演劇の役；配役 एक ओर कालीचरण की भूमिका अस्वाभाविक हो गई है 一方カーリーチャランの役が不自然なものとなってしまっている छोटी-छोटी भूमिकाओं में 端役で दोहरी भूमिका 〔映〕1 人 2 役 रणधीर कपूर की दोहरी भूमिका ランディール・カプールの 1 人 2 役 (4) 背景；背後事情 (5) 序；序文 (6) 土地；地面 (7) 場所 भूमिका गढ़ना = भूमिका बाँधना. (-की) भूमिका तैयार क० (―の) 下地を作る；準備をする भूमिका निभाना 役割を果たす；役目を果たす जनता को स्वयं आगे बढ़कर सामाजिक परिवर्तनों के लिए अपनी भूमिका निभानी चाहिए 民衆は自ら進み出て社会変革のために自分の役割を果たさなくてはならない भूमिका बाँधना 本筋に入る前に述べる；前口上を述べる भूमिका रचना = भूमिका बाँधना.
भूमिक्षरण [名] 土地の浸食= मृदा-अपरदन.
भूमिखंड [名] (1) 区画；地面 (2) 領土；領地
भूमिगत [形] (1) 地下の；地下における；地下での= ज़मींदोज़. फ़्रांस का प्रथम भूमिगत आणविक परीक्षण フランス最初の地下核実験 भूमिगत अणुविस्फोट 地下核爆発 भूमिगत जल 地下水〈underground water〉 भूमिगत जलाशय 地下貯水池 भूमिगत परिवहन परियोजना 地下輸送計画；地下鉄計画 भूमिगत पानी 地下水 भूमिगत संपदा 地下資源= भूमिगत संपत्ति. (2) 地下に潜行した भूमिगत रहकर कार्य करते थे 地下に潜行して活動していた भूमिगत हो० 地下に潜行する
भूमिगत अणु-परीक्षण [名]〔軍〕地下核実験
भूमिगत जलाशय [名] 地下貯水場
भूमिगत रेलवे [名*]《H. + E. railway》地下鉄道；地下鉄
भूमिगत विस्फोट [名] 地下爆発；地下核爆発
भूमिगृह [名] 地下室= तहखाना.
भूमिज[1] [形] 大地から生じた
भूमिज[2] [名] (1) 火星 (2) 金 (3) 鉛
भूमिजल [名] 地下水
भूमिजात[1] [形] = भूमिज[1].
भूमिजात[2] [名] 木；樹木
भूमितल [名] 地表；地面
भूमिति [名*] 土地測量
भूमिदार [名]《H. + P. دار》自作農
भूमिधर [名] (1) 自作農 (2) 山
भूमिधारी [名] 土地所有者
भूमिपति [名] (1) 王；国王 (2) 地主（他人に耕させる地主）
भूमिपाल [名] 王；国王= राजा; भूपाल.
भूमिपुत्र [名] 火星= मंगल ग्रह.
भूमिपुत्री [名*]〔ラマ〕ヴィデーハ国のジャナカ王の娘シーター姫= सीता
भूमिपूजन [名] 地鎮祭
भूमिपूजा [名*] 地鎮祭
भूमिया [名] (1) 村を拓いたとされる人，あるいは，村で最初に亡くなったとされる男性，ブーミヤー (2) その人を神格化した存在，ブーミヤー (3) ブーミヤーの祠（その人を祀った社や祠で村の鎮守のような存在）；村社 (4) 村の主；村の長；村の支配者 (5) ザミーンダール
भूमिशयन [名]〔ヒ〕願掛けのための行として普通のベッドに寝ずに床や地面に寝ること उसकी माँ नीचे से ऊपर तक एक कपड़ा ओढ़े हुए कंबल पर भूमिशयन कर रही है その子の母親は 1 枚の布をまとって毛布を敷き床に横たわっている
भूमि संरक्षण [名] 土壌保護〈soil conservation〉
भूमिसुत [名] 火星= मंगल ग्रह.
भूमिसुता [名*]〔イ神・ラマ〕ジャーナキー जानकी；ジャナカ王の娘シーター सीता = भूमिपुत्री.
भूमिसुधार [名] 土地制度の改革；農地改革 भूमिसुधार अधिनियम 土地改革法；農地改革法 भूमिसुधार अधिनियम के अंतर्गत इन व्यवस्थाओं में अब कुछ बदलाव आया है 農地改革法の下にこれらの制度が現在若干変化してきている
भूमिसुधार क़ानून [名] 土地改革法；農地改革法
भूमिसुर [名] 地上の神，すなわち，ブラーフマン；婆羅門
भूमिस्खलन [名] 地滑り= भूस्खलन.
भूमिस्वामित्व [名] 土地保有；土地所有
भूमिहार [名] ブーミハール（東部ウッタル・プラデーシュ州及びビハール州に居住し，主として農業に従事してきた自称ブラーフマン）
भूमिहीन [形] 土地（農地）のない；土地を持たない；農地を持たない हमारे देश में खेती करने वाले बहुत से मजदूर भूमिहीन होते हैं わが国の農業に従事している非常に多くの労働者が土地を所有していない भूमिहीन श्रमिक (मजदूर) 土地を持たない労働者
भूयशः [副] 豊富に；豊かに；大いに
भूयस्[1] [形] 豊かな；豊富な
भूयस्[2] [副] より多く；一層；大いに；非常に；甚だ
भूयसी[1] [形] とても多くの；甚だ多くの
भूयसी[2] [副] 繰り返し；幾度も
भूयसी दक्षिणा [名*]〔ヒ〕宗教儀式の終了後にバラモンに贈られる謝礼（の品）
भूयिष्ठ [形] 最多の；最も多い；甚だ多い
भूयोविद्य [名] 博学な人
भूर[1] [名] 砂= रेत; बालू. भूर का लड्डू 見せかけだけの物；見かけ倒し भूर के लड्डू खाना つまらない仕事をする
भूर[2] [副] 甚だ多く；大変に = भूरि[2].
भूरज [名] 土埃= गर्द; धूलि; मिट्टी.
भूरजपत्र [名] → भूर्जपत्र.
भूरपूर [副] 全く；完全に；十分に
भूरा[1] [形+] 茶色の；褐色の；土色の；カーキ色の चित्तीदार भूरा पक्षी 斑模様のある茶色の鳥
भूरा[2] [名] 茶色；褐色；土色；カーキ色
भूरा कुम्हड़ा [名]〔植〕ウリ科トウガン（冬瓜）= पेठा.
भूराजस्व [名] 地租；地税 टोडरमल का भूराजस्व व्यवस्था トーダルマルの定めた地税制度（ムガル時代）
भूरि[1] [形] 非常に多くの；多数の；おびただしい दोस्त ने उसकी भूरि-भूरि प्रशंसा की 友人はその人を褒めそやした
भूरि[2] [副] (1) 多く；沢山；大変に (2) たいてい；大概
भूरिभाग्य [形] 幸運な= भाग्यवान; भाग्यशाली.
भूरिया [名*] 多いこと；多数
भूरिशः [副] 大いに；大変；とても；甚だ
भूर्ज [名] = भूर्जपत्र.

भूर्जपत्र [名]〔植〕カバノキ科ペーパーバーチ【*Betula utilis; B. alnoides*】

भूर्लोक [名] 地界；現世；この世

भूल [名*] (1) 忘れること；忘却すること (2) 誤り；間違い मैं भूल पर था 私は間違っていた (3) 過失；過ち；しくじり；失策；失敗 मुझसे आज बड़ी भूल हुई, उसको बुरा न मानना 今日は大変な過ちを犯した．悪く思わないでくれ **भूल से** 誤って；間違えて **भूल से भी** 間違っても；夢にも（…しない）；決して（…しない） माँ ने भी अनगिनत स्वप्न सँजोये होंगे कभी भूल से भी इन्हें फाँसी के फंदे में झूलते नहीं देखा होगा 母親もいろんな夢を見ていたことだろう．夢にも息子が絞首台にかけられるとは思ったことがなかったろう

भूल-चूक [名*] (1) 過ち कहीं भूल-चूक हो जाए तो बुढ़ापे में दाग लगे ひょっこりして過ちを犯すなら晩節をけがすことになろう (2) 誤り **भूल-चूक माफ़ क॰** （商取引で）間違いがあれば訂正いたします．悪しからず **भूल चूक, लेना देना** = भूल चूक माफ़ क॰. **भूल-चूक लेनी-देनी क॰** 計算間違いを訂正する

भूलना[1] [自] (1) 忘れられる；忘却される वहाँ जो कुछ देखा, वह जन्म भर नहीं भूलेगा あそこで見たことはすべて一生忘れられないだろう (2) 間違える पर वह लड़की भूलती नहीं でもあの娘は間違えはしない (3) 失う；なくなる **भूलकर** 誤って；間違えて= भूल से. **भूलकर भी न(...)** 間違っても…（し）ない；決して（…しない） ऐसी नौबत भूलकर भी न आने देंगे 間違ってもこのような羽目にならないように **भूलकर भी नाम न ले॰** 決して思い出さない **भूल पड़ना** 道に迷ったり道を間違えたりしてやって来る आज आप इधर कैसे भूल पड़े? 今日は珍しいお出かけでございます（予期されぬ全く珍しいお出ましですね） **भूला-बिसरा** 忘れ去った；忘れ去られた भूली-बिसरी स्मृतियाँ 忘れ去った記憶 **भूला-भटका आ॰** ひょっこり現れる；思いもかけずやってくる काम लगभग पूरा होने ही वाला था कि तभी कहीं से भूला-भटका एक लड़का आया 仕事がほぼ終わりかけたところへどこからか男の子がひょっこり迷い込んできた **भूला-भूला-सा** ぼんやりしたような；気の抜けたような **भूले-बिसरे** = भूले-भटके. **भूले भटके** たまに；まれに बाएँ हाथ में सुलगती हुई सिगरेट है जिसमें कभी भूले भटके कोई कश लग जाता है 左手にくゆっている巻きタバコが思い出したように吸われる

भूलना[2] [他] (1) 忘れる；忘却する अपने मासूम बचपन के वे सलोने दिन मैं कभी नहीं भूल सकती 頑是ない子供時分のあの楽しい日々を決して忘れることができない (2) 心を奪われて意識しなくなる；忘れる वायदा भूलना 約束を忘れる परीक्षा सिर पर थी, इस लिए सब कुछ भूलकर मैं तैयारी में जुट गया 試験が目前に迫っていたのでなにもかも忘れて準備に取りかかった (3) おいたままにする；置き忘れる

भूलना[3] [形+] 忘れっぽい；よく物忘れをする= भुलक्कड़.

भूल-भुलैया [名*] (1) 迷宮；迷路 (2) 複雑に入り組んだもの यहाँ की गलियाँ और रास्ते भूल-भुलैया नहीं हैं ここの路地や道路は入り組んでいない (3) 複雑なこと；複雑な関係

भूलोक [名] 人間界；この世；地界；地上界

भूविज्ञान [名] 地質学〈geology〉

भूविज्ञानी [名] 地質学者〈geologist〉

भूवैज्ञानिक [形] 地質学の；地質学的な；地質学上の〈geological〉

भूशायी [形] (1) 地面に寝る；地面に横たわる (2) 割れたり壊れたりして地面に落ちた (3) 死んでしまった= मरा हुआ.

भू शास्त्र [名] = भू विज्ञान.

भूषण [名] (1) 装飾品；宝飾品 (2) 装身具 (3) 飾り；装飾 (4)〔人名・文芸〕ブーシャン（17世紀中葉のブラジ・バーシャー語詩人）

भूषा [名*] (1) 装飾 (2) 装身具

भूषित [形] (1) 装飾された；飾られた (2) 装身具をつけた

भूसंचार केंद्र [名] 地上通信局

भूसंपत्ति [名*] 土地の形での資産

भूसंपदा [名*] 土地資源；地下資源

भूसंपदा सर्वेक्षण [名]（地下）資源探査

भूसंस्कार [名]〔ヒ〕祭式場や祭壇の設定，設営やそのための計測などの準備

भूस [名] = भूसा.

भूसना [自]（犬が）吠える= भूँकना.

भूसा [名] わら（藁）；飼い葉；馬草；秣= भुस; भूसी. **(-में) भूसा भरना** 死んだ動物の皮に藁を詰める；剥製にする

भूसाघर [名] 家畜の飼料置き場= भुसौला.

भूसा-चारा [名] (1) 糠；ふすま (2) かいば；まぐさ

भूसी [名*] (1) 糠；ふすま (2) かいば；まぐさ **भूसी-चुन्नी** 糠やふすま

भू-सुत [名] 火星= मंगलग्रह.

भू-सुता [名*]〔ラマ〕シーター= सीता

भू-सुर [名] 地上の神，すなわち，ブラーフマン；バラモン= ब्राह्मण.

भूस्खलन [名] 地滑り भूस्खलन हो॰ 地滑りが起こる

भू-स्फोट [名]〔植〕キノコの総称= कुकुरमुत्ता.

भूस्वामी [名] ブースワーミー（ザミーンダーリー制度廃止後の地主）；土地所有者；農地保有者 इन भूस्वामियों ने गैरकानूनी ढंग से ये जमीनें और लोगों को बेची या लीज पर चढ़ायी これらのブースワーミーたちは違法にこれらの土地を売却したり貸し出したりした

भृंग [名] (1)〔昆〕甲虫の総称〈beetle〉 कद्दू का लाल भृंग ウリハムシ हड्डा भृंग テントウムシ科の昆虫 (2)〔昆〕ミツバチ科マルハナバチ（丸花蜂）= भौंरा; भ्रमर. (3)〔昆〕ヒメバチ= भृंगी (3). (4)〔植〕キク科多年草ハマグルマ；クマノギク【*Wedelia chinensis; W. calendulacea*】 (5)〔植〕キク科雑草タカサブロウ【*Eclipta prosrata*】= भँगरा; भृंगराज. (6)〔鳥〕オーチュウ科カザリオウチュウ= भृंगराज.

भृंगराज [名] (1)〔鳥〕オーチュウ科カザリオーチュウ【*Dicrurus paradiseus*】 (2)〔植〕キク科雑草タカサブロウ【*Eclipta prostrata*】= भँगरा.

भृंगार [名] 即位式の灌頂に用いる水差し

भृंगी[1] [名*] (1) マルハナバチ भृंग のメス (2)〔昆〕ジガバチ科の昆虫の総称 (3)〔昆〕ヒメバチ科ヒメバチの総称〈ichneumon fly〉= बिलनी.

भृंगी[2] [名]〔イ神〕シヴァ神の従者；シヴァ神の眷属

भृंगीफल [名]〔植〕ウルシ科小木アムラタマゴノキ【*Spondias pinnata; S. mangifera*】= अमड़ा.

भृंगीश [名] シヴァ神の異名の一

भृकुटी [名*] 眉= भौंह. **भृकुटी खिंचना** 不機嫌になる；眉をひそめる；しかめっ面をする **भृकुटी चढ़ाना** = भृकुटी खिंचना. **भृकुटी टेढ़ी क॰** = भृकुटी खिंचना. **भृकुटी तनना** = भृकुटी खिंचना. **भृकुटी में बल पड़ना** = भृकुटी खिंचना.

भृगु [名] (1)〔イ神〕ブリグ聖仙 (2)〔イ神〕パラシュラーマ परशुराम (3) シュクラ・アーチャーリヤ शुक्राचार्य (4) 金曜日= शुक्रवार.

भृत[1] [名] (1) 従者 = भृत्य. (2) 使用人；雇い人 = सेवक.

भृत[2] [形] 満たされた；満ちている= भरा हुआ.

भृत[3] [形] 養われた= पाला हुआ.

भृतक [名] 使用人；雇い人= नौकर.

भृति[1] [名*] 満たすこと= पूर्ति.

भृति[2] [名*] (1) 保持 (2) 支持 (3) 養育 (4) 賃金；給与；俸給 (5) 価格

भृतिभोगी [形] 雇われの；雇用されている

भृत्य [名] 従僕；召使い= नौकर; सेवक.

भृश[1] [副] 非常に多く；甚だしく= बहुत अधिक; बहुत ज़्यादा.

भृश[2] [形] (1) 強力な (2) 甚だしい

भृष्ट [形] 調理された；料理された

भेंगा [形+] 斜視の；すがめの（眇の）

भेंगापन [名] 斜視= नज़र का टेढ़ापन.

भेंट [名*] (1) 久しぶりに出会うこと；出会い (2) インタビュー；会見 (3) 贈り物 इसे तो हमारे स्टोर की तरह से एक मामूली भेंट समझिए これは手前共の店からのつまらない贈り物だと思って下さい **तुच्छ भेंट** こころざし（志）；感謝の贈り物；心ばかりの贈り物 **नाचीज़ भेंट** こころざし；感謝の贈り物 (4) 供え物；供物 देवता को प्रसन्न करने के लिए दी जानेवाली भेंट 神様を喜ばせるために贈られる供え物 **(-) भेंट क॰** （-を）贈る；贈与する；贈呈する अनिल ने मुझे एक विदेशी घड़ी भेंट की アニルが私に外国製の時計を贈ってくれた अध्यापिका को फूल भेंट क॰ 先生に花を贈呈する उसके पास जो कुछ था वह सब उसने इस आश्रम को भेंट कर दी この人は所有していた一切の物を当修道所に寄贈した **(-की) भेंट चढ़ना** *a.*（ーに）供される ऐसे लोगों की अधिकांश कमाई बोतल की भेंट ही चढ़ आती है このような人たちのほとんどの稼ぎは酒（びん）に供されてしまう *b.*（ーの）犠牲に供される अब भारत में भी तलाकों की संख्या बढ़ने लगी है और अनेक परिवारों की सुख और शांति

इस अनबन की भेंट चढ़ती जाती है 今やわがインドでも離婚数が増え始めており多数の家庭の幸福と平和がこの家庭不和の犠牲に供されつつある (-को) भेंट चढ़ाना (ーに) 供える；お供えをする वह देवता को भेंट चढ़ाता है 神様にお供えする (-को) भेंट दे॰ (ーとの) インタビューに応じる；会見に応じる श्री शर्मा ने जागरण को दी एक भेंट में बताया कि... シャルマー氏はジャーガラン紙との会見において次のように述べている (-को) भेंट हो॰ (ーに) 失われる (-से) भेंट हो॰ *a.* (ーと) 出会う *b.* (ーが) 手に入る

भेंटना[1] [自] (1) 会う；逢う；出会う (2) 抱き合って挨拶する

भेंटना[2] [他] 贈る मायके से आने पर या पुत्र जनने के बाद बड़ों के पैर छूते समय पैसे भेंटे जाते हैं 実家から戻ったり男子をもうけたりした際，目上の人の足に手を触れて（丁重な）挨拶をすると（嫁には）祝いの金子が贈られる

भेंट-पूजा [名*] 袖の下；賄賂 इन अधिकारियों को भेंट-पूजा नहीं चढ़ाता था तो これらの役人に袖の下を届けていなかったので

भेंट-मुलाक़ात [名*] 《H.भेंट+ A. ملاقات》会う（逢う）こと；出会うこと；面会 यहाँ भी भेंट-मुलाक़ात करने के लिए चले आए थे ここにも会いにやって来たのだった

भेंटवार्ता [名*] インタビュー 'गंगा' मासिक को दी गई विशेष भेंटवार्ता 月刊の「ガンガー」誌との独占インタビュー

भेक [名] 両生類カエル（蛙）の総称；カエル；かわず＝ मेंढक.

भेकरव [名] 蛙の鳴き声；かわずの鳴き声

भेकी [名*] (1) 雌のカエル (2) 小さなカエル

भेख [名] ＝ वेश.

भेजना [他] (1) 行かせる；遣わす；派遣する；送る；寄越す बड़ी फ़ौज भेजकर 大軍を派遣して मेरे लिए गाड़ी भेज दीजिए 私のために車を寄越して下さい महाराज ने दीवान को काठियावाड़ की ओर भेजा 王は宰相をカーティヤーワールへ遣わした आखिर उसने बच्चों को भेजा ही क्यों? ともかく何故子供を行かせたのだ (2) 送る पैसा भेजना 送金する；金を送る

भेजवाना [他・使] ＝ भिजवाना. ← भेजना.

भेजा[1] [名] 脳；脳味噌＝ मग़ज़. सिर का भेजा 脳味噌 (-का) भेजा खाना *a.* 同じことを繰り返し話しかけたりたずねたりして（ーを）困らせる；うるさがらせる *b.* （ーに）うるさくせがむ भेजा ख़ाली हो॰ *a.* 頭の中が空っぽの；脳が空っぽの；全く愚かな *b.* すっかり疲れはてた (-का) भेजा गर्म क॰ (ーを) 怒らせる भेजा पकना 困り果てる भेजा पलट जा॰ 頭がおかしくなる；頭が混乱する भेजा लड़ाना 知恵を絞る；脳味噌を絞る

भेजा[2] [名] (1) 使い（の者）；使者 (2) 送る物 (3) 寄付金；寄金

भेड़ [名*]〔動〕ヒツジ；羊 भेड़ का गोश्त マトン；羊肉 भेड़-बकरी 取るに足らぬもの (-) भेड़ बना ले॰ (ーを) 全く意のままにする भेड़ें गिनना 眠れぬ時に羊の群の頭数を思い浮かべて数える〈count sheep〉 उन्हें नींद लाने के लिए भेड़ें नहीं गिननी पड़ती 眠るために羊を数える必要はない

भेड़चाल [名*] 群集行動；自主性のない行動 भेड़चाल चलना 盲従する；付和雷同する

भेड़ना [他] (1) 閉める；閉ざす ठंड से बचने के लिए हमने दरवाजा भेड़ लिया था, पर खिड़कियाँ खुली हुई थीं 寒さを避けるために戸を閉めたが窓は開いたままだった (2) ぴったり引っつける；合わせる

भेड़ा [名] 雄の羊＝ मेढ़ा; मेषा.

भेड़िया[1] [名] (1)〔動〕オオカミ（狼）【*Canis lupus*】 (2) 性悪で人を欺く人間

भेड़िया[2] [形] 羊のような；羊みたいな भेड़िया चाल मचना 盲従する

भेड़िया धसान [名*] (1) 主体的な判断のない盲目的な行動 (2) 統率や整理のとれないような大変な人出や群衆，動物の群れ，あるいは，そのような行動や動き

भेड़िहर [名] 羊飼い；牧夫＝ गड़ेरिया.

भेत्ता [形] (1) 穴をあける (2) 分ける；分割する (3) 妨げる

भेद [名] (1) 穴を開けること；貫くこと；貫通 (2) 引き離すこと；分割すること；裂くこと；破ること (3) 区分；分離 (4) 種類；種 (5) 違い；相違；差異；差；差別 अमीर और गरीब का भेद मिट जाए 貧富の差がなくなるように स्थान भेद से भिन्न प्रकार की भाषा का प्रयोग 場所の相違による様々な言語の使用 दृष्टि का भेद 見解の相違 (6) 内密；秘密 समाज में कई प्रकार के भेद पाए जाते हैं 社会には幾種かの秘密が見いだされる (7) わだかまり भेद उपजना わだかまりが生じる भेद क॰ *a.* 区別する *b.* 差別する भेद खुलना 秘密が露になる；暴露される；ばれる आखिर भेद खुल ही तो गया とうとう暴露されてしまった (-का) भेद खोलना (ーの) 秘密を明かす；正体を暴く；秘密を暴露する；ばらす तुम लोगों ने मेरा भेद खोल दिया 君たちは私の秘密を暴き出した भेद डालना 対立させる；仲違いさせる＝ फूट डालना. भेद दे॰ 秘密を知らせる भेद पाना *a.* 秘密を知る *b.* 突き止める भेद ले॰ 秘密を探る वह हमारा भेद लेने आया था あの人はこちらの秘密を探りにやって来たのだった

भेदक [形] (1) 穴をあける；貫通する；貫く (2) 仲違いさせる (3) 区別をつける

भेदन[1] [名] (1) 穴をあけること；貫くこと (2) 探りを入れること；探索

भेदन[2] [形] (1) 貫く；貫通する (2) 下痢を起こさせる

भेदना [他] (1) 貫く；穴をあける वाइरस पतली त्वचा तथा भीतरी समूची परतों को भी भेदकर घुस जाते हैं ウイルスは薄い皮膚や内部のすべての層を貫いて入り込んで行く वह टैंक की फ़ौलाद को भी भेद देती है それは戦車の鋼鉄さえも貫く (2) 見透かす；見抜く；射る भेदती हुई चमकीली किंतु विनम्र आँखें 相手を射るように光るがつつましい目

भेदनीति [名*] 相手側の内部に対立を生じさせる政策や戦略

भेदबुद्धि [名*] 衝突；対立；相違

भेदभरा [形[+]] (1) 謎だらけの；秘密に満ちた (2) いわくありげな हम लोगों की ओर भेदभरी दृष्टि डालते हुए पूछा こちらをいわくありげな目つきで見ながらたずねた

भेदभाव [名] (1)〔社〕差別〈discrimination〉 जाति-पाँति के भेदभाव से カースト上の差別で (2) 区別 (3) 対立 भेदभाव मिटना 対立が解消する (4) 相違；違い

भेदमति [名*] ＝ भेदबुद्धि.

भेदसाक्षी [名]〔法〕共犯証人＝ इक़बाली गवाह.

भेदित [形] (1) 穴のあけられた；貫かれた；突き通された (2) 分離された (3) 区別された

भेदिया [名] (1) 秘密を知っている人 (2) スパイ；密偵 भेदिया छोड़ना スパイを派遣する；密偵を送り込む

भेदी[1] [形] 貫く；突き破る；穴をあける

भेदी[2] [名] スパイ；密偵 कोई कहता ख़ुफ़िया पुलिस का भेदी है 秘密警察のスパイだと言う人がいる रावण को अपने भेदियों से पता चला ラーヴァナは自分の派遣した密偵から知った

भेदीकरण [名] (1) 穴をあけること；貫くこと (2) 区別すること (3) 分割すること

भेद्य [形] 穴をあけられる；貫くことのできる

भेरि [名*] ＝ भेरी.

भेरी [名*]〔イ音〕ベーリー（陣太鼓）；ナガーラー＝ नगाड़ा; दुंदुभी

भेरीकार [名] ベーリーカール；ナガーラーを打つ人；ナガーラー奏者

भेरुंड [形] 恐ろしい＝ भयानक; ख़ौफ़नाक.

भेरेंडु [名]〔植〕トウダイグサ科低木アカバヤトロパ【*Jatropha gossypifolia*】

भेलना [他] (1) 壊す；砕く (2) ひっくり返す；ごちゃごちゃにする；混乱させる

भेला[1] [名] 黒砂糖などの円形の大きな塊

भेला[2] [名] (1) 出会い (2) ぶつかり合い；衝突

भेली [名*] (1) 黒砂糖の円形の塊 (2) 黒砂糖 (3) 丸い塊

भेश [名] ＝ वेश.

भेष [名] ＝ भेस.

भेषज [名] (1) 治療；医療＝ चिकित्सा. (2) 薬；薬品＝ दवा; औषधि.

भेषज-संग्रह [名]〔薬〕薬局方

भेस [名] (1) 身なり；服装 (2) 変装 (3) 装束 भेस बदलना 変装する＝ पोशाक बदलना. भेस बनाना ＝ भेस बदलना. भेस बनाकर 変装して

भैंगा [形[+]] ＝ भेंगा. すがめの；眇の（人）；斜視の（人）

भैंस [名*]〔動〕水牛；雌の水牛 भैंस के आगे बीन बजाना〔諺〕*a.* 愚者にはすぐれたものの真価はわからないもの *b.* 愚かな人に教訓を与えても無意味なこと＝ भैंस के आगे बीन बजे वह बैठी पगुराय. भैंस से बीन की दाद ले॰〔諺〕素人や専門的な知識のない人に誉めてもらいたいと願うこと

भैंसा [名] ↔ भैंस. 水牛；雄の水牛

भैंसादाद [名]〔医〕白癬
भैंसासुर [名] = महिषासुर. 〔イ神〕マヒシャー・アスラ（マヒシャー，すなわち，水牛の姿をした悪魔．ドゥルガー神に退治されたとされる）
भैंसिया जोंक [名*] 引っ付いたり取りついて離れないもの
भैंसिया लहसुन [名] 首や顔に見られる赤痣
भैंसोरी [名*] 水牛の皮= भैंसौरी.
भै [名] 恐れ；恐怖；不安= भय; डर.
भैक्ष [名] (1) 乞食すること= भीख माँगना. (2) 乞食して得るもの = भीख.
भैक्ष्यवृत्ति [名*] = भिक्षावृत्ति.
भैन [名*] 姉妹= बहन; बहिन.
भैया [名] (1) 兄弟（血を分けた兄弟ばかりでなくいとこなども含む） तुम्हारे भैया का पत्र 君の兄弟の手紙 छोटे भैया की शादी 弟の結婚 उसके बड़े भैया भी उसको पढ़ाते हैं あの子の兄もあの子を教えている (2) 兄弟分，兄弟関係にあるかのように親しい間柄のものも含む (3) 兄弟や同年輩，あるいは，自分より若年の男性などに親しく呼びかける際に用いる言葉．兄さん，兄ちゃんなど एक से दो अच्छे होते हैं, भैया 兄さん，1つよりも2つのほうがいいんだよ (4) ウッタル・プラデーシュ州東部やビハール州方面からボンベイ（ムンバイ）近辺に出稼ぎに出てくる人たち（を同地の人たちが呼ぶ呼称）
भैयाचारा [名] = भाईचारा.
भैयादूज [名*]〔ヒ〕バイヤードゥージ祭（ディーワーリー祭の3日後に祝われるヒンドゥーの祭り．姉妹と兄弟の絆を確認する行事が行われる） = भाई दूज.
भैया दोज [名*] = भैया दूज.
भैरव[1] [形] (1) 恐るべき (2) 恐ろしい (3) 猛烈な
भैरव[2] [名] (1) バイラヴァ（シヴァ神の恐ろしい面を表すものでシヴァ神の異名の一） (2)〔イ文芸〕サンスクリット文学のラサ，すなわち，情調の一；恐怖情調 = भयानक रस. → रस. (3)〔イ音〕バイラヴァ・ラーガ
भैरवी [名*] (1) バイラヴィー（パールヴァティー神の異名） (2)〔イ音〕バイラヴィー・ラーギニー（ラーギニーの一）
भैरवी यातना [名*] 断末魔の苦しみ
भैरवेश [名] シヴァ神
भैरो [名] = भैरू; भैरव[2].
भैषज [名] 薬= दवा; औषध.
भैषज्य [名] 薬= दवा; औषध.
भैषज्य गुरु [名]〔仏〕薬師如来
भोंकना[1] [他] 先端のとがったものを突き刺す；突き立てる बैल ने उसके पेट में सींग भोंक दिया 牛が男の腹に角を突き刺した पेट में छुरा भोंक दे。 腹に短刀を突き立てる
भोंकना[2] [自] = भौंकना. (1) 犬が吠える (2) 喚く；吠える；怒鳴る कहीं नशे में कुछ से कुछ न भोंकने लगूँ 酔った勢いでとんでもないことを喚いたりせぬよう
भोंचाल [名] 地震 = भूकंप; भूचाल.
भोंडा [形⁺] (1) みっともない；見苦しい औरत-मर्द घास-फूस और पत्तों से अपनी शर्मगाह छुपा लेते हैं और बस इसी लिए बहुत भोंडे और बेढंगे मालूम होते हैं 男女ともに草や木の葉で恥部を隠しているだけなのでとてもみっともなく不恰好に感じられる (2) 下品な；いやらしい भोंडा हास्य 下品な笑い भोंडी-सी गाली いやらしいののしりの言葉 (3) 稚拙な；未完成な अपने भोंडे हथियारों से稚拙な武器で (4) 調子はずれの भोंडी आवाज़ में फ़िल्मी गीत गाता हुआ 調子はずれの声で映画主題歌を歌いながら उसकी आवाज भोंडी और खुरदरी थी 調子はずれで耳障りな声だった
भोंडापन [名] ←भोंडा. बहुत तंग कपड़े पहनना जहाँ स्वास्थ्य की दृष्टि से हानिकारक है, वहाँ उनके पहनने से अंगों का अनावश्यक प्रदर्शन होता है, जिससे भोंडापन ही जाहिर होता है 余りにも肌にぴったりの服を着るのは健康に害があるばかりでなく肢体を余計に露にしてみっともなさのみ目につくものである
भोंतला [形⁺] 刃物の刃のなまった；切れ味の鈍った；切れ難くなった= भुथरा.
भोंदू [形] 間抜けな；ぼんくらの；とんまの
भोंपू [名] (1) ラッパ；角ラッパ；角笛 (2) サイレン (3) 警笛；クラクション (4) スピーカー；拡声器 माइक्रोफ़ोन का भोंपू マイクの拡声器 (5) 宣伝道具 सरकारी भोंपू お上の拡声器
भों भों [名*] 犬の鳴き声；わんわん
भोंसला [名]〔イ史〕ボーンスレー家（ナーグプルに拠ったマラーター同盟の諸侯の一）〈The Bhonslas (Nagpur)〉
भोंह [名*] 眉= भौंह. भोंह चढ़ी दृष्टि 眉のつり上がった眼差し भोंह चढ़ी दृष्टि राजपूतों की पहचान 眉つり上げた眼差しはラージプートのしるし
भो[1] [感] 人に呼びかける言葉；おい，よおなど
भो[2] [感] 人を脅す時に発せられる言葉；わっ मैं भो करके उसे डराऊँगा わっと言ってあの人を脅してやろう
भोक्ता [形] (1) 食べる；食する (2) 享受する；受ける (3) 経験する
भोग [名] (1) 享受；経験；体験 (2) 使用 (3) 享楽 भोग के अधिक साधन संचय कर अधिक संपन्न और सुखी बनने का स्वप्न 享楽の手段をより多く蓄えて一層豊かに幸せになろうと言う夢 (4) 供物；お供え；神饌 जो भोजन भगवान के लिए दिया जाता है, वह भोग कहाता है 神様に供えられる食べ物は神饌と呼ばれる (5) 苦労；苦難 (6) 快楽 **भोग चढ़ाना** a. 食事を出す；食事を供する b. 神饌を供える देवी को भोग चढ़ाना デーヴィーに神饌を供える **भोग भोगना** 苦労する；苦痛を味わう **भोग लगना** a. 食事が出される；食事が供される b. 神饌が供えられる **भोग लगाना** = भोग चढ़ाना. **भोग सुनाना** ののしる
भोगना [他] (1) 用いる；使用する (2) 享受する दुनिया के सुख भोगना この世の快楽を享受する (3) 被る；受ける；耐える；忍ぶ **अपने किए का फल भोगना**〔諺〕自業自得 (4)（性的な快楽を）味わう；楽しむ；交接する
भोगबंधक [名] 使用権付き抵当
भोगमंडप [名]〔ヒ〕ボーガマンダパ（15世紀後半の建立と伝えられるジャガンナート寺院の社殿の一） → जगन्नाथ.
भोगली [名*] (1) 小さな管 (2)〔装身〕小鼻につける鼻飾り；ローング लौंग (3) 上記の鼻飾りを内側で止める部分 (4)〔装身〕耳たぶにつける耳飾りの一
भोगलोलुप [形] 官能的な；快楽を追い求める；官能の快楽をむさぼる
भोगवती [名*]〔イ神〕ボーガヴァティー川，すなわち，地下界を流れるとされるガンガー（ガンジス川）
भोगवाद [名] 快楽主義
भोगवादी [形・名] 快楽主義の；快楽主義者
भोगवाना [他・使] ←भोगना.
भोगविलास [名] (1) 享楽 (2) 遊興 (3) 道楽；放蕩；遊蕩
भोगिनी [名*] 王の側室
भोगी[1] [形] (1) 享楽的な (2) 官能的な；酒色に溺れる उनका भोगी जीवन वैराग्य में बदल गया 官能的な生活が厭世的に変わった
भोगी[2] [名*]《Mar.》太陽がマカラ宮（磨羯宮）に入る日であるマカラサンクラーンティ मकर संक्रांति の前日及び太陽が巨蟹宮に入る日であるカルカサンクラーンティ कर्क संक्रांति の前日の呼称
भोग्य [形] (1) 享受される (2) 用いられる；使用される (3) 耐えられる
भोग्या [形*] ←भोग्य.
भोज[1] [名] (1) 宴会；会食；祝宴；ご馳走 (2) 食べ物 भोज दे。（ーに）ご馳走する；（ーを）祝宴に招く **भोज दिया जा。**（ーが）宴会に招かれる
भोज[2] 〔人名〕ボージャ王（11世紀のマールワー मालवा のダーラー धारा 国王でサンスクリット文学の擁護者，文学者として著名）
भोजन [名] (1) 食事；食べること (2)（生き物が生命維持のために摂取する）食べ物；食物；食糧 पौधों को भी भोजन चाहिए 草木にも食べ物が必要だ घोंसले के आसपास काफ़ी भोजन मिल सके ताकि बच्चों को खिलाया पिलाया जा सके 雛鳥たちに食べさせられるように巣の近くに十分な食べ物が得られること **भोजन करवाना** 食事を供する；食事をさせる मुनि को घर लाकर पूजना प्रेम से भोजन करवाना ムニを家に案内して拝むこと，真心こめて食事をして頂くこと **भोजन के लाले पड़ना** 食べ物に事欠く **भोजन परोसना** 食事をよそう अतिथियों को भोजन परोसना 客に食事をよそう **भोजन पाना** 食事をする；食事を頂く **भोजन में कटौती क。** 減食する
भोजन-उत्पादक [形・名] 食糧を生産する；食糧生産者
भोजनकक्ष [名] 食事をするところ；食堂；給食室
भोजनगृह [名] = भोजनकक्ष.

भ

भोजन नलिका [名*] = भोजन नली.
भोजन नली [名*] 食道 भोजन नली का कैंसर 食道がん
भोजन-पानी [名] 飲食；飲み食い इसी प्रकार भोजन-पानी पर कठोर प्रतिबंध भूख-प्यास को अधिक बढ़ाता है このように飲食が厳しく制限されると空腹感や渇きが一層増すものだ
भोजन-भट्ट [名・形] 大食漢；大食いの（人）；口の卑しい（人）
भोजनशाला [名*] (1) 食堂 = भोजनालय. (2) 調理場；台所；厨房= रसोईघर.
भोजन संग्रहीक [名] 食糧採集者
भोजन सामग्री [名*] 飲食物；食料
भोजनाच्छादन [名] 衣食；衣と食= अन्नवस्त्र.
भोजनालय [名] (1) 食堂；料理店；レストラン (2) 調理場
भोजपत्र [名] (1)〔植〕カバノキ科高木ペーパーバーチ【*Betula utilis; B. alnoides*】 (2) ペーパーバーチの樹皮
भोजपुर 〔地名〕ボージプル（ビハール州シャーハーバード県）
भोजपुरिया[1] [名] ボージプルの住民
भोजपुरिया[2] [形] ボージプルの
भोजपुरी[1] [名*]〔言〕ボージプル語（ウッタル・プラデーシュ州東部及びビハール州北西部を中心に話されるインド・アーリア系言語）；ボージプリー語
भोजपुरी[2] [名] ボージプルの住民
भोज्य[1] [形] 食べられる；食用の；可食の स्वादिष्ट भोज्य-पदार्थ 美味な食物
भोज्य[2] [名] 食することのできるもの；食物
भोट [名] (1) ブータン= भूटान. (2) ブータン人 (3) チベット **भोट भाषा** *a.*〔言〕ブータンの公用語；ゾンカ語 *b.*〔言〕チベット語
भोटिया[1] [形] (1) ブータンの (2) チベットの **भोटिया लोग** *a.* ブータン人 *b.* チベット人
भोटिया[2] [名] (1) ブータン人 भोटिया गड़रिया ブータン人の牧夫 (2) チベット人
भोटिया[3] [名*]〔言〕(1) ブータン語；ゾンカ語 (2) チベット語
भोटिया बादाम [名] (1)〔植〕スモモ= आलूबुखारा. (2)〔植〕マメ科ラッカセイ（落花生）= मूँगफली.
भोटी [形] = भोटिया[1].
भोडर [名]〔鉱〕雲母；きらら= अबरक; अभ्रक.
भोत [形・副] = बहुत.
भोपा[1] [名] ボーパー（ラージャスターン地方の民俗音楽を継承して来たカースト集団の一）
भोपा[2] [自] = भोंपू.
भोपी [名*] ←भोपा[1]. ボーパーの女性
भोपाल 〔地名〕ボーパール市（マディヤ・プラデーシュ州の州都．英領時代にはボーパール藩王国の都）
भोम[1] [名*] = भूमि. 土地；大地
भोम[2] [名*] 《Raj.》(1) 土地；大地 (2) 封土
भोर [名] 早朝；早暁；曙；夜明け= सुबह; प्रातःकाल. **भोर का तारा** *a.* はかないもの *b.* 輝きのないもの；勢いのないもの *c.* 金星 **भोर को** 早朝；夜明けに (-का) **भोर हो॰** （ーが）潰える；つぶれる
भोरा[1] [名] 欺き；だまし；欺瞞= धोखा; भुलावा.
भोरा[2] [形$^+$] (1) だまされた (2) 頭の混乱した
भोरुकवा [名] 明けの明星；金星= भोर का तारा.
भोला [形$^+$] (1) 純真な；素直な；純朴な बालक का भोला चेहरा 子供の純真な顔 (2) あどけない；無邪気な；うぶな；愛らしい (3) 人のいい；お人好しの आज बहुत भोली-भोली बातें कर रहे हैं.कोई खास मतलब होगा 今日はえらく無邪気な話をしているが何か魂胆があるのだろう
भोलानाथ [名] (1) シヴァ神の異名の一 (2) お人好し
भोलापन [名] ←भोला. गुरु जी उसके भोलेपन पर मुसकरा कर प्यार से उसे निहारते हुए बोले 師は彼の無邪気さに微笑んで優しい眼差しで仰せになった **भोलेपन से** 無邪気に；あどけなく
भोला-भाला [形$^+$] 全くあどけない；実に無邪気な；全く邪心のない；純真無垢な छोटे भाई-बहनों की भोली-भाली सूरतें और प्यारी प्यारी हरकतें 弟や妹達のあどけない姿や愛らしい振る舞い अपने पोते का भोला-भाला चेहरा 孫のあどけない顔
भौं [名*] 眉；眉毛 पेशानी भौंओं पर खत्म होती है 額は眉まで **भौं सिकोड़ना** 眉をひそめる；不快な表情を表す
भौंकना [自] 犬が吠える= भोंकना. जो सड़क पर आता जाता है, उसे भौंकता है 道を通りかかる人に吠えかかる
भौंचक [形] → भौचक.
भौंचक्का [形$^+$] → भौचक्का. घोड़ी को तीन टाँगों पर खड़ा देखकर भौंचक्के रह गए 馬が３本足で立っているのを見てびっくりしてしまった
भौंडा [形$^+$] = भोंडा. सुंदर-से-सुंदर और पढ़ी-लिखी स्त्री भी अगर स्त्रियोचित शिष्टाचार का उल्लंघन करती है, तो वह भौंडी लगने लगती है どんなに美しく学問のある女性でも女性らしい礼儀を守らなければ見苦しく感じられるものです भौंडी घटना 醜悪な事件
भौंतुआ [名]〔昆〕ミズスマシ（水澄まし）
भौं भौं [名] 犬の鳴き声；わんわん→ भों, भों-भों. कुत्ता भौं भौं करके बोला 犬がわんわんと吠えた
भौंर [名] (1)〔昆〕マルハナバチ= भौंरा. (2)〔昆〕コガネムシ，フンコロガシなどの甲虫 (3) 渦；渦巻き
भौंरा [名] (1)〔昆〕マルハナバチ (2)〔昆〕スズメバチ (3)〔昆〕コガネムシ，フンコロガシなどの甲虫 (4) 玩具のこま（独楽）
भौंराना[1] [他] (1) ぐるぐる回す；回転させる= घुमाना. (2) 周回させる (3) 挙式させる（結婚式儀礼の中で聖火のぐるりを新郎新婦に規定の回数回らせる）
भौंराना[2] [自] 回る；回転する；周回する
भौंरी [名*] (1) 旋毛 (2) 渦巻き= आवर्त. (3)〔ヒ〕挙式の際火の周りを周回すること= भाँवर.
भौंह [名*] 眉；眉毛= भौं; भवँ; भृकुटी. भौंहें बढ़ीं, सघन और उभरी 眉毛が濃く盛り上がって生えた **भौंह चढ़ना** 眉がつり上がる；怒りの表情になる；怒る **भौंह चढ़ाना** 眉をつり上げる；怒る (-की) **भौंह चूमना** *a.*（ーの）支援を求める *b.*（ーに）へつらう (-की) **भौंह जोहना** = भौंह चूमना. **भौंह (भौंहें) टेढ़ी क॰** = भौंह चढ़ाना. **भौंह ढीली पड़ना** 怒り（の表情）が和らぐ **भौंह (भौंहें) तन जा॰** = भौंह चढ़ना. माँ की बोली सुनते ही मँझली भाभी की भौंहें तन गईं 母の言葉を聞いたとたん次兄の嫁の眉がつり上がった (-की) **भौंह ताकना** （他人の）機嫌を伺う **भौंह दिखाना** 脅す；怖い顔をしてみせる **भौंह नचाना** 表情を作る **भौंह निहारना** = भौंह चूमना. **भौंह पर बल देखना** 不機嫌な表情を見て取る (-की) **भौंह बचाकर** （ーの）面子を立てて **भौंह मरोड़ना** *a.* 目配せする *b.* しかめ面をする **भौंह में बल हो॰** 不機嫌な表情になる **भौंह मोड़ना** = भौंह मरोड़ना. **भौंहें चलाना** 目配せする **भौंहों के इशारे पर नचाना** 思い通りに操る **भौंहों पर शिकन पड़ना** 怒る；不機嫌な表情になる **भौंहों में बल पड़ना** = भौंहों पर शिकन पड़ना.
भौंहरा [名] = भुँइहरा.
भौ[1] [名] (1) この世；現世= भव; संसार; दुनिया. (2) この世の生；この世に生まれること；生誕
भौ[2] [名] 恐れ；恐怖= भय; डर; खौफ़.
भौकन [名*] (1) 炎；火炎 (2) 火熱
भौका [名] かご（籠）= टोकरी; टोकरा.
भौगोलिक [形] 地理の；地理上の दक्षिण अफ्रीका की भौगोलिक स्थिति बहुत महत्त्वपूर्ण है 南アフリカの地理上の位置は甚だ重要である इस संस्कृति का भौगोलिक विस्तार この文化の地理的な広がり भौगोलिक कारक 地理上の要因
भौगोलिक विवरण [名] 地誌
भौगोलिकी [名*] 地名辞典
भौचक [形] (1) びっくりした；びっくり仰天した；たまげた；茫然とした；我を忘れた बिलकुल भौचक रह गई वह, कहीं नज़र का धोखा तो नहीं 全くびっくり仰天してしまった．ひょっとして目の錯覚ではないか (2) あわてた；あわてふためいた
भौचक्का [形$^+$] = भौचक. अकसर वह इस तनाव से इतना भौचक्का दिखाई देता है しばしばこの緊張のためこんなにびっくりしたように見える वे भौचक्के होकर हीरे मोतियों से सजे घोड़े के करतब देख रहे थे びっくり仰天してダイヤや真珠で飾り立てられた馬の芸を眺めていた
भौचाल [名] 地震= भूकंप; भूडोल.
भौजाई [名*] 兄嫁= भाभी; भावज. ननद-भौजाई 小姑や兄嫁
भौजी [名*] = भौजाई.
भौट [名] (1) ブータン人 (2) チベット人
भौत [形] ←भूत. (1) 物質の (2) 生き物の；生類の (3) 幽霊の；化け物の

भौतिक [形] (1) 物の；物質の；物的な समाज का संपूर्ण भौतिक जीवन 社会の一切の物質生活 भौतिक आवश्यकताओं की पूर्ति 物質的な必要の充足 (2) 物理的な भौतिक परिवर्तन 物理的な変化 (3) 五大の（地水火風空の五大に関わる） (4) 幽霊の；化け物の (5) 肉体の；身体の भारती का भौतिक शरीर バーラティー氏の現身

भौतिक चिकित्सा [名*]〔医〕物理療法

भौतिक भूगोल [名] 自然地理学〈physical geography〉

भौतिक रसायन [名] 物理化学

भौतिकवाद [名]〔哲〕唯物論 **ऐतिहासिक भौतिकवाद** 史的唯物論

भौतिकवादिता [名*] ←भौतिकवादी. 物質主義；唯物主義

भौतिकवादी [形] 物質主義の；唯物主義の

भौतिक विज्ञान [名] 物理学= भौतिकी.

भौतिक विद् [名] 物理学者

भौतिक विद्या [名*] 物理学= भौतिक विज्ञान; भौतिकी.

भौतिकी [名*] 物理学 जीव-भौतिकी 生（物）物理学〈biophysics〉 न्यूक्ली भौतिकी 原子物理学

भौम[1] [形] (1) 土の (2) 土から生じる (3) 大地の (4) 地上の (5) この世の；現世の

भौम[2] [名] (1) 火星 (2) リュウゼンコウ（竜涎香；龍涎香）

भौमजल [名] 地下水= भूमिगत जल.

भौम जलस्तर [名] 地下水面

भौम रत्न [名] さんご（珊瑚） = मूँगा.

भौमवार [名] 火曜日 = मंगलवार.

भौमिक [形] = भौम.

भौमिकी [名*] 地質学= भू-विज्ञान.〈geology〉

भौसागर [名] = भव सागर. この世；現世

भ्रंश [名] (1) 墜落；落下 (2) 破滅；崩壊；破壊 (3)〔地質〕断層〈fault〉

भ्रंशतल [名]〔地質〕断層面

भ्रंशन [名] (1) 墜落 (2) 腐敗

भ्रंशी [形] (1) 墜落する；落下する (2) 腐敗する；堕落する

भ्रकुटि [名*] = भृकुटि. 眉；眉毛

भ्रम [名] (1) 歩き回ること；徘徊すること (2) 周回 (3)〔心〕錯覚 (4) 疑念；迷い (5) 失神 (6) めまい (7) 幻覚 **भ्रम के हिंडोले में झूलना** 大きな誤解をする **भ्रम में डालना** 惑わせる；混乱させる **भ्रम में पड़ना** 錯覚する

भ्रमजाल [名] 世俗の迷い；迷妄の罠 **भ्रम-जाल में फँसना** 迷わされる；迷う；惑う

भ्रमण [名] (1) 歩くこと；歩き回ること；徘徊；散歩；散策；逍遥 ग्रामीण क्षेत्र का भ्रमण 農村地域の逍遥 (2) 旅；旅行；周遊 भारत भ्रमण को आई छात्रा インド旅行に来た女子学生 शैक्षिक भ्रमण 修学旅行；研修旅行 प्रतिवर्ष वहाँ के लोग दो या कम से कम एक बार लंबी छुट्टी पर बाहर भ्रमण के लिए अवश्य जाते हैं 毎年同地の人は 2 度，もしくは，少なくとも 1 度長期の休暇を取って海外旅行に必ず出掛ける विद्यार्थी जब अन्य स्थानों का भ्रमण करेंगे तो 学生たちが他の地域を旅行すると (3) 遊歴 ह्वेनसांग का कांगडा, कुल्लू एवं लाहौल आदि स्थानों का भ्रमण 玄奘三蔵のカーングラー，クッルー，ラーホールなどの遊歴

भ्रमणकारी [形] (1) 徘徊する (2) 周遊する；旅行する (3) 遊歴する

भ्रमणशील [形] (1) 定住しない；移動する；放浪する；流浪する प्रारम्भ में मनुष्य भ्रमणशील थे 最初人類は定住していなかった **भ्रमणशील जाति** 流浪の民；遊牧民 हूण एक भ्रमणशील जाति के लोग थे フン族は遊牧民だった चूँकि वे भ्रमणशील जीवन बिताते रहे थे, उन्हें नगर-जीवन का परिचय नहीं था 彼らは遊牧生活を送っていたので都市生活を知らなかった (2) 遊行の भ्रमणशील साधु 遊行の修行者

भ्रमद [形] 迷わせる；惑わせる

भ्रमना[1] [自] (1) 歩き回る (2) ぐるぐる回る

भ्रमना[2] [自] (1) 迷う (2) 道に迷う

भ्रमपूर्ण [形] 間違いだらけの；誤解に満ちた भ्रमपूर्ण धारणा 誤解に満ちた考え

भ्रममूलक [形] 誤解に基づいた

भ्रमर [名] (1) マルハナバチ（クロマルハナバチ） (2) クロスズメバチ (3) クマバチ (4)〔イ神〕ウッダヴァ（उद्धव クリシュナのおじ，友人，あるいは，従弟などと伝えられる）の別名

भ्रमरगीत [名]〔イ文芸〕ブラマラギータ／ブラマルギート（バーガヴァタ・プラーナ भागवत पुराण の第 10 章に記述のあるものでクリシュナへ熱烈な信愛を抱くゴーピー，गोपी，すなわち，牧女たちがクリシュナの遣わした使者ウッダヴァ उद्धव を前にしてハナバチに当てつけてクリシュナとの別離の辛さをクリシュナの非情さを難ずる形で述べクリシュナへの篤い信愛の情を吐露するくだり．これがクリシュナ賛歌として後代多くの詩人の題材として用いられた）

भ्रमरी [名*] マルハナバチのメス= भौंरी.

भ्रमात्मक [形] 疑わしい；怪しい；不確かな；曖昧な

भ्रमित [形] (1) 迷った；迷わされた；惑わされた न्यायिक क्षेत्र के लोग भी भ्रमित हो जाते हैं 法曹界の人たちまでもが惑わされる (2) 混乱させられた

भ्रमोत्पादक [形] 迷わす；惑わす；錯覚させる

भ्रष्ट [形] (1) 落ちた；落下した；墜落した (2) 壊れた；破壊された；つぶれた (3) 堕落した；腐敗した；乱れた；頽廃した；不品行な (4) 汚職を働いた भ्रष्ट अधिकारी जबरन रिटायर किए जाएँगे 汚職役員は強制的に引退させられよう (5) 駄目な；役に立たない तब बुद्धि भ्रष्ट हो जाती है そうすると頭がおかしくなる

भ्रष्टाचार [名] (1) 堕落；頽廃；悪行；不品行 (2)（官僚の）腐敗；汚職 भ्रष्टाचार की जड़ 汚職の根

भ्रष्टाचारी [形・名] 汚職をする（人） भ्रष्टाचारी को पकड़ना 汚職者を見つけだす

भ्रांत [形] (1) 間違えた；思い違いをした；誤解した (2) 迷った；道を間違えた (3) 道をはずれた；常軌を逸した (4) 当惑した；困惑した

भ्रांति [名*] (1) 周回；回転；旋回 (2) 誤解；錯覚 (3) 疑念；疑問 (4) 妄想；妄念 (5) 過ち；過誤 (6) 混乱

भ्रांतिजनक [形] (1) 誤解させる；錯覚させる (2) 混乱させる

भ्रांतिपूर्ण [形] 誤りに満ちた；間違いだらけの यह धारणा भ्रांतिपूर्ण है これは間違いだらけの考えです

भ्रांतिमूलक [形] 惑わせる；錯覚させる；錯覚を起こさせる

भ्राजक [形] 輝かせる；光らせる

भ्राजना [自] (1) 輝く (2) 映える

भ्राता [名] 兄弟；同胞；はらから= भाई; बिरादर.

भ्राता-भगिनी संतति [名*]〔文人〕交叉いとこ

भ्राता-भगिनी संतति विवाह [名]〔文人〕交叉いとこ婚〈cross cousin marriage〉

भ्रातृ- [造語] 兄弟や同胞の意を有する合成語の構成要素 भ्रातृत्व 兄弟関係；友愛関係

भ्रातृज [名] 兄弟の子；おい（甥） = भतीजा.

भ्रातृजाया [名*] 兄弟の妻

भ्रातृत्व [名] (1) 兄弟関係 (2) 同胞愛；兄弟愛

भ्रातृपुत्र [名] 兄弟の息子（甥） = भतीजा.

भ्रातृपुत्री [名*] 兄弟の娘（姪） = भतीजी.

भ्रातृभांड [名] 双生児；双子

भ्रातृभाव [名] (1) 兄弟愛；同胞愛 (2) 兄弟関係

भ्रातृवधू [名*] 兄弟の妻

भ्रातृव्य [名] 兄弟の子；おい（甥） = भतीजा.

भ्रातृश्वसुर [名] 夫の兄；義兄

भ्रात्रीय[1] [形] 兄弟の

भ्रात्रीय[2] [名] 兄弟の息子（甥）

भ्रामक [形] 混乱させる；錯覚させる；惑わす；誤解を生む अवैज्ञानिक व भ्रामक बातें 非科学的で人を惑わす話 भ्रामक कथन 誤解を生じさせる発言

भ्रामर[1] [形] マルハナバチなどの→ भ्रमर.

भ्रामर[2] [名] 蜂蜜= मधु; शहद.

भ्रुकुटि [名*] 眉；眉毛= भृकुटी; भौंह.

भ्रू [名*] 眉；眉毛= भौं; भौंह. **भ्रू मटकाना** 目配せする；眉や目を動かして色っぽい表情を作る= भ्रू चलाना; भ्रू हिलाना.

भ्रूण [名] (1) 胎児 (2) 母胎

भ्रूण विज्ञान [名] 発生学；胎生学〈embryology〉

भ्रूणहत्या [名*] 堕胎；胎児殺し

भ्रूनिक्षेप [名] 流し目で見ること；横目でちらっと見ること= कटाक्ष.

भ्रूभंग [名] 眉を動かして感情を表すこと；怒りの表情を眉の動きで表すこと；眉をひそめること

भ्रूभंगिमा [名*] (1) 眉をひそめること (2) 眉を動かして色っぽい表情を作ること

भ्रूमध्य [名] 眉間
भ्रूलता [名*] 柳眉
भ्रूविकार [名] 眉をひそめること；眉間にしわを寄せること
भ्रूविक्षेप [名] 眉で怒りを表すこと= त्योरी बदलना.
भ्रूविलास [名] 流し目や横目で見ること；色っぽい眼差し
भ्रौणि [名*]〔解〕骨盤 〈pelvis〉
भ्रौणिकी [名*] = भ्रूण विज्ञान.

म

मंकिल [名] 野山の火事；野火= दावाग्नि.
मंक्षण [名] マンクシャナ（古代インドにおいて兵士が大腿部に着用した防具）
मंख [名] バート（本来，自分の仕えた王侯の頌詩を詠むことを生業としてきたカーストの人）= चारण; भाट; बंदीजन.
मंग [名] へさき（舳先）= गलही.
मँगता[1] [名] こじき（乞食）；物乞いをする人= भिखारी; भिखमंगा.
मँगता[2] [形+] 物乞いをする；物乞いばかりする
मँगनी [名*] (1) 借りること；借用 (2) 借り物；借用した物 (3)〔ヒ〕婚約式；婚約= वाग्दान. भरतसिंह की उन्हीं दिनों मँगनी हुई थी バラトシンはちょうどその頃婚約した (4)〔ヒ〕男性側から女性側への結婚の申し込み（仲人 अगवा によってなされる） **मँगनी क॰** 婚約する **मँगनी का** 借り物の；借用している；借りられる (-) **मँगनी दे॰** （ーを）貸す；貸与する (-) **मँगनी माँग ले॰** （ーを）借りる；借用する **मँगनी में चुगनी** 至る所で物乞いに歩き回る= मँगनी दर मँगनी. (-) **मँगनी ले॰** （ーを）借りる；借用する
मंगरी [名*]〔魚〕ヒレナマズ科ギョライヒレナマズ【*Clarias batrachus, Linn. / C. magura of Day*】
मँगरी [名*] 棟木
मंगल[1] [形] (1) 幸せをもたらす；幸福をもたらす；幸運をもたらす (2) めでたい；慶祝すべき
मंगल[2] [名] (1) 幸せ；幸福 उनकी बात न मानने से कभी तुम्हारा मंगल न होगा あの方の言葉に従わないと君は決して幸せになれないだろう (2) 繁栄；安寧 अपने देश के मंगल के लिए आशीष की याचना करो 母国の繁栄のために祝福を願いなさい (3) めでたいこと；吉兆 (4) 火星 (5) 火曜日 = मंगलवार. **मंगल गाना** *a.* 祝い歌を歌う *b.* おとなしくする；目立たないようにする；ひっこむ；すっこむ
मंगलकर्म [名]〔ヒ〕慶祝事の無事完了を願って行事の最初に行われる儀礼
मंगलकलश [名]〔ヒ〕祝い事の際に水を入れて儀礼の場所に礼拝の対象や飾りに置かれる水がめ
मंगलकाम [形] 幸せを願う；幸運を願う
मंगलकामना [名*] 幸せを願うこと；幸福を祈ること सुहाग की मंगल-कामना 結婚生活の幸せを祈る
मंगलकारक [形] 幸せをもたらす；幸福をもたらす；幸運をもたらす
मंगलकारी [形] = मंगलकारक.
मंगलकार्य [名]〔ヒ〕結婚式や誕生，聖紐式など通過儀礼に関わる祝い事；めでたいこと
मंगलकाल [名]〔ヒ〕慶祝の行事をなすに当たって吉とされる時刻
मंगलक्षौम [名]〔ヒ〕祝い事の際に着用する絹の衣服（晴れ着）
मंगलगान [名] = मंगलगीत.
मंगलगीत [名]〔ヒ〕結婚式などの際の祝い歌；めでたい歌 स्त्रियाँ मंगल गीत गा रही थीं 女性たちが祝い歌を歌っているところだった शादी-ब्याह होता तो मंगलगीत और गारी गाने के लिए 結婚式は祝い歌や戯れ歌を歌うためにあるものなんだ→ गारी.
मंगलघट [名] = मंगलकलश.
मंगलचार [名] → मंगलाचार.
मंगल थाल [名]〔ヒ〕神饌を供えるのに用いられる金属製の盆
मंगलदाय [形] = मंगलकारक.
मंगलपाठ [名] = मंगलाचरण.
मंगलप्रतीक [名]〔ヒ〕吉祥のしるし；吉祥の象徴（万字，水がめ，蓮，ほら貝など）
मंगलप्रद [形] = मंगलकारक.

मंगलमय [形] とてもめでたい；幸福な；幸運な जन्म-दिवस, विवाह, पर्व, विशिष्ट व्यक्तियों के आगमन आदि अनेक मंगलमय अवसरों पर 誕生日，結婚式，祭日，賓客の来訪などのいろんなめでたい折に (आपको) नव वर्ष मंगलमय हो 新年を祝う言葉．新年おめでとうございます；謹賀新年= नया साल मुबारक हो.

मंगलमिलन [名] 祝いのために集うこと；祝いの会合；祝祭日の挨拶を交わすこと

मंगलवार [名] 火曜日 = मंगल.

मंगलसूचक [形] 祝いの；祝い用の；祝いを示す；めでたい बुआई के दिन मंगलसूचक पगड़ी बाँधकर खेत जाते हैं 種蒔きの日には祝いのターバンを巻いて畑へ出掛ける

मंगलसूत्र [名] (1)〔ヒ〕既婚女性が夫の存命中手首につける飾りひも (2)〔ヒ〕祈祷礼拝の後お下がりのしるしとして右手首に結ぶ吉祥の赤いひも

मंगल स्नान [名] 祝い事に際して行われる沐浴

मंगला [名*] パールヴァティー神 पार्वती

मंगलाचरण [名] (1)〔ヒ〕事を始める際にその無事の完成成就を祈るために詠まれる歌や祈りの言葉 (2)〔ヒ〕書物の執筆の最初にその完成を祈願して捧げられる詩文

मंगलाचार [名]〔ヒ〕祝いの儀式に先立って行われる無事終了を祈願する歌の詠唱

मंगली [形・名]〔ヒ・占星〕星占いの運勢図の第 1，第 4，第 8，第 12 の位置に火星が来る（人）（男女ともに早く伴侶を失うものと信じられてきている）

मंगलोत्सव [名] 祝典；祝い（の儀式）

मँगवाना [他・使] ←माँगना. (1) 求めさせる；取り寄せる；取り寄せてもらう；連れてこさせる；連れてきてもらう；持ってこさせる；持ってきてもらう खुद तो पैसे खर्च नहीं सकते, मुझसे मँगवाते रहते हैं 自分は金が使えなくていつも私に取り寄せさせる उसने सेवक भेजकर पानी मँगवाया 使いをやって水を持ってこさせた पुष्पा से एक गिलास मँगवाकर मैंने पिया プシュパーにコップ 1 杯の水を持って来てもらって飲んだ बादशाह ने उसे मँगवाया है お殿さまがそれをお求めになっていらっしゃいます ज़रा काफ़ी मँगवा लेना ちょっとコーヒーを頼んでくれ मुझे मास्टर जी ने साइकिल देकर भेजा है तथा दो सौ रुपये मँगवाए हैं 先生が私を自転車で使いに出されました．200 ルピーをお求めです उन्होंने उसी समय मशीन मँगवाकर उन कपड़ों की मरम्मत शुरू कर दी すぐさまミシンを取り寄せてそれらの服の修理を始められた साहब ने डेढ़ सौ रुपये मँगवाए हैं, गेहूँ की बोरी खरीदने के लिए 御主人が小麦を仕入れるのに 100 ルピー求めていらっしゃいます उसने बगीचे में हाथी को मँगवा लिया 庭園に象を連れてこさせた (2) 買ってこさせる；買ってきてもらう；取り寄せる；買い求めさせる；買い求めてもらう बाज़ार से कुछ मँगवाना तो नहीं है? 何か市場で買って来るものはありませんか **मँगवा दे॰** 取り寄せてやる；買い与える ममी, तुम मेरे लिए साइकिल मँगवा दो ママ，自転車を買ってちょうだい **मँगवा ले॰** 取り寄せる；買ってきてもらう；買ってこさせる बाज़ार से मँगवा ले॰ 市場で買い求めさせる；市場から買ってこさせる आप अनार मँगवा लें ザクロをお取り寄せになって下さい (3) 借りさせる；借りてもらう

मँगाना [他・使] ←माँगना. = मँगवाना. काका, मुझे एक पतंग मँगा दो おじさん，たこ（凧）を 1 つ買ってちょうだい अम्मी को कहीं जाना हो तो रिक्शा मँगाती हैं 母さんは外出する時には輪タクを呼ぶ（呼んでもらう） कुछ बरतन अपने पड़ोसियों से मँगा लिए थे 調理器具を幾つか近所の人から取り寄せてもらった

मंगेतर[1] [形] 婚約した；婚約済みの

मंगेतर[2] [名⁻] 婚約者 दीप्ती मोहिंदर की मंगेतर जो है ディープティーはモーヒンダルの婚約者なので

मंगोल [名]《E. Mongol》(1) モンゴル人 (2)〔人類〕モンゴロイド

मंगोलकल्प [名]《E.+ H.》〔人類〕モンゴロイド

मंगोल-द्रविड़ [形・名]〔人類〕モンゴル・ドラヴィダ系の（人）

मंगोल साम्राज्य [名]〔史〕モンゴル帝国

मंगोलियन[1] [形]《E. Mongolian》モンゴルの

मंगोलियन[2] [名] モンゴル人

मंगोलियन[3] [名*]〔言〕モンゴル語

मंगोलिया [名]《E. Mongolia》(1)〔国名〕モンゴル人民共和国 (2) 蒙古

मंगोली[1] [形] (1) モンゴルの (2) モンゴル人 (3) モンゴロイドの

मंगोली[2] [名] モンゴル人

मंगोली[3] [名*] モンゴル語

मंच [名] (1) 演壇；講壇 (2)〔演〕舞台；ステージ मंच का प्रकाश 舞台の照明 **मंच का दक्षिण भाग** しもて（下手）〈stage right〉 **मंच का वाम भाग** かみて（上手）〈stage left〉 (3) 特定の目的や行事の場所 उन्होंने विभिन्न विचारधाराओं वाले राजनैतिक दलों को एक मंच पर एकत्र किया あの人は様々な考えの政党を一堂に集めた (4) 限られた社会；界 (5) テーブル；台；作業台 (6) ベッド；寝台 (7) 低い 1 人掛けの腰掛け

मंच तुला [名*] 台秤

मंचन [名]〔演〕上演；舞台で演じること

मंचसज्जा [名*]〔演〕舞台装置 मंचसज्जा एवं प्रकाश 舞台装置及び照明

मंची [名*] 台；台座

मंचीय [形] (1) 演壇の (2) 舞台の；ステージの हास्य के मंचीय कवि（詩人が一堂に会して自作の詩を詠唱する）詩会のステージで活躍するユーモア詩人

मंचीयन [名]〔演〕上演；舞台化；芝居にすること

मंचू[1] [名]《E. Manchu》満州族；ツングース族

मंचू[2] [名*]〔言〕満州語

मंचूरिया [名]《E. Manchuria》(1)〔地名〕満州（中国東北地方の旧称） (2) 旧満州国〈Manchukuo〉

मंचू वंश [名]《E. Manchu ←満州 + H.》〔史〕清朝

मंजन [名] 歯磨き粉 इस मंजन से दाँत माँजो この歯磨き粉で歯を磨きなさい **मंजन क॰** 歯磨き粉で歯を磨く उँगली से मंजन करते समय उपले की राख अच्छी रहती है 指に歯磨き粉をつけて歯を磨くには牛糞を燃やした灰がよい

मँजना [自] (1)（歯が）磨かれる (2)（食器調理器具などが）磨かれる；磨きがかかる (3)（技や技術などが）磨かれる；上達する；（能力が）上がる；すぐれる **मँजा हुआ** *a.* 磨かれた *b.* 磨きのかかった *c.* 名うての *d.* したたかな उनमें कोई मेरा हमउम्र नहीं था, बल्कि सभी प्रौढ़-वय के मँजे हुए खिलाड़ी थे その中に私と同年輩の者はいなくて皆がいい年をした名うての者だった

मंजर [名] 房状についた花や実= मंजरी.

मंज़र [名]《A. منظر》(1) 景色= दृश्य; नज़्ज़ारा. यह मंज़र देखने के लायक होता है この景色はなかなか素晴らしい (2) 顔立ち= मुखाकृति. (3) 劇場 (4)〔演〕場面；舞台面；背景；書き割り；道具立て；演劇の舞台設定= दृश्य.

मंजरित [形] (1) つぼみや花が房状についた (2) 花の開いた；開花した

मंजरी [名*] (1) 新芽；つぼみ；花芽 (2) 芽や花，実のついた房 (3) 小枝；若枝

मँजाई [名*] (1) 磨くこと；磨かれること；磨き；研磨 (2) 研ぐこと；砥がれること (3) 磨き代；研磨料 (4) 上達；熟達

मँजाना [他・使] ←माँजना. 磨かせる；磨いてもらう

मँजार [名*] 猫 = बिल्ली; बिडाल.

मंज़िल [名*]《A. منزل》(1) 宿場；宿駅 (2) 目的地；行く先 (3) 旅程；1 日の旅程；行程；道のり (4) 建物の階 बारह मंज़िल वाला आरामदेह होटल 12 階建ての快適なホテル (5) 段階 **मंज़िल कटना** 1 日の旅程が終わる **मंज़िल कड़ी हो॰**（完成に至る過程や仕事などが）困難な；容易でない；手強い **मंज़िल तक पहुँचना** *a.* 目的地に到着する *b.* 仕事をやり遂げる；完成する；完成させる **मंज़िल तय क॰** *a.*（遠い）道のりを越えて目的地に達する *b.* やり遂げる लोग उनकी झलक पाने के लिए मंज़िलें तय करके आते थे みなはあの方を一目見ようと長い道のりを越えてやって来るのだった **मंज़िल दर मंज़िल चलते जा॰** 次から次へと進んで行く **मंज़िल दे॰** 宿を取る；宿を取って休憩する **मंज़िल पर पहुँचना** *a.* 目的地に達する *b.* 結論に達する **मंज़िल पार क॰** = मंज़िल तय क॰. **मंज़िल पूरी हो॰** *a.* 目的地に達する *b.* 目的が達せられる **मंज़िल भारी हो॰** 旅程のきつい **मंज़िल मारना** *a.* 遠い道のりを行く（進む） *b.* 遠い道を歩いて行く *c.* 働きをする；成果を上げる *d.* 見事に処理する

मंज़िलगाह [名*]《A.P. منزل گاہ》目的地；行き先

मंज़िला [形・形⁺]《A. منزل》（建物の）階のある；(一) 階建ての तीन मंज़िला मकान 3 階建ての家

म

मंज़िले क़मर [名*]《A. منزل قمر》〔天・占星〕月宿；星宿= नक्षत्र; मनाज़िले क़मर.
मंज़िले मक़्सूद [名*]《A. منزل مقصود》(1) 目的地 (2) 目的；意図；目標
मंजिष्ठा [名*] (1)〔植〕アカネ科草本インドアカネ【*Rubia cordifolia*】(2) その実= मजीठ.
मंजीर [名] (1) 足首飾り；ヌープル नूपुर; グングルー घुँघरू (2) チーズやバターを作る際に用いる撹拌棒をひもでつないでおく柱
मंजीरा [名]〔イ音〕シンバル；マンジーラー= मजीरा.
मंजु [形] 美しい；魅力的な；きれいな
मंजुघोष [名]〔仏〕マンジュゴーシャ；マンジュシュリー；文殊；文殊師利= मंजुश्री; मञ्जुश्री.
मंजुभाषी [形] やさしく美しい言葉を話す
मंजुल [形] 美しい；愛らしい；魅力的な；うるわしい（麗しい）= सुंदर; मनोहर. मंजुल सुकोमल पुष्प बन 美しく可愛い花になれ
मंजुश्री [名]〔仏〕マンジュシュリー；文殊；文殊師利
मंज़ूर [形]《A. منظور》認められた；承認された；受け入れられた；納得された；承諾された मंज़ूर हो॰ 認められる；承認される；受け入れられる；承諾される यह सब मुझे मंज़ूर नहीं 私はこれをすべて承諾しない दुर्योधन को संधि करना मंज़ूर नहीं ドゥルヨーダナには和議を受け入れられない मंज़ूर क॰ 認める；承認する；承諾する साधारण क़ानून भी आत्मरक्षा के लिए हत्या तक को मंज़ूर करता है 一般の法律でさえも自衛のための殺人を承認している सुनार ने शर्त मंज़ूर कर ली 金細工師は条件を承諾した
मंज़ूरशुदा [形]《A.P. منظور شده》認められた；承認された；承認済みの；承諾された
मंज़ूरी [名*]《A. منظوری》承認；受け入れ；承諾 मंज़ूरी दे॰ 承認する；承認を与える；承諾する अकाली दल ने पंजाब समझौते को मंज़ूरी दी アカーリー党はパンジャーブ協定を承認した
मंजूषा [名*] かご（籠）；箱；容器；入れ物 जिस मंजूषा में वह धनुष था あの弓の入っていた箱
मँझधार [名*] (1) 川幅の中央；中流 (2) 中途；不確実な状態= मझधार. **मँझधार में छोड़ना** *a.* 危難の際に見捨てる *b.* 中途でやめる **मँझधार में डूबना** 非常な困難におちいる **मँझधार में नाव डूबना** *a.* 中途半端になる *b.* 困り果てる **मँझधार में पड़ना** 危難におちいる **मँझधार में बोरना** = मँझधार में छोड़ना.
मंझला [形+] 年齢や位置が 2 つのものの中間に位置する；中の（3 つあれば 2 番目の）
मंझा[1] [形+] 中間の；間の；物と物との間に位置する
मँझा[2] [名] (1) 寝台；ベッド (2) 台；腰掛け मँझा बैठना 同じ姿勢で座り続ける
मंझा[3] [名] ガラス粉末などを塗りつけて丈夫にした凧糸（凧揚げ競技で相手の糸に切られぬように）
मँझोला [形+] 中間の；中位の；中程度の सभी प्रकार के छोटे, बड़े, मँझोले उद्योग धंधों के लिए 大中小ありとあらゆる種類の事業のために
मंड[1] [名] = मंडन. 飾り；装飾
मंड[2] [名] (1) 米の煮汁 = माँड. (2) エッセンス；精
मंडन [名] (1) 飾ること；飾り立てること；装飾 (2) 裏づけ；支持；補強
मंडना[1] [他] (1) 飾る；装飾する；装う (2) 裏づける；支持する；補強する
मंडना[2] [他] つぶす（潰す）；破壊する
मंडना[3] [自] 書き込まれる；書かれる；記入される= मँडना.
मंडना[4] [自] (1) 踏まれる (2) こねられる (3) 忙しくする (4) 没頭する；熱中する
मंडप [名] (1) 大天幕 (2) 仮設の建物；パビリオン (3) ヒンドゥー教の儀式を行うために仮設される建物や護摩壇 (4) あずまや；亭 (5) 大きな建築物の前面に突き出た装飾的な建物 (6)〔建〕（ヒンドゥー寺院建築の）前殿；社殿；神殿 पश्चिममुखी मुख्य मंडप 西向きの本殿
मँडराना [自] (1) 円を描いて飛ぶ；空中を旋回する；上空を周回する ऊँचे आकाश में मँडराता हुआ गिद्ध 空高く旋回しているハゲワシ रंग-बिरंगे फूलों पर रंग-बिरंगे कीट-पतंग मँडराते थे 色とりどりの花に色とりどりの虫が飛び回っていた वह टेबल लैंप के चारों ओर मँडराते पतंगों को देखती रही 電気スタンドのまわりを飛び回る蛾を見つめていた जासूसी उपग्रह जो अंतरिक्ष में आपके और हमारे ऊपर मँडरा रहे हैं あなたや私の頭上を周回している探査衛星 (2) 徘徊する；うろつく；ぶらつく；ほっつく आसपास मँडराते कुछ बच्चे そばをうろついている幾人かの子供たち मैंने निरंतर आसपास मँडराने वाले काल्पनिक यमदूत से कहा 四六時中あたりを徘徊する想像上のヤマの使者に向かって言った (3) 群がる जूठन पर मँडराते जानवरों और इनसानों को 残飯に群がる動物や人間たちを (4) 危険などが漂う असम की जातीय और सांस्कृतिक पहचान के लिए चिंतित लोग पिछली शताब्दी से संकट मँडराता हुआ देखते हैं アッサムの民族的，文化的標識について心配してきた人たちは前世紀から危険が漂ってきているのを知っている (5) 空中に漂う नभ पर थे बादल मँडराते 空には雲が漂っていた
मंडल [名] (1) 円；円形のもの；輪；輪形のもの (2) 球；球形の物 (3) 周囲；まわり स्तन मंडल का रंग गहरा होने लगता है 乳首の周囲の色が濃くなり始める (4) 地域；地区；区域；インドの行政単位の県 (5) 暈；暈輪；光輪；コロナ (6) 天体の軌道 (7) 地平線 (8) 大気圏；大気層 आयन मंडल イオン圏 ओज़ोन मंडल オゾン層 (9)〔仏〕曼荼羅 (10) リグヴェーダの巻 (11) 集まり；集団；仲間；サークル (12) 府 विधान मंडल 立法府
मंडलक [名] (1) 円形；円形のもの (2) 円盤；ディスク
मंडलनृत्य [名] 円舞；輪舞
मंडला [名]〔植〕イネ科オヒシバ【*Eleusine indica*】〈crab grass〉
मंडलाकार [形] (1) 円形の (2) 球形の
मंडलाना [自] = मँडराना. दिन भर महेश बाबू के द्वार पर मंडलाया करता 一日中マヘーシュさんの門のあたりをうろついていた
मंडली [名*] (1) 集まり；集団；仲間；サークル；一行 (2) 隊；チーム；グループ वैज्ञानिकों की मंडली 科学者チーム (3) れん（連）
मंडलीय [形] 地域の；地区の；県の；管区の मंडलीय चिकित्सालय 県立の診療所や病院
मँड़वा [名] 行事を行うための仮設の建物；パビリオン **मँड़वा बाँधना** めでたい行事に取りかかる（準備をする）
मंडा[1] [名] マンダー（2 ビスワーの土地．面積の単位→ बिस्वा）
मंडा[2] [名*] パン = रोटी.
मंडान [名*] (1) 装飾；装い (2) 準備；段取り **मंडान बाँधना** 準備する；用意する；段取りをする
मँडार [名] (1) 穴；くぼみ；窪地 (2) かご（籠）
मंडित [形] (1) 飾られた；装飾された= सँवारा हुआ; सजाया हुआ. स्वर्ण-मंडित भित्तिचित्र 黄金で飾られた壁画 (2) 裏づけられた；支持された (3) 覆われた= आच्छादित. (4) 満たされた
मंडी[1] [名*] 卸売市場；集荷市場= बड़ा हाट. अनाज मंडी 穀物卸売市場
मंडी[2] [名*] = मंडा[1]
मँडुआ [名]〔植〕イネ科シコクビエ【*Eleusine coracana*】= रागी. 〈ragi; finger millet〉
मंडूक [名] カエル（蛙）；かわず= मेंढक. कूपमंडूक 井蛙；井の中の蛙
मंडूका [名*]〔植〕アカネ科インドアカネ = मंजिष्ठा; मजीठ.
मंडूर [名] (1)〔鉱〕かなくそ（金屎）= लोहकीट. (2)〔薬〕アーユルヴェーダで用いる金くそから作る薬剤
मंढा [名] = मँढा. (1) 仮設の建造物；パビリオン= मंडप. (2) 結婚式などの祝典に際し仮設される柱などを組み合わせた建物（花などで装飾される） (3) あずまや (4) つる植物を這わせるための格子棚 **मंढे चढ़ना** *a.* つる植物が格子棚に這い上がる *b.* 挙式する *c.* 首尾よく行く
मंत [名] (1) 助言；忠告= सलाह; परामर्श. (2) マントラ (मंत्र)
मंतक़ [名]《A. منطق मंतिक़》論理学 = मंतिक़.
मंतर [名] → मंत्र.
मंतव्य [名] (1) 見解；考え；意見 (2) 決議 (3) 議案 (4) 決意；決心
मंतिक़ [名]《A. منطق》(1) 論理学 (2) 推理；推論 (3) 論法 (4) 理屈 मंतिक़ छाँटना 理屈をこねる= मंतिक़ बघारना.
मंत्र [名] (1)〔ヒ〕ヴェーダの祭儀の際に唱えられた祭詞；ヴェーダ賛歌；マントラ (2) 祭詞；呪詞；呪文 (3) 聖典の文句 (4) 相談；助言；忠告= परामर्श; सलाह. (5)〔仏〕呪句；真言；マントラ (6)〔仏〕陀羅尼 (-पर) **मंत्र चलाना** *a.* (ーに) 呪法を行う；呪法をかける *b.* 呪文を唱える **मंत्र जपना** 呪文を唱える= मंत्र पढ़ना. मंत्र झाड़ने वाला マントラを唱える **मंत्र पढ़ाना** *a.* 内緒で知恵を授

ける *b*. 間違ったことを教える **मंत्र फूँकना** *a*. まじないをする；魔法にかける＝ अंछर पढ़कर मारना. *b*. 耳打ちする；秘密を打ち明ける उन्होंने तुम्हारे कान में भी मंत्र फूँक दिया है あの人がお前にも耳打ちしたね **मंत्र मारना** 魔法をかける；呪法を行う **मंत्र लगना** 呪文の効果が現れる；魔法がかかる

मंत्रकार [名] ヴェーダのマントラの作者である聖仙（リシ）

मंत्रकुशल [形] 忠告の巧みな；助言のすぐれた

मंत्रजल [名] 呪文で浄められた水

मंत्रण [名] 忠告；助言；勧告

मंत्रणा [名*] (1) 忠告；勧告；助言＝ परामर्श; सलाह. उसकी मंत्रणा का समर्थन あの人の忠告に賛同すること (2) 相談；話し合い；協議 बाद में श्री त्रिपाठी ने राज्य के संसद सदस्यों तथा विधायकों से मंत्रणा की 後刻，国会議員たち及び州議員と協議した अनेक विपक्षी नेताओं से इसके बारे में मंत्रणा की これについて野党指導者たちと協議した **मंत्रणा क॰** 助言する；相談する；協議する

मंत्रणाकार [名] 顧問；相談相手

मंत्रणा परिषद् [名*] 諮問委員会

मंत्रतंत्र [名] 呪文

मंत्रद[1] [形] 忠告する；助言する

मंत्रद[2] [名] 忠告者；助言者；師

मंत्रदर्शी [形] ヴェーダの知識を有する＝ वेदज्ञ.

मंत्रदाता [形・名] ＝ मंत्रद.[1, 2]

मंत्रपद [名] 祝詞；呪文の句；呪文の言葉；真言；真言句；ダラニ（陀羅尼）

मंत्रबीज [名] (1) 象徴的意味を有する呪文の最初の文言 (2) 秘訣；要諦＝ मूल मंत्र.

मंत्रमुग्ध [形] (1) 呪法にかかった (2) うっとりした；魅せられた；魅了された लोग उनके धाराप्रवाह भाषण को मंत्रमुग्ध होकर सुना करते थे 皆はあの人の雄弁さにいつも聞きほれていた माँ मंत्रमुग्ध-सी उन्हें देखकर मुसकरा रही थी 母は魅了されたようにその人を見つめながら微笑んでいた

मंत्र यंत्र [名] (1) まじない；呪術；呪法＝ जादू टोना. (2) 呪文の記されている護符

मंत्रयान [名]〔仏〕密教；真言密教；金剛乗 वज्रयान；タントラ乗 तंत्रयान

मंत्रविद्ध [形] (1) 呪法にかかった (2) うっとりとした；魅せられた मंत्रविद्ध-सा बैठा निहारता रहता 魅せられたように座りこんでじっと見つめている

मंत्रविद्या [名*] 呪術 ＝ तंत्रविद्या.

मंत्रशक्ति [名*] 呪力；呪文・呪術によって得られる力 मंत्रशक्ति से धन-दौलत के दुगना होने का 呪力で財産が倍になるという

मंत्रसिद्धि [名*] 呪文がその力を発揮すること

मंत्रसूत्र [名] 呪文を唱えながら作られた呪力を持つお守りのひも ＝ गंडा.

मंत्रालय [名] 省 गृहमंत्रालय 内務省 वित्त मंत्रालय 大蔵省 विदेश मंत्रालय 外務省 विदेश व्यापार मंत्रालय 貿易省；通商省

मंत्रिगण [名] 閣僚 ये सभी मंत्रिगण सामूहिक रूप से सरकार कहलाते 閣僚を総称して政府と呼ぶ सब मंत्रिगण 全閣僚

मंत्रित्व [名] 大臣の職務やその地位；大臣職

मंत्रिपद[1] [名] 大臣の地位；大臣職＝ मंत्रित्व.

मंत्रिपद[2] [名] ＝ मंत्रित्व.

मंत्रिपरिषद् [名*] (1) 内閣；閣僚連 (2) 内閣；閣僚理事会 〈council of ministers〉 कार्यपालिका को मंत्रिपरिषद् कहते हैं 行政府を内閣と呼ぶ

मंत्रिमंडल [名] 内閣 मंत्रिमंडल के सहयोगी 閣僚 मंत्रिमंडल के सभी सदस्य 全閣僚

मंत्रिमंडल सचिव [名] 内閣官房長官 〈Cabinet Secretary〉

मंत्रिमंडल सचिवालय [名] 内閣官房；内閣事務局 〈Cabinet Secretariat〉

मंत्री [名] (1) 大臣 प्रधान मंत्री （インドの）連邦首相 मुख्य मंत्री （インドの）州首相 (2) 書記長 कांग्रेस के सभापति और मंत्री 国民会議派の議長と書記長 (3) 長官 (4) 秘書 (5) （チェスの）クイーン＝ वज़ीर.

मंत्रोच्चार [名] 呪文を唱えること；祝詞の詠唱 वह आकर खाट के पास मंत्रोच्चार के साथ गंगाजल छिड़क रहे थे ベッドのそばに来て呪文を唱えながらガンジス川の聖水をふりかけていた

मंत्रोच्चारण [名] ＝ मंत्रोच्चार. मंत्रोच्चारण क॰ 呪文を唱える

मंत्रोच्चारणपूर्वक [副] 呪文を唱えて

मंत्रोदक [名] 呪文を唱えて浄められた水

मंथ [名] (1) かきまぜること；撹拌 (2) はったい粉を水や牛乳で溶いたもの

मंथन [名] (1) 撹拌 (2) ヨーグルトからバターを取り出すための撹拌作業 (3) 熟考；思案；熟慮

मंथनी [名*] バターを取り出すためにヨーグルトを撹拌するのに用いるかめ（瓶）＝ मटका.

मंथर [形] (1) ゆっくりした；ゆるやかな समुद्र के किनारे पहुँचने के कारण गंगा की चाल बहुत मंथर हो जाती है 海岸に近づくのでガンジスの流れはとても緩やかになる (2) のろのろした；ぐずぐずした (3) 怠惰な (4) 愚かな；愚鈍な；のろまな

मंथरगति [名*] のろのろした動きや動作

मंथरा [名*]〔ラマ〕マンタラー（ダシャラタ王の妃の１人カイケーイーの侍女でカイケーイーにラーマの森への追放及びバラタの即位という悪知恵を授けたとされる傴僂の女性）

मंद [形] (1) ゆっくりした；悠長な उसकी साँस मंद गति से चल रही थी 呼吸はゆっくりと続いていた मंद गति से 悠長に；ゆっくりと；そろそろと न्यायालय का कार्य साधारणतः मंद गति से चलता है 裁判所の仕事は一般に悠長なものだ (2) 静かな；そよそよとした मंद मंद शीतल हवा बह रही थी ひんやりとしたそよ風が吹いていた (3) 静かな；低い उसने मंद स्वर में कहा 静かな声で言った (4) 不活発な；にぶった कविता-लेखन का कार्य मंद पड़ गया 詩作活動が不活発になってしまっている कुश्ती फिर मंद हो गई レスリングの動きが再び鈍くなった (5) 鈍い；ぼんやりした；弱い दीप के मंद मीठे आलोक में 灯火の鈍くやさしい光の中に (6) かすかな वह मंद-मंद मुसकरा रहा है かすかに微笑んでいる (7) 弱々しい (8) のろまな；鈍重な हमारी मंद बुद्धि में यही आता है 愚考いたすところこれしかない (9) 愚かな

-मंद [接尾]《P. مند》名詞に付加され，（ーを）持っている，（ー）を備えている，（ー）を有するなどの意を有する形容詞や名詞を作る接尾辞 दौलत 資産→ दौलतमंद 資産家の；金満家の

मंदगति [形] ゆっくりとした；ゆっくり動く

मंदचेता [形] 愚昧な；頭の鈍い

मंदज्वर [名]〔医〕微熱

मंदता [名*] ← मंद. जिन बच्चों में आलस्य, मंदता और सुस्ती के लक्षण होते हैं 怠惰，知恵遅れ，不活発などの徴候の見られる子供たち

मंदबुद्धि [形] 頭の働きの鈍い；のろまな；間抜けな；愚かな＝ मोटी बुद्धिवाला; कमअक्ल.

मंदभाग [形] 不運な；運が悪い；運のない；薄幸な＝ मंदभागी.

मंदभाग्य[1] [名] 不運；薄幸

मंदभाग्य[2] [形] 不運な；薄幸な

मंदमति [形] 頭の鈍い；愚鈍な

मंदर [名] (1)〔イ神〕乳海撹拌（समुद्रमंथन）に用いられた山，マンダラ山 (2)〔イ神〕天界にあるとされる５種の樹の一，マンダーラ樹（मंदार）

मंदरिन[1] [名]《E. Mandarin》支那（清朝時代）や旧朝鮮の役人

मंदरिन[2] [名*]《E. Mandarin》〔言〕北京官話

मंदा [形⁺] (1) ゆっくりした；のろい；遅れた＝ धीमा. यथोचित भोजन न मिलने से शरीर का विकास मंदा हो जाता है 適切な食べ物が得られないと身体の成長が遅れてしまう (2) ゆるい；弱い मंदी आँच とろ火 (3) たるんだ；鈍った (4) 不活発な；鈍い (5) 体の調子の悪い；不調な；元気のない (6) 不景気な पुरोहितशाही का धंधा मंदा पड़ जाता バラモン稼業が不景気になる

मंदाकिनी [名*] (1)〔イ神〕マンダーキニー川（天上にあるとされるガンジス川）；ガンガー (2) 銀河；天の川 (3) ガンジス川上流に流れ込む川の一，マンダーキニー川

मंदाग्नि [名*]〔医〕消化不良＝ अपच; बदहज़मी. इससे मंदाग्नि का प्रादुर्भाव होता है このため消化不良が生じる

मंदान [名] へさき（舳先）

मंदानिल [名] そよ風；微風

मंदार [名] (1)〔イ神〕天界にあるとされる５種の花の一；マンダーラ；マンダラゲ（曼陀羅花） (2)〔植〕マメ科高木デイコ；

म

デイゴ【*Erhthrina indica*】 (3)〔植〕ガガイモ科低木カロトロピス【*Calotropis gigantea*】

मंदारक [名] = मंदार.

मंदारिन[1] [名] 《E. Mandarin》支那（清朝時代）や旧朝鮮の役人

मंदारिन[2] [名*] 《E. Mandarin》〔言〕北京官話；北京語= मंदरिन.

मंदिर [名] (1) 寺院；神社 (2) 住居の中の神を祀る場所や神棚 (3) 建物；建造物；舎 विद्यामंदिर 学舎；学校

मंदिरा [名*] 馬屋；厩；厩舎= घोड़साल; अश्वशाला.

मंदिल [名] = मंदिर.

मंदी [名*] (1) ← मंद[1] (2) 不況；不景気 विकसित देशों में आई मंदी 先進国の不況 (3) 価格の下落 चीनी में मंदी 砂糖価格の下落

-मंदी [接尾] 《P. مندی》 ―を持っていること，―を備えていることなどの意を加える接尾辞．女性名詞を作る अक़्लमंदी 賢明さ

मंदील [名] 《A. منديل》ターバン（金糸の入った絹製の）

मंदुरा [名*] 厩舎；馬小屋 = घोड़साल.

मंदोदरी [名*]〔ラマ〕マンドーダリー（ラーヴァナの正妻）

मंद्र[1] [名] (1) 深みのある音；おごそかな音 (2)〔イ音〕マンドラ（低音域）

मंद्र[2] [形] (1) 美しい (2) 機嫌のよい；上機嫌の (3) おごそかな (4) 静かな

मंद्राकांता [名*]〔韻〕マンドラーカーンター（各パーダが मगण + भगण + नगण + तगण + तगण + गुरु + गुरु の 17 音節から成る音節韻律）

मंद्राज 〔地名〕マドラス（現チェンナイ）の古名，マンドラージャ

मंद्राजी [形] マドラス産の；マドラスに関係のある

मंपस [名] 《E. mumps》〔医〕おたふくかぜ；流行性耳下腺炎

मंबा [名] 《A. منبع》源泉 मंबा की तरफ़ 上流に向かって

मंशा [名*] 《A. منشا》(1) 意図；考え；趣意= इरादा; इच्छा. सरकार की अब मंशा है 政府が今考えている उनकी मंशा पर संदेह किया जा सकता あの人の意図が疑われる (2) 目的；目標

मंसब [名] 《A. منصب》(1) 地位；位 (2)（ムガル帝国における官僚に与えられた）位階；マンサブ बहादुरशाह ने गुरु गोविंद सिंह के साथ संधि कर और एक बड़ा मंसब देकर バハードゥルシャーはグル・ゴーヴィンド・シンと和を結び高い位階を与えて

मंसबदार [名] 《A.P. منصب دار》(1) 高位の人；位階を持つ人 (2)〔イ史〕ムガル朝の官僚の身分を示す位階を有した人（馬や象などのほか軍需品輸送のための動物や荷車を準備しておく義務を負った）；マンサブダール→ मंसबदारी. (3) 500 未満のマンサブ，すなわち，官位を持った者の呼称

मंसबदारी [名*]〔イ史〕マンサブダーリー（ムガル朝第 3 代アクバル皇帝の治下に始められた制度で仕官する者に数字で表された序列により官位マンサブが与えられた．10 から 10 単位刻みで 5000〜7000 まで存在した）

मंसूख़ [形] 《A. منسوخ》(1) 取り消された (2) 廃止された

मंसूख़ी [名*] 《A. منسوخی》(1) 取り消し (2) 廃止

मंसूब [形] 《A. منصوب》関わる；関わりのある；関連がある；関係づけられる

मंसूबा [名] 《A. منصوبہ》(1) 計画；企画= योजना; स्कीम. हिंदोस्तान ने एक मंसूबा बनाया है インドは計画を 1 つ立てている (2) 決意；決心= संकल्प; इरादा. (3) 陰謀；謀略；企み；謀りごと= षड्यंत्र; साज़िश. (4) 意図；願望；抱負= इच्छा; चाह; ख़्वाहिश. (-का) मंसूबा हो० （―の）抱負を持つ

मंसूर[1] [形] 《A. منثور》散文体の

मंसूर[2] [形] 《A. منصور》勝利を得た= विजेता; विजयी.

मँहगा [形] → महँगा.

मँहगाई [名*] → महँगाई.

मंहूस [形] → मनहूस. 縁起の悪い

म [名]〔イ音〕マディヤマ；オクターヴの第 4 音 मध्यम の略号；マ

मइया [名*] (1) 母；母親 (2) 母親に相当するような関係に位置づけられた女性や存在などに対する敬称 गंगा मइया की जय ガンジス川を称える文句→ मैया.

मई [名*] 《E. May》5 月

मई दिवस [名] 《← E. May day + H.》メーデー

मकई [名*] (1)〔植〕トウモロコシ= मक्का; ज्वार; जोंधरी. (2) その実

मकड़ [名] = मकड़ा.

मकड़जाल [名] (1) クモ（蜘蛛）の巣 (2) わな（罠）；計略

मकड़ा[1] [名] (1)〔節動〕大型のクモ（蜘蛛）；大グモ (2) 雄のクモ

मकड़ा[2] [名]〔植〕イネ科草本タツノツメガヤ【*Dactyloctenium aegyptium*】

मकड़ी [名*]〔節動〕クモ類の総称

मकतब [名] 《A. مكتب मक्तब》(1) 学校；小学校；低学年のための学校 (2) 私塾；寺子屋

मकतबख़ाना [名] 《A.P. مكتب خانه मक्तबख़ाना》学校；学舎；私塾

मकतबा [名] 《A. مكتبہ मक्तबा》(1) 書店；本屋= किताबों की दूकान. (2) 図書館= पुस्तकालय.

मक़तल [名] 《A. مقتل मक़्तल》屠殺場；屠畜場；食肉処理場

मक़तूल [形] 《A. مقتول मक़्तूल》殺された；殺害された अपने मक़तूल भाइयों के ख़ून का बदला 殺された兄弟の復讐

मक़दूनिया 〔地名〕《A. مقدونيه मक़्दूनिया》マケドニア

मक़दूर [名] 《A. مقدور मक़्दूर》(1) 力= शक्ति; बल; ज़ोर. (2) 能力 = सामर्थ्य; योग्यता. (3) 勇気；胆力= साहस; हिम्मत. (4) 余裕= गुंजाइश. (5) 富= दौलत; धन.

मक़ना [名] 《A. مقنع मक़्ना/मिक़्ना》〔イス〕マクナー（イスラム教徒の結婚式で花嫁がつけるベール）→ मिक़ना (मिक़्ना).

मक़नातीस [名] 《A. مقناطيس मिक़्नातीस》磁石= चुंबक.

मकफ़ूल [形] 《A. مكفول मक्फ़ूल》抵当に入れられた；質に入れられた= गिरौ; बंधक; रेहन रखा हुआ.

मक़बरा [名] 《A. مقبره मक़्बरा》〔イス〕霊廟；建築物を伴った墓；陵；御霊屋

मक़बूज़ा [形] 《A. مقبوضه मक़्बूज़ा》占領された；占拠された；所有された मक़बूज़ा गाँव 占領された村

मक़बूल [形] 《A. مقبول मक़्बूल》(1) 受け入れられた；受諾された= स्वीकृत; मंज़ूर. (2) 好ましい；好かれる；評判のよい= सर्वप्रिय; हरदिल अज़ीज़.

मक़बूलियत [名*] 《A. مقبوليت》(1) 受諾；応諾= स्वीकृति. (2) 愛らしさ；好ましさ；評判のよさ；人気= लोकप्रियता.

मकरंद [名] (1) 花の蜜 मधुमक्खियाँ फूलों के मकरंद से शहद बनाती हैं 蜜蜂は花の蜜で蜂蜜をこしらえる (2) 花粉

मकर[1] [名] (1)〔動〕ワニ；鰐（ワニ科の動物の総称．ガリヤールワニ＝ガンジスワニ，イリエワニなどを含む） (2)〔天・占星〕マカラ宮（黄道十二宮の一），まかつ宮（磨羯宮）；山羊座 (3)〔イ神〕マカラ（ワニやイルカなどの姿を取ると伝えられる海の怪獣）

मकर[2] [名] 《← A. مكر मक्र》ごまかし；欺瞞；詐欺 मकर साधना 哀れな様子をして見せる

मकरकेतु [名]〔イ神〕カーマ神 काम देव

मकरचाँदनी [名*] (1) 夜明け前を思わせる月光 (2) 紛らわしいもの

मकरतेंदुआ [名] = आबनूस.

मकरध्वज [名] (1) カーマ神 (काम देव) (2) アーユルヴェーダで用いられる薬の一種

मकर राशि [名*]〔天・占星〕マカラ・ラーシ（黄道十二宮の第 10．磨羯宮）

मकर रेखा [名*] 南回帰線；冬至線〈Tropic of Capricorn〉

मकर व्यूह [名]（古代インドの軍学による）陣形の一；マカラ陣形（鰐形の陣）

मकर संक्रांति [名*]〔天〕マカラ・サンクラーンティ（太陽の磨羯宮入りからカルカ・サンクラーンティ कर्क संक्रांति，すなわち，巨蟹宮入りまでをウッタラ・アヤナ，すなわち，太陽の北行と呼ぶが，インドでは歳差を考慮しない計算での冬至から夏至までの半年をウッタラ・アヤナと呼ぶため実際にはマカラサンクラーンティからの半年を言う．太陽が黄道十二宮の第 9 धनुस ダヌス宮・人馬宮からマカラ宮・摩竭宮に入る日及びその祭り．およそ太陽暦の 1 月 14 日ごろ）

मकरा [名] = मकड़ा.

मकराकर [名] 海；海岸 = समुद्र.

मकराकार [形] ワニの形をした

मक़राज़ [名*] 《A. مقراض मिक़्राज़》はさみ（鋏） = कैंची; कतरनी.

मकराना [名] (1)〔地名〕マクラーナー（ラージャスターン） (2) マクラーナー石（ラージャスターン州のジャイプル西方，アジメール北方のマクラーナーに産する大理石の一種で建築資材となる= मकराना पत्थर)

मकरी[1] [名*] ←मकर. ワニ（ガリヤールワニ）の雌→ घड़ियाल.
मकरी[2] [名*] ＝मकड़ी.
मक़रूक़ [形] 《T. مقروق मक़्रूक़》没収された；差し押さえられた
मक़रूज़ [形] 《A. مقروض मक़्रूज़》借金している；借金を負っている；負債のある
मकरूह [形] 《A. مکروہ》(1) いまわしい；気味の悪い (2) けがらわしい；不浄な
मक़लूब [形] 《A. مقلوب मक़्लूब》反対の；逆の；ひっくり返った＝ औंधा.
मक़लूम [形] → मक़लूब.
मक़सद [名] 《A. مقصد मक़्सद》＝ मक़्सिद. (1) 目的；意図＝ उद्देश्य; आशय; इच्छा. मैंने कलकत्ता आने का मक़सद बताया カルカッタに来た目的を述べた (2) 願い；望み＝ आशय.
मक़सूद [名] 《A. مقصود मक़्सूद》(1) 目的；意図 (2) 意味
मक़सूम[1] [形] 《A. مقسوم मक़्सूम》分けられた；分配された；分割された＝ बाँटा हुआ; विभाजित.
मक़सूम[2] [名] (1) 分けられたもの；分割されたもの；部分＝ जो बाँटा हुआ; भाग; हिस्सा. (2)〔数〕分子 (3) 運命；運勢＝ भाग्य; क़िस्मत.
मक़सूरा [名] 《A. مقصورہ मक़्सूरा》〔イス〕イスラム教寺院マスジド内のイマームの立つ場所
मकाई [名*]〔植〕トウモロコシ＝ बड़ी जोन्हरी.
मकाओ 〔地名〕《E. Macao》マカオ；澳門（アオメン）
मकान [名] 《A. مکان》(1) 家；家屋；住居 यह मकान ख़ाली कीजिए この家を立ち退いて下さい (2) 場所 मकानों पर कर 家屋税；住宅税
मकानदार [名] 《A.P. مکان دار》家の主人；戸主；所帯主＝ गृहस्वामी; घर का मालिक.
मकान नंबर [名] 《A. مکان ＋ E. number》住宅番号；住居番号
मकानमालिक [名] 《A. مکان مالک》家主 ＝ मकानवाला. किराये का मकान-मालिक 家主；貸家の持ち主
मकानात [名, pl.] 《A. مکانات←مکان मकान》(1) 家，家屋の複数形 उनके पास रहने के लिए न तो अच्छे मकानात हैं न पहनने ओढ़ने के लिए साफ़ सुथरे कपड़े その人たちには住むに立派な家がなく着るに清潔な服がない खाते-पीते लोगों के मकानात कुछ मुख़्तलिफ़ होते हैं 経済的に恵まれた人たちの住む家は若干異なっている (2) 場所の複数形 पहाड़ी मकानात पर 山間の地に
मकानियत [名*] (1) 建坪 मैं ने मकानियत से तिगुनी जगह फुलवाड़ी बगीचे के लिए रखी 建坪の 3 倍の土地を庭にとった (2) 家屋敷 मकानियत तो कुछ न थी 家屋敷は何もなかった
मक़ाम [名] 《A. مقام》(1) 場所 (2) 逗留地；滞在地 (3) 家 (4) 地位 (5) 機会 (6)〔イ音〕音階や旋法（アラビア，イランなどの音楽でも用いられる用語）＝ मुक़ाम.
मक़ामात [名, pl.] 《A. مقامات←مقام मक़ाम》多くの場所 बहुतेरे मक़ामात पर たいていの場所で
मक़ामी [形] 《A.P. مقامی》(1) 地方の；地域の＝ स्थानीय. (2) 地位の मक़ामी लोग 地元の人；地元民
मकार [名] (1) 両唇鼻音 म् の音 (2) म の文字と発音 पंच मकार タントリズムの म で始まる 5 つの作法 (मद्य 酒, मांस 肉, मत्स्य 魚, मुद्रा 印契, मैथुन 性交) → पंचमकार.
मकालू [名] マカールー山（ネパール・ヒマラヤの高峰，標高 8481m）
मकु[1] [接] (1) たとえ；あるいは；それとも (2) しかし；しかしながら；されど
मकु[2] [副] 恐らく；多分
मकुना [名] (1) 牙がないか牙のとても小さい雄象 (2) ひげの非常に薄い人
मकुनी [名*] (1) マクニー（小麦粉の衣にヒヨコマメを煮たものやひきつぶしたヒヨコマメを包んで油で揚げたもの (2) マクニー（小麦粉とヒヨコマメの粉を混ぜ塩，コロハなどの香辛料を用いてこしらえた料理）
मक़ूला [名] 《A. مقولہ》(1) 言葉；発言 (2) 諺；言いならわし
मकेरा [名]〔農〕モロコシやトウジンビエを栽培する畑
मकोड़ा [名] (1) 虫 कीड़ा-मकोड़ा の形で用いられる (2) 大型のアリ
मकोय [名] (1)〔植〕ナス科雑草イヌホウズキ【*Solanum nigrum*】(2)〔植〕ナス科センナリホオズキ【*Physallis perviana*】
मक्कड़ [名] ＝ मकड़ा. 〔節動〕大型のクモ（蜘蛛）
मक्कर [名] (1) ＝ मकर[2]. कैसा मक्कर साधकर आँसू टपका रही थी उस दिन あの日はなんともみじめなふりをして見せて涙を流していた (2) ＝ मकड़ा.
मक्का[1] 〔地名・イス〕《A. مکہ》聖地メッカ；マッカ（サウジアラビア） मक्का का इमाम メッカのイマーム
मक्का[2] [名]〔植〕イネ科トウモロコシ【*Zea mays*】＝ मकई; भुट्टा. मक्के की रोटी トウモロコシの粉を水で練り火で炙ってこしらえたパン
मक्का मकुमत 〔地名〕《A. مکہ مکرمت》〔イス〕祝福されたマッカ（聖地メッカの尊称）；マッカムカッラム مکہ مکرم とも呼ばれる
मक्कार [形] 《A. مکار》(1) あざむく；人をだます；ぺてんにかける लेकिन तू झूठा है, मक्कार है でもお前は嘘つきでぺてん師だ (2) ずるい；ずる賢い；狡猾な दुनिया देखे हुए, घाट घाट का पानी पिये हुए पूरा चालाक और मक्कार 世間師で海千山千で抜け目なくずる賢い
मक्कारी [名*] 《A. مکاری》(1) 偽り；欺瞞；あざむき (2) 狡猾さ；ずるさ；いかさま；はったり
मक्की [名*] ＝ मकई.
मक्खन [名] (1) 牛乳，ヨーグルトを撹拌して脂肪を分離させたもの；マッカン (2) バター मक्खन निकालना マッカン（バター）作り मक्खन मलना ＝ मक्खन लगाना. (-को) मक्खन लगाना （ーに）へつらう
मक्खा [名] (1) 大型ハエ (2) オスのハエ→ मक्खी.
मक्खी [名*] (1)〔昆〕ハエ（蝿）；イエバエ **घरेलू मक्खी** イエバエ（家蝿） (2) ハエに似た昆虫 (3) 蜜蜂 (4)（銃の）照星 (5) ちょびひげ **मक्खियाँ भिनकने लगीं** ハエがたかる **मक्खियाँ भिनभिनाना** ハエがたかる（甚だ汚い） **मक्खियाँ मुँह पर लात मार जा॰** ひどい怠け者 **मक्खियों की तरह मरना** 大量に死ぬ **मक्खी उड़ाना** ぶらぶらして過ごす；仕事も何もせずにいる **मक्खी का भी पैर फिसलना**（ハエの足さえすべるほど）すべすべの；ぴかぴかの；つるつるの **मक्खी का सिर** 雀の涙（少量のもののたとえ） **मक्खी की तरह निकाल फेंकना** 全く切り離す；全く不用の物として排除する **मक्खी घोंटना** 見逃す；我慢する **मक्खी छींक जा॰** 不吉な兆しが起こる **मक्खी छोड़कर हाथी निगलना** 小さな過ちを免れて大きな過ちを犯す **मक्खी निगलना** *a.* いやなことをする *b.* 不都合なことをする **मक्खी पर मक्खी मारना** 猿真似をする **मक्खी बिछलना** ＝ मक्खी का भी पैर फिसलना. **मक्खी भिनकना** *a.* ひどい怠け者 *b.* 放置される **मक्खी भिनभिनाना** ＝ मक्खी भिनकना. **मक्खी मारना** 全く怠けて仕事もせずぶらぶらする सैकड़ों वकील मक्खियाँ मारते फिरते हैं 多数の弁護士がぶらぶらしている
मक्खीचूस [形] ひどくけちな；極端に物惜しみする
मक्खीमार[1] [形] ハエを殺す；ハエ取り用の मक्खीमार काग़ज़ ハエ取り紙
मक्खीमार[2] [名] (1) けがらわしい人物；汚らしい人 (2) 怠け者 (3) ハエ叩き
मक्तब [名] → मकतब.
मक़्ता [名] 《A. مقطع》(1) 切り離すこと；切り離したもの；分割（したもの） (2) 中断；中止 (3)〔韻〕行間休止 (4) ウルドゥー詩において詩人が雅号を入れる最後のシェール（対句）
मक़्तूल [形] 《A. مقتول मक़्तूल》殺された（人）；殺害された यह जगदीश कपूर हैं...मक़्तूल धीरज कपूर का पिता これがジャグディーシュ・カプールさん…殺されたディーラジカプールのお父さん
मक़्दूर [名] 《A. مقدور》→ मक़दूर.
मक़्नातीस [名] 《A. مقناطیس》磁石 ＝ चुंबक; चुम्बक. → मक़नातीस, मिक़्नातीस.
मक्र [名] ＝ मकर[2]
मक़्रूज़ [形] 《A. مقروض》借金のある；借りのある；負債のある ＝ ऋणी; क़र्ज़दार. मगर जब पंद्रह बीस हज़ार के मक़्रूज़ हो गए तो आँखें खुलीं 1 万 5000 も 2 万もの借金ができてから目が覚めた
मक्रूह [形] 《A. مکروہ》唾棄すべき；おぞましい＝ घृणास्पद; थूकने लायक़.
मक्ष [名] (1) 自分の欠点や弱点を秘すこと (2) 怒り；忿怒＝ क्रोध; गुस्सा.
मक्षा [名*] ハエ；ハエに似た昆虫

मक्षिका [名*] (1) ハエ (2) ハエに似た昆虫 (3) ミツバチ（蜜蜂）= शहद की मक्खी. मक्षिका स्थाने मक्षिका〔句〕思慮なく真似ることのたとえ；猿真似をすること

मक्षिकामल [名] 蜜蝋 = मोम.

मक्षिकासन [名] ミツバチの巣= छत्ता.

मक्सिबस्टियन [名]《E. moxibustion》〔医〕灸

मख [名]〔ヒ〕ヴェーダの祭式；供犠

मख़ज़न [名]《A. مخزن मख़ज़न》(1) 貯蔵庫；貯蔵所；倉；貯蔵室 (2) 宝庫 (3) 弾薬庫

मख़दूम[1] [名]《A. مخدوم मख़दूम》主人；主 = स्वामी.

मख़दूम[2] [形] (1) 仕えられるべき (2) 尊敬すべき

मख़दूश [形]《A. مخدوش मख़दूश》危険きわまりない= ख़तरनाक; पुरख़तर. 恐ろしい= डरावना; भयानक.

मखद्वेषी [名] ラークシャサ (राक्षस)

मखधारी [形] ヴェーダの祭式 (यज्ञ 供犠) を行う

मखनाथ [名] ヴィシュヌ神 (विष्णु)

मखनिया[1] [名] (1) バターを製造する人 (2) バターを売る人

मखनिया[2] [形] (1) バターの (2) バターを取り除いた（牛乳）；脱脂の (3) 脱脂牛乳でこしらえた（ヨーグルト） मखनिया दूध スキンミルク

मख़फ़ी [形]《A. مخفی मख़्फ़ी》秘密の；内密の = गुप्त; पोशीदा.

मख़मल [名*]《A. مخمل मख़्मल》ビロード；ベルベット मख़मल में गाढ़े का पैबंद लगना すぐれたものに甚だ劣った不釣り合いなものをつけたり一緒にしたりする मख़मल में लपेटकर कहना 婉曲に言う；遠回しに言う

मख़मली [形]《A. مخملی मख़्मली》(1) ビロードの (2) ビロードのような मख़मली घास ビロードのような草 मख़मली पलंग ビロードのベッド मख़मली घास के फ़र्श ビロードを敷きつめたような草原 मख़मली जूते पहनना 非常に甘やかされる मख़मली जूते पहनाना 非常に甘やかす मख़मली जूतों से मारना やさしく諭す

मख़मूर [形]《A. مخمور मख़्मूर》酔いしれた；酔っぱらった अफ़ीम के नशे में मख़मूर रहनेवाला アヘンに酔いしれる（人）

मखरला [名] ラテライト = लैटेराइट.

मख़लूक़ [名*]《A. مخلوق मख़लूक़》(1) 天地一切の創造物；万物；世界 (2) 生き物 इतनी नन्ही-सी मख़लूक़ जिसे हम ख़ुर्दबीन के बग़ैर देख नहीं सकते 顕微鏡がなくては見ることのできないこんなに小さな生き物 मच्छर जैसी नन्ही मख़लूक़ क्या इतनी ख़तरनाक हो सकती है 蚊のような小さな生き物がそんなに危険なものになれるのだろうか (3) 人間

मख़लूक़ात [名, pl.]《A. مخلوقات मख़लूक़ात》← मख़लूक़. 創造物

मख़लूत [形]《A. مخلوط मख़्लूत》(1) 入り混じった= मिश्रित; मिला जुला. (2) ごたごたの；ごちゃごちゃの

मखशाला [名*]〔ヒ〕(バラモン教の) 祭式場；祭儀場 = यज्ञशाला.

मख़सूस [形]《A. مخصوص मख़्सूस》特別の；特殊の；特定の

मखस्वामी [名] ヴィシュヌ神

मखाना [名] (1)〔植〕スイレン科オニバス【*Euryale ferox*】= तालमखाना. (2) 同上の実 मखाने के पत्ते से मुँह पोंछना *a.* 期待はずれになる *b.* 待ちぼうけを食わされる

मखान्न [名] = मखाना; तालमखाना.

मखौल [名] 冗談；物笑い = हँसी ठट्ठा; मज़ाक़. (-का) मखौल उड़ाना (ーを) 嘲笑う；嘲笑する प्रांतीयता की समस्या संविधान के उन अनुच्छेदों का मखौल उड़ाती है 地方優先主義の問題は憲法のそれらの条項を嘲笑うものだ

मखौलिया [形] (1) 冗談の好きな；ひょうきんな (2) 冗談として言われた

मग[1] [名] 道；道路 = रास्ता; राह. (-का) मग जोहना (ーを) 待つ= (-की) राह देखना.

मग[2] [名]《E. mug》マッグ；ジョッキ

मग[3]〔地名〕マガダ → मगध.

मग़ज़ [名]《P. مغز मग़ज़》(1) 脳；脳味噌；脳髄 (2) 頭脳；知性 (3) ものの核；中核；果物などの芯；木髄；果肉；心 मग़ज़ उड़ना (うるさく言ったり騒ぎ立てたりされて) へきえきする (-का) मग़ज़ उड़ाना (うるさく言ったり騒ぎ立てたりして) 困らせる मग़ज़ के कीड़े उड़ाना *a.* よくしゃべる *b.* 理屈をこねる मग़ज़ ख़ाली क॰ 騒がしかったり考えごとをして頭がふらふらになる；頭がとても疲れる मग़ज़ खौलना *a.* 仕事のために頭がとても疲れる *b.* 暑さや興奮のため頭が正常でなくなる मग़ज़ चल जा॰ 頭がおかしくなる；気がふれる मग़ज़ चलना *a.* 頭が働く *b.* うぬぼれる (-का) मग़ज़ चाटना = मग़ज़ उड़ाना. मग़ज़ पचाना = मग़ज़ ख़ाली क॰. मग़ज़ बुलंद हो॰ *a.* 頭のきれる *b.* 運に恵まれる मग़ज़ भन्नाना/मग़ज़ भिन्नाना *a.* = मग़ज़ उड़ना. *b.* = मग़ज़ उड़ाना. मग़ज़ मारना 知恵を絞る；懸命に考える मग़ज़ लगाना = मग़ज़ मारना. मग़ज़ लड़ाना = मग़ज़ मारना.

मग़ज़चट [名]《P. مغز + H.》べらべら無駄口をきく人

मग़ज़चट्टी [名*] つまらぬおしゃべり

मग़ज़पच्ची [名*]《P. مغز + H.》頭を使うこと；知恵を絞ること；頭を悩ますこと= सिर खपाना.

मग़ज़ी [名*]《P. مغزی मग़ज़ी》(1) ふち；へり (2)〔裁〕ヘム；折り返し पचरंगी मग़ज़ी まだらに染めたヘム मग़ज़ी वाली टोपी 折り返しのついた帽子

मगण [名]〔韻〕マガナ（3 音節の集まり वर्ण गण を単位とする 8 種の詩脚分類の一．3 音節とも गुरु，すなわち，長ー長ー長 ऽऽऽと記される）

मगध [名] マガダ地方；マガダ国（ビハール州南部，ガンジス川中流域の右岸の地域の名称．紀元前 6 世紀にはマガダ国，その後ナンダ朝マウリヤ朝などの諸王朝がこの地に栄えた）

मगधीय [形] マガダの；マガダ地方の

मगन [形] ← मग्न. (1) 沈んだ (2) 熱中した；没頭した；頭を奪われた；耽った लेटकर पढ़ने में मगन थी 横になり読書に熱中していた दिन भर सोते रहते या फिर सैर सपाटे में मगन रहते 一日中寝ているかそれとも散策に耽っているか (3) 満悦の；満悦した

मगनना[1] [他] (1) 喜ばせる (2) 魅了する；うっとりさせる

मगनना[2] [自] うっとりする；魅了される

मगनाना [自] (1) 沈む；溺れる (2) 没頭する；熱中する

मगर[1] [名]〔動〕ワニ（ワニ科の動物の総称でイリエワニ，ガンジスワニ＝ガリヤールワニ घड़ियाल などを含む） जल में रहकर मगर से बैर कैसे पाला जा सकता है?〔諺〕長い物には巻かれろ（強いものにさからえるわけがない） मगर के आँसू そら涙；うそ涙 मगर से बैर करके पानी में रहना 不利なことや無理なことをする

मगर[2] [接]《P. مگر》(1) けれども；だが；しかし；でも मगर यह प्रेम के सिवाय तुमसे और कुछ नहीं माँगती でもこの人は愛情以外に君には何も求めはしないよ वे एक दूसरे से पूछती कि आखिर यह है कौन, मगर कुछ पता न लगा 互いにこの人はだれなんだとたずねるが全然わからなかった पहले पहल तो इन्हें भी झिझक हुई थी, मगर अब तो इस सागर के मगर हैं はじめはこの人にもためらいはあったが今ではここの主だ (2) ところで；それはさておき ओहो! गाड़ियों में तो सेब भरे हैं मगर यह कहाँ जा रहे हैं? わっ，車はリンゴでいっぱいだ．ところでこれはどこへ行くのだろう मगर अगर क॰ 言を左右にする；言い逃れをする

मग़रब [名]《A. مغرب मग़्रिब》(1) 西；西方 (2) 西洋；ヨーロッパ → मग़रिब; मग्रिब.

मग़रबज़दा [形]《A.P. مغرب زده》西洋かぶれの

मग़रबी [形]《A. مغربی मग़्रिबी》(1) 西の；西方の (2) 西洋の

मगरमच्छ [名]〔動〕ワニ科の動物特にガリヤールワニ घड़ियाल

मगरमच्छी [形] ワニの；ワニのような मगरमच्छी आँसू そら涙；うそ涙 मगरमच्छी आँसू बहाना そら涙を流す

मग़रिब [名]《A. مغرب मग़्रिब》(1) 西；西方 (2)〔イス〕マグリブのナマーズ（日没時） मग़रिब के बाद निगाहें आसमान पर जम गई マグリブの礼拝の後，目は天空に釘付けになった मग़रिब के बाद खाते हैं マグリブの祈りの後食事をする (3) 西洋；ヨーロッパ मग़रिब की तरफ़ 西の方角；西方

मग़रिबी [形]《A. مغربی मग़्रिबी》(1) 西の；西方の (2) 西洋の；ヨーロッパの

मग़रूर [形]《A. مغرور मग़्रूर》高慢な；傲慢な；驕っている लेखक ज़रूरत से ज़्यादा मग़रूर हो गए हैं 筆者は必要以上にうぬぼれている

मग़लूब [形]《A. مغلوب मग़्लूब》(1) 負けた；敗北した；敗れた (2) 従属した；下になった；支配下の

मगह〔地名〕マガダ (मगध ビハール州中南部のガヤー県，パトナー県を中心とする地域)

मगही[1] [形] (1) マガダの；マガダ地方の (2) マガダ地方産の

मगही[2] [名*]〔言〕マガヒー語（「マガダの言語」近代インドアーリアン語のビハール語群の一．ビハールの中部，中南部を中心に用いられる）

मगही[3] [名] ビハール（マガダ地方）に産するパーン（→ पान）．

मगु [名] 道；道路＝ मग; मार्ग; पथ.

मग़ज़ [名]《P. مغز》脳；脳味噌→ मगज़. गर्मियों की धूप मग़ज़ को पिघलाकर रख देती है 夏の日差しは脳天を溶かしてしまう

मग़ज़रोशन [名*]《P. مغزروشن》嗅ぎタバコ ＝ सुँघनी.

मग्न [形] (1) 沈んだ (2) 没頭した；熱中した；耽った＝ लिखने में मग्न. 書きものに熱中した उनकी बात सुनकर क्षण भर में मैं विचार-मग्न हो गया 話を聞いて一瞬の間考えこんでしまった

मग्रिब [名] ＝ मगरिब.

मग्रिबी [形] ＝ मगरिबी. मग्रिबी पाकिस्तान → पाकिस्तान.

मग्रूर [形] → मगरूर.

मघ [名*] (1) 褒美の金品＝ इनाम; पुरस्कार. (2) 財；財産＝ धन; संपत्ति.

मघई [形] ＝ मगही[1,2,3].

मघबदरिया [名*]〔気象〕マグバダリヤー（ビハールなどの北インドでインド暦のマーグ月 माघ に見られる曇天やそれのもたらす雨）

मघवा [名] インドラ神 इंद्र の異名の一

मघवाजित् [名]〔ラマ〕ラーヴァナの長子，インドラジット इन्द्रजित्; メーガナーダ मेघनाद

मघवान् [名] インドラ神 (इन्द्र)

मघा [名*]〔天・占星〕マガー（インドの二十七宿の第 10）

मचक [名*] (1) 重さでかかる力；圧力 (2) みしみしなどとしなったりきしんだりすること；しなったりきしんだりして音の出ること

मचकना[1] [自] みしみしなどと（物体がしなったりきしんだりして）音が出る；みしみしと鳴る

मचकना[2] [他] (1) みしみしという音を立てる (2) みしみしとしなわせたりきしませたりする

मचना [自] (1) 生じる；起こる；発生する；かき立てられる पाचन प्रणाली में खलबली मचना 消化器官に混乱が生じる (2) 不意に起こる；突発する सेना में भगदड़ मच गई 軍は潰走状態になった अंग्रेज़ अधिकारियों में भगदड़ मच गई イギリス人高官の間ににわかに総崩れが起こった

मचमचाना[1] [他] 強く押したり圧迫されたりして物をみしみしときしませる

मचमचाना[2] [自] むらむらと欲情が起こる；むらむらする

मचरंगा [名]〔鳥〕カワセミ科アオショウビン＝ किलकिला.

मचल [名*] ← मचलना.

मचलना [自] (1) だだをこねる；すねる；強情を張る；もだえる क्यों मचल रहा है बच्चा? この子はなぜだだをこねているんだい दाई ने जब दरवाज़ा बाहर से बंद कर दिया तो वह मचलकर ज़मीन पर लेट गया और रोने लगा 子守が外側から戸を閉めるとすねて地面に伏し泣き出した (2) せがむ；ねだる वह अचानक घर जाने के लिए मचल उठा 突然家に行きたいとせがみ始めた जब बच्चे ठोस वस्तुएँ खाने के योग्य हो जाते हैं तो बार बार और आवश्यकता से अधिक चीज़ें खाने के लिए मचलते हैं 赤ちゃんが離乳食を食べられるようになると繰り返しそれも必要以上に食べようとせがむものです बस उन्हें देखते ही झट शास्त्रार्थ करने को मचल उठे 相手を見つけたとたん議論をしたくてたまらなくなった (3) 激しく欲する；強く望む；（－したくて）たまらなくなる उसका दिल फिर से मचलने लगा また欲しくてたまらなくなった (4) こみあげる；つきあげる उसका संसार में अब कोई नहीं रहा.एक दर्द भरी टीस-सी मचल उठी もはやこの世には 1 人の身内もいなくなった．激しい痛みのようなものがこみあげてきた

मचलाना [自] 胸がむかむかする；吐き気がする＝ जी मतलाना; कै मालूम हो॰. जी मचला रहा था, पर साँस रोके बैठे हुए थे 胸がむかむかしていたが息を止めてじっとしていた रोग के प्रारंभ में कुछ लोगों को उलटियाँ होने अथवा जी मचलाने की शिकायतें हो सकती हैं 病気のはじめには一部の人は吐いたりむかついたりすることがある

मचली [名*] 胸のむかつき；吐き気＝ मितली; मिचली.

मचान [名*] (1) 狩猟用の見張り台 (2) 畑の見張り台

मचाना [他] 起こす；引き起こす；惹起させる；かき立てる जब राजा कंस ने द्वंद्व मचाया था カンサ王がいさかいを起こした際 उन्होंने कोई लूटपाट नहीं मचाई 何ら略奪の騒動を起こさなかった हमेशा ऊधम मचाता रहता 四六時中大騒ぎをしている

मचामच [名*] 物のきしむ音；みしみし，ぎしぎしなど

मचिया [名*] (1) 小さなベッド (2) 小さな低い腰掛け

मचुला [名]〔植〕ミカン科低木ハナシンボウキ【*Glycosmis pentaphylla*】＝ गिरगिट्टी.

मच्छ [名] (1) 大きな魚；大魚 (2)〔イ神〕ヴィシュヌ神の化身の一．マツヤ（魚）＝ मत्स्य.

मच्छड़ [名] (1)〔昆〕カ（蚊） (2) カに似た昆虫＝ मच्छर.

मच्छर[1] [名] (1)〔昆〕カ（蚊）の総称 (2) 蚊に似た昆虫＝ मशक.

मच्छर[2] [名] (1) 妬み；嫉妬 (2) 怒り＝ मत्सर.

मच्छरदानी [名*] かや（蚊帳） मच्छरदानी लगाना 蚊帳をつる मैंने मच्छरदानी लगा ली 蚊帳をつった

मच्छी [名*] (1) 魚＝ मछली. (2) ハエ＝ मक्खी.

मच्छी काँटा [名]〔裁〕千鳥がけ＝ मछली-काँटा. मच्छी काँटों से जोड़ना 千鳥がけをする

मच्छीमार [名] 漁夫；漁師

मछंदर [名] (1) ＝ मत्स्येंद्रनाथ. (2) 悪漢 (3) 愚か者 (4) 猿回し

मछमरनी [名*]〔鳥〕ムシクイ科の鳥ヒタキの総称 **खैरी मछमरनी** 〔鳥〕クロアカヒタキ【*Ficedula nigrorufa*】 **नीली मछमरनी** 〔鳥〕アイビタキ【*Musicapa albicaudata*】 **पिलपेटी मछमरनी** 〔鳥〕キバラヒタキ【*Culicicapa ceylonensis*】

मछमरनी फुदकी [名*]〔鳥〕ムシクイ科ハイガシラモリムシクイ【*Seicercus xanthoschistos*】

मछरंगा [名] → मछारंग.

मछरेटा [名]〔鳥〕ムシクイ科クロエリヒタキ【*Hypothyrnis azurea*】

मछली [名*] (1) 魚；魚類の総称＝ मत्स्य; मीन. (2) 魚のような形をしたもの（鯨などの哺乳類も含む） (3) 魚の形をした耳飾り（などの装身具） (4)（病気で）やせこけた姿 (5) 力こぶ（力瘤） बाँहों में मछलियाँ पड़ना 力瘤が出る **मछली की तरह तड़फड़ाना** のたうちまわる **मछली के भी पित्ता हो॰** どんなに弱い人であろうとも腹は立つもの **मछली पकड़ने का काँटा** 釣り針 **मछली पकड़ने का कार्य** 漁業 **मछली फँसना** *a.* 魚が釣れる *b.* 罠にかかる इसी आशा में कि कभी तो मछली फँसेगी いつかは獲物がかかるだろうと期待して **मछली फँसाना** *a.* 魚捕り；魚釣り मछली फँसाने का बड़ा शौकीन था 魚釣りが大好きだった *b.* 欲で釣る **मछली मारना** 魚捕り；魚釣り **सूखी मछलियाँ** 乾魚

मछली-काँटा [名]〔裁〕千鳥がけ मछली-काँटों से जोड़ना 千鳥がけをする

मछली का तेल [名] 魚油

मछली घर [名] 水族館

मछली पालन [名] 養魚 मछलीपालन केंद्र 養魚場

मछली बाज़ार [名] 魚市場 ＝ मछली मार्केट.

मछलीमार [名] 漁夫；漁師

मछली वाला [名] 魚屋

मछली हट्टा [名] 魚市場 ＝ मछली बाज़ार.

मछवा [名] (1) 漁船 (2) 漁夫；漁師

मछारंग [名]〔鳥〕ワシタカ科ミサゴ【*Pandion halietus*】

मछुआ [名] (1) 漁夫；漁師 (2) 魚屋

मछुआरा [名] ＝ मछुआ.

मछेरा [名] 漁夫；漁師

मछेरी [名*] 漁夫の妻；漁師の妻

मछेला [名]（ムスリムの）漁師＝ मुसलमान मछुआ.

मछेह [名] ミツバチの巣＝ शहद की मक्खियों का छत्ता.

मज़कूर [形]《A. مذکور मज़्कूर》(1) 述べられた；言われた (2) 言及された

मज़कूरएबाला [形]《A.P. مذکوره بالا मज़्कूरे बाला》上述の＝ उपर्युक्त; उपरोक्त.

मज़कूरी [名]《A. مذکوری मज़्कूरी》(1) 小使い (2) 使用人；従僕

मजज़ूब [形]《A. مجذوب मज्ज़ूब》〔イス〕熱烈な信仰のため忘我の状態の

मज़दूर [名]《A. مزدور मज़्दूर》労働者；肉体労働をする人；労務者；工員 खेत मज़दूर 農業労働者 मिल मज़दूर 工場労働者 मज़दूर नेता 労働運動の指導者や幹部

म

मज़दूर यूनियन [名] 《A. + E. union》労働組合；労組
मज़दूर संघ [名] 労働組合 अवैध मज़दूर संघ アウトサイダー（法外組合）
मज़दूरी [名*] 《A. مزدوری मज़्दूरी》(1) 体を動かす仕事；肉体労働 मज़दूरी क॰ 肉体労働をする (2) 賃金；労賃 खेत खलिहान की मज़दूरी 畑や脱穀場の仕事 दैनिक मज़दूरी 日銭
मजनून[1] [形] 《A. مجنون मज्नून》気の狂った；狂気の
मजनून[2] [名] (1)〔イス〕マジヌーン（イスラム圏で親しまれている悲恋物語の主人公．恋のため狂気になり自害したと伝えられる人物） (2) 恋に狂った男 (3) 軟弱な男；やさ男（優男） (4) → बेद मजनूँ. **मजनूँ को लैला का कुत्ता भी प्यारा** 〔諺〕あばたもえくぼ **मजनूँ बनना** ほれこんでしまう
मज़बह [名] 《A. مذبح मज़्बह》食肉処理場；屠畜場 = वधस्थान.
मज़बूत [形] 《A. مضبوط मज़्बूत》(1) 丈夫な；頑丈な मज़बूत डोरी 丈夫なひも रबड़ की मज़बूत रस्सी 丈夫なゴムひも मज़बूत लकड़ी 頑丈な木 (2) 堅固な；強固な इससे मन कुछ मज़बूत हुआ これで心強くなった अपनी स्थिति मज़बूत कर ले॰ 足場を固める (3) 元気な；丈夫な हड्डियों को मज़बूत बनाने के लिए 骨を丈夫にするため
मज़बूती [名*] 《A.P. مضبوطی मज़्बूती》← मज़बूत. कुतुबमीनार अपनी ऊँचाई और मज़बूती के लिए मशहूर है クトゥブミーナールはその高さと頑丈さで有名だ मज़बूती से しっかりと；がっしりと उसने कुल्हाड़ी को और ज़्यादा मज़बूती से पकड़ लिया 斧を更にしっかりと握った
मजबूर [形] 《A. مجبور मज्बूर》(1) 余儀ない；仕方のない；(ーせざるを) 得ない (-पर) मजबूर हो॰ (ーを) 余儀なくされる पीछे हटने पर मजबूर हो गई 退かざるを得なくなった जिसकी हरकत से हम साँस गहरे और लंबे और जल्द जल्द लेने पर मजबूर होते हैं 体を動かすと深く大きい息を早くしなくてはならなくなるものだ वस्तुत: बड़े-बड़े लोग कभी-कभी अपने स्वभाव से मजबूर होकर भी छोटों को प्राय: ज़रा-ज़रा -सी बातों पर झिड़क बैठते हैं その年寄りたちはしばしばその性分からどうしようもなくなって何でもないことで若い者を叱りつけるものだ नेताओं को यह सोचने पर मजबूर होना पड़ा 指導者たちはこれを考えざるを得なくなった दिल की धड़कनों ने मुझे मजबूर कर दिया कि मैं तुम्हारे कदमों में आ गिरूँ 動悸のため君にすがりつかざるを得なくなってしまった (2) 無力な；力のない मुझे चलने फिरने से भी मजबूर कर दिया 私は歩き回る力もなくしてしまった मजबूर हूँ!, ज़ुकाम हो गया है （散歩に出られないのは）風邪を引いてどうしようもないんだ
मजबूरन [副] 《A. مجبوراً मज्बूरन》余儀なく；仕方なく；どうしようもなく；やむを得ず
मजबूरी [名*] 《A. مجبوری मज्बूरी》(1) 余儀ないこと；仕方ないこと；止むを得ないこと मजबूरी में 余儀なく；仕方なく；止むを得ず मैं इसे मजबूरी में करता हूँ 仕方なしにしているのです ज़बरदस्ती मुसकराकर मजबूरी में सिर हिलाते हुए बोली 無理に笑顔を作り仕方なく頭を振りながら言った मजबूरी हो तो पानी को उबाल लेना चाहिए 仕方のない時には水を煮沸することだ (2) 強制 किन्हीं आर्थिक मजबूरियों के कारण 何らかの経済的な強制のため
मजमा [名] 《A. مجمع मज्मा》(1) 人だかり；群集 शहर के भीतर वाली सड़क पर भारी मजमा लगा नज़र आया 市内の道路には大きな人だかりが見られた (2) 会合；集会 मजमा जुटाना 集会を開く；会合を開く
मजमूअ [形] 《A. مجموع》集められた = एकत्र; इकट्ठा.
मजमूआ [名] 《A. مجموعہ मज्मूआ》(1) 集めたもの；全体 (2) 全集 (3) 幾種かのものを混合した香水
मज़मून [名] 《A. مضمون मज़्मून》(1) 内容 ख़त का मज़मून 手紙の内容 (2) 文章；随筆 (3) 主題；テーマ (4) 趣旨 मज़मून पूरा हो॰ 死ぬ **मज़मून बाँधना** *a.* 空想する；夢想する *b.* 書きものをする
मज़मून नवीसी [名*] 《A. P. مضمون نویسی》(1) 作文すること；文章を書くこと (2) 執筆（活動）
मज़मूम [形] 《A. مذموم मज़्मूम》(1) 非難された (2) 悪い；劣った (3) 下品な；いやらしい
मज़म्मत [名*] 《A. مذمت》(1) 非難 वह अकसर बड़ी शिद्दत से अपने दोस्त की मज़म्मत किया करता था いつも厳しく友達を非難していた (2) 誹謗 (3) 叱責
मज़रूअ [形] 《A. مزروع मज़्रूअ》耕作された；耕された；農業に用いられた= जोता-बोया हुआ.
मज़रूब [形] 《A. مضروب मज़्रूब》殴られた；叩かれた；打たれた
मजरूह [形] 《A. مجروح मज्रूह》負傷した；傷ついた= घायल; आहत; ज़ख़्मी.
मजलिस [名*] 《A. مجلس मज्लिस》(1) 会合；寄り合い；集会 रात इन लोगों की मजलिस थी 夜中にこの人たちの会合があった अकसर उनकी मजलिसें रात को पंडित जी की दूकान के आगे जमतीं 連中はたいてい夜中にパンディットの店の前に集まる (2) 会議 (3) パーティー；宴会
मजलिसी [形] 《A. مجلسی मज्लिसी》(1) 会合の；集会の (2) 会に加わった；会に参加した
मज़लूम [形] → मज़्लूम.
मज़हब [名] 《A. مذہب मज़्हब》(1) 宗教 (2) 信仰
मज़हबी[1] [形] 《A. مذہبی मज़्हबी》(1) 宗教の；宗教に関する मज़हबी किताबें 宗教書 मज़हबी टकराव 宗教上の衝突 (2) 信仰の；信仰に関する (3) 信心深い मियाँ मज़हबी आदमी थे 信心深い方だった
मज़हबी[2] [名]〔シク〕マズハビー（いわゆる不可触カースト出身のシク教徒）
मजहूल [形] 《A. مجہول मजहूल》(1) 知られない；不明の अज्ञात; नामालूम (2) 怠けた；怠惰な= सुस्त; काहिल.
मज़ा [名] 《P. مزہ》(1) 味；味覚 ज़बान से मज़े मज़े की चीज़ें चखते हैं 舌で様々な味のものを味わう (2) 楽しさ संगीत सुनने और गाने दोनों का निराला मज़ा होता है 音楽には聞くのと歌うのと両方とも独特の楽しみがある लड़के लोग काफ़ी ख़ुश थे कि नाचने गाने में ख़ूब मज़ा रहेगा 歌ったり踊ったりするのが大いに楽しいことだろうと生徒たちは随分喜んでいた (3) 遊び；楽しみ；娯楽 यह मज़े के लिए ट्रिप नहीं है これは物見遊山ではないのだ **मज़ा आ॰** 楽しい；楽しく感じられる त्यौहार के दिन बड़ा मज़ा आता है 祭りの日はとても楽しい **मज़ा उड़ाना** 楽しむ **मज़ा किरकिरा हो॰** 白ける (-को) **मज़ा चखाना** （ーに）思い知らせる；懲らしめる अच्छा, मैं अभी उसे मज़ा चखाऊँगा よろしい，今すぐあいつに思い知らせてやろう मैं लोमड़ी को ऐसा मज़ा चखाऊँगा कि जीवन भर याद रखेगी 一生忘れぬようにキツネに思い知らせてやろう बाद में मज़ा चखाऊँगा 覚えておれ（あとでひどい目にあわせてやる） **मज़ा देखना** = मज़ा ले॰. (-का) **मज़ा पड़ना** （ーの）味を占める **मज़ा मारना** = मज़ा ले॰. (-का) **मज़ा ले॰** *a.* （ーを）味わう *b.* （ーを）楽しむ हम लोगों ने ठंडी-ठंडी हवा का मज़ा लिया ひんやりした風を楽しんだ **मज़े का** *a.* おいしい；うまい；美味の हमारी अम्मी नाश्ता मज़े का बनाती हैं 母さんのこしらえる朝食はとてもおいしい *b.* 素晴らしい= बढ़िया; अच्छा. मज़े की बात 興味深いこと；面白いこと **मज़े में** *a.* よく；十分に；しっかりと पिता का मरना...माँ का पछाड़ खा-खाकर रोना मुझे मज़े में याद है 父の死…母の激しく泣き伏すさまをしっかりと記憶している *b.* 容易に；事もなげに；わけもなく उन्हें उठकर जाने के लिए मेरे चलाए सारे शस्त्र वे मज़े में झेल लेते हैं 立ち去るようにと私の放った武器一切をあの人はわけもなく耐える **मज़े में हो॰** 機嫌のよい；元気な；調子のよい मज़े में हूँ 機嫌よくしています；元気にしています **मज़े ले लेकर** 大いに楽しみながら；舌鼓を打ちながら बहुत-सी औरतें अपने बच्चों को भूत प्रेत की कहानियाँ मज़े ले लेकर सुनाती हैं 多くの女性は子供たちに幽霊話を大いに楽しみながら聞かせる उसने मज़े ले लेकर खाई おいしく，楽しんで食べた **मज़े से** 楽しく；暢気に；のんびりと；悠々と घर पर होता तो इस समय मज़े से चाय पीकर कुर्सी पर बैठा पढ़ रहा होता 家にいたなら今時分ののんびりとお茶を飲んで椅子に腰掛けて本を読んでいるところなのだが गाय भैंसें मज़े से नहा रही हैं 牛や水牛がのんびりと水浴びをしている मज़े से खाट पर बैठी चिलम पीती रहती है のんびりとベッドに腰を下ろしきせるを吸っている
मज़ाक़ [名] 《A. مذاق》(1) 冗談；たわごと यह क्या मज़ाक़ है? मैं तो इसी कमरे में रहूँगा これが笑いごとかい．おれはこの部屋にとどまるぞ (2) 笑い話；冗談 उसने मेहमानों को बहुत से मज़ाक़ तथा चुटकुले आदि सुनाए 客人にいろいろな冗談や小話をなどを語って聞かせた **भद्दा मज़ाक़ क॰** 駄洒落を言う (3) ふざけ (4) 嘲り **मज़ाक़ उड़ाना** 冗談を飛ばす (-का) **मज़ाक़ उड़ाना** （ーを）からかう；馬鹿にする；嘲笑する साथी मेरा मज़ाक़ उड़ाने लगा 仲間は私をからかい始めた साथ ही लाखों किरायेदारों का मज़ाक़ उड़ाता है それと同時に無

数の借家人を馬鹿にするものだ उसका मज़ाक़ उड़ाकर वे उसे भीतर ही भीतर तोड़ देने का प्रयत्न करती हैं あの女性はその男を嘲笑して男を内側から打ち砕こうとしている **मज़ाक़ क°** = अठखेलियाँ क°. ふざける **मज़ाक़ का पात्र**笑いもの；お笑いぐさ（種） बिना सोचे समझे ऐसी पोशाकें पहनने से आप ख़ूबसूरत दिखने की बजाए लोगों के मज़ाक़ का पात्र बन सकती हैं 考えもなしにこのような服装をすると美しく見えるどころか世間の笑いものになる可能性がある (-) मज़ाक़ में उड़ा दे° *a.* (ーを) 冗談にまぎらす *b.* (ーを) 見くびって問題にしない；無視する (-) **मज़ाक़ में टाल दे°** = मज़ाक़ में उड़ा दे°. **मज़ाक़ समझना** *a.* 冗談と思う；たわごとと思う；冗談と受け取る इसे अभी तक मज़ाक़ ही समझ रहा था 今の今までこれを冗談だと思っていた *b.* 見くびる；軽んじる；軽視する तुम मेरे इस सवाल को मज़ाक़ न समझो 私の問いかけをたわごとと思ってくれるな

मज़ाक़िया [形] 《A. مذاقیہ》(1) おかしい；おもしろい；冗談の (2) 愉快な；冗談好きな；こっけいな；ひょうきんな मज़ाक़िया स्वभाव 愉快な性格

मजाज़ [形] 《A. مجاز》想像上の；架空の

मजाज़न [副] 《A. مجازاً》(1) 空想的に；空想上 (2) 比喩的に

मजाज़ी [形] 《A. مجازی》(1) 架空の；仮定の；偽りの (2) 比喩的な

मज़ामीन [名, pl.] 《A. مضامین》← मज़मून. 文；文章；書きもの अदबी मज़ामीन 文学作品

मज़ार [名⁻] 《A. مزار》墓；廟；聖地 उलमा इक़बाल का मज़ार ウラマー・イクバールの墓 वह मज़ार उसी की धर्मपत्नी की थी その墓はその方の夫人のものだった हिरोशिमा में मारे गए लोगों की मज़ार पर शांति के फूल 広島で殺された人たちの墓に平和の花 पीरों के मज़ार और दरगाह ピール（聖者）たちの墓と廟 **मज़ार की चादर हो°** 付け足し

मजाल [名*] 《A. مجال》(1) 力；力量 (2) 元気；勇気；気合；気力 (-की) **क्या मजाल** (ーには) 勇気がない；(ーに) できるはずがない क्या मजाल कि कोई बच्चा उन्हें हाथ भी लगाए 子供が手に触れる勇気のあるはずもない सर्दी-ज़ुकाम की यह मजाल, अच्छे भले आदमी बेबस-बेहाल 高々風邪の分際で大の男をぐったりさせるとは大した気合だよ

मजिस्ट्रेट [名] 《E. magistrate》下級裁判所判事；治安判事 = मैजिस्ट्रेट. → कार्यपालक मजिस्ट्रेट, न्यायिक मजिस्ट्रेट. मुक़दमे के समय मजिस्ट्रेट ने उसकी एक न सुनी थी 裁判では判事は男の主張を全く聞こうとしなかった

मजिस्ट्रेटी [名*] 《← E. magistrate》(1) 治安判事の地位 (2) 治安判事の職 (3) 治安判事のとりしきる法廷 **मजिस्ट्रेटी की अदालत** 〔法〕マジストレート（微罪判事のとりしきる）裁判所や法廷

मजीठ [名*] 〔植〕アカネ科インドアカネ（インド茜）= मंजिष्ठा.

मजीठी[1] [形] 茜色の

मजीठी[2] [名] 茜色

मजीद [形] 《A. مجید》尊い；尊敬すべき= आदरणीय; मान्य; पूज्य.

मज़ीद[1] [形] 《A. مزید》より多くの；より高い；一層の आँखों की मज़ीद हिफ़ाज़त के लिए 目を一層安全にするため

मज़ीद[2] [副] 更に；もっと फिर मज़ीद पचास फ़ुट नीचे चले जाएँ それから更に 50 フィート下がると

मजूर [名] ← मज़दूर. 労働者；労務者；工員

मजूरन [名*] ← मज़दूरिन. 女性労働者；女性労務者；女工

मजूरा [名] = मज़दूर.

मजूरी [名*] ← मज़दूरी. 賃金；労賃 मजूरी कटना 賃金が削られる；賃金カット ज़रा मेहनत से काम कर, नहीं तो मजूरी कट जाएगी しっかり働かないと賃金を削られるぞ

मज़ेदार [形] 《P. مزہ‌دار》(1) おいしい；美味な जिससे खाना बहुत मज़ेदार हो जाता है そうすると食べ物がとてもおいしくなる (2) 興味深い；面白い बंदर-बंदरिया का नाच था भी तो कितना मज़ेदार 猿の踊りもなかなか面白かった सब के साथ कोई-न-कोई मज़ेदार बात होती है (植物界のどれをとっても) 何か面白いことがあるものです मज़ेदार कहानियाँ 面白い話 (3) 楽しい मज़ेदार अनुभव 楽しい経験

मज़ेदारी [名*] 《P. مزہ‌داری》← मज़ेदार.

मज़कूरह ए बाला [形] 上述の；上に述べた= मज़कूरए बाला; उपर्युक्त.

मज्जका [名*] 〔解〕骨髄 → मज्जा.

मज्जन [名] (1) 沐浴；水浴 (2) 没入；没頭

मज्जा [名*] (1) 〔解〕骨髄〈medulla; marrow〉 (2) 〔植〕木髄；芯〈pith〉

मज्झ[1] [名] 中央 = मध्य.

मज्झ[2] [形] 中央の；中間の；間の

मज्झ[3] [副] 中間に；中央に；間に

मज्मून [名] → मज़मून.

मज़्लूम [形] 《A. مظلوم》抑圧された；虐げられた मज़्लूमों की आहों से तो पत्थर तक पिघल सकते हैं 虐げられた人たちのうめき声で石すらも哀れみを感じるもの

मझधार [名*] → मँझधार. (1) 川の流れの中ほど；川の中央（の流れ） डूबती न तिरती थी न पार थी मझधार थी 沈みも浮きもせず川岸でも川の中央でもなかった (2) 途中；中途 (-को) **मझधार में छोड़ना** *a.* (ーを) 危険な状態に放置する *b.* (ーを) 中途で放り出す

मझला [形⁺] → मँझला. (1) 中の；間の；中間の（位置） (2) 中間の；中の（規模） (3) 上下の間の（年齢） (4) 2 番目の

मझली [名*] → मझला/मँझला. (1) 2 番目の妻 (2) 2 番目の娘 (3) 次男の嫁

मझाना[1] [自] 中に来る；間に入る；入る

मझाना[2] [他] 間に入れる；入れる

मझियाना [他] 中間に持って行く；間に入れる

मझियारा [形⁺] (1) 中央の (2) 中間の；間の

मझोला [形⁺] (1) 中の；中間の= मँझला; बीच का; मध्य का. मझोला क़द 中背 36 मझोली और छोटी परियोजनाएँ 36 の中小のプロジェクト (2) 間の；中間の

मझोली [名*] (1) 人を乗せる牛車の一 (2) (靴職人の用いる) 突き錐 (3) 中型ののみ（鑿）

मटक [名*] 気取り

मटकना [自] 気取る；気取って歩く अँगरखे पहने कचहरी में मटक-मटक कर आ गए アンガルカーを着て裁判所へ気取ってやって来た मटकते फिरना 気取って歩き回る

मटकनि [名*] (1) 気取りや気取りを表す表情や振る舞い (2) 気取って歩くこと (3) 動き

मटका [名] 水などを入れる大きなかめ；大きな水がめ

मटकाना [他] (1) 気を引いたり気取りやしな（科）を作るため肢体を振ったり動かしたりする एक अन्य युवती ने कंधे मटकाते हुए कहा, छोड़ो यार, मैं इसे गंभीरता से नहीं लेती もう 1 人の娘が肩をくねらせながら言った.「よしなよ, あたしはこれを真剣には受け取らないわ」 **कूल्हे मटकाना** 尻を振る；人の気を引く मेरा भाई कूल्हे क्यों मटका रहा है? 弟がなぜ（尻を振って）人の気を引くのか (2) ひょいと振る；ひょいと動かす；くるりと動かす छत से उड़ आँगन में आते, ताक-झाँक कर सिर मटकाते 屋根から庭におりて来てのぞいてみては頭をひょいと振る उसने अपनी कानी आँख मटकाकर कहा 片目をくるりと動かして言った लड़के ने आँखें मटकाते हुए और हाथ से गोला बनाते हुए कहा (子供が) 目をくりくりさせながら手で輪を作りながら言った

मटकी[1] [名*] 小型のかめやつぼ दही की मटकी ヨーグルト入れのつぼ

मटकी[2] [名*] 気取りや科を作るために指や手, 目などを動かすこと（女性的なしぐさとされる） **मटकियाँ क°** 目くばせする **मटकी क°** 気取りや色目のために目を動かす **मटकी दे°** 手の指や目くばせで科を作る **मटकी मारना** = मटकी दे°.

मटकीला [形⁺] 気取りや科を見せる；気取った；科を作った

मटमैला [形⁺] 茶褐色の；カーキ色の；黄土色の；土色の ज़मीन पर रहनेवाले पक्षी जैसे तीतर आदि का रंग मटमैला होता है シャコの仲間のように地上に生息する鳥たちは茶褐色をしている

मटर [名] (1) 〔植〕マメ科エンドウマメ；エンドウ（豌豆） (2) エンドウマメの実 हरे मटर 青エンドウ **मटर चूड़ा** 〔料〕青エンドウとほしい（糒）とを蒸してギーで炒めた料理= चूड़ा मटर. **मटर पनीर** 〔料〕エンドウマメとチーズのカレー煮

मटरगश्त[1] [名*] 《H. मटर+ گشت गश्त》= मटरगश्ती.

मटरगश्त[2] [名] 当て所もなく歩き回る人；ぶらぶらする人；さすらう人；放浪する人；放浪者

मटरगश्ती [名*] 《H. + P. گشتی गश्ती》(1) ぶらぶら（歩き回ったり遊んだりすること）；散策；散歩 मैं सुबह से रात तक खटता रहता

म

हूँ और इन कामचोरों को मटरगश्ती करने से ही फ़ुर्सत नहीं है おれが朝から晩まであくせくしているのにこの怠け者連中ときたらぶらぶらするのに忙しくてならないときている (2) あてもなく歩き回ること；うろつくこと；(仕事をせずに) ぶらぶらすること；ほっつくこと अच्छा, और दिन तो दिन में ही मटरगश्ती लगाती थीं, और अब रात्रिकाल में भी घर में नहीं टिकोगी ほう，これまでは昼日中うろつき回っていたのがこれからは夜中にも家にじっとしていないつもりか (3) 遠足；ピクニック (4) 放浪；流浪

मटराला [名] (1) エンドウマメとオオムギを混ぜたもの (2) 同上を粉にしたもの

मटिनी [名]《E. matinée; matinee》〔演・芸〕マチネ；昼間興行 = मैटिने.

मटिनी कोट [名]《E. matinée coat》〔服〕マチネコート

मटिया[1] [形] (1) 土の；土製の；陶土の (2) 土のような (3) 茶褐色の；カーキ色の

मटिया[2] [名] 陶器；土器

मटिया ठस [形・名] 怠けもの (の)；ぐうたらな (人)

मटिया तेल [名] 灯油；石油

मटियाना [他] (1) 土をつける (2) 土にまみれさせる (3) 土をつけて磨く

मटियाफ़ूस [形] よぼよぼの；老いさらばえた

मटियामसान [形] (1) ぼろぼろの；おんぼろの (2) 全くつまらない；取るに足らぬ；すっかり駄目になった

मटियामेट [形] つぶれた；台無しの；ぼろぼろの；破滅した **मटियामेट क॰** つぶす；台無しにする；破滅させる आज उससे पूरे विश्व को 12 बार मटियामेट किया जा सकता है 今日，それを用いれば全世界を 12 度破滅させることができる

मटियार [形・名]〔農〕粘土質の肥沃な (土)；肥えた土；肥土；ローム

मटियार दुम्मट [名*] 粘土とロームを混ぜた土

मटियाला [形+] 褐色の；茶褐色の= मटमैला दूर-दूर तक मटियाले-गंदले जल-विस्तार के सिवा कुछ नहीं बचता はるか遠くまで茶褐色の汚れた水が広がるばかりで他には何もない

मटीला [形+] 土の混じった；泥の混じった

मटुक [名] 冠 = मुकुट.

मट्टी [名*] 土；泥；泥土 = मिट्टी.

मट्टीपलीत [名*] 冒涜= मट्टी पलीद. न्यायव्यवस्था की मट्टीपलीत 司法制度の冒涜

मट्ठर [形] のろのろした；のろまの；ぐずの= सुस्त; काहिल.

मट्ठा[1] [名] バターミルク

मट्ठा[2] [形+] (1) 遅い；のろい；のろのろした (2) ぐずな；怠けた

मट्ठी [名*]〔料〕マッティー (普通の小麦粉をプーリーのように油やギーで揚げた塩味のスナック菓子)；マトリー = मठरी.

मठ [名] (1) (特にヒンドゥーの行者や修行者の居住する) 僧院；僧房；僧坊；マト उत्तर से दक्षिण की ओर मठों की कतार थी 北から南へ僧院が連なっていた (2) 僧院 बौद्ध मठ 仏教の僧坊 **मठ मारना** 台無しにする

मठधारी [名] (1) 僧院長；マトの長；マハント (2) 管長

मठर [形] 酔っている；酔いしれた

मठरना[1] [名] 金細工師や真鍮細工師の用いる槌

मठरना[2] [他] 金細工などで金属の箔や板を槌で打つ

मठरी [名*] = मट्ठी.

मठली [名*] = मट्ठी; मठरी.

मठा [名] マター (ヨーグルトからバターを取り除いたもの；牛乳からバターを採取した残り)；バターミルク = मट्ठा. **मठा मूसल की धमकना** 大きな口を叩く **मठा मोल बिकना** とてもけちなことをする；極度に物惜しみする

मठाधीश [名] = मठधारी 〔ヒ〕僧院長；修道院長 जगन्नाथपुरी के मठाधीश जगद्गुरु शंकराचार्य ジャガンナートプリーの管長ジャガッドグル・シャンカラ・アーチャーリヤ

मठान [名] = मठरना[1]

मठाना [自] 怠ける；怠け者になる **बाँधा बछड़ा जाय मठाय, बैठा जवान जाय तुँदियाय** 〔諺〕つながれてばかりいれば牛は怠け癖がつき怠け者の若造は太鼓腹になる

मठारना [他] (1) マタルナー (मठरना) で金属容器の形を整える (2) こねた小麦粉を拳骨で押さえたり叩いたりする (3) おだてる；うまいことをいっておだてる इतवारी ने मठारते हुए बलवंत की बात पर सहमति और ख़ुशी ज़ाहिर की イトワーリーはおだてるようにしてバルヴァントの話に同意を示し喜びを表した (4) 話を長々と大げさに言う

मठिया[1] [名*] 小さなマト (मठ)；庵；道場；修行所

मठिया[2] [名*]〔装身〕マティヤー (真鍮製や鐘青銅製の女性の手首飾り)

मठी[1] [名]〔ヒ〕僧院の長 = मठाधीश.

मठी[2] [名*] = मठिया[2].

मठोर [名*] バターミルクを保存したりヨーグルトを撹拌するのに用いるかめ

मठोरना [他] (1) かんながけをする；かんなで削る (2) 金細工に用いる槌でそっと打って細工する (3) ゆっくり面白おかしく語る

मठोलना [他] 自慰行為をする (男性)

मठोला [名] (男性の) 自慰行為；マスターベーション

मठौरा [名] かんな (鉋)

मड़ई [名*] 小さな仮設小屋；休憩所；あずまや；ちん (亭)；草庵

मड़नी [名*]〔農〕牛に踏ませる脱穀法= दवँनी; दवँरी.

मड़राना [自] = मँड़राना.

मड़लाना [自] = मँड़राना.

मड़वा [名] (1) = मचान. (2) = मंडप.

मड़हा [名] (1) 草葺きの小屋 (2) あずまや

मड़ाई [名*] 脱穀 = दौनी. मड़ाई यंत्र 脱穀機 = थ्रेसर.

मड़ार [名] 池；沼

मड़ुआ [名]〔植〕イネ科シコクビエ (四国稗)【*Eleusine coracan*】

मड़ैया [名*] = मड़ई. जब कि उसकी मड़ैया के पास बड़े-बड़े लोगों की सवारियाँ बँधी रहती थीं その人の庵の近くには要人たちの乗り物がいつも待機していたのだが

मढ़ना [他] (1) 被せる；覆う；包み込む (2) はめる；はめこむ चाँदी तथा ताँबे में मढ़े तावीज़ तथा जंतर बच्चों के गलों में आम देखे जाते हैं 銀や銅にはめられた護符やお守りがよく子供たちの首に見かけられる जन्मजात 'बिका' का बिल्ला-जैसा नाम तौक की तरह गले मढ़ा गया 生まれながらの「売約済み」の札のような名前が首輪のように首につけられて (3) なすりつける；こすりつける；押しつける ख़ुद तो चला गया और जंजाल को हमारे माथे मढ़ गया 自分は行ってしまい面倒なことはこちらになすりつけて行った दावत बिलकुल निजी थी, जैसा कि मुख्य सचिव स्वयं भी स्वीकार करते हैं, लेकिन उसका ख़र्च विभिन्न सरकारी विभागों के सिर मढ़ा गया 秘書長が自ら認めているように宴会は全く個人的なものであったがその費用は様々な政府の部局に押しつけられた (4) (責任や罪を) なすりつける；被せる उसने गरजते हुए विभीषण पर राम से मिले होने का दोष मढ़ा 大声をはりあげてヴィビーシャナにラーマと通じていると罪をなすりつけた इन राज्यों का विपक्ष दोष सरकार पर मढ़ रहा है これらの州の野党は科を政府になすりつけている

मढ़वाना [他・使] ← मढ़ना.

मढ़ा [名] 日干し煉瓦でこしらえた家；土の家

मढ़ाई [名*] (1) 脱穀 (2) 脱穀料；脱穀の手間賃

मढ़ी [名*] (1) 草葺きや茅葺きの小屋；あずまや；庵= झोंपड़ी; कुटी. (2) 小さなマンダプ मंडप (3) 小さなマト मठ；小さな僧院 (4) 小さな寺院

मढ़ैया[1] [形] 覆う；包み込む= मढ़नेवाला.

मढ़ैया[2] [名*] = मढ़ी.

मणि [名⁻] (1) ダイヤ，エメラルド，ルビーなどの宝石；珠玉 विमल कांतिवाली मणियाँ 少しの曇りもなく光り輝く宝石 (2) 呪術的な力のあるとされる宝石，マニ宝 (3) 最高のもの；頂点に位置するものや人 (4) 蛇が頭に持っているとされる宝石；マニ (5) 亀頭 (6) 陰核 **मणि देकर मट्ठा ले॰** 宝石を与えて屑を取る；大切なものをつまらないものに代える **मणि फेंककर काँच बटोरना** 宝石を捨てガラスを集める；貴重なものをおろそかにして取るに足らないものを大切にするたとえ **मणि-माणिक** 宝石 ये जहाज़ दक्षिण भारत से मसाले और मणि-माणिक लेकर लौटते थे これらの船は南インドから香辛料と宝石を持ち帰ってくるのであった **मणिविहीन** マニを失った मणिविहीन सर्प की तरह लाचार और असहाय マニを失った蛇のように無力な

मणिकंकण [名]〔装身〕宝石のはめこまれた金製の手首飾り→ कंगन.

मणिक ［名］(1) かめ（瓶）；つぼ（壺） (2) 宝石；宝玉 (3) 水晶の館 (4) 山羊の首の下の肉の垂れ (5) 陰核

मणिकर्णिका ［名*］(1)〔装身〕宝玉のはめこまれた耳たぶにつける耳飾り，マニカルニカー (2)〔ヒ・地名〕マニカルニカー（ヴァーラーナシーの著名な聖地の一．そこにシヴァ神のつけていた耳飾りのマニカルニカーが落下したとされる）

मणिकानन ［名］のど（喉）；首= गला; कंठ.

मणिकार ［名］(1) 宝石商 (2) 宝石鑑定人

मणिचक्र ［名］ラマ教のマニ車 मणिचक्र घुमाना マニ車を回す

मणिद्वीप ［名］〔イ神〕クシーラサーガラ（乳海 क्षीरसागर）にあるとされる宝石より成る島；マニドゥヴィーパ

मणिधर ［名］蛇= साँप; सर्प.

मणिपुर 〔地名〕インド東北端に位置するマニプール州（州都はインパール）= मणिपूर; मनिपूर.

मणिपूर ［名］(1)〔ヨガ〕ハタ・ヨーガにおいて説かれる合計 6 のチャクラの内臍のあたりに位置するとされる下から 3 番目のチャクラ．→ चक्र. (2)〔地名〕マニプール州 (3)〔地名〕古代インドのカリンガ地方（कलिङ्ग）にあったとされる王国

मणिपूरी[1] ［形］マニプールの；マニプール地方の= मणिपुरी.

मणिपूरी[2] ［名*］→ मनिपुरी.

मणिबंध ［名］(1) 手首 (2)〔装身〕マニバンド（女性の貴金属製の鎖状の手首飾りの一）

मणिबीज ［名］ザクロの木の異名= अनार.

मणिभू ［名*］宝石などの採掘される場所や鉱山

मणिभूमि ［名*］(1) = मणिभू. (2) 宝石や美しい石を敷き詰めた床 (3) 床面に宝石や美しい石を飾ること

मणिमंडप ［名］(1) 宝石のちりばめられた王宮 (2)〔イ神〕シェーシャナーガ（蛇王）の宮殿→ शेषनाग.

मणिमान् ［形］宝石で飾られた

मणिमाला ［名*］(1) 宝石の首飾り（首輪） (2) 光；光輝；輝き= चमक; दीप्ति.

मणिराज ［名］ダイヤモンド= हीरा.

मणिराजी ［名*］〔装身〕宝石を輪に連ねた飾り；宝石の首飾り

मणिरोग ［名］〔医〕包茎

मणिवर ［名］ダイヤモンド= हीरा.

मणींद्र ［名］ダイヤモンド= हीरा.

मणी ［名］蛇= साँप; सर्प.

मतंग ［名］(1) 象= हाथी; गज. (2) 雲= बादल; मेघ. (3)〔イ神〕マタンガ聖仙（チャンダーラ चंडाल の出自であったがバラモンの子として育てられたと伝えられる） ऋषि मतंग

मत[1] ［副］命令法に用いられて禁止を表す語．（ーする）な इनके कहने में मत आना この人の言いなりになってはいけません भाषण मत झाड़ 演説をぶつな（えらそうな口をきくな） मत रो 泣くな किसी से कहना मत 誰にも言うな बेकसूरों को मत सताया करो 科のない人たちを苦しめることなかれ

मत[2] ［名］(1) 意見；考え；見解；主張；説 (2) 信仰；宗教 (3) 教義 जैनों का मत ジャイナ教の教義 (4) 選挙などで意見を表す票 **मत उपाना** 意見を定める **मत दे॰** 投票する **(-के) मत पर चलना** （ーの）意見に従う

मत[3] ［名*］= मति.

मतगणना ［名*］開票

मतदाता ［名］(1) 投票者 (2) 選挙人；選挙民；選挙母体；有権者

मतदाता सूची ［名*］選挙人名簿 13 चुनाव क्षेत्रों की मतदाता सूची फिर से जाँचने के आदेश 13 選挙区の選挙人名簿を再調査の指示

मतदान ［名］投票 **खुला मतदान** 記名投票 **गुप्त मतदान** 秘密投票；無記名投票 सभी सभाओं के चुनाव गुप्त मतदान द्वारा होते हैं 会のすべての選挙は秘密投票で行われる **मतदान का अधिकार** 選挙権

मतदान केंद्र ［名］投票所

मतदान कोष्ठ ［名］投票用紙記入所；ブース= मतदान बूथ.

मतपत्र ［名］投票用紙= मतपर्ची. 〈ballot paper〉

मतपरिवर्तन ［名］(1) 考えや意見を変えること (2) 変節 (3) 転向 (4) 改宗

मतपर्ची ［名*］投票用紙

मतपेटिका ［名*］投票箱

मतपेटी ［名*］投票箱〈ballot box〉 मतपेटी में डालना 投票箱に票を入れる；投票する

मतप्रचार ［名］プロパガンダ

मतबंध ［名］学術論文= शोध प्रबंध.

मतभिन्नता ［名*］意見の対立

मतभेद ［名］意見の対立；意見の不一致；見解の相違 हम दोनों में मतभेद है और उसके अनेक कारण हैं 我々 2 人の間には意見の対立がありその原因がある

मतमतांतर ［名］様々な意見；多様な考え

मतयाचना ［名*］選挙運動；選挙遊説〈canvassing〉

मतलब ［名］《A. مطلب》(1) 意図；動機；目的= अभिप्राय; आशय. तब उन्हें पता चलता है कि उनके माँ बाप का मतलब क्या था その時になって両親の考えていたことが何だったのかがわかる (2) 意味；意味合い= अर्थ; मानी. क्या मतलब? どういう意味なのか；どういうことなのか；何が言いたいのか (3) 自分の利益；私利；私欲 अपना मतलब हल करने के लिए 自分の利益の解決のために अपना मतलब निकालना 自分の利益を図る मतलब का यार 自分の利益のみ図る人；身勝手な人；利己的な人 (4) 関わり；関係 इससे तुम्हारा क्या मतलब? これに君は何の関わりがあるのだね **मतलब (कि)...** つまり；すなわち；要するに उसने क्या मारा - मैंने भी मारा, मतलब मारपीट हुई あいつが殴ったばかりでなく俺も殴ったんだ．つまり，殴り合いになったわけさ **मतलब का** *a.* まともな；中身のある *b.* 役に立つ **मतलब का अंधा** 目的のためには手段を選ばない **मतलब का आशना** 身勝手な人 **मतलब का बंदा** = मतलब का यार. **मतलब का यार** 自分勝手な（人）；身勝手な（人）；利己的な（人） **(अपने) मतलब की घात चलना** 自分の利益を考える **मतलब की बात कहना** 本題に入る **मतलब के लिए गधे को बाप बनाना** 自分の利益のためにはどんなものでも利用する **मतलब गाँठना** 目的を達する；目的を果たす **मतलब निकालना** = मतलब गाँठना. **मतलब साधना** = मतलब गाँठना. **मतलब हो जा॰** 目的が達せられる **(-का) मतलब हो जा॰** *a.*（ーが）ひどいありさまになる；さんざんな状態になる *b.*（ーが）死ぬ；死去する

मतलबिया ［形］《A.मतलब+ H.इया》= मतलबी.

मतलबी ［形］《A.P. مطلبی》自分勝手な；身勝手な；功利的な；打算的な；現金な= स्वार्थी; खुदगरज.

मतला ［名］《A. مطلع मत्ला》〔文芸〕ガザル（詩）の開句→ ग़ज़ल.

मतली ［名*］吐き気= मिचली. मतली आ॰ 吐き気がする उसे बार-बार मतली आने लगी थी （つわりのため）幾度も吐き気がした मतली छूटना 吐き気がする= जी मिचलाना.

मतलूब ［形・名］《A. مطلوب मत्लूब》(1) 望ましい；好ましい；希求された (2) 恋人

मतलूबा ［形*・名*］《A. مطلوبہ मत्लूबा》(1) 望みの（もの）；欲しい（もの）；対象 (2) 恋人

मतवाद ［名］主義の主張

मतवाल ［名*］(1) 酔い (2) 熱中；熱狂

मतवाला[1] ［形[+]］(1) 酔っている (2) 熱中している；熱狂している देश-प्रेम में मतवाला 愛国の念に熱狂している आज़ादी के मतवालों के लिए न होली है, न बसंत 独立運動に熱中している者たちにとってはホーリーの祭も春もないものだ (3) 上気している；興奮している (4)（動物が）発情した

मतवाला[2] ［名］(1) 敵をめがけて城塞や山上などから落とされる岩石 (2) 起き上がり小坊師

मतवालापन ［名］← मतवाला[1].

मतसंग्रह ［名］国民投票；一般投票

मतस्वातंत्र्य ［名］思想・信条の自由

मतांतर ［名］様々な意見；異なった見解；異見；他人の意見や考え

मतांध ［形］狂信的な

मताग्रह ［名］独断主義；独断的な態度

मताग्रही ［形］独断的な；妥協のない

माताधिकार ［名］参政権〈suffrage; franchise〉

मताधिकारी ［名］有権者

मतानुयायी ［名］信者；信徒；信奉者；教徒

मतानुसार ［後置］→ (-के) मत के अनुसार. （ーの）意見や考えによれば गौतम के मतानुसार ガウタマによれば विदेशियों के मतानुसार 外国人の意見によると

मतार्थक ［名］選挙運動員

मतार्थन ［名］選挙運動 = मतयाचना; मतार्थना. 〈canvassing〉

मतावलंबी [名] 信徒；信者；信奉者；教徒 जैन मतावलंबियों के तीर्थ-स्थान ジャイナ教徒の聖地

मति [名*] (1) 知性；理性 (2) 理解；判断 (3) 意見；観念 **मति कच्ची हो॰** 知恵の足らない **मति खोना** 判断力を失う；分別を失う **मतिगति हारना** 茫然となる＝मति मारी जा॰. **मति ठहराना** 意見を決める **मति थकना** ＝मति मारी जा॰. **मति दौड़ाना** 頭を働かせる **मति फिरना** 意見が変わる；考えが変わる **मति फेरना** 意見を変える；考えを変える **मति बौराना** 分別を失う；判断力を失う **मति मारी जा॰** 茫然となる；茫然自失する；判断力を失う **मति हर ले॰** 分別や判断力を奪う **मति हेराना** 正気を失う

मतिभ्रंश [名]〔医〕精神病；精神異常＝पागलपन；मतिभ्रंश.

मतिभ्रम [名] 幻覚

मतिमंत [形] 聡明な；賢明な＝बुद्धिमान；मेधावी.

मतिमंद [形] 愚かな；愚鈍な＝मंदबुद्धि.

मतिमान [形] 聡明な；賢明な＝मतिमंत.

मतिवंत [形] ＝मतिमंत.

मतिहीन [形] 愚かな；知恵の足りない ＝मूर्ख；बेवकूफ़.

मती [形] (1) 意見を持つ；見解を持つ；考えを持つ (2) 信仰する

मतीर [名]〔植〕ウリ科スイカ＝तरबूज़.

मतैक्य [名] 意見の一致；合意；コンセンサス

-मत् [接尾] サンスクリットの語幹に添加され所有の意味を持つ語を作る接尾辞．ヒンディー語においては -मान्(mas.)/-मती(fem.)となる．例．बुद्धि → बुद्धिमान्/बुद्धिमती

मत्त [形] (1) 酔った；酔いしれた (2) のぼせあがった；我を忘れた (3) 熱中した；熱狂した (4) 興奮した

मत्तगयंद सवैया [名]〔韻〕マッタガヤンダ・サワイヤー（各パーダが 7 भगण ＋ 2 गुरु の 23 音節から成る音節韻律）

मत्तगयंद सुंदरी [名*]〔韻〕マッタガヤンダ・スンダリー（第 1 パーダと第 2 パーダは मत्तगयंद सवैया で第 3 及び第 4 パーダは सुंदरी सवैया のものから成る音節韻律）→ सुंदरी सवैया.

मत्तता [名*] (1) 酩酊 (2) 熱中；熱狂

-मत्ता [造語*]「（－の）性質を持つことや帯びること」の意を表す合成語の構成要素 बुद्धि→ बुद्धिमत्ता 聡明さ

मत्था [名] (1) 額＝माथा；भाल；ललाट. (2) 上；上部；頭部＝सिर；मूँड़. **मत्था टेकना** 頭を深く下げたり床にすりつけるようにして丁重なお辞儀をする；最敬礼をする **(-के) मत्थे डालना** （－に）擦りつける＝(-के) जिम्मे लगाना. (-के) मत्थे मढ़ दे॰ （－に）擦りつける उसने दोष राक्षस के मत्थे मढ़ दिया 罪をラークシャスに擦り付けた

मत्ला [名] → मतला.

मत्सर [名] (1) 嫉妬；嫉妬心；羨望 (2) 憎しみ；憎悪；敵意 (3) 怒り；憤怒

मत्सरी [形] (1) 嫉妬する；羨望する (2) 憎む；憎悪する (3) 怒る

मत्स्य [名] (1) 魚＝मछली. (2)〔ヒ〕ヴィシュヌ神の十化現の内の第 1（魚の姿をとって現れたもの） (3)〔占星〕魚座

मत्स्य उद्योग [名] 漁業

मत्स्यग्रहण [名] 漁労；漁撈

मत्स्यजीवी [名] 漁夫；漁師

मत्स्यन [名] 漁業

मत्स्यनारी [名*] 人魚

मत्स्यन्याय [名] 弱肉強食 समूची न्याय व्यवस्था मत्स्यन्याय पर आधारित है 一切の正義は弱肉強食に基づいている

मत्स्य पालन [名] 養魚；魚の養殖

मत्स्यपालन केंद्र [名] 養魚場；魚の養殖場

मत्स्य विज्ञान [名] 魚類学〈fishery〉

मत्स्यभाला [名] 銛（漁撈用の）

मत्स्य संग्रहालय [名] 水族館＝मछली घर.

मत्स्य संपदा [名*] 漁業資源

मत्स्याकार [形] 魚の形をした；魚形の

मत्स्यावतार [名]〔イ神〕ヴィシュヌ神の十化現の第 1（魚の姿をした化現）

मत्स्येंद्रनाथ 〔人名・ヒ〕マットスェーンドラナータ（ゴーラクナータ गोरखनाथ の師であったとされるハタヨーガの行者）

मथन [名] かき混ぜること；撹拌＝मंथन；मथना.

मथना[1] [他] (1) 液体を道具を用いてかき混ぜる；かきまわす；撹拌する (2) 牛乳やヨーグルトからバターを取り出すために撹拌棒でかき混ぜる；撹拌する मथने से दही से मक्खन अलग हो जाता है 撹拌するとヨーグルトからバターが分離される (3) 深く掘り下げる；深く考える；突っ込んで考える अंतस्तल को अंदर-ही-अंदर मथकर 心の中を深く見定めて (4) 詳しく調べる；調べ上げる；究明する (5) 繰り返し行う；繰り返す

मथना[2] [自] かき回される；かき立てられる बच्चे की याद उससे मथ उठती है 子供の記憶がそれによってかき立てられる

मथनी [名*] (1) 撹拌すること (2) ヨーグルトを撹拌してバターを取り出すためのかめ (3)（牛乳やヨーグルトを撹拌するための）撹拌棒＝मथानी.

मथाना [他・使] ← मथना.

मथानी [名*] ヨーグルトを撹拌してバターを取り出すための撹拌棒

मथित [形] 撹拌された；かき混ぜられた

मथुरा 〔地名〕マトゥラー（ウッタル・プラデーシュ州マトゥラー県の県都．クリシュナ信仰との関わりで隣接のヴリンダーヴァン वृंदावन と共にヒンドゥー教の聖地） **मथुरा शैली** 〔芸〕マトゥラー様式（インド古代彫刻）

मद[1] [名] (1) 酔い；酩酊 (2) 傲慢；奢り；高ぶり (3) 熱狂；熱中 (4) 思い上がり；うぬぼれ（自惚れ） (5) 発情期の雄象のこめかみからの分泌液 (6) 喜び；喜悦 **मद-गंजन क॰** ＝मद चूर क॰. **मद चूर क॰** 鼻をへし折る；高慢さを打ち砕く **मद झारना** ＝मद चूर क॰. **मद पर आ॰** *a.* 年頃になる *b.* 興奮する **मद फेंटना** ＝मद चूर क॰. **मद मथना** ＝मद चूर क॰.

मद[2] [名*]《A. مد मद/मद्द》(1) 費目＝खाता. इतनी बड़ी रकम उन्होंने उम्र भर इस मद में नहीं खर्च की थी これだけの巨額を生涯このことには使わなかった आखिर इसे किस मद में डाला जाएगा 一体これはいずれの費目に入れられるのか (2) アラビア文字でアリフの上に記して長母音 आ を表す記号 ~

मदक [名*] マダク（大麻やアヘンを混じたキンマなどの葉．噛んだり吸飲したりして用いられる麻薬の一種）

मदकची [名] マダク（मदक）を用いる人＝मदकबाज़.

मदकर [形] 酔わせる；酔いをもたらす

मदकल [形] (1) 酔った (2) 興奮した

मदगंधा [名*] (1) 酒＝मदिरा. (2)〔植〕アマ（亜麻）＝अलसी.

मदगल [形] 酔った；酔っ払った；酩酊した

मदद [名*]《A. مدد》(1) 助力；援助；助け；手伝い (2) 救護；応援 (3) 援助金 (4) 労賃 **(-की) मदद क॰** （－を）助ける；援助する；手助けする अपने भाई-बहिन और माता-पिता की उनके कामों में मदद करना तुम्हारा कर्त्तव्य है 両親や兄弟姉妹の手伝いをするのが君の責務だ **(-में) मदद दे॰** （－に）役立つ；力を貸す वह खाने को हजम करने में मदद देता है 食物を消化するのに役立つ ज़बान हमें बोलने में भी मदद देती है 舌は私たちが話すのにも役立ちます **मदद बाँटना** 労賃を支払う **मदद माँगना** 助けを求める；援助を求める मैंने तो आपसे मदद न माँगी थी 私はあなたに助けを求めはしなかった

मददगार [形・名]《A.P. مدد گار》助ける；援助する；支援者；味方する सिर्फ़ एक तू ही इनसान की मददगार होती है お前だけが人間の味方なのだ

मदन [名] (1)〔イ神〕カーマ神（काम） (2) 性交；交接 (3)〔鳥〕キュウカンチョウ（九官鳥） (4)〔植〕ナス科チョウセンアサガオ；マンダラゲ (5)〔植〕アカネ科低木【*Vangueria spinosa; Meyna laxiflora*】 (6)〔植〕アカネ科サボンノキ【*Randia spinosa*】

मदनगोपाल [名] マダナゴーパーラ（クリシュナ神の異名の一）

मदनबान [名] (1) カーマ神の矢 (2) 色目 (3)〔植〕アカネ科低木【*Meyna laxiflora; Vangueria spinosa*】 (4)〔植〕アカネ科小木サボンノキ【*Randia spinosa*】ジャスミンの一種

मदनमोहन [名] マダナモーハナ／マダンモーハン（クリシュナ神の異名の一）

मदनसारिका [名*] ＝मैना. 〔鳥〕ムクドリ科キュウカンチョウ（九官鳥）

मदफ़ून [形]《A. مدفون》埋葬された शहंशाह भी इसमें मदफ़ून है 王もここに埋葬されている

मदभरा [形⁺] 酔いしれた；酔いの回った；酩酊している

मदमत्त [形] (1) 酔った；酔いしれた (2) 慢心した

मदमाता [形] 酔った；酔いしれた；興奮した

मदर [名*] 《E. mother》(1) 母；母親 (2)〔キ〕女子修道院院長；マザー मदर टेरेसा マザーテレサ

मदरसा [名] 《A. مدرسہ》(1) 学校（低学年の学校や高等学校なども含めて） बस्ता लेकर मदरसा जाओ かばんを持って学校へ行きなさい (2)〔イス〕ウラマー養成の高等教育機関

मदरास = मद्रास. (1)〔地名〕タミル・ナードゥ州の州都マドラス市（現今の名称はチェンナイ चेन्नइ） (2)〔地名〕旧マドラス州（現今のケーララ州の一部を含む英領時代のマドラス州は 1956 年に言語別州再編により新しいマドラス州となるが，1968 年にタミル・ナードゥ州に改称）

मदरासी[1] [形] (1) マドラスの (2) 旧マドラス州の (3) 南インドの；南インド風の（北インドの人々がタミルナードゥ，その他ドラヴィダ系言語の話される南インド地域について総称的に用いる） इडली, डोसा आदि मदरासी खाना イドリーやドーサーなどの南インドの料理

मदरासी[2] [名]（旧マドラス州の人から転じて）南インド人 अब बहुत-से घरों में मदरासी मरद और औरतें चौका-बरतन करने लगे हैं 今日では相当数の家で南インド人の男女が料理人の仕事をするようになってきている

मदरिसा [名] = मदरसा.

मदहेसहाबा [名*] 《A. مدح صحابہ मदह-ए सहाबा》〔イス〕マドヘ・サハーバー（ムハッラム祭の際，シーア派の人々が詠む預言者と教友・盟友を称える詩）

मदहोश [形] 《P. مدہوش》(1) 気絶した；気を失った；失神した；意識を失った (2) 酔いしれた；酩酊した

मदहोशी [名*] 《P. مدہوشی》(1) 気絶；失神；無意識 (2) 酔い；酩酊

मदांध [形] (1) 熱狂した (2) 酔いしれた；酩酊した

मदांधता [名*] ← मदांध.

मदाख़िल [名, pl.] 《A. مداخل ← مدخل मदख़ल》(1) 収入 (2) 歳入 (3) 地税

मदाख़िलत [名*] 《A. مداخلت मुदाखलत》(1) 障害；妨害 (2) 干渉；介入

मदात्यय [名] アルコール中毒

मदार[1] [名] (1) 象= हाथी. (2) 豚= सूअर. (3)〔植〕アコン= आक.

मदार[2] [名] 《A. مدار》(1) 軸；基軸 (2)〔天文〕軌道 (3) 支え；支点 (4) マダール・シャー मदार शाह

मदार शाह〔人名〕《مدار شاہ》マダールシャー（もしくは，シャーマダールとも呼ばれるイスラム教の聖者とされる人物で正確な年代は不明であるが，イスラム教の行者としてマラング मलंग と呼ばれるこの聖者の信奉者の行者が存在する）= ज़िंदा शाह मदार.

मदारी [名] (1) マダールシャーの信奉者とされるイスラム教徒の猿回しや熊回しなどの大道芸人の集団 (2) 曲芸師 (3) 奇術師；魔術師；手品師 (4) やし；香具師；薬売り **मदारी का खेल** *a.* 大道芸人の見世物 *b.* ありきたりのもの；並みのもの

मदिर [名]〔植〕マメ科中高木【*Acacia chundra; A. sundra*】= लाल ख़ैर.

मदिरा [名*] (1) 蒸留酒 (2) 発酵酒

मदिरा दुर्मिल [名]〔韻〕マディラードゥルミル（第 1 パーダは मदिरा सवैया 残りは दुर्मिल सवैया から成る音節韻律）

मदिरालय [名] 酒場

मदिरा सवैया [名]〔韻〕マディラー（各パーダが 7 भगण + गुरु，すなわち，22 音節から成る音節韻律）

मदीना〔地名・イス〕《A. مدینہ》マディーナ；メジナ（サウジアラビア）

मदीय [形] 《Skt.》（サンスクリット語の一人称代名詞語幹 मद् から派生した語で単数属格形）私のなど

मदीला [形[+]] 酔わせる

मदुराइ〔地名〕マドゥライ（タミル・ナードゥ州南部の都市）

मदोद्धत [形] (1) 酔った；酔いしれた (2) 陶酔した (3) 傲慢な

मदोन्मत्त [形] (1) 酔いしれた；酔いつぶれた (2) 慢心に目のくらんだ；慢心に分別を失った

मद्द [名*] = मद[2] (2).

मद्दाह [名] 《A. مداح》神の賛美者；称賛者= प्रशंसक; स्तुतिकर्ता.

मद्देनज़र [形] 《A. مد نظر》(1) 目の前にある；眼前の；目に見えている (2) 考慮した (3) 意識に上った (-को) **मद्दे नज़र रखना** （－を）考慮する；配慮する；念頭に置く इनपर जो बहस हुई वह भी राजनैतिक विषय को ही मद्दे नज़र रखकर これについて議論がなされたが，それも政治的なことを考慮して न्यायाधीश ने रपट को मद्देनज़र रखते हुए 裁判官は報告書を念頭に置いて विटामिन उपरोक्त ख़तरों के मद्दे नज़र ही लेने चाहिए ビタミンは上に述べた危険を考慮の上摂取しなくてはならない समस्त कारणों को मद्दे नज़र रखते हुए あらゆる原因を考慮に入れて

मद्धिम [形] (1) 弱い；薄い；ぼんやりした थोड़ी ही देर बाद उन्हें फिर से मद्धिम-सी रोशनी नज़र आई 間もなく再びぼんやりした光が見えた लालटेन की मद्धिम रोशनी カンテラの薄明かり (2) 弱い；低い；くぐもった；はっきりしない मद्धिम आवाज़ くぐもった声 ज़ुकाम वाली मद्धिम आवाज़ में 風邪によるくぐもった声で आज संसार में भक्ति का स्वर मद्धिम पड़ गया है 今日の世界ではバクティの声は弱まってしまっている

मद्धे [後置] (1)（－）に；（－の）中に；（－に）関して (2) 費用に；費目に

मद्य [名] 酒；酒類= मदिरा; शराब.

मद्यकार ख़मीर [名] 《H. + P. خمیر》麹種；麹菌；麹黴= निसवन ख़मीर.

मद्यनिर्माणशाला [名*] 酒造所；酒屋；造り酒屋

मद्यनिषेध [名] 禁酒；飲酒を禁止すること **मद्यनिषेध क़ानून** 禁酒法

मद्यप [形] 酒を飲む；飲酒する

मद्यपान [名] 飲酒

मद्यप्रेमी [形・名] 酒好きな（人）；好んで飲酒する（人）；酒飲み；飲酒家 मद्यप्रेमियों का यकृत 酒飲みの肝臓

मद्यसार [名] アルコール（類）；酒精 विषाक्त मद्यसार 有毒アルコール मेथिलयुक्त मद्यसार メチル・アルコール

मद्र [名] マドゥラ（ヴェーダ時代にラーヴィー川とチェナーブ川との中間地域に存在したとされる王国） = मद्र देश.

मद्रमुक [名]〔イ政〕復興ドラヴィダ進歩同盟（タミル・ナードゥ州の地方政党の一．略称，MDMK）

मद्रास〔地名〕(1) マドラース；現チェンナイの旧称 (2) 旧マドラース州（を含む南インド）= मदरास.

मद्रासी [名・形] = मदरासी. (1) マドラスの (2) 南インドの；南インド風の (3) 南インド人→ मदरासी/मद्रासी.

मधाना [名]〔植〕イネ科雑草タツノツメガヤ= मनसा[6]. → मकड़ा[2].

मधु[1] [形] (1) 甘い (2) 美味な (3) 甘い；甘美な；魅力的な मधु मुसकान 甘美な笑み

मधु[2] [名] (1) 花の蜜 = मकरंद. (2) 蜂蜜 = शहद. (3) 酒などの酩酊をもたらす飲料

मधुऋतु [名*] 春= वसंत.

मधुकर [名]〔昆〕ミツバチ（蜜蜂）= मधुमक्खी.

मधुकरी [名*] (1) ミツバチの雌 (2) 料理された食物のみを受け取ることが認められる托鉢（托鉢の一）

मधुकैटभ [名]〔イ神〕マドゥとカイタバ（ヴィシュヌ神のはなくそから生じたとされる巨人ダイティヤ दैत्य）

मधुकोश [名] ミツバチの巣= मधुमक्खी का छत्ता.

मधुप [名] (1)〔昆〕マルハナバチ= भ्रमर. (2)〔昆〕ミツバチ；蜜蜂= शहद की मक्खी.

मधुपर्क [名]〔ヒ〕マドゥパルカ（ヨーグルト，ギー，水，蜂蜜及び砂糖を混ぜた飲料．神饌として供えられる）

मधुपर्णिका [名*]〔植〕ヒガンバナ科インドハマユウ【*Crinum latifolium*】= सुदर्शना; सोमवल्ली.

मधुपायी[1] [形] 酒を飲む；飲酒する

मधुपायी[2] [名]〔昆〕ミツバチ（蜜蜂）

मधुप्रमेह [名] = मधुमेह.〔医〕糖尿病

मधुबन [名] マドゥバナ（ブラジ ब्रज にあったとされるヤムナー河畔の森の名）= मधुवन. → ब्रज.

मधुमक्खी [名*]〔昆〕ミツバチ；蜜蜂= शहद की मक्खी.

मधुमक्खी पालन [名] 養蜂；養蜂業

मधुमक्षिका [名*] ミツバチ = मधुमक्खी.

मधुमेह [名]〔医〕糖尿病

मधुमेही [名] 糖尿病患者

मधुयष्टि [名*] (1)〔植〕マメ科カンゾウ（甘草）= मुलेठी. (2)〔植〕イネ科サトウキビ= ईख.

मधुयष्टी [名*]〔植〕マメ科カンゾウ（甘草）

म

मधुयामिनी [名*] (1) 結婚初夜；初夜 (2) ハネムーン；新婚旅行 = सुहागरात.

मधुर [形] (1) 甘い；蜜のような；甘美な परिश्रम का फल मधुर होता है 努力の果は甘美なものだ (2) 甘美な；ロマンチックな मधुर-मधुर सपने 甘美な夢 (3) 楽しい；愉快な；明るい；陽気な；快活な दाम्पत्य-संबंधों को मधुर बनाये रखने के बारह सूत्र 夫婦の関係を楽しいものに保つ 12 か条 अगर आप दूसरे के झगड़ालू व्यवहार के बावजूद भी अपनी ओर से उससे स्नेहपूर्ण तथा मधुर व्यवहार करती जाएँगी तो 相手の喧嘩腰の態度にもかかわらずご自分のほうからは愛情のこもった快活な態度をとり続けられるならば उसने सभी के साथ मधुर संबंध बना लिए すべての人との間に良好な関係を築いた (4) 気持ちのよい；感じのよい；愛想のよい नौकर-चाकर उसके मधुर व्यवहार से बहुत खुश थे 使用人たちは彼の感じのよい振る舞いに大喜びであった (5) 優しい；思いやりのある मधुर वचन 優しい言葉 (6) (音声や音色が) 美しい；滑らかな；旋律的な；甘い；甘美な सरोजिनी का कंठ अत्यंत मधुर था サロージニーの声はとても甘美だった युवतियों के मधुर कंठ से 若い娘たちの美しい声で

मधुरता [名*] ←मधुर.= माधुर्य. वाणी की मधुरता न खोएँ 声の美しさを失わないように शादी के बाद पति-पत्नी के बीच शिष्ट व्यवहार उनके आपसी संबंधों को मधुरता प्रदान करता है 結婚後に夫婦間で礼儀正しく振る舞うことが 2 人の関係に楽しさをもたらす

मधुरत्व [名] = मधुरता.

मधुरभाषी [形] 優しい言葉を話す；言葉遣いの優しい

मधुरा [形⁺] = मधुर.

मधुराई [名*] ←मधुर. = मधुरता.

मधुरित [形] (1) 甘くされた；甘くなった (2) 甘美な

मधुरिमा [名*] = मधुरता.

मधुवन [名] = मधुबन.

मधुशाला [名*] 酒屋；酒場

मधुसूदन [名]〔ヒ〕マドゥスーダナ (ダイティヤ悪魔マドゥを退治したとされるヴィシュヌ神の異名の一)

मधुसूदनी [名*] インシュリン

मधुस्वर [名]〔鳥〕オニカッコウの雅名= कोयल.

मधूक [名] (1)〔植〕アカテツ科高木イリッペ= महुआ.【*Bassia latifolia*】(2) マメ科カンゾウ (甘草) = मुलेठी; यष्टिमधु; मुलहठी.【*Glycyrrhiza glabra*】

मधूक शर्करा [名*] イリッペの花から採れる砂糖

मध्य[1] [形] (1) 中央の；中間の रस्सी का मध्यभाग ひもの中央部 (2) 中位の；中程度の；並みの；平凡な मध्य आय वाला व्यक्ति 中程度の収入の人 (3) 劣った；卑しい

मध्य[2] [名] (1) 中央 (2) 中間 (3) 内側；内部 (4) 中道；不偏；中立 (-के) **मध्य** の形で用いられて「ーの間に」,「ーの中間に」などの意を表す धनवानों और निर्धनों के मध्य असमानता है 富める者と貧しい者との間に不平等がある

मध्य अमेरिका〔地名〕中央アメリカ〈Central America〉

मध्य एशिया〔地名〕中央アジア〈Central Asia〉 **मध्य एशिया एवं निकट एशिया** 中近東

मध्यक [形] (1) 中間の；中央の (2) 中位の；中程度の；並みの

मध्यकाल [名] 中世 प्राचीन काल और मध्य काल 古代と中世 उत्तर मध्यकाल 近世 हिंदी साहित्य का मध्यकाल ヒンディー文学史の中世もしくは中期 (14〜15 世紀から 19 世紀中葉までの時期の称)

मध्यकालीन [形] 中世の मध्यकालीन भारत 中世のインド मध्यकालीन हिंदी कवि 中世のヒンディー詩人

मध्यकोष्ठक [名] 中括弧→ कोष्ठक.

मध्यग[1] [形] 間に入る；中間の；中間に位置する

मध्यग[2] [名] 仲買人；ブローカー= दलाल.

मध्यगत [形] 中間の；中間に位置する

मध्यगति [名*] 中立

मध्यगुरु [名]〔韻〕マディヤグル (4 モーラを単位とするマートラー・ガナ मात्रा गण, すなわち, モーラ詩脚の五種分類の一で, लघु-गुरु-लघु の配列)

मध्यगेम [名]《H. + E. game》〔ス〕競技の中盤 मध्य गेम तक उनकी स्थिति बराबरी वाली थी 中盤までは競り合っていた

मध्यजंतु [名]〔動〕中生動物；中間動物【*Mesozoa*】

मध्यजिह्वीय [形・名]〔言〕中舌の〈medio-lingual〉

मध्यजीवमहाकल्प [名]〔地質〕中世代〈Mesozoic era〉

मध्यतरंग [名*]〔通信〕中波〈medium wave〉

मध्यता [名*] ←मध्य.

मध्यदेश [名] (1) 中央部 (2) 腰；腰部 (3) マディヤデーシャ (古代インドの地理観で北と南をそれぞれヒマラヤとヴィンディヤ山脈を境とし, 東をプラヤーガ (現今のイラーハーバード), 西をサラスヴァティー川の地中に没する地点の内側に入るとされた地域) → सरस्वती.

मध्यपट [名]〔解〕横隔膜 = डायाफ्राम.〈diaphragm〉

मध्यपूर्व [名] 中東= मध्यपूर्व एशिया.

मध्यपूर्व एशिया एवं निकटपूर्व एशिया〔地名〕中近東〈the Middle and Near East〉

मध्यप्रत्यय [名]〔言〕接中辞；挿入辞〈infix〉

मध्यप्रदेश〔地名〕マッディヤ・プラデーシュ州 (州都はボーパール市)

मध्य भाग [名] 中央；中央部

मध्यम[1] [形] (1) 中間の (2) 中位の；中程度の；中ぐらいの एक मध्यम आकार की बंदगोभी 中ぐらいのキャベツ 1 個 (3) 低い；かすかな；小さい बहुत मध्यम आवाज़ とても低い声 मध्यम स्वर में 小声で

मध्यम[2] [名]〔イ音〕マディヤマ；オクターヴの第 4 音；マ = म.

मध्यम तरंग [名*]〔通信〕中波〈medium wave〉 = मध्य तरंग.

मध्यमता [名*] ←मध्यम.

मध्यमपुरुष [名]〔言〕二人称〈second person〉

मध्यममार्ग [名] (1)〔仏〕中道 (2) 中庸；中間の道；中間派

मध्यममार्गी [形・名] (1)〔仏〕中道の (人) (2) 中道派 (の)；中間派 (の)

मध्यमवर्ग [名] 中産階級；中流階級 **मध्यम मध्यमवर्ग** 中流階級の中；中産階級の中〈middle middle class〉 **उच्च मध्यम वर्ग** 中産階級の上；中流階級の上〈upper middle class〉

मध्यमवर्गीय [形] 中産階級の；中流階級の मध्यमवर्गीय परिवार 中流階級の家族

मध्यमस्तिष्क [名]〔解〕中脳〈midbrain; mesencephalon〉

मध्यमा [名*] (1) 中指 (2)〔イ文芸〕マディヤマー (नायिकाभेद の一で相手の振る舞いの良し悪しに応じて行動する女性)

मध्यमान[1] [形] (1) 中間の (2) 平均の

मध्यमान[2] [名] 平均；平均値= औसत.

मध्यमिक [形] = माध्यमिक.

मध्ययुग [名]〔史〕中世〈Middle Ages〉

मध्ययुगीन [形] 中世の मध्ययुगीन भारत 中世インド

मध्ययूरोप [名] 中部ヨーロッパ；中欧〈Middle Europe〉

मध्यरात्रि [名*] 真夜中；夜半 मध्यरात्रि का सूरज 真夜中の太陽

मध्यवयस्क [形] 中年の

मध्यवर्ग [名] 中流階級；中産階級〈middle class〉 मध्यवर्ग की महिलाएँ 中産階級の女性

मध्यवर्गीय [形] 中流階級の；中産階級の मध्यवर्गीय लोग 中産階級の人々 मध्यवर्गीय रहन-सहन, खान-पान, मकान 中産階級の生活様式, 飲食物, 住居

मध्यवर्ती [形] (1) 中間の；中間に位置する (2) 仲介の；仲介する；間に立つ

मध्यवर्ती संगीत [名]〔音〕間奏曲= अंत: संगीत.〈interlude〉

मध्यवित्तीय [形] 中産階級の；中流階級の

मध्यवित्तीय अर्थव्यवस्था वाला [形] 中産階級の मध्यवित्तीय अर्थव्यवस्था वाले परिवार 中産階級の家庭；中産階級の家族

मध्यसर्ग [名]〔言〕接中辞；挿入辞= मध्यप्रत्यय.

मध्यस्थ[1] [形] 中間の；中央の；中央にある

मध्यस्थ[2] [名] (1) 調停者；調停役 (2) 中間商人；ブローカー (3) 中立の立場の人 (4) 仲人

मध्यस्थता [名*] ←मध्यस्थ. (1) 仲介；調停；仲裁 भारत की मध्यस्थता को काफ़ी गंभीरता से लिया जा रहा है インドの調停がかなり真剣に受け取られている (2) 斡旋

मध्यस्वर [名]〔言〕中舌母音〈mid vowel; central vowel〉

मध्यांतर [名] (1)〔ス〕ハーフタイム एकमात्र विजेता गोल मध्यांतर से पहले किया गया 唯一の得点がハーフタイムの前に挙げられた मध्यांतर की लंबी सीटी बजी ハーフタイムの長いホイッスルが吹かれた (2) 幕間；(映画の) インターバル (3) 休憩；休み (時間)

मध्यांश ［名］(1) 中央部；中心；中心部 (2) 骨髄

मध्या ［名*］〔イ文芸〕マッディヤー（インドの古典詩論で女性主人公 स्वकीया の 3 分類中の一．年齢及び性愛の観点からの熟成度が मुग्धा 及び प्रौढ़ा の中間に位置するもので恥じらいと性愛の感情を等しく持つとされる）

मध्याधीरा ［名*］〔イ文芸〕マッディヤーディーラー（स्वकीया の分類の一．浮気をしている夫に対して冗談めかした皮肉によって怒りを表す女性）

मध्यान्ह ［名］→ मध्याह्न.

मध्यावधि ［形］中間の मध्यावधि चुनाव 中間選挙＝मध्यावधि निर्वाचन.

मध्याह्न ［名］正午＝मध्याह्न काल. मध्याह्न भोजन 昼食；ランチ

मध्याह्नोत्तर ［名］午後の時間

मध्व 〔人名・イ哲〕マドヴァ（1197–1276．多元論的実在論を唱道した哲学者）；マドヴァ・アーチャーリヤ＝मध्वाचार्य.

मध्वासव ［名］イリッペの花から作られるアルコール飲料→ महुआ マフアー.

मन: ［名］＝मन.

मन:कल्पित ［形］空想の；空想上の；想像上の＝मनगढ़ंत.

मन:काम ［名］願い；望み＝मनोरथ.

मन:कामना ［名*］願い；願望；念願

मन:पाप ［名］心の中で犯す罪

मन:प्रणीत ［形］(1) 想像上の (2) 興味深い；楽しい；面白い

मन:प्रसूत ［形］空想の；想像上の

मन:प्रीति ［名*］喜び；満悦；充足感；充実感

मन:शक्ति ［名*］気力；意気込み；志気

मन:शास्त्र ［名］〔古〕心理学＝मनोविज्ञान.

मन:शिल ［名］〔鉱〕鶏冠石＝मैनसिल.

मन:शिला ［名*］＝मन:शिल; मैनसिल.

मन:संताप ［名］悩み；苦悩＝मानसिक क्लेश.

मन:स्थिति ［名*］心理状態；心境 सुबह से होनेवाली बातों के कारण पढ़ने लायक मन:स्थिति भी नहीं उसकी 朝からの出来事のため勉強ができるような心境では全くなかった

मन[1] ［名］思考，知覚，精神作用の行われるところ；心；意；思い；気（これらの意味及び以下のイディオムの多くがペルシア語由来の語 दिल に対応して用いられる） **मन अटकना** 心が引き寄せられる；心が惹かれる；惹きつけられる **मन अपनाना** 心を制御する；意を制する **मन आकाश में उड़ना** *a.* あれこれと空想する；空想の世界に耽る *b.* 嬉しくてたまらない **मन आगे बढ़ना** 気が向く；気が進む **मन आगे पीछे हो॰** どうしようかと迷う；ためらう **मन आधा हो॰** 落胆する；がっかりする **मन आ॰** *a.* 気が向く；気が進む मन आता तो चाय बनाकर पी लेती, मन आता तो श्यामा का सिर दबाने लगती 気が向くとお茶を入れて飲んだりシャーマーの頭をさすったりする *b.* 予感がする；感じがする **मन उखड़ना** 気が沈む；気が滅入る **मन उछलना** （期待や嬉しさで）うきうきする；心が弾む जब मैं बाहर निकला तो मेरा मन उछल रहा था 戸外に出た時には心が弾んでいた **मन उठना** 思う；考える **मन उड़ना** 心が揺れる；心が定まらない；気持ちが揺れる **मन उतरना** 気が重くなる；気がふさぐ **मन उमंग पर आ॰** うきうきする；うきうきした気分になる **मन उमड़ना** *a.* 感動する；心が揺り動かされる *b.* 意欲が湧く **मन उलझना** ＝मन अटकना. **मन ऊँचा हो॰** *a.* 高尚な考えを持つ；高邁な考えを持つ *b.* 気にかかる；心配な **मन क॰** （－したいと）思う；願う；気が向く उसका मन करता था कि वह बेटे को पढ़ते हुए चुपचाप देखती रहे 勉強している息子の姿を黙ってじっと見ていたいといつも思っていた जब तक मन करता है रहती हैं जब भी मन करता है चली आती हैं 気が向けば留まるがその気になれば立ち去る （-से） **मन क॰** （－が）好きになる **मन कचोट खाना** 胸が痛む；辛い思いをする；辛く感じる＝मन कचोटना. **मन कच्चा क॰** *a.* 気合が出ない *b.* 気力を失う **मन कच्चा हो॰** *a.* 気が弱い *b.* 気力がない *c.* 感じやすい **मन कटना** いやな感じがする；不愉快になる **मन कड़वा हो॰** 不愉快になる **मन कड़ा क॰** 気を強く持つ **मन कसना** 気を引き締める **मन कसर-मसर क॰** 気が進まない；気が向かない **मन कहना** 思う；気がする मेरा मन कहता है कि रास्ता मिलेगा 何とかなるような気がする **मन का अंधकार** 無知 **मन का अंधा** 無知な人 **मन का आइना** 心を映すもの；心の鏡 **मन का कमल खिल उठना** 嬉しくなる；嬉しさで一杯になる **मन का काला** 心のひねくれた；腹黒い **मन का चोर** *a.* 心を奪うもの；魅惑するもの *b.* 心の弱さ；疚しい気持ち घड़ी पर नज़र जाती है, सात बजा है.पर मन का चोर हावी हो जाता है.क्यों न टी हाउस में एक प्याला चाय पी ली जाए? 時計を見ると 7 時だ．だが心の弱さに負けてしまう．喫茶店でお茶を 1 杯飲んで見ようではないか （-से） **मन का तागा जोड़ना** （－が）好きになる；（－を）愛する **मन का धनी** 思いやりのある；大らかな **मन का पाप** 悪意；邪な心 **मन का फेर हो॰** *a.* 考えの違い；意見が様々なこと *b.* 気が晴れる；気晴らしになる **मन का बोझ हलका हो॰** 気が楽になる **मन का फेर हो॰** *a.* 考えの違い；意見が様々なこと *b.* 気が晴れる；気晴らしになる **मन का मारा** 悲しい思いをしている **मन का मैल** 妬み；嫉妬心 **मन का मैला** 腹黒い＝मन का काला. **मन का शूल** *a.* 胸の痛み *b.* 不安 **मन का साफ़** 素直な；さっぱりした気性の **मन की आँख** 心眼 **मन की आँख से देखना** 熟慮する；熟考する **मन की क॰** 自分の思い通りにする **मन की गाँठ खोलना** *a.* 自分の思いを打ち明ける *b.* 胸に支えているものを吐き出す **मन की गुत्थी** 悩み；ジレンマ＝दुविधा. **मन की घुंडी खोलना** 心の迷い；迷妄を取り除く **मन की जलन जुड़ाना** 苦しみや悩みを取り除く **मन की थाह पाना** 人の心を読みとる **मन की थाह ले॰** （－の）胸の内を推し量る；想像する；推量する；推察する＝मन की थाह पाना. **मन की दौड़** 想像；推量；推察 **मन की बात** 本当のこと；本心；胸の内；本音 क्या तुमसे भी मन की बात न कहूँ? 君にさえも私が本心を語らないというのかい उसने अपने मन की बात मुझे बता दी 私に心の内を打ち明けた **मन की बात खोलना** 思いを明かす；胸の内を打ち明ける **मन की बीती** 感じたこと **मन की मन में रहना** 願いが叶えられない **मन की माला फेरना** 祈念する **मन की मिठाई खाना** *a.* 空想して楽しむ；空想に耽る；空想を巡らす *b.* 手に入れることを空想する **मन की मिठाई से पेट न भरना** 空想ばかりで目的が達成されない **मन की मौज पर हो॰** 気分次第で決まる **मन की मौज में** 気分で **मन की रोटी पोना** いろいろと空想する **मन की लहर** 気持ち；気分 **मन की लाठी घुमाना** 人の不幸を願う **मन की सफ़ाई** 善意 **मन की साध पूजना** 願いが叶えられる **मन की हौंस निकालना** 思いを果たす；念願が満たされる **मन कुम्हलाना** 気が滅入る；憂鬱になる **मन के कपाट खोलना** 無知から解き放たれる；迷妄が啓かれる **मन के तार जोड़ना** ＝मन लगाना. **मन के मनके फेरना** 物思いに耽る；空想に耽る **मन के लड्डू** 空想を逞しくすること **मन के लड्डू उड़ाना** ＝मन की मिठाई खाना. **मन के लड्डू खाना** ＝मन की मिठाई खाना. **मन के लड्डू फोड़ना** ＝मन की मिठाई खाना. **मन के लड्डू से भूख मिटना** 空想で満足する **मन कैसा-कैसा क॰** 心が落ち着かない；動揺する；心が乱れる **मन को खाये जा॰** 辛い思いをさせる；悩ます；苦しめる **मन को कठोर बनाना** 心を鬼にする＝मन को पत्थर क॰. （-के） **मन को गुदगुदाना** （－の）気持ちをくすぐる जो आज भी हमारे मन को गुदगुदा देता है 今もなお私たちの気持ちをくすぐるもの **मन को चोट पहुँचना** 胸が痛む **मन को चोट पहुँचाना** 苦しめる；辛い思いをさせる；悩ませる **मन को छूना** 胸を打つ अज्ञानता के कारण होनेवाले अशिक्षित जनता के शोषण का मन को छू लेने वाला वर्णन 無知のために生じる無教育の民衆の搾取に関わる胸を打つ記述 **मन को दबाना** 気持ちを抑える；気持ちを抑制する **मन को दृढ़ क॰** 気を張る **मन को धोखा दे॰** 自分の心を欺く **मन को पक्का क॰** 意を決する हमने मन को पक्का करके बलि देने का निश्चय कर लिया 意を決して犠牲を捧げることに決定した **मन को पत्थर क॰** 心を鬼にする **मन को मन से तौलना** 自分の気持ちから他人の気持ちを推し量る **मन को मन से मिलाना** 心を通わせる **मन को मारना** 心を制する；心を制御する मन को मार लेने को तपस्या कहते हैं 心を制することを苦行と言う **मन को मुँह तक पहुँचाना** 胸を思いで一杯にする एकाएक नगाड़े पर चोट पड़ी और आशा तथा भय ने लोगों के मन को उछालकर मुँह तक पहुँचा दिया にわかにナガーラーが打たれ期待と不安に皆の胸はあふれんばかりになった **मन को रखना** 意識を集中させる **मन को लगना** 胸に刺さる；胸に突き刺さる （-के） **मन को लुभाना** （－を）うっとりさせる **मन को हरा क॰** 喜ばせる **मन खट्टा हो॰** *a.* 悲しい思いをする；辛い思いをする *b.* がっかりする；失望する；いやになる उसकी बात सुन मेरा मन खट्टा हो गया あの人の話を聞いてがっかりした **मन ख़राब हो॰** *a.* 不快になる；不機嫌になる *b.* 失望する；落胆する；がっかりする **मन ख़ाली हो॰** 気力が失せる **मन खिंचना** 引きつけられる；引き寄せられる （-की ओर से） **मन खिंचना** （－が）いやになる；嫌気がする；飽きる **मन खिल उठना** 大喜びする **मन खोलकर**

a. 喜んで b. 大いに；思いきり **मन खोलना** 胸の内を打ち明ける **मन गंगाजल-सा हो जा॰** 心が清らかになる **मन गलना** 気持ちが和らぐ；優しい気持ちを抱く **मन गवाही न दे॰** ためらう；納得しない；気が進まない **मन गिरना** 気力がなくなる **मन घुमड़ना** 次から次へと不安が生じる **मन चंगा तो कठौती में गंगा** 〔諺〕心清ければガンジスで沐浴したのも同然；形式よりも心のあり方が大切 **मन चंगा हो॰** 心が清らかなこと **मन चकरी हो॰** 心の定まらないこと；浮気っぽい (-पर) **मन चलना** a. (ーに) 心ひかれる；(ーが) 好きになる b. (ーが) 欲しくなる **मन चलाना** 欲を出す；欲張る **मन चाक पर चढ़ा हो॰** 気持ちの定まらないこと **मन चिकना हो॰** 機嫌が良くなる **मन चुराना** 心を引きつける (-का) **मन चूर चूर क॰** (ーを) さんざん苦しめる；とても悩ます **मन चौगुना हो॰** 大いに気力が湧く；大いに元気が出る **मन छूटना** 嫌気がさす **मन छूना** 胸を打つ **मन छोटा क॰** a. がっかりする b. 引っ込み思案になる；消極的になる अतः इसके लिए अपना मन छोटा न करें, बल्कि जो आपके भाग्य में आया है उसे सहर्ष तथा सप्रेम स्वीकार करें तो इससे आगे चलकर आपको निश्चय ही लाभ होगा だからこのことで消極的にならないようにしなさい．いや，逆に自分の運命にあるものを喜んで愛おしく受け入れるようにしなさい．そうすれば将来きっとあなたのためになるでしょう **मन छोटा हो॰** 気の小さい；小心の；度量の狭い **मन जमना** a. 心が定まる；心が落ち着く b. 信頼する；信頼を抱く **मन जलाना** 悩ます；苦しめる **मन जा॰** a. 思いが及ぶ b. 想像の及ぶ (-का) **मन जीतना** a. (ーに) 気に入られる；(ーの) 心をつかむ；(ーを) 魅了する पति का मन कैसे जीतें? 夫の心をどのようにしてつかむか उस बच्चे ने सब का मन जीता その子供は皆を魅了した b. 心を制御する **मन जुड़ना** 気持ちが良くなる；気が和む (-से) **मन जोड़ना** (ーと) 心を通わせる；(ーに) 恋をする **मन झटककर** 意を決して；思い切って तब मन झटककर वह स्वयं ही चली गई そこで彼女は思いきって自分から去って行った **मन झुकना** 心が引きつけられる；魅せられる (-पर) **मन टंगा रहना** (ーが) 気がかりな (-का) **मन टटोलना** (ーの) 気持ちや心を推し量る；推察する **मन टूटना** がっかりする；失望する；落胆する；悲しい思いをする अगर तुमने ही लापरवाही कर दी, तो जाने कितनों का मन टूट जाएगा もしも君が不注意なことをすればどれほどの人が悲しい思いをすることだろう (-पर) **मन टूटना** (ーに) 強く引きつけられる **मन ठहरना** 気持ちが落ち着く；専心する **मन डहकना** 心が離れない **मन डांवाडोल हो॰** a. 気持ちが揺れる b. 決心がつかない **मन डाल-डाल दौड़ना** あれこれ思う；心が定まらない (-में) **मन डालना** (ーに) 心を動かす **मन डूबना** 気が沈む；がっかりする；落胆する **मन डोलना** a. 欲を出す b. 心が動く **मन ढरना** 気持ちが動く **मन ढीला हो॰** 心が引きつけられる **मन तपना** 苦しむ；悩む **मन तोड़ना** 気力を失う (-का) **मन तोड़ना** (ーを) がっかりさせる；落胆させる；悲しませる उसका तथा अपने पति का मन तोड़े बगैर その人と自分の夫を悲しませずに (-से) **मन तोड़ना** (ーとの) 心の絆やつながりを絶つ；関係を絶つ (-के) **मन तौलना** (ーの) 気持ちを確かめる **मन थकना** a. 圧倒される b. 欲念を去る **मन दबना** a. 元気を失う；気力を失う b. 気持ちが抑えられる **मन दस बीस हो॰** 心が乱れる **मन दसों दिशाओं में टूटना** 心が定まらない **मन दूसरे के हाथ हो॰** 人に操られる **मन दूसरे कोठे में हो॰** 全く他人に操られる **मन दे॰** 気をつける；注意を払う (-को) **मन दे॰** (ーを) 好く；愛する；(ーが) 好きになる (-का) **मन देखना** (ーの) 気持ちを探る **मन दो हो॰** わだかまりができる **मन दौड़ क॰** 様々なことを思う；いろいろなことが思い浮かぶ (-की ओर) **मन दौड़ना** (ーのことを) 思う **मन दौड़ाना** 様々なことに思いを馳せる **मन धरना** a. 注意する；注意を向ける；意を払う b. 決心する；決意する；腹を決める **मन धुलना** 心が洗われる **मन धोना** 心を清める；心を洗う **मन न आ॰** 判断がつかない (-को) **मन न क॰** (ーを) 気にとめない；意に介さない **मन न मानना** (そのような) 気持ちにならない；納得しない मेरा मन नहीं मानता そんな気にならないのだよ **मन नाचना** a. 嬉しくなる；楽しくなる b. 欲が出る **मन नीचा हो॰** 心の卑しい (-का) **मन पकड़ना** (ーの) 気持ちを理解する；気持ちを察する **मन पकना** a. 嫌気がさす；いやになる b. 欲念がなくなる **मन पटना** a. 気持ちが通じ合う；気持ちが通う b. その気になる；(ーをしたいと) 思う **मन पड़ना** (ー) したくなる；(ーをする) 気になる (-) **मन पर अंकित क॰** (ーが) 心に深く刻まれる (-के) **मन पर चढ़ना** (ーに) 好かれる；好まれる；気に入られる (-) **मन पर छा जा॰** (ーが) 心を占める；(ーが) 心を覆う；(ーが) 心に深い影響を及ぼす **मन पर तलवार चलना** 辛い思いをする；胸が痛む **मन पर बोझ हो॰** 心に負担を負う **मन पर लगाम दे॰** 心を制する；心を抑える (-के) **मन पर साँप लोटना** a. (ーが) 嫉妬を感じる；嫉妬する b. (ーが) 激しい悲しみを覚える **मन पसीजना** 哀れに思う；哀れみを感じる (-का) **मन पाना** a. (ーの) 気持ちを知る b. (ーに) 気に入られる；(ーに) 好かれる **मन पोहना** ＝मन लगाना. **मन फँसना** 惚れ込む；心を奪われる (-से) **मन फट जा॰** (ーから) 心が離れる；気持ちが離れる लड़के का मन माँ से फट गया 少年の気持ちは母親からすっかり離れている **मन फिर जा॰** 失望する；いやになる；嫌気がさす＝दिल उचटना. **मन फिराना** 心を別の方に向ける **मन फिसलना** ひきつけられる；心がひかれる **मन फीका क॰** 意気込みを失う **मन फीका हो॰** 意気込みがなくなる **मन फूलना** 嬉しくなる **मन फेरना** a. いやになる；嫌いになる b. 気持ちをそらす c. 気を晴らす **मन बँटना** あれこれと気が散る **मन बँधना** 好きになる；魅せられる **मन बटोर ले॰** 胸に収める；我慢する；身持ちを抑える **मन बढ़ना** a. 元気が出る；気力が高まる b. 意欲が湧く；欲が出る **मन बढ़ाना** a. 元気づける；気合を入れる b. 欲を出す **मन बदलना** 考えや気持ちが変わる (-में) **मन बसना** (ーが) 大好きになる；すっかり好きになる **मन बहकना** 取り留めもないことを考える；あれこれ思いめぐらす **मन बहलना** 気を紛らす；気休めをする＝दिल बहलाना. अपने भवन के बगीचे में सहेली के साथ खेल-कूद कर मन बहलाती 屋敷の庭で友達と遊んで気を紛らす **मन बाँधना** 心を制する (-के साथ) **मन बाँधना** (ーが) 好きになる；(ーを) 愛する **मन बिकना** (ーの) 意のままになる **मन बिगड़ना** a. いやになる b. 不快に感じる c. 吐き気がする d. 腹を立てる **मन बुझना** 気力が衰える；意気込みが低下する **मन बुझना** がっかりする **मन बूढ़ा हो॰** 枯れた心境になる **मन बैठना** 気が沈む；憂鬱になる；気が滅入る मेरा मन कभी-कभी बैठ जाता है.समाचार-पत्रों में ठगी, डकैती, चोरी, तस्करी और भ्रष्टाचार के समाचार भरे रहते हैं しばしば気が滅入ってしまう．新聞には詐欺だとか強盗だとか，窃盗，密輸，汚職とかのニュースがあふれている **मन बोलना** 思う；感じる；気がする **मन भटकना** あれこれ思う；あれこれ迷う **मन भर आ॰** 胸がふさがる；胸が詰まる न जाने क्यों सावित्री का मन भर आया 何故サーヴィトリーの胸が一杯になってしまったのかわからない **मन भर उठना** a. 満足する वैसी ही खुशी से मेरा मन भर उठा था 全く同じような喜びに心が満たされた b. 強い感動を受ける；胸が一杯になる **मन भरकर** 思いきり；好きなだけ **मन भरकर दे॰** 欲しいだけ与える **मन भर जा॰** a. 満足する；堪能する b. 信じる；信頼する **मन भाना** 気にいる **मन भारी क॰** a. 悲しくなる；気が沈む b. 嫌気がさす；熱が冷める **मन भीनना** 没入する；熱中する **मन मँजा हो॰** 心のさっぱりした **मन मक्खन हो॰** 感じやすい；繊細な **मन मगन रहना** 機嫌の良い；嬉しい；喜んでいる **मन मचलना** うきうきした気分になる；心がうずうずする；(ーしたくて) たまらない उसका मन बाहर घूमने के लिए मचलने लगा 散歩に出掛けたくてたまらなくなった **मन मथना** a. 胸が痛む；心が痛む इस बात पर माँ का मन दुख से मथ गया このことで母はとても胸が痛んだ b. 煩悶する गोविंद का मन मथ गया ゴーヴィンドは煩悶した **मन मरना** a. 欲がなくなる；枯れた心境になる b. 気合がなくなる；気力が無くなる；元気がなくなる **मन मसोस खाना** どうしようもなくなる；どうにもこうにもならなくなる＝मन मसोसकर रह जा॰. **मन मसोसे** 仕方なく；どうしようもなく सिपाही मन मसोसे सुनते रहे 兵士は仕方なくずっと聞いていた **मन महना** ＝मन मथना. **मन माँजना** 心を洗い清める **मन मानता** 欲しいだけの；好きなだけの वे मन मानता शहद अपने कटोरों में भर लेते हैं 好きなだけの蜂蜜を自分の器にとる **मन मानना** a. 満足する b. 心が決まる c. 気に入る (-से) **मन मानना** (ーが) 好きになる；気に入る **मन माने का सौदा** 気に入ればする；気に入ればの話 **मन माने की बात** 人にはそれぞれの好みがあるもの **मन मारकर** 辛抱して；我慢して；渋々 मन मारकर वह उस आदमी के पीछे चल दिया 我慢してその男の後について歩き出した वह मन मारकर सीढ़ियों की तरफ़ बढ़ी ぐっとこらえて階段の方へ進んだ **मन मारकर बैठ जा॰** 我慢する；辛抱する；こらえる＝मन मारकर रह जा॰；इच्छा दबा ले॰. मन मारकर सामने की आलमारी से पुस्तक निकाल लाये 渋々正面の本棚から本を取り出し

て来た **मन मारकर रह जा॰** 我慢する；こらえる इसके कारण मन मारकर रह जाती हूँ そのためじっとこらえている **मन मारना** 辛抱する；我慢する；こらえる निराश होकर वह अपना मन मारकर चुप हो गया がっかりして気持ちを抑え黙ってしまった **मन मारे** ＝मन मारकर. **मन मिट्टी हो॰** 気力がなくなる；元気がなくなる **मन मिलना** *a.* 気が合う *b.* 好きになる *c.* 親しくなる；友達になる **मन मिलने का सौदा** ＝मन मिलने की बात. **मन मिलने की बात** 考えや思いが一致するかしないかの問題 **मन मीठा हो॰** 嬉しくなる **मन मुँह को आ॰** （声や言葉が）口まで出かかる **मन मुरझाना** *a.* 悲しくなる *b.* 不快になる **मन मुर्दा हो॰** 気力がなくなる **मन मूसना** 魅惑する；魅する **मन में अटकना** 心の中がすっきりしない；心に引っかかる（ものがある） **मन में आँधी चलना** *a.* 頭の中にいろいろな考えが渦を巻く *b.* 心が定まらない **मन में आ॰** *a.* 思う；考える यह बात मेरे मन में कभी आई ही नहीं そんなことはただの一度も思ってもみなかった यह बात कई मरतबा मन में आई कि ऐसी निकम्मी और काँटों भरी खेती से अच्छा है कि खेत मज़दूर बन जाए こんなつまらない苦しい百姓の仕事よりも日雇いになって働いたほうが余程ましだと何度思ったことか *b.* 信じる；信頼する **मन में उठना** 考える；思う；思いつく **मन में उतरना** *a.* わかる；理解される *b.* 納得される **मन में उपजना** 思う；考える **मन में ऐंठकर रह जा॰** 辛い思いを我慢する **मन में कटकर रह जा॰** *a.* 恥じ入る；赤面する *b.* 厳しい言葉をぐっとこらえる **मन में कहना** 思う；考える；独り言を言う **मन में काँटे की तरह खटकना** 胸に突き刺さる＝मन में काँटे की तरह चुभना. **मन में कुंडली मारकर बैठ जा॰** 固く信じる；信念が固くなる **मन में खौलना** 胸の内で激しく憤る **मन में गड़ना** *a.* 胸の奥深くに入る *b.* 胸に突き刺さる **मन में गाँठ क॰** わだかまりを持つ；根に持つ；恨みに思う **मन में गाँठ पड़ना** わだかまりが生じる；いつまでも恨めしく思う **मन में गाँठ बैठना** ＝मन में गाँठ पड़ना. **मन में गुदगुदी हो॰** わくわくする （- ＝के）**मन में घर क॰** （＝が－を）好きになる **मन में घुल जा॰** 胸に深く刻まれる **मन में चाशनी घुलना** 嬉しくなる **मन में चुभना** ＝मन में गड़ना. बख़्शी की बात उसके मन में चुभ गई バクシーの言葉が胸に突き刺さった **मन में चोर पालना** *a.* 疑う；疑る *b.* 良心の呵責に苦しむ **मन में चोर पैठना** 疑念を感じる **मन में चोर पैदा हो॰** ＝मन में चोर पैठना. **मन में छुरी रखना** 悪意を抱く；敵意を持つ （- ＝के）**मन में जँचना** （－を＝が）納得する；得心する **मन में जगह क॰** ＝मन में घर क॰. （-के）**मन में जगह बनाना** （－に）好かれる；愛される **मन में जमना** *a.* 胸に深く刻まれる *b.* しっくりする **मन में जमा ले॰** 心に決める **मन में टाँकना** 記憶する；心に刻む；胸に刻む **मन में टूट जा॰** がっかりする；落胆する （-）**मन में ठहराना** （－を）固く決意する；心に決める **मन में ठानना** 決意する；決心する **मन में डौल क॰** 考える；工夫する **मन में डौल बाँधना** ＝मन में डौल क॰. （-）**मन में तैरना** （－が）思い浮かぶ **मन में दरार पड़ जा॰** 迷う；迷いが生じる （-）**मन में धँसना** *a.* （－が）わかる；理解される *b.* （－が）信じられる **मन में धरना** 決意する；決心する **मन में नक़्श क॰** （考えを）整理する；整える （-）**मन में नाचना** （－を）繰り返し思う；しきりに思う **मन में पलना** 思いが募る **मन में पानी भर आ॰** うずうずする （-）**मन में पैठना** *a.* （－の）胸にしみこむ *b.* （－の）胸に入り込む **मन में फटकने न दे॰** 考えてもみない；思いもかけない **मन में फ़रक़ पड़ना** 気が変わる；考えが変わる **मन में फुरफुरी उठना** 激しい衝動が起きる **मन में फुरहरी उठना** ＝मन में फुरफुरी उठना. **मन में फूलना** 大喜びする **मन में फेरना** 何度も思い起こす （-）**मन में बसना** （－が）いつまでも心に残る；消え去りがたい記憶として留まる **मन में बात जमना** 胸に深く刻まれる **मन में बात तौलना** 深く考える；熟慮する **मन में बात बैठना** ＝मन में बात जमना. **मन में बात मरोड़ना** 胸の中に渦巻く **मन में बात रखना** 自分の胸の内に収める **मन में बैठना** ＝मन में पैठना. **मन में भरना** *a.* 消え去り難く胸に残る＝मन में हो॰. *b.* 信用させる；信頼させる **मन में भाना पर मूड़ी हिलाना** 本心とは反対に嫌がるふりをする；いやとかぶりを縦に振る **मन में मथानी चलना** 胸が激しく突き動かされる **मन में मथानी फिरना** ＝मन में मथानी चलना. **मन में मरकर रह जा॰** 悩みを人に打ち明けずに独り心の中で苦しむ **मन में मरोड़ क॰** 偽る＝मन में मरोड़ रखना. **मन में मलाल बना हो॰** 悔しい思いをする （-）**मन में मानना** （－を）敬う **मन में मुड़ना** ためらう；躊躇する＝झिझकना. **मन में मैल आ॰** 悪意を持つ；悪意を抱く **मन में मैल रखना** ＝मन में मैल आ॰；मन में मैल आ॰. **मन में मैल लाना** ＝मन में मैल आ॰. इसके लिए अपने मन में कोई मैल न लाएँ このことで悪意を抱かないように **मन में मैल हो॰** ＝मन में मैल आ॰. （-）**मन में रखना** *a.* （－を）覚えておく；記憶しておく *b.* 内緒にしておく；胸に秘める （-）**मन में रमना** （－が）胸に深く刻まれる **मन में लाना** *a.* 考える；思う *b.* 思いを寄せる **मन में शूल हो॰** 胸に突き刺さるような痛みを覚える；胸がちくちく痛む **मन में स्थान बना ले॰** 好かれる；愛される **मन में हो॰** ＝मन में घर क॰. **मन मैला क॰** *a.* わだかまりを抱く *b.* 不快になる；不機嫌になる **मन मोटा क॰** *a.* 不快に感じる；不機嫌になる *b.* 厭世観を抱く **मन मोड़ना** 考えの向きを変える **मन मोहना** 魅了する；魅惑する；魅する काँच सभी के मन को मोहता है ガラスはすべての人の心を魅了する सुरीले कंठ से गाती भोपी और उसके गाने के तोड़ पर नाचता भोपा मेले में आए लोगों का मन मोह लेता है 美しい声で歌うボーピーとその節に合わせて踊るボーパーとが縁日に来ている人たちを魅了する सड़कों, नहरों तथा वनखंडों में उगे इसके ऊँचे पंक्तिदार वृक्ष बरबस मन मोह लेते हैं 道路や用水路に沿って，また，林などに生えているこの木の並木は人の心を強く引きつける **मन रँगना** 熱中する；熱を上げる （-का）**मन रखना** *a.* （－の）歓心を買う；（－に）気を遣う；気を配る；（－の）願いを聞き入れる；願いを叶える；（－を）思いやる मुझे उनका मन रखने के लिए मजबूरन ऐसा करना पड़ता है あの人たちの歓心を買うために仕方なくこうしなければならない ब्राह्मण का मन रखने के लिए उसने वह काग़ज़ का टुकड़ा अपने पास रख लिया バラモンに気を遣って紙切れを受け取り手元に置いた न चाहने पर भी उसने अपने आश्रयदाता का मन रखने के लिए उसे सहर्ष स्वीकार कर लिया その気はなかったのだが自分の庇護者の願いを叶えるためにそれを喜んで受け入れた *b.* （－の）気を紛らす；気晴らしをする；（－の）気休めをする कुछ थोड़े-से आदमी शांति के माता-पिता का मन रखने के लिए गाँव के आसपास चक्कर लगाने लग गए 幾人かの人がシャーンティの両親の気を紛らすために村の周囲を巡回し始めた वह खेल न रहा था, मुझे खिला रहा था, मेरा मन रख रहा था あの子は遊んでいたのではなくて私と遊んでくれていたのだ．私の気晴らしをしてくれていたのだ **मन रचाना** ＝मन लगाना. **मन （-में） रमना** *a.* （－に）気が向く *b.* （－に）惚れる；惚れ込む；（－が）好きになる **मन रह जा॰** 願いが叶えられる （-में）**मन रह जा॰** （－に）熱中する **मन राता हो॰** 好きになる （-पर）**मन रीझना** （－に）熱中する **मन रीता क॰** 胸に溜まっていたものを吐き出して胸のつかえを取り除く **मन रोना** とても辛い思いをする （-में）**मन लगना** *a.* （－が）気に入る；好きになる；面白く感じられる बालक टाल्सटाय का मन तो शरारतों में अधिक लगता था トルストイ少年はいたずらのほうが面白かった *b.* （－に）熱中する；専心する भगवान के चरणों में मन कैसे लगे？ どうすれば神の御足に熱中できよう *c.* なじむ **मन लगाकर** 一心に；心を込めて；一所懸命に （-में）**मन लगाना** 熱中する；専心する；没頭する दिन भर वह बेचैन रही और किसी काम में मन न लगा सकी 一日中落ち着かず何にも熱中できなかった सास जी ने माला ली और पूजा-पाठ में मन लगाया 姑は数珠を手に取り礼拝に没頭した （-से）**मन लगाना** （－が）好きになる；（－に）熱を上げる **मन ललचाना** 魅惑される **मन लहराना** 深く大きな喜びに包まれる；うっとりする （-से）**मन लाना** （－が）好きになる；（－に）熱を上げる （-का）**मन ले॰** *a.* （－の）腹を探る तुमने कभी सच्चे दिल से नहीं कहा, तुमने केवल मेरा मन लेने के लिए कहा 君は一度も本心から言ったことがない．僕の腹を探るために言ったのだ *b.* （－の）心を意のままにする （-पर）**मन लोटपोट हो॰** （－に）すっかり参る；惚れ込む **मन विभोर हो॰** 強く感動する；深い感銘を受ける उस लड़के के मन में पढ़ाई के प्रति इतनी गहरी लगन देखकर मन विभोर हो उठा その少年の強い向学心に感動した **मन समझाना** 諦める **मन सम्मुख न हो पाना** 恥ずかしさのあまり顔が合わせられない **मन साधना** 心を制する；心を制御する **मन साफ़ हो॰** 心にわだかまりを持たない **मन से उतरना** 無視される；忘れ去られる **मन से उतारना** 気にかけない；忘れ去る；放念する **मन से कटा रहना** 気が沈む；ふさぎ込む **मन से दूर हो॰** 忘れる；忘れ去る （-）**मन से न जा॰** （－が）気にかかる （-）**मन से निकलना** （－が）忘れられる；忘れ去られる；見捨てられる （-）**मन से निकालना** （－を）忘れる；忘却する；見捨てる बेबुनियाद बात मन से बिलकुल निकाल दे॰ 根も葉もないことはすっかり忘れることだ **मन सोधना** 心の中を探る；心を推し量

म

る (-से) **मन हटना** *a.* (ーに) 興味がなくなる；嫌気がさす तभी भोग-विलास से मन हटेगा そうすると快楽に興味がなくなる *b.* 心変わりする **मन हरना** 心を奪う；魅了する थोड़े ही दिनों में उसके न्याय और प्रजावात्सल्य ने प्रजा का मन हर लिया 間もなく国王の公明正大さと民を思いやる心に臣民は魅了された **मन हरा क॰** 気分をはつらつとさせる **मन हलका हो जा॰** 気が楽になる；気分がすっきりする अगर कुछ देर रो ले तो शायद मन कुछ हलका हो जाए 少しの間涙を流すと多分少し気が楽になる ऐसी सहेली के सामने अपने सुख-दुख की दो बातें खुलकर कह लेने से मन भी हलका हो जाता है このような友達に嬉しいことや悲しいことを打ち明けても気分が軽くなるものです **मन हाथ में क॰** 心を制する；心を制御する **मन हाथ में रखना** = मन हाथ में क॰. **मन हाथ से चला जा॰** 心が制御できなくなる；心を抑えられなくなる **मन हाथ से निकल जा॰** うっとりする；魂を奪われる **मन हाथों पर लिए रहना** あらゆる願いを叶えてやる **मन हारना** 気力を失う **मन-ही-मन** 心の中で；密かに；心密かに बुढ़िया से राजकुमारी की जीत का रहस्य जानकर राजकुमार मन-ही-मन बहुत खुश हुआ 老女から王女の勝利の秘密を知って王子は密かに喜んだ वह अकेली बैठी मन ही मन सोचती रही कि लोग कितने कंजूस और बेईमान होते हैं 独り腰を下ろして人は何とけちで不誠実なんだろうと密かに思っていた उन्हें यह शरारत प्रायः मन-ही-मन अखरती अवश्य है このいたずらが心の中では気障りなのは確かだ अपनी प्रशंसा सुनकर मन-ही-मन खुश होता हुआ बोला 自分が誉められるのを聞いて密かに喜びながら言った **मन-ही-मन कहना** 心の中で言う；独り言を言う；つぶやく उसने मन-ही-मन कहा 女は独り言を言った **मन-ही-मन खिंच जा॰** 内心いやになる；胸の内で嫌気がさす **मन-ही-मन हँसना** ほくそえむ **मन हो॰** *a.* (ーをしようと言う) 気持ちになる；(ーしようと) 思う मन हुआ, फ़ोन करके इन्हें याद दिला दूँ 電話をして念を押しておこうと思った उसका मन हो रहा था कि कहे कि मैंने तो पहले ही कहा था だから前に言っただろうがと言いたい気持ちだった *b.* 気が向く जब तक मन होता था अंदर बैठता था 気が向く限りいつも中に腰を下ろしていた उसका मन हुआ कि ऐसे तोते वह भी पाल ले こんなオウムを自分も飼いたいと思った

मन[2] [名] (1) マン (インドの重量単位の一. 40 セール सेर に相当. 1 セールを 1kg とする現今の単位では 1 マンは 40kg となる. 以前 1 セールが 0.933kg <約 82.28 ポンド>とされた Bengal Maund ベンガルマウンド, すなわち, ベンガルマンでは約 37.324kg であった.) 〈maund〉 (2) 1 マンの重量の分銅 **मन का सवा मन हो॰** 更に上手の；一段と上の **मन भर का मुँह बनाना** *a.* ふさぎ込んだ顔をする *b.* 膨れっ面をする

मनई [名] 人；人間= मनुष्य; आदमी.

मनका[1] [名] (1) 石, 木材, ガラス, 貝, 焼き物などに穴をあけた円形のもの；ビーズ；数珠の玉 वह मोटे मोटे मनकों की माला फेरता था その人は大きな玉の数珠を繰っていた (2) 数珠 (3) 玉；宝玉, 玉の飾りもの शव के साथ बर्तन, मनका तथा अन्य ऐसी चीज़ें भी समाधि में रख दी जाती थीं 死体と一緒に器具, 玉飾り, その他このようなものも墓に置かれるのであった मनके मिट्टी, पत्थर, लुगदी, शंख और हाथी-दाँत के बनाये जाते थे 数珠は焼き物, 石, 混凝紙, 貝, 象牙で作られていた

मनका[2] [名] 後頭部, 首の上に出張っている骨 **मनका ढलकना** 臨終の際首が傾く= मनका ढलना

मनकामना [名*] 願い；念願

मनक़ूल [形] 《A. منقول मन्क़ूल》 (1) 移された；運ばれた；移動できる；動かせる (2) 複写された

मनक़ूला [形] 《A. منقولہ मन्क़ूला》 (1) 移された；移動できる；動かせる (2) 複写された **मनक़ूला जायदाद** 動産= चल संपत्ति.

मनकूहा [形*] 《A. منکوحہ मन्कूहा》 結婚した；既婚の= विवाहित.

मनखप [名] 〔農〕 マンカプ (刈り分け小作の小作料が一定量の物納方式によるもの)

मनगढ़ंत [形] (1) 空想の；空想的な；虚構の उपन्यास की मनगढ़ंत बातें 小説の虚構 कितनी सही हैं और कितनी मनगढ़ंत? どこまでが真実でどこまでが作りごとなのか (2) でたらめの；いいかげんな हम इस प्रकार की ग़ैर-ज़िम्मेदाराना और मनगढ़ंत कहानियों को सुनते सुनते तंग आ गये हैं 我々はこの種の無責任なかつでたらめの話を聞き飽きている

मनचला [形+] (1) おっちょこちょいの；軽薄な；浅薄な；移り気の；落ち着きのない एक मनचले आदमी ने जाकर उस बोतल को उठा लिया, जो उनके बीच में रखी हुई थी 1 人のおっちょこちょいが行って 2 人の間に置いてあったそのびんを手に取った (2) 放縦な；自堕落な；わがままな；気ままな (3) 向こう見ずな；怖さ知らずの；豪胆な टुकड़ी के दो सिपाही ज़्यादा मनचले थे 隊にはとても豪胆な兵士が 2 人いた (4) 色好みの；風流な

मनचाहता [形+] (1) 気に入る (2) 好きな

मनचाहा [形+] 好みの；好きな；望みの；希望通りの；思い通りの शुरू में मनुष्य मनचाहा पेशा चुन सकता था 初め人は自分の好きな職業を選ぶことができた मनचाहा और मुँहमाँगा दहेज़ 望み通りの言いなりの持参金 मन चाहे बच्चे का जन्म संभव 子供の (男女の) 生み分けが可能 तुम्हारा मनचाहा भोजन あんたの希望通りの食事

मनचाही [名*] 気まま；勝手気まま मनचाही पूरी करने में झिझक 気儘を聞き入れるのにためらい

मनचाहे [副] 思い通りに；思いのままに；好きなように

मनचीता [形+] 願った；望んだ；望みの चीन की मनचीती होने की नहीं 中国の願い通りにはならぬ

मनन [名] (1) 思考；思惟 (2) 深慮；熟考；熟慮

मननशील [形] (1) 思慮深い (2) 沈思熟考する

मनना [自] 儀式や行事が行われる；挙行される；祝われる उनकी पचहत्तरवीं जयंती अत्यंत संस्कारपूर्ण ढंग से मनी 同氏の 75 歳の誕生日が盛大に祝われた→ मनाना.

मन-परिवर्तन [名] 変心；心変わり राव के मन-परिवर्तन का कारण ラーオの心変わりの理由

मनपसंद [形] 《H. + P. پسند》 好みの；好きな；希望の；気に入った आप अपने लिए मनपसंद अवधि और रकम चुन लीजिए ご自分の希望の期間と金額をお選び下さい (貯金について) मनपसंद खाना 好きな料理；好みの料理 मनपसंद और संतोषप्रद उत्तर 満足の行く返答 मनपसंद जीवनसाथी तलाश करने के लिए 9 सुझाव 希望の伴侶を見つけるための 9 つの提案 आप की मनपसंद चीज़ ले आया हूँ; जी! आमलेट, टोस्ट, मक्खन और दूध में डालनेवाले पापड़ はい, あなたの好物を持って来ましたよ. オムレツ, トースト, バター, それに牛乳に入れるパーパルでございます

मनबहलाव [名] (1) 娯楽 इस प्रकार पक्षी-दर्शन एक अच्छी ख़ासी सैर हो सकती है, एक मन बहलाव हो सकता है このように探鳥はかなりの距離のハイキングになるし娯楽になりうる (2) 気晴らし；心の安らぎ；気分転換 मैं किसके साथ चंद मिनट मनबहलाव करूँ? だれとしばしの気晴らしをしようか यह भी मनबहलाव का एक साधन है これも気分転換の一方法です

मनभरौती [名*] お世辞；追従= ठाकुरसुहाती.

मनभाया [形+] (1) 好みの；気に入りの (2) 愛らしい

मनभावता [形+] = मनभाया.

मनभावन [形] = मनभाया. सिल्क की मनभावन साड़ियाँ シルクの好みのサリー

मनभावना [形+] = मनभावन. मनभावनी चाल और स्वच्छंद प्रकृति 気ままな振る舞い, そして伸びやかな性格

मनमति [形] 気ままな

मनमथ [名] 〔イ神〕 カーマ神 (काम) → मन्मथ.

मनमरज़ी [名*] 《H. + A. مرضی मर्ज़ी》 わがままな；勝手気ままなこと；身勝手；専横 मनमरज़ी के क़ानून या प्रतिबंध लागू करके 勝手な法律や規制を施行して उसका मनमर्ज़ी उपयोग और उपभोग करे それを好き勝手に使用する

मनमस्तिष्क [名] 頭；頭脳 मनमस्तिष्क सुन्न-से हो गए 頭がぼーっとなったような感じだった

मनमानता [形+] 自分の思い通りに振る舞う；気ままな；身勝手な= मनमाना; मनचाहा; मनोवांछित.

मनमाना [形+] (1) 自分勝手な；身勝手な मनमाने ढंग से 自分勝手に मनमाने ढंग से मामले की सुनवाई 勝手気ままに審問 (2) 思いのままの；専横な ज़मींदार किसानों को मनमाने ढंग से सताया करते थे ザミーンダールたちは農民たちを思いのままに苦しめていた (3) 好きなだけの；望みのままの मनमाना दहेज़ 望みのままの持参金 **मनमाना ख़र्च** 好きなだけの出費

मनमानी [名*] (1) 自分勝手；身勝手 (2) 自分の思いのまま；気まま (なこと) बच्चे दूसरों के घर पहुँचकर भी अपनी मनमानी करने

लगते हैं 子供たちはよその家に行っても気ままなことを始める स्वभाव से ही अपनी मनमानी करने के आदी थे 生来自分の気ままを行う性癖だった (3) 横暴；専横 बिक्रीकर अधिकारियों की मनमानी 売上税係官の専横

मनमाफ़िक़ [形] 《H. + A. موافق मुवाफ़िक़》願い通りの；思い通りの मेरे चाहने से ही तो हर बात मनमाफ़िक़ हो नहीं जाती 私が願っただけで何事も思い通りになるものではない

मनमुखी [形] 身勝手な；自分勝手な

मनमुटाव [名] (1) わだかまり；憎しみ पिछले 25-30 वर्षों का मनमुटाव 過去四半世紀余りのわだかまり (2) 仲違い；断絶 स्वयं भी इनसे अधिक खुलकर हँसी-मज़ाक़ न करें या कोई चुभती बात कहकर मनमुटाव की नौबत न आने दें 自分自身もこの人に打ち解けすぎてふざけたり何か気に障るようなことを言って仲違いに立ち至ることがないように (3) 反目；対立；敵対 गृहस्थ जीवन में क्लेश और मनमुटाव का दौर-दौरा रहने लगता है 家庭生活に対立が生じ始めた

मनमोटाव [名] = मनमुटाव.

मनमोदक [名] 空想；空中楼閣；画餅；絵空事

मनमोहन[1] [形] (1) 魅惑する；心を引きつける (2) 愛しい

मनमोहन[2] [名] クリシュナ神 कृष्ण の異名の一

मनमौज [名] 《H. + A. موج》 (1) 気分 (2) 嬉しさ；喜び (3) 気まぐれ

मनमौजी [形] ← मनमौज. (1) 気ままな (2) 気まぐれな

मनरंजन[1] [形] 楽しませる；楽しい

मनरंजन[2] [名] = मनोरंजन.

मनरोचन [形] 美しい；素敵な；うっとりさせる

मनवांछित [形] 願った；願い通りの；望み通りの मनवांछित फल 望み通りの結果

मनवाना [他・使] ← मानना. 認めさせる；同意させる；受け入れさせる जनता ने सरकार को अपनी माँगें मनवाने के लिए विवश किया 民衆は政府に自分たちの要求を認めざるを得なくした जो बात प्यार और निहोरा देकर मनवाई जा सकती है, उसे हठधर्मी या लड़ाई-झगड़े अथवा व्यंग-बाणों से नहीं मनवाया जा सकता 愛情や懇願で認めさせることのできることを意地や争いで，あるいは，皮肉や嫌味を言って認めさせることはできないものです कर्मचारियों ने अपनी माँगों को मनवाने के लिए आज से अनिश्चित कालीन हड़ताल शुरू कर दी है 職員たちは自分たちの要求を認めさせるために今日から無期限のストを開始した

मनश [名*] = मंशा.

मनशा [名*] → मंशा.

मनश्चक्षु [名] 心眼= मन की आँख; अंतर्दृष्टि.

मनश्चिकित्सक [名] 精神科医

मनसना [他] (1) 考える；思う (2) 決意する；決心する

मनसब [名] → मंसब.

मनसबदार [名] → मंसबदार.

मनसा[1] [名*]〔ヒ〕マナサー女神（シェーシャナーガの妹で जरत्कारु मुनि の妻）= मनसा देवी.

मनसा[2] [名*] (1) 心；精神 (2) 意図 (3) 念願；願い (4) 知力；頭脳

मनसा[3] [形] 心の；精神の= मन का.

मनसा[4] [副] 心から；心によって= मन से. **मनसा वाचा कर्मणा** 心で言葉で行為で；心と言葉と行動で

मनसा[5] [名*] → मंशा.

मनसा[6] [名*]〔植〕イネ科草本タツノツメガヤ【*Dactyloctenium aegyptium*】

मनसाकर [形] 願いを叶える

मनसाराम [名] (1) 自分のこと；自分のことを言う言葉；手前；拙者；やつがれ (2) 猿のことを言うおどけた表現

मनसि [副] 心に；心の中に；胸に

मनसिज [名] (1) カーマ神（कामदेव） (2) 欲求；欲望

मनसूख़ [形] 《A. منسوخ मंसूख़》 (1) 取り消された (2) 廃止された

मनसूख़ी [名*] 《A. منسوخی मंसूख़ी》 (1) 取り消し (2) 廃止

मनसूब [形] 《A. منصوب मंसूब》 (1) 関わりのある；関係のある (2) 望まれた (3) 婚約の済んだ

मनसूबा [名] 《A. منصوبہ मंसूबा》 (1) 意図 (2) 計画；企画 (3) 意志；意欲 (4) 企み；陰謀；謀りごと；謀略 (-के) **मनसूबे बाँधना** (−を) 企てる；手立てを考える

मनसूर [形] 《A. منصور मंसूर》勝利を得た；勝利を収めた

मनस्क [形] (1) 心の向いた (2) 心を傾けた

मनस्कता [名*] ← मनस्क.

मनस्कांत [形] (1) 楽しい；心地よい (2) 愛しい

मनस्काम [名] 意欲；思い；欲求；願い

मनस्ताप [名] (1) 苦悩 (2) 後悔；悔悟

मनस्तोष [名] 満足；満足感

मनस्विता [名*] 賢明さ；聡明さ；明敏さ

मनस्वी [形] 賢明な；聡明な；明敏な

मनहर [形] 魅惑的な；魅惑する सुंदर मनहर दृश्य 美しく魅惑的な光景

मनहरण [名] 魅惑；魅了

मनहार [形] = मनहारी; मनोहारी.

मनहुँ [副] あたかも；まるで= मानो; मानों; जैसे.

मनहूस [形] 《A. منحوس मंहूस》 (1) 不吉な；縁起の悪い मनहूस घड़ी 縁起の悪い時刻 आज बुरे फँसे, न जाने किस मनहूस का मुँह देखकर घर से चले थे 今日はひどい目に遭った．家を出た時に余程縁起の悪い奴に出くわしたのだろう (2) 陰気な；気味の悪い रूपकुमारी का मनहूस घर आ गया ループクマーリーの陰気な感じの家に辿り着いた (3) 不運な **मनहूस क़दम** 訪れが不吉とされる人

मनहूसियत [名*] 《A. منحوسیت》← मनहूस. 不吉さ；陰気さ चेहरे की मनहूसियत 顔の陰気な感じ

मना [形] 《A. منع》 (1) 禁じられた；禁止された= निषिद्ध. औरतों के लिए मस्जिद जाना मना है 女性はマスジッドに行くのが禁じられている फूल तोड़ना मना है 花を摘んではいけない (2) 止められた उसे छुट्टी देने से मना कर दिया 彼に休暇を出すのが止められた (3) 断られた भालूराम भला क्यों मना करता? 熊公が断るはずがない खाने को तो मना कर गई हैं（夕食は）食べないからと言ってお出かけになりました（使用人の言葉） मैंने शाम को चाय के लिए भी मना कर दिया 夕方のお茶も断った

मनाई [名*] = मनाही.

मनाज़िर [名, pl.] 《A. مناظر←منظر मंज़र》 (1) 光景= दृश्य. (2) ありさま；情景 वह ज़िंदगी के अस्ली और सच्चे मनाज़िर देख रहा है 人生の本当の偽りのないありさまを見ている

मनाना [他] (1) 説得する；言い聞かせる बड़ी मुश्किल से उसने भैया को मनाया था やっとのことで弟を説得した भरत राम को मना कर वापस अयोध्या लाना चाहते थे バラタはラーマを説得してアヨーディヤーに連れ戻そうと思っていた (2) 機嫌を取る；なだめる（宥める） उसने उसे मनाने के लिए उसके चरणों में पड़कर क्षमा माँगी 男はなだめようと女性の足元にひれ伏して赦しを乞うた अपने रूठे दाता को मनाऊँ भी कैसे? 不機嫌になった旦那の機嫌をどうやって取るか (3)（行事などを）催す；行う；なす；する मैंने बेटी व दामाद को हनीमून मनाने भेज दिया 娘夫婦を新婚旅行に送り出した जोधपुर से लोग यहाँ पिकनिक मनाने के लिए आते हैं ピクニックに人々はジョードプルからここへやって来る (4) 神に祈る；願う；祈念する；念ずる अपनी मौत मनाने लगता हूँ 自分の死を神に祈り始める तेजाजी को मनाने का कार्यक्रम चल रहा था テージャージーに祈る儀式が進行中だった (5) 祝う आज हम दोनों मिलकर तुम्हारा जन्मदिन मनाएँगे 今日は我々２人一緒に君の誕生日を祝おう मारिशस में रक्षाबंधन पर्व तो मनाते हैं, किंतु भैयादूज नहीं मनाई जाती モーリシャスではラクシャーバンダンの祭は祝われるが，バイヤードゥージの祭は祝われない

मनार [名] 《A. منار》= मीनार. (1) モスクの尖塔；ミナレット (2) 灯台

मनारा [名] 《A. منارہ》→ मनार.

मनावन [名] ← मनाना.

मनाही [名*] 《A. منہی》禁じること；禁止 = निषेध. राकेश के घर आने की सख़्त मनाही कर दी थी ラーケーシュが家に戻るのを厳禁した फूल तोड़ने की मनाही 花摘みの禁止

मनिकजोर [名]〔鳥〕コウノトリ科エンビコウ【*Ciconia episcopus*】= लगलग.

मनिका [名] = मनका. 数珠の珠

मनिपुरी [名*]〔言〕マニプリー語（チベット・ビルマ語派に属する言語でマニプル州のメイテイ／マイテイ族が用いる）= मैतेइ.

म

मनिया [名*] (1) 首飾りなどの玉；数珠玉 (2)〔ヒ〕ヴィシュヌ派教徒が首にかけるカミメボウキの茎などの材料でこしらえた首輪 = कंठी.
मनिला हेम्प [名]《E. Manila hemp》〔植〕バショウ科マニラ麻【*Musa textilis*】
मनिहार [名] マニハール（女性の手首飾りのチューリー चूड़ी の製造・販売を主な生業としてきたカーストの人）= चुड़िहारा.
मनिहारिन [名*] マニハール・カーストの女性= चुड़िहारिन.
मनी[1] [名*] 宝石；宝玉= मणि.
मनी[2] [名*]《A. منی》精液= वीर्य; शुक्र.
मनीआर्डर [名]《E. money order》郵便送金；郵便為替（郵便配達人が受取人に現金を届ける） पैसा मनी आर्डर द्वारा भेज देना 郵便為替で送金する
मनीजर [名]《E. manager》マネージャー；支配人= मैनेजर.
मनी बंदोबस्त [名]〔農〕小作料として一定量を物納する方式
मनी बैग [名]《E. moneybag》財布；巾着= बटुआ.
मनीषा [名*] 知恵；英知；知性 आधुनिक भारतीय मनीषा की वैज्ञानिक दृष्टि 現代インドの英知の科学観 भारतीय मनीषा बहुत पहले आश्रम व्यवस्था द्वारा इसी विधि को व्यावहारिकता प्रदान की थी インドの知恵は大昔にアーシュラマ制度によってこの方法に現実性を付与したものであった
मनीषी [形・名] (1) 知恵ある；知識ある；賢明な；智者；賢者；賢人 हमारे महान् मनीषियों के सपनों का भारत है और रहेगा わが偉大なる賢者たちが夢見たインドが存在しまたこれからも存在し続けよう (2) 思慮深い（人）
मनु [名] (1)〔イ神〕マヌ；人類の祖；ブラフマー神の子 ऋषि मनु (2) 人 (3) ヴィシュヌ神 (4) ブラフマー神
मनुआँ [名] 人；人類= मनुष्य; मानव; आदमी.
मनुख [名] 人；人間= मनुष; मनुज. किसी एक मनुख की सेवा कर だれか 1 人の人に仕えよ
मनुज [名] 人；人間= मनुष्य; मानव; आदमी.
मनुजता [名*] 人道；人間性；人類愛= इनसानियत; मानवता.
मनुजा [名*] 女性；女= स्त्री; नारी; औरत.
मनुजात[1] [形] マヌより生まれた
मनुजात[2] [名] 人；人間
मनुजाद[1] [形] 人を食う；人食いの；食人の
मनुजाद[2] [名] 鬼；ラークシャス राक्षस
मनुष [名] = मनुष्य. (1) 人；人間 (2) 男；男性
मनुषी [名*] 女；女性= स्त्री; महिला; औरत.
मनुष्य [名] (1) ひと；人間 (2) 人類 मनुष्य का सभी जीवित स्पीशीज़ों में अद्वितीय स्थान है 人類は一切の生類の中で無二の地位を占めている
मनुष्यगणना [名*] 国勢調査= जनगणना; आदमशुमारी.
मनुष्यजाति [名*] 人類= मानवजाति. मनुष्यजाति को नया रास्ता 人類に新しい道
मनुष्यता [名*] (1) 人間であること (2) 人間性；人間らしさ；人道；人類愛 मैं जब अपने को मनुष्यता का पुतला समझता हूँ 私が自分を人間のうちに数えている時
मनुष्यत्व [名] = मनुष्यता.
मनुष्ययज्ञ [名]〔ヒ〕賓客の歓待（古代インドのバラモン教において家長の果たすべき義務のうち五大供犠の一） = अतिथियज्ञ; नृयज्ञ → महायज्ञ.
मनुष्यलोक [名] 人間界；人間の住む世界；この地上の世界= मर्त्यलोक.
मनुष्येतर [形] 人間以外の
मनु संहिता [名*]〔ヒ〕マヌの法典；マヌスムリティ मनुस्मृति
मनुस [名] = मनुसा. (1) 人；人間 (2) 夫；主人 (3) 男；男性 (4) 若者；青年
मनुसाई [名*] (1) 人間であること (2) 人間らしさ (3) 男らしさ
मनुस्मृति [名*]〔ヒ〕マヌの法典；マヌスムリティ= मानव धर्मशास्त्र.
मनुहार [名] (1) 機嫌取り；なだめること（宥めること） उन्हें अच्छा लगता है जब भाभी या बच्चे मनुहार करते हैं あの人は兄嫁や子供たちがなだめるのが楽しく感じられる (2) 追従；へつらい (3) もてなし；歓待
मनुहारना [他] (1) 宥める；機嫌を取る (2) 依頼する；頼む (3) 諂う (4) もてなす
मनेजर [名]《E. manager》マネージャー；支配人= मैनेजर; प्रबंधक; प्रबंधकर्ता.
मनेजरी [名*]《← E. manager》〔古〕支配人，主事，マネージャーなどの仕事や職務 मनेजरी का काम 管理；経営
मनों [副] あたかも；まるで= मानो; गोया.
मनोकामना [名*] = मनःकामना. मनोकामना पूरी क॰ 願いを満たす；願いを叶える ईश्वर तेरी मनोकामना पूरी करेंगे 神様が汝の願いを叶えて下さるであろう
मनोगत [形] 心に生じた；胸中に起こった मेरी मनोगत घृणा को दबाकर 私の心に生じた憎しみを抑えて
मनोगति [名*] (1) 心の動き；心情= चित्तवृत्ति. (2) 願望= इच्छा; ख़्वाहिश.
मनोग्रंथि [名*]〔心〕コンプレックス；固定観念〈complex〉
मनोग्राही [形] 美しい；愛らしい；魅惑する；魅了する
मनोचिकित्सक [名] 精神科医
मनोज [名] カーマ神 कामदेव
मनोजव [形]（心の動きのように）甚だ迅速な
मनोजवी [形] = मनोजव.
मनोजात [形] (1) 心理的な (2) 精神的な
मनोज्ञ [形] 美しい；愛らしい；魅力的な= मनोहर.
मनोज्ञता [名*] ← मनोज.
मनोति [名*] = मनोती. → मनौती.
मनोदशा [名*] 気持ち；感情；心理；心理状態 यह समस्या प्रमुखतः हिंदुओं तथा मुसलमानों के बीच द्वेष, तनाव तथा संघर्ष की छिपी या प्रकट मनोदशाओं से उत्पन्न होती है この問題は主としてヒンドゥー教徒とイスラム教徒との間の憎悪，緊張及び闘争の表と裏の感情から生じるものである नारी की मनोदशा 女性の心理
मनोदाह [名] 悲しみ；苦悩；苦悶
मनोनयन [名] 指名；任命〈nomination〉
मनोनीत [形] 指名された；任命された= नामज़द. ईरान का नया राजदूत मनोनीत किया गया है イランの新大使が任命された सरकार कुछ ऐसे विद्वानों तथा प्रतिष्ठित व्यक्तियों को मनोनीत करके सदस्य बना सकती है 政府はこのような学者や知見を持つ人を指名して議員にすることができる
मनोनुकूल [形] 思い通りの；心に叶った उनकी धर्मपत्नी उनके मनोनुकूल थीं 夫人は氏の心に全く叶った方だった
मनोपली [名*]《E. monopoly》(1) 独占販売；専売 (2) おはこ；十八番；得意（芸）；専売特許 बुनाई के काम में तो उनकी मनोपली जैसी है 編み物にかけてはあの人の専売特許みたいなもの
मनोबल [名] (1) 意気込み；士気；意気；気力 विपक्ष का मनोबल ऊँचा 野党の意気高し (2) 精神力 **मनोबल ऊँचा हो॰** 意気盛んな；気力の充実している **मनोबल गिरना** 気力が低下する；気力が失せる कोई ऐसी बात न कह या कर बैठना कि उनका मनोबल गिर जाए あの人たちが気力を失うようなことを言ったりしたりしないように **मनोबल टूटना** 気力が失せる；士気が崩れる इतनी भयावह स्थिति का सामना करते हुए भी जनता का मनोबल टूटा नहीं है こんなに恐ろしい状況に直面しながらも民衆の士気は崩れなかった
मनोभंग [名] 気分が損なわれること；不快になること；憂鬱になること
मनोभव [名] カーマ神（कामदेव）
मनोभाव [名] 気持ち；感情；心理；心情 अपने सच्चे मनोभाव को प्रकट कर रही थी 自分の本当の気持ちを表明していた रईसों के मनोभावों को वह आघात न पहुँचा सकते थे 金持ちたちの感情を害することができなかった पात्रों के मनोभाव 登場人物の心理 सौंदर्य पर मनोभावों का प्रभाव 美に対する感情の影響
मनोभावना [名*] = मनोभाव.
मनोभिराम [形] 美しい；魅力的な= सुंदर.
मनोभिलाष [名] 願い；願望；念願
मनोभ्रंश [名]〔医〕精神錯乱
मनोमय [形] (1) 心の (2) 精神の；精神的な
मनोमालिन्य [名] わだかまり；仲違い；離間；離反 प्यारभरा उलाहना देना और बात है, परंतु ताने देना या खरी-खोटी सुनाना मनोमालिन्य पैदा करना है 愛情のこもった小言を言うことは別の話だ．だが皮肉とか嫌味を言うと仲違いの元になる
मनोमुग्धकारी [形] 心を引きつける；魅せる；魅了する；うっとりさせる

मनोयोग [名] 専心；一意専心；意識の集中 **पूरे मनोयोग से** 実に真剣に
मनोरंजक [形] (1) 楽しい；面白い मनोरंजक खेल 面白いスポーツ (2) 興味深い मनोरंजक परम्परा 興味深いしきたり (3) 娯楽の मनोरंजक कार्यक्रम 娯楽番組
मनोरंजन [名] (1) 娯楽；楽しみ स्वस्थ मनोरंजन 健康な娯楽 विज्ञान कथाएँ सिर्फ़ मनोरंजन के लिए हैं SF は娯楽だけを目的としたものだ (2) 遊興；余興 (3) 趣味；道楽 यदि आपके पति संगीत, चित्रकारी, साहित्य या किसी विशेष मनोरंजन में दिलचस्पी लेते हैं तो もしあなたのご主人が音楽とか文学とか何らかの特別の趣味をお持ちなら मनोरंजन की दुनिया 趣味の世界 (4) 歓待；もてなし (-का) **मनोरंजन क॰** (ーを) 楽しませる；もてなす＝दिल बहलाना. सिनेमा मनोरंजन कर देता है 映画は人を楽しませてくれる
मनोरंजन कर [名] 遊興税 〈entertainment tax〉
मनोरंजन गृह [名] 演芸場；娯楽場
मनोरंजन पार्क [名] 《H. + E. park》遊園地
मनोरथ [名] 望み；願い；欲求 भगवान तुम्हारे मनोरथ को सफल करेगा 神様が君の願いを実らせて下さるだろう **मनोरथ छूँछा पड़ना** 願いが叶えられない **मनोरथ पूजना** 願いが叶えられる
मनोरम [形] 美しい；きれいな；魅惑的な；楽しい पिकनिक के लिए बड़े मनोरम स्थल ピクニックにふさわしい景勝の地
मनोरोग [名]〔医〕精神病 मनोरोगों का कारण 精神病の原因 मनोरोग उपचार 精神病の治療 मनोरोग विज्ञान 精神病医学
मनोरोगी [名] 精神病患者
मनोवांछा [名*] 望み；希望；念願
मनोवांछित [形] 望みの；願いの मनोवांछित कामना 念願
मनोविकार [名] (1) 心の動き；感情；情緒 (2)〔医〕精神病；精神異常；精神障害；精神錯乱 साहित्य ही मनोविकारों के रहस्य खोलकर सद्‌वृत्तियों को जगाता है 文学こそが心の秘密を解き明かし正しい心を目覚めさせる
मनोविकार विज्ञानी [名] 精神病医
मनोविकारी [形] 精神病医学の
मनोविज्ञान [名] 心理学 〈Psychology〉
मनोविनोद [名] 娯楽；気晴らし；趣味；レクリエーション
मनोविलास [名] 幻想；夢想
मनोविलासी [形] 幻想的な；夢想的な
मनोविश्लेषण [名] 精神分析 (学) 〈psychoanalysis〉
मनोवृत्ति [名*] 心性；性向；考え方；心がけ कर्मचारियों की काम करने की मनोवृत्ति 職員たちの仕事に対する考え方 प्रशासकों तथा बाबुओं की इस मनोवृत्ति 為政者やエリートたちのこの心性
मनोवेग [名] 激情；衝動
मनोवैकल्य [名] 精神的な欠陥
मनोवैज्ञानिक[1] [形] (1) 心理的な मनोवैज्ञानिक कारक 心理的要因 व्यक्ति की मनोवैज्ञानिक समस्याओं को 個人の心理的な問題を (2) 心理学的な；心理学上の
मनोवैज्ञानिक[2] [名] 心理学者
मनोव्यथा [名*] 悩み；苦悩；懊悩
मनोव्याधि [名*] (1) 精神病 (2) 悩み उनकी मनोव्याधि कम हुई 悩みが軽減した
मनोव्यापार [名] 心の動き；精神活動
मनोहर [形] (1) 愛らしい；魅力的な；楽しい；素晴らしい；素敵な (2) 美しい；きれいな (3) 爽快な；爽やかな (4) 心地よい；快い；気持ちのよい मनोहर गंध よい匂い
मनोहरता [名*] ←मनोहर.
मनोहारी [形] ＝मनोहर. इसी दृश्य का मनोहारी वर्णन आया है 正にこの光景が美しく述べられている यह क्षेत्र बड़ा मनोहारी लगता है この地域は大変魅力的な感じがする मनोहारी संगीत 魅惑的な (素晴らしい) 音楽 ये दौड़ें देखने में अत्यंत मनोहारी होती हैं この競走は非常に見応えがある
मनौअल [名*] → मनौवल.
मनौती [名*] (1) 願掛け；祈願 उसने बड़ी मनौतियों के बाद पुत्री का मुख देखा था 一杯願掛けをしてやっとのことで女の子を授かった (2) 満願の際にお礼参りに供える品 मनौती की चीज़ें मंदिर में चढ़ाना 寺社にお礼参りの品を供える (-की) **मनौतियाँ क॰** (ーに) 願を掛ける；祈願する एक पुत्र की मनौती क॰ 息子を１人授かるように神に祈願すること **मनौतियाँ रखना** 願掛けをする；祈願する बीमार बच्चे का उपचार किसी सुयोग्य चिकित्सक से कराने के साथ-साथ मनौतियाँ भी रखी जाती हैं 病気の子供の治療をよい医者にしてもらう傍ら神に祈願が行われる **मनौती मानना** 願を掛ける＝मानता क॰.
मनौवल [名*] なだめ (宥め)；機嫌取り जब दशरथ ने बहुत मनौवल की तो ダシャラタ王がしきりになだめたところ मनौवल का नाटक करते-करते पत्नी की नाक भी दम कर देते हैं ご機嫌取りの芝居をしているうちに妻までうんざりさせてしまうことになる
मन्नत [名*] 祈願成就の際にはお供え物を奉納する誓いを立てて行われる願掛け；神に願いごとをすること＝मानता; मनौती. सिक्ख और हिंदू मुस्लिम संतों (पीरों) की क़ब्रों पर जाकर मन्नतें माँग सकते हैं シク教徒とヒンドゥー教徒はイスラム教徒の聖者廟に行って願掛けをすることができる **मन्नत उतारना** お礼参りをする；願掛けの供物を奉納する **मन्नत चढ़ाना** ＝मन्नत उतारना. **मन्नत बढ़ाना** ＝मन्नत उतारना. **मन्नत मनाना** ＝मन्नत मानना. (-की) **मन्नत मानना** (ーに) 願掛けをする शनीचरी देवी की मन्नत मानना シャニーチャリー・デーヴィーに願掛けをする **मन्नतें माँगना** 願を掛ける；願掛けをする
मन्मथ [名] カーマ神 कामदेव
मन्वंतर [名]〔イ神〕マヌの期間 (ブラフマーの１日の 14 分の１の時間．また，プラーナ聖典において 14 人のマヌのそれぞれの生存期間で人間界の 432 万年に相当する時間)；マヌヴァンタラ
म॰प्र॰ [名] マッディヤ・プラデーシュ州 मध्य प्रदेश の省略形
मफ़र [名] 《A. مفر》避難場所；逃げ場；隠れ場所
मफ़रूर [形・名] 《A. مفرور मफ़रूर》逃げた；逃亡した；逃げ去った；逃亡者→ फ़रार.
मफ़लर [名] 《E. muffler》マフラー；襟巻 मफ़लर कसना マフラーを巻く；マフラーを締める ＝मफ़लर लपेटना.
मबादा [副] 《P. مبادا》まさか…；まさか…しないように；まさか…せぬように；滅多なことで…
मम [代] 《Skt.》サンスクリット語の代名詞一人称単数属格形；私のなど
ममता [名*] (1)「わがもの」の意識 (2) 愛情；愛おしさ；愛しさ；情愛 ममतावश गद्‌गद् हो गई 愛おしさのあまり胸が震えた (3) 我意識；慢心 **ममता उमड़ आ॰** 愛おしさがこみ上げる＝ममता उमड़ पड़ना.
ममतामयी [形] 愛情あふれる；愛情に満ちた ममतामयी नारी की नियति 愛情あれる女性の運命
ममत्व [名] ＝ममता.
ममनूअ [形] 《A. ممنوع मम्नूअ》禁じられた；禁止された；止められた
ममनून [形] 《A. ممنون मम्नून》感謝している；恩に着ている＝कृतज्ञ; आभारी.
ममनूनीयत [名*] 《A. ممنونيت मम्नूनीयत》感謝；感謝の気持ち；感謝の念＝शुक्रगुज़ारी; कृतज्ञता.
ममिया [形] 母の兄弟の関係の；母の兄弟につながる **ममिया ससुर** 配偶者の母の兄弟 (母方のおじ) **ममिया सास** 配偶者の母の姉妹 (母方のおば)
ममी[1] [名*] 《E. mummy》ママ；お母さん；お母ちゃん
ममी[2] [名*] 《E. mummy》ミイラ
ममीरा [名] 《← A. ماميران मामीरान》〔植〕キンポウゲ科オウレン【*Coptis teeta*】〈gold thread〉ミツバオウレン【*Coptis trifolia*】
ममेरा [形+] 母の兄弟の関係の；母の兄弟の血を引く **ममेरे-फुफेरे भाई बहन** 交叉イトコ＝भ्राता-भगिनी संतति.
ममोला [名]〔鳥〕セキレイ科オオハクセキレイ【*Motacilla madraspatensis*】＝धोबिन.
मम्मलिया [名] 《E. Mammalia》〔動〕哺乳類＝स्तनपायी.
मम्मी [名*] 《E. mummy》ママ；おかあさん；おかあちゃん＝ममी. मम्मी के गले से झूलते हुए ママの首にぶら下がりながら (ママの首に抱きついて) मम्मी आज तो पकवान पकाइए ママ今日はご馳走をこしらえてね
मम्लिकत [名*] 《A. مملكت》＝मम्लकत; राष्ट्र; राज्य; सल्तनत.
मयंक [名] 月；太陰＝चंद्रमा; चाँद.
मयंकमुख [形] 月のように美しい顔をした
मयंद [名] ライオン；獅子＝सिंह; शेर; बबरशेर.

मय[1] [前置]《A. مع》 -केを伴って「(-) と一緒に, (-) を伴って, (-) を持って, (-) を携えた」などの意を表す अँगरेज़ जवान, मय बंदूक और तलवार के 銃と剣とを携えたイギリス人の若者 **मय सूद ब्याज के** 余すところなく；完全に

मय[2] [名*]《A. مے मै》酒= मदिरा; शराब. → मै.

मय[3] [名]〔イ神〕マヤ（アスラの支配する世界の工芸家・建築家と伝えられるダイティヤ）

-मय [接尾]《Skt.》サンスクリットの第二次接尾辞に発する接尾辞で次のように用いられる (1)「(-から) 作られた」の意を加える (2)「(-に) 満ちた」の意を加える दयामय 情け深い

मयख़ाना [名]《P. مے خانہ मैख़ाना》酒場= मदिरालय; मधुशाला.

मयन [名] カーマ神= मदन; कामदेव.

मयमंत [形] 酔いしれた= मस्त.

मयस्सर [形]《A. میسر मुयस्सर》入手可能な；手に入る；手に入った अभी तक जो सुविधाएँ मयस्सर हैं, उन्हें छीनने की कोशिशें चल रही हैं これまで得られていた便宜を剥奪する試みがなされている

-मयी [接尾*] －に満ちた，充満したなどの意を加える. -मय の女性形 उल्लासमयी पिकनिक 喜び一杯のピクニック

मयूख [名] (1) 光線 (2) 輝き；光

मयूर [名] (1)〔鳥〕キジ科クジャク（孔雀）= मोर. （インド神話ではカールティケーヤ神の乗り物 कार्त्तिकेय का वाहन とされる）(2)〔植〕ヒユ科草本ケイトウ= मयूरशिखा.

मयूरचूड़ा [名*] = मयूरशिखा.

मयूरपंख [名]〔植〕ヒノキ科小木コノテガシワ【*Thuja orientalis*】= मोरपंखी.

मयूरशिखा [名*]〔植〕ヒユ科草本ケイトウ（鶏頭）【*Celonia cristata*】= मोरशिखा; लालमुर्गका; पीले मुर्गका; कोकन.

मयूरी [名*] メスのクジャク= मोरनी. → मयूर.

मर [名] (1) 死= मृत्यु; देहांत; मौत. (2) この世；現世= संसार; जगत; इह लोक. (3) 死すべきもの；生き物；生類

मरक[1] [名]〔医〕伝染病；疫病= संक्रामक रोग; मरी.

मरक[2] [名*] (1) 秘密；内密；内緒 (2) 憎しみ；怨念 (3) 感情；気持ち

मरकज़ [名]《A. مرکز मर्कज़》(1) 中心 (2) 中央 (3) 首都

मरकज़ी [形]《A. مرکزی मर्कज़ी》(1) 中心の (2) 中央の मरकज़ी सरकार 中央政府= केंद्रीय सरकार; मरकज़ी हुकूमत.

मरकट [形] (1) 弱々しい (2) やせこけた（痩せこけた）

मरकत [名] エメラルド= पन्ना.

मरक़द [名⁻]《A. مرقد मर्क़द》墓；廟

मरकना [自] 押しつぶされる；つぶされる= दबना.

मरकरी [名*]《E. mercury》水銀；マーキュリー= मरक्युरी; मर्करी; पारा; पारद.

मरकरी लाइट [名*]《E. mercury light; mercury vapor lamp》水銀灯

मरकहा [形⁺] (1) 喧嘩っ早い；気性の荒い (2) 喧嘩好きの

मरकाना [他] つぶす（潰す）；押しつぶす；押し砕く

मरक्युरिक [形]《E. mercuric》〔化〕水銀の = मर्क्युरिक.

मरक्युरिक थायोसायनेट [名]《E. mercuric thiocyanate》〔化〕チオンシアン酸塩第二水銀

मरक्युरी [名*]《E. mercury》〔化〕水銀= पारा; पारद.

मरखना [形⁺] = मरखन्ना. (1)（角で突くような）気性の荒い (2) 喧嘩っ早い

मरखम [名] = मलखम[2]

मरगजा [形⁺] 押しつぶされた；つぶされた

मरगी [名*]《P. مرگی मर्गी》伝染病；疫病= मरी; महामरी.

मरग़ोल [名] = मरगोला.《P. مرغول मरग़ूला》(1) 捻れ；捻り (2) 巻き毛 (3)〔音〕震わせた音；震え声；顫音= स्वर कंपन.

मरघट[1] [名] 火葬場= श्मशान घाट; मसान.

मरघट[2] [形] 甚だ醜い；見るからに恐ろしい；おぞましい

मरज़ [名]《A. مرض मर्ज़》(1) 病気= बीमारी; रोग. (2) 悪癖= कुटेव. **मरज़ की दवा क॰** 手立てを考える **मरज़ पाल रखना** 厄介事を抱え込む **मरज़ लगना** *a*. 病気になる *b*. 悪い癖がつく *c*. 厄介なことに関わる

मरजादा [名*] → मर्यादा.

मरज़ी [名*]《A. مرضی मर्ज़ी》(1) 意向；希望；欲求；気持ち (2) 命令；指図 भगवान की मरजी के बिना एक पत्ता भी नहीं हिल सकता 神様の命がなければ木の葉１枚震えることができないものだ (3) 同意 **मरज़ी मिलना** *a*. 合意する *b*. 性格が似る **मरज़ी हो॰** 気が向く；気が進む जब मरजी हो सोऊँ जब मरजी हो उठूँ 自分の好きな時に眠り好きな時に起きる

मरण [名] 死；死亡；死去= मृत्यु; मौत.

मरणगति [名*] 死亡率= मृत्युदर.

मरण-तिथि [名*] 命日

मरणधर्मा [形] 死が予定されている；死ぬことになっている；死が定められている

मरण-भोज [名] 追善供養の会食；追善供養のため親戚縁者，バラモンなどに食事を供することやその食事の会

मरणशय्या [名*] 死の床

मरणशील [形] 死すべき（もの）；死が運命づけられている（もの）

मरणांतक [形] (1) 致命的な；死に至る (2) 徹底的な बाड़ में मरणांतक शांति छा गई थी 柵の内側には凍りつくような沈黙が広がっていた

मरणाशौच [名] 人の死によって生じる不浄；死の不浄；黒不浄

मरणासन्न [形] 死にかけている；死に瀕している；瀕死の मरणासन्न व्यक्ति से राम, राम कहलवाया जाता है 臨終の人には「ラーム，ラーム」と唱えさせることになっている

मरणीय [形] (1) 死すべき；死の定められた (2) 死にかけている；死に瀕している；死に直面している

मरणोन्मुख [形] 死にかけている；死に瀕している；死に直面している

मरणोपरांत [副] 死後（に）；死んでから；没後 मरणोपरांत क्या होता है? 人は死んでからどうなるのか

मरतबा [名]《A. مرتبہ मर्तबा》(1) 回；回数；度；度数 (2) 地位；位

मरतबान [名] 陶製の壷；釉薬をかけた壷= अमृतबान.

मरता [形] मरना の未完了分詞. 死にかけている；死に瀕しているなど **मरता क्या न करता** → मरना[1] の項.

मरद [名]《P. مرد मर्द》(1) 男；男性= पुरुष; मर्द. (2) 夫= पति; शौहर. वह मरद को छोड़कर चली आई あの女は夫を捨ててきた

मरदना [他] (1) 押しつぶす= मसलना. (2) つぶす；壊す；破壊する= ध्वस्त क॰. (3) こねる= गूँधना.

मरदानगी [名*]《P. مردانگی मर्दानगी》(1) 男らしさ (2) 勇ましさ；勇猛さ

मरदाना[1] [形⁺]《← P. مردانہ मर्दाना》(1) 男の；男性の (2) 男のような；男性的な मरदाने भेष में 男装で (3) 男らしい；勇ましい；いさぎよい

मरदाना[2]〔人名〕〔シク〕マルダーナー（グルナーナクの弟子となった元イスラム教徒．弦楽器ラバーブの演奏に巧みであったという）

मरदी [名*]《P. مردی मर्दी》(1) 人間らしさ (2) 男らしさ (3) 勇気 (4) 精力

मरदुआ [名]《مردوا← P. مرد मर्द》男性を蔑んで言う表現．役立たず，能なし，でくの坊，野郎など इस निखट्टू मरदुए ने मुझे मार डाला この能なし（の夫）があたしをひどい目に遭わせたんだ

मरदुम [名]《P. مردم मर्दुम》人；人間→ मर्दुम.

मरदूद [形]《A. مردود मर्दूद》→ मर्दूद.

मरन [名] → मरण.

मरना[1] [自] (1) 息が絶える；絶命する；息を引き取る；命が尽きる अब यह बूढ़ी बेचारी मरी あのばあさん気の毒にもう死んだも同然だ इसी बीच उसे एक मरा हुआ बच्चा हुआ ちょうどこの間に男の子を死産した (2) 枯れる पौधे एक एक करके मरते जा रहे हैं 草木が１つずつ枯れて行く (3) 大変苦労する；とても辛い思いをする इस जाड़े-पाले में मरने की मुझे क्या पड़ी थी? この寒さの中何が悲しくて苦労しなけりゃならぬのだろうか (4) 必死になる；一所懸命になる；命がけになる क्यों काम के पीछे मरते हो? 何故仕事に命がけになるのだ पागल-सी बेकार सब के लिए मरी जा रही है 頭がおかしくなったように無駄に皆のことを心配する (5) 惚れ込む；熱愛する；熱を上げる (6)（運動や遊戯で）失格になる；(働きを失って) 死ぬ；アウトになる (7) なくなる；尽きる；機能が終わる；働きが尽きる；果てる；死ぬ प्यार चुक जाता है, भावनाएँ मर जाती हैं 愛情が尽き感情が死んでしまう (8) 萎える；しなびれる（萎びれる）；弱まる；弱る जीवन का उत्साह मर चुका

था 生きて行く気力が萎えてしまっていた सब्ज़ी खाने की इच्छा भी मर-सी गई है 野菜を食べようと言う気持ちも萎えてしまったかのようになっている (9) 動きが止まる；停止する जहाँ ये योजनाएँ पहुँचती हैं वहाँ भी विकास की गति मरी हुई है これらの計画が及んでいるところでも発展の速度は止まってしまっている **मरकर भी ज़िंदा रहना** 死後に名を遺す **मरकर भी नहीं** 決して…しない；断じて…ない **मर-खपकर** 必死に；必死になって；やっとのことで；どうにかこうにか मैं तो नौकरानी हूँ, यहाँ 24 घंटे मरूँ भी, खपूँ भी, कोई मदद नहीं करता あたしは下女でございます．ここで四六時中死にものぐるいで働いてもだれも助けてはくれませぬ **मर गया** (**मर गई**; **मरा**; **मरी**; **मरे**) ひどい目に遭ったり痛い目に遭ったりした時に叫ぶ言葉．痛い，痛い痛い，やられた，ひどいなど "अरे मरी, कहाँ छिपी बैठी थी? चिल्लाते चिल्लाते मेरा गला बैठ गया" 「ひどい，ひどい．どこにすっこんでいたんだい．声がかれるほど呼んだのに」 **मर जा॰** *a.* 尽きる；果てる *b.* なくなる；失われる *c.* 姿をくらます न जाने हरामज़ादी कहाँ जाकर मर गई 一体どこに姿をくらましたんだろうか，あの女は **मर-जीकर** = मर-खपकर. **मरता क्या न करता?** 〔諺〕 *a.* 人は命がけになればなんでもできる *b.* 非力な人が無駄な努力をするたとえ *c.* 飢えた人が悪事を働くたとえ **मरते को मारना** 弱っている者に追い打ちをかける **मरते-जीते** やっとのことで；どうにかこうにか **मरते दम तक** 息を引き取るまで；最後の最後まで **मरते दम तक...नहीं** (**न**) 決して…しない；断じて…しない **मरते-मरते** *a.* 死に際に *b.* 最後まで；最期まで मरते-मरते तुम्हें गरियाती ही रहीं 最期の最期までお前をののしり続けた **मरते-मरते बचना** 危うく命を失う；死にかける= क़ब्र का मुँह झाँकना. **मरना-खपना** 必死に働く；死にものぐるいに働く；死にそうな苦しい目に遭う；馬車馬のように働く पिछले तीन साल से मैं केवल घरवालों के लिए ही मर-खप रही हूँ この3年来ひたすら家族のために必死に働いてきた **मरना-जीना** 祝い事と不幸；慶弔 **मरना-पचना** 必死に働く；死に物狂いに働く= मरना-खपना. रात-दिन मरते-पचते रहने पर भी उसे इसकी सराहना मिलने की बजाय, उलटे ताने मिल रहे हैं 日夜必死に働いても誉められるどころか逆に嫌味を言われる **मरने और मारने पर उतारू हो जा॰** 命のやりとりの事態にまで至る **मरने किनारे हो॰** *a.* 死期が迫る *b.* 老いる **मरने की छुट्टी न मिलना** 多忙を極める；目が回るほど忙しい **मरने की फ़ुर्सत न हो॰** = मरने की छुट्टी न मिलना. **मरने जीने का प्रश्न** 死ぬか生きるかの問題；生死の問題 जिन्हें वे अपने मरने-जीने का प्रश्न बनाए हुए हैं 連中が自分たちの生死の問題にしていること **मरने पर भी...नहीं** (**न**) 決して…ない；断じて…ない **मरने पर वैद्य बुलाना** 〔諺〕後の祭り **मरने-मारने की धमकी** 命のやりとりの脅し **मर-पचकर** = मर-खपकर. **मर-पचना** *a.* 命を失う；くたばる *b.* 命を投げ出す= मर मिटना. **मर मिटना** = मर पचना. हमको देश के लिए मर मिटने के लिए तैयार रहना चाहिए 私たちは国のために命を投げ出す覚悟をしていなくてはならない **मर मरकर** (**मर मरके**) 必死に；必死になって；どうにかこうにか；やっとのことで किसान बेचारे सब के लिए मर मरके गल्ला पैदा करते हैं और ख़ुद साल के कई महीने एक एक दाने के लिए तरसते हैं 気の毒に農民は世の中のために必死になって食糧を作るのに自分たち自身は一年の何か月かは食べ物に窮するありさまだ **मरा** (**हुआ**) *a.* 死にかけた；生気のなくなった；元気のない *b.* 死んだ；死んでしまった मेरा दिल अभी मरा नहीं है 私の心はまだ死んではいない मरा जीव 死んだ生き物 *c.* ろくでもない；しようのない मरी बरफ़ भी कोई कहाँ तक पिए 氷水なんてどれだけでも飲めるものではなし (**-के मारे**) **मरा जा॰** (—に) ひどい目に遭わされる (**-पर**) **मरा जा॰** (—に) のぼせあがる；熱中する **मरी आवाज़** 低い押し殺した声 **मरे को मारना** 苦しんでいる者に追い打ちをかける；苦しんでいる人や悩んでいる人を更に苦しめる

मरना[2] [助動] 主動詞の語根に付加されて用いられ他人の動作を迷惑な行動と捉えたり軽蔑や憎しみの気持ちをこめて表現する；(よくない意味で) 〜する ओह, ये कौन बेमौके आ मरा है えい，どこのどいつだ．今時来やがって

मरनी [名*] (1) 死；死亡；死去 (2) 服喪；忌中 (3) 哀悼 (4) 苦難 **मरनी-करनी** 葬儀；葬式

मरभुक्खा [形+] = मरभुखा. (1) 飢えている (2) 大変貧しい；極貧の मरभुक्खा तो है ही ससुरा とても貧しいのは確かだ，あいつが

मरम [名] → मर्म.

मरमर[1] [名] 《P. مرمر मर्मर》 大理石= संगमरमर; संगे मर्मर.

मरमर[2] [名*] (1) 物体の擦れたりこすれたりする音 भोजपत्रों से रह-रहकर मरमर की ध्वनि उठती है 絶えずカバノキのぎいと鳴る音がしている (2) 物体の裂けたり割れたりする音 (3) 物体の破裂したりはじけたりする音 (4) 物体のつぶれる音 (5) つぶやき (6) 不平を言う言葉；ぶつぶつ (言うこと)

मरमरा [形+] 脆い；壊れやすい；ぼろぼろとかぼろぼろと崩れやすい

मरमराना [自] मरमर[2] という音が出る राजा का महल नींव से मरमराकर गिर पड़ा 王宮は轟音を立てて土台から崩れ落ちた

मरमराहट [名*] つぶやき इसी प्रकार दबी ज़बान से उनके प्रति मरमराहट भी होती रहती थी このように押し殺した声で不平がつぶやかれていた

मरम्मत [名*] 《A. مرمت》 (1) 修理；修繕；繕い (**-की**) **मरम्मत क॰** (—を) 修理する；修繕する；繕う सड़कों की मरम्मत 道路の修理 फटे पुराने कपड़ों की मरम्मत करती हैं 着古したり破れたりした服の繕いをしている (2) 懲らしめ；懲戒 (**-की**) **ख़ूब मरम्मत क॰** (—に) うんと焼きを入れる；うんと懲らしめる (3) 打ちのめすこと；ひどい目に遭わせること

मरम्मततलब [形] 《A. مرمت طلب》 修理すべき；修繕すべき；修理の必要な

मरम्मती [形] 《A. مرمتی》 (1) 修理すべき；修繕すべき (2) 修理した；修理の済んだ

मरवट [名*] 戦死者の遺族に無償で貸与された土地

मरवाना [他・使] ← मारना. (1) 殺させる；殺害させる；命を奪わせる देवकी की जो भी संतान होती, कंस उसे मरवा देता カンサ王はデーヴァキーの生む子を皆殺させていた (2) (人を介して，人の手で) ひどい目に遭わせる；(—のせいで) 苦しい目に遭わせる मरवा दिया न, कंबख़्त ひどい目に遭わせたな，畜生め यारो क्या मरवा डालोगे? कुछ तो ख़याल करो おいおい，俺を殺す気か．少しは手加減してくれよ (3) 襲わせる；襲撃させる पुलिस अधीक्षक ने जिस तरह अजमेर से पुलिस पार्टी भेजकर पुष्कर में छापे मरवाये 警視がプシュカルから警官隊を派遣して急襲させたやり口 (4) मारना の動作をさせる，もしくは，してもらう

मरसा [名] 〔植〕 ヒユ科草本ハゲイトウ (葉鶏頭) → लाल साग.

मरसिया [名] 《A. مرثیہ मर्सिया》 (1) 〔イス・文芸〕 カルバラーの悲劇を歌った歌；マルシヤー→ करबला. (2) 悲歌；哀歌；挽歌 **मरसिया पढ़ना** *a.* マルシヤーを詠む *b.* 悼む

मरहटा छंद [名] 〔韻〕 マラハター・チャンド (各パーダが29マートラーから成るモーラ韻律．10 - 8 - 11 で休止があり，パーダの終わりは गुरु - लघु となる)

मरहटी [形] マラーターの；マラーター人の；マラーター風の= मरहठी; मराठी.

मरहठा [名] = मराठा.

मरहठी[1] [形] = मराठी[1].

मरहठी[2] [名*] = मराठी[2].

मरहबा [感] 《A. مرحبا मर्हबा》 でかした；よくやった；ご立派= शाबाश; बहुत ख़ूब; धन्य; साधु-साधु.

मरहम [名] 《A. مرہم मर्हम》 (1) 軟膏；膏薬 घावों पर पेंसिलिन का मरहम लगाना 傷にペニシリン軟膏をつける (2) 薬 समय ऐसा मरहम है जो अच्छे अच्छे ज़ख़्मों को भर देता है 時間というものはかなりの傷を癒してくれる薬だ (3) 相手の気持ちを和ませるものやなだめるもの；鼻薬 मैं जल्दी ही मरहम लेकर फिर आऊँगा और उस बार विदा अवश्य करा लूँगा 近々また鼻薬を持ってくるからね．今度こそは里帰りさせてもらうようにするからね **मरहम पट्टी क॰** 傷の手当をする (膏薬を塗り包帯を巻く) = ड्रेसिंग क॰. मरहम पट्टी के काम आनेवाली साफ़ रुई 脱脂綿

मरहमत [名*] 《A. مرحمت मर्हमत》 (1) 親切；好意的な行為= दया; कृपा. (2) 贈り物 (3) 心付け

मरहला [名] 《A. مرحلہ मर्हला》 (1) 宿場 (2) 1日の行程；旅程 (3) 段階；過程 (4) 難事

मरहून [形] 《A. مرہون मर्हून》 抵当に入った；質草になった= गिरो रखा हुआ.

मरहूम [形] 《A. مرحوم मर्हूम》 故；故人になった；今は亡き

मरा [形+] मरना の完了分詞 मरा रंग 枯葉色

मराठा[1] [名] 《Mar.》 (1) マハーラーシュトラの住民；マラーター = महाराष्ट्रीय. (2) マラーター・カーストの人 (3) マラーター王国 (4) マラーター地方

मराठा[2] [形+] 《Mar.》 (1) マハーラーシュトラの (2) マハーラーシュトラ人の；マラーターの

मराठी[1] [形] (1) マハーラーシュトラ人の (2) マラーター地方の

मराठी[2] [名*]〔言〕マラーティー語（マハーラーシュトラ地方を中心に話される近代インド・アーリア語系の言語）

मरातिब [名, pl.] 《A. مراتب》 ← मरतबा. (1) 位；位階；等級；順位 (2) 展開 (3) 層；階= खंड; तल्ला.

मराना [他・使] ← मारना. = मरवाना.

मरायल[1] [形] (1) 打たれた；打ちのめされた (2) 中身のない；かすかすの

मरायल[2] [名] 損；欠損；赤字

मराल[1] [名]〔鳥〕ガンカモ科リュウキュウガモ【*Dendrocygna javanica*】

मराल[2] [形] 繊細な；柔らかい= मुलायम; कोमल.

मरालिका [名*]〔植〕マメ科低木【*Acacia sinuata; A. concinna*】 = बनरीठा.

मरिच [名]〔植〕コショウ科蔓木コショウ【*Piper nigrum*】〈black pepper; Pepper plant〉 = काली मिर्च.

मरिचा [名] (1) 大きなトウガラシ (2) トウガラシ → मिर्च.

मरियम [名*] 《A. مریم मर्यम》 (1)〔キ〕聖母マリア= मेरी; कुमारी मेरी; कुँवारी मेरी. (2) 処女；乙女= कुमारी; कन्या. **मरियम और शिशु**〔キ〕聖母子= मरियम और बालक.

मरियल [形] 全く元気のない；生気のない；くたびれた；とても弱々しい बापू का मरियल चेहरा 父のくたびれた顔 **मरियल टट्टू** *a.* ひ弱な；病気勝ちの *b.* ぐうたらな；役立たずの

मरी[1] [名*] 伝染病；疫病；流行病= महामारी; वबा.

मरी[2] [名*] 《A. مری》 食道= ग्रासनली.

मरी[3] [名*]〔植〕ヤシ科クジャクヤシ【*Caryota utens*】= साबूदाने का पेड़.

मरी[4] [名*] 不慮の死を遂げた女性の怨霊

मरीच [名]〔植〕コショウノキ→ मरिच.

मरीचि[1] [名] (1)〔イ神〕マリーチ聖仙（マルト神群の長とも聖仙カシュヤパの子ともされる七大聖者の一） (2) = मरीचिका.

मरीचि[2] [名*] (1) 光線 (2) 輝き；光輝

मरीचिका [名*] (1) かげろう（陽炎） (2) 蜃気楼 (3) 幻想

मरीचिजल [名] 蜃気楼= मृगतृष्णा.

मरीज़[1] [形] 《A. مریض》 病気の；病んでいる；罹病中の= बीमार; रोगी. मरीज चूहे के जिस्म में 病気に罹っているネズミの体に

मरीज़[2] [名] 病人；患者= रोगी; बीमार.

मरीज़ा [名*] 《A. مریضہ》 女性の病人；女性患者

मरी भवानी [名*]〔ヒ〕コレラの神

मरु [名] (1) 砂漠；乾燥地域= मरुस्थल; रेगिस्तान. (2) ラージャスターンのマールワール地方（मारवाड़）

मरुआ[1] [名]〔植〕シソ科ヒメメボウキ／メボウキ【*Ocimum basilicum*】

मरुआ[2] [名]〔建〕棟木= बँड़ेल.

मरुक [名]〔鳥〕キジ科クジャク= मोर; मयूर.

मरुकांतार [名] 砂漠= रेगिस्तान; मरुभूमि.

मरुत् [名]〔イ神〕マルト神群（暴風雨の現象の神格化されたリグヴェーダの神）

मरुत्गण [名]〔イ神〕マルト神群

मरुद्वीप [名] オアシス= नखलिस्तान.

मरुभूमि [名*] 砂漠= मरुस्थल; रेगिस्तान.

मरुमक्षिका [名*]〔昆〕チョウバエ

मरुमरीचिका [名*] 蜃気楼= मृगतृष्णा.

मरुर [名] → मरूल.

मरुवा [名] = मरुआ[1].

मरुस्थल [名] 砂漠= मरुभूमि; रेगिस्तान.

मरू [形] 難しい；困難な= कठिन; मुश्किल.

मरूद्यान [名] オアシス= मरुद्वीप; नखलिस्तान.

मरूर [名] = मरूल.

मरूल [名]〔植〕リュウゼツラン科チトラセン【*Sansevieria roxburghiana*】〈Indian bowstring hemp〉

मरेरना [他] 苦しめる；悩ます

मरोड़ [名*] (1) 捻り (2) 捩り (3) より（縒り） (4) きりきり痛む痛さ；身のよじれるような痛さ अगर किसी समय पेट में मरोड़ मालूम दे 胃にきりきりした痛みを感じることがあれば कल की थकावट और अंग-अंग में मरोड़ अभी भी बनी हुई थी 昨日の疲れと体の節々のきりきりとした痛みはまだ残っていた जब मरोड़ ज़्यादा होने लगे और तकलीफ़ बढ़ती जाए 腹がよじれるように痛みどんどん苦しくなれば (5) 慢心 **मरोड़ खाना** *a.* 腹がよじれるように痛む *b.* ぐるぐる回る *c.* 頭が混乱する **मरोड़ गहना** = मरोड़ पकड़ना. **मरोड़ झाड़ना** 鼻をへし折る；慢心を打ち砕く **मरोड़ दिखाना** 自慢する **मरोड़ पकड़ना** 腹を立てる **मरोड़ में रहना** うぬぼれる

मरोड़ना [他] (1) ねじる（捻る）；よじる（捩る） गाय की पूँछ मरोड़ना 牛の尻尾を捻る (2) ひねる（捻る） उसकी नाक मरोड़कर प्यार से कहते हैं その子の鼻を捻って優しく言う गर्दन मरोड़ना 首を捻って殺す；捻り殺す (3) よる（縒る） (4) ねじ曲げる；ゆがめる **बातें मरोड़ना** 話をねじ曲げる (5) くしゃくしゃにする；捻りつぶす कागज़ मरोड़ना 紙をくしゃくしゃにする **मरोड़ डालना** やっつける；捻り潰す

मरोड़ फली [名*]〔植〕アオギリ科低木ネジトウガラシ【*Helicteres isora*】

मरोड़ा [名] = मरोड़. **मरोड़ा उठना** 激しい腹痛が起こる

मरोड़ी [名*] (1) 捩り (2) 捻り (3) よれたもの (5) 引っ張り合い मरोड़ी क。 引っ張り合う

मर्कज़ [名] 《P. مرکز मर्कज़》 中央；中心；本拠；拠点 अजमेर उन दिनों राजपूतों की हुकूमत का मर्कज था アジメールはその当時ラージプート族の政権の本拠地だった ख़ून देने का मर्कज 献血センター

मर्कट [名]〔動〕サル（猿）；猿猴= बंदर; वानर; कपि.

मर्कटी [名*] ↔ मर्कट. メスザル= बंदरिया.

मर्करा [名*] (1) トンネル= सुरंग. (2) 地下室= तहख़ाना.

मर्ग़ूब [形] 《A. مرغوب》 好まれる；欲しがられる गुड़-शक्कर और मिठाई बच्चों को बहुत मर्ग़ूब हैं 黒砂糖や砂糖，それに菓子は子供たちにとても好まれる

मर्चेंट [名] 《E. merchant》 商人= व्यापारी; सौदागर.

मर्ज़[1] [名] 《P. مرز》 (1) 農地；畑；耕作地 (2) 境界；境 (3) 庭；庭園

मर्ज़[2] [名] 《A. مرض मरज़》 = मरज़. बड़ा बुरा मर्ज़ है आनंद को アーナンドはひどく悪性の病気に罹っている मर्ज़ में मुब्तिला 病気に苦しんでいる

मर्ज़बान [名] 《P. مرزبان》 農夫；農民；百姓= किसान; काश्तकार; कृषक.

मर्ज़ी [名*] 《A. مرضی》 = मरज़ी; इच्छा; ख़्वाहिश; स्वीकृति. जब मर्ज़ी हो बीवी को धक्के देकर घर के बाहर करे 気の向いた時に妻を家から追い出す तेरी जब मर्ज़ी हो, आ जाना いつでも好きな時に来なさい **मर्ज़ी पटना** 意見が合う；考えが一致する

मर्डर [名] 《E. murder》 殺人 मर्डर केस 殺人事件〈murder case〉

मर्तबा [名] 《A. مرتبہ》 = मरतबा. पहला मरतबा 初めて；最初に= पहली बार; पहली दफ़ा; पहले पहल. दिन में चार मर्तबे से ज़्यादा खाना मुनासिब नहीं 1 日に 4 回以上食事をするのはよくない

मर्तबान [名] = मरतबान. अचार का मर्तबान 漬け物壷 शीशे के मर्तबान ガラス製の大きなびん

मर्त्य[1] [形] 死すべき；死ぬことになっている= मरणशील; नश्वर.

मर्त्य[2] [名] (1) 人；人間 (2) 肉体 (3) 現世；人間界= मर्त्यलोक.

मर्त्यधर्मा [形] 死すべき；死が定められている= मरणशील.

मर्त्यलोक [名] この世；現世；人間界

मर्द[1] [名] 《P. مرد》 = मरद. (1) 男 (2) 勇気のある男；男らしい男；強者 (3) 夫 **मर्द का एक क़ौल होता है**〔諺〕男に二言無し；武士に二言無し **मर्द का बच्चा** 男らしい男；男子；男の子 साला, मर्द का बच्चा होकर रोता है 情けない，男のくせに泣くとは

मर्द[2] [形] 勇ましい；勇敢な；男らしい

मर्दक [形] 《P. مردک》 つまらない；下らない；卑しい；下品な **मर्दक क़ानून** 悪法

मर्दन [名] (1) 擦り込むこと (2) こすること (3) 引っかくこと (4) 踏みつぶすこと (5) つぶすこと (6) すりつぶすこと

मर्दबच्चा [名] 《A. مرد بچہ》 = मर्दबचा. 勇敢な人；勇ましい人；強者；おのこ（男子）

मर्दल [名]〔イ音〕マルダル（木製の胴と羊皮で作られる両面太鼓の一種）；ムリダング
मर्दानगी [名*]《P. مردانگی》= मरदानगी. (1) 男らしさ (2) 勇気 सोते पर वार करना, बेख़बर को डंक मारना मर्दानगी नहीं 眠っている人を襲ったり（寝首を掻いたり）意識のない人を攻撃したりするのは男のすることではない बहादुरी और मर्दानगी उनके सर्वोत्तम आभूषण थे 勇気と男らしさが彼らの最高の身の飾りだった
मर्दाना [形]《P. مردانہ》= मरदाना. तुम्हारे जिस्म से उठनेवाली कोई मर्दानी गंध あんたの体から出るなにか男のような臭い
मर्दित [形] (1) こすられた (2) 引っかかれた (3) つぶされた；破壊された (4) 踏みつぶされた (5) すりつぶされた
मर्दी [名*]《P. مردی》(1) 勇ましさ；勇敢さ= मरदी; मर्दानगी; बहादुरी. (2) 人間性；人間らしさ；人間味 इंसानियत; मानवता
मर्दुआ [名]《P. مردوا ← مرد》(1) 男を蔑んで言う言葉 (2) 下らない男 (3) 亭主；夫；連れ合い；宿六 काश, उसका मर्दुआ भी रूपा की माफ़िक दिलेर होता あの人の亭主もルーパーに似合いの勇気を持っていたらよいのだが
मर्दुम [名]《P. مردم》人；人間
मर्दुमख़ोर [形]《P. مردم خور》人食いの；人肉を食べる
मर्दुमख़ोरी [名*]《P. مردم خوری》人食い；人肉を食うこと
मर्दुमशुमारी [名*]《P. مردم شماری》国勢調査；センサス= जनगणना.
मर्दुमी [名*]《P. مردمی》(1) 人間性；人道 (2) 善良さ (3) 勇ましさ；男らしさ= मर्दानगी.
मर्दूद [形]《A. مردود》(1) 排斥された；追放された (2) 拒絶された (3) 侮辱された (4) 下司の；ろくでなしの ख़बरदार जो उस मर्दूद का नाम भी लिया よいか，あのろくでなしの名前を呼ぶだけでも承知しないぞ उड़ा दो सिर मर्दूद का.दगाबाज़, काफ़िर! 野郎の首をはねてしまえ．裏切り者の邪教徒のやつ
मर्दन [名] (1) 押しつぶすこと；踏みつぶすこと (2) 塗りつけること (3) こすりつけること；擦り込むこと
मर्म [名] (1) 本質；真髄 (2) 核心；眼目；中心 (3) 秘密；奥義；蘊奥 (4) 急所 (5) 心臓 **मर्म का भाला लगना** 胸を打つ **मर्म की चोट लगना** = मर्म का भाला लगना. **मर्म को छू ले॰** 胸を打つ **(-का) मर्म ले॰** (一の）秘密を知る；秘密を探る
मर्मघाती [形] 急所を突く；痛烈な
मर्मच्छेदी [形] 急所を突く；弱点を攻撃する
मर्मज्ञ [形] 真髄を知る；蘊奥を究めた फ़ौजदारी क़ानून के मर्मज्ञ श्री त्रिपाठी 刑法の権威トリパーティー氏
मर्मप्रहार [名] 急所を攻撃すること；急所攻め
मर्मभेद [名] (1) 急所攻め (2) 暴露
मर्मभेदी [形] 胸を引き裂く（ような）；胸の張り裂けるような；悲痛極まりない सभ्य संसार इतना निर्मम, इतना कठोर है, इसका ऐसा मर्मभेदी अनुभव अब तक न हुआ था これまでこのような悲痛極まりない経験をしたことがなかった
मर्मर[1] [名]《P. مرمر》大理石= मरमर; संगे मरमर.
मर्मर[2] [名] → मरमर.
मर्मरी [名*]〔植〕マツ科ヒマラヤスギ【*Pinus deodora*】= देवदारु.
मर्मवचन [名] 胸を打つ言葉；感動的な言葉
मर्मवाक्य [名] (1) = मर्मवचन. (2) 秘密の話
मर्मविद् [形・名] = मर्मज्ञ.
मर्मवेदी [形・名] = मर्मज्ञ.
मर्मवेधी [形・名] = मर्मभेदी.
मर्मस्थल [名] (1) 急所 (2) 中枢部 (3) 胸
मर्मस्पर्शी [形] 感激を与える；強く胸を打つ；深い感動を与える；感動的な वह कहानी बहुत अच्छी, मर्मस्पर्शी एवं वास्तविक लगी その話は非常に素晴らしく感動的で真実味のあるものに思えた
मर्मांतक [形] 猛烈な；強烈な；胸を突き刺すような मर्मांतक पीड़ा 強烈な痛み
मर्माघात [名] 致命的な攻撃；死活に関わるような打撃
मर्माहत [形] 悲痛な；悲痛な思いの；胸の張り裂けるような वे देश के विभाजन से मर्माहत हो उठे 氏は国の分割に胸の張り裂ける思いをされた
मर्यादा [名*] (1) 境界；限界 जात-पाँत के तारतम्य को हटाकर और धर्म को अपनी उचित मर्यादा में सीमित रखकर カーストの序列を取り除き宗教を本来のあるべき境界に限定して (2) 自制；節度 संयम व मर्यादा का ध्यान तो रखना ही चाहिए 節制や節度には当然気を配らなくてはならない (3) 礼節；礼儀；作法 समाज की मर्यादा भी कोई वस्तु है! 世の中の作法というものも無視できないものなのだ (4) 品位；気品 आपका इस प्रकार का व्यवहार उनकी मर्यादा घटा सकता है このようなことをあなたがなさいますとあの方の品位を下げることになります (5) 尊厳；名誉 एक हिंदू कन्या की मर्यादा की रक्षा का प्रश्न 1 人のヒンドゥー教徒の娘の尊厳を守るか守らないかの問題 (6) しきたり；習わし；慣行 पुरानी मर्यादा के अनुसार 昔からのしきたりに倣い **मर्यादा तोड़ना** 礼節に反する **मर्यादा रहना** 名誉が保たれる
मर्यादा पुरुषोत्तम [名]〔ヒ〕マリヤーダー・プルショーッタマ（ラーマ；ラーマチャンドラの異名の一）
मर्यादा-भंग [名] (1) 不作法；礼節に反すること (2) 冒涜；神聖さを冒すこと
मर्यादित [形] 限られた；限定された；規制された；整えられた；制限された
मर्य्यादा [名*] → मर्यादा.
मर्श [名] (1) 思考；思索 (2) 考え；意見
मर्ष [名] (1) 赦免 (2) 忍耐
मर्षण [名] (1) 容赦= क्षमा. (2) 摩擦= घर्षण.
मर्षणीय [形] 容赦すべき= क्षम्य.
मर्षित [形] (1) 容赦された；赦された (2) 耐えられた
मर्सराइज़्ड [形]《E. mercerized》マルセル加工を施した；つや出し木綿の；シルケット（加工）の= मर्सरीकृत.
मर्सिया [名] → मरसिया.
मर्सी किलिंग [名*]《E. mercy killing》安楽死
मर्हम [名]《P. مرہم》塗り薬；膏薬= मरहम.
मर्हमत [名*]《A. مرحمت》(1) 哀れみ；情け；慈悲 (2) 行為；親切
मर्हूम [形]《A. مرحوم》= मरहूम.
मलंग [名]《P. ملنگ》〔イス〕マラング（スーフィー聖者マダールシャー मदारशाह の信奉者といわれるイスラム教の托鉢僧．毛髪を伸び放題にし裸足で托鉢をする）
मल [名] (1) 身体から排泄される汚物や分泌物，垢など (2) 大便；糞；人糞 (3) 不浄物
मलकना [自] (1) 揺れる；揺れ動く= हिलना. (2) 気取る= इठलाना.
मलका [名*]《A. ملکہ मलिका》(1) 女王 (2) 王妃
मलकाना[1] [他] 動かす；揺り動かす वह सामने खड़ा था और आँखों को बुरी तरह मलका रहा था その人は正面に立っており目を激しく動かしているところだった
मलकाना[2] [自] 尊大な態度で話す；気取った態度で口をきく
मलकीट [名] (1) ウジムシ（蛆虫）；雪隠虫 (2) 蛆虫のようなおぞましく下品な人
मलकूत [名]《A. ملکوت》(1)〔イス〕天上界；天国；神の国 (2) 支配；統治
मलख़ [名*]《P. ملخ》イナゴ，バッタなどの昆虫
मलखम [名] (1)〔ス〕マルカム，もしくは，マールカンブ मालखंभ と呼ばれる太い木の柱を用いたインド伝統の体操（基本的には太い柱の一端を地中に埋けこんで立てたり台上に立てたりしてそれを支えに全身の筋肉の鍛錬を行う．太い棒を天井から吊り下げたり棒に吊り輪をつけたりして行われるものやロープを用いるものや丸い棒を鉄棒のように組んで行われるものなどがある） (2) サトウキビ搾り機の中心軸に用いられる木の柱
मलखाना [形] (1) 汚物を食べる (2) 不潔極まりない
मलखानी [名*]〔ス〕マルカーニー（籐を用いたマルカム運動に使用される丸く細長い木の柱）→ मलखम.
मलगजा [形] (1) 汚れた；汚い；汚れきった घुटनों तक उसके पाँव गंदे और मलगजे थे 足は膝まで汚れきっていた (2) 不潔な
मलगिरी [名] 薄茶色
मलग़ोबा [名]《T. ملغوبا मल्गोबा》(1) 噴出物；吹き出る物（口から出る唾，傷口から出る膿，噴火口から出る溶岩など） (2) はらわた；内蔵 (3) 生ゴミ (4) 煮豆にヨーグルトを混ぜたもの
मलट [名]《E. mallet》木槌
मल-त्याग [名] 排便
मलद्वार [名] (1) 肛門 (2) 排泄器官
मलनल [名] 下水道；下水管

म

मलना [他] (1) こする；摩擦する मल-मलकर पूरे बदन को साफ़ कर लेना चाहिए ごしごしこすって全身をきれいにしなくてはならない अगर आँख में कुछ पड़ जाए तो आँख को तुरंत मलने नहीं लगना चाहिए 目に何かが入った時にはすぐさまこすってはいけない आँख मलते हुए 目をこすりながら (2) 磨く बरतन मलना 食器や調理器具を磨く (3) 塗る；塗りつける；塗布する शरीर पर भस्म मलना 体に灰を塗りつける बच्चे के माथे पर भभूत मली जाती है 子供の額にバブートが塗りつけられる हाथों पर कोई भी खाद्य तेल मल लीजिए 何でもよいから食用油を手に塗りなさい ग्रीस मलना グリースを塗る (4) 擦り込む नाई तेल मलता है 床屋は（マッサージをして）油を擦り込む (5) すりあわせる **हाथ मलना** *a.* 手をすりあわせる；手をもむ *b.* 悔やむ और आप बस हाथ मलते रह जाते あなたはその後は後悔するばかりになってしまいます (6) もむ；もんでつぶす；もんで砕く (7) 捻る；捻りつぶす **मल दलकर छोड़ दे॰** めちゃくちゃにする；台無しにする **मल धुलना** 洗い流される **मल धोना** 洗い流す **मलना-दलना** 粉々にする；すりつぶす **मल मलकर पैसा निकालना** 極度に物惜しみする

मलपंक [名] 泥

मलपंकी [形] (1) 汚れた；汚い (2) どろんこの；泥にまみれた；泥まみれの

मलपरीक्षा [名*]〔医〕検便＝ स्टूल टेस्ट. 〈stool test〉

मलबा [名] (1) 残骸；建造物などの破壊された物の破片；破片の山；瓦礫の山 सोवियत राकेट का मलबा ソ連のロケットの残骸 शवों को मलबे से बाहर निकाला गया （列車事故で破壊された車両の）残骸から遺体が運び出された (2)〔地質〕岩石の破片；岩屑；砕岩

मलमल [名] 綿モスリン；綿モス मलमल का दुपट्टा 綿モスのドゥパッター

मलमला [形⁺] 悲しい；ふさいだ；沈んだ；気持ちの落ちこんだ

मलमलाना [他] (1) 軽くこする (2) 繰り返し軽く触る (3) 瞬きを繰り返す (4) 何度も抱きしめる

मलमलाहट [名*] ← मलमला. (1) 悲しみ (2) 悔悟

मलमास [名] 閏月

मलमूत्र [名] 大小便；糞尿 मलमूत्र के स्थान 排泄器官の婉曲な表現

मलय [名] (1) 南インドにあると伝えられてきたビャクダンの木の生い茂るとされた山；マラヤ山 (2)〔地名〕トラヴァンコールの東，マイソールの南に位置する西ガーツの一部地域；マラヤ

मलयगांधिनी [名*] (1)〔イ神〕マラヤガーンディニー（ヴィディヤーダリー विद्याधरी の一）(2)〔ヒ〕マラヤガンディニー（ヨーギニー योगिनी の一）

मलयगिरि [名] マラヤ山→ मलय.

मलयज[1] [名] ビャクダンの木＝ चंदन.

मलयज[2] [形] マラヤ山に生じる；マラヤ山に産する

मलयद्रुम [名]〔植〕ビャクダン＝ चंदन.

मलयसमीर [名] マラヤ山から吹くビャクダンの香りのこもる薫風

मलयालम[1] 〔地名〕マラヤーラム地方（今日のケーララ州の一地方）；マラバール地方

मलयालम[2] [名*]〔言〕マラヤーラム語（現今のケーララ州を中心に話されるドラヴィダ語族南部支派の代表的言語の一）

मलयाली[1] [形] (1) マラバール地方の (2) マラバール地方に産する

मलयाली[2] [名] マラヤラム人；マラバール人 दिल्ली में आज प्रवासी मलयालियों ने ओणम त्योहार परंपरागत ढंग से मनाया 本日，デリー在住のマラバール人たちがオーナム祭を伝統的な儀式で祝った

मलयाली[3] [名*]〔言〕マラヤーラム語＝ मलयालम[2].

मलयुग [名]〔イ神〕カリユガ（कलियुग）

मलयेशिया〔国名〕《E. Malaysia》マレーシア

मलरोधक [形] 便秘を起こす；便通を止める＝ क़ाबिज़.

मलरोधन [名] 便秘＝ कब्ज़ियत.

मलवाना [他・使] ← मलना.

मलवासा [名*] 月経中の女性＝ ऋतुमती स्त्री.

मलविसर्जन [名] 排便＝ मलत्याग.

मलव्ययन [名] 汚物処理 दिल्ली जलप्रदाय एवं मलव्ययन संस्थान デリー市上下水道局

मलशुद्धि [名*] 排便

मलहम [名] ＝ मरहम.

मलहर [名] (1)〔植〕トウダイグサ科小高木ハズ＝ जमालगोटा. (2) ハズの種子

मला [名*] (1) 皮 (2) 皮革製品 (3) 青銅

मलाई[1] [名*] (1) マラーイー（濃厚なクリーム．牛乳を加熱して表面に浮くクリームを集めた物）；醍醐 (2) 物の最もすぐれた部分 मलाई वाला दूध クリームの入った牛乳

मलाई[2] [名*] ← मलना.

मलाका [名*] (1) 好色な女；ふしだらな女性 (2) 売春婦；娼婦

मलाबार〔地名〕マラーバール（ケーララ州の沿岸地域，もしくは，カルナータカ州からケーララ州にかけての沿岸地域）

मलाबारी[1] [形] マラーバール地方の

मलाबारी[2] [名] マラーバール地方の住民

मलामत [名*] 《A. ملامت》(1) 非難；難詰；糾弾；咎め＝ लानत; भर्त्सना; निंदा. (2) 叱責＝ झिड़की. (-की) **मलामत क॰** (ーを) 非難する；難詰する；糾弾する；咎める

मलामती [形] 《A.P. ملامتی》非難された；非難すべき

मलाया〔地名〕《E. Malay》マライ；マレー

मलाया द्वीपसमूह〔地名〕マレー諸島

मलाया प्रायद्वीप〔地名〕マレー半島

मलार [名]〔イ音〕マラール（雨季の夕方や夜に歌われるラーガ）＝ मल्लार. **मलार गाना**（**मल्लार गाना**）*a.* 鼻歌を歌う *b.* 鼻歌混じりの気分になる；気楽な気分になる

मलाल [名] 《A. ملال》(1) 悲しみ；悩み；苦悩＝ दुःख; रंज. (2) 悔悟；後悔 ग़रीबों को सताकर उसे कभी मलाल भी न हुआ था 貧しい人たちを苦しめてただの１度も悔悟を覚えたことがなかった (3) 遺憾；残念さ लेकिन मलाल यह रह ही गया कि किसी ने इतने सुनने पर भी कोई टीका-टिप्पणी नहीं की だがそこまで聞いたにもかかわらず誰１人批判する人がなかったことがやはり遺憾であった (4) 恨み；遺恨 मुझे तुमसे कुछ मलाल नहीं है 君に対して何ら恨みは抱いていない **मलाल निकालना** 恨みを晴らす＝ मलाल मिटाना. **मलाल रखना** 憎しみを抱く；悪意を持つ

मलावरोध [名] (1) 便秘 (2)〔医〕便秘症

मलाशय [名]〔解〕直腸 〈rectum〉

मलाशयी [形] 直腸の 〈rectal〉

मलाहत [名*] 《A. ملاحت》(1) 美しさ；美＝ सौंदर्य. (2) 魅力＝ हुस्न.

मलिंद [名] → मिलिंद.〔昆〕ミツバチ科マルハナバチ

मलिक [名] 《A. ملک》(1) 王；国王；君主 (2) ムスリムの１集団（の姓）；マリク (3) ヒンドゥーの１グループ（の姓）；マリク

मलिकज़ादा [名] 《A.P. ملک زاده》国王の子；王子；皇子＝ शाहज़ादा; राजकुमार.

मलिका [名*] 《A. ملکہ》(1) 女王＝ मलका; महारानी. (2) 王妃；皇后＝ महारानी; राज्ञी. मलिका मुमताज़ महल ムムターズ・マハル妃

मलिन [形] (1) 汚れた；不潔な (2) 汚らしい；むさ苦しい (3) 輝きのない；つやのない मैग्नीशियम श्वेत रंग की धातु है, जो खुला छोड़ देने पर मलिन पड़ जाती है マグネシウムは白色の金属で空気にさらして置くとつやがなくなる (4)（気分の）沈んでいる；浮かない；気が晴れない；憂いのある उसका चेहरा कुछ मलिन लग रहा था 彼女はいささか沈んだ表情をしているように思えた मलिन ललाट के शुभ्र गौरवमय तिलक 憂いのある額に光る重厚な感じのティラク

मलिनता [名*] ← मलिन. ＝ मलिनत्व.

मलिनमुख [形] (1) 悲しげな；ふさぎ込んだ；憂鬱な (2) 無情な；残忍な (3) 悪辣な

मलिना [名*] 月経中の女性

मलिनाई [名*] ← मलिन. ＝ मलिनता; मैलापन. 汚れ

मलिया [名*] (1) ココヤシの実の殻でこしらえた油入れの容器；油壷 (2) 素焼きの小皿

मलियामेट [名] 全滅＝ मटियामेट; सत्यानाश.

मलीदा [名] 《P. ملیده》(1) マリーダー（牛乳，バター，砂糖，小麦粉などを材料にしてこしらえるケーキ）(2) カシミヤ羊の毛を材料にしたウール生地

मलीन [形] (1) 汚れた；汚らしい；不潔な＝ मैला. (2) 憂鬱な；気の滅入った＝ उदास.

मलीनता [名*] ← मलीन.

मलीह [形] 《A. ملیح》(1) 美しい (2) 魅力的な (3) 優雅な

मलूल [形] 《A. ملول》(1) 悲しい (2) 憂鬱な (3) 飽きた

मलेरिया [名]〔医〕マラリア熱 मलेरिया परजीवी マラリア原虫
मलेशिया〔国名〕《E. Malaysia》マレーシア
मलोलना [自] 悲しむ；悔いる；悔やむ；残念がる
मलोला [名]《A. ملول》(1) 悲しみ (2) 悔悟；後悔 मलोले आ॰ *a.* 悲しむ *b.* 悔やむ；後悔する मलोले खाना 辛い思いをする मलोले निकालना 恨みを晴らす；怨念を晴らす
मल्टीस्टार [形]《E. multistar》〔映〕マルチスターの；大スターが幾人も出演する
मल्ल [名] (1)〔イ史〕マッラ族（前 7 世紀頃の北インドに部族国家を築いていたとされる） (2) 中世ネパールを統治したマッラ族 (3) 力士；レスラー
मल्लभूमि [名*] レスリング場；土俵
मल्लयुद्ध [名] インドの格闘技；インド相撲；インドレスリング＝कुश्ती.
मल्लशाला [名*] ＝मल्लभूमि.
मल्ला [名*] (1) 女性＝स्त्री; नारी. (2)〔植〕モクセイ科マツリカ → मल्लिका.
मल्लार [名] ＝मलार.〔イ音〕マラール・ラーガ
मल्लाह [名]《A. ملاح》船頭；船員；水夫
मल्लाही[1] [名*]《A. ملاحی》船頭，船員，水夫などの仕事；船員の職
मल्लाही[2] [形] 船頭の；船員の；水夫の
मल्लिका [名*]〔植〕モクセイ科低木マツリカ【*Jasminum sambac*】
मल्लिनाथ〔人名・ジャ〕ジャイナ教の第十九祖ティールタンカラのマッリナータ
मल्ली [名*]〔植〕マツリカ＝मल्लिका.
मल्हम [名] → मलहम.
मल्हराना [他] → मल्हारना.
मल्हाना [他] → मल्हारना.
मल्हार [名] ＝मलार.
मल्हारना [他] あやす；愛撫する；抱きしめる；機嫌を取る；なだめる
मल्होर [名] サトウキビ搾りの作業歌
मवक्किल [名] → मुवक्किल. 弁護依頼人
मवाक़े [名, pl.]《A. مواقع ← موقع मौक़ा》機会＝मौके; अवसर.
मवाजिब [名, pl.]《A. مواجب ← موجب मौजिब》給料；給与＝वेतन; तंख़्वाह.
मवाद [名, pl.]《A. مواد ← مادہ माद्दा》(1) 原料；材料＝सामग्री; समान. (2) 物資＝मसाला. (3) 膿＝पीव.
मवाली [名, pl.]《A. موالی ← مولیٰ/ مولا मौला》(1) 仲間；友人＝यार-दोस्त. (2) ならず者＝गुंडा; बदमाश.
मवास [名] (1) 拠り所；避難所 (2) 逗留 (3) 砦；城塞 मवास क॰ 逗留する；居住する
मवासी[1] [名*] 砦；小さい城；出城＝गढ़ी.
मवासी[2] [名] 城主＝गढ़पति; किलेदार.
मवेशी [名, pl.]《A. مواشی ← مواشی मवाशी ← ماشیہ माशिया》家畜＝पशु; चौपाया; ढोर; डंगर. हज़ारों की तादाद में मवेशी भी इस मेले में आते हैं この市には幾千頭の家畜もやって来る मवेशियों की त्वचा का उपयोग 家畜の皮の利用
मवेशीख़ाना [名]《A.P. مویشی خانہ》家畜収容所（飼い主の分からなくなった家畜を収容する設備）＝काँजीख़ाना; काँजी-हाउस; काँजी-हौद.
मशअल [名]《A. مشعل》→ मशाल.
मशक[1] [名*] (1)〔昆〕か（蚊）＝मच्छर. (2) 蚊に似た昆虫
मशक[2] [名*]《P. مشک मश्क》（水を入れたり水の運搬用に山羊の皮などを用いて作られた）革袋
मशकबीन [名]《مشکبین P.مشک ＋ H.》バグパイプ
मशकहरी [名*] かや（蚊帳）＝मसहरी.
मशकी [名]〔植〕クワ科小高木ウドンゲ＝उदुंबर; गूलर.
मशकूर [形]《A. مشکور मश्कूर》感謝される；感謝すべき；称賛された थैंक्यू, आपने बड़ी मेहरबानी की यानी अपनी जान लड़ाकर मेरी जान बचाई है इसके लिए मैं आपकी मशकूर हूँ 有り難う，命がけで私の命を助けて下さったことに感謝しています
मशक़्क़त [名*]《A. مشقت》(1) 労働；勤労；作業 वे दिन भर खेतों में कड़ी मशक़्क़त करने के बाद दिन ढले लौटते 一日中畑で厳しい労働をして日が沈んでから家に戻る (2) 苦労；苦難；辛苦 कितना जोखिम, कितना संयम और कितनी मशक़्क़त उसने की होगी इसका अंदाज़ लगाना भी... 身を危険にさらしどれほど身を慎みいかほどの苦労をしただろうかそれを想像するのさえ (3) 運動
मशक़्क़ती [形]《A. مشقتی》勤勉な；よく働く；働き者の＝परिश्रमी; मेहनती.
मशग़ला [名]《A. مشغلہ मश्ग़ला》(1) 仕事 फ़ालतू वक़्त में अपने घर पर कोई-न-कोई ऐसा मशग़ला अख़्तियार कर सकते हैं 暇な時に自宅で何かこのような仕事をすることができる (2) 職業
मशग़ूल [形]《A. مشغول मश्ग़ूल》(1) 忙しい；多忙な (2) 専念している；没頭している
मशरूअ[1] [形]《A. مشروع मश्रूअ》〔イス〕イスラム法に適った
मशरूअ[2] [名]《A. مشروع》〔イス〕イスラム法に則り礼拝時に着用を許される絹と綿の混紡の布
मशरूम [名]《E. mushroom》マッシュルーム；キノコ
मशरूह [形]《A. مشروح मश्रूह》(1) 詳細な；詳しい (2) 説明の付いた；説明のある
मशवरा [名] ＝मशविरा.
मशविरा [名]《A. مشورہ मश्वरा》(1) 勧告；忠告 अच्छा मशविरा दिया जाएगा 良い勧告が行われるだろう (2) 相談；協議 दोनों सरकारों के परस्पर मशविरे के बाद 両国間の協議の後 मशविरा करने के बाद यह फ़ैसला किया गया 協議後，次の決議が行われた
मशहूर [形]《A. مشہور मश्हूर》著名な；有名な；名高い；高名な＝प्रसिद्ध; नामी; प्रख्यात. मशहूर शहर 有名な都市 मशहूर व मारूफ़ 有名な；名高い
मशहूरी [名*] ← मशहूर. 有名；著名；高名＝प्रसिद्धि; प्रख्याति; शुहरत.
मशान [名] 火葬場＝मरघट; श्मशान; मसान.
मशाल [名]《A. مشعل मश्अल》松明；炬火＝मशअल. एक धावक प्रज्वलित मशाल लिए दौड़ता हुआ स्टेडियम में प्रवेश करता है 1 人の走者が燃えている炬火を持って走りながらスタジアムに入る मशाल जलाकर ढूँढना 徹底的に探す；調べ尽くす मशाल लेकर ढूँढना ＝मशाल जलाकर ढूँढना.
मशालची [名]《A.P. مشعلچی मश्अलची》(1) 炬火を持って先導する人 (2) 先達；先導者；先鋒；開拓者
मशालदार [名]《A.P. مشعل دار मश्अलदार》＝मशालची.
मशीख़त [名*]《A. مشیخت》(1) 偉大さ；大きさ＝बड़प्पन. (2) 自慢；傲慢＝अहंकार. (3) ほら＝डींग; शेखी.
मशीन [名*]《E. machine》(1) 機械；器械 (2) ミシン＝सिलाई मशीन. हाथ मशीन 手動ミシン (3) バリカン (4) 機構；機関 जनता के हाथों में पहुँचने से पहले ही सरकारी दमन मशीन ने इस रिपोर्ट को ज़ब्त कर लिया 民衆の手に渡る前に政府の抑圧機関がこの報告書を差し押さえた मशीन का ढला 形の整っている मशीन लगाना 機器を据える；機械を設置する कौन-कौन-सी मशीनें लगाएँगे? いずれの機械を据えつけるのか
मशीनगन [名*]《E. machine gun》機関銃 हलकी मशीनगन 軽機関銃
मशीनमैन [名]《E. machine man》(1) 機械運転手 (2) 印刷工
मशीनरी [名*]《E. machinery》(1) 機械；機械類 (2) 機械装置；からくり (3) 機構；機関；組織 पार्टी की प्रचार मशीनरी 党の宣伝機構
मशीनरीकरण [名]《← E. ＋ H.》機械化 मशीनरीकरण क॰ 機械化する
मशीनी [形]《← E. machine ＋ H. -ई》(1) 機械の विभिन्न मशीनी पुर्ज़े 様々な機械部品 (2) 機械的な；機械のような मशीनी कठोर मुद्रा 機械的な固い表情 मशीनी मानव ロボット＝स्वचालित मशीन. मशीनी ज़िंदगी 機械のような生活 (3) 機械化の मशीनी युग 機械化時代
मशीर [名]《A. مشیر》顧問；相談役＝मुशीर; परामर्शदाता; सलाहकार.
मश्क [名*]《P. مشک》水入れや水の運搬用に作られた革袋＝मशक.
मश्क़ [名]《A. مشق》(1) 練習；訓練 (2) 練習問題
मश्कीज़ा [名]《P. مشکیزہ》小型の革袋 → मश्क, मशक.
मश्कूक [形]《A. مشکوک》(1) 疑わしい；怪しい (2) 疑っている；疑念を持っている

मश्कूर [形] 《A. مشکور》感謝すべき；有り難い
मशगूल [形] 《A. مشغول》= मशग़ूल. 従事している；熱中している；専念している
मशगूलियत [名*] 《A. مشغولیت》(1) 従事（すること） (2) 熱中；専心；専念
मश्रिक़ [名] 《A. مشرق》(1) 東；東方= पूर्व; पूरब. (2) 東洋 मश्रिक़ की तरफ़ 東の方角
मश्रिक़ी [形] 《A. مشرقی》(1) 東の；東方の= पूर्वीय; पूरबी. मश्रिक़ी पंजाब 東パンジャーブ；東部パンジャーブ (2) 東洋の मश्रिक़ी पाकिस्तान 旧東パキスタン（現バングラデシュ）
मश्शाक़ [形] 《A. مشاق》上達した；熟達した；熟練した= कुशल; दक्ष; निपुण.
मश्शाक़ी [名*] 《A. مشاقی》上達；熟達；熟練= दक्षता; कुशलता.
मश्शाता [名*] 《A. مشاطہ》美容師；女性美容師
मषि [名*] (1) 墨；インキ (2) = काजल. (3) = सुरमा.
मष्ट [形] 黙った；沈黙した；沈黙の **मष्ट क॰** = मष्ट धरना. **मष्ट धरना** 黙りこくる；黙り込む **मष्ट मारना** = मष्ट धरना.
मस [名*] 思春期に入り生えかかった薄い口ひげ **मसें भीगना** 口ひげが生えかかる；男の子が思春期に入る **मसें भीजना** = मसें भीगना.
मसऊद [形] 《A. مسعود》幸福な；幸せな；幸運な；めでたい= शुभ; मुबारक.
मसक[1] [名] 蚊や虻などの昆虫の総称
मसक[2] [名] = मशक.
मसक[3] [名*] ← मसकना[2].
मसकची [名] 《← P.T. مشکچی मश्कची》= भिश्ती.
मसकन [名] 《A. مسکن मस्कन》家；住居= घर; मकान.
मसकना[1] [他] (1) 裂く；引き裂く；引きちぎる (2) 押しつぶす；つぶす (3) ずらす
मसकना[2] [自] (1) 裂ける；引き裂かれる (2) 押しつぶされる；つぶれる (3) ずれる (4)（気分が）沈む；（気が）ふさがる
मसक़ला [名] 《A. مصقلہ मिस्क़ला》刀剣の刃を磨くのに用いられる鎌形の鉄製の道具
मसका [名] 《P. مسکہ》(1) バター= मक्खन; नवनीत. (2) ギー (घी)
मसकारा [名] 《E. mascara》マスカラ
मसख़रा [形] 《P. مسخرہ》(1) ふざけた；冗談を言う (2) おどけた；剽軽な
मसख़रापन [名] ← मसख़रा. (1) ふざけ (2) おどけ
मसख़री [名*] 《مسخری ← A. مسخرہ मसख़रा》(1) からかい；冗談；ふざけ आम तौर पर जो कोई उसे मिलता था, मसख़री ही करता था 出くわす人はたいていふざけてばかりいた मसख़री करता है? तुम्हारी बढ़ी हुई जीभ में आग लगे 君は僕をからかっているのかい. 口を慎め (2) おどけ **मसख़री क॰** ふざける；おどける；冗談を言う= दिल्लगी क॰; हँसी क॰; दिल्लगी क॰.
मसजिद [名*] 《A. مسجد मस्जिद》〔イス〕イスラム教寺院；モスク；マスジッド= मस्जिद; मसजिद. **जामे मसजिद** 金曜日に集団礼拝を行う大寺院；金曜モスク= मस्जिदे जामे. **मसजिद में चिराग़ जलाना** 祈願が叶えられたお礼としてモスクに灯明を点す
मसनद [名*] 《A. مسند मस्नद》(1) もたれかかるために用いられる非常に大きな枕，もしくは，クッション；マスナド；牛枕 (2) 席；座席 (3) 玉座
मसनदनिशीन[1] [形] 《A.P. مسند نشین मस्नदनशीन》(1) 玉座に就いた；即位した (2) 高位の；高官の地位にある
मसनदनिशीन[2] [名] (1) 在位中の統治者 (2) 高官 (3) 資産家；貴族
मसनवी [名*] 《A. مثنوی मस्नवी》(1)〔文芸〕マスナヴィー（物語や事実，情感などを叙すウルドゥー語詩形の一．シェール，すなわち，対句毎に異なった韻を踏む） (2)〔文芸〕叙事詩
मसना [他] (1) → मसलना. (2) → गूँथना.
मसनूई [形] 《A. مصنوعی मस्नूई》(1) 人造の；人工の (2) 偽りの；偽の；紛い物の (3) わざとらしい；不自然な
मसनूईपन [名] 《A. + H.》(1) 人工 (2) 偽り (3) わざとらしさ；不自然さ
मसरफ़ [名] 《A. مصرف मस्रिफ़》(1) 利用（されること）= उपयोग. (2) 使用= इस्तेमाल.
मसरा [名*] → मसूर.
मसरूफ़ [形] 《A. مصروف मस्रूफ़》(1) 利用された (2) 使用された (3) 従事した；忙しい
मसरूफ़ियत [名*] 《A. مصروفیت》多忙；忙しさ；従事
मसर्रत [名*] 《A. مسرت》喜び；大喜び；歓喜 जब इन कहानियों को सुनकर बच्चे हैरत और मसर्रत का इज़हार करते हैं तो 子供たちがこれらの話を聞いて驚きと喜びを表す際
मसल [名*] 《A. مثل》(1) 諺= कहावत; लोकोक्ति. (2) 言いならわし；言い伝え (3) 例え；例；譬え
मसलन[1] [副] 《A. مثلاً》例えば= जैसे; मानो; उदाहरणार्थ; उदाहरण के तौर पर.
मसलन[2] [名*] ← मसलना.
मसलना [他] (1) こすりつける；こする (2) 砕く；押しつぶす；押して砕く；捻りつぶす फूल तोड़कर मसल देने के लिए नहीं होते 花はちぎって押しつぶすための物ではない छ: माह के बच्चे को ठोस आहार मसलकर खिलाना शुरू कर देना चाहिए 生後半年の子供には固形物を潰して食べさせ始めなくてはならない बाग में जाते तो फूल पर बैठी तितली को लपककर पकड़ लेता, और दूसरे क्षण उँगलियों के बीच मसल डालता 庭に行くと花にとまっている蝶をさっと捕まえ次の瞬間指でひねりつぶす सिगरेट हमेशा राखदान (ऐशट्रे) में अच्छी तरह मसलकर बुझाना चाहिए タバコはいつも灰皿の中できちんと押しつぶして消さなくてはならない（もみ消さなくてはいけない）
मसलहत [名*] 《A. مصلحت मस्लहत》(1) 便益 यहाँ के दूसरे बाशिंदों के सामने ऐसी कोई मसलहत न थी この地の他の住民たちにはこのような便益はなかった (2) 得策；便法；得；利益 समझ गए कि इस वक़्त टाल जाना ही मसलहत है 今は避けたほうが得策だと思った (3) 忠告 (4) 善行；善意；親切
मसलहतन [副] 《A. مصلحتاً मस्लहतन》(1) 便宜上 (2) 善意で；好意的に
मसला [名] 《A. مسئلہ मस्अला》問題；課題；題目 अन्य किसी भी मसले को 他のいかなる問題も（討議の題目として） कश्मीर का मसला カシミールの問題 **मसला हल क॰** 問題を解決する
मसविदा [名] 《A. مسودہ मुसव्वदा》(1) 草案 (2) 下書き；草稿 जो मसविदा रखा जा रहा है 提出されようとしている草案 **मसविदा बाँधना** 手立てをする；対策を講ずる
मसहरी [名*] (1) 蚊帳 (2) 蚊帳のついた寝台
मसा[1] [名]〔医〕(1) いぼ（疣） (2) 痔核
मसा[2] [名] 蚊や虻などの昆虫の総称= मच्छड़. **मसा न भन्नाना** 静まり返る
मसान [名] (1) 火葬場；焼き場 (2) マサーン（墓地にいるとされる悪霊で人間に危害をもたらすと信じられてきた存在）；ブート भूत；幽鬼；悪霊 (3) 戦場 **मसान का रोग** 百日咳= मसान की बीमारी. **मसान जगाना** 火葬場で幽鬼たちを操る霊力を得るための呪法を行う **मसान पड़ना** 静まり返る **मसान बना दे॰** 荒廃させる
मसाना [名] 《A. مثانہ》膀胱= मूत्राशय; पेशाब की थैली.
मसानिया[1] [形] (1) 火葬場の (2) 火葬場で呪法を行った
मसानिया[2] [名] (1) 火葬に従事する人 = डोम (2) 火葬場で呪法を行う人 (3) 吝嗇漢；けちん坊
मसानी [名*]（火葬場を徘徊すると言われる）マサーニー（幽鬼）；ダーキニー (डाकिनी)；ピシャーチニー (पिशाचिनी)
मसाम [名] 《A. مسام》毛穴；汗腺= रोमकूप; रोकछिद्र.
मसार [名] 青玉；サファイア= नीलम.
मसाल [名*] (1) → मशाल. (2) → मिसाल.
मसालची[1] [名] 《← A. مصالح मसाला + T. چی》台所で調味料の準備などの調理手伝いをする人
मसालची[2] [名] = मशालची.
मसालहत [名*] 《A. مصالحت》和解；妥協；協約= सुलह; संधि; समझौता.
मसाला [名] 《A. مسالا / مصالح》(1) 資材（例えば，建築用の資材，砂，土，セメント，などを総称して）；資料；材料 6 महीने आगे के 'सरस्वती' के अंकों का मसाला 半年前のサラスヴァティー誌の資料 जीवन-चरित का मसाला संग्रह क॰ 伝記の資料を集める (2) 調味料；香辛料；薬味 (3) 対象 (4) 油の忌み言葉 (5) 電池 (6) 花火 (7)〔俗〕美しい女性；別嬪 (8) レース (9)〔裁〕ヘム **गरम मसाला** インドやパキスタンなど南アジアの料理に用いる数種の

薬味を調合した物；ガラムマサーラー **पान मसाला** パーンの薬味 **मसाला डोसा** 薬味をふんだんに用いたドーサー（ドーサイ）→ डोसा.

मसाला फ़िल्म [名*] 《A. + E. film》〔映〕インドのヒンディー語による大衆娯楽映画

मसालेदार [形] 《A.P. مصالح دار》 (1) 香辛料の入った (2) 面白おかしく味付けされた

मसालों का द्वीप समूह 〔地名〕香料諸島= मसाले के टापू. 〈Spice Islands〉

मसिंदर [名] 《E. messenger》錨（碇）の綱を引き寄せるための補助索

मसि [名*] (1) インキ；インク；墨 (2) 煤 (3) カージャル काजल

मसिदानी [名*] = मसिधान.

मसिधान [名] インク壷；墨入れ= दवात.

मसि बिंदु [名] 幼児の額や頬につける魔除けの黒いしるし（煤やカージャルでつける）

मसी [名*] = मस.

मसीत [名*] = मसीद. 〔イス〕マスジッド；イスラム教寺院= मसजिद.

मसीना[1] [名] 雑穀

मसीना[2] [名*] = अलसी.

मसीह [名] 《A. مسیح》 (1) メシア；救世主 (2) イエスキリスト= ईसा मसीह; हज़रत ईसा; ख़ीष्ट.

मसीहा [名] 《A. مسیحا》 (1) イエス・キリスト (2) 救世主；メシア= मसीह. आधुनिक शल्य-चिकित्सा के मसीहा 近代的外科医術のメシア वे ग़रीबों और दलितों के सच्चे मसीहा हैं 貧しい人たちと抑圧された人たちの真のメシアであらせられる

मसीहाई [名*] 《A. مسیحائی》 (1) 死者を蘇生させること (2) 超能力

मसीही[1] [形] 《A. مسیحی》キリスト教の= ईसाई.

मसीही[2] [名] キリスト教徒；クリスチャン= ईसाई.

मसूड़ा [名] 歯茎 मसूड़ा सूजना (मसूड़े सूज जाते हैं) 歯茎が腫れる

मसूर [名]〔植〕マメ科レンズマメ【*Lens culinaris; L. esculenta*】

मसूरा[1] [名*] (1) 遊女= वेश्या; रंडी. (2) レンズマメ= मसूर. (3) レンズマメのひき割り（ダール）

मसूरा[2] [名] = मसूड़ा.

मसूरिका [名*] = मसूरी. 〔医〕(1) はしか（麻疹）= छोटी माता. (2) 天然痘= चेचक.

मसूरी 〔地名〕マスーリー（ウッタラーンチャル・プラデーシュ州北部の山間に位置する避暑地の一）

मसूस [名*] ← मसूसना. 辛く悔しい思い；胸に感じる激しい痛み

मसूसना [他] = मसोसना.

मसोढ़ा [名] るつぼ（坩堝）

मसोस [名] = मसूस.

मसोसना[1] [自] = मसूसना. (1) 捻られる；絞られる (2)（胸が）締めつけられる；押さえられる (3) 悲しむ

मसोसना[2] [他] (1) ねじる；ひねる (2) 抑える（感情などを） (3) こらえる（辛さや悲しみなどを）；我慢する इस चाँद-से मुखड़े पर उदासी की काली घटा छाई हुई देखकर दिल मसोसकर रह जाता हूँ 月のかんばせに悲しみの黒雲の垂れこめたのを見て悲しみをこらえる **दिल मसोसकर रह जा॰** 仕方なくぐっとこらえる；手立てがなく悲しみをこらえる；辛さを我慢する= मन मसोसकर रह जा॰.

मसोसा [名] (1) 悲しみ；悲痛な思い；辛さ (2) 後悔；悔やむこと；残念な思い

मसौदा [名] 《A. مسوده मुसव्वदा》 (1) 下書き；草稿 पत्र का मसौदा 手紙の下書き (2) 草案；原案 एक विधेयक का मसौदा 法案の草稿 **मसौदा गाँठना** 準備を整える；準備する；用意する **मसौदा बाँधना** = मसौदा गाँठना.

मसौदेबाज़ [名] 《A.P. مسوده باز》 (1) 段取りの良い；工夫の上手な (2) 抜け目のない

मस्कत [名] 《E. Muscat., A.مسقط》 (1)〔国名〕オマーン（マスカット・オマーン） (2)〔地名〕同国の首都 (3) 同国産のザクロ

मस्कन [名] 《A. مسکن》すみか；住居；住宅= घर; मकान; गृह. भूतों का मस्कन 幽霊屋敷

मस्क्वा 〔地名〕《R. Moskva》モスクワ（ロシア）= मास्को.

मस्जिद [名*] = मसजिद.

मस्टर्ड [名] 《E. mustard》からし（辛子／芥子）；マスタード मस्टर्ड ऊन 芥子色の毛糸

मस्त [形] 《P. مست》 (1) 酔った；酔っ払った (2) 熱中した；我を忘れた；没頭した वे लोग वहाँ नाच-गाने में मस्त थे その人たちは踊りや歌に熱中していた **अपनी धुन में मस्त** 我を忘れる；没頭する (3) うきうきした；浮かれた；調子に乗った अलगोजों की मस्त धुनों पर ダブルフルートのうきうきした節に मस्त होकर इधर-उधर भटकता फिरता है 浮かれて歩き回っている

मस्तक [名] (1) 頭 (2) 額；前額部 इस राख को अपने मस्तक में तो मलो この灰を額に塗りつけなさい **(-का) मस्तक ऊँचा क॰** (ーの)名誉を高める **मस्तक ऊँचा हो॰** 誇らしくなる **(-के आगे) मस्तक झुकाना** *a.* (ーに) 頭を下げる；敬意を表する；敬服する मैंने उनके ज्ञान के आगे अपना मस्तक झुकाया 同氏の知識の前に頭を下げた *b.* (ーに) 屈する；屈服する *c.* (ーに) 恥じる；恥じ入る मैंने किस-किस के आगे मस्तक नहीं झुकाया? 誰彼なしに頭を下げた **(-को) मस्तक दे॰** (ーに) 身を投げ出す；身を捧げる **(-के चरणों पर) मस्तक नत हो॰** = मस्तक झुकाना. **मस्तक नीचा हो॰** = मस्तक नत हो॰.

मस्तक रेखा [名*] 頭脳線（手相の）= ख़ते दिमाग़.

मस्तगी [名*] 《P. مصطگی》ウルシ科常緑低木【*Pistacia lentiscus*】から採れる樹脂；マスティック；乳香

मस्तदारु [名] → देवदारु.

मस्तमूलक [名] 首= गरदन.

मस्तमौला[1] [形] 《P.A. مست مولا》 (1) 暢気な；無頓着な (2) 酔いしれた

मस्तमौला[2] [名] 《P.A. مست مولا》暢気な人；暢気者

मस्तराम [名] 《P. مست + H.》= मस्तमौला.

मस्ताना[1] [形+] 《P. مستانہ》 (1) 酔った (2) 浮かれた；うきうきした ओ चंचल तितली मस्तानी 気ままなちょうちょ／浮かれて舞い飛ぶちょうちょ (3) のぼせた；のぼせあがった；得意になった मस्तानी चाल से झूमता हुआ 得意げな足どりで体を揺らしながら

मस्ताना[2] [自] 《← P.مست मस्त》 (1) 酔う (2) 浮かれる (3) のぼせあがる；得意がる बाजीकरण का बड़ी ख़ुशी में मस्ताते भीतर आना バージーカランが大喜びで浮かれながら入ってくる (4) 盛りがつく；興奮する

मस्तिष्क [名] (1) 脳；脳漿 (2) 頭脳；頭 समस्यात्मक दशा बुद्धिजीवियों के मस्तिष्क में रहती है 問題状況が知識人の頭の中にある मस्तिष्क में ट्यूमर 脳腫瘍

मस्तिष्क कोष [名] 頭蓋（骨）；頭 〈braincase〉

मस्तिष्कमृत्यु [名*]〔医〕脳死 मस्तिष्क मृत्यु से जुड़े सवाल 脳死に係わる問題

मस्तिष्क रेखा [名*] 頭脳線（手相）

मस्तिष्क शोथ [名]〔医〕脳炎

मस्ती [名*] 《P. مستی》 (1) 酔い；陶酔= नशा; उत्साह. (2) 浮かれること；うきうきすること होली! मस्ती और उमंग का त्यौहार 浮かれて楽しいホーリーの祭り (3) 得意になること；有頂天になること (4) 発情；盛り= काम वेग. (5) 象やラクダなどの動物の体から発情期に出る分泌液 **मस्ती उतारना** やりこめる；鼻をへし折る **मस्ती झड़ना** 酔いが覚める **मस्ती झाड़ना** 酔いを吹き飛ばす **मस्ती निकालना** *a.* 望みを達する *b.* 自慢の鼻をへし折る

मस्तूल [名] 《Por. masto》マスト；帆柱

मस्रूफ़ [形] = मसरूफ़. माँ बावरचीख़ाने में काम में मस्रूफ़ थी 母はお勝手で忙しくしていた

मस्लन [副] = मसलन.

मस्ला मसाइल [名] 《A. مسلہ مسائل》〔イス〕預言者ムハンマドの教え；イスラム教の教義

मस्सा [名] いぼ（疣）= मसा. बवासीर के मस्से 痔のいぼ；痔核

महँ [格助] = में.

महँकना [自] = महकना.

महँगा [形+] = मँहगा. (1) 高価な；値の高い (2) 高価につく；高くつく सभी लोगों की राय में यह महँगा प्रयोग सिद्ध हुआ है 皆の意見ではこれは高くついた実験だった (3) 値上がりした **महँगा पड़ना** 高くつく **महँगा सौदा हो॰** *a.* 困難なこと *b.* 高くつく；高価につく **महँगी में आटा गीला** 〔諺〕泣き面に蜂；踏んだり蹴ったり；弱り目に祟り目

महँगाई [名*] (1) 物価高；高物価 आजकल के महँगाई के ज़माने में 今日の物価高の時代に (2) 物価手当 **महँगाई भत्ता** 物価手当

महँगापन [名] = महँगी.
महँगी [名*] (1) 高物価 (2) 高価につくこと (3) 物不足；欠乏；飢饉
महंत[1] [名] (1)〔ヒ〕ヒンドゥー僧院や僧団の長；マハント (2) 聖人；上人
महंत[2] [形] (1) 偉大な；立派な (2) 中心的な；主な
महंती [名*] マハント (महंत) の地位
महंथ [名] = महंत.
महंदी [名*] = मेंहदी.
मह [形] 大変大きい；偉大な= महा; महान; बहुत बड़ा; श्रेष्ठ.
महक [名*] (1) 香り；匂い फूलों की महक 花の香り (2) 芳香 (3) 感じ；匂い **महक आ॰** 感じがする；匂う；匂いがする= महक लगना.
महकदार [形] 《H. + P. دار》芳香がする；香りがよい
महकना [自] (1) 香る；芳香を放つ；匂う；芳香が漂う मोगरे ख़ूब महकते हैं マツリカはよく香る महकते भोजन よい香りのしている食事 फूलों को छूकर जो हवा आती है वह महकती है 花に触れて吹いてくる風は香る आज तो बहुत महक रही हो 今日はよく匂っているね वर्षा की रिमझिम करती फुहारें पड़ती हैं तो उसकी सौंधी-सौंधी गंध से सारा लोक-मानस महक उठता है しとしとと小雨が降るとそのかぐわしい香りで人々の心は匂い立つ (2) 臭う；臭いがする；臭気が漂う；臭い उफ़, इतना गंदा आदमी! सारा घर महक रहा है 何とも汚らしい奴だ．家中に臭気が立ちこめている（家中が臭い）
महकमा [名] 《A. محکمہ महकमा》(1)（役所の）部局；局；庁= विभाग; डिपार्टमेंट. हर सरकारी महकमा जो यह काम करता है この仕事をしている政府のすべての部局 (2) 裁判所；役所= कचहरी; अदालत.
महकाना [他] 匂わせる；芳香を漂わせる→ महक, महकना.
महकीला [形⁺] よい匂いを出す；芳香を放つ
महकूम[1] [形] 《A. محکوم महकूम》(1) 命じられた；命令を与えられた (2) 支配された；統治された；下に位置する
महकूम[2] [名] 民；人民；民草 = प्रजा; रिआया.
महकूमी [名*] 《A. محکومی महकूमी》従属；屈服；服従；隷従
महज़ [形・副] 《A. محض महज़》(1) 単なる；ただの；純粋な यह महज़ संयोग नहीं है これは単なる偶然ではない (2) ただ；単に；全く；ひとえに；もっぱら महज़ तफ़रीह के लिए 単に娯楽のために महज़ बदले की ग़रज़ से ひとえに復讐の念から इसकी कल्पना महज़ एक आत्मप्रवंचना है これを想像することは全く自己欺瞞だ महज़ आपके मेरे या श्यामू के कहने पर ही ただあなたや私やシャームーの言っただけで **महज़ बराए नाम** 単に名目的に；名ばかりの
महज़र [名] 《A. محضر महज़र》(1) 集合場所 (2) 出席；参列 (3) 多数の人の署名した請願書
महज़रनामा [名] 《A.P. محضر نامہ महज़र नामा》多数の人が署名した請願書
महत्[1] [形] (1) 非常に大きい；巨大な (2) 偉大な (3) 最良の；卓越した (4) 重要な；重大な
महत्[2] [名]〔イ哲〕根本原質の開展によって最初に生じるもの；大
महतर [名] 《P. مہتر मेहतर》掃除夫；掃除人（特に便所掃除を主な生業としてきたカーストの人）；メヘタル；バンギー भंगी
महतरानी [名*] ← महतर; मेहतर. 掃除婦；掃除人；メヘタル・カーストの女性；バンギン भंगिन
महता [名] (1) 村の長= गाँव का मुखिया; सरदार; महतो. (2) 書記；事務官
महताब[1] [名] 《P. مہتاب》(1) 月= चंद्रमा. (2) 月光= चाँदनी.
महताब[2] [名*] (1) 月光 (2) 打ち上げ花火
महताबी [名*] 《P. مہتابی》(1) 打ち上げ花火 (2) テラス
महतारा [名] 父；父親
महतारी [名*] 母；母親 बिना महतारी की बिटिया और उसको पिटवाती हो 母のない娘なのにお前がその子を叩かせるとは बेटा, ज़रा भी झूठ न बोलना. महतारी का कलेजा तुम नहीं जानते 少しでも嘘をついてはいけない．母親の心がお前にはわからぬのだ
महती [形*] ← महत. 大きな；強大な；偉大な महती जनशक्ति 民衆の偉大な力
महतो [名] (1) 主；主人 (2) 村長など村の有力者（に対する敬称）= चौधरी. (3) マハトー（コーイリー・カーストやクルミー・カーストの男子に対する敬称）
महत्तत्त्व [名]〔イ哲〕根本原質の開展により最初に生じるもの；知；知覚；大（古典サーンキヤ説）= बुद्धितत्त्व.
महत्तम [形] 《Skt.》 महत्のサンスクリット語での最上級形 (1) 最大の (2) 最高の；最上の
महत्तम समापवर्तक [名]〔数〕最大公約数〈greatest common measure〉
महत्तर [形] 《Skt.》 महत्のサンスクリット語の比較級形 (1) より大きい (2) より高い
महत्ता [名*] ← महत्. 大きさ，偉大さ，重要性など इस समस्या की महत्ता समझनी चाहिए この問題の大きさを理解しなくてはならない उन्होंने शक्ति और साहस की महत्ता से मुझको अवगत कराया था あの方は私に力と勇気の偉大さを私に知らせて下さった मुझे पहली बार किसी से इतनी महत्ता मिली थी 人からこれほど重んじられたのは初めてだった
महत्त्व [名] ← महत्. (1) 大きさ (2) 偉大さ (3) 優秀さ (4) 意義；重要性；大切さ इसका महत्त्व बढ़ गया है これの重要性が増している राष्ट्रीय महत्त्व का कार्य 国家的重要性の事業 पति-पत्नि के बीच परिहास, हँसी-मज़ाक, ठिठोली, छेड़खानी आदि का भी एक महत्त्व होता है 夫婦の間には冗談，からかい，ふざけなどもそれなりに大切なものである (-को) **महत्त्व दे॰** （ーに）重要性を与える；（ーを）重んじる；重要視する आप इस बात को कितना महत्त्व देते हैं? このことにどれほどの重要性を認められますか **महत्त्व रखना** 重要性を持つ；大切な इंद्रियों की संतुष्टि बड़ा महत्त्व रखती है 官能の充足はとても大切なことだ
महत्त्वपूर्ण [形] 意義のある；重要な；大切な महत्त्वपूर्ण भूमिका निभाना 重要な役割を果たす महत्त्वपूर्ण मैच 大切な試合；重要な試合 कोई ठोस और महत्त्वपूर्ण आदर्श 何か実質的で意義のある理想
महत्त्वाकांक्षा [名*] 大志；野心；大望；野望；覇気 माता-पिता अपनी अधूरी महत्त्वाकांक्षाओं को अपने बच्चों द्वारा साकार होते देखना चाहते हैं 親は自分の叶わなかった野心を自分の子供によって叶えられるのを見たがるものなのです
महत्त्वाकांक्षी [形] 大志を抱く；野心を持つ；大望を抱く；野望を持つ वह बड़ा महत्त्वाकांक्षी था あの男はなかなかの野心家だった
महत्त्वान्वित [形] = महत्त्वपूर्ण.
महदाशय [形] 高尚な；高邁な
महदी[1] [形] 《A. مہدی महदी》教えを受けた；伝授された = दीक्षित.
महदी[2] [名]〔イス〕マフディー（神に正しく導かれた人，あるいは，メシアの意に用いられる言葉で正統カリフやシーア派第 12 代イマームのムハンマド・アルムンタザルなどが数えられる）
महदूद [形] 《A. محدود》(1) 限られた；限定された= सीमित; सीमाबद्ध. यह तहरीक सिर्फ़ देही आबादी तक महदूद नहीं रही बल्कि रफ़्ता-रफ़्ता शहरों और क़स्बों में भी फैल गई この運動は常に農村部に限られず次第に都市や町にまで広まった (2) 囲まれた；包囲された= घिरा हुआ. **महदूद क॰** 限る；限定する
महदूम [形] 《A. مہدوم》つぶされた（潰された）；壊された；破壊された= ध्वस्त; नष्ट.
महना [名] ヨーグルトなどからバターを取り出すための撹拌= मथना; बिलोना.
महनीय [形] (1) 偉大な (2) 称賛すべき= प्रशंसनीय. (3) 敬うべき= पूज्य; मान्य; आदरणीय.
महफ़िल [名*] 《A. محفل महफ़िल》(1) 集会；会合；会 जब कभी आपके घर महिलाओं की महफ़िल हो तो あなたの家で女性が会合する際 यह पोशाक बाबा सैर-सपाटा या किसी महफ़िल के समय पहनते थे 祖父は散歩や何かの会合に出掛ける際にこの服をいつも着ていた (2) 会；協会；集まり
महफ़िलख़ाना [名] 《A. P. محفل خانہ》集会室；集会所 उर्स के दौरान दरगाह के महफ़िलख़ाने में ウルスの際ダルガーの集会所で
महफ़ूज़ [形] 《A. محفوظ महफ़ूज़》(1) 安全な；守られた；保護された；無事な= निरापद; सुरक्षित. महफ़ूज़ जगह 安全な場所 खाने की चीज़ें ताकि मक्खियों और चूहे बिल्ली से महफ़ूज़ रहें 食べ物がハエやネズミ，ネコから安全なように（守られるように） (2) 保存された；保管された अजायबघर में बहुत-सी चीज़ें महफ़ूज़ हैं 博物館に沢山の物が保存されている
महबूब [名] 《A. محبوب महबूब》恋人；愛人= प्रेमी; माशूक़.
महबूबा [名*] 《A. محبوبہ महबूबा》恋人；愛人= प्रेमिका; प्रेयसी; माशूक़ा.
महमहा [形⁺] 芳香のする；いい匂いのする= सुगंधित; ख़ुशबूदार.

महमहाना [自] いい匂いが辺り一面に立ちこめる；薫る；芳香が立ちこめる＝ गमकना. कमरा गुलाब की महक से महमहा रहा था 部屋にはバラの香りが立ちこめていた
महमान [名] → मेहमान. 客；客人
महमानी [名*] → मेहमानी.
महमिल [名] 《A. محمل महमिल》 ラクダの背につける鞍
महमूद [形] 《A. محمود महमूद》 称えられた；称賛された
महमूद ग़ज़नवी〔人名・史〕《محمود غزنوی》ガズニー朝のマフムード（在位 998–1030）
महमेज़ [名*] 《A. مهميز महमेज/मेहमीज》 拍車
महम्मद [名] 《A. محمد》 → मुहम्मद
महर[1] [名] 《A. مهر महर》〔イス〕婚資（イスラム法による結婚で男性が嫁の父か親族に贈る契約金．花嫁料．一般的に結婚時に一部が払われ離婚時や夫の死亡時に残額が払われる）；マフル；メヘル 〈marriage gift; marriage portion; alimony; dowry〉
महर[2] [名] マハル（ブラジ地方でザミーンダールやバイシュヤなどの男性に対する敬称として用いられる言葉）
महर[3] [形] 《← P. مهر मिह्र/मेह्र》 情け深い；哀れみ深い＝ दयालु; दयावान.
महर[4] [名*] 《P. مهر मेह्र/मिह्र》 慈悲；情け；哀れみ＝ मेहर.
महर[5] [形] 匂い立つ；芳香のする
महरदिली [名*] 《P. مهر دلی मेह्रदिली》 情け深いこと；親切なこと＝ दयालुता; मेहरबानी.
महरबाँ [形] 《P. مهربان मेह्रबाँ/मिह्रबाँ》＝ महरबान; दयालु; दयावान; कृपालु.
महरबान [形] 《P. مهربان मेह्रबान/मिह्रबान》 情け深い；親切な；哀れみ深い＝ मेह्रबान; मिह्रबान; दयालु; कृपालु.
महरबानी [名*] 《P. مهربانی मेह्रबानी/मिह्रबानी》 情け深さ；親切；哀れみ深さ
महरम[1] [形] 《A. محرم महरम》 (1)〔イス〕近親の関係にある（結婚の認められない近親関係にある） (2) 親密な間柄の；昵懇な (3) 内情や秘密に通じた
महरम[2] [名] (1)〔イス〕近親者（結婚の認められない関係の人） (2) 親密な人；親友＝ मित्र; दोस्त.
महरा[1] [名] (1) カハール・カーストの人→ कहार (2) 長；頭；頭目 (3) 尊敬すべき人 (4) 使用人；召使い＝ नौकर.
महरा[2] [形] (1) 主要な＝ प्रधान; मुख्य; ख़ास. (2) 尊敬すべき
महराज [名] 住み込みの料理人（ブラーフマン）；マハラージ
महराजा [名] → महाराज.
महराजिन [名*] 住み込みの女性料理人（ブラーフマン）；マハラージン
महराना [名] → महाराणा.
महराब [名*] 《A. محراب मिह्राब》 (1)〔イス〕イスラム寺院の建築でメッカの方角を示すアーチ形のへきがん（壁龕）；メヘラーブ；ミフラーブ＝ मेहराब. (2)〔建〕せりもち（迫持） कोण महराब 入隅迫持
महराबी [形] メヘラーブの महराबी छत 丸天井
महरिन [名*] ＝ महरी.
महरी [名*] (1) カハール・カーストの女性（下女中などの仕事をすることが多い）→ महरा. (2)〔鳥〕ヒタキ科シキチョウ＝ महरि/दँहगल/दहिंगल.
महरू[1] [名] アヘン吸飲具
महरू[2] [形] 《← P. ماهرو माहरू》 容貌のすぐれた；美しい；美人の
महरूम [形] 《A. محروم महरूम》 (1) 奪われた；失った हमेशा के लिए आँख जैसी नेयामत से महरूम होते हैं 目のような甚だ大切な物を永久に失う वोट देने और उम्मीदवार बनने के हक़ से कौन लोग महरूम हैं 選挙権と被選挙権を剥奪されるのはだれか (2) 禁じられた；禁止された हँसने से महरूम क॰ 笑うのを禁じる (3) 遠ざけられた；排除された；へだてられた；断たれた दूर रहनेवाले इन अच्छी बातों से महरूम रहते हैं 遠くにいる人たちはこの良いことからへだてられる दिन भर घर में बैठा रहेगा तो ताज़ा हवा से महरूम रहेगा 一日中家の中にいると新鮮な空気から断たれることになる (4) 不運な
महरूमी [名*] ← महरूम.
महर्घ [形] → महार्घ.
महर्षि [名] マハルシ；偉大な聖仙；偉大なリシ（ऋषि）；大聖者；大仙
महल [名] 《A. محل》 (1) 宮殿；王宮 (2) 大邸宅；屋敷 हर बड़े शहरों में इनके आलीशान महल खड़े हैं どの大都市にもこの人のお屋敷が建っている (3) 後宮＝ रनिवास; अंत:पुर. (4) 機会＝ अवसर; मौक़ा. महल खड़ा क॰ 相当な金を貯め込む महलों का सपना देखना 金満家になることを夢見る；金持ちを夢見る
महलसरा [名] 《A.P. محل سرا》 後宮＝ अंत:पुर; रनिवास.
महली [名] 《A.H. محلی》 宦官
महल्ला [名] 《A. محله》 都市の区画；街区；区域；地区
महल्लेदार [名] 《A.P. محله دار》 市の区画や街区の長
महशर [名] 《A. محشر महशर》 (1)〔イス〕最後の審判 (2)〔イス〕最後の審判の日＝ क़ियामत का दिन.
महसूद [形] 《A. محسود महसूद》 妬まれた；嫉妬された；羨ましがられた＝ ईर्षित.
महसूर [形] 《A. محسور महसूर》 (1) 囲まれた；包囲された (2) 制限された
महसूल [名] 《A. محصول महसूल》 (1) 税金 (2) 関税 (3) 送料；輸送料；郵便料金；料金
महसूली [形] 《A. محصولی महसूली》 税金のかかる；課税される；課税対象の
महसूस [形] 《A. محصوص महसूस》 感じられた；感知された；知覚された महसूस क॰ 感じる；感づく अपनी ग़लती महसूस क॰ 自分の過ちに感づく दिल में उछाह-सा महसूस करने लगी थी 胸に意気込みのようなものを感じ始めていた महसूस हो॰ 感じられる ज़मीन के पुन: बँटवारे की आवश्यकता महसूस होने लगी है 土地を再分配する必要が感じられ始めている
महा [形] (1) 大きな；巨大な；甚だ大きな पिछले चुनावों में महा हार के बाद से 先の選挙で大敗を喫して以来 (2) 偉大な (3) 最高の
महा अंकेक्षक [名] 会計検査院院長〈Auditor General〉 भारत महा अंकेक्षक インド連邦の会計検査院院長
महाकंद [名] (1) タマネギ＝ प्याज़. (2) ニンニク＝ लहसुन.
महाकल्प [名] ＝ ब्रह्माकल्प. 〔イ神〕マハーカルパ（ブラフマー神の寿命の尽きる時間）；大劫
महाकल्पांत [名]〔イ神〕マハーカルパの終わり（この際に大洪水が起こり宇宙の大破滅が生じる）
महाकवि [名] 偉大なる詩人；詩聖
महाकांता [名*] 大地＝ पृथ्वी; धरा.
महाकांसुल [名] 《H. + E. consul》 総領事＝ महावाणिज्यदूत; कांसुल जनरल. 〈consul general〉
महाकांसुलावास [名] 総領事館〈consulate general〉＝ महावाणिज्य दूतावास; कांसुलेट जनरल.
महाकाय [形] (1) 巨大な (2) 巨体の；巨躯の
महाकायता [名*] (1) 巨大なこと (2) 巨体であること (3)〔医〕巨人症〈gigantism〉 महाकायता आ॰ 巨人症になる
महाकाल [名] (1)〔イ神〕創造主・破壊者としてのシヴァ神；マハーカーラ神（महाकाल） (2) ウッジャインにある著名なシヴァ寺院；マハーカーラ寺院（12 ジョーティルリンガ ज्योतिर्लिंग の一）；マハーカーラ (3) 古代インドの標準時（ウッジャインの日の出を基準にした時刻） (4)〔植〕ウリ科蔓草フトエカラスウリ【*Trichosanthes palmata*】＝ जलग.
महाकाली [名*] (1)〔イ神〕シヴァ神（マハーカーラ）の配偶神，マハーカーリー (2)〔イ神〕ドゥルガー神の姿の一；マハーカーリー (3)〔ヒ〕疱瘡神の一，マハーカーリー
महाकाव्य [名] (1)〔イ文芸〕マハーカーヴィア（サンスクリット文学でカーヴィアと呼ばれる文学作品の分類の一．形式的には定められた数 (8〜30) の章から成り偉大な人物の人生の全体像，その時代精神と社会を描いたカーヴィヤとされる）→ काव्य; प्रबंध काव्य. (2)〔イ文芸〕構成の大きな長編詩
महाकुल [名] (1) 名門；名家 (2) 名門の出身者
महाकुलीन [形]（出身が）名門の；名家の（出身の）
महाकुष्ठ [名]〔医〕ハンセン病；癩病
महाकृच्छ्र [名]〔ヒ〕大苦行；激しい苦行
महाकृष्ण [名] シヴァ神の異名の一
महाकोश [名] シヴァ神の異名の一

म

महाखड्ड [名] 峡谷；山峡〈gorge〉
महाखर्व [数] 10 兆
महागौरी [名*] ドゥルガー神 दुर्गा देवी の異名の一
महाग्रीव [名] シヴァ神の異名の一
महाघृत [名] 製造から 111 年経過して薬効の甚だ高いとされるギー (घृत)
महाजंबीर [名]〔植〕ミカン科クネンボ= कमला नींबू.
महाज़ [名]《A. محاذ》戦場；戦地；戦線；第一線；対決の場 जंग के दिनों में सिपाही महाज़ पर होता है 戦の時は兵士は戦場にいるものだ जंग के महाज़ से कामयाब लौटा तो 戦地から首尾良く戻ったならば
महाजन [名] (1) 金貸し；金融業者= कोठीवाल. (2) 民衆；庶民= जन समाज; जनसमूह. (3) 偉人 (4) 長 (5) 金満家；金持ち= धनवान; धनी; दौलतमंद.
महाजनपद [名]〔イ史〕紀元前 6〜5 世紀に北部インドに存在したとされる 16 の大国→ जनपद.
महाजनी[1] [形] 金貸しの；金融業者の
महाजनी[2] [名*] 金融業；金貸し業
महाजल [名] 海= समुद्र; सागर.
महाजाल [名] (1) 大きな網 (2) 地引き網；底引き網 (3) 人をだます大仕掛けの罠
महाज्ञानी [形] 博識の
महातपा [形・名] 激しい苦行を行う（人）；大苦行を行う（人）
महातरंग [名*] 大きな波；大波
महातल [名]〔イ神〕地下の七界の内下から 2 つ目の世界；マハータラ
महातीक्ष्ण [形] (1) 甚だ鋭い；非常に激しい (2) とても辛い；大変厳しい
महातेज[1] [名] (1) シヴァ神 (2) 水銀
महातेज[2] [形] (1) 大いに輝く；大いに光輝を放つ (2) 強力な；威力のある
महात्मन् [名] (1)〔イ哲〕最高我；根本原理；宇宙我；マハートマン（マハートマー） (2) 偉大な精神を有する人；高貴な人 (3) महात्मा マハートマーの Skt. の呼格形 (voc.) → महात्मा (4). मुझसे मज़ाक न कीजिए महात्मन्! どうか私をからかわないで下さいよ→ महात्मा.
महात्मा [名] (1) 偉大なる精神を有する人；高貴な人 (2) 偉大なる苦行者 (3) 徳の高い立派な人に対する敬称 महात्मा कृष्ण マハートマー・クリシュナ महात्मा बुद्ध マハートマー・ブッダ（仏陀） महात्मा गाँधी マハートマー・ガンディー (4) 親しみや軽い軽蔑の気持ちをこめて二人称や三人称で相手を呼んだり人を指す言葉
महात्म्य [名] = माहात्म्य. गीता का महात्म्य バガヴァッド・ギーターの大威力
महादंत [名] (1) シヴァ神 (2) 象牙
महादंष्ट्र [名] シヴァ神= महादेव; शंकर.
महादान [名] 非常に高価な；甚だ貴重な施し物や贈り物
महादारु [名]〔植〕マツ科高木ヒマラヤスギ= देवदारु.
महादेव [名] シヴァ神；マハーデーヴァ神
महादेवी [名*] (1) パールヴァティー神 पार्वती (2) ドゥルガー神 दुर्गा
महादेश [名] (1) 大国 (2) 大陸= महाद्वीप.
महाद्वीप [名] (1) 大陸 एक महाद्वीप से दूसरे महाद्वीप तक मार करनेवाले प्रक्षेपास्त्र 1 つの大陸から他の大陸に向かって攻撃を仕掛ける飛び道具 आस्ट्रेलिया संसार का सब से छोटा महाद्वीप है オーストラリアは世界最小の大陸である→ उपमहाद्वीप 亜大陸. (2)〔イ神〕古代インドの世界観でメール山を囲んで存在する 7 つの大陸
महाद्वीपी [形] (1) 大陸の (2) 大陸的な；大陸性の महाद्वीपी जलवायु 大陸性気候
महाद्वीपीय [形] (1) 大陸の (2) 大陸性の；大陸風の
महाधन [形] (1) 高価な= महामूल्य. (2) 非常に裕福な= बड़ा धनी.
महाधमनी [名*]〔解〕大動脈〈aorta〉
महाधातु [名] (1) シヴァ神 (2) 金；黄金= सोना; स्वर्ण.
महाधिवक्ता [名]〔法〕州司法長官= एडवोकेट जनरल.〈Attorney General〉
महान् [形] = महान. (1) 大きな；巨大な (2) 偉大な महान् कार्य 大仕事；偉大な業績 महान् कवि 偉大な詩人 महान् व्यक्ति 偉人 महान् संगीतज्ञ 大音楽家

महानगर [名] (1) 首都 (2) 大都市；法定大都市 (3) 国際政治都市 महानगर क्षेत्र メトロポリタン地域
महानगर न्यायालय [名]〔法〕メトロポリタン裁判所（デリー，ムンバイ，コルコタ，チェンナイ，アフマダーバードなど特定の大都市を統括する裁判所）〈Court of Metropolitan Magistrate〉
महानगर परिषद् [名*] 法定大都市の市議会
महानगर पार्षद [名] 法定大都市（巨大都市）の市議会議員
महानगर पालिका [名*] デリー市などの巨大都市の市役所
महानगर पुलिस कमिश्नर [名]《H. + E. police commissioner》警視総監
महानगरी [名*] = महानगर. हालैंड की महानगरी हेग オランダの国際政治都市ヘーグ（ハーグ）
महानदी [名*] (1) 大河；大きな川 (2) マハーナディー川（マッディヤ・プラデーシュ州のラーイプル近くの山中に発しベンガル湾に注ぐ）
महानाटक [名]〔イ文芸・演〕マハーナータカ（古典サンスクリット劇のうちナータカの要素を備え 10 幕から成るもの）
महानिंब [名] = महानीम.
महानिंबू [名]〔植〕ミカン科ザボン；ブンタン；ボンタン（文旦）【*Citrus grandis; C. pummelos*】= महानींबू; चकोतरा.
महानिदेशक [名] 長官；局長 पंजाब पुलिस का महानिदेशक パンジャーブ州警察長官
महानिदेशालय [名] 庁；局
महानिर्वाण [名]〔仏〕仏陀の完全な涅槃；入滅= परिनिर्वाण. उनका कुसीनगर के निकट महानिर्वाण हुआ 仏陀はクシーナガラの近くで入滅された
महानिशा [名*] (1) 真夜中；深夜 (2)〔イ神〕宇宙の破滅の生じる夜
महानींबू [名]〔植〕ミカン科ザボン【*Citrus maxima*】= चकोतरा.
महानीबू [名] → महानिंबू; महानींबू.
महानीम [名]〔植〕センダン科高木タイワンセンダン【*Melia azedarach*】= महानिंब.
महानील [名] (1) サファイア (2) नील の百倍の数 (3)〔鳥〕オーチュウ科カザリオーチュウ = भृंगराज.
महानुभाव [名] (1) 偉人 (2) 高潔な人；立派な人；尊敬すべき人
महान्यायवादी [名]〔法〕インド連邦法務長官（大統領に任命される連邦司法機構の長）〈Attorney General〉
महापथ [名] (1) 大きな道 (2) 死出の旅；死出の旅路= महाप्रस्थान. (3) 死
महापद्म [名] (1)〔イ神〕マハーパドマ（クベーラ神の 9 種の財宝の一） (2) 10 兆の数
महापर्व [名] 大祭 महापर्व कुंभ クンバの大祭
महापवित्र [名] ヴィシュヌ神の異名の一
महापातक [名]〔ヒ〕大罪（マヌ法典において大罪と規定されている行為．バラモンを殺害すること，飲酒，窃盗，グル，すなわち，師の妻と交わること，及びこれらの罪を犯した者たちと交際すること．マヌ法典 11 - 55)；マハーパータカ
महापातकी [名]〔ヒ〕マハーパータカの大罪を犯したもの
महापात्र [名] (1) 宰相 (2) 葬儀を執り行いその謝礼を受け取るのを生業とするブラーフマン = महाब्राह्मण.
महापाप [名] 大罪
महापालिका [名*] 法定大都市の自治体；市役所
महापाशुपत [名]〔イ哲〕シヴァ派パーシュパタ派（獣主派）
महापाषाण [名]〔考〕巨石= महाश्म.〈megalith〉
महापीठ [名] (1)〔ヒ〕特別重要な聖地 (2)〔ヒ〕宗門の大本山 (3)〔ヒ〕シャンカラ（・アーチャーリヤ）派の本山
महापुण्य [名] (1) 功徳の大きいこと (2)〔仏〕大福 (3) 大変神聖なこと (4) 大変幸運なこと
महापुण्यवान् [形] (1) 非常に神聖な (2) 非常に幸運な
महापुराण [名]〔ヒ〕プラーナ聖典のうち主要な 18 種のプラーナ（1.ब्रह्म पुराण，2.पद्मपुराण，3.विष्णु पुराण，4.वायु पुराण，5.भागवत पुराण，6.बृहन्नारदीय पुराण，7.मार्कण्डेय पुराण，8.भविष्य पुराण，10.ब्रह्मवैवर्त पुराण，11.लिंग पुराण，12.वराह पुराण，13.स्कन्द पुराण，14.वामन पुराण，15.कूर्म पुराण，16.मत्स्य पुराण，17.गरुड पुराण，18.ब्रह्माण्ड पुराण）

महापुरुष [名] 偉人；立派な人；巨人 महापुरुषों की जीवनियाँ 偉人の伝記 संसार में अनेक महापुरुष हुए हैं जो रात को केवल तीन घंटे सोते थे 世の中には夜中にわずか 3 時間しか眠らなかったという偉人が幾人もいた

महापौर [名] 市長 बड़ौदा के महापौर バローダー市長

महाप्रतिहार [名]〔史〕古代インドの大都市の検察官の長

महा प्रबंधक [名] 頭取；重役；取締役

महाप्रभु [名] (1) 最高神；主 हे महाप्रभु, मेरा लूलापन दूर करके तुमने मुझे उबार लिया 主よ，主は私の足を治して下さり救い出して下さいました (2) シヴァ神 (3) ヴィシュヌ神 (4) वल्लभ आचार्यに対する敬称 (5) チャイタニヤ चैतन्य に対する敬称

महाप्रयाण [名] 逝去；往生；大往生

महाप्रलय [名]〔イ神〕宇宙の破滅

महाप्रशासक [名] (1) 理事長 (2) 最高行政官

महाप्रसाद [名] (1) 神祇に供えられる供物；神饌 (2) ジャガンナート寺に供えられた米飯 (3) 食べてはならないもの；禁忌になっている食物 (4) 肉

महाप्रस्थान [名] (1)〔ヒ〕死出の旅路（古代，天界に生まれるために険阻な高山に登り身を投げた） (2) 死 मेरे महाप्रस्थान का समय बहुत समीप है わが最期の時が迫ってきている

महाप्राण [名]〔言〕有気音；帯気音〈aspirate〉

महाफल [形] (1) 大きな実のなる (2) 大きな成果の得られる

महाबन [名] 大きく深い森

महाबल [形] 強力な；大力の；剛力の

महाबली [形・名] 力持ち；腕自慢の（人）；剛力の（持ち主）

महाबाहु [形] (1) 腕の長い (2) 力持ちの＝ बलवान.

महाबुद्धि [形] (1) 聡明な (2) 奸智に長けた；狡猾な

महाबोधि [名] (1)〔仏〕仏陀の偉大なる智；大智；大菩提 (2) 仏陀

महाब्राह्मण [名] (1) 葬儀を行いその謝礼を受け取ることを生業とするブラーフマン (2) 卑しいブラーフマン；下品なブラーフマン

महाभारत [名] (1) マハーバーラタ（古代インドの 2 大叙事詩の一） (2) 大戦争；大喧嘩；大騒動 महाभारत चलना 大戦争になる；大騒動になる केवल वर्चस्व का महाभारत चल रहा है 言葉だけの大戦争が行われている दो वक़्त की रोटी ख़ातिर महाभारत होता है 日々一日二度の食事（一日三度の食事）を食わんがために大喧嘩が起こる **महाभारत जीतना** 苦しい戦いに勝つ **महाभारत मचना** 家庭争議が起こる；家の中がもめる

महाभाव [名]〔ヒ〕ヴィシュヌ派において信愛の最高の形態とされるもの

महाभाष्य [名]〔言〕マハーバーシュヤ（パーニニ पाणिनि の著した文法書アシュターディヤーイー अष्टाध्यायी について書かれたパタンジャリ पतंजलि の注釈書）

महाभियोग [名] 弾劾；告発；問責；糾弾〈impeachment〉

महाभुजंगप्रयात सवैया [名]〔韻〕マハーブジャンガプラヤート・サワイヤー（各パーダが 8 यगण の 24 音節から成る音節韻律. 12 - 12 で休止）

महाभूत [名] (1) 五大（地水火風空） (2) 物質；物体

महाभूमि [名*] 公共地

महाभोग [名] ＝ महाप्रसाद.

महाभोज [名]（大）宴会

महामंत्र [名] (1)〔ヒ〕マハーマントラ（ヴェーダのマントラ） (2) 効験のあらたかな呪文

महामंत्री [名] (1) 宰相 (2) 書記長 सोवियत रूस की कम्यूनिस्ट पार्टी का महामंत्री ソビエト連邦共産党書記長

महामति [形] (1) 怜悧な (2) 高邁な理想を持つ

महामना [形] (1) 寛大な；寛容な (2) 高邁な

महामहिम [形] 閣下（間接的に敬称として用いられる）

महामहोपाध्याय [名] (1) 大学者；学匠 (2) サンスクリットの大学者に対する尊称

महामांस [名] 最も忌むべき肉（牛肉，人肉など）

महामाई [名*] (1) ドゥルガー神 दुर्गा (2) カーリー神 काली (3) シータラー शीतला；疱瘡神

महामात्य [名] ＝ महामंत्री.

महामात्र[1] [形] (1) 大きな (2) 偉大な (3) 高度な (4) 富裕な

महामात्र[2] [名] (1) 高官 (2) 宰相

महामानव [名] 立派な人 मुझे एक साधु या महामानव बना दें 私を 1 人のサードゥ，すなわち，立派な人間になさって下さい

महामान्य [形] 閣下（尊称）

महामाया [名*] (1)〔イ哲〕（世界を存在しているように思わせる）幻力；マハーマーヤー（幻力の神格化されたもの，呪術的な力の根源の神格化されたもの） (2) ドゥルガー神 (3)〔仏〕シャカムニの母；摩耶夫人；摩訶摩耶

महामारी [名*] 疫病；伝染病＝ मरी; वबा. चेचक जैसी महामारी 天然痘のような疫病

महामार्ग [名] ハイウエー＝ महापथ.

महामुद्रा [名*] (1)〔ヨガ〕マハームッドラー（ヨーガのポーズの一） (2) タントリズムにおける輪座儀礼において儀礼を行う男性の相手役を果たす女性

महामुनि [名] 大聖仙；聖仙；大聖

महामूर्ख [形] 大馬鹿の

महामूर्ति [名] ヴィシュヌ神の異名の一

महामूल [名]〔植〕タマネギ＝ प्याज़.

महामृत्युंजय [名] (1) シヴァ神 (2)〔ヒ〕シヴァ神に向けて唱えられる延命・長寿をもたらすとされる呪文

महामोद [名] 大きな喜び；喜悦

महायज्ञ [名]〔ヒ〕マヌの法典などに規定されている家長が日々なすべき務めとされたお供えの儀礼（五大供犠）. これを行うことにより日々重ねられる罪業が滅せられるとされた. (a) リシと呼ばれる聖賢に対するヴェーダの読誦・誦唱や学習によるお供え (ब्रह्मयज्ञ) (b) ピトリ，すなわち，祖霊に対する食物や水，牛乳，果物などのお供え (पितृयज्ञ) (c) 神々（火神，ソーマ神，ヴィシュヴェーデーヴァ神，プラジャーパティ神など）に対する調理した食物のお供え (देवयज्ञ) (d) 方位の守護神，生き物，精霊，社会から排除された人などを含めた一切の生類に対するお供え (भूतयज्ञ) (e) バラモンの客人，学生，その他の来訪者に対するお供え（नृयज्ञ）

महायान [名]〔仏〕マハーヤーナ（大乗仏教） महायान बौद्ध 大乗仏教徒 महायान संप्रदाय 大乗仏教

महायानी[1] [形] 大乗仏教の

महायानी[2] [名] 大乗仏教徒

महायुत [数] アユタ（1 万）の 100 倍の数；100 万

महायुद्ध [名] 大戦＝ विश्वयुद्ध; जंगे अज़ीम. प्रथम महायुद्ध 第一次世界大戦 द्वितीय महायुद्ध 第二次世界大戦

महायुध [名] シヴァ神の異名の一

महायोद्धा [名] 偉大なる戦士；勇猛果敢な兵士 लक्ष्मण, मेघनाद दोनों के दोनों महायोद्धा ラクシュマナ，メーガナーダ，いずれもひけをとらない偉大なる戦士

महारंध्र [名]〔解〕大後頭孔〈foramen magnum〉

महार [名*]《P. مہار》ラクダの鼻輪

महारत [名*]《A. مہارت》堪能なこと；熟達；熟練；上達 (-में) **महारत रखना**（－に）熟達する वह धातु के काम में महारत रखता है 金属加工の仕事に熟達している खेल में महारत スポーツが堪能 अच्छे खिलाड़ी की दोनों पाँवों से तगड़ी किक लगाने की महारत होनी चाहिए すぐれたプレーヤーであるには左右両方の足で強くキックすることが上手でなくてはならない खिलौने बनाने में महारत हो॰ 玩具作りが上手な

महारथी [名] (1) 一騎当千の戦士 (2) 専門家；大学者

महाराज [名] (1) 大帝；大王 महाराज अशोक アショーカ大王 (2) 師匠，学匠，ブラーフマンなどの尊称 महाराज मनु 聖仙マヌ (3) 聖者，聖人，高僧，尊者，修行者などに対する尊称 यह तो सब कलियुग महाराज का फ़ितूर है これらは皆カリユガ（末世）さまの仕業でござる (4) 丁寧な呼びかけの言葉 महाराज, आज आपने मेरे अहंकार का नाश कर दिया 師は今日手前の慢心を打ち砕いて下さいました (5) 敬意をこめた呼びかけの言葉 महाराज, आपने आज मुझे उबार लिया（車夫が命を助けてくれた青年に向かって）今日はあなた様が手前の命を救って下さいました (6) 英領インド時代の大藩王国の藩主に与えられた称号の一

महाराजाधिराज [名] (1) 大王；大君主；大皇帝 चक्रवर्ती महाराजाधिराज सम्राट की अतुल संपत्ति 世界の覇王の無尽の財産 (2) 大藩王国の王にイギリス側から与えられた称号；マハーラージャーディラージ

म

महाराजिक [名]〔イ神〕マハーラージカ（群神の一）
महाराज्ञी [名*] (1) ドゥルガー神 (2) 女王= महारानी.
महाराणा [名] マハーラーナー（メーワール मेवाड़, チットール चित्तौड़, ウダイプル उदयपुर の藩王たちの尊称）
महारात्रि [名*]〔イ神〕マハープララヤ（マハーカルパ महाकल्प の終わり，すなわち，ブラフマー神の死に際して生じる世界破滅の夜）
महारानी [名*] 女王 हालैंड की महारानी オランダの女王
महारावल [名]《Raj.》マハーラーワル（ドゥーンガルプル डूंगरपुर やジャイサルメール जैसल्मेर などの旧藩国領主の称号）
महाराष्ट्र [名] (1)〔地名〕マハーラーシュトラ (2) マハーラーシュトラ州 (3) マハーラーシュトラ人= मराठा.
महाराष्ट्री[1] [名*] (1)〔言〕マハーラーシュトリー語（プラークリット語の一） (2)〔言〕マラーティー語
महाराष्ट्री[2] [形] マハーラーシュトラの；マハーラーシュトラ地方の
महाराष्ट्रीय [形] マハーラーシュトラの；マハーラーシュトラ地方の
महाराष्ट्रीयन [形] マハーラーシュトラの；マハーラーシュトラ地方の महाराष्ट्रीयन साड़ी マハーラーシュトラ産のサリー
महारास [名]〔ヒ〕マハーラーサ（クリシュナがゴーピーたちとシャラットプールニマー शरत्पूर्णिमा の夜ヴリンダーヴァナ वृंदावन のヤムナー河畔で行った解脱へ導くものとされる霊的な意味を持つラーサ円舞の遊戯）
महारुख [名] (1)〔植〕ニガキ科落葉高木ニワウルシ【*Ailanthus excelsa*】〈tree of heaven〉 (2)〔植〕トウダイグサ科多肉低木キリンカク【*Euphorbia neriifolia*】= थूहर; सेहुड़.
महारोग [名] 難病，もしくは，不治の病と考えられていた病気の総称
महारौरव [名]〔ヒ〕マハーラウラヴァ（地獄の一）
महार्घ [形] (1) 貴重な；高価な (2) 不当に高価な
महार्घता [名*] ← महार्घ.
महार्णव [名] 大洋= महासागर.
महार्थ [形] (1) 重みのある；重要な；深い意味のある (2) 甚だ裕福な；金満家の
महार्बुद [数・名] 10 億
महाल [名, pl.]《A. محال ← محل महल》(1) 地区；地域；区域 (2) 場所
महालक्ष्मी [名*]〔ヒ〕マハーラクシュミー（ラクシュミー神の一つの姿）
महालय [名] (1)〔ヒ〕ヒンドゥーの祖霊祭（陽暦の 9 月下旬に行われる先祖の供養祭） = पितृपक्ष. (2)〔ヒ〕聖地；巡礼地
महालिंग [名] シヴァ神
महालेखापाल [名] 経理局長；主計局長〈Accountant General〉
महालोल [名]〔鳥〕カラス（鳥）= कौआ.
महावंस [名]〔仏〕マハーヴァンサ（古代スリランカの歴史に関する叙事詩でパーリ語による記録）；大史；大王統史= महावंश.
महावट [名*] 北インドに冬季（プース月やマーグ月，すなわち，太陽暦の 12 月，1 月）に降る雨；冬の雨= जाड़े की वर्षा. और इस सर्दी में हो रही थी ज़ोर की महावट それにこの寒さに激しい雨が降っていた
महावत [名] 象使い= फ़ीलवान; हाथीवान.
महावन [名] (1) 大きな森 (2) ヴリンダーヴァナ（वृंदावन）の中の一つの森
महावर [名] マハーワル（ラックカイガラムシから採れる深紅の顔料の一で，ヒンドゥー女性が足や土踏まずを美しく装うのに用いられる）
महावराह [名]〔イ神〕マハーヴァラーハ（ヴィシュヌ神の第 3 の化現で猪の姿をとったもの）
महावरी [名*] マハーヴァリー（マハーワル महावर を球状や円盤状に固めたもの）
महावरेदार [形] 慣用語法の多い→ मुहावरेदार.
महावरोह [名] (1) → पलाश. (2) → बरगद.
महावाक्य [名] (1) 重要な格言 (2) 重要な呪文 (3)〔イ哲〕ウパニシャッドの哲学思想の精髄を表すとされる तत्त्वं असि（汝はそれなり）や अहं ब्रह्मास्मि「我はブラフマンなり」といった句や文言
महावाणिज्यदूत [名] 総領事〈consul general〉
महावाणिज्य दूतावास [名] 総領事館〈consulate general〉
महावात [名] 嵐；暴風；疾病；大風
महावार्तिक [名]〔言〕マハーヴァールティカ（パーニニ文典のスートラに対して कात्यायन が施した増補訂正の法則）
महाविद्या [名*] (1) タントラ教において重きをなす十大女神（1.काली，2.तारा，3.षोडशी，4.भुवनेश्वरी，5.भैरवी，6.छिन्नमस्ता，7.धूमावती，8.बगलामुखी，9.मातंगी，10.कमलात्मिका） (2) ドゥルガー神 (3) ラクシュミー神
महाविद्यालय [名] 大学；カレッジ= कालेज. तकनीकी शिक्षा देनेवाले महाविद्यालय 技術教育系の大学
महाविषुव [名] 春分〈spring equinox〉
महावीर[1] [形] 勇猛果敢な
महावीर[2] [名] (1) マハーヴィーラ（ジャイナ教開祖．第 24 代の祖師ティールタンカラ）；大雄= महावीर वर्धमान. (2)〔ヒ〕ハヌマーン
महावीर चक्र [名] マハーヴィーラ・チャクラ（独立インドの軍人への勲功章の一で勝れた軍功を挙げた軍人に大統領より授与される． परमवीर चक्र に次ぐもの）
महावीरप्रसाद द्विवेदी〔人名・文芸〕マハーヴィールプラサード・ドゥヴィヴェーディー（1864–1938．近代ヒンディー文学の興隆に大きな力のあった文学者・雑誌編集者）
महाव्याधि [名*] 難病；不治の病= महारोग.
महाव्रण [名]〔医〕宿痾= नासूर.
महाव्रत [名] (1)〔ヒ〕ヴラタの中で制約の厳しいもの (2)〔ヒ〕12 年間にわたり行われるヴラタ (3)〔ヒ〕アーシュヴィン月に行われるドゥルガープージャー
महाशंख [名] (1) 大きな法螺貝 (2)［数］10 兆 = 10 निखर्व. (3)［数］100 シャンカ（शंख 1000 兆）
महाशक्ति [名*] (1)〔ヒ〕世界創造の原動力 (2)〔政〕大国 इस विफलता की ज़िम्मेदारी संयुक्त राष्ट्र महासचिव पर नहीं बल्कि महाशक्तियों पर है この失敗の責任は国連総長ではなく大国にある
महाशय [名] (1) 高貴な人；高邁な人；紳士；人格高潔な人；大人 (2) 人格が立派な人に対する敬称 (3) 男の方；殿（方） "मुझे माफ़ कर दीजिए, महाशय जी!" मेमना भय से चिल्लाने लगा「(オオカミさん,) どうかお許し下さい」子羊は恐ろしさに叫びだした इसका सीधा-सा मतलब यही होता है कि महाशय बोतल के पूरी तरह गुलाम हो चुके हैं このことは真っ直ぐな話，殿はすでに酒に中毒してしまっているということだ
महाशिरा [名*]〔解〕大静脈〈vena cava〉
महाशिवरात्रि [名*]〔ヒ〕シヴァラートリ祭 शिवरात्रि の別称（パールグナ月 फाल्गुन，すなわち，インド暦の 12 月の黒分 14 日．日本の旧暦では正月 28 日）
महाश्म [名]〔考古〕巨石= महापाषाण.
महाश्रेष्ठी [名] 豪商；大商人
महासंगति [名*] (1) 結集；会合 (2)〔仏〕結集（けつじゅう） बौद्ध महासंगति 仏典結集 बौद्ध महासंगति का अधिवेशन 仏典結集の集会
महासंघ [名] 組合や組織の連合体；総連合 छात्र महासंघ भवन 学生総連合会館
महासंघिक [名]〔仏〕大衆部；多僧部；摩訶僧祇
महासचिव [名] (1) 書記官長 (2) 書記長；総書記 शिक्षक-अभिभावक संघ महासचिव PTA の書記長 मार्क्सवादी कम्युनिस्ट पार्टी का महासचिव マルクス主義共産党書記長
महासत्त्व [名] (1)〔仏〕シャカムニ（釈迦牟尼） (2)〔仏〕大菩薩
महासभा [名*] (1) 大会 (2) 大会議；総会 (3) ヒンドゥーマハーサバー हिंदू महासभा（1913 年に結成されたヒンドゥー教的色彩の濃い政党）
महासभाई [名] ヒンドゥーマハーサバーの党員や運動員
महासमाधि [名*] 入滅；大往生 रामकृष्ण परमहंस की महासमाधि के बाद ラーマクリシュナ・パラマハンサの入滅後
महासमुद्र [名] 公海；海洋
महासहयोग [名] 大同団結
महासांघिका [名*]〔仏〕大衆部；多僧部；摩訶僧祇
महासागर [名] 大洋 प्रशांत महासागर 太平洋 भारतीय महासागर インド洋
महासागर धारा [名*] 海流

महासागरी [形] (1) 大洋の；海洋の (2) 外洋域の **महासागरी जलवायु** 〔気象〕海洋性気候
महासिद्धि [名*] ヨーガで得られるとされる 8 種の超能力 (अणिमा 微少な姿になり他者から見られずいずれにも入り込むことができる能力， ईशिता 一切を支配する能力， गरिमा 意のままに自分の重量を増す能力， प्राकाम्य 意のままに姿を変える能力， प्राप्ति 意のままに一切のものを獲得する能力， महिमा 意のままに自分の姿を巨大にする能力， लघिमा 意のままに自分の姿を小さくする能力， वशित्व 一切のものを自分の意のままにする能力)
महासिल [名] 《A. محاصل》(1) 収入；収益；利益；売上高= आय; आमदनी. (2) 歳入= राजस्व. (3) 用益権；使用権
महासीर [名]〔魚〕コイ科淡水魚バルブス・トール【*Barbus tor*】= नहरम.
महासुख [名] (1) 修行の果として得られる至福；大楽 (2) 交合；交接
महिं [格助] = में.
महिंजक [名] ネズミ= चूहा.
महि[1] [格助] = में.
महि[2] [名*] (1) = पृथ्वी. (2) = महिमा. (3) = महत्ता.
महिका [名*] (1) 大地 (2) 霧 (3) 霜 (4) 氷
महिदेव [名] ブラーフマン；バラモン= ब्राह्मण.
महिमा [名*] (1) 重要性 (2) 偉大さ；威力 सत्संग की महिमा 聖者との交わりの威力 (3) 見事さ；立派さ ऐसे स्थान का दर्शन करोगे, जो स्वर्ग से भी अधिक पावन है और महिमा वाला है 汝は天国以上に神聖で立派な所を拝観するであろう (4) 栄光 पुष्कर की महिमा का गुणगान プシュカルの栄光の称賛
महिमामंडित [形] (1) 高位の；立派な (2) 栄光のある (3) 重要な इस मूर्ति के प्रभाव से यह गाँव इतना महिमामंडित हो गया है この神像の力でこの村はこれほどにも重要性を増した
महिमावान [形] = महिमामंडित.
महिला [名*] 女性；女子= नारी; स्त्री; औरत. महिलाओं पर अत्याचार 女性に対する不当行為 अंतरराष्ट्रीय महिला दशक 国際婦人年 **महिला कथाकार** 女流小説家 महिला कर्मचारी 女子職員 **महिला डाक्टर** 女医 महिला खेत मजदूर 女子農業労働者 **महिला प्रतिनिधि** 女性代表 वे इतिहास की पहली महिला प्रधानमंत्री थीं 歴史上最初の女性首相であった महिला महाविद्यालय 女子大学 महिला मित्र ガールフレンド；(男性にとっての) 女性の友人 महिला रोगिणी 女性患者 महिला लेखिका 女流作家 महिला समिति 婦人会 महिला सिंगल्स 〔ス〕女子シングルス महिला हॉकी टीम 女子ホッケーチーム
महिष [名] (1) 水牛 (2) 灌頂の儀式を終えた王；即位式を終えた王
महिषासुर [名]〔イ神〕マヒシャースラ；マヒシャ・アスラ (水牛の頭をした悪鬼．ドゥルガー神により征伐される)
महिषी [名*] (1) 雌の水牛 (2) 灌頂の儀式を済ませた王の正妻
मही[1] [名*] (1) 大地= पृथ्वी. (2) 土= मिट्टी.
मही[2] [名*] バターミルク= मट्ठा; छाछ.
महीधर [名] (1) 山 = पहाड़; पर्वत. (2)〔イ神〕シェーシャナーガ→ शेषनाग.
महीन [形] (1) (極めて) 細い；細手の महीन धागा 細い糸 (2) 薄い；薄手の महीन कपड़े 薄手の服 (3) こまかい；きめのこまかい；粒のこまかい महीन पाउडर きめのこまかいパウダー महीन पिसा हुआ こまかく粉に挽かれた महीन रेत こまかい砂 महीन कूटना こまかく砕く；すりつぶす= खरल क॰. (4) 弱い；弱々しい；細い；きゃしゃな；か細い महीन आदमी きゃしゃな人 महीन काम (目の疲れるような) 緻密な作業 **महीन खाना** 上等の食事をとる；贅沢な食事をする महीन खाने से उनकी आदत बिगड़ जाती है 贅沢な食事をしていると悪い癖がつく **महीन पहनना** 上等の服を着る；贅沢な服装をする **महीन मार मारना** じわじわと苦しめる；ねちねちと苦しめる
महीना [名] 《P. مہینہ》(1) ひと月；1 か月；月 इस महीने में 今月に अगले महीने (में) 来月 हर महीने; प्रत्येक महीने 毎月 (2) 月給 (3) 月経；月のもの；生理= मासिक धर्म; रजो धर्म. **महीना चढ़ना** 妊娠する **महीना पार लगाना** ひと月を過ごす；月々を過ごす；暮らしを立てる तुम लोग क्या जानो कि कैसे पैसे पैसे की कतर ब्योंत कर महीना पार लगाती हूँ あたしが一銭一厘を切り詰めて暮らしを立ててきたことはお前たちにはわかるまい **महीने से हो॰** 月経中；生理中
महीनावार [形] 《P. مہینہ وار》月々の；毎月の；月別の
महीनावारी [名*] 《P. مہینہ واری》月給
महीप [名] 王；国王= राजा; नृप; नृपति.
महीपति [名] = महीप.
महीपाल [名] = महीपति.
महीपुत्र [名] 火星= मंगलग्रह; मंगल.
महीपुत्री [名*]〔ラマ〕シーター सीता
महीप्राचीर [名] 海；大海；大洋；大海原= समुद्र; सागर.
महीमंडल [名] 大地；地球= पृथ्वी; भूमंडल.
महीयस् [形] (1) 大きな；巨大な (2) 強力な
महीयसी [形*] = महीयान.
महीयान [形] (1) (−) より大きい (2) 偉大な (3) 強大な
महीरुह [名] 木；樹木= वृक्ष; पेड़.
महीश [名] 王；国王
महीसुत [名] 火星= महीपुत्र.
महीसुता [名*] = महीपुत्री.
महीसुर [名] バラモン= ब्राह्मण.
महुँ [格助] = महँ; में.
महुअर [名] (1) 蛇使いの笛= तुमड़ी; तूँबी. (2) 魔術
महुआ[1] [名] (1)〔植〕アカテツ科高木イリッペ【*Bassia latifolia*】= मधूक. (2) イリッペの花
महुआ[2] [名*] イリッペの花を発酵させてこしらえる酒
महुआ[3] [形] かきまぜられた；攪拌された महुआ दही 攪拌してバターをとりだした後のヨーグルト
महुआरी [名*] イリッペの林
महुला[1] [形+] 淡黄色の
महुला[2] [名] 淡黄色
महुवा [名] = महुआ.
महूरत [名] = मुहूर्त. (1) 1 日の時間の 30 分の 1，すなわち，48 分 (2)〔ヒ・占星〕吉祥の時刻 मैं कल ही महूरत निकलवाकर टीके की रस्म पूरी कर जाऊँ 吉祥の時刻を (バラモンに) 選び出してもらって婚約式の儀式を済ませよう (-का) **महूरत क॰** (−を) 吉祥の時刻に開始する **महूरत धराना** 式を行う時刻を定める
महेर [名] (1) 争い；いさかい (諍い) (2) 遅延 (-में) **महेर डालना** *a.* (−を) 妨げる；妨害する *b.* (−を) 遅らせる；遅延させる
महेरा [名] (1)〔料〕ヨーグルトで煮た粥 (2)〔料〕食用スイトピーの豆粉にヨーグルトを混ぜて煮た料理 (3) バターミルク
महेरी [名*] (1) 茹でたモロコシ (2) = महेरा.
महेला [名] マヘーラー (茹でた豆類に黒砂糖，ギーなどを混ぜた家畜の餌)
महेश [名] (1) 最高神 (2) シヴァ神
महेशान [名] シヴァ神
महेशानी [名*] パールヴァティー神；ドゥルガー神
महेशी [名*] パールヴァティー神 (पार्वती)
महेश्वर [名] (1) 最高神 (2) シヴァ神
महेश्वरी [名*] ドゥルガー神
महेस [名] = महेश.
महोख [名]〔鳥〕ホトトギス科ハシナガバンケン【*Centropus sinensis*】
महोगनी [名] 《E. mahogany》(1)〔植〕センダン科高木マホガニー【*Swietenia mahagoni*】；オオバマホガニー【*S. macrophylla*】 (2) マホガニーの木から採れる木材
महोचार [名] 轟音；大音響
महोती [名*] イリッペの実= महुआ.
महोत्सव [名] (1) 大きな祭礼；大祭；大きな祝典 (2) = पंचचामर.
महोदय [名] (1) 高潔な人；立派な人；紳士 (2) 紳士に対する敬称；氏 (3) 目上の人に対する呼びかけの言葉 (書簡文にも用いられる) चंद्र महोदय से उनकी विशेष घनिष्ठता थी あの方はチャンドラ氏とは特に親しかった मित्र महोदय 友人氏
महोदया [名*] (1) 女性に対する敬称；女史 हमारी सचिव महोदया हम लोगों के लिए चाय-नाश्ते का प्रबंध कर रही थीं わが秘書女史が我々の軽食の準備をしているところだった (2) 目上の女性に対する呼びかけの言葉
महोदर[1] [形] 腹の大きな；巨腹の
महोदर[2] [名] (1) シヴァ神 (2)〔医〕水腫症；浮腫症= जलोदर.
महोपाध्याय [名] 大学者 (伝統的な学問の大学者に対する尊称)

महोबा 〔地名〕マホーバー（ウッタル・プラデーシュ州ハミール県に位置する都市．10〜11 世紀にチャンデーラー／チャンデッラ王家が支配した領土の中心地）

महोर्मि [名*] (1) 大波 (2) 海

महोला [名] (1) 口実；言い逃れ= हीला；बहाना. (2) 欺瞞= धोखा.

महौषध [名*] 万能薬

मह्र [名] 《A. مہر》〔イス〕マフル，もしくは，メヘル（ムスリムの結婚に先立ち花婿側が花嫁側に支払うか，あるいは，支払いを約束する結納金．一部は結婚時に，多くは離婚時に支払われる）；結婚約束金；婚資= महर.

माँ[1] [名*] (1) 母；母親= माता；जननी. अपनी माँ से मिल आये हो? 母さんに会って来たかい（父親が息子との会話で自分の妻に言及する） (2) 母親やかなりの年長の女性に敬意をこめて呼びかける言葉 (3) 女神に呼びかける言葉 (4) 子のある場合，夫は離れている妻に呼びかける際，妻の名を直接呼ばず「−（子の名）の母」という呼び方をすることが多い गौरी की माँ! ゴウリーの母さん माँ जी お母さん（姑に対して） **माँ का दूध लजाना** 男らしくない；卑怯なことをする **माँ का धौंसा खाना** 勇気がある；勇気を持つ **माँ का लाड़ला** 甘やかされて育った **माँ का लाल** = माँ का लाड़ला. **माँ के पेट से** 生まれながらに；生来 **माँ बहन एक क॰** 言葉遣いが良くない；下品な言葉遣いをする **माँ-बहन क॰** *a.* 口汚くののしる；下品極まりないののしりの言葉を発する *b.* 丁寧な言葉遣いをする **माँ-जाई** 実の姉妹；血のつながった姉妹 **माँ-जाया** 実の兄弟；血のつながった兄弟；同胞 **माँ-बाप** *a.* 母親と父親；両親= माता-पिता. *b.* 養育し保護してくれる人；親同然に愛護してくれる人

माँ[2] [格助] 《Av.》= में. **अंधरन माँ कनऊ राजा** 〔諺〕鳥無き里のこうもり（蝙蝠）= अंधों में काना राजा.

माँ[3] [副] 《A. معا मअन》= माआँ (1) 直ちに；即刻；すぐさま (2) にわかに；突然に

माँकड़ी [名*] → मकड़ी.

माँखना [自] 怒る；腹を立てる；立腹する

माँग[1] [名*] (1) 要求；求め अधिक वेतन की माँग को लेकर 賃上げ要求を掲げて अपनी माँगों को मनवाने के लिए 要求を貫くために पूर्व सरकार के करोड़ों रुपए के कथित भ्रष्टाचार की न्यायिक जाँच की माँग 前政府の数千万ルピーに及ぶ，いわゆる，汚職についての司法調査の要求 इन राज्यों ने और अधिक धनराशि की माँग की है これらの州は更に多くの資金を要求している शरीर की माँग 体が求めること；身体の要求 भारतीय कर्मचारियों की माँग インド人職員の求人 शरीर की लौह व विटामिनों की अतिरिक्त माँग पूरी की जा सके 身体の鉄分とビタミンの追加要求を満たせるように (2) 需要；要求；求め；人気 माल की माँग अधिक होने से वस्तुओं के भाव बढ़ जाते हैं 需要が多ければ物の値段は上がる मार्किट में बेहद माँग है इसकी これは市場で大変な人気がある (3) 注文 **माँग उठ खड़ी हो॰** 需要が生じる **माँग काटना** 要求を引き下げる **माँग बुलंद क॰** 強く要求する

माँग[2] [名*]〔ヒ〕髪の分け際，特にヒンドゥー女性の頭の中央部の２つに分けたところ．結婚式の際新郎がここに朱（सिंदूर シンドゥール）を塗る．夫が存命の間この朱を絶やすことがないものとされる．= सीमंत. **माँग उजड़ना** 未亡人になる；夫に死なれる **माँग काली क॰** 夫を失うようにする；未亡人にする（女性間ののしり言葉） **माँग कोख से जुड़ाना** （女性が）夫の健康と子供に恵まれる（女性の幸せの象徴） **माँग कोख से सुखी रहना** = माँग कोख से जुड़ाना. **माँग जलना** = माँग उजड़ना. **माँग धुल जा॰** = माँग उजड़ना. **माँग धोना** = माँग काली क॰. **माँग निकालना** 女性が髪を分ける आपके नयन-नक्श तीखे हों तो आपकी अपनी माँग बीच से निकालनी चाहिए 目鼻立ちがはっきりしているのであれば髪は中央で分けるがよい **माँग-पट्टी क॰** 女性が髪をくしけずる；髪を整える **माँग पारना** = माँग निकालना. **माँग फाड़ना** = माँग निकालना. **माँग फारना** = माँग निकालना. **माँग फूँकना** = माँग काली क॰. **माँग बाँधना** = माँग निकालना. **माँग भरना** *a.*〔ヒ〕結婚式の際新婦の髪の分け目に朱を塗る（儀礼） *b.*〔ヒ〕髪の分け目に朱を塗る उसने सिंदूर से माँग भरकर माथे पर बड़ा-सा गोल टीका लगाया シンドゥール（朱）を髪の分け目に塗り額に大きな丸いティーカーをつけた सुहागवती स्त्री नित्यप्रति माँग भरती 夫が存命の婦人は毎日髪の分け目に朱を塗る **माँग में कोयला दलना** = माँग काली क॰. **माँग में सिंदूर पड़ना** 娘が稼ぐ **माँग लाल क॰** 頭を割る **माँग सँवारना** 髪を飾る **माँग सफ़ेद क॰** = माँग काली क॰. **माँग से ठंडी रहना** 夫の長命と子宝に恵まれること= सौभाग्यवती रहना.

माँग-चोटी [名*] 女性の髪型 **माँग-चोटी में मग्न रहना** 化粧に忙しくする

माँग-जली [名*] 夫に死に別れた女性；未亡人；寡婦；後家= विधवा；राँड.

माँग-टीका [名]〔装身〕女性が髪の分け目につける真珠の玉のついた金製の飾り物

माँगत [名*] 借り उसने अपनी माँगत पूरी चुका दी थी 借りを全部返した

माँगत-चुकी [名*] 返済 इसी जन्म में माँगत-चुकी पार नहीं पड़ेगी 今生では前世の借金の支払いが済まないだろう

माँगना [他] (1)（相手に）望む；求める；要望する；願う उस परी से हवेली-कोठी माँगने के बजाय राज्य ही माँग लेती その天女に屋敷を求める代わりに国を求めたならば जो कुछ तुम मुझसे माँगोगे वह तुम्हें मिल जाएगा 何でも君が私に望むものは手に入るだろう सिक्ख और हिंदू मुस्लिम संतों (पीरों) की कब्रों पर जाकर मन्नतें माँग सकते हैं シク教徒やヒンドゥー教徒はイスラム教の聖者廟に行って願いをすることができる (2) 請求する मैंने पिछले हिसाब के बकाया पैसे माँगे थे 前回分の未納金を請求した (3) 借りる；借用する किताब वह अपने एक दोस्त से माँगकर ले आया था 書物は彼がある友人から借りてきたものだった (4) 乞う；物乞いする **माँग खाकर** 食べ物を乞いながら；食べ物を乞うような暮らしを立てながら **माँग चाहकर** あちこちから借り集めて **माँग-ताँगकर** = माँग चाहकर. **माँगे दे॰** 貸す **माँगे भीख न मिलना** 乞えば何も手に入らないもの **माँगे मौत न मिलना** = माँगे भीख न मिलना.

माँग-पट्टी [名*] 女性の髪型 **माँग-पट्टी क॰** 髪をくしけずる；髪を整える；髪を飾る= माँग सँवारना.

माँग-पत्र [名] (1) 注文書 (2) 要求書；請願書 **माँग-पत्र दे॰** *a.* 注文書を出す；注文する *b.* 請願書や要求書を提出する **माँग-पत्र रद्द क॰** 注文取り消し

माँगफूल [名] = माँगटीका.

माँग-भरी [形*・名*]〔ヒ〕夫が存命の（幸せな女性）

माँगराशि [名*]〔商〕コールマネー〈call money〉

माँगलगीत [名] 結婚式などに女性の歌う祝い歌= मंगलगीत.

मांगलिक [形] めでたい；慶賀すべき；祝いの；祝典の पर्व-त्यौहारों, विवाह आदि मांगलिक कार्यों पर 祭礼，結婚式などのめでたい行事に मांगलिक अवसर 慶事（結婚式などの）

मांगलीक [形] = मांगलिक. **मांगलीक उतारना** 客人に対しアールティー（आरती）によって丁重な出迎えをする

मांगल्य[1] [形] めでたい；祝うべき= शुभ；मंगलकारक.

मांगल्य[2] [名] めでたいこと；めでたさ

माँग-सिंदूर [名] 既婚女性の幸せ（夫の存命であること）

माँगा[1] [名] 借りること；借用 **माँगे का** 借り物の；借用中の

माँगा[2] [名] へさき（舳先）

माँचना [自] (1) 名が揚がる；名が知られる；有名になる= प्रसिद्ध हो॰；मशहूर हो॰. (2) 没入する

माँचा [名] (1) 寝台= खाट；पलंग. (2) 低くとても小さい椅子= पीढ़ी. (3) 畑などの見張り台= मचान.

माँछ [名*] 魚= मछली.

माँछना [自] 入る；入り込む；侵入する= घुसना；पैठना.

माँछी [名*] ハエやハエに似た昆虫の総称= मक्खी.

माँज [名*] (1) 沼地= दलदली. (2) 川縁の低地= कछार. (3) 乾季に水面から出る川岸の土地

माँजना [他] (1) こすって磨く दाँतों को माँजना 歯を磨く दाँत माँजने का ब्रुश 歯ブラシ उसने खूब रकाबियाँ माँजी, खूब प्याले धोए プレートをよく磨きコップをよく洗った माँ आँगन में बरतन माँज रही थी 母はちょうど中庭で食器や鍋釜を洗い磨いているところだった (2) 洗練する व्यवहार-चेतना को माँजना 行動意識を洗練する (3) 凧揚げの糸にマーンジャー（माँझा）を塗布する **माँजना-धोना** 磨き洗いをする；磨き上げる बर्तन माँजना-धोना 食器や調理器具を磨き上げる

माँजर [名*] 骸骨= हड्डियों की ठठरी.

माँ-जाई [名*] 実の姉妹（血を分けた姉妹）

माँ-जाया [名] 実の兄弟（血を分けた兄弟）；はらから（同胞）

मांजिष्ठ [形] (1) (インドアカネ) 茜でできた (2) 茜色の
माँझ[1] [格助] 中に；内に= में; बीच में; अंदर; भीतर.
माँझ[2] [名] (1) 相違；違い= अंतर. (2) 中州
माँझना [他] = माँजना. 水や土，灰などを用いて磨く；磨き洗いをする बाजी बरतन माँझती है 姉さんは食器や炊事道具を磨く
माँझा[1] [名] (1) 中州= नदी में का टापू. (2) 木の幹 (3) ターバンにつける飾り物
माँझा[2] [名] マーンジャー（相手の凧と競って相手の糸を切り落とすために凧糸に塗る一種のにかわ．ワックス，油，卵の白味，ガラスの粉などを混ぜてこしらえるペースト） माँझा दे。凧糸にマーンジャーを塗る **माँझा ढीला हो**。元気のなくなること；気力がなくなる；くたびれる；疲れ切る
माँझिल [形] (1) 中央の (2) 中間の
माँझी [名] 船頭；船員；船乗り
माँट [名] 焼き物のかめ（瓶）；つぼ（壷）；水がめ（水瓶）= मटका.
माँठ [名] かめ；つぼ= मटका.
माँठी [名*]〔装身〕マーンティー（女性が手首からひじにかけてつける鐘青銅製の輪形の装身具）
माँड़[1] [名] 米の煮汁（米飯の煮えた後取り除かれる）= पसेव; पसाव; पीच.
माँड़[2] [名*] ← माँड़ना.
मांडणा [名]《Raj.》〔ヒ〕マーンダナー（ヒンドゥーが儀式の際描く床絵，もしくは，床面装飾（→ चौक पूरना, ऐपण, अल्पना）のラージャスターンやマールワー地方での呼称= भूमि-चित्र.
माँड़ना [他] (1) もみつぶす；押しつぶす；ひねりつぶす (2) こねる (3) 塗りつける；塗布する (4) 飾る；装飾する मेहँदी माँड़ना ヘンナを手足の装飾のため塗布する (5)（稲などを）こく（扱く）；脱穀する (6) 引き起こす；始める；開始する
माँडनी [名*]〔裁〕（衣服の）縁飾り= गोट; हाशिया.
मांडलिक [名] 領主；藩主
माँडव [名] 祝典用に設営された仮設の建物；パヴィリオン
माँड़ा[1] [名] (1)〔医〕白そこひ (2) めやに
माँड़ा[2] [名] ギーで揚げる非常に薄い小麦粉のパン= लुचई.
माँड़ा[3] [名] = मंडप.
माँड़ी [名*] (1) 米の煮汁= पसाव; पसेव. (2) 布の糊り付けに用いる糊 माँड़ी लगाना 糊付けする
मांडूक्य [名]〔イ哲〕マーンドゥーキヤ・ウパニシャッド= माण्डूक्य उपनिषद्.
माँत[1] [形] (1) 酔った；興奮のため正常の判断力を失った= मस्त; मत्त (2) 有頂天になった；我を忘れた= उन्मत्त. (3) 正気を失った；狂気の= दीवाना; पागल.
माँत[2] [形] 色あせた；輝きを失った= बेरौनक; बदरंग.
माँत[3] [形] (1) 疲れた；くたびれた (2) 敗れた；負けた
मांथर्य [名] ← मंथर. (1) ゆっくりしていること，のろのろしていること (2) 怠惰（なこと）
माँद[1] [名*] 動物の巣穴；巣 किसी जानवर की माँद में 何かの動物の巣穴に सिंह की माँद ライオンの巣穴
माँद[2] [形] (1) 色あせた (2) つやのない (3) 劣っている (4) 負けた；敗れた
माँदगी [名*]《P. ماندگی》(1) 疲労；疲れ (2) 病気
माँदा [形]《P. مانده》(1) 疲れた；疲労した (2) 残った；残された (3) 病気の
मांस [名] (1) 肉；身 मनुष्य का शरीर भी अन्य प्राणियों की तरह हड्डी-मांस का बना है 人間の体も他の動物のように骨と肉からできている (2) 食用の鳥獣の肉 **माँस का घी** 脂肪の多い肉；脂身 **मांस नोचना** とても悩ます；ひどく苦しめる= मास नोच-नोचकर खाना. **मांस सुखाना** 苦労する
मांसकीलक [名]〔医〕痔核のはれ；いぼ痔のいぼ（疣）
मांसख़ोर [形]《H.+ P. خور》肉食の；肉を食べる= मांसाहारी; मांसभक्षक.
मांसपिंड [名] (1) 肉体 (2) 肉の塊 (3) 腫瘍
मांसपेशी [名*] 筋肉 **मांसपेशी कोशिका** 筋肉細胞 विद्युत्-धारा तो हृदय की मांसपेशी कोशिकाओं को बुरी तरह प्रभावित करती है 電流は心臓の筋肉細胞に激しい影響を及ぼす
मांसभक्षक [形] 肉食の；動物の肉を食べる = मांसाहारी.
मांसभक्षी [形] = मांसभक्षक; मांसाहारी; गोश्तख़ोर.
मांसभोजी [形] 肉食の = मांसाहारी. → शाखाहारी 菜食の.
मांसल [形] 肉付きのよい；ふっくらした；ぷくぷくした；むっちりした सुंदर, स्वस्थ, सबल, मांसल शरीर 美しく，健康で力があり肉づきのよい体 आकर्षक मांसल धारीदार शरीर 魅力的なぷくぷくした縞模様の入った体（虎の） टाँग का ऊपरी पिछला भाग जो मांसल होता है 腿の後ろ側のふっくらした部分
मांसलता [名*] (1) 肉づきのよいこと；ふっくらしていること；豊満さ；むっちりしていること (2) 健康でぴちぴちしていること
मांसविक्रयी [名] 肉屋 = कस्साब.
मांसवृद्धि [名*]〔医〕腫瘍
मांससार [名] 脂肪；脂身；脂肉
मांसादन [名] 肉食（すること） = मांसाहार; गोश्तख़ोरी.
मांसादी [形] 肉食する = मांसाहारी; गोश्तख़ोर.
मांसाहार [名] 肉食 मांसाहार करनेवाला 肉を食べる；肉食する；肉食の अधिकांश ब्राह्मण जातियाँ मांसाहार नहीं करतीं 大多数のブラーフマンは肉食をしない
मांसाहारी [形] 肉食する= गोश्तख़ोर.
मांसाहारी पौधा [名]〔植〕食虫植物〈carnivorous〉
मांसाहारी स्तनी [名]〔動〕食肉類〈carnivora〉
मांसी [名*] = जटामांसी.
मांसोदन [名] (1) 肉料理 (2)〔料〕ピラフ = पुलाव.
मांसोपजीवी [形] 肉屋 = कसाई.
माँह [格助] = में.
मा [名*] (1) 母；母親= माँ; माता. (2) ラクシュミー神 लक्ष्मी
माअनी [名, pl.]《A. معانی, P. معنی मायनी》(1) 意味；訳= अर्थ; मतलब. (2) 意図；意味するもの；目指すもの= मतलब.
माइँ[1] [名*] 娘 = पुत्री; लड़की.
माइँ[2] [名*] おば（母方のおじの妻） = मामी.
माइक [名]《E. mike》マイク；マイクロフォン माइक हाथ में लिये マイクを手に持って हलो, माइकटेस्टिंग, हलो ただ今マイクの試験中
माइका [名]（女性の）実家 = नैहर; मायका.
माइक्रोक्यूरी [名]《E. microcurie》〔物理〕マイクロキュリー（放射性物質のを量を表す単位）
माइक्रोग्राम [名]《E. microgram》マイクログラム
माइक्रोन [名]《E. micron》ミクロン（1000 分の 1 ミリメートルの長さ）
माइक्रोप्रोसेसर [名]《E. micro processor》マイクロプロセッサー（コンピューター）
माइक्रोफ़ाइरेलिया [名]《E. microfiralia》〔動〕糸状虫科ミクロフィラレリア；フィラリア仔虫；フィラリア糸状虫
माइक्रो फ़िल्म [名*]《E. microfilm》マイクロフィルム इन रिकार्डों की माइक्रोफ़िल्म बनाने पर विचार これらの記録のマイクロフィルム化を検討
माइक्रोफ़िश [名]《E. microfiche》マイクロフィッシュ
माइक्रोफ़ोन [名]《E. microphone》マイク；マイクロフォン माइक्रोफ़ोन के भोंपू का मुँह 拡声器（の口）；ラウドスピーカー（の口）
माइक्रोमीटर [名]《E. micrometer》マイクロメーター；測微計
माइक्रोरीडर [名]《E. microreader》マイクロリーダー
माइक्रोव [名]《← E. microwave》〔通信〕マイクロウエーブ；極超短波= माइक्रोवेव. उपग्रह को माइक्रोव संदेश भेजेगा 人工衛星にマイクロウエーブ（極超短波）で通信する
माइक्रो वेव [名]《E. microwave》〔通信〕マイクロウエーブ；極超短波= माइक्रोवैव.
माइक्रोवेव ओवन [名]《E. microwave oven》電子レンジ
माइक्रोस्कोप [名]《E. microscope》顕微鏡；マイクロスコープ= सूक्ष्मदर्शी यंत्र.
माइग्रेन [名]《E. migraine》〔医〕偏頭痛
माइन [名*]《E. mine》(1) 鉱山 (2) 地雷
माइनर [名]《E. minor》〔音〕短調；短音階= मृदुगांधार मेल.〈minor scale〉
माइनस [名]《E. minus》(1) マイナス= ऋण. (2) 損失= हानि; नुक़्सान; घाटा.
माइनारिटी [名*]《E. minority》(1) 少数= अल्पसंख्या. (2) マイノリティー；少数派= अल्पसंख्यक.
माइल [形] → मायल.

माइसीलियम [名] 《E. mycelium》菌糸体（菌類） = कवकजाल.
माइसोर〔地名〕《E. Mysore》マイソール市（カルナータカ州）→ मैसूर.
माईं [名*] 母；母親 = माँ; माता; माई.
माई[1] [名*] (1) 母；母親 (2) 女性 (3) 年配の女性や年長の女性に対する敬称= माँ; माता. (4) 女中；下女= महरी. कोई माई माह दो माह से ज़्यादा टिकती ही नहीं 女中もだれ１人１〜２か月以上はもたない (5)〔ヒ〕疱瘡神シータラー शीतला (6)〔医〕天然痘；疱瘡 **माई का लाल** 母親の名を辱めない真に勇気のある男子；男の中の男 मुझे बिसेसर के पास पहुँचा दो, कोई माई का लाल 本当に男の中の男がいるならば私をビセーサルのところへ連れて行っておくれ पर कोई माई का लाल आगे नहीं बढ़ा でもだれ１人勇気のある人は前に進み出なかった **माई-बाप** *a.* 哀願する際やへりくだって嘆願口調で用いられる感嘆詞.「どうかお願いでございます」*b.* 保護者；庇護者；親も同然の人
माई[2] [名*] 母方のおじの妻；母方のおば= मामी. → मामा.
माई[3] [名*]〔ヒ〕結婚式の際，母方の先祖を拝む時に供えられるプーアー（小麦粉に砂糖を加えギーで揚げたもの）
माई लार्ड [名] 《E. my Lord》英領インドの総督や高等法院判事などに対する呼びかけの言葉；閣下（など）
माउंट आबू〔地名〕《E. Mount Abu》マウントアブー → आबू.
माउंट पुलिस [名*] 《← E. mounted police》騎馬警官隊
माउजर [名*] 《E. Mauser》モーゼル銃
माउथ ऑर्गन [名] 《E. mouth organ》ハーモニカ माउथ आर्गन या 'हार्मोनिका' マウスオルガン，すなわち，ハーモニカ
माउथवाश [名] 《E. mouthwash》うがい薬 प्रतिदिन दो-तीन बार 'लिस्टरीन' या किसी अन्य अच्छे माउथवाश को पानी में घोलकर अच्छी तरह कुल्ला करें 毎日２〜３回リストリンか何か良いうがい薬を水に溶かしてよくうがいをすること
माएँ-माएँ [名] 牛の鳴き声
माओ त्से दुंग〔人名〕《E. Mao Tse-tung; Mao ze dong ← C.》（中国共産党主席・中華人民共和国主席）毛沢東 (1893–1976)
माओवाद [名] 《Mao + H. वाद》毛沢東主義〈E. Maoism〉
माओवादी [形・名] ← माओवाद. 毛沢東主義の；毛沢東主義者
माकपा [名*]〔イ政〕インド共産党マルクス主義派（मार्क्सवादी कम्युनिस्ट पार्टी）の略称
माक़ूल [形] 《A. معقول》(1) 合理的に；道理にかなった अनाज, ईंधन और भूसा-चारा रखने का कोई माक़ूल इंतज़ाम नहीं होता 穀物や燃料，飼料などを保存する適切な設備が全くない (2) 分別のある (3) ふさわしい；正しい；適切な；適当な
माक़ूलियत [名*] 《A. معقولیت》← माक़ूल. (1) 理にかなっていること；合理的なこと；道理にかなっていること (2) 分別のあること (3) 正しいこと；ふさわしいこと；適切なこと
माक्षिक[1] [名] (1) 蜂蜜= मधु; शहद. (2)〔鉱〕硫化鉱〈pyrite〉
माक्षिक[2] [名] 蜂蜜の
मॉक्सा [名] 《E. moxa ← Jp.》もぐさ（艾）= दाहक शंकु.
माख [名] 《E. Mach》〔物理〕マッハ
माख़ज़ [名] 《A. ماخذ》出典；典拠；参考文献；参照文献
माखन [名] バター = मक्खन.
माखनचोर [名] クリシュナ神の異名の一（バター泥棒の意．神話に基づく命名）
माखना [自] (1) 不機嫌になる (2) 腹を立てる (3) 悔やむ
मागध [形] ← मगध. マガダ（地方）の；マガダ国の
मागधी [名*] ← मगध.〔言〕マガダ語；マーガディー語（プラークリットの一）
माघ [名] インド暦の 11 月；マーグ／マーガ月（太陽暦の１〜２月に相当）
माघी [形] マーガ月の
माच [名] 道；道路= रास्ता; मार्ग.
माचा [名] 低い四脚の椅子（床の部分がひもで編まれている物）→ माची.
माचिस [名] 《E. matches》マッチ= दियासलाई. माचिस की तीली マッチの軸 माचिस को तीन बार रगड़ना マッチを３度する
माची [名*] 小型の四脚の低い台や椅子→ माचा.
माछ [名] 魚；大きい魚= मछली.
माछर [名] = मच्छर.
माछी[1] [名*] ハエ = मक्खी.
माछी[2] [名*] 魚 = मछली.
माजरा [名] 《A. ماجرا》(1) 出来事；事件 समझ में न आया कि यह क्या माजरा है 一体どういうことなのかわからなかった (2) 事情；情況；状況
माज़ी[1] [形] 《A. ماضی》過去の；過ぎた；過ぎ去った= बीता हुआ; व्यतीत हुआ; गुज़रा हुआ.
माज़ी[2] [名]〔言〕過去；過去時制= भूत काल.
माज़ू [名] 《P. مازو》= माज़ूफल.
माजून [名*] 《A. معجون》練り薬（薬に蜂蜜やシロップなどを混ぜて練り上げた薬・なめ薬）
माजूने दिलकुशा [名] 《A.P. معجون دل کشا》練り薬
माज़ूफल [名] 《P. مازو + H.》(1)〔化〕モッショクシ（没食子）(2) フシ（五倍子／付子）
माज़ूल [形] 《A. معزول》(1) 罷免された；解任された (2) 失脚した= अपदस्थ; पदच्युत.
माज़ूली [名*] 《A. معزولی》(1) 罷免；解任 (2) 失脚 = पदच्युति.
माझ [格助] = माँझ.
माट [名] (1) 染物屋が染料を溶くのに用いるかめ (2) ヨーグルトを入れておく壷 **माट का माट बिगड़ना** 台無しになる；すっかり駄目になる；見込みが全くなくなる
माटा [名]〔昆〕大型のアカアリ（赤蟻）
माटी [名*] (1) 土 (2) 地；大地 (3) 肉体 (4) 死骸 **माटी में मिल जा॰** 死ぬ；死滅する
माटो [名] 《E. motto》モットー；スローガン= मॉटो.
माठ[1] [名] = मटकी.
माठ[2] [名] マート（小麦粉をギーや油で揚げシロップにつけて作られる甘味もしくは塩味の菓子）
माड़ना[1] [他] (1) 飾る；装う= मंडित क॰; भूषित क॰. (2) 着る；着用する；身につける= पहनना. (3) 敬う= पूजना.
माड़ना[2] [他] 手でもんだり足で踏みつけたりしてほぐしたり押しつぶしたりする
माडर्न [形] 《E. modern》近代の；現代の माडर्न ज़माना 近代
मॉडल [名] 《E. model》(1) 模型；ひな型；モデル= प्रतिरूप. (2) 手本；模範 (3) モデル अपने चित्रों के लिए मॉडल 自分の描く絵のモデル प्रशिक्षित मॉडल 訓練を受けたモデル (4)（製品などの）型；モデル कुकिंग रेंज के तरह-तरह के मॉडल クッキング・レンジのいろいろなモデル नया मॉडल 新機種；ニューモデル
मॉडलिंग [名] 《E. modelling》モデル業 मॉडलिंग विज्ञापन व्यवसाय की जान है モデル業は広告業の花形だ
माड़ा [形[+]] (1) 劣った；良くない (2) 弱い；ひょろひょろの (3) 病気に罹った **माड़ा-सा** *a.* ほんのわずかの *b.* ちっぽけな
माड़ू [名]〔昆〕マンゴーの木の害虫= लरसी.
माणव [名] (1) 人；人間 (2) 少年 (3) 青年；若者；若僧；若造
माणवक [名] (1) 少年 (2) 青年；若者 (3) こびと；ちび
माणिक [名] 紅玉；ルビー= लाल; चुन्नी; पद्मराग.
माणिक्य[1] [名] 紅玉；ルビー
माणिक्य[2] [形] 最もすぐれた；最上の
माण्डवी [名*]〔ラマ〕マーンダヴィー（バラタ भरत の妻）
मातंग [名] (1) 象 (2) マータンガ（古代インドにおいてカースト外に位置づけられた人たちの一）(3) マータンガ（古代インドにおいて部族民に数えられた人たちの一）
मात[1] [名*] 《P. مات》(1) チェスの王手詰み (2) 負け；敗北 **मात खाना** 負ける；負かされる；圧倒される；やられる **मात दे॰** = मात क॰.
मात[2] [形] 《P. مات》(1)（チェスで）王手詰みになった (2) 破れた；負けた；凌がれた एक एक पत्थर पचास-पचास लाख का, चमक-दमक ऐसी थी, कि चिराग़ मात どの石も 500 万はするものでその輝きといえば灯火を凌ぐもの **(-को) मात क॰** (ーを) 凌ぐ；破る；圧倒する；負かす= (-को) खलाल दे॰. आजकल की लड़कियाँ मर्दों को मात करती हैं 近頃の娘たちは男性を圧倒する **मात हो॰** 負ける；敗れる；恥入る= हारना.
मातदिल [形] → मोतदिल.
मातबर [形] → मोतबर.
मातम [名] 《A. ماتم》哀悼；お悔やみ
मातमख़ाना [名] 《P. ماتم خانہ》喪中の家

मातमपुर्सी [名*] 《A.P. ماتم پرسی》（お）悔やみ；哀悼の言葉を述べること
मातमी [形]《A. ماتمی》哀悼の मातमी पोशाक 喪服= मातमी लिबास.
मातरिपुरुष [名] 内弁慶
मातहत [形・名] 《A. ماتحت》（序列が）下（の）；部下（の）；配下（の）；従属（する） (-के) मातहत （一の）下で；配下で；部下として
मातहतदार [名] 《A.P. ماتحت دار》〔農〕大地主の下位の土地保有者
मातहती [名*] 《A. ماتحتی》序列での下位；部下であること；従属
माता [名*] (1) 母；母親 (2) 尊敬の対象となる女性や女神に対する敬称 माता जी, मेहनत न करो （召使い→主人の妻）奥様（力仕事は）おやめ下さい भारत माता का सपूत 母なるインドの忠義な息子 जगदंबिका माता का मंदिर ジャガダンビカー・マーターの寺（ドゥルガー神を祀った寺院） (3) 母親の代わりの人 (4) マーター（疱瘡神 शीतला の別名） **छोटी माता** 水疱瘡 **माता का दूध लज्जित हो॰** 男性が卑怯さに笑いものになる **माता के दाग़** あばた **माता ठंढी क॰** = माता पूजना. **माता ढलना** 天然痘の発疹が乾く **माता निकलना** 天然痘の発疹が出る **माता-पिता** 親；両親 अगर माता-पिता बच्चे को नाज़ुक उमर में ही सावधान कर देते तो आज यों हाय तौबा मचाने की नौबत ही न आती もしも親が子供が幼い時に注意を与えていたならば今時大騒動する羽目になっていなかったものを **माता-पूजना** マーター拝み，すなわち，疱瘡神を拝むこと（天然痘の症状が治まり疱瘡神にお礼参りをすること）
मातामह [名] 母の父親；母方の祖父 = नाना.
मातामही [名*] 母方の祖母 = नानी.
मातुल [名] 母の兄弟；母方のおじ = मामा.
मातुली [名*] 母の兄弟の妻；母方の伯父・叔父の妻；母方のおば= मामी.
मातृ [名*] (Skt. の語幹がそのまま造語要素として用いられる形) 母；母親 = माता.
मातृक [形] (1) 母の (2) 母方の；母系の
मातृकवंशानुक्रम [名]〔文人〕母系〈matrilineal〉
मातृका [名*] (1) 母；母親= जननी; माँ; माता. (2) 雌牛 (3) 乳母 (4) 継母；ままはは
मातृकुल [名]〔文人〕母系氏族〈matriclan〉
मातृकेंद्र [名] 母子センター
मातृतंत्र [名]〔文人・社〕母権制
मातृत्व [名] 母親であること；母性 मातृत्व का सुख 母親の幸せや喜び उसके शरीर में मातृत्व का सौंदर्य और दर्प भी नहीं है 彼女の肉体には母性の美しさと誇らしささえない अविवाहित मातृत्व 未婚の母 मातृत्व की भावना 母性愛
मातृदेवी [名*] 地母神
मातृपक्ष [名] 母方
मातृपूजा [名*] 結婚式前に行われる祖霊礼拝の儀式の一
मातृप्रणाली [名*] = मातृतंत्र.
मातृभाषा [名*] (1) 母語 (2) 母国語
मातृभूमि [名*] 母国
मातृमाता [名*] 母方の祖母（母の母）= नानी.
मातृवंश [名]〔文人〕母系〈matrilineage〉
मातृवंशीय [形] 母系の **मातृवंशीय परिवार** 母系家族〈matrilineal family〉
मातृसत्ता [形] 母権（制）の〈matripotestal〉
मातृसत्तात्मक [形]〔文人〕母権制の मातृसत्तात्मक प्रणाली 母権制 **मातृसत्तात्मक परिवार** 母権家族〈matriarchal family〉
मातृस्थानीय [形] 母方居住の；妻方居住の **मातृस्थानीय परिवार** 〔文人〕母方居住家族〈matrilocal family; uxorilocal family〉 **मातृस्थानीय विवाह** 〔文人〕妻方居住婚〈uxorilocal marriage; matrilocal marriage〉
मात्र[1] [副] ただ；単に；ひたすら；ばかり；のみ मात्र पैसा कमाने और उच्चाधिकारी होने से ही ただ金を儲け出世するだけで मात्र संतोष होता है ただ満足感だけが得られる उनके संतान के नाम पर मात्र एक कन्या थी その方の子供といえば女の子がたった1人いるだけだった मात्र कुछ अस्वस्थ लोगों को छोड़कर 単に一部病気の人たちを除き केन्या की यह घटना तो मात्र एक उदाहरण है ケニアの事件は単に1つの例にしか過ぎない उनके साथ मात्र औपचारिकता ही बरती गई あの方に対しても単に儀礼的に行われただけだった क्या हमारा प्रेम मात्र इंद्रियगत था? 私たち2人の愛は官能のみのものだったのか
मात्र[2] [副助] その程度が接続した名詞までの限定や限度のものであることを表す सरकार देश में शांति और व्यवस्था बनाए रखने मात्र का कार्य करे 政府は国の治安維持だけをなすべきである हिंदू मात्र को मन-ही-मन कोसने लगा ヒンドゥー教徒というだけで胸の中で呪い始めた हाथ के स्पर्श मात्र से असाध्य रोग ठीक हो जाते थे 手で触れただけで不治の病が治るのだった
मात्र[3] [接尾] 接続した語の意味の範囲を限定する. (一) そのもの मानवमात्र की पीड़ा से दुखी 人間そのものの苦しみを悲しむ उनका एकमात्र धर्म है - मानवमात्र की सेवा あの方の唯一のダルマは人間そのものへの奉仕である
मात्रक [名] 単位 ऐसे व्यापक रूप से काम में लाए जाने वाले मानक पैमाने को मात्रक कहते हैं このように広く使用される標準的な規格を単位と呼ぶ दस पैसे के सिक्के के भार को मात्रक मानकर 10 パイサーの硬貨の重量を単位として
मात्रा[名*] (1) 度量衡の基準；尺度 (2) 尺度の単位 (3) 分量 विटामिन की मात्रा ビタミンの分量 परिरक्षित फल-सब्जियों में विटामिन की मात्रा 保存された果物や野菜のビタミン含有量 उसमें प्रोटीन बहुत अधिक मात्रा में पाया जाता है それには蛋白質が非常に多量に含まれる वायु में नमी की मात्रा 空気中の湿度の度合い रक्त में ग्लूकोज़ की मात्रा 〔医〕血糖値 मंजुला के जीवन में आत्मदान की मात्रा ही ज़्यादा थी マンジュラーの生涯には献身の部分のほうが多かった (4) デーヴァナーガリー文字などの母音記号 छोटी 'इ' बड़ी 'ई' की मात्राओं के प्रयोग 短い「イ」と長い「イー」の記号の使用 छोटी इ की मात्रा लगेगी 短い i の記号がつく (5)〔韻〕マートラー（韻律の単位. 1つの短母音から成る音節の発音に要する時間の単位が1マートラーとされる. 長母音及び二重母音及びそれらを含む音節, 重子音及び連続子音を従える短音節, 鼻子音, विसर्गと呼ばれる声門摩擦音で終わる音節は2マートラーとされる. 1マートラーは「軽」, もしくは,「短」 लघु, 2マートラーは「重」, もしくは,「長」 गुरु と呼ばれる. 鼻母音 चंद्रबिंदु を含む短音節は लघु に数えられる. なお, ヒンディーの韻律ではこれらの規則のほかに幾つかの特例的な扱いが認められている)；モーラ (mora)；音量；拍
मात्रागण [名]〔韻〕マートラー・ガナ, すなわち, マートラー韻律の単位. 4モーラ मात्रा を単位としてグル गुरु 及びラグ लघु の配列順序を基準にした次の5種の分類. 1. सर्वगुरु ऽ ऽ 2. आदिगुरु गुरु-लघु-लघु ऽ । । 3. मध्यगुरु लघु-गुरु-लघु । ऽ । 4. अंतगुरु लघु-लघु-गुरु । । ऽ 5. सर्वलघु लघु-लघु-लघु-लघु । । । ।
मात्रावृत्त [名]〔韻〕モーラ韻律；モーラ, すなわち, マートラー（軽・重, もしくは, 短・長 लघु - गुरु । - ऽ）を基準にした韻律 = मात्रिक छंद.
मात्रासमक [名]〔韻〕マートラーサマカ（各パーダが16モーラから成るモーラ韻律. 4 × चौकल で終わりは गुरु）
मात्रिक [形] (1) 単位の；分量の (2) マートラーの；マートラー韻律の単位の；モーラの **मात्रिक गण** 〔韻〕音節韻律 वर्णिक छंद の गण に模してマートラー मात्रा をその数によってまとめ, さらに配列によって種類を分けたもの. 6マートラーの टगण 13種, 5マートラーの ठगण 8種, 4マートラーの डगण 5種, 3マートラーの ढगण 3種, 2マートラーの णगण 2種とされる
मात्रिक छंद [名]〔韻〕1短音節の発音に要する時間を1マートラーとする, すなわち, 音の長さであるモーラを単位とした韻律；モーラ韻律= मात्रावृत्त. **अर्धसममात्रिक छंद** 'बरवै', 'दोहा', 'सोरठा', 'उल्लाला' のように4つのパーダのうち奇数パーダと偶数パーダが異なった数のモーラから成るモーラ韻律 **विषममात्रिक छंद** *a.* 二種のモーラ韻律が重ねられたもの. いわゆるパーダが4つ以上のもの *b.* ある一種の韻律が4つのパーダでは終わらず5, 6, 8パーダになるモーラ韻律 = प्रवर्धित विषमवृत्त. **सममात्रिक छंद** 4つのパーダがすべて同数のモーラから成るモーラ韻律
मात्सर्य [名] ← मत्सर. 妬み；嫉妬
मात्स्य [形] ← मत्स्य. 魚の；魚類の；魚に関する
मात्स्य न्याय [名] 弱肉強食（大の魚が小の魚を食すること）
माथा [名] (1) 頭；前頭部；前額部 **माथे के अनचाहे बाल** 額の無駄毛 (2) 先端部 (3) へさき (4) 象徴したり代表したりするもの；顔；面 आप इस देश और समाज के माथे पर एक बदनुमा दाग़ हैं あんたは

この国とこの社会の面汚しだ **माथा उठाना** *a.* 反抗する *b.* 顔を上げる；正面を見る **माथा ऊँचा क॰** 名を揚げる；名誉を得る **माथा कूटना** 悔しがる；悔やむ **माथा खपाना** 考えあぐねる (**-का**) **माथा खा जा॰** (ーを) ひどく悩ます (**-का**) **माथा ख़ाली क॰** = माथा खा जा॰. **माथा गिरना** 死ぬ；殺される **माथा घिसना** 哀願する **माथा घूम जा॰** たまげる；唖然とする **माथा घूमना** めまいがする **माथा चढ़ना** *a.* うぬぼれる；つけあがる *b.* 立腹する (**-का**) **माथा चढ़ाना** (ーを) つけあがらせる **माथा चाटना** うるさいほどべらべらしゃべる **माथा झुकाना** *a.* うやうやしく挨拶する；丁寧にお辞儀する *b.* 敬う；尊敬する **माथा झुराना** = माथा भिड़ाना. **माथा टकराना** 頭を使う **माथा टेकना** *a.* ひれ伏す；平伏する；最敬礼をする；五体投地の礼をする समाधि पर माथा टेकना 墓にひれ伏す *b.* 屈する；屈伏する；負ける；従う= झुकना. **माथा ठनकना** 悪い予感がする；不吉な予感がする उसे अकेला देखकर भद्रा का माथा ठनका.उसे लगा, जरूर कुछ बुरी बात हुई है 1人でいるのを見てバドラーには悪い予感がした．きっと何かよからぬことが起こったに違いない दोस्त को जब यह पता चला, तो उसका माथा ठनका 友達はこのことが判明すると不吉な予感がした **माथा ठोंककर रह जा॰** 悔やむ；後悔する **माथा ठोंक ले॰** 悔やむ；悔しがる **माथा धुनना** = माथा कूटना. **माथा नवाना** = माथा झुकाना. **माथा नीचा हो॰** うなだれる；恥じる；恥をかく **माथा पकड़कर बैठ जा॰** 頭をかかえる；頭をかかえこむ सुधीर माथा पकड़कर बैठ गया スディールは頭をかかえた（考えこんだ） **माथा पटकना** 努める；努力する；試みる **माथा पीटना** 悔しがる；悔やむ वह अपना दुर्भाग्य मानकर माथा पीट लेता था わが身の不運と思い悔やむのであった **माथा पीटकर बैठ जा॰** 悔しがる；大いに悔やむ सब कुछ देख चुकने के बाद माथा पीटकर बैठ गई 全部見終わってからただただ悔やむばかりだった **माथा फिरना** 頭がおかしくなる；気がふれる **माथा भड़कना** 警戒する；用心する **माथा भन्ना जा॰** 目がまわる **माथा भिड़ाना** 深く考える；熟慮する；知恵を絞る **माथा मारना** *a.* 必死に努力する *b.* 深く考える；知恵を絞る **माथा मुड़ाकर बैठना** おとなしくする；黙りこむ **माथा रगड़ना** = माथा घिसना. **माथा लड़ाना** = माथा भिड़ाना. **माथा सिकुड़ना** 不快な表情をする；不機嫌な顔をする (**- अपने**) **माथे ओढ़ ले॰** (ーを) 引き受ける **माथे का लिखा** 運命；運命づけられているもの (**-के**) **माथे काढ़ना** (ーに) 責任を負わせる **माथे की मणि** 最愛のもの；最も大切なもの **माथे की लकीर मानकर चलना** 運を天に任せる **माथे की लिखावट** 運命 **माथे की लीक** 運命 **माथे ख़ून चढ़ना** 頭に血がのぼる；殺気立つ **माथे खेल जा॰** 命を懸ける **माथे चढ़ना** 無礼になる；無作法になる (-) **माथे चढ़ाना** *a.* (ーを) おしいただく= (-) शिरोधार्य क॰; (-) सादर स्वीकार क॰. *b.* (ーを) つけあがらせる (**-के**) **माथे छोड़ना** (ーに) 任せる；委ねる (**-के**) **माथे जा॰** (ーの) 責任になる (**-के**) **माथे टीका हो॰** *a.* (ーが) 責任を負う *b.* (ーが) 即位する (**-के**) **माथे ठीकरा फूटना** (ーが) 咎めを受ける (**-के**) **माथे ठुकना** (ーに) 押しつけられる (-) **माथे धरना** (ーを) おしいただく **माथे नहा जा॰** 汗びっしょりになる (**-के**) **माथे पगड़ी बाँधना** (ーが) 責任を引き受ける (**-के**) **माथे पड़ना** (ーの) 責任になる (**-को**) **माथे पर उठा ले॰** (ーで) 大騒ぎする (**-के**) **माथे पर एक बाल भी रहने न दे॰** (ーを) さんざんな目に遭わせる (-) **माथे पर चढ़ना** = (-) माथे चढ़ना. **माथे पर चढ़ाना** = माथे चढ़ाना. (**-के**) **माथे पर डालना** (ーに) 責任を負わせる **माथे पर त्योरी आ॰** 腹を立てる；不機嫌になる；眉を顰める；眉間に皺を寄せる **माथे पर त्योरी डालना** = माथे पर त्योरी आ॰. (**-के**) **माथे पर पसीना आ॰** (ーが) 震えあがる；ひどく怯える **माथे पर बल आ॰** *a.* 不機嫌な表情になる *b.* 心配する；悩む；不安になる **माथे पर बल डालना** = माथे पर बल आ॰. **माथे पर बल पड़ना** = माथे पर बल आ॰. **माथे पर बल लाना** 不機嫌になる；眉間に皺を寄せる = माथे पर बल आ॰. **माथे पर बिजली गिरना** 青天の霹靂 **माथे पर भाग्य की मणि हो॰** 幸運な **माथे पर भौंह चढ़ना** 腹を立てる (**-के**) **माथे पर मढ़ना** (ーの) 責任にする；せいにする युद्ध हमारे माथे पर ही मढ़ा जा रहा था 戦争は我々の責任にされようとしていた **माथे पर मौर चढ़ना** 結婚する (**-के**) **माथे पर लादना** (ーに) 押しつける **माथे पर शिकन पड़ना** = माथे पर बल पड़ना. **माथे पर सींग हो॰** 特徴がある **माथे पर हाथ रखकर सोचना** 考えこむ **माथे पर हाथ रखना** うやうやしくお辞儀する；敬礼する (**-के**) **माथे पर** (= **का**) **हाथ हो॰** (ーに=が) 好意を持つ；親切にする；情けをかける (**-के**) **माथे बिसाना** (ーの) 責任になる (**-को**) **माथे बैठाना** (ーを) のさばらせる；気ままにさせる (**-के**) **माथे भाग्य हो॰** (ーが) 運のよい；幸運な (**-के**) **माथे मढ़ना** = माथे पर मढ़ना. (-) **माथे मानना** (ーを) おしいくいただく；有り難くいただく (**-के**) **माथे मारना** (ーに) 投げ与える (-) **माथे मारना** (ーを) ものの数に入れない (**-के**) **माथे मूड़ मुड़ाए बैठना** (ーを) 頼りにじっと待つ (**-के**) **माथे में** (= **के लिए**) **कीड़े कुलबुलाना** (ーが=したくて) うずうずする (**-के**) **माथे रोली चावल चढ़ाना** (ーの) 額に祝賀のティラク (तिलक) をつける (-) **माथे लगाना** (ーを) おしいただく (**-के**) **माथे सेहरा बँधना** *a.* (ーが) 責任を負う *b.* (ーが) 結婚する (**-के**) **माथे हो॰** *a.* (ーが) 有り難く受け入れる *b.* (ーが) 責任を負う

माथापच्ची [名*] 頭を悩ますこと；考えを巡らすこと；知恵を絞ること **माथापच्ची क॰** 知恵を絞る बड़े-बड़े माथापच्ची करने के बाद भी कोई उपाय नहीं सुझा सके 年寄り連中が大いに知恵を絞ったが何もよい考えを思いつけなかった

माथुर [名] (1) マトゥラー (मथुरा) の住人 (2) マトゥラーに住むチャトゥルヴェーディー・ブラーフマン (3) カーヤスト・カースト कायस्थ のサブカーストの一，マートゥル

मादक[1] [形] (1) 酔わせる；酔いを生じさせる= नशीला. (2) 知覚を失わせる (3) 神経を興奮させる (4) うっとりさせる；魅力的な；魅了する；魂を奪う मुरली का मादक-मृदुल स्वर 竹笛の魅惑的な音色 खिलौनेवाले का यह मादक गान (行商の) おもちゃ売りの聞く人をうっとりさせる歌（おもちゃ売りの呼び声） उसकी मुसकराहट मादक थी なんとも魅惑的な微笑だった **मादक औषधियाँ** 麻薬（等の有害薬物） **मादक औषधि व्यसन** 麻薬中毒；麻薬常習 **मादक द्रव्य** 酒類及び麻薬及び覚醒剤（興奮剤） मादक द्रव्यों का टीका लगवाना 麻薬の注射を打ってもらう

मादक[2] [名] 麻薬や酒などの酔いや知覚喪失や興奮を生じさせる物質

मादकता [名*] ←मादक. 酔いや知覚や感覚の麻痺（酒や麻薬等によって生じる） हमने मादकता-सी अनुभव की 感覚が麻痺するような感じがした मादकता-निवारिणी सभा 〔古〕禁酒協会〈temperance society〉

मादन[1] [名] (1)〔植〕アカネ科小木サボンノキ【*Randia spinosa*】 (2) カーマ神 (3) チョウジ= लौंग. (4) チョウセンアサガオ= धतूरा.

मादन[2] [形] = मादक.

मादनी [名*] (1) 酒 (2) 大麻 (3) 酔わせるもの

मादनीय [形] 酔わせる；酔いを生じさせる= मादक; नशीला.

मादर [名*] 《P. مادر》 母；母親 = माँ; माता.

मादरज़न [名*] 《P. مادر زن》 姑 = सास; श्वश्रू.

मादरज़ाद [形] 《P. مادر زاد》 (1) 生まれながらの मादरज़ाद अंधा 生まれながらの盲目 (2) 生まれたままの मादरज़ाद नंगा 真っ裸の (3) 血のつながった；血を分けた；母親を同じくする

मादराना [形] 《P. مادرانہ》 (1) 母親の；母の (2) 母親らしい

मादरी [形] 《P. مادری》 (1) 母の；母親の (2) 母親からの；母親から受けた मादरी ज़बान 母語 = मातृभाषा.

मादल [名]〔イ音〕マーダル；ムリダンガ（中央にふくらみのある両面太鼓）

मादा[1] [形] 《P. ماده》 雌の मादा मच्छर गंदे और रुके हुए पानी की सतह पर अंडे देती है 雌の蚊は汚い溜まり水の水面に卵を産む मादा फूल 雌花

मादा[2] [名*] 雌 मादाएँ उनके कुछ दिन बाद पहुँचती हैं 雌はそれらの数日後に到着する

मादाए ख़र [名*] 《P. ماده خر मादए ख़र》 雌ロバ（雌驢馬） = गधी.

मादाए गाव [名*] 《P. ماده گاو मादए गाव》 雌牛 = गाय; गौ.

मादाम [名*] 《F. madame》 マダム；奥様；夫人 मादाम क्यूरी キュリー夫人

माद्दा [名] 《A. مادہ》 (1) 物質；材料；物；原料= पदार्थ; मूल पदार्थ; भूत. (2) 根源；根本= मूल; जड़; बुनियाद. (3)〔哲〕質料= प्रकृति. (4)〔言〕語根= धातु. (5)〔医〕膿= मवाद; पीप.

माद्दी [形] 《A. مادی》 (1) 物質の= पदार्थ का; भूत का. (2) 物質的な= भौतिक. (3) 金銭の **माद्दी सूरत** 具体；具体性

माधव[1] [形] 蜂蜜の；蜂蜜のような

माधव[2] [名] (1) ヴィシュヌ神 (2) クリシュナ神 (3) バイサーク月 (वैशाख) (4) 春 (5) イリッペ (महुआ)

माधवी [名*]〔植〕キントラノオ科蔓木【*Hiptage benghalensis*】

माधुर [名]〔植〕モクセイ科低木マツリカ【*Jasminum sambac*】= मल्लिका; चमेली.

माधुरी [名*] (1) = मधुरता. (2) = माधुर.

माधुर्य [名] = मधुरता. (1) 甘さ；甘美 (2) 美しさ；うるわしさ (3) 心地よさ；楽しさ (4)〔イ文芸〕10 種のカーヴィヤグナ काव्यगुण の一．耳に強く響いて固さを感じさせる音節がないことや長い合成語の使用がないために優雅さや心地よさを生じさせる特質

माधो [名] = माधव[2]. (1) クリシュナ神の異名の一 (2) ラーマ；ラーマチャンドラ

माधौ [名] = माधव[2] マーダヴ；マードー

माध्य[1] [形] 中央の；中間の；間の= बीच का.

माध्य[2] [名] 平均；平均値

माध्यम[1] [名] (1) 媒介；媒介物；媒質 पत्रिका के माध्यम से 雑誌を媒介にして (2) 媒体；手段；機関 परिवर्तन का माध्यम बनना 変化の媒体になる (-के) **माध्यम** －によって；－を介して；－を通して；－の媒介で लेखक ने तर्क के माध्यम तथ्यों को उजागर किया 筆者は論理によって事実を明らかにしている

माध्यम[2] [形] 中間の；中央の；中間に位置する= बीच का; बीचवाला.

माध्यमान [名] 平均値；中間値

माध्यमिक[1] [形] 中等の；中間の माध्यमिक विद्यालय 中等学校 माध्यमिक शिक्षा 中等教育

माध्यमिक[2] [名]〔仏〕中観派

माध्य समय [名] グリニッジ標準時 = ग्रिनिज माध्य समय. 〈Greenwich Mean Time〉 → मानक समय.

माध्यस्थ[1] [形] 中間に位置する；偏りのない；中立の

माध्यस्थ[2] [名] (1) 仲介者 (2) 仲介人 (3) 周旋人 (4) 手引き (5) 仲人業を行うブラーフマン

माध्याकर्षण [名] 引力；重力

माध्याह्निक[1] [名]〔ヒ〕正午に行われるべき宗教儀礼

माध्याह्निक[2] [形] 正午の

माध्व[1] [名]〔イ哲〕マドヴァ学派→ मध्वाचार्य.

माध्व[2] [形] 蜂蜜の；甘い → मधु.

माध्वक [名] イリッペの花や蜂蜜から作られた酒

माध्वी [名*] (1) 酒= मदिरा; शराब. (2) イリッペの花や蜂蜜から作られた酒

-मान् [接尾] = -मान. 《Skt.》所有の意味を表すサンスクリットの接尾辞 मत् に発するもので，名詞に接続して（－）を持つ，（－）を有する，（－）を帯びるなどの意を持つ名詞もしくは形容詞を作る．ヒンディー語では -मान् 及び -मान と書かれる बुद्धिमान 賢明な；賢者. → -मती.

मान[1] [名] (1) 名誉；尊敬；敬意 (2) 誇り；自負 (3) 自慢；高慢；尊大 (4) すねること；むくれること **मान का पान** 敬意をこめて贈られたもの **मान खोना** 恥をかく= अपमानित हो॰; लज्जित हो॰; इज़्ज़त खोना. **मान गलित हो॰** 尊大さが打ち砕かれる **मान दिखाना** 不機嫌になる；不機嫌な様子を見せる **मान फलना** 自尊心が目覚める **मान मथना** 慢心を打ち砕く **मान मनाना** 怒りを鎮める；機嫌取りをする；なだめる **मान-मर्यादा बचाना** 名誉を保つ **मान मोड़ना** 機嫌を直す (-का) **मान रखना** （－を）敬う；（－に）敬意を払う

मान[2] [名] (1) 計測；計量；測量；測定 (2) 計測機器；物差し；尺度；標準；基準 (3) 証拠 (4) 類似；相似

मानकंचू [名] = मानक कंचू.

मानकंद [名] = मानककंचू.

मानक[1] [形] 標準の；基準の मानक पैमाना 標準的な物差し 1,00,000 तक के वेतनभोगी कर्मचारियों के लिए मानक कटौती की सीमा 20,000 रुपए से बढ़ाकर 25,000 रुपए किए जाएँगे 年収 10 万ルピーの給与所得者の標準控除限度は 2 万ルピーから 2 万 5000 ルピーに増額する मानक लक्ष्य 標準（基準）目標 प्रत्येक आयुवर्ग के एथलीट के लिए दौड़ने, कूदने और फेंकने के मानक लक्ष्य तैयार किए गए हैं 各年齢層の選手に走，跳，投の標準目標が設定されている

मानक[2] [名]〔植〕サトイモ科多年草クワズイモ= मानक कंचू.

मानक कंचू [名]〔植〕サトイモ科クワズイモ【*Alocasia macrorrhiza; A. indicum*】

मानक काल [名] 標準時 = मानक समय. → माध्य समय.

मानकच्चू [名] = मानक कंचू.

मानक ताप [名]〔物理〕標準温度〈standard temperature〉

मानक दाब [名]〔物理〕標準圧力（1 気圧）〈standard pressure〉

मानक विचलन [名]〔統計〕標準偏差〈standard deviation〉

मानक समय [名] 標準時〈standard time〉→ माध्य समय.

मानकित [形] 標準化された〈standardised〉

मानकीकरण [名] 標準化；規格化〈standardization〉

मानकीकृत [形] 標準化された〈standardised〉

मानगृह [名] マーナグリハ（古代インドで王に対して不機嫌になった王妃が過ごしに行ったとされる建物や部屋）

मानचित्र [名] (1) 地図 (2) 図；図版 अटलांटिक और प्रशांत महासागरों की प्रमुख धाराओं को प्रदर्शित करने वाले मानचित्रों को देखो 大西洋と太平洋の主な海流を示す図を見なさい (3) 図面

मानचित्रकार [名] (1) 地図製作者 (2) 製図家

मानचित्रण [名] (1) 地図作成 (2) 図面化 मानचित्रण-विधि 地図製作法

मानचित्रावली [名*] 地図帳〈atlas〉

मानता [名*] = मनौती; मानती.

मानदंड [名] (1) 物差し；物指し；測量用の竿 (2) 基準；価値基準；尺度 नीति और सदाचार का मानदंड 倫理・道徳の基準 नए मानदंडों को स्थापित करना 新しい価値基準を築く राष्ट्रों की समृद्धि का मानदंड 国家の豊かさの尺度

मानद [形] 名誉を与える

मानद उपाधि [名*] 名誉号；名誉称号；名誉学位 मानद उपाधि प्रदान क॰ 名誉号を贈る डी॰लिट॰की मानद उपाधि 名誉文学博士号

मानदेय [形] 謝礼金

मानधन [形] (1) 自尊心の強い (2) 高慢な

मानन [名] 尊敬すること；敬うこと

मानना[1] [自] (1) 認める；受け入れる；承知する；聞き入れる；納得する；うん，と言う आज बिना पिल्ला लाये वह मानेगा नहीं あの子は今日は子犬を連れて来なくては納得しないだろう लड़के न माने 少年たちは聞き入れなかった रजिया ने बहुत कुछ समझाया पर मैं न माना ラジャーが随分説得したが私は承知しなかった महादेव ने पार्वती को बहुत समझाया पर जब वे न मानीं, तो... シヴァ神がパールヴァティー神を随分説得したのだがそれに応じなかった．すると… (2) 従う；服する；守る

मानना[2] [他] (1) 認める；承認する जो नयी साम्यवादी व्यवस्था के लिए आवश्यक माना गया है 新しい共産主義体制に不可欠と認められた उन्होंने जाति-पाँति, ऊँच-नीच जैसे भेदभाव को नहीं माना カーストや身分の上下のような差別を認めなかった मजबूर होकर उसे हार माननी पड़ी 仕方なく敗北を認めなくてはならなかった मैं अपनी गलती मानता हूँ 自分の過ちを認める अनेक लोग क्रिकेट को खेलों का बादशाह मानते हैं 多くの人はクリケットをスポーツの王者と認めている (2) 受け入れる；聞き入れる；従う；承知する；承諾する नाई ने झट पत्नी की बात बिना सोचे-समझे मान ली 床屋は直ちに妻の言葉を考えもせずに聞き入れた वह अपनी टीचर का कहना मानती है あの子は先生の命令に従う आपकी हर बात मानेंगे おっしゃることはなんでも従います अब मैं हमेशा उनका कहना मानूँगी もうこれからお父さんの言いつけをきちんと守るわ (3) 思う；考える；判断する आप बुरा न मानें तो एक अर्ज़ करूँ? 悪くおとりにならなければ一言申し上げたいのですが यूरोप तथा अमरीका के अधिकतर देशों में 13 की संख्या को अशुभ माना जाता है 欧米の多くの国では 13 という数字は不吉と考えられている गाय बड़ी पवित्र तथा पूज्य मानी जाती है 雌牛は大変神聖で尊いものと考えられている अपना सहयोगी न मानकर प्रतिद्वंद्वी मानते हैं 自分の仲間とは思わず競争相手と考える ऐसे अवसरों पर विधवाओं की उपस्थिति घोर अशुभ और अमांगलिक मानी जाती है こういう機会に未亡人の居合わせることは極度に不吉で縁起の悪いことと考えられている (-का) बुरा मानना （－を）悪くとる देखनेवाले अचरज मानते थे 見る人たちは驚嘆していた (4) 信じる；信奉する विभिन्न धर्मों को माननेवालों की संख्याएँ 様々な宗教の信者数 **मानो तो देव, नहीं तो पत्थर** 〔諺〕信じれば神様，信じなければただの石 (5) 念じる；祈念する；願掛けする तू मन में कैसी-कैसी मनौतियाँ मानती रहती थी 胸の内でどんなことを祈願していたのか (6) 高い評価を与える；高く評価する；立派なもの，すぐれたものと認める；敬う नवाब साहब उन्हें भाई की तरह मानते थे 太守閣下はあの人を兄のように敬っていらっしゃった (7) 仮定する；（－）とする；仮に（－）する माना कि वह शारीरिक बल में साहब से कम थे, उनके हाथ में कोई चीज भी न थी, लेकिन क्या वह उनकी बातों का जवाब न दे

सकते थे? 仮にあの人が主人よりも体力が劣り手に何も持っていなかったとしてもあの人の言葉に反駁することはできなかったろうか माना कि बच्चों की उम्र उछल कूद की है 子供たちが飛んだり跳ねたりする年齢であることは認めるが **मान-न-मान** 認めようが認めまいが；どうあろうと **मान-न-मान तू मेरा मेहमान** 〔諺〕相手の意向や都合は無視して面倒をかけるたとえ **मान बैठना** 思いこむ वह केवल रुपया ही अपने जीवन का सारांश मान बैठा था 金だけが人生のすべてだと思いこんでいた **मान लीजिए कि...** 仮にの話なのですが…；仮にですが… मान लीजिए, बाँह का कोहनी के पास का हिस्सा टूटा है और उसे हिलाने-डुलाने में तकलीफ़ होती है तो 仮に袖のひじのところが破れていて動かすのに不都合があるとしてごらん **मान ले॰** *a.* 受け入れる；認める；首肯する चलो, इसे भी मान लेता हूँ よろしいそれも受け入れましょう *b.* 仮定する मान लो, घाटा हो गया तो? 仮に損をしたら **मान लो...** たとえ…；仮に… मान लो कि अगर न भी दिखे तो क्या चिंता? たとえ見えなくても心配することがあろうか **माना हुआ** 一廉の；世に知られた；名のある＝ मान्य. माने हुए गवैये 名のある歌い手

माननीय [形] 尊敬すべき，尊い，立派などの意のほか敬称として氏名や地位・役職などを表す言葉に先行しても用いられる माननीय न्यायमूर्ति 高等法院判事閣下 माननीय महोदय 閣下

मानपत्र [名] 貴顕の歓迎に際して贈られる歓迎挨拶状

मानमंदिर [名] (1) ＝ मानगृह. (2) 天体観測所

मान-मनुहार [名*] なだめること；慰撫

मानमनौती [名*] (1) 祈願；願掛け (2) 嘆願；哀願；懇願 (3) 慰撫；なだめ

मान-मनौवर [名*] (1) 慰撫 (2) 説得 अनेक वरिष्ठ नेता मान-मनौवल के लिए उन्हें ढूँढते रहे 多数の幹部たちが説得しようと探していた

मानमर्दन [名] 慢心を打ち砕くこと

मान-मर्यादा [名*] 体面；面目；名誉；めんつ（面子） कुछ भी हो, हमें बाहर निकलकर खेतीबारी का काम नहीं देखना है.यह अपनी मान-मर्यादा का सवाल है.हम उच्चवर्ग के लोग हैं.ऐसा काम शोभा नहीं देता とまれおれたちは戸外へ出て畑仕事を監督するわけではない．体面の問題なのだ．これはおれたち高い身分の者にはふさわしくない仕事なんだ． भूमि गई, धन गया, मान-मर्यादा गई, लेकिन वह विवाद ज्यों-का-त्यों बना रहा 土地を失い，財産を失い名誉を失ったが，その争いはそのまま続いた

मानमोचन [名]〔イ文芸〕愛人の不機嫌をなだめること

मान-लीला [名*] 妻の機嫌取り；妻の不機嫌をなだめること

मानव[1] [名] (1) 人；人間 (2)〔人類〕 (3)〔ヒ〕人類の祖マヌ मनु の子孫 मशीनरी मानव 人造人間；ロボット

मानव[2] [形] (1) 人類の祖マヌ मनु の；マヌに関わりのある (2) 人間らしい

मानव-अधिकार [名] 人権；万人の持つ権利 ＝ मानवाधिकार. ⟨human rights⟩ **मानव-अधिकार कार्यकर्ता** 人権活動家

मानव-कपि [名]〔人類〕猿人＝ कपिमानव. ⟨apeman⟩

मानवकर्त्तव्य [名] 人間の義務 हिंदू धर्म में मानव कर्त्तव्यों पर विशेष बल दिया गया है ヒンドゥー教では人間としてのつとめが特に強調されている

मानव-चरित्र [名] 人生；生き方 वे समाज के किस प्रकार के मानव-चरित्रों का प्रतिनिधित्व करते हैं それらは社会のどのような生き方を代表しているのか

मानव-जन्म [名] 人身（輪廻転生において人間の生を享けること；人間として生まれること） पुनः मानव जन्म मिलता है 死後再び人の身を授かる

मानव जाति [名*] 人類；人種 मानवजाति विज्ञान 民族学 → नृजाति विज्ञान.

मानवजातीय [形] (1) 民族の；人種の；エスニックな (2) 民族特有の

मानवता [名*] (1) 人類 मानवता के प्रति बढ़ता संकट 増大する人類への危険 संपूर्ण मानवता का धर्म 全人類の義務 इस क्रूरतम अभिशाप से मानवता की रक्षा कैसे संभव है? この残酷この上ない呪いから人類はどうしたら守られようか (2) 人間性 (3) 人間愛；慈愛；人情

मानवतावाद [名] ヒューマニズム；人道主義；博愛主義

मानवतावादी[1] [形] 人道主義の；博愛主義の；人道主義的な

मानवतावादी[2] [名] ヒューマニスト；人道主義者；博愛主義者

मानवधर्म [名] 人道；人類愛 मानवधर्म की विजय 人類愛の勝利

मानवधर्मशास्त्र [名]〔ヒ〕古代インドの法典マヌスムリティ (मनुस्मृति)；マヌ法典

मानव-निर्मित [形] 人造の；人工の एशिया की सब से बड़ी मानवनिर्मित झील アジア最大の人造湖 मानव-निर्मित रेशा 人造繊維

मानव-पारिस्थितिकी [名*] 人間生態学 ⟨human ecology⟩

मानव प्रजाति [名*] 人類 ⟨human race⟩

मानवप्राण [名] 人の命；人命 वहाँ के डाक्टरों व कर्मचारियों की दृष्टि में मानवप्राणों की कोई कीमत नहीं है 同地の医師や職員の眼中には人命の価値は全くない

मानव भूगोल [名] 人文地理学 ⟨human geography⟩

मानवमात्र [名] 全人類 मानवमात्र के कल्याण के लिए 全人類の安寧のため

मानवरहित [名] 無人の मानवरहित अंतरिक्षयान 無人宇宙船

मानववाद [名] 人道主義；ヒューマニズム＝ मानवतावाद.

मानव विज्ञान [名] 人類学＝ नृविज्ञान. ⟨anthropology⟩

मानव विज्ञानी [名] 人類学者＝ नृविज्ञानी.

मानव शास्त्र [名] (1) 人類学 (2) 人文科学

मानव संसाधन [名] 人的資源 मानव संसाधन विकास मंत्रालय インド連邦政府人的資源開発省 ⟨Ministry of Human Resource Development⟩

मानव समाज [名] 人間社会

मानवहीन [形] 無人操作の；無人の；人手の関与しない मानवहीन चंद्रयान लूना 無人月ロケット・ルナ（ソ連の月ロケット）

मानवाधिकार [名] 人権＝ मानव-अधिकार. **मानवाधिकार-हनन** 人権侵害 **मानवाधिकारों का घोषणा पत्र** （国連）人権宣言書 मानवाधिकार की बहाली 人権復活

मानवाभ [形] 人間に似た；人間のような मानवाभ कपि 類人猿

मानविकी [名*] (1) 人類 (2) 人間性 (3) 人文科学；人文科学研究

मानवी[1] [形] (1) 人間の (2) 人間らしい；人間的な मानवी अनुभूतियाँ 人間らしい感受性 उसमें तमाम मानवी अच्छाइयाँ मौजूद होती हैं そこにはあらゆる人間らしい美点がある

मानवी[2] [名*] 女；女性 ＝ स्त्री; नारी; महिला; औरत. समझ में नहीं आता है कि यह मानवी है या राक्षसी? これが女なのかそれとも鬼女なのかわからない

मानवीकरण [名]〔文芸・修辞〕擬人化；擬人法

मानवीय [形] (1) 人間による；人手による；人間の मानवीय भूल 人間による過ち (2) 人間的な；人間味のある；人間らしい；人道に立った मानवीय मूल्यों का ह्रास 人間的な価値の衰退 मानवीय दृष्टिकोण से 人道的な見地から मानवीय दुर्बलताएँ 人間らしい弱さ मानवीय संबंध 人間関係 मानवीय संबंधों का तनाव 人間関係の緊張 आज के शहरी वातावरण में बिगड़ते हुए मानवीय संबंध 現在の都市での悪化していく人間関係 (3) 人道主義的な；博愛主義的な；人間主義の

मानवीय संबंध [名]〔社〕人間関係論

मानवोचित [形] (1) 人間らしい (2) 人間味のある；思いやりのある

मानवोपयोगी [形] 人間に役立つ मानवोपयोगी पदार्थ 有用な物資

मानस[1] [形] (1) 心に生じた；胸に生じた (2) 心の；内的な

मानस[2] [名] (1) 心；胸；精神 उत्तर भारत के मानस में 北インドの人々の心に संदेहशील मानस 疑り深い यहाँ के लोकमानस पर बड़ा व्यापक प्रभाव पड़ा है この地の人々の心に広範な影響が及んでいる (2) 心の動き；心理；気持ち；気分 (3)〔イ神〕マーナサ湖 (4) ＝ मानसरोवर. マーナサローワル湖；マーナササローワル湖 (5) ＝ रामचरित मानस （→ तुलसीदास のアワディー語の作品）

मानसता [名*] (1) 心理；心境 (2) 心性；性向

मानस-पुत्र [名]〔イ神〕意志や精神の力のみで生まれた（とされる）子孫（सनक, अत्रि などの聖仙がブラフマーのマーナサ・プトラとされる）

मानसपूजा [名*]〔ヒ〕儀式は伴わずに心の内のみで行われる礼拝様式

मान-सम्मान [名] 尊敬の念；敬意 मान-सम्मान के साथ 丁重に；丁寧に；敬意を払って पुलिस ने उन्हें मान-सम्मान के साथ रिहा कर दिया 警察は同氏を丁重に釈放した

मानसरोवर [名] マーナサローワラ（マーンサローワル）湖（チベット）のカイラーサ山の近くにある湖でヒンドゥー教のほかラマ教，ボン教の聖地でもある）；マーナササローワル湖 ＝ मानससर; मानससरोवर.

मानस विज्ञान [名] 精神科学
मानस-शास्त्र [名] 心理学 = मनो विज्ञान.
मानस सर [名] = मान सरोवर; मानस सरोवर.
मानसिक[形] (1) 精神的な;精神上の;心の गरीबी मनुष्य की शारीरिक और मानसिक उन्नति में बाधक होती है 貧困は人間の肉体的及び精神的発達を妨げるものである मानसिक तनाव 精神的な緊張 शारीरिक तथा मानसिक उपचार की आवश्यकता 心身の治療の必要性 मानसिक बीमारी 心の病 मानसिक रोगी 精神病患者 **मानसिक रूप से** 精神的に;心的に मानसिक रूप से तैयार रखना 心の準備をさせる मानसिक रूप से रुग्ण 精神的に病んでいる (2) 心に負担を生じる;神経を遣う बहुत अधिक मानसिक कार्य करने वाले व्यक्तियों में 非常に神経を遣う人たちに **मानसिक चिकित्सालय** 精神病院 = पागलखाना. **मानसिक विपर्यय** 精神異常 **मानसिक स्वास्थ्य** 精神衛生
मानसिकता [名*] ← मानसिक. (1) 心の在り方;心性;根性 औपनिवेशिक मानसिकता 植民地根性 जब तक ऊँची जातियाँ इस मानसिकता से ग्रस्त रहेंगी, पिछड़ी जातियाँ प्रगति नहीं कर सकतीं 高いカーストがこの心性にとらわれている限り後進カーストは前進できない सादगी से काम करना कंजूसी है, मजबूरी है, जब तक लोगों की यह मानसिकता नहीं बदलेगी, ऐसे आयोजन सार्थ नहीं हो सकेंगे 質素を旨に身を処することはけちなことなのだという世間の人の心性が変わらぬ限りこのような催しは意義あるものとなり得ないのだ (2) 心;心根 एक दूसरे की मानसिकता यदि मिलती हो तो जाति का कोई बंधन नहीं होना चाहिए 心と心が通い合うのであればカーストの障害はあってはならない वह हमारी मानसिकता को विकृत करता है それが我々の心を歪める (3) 心理 पुरुषों की मानसिकता 男性の心理
मानसून [名⁻] 《E. monsoon》(1) インドの雨季;モンスーン मानसून आ पहुँची モンスーンの到来= श्रीमान मानसून का आगमन. (2) モンスーン;季節風 दक्षिण-पश्चिम मानसून 南西モンスーン मानसून पवन モンスーン;季節風 संसद का मानसून अधिवेशन (インド) 国会のモンスーン会期 (雨季会期)
मानहानि [名*] (1) 名誉毀損 (2) 侮辱 अदालत की मानहानि 法廷侮辱
मानहुँ [副] あたかも;まるで= मानों; मानो.
माना[1] [名] 《E. manna》マンナトネリコやトネチコマンナなどの一部の植物から採れる甘味のある滲出液;マンナ;マナ (マンニトール mannitol の原料となり種々の化学薬品が製造される)
माना[2] [名] 《A. معنى》(1) 意味 = अर्थ. (2) 意図 = आशय. (3) 理由 = कारण.
मानिंद [形・後置] 《P. مانند》(ーに) 似た;似通った= समान; तुल्य. - की/- के मानिंद の形で用いられーのように, ーみたいになどの意を表す तीर के मानिंद 矢のように आतिश गोले के मानिंद थी 花火は大砲の弾のようだった रोशनी में चेहरा चाँद की मानिंद तारों में झिलमिलाता नज़र आता है 明かりの中で顔が月のように星に囲まれて輝いているように見える
मानिक [名] 紅玉;ルビー= पद्मराग; लौहितक.
मानिक खंभ [名] (1) = मलखम. (2) = मरखम.
मानिक-जोड़ [名]〔鳥〕コウノトリ科エンビコウ= लगलग; मनिकजोर. 〈Ciconia episcopus〉
मानिटर [名] 《E. monitor》(1) 学級委員;級長;風紀係;風紀委員 हर एक दरजे का एक मानिटर होता है どのクラスにも1人の学級委員がいる (2) 監視装置;モニター
मानिनी[1] [形] (1) 自慢をする;高慢な (2) 不機嫌な;機嫌を損ねている
मानिनी[2] [名*]〔イ文芸〕恋人にすねる女性
मानिनी सवैया [名]〔韻〕マーニニー・サワイヤー (各パーダが 7 जगण + लघु-गुरु の合計 23 音節から成る音節韻律)
मानी[1] [形] (1) 名誉を重んじる;誇り高い (2) 高慢な (3) 夫や恋人にすねる
मानी[2] [名]〔イ文芸〕甚だ高慢な性格の人物
मानी[3] [名,pl] 《A. معنى》(1) 意味 (2) 真意 (3) 意図;目的 इस लफ़्ज़ के मानी अच्छी तरह मालूम हैं この語の意味はよくわかっている **मानी न रखना** 意味をなさない
मानीटर [名] 《E. monitor》(1) 監視装置;モニター मानीटर क॰ モニターする (2) 学級委員;級長= मानिटर.
मानुख [名] 人;人間= मनुष्य; आदमी.
मानुष[1] [形] 人の;人間の
मानुष[2] [名] 人;人間 = मनुष्य; आदमी.
मानुषक [形] 人の;人間の
मानुषता [名*] 人間性;人間らしさ
मानुषिक [形] (1) 人の (2) 人間のような;人間らしい
मानुषी[1] [形] 人間の मानुषी प्रकृति 人間性
मानुषी[2] [名*] 女;女性;婦人= स्त्री; महिला; औरत.
मानुषीय [形] 人の;人間の = मनुष्य का.
मानुस [名] 人;人間= मनुष्य; आदमी.
माने[1] [名, pl.] 《A. معنى》= मानी; अर्थ; मतलब. (-का =) माने लगाना (ーを=の) 意味にとる
माने[2] [接] 《A. معنى》すなわち;つまり = यानी; अर्थात्.
मानों [副] = मानो. まるで;あたかも= जैसे; गोया. ललन सोफ़े पर बैठकर जम्हाई लेते हैं, मानो प्रवीण की बातों से ऊब रहे हों ラランはまるでプラヴィーンの話にうんざりしたかのようにソファーに腰を下ろしてあくびをしている ये सभी विशेषताएँ मानों उन्हें घुट्टी में पिलाई गई थीं こちらの特性はあたかも生まれながらに身についたかのようなものだった
मॉनोपली [名] 《E. monopoly》独占= एकाधिकार.
मानोपाधि [名*] 名誉称号
मान्य [形] (1) 尊敬すべき;敬意を表すべき;敬称としても用いられる = माननीय. मान्य न्यायाधीश 裁判長閣下 (2) 信頼性のある;確かな;確実な;正当な दूसरी विचारधारा अधिक मान्य हो गई है もう1つの考え方が一層確実なものとなっている (3) 有効な;効力のある
मान्यता [名*] (1) 考え;観念 यह मान्यता हमारे हिंदू धर्म-दर्शन में विशेष महत्त्व रखती है この観念はわがヒンドゥー教哲学で特に重要である खान-पान संबंधी मान्यताएँ 飲食に関する考え ऐसी मान्यता है कि ऐसा न करने पर पैदा होनेवाली संतान गूँगी होती है そうしないと生まれる子が生まれながらに耳が聞こえなくなるものと考えられている (2) 理念 आज सदन में जो कुछ हमारी मान्यताओं और परंपराओं के प्रतिकूल हुआ 今日議会で生じた一切のことは我々の理念と伝統に反したものだった इस मान्यता और विश्वास का ज्वलंत उदाहरण この理念と信頼の明解な実例 (3) 承認;認定;認可 पंद्रह भाषाओं को संविधान में मान्यता प्रदान की गई है 15の言語が憲法に認定されている बांगला देश को मान्यता दे॰ バングラデシュ (バングラーデーシュ) の承認 कालांतर में ऐसे कार्यकारण संबंधों को धार्मिक मान्यता भी प्राप्त हो गई 時が経つうちにこのような因果関係に宗教的な認定までもが与えられた उनके लिए भी सामाजिक मान्यता आवश्यक है それらにも社会的な承認が必要である (4) 信じられること लोगों की मान्यता है कि जीवन के अंतिम दिनों में वे अलवर के इसी स्थान पर आए 氏はその晩年にアルワルの正にこの地を訪れられたと人々に信じられている (5) 効力;有効性
मान्यताप्राप्त [名・形] (1) 承認された (2) 公認された (3) 認定された
मान्या [形*] ← मान्य.
माप [名*] (1) 計測;測定;測量 (2) 規模 (3) 尺度 मनुष्य के सुख-दुख की माप 人間の喜びと悲しみの尺度
मापक[1] [形] 計る;測る;計測する;計量する मापक गिलास 計量カップ = मापक जार.
मापक[2] [名] (1) 計る人;計量係;計測員;測量係 (2) ます (升) (3) 計量器;メーター
मापक्रम [名] 目盛り
माप-तौल [名*] (1) 計測;測定;測量 (2) 評価;評定 माप-तौल विभाग 度量衡局
मापदंड [名] 尺度 पिछड़ेपन का मापदंड 「後進性」の尺度
मापन [名] 計測;測定;測量 दैनिक जीवन में हम सब मापन करते हैं 日常生活で人はだれしも計測をしている
मापना [他] 重量, 長さ, 重さなどを計る;測る;計測する;計量する= नापना. दर्जी लंबाई मापता है 仕立屋は寸法を計る दूधवाला आयतन मापता है 牛乳屋は容積を計る दुकानदार प्रायः भार मापता है 店主はたいてい重さを計る खेल के मैदान की लंबाई मापो グラウンドの長さを測りなさい माप-माप कर क़दम रखना 石橋を叩いて渡る
मापनी [名*] 物差し;定規
मापांक [名]〔数〕係数;率 〈modulus〉

म

मापी [名] 計測器；測定器 द्रव-घनत्व-मापी 液体濃度測定器
माफ़ [形]《A. معاف मुआफ़》(1) 赦された；赦免された (2) 見逃された (3) 免除された；免れた **माफ़ क॰** *a.* 許す；赦す；赦免する ऐ बाबा, माफ करो, आटा नहीं है 悪うござるが小麦粉はありませんのじゃよ，御出家さま माफ कीजिएगा どうかごめん下さいませ आज मुझे माफ करें 今日は許して下さい；今日は見逃して下さい बेटी, यह तुम्हारा छोटा भैया है, इसे माफ़ कर दो この子はお前の弟みたいなもの，ごめんしてやってくれ हमें चलकर राजा से सज़ा माफ़ करवाने की कोशिश करनी चाहिए 王様のところへ行って罰を赦していただくようにしなければならない *b.* 免除する आप फ़ीस माफ़ कराने के लिए प्रार्थना-पत्र क्यों नहीं देते? 授業料免除の申請書をなぜお出しにならないのですか उन्होंने तुम्हारा मृत्युदंड माफ़ करवाया 死刑を免れさせた **माफ़ हो॰** *a.* 赦免される *b.* 免除される मृत्युदंड माफ़ हो जाने की बात सुन उसके चेहरे पर चमक आ गई 死刑が赦免されたと聞いて男の顔が輝いた रमेश की फ़ीस माफ़ हो गई ラメーシュの授業料は免除された
माफ़क़त [名*] = माफ़िक़त.
माफ़िक़ [形]《← A. موافق मुआफ़िक़》ふさわしい；合う；適合する；適切な कोई दवा किसी बच्चे को तो माफिक आ जाती है どんな薬もいずれかの子には合うものだ
माफ़िक़त [名*]《← A. معافقت मुआफ़क़त》(1) 合致；一致 (2) 適切；適合 (3) 親密さ
माफ़िया [名*]《E. Mafia》(1) マフィア (2) 秘密犯罪組織 माफ़िया प्रमुख マフィアのボス；マフィアの親玉
माफ़ी [名*]《A. معافی मुआफ़ी》(1) 許し；赦し (2) 免除；除外 (3) 免税地〈rent-free lands〉 (4) 王や政府から賜与，もしくは，下付された土地〈grant from Government〉 पाँच बीघे माफ़ी दिलवा दूँगी 5 ビーガーの土地を取らせよう **माफ़ी माँगना** *a.* 赦し（許し）を乞う；赦免を願う उसने ड्राइवर से माफ़ी माँगी 運転手に許しを乞うた अपने कसूर की माफी माँगो 自分の過ちをの赦しを乞いなさい *b.* 断る；言い訳をする मैंने यह कहकर माफ़ी माँग ली कि अभी पीकर आया हूँ ほんの今飲んで来たところだと言って断った
मामता [名*] (1) 親愛の情；親しみ= अपनापन; ममता. (2) 愛情 = प्रेम; अनुराग.
मामलत [名*]《A. معاملت मुआमलत》(1) 事；事柄 (2) 問題
मामलतदार [名]《Mar. ← A.P. معاملتدار मुआमलतदार》マームラトダール（旧ボンベイ・プレジデンシーの行政単位の district，すなわち，県の次区分であるタールカーの徴税責任者であるが，限定された範囲での司法権も有した）
मामला [名]《A. معاملہ मुआमला》(1) 事柄；問題 यह पाकिस्तान का अंदरूनी मामला है これはパキスタンの国内問題（内輪のこと）だ धर्म, प्रत्येक व्यक्ति का निजी मामला होता है 宗教は各人の個人的な事柄だ वह शादी का मामला अपने माता-पिता पर ही छोड़ देती है 縁談は両親に任せる मामला समझकर उसका खून खौल उठा 事情がわかるとはらわたの煮えくり返る思いがした (2) 事情 (3) 事件；出来事 यह मामला क्या है? 一体どういうことなのだ；どうなっているのだ (4) 協定；協約；妥協 (5) いさかい；争い बड़ों के बीच-बचाव से मामला दबा 長老たちが中に入ったので争いは収まった (6) 訴訟 (7) 取引；商売 (8) 取り扱い；待遇 **मामला उभड़ जा॰** 問題が大きくなる **मामला क॰** *a.* 商取引をする；売買をする *b.* 交渉する；相談する **मामला किरकिरा हो॰** *a.* ごたつく *b.* 台無しになる **मामला गठना** 目的が達せられる **मामला गर्म हो॰** 雲行きがおかしくなる **मामला गोल हो॰** 様子がおかしい **मामला ढीला हो॰** 見込みがない **मामला तूल पकड़ना** 問題が深刻になる **मामला दबना** 事態が鎮静化する **मामला दबाना** 事を治める；問題を鎮める **मामला पक्का क॰** はっきり取り決める **मामला पटाना** 話をつける **मामला फीका हो॰** 見込みがない **मामला बढ़ना** *a.* 荒立つ；深刻化する *b.* 進展する **मामला बनाना** 厄介な問題をうまく処理する；整理する；片付ける **मामला बैठना** うまく行く；順調に進む **मामला संगीन हो॰** 深刻な状況にある **मामला सुलटना** 争いが解決される
मामा[1] [名] (1) 母の兄弟；母方のおじ मामा की लड़की 母方のいとこ（おじの娘） (2) 年長の男性に呼びかける丁寧な言葉；おじさん कौआ मामा カラスのおじさん चंदा मामा お月さま
मामा[2] [名*]《P. ماما》女中；家事手伝いの女性；お手伝い；メイド
मामी [名*] 母の兄弟の妻；母方のおじの妻；母方のおば→ मौसी 母の姉妹
मामूँ [名] = मामू. 母方のおじ；母の兄弟
मामूर[1] [形]《A. مامور》(1) 命じられた (2) 任じられた；任命された मामूर क॰ 任じる；任命する
मामूर[2] [形]《A. معمور》(1) 定住した；人の住んでいる (2) 満たされた
मामूल[1] [名]《A. معمول》(1) しきたり；習わし；慣例；慣習；慣行 होली की त्योहारी भी मामूल से चौगुनी दी ホーリー祭の祝儀も慣例の 4 倍のものを与えた अपने मामूल के मुताबिक 慣例にならって (2) 習慣；風習 **मामूल के दिन** 生理中；生理の日 **मामूल के माफ़िक़** 適当に
मामूल[2] [形] 通常の；慣例の；普通の
मामूलाते रोज़मर्रा [名]《A.P. معمولات روزمره》日常生活
मामूली [形]《A. معمولی》(1) 普通の；並みの；通常の；一般の समाज की नज़रों में तुम दोनों की कोई भी मामूली-सी ग़लती ज़बरदस्त गुनाह बन जाएगी 社会の目には君たち 2 人のなんでもないごく普通の誤りがとんでもない罪悪となるのだ (2) 平凡な；一介の；ありきたりの；並みの मामूली प्रतिभा का आदमी 平凡な才能の人 मामूली प्रवक्ता 一介の大学講師 उनके मामूली शब्दों में इतना आकर्षण कहाँ से आ जाता था, कह नहीं सकते あの方の平凡な言葉にどうしてこれほどの魅力が生じるのかわからない चौकीदार को मामूली तनख़्वाह मिलती है 警備員は普通の給料をもらう मामूली ज़ख़्म 普通のけが；通常の傷 (3) 日常的な；普段の；普通の शोहदों के लिए आवाज़ कसना बिलकुल मामूली बात है 女性を冷やかすのはならず者にとってはごく普通のことだ (4) 質素な；そまつな किसानों का लिबास और बिस्तर बहुत ही मामूली होता है 農民の服装や寝具はごく質素なものだ
माय [名*] = माँ; माता; जननी.
मायका [名] 結婚した女性の実家；里；親元= पीहर. मायके वापस जा॰ 里帰りする मायकेवाले 女性の実家（の人）；里の親
मायनी [名]《A. معنی》= मानी[3]; माने[1]. कई मायनों में いろいろな意味で
मायल [形]《A. مائل माइल》(1) （ーに）引かれた；引きつけられた；（ーが）好きな (2) （ーに）傾いた；（ーの）傾向のある (3) （色がー）がかった；（ーを）帯びた स्याही मायल लाल रंग 黒みがかった赤い色；赤黒い色
माया[1] [名*] (1)〔ヒ・イ哲〕本来は実在しない現象世界を実在するかのように見せる絶対者ブラフマンの幻力；マーヤー；神の持つ霊力 प्रभु अद्भुत तेरी माया है, तूने कैसा यह खेल रचाया है 主よ，汝が幻力には比べるべきものもなし．如何なる遊戯を顕したまえるや (2) 超自然力；霊力 (3) 神通力；超能力 (4) 威力；魔力 (5) 不可思議なこと；神の現じた不思議なこと (6) 幻；虚妄；非実在；虚；実体のないもの；幻影 संसार माया है, इसमें क्यों फँसे हो ? この世は虚妄なりなぜにこれにとらわれているのか (7) 妄想；妄念；迷妄 माया को छोड़ो, ज्ञान को प्राप्त करो 迷妄を断ち正しい知を得よ (8) 魔法；魔術 (9) 奇術；手品 (10) 詐り (11) ドゥルガー神 (12)〔仏〕摩耶夫人 **माया कटना** 迷妄が断たれる **माया का पर्दा पसरना** 迷妄におおわれる **माया छूटना** 世俗の束縛から脱する **माया जोड़ना** *a.* 金銭や財産を蓄える *b.* 愛情のきずなにつなぐ **माया मिली न राम** この世のためになるものもあの世のためになるものも何一つ手に入らない；富も信心も得られず **माया रचना** 詐欺を行う；詐欺を企てる **माया लगना** 愛情を抱く；好きになる；影響が及ぶ
माया[2] [名]《P. مایہ》(1) 元；根元；根本 (2) 本質 (3) 財貨；金；富；財産；資産 बाँझन को पुत्र देता निर्धन को माया うまずめ（石女）に息子を与え貧者に財を与える यह लो अपनी माया, अपने पास ही रखो これはお前の金だ，手元に置いておきなさい
मायाकार [名] 手品師；奇術師= जादूगर; ऐंद्रजालिक.
मायाजाल [名] (1) 幻影 (2) 欺瞞 **मायाजाल में फँसना** だまされる
मायाजीवी [名] 手品師；奇術師= मायाकार.
मायादेवी [名*] (1) ドゥルガー神= दुर्गा; महामाया. (2)〔イ神〕マーヤーデーヴィー（悪魔シャンバラの妻） (3)〔仏〕摩耶夫人
मायापटु [形] あざむく；惑わせる；錯覚させる= मायावी.
मायापति [名] 神；最高神；主宰神= ईश्वर; परमेश्वर.
मायापात्र [名] 大金持ち；金満家；資産家

मायापाश [名] = मायाजाल.
मायामय [形] 幻の；幻影の
मायामृग [名] (1)〔ラマ〕シーターを欺き略奪するためにラーヴァナの伯父マーリーチャ मारीच が姿を変えてラーマを惑わせた金色の鹿 (2) 実体のないもの
मायामोह [名] 迷妄；妄念 फिर अब मायामोह तोड़कर भगवान में ध्यान लगाना है もうこれからは迷妄を断ち切って神を念ずることだ बड़ी भाग्यवान थी जो इतनी जल्द माया-मोह के बंधन तोड़ दिये これほど早く迷妄の束縛を断ち切ったとは大変幸運な人だったことよ
मायावर[1] [名] (1) 神 (2) 魔術師
मायावर[2] [形] 幻力を発揮する；幻力を現す
मायावती [名*]〔イ神〕マーヤーヴァティー神（愛の神カーマの配偶神ラティの異名）
मायावर्ग [名] 魔方陣
मायावाद [名]〔イ哲〕現象世界は幻であって実在しないとするシャンカラ・アーチャーリヤのマーヤー説；仮現説→ शंकराचार्य.
मायावादी[1] [名] マーヤー説に立つ人；仮現説に立つ人
मायावादी[2] [形] マーヤー説の；仮現説の
मायाविनी [名*] 幻惑する；人を欺く（女性）；だます（女性）= ठगिनी.
मायावी[1] [形] (1) 幻力の；魔力の मायावी आँखें 魔力のある目 (2) 霊力の (3) 神通力の (4) 虚妄の (5) 迷妄の (6) 魔法の
मायावी[2] [名] (1) 幻力を現すもの (2) 霊力を持つもの (3) 神通力を持つもの (4) あざむくもの；詐欺師 (5) 最高神
मायाशक्ति [名*] 神通力
मायासुत [名]〔仏〕摩耶夫人の息子；釈迦；仏陀；
मायिक [形] (1) 幻力の (2) 虚妄の (3) 幻力を現す
मायी[1] [名] (1) マーヤーを支配するもの；最高梵 परब्रह्म (2) 幻力を現すもの (3) 魔法使い
मायी[2] [形] = मायिक.
मायूर[1] [名]〔鳥〕クジャク（孔雀）= मयूर; मोर.
मायूर[2] [形] (1) クジャクの (2) クジャクが好む (3) クジャクの羽の
मायूस [形]《A. مایوس》失望した；絶望した；がっかりした；落胆した= नाउम्मेद; निराश. मायूस क॰ 失望させる；落胆させる मायूस हो॰ 失望する；がっかりする；落胆する मुझे अफ़सोस है भैया, कि तुम्हें यहाँ से मायूस लौटना होगा 僕は君ががっかりしてここから帰らなくてはならぬのが残念なのだよ
मायूसाना [形・副]《A.P. مایوسانہ》絶望的な；ふさぎこんだ；絶望的に；落胆して
मायूसी [名*]《A. مایوسی》失望；絶望；落胆= नाउम्मेदी; निराशा.
मायोपिया [名]《E. myopia》近視 = निकटदृष्टि.
मार[1] [名] (1) カーマ神 (काम)；愛の神 (2) 障害 (3)〔仏〕悪魔；仏道に対する鬼神；マーラ मार की सेना भगवान बुद्ध को घेरे हुए है 魔神の軍勢が仏陀を取り囲んでいる
मार[2] [名*] (1) 打つこと；打たれること；叩くこと；なぐること；なぐられること हथौड़ी की घंटी पर मार 槌で鐘を叩くこと हर तरफ़ से पानी की मार सहती हुई चट्टान 四方八方からの水に打たれ耐えている岩 तेज चोंच की मार से 鋭い嘴で突かれて (2) 衝撃 न्यूट्रॉन की मार से ニュートロンの衝撃で (3) 打撃；痛手 करों की मार 税金の打撃 दीवाली की महँगाई की मार ディーワーリー祭の物価上昇の打撃 पुलिस की मार के सामने रहस्य छुप नहीं सकता.छिपाया नहीं जा सकता 警察にやられたら秘密は隠しおおせるものではない ख़ुदा की मार 天罰 **मार के आगे भूत नाचना** 力の威力には勝てない；強い態度や力，あるいは，厳罰をもってすれば悪人も従うもの **मार के आगे भूत भागना** = मार के आगे भूत नाचना. अजी मार के आगे भूत भागता है.आप डरते हैं इसलिए आपसे बदमाशी करता है いや強く望めば悪も従うもの．貴方が怖がるものだから貴方に悪さをするのですよ **मार खाना** *a.* 打たれる；叩かれる；殴られる *b.* ひどい目に遭わされる *c.* 損害を受ける；打撃を蒙る **मार पड़ना** *a.* 打たれる；叩かれる पिता जी को मालूम पड़ा तो बड़ी मार पड़ेगी お父さんに知れたらひどい目に遭わされる *b.* 損害を被る **मार में जा॰** 貸し倒れになる **मार से भूत भागना** = मार के आगे भूत भागता है.
मारकंडेय [名] → मार्कण्डेय.
मारक [形] (1) 殺す；殺害する；命取りの；致命的な (2) 恐ろしい मंत्री जी की मुसकान कुछ ऐसी ही मारक थी 大臣の笑みはなんとも言えぬ恐ろしいものだった (3) 攻撃する；襲撃する **मारक क्षमता** 攻撃力（能力） **मारक प्रक्षेपास्त्र** 攻撃用ミサイル
मारका[1] [名]《← E. mark》(1) 記号；しるし（印）；マーク (2) 商標
मारका[2] [名]《A. معرکہ मारिका》(1) 戦闘 (2) 戦場 (3) 口論 (4) 大事件 (5) 重大事
मारकाट [名*] (1) 流血；刃傷 (2) 殺人 (3) 殺戮
मारकीन [名*]《← E. nankeen 南京》ナンキン木綿；南京木綿
मारकीनी [形] ← मारकीन. 南京木綿の
मारख़ोर [名]《P. مارخور》〔動〕ウシ科ヒツジ亜科ヤギ属マールコールヤギ；マーコール（野生種）；ネジツノヤギ（カシミール渓谷より西方のヒンドゥークシュのヒマラヤ山岳地帯に生息する）【*Capra falconeri*】
मारग [名] = मार्ग. **मारग मारना** 追い剥ぎをする **मारग लगना** *a.* 道をとる *b.* 仕事につく；職につく **मारग ले॰** = मारग लगना.
मारण [名] (1) 殺害 (2) 人を殺すための呪法や呪術
मारतौल [名]《Por. martelo》大きな金槌
मारधाड़ [名*] (1) 喧嘩，乱闘，暴力，殺人など (2) 特に映画や演劇での格闘（シーン）；活劇 मारधाड़ भी फ़िल्म में बहुत दिखाई गई है 映画には活劇も多数見られる= मारधार; ऐक्शन.
मारना[1] [他] (1) 殺す；殺害する गाय को मारना 牛殺し प्रारम्भिक झपकियाँ ले ही रहा था कि "मारो मारो" का हल्ला सुनकर चौंक पड़ा うつらうつらしかけたところへ「殺っちまえ」の叫び声を聞いてびくっとした लोगों का अँधाधुँध मारा जा॰ 人間がめちゃくちゃに殺される यदि आज के चारों सवालों का समुचित उत्तर न दे सकोगे तो जान से मारे जाओगे 4 つの問いに正しく答えられないと殺されるぞ (2) 殴る；叩く；打つ घरवालों ने किसान को ख़ूब मारा 家族の者たちが農夫をひどく殴った (3) 強く打ち当てる；ぶつける गाएँ सींग मारती हैं 牛が角で突く (4) 襲う；衝撃を与える हट, बिजली मार देगी （子供がいたずらしているのを見て）やめなさい電気が来るぞ（感電するぞ） (5) 打撃を与える यदि पानी समय से न बरसता तो खेती में डाला गया बीज भी मारा जाता था 雨が然るべき時に降らないと畑に蒔いた種もやられてしまうのだった (6) 打ちまかす；やっつける；打ちのめす；破る इससे मध्यवर्ग तो मारा गया これにより中産階級は打ちのめされた (7) 蹴る；蹴飛ばす；蹴るようにあるいは踏むように動かす पैर से मारना 蹴る= लात मारना. साइकिल पर पैडल मारना 自転車に乗ってペダルをこぐ (8) 投げる；投げつける मेज से गुलदस्ता उठा मदन को मारता है किंतु गुलदस्ता मदन के बजाय खिड़की में लगता है テーブルの花束を手に取ってマダンに投げつけるがマダンではなく窓に当たる लोग आँखें मूँदकर पत्थर मारते हैं 目をつぶって石を投げる (9) 発射する；撃つ；射る टारपीडो मारना 魚雷を発射する निशान मारना 狙い定めて射る (10)（攻撃的な意図で）発する；投げる तो फिर ये ताने आप क्यों मार रही हैं? それじゃなぜ嫌味をおっしゃっていらっしゃるのあなたは (11) 攻撃的な意図で行う；撃つ；襲う कुछ ही दिन पूर्व मारे गये छापों में सोने की तस्करी करनेवाला एक नया तंत्र सामने आया है 数日前の急襲で金の密輸の新しい一味が暴かれた (12) 狩りや漁として行う；捕る मछली मारने जा॰ 魚釣り（魚捕り）に行く (13) 勢いよくする；激しくする；激しく動かす वह चूल्हे में फूँक मारती रहती かまどの火をずっと吹いている भाषण मारना 演説をぶつ वह बादलों के ऊपर उड़ने लगा और कुछ देर उसने गोता मारने की कोशिश की 雲の上を飛び始めそれからしばらくの間宙返りをしようとした पर मारना 羽ばたく वह परिंदा पर न मारने पाएगा その鳥は羽ばたくことができないだろう कनखी मारना 目くばせする= कनखियाना; आँखों से इशारा क॰. मैंने इधर-उधर हाथ मारकर टटोला あちこちへ手を動かして探った थानेदार ने कसके सैल्यूट मारते हुए कहा 警部は勢いよく挙手の礼をしながら言った डंक मारना （虫などが）刺す घर्राटा मारना ぐうぐう（いびきをかく） घर्राटा मारकर सोना いびきをかいて寝る (14) 抑制する；抑える；殺す दिल की भावनाओं को मारकर चुप रह गई 気持ちを抑えて黙ってしまった (15) そぐ；削る；へずる शिकायत करनेवालों का उत्साह न मारा जाए 苦情を訴える人たちの意欲がそがれぬように भूख का मारा जा॰ 食欲がそがれること पापा ने रुपये मारे हैं? パパが僕の金をへずったのかな (16) 横取りする；横領する；ぶんどる रुपया उसके बाप ने

म

ले लिया तो क्या हम उसका मकान मार लेंगे あいつのおやじが金を取ったらこちらはあいつの家をぶんどることにするさ (17)（無造作に；いいかげんに；渋々）ある動作を行う मेरा तो मिज़ाज ही ठीक नहीं था, किसी तरह दस कौर मार लिए और हाथ रोककर बैठ रहा 気分がすぐれなかったのでなんとか10口ほど口に詰めこんで手を止めてじっとしていた **मारकर बिछा दे॰** 殴りたおす **मार खाना** 横領する；横取りする **मार गिराना** やっつける；打ち負かす उसने अपने साहस से अकेले ही उस शेर को मार गिराया है 勇気をふるって独力でその虎をやっつけた जनता में उत्तेजना फैलेगी.तब आप पिल पड़ेंगे और दस-बीस आदमियों को मार गिराएँगे 群衆の間に興奮が広がる．すると襲いかかった10人20人をやっつける **मार डालना** *a.* 殺す；殺害する；ばらす；打ち殺す *b.* ひどい目に遭わせる；さんざんな目に遭わせる मालकिन मुझे मार ही डालेंगी 主人は私をきっとひどい目に遭わせるだろう **मारते-मारते अचार कर दे॰** = मारते-मारते बेदम क॰. **मारते-मारते गठरी बना दे॰** = मारते-मारते बेदम क॰. **मारते-मारते बेदम क॰** たたきのめす；打ちのめす；なぐりたおす；打ち負かす **मारते-मारते भुरकुस निकाल दे॰** = मारते-मारते बेदम क॰. **मार पीटकर** どうにか；どうにかこうにか；やっとのことで **मार भगाना** 追い払う；撃退する दुश्मनों को हिंदुस्तान से मार भगाना 敵をインドから追い払う हमारे जहाज़ों ने उन्हें मार भगाया था わが国の軍艦が相手を撃退したのであった **मार मारकर मलीदा बनाना** 打ちのめす **मार मारकर वैद्य बनाना** *a.* 能無しをむりやり一人前に仕立てる *b.* 強制する；しゃにむにさせる **मार मारकर सती बनाना** 強制する；しゃにむにさせる **मार मारकर हाकिम बनाना** = मार-मारकर वैद्य बनाना. **मार मार किए जा॰** 懸命になる（-की）**मार मार हो॰**（ーが）甚だ多い **मार ले॰** = चुरा ले॰; उड़ाना. かっぱらう；せしめる यहाँ तो लूट है.एक वकील आध घंटा बहस करके पाँच सौ मार लेता है ここでは略奪も同然だ．弁護士1人が半時間議論して500ルピーをせしめるのだ **मारा घोंटू फूटी आँख** 〔諺〕意図したことや望んだことと結果が異なることのたとえ= मारूँ घुटना फूटे आँख. **मारा-मारा क॰** あくせくする **मारा-मारा डोलना** = मारा-मारा फिरना. **मारा-मारा फिरना** *a.* さまよう *b.* 落ちぶれる；落ちぶれてさまよう；路頭に迷う कहाँ मारी-मारी फिर रही थी.अब देख तो कैसी बढ़िया साड़ी पहनकर घूम रही है いつぞやは落ちぶれてさまよっていたのだが今じゃ上等のサリーを着て出歩いている इंजीनियर मारे मारे फिर रहे हैं 技術者たちが（仕事を求めて）さまよっている

मारना[2]［助動］主動詞（他動詞）の語根に付加して用いられて，「無思慮にする，無造作にする，急いだりいいかげんにする」などの意を加える वहीं हवाई अड्डे से उसने फ़ोन कर मारा.वह भी रात को सवा दो बजे あの人はなんと飛行場から電話をしてきたのだ．それも夜中の2時15分のことなのだ बस, तपाक से यंत्रवत् उसने दवाओं का परचा लिख मारा なんといきなり機械仕掛けのように処方箋を書いた

मारपिटाई［名*］= मारपीट 殴り合い मदन और मनोज में आज लड़ाई हो गई थी.मारपिटाई तक हुई マダンとマノージは今日喧嘩をしてしまった．殴り合いにまでなってしまった

मारपीट［名*］殴り合い；暴力行為

मारपेंच［名*］ごまかし；いんちき

मारफ़त［名*］《A. معرفت मारिफ़त》(1) 方法；手段；媒介；仲介 -की मारफ़त の形で用いられて（ーを）介して；媒介にして；仲介して；通して；（ーに）よって कांग्रेस की मारफ़त コングレスを介して (2) 知識；認識 (3) 精通 (4) 神智；霊智 (5) 学問 (6) 技術；技

मारफ़ीन［名］《E. morphine》〔薬〕モルヒネ

मारवाड़［地名］(1) マールワール（狭義には，旧ジョードプル藩王国を中心とするラージャスターン州の中西部地方）(2) 広義には上記のマールワールの周辺でラージャスターン州を含む地域．さらに広義にはその周辺地域（ハリヤーナー州やマディヤ・プラデーシュ州のマールワー मालवा を含む地域）

मारवाड़ी[1]［名］(1) 狭義には上記のマールワール地方出身のヴァイシュヤ，すなわち，商業カーストの人やそのような祖先を持つ人 (2) 広義にはラージャースターンのあらゆるカーストを含む人たち

मारवाड़ी[2]［名*］〔言〕マールワーリー語（ラージャスターン州の北部及び中西部の広い地域に行われているラージャスターンの代表的言語．これの文語はディンガル語 डिंगल と呼ばれる）

मारवाड़ी[3]［形］(1) マールワール地方の (2) マールワール出身の (3) マールワール商人の

मारामार[1]［副］大急ぎで；大至急に

मारामार[2]［名*］= मारपीट.

मारा-मारी［名*］喧嘩；殴り合い；叩き合い बेटे, मारा-मारी तो नहीं करनी चाहिए, सबके साथ मिलकर रहना चाहिए 殴り合いをしてはいけないよ．皆と仲良くしなくては駄目

मारिशस〔国名〕《E. Mauritius》モーリシャス共和国

मारिहाना［名］《E. marihuana/ marijuana》マリファナ= हशीश.

मारी［名*］(1)〔ヒ〕チャンディー女神 चंडी (2) 流行病；伝染病 = महामरी; वबा.

मारीच［名］〔ラマ〕マーリーチャ（シーターをさらいラーマに殺されたラークシャスでラーヴァナの伯父）

मारीटेनिया〔国名〕《E. Mauritania》モーリタニア；モーリタニアイスラム共和国〈Islamic Republic of Mauritania〉

मारुत［名］(1)〔イ神〕マールト神；風神 (2) 風

मारुत-सुत［名］〔イ神〕ハヌマーン神（हनुमान）

मारुति[1]［名］(1)〔イ神〕ハヌマーン (2)〔マハ〕ビーマ भीम

मारुति[2]［名*］〔商標〕マールティ・スズキ社製造の自動車，マールティ車

मारुती［名*］西北方；西北の方角

मारू[1]［形］(1) 命を奪う；殺害する (2) 殴る；叩く (3) 胸を引き裂く

मारू[2]［名］(1) 陣太鼓= मारूढोल（マールードール）उन्होंने मारू ढोल बजा दिये.इन ढोलों को ख़ास तौर पर बजाया जाता है その人がマールードールを打ち鳴らした．この太鼓は独特の打ち方がなされる (2) マールーラーガ（ラーガの一，士気を鼓舞するものとされる）**मारू राग गाना** 勇壮な歌（士気を鼓舞する歌）を歌う

मारूज़［形］《A. معروض》(1) 請願された；言上された (2) 陳述された；述べられた

मारूज़ा［名］《A. معروضه》(1) 請願；嘆願；言上 (2) 請願書；嘆願書= प्रार्थना; गुज़ारिश; प्रार्थना-पत्र.

मारूत［名］《A. ماروت》〔イス〕マールート（ハールート हारूत هاروت と共に人間に妖術を教えるとされる天使）→ हारूत.

मारूफ़［形］《A. معروف》有名な；著名な；名高い= प्रसिद्ध; मशहूर. बड़े मशहूर और मारूफ़ लोगों के दस्तख़त とても有名な人たちの自署

मारे［前置・後置］-के मारे の形で用いられるほか मारे -के の形でも用いられる．ーのために，ーのせいで，ーのあまりなどの意に用いられる सिर उसका मारे दर्द के फटा जा रहा था 頭は痛くて痛くて割れそうだった मारे शीत के 寒さのあまり संकोच के मारे पत्र न लिख सकी.आप मज़े में तो थे 私は気後れのため手紙を書けなかったのです．お元気ではいらっしゃったのですね भय के मारे 恐ろしさのあまり वह प्यास के मारे बुरा हाल था 喉の渇きにさんざんなありさまだった

मार्कंडेय［名］→ मार्कण्डेय.

मार्क[1]［名］《E. mark》(1) しるし；マーク (2) トレードマーク；商標 (3) 徴候 ट्रेड मार्क トレードマーク

मार्क[2]［名］《E. mark; Ger. Mark》マルク

मार्कण्डेय［名］〔イ神〕マールカンデーヤ聖仙（マールカンデーヤ・プラーナ मार्कण्डेय पुराण の作者とされる）

मार्कण्डेय पुराण［名］〔ヒ〕マールカンデーヤ・プラーナ（18主要プラーナの一）

मार्कशीट［名］《E. marksheet》(1) マークシート (2)〔教〕成績表

मार्का[1]［名］《E. mark》しるし；印；マーク हाथी मारका 象印

मार्का[2]［名］= मारका. मार्के का 重要な；大切な मार्के की बात 重要なこと；大切な話

मार्किंग ह्वील［名］《E. marking wheel》〔裁〕ルーレット

मार्किट［名］= मारकीट. 《E. market》マーケット；市場；商店街

मार्केट［名］《E. market》マーケット；市場；商店街= बाज़ार; हाट.

मार्केटिंग मैनेजर［名］《E. marketing manager》マーケティング・マネージャー

मार्क्विस［名］《E. marquis》侯爵

मार्क्स〔人名〕《Karl Marx》カール・マルクス (1818–83)

मार्क्सवाद［名］《E. Marx + H.》マルクス主義〈Marxism〉

मार्क्सवाद-लेनिनवाद［名］マルクス・レーニン主義〈Marxism-Lenism〉

मार्क्सवादी [形] マルクス主義の मार्क्सवादी विचारधारा マルクス主義思想

मार्क्सवादी कम्युनिस्ट पार्टी [名*]〔イ政〕インド共産党（マルクス主義派）；マルクス主義共産党= सी॰पी॰आई॰एम॰ (CPIM).

मार्क्सवादी फ़ारवर्ड ब्लाक [名] 《E. Marxist Forward Block》〔イ政〕マルクス主義フォワード・ブロック（政党名）

मार्ग [名] (1) 道；道路 (2) 方法；手段 (3) 経路；径路；筋道；ルート योनिमार्ग 産道；膣 मार्ग में 途中；中途で (-का) मार्ग अपनाना (一の) 道をとる，(一へ) 進む एवरेस्ट दूसरे मार्ग से エベレスト（登山）別ルートで **मार्ग का कंटक** 障害物；邪魔 (-के लिए) **मार्ग खुलना** (一の) 道が開ける **मार्ग चल पड़ना** 道ができる；開始される；始まる **मार्ग चुनना** 道を選ぶ **मार्ग छोड़ना** 道を開ける；道を譲る **मार्ग दिखाना** 方法を示す；方法を教える **मार्ग दे॰** = मार्ग छोड़ना. (-का) **मार्ग पकड़ना** *a.* (一の) 道をとる；(一の) 道を進む *b.* (一を) する；行う **मार्ग पर फूल बिछा हो॰** 安楽な；苦労のない **मार्ग पर लाना** 正しい道に連れ戻す **मार्ग प्रशस्त क॰** 進む道を確実なものにする；邪魔を取り除く **मार्ग बनाना** 道を作る；方法を講じる **मार्ग में बाधा पड़ना** 妨げられる；妨害される **मार्ग में रोड़े बनना** 妨げる；妨害する **मार्ग में रोड़े बिछाना** = मार्ग में रोड़े बनना. **मार्ग ले॰** = मार्ग पकड़ना.

मार्गकर [名] 通行税

मार्गदर्शक[1] [形] 指導する；案内する सरकार के लिए सिद्धांत जो मार्गदर्शक कार्य करते हैं 政府を導くガイドライン

मार्गदर्शक[2] [名] (1) 道案内人；先導者；先達；(登山の) ガイド (2) 指導者；先導者

मार्गदर्शन [名] (1) 案内；先導；道案内 (2) 指導 मार्गदर्शन के लिए निःसंकोच पूछते रहेंगे 指導を得るために遠慮なくたずねて行く

मार्गदर्शिका [名*] 女性指導者；女性ガイド ↔ मार्गदर्शक.

मार्ग-निर्देशन [名] 方向決定；進路決定；オリエンテーション

मार्गप्रदर्शन [名] 指導

मार्गभ्रष्ट [形] 道をはずれた；道を踏みはずした

मार्गरक्षक [名] 護衛（官）；ボディーガード= अंगरक्षक.

मार्गरक्षण [名] = अंगरक्षण. 護衛

मार्गरीन [名] 《E. margarine》 マーガリン

मार्गशिर [名] = मार्गशीर्ष.

मार्गशीर्ष [名] マールガシールシャ月（インド暦の９月）

मार्गाधिकार [名] 通行権

मार्गाश्रम [名] 旅人宿；はたご（旅籠）；旅館；旅宿

मार्च[1] [名] 《E. March》 3 月

मार्च[2] [名] 《E. march》 行進；行軍；マーチ；進軍 दो टुकड़ियाँ आगे मार्च भी कर चुकी हैं 2 小隊はすでに進軍している

मार्जन [名] (1) 拭うこと；ぬぐい去ること (2) 清潔にすること (3) 清めること (4) 払いのけること

मार्जनी [名*] (1) ほうき（箒）= झाड़ू; बुहारी. (2) はけ；刷毛；ブラシ= ब्रुश.

मार्जार [名]〔動〕ネコ（猫）= बिलार; बिल्ली.

मार्जारक [名] (1)〔鳥〕クジャク= मोर. (2)〔動〕ネコ= बिल्ली; बिडाल.

मार्जार-मीन [名]〔魚〕ナマズ科の魚

मार्जारी [名*]〔動〕ネコ（猫）；雌猫= बिल्ली; मादा बिल्ली.

मार्जित [形] 拭われた；ぬぐい清められた；清められた

मार्तंड [名] 太陽 = मार्तण्ड; सूर्य.

मार्तिक [形] 土製の；粘土製の；陶製の

मार्दंग [名] ムリダンガ（太鼓）を打つ人→ मृदंग.

मार्दव [名] ← मृदु. (1) 柔和；温和；やさしさ (2) 謙虚さ (3) 素直さ

मार्निंग कोट [名] 《E. morning coat》〔服〕モーニングコート

मार्निंग ग्लोरी [名*] 《E. morning glory》〔植〕ヒルガオ科アサガオ；朝顔【*Ipomoea purpurea*】

मार्फ़त [名*] = मारफ़त.

मार्फ़ीन [名] 《E. morphine》 モルヒネ = मारफ़ीन.

मार्मलेड [名] 《E. marmalade》 マーマレード

मार्मिक [形] (1) 急所の；生命に関わる (2) 胸を打つ；心に強く訴える；心琴にふれる जीवन के यथार्थ का बहुत ही मार्मिक चित्रण 人生の真実についての胸を打つ描写 सुख-दुख की अनुभूति का मार्मिक चित्रण 喜びや悲しみの気持ちの切々たる描写 (3) 核心に迫る；本質をうがつ；重大な；重要な

मार्मिकता [名*] ← मार्मिक. **मार्मिकता के साथ** 胸を打つように；心琴をかきならすように

मार्ल [名] 《E. marl》〔地・農〕泥灰土（肥料に用いられる）

मार्श गैस [名*] 《E. marsh gas》 沼気；メタン；メタンガス

मार्शल [名] 《E. marshal》〔軍〕元帥

मार्शल-ला [名] 《E. martial law》〔軍〕戒厳令 = सैनिक शासन.

मार्शलिंग यार्ड [名] 《E. marshalling yard》 操車場

माल[1] [名*] (1) 花輪= पुष्पमाला. (2) 紡ぎ車の車のひも（ベルト）

माल[2] [名] 《A. مال》 (1) 商品；もの（物）；物品；品物；物資 उसने किसी दुकानदार से एक बार माल ख़रीद लिया ある商人からある時品物を買ったことがあった चोरी का माल 盗品；贓物 वह ज़रूर चोरी का माल है あれはきっと盗品だ चने में भी राजस्थान से माल कम आने से सुधार हुआ ヒヨコマメもラージャスターンからの入荷が少なかったため持ち直した माल से भरे ट्रक 物資を満載したトラック माल ढोना 貨物の運搬・輸送 माल ढोनेवाला जहाज़ 貨物船 माल असबाब पकड़ा गया था 物品が差し押さえられた (2) 財産；所有物 (3) 歳入；国庫収入 (4) 有用な物；役に立つ物 (5) 上等の物；上物 (6) ご馳走；立派な料理 (7)〔農〕現物払いの小作料 → नगदी. **माल उगलवा ले॰** 盗品を吐き出させる **माल उड़ाना** *a.* 盗む；横領する *b.* ご馳走を食べる *c.* 楽しむ；享楽する **माल ऐंठना** *a.* 奪い取る *b.* だまし取る **माल कटना** 儲かる；儲けになる इसके ज़रिये मनमानता माल कट सकता है これで好きなだけ儲けられる **माल काटना** 横領する；横取りする **माल चटाना** 賄賂を贈る；贈賄する **माल चाभना** うまい物を食べる；馳走を食べる **माल चीरना** = माल काटना. **माल तीर क॰** 相手の油断につけこんで盗み取る；掠め取る **माल दाग़ना** 棚卸しをする；在庫調べをする **माल निगलना** 横領する；横取りする **माल पचाना** 横領する **माल पिलाना** 上等のものや重要なものを入れる（加える） **माल पी जा॰** = माल पचाना. **माल मलीदा उड़ाना** 贅沢な食事をしたりぶらぶらして過ごす **माल मारना** = मार निगलना. **माल लगाना** 上等のものを用いる **माल हज़म क॰** = माल पचाना.

माल अदालत [名*] 《A. مال عدالت》 地税裁判所（地税に関する不服申し立てが行われる）= अदालत-ए-माल. 〈revenue court〉

मालकंगनी [名*] (1)〔植〕ニシキギ科半蔓木インドウメモドキ【*Celastrus paniculata*】 (2) 同上の実

माल क़ानून [名] 《A. مال قانون》 地税法

मालकिन [名*] 《مالکن ← A. مالک मालिक+ H. -इन》 (1) 女主人 (2) 主人の妻；奥様

माल कोर्ट [名] 《A. مال + E. court》 地税裁判所（土地や地税などを巡る訴訟については collector, deputy collector, tehsildar が審判する．この問題についての訴訟の上訴は commissioner の下で行われる．その上は州の税務局 Revenue Board の管轄下で行われる）

मालकोहा [名]〔鳥〕ホトトギス科ヒメアオキジカッコウ【*Rhopodytes viridirostris*】

मालखंभ [名] = मलखम.

मालख़ाना [名] 《A.P. مال خانہ》 (1) 倉庫 (2) 金庫

मालगाड़ी [名*] 貨物車（鉄道） → मुसाफ़िर गाड़ी 客車.

मालगुज़ार [名] 《A.P. مال گزار》 地税の納入者（国庫に直接納入する人 लंबरदार も中間介在者のザミーンダールに納入する人も含めて）

मालगुज़ारी [名*] 《A.P. مال گزاری》 (1) 政府がザミーンダールから徴収する土地の税金；地税；地租 (2) 農民がザミーンダールに納める借地料．ザミーンダーリー制廃止前は土地耕作者 जोतदार) がザミンダール (ज़मीनदार) に納めたのを लगान(地代, 小作料) と呼んだ．ザミーンダールが政府 (सरकार) に納めたものを मालगुज़ारी (地租・地税) と呼んだ．ザミーンダーリー制廃止後はブーミダル (भूमिधर/ भूमिधारी) とシールダール (सीरदार) が国庫 (सरकार) に納めるものを मालगुज़ारी もしくは भूराजस्व という ज़िलाधीश मालगुज़ारी एकत्र करवाता है コレクター（県徴税官）は地税を（部下に）徴収させる

म

मालगोदाम [名] (1) 金庫；商品金庫 (2) 貨物駅；鉄道駅の貨物取扱所

मालज़ादा [名] 《A.P. مال زاده》 娼婦の息子（悪態にも用いられる）

मालज़ादी [名*] 《A.P. مال زادی》娼婦の娘 (悪態にも用いられる)
मालज़ामिन [名] 《A. مال ضامن》〔法〕(1) 身元保証人 (2) 保釈金
मालजायदाद [名] 《A.P. مال جائداد》資産；財産 मालजायदाद ज़ब्त क॰ 財産没収
मॉलट [名*] 《E. mallet》〔ス〕マレット；打球槌 पोलो खेलने की मॉलट ポロのマレット
मालटा [名] 《E. Malta》(1)〔国名〕マルタ共和国 (2)〔植〕ミカン科マルタ (ヘソミカンの一種) 【*Citrus sinensis*】
मालटाल [名] 財産；資産
मालडिब्बा [名] 鉄道貨車 = मालगाड़ी. इन दिनों रोज 24 हज़ार माल डिब्बों में लदाई का काम हो रहा है 近頃は 1 日 2 万 4000 両の貨車に荷積みが行われている
मालती[1] [名*] (1)〔植〕モクセイ科低木ソケイ【*Jasminum officinale*】(2)〔植〕モクセイ科低木【*Jasminum flexile*】
मालती[2] [名*]〔鳥〕ヒバリ科ヤブヒバリ【*Mirabra javanica*】
मालतीमाधव [名]〔イ文芸〕マーラティーとマーダヴァ (8 世紀頃のサンスクリット語の劇作家バヴァブーティ भवभूति の作品で 10 幕から成る)
मालदह [名] = मालदा. (1)〔地名〕マールダー (ビハール州東部の都市. バーガルプル भागलपुर の近く) (2)〔植〕マールダー (同地方に産するマンゴーの 1 品種)
मालदार [形・名] 《A.P. مال دار》資産のある；資産家の；富裕な；裕福な
मालदिवी [名] 《E. Maldive》(1)〔地名〕モルディヴ群島 (2)〔国名〕モルディヴ共和国
माल पड़ताल [名*] 《A. مال + H.》棚卸し
मालपूआ [名]〔料〕マールプーアー (小麦粉を砂糖水で溶きピスタなどのナッツや牛乳などを加えたものをギー，もしくは，油で揚げたもの)
माल बाबू [名] 《A. مال + H.》貨物係 (鉄道)
माल बीमा [名] 《A.P. مال بیمہ》積荷保険 (鉄道)
मालभंडारी [名] 《A.+ H.भंडारी》倉庫番
मालमता [名] 《A. مال متاع》財産；資産
मालव 〔地名〕マールワ= मालवा.
मालवा 〔地名〕マールワー = मालव. (マッディヤ・プラデーシュ州の南西端地域)
मालवाहक [形] 《A. مال + H.》貨物を輸送する；貨物運搬の
मालवाहक विमान [名] 貨物輸送機
मालवीय[1] [形・名] (1) マールワー मालवा 地方の (人) (2) マールワー地方に居住する
मालवीय[2] 〔人名〕マダンモーハン・マーラヴィーヤ मदन मोहन मालवीय (1861–1946) インドの政治家，教育者，ジャーナリスト
माला [名*] (1) 一連のもの；連なったもの；シリーズ；列 (2) 花輪= फूलों की माला (3) 首飾り；ネックレス (4) 数珠 (5) 集まり；集合；かたまり **माला उतारना** 花に糸を通して花飾りを作る **माला जपना** *a.* 数珠を繰って唱える *b.* 繰り返し思い出す **माला फेरना** = माला जपना. **माला ले॰** 数珠を手に取る (俗界を離れ信仰生活に入る) सास जी ने माला ली 姑は数珠を手に取った (隠遁生活に入った)
मालाकार [名] (1) 花屋；花売り (2) 庭師= माली.
मालाफल [名] ホルトノキ科高木インドジュズノキ【*Elaeocarpus ganitrus*】の果核 (数珠の材料になる)；金剛子；金剛珠= रुद्राक्ष.
मालामणि [名] = मालाफल.
मालामाल [形・名] 《A.P. مالامال》あふれている；豊かな；大金持ち (の)；富み栄えている थोड़े ही दिनों में पंडित जी मालामाल हो गए わずかの間にバラモンは大金持ちになった **मालामाल क॰** *a.* 積み上げる；山盛りにする *b.* 溢れさせる *c.* 富ませる；豊かにする राजा ने वैद्य को मालामाल कर दिया 殿様は医者を大金持ちにしてやった
मालिक [名] 《A. مالک》(1) 主人；長；頭；頭目 अब तो भगवान ही मालिक है もはや神様だけが頼りだ (2) 持ち主；所有者；オーナー；経営者 अकूत संपत्ति के मालिक ये बहुराष्ट्रीय निगम 巨万の富の所有者であるこれら多国籍企業 सिनेमा मालिक 映画館主 होटल मालिक ホテルのオーナー अखिल भारतीय मालिक संघ 全インド経営者協会 (3) 神；神様 मेरा मालिक मुझे इतना खाने-पहनने को देता है कि मुझे कभी किसी से कुछ लेने की ज़रूरत ही नहीं पड़ी 私のおすがりする神様は人様に頼る必要がないほど沢山の食べ物や着物を授けて下さる (4) 夫；主人
मालिका[1] [名*] (1) 花環 (2) 首飾り (3) 列
मालिका[2] [名*] 《A. مالکہ》主人；女主人
मालिकाना[1] [形] 《A.P. مالکانہ》(1) 主人の (2) 所有者の जिन लोगों को मालिकाना हक़ मिला हुआ है 所有権を得ている人たちに
मालिकाना[2] [副] 所有者のように；所有者として
मालिकाना[3] [名] (1) 所有権 (2)〔史〕ザミーンダールが得ていた地税の一部 (5～10 %)
मालिकी [名*] 《مالکی ← A.مالک मालिक》主人であること；主人の地位や立場
मालिन [名*] ↔ माली. カーストとしてマーリー (庭師) の妻
मालिनी [名*] (1) マーリー・カースト (माली) の女性 = मालिन. (2)〔韻〕マーリニー (各パーダが नगण + नगण + मगण + यगण + यगण の 15 音節から成る音節韻律)
मालिब्डेनम [名] 《E. molybdenum》〔鉱〕モリブデン = मालीद.
मालियत [名*] 《A. مالیت》(1) 富；財産 (2) 価格；値段 (3) 高価な物品
मालियात [名*, pl.] 《A. مالیات ← मालियत》資産；財産
मालियाना [名] 《A.P. مالیانہ》地税；地租= राजस्व; लगान; मालिया.
मालिश [名*] 《P. مالش》(1) こすること；摩擦 उँगली से मसूड़ों की मालिश भी करनी चाहिए 指で歯茎をこすらなくてはならない (2) もむこと；マッサージ (3) 擦りこみ (-की) **मालिश क॰** *a.* (ーを) 擦りこむ तेल की मालिश 油を擦りこむ；油をつけてマッサージすること *b.* (ーに) へつらう；媚びる
मालिश वाला [名] 《P. مالش + H.वाला》マッサージ師；按摩
माली[1] [名] (1) 庭師 (2) マーリー (主として庭師の仕事をしてきたカーストの人)
माली[2] [形] 《A. مالی》(1) 経済的な；財政的な；金銭上の माली बोझ आहिस्ता आहिस्ता बढ़ता गया 財政的な負担が徐々に増大して行った सुरेश की माली हालत ख़राब थी スレーシュの経済状態は悪かった (2) 物質的な मैंने उन्हें माली मदद दी 私はあの方に物質的な援助をした (物質的に援助した)
माली[3] 〔国名〕《E. Mali》マリ共和国 〈Republic of Mali〉
मालीख़ूलिया [名] 《A. مالیخولیا》〔医〕鬱病 = विषण्णता.
मालीद [名] 《E. molybdaena; molybdenum》〔鉱〕モリブデン
मालीदा[1] [形] 《P. مالیده》こすられた；もまれた
मालीदा[2] [名] 《P. مالیده》(1) = मलीदा. (2) カシミール産の上質のウール
मालूम [形] 《A. معلوم》(1) 知っている；知られている；知識のある；認識されている= जाना हुआ; ज्ञात. (2) 明らかな；明白な= प्रकट; प्रगट; स्पष्ट. **न मालूम** 文中に挿入して用いられて「全くわからない」,「全く見当がつかない」などの意を表す हाय दुर्योधन की इस घोर मूर्खता का, न मालूम, क्या फल होगा ああ何たることか，ドゥルヨーダナのこの途方もない愚かしさがどんな結果をもたらすことになるのやら **मालूम क॰** 調べる；つきとめる；調査する；明らかにする तब उसने मालूम किया कि यह उन्हीं तीनों की कारस्तानियाँ हैं その時それがその 3 人のしわざであることをつきとめた अब तुम जब चाहो घड़ी देखकर वक़्त मालूम कर सकते हो もういつでも時計を見て時刻を知ることができる **मालूम दे॰** 思える **मालूम पड़ना** わかる；判明する；明らかになる किसी के बारे में कुछ भी मालूम नहीं पड़ता だれについても何もわからない.
मालूमात [名*] 《A. معلومات》(1) 知識；認識= ज्ञान; जानकारी; इल्म. इस सारी कानूनी पेचीदगी के बारे में मालूमात कितने लोगों को है あらゆる法律上の煩瑣なことについてどれだけの人が知識を持っているのか (2) 情報= जानकारी; सूचना.
माल्ट [名] モルト = यव्य.कोजि-माल्ट こうじ (麹)
माल्टा [名] = मालटा.
माल्टी स्टार फ़िल्म [名*] 《E. multistar film》〔映〕マルチスター映画
माल्य [名] (1) 花 (2) 花環 (3) 頭につける花環の飾り
मावा[1] [名] (1) でんぷん；澱粉；スターチ；のり (2) エッセンス；本質 (3) 牛乳を固く煮つめたもの (菓子製造の材料) = खोया. (4) 卵の黄み **मावा निकालना** ひどく殴る；打ちのめす

मावा[2] [名]《A. ماوا》避難所；隠れ場所；逃げ場所= आश्रय स्थान; पनाह की जगह.

माश [名] (1)〔植〕マメ科ケツルアズキ【*Vigna mungo*】= उड़द. (2) その実 अरहर, मूँग, माश (माष), मसूर, चना, मटर वग़ैरह से दालें बनाकर खाते हैं キマメ，ブンドウ，ケツルアズキ，レンズマメ，ヒヨコマメ，エンドウなどでマメのひき割り（ダール）をこしらえて食する **माश मारना** 魔除けのまじないをするためにケツルアズキ（豆）を投げつける

माशा [名] マーシャー（重量単位約 1.04g. 旧ベンガル単位では 0.97g. トウアズキの実 8 個分の重量） **माशा तोला बराबर हो॰** 目方通り，全く正確で間違いのない **माशा तोला हो॰** ころころ変わる；変わりやすい；安定しない **माशा भर** ほんの少量の

माशा अल्लाह [感]《A. ماشاء الله》お美事；よくやった；でかした；でかしたでかした= साधु-साधु; वाह-वाह.

माशी[1] [名] 青黒い色；黒みを帯びた青

माशी[2] [形] 青黒い

माशीयात [名*]《A. معاشيات मआशीयात》経済学= अर्थ शास्त्र.

माशूक़ [名]《A. معشوق》(1) 恋人；愛人 = प्रेमी; प्रिय. (2)〔イ文芸〕ガザルにおいて語りかけられる恋人の側を指す．世俗の存在，すなわち，人間でも超俗の存在，すなわち，神でもありうる

माशूक़ा [名*]《A. معشوقہ》恋人；愛人 = प्रेमिका; प्रेयसी.

माशूक़ाना [形]《A.P. معشوقانہ》(1) 恋人のような (2) 魅惑的な

माष [名] (1)〔植〕マメ科ケツルアズキとその実= माश. (2) 重量単位= माशा. (3) ほくろ

मास[1] [名] ひと月；1 か月= महीना; माह.

मास[2] [名] ケツルアズキ → माश; माष.

मास[3] [名] 肉 = मांस.

मासकल्प [名]〔ヒ〕1 か月間聖地で身を慎んで暮らすこと→ कल्पवास.

मासांत [名] (1) 月末；月の終わり (2) 月の最終日

मासिक [形] (1) 月の；ひと月の；1 か月の मासिक आमदनी 月収 = मासिक आय. मासिक चक्र ひと月の周期 (2) 月々の；毎月の मासिक उत्पादन = माहवारी पैदावार. 月産

मासिक धर्म [名] 月経；女性の生理；月のもの

मासिक पत्र [名] 月刊誌 = मासिक पत्रिका.

मासिक स्राव [名] 月経；女性の周期的な生理的出血 मासिक स्राव का चक्र 月経周期

मासी [名*] 母の姉妹；おば = मौसी.

मासीन [形] (1) ひと月経過した；ひと月の (2) 月ごとの；毎月の

मासूम [形]《A. معصوم》(1) 無実の；罪を犯していない= निरपराध; निष्पाप. (2) 罪がない；無邪気な；無垢な；あどけない；いたいけな मासूम बच्चे 無邪気な子供たち मासूम बच्चे की लाश いたいけな子供の死体 मासूम बचपन 無邪気な子供時分 (3) まじめな कालेज से सीधे पिक्चर जाना और लौटने पर देरी का कारण पूछे जाने पर मासूम-सा चेहरा बनाकर बस ख़राब होने का बहाना बनाकर 学校から真っ直ぐ映画を見に行き遅れた理由を問われるとまじめそうな顔をしてバスが故障したという口実を作り (4) か弱い इन मासूम कलियों का ध्यान रखिएगा このか弱い蕾たちを大切にしてやって下さい

मासूमियत [名*]《A. معصومیت》← मासूम. भारतीय जनमानस की मासूमियत का पूरा-पूरा लाभ उठा रही है 彼女はインド人の無邪気さをまるまる利用している **मासूमियत से** 無邪気に；あどけなく；悪気なく；悪びれずに；率直に एक सज्जन ने बड़ी मासूमियत से उत्तर दिया, हमें क्या? हम तो तमाशा देख रहे हैं 1 人の人がとても率直に答えた「おれたちにはどうっていうことないよ．見物しているだけのことさ」 पहले बच्चे ने बड़ी मासूमियत से पूछा 最初の子が無邪気にたずねた

मासोपवास [名] ひと月にわたるヴラタ (व्रत)，すなわち，誓戒の一種→ व्रत.

मास्क [名]《E. mask》マスク；めん（面）；お面；仮面；覆面= मुखौटा.

मास्को 〔地名〕《E. Moscow》モスクワ मास्कोपंथी साम्यवादी モスクワ派共産党員（親ソ連派共産党員）

मास्टर [名]《E. master》(1) 主人 (2) 親方；職人の熟練者；精通者 टेलर मास्टर 仕立屋 (3)（小中学校の）教師；先生

मास्टर ग्लैंड [名]《E. master gland》〔解〕脳下垂体 = पीयूष ग्रंथि. 〈pituitary gland〉

मास्टरनी [名*]《← E. master》教師の妻；先生の妻 विधवा मास्टरनी 未亡人になった先生の奥さん

मास्टर प्लान [名]《E. master plan》マスタープラン；基本計画；総合計画 दिल्ली का मास्टर प्लान デリー市のマスタープラン मास्टर प्लान बनना マスタープランができ上がる= मास्टरप्लान तैयार हो॰. मास्टर प्लान बनाना マスタープランを作成する= मास्टर प्लान तैयार क॰.

मास्टरी [名*]《← E. master》(1) 親方の地位 (2) 教職

मास्टर्स [名]《← E. master's degree》修士号；修士課程 मैं अगर मास्टर्स करूँगी 修士課程を修めたら

मास्य [形] (1) ひと月の (2) 月ごとの；毎月の

माह [名]《P. ماه》(1) 月；ひと月；1 か月= मास; महीना. (2) 月；太陰= चंद्रमा; चाँद. अक्तूबर माह के अंतिम चार दिनों में 10 月の最後の 4 日間に

माहताब [名]《P. ماہتاب》(1) 月= चंद्रमा; चाँद. (2) 月光= चाँदनी; चंद्रिका.

माहताबी[1] [名*]《P. ماہتابی》(1) 花火の一種；青花火（信号用の） (2) テラス

माहताबी[2] [形] 月光の；月光の下で作られた

माहनामा [名]《P. ماه نامہ》月刊誌 = मासिक पत्रिका; मासिक पत्र.

माहर[1] [名]〔植〕ウリ科蔓草コロシントウリ【*Citrullus colocynthis*】= इंद्रायन. **माहर का फल** 外見は立派だが内実は醜悪なもの

माहर[2] [形] → माहिर.

माहवार[1] [形]《P. ماہوار》ひと月の；月ごとの；毎月の माहवार तनख़्वाह 月給= मासिक वेतन.

माहवार[2] [副] 毎月；月々に लड़का बंबई में छः सौ रुपए माहवार पाता है 息子はボンベイで毎月 600 ルピーもらっている

माहवार[3] [名] (1) 月給 (2) 毎月の支給額

माहवारी[1] [名*]《P. ماہواری》月のもの；月経 माहवारी हमेशा के लिए बंद हो जाने के बाद भी 閉経後にも

माहवारी[2] [形] 月々の；月ぎめの；月ごとの माहवारी बिल पर 月ごとの請求書について

माहात्म्य [名] (1) 偉大さ (2) 尊敬 (3) 御利益；霊験 इन नौ दिनों में जगन्नाथ जी के दर्शन का बहुत माहात्म्य माना जाता है この 9 日間にジャガンナートに参詣すると大変御利益があるものとされている (4) 霊験記

माहाना [形]《P. ماہانہ》毎月の；月々の माहाना तनख़्वाह 月給

माहियाना[1] [形]《P. ماہیانہ》= माहाना; माहवार.

माहियाना[2] [名] 月給 = मासिक वेतन.

माहिर [形]《A. ماہر》(1) 巧みな；上手な (2) 熟練した；老練な；達者な；腕利きの माहिर डाक्टर 熟練した医者；名医 (3) 精通した；通暁した；専門の वह दुखड़े को सुनाने में माहिर है 泣きごとを話すのが上手な人だ माहिर ज्योतिषी ने यह भविष्यवाणी की है 精通した占星術師がこの予言をしている अनाज की पैदावार के माहिरों का यह ख़याल है 穀物生産の専門家の考えはこうだ

माहिषिक [名] (1) 不道徳な女性の夫；ふしだらな女の亭主 (2) 女のひも

माही [名*]《P. ماہی》魚= मछली; मत्स्य.

माहीगीर [名]《P. ماہی گیر》漁夫；漁師= मछुवा.

माहीपुश्त [形]《P. ماہی پشت》凸面の；凸形の

माही मरातिब [名]《P. ماہی مراتب》王侯貴族が外出の際乗り物の先頭を進む象の上に掲げることを認められた魚などの紋章の描かれた家門の名誉を示す標識の錦旗

माहुर [名] 毒；毒物= ज़हर; विष. **माहुर की गाँठ** *a.* 口汚い人 *b.* 根性の悪い人 *c.* 甚だ害のあるもの

माहूँ [名*]〔農・昆〕ナタネやカラシナなどアブラナ科の植物につく害虫；アリマキ；アブラムシ= माही; माहू; माहो.

माहू [名]〔節動〕(1) ムカデ，ヤスデなどの総称 (2) ゲジ目ゲジ = कनसलाई; गिनजाई.

माहेश्वर[1] [形] ← महेश्वर. シヴァ神の；シヴァ神に関わる

माहेश्वर[2] [名] ← महेश्वर. 〔ヒ〕シヴァ派の一

माहेश्वरी [名*] ドゥルガー神 दुर्गा

माहौल [名]《A. ماحول》(1) 環境；周囲；周辺；雰囲気 इस नये माहौल में आकर この新しい環境に入って राजनीतिक दलों में लोकतंत्र के

ज़रिए विकास और पुनर्निर्माण का माहौल 政党の民主的な発展と再建の環境 (2) 状況；情勢；事態 आज के माहौल को देखते हुए 今日の状況を見て (3) 自然環境 माहौल की आलूदगी 環境汚染

मिंगी [名*] 果実の核；果核

मिंट [名] 《E. mint》造幣局= टकसाल.

मिंबर[1] [名] 《A. منبر》〔イス・建〕メヘラーブ (मेहराब) の右側面に作られる階段状の説教壇 (ムアッジンが礼拝を指導するイスラム教寺院の説教壇)

मिंबर[2] [名] 《E. member》メンバー = मेंबर; सदस्य.

मिंहदी [名*] = मेंहदी.

मिअमार [名] 《A. معمار》石工；レンガ (煉瓦) 職人= राजगीर.

मिआद [名*] 《A. میاد मीआद》(1) 時間 (2) 期限；期間= मीयाद.

मिक़दार [名*] 《A. مقدار मिक्दार》(1) 量；分量 पानी की मिकदार 水の分量 यह फल और खुश्क मेवे काफी मिकदार में बाहर भेजे जाते हैं 果物と乾果は相当な量が外国へ送られている (2) 規模；尺度 (3) 比；度合い

मिक़ना [名] 《A. مقنعه मिक्ना》花嫁が被るベール (モスリン, もしくは, リネンの布製で頭から足まで全身を覆う丈がある)

मिक़नातीस [名] 《A. مقناطیس मिक्नातीस》磁石= चुंबक पत्थर.

मिक़राज़ [名*] 《A. مقراض मिक्राज》鋏= कतरनी; कैंची.

मिकाडो [名] 《E. Mikado ← Jp.》御門；天皇；帝

मिक्सचर [名] 《E. mixture》〔医〕混合薬

मिक्स डबल्स [名] 《E. mixed doubles》〔ス〕混合ダブルス मिक्स डबल्स फ़ाइनल 混合ダブルス決勝

मिक्सर [名] 《E. mixer》ミキサー (果汁などを作るための)

मिग[1] [名] → मृग.

मिग[2] [名] 《E. Mig; MIG》ミグ戦闘機= मिग विमान.

मिग्रा [名] 《E. milligram》ミリグラムの略；mg = मिलीग्राम.

मिचकना [自] (1) 開けたり閉じたりする (2) (しきりに) 瞬く；瞬きをする；目をしばたたく

मिचकाना [他] (1) 開け閉めする (2) (しきりに) 瞬く；目をしばたたく खिड़की से आती धूप से आँखें मिचकाते वह तकिये की स्थिति बदलने की कोशिश करते हैं 窓から入る日光に瞬きをしながら枕の位置を変えようとする

मिचकी[1] [名*] 瞬き= पलकों की झपकी.

मिचकी[2] [名*] (1) 跳躍 (2) ブランコを漕ぐこと

मिचना [自] 目が閉じる；目がふさがる मिची-मिची-सी आँखें あたかも閉じたかのような目

मिचमिचाना [他] 瞬く；瞬きをする；(目を) しばたたく वह अपनी नन्ही-नन्ही आँखों को मिचमिचाकर सब सुनता 小さな目を瞬き話を全部聞いている वह देवेंद्र की ओर देखते हुए आँखें मिचमिचाकर मुसकराया デーヴェーンドラの方を見ながら瞬きをして微笑んだ

मिचराना [自] しゃにむに食べる；無理に食べ物を口に詰め込む

मिचलाना [自] (体調やつわりなどのために) 吐き気がする；むかつく；むかむかする जी मिचलाना むかむかする；むかつく= जी मतलाना; मिचली आ॰.

मिचली [名*] 吐き気；吐き気のすること；胸のむかむかすること；胸のむかつき **मिचली आ॰** 吐き気がする；胸がむかつく= मन बिगड़ना.

मिचाई [名*] 〔植〕ヒルガオ科蔓草ハリアサガオ【*Calonyction muricatum*】

मिज़राब [名*] 《A. مضراب》(撥弦楽器に用いる) 義甲；ばち

मिज़ाज [名] 《A. مزاج》(1) 性質；気質；本性；気性 हर कौम का एक ख़ास मिज़ाज होता है どの民族にも固有の気質があるものだ (2) 気分；機嫌；顔色 मिज़ाज कैसा है? ご機嫌如何ですか (3) 情調 (4) 慢心；自慢；うぬぼれ (自惚れ) **मिज़ाज आ॰** *a.* うぬぼれる *b.* 腹を立てる **मिज़ाज आसमान पर चढ़ना** とてもうぬぼれる **मिज़ाज आसमान पर हो॰** = मिज़ाज आसमान पर चढ़ना. **मिज़ाज ऊँचे चढ़ना** = मिज़ाज आसमान पर चढ़ना. **मिज़ाज क॰** 自慢する；うぬぼれる **मिज़ाज ख़राब हो॰** *a.* 不機嫌になる *b.* 気分が悪くなる **मिज़ाज खौलना** 激しく怒る；ひどく立腹する **मिज़ाज गढ़े में हो॰** 気分が沈む；憂鬱な **मिज़ाज गरम हो॰** *a.* 頭に血が上る；頭がおかしくなる *b.* かっとなる **मिज़ाज गाँड़ू कोठे में हो॰** 四六時中不機嫌な；いつもぷりぷりしている **मिज़ाज चढ़ जा॰** = मिज़ाज आसमान पर चढ़ना. **मिज़ाज ठंडा हो॰** *a.* うぬぼれがなくなる *b.* 怒りが鎮まる **मिज़ाज ठिकाने क॰** 慢心や自慢の鼻をへし折る **मिज़ाज ठीक क॰** = मिज़ाज ठिकाने क॰. **मिज़ाज तोला-माशा हो॰** 気分が変わりやすい；気まぐれな **मिज़ाज दिखाना** 自慢する；うぬぼれる (-के) **मिज़ाज न मिलना** 洟も引っかけない；慢心のために人とは口もきかない；つんと澄ます (-का) **मिज़ाज पाना** *a.* (ーの) 気性を知る *b.* (ーの) 機嫌が良い時を見つける **मिज़ाज पूछना** ご機嫌伺いをする (-का) **मिज़ाज बिगाड़ना** *a.* (ーの) 機嫌を損ねる *b.* (ーの) 鼻を折る；(ーを) へこませる *c.* (ーを) つけあがらせて台無しにする **मिज़ाज में आ॰** *a.* わかる；理解される；のみこむ *b.* うぬぼれる **मिज़ाज लगाना** 鼻にかける **मिज़ाज सिकहर पर चढ़ना** 大変にうぬぼれること (-का) **मिज़ाज सीधा क॰** (ーの自慢の) 鼻をへし折る

मिज़ाज अली [感] → मिज़ाजे आली.

मिज़ाजदार [形] 《A.P. مزاج دار》傲慢な；うぬぼれの強い

मिज़ाजदारी [名*] 《A.P. مزاج داری》← मिज़ाजदार.

मिज़ाजदाँ [形] 《A.P. مزاج دان》(1) 他人の性格や性分を知っている (2) 他人の性格や性分に合わせて話をする

मिज़ाजपुरसी [名*] 《A.P. مزاج پرسی मिज़ाजपुर्सी》(1) 病気見舞い (2) 顔出し；ご機嫌伺い；訪問 मैंने साहब की मिज़ाजपुर्सी करनी चाही 旦那のところにご機嫌伺いに行きたいと思った (4) (反語的に) ひどい目に遭わせること；お礼参り

मिज़ाज मुबारक [感] = मिज़ाजे मुबारक.

मिज़ाजशरीफ़ [感] = मिज़ाजे शरीफ़.

मिज़ाजी [形] ← मिज़ाज. うぬぼれの強い

मिज़ाजे आली [感] 《A. مزاج عالی》ご機嫌如何ですか= आपका मिज़ाज कैसा है?.

मिज़ाजे मुबारक [感] 《A. مزاج مبارک》= मिज़ाजे आली.

मिज़ाजे शरीफ़ [感] 《A. مزاج شریف》= मिज़ाजे आली.

मिज़ोरम 〔地名〕ミゾラム州 (バングラデシュとミャンマーに接するインド北東端の州. 州都アイゾウル)

मिटना [自] (1) (書かれたものや描かれたもの, 記憶などが) 消える；消え去る मांडणा अपने-आप मिटता जाता है マーンドナーはひとりでに消え去る (もの) (2) 改称する；消滅する；消えてなくなる；滅びる；なくなる पूँजी और श्रम का विरोध कैसे मिटेगा? 資本と労働との対立は如何にすれば解消するか उन दिनों उद्योग-धंधे मिटते जा रहे थे 当時は産業が滅びて行きつつあった वैमनस्य मिटेगा わだかまりがなくなるだろう (-के लिए) **मर मिटना** (ーのために) 犠牲になる；命を捧げる

मिटाना [他] (1) (書いたり描いたりしたもの, 記憶などを) 消す；消去する उसने पेंसिल-खचित नाम पुस्तक की छाती पर से मिटा डालना चाहा 鉛筆で書き込んだ名前を本の表紙から消し去ろうと思った (2) なくする；一掃する；根絶する；消す；撤廃する；取り払う；取り除く；除去する भ्रष्टाचार मिटाना 汚職をなくす जाति-पाँति का भेदभाव मिटाने को カースト差別の撤廃を नीलम अपना संदेह मिटाने का प्रयास करती थी ニーラムは自分の疑念を消そうとしていた आर्थिक विषमता मिटाना 経済的な不平等を取り除く बदरीनाथ का भव्य मंदिर यात्रा की सारी थकावट को मिटा देता है バダリーナートの立派な寺院が巡礼の旅の一切の疲れを取り除いてくれる भूख मिटाना 空腹を癒す (3) 存在を消す；なきものとする；無にする देश के लिए अपने को मिटाकर संसार में अपनी अमर कीर्ति फैला दीजिए 国のために己を無にして不滅の名声を広めなさい विरोधियों को मिटाकर 反対者たちを消して

मिट्टी [名*] (1) 土 मिट्टी को महीन और इकसार करना 土をこまかく砕いて均す भैंस की देह में मिट्टी और कीचड़ लगा हुआ था 水牛の体に土や泥がついていた मिट्टी की दीवार 土塀 (2) 陶磁器を作るのに用いられる土, 粘土, 陶土など **मिट्टी के बरतन** 土器；焼き物；瀬戸物；陶器 मिट्टी के पात्र 土器；陶器 **मिट्टी की गुड़िया** 土偶；土人形 **गीली मिट्टी** 粘土 घर में नई बहू तो गीली मिट्टी के समान होती है जिसे जिस रूप में ढालो उसी में ढल जाती है 新妻は粘土みたいなもの. 思い通りの形になるものなんだ पीली मिट्टी はに (埴) (3) 体調；健康 भगवान्, क्या बंबई में मेरी मिट्टी की दुर्दशा करोगे? 神様, 私の体をボンベイで台無しになさるのですか (4) 体格 (5) 遺骸；遺体；死体；亡骸 मेरा वक़्त नज़दीक है, मेरी मिट्टी सरकार के आदमी सजवा देंगे わしの死期は迫って

いる．遺体は役人が片付けてくれよう (6) 基；基本；基盤；基底；土台 हिंदू-मुसलमानों की मिट्टी से ヒンドゥー教徒とイスラム教徒とを基本にして (7) 住む場所としての土地 (8) 灰 **मिट्टी उठना** 出棺 **मिट्टी उड़ाना** 非難する **मिट्टी उभार हो॰** 身体の成長の早い (-) **मिट्टी कर दे॰** (ーを) 台無しにする；滅ぼす；つぶす **मिट्टी का खिलौना** はかないもの；当てにならないもの；頼りないもの **मिट्टी का घरौंदा** = मिट्टी का खिलौना. **मिट्टी का घोंघा** = मिट्टी का लोंदा. **मिट्टी का ढेर हो जा॰** 潰える **मिट्टी का पुतला** *a.* 元気のない *b.* 役立たずの；無能な *c.* はかない人間の体 **मिट्टी का लोंदा** 無能な；役立たずの **मिट्टी का शेर** 張り子の虎 **मिट्टी की गत क॰** 葬る **मिट्टी की गत लगना** 葬られる **मिट्टी की सूरत** = मिट्टी का पुतला. **मिट्टी के टुकड़ों में हीरे की कनी हो॰** がらくたの中に 1 つだけ値打ちのあるものがあること；劣ったものの中に 1 つだけ優れたもののあること **मिट्टी के मोल** 二束三文に मैंने उसे मिट्टी के मोल बेच दिया それを二束三文で売り払った **मिट्टी को हाथ लगाते सोना हो॰** 手がけることすべてに成功を収める (-की) **मिट्टी ख़राब क॰** (ーを) 駄目にする；台無しにする (-की) **मिट्टी ख़राब हो॰** (ーが) 駄目になる；台無しになる (-की) **मिट्टी-ख़राबी** *a.* (ーの) 破滅；崩壊；壊滅 *b.* (ーの) 窮状 **मिट्टी ख़्वार क॰** = मिट्टी ख़राब क॰. **मिट्टी छूते सोना हो॰** = मिट्टी को हाथ लगाते सोना हो॰. **मिट्टी ठिकाने लगाना** 弔う；葬儀をする इसकी मिट्टी को ठिकाने लगा और धैर्य से काम ले この人の遺体を弔い勇気を持って対処しなさい (-पर) **मिट्टी डालना** *a.* (ーに) 土を掛ける；(ーを) 埋める *b.* (ーを) 不問にする **मिट्टी ढह जा॰** *a.* 死期が迫る *b.* 死ぬ **मिट्टी दे॰** 埋葬の棺に土を掛ける **मिट्टी निकलना** *a.* 死ぬ *b.* 出棺 **मिट्टी पकड़ना** (草木が) 根を下ろす (-की) **मिट्टी पलीत (पलीद) क॰** (ーを) ひどい目に遭わせる इसके साथ-साथ रोगिणी की भी मिट्टी पलीत करवाते हैं それと同時に病人までもひどい目に遭わせる (-की) **मिट्टी पार लगाना** (ーの) 葬儀をする；弔いをする अब आपके सिवा कौन उसकी मिट्टी पार लगाएगा もはやあなた以外にだれがあの人の葬儀をしてやるだろうか **मिट्टी बरबाद क॰** = मिट्टी ख़राब क॰. **मिट्टी में जा॰** 葬儀に参列する (-) **मिट्टी में डालना** (ーを) 無駄にする；台無しにする (-) **मिट्टी में पड़ना** (ーが) 無駄になる；台無しになる **मिट्टी में मिलना** 台無しになる；滅びる；無に帰す；めちゃくちゃになる मगर इनका परिवार तो मिट्टी में मिल जाता でもこの方の家族は滅びてしまった (-को) **मिट्टी में मिलाना** (ーを) 台無しにする；滅ぼす；めちゃくちゃにする= (-) नष्ट क॰; (-) बरबाद क॰. (-) **मिट्टी हो॰** *a.* (ーが) 台無しになる；駄目になる *b.* (ーが) 大恥をかく；恥じ入る *c.* (ーが) 泥だらけになる

मिट्टी का तेल [名] 石油

मिट्टी का फूल [名] フラー土；酸性白土

मिट्टी ख़राबी [名*] 《H. + P. خرابی》 *a.* 破滅；壊滅 *b.* 窮状；惨めなさま

मिट्ठा [形+] = मीठा.

मिट्ठी [名*] 口づけ；キス= चुंबन; चूमा. **मिट्ठी दे॰ (ले॰)** 口づけする

मिट्ठू[1] [名]〔鳥〕オウム (オウム科の鳥のうち特にセネガルホンセイ तोता, オオホンセイ परबत्ता などホンセイインコ属の鳥を指す)

मिट्ठू[2] [形] (1) 言葉遣いの優しい (2) 無口な

मिठबोला [形+] (1) 言葉遣いの優しい (2) 腹黒い；口と腹の違う

मिठलोना [形+] 薄塩の；甘塩の

मिठाई [名*] (1) 甘さ；甘味 (2) 甘味菓子 (3) 好物 **अंग्रेज़ी मिठाई** 西洋菓子 **मिठाइयाँ बाँटना** 独立記念日などの公的な祝典や個人的な祝い事の際に祝いの菓子を配ること **मिठाई-चबेना** 菓子；おやつ वह अपने दोनों भाइयों के भय से अपने हिस्से की मिठाई-चबेना बूढ़ी काकी के पास बैठकर खाया करती थी 2 人の兄を恐れていつも自分のおやつを年老いたおばの側に座って食べていた **मिठाई वाला** 菓子製造販売業；菓子屋

मिठास [名*] (1) 甘さ；甘味 (2) 優しさ；柔和さ वार्तालाप में व्यक्ति को मिठास लानी चाहिए 言葉遣いは優しくしなければいけないもの अपने व्यवहार में मिठास लाने के लिए एक कौड़ी भी तो ख़र्च नहीं होती 振る舞いを柔和なものにするのには一銭も金がかからない

मिड ऑन [名] 《E. mid-on》〔ス〕ミッドオン (クリケットの投手の右側にいる野手)

मिड-ऑफ़ [名] 《E. mid-off》〔ス〕ミッドオフ (クリケットの投手の左側にいる野手)

मिडफ़ील्डर [名] 《E. mid-fielder》〔ス〕ミッドフィールダー (サッカー)

मिडशिपमैन [名] 《E. midshipman》〔軍〕海軍少尉

मिडिल [名] 《E. middle》 (1) 中間 (2) 中等学校；中学校 (普通，6 年生から 8 年生までの 3 年間)

मिडिलची [名] 《E. middle + T. چی》 中卒 (中学課程修了者)；ミドル (middle)，すなわち，8 年級課程の修了者

मिडिल स्कूल [名] 《E. middle school》 中等学校；中学校 (インドでは初等義務教育の 5 学年の後の 3 学年) → मिडिल.

मिडी स्कार्ट [名] 《E. midi skirt》 ミディスカート फ़ैशनेबल गाउन, मिडी स्कार्ट जैसे वस्त्र おしゃれなガウン，ミディスカートのような服

मित [形] (1) 抑制された；制限された (2) 適度の；適当な (3) 少ない

मितन्नी[1] [名] 《E. Mitanni》〔史〕ミタンニ王国 (紀元前 18 世紀にメソポタミア地方北部に建てられた)

मितन्नी[2] [名*]〔言〕ミタンニ語 (インドヨーロッパ語族) = मितानी. 〈Mitannian〉

मितभाषिणी [形*] ← मितभाषी.

मितभाषी [形] 無口な；寡黙な

मितभोजी [形] 少食の

मितली [名*] 吐き気；胸のむかつき= मिचली. उसे तुरंत मितली होने लगी すぐさま胸がむかむかし始めた

मितव्यय[1] [名] 節約；倹約

मितव्यय[2] [形] 節約する；倹約する

मितव्ययता [名*] 節約；倹約 ऊर्जा के उपयोग की मितव्ययता エネルギーの節約

मितव्ययी [形・名] 節約する (人)；倹約する (人) = किफ़ायती.

मिताक्षरा [名*] (1)〔ヒ法〕ヤージュニヤヴァルキヤ याज्ञवल्क्य स्मृति 法典の 12 世紀頃のヴィジュニャーネーシュヴァラ विज्ञानेश्वर による注釈書 (2)〔ヒ法〕上記の注釈書に基づくミタークシャラ学派 (合同家族における財産及び相続に関する法律の上で今日に至るまで影響を与えている) = मिताक्षरा क़ानून. → दायभाग.

मिताक्षरा क़ानून [名] 《Skt.+ A.قانون》〔ヒ法〕ミタークシャラ法

मितानी [名*] 《E. Mitannian; Mitanni》〔言〕ミタンニ語 → मितन्नी[2].

मिताशन [名] (1) 節食 (2) 少食

मिताशी [形] 少食の

मिताहार[1] [形] 少食の= कम खानेवाला; मितभोजी.

मिताहार[2] [名] 少食= कम खाना; अल्पाहार.

मिताहारी [形] 少食の= कम खानेवाला.

मिति [名*] (1) 測定= मान; परिमाण. (2) 寸法；大きさ；長さ；深さ；広さ (3) 限度 (4) 制限；制約

मिती [名*] (1) 日付= तिथि; तारीख़. (2) 日= दिन. (3) 手形の支払期日 **पक्की मिती** (手形の) 満期 (4) 利子 **मिती काटना** (手形を) 割り引く **मिती चढ़ाना** 日付を入れる；日付を書き込む **मिती पुगना** 手形が満期になる **मिती पुराना** = मिती पुगना. **मिती पूजना** = मिती पुगना. **मिती बढ़ाना** 次へ繰り越す

मिती काटा [名] (1) 手形割引 (2) 割引率計算法

मितीवार [副] 日付順に

मित्र [名] (1) 友；友人；友達；仲間 (2)〔イ神〕ミトラ神

मित्रता [名*] 友情；友愛= मित्रत्व; दोस्ती.

मित्रतापूर्ण [形] 友情に満ちた मित्रतापूर्ण व्यवहार 友情に満ちた振る舞い

मित्रभाव [名] 友情；友愛= मित्रता; मैत्री.

मित्रराष्ट्र [名]〔史〕連合国 (第二次世界大戦で枢軸国側と戦った諸国) 〈Allied Nations〉 मित्रराष्ट्र शक्तियाँ 連合国軍 〈Allied Forces〉 मित्रराष्ट्रों की विजय 連合国側の勝利

मित्रवत् [副] 友達のように；友人の如く；親しく；親密に

मिथ [名] 《E. myth》 神話= मिथक.

मिथ: [副] 互いに；相互に= परस्पर; आपस में.

मिथक [名] 《← E. myth》 (1) 神話 (2) 絶対的に信じられてきたこと；神話 असल में अधिकांश नौकरियों के सिलसिले में 'योग्यता' एक बहुत बड़ा मिथक बनी हुई है 実際，大半の職業で「能力」が一大神話になってしまっている

मिथकविद् [名] 《मिथक + H. विद्》神話学者；神話研究者
मिथक विद्या [名*] 神話学
मिथकीय [名] 《E. myth》神話の；神話上の；神話に関する
मिथाइल [名] 《E. methyl》〔化〕メチル
मिथाइल अलकोहल [名] 《E. methy alcohol》〔化〕メチルアルコール
मिथाइल एल्कोहल [名] 《E. methyl alcohol》〔化〕メチルアルコール
मिथिला (1)〔地名〕ミティラー（今日のビハール州ヴァイシャーリー近くに位置した古代都市．ヴィデーハ国の都） (2)〔地名〕ミティラー（ビハール州東北部）
मिथुन [名] (1) 1 組の男女；夫婦= स्त्री-पुरुष का युग्म. (2) 動物のつがい（番） (3)〔天〕双子座 (4)〔占星〕黄道十二宮の第 3, 双子宮= मिथुन राशि. (5) 交接；交合；性交
मिथ्या [形] (1) 嘘の；偽の (2) 幻影の (3) 似非の；えせの मिथ्या विज्ञान 似非科学 (4) 見せかけの；内実の伴わない (5) わざとらしい
मिथ्याचर्या [名*] 偽善；偽善的な振る舞い
मिथ्याचार [名] (1) 偽善；偽善的な行為 (2) 偽善者
मिथ्याचारी [名] 偽善者
मिथ्यादृष्टि [名*] 邪教
मिथ्याभाषी [形] 嘘つき；虚言癖のある人
मिथ्याभिमान [名] 虚栄心
मिथ्याव्यय [名] 浪費；無駄遣い= अपव्यय.
मिथ्याव्यवहार [名] 知ったかぶり；知らないことや通暁していないのに出しゃばったり口出ししたりすること
मिथ्यासाक्षी [名]〔法〕偽証人= झूठा गवाह.
-मिन् [接尾] 《Skt.》サンスクリット語の語幹に添加され所有の意を持つ語を作る接尾辞．ヒンディー語においては -मी (-मिनी*) となる
मिन् [前置] 《A. من मिन्》起点を表す前置詞．(一) から
मिन्‌जानिब [前置] 《A. من جانب मिन्‌जानिब》 मिन्‌जानिब (-) (一の) 方から；側から
मिन्‌जुम्ला [副] 《A. من جملہ मिन्‌जुम्ला》全体から；全部の中から
मिनट [名] 《E. minute》(1) 分（時間の単位） (2) 少しの間 एक मिनट 少しの間；今すぐ（に）= दो मिनट. **मिनटों में** 直ぐに；直ちに；間もなく；またたく間に फिर भागकर बूट-मेज़ ले आया और मोज़े मिनटों में तैयार हो गया 急いで靴や靴下を持ってくるとまたたく間に用意ができた
मिनती [名*] 鼻にかかった声；鼻声
मिनमिन[1] [副] 鼻にかかった声で；鼻声で
मिनमिन[2] [形] 鼻声で話す（人）= मिनमिन बोलनेवाला.
मिनमिनाना [自] (1) はっきりしない声でぼそぼそ言う (2) 甘えたり鼻にかかったようなはっきりしない声で言う；鼻声で話す उसने मिनमिनाते स्वर में कहा. "दादी-ममी, हम स्कूल नहीं जाएँगे" 鼻にかかった声で言った.「おばあちゃん，ぼく学校へ行かないよ」
मिनहा [形] 《A. منہا》マイナスの；差し引かれた；減らされた
मिनहाई [名*] 《A. منہائی》差し引くこと；引き算；減らすこと
मिनिट [名] 《E. minute》= मिनट.
मिनिटबुक [名*] 《E. minute book》覚え書き帳
मिनियेचर कला [名*] 《E. miniature》〔芸〕細密画；細密画法 भारतीय मिनियेचर कला インドの細密画
मिनियेचर चित्र [名] 《E. miniature》〔芸〕細密画 राजस्थानी और मुग़ल मिनियेचर चित्र ラージャスターン細密画とムガル細密画
मिनिस्टर [名] 《E. minister》(1) 大臣= मंत्री. (2) 公使= राजदूत. (3) 牧師 पादरी
मिनिस्ट्री [名*] 《E. ministry》(1) 大臣の職務や任務= मंत्रिपद. (2) 省= मंत्रालय. (3) 内閣= मंत्रिपद.
मिनी [形] 《E. mini》非常に小さい；小型の；ミニの ये बड़े फूलदार पौधों के ही मिनी रूप हैं これは大きな花の咲く草木の小型版である
मिनी बस [名*] 《E. minibus》ミニバス；小型バス
मिनी स्कार्ट [名] 《E. mini skirt》ミニスカート
मिन्नत [名*] 嘆願；哀願= प्रार्थना; निवेदन. **मिन्नत ख़ुशामद** 哀願；嘆願 **(-की) मिन्नत समाजत क**॰ (一に) 哀願する；(一を) 拝み倒す चाचा की मिन्नत-समाजत करके 叔父を拝み倒して **(-की) मिन्नतें क**॰ (一に) 嘆願する；哀願する सगे-संबंधियों ने लड़के की लाख मिन्नतें कीं, किंतु बिलकुल राजी न हुआ 家族や親戚が花婿に繰り返し繰り返し哀願したが全く同意しなかった
मिन्मिन [形] = मिनमिन[2]. = नकियाकर बोलनेवाला.
मिमियाई [名*]〔動〕ヤギ（山羊）；雌山羊= बकरी.
मिमियाना [自] 羊や山羊が鳴く कोई बच्चा निगाहों से ओझल हो जाए तो बकरी चरना छोड़कर मिमियाने लगती है 子が見えなくなると母山羊は草を食べるのを止めてメエメエ鳴き出す
मिमी [名] 《E. mm; millimeter》ミリメートル= मिलि मीटर.
मियाँ [名] (1) 主人；主；首長 (2) 一家の主人；亭主；夫 (3) 成人男性に敬称として用いられるほか様々な相手に敬称として用いられる言葉 आज बादशाह मियाँ ने सब को दावत पर बुलाया है 今日はお殿様が皆を食事に招かれた अब्बू मियाँ アップーさん अल्लाह मियाँ ने हमारे लिए कितना अच्छा इंतज़ाम किया है 神様は私たちのためになんとよいことをして下さったことか बड़े मियाँ 神様；アッラーの神 (4) 男性に対する呼びかけの言葉，やあ，ようなど मियाँ, आज पान नहीं खिलाओगे? よう，今日はパーンをおごってくれないのかい (5) イスラム教徒= मुसलमान. **मियाँ-बीबी** 夫婦 मियाँ-बीबी के बीच झगड़ा होते देर ही क्या लगती है 夫婦喧嘩には手間暇かからぬもの
मियाँ-मिट्ठू[1] [形] 自分を誉める；自画自賛の **अपने मुँह मियाँ मिट्ठू** 〔諺〕自画自賛
मियाँ-मिट्ठू[2] [名] (1) 自画自賛する人 (2)〔鳥〕オウム（セネガルホンセイ，オオホンセイなどオウム科ホンセイインコ属の鳥） **अपने मुँह मियाँ मिट्ठू बनना** *a.* 自画自賛する *b.* 丸暗記する；棒暗記する= रट ले॰. **मियाँ मिट्ठू बनाना** 丸暗記させる；棒暗記させる= रटा दे॰.
मियाऊ [名*] 猫の鳴き声；にゃーお= म्याऊँ.
मियाद [名*] 《A. میعاد मीआद》= मीयाद. (1) 期間；決まった時間の間隔 सज़ा की मियाद 刑期 (2) 期限 (3) 任期
मियादी [形] 《A.P. میعادی मीयादी/मीआदी》(1) 期間のある (2) 期限付きの；期限のある मियादी जमा 定期預金 (3) 間歇的な मियादी बुख़ार〔医〕マラリア性熱病；おこり；間歇熱
मियान[1] [名] 《P. میان》中間；中央= मध्य; बीच; बीच का हिस्सा.
मियान[2] [名] 刀の鞘= कोष.
मियाना[1] [形] 《P. میانہ》(1) 中間の；間の；中央の (2) 中位の；中程度の (3) 適度の
मियाना[2] [名] 《P. میانہ》(1) 村の居住区からの距離が中程度の耕地 (2) 目隠しの覆いがついた駕籠
मियानी [名*] 《← P. میان》(1)〔裁〕(パージャーマーの) 襠 (2) 屋根裏部屋 (3) 胴巻き= टाँची.
मियार [名] 井戸の釣瓶を滑車を用いて汲み上げるための櫓の横木
मिरगी [名*] = मिर्गी.
मिरच [名*] = मिर्च.
मिरचा [名] トウガラシ；トウガラシの莢= मिर्च; लाल मिर्च.
मिरची [名*] 形の小さいトウガラシ
मिरज़ई [名*] 《P. مرزئی मिर्ज़ाई》〔服〕ミルザイー（男子の半袖，ないしは，長袖のジャケット．襟無し，前あき，ボタン，もしくは，ひもでとめる）
मिरज़ा [名] 《P. میرزا←مرزا मीर्ज़ा》(1) 王子；皇子 (2) ムガル朝に行われたティームールの末裔である王族の称号，ミルザー；ミールザー
मिरज़ाई [名*] 《P. مرزائی》(1) 上品ぶること；上流気取り (2) 傲慢；尊大 (3)〔服〕ミルザイー मिरज़ई
मिरज़ा मिज़ाज [形] 《P.A. میرزا مزاج मीरज़ा मिज़ाज》気むずかしい
मिरास [名*] → मीरास.
मिरासी [名] → मीरासी.
मिर्गी [名*]〔医〕てんかん（癲癇） मिर्गी का दौरा पड़ना 癲癇の発作が起こる
मिर्च [名*] (1) ナス科トウガラシの総称【*Capsicum annuum*】とその実 **लाल मिर्च** トウガラシ；赤トウガラシ **हरी मिर्च** シシトウ，ピーマンなど種々のトウガラシ (2)〔植〕コショウ科低木コショウ（胡椒）【*Piper nigrum*】とその実 **काली मिर्च** 黒コシヨウ **सफ़ेद मिर्च** 白コショウ ज़्यादा मिर्च-मसाला नुक़सानदेह होता है 香辛料が多すぎると体に害がある **मिर्च-मसाला लगाना** 潤色する；大げさに言う；尾鰭をつけて言う इस चुप्पी से सास समझती है कि बहू उससे सहमत है और उसकी बात को ठीक मानती है.फिर वह रोज़ ही मिर्च-मसाला

लगाकर बहू को घरवालों का कच्चा चिट्ठा बताती रहती है 若嫁のこの沈黙を姑は嫁が自分に同意したものと思い自分の意見を正しいものと判断する．そうなると姑は毎日家族の秘密を尾鰭をつけて繰り返し話すようになる **मिर्चें लगना** 不快な言葉にかっとなる

मिर्चा [名] = मिरचा. **मिर्चा लगना** = मिर्चें लगना.

मिर्जई [名*] ミルザイー = मिरज़ई.

मिल [名*]《E. mill》工場；製造工場 सूती मिल 綿工場 कानपुर की सूती मिलों के समक्ष कठिनाई カーンプルの綿工場の直面する困難 चीनी मिल 製糖工場= शकल की मिल. शकल की मिल वाला 製糖工場主

मिलक [名*]《A. ملک मिल्क》(1) 地所 (2) 財産

मिलकियत [名*] = मिल्कियत.

मिलकी[1] [形]《A. ملکی मिल्की》財産の

मिलकी[2] [名] (1) 地主 (2) 農夫

मिलडिलिवरी [名*]《E. mill delivery》〔商〕工場渡し मिल डिलिवरी चीनी 工場渡しの砂糖

मिलन [名] (1) 出会うこと；一緒になること；1つになること；合すること तीन समुद्रों का मिलन 3つの海が合すること (2) 出会い；邂逅；ふれあい उनके सारे जीवन की तरह यह मिलन भी रोमांचकारी है 氏の全生涯と同様にこの出会いも感激的なものである मन का मिलन 心の出会い (3) 結合；合致；一致 दो शरीर और आत्माओं का पूर्ण मिलन 2つの肉体と魂の完全な結合 (4) 混合；混淆

मिलनसार [形]《H. + P. سار》社交的な；社交好きな；社交上手な वे बहुत ही मिलनसार आदमी थे とても社交的な方だった

मिलनसारी [名*] ← मिलनसार. 社交好き；社交上手；交際上手= मिलनसारिता.

मिलना [自] (1) 混じる；入り交じる；混ざる；交ざる उनके मुख से भय, विस्मय और निराशा से मिली हुई चीख निकल गई あの方の口から恐怖，驚き，それに絶望の入り交じった叫び声が発せられた हवा में मिले हुए गरद (गर्द) 空気に混ざった埃 (2) 接する；重なる；触れる；合う；合する；引っ付く；つながる हम जब किसी मैदान में खड़े होकर निगाह डालते हैं तो कुछ फ़ासले पर ज़मीन और आसमान मिले नज़र आते हैं 平原に立って目をやるとある距離の所で大地と大空とが重なっているのが見られる (3) 会う；出会う；出くわす बहुत खुशी हुई आपसे मिलकर 初めましてどうぞよろしく वहाँ तुम्हें एक मुनि मिलेंगे そこで君は1人のムニに出会うだろう उसे एक टूटा-फूटा मंदिर मिल गया 崩れかかったお堂に出くわした (4) 見つかる；現れる；出現する वहाँ एक कुआँ मिला そこに1本の井戸が見つかった (5) 会う；面会する समय तय करके मिलना 時間を定めて会うこと रास्ते में तेरे बाप से मिलते चलेंगे 途中，君のお父さんに会って行こう (6) 受ける；受け取る；得る；得られる；手に入る；与えられる；授かる；いただく उसे बड़ी राहत-सी मिलती है 大きな安らぎのようなものが得られる मुझे नौकरी मिल गयी है 仕事が見つかった लोभी सेठ को अपने ही लोभी स्वभाव के कारण मिला-मिलाया गँवाना पड़ा 貪欲な商人はその貪欲な性格のために折角手に入った金を失う羽目になった मजूरी तो वही मिलती थी, जो अब तक मिलती आई थी 労賃は今まで受け取ってきた通りのものだった दान में मिलना 贈り物として授かる (7) 見つかる；発見される；見いだされる वहाँ नई चीज़ मिली है 同地で新しい物が見つかっている (8) 合致する；一致する；合う उनके विचार मिलते थे 彼らの考えが一致していた (9) 親しむ；調和する；融和する (10) 集う；集まる；寄り集まる；集合する बैठक में सब ने मिल बैठकर चापलूसियों से छुटकारा पाने के उपाय पर विचार-विमर्श किया 応接間に皆が集まって追従者たちから逃れる手立てを相談した (11) 結託する；結ぶ；通じる；内通する आप पर यह आरोप लगाया गया है कि आप अपराधियों से मिले हुए हैं あなたは犯罪者たちと結託していると非難されています मंत्री भी ज्योतिषियों के साथ मिल गया 大臣も占い師たちと手を結んだ (12) 似る；似通う= मिलना-जुलना. दोनों की आवाज़ मिलती है 2人の声が似ている (13) 一緒になる；一体になる；合同する दोनों ने मिलकर एक तरकीब सोची 2人が一緒になって1つの方法を考えた उसमें कर्मठता, ईमानदारी और कार्यकर्ता के साथ मिलकर काम करने की अद्भुत शक्ति थी 勤勉さと誠実さ，それに活動家と一緒になって活動する比類のない力を有していた इन सब को आप दोनों मिलकर भी दूर नहीं कर सकते あなた方お2人が一緒になられてもこれらすべてを排除することはできません सब लोग मिलकर कोशिश करेंगे, तभी गाँव की हालत बदलेगी 皆が一緒になって努力しよう．そうして始めて村の状態も変わるだろう सब ने मिल-मिलाकर हमारा पाँव साइकिल से निकाला 皆が力を合わせて私の足を自転車からはずしてくれた (14) ひとつになる；一体化する；合流する；合併される；編入される；統合される यह दरिया चिनाब से मिल जाता है この川はチナーブ川に合流する 1949 में जोधपुर रियासत राजस्थान में मिल गई 1949年にジョードプル藩王国はラージャスターン州に編入された (15) 抱き合う；抱擁する प्यारी अब मिल ले यही अंतिम भेंट है さあ，抱きしめなさい．これでお別れなのだよ **मिलकर चलना** 仲良くする；協調する；一緒に歩む **मिलकर दगा क°** 親しくしておいて裏切る **मिलकर बैठना** 親しくする **मिलकर मारना** = मिलकर दगा क°. **मिल-जुलकर** 仲良く；親密に；親しく हम सब भाई बहन मिल-जुलकर रहते हैं 私たち兄弟姉妹は仲良く暮らしている दुनिया के सारे मुल्क मिल जुलकर अमन व मुहब्बत से रहें 世界のすべての国が仲良く平和と友愛の下に過ごせますように **मिलता-जुलता** 似ている；似通っている；一様な

मिलना-जुलना *a.* 一致する；一緒になる सहयोग और मिल-जुलकर काम करने से इन प्रश्नों को सुलझाने में काफ़ी मदद मिल सकती है 協力と一致して行動することでこれらの問題の解決にかなりの助けが得られる *b.* 人と親しむ；付き合う；交際する मैंने उसे किसी से मिलते जुलते नहीं देखा あの人が人と親しくするのを見たことがない दूसरों के यहाँ मिलने-जुलने जाते समय 交際で他家を訪問する際 *c.* 似る；似通う हाकी के नियम फ़ुटबाल के नियमों से काफ़ी मिलते-जुलते हैं ホッケーのルールはサッカーのルールとかなり似通っている **मिलने से रहना** 手に入らない **मिल बाँटना** 仲良く分け合う；分かち合う उसे मिल बाँटकर खाते हैं それを分け合って食べる **मिला-जुला** *a.* 混合した；入り交じった औद्योगीकरण एक मिली-जुली प्रक्रिया है 工業化は1つの入り交じった作用である भारत की मिली-जुली संस्कृति के सर्वोत्तम उदाहरण インドの混合文化の最良の例 *b.* 共同の；共通の चलो, बैंक में हम दोनों मिला-जुला खाता खोलते हैं じゃあ銀行に共同の口座を開こう

मिलनी [名*] (1)〔ヒ〕ミルニー（結婚式の際，カニヤーダーン कन्यादान の儀礼の前後に新郎側と新婦側の両方が胸を合わせてねんごろに挨拶を交わす儀式 (2)〔ヒ〕その際，新婦側から新郎側に送られる金品

मिल मज़दूर [名]《E. mill + A. مزدور मज़्दूर》工場労働者

मिल मालिक [名]《E. mill + A. مالک》工場主；工場経営者

मिलवाना [他・使] ← मिलाना. अभी आपको उनसे मिलवाती हूँ 今すぐあの方に会わせて差し上げます तुम्हें आशा से मिलवा दूँ アーシャーに紹介してあげよう वैसे मैं तुम्हें स्वास्थ्य मंत्री से मिलवा सकता हूँ その気になれば君を厚生大臣に紹介することができるんだ उसने रसोइयों को अपनी ओर मिला लिया और लड्डुओं में विष मिलवा दिया 調理人を味方に引き入れてラッドゥー菓子に毒を入れさせた दोनों ने तुरंत ज्योतिषियों द्वारा लड़के और लड़की की जन्म-कुंडलियाँ मिलवाईं 2人は直ちに占星術師に男女のホロスコープを比べてもらった

मिलाई [名*] (1) 混ぜること；混合すること← मिलाना. (2) カーストから追放された者を復帰させること (3) = मिलनी(1)

मिलान [名] (1) = मिलाना. 混合；混淆；合一；結合；統合 (2) 照合 (3) 対比；比較 (-से) **मिलान खाना** （―と）一致する；合致する

मिलाना [他] (1) 入れる；交える；混じらせる；混ぜる；混入する；調合する इस पेस्ट में फ़्लोराइड मिलाया गया है この練り歯磨きにはフッ素（化合物）が入っています दूध में पानी मिलाना 牛乳に水を混ぜる तांबा दूसरी धातुओंमें मिलाया जाने लगा, जैसे, राँगा या जस्त और सीसा 銅が錫とか亜鉛とか鉛など他の金属に混ぜられるようになった (2) 組み入れる；編入する；統合する；併合する；引き入れる अंग्रेज़ों ने झाँसी को अपने राज्य में मिला लिया イギリスはジャーンシーを自分たちの領土に編入した अपनी ओर मिलाना 味方にする；仲間に引き入れる (3) つける；触れさせる；触れ合わせる (4) 合わせる；結合させる；接続させる；つなぐ；引っつける गर्दन सर को धड़ से मिलाती है 首は頭と胴とをつなぐもの फ़ोन मिलाना 電話をつなぐ पंख और शरीर को एक साथ मिलाते हुए 羽と胴とをつないで (5) 会わせる；紹介する मंत्री जी से मिला दीजिए 大臣に会わせて下さい (6) 引き入れる；味方にする；仲間にする；引き込む हमारे राजा ने उन्हें स्वर्ण मुद्राएँ देकर अपनी ओर

मिला लिया है こちらの王が連中に金貨を与えて味方に引き入れた अपनी ओर मिलाना 味方に引き入れる (7) 合わせる；一緒にする；加える；合計する अन्य धर्मों की जातियों को भी मिलाने पर यह संख्या संभवत: 3,200 के लगभग पहुँच सकती है 他の宗教の人たちも加えるとこの数は多分 3200 ほどに達しうる (8) 合わせる；合致させる；一致させる तुक मिलाना 韻を踏ませる (9) 比べる；比較する；照合する＝ मिलान क॰. दोनों को क्यों मिलाते हो? 両者を何故比較するのか मिला ले॰ 味方にする；味方に引き入れる

मिलाप [名] (1) 和合；調和 (2) 友好 (3) 出会い；面会；邂逅 (4) 参加 (5) 交接；性交 **मिलाप रखना** 親しくする；仲良くする

मिलावट [名*] (1) 混入；混ぜ物をすること；異物混入 खाद्य पदार्थों में मिलावट करनेवाले के लिए 食品に混ぜ物をする人にとって (2) 混入したもの；混入させた物；異物 शराब में मिलावट 酒に混ぜ物

मिलावटी [形] 混ぜ物をした；混ぜ物の；遺物の混入された मिलावटी शराब से चार मरे 混ぜ物の酒（密造酒）で 4 人死亡

मिलिंद [名]〔昆〕ミツバチ科マルハナバチ＝ भ्रमर; भौंरा.

मिलिंद पाद [名]〔韻〕通常の 4 つのパーダではなく 6 つのパーダから成る韻律

मिलिटरी[1] [形]《E. military》(1) 軍の；軍隊の (2) 軍事上の；軍用の (3) 軍人の

मिलिटरी[2] [名*]《E. military》軍；軍隊；軍部 इस रास्ते से गोरा मिलिटरी गुज़रेगी この道路を白人部隊が通過する

मिलिटरी बैंड [名]《E. military band》軍楽隊 मिलिटरी बैंड वालों की परेड तो मुझे आज भी भूली नहीं है 軍楽隊のパレードは今も忘れずにいる

मिलित [形] (1) 1 つになった；結合した；合併した मिलित संख्या（雑誌の）合併号〈combined number〉 'मर्यादा' की ज्येष्ठ-आषाढ़ की मिलित संख्या マリヤーダー誌のジェーシュタ月及びアーシャール月の合併号 (2) 混じった；混合した

मिलिशा [名*]《E. militia》在郷軍

मिलीग्राम [名]《E. milligram》ミリグラム प्रति 100 मिली लीटर रक्त में 40 - 120 मिली ग्राम ग्लूकोज 100 ミリリットルの血液につき 40〜120mg のブドウ糖

मिलीपीड [名]《E. millipede》〔節動〕ヤスデ（馬陸）＝ सहस्रपाद.

मिलीबार [名]《E. millibar》〔気象〕ミリバール＝ हेक्टोपास्कल.

मिली भगत [名*] 結託；共謀；談合；なれ合い；通牒 नौकरशाहों और ठेकेदारों की मिली भगत 官僚と業者の結託 पश्चिमी और पूर्वी यूरोप की मिली भगत 東西ヨーロッパの共謀

मिलीमीटर [名]《E. millimeter》ミリメートル；mm

मिलीलिटर [名]《E. millilitre》ミリリットル 100 मिली लीटर रक्त 100 ミリリットルの血液

मिलेट [名]《E. millet》〔植〕モロコシ，トウジンビエ，アワなどの雑穀の総称

मिलोना [他] (1) 牛の乳など動物の乳を搾る＝ दुहना; दूध दुहना. (2) 混ぜる；混入する＝ मिलाना.

मिलौअल [名*] (1) 合うこと；合すること；一緒になること (2) 抱き合うこと＝ भेंटना.

मिलौनी [名*] (1) 混ぜ物をすること；混入 (2) 混合した物 (3) 贈り物 (4)（刑務所や拘置所に入っている人への）差し入れ (5)〔イス〕イスラム教徒の結婚式で花婿側の参列者に金品を贈る儀礼

मिल्क[1] [名]《A. ملک》(1) 地所 (2) 所有；占有 (3) 財産 (4) 施与地（学者，困窮者などに施されたり贈与された土地）

मिल्क[2] [名]《E. milk》牛乳

मिल्क केक [名]《E. milkcake》ミルクケーキ

मिल्क पाउडर [名]《E. milk powder》粉ミルク；粉乳＝ मिल्क पावडर; डिब्बे का दूध.

मिल्कमेड [名]《E. milkmaid》〔商標〕ミルクメード（粉ミルクの商標名） $\frac{1}{4}$ प्याला मिल्कमेड ミルクメードを 4 分の 1 カップ分

मिल्कियत [名*]《A. ملکیت》(1) 所有 शोषण मुक्ति के लिए इन उद्योगों पर मिल्कियत किसकी रहे? 搾取からの解放を達成するのにこれらの産業を誰が所有すべきか (2) 所有権 भूमि की मिल्कियत 土地の所有権 (3) 地所；土地 उसके पास कुछ थोड़ी-सी मिल्कियत थी 土地を少々持っていた देहातियों की मिल्कियत साहूकारों के कब्ज़े में जाने लगी 農民たちの地所は金貸したちの所有するところとなりだした

मिल्की लोशन [名]《E. milky lotion》乳液

मिल्लत [名*]《A. ملت》(1) 国民；民族 (2) 宗教；信仰 (3) 融和；和合；友愛 (4) 社交性 **मिल्लत का** 社交性のある

मिशन [名]《E. mission》(1) 使節；使節団 यह मिशन सफल नहीं हुआ この使節は不首尾に終わった (2) 伝道；布教 (3) 使命 (4) 任務；特命；特務 हत्या, तोड़-फोड़ के मिशन पर निकले छह उग्रवादी गिरफ्तार 殺人，破壊活動の特命を帯びた 6 名の過激派逮捕 (5) 特命飛行；（宇宙船での）特務飛行 अमरीकी खलाई मिशन アメリカ航空宇宙局

मिशनरी[1] [名]《E. missionary》(1) 布教者；伝道者；宣教師 (2) キリスト教宣教師（団）；キリスト教伝道師 अमरीकी मिशनरी アメリカ人宣教師 (3) 宣伝者

मिशनरी[2] [形] ミッションの；布教の；伝道の；宣教上の मिशनरी युवतियाँ ミッションの若い女性

मिश्र[1] [形] (1) 混合した (2) 混淆した (3) 結合した (4) 複合した (5) 化合した

मिश्र[2] [名] (1) ミシュラ（北インドのブラーフマンの 1 グループの名称） (2)〔言〕複文＝ मिश्र वाक्य.

मिश्र[3] [名] → मिस्र. エジプト मिश्र की सभ्यता エジプト文明

मिश्र अनुपात [名] 混合比率

मिश्रक [形] 混合させる；混ぜ合わせる

मिश्रजाति [形] 混血の＝ वर्णसंकर; दोगला.

मिश्रण [名] (1) 混合；混淆 (2) 混合物 वायुमंडल अनेक गैसों का मिश्रण है 大気は種々のガスの混合物である (3) 結合 भारतीय और यूनानी संस्कृतियों का मिश्रण インド文明とギリシア文明の結合 (4) 溶解 (5) 溶液；混合液

मिश्रता [名*] 混合；混淆

मिश्र धन [名] 元利合計

मिश्रधातु [名*] 合金 ताँबे के संयोग से बनी मिश्रधातुएँ 銅との合金

मिश्र भाषा [名*]〔言〕混合語＝ संकर भाषा.〈mixed language〉

मिश्र वाक्य [名]〔言〕複文〈complex sentence〉

मिश्रित [形] (1) 混じった；入り交じった；混合した ईर्ष्या मिश्रित प्रशंसात्मक दृष्टि 嫉妬心の混じった称賛の眼差し आश्चर्यमिश्रित ख़ुशी 驚きの混じった嬉しさ **मिश्रित अर्थव्यवस्था** 混合経済〈mixed economy〉 **मिश्रित कृषि** 混合農業；穀草式農法〈mixed farming〉 (2) 混ぜ物のある；混入された **मिश्रित भाषा**〔言〕ピジン

मिश्री [名*]《← A. مصری मिस्री》→ मिसरी; मिस्री. 氷砂糖 **मिश्री की डली** 大変甘いもの；とても美味なもの **मिश्री की डली घोलना** ＝ मिश्री घोलना. **मिश्री की डली दिखाकर विष दे॰** だます；欺く **मिश्री घोलना** 甘い言葉でささやく；優しい言葉を掛ける＝ बहुत मिठास से बोलना; मिश्री की डली घोलना. तभी उनके कान में माधवानल का वीणावादन मिश्री घोल गया するとその時彼の耳にマーダヴァーナラの奏でるヴィーナーの音が甘くささやいた

मिष [名] (1) 詐欺；ごまかし；だまし＝ छल; कपट. (2) 口実；言い訳＝ बहाना. (3) 嫉妬；妬み

मिष्ट[1] [形] (1) 甘い (2) おいしい；美味な

मिष्ट[2] [名] (1) 甘さ；甘味 (2) 美味な食べ物 (3) 菓子

मिष्टभाषी [形] 言葉の優しい＝ मधुरभाषी.

मिष्टान्न [名] 菓子；甘味菓子＝ मिठाई.

मिस[1] [名] 口実；言い訳＝ बहाना; हीला. (-) **मिस**, (-के) **मिस** のように直接，もしくは，-के を介して接続して用いられる *a.* (ーの) よしみで *b.* (ーに) かこつけて

मिस[2] [名*]《E. miss》(1) ミス；未婚女性＝ कुमारी. (2) 未婚女性につける敬称＝ कुमारी. मिस साहब お嬢さん；未婚女性 बाहर से तो मिस साहब हैं 見かけはお嬢さんみたいだが मिस इंडिया ミスインディア；ミスインド मिस यूनिवर्स ミスユニバース

मिस[3] [名]《P. مس》銅＝ ताँबा.

मिसकीन [形] → मिस्कीन.

मिसकौट [名] → मिस्कोट. (1) 食事 (2) 会食者 (3) 密談；内緒話

मिसगर [名]《P. مسگر》銅細工師

मिसना [自] 混ざる；混じる；交ざる；交じる＝ मिलना.

मिसप्रिंट [名]《E. misprint》誤植＝ छपाई में अशुद्धि.

मिसर [名] → मिस्र[1,2].

मिसरा [名]《A. مصراع / مصرع मिस्रा》詩の半句（ウルドゥー詩やペルシア詩について）＝ पद. **मिसरा लगाना** 連歌形式で人の詠んだ半句に自分が詠んだ半句を加えて句を完成させること

मिसरानी [名*] (1) 他家での料理人として働くバラモン女性. 女性の料理人 (2) ブラーフマンの妻 (मिश्र の妻)

मिसरी[1] [形] 《A. مصری मिस्री》エジプトの

मिसरी[2] [名] 《A. مصری मिस्री》エジプト人

मिसरी[3] [名*] (1) 現代エジプト語 (2) 氷砂糖 = मिस्री.

मिसरोटी [名*] 豆粉でこしらえたパン

मिसल [名*] 《Pan. ← A. مثل मिस्ल》〔シク・イ史〕ミスル (18 世紀後半に組織化されたシク教徒の 13 の軍隊連合もしくは軍事同盟；軍事連合体)

मिसलटो [名] 《E. mistletoe》〔植〕ヤドリギ科ヤドリギ

मिसाइल [名] 《E. missile》〔軍〕ミサイル

मिसाइल लांचिंग पैड [名] 《E. missile launching pad》〔軍〕ミサイル発射台

मिसाल [名*] 《A. مثال》(1) 例；実例；類例 इसकी मिसाल दुनिया की तारीख़ में बहुत कम मिलती है これの例は世界史にもほとんど見られない क़ुरान और हदीस की अनगिनत मिसालें पेश की गई हैं コーランやハディースの無数の例が示されている **अपने में एक मिसाल** 類例のない यह अपने में एक मिसाल थी これは類例のないものだった (2) 先例；前例 उसने यहाँ एक मिसाल क़ायम की है ここに 1 つの先例を作った (3) 諺；言いならわし (4) 比喩 **(-की) मिसाल दे॰** (ーの) 例を挙げる；(ーを) 例示する इस सिलसिले में उन्होंने मुग़ल सम्राट् अकबर की मिसाल दी これに関連してムガル皇帝アクバルの例を挙げた **(अपनी) मिसाल न रखना** 比類がない；並ぶものがない

मिसालन [副] 《A. مثالاً》例えば= मसलन; उदाहरणार्थ.

मिसाली [形] 《A. مثالی》例の；例となる

मिसिज [名*] 《E. Mrs.》(1) 夫人 (2) (既婚婦人の姓名につけて) さん (3) ミセス；ミシズ

मिसिल [名*] 《A. مثل मिस्ल》裁判記録のファイル；裁判関係の書類一式

मिसी [名*] → मिस्सी.

मिसी रोटी [名*] = मिस्सी रोटी.

मिसेज [名*] 《E. Mrs.》= मिसेज़; श्रीमती. ミセス (ー)；ミシズ (ー)；(ー) 夫人；(ー) さん；ミセス；夫人；奥様 मिसेज़ सक्सेना サクセーナー夫人 मिसेज़ माधुरी दीक्षित ミセス・マードゥリー・ディークシット

मिस्कीन [形] 《A. مسكين》(1) 貧しい；貧乏な (2) 哀れな (3) おとなしい；優しい；柔和な बकरी बहुत मिस्कीन जानवर है.जो मिल गया खा लेती है, जिधर ले जाना हो जाती है 山羊はとてもおとなしい動物だ. 何でも与えられるものを食べ, 連れて行かれるほうへ行く

मिस्कीनी [名*] 《A. مسكينى》← मिस्कीन.

मिस्कोट [名] 《E. mess court?》(1) 食事 (2) 軍隊や寮等の食堂の会食者；食堂仲間 (3) 密談；内緒話

मिस्टर [名] 《E. mister; Mr.》(1) (男性の姓の前につける) ミスター；さん；様；氏 मिस्टर क्लाइड ミスター・クライド；クライド氏 (2) 男性への呼びかけの言葉；旦那；ご主人；丁寧ではあるが時にはよそよそしい表現に用いられる कहिए मिस्टर, आप इस दुकान की आड़ में खड़े-खड़े क्या कर रहे हैं? 旦那, この店の陰に立って何をなさっています

मिस्तर [名] 左官が壁面や床面の塗装に際して塗装面を均すのに用いる木製の道具；こて (鏝)

मिस्तरी [名] = मिस्त्री.

मिस्ता [名] (1)〔農〕脱穀場として用いるために均した土地 (2) 草も生えていない地面

मिस्त्री [名] 《Por. mestre》腕前のすぐれた種々の専門職の職人 (木工, 大工, 左官, 煉瓦工など)；技術者；技手；職工 मिस्त्री की दुकान 職人の店 (例えば自転車修理所) बिजली मिस्त्री 電気工 मकान बनानेवाले मज़दूरों व मिस्त्रियों का धंधा 建築労働者や職人の仕事

मिस्त्रीख़ाना [名] 《Por. + P. خانه》職人たちの作業所や仕事場

मिस्र [名] 《A. مصر》(1) エジプト= ईजिप्ट. → मिश्र. (2)〔国名〕エジプト・アラブ共和国

मिस्र अरब गणराज्य 〔国名〕エジプト・アラブ共和国

मिस्रा [名] 《A. مصرع》〔韻〕ウルドゥー詩の半句；ミスラー= चरण. → मिसरा.

मिस्री[1] [形] 《A. مصری》エジプトの

मिस्री[2] [名] 《A. مصری》エジプト人

मिस्री[3] [名*] 《A. مصری》(1)〔言〕エジプト語 (2) 氷砂糖

मिस्ल[1] [形] 《A. مثل》類似の；似ている

मिस्ल[2] [名*] = मिसल.

मिस्वाक [名*] 《A. مسواک》ようじ；楊枝；楊子= दतौन. मिस्वाक दाँत साफ़ करने के लिए भी इस्तेमाल की जाती है 楊枝は歯磨きにも用いられる मिस्वाक क॰ 歯ブラシを使う दाँतों की हिफ़ाज़त के लिए रोज़ाना मिस्वाक करनी चाहिए 歯を守るためには毎日楊枝を使わなくてはならない

मिस्सा [名] (1) 数種の豆や小麦などを一緒にひいた粉 (2) 家畜の餌になる豆殻= मिस्सा भूसा; मिस्सा भुस. **मिस्सा-कुस्सा** 雑穀= मोटा अन्न; कदन्न.

मिस्सी [名*] (1) お歯黒に用いる粉 (ミロバラン, フシ, 鉄屑, 硫酸銅などを混ぜたもの) (2) お歯黒 आँखों में काजल भी चमका, ओठों पर मिस्सी भी आई 目にはカージャル, 口元にはお歯黒が映えた (3) 遊女の水揚げに際してお歯黒をつける風習 **मिस्सी काजल क॰** 化粧する= शृंगार क॰. **मिस्सी जमाना** お歯黒をつける

मिस्सी रोटी [名*] ミッシー・ローティー (一定の割合で種々の豆や小麦などを混ぜて一緒に挽いた粉でこしらえた一種のパン)

मिहँदी [名*] → मेहँदी.

मिहतर [名] = मेहतर.

मिहदार [名] 《← A. محنت मिहनत + P. دار》現物ではなく現金で労賃の支払われる労務者

मिहनत [名*] 《A. محنت मिहनत》→ मेहनत.

मिहनती [形] 《A. محنتی》= मेहनती. मिहनती मक्खियाँ 働き蜂

मिहर [名*] = मेहर.

मिहरबान [名] = मेहरबान.

मिहराब [名*] → मेहराब; महराब.

मिहरारू [名*] 女；女性

मिहाना [自] (雨季に食品が) しける (湿気る)；しっける；湿る；湿気を帯びる

मिहिका [名*] (1) 霜 (2) 露

मिहिर [名] 太陽

मिहिरकुल 〔人名・史〕遊牧騎馬民族フン族の王ミヒラクラ (トーラマーナ王の息子)

मींगणी [名*] = मींगनी. 山羊や羊などの動物の糞 बकरी की सूखी मींगणियों से गोटियों का काम लेते हुए चरवाहे 山羊の乾燥した糞を遊具の駒の代わりに使っている牧夫たち

मींगनी [名*] 山羊, 羊などの動物の粒状の糞 मींगनी क॰ 山羊などの動物が糞をする

मींगी [名*] 果実の仁= गिरी.

मींचना [他] (1) (目や掌などを) 閉じる आँख मींचकर सुनना 目を閉じて聞く (2) ふさぐ बस इतने में माता जी ने मेरा मुँह मींच लिया そうするが早いか母が私の口をふさいだ

मींजना[1] [他] (1) もむ；くしゃくしゃにする= मसलना; दलना. (2) こする= मसलना.

मींजना[2] [他] 閉じる；つぶる；つむる= मूँदना. आँखें मींजना 目をつぶる

मींजू [形] けちな；吝嗇な；けちん坊な；物惜しみをする= कंजूस; कृपण.

मींड़ [名*] (1) もむこと (2) こすること (3)〔イ音〕顫音；ディフレクト

मींडना [他] (1) もむ (2) こする

मीआद [名*] = मियाद.

मीआदी [形] → मियादी.

मीच [名*] 死→ मृत्यु; मौत.

मीचना [他] 閉じる；ふさぐ= मींचना; मूँदना.

मीजल्स [名] 《E. measles》〔医〕はしか (麻疹) = ख़सरा.

मीजना [他] → मींजना.

मीजा [名*] 《← A. مزاج मिज़ाज》(1) 気性；気；性質 (2) 考え；意向 (3) 合意 **मीजा पटना** 気が合う；互いの気持ちがしっくり合う；馬が合う **मीजा मिलना** = मीजा पटना.

मीज़ाइल [名] 《E. missile》〔軍〕ミサイル
मीज़ान [名*] 《A. میزان》(1) 天秤= तुला; तराज़ू. (2)〔天〕天秤座 (3)〔占星〕黄道十二宮の第 7. 天秤宮 (4) 合計；総計；総額 (5) 比率；割合 (6) 均衡 **मीज़ान ज्यों का त्यों, कुनबा डूबा क्यों?** 〔諺〕生兵法は怪我のもと **मीज़ान पटना** → मीजा पटना. **मीज़ान मिलना** *a.* → मीजा मिलना. *b.* 収支の計算が合う **मीज़ान लगाना** 合計する = जोड़ लगाना.
मीट [名] 《E. meat》食用肉；肉；ミート मीट मार्केट 食肉市場
मीटर [名] 《E. metre》(1) メートル (2) 計器；メーター；計量器 किराया दिखाने वाला मीटर 料金メーター (3) 物差し；メートル尺 कपड़ा मीटर से नापकर बेचा जाता है 布は物差しで計って売られる
मीटरगेज [名] 《E. metre gauge》狭軌（鉄道）
मीटर रूल [名] 《E. metre rule》メートル尺
मीटिंग [名*] 《E. meeting》(1) 会；会合；集会 मुख्यमंत्रियों की मीटिंग 州首相の会合 (2) 会議 मेरी आज कई मीटिंग हैं 今日は幾つか会議があることになっている अधिकारियों की मीटिंग में 管理職の会議で
मीठा[1] [形+] (1) 甘い；甘味の (2) おいしい；うまい；美味の इस ताल का पानी सब से मीठा था この池の水が一番うまかった (3) 心地よい；甘い；潤いのある मीठी नींद 心地よい眠り **मीठा गला** 潤いのある声；美声 **मीठा स्वर** 甘い声 (4) 優しい；好ましい；思いやりのある **मीठी नज़र** 優しい眼差し (5) 鈍い；緩やかな **मीठा दर्द** 鈍痛 (6) 控え目な；軽い (7) ゆっくりした；じわじわと起こる；徐々に生じる (8) 愛想の良い **मीठा आदमी** 良い人；善良な人；善人 **मीठा फल मिलना** 好結果が得られる；良い結果が得られる **मीठा बोलना** 優しく話す；愛想良く話す वह बहुत मीठा बोलता था とても優しい口をきく人だった (-का) **मीठा मुँह कराना** → मुँह मीठा क॰. **मीठा वचन बोलना** = मीठा बोलना. **मीठी आँख** 優しい眼差し **मीठी आँच** とろ火 **मीठी आँच पर पकाना** *a.* じわじわと苦しめる *b.* とろ火で煮る **मीठी खट्टी कहना** 非難する **मीठी चुटकियाँ ले॰** 軽い冗談を飛ばす **मीठी छुरी** 別項→ मीठी छुरी. **मीठी छुरी चलाना** *a.* 陰険なことをする *b.* 上辺は優しい言葉で強烈な皮肉を言う **मीठी छुरी मारना** = मीठी छुरी चलाना. **मीठी नज़र** 愛情のこもった優しい眼差し **मीठी नज़र से देखना** 愛情のこもった優しい眼差しで見る **मीठी नींद** 安眠 **मीठी नींद सोना** 安らかに眠る；安眠する सारी दुनिया मीठी नींद सोती होती है और मैं क़लम लिये बैठा रहता हूँ 世間が安らかに眠っている時に筆を握って座っている **मीठी फटकार** 優しくたしなめる言葉 **मीठी बात** 人の気に入るような言葉 **मीठी बोली** 皆に好かれるような言葉 **मीठी मार** 表面には現れないが深く及ぶ打撃や攻撃；じわじわと苦しめること **मीठी मार मारना** *a.* 優しい言葉で非難する *b.* じわじわと苦しめる **मीठी-मीठी बातें क॰** 上辺ばかりの愛想の良い言葉を述べる = मीठी-मीठी बातें बनाना. **मीठी-मीठी लोरी** 甘美な子守歌 **मीठी-मीठी हवा** そよ風；微風 **मीठी मुसकान** 微笑；微笑み **मीठे के लालच में जूठा खाना** 欲に駆られて浅ましいことをする **मीठे टुकड़े तोड़ना** 安楽に暮らす；安穏に暮らす **मीठे मुँह से** 優しい言葉遣いで
मीठा[2] [名] (1) 菓子 (2) デザート= डेज़र्ट. केले और अनन्नास का डेज़र्ट (मीठा) バナナとパパイヤのデザート (3) ミーター（喫煙タバコの一種. タバコの葉に黒砂糖を混ぜてこしらえたもの） **मीठे से मरे तो माहुर क्यों दीजे** 〔諺〕穏便に済むことを荒立てることはない
मीठा आलू [名]〔植〕ヒルガオ科サツマイモ；甘藷= शकरकंद.
मीठा कद्दू [名] = कुम्हड़ा.
मीठा कुम्हड़ा [名]〔植〕ウリ科セイヨウカボチャ【*Cucurbita maxima*】= लाल कुम्हड़ा; कद्दू; सीता फल.
मीठा घिया [名] (1)〔植〕ウリ科ナタウリ【*Cucurbita pepo*】= कोंहड़ा. (2)〔植〕セイヨウカボチャ【*Cucurbita maxima*】= लाल कुम्हड़ा; मीठा कुम्हड़ा; कद्दू; सीता फल.
मीठा जल [名] 軟水
मीठा ज़हर [名] (1) 口当たりの良い毒；外見は良いが有毒なもの (2) トリカブトの毒 (3)〔植〕キンポウゲ科トリカブト属【*Aconitum ferox*】
मीठा ठग [名] 甘言で人を欺く人
मीठा तेल [名] ゴマ油（胡麻油） मीठे या कड़वे तेल का ゴマ油か芥子油の
मीठा तेलिया [名] トリカブトの毒；ぶす（付子）
मीठा नींबू [名]〔植〕ミカン科スイートライム【*Citrus limettioides*】〈sweet lime〉= मीठा लिंबू.
मीठा नीम [名]〔植〕ミカン科低木ナンヨウサンショウ【*Murraya koenigii*】〈curryleaf tree〉その葉が香辛料として用いられる
मीठा पानी [名] (1) 新鮮な水 (2) レモネード；ラムネ
मीठा बरस [名] 女性の厄年（18 歳もしくは 13 歳）= मीठा साल.
मीठा सोडा [名] 重曹 $\frac{1}{4}$ छोटा चम्मच मीठा सोडा 重曹小匙 4 分の 1
मीठी छुरी [名*] (1) 裏切り者 (2) 腹黒い人物；陰険な人物；偽善者 **मीठी छुरी चलाना** 裏切る；背信行為をする→ मीठा の項
मीठी तूँबी [名*] = कद्दू.
मीठी नींद [名*] 深い眠り；ぐっすり眠ること；安眠
मीठी मार [名*] (1) 表面よりも内側が痛む傷 (2) 婉曲な皮肉や嫌味；遠回しな皮肉
मीठी लकड़ी [名*]〔植〕マメ科多年草カンゾウ（甘草）= मुलेठी.
मीठे चावल [名] 砂糖を入れて炊いた飯
मीठेवाले [名]（トリカブトの毒を用いて旅人を殺害し金品を奪っていたと伝えられる）タグ→ ठग.
मीड़ना [他] = मींजना.
मीढ़ [形] (1) 小便をした；小便を垂れた (2) 小便のような；尿のような
मीत [名] 友；友人；朋友= मित्र; दोस्त.
मीथेन [名] 《E. methane》メタン→ मेथेन.
मीन [名] (1) 魚= मछली; मत्स्य. (2)〔天〕魚座 (3)〔占星〕双魚宮（黄道十二宮の第 12） मीन उद्योग 漁業
मीनकेतन [名] カーマ神= अनंग; कामदेव.
मीन क्षेत्र [名] 養魚場
मीनघाती [名]〔鳥〕サギ科の鳥= बगला.
मीनपक्ष [名] 魚のひれ（鰭）
मीनमेख [名*] (1) 賛否を決めかねること；ためらい；躊躇 (2) 疑い；疑念 **मीनमेख क॰** 言い逃れをする；屁理屈をこねる **मीनमेख निकालना** *a.* あらを探す；あら探しをする；弱点を見つける राज्य सरकारों ने शिक्षाविदों के लिए नीति-निर्धारण से पहले मीन-मेख निकालने में ही बहुत समय लगा दिया 州政府は教育学者たちの方針決定より先にあら探しをすることのほうに多くの時間を割いた *b.* あれこれ考え込む= मीनमेख क॰.
मीनमेष [名*] = मीनमेख.
मीना[1] [名] ミーナー族（主としてラージャスターン東南部を中心に居住してきた指定部族民）
मीना[2] [名] 《P. مینا》(1) 天国 (2) エナメル；ほうろう（琺瑯） (3) 青色 (4) 青空；天空；青天井 (5) 青色のガラス (6)〔化〕硫酸銅 (7) デカンター（ブドウ酒入れ）
मीनाकार [名] 《P. میناکار》(1) エナメル職人 (2) 琺瑯職人
मीनाकारी [名*] 《P. میناکاری》(1) エナメル細工；エナメル加工；釉薬掛け (2) 琺瑯細工
मीनाक्ष [形]（魚の目のような）切れ長の美しい目をした
मीनाक्षी [名*] (1) ドゥルガー神の異名の一 (2)〔ヒ〕ミーナークシー神（タミル・ナードゥ州マドゥライにあるミーナークシー寺院の主神）
मीना बाज़ार [名] 《P. مینا بازار》(1)〔史〕ミーナーバーザール（ムガル朝アクバル皇帝治下で王侯貴族の女性たちのみが買い手と売り手となって行われたと言われる小間物や手芸品のバーザール；遊びの市；仮装市） (2) 美術品や貴金属，宝石類，高価な装身具などの売られる商店街 (3) 蚤の市
मीनार [名*] 《A. مینار》(1)〔建〕ミーナール；塔 (2)〔建〕モスクの尖塔 लघु मीनारें 小塔
मीनारा [名] = मीनार.
मीनू [名] 《E. menu》メニュー；献立表
मीम [名] 《A. میم》ウルドゥー文字の第 31 字の字母 م の名称
मीमांसक [名] (1) 論究者；考究者 (2)〔イ哲〕ミーマーンサー学派の学匠
मीमांसा [名*] (1) 熟考；吟味；追究；論究；考究 (2)〔イ哲〕ヴェーダ聖典の体系的研究 (3)〔イ哲〕ミーマーンサー学派 **उत्तर मीमांसा** ブラフマ・ミーマーンサー= ज्ञानमीमांसा. **पूर्वमीमांसा** 祭事ミーマーンサー= कर्ममीमांसा.
मीयाँ [名] = मियाँ.

मीयाद [名*] 《A. ميعاد मीआद》→ मियाद/मीआद. क़ैदियों की मीयाद पूरी हो गई है 受刑者の刑期が満期になっている

मीयादी [形] 《A. ميعادى मीआदी》→ मियादी. (1) 期限付きの；期限のある；時限的な (2) 断続的な；間欠性の

मीयादी बुख़ार [名] 《A.P. ميعادى بخار》〔医〕マラリア熱；マラリア性熱病；間欠熱= मीआदी बुख़ार.

मीर [名] 《A. مير ← امير अमीर》(1) 首長；頭；族長 (2) 司令官；指揮官 (3) 将軍 (4) 王；王子；親王；皇子 (5) ミール（サイヤド सैयद の称号）

मीरआख़ुर [名] 《A.P. مير آخور》厩舎長

मीरआतश [名] 《A.P. مير آتش》砲隊長

मीरक़ाफ़िला [名] 《A. مير قافله》(1) 旅行者の一行の団長 (2) = मीरे क़ाफ़िला. 隊商の頭；隊商長

मीरकारवाँ [名] 《A.P. مير كاروان》隊商の頭；隊商長

मीरज़ा [名] 《P. ميرزا》(1) 王子；親王 (2) ムガル皇帝の称号の一 (3) ミールザー（サイヤド सैयद の称号）

मीरज़ाई [名*] 《P. ميرزائى》(1) 王子，親王の身分 (2) ミールザーの称号 (3) 傲慢；高慢

मीरज़ादा [名] 《P. ميرزاده》ミールの息子；王子

मीरतुज़ुक [名] 《A.T. مير توزک》〔軍〕式部官；儀仗隊長

मीरफ़र्श [名] 《A. مير فرش》(1) 絨毯などの敷物の四隅の重しの石 (2) ぐうたらな人；怠け者

मीरबख़्शी [名] 《A.P. مير بخشى》〔イ史〕イスラム教徒支配下における財務省主計長官

मीर बह्र [名] 《A. مير بحر》〔軍〕提督

मीर भुचड़ी [名] 《A. مير + H.》ミールブチュリー，すなわち，ヒジュラー हिजड़ा たちの崇拝するピール（聖者）→ हिजड़ा.

मीरमंज़िल [名] 《A. مير منزل》〔軍〕先遣隊

मीर मजलिस [名] 《A. مير مجلس》議長= सभापति.

मीर मुंशी [名] 《A. مير منشى》事務長；事務局の長

मीर शिकार [名] 《P. مير شكار》王侯の催す狩猟行事の責任者

मीराबाई 〔人名・文芸〕ミーラーバーイー／ミーラーンバーイー（16 世紀，ラージャスターンのメールター国 मेड़ता の出身でメーワール मेवाड़ の王子に嫁いだが寡婦となり遁世したとされる女流詩人．クリシュナ信仰の詩が著名）

मीरास [名*] 《A. ميراث》遺産= बपौती.

मीरासी [名] 《A. ميراثى》ミーラーシー（ラージャスターンやパンジャーブなど西北インドで主として歌や楽器の演奏を主な生業としてきたイスラム教徒の一種族）

मीरी [名*] 《A. ميرى》長や頭であること，あるいは，その地位 → मीर.

मील [名] 《E. mile》マイル **मील का पत्थर** マイル標；里程標；一里塚 देहात के अकुशल श्रमिकों के रोज़गार के अधिकार को मान्यता देने की दिशा में यह बिल मील का पत्थर था この法案は農村の未熟練労働者たちの職場での権利を承認する上での一里塚であった **मील दूरी** 里程；里数

मीलन [名] (1) 閉じること；ふさぐこと (2) 縮めたり窄めたりすること

मीलित [形] (1) 閉じた；しめた (2) 縮めた；窄めた

मीवा [名] (1)〔動〕袋形動物回虫 (2)〔動〕扁形動物條虫；サナダムシ

मीसना [他] (1) 混ぜる (2) もむ (3) 砕く (4) ひねる；つねる

मीसा [名] 《E. MISA; the Maintenance of Internal Security Act》〔イ政〕インド治安維持法

मुँगरा [名] 木槌；撞木

मुँगरी [名*] 小さな木槌や撞木

मुंज [名] = मूँज.

मुंजमणि [名*] トパーズ= पुखराज.

मुंजमेखला [名*]〔装身〕トパーズを用いてこしらえた飾り帯，ムンジメークラー

मुंजमेखली [名] (1) ヴィシュヌ神 (2) シヴァ神

मुंड[1] [名] (1) 頭；頭蓋 (2) 刎ねられた首

मुंड[2] [形] (1) 頭髪を剃った (2) 禿げた；頭髪の抜けて禿げ上がった

मुंड आखेट [名]〔文人〕首狩り 〈head hunting〉

मुंडक [名] (1) 頭；頭部= सिर. (2) 理髪師= नाई; हज्जाम. (3) ムンダカ・ウパニシャッド मुंडकोपनिषद्

मुंडन [名] (1) 剃髪 (2)〔ヒ〕男児の剃髪式（ヒンドゥー教徒の人生儀礼の一）

मुँडना [自] (1) 剃られる मूँछें मुँडी हुई हैं 口ひげが剃られている (2) だまされるなどして大損をする

मुंडमाल [名] 刎ねられた首を数珠つなぎにしたもの（シヴァ神やカーリー女神の首に掛けられている）= मुंडमाला.

मुंडमाला [名*] = मुंडमाल.

मुंडमालिनी [名*] カーリー神；ドゥルガー神（刎ねられた首をつないだものを首輪にした姿）

मुंडमाली [名] シヴァ神

मुंडा[1] [形+] (1) 頭の剃られた (2) 毛髪のない；頭髪の禿げた

मुंडा[2] [名] (1) 出家者 (2) 角を失った動物 (3) 小僧；ボーイ (4) ムンダー文字；カイティー文字→ कैथी लिपि.

मुंडा[3] [名] ムンダ／ムンダー（プロト・アウストラロイドに属する先住部族民でジャールカンド州チョーターナーグプル地方を中心に居住）

मुंडा[4] [名*]〔言〕ムンダ語／ムンダー語（ムンダ族の用いるアウストロアジア語族に属する言語の一）

मुँडाई [名*] (1) 頭髪を剃ること (2) 剃り賃

मुँड़ाना [他・使] ←मूँडना. 剃ってもらう；剃らせる= मुड़ाना.

मुंडारी [名*]〔言〕ムンダーリー語（アウストロアジア語族の一．ビハール州チョーターナーグプル地方を中心に行われる）

मुंड़ासा [名] ターバン= साफ़ा.

मुंडित [形] (1) 剃られた (2) 剃髪式の済んだ

मुँड़िया[1] [名*] 頭 **मुँड़िया हिलाना** 頷く दोनों ने साथ में ही अपनी मुँड़ियाँ हिलाईं 2 人は同時に頷いた

मुँड़िया[2] [名*] → मुड़िया.

मुंडी[1] [名] (1) 出家 (2) 剃髪式の済んだ人 (3) 床屋；理髪師

मुंडी[2] [名*] (1) 剃髪した女性 (2) 未亡人（をののしる言葉）

मुंडी[3] [形] (1) 剃髪した；髪の剃られた (2) 角のない；角を失った（動物）

मुंडेर [名*] (1) 畝 (2) = मुंडेरा.

मुंडेरा [名] (1) 手すり壁 (2) 胸墻

मुंडो [名*] (1) 剃髪した女性 (2) 未亡人 (3) 女性をののしる言葉

मुँढिया [名*] ムンリヤー（葦などの茎を編んでこしらえた筒状の丈の低い腰掛け）

मुंतक़िल [形] 《A. منتقل》(1) 移動させられる (2) 移転させられる (3) 譲渡される

मुंतक़िली [名*] 《A. منتقلى》(1) 移動 (2) 移転 (3) 転勤

मुंतख़ब [形] 《A. منتخب》(1) 選ばれた；よられた；より出された = छँटा हुआ; चुना हुआ. मुंतख़ब क॰ 選ぶ मैंने सियालकोट के शहर को अपने कयाम के लिए मुंतख़ब किया シヤールコート市を宿泊地として選んだ कमरा मुंतख़ब क॰ 部屋を選ぶ (2) 選出された= चुना हुआ; निर्वाचित. मुंतख़ब क॰ 選出する

मुंतज़िम [名] 《A. منتظم》世話人；管理者；監督者= प्रबंधक; व्यवस्थापक.

मुंतज़िर [形] 《A. منتظر》待つ；待機する आज वह मुंतज़िर थे 今日は待っていらっしゃった सैकड़ों हाकिम उनके हुक्म और इशारे के मुंतज़िर रहते थे 数百人の役人が同氏の命令と合図を待っていた

मुंतफ़ी [形] 《A. منطفى》消えかかった；消えゆく

मुंतशिर [形] 《A. منتشر》(1) 散らばった；散乱した= बिखरा हुआ; अस्त-व्यस्त; तितर-बितर. (2) 困った；困惑した= परेशान; उद्विग्न. लोग मुंतज़िर थे 皆が困惑していた

मुंतही [形] 《A. منتهى》(1) 極限の；極限に達する (2) 学問を究めた

मुँदना [自] (1) 閉じる；閉ざされる；ふさがる फिर ख़ुद-ब-ख़ुद उसकी पलकें मुँद गईं それから瞼が独りでにふさがってしまった देश-देश के बीच मुँदे वातायन 国と国との間の閉ざされた窓 (2) 終わる；終わりになる；しまいになる

मुँदरा [名] ムンドラー（ゴーラクナート派などヒンドゥー教の一部の宗派の男性修行者たちが耳につける大きな耳輪）

मुंदरिज [形] 《A. مندرج》(1) 記された；書かれた；記入された= लिखित; दर्ज. (2) 挿入された= प्रविष्ट.

मुंदरिजे ज़ैल [形] 《A. مندرج ذيل》下記の= निम्नलिखित.

मुंदरिस [形] 《A. مندرس》ぼろになった；ぼろの；ぼろぼろの= फटा-पुराना; जीर्णशीर्ण.

मुंदरी [名*] (1) 指輪 (2) 認印付きの指輪

मुंबइया [形] ムンバイ（－）の；ムンバイ風の；ボンベイ風の

मुंबइया सिनेमा [名] 《H. + E. cinema》ムンバイ映画（ボンベイで製作された映画．特に娯楽中心のものを指す）= बंबइया फ़िल्म.

मुंबई 〔地名〕ムンバイー；ムンバイ（マハーラーシュトラ州州都．旧ボンベイの改称）= मुम्बई. → बंबई.

मुंशियाना [形] 《A.P. منشیانہ》ムンシー（書記，事務員）風の；ムンシーのような

मुंशी [名] 《A. منشی》(1) 書記；秘書；ムンシー；記録係；事務員 (2) 弁護士の秘書 (3) ウルドゥー語やペルシア語の教師

मुंशीख़ाना [名] 《A.P. منشی خانہ》事務所= दफ़्तर; आफ़िस.

मुंशीगिरी [名*] 《A.P. منشی گری मुंशीगरी》書記の仕事；秘書の仕事；事務職；筆耕

मुंसरिम [名] 《A. منصرم》(1) 主事；監督；マネージャー (2) 財務局や裁判所の事務主任

मुंसलिक [形] 《A. منسلک》(1) 糸やひもで綴じられた (2) 糸を通した (3) 連ねられた

मुंसिफ़[1] [名] 《A. منصف》(1) 判事 (2) 判事補；ムンシフ

मुंसिफ़[2] [形] 公正な；公平な

मुंसिफ़ मिज़ाज [形] 《A. منصف مزاج》(1) 公正な (2) 正義感の強い = न्यायनिष्ठ. ये मुंसिफ़-मिज़ाज अंग्रेज आख़िर किस तराज़ू पर इंसाफ़ तोलते हैं この正義感の強いイギリス人たちは一体いずれの秤で正義を測るのであろうか

मुंसिफ़ाना [形] 《A.P. منصفانہ》正しい；公正な；公平な

मुंसिफ़ी [名*] 《A. منصفی》(1) 公正（さ） (2) 裁決；裁判；判定 (3) ムンシフの職務 (4) ムンシフの執務する法廷

मुँह [名] (1) 人や動物の口 वह मुँह में जल्दी नहीं घुलती それは口の中ではすぐには溶けない（お菓子） मुँह का कैंसर 口腔がん मुँह पर हथेली रखना 口に手を当てる (2) 顔；面（つら） मुँह-हाथ धोना（目覚めに）顔と手を洗う (3) びん，容器，器具などの出し入れ口 संकरे मुँह वाली शीशी 口の狭いびん चौड़े मुँह वाली बरनी या शीशी 広口のびん रबड़ के मुँहवाली एक छोटी बोतल ゴムの口のついた小さなびん साँस की नली का मुँह बंद हो सकता है 気管の口がふさがる可能性があり得る पिंजड़े का मुँह खोलकर ネズミ取りの口を開けて गुब्बारे का मुँह 風船の口 जूतों के मुँह पर 靴の足を入れる口に (4) 洞窟，穴，井戸などの外に開いた部分；口；へり（縁）；（池などの）ふち छोटे-से मुँहवाला कुआँ 口の小さな井戸 झरने का मुँह 噴水孔 (5) 避けたり開いたり破れたりしたところ；穴；孔；口 ज़ख़्मों के मुँह खुल गए थे 傷口が開いてしまっていた (6) 向き；進行方向に面した部分 रेल के इंजन का मुँह 機関車の向き (7) 表面；面 हम दियासलाई की तीली का मुँह जानबूझ कर खुरदरा बनाते हैं क्योंकि तीली जलाते समय हमें अधिक घर्षण चाहिए マッチの軸の表面をわざとざらざらにこしらえる．軸を燃やす際に摩擦が大きくなければならないからだ घड़ी का मुँह 時計の文字盤 (8) きわ（際）；境目 मृत्यु के मुँह से बच निकलना 九死に一生を得る **मुँह आ॰** 口の中に炎症が起こる；口内炎が起こる (-के) **मुँह आ॰** （－と）口論する；言い争う (जो) **मुँह आया बक दे॰** 思ったことを口にする；前後の見境なく言う **मुँह उजला क॰** 名誉を得る；名を揚げる **मुँह उजागर हो॰** 名を揚げる **मुँह उठना** 気が向く；気持ちが起きる；（－）したいと思う **मुँह उठाकर कह दे॰** = मुँह आया बक दे॰. **मुँह उठाना** 誇らしくする；胸を張る **मुँह उतर जा॰** *a.* 恥じ入る *b.* 気力がなくなる；元気がなくなる；しょんぼりする **मुँह ऐसा मुँह लेकर** 恥じ入って (-का) **मुँह क॰** （－に）配慮する；（－を）思いやる；（－に）気兼ねする (-की ओर/तरफ़) **मुँह क॰** （－を）向く；（－に）面する；（－を）臨む हम क़िबले की तरफ़ मुँह करके नमाज़ पढ़ते हैं メッカの方角を向いてお祈りを捧げる **मुँह कड़वा हो॰** 味わいや味覚がおかしくなる；舌がおかしくなる **मुँह का आग उगलना** 口汚く言う；ののしる **मुँह का उतार-चढ़ाव** 表情の変化 **मुँह का कच्चा** *a.* 前言をひるがえす *b.* 口の軽い **मुँह का कड़वा** ののしる **मुँह का कड़ा** 言葉のきつい **मुँह का कौर** 簡単なこと；容易なこと；朝飯前のこと **मुँह का कौर छिन जा॰** *a.* 職や生業を奪われる *b.* 物を奪い取られる **मुँह का ख़राब** 口汚い **मुँह का ग्रास** = मुँह का कौर. (-) **मुँह काटना** （－が）えぐい；（－に）えぐさが感じられる **मुँह का टांका टूटना** 口が開く；ものを言う **मुँह का निवाला** = मुँह का कौर. **मुँह का पानी उतर जा॰** *a.* 恥をかく *b.* 顔の色つやが失せる **मुँह का मीठा** 言葉遣いの優しい **मुँह का लबार** 前後の考え無しに思ったことを言う人 **मुँह काला क॰** 破廉恥なことをする (-का) **मुँह काला क॰** （－の）顔に鍋墨などを塗って黒くする；恥をかかせる चारों मूर्ख पंडितों का मुँह काला कर राजा ने राज्य से बाहर खदेड़वा दिया 王は4人の愚かなバラモンたちの顔に煤を塗って国外へ追放させた (अपना) **मुँह काला कराना** 恥をかく（ようなことをする）；恥ずべきことをする (-से) **मुँह काला कराना** （－と）不倫関係におちいる **मुँह काला हो॰** 恥をかく；面目を失う **मुँह किलना** 口を封じられる **मुँह की** → मुँहदेखी. **मुँह की खाना** *a.* 赤恥をかく；大恥をかく एक बड़े अफ़सर ने ऐसी ही बहानेबाज़ी करके मुँह की खाई थी ある偉い役人がちょうど同じような言い逃れをして大恥をかいたことがあった *b.* 負ける；敗れる；敗北する एक-एक करके सभी वीरों ने अंगद का पाँव हिलाने की कोशिश की, पर सबको मुँह की खानी पड़ी 1人また1人と強者たちが皆アンガドの足を揺り動かそうとしたのだが皆敗れざるを得なかった *c.* だまされる **मुँह की बात काटना** 相手の言葉を遮る **मुँह की बात छीन ले॰** 他人の思っていることを先に言う **मुँह की बात मुँह में रहना** 思っていることを口に出せない **मुँह की बात लोक ले॰** 他人の思っていることを先に言う **मुँह की मक्खी न उड़ा सकना** 顔にとまったハエさえ追い払えない；ひどく衰弱する **मुँह की मिलाना** 無責任に相槌を打つ **मुँह की रोटी छिनना** 職を失う；職を奪われる；失業する (-का) **मुँह कीलना** （－の）口を封じる；（－に）話をさせない **मुँह की लाली रखना** 体面を保つ；面子を保つ **मुँह के आगे** 前に；正面に **मुँह के तोते उड़ जा॰** 全く口がきけない **मुँह के बल गिरना** *a.* 恥をかく उस झोंके से हम मुँह के बल गिरे その打撃で我々は恥をかいた *b.* とても欲しがる **मुँह के बल बैठना** すぐさま座る；すぐさま腰を下ろす **मुँह के भाव पढ़ना** 他人の表情を読みとる **मुँह के मुँह** 正面に= मुँह के मुँह पर. **मुँह के लायक़** 体面や地位に応じて **मुँह के सामने** 人の前で；面と向かって **मुँह के सामने हाँ-हाँ क॰** 無責任に相槌を打つ **मुँह कैसे दिखलाया जाए** どのように対処するか **मुँह को लड्डू लगना** 味を占める；味を覚える **मुँह ख़राब क॰** ののしる= गाली दे॰. **मुँह ख़राब हो॰** 後口が悪い；後味が悪い **मुँह खुजलाना** しゃべりたくてうずうずする **मुँह खुलना** *a.* 口を開く *b.* 横柄な口をきく癖がつく **मुँह खुलवाना** 口を開かせる；言わせる **मुँह खुला रह जा॰** 唖然となる；茫然となる (-के) **मुँह ख़ून लगना** （－の）味を占める **मुँह खोलकर** *a.* 遠慮なく；無遠慮に *b.* はっきりと；ありありと **मुँह खोलकर रह जा॰** *a.* びっくり仰天する *b.* 言いかけて止める **मुँह खोलना** *a.* 口を開く；ものを言う राजा का रुख़ और क्रोध देखकर किसी को भी मुँह खोलने की हिम्मत न हुई 王の表情と怒りを見てだれも口を開く勇気が出なかった *b.* ののしる；悪口を言う *c.* 嘆願する；願う；依頼する *d.* 女性の頭から顔を覆うベールを取り払う (-के लिए) **मुँह खोले बैठना** *a.* （－をしようと）待ち構える *b.* （－を取ろう／手に入れようと）待ち構える **मुँह गड़ा लेटना** ふさぎ込んで横になる **मुँह गिर जा॰** しょげる；ふさぎ込む **मुँह घुमाना** 無視する；素知らぬ顔をする **मुँह चढ़ाना** 不機嫌になる इनसे मुँह चढ़ाकर रहने से या इन्हें उपेक्षापूर्ण दृष्टि से देखने से こういう人に対して不機嫌でいたり無視したりすると (-को) **मुँह चढ़ाना** （－を）横柄な振る舞いを許す；つけあがらせる यहाँ साले नौकरों को मुँह चढ़ाया हुआ है ここじゃ使用人連中をつけあがらせている **मुँह चलना** *a.* 口が動く；食べる；食べ続ける इतना खाती है, दिन भर बकरी की तरह मुँह चला ही करता है, फिर भी पेट नहीं भरता? 実によく食べるものだ．一日中まるで山羊のように口が動いている．それでも腹は満たないのか *b.* 良からぬことを口にする **मुँह चलाना** 口を動かす；食べる= मुँह चलना. अधिकतर बच्चे इस आयु में दिन भर मुँह चलाते रहना पसंद करते हैं たいていの子供はこの年頃には一日中口を動かしていたいものだ (-का) **मुँह चाटना** （－に）媚びる；お世辞を言う；へつらう (-का) **मुँह चाहना** *a.* （－に）助け，支援，助力などを求める *b.* （－を）頼りにする *c.* （－の）意向や希望を叶えようと待ち構える **मुँह चिकनाना** 顔の色つやが良い **मुँह चिढ़ाना** 相手のしぐさを真似たり顔をしかめて見せたりしてからかう **मुँह चीरना** 命を与える；生む；生み出す；生命を与える (-से) **मुँह चुराना** *a.* （－に）顔を背ける；顔を隠す *b.* （－を）避ける；よける；（－から）逃げる **मुँह छिपाना** = मुँह चुराना. तमाम स्त्रियाँ खिलखिलाकर हँस पड़ीं.बालिका ने मुँह छिपा लिया 女

たちは皆吹き出した．娘は顔を隠した पर शीघ्र ही नसीरुद्दीन को लगा कि सभी लोग उससे मुँह छिपा रहे हैं だが間もなくナシールッディーンは皆が自分を避けているように感じた **मुँह छुआना** 少しも食べない（口をつけるだけ） **मुँह छुपाना** ＝मुँह छिपाना. वर्तमान सरकार सभा में जैसे-तैसे मुँह छुपाने की कोशिश करती है 現政権は議会でなんとか逃れようと努めている **मुँह छूना** へつらう＝खुशामद क॰. **मुँह छेंक ले॰** 人に話させない；しゃべらせない **मुँह छोटा हो जा॰** 気がひける；恥ずかしくなる **मुँह ज़रा-सा निकल आ॰** ＝ मुँह छोटा हो जा॰. **मुँह ज़हर हो॰** ＝मुँह कड़वा हो॰. **मुँह जूठा क॰** ほんの少し食べる；(口をつけるだけで) ほとんど食べない **मुँह जोड़ना** 鳩首する (-का) **मुँह जोहना** ＝ (-का) मुँह चाहना. मुहल्ले के लोग उसका मुँह जोहते हैं 界隈の人たちは彼を頼りにしている **मुँह झटकना** *a.* 顔色がすぐれない *b.* 衰弱する **मुँह झुलसना** *a.* 追い払う；追いやる *b.* 厄介払いをする *c.* ひどい目に遭わせる；やっつける जो तुम्हें हवालात में ले जाए, उनका मुँह झुलस दूँ お前を拘禁する奴もひどい目に遭わせてやる **मुँह झौंसना** ＝ मुँह झुलसना. **मुँह टूट जा॰** 面目を失う；面子を失う **मुँह टेढ़ा क॰** ＝मुँह फुलाना. *a.* 膨れっ面をする *b.* 威張る (-का) **मुँह टेढ़ा क॰** （－を）顔の歪むほど殴る **मुँह डालना** *a.* 食器に顔を突っ込むようにして食べる *b.* 動物が人の食器に口をつける *c.* 鶏が喧嘩をする **मुँह ढाँकना** 人の死を悲しんで泣く **मुँह तक** 容器の口まで一杯に；たっぷりと；あふれんばかりに **मुँह तक आ॰** *a.* 口に出かかる；言い出しそうになる *b.* あふれんばかりになる (-का) **मुँह तक न देखना** （－を）見たこともない **मुँह तर हो॰** ご馳走にありつく **मुँह ताकते रह जा॰** *a.* 手をこまねく；拱手傍観する *b.* 手の施しようがない；手の打ちようがない (-का) **मुँह ताकना** ＝मुँह चाहना. उच्च आकांक्षा वाला चंद्रगुप्त युक्ति और उपाय के लिए चाणक्य का मुँह ताकता था 野心家のチャンドラグプタは手練手管をチャーナキヤに頼っていた मित्र का मुँह ताकना 友を頼りにする एक-दूसरे का मुँह ताकना 顔を見合わせる सब एक-दूसरे का मुँह ताकने लगे 皆は顔を見合わせ始めた (-का) **मुँह तोड़ दे॰** （－を）厳しく罰する **मुँह तो देखो** （自分の）能力や力量と考えあわせなさい **मुँह थकना** 言う甲斐のない (-का) **मुँह थामना** （－の）口をふさぐ；(－に) しゃべらせない **मुँह थुथाना** ＝मुँह फुलाना. **मुँह थुरथुराना** 膨れっ面をする＝मुँह फुलाना. **मुँह-दर-मुँह कहना** *a.* 面と向かって言う *b.* 直ちに言い返す；即座に言い返す **मुँह दिखलाना** 顔を出す；顔を見せる；顔を合わせる अब वह कभी घर पर अपना मुँह नहीं दिखला पाएगा もう2度と家に顔を出すことができないだろう **मुँह दिखाना** 顔向け＝मुँह दिखलाना. समाज में मुँह दिखाना भी कठिन है 世間への顔向けさえ難しい **मुँह दिखाने लायक़ न रहना** 人に顔を見せられなくなる；顔向けできなくなる (-को) **मुँह दे॰** （－に）付け入らせる；つけあがらせる (-में) **मुँह दे॰** 動物が餌入れに口を突っ込む (-का) **मुँह देखकर** （－を）頼りにして；(－に) すがって (-का) **मुँह देखकर उठना** 朝起きて最初に（－の）顔を見る（縁起の悪いことを言う表現） (-का) **मुँह देखकर जीना** （－を）大変愛する；(－が) 愛おしくてたまらない (-का) **मुँह देखकर टीका काढ़ना** *a.* 外見で判断する；外見に惑わされる *b.* 状況に応じた行動をとる **मुँह देखकर बात क॰** *a.* 相手を見てものを言う *b.* へつらう；媚びる；おもねる **मुँह देखकर बात कहना** ＝मुँह देखकर बात क॰. **मुँह देखकर बीड़ा दे॰** 相手に応じて振る舞ったり対応する **मुँह देखता रह जा॰** 呆気にとられる；驚く；たまげる；びっくりする **(अपना) मुँह देखना** 鏡を見る；鏡を覗く (-का) **मुँह देखना** *a.* ＝मुँह चाहना. *b.* （－の）顔を見る *c.* ぼんやりする *d.* 茫然とする；呆気にとられる **मुँह देखने के लिए रह जा॰** 何も残らない；つまらない結末になる **मुँहदेखा** → 別項見出し (-में) **मुँह देखादेखी न हो॰** （－の間に）何の関係もなくなる（交際がなくなる） **मुँह धरना** 相手の言葉を遮る **मुँह धो आओ** 君にはできないことなんだ（出直しなさい） **मुँह धो रखना** （手に入らないものとして）諦める **मुँह न खोल सकना** *a.* 幅を利かすことができない；大きな顔ができない *b.* ものが言えない (-) **मुँह न चढ़ना** （－を）口に出せない (-का) **मुँह न देखना** *a.* （－を）意に介さない *b.* （－と）全く関係を持たない；関わりを持たない；(－を) ひどく嫌う (-से) **मुँह न फेरना** （－を）避けない；(－から) 逃げない；(－に) 顔を背けない；直面する **मुँह निकल आ॰** *a.* うなだれる *b.* しょげる *c.* 衰弱する；やつれる (-का) **मुँह निहारना** （－を）当てにする；頼りにする；(－に) すがる **मुँह नोचना** *a.* 不快な表情をする *b.* 言い返す (-का) **मुँह नोचना** （－に）罰を与える (-का) **मुँह पकड़ना** （－に）しゃべらせない (-का) **मुँह पड़ना** （－する）勇気が出る (-के) **मुँह पर** （－に）面と向かって **मुँह पर आ॰** 言いそうになる；言いたくなる；口から出かかる **मुँह पर आग रखना** 火葬する＝दाह-संस्कार क॰. **मुँह पर उँगलियाँ रखना** 黙るように指図する (-के) **मुँह पर कालिख चढ़ाना** （－を）辱める；侮辱する；(－に) 恥をかかせる (-के) **मुँह पर कालिख पोतना** ＝मुँह पर कालिख चढ़ाना. (-के) **मुँह पर खड़ा हो॰** （－の）すぐ側に来る；近づく (-के) **मुँह पर खेल उठना** （－の）顔に出る；表情に出る (-के) **मुँह पर चढ़ना** （－に）立ち向かう **मुँह पर चढ़ना** 記憶に残る；覚える नाम मुँह पर चढ़ना 名前が記憶に残る **मुँह पर चाँटा लगना** 罰が当たる；悪事の報いを受ける (-के) **मुँह पर चूना पोतना** （－を）侮辱する **मुँह पर जवाब पड़ना** すぐに返答をもらう (-के) **मुँह पर जा॰** *a.* （－の）言葉を信用する *b.* （－に）配慮する **मुँह पर जाली लगा ले॰** 黙りこくる；うんともすんとも言わない **मुँह पर झाड़ू फिरना** しょげ返る **मुँह पर तमाचा खाना** *a.* 頬に平手打ちを喰う *b.* 侮辱される；辱められる **मुँह पर तमाचा लगना** *a.* 辱められる *b.* ひどい仕打ちに遭う (-के) **मुँह पर ताला दे॰** （－に）口を開かせない **मुँह पर ताला पड़ना** 口がきけなくなる (-के) **मुँह पर ताला लगना** ＝ (-के) मुँह पर ताला पड़ना. **मुँह पर थूक डलवाना** 恥をかく；恥をかかされる **मुँह पर थूक दे॰** ひどく侮辱する **मुँह पर धूल पड़ना** 侮辱される **मुँह पर नाक न हो॰** 恥知らずの **मुँह पर पानी आ॰** 顔につやが出る **मुँह पर पानी फिर जा॰** 恥をかく **मुँह पर फटकार बरसना** 気が動転した表情になる **मुँह पर फेंकना** 投げ与える；投げつけるようにして与える (-के) **मुँह पर बड़ाई क॰** （－に）面と向かって誉める (-) **मुँह पर बरसना** （－が）顔にありありと見られる **मुँह पर बसंत खिलना** 大喜びする **मुँह पर बात आ॰** *a.* 口に出る；口にする；言う *b.* 言いたくなる；話したくなる **मुँह पर बारह बजना** ＝मुँह पर फटकार बरसना. **मुँह पर मक्खी भिनभिनाना** ＝मुँह पर मक्खी लात मारना. **मुँह पर मक्खी लात मारना** ひどく怠ける **मुँह पर मीठी मीठी बात करना** 甘い言葉をささやく；言葉巧みに言う **मुँह पर मुरदनी छाना** *a.* とても弱る；激しく衰弱する *b.* 死相が現れる *c.* 表情が沈む；顔色がなくなる **मुँह पर मुरदनी फिरना** ＝मुँह पर मुरदनी छाना. **मुँह पर मुहर क॰** ＝मुँह पकड़ना. **मुँह पर मुहर लगना** ＝मुँह पर ताला पड़ना. (-) **मुँह पर रखना** *a.* （－を）味わう；味見する *b.* 唱える (-के) **मुँह पर रखना** （－に）くれてやる (-के) **मुँह पर (＝का) नाम रहना** （－が）いつも（＝の）噂をする **मुँह पर राख पड़ना** ＝मुँह पर धूल पड़ना. (-) **मुँह पर लाना** （－を）口にする；(－のことを) 述べる；言う (-के) **मुँह पर लाना** （－に）面と向かって言う **मुँह पर लिखा हो॰** 顔に出る **मुँह पर से बरसना** ＝मुँह पर बरसना. **मुँह पर स्याही पोतना** ＝मुँह पर कालिख चढ़ाना. (-को) **मुँह पर हँसना** （－に）面と向かって嘲笑する **मुँह पर हवाई उड़ना** 顔が青ざめる；顔色を失う；動揺の表情が現れる＝मुँह पर हवाइयाँ उड़ना; मुँह फक हो॰; मुँह सफ़ेद हो॰. **मुँह पर हवाई लगना** ＝मुँह पर हवाई उड़ना. (-के) **मुँह पर हाथ रखना** （－に）しゃべらせないようにする＝मुँह पकड़ना. **मुँह पसारकर देखना** 物欲しげに見る **मुँह पसारकर दौड़ना** （何かものを取ろうと）がつがつする；あさましく他人のものを手に入れようとする **मुँह पसारकर रह जा॰** *a.* びっくりする；たまげる；驚く *b.* 自分の無様な姿を恥じる **मुँह पसारना** *a.* 欲張る *b.* うずうずする *c.* 大口を開けて笑う **मुँह पाट होके पड़ना** 顔を隠して俯せになる (-का) **मुँह पाना** *a.* （－の）同意を得る；賛同を得る *b.* （－の）機嫌を察する **मुँह पिटाकर रह जा॰** *a.* 恥じ入る＝लज्जित हो॰; शर्मिंदा हो॰. *b.* しくじる；失敗する **मुँह पिटाना** *a.* 惨めなありさまになる；哀れなさまになる *b.* くたばる **(अपना) मुँह पीट ले॰** ＝मुँह पिटाकर रह जा॰. **मुँह पीटकर रह जा॰** ＝मुँह पिटाकर रह जा॰. **मुँह पीला पड़ना** *a.* ふさぎ込む；元気がなくなる *b.* 顔が青ざめる *c.* 動転する **मुँह पेट चलना** 下痢と嘔吐が起こる **मुँह फक हो॰** 顔色を失う；青ざめる **मुँह फटना** *a.* 口の中が爛れる *b.* 顔が荒れる **मुँह फाड़कर** 大口を開けて；口を大きく開けて **मुँह फाड़कर कहना** 恥ずかしげもなく言う；遠慮や気兼ねなく口に出して言う **मुँह फाड़ना** *a.* 欲張る；欲を出す *b.* 降参する *c.* 不作法な口のききかたをする **मुँह फिरना** *a.* 顔がひきつる（卒中になる） *b.* そっぽを向く **मुँह फीका क॰** *a.* 満足しない *b.* 気がふさがる **मुँह फुँकाना** 葬ってもらう；火葬してもらう **मुँह फुलाना** 膨れっ面をする＝मुँह थुथराना. जरा जरा-सी बात पर मुँह फुला लेते हो ほんのちょっとしたことでお前は膨れっ面をするんだね **मुँह**

म

फूँकना *a.* 火葬する *b.* 罵詈雑言を浴びせる **मुँह फूलना** *a.* 腹を立てる *b.* 不満な表情をする；膨れっ面をする **मुँह फेरना** そっぽを向く；無視する；横を向く；顔を背ける अपनी इस बेबसी पर मेरी आँखें छलछला आती हैं.मैं दूसरी ओर मुँह फेर लेती हूँ 自分の不甲斐なさに涙があふれてくる．私は顔を背ける (-का) **मुँह फेरना** *a.* (－を) 負かす；やっつける *b.* (－の) 向きを変える (-से) **मुँह फेरना** (－から) 遠ざかる；離れる；(－を) 避ける **मुँह फैलाना** ＝ मुँह पसारना. **मुँह फोड़कर कहना** ＝ मुँह फाड़कर कहना. **मुँह फोड़कर खाना** がつがつ食べる；あさましく食べる (-का) **मुँह बंद क°** *a.* (－に) 言い返す；(－を) やりこめる；黙らせる *b.* 口止めする **मुँह बंद हो°** *a.* 言いこめられる；言い負かされる *b.* 無言でいる；口を開かない **मुँह बँधना** 何も言えない **मुँह बजाना** 出しゃばってしゃべる (-का) **मुँह बड़ा हो°** (－の) 要求が大きい **मुँह बन जा°** *a.* 不機嫌な顔になる *b.* やつれた顔になる **मुँह बनाना** 不快な表情をする；不機嫌な顔をする **मुँह बाँधकर बैठना** 黙って座る (-का) **मुँह बाँध दे°** (－を) 黙らせる **मुँह बाकर दौड़ना** 何かをあさましく欲しがる **मुँह बाकर रह जा°** ＝ मुँह पसारकर रह जा°. **मुँह बाना** *a.* がつがつする；あさましく欲しがる *b.* みっともない振る舞いをする；不作法なしぐさをする *c.* あんぐり口を開ける；口を大きく開けて笑う **मुँह बाये खड़ा हो°** 口を開けて待っている；待ち構えている लेकिन वहाँ भी भविष्य का सवाल मुँह बाये खड़ा है しかしそこにも将来の問題が待ち構えている **मुँह बिगड़ना** 後味が悪くなる **मुँह बिगाड़ना** *a.* 不快な表情をする；しかめっ面をする *b.* ひどく殴る；顔の歪むほど殴る *c.* 鼻をへし折る *d.* 後味を悪くする **मुँह बिचकाना** (侮り，不快感，嫌悪感などを表すために) しかめっ面をする **मुँह बिदकना** ＝ मुँह बिचकाना. **मुँह बिराना** ＝ मुँह चिढ़ाना. **मुँह बुरा बनाना** ＝ मुँह बिगाड़ना. **मुँह भर** *a.* 一杯；思いきり；十分に *b.* 甚だしく；激しく हम हिंदुओं की बेहया जात बार बार मुँह भर गिरते हैं फिर भी सम्हलकर उठने का मन करते हैं 恥を知らぬヒンドゥーの民は幾度もひどく躓くのだが，それでも気合を入れて立ち直ろうとする **मुँह भर आ°** *a.* 欲しくなる；欲が出る *b.* 吐き気がする **मुँह भरकर दे°** 思いきり与える；たっぷり与える **मुँह भरकर पाना** ひどく侮辱される (-का) **मुँह भर दे°** *a.* (－に) 賄賂を贈る＝ (-को) रिश्वत दे°. *b.* ＝ मुँह भरकर दे°. **मुँह भर बोलना** きちんと話をする；ちゃんと話をする **मुँह भरभरा आ°** 発熱のため顔が赤くなる **मुँह भारी हो°** 膨れっ面をする＝ मुँह फुलाना. **मुँह मटका दे°** 顔をしかめる (-का) **मुँह मलना** (－を) 侮る **मुँह माँगी मौत तो मिलती ही नहीं** 〔諺〕 *a.* 人の願いは叶わぬもの *b.* 黙っていれば貰えるものも口に出して言えば貰えなくなる (-का) **मुँह मार दे°** (－を) 負かす；破る；やっつける (-का) **मुँह मारना** *a.* (－を) 凌ぐ；負かす *b.* (－を) 辱める；(－に) 恥をかかせる *c.* (－に) 賄賂を贈る *d.* (－を) 縫って閉じる (-पर)**मुँह मारना** *a.* (－を) 腹一杯食べる *b.* (－を) 食べる सूखी घास पर मुँह मारना 干し草を食べる (-में) **मुँह मारना** (－を) 食べる；(－に) 口をつける **मुँह मीठा क°** *a.* 祝い事やめでたいことのあった人が知人や友人に対し祝いの菓子や茶菓を振る舞う *b.* 賄賂を贈る *c.* 茶を飲み菓子を食べる अरे, बेटी, कुछ मुँह तो मीठा करती जाओ お茶ぐらい飲んで行きなさいよ **मुँह मीठा लगना** 味を占める **मुँह मीठा हो°** *a.* 優しい言葉を話す *b.* 菓子が振る舞われる *c.* 利益を得る (-का) **मुँह मूँदना** (相手に) 口を開かせない；しゃべらせない **मुँह में आ°** 口に出かかる **मुँह में आग बरसना** 激怒する；怒りのあまりひどいことを言う；腹立ち紛れに言う **मुँह में आग लगाना** 火葬する **मुँह में और पेट में और हो°** 言うことと考えていることとが違う **मुँह में काजल लगना** 不名誉になる；恥辱を受ける＝ मुँह पर कालिख चढ़ना. **मुँह में काजल लगाना** 辱める；恥辱を与える **मुँह में कालिख लगना** ＝ मुँह में काजल लगना. **मुँह में कालिख लगाना** ＝ मुँह में काजल लगाना. अब अगर तुम इस दूकान पर देखना, तो मुँह में कालिख लगा देना もしもこの店で俺の顔を見たら顔に墨を塗るがいい (2 度とここには来ないぞ) **मुँह में कीड़े पड़ना** 大変な苦難に遭う **मुँह में ख़ाक दे°** 見下す；ものの数に入れない **मुँह में ख़ाक पड़ना** 見下される **मुँह में** (-का) **ख़ून लगना** (－の) 味を占める (-के) **मुँह में गुड़-घी (हो°)** 素敵，素敵；その通り；いいぞいいぞ；感心感心 (-के)**मुँह में घी-शक्कर (हो°)** ＝ (-के) मुँह में गुड़-घी. **मुँह में घुँघनी रखकर बैठना** 黙り込む；沈黙する (-के) **मुँह में चंदन लगना** (－が) 尊敬を受ける；敬意を表される **मुँह में छाई पड़ना** ＝ मुँह में ख़ाक दे°. (-के) **मुँह में छेद हो°** (－が) 言う勇気を持つ **मुँह में ज़बान न डालना** しゃべり続ける **मुँह में ज़बान हो°** 言う勇気がある **मुँह में जीभ हो°** ＝ मुँह में जबान हो°. **मुँह में टाँका लगाना** 黙りこくる **मुँह में टिकिया-तेल पुतना** 汚名を着る **मुँह में टेपी दे°** ＝ मुँह में टाँका लगाना. **मुँह में डालना** 口に突っ込む；口に入れる；食べる **मुँह में ताला डालना** 黙る；口を閉じる **मुँह में तिनका दबाना** 服従の気持ちを表す；哀れみを乞う **मुँह में तिनका ले°** ＝ मुँह में तिनका दबाना. **मुँह में तुलसी रखकर बात कहना** 正直に言う (-के) **मुँह में दही जमना** (－が) 口をつぐむ **मुँह में दाँत न पेट में आँत** 甚だ高齢の；老いぼれた様子のたとえ (-के) **मुँह में दाँत हो°** (－が) 力を持つ **मुँह में धूल डालना** (－が) うとましい (疎ましい)；うんざりする **मुँह में धूल दे°** ＝ मुँह में धूल डालना. **मुँह में पड़ना** 食べ物が口に入る **मुँह में पान फीका हो°** 夜が明ける **मुँह में पानी आ°** 涎が出る भोजन की भीनी-भीनी सुगंध से लोगों के मुँह में पानी आने लगा 食事の仄かな香りに涎が出てきた **मुँह में पानी भरना** ＝ मुँह में पानी आ°. अंगूर देखकर लोमड़ी के मुँह में पानी भर आया ブドウを見るとキツネの口の中には涎が出てきた **मुँह में फिरना** 言葉が喉まで出てそれから先に出ない **मुँह में बात क°** 聞こえないほどの小声でつぶやく＝ मुँह में बोलना. **मुँह में बात न आ°** 何も言えない **मुँह में बात रह जा°** 思っていることが言えない **मुँह में बोलना** ぼそぼそ言う；つぶやく＝ धीरे से बोलना. **मुँह में मीठा, पेट में ईंटा** 偽善者 **मुँह में मुँह मिलाना** 何事にもはいはいと返事をする (-) **मुँह में रखना** (－を) くわえる टेढ़ी नली का बाहर वाला छोर मुँह में रखकर 曲がった管の外側の部分を口にくわえて **मुँह में राम, बग़ल में छुरी** 〔諺〕 猫被り；面従腹背；不信心ものが信心者を装うたとえ मुँह में राम, बग़ल में छुरी, मुझे नापसंद है 猫被りは嫌いだな **मुँह में लगाम दे°** 言葉を慎む **मुँह में लगाम न हो°** 思ったことを何でも口にする **मुँह में लस न हो°** 言葉遣いの下品な **मुँह में लाना** 口に出す；言う **मुँह में सोना तुलसी दे°** *a.* 最期に役立つ *b.* 〔ヒ〕 臨終に際して金やカミメボウキの葉を口にふくませる (-से) **मुँह मोड़ना** (－を) 避ける；回避する；いやがる；(－に) 顔を背ける；そっぽを向く अपने कर्त्तव्यों की ओर से मुँह मोड़कर 自分の本分に顔を背けて पिछले दो वर्षों में अकेले राजस्थान में ही करीब पाँच सौ काश्तकारों ने अफ़ीम की खेती से मुँह मोड़ लिया है 過去 2 年間にラージャスターンだけで約 500 人の農民がアヘンの栽培にそっぽを向いた (-का) **मुँह मोतियों से भर दे°** (－に) 一杯与える (-का) **मुँह रखना** (－に) 気を配る；配慮する；(－の) 体面を保つ；面子を立てる；顔を立てる **मुँह रोकना** 口止めする आखिर किस किस का मुँह हम रोकेंगे? 一体だれの口に戸が立てられようか **मुँह लंबा क°** 不快感を表す；口をとがらせる (-के) **मुँह लगना** *a.* つけあがる；なれなれしくする बड़ों-बड़ों के मुँह लगता फिरे 偉い人たちになれなれしくして歩く *b.* (－に対して) 大きな口をきく तुम्हारी तरह बड़ों के मुँह लगने को बदतमीज़ी करनेवाला कोई आवारा छोकरा नहीं お前のように目上の人に対して大きな口をきくような餓鬼ではないぞ *c.* (－と) 関係を持つ **मुँह लगाई डोमनी, गावे ताल बेताल** 〔諺〕 身分の卑しい者にあまり親しくしてはならないもの (-को) **मुँह लगाना** *a.* (－に) つけあがらせる；(－を) 甘やかす *b.* (－と) 親しくなる *c.* (－に) 口をつける；(－を) 食べる **मुँह लटक जा°** うなだれる；がっかりする；がっくりする＝ निराश हो°. **मुँह लटकाना** がっかりする；がっくりする；しょげる；うつむく；しょんぼりする；ふさぎ込む **मुँह लाल क°** 怒る；立腹する (-का) **मुँह लाल क°** (－を) 激しく殴る **मुँह लाल हो°** *a.* 顔が赤くなるほど殴られる *b.* 怒りで顔が赤くなる；激しく怒る **मुँह लुआठी लगाने क़ाबिल हो°** ひどく口汚い物言いをする **मुँह लेकर रह जा°** 恥をかいたままになる (-का) **मुँह शक्कर से भर दे°** 吉報や嬉しい知らせを伝える人に褒美を与える **मुँह सँभालना** 口を慎む＝ मुँह में लगाम दे°. **मुँह सफ़ेद पड़ना** 気が動転して顔色がなくなる；青くなる；真っ青になる **मुँह सम्हालकर बोलना** 慎重な物言いをする＝ मुँह सँभालकर बोलना. **मुँह सिकोड़ना** しかめっ面をする＝ मुँह बिचकाना. **मुँह सीधा क°** 満足する **मुँह सीना** 口をつぐむ (噤む) ＝ बिलकुल चुप रहना. **मुँह सुजाना** ＝ मुँह फुलाकर बैठना. **मुँह सूखना** *a.* (精神的な動揺のため) 顔色が悪くなる；顔が青ざめる *b.* 口の中や喉が渇く；喉がからからになる **मुँह सूजना** ＝ मुँह फूलना. **मुँह से अक्षर न फूटना** 一言も口がきけない **मुँह से कच्ची-पक्की कहना** ののしる；悪態をつく；悪し様に言う＝ मुँह से कच्ची-पक्की निकालना. **मुँह से कहना** 口に出す；言う；言葉にする **मुँह से कुछ कहना, पेट में कुछ और हो°** 思って

いることと話すことが違う＝मुँह में और हो°. **मुँह से कौर छीनना** 他人のものを奪う；横取りする **मुँह से ख़ून चूआ पड़ना** 健康がすぐれ血色が良い **मुँह से खोलकर कहना** 自分の気持ちをはっきり述べる **मुँह से छीनना** 他人の権利やものを奪い取る **मुँह से दूध की बू आ°** 青臭い；乳臭い；子供っぽい；嘴が黄色い **मुँह से दूध टपकना** 幼い；幼稚な **मुँह से धुआँ निकालना** ののしる；罵倒する **मुँह से न छूटना** 大変おいしい；とても美味な **मुँह से निकालना** 口に出して言う **मुँह से पानी छूटना** 強く欲しがる；涎が出る；欲しくてたまらない **मुँह से प्याला लगा हो°** 毎日快楽に耽る；遊興三昧の日を送る **मुँह से फूटना** 言葉を発する；言う；言葉をかける मुँह से फूटो うんとかすんとか何とか言えよ **मुँह से फूल झड़ना** 大変優しい言葉を話す **मुँह से फूल बरसना** ＝मुँह से फूल झड़ना. **मुँह से बकार न निकलना** ＝मुँह से बात न आ°. **मुँह से बात उचकना** ＝मुँह से बात छीनना. **मुँह से बात छीनना** *a.* 人の言おうとしていることを先に言う *b.* 人の言葉を遮る **मुँह से बात न आ°** 一言も言えない （-के） **मुँह से बात निकाल ले°** （ーの）口から聞き出す；（ーに）言わせる；（ーに）話させる **मुँह से बोल फूटना** 言葉が出る；言葉が発せられる **मुँह से बोलो, सिर से खेलो** うんとかすんとか返事をしろ＝मुँह पर लाना. **मुँह से भाप भी न निकलना** 口もきけないほどひどく怯える （-） **मुँह से लगाना** （食べ物に）口をつける；食べる **मुँह से लाम-काफ़ निकालना** 反対する；ののしる；無礼な言葉を発する **मुँह से लार गिरना** ＝मुँह से पानी छूटना. **मुँह से लाल झड़ना** とても優しく美しい言葉を話す **मुँह से सीधी बात न निकलना** ふんぞり返る；そりくり返る **मुँह से सीधे न बोलना** ＝मुँह से सीधी बात न निकलना. **मुँह स्याह पड़ना** （辱められたり心配のために動揺して）顔色を失う **मुँह हरा हो°** 嬉しくなる **मुँह ही मुँह बात फैलना** 内緒話で噂が広まる （-का） **मुँह हेरना** （ーを）頼りにする （-का） **मुँह हो°** *a.* （ーする）力を持つ；力量がある *b.* （口にする）勇気がある；度胸がある

मुँह अँधेरे ［副］日の出前に；払暁に

मुँह-आगे ［副］目の前に；目前に；眼前に

मुँह उजाले ［副］早朝；早暁

मुँह उठे ［副］＝मुँह उजाले.

मुँहकाला ［名］(1) 赤恥 (2) 密通；不義；不倫行為

मुँहचंग ［名］〔イ音〕口琴＝मुरचंग.

मुँह-चुटौअल ［名*］＝मुँहचटौवल. (1) 口づけ＝चुंबन. (2) 無駄話；馬鹿話＝बकवाद; बकबक.

मुँहचोर ［形］はにかみやの；恥ずかしがりやの

मुँहछुआई ［名*］通り一遍の挨拶；誠意のない口先だけの言葉をかけること

मुँह-छुट ［形］ずけずけと遠慮なく言う；無遠慮な物言いをする

मुँह-छुवाई ［名*］＝मुँहछुआई.

मुँहज़बानी[1] ［副］《H. + P. زبانی》口頭で

मुँहज़बानी[2] ［形］暗唱している；そらんじている

मुँहजला ［形⁺］(1) 良からぬことや不吉なことを言う (2) （ののしりの言葉）悪党；ろくでなし

मुँहज़ोर ［形］《H. + P. زور》(1) 口汚い (2) 無礼な；失礼な；生意気な (3) 強情な；人の言うことをきかない

मुँहज़ोरी ［名*］《H. + P. زوری》←मुँहज़ोर. (1) 口汚さ (2) 無礼 (3) 強情さ （-से） **मुँहज़ोरी क°** （ーと）言い争う

मुँहझौंसा ［形⁺］＝मुँहजला. इस मुँहझौंसे के न मुँह में लगाम है, न आँख में शीला このろくでなし，言いたい放題を言う．恥も外聞もないんだ

मुँहतोड़ ［形］やりこめる；言い負かす；打ちひしぐ；打ちのめす；けんもほろろな **मुँहतोड़ जवाब दे°** 激しく言い返す；口答えする；きっぱりと反論する；反駁する

मुँहदिखाई ［名*］(1) 〔ヒ〕ムンフディカーイー（結婚儀礼の一で挙式後，花嫁側の親戚の女性たちが新婦の顔を見る．その際，新婦に贈り物がなされる） (2) 上の儀式の際，新婦に贈られるもの (3) 顔を見せること (4) 儀礼訪問；表敬訪問

मुँहदेखा ［形⁺］上辺だけの；上っ面の；心のこもらない；見せかけの；作りものの；空々しい；打算的な；計算ずくの **मुँह देखी (बात)** 見せかけのこと；心にないこと；その場限りの；打算的なこと；駆け引き **मुँहदेखी नहीं अल्लाह लगती कहना** 本当のことを言う；真実を言う **मुँहदेखी बात क°** 相手に合わせたことを言う；心にもない上辺だけのことを言う；その場限りのことを言う；相手次第で尺度が変わる；相手に取り入るようなことを言う；愛想笑いをする＝मुँहदेखी बात कहना. हमको तो मुँहदेखी बात कहनी है .हमें आपके सुख में सुख और दुःख में दुःख होता है 手前は人様の気に入ることを申すだけでございます．あなた様の幸せが手前の幸せ，あなた様の悲しみが手前の悲しみでございます बुंदेले अपने शत्रु के साथ किसी प्रकार की मुँहदेखी नहीं करते ブンデールの武士は敵に対してその場限りのことは一切言わないものだ **मुँहदेखी बातें हो°** その場限りの話になる；馴れ合いが行われる लेकिन ऐसे पंच कहाँ हैं, जो सच्चा न्याय करे, दूध का दूध और पानी का पानी कर दे.यहाँ मुँहदेखी बातें होंगी でも果たして正しい裁きをする仲裁者がいるものだろうか．黒白をはっきりさせるような．ここではその場限りのごまかしになることだろう **मुँहदेखे का** ＝मुँहदेखा. मुँहदेखे की मुहब्बत 上辺だけの愛情

मुँहदेखाई ［名*］＝मुँहदिखाई.

मुँहनाल ［名*］フッカー（水ぎせる）の吸い口

मुँहपका ［名］〔医〕口蹄疫

मुँह-पीछे ［副］面前ではなく陰で；隠れて；裏で；裏に回って

मुँह-पुच्छा ［形］上辺だけの；表面だけの；表面的な

मुँहफट ［形］口汚い；言葉遣いが荒い；無遠慮な；ずけずけとものを言う आपको ख़बर नहीं, नशेबाज़ लोग कितने मुँहफट होते हैं 酔っ払い連中がどんなに口汚いものかご存じない

मुँहबंद ［形］(1) 蕾のままの (2) 開栓されていない；口の開けられていない；口の閉じられた (3) 処女の

मुँहबोला ［形⁺］生得のものではなく約束や疑似の関係によって何らかの間柄になった मुँहबोला भाई 兄弟分；義兄弟 मुँहबोली बहन 姉妹の関係を結んだ人；義理の姉妹；義姉妹 गाँधी जी की मुँहबोली बेटी मीरा बहन ガンディージーの養女ミーラーベーン（マドレーヌ・スレード）

मुँहभराई ［名*］(1) 口止め (2) 口止め料；賄賂 **मुँहभराई दे°** 口止め料を払う

मुँहमाँगा ［形⁺］望み通りの；願い通りの；言いなりの；要求通りの मैं उसे मुँहमाँगा इनाम दूँगा 望み通りの褒美を与える मानो उसे मुँहमाँगी मुराद मिल गई हो まるで望みがすっかり叶えられたかのように मुँहमाँगी कीमत 言い値 मकान की मुँह माँगी कीमत 家の言い値 बस मुँहमाँगी मिल गई 正に願ってもないことになった **मुँहमाँगी मौत भी नहीं मिलती** 何１つ願いが叶えられないありさまのたとえ

मुँहमारा ［形⁺］口をつけた कुत्तों की मुँहमारी हुई जूठी पत्तलों में 犬どもが口をつけた残飯の入った木の葉の皿に

मुँह-मुलाहज़ा ［名］《H. + A. ملاحظہ》顔見知りへの遠慮や配慮 **मुँह-मुलाहज़े का** 知り合いの；見知っている

मुँह-लगा ［形⁺］(1) 気に入りの राजा की मुँह-लगी दासी भी हँस पड़ी 王のお気に入りの侍女も笑い出した (2) なれなれしくなった；なれなれしい；つけあがった；無遠慮な；ずけずけものを言う (3) 虎の威を借りた

मुँह-लग्गू ［形］(1) へつらう；世辞を言う；おもねる (2) 遠慮会釈なくものを言う

-मुँहा ［造語］「（ーの）口をしている；（ーの）顔をしている」意の造語要素

मुँहा-चाही ［名*］(1) 見つめ合い (2) 恋人同士の語らい

मुँहा-मुँह ［副］(1) 口まで；（容器などに）一杯に；あふれんばかりに＝लबालब. मुँहामुँह भरना ぎっしり詰め込む (2) 差し向かいに；面と向かって；直面して

मुँहा-मुँही ［名*］言い争い；口論＝कहा-सुनी.

मुँहासा ［名］にきび；めんぼう（面皰） मुँहासों के दाग にきびの痕 मुँहासा पैदा हो° にきびが出る

मुअज़्ज़ज़ ［形］《A. معزز》(1) 尊敬すべき；立派な；尊い गाँव के मुअज़्ज़ज़ आदमी को 村の尊敬すべき人を (2) 名誉ある

मुअज़्ज़िन ［名］《A. معذن》〔イス〕ムアッジン（モスクで礼拝の時刻を告げる呼びかけであるアザーンを唱える役目の人）→ अज़ान.

मुअत्तल ［形］《A. معطل》(1) 停学になった；停学中の मुअत्तल छात्रों को दाख़िला मिले 停学中の学生が復学を認められるように (2) 停職中の；停職になった इनको कुछ काल के लिए मुअत्तल कर सकती है この人たちをしばらくの間停職にすることができる (3) 停止中の；中断されている

मुअत्तली [名*] 《A. معطلی》(1) 停学 (2) 停職 सरकारी कर्मचारी की बड़े से बड़ा गुनाह करने पर मुअत्तली या तबादले से अधिक की सज़ा नहीं हो सकती 公務員はどんな悪事を働いても停職か転勤以上の処罰にはならないものだ (3) 休止；中断

मुअत्तिल [形] = मुअत्तल. उन्होंने शिक्षा अधिकारी को मुअत्तिल कर दिया है 教職責任者を停職処分にした एक कंडक्टर को कर्त्तव्य में लापरवाही के आरोप में मुअत्तिल कर दिया バスの車掌を職務怠慢の廉で停職処分

मुअन्नस [名*] 《A. مونث》〔言〕女性（文法範疇の性）= स्त्री लिंग.

मुअम्मा [名] 《A. معما》(1) 謎；なぞなぞ= पहेली; प्रहेलिका. (2) 込み入ったこと；わかり難いこと (3) 内密；秘密= रहस्य; भेद. **मुअम्मा खुलना** 秘密が明かされる

मुअय्यन [形] 《A. معین मुऐयन》定められた；決められた= नियत; निश्चित; मुकर्रर. मौत का एक दिन मुअय्यन है 人の死ぬ日は定められている

मुअर्रिख़[1] [形] 《A. مورخ》歴史を記す；歴史を記述する= मुवर्रिख़.

मुअर्रिख़[2] [名] 歴史家；歴史研究者；歴史学者= इतिहासकार.

मुअल्लक़ [形] 《A. معلق》(1) 宙に浮いた (2) 中断している

मुअल्लफ़ [形] 《A. مولف》編集された；編纂された= संपादित.

मुअल्लफ़ा [形・名] 《A. مولفہ》編集された（本）；編纂された（本）

मुअल्लिफ़ [名] 《A. مولف》編者；編纂者

मुअल्लिम [名] 《A. معلم》教師；教員= अध्यापक; शिक्षक; उस्ताद.

मुआ[1] [形] (1) 死んだ；死んでしまっている；死亡した= मरा हुआ; मृत. (2) ろくでもない（人や物）；下らない（人や物）

मुआ[2] [名]〔鳥〕フクロウ科カッショクウオミミズク【*Ketupa zeylonensis*】

मुआइना [名] → मुआयना.

मुआफ़ [形] 《A. معاف》→ माफ़. (1) 赦された；赦免された (2) 免れた；免除された

मुआफ़कत [名*] 《A. موافقت मुवाफ़कत/मुआफ़कत》(1) 適切さ (2) 一致；合致 (3) 友愛

मुआफ़िक़ [形] 《A. موافق》(1) ふさわしい；適切な (2) 一致した；合致した (3) 釣り合った；相当した (4) 願い通りの；思い通りの

मुआफ़िक़त [名*] → मुआफ़कत.

मुआफ़ी [名*] 《A. معافی》→ माफ़ी. (1) 赦し；赦免 वह आपसे मुआफ़ी चाहता है あの人はあなたのお赦しを願っている (2) 免除

मुआफ़ीदार [名] 《A.P. معافی دار》地代免除者；免税地の保有者

मुआफ़ीनामा [名] 《A.P. معافی نامہ》免税令状

मुआमला [名] 《A. معاملہ》= मामला. (1) 出来事；事件 हत्या का मुआमला 殺人事件 (2) 事柄；事 (3) 事情 (4) 問題；いさかい（諍い）= झगड़ा; कलह.

मुआमलात [名, pl.] 《A. معاملات ←معاملہमुआमला》 बहुत पुराने ज़माने से देहात के लोग अपने मुआमलात ज़्यादातर पंचायतों के ज़रिये तय करते रहे हैं 大昔から田舎の人たちは自分たちの問題をたいていパンチャーヤットを介して決めてきている

मुआयना [名] 《A. معائنہ》(1) 検査 (2) 診察 डाक्टर ने ख़ूब ग़ौर से मुआयना किया 医者は綿密に診察した (3) 視察 आज प्रिंसिपल साहब हमारी कक्षा का मुआयना करने आ रहे हैं 今日は校長先生が私たちのクラスを視察に来られる

मुआवज़ा [名] 《A. معاوضہ》(1) 弁償；補償；償い (2) 代価；報酬 (3) 復讐；報復

मुआवज़ा राशि [名*] 補償金（額）；弁償金；賠償金

मुआविज़ा [名] → मुआवज़ा. नाई और धोबी को उनके काम का मुआविज़ा उमूमाँ फ़स्ल पर दिया जाता है ナーイー（床屋）とドービー（洗濯屋）はその報酬を普通，収穫時に得る

मुआशरत [名*] 《A. معاشرت》(1) 社会生活；共同生活 (2) 社会；共同社会 (3) 文明= सभ्यता; तहज़ीब.

मुआशरा [名] 《A. معاشرہ》→ मुआशरत.

मुआहदा [名] 《A. معاہدہ》(1) 協約；約定；協定 इस मुआहदे का मक़्सद この協定の目的 (2) 条約

मुआहिद [形] 《A. معاہد》約束する；協約する

मुई [名*] あばずれ（女）；恥知らずな女→ मुआ[1].

मुऐयन [形] 《A. معین》定められた；一定の= नियत; निश्चित.

मुकता[1] [形+] 多くの；十分な；沢山の

मुकता[2] [名] → मुक्ता.

मुक़त्तर [形] 《A. مقطر》蒸留された

मुक़त्ता [形] 《A. مقطع》(1) 切られた；けずられた (2) 刈り込まれた；剪定された (3) 洗練された

मुक़दमा [名] 《A. مقدمہ मुक़द्दमा》(1) 訴訟；裁判= नालिश; दावा. ऐतिहासिक मुक़दमा 歴史的な裁判 मुक़दमों का निर्णय 訴訟の裁定 (2) 序文= प्रस्तावना; प्राक्कथन. **मुक़दमा उठा ले॰** 訴訟を取り下げる (-पर) **मुक़दमा क॰** （－を）告訴する；訴える (-) **पर मुक़दमा क़ायम क॰** （－を）告訴する किसी पर मुक़दमा क॰ だれかを告訴する (-पर) **मुक़दमा खड़ा क॰** *a.* 起訴する *b.* 告訴する (-पर) **मुक़दमा चलना** （－が）起訴される；（－に対して）訴訟が行われる；裁判が行われる (-पर) **मुक़दमा चलाना** （－を）起訴する पुलिस हमारे ऊपर मुक़दमा चलाने में असमर्थ रही 警察は我々を起訴することができなかった (-पर) **मुक़दमा ठोंकना** （－に対して）訴訟を起こす；裁判を起こす (-पर) **मुक़दमा लड़ना** （－のことで）訴訟を起こす；裁判沙汰を起こす **मुक़दमे में वकील हो॰** 欠かせない；不可欠の

मुक़दमेबाज़ [形] 《A.P. مقدمہ باز मुक़द्दमेबाज़》(1) 裁判慣れした (2) 訴訟好きの

मुक़दमेबाज़ी [名*] 《A.P. مقدمہ بازی मुक़द्दमेबाज़ी》訴訟（沙汰）；裁判（沙汰） बापों के समय से मुक़दमेबाज़ी शुरू हुई 親の代から訴訟沙汰が始まった

मुक़द्दम[1] [形] 《A. مقدم》(1) 事前の (2) 先の；先行する；以前の；前の；昔の (3) 重要な；大切な (4) 主要な；主たる

मुक़द्दम[2] [名] 《A. مقدم》かしら（頭）；頭領；親方；指導者；頭目

मुक़द्दमा [名] 《A. مقدمہ》= मुक़दमा.

मुक़द्दर [名] 《A. مقدر》運；運勢；運命；宿命= प्रारब्ध; भाग्य; तक़दीर. जैसा मुक़द्दर में लिखा है वैसा होगा 運命の通りになるだろう वह किसी का मुक़द्दर नहीं बदल सकता अपना मुक़द्दर तो बदल सकता है あの人は他人の運勢を変えることはできないが自分の運勢は変えることができる **मुक़द्दर आज़माना** 運を試す；試みる；努力する **मुक़द्दर का धनी** 運の強い；強運の **मुक़द्दर चमकना** 運が開ける；幸運に恵まれる **मुक़द्दर ठोंकना** 運勢を嘆く= क़िस्मत पीटना. वो अपने मुक़द्दर को ठोक रहे हैं कि काश! हम भी नवाब होते 自分もナワーブであったならと運勢を嘆いているところだ **मुक़द्दर रूठना** 運勢が傾く；運勢が悪くなる；つきがなくなる

मुक़द्दस [形] 《A. مقدس》聖なる；神聖な= पवित्र; पाक. मुक़द्दस किताब 聖書；聖典 ईसाइयों की मुक़द्दस किताब इंजील キリスト教徒の聖書 यह शहर हिंदुओं का मुक़द्दस शहर है この都市はヒンドゥー教徒にとって神聖な都市である

मुक़फ़्फ़ल [形] 《A. مقفل》鍵のかかった；錠のおりた

मुकब्बर [名] 《A. مکبر》〔イス〕金曜モスクでタクビール，すなわち，「神は偉大なり」を唱えるムカッビルの立つ壇

मुकब्बिर [名] 《A. مکبر》〔イス〕金曜モスクでの集団礼拝の際，タクビール，すなわち，「神は偉大なり」のお題目を唱える人；ムカッビル

मुकम्मल [形] 《A. مکمل》(1) 完了した；完成した；終わった तरबीयत मुकम्मल करके 訓練を終えて आख़िर पाँच बजते-बजते तैयारी मुकम्मल होने लगी 結局 5 時になるかならぬかに準備は完了した (2) 完全な；全くの；徹底した मुकम्मल हड़ताल 全面スト **मुकम्मल क॰** 遂行する；完成する；完成させる；成し遂げる；やり遂げる **मुकम्मल तौर पर** とくと；完全に；すっかり= पूरी तरह.

मुकरना[1] [自] (1) 違える；背く；反する；約束を破る；前言をひるがえす अपने दिये वचन से मुकरने के बदले मृत्यु का वरण 約束を違えるよりも死を選ぶ चार बार चुनाव की घोषणा कर मुकर चुके हैं 4 度選挙の声明を出しておきながら言葉をひるがえしてしまっている सच से मुकर जाएगा 真実に背く अपने वायदों, आश्वासनों से लगातार मुकरती सरकार 約束を破り続ける政府 (2) 否認する；知らぬ顔をする；否定する वह तो साफ़ मुकर गये हैं, मैं इस लड़की को जानता ही नहीं あの人ときたらこの娘を全く知らないときっぱりと否認している अरे, अब तो लिखकर भी लोग मुकर जाते हैं いやはや自分が書いておきながら知らぬ顔をするご時勢なんだよ

मुकरना[2] [形] 約束を破る；前言をひるがえす

मुकरना[3] [自] 自由になる；放たれる

मुकरनी [名*] → मुकरी (2) ムクリー.

मुकरबा [名] 《← A. مكبر मुकब्बर》〔イス〕金曜モスクでタクビール「神は偉大なり」を唱える人が立つ壇

मुकरा [形] 約束を違える

मुकराना[1] [他] 約束を違えさせる；約束を破らせる

मुकराना[2] [他] 自由にさせる；解き放す → मुकरना.

मुकरानी [名*] = मुकरी.

मुकरी [名*] (1) 前言をひるがえすこと (2)〔イ文芸〕ムクリー（女性が自分の友人に，恋人，あるいは，夫のことを語っているような思わせぶりなことを表現しておいて最後に意外なはぐらかしをする詩形．一種の謎掛け遊びで कह मुकरी とも言う．〔例〕आती सुरंग है रंग रंगीलो, और गुनवंत बहुत चटकीलो । राम भजन बिन कभी न सोता, क्यों सखी साजन, ना सखी तोता ॥ （なんと素敵な男ぶり，頭が切れてとても陽気で愉快なの／床につく前忘れずに，ラーマラーマと唱えるの／ああわかったわ，それはあなたのいい人ね／いやいやそれはインコなの）

मुकर्रम [形] 《A. مكرم》尊敬すべき；尊い= पूज्य; मोहतरम.

मुकर्रर [副] 《A. مكرر》繰り返し；再び；再度= दुबारा; पुनः.

मुक़र्रर [形] 《A. مقرر》(1) 定められた；決められた；規定された नमाज़ों का वक़्त मुक़र्रर है イスラム教徒の礼拝の時間は定められている हर चीज़ के लिए जगह मुक़र्रर है 物にはそれぞれの置場所が決められている हमने हर गिरोह के लिए इबादत का एक ख़ास रास्ता मुक़र्रर कर दिया है जिसपर वह अमल करता है それぞれの集団に独特の礼拝の方法を定めている (2) 一定の；固定された भिश्ती और मेहतर की माहवार तनख़्वाह मुक़र्रर है ビシュティーとメヘタルの月給は固定されている परमात्मा ने जिसके लिए जो रोज़गार मुक़र्रर किया है, वही उसको करना पड़ता है 私たちは神様がそれぞれの人に定められた仕事をしなくてはならないのです (3) 任命された；配属された

मुक़र्ररा [形] 《A. مقرره》定まった；一定の；決まった= नियत; निश्चित. खाना मुक़र्ररा वक़्त पर खाया जाए 食事は決まった時間に食べること उन्हें बग़ैर किसी सहारे के मुक़र्ररा रास्तों पर गर्दिश करा रहा है それらを何の支えもなく軌道の上を回転させている

मुक़र्ररी [名*] 《A.P. مقرری ← مقرر मुक़र्रर》← मुक़र्रर. (1) 規定 (2) 任命 (3) 地代 (4) 俸給 (5) 年金

मुक़र्रिर [名] 《A. مقرر》弁士；演説者= वक्ता; भाषण देनेवाला.

मुकलाना [他] (1) 放す (2) 解き放す (3) 新郎が挙式後実家にいた新婦を同棲するため家に連れてくる

मुकलावा [名]〔ヒ〕新郎が新婦を同棲開始のため家に連れてくる儀礼；ムクラーワー；ガウナー／ゴーナー= गौना; द्विरागमन.

मुक़व्वी [形] 《A. مقوی》(1) 強壮にする；力をつける (2) 精力増進の；精力増強の；催淫の

मुक़ाबला [名] 《A. مقابلہ》(1) 対抗；抵抗 मलेरिया का मुक़ाबला करने की क़ूव्वत マラリアに対する抵抗力 मुक़ाबला क॰ 対抗する；抵抗する कर्मचारियों ने जमकर मुक़ाबला किया 職員たちは強固に対抗した (2) 応戦；対戦；立ち向かうこと सैनिक वहाँ मुक़ाबला करने के लिए रुक गए 兵士はそこで応戦するために留まった (3) 試合；対戦；合戦 फुटबाल की दो चोटी की टीमों के बीच मुक़ाबला है サッカーのトップクラスの 2 チームの対戦 अंतरस्कूल जूनियर खो-खो प्रतियोगिता क्षेत्रीय मुक़ाबले में インタージュニア・コーコー選手権の地区試合で (4) 対比；比較 जनतंत्र में तानाशाही के मुक़ाबले काम धीरे होता है 民主政治では独裁政治に比べて事はゆっくり運ぶ (5) 対照 (6) 直面；対面；遭遇 (7) 照合 (-का) **कोई मुक़ाबला न हो॰** (ーに) 並ぶものが全くない；最高の (-का = से) **मुक़ाबला क॰** (ーを=と) 比較する；対比する；比べる (-से) **मुक़ाबला क॰** (ーに) 立ち向かう बिना हथियार दुश्मन से मुक़ाबला करना 徒手空拳で敵に立ち向かう (-के) **मुक़ाबले पर आ॰** (ーと) 肩を並べる；比肩する (-के) **मुक़ाबले पर जमना** = मुक़ाबले पर आ॰. (-के) **मुक़ाबले हो जा॰** (ーに) 立ち向かう

मुक़ाबिल[1] [形] 《A. مقابل》(1) 直接の；目の前の；目前の (2) 対抗する；並ぶ；肩を並べる (3) 同様な

मुक़ाबिल[2] [名] (1) 競争相手；対抗者 (2) 敵；仇敵

मुक़ाबिला [名] → मुक़ाबला.

मुक़ाम[1] [名] 《A. مقام》(1) 逗留；滞在= क़ियाम. (2) 逗留地；宿泊地 मुक़ाम क॰ 逗留する；滞在する **मुक़ाम डालना** = मुक़ाम क॰. **मुक़ाम दे॰** 弔問に行く **मुक़ाम बोलना** 視察のため逗留する

मुक़ाम[2] [名] → मक़ाम. (1) 場所；位置 (2) 地位；身分

मुक़ामी[1] [形] 《A.P. مقامی》逗留（中）の；滞在（中）の

मक़ामी[2] [形] → मक़ामी. 地域の；地元の

मुकियाना [他] (1) 拳骨で殴る (2)（こりをほぐしたりするために）握り拳で軽く叩く

मुक़िर [形] 《A. مقر》約束する= मुक़िर्र; वायदा करनेवाला.

मुक़ीम [形] 《A. مقیم》逗留する；滞在する；留まる यह ख़ानदान मुद्दत तक कश्मीर में मुक़ीम रहा この家族は長期にわたりカシミールに留まった

मुकुंद [名] ムクンダ（ヴィシュヌ神の異名の一）= मुकुन्द; विष्णु.

मुकुट [名] (1) 冠 (2) 王冠

मुकुर [名] 鏡= दर्पण; आईना.

मुकुल [名] (1) 蕾= कली. (2)〔植〕無性芽；胞芽 〈gemma〉

मुकुलित [形] (1) 蕾のついた (2) 半開の（蕾）；半分開いた状態の (3) 花の咲いた (4) 閉じかけた；ふさがりかかった

मुकुली [形] 蕾をつけた；蕾のついた

मुक्का [名] (1) 拳骨；握り拳 (2) 拳骨で殴ること；拳で叩くこと **मुक्का चलाना** 拳骨で殴る= मुक्का मारना.

मुक्की [名*] (1) 握り拳；拳骨 (2) 拳骨での殴り合い (3) 体や物体をもんだりほぐしたりするために拳で軽く叩くこと **मुक्की मारना** マッサージのために拳で軽く叩く

मुक्केबाज़ [名] 《H. + P. باز》(1) 拳骨で殴る人 (2) ボクサー；拳闘選手

मुक्केबाज़ी [名*] 《H. + P. بازی》〔ス〕ボクシング；拳闘

मुक्त [形] (1) 解かれた；放たれた；解き放された आतंक से मुक्त 恐怖から解き放された ज़िम्मेदारी से मुक्त 責任を解かれた मुक्त क्षेत्र 解放区 तूफ़ान तथा भूकम्प द्वारा भी विशाल मात्रा में ऊर्जा मुक्त होती है 嵐や地震でも巨大なエネルギーが放出される मुक्त क॰ 解き放す；解放する；放出する मानसिक तनाव से मुक्त क॰ 精神的な緊張から解放する मसजिद को आतंकवादियों से मुक्त कराने के लिए マスジッドを過激派から解放させるために (2) ほどけた；解けた；解かれた (3) 自由な；制限のない मुक्त व्यापार 自由貿易 उसके दो हाथ कामकाज करने के लिए मुक्त हैं 両手は仕事をするのに自由になっている (4) 免れた；免除された परिवर्तन से मुक्त अमरत्व 転変を免れた不死 (5) 広い；開放的な；おおらかな；伸びやかな इस उत्तरदायित्व को उन्होंने मुक्त मन से स्वीकार किया この責任をおおらかな心で受け入れた (6) 解脱した；解脱を得た

मुक्तकंठ [形] (1) 大声の (2) 遠慮のない口をきく；気兼ねなく話す (3) 存分の；思い切った **मुक्तकंठ से** *a.* 大声で (-की) मुक्तकंठ से भूरि-भूरि प्रशंसा क॰ （ーを）大いに褒めそやす *b.* ためらいなく；遠慮なく；腹蔵なく उसने भी इस प्रस्ताव का मुक्त कंठ से अनुमोदन किया 彼女もこの提案にためらいなく賛同した *c.* 存分に；思いきり；しっかり；うんと

मुक्तक [名] (1)〔文芸〕主題による相互の関連がなく一句ごとに内容が独立完結している詩，ムクタク= मुक्तक काव्य; फुटकर कविता. (2)〔文芸〕叙情詩，ムクタク (3)〔建〕浮き彫り；浮き彫り細工；レリーフ

मुक्तक ऋण [名]〔商〕借用書や契約書を交わさない借用金

मुक्तक दंडक [名]〔韻〕ムクタカダンダカ／ムクタクダンダク（音節韻律 वर्णिक छंद の一グループ名．各パーダに含まれる音節の数が同じであるほかは音節の長短による制約は一切ない 26 音節以上のダンダク韻律）→ दंडक.

मुक्तछंद [名]〔文芸〕韻律から自由な詩；無韻詩；自由詩

मुक्तभाव [名] こだわりのないこと；伸びやかさ **मुक्तभाव से** こだわりなく दोनों तरफ़ से मुक्त भाव से आदान-प्रदान होने लगा 両方からこだわりなく交流が行われるようになった

मुक्त व्यापार [名]〔経〕自由貿易 〈free trade〉

मुक्तहरा सवैया [名]〔韻〕ムクタハラー・サワイヤー（各パーダが 8 जगण の 24 音節から成る音節韻律で 11 - 13 で休止がある）

मुक्तहस्त [形] (1) 気前のよい；惜しみなく与える (2) 締まりがない；大まかな；大様な पैसे के मामले में वह बेहद मुक्तहस्त हैं, आप कह सकते हैं कि फ़िज़ूल ख़र्च हैं 金銭のことに関してはひどく大まかで浪費家と言ってもよい人

मुक्ता [名] 真珠（の玉）= मोती.

मुक्ता-जाल [名] 真珠の首飾り ओस मुक्ता-जाल से शृंगारती थी सर्वदा いつも露の玉を真珠の首飾りとして装っていた

मुक्ताफल [名] (1) 真珠= मोती. (2) 樟脳

म

मुक्ताभस्म [名] 真珠の玉を焼いた残りの灰（薬の原料として用いられる）

मुक्तामणि [名] (1) 真珠（の玉）＝ मोती. (2)〔韻〕ムクターマニ（各パーダが 25 マートラーから成るモーラ韻律. 13-12 で休止. パーダの終わりは गुरु-गुरु）

मुक्तालता [名*] 真珠の首飾り

मुक्तावली [名*] 真珠の玉を貫いて輪にしたもの；真珠の首飾り

मुक्ति[1] [名*] (1) 解放；束縛や圧迫から自由になること；解き放たれること；自由 देश की मुक्ति 国家の解放（独立） मुक्ति आंदोलन 解放運動 मुक्तियोद्धा 解放戦士 नारीमुक्ति आंदोलन 女性解放運動 (-से) **मुक्ति पाना** （ーから）逃れる；解かれる；自由を得る (2) 解脱；魂の救済 (-को) मुक्ति प्राप्त हो॰ 解脱を得る (3) 免除；除去；控除

मुक्ति[2] [名*] 真珠＝ मोती.

मुक्तिक्षेत्र [名]〔ヒ〕カーシー；ヴァーラーナシー（そこで没すれば解脱の得られる所）→ काशी; बनारस; वाराणसी.

मुक्तिवाहिनी [名*] 解放軍 मुक्तिवाहिनी के जत्थे 解放軍部隊

मुक्तिसेना [名*] 解放軍

मुख [名]〔イディオムについては→ मुँह〕(1) 口＝ मुँह. (2) 顔＝ मुँह; चेहरा. वह तो कन्या का मुख देखना चाहती थी चाहे कितना ही कष्ट क्यों न उठाना पड़े 彼女はどんなに苦労があろうとも女の子の誕生（女の子の顔を見たいと）を願っていた (3) 前部；前面 (4) へり（縁）；ふち（縁）；境界；境目 आप का पारिवारिक जीवन तबाही के मुख पर खड़ा है 家庭生活が破滅に瀕している (5) 外に向かって開いている部分；口 योनिमार्ग का मुख 膣口 (6) 初めの部分；始まり (7)〔演〕演劇の発端 मुख कुम्हलाना 暗い表情になる；顔が曇る；表情が冴えない मुख खिलना 顔がほころぶ **मुख ढकना** 顔を隠す；顔を覆い隠す **मुख फीका पड़ना** ふさぎ込む (-का) **मुख भंजन क॰** （ーを）辱める **मुख मुरझाना** ＝ मुख फीका पड़ना. (-का) **मुख मोड़ना** （ーを）負かす；打ち負かす；やっつける (-से) **मुख मोड़ना** *a.* （ーに）顔を背ける；背く；背を向ける सच्चे प्रभु से मुख मोड़ा, झूठे जग से नाता जोड़ा 誠の主に顔を背け偽りの世に親しんだ *b.* （ーを）拒む；拒否する **मुख से अमृत की बूँद झरना** 優しい言葉を話す **मुख से फूल झरना** ＝ मुख से अमृत की बूँद झरना.

मुखकमल [名] 蓮の花のように美しい顔；蓮の花のかんばせ（顔） **मुखकमल खिलना** 顔がほころぶ；嬉しい表情になる

मुखकांति [名*] 顔の輝き

मुखचपल [形] (1) おしゃべりの (2) 言葉のきつい；辛辣な

मुखचपलता [名*] ← मुखचपल.

मुखचित्र [名]（本の）口絵

मुखचूर्ण [名] 白粉；脂粉

मुखड़ा [名] (1) 顔；顔立ち भोला भाला मुखड़ा 純真な顔 हरदौल के मुखड़े पर मुर्दनी छा गई ハルドールは顔面蒼白となった (2) 美貌；美しい顔立ち

मुख़तार [名]《A. مختار मुख़्तार》(1) 代理；代理人 (2) 代言人 (3)（事務）弁護士 (4) 支配人

मुख़तार आम [名]《A. مختار عام मुख़्तारे आम》総代理人；総支配人

मुख़तारकार [名]《A.P. مختار کار मुख़्तारकार》(1) 管理者；監督官；主事 (2) 執事；支配人

मुख़तारकारी [名*]《A.P. مختار کاری मुख़्तारकारी》(1) 代理（すること）(2) 管理；執事の仕事や任務，地位

मुख़तारनामा [名]《A.P. مختار نامہ मुख़्तारनामा》(1) 代理委任状 (2) 弁護委任状

मुख़तारी [名*]《A.P. مختاری मुख़्तारी》(1) 代理 (2) 代表 (3) 事務弁護士資格

मुखताल [名] 歌詞の冒頭のリフレーンの句

मुखपट [名] (1) 女性の顔を覆うもの；ベール (2) イスラム教徒女性の顔を覆うもの，ナカーブ＝ नक़ाब. (3)〔建〕正面

मुखपत्र [名] 機関紙 पाकिस्तान की सत्तारूढ़ पार्टी के मुखपत्र के अनुसार パキスタンの政府与党の機関紙によると

मुखपृष्ठ [名] (1) 書物の扉＝ टाइटिल पेज. (2) 新聞などの一面 मुखपृष्ठ के समाचार 一面記事；重要記事＝ महत्त्वपूर्ण समाचार; ख़ास ख़बर.

मुख़फ़्फ़फ़ [名]《A. مخفف》省略形；短縮形＝ संक्षिप्त रूप.

मुखबंध [名] 序；序文＝ प्रस्तावना; भूमिका.

मुख़बिर [名]《A. مخبر मुख़्बिर》(1) 密告者；スパイ＝ जासूस. (2)〔法〕司法取引により問責を免れる代わりに検察側の情報提供者になる人，ムクビル；共犯証人 एक ही डाँट में मुख़बिर हो गया 一喝されただけでムクビルになった

मुख़बिरी [名*]《A.P. مخبری》密告；スパイ活動 आप मित्र बनकर उसका भेद लेना चाहते हैं. यह तो मुख़बिरी है. मैं इसे कमीनापन समझता हूँ 親しくなってこれの秘密を探りたいとはスパイ活動ですな. 私はそれはあさましい行為だと思っています

मुखमंडप [名]〔建〕玄関；ポーチ

मुखमंडल [名] 顔；顔立ち दर्शकों को केवल उस आदमी का मुखमंडल ही दिखाई देता है 観客にはその人の顔だけが見える उन भावों को चित्रकार ने पूर्ण सफलता से उनके मुख-मंडल पर लिखा है 画家はその気持ちをその人物の顔に見事に描いている

मुखमुद्रा [名*] 表情 देवी की यह मुखमुद्रा महिषासुर वध के समय की है（シヴァ神妃ドゥルガー）女神のこの表情はマヒシャ・アスラ（マヒシャースラ）を退治した時のもの

मुख़म्मस [名]《A. مخمس》(1)〔韻〕ムハンマス（5つの半句から成るウルドゥー語の五行詩）(2) 五角形

मुखर [形] (1) はっきりした；明確な；明白な इस प्रवृत्ति का सर्वाधिकार मुखर विरोध この傾向に対する最も明確な反対 (2) 露な；表面化した पुलिस द्वारा राजनैतिक हस्तक्षेप बंद करने की माँग मुखर हुई 警察による政治的干渉を止めるようにとの要求が表面化した (3) 開放的な (4) おしゃべりな यकायक कुछ अधिक मुखर हो गया にわかに口が少し軽くなった (5) 率直な；無遠慮な；ずけずけ言う (6) 声が高い；大声の बहस छिड़ जाए उनकी वाणी सहसा उत्तेजित व मुखर हो उठती है 議論になると声がにわかにうわずり大きくなる

मुखरित [形] ＝ मुखर. राजस्थान की संपूर्ण लोक-संस्कृति यहाँ मुखरित हो उठी है ラージャスターンのあらゆる民族文化がここに現れている

मुख विवर [名]〔言〕口腔 〈oral cavity〉

मुखशुद्धि [名*] (1) 口をすすぐこと；洗口 (2) 食後の口直しにカーダモン，パーン，ビンロウジなどを噛んだり食べたりすること

मुखसुख [名]〔言〕発音の便；音便

मुखस्थ [形] 暗唱した；暗記した＝ कंठस्थ.

मुखस्राव [名] (1) 唾 (2) 涎

मुखांग [名] 代弁者

मुखाकृति [名*] 顔つき；顔立ち；容貌＝ चेहरा. मैं तुम्हारी ही मुखाकृति अंकित करूँगा 僕は君の顔を描きたいんだ सुंदर मुखाकृति 美貌＝ ख़ूबसूरत चेहरा.

मुखाग्र[1] [名] (1) 前面 (2) 唇

मुखाग्र[2] [形] 暗記した；暗唱した＝ कंठस्थ. मुखाग्र परीक्षा 口頭試験；口頭試問＝ मौखिक परीक्षा.

मुख़ातिब [形]《A. مخاطب मुख़ातब》(1)（ーを）向いた शरद अबुज की ओर मुख़ातिब हुआ シャラドはアブジの方を向いた वह लेखिका की ओर मुख़ातिब होकर बोला 筆者に向かって言った फिर अचानक उसकी ओर मुख़ातिब हो वह पूछ बैठा それから急に彼の方を向いてたずねた (2) 話しかけられた

मुखापेक्षा [名*] 他人を頼りにすること；他者に依存すること

मुखापेक्षी [形]（ーを）当てにする；頼りにする

मुखारविंद [名] お顔；花のかんばせ（顔）

मुख़ालफ़त [名*]《A. مخالفت》(1) 反対 उन्होंने शरीअत बिल के मुख़ालफ़त में अपना इस्तीफ़ा दिया है シャリーアト法案に反対して辞表を提出した (2) 敵対 (3) 独立；抗争 बाहमी मुख़ालफ़त 内部対立；内部抗争

मुख़ालिफ़[1] [形]《A. مخالف》(1) 反対する；逆らう (2) 敵対する

मुख़ालिफ़[2] [名] (1) 反対者 (2) 敵；仇 मैं तुम्हारा मुख़ालिफ़ नहीं हूँ 私は君の敵ではないよ

मुख़ालिफ़त [名*] ＝ मुख़ालफ़त.

मुखावरण [名] マスク गोताखोर अपने चेहरे पर तरह-तरह के मुखावरण पहनते हैं 潜水者は様々なマスクをつける

मुखासन [名] (1) 唾＝ थूक. (2) 涎＝ लार.

मुख़ासमत [名*]《A. مخاصمت》(1) 敵対 (2) 内輪もめ；内部対立

मुखिया [名] (1)（ある集団の）長 परिवार का मुखिया 家長；戸主；所帯主 मुखिया की स्वेच्छाचारिता 家長の横暴；家長の専横 (2) 村長＝ ग्राम का मुखिया. गाँव के मुखिया ने शांति के गुम होने की रिपोर्ट ज़िलाधीश के पास भेज दी 村長は治安の失われたことを県長官のも

とに報告した (3) 現代インドの農村自治体である農村パンチャーヤットの長；ムキヤー

-मुखी [造語]（ーの）顔を持つ，（ーに）向いた，（ーを）向くなどの意を有する合成語の構成要素 सूर्यमुखी ヒマワリ

मुखौटा [名] 面；仮面 चेहरे पर मुखौटे पहनकर नृत्य करते हैं 面をつけて踊る

मुख़्तलिफ़ [形] 《A. مختلف》(1) 別の；異なった；違った；別個の मुख़्तलिफ़ बनाना 分ける；別にする；別個のものにする हमारा देहाती मकान इससे मुख़्तलिफ़ है 私たちの田舎の家はそれと違っています जाड़ों में मेरा लिबास कुछ मुख़्तलिफ़ होता है 冬には私の着物は少し違う (2) 様々の；種々の；いろいろな मुख़्तलिफ़ क़िस्म के बरतन 種々の器 मुख़्तलिफ़ मुल्कों के लोग 様々な国の人たち भूत मुख़्तलिफ़ शक्लें बदलकर लोगों को धोखा दिया करते हैं 幽霊はいろいろ姿を変えて人をだます

मुख़्तसर [形] 《A. مختصر》(1) 簡略な；簡潔な (2) 縮小された；縮められた (3) 要約された **मुख़्तसर में** 要するに；つまり

मुख़्तार [名] 《A. مختار》＝ मुखतार. मैं मिसेज़ लोहिया का मुख़्तार हूँ.सब कुछ मेरे हाथ में है 私はローヒヤー夫人の代理人です．何もかも私に任されています मालूम नहीं मैं कब गिर पड़ूँ.तुम ही घर के मालिक और मुख़्तार हो 私はいつ倒れるかわからない．あなたこそが家の主人でありすべての権限を与えられているのです

मुख़्तारनामा [名] 《A. مختار نامه》＝ मुखतारनामा. सरकार गैसपीड़ितों के मुख़्तारनामे जुटा रही है 政府は目下ガス被害者の委任状を取り集めている

मुख़्तारी [名*] 《A.P. مختاری》県及び郡の水準の裁判所で弁護・代弁に従事する事務弁護士（ムクタール）の職及び資格，ムクターリー मुख़्तारी की परीक्षा ムクターリーの資格試験

मुख्य [形] (1) 主要な；主な；主たる；基幹の मुख्य सड़क 幹線道路 मुख्य अतिथि 主賓 मुख्य आघात 〔言〕第一アクセント मुख्य धारा 主流 देशी राज्यों को देश की मुख्य धारा से मिलाने की समस्या 藩王国（という川の流れ）をインドの本流に合流させる問題 (2) 中心の；中心的な；頭の；主要な मुख्य कलाकार 主な俳優；主たるアーティスト स्कूल का मुख्य अध्यापक 校長；教頭 (3) 指導的な (4) 最上位の；首席の；上席の मुख्य मेट्रोपोलिटन मजिस्ट्रेट 警察裁判所首席判事 मुख्य पुलिस अधीक्षक 警視正 मुख्य निरीक्षक 警部

मुख्यतः [副] 主に；主として＝ मुख्य तौर से; प्रधानतः; ख़ास तौर से. वे मुख्यतः व्यंग्य-लेखक हैं 同氏は主として風刺作家である

मुख्यतया [副] 主に；主として＝ मुख्य रूप से; प्रधानतः; ख़ास तौर से.

मुख्यता [名*] ← मुख्य.

मुख्य न्यायिक मजिस्ट्रेट [名]〔法〕下級裁判所の上席司法判事 〈chief judicial magistrate〉

मुख्य मंत्री [名]（インドの）州首相 〈chief minister〉 → प्रधान मंत्री 連邦政府首相

मुख्य महराब [名] 正門；正面入り口＝ मुख्य मेहराब.

मुख्याध्यापक [名] 校長；教頭

मुख्यालय [名] (1) 本部；本営；本拠；本庁＝ सद्र दफ़्तर. भारतीय राष्ट्रीय कांग्रेस का मुख्यालय インド国民会議派の本部 इन संस्थानों के मुख्यालय これらの機関の本部 **ज़िला मुख्यालय** *a.* ジラー庁；県庁 *b.* ジラー庁舎；県庁舎 (2) 本部棟；ヘッドクォーター प्रशासनिक मुख्यालय 管理棟 इन संस्थानों के मुख्यालयों और अतिथिगृहों का रखरखाव これらの機関の本部棟やゲストハウスの保守管理

मुगदर [名] (1) インディアン・クラブ（腕や肩の筋力を鍛えるための体操用棍棒）；ムグダル (2) 同上を用いて行われる体操＝ मुगदर फेरना; मुगदर हिलाना; मुगदर भाँजना.

मुग़ल [名] 《P. مغل》(1) モンゴル族 (2)（ムガル帝国を築いたトルコ化されたアーリア系民族，すなわち，中央アジアのトルコ系の民族の居住地トルキスタン出身の人）ムガル (3)〔イ史〕ムガル朝 मुग़ल शैली के चित्र ムガル（風の）絵画；ムガル絵画の絵 प्रतापी मुग़ल बादशाह 勇名を馳せたムガル皇帝 **मुग़ल साम्राज्य** ムガル帝国 (4) ムガル（インド，パキスタンを中心とする南アジアで外来の社会集団の一．武人を前身としパターン人と並びサイヤド，シャイフに続く社会階層を形成する）

मुग़ल अज़्ज़म [名] 《A. مغل اعزم》〔史〕ムガル朝第 3 代アクバル皇帝＝ शहंशाह अकबर.

मुग़लई[1] [形] 《P. مغلئی》金糸銀糸を用いた मुग़लई चिकन ムガライー刺繍（ウッタル・プラデーシュ州ラクノウ市に伝わる金糸銀糸を用いたもの）

मुग़लई[2] [形] ＝ मुग़ली.

मुग़ल पठान [名] 《P. مغل پٹھان》ムガル・パターン（16 個の宝貝や小石を用いて盤面，床上，紙上などで行われるゲーム）

मुग़ल साम्राज्य [名]《P. + H.》〔史〕ムガル帝国；ムガル朝 (1526–38, 1555–1858)

मुग़लाई [名*] ← मुग़ल. 金糸や銀糸の縫い込まれた布

मुग़लानी [名*] 《P. مغلانی》(1) ムガルの女性 (2) ムスリムのハーレムに仕えた女性；侍女；女中 (3) 針子

मुग़लिया [形] 《P. مغلیه》(1) ムガルの (2) ムガル朝の मुग़लिया हुकूमत ムガル朝支配 मुग़लिया ज़माने का ムガル朝時代の मुग़लिया माहौल ムガル朝的雰囲気

मुग़ली [形] 《P. مغلی》(1) ムガルの (2) ムガル風の

मुगानी [名*] ＝ मोठ.

मुग़ालता [名] 《A. مغالطه》錯覚；幻想；誤解 आप इस मुग़ालते में न रहें कि आप मेरा मुक़दमा देख रहे हैं या मुझे सज़ा देने जा रहे हैं 私の関係した裁判を担当しているのだとか私を罰するのだとかといった錯覚はお持ちになりませんように願います **मुग़ालता खाना** だまされる；欺かれる

मुग्ध [形] (1) うっとりとした；心を奪われた चरवाहे गीतों को मुग्ध होकर सुनते हैं 牧夫たちはうっとりとして歌を聞く वन में पहुँचकर मुग्ध हो गई 森に着いてうっとりとなった (2) 夢中になった；ぼうっとなった उदयन राजकुमारी का सौंदर्य देख मुग्ध हो गया ウダヤナは王女の美しさに見とれた (3) 魅せられた；魅了された वहाँ बच्चों के लालन-पालन और शिक्षा-दीक्षा की ऐसी सुंदर व्यवस्था देखकर मन मुग्ध हो उठा 同地に子供の養育と教育のこのような素晴らしい制度を見て魅了された

मुग्धता [名*] ← मुग्ध.

मुग्धकर [形] うっとりさせる；魅惑する；魅了する

मुग्धकारी [形] ＝ मुग्धकर.

मुग्धबोध [名]〔言〕『ムグダボーダ』（13 世紀のヤーダヴァ朝 यादव वंश のデーヴァギリ देवगिरि に住したとされる वोपदेव によるサンスクリット語の文法書）

मुग्धा [名*]〔イ文芸〕女主人公 नायिका の内 स्वकीया の 3 分類の一で，年齢が最も若く思春期を迎えたばかりの純真な娘；ムグダー

मुचंगड़ [形] ごわごわした；分厚くて不恰好な；洗練されていない；柔らかみのない

मुचक [名] ラック＝ लाख[1].

मुचलका [名] 《T. مچلکه मुचल्का》〔法〕（再犯の場合，罰金を納めることを誓う）誓約保証書

मुछंदर[1] [形] (1) 髭が長く伸びた (2) 見苦しいほど髭の伸びた (3) 愚かな

मुछंदर[2] [名] ＝ मत्स्येंद्रनाथ.

मुछ [名*] 髭；口髭；鼻髭＝ मूँछ.

मुछकटा [形[+]] 髭を切った；髭を剃った

मुछमुंडा [形] 髭を剃った

मुज़क्कर [名・形] 《A. مذکر》(1) 雄；雄の＝ नर. → मादा. (2)〔言〕男性（の） ＝ पुल्लिंग → मुअन्नस 女性（の）.

मुज़्तर [形]《A. مضطر मुज़्तर》(1) 動揺した；動転した＝ बेचैन; व्याकुल. (2) 困った；困り果てた＝ लाचार; बेबस.

मुजतहिद[1] [形] 《A. مجتهد मुज्तहिद》勤勉な；努力家の＝ परिश्रमी.

मुजतहिद[2] [名] (1)〔イス〕教義の決定及び立法行為を行う者；ムジュタヒド (2)〔イス〕シーア派最高聖職者の名称

मुज़दा [名] 《P. مژده मुज़्दा》吉報＝ ख़ुशख़बरी; शुभसूचना; शुभसंवाद.

मुज़फ़्फ़र [形]《A. مظفر》勝った；勝利した；勝利を収めた＝ विजेता.

मुज़म्मा [名] 《A. مزمه》(1) 馬の後脚にかける綱 (2) 叱責

मुज़य्यन [形] 《A. مزین》立派に飾られた；装飾された；美しく装われた＝ सुसज्जित. ख़ुशनुमा दरख़्तों से मुज़य्यन है 美しい樹木で装われている

मुजरा[1] [形] 《A. مجری मुज्रा》(1) 施行された (2) 実施された

मुजरा[2] [名] 《A. مجری》(1)〔芸・イ音〕ムジラー（踊りを伴わず芸者が座して歌う歌） **मुजरे का दौर** ムジラーの座；ムジラーを

歌う席 (2) 目上に対して幾度も腰を曲げ頭を下げて行われる丁寧な挨拶；ムジラーの挨拶

मुजरा[3] [名] 《A. مجرا》 (1) 差し引き；減額；棒引き；相殺 (2) 信用貸し **मुजरा क॰** *a.* 減額する；相殺する *b.* 信用貸しをする；信用貸しを許す＝ मुजरा ले॰. **मुजरा ले॰** 差し引く；相殺する

मुजराई [名] ← मुजरा[2]. (1) ムジラーの挨拶をする人→ मुजरा[1] (2). (2) 廷臣；取り巻き

मुजरागाह [名*] 《A.P. مجرئ گاه》 宮廷でムジラー मुजरा の挨拶の行われる場所

मुजरापट्टी [名*] 《A. مجرئ + H. पट्टी》 女郎屋；遊郭＝ चकला.

मुजरिम [名] 《A. مجرم मुज्रिम》 (1) 犯罪人；犯人；罪人 असली मुजरिम 真犯人 पुराना मुजरिम 前科者 (2) 被告；容疑者 हत्याकांड का मुजरिम 殺人事件被告；殺人容疑者

मुजर्रद [形] 《A. مجرد》 (1) 単独の＝ अकेला; एकाकी. (2) 独身の；未婚の＝ बिन ब्याहा; अविवाहित. (3) 世俗を去った＝ जो संसार त्याग कर चुका हो.

मुजर्रब [形] 《A. مجرب》 (1) 試された；試験済みの＝ परीक्षित. (2) 熟練した＝ अभ्यस्त.

मुज़लिम [形] 《A. مزلم मुज़्लिम》 暗い；暗黒の＝ अँधियारा.

मुजल्लद [形] 《A. مجلد》 表紙のつけられた；装丁された（装幀された）；装本された

मुजव्वज़ [形] 《A. مجوز》 定められた；定まった；決められた＝ मुजव्वज़ा; निश्चित; निर्णीत.

मुजस्सम[1] [形] 《A. مجسم》 (1) 有形の；形のある＝ साकार; सदेह. (2) 具体的な＝ मूर्तिमान.

मुजस्सम[2] [副] (1) 形を持って；形を伴って (2) 具体的に

मुज़हिर[1] [形] 《A. مظہر मुज़्हिर》 隠れているものを明らかにする；明かす；明白にする

मुज़हिर[2] [名] 証人＝ गवाह; साक्षी.

मुजाज़ [形] 《A. مجاز》 (1) 公認の；認定された；許可された (2) 正当な；合法的な

मुज़ाफ़र[1] [形] 《A. مزعفر》 サフランの入った；サフランの混じった

मुज़ाफ़र[2] [名] サフランの沢山入ったピラフ

मुज़ायक़ा [名] 《A. مضائقہ》 (1) 不都合；不便；差し障り；障害 मगर कोई मुज़ायका नहीं でも何の不都合もない (2) 困惑

मुज़ारा[1] [形] 《A. مضارع मुज़ारे》 (1) 相似た＝ सदृश. (2) 共有の；共有された＝ साझी; शरीक.

मुज़ारा[2] [名] 《A. مزارع मुज़ारे》 農夫；農民；耕作者＝ कृषक; किसान.

मुजाविर[1] [形] 《A. مجاور》 近くの；近所の；近隣の＝ पड़ोसी.

मुजाविर[2] [名] (1) 隣人 (2) 〔イス〕聖者廟の世話人；ムジャーヴィル

मुजाविरी [名*] 《A.P. مجاوری》 (1) ムジャーヴィルの仕事 (2) 聖者廟の世話

मुज़ाहमत [名*] 《A. مزاحمت》 (1) 干渉；差し出口；妨げ；邪魔 (2) 厄介；面倒 हमें जबरदस्त मुज़ाहमत का सामना करना पड़ा 猛烈な妨害に立ち向かわなくてはならなくなった

मुज़ाहरा [名] 《A. مظاہرہ》 デモ；デモンストレーション；示威行動＝ प्रदर्शन. मुज़ाहरा क॰ デモをする

मुजाहिद [名] 《A. مجاہد》 〔イス〕聖戦を戦う戦士；聖戦士 गाज़ी और मुजाहिदों की किस्मत में आराम कहाँ? 聖戦の戦士たちには休養などはないものだ

मुजाहिदीन [名, pl.] 《A. مجاہدین》 ← मुजाहिद. 〔イス〕イスラム教の護教のために戦う戦士；聖戦士；聖戦の兵士

मुज़ाहिम [形] 《A. مزاحم》 (1) 妨げる；邪魔をする (2) 厄介な；面倒な

मुज़ाहिमत [名*] → मुज़ाहमत.

मुज़ाहिरा [名] 《A. مظاہرہ》 → मुज़ाहरा.

मुज़िर [形] 《A. مضر》 ＝ मुज़िर्र. 害のある；有害な；害を及ぼす＝ हानिकर; नुक़सानदेह. मुफ़ीद होने के बजाए मुज़िर हो जाती है 利益になるどころか害になる सड़े, गले या कच्चे फल बहुत मुज़िर होते हैं 腐ったり崩れたり，あるいは，未熟の果物はとても有害である दूसरे लोगों के लिए मुज़िर हो सकते हैं 他の人には有害になりうる

मुझ [代] 一人称代名詞 मैं の能格を除く単数斜格形の語基 (sg.,ob.). मुझको, मुझसे, मुझमें, मुझपर

मुझी [代] मुझ の強意形 (← मुझ ही). यह सब मुझी को लेकर हो रहा था これらはすべて他でもない私を巡って起こっていたのだ

मुझे [代] 一人称単数代名詞 मैं の目的格形・与格形 (sg. ac., dat.) ＝ मुझको. मुझे माफ़ कर दो माँ 母さん，ごめんしておくれ क्या मुझे इतना भी हक़ नहीं? 私にはそれほどの権利もないのかね

मुटकना [形[+]] こぢんまりしてきれいな

मुटकी [名*] 〔植〕マメ科ホースグラム【*Dolichos biflorus*】〈horsegram〉＝ कुलथी.

मुटमरदी [名*] (1) 慢心；高慢さ＝ घमंड. आज तुमको इतनी मुटमरदी सवार हो गई कि एक भले आदमी को तबाह करने पर आमादा हो गए 今じゃ立派な紳士を破滅の淵に追いやろうと執心するほど君は驕り高ぶっているわけか (2) 怠惰；だらしなさ

मुटर-मुटर [副] じっと；じろじろと वह मुटर मुटर पगली को ताकने लगा 気の狂った女をじろじろと見始めた मुटर मुटर तकना じろじろ見る मुटर मुटर देखना じっと見つめる

मुटरी [名*] 〔鳥〕カラス科チャイロオナガ【*Dendrocitta vagabunda*】

मुटाई [名*] (1) 太さ＝ मोटाई. (2) 厚さ；厚み (3) 傲慢さ；うぬぼれ＝ घमंड. (4) 厚かましさ **मुटाई चढ़ना** *a.* 傲慢になる；うぬぼれる *b.* 厚かましくなる；厚顔になる **मुटाई झड़ना** 慢心が打ち砕かれる **मुटाई झाड़ना** 慢心を打ち砕く

मुटान [名] ＝ मोटाई; मुटापा.

मुटाना[1] [自] (1) 太る；肥える (2) 厚くなる；分厚くなる；厚みが出る (3) 傲慢になる；驕る；高ぶる；威張る；うぬぼれる

मुटाना[2] [他] (1) 太らせる；肥えさせる (2) 厚くする

मुटापा [名] (1) 肥満 सौंदर्य का शत्रु मुटापा 美しさの敵は肥満 अपने मुटापे पर झेंप जा॰ 自分の肥満を恥じること (2) 厚み अलबम का मुटापा アルバムの厚さ (3) 高ぶり；高慢；驕り；うぬぼれ

मुटार [名*] 潜水＝ गोता; डुबकी.

मुटासा [形] 成金根性の

मुटिया [名] 荷物担ぎの労務者；荷物運搬に従事する人夫；クリー；苦力

मुट्ठा [名] (1) 一掴み；一掴み分 (2) 一握り (3) 一束 (4) 取っ手

मुट्ठी [名*] (1) 握り拳；拳骨 (2) 一握り；一握りの分量 (3) 握り拳の横幅の長さ (4) 手で握って手足をもむこと (5) おしゃぶり **कुछ मुट्ठी भर का आदमी** 取るに足らない人；つまらない人間；卑小な人間 **मुट्ठियाँ तन जा॰** 手に力が入る मेरी मुट्ठियाँ तन गई थीं 手を固く握った（拳を握りしめた） **मुट्ठी खुलना** 気前よく与える；惜しみなく与える **(-की) मुट्ठी गरम क॰** （－に）贈賄する；賄賂を贈る जो उसकी मुट्ठी गरम नहीं करता था, उसकी तलवार नामंज़ूर हो जाती थी 贈賄をしない人のこしらえた刀は受け入れてもらえなかった **मुट्ठी ढीली हो॰** 金を費やす **मुट्ठी दे॰** 乞食に施しをする＝ भीख दे॰. **मुट्ठी बंद क॰** *a.* 節約する；出費を抑える *b.* 与えない *c.* 秘密を守る；秘密を保つ **मुट्ठी बंद रखना** ＝ मुट्ठी बंद क॰. **मुट्ठी बंद हो॰** *a.* 節約する *b.* 秘密が保たれる；秘密が保持される **मुट्ठी बाँधकर पैदा हो॰** 無一物で生まれる **मुट्ठी-भर** *a.* 一握りの；わずかの；ごく少数の कुछ मुट्ठी भर लोग ऐश कर रहे हैं ほんの一握りの人たちが贅沢三昧をしているのだ *b.* 取るに足らない；つまらない **मुट्ठी भरना** 手足を手でもむ **मुट्ठी भींचना** 拳を握る；手を握りしめる；拳骨を握る अपनी मुट्ठियाँ भींचता-खोलता कभी उस तरफ़ और कभी समुद्र की तरफ़ देखता रहता 拳骨を握ったり開いたりしながらあちらを見たり海を見たりしていた **मुट्ठी माँगना** 物乞いする＝ भीख माँगना. **मुट्ठी मारना** 軽く拳を握って押したり叩いたりしてマッサージする **(-की) मुट्ठी में आ॰** （－の）意のままになる **(-की) मुट्ठी में क॰** （－の）意のままにする **(-) मुट्ठी में दबा रखना** （－を）取り込む；わが物にする **(-) मुट्ठी में मसल दे॰** （－を）ひねりつぶす **(-की) मुट्ठी में रहना (हो॰)** （－の）意のままになる；思いのままになる गाँव के चौकीदार से लेकर ज़िले के अफ़सर तक उनकी मुट्ठी में रहे 村の番人から県庁の幹部まで意のままに操っていた **(-) मुट्ठी में ले॰** （－を）掌中にする；手に入れる **मुट्ठी में हवा बाँधना** 不可能なことを試みる **(हवा में) मुट्ठी लहराना** 拳骨を振りかざす मुट्ठी लहराकर 拳骨を振り上げて **(-) मुट्ठी से निकल जा॰** （－を）失う；（－が）手から抜け出る

मुठभेड़ [名*] (1) 交戦；対戦；遭遇戦 पुलिस मुठभेड़ में दो उग्रवादी मारे गए तीन गिरफ़्तार 警察との交戦で過激派 2 名が殺害され 3 名が逮捕された **मुठभेड़ क॰** 交戦する；対戦する जर्मनों से मैंने मुठभेड़

की है ドイツ勢と対戦した दो खिलाड़ियों के बीच मुठभेड़ हो जाती है 2人の選手の間で対戦がある (2) 出会い；遭遇；巡り会い；邂逅 पहली ही मुठभेड़ में 最初の出会いで；初戦で (-से) मुठभेड़ हो॰ *a.* (ーと) 出くわす＝ (-से) भेंट हो॰. *b.* (ーと) 衝突する

मुठिया [名*] 器物の柄；手に握る部分；取っ手 **मुठिया मारना** 握り拳で軽く叩き体をほぐしたりもんだりする

मुठियाना [他] (1) 手で握る；拳につかむ（掴む） (2) 揉む；揉みほぐす (3) 拳で軽く叩く

मुड़कना [自] (1) しなる；反る；反り返る (2) 捻れる (3) ひきつる (4) 返る；戻る (5) 台無しになる

मुड़काना [他] (1) しなわせる；反らせる (2) 捻る (3) ひきつらせる (4) 返す；戻す (5) 台無しになる

मुड़ना [自] (1) 折れる；折れ曲がる；曲がる हाथ कुहनियों पर मुड़ सकते हैं 腕は肘のところで折れ曲がることができる उल्लू की मुड़ी हुई तेज़ चोंच और मुड़े मज़बूत पंजे フクロウの曲がった鋭い嘴と鉤形の頑丈な爪 (2) 進む方向が変わる；曲がる वह बाज़ार की तरफ़ मुड़ा 市場の方へ曲がった बाईं ओर मुड़ना 左折する (3) 向く；向かう अब जिधर भी मुड़ता है, हलके रंगों की सूती साड़ियों में शीला ही दिखाई देती है どちらの方を向いても浅い色の綿のサリーの中にはシーラーしか見えない (4) そる（反る）；反りくり返る जो मुड़े हुए पैर या घुटनेवाली हो 足や膝の反りくり返っている人 (5) 戻る；返る＝ लौटना. **मुड़कर न देखना** 全く無視する；振り向きさえしない **मुड़ पड़ना** 進行の向きを変える **मुड़ मुड़कर पछाड़ खाना** 激しく嘆き悲しむ

मुड़वाना[1] [他・使] ←मूँड़ना.

मुड़वाना[2] [他・使] ←मोड़ना.

मुड़ाना [他・使] ←मूँड़ना. दाढ़ी मुड़ाना 顎髭を剃ってもらう

मुड़िया[1] [名] (1) 頭を剃った人 (2) 出家

मुड़िया[2] [名*] ムリヤー文字（マハーラーシュトラ，ラージャスターンなどの地域に用いられてきた文字で数百年前にデーヴァナーガリー文字から派生したもの，モーリー文字とも呼ばれる）＝ मोड़ी.

मुड़ियाना [自] そっぽを向く मुड़िया जा॰ 聞き流す

मुड्ढ [名] おさ（長）；かしら（頭）；親玉

मुतजन [名] 《A. متجن》〔料〕ムタンジャン（ピラフの一種でライムジュースの加えられたもの）

मुतनाज़ा [形] 《A. متنازع》係争中の；訴訟中の

मुतफ़न्नी [形] 《A. متفنی》(1) 人を欺く (2) 狡猾な

मुतफ़र्रिक़ [形] 《A. متفرق》様々な；いろいろな；種々の

मुतबन्ना [名] 《A. متبنیٰ》養子＝ दत्तक पुत्र.

मुतबर्रिक [形] 《A. متبرک》神聖な；聖なる＝ पवित्र; पुनीत; पाक.

मुतमइन [形] 《A. مطمئن मुत्मइन》(1) 安心した हर चीज़ की तरफ़ से मुतमइन होकर 一切のことから安心した (2) 満足した；堪能した

मुतरद्दिद [形] 《A. مترد د》思い悩む；心配している

मुतरादिफ़[1] [形] 《A. مترادف》意味が同じの；同義の＝ समानार्थी; समानार्थक.

मुतरादिफ़[2] [名] 同義語＝ समानार्थक शब्द; पर्याय.

मुतरिब [名] 《A. مطرب मुत्‌रिब》歌手＝ गायक.

मुतलक़[1] [形] 《A. مطلق मुत्‌लक़》(1) 全くの＝ नितांत; बिलकुल; पूरा. (2) 絶対的な (3) 専制的な＝ निरंकुश.

मुतलक़[2] [副] 全く；絶対に＝ बिलकुल; नितांत.

मुतवज्जेह [形] 《A. متوجه》(1) 向く；向いている (2) 注意する；注意深い

मुतवफ़्फ़ी [形] 《A. متوفی》死んだ；亡くなった；故人になった；故＝ मरा हुआ; मृत; दिवंगत; स्वर्गीय; मरहूम.

मुतवल्ली [名] 《A. متولی》資産やワクフの管理者→ वक़्फ़.

मुतवस्सित [形] 《A. متوسط》(1) 中間の；中位の；中等の＝ बीच का; माध्यम. एक मुतवस्सित दर्जे के मकान का एक कमरा 中流家庭の一室 (2) 普通の；平凡な＝ सामान्य; मामूली. (3) 平均的な＝ औसत का.

मुतवातिर[1] [形] 《A. متواتر》連続した；続いた；継続した＝ निरंतर; सतत; लगातार.

मुतवातिर[2] [副] 連続して；続けざまに；継続して

मुतसद्दी[1] [形] 《A. متصدی》(1) 組織の；組織上の (2) 管理の；管理上の मुतसद्दी ख़र्च 管理費

मुतसद्दी[2] [名] 《A. متصدی》(1) 書記；書記官；事務員；事務官 (2) 係員；担当官 (3) 役人 (4) 司法事務官 (5) 手代

मुतसौवर [形] 《A. متصور मुतसव्वर》想像された；空想された

मुतहम्मिल [形] 《A. متحمل》忍耐強い；我慢強い＝ सहनशील; सहिष्णु.

मुतहर्रिक [形] 《A. متحرک》動く；活動する＝ गतिशील.

मुतान [名*] (1) 放尿 (2) 動物の排尿器官

मुताबक़त [名*] 《A. مطابقت》(1) 類似；相似＝ सदृशता; अनुरूपता. (2) 一致；合致；符合＝ समानता; संयोग; यकसानियत. (3) 適合＝ मुआफ़क़त.

मुताबिक़ [形] 《A. مطابق》一致した；適合した；似た＝ समान; सदृश. (-के) **मुताबिक़** の形で用いられて，(ーに) よって，(ーに) 応じて，(ーに) 倣って，(ーに) 従ってなどの意を表す＝ (-के) अनुरूप; (-के) अनुकूल. कश्मीरी रिवाज के मुताबिक़ カシミールの風習に従って हुक्म के मुताबिक़ 命令に従って ज़रूरत के मुताबिक़ 必要に応じて रपट के मुताबिक़ 報告によれば जानकार लोगों के मुताबिक़ 消息筋によると；事情通によると

मुतायिन [形] 《A. متعین मुतऐयिन》(1) 決定した；決まった＝ निश्चित; मुक़र्ररा. (2) 任じられた；任命された＝ नियुक्त; नियत; तैनात; मुक़र्रर.

मुतार्रिज़ [形] 《A. متعرض मुतअर्रिज़》求める；依頼する；願う；請願する

मुतालबा [名] 《A. مطالبه》求めること；要求；請求＝ माँगना; माँग; तक़ाज़ा. अपने हक़ूक़ का मुतालबा 自分の権利の主張 मंगल का यह मुतालबा सुनकर साथियों से बोला マンガルのこの要求を聞いて仲間に言った

मुताला [名] 《A. مطالعه》(1) 勉強；学習 मदरसों में कुतबख़ाने भी होते हैं जिनमें आज़ाद मुताला के लिए अच्छी अच्छी किताबें होती हैं 学校には図書館もあって自由勉強のため良い本が置かれている (2) 研究 (3) 熟慮；熟考；慎重な検討

मुताल्लिक़ [形] 《A. متعلق मुतअल्लिक़》関連する；関わる (-के) **मुताल्लिक़** の形で用いられるのが普通で，(ーに) 関して，関連して，ついて，関わってなどの意になる उन जानवरों के मुताल्लिक़ それらの動物について रोज़ा, नमाज़, वग़ैरा के मुताल्लिक़ ムスリムの断食や祈りなどに関して

मुताल्लिक़ा [形] 《A. متعلقه मुतअल्लिक़ा》関した；関連した

मुताल्लिक़ीन [名, pl.] 《A. متعلقین मुतअल्लिक़ीन ←متعلق मुताल्लिक़》家族＝ बाल-बच्चे; घरवाले.

मुताल्लिम [名] 《A. متعلم मुतअल्लिम》(1) 生徒；学生＝ छात्र. (2) 読者＝ पाठक.

मुताल्लिमा [名*] 《A. متعلمه मुतअल्लिमा》(1) 女生徒；女学生＝ छात्रा. (2) 女性読者＝ पाठिका.

मुतास [名*] 尿意

मुतासिर [形] 《A. متاثر मुतअस्सिर》(1) 感銘を受けた；感動した；感激した＝ प्रभावित. लोग उनकी ज़हानत, काबिलियत और हिम्मत से बहुत मुतासिर हुए 人々はこの方の聡明さ，有能さ，それに勇気に強い感銘を受けた (2) 影響を受けた＝ जिसपर असर पड़ा हो; प्रभावित.

मुतास्सिफ़ [形] 《A. متاسف》遺憾な；残念な；口惜しい

मुताह [名] 《A. متعه मुत्‌आ》〔イス〕ムターフ（婚姻期間を限定して契約される一時婚．シーア派の十二イマーム派のみが認めている一時的契約結婚）；ムトア婚

मुताही[1] [形] ←मुताह. ムトア婚をした

मुताही[2] [名*] (1) ムトア婚をしている女性 (2) 妾＝ रखेली; उपपत्नी.

मुत्तफ़िक़ [形] 《A. متفق》(1) 一致した；合致した (2) 同意した；合意した；賛同した

मुत्तला [形] 《A. مطلع》知らされた；通知された＝ सूचित.

मुत्तसिल[1] [形] 《A. متصل》(1) 接近した；近くの；側の＝ निकट का; समीप का. (2) つながった；結合した＝ मिला हुआ; जुड़ा हुआ. (3) 連続した；つながった＝ निरंतर.

मुत्तसिल[2] [副] 絶えず；絶え間なく；連続して＝ निरंतर; लगातार.

मुत्तहद [形] 《A. متحد》(1) 結合した；一致した；合併した (2) 同盟した (3) 同意した；合意した मुत्तहद हो॰ 結合する；同盟する；同意する

मुत्तहिद [形] 《A. متحد》友好的な；仲良くする

मुद [名] 喜び；嬉しさ＝ आनंद; हर्ष; प्रसन्नता.

मुदगर [名] = मुगदर.
मुदर्रिस [名] 《A. مدرس》小学校など低学年の教師；教員
मुदर्रिसी [名*] 《A.P. مدرسی》教職；教員の職務
मुदा [接] だが；けれど；しかし मुदा इतनी उमर पीते कट गई, तो अब मरते दम क्या छोड़ें? だがなこんなに一生の間飲んで過ごしてきたのに死に際に止めることもあるまい
मुदाख़लत [名*] 《A. مداخلت》= मुदाखिलत. (1) 障害；支障；妨げ = बाधा; विघ्न. (2) 妨害= अड़चन. (3) 干渉；口出し= हस्तक्षेप; दखलअंदाज़ी.
मुदाख़लते बेजा [名*] 《A.P. مداخلت بے جا》〔法〕不当干渉
मुदाखिलत [名*] → मुदाख़लत.
मुदाम[1] [形]《A. مدام》(1) 絶え間のない；連続的な= निरंतर; लगातार. (2) 常の；普段の= नित्य; सदा का.
मुदाम[2] [副] 絶え間なく；続けて；連続して= निरंतर; हमेशा.
मुदाम[3] [名] 《A. مدام》酒= मदिरा; शराब.
मुदामी [名*] 《A.P. مدامی》継続；連続= नित्यता; निरंतरता.
मुदित [形] 喜んだ；嬉しい= प्रसन्न; आनंदित; ख़ुश. मुदित महलों में उजियाली छाई 喜びの宮殿には明かりが点った
मुदिता [名*] 喜び；嬉しさ；歓喜= हर्ष; आनंद.
मुद्ग [名]〔植〕マメ科ブンドウマメ= मूँग.
मुद्गर [名] (1) 先端に球形の石をつけた棍棒（武具） (2) 体操や身体鍛錬用の棍棒；ムグダル= मुग्दर; मुगदर.
मुद्दआ [名] 《A. مدعا》→ मुद्दा
मुद्दई [名] 《A. مدعی》(1) 要求する人；要求者 (2)〔法〕原告；告訴人 (3) 敵；仇；悪意を抱く人 कोई मुद्दई घर में आग ही लगा दे だれか仇が家に放火するかも知れない
मुद्दत [名*] 《A. مدت》(1) 期間 तलाक़ के बाद इद्दत की मुद्दत पूरी होने पर 離婚後のイッダト（待婚）の期間が満ちれば (2) 長期；長い間 **मुद्दत काटना** 〔商〕卸商が現金払いに対して割り引きすること **मुद्दत खा जा॰** 〔商〕手形が不渡りになる **मुद्दत पूजना** 手形の支払期日になる **मुद्दतों से** 長い間；久しい間；長期間 मुद्दतों से उस प्रांत में हिंदू और मुसलमान साथ-साथ रहते आये थे 長い間その州ではヒンドゥーとムスリムとは仲良く過ごして来ていた
मुद्दती [形] 《A. مدتی》(1) 定期の；期間のある (2) 怠け者の；怠惰な **मुद्दती हुंडी** 期日の遠い手形
मुद्दते हयात [名*] 《A. مدت حیات》生涯；全人生；寿命
मुद्दा [名] 《A. مدعا》(1) 願い；念頭 (2) 意図；目的；目標 (3) 事柄；問題（点）；項目；争点；論点 उस समस्या का हल और विधान सभा चुनाव दोनों अलग-अलग मुद्दे हैं その問題の解決と州議会の選挙とは2つの別個の事柄である किसी हद तक घटनाक्रम ने इस मुद्दे पर उनको सही साबित किया है ある程度，事件の展開がこの問題に関してこの方が正しいことを証明した वहाँ की मुख्य मुद्दा जनतंत्र बनाम अधिनायक तंत्र नहीं था 同地の選挙の主たる争点は民主主義対絶対主義ではなかった श्री लंका में तमिल मुद्दा スリランカのタミル人問題
मुद्दालेह [名] 《A. مدعا علیه मुद्दाअलैह》被告；被告人= प्रतिवादी.
मुद्दालेहा [名*] 《A. مدعا علیہا मुद्दाअलैहा》女性被告
मुद्धी [名*] ひもなどの結び目；特に片結び（片蝶結び）のこと= डेढ़ गाँठ.
मुद्रक[1] [形] 印刷する
मुद्रक[2] [名] (1) 印刷者；印刷社 (2) 印刷機= प्रिंटर.
मुद्रण [名] (1) 印刷 (2) 印刻
मुद्रण कला [名*] 印刷術
मुद्रण यंत्र [名] 印刷機 मुद्रण यंत्र के आविष्कार से पूर्व 印刷機の発明以前
मुद्रणालय [名] 印刷所 भारत सरकार का मुद्रणालय インド政府印刷局
मुद्रधातु [名*] 活字用鉛合金
मुद्रांक [名] (1) 印紙 (2) 郵便切手 (3) スタンプ；刻印
मुद्रांकन [名] (1) 刻印；スタンプ；捺印 (2) 印刷
मुद्रांक-शुल्क [名] 印紙税
मुद्रांकित [形] (1) 刻印のある；捺印された (2) 焼き印のついた
मुद्रा [名*] (1) 印章；刻印；封印 मोहनजो दड़ो और हड़प्पा में प्राप्त कुछ मूर्तियाँ और मुद्राएँ モハンジョダロ（モヘンジョダロ）とハラッパで発見された若干の彫像と印章 (2) 個人の印のついた指輪；認印のついた指輪 (3) 硬貨；コイン मुद्रा (मुहर) में उत्कीर्ण क॰ 硬貨に刻印する (4) かね（金） कोतवाल उसे छोड़ने के लिए एक सहस्र मुद्राएँ माँगता 本部長はその男の釈放に金一千を要求している (5) 通貨；貨幣 मुद्रा इकाई 貨幣単位 अंतर्राष्ट्रीय मुद्रा 国際通貨 (6) 手振り；手真似；身振り；ジェスチャー；ムドラー（インド舞踊で手の形で意味を表すこと及びその手の形） हाथ की मुद्राएँ 手の形 (7) 表情 वे सोचविचार की मुद्रा में आ गए 考え込んだ表情でやって来た चिंतित मुद्रा में टहलता है 心配げな表情で歩く (8) 姿勢 ठीक मुद्रा में बैठकर 正しい姿勢で座って प्रणाम की मुद्रा में झुकते हैं 丁寧な挨拶の姿勢をして体を折り曲げる (9)〔ヨガ・仏〕座法；坐法；座り方；ハタヨーガにおいて瞑想に入る際の専心のしかたで手足，目，指，首などを用いる印契 इस मूर्ति में बुद्ध देव एक विशिष्ट मुद्रा में आसीन हैं この像の仏は特別の座法をしている (10) 姿 दोनों को इस मुद्रा में देखकर एक बार तो वही शरमा गई थी 2人のこの姿を見て一度は彼女自身が恥ずかしくなった (11) ヴィシュヌ派教徒が信心から自分の身体にほら貝 शंख, チャクラ चक्र, ガダー गदा などヴィシュヌ神の持ち物の形を描いたりつけたりした焼き印 (12) 通行手形 (13) 印刷活字
मुद्राकोष [名] 通貨基金 **अंतर्राष्ट्रीय मुद्रा कोष** 国際通貨基金；IMF
मुद्राक्षर [名] 活字
मुद्रातत्त्व [名] = मुद्राविज्ञान.
मुद्रा प्रणाली [名*] 貨幣制度
मुद्रा बाज़ार [名] 外国為替市場= विनिमय बाज़ार.
मुद्राराशि [名*] 資金
मुद्रालेख [名] 貨幣の銘；硬貨に刻印された銘
मुद्रा विज्ञान [名] 古銭学；貨幣学
मुद्रास्फीति [名*]〔経〕インフレーション；インフレ मुद्रा स्फीति तेज़ी से बढ़ने लगी インフレが急に進み始めた
मुद्रित [形] (1) 印刻された (2) 印刷された
मुधा[1] [形] (1) 嘘の；偽りの；虚偽の= झूठा; असत्य. (2) 無意味な；無駄な= व्यर्थ; निरर्थक; बेफ़ायदा.
मुधा[2] [副] 無駄に= व्यर्थ; वृथा; बेकार.
मुधा[3] [名] (1) 嘘；偽り；虚偽= झूठ; असत्य. (2) 無意味；無駄 = व्यर्थ.
मुन्अक़िद [形] 《A. منعقد》催された；開催された मुन्अक़िद क॰ 催す；開催する नुमाइश क्यों मुन्अक़िद की जाती है? 博覧会は何故開催されるのか मुन्अक़िद हो॰ 催される；開催される इस साल मुस्लिम लीग का इजलास इलाहाबाद में मुन्अक़िद हुआ 今年ムスリム・リーグの会合はイラーハーバードで開催された
मुन्अकिस [形] 《A. منعکس》(1) 反対向いた；さかさまになった；逆になった (2) 反射した (3) 反映した
मुनक़्क़ा[1] [名] 《A. منقیٰ》（種なし）干しブドウ
मुनक़्क़ा[2] [形] 清められた；清浄な= शुद्ध; निर्मल.
मुनज़्ज़म [形] 《A. منظم》秩序のある；組織的な；組織化された = क्रमबद्ध; बातर्तीब. मुनज़्ज़म क॰ 秩序づける；組織する
मुनफ़सिल [形] 《A. منفصل मुन्फ़सिल》(1) 別の；別個の；分離された (2) 決められた；決定された
मुनमुना [名]〔植〕イネ科ハイカモノハシ【*Ischaemum muticum*】
मुनव्वर [形] 《A. منور》輝いている；照り輝いている
मुनहसर [形] 《A. منحصر मुन्हसिर》(1)（ーに）依存している；寄り掛かっている मुनहसर हो॰ （ーに）依存する；依る= निर्भर हो॰. आपकी लियाक़त पर मुनहसर それはあなたの力量による इमारत की पायदारी उसकी नींव पर मुनहसर होती है 建物の堅固さはその基礎に依存する (2) 定められた；限られた；限定された
मुनाज़रा [名] 《A. مناظره》討議；論議；討論；議論；論争= शास्त्रार्थ.
मुनादा [形] 《A. منادیٰ》(1) 呼びかけられた；呼ばれた= संबोधित. (2) 布告された
मुनादी[1] [名] 《A. منادی》触れ回る人；布告者
मुनादी[2] [名*] 触れ；布告= घोषणा; एलान. **मुनादी क॰** 触れ回る **मुनादी पीटना** 触れを出す；布告する **मुनादी फेरना** 触れを出す；触れ回る
मुनादीनवाज़ [名] 《A.P. منادی نواز》触れ太鼓を打つ人
मुनाफ़ा [名] 《A. منافعه》収益；儲け；利益= लाभ; फ़ायदा. थोड़ा-सा मुनाफ़ा भी उसे हुआ ほんのわずかの儲けにもなった **अकेले मुनाफ़ा उठाना** 襲断する

मुनाफ़ाख़ोर [形・名] 《A.P. منافعه خور》暴利を貪る；闇商人

मुनाफ़ाख़ोरी [名*] 《A.P. منافعه خوری》暴利を貪ること；不当利得を得ること विदेशी कंपनियों की मुनाफ़ाख़ोरी की प्रवृत्ति को देखते हुए 外国企業が暴利を得るのを見て

मुनाफ़ा वसूली [名*] 利食い आम निवेशकों की मुनाफ़ा वसूली 一般投資家の利食い

मुनाफ़िक़ [形・名] 《A. منافق》= बहुमुख. 二枚舌を使う（人）；考えていることと言うこととが違う（人）；偽善者

मुनासबत [名*] 《A. مناسبت》(1) ふさわしさ；適切なこと；適正なこと= अनुकूलता. (2) 関係；関連= संबंध. (3) 比例= अनुपात; निस्बत.

मुनासिब [形] 《A. مناسب》(1) 適正な；適当な；適切な；ふさわしい；然るべき वे मज़दूरी मुनासिब देते हैं 適正な労賃を支払う तब उन्होंने कुछ करना मुनासिब न समझा そこで同氏は何らかの手を打つのを適当とは判断しなかった दिन में चार मरतबा से ज्यादा नहाना मुनासिब नहीं 1 日に 4 回以上入浴するのは適当ではない मुनासिब वक्फ़े पर 適当な間隔を置いて (2) 十分な；申し分ない फिर भी खाने के लिए मुनासिब गिज़ा नहीं मिलती それでも食べるのに十分な食料が得られない सिंचाई की मुनासिब बंदोबस्त 灌漑の十分な手配

मुनि [名] (1) 賢者；賢人；ムニ（牟尼） (2) 聖哲；聖人；聖者；哲人；ムニ (3) 苦行者；ムニ (4) 隠者；ムニ

मुनियाँ [名*]〔鳥〕カエデチョウ科の鳥 **मुनियाँ तेलिया**〔鳥〕カエデチョウ科シマキンパラ【*Lonchura punctulata*】 **मुनियाँ लाल**〔鳥〕ベニスズメ【*Amandava amandava*】

मुनिया [名*] = मुनियाँ.

मुनिराज [名] (1) 最高のムニ；ムニラージ；聖仙；聖賢；聖者 मुनिराज की भविष्यवाणी ムニラージの予言 (2) ムニに対する尊崇の念をこめた呼びかけの言葉

मुनिवर [名] 最高のムニ；聖仙；聖賢；大聖

मुनींद्र [名] (1) 最高のムニ (2) 仏陀 (3) シヴァ神

मुनीब [名] 《A. منيب》→ मुनीम.

मुनीम [名] 《← منيم A. منيب मुनीब》(1) 会計係 (2) 代理人；差配人

मुनीमी [名*] ← मुनीम. 会計係の職務；代理人の職や職務

मुनीर [形] 《A. منير》光る；光り輝く；光輝を発する

मुनीश [名] (1) 大聖哲；大哲人；大聖 (2) 仏陀

मुन्ना[1] [名] (1) 坊や；坊ちゃん (2) 男の子 (3) 息子 आज उसके मुन्ने का तीसरा जन्मदिन था 今日はあの人の息子の 3 歳の誕生日だった (4) 小さな男の子を親しんで呼ぶ言葉 मुन्ना भैया हमारा है.गौं गौं बोलता है ちびちゃんはぼくの弟だよ. おーんおーんとしゃべるのだよ

मुन्ना[2] [形⁺] 愛らしい；可愛い；小さくて愛らしい रबड़ की एक मुन्नी-सी गेंद とっても小さなゴム鞠

मुन्नी [名*] (1) お嬢ちゃん (2) 女の子 (3) 娘 (4) 小さな女の子を親しんで呼ぶ言葉

मुन्नू [名] = मुन्ना.

मुफ़रद [形] → मुफ़्रद.

मुफ़लिस [形] 《A. مفلس मुफ़्लिस》貧しい；貧困の；無一物の；丸裸の；無一文の= निर्धन; ग़रीब.

मुफ़लिसी [名*] 《A. مفلسی मुफ़्लिसी》貧しさ；貧困；無一物= निर्धनता; ग़रीबी.

मुफ़स्सल [形・副・名] 《A. مفصل》(1) 詳しい；詳細な= विस्तारपूर्ण; विस्तृत. (2) 明解な= स्पष्ट; वाज़ेह. (3) 詳しく；詳細に (4) 明細；詳述

मुफ़स्सिर [名] 《A. مفسر》(1) 注釈者= भाष्यकार. (2) 解説者

मुफ़ीद [形] 《A. مفيد》為になる；役に立つ；有用な；大切な；重宝な；有益な= उपयोगी; लाभकारी. हमारे लिए मुफ़ीद हवा 私たちの役に立つ空気 मरीज़ों और छोटे बच्चों के लिए बकरी का दूध बहुत मुफ़ीद होता है 病人や子供には山羊の乳がとても有益だ मुफ़ीद गिज़ाएँ 有益な食料

मुफ़्त [形] 《A. مفت》ただの；無償の；無料の= नि:शुल्क; बिना दाम का. मुफ़्त पढ़ाई का प्रबंध 無償教育の制度 मुफ़्त इलाज 無料の治療 मुफ़्त टीके 無料の予防接種 **मुफ़्त का** ただの；無料の मुफ़्त का माल ただの物 **मुफ़्त का खाना** ただ飯 बैठे-बैठे मुफ़्त का खाना मिलता है 何もせずにじっとしていてただ飯が食べられる **मुफ़्त की रोटी तोड़ना** 寄食する；居候する मुफ़्त की रोटियाँ खा खाकर शरारत सूजती है ただ飯を食べていてはろくなことは思いつかない **मुफ़्त में** *a.* わけもなく；理由もなく= बिना कारण. और बदनामी मुफ़्त में हम सब की भी होगी そしてわけもなく皆が評判を落とすことになる *b.* 無駄に= व्यर्थ; बेफ़ायदा. *c.* ただで；無料で= बिना दाम के; दाम दिए बग़ैर.

मुफ़्तख़ोर [形] 《A.P. مفت خور》寄食する；居候する；無為徒食の

मुफ़्तख़ोरी [名*] 《A.P. مفتخوری》寄食；無為徒食

मुफ़्तरी [形] 《A. مفتری》(1) 中傷する (2) 嘘つきの

मुफ़्ती [名] 《A. مفتی》〔イス〕ムフティー（イスラム法の解釈並びに適用について意見を述べる資格を持つ法学者，イスラム法の権威者）

मुफ़्रद [形] 《A. مفرد》(1) 1 つの (2) 単一の (3) 単純な；簡単な

मुफ़्लिस [形] = मुफ़लिस.

मुफ़्लिसी [名*] 《A. مفلسی》= मुफ़लिसी.

मुबतला [形] 《A. مبتلا मुब्तला》(1) 病気に罹った；病気に苦しんでいる= रोगग्रस्त. कोई किसी मर्ज़ में मुबतला है 何かの病気に罹っている शायद इस लिए कि आप ख़ुद इस मर्ज़ में मुबतला हैं? 恐らくご自分がこの病気で苦しんでいらっしゃるから (2) 囚われた；とらえられた；罠にかかった；とりつかれた वे इस आशावादी फ़रेब में मुबतला थे 楽観論にだまされておられた (3) おちいっている；囚われている= फँसा हुआ. जो बाप औलाद को किसी ऐब से बचाना चाहता है और उसी ऐब में ख़ुद मुबतला है 子供を何らかの弱点から救い出そうとするする父親自身がその弱点に囚われている जो ख़ुद को भूत प्रेत के वहम में मुबतला किए रहते हैं 自分自身を幽霊や化け物の恐怖におとしいれている人たち बिला वजह इस वहम में मुबतला हो जाते हैं わけもなくこの妄想にとりつかれてしまう

मुबर्रा [形] 《A. مبرا》(1) 無罪の；潔白な (2) 赦免された (3) 清らかな；聖なる

मुबलग़[1] [形] 《A. مبلغ मुब्लग़》(1) 純正の；正真正銘の= खरा. (2) 送られた；送り出された= भेजा हुआ; प्रेषित.

मुबलग़[2] [名] 《A. مبلغ》(1) 合計 (2)〔数〕商 (3) 金額 (4) 現金

मुबहम [形] 《A. مبہم मुब्हम》曖昧な；はっきりしない；紛らわしい= अस्पष्ट; ग़ैरवाज़ेह.

मुबादला [名] 《A. مبادلہ》交換；やりとり= अदल-बदल; आदान-प्रदान.

मुबारक [形] 《A. مبارک》めでたい；吉祥の= शुभ; मंगलमय. "नया साल मुबारक हो, कमला" "आपको भी साहब" उसने अचकचाकर जवाब दिया「カマラー，新年おめでとう」「おめでとうございます」彼女はあわてて答えた तीस अप्रैल को हथियार डालने की मुबारक घटना 4 月 30 日に武器放棄のめでたい出来事

मुबारकबाद [感] 《A.P. مبارک باد》祝辞や祝福の言葉；おめでとう；おめでとうございます "राय साहब, बहुत बहुत मुबारकबाद" "शुक्रिया, आपको भी मुबारक「ラーイさん，本当におめでとう」「有り難うございます」

मुबारकबादी [名*] 《A.P. مبارک بادی》祝辞；祝詞；祝いの言葉 मुबारकबादियाँ लीजिए どうか祝辞をお受け取り下さい

मुबारक सलामत [名*] 《A. مبارک سلامت》相互に祝辞を述べ無事と長寿を祈願すること

मुबालग़ा [名] 《A. مبالغہ》大げさに言うこと= अत्युक्ति; अतिरंजना.

मुबाहिसा [名] 《A. مباحثہ मुबाहसा》議論；論議；論争

मुब्तदा[1] [名*] 《A. مبتدا》(1) 初め；最初；開始 (2)〔言〕名詞的文の主語

मुब्तदा[2] [形] 《A. مبتدا》始められた；開始された

मुब्तदी [形・名] 《A. مبتدی》(1) 初めの；最初の (2) 初心の；習い初めの；初心者= आरंभिक; नौसिखिया.

मुमकिन [形] 《A. ممکن मुम्किन》ありうる；ありそうな；可能な；できる यह कैसे मुमकिन है कि एक देवी उन शोहदों के बीच में पिकेटिंग करने जाए और मैं बैठा रहूँ 1 人の女性があのならず者たちのところへピケを張りに行くというのに手前が手をこまぬいているなんてどうしてできようか मुमकिन है, इसकी पत्नी आनेवाली हो この人の妻が来るところかも知れない

मुमतहिन [形] 《A. ممتحن मुम्तहिन》試験官= परीक्षक.

म

मुमताज़ [形] 《A. ممتاز मुम्ताज़》(1) 選り抜きの (2) すぐれた；飛び抜けた；卓越した (3) 主要な；主な；主たる (4) 尊敬すべき मुमताज़ लीडर 主要な指導者たち（政治家たち） मुमताज़ लोग 貴賓

मुमानिअत [名*] 《A. ممانعت मुमानअत》= मुमानियत. (1) 妨害；阻止= रोक. (2) 禁止= निषेध; मनाही. (-की) **मुमानिअत क॰** (－を) 禁止する ख़ुदादाद नियामत से फ़ायदा उठाने की आम मुमानिअत कर दी गई 天から授かったものを利益の対象にすることは一般に禁じられている किसी ज़मींदार की ज़मीन ग़ैरज़मींदार के क़ब्ज़े में जाने की मुमानिअत कर दी गई है ザミーンダールの土地がザミーンダールでない人の所有に移ることは禁じられている

मुमानी [名*] 母方のおじの妻；おば (मामून の妻)

मुमुक्षा [名*] 解脱の希求；解脱の願望

मुमुक्षु [形・名] 解脱を希求する（人）；出家者

मुमूर्षा [名*] 死の願望；死を希うこと

मुमूर्षु [形] 死にかけている；臨終の；瀕死の

मुम्बई 〔地名〕ムンバイ（マハーラーシュトラ州州都．旧称ボンベイ）→ मुंबई; बंबई.

मुयस्सर [形] → मयस्सर.

मुरंडा[1] [名] ムランダー（煎った小麦に黒砂糖を混ぜてこしらえた菓子） (-को) **मुरंडा दे॰** *a.* (－を) 煎る *b.* (－を) 衰弱させる *c.* (－を) 打ちのめす

मुरंडा[2] [形] (1) からからに乾いた (2) がりがりにやせた；ひょろひょろの

मुरकना [自・他] = मुड़कना.

मुरकी [名*] 〔装身〕耳たぶにつける貴金属製の耳輪；ムルキー = बाली. कानों में सोने की मुरकी 耳に金（製）のムルキー

मुरक़्क़ा [名] 《A. مرقع》(1) 絵= चित्र; तस्वीर. (2) 画集；画帳= चित्रावली.

मुरग़ा [名] 《مرغا ← P. مرغ मुर्ग़》(1) 〔鳥〕キジ科ニワトリの雄鶏= मुर्ग़; कुक्कुट. (2) 鳥= पक्षी; चिड़िया; खग; विहग. **कान पकड़कर मुरग़ा बना दे॰** 罰を与える；処罰する（ニワトリにする；処罰のためむりやりしゃがませて両足の外側から手を入れ耳をつかませニワトリの恰好をさせる）

मुरग़ाबी [名*] 《P. مرغابی मुर्ग़ाबी》〔鳥〕カモ，クイナ，バンなどの種々の水辺の鳥の総称

मुरग़ी [名*] 《مرغی मुर्ग़ी ← P. مرغ मुर्ग़》(1) 〔鳥〕キジ科ニワトリの雌鶏 (2) → जल मुरग़ी（バン） (3) → जंगली मुरग़ी（セキショクヤケイ） **मुरग़ी की एक टाँग हो॰** 言い張る；強情を張る **मुरग़ी के आगे हीरा रखना** 〔諺〕猫に小判 **मुरग़ी दाने पर आ॰** 徐々に計略や罠にかかる

मुरचंग [名] 口琴；びやぼん **मुरचंग झाड़ना** 何の心配もなく左団扇で暮らすこと

मुरचा [名] = मोरचा.

मुरछना [自] 気を失う；失神する= मूर्च्छित हो॰.

मुरछा [名*] = मूर्च्छा.

मुरछाना[1] [自] 失神する；気を失う

मुरछाना[2] [他] 失神させる；気を失わせる

मुरज [名] 〔イ音〕ムリダング（両面太鼓の一種）→ मृदंग.

मुरझाना [自] (1) 枯れる；萎れる अगर कुछ उगता है तो ठंड के सबब मुरझा जाता है 仮に何かが生えたとしても寒さのために枯れてしまう मित्रता की मुरझाई हुई लता फिर हरी हो गई 萎れてしまっていた友情の蔓草が再び青々となった (2) しぼむ बासी, सूखे मुरझाए फूल को उठाकर कोई भी नहीं सूँघता ひからびてしぼんでしまった花はだれも手に取って匂いをかぐことはない (3) しょげる；しょんぼりする；意気消沈する；沈む यह शब्द सुनते ही बच्चों के मुरझाए चेहरे खिल जाते हैं この言葉を聞いたとたん子供たちの沈んだ顔がぱっと明るくなる मुरझाया मुँह しょんぼりした顔 (4) ぐったりする；崩れ落ちる；へなへなとなる

मुरतद [名] = मुर्तद; मुरतद्द.

मुरतद्द [名] 《A. مرتد मुर्तद/मुर्तद्द》背教者；背信者 = मुर्तद; मुर्तद्द.

मुरतहन [形] 《A. مرتہن मुर्तहन》抵当に入った

मुरत्तब [形] 《A. مرتب》(1) 整理された；整えられた (2) 順序づけられた (3) 分類された (4) 編纂された उन्होंने हदीस की किताब मुरत्तब की थी その方がハディースの編纂をなさった

मुरत्तिब [形] 《A. مرتب》(1) 整える；整理する；整頓する (2) 編集する；編纂する

मुरदनी [名*] 《P. مردنی मुर्दनी》(1) 死；死亡；死去 (2) 死相 (3) 野辺の送り；葬式 (4) 葬列 (चेहरे पर) **मुरदनी छा जा॰** *a.* 死相が現れる *b.* 顔色を失う；顔が青ざめる；血の気が失せる

मुरदा[1] [形] 《P. مرده मुर्दा》(1) 死んだ；死亡した；死んでいる (2) 元気のない；不活発な；力のない (3) 萎びれた；萎れた；ひからびた

मुरदा[2] [名] 《P. مرده मुर्दा》(1) 死者；死人 (2) 遺体；死体；死骸 मुरदा ले जाने वाली गाड़ी 霊柩車 **मुरदा उखाड़ना** 昔のことを持ち出す；昔の話をほじくり返す क्यों गड़े मुरदे उखाड़ रही हो? 何故昔の話をほじくり返すのだ (-का) **मुरदा उठना** *a.* (－の) 死体が墓場や火葬場に運ばれる *b.* (－が) 死ぬ；くたばる **मुरदा उठाना** 遺体を火葬場に運ぶ (-) **मुरदा क॰** *a.* (－を) 叩きのめす；打ち据える *b.* (－を) 殺す；殺害する **मुरदा गाड़ना** 古いことや昔のことを不問にする **मुरदा ढोना** 他人の行為の責任を負う **मुरदे का माल** 相続人や所有者のいない財産 **मुरदे की हड्डियाँ उखाड़ना** *a.* 昔のことを持ち出す *b.* 他人の先祖を非難する **मुरदे को कंधा दे॰** 遺体を棺架に載せて墓場や火葬場へ担いで行く **मुरदे को ज़िंदा क॰** 活を入れる **मुरदे से बाज़ी लगाकर सोना** 眠りこける

मुरदाघर [名] 《P. + H.》霊安室；遺体安置所

मुरदादिल [形] 《P. مرده دل मुर्दादिल》(1) 元気のない；生気のない (2) ふさぎ込んだ；しょげた (3) 無感動な

मुरदादिली [名*] 《P. مرده دلی मुर्दादिली》(1) ふさぎ込むこと (2) 不機嫌

मुरदाबाद [感] 《P. مرده باد》(－) くたばれ！ (－) くたばってしまえ！ (－を) やっつけろ；(－を) 打倒しろ！

मुरदार[1] [名] 《P. مردار मुर्दार》(1) 死体 (2) 〔イス〕宗教的な儀礼を経ずして死んだ家畜（その肉を食べることができない）

मुरदार[2] [形] (1) 死んだ (2) 不浄な (3) 不埒な

मुरदारख़्वार [形] 《P. مردار خوار मुर्दारख़्वार》死肉を食う

मुरदार संग [名] 《P. مردار سنگ मुर्दार संग》(1) 酸化鉛 (2) 鉛のドロス

मुरदा संख [名] 〔化〕雄黄 〈yellow orpiment〉

मुरदा संग [名] ← मुरदार संग.

मुरब्बा[1] [形・名] 《A. مربع》平方（の）；四角（の）；四角形（の）= वर्गाकार; चौखूँटा. ईरान का कुल रकबा छः लाख अस्सी हज़ार मुरब्बा मील イランの総面積は 68 万平方マイル

मुरब्बा[2] [名] 《A. مربی》ジャム

मुरब्बी[1] [形] 《P. مربی》保護する；守護する；支援する

मुरब्बी[2] [名] 《A. مربی》(1) 育てる人；保護者；養育者 (2) 後援者；応援者；世話人 (3) 教師

मुरमुरा [名] (1) 煎ってふくらませた米の菓子 (2) トウモロコシの実を煎った物；ポップコーン

मुरमुराना[1] [自] (1) 軋む (2) 捻れて折れる

मुरमुराना[2] [他] (1) 軋ませる (2) 捻って折る

मुरलिका [名*] = मुरली.

मुरली [名*] 竹笛；竹の横笛= बाँसुरी; वंशी.

मुरलीधर [名] クリシュナ神= मुरलीवाला.

मुरवा [名] 足首の関節

मुरव्वत [名*] 《A. مروت》= मुरौवत. (1) 思いやり；寛大さ；寛容さ= रिआयत; लिहाज़. गाँठ में कौड़ी नहीं, मगर दिल में दया और मुरव्वत 懐中には一文もないのに胸には情けと思いやり (2) 高潔さ= शील-संकोच. **मुरव्वत तोड़ना** 友愛を絶つ；縁を切る；義絶する **मुरव्वत का मुँह मलना** 無作法になる

मुरव्वतन [副] 《A. مروتاً》思いやりで；人情から；寛大に；寛容に；大目に

मुरशिद [名] = मुर्शिद.

मुरस्साकार [名] 《A.P. مرصع کار》宝石の細工や加工をする職人；宝石細工師；宝石職人= जड़िया.

मुरहरी [名*] 〔植〕キンポウゲ科蔓草インドセンニュウソウ【*Clematis triloba*】

मुरहा [名] 〔イ神〕悪魔のムラを退治したヴィシュヌ神（クリシュナ神）

मुराद [名*] 《A. مراد》(1) 念願；待望のもの मुराद पूरी होने की ख़ुशी में 念願が叶えられた嬉しさに भगवान को प्रणाम करके दया

का दान माँग ले बेटे.होली का पवित्र त्यौहार है, मुराद पूरी होगी 神様を拝んで御慈悲を乞い願うことだ．聖なるホーリー祭で願いが叶えられるさ (2) 願い；願望；祈願 उन्हें मुँहमाँगी मुराद मिली थी 願い通りの物が手には入った (3) 意味；意図 आज़ादी से तुम्हारी क्या मुराद है? 君が自由と言うのは何のことかね क़ौमी किरदार से कौन-सा किरदार मुराद है 民族運動と言うのはどんな運動のことを言うのだ साँस लेने से हमारी मुराद दो बातों से होती है 私が呼吸をすると言う意味は２つある **मुराद पर आ॰** 願いが叶う；願いが叶えられる **मुराद पाना** ＝मुराद पर आ॰. **मुराद माँगना** 祈願する **मुराद मानना** 願掛けをする **मुराद मिलना** ＝मुराद पर आ॰. **मुरादों के दिन** 若い頃＝युवावस्था; जवानी.

मुरादाबाद 〔地名〕ムラーダーバード市（ウッタル・プラデーシュ州西部の都市．真鍮細工，絨毯の産地として知られる）

मुराफ़ा [名] 《A. مرافعہ》〔法〕控訴＝अपील.

मुरार [名] 蓮根＝मृणाल; कमलनाल; कमल की जड़.

मुरारि [名]〔イ神〕ムラーリ．悪魔ムラ मुर の敵，すなわち，クリシュナ神

मुरारी [名] ＝मुरारि

मुरीद [名] 《A. مرید》(1) 弟子＝शिष्य; चेला. (2) 信徒；信者＝अनुयायी.

मुरीदी [名*] 《A.P. مریدی》(1) 弟子であること (2) 信徒であること

मुरेठा [名] 本来のターバンのほかその他の布，すなわち，ガムチャー गमछा, ドゥパッター (दुपट्टा)，チャーダル (चादर) などを頭に巻いたものも指す＝पगड़ी; साफ़ा.

मुरौवत [名*] →मुरव्वत. क्या सब कानून हुकूमत के ही होते हैं? कुछ मुहब्बत, मुरौवत, आदमियत, इंसानियत के नहीं होते? 法律というものは皆が皆支配のためのものなのだろうか．少しは人情，寛容さ，人間らしさ，人道のためのものがあるのではなかろうか मुरौवत के बगैर 情け容赦なく वह मुरौवत के वश दाई को जवाब देने का साहस नहीं कर सकते थे 人情のために思いきって子守を解雇できないでいた **मुरौवत तोड़ना** 無作法な振る舞いをする

मुरौवतन [副] 《A. مروتاً》大目に；寛大に；寛容な気持ちで आप तो जानते हैं कि एक झूठ मुरौवतन बर्दाश्त कर लिया जाता है, तो उसके साथ कई और सहने पड़ते हैं １つの嘘を大目に見て我慢すればそれと一緒に更に幾つも我慢しなければならないことはご存じの通りです

मुर्ग़ [名] 《P. مرغ》(1)〔鳥〕ニワトリ（雄鶏） (2) 鳥＝पक्षी; चिड़िया; खग; विहग.

मुर्ग़केश [名] 《P. مرغ + H.》〔植〕ヒユ科ケイトウ（鶏頭）

मुर्ग़ख़ाना [名] 《P. مرغ خانہ》鶏小屋；鶏舎

मुर्ग़बाज़ [名] 《P. مرغ باز》闘鶏愛好家

मुर्ग़बाज़ी [名*] 《P. مرغ بازی》闘鶏＝मुर्ग़ों की पाली.

मुर्ग़मसल्लम [名] 《P.A. مرغ مسلم》丸焼きにした鶏

मुर्ग़ा [名] 《← P. مرغ》＝मुरगा.

मुर्ग़ाबी [名*] 《P. مرغابی》→मुरगाबी.

मुर्ग़ी [名*] →मुरगी.

मुर्ग़ीघर [名] 《P. + H.》(1) 鶏小屋；鶏舎 (2) 養鶏場

मुर्ग़ीदाना [名] 《P. مرغی دانہ》養鶏飼料

मुर्ग़ीपालन [名] 《P. + H.》養鶏；養鶏業

मुर्ग़ी फ़ार्म [名] 《P. + E. farm》養鶏場＝पौल्टरी.

मुर्तद [形・形] 《A. مرتد मुर्तद/मुर्तद्द》＝मुरतद; मुरतद्द.

मुर्तहन [形] 《A. مرتہن》抵当に入った

मुर्तहिन [形・名] 《A. مرتہن》抵当権を持つ；抵当権者

मुर्दनी [名*] ＝मुरदनी.

मुर्दा [形・名] ＝मुरदा. मुर्दा जानवरों का माँस 死獣の肉 मुर्दा शेर की हड्डियाँ 死んだライオンの骨

मुर्दादिल [形] 《P. مردہ دل》＝मुरदा दिल. उसके कलम में कुछ ऐसा जादू था जो मुर्दादिलों को भी जगा देता था 彼の筆には無感動になった人たちまでも目覚めさせる魔力があった

मुर्दादिली [名*] ＝मुरदादिली.

मुर्दार [形] 《P. مردار》＝मुरदार.

मुर्दारसंग [名] 《P. مردار سنگ》〔鉱〕一酸化亜鉛；蜜陀僧＝मुर्दारसंग; मुर्दासंख.

मुर्मुर [名]〔ヒ〕カーマ神 (काम)

मुर्री [名*] (1) 糸やひもをつなぐのに撚りあわせてつなぐ方法 (2) ひだ（襞）

मुर्वा [名]〔植〕リュウゼツラン科チトラセン【*Sansevieria roxburghiana; S. zeylanica*】〈Indian bowstring hemp〉＝मरूल; गोरचकरा.

मुर्शिद [名] 《A. مرشد》〔イス〕（精神上，宗教上の）師

मुलकना [自] にこっとする；わずかに笑みを浮かべる；微笑する；微笑む बनियानी थोड़ी मुलकी バニヤーの妻はわずかに笑みを浮かべた

मुलज़िम [名] 《A. ملزم मुलज़िम》(1) 犯罪者 (2) 被告；容疑者

मुलतवी [形] 《A. ملتوی》延期された；中止された **मुलतवी रखना** 後回しにする；延期する；中止する उसे 14 अगस्त तक मुलतवी रखा था ８月 14 日まで延期した

मुलतान 〔地名〕ムルターン（パキスタンのパンジャーブ州中部の主要都市）

मुलतानी[1] [形] (1) ムルターンの (2) ムルターン地方に産する

मुलतानी[2] [名] ムルターン地方の住民

मुलतानी[3] [名*] (1)〔言〕ムルターン語；ムルターニー（ムルターン地方に話される西部パンジャーブ語の一方言） (2)〔イ音〕ムルターニー（ラーガの一） (3) 膠灰土；黄土（せっけん代用）＝मेट. **मुलतानी क॰** 黄土でクリーム色に染める

मुलतानी[4] [形] クリーム色の

मुलतानी[5] [名] クリーム色

मुलतानी मिट्टी [名*] イエローオーカー（黄土）；膠灰粘土＝मुलतानी (3) ＝मेट

मुलम्मा [名] 《A. ملمع》(1) メッキ；鍍金 (2) 見せかけ；表面だけを飾ること；メッキ；てんぷら हर बात पर मुलम्मा होता है 何事にもメッキだ

मुलम्माकार [形・名] 《A.P. ملمع کار》(1) メッキをする人；メッキ職人 (2) 腹の中と言うこととが違う人

मुलम्मासाज़ [形・名] 《A.P. ملمع ساز》＝मुलम्माकार.

मुलहठी [名*]〔植〕マメ科カンゾウ（甘草）＝मुलेठी.

मुलहा [形]〔占星〕ムーラ मूल 星宿の下に生まれた→मूल[1] (10).

मुलाक़ात [名*] 《A. ملاقات》(1) 出会い；面会；遭遇 शाम को साढ़े चार बजे फिर मुलाकात होगी 夕方４時半にまたお目にかかりましょう **मुलाक़ात क॰** 面会する；会う क्या मैं उनसे मुलाकात कर सकता हूँ あの方にお会いできるでしょうか（お目にかかれましょうか） (2) 会見 (3) インタビュー (4) 面識

मुलाक़ाती[1] [名] 《A. ملاقاتی》面会する人；面会人；来訪者；訪問者

मुलाक़ाती[2] [形] (1) 出会う；面会する (2) 知り合いの；知己の मुलाक़ाती कमरा 面会室；面会所

मुलाज़मत [名*] 《A. ملازمت》勤め；勤務；奉職＝नौकरी; सेवा.

मुलाज़िम [名] 《A. ملازم》(1) 使用人；職員；従業員＝नौकर; सेवक. (2) 従者＝दास; ख़िदमतगार. मैं तो खुद मुलाजिम के कटघरे में खड़ा हूँ 私は使用人としての檻の中にいる

मुलाज़िमत [名*] ＝मुलाज़मत.

मुलाज़िमा [名*] 《A. ملازمہ》(1) 女性使用人；女性従業員；お手伝い；女中＝नौकरानी. (2) 侍女；従者＝दासी; परिचारिका.

मुलायम [形] 《A. ملائم》(1) 柔らかい；柔らかな रेशम से मुलायम बाल 絹よりも柔らかい髪 मुलायम तौलिया 柔らかいタオル मुलायम घास 柔らかい草 रुई की मुलायम गद्दी 綿の柔らかいクッション दाने का मुलायम गूदा 穀物の柔らかい中身 (2) きゃしゃな；繊細な；か弱い (3) 優しい；柔和な；穏和な；穏やかな

मुलायमत [名*] 《A. ملایمت》(1) 柔らかさ (2) 繊細さ (3) 柔和さ；穏和；穏やかさ

मुलाहज़ा [名] 《P.A. ملاحظہ》(1) 注視；注目＝ध्यान. (2) 配慮＝लिहाज़. (3) 熟慮＝ग़ौर.

मुलाहिज़ा [名] ＝मुलाहज़ा.

मुलेठी [名*] (1)〔植〕マメ科カンゾウ（甘草）【*Glycyrrhiza glabra*】 (2) カンゾウの根（薬用）

मुलैयन[1] [名] 《A. ملین》(1) 柔らかくする (2) 便通をつける

मुलैयन[2] [名] 《A. ملین》下剤

म

मुल्क [名] 《A. ملک》(1) 国；国家 (2) 州；地方；国
मुल्की [形] 《A. ملکی》(1) 国の；国家の (2) 国内の；内国の मुल्की और ग़ैरमुल्की 国の内外の
मुल्के अदम [名] 《A. ملک عدم》あの世；死後の世界；黄泉の国 = यमलोक; परलोक.
मुल्ज़िम [名] 《A. ملزم》罪人；犯罪人；被告人= अपराधी; अभियुक्त.
मुल्ज़िमा [名*] 《A. ملزمہ》罪人；犯罪人；被告人= अपराधिनी; अभियुक्ता.
मुल्तजी [形] 《A. ملتجی》(1) 懇願する；依願する；願う= प्रार्थी. (2) 欲しがる；欲する= इच्छुक; ख़ाहिशमंद.
मुल्तवी [形] = मुलतवी. 中止になった；中止された
मुल्लह [名] 囮に使う鳥= कुटटा.
मुल्ला [名] 《A. ملا》(1)〔イス〕ムッラー；イスラム教学の学者；学僧 (2)〔イス〕マスジッドでアザーンを唱える人；ムッラー (3)〔イス〕私塾で児童を教える教師や家庭教師；ムッラー
मुवक्किल [名] 《A. موکل》(1)〔法〕弁護依頼人 (2) 委託者；依頼人
मुवज़्ज़िन [名] 《A. موذن मुअज़्ज़िन》〔イス〕ムアッジン（アザーン अज़ान を呼びかける人；イスラム寺院の礼拝の時刻を告げる人）→ अज़ान.
मुवर्रिख़ [名] 《A. مورخ》歴史家；歴史学者= मुअर्रिख़; इतिहासकार.
मुवाफ़िक़ [形] 《A. موافق》適する；適合する；一致する；合う；ふさわしい→ मुआफ़िक़. (-के) मुवाफ़िक़ आ॰ （ーに）適合する；合う
मुशली [名*]〔動〕爬虫類ヤモリ科ヤモリ= छिपकली.
मुशाबहत [名*] 《A. مشابہت》類似= समानता; एकरूपता; हमशक्ली.
मुशायरा [名] 《A. مشاعره मुशाअरा》詩会；詩人が集まって自作の詩を詠む会= कविगोष्ठी; कविसम्मेलन.
मुशाली [名*]〔植〕キンバイザサ科【*Curculigo orchioides*】
मुशाहरा [名] 《A. مشاہرہ》(1) 月給；月収 (2) 給与；給料 सप्ताह में 44 घंटे काम करना होता है, जिसके लिए 4 पाउंड 8 शिलिंग मुशाहरा मिलता है 週に 44 時間働いて給与が 4 ポンド 8 シリング मौलवी साहब को नियमित मुशाहरा तो मिलता ही था マウルヴィー（住み込みの家庭教師）はもちろん決まった給与は得ていた
मुशीर [名] 《A. مشیر》顧問；相談役= परामर्शदाता; सलाहकार.
मुश्क[1] [名] 《P. مشک》(1) 麝香 (2)〔動〕シカ科ジャコウジカ【*Moschus moschiferus*】= कस्तूरी मृग.
मुश्क[2] [名*] 上腕 (-की) मुश्कें बाँधना （ーを）高手小手に縛り上げる；後ろ手に縛る
मुश्क आहू [名] 《P. مشک آہو》〔動〕ジャコウジカ= मुश्क[1].
मुश्कदाना [名] 《P. مشک دانہ》〔植〕アオイ科草本ニオイトロロアオイ【*Hibiscus abelmoschus*】〈musk mallow〉
मुश्कनाफ़ा [名] 《P. مشک نافہ》ジャコウジカの麝香の入った袋状の腺
मुश्कफ़ाम [形・名] 《P. مشک فام》黒（の）；黒色（の）；黒茶色（の）
मुश्कबला [名*] 《P. مشک + H.》オミナエシ科カノコソウ属インドカノコソウ【*Valeriana jatamansi; V. wallichii*】〈Indian valerian〉
मुश्कबार [形] 《P. مشک بار》芳香を発する；芳香のある
मुश्कबिलाई [名*] = मुश्क बिलाव.
मुश्क बिलाव [名] 《P. مشک+ H.》〔動〕ジャコウネコ亜科ジャコウネコ【*Viverricula indica*】
मुश्कबू [形] 《A. مشک بو》麝香のような香りを持つ
मुश्कबेद [名] 《P. مشک بید》〔植〕ヤナギ科小木，ないし，低木シダレヤナギ属サルヤナギ【*Salix caprea*】〈sallow; goat willow〉
मुश्करंग [形] 《P. مشک رنگ》麝香色の；黒茶色の
मुश्किल[1] [形] 《A. مشکل》難しい；容易でない；面倒な；困難な；
मुश्किल[2] [名*] 困難；難しさ；難しいこと；厄介；面倒；錯綜；悩み（の種） हौसले हों तो हर मुश्किल आसान बन जाती है 意欲があればどんな困難でも容易になるものだ मुश्किल आ॰ 困ったことになる；困難な状況になる；困った事態が生じる= मुश्किल पड़ना. मुश्किल में पड़ना 困った状況におちいる；切羽詰まる (बड़ी) मुश्किल से 何とか；ようやく；やっとのことで；ぎりぎりで इस जगह से मुश्किल से 50 गज़ दूर पुलिस स्टेशन है ここから 50 ヤードあるかないかのところに警察署がある मुश्किल से दो महीने का समय बचा है ぎりぎりで後 2 か月残っている उस गाँव में मुश्किल से बीस तीस परिवार रहे होंगे その村には 20〜30 家族が居住しているかいないかだったろう मुश्किल से पचास क़दम गया होगा कि... 何とか 50 歩進むか進まぬかに… बड़ी मुश्किल से बरात आगे रेंगती है ようやくのことで（結婚式の）行列が前に進む
मुश्किलकुशाई [名*] 《A.P. مشکل کشائی》問題や困難の解決
मुश्किलात [名*, pl.] 《A. مشکلات←مشکل मुश्किल》困難；面倒；難問 तरह तरह की मुश्किलात का सामना क॰ 様々な困難に立ち向かう
मुश्कीं [形] 《P. مشکیں / مشکین》= मुश्कीन. (1) 麝香のように黒い色をした；黒い；黒ずんだ (2) 麝香のような芳香のある (3) 麝香の混じった；麝香の入った
मुश्कीं रंग [形] 《P. مشکیں رنگ》黒い；黒色の；黒茶色の
मुश्की [形] 《P. مشکی←مشک मुश्क》(1) 麝香色の；黒茶色の；黒の (2) 麝香のような芳香のする
मुश्त [名*] 《P. مشت》(1) 拳；握り拳= मुक्का. (2) 一握り= मुट्ठी.
मुश्तइल [形] 《P. مشتعل》興奮した；怒った；激した= उत्तेजित.
मुश्तज़न [名] 《P. مشت زن》(1) レスラー；力士= पहलवान; मल्ल. (2) 手淫をする人
मुश्तज़नी [名*] 《P. مشت زنی》(1) レスリング (2) 手淫
मुश्तबहा [形] 《A. مشتبہ मुशतबह》疑わしい；曖昧な；訝しい；怪しげな= संदिग्ध; संदेहयुक्त.
मुश्तरक [形] 《A. مشترک》(1) 共同の；共有の；合同の= साझे का; मिला हुआ. (2) 法人組織の；協同組織の；協同組合の
मुश्तरका [形] 《A. مشترکہ》= मुश्तरक.
मुश्तरी [名] 《A. مشتری》買い手；客；顧客；バイヤー= ख़रीदार; क्रेता.
मुश्तहर [形] 《A. مشتہر》有名な；名高い= प्रसिद्ध; मशहूर.
मुश्ताक़ [形] 《A. مشتاق》(1) 熱意を持つ；熱心な；意欲的な= आर्ज़ूमंद. (2) 人を恋う；恋い焦がれる= प्रेमी; आशिक़.
मुषल [名] 杵= मूसल.
मुषा [名*] るつぼ（坩堝）
मुषित [形] (1) 盗まれた；盗難にあった= चुराया हुआ. (2) だまされた；欺かれた (3) 失った；なくした
मुष्क [名] 陰嚢= अंडकोष.
मुष्कशून्य [名] (1) 宦官 (2) 去勢された人
मुष्ट [形] 盗まれた= मुषित.
मुष्टामुष्टि [名*] 拳での殴り合い
मुष्टि [名*] (1) 拳；拳骨 (2) 拳で叩くこと (3) 道具の柄；ハンドル；握り；手
मुष्टिक [名] (1) 拳；拳骨= मुक्का; घूँसा. (2)〔イ神〕カンサ王の抱えていた力士の 1 人（バラデーヴァ बलदेव に殺された）
मुष्टिका [名*] (1) 拳；拳骨= मुक्का; घूँसा. (2) 拳骨で叩くこと
मुष्टिदेश [名] 弓の握り
मुष्टियुद्ध [名]（拳骨での）殴り合い= घूँसेबाज़ी.
मुसंबी [名*] (1)〔植〕ミカン科アマダイダイ；ヘソミカン【*Citrus sinensis*】 (2) 同上の果実= मुसम्मी.
मुसकराना [自] 微笑む；微笑する माँ ने मुसकराते हुए जवाब दिया 母は微笑みながら答えた（次のような同義目的語を取る用法もある） मंत्री जी मुसकराए एक मीठी और चिकनी-सी मुसकान 大臣は優しく愛想良く微笑んだ
मुसकराहट [名*] 微笑み；微笑= मंद हास; मधुर हास. कुछ पलों में ही मुसकराहट उसके होंठों पर नाच उठी ほんのわずかの間唇に微笑が浮かんだ वे व्यापारिक मुसकराहट से लैस होकर बोले 商売用の微笑をたたえて言った
मुसका [名] 牛などの家畜にはめる口輪
मुसकान [名*] 微笑み；微笑 आज उसके मुँह पर वह मुसकान न थी 今日は彼女の顔にいつものあの微笑みはなかった
मुसकाना [自] = मुसकराना.
मुसकानि [名*] = मुसकान.
मुसकिराना [自] = मुसकराना.
मुसकुराना [自] = मुसकराना.
मुसकुराहट [名*] = मुसकराहट.
मुसक्यान [名*] = मुसकान.
मुसख़ोरी [名*] 《H.मुस + P.خوری》〔農〕（農作物の）ネズミによる被害

मुसचिरी [名*] (1)〔鳥〕セキレイ科ビンズイ【*Anthus hodgsoni*】(2)〔鳥〕ゴジュウカラ科カベバシリ【*Tichodroma muraria*】〈wall-creeper〉
मुसटंड [形] (1) 屈強な；頑健な；頑丈な (2) ならず者の→ मुस्टंडा.
मुसद्दक़ [形] 《A. مصدق》(1) 証明された (2) 真の；真正の；正真正銘の
मुसद्दस[1] [名] 《A. مسدس》〔イ文芸〕ウルドゥー語の六行詩，ムサッダス
मुसद्दस[2] [形] 六角の；六辺の；六角形の
मुसद्दिक़ [形] 《A. مصدق》証明する= प्रमाणित करनेवाला; तस्दीक़ करनेवाला.
मुसना[1] [自] (1) 盗まれる；とられる；奪われる (2) 隠れる；潜む
मुसना[2] [他] 盗む；とる= चोरी क॰; चुराना.
मुसन्ना [名] 《A. مثنیٰ》(1) 写し；控え (2) 半券
मुसन्निफ़ [名] 《A. مصنف》著者；筆者= लेखक; रचयिता.
मुसन्निफ़ा [名*] 《A. مصنفہ》女性の著者；筆者= लेखिका.
मुसफ़्फ़ी [形] 《A. مصفی》きれいにする；清める= शोधक.
मुसब्बब [名] 《A. مسبب》アロエの成分を乾燥させたもの（薬用）
मुसमार [名]〔鳥〕ワシタカ科ニシオオノスリ【*Buteo rufinus*】
मुसमुंद [形] 破壊された；つぶれた= ध्वस्त; नष्ट.
मुसम्मा [形] 《A. مسمیٰ》（ーと）呼ばれる；（ーの）名のついた；（ーの）名を持つ= (-)नामक; (-)नामी.
मुसम्मात[1] [形*] 《A. مسمات》 मुसम्मा の女性形= (-)नाम्नी.
मुसम्मात[2] [名*]（ーの）名を持つ女性（氏名の前につけられる）= श्रीमती. मुसम्मात कृष्णकुमारी クリシュナクマーリー夫人
मुसम्माती [形] ← मुसम्मात. 女性に関する；女性の
मुसम्मी [名*]〔植〕ミカン科ヘソミカン【*Citrus sinensis*】= मुसंबी.
मुसरिया[1] [名*] ガラス製のチューリーを製造するのに用いる型
मुसरिया[2] [名*] 子ネズミ
मुसरी [名*] 子ネズミ
मुसर्रह [形] 《A. مصرح》言明された；明らかにされた
मुसल [名] 杵 = मूसल.
मुसलधार [副] = मूसलधार.
मुसलमान [名] 《A. مسلمان मुसल्मान》イスラム教徒；ムサルマーン；ムスリム；回教徒 मुसलमानों की अज़्मत की दास्तान イスラム教徒の栄光の物語
मुसलमानिन [名*] 《मुसलमान + H. -इन》イスラム教徒の女性；ムスリム女性
मुसलमानी[1] [形] 《A.P. مسلمانی मुसल्मानी》(1) イスラムの；イスラム教の (2) イスラム教徒の；ムスリムの मुसलमानी टोपी ムスリムの被る帽子
मुसलमानी[2] [名*] (1) イスラム教徒であること；イスラム教徒の本分 (2)〔イス〕割礼= ख़त्ना; ख़तना; सुन्नत.
मुसलमानी[3] [名*] ムスリム女性；イスラム教徒の女性
मुसलसल [形] 《A. مسلسل》→ मुसल्सल.
मुसलाधार [形] → मुसलाधार.
मुसलिम[1] [名] 《A. مسلم मुस्लिम》イスラム教徒；ムスリム；ムサルマーン；回教徒
मुसलिम[2] [形] イスラム教徒の；ムスリムの भारतीय मुसलिम समाज インド・ムスリムの社会
मुसलिम लीग [名*] 《← E. All India Muslim League》(1) インド・イスラム教徒連盟（1906 年発足のインドのイスラム教徒の政治団体）；ムスリム連盟；ムスリム・リーグ (2) 同上の後身政党としてパキスタンに存在する政党. ムスリム・リーグ
मुसलिम संवत् [名] イスラム暦；ヒジュラ暦 हिजरी/हिज्री = इस्लामी संवत्सर.
मुसली[1] [名*]〔植〕キンバイザサ科草本【*Curculigo orchioides*】
मुसली[2] [名*]〔動〕爬虫類ヤモリ科ヤモリ= छिपकली.
मुसल्मान [名] = मुसलमान.
मुसल्मानी [名*] = मुसलमानी.
मुसल्लम [形] 《A. مسلم》(1) 確かな；確実な (2) 明白な (3) 全体の；完全な
मुसल्लह [形] 《A. مسلح》武装した；軍備を整えた= हथियारबंद; सशस्त्र. मुसल्लह होकर 武装して
मुसल्ला [名] 《A. مصلا》〔イス〕ムサッラー（イスラム教徒が礼拝時に使用する小さな敷物）；礼拝用カーペット
मुसल्सल[1] [形] 《A. مسلسل》連続した；続けざまの；一連の= निरंतर; अनवरत; क्रमबद्ध.
मुसल्सल[2] [副] 連続して；連続的に；続けざまに= लगातार; निरंतर.
मुसवाना [他・使] ← मूसना. (1) 盗ませる (2) 奪わせる
मुसव्विर [名] 《A. مصور》画家；絵描き= चित्रकार.
मुसहर [名] ムサハル／ムスハル（ウッタル・プラデーシュ州，ビハール州などの北インドに居住する指定カーストの一）
मुसहिल [名] 《A. مسہل मुस्हिल》下剤；緩下剤= रेचक; विरेचक.
मुसाना [他・使] ← मूसना. 盗ませる
मुसाफ़िर [名] 《A. مسافر》(1) 旅行者；旅人= यात्री; राहगीर. वे मुहल्ले के नहीं, बल्कि रास्ते चलते मुसाफ़िर थे その人たちは界隈の人ではなく道を行く旅人だった (2) 乗客；旅客
मुसाफ़िरख़ाना [名] 《A.P. مسافر خانہ》(1) 旅館；宿屋；宿；旅籠= धर्मशाला; सराय. संसार मुसाफ़िरख़ाना है この世は旅籠なり (2) 駅の待合室= प्रतीक्षालय.
मुसाफ़िर गाड़ी [名*] 《A. مسافر + H.》客車（鉄道）
मुसाफ़िर तैयारा [名] 《A. مسافر طیارہ》旅客機；旅客飛行機
मुसाफ़िर बरदार जहाज़ [名] 《A.P.A. مسافر بردار جہاز》旅客船
मुसाफ़िरी[1] [名*] ← मुसाफ़िर. (1) 旅行の途中；道中；旅の空；旅に出ていること (2) 旅；旅行
मुसाफ़िरी[2] [形] ← मुसाफ़िर. 旅人の；旅行者の
मुसालमत [名*] 《A. مسالمت》(1) 和平；和解；講和 (2) 友好；友愛；友情
मुसाहब [名] → मुसाहिब.
मुसाहबत [名*] 《A. مصاحبت》廷臣などとして身分の高い人のところへ仕えたり勤めたりすること
मुसाहबी [名*] 《A.》= मुसाहबत.
मुसाहिब [名] 《A. مصاحب》(1) 廷臣 (2) 取り巻き；取り巻き連
मुसाहिबियत [名*] = मुसाहबत.
मुसीबत [名*] 《A. مصیبت》(1) 災難；不幸；不運；危難；災厄 आपका राज्य किसी मुसीबत से ढक जाएगा 殿の治めるこの国は何らかの災難に襲われよう (2) 苦労；面倒；苦難 गाय की ख़िदमत करना अच्छी ख़ासी मुसीबत है 雌牛の世話をするのはかなりの苦労だ तरह-तरह की मुसीबतें झेलना いろいろな苦難に耐える (3) 窮地；窮境；窮状 **मुसीबत का नगारा बजना** 災難に襲われる **मुसीबत का मारा** 不幸に見舞われた；災難に遭った **मुसीबत के दिन** 苦しい時期；逆境；窮地；窮境 यह ध्यान रहे कि मुसीबत के दिनों में पुरुष अपनी पत्नी के आगे ही हाथ पसारता है 逆境にあっては夫は妻にのみ助けを求めるものであることに注意なさい (-पर) **मुसीबत ढाना** (ーを) ひどい目に遭わせる= ज़ुल्म क॰; ग़ज़ब क॰. **मुसीबत में फँसना** 窮地におちいる **मुसीबत मोल ले॰** わざわざ厄介なことを抱え込む **मुसीबतों का पहाड़** 山のような災厄 **मुसीबतों का पहाड़ अर्राकर टूट पड़ना** にわかに危難がどっと押し寄せる
मुस्कराना [自] = मुसकराना.
मुस्कराहट [名*] = मुसकराहट.
मुस्कान [名*] = मुसकान.
मुस्की [名*] = मुसकराहट. **मुस्की काटना** 微笑む；微笑する
मुस्टंडा [名] = मुसटंडा. (1) 頑丈な；頑健な= हृष्ट-पुष्ट. (2) ならず者の= बदमाश; गुंडा; शोहदा.
मुस्त [名] = मुस्तक. 〔植〕カヤツリグサ科多年草【*Cyperus scariosus*】= नागरमोथा.
मुस्तक़बिल [名] 《A. مستقبل》将来；未来 ख़ुशगवार मुस्तक़बिल 幸せな未来 **मुस्तक़बिले क़रीब में** 近い将来に= निकट भविष्य में.
मुस्तक़िल [形] 《A. مستقل》(1) 長期にわたる；永久的な= चिरस्थायी. (2) 安定した；固定した；恒常的な；常勤の= स्थायी. मुस्तक़िल तौर पर एक मास्टर साहिब को मुक़र्रर कर रखा था 1 人の先生を常雇いにしていた (3) 堅固な；堅い；不動の= अटल; दृढ़. मुस्तक़िल मिज़ाजी 意志の堅固なこと मुस्तक़िल मिज़ाज 強い性格の
मुस्तक़ीम [形] 《A. مستقیم》(1) 真っ直ぐな= सीधा. (2) 正しい；真正な= ठीक.
मुस्तग़ीस [形] 《A. مستغیث》(1)〔法〕検事；検察官 (2)〔法〕原告；告訴人
मुस्ततील [名] 《A. مستطیل》長方形；矩形= आयत.

म

मुस्तनद [形] 《A. مستند》確かな；確実な；信頼すべき= प्रामाणिक. मुस्तनद लुग़ात 確かな辞書
मुस्तफ़ा[1] [形] 《A. مصطفىٰ》(1) 清らかな= निर्मल. (2) 神聖な= पवित्र; पुनीत.
मुस्तफ़ा[2] [名]〔イス〕預言者ムハンマドの敬称
मुस्तस्ना [形] 《A. مستثنىٰ》(1) 例外の (2) 別にされた；除外された
मुस्तहक़ [形] 《A. مستحق》(1) ふさわしい；値する एक भी हक़ीक़ी इज़्ज़त के मुस्तहक़ नहीं 1 人も真の尊敬に値しない (2) 困窮している
मुस्ता [名]〔植〕カヤツリグサ科ハマスゲ【*Cyperus rotundus*】
मुस्तैद [形] 《A. مستعد》(1) きびきびしている；活発な；機敏な；敏捷な (2) 用意のある；構えている；待機している；準備している；手際のよい；段取りのよい；用意周到な ज़रा-सी बगिया की रखवाली में इतना मुस्तैद ちょっとした庭の番にこれほどの段取りとは
मुस्तैदी [名*] 《A. مستعدى》(1) きびきびしていること；活発さ；機敏さ सिपाही मुस्तैदी से अपनी ड्यूटी पर थे 警官はきびきびと任務についていた (2) 用意や準備の行き届いていること；段取りのよさ घरों में चौका-बर्तन का काम वह पहले भी बड़ी मुस्तैदी से करती थी 台所の仕事を以前も段取りよく行っていた
मुस्तौफ़ी [名] 《A. مستوفى》監査役
मुस्लिम [名・形] → मुसलिम.
मुस्लिम लीग [名*] = मुसलिम लीग.
मुहकम [形] 《A. محكم मुह्कम》(1) 丈夫な；頑丈な (2) しっかりした；安定した；不動の (3) 持続的な；永続的な
मुहकमा [名] 《A. محكمه मुह्कमा》部局；局；庁
मुहक़्क़िक़ [名] 《A. محقق》研究者；探究者
मुहज़्ज़ब [形] 《A. مهذب》(1) 洗練された；開けた；開化した (2) 上品な；優雅な
मुहतमिम [名] 《A. مهتمم मुह्तमिम》(1) 支配人；理事長；主管；主事 (2) 監督者；監督官 (3) 視学（官）
मुहतरम [形] 《A. محترم मुह्तरम》尊敬すべき（敬称として固有名詞の前に用いられる）
मुहतरमा [形*] 《A. محترمه मुह्तरमा》尊敬すべき（敬称として用いられる） मुहतरमा फ़ातिमा जिन्ना ファーティマー・ジンナー女史
मुहताज [形] 《A.P. محتاج मुह्ताज》= मोहताज. (1) 不足している；必要な；求められている；入用の (2) 貧しい；困窮している；貧乏な；貧窮の लोककला अपने विकास के लिए सदा संरक्षण की ही मुहताज नहीं रहती 民芸はその発展のために常に庇護を必要とするわけではない पैसे-पैसे को मुहताज हो जा॰ わずかの金に困る
मुहताजी [名*] 《A. محتاجى मुह्ताजी》← मुहताज. 困窮；貧窮= दरिद्रता; ग़रीबी.
मुहब्बत [名*] 《A. محبت》(1) 愛情；愛；愛しさ= प्रीति; प्यार; प्रेम. माँ की मुहब्बत （子供に対する）母親の愛情 सातों भाई जब तक मुहब्बत की रस्सी से बँधे रहेंगे 7 人兄弟が愛情の絆で結ばれている限り भाभी देवर की मुहब्बत 兄嫁と義弟の間の愛情 अपने मुल्क से मुहब्बत करने और उसपर जान देने वालों को 母国を愛しそのために命を捧げる人たちに उसको बच्चों से बेपनाह मुहब्बत थी 子供たちが限りなく愛おしかった (2) 恋；恋愛；恋情= प्रेम; इश्क़. **मुहब्बत से** 優しく；愛情を込めて मुहब्बत से समझा देना चाहिए （弟妹に）優しく言い聞かせなくてはならない वह मुहब्बत से बोलती है 優しく語る
मुहम्मद[1] [名] 《A. محمد》〔イス〕預言者ムハンマド. 一般に, रसूलुल्लाह मुहम्मद と言う呼び方をする. 正式には हज़रत मुहम्मद सल्लाल्लाहु अलैहि व सल्लम
मुहम्मद[2] [形] 称賛された
मुहम्मदी[1] [名] 《A. محمدى》イスラム教徒
मुहम्मदी[2] [形] 預言者ムハンマドの
मुहय्या [形] = मुहैया. बच्चों को पोषक आहार मुहय्या करने के कार्यक्रम को 児童に栄養食を提供する計画を
मुहर [名*] 《P. مهر मुह्र》= मोहर. (1) 印；印章；印鑑；判 रबड़ की मुहर ゴム印 उसपर छात्रावास के पुस्तकालय की मुहरें अंकित थीं それには図書館の判が押されていた (2) 印字されたもの；刻印 मिट्टी या पत्थर की बनी चपटी आयताकार मुहरें 粘土製もしくは石製の平たい長方形の印章 (3) 指輪；銘の入った指輪 (4) 封印；シール (5) ムハル；金貨（ムガル時代など中世インドにおいて発行された金貨．9 ルピー銀貨= 1 ムハル金貨） (6) ムハル金貨（東インド会社治下及び英領インドで発行された金貨） **मुहर तोड़ना** 開封する **मुहर लगना** 密封される (-की) **मुहर लगना** *a.* (ーが) 承認される *b.* (ーが) 証明される *c.* (ーの) 刻印が押される (-की) **मुहर लगाना** *a.* (ーを) 承認する *b.* (ーを) 証明する *c.* (ーの) 刻印を押す **मुहर लगाना** 密封する；封印する
मुहरबंद [形] 《P. مهربند》密封された；封印された
मुहरा [名] 《P. مهره》(1) ガラス玉 (2) 数珠玉 (3) 蛇毒を除くとされる玉 (4) チェスの駒 (5) つや出しに用いる貝殻（コヤスガイの殻） मुहरा क॰ つや出しをする
मुहरी [名*]〔裁〕ズボン，パージャーマーなどの裾；折り返し
मुहर्रम[1] [名] 《A. محرم》(1) イスラム暦の第 1 月，ムハッラム月 (2)〔イス〕イマーム・フサインの殉教を悼むムハッラム月の 10 日間．ムハッラム **मुहर्रम का पैदा** いつも陰気で憂鬱な **मुहर्रम की पैदाइश** = मुहर्रम का पैदा.
मुहर्रम[2] [形]（宗教上）禁じられた= हराम.
मुहर्रमी [形] ← मुहर्रम (1) ムハッラムの (2) 悲しみに満ちた (3) 陰気な **मुहर्रमी पैदाइश** = मुहर्रम का पैदा.
मुहर्रिक[1] [名] 《A. محرک》(1) 提唱者 (2) 扇動者
मुहर्रिक[2] [形] (1) 動かす (2) 刺激を与える (3) 煽る
मुहर्रिर [名] 《A. محرر》(1) 書記；事務官 कचहरी का मुहर्रिर 警察署，裁判所など役所の書記，事務官 (2) 事務員
मुहर्रिरी [名*] 《A.P. محررى》(1) 書記の仕事；事務官の職 (2) 事務員の仕事
मुहलत [名*] 《A. مهلت मुह्लत》(1) 猶予；猶予期間 उसने मुझे तीन माह की मुहलत दे दी 私に 3 か月の猶予をくれた कुछ समय की मुहलत माँगना しばらくの猶予を求める (2) 休暇；暇 तुझको एक महीने की मुहलत दी जाती है 君に 1 か月の休暇が与えられる (3) 時間
मुहलिक [形]《A. مہلک मुह्लिक》致命的な बाज़ बीमारियाँ इंतहाई मुहलिक होती है 若干の病気は極度に致命的である मुहलिक हथियार 凶器
मुहल्ला [名] 《A. محله》(1) 区域；界隈；地域；街区；居住区域 मुहल्ले की मसजिद हमारे घर से बहुत करीब है 区域のモスクは家からとても近い उस मुहल्ले में अधिकतर कम पढ़े-लिखे और मज़दूर लोग रहते थे その地域にはたいてい教育程度の低い人や労務者たちが住んでいた (2) 管区
मुहसिन [形] 《A. محسن मुह्सिन》親切な；慈悲深い；情け深い
मुहस्सिल [名] 《A. محصل》徴税人；徴税官
मुहाजिर [名] 《A. مهاجر》(1) 難民；避難民= विस्थापित. (2) インド・パキスタンの分離独立時にインド領から当時のパキスタン領に避難したイスラム教徒．狭義には北部及び中部インドから西パキスタンのシンド州の都市部へ移住した人たちを指す
मुहाजिरीन [名] 《A. مهاجرين》 मुहाजिर の複数形
मुहाना [名] 河口 गंगा के मुहाने की ओर ガンジスの河口に向かって
मुहाफ़िज़[1] [形] 《A. محافظ》守る；守護する；保護する
मुहाफ़िज़[2] [名] (1) 保護者 (2) 守護者；護衛
मुहाफ़िज़त [名*] 《A. محافظت》(1) 保護 (2) 守護
मुहार [名*] ラクダの鼻綱
मुहारबा [名] 《A. محاربه》戦い；争い；戦争= लड़ाई; युद्ध.
मुहाल [形] 《A. محال》(1) 不可能な；できない= असंभव; नामुमकिन. चलना मुहाल था 歩けなかった पर अम्माँ से कहती क्या ख़ाक! उठकर बैठना तक तो मेरे लिए मुहाल था だが，母に言うどころか起き上がることさえできなかった (2) 難しい；困難な= कठिन; दुष्कर.
मुहावरा [名] 《A. محاوره》慣用語句；イディオム
मुहावरेदार [形] 《A.P. محاوره دار》慣用語法の；慣用語法にかなった；イディオムの多い मुहावरेदार शैली イディオマティックな文体
मुहाविरा [名] → मुहावरा.
मुहासबा [名] 《A. محاسبه》(1) 計算 (2) 監査 (3) 調査
मुहासरा [名] 《A. محاصره》包囲；取り囲むこと；封鎖= घेरा डालना; घेरना. दुश्मन का मुहासरा क॰ 敵を包囲する
मुहासिब [名] 《A. محاسب》会計係；経理係

मुहासिबा [名] = मुहासबा.
मुहासिरा [名] = मुहासरा.
मुहासिल [名] 《A. محاصل》 (1) 収入 (2) 儲け
मुहिब [名] 《A. محب》 = मुहिब्ब. 友人；友達；仲間= मित्र; दोस्त.
मुहिम [名*] 《A. مہم》 (1) 大仕事；大事業；難事 एवरेस्ट शिखर पर पहुँचना कठिन मुहिम है エベレストの頂上に到達するのは難行だ (2) 退治；撲滅運動；キャンペーン इस वक़्त सारे मुल्क में मलेरिया के ख़िलाफ़ एक मुहिम चल रही है 現在全国的にマラリア撲滅運動が行われている (3) 戦い；闘争 **मुहिम सर क॰** 勝つ；勝利を収める
मुहीत [形] 《A. محیط》 (1) 広大な；広範な= व्यापक; विस्तृत. (2) 覆われている；覆われた
मुहीम [名*] = मुहिम. अन्य विरोधी दल के साथ हमारा दल भी उनके हटाने की मुहीम में सहयोग देगा 他の野党と共にわが党も同氏の退陣要求闘争に協力する
मुहुः [副] 再び；繰り返し；反復的に= बार बार; बारं बार.
मुहुर्मुहुः [副] 繰り返し；反復的に= पुनः पुनः; बार बार.
मुहूर्त [名] (1) 1日の30分の1の時間，すなわち，48分間 (2) 宗教儀式や行事をするのに良いとされる日柄や時刻；吉日；吉祥の時刻 आज बड़े अच्छे मुहूर्त में घर से चला था 今日は縁起の良い時刻に家を出た छः बजे शाम को बारात चलने का मुहूर्त था 結婚式の行列は6時に出発の予定であった विवाह-मुहूर्त 挙式の時刻 **मुहूर्त दिखाना** = मुहूर्त निकलवाना. **मुहूर्त निकलना** 吉祥の時刻が過ぎてしまう（時刻に遅れる） मुहूर्त निकला जा रहा था 吉祥の時刻が過ぎ去ろうとしていた **मुहूर्त निकलवाना** 吉日や吉祥の時刻を（バラモンに）決めてもらう गृह प्रवेश का मुहूर्त निकलवाना （新築の家の）入居の日時をバラモンに占いで決めてもらう **मुहूर्त निकालना** 吉祥の日や時刻を（計算して）決める
मुहैया [形] 《A. مہیا》 (1) 手に入った；入手された अपने लिए काफ़ी उन्नत, आधुनिक जीवन स्तर भी मुहैया कर सकेंगे かなり高い近代的な生活水準さえ獲得することができよう (2) 用意された；整えられた；準備された；備えられた；提供された मुहैया क॰ 用意する；備える；準備する；提供する वह ज़रूरियात की चीज़ें मुहैया करती है 必需品を準備する（整える） नावें मुहैया की गई （救難用に）船が集められた नगरपालिका की तरफ़ से मरघट पर न तो कोई सुविधा मुहैया कराई गई है 市役所は火葬場に何らの便宜も提供していない (3) その場にいる；居合わせる；出席している
मूँग [名⁻]〔植〕マメ科アオアズキ；リョクトウ（緑豆）；ブンドウマメ【*Vigna radiata; Phaseolus radiatus*】 **(-की) छाती पर मूँग दलना** （－に）羨ましがらせる；悔しがらせる **मूँग की दाल खानेवाला** *a.* 元気のない；力強さのない；力のない *b.* 病気に罹っている；病んでいる *c.* 臆病な **मूँग दलना** 困らせる；悩ます **मूँग पढ़कर मारना** 魔除けや厄払いの呪法を行うために呪文を唱えてリョクトウを投げつける
मूँगफली [名*] (1)〔植〕マメ科ラッカセイ（落花生）；ナンキンマメ（南京豆）；ピーナツ (2) 落花生の実 मूँगफली छील-छीलकर खाते 落花生の殻をむきむき食べる
मूँगा [名] 珊瑚= प्रवाल; मर्जान. **मूँगे की चट्टानें** 珊瑚礁
मूँगिया[1] [形] 濃緑色の；緑豆の色をした
मूँगिया[2] [名] 濃緑色
मूँगी [形] 珊瑚色の；黄赤色の
मूँछ [名*] (1) くちひげ（口髭） (2) 動物の髭 (3) 触覚 (4) 体面；面目；面子（を象徴するもの） आज के युग में पैसा ही नाक और मूँछ है 今の世の中金こそが人の鼻であり口髭（名誉や尊厳の象徴）である **तितली छाप मूँछ** カイゼル髭 **मूँछ ऊँची रह जा॰** 体面が保たれる；面子が保たれる **मूँछ ऊँची हो॰** 鼻が高い；誇らしい **मूँछ ऐंठना** 恰好をつける；得意がる **(-की) मूँछ का बाल** （－の）最愛のもの；目に入れても痛くない（もの） **मूँछ की लड़ाई** 名誉や体面，面子に関わる問題や争い यह मूँछ की लड़ाई बन गई है これは体面をかけた争いになってしまっている **(-की) मूँछ के एक एक बाल चुनवा ले॰** （－を）ひどく辱める **मूँछ खड़ी हो॰** 名誉や体面が保たれる **मूँछ गिरना** = मूँछ नीची हो॰. **मूँछ जा॰** = मूँछ नीची हो॰. **मूँछ टेढ़ी हो॰** 鼻にかける；自慢する **मूँछ टेना** 興奮する **मूँछ डुबोना** = मूँछ बोरना. **मूँछ तानकर** 誇らしげに **मूँछ नीची क॰** 恥をかく **(-की) मूँछ (मूँछें) नीची हो॰** （－が）鼻を折られる；面目を失う；面子を失う；赤恥をかく हार बैठे राजाओं की तो मूँछें ही नीची हो गई थीं 負けた王たちは全く面目を失ってしまった **(-की) मूँछ नोच ले॰** （－を）辱める；（－の）鼻をへし折る；（－に）赤恥をかかせる **मूँछ पकड़कर अकड़ना** とても威張る；そりくり返って威張る **(-की) मूँछ पकड़ना** （－を）辱める；侮辱する **मूँछ पट हो॰** = मूँछ नीची हो॰. **(अपनी) मूँछ पेशाब से मुड़वा दे॰** 降参する **मूँछ फटकारना** 威張る **मूँछ बीन ले॰** = मूँछ नोच ले॰. **मूँछ बोरना** 欲を出す；欲張る **मूँछ मरोड़ना** = मूँछ ऐंठना. **मूँछ (मूँछें) मुड़ाना** 降参する；降伏する बेटा निकले तो मूँछें मुड़ा लूँ （生まれた子が）もしも男の子だったら降参するよ **(-की) मूँछें उखाड़ना** *a.* （－の）髭を引き抜く；（－を）ひどい目に遭わせる उसे बार-बार क्रोध आता था कि चलकर उसकी मूँछें उखाड़ लूँ 出掛けていってひどい目に遭わせてやりたいと幾度も怒りがこみ上げて来るのだった *b.* （－を）辱める；恥辱を与える **(-की) मूँछें एक-एक करके चुन ले॰** （－を）ひどく辱める；さんざんひどい目に遭わせる **मूँछों का कूंडा क॰**〔イス〕息子の口髭が生えたの（成人したの）を祝って親戚縁者に贈り物をする儀礼 **मूँछों की लाज रहना** 面目が保たれる **मूँछों पर ताव दिखाना** 威張る；得意げにする **मूँछों पर ताव दे॰** 得意げに口髭をひねる；威張った様子を見せる；得意がる；得意な表情を見せる= मूँछों पर हाथ फेरना. **मूँछों पर ताव देकर** 誇らしげに；得意げに **(-की) मूँछों पर हाथ डालना** （－を）辱める；（－に）恥辱を与える **मूँछों -ही- मूँछों में मुसकराना** 口元に笑みをたたえる वह सारी बात समझ गया.मेरे कंधे पर हाथ रखकर मूँछों -ही-मूँछों में मुसकराकर बोला 話をすっかり了解して私の肩に手をかけ口元に笑みをたたえて言った
मूँज [名]〔植〕イネ科モンジャソウ（文若草）【*Saccharum munja; S. bengalense*】 **मूँज की टट्टी और गुजराती ताला**〔諺〕ちぐはぐなことや一貫性のないこと，あるいは，馬鹿げたことなどのたとえ
मूँड़ [名] 頭；頭部；頭蓋；頭蓋骨 **मूँड़ उघारना** 恥知らずになる；破廉恥になる **(-के) मूँड़ चढ़ना** （－に）つけあがる；なれなれしくする **मूँड़ दुराना** 身を守る **(-को) मूँड़ पर चढ़ाना** （－を）つけあがらせる **(-के) मूँड़ पर पड़ना** （－に）責任が降りかかる **मूँड़ पिराना** 無駄口で悩ませる **मूँड़ मारना** *a.* 努める；努力する *b.* 頭を激しく使う= बहुत दिमाग़ लगाना. *c.* 首を刎ねる **मूँड़ मुड़ाकर (-के) पीछे पड़ना** 四六時中，（－に）つきまとう；（－を）絶えず悩ます **मूँड़ मुड़ाते ओले पड़ना** 事を始めたとたんに災難に見舞われる；出端を挫かれる **मूँड़ मुड़ाना** 出家する
मूँड़-कटा [形] 首を切られた；首を刎ねられた
मूँड़न [名] = मुंडन.
मूँड़ना [他] (1)（頭髪などを）剃る (2) 弟子にする；弟子にとる (3) 金を巻き上げる；だまし取る लोगों को मूँड़ने का सिलसिला 世間の人からだまし取る計略 अब वह आकर इन सेठ जी को मूँड़ेगा 今にあいつがやってきてこのセート（大商人）から金を巻き上げよう (4) ぼる；暴利を貪る= ठगना. **उलटे छुरे से मूँड़ना** もてあそぶ；なぶりものにする
मूँड़ी [名*] (1) 頭；前頭部；額；前額部 (2) 前部；前面 **(-की) मूँड़ी मरोड़ना** （－を）だましてさんざんな目に遭わせる；（－から）だまし取る
मूँड़ी-काटा [名・感] (1) 首を切られた人；死人 (2)〔俗〕ののしりの言葉として用いられる.「死んでしまえ」
मूँदना [他] (1) 覆う；覆い隠す (2)（穴などを）ふさぐ (3) 開いているものを閉じる **आँख मूँदना** *a.* 目をつぶる；目を閉じる *b.* 見て見ぬふりをする；知らぬふりをする आँख मूँदकर उस ज्ञान को आख़िरी सत्य मान लें और उसी पर अमल करने लगें 目をつぶってその知識を最終的な真理と思いそれに基づいて行動すること
मू [名] 《P. مو》 (1) 毛；人や動物の体に生える毛 (2) 髪；頭髪；毛髪
मूआ [形⁺] (1) 死んだ；死んでしまった；くたばった= मृत; मरा हुआ. (2) くたびれた；くたびれ果てた
मूआ-टूटा [形⁺] (1)（経済的に）左前の；破産に至った (2) くたびれ果てた；くたばった
मूक [形] (1) 無言の；黙っている；沈黙した आँखें और ओंठ फैलाए मूक रहा 目と口を開いたまま黙っていた **मूक अभिनय** パントマイム मूक दर्शक 無言の見物人 मूक निवेदन 無言の嘆願 मूक संघर्ष 無言の闘争 मूक समर्थन 無言の支援 (2) おしの；聾唖の；唖者の क्या मूक आदमी बोलने लगता है? 唖者がしゃべりだすものか (3) 無声

の मूक फ़िल्म 無声映画 (4) 暗黙の मूक स्वीकृति 黙認 (5) 寄る辺ない= लाचार; दीन.

मूकता [名*] ←मूक.

मूकना [他] (1) 放つ= छोड़ना; मुक्त क॰; खोलना. (2) 離す；引き離す= दूर क॰; अलग क॰.

मूकबधिर [形] 聾唖の

मूकभाव [名] 沈黙；無言

मूका [名] 拳骨で殴ること；拳での殴打= घूँसा.

मूकिमा [名*] = मूकता.

मूछ [名*] = मूँछ.

मूजिद [形] 《A. موجد》 考案する；発明する= आविष्कारक; ईजाद करनेवाला.

मूजिब [名] 《A. موجب》 (1) 原因；理由= कारण; हेतु; सबब. (2) 媒介；媒体= द्वारा; ज़रिये.

मूज़ी [形] 《A. موذی》 (1) 厄介な；面倒な= कष्टदायक. (2) 邪悪な；悪辣な；悪性の；たちの悪い मूज़ी मर्ज़ 悪性の病気 (3) 有害な (4) 苦しめる；苦痛を与える；悩ませる

मूठ [名*] (1) 拳；握り拳= मुट्ठी; मुष्टि. (2) 道具のえ（柄）；取っ手；把手 (3) 一掴み (4) なんこ（何個．コヤスガイを手に握ってその数を当てさせる賭博） (5) 呪法；呪術；まじない **मूठ क॰** シャコウズラを戦わせるために握って押さえ興奮させること **मूठ चलाना** 呪術を行う= जादू क॰; टोना मारना. **मूठ मारना** *a.* ハトを手に握る *b.* 呪術を行う（手に何かを握り呪文を唱え投げつける） *c.* 手淫をする **मूठ लगना** 呪法にかかる= टोना लगना; जादू का असर हो॰. **मूठ लगाना** 呪法をかける

मूठा [名] 屋根葺きに用いるため草や藁などを長く束ねたもの

मूठी [名*] = मुट्ठी. **मूठी खेलना** 気前よく寄進する (-) **मूठी में क॰** （ーを）意のままにする；支配する；思い通りに操る (-की) **मूठी में रहना** （ーに）操られる；（ーの）意のままになる (-) **मूठी में ले॰** = मूठी में क॰.

मूड [名] 《E. mood》 (1) 気分；機嫌；ムード मोहनलाल का मूड धीरे-धीरे सुधरता जा रहा था モーハンラールの気分がだんだん良くなって行っていた अपने मूड के अनुसार 自分の気分に応じて उनका मूड तो हर समय ही खराब रहता है あの方はいつも機嫌が悪い मूड बिगड़ जा॰ 機嫌が悪くなる (-का) **मूड बिगाड़ना** （ーの）機嫌を損なう (2) 雰囲気；ムード；気分 यहाँ श्रोता अच्छे हैं.अगर सुनने वाले अच्छे न हों तो 'मूड' ही नहीं बनता ここの聴衆はいいが，聴衆がよくないとムードが出ないんだ (3) 気持ち；意向 सरकार समझौते के मूड में है 政府は妥協の意向 **मूड उखड़ना** 気分が損なわれる；不機嫌になる बच्चे का मूड उखड़ जाएगा 子供の機嫌が悪くなる **मूड उखाड़ना** 気分を害する；機嫌を損なう

मूड़ [名] = मूँड़. 頭；頭部；頭蓋 घड़ी भर चूल्हे के सामने बैठ जाती है, तो आँखें लाल हो जाती हैं और मूड़ थामकर पड़ जाती है 少しの間竈の前に座ると目が赤くなり頭を抱えて座り込む घर वाले मूड़ ही काटकर छोड़ेंगे 家族の者は首を刎ねずにはおかないだろう **मूड़ हिलाना** 憑依のため頭を振る

मूड़ना [他] = मूँड़ना.

मूडी [形] 《E. moody》 むら気の；お天気屋の；気まぐれな वे बड़े मूडी होते हैं, बड़े संवेदनशील होते हैं 大変な御天気屋でとても感受性が強いんだあの人は तोता स्वभाव से मूडी होता है インコはもともと気まぐれな鳥なんだ

मूड़ी[1] [名*] 炒り米 एक आने की मूड़ी 1 アンナ分の炒り米

मूड़ी[2] [名*] = मूँड़ी.

मूढ़ [形] (1) 愚かな；馬鹿な；間抜けな (2) 愚かしい；馬鹿げた हम जिसे देख नहीं सकें, वह सत्य नहीं है, यह है मूढ़ धारणा! 見ることのできないものは真実ではないと言うのは愚かしい考えである (3) 茫然とした= स्तब्ध. (4) 困惑した；当惑した= घबराया हुआ.

मूढ़ता [名*] ←मूढ़. 無知；蒙昧；愚昧

मूढ़त्व [名] = मूढ़ता.

मूढ़ा [名] 葦などの茎を編んでこしらえた低い腰掛け；ムーラー

मूत [名] (1) 小便；尿 जानवरों का मूत 動物の尿 (2) 〔俗〕子孫（侮辱的な表現） (-के आगे) **मूत निकल पड़ना** （ーを前に）恐怖のあまり失禁する；恐ろしさのあまり小便を洩らす **मूत से निकलकर गू में पड़ना** 前にも増してひどいありさまになる

मूतना [自・他] 小便をする；排尿する ऐं, मुन्ने ने मूत दिया! अजी सुनती हो मुन्ने को ले जाओ これこれ，坊が小便したよ．連れて行っておくれ (-पर) **मूतना** （ーに）はな（洟）も引っかけない（ほどに無視したり軽視したりする）

मूत्र [名] 小便；尿；いばり；ゆばり= मूत; पेशाब. मूत्र बढ़ाने वाला पदार्थ 利尿剤

मूत्र इंद्रिय [名*] 排尿器官

मूत्रकृच्छ्र [名] 〔医〕尿通困難

मूत्र-त्याग [名] 排尿；放尿 मूत्र-त्याग करते समय 排尿の際

मूत्रनलिका [名*] 輸尿細管 〈urinary tubule〉

मूत्रनली [名*] 尿道；尿路

मूत्रपथ [名] 尿道；尿路

मूत्रपरीक्षा [名*] 検尿

मूत्रमार्ग [名] 尿道；尿路

मूत्रमार्ग शोथ [名] 〔医〕尿道炎

मूत्ररोध [名] 〔医〕排尿停止

मूत्रल [形・名] 利尿の；利尿剤

मूत्रवाहिनी [名*] 〔解〕尿管；輸尿管 〈uterer〉

मूत्राम्ल [名] 〔化〕尿酸 〈uric acid〉

मूत्राशय [名] 膀胱= मसाना; फुकना. 〈urinary bladder〉

मूत्रीय [形] 尿の

मूत्रेच्छा [名*] 尿意 जल्दी-जल्दी मूत्रेच्छा हो॰ 頻繁に尿意を催す

मूनिस [名] 《A. مونس》 (1) 友人；友；友達 (2) 仲間；朋友

मू-ब-मू [副] 《P. مو بہ مو》 詳細に；微細に；こまごまと（細々と）；微に入り細にわたり；寸分違わず

मूबाफ़ [名] 《P. موباف》 髪を編むのに用いるひも

मूरख [形] 愚かな；間抜けた= मूर्ख; बेवुक़ूफ़.

मूरचा [名] 錆= मोरचा.

मूरछना[1] [自] 気を失う；失神する= मूर्च्छित हो॰; बेहोश हो॰.

मूरछना[2] [名*] (1) = मूर्च्छा. (2) = मूर्च्छना.

मूरछा [名*] 失神；失神状態；気を失うこと= मूर्च्छा.

मूरत [名*] (1) 姿；形；像；形象；何かの形を真似てこしらえた物；抽象的なものを具象化した物= मूर्ति. ख़ूबी की है गोया मूरत まるで善良さが姿を現したかのよう माँ की मूरत जो मन के कच्चे काँच पर अंकित थी 胸の奥深く刻まれていた母の像 (2) 刻んだり彫ったりして目に見える形にした物；彫像 चिड़िया की मूरत 鳥の彫り物 **मूरत बनना** 茫然とする；立ちすくむ；呆気にとられる

मूरति [名*] = मूर्ति.

मूरिस [名・形] 《A. مورث》 先祖（の）；祖先（の）

मूरिसे अव्वल [名・形] 《A. مورث اول》 = मूरिसे आला.

मूरिसे आला [名] 《A. مورث اعلی》 家系の祖；家系の初代= वंशप्रवर्तक. बाबा सालिह नाम के एक बुज़ुर्ग उस ख़ानदान के मूरिसे आला थे バーバー・サーリハという方がその家系の初代であった

मूर्ख [形] (1) 愚かな；愚昧な (2) 鈍い；愚鈍な (-को) **मूर्ख बनाना** （ーを）笑いものにする；からかう उसने मन में कहा कि वह इस बहाने मुझे मूर्ख बनाना चाहता है あの男はこれを口実にこちらをからかいたいのだと思った

मूर्खता [名*] ←मूर्ख. (1) 愚かさ；愚かなこと；愚昧 (2) 愚行；愚かな行為 अमीरों की मूर्खताओं की नकल 金持ち連中の愚行の真似

मूर्खत्व [名] = मूर्खता.

मूर्खा [形*] 《Skt. ←मूर्ख》 मैं पागल हूँ, निरी मूर्खा हूँ 私は頭がおかしいのです．全くの愚か者なのです

मूर्खिमा [名*] = मूर्खता.

मूर्च्छन [名] (1) 失神；卒倒；気絶 (2) 催眠術 (3) 催眠術にかけること

मूर्च्छना [名*] (1) 〔イ音〕転調；ラーガの上昇から下降 (2) 〔イ音〕装飾音

मूर्च्छा [名*] 気絶；失神；卒倒 मूर्च्छा आ॰ 気絶する；失神する；卒倒する= मूर्च्छा खाकर गिरना. मूर्च्छा-सी आ॰ 頭がふらふらする；失神しそうになる

मूर्च्छित [形] (1) 失神した；気絶した；卒倒した= अचेत; बेहोश. (2) 不活性の

मूर्छा [名*] → मूर्च्छा.

मूर्छित [形] → मूर्च्छित.

मूर्त [形] (1) 形のある；有形の；具象の；感知できる (2) 具体的な；体現された；具現された मेरी कल्पनाएँ और मेरे स्वप्न मूर्त होने

लगे थे 理想や想像や夢が具現され始めた (-को) मूर्त रूप दे० (一を) 体現する；具現する
मूर्तता [名*] ←मूर्त.
मूर्तत्व [名] ←मूर्त. =मूर्तता.
मूर्ति [名*] (1) 形；姿 (2) 像 कच्ची मिट्टी की मूर्ति 粘土の像 (3) 偶像 मंदिर में चामुंडा की मूर्ति है 寺にはチャームンダー女神の像がある भगवान बुद्ध की मूर्ति 仏像 देवता की मूर्ति 神像 (4) 具現；生き写し
मूर्तिकला [名*] 彫刻 यूनानी मूर्तिकला ギリシア彫刻
मूर्तिकार [名] (1) 彫刻家 (2) 石工；石像を彫る人
मूर्तिनिर्माण कला [名*] 彫刻
मूर्तिपूजक [名] (1) 偶像崇拝者= बुतपरस्त. (2)〔ジャ〕ムールティプージャカ（ジャイナ教白衣派の一）
मूर्तिपूजन [名] = मूर्तिपूजा.
मूर्तिपूजा [名*] 偶像崇拝；神像の崇拝= बुतपरस्ती.
मूर्ति प्राणप्रतिष्ठान महोत्सव [名] 入魂式
मूर्तिभंजक [形] 偶像を破壊する；偶像破壊（者）の；偶像否定の
मूर्तिभंजन [名] 偶像破壊；偶像否定
मूर्तिमती [形*] = मूर्तिमान
मूर्तिमत्ता [名*] 具象；具体（性）
मूर्तिमान् [形] (1) 形のある；具象の；具体の (2) 明白な；明確な
मूर्तिविद्या [名*] 図像学
मूर्तिशिल्प [名] 彫刻；彫像
मूर्तिशिल्पी [名] 彫刻家
मूर्तीकरण [名] 具体化；具象化；具現；実現
मूर्त्त [形] = मूर्त. अपने प्रेम को मूर्त्त रूप देने के लिए 愛情を形あるものとするために टेलीविजन के आविष्कार ने इस कल्पना को मूर्त्त रूप दिया テレビの発明がこの空想を実現した
मूर्त्ति [名*] = मूर्ति.
मूर्द्ध [名] 頭；頭蓋 = मस्तक; सिर.
मूर्द्धज [形] 頭から生じる；頭に生じる
मूर्द्धन्य [形] (1) 頭の (2) 主要な；頂点に位置する (3)〔言〕硬口蓋の；そり舌（反り舌）の；反舌音の；反転音の 〈retroflex〉 मूर्द्धन्य ष 反り舌無声摩擦音のシャ (ष)
मूर्द्धन्यीकरण [名]〔言〕反舌音化 〈retroflexion〉
मूर्द्धा [名] (1) 頭；頭蓋 (2)〔言〕硬口蓋（の頂点） 〈cerebrum〉
मूर्द्धाभिषिक्त [形]〔ヒ〕即位の灌頂を受けた；灌頂式を済ませた
मूर्द्धाभिषेक [名]〔ヒ〕即位式；即位式の灌頂
मूर्धा [名] = मूर्द्धा.
मूर्वा [名*] (1)〔植〕キンポウゲ科蔓草インドセンニンソウ【*Clematis triloba*】 (2)〔植〕ユリ科チトラセン【*Sansevieria roxburghiana; S. zeylanica*】 〈Indian bowstring hemp〉
मूल[1] [名] (1) 植物の根 (2) 食用になる根茎 (3) 出身；出自；系統 मारीशस की जनसंख्या के 67 प्रतिशत लोग भारतीय मूल के हैं モーリシャスの人口の67％の人たちがインド系である वह एक भारतीय मूल का धनी व्यक्ति था その人物はあるインド系の金持ちだった (4) 元；根本；根元；始まり；起源 आर्थिक विषमता ही समस्त समस्याओं का मूल है 経済的不平等が一切の問題の根元である कहानी के मूल में सुनने और जगबीती सुनने की अभिलाषा रहती है 物語の根本に自分の体験を語りたい，他人の体験を聞きたいという欲求がある इन माँगों के मूल में これらの欲求の根本に (5) 基礎 (6) 付け根 (7) 原型；原物 (8) 原文；原著；原典 (9) 元手；元金 इतने में तो मूल भी वसूल नहीं होगा これだけでは元手すら取り戻せないだろう (10)〔占星〕インドの二十七宿の第19；ムーラ星宿 **मूल काटना** 根を絶つ；根を切る；大きな打撃を与える **मूल खोना** 元手を失う **मूल गँवाना** = मूल खोना. **मूल पूरना** 元手を取り戻す **मूल में** 実のところ；実際は；本質において= वास्तव में; असल में; दर अस्ल. **मूल में खोट आ०** 最初から混乱のある **मूल में हाथ लगना** 元金に手がつけられる **मूल से ब्याज प्यारा हो०** *a.* 元手よりも利子のほうが嬉しいもの *b.* 子供よりも孫のほうが可愛いもの
मूल[2] [形] (1) 本質の；本質的な संघर्ष, शक्ति तथा नीति राजनीति की परिभाषा के मूल तत्त्व हैं 闘争，力，策略が政治の定義の本質である (2) 根本の；根元の；基本の；根底の；基幹の इसका मूल कारण उन हार्मोंस का असंतुलन ही है それの根本原因は正にそれらのホルモンのアンバランスである समृद्ध लौह-इस्पात उद्योग के अभाव में न तो मूल उद्योग चल सकते हैं, न सैनिक शक्ति बढ़ सकती है 鉄鋼産業が盛んでなければ基幹産業も機能しないし軍事力も増大できないものだ जीवन के किसी भी क्षेत्र में सफल होने के लिए जो मूल आधार है, वह है स्वास्थ्य-तनदुरुस्ती 人生のいかなる面においても成功を収めるための基本となるものは健康である
मूल उद्योग [名] 基幹産業 〈basic industry〉
-मूलक [造語] (一を) 基にする，生み出す，生じる，(一から) 発するなどの意を有する合成語の構成要素 भ्रांतिमूलक 誤解を生む
मूलकार [名] 原作者= मूललेखक; मूलग्रंथकार.
मूलकारण [名] 主要な原因；主因
मूलकुटुंब [名]〔社・文人〕核家族= मूलपरिवार. 〈nuclear family〉
मूलगामी [形] 根元的な मूलगामी विचार 根元的な思考
मूलग्रंथ [名] 原典
मूलच्छेद [名] 致命的な打撃；根絶；絶滅
मूलतः [副] 元々；初めから；本質的に；本来；生来 कोई आदमी मूलतः बुरा नहीं होता 元々悪い人というのはいないものだ
मूलतत्त्व [名] 基本；基本要素
मूलद्रव्य [名] (1) 元金；元手 (2) 材料
मूलद्वार [名] (1) 正門 (2) 大手門
मूलधन [名]〔商・経〕元金；元手；資本金 〈capital〉 = पूँजी.
मूलधातु [名*] 髄= मज्जा.
मूलनिवास स्थान [名] 故郷；本籍地；ホームタウン；原住地
मूलनिवासी [名] (1) 原住民；先住民 (2) 出身者 29 वर्षीय, 165 सें०मी०, राजस्थान के मूल निवासी, बंबई में कार्यरत 29歳，身長165cm，ラージャスターン出身，ボンベイ勤務中（求婚話）
मूलपरिवार [名]〔社・文人〕核家族；直系家族 〈nuclear family〉 = मूलकुटुंब.
मूलपरिवेष [名] 出身地；故郷 रोज़गार की समस्या ने हर व्यक्ति को उसके मूल परिवेश से अलग कर दिया है 就職の問題がすべての人を出身地から引き離した
मूलपाठ [名] 原文；原典；本文；テキスト
मूलपुरुष [名] 先祖；家系の初代
मूलप्रकृति [名*] (1)〔イ哲〕根本原質 (2) 本性
मूलप्रति [名*] 原本；オリジナル
मूलप्रवृत्ति [名*] 本能
मूलबंध [名]〔ヨガ〕(ハタヨーガにおいて) 特定の座法 (वज्रासन) により会陰部を圧し気 (अपान वायु) を脈管 (नाडी) により上昇させること
मूलबर्हण [名] 根こそぎにすること；根絶
मूलभावना [名*] 本来の目的や動機= मूल उद्देश्य; अस्ली मतलब.
मूलभूत [形] (1) 基礎的な；基礎の विज्ञान के मूलभूत सिद्धांतों की शिक्षा 科学の基礎理論の教育 (2) 基本的な मूलभूत अधिकार 基本的な権利 (3) 根本的な；根元的な；基幹の इस मामले में कई मूलभूत प्रश्न थे これについては根元的な疑問が幾つかあった मूलभूत अंतर 根元的な差異 न्यायालय के फ़ैसले के बाद कुछ मूलभूत परिवर्तन हुआ है 裁判所の裁定後幾つか根本的な変化が生じている **मूलभूत उद्योग** 基幹産業 〈basic industry〉 (4) 本来の दूसरों का ध्यान अपनी ओर खींचना इन बच्चों की मूलभूत आवश्यकता होती है 人の注意を引きつけるのがこれらの子供の本来の要求なのです
मूलमंत्र [名] (1) 特定の宗教の真理を表す呪文= बीजमंत्र. (2) 基調；基本方針；鍵 गुरु ने अंग्रेज़ी सरकार के बहिष्कार को अपना मूलमंत्र निश्चित किया 師はイギリス政府のボイコットを基本方針と定められた मूलमंत्र है राज्य-सत्ता पर अधिकार के ज़रिये उत्पादन के साधनों का नियंत्रण 政権を支配して生産手段を統御することを基調とした
मूल मानवाधिकार [名] 基本的人権
मूलरूप [名] 原形
मूलरोम [名]〔植〕根毛 〈root hairs〉
मूलवासी [名]〔文人〕原住民；土着民 〈autochton〉
मूलवेतन [名] 基本給 〈basic pay〉
मूलशांति [名*]〔占星〕ムーラ星宿のもたらす不運を除くこと（鎮めること）→ मूल[1] (10).
मूलस्थान [名] (1) 出身地 (2) 本籍地 (3) 中心地
मूलस्रोत [名] 源流
मूलांकुर [名]〔植〕小根；幼根 〈radicle〉
मूलाश [名] 基本；基礎
मूला[1] [名*]〔占星〕ムーラ星宿= मूल[1] (10).
मूला[2] [名]（大きく太い）大根→ मूली.

मूलाधार [名] (1) 〔ヨガ〕ムーラーダーラ（ハタヨーガにおいて微細身の会陰部のあたりに位置するとされる第1のチャクラ）→ चक्र. (2) 〔解〕会陰部 ⟨perineum⟩
मूलिका [名*] 薬草の根
मूली [名*] (1) 〔植〕アブラナ科ダイコン（大根） मूली की पत्ती 大根葉 (2) 〔植〕タケ亜科イチヂクタケ【*Melocanna bambusoides*】 (-) **मूली-गाजर समझना** （ーを）ものの数に入れない；問題にしない；見下す
मूलोच्छेद [名] 根絶；根こそぎにすること；絶滅
मूल्य [名] (1) 代価 (2) 価格；値段 (3) 価値；値打ち सामाजिक और आध्यात्मिक मूल्यों की रक्षा 社会的，精神的価値の保持 (4) 価値観 दर असल समस्या मूल्यों और संस्कारों की है 本質的には価値観と素養に関わる問題である वर्गगत मूल्यों तथा जातीय मान्यताओं को तोड़ने वालों को 階級的な価値観とカースト観念を打破する人たちを मूल्यों का परिवर्तन 価値観の変化 (5) 規範 सामाजिक मूल्यों में गिरावट 社会規範の低下 **मूल्य चुकाना** 代価を支払う **मूल्यों में तेज़ी आ॰** 値上がりする
मूल्यन [名] 評価；価格判断
मूल्यनियंत्रण [名] 価格統制；物価統制＝ क़ीमत नियंत्रण. ⟨price control⟩
मूल्यवान [形] 価値のある；値打ちのある उन्हें प्राणों की अपेक्षा अपने सिद्धांत अधिक मूल्यवान लगे 自分の命よりも自分の主義や信念のほうが大切に思えるように
मूल्यवृद्धि [名*] 値上がり；物価上昇 मूल्यवृद्धि को रोकने के लिए 値上がりを防ぐために कागज़ की मूल्यवृद्धि 紙の値上がり देश में मूल्यवृद्धि रुकी 国の物価上昇止まる **मूल्यवृद्धि की दर** 物価上昇率
मूल्यसूचकांक [名] 物価指数 ＝ क़ीमत सूचकांक. ⟨price index⟩
मूल्यसूची [名*] 値段表；価格表＝ क़ीमत सूची. दुकानों पर आवश्यक वस्तुओं की मूल्य-सूची टाँगना अनिवार्य 商店に生活必需品の値段表を掲示すべし
मूल्यह्रास [名] (1) 価値の低落；価値の下落 (2) 〔経〕減価償却＝ अवक्षय.
मूल्यांकन [名] (1) 評価 (2) 品定め；鑑定
मूष [名] ＝ मूषक.
मूषक [名] (1) 〔動〕ネズミ（鼠）＝ चूहा. (2) 泥棒；盗人；盗賊
मूषण [名] 盗み；窃盗
मूषा [名*] るつぼ（坩堝）
मूषिक [名] ネズミ＝ मूषक; चूहा.
मूषिका [名*] 〔動〕(1) ハツカネズミ（二十日鼠） (2) 雌ネズミ（雌鼠）
मूस [名] 〔動〕ネズミ ＝ चूहा.
मूसदानी [名*] ねずみ取り＝ चूहेदानी; पिंजरा.
मूसना [他] (1) 盗む (2) だます (3) 奪い取る
मूसर [名] ＝ मूसल.
मूसरचंद [名] ＝ मूसलचंद.
मूसल [名] きね（杵．特に中央部がより細く握りやすくなったもの）
मूसलचंद [名] (1) 洗練されていない人；粗野な人；無作法な人 (2) 頑健だが能なしの人 **दाल में मूसलचंद** お節介をやく全くの邪魔者；出しゃばり
मूसलधार[1] [副] 篠突くように（雨が降る） मूसलधार वर्षा हो॰ 篠突く雨が降る；土砂降りになる
मूसलधार[2] [形] 篠突くような；土砂降りの
मूसला जड़ [名*] 〔植〕直根 ⟨tap⟩
मूसलाधार[1] [形] 篠突くような；土砂降りの＝ मूसलधार. **मुसलाधार वर्षा** 篠突く雨；土砂降り
मूसलाधार[2] [副] 篠突くように；土砂降りに（降る） मूसलाधार वर्षा हो॰ ＝ मूसलधार[2].
मूसली[1] [名*] きね（杵，中央部の握りの部分がやや細くなっている）
मूसली[2] [名*] (1) 〔植〕キンバイザサ科【*Curculigo orchioides*】 (2) 〔植〕タケ亜科イチジクタケ【*Melocanna bambusoides*】
मूसा[1] 〔人名〕《A. موسىٰ》モーゼ（イスラエルの預言者・律法者）
मूसा[2] [名] 〔動〕ネズミ＝ चूहा.
मूसाई[1] [名] 《A. موسائی》← मूसा. ユダヤ教徒＝ यहूदी.
मूसाई[2] [形] ユダヤ教の
मूसाकन्नी [名*] 〔植〕ヒルガオ科蔓草【*Merremia emarginata*】＝ मूसाकानी; मूसाकर्णी.
मूसीक़ार [名] 《A. موسیقار》(1) 〔音〕パンパイプの一種；ムーシーカール (2) 嘴に穴があいていて美しい音を奏でると伝えられる伝説上の鳥；ムーシーカール
मूसीक़ी [名*] 《A. موسیقی》音楽＝ संगीत कला.
मृग [名] (1) 〔動〕種々のシカやレイヨウなどシカ科やウシ科の野生動物の総称 (2) 〔動〕ウシ科ブラックバック（インドレイヨウ）【*Antilope cervicapra*】 (3) 獣；野獣
मृगकानन [名] 狩場；狩猟場
मृगचर्म [名] シカ，レイヨウなどの皮（革）；鹿革
मृगचेटक [名] 〔動〕ジャコウネコ＝ मुश्क बिलाव.
मृगछाल [名] ＝ मृगचर्म.
मृगछौना [名] シカやレイヨウなどの子
मृगजल [名] (1) 蜃気楼＝ मृगमरीचिका; मृगतृष्णा. (2) あり得ないこと；不可能なこと＝ अनहोनी बात.
मृगजल स्नान [名] あり得ないことのたとえ
मृगतृष्णा [名*] (1) 蜃気楼 (2) 癒されることのない渇き；満たされることのない願望 **मृगतृष्णा का जल पीना** だまされる
मृगदाव [名] (1) シカやレイヨウなどの動物のいる森；鹿の園 (2) 〔仏〕ムリガダーヴァ（バナーラス बनारस から約 6km のところにある仏陀初説法の地）；鹿野苑；サールナート＝ सारनाथ.
मृगधर [名] 月＝ चंद्रमा.
मृगनयन [形] シカやレイヨウのような大きく美しい目をした
मृगनयनी [形*] ＝ मृगनयन.
मृगनाथ [名] ライオン；獅子；百獣の王＝ सिंह.
मृगनाभि [名] 麝香＝ कस्तूरी.
मृगनैन [形] ＝ मृगनयन.
मृगपति [名] ライオン；獅子
मृगमरीचिका [名*] (1) 蜃気楼 (2) 幻影；幻 फिर भी विभिन्न समस्याओं से घिरे लोगों का इस मृगमरीचिका के पीछे भागते फिरना अखर सकता है それでも様々な問題に取り囲まれている人たちがこの幻影を追いかけ回すことは気に障ることがありうる
मृगया [名*] 狩り；狩猟；猟
मृगराज [名] ライオン；獅子＝ सिंह.
मृगलांछन [名] 月＝ चंद्रमा.
मृगलोचन [形] ＝ मृगनयन; मृगनयनी.
मृगलोचनी [形*] ＝ मृगलोचन; मृगनयनी.
मृगवन [名] 自然動物公園
मृगशाव [名] レイヨウなどの動物の子＝ मृगशावक; मृगछौना.
मृगशिरा [名] 〔占星・天〕(1) インドの二十七宿の第 5，ムリガシラー (2) オリオン座
मृगशीर्ष [名] (1) ＝ मृगशिरा. (2) ムリガシールシャ月；マーガ月（インド暦の 11 月．満月終わりの暦であれば日本の旧暦 12 月 16 日～1 月 15 日）
मृगसिरा [名] ＝ मृगशिरा.
मृगहा [名] 狩人；猟師＝ शिकारी.
मृगांक [名] 月；太陰＝ चंद्रमा.
मृगाक्ष [形] ＝ मृगनयन.
मृगिनी [名*] (1) ウシ科ブラックバック（インドレイヨウ）の雌 (2) ムリギニー（インドの古典性愛学書 रति रहस्य における身体的特徴に基づく女性の分類の第 1）→ वडवा; हस्तिनी.
मृगी [名*] ブラックバックやシカなどの雌→ मृग.
मृगेंद्र [名] (1) ライオン；獅子；百獣の王 (2) 虎 (3) チーター
मृगेश [名] 百獣の王；ライオン；獅子＝ सिंह; शेर; बबरशेर.
मृच्छकटिक [名] 〔文芸〕『ムリッチャカティカ』（サンスクリット戯曲の一．シュードラカ（शूद्रक）の作で 4 世紀後半の成立とされる）
मृजा [名*] 清めること；拭うこと＝ मार्जन.
मृजित [形] 拭われた；清められた
मृड [名] シヴァ神＝ महादेव; शिव.
मृडा [名*] パールヴァティー神；ドゥルガー神
मृणाल [名*] (1) ハスの茎＝ कमल का डंठल. (2) 蓮根＝ कमल की जड़; भसींड.
मृणालिका [名*] 蓮根；蓮の茎＝ कमलनाल.
मृणालिनी [名*] (1) ハス；ハスの群生 (2) ハスの群生する池

मृणाली [名*] ハスの茎= कमलनाल; कमल का डंठल.
मृण्पात्र [名] 土器；陶器；陶磁器；焼き物；瀬戸物
मृण्मय [形] 土製の；陶製の；焼き物の
मृण्मूर्ति [名*] (1) 土偶 (2) テラコッタ
मृत् [名*・造語] 土= मिट्टी; मृत्तिका; मृद्.
मृत[1] [形] (1) 死んだ；死亡した (2) 枯れた；枯死した मृत पौधे गड्ढे में दबाए जाने पर खाद में परिवर्तित हो जाते हैं 枯れた植物は穴に埋められると肥料になる
मृत[2] [名] 死者；死人 मृत आत्मा 死者の霊；亡霊
मृतकंबल [名] 屍衣；経帷子
मृतक [名] (1) 死人；死者；死亡者 मृतकों की संख्या 14, 26 गिरफ़्तार 死者 14 名，逮捕者 26 名 मृतक का परिवार 遺族；遺家族= मृतक के कुटुंबी. (2) 死体；死骸；遺骸 **मृतक के संस्कार** 葬儀；葬式
मृतककर्म [名] 葬式；葬礼；法事= प्रेतकर्म.
मृतकधूम [名] 灰= राख; भस्म.
मृतकल्प [形] 瀕死の；死にかけている
मृतगर्भा [名*] 胎児の死んだ女性
मृतगृह [名] 火葬場；墓地= श्मशान; कब्र.
मृतजन्म [名] 死産
मृतजीवनी [名*] 蘇生術
मृतदार [名] 男やもめ；鰥夫= रँडुआ.
मृतपेटिका [名*] 棺；棺桶
मृतप्राय: [形] 仮死状態の；瀕死の
मृतभाषा [名*]〔言〕死語= मुर्दा ज़बान.
मृतसंजीवन [形] 蘇生させる
मृतसंजीवनी [名*] (1) 死者を蘇生させることができると伝えられてきた薬草 (2)〔薬〕インド医方の薬の一 (3) 蘇生術
मृतसंस्कार [名] 火葬；荼毘
मृत सागर [名] 死海 〈Dead Sea〉
मृतस्नात [形] (1) 火葬に先立って（遺体が）川の水などで洗い清められた；湯灌した (2) 近親者の死のために生じた穢れや不浄を沐浴して洗い清めた
मृतस्नान [名] (1) 火葬にする前に死者に施す沐浴；湯灌 (2) 近親者の死に際して行われる沐浴
मृतात्मा [名*] 死霊；死者の魂
मृताशौच [名]〔ヒ〕死の穢れ；死の忌み→ अशौच.
मृति [名*] 死= मरण; मृत्यु.
मृतिरेखा [名*] 手相の生命線
मृत्तिका [名*] 土= मिट्टी; खाक; मिट्टी.
मृत्तिका कला [名*] 陶芸
मृत्तिकालवण [名] 壁土に吹き出た塩分
मृत्पात्र [名] 土器；焼き物；瀬戸物；陶器
मृत्युंजय[1] [形] 不死の
मृत्युंजय[2] [名] シヴァ神の異名の一
मृत्यु [名*] (1) 死；死ぬこと；死亡；死去；終焉 पिता की असामयिक मृत्यु 父の不慮の死 तत्काल मृत्यु 即死 उसकी तत्काल मृत्यु हुई 即死した (2) 終わり；最後 **मृत्यु का आलिंगन क॰** 喜んで死を迎える **मृत्यु का खेल खेलना** 命がけでする **मृत्यु का मुँह** 死の淵 **मृत्यु की छाया पड़ना** (**मँडराना**) 死の影が漂う **मृत्यु की परवाह न क॰** 命がけでする= प्राणों पर खेलना. **मृत्यु के चिह्न प्रकट हो॰** 死相が現れる **मृत्यु के मुँह में से निकलना** 死に損なう；九死に一生を得る (-को) **मृत्यु सूँघ जा॰** (ーが) 死ぬ；死んだようになる **मृत्यु से खेलना** = मृत्यु का खेल खेलना.
मृत्युकर [名] 相続税
मृत्युदंड [名] 死刑；極刑= प्राणदंड; फाँसी (की सज़ा).
मृत्युदर [名*] 死亡率 देश में प्रसूता स्त्रियों की उच्च मृत्युदर わが国の産婦の高い死亡率
मृत्युभोज [名]〔ヒ〕葬儀の後に振る舞われる会食や食事
मृत्युशय्या [名*] 死の床；臨終 **मृत्यु-शय्या पर पड़ा हो॰** 死の床につく；死期が迫る
मृत्युसंख्या [名*] 死亡者数；死者数
मृत्युसमीक्षक [名] 検死官= कोरोनेर. 〈coroner〉
मृदंग [名]〔イ音〕ムリダング（両面太鼓の一）
मृदंगम [名]〔イ音〕ムリダンガム；ムリダング
मृदंगिया [名] ムリダング奏者
मृदंगी [名] ムリダング奏者
मृदा [名*] 土；土壌= मिट्टी; मृत्तिका.
मृदा अपरदन [名]〔地〕土壌崩壊 〈soil erosion〉
मृदा परिरक्षण [名] 土壌保護 〈soil preservation〉
मृदा प्रवाह [名] 土壌流出 〈earth flow〉
मृदा विज्ञान [名] 土壌学 〈pedology〉
मृदाश्म [名]〔地質〕泥土岩；泥質岩 〈pelite〉
मृदित [形] 押しつぶされた；粉々にされた
मृदु [形] (1) 柔らかい (2) 穏和な；おとなしい (3) 優しい；柔和な वह बहुत ही मृदु स्वर में बोला とても優しい声で話した कलियोंने मृदु मुसकानें दीं 若芽たちが優しい微笑みをくれた (4) 緩やかな；物静かな
मृदु अयस्क [名]〔鉱〕軟鉱石 〈soft ore〉
मृदु इस्पात [名] 軟鋼 〈mild steel〉
मृदु गांधार मेल [名]〔音〕短音階= लघु स्वरग्राम.
मृदुजल [名] 軟水 〈soft water〉
मृदुता [名*] ←मृदु.
मृदु तालव्य [名]〔言〕軟口蓋音 = कंठ्य. 〈velar; velaric〉
मृदुतालु [名]〔言〕軟口蓋 〈soft palate; velum〉
मृदुभाषिणी [形*] 言葉遣いの優しい；優しい言葉を語る बड़ी ही मृदुभाषिणी बड़ी ही सुशीला और शांतस्वभावा 言葉がとても優しく気立てが大変良く沈着な人（女性）
मृदुभाषी [形] 言葉遣いの優しい मृदुभाषी कन्या 優しい言葉を語る乙女
मृदुल [形] (1) 柔らかい (2) 心地よい；美しい；うるわしい；甘い；魅惑的な बाँसुरी का मादक-मृदुल स्वर 竹笛の人をうっとりさせる心地よい音 (3) 柔和な；優しい；心優しい；繊細な (4) おとなしい；穏和な
मृदुवचन [名] 優しい言葉 मृदुवचन बोलना 優しく話す
मृदुवाणी [名*] 美声
मृदुव्यंजन [名]〔言〕軟子音 〈soft consonant〉
मृद्भांड [名] 土器；陶磁器
मृद्य [形] 可塑性の
मृन्मय [形] = मृण्मय.
मृषा[1] [形] 嘘の；作りごとの；虚妄の
मृषा[2] [副] (1) 偽って；嘘をついて (2) 空しく；無益に
मृषाज्ञान [名] 無知 = अज्ञान.
मृषाभाषी [形] 嘘つきの；嘘をつく；妄語する
मृषावाद [名] (1) 嘘をつくこと (2) 虚言；嘘；妄語
मृषावादी [形] 嘘をつく；虚言をつく；嘘つきの= मृषाभाषी.
मृष्ट [形] 浄化された；清められた；清浄にされた
मृष्टि [名*] 浄化
में[1] [格助] (1) ものの内部や内面，内側，空間や時間の間，隙間などを表す एक रिपोर्ट में तुम दोनों जेल में नज़र आओगे（警察に）一報すれば君たち 2 人は刑務所行きだ दाँतों में छिपे अन्नकणों से 歯の隙間に潜んでいる食べかすから मेरे परिवार में छ: लोग हैं 家は 6 人家族です आज एकाएक क़ानून और धर्म में अंतर कर दिया गया है 今日にわかに法律とダルマとが区別されている नींद में खलल 睡眠の妨げ सुनकर बच्चों में कुछ खुसरफुसर होने लगी それを聞くと子供たちの間に何かひそひそ話が始まった दहेज और भीख में क्या अंतर है? 持参金と物乞いとどう違うのか (2) 動作や作用の状況や状態を表す मैं कुछ सोच में पड़ गई 私は少し考え込んだ वह गहरी नींद में डूबा 私たちはぐっすり眠りこんだ हम लोग पानी में भीगते भीगते कुछ दूर आगे बढ़े 雨に濡れながら少し先に進んだ जो बच्चा गर्भावस्था में हो 胎児 छद्मवेश में 変装して आड़े समय में 困った時；困難な状況において गंभीर स्वर में おごそかな声で अमरीका की छत्रछाया में アメリカの庇護の下に इस साड़ी में तुम बहुत सुंदर लग रही हो このサリーは君にはとても似合っているよ बीमारी में भी चैन नहीं है 病気の際にさえじっとしていられない पकाने में लगनेवाला समय 調理に要する時間 (3) 動作・作用の行われる場所や範囲を表す पेट में दर्द है 腹が痛い तीनों के हाथों में हथकड़ियाँ पड़ी हैं 3 人とも手錠をかけられている हवाई जहाज़ हवा में उड़ता है 飛行機は空を飛ぶ इस्टेशन तक हम ताँगे में गए 我々は駅まで二輪馬車で行った लान में बैठा हुआ था 芝生に腰を下ろしていた उनमें से एक की नज़र そのうちの 1 人の視線 लगभग 26 करोड़ 25 लाख रुपये में बने इस जहाज़ का およそ 2 億 6250 万ルピーで建造されたこの船の महीने में एक बार ひと月に 1 度 वर्तमान युग में 現代にお

म

いて भविष्य में 将来において एकादशी व्रत संतान देने में सक्षम कैसे है? エーカーダシーのヴラタがどうして子供を授けることができるのか तभी वह विभिन्न प्रकार की बीमारियों से लड़ने में सक्षम होगा そうして初めて様々な病気を戦う力がつく आज के ज़माने में 今日の時代において आँखों में अंजन लगाना 目にアンチモンをつける उसने अपने गले में बँधी टाई खोली 自分の首のネクタイをほどいた लान में बैठकर हम देर रात तक 芝生に腰を下ろして夜遅くまで आकाश में चाँद भी खिला था 空には月も出ていた पेट्रोल की कीमतों में वृद्धि होगी ガソリン代値上がり見込み माँ की आँखों में आँसू छलक आए 母の目に涙があふれ出てきた उसकी कमर में गहरी चोट आई 腰に深い傷を負った उसके हाथ में एक तेज़ छुरा है, जो लालटेन के प्रकाश में चमक रहा है 手に持っている鋭利なナイフがカンテラの明かりに光っている पैर की उँगलियों में पहनने का एक प्रकार का छल्ला 足の指につける一種の指輪 यदि बहन घर में हो तो वह उससे बतिया सकता है 姉が家にいればおしゃべりができる पैर में चमरौधा जूता पहने チャムローダーの靴を履き सिर में तेल डालकर 頭に油を塗って हाथ में तिरंगा झंडा लिये है 手に三色旗を持っている भंडार घर की चाभी उसकी करधनी में लटकने लगी 食料品置き場の鍵が彼女の腰帯に下げられるようになった संगठन, संघर्ष और रचनात्मक कार्यों में जुट जाना है 組織活動, 闘争, 建設的活動に従事することになっている बिजली-उत्पादन में 20 प्र॰श॰वृद्धि होगी 発電量が 20 %増加しよう (4) 動作・作用の目的を表す शादी में आमंत्रित क॰ 結婚式に招待する कैंसर के उपचार में がんの治療に बच्चों के चरित्र-निर्माण में 子供の性格形成に उसने तुहफ़े में लाकर दिये 贈り物に持ってきてくれた सिपाही चोर की खोज में चल पड़े 巡査たちは泥棒を探しに出掛けた (5) 動作・作用の対象を表す मैं मसीहों में विश्वास नहीं करता 救世主を信じなさい किसी विचार में मग्न 何か物思いに耽っている (6) 原因やきっかけを表す क्षोभ और क्रोध में वह सिर झुँझलाने लगे 怒りにいらだち始めた (7) 動作・作用の手段・方法を表す जिन्हें शब्दों में नहीं बाँधा जा सकता 言葉で表現できないもの हाथ में सूटकेस लिए खड़ी है 手にスーツケースを持って立っている रेलगाड़ी में यात्रा करते हुए 鉄道で旅行をしながら बनाने में आसान 作り方が簡単 बस में सफ़र करना バス旅行をする सुंदर पेरियार झील में मोटरबोट में सैर करते हुए 美しいペリヤール湖でモーターボートに乗って遊覧しながら कड़वे स्वर में कहना とげのある声で言う उसने मिन्नत भरे स्वर में कहा 哀願する声で言った (8) 所属や帰属を表す मेरी पत्नी एक सरकारी स्कूल में अध्यापिका है 妻はある公立学校の教師です जिनमें हमसे अधिक आत्मबल हो 私たち以上の気力を持っている人たち (9) 変化の結果として生じることを表す वह जल में परिवर्तित हो जाता है それは水に変わる दस रुपये के नोट को छोटे सिक्कों में बदलना 10 ルピー紙幣を小額の硬貨に換える विध्वंस को निर्माण में बदल दिया गया 破壊が創造に変えられた (10) 動作や作用の過程を表す इस मैदान के बनाने में गंगा और उसकी सहायक नदियों ने बड़ा काम किया है この平野をつくる上でガンジス川及びその支流が大きな役割を果たした **- में से** ある場所や空間の中や内側から ; (ーの) 中から ; (ーの) 間から ; (ーの) 内から दबे पाँव घर में से निकल आया 忍び足で家の中から出てきた कीचड़ में से कमल का जन्म होता है 蓮は泥の中から生じてくる मुझे तो इसपर बड़ा ताज्जुब है कि आज तक आप लोगों में से किसी ने भी यह बात नहीं भाँपी या हो सकता है कि भाँपकर भी चुप रहे हों 私にとって大変な驚きなのはあなた方の誰 1 人もこのことを察知しなかったのか察知しても黙っていたのかも知れないことなのです इनमें से किसी एक का उन्मूलन हो जाए तो これらのうちのいずれか 1 つが根絶されるならば

में[2] [名*] ヤギやヒツジの鳴き声= मैं मैं. मैं मैं क॰ ヤギやヒツジが鳴く

मेंगनी [名*] ヤギ, ラクダ, ネズミなどの動物の糞

मेंटीनेंस [名*] 《E. maintenance》保守 ; 整備= रखरखाव ; अनुरक्षण.

मेंड़ [名*] (1) 田畑の境の土を細長く盛り上げたところ ; 畦 (2) 畦道 (3) けじめ ; のり (法) ; 規範 (4) 障害 **मेंड़ तोड़कर बह जा॰** *a.* のり (法) を越える *b.* 障害を乗り越える *c.* 新しい道を開く **मेंड़ तोड़ना** = मेंड़ तोड़कर बह जा॰. **मेंड़ थापना** けじめをつける **मेंड़ बाँधना** *a.* 畦を作る *b.* 統御する *c.* 伝統を樹立する (-) **मेंड़ में बाँधना** (ーを) 制御する ; 統御する

मेंडक [名] 〔動〕カエル (蛙) = मेंढक.

मेंडेलवाद [名] 《← E. Mendel + H. वाद》〔生〕メンデルの遺伝学説〈Mendelism〉

मेंडेलीय आनुवंशिकता [名*] 〔生〕メンデルの遺伝〈Mendelian inheritance〉

मेंढ [名] 〔動〕ヒツジ= भेड़ ; मेढ़ा ; मेष.

मेंढक[1] [名] = मेंढ.

मेंढक[2] [名] 〔動〕カエル (蛙) = मेढक ; मंडूर ; दर्दुर.

मेंढकी [名*] 雌のカエル= मंडूकी ; मादा मेढक. **मेंढकी को जुकाम हो॰** 身分不相応に上品ぶる ; 柄になく気取る

मेंधी [名*] = मेंहदी.

मेंबर [名] 《E. member》(1) メンバー ; 一員 ; 仲間 (2) 会員 (3) 議員 लेजिसलेटिव कौंसिल के मेंबर 立法院議員 ; 立法院委員 (-का) मेंबर बनना (ーの) 会員になる ; 一員になる ; (ーに) 入会する

मेंबरी [名*] ← मेंबर. (1) 会員資格 ; 会員の地位 (2) 議員職 ; 議員の資格= सदस्यता.

मेंस विअर [名] 《E. men's wear》メンズウエア

मेंह [名] (1) 雨 मेंह पड़ना 雨が降る (2) 降雨 इस मेंह-बरसात में तो हमें बेघर नहीं करो この雨の中家から追い出さないでくれ

मेंहदी [名*] (1) 〔植〕ミソハギ科低木シコウカ (指甲花) ; ヘンナ ; インドテンニンカ (天人花) 【*Lawsonia inermis*】 (2) シコウカの葉から採るヘンナ染料 (頭髪や手足などの皮膚, 布を染めるのに用いる) ; ヘンナ **मेंहदी - महावर** ヘンナとマハーワル (ラックカイガラムシから採った染料. 足の飾りに塗る) **मेंहदी रचाना** シコウカの葉をすりつぶして手足に文様を描く

मेअमार [名] 《P. معمار》= मेमार. 建築技術者や煉瓦職人や石工などの職人

मेअराज [名*] 《A. معراج》(1) はしご (梯子) (2) 〔イス〕ミーラージュ (預言ムハンマドが天使ガブリエルに連れられてエルサレムから天国に昇ったという梯子) ; ムハンマドの昇天

मेइन्स [名] 《E. mains》電気, 水道などの幹線 ; 本線 ; 本管

मेक-अप [名] 《E. make-up》(1) 女性の化粧 ; お化粧 उसने बाथरूम में जाकर मेक-अप दुरुस्त किया 洗面所に行って化粧を直した गाढ़े मेक-अप में सजी सँवरी कुँआरियाँ 厚化粧をした娘たち मेक-अप की सामग्री 化粧品 ; 化粧道具 (2) 〔演・映〕メーキャップ ; 顔ごしらえ (3) 〔印刷〕組版 ; メーキャップ

मेकअप-मैन [名] 《E. make-up man》〔映・演〕メーキャップ係 = रूपकार.

मेक-अप रूम [名] 《E. make-up room》〔演〕メーキャップルーム ; 化粧部屋 ; 楽屋

मेकर [名] 《E. maker》メーカー ; 製造者 ; 製造業者= निर्माता ; उत्पादक.

मेकैनिक [名] 《E. mechanic》機械工 ; 修理工 ; 工員

मेख [名] ↔ मेष (1) 〔動〕雄羊 (2) 〔天・占星〕牡羊座 **मेख क॰** ためらう ; 躊躇する ; あれこれ考え迷うこと= मीन मेष क॰.

मेख़ [名*] 《P. میخ》(1) 釘 ; 木釘= कील. (2) 楔= पच्चड़. (3) 杭 = खूँटी. मेख़ उखाड़ना 杭を引き抜く **मेख़ गाड़ना** *a.* 杭を打つ ; 杭を打ち込む= मेख़ ठोंकना ; मेख़ मारना. *b.* 釘を打ちつけたように腰を落ち着ける ; 座り込んで, あるいは, 話し込んで腰を上げない **मेख़ ठोंकना** *a.* しっかりと固定する *b.* 妨害する ; 妨げる *c.* 手足を釘付けにする (処罰) *d.* やっつける ; 負かす= मेख़ मारना.

मेख़कोब [名] 《P. میخ کوب》槌 ; 木槌= मुँगरी.

मेखला [名*] (1) 帯 ; 帯ひも ; 腰帯 (2) 刀剣を下げるためのベルト (3) 金 (銀) 製の腰を飾るベルト= करधनी ; तगड़ी ; किंकिणी. (4) 〔ヒ〕聖紐= जनेऊ. (5) 地帯 ; 地域 ; 区域

मेखली[1] [名*] (1) 金 (銀) 製の腰に巻くベルト= करधनी. (2) 〔服〕メーカリー (首にかけて前後に垂らして着用するもので腕の部分はない)

मेखली[2] [名] (1) シヴァ神 (2) 梵行者= ब्रह्मचारी.

मेख़ी [形] 《P. میخی》釘などで穴のあけられた **मेख़ी रुपया** 穴を開け中の銀を取り出し鉛や銅を詰めた銀貨

मेग़ [名] 《P. میغ》雲= मेघ ; बादल ; घटा.

मेगज़ीन [名] 《E. magazine》(1) 雑誌 (2) 弾薬庫 (3) 弾倉

मेगनी [名*] = मेंगनी.

मेगाफ़ोन [名] 《E. megaphone》メガホン

मेगावाट [名] 《E. megawatt》〔電〕メガワット ; 百万ワット

मेगाहर्ट्स [名] 《E. megaherts》〔通信〕メガヘルツ

मेघ [名] (1) 雲= बादल. मेघों का गर्जन 雷鳴 (2)〔イ音〕メーグ（ラーガの一）
मेघकाल [名] 雨季；雨期 = वर्षा ऋतु; मानसून.
मेघगर्जन [名] 雷鳴
मेघजाल [名] 雲の集まり；雲の塊
मेघडंबर [名] (1) 雷鳴= मेघगर्जन. (2) 大天幕= बड़ा शामियाना.
मेघदुंदुभि [名] 雷鳴
मेघदूत [名]〔イ文〕『メーガドゥータ』(4～5 世紀のサンスクリット詩人カーリダーサ कालिदास の詩)
मेघनाथ [名] インドラ神
मेघनाद [名] (1) 雷鳴= मेघ का गर्जन. (2)〔ラマ〕メーガナーダ（ラーヴァナ रावण の子の 1 人）；インドラジット इंद्रजित्
मेघपति [名] インドラ神
मेघमाला [名*] 雲の群れ；叢雲
मेघराज [名] インドラ神
मेघाच्छन्न [形] 曇っている；雲に覆われた
मेघाच्छादित [形] 雲に覆われた मेघाच्छादित गगन-मंडल 雲に覆われた天空
मेघाडंबर [名] (1) 雷鳴 (2) 広く覆った雲
मेघालय 〔地名〕メーガーラヤ州（インド北東部に位置．州都シロン शिलांग）
मेचक[1] [形] 黒い；暗黒色の
मेचक[2] [名] 闇；暗闇
मेज़ [名*]《P. میز》(1) テーブル；机；デスク बातचीत की मेज़ पर लाना 会談のテーブルに着かせる (2) 食卓= खाने की मेज़.
मेज़पोश [名]《P. میزپوش》テーブルクロス
मेज़बान [名]《P. میزبان》招待者；接待者；招待した人；ホスト（接待役の主人やホームステイの受け入れ家庭の主人） हमारे मेज़बान रिटायर्ड पुलिस अफ़सर हैं （旅館のない田舎なので）我々は退職した元警察幹部に厄介になっている अतः अपने मेज़बान की सुविधा का भी पूरा-पूरा ध्यान रखें だからホストの都合のことも十分に考えること मेज़बान देश 主催国；開催国 मेज़बान देश के राष्ट्राध्यक्ष या सम्राट् 主催国の元首や国王 मेज़बान देश मलेशिया को 1-0 से हराकर 地元のマレーシアを 1 対 0 で破り
मेज़बानी [名*]《P. میزبانی》(1) 接待；もてなし (2) 接待役・接待者，あるいは，ホストであること，その任務
मेजर [名]《E. major》(1)〔軍〕陸軍少佐 काली पलटन का मेजर カーリー大隊の少佐 (2)〔音〕長調；長音階= शुद्ध गांधार मेल.
मेजर जनरल [名]《E. major general》〔軍〕陸軍少将
मेजर टेप [名]《E. measure tape》メジャー；巻き尺= फ़ीता.
मेजा [名]〔動〕カエル（蛙）= मेंढक.
मेट[1] [名]《E. mate》(1) 組頭；班長 (2) 航海士 (3) 仲間；友；友達；相棒
मेट[2] [名*]《Raj.》〔地〕膠灰粘土；イエローオーカー；黄土（これはせっけん代用となるもので，パキスタンのムルターン地方で得られるためムルターンの土 मुलतानी मिट्टी の名がある）〈Armenian bole; yellow ochre〉
मेटना [他] = मिटाना.
मेटर्निटी हास्पिटल [名]《E. maternity hospital》産院
मेटर्निटी होम[名]《E. maternity home》産院= सूतिकागृह; सूतिकागार; जच्चाख़ाना.
मेटल [名]《E. metal》金属= धातु.
मेटल डिटेक्टर [名]《E. metal detector》金属探知器
मेटा [名] かめ（瓶）= भाँडा.
मेटाबोलिक [形]《E. metabolic》新陳代謝の；代謝の= उपापचयी.
मेटाबोलिज़्म [名]《E. metabolism》〔生〕新陳代謝；代謝= उपापचय.
मेटाबोलीक [形]《← E. metabolic》新陳代謝の；代謝の= उपापचयी; मेटाबोलिक.
मेटी [名*] 小さなかめ（瓶）
मेट्रन [名*]《E. matron》(1) 寮母 (2) 婦長；看護師長= मैट्रन.
मेट्रो [名]《E. Metro》地下鉄；メトロ वहाँ से हम मास्को की भूमिगत रेलवे देखने गए जिसे मेट्रो कहते हैं そこから我々はメトロと呼ばれるモスクワの地下鉄を見物に行った
मेट्रोपोलिटन [形]《E. metropolitan》(1) 首都の (2) 警視庁の मेट्रोपोलिटन मजिस्ट्रेट 首都治安判事
मेट्रोपोलिटन न्यायालय [名] → महानगर न्यायालय.
मेट्रोपोलिटन मजिस्ट्रेट [名]《E. metropolitan magistrate》〔法〕メトロポリタン裁判所判事→ महानगर न्यायालय.
मेड़ [名] = मेंड़.
मेडक [名] = मेढक; मेंढक.
मेड़रा [名] (1) 円形のものの周辺の盛り上がった部分 (2) 円形のものの枠
मेड़री [名*] (1) 円形のものの周辺の盛り上がった部分 (2) 碾き臼の粉の落ちる縁
मेडल [名]《E. medal》メダル；勲章；記章
मेडसिन [名]《E. medicine》(1) 医学 (2)〔医〕内科（学） (3) 薬；医薬
मेडिकल [形]《E. medical》(1) 医学の；医療の (2) 内科の (3) 医療関係の
मेडिकल कालेज [名]《E. medical college》医科大学；医大
मेडिकल संकाय [名]《← E. medical (department) + H.संकाय》医学部= मेडिकल विभाग; चिकित्सा निकाय.
मेडिकल सर्टिफ़ीकेट [名]《E. medical certificate》健康診断書
मेडिकल सेवा [名*] 医療 परिवहन, मेडिकल सेवाओं, बिजली, पानी आदि आवश्यक सेवाओं को 交通，医療，電気，水道などの基本的なサービスを
मेडिकल स्टोर [名]《E. medical store》薬局；薬店；医療品店
मेडिको [名]《E. medico》(1) 医者 (2) 医学生
मेडिसिन [名]《E. medicine》(1) 医学= चिकित्सा शास्त्र; आयुर्विज्ञान. (2) 内科（学） (3) 医薬；薬= औषध; दवा; दवाई.
मेढक [名]〔動〕両棲類カエル（蛙）= मेंढक; मंडूक.
मेढकी [名*] 雌のカエル= कड़की.
मेढ़शृंगी[名*]〔植〕ガガイモ科トウワタ属蔓木【*Asclepias geminata*】
मेढ़ा [名]〔動〕ヒツジ（羊）；雄羊= मेष.
मेढ़ासिंगी [名*] = मेढ़शृंगी.
मेढ़ी [名*]（女性の髪の）三つ編み
मेणा [名*] 駕籠；轎= पालकी; डोली.
मेथिल [名]《E. methyl》〔化〕メチル
मेथिल एल्कोहल [名]《E. methyl alcohol》〔化〕メチルアルコール
मेथिलयुक्त मद्यसार [名] ←《E. methylated spirits》〔化〕変性アルコール
मेथी [名*] (1)〔植〕マメ科コロハ；フェヌグリーク【*Trigonella foenum-graceum*】 (2) コロハの実
मेथेन [名]《E. methane》メタン；沼気= मिथैन.
मेथेनॉल [名]《E. methanol》〔化〕メタノール
मेद [名] 体内の脂肪
मेदा [名]《A. معده》胃；胃袋 मेदा कड़ा हो॰ 便秘する मेदा साफ़ हो॰ 便通がある；通じがある
मेदिनी [名*] 大地；土地
मेदुर [形] (1) 肥えた；太った (2) 脂肪の多い；脂ぎった
मेध[1] [名] (1)〔ヒ〕祭祀 = यज्ञ. (2)〔ヒ〕犠牲獣= बलि का पशु.
मेध[2] [名]〔医〕牛疫
मेधा [名*] (1) 知力；頭脳 (2) 記憶力
मेधावान् [形] 知力のすぐれた；記憶力のすぐれた
मेधावी [形] 頭脳明晰な；聡明な；秀才の；知性的な वह मेधावी था और मैं साधारण あの人は秀才で私は平凡な人間 यूनिवर्सिटी का सब से मेधावी छात्र 大学一番の秀才
मेन [形]《E. main》主要な；主な मेन रोड 本道= मेन सड़क. मेन स्विच メーンスイッチ
मेनका [名*]〔イ神〕メーナカー（シャクンタラー शकुंतला の母とされるアプサラー अप्सरा）
मेनहोल [名]《E. manhole》マンホール खुले मेनहोलों ने दो बच्चों को निगला 蓋なしマンホールが 2 人の子供の命を奪う
मेनुअल [名]《E. manual》マニュアル= मैन्युअल.
मेनू [名]《E. menu》メニュー = मीनू.
मेपल [名]《E. maple》〔植〕カエデ科カエデ
मेफ़्लाई [名*]《E. mayfly》(1)〔昆〕カゲロウ (2)〔昆〕トビケラ
मेम [名*]《E. ma'am》(1)（欧米人，特にイギリス人の）女性 (2) 既婚女性に対する敬称や女性への呼びかけに用いられる言葉 मेम साहब 奥様 (2)〔トラ〕クイーン

मेमन [名] メーマン（主としてグジャラート及びマハーラーシュトラ地方に居住してきたイスラム教徒の一集団で多くは商業に従事して来た）

मेमना [名] 子羊= भेड़ का बच्चा.

मेमार [名] 《A. معمار》建築技師；石工，煉瓦職人，大工などの職人

मेमो [名] 《E. memo》= मेमोरेंडम.

मेमो-बुक [名] 《E. memobook》メモ帳

मेमोरियल [名] 《E. memorial》(1) 記念物= स्मारकचिह्न; यादगार. (2) 請願書；覚書

मेमोरी [名*] 《E. momory》メモリー **मेमोरी चिप** 〔電子工学〕メモリーチップ〈memory chip〉

मेमोरेंडम [名] 《E. memorandum》(1) 備忘録；メモ (2) 覚書（外交文書）

मेयर [名] 《E. mayor》市長兼市議会議長（नगरनिगम すなわち，市議会の議員の互選により選出される）= महापौर; नगरप्रमुख.

मेये [名*] 《B.》女の子；娘= कन्या; पुत्री.

मेरठ 〔地名〕メーラト市（ウッタル・プラデーシュ州西部，デリーから約 60km に位置する主要都市）

मेरा [代] 一人称代名詞 मैं の単数所有格形（被修飾語の性・数・格は男性・単数・直格）で被修飾語の性，数，格に応じて次のように変化する मेरे（男性単数斜格形及び複数形），मेरी（女性）. उसके मन से मेरा प्रेम ही चला गया あの人の心から私に対する愛情がなくなってしまった **मेरा तेरा क॰** えこひいき（依怙贔屓）をする (…**नहीं तो**) **मेरा नाम नहीं** *a.* (…でなければ；…しなければ私が) 降参する；降伏する；(私の) 負けだ；(私のほうが) 自分の負けを認めよう *b.* (私は…せずには) おかない；(…でないと私の) 名が廃る **मेरी खोना** 我意識をなくす

मेराज [名*] 《A. معراج》(1) 階段；梯子= मेअराज; सीढ़ी; सोपान. (2) 〔イス〕ミーラージュ मेअराज

मेराथन [名] 《E. Marathon》〔ス〕マラソン

मेरिट [名] 《E. merit》〔教〕インドの教育制度で年次試験の学業優秀賞；成績優秀賞 मेरिट में आनेवाले विद्यार्थी 優秀な成績を収めた生徒

मेरिनो [形] 《E. merino》(1) メリノ毛糸の；メリノ毛糸製の मेरिनो वूल メリノ毛糸 (2) メリノ織物の；メリノ毛織物の

मेरी [代] ←मेरा. 一人称代名詞所有格形（被修飾語が女性） **मेरी जूती जाती है** 決してしない；断じてしない **मेरी दौड़ तुम्हीं तक** あなたにしか言えない；あなたにしか訴えられない **मेरी बला से** 私の関知したことではない；私の知ったことではない；勝手にしろ

मेरु [名] (1) 〔イ神〕メール山（人間界のジャムブドゥヴィーパの中心に位置する黄金でできている山．別名 सुमेरु スメール山. (2) 北極と南極の両極 (3) 数珠の中心の玉 (4) 弦楽器の柱（じ）；こま

मेरुज्योति [名*] 極光；オーロラ

मेरुदंड [名] (1) 脊椎；背骨〈vertebral column〉 (2) 気骨；バックボーン

मेरुरज्जु [名*] 脊髄

मेरे [代] 一人称代名詞単数所有格形の一．被修飾語が男性単数斜格形，もしくは，男性複数形であることを示す→ मेरा.

मेल[1] [名] (1) 結合；一体化 विवाह दो दिलों का मेल है 結婚とは 2 つの心の結合のことです (2) 一致；合致；融合 (3) 混合；混入；混淆 (4) 友好；親しむこと；融和 पांडवों के साथ मेल करके सुखपूर्वक रहो パーンダヴァ五兄弟と仲良くして幸せに暮らしなさい सब कुछ भूलकर दोनों राज्यों में मेल हो गया 何もかも忘れて両国間に友好関係ができた (5) 対応；呼応；競争；対抗 (6) 〔音〕音階= स्वरग्राम.〈scale〉 **मेल का** 対等の；対抗する；並ぶ；相並ぶ (-से) **मेल खाना** *a.* (ーに) 似合う；マッチする *b.* 一致する；調和する；合う；合致する उनके विचारों और रुचियों से मेल खाती है あの人の考えと好みに合う जो आपकी आयु, त्वचा के रंग तथा मानमर्यादा से मेल खाती हो 年齢，肌の色，体面に合致する (-में) **मेल दे॰** (ーに) 混入する **मेल बैठना** = मेल खाना. **मेल-मुहब्बत से** 仲良く；睦まじく घर के तमाम अफ़राद को आपस में मेल-मुहब्बत से रहना चाहिए 家族全員が仲良く暮らさなくてはならない

मेल[2] [名*] 《E. mail》(1) 郵便列車；郵便車を接続した急行列車 = मेल ट्रेन. (2) 郵便物 (3) 電子メール= ई मेल.

मेल कार्ट [名] 《E. mail cart》郵便馬車= डाक ताँगा.

मेल गाड़ी [名*] 《← E. mailtrain》郵便列車；郵便急行列車

मेल गार्ड [名] 《E. mail guard》（郵便）急行列車の車掌

मेलजोल [名] 睦まじさ；親交；親しくすること；仲良くすること वे न आम लोगों के साथ मेलजोल रखते 一般の人たちと親しく交わらない दर असल लोगों में मेलजोल कराना बहुत ही मुश्किल काम है 実際，人々を睦まじくさせることは非常に難しい

मेलट्रेन [名*] 《E. mail train》郵便列車；郵便急行列車= डाकगाड़ी.

मेलन [名] (1) 集まること；集合 (2) 混合；混入 (3) 人だかり (4) ぶつかること；衝突

मेलना [他] (1) 混ぜる；混ぜ合わせる；入れる (2) 比べる；対比する (3) 届ける (4) まとう（纏う）；身につける

मेल-बॉक्स [名] 《E. mailbox》(1) 郵便ポスト= पत्रपेटिका; पत्र-पेटी; बंबा. (2) 郵便受け= लेटर बॉक्स.

मेलमिलाप [名] (1) 親交；友好；親睦 (2) 融和；和睦；仲直り **मेलमिलाप से** 親しく；仲良く；睦まじく

मेल-मुलाक़ात [名*] 《H. + A. ملاقات》出会い；面会 उससे मेल-मुलाकात हो जाती तो जरूर कोई रास्ता निकल आता あの人と出会っていたら何らかの方法が見つかったのだが

मेला [名] (1) 祭礼や縁日などの人出や集会 (2) 縁日に立つ市；縁日；メーラー；祭礼市 कहीं कहीं साल में एक बार मेला लगता है. यह मेले उमूमन मजहबी त्यौहारों के मौके पर या किसी मजार पर उर्स के सिलसिले में होते हैं ところによっては年に 1 度，縁日の市が立つ．このメーラーは普通，祭礼の際や（イスラム教の）聖者廟での年忌祭にちなんだものである (3) 家畜市；畜産市= पशु-मेला. बाहर से, किसी मेले-वेले से जब भी कोई पशु लाया जाए よそから，いずれかの畜産市などから何らかの家畜が連れて来られると (4) 見本市；博覧会；展示会 (5) 人だかり **मेला भरना** 縁日の市が立つ；メーラーが開かれる अजिया में महादेव मंदिर के सामने प्रतिवर्ष एक मेला भरता है アジヤーではシヴァ寺院の前で年に 1 度メーラーが開かれる **मेला लगना** *a.* 縁日の市が立つ；メーラーが開かれる *b.* 大変な人だかりになる

मेला-ठेला [名] (1) 縁日；縁日の市；メーラー (2) 人出のある所 वे भारतीय रीति-नीति के जिज्ञासु थे, बहुधा मेले-ठेलों में जाते थे あの方はインドの習俗について知りたがる方でちょいちょい人出のあるところへ出掛けておられた

मेलाधिकारी [名] メーラーの運営や管理の責任を負う開催地の行政当局の役人

मेलाना [他・使] ←मेलना.

मेलेनेशिआ 〔地名〕《E. Melanesia》メラネシア

मेल्टिंग प्वाइंट [名] 《E. melting point》融解点= गलनांक.

मेल्हना [自] (1) のたうち回る (2) のらりくらりと言い逃れをする

मेव [名] メオ族（ラージャスターン州東北部を中心に居住してきた部族民の一）

मेवा [名] 《P. ميوه》(1) 果物 (2) 乾燥させた果物（アーモンド，ピスタチオ，ナツメヤシ，カシューナッツ，アンズ，ブドウ，イチジクなどの木の実を乾燥させたもの）；木の実；ナッツ；乾燥果実；ドライフルーツ (3) 高価な物；立派な物 **जो करेगा सेवा, वह खाएगा मेवा** 〔諺〕人に奉仕すれば良い報酬を得るもの；情けは人の為ならず

मेवाड़ 〔地名〕メーワール（ラージャスターン州南東部，ウダイプルを中心とする地域）

मेवाड़ी[1] [形] メーワール地方の

मेवाड़ी[2] [名] メーワール地方の住民

मेवाड़ी[3] [名*]〔言〕メーワール語；メーワーリー語（ラージャスターン語の一）

मेवात 〔地名〕メーワート（ラージャスターン州東北端，アルワル अलवर，バラトプル भरतपुर を中心とする地域）

मेवाती[1] [形] メーワート地方の

मेवाती[2] [名] メーワート地方の住人

मेवाती[3] [名*]〔言〕メーワート語；メーワーティー（ラージャスターン州がハリヤーナー州やウッタル・プラデーシュ州と接する地域に話されるラージャスターン語の一方言）

मेवाफ़रोश [名] 《P. ميوه فروش》（新鮮な果物やドライフルーツを販売する）果物屋；果物売り

मेष [名] (1) 羊 (2)〔占星〕白羊宮（黄道十二宮の第 1）= मेष राशि. (3)〔天〕牡羊座
मेषा [名*] (1) カーダモン (2) 羊のなめしがわ（鞣し革）
मेषी [名*] 雌の羊；雌羊= भेड़.
मेस [名]《E. mess》軍隊や学生寮などの食堂
मेसर्स [名]《E. Messrs》社名の前に用いられる敬称語 मेसर्स आदर्श मोटर्स アーダルシュ・モータース社御中
मेसोपोटामिया〔地名〕《E. Mesopotamia》メソポタミア
मेस्मेरिज़्म [名]《E. mesmerism》催眠術= मेस्मरिज़्म；मेस्मरवाद.
मेहँदी [名*] = मेंहदी.
मेह[1] [名] (1) 雲= बादल；मेघ；मेंह. (2) 雨= बारिश；वर्षा；पानी.
मेह[2] [名] (1) 尿= मूत्र；मूत. (2)〔医〕糖尿病= मधुमेह.
मेह[3] [名] (1) 羊 = भेड़. (2) 山羊
मेहतर [名]《P. مهتر मिहतर》(1) 長老 (2) 掃除人（特に便所掃除に従事してきたカーストの男性）；メヘタル；バンギー
मेहतरानी [名*]《مهترانی ← P. مهتر मिहतर/मेहतर》（掃除人カースト）メヘタルの女性
मेहताब [名] = महताब. मेहताब का पटाखा ロケット花火の一
मेहन [名] (1) 排尿= पेशाब क॰；मूत्र-त्याग. (2) 尿；小便 (3) 陰茎；男根
मेहनत [名*]《A. محنت मिह्नत》(1) 労働；勤労 कड़ी मेहनत 激しい労働；厳しい労働；辛苦 शारीरिक मेहनत 肉体労働 खेतीबारी की कड़ी मेहनत 農業の厳しい労働 (2) 苦労；骨折り；苦心 **मेहनत से** 一生懸命に；骨折って माँ हमारे लिए मेहनत से अच्छे-अच्छे खाने बनाती है 母さんは私たちのために骨折っておいしい料理を作って下さいます (3) 勤勉；精励；努力 वे लोग मेहनत के आदी और बहुत बहादुर होते हैं よく働きかつ大変勇敢な人たちである सुबह से शाम तक मेहनत करती हूँ 朝から晩まで懸命に働く **मेहनत उठाना** 苦労する；努力する **मेहनत की रोटी खाना** 汗水流して稼ぐ **मेहनत ठिकाने लगना** 苦労が実る **मेहनत पर उलटी झाड़ू फेरना** 努力を無駄にする
मेहनतकश[1] [名]《P. محنت کش》労働者；勤労者
मेहनतकश[2] [形] 大変努力する；勤勉な；苦労する= परिश्रमी；श्रमिक. मेहनतकश कोशिश 懸命の努力
मेहनत-मज़दूरी [名*]《A.P. محنت مزدوری》(1) 骨折り；苦労 (2) 力仕事；労働 वह खाते-पीते परिवारों के यहाँ मेहनत मजदूरी का काम करता है 裕福な家庭で働いている
मेहनत-मशक़्क़त [名*]《A. محنت مشقت》労働；勤労；仕事 गंदे कपड़े पहनकर भीख के लिए निकलने की मजबूरी को वह अपनी मेहनत-मशक़्क़त मानता है あの人は汚れた服を着て物乞いに出掛けなくてはならないのを自分の仕事だと思っている
मेहनत-मसक्कत [名*] = मेहनत-मशक्कत. मैं इस बुढ़ापे में भी इतनी मेहनत-मसक्कत कर रहा हूँ こんな齢になってまでもこれほど仕事をしている
मेहनताना [名]《A.P. محنتانه मिह्नताना》賃金；労賃；手間賃
मेहनती [形]《A.P. محنتی मिह्नती》(1) 働き者の；勤勉な (2) 努力家の
मेहना[1] [名*] 女；女性；婦人= महिला；स्त्री；नारी.
मेहना[2] [名] (1) 悪口（を言うこと） (2) 皮肉；当てこすり；嫌み (3) 嘲り；嘲笑 (-पर) **मेहना मारना** *a.*（ーに）ふざける；冗談を言う *b.*（ーを）からかう *c.*（ーに）当てこすりを言う
मेहमान [名]《P. مہمان मिह्मान》客；客人；来客；訪問者= अतिथि；आगंतुक. **थोड़े दिनों का मेहमान** 余命幾ばくもない समझ गया, अब और थोड़े दिनों का मेहमान हूँ わかった．もう私は余命幾ばくもないんだ वह अधिक-से-अधिक छह महीनों का मेहमान है あの人はせいぜいあと半年の命だ
मेहमानख़ाना [名]《P. مهمان خانه》応接間；客間 तहख़ाने के ऊपर एक मेहमानखाना है 地下室の上に客間がある
मेहमानदार[1] [名]《P. مهماندار》主人；ホスト
मेहमानदार[2] [形]《P. مهماندار》= मेहमाननवाज़.
मेहमानदारी [名*]《P. مهمانداری》客の接待；もてなし；歓待= आतिथ्य.
मेहमाननवाज़ [形]《P. مهمان نواز》客を手厚くもてなす；来客を歓待する
मेहमाननवाज़ी [名*]《P. مهمان نوازی》心のこもったもてなし；客の歓待；厚いもてなし **मेहमान-नवाज़ी क॰** 歓待する
मेहमानी [名*]《P. مهمانی》(1) 客人としての扱い；歓待= मेहमानदारी；सत्कार；पहुनाई. (2) 客となること；客であること
मेहर[1] [名]《P. مهر मह्र》= मह्र. 婚資；マフル（イスラム教徒の結婚に際して男性から女性に支払われる結納金．結婚時と離婚時とに分けて支払われるのが普通） मेहर की रकम ग्यारह सौ एक रुपए マフルの額，1101 ルピー
मेहर[2] [名*]《P. مهر मिह्र》(1) 愛情；愛着；愛 (2) 親切；好意 (3) 憐れみ；慈悲；情け
मेहरबाँ [形]《P. مهربان मिह्रबाँ》→ मेहरबान.
मेहरबान [形]《P. مهربان मेह्रबान；मिह्रबान》(1) 心優しい；親切な；好意を抱く；好意的な हमारे उस्ताद हमपर बहुत मेहरबान हैं 先生は私たちにとても優しくして下さる वह सुनीता पर इतना मेहरबान क्यों है? あの人がスニーターに対してこんなに親切なのは何故なのか (2) 情け深い；慈悲深い इतने में एक और डाक्टर को एक मेहरबान लिवा लाए そうこうするうちにある情け深い人がもう 1 人の医者を連れて来た
मेहरबानी [名*]《P. مهربانی》(1) 親切；厚意；好意 उनकी यह बड़ी मेहरबानी है これはあの方の大変な好意だ (-पर) **मेहरबानी क॰**（ーに）好意を寄せる；親切にする (2) 情け；慈悲 **मेहरबानी करके** どうかお願いですから；なにとぞお願いですから；なにとぞよろしくお願いします；後生ですから= दया करके；भगवान के लिए；ख़ुदा के लिए. मेहरबानी करके आप अपना कुछ हाल बताएँगे? お願いです，どうか近況をお話し下さいませんか
मेहरा[1] [名] 女性のような感じのする男；おとこおんな（男女）
मेहरा[2] [名] (1) メヘラー（カトリー खत्री カーストのサブカーストの一） (2) メヘラー（シク教徒のカーストの一．以前水汲みや水運び家事労働などを主な生業とした）
मेहराब [名*]《A. محراب मिह्राब》(1)〔建〕イスラム建築でモスクの礼拝室のメッカに面した壁に作られるアーチ形の壁龕．ミフラーブ；メヘラーブ (2)〔建〕戸口の壁から天井につけられたアーチ形；丸天井；ミフラーブ；メヘラーブ (3) 上座
मेहराबदार [形]《A.P. محرابدار》(1) ミフラーブのついた；メヘラーブのついた (2) アーチ形の इन तहख़ानों की छतें मेहराबदार हैं これらの地下室の天井はアーチ形をしている मेहराबदार गली アーケード
मेहराबी [形]《A. محرابی》ミフラーブ形の；メヘラーブ形の；アーチ形の
मेहरारू [名*] (1) 妻；家内；嫁；嫁御；かかあ दारूबाज लालू की मेहरारू 飲んだくれのラールーのかかあ (2) 女；女性
मेहरिया [名*] (1) 妻；かかあ；嫁御 (2) 女；おなご；女性 हमसे तो ऐसी मेहरिया से एक दिन न पटे あたしゃこんなおなごとは一日もやって行けない
मेहरी [名*] (1) 妻= पत्नी；जोरू. (2) 女性= स्त्री；औरत.
मेह्र [名*] = मेहर[2].
मेह्रबान [形] = मेहरबान.
मेहल [名]〔植〕バラ科ナシ属（ヒマラヤの山間部に産する野生ナシ）【*Pyrus pashia*】
मैं [代] (1) 一人称代名詞単数主格形．私（わたし，わたくし，わし，おれ，僕，自分，手前など）能格助詞 ने にはこのまま接続するが，その他の格助詞には मुझ の形で接続する．मुझको (ac., da.), मुझसे (ab.), मुझमें, मुझपर (loc.) など．ただし，格助詞を従えず語形変化による目的格形及び与格形は मुझे となる．所有格形（मेरा）は接続する語の性・数・格に応じて次のように変わる．मेरा (mas.,sg., dir.), मेरे (mas., sg., ob., pl., dir.), मेरी (fem.,sg.,pl., dir., ob.) なお，主格形はくだけた表現の中や自明の場合にはしばしば省略される． (2) 我の意識 **मैं उस धातु का नहीं बना हूँ** 私はそんな人間ではない（そのような種類の人間ではない） **मैं कहूँ आम वे कहें इमली** 2 人の考えや意見が全く合わないこと **मैं की गरदन पर छुरी हो॰**〔諺〕高慢な人は大恥をかくことになる **मैं खोना** 我意識をなくす **मैं-मेरा क॰** 我意識を持つ；我が，おれが，の意識を強く持つ **मैं-मेरी खोना** = मैं खोना. **मैं-मैं क॰** *a.* 我意識を強く持つ *b.* 自慢する

मैंगनीज़ [名]《E. manganese》〔化〕マンガン मैंगनीज़ डायोक्साइड〔化〕二酸化マンガン
मैंटिस [名]《E. mantis》〔昆〕カマキリ科カマキリ；蟷螂
मैंने [代] 一人称代名詞 मैं の単数能格形
मैमथ [名]《E. mammoth》〔動〕マンモス
मै [名*]《P. مے》酒= शराब; मदिरा; मद्य.
मैक [名]《E. Mach ; M.》マッハ अधिकतर समतल गति 2.2 मैक से अधिक 平均水平飛行速度マッハ 2.2 以上で
मैकदा [名]《P. مے کده》酒場；居酒屋= मयकद; मैख़ाना; मयख़ाना; मदिरालय.
मैकरेल [名]《E. mackerel》〔魚〕サバ科サバ（鯖）
मैकरेल आकाश [名]《E. mackerel + H.》〔気象〕いわし雲〈mackerel sky〉
मैकश [形・名]《P. میکش》酒飲み；酒好き = शराबी.
मैका [名]（妻の）実家；（女性の）実家；里= मायका; पीहर. पत्नी कब अपने मैके लौट जाती है? 妻はいつ里帰りをするのか
मैकेनिक [名]《E. mechanic》修理工；機械工；工員；職工 छोटा भाई मोटरों की मरम्मत करने वाले गैरेज में मैकेनिक है 弟は自動車修理工場に勤めている
मैकेनिकल [形]《E. mechanical》機械の
मैकेनिकल इंजीनियर [名]《E. mechanical engineer》機械技師
मैक्सिको〔国名〕《E. Mexico》メキシコ〈United Mexican States〉 **मैक्सिको की खाड़ी** メキシコ湾
मैक्सी [名*]《E. maxi》〔服〕マキシスカート
मैगज़ीन[1] [名]《E. magazine》(1) 弾薬庫 उसने जर्मनों के मैगजीन में आग लगाई ドイツ軍の弾薬庫に火を放った (2)（連発銃の）弾倉
मैगज़ीन[2] [名*]《E. magazine》雑誌；マガジン= पत्रिका.
मैगट [名]《E. maggot》〔昆〕ウジ；蛆；蛆虫
मैगना कार्टा [名]《E. Magna Carta ← L.》マグナカルタ；大憲章
मैग्नीफ़ाइंग ग्लास [名]《E. magnifying glass》拡大鏡；虫眼鏡
मैग्नीशियम [名]《E. magnesium》〔化〕マグネシウム
मैग्नीशिया [名]《E. magnesia》〔化〕マグネシア；酸化マグネシウム
मैग्नेट [名]《E. magnet》磁石；マグネット= चुंबक.
मैग्नेटाइट [名]《E. magnetite》磁鉄鉱
मैच [名]《E. match》(1) 試合；競技；マッチ मैच ख़त्म होने वाला है 間もなく試合が終わる फ़ुटबाल का मैच サッカーの試合 **मैच खेलना** 試合をする मैच जीतना 試合に勝つ इतवार के दिन हम सब मैच खेलते हैं 日曜日には私たちは全員試合をする **मैच देखना** 観戦する **युगल मैच** ダブルス戦 (2) 組み合わせ (3) 調和；釣り合うこと；似合うこと；マッチすること **मैच क॰** マッチする；調和すること；合う कृत्रिम बालों का रंग व शेड आपके असली बालों से मैच करता हुआ होना चाहिए つけ毛の色や色合いは地毛とマッチしていなくてはならない
मैचिंग [形]《E. matching》揃いの；調和する उनके लिए साड़ी के साथ मैचिंग ब्लाउज सिलवाना あの方のためにサリーにマッチするブラーウジを縫ってもらいなさい
मैजिक [名]《E. magic》(1) 魔法；魔術 (2) 奇術；手品；マジック
मैजिक लालटेन [名*]《E. magic lantern》幻灯機
मैजिशन [名]《E. magician》奇術師；手品師；マジシャン
मैटर [名]《E. matter》(1) 物資；物体 (2) 原稿 (3) 組版
मैटाडोर [名]《E. Matador》〔商標〕マタドール（インド国産バンの一）
मैटिनी [名*]《E. matinee; matineé》マチネ= मैटिने. मैटिनी कोट〔服〕マチネコート
मैट्रन [名*]《E. matron》(1) 寮母 (2) 婦長；看護婦長= चीफ़ नर्स.
मैट्रिक [名]《E. matric ← matriculation》大学入学資格（試験）；マトリック（インドの旧学校教育制度で 10 年生級終了資格．ハイスクールとも呼んだ．今日これは廃止されている）
मैट्रिकुलेशन [名]《E. matriculation》= मैट्रिक. मैंने मैट्रिकुलेशन पास किया マトリックに合格した
मैट्रिक्स [名]《E. matrix》(1) 鋳型 (2)〔印〕字母；母型 (3)〔数〕マトリックス；行列
मैट्रेस [名]《E. mattress》マットレス
मैडम [名*]《E. madam, madame》(1) 奥様；令夫人；お嬢様（女性に対する丁寧な呼びかけの言葉） (2) 女性の名につける敬称 (3) 学校の教師に対する敬称 मैडम, मुझे किस लिए बुलाया गया है?（幼稚園長に対して保母が）先生，何のご用でしょうか
मैडागास्कर〔国名〕《E. Madagascar》マダガスカル
मैडिकल [形]《E. medical》= मेडिकल. मैडिकल कालेज 医学校；医科大学
मैड़ी [名*] = मड़ैया; कुटी.
मैडोना [名*]《E. Madonna》(1) 聖母マリア (2) 聖母マリア像
मैत्र[1] [名] 友好関係；友情= मित्रता; मैत्री; दोस्ती.
मैत्र[2] [形] (1) 友人に関する；友人の (2) 友人間の
मैत्रक [名] 友情；友愛= मित्रता; दोस्ती.
मैत्रावरुण [名]〔イ神〕マイトラーヴァルナ（ミトラとヴァルナの子．アガスティヤ・ムニ अगस्त्य とヴァシシュタ・ムニ वशिष्ठ のこと）
मैत्री [名*] (1) 友情；友愛；友好= मित्रता; दोस्ती. घनिष्ठ मैत्री 親交 (2) 同盟
मैत्रीपूर्ण [形] 友情に満ちた；友好的な राजपूत राजाओं तथा मराठा सरदारों के साथ मैत्रीपूर्ण संबंध ラージプート諸王とマラーターの首領たちとの友好関係
मैत्री-संधि [名*] 友好条約 पाकिस्तान के साथ मैत्री-संधि パキスタンとの友好条約
मैत्रेय बोधिसत्त्व [名]〔仏〕弥勒菩薩
मैथिल[1] [名]（ビハール州北東部に位置する）ミティラー地方（मिथिला）の住人
मैथिल[2] [形] ミティラー地方の
मैथिलित स्पिरिट [名]《← E. methylated spirits》〔化〕変性アルコール
मैथिली[1] [名*] (1)〔言〕ミティラー語；マイティリー語（ビハール州東北部を中心に分布する）→ मिथिला. (2)〔ラマ〕シーター सीता; जानकी
मैथिली[2] [形] ミティラー地方の→ मिथिला.
मैथुन [名] 交接；交合；性交= संभोग; समागम.
मैथुनांग [名]〔動〕交接器官 नर मेंढक के कोई मैथुनांग नहीं होता カエルのオスには交接器官は全くない
मैदा[1] [名]《P. میده》小麦粉；メリケン粉 → आटा.
मैदा[2] [名]《A. معده》胃；胃袋= मेदा.
मैदान [名]《A. میدان》(1) 広場 (2) 平野 हमारे देश में बड़े-बड़े मैदान हैं わが国にはとても大きな平野がある (3) 運動場（校庭も含め運動する場所） बास्केटबाल का मैदान バスケットボールのコート स्कूल का खेल का मैदान 学校の運動場 (4) 庭や敷地などの場所や空間 (5) 戦場 लड़ाई के मैदान में 戦場において मैं उसका बल मैदान में देखूँगा あの男の力量を戦いの場で見てみよう **मैदान क॰** *a.* 場所を作る *b.* 戦う；戦闘をする **मैदान का शेर** 勇敢な人；勇猛果敢な人 **मैदान ख़ाली क॰** *a.* 戦場から逃げ出す人 *b.* 障害を取り除く **मैदान ख़ाली हो॰** *a.* 障害がなくなる *b.* 一切が終わる **मैदान चरना** 台無しにしてしまう **मैदान छोड़कर भागना** *a.* 逃げ出す राम ने मारीच की ऐसी धुनाई की कि वह मैदान छोड़कर भाग चला ラーマがマーリーチャをあまりにもひどい目に遭わせたので逃げ出してしまった *c.* 退却する；退く *d.* 降参する；諦める *e.* 仕事を投げ出す **मैदान छोड़ना** *a.* 場所を空ける *b.* = मैदान छोड़कर भागना. हम मैदान छोड़ेंगे तो बच्चों पर क्या असर पड़ेगा? 我々が降参したら子供たちにどんな影響が及ぶだろうか **मैदान जा॰** 野原や畑に用便に行く **मैदान जीतना** *a.* 勝利を収める *b.* 成功を収める **मैदान तैयार क॰** 用意する；準備する；整える **मैदान पाना** 勝つ；勝利を収める **मैदान बदना** 戦いに備える **मैदान मारना** 勝つ；勝利する माधव की इच्छाएँ पूरी हुईं.मैदान मार लिया マーダヴァの願いが叶えられた．勝利したのだ **मैदान में उतरना** 戦場に立つ；戦に出る **(-के) मैदान में उतरना** （一の）活動に入る **(-के) मैदान में क़दम रखना** （一の）活動に入る；（一を）始める；開始する **मैदान में कूद पड़ना** 戦場に臨む **मैदान में निकल आ॰** *a.* 面と向かう *b.* 立ち向かう **मैदान में पछाड़ना** 負かす；打ち負かす；やっつける **मैदान में लाना** 立ち向かわせる **मैदान रहना** 戦死する **मैदान ले॰** 戦う；争う；立ち向かう **मैदान साफ़ क॰** = मैदान ख़ाली क॰. **मैदान साफ़ हो॰** = मैदान ख़ाली हो॰. **मैदान से भागना** 逃げ出す；降参する；尻尾を巻く **मैदान हाथ आ॰** = मैदान पाना. **मैदान हाथ पाना** = मैदान पाना. **मैदान हाथ रहना** 勝つ；勝利する **मैदान हाथ से जा॰** 好機を逸する

मैदानी [形]《A. ميدانی》(1) 野原の (2) 平野の मैदानी भाग 平野部 (3) 運動場の (4)〔ス〕フィールドの मैदानी प्रतियोगिताएँ フィールド競技〈field events〉
मैदानी तोप [名*]〔軍〕野砲
मैदाने जंग [名]《A. میدان جنگ》戦場；戦地= युद्ध क्षेत्र; रणभूमि.
मैन[1] [名] (1) カーマ神= मदन. (2) 蝋 (3) 蝋と樹脂とを混じたもの（鋳型を作るのに用いられる）
मैन[2] [名]《E. man》人；人間= मनुष्य; मानव; आदमी.
मैन आफ़ द मैच [名]《E. man of the match》〔ス〕最優秀選手
मैनफल [名] (1)〔植〕アカネ科小木サボンノキ【*Randia spinosa*】(2) 同上の果実 (3)〔植〕アカネ科低木【*Meyna laxiflora*】(4) 同上の果実
मैनसिल [名]〔鉱〕けいかんせき（鶏冠石）〈realgar〉
मैनहोल [名]《E. manhole》マンホール
मैनहोल पाइप [名]《E. manhole pipe》土管；下水管；下水道管 मैनहोल पाइप में रह रहे कुछ विस्थापित 土管で暮らしている一部の難民
मैना [名*] 九官鳥などムクドリ科の鳥 **अबलखा मैना**〔鳥〕ムクドリ科ホオジロムクドリ【*Sturnus contra*】**पहाड़ी मैना**〔鳥〕ムクドリ科キュウカンチョウ（九官鳥）【*Gracula religiosa*】
मैनाक [名]〔イ神〕マイナーカ山（カイラーサ山の北方にあるとされる山）→ कैलास.
मैनिफ़ेस्टो [名]《E. manifesto》〔政〕(1)（政党や政府の）宣言書；声明書= घोषणा-पत्र. (2) 政綱；マニフェスト
मैनेजर [名]《E. manager》マネージャー；支配人；支店長；局長；部長= प्रबंधक. मेरी ज़मींदारी का मुख्य मैनेजर わが領地の総支配人 होटल का मैनेजर ホテルの支配人
मैनेजिंग डायरेक्टर [名]《E. managing director》専務取締役；常務取締役
मैपरस्त [形・名]《P. مے پرست》(1) 酒好き（の） (2) 大酒飲み（の）；飲んだくれ（の）
मैपरस्ती [名*]《P. مے پرستی》(1) 酒好き；酒飲み (2) 大酒を飲むこと (3) アルコール中毒症
मैफ़रोश [名]《P. مے فروش》酒屋；居酒屋の主人
मैफ़रोशी [名*]《P. مے فروشی》酒類販売
मैमनत [名*]《A. میمنت》(1) めでたいこと (2) 幸福；幸せ
मैमून[1] [形]《A. میمون》(1) めでたい (2) 幸福な；幸せな
मैमून[2] [名]《P. میمون》〔動〕猿= बंदर; वानर.
मैयत [名*]《A. میت》(1) 死；死亡；死去 (2) 死体；死骸；遺体 (3) 葬儀；葬式（特にムスリムの葬式）= मैयित. **मैयत उठना** 死ぬ= मरना; मृत्यु हो॰; मौत हो॰. **मैयत मिट्टी में जा॰** 野辺の送りに加わる；野辺の送りに行く
मैया [名*] (1) 母；母親 (2) 母親や年長の女性，あるいは，そのような関係に位置づけられた人に対する呼称や敬称・尊称（呼格及び親しみをこめた呼称） गंगा मैया ヒンドゥー教徒のガンジス川に対する敬称 शिप्रा मैया की जयजयकार 崇拝の対象であるシプラー川に向かって祈りを捧げ万歳を唱えること
मैयार [名]《A. معیار》(1) 尺度；基準 (2) 計量や測量の器具
मैयित [名*]《A. میت》死者；死人
मैयित संस्कार [名]《A. میت+ H.》〔イス〕イスラム教徒の葬式；ムスリムの葬式
मैरा [名] 畑の見張り台（屋根がある）
मैराथन दौड़ [名*]《E. marathon + H.》〔ス〕マラソン；マラソン競走 26 मील 325 गज़ 26 マイル 325 ヤードの距離
मैरीन[1] [名]《E. marine》(1) 海軍 (2) 水兵 (3) 一国の船舶
मैरीन[2] [形] (1) 海の；海洋の (2) 海事の；海運業の (3) 海軍の
मैरून [形・名]《E. maroon》栗色（の）；えびちゃ（葡萄茶）（の）
मैरून कलर [名]《E. maroon colour》栗色= मैरून रंग.
मैल[1] [名⁻] (1) 汚れ；皮膚の垢 त्वचा की मैल 皮膚の नीम या बबूल की मिस्वाक करने से दाँतों और ज़बान पर जमा हुआ मैल साफ़ हो जाता है インドセンダンの楊枝を使うと歯や舌についた汚れがきれいになる दाँत की मैल 歯垢；歯くそ बहुत मैल निकला うんと垢が出た (2) けがれ（汚れ）；わだかまり；悪意；恨み；垢 मैल तन का ही नहीं, मन का भी होता है 体の垢ばかりでなく心にたまる垢もある संपत्ति से मन पर मैल बढ़ने लगती है 富のために心に垢がたまり始めるものだ (3) 不安；心配の気配；曇り；翳り हमले और धावे में वह सदैव सब से आगे रहता है, उसकी त्योरियों पर कभी मैल नहीं आता 攻撃，襲撃ではいつも先頭に立つ．表情には不安の影は見られない (4) 悲しみ **मैल का बैल बनाना** 大げさに言う **मैल धुलना** 汚名が消える **मैल न आ॰** 心にわだかまりを抱かない **मैल रखना** 心にわだかまりを持つ；わだかまりを感じる= वैमनस्य हो॰. **मैल लाना** *a.* 悲しむ *b.* 心配する；悩む
मैल[2] [名*]〔鳥〕ガンカモ科オカヨシガモ【*Anas strepera*】
मैल[3] [名]《A. میل》→ मैलान.
मैल-कुचैल [形・名] よごれた（汚れたもの）；汚らしい（もの）；汚い（もの） मैल-कुचैल कुछ तो पेशाब पाखाने की राह बाहर निकल जाता है （体の中の）汚いものの一部は糞尿の形で排泄される मैल-कुचैल और गंदगी से 汚いものや汚れで
मैलख़ोरा[1] [名]《H.मैल + P. خوره》(1) 肌着 (2) 前掛け；エプロン (3) 鞍敷き
मैलख़ोरा[2] [形] 汚れが見えにくい；汚れを隠す
मैलट [名]《E. mallet》木槌= मैलट हैमर.
मैला[1] [形⁺] (1) 汚れている मैले कपड़े 汚れた服 (2) 汚らしい (3) 汚い मैले दाँत 汚い歯 (4) 薄汚い (5) 金属が曇っている（つやがなくなった） गहने बहुत मैले हो गये हैं.खटाई से साफ़ कर ले 装身具の貴金属がずいぶん曇ってしまっている．酸で洗うがよい **मन मैला क॰** 悲しむ；ふさぎ込む；悩む **मैला क॰** *a.* 汚す；汚くする *b.* 汚す；不浄にする **मैला जा॰** 月のものが始まる；月経になる **मैली नज़र** 邪視 **मैले सिर से हो॰** 月のものが始まる
मैला[2] [名] (1) 汚物；糞 चुड़ैलें रात को मैले का उबटन लगाती हैं チュライル（鬼女）たちは夜中に汚物を体に塗りつける (2) ごみ (3) 垢
मैला-कुचैला [形⁺] (1) 汚れきった；汚れ腐った मैले-कुचैले कपड़े 汚れきった着物；汚れくさった着物 (2) 汚らしい
मैलागैसी[1] 〔国名〕《E. Malagasy》マダガスカル民主共和国
मैलागैसी[2] [名]《E. Malagasy》マダガスカル人
मैलागैसी[3] [名*]《E. Malagasy》〔言〕マダガスカル語
मैला घर [名] ごみ捨て場= कूड़ा घर.
मैलान [名]《A. میلان》(1) 傾向= प्रवृत्ति; रुजहान. (2) 性向= रुचि; रग़बत.
मैलापन [名] ← मैला. よごれ（汚れ）
मैशरूम [名]《E. mushroom》(1)〔植〕ハラタケ科担子菌類マッシュルーム；マッシュルーム；セイヨウマツタケ (2) 同上の食用になるものマッシュルーム；セイヨウマツタケ
मैशिनरी [名*]《E. machinery》(1) 機械= कल; यंत्र. (2) 機械装置= कल-पुर्ज़े. (3) 機構；組織= तंत्र.
मैसूर 〔地名〕マイソール（カルナータカ州州都で旧マイソール藩王国の首都）
मैसूर जार्जेट [名]《E. Mysore georgette》〔服〕マイソール・ジョーゼット（マイソール地方産のジョーゼット）
मों[1] [代]《Br.》Br. の一人称代名詞単数斜格形．H. の मुझ 及び मुझे, मुझको に相当する
मों[2] [格助]《Br.,Av.》Br. 及び Av. に用いられる格助詞= में.
मोंगरा [名] (1) 木槌 (2) 洗濯棒（洗濯物を叩いて洗うのに用いる棒）
मोंगला [名] 薬用，香辛料として用いられるサフランの雌蘂
मोंछ [名*] ひげ（髭）；くちひげ（口髭）= मूँछ.
मोंढ़ा [名] 葦などの植物の茎を編んでこしらえた背もたれのない丈の低い丸形のイス．モーンラー／モーラー／ムーラー
मो [代]《Br., Av.》(1)Br. で一人称単数代名詞所有格形= मेरा. (2)Av. で一人称単数代名詞斜格形= मुझ.
मोअज़्ज़िज़ [形]《A. معزز मुअज़्ज़ज़》名誉ある；尊敬すべき= सम्मानित; मोहतरम.
मोई[1] [名*] インド更紗の染めに用いるために小麦粉をギー（精製バター）にまぶしたもの
मोई[2] [名*] 大麻やケシの実の粉末に氷砂糖やカーダモン，サフランなどを混ぜたもの（民間薬として用いられる）
मोकना [他] (1) 手放す (2) 放す (3) 投げる
मोकराना [他] = मोकना.
मोकल [形] 放たれた；束縛されていない；自由な；伸びやかな
मोकलना [他] 送る；遣わす；行かせる= भेजना.

मोकला [形+] (1) 広い (2) 解かれた；解き放された (3) 十分な；たっぷりとある

मोका[1] [名] (1) = मौका. (2) = मोखा.

मोका[2] [名]〔植〕モクセイ科落葉高木【*Schrebera swietenioides*】〈weaver's beam tree〉

मोक्ष [名] (1) 解き放されること；束縛を脱すること (2) 解脱= मुक्ति. (3) 死= मृत्यु; मौत. एक ज़माना था जब हमारे देश के लोगों की सब से बड़ी कामना मोक्ष पाने की होती थी かつてわが国民の最大の念願が解脱を得ることであった時代があった

मोक्षक [形] (1) 解き放つ；解放する (2) 解脱を与える

मोक्षद [形] 解脱を与える= मोक्ष देनेवाला.

मोक्षदात्री [形*] 解脱を与える

मोक्षदायिनी [形*] ←मोक्षदायी. 解脱を与える मोक्षदायिनी सप्तपुरियाँ 解脱を与える 7 つの都市

मोक्षदायी [形] 解脱を与える ये सब प्रयाग मोक्षदायी हैं これらすべてのプラヤーガ（聖なる川の合流点）は解脱を与えてくれる

मोक्षदेव〔人名〕玄奘三蔵のインド名

मोक्षपुरी [名*]〔ヒ〕聖地カーンチープラム（タミル・ナードゥ州北部）の別称

मोक्षप्राप्ति [名*] 解脱獲得 माता-पिता की सेवा मोक्षप्राप्ति का आधार है 親に仕えることが解脱を得るための礎である

मोखा [名] (1) 明かり窓；天窓= रोशनदान. (2) 覗き窓；覗き穴 (3) 戸棚

मोगरा[1] [名]〔植〕モクセイ科低木マツリカ【*Jasminum sambac*】 मोगरे ख़ूब महकते हैं マツリカはよく薫る गुलाब और मोगरे की ख़ुशबू バラとマツリカの芳香

मोगरा[2] [名] = मोंगरा.

मोग़ल [名]《← T.P. مغل मुग़ल》〔史〕ムガル

मोग़ली [形]《مغلی ← T.P. مغل मुग़ल》ムガルの；ムガル人の

मोघ[1] [形] (1) 効果のない；無益な；無駄な (2) 役に立たない

मोघ[2] [名] 囲い；柵= घेरा; बाड़ा.

मोच[1] [名*] 捻挫 टाँग की मोच 足の捻挫 मोच आ॰ 捻挫する गिरने से पैर में मोच आ गई 倒れて足を捻挫した

मोच[2] [名] (1) = सेमल. (2) = केला. → मोचक[2].

मोचक[1] [形] (1) 解く；解き放す；解放する (2) 除く；除去する (3) 送り出す；発射する

मोचक[2] [名] (1) = सेमल. ワタノキ (2) = केला. バナナの木

मोचन [名] (1) 解放 (2) 除去 (3) 発射

मोचना[1] [他] (1) 解放する；解く (2) 除去する；取り除く (3) 発射する

मोचना[2] [名] (1) 火箸；火挟み；トング (2) 毛抜き；ピンセット

मोचनी [名*] (1) ピンセット (2) 毛抜き

मोचयिता [形] 拘束や束縛から解き放す

मोचरस [名] ワタノキ सेमल から採れる樹脂

मोचा [名*] (1)〔植〕バナナの木 (2)〔植〕キアイ (3)〔植〕パンヤ科ワタノキ= सेमल. (4)〔植〕ワサビノキ科小木ワサビノキ【*Moringa oleifera*】

मोचाट [名]〔植〕バナナ= केला.

मोची [名] 靴などの皮革製の履き物を製造・修理・販売を主な生業にしてきたカーストの人；靴屋；モーチー

मोछ [名*] = मूँछ.

मोजड़ा [名] 靴 = जूता.

मोजड़ी [名*] (1) 靴 (2) スリッパ (स्लीपर)；つっかけ

मोज़ा [名]《P. موزه》靴下；ソックス मोज़े が普通の用法. तुम्हारे मोज़े कहाँ हैं? 君の靴下はどこにある

मोजिज़ा [名]《A. معجزه》(1) 預言者の顕す奇跡；奇蹟= चमत्कार. (2) 驚嘆すべきもの；信じられないほどのすぐれたものや出来映え जिसे तामीर का मोजिज़ा कहा जा सकता है 建築の奇跡と呼べるもの

मोजेक [名]《E. mosaic》モザイク

मोट[1] [名]〔農〕灌漑用井戸から水を汲み上げるのに用いられる大きな革袋；モート

मोट[2] [名*] 包んだり束ねたりしたもの；包み= गठरी.

मोटर [名*]《E. motor》(1) モーター (2) 自動車

मोटरकार [名*]《E. motorcar》自動車

मोटरगाड़ी [名*]《E. + H.》自動車= मोटरकार.

मोटरगैरेज [名]《E. motor garage》(1) ガレージ；車庫 (2) 自動車修理工場

मोटर चालक [名] 自動車運転手；ドライバー

मोटर ड्राइवर [名]《E. motor driver》自動車運転手

मोटर बोट [名]《E. motorboat》モーターボート

मोटर मैकेनिक [名]《E. motor mechanic》自動車（修理）工

मोटर रिक्शा [名]《E. motor rickshaw》モーターリキシャ（三輪車ではあるがオートリキシャ आटो रिक्शा より大型）

मोटर वाला [名]《E. + H.》〔古〕運転手

मोटर साइकिल [名*]《E. motorcycle》単車；オートバイ；バイク；モーターバイク

मोटर स्कूटर [名]《E. motor scooter》モータースクーター；スクーター

मोटल [名]《E. motel》モーテル

मोटा [形+] (1) 厚い；分厚い；厚みのある；ふくらみのある मोटी खाल वाला मोटा तना 皮の厚い太い幹 मोटी-मोटी रोटियाँ 分厚く焼いたローティー आत्मग्लानि की पर्त काफ़ी मोटी हो गई थी 悔悟の念がかなり分厚く層を成していた (2) 太い मोटा अंगूठा 太い親指；太い拇指 मोटी क़लम 太い筆 गुरु नानक की शिक्षाओं को मोटी क़लम से लिखकर कक्ष में टाँगो グル・ナーナクの教えを太い筆で書いて部屋に掲げなさい (3) 声の太い उनकी आवाज़ मोटी हो जाती है（少年が声変わりで）声が太くなる मोटा स्वर 太い声 (4) 肥えている；肥満している；肥っている मोटे आदमी की पतलून 肥満体のズボン (5)（丈の）高い；高さのある；厚みのある अच्छा मोटा तकिया 上等の高い枕 (6) 粗い ↔ こまかい. मोटा बालू 粗砂 (7) 質の劣る；低い मोटे अनाज 雑穀 (8) 大まかな；大体の；おおよその；大ざっぱな एक मोटे अनुमान के अनुसार इस पशु मेले में एक करोड़ से भी ऊपर का लेन-देन होता है 概算によれば畜産市では 1000 万以上の取引が行われる **मोटी-मोटी बातें** 大筋 (9) 大味な (10) ありきたりの；質素な；安物の；安価な अपने ग्राम के जुलाहे द्वारा बुने मोटे वस्त्रों के स्थान पर 自分たちの村の織工が織った安価な布地の代わりに (11) 巨額の मोटा मुनाफ़ा 巨利 वह सेवामुक्त होने के उपरांत मोटे वेतन पर नियुक्त होने की योजना बनाते हैं 退職後高給で任命される計画を立てる (12) 豊かな；金持ちの **मोटा अन्न**（米や小麦などに対して）廉価な穀類；雑穀 **मोटा असामी**（顧客として）金持ち；良いかねづる（金蔓） **मोटा काम** *a.* 手間のかかる仕事 *b.* 手始め **मोटा खाना मोटा पहनना** 質素な暮らし **मोटा-झोटा** 粗末な；質素な；ありきたりの बहुत ही मोटा-झोटा आधा पेट खाकर गुज़र करते हैं とても粗末なものを少し食べて暮らしを立てている साल भर मरकर कमाना और मोटा-झोटा खा लेना 年がら年中馬車馬のように働いて質素な暮らしをする उनकी गिज़ा बहुत मोटी-झोटी होती है あの人たちの食事はとても質素なものです **मोटा टाट** 普通の衣服；ありきたりの衣服 **मोटा-तगड़ा** 太っている；肥えている उनके शरीर और क़द भी एक जैसे ही थे, न बहुत मोटे-तगड़े और न बहुत लंबे その人たちの体格も似通ったものでうんと太っているのでもとてものっぽでもなかった **मोटा-ताज़ा** まるまる太った；肉付きの良い मालकिन मोटी-ताज़ी देवी थीं, पर अब की कुछ ऐसा संयोग हुआ कि उन्हें दूध हुआ ही नहीं 奥様はなかなか肉付きの良い方だったがどうしたことか今度は乳が全く出なかった मोटे-ताज़े चूहे देखकर बिल्ली के मुँह में पानी आ गया まるまる太ったネズミを見て猫の口には涎が出てきた **मोटा दिखाई दे॰** 視力が低下する **मोटा पहनना** 普通の服を着る **मोटा पैसा कमाना** 大金を稼ぐ **मोटा बोल मारना** きついことや厳しいことを言う **मोटा भाग** 大部分；大方 **मोटा भाग्य** 幸運な；つきのある **मोटा-मुटल्ला** 太った；肥えた；デブの；でぶでぶの；でぶっちょの **मोटा रहन-सहन** 質素な暮らし **मोटा शिकार** = मोटा असामी. **मोटा हिसाब** 大まかな計算 **मोटी अक़्ल का** 頭の悪い；頭の鈍い **मोटी आमदनी** 巨額の収入 **मोटी कमाई** 荒稼ぎ डाक्टरों व इंजीनियरों को क्यों मोटी कमाई करने को छोड़ा जाए 医者やエンジニアに何故荒稼ぎをさせておくべきか **मोटी खाल** = मोटी चमड़ी. **मोटी चमड़ी** 面の皮の厚い；厚かましい **मोटी चिड़िया** = मोटा असामी. **मोटी चिड़िया फँसाना** いい金蔓をつかむ；金持ちを引っかける **मोटी चुनाई** 石を加工せずにそのまま用いて塀や壁に塗りこめること **मोटी डाल पकड़ना** 大樹に身を寄せる **(-की) मोटी तह जमी हो॰**（ーが）深い影響を及ぼす **मोटी बात** *a.* 明解なこと *b.* 重大なこと **मोटी बुद्धि का** = मोटी अक़्ल का. **मोटी भूल** 重大な失策 **मोटी मुर्ग़ी** = मोटा असामी. **मोटी**

मुर्ग़ी फँसाना = मोटी चिड़िया फँसाना. **मोटी रक़म** 巨額の金；大金 मोटी रक़म पाने के लालच में 大金に目がくらんで；大金をせしめようとして दाख़िले के लिए मोटी रक़में ले॰ 入学に際して大金を徴収する **मोटी-मोटी बातें** 要点 **मोटी-सी बात** わかり切ったこと **मोटी हाय** 大きな苦しみ **मोटे तौर पर** 大まかに；およそ；大体 **मोटे पेट वाला** = मोटा असामी. **मोटे रूप से** 普通；一般に；一般的に **मोटे हिसाब से** = मोटे तौर पर.

मोटाई [名*] (1) 厚さ (2) 太さ (3) 肥満 (4) 慢心；うぬぼれ **मोटाई उतरना** *a.* やせる *b.* うぬぼれがなくなる；鼻がへし折られる **मोटाई उतारना** *a.* やせさせる *b.* 鼻をへし折る；慢心を打ち砕く **मोटाई चढ़ना** うぬぼれる **मोटाई झरना** = मोटाई उतरना. **मोटाई झारना** = मोटाई उतारना. **मोटाई निकलना** = मोटाई उतरना. **मोटाई निकालना** = मोटाई उतारना. **मोटाई पचना** = मोटाई उतरना. **मोटाई पचाना** = मोटाई उतारना.

मोटाना [自] (1) 太る；肥える और मोटाते जा रहे हैं साँड़ सरीखे, फोकट का खा-खाकर どんどん太っている．まるで種牛みたいにぶらぶらしてただ飯喰って (2) 金持ちになる；豊かになる (3) うぬぼれる；慢心が起こる

मोटापन [名] ← मोटा. = मोटाई.

मोटापा [名] 太りすぎ；肥満；肥満体 मोटापा भी एक प्रकार की बीमारी है 肥満も一種の病気です मोटापा कम कैसे करें 肥満をどうして解消するか；どうして体重を減らすか इससे मोटापा भी बढ़ने लगता है そのために一層太り始める नियमित रूप से मधु को एक गिलास पानी में नीबू के रस के साथ पीने से मोटापा दूर हो जाता है 規則的に蜂蜜をコップ１杯の水に入れライムの汁を加えて飲むと肥満が解消される मोटापा कम कीजिए 肥満を解消して下さい

मोटा-मोटी [副] あらまし；およそ；大体

मोटिया [名] 荷物運搬人；ポーター= कुली; मज़दूर.

मोठ [名] (1)〔植〕マメ科草本モスビーン【*Vigna aconitifolia; Phaseolus aconitiflius*】 (2) 同上の実（食用）

मोड़ [名] (1) 曲がること；カーブすること；湾曲 (2) 曲がったところ；カーブ (3) 曲がり角；道角；角 वह सड़क के मोड़ पर जाकर लुप्त हो जाता है 道角に行って消え去ってしまう एक मोड़ पर मुड़ते ही １つの角を曲がるとすぐに (4) 分かれ目；転機；曲がり角 उम्र के इस मोड़ पर भी वह उसी लगन से जुटी थीं 人生のこの曲がり角でも今までと変わらぬ執心で取り組んでいた **मोड़ आ॰** 転機が訪れる；転換点が来る **मोड़ ले॰** 曲がる；転機に立つ；転換点に立つ **मोड़-तोड़** *a.* ねじれ；歪み *b.* 歪曲 *c.* 回り道

मोड़ना [他] (1) 向きを変える；(ある方向に) 向ける；曲げる；転じる उस नहर की तरफ़ मोड़ दिया जाए तो その水路のほうに曲げれば पानी के बहाव को मोड़ने के लिए बाँध और नाले बनाने पड़ते थे 水の流れの向きを変えるのに堤防や放水路を作らなくてはならなかった मशीन द्वारा हम बल को अपनी सुविधाजनक दिशा में मोड़ सकते हैं 機械を用いて力を自分の都合の良い方向に向ける（変える）ことができる (2) 折り曲げる；曲げる कुहनी मोड़कर 肘を曲げて (3) ねじ曲げる (4) 折りたたむ (5) そらす（逸らす）；はぐらかす；かわす कभी इतने दिनों मैंने तेरी बात मोड़ी है? これまでの長い間私が君の話をそらしたことがあったかね

मोडल [名]《E. model》(1) モデル；型；模型；原形 (2) 模範；手本

मोड़ा [名] 男の子；少年= लड़का; बालक.

मोड़ी[1] [名*] (1) モーリー文字（マハーラーシュトラ地方に行われてきたデーヴァナーガリー文字と同系統のもの）= मुड़िया. (2) 書きなぐり

मोड़ी[2] [名*] ズボンやパージャーマーなどの裾（の折り返し）

मोडुल्स [名] → मोड्यूलस.

मोड्यूलस [名]《E. modulus》〔数〕係数= मापांक.

मोढा[1] [名] = मोंढा.

मोढा[2] [名]〔建〕バラームダー (बरामदा)

मोतदिल [形]《A. معتدل》= मातदिल. (1) 暑くも寒くもない；温暖な；穏やかな= समशीतोष्ण. (2) 中庸の；中間の；均衡のとれた= संतुलित; मध्यम; दरमियानी.

मोतबर [形]《A. معتبر》信用できる；信頼できる= विश्वस्त.

मोतबरी [名*]《A. معتبری》信用性；信頼性

मोतिया [形] (1) 真珠の (2) 真珠色の (3) 真珠の形をした

मोतियाबिंदु [名] (1)〔医〕そこひ (2)〔医〕白そこひ；白内障= सफ़ेद मोतिया. (3)〔医〕緑内障= ग्लोकोमा. 〈glaucoma〉

मोतिया बेला [名*]〔植〕モクセイ科低木マツリカ【*Jasminum sambac*】= मोगरा; बनमल्लिका.

मोती [名] 真珠；真珠の玉 आपकी मोती जैसी आब あなたの真珠のような輝き（名誉，誉れ） इन मोतियों का मूल्य समझने वाला यहाँ कोई नहीं है この真珠の値を知る人はここには１人もいない（涙をたとえて） **मोती के दाने बिखेरना** 真珠の玉（のような涙）を散らす；泣く **मोती गरजना** 真珠に筋が入る；真珠がひび割れる **मोती चुगना** 贅沢三昧をする **मोती ढलकना** 止めどもなく涙が流れる **मोती पिरोना** *a.* 達筆な *b.* こまかい作業をする **मोती बींधना** *a.* 真珠の玉に穴をあける *b.* 破瓜 **मोती में बाल पड़ना** 真珠に筋が入る；真珠がひび割れる **मोती रोलना** 苦労せずに大儲けする

मोतीचूर [名] モーティーチュール（ヒヨコマメの粉を甘味を加え粒状に加工したものでラッドゥー लड्डू をこしらえるのに用いる）

मोती ज्वर [名]〔医〕発疹を伴う発熱

मोतीझरा [名]〔医〕腸チフス〈thyphoid〉 21 दिनवाला बड़ा मोतीझरा 腸チフス= मोतीझिरा.

मोती-माता [名*] = मोतीझरा.

मोतीलाडू [名] モーティーラードゥー（モーティーチュールを用いてこしらえたラッドゥー लड्डू）

मोती-सिरी [名*] 真珠の首飾り

मोथरा [形[+]] 刃の鈍った；刃の切れ味の悪くなった= भोथरा.

मोथा [名] (1)〔植〕カヤツリグサ科ハマスゲ【*Cyperus rotundus*】 मोथे की शीतलपाटी ハマスゲの茎でこしらえた茣蓙 (2) 同上の球茎（民間薬に用いられる） (3)〔植〕イネ科ヨシ【*Phragmites communis*】= डिला. (4)〔植〕カヤツリグサ科エベリヤ【*Cyperus kyllingia; Kyllinga monocephala*】= बायबिडंग.

मोथी [名*] = मोठ.

मोद [名] (1) 楽しみ；喜び；歓喜= आनंद; हर्ष. (2) 芳香

मोदक [名] (1) ヒヨコマメの粉に砂糖や牛乳，香料を加えて団子状に丸く固めた甘味菓子= लड्डू. (2) 団子状に丸めたもの (3) 黒砂糖= गुड़.

मोदकर [形] 喜びを与える= आनंददायक.

मोदन [名] (1) 楽しませること；喜ばせること (2) 芳香を香らせること

मोदना[1] [他] (1) 喜ばせる；楽しませる (2) 芳香を香らせる

मोदना[2] [自] (1) 喜ぶ；楽しむ (2) 芳香が薫る

मोदमुग्ध [形] 喜びに浸った；うっとりした

मोदा [名*]〔植〕セリ科セロリー【*Apium graveoles*】= अजमोद.

मोदाकर [形] 喜ばしい；嬉しい；楽しい

मोदी [名] (1) 穀物商 (2) 口入れ屋

मोदीख़ाना [名] 穀物倉庫

मोधू [形] (1) 間抜けな (2) ぐうたらな

मोनटाज [名]《E. montage》モンタージュ

मोना[1] [他] (1) こねた小麦粉などにバターや油を加える (2) 湿らす；濡らす；水に浸す

मोना[2] [他] (1) 魅了する (2) 惑わす= मोहना; लुभाना; भ्रम में डालना.

मोना[3] [名] (1) 剃髪した人 (2) 散髪した人 (3)（シク教徒から見た）ヒンドゥー教徒

मोनाल [名]〔鳥〕キジ科ニシキジ【*Lophophorus impeyanus*】

मोनालिसा [名]《E. Mona Lisa ← Italian》〔芸〕モナリザの肖像画

मोनिया [名*] 蓋付きのバスケット

मोनेज़ाइट [名]《E. monazite》〔鉱〕モナザイト；モナズ石 थोरियम का मुख्य स्रोत मोनेज़ाइट है トリウムは主にモナザイトから得られる

मोनोग्राम [名]《E. monogram》モノグラム；組み合わせ文字

मोनोटाइप [名]《E. monotype》〔印〕モノタイプ

मोनोपली [名]《E. monopoly》独占；占有；モノポリー= एकाधिकार; एकाधिपत्य; इजारा.

मोनोप्लेन [名]《E. monoplane》単葉飛行機；単葉機

मोपला [名] モープラー（ケララ州マラバール地方に居住するイスラム教徒のコミュニティーの一）

मोबाइल पुलिस वैन [名]《E. mobile police van》移動警察車；パトカー

मोबाइल फ़ोन [名]《E. mobile phone》移動電話；自動車電話；携帯電話〈mobile telephone〉

मोबिल आयल [名]《E. mobile oil ← E. Mobiloil》〔商標〕モービロイル（Mobil Corp. 社製の潤滑油）；モービールオイル；モービール油；モービル油

मोम [名] 《P. موم》(1) みつろう（蜜蝋） शहद के छत्तों से मोम निकालना ミツバチの巣から蜜蝋を取り出す (2) もくろう（木蝋） (3) パラフィン (-) **मोम क॰** （－に）同情させる；哀れみの気持ちを抱かせる **मोम का अजायबख़ाना** 蝋人形館 **मोम का आदमी** 蝋人形 **मोम का काम** 蝋細工 **मोम का पुतला** *a.* 蝋人形 *b.* 扱いやすい *c.* 作りもの **मोम का सामान** 蝋細工 **मोम की गुड़िया** きゃしゃな；か弱い **मोम की नाक** 信念のない人；気の弱い（人） **मोम की पुतली** = मोम की गुड़िया. **मोम की मरियम** = मोम की गुड़िया. **मोम की मूर्ति** 蝋人形= मोम का पुतला. **मोम बनाना** = मोम क॰.

मोमचीना [名]〔植〕トウダイグサ科ナンキンハゼ【*Sapium sebiferum*】= मोमचीना का पेड़. 〈Chinese tallow tree〉

मोमजामा [名]《P. موم جامہ》(1) 防水布 (2) レインコート= तिरपाल.

मोमदिल [形] 《P. موم دل》哀れみ深い；心優しい；涙もろい

मोमना [形] 《P. موم + H.》（蝋のように柔らかく）とても心やさしい

मोमबत्ती [名*] 《P. موم+ H.》ろうそく（蝋燭） मोमबत्ती की लौ 蝋燭の炎

मोमिन [形・名] 《A. مومن》敬虔な（人）；信心深い（人）；信徒；信者

मोमिया[1] [名*] 《A. موميا》(1) ミイラ (2)（ミイラを作るのに用いられる防腐剤の）瀝青

मोमिया[2] [形] 《P. موميا》蝋の चीड़ की पत्तियों पर एक मोमिया परत चढ़ा रहती है 松の葉には一種の蝋の膜が覆っている

मोमियाई[1] [名*] 《A. مومیائی》ミイラ (-की) **मोमियाई निकालना** *a.*（－を）こき使う；酷使する *b.*（－を）ひどく打ち叩く；打ちのめす

मोमियाई[2] [名*] 人造瀝青

मोमी [形] 《P. مومی》(1) 蝋のような (2) 蝋でできた (3) 哀れみ深い मोमी छींट 臈纈染め

मोयन [名] こねた小麦粉などに加えるバターや油

मोयुम [名] 《← E. Manipuri moyum》〔植〕アカネ科蔓木【*Rubia sikkimensis*】〈naga madder〉

मोर[1] [名] (1)〔鳥〕クジャクの総称 (2)〔鳥〕キジ科インドクジャク【*Pavo cristatus*】 जैसे मोर घटा को देखकर नाच रहा हो まるで雨雲を見てクジャクが踊っているかのように

मोर[2] [代] 《Av.》一人称代名詞単数所有格形（私の，おれの，手前のなど）= मेरा.

मोरक्को〔国名〕《E. Morocco》モロッコ王国

मोरचंग [名] 口琴= मुरचंग.

मोरचंद्रिका [名*] クジャクの羽にある月の形の模様

मोरचा[1] [名]《P. مورچہ》錆；鉄錆 **मोरचा खाना** *a.* 錆びる；錆がつく；錆が出る *b.* 錆つく；衰える；役に立たなくなる मोरचा खाए कब्जे 錆ついたハンドル **मोरचा लगना** なまる；錆つく；以前のような動きや働きが発揮できなくなる

मोरचा[2] [名] 《P. مورچا ← مورچال मोरचाल》(1)〔軍〕塹壕 (2)〔軍〕散兵壕；射撃壕 (3)〔軍〕最前線；前線；戦線 (4)〔軍〕応戦 छूटते ही दो मोरचों को एक साथ सँभालने की दिक्कत तो पेश न आती いきなり 2 つの戦線で同時に戦う困難は生じなかったものを **मोरचा जमाना** 陣を構える；陣を固める；陣を構築する **मोरचा जीतना** 敵陣を奪う **मोरचा टूटना** 守備戦線が崩れる **मोरचा थामना** 前線に立つ **मोरचा बनाना** 戦闘に備える **मोरचा बाँधना** 城の周囲に軍を配備する **मोरचा मारना** = मोरचा जीतना. चौकस लोग पहले मोरचा मार ले जाएँगे 用心深い人たちが勝ちを収めよう **मोरचा लगाना** 戦闘準備をする (-से) **मोरचा ले॰** *a.*（－と）戦う；戦争をする；渡り合う *b.*（－と）競う；争う तब प्रताप ने विजय से मोरचा लिया 次にプラタープはヴィジャヤと戦った **मोरचा हारना** 負ける

मोरचाबंदी [名*]《H.मोरचा + P.بندی》軍隊の配備や配置 मोरचाबंदी हो गई 軍の配備が完了した बहुत सख़्त मोरचाबंदी कर रखी है 堅固に軍を配備してある

मोरचाल[1] [名*] 《P. مورچال》〔軍〕射撃壕；散兵壕

मोरचाल[2] [名*] (1) クジャクの気取った歩き方 (2) 逆立ちして歩くこと

मोरछड़ [名] クジャクの羽でこしらえたほっす（払子）= मोरछल.

मोरछली [名] (1) クジャクの羽のほっす（払子）を作る人 (2) 払子を揺らす（仕事の）人

मोरतुत्ता [名]〔化〕硫酸銅〈blue vitriol〉

मोरनी [名*]〔鳥〕雌のクジャク

मोरपंख [名] クジャクの羽 मोरपंख से कई प्रकार के जादू टोनों को झाड़ा-फूँका जाता है クジャクの羽でいろいろな呪法のお祓いがなされる

मोरपंखी[1] [形] クジャクの羽の色の；濃青色の

मोरपंखी[2] [名*] (1) 扇子 (2) 舳先にクジャクの形をこしらえた遊覧船

मोरपंखी[3] [名*]〔植〕ヒノキ科小木コノテガシワ【*Thuja orientalis*】= मयूर पंख.

मोरम [名] 砂利；バラス

मोरमुकुट [名] クジャクの羽の形をした王冠

मोरशिखा [名*]〔植〕ヒユ科ケイトウ【*Celosia cristata*】= मयूर शिखा.

मोरा [代] = मोर[2].

मोराक्को〔国名〕《E. Morocco》モロッコ王国= मोरक्को.

मोरिशस〔国名〕《E. Mauritius》モーリシャス共和国

मोरी [名*] 溝；下水溝；どぶ गंदी मोरियों में 汚い溝に **मोरी की ईंट चौबारे में लगना** 資格のない者や力量のない者が不相応な尊敬を受ける **मोरी छूटना** 激しい下痢をする **मोरी पर जा॰** 小便をしに行く **मोरी पर बैठना** = मोरी पर जा॰. **मोरी में डालना** 台無しにする；どぶに捨てる；めちゃくちゃにする **मोरी में बहाना** = मोरी में डालना.

मोर्चा [名] = मोरचा[2]. वामपंथी मोर्चा 左派戦線 वामपंथी मोर्चे को 70 सीटें मिलीं 左派戦線が 70 議席を獲得 राष्ट्रीय लोकतांत्रिक मोर्चे का महासचिव 国民民主戦線の書記長

मोर्टार [名]《E. mortar》〔軍〕臼砲 हम लोगोंने अब मोर्टार भी चलाने शुरू कर दिए 今度は臼砲も発射し始めた

मोर्निंग कोट [名] 《E. morning coat》モーニング（コート）

मोर्स कुंजी [名*] 《E. Morse》〔通信〕電信機のキー；モールス符号のキー

मोर्स कोड [名] 《E. Morse code》モールス符合；モールス信号

मोल [名] (1) 値；値段；価格= मूल्य; दाम; क़ीमत. (2) 掛け値 **मोल क॰** *a.* 値切る；値の駆け引きをする *b.*（商人が）掛け値を言う **मोल में भारी हो॰** 高価に過ぎる (-का) **मोल चुकाना** （－の）代価を支払う **मोल दे॰** 売る **मोल ले॰** *a.* 買う；購入する *b.* 意のままにする *c.* 背負い込む

मोलचाल [名*] (1) 高くつけた値段 (2) 値の駆け引き

मोलतोल [名]（値の）駆け引き；値段の交渉；値切り交渉 मोलतोल शुरू हुआ 駆け引きが始まった **मोलतोल क॰** 値切る

मोलभाव [名] = मोलतोल. हमने दूकानदार से मोलभाव किया 店主と駆け引きをした

मोलवी [名] マウルヴィー= मौलवी.

मोलसिरी [名*] = मौलसिरी.

मोलस्का [名] 《E. Mollusca》〔動〕軟体動物

मोलाई [名*] 値の取り決め

मोल्ड[1] [名] 《E. mould》鋳型= साँचा.

मोल्ड[2] [名] 《E. mold》かび；黴；糸状菌= फफूँदी.

मोल्डिंग [名] 《E. moulding》鋳造= साँचे में ढालना.

मोशाय [名]《B.》男性に対する丁寧な敬称；呼びかけの言葉 मॉस मोशाय モスさん

मोशिये [名] 《F. mousieur》男性への敬称（ムッシュ…，…様，…氏，…さんなど）

मोषण [名] (1) 窃盗= चुराना; चोरी क॰. (2) 略奪；強奪= लूटना.

मोसना [他] = मूसना.

मोस्क्विटो कॉयल [名] 《E. mosquito coil》蚊取り線香

मोह [名] (1) 妄執；執心；執着（心）；迷い；迷妄 पद और प्रभुत्व का मोह 地位と権力への妄執 राज्य के मोह से उनकी बुद्धि मारी गई है 権力支配の妄執のため正しい判断ができなくなっている पैसे का मोह आराम नहीं लेने देता 金銭への執着が人を落ち着かせてくれない अपने प्रति, अपने जीवन और संसार के प्रति, मेरा मोह बहुत बढ़ गया था 自分に対して自分の生活と世間に対して執着がうんと高まっていた नौकरी का मोह छोड़कर स्वतंत्र लेखन 宮仕えの執着を断って自由な文筆活動 (2) 愚かさ；愚昧さ；迷妄 यदि प्रेम में मोह की मिलावट न हो, तो वह अंत में वैरभाव पर अवश्य विजय पाता है 愛情に愚かさが混じっていなければ最後には必ずや敵意に勝つことができる (3)〔仏〕癡愚；愚かさ；無明 (4) 欲望；欲念 छुट्टी

के दिनों में भी आराम करने का कोई मोह नहीं था 休暇中も休養したいと言う欲望は起こらなかった मेरे पास अच्छे और क़ीमती कपड़ों की कमी नहीं थी किंतु मैंने देश के लिए उन सब का मोह त्याग दिया 上等で高価な着物を少なからず持っていたが国のためにそれら一切のものへの執着を捨て去った (5) 愛着（の気持ち）；愛執 इसी लिए तो अभी जा रही हूँ.माँ होतीं तो शायद मोह इतनी आसानी से छूटता नहीं だからこそ今お別れするのです．母であったなら多分こんなに容易に愛着がなくなりはしないものを दशरथ विश्वामित्र की सहायता करना तो चाहते थे, पर पुत्रों के मोह में पड़े हुए थे ダシャラタ王はヴィシュヴァーミトラを助けたかったが子供への愛着にとりつかれていた (संयुक्त परिवार के) सभी सदस्य प्यार और मोह से जुड़े हैं （合同家族の）全成員は愛情と愛着で結ばれている (6) 幻想；幻影 हमारा मोह काटने के लिए यह आवश्यक था （英国支配への）幻想を断つために必要であった (7) 無知；無明 (8) 魅惑；魅力；魅せること

मोहक [形] 魅せる；魅惑する；魅惑的な；うっとりさせる मछलियों के मोहक रंग-रूप （熱帯）魚の魅惑的な姿形 मोहक रंग 魅惑的な色彩

मोहड़ा[1] [名] (1) 容器の口や開口部 (2) 物体の上部 (3) 口＝ मुँह; मुख. **मोहड़ा मारना** 口火を切る；最初に始める **मोहड़ा लगाना** 穀物の袋の口を開く **मोहड़े पर आ॰** 用意をする

मोहड़ा[2] [名] ＝ मोहरा.

मोहतमिम [名]《A. مهتمم मुहतमिम》主事；監督；監督官 मोहतमिम-ए बंदोबस्त 地税査定官 मोहतमिम-ए पुलिस 警視

मोहतरम [形]《A. محترم मुहतरम》尊敬すべき；敬うべき（人名の前に敬称として用いられる）＝ श्रीमान; पूज्य; श्रद्धेय.

मोहतरमा [形*]《A. محترمه मुहतरमा》＝ मुहतरमा; श्रीमती; महोदया; देवी. मोहतरमा बेनज़ीर अहमद ベナジール・アフマド女史

मोहताज [形]《A. محتاج मुहताज》(1) 必要とする；欠けている；不足している (2) 貧しい

मोहताजी [名*]《A. محتاجی मुहताजी》(1) 不足；欠乏 (2) 貧困；乏しさ

मोहन [名] (1) クリシュナ神の異名の一 (2) シヴァ神の異名の一

मोहन जोदड़ो [名]〔イ史〕モエンジョダロ；モヘンジョダロ（パキスタンのシンド州に現存するインダス文明の遺跡の一）

मोहन भोग [名] モーハンボーグ（小麦粉，砂糖，バターを材料に作られる上等の甘味菓子の一）

मोहनमंत्र [名] 魂を奪う呪文，モーハンマントラ इधर ओरछे में हरदौल ने प्रजा पर मोहनमंत्र फूँक दिया 一方，オールチャーではハルドールが民衆に魔法をかけた（民衆の魂を奪った）

मोहनमाला [名*] 金の玉を連ねた首飾り

मोहना[1] [他] 魅する；魅了する；虜にする；うっとりさせる；夢中にさせる；心を奪う उन्होंने अपने श्रम, लगन, अध्ययन और प्रतिभा से वहाँ के शिक्षकों का मन मोह लिया あの方は努力，熱意，精進，それに才能で同地の教師たちを魅了した मन को मोहना 心を奪う；魂を奪う यहाँ के लोकगीत और लोकनृत्य भी मन को मोह लेनेवाले हैं 同地の民謡と舞踊も人の心を虜にする उस घोड़े की चाल तुम्हारा मन मोह लेगी その馬の歩き方が君を虜にするだろう हर तरफ़ हरियाली किसका मन नहीं मोह लेती 一面の緑に心を奪われない人がいるだろうか

मोहना[2] [自] 魅せられる；虜になる；うっとりする；心を奪われる केदार चंपा पर मोहे ケーダールはチャンパーの虜になった

मोहनिद्रा [名*] 無知の眠り；無知の淵に沈むこと

मोहनी[1] [名*] (1) 魔力；魅力 (2) 魔法；魔法にかけること；魂を奪うこと (3) 魅惑的な女性 (4) 迷妄 **मोहनी डालना** 魅する；魅了する；うっとりさせる；魔法をかける；心を奪う पास की परिचारिकाओं पर भी निद्रा ने अपनी मोहनी डाल रखी है 側にいる侍女たちにも眠気が魔法をかけていた **मोहनी लगाना** 我を忘れさせる **मोहनी लाना** ＝ मोहनी डालना.

मोहनी[2] [形*] 魅する；魅了する；我を忘れさせる

मोहपाश [名] 迷妄の罠

मोहफ़िल [名*] ＝ महफ़िल.

मोहब्बत [名*]《A. محبت》＝ मुहब्बत. पुराने की मोहब्बत 古きものへの愛着 **मोहब्बत क॰** 恋をする；恋愛をする

मोहभंग [名] 幻滅 'गाँधीवादी समाजवाद' से इतनी जल्दी मोहभंग कैसे हो गया? 何故これほど早く「ガンディー主義的社会主義」に対する幻滅が生じたのか

मोह-ममता [名*] 愛着；愛執；執着

मोहमल [形]《A. مهمل मुहमल》(1) 無意味な＝ निरर्थक; अर्थहीन. (2) 無駄な；無益な＝ व्यर्थ; बेकार. (3) 馬鹿げた＝ मूर्खतापूर्ण.

मोह-माया [名*] 欲；欲望；貪欲；愛執 मोह-माया से मन हटाओ 欲望を去れ

मोहर [名*] ＝ मुहर.

मोहरा [名] (1) 容器の口 (2) 先端部 (3) 先陣；先手 (4) 動物の口につける口輪 (5) チェスの駒 सांप्रदायिक राजनीति की शतरंज का मोहरा コミュナル政治の駒 (6) 手先 **मोहरा ले॰** 応戦する

मोहरी[1] [名*] (1) ズボンやパージャーマーなどの裾 ढीली मोहरी ゆったりした裾 (2) 開口部；口

मोहरी[2] [形]《← P. مهر मुह्र/मोहर》(1) 印の；印鑑の；印章の；印章用の (2) シール（封印）の；シール用の **मोहरी लाख** 封蝋（封印に用いるラック） चपड़े का उपयोग पेंट, वारनिश तथा मोहरी लाख बनाने में होता है シェラックはペイント，ワニス，封蝋の製造に用いられる

मोहर्रिर [名]《A. محرر मुहर्रिर》(1) 筆者；書き手 (2) 書記

मोहलत [名*]《A. مهلت मुहलत》＝ मोहलत/मुहलत. मुझे सोचने की मोहलत दो थोड़ी ほんの少し私に考える猶予をおくれ आज भर की मोहलत दें せめて今日だけの休暇を下さい

मोहल्ला [名]《A. محله》＝ मुहल्ला.

मोहवश [副] 情にひかされて；情に流されて

मोहसिन [形]《A. محسن मुहसिन》情け深い；親切な；奇特な

मोहाड़ [名] 池の堤防

मोहाना [名] 河口 ＝ मुहाना.

मोहार[1] [名] (1) 大型のミツバチ (2) ミツバチの巣＝ मधु का छत्ता. (3) マルハナバチ＝ भौंरा.

मोहार[2] [名] (1) 入り口 (2) 扉

मोहाल[1] [名] (1) ＝ महाल. (2) ＝ मोहार[1].

मोहाल[2] [形] (1) 不可能な (2) 難しい；困難な

मोहिं [代]《Av., Br.》一人称代名詞単数与格形＝ मुझको; मुझे.

मोहित [形] 魅せられた；魂を奪われた；魅了された；虜になった＝ मुग्ध; आसक्त. जिस प्रकार कृष्ण की बाँसुरी से गोपियाँ सुध-बुध खो बैठती थीं, उसी प्रकार माधवानल की वीणा से बिलहरी की महिलाएँ मोहित हो जाती थीं クリシュナの竹笛で牧女たちが我を忘れてしまったようにマーダヴァーナラのヴィーナーでビルハリーの女性たちは魂を奪われてしまうのであった

मोहिनी [名*] ＝ मोहनी. उसकी वाणी में कोई ऐसी मोहिनी है कि बूढ़े, जवान, स्त्री-पुरुष सभी खिंचे चले आते हैं その人の声には老若男女誰も彼もが引きつけられ寄ってくるほどの魔力がある

मोही[1] [形] 心やさしい；愛情あふれる；愛情に満ちた

मोही[2] [形] 魅惑する；魅了する

मोही[3] [名*]〔魚〕ナギナタナマズ科シチセイギョ（七星魚）【*Notopterus chitala*】

मौक़ा [名]《A. موقع/موقعہ》(1) 機会；時機；折；際 हर मौक़े के मुताबिक जैसे मुंडन के मौक़े की कटिंग, शादी-ब्याह के वक़्त की कटिंग 入門式の際の剃髪，結婚式の際の剃髪とかそれぞれの機会に応じての（髪の刈り方） (2) 好機；チャンス (3) 暇；いとま (4) 期間；間 (5) 現場；その場；現地 मौक़े का गवाह यहाँ है 現場の目撃者はここにいる मौक़े पर चप्पलें भूल गया 現場にサンダルを忘れてしまった सरकार कच्चे तेल की मौक़े पर ख़रीद करेगी 政府は原油を現地で購入する (-का) **मौक़ा खोना** （一の）機会を失う；機会を逃す；（一）そびれる **मौक़ा चूकना** 機会を失う；機会を逃す **मौक़ा ताकना** 好機を探す；機を窺う；チャンスを狙う **मौक़ा दे॰** 機会を与える **मौक़ा देखना** 機を窺う＝ मौक़ा ताकना. दो बदमाशों ने मौक़ा देखकर 2人のならず者が隙を見て **मौक़ा पाना** *a.* 暇が見つかる *b.* 好機を見つける **मौक़ा महल** 好機 **मौक़ा मिलना** 機会を得る；好機を得る बिल्ली को मौक़ा मिला 猫は好機を得た **मौक़ा लगना** ＝ मौक़ा मिलना. यदि उनको मौक़ा लगता है तो वे दो या इससे अधिक बार ऐसा करते हैं もし機会を得たら2回，あるいはそれ以上そうする **मौक़ा हाथ आ॰** ＝ मौक़ा मिलना. **मौक़े का** ぴったりの；適切な **मौक़े की ताक में रहना** 待ち構える **मौक़े को हाथ से जाने दे॰** 好機を逃す **मौक़े पर** *a.*

いざという時に；大事な時に तुम मौक़े पर बीमार हो जाते हो 君は大事な時に病気になるんだね *b.* 現場で；現地で **मौक़े पर मरना** その場所（現場）で死ぬ；即死する विद्युत आघात के फलस्वरूप मौक़े पर ही मर गया 感電したため即死した **मौक़े-बे-मौक़े** *a.* いつでも；時間や時期の限定なく पति को मौक़े-बे-मौक़े तलाक की धमकी देने में भी आपको आसानी रहेगी 夫にいつでも離婚の脅しをかけるのにも都合良くなるだろう *b.* 見境なしに

मौक़ूफ़ [形] 《A. موقوف》(1) 中止された；中断された (2) 廃止された (3) 追放された (4)（－に）依存する；寄りかかる

मौक़ूफ़ी [名*] 《A.P. موقوفی》(1) 中止 (2) 廃止 (3) 追放

मौक्तिक [名] 真珠＝ मोती.

मौखिक [形] (1) 口の (2) 口頭の मौखिक परम्परा 口頭伝承；口碑 **मौखिक परीक्षा** 口頭試問；口述試験 **मौखिक पाठ** 口承 मौखिक पाठ द्वारा पीढ़ी-दर-पीढ़ी उस समय तक सुरक्षित रखा जब तक कि वे लिख नहीं लिए गए 文字で記されるようになるまで口承で代々保存された **मौखिक भाषा** 口頭言語 **मौखिक शिक्षण** 口頭教授 (3)〔音〕音楽の **मौखिक साक्ष्य** 証言

मौखिकी [名*] 口頭試問；面接試験＝ वाइवा.

मौज [名*] 《A. موج》(1) 波；波浪 (2) 感情や気分の高まり (3) 上機嫌；良い気分；喜び **मौज आ॰** 楽しくなる；楽しい；嬉しくなる **मौज उठना** 気分が高揚する **मौज उड़ाना** 楽しむ **मौज क॰** 楽しむ उसने मन भरकर मौज की 思いきり楽しんだ **मौज की छानना** 楽しく過ごす **मौज खाना** 波打つ；波立つ **मौज पाना** 人の意向を知る **मौज पानी ले॰** ＝ मौज उड़ाना. **मौज मनाना** ＝ मौज उड़ाना. **मौज मारना** *a.* 波打つ *b.* 安楽に過ごす；暢気に過ごす **मौज में आ॰** *a.* 喜びにあふれる *b.* 気が向く

मौज-बहार [名*] 《A.P. موج بہار》快楽；悦楽；愉悦 मौज-बहार की एक घड़ी, एक लंबे दुखपूर्ण जीवन से अच्छी है 快楽の一瞬は苦難に満ちた長い人生よりも良いものだ

मौज-मज़ा [名] 《A.P. موج مزہ》享楽

मौज-मस्ती [名*] 《A.P. موج مستی》大得意；有頂天 सभी लोग मौज-मस्ती में थे みんな有頂天になっていた **मौज-मस्ती उड़ाना** 楽しむ；楽しく過ごす；遊ぶ छुट्टी में मौज-मस्ती उड़ाने के लिए 休暇に大いに楽しむために **मौज-मस्ती मनाना** 楽しむ；遊ぶ हमारे देश में छुट्टी के दिनों में मौज-मस्ती मनाने के साधन सीमित हैं わが国には休暇を楽しむ設備が限られている

मौज़ा [名] 《A. موضع》(1) 土地の一区画；一筆の土地 (2) 村；村落 गया ज़िले के टेकारी थाने में सांढा मौज़ा है サーンラー村はガヤー県のテーカリー郡にある **मौज़ा अस्ली** 元々の村；最初に拓かれた村 **मौज़ा दाख़िली** 元の村に隣接して拓かれた村や部落

मौज़ावार [形] 《A.P. موضع وار》〔農〕村落単位による地税査定方式の

मौजी [形] 《A.P. موجی》(1) 気まぐれな (2) 遊び好きな；享楽的な

मौज़ूँ [形] 《A. موزوں》(1) 適当な；ぴったりした；ふさわしい साहिलों पर हमला करने के लिए कौन-सा वक़्त सब से ज़्यादा मौज़ूँ है 海岸を攻撃するのに何時が最適か (2) 均衡のとれた；均整のとれた (3) 韻律の規則に則った；韻律の正しい

मौज़ू [名] 《A. موضوع मौज़ूअ》題目；話題；主題；事柄；問題；課題 पंचायत उसका मौज़ू बना रही है パンチャーヤットは彼女のことを問題に取り上げようとしている

मौज़ूअ [名] 《A. موضوع》＝ मौज़ू.

मौजूद [形] 《A. موجود》(1) ある；いる；存在する रक्त में मौजूद ग्लूकोज 血液中のブドウ糖 उनके दरबार में देश के सबसे अधिक बुद्धिमान और विद्वान मौजूद थे その王の宮廷には国一番の賢者や学者がいた (2) 居合わせる；出席している；列席している；同席している इस अवसर पर यहाँ दुनिया के सौ शहरों के मेयर भी मौजूद थे この機会にここに世界の 100 以上の都市の市長も出席していた अगर बच्चे उसी जगह मौजूद हों तो もし子供たちがちょうどその場に居合わせているのであれば (3) 生きている；存命の (4) 備えてある；用意してある

मौजूदगी [名*] 《A.P. موجودگی》(1) あること；いること；存在 मछलियों की मौजूदगी 魚の存在 (2) 出席；同席 कंपनियों के अध्यक्षों की मौजूदगी में 社長たちの居合わせるところで (3) 生存

मौजूदा [形] 《A. موجودہ》(1) 今の；現在ある；現在の；現今の मौजूदा हालत में 現在の状態で मौजूदा समय में 現在 मौजूदा दिल्ली 今のデリー；現在のデリー मौजूदा तहज़ीब के उरूज का दारो मदार 現代文明の興隆を支えるもの मौजूदा माहौल में 現在の状況で (2) 進行している；進行中の；目下の；目前の मौजूदा बातचीत 進行中の討議 मौजूदा चुनौती 目下の挑戦

मौजूदात [名*, pl.] 《A. موجودات ← موجودہ मौजूदा》万物；被創造物；森羅万象

मौज़ूनियत [名*] 《A. موزونیت》(1) 適当なこと；適切さ (2) 均整のとれていること；均衡のとれていること (3) 韻律の正しいこと

मौड़ [名] ＝ मौर[1].

मौत [名*] 《A. موت》(1) 死ぬこと；死；死去；死亡 अकाल मौत 急死；突然死 नवजात शिशुओं की अकाल मौत का मुख्य कारण अरक्तता ही होती है 新生児の急死の主な原因は貧血となっている **अपनी मौत मरना** 天寿を全うする **मौत का-सा** 死のような मौत का-सा सन्नाटा छा गया 死のような沈黙が広がった **मौत के व्यापारी** 死の商人 (2) 致命的なこと；死と隣り合わせのこと；危険極まりないこと；大変な苦難 ग़रीबों की तो मौत है 貧乏人には死も同然だ (3) 死神 **मौत का कुँआ** オートバイで鉄の檻の中を走るサーカスの曲芸 **मौत का ग्रास हो॰** 死ぬ；死神に捕らえられる **मौत का नक़्शा आँखों के सामने फिरना** 死が迫ってくるのが感じられる **मौत का निवाला हो॰** 死ぬ **मौत का पसीना** 死相 **मौत का मुँह** 甚だ危険な；生命の危険のある **मौत का सिर पर खेलना** 死と隣り合わせの **मौत की आग में झोंक दे॰** 甚だ危険な目に遭わせる **मौत की घड़ी गिनना** 死を待つ；死が迫ってくる **मौत के घाट उतारना** 殺す；殺害する；死に至らしめる सैनिकों ने सैकड़ों लोगों को मौत के घाट उतार दिया 兵士たちが数百人の人を殺害した उसने कितने लोगों को कुत्तों और बिल्लियों की तरह मौत के घाट उतारा あの男がいかほどの人間を犬や猫のように殺害したことか **मौत के दिन पूरे क॰** 苦難の日々を過ごす；困苦の生活を送る **मौत के मुँह में कूद पड़ना** 危険極まりないことをする **मौत के मुँह में जा॰** 死ぬ मौत के मुँह में जाने से जनता को बचाना 民衆を死の淵から救う **मौत के मुँह में धकेलना** ＝ मौत के घाट उतारना. **(अपने को) मौत के मुँह में झोंकना** ＝ मौत के मुँह में कूद पड़ना. **मौत को दुलत्ती मारना** 面倒を背負い込む **मौत को न्योता दे॰** 危険極まりないことをする **मौत को बुलाना** ＝ मौत को न्योता दे॰. **मौत को हथेली पर रखना** 死を恐れない **मौत गले लगाना** 喜んで死ぬ **मौत बुलाना** ＝ मौत को न्योता दे॰. **मौत सिर पर आ॰** *a.* 死が迫る *b.* 甚だ危険な **मौत सिर पर खेलना** *a.* 甚だ危険な状況になる *b.* 死が迫る *c.* 死にかける **मौत से खेलना** 命がけのことをする **मौत से बाजी लगाना** 死と戦う **मौत से लड़कर आ॰** 九死に一生を得る

मौद्रिक [形] 通貨の मौद्रिक एवं मूल्य स्थिति 通貨並びに価格状況

मौन[1] [形] (1) 無言の；黙っている；声を出さない आरंभ में वह पत्नी के इस मौन विद्रोह को उपहास से देखता था 初め妻の無言の反抗を嘲って見ていた कुछ देर तक माँ मौन रही しばらくの間母は黙っていた मौन रहकर पढ़ो 黙読しなさい मौन-मूक शहादत 無言の証言 मौन होकर श्रद्धांजलि अर्पित क॰ 黙祷する **मौन स्वीकार** 黙諾 (2) 寡黙な दीनू का मौन स्वभाव और साफ़-सुथरा व्यक्तित्व ディーヌーの寡黙な性格と清潔な人柄 (3) 人に知れない मौन भाव से 人知れず उनकी कमाई के अधिकांश पैसे मौन भाव से परोपकार में ही खर्च होते थे あの方の稼いだ金の大半は人知れず慈善活動に費やされていた

मौन[2] [名] 無言；沈黙 **मौन खोलना** 口を開く **मौन गहना** *a.* 黙る；口をつぐむ *b.* 黙認する；認める；黙諾する **मौन तजना** 沈黙を破る；しゃべりだす；口を開く **मौन तोड़ना** ＝ मौन तजना. **मौन धरना** ＝ मौन गहना. **मौन बाँधना** ＝ मौन गहना. **मौन भंग क॰** ＝ मौन खोलना. **मौन साधना** 黙る；黙りこくる＝ चुप रहना. **मौन साधे** 無言で वह बिलकुल मौन साधे सुन रहा था 一言もしゃべらずに聞いていた

मौनव्रत [名] 誓って無言を守ること；無言の行 4-5 दिनों तक मौनव्रत को धारण किए रहेंगे 4～5 日間無言の行を行う

मौना [名] (1) バターや油を入れる大きな壺 (2) バスケット；かご

मौनी [形] (1) 無言の；沈黙している (2) 無言の行をしている

मौनी अमावस [名*] マーグ月の黒分の 15 日

मौर[1] [名]〔ヒ〕モウル（結婚式の際花婿が被るオウギヤシの葉でこしらえた一種の冠） **मौर बँधना** 結婚する **मौर बाँधना** モウルを被る

मौर[2] [名] 房状の花芽や花；花の房= मंजरी. **मौर बँधना** 花の房が出る
मौर[3] [名] (1) 頭 (2) うなじ
मौरना [自] 花の房が出る
मौरी [名*] 小型のモウル मौर[1]
मौरूसी [形] 《A. موروثی》先祖代々の；先祖伝来の；世襲の **मौरूसी काश्तकार** 世襲の耕作権のある小作人
मौर्य [形]〔イ史〕マウリヤ（モウリヤ）王朝の मौर्यों ने यहाँ कुछ समय राज्य किया マウリヤ朝がこの地をしばらく統治した मौर्य युग マウリヤ時代 मौर्य साम्राज्य マウリヤ帝国
मौलना [自] 花が咲く；花が開く अम्बुवा मौला है सरसों फूली है マンゴーの花が開きカラシナの花が咲いている
मौलवी [名] 《A. مولوی》(1) イスラム法の学者；モウルヴィー（マウルヴィー） (2) アラビア語やペルシア語の学者 (3) 私塾の教師；子供を教える家庭教師（を職業とする人）
मौलसिरी [名*] (1)〔植〕アカテツ科高木ミサキノハナ【*Mimusops elengi*】 (2) その果実
मौला [名] 《A. مولا》(1) 主；主人= स्वामी. (2) 神；主= ईश्वर. (3) 解放奴隷= मुक्त दास.
मौलाना [形] 《A. مولانا》学者に対する敬称；モーラーナー
मौलि [名] (1) 頂点；頂き；てっぺん（天辺） (2) 頭 (3) 冠
मौलिक [形] ←मूल. (1) 根本の；根源の (2) 基本の；基本的な मौलिक अधिकार 基本的権利 **मौलिक क़ानून** 基本法 (3) 元の；オリジナルな मौलिक कृति 原作 मौलिक धर्म-ग्रंथ का अध्ययन 聖典の原典研究 (4) 独創的な；オリジナルな；独自の；創意的な मौलिक ढंग से 独創的に मौलिक विचारक 独創的な思想家 कहानीकार, उपन्यासकार, निबंधकार और मौलिक विचारक के रूप में उनकी ख्याति है 氏は短編作家，長編作家，随筆家及び独創的な思想家として著名である
मौलिकता [名*] ←मौलिक. नवीनता और मौलिकता का भी परिचय दे （服装の）新しさと独創性も示すこと मौलिकता खोना 独自性を失う कुछ मामलों में उसे अनोखी मौलिकता प्राप्त थी 幾つかの面で風変わりな独創性を身につけていた
मौलिद [名] 《A. مولد》(1) 生誕；出生；誕生 (2) 生誕地；出生地；生まれ故郷= जन्मभूमि; वतन. (3) 赤子；新生児 (4)〔イス〕マウリド（預言者ムハンマドの生誕祭，シーア派のイマームたちの生誕祭，スンナ派神秘主義聖者の生誕祭） (5)〔イス〕野辺の送りの際詠まれる詩
मौली [形] 冠をつけた
मौलूद[1] [形] 《A. مولود》生まれたばかりの；誕生直後の
मौलूद[2] [名] (1) 赤子；新生児 (2) 息子 (3) 誕生日 (4)〔イス〕預言者ムハンマドの生誕祭= मौलूद शरीफ़. (5)〔イス〕出棺の際詠まれる詩
मौसंबी [名*]〔植〕ミカン科ヘソミカン【*Citrus sinensis*】= मुसंबी.
मौसम [名] 《A. موسم》= मौसिम. (1) 季節= ऋतु. बरसात के मौसम में 雨季に (2) 気候；気象；天気 **बे मौसम** *a.* 季節はずれの *b.* 季節外れに ख़राब मौसम 悪天候 मौसम कुछ ठंडा था 少しひんやりした天気だった (3) しゅん（旬）
मौसम-प्रेक्षणालय [名] 測候所
मौसम मानचित्र [名]〔気象〕天気図= मौसम चार्ट.
मौसम विज्ञान [名] 気象学
मौसम विज्ञानी [名] 気象学者
मौसम विभाग [名] 気象庁
मौसम वैज्ञानिक [形] (1) 気象学の (2) 気象の；気象関係の **मौसम वैज्ञानिक रॉकेट** 気象ロケット
मौसम शास्त्र [名] 気象学
मौसमी [形] 《A.P. موسمی》(1) 季節の मौसमी परिवर्तन 季節の変化 (2) 気象の；天気の (3) 季節の；旬の मौसमी फल 旬の果物 मौसमी सब्जियाँ 季節の野菜 (4) 落葉する；落葉樹の ↔ सदाबहार 常緑の.
मौसिम [名] = मौसम.
मौसिमी [形] = मौसमी.
मौसिया [形] 母の姉妹の（血縁の） → मौसी.
मौसी [名*] (1) 母の姉妹；おば（伯母；叔母）さん= मासी. (2) 母親の年配ほどの女性に対する敬称；おばさん（小母さん） माता की आयु वाली स्त्री मौसी है 母親と同年輩の女性はおばさんです बिल्ली मौसी 猫のおばさん
मौसूफ़ [形] 《A. موصوف》(1) 称えられた；称賛された (2)〔言〕修飾される；修飾を受ける
मौसूम [形] 《A. موسوم》名のついた；名づけられた；命名された
मौसूल [形] 《A. موصول》(1) 結合された (2) 集められた；受け取られた；受領された；回収された मौसूल क॰ 集める बच्चों के कई मज़मून मौसूल हुए 子供たちの書いたものが幾つか集められた
मौसेरा [形[+]] 母の姉妹につながる；母の姉妹の血縁の मौसेरा भाई 母方の従兄弟 मौसेरी बहन 母方の従姉妹
म्याऊँ [名*] 猫の鳴き声．にゃー，にゃーおなど ज़रा-सी म्याऊँ हुई और चूहे बिल के भीतर… ほんの少しにゃんと猫が鳴こうものならねずみたちは巣穴の中に… म्याऊँ म्याऊँ にゃーにゃー **म्याऊँ का ठौर** *a.* 大変危険な仕事や作業 *b.* 危険人物 **म्याऊँ का ठौर पकड़ना** 大変危険なことをする；猫の首に鈴をつける **म्याऊँ का मुँह** = म्याऊँ का ठौर. **म्याऊँ का मुँह पकड़ना** = म्याऊँ का ठौर पकड़ना. **म्याऊँ को कौन पकड़ेगा** 猫の首にだれが鈴をつけるのか；困難なことや危険なことを一体だれがするのか **म्याऊँ म्याऊँ क॰** *a.* 猫がにゃーにゃー鳴く *b.* 怯えて小声で話す
म्यान [名] 《P. میان मियान》刀などの鞘 **एक म्यान में दो तलवारें नहीं समातीं** 〔諺〕両雄並び立たず **म्यान के अंदर रहना** 自分の分際を越えない **म्यान में से निकले पड़ना** 喧嘩腰の **म्यान से तलवार खिंची रहना** = म्यान में से निकले पड़ना. **म्यान से बाहर हो॰** 度を失う；激怒する
म्यानमार 〔国名〕《E. Myanmar》ミヤンマー（旧称ビルマ）= बर्मा.
म्यानी [名*] = मियानी. 〔裁〕パージャーマーの脇に入れる襠
म्युज़ियम [名] 《E. Museum》博物館= संग्रहालय; अजायब घर.
म्युनिसिपल [形] 《E. municipal》市の；市役所の
म्युनिसिपल कमेटी [名*]《E. municipal committee》市役所；市当局
म्युनिसिपल बोर्ड [名]《E. municipal board》市議会 म्युनिसिपल बोर्ड का सदस्य 市議会議員；市議
म्युनिसिपैलिटी [名*] = म्युनिसिपैल्टी. 《E. municipality》(1) 地方自治体；市役所；市当局= नगर पालिका. (2) 市議会
म्यूकस[1] [名] 《E. mucus》粘液= श्लेष्मल.
म्यूकस[2] [形] 《E. mucous》粘液の；粘液質の= श्लेष्मा.
म्यूकस मेम्ब्रेन [名] 《E. mucous membrane》粘膜= श्लेष्मल झिल्ली.
म्यूसीलेज [名] 《E. mucilage》粘液= श्लेष्मक. म्यूसीलेज नामक एक चिपचिपे पदार्थ के कारण 粘液と呼ばれる一種のねばねばした物質のために
म्रियमाण [形] 死にかけた；半死半生の；死に瀕した= मरणासन्न.
म्लान [形] (1) しおれた（萎れた） (2) ひからびた (3) 衰弱した；弱った (4) 汚れた
म्लानता [名*] ←म्लान.
म्लानि [名*] = म्लानता.
म्लायी [形] (1) = म्लान. (2) = दु:खी.
म्लेच्छ[1] [名]（古代インドのアーリア人から見た）外国人；夷狄；夷（い；えびす）；未開人；野蛮人
म्लेच्छ[2] [形] (1) 卑しい；下劣な；卑劣な (2) 罪深い

म

य

यंत्र [名] (1) 機械 (2) 器具；機具；道具 कृषि यंत्र 農機具 (3) 装置；からくり；仕掛け (4) 護符 (5) 護符に用いられる神秘的図形

यंत्रकार [名] 技師；機械工

यंत्रचालित [形] 機械仕掛けの；機械で動く यंत्रचालित-से मेरे हाथ जुड़ जाते हैं 機械仕掛けのように手が合う（思わず合掌する）

यंत्रणा [名*] (1) 激しい苦痛；責め苦 इन लंबी दूरियों की दौड़ों में धावक बुरी तरह थक जाते हैं और गहरी यंत्रणा के बावजूद इन्हें पूरा करते हैं これらの長距離競走でランナーはひどく疲れるし激しい苦痛を味わうにもかかわらず完走する कालकोठरी की यंत्रणा भोगना भी भाग्य में विधाता ने लिख दिया था 獄舎での責め苦を受けることも神が運命として定めていらっしゃったのだ (2) 拷問 **यंत्रणा दे॰** *a.* さいなむ；責めさいなむ *b.* 拷問にかける पुलिसवाले भयंकर यंत्रणाएँ देंगे 警察がものすごい拷問にかけるであろう

यंत्रनाल [名] 揚水管

यंत्रनिर्मित [形] 機械で作られた；機械製の

यंत्र-मंत्र [名] 魔術；呪術

यंत्र-मानव [名] ロボット；人造人間

यंत्र-युग [名] 機械時代；機械化時代 कृषि में यंत्र-युग का प्रवेश 農業に機械化時代の到来

यंत्रवत्[1] [形] 機械的な；機械のような ऐसा व्यवहार यंत्रवत् और रूढ़िवादी बन जाता है このような行為は機械的で因習的なものとなる

यंत्रवत्[2] [副] 機械的に；機械のように；機械仕掛けのように

यंत्र विज्ञान [名] 力学；機械学〈mechanics〉

यंत्रविद् [名] 技師；機械技師；機械工

यंत्र विद्या [名*] 力学；機械学〈mechanics〉

यंत्र शाला [名*] (1) 機械室；工作所 (2) 工場 (3) 観測所

यंत्र शास्त्र [名] ＝ यंत्र विद्या.

यंत्र सज्जित [形] 機械化された；機械で整えた

यंत्रालय [名] (1) 機械製作所 (2) 機械置き場 (3) 印刷所

यंत्रावली [名*] 機械装置；メカニズム；からくり〈mechanism〉

यंत्रिका [名*] 小型の機械，器具，機具，工具など

यंत्रित [形] (1) 抑制された (2) 抑止された (3) 束縛された；制御された

यंत्री [名] (1) 魔術師；呪術師 (2) 楽師

यंत्रीकरण [名] 機械化

यंत्रीकृत [形] 機械化された

यंत्रीय [形] 機械の；道具の；からくりの

-य [接尾] (1) サンスクリットの動詞語根について「－されるべき」「－されうる」などの動形容詞を作る．それらはヒンディーでは形容詞及び名詞として用いられる． √खाद् (食べる) → खाद्य (食べられる；食用の；食物) (2) 名詞について名詞もしくは形容詞を作る．語の最初の母音を vṛddhi にしたものに接続して抽象名詞を作る पंडित (学者) → पांडित्य/पाण्डित्य (学識)

यक [数] 《P. یک》 1；ひとつ；1つの；1個の

यकक़लम [副] 《P.A. یک قلم》 (1) 一筆で (2) まとめて；ひっくるめて；全部で (3) にわかに；突然に (4) 全く；すっかり

यकचंद [形] 《P. یک چند》 少し；少々の；少量の

यकचश्म [形] 《P. یک چشم》 (1) 片眼の；隻眼の (2) 偏見のない

यकचश्मी [名*] 《P. یک چشمی》 (1) 片眼 (2) 偏見のないこと

यकचोबा [名] 《P. یک چوبہ》 1本の柱で建てるテント

यकज़बाँ [形] 《P. یک زباں》 同意した；同意見の；賛同した；同じ考えの＝ एकमत; एकज़बान; सहमत.

यकज़बानी [名*] 《P. یک زبانی》 同意；合意＝ सहमति.

यकजाँ [形] 《P. یک جاں》 一心同体の；親密な間柄の＝ घनिष्ठ; दिली.

यकजा[1] [副] 《P. یک جا》 (1) まとめて；ひとまとめで；全部で (2) 一緒に

यकजा[2] [形] 《P. یک جا》 (1) 集まった；集合した (2) 一つになった；一体化した

यकजाई [名*] 《P. یک جائی》 集まり；集合

यकजिंसी [名*] 《P. یک جنسی》 (1) 同族であること (2) 同種であること (3) 同年齢であること (4) 同質であること

यकतन [形] 《P. یک تن》 1人；ひとり；1人の人間；一個の人間

यकतना [形] 《P. یک تنہ》 単独の；孤独な

यकतरफ़ा [形] 《P.A. یک طرفہ》 (1) 一方の；片方の；片側の (2) 一方的な；偏った；偏向した＝ एकतरफ़ा.

यकता [形] 《P. یکتا》 無二の；無比の；比類のない＝ अद्वितीय; अनुपम.

यकताई [名*] 《P. یکتائی》 無二；無比；比類のないこと＝ अद्वितीयता; अद्वैत.

यकतार [形] 《P. یک تار》 わずかの；少々の；少量の

यकतारा [名] 《P. یک تارہ》 一弦の楽器＝ इकतारा.

यकदिल [形・名] 《P. یک دل》 (1) 1つになった；結合した (2) 同意した；合意した (3) 親密な；親愛なる (4) 友；友人

यकदिली [名*] 《P. یک دلی》 (1) 合一；結合 (2) 同意；合意 (3) 友情；友愛

यकदिश [形] 《P. یک دش》 混血の ＝ संकर; दोगला.

यकफ़स्ली [形] 《P.A. یک فصلی》 一毛作の（土地）

यक-ब-यक [副] 《P. یک بیک》 にわかに；急に；不意に；突然に ＝ एकाएक; यकायक.

यकबार [形] 《P. یکبار》 ＝ यकबारा.

यकबारगी [副] 《A. یکبارگی》 (1) 突然；にわかに；たちまち (2) 一度に；一気に (3) 全く；すっかり

यकबारा [形] 《P. یکبارہ》 不意の；思いがけない；突然の；にわかに生じた＝ आकस्मिक.

यकमंज़िला [形+] 《P.A. یک منزلہ》 1階建ての；平屋の

यकमुश्त [形] 《P. یک مشت》 ひとまとめの；ひとまとまりの；一括した

यकयकी [名*] 《P. یک یکی》 決闘 यकयकी क॰ 決闘をする

यकरंग [形] 《P. یک رنگ》 裏表のない；純粋な；偽りのない

यकराई [名*] 《P. یکرائی》 同意；合意；同見

यकराए [形] 《P. یک رائے》 同意した；合意した；見解を同じくした＝ सहमत; एकमत.

यकरुख़ी [形] 《P. یک رخی》 (1) 一方の；一面の (2) 一方的な；偏向した

यकरू [形] 《P. یک رو》 大変親密な；とても親しい

यकशंबा [名] 《P. یک شنبہ》 日曜日 ＝ रविवार; इतवार.

यकसरा [形] 《P. یک سرہ》 全く；すっかり

यकसाँ [形] 《P. یکساں》 (1) 同じような；同様な；似た＝ सदृश. (2) 等しい＝ समान; बराबर. (3) 平らな；平坦な＝ समतल.

यकसानियत [名*] 《P. یکسانیت》 (1) 類似；相似 (2) 同等 (3) 平坦さ

यकसाला [形] 《P. یک سالہ》 (1) 1歳の (2) 1年に1度の；年に1度の

यकायक [副] 《P. یکایک》 にわかに；突然；急に；出し抜けに；不意に

यकार [名] (1) य の音節 (2) य の文字

यक़ीन [名] 《A. یقین》 信じること；信頼（すること）；信用（すること）；確信（すること） **यक़ीन आ॰** 信用する；信じる；信頼感を持つ अगर तुमको यक़ीन न आए तो और किसी से दरियाफ़्त कर लो もし信用できないのならだれか他の人にたずねなさい **यक़ीन क॰** 信じる；信用する किसी की बात का यक़ीन मत करना だれの言葉も信じるな **यक़ीन दिलाना** 信じさせる；確信させる；信用させる फ़ज़लू की माँ को तुमने यक़ीन दिलाया है कि इस घर में शैतान बसेरा करता है 君はこの家には悪魔が住みついているとファジルーの母親に信じこませた हाँ, वे मशीन तो नहीं होते, पर मैं आपको यक़ीन दिलाता हूँ वे शायर भी नहीं होते そう，あの方は機械ではない．けれど詩人でもないことはあなたに確信させてあげよう

यक़ीन मानना 信じる；確信する यक़ीन मानिए मैं चोर उचक्का नहीं हूँ 本当なのです（信じて下さい）．私はどろぼうやちんぴらではないのです यक़ीन मानिए, मुझे बहुत अफ़सोस है 実に残念至極でございます；ほんとにお気の毒なことです；申し訳ありません．यक़ीन मानिए, सच है, बिलकुल सच 信じて下さい．本当のことなんだ．本当なんだ (-पर) **यक़ीन लाना** （ーに）信頼をよせる；（ーを）信じる यक़ीन लाना लाज़िम हो गया 信じなければならなくなった

यक़ीनन ［副］《A. يقيناً》確かに；確実に；必ず；きっと；間違いなく；絶対に＝ अवश्यमेव; निःसंदेह. आपके दिल में भी यक़ीनन इस आले के मुतअल्लिक़ कुछ जानने का शौक़ पैदा हुआ होगा 君の胸の内にもこの機械について少し知りたいという気持ちがきっと生まれたに違いありません

यक़ीनी[1] ［形］《A. يقيني》確かな；疑いのない；間違いのない；疑念の余地のない；確実な मुक़दमा अदालत में आता, तो सज़ा हो जाना यक़ीनी था 裁判沙汰になっていたら有罪になるのは確実だった

यक़ीनी[2] ［副］《A. يقيني》＝ यक़ीनन.

यकुम ［形・名］《P.》(1) 最初の；1番の；第1の (2)（暦の）ついたち（1日；朔日） यकुम अप्रैल 1948 ई॰ 1948年4月1日

यकृत् ［名］肝臓＝ जिगर.

यकृत कपिल ［形］暗褐色の

यकृतकपिश ［形］暗褐色の

यकृत पर्णाभ ［名］〔動・医〕扁形動物吸虫綱カンゾウジストマ（肝臓ジストマ）＝ पर्णाभफ़्लूक; लिवर फ़्लूक. 〈liver fluke〉

यकृत शोथ ［名］〔医〕肝炎；肝臓炎

यक्ष ［名］(1)〔イ神〕ヤクシャ（財宝神クベーラの眷族もしくは従者とされる半神） (2)〔仏〕薬叉；夜叉

यक्षकर्दम ［名］樟脳，沈香，麝香，栴檀などの香料を混じた軟膏

यक्षनायक ［名］＝ यक्षपति; कुबेर.

यक्षपति ［名］〔イ神〕富の神クヴェーラ／クベーラ神（ヤクシャの長）；薬叉王

यक्षपुर ［名］〔イ神〕財宝神クベーラの都；アラカープリー（अलकापुरी）；ヤクシャプラ

यक्षराज ［名］＝ यक्षपति.

यक्षलोक ［名］〔イ神〕ヤクシャが住するとされる世界

यक्षाधिप ［名］＝ यक्षपति; यक्षाधिपति.

यक्षावास ［名］(1) ＝ वट. (2) ＝ गूलर.

यक्षिणी ［名*］〔イ神〕(1) ヤクシャの女；ヤクシニー (2) クベーラ神妃

यक्षी ［名*］(1)〔イ神〕クベーラ神の神妃，ヤクシー (2)〔イ神〕ヤクシャの妻；薬叉女＝ यक्षिणी.

यक्ष्मा ［名］〔医〕肺病；結核；労咳 ＝ तपेदिक; क्षयरोग.

यक्ष्मी ［形］肺病に罹った；結核に罹った

यख़ ［名］《P. يخ》(1) 氷 (2) 雪

यख़्नी ［名*］《P. يخنى》(1) 貯蔵物；貯蔵品 (2) 肉汁；肉スープ (3) 吸物；汁物

यगण ［名］〔韻〕ヤガナ（3音節を単位とするヴァルナ・ガナ，すなわち，वर्ण गण による8種の音節詩脚分類の一で，लघु-गुरु-गुरु の配列，記号では ।ऽऽと記される）

यगानगी ［名*］《P. يگانگى》(1) 単一；無比；唯一 (2) 一致；団結 (3) 親密；親愛

यगाना[1] ［形］《P. يگانه》(1) 単一の；無比の；唯一の＝ एकाकी; अकेला. (2) 親密な；親愛な；親しい＝ आत्मीय; अज़ीज़.

यगाना[2] ［名］(1) 親類；親戚＝ स्वजन; भाईबंद. (2) 親友；無二の友＝ अनन्य मित्र.

यच्छ ［名］〔イ神〕ヤッチャ；ヤクシャ＝ यक्ष.

यच्छिनी ［名*］〔イ神〕ヤクシニー；ヤッチニー＝ यक्षिणी.

यजति ［名］〔ヒ〕ヤジュニャ＝ यज्ञ.

यजन ［名］〔ヒ〕ヴェーダの儀軌に則り祭式（ヤジュニャ यज्ञ）を行うこと

यजमान ［名］(1)〔ヒ〕祭式の施主；ヤジャマーン（ヤジマーン） (2) カースト的職業に従事する人にとっての顧客ないしはサービスを行う相手；ヤジマーン；ジャジマーン（जजमान） (3) 主催者；主催国；ホスト国 एशियाड का यजमान चुने जाने से アジア競技会の主催国に選ばれたことにより

यजमानी ［名*］← यजमान. (1) ヤジャマーンであること；その地位や機能や仕事 (2) 家業（カースト的世襲職業） माता-पिता थोड़ा-बहुत पढ़ा-लिखाकर यजमानी बाल बनाने के काम में लगा देना चाहते थे 両親は少し教育を受けさせて家業（理髪業）につかせたいと思っていた

यज़ीद 〔人名・イス〕《A. يزيد》ウマイヤ朝第2代カリフ，ヤジード一世 (680–683)

यज़ीदी ［形］《A. يزيدى》(1) ヤジードの (2) ヤジードのような（無慈悲な；残忍な）

यजुः ［名］→ यजुस्.

यजुर्विद् ［名］〔ヒ〕ヤジュル・ヴェーダの知識を持つ者（祭官）；ヴェーダの祭詞を知る者

यजुर्वेद ［名］〔ヒ〕ヴェーダ聖典中の祭詞の集成；ヤジュルヴェーダ

यजुर्वेदी ［形］〔ヒ〕ヤジュルヴェーダの；ヤジュルヴェーダに関する यजुर्वेदीय भाष्य ヤジュルヴェーダの注釈

यजुर्वेदीय[1] ［名］〔ヒ〕ヤジュルヴェーダに通暁した人（ブラーフマン）

यजुर्वेदीय[2] ［形］ヤジュルヴェーダの

यजुष्पति ［名］ヴィシュヌ神 ＝ विष्णु.

यजुष्य ［形］ヤジュニャの → यज्ञ.

यजुस् ［名］〔ヒ〕(1) ヴェーダの祭式 (2) ヴェーダの祭式を行う際に唱えられる祭詞

यज्ञ ［名］(1)〔ヒ〕ヴェーダの祭式；ヤジュニャ（本来はバラモン教の祭式．個々の家長が行うものから任務を分担した少なくとも4人の祭官の出席の下に行われる大規模なものまであった祭祀．一般的に神々への賛歌を詠唱し祈りの言葉と共に祭火に供物を供し神に犠牲を供える儀礼．ただし今日のヒンドゥー教の入門式，結婚式などの終身儀礼もこの言葉で呼ばれることがある） इन्द्र महाराज को प्रसन्न करने के लिए सात दिन से चल रहा यज्ञ インドラ天を喜ばせるために7日間にわたって続けられているヤジュニャ विष्णु यज्ञ ヴィシュヌ神に捧げられる祭祀（ヤジュニャ） (2) 祭式；祭式儀礼 (3) 犠牲を伴う祭式；供犠

यज्ञ अनुष्ठान ［名］バラモン教の祭祀；祭式儀礼

यज्ञकर्ता ［名］〔ヒ〕祭式の施主 ＝ यजमान. यज्ञकर्ता गृहस्थ 祭式の施主たる家長

यज्ञकर्म ［名］〔ヒ〕ヤジュニャ，すなわち，バラモン教の祭式儀礼

यज्ञकीलक ［名］〔ヒ〕ヤジュニャの儀式の際犠牲の動物をつなぐ杭

यज्ञकुंड ［名］〔ヒ〕ヤジュニャ（供犠）を行う祭壇や炉

यज्ञपति ［名］(1) ヴィシュヌ神 (2) ＝ यजमान.

यज्ञपशु ［名］〔ヒ〕ヤジュニャ（供犠）の犠牲に供される動物

यज्ञमंडप ［名］バラモン教の祭式を行うために設営される建物；祭式場；祭場

यज्ञमंडल ［名］〔ヒ〕ヤジュニャ祭式を行うために囲われて設営された場所

यज्ञमंदिर ［名］〔ヒ〕ヤジュニャ祭場；ヤジュニャの祭式場

यज्ञमान ［名］＝ यजमान.

यज्ञवाहन ［名］〔ヒ〕(1) ヤジュニャ祭式を行う人 (2) ブラーフマン；バラモン (3) ヴィシュヌ神 (4) シヴァ神

यज्ञवाही ［形］〔ヒ〕ヤジュニャの祭式を執り行う

यज्ञवृक्ष ［名］〔植〕クワ科バンヤンジュ ＝ वट.

यज्ञशाला ［名*］〔ヒ〕ヤジュニャの祭式を行う建物；祭式場；祭祀場；祭場 राजा जनक की यज्ञशाला ジャナカ王の祭式場

यज्ञ शास्त्र ［名］〔ヒ〕ヴェーダに則った祭式の祭式学

यज्ञशील ［名］(1)〔ヒ〕ヤジュニャ（祭式）を常に行う人 (2) ブラーフマン

यज्ञसदन ［名］＝ यज्ञशाला.

यज्ञसार ［名］＝ गूलर.

यज्ञसूत्र ［名］〔ヒ〕カーストヒンドゥー，すなわち，再生族の男子が帯びることになっている聖紐ヤジュノーパヴィータ；ジャネーウー＝ यज्ञोपवीत; जनेऊ.

यज्ञ-स्थली ［名*］〔ヒ〕ヴェーダ祭式の祭祀場；祭式場；祭場＝ राजा बलि की यज्ञ-स्थली. バリ王の祭式場

यज्ञहोता ［名］〔ヒ〕祭場に神を勧請する祭官；ヤジュニャホーター；ホーター；ホートリ यज्ञहोतृ

यज्ञांग ［名］(1) ヤジュニャ（祭式）の執行に用いる祭具 (2) ヴィシュヌ神

य

यज्ञाग्नि [名*]〔ヒ〕ヤジュニャのための炉に燃やす火
यज्ञात्मा [名] ヴィシュヌ神
यज्ञाधिपति [名] ヴィシュヌ神
यज्ञोपवीत [名] (1)〔ヒ〕聖紐；聖紐帯（ブラーフマン，クシャトリヤ，ヴァイシュヤのいわゆるカースト内ヒンドゥー教徒の男子が6〜7歳以上になってからヒンドゥー教徒としての生を授かる入門式の儀式を経て身につけるべきとされてきた聖なるひも；聖紐）；ヤジュノーパヴィータ（यज्ञोपवीत）；ジャネーウー（जनेऊ） (2)〔ヒ〕上記の通過儀礼＝ उपनयन; जनेऊ.
यत [形] (1) 制せられた；抑制された；統制された (2) 秩序立てられた；規則的な (3) 圧迫された；抑圧された
यतन [名] ＝ जतन; यत्न.
यतनीय [形] 励むべき；努めるべき；努力すべき
यतव्रत [名・形] 感官を抑制する（人）；官能を制する（人）
यति[1] [名] (1) 官能を抑制した人 (2) 苦行者；世捨て人；隠遁者
यति[2] [名*] (1) 抑制 (2) 休止；中断 (3) 韻律上の行間休止；ヤティ
यति[3] [名]《Np.》イエティ；ヒマラヤの雪男 नेपाल, सिक्किम, भूटान की तराई में रहने वाले शेरपा इसे यति कहते हैं ネパール，シッキム，ブータンのタライに住むシェルパたちはこれをヤティと呼んでいる＝ येती
यतिधर्म [名] 隠遁；世捨て；遁世
यतिभंग [名]〔韻〕韻律上の行間休止が正しく現れない不備
यती[1] [名] (1) 世捨て人；世俗の生活を捨てた人＝ संन्यासी. (2) 自分の官能を抑制しおえた人＝ जितेन्द्रिय; जितेंद्रिय.
यती[2] [名*] (1) 障害 (2)〔韻〕行間休止＝ यति[2] (3).
यतीम [名]《A. يتيم》(1) 孤児；みなし子；親なし子 (2) 父親の亡くなった子 वह यतीम छोकरी あのみなし子の女の子 यतीम बच्चों के हाथ में शाम की ख़बरों के अख़बार हैं 孤児たちは（売り捌く）夕刊紙を手に持っている
यतीमख़ाना [名]《A.P. يتيم خانه》孤児院；孤児養護院
यतीमी [名*]《A. يتيمی》(1) 父親が死亡していること (2) 孤児であること；孤児の身の上
यतेंद्रिय [形] 感覚器官を制した जितेंद्रिय
यत्किंचित [副] 少し；いささか；ほんのわずか
यत्न[1] [名] (1) 努力；尽力；労苦 (2) 方法；手立て；手段
यत्न[2] [名]《A. يتن》さかご（逆子）
यत्नपूर्वक [副] 力を尽くして；努力して；一生懸命に
यत्नवती [形*] ← यत्नवान्.
यत्नवान् [形] 努力する；努力家の；勤勉な
यत्नशील [形] ＝ यत्नवान्. 勤勉な；努力家の
यत्र [副] ここに；ここで；この場所に；この場所で
यत्र-तत्र [副] (1) あちこちに；あちこちで；あちこちへ त्वचा में यत्र-तत्र खुजली है 肌があちこちかゆい (2) いたるところに；いたるところで **यत्र-तत्र-सर्वत्र** いたるところに；いたるところで；あらゆるところで
यत्र-यत्र [副] いずこであれ；(…するところは) いずこも
यथांश[1] [副] 分け前に応じて；配分に応じて；相応に
यथांश[2] [名] 分け前；配分
यथा [副] (1) (ー) のように यथा आप कहते हैं 貴方がおっしゃるように (2) 例えば；すなわち (3) (ー) に応じて；(ー) につれて यथा बालकों की बुद्धि का विकास होता है 子供の知力が発達するにつれて
यथा- [造語] 名詞類に前接して，「ーに従って」，「ーに基づいて」，「ーに拠って」，「ーに応じて」，「ーのように」などの意を有する合成語（副詞や形容詞）の要素 यथासम्भव 可能な限り यथाशक्ति 力の限りなお後接する語の語頭母音により यथेष्ट（यथा ＋ इष्ट）(十分な)， यथोचित（यथा＋उचित）（適切な；相応しい）などとなる
यथाकाम [形] 意のままに振る舞う；気ままな；勝手気ままな
यथाकामी [形] ＝ यथाकाम.
यथाकाल [副] 時間や時期通りに
यथाकृत [形] 決められた；定められた通りの
यथाक्रम [副] 順序立って；順番に；順次に
यथातथ [形] 正確な；精密な；精巧な；完璧な
यथातथ्य[1] [形] そっくりの；そっくりそのままの
यथातथ्य[2] [副] そっくりに；そのままに
यथातथ्य[3] [名] 正確さ；精密さ；精巧さ
यथानियम [副] 決まり通りに；規則に従って；規律に則って
यथानुक्रम [副] 順序通りに
यथान्याय [副] 規則に従って；決まりに従って；正当に；正しく ＝ यथोचित.
यथापूर्व [副] (1) 以前同様；以前の通り；これまで通り (2) そっくりに；元のままに
यथापूर्व स्थिति [名*] 現状
यथामति [副] 理解に従って；理解する限り
यथामूल्य [副] 価格に従って
यथायोग्य[1] [副] 適当に；適切に
यथायोग्य[2] [名] 書簡文の初めに書く言葉．目上，年長者，同輩，若輩のいずれにも用いることができる．拝啓
यथारीति [副] しきたりにならって；慣行通り
यथारुचि [副] 好みに従って；好きなように
यथार्थ[1] [形] (1) 現実の；事実の；事実に則した सत्य का वास्तविक मूल्य यथार्थ जीवन में निहित है 真実の真価は実生活の中にある (2) 精密な；精確な；正確な (3) 真実の；真正の
यथार्थ[2] [名] 現実；実際 जीवन के यथार्थ का बहुत ही मार्मिक चित्रण 生活の実際についての実に真に迫った描写
यथार्थता [名*] (1) 真実性；現実；現実性 (2) 精密さ；精度；正確さ
यथार्थबोध [名] 現実認識 नई कहानी आंदोलन के द्वारा कहानीकारों ने एक नई कलादृष्टि अथवा यथार्थबोध प्रस्तुत किया ナイーカハーニー運動によって小説家たちは新しい芸術観，すなわち，現実認識を提出した
यथार्थवाद [名] (1)〔文芸・芸〕リアリズム；写実主義 (2)〔古〕直言
यथार्थवादी[1] [形] 写実的な；写実主義の；リアリズムの；リアリスティックな
यथार्थवादी[2] [名]〔文芸・芸〕写実主義者
यथालब्ध [副] 手に入ったものに応じて
यथालाभ [副] 得られるものに応じて；利益に従って
यथावत् [副] (1) そのまま；あるがままに；然るべく यथावत् पहुँचाना そのまま届ける (2) もとの位置に；もとの所に；本来の所に स्थिति यथावत् बनी रही 状況はもと通りだった
यथाविधि [副] 規則に従って；決まりに従って
यथाविहित [副] 規定により；指示に従って
यथाशक्ति [副] できるだけ；できる限り；可能な限り；力の限り ＝ भरसक.
यथाशक्य [副] ＝ यथाशक्ति.
यशाशास्त्र [副] ヒンドゥー法典の規定に則り
यथासंभव [副] 可能な限り；できるだけ＝ जहाँ तक हो सके. साथ ही बहस या आलोचना से यथा संभव बचिए それと同時に議論や批判をできるだけ避けること अपनी आवश्यकताओं को यथासंभव सीमित रखना ही सुखी पारिवारिक जीवन की कुंजी है 要求を可能な限り制限することこそ幸せな家庭生活の秘訣です
यथासमय [副] (1) やがて（は）；そのうちに (2) 適当な時に；然るべき時に
यथासाध्य [副] 可能な限り；できるだけ
यथासामर्थ्य [副] 力に応じて；力量に応じて यथासामर्थ्य अतिथि की सेवा एवं आदर किया जाता है 各自の力に応じて客をもてなし敬う
यथास्थान [副] (1) 本来の場所に；元の所に；正しい場所に (2) 適所に；適当な所に；然るべきところに यथास्थान रखना 片付ける；整頓する；整理する हर सामान यथास्थान रखना 全部片付けなさい यथास्थान कविता का पुट देकर वे अपने निबंधों को सरस एवं रोचक बनाते हैं 然るべきところに詩の色合いをつけて随筆を味わいのある，また楽しいものとする
यथास्थित [形] 従前の
यथास्थिति[1] [副] 状況に応じて
यथास्थिति[2] [名*] 現状；従来の状態 ये यथास्थिति बनाये रखना चाहते हैं この方は現状を維持したいと望んでいらっしゃる जो लोग पीढ़ियों से उनकी गुलामी करते आ रहे हैं वे उन्हें यथास्थिति में ही

रखना चाहते हैं 代々隷従してきた人たちを従来の状態に置いておきたいと思っている

यथेच्छ[1] [形] (1) 望みの；希望の (2) 好きな；好みの (3) 勝手な；恣意的な；独断的な

यथेच्छ[2] [副] (1) 望みに応じて (2) 好きなように；好みに従って (3) 勝手に；恣意的に；独断的に

यथेच्छाचार [名] 勝手な行動；独断的な行動；恣意的な行動

यथेच्छाचारी [形・名] 身勝手な（人）；恣意的な（人）；独善的な（人）

यथेच्छित [形] 望みの；希望通りの

यथेष्ट [形] (1) 十分な (2) 適当な；適切な

यथोक्त [副] 上述のように

यथोचित [形] 正しい；然るべき；適切な；ふさわしい कृष्ण सब को यथोचित रीति से मिले クリシュナは全員と然るべき挨拶を交わした यथोचित हलका साया लगाकर चित्रों के अवयवों में गोलाई, आभार और गहराई दिखाई गई है 適切な薄い陰影をつけて絵に丸み，ふくらみ，深みが描かれている

यथोपयुक्त [形] = यथायोग्य.

यथोपरि [副] 同上= जैसे ऊपर. 〈ditto〉

यदा [副] 関係副詞.（…する）時；（…する）際；（…する）折

यदा-कदा [副] 時折；時々；折にふれ यदा-कदा उनसे गुर सीखने का प्रयास भी करते हैं折にふれ秘訣を学ぼうと努める यदा-कदा शीला की हिचकियाँ सुनाई पड़ जाती थीं 時々シーラーのしゃくりあげる声が聞こえていた

यदि [接] もし；仮に；もしも（しばしば तो と相関的に用いられ「もしも…」のようになる） यदि आपके साथ बच्चे भी हों もし子供があなたと一緒にいるのであれば यदि पंडित असंतुष्ट रहेंगे, तो विपत्ति से छुटकारा नहीं मिल सकता もしもバラモンが満足しないままであれば不幸から逃れることはできない मेरे जीवन में यदि कोई उल्लेखनीय उपलब्धि हो तो…仮に私の生涯でなにか特筆すべき収穫があるとすれば… यदि पति कवि या संगीतज्ञ है 夫が詩人か音楽家であれば यदि रोगी उच्च रक्तचाप या मधुमेह से पीड़ित है तो औषधियों व आहार द्वारा इन दोनों व्याधियों को तुरंत नियंत्रित करें もしも病人が高血圧症や糖尿病に罹っているのであれば，この2つの病気を薬や食事ですぐに抑えるようにすること

यदु [名] (1)〔イ神〕ヤドゥ王（チャンドラヴァンシャ王統のヤヤーティ ययाति の子でヤーダヴァ王朝 यादव वंश を創始したとされる） (2)〔イ神〕ヤドゥ族；ヤドゥの血統

यदुकुल [名] = यदुवंश.

यदुनंदन [名]〔イ神〕（ヤーダヴァ族の）クリシュナ；クリシュナチャンドラ

यदुपति [名] ヤドゥ王統の主；すなわち，クリシュナ（神）

यदुराई [名] ヤドゥ族の王；クリシュナ（神）

यदुराज [名] = यदुराई; यदुराट्.

यदुवंश [名]〔イ神〕ヤドゥ族；ヤドゥ王の血統

यदुवंशज [名] クリシュナ（神）

यदुवंशमणि [名] シュリークリシュナチャンドラ；クリシュナ神

यदुवंशी[1] [形] ヤドゥ族に属する

यदुवंशी[2] [名] (1) クリシュナ（神） (2) ヤドゥ族の人

यदुवीर [名] ヤドゥ族の勇者，すなわち，クリシュナ

यदृच्छ [形] 偶然の；でたらめの；手当たり次第の；アトランダムな

यदृच्छया [副] (1) 不意に；偶然に；不図；図らずも (2) でたらめに；手当たり次第に；アトランダムに

यदृच्छा [名*] (1) 偶然 (2) 気ままな行動；専横；独断

यद्यपि [接] もっとも…；それでも…；…のに पिता का मरना…माई का पछाड़ खा-खाकर रोना मुझे मज़े में याद है. यद्यपि तब मैं बहुत छोटा, रोगीला, बेदम-जैसा बालक था 父の死，祖母が床に倒れて泣き叫ぶ様子ははっきりと記憶している．もっともその時私はとても幼く病弱で死にかけたような子供だったのだが **फिर भी…** で始まる文節を従えて用いられることが多い． यद्यपि रानी ने महिलाओं और बच्चों को आश्रय दिया था, फिर भी वे यही समझते रहे कि वह विद्रोहियों से मिली हुई है 女王は女性や子供たちを保護したのに彼らは女王が反乱者たちと結託しているものと考え続けた हमारी आय यद्यपि कम है, फिर भी हमें कुछ न कुछ बचाना चाहिए 私たちの収入はわずかではあるがそれでもなにがしかは貯蓄するようにしなければならない．また， **यद्यपि…तथापि…** の形でしばしば相関的に用いられる． मध्ययुग में यद्यपि लड़कियों की सामूहिक और उच्च शिक्षा का ह्रास हो गया था तथापि व्यक्तिगत रूप से वे शिक्षा प्राप्त कर सकती थीं 中世に女子の集団的な高度の教育は衰退していたのだが個人的な形では教育を受けることができた यद्यपि तूफ़ान पाँच-सात मिनट से अधिक नहीं रहा तथापि सारा गाँव तूफ़ान से हिल गया 嵐はせいぜい5分間ほどのものでしかなかったのだが村全体が嵐に揺れたのだった

यम[1] [名] (1)〔イ神〕ヤマ；死の神；死者の世界の王；冥界の王 (2)〔仏〕閻魔；閻魔天 (3) 官能の抑制；自制 (4)〔ヨガ〕五戒を保持すること；制戒；禁戒 **यम का डंडा लगना** 死期が迫る **यम का पाश** *a.* ヤマ王の人をからめとる死の輪縄 *b.* ひどい災難 **यम की डोरी पड़ना** ヤマ，すなわち，死神の輪縄がかかる；死ぬ **यम की फाँसी** = यम का पाश. **यम की फाँसी पड़ना** = यम की डोरी पड़ना. **यम की यातना दे॰** ひどい苦しみを与える；猛烈な責め苦を与える **यम के दूत आ॰** 死神の使いが捕らえに来る；死期が迫る **यम के मुँह से छुड़ाना** *a.* 死にかけている人を助ける *b.* 災厄から救い出す **यमनियम**〔ヒ〕古代インドにおいて四住期の第1階梯であった学生期に師の下で学習する学生が厳しく修行するために己に律すべきとされた生活全般にわたる規定

यम[2] [形] (1) 対になっている (2) ふたごの；双生児の

यमक [名] (1)〔修辞〕同音もしくは同音節異義語；地口；しゃれ；掛詞；語呂合わせ (2)〔言〕同語源語〈paronym〉

यमक अलंकार [名]〔修辞〕同音異義語，もしくは，同音節異義語の使用による修辞法

यमज [名] (1) ふたご；双生児= जुड़वाँ. अभिन्न यमज 一卵性双生児= अभिन्न जुड़वाँ. (2) 対；対になっているもの

यमजात [名] = यमज.

यमजित्[1] [形・名] ヤマ（死の神）に勝つ；不死の

यमजित्[2] [名] シヴァ神

यमतर्पण [名] ヤマ神のために行われるヤジュニャ祭祀 यज्ञ

यमदंड [名] (1) 冥界の王ヤマ（や閻魔）の持つ杖 (2) ヤマより受ける処罰

यमदूत [名] (1) 冥界の支配者ヤマ王の使者；ヤマの従者 (2) 残忍な人；無慈悲な人 (3) カラス= कौआ. **यमदूत खड़े हो॰** 死が迫る；臨終が迫る； **यमदूतों से पाला पड़ना** 無慈悲な人と関わり合う

यमद्वितीया [名*]〔ヒ〕インドの陰暦8月白分2日（姉妹が兄弟と親愛を深める祭りの日）= भैयादूज; भाईदूज.

यमन[1] [名] (1) 制約すること (2) 束縛 (3) 停止 (4) 抑制

यमन[2] 〔地名・国名〕《A. يمن》イエメン（北イエメン；イエメン人民民主共和国=南イエメン）

यमनी[1] [形] 《A. يمنى》イエメンの

यमनी[2] [名] イエメン人

यमनी[3] [名*] 《A. يمنى》〔鉱〕カーネリアン〈carnelian; cornelian〉紅玉髄（宝石）

यमपुर [名] ヤマの世界；冥界；死の神の支配する世界；あの世 **यमपुर को जा॰** 死ぬ (-को) **यमपुर पहुँचाना** *a.*（－を）殺す；あの世へ送る *b.*（－を）ひどい目に遭わせる **यमपुर भेजना** = यमपुर पहुँचाना.

यमपुरी [名*] = यमपुर.

यमपुरुष [名] = यमराज.

यमयातना [名*] (1) 断末魔の苦しみ (2) たとえようのない苦しみ

यमराज [名] (1) 冥界の支配者；冥界の王；ヤマ王 (2)〔仏〕えんまおう（閻魔王） (3) 無慈悲な人 **यमराज के घर से लौट आ॰** 九死に一生を得る **यमराज के मुँह से निकालना** 死にかけた人を救い出す **यमराज के सोंटे खाना** ものすごい苦しみを受ける

यमल[1] [名] ふたご；双生児= जुड़वाँ.

यमल[2] [形] 双子の；双生児の

यमली [名*] つい（対）；一対のもの；揃い= जोड़ी.

यमलोक [名] 死の世界；ヤマの支配する世界；冥界；冥途；黄泉= यमपुरी. **यमलोक का रास्ता बता दे॰** 死に至らしめる；殺す；あの世へ送る मैंने न मालूम कितनों को यमलोक का रास्ता बता दिया 一体どれだけの人をあの世へ送ったことか知れない (-को) **यमलोक के दर्शन कराना** （－を）殺す；殺害する (-को) **यमलोक दिखाना** = यमलोक के दर्शन कराना. **यमलोक पहुँचाना** = यमलोक के दर्शन कराना.

यमसदन [名] = यमपुर.
यमहंता [名] シヴァ神
यमानिका [名*] = अजवायन.
यमानुजा [名*]〔イ神〕ヤムナー（ヤマの妹）
यमित [形] (1) 抑制された (2) 抑圧された (3) 束縛された
यमी [名*]〔イ神〕冥界の王ヤマ（यम）と双子とされるヤミー，もしくは，ヤマの妹でヤムナー川の女神= जमुना नदी.
यमुना [名*] (1)〔イ神〕ヤムナー女神= यमी. (2) ヤムナー川；ジャムナー川
यमुनोत्तरी [名*] ヤムナー川の源流のある山；ヤムノーッタリー（ウッタラーンチャル・プラデーシュ州ガルワール）
ययाति [名]〔イ神〕ヤヤーティ（チャンドラヴァンシャ王統の王；ナフシャ王の子．妻の 1 人デーヴァヤーニーとの間にヤドゥを得た）
यरक़ान [名]《A. يرقان》〔医〕黄疸= कमलरोग; पीलिया.
यरक़ानी [形]《A. يرقانی》〔医〕黄疸に罹った= कमलरोगी.
यरोशलम [地名]《A. يروشلم》= बैतुलमुक़द्दस. エルサレム
यव [名] (1)〔植〕イネ科オオムギ（大麦） (2) 大麦の実；大麦の粒 (3) ヤヴァ（長さの単位；3 分の 1 インチに相当） (4) ヤヴァ（重さの単位，大麦 1 粒の重さ）
यवक्षार [名]〔化〕大麦の藁を燃やして得られる硝石の一種；硝酸カリウム；硝酸カリ= जौखार; जवाखार.
यवन [名] (1) 古代ギリシア人；イオニア人；ヤヴァナ (2) 外国人 (3) イスラム教徒
यवनाल [名*] (1)〔植〕モロコシ (2) モロコシの実 (3) オオムギのわら
यवनिका [名*] (1) 幕；カーテン；幔幕 (2) 芝居の幕；舞台の幕；カーテン
यवनी [名*] (1) 古代ギリシア人の女性；ヤヴァニー (2) 外国人女性 (3) イスラム教徒の女性
यवमद्य [名] 大麦を原料として作られた発酵酒
यवरस [名] モルト；モルツ
यवशर्करा [名*] 麦芽糖= माल्टोज. 〈maltose〉
यवसुरा [名*] エール（大麦から作られるビールの一種）
यवागू [名] 米や大麦などの煮汁やそれを発酵させて酸味を持たせたもの，薬用に用いられる
यवाग्र [名] 大麦のわら
यवान्न [名] 大麦を煮た食べ物
यविष्ठ[1] [形] 最年少の
यविष्ठ[2] [名] 末弟 = छोटा भाई; अनुज.
यव्य[1] [名] (1) モルツ (2) こうじ（麹）
यव्य[2] [名] (1) ひと月；1 か月 (2) 大麦畑
यश [名] (1) 名声；名誉；栄誉 (2) 称賛 अपार धन अपार यश 限りない富と限りない名声 **यश कमाना** 名声を博する；有名になる；高名になる **यश का टीका** 名声 (-का) **यश गाना** *a.* (—を) 称える；称賛する *b.* (—を) 恩にきる；(—に) 感謝する **यश चमकाना** = यश फैलना. **यश पाना** = यश कमाना. **यश फैलना** 名が揚がる；有名になる= नाम कमाना; प्रतिष्ठा बढ़ना. (-का) **यश मानना** (—を) 恩に着る；(—に) 感謝する **यश मिलना** = यश पाना. **यश में धब्बा लगना** 名に瑕がつく **यश लूटना** = यश कमाना. **यश ले°** = यश कमाना.
यशगान [名] (1) 誉め称えること；称賛；賛嘆 (2) 賛歌；讃歌
यशद [名]〔化〕亜鉛 〈zinc〉
यशद अनीलन [名] ガルバーニ電気（直流電気）をかけること
यशद लेपन [名] 亜鉛引きすること；亜鉛メッキ
यशद लौह [名] 亜鉛引き鉄
यशद श्वेत [名]〔化〕亜鉛白 〈zinc white〉
यशदीकरण [名] 電気メッキ
यशब [名]《P. يشب यश्ब》へきぎょく（碧玉）
यशम [名]《P. يشم यश्म》碧玉
यशस्विनी [形*] ← यशस्वी. 名高い；高名な；著名な；有名な
यशस्वी [形] 名高い；高名な；著名な；有名な हिंदी के यशस्वी कवि ヒンディー語の有名な詩人 यशस्वी राजा 名高い王 यशस्वी प्रधानमंत्री 有名な総理大臣
यशोदा [名*]〔イ神〕ヤショーダー（牧夫ナンダの妻でクリシュナを養育したとされる）
यशोदानंदन [名] クリシュナ神の異名の一
यशोधरा [人名*・仏] ヤショーダラー（ゴータマ・ブッダの正妻の名）；耶輸陀羅
यशोमति [名*]〔イ神〕= यशोदा.
यष्टि [名*] (1) 杖 (2) 棍棒 (3) 棒 (4) 旗竿
यस [感]《E. yes》(1)（肯定，承諾の意に）ええ；はい；イエス (2)（呼びかけに対して）はい；イエス
यस मैडम [感]《E. yes madam》(1)（目上の女性に対して）はい；はいそうです (2) 点呼出席をとる女性教師に対する出席者の返事，はい (3) 承知致しました
यस सर [感]《E. yes sir》(1)（目上の男性に対して）はい；はいそうです；はいさようでございます (2) 点呼出席をとる男性教師に対する出席者の返事，はい (3) 承知いたしました
यह [代] 三人称代名詞，近称指示代名詞兼近称指示代名形容詞．（これの発音については『文字と発音と綴り』の「表記と発音のずれ」の項を参照）これがこのままの綴りで ये と同様に発音される場合はこのままで単数の意の他にこれの複数形 ये と書かれたのと同じで複数直格形，すなわち，主格形及び目的格形 (pl. nom., pl. ac.) をも表す．これの斜格形語基は इस- (sg.), इन-; इन्हों- (pl.) で曲用は次の通り．単数斜格形は इसने (er.), इसको (ac., da.), इससे (ab.), इसमें, इसपर (loc.) などとなる．なお，目的格 (ac.) 及び 与格 (da.) には格助詞を従えず単独で用いられる独立形 इसे もある．所有格形は格助詞 का を従え -आ 語尾の形容詞と同様に接続する語の性・数・格に応じて次のように変化する． इसका (mas. sg. dir.), इसके (mas. sg. ob., pl.), इसकी (fem. sg., pl.) (1) 三人称代名詞直格形としては対話の相手ではないが話者の身近にいる人や目の前にいる人を指す．この人，この男性，この男，この女性，この女，この方など．なお，対話の相手に目の前の目上の人や尊敬を表すべき人について言及する際には普通 आप を使う．→ आप. (2) 複数斜格形は इन्होंने (er.) इनने (er.)（古形），इनको (ac., da.), इनसे (ab.), इनमें, इनपर (pl.) などとなる．なお，目的格 (ac.) 及び与格 (da.) には格助詞を従えない独立形 इन्हें もある．所有格形は格助詞 का を従え単数形の इसका - इसके - इसकी と同様に接続する語の性・数・格に応じて次のように इनका - इनके - इनकी と変化する．→ ये, इन, इन्हों. (3) 近称指示代名詞としては話者に近い事物や直接の話題となっている事柄を指す．これ，このもの，このこと，この事柄，この話など．直格形が主格ばかりでなくしばしば目的格にも用いられる अच्छा यह तो बताओ, जब तुम ऊपर आये तो दरवाज़ा बंद था या खुला? それじゃ君が 2 階に来た時にはドアは閉まっていたか開いていたか教えてくれ यह हम तुझे भेंट करने आये हैं 僕はこれを君にやりに来たんだ यह कर देना, वह कर देना これをしておくれあれをしておくれ मैं सोचता हूँ, मेरा बेटा पढ़-लिखकर यह बनेगा और वह बनेगा, पर तुमने कहानियाँ लिखनी शुरू कर दीं.अब पढ़ोगे क्या? 息子が教育を受けてこうなるああなると考える．ところがお前は小説を書き出した．これからいったい何の勉強をするんだい (4) 近称指示代名形容詞としては，話者に近い物事や近く意識されている物事を指す．この，こちらの，次のなど． इस शहर में रहने वाले この都市に居住する人たち इस समय/इस वक़्त 今；近頃；今頃 इस इतवार को सुबह 9 और 10 के बीच 次の日曜日の朝 9 時から 10 時の間に **यह जा वह जा** すたこらさっさ；さっさと姿を消すこと；素早く退散すること धन्यवाद, चाचा जी, कहकर यह जा वह जा 「ありがとう，おじさん」と言ってすたこらさっさ **यह बात ही क्या है** なんでもないことだ．簡単なことだ **यह भी किसी ने न पूछा कि तेरे मुँह में कै दाँत हैं** 〔諺〕治安の行き届いたことのたとえ **यह भी ख़ूब रही** 珍妙なこと；おかしなこと；傑作な（話） **यह मुँह और गाजरें?** 〔諺〕身の程をわきまえぬことのたとえ；身の程知らずの行為を揶揄する表現= यह मुँह और मसूर की दाल?． **यह-वह** 言い逃れ；のらりくらりとすること
यहाँ[1] [副] ここ（で）；ここに；この場所（に）；こちら（に）；こちら（で）；この点（に）など "बड़ी गर्मी है यहाँ" "हाँ, जब तक बारिश नहीं होती, तब तक तो" 「こちらは暑いわね」「そう，雨季に入るまではね」
यहाँ[2] [代] ここ；この場所；この点；こちら यहाँ का ここの；この場所の；こちらの **भगवान के यहाँ देर है, अंधेर नहीं** 〔諺〕正義はたとえ遅くとなろうとも貫かれるもの (-के) **यहाँ** （—の）とこ

ろで；(一の) 場所で；(一の) 家で；(一の) 内で मगर खेती करीब सब के यहाँ होती है でも農業はほとんどの家が営んでいる हमने दस प्रकाशकों के यहाँ छापे 10 社で刷った बेकरी वालों के यहाँ भर्राई आवाज़ में रेडियो गा रहा था パン屋（のところ）でラジオがが鳴り立てていた **यहाँ का यहीं** この世に **यहाँ की बात वहाँ लगाना** 一方の話をよそで話す **यहाँ की वहाँ क॰** ＝यहाँ की बात वहाँ लगाना. **यहाँ तक कि** これほど；それほど यहाँ तक कि उसने भी कुछ नहीं कहा 彼さえも何も言わなかったほどだ **यहाँ तुम्हारी टिक्की नहीं लगेगी** 〔諺〕お前の思うつぼにははまらないぞ；その手は食わないぞ **यहाँ तुम्हारी दाल नहीं गलेगी** ここではお前の思い通りにはならないぞ **यहाँ पर** ここで；ここに；この場所で；この場所に；この点に；こちらに **यहाँ वहाँ की बातें क॰** *a.* 無駄口をきく *b.* 人の噂をする；噂話をする **यहाँ से** ここから；この場所から；この点から；こちらから **यहाँ से वहाँ** 至る所に；どこもかしこも **हमारे यहाँ** 我々の所で；自分たちの所；自分たちの住んでいる所；自分たちの所属するところで；わが国わが地域で जैसे कोई हमारे यहाँ पूस की रात में चिथड़ों में ठिठुरता है 例えばわが国ではプース月の寒さの中ぼろにくるまって震えあがる人がいるように हमारे यहाँ काम करेगा? ここで（うちで，この家で）働くかい हमारे यहाँ कोई संतान नहीं है わが家には子供がない

यहि ［代］《Br., Av.》(1)(Br.)(Av.) ＝यह. (2)(Br.)(Av.) ＝इस. (3)(Br.) ＝इसे; इसको.

यहीं ［副・代］ यहाँの強意形. ほかでもないこの場所（ここ，この場所で，この地点でなど）

यही ［代・代形］ यह[1, 2] の強調形で斜格形は इसी となる. ほかでもないこの人（これ，このことなど） यही कहता था ほかでもないこのことを話していたんだ यही कारण है कि इसे बहुत थोड़े देख पाते ごく一部の人しか見られないのは正にこの理由なのです हाँ काका, यही बात है そうだ. やっぱりそうなんだ यही तो सोच रहा हूँ मैं भी 全く同じことを考えているんだ私も क्या प्रमोद का मकान यही है? プラモードの家はこの家に間違いありませんね **यही** そればかり；このことだけ आप हमेशा इसी तरह की बातें करते हैं.फिर भी मैं आपके पास आता हूँ क्योंकि मैं जानता हूँ कि आप भी सत्य की खोज करते हैं.आप जो लिखते हैं, उसमें यही मालूम होता है あなたのお話はいつもこの調子です. それでもお宅に伺いますのはあなたも真実の探究をなさっていらっしゃるのを存じているからなのです. お書きになっていることからはそうとしか思えないのです **यही तो रोना है** それが辛いところなんだよ；それが泣きどころさ **यही नहीं** そればかりでなく यही नहीं, दिल्ली में जहाँ 1995 की तुलना में 1996 में 25 प्रतिशत अपराध बढ़े हैं, वहीं मुम्बई में इस वर्ष पिछले वर्ष की तुलना में अपराध कम हुए हैं そればかりでなく，1995 年に比べデリーでは 1996 年には 25 %の犯罪増があったのに対し同年ムンバイでは前年に比べて犯罪は減少した

यहूद ［名］《A. یہود》ユダヤ人；ユダヤ民族

यहूदा 〔人名・キ〕《A. یہودا》ユダ（キリストの十二使徒の一人）

यहूदी[1] ［名］《A. یہودی》(1) ユダヤ人 (2) ユダヤ教徒

यहूदी[2] ［形］(1) ユダヤの (2) ユダヤ教の यहूदी धर्म ユダヤ教

यहूदीयत ［名*］《A. یہودیت》ユダヤ教

यहूदीवाद ［名］《A.+ H. वाद》シオニズム〈Zionism〉

यांगत्सी कियांग ［名*］揚子江；長江＝यांगसी कियांग.

यांगांग 〔地名〕ヤンゴン（ミャンマー首都，旧ラングーン）

याँचा ［名*］(1) 要請 (2) 請願

यांत्रिक[1] ［形］(1) 機械の किसी यांत्रिक खराबी की वजह से 何らかの機械の故障のせいで (2) 機械的な कोई भी कलाकार कला की इस तरह की यांत्रिक अभिव्यक्ति बनाने की बात नहीं सोच सकता いかなる芸術家も芸術をこの種の機械的な表現にすることは考えることができない (3) 機械化された **यांत्रिक अनुवाद** 〔言〕機械翻訳〈machine translation〉

यांत्रिक[2] ［名］機械技師；機械工

यांत्रिकी ［名*］機械学；力学〈mechanics〉

यांत्रिकीकरण ［名］機械化 समाज के यांत्रिकीकरण से 社会の機械化により

यांत्रिकीकृत ［形］機械化された

यांत्सी कियांग ［名*］《E. Yangtze Kiang ← C.》揚子江；長江＝यांगसी कियांग.

या[1] ［接］《P. یا》(1) または；あるいは；はたまた；それとも；か चाय पियोगे या कॉफ़ी? 紅茶にするかいコーヒーにするかい काफ़ी पीने या धूम्रपान की आदत コーヒーを飲んだり喫煙の習慣 ईमानदार हों या बेईमान 誠実であれ不誠実であれ भूत हों या न हों, अगर मेरे लिए हैं तो हैं 化け物がいようといまいと私にとっているのであればいるんだ बदन पोंछकर गीला कपड़ा कहीं भी सोफ़ा या पलंग पर पटक देते हैं 体を拭って濡れたものをソファーとかベッドとかどこにでも投げ捨てる परमात्मा है या नहीं? 神はましますや否や सच्चाई को तू छिपाता है या मैं? 真実を隠したのは君なのかそれとも私なのか (2) すなわち टिटनस या धनुर्वात テトナス，すなわち，破傷風 **या इधर हो या उधर हो** 〔諺〕*a.* どちらかに決めなさい. 考えすぎはよくない *b.* 二股膏薬 **या तो - या** ＝ 一か＝か छोटे बच्चों को भी या तो खेतों में काम करना पड़ता है या फिर गाय, भैंस, भेड़, बकरियाँ चरानी पड़ती हैं 小さな子供たちも畑で働くか牛や水牛，羊，山羊などに草を食ませなくてなならない

या[2] ［感］《A.,P. یا》呼びかけの言葉；おお，ああなど या रब्ब! 神様！；主よ！ या रब्ब! आप तो ऐसी बात करते हैं, गोया ज़िंदगी से बेज़ार हो गए हैं えーっ，なんですって. まるで人生に絶望したようなことをおっしゃいますね या ख़ुदा 神への呼びかけの言葉でありまた驚愕や心の激しい動揺を表現する言葉でもある＝या अल्लाह.

या[3] ［代］《Br.》(1) 指示三人称及び代名詞及び指示形容詞単数形 (sg.) (2) 三人称代名詞及び指示代名詞 (sg.)

या[4] ［名］《P. یا》ウルドゥー文字の第 35 番目の文字 ی の呼称＝याए हुत्ती; ये.

-या ［接尾］(1) 母音で終わる動詞語根に付加されて過去分詞及び直説法過去形を作る（自動詞は主語が男性単数，他動詞は目的語が男性単数）. → -आ. √आ → आया; √धो → धोया） (2) 長母音 -ई で終わる動詞語根に付加される場合，音便のため語根は短母音化して -इया となる. √पी → पिया

या अली ［感］《A. یا علی》〔イス〕ヤーアリー（突撃・戦闘の際の掛け声）；鬨の声＝अल्लाहु अकबर. “या अली” का नारा लगाकर 「ヤーアリー」の鬨の声を上げて

या अल्लाह ［感］《A. یا اللہ》〔イス〕祈り，挨拶，掛け声などに用いられる言葉

याक ［名］《Tib.》〔動〕ウシ科ヤク【*Bos grunniens*】

याक़ूत ［名］《A. یاقوت》(1) ルビー，紅玉 (2) ざくろ石

याक़ूती ［形］《A.P. یاقوتی》(1) ルビーの，紅玉の (2) ルビーの色をした

याक़ूते रवाँ ［名］《A.P. یاقوت رواں》ブドウ酒

याक़ूते रुम्मानी ［名］《Ar. یاقوت رمانی》ざくろ石；ガーネット

याक्ष्मिक ［形］結核の；肺病の→ यक्ष्म.

याग ［名］＝यज्ञ.

याचक ［形・名］(1) 請求する；請求書；求める（人） (2) 請願する；請願書；嘆願書 (3) 物乞いする；乞食 उन्होंने अपना सब कुछ ब्राह्मण और याचकों को दान कर दिया 一切の所有物をバラモンと乞食たちに贈与した

याचकता ［名*］(1) 請願；懇願 (2) 物乞い；乞食

याचना ［名*］請願；懇願

याचमान ［形］＝याचक. 願う；希う；請願する；請願者

याचिका ［名*］訴状；請願書；嘆願書；申立書 गृहमंत्री के ख़िलाफ़ दायर याचिका 内相に反対する請願書 इसी धारा के अंतर्गत न्यायालय में याचिका दी थी कि गुज़ारा दिलाया जाए まさにこの条項により生活費が支給されるようにとの嘆願書を提出した याचिका प्रस्तुत क॰ 請願書（嘆願書）を提出する न्यायालय में सरकार के विरुद्ध याचिका प्रस्तुत करना 裁判所に政府に反対する請願書を提出する

याजक ［名］〔ヒ〕ヤジュニャ祭式を司る祭官

याजन ［名］〔ヒ〕ヤジュニャ祭式を司ること；祭式を執行すること

याजूज ［名］《A. یاجوج》（マゴグと並び聖書やクルアーンなどに記述のある伝説中の民族）ゴグ〈Gog〉

याजूज माजूज ［名］《A. یاجوج ماجوج》ゴグとマゴグ〈Gog and Magog〉

याज्ञवल्क्य 〔人名・ヒ〕ヤジュニャヴァルキヤ聖仙．初期ウパニシャッドの哲学者として知られる
याज्ञिक [名]〔ヒ〕ヤジュニャ祭式の執行者；祭式に通じた学者
यातन [名] (1) 報復；復讐= बदला; परिशोध. (2) 褒美= पारितोषिक; इनाम.
यातना [名*] (1) 激しい痛み；猛烈な苦痛 कारावास की यातना 刑務所の苦しみ (2) 地獄の責苦 मानसिक यातना 精神的な苦痛
यात-याम [形] (1) 時代遅れの (2) 盛りを過ぎた
यातायात [名] (1) 交通 हिमाचल प्रदेश में सारा यातायात सड़कों पर है ヒマーチャラ州のすべての交通は道路に依存している यातायात मंत्री 運輸大臣；運輸相 (2) 行き来；往来 (3) 交通機関
यातुधान [名]〔イ神〕ラークシャス（राक्षस）；悪鬼；幽鬼
यातुनारी [名*] ラークシャシー（राक्षसी）；女悪鬼
यात्रा [名*] (1) 旅；旅行 (2) 訪問旅行 पीकिङ् यात्रा का निमंत्रण 北京訪問招請 (3) 行進 बापू की डांडी यात्रा ダーンディー行進（マハートマー・ガーンディーの塩の行進） (4) 聖地巡拝；巡礼
यात्राक्रम [名] 旅程 मेरे यात्राक्रम की रूप-रेखा तैयार हो गई 旅程の概要が出来上がった
यात्रा-भत्ता [名] 出張旅費；出張手当
यात्रा-विवरण [名] 旅行記
यात्रा-वृत्तांत [名] 旅行記
यात्रिक [名] (1) 旅人；旅行者= यात्री; पथिक. (2) 聖地巡礼者= तीर्थ यात्री. (3) 旅行用品；旅行道具
यात्री [名] (1) 旅行者；旅人= मुसाफ़िर; पथिक. (2) 巡礼；聖地巡礼者= तीर्थयात्री. (3) 通行人 एक यात्री की घटनास्थल पर मृत्यु हो गई 1 人の通行人が事故現場で死亡した
यात्रीपक्षी [名] 渡り鳥= प्रवासी पक्षी.
याथातथ्य [名] 正確さ；精度
याद [名*] 《P. یاد》 (1) 記憶；思い出；見覚え (2) 記憶力 (3) 記念 **याद आ॰** 思い出される；思い起こされる तब उन्हें अनायास ही याद आने लगते हैं, अपने गाँव-पड़ोस के आदमी するとひとりでに故郷の人々が思い出される हस्तिनापुर के खंडहरों को देखकर हमें महाभारत काल की याद आ जाना स्वाभाविक है ハスティナープルの遺跡を見るとマハーバーラタ時代のことが思い出されるのは自然なことである (-) **याद क॰** *a.* (ーを) 思い起こす；思い出す；懐かしがる शहर में उसपर जो जो गुज़रा था, उन्हें वह याद नहीं करना चाहता था 都会で身の上に起こったことを思い起こしたくなかった अनिल आपको बहुत याद करता है アニルはあなたのことをとても懐かしがっている *b.* (ーを) 暗記する；そらんじる（諳んじる） हम सबक याद करके लिखते हैं 教科書（の課）を暗記して書きます गिनती, पहाड़ा, सूरतें और दुआएँ याद करते हैं 計算，九九，コーランの章，祈りの言葉を暗記する *c.* (ーを) 呼ぶ बहुत देर से साहब आपको याद कर रहे हैं かなり前から御主人があなたをお呼びになっていらっしゃる आपको बड़े साहब ने याद किया है 大旦那が呼んでいらっしゃいます *d.* 悔やむ；後悔する (-की) **याद क॰** *a.* (ーを) 思い起こす；想起する सांप्रदायिकता विरोधी समिति की याद करके コミュナリズム反対委員会を想起して *b.* (ーを) 念じる सच्चे मन से परमात्मा की याद करना चाहिए 心をこめて神を念じなくてはならない ख़ुदा की याद क॰ 神様を念じる (-) **याद कराना** *a.* (ーを) 思い出させる *b.* (ーを) 暗唱させる；暗記させる माँ बेटे को सबक याद कराती है 母親が息子に課を暗唱させる **याद ताज़ा हो जा॰** 記憶が新しくなる；思い出がよみがえる (-की) **याद दिलाना** (ーを) 思い出させる；思い起こさせる वह लड़कपन था सरकार उसकी याद न दिलाओ あれは子供の頃のことです．どうかお願いです，思い出させないで下さい वह मुझे याद दिलाती है हिमालय की बर्फ़ से ढकी चोटियों की और गहरी घाटियों की それは私にヒマラヤの雪に覆われた山々の頂きと深い谷とを思い出させる (-) **याद रखना** (ーを) 記憶する；記憶に留める लोग अब इन बातों को याद रखेंगे 人々はこれからはこのことを記憶しておくだろう ऐसी अच्छी और उम्दा कहानियाँ कि अगर तुम सुनो तो हमेशा याद रखो 聞いたならいついつまでも記憶するような立派なすぐれた物語 आने दे शाम को तेरे पिता जी को, ऐसी पिटाई कराऊँगी कि याद रखेगा 夕方お父さんが帰ってみえるまで待ちましょう．忘れられないほど叩いてもらうからね (-) **याद रहना** (ーが) 記憶に残る；思い出になる बस यही खाना खिलाना याद रह जाएगा ひたすらここで飲食したことが記憶に残るだろう ठीक घटनाएँ मुझे याद नहीं रहीं 事件を正確に覚えていない तब से उसे ये शब्द हमेशा याद रहते हैं それ以来この言葉をずっと忘れずにいる (-) **याद से उतर जा॰** (ーを) 忘れてしまう；(ーが) 記憶に残らない；(ーが) 記憶から消え去る **याद हरी हो॰** 記憶がよみがえる；まざまざと思い出される
यादगार [名*] 《P. یادگار》 (1) 記念；記念物= निशानी; स्मृति-चिह्न; स्मारक. (2) 思い出 हम लोगों ने इस दीवाली को एक यादगार दीवाली बना दिया 私どもはこれを記念すべきディーワーリー祭にした बेगम की यादगार में 妻の思い出に (3) 遺物 (4) 記念物；モニュメント महाराणा प्रताप की यादगार में बना प्रताप स्मारक マハーラーナー・プラタープを記念して建立されたプラタープ記念碑 (5) 形見；忘れ形見 पहली पत्नी की एकमात्र यादगार 先妻の唯一の形見
यादगारी [名*] 《P. یادگاری》 = यादगार.
याददाश्त [名*] 《P. یاد داشت》 (1) 記憶 (2) 記憶力；物覚え याददाश्त भी कमज़ोर हो चुकी है 記憶力も衰えてしまっている मेरी याददाश्त इतनी तेज़ नहीं है कि मैं कहानी का नाम और उसका विवरण सब बताऊँ 小説の題名と内容を全部話せるほどには記憶力は強くない (3) 覚書；メモ
याददेहानी [名*] 《P. یاد دہانی याददिहानी》 思い出させること= स्मरण कराना; याद दिलाना.
यादफ़रामोश [形] 《P. یاد فراموش》 忘れっぽい；忘れやすい；記憶の遺らない= भुलक्कड़.
यादव [名] (1) ヤーダヴァ（クリシュナ कृष्ण が属したとされるチャンドラヴァンシャ चंद्रवंश の創始者ヤドゥ यदु の末裔とされるクシャトリヤの一部族名） (2) ヤーダヴァカーストの人（北西インドを中心に主として牛飼いなどの牧畜と農業に従事するヤーダヴァ・カーストの人，自称クシャトリヤ）
यादृच्छिक [形] 任意の；順序不同の
यादृच्छिकता [名*] 無作為；任意 〈randomness〉
यादृश [形] (ーの) ような = जैसा.
यान [名] (1) 運搬手段；輸送手段= वाहन. (2) 乗り物= वाहन; सवारी. (3) 飛行機 (4) 宇宙船 अंतरिक्ष यात्री एक दूसरे के यान में गए 宇宙飛行士は相互の宇宙船に乗り移った
यानी [接] 《A. یعنی》 すなわち；つまり= याने; अर्थात्. इनमें भी 3, यानी लोहा, कैल्शियम और फ़ास्फ़ोरस की अधिक मात्रा में आवश्यकता होती है これらのうち 3 つのもの，すなわち，鉄分，カルシウム，リンが十分に必要とされる लगभग एक महीने बाद, यानी जुलाई में, およそ 1 か月後に，つまり 7 月に…यानी पुरुष सर के बल चलने-चलाने की हरकत करने लगे …，すなわち，男たちは全く間違ったことをし始めた
याने [接] 《A. یعنی》 = यानी; अर्थात्.
यापन [名] (1) 時間を過ごすこと (2) 処理= निबटाना.
याफ़्त [名*] 《P. یافت》 (1) 得ること；獲得；入手 (2) 利益；得 (3) 余得 (4) 賄賂
याफ़्तनी [形] 《P. یافتنی》 得られる；得られる予定の
याफ़्ता [形] 《P. یافتہ》 (1) 得られた；見つけられた (2) 身につけた (3) (ーを) 伴った
-याब [造語] 《P. یاب》 (ーを) 得る，見つけだす，手に入れるなどの意を有する合成語の要素． कामयाब 成功した
याबान 〔国名〕《A. یابان》 日本 = जापान.
याबू [名] 《P. یابو》 (1) 駄馬；荷馬= लद्दू घोड़ा. (2) ポニー = टट्टू.
याम[1] [名] (1) 1 日の 8 分の 1 の時間；3 時間= पहर; प्रहर. (2) 時間= समय; काल; वक़्त.
याम[2] [名*] 夜 = रात; रात्रि.
यामल [名] ふたご；双生児
यामवृत्ति [名*] (1) 夜警；夜間の警備 (2) 夜警の労賃
यामाता [名] 娘婿 = जामाता; दामाद.
यामार्द्ध [名] याम ヤーマの半分の時間，すなわち，1 時間半
यामि [名*] (1) 良家の妻= कुलवधू. (2) 姉妹= बहन. (3) 夜= रात; रात्रि.
यामिक [名] 夜警；夜警員= चौकीदार.
यामिका [名*] (1) 夜= रात; रात्रि. (2) ウコン= हलदी; हरिद्रा.
यामिकापति [名] 月 = चंद्र; चाँद; चंद्रमा.
यामिनी [名*] (1) 夜= रात; रात्रि. (2) ウコン= हलदी; हरिद्रा.
यामिनीचर [名] (1) ラークシャサ राक्षस (2)〔鳥〕フクロウ
यामुन [形] ヤムナー川（यमुना）の；ヤムナー川に関わる

याम्य [形] 南の；南の方角の

याम्योत्तर [形] 子午線の〈meridian〉 याम्योत्तर उन्नतांश 子午線高度〈meridian altitude〉

याम्योत्तर दिगंश [名]〔地理〕経度= लंबांश; देशांतर.〈longitude〉

याम्योत्तर रेखा [名*] 子午線；経線〈meridian line〉

यायावर[1] [形] (1) 定住しない (2) 流浪する；放浪する (3) 遊牧の **यायावर जन** *a.* 非定住民；流浪の民 *b.* 遊牧民〈nomad〉 यायावर दल 遊牧民の群れ

यायावर[2] [名] (1) 流浪する人；放浪者；住所の定まらぬ人 (2) 遊牧民〈nomad〉

यायावरता [名*] (1) 遊牧；遊牧生活 (2) 放浪

यार [名]《P. یار》(1) 友；友人；友達= दोस्त; मित्र. (2) 恋人；愛人= माशूक़. (3) 姦夫；間男= उपपति; जार. (-) **यार क॰** (女性が－と) 浮気する **यार की यारी** 親交 **यार-दोस्त** 友人や仲間 पुराने यार-दोस्तों के साथ 古い友人たちと一緒に

यारक़ंद [名]《T. یارقند》(1)〔地名〕ヤルカンド／ヤールカンド (中国・新疆ウイグル自治区) (2) 絨毯に施される装飾刺繍の一種

यारनामा [名] 《P. یارنامہ》善行；徳行

यारबाज़ [形] 《P. یارباز》= यारबाश.

यारबाश [形] 《P. یارباش》(1) 友人の多い (2) 友達付き合いの良い；社交的な

यारमंद [名] 《P. یارمند》親友；誠実な友人；真の友人

यारमंदी [名*] 《P. یارمندی》真の友情；親交

यारमार [名] 《P. یار + H.》友を裏切る者

यारमारी [名*] ← यारमार. 友人を裏切ること；友人に対する背信行為

याराना[1] [名]《P. یارانہ》(1) 友情；友人関係= दोस्ती; मित्रता; मैत्री. बड़े-बड़े अफ़सरों से मेरा याराना है 高官たちを知っている (2) 密通

याराना[2] [形] 友情の；友好的な

यारी [名*] 《P. یاری》(1) 友情；友好= मित्रता; दोस्ती (2) 援助= सहायता; मदद. **यारी क॰** *a.* 親しくなる *b.* 友人になる **यारी कुट क॰** 友人としての縁を切る；義絶する **यारी कुट्टी क॰** = यारी कुट क॰. (-से) **यारी गाँठना** (－を) 友とする；(－と) 親しくする；親交を結ぶ (-से) **यारी जोड़ना** = यारी गाँठना.

यारीगरी [名*]《P. یاری گری》援助；助力 = सहायता; मदद; सहयोग.

यारीमारी [名*] = यारमारी.

यारे अज़ीज़ [名] 《P.A. یار عزیز》親友；親密な人= घनिष्ठ मित्र.

यार्ड[1] [名] 《E. yard》ヤード；ヤール (長さの単位) = गज़.

यार्ड[2] [名] 《E. yard》(1) 庭；囲い (2) 駅構内；車両置き場；列車編成場= रेलवे यार्ड.

याल [名*] 《T. یال》(1) 首 (2) 馬のたてがみ

याला [名] 《P. یالہ》動物の角= सींग; शृंग.

याव [形] 大麦の；大麦製の→ यव.

यावक [名] はったい粉；麦焦がし

यावज्जीवन [副] 生きている限り；命の限り；生涯；一生 वे यावज्जीवन वीतराग की तरह रहे 生涯禁欲者の如く過ごされた

यावत्[1] [形] (1) = जितना. －するだけの；－ほどの तावत् と相関的に用いられる (2) すべての；一切の

यावत्[2] [副] (1)…する限り तावत् と相関的に用いられる (2)…する間

यावन [形] (1) (古代) ギリシア人の；ヤヴァナ (यवन) の (2) イスラム教徒の

यावनी [形*] ヤヴァナの → यवन.

यावर [形・名] 《P. یاور》(1) 支援する；援助する (2) 支援者；援助者；協力者

यावरी [名*] 《P. یاوری》支援；援助；協力= सहायता; मदद.

यावा [形] 《T. یاوہ》馬鹿げた；つまらない；くだらない；とりとめもない= अनर्गल; बेहूदा.

यावागो [形] 《T.P. یاوہ گو》(1) 馬鹿話をする (2) 嘘をつく (3) ほらを吹く

यावागोई [名*] 《T.P. یاوہ گوئی》(1) 馬鹿話をすること；無駄話をすること (2) 嘘をつくこと (3) ほらを吹くこと

यास[1] [名*] 《P. یاس》〔植〕モクセイ科ジャスミン；ソケイ= चमेली.

यास[2] [名*] 《A. یاس》絶望；失望= निराशा; नाउम्मेदी.

यास आमेज़ [形] 《T. یاس آمیز》絶望的な = निराशापूर्ण.

यासमन [名*]《A. یاسمن》〔植〕モクセイ科ジャスミン= यासमीन.

यासमीन [名*] 《A. یاسمین》ジャスミン

यास्क 〔人名〕ヤースカ (ヴェーダ語源学を始めたとされる紀元前 500 年頃の学者)

-यीं [接尾] (1) -ई 以外の母音で終わる動詞語根に付加されて完了分詞／過去分詞及び直説法過去時制形 (自動詞は主語が他動詞は目的語が女性複数) を作る. = -ईं. √सो → सोयीं (सोईं); √धो → धोयीं (धोईं) (2) -ई で終わる動詞語根の場合 -ईं となる. すなわち, √पी → पीं

यीशु [名] イエス・キリスト= ईसा मसीह.

यीशु ख़्रीष्ट [名]〔キ〕イエス・キリスト= ईसा मसीह.

यीस्ट [名]《E. yeast》イースト菌；酵母 ख़मीर या यीस्ट का उपयोग कारख़ानों में एल्कोहल बनाने में होता है 酵母は工場でアルコールを製造するのに用いられる वह यीस्ट, जिससे ख़मीर उठाया जाता है 発酵を起こすためのイースト

युक्त[1] [形] (1) 結ばれた；つながれた；結合された= जुड़ा हुआ. (2) 帯びた；備わった；持った；揃った= स्थिर विद्युत् (ऋण बिजली भारयुक्त). (負の電荷を帯びた) 静電気 गुणों से युक्त 属性を備えた (3) 添加された；加わった；加えられた फ़्लोराइड युक्त フッ素添加の एल्कोहल युक्त स्प्रे アルコール入りのスプレー (4) 適切な；適当な；ふさわしい

युक्त[2] [名]〔イ史〕マウリヤ帝国の税務官

युक्त प्रांत 〔地名〕連合州 (英領時代の連合州. 今日のウッタル・プラデーシュ州の前身で英語では United Provinces of Agra and Avadh と称した. 英領の北西州 The North-Western Provinces とアワド王国 The Kingdom of Oudh とを統合して 1877 年に編成された. 1947 年に Uttar Pradesh と改称され, 1950 年に新しい州として発足)

युक्ताक्षर [名] (1) 結合文字 = संयुक्त अक्षर. (2) デーヴァナーガリー文字で 2 文字以上の文字を上下や左右に結合させて作られた文字

युक्ति [名*] (1) 結合；連結 (2) 手立て；工夫；方策；仕組み मालती ने राजकुमारी को बचाने की युक्ति सोच ली マーラティーは王女を救い出す手立てを考えた इस समस्या से छुटकारा पाने के लिए एक युक्ति この問題から解放されるための 1 つの方策 (3) 策略 उसे युक्ति से जीतना होगा 策略で相手を負かさなくてはならない (4) 理屈；条理 **युक्ति लगाना** 工面する；工夫する

युक्तिकर [形] 理にかなった；合理的な

युक्तिकरण [名] 合理化

युक्तितः [副] (1) 巧みに (2) うまく；適切に

युक्तिपूर्ण [形] 合理的な；理にかなった

युक्तिनिपुण [形] (1) 策略に長けた (2) 戦術に長けた

युक्तियुक्त [形] (1) 論理的な；理にかなった (2) 適正な；適切な

युक्तिसंगत [形] 合理的な；理にかなった पर अलग क़ानून बनाना ज़्यादा युक्तिसंगत पाया गया だが別個の法律を作るほうがより合理的とされた

युक्तिहीन [形] 理にかなわない；気のきかない；工夫のない

युग [名] (1) 時代 आज के युग में 今日の時代において；現今の時代に आज के युग को मशीनी युग कहा जाए 今日の時代を機械時代と呼ぶべきである युग की माँग 時代の要請 (2) 紀元；世紀 (3)〔イ神・ヒ〕宇宙の年紀 (生成と破壊の間を 4 つの時代に分けたもの, クリタ・ユガ कृत युग トレータ・ユガ त्रेत युग ドヴァーパラ・ユガ द्वापर युग カリ・ユガ कलि युग のそれぞれ) (4) 対；一対のもの **युग पलट जा॰** 時代の転換 **युग फोड़ना** 仲違いさせる **युग बीत जा॰** 長い時間が経過する **युग युग** = युग युगों तक. **युग-युग से** 非常に長い間；長期にわたって **युग-युगांतर से** = युग-युग से. **युग-युगों तक** いついつまでも；永遠に；永久に उनके यश और वीरता की कहानियाँ युग-युगों तक भारत की धरती पर गूँजती रहेंगी あの方の名声と勇猛さを伝える物語はいつまでもインドの大地にこだまし続けるであろう

युगधर्म [名] 時流 इस युग में संकीर्ण भावों को पनपने देना आज विनाश को निमंत्रण देना है और युगधर्म की अवहेलना करना है 今の時代に狭隘な意識をはびこらせることは今や破滅を招くことであり時流を無視することである वह क्रांति उस युगधर्म के सर्वथा विपरीत थी,

य

जिसका आरम्भ कोलम्बस ने किया था その革命はコロンブスの開始した時流に正反対のものであった
युगपत्[1] [形] 同時の；同時的な〈simultaneous〉
युगपत्[2] [副] 同時に；同時的に〈simultaneously〉
युगपुरुष [名] 時代を代表する人；時代を画する人；時代の英雄
युगप्रवर्तक [名] 先駆者；新時代の開拓者 भारतेंदु हरिश्चंद्र को हिंदी गद्य का युगप्रवर्तक कहा जाता है バーラテーンドゥ・ハリシュチャンドラをヒンディー散文文学の開拓者と呼ぶことができる युगप्रवर्तक वैज्ञानिक लुई पाश्चर 先駆者的科学者ルイ・パスツール
युगल [名] (1) ふたご；双生児 (2) 一対；カップル，ペア= जोड़ा. (3) 〔ス〕ダブルス= युगल मैच. टेनिस पुरुष युगल テニス男子ダブルス
युगल गीत [名]〔音〕デュエット〈duet〉
युगांत [名] (1) 〔イ神・ヒ〕宇宙の最後 (2) 宇宙の破滅
युगांतर [名] 新時代；新世紀 इस बाँध के निर्माण ने मैसूर राज्य में युगांतर उपस्थित कर दिया このダムの建設がマイソール州に新時代をもたらした युगांतर उपस्थित क० 新時代を画する
युगांतरकारी [形] 画期的な；時代を画する
युगादि [名] (1) 〔ヒ〕宇宙創造の開始 (2) 宇宙の年紀ユガの開始，すなわち，クリタ・ユガ कृतयुग，もしくは，サティヤ・ユガ सत्य युग
युगावतार [名] 時代を代表する人物；時代を作る人；時代を画する人物
युगोस्लाविया 〔国名〕《E. Yugoslavia》ユーゴスラビア
युग्म [名] (1) 対になっているもの；対；一対；ペア；カップル (2) 偶数→ अयुग्म 奇数
युग्मक [名] 対；一対；ペア；カップル
युग्मज[1] [名] ふたご；双生児
युग्मज[2] [形] ふたごの
युग्मन [名] 連結；結合〈conjunction〉
युत [形] (1) 伴った；備えた (2) 連結した；接続した；結合した
युति [名*] 結合；連結
युद्ध [名] (1) 戦争；戦闘；戦；戦い；合戦 पानीपत का युद्ध パーニーパットの戦闘 युद्ध का देवता इंद्र 戦さの神インドラ (2) 争い；競争 **युद्ध चलना** 戦争が続く **युद्ध भड़कना** 戦火が起こる；戦争が勃発する **युद्ध माँड़ना** 戦いを構える **युद्ध में उतरना** 戦地・戦場に赴く；戦いに臨む
युद्ध अस्पताल [名] 野戦病院 मुक्तिवाहिनी के युद्ध अस्पताल में 解放軍の野戦病院で
युद्धक [名] (1) 戦争；戦闘 (2) 戦闘者
युद्धकला [名*] 戦術
युद्धक विमान [名] 戦闘機 = लड़ाकू विमान. एफ़-16 युद्धक विमान F-16 戦闘機
युद्धकारी [形] 闘う；戦う；戦闘する；戦闘中の
युद्धकाल [名] 戦時；戦時中
युद्धक्षेत्र [名] 戦場；戦地
युद्धघोष [名] 鬨の声 "हर हर महादेव" युद्धघोष तीव्र हो जाता है 「ハルハルマハーデーオ」という鬨の声が激しくなる
युद्धघोषणा [名*] 宣戦 = लड़ाई का एलान.
युद्धनीति [名*] 戦術 गाँधी जी की इस विचित्र युद्धनीति ガンディージーのこの風変わりな戦術
युद्धपोत [名] 軍艦= जंगी जहाज़. अमेरिकी युद्धपोत アメリカの軍艦
युद्धप्रिय [形] 好戦的な；戦闘的な
युद्धबंदी[1] [名*] 《H. + P. بندی》停戦；戦闘停止= युद्धविराम.
युद्धबंदी[2] [名] 《H.+ P.بندی》捕虜；俘虜
युद्धभूमि [名*] 戦場；戦地= युद्धक्षेत्र; मैदान.
युद्धरत [形] 交戦中の युद्धरत देश 交戦国
युद्धलिप्त [形] = युद्धरत.
युद्धविराम [名] 停戦；休戦 युद्धविराम क० 休戦する एकतरफ़ा युद्ध विराम क० 一方的休戦をする युद्ध विराम हो जा० 停戦になる；休戦になる **युद्ध विराम संधि** 休戦協定
युद्धशक्यता [名*] 戦力；戦闘能力
युद्धशिविर [名]〔軍〕前線キャンプ
युद्धस्तर [名] 臨戦態勢 युद्ध स्तर पर 臨戦態勢で दावेदारों की सूची बनाने का काम युद्धस्तर पर शुरू हो गया है 原告たちの名簿作成の作業は臨戦態勢で開始されている इस जानकारी के बाद यूरेनियम की खोज का कार्य युद्धस्तर पर शुरू हो गया था この情報が伝わってからはウラニウムの探索は臨戦態勢で開始された सरकारी विज्ञप्ति के अनुसार सहायता कार्य युद्धस्तर पर किया जा रहा है 政府の発表によれば救援活動は臨戦態勢で進められてきている
युद्धस्थगन [名] 停戦；休戦
युद्धाग्नि [名*] 戦火 युद्धाग्नि प्रज्वलित है 戦火が燃え立っている
युद्धाचार्य [名] 軍師；参謀
युधिष्ठिर [名]〔マハ〕ユディシュティラ（パーンドゥ पाण्डु王の長子；パーンダヴァ五兄弟の長兄）
युनाइटेड किंगडम 〔国名〕《E. United Kingdom》連合王国；英国
युनियन [名] 《E. union》= यूनियन.
युनियन जैक [名] 《E. Union Jack》英国国旗ユニオンジャック
युनिवर्सिटी [名*] 《E. university》総合大学 = विश्वविद्यालय.
युयुत्सा [名*] (1) 戦意；闘志 (2) 敵対心；敵愾心；敵意
युयुत्सु [形] (1) 闘志を持つ (2) 敵愾心を持つ
युरेशियन [名] 《E. Eurasian》(1) ヨーロッパ人とアジア人との間に生まれた混血の人 (2) ヨーロッパ人とインド人との間に生まれた混血の人
युरोप [名] 《E. Europe》ヨーロッパ= यूरोप.
युरोपियन[1] [名] 《E. European》西洋人；ヨーロッパ人；欧州人
युरोपियन[2] [形] 西洋の；ヨーロッパの；欧州の
युवक [名] (1) 若者 (2) 青年（30 代前半まで） युवक-युवतियाँ 若い男女 युवक-युवती एक साथ मरे 若い男女の心中
युवजन [名] 青年；若者
युवती[1] [名*] 若い女性；娘
युवती[2] [形*] 若い → युवा.
युवराई[1] [名*] 皇太子の身分
युवराई[2] [名] 皇太子 = युवराज.
युवराज [名] 皇太子 ब्रिटिश युवराज एडवर्ड イギリス皇太子エドワード
युवराजी [名*] 皇太子の地位や身分 = युवराज का पद.
युवा[1] [形] 若い；若年の（少年も含む）；青年である；青少年の युवा वकील 青年弁護士 युवा टीम 若いチーム युवा बकरी 若い雌山羊 हिमालय के पहाड़ संसार के पर्वतों में सबसे युवा समझे जाते हैं ヒマラヤの山は世界で最も若いものと考えられている युवा पुरुष 青年男子 आज की युवा पीढ़ी की लड़कियाँ 今日の若い世代の娘たち युवा अपराध और फ़िल्में 少年犯罪と映画 युवा शक्ति अपराधों के चक्कर में 若い力犯罪の渦に पार्टी के युवा सदस्य 若手党員
युवा[2] [名] (1) 若者；青年 (2) 青少年
युवावस्था [名*] 青年期；若い時 युवावस्था में 若い時に
यूँ [副] (1) こう；このように；かように= इस तरह; इस प्रकार; इस भाँति. (2) 普通に；何気なく；それとなく；なんとなく= यूँ ही; यों ही; बिना विशेष उद्देश्य के. यूँ भी जब देखो खाती रहती है बकरी की तरह मुँह चला करता है いつ見ても食べている．山羊のように四六時中口が動いている
यूँ तो [接]（文節をつなぐのに用いられる）…だが；…にもかかわらず；もともと…だが；本来…だが यूँ तो हम पूरे साल भर शोर मचाते रहते हैं कि हमारे यहाँ तेज़ खिलाड़ी नहीं हैं, लेकिन क्या कभी उन्हें बढ़ावा देने की कोशिश की गई है? 我々は年中わが国にはすぐれたプレーヤーがいないと騒ぎ立てているのだが，一度たりとも彼らを励ましたことがあったろうか
यूँ ही [副] (1) こんなふうに；こう (2) わけもなく；特別の理由もなく；なんとなく हाय हाय, वो तो यूँ ही देखती रही あーあー，彼女はなんとなく見ているだけだった बीमारियाँ तो यूँही आती और चली जाती हैं 病気というものはなんとなくやって来てなんとなく去って行くもの यूँ ही इन लोगों ने मुझे बिस्तर पर लिटा रखा है この連中はわけもなく私を寝台に寝かせているんだ (3) そのままで；加工せず；手を加えず उसे यूँ ही खाया जाता है それはそのまま食べられる
यू०एच०एफ़०चैनल [名]《E. U.H.F. channel》〔通信〕極超短波放送
यू०एन० [名] 《E. U.N., United Nations》国連；国際連合= संयुक्त राष्ट्र.
यू०एन०ओ० [名] 《E. UNO; United Nations Organisation》国際連合（機構）；国連= यू०एन०; संयुक्त राष्ट्र.
यू०एस०ए० [名] 《E. U.S.A.; United States of America》アメリカ合衆国= संयुक्त राष्ट्र अमेरिका.

यू०एस०एस०आर० [名] 《E. U.S.S.R.; Union of Soviet Socialist Republics》ソビエト社会主義共和国連邦；ソ連= सोवियत संघ.
यूक [名]〔昆〕シラミ（虱）= जूँ.
यूका [名] = यूक.
यू०के०〔国名〕《E. U.K.; United Kingdom》イギリス；英国；連合王国
यूकेलिप्टस[名]《E. Eucalyptus》〔植〕フトモモ科ユーカリ = यूक्लिपटस वृक्ष. यूकेलिप्टस तेल ユーカリ油
यूगांडा〔国名〕《E. Uganda》ウガンダ共和国
यूगोस्लाविया〔国名〕《E. Yugoslavia》ユーゴスラビア
यू०जी०सी० [名]《E. U.G.C.; University Grant Commission》〔教〕大学補助金委員会（インド）= विश्वविद्यालय अनुदान आयोग.
यू०डी०कलोन [名] 《F., E. Eau de Cologne》オーデコロン = यू.डी.कोलोन.
यूथ [名] (1) 動物の群れ हाथियों का यूथ 象の群れ (2) 人の集まり；集団；グループ；隊 (3) 軍勢；軍隊；軍団
यूथनाथ [名] = यूथपति.
यूथपति [名] (1) 集団や隊の長 (2) 指揮官；司令官
यूथिका [名*]〔植〕モクセイ科オウバイ属低木【*Jasminum auriculatum*】= जुही.
यूथी [名*] = यूथिका.
युनाइटेड किंग्डम〔国名〕《E. United Kingdom》イギリス；（グレートブリテン及び北アイルランド）連合王国；英国= ग्रेट ब्रिटेन; यू०के०.
युनाइटेड प्रेस्बिटेरियन मिशन [名]《E. United Presbyterian Mission》〔キ〕北米合同長老協会ミッション
यूनान〔国名〕《A. یونان》ギリシア（特に古代ギリシアを指すことがある）→ ग्रीस.
यूनानी[1] [形] 《A. یونانی》ギリシアの यूनानी कला ギリシア芸術 यूनानी प्रथा ギリシアの風習
यूनानी[2] [名] 《A. یونانی》ギリシア人= ग्रीक; यूनान निवासी.
यूनानी[3] [名*] (1)〔言〕ギリシア語 (2) アラビア医学 हकीमी
यूनिट [名] 《E. unit》(1) 1つのまとまり (2) 構成単位；ユニット (3) 度量衡などの単位 (4) 機械や装置，工場設備などの1つの単位 (5)〔軍〕部隊 पीछे वाली यूनिट 後続部隊
यूनियन [名] 《E. union》(1) 連合；連盟 (2) 合同；団結 (3) 労働組合 = मज़दूर संघ. (4) 学生自治会= छात्र संघ.
यूनियन जैक [名] 《E. Union Jack》英国国旗；ユニオンジャック
यूनियन फ़्लैग [名] 《E. Union Flag》ユニオンフラッグ；ユニオンジャック；連合王国の国旗
यूनिवर्सिटी [名*]《E. university》大学；総合大学；ユニバーシティー = विश्वविद्यालय.
यूनिसेफ़ [名]《E. UNICEF; United Nations International Children's Emergency Fund》ユニセフ= संयुक्त राष्ट्र अंतर्राष्ट्रीय बाल आपतिक निधि.
यूनीफ़ार्म [名] 《E. uniform》制服 = वरदी; वर्दी.
यूनेस्को [名]《E. UNESCO; United Nations Educational, Scientific. and Cultural Oranization》ユネスコ= संयुक्त राष्ट्र शैक्षिक, वैज्ञानिक और सांस्कृतिक संगठन.
यूप [名] (1) 柱；杭 (2)〔ヒ〕ヤジュニャ祭式において犠牲の獣をつないでおく杭 इसमें अनेक वृक्ष काटकर बलिपशु बाँधने के लिए यूप (खंभे) बनाए जाते हैं 幾本かの木が切られ犠牲獣をつなぐためにユーパ（杭）が製作される
यूरप [名] 《E. Europe》ヨーロッパ；欧州= यूरोप; यूरुप.
यूराल [名] 《E. Ural》(1)〔地名〕ウラル山脈 (2) ウラル川
यूराल अल्ताई परिवार [名] 《E. Ural-Altaic + H.》〔言〕 यूराल अल्ताई भाषा परिवार ウラルアルタイ語族〈Ural-Altaic family〉
यूराल परिवार [名] 《E. Uralic + H.》〔言〕ウラル語族〈Uralic family〉
यूरिथेन [名]〔化〕ウレタン〈urethane〉
यूरिनरी[形]《E. urinary》(1) 尿の (2) 泌尿器の यूरिनरी इनफ़ैक्शन 泌尿器の感染症 यूरिनरी इनफ़ैक्शन से ग्रस्त 泌尿器の感染症に罹った
यूरिया [名] 《E. urea》〔化〕尿素
यूरिश [名*] 《P. یورش》侵略；侵入；攻撃；襲撃
यूरीन [名] 《E. urine》尿；小便 वह आपका यूरीन देखेगा 検尿する
यूरुप [名] 《E. Europe》ヨーロッパ；欧州= यूरप; यूरोप.
यूरेनस [名] 《E. Uranus》(1)（ギリシア神話）ウラノス (2)〔天〕天王星
युरेनियम [名] 《E. uranium》〔化〕ウラニウム यूरेनियम खान ウラニウム鉱
यूरेशियन[1] [名] 《E. Eurasian》(1) 欧亜混血の人 (2) 混血の人（インド人と白人との）= युरेशियन.
यूरेशियन[2] [形] 《E. Eurasian》ユーラシアの；欧亜の
यूरेशिया [名] 《E. Eurasia》ユーラシア；欧亜
यूरेशीय [形]《← E. Eurasia》ユーラシアの；欧亜の यूरेशीय महाद्वीप ユーラシア大陸
यूरो [名] 《E. Euro》ユーロ（欧州連合の単一通貨）
यूरोडालर [名] 《E. Eurodollar》ユーロダラー；ヨーロッパドル
यूरोप [名] 《E. Europe》ヨーロッパ；欧州
यूरोपवाले [名] 《E. + H.》ヨーロッパ人
यूरोपियन [名・形] 《E. European》(1) ヨーロッパの；欧州の (2) ヨーロッパ人；欧州人
यूरोपीय[1] [形] 《← E. Europe》ヨーロッパの；欧州の
यूरोपीय[2] [名] ヨーロッパ人；欧州人
यूरोपीय आर्थिक समुदाय [名] ヨーロッパ経済共同体〈European Economic Community; EEC〉
यूरोपीय समुदाय [名] ヨーロッパ共同体〈European Community〉
यूरोपीय साझा बाज़ार[名] ヨーロッパ共同市場〈European Common Market〉= यूरोपीय साझा मंडी.
यूरोपीय साझा बाज़ार संधि [名*] ヨーロッパ共同市場条約
यूरोपीय साझा मंडी [名*] ヨーロッパ共同市場= यूरोपीय साझा बाज़ार.
यूष [名] (1) 料理の汁；汁気 (2) ダール（豆スープ）の汁 (3)〔植〕クワノキ= शहतूत.
यूसुफ़〔人名〕《A. یوسف》ヨセフ（旧約聖書）
ये[1] [代] (1) 三人称代名詞兼近称指示代名詞 यह の複数形兼単数形（→ यह）直格形 (pl., nom., ac.). 格助詞を従える斜格形は इन となり， इनको (ac., da.)， इनसे (ab.)， इनपर, इनमें (loc.) などとなる．所有格形は का を従え接続語の性・数・格に応じて → का, -के , -की となる. 能格形は इन्होंने となるのが普通で इनने は今日ではほとんど用いられない. (2) 人称代名詞としては「これらの人」,「この人たち」,「この方たち」などの意味に用いられる ये तो बड़े चतुर हैं この連中はなかなか抜け目がない．これは敬意を表するため実際は単数のものを指すのにも用いられる．この方，この人など．また，他人や舅や姑の前で夫のことに言及する際にも婉曲な用法として用いられる．このままで目的語として用いられる. ये कौन कहता है? だれがこんなことを言っているんだい ये क्या किया रामसिंह को भी मार दिया? なんということをしでかしたんだ，ラームシンまでも叩いたとは．与格及び目的格としては इनको の他に इन्हें も用いられる.
ये[2] [代形] 近称指示代名形容詞 यह の複数形．話者に近い複数のものを指し示す．斜格形は इन. ये लोग मुझे डराते-धमकाते हैं この人たちは私まで脅かす これはしばしば近称代名形容詞 यह と同義に用いられる. → यह. ये बात नहीं है そういうことはないのです = यह बात नहीं है.
ये[3] [名*] 《ے》ウルドゥー文字の第35字の字母ی の名称 बड़ी ये ے छोटी ये ی
-ये [接尾] (1) -ई 以外の母音で終わる動詞語根に付加されて完了分詞／過去分詞及び直説法過去形（自動詞は主語が，他動詞は目的語が男性・複数）を作る. = -ए. √सो → सोये (सोए); √धो → धोये (धोए) (2) 長母音 -ई で終わる動詞語根の場合音便のためその長母音は短母音化する √पी → पिये
येती [名] 《Ti. yeti》イエティ，ヒマラヤの雪男= यति.
येन[1] [名] 《E. yen ← Jp.》円（日本円，日本の通貨の単位）
येन[2] [副]《Skt.》Skt. の関係代名詞男性・中性・単数具格形.（一）によって，（一）を介してなどの意
येन केन प्रकारेण [副] あらゆる方法で；あらゆる手段で；ありとあらゆる手段で；あの手この手で
येरूशलम〔地名〕《E. Jerusalem》エルサレム= जरुसलम.
येहू [代] = यह भी.

यों [副] このように；かように；こんなふうに＝ इस प्रकार; इस तरह; इस भाँति; ऐसे; यूँ. यों छिपके नहीं भाग पाओगे बच्चू こんなふうにこっそり逃げられはしないぞ小僧め

यों तो [接] 逆接の接続詞，…だが，もともと…だが，本来…だが，など यों तो उनकी बहू भी बहुत अच्छी है पर माला स्वयं ही बेटी पर अधिक लाड-प्यार जताकर बहू के मन में बेकार ही द्वेष उत्पन्न नहीं करना चाहती あの人の若嫁もとても良い人なのだが，マーラー自身が娘に過度な愛情を示して娘の心に無駄に憎しみを生み出したくはない यों तो वह लकड़ियाँ बेचते हैं, लेकिन साथ-साथ सत्तू-नमक-तेल वगैरह भी रखते हैं もともとは薪を売っているのだが，穀類や塩，油なども商いに置いている यों तो कई तरह के जूँ-मार पाउडर भी आते हैं, पर मैंने बिलकुल घरेलू नुस्खा इस्तेमाल किया シラミ退治の薬剤も幾種類かのものが手に入るのだが私は全く自己流の方法を用いた

यों भी [接] そもそも यों भी मित्र तो वह, जो दुख में काम आए そもそも友人とは人が困った時に役立つ人のことさ

यों ही [副] (1) このように；かように；こんなふうに बात यों ही दबी रहने दो こんなふうに事が露見しないようにしておきなさい (2) 元々；本来 वे यों ही तेज मिजाज थे, इसपर हुकूमत का घमंड और सब से बढ़कर शराब का नशा 1つには元々気性の激しい人だったがおまけに役人風．それにも増して酒の酔い जाड़े का दिन तो यों ही छोटा होता है 冬の日は元々短いものなんだ (3) なんとなく；何気なく；なんとはなしに；それとなく；わけもなく；意味もなく मेरी यह आशा न थी.यों ही कह दिया こういうつもりはなかったんだ．何気なく言ったことだ तो पिछले अनेक वर्षों में मैं यों ही इससे दुःखी रहा हूँ それじゃこの何年もの間私はわけもなくこのことを悲しんでいたというわけか डाकखाने में जो टिकट चलते हैं वे यों ही नहीं बने होते.हर टिकट पर कोई-न-कोई चित्र होता है 郵便切手は意味もなく作られるものではないんだよ．どの切手にも何かの絵が描かれているものなんだ (4) そのままで；何もせずに；容易に；簡単に；ひとりでに；なんとなく；いいかげんに；ぞんざいに पिछले 25-30 वर्षों का मनमुटाव, एक दूसरे के प्रति अविश्वास और डर यों ही नहीं मिट जाते これまで30年近くもの間のわだかまりや相互不信，それに不安といったものは簡単にはなくならないものです किसी मनुष्य को यों ही (कोई रक्षाकवच पहनाए बगैर) पहुँचा दिया जाए तो だれかをそのまま（鎧などを着せずに）届けるならば मास्टर साहब, आप बच्चों को पढ़ाते हैं या यों ही तनख़्वाह लेते हैं? 先生，子供たちを教えていらっしゃるのですかそれともいいかげんなことをして給料を取っていらっしゃるのですか **यों ही उड़ा दे०** ぞんざいな応対をする；いいかげんにあしらう **यों ही सही** それでも構わない；それでもいい

योक [名] 《E. yoke》〔裁〕ヨーク

योक्ता [形・名] (1) つなぐ（もの）；連結する（もの） (2) 励ます（もの）；刺激する（もの） (3) 御者；馭者

योक्त्र [名] (1) ひも (2) 綱；手綱 (3) 曳綱 (4) ヨーグルトからバターなどを取り出す際に用いる撹拌棒を引くのに用いるひも

योग [名] (1) 結合；連結；統合 (2) 混合 (3) 合計 कुल योग 総計 (4) 関係；関連；関わり (5) 意識や精神の集中及びそれによる神との合一； (6) ヨーガの修行 (7)〔イ哲〕ヨーガ学派 (8) 適合；調和 वैशाली के राजा की पुत्री के साथ इसके विवाह का योग है ヴァイシャーリーの王女との結婚が適わしい (9) 好機；好都合 (10) 吉祥の日時 इसी दिन गृहप्रवेश ठीक रहेगा.फिर कोई योग नहीं この日に入居するのがよかろう．その後は吉祥の日はない (11)〔占星〕太陽と月とが特定の位置に来ること (12) 太陽日，太陰日，星宿が特定の状況になること (13)〔占星〕幾つもの天体が特定の位置関係になること；合；会合 (14) 手段；方法；方策 (15) 術数 (16) 規則；決まり **योग जुटा दे०** 機会を作る **योग दे०** *a.* 寄与する；貢献する；役立つ अश्वघोष और नागार्जुन ने अपने ग्रंथों द्वारा बौद्ध धर्म के प्रसार में बड़ा योग दिया 馬鳴と龍樹とはそれぞれの著作によって仏教の弘法に大いに寄与した 'सरस्वती', 'इंदु', 'प्रभा' आदि पत्रिकाओं ने इस दिशा में अमिट योग दिया 「サラスヴァティー」，「インドゥ」，「プラバー」などの雑誌がこの方面で不滅の貢献をなした *b.* 参加する राजनीति में योग देना देशवासियों का कर्त्तव्य है 政治に参加するのは国民の義務である

योगकन्या [名*]〔イ神〕ヨーガカニヤー（ヴァスデーヴァとヤショーダーとの間に生まれた女の子．クリシュナを助けるために身代わりとしてすり替えられた）

योगकरण [名] 合計すること；総計すること

योगक्षेम [名] (1) 富の獲得と保存，維持，管理 (2) 幸福；安寧 (3) 繁栄

योगखंड [名]〔数〕被加数〈summand〉

योगज [形] 付加的な योगज फल 合計

योगदर्शन [名] (1)〔イ哲〕ヨーガ学派 (2) = योगसूत्र.

योगदान [名] 寄与；貢献；役立つこと पौधों की वृद्धि में योगदान 植物の成長に役立つ पाचन-क्रिया में यकृत का महत्त्वपूर्ण योगदान होता है 食物の消化に肝臓は非常に重要な役割を果たす

योगनाथ [名] シヴァ神の異名の一

योगनिद्रा [名*] (1)〔イ神〕各ユガ（युग）の終了時におけるヴィシュヌ神の眠り (2)〔イ神〕各カルパ（कल्प）の終了時におけるブラフマー神の眠り (3)〔ヨガ〕ヨーガの行によって得られる覚醒と睡眠の中間の状態

योगनिलय [名] (1) シヴァ神 (2) ヴィシュヌ神

योगपति [名] (1) ヴィシュヌ神 (2) シヴァ神

योगफल [名]〔数〕合計〈sum〉

योगबल [名]〔ヨガ〕ヨーガの修行によって得られる力や超能力 = तपोबल.

योगमय [名] ヴィシュヌ神

योगमाता [名*] ドゥルガー神（दुर्गा）

योगमाया [名*] (1)〔ヨガ〕ヨーガの修行によって生じる超自然的な力 (2)〔イ神〕宇宙創造力を神格化したもの；ヨーガマーヤー

योगवाशिष्ठ [名]〔ヒ〕ヨーガ・ヴァーシシュタ（8世紀以降の成立とされるヒンドゥー教経典の一） = योगवासिष्ठ.

योगविद्या [名*] (1) ヨーガの学問；ヨーガの知識 (2)〔イ哲〕ヨーガ学派

योगशक्ति [名*] ヨーガによって得られる超自然力

योगशास्त्र [名] (1) ヨーガの学問 (2)〔イ哲〕ヨーガ学派

योगसूत्र [名]〔ヨガ〕パタンジャリ पतञ्जलि の編纂になるとされるヨーガ学派の経典ヨーガスートラ

योगाचार [名] (1)〔ヨガ〕ヨーガの実修；ヨーガの実践 (2)〔仏〕唯識派；ヨーガ行派

योगात्मक [形] (1) 結合する；結合的な (2) 付加する；添加する (3)〔言〕膠着的〈agglutinative〉 योगात्मक अभिक्रिया〔化〕付加反応 योगात्मक यौगिक〔化〕付加化合物〈addition compound〉

योगात्मक भाषा [名*]〔言〕膠着語〈agglutinative language〉

योगाभ्यास [名]〔ヨガ〕ヨーガの実修；ヨーガの行 योगाभ्यास से सेना के जवानों की कार्यकुशलता बढ़ सकती है ヨーガで兵士の能力向上が可能

योगासन [名]〔ヨガ〕ヨーガの座法

योगिक [形] 化合した；合成の

योगिका [名*] ハイフン

योगिनी [名*] (1) 女性のヨーガ行者；ヨーガ修行者；ヨーギニー (2) シヴァ神やドゥルガー神の女性信者 (3) 女性の魔法使い

योगिराज [名] 最高のヨーガ行者；ヨーギラージ चुनार के किले में योगिराज भर्तृहरि की समाधि है チュナール城趾にはヨーギラージ・バルトリハリの墓所がある

योगींद्र [名] 最高のヨーガ行者

योगी [名] (1) ヨーガ行者；ヨーギー (2) ヨーガ学派の人；ヨーギー

योगीनाथ [名] シヴァ神の異名の一＝ शंकर; महादेव.

योगीश्वर [名] (1) 最高のヨーガ行者 (2) シヴァ神

योगीश्वरी [名*] ドゥルガー神 = दुर्गा.

योगेंद्र [名] ヨーガの最高のものを会得した行者；最高のヨーギー

योगेश्वर [名] (1) 最高のヨーガ行者 (2) シヴァ神

योगेश्वरी [名*] (1) ドゥルガー神 (2)〔ヒ〕シャークタ派の信奉する女神；ヨーゲーシュワリー

योग्य[1] [後置] 名詞類の斜格形に直接，もしくは，के を介して接続して用いられ次のような形容詞句や副詞句を作る．(1)（―の）できる；可能な；力のある；能力のある；有能な मेरा छोटा भाई तो इस योग्य है कि राजकार्य भली भाँति चला सकता है わが弟は政務をきちんとやって行ける力を備えている पानी को पीने योग्य बनाना 水を飲めるようにする भूमि को कृषि योग्य बनाने के लिए वृक्षों का उन्मूलन 土地を農業のできるようにするために樹木の伐採 खेतीयोग्य भूमि 可耕地 नाना भी इस योग्य नहीं रहे थे कि वह ख़ाला और उनके चार बच्चों को खिला-पिला सकें 祖父もおばとおばの4

人の子供を養えなくなってしまっていた बेटे भी तब तक किसी योग्य हो जाएँगे 息子もそれまでには一人前になるだろう (2)（－が）妥当な；ふさわしい；適当な；適合している；(－す) べき उन्हें राजकुमारों के योग्य समस्त शिक्षा दी गई 王子たちには王子にふさわしいあらゆる教育が与えられた उसको तुरंत ही कर लेना भी योग्य है それを直ちに行うことも適当である दया योग्य बालिका 哀れむべき乙女 कृपाशंकर की मैत्री के योग्य बनना था クリパーシャンカルの友情に値するようになるべきだった लड़की विवाहयोग्य हो गई थी 娘は適齢期になっていた जब कुँवर राज का भार सँभालने योग्य हो जाएँ 皇太子が政務を執れるようになった際 वीरों के योग्य 勇者にふさわしい तलवार की पच्चीकारी भी देखने योग्य थी 刀の象嵌細工も素晴らしいものだった बल्कि उसको पहली अथवा पुरानी संस्कृत कहना योग्य है いや，それを最初の，もしくは，古いサンスクリットと呼ぶべきだ हमको जल्दी करनी योग्य है 我々は急がねばならぬ（このように चाहिए の意に用いる用法は 19 世紀の文献に特徴的に多く見られるものである）

योग्य[2] ［形］有能な；すぐれた；立派な योग्य डाक्टर के निर्देश के बग़ैर すぐれた医者の指示なくしては योग्य अध्यापक 有能な教師 योग्य शासक すぐれた支配者

योग्यता ［名*］← योग्य. (1) 能力；資格；力量 किसी व्यक्ति की योग्यता 人の能力 भाषा की योग्यता 言葉の（運用）能力 योग्यता पर प्रवेश 能力に基づく入学 (2) 適性；適合 (3) 価値 (4) 優秀さ；信頼性

योजक[1] ［形］つなぐ；つなぎ合わせる；結ぶ；連結する

योजक[2] ［名］連結部；結合部

योजकचिह्न ［名］連結記号；ハイフン

योजन ［名］(1) 連繫；結合；連結 (2) インドの距離の単位ヨージャナ（約 4 マイル，約 8 マイル，約 16 マイルなどと言われる）；由旬 (3)〔言〕膠着；膠着法〈agglutination〉

योजना ［名*］(1) 計画；企画 योजनाप्रचार अधिकारी 計画広報官 आर्थिक योजना 経済計画 आर्थिक योजना के कार्य में भी ज़िलाधीश की भूमिका होती है 経済計画の活動にも県長官の果たす役割がある शिक्षा योजना 教育計画 नई योजनाओं का कार्यान्वयन 新しい計画の実施 दोनों ने ही पुलिस सुपरिंटेंडेंट के वध की योजना तैयार की थी この 2 人が警視殺害計画を立てたのだった (2) 配合；配分；配列 रंगों की योजना प्रसंगानुकूल चित्ताकर्षक है 配色は適切で魅力的である

योजना आयोग ［名］計画審議会；プラニングコミッション（特にインド経済 5 か年計画の）

योजनाकार ［名］計画立案者

योजनाबद्ध ［形］計画的な；計画に基づいた योजनाबद्ध परिवर्तन 計画的な変化 योजनाबद्ध ढंग से 計画的に ＝ सुनियोजित ढंग से. राजनीतिक अपराधी अपने अपराध बड़े ही योजनाबद्ध ढंग से करता है 政治犯はその犯行を非常に計画的に行うものである

योजना मंत्रालय ［名］インド連邦政府経済計画省〈Ministry of Planning〉

योजनीय ［形］(1) 結合できる；連結できる (2) 適用される；使用される

योजित ［形］(1) つながれた；連結された；結ばれた (2) 企画された；計画された (3) 配合された；配列された

योजी[1] ［名］連結物

योजी[2] ［形］連結する

योज्य[1] ［形］(1) 結ばれる；連結される；加えられる (2) 用いられる；使用される

योज्य[2] ［名］(1) 加えられるもの；追加されるもの (2)〔数〕加数

योत्र ［名］（牛馬の）曳き綱；なわ（縄）；つな（綱）

योद्धा ［名］兵；兵士；武士；戦士；武人

योधक ［名］＝ योद्धा.

योधन ［名］(1) 戦い；戦闘 (2) 武器 (3) 戦士

योधनशक्ति ［名*］戦力；戦闘力

योनि ［名*］(1) 女性性器；女性生殖器官（子宮，外陰部，陰門）；ヨーニ (2) 動物の雌の生殖器官 (3)〔ヒ〕生物が生まれ変わると考えられている状態；840 万とされる生き物の分類；そのいずれかに生まれ変わること बुरे कर्म करने पर बुरी योनि में, जैसे घृणित पशु-पक्षियों के रूप में, जन्म मिलता है 悪事を働けばおぞましい鳥獣のような悪い生を享ける अंततः वह एक बैल की योनि में जनमा その人は（幾度も生まれ変わって）最後に雄牛として生まれた जगत में नाना योनियों में जीव की गति होती है 生き物はこの世で様々な生き物として（生まれ変わる）ものである उसकी प्रेत-योनि छूट गई その人は餓鬼の状態から脱した

योनिक ［形］(1) 女性性器に関する (2) 性に関する；性的な

योनिच्छद ［名］処女膜〈hymen〉

योनिज ［形］胎生の＝ सजीवप्रजक; जरायुज.〈viviparous〉

योनिद्वार ［名］膣口

योनिमार्ग ［名］膣；産道

योनिशोथ ［名］〔医〕膣炎〈vaginitis〉

योम ［名］《A. يوم》→ यौम.

योर 〔代〕《E. your; Your》次のように敬称を伴って用いられる **योर एक्सीलेंसी** 直接呼びかけで「閣下」〈Your Excellency〉 **योर मजेस्टी** 陛下〈Your Majesty〉 **योर वर्शिप** 判事などの高官に対する敬称〈Your Worship〉

योरोप ［名］《E. Europe》ヨーロッパ；欧州＝ यूरोप; युरोप.

योरोपियन[1] ［形］《E. European》ヨーロッパの；欧州の＝ युरोपियन; यूरोपियन.

योरोपियन[2] ［名］ヨーロッパ人；欧州人

यौगिक[1] ［形］(1) 結合した；連結した (2) 複合した (3) 化合した **यौगिक सूक्ष्मदर्शी** 複合顕微鏡〈compound microscope〉 (4) ヨーガの यौगिक क्रियाएँ ヨーガの動作 नींद लाने के लिए अनेक यौगिक क्रियाएँ भी सुझाई जाती हैं 睡眠のためにさまざまなヨーガの動作も推奨されている

यौगिक[2] ［名］(1)〔化〕化合物 समुद्र के पानी में बड़ी मात्रा में नमक तथा अन्य यौगिक घुले रहते हैं 海水中には塩などの化合物が大量に溶けこんでいる एक से अधिक प्रकार के परमाणुओं से बने अनेक समान अणु संयोग करते हैं तो हमें एक यौगिक मिलता है 複数の原子からなる複数の分子を結合させて化合物を得る यह जानने के लिए कि कोई पदार्थ किन-किन तत्त्वों और यौगिकों से बना है ある物体がいかなる元素や化合物からできているのかを知るために भोजन में उपस्थित पदार्थों का यौगिकों के अनेक समूहों में वर्गीकरण किया जा सकता है 植物に含まれる物質を化合物のいろんなグループに分類することができる (2)〔言〕合成語；複合語＝ यौगिक शब्द.〈compound〉

यौगिक वाक्य ［名］〔言〕重文〈compound sentence〉

यौगिकीकरण ［名］〔化〕凝固〈fixation〉

यौगिकीकृत ［形］〔化〕凝固した〈fixed〉

यौतक ［名］(1) 贈り物 (2) 持参金；結婚時に嫁の持ってきた贈り物（金品）

यौतुक ［名］＝ यौतक.

यौथिक[1] ［形］(1) 集団の；集合体の (2) 群れに属する→ यूथ.

यौथिक[2] ［名］仲間

यौधेय ［名］(1) 武士；戦士；兵士 (2)〔史〕ヤウデーヤ族（古代北インドに居住したとされる）

यौन[1] ［形］(1) 女性の性器に関する (2) 性の；セックスの यौन रोग 性病 स्त्रियों के यौन रोग 女性の性病 यौन अनैतिकता 不貞 यौन संतुष्टि 性的満足 यौन संपर्क 性交；性交渉

यौन[2] ［名］性；セックス यौन की मूलप्रवृत्ति 性本能

यौन अपराध ［名］性犯罪

यौन आदर्श ［名］性道徳；性規範

यौन इच्छा ［名*］性欲

यौन ग्रंथि ［名*］性腺

यौन रोग ［名］〔医〕性病＝ गुप्त रोग.

यौन विज्ञान ［名］性科学

यौन विषय ［名］性；セックス यौन विषयों के प्रति उत्सुकता 性に関する好奇心

यौन शिक्षा ［名*］〔教〕性教育

यौन संप्रयोग ［名］性交；性交渉

यौन संबंध ［名］性的関係；肉体関係

यौन समागम ［名］性交；交接

यौन स्वातंत्र्य ［名］フリーセックス；性の自由；性の解放

यौनाकर्षण ［名］性的魅力

यौनाचार ［名］性行為

यौनेच्छा ［名*］性欲 यौनेच्छा में कमी 性欲減退

यौम ［名］《A. يوم》(1) 日＝ दिन; दिवस. (2) 曜日＝ दिन. (3) 記念日＝ दिवस.

यौमुस्सब्त [名] 《A. يوم السبت》安息日；土曜日= शनिवार.

यौमे आज़ादी [名] 《A.P. يوم آزادى》独立記念日= स्वातंत्रता दिवस.

यौमे वफ़ात [名] 《A. يوم وفات》命日= मृत्यु-तिथि.

यौवन [名] (1) 若さ；若いこと (2) 青年期；若々しい時 (3) 隆盛期 **यौवन उभरना** 年頃になる **यौवन ढलना** 若さが衰える

यौवन काल [名] 青年期

यौवनारम्भ [名] 思春期

यौवराज्य [名] 皇太子の地位・身分→ युवराज.

यौवराज्याभिषेक [名] 皇太子の即位式

रंक [形・名] (1) 貧しい；貧困な；一文無しの= दरिद्र; ग़रीब; कंगाल; निर्धन. (2) 吝嗇な；けちな；けちくさい= कृपण; कंजूस. (3) 貧しい人；貧者 राजा और रंक 王と貧者

रंकता [名*] ← रंक. 貧困；貧窮= दरिद्रता; ग़रीबी; निर्धनता.

रंकु [名]〔動〕シカ科アクシスシカ【*Axis axis*】

रंग [名] 《Skt., P. رنگ》 (1) 色；色彩 अंडों के छिलकों का रंग 卵の殻の色 नभ ने सुबह का रंग घोला 天空は朝の色を溶かした (2) 肌の色；皮膚の色 रंग कुछ सांवला 肌の色は少々黒い गोरा-चिट्टा रंग 肌の色の白いこと；肌色の白さ (3) 絵の具 रंगों का डिब्बा 絵の具箱 फिर रंग घोला गया 再び絵の具が溶かされた **जल रंग** *a.* 水彩の絵の具 *b.* 水彩；水彩画 (4) 染料；顔料 अम्मी दुपट्टा रँगने के लिए रंग मँगाती है 母はドゥパッターを染めるのに染料を取り寄せる (5) 染色 (6) 塗料 (7) 塗装 रंग के काम का 塗装（工事）用の (8) 美しさ；華麗さ；輝き कुदरत के रंग भी निराले हैं 自然の美しさも独特のものである (9) 様子；状態；姿；色；気配 प्रसिद्ध चित्रकार हुसैन अनेक रंग और ढंग में नज़र आए 著名な画家のフサインは様々な姿や形で目に映じた (10) 様式；形式；形 (11) 方法；やり方 (12) 影響；影響力；勢威 (13) 娯楽；お祭り騒ぎ；賑わい；歓楽 (14) 舞台；劇場 (15) 出来映え；盛り上がり आज दंगल का क्या रंग रहा? 今日の（レスリングの）試合は盛り上がったかい (16)〔トラ〕トランプの組 चिड़िया रंग ताश का एक रंग クラブ，すなわち，トランプの組の一 **रंग अच्छा न हो॰** 様子がおかしい；悪い気配がある **रंग आ॰** *a.*（染色で）良い色が出る *b.* 楽しくなる；盛り上がる；景気がつく कुछ भी कर यार, पर रंग आ जाए 何をしてもいいが，盛り上がるようにすることだ **रंग उखड़ना** *a.* 影響力が下がる *b.* 魅力がなくなる；寂れる **रंग उड़ना** *a.* 色が褪せる；褪色する；退色する *b.* 恐怖や驚きに血の気が失せる；青くなる；色を失う；青ざめる देखो, इसके चेहरे का रंग उड़ गया, यह सोचकर कि यह ख़बर मुझे कैसे मिली! ほら見てごらん．この子の顔が真っ青になったろう．どうして私がこのことを知ったのかと思ってさ **रंग उड़ाना** *a.* 冗談を言う；冗談を飛ばす *b.* 脱色する；ブリーチング **रंग उतरना** *a.* 色が落ちる *b.* 顔色が冴えない *c.* 影響力が衰える **रंग क॰** 楽しむ；享受する **रंग कटना** *a.* 色が落ちる *b.* 楽しい **रंग का पत्ता** 切り札 **रंग काफ़ूर हो जा॰** 青ざめる；顔色を失う **रंग कुरंग हो॰** 興ざめする；白ける= रंग बदरंग हो॰; आनंद में विघ्न पड़ना. **रंग खिलना**（特定の）色が際立つ **रंग खुलना** *a.* 垢抜けする छोटी बहन सिर से पाँव तक गहनों से लदी हुई है, कुछ उसका रंग खुल गया है 妹は頭から足まで全身が装身具でびっしりになっており少し垢抜けしている *b.* 映える；あざやかになる **रंग खेलना** *a.* ホーリー祭で色水を掛け合う *b.* 享楽する；遊ぶ (-पर =का) **रंग गहरा चढ़ना**（ーに=の）影響が深く及ぶ= (-पर) रंग गाढ़ा चढ़ना. (-पर) **रंग गाँठना**（ーに対して）威張る **रंग गाढ़ा चढ़ना** = रंग गहरा चढ़ना. (-पर =का) **रंग चढ़ना**（ーに=の）影響が及ぶ (-पर) **रंग चढ़ाना**（ーに）影響力を強める **रंग चूना** 若さで一杯になる；若さではちきれんばかりになる **रंग चोखा क॰** 強める；強調する (-का) **रंग छाना**（ーの）強い影響が及ぶ **रंग छुटना** (- छूटना) *a.* 色が落ちる；色が褪せる *b.* 影響力が失われる **रंग जमना** *a.* 影響が及ぶ इतने दिनों में जो रंग जमा है, वह दो चार दिन में फीका पड़ जाएगा? これほどの間及んだ影響が 2〜3 日の間に薄れるものだろうか *b.* 楽しくなる *c.* 調子が出る **रंग जमाना** 威圧する；威力を示す；威力を見せつける **रंग टपकना** = रंग चूना. **रंग डालना** *a.* ホーリー祭で色水を掛ける *b.* 威圧する；威力を見せつける **रंग-ढंग** *a.* 様式；方法；やり方 अंगरेज़ी अमलदारी शुरू हुई तो इतज़ाम का रंग-ढंग बदल गया イギリス支配が始まると統治方法が変わった नये रंग-ढंग से 新しいやり方で *b.* 行動；振る

舞い；品行；身持ち；行状 बहुतेरा समझाया-बुझाया, पर राजकुमार के रंग-ढंग न बदले 随分と言い聞かせたのだが王子の品行は改まらなかった *c.* 気配 *d.* 調子；機嫌；具合 **रंग ढीला हो॰** 調子が良くない；元気がない (-के) **रंग दिखाई दे॰** (ーの) 気配がある；気配が感じられる **रंग दिखाना** *a.* 正体を現す *b.* 結果を現す；効力を現す जैसे जैसे यह सुरा अपना रंग दिखएगी, वैसे वैसे उनकी वाणी मुखर होती जाएगी この酒が効き目を現すにつれあの方は雄弁になるだろう *c.* 苦しめる；悩ます *d.* 威張る **रंग दे॰** *a.* 影響を及ぼす = प्रभावित क॰. *b.* だます；欺く= भुलावा दे॰. *c.* 大げさに言う *d.* おだてる *e.* たらしこむ（誑しこむ） **रंग देखना** 振る舞いや行動を見る；様子を見る **रंग न छोड़ना** 性分を変えない；性格を変えない (-का) **रंग न हो॰** (ーの) 気配がない (-का) **रंग निकलना** *a.* (ーが) 色白になる *b.* 垢抜けする **रंग निखरना** = रंग निकलना. **रंग निखारना** *a.* 色白にする *b.* 垢抜けさせる **रंग पकड़ना** *a.* 調子が出る；活発になる；盛んになる *b.* 気合が入る *c.* 浮かれる *d.* 年頃になる **रंग पक्का हो॰** 肌の色が黒い；色黒な **रंग पर आ॰** = रंग पकड़ना. (-को =के) **रंग पर उतारना** (ーを=の方に) 仕向ける **रंग पर रंग चढ़ाना** 思い通りに操る (-को) **रंग पर लाना** (ーを) 思うようにする **रंग पैदा क॰** 花を添える **रंग फक पड़ जा॰** 顔色を失う；色を失う；動転する **रंग फीका हो॰** *a.* 色が褪せる *b.* 調子が出ない；威力がなくなる= रंग फीका पड़ना. **रंग बँधना** 影響が及ぶ **रंग बदरंग हो॰** = रंग कुरंग हो॰. **रंग बदलना** *a.* 変色する *b.* 意見を変える；考えを変える हमारे राजनीतिज्ञ ख़रबूज़े की तरह रंग बदल लेते हैं わが国の政治家たちは簡単に考えを変える *c.* 顔色を変える **रंग बरसना** 大いに楽しむ **रंग बरसाना** 大いに楽しませる **रंग बाँधना** 影響を及ぼす；支配的になる विवेक भाग पड़ा, भावुकता ने रंग बाँधने शुरू किये 理性が逃げ去り感性が支配的になり始めた **रंग बिगड़ना** *a.* 影響力が衰える *b.* 興ざめする (-का) **रंग बुरा नज़र आ॰** (ーの) 悪い徴候が見える **रंग भरना** *a.* 色を塗る *b.* 花を添える आभूषण, रंगोली और दीया - ये तीन किसी भी घर की दीपावली में रंग भरते हैं 女性の装身具，ランゴーリーそれに灯明，これら３つのものはどの家のディーパーワリーにも花を添えるものだ **रंग मारना** 勝つ；勝利を得る **रंग में जा॰** *a.* 楽しむ *b.* 張り切る (-के) **रंग में डूबे रहना** *a.* (ーに) 浸る *b.* (ーに) 染まる **रंग में ढरना** = रंग में डूबे रहना. (-के) **रंग में बींधा जा॰** (ーに) 魂を奪われる；我を忘れるほど惚れ込む **रंग में भंग क॰** 台無しにする；白けさせる **रंग में भंग पड़ना** 台無しになる；白ける= रंग में भंग हो॰. सारे रंग में अचानक भंग हो गया せっかくの楽しい場が白けてしまった (-के) **रंग में रंग जा॰** *a.* (ーに) 浸る；染まる *b.* (ーに) 没頭する；没入する；熱中する；我を忘れる (-के) **रंग में रलना** = रंग में रंग जा॰. **रंग में शराबोर हो॰** = रंग में रंग जा॰. **रंग में हो॰** 機嫌が良い；上機嫌の **रंग रचाना** 喜ぶ；祝い事やめでたいことを喜ぶ **रंग रलना** 楽しむ **रंग लगना** 好きになる；愛好する **रंग लगाना** 威張る= रोआब दिखाना. **रंग लाना** *a.* 影響を及ぼす हो सकता है कि उनकी यह धमकी कुछ रंग लाई हो あの方のこの脅迫がいささか効いたのかも知れない *b.* 立派にやり遂げる；でかす तुमने तो आज रंग ला दिया 今日はでかしたぞ *c.* 喜びをもたらす **रंग ले आ॰** = रंग लाना. **रंग शोख़ हो॰** 裕福な；金回りの良い **रंग सफ़ेद पड़ना** = रंग फीका हो॰. **रंग साफ़ हो॰** *a.* 色が落ちる *b.* 色白になる；肌の色が白くなる **रंग से अछूत रहना** 他からの影響を全く受けない **रंग हटाना** 影響を取り除く **रंग हो॰** *a.* 愛着が湧く *b.* 顔がきく；影響力を持つ

रंगआमेज़[1] [形] 《P. رنگ آمیز》 (1) 着色する；色をつける (2) 絵を描く (3) 色を混ぜる

रंगआमेज़[2] [名] 《P. رنگ آمیز》 絵描き；画家

रंगआमेज़ी [名*] 《P. رنگ آمیزی》 (1) 着色；色付け (2) 絵を描くこと (3) 潤色 (4) 大げさな表現 **रंगआमेज़ी क॰** *a.* 潤色する *b.* 大げさに言う

रंगकार [名] 染物屋；紺屋= रंगरेज़.

रंगक्षेत्र [名] (1) 劇場；演劇場 (2) ステージ (3) 会場；式場

रंग जी [名]〔ヒ〕聖地ヴリンダーヴァン वृंदावन にあるランガナータ寺院 रंगनाथ मंदिर

रंगत [名*] 《P. رنگت》 (1) 色；色彩 बसंत ऋतु आते ही गेहूँ का लहलहाता हुआ हरा खेत सुनहरी रंगत में बदल जाता है 春の到来と共に小麦の青く波打つ畑は金色に変わる (2) 色つや；顔や肌の色 अपने चेहरे की रंगत निखारने के लिए पालक का सूप भी प्रयोग में ला सकती हैं 顔の色つやを良くするにはホウレンソウのスープも良い (3) 調子；状態；ありさま स्वर की रंगत के साथ हाथ का रखरखाव भी अच्छा था 声の調子と共に手の手入れも良かった घर घर बच्चों की रंगत देखो तो पता चले कि कितनी बरबादी करते हैं それぞれの家の子供たちのありさまを見てごらん．どんな無駄なことをしているかわかるだろう (4) 喜び；楽しみ **रंगत आ॰** 面白くなる；楽しくなる **रंगत खुलना** 肌の色が白くなる；肌の色が明るくなる **रंगत चढ़ना** 影響が及ぶ；感化を受ける **रंगत पर आ॰** 興に乗る；興味が湧く；気乗りする；気が向く；乗り気になる अब आप आये हैं रंगत पर, तो सुनिए 乗り気になられましたね，それじゃ申しましょう **रंगत फिर जा॰** *a.* (健康が) 回復する *b.* 状況が変わる；変化が起こる

रंगदा [名*] 明礬= फिटकरी.

रंगदार [形] 《P. رنگ دار》 (1) 色のついた；染められた；染色された (2) 派手な；人目を引く रंगदार घाघरे 派手なガーグラー (3) きれいな；美しい बहुत अच्छे रंगदार, गुलाबी सेब とても上等の美しいバラ色のリンゴ

रँगना[1] [他] (1) 染める；色をつける दुपट्टा रँगने के लिए ドゥパッターを染めるのに (2) (染料や絵の具で) 塗る；描く लकड़ी के घोड़े को रँग रहा था 木馬に色を塗っているところだった (3) 説得する；口説く

रँगना[2] [自] (1) 染まる；色がつく；色が染み着く इतना लंबा चौड़ा आसमान है.सारे का सारा नीले रंग में रँगा है こんなに広々とした空．空全体が紺色に染まっている (2) ある傾向や特色，思想などに影響される；感化される；染まる वह पाश्चात्य संस्कृति के रंग में रँगा हुआ है 西洋文化の色に染まっている **रँगा सियार** ぺてん師；いかさま；いんちき **रँगी हुई तबीयत** 陽気な；開けっ広げの **रँगे हाथ** 現場で；現行犯で= रँगे हाथों. रँगे हाथ पकड़ना 現行犯で捕らえる；現行犯逮捕

रंगपाश [形] 《P. رنگ پاش》 (1) 色をつける (2) 色粉 (や色水) を掛ける

रंगपाशी [名*] 《P. رنگ پاشی》 (1) 色付け；着色 (2) 色粉や色水を掛けること होली की रंगपाशी ホーリー祭での色粉 (や色水) の掛け合い

रंग-बरंग [形] = रंग-बिरंग.

रंग-बिरंग [形] 《P. رنگ برنگ रंग बरंग》 (1) 様々の；いろいろの；色とりどりの (2) いろんな色の；多色の फूल रंग बिरंग के होते हैं 色とりどりの花がある

रंग-बिरंगा [形+] 《P.+ H. رنگ برنگا》 (1) 様々な；いろいろな；色とりどりの रंग बिरंगे और दिलचस्प प्रोग्राम 様々な面白いプログラム ख़रीदारों की राह देखती रंग-बिरंगी राखियाँ 買い手を待つ様々なラーキー रंग-बिरंगी उपहार-सामग्री 色とりどりの贈り物や土産品 (2) 様々な色の；多色の；多彩な；染め分けの रंग-बिरंगी छींट 染め分けのチンツ रंग-बिरंगी बत्तियाँ 電飾の電球；イルミネーションの電球 रंग-बिरंगी राजस्थानी पोशाक ラージャスターンの多彩な服装

रंगभरा [形+] 彩り豊かな

रंगभूमि [名*] (1) 舞台；演舞場 (2) 劇場；演劇場 (3) 遊技場；アリーナ **रंगभूमि पर उतरना** 舞台に立つ；演技をする

रंग-भेद [名] 人種差別 दक्षिण अफ़्रीका की रंगभेद नीति 南アフリカの人種差別政策

रंगमंच [名] (1) 舞台 (2) 演劇 रंगमंच कलाकार 舞台俳優

रंगमंडप [名] 劇場；芝居小屋

रंग महल [名] 《P.A. رنگ محل》 (1) 宮殿の祝典の催される場所 (2) 奥；後室

रंगरली [名*] = रंगरेली.

रंगरस [名] 遊興；娯楽；享楽

रंगरसिया [形・名] 遊び好きの；遊興に耽る

रंगरूट [名] 《E. recruit》 (1) 軍隊や警察に新規に採用された者；新兵；新人 (2) 未熟な人；新米；新参；新入り

रंगरूप [名] 容貌；顔立ち वीणा सामान्य लड़की थी.रंगरूप, कदकाठी, पढ़ाई-लिखाई सब में औसत ヴィーナーは容貌も体格も教育も何もかも並みの普通の女の子だった

रंगरेज़ [名] 《P. رنگ ریز》 (1) 染物屋 (2) 絵描き= चित्रकार; चितेरा.

रंगरेज़ी[1] [名*] 《P. رنگ ریزی》 (1) 染色業；染め物屋 (2) 染色 (3) 色付け (4) 絵を描くこと

र

रंगरेज़ी[2] [名*] 《← H. अंगरेज़ी》英語をなまって発音した言葉 रंगरेज़ी बूकना 英語をひけらかす

रंगरेली [名*]（普通複数形に用いられる．すなわち， रंगरेलियाँ）(1) 歓楽的な騒ぎ；笑いさざめき；陽気な騒ぎ；浮かれ騒ぎ पुरुष तो इस घटना को बरात की रंगरेलियों में जल्दी ही भूल गए 男たちはこの事件を結婚式の行列の浮かれ騒ぎにすぐに忘れてしまった (2) 遊興；遊蕩；遊び ज़िंदगी इन्हीं रंगरेलियों में बीतेगी 一生がこの遊興に費やされるであろう

रंगरोग़न [名] 《P. رنگ روغن रंगरौगन》塗装 दीवाली पर सब से बड़ा ख़र्च घर और फ़रनीचर के रंगरोग़न पर होता है ディーワーリー祭に関わる一番の出費は家屋と家具の塗装にかかるものだ

रंगशाला [名*] (1) 劇場；演劇場 (2) 舞踏場

रंगसाज़ [名] 《P. رنگ ساز》(1) ペンキ屋；塗装工＝ पेंटर. (2) 染物屋 (3) 塗料製造業者＝ रंग बनानेवाला.

रंगसाज़ी [名*] 《P. رنگ سازی》(1) 塗装 (2) 染め物業 (3) 塗料製造（業）

रंगहीन [形] 無色の आम तौर पर फफूँद रंगहीन होती है 一般にかび（黴）は無色である

रंगांध [形] 色盲の；色盲の人＝ कलरब्लैंड. 〈colour blind〉

रंगांधता [名*] 色盲＝ कलरब्लैंडनेस. 〈colour blindness〉

रंगा [形[+]] 色のついた पचरंगा 5 色の；5 色に染まった

रंगाई [名*] (1) 染色；染め物 चमड़े की रंगाई 皮の染色 रंगाई व छपाई के कारख़ाने 染色・印刷工場 (2) 染色の手間賃

रंगारंग [形] 《P. رنگا رنگ》(1) 色とりどりの；種々の；多彩な＝ चित्रविचित्र. बच्चों ने रंगारंग कार्यक्रम प्रस्तुत किए 子供たちは多彩な出し物を見せた (2) 多色の；いろんな色の；多種の色の

रंगीन [形] 《P. رنگین》(1) 色のついた；着色された (2) 美しい；華麗な उदयपुर जैसा रंगीन है, वैसा ही उसका इतिहास भी है ウダイプルはその市街同様，その歴史も華麗である (3) 素敵な；素晴らしい वह रंगीन ज़माना था あの頃はいい時代だった (4) 愉快な；楽しい；陽気な；快活な (5) 活気のある；さざめく；はしゃぐ **रंगीन कपड़ा** 色物 **रंगीन काग़ज़** 色紙（いろがみ） **रंगीन छानना** 酒を飲む **रंगीन टेलीविजन** カラーテレビ＝ कलर टी॰वी॰. **रंगीन पेंसिल** 色鉛筆 **रंगीन मिज़ाज का** 愉快な；陽気な；開けっぴろげな

रंगीनी [名*] 《P. رنگینی》(1) 色のついていること (2) 美しさ；華麗さ (3) 素晴らしさ (4) 愉快；陽気さ；快活さ (5) 活気；さざめき；はしゃぎ गलियों में फिर से रंगीनी छिटकने लगी थी 路地には再びさざめきが聞かれるようになった (6) 遊興

रंगीला [形[+]] (1) 華やかな；生彩のある सच पूछा जाए तो पुष्कर का मेला राजस्थान का सब से रंगीला मेला है 実際プシュカルのメーラーはラージャスターンで一番華やかものです (2) 陽気な；愉快な；快活な；はつらつとした प्रकृति से ये ख़ुशमिजाज, रंगीले तथा अतिथि-सत्कारी हैं 生来気立てが良く陽気で客のもてなしの良い वह बड़ा रंगीला जवान था 好青年（好男子）だった **रंगीली तबीयत पाना** 愉快な；陽気な；開けっぴろげの（性格の）

रंगून 《E. Rangoon》〔地名〕ラングーン（現在のミャンマーのヤンゴン市） **रंगून की बेल** 〔植〕シクンシ科インドシクンシ（インド使君子；インド四君子）【*Quisqualis indica*】〈Rangoon creeper〉＝ रंगून क्रीपर; रंगून की बेल.

रंगोली [名*] (1)〔ヒ〕ランゴーリー（ヒンドゥー教の儀礼の際に描かれる南インドでの床絵の呼称 → चौक पूरना; ऐपण; अल्पना）(2)〔ヒ〕ランゴーリー（家の外壁に絵を描く装飾） ओणम उत्सव के अवसर पर फलों की पंखुड़ियों से रंगोली सजाना オーナムの祭りの際花びらでランゴーリーを飾る

रंगौंधी [名*] 色盲 ＝ रंगांधता.

रंच [形] 少しの；少量の रंच मात्र ほんの少しの；かすかな；かけらほどの इसका रंच मात्र आभास नहीं था それの気配はかけらほどもなかった विशेषकर चर्खे में उनका रंच मात्र भी विश्वास नहीं था 紡ぎ車には全く信用を寄せていらっしゃらなかった

रंचक [形] ＝ रंच.

रंज [名] 《P. رنج》(1) 悲しみ；悲嘆；苦悩 यह हुक्म सुनकर उन्हें बहुत रंज हुआ この命令を聞いてとても悲しくなった (2) 死別の悲しみ मैं बाप के रंज को भूल जाऊँगी 父を失った悲しみを忘れてしまうだろう रंज न कर 悲しむな；嘆くな (3) 不快；憤慨；立腹 **रंज में घुल जा॰** 悲しみに沈む

रंजक[1] [名] (1) 染物屋 (2) 染料 (3) 塗装工；ペンキ屋

रंजक[2] [名] (1) 点火剤；点火薬 (2) 導火線；口火 **रंजक उड़ाना** *a.* 屁をひる *b.* 導火線に点火する **रंजक चाट जा॰** 点火されずに終わる （-को） **रंजक पिलाना** （－に）火薬を詰める

रंजक[3] [形] (1) 色をつける；着色する (2) 喜ばせる；楽しませる

रंजक क्रिया [名*]〔言〕補助動詞（ヒンディー語の複合動詞 संयुक्त क्रिया を構成する आना, उठना; चाहना; चुकना; जाना, देना; पड़ना; बनना; बैठना, बनना; लगना, रहना; लेना などの動詞で主動詞に付加されて種々の相を表したり特別な意味を加えたりする補助的な機能の動詞の呼称であるが，本辞書では法や時制，態を示す助動詞と並び助動詞として表示する）

रंजक दान [名] 《H. + P. دان》火縄銃の火皿

रंजकहीन [形]〔生〕白子の；先天的に色素のない〈albinotic〉 **रंजकहीन जीव** 〔生〕白色種〈albino〉；白子＝ सूरजमुखी.

रंजकहीनता [名*]〔生〕色素欠乏症；白色症〈albinism〉

रंजन [名] (1) 染色 (2) 染料の原料 (3) 喜ばせること；楽しませること

रंजना [他] (1) 染める；色をつける (2) 喜ばせる

रंजित [形] (1) 色のついた；色のつけられた；染められた (2) 喜んだ；嬉しくなった (3) 惚れ込んだ

रंजिश [名*] 《P. رنجش》(1) 敵意；憎しみ＝ वैमनस्य; शत्रुता. भाइयों, पट्टीदारों और गाँव वालों के बीच पैदा हुई रंजिश कभी ख़त्म न होती 兄弟，土地共有者，村人の間に生じた憎しみは決して消えることがない (2) 心のわだかまり＝ मनमुटाव.

रंजीदगी [名*] 《P. رنجیدگی》(1) 悲しみ；悲嘆 (2) 苦悩

रंजीदा [形] 《P. رنجیده》(1) 悲しい；苦しんだ；悩んだ (2) 不快な；憤慨した **रंजीदा क॰** 悲しませる；不快な思いをさせる＝ नाख़ुश क॰.

रंजीदादिल [形] 《P. رنجیده دل》悲しみに沈んだ；悲嘆にくれた

रंजीदादिली [名*] 《P. رنجیده دلی》悲しみ；悲嘆＝ ग़मगीनी.

रंजूर [形] 《P. رنجور》(1) 悲しい；悲しんでいる；辛い思いをしている＝ दुःखी; ग़मगीन. (2) 病気に罹っている＝ बीमार; रोगग्रस्त.

रंजूरी [名*] 《P. رنجوری》(1) 悲しみ；苦しみ＝ दुःख; ग़म. (2) 病気＝ रोग; बीमारी.

रंजो ग़म [名] 《A. رنج و غم》悲しみと苦しみ

रँझना [自] (1) 色がつく；染まる (2) 茂る；繁茂する (3) 豊かになる；裕福になる

रंड[1] [名] 男児を得ずして死ぬ男性

रंड[2] [形] (1) ずるい（狡い）；抜け目のない；狡猾な＝ धूर्त; चालाक. (2) 不安な；心の落ち着かない＝ विकल; बेचैन.

रंडा [名*] (1) 夫に死別し再婚していない女性；未亡人；寡婦＝ विधवा; बेवा. (2) 売春婦；遊女＝ रंडी; वेश्या.

रंडापा [名] (1) 未亡人であること；未亡人の身の上；未亡人の境涯 (2) 未亡人の暮らし

रंडी [名*] (1) 夫に死別し再婚していない女性；未亡人＝ राँड़. (2) 娼婦；女郎＝ वेश्या. (3) 芸者；遊女＝ तवाइफ़.

रंडीबाज़ [名・形] 《H. + P. باز》遊女と遊ぶ（人）；遊郭で遊ぶ（男） कितना भारी रंडीबाज़ है! なんと度はずれな女遊びをする奴だ

रंडीबाज़ी [名*] 《H. + P. بازی》郭通い；遊女と遊ぶこと

रंडुआ [名] (1) 妻を亡くした人；やもめ；男やもめ；鰥夫＝ विधुर. (2)（ののしりの言葉として）ろくでなし

रँडोरा [名] ＝ रंडुआ.

रंडोरी [名*] ＝ राँड़.

रंति [名*] (1) 遊び；遊戯 (2) 休止

रंतिदेव [名]〔イ神〕ランティデーヴァ王（チャンドラヴァンシャ，すなわち，月種族の王．多くの喜捨をなしたことで知られる）

रंद[1] [名] (1) 明かり取り；天窓 (2) 城や砦などの銃眼

रंद[2] [名*] かんなくず（鉋屑）

रंदना [他] (1) 鉋で削る；鉋をかける (2) 削る

रंदा [名]（木工道具の）鉋

रंधक [名] 料理人；調理人＝ रसोइया; बावरची; ख़ाँसामा.

रंधन [名] 調理；料理

रँधना[1] [自] 料理される；調理される

रँधना[2] [名] 調理されたもの；料理

रंधित [形] (1) 調理された；料理された (2) つぶされた；台無しになった

रंध्र [名] (1) 穴= छेद; सूराख़. पवन बाँस के रंध्रों में सरसराकर वंशी-ध्वनि उत्पन्न करता है 空気が竹の穴を吹き抜けて笛の音を出す (2) 女性性器= योनि; भग. (3) 欠陥= दोष; छिद्र. (4) 弱点；弱み= कमज़ोरी.

रंबा [名] (1) のみ（鑿） (2) バール；金梃子（かなてこ）= रंभा.

रंभ [名] (1) 竹 (2) 大声；けたたましい声や音

रंभा[1] [名*] (1) バナナの木 (2)〔イ神〕ランバー／ラムバー（天界のアプサラーの一）

रंभा[2] [名] (1) 鍬 (2) バール

रँभाना [自] 牛や水牛が鳴く

रंभापति [名] インドラ神

रंभाफल [名] バナナの実= केला.

रंभित [形] (1) 音声が発せられた (2) 鳴らされた

रई[1] [名*] バターをとるためヨーグルトを撹拌するのに用いられる棒= मथनी.

रई[2] [名*] (1) 粗びきの小麦粉= दरदरा आटा; सूजी. (2) 押しつぶしたり粉にひいたりしたもの

रईस[1] [名] 《A. رئیس》(1) 小国，藩などの首長；大地主；ライース (2) 上流階級の人；貴族；上流紳士 (3) 高官；貴顕 (4) 金満家；大金持ち फ़रेबों और गुनाहों के बिरते पर बना रईस 欺瞞と罪悪とを基に出世した金満家

रईस[2] [形] 裕福な（人）；金持ちの

रईसज़ादा [名] 《A.P. رئیس زاده》ライース（高位，高官，貴族，金満家など）の息子

रईसज़ादी [名*] 《A.P. رئیس زادی》ライースの娘→ रईसज़ादा.

रईस-मिज़ाज [形] 《A. رئیس مزاج》おっとりした；大様な；こせこせしない；ゆったりした

रईसी [名*] 《A. رئیسی》(1) ライースであることやその身分 (2) 裕福なこと= अमीरी; धनाढ्यता.

रउरे [代] (Av.) 二人称代名詞，敬意を表すべき相手に対して用いられる= आप.

रक़बा [名] 《A. رقبہ रक़्बा》面積= क्षेत्र. ईरान का कुल रक़बा イランの総面積 रक़बा एक वर्ग मील 面積は 1 平方マイル बारह लाख एकड़ रक़बे को 120 万エーカーの面積を

रक़म [名*] 《A. رقم》(1) 金額 अच्छी-ख़ासी रक़म 相当な金額 भारी रक़म का 巨額の (2) 金；金銭 जहाँ रक़म आसानी से और अधिक मात्रा में उपलब्ध होती है 金が容易にかつ巨額に得られるところ आप तो आ गए, फिरौती की रक़म भी लाए हैं या नहीं? あなたはおいでになりましたが身代金を持ってきていらっしゃるかどうか मैंने मनी आर्डर की रक़म प्राप्त की 郵便為替の金を受け取った (3) 書くこと；筆記 (4) 数字= अंक. (5) 記号 **रक़म उड़ना** 浪費する **रक़म ऐंठना** ゆすり取る **रक़म काटना** 賄賂を取る **रक़म खड़ी क॰** *a.* 金を取り立てる *b.* 金を貯める **रक़म खा जा॰** *a.* 横領する *b.* 踏み倒す **रक़म घालना** 金を失う **रक़म चढ़ना**（借金などが）高額になる **रक़म चिर जा॰** 大損する **रक़म छेंकना** 帳消しにする **रक़म टूटना** 元金や元手が減る **रक़म डकारना** = रक़म खा जा॰. **रक़म डूबना** 貸した金が回収できなくなる；貸し倒れになる；踏み倒される **रक़म ढीली क॰** 費やす；金を貸す；金を使う **रक़म दबना** = रक़म डूबना. **रक़म (-के) नाम चढ़ी हो॰** （ーが）借金する；債務を負う **रक़म पचा जा॰** = रक़म खा जा॰. **रक़म पिलाना** 大金を投じる；巨額の金を投入する **रक़म बैठ जा॰** = रक़म डूब जा॰. **(-की) रक़म भरना** （ーに）借金の残りを支払う **रक़म मारना** = रक़म खा जा॰.

रक़मी [形] 《A. رقمی》(1) 記された；書かれた= लिखित. (2) 記号のついた= अंकित.

रकाब [名*] 《P. رکاب रिकाब》あぶみ（鐙） **रकाब में पाँव रखना** *a.* 馬に乗る *b.* 出掛ける；準備ができる *c.* 急いでいる

रक़ाबत [名*] 《A. رقابت》恋の鞘当て

रकाबी[1] [名*] 《P. رکابی रिकाबी》プレート；皿；銀や真鍮製の皿= प्लेट; तश्तरी. → रिकाबी. चाँदी की रकाबी 銀のプレート

रकाबी[2] [形] (1) プレートや皿の形をした (2) 丸い；丸い形の；円形の

रकार [名] र の文字と発音

रकीक [形] 《A. رکیک》卑しい；あさましい；下賤な= अधम; कमीना; नीच.

रक़ीक़ [形] 《A. رقیق》(1) 濃度の薄い (2) 液体の；液状の (3) 柔らかな

रक़ीब [名] 《A. رقیب》(1) 恋敵 किसी स्त्री से प्रेम करनेवाले दो व्यक्ति परस्पर रक़ीब होते हैं 同じ 1 人の女性を愛する 2 人の男性は互いに恋敵だ (2) 競争相手；ライバル

रक़्क़ास [名] 《A. رقاص》踊り手；ダンサー= नर्तक.

रक़्क़ासा [名*] 《A. رقاصہ》踊り手；踊り子；ダンサー= नर्तकी.

रक्खना [他] = रखना. 完了形にのみ用いられるのが普通 ठहरो, क्या हल्ला मचा रक्खा है तुम लोगोंने? 待て，お前たち一体何を騒ぎ立てているのだ

रक्खा [他] = रखा. रक्खना の完了形．目的語に従って次のように活用される रक्खा, रक्खे, रक्खी, रक्खीं. बाप ने नाम उसका मोहनी रक्खा 父親はその子にモーハニーと名をつけた इन्हीं मूर्खों ने देश को चौपट कर रक्खा है この愚か者共が国を台無しにしてしまっているのだ

रक्त[1] [形] (1) 染まった= रँगा हुआ. (2) 赤い= लाल; सुर्ख़. (3) 熱中した；心酔した；惚れ込んだ= अनुरक्त.

रक्त[2] [名] (1) 血；血液；血縁を示すものとしての血 रक्त की श्वेत कोशिका 白血球 रक्त के थक्के 血の塊 **रक्त की नालियाँ** 血管 (2) 赤；赤色 (3) 朱；辰砂 (4) サフラン (5) → रक्तचंदन. **रक्त की अंतिम बूँद तक** 命の限り；最後の血の 1 滴まで **रक्त की नदी बहना** 大流血になる；血の海になる **रक्त के आँसू रोना** 血の涙を流す **(-को) रक्त चढ़ाना** （ーに）輸血する= (-को) ख़ून चढ़ाना. **रक्त बहना** 血が流される；血が流れる；流血沙汰になる **रक्त बहाना** 血を流す；流血沙汰を起こす केवल छोटी-सी बात के लिए बहुत-से मनुष्यों का रक्त बहाया जाता है 実に些細なことで多くの人の血が流される **रक्त में उबाल आ॰** 血がたぎる **रक्त में हो॰** 生まれながらのもの；天性のもの **रक्त सूखना** 血が凍る मेरे शरीर का सारा रक्त सूख गया 全身の血が凍った **रक्त से सींचना** 血の汗を流す **(-के) रक्त से हाथ धोना** （ーを）殺す；殺害する

रक्तक [名]〔植〕アカネ科低木ベニデマリ= गुल दुपहरिया; बंधूक दुपहरिया.

रक्त कैंसर [名] 《H. + E. cancer》〔医〕血液がん；白血病

रक्तकोष [名] 血液銀行= ब्लड बैंक. 〈blood bank〉

रक्तक्षीणता [名*]〔医〕貧血症

रक्तगुल्म [名]〔医〕血腫

रक्तचंदन [名]〔植〕マメ科小木コーキ【*Pterocarpas santalinus*】〈red sandalwood〉= लाल चंदन.

रक्तचाप [名] 血圧 रक्तचाप ठीक था 血圧は正常だった **उच्च रक्तचाप** 高血圧 ↔ निम्न रक्तचाप 低血圧 रक्तचाप का रोग 血圧の障害；血圧の病気

रक्तज [形] 血液により生じる；血液による

रक्तजीवी [名]〔動〕（扁形動物）住血吸虫〈hematozoon〉

रक्तता [名*] ← रक्त. 赤いこと；赤さ

रक्तदान बैंक [名] 血液銀行= ब्लड बैंक; रक्त निधि.

रक्तदाब [名] 血圧= रकत-चाप; ब्लड प्रेशर.

रक्तदारु [名]〔植〕ヒノキ科イチイモドキ；アメリカスギ【*Sequoia sempervirens*】

रक्तदूषण [形] 血液を汚染する；血液に障害を及ぼす

रक्तनली [名*] 毛細血管

रक्तनालिका [名*] 毛細血管

रक्तनिधि [名] 血液銀行= रक्तकोष; ब्लैड बैंक.

रक्तपरिवर्तन [名] 血液交換

रक्तपरीक्षण [名] 血液検査= रक्तपरीक्षा; ख़ून की जाँच.

रक्तपात [名] (1) 出血 (2) 流血；流血の惨事 रक्तपात हो॰ 流血事件が起こる；流血沙汰になる

रक्तपायी [形] 血を吸う；吸血の

रक्तपिपासु [形] 血に飢えた

रक्तपूर्ण [形] 血塗れの；血ダルマの

रक्तप्रवाह [名] 血液循環 मानो उसका रक्तप्रवाह रुक गया हो まるで血の流れが止まったかのようだ（驚きのあまり）

रक्तफला [名*]〔植〕ウリ科ヤサイカラスウリ【*Coccinia indica*】→ कुँदरू.

रक्त बैंक [名] 《H. + E. bank》血液銀行= रक्तकोष; ब्लड बैंक.

रक्तरंजित [形] 血に染まった；血の色をした रक्तरंजित आँखें 血走った目 रक्तरंजित पानी 血に染まった水

रक्तवर्ण [形] 赤い；赤色の；朱色の
रक्तवसन [名] 出家；修行者；苦行者
रक्तवीज [名] (1)〔植〕ザクロ＝अनार. (2)〔植〕ムクロジ＝रीठा.
रक्तशर्करा [名*] 血糖
रक्तसंचार [名] 血行；血の巡り；血の流れ
रक्तसंबंध [名] 血縁；血縁関係；血のつながり；血族 एक गाँव में रहनेवाले चाहे किसी प्रकार का रक्त संबंध या कोई रिश्तेदारी न रखते हों 同じ村に住む人たちがたとえいかなる血縁や親戚関係を持っていないにしろ
रक्तसंबंधी [名] 血縁者；血のつながりのある人
रक्तसमूह [名] 血液型 रक्तसमूह 'ए' समूह 血液型は A 型
रक्तस्राव [名] 出血 हड्डियों के चारों ओर रक्तस्राव 骨の周囲の出血 भीतरी रक्तस्राव 内出血 मस्तिष्क में रक्तस्राव के कारण 脳出血のため इसकी कमी से रक्तस्राव तेज़ी से होने लगता है これが不足すると激しく出血し始める योनिमार्ग से रक्तस्राव 産道からの出血 रक्तस्राव रोकने के लिए 止血のため
रक्तहीनता [名*]〔医〕貧血症〈anemia〉
रक्तांबर[1] [形] 出家者の赤褐色の衣を着た
रक्तांबर[2] [名] 出家（者）
रक्ताक्ष [名] (1) = कोयल. (2) = चकोर. (3) = सारस. (4) = कबूतर. (5) = भैंसा.
रक्ताणु [名] 赤血球〈erythrocyte〉
रक्ताधान [名] 輸血 रक्ताधान के मामले में उसके लिए अपने ही पुत्र का रक्त पराया हो जाता है 輸血に関しては自分の息子の血液が縁のない（他人の）血液となる रक्ताधान कराना 輸血を受けさせる किन अवस्थाओं में रोगी को रक्ताधान कराना पड़ता है いかなる状況で患者に輸血をすべきか
रक्ताभ [形] 赤みがかった बीमारी के बावजूद उसका चेहरा रक्ताभ हो गया था 病気なのに顔は赤みがかっていた
रक्ताभ बैंगनी [名] 赤紫色〈reddish violet〉
रक्ताभ भूरा [形+] 赤褐色の〈reddish brown〉
रक्ताल्पता [名*]〔医〕貧血症
रक्तिम [形] 赤い；赤色の；赤みを帯びた
रक्तिमा [名*] 赤さ；赤み
रक्षक [名] (1) 防衛する人；守る人；防御側 (2)〔ス〕守備する人；守備側→ आक्रामक खिलाड़ी 攻撃側. (3)〔ス〕ゴールキーパー रक्षकपंक्ति〔ス〕（ホッケーの）防御線
रक्षण [名] (1) 防衛；防御 (2)〔ス〕守備 (3) 保護；養育 बाल-रक्षण 子供の保護
रक्षा [名*] (1) 防衛；防御 अपने हितों की रक्षा 自分の利益の防御 (2) 守護 इस यज्ञ में छोड़े गए घोड़े की रक्षा この供犠で放たれた馬の守護 (3) 保護；保全；保持 त्वचा की रक्षा 肌の保護 स्वास्थ्य की रक्षा 健康保持
रक्षाकर्मचारी [名] 警備員
रक्षाकवच [名] (1) 護符；お守り (2) 安全装置
रक्षात्मक [形] (1) 防衛の；防御の；防衛上の छींक आना, नाक में पानी बहना शरीर की स्वाभाविक रक्षात्मक प्रक्रिया है くしゃみが出たり鼻水が出るのは体の自然な防御反応です (2) 守備の；守備上の यह शॉट रक्षात्मक स्ट्रोक है このショットは守備的なストロークです
रक्षापंक्ति [名*] 防衛線 ढाका की रक्षा-पंक्ति की प्रथम दुर्भेद्य सैनिक छावनी ダーカー（ダッカ）防衛線の最初の堅塁
रक्षापाल [名] 見張り番；番人
रक्षाबंधन [名]〔ヒ〕インド暦 5 月，サーワン月の白分 15 日（日本の旧暦 7 月 15 日）に行われるヒンドゥーの祭礼（この日姉妹が兄弟の絆を確かめ強めるために兄弟の手首に飾りひものラーキー राखी を結ぶ. また，この日祭事を行うバラモンも檀家の家族の手首にラーキーを結ぶ）；ラクシャーバンダン
रक्षामंगल [名] 邪気除けの祭式
रक्षा मंत्रालय [名] インド連邦政府国防省〈Ministry of Defence〉
रक्षा मंत्री [名] 国防大臣；国防相
रक्षामणि [名] いずれかの惑星の運行によって生じるとされる災厄を免れるために身につけられる宝石
रक्षासूत्र [名]〔ヒ〕ラーキー（ラクシャーバンダン रक्षाबंधन の際に手首に結ばれるひも）= राखी
रक्षिक[1] [名] (1) 守護者= रक्षक. (2) 番兵= पहरेदार.
रक्षिक[2] [形] 守護する；守る
रक्षिका [名*] ← रक्षिक. (1) 守護者 (2) 番兵 श्रीलंका में प्रजातंत्र और सभ्यता की मैं महान रक्षिका हूँ スリランカの民主主義と文明の偉大なる守護者は私なのです
रक्षित [形] (1) 守護された；守られた；防御された (2) 保護された (3) 養育された
रक्षी [名] (1) 守護者= रक्षक. (2) 警備員；番人= पहरेदार.
रक्षीदल [名] (1) 警察隊 (2) 警備隊
रक्षोपाय [名] 安全装置= सेफ़गार्ड.
रक़्स [名]《A. رقص》(1) 踊り；舞踊；ダンス= नाच; नृत्य. (2) 男性の踊り (3) 女性の踊り
रक़्साँ [形]《A. رقصاں》踊っている；踊りの最中の
रखड़ी [名*]〔ヒ〕ラクリー（既婚の女性が夫の存命の標識に上額部につける円形の貴金属製の装身具. ラージャスターン地方）
रखना[1] [他] (1) ある場所や位置に置く；載せる；入れる；積む रिसीवर रखते हुए 受話器を置きながら घड़ी जेब में रखते हैं 時計をポケットに入れておく प्रत्येक प्लेट के साथ सोने-चाँदी के चम्मच और छुरी-काँटे भी रखे गए थे プレートと並んで金や銀のスプーン，ナイフとフォークも置かれていた बेयरा उसकी मेज़ पर सामान रख जाता है ボーイがテーブルに荷物を置いて行く कुरसियों की तीन कतारें बाहर निकालकर रख दी गई हैं 椅子が 3 列屋外に運び出して置かれている जनक की यज्ञशाला में बरसों से भगवान शंकर का एक पुराना धनुष रखा था ジャナカ王の祭場に長い間シヴァ神の古い弓が置かれていた उनके टिफ़िन में सूखी सब्ज़ी या दाल रखनी है あの人の弁当にはドライの野菜料理とダールとを入れなくてはならない कपूरथला के आसपास के क्षेत्रों की स्थिति को भी ध्यान में रखा गया カプールタラー周辺地域の情勢も考慮に入れられた पढ़ाई-लिखाई में कुछ नहीं रखा 学業も大した力のあるものではないのだ फ़िज़ूल की हुज्जत में कुछ नहीं रखा है 無駄な口論には何の取り柄もない इसे मैं अपने पास रखूँगा この子を自分の手元に置くつもりです एक हफ़्ते तक सब को देहरादून की जेल में रखा गया 全員が 1 週間デヘラードゥーンの刑務所に入れて置かれた जो आदमी एक दुष्टा से विवाह करे, उसे अपने यहाँ रखना वास्तव में जटिल समस्या थी たちの悪い女と結婚するような者を自分の家に置くことは実際厄介な問題であった (2) ある状態に保つ；保持する；（－して）置く；保存する；維持する；放置する जिस्म को साफ़ रखने के लिए 体を清潔に保つために तुम अब भी मुझसे दुराव-सा रखती हो 君は今でも私に対して何か距離を置いているね व्यापार और वाणिज्य की समृद्धि के लिए व्यापारी को अच्छा आचरण रखना बहुत आवश्यक है 商売を繁盛させるには商人は行いを清く保たなくてはならない स्वयं को व्यस्त रखिए 自分から忙しくすること दाँतों तथा मसूढ़ों को स्वस्थ रखने के लिए 歯と歯茎とを健康に保つためには ताज़ा फल सब्ज़ियों को सामान्य दशाओं में अधिक लंबे समय तक सही हालत में नहीं रखा जा सकता है 新鮮な果物や野菜を普通の状態で長い間正常に保存することはできない गाँवों को ग़रीबी और अंधकार में रखना देश को दुर्बल रखना है 村を貧困と闇の中に留めることは国を弱いままにしておくことです इस धारणा ने दल में आंतरिक लोकतंत्र को दिखावा मात्र बनाकर रख दिया この考えが党内の民主主義を見せかけばかりのものにして放置したのであった कमरों की खिड़कियाँ, दरवाज़े, रोशनदान वग़ैरह बंद रखने से हवा गंदी हो जाती है 部屋の窓，戸，天窓などを閉めたままにしておくと空気が汚れる (3) あてる；あてがう；触れるようにして置く；置く नाक पर रूमाल रखकर 鼻にハンカチを当てて निर्मला पर हाथ रखता है ニルマラーに手を触れる गहरे ज़ख़्मों पर कोई मरहमपट्टी भी नहीं रख सकती 深い傷には包帯さえあてられないものだ (4) 別に取っておく；取り除ける= बचाना. पशुओं के चरने के लिए रखी हुई ज़मीन 家畜の牧草のために取って置かれた土地 कल सुबह टट्टी और पेशाब टेस्ट के लिए रखना 明朝便と尿とを検査のため取っておくこと (5) 雇う；人を働き手として置く；人を配する；配置する मेरी आय के कारण ही हम लोग कार, रंगीन टेलीविज़न, नौकर और बच्चों के लिए ट्यूटर रखने में समर्थ हैं 私の収入のおかげで自動車やカラーテレビを持ち使用人や子供のために家庭教師を雇うことができるのだ आख़िर तुम महराजिन क्यों नहीं रख लेते? ともかくどうして調理人を雇わないのか ग़ाज़ियाबाद में लोग नौकर नहीं रखते ガージヤーバードでは使用人を置かない यह संभव नहीं कि हर समाचार-पत्र सभी स्थानों पर अपने संवाददाता रख सके どの

新聞社も各地に通信員を配置することは不可能だ (6) 扱う；遇する मैं तो नौकर-चाकर को अपने बच्चे की तरह रखती हूँ 私は使用人を自分の子供のように遇する (7) 持ち出す；提出する；提示する मैंने अपनी हर समस्या उनके सामने रखी どんな問題もあの人のところに持ち出した (8) 管理する；保管する；預かる；預ける अपनी चीज़ें होशियारी से रखना कब सीखेंगी ये लोग? 自分の持ち物を注意深く保管することをいつになったら覚えるのだろうかこの人たちは समय रखनेवाला अधिकारी (टाइम कीपर) 計時員；タイムキーパー (9) 身につける；持つ；所持する；所有する；携帯する；権利，力量，資格などを備える；保有する；保持する क्या मैं तुम्हारा क़र्ज़ा रखता हूँ? 私が君に借金しているって言うのかい तमाम पेशे अपनी अपनी जगह बड़ी अहमियत रखते हैं 一切の職業はそれぞれに重要なものです रक्षा के लिए बंदूक, तलवार, नेजा, चाकू आदि रखते थे 護身のために銃や刀，槍やナイフなどを所持していた शांति अपने हृदय के भीतर कर्मण्यता की ज्योति रखती है シャーンティは胸の内に勤勉さの輝きを持っている व्यक्तिगत रूप से रखना 私蔵する वह दो दो कारें रखता है 2 台も車を持っている मैं उसकी कीमत चुकाने की हैसियत नहीं रखता 私にはその代価を支払う力量がない शायद अमृत भी इतना असर न रखता हो जितना आजकल चाय रखती है 恐らくアムリタさえも今日紅茶が持っているほどの力を持ってはいないだろう नेकीराम भी बड़ा साख-रसूख रखता है ネーキーラームもなかなかの信用を持っている नगरों की स्त्रियाँ अपनी आर्थिक शक्ति रखने लगी हैं 都会の女性たちは経済力を持つようになってきている इन राजनीतिबाजों की नज़रों में इस देश की दलित शोषित जनता कुत्ते से ज़्यादा हैसियत नहीं रखती この政治屋連中の目にはこの国の虐げられ搾取された人たちは犬以上の資格を持たない वे अपनी विस्तृत व महत्त्वपूर्व संस्कृति रखते थे 彼らは独自の広範かつ重要な文化を有していた अब कभी भी घर से बाहर निकलते समय जेब में चश्मा रखना नहीं भूलता हूँ 今では外出時にポケットに眼鏡を入れるのを忘れない (10) 妻を持つ；娶る；結婚する；妾を持つ；妾を囲う；男を持つ एक मुसलमान एक से अधिक स्त्रियाँ (अधिक से अधिक चार स्त्रियाँ) रख सकता है イスラム教徒の男性は複数の女性（最高 4 人）を娶ることができる कोई भी आजकल दो बीबियाँ नहीं रख सकता 今時だれも妻を 2 人も持つことはできない (11) 家畜を飼う；養う；飼育する (12) （考えや意見，見解などを）抱く；持つ लड़केवाले उसके विवाह के समय कन्या पक्ष से मुफ़्त में काफ़ी धन ऐंठने की नीयत रखते हैं 婿側は結婚式の際嫁側からただで物をせしめようとの魂胆を持つ दूसरे को भी अपनी राय रखने का अधिकार है 他の人にも自分の意見を持つ権利がある हम यह मत रख सकते हैं 我々はこの意見を持つことができる (13) 存在や状態が認められる；持つ；含む；はらむ इस प्रकार की विरोधाभास रखने वाली शिक्षा この種の矛盾をはらむ教育 यह मान्यता हमारे हिंदू धर्म-दर्शन में विशेष महत्त्व रखती है この考えは我々のヒンドゥー教や哲学で重要な意味を持つ (14) 維持する；保護する；守護する ज्योतिष की प्रतिष्ठा रखने में 占星術の名誉を守るのに किरायेदारों ने विभिन्न पत्र-पत्रिकाओं, मंचों, पोस्टरों व संस्थाओं के माध्यम से अपना पक्ष रखने की कोशिश की थी 借家人たちは種々の新聞，雑誌，公の席，ポスター，組織を介して自分たちの立場を守る努力をした (15) 態度や方針を取る पक्षपातपूर्ण दृष्टिकोण रखने का क्या अर्थ है 偏った見方を取るのはどういう意味なのですか (16) 備える；用意する；揃える；揃えておく तौलने के लिए दुकानदार तराज़ू और बाट रखते हैं 計量のため店主は秤と分銅を置いている (17) 定める；決める；規定する；つける शुरू में मुनाफ़ा बारह प्रतिशत रखा गया 利率は初め 1 割 2 分と決められた बाज़ बैंकों ने मुनाफ़ा महज़ बराए नाम रखा 他の銀行は利子をほんの名目的なものに定めた भवनों तथा होटलों में कमरों का नंबर 13 नहीं रखा जाता 建物やホテルの部屋で 13 という番号はつけられない (18) （宗教的な断食などの行を）守る；行う；誓戒や戒行を行う सारी लड़कियाँ उस दिन व्रत रखती हैं 娘たちはその日皆がヴラタを行う पुराने ज़माने में औरतें व्रत रखती थीं 昔は女性はヴラタを守っていたものだ सौम व्रत रखना （イスラム教徒が）断食を行う (19) （髪を）整える；結う；髪型を作る；（ひげを）蓄える；生やす；（髪を）伸ばす वे वैसे ही बाल रखने लगे それとそっくりの髪型にし始めた वे दाढ़ी रखते हैं और हम चोटी रखते हैं あの人たち（ムスリム）はあごひげを生やし私たち（ヒンドゥー）はチョーティーを伸ばす (20) 没収する；取り上げる；除ける；取り除ける；別に取っておく बाकी साड़ियाँ चंपा ने रख ली हैं किराया बाकी था 残りのサリーはチャンパーが取り上げた．家賃が滞納になっていたのだ इसमें से थोड़ा अपने लिए रख लूँगा तो किसे पता चलेगा この中から少々を自分の分に取ってもだれにもわかるまい **रख छोड़ना** *a.* そのままにしておく；手をつけずにおく *b.* 取っておく *c.* 放置する

रखना[2] ［助動］A. 主動詞の語根に付加して次のように用いられる．(1) 主動詞の動作・状態をある目的のための準備としておくことを表す ख़ुफ़िया ख़ुफ़िया उसने अपना तअल्लुक अंग्रेज़ों से क़ायम कर रखा था 彼は内密にイギリス側と関係をつけておいた सब तैयारी कर रक्खो 準備を全部完了して置きなさい तुम लोगों ने दाढ़ियाँ क्यों बढ़ा रखी हैं? 君たちあごひげを伸ばしているのは何故なのだい (2) 主動詞の動作・状態が継続していることを表す तुमने मुझे कुत्ता समझ रखा है क्या? おれを犬みたいに思っているのかい B. 主動詞の完了形（-ए 化）に付加して用いられ，主動詞の状態を維持したり保持したり持続させたりすることを表す． राष्ट्रीय एकता को बनाये रखना सबसे बड़ा कर्त्तव्य है 国家の統一を保持することが至上の義務である शांति बनाए रखने का कार्य 平和維持活動 सड़कों, कच्चे रास्तों तथा जलमार्गों को अच्छी दशा में बनाए रखना 道路や水路を正常に保つ खोले रखना 開けたままにしておく आँख खोले रखने का भरसक प्रयत्न कर रहा था 必死に目を開けておこうと努めていた निम्नलिखित कारण भी अंधविश्वासों को बनाए रखने में सहायक होते हैं 下記の原因も迷信を持続させるのに役立つ

रख़ना ［名］《P. رخنہ रख़ना》(1) 裂け目；穴；割れ目；隙間＝ छिद्र; सूराख़. (2) 障害；支障；邪魔＝ बाधा; रोक. (3) 欠陥＝ दोष. **रख़ना पड़ना** *a.* 障害が発生する；妨げられる *b.* ごたごたが起こる

रखनी ［名*］妾（めかけ）＝ रखेली; उपपत्नी.

रख-रखाव ［名］(1) 保管；保守 सरकारी भवनों के रख-रखाव में भी 政府建物の保守にも (2) 管理 स्लीपरों की देख-भाल और रख-रखाव के लिए ज़िम्मेवार 寝台車の監督と管理に責任のある (3) 手入れ बालों का रख-रखाव 髪の毛の手入れ

रखल कलाई ［名*］［植］マメ科多年草（その実のマメは食用可．全体は飼料用としても用いられる）【*Vigna trilobata*】

रखवाई ［名*］(1) 見張り；見張り番；畑の見回り (2) 同上の役務に対する賃金 (3) 見張り番を雇う料金

रखवाना ［他・使］← रखना. 置かせる，置いてもらう，取っておかせる，取ってもらう，雇わせるなど उसने मेरे ही लिए यह कमरा रखवा लिया होगा 私のためにこの部屋を取っておかせた（予約していた）に違いない श्यामू ने चुपचाप सारी फ़सल अपने गोदाम में रखवा दी シャームは黙ってすべての作物を倉庫に運び込ませた और मैं तुम्हें मैकेनिक रखवाए देता हूँ それに君を職工として雇わせよう

रखवाला ［名］(1) 護衛（者）；護衛官；警護員 (2) 番人；見張り番；警備員；守衛 बच्चों के लिए अच्छा-ख़ासा खिलौना, बड़ों के लिए दोस्त और घर के लिए एक वफ़ादार रखवाला 子供たちにとっては結構な玩具，大人たちにとっては友達，そして家にとっては忠実な番人

रखवाली ［名*］(1) 護衛；保護；警護 (2) 見張り；警備；監視 खेतों की रखवाली 畑の見張り番 कुत्ता रखवाली करता है 犬は番をする अस्तबल की रखवाली 馬小屋の見張り番 (3) 手入れ बाग़ की रखवाली कर रहा है 庭師が庭の手入れをしている (4) 預かること；保管すること (-की) रखवाली क० （ーを）預かる；保管する

रखा ［名］(1) 牧草地＝ चारागाह. (2) 村の共有地

रखाई ［名*］(1) 防御；防衛；保護 (2) 見張り番の仕事 (3) その労賃

रखाना ［他・使］← रखना. ＝ रखवाना. वह आपको एक क़दम आगे रखाता है それがあなたを一歩前に進めさせるのです बड़ा होने पर, मैं भी दाढ़ी रखाऊँगा, दादा लंबी दाढ़ी おじいちゃん，大人になったらぼくもあごひげを伸ばすんだ，長いあごひげをね

रखेल ［名*］＝ रखेली.

रखेली ［名*］めかけ（妾）＝ रखनी; उपपत्नी.

रखैया ［名］守護者；護衛

रखैल ［名*］＝ रखेली.

रख़्श ［名］《P. رخش》(1) 馬＝ घोड़ा. (2) 光り；輝き；光輝＝ चमक; प्रभा.

रख़्शाँ ［形］《P. رخشان》輝く；輝いている；光りを放つ

र

रग [名*] 《P. رگ》(1) 筋；筋肉 (2) 静脈 (3) 血管 (4)〔植〕葉脈 **रग उतरना** 怒りが鎮まる；怒りが治まる **रग खड़ी हो॰** 筋肉がこわばる **रग चढ़ना** *a.* かっとなる；腹を立てる *b.* 意地になる **(-से) रग दबना** (ーに) 屈する；(ーの) 言うことをきく **रग फड़कना** ぴくぴくと身体のどこかの部分が痙攣すること（様々なことが起こる兆しと考えられる） **(-की) रग-रग** *a.* (ーの) 全身 *b.* (ーの) 全体 **रग रग फड़कना** 全身に力が入る；気力がみなぎる（漲る） **(-की) रग-रग में** (ーの) 全体に；全身に；体中に देश में रग-रग में भ्रष्टाचार है 国全体に汚職がはびこっている **(-की) रग-रग से वाक़िफ़ हो॰** (ーの) すべてを知っている；(ーを) 知り尽くしている；知悉している मैं चौधरी जी की रग-रग से वाकिफ हूँ チョウードリーさんの何もかも知っている **रग-रेशा** *a.* 全身；全体；全部 *b.* 本性；性質 *c.* 葉脈 **(-के) रग-रेशे में** = रग-रग में. **रग-रेशे से वाक़िफ़ हो॰** 熟知する= रग-पट्ठे से जानना. **रगें ढीली पड़ना** 疲れる；ぐったりする **रगों में ख़ून दौड़ना** 気合が入る；気力が充実する **रगों में बिजली दौड़ना** 勇気が湧く

रगड़ [名*] ← रगड़ना. (1) こすること；摩擦 (2) すりつぶすこと (3) こすったあと；摩擦のあと (4) 擦り傷；擦過傷；擦りむき (5) きついこと；厳しいこと；苦労 (6) 争い；喧嘩 **रगड़ खाना** *a.* こすれる；擦れる；摩擦が生じる *b.* 擦りむける **रगड़-झगड़ मचना** 争いになる；喧嘩になる **रगड़ पड़ना** *a.* 厳しく苦しい状況になる *b.* こすれる **रगड़ मारना** 必死の努力をする

रगड़ना[1] [他] (1) こする；擦る；摩擦する कहीं मेरी आँखें धोखा तो नहीं खा रही हैं.उसने अपनी आँखों को रगड़ते हुए पुनः कुएँ में झाँककर देखा ひょっとして目の錯覚ではないか．目をこすってもう一度井戸の中を覗き込んだ चकमक पत्थर के दो टुकड़ों को आपस में रगड़ने से एक चिनगारी उठी 2 つの火打ち石をこすりあわせると火花が出た उसने फ़र्श को रगड़ रगड़कर पोंछा 床を良くこすって拭いた जिस्म को तौलिये से रगड़कर 体をタオルでこすり चेहरे को हथेलियों से धीरे-धीरे रगड़ो 両方の掌で顔をそっとこすりなさい लेप को आधा सूखने पर रगड़कर उतार लें 塗布したものが半乾きになったら擦り取ること (2) こすりつける वह दिन भर बेचैन रहती और रात को भी शरीर को नाँद से रगड़ती (雌牛は) 一日中落ち着かず夜は夜で体を飼い葉桶にこすりつける नीबू के छिलके अपनी उँगलियों पर रगड़ें ライムの皮を指にこすりつけること (3) する；すりつぶす；おろす माचिस की तीली को रगड़ना マッチの軸をする (4) こすって磨く；磨いて滑らかにする पत्थर रगड़ना (割った) 石を (滑らかにするために) (砥石に水をかけて) こする= पत्थर पीसना. (5) 激しく苦しめる；ひどく悩ます；痛めつける；しごく；いじめる **रगड़कर** *a.* きつく；強く；しこたま खिलाते हैं, तो रगड़कर जोतते भी हैं 食べさせもするがしっかり使いもする जिस्म को तौलिये से रगड़कर पोंछना 体をタオルできつくこする *b.* 一生懸命に；必死に **(-) रगड़कर चंदन क॰** (ーを) つぶしてしまう；台無しにする **रगड़ दे॰** 痛い目に遭わせる

रगड़ना[2] [自] 激しく働く；こき使われる；馬車馬のように働く

रगड़वाना [他・使] ← रगड़ना[1].

रगड़ा [名] (1) こすること；摩擦 (2) 擦り傷；擦過傷 (3) こすったあと (4) 激しく働くこと (5) 攻撃；しごき；いじめ आपोज़िशन के रगड़े 野党の攻撃 (6) もめごと；ごたごた **रगड़ा-झगड़ा** 長期にわたるもめごとやごたごた

रगण [名]〔韻〕ラガナ（ヴァルナ・ガナ वर्ण गण，すなわち，3 音節を単位とする 8 種の音節詩脚分類の一で， गुरु-लघु-गुरु の配列のもの． ऽ।ऽと記される）

रगदना [他] = रगेदना.

रग-पट्ठा [名] (1) 全部；全体；全身 (2) 細部；詳細 **(-के) रग-पट्ठे से जानना** (ーを) 知り尽くす；(ーの) 本性や性分，気質などを詳しく知る **(-के) रग-पट्ठे से परिचित हो॰** = रग-पट्ठे से जानना.

रग़बत [名*] 《A. رغبت रग़बत》(1) 願望；欲求；希望= इच्छा; चाह. (2) 好み；嗜好= रुचि; प्रवृत्ति; शौक. **रग़बत आ॰** 気が向く；その気になる；意欲が湧く **रग़बत दिलाना** そそる；勧める；意欲を湧かせる

रगी[1] [名*]〔植〕イネ科シコクビエ【*Eleusine coracana*】= मँडुवा; कड़आ.

रगी[2] [形] = रगीला.

रगीला [形[+]] (1) 強情な；いじっぱりな (2) 性悪の

रगेद [名*] ← रगेदना. (動物を) 逐うこと

रगेदना [他] (1) 逐う तुम पीछे से रगेदो 君は後ろから逐いなさい (2) 追い払う；駆逐する (3) 酷使する；こき使う (4) 激しくけなす；ひどくくさす；くそみそに言う

रगो रेशा [名] 《P. رگ و ریشه》= रग-रेशा. → रग. **(-का) रगो रेशा पहचानना** (ーの) 一切を知っている

रग्गा [名] イネ科一年草シコクビエ= रगी.

रग्गी [名*] 雨季の晴れ間の強烈な日光

रघु [名]〔イ神〕ラグ王（スーリヤ・ヴァンシャ सूर्यवंश，すなわち，日種族のディリーパ王 दिलीप の子でラグ族 रघु कुल/रघुवंश の祖となったアヨーディヤーの王，ラーマチャンドラ रामचंद्र の曾祖父に当たる）

रघुकुल [名]〔イ神〕ラグ王の家系；ラグ族；ラグ族の系譜

रघुनंद [名] ラーマチャンドラ／ラーマ

रघुनाथ [名]〔イ神〕ラグナータ；ラーマチャンドラ

रघुनायक [名] = रामचंद्र.

रघुपति [名] = रघुनाथ.

रघुवंश [名] (1)〔イ神〕スーリヤ・ヴァンシャ सूर्यवंश (日種族) のディリーパ王の子 रघुラグの血統；ラグ族の系譜 (2)〔イ文芸〕ラグヴァンシャ（サンスクリット詩人カーリダーサのマハーカーヴィア महाकाव्य，すなわち，叙事詩的な構成を持つ詩．ラーマを中心にその祖先と末裔の歴史が歌われている）

रघुवंशी [名] ラグ族の系譜につながる人；ラグ族の血統の人

रघुवर [名] ラーマ神の異名の一（ラグ族の誉れ）

रघुवीर [名] ラーマチャンドラ／ラーマ

रचक [名] 作り出す人；創作者= रचयिता.

रचनांतरण [名]〔言〕変形 〈transformation〉

रचनांतरणपरक [形]〔言〕変形（の） 〈transformational〉

रचनांतरणपरक व्याकरण [名]〔言〕変形文法= रचनांतरण व्याकरण. 〈transformational grammar〉

रचनांतरणप्रजनक व्याकरण [名]〔言〕変形生成文法〈transformational generative grammar〉

रचना[1] [名*] (1) 作ること；製作；創造；創作 पाठ्यपुस्तकों की रचना 教科書の製作 कविता रचना 詩作 (2) 作り方；製作法 (3) 構造；作り；構成 शारीरिक रचना 身体の構造 ज़िलापरिषद् की रचना 県議会の構成 एंजाइम जटिल रचनावाले रसायण हैं 酵素は複雑な構造の化学物質である (4) 作品 (5) 建造；建設 (6) 執筆 इस पुस्तक की रचना में सहयोग के लिए この本の執筆に協力するため

रचना[2] [他] (1) 作る；創る；製作する；こしらえる；創作する परमात्मा ने यह संसार कुछ ऐसा रचा है कि हम स्वार्थी होकर जी ही नहीं सकते 神は人が利己的では生きられぬようにこの世を創りたもうた (2) 決める；定める；取り決める (3) しつらえる；用意する；準備する (4) 作品などをこしらえる；創作する जीवंत साहित्य रचा जा रहा था ちょうど生気のあふれる文学が創られているところだった आत्मा का पुनर्जन्म कैसे हो सकता है और यह सब धर्म के धंधेबाजों द्वारा रचा गया जाल है 霊魂が生まれ変わるものですか．これは皆宗教を食い物にする連中の作りごとなのです इस अवसर के लिए उन्होंने एक कविता भी रची, जिसमें उन्होंने जीवन की एक उद्यान से तुलना की थी この機会に氏は人生を庭園になぞらえた詩を 1 篇詠まれた (5) 企む；企てる षड्यंत्र रचना 陰謀を企む (6) 装う；見せかける वे अपने विवाह को समाज द्वारा पूर्णतया स्वीकार्य करवाने के लिए ब्रह्म विवाह के तौर-तरीकों को भी अपनाने का ढोंग रचते हैं 彼らは自分たちの結婚を社会に完全に承認してもらうためにブラフマ婚の様式を取り入れるという芝居を打つ न जाने कौन-से अटपटे स्वाँग रच रहा था 何とも無様な芝居を打っていた (7) 美しく整える；飾る；装う **रच-पचकर** ようやくのことで；やっとのことで **रच-रचकर** *a.* 非常に巧みに *b.* 大げさにして

रचना[3] [自] (1) 染まる；色がつく= रँगना[2]. होंठ पान की ललाई से रचे थे 唇がパーンの赤い色に染まっていた (2) 惚れる；惚れ込む；すっかり好きになる= अनुरक्त हो॰. (3) 広がる；行き渡る；立ちこめる दीवाली के महीनों पहले से सोंधी मिट्टी की गंध और रंगों की तारपीनी बू मुहल्ले में रच जाती ディーワーリー祭の幾月も前から粘土の芳香と塗料のテレピン油の匂いが界隈に立ちこめる (4) 映える **रच बसना** *a.* しみこむ；入り込む कमरों के भीतर की दीवारों तक में नमी रच बस गई है 室内の壁にまで湿気が入り込んでいる बच्चों का सारा संसार खिलौनों में ही रचा-बसा होता है

子供たちの世界はすべて玩具の中にのみ広がっているものだ *b.* 親しむ；慣れ親しむ；なじむ लोगों ने उन शरणार्थियों का स्वागत, सहयोग किया और वे भी स्थानीय लोगों में रच बस गए 地元の人たちは難民たちを歓迎し支援した．そして難民たちも地元民になじんで行った अब वह दुनिया में रच-बस गया है もうあの人は世俗の世界になじんでしまっている *c.* 心情や気分が何かに浸る；どっぷりと浸かる इस खुशबू में रच बसकर मैं एक दूसरे ही लोक में पहुँच जाती हूँ この芳香にうっとりして別世界に入ってしまう

रचना[4] [他] (1) 染める；色をつける；色を塗る (2) 好く；好きになる；惚れる

रचना-तंत्र [名] 手法；技法

रचना-तंत्री [形] 技法上の；技法的な；手法の

रचनात्मक [形] (1) 創造的な रचनात्मक शक्ति 創造力 (2) 建設的な；積極的な उसने रचनात्मक भूमिका अदा की 積極的な役割を果たした रचनात्मक कार्य 建設的な活動

रचनात्मक कार्यक्रम [名]〔イ史〕M.K.Gandhi，すなわち，マハートマー・ガーンディーがインドの自治達成の条件として説いた綱領．それを建設的プログラム (Constructive Programme) と呼んだ．すなわち，手紡ぎ手織りの奨励，不可触民制の廃止，ヒンドゥーとムスリムの融和，女性の地位向上などの社会改革運動

रचनाधर्मिता [名*] 創作；創作活動 आज पत्रकारिता ही रचनाधर्मिता के लिए सब से बडा संकट बन गई है 今日ジャーナリズムこそが創作活動にとって最大の危険な存在となっている

रचयिता [名] (1) 創造する人；創作をする人；作者 (2) 著者；作家；作者；執筆者 ऐसे साहित्य का रचयिता このような文学の作者

रचवाना[1] [他・使] ← रचना[2]. 作らせる；作ってもらう；こしらえてもらう

रचवाना[2] [他・使] ← रचना[4]. 手足にメハンディー (मेंहदी) やマハーワル (महावल) を塗ってもらう

रचाना[1] [他] (1) こしらえる；作る；現出する；創造する तूने कैसा यह खेल रचाया है. रचे सूरज चंद्र और तारे सभी (神よ) 何という不思議を現出なされたことか．太陽を創り月を創りありとあらゆる星を創りたもうた (2) 用意する；準備する बालक हिलमिल खेल रचाते 子供たちは仲良く遊びの用意をする (3) 式を行う；式を挙げる मुस्लिम धर्म के एक खास संप्रदाय में खास अवधि के लिए निकाह रचाने के लिए छूट है イスラム教のある一派では特定の期限付きの結婚を挙げることが許されている मैं कब अपनी बेटी का ब्याह रचाऊँगा いつ娘の結婚式を挙げようか

रचाना[2] [他・使] ← रचना[4].

रचित [形] (1) 作られた；製作された；建造された；創造された (2) (作品などが) 作られた；創作された

रच्छक [名] = रक्षक.

रच्छा [名*] = रक्षा.

रज [名] (1) 塵；塵埃= धूल; गर्द. (2) 埃= धूल. (3) 花粉 (4)〔イ哲〕根本原質 (प्रकृति) の構成要素の一である激質 (रजस्) (5) 闇 (6) 経血

रजअत [名*] 《A. رجعت रजअत》 (1) 帰ること；戻ること；帰還 (2)〔イス〕離婚した妻を再び妻にすること

रजई [名*] = रज़ाई.

रजक [名] 洗濯屋；洗濯屋カーストの人= धोबी.

रजगज [名] 華麗さ；壮麗さ；豪華さ

रजगीर[1] [名]〔植〕タデ科一年草ソバ (蕎麦) = कूट्टू.

रजगीर[2] [名] = राजगीर.

रजगुण [名] = रजोगुण.

रजत[1] [名] 銀= चाँदी; रूपा.

रजत[2] [形] (1) 銀の (2) 銀製の (3) 白い；白色の (4) 銀色の

रजत जयंती [名*] 25 周年祝典 〈silver jubilee〉

रजत पट [名]〔映〕銀幕 〈silver screen〉

रजतमान [名]〔経〕銀本位 〈silver standard〉

रजत यौगिक [名]〔化〕銀化合物= चाँदी के यौगिक.

रजताकर [名]〔鉱〕銀山；銀鉱山

रजधानी [名*] 首都；首府= राजधानी; पाएतख़्त.

रजन [名] 《E. resin》樹脂

रजना [自] (1) 染まる (2) 満足する；満ち足りる

रजनी [名*] 夜= रात; रात्रि; निशा.

रजनीकर [名] 月；太陰

रजनी गंधा [名*] (1)〔植〕リュウゼツラン科ゲッカコウ；チュベローズ【*Polianthes tuberosa*】= गुल शब्बो. (2) 同上の花

रजनीचर [名] (1) 月 (2) ラークシャス राक्षस

रजनीपति [名] 月= चंद्रमा.

रजनीमुख [名] 日暮れ；夕暮れ；夕べ= संध्या; साँझ; सायंकाल.

रजनीश [名] 月；太陰= चंद्रमा.

रजपूत [名] (1) ラージプート；ラージプート族 (古くからラージャスターンなどインドの中部及び西部地方を中心に支配権を持ってきた種族) (2) ラージプート (族) の男性= राजपूत.

रजपूतनी [名*] ラージプートの女性

रजब [名] 《A. رجب》イスラム暦の 7 月；ラジャブ月 हर साल रजब की एक से छह तारीख़ तक 毎年ラジャブ月の朔日から 6 日まで

रजबहा [名] 用水路の幹線

रजवंती [形*] 月経中の；生理中の= रजस्वला.

रजवाड़ा [名] (1) 英領インドの藩王国= देशी रजवाड़ा. (2) 藩王 रजवाड़े के परिवार की महिला 藩王家の女性

रज़वी [形] 《A. رضوی》〔イス〕イマーム・リザー (十二イマーム派第 8 代イマーム) の血統の= रिज़वी.

रजस् [名]〔イ哲〕根本原質 (प्रकृति) の構成要素の一である激質 = रज.

रजस्वला[1] [形*] 月経中の；生理中の= ऋतुमती.

रजस्वला[2] [名*]〔ヒ〕10 歳以上の少女 (マヌ法典などの古法典)；ラジャスヴァラー

रज़ा [名*] 《A. رضا रिज़ा》 (1) 願望；欲求 (2) 許可；承諾 (3) 同意 (4) 喜び

रजाई[1] [名*] 王の身分；王の地位

रजाई[2] [名*] 命令；指令；指図

रज़ाई [名*] 《P. رضائی》キルティングした布団 (外套や毛布代わりに体にまとうこともある)；キルト

रज़ाकार [名] 《A.P. رضاکار रिज़ाकार》 (1) ボランティア；自発的な志願者 (2) 義勇兵；志願兵；義勇隊員 पश्चिमी पाकिस्तानी अधिकारियों के साथ सहयोग करने के लिए नियुक्त रज़ाकारों को 西パキスタンの政府役人に協力するように任命された義勇隊員たちを ख़िलाफ़त का रज़ाकार ヒラーファット (キラーファット) 運動の義勇隊員

रज़ाकाराना [形] 《A. رضاکارانہ》自発的な；ボランティア的な；ボランティア精神による

रज़ामंद [形] 《A.P. رضامند रिज़ामंद》 (1) 同意した (2) 納得した；満足した；喜んだ जिसका नाम भेजेंगे उसी पर वायसराय रज़ामंद हो जाएँगे 名前を届ければ総督はそれに納得されるであろう

रज़ामंदी [名*] 《A.P. رضامندی रिज़ामंदी》 (1) 同意；賛意；賛同 ऐसे किसी समझौते पर सरकार की रज़ामंदी नहीं है この種のいかなる協定に対しても政府は同意していない इस शादी के लिए सिर्फ़ मेरी ही रज़ामंदी नहीं मेरे घरवालों की भी तमन्ना है कि मैं… この結婚には私だけが同意しているのではなく家族たちも願っているのは私が… (2) 満足；納得

रजायस[1] [名*] 勅命；王の命令

रजायस[2] [名*] = रज़ा.

रज़ाला [名] 《A. رذال》卑しい人；下劣な人

रजि॰ [形] ← रजिस्टर्ड. (1) 登記された (2) 書留の；書留にされた

रजिमेंट [名] 《E. regiment》〔軍〕連隊= रेजीमेंट. बक्तरबंद रजिमेंट 装甲車連隊

रजिस्टर [名] 《E. register》 (1) 帳簿 रजिस्टरों को भरना 帳簿に書き込む (2) 登記簿 (3) 名簿 (4) 出席簿 रजिस्टर हो॰ 登録される यह संस्था 1995 में रजिस्टर हुई この協会は 1995 年に登録された

रजिस्टरी [名*] → रजिस्ट्री.

रजिस्टर्ड [形] 《E. registered》 (1) 登記された；登録された (2) 書留の= पंजीकृत; पंजीबद्ध.

रजिस्ट्रार [名] 《E. registrar》 (1) 大学の事務局長 (2) 登録官；記録官 (3) 事務局長

रजिस्ट्री [名*] 《E. registry》 (1) 登記；登録 दान-पत्र की रजिस्ट्री 贈与書の登記 (2) 書留 (郵便物) **रजिस्ट्री कराकर** 書留にして (もらって)；書留扱いで

रजिस्ट्रीकरण [名] = रजिस्ट्रेशन.

रजिस्ट्रेशन [名] 《E. registration》 (1) 登記；登録；登録記載 (2) 書留= पंजीकरण; रजिस्ट्रीकरण.

रजिस्ट्रेशन कार्यालय [名] 《E. registration + H.》登録所
रजीडंट [名] 《E. resident》〔イ史〕インド総督代理（英国のインド統治期に藩王国に総督代理として駐在した）→ रेजिडेंट.
रज़ील [形] 《A. رذيل》卑しい；卑賤な；下劣な；あさましい；さもしい
रजोगुण [名]〔イ哲〕根本原質の3つの構成要素の一；激質= राजस.
रजोदर्शन [名] 初潮；初経 रजोदर्शन के पूर्व 初潮前に
रजोधर्म [名] 月経；生理
रजोनिवृत्ति [名*] 閉経
रज़्ज़ाक़ [形・名] 《A. رزاق》生きる糧を与える（神）= अन्नदाता.
रज्जु [名*] (1) ひも（紐）；綱= रस्सी; जेवरी. (2) 手綱= बागडोर.
रज्जु मार्ग [名] ロープウェイ 〈rope way〉
रज़्म [名] 《P. رزم》戦い；戦争 = युद्ध; जंग; लड़ाई.
रज़्मिया [形] ← रज़्म. 戦いの；戦争の= युद्धसंबंधी. रज़्मिया नज़्म 叙事詩= महाकाव्य.
रटंत [名*] 復唱して記憶すること；復唱して頭に詰め込むこと
रट [名*] (1) 復唱；繰り返し言うこと；唱えること (2) 繰り返し言う言葉 (-की) **रट लगाना** （ーを）繰り返し言う；唱える उसने जागते ही अन्ना की रट लगाई 目を覚ました途端にアンナーアンナーと繰り返した（繰り返し呼んだ）
रटन [名*] = रट.
रटना [他] (1) 繰り返し言う；唱える रुचिर रसना तू राम राम क्यों न रटती 舌よ，お前は何故にラーマの名号を唱えぬか (2) 暗記するために繰り返し言う **तोते की तरह रटना** 同じことを繰り返し言う **रटा-रटाया** 繰り返し言われた；暗唱した रटा-रटाया जवाब 決まりきった返事
रटाना [他・使] ← रटना. (1) 繰り返し言わせる；同じことを繰り返し言わせる (2) 暗唱させる **रटा रटाकर मारना** さんざん苦しめる
रट्टा [名] 棒暗記の勉強をする学生；丸暗記の勉強をする生徒
रट्टू [名] = रट्टा.
रड़क [名*] (1) 軽い痛み (2) ちくちくとした痛み
रड़कना [自] (1) 軽い痛みがある (2) ちくちくと痛む；うずく；刺す
रडार [名] 《E. radar》レーダー **रडार शृंखला** レーダー網
रण [名] 戦い；戦闘；戦争；いくさ（戦）
रणकार [名] (1) 鐘の響きや鈴の音 मंदिर में घंटों जैसा रणकार सुनाई देगा 寺の中では鐘のような響きが聞こえる (2) ミツバチの羽音
रणकारी [形] 好戦的な
रणकुशल [形] 戦術に長けた यहाँ की शुतुरसवार सेना बड़ी रणकुशल रही है ここのラクダ部隊は伝統的にとても戦術に長けている
रणक्षेत्र [名] 戦場；戦地= लड़ाई का मैदान; युद्धस्थल.
रणखेत [名] = रणक्षेत्र.
रणचंडी [名*]〔イ神〕戦場のチャンディー女神（ドゥルガー神の1つの姿）
रणछोड़ जी [名] ラナチョール・ジー（クリシュナ神の異名の一）= रणछोड़; रणछोड़ राय. **रणछोड़ राय का मंदिर** ラナチョールラーイの寺院（マトゥラー मथुरा にあるドゥワーリカーディーシュ寺 द्वारिकाधीश मंदिर の別称）
रणथम्भोर [名] ラナタンボールもしくは，ラナタンバル रणथम्भर と呼ばれるジャイプル市街の東方に位置する旧ジャイプル藩王国の山城．古い歴史があり多数の支配者の治めるところとなった
रणधीर [名] 勇者；勇士；強者
रणन [名] 音の出ること；鳴ること
रणनाद [名] 雄叫び；鬨の声
रणनीति [名*] 戦術；戦略；作戦 आगे की रणनीति 今後の戦略
रणबांकुर [形・名] 勇猛な人；勇士；つわもの राजस्थान की रम्यभूमि न केवल अपने रणबांकुरों के लिए ही अपितु लावण्यमयी ललनाओं के लिए भी विख्यात है ラージャスターンの美しい土地はその勇士たちのことばかりでなく魅力あふれる美女たちによっても良く知られている
रणभूमि [名*] 戦場；戦地= युद्धस्थल; लड़ाई का मैदान.
रणभेरी [名*] 進軍ラッパ उन दो मुल्कों के बीच सदा रणभेरियाँ क्यों बजती रहतीं その両国間で進軍ラッパが絶えず鳴るのはどうしたわけか
रणरंग [名] (1) 戦い；戦闘；戦争 (2) 戦意；士気；闘志 (3) 戦場
रणरसिक [形] 好戦的な= युद्धप्रेमी; जुझाऊ.
रणलक्ष्मी [名*] 勝利の女神= विजयलक्ष्मी.
रणवीर [名] 武勇すぐれた人；剛の者；豪傑
रणसिंघा [名] 進軍ラッパ= तुरही; नरसिंघा.
रणस्तंभ [名] 戦勝記念碑
रणस्थल [名] 戦場= रणभूमि; युद्धस्थल; लड़ाई का मैदान.
रत[1] [形] (1)（何かに）耽っている；没頭している；熱中している वे समलिंगीय यौन-संबंधों में रत पायी जाती हैं 彼女たちは同性愛関係に耽っているのが見受けられる (2) 惚れ込んでいる
रत[2] [名] 性交；交接；交合= रति; प्रसंग.
-रत [造語] 専念している，従事しているなどの意を有する合成語の構成要素 बैंक सेवारत 銀行員（銀行勤務） युद्धरत 交戦中の
रत- [造語] रात の短縮形で合成語の構成要素 रतजगा 徹夜
रतजगा [名] (1) 徹夜（特に祭礼の儀礼で） क्यों जीजी, आज रतजगा नहीं है क्या? 姉さん，今日は徹夜するのじゃないの (2) 不寝番 मैंने वहीं रतजगा करने की ठान ली そこで不寝番をする決意をした
रतन [名] → रत्न. रतनत्रय 仏法僧の三宝→ रत्नत्रय.
रतनजोत [名*]〔植〕ムラサキ科多年草【*Onosma hispidum*】
रतनार [形] 赤い；赤みを帯びた
रतल [名] 《A. رطل रत्ल》(1) 盃；酒杯= चषक. (2) 1ポンドの重量
रतवाई [名*] (1) 徹夜の作業；夜勤 (2) 夜勤の賃金
रताना[1] [自] 耽る；熱中する；没頭する
रताना[2] [他] 熱中させる
रताना[3] [自] 赤くなる；赤みがある
रतालू [名]〔植〕ヤマノイモ科蔓草カシュウイモ【*Dioscorea bulbifera*】= पिंडालू.
रति [名*] (1) 熱中；没頭 (2) 快楽 (3) 性愛 (4) 性愛の悦び (5) 性交；交接；交合 (6) カーマ神（性愛の神）の配偶神；ラティ (7) ラティ（古典インド文学のラサ रस の一であるシュリンガーラ・ラサ शृंगार रस の基になる感情）；恋情；恋心
रतिक्रिया [名*] 性交；交接= मैथुन; संभोग.
रतिक्रीड़ा [名*] (1) 愛撫 (2) 性交渉；性交；交接 **रतिक्रीड़ा क°** *a.* 愛撫する *b.* 性交する
रतिनाथ [名]〔ヒ〕ラティナート，すなわち，カーマ神（ラティの配偶神）；性愛の神
रतिपति [名] カーマ神 कामदेव
रतिबंध [名] 性交の体位
रतिभाव [名] (1) 恋情 (2) 夫婦の情愛 (3) 愛情
रतिमंजरी [名*] ラティマンジャリー（サンスクリット語によるインドの性愛学書の一）
रति शास्त्र [名] 性愛学 = कामशास्त्र.
रतुआ [名]〔農〕赤錆病菌= रतुआ. रतुआ नामक फफूँदी 赤錆病菌という黴
रतौंधी [名*]〔医〕夜盲症
रत्ती [名*] (1) トウアズキ घुंघुची の実 (2) トウアズキの実の重さとされる重量単位．約 0.1214g **रत्ती भर** ごく少量の；微量の；ごくわずかの मुझे इसमें रत्ती भर संदेह नहीं 私はこれにはかけらほどの疑念も抱いていない **रत्ती-रत्ती** 全部；すっかり；微に入り細にわたり **रत्ती-रत्ती करके** 少しずつ；わずかずつ
रत्न [名] (1) 宝石；宝玉 (2) 貴金属 (3) 至宝；宝玉；珠玉
रत्नगर्भ [名]〔仏〕宝蔵菩薩
रत्नगर्भा [名*] = भूमि; पृथ्वी. यहाँ की भूमि का रत्नगर्भा नाम सार्थक है わが国の大地をラトナガルバー，すなわち，宝を蔵するものと名づけているのは意味のあることだ
रत्नगिरि 〔地名・仏〕ラトナギリ山（かつてこの地にマガダ国の都ラージャグリハがあったとされる．ビハール州）
रत्नजड़ित [形] 宝石のちりばめられた
रत्न-त्रय [名] (1)〔仏〕三宝（仏 बुद्ध, 法 धर्म, 僧 संघ） (2)〔ジャ〕正見，正智，正行の三（सम्यक्‌दर्शन, सम्यक्‌ज्ञान, सम्यक्‌चरित्र）
रत्नपरीक्षक [名] 宝石鑑定家= रत्नपारखी; जौहरी.
रत्नपर्वत [名]〔イ神〕ラトナ山= सुमेरु पर्वत スメール山； मेरु पर्वत メール山
रत्नपारखी [名] 宝石鑑定家= जौहरी.
रत्नमाला [名*] 宝石の首飾り
रत्नाकर [名] (1) 海 (2) 鉱山
रत्नावली [名*] 宝石の輪の首飾り

रथ [名] (1) ラタ（古代インドの二輪，もしくは，四輪の馬車，戦車）；ラト；チャリオット चार घोड़ेवाले रथ 4 頭立てのラタ (2)〔ヒ〕ラト；山車＝ देवता का रथ. (3) 乗り物・運搬用として用いられてきた二輪の馬車；ラト
रथकार [名] 車大工；車の製作・修理を行う職人
रथ महोत्सव [名] ＝ रथ यात्रा.
रथ यात्रा [名*] (1)〔ヒ〕インド暦 4 月（アシャール）の白分 2 日（日本の旧暦では 6 月 2 日）にヒンドゥー教の聖地ジャガンナートプリーで行われるジャガンナート神（ヴィシュヌ神），バララーマ神，スバドラー神の山車の巡行 पुरी की रथयात्रा の行われる祭礼 (2) 同日，仏教徒が仏像を載せて行う山車の巡行 (3)〔ジャ〕同日，ジャイナ教徒がマハーヴィーラの像を乗せて行う山車の巡行
रथवान [名] 御者；馭者＝ सारथि.
रथवाह [名] (1) ラタ／ラトの馭者＝ रथवान. (2) ラタ／ラトを曳く馬
रथी [名] (1) 戦車に乗って戦う戦士 (2) 一騎当千の強者
रथोत्सव [名] ＝ रथयात्रा.
रथोद्धत [名*]〔韻〕ラトーダッター（各パーダが रगण ＋ नगण ＋ रगण ＋ लघु ＋ गुरु の 11 音節から成る音節韻律）
रथ्य [名] (1) ラト रथ につながれる馬 (2) ラトの馭者 (3) 車輪
रथ्या [名*] (1) ラトの集まり (2) ラトの轍 (3) 道；道路 (4) 溝；下水溝 ＝ पनाला; नाबदान.
रद[1] [名] 歯＝ दाँत; दंत.
रद[2] [名・形] ＝ रद्द.
रदक्षत [名] 愛戯のために肌についた歯の痕
रदगी [名*] ＝ रद्दगी.
रदन [名] 歯＝ दाँत; दंत.
रदनक [名] 犬歯；糸切り歯＝ श्वनक.
रदनच्छद [名] 唇＝ होंठ; ओष्ठ.
रदनी [名]〔動〕ゾウ科ゾウ（象）＝ हाथी.
रदपट [名] 唇＝ होंठ; ओठ; ओष्ठ; अधर; लब.
रदबदल [名] → रद्दो बदल.
रदी [名]〔動〕ゾウ科ゾウ＝ हाथी; गज.
रदीफ़ [名*]《A. ردیف》(1)〔韻〕ガザルにみられるような二重押韻の脚韻の前部，すなわち，काफ़िया（第一要素）に続く後部（第二要素） (2)〔軍〕後陣
रद्द[1] [名]《A. رد》(1) 返還；返却 (2) 拒否；拒絶；否定；却下 (3) 取り消し；キャンセル (4) 無効化
रद्द[2] [形] (1) 返された；返却された (2) 拒否された；拒絶された；否定された (3) 取り消された；キャンセルされた (4) 無効になった रद्द क॰ 取り消す；キャンセルする निर्वाचन को रद्द करने की माँग 選挙を無効とする要求 रद्द हो॰ 取り消される；キャンセルされる
रद्दगी [名*]《A.P. ردگی》(1) 拒否；却下 (2) 取り消し (3) 無効化
रद्द-बदल [名]《A. رد و بدل रद्दो बदल》変更；改変；改造＝ तब्दीली; परिवर्तन.
रद्दा [名]《P. رده / ردا》(1) 壁土や煉瓦を積み重ねる際に一度に盛ったり積んだりする層；横に並んだ煉瓦の層 (2) 列 (3) 積み重ねたもの (4)〔ス〕（レスリング）フォワード・プレス **रद्दा उठाना** 積み上げる；積み重ねる **रद्दा कसना** ＝ रद्दा चढ़ाना. **रद्दा चढ़ाना** *a.* 威張る *b.* けしかける；扇動する；煽る दूसरे महाशय ने और रद्दा चढ़ाया もう 1 人が更にけしかけた **रद्दा जमाना** ＝ रद्दा चढ़ाना. **रद्दा दे॰** ＝ रद्दा चढ़ाना. **रद्दा रखना** ＝ रद्दा लगाना. **रद्दा लगाना** ＝ रद्दा चढ़ाना.
रद्दी[1] [形]《P. ردی रद्दी》(1) 捨てられた (2) 不用の；無用の；廃品の；がらくたの रद्दी लोहा 屑鉄 रद्दी काग़ज़ 紙屑 **रद्दी चीज़ें** *a.* ごみ＝ कूड़ा-कर्कट. *b.* がらくた＝ बेकार चीज़ें. रद्दी चीज़ में से भी कोई बढ़िया चीज़ निकाल ली जाए ごみの中からも何かすぐれたものを取り出すように रद्दी लिफ़ाफ़ा 使い古しの封筒
रद्दी[2] [名*] (1) 捨てられたもの (2) 不用品；無用の品；廃品 (3) がらくた (4) 紙屑 **रद्दी की टोकरी** 屑かご उसकी रिपोर्ट को बाद में रद्दी की टोकरी में फेंक दिया गया それについての報告書はその後屑かごに捨てられた
रद्दीख़ाना [名]《P. ردی خانہ》ごみ捨て場＝ कूड़ाघर.
रद्दी वाला [名] 廃品回収業者；屑屋；資源再生業者
रद्दे अमल [名]《A. رد عمل》(1) 反応 (2) 反作用
रद्दो बदल [名]《A. رد و بدل》変更；変換；交換；転換＝ रद्द-बदल; रद्द-बदल.
रन[1] [名] (1) 森；森林 (2) 砂漠；荒野 (3) カッチ湿地（グジャラート北西部とパキスタンのシンド地方にまたがる低湿地）
रन[2] [名]《E. run》〔ス〕得点（クリケットや野球などの） रन बनाना 得点を上げる；得点する
रन आउट [名]《E. run out》〔ス〕ランアウト（クリケットや野球で走者や打者をアウトにすること）
रनवास [名] (1) 後宮＝ अंतःपुर. (2) 女性部屋＝ ज़नानख़ाना.
रनवे [名]《E. runaway》(1) 滑走路 (2)〔演〕花道
रनिंग हाइ जम्प [名]《E. running high-jump》〔ス〕走り高跳び
रनिवास [名] 後宮；奥の院＝ रनवास; अंतःपुर.
रपट[1] [名*] (1) 滑ること；滑り (2) 下り坂 (3) 急ぎ足（で歩むこと）
रपट[2] [名*]《E. report》(1) 届け；通知；（特に警察への）届け出 जाकर पुलिस में रपट करें 警察に届け出ること (2) 報告（委員会などの） (3) 報告書 **ख़ुफ़िया विभाग की रपट** में 秘密警察の報告書に रपट दे॰ 報告書を提出する दिल्ली पुलिस आयोग ने 813 पृष्ठों की रपट दी थी デリー警察審議会（公安委員会）は 813 ページの報告書を提出した
रपट[3] [名*] ← रब्त. 慣れ；癖；習性
रपटना[1] [自] (1) 滑る केले के छिलके पर रपट पड़ा バナナの皮で滑った बरसात के दिनों में दौड़ते-भागते या खेलते-कूदते मैदानों-पगडंडियों में तुम्हारे पैर अक्सर रपट जाते हैं और तुम धड़ाम से गिर पड़ते हो 雨季に走ったり遊んだりする際に運動場や道路でしばしば足が滑ってばたっと倒れる (2) 急ぎ足で歩む；急いで行く (3) 勢いよく動く；激しく動く अतिरिक्त जल चबूतरे पर से फिसल फिसल कर रपट रहा है あふれた水が台から勢いよく流れ出している
रपटना[2] [他] 急いで片付ける；急いで処理する
रपटा [名] ＝ रपट[1].
रपटाना[1] [他] 滑らせる；ずらす＝ फिसलाना; सरकाना.
रपटाना[2] [他] 急いで終える；早くやり遂げる；急いで処理する
रपटीला [形+] 滑りやすい；するする滑る；つるつる滑る；すべすべした；すべすべの；つるつるの
रपट्टा [名] (1) 滑ること；滑り (2) 急ぎ足；速歩 (3) かけずり回ること；忙しくすること **रपट्टा मारना** *a.* 滑る *b.* 走る；急ぎ足で進む；突進する
रपोट [名*]《E. report》→ रपट. (1) 報告すること (2) 届け出ること
रफ़[1] [名]《A. رف》(1) 棚 (2) 台；台座
रफ़[2] [形]《E. rough》(1) ざらざらした；ごわごわした (2) 粗い (3) あらましの；大体の；大ざっぱな；概略の
रफ़ता [形]《P. رفتہ रफ़्ता》(1) 行った；去った (2) 亡くなった；死んだ
रफ़ता-रफ़ता [副]《P. رفتہ رفتہ》ゆっくり；徐々に；そろりそろりと；次第に；段々と बाक़ी सब रफ़ता-रफ़ता ठीक हो जाएगा 後のことは皆段々と良くなって行くだろう
रफ़ते-रफ़ते [副] ＝ रफ़ता-रफ़ता.
रफ़ल[1] [名*]《E. rifle》ライフル銃
रफ़ल[2] [名]《E. wrapper》厚手のショール
रफ़ा [名]《A. رفع रफ़्अ》(1) 上げること；高くすること (2) 除去；取り除くこと (3) 解決；処理 **रफ़ा क॰** *a.* 除かれた；除去された मेरा ज़ुकाम आख़िर मामूली दवा से रफ़ा हो गया 風邪は結局ありふれた薬で治まった *b.* 解決する；解消する
रफ़ा-दफ़ा [名]《A. رفع دفع》(1) 除くこと；除去 (2) 解決；解消；処理；決着 **रफ़ा-दफ़ा क॰** *a.* 取り除く；除く *b.* 解決する；処理する；片付ける मामले को रफ़ा-दफ़ा करने में आसानी 問題の解決の容易なこと पुलिस छोटे छोटे मामलों को रफ़ा दफ़ा करने के लिए लोगों से रिश्वत लेती है 警察は小さな事件を処理するのに賄賂を取る पर उसके ख़िलाफ़ कार्यवाही न करके मामला रफ़ा-दफ़ा कर दिया गया だが彼に対する然るべき処置を取らず事件は片付けられてしまった
रफ़ीक़ [名]《A. رفیق》(1) 仲間；同僚 (2) 友；友達；友人 मेरे लिए और मेरी तरह सब रफ़ीक़ों के लिए 私のためそして私のようなすべての友人のため

रफ़ीक़ा [名*] 《A. رفیقہ》（女性にとっての女性の）友達；友人；仲間= सखी; सहेली; सहचरी.

रफ़ीक़ाना [形] 《A.P. رفیقانہ》友人のような；親密な बाहर अँधेरा था और यहाँ रोशनी, बाहर बेरहम सर्दी थी यहाँ रफ़ीक़ाना, रूह परवर आँच, बाहर सन्नाटा था 外には闇，内には光，外には無慈悲な寒さ，内には温もりと安らぎ，外には沈黙があった

रफ़ीक़े राह [名] 《A.P. رفیق راہ》道連れ= सहयात्री.

रफ़ीक़े सफ़र [名] 《A. رفیق سفر》道連れ= सहयात्री.

रफ़ू [名] 《P. رفو》〔裁〕かがり（縢り）；かがりぬい（縢り縫い） रफ़ू व सिलाई कर रहे दरजी को かがったり縫ったりしている仕立屋に

रफ़ूगर [名] 《P. رفوگر》かがりぬい（縢り縫い）の職人 रफ़ूगर ने पैंट को बहुत ही बेहूदा ढंग से रफ़ू किया 職人がズボンのとてもみっともない縢り縫いをした

रफ़ूचक्कर [形] 《P. رفو + H.》(1) 消え失せた；すっかりなくなった दूसरे दिन प्रातःकाल पीड़ा रफ़ूचक्कर हो गई थी 翌日早朝には痛みは消え去ってしまっていた उसके भागते ही मेरा सारा विवेक और साहस रफ़ूचक्कर हो गया 男が逃げ出したとたんにこちらの分別も勇気も消え失せてしまった (2) 逃げ出した；一目散に逃げ出した；姿をくらました ख़तरे की आशंका से ही वह सब से पहले रफ़ूचक्कर हो गया 危険を予見してあの人は一番先に逃げ出した **रफ़ूचक्कर में आ॰** *a.* 巻き込まれる；絡まれる *b.* びっくり仰天する；たまげる

रफ़े हाजत [名] 《A. رفع حاجت》用足し；排便 बाज़ लोगों की आदत होती है कि सुबह उठकर जब तक चाय या सिगरेट न पी लें रफ़े हाजत नहीं जा सकते 一部には起床後お茶を飲んだりタバコを吸ったりしないと用足しに行けない習慣を持つ人がいる

रफ़्त [名*] 《P. رفت》行くこと；出掛けること；出発

रफ़्तनी [形] 《P. رفتنی》行こうとしている；行きかけている

रफ़्तार [名*] 《P. رفتار》(1) 速度= चाल; गति. लहरों की रफ़्तार 波の速度 रफ़्तार की सीमा 速度制限= स्पीड लिमिट. (2) 行動；行為= आचरण; अमल. (3) 態度；行い (4) 移り変わり；変遷= दशा; हालत. आप भी अब ज़माने की रफ़्तार को पहचानें もうあなたも時代の移り変わりを見極めになって下さい

रफ़्तार-गुफ़्तार [名*] 《P. رفتار و گفتار रफ़्तारो गुफ़्तार》立ち居振る舞いと言葉遣い

रफ़्ता-रफ़्ता [副] 《P. رفتہ رفتہ》= रफ़ता-रफ़ता. उम्र की धूप भी रफ़्ता-रफ़्ता हलकी पड़ती जाती है 寿命の日差しも次第に弱くなって行くものなのだ रफ़्ता-रफ़्ता रोशनी गायब होकर रात आ जाती है 次第に光が消えて夜になる रफ़्ता-रफ़्ता बारिश के दिन ख़त्म हो जाते हैं 徐々に雨季は終わりになる

रफ़्तो गुज़श्त [形] 《P. رفت و گزشت》全く駄目な；全くつまらない；最低の

रब [名] 《A. رب रब/रब्ब》(1) 主；主人 (2) 神= ईश्वर; ख़ुदा.

रबड़ [名] 《E. rubber》(1) ゴム (2) 消しゴム (3)〔植〕クワ科高木インドゴムノキ【*Ficus elastica*】 **कच्चा रबड़** 生ゴム राष्ट्रपति तो केवल एक रबड़ की मुहर होता है 大統領はゴム印にしか過ぎないんだ **रबड़ की नलिका** ゴム管 **रबड़ की मुहर** ゴム印 **रबड़ की रस्सी** ゴムひも

रबड़ क्षीर [名] ラテックス〈latex〉

रबड़ छंद [名] 《E. rubber + H.》(1) 自由詩や韻律を無視した詩に対する蔑称 (2) 忙しく駆け回ること；かけずり回ること

रबड़ना[1] [他] (1) 動かす (2) かき混ぜる；かき回す (3) こき使う；酷使する

रबड़ना[2] [自] 回る；回転する

रबड़ प्लांट [名] 《E. rubber plant》(1)〔植〕クワ科インドゴムノキ【*Ficus elastica*】 (2)〔植〕ゴムノキ（観葉植物）

रबड़ बैंड [名] 《E. rubber band》ゴムバンド

रबड़ी [名*] ラブリー（乳製品のマラーイーに砂糖を加えて作られるもの；濃縮したミルクに砂糖を加えて作られるもの）；加糖練乳；コンデンスミルク

रबदा[1] [名] 駆け回ること；かけずり回ること

रबदा[2] [名] 泥；泥土 **रबदा पड़ना** 大雨が降る

रबर [名] 《E. rubber》ゴム= रबड़. **रबर की गोलियाँ** ゴム弾〈rubber bullet〉 करीब 12 जगह पुलिस को रबर की गोलियाँ और आँसू गैस का इस्तेमाल करना पड़ा 10 か所余りで警察はゴム弾と催涙ガスを使用しなければならなくなった **रबर की नाव** ゴムボート रबर गास्केट ゴム製パッキン सिंथेटिक रबर 合成ゴム

रबाना [名]〔イ音〕ラバーナー（小型のタンバリンの一種）

रबाब [名] 《A. رباب》ラバーブ（4 本の主弦，2 本の共鳴弦を持つ擦弦楽器．形がシタールに似ている．馬毛の弓を用いる）

रबाबिया [名] ← रबाब. ラバーブ演奏者= रबाबी.

रबाबी [名] 《A. ربابی》ラバーブ演奏者

रबी [名*] 《A. ربیع रबीअ》(1) 春= बसंत. (2) 春作= रबी की फ़सल. (3)〔イ史〕ラビー硬貨（ムガル朝第 3 代皇帝アクバル治下に発行された 4 分の 1 ダーム दाम の価値を有した銅貨）

रबीउल अव्वल [名] 《A. ربیع الاول》〔イス〕イスラム暦第 3 月

रबीउल आख़िर [名] 《A. ربیع الاخر》〔イス〕イスラム暦第 4 月

रबी उस्सानी [名] 《A. ربیع الثانی》〔イス〕イスラム暦第 4 月= रबीउल आख़िर.

रबीब [名] 《A. ربیب》先妻，もしくは，先夫との間に生まれた男の子

रबीबा [名*] 《A. ربیبہ》先妻，もしくは，先夫との間に生まれた女の子

रब्त [名] 《A. ربط》(1) 関係；関わり；つながり (2) 友好；友情；親交 **रब्त बढ़ाना** 親密になる；親しくなる

रब्त-ज़ब्त [名] 《A. ربط و ضبط रब्तो ज़ब्त》親しくなること；交際；交友；付き合い उससे कभी भी मेरा रब्त-ज़ब्त नहीं रहा あの男とは一度も付き合ったことがなかった

रब्ब [名] 《A. رب》(1) = रब. (2)〔シク〕神の加護 रब्ब दी मेहरबानी ありがたやありがたや

रब्बा [名] 《← A. ارابہ / عرابہ अराबा》(1) 荷車；荷物運搬の牛車 (2)〔軍〕砲車

रब्बाब [名] = रबाब.

रभस[1] [名] (1) 勢い；猛烈なこと；激烈なこと (2) 意気込み (3) 喜び；嬉しさ

रभस[2] [形] (1) 勢いのある (2) 激しい；強力な (3) 喜ばしい；嬉しい；楽しい

रम[1] [名] (1) カーマ神 कामदेव (2) 夫= पति. (3) 愛人= प्रेमी.

रम[2] [形] (1) 美しい；うるわしい（麗しい）= सुंदर. (2) 楽しい；楽しませる= आनंददायक.

रम[3] [名] 《E. rum》ラム酒= डस.

रमक[1] [名] (1) 恋人；愛人= प्रेमी. (2) 間男= उपपति; जार.

रमक[2] [名*] (1) 揺れ (2) ブランコの揺れ (3) 波

रमक़ [名*] 《A. رمق》(1) 臨終 (2) 末期の息 (3) 少量；ほんのわずかの分量；微量

रमकना [自] (1) ブランコに乗る；ブランコを漕ぐ= हिंडोले पर पेंग मारना. (2) うきうきした様子で，あるいは，肩で風を切るようにして歩く

रमज़ान [名] 《A. رمضان》〔イス〕イスラム暦第 9 月；ラマザーン月；ラマダーン月；イスラム教徒の断食月

रमण[1] [名] (1) 喜ばせること；楽しませること；遊び；戯れ (2) 遊歩；散歩；散策 (3) 交接；交合

रमण[2] [形] (1) 心地よい；気持ちの良い (2) 楽しませる；喜ばせる

रमणी [名*] (1) 美女；美人= सुंदर स्त्री. (2) 女性= नारी; स्त्री.

रमणीक [形] (1) 麗しい；美しい；きれいな रमणीक स्थल पर पिकनिक 景勝地へのピクニック यह रमणीक अभयारण्य この美しいサンクチュアリー (2) ほれぼれする；魅力的な

रमणीय [形] (1) 美しい；眺めの良い रमणीय स्थल 景勝地 रमणीय हिमाचल प्रदेश 景勝のヒマーチャル・プラデーシュ州 (2) 魅力的な

रमणीयता [名*] ← रमणीय.

रमता [形[+]] 住居を定めない；一所不住の；放浪の；遊行の रमते साधुओं का क्या ठिकाना! आज यहाँ, कल वहाँ, एक जगह रहें, तो साधु कैसे? 遊行僧は当てにならぬもの．今日はここ，明日はそこ，一所定住ならば遊行僧ではあるまい

रमना[1] [自] (1) 楽しむ；遊ぶ；遊びに耽る (2) 気が向く；気に入る इस लिए बप्पा कतई नहीं चाहते कि हेमू का मन पढ़ाई के अलावा किसी और काम में रमे だから父さんは勉強以外のことにヘームーの気が散ることを決して願っていない (3) 場所や環境が気に入って腰を落ち着ける गरुड़ जी तो अपने घर पर इतने रम गए कि वैकुंठ वापस जाने का उनका मन ही न करे ガルダは天国に戻りたくない

ほどわが家に腰を落ち着けてしまった झोंपड़ी थी तो छोटी-सी ही और टूटी हुई थी, लेकिन इतनी स्वच्छ कि देवता रमा करें 小屋はちっぽけで壊れていたが神々も居座りたくなるほどの清潔さだった (4) 没頭する；うっとりする；我を忘れる；心を奪われる जीवों की यह विविधता और सुंदरता इतनी मोहक है और उसमें हम इतना रम जाते हैं कि इस विविधता के पीछे छिपी एकता की ओर हमारा ध्यान नहीं जा पाता 私たちは生き物のあまりの魅力的な多様さと美しさに没頭しこの多様性の背後にひそむ統一性に私たちの注意が向かい得ない यहाँ के प्राकृतिक वैभव और घने जंगल को देखकर उनका मन यहीं रम गया あの人はこの地の自然の壮大さと深い森を見てそれに心を奪われてしまった (5) 広がる；行き渡る रमा है तू हर गुल में मानिंद बू के 香りのようにすべての花の中に広がっているお前 (6) 歩き回る；徘徊する；さまよう पिंगला के प्रेम में रमने वाला भर्तृहरि जंगलों में रमने लगा ピンガラーとの恋に心を奪われたバルトリハリは森をさまよいはじめた

रमना[2] ［名］(1) 牧場 (2) 放牧地

रमल ［名*］《A. رمل》占い；土占い；易断〈geomancy〉

रमा ［名*］〔ヒ〕ラマー（ラクシュミー神の別名 लक्ष्मी）

रमाकांत ［名］ヴィシュヌ神の異名の一

रमाना ［他］(1) 楽しませる；喜ばせる (2) 魅了する；引きつける；誘う (3) 整える；備える (4) 塗る；塗布する

रमानिवास ［名］ヴィシュヌ神の異名の一 → रमा.

रमूज़ ［名*, pl.］《← A. رموز रमूज़ ← रम्ज़》(1) 合図 (2) 目配せ (3) 謎；謎めいた言葉 (4) 掛詞 (5) 秘密= भेद; राज़.

रमेश ［名］ヴィシュヌ神の異名の一= रमापति; रमानिवास.

रमैती ［名*］〔農〕農民間の労働の相互提供と交換；ゆい（結）；手間替え

रमैनी ［名*］15〜16 世紀の宗教詩人カビール，すなわち，カビールダース कबीर दास が詠んだとされる詩を集めたビージャク बीजक の章の名．ドーハー दोहा とチョウパーイー चौपाई から成っている；ラマイニー

रमैया ［名］〔ヒ〕(1) 神；最高神 (2) ラーマ

रम्ज़ ［名*］《A. رمز》(1) 合図；暗示；ほのめかし= इशारा; संकेत. (2) 秘密

रम्माल ［名］《A. رمال》土占いの占い師；易者→ रमल.

रम्य ［形］(1) 美しい；うるわしい（麗しい） रम्य स्थान 景勝の地 राजस्थान की रम्य भूमि ラージャスターンのうるわしい大地 (2) 魅惑的な；魅了する

रम्या ［名*］(1) 夜= रात. (2) ガンジス川= गंगा.

रम्याख्यान ［名］〔文芸〕ロマンス；恋物語= प्रेमाख्यान.

रय ［名］(1) 速度= वेग; तेज़ी. (2) 流れ= प्रवाह.

रय्यत ［名*］《A. رعیت रईयत》(1) 臣民；臣下；民草 (2) 国民 (3) 農民；農夫 (4)〔イ史〕ライヤト（直接耕作農民）= रैयत.

रय्यतवारी ［名*］《A.P. رعیت واری रईयतवारी》〔イ史〕ライヤトワーリー（英領インドの土地所有・地税制度の一．土地所有者が政府と直接に地税契約を結んだ）= रैयतवारी.

ररकना ［自］= रड़कना.

ररा ［形］(1) 下賤な；卑しい= अधम; नीच. (2) 喧嘩好きな；喧嘩っ早い= झगड़ालू.

रलना[1] ［自］踏みつぶされる；砕かれる；粉砕される अगर आप मुझे मार मिटायेंगे, तो मेरे छोटे-छोटे बच्चे गलियों में रल जाएँगे もしもあなたが私の命を奪われるのであれば私の子供たちは路頭に迷うことでしょう

रलना[2] ［自］(1) 溶け込む；溶解する (2) 混じる；混じり合う **रलना-मिलना** 入り交じる；混じり合う；一緒になる **रल-मिलकर रहना** 仲良く暮らす；仲睦まじく暮らす **रला-मिला** *a.* 入り交じった；溶け込んだ *b.* 親しい；親密な

रली ［名*］(1) 一緒になること (2) 遊び (3) 喜び；嬉しさ

रव[1] ［名］(1) 音；音の響き (2) 騒音；ノイズ

रव[2] ［名］船の速度= जहाज़ की गति.

रवकना ［自］(1) 突進する；突き進む= लपकना; दौड़ना. (2) 飛びかかる

रवण[1] ［名］(1) 青銅= काँसा. (2) 音；音声；音響

रवण[2] ［形］(1) 音を発する；音を出す；音のする (2) 熱せられた；熱い (3) 落ち着きのない

रवना ［自］遊ぶ；楽しむ= रमना.

रवन्ना ［名］《رونه ← P. روانه रवाना/رونده रविंदा》(1)〔商〕送り状 (2) 通行許可書 (3) 使い走りの使用人

रवाँ ［形］《P. روان》(1) 流れている है दरिया रवाँ गीत गाते हुए 川は歌を歌いながら流れている (2) 行われている；流通している；通用している (3) 慣れた (4) 熟達した；達者な (5) 鋭い；鋭利な

रवा[1] ［名］(1) 小さなかけら；小さな粒；微少なかけら；粒子 (2) 結晶 तूतिया के एक रवे को 硫酸銅の結晶の 1 つを (3) 小麦の粗びき粉；セモリナ (4) 火薬の粉末 **रवा भर** ごく少量の；ごくわずかの；微量の

रवा[2] ［形］《P. روا》(1) 適切な；ふさわしい= उचित; वाजिब. (2) 正規の= विहित; हलाल.

रवाज ［名］《A. رواج》(1) しきたり；慣行；風習；習わし；決まり；慣習= रीति; रिवाज; प्रथा; रस्म. (2) 通用；流通；普及= चलन; प्रचलन. (-**का**) **रवाज दे॰** （ーを）始める；広める **रवाज पकड़ना** 広まる；流通する

रवादार[1] ［形］《P. روا دار》(1) 心の広い；おおらかな；寛大な (2) 忍耐強い；我慢強い (3) 認める；許す एक चिलम तमाखू भी रवादार न हुआ タバコの一服も我慢ならなかった

रवादार[2] ［形］《H. + P. دار》粒状の；結晶状の

रवादारी ［名*］《P. روا داری》(1) おおらかさ；寛大さ= उदारता. (2) 忍耐強さ

रवान ［形］→ रवाँ.

रवानगी ［名*］《P. روانگی》(1) 出発；出かけること；出立 विमान पर अपनी इंडोनेशिया यात्रा पर रवानगी से पूर्व विदाई लेते हुए 飛行機でのインドネシア訪問の出発に先立つ挨拶の中で (2)（列車の）発車（時刻） लखनऊ जंक्शन रवानगी 16:40 ラクノウ連絡駅発車 16 時 40 分

रवाना ［形］《P. روانه》(1) 出発した；出かけた (2) 派遣された；遣わされた；送り出された (3) 発送された；送り出された **रवाना क॰** *a.* 送り出す उसने बच्चों को स्कूल के लिए रवाना किया 子供たちを学校へ送りだした *b.* 送る；発送する *c.* 追い払う；厄介払いする **रवाना हो॰** 出発する；出かける किस तरह समय से दफ़्तर रवाना हो पाते हैं? どうして時間通りに会社へ出発できるのか

रवानी ［名*］《P. روانی》(1) 進行；推移；過程；移ろい उलझी हुई साँसों की रवानी में भी 苦しい息遣いの中でも बरसात की रवानी 雨季の移ろい (2) 勢い；激しさ；熱気 भारतीयों के ख़ून में रवानी आ गई インド人の血潮にも熱気が生じた (3) 流暢さ；流麗さ इसी वजह से उनकी भाषा में बोलचाल की रवानी है だからこそあの方の言葉には話し言葉の流麗さがあるのです

रवायत ［名*］《A. روایت》(1)〔イス〕ハディース（हदीस）を語ること (2) 話；物語 (3) 伝承 (4) 伝説

रवारवी ［名*］《P. رواروی》(1) 急ぎ= शीघ्रता; जल्दी. (2) 出発

रवाहीन ［形］〔生〕不定形の〈amorphous〉

रवि ［名］太陽；日輪= सूर्य; दिनकर; दिनमान.

रविकर ［名］太陽光線；陽光

रविकुल ［名］〔イ神〕太陽神を祖とするクシャトリヤの一種族名．スーリヤヴァンシャ सूर्यवंश（日種族）とも呼ばれる

रवितनय ［名］〔イ神〕ヤマ；死者の王；冥界の王= यम; यमराज.

रवितनया ［名*］〔イ神〕ヤムナー यमुना，ヤマの妹；ヤムナー川の女神

रविनंद ［名］〔マハ〕カルナ（パーンドゥ五兄弟の母クンティーが太陽を念じて得た子）= कर्ण

रविमंडल ［名］太陽のかさ（暈）

रविवंश ［名］クシャトリヤの種族名の一= रविकुल; सूर्यकुल.

रविवार ［名］日曜日= इतवार.

रविवासर ［名］日曜日= इतवार.

रविश ［名*］《P. روش》(1) 様式= शैली; तर्ज़. (2) 歩調；歩き方= गति; चाल. (3) 行動；振る舞い= आचार-व्यवहार; आचरण. (4) 庭や花壇の間の通路

रवेदार ［形］結晶の；結晶化している= रवादार.

रवैया ［名］《A. رویه रवीया》(1) 振る舞い；行動；態度= चाल-चलन. नये प्रधान मंत्री का रवैया तानाशाही वाला है 新首相の振る舞いは専制的である शत्रुता का रवैया अपनाना 敵対的な態度をとる (2) 態度；方針；構え；構え方；心構え “हमें क्या?” वाला रवैया किसी के हित में नहीं होता 「私に何の関係がある？」という態度はだれ

の得にもならないものだ ससुराल वालों को भी अपना रवैया बदलना चाहिए 婚家の家族も態度を改めなくてはいけない
रशद [名] 《A. رشد》正しい道；正道；正しい生き方
रशना [名*] (1) ひも（紐）= रस्सी. (2) 帯；腰帯= तागड़ी. (3) 舌= जीभ.
रशीद [形] 《A. رشید》(1) 正しい道を示す；正道を歩む (2) 師の導きで道を究めた
रश्क [名] 《P. رشک》妬み；嫉妬= ईर्ष्या; डाह. (-से) **रश्क खाना** (ーを) 妬む；羨む= जलना; ईर्ष्या क॰.
रश्मि [名*] (1) 光線 (2) 日光
रस [名] (1) 植物やその果実に含まれる汁．ジュース，樹液，花の蜜など फलों के रस 果物の汁；果汁 तितलियाँ फूलों का रस चूसती हैं 蝶は花の蜜を吸う गन्ने का रस サトウキビの汁 नींबू का रस ライムのジュース (2) 煮物の汁 (3) 身体から出る液体（汗，血，乳など） (4) 本質；真髄 (5) 味；風味；味わい (6) 喜び；快楽 (7) 面白さ；面白味；醍醐味 (8)〔イ文芸〕ラサ（インドの詩論や演劇論で作品鑑賞者の感情が刺激されることにより純粋に高められた味わいや美的な喜び．情趣；情調．普通，これには 8 種ないし 9 種のものが数えられている．すなわち，恋 शृंगार, 滑稽 हास्य, 悲しみ करुण, 怒り रौद्र, 勇ましさ वीर, 恐怖 भयानक, 嫌悪 बीभत्स, 驚異 अद्भुत） (9) 興味；関心 (10) 優美；気品 (11) 風雅 (12) 漿液；リンパ液；滲出液 (13) 精液 (14) 水銀 **रस आ॰** *a.* 楽しくなる；楽しい *b.* 面白い；興味深い उसे दादी की बातों में बहुत रस आ रहा था 祖母の話がとても面白く感じられた इस निरर्थक घृणा में उसे कुछ रस आने लगा था この無意味な憎悪が少し楽しく思えてきた (-के) **रस का घूँट पीना** (ーを) 楽しむ **रस का प्याला पीना** = रस का घूँट पीना. **रस घोलना** *a.* 楽しくする *b.* 面白くする **रस चूसना** ゆっくり楽しむ **रस छाना** 喜びが広がる **रस दिखाना** 興味を示す (-का) **रसपान क॰** (ーを) 楽しむ (-का) **रस पाना** (ーを) 楽しむ **रस पीना** = रस पाना. **रस बरसना** 喜びに満ちる **रस बींधना** 面白くなる **रस भीजना** *a.* 若さが漲る *b.* 楽しい時が訪れる **रस भीनना** = रस भीजना. **रस मिलना** = रस पाना. **रस में डूबना** 喜びに浸る **रस में पगना** = रस में डूबना. **रस में बोरा हो॰** = रस में डूबना. **रस में विष घोलना** 楽しい雰囲気を壊す；興をそぐ；その場を白けさす (-में) **रस रखना** (ーに) 興味を持つ；関心を持つ **रस लूटना** 楽しむ (-में) **रस ले॰** *a.* (ーを) 楽しむ गाँव के खुले वातावरण में रस लेने लगी 田舎ののびやかな雰囲気を楽しみ始めた *b.* (ーに) 興味を抱く；関心を持つ बुराई में रस लेना बुरी बात है 悪に興味を持つのはよろしくない अच्छाई को उतना ही रस लेकर उजागर न करना और भी बुरी बात है 素晴らしさをそれと同じだけの興味を持って明かさないのはもっと悪いことだ **रस से** *a.* 楽しんで *b.* そっと；やさしく
रसकपूर [名]〔化〕甘汞；塩化第一水銀
रसखान [名] (1) クリシュナ神の異名の一 (2)〔人名・イ文芸〕ラスカーン（17 世紀のブラジバーシャー詩人．元はムスリムであったが後ヴァッラバ派の熱烈な信徒となりいわゆるバクティ詩を遺す）
रसगंध [名]〔薬〕ミルラ；没薬
रसगुल्ला [名] ラスグッラー（牛乳を原料にしてこしらえたシロップをたっぷり含んだ団子状の菓子．ベンガル地方のものが有名）
रसज [名] 黒砂糖；粗糖
रसज्ञ [形] (1) 風雅をわきまえている；風流な (2) 眼識のある；目利きの
रसद[1] [形] (1) 汁気のある；汁を出す (2) おいしい；美味な (3) 楽しい
रसद[2] [名*] 《A. رسد》(1) 分け前；配分 (2) 食べ物；食物；食料 (3) 糧食 (4) 兵糧 रसद-पानी की मदद 水と兵糧の支援；兵站活動
रसदार [形] 《H. + P. دار》(1) 汁気のある；水分の多い नींबू, संतरा, सेब तथा अन्य रसदार फलों से रस निकालते समय ライム，ミカン，リンゴなど汁気の多い果物の汁を搾る際 (2) おいしい；うまい；美味な= स्वादिष्ट; मज़ेदार. (3) 面白い；味のある
रस दारु [名]〔建〕辺材；しらた（白太）〈sapwood〉
रसद्रव्य [名] 化学製品；化学薬品
रसधातु [名*] 水銀
रसधानी [名*]〔生〕空胞；液胞〈vacuole〉
रसन [名] 味わうこと；賞味
रसना[1] [名*] 舌= जिह्वा. **रसना खोलना** 話しだす；しゃべりだす **रसना तालु से लगना** 口を閉ざす **रसना हारना** 思い通りにならない
रसना[2] [自] (1) 滴る= टपकना. (2) しみ出る
रसनाथ [名] 水銀= पारा.
रसनापद [名] 尻；臀部= नितंब; चूतड़.
रसनेंद्रिय [名*] 舌= जीभ.
रसपति [名] (1) 月；太陰 (2) 王；国王 (3) 水銀 (4) = शृंगार रस. → रस (8).
रसबरी [名*] = रसभरी.
रसभरा [形+] (1) 汁気の多い (2) 風味のある (3) 情感に満ちた रसभरी चिट्ठियाँ 情感に満ちた手紙
रसभरी [名*] 《E. raspberry》〔植〕バラ科キイチゴ
रसभस्म [名] 水銀を焼いた灰
रसभीना [形+] 喜びに浸った；喜び一杯の；喜悦した；恍惚となった उन रसभीने क्षणों में जब उसने अपनी स्वप्निल कल्पनाओं की चटकती हुई कलियाँ जयमाल में गूँथकर एक अपरिचित के गले में पहना दी थी その喜悦の瞬間に開きかかった夢想の世界の花の蕾をジャヤマールに編み込み 1 人の見知らぬ男性の首にかけた
रसम [名*] = रस्म.
रस रस [副] 徐々に；ゆっくり= धीरे-धीरे; आहिस्ते-आहिस्ते.
रसराज [名] (1) 水銀 (2)〔イ文芸〕最高のラサ（情調），すなわち，恋の情調 शृंगार रस → रस.
रसवाद [名] (1) 楽しい語らい (2) 冗談を交わすこと (3) 愛の語らい (4)〔イ文芸〕ラサを重視する立場や理論
रससंप्रदाय [名]〔イ文芸〕文学の創作・鑑賞にラサを重視する派 → रसवाद.
रसांकुर [名]〔植〕長軟毛〈villus〉
रसा[1] [名] (1) 料理の汁；汁気= झोल; शोरबा. (2) 汁；ジュース
रसा[2] [名*] (1) 地球；大地= पृथ्वी; जमीन. (2) = रसातल.
रसाई [名*] 《P. رسائی》(1) 到達 (2) 近づき；接近 बिना हाकिमों तक रसाई पैदा किए お役人たちに接近せずには
रसातल [名]〔イ神〕ラサータラ界（地下七界の内下から 2 番目） रसातल में क॰ 台無しにする；壊滅させる अपने अनिर्णय और लुंजपुंज रवैया से सरकार ने पंजाब पुलिस का मनोबल रसातल में कर दिया その不決断と麻痺した態度によって政府は警察の士気を壊滅させた **रसातल को जा॰** 破壊される；台無しになる (-) **रसातल को भेजना** (ーを) 破滅させる；台無しにする
रसात्मक [形] (1) 汁気のある (2) 風雅な；趣のある (3) 美しい；うるわしい (4) 美味な (5) 水気のある
रसात्मकता [名*] ← रसात्मक.
रसाद [名]〔昆〕総翅目アザミウマ；木食い虫〈thrips〉
रसादार [形] 《H. + P. دار》汁気のある= शोरबेदार.
रसानंद [名] 醍醐味
रसापकर्ष [名] 竜頭蛇尾
रसापति [名] 王；国王= राजा; भूपति.
रसा-बसा [形+] 漲った हिमालय की तराई में स्थित प्राकृतिक सौंदर्य से रसा-बसा पहाड़ी प्रदेश ヒマラヤの懐に位置し自然美の漲った山間地
रसाभास [名]〔イ文芸〕疑似ラサ（ラサ，すなわち，情調に似たもの）
रसायन [名] (1) 化学〈chemistry〉 (2) 化学物質 कोई 200 बहुत विशिष्ट रसायन अब यहीं बनाये जाते हैं およそ 200 種の甚だ特殊な化学物質が今やこの地で製造されている (3) 錬金術 (4) 不老長寿の薬；霊薬
रसायन और उर्वरक मंत्रालय [名] インド連邦政府薬品・肥料省〈Ministry of Chemicals and Fertilizers〉
रसायनज्ञ [名] (1) 錬金術師 (2) 化学者
रसायन विज्ञान [名] 化学〈chemistry〉
रसायन शास्त्र [名] 化学 = रसायन विज्ञान.
रसायन शास्त्री [名] 化学者
रसायनी [名*] 不老長寿の薬
रसाल[1] [形] (1) 汁気の多い；汁の多い；水分の多い (2) 甘い；甘味な；美味な (3) 味わい深い
रसाल[2] [名] (1) マンゴーの木= आम. (2) サトウキビ= ऊख.
रसालसा [名*] (1) サトウキビ（砂糖黍）= पौढ़ा; गन्ना. (2) コムギ（小麦）= गेहूँ.

रसाला[1] [名*] (1) ヨーグルトに砂糖や香味料を混じた飲料= श्रीखंड. (2) 麦焦がしにヨーグルトを混じたもの
रसाला[2] [名] → रिसाला.
रसाला[3] [形+] 味わい深い；甘美な
रसाली [名*]〔植〕サトウキビ= पौंढ़ा; गन्ना.
रसाव [名] (1) 滴ること (2) しみ出ること
रसास्वादन [名] (1) 賞味 (2) 鑑賞 (-का) **रसास्वादन क॰** (－を) 賞味する；(－の) 醍醐味を味わう= अस्ली मज़ा चखना.
रसिक [形. 名] (1) 風雅な；風流な (2) 通の (3) 通人；道楽者；色好み
रसिकता [名*] ← रसिक. (1) 風雅；風流 (2) 通 (3) 道楽；好色；色好み उनकी रसिकता अब भी नहीं गई थी この人の色好みはまだ失せてはいなかった
रसिया [名] (1) 愛好者；(－の) 好きな人 सैर-सपाटे का रसिया 遊山や散策の好きな人 (2) 通人；色好み (3) ホーリー祭の頃にブラジ地方やブンデールカンド地方で歌われる俗謡
रसीद [名*] 《P. رسید》(1) 到着；到達 (2) 受領 (3) 領収書；受け取り (-) **रसीद क॰** *a.* (－を) 届ける；派遣する *b.* (－で) 殴る；叩く= (-) लगाना; (-) जड़ना. **रसीद काटना** 領収書を書く；領収書を出す= रसीद लिखना. (-की) **रसीद काटना** (－を) 首にする；解雇する；馘首する= (-की) पावती काटना.
रसीदी [形] ← रसीद. (1) 受け取りの；受領の (2) 領収書の
रसीदी टिकट [名] 収入印紙= राजस्व टिकट. 〈revenue stamp〉
रसीला [形+] (1) 汁の多い；汁気の多い；水分の多い (2) 美味な；おいしい；うまい (3) 道楽な (4) 魅惑的な
रसीलापन [名] ← रसीला.
रसूख़ [名] → रुसूख़.
रसूम[1] [名] 《A. رسوم रुसूम》(1) 税金= कर; महसूल. (2) 手数料= शुल्क; फ़ीस.
रसूम[2] [名, pl.] 《A. رسوم ← رسم रस्म》しきたり；慣習；慣行
रसूमे अदालत [名] 《A. رسوم عدالت रुसूमे अदालत》〔法〕訴訟費用 → रुसूमे अदालत.
रसूल [名] 《A. رسول》〔イス〕使徒= नबी; पैग़म्बर. **अल्लाह के रसूल** 〔イス〕神の使徒；預言者ムハンマド
रसूलुल्लाह [名] 《A. رسول الله》〔イス〕神の使徒；預言者ムハンマド
रसेंद्र [名] 水銀= पारा.
रसे-रसे [副] ゆっくり；徐々に= रस रस; धीरे धीरे.
रसेश्वर [名] 水銀= पारा.
रसोइया [名] 料理人；調理人；板前；コック= रसोईदार.
रसोई [名*] (1) 料理 (したもの) (2) 料理 (すること)；調理 माँ रसोई की तैयारी में जुट गई 母は料理の支度に取りかかった (3) 台所；調理場；キッチン (4) 台所仕事；お勝手仕事 **कच्ची रसोई** 主として水を用いて煮た料理 (ヒンドゥー教徒の可触・不可触の観点 छूत-अछूत から食べ方や場所，授受に制限が一層厳しい) **पक्की रसोई** 主としてバターやギー，油を用いて調理した料理 **रसोई उठा दे॰** 勝手を片付ける；台所仕事を片付ける **रसोई चढ़ाना** 料理をこしらえる；台所仕事をする **रसोई तपाना** = रसोई चढ़ाना.
रसोईख़ाना [名] 《H. + P. خانه》台所；調理場；キッチン；お勝手
रसोई घर [名] = रसोई ख़ाना.
रसोईदार [名] 《H. + P. دار》料理人；調理人= रसोइया.
रसोईदारी [名*] ← रसोईदार. (1) 料理；調理 (2) 料理人の仕事；料理人の職
रसौत [名*] ツヅラフジ科蔓木コロンボモドキ【*Coscinium fenestratum*】の根を煎じたものに牛乳を加え煮詰めたペースト状のもの；ラソート (薬用)
रसौती [名*]〔農〕苗代への播種
रसौली [名*] (1) 腫れ；腫れ物；出来物 (2)〔医〕腫瘍 साधारणतः गले में कैंसर की रसौली धीरे धीरे बढ़ती है 普通，喉頭がんの腫瘍は徐々に大きくなる (3) ものもらい
रस्क [名] 《E. rusk》ラスク मैं तो रात को दो सूखे रस्क दूध में डालकर खाता हूँ 夜はぱさぱさのラスクを 2 枚牛乳に浸して食べる
रस्ट [名] 《E. rust》(1)〔農〕錆病菌；錆菌 (2)〔農〕錆病→ किट्ट.
रस्ता [名] 《P. رسته》(1) 道；道路= रास्ता. (2) 列
रस्म [名*] 《A. رسم》(1) 習慣；慣習；風習 (2) 儀式；儀礼 हिंदू विवाह की रस्में ヒンドゥーの結婚式の儀式 उनके भाषण के बाद एक गाय रस्म पूर्वक हलाल की गई 同氏の演説の後，1 頭の雌牛が儀式に則って生け贄にされた (3) 規則；決まり；規定 (4) 税金 (5) 給与；給料 **रस्म अदा क॰** 習慣に従う；風習に従う **रस्म निभाना** = रस्म अदा क॰.
रस्म-रिवाज [名] → रस्मो रिवाज.
रस्मी [形] 《A. رسمی》儀式的な；形式的な **रस्मी तौर पर** 儀式的に；形式的に ट्रैफ़िक पुलिस कभी कभी रस्मी तौर पर चैकिंग करती है 交通警察は時折形式的に取り締まりをする **रस्मी दस्तूर** 慣習；しきたり；習わし
रस्मुलख़त [名] 《A. رسم الخط》(1) 正字法 (2) 書道
रस्मो रिवाज [名] 《A. رسم و رواج》風習；風俗習慣；伝統；習慣 हिंदुओं के रस्मोरिवाज ヒンドゥー教徒の風習
रस्सा [名] 綱；太い綱；大綱
रस्साकशी [名*] 《H. + P. کشی》(1) 綱引き (競技や遊戯) (2) 取り合い；奪い合い；綱引き इस रस्साकशी के चलते この綱引きの続く限り
रस्साकस्सी [名*] = रस्साकशी.
रस्सी [名*] (1) ひも (紐)；縄 सूत की रस्सी 木綿のひも रस्सी से कसकर बाँधना ひもできつく縛る (結わえる) (2) 綱 एक लंबी और मज़बूत रस्सी (人をつり上げるのにも用いることのできるほど) 長くて太く強い綱 जैसे नट तनी हुई रस्सी पर चलने लगते हैं 軽業師がぴんと張った綱の上を歩き出すように (3) 縄跳び用の縄 **रस्सी का फंदा गले में डालना** 厄介な目に遭わせる **रस्सी का साँप बनना** 嘘が大げさな話になる；実体のないものが大きな存在になる **रस्सी का साँप बनाना** 小さなことを大げさな話にする；実体のないものを大げさな話にする भ्रम भरी बातों पर लोग कहने लगे 'रस्सी का साँप' बना दिया 間違いだらけの話に人々は，大げさな話にしたものだ，と言った **रस्सी कूदना** 縄跳びをする (-की) **रस्सी खींचना** (－の) 手綱を締める **रस्सी जल गई पर बल नहीं गया** 〔諺〕落ちぶれたり昔日の力を失ってもなお驕りを失わない人や意地を張り続ける人のたとえ；状況の変化にもかかわらず同じ対応を続けることのたとえ **रस्सी ढीली छोड़ना** 手綱を緩める **रस्सी हाथ में रखना** 手綱を手に取る；統御する
रस्सीबाट [名] ひも作りの職人
रहँट [名] = रहट. ペルシア井戸の揚水装置 (地下の水を水車の装置で汲み上げる)
रहँटा [名] 糸紡ぎ機= चर्ख़ा.
रहँटी [名*] 綿繰り機
रह [名*] = राह. राह の短縮形で造語要素ともなる
रहगीर [形・名] 《P. رہگیر》通行する (人)；通行人；旅人
रहगुज़र [名*] 《P. رہگزر》公道；往還= आम रास्ता; राजमार्ग.
रहचट्ट [名*] (1) さえずり (囀り) (2) おしゃべり (お喋り)
रहज़न [名] 《P. رہزن》追い剥ぎ= बटमार; डाकू.
रहज़नी [名*] 《P. رہزنی》追い剥ぎ (行為) = बटमारी; डकैती.
रहट [名] ペルシア井戸の揚水機→ रहँट.
रहटा [名] (1) = रहट. (2) 糸車
रहठा [名] キマメ (木豆 अरहर) の茎が枯れたり乾燥したもの
रहड़ [名*] 物資運搬用の牛車
रहतिया [形] 店晒しの；店晒しになった रहतिया माल 店晒し
रहन[1] [名*] (1) 暮らし；生活 (2) 生活様式 (3) 振る舞い；行動
रहन[2] [名] 《A. رہن रह्न》抵当→ रेहन; बंधक; गिरवी. **रहन हो॰** 抵当に入る करीब-करीब सारी जायदाद रहन हो चुकी है 資産のほとんどが抵当に入ってしまっている मेरे कुटुंब की न जाने कितनी जायदाद या तो बिकती या रहन होती 私の家族のどれほどの資産が売られるか抵当に入るか
रहन-सहन [名] 暮らし；生活；生活様式 आधुनिक समाज का रहन-सहन 現代社会の生活様式 रहन-सहन का स्तर 生活水準 रहन-सहन का स्तर ऊँचा है 生活水準が高い रोज का रहन-सहन 日常生活= दैनिक जीवन.
रहना[1] [自] (1) 住む；暮らす；生活する छत्ते में बहुत-सी शहद की मक्खियाँ रहती थीं 蜂の巣には沢山のミツバチが住んでいました (2) ある状態が続く；継続する；持続する वहाँ साल भर बारिश का मौसम रहता है 同地は年中雨季だ (雨季が続く) उसकी जीभ साफ़ नहीं रहती और उसके पैरों के तलुए गरम रहते हैं 彼女の舌はいつも汚れており土踏まずはいつも熱っぽい अधिकतर महिलाओं में गर्भ

ठहरने के बाद सब से अधिक भय गर्भपात का रहता है 大多数の女性にとって妊娠後の一番の不安は流産することです इस लापरवाही और आलस्य के कारण बच्चे के बीमार पड़ने की आशंका रहती है この不注意と怠慢のために子供が病気になる不安がある जभी तो उसका पेट ख़राब रहता है だからこそあの人はいつも腹の具合がよくない हमेशा राजा को प्रजा की भलाई की चिंता रहती है 国王はいつも臣民の幸せを考えている पित्त की थैली में भी पथरी हो सकती है, उसका दर्द धीरे-धीरे चौबीसों घंटे रह सकता है 胆嚢にも結石ができることがある．胆石の痛みはじわじわと一日中続くこともありうる चल भी माँ, बार-बार आना पड़ता है, तेरी चिंता रहती है ねえ母さん，一緒に行こうよ．僕は何度も来なくちゃならないし，母さんのことがいつも気がかりなんだよ राजा को इस बात की बड़ी चिंता रहती थी कि प्रजा उसके बारे में क्या सोचती है? 臣民が自分のことをどう考えているのかいつも気になっていた सौंफ़ महीन पीसकर सिर पर लेप लगाइए, सिरदर्द नहीं रहेगा アニスの実をこまかくひいて練った物を貼り付けると頭痛がとれるでしょう बहुत दिनों तक नज़्ला ज़ुकाम रहने से 長いこと風邪が続くと जाड़ों में अँधेरा दिन के चार बजे से लेकर प्रातः आठ बजे तक रहता है 冬の間午後4時から午前8時まで暗い（状態が続く） इन्स्युलिन इंजेक्शन लेने से ही अधिक प्रभावकारी रहती है インシュリンは注射してもらったほうが一層効き目が続く चुप रहना, मौन रहना 沈黙を守る，無言を続ける मैं निरीश्वरवादी रहा 私はずっと無神論者であった मैं आप के रास्ते का पत्थर बनकर जीवित नहीं रहना चाहती あなたの足手まといになってまで生きていたいとは思いません मेरी समझ में तो आता नहीं कि अब्बा मियाँ भी कभी मेरी तरह बच्चे रहे होंगे お父さんもかつては僕のように子供だったというのが僕にはわからない (3) 残る；残存する；取り残される；そのままになる；忘れられる；置き忘れる केवल इस तरह के सवाल रह जाएँगे कि 'लोग क्या कहेंगे?' ただ世間が何と言うかというような問題は残るだろう इसके परिणामस्वरूप पायोरिया होने का अंदेशा रहता है その結果として歯周病になる心配が残る रही वस्त्रों, घरगृहस्थी और बच्चों की चिंता, तो उनकी व्यवस्था कुछ इस प्रकार करें 残るは着物，生活，それに子供の心配ならばそれらの段取りは次のようになさいますように दाँतों में ग़िज़ा के रेशे या ज़र्रे रह जाते हैं जो कुछ देर बाद सड़ने लगते हैं 歯の間に食べかすが残るとしばらく後に腐敗し始める किसी सिद्धांत, दर्शन, सुधार, क्रांति आदि की सार्थकता ही नहीं रह जाती 理論とか哲学とか改革とか革命といったことの意義，そのものがなくなってしまう थोड़ा-सा रह गया है, किसी दिन आकर पूरा कर दूँगा ほんの少し残ってしまったのでいつか来てやり遂げよう नहीं बेटी, वह कहीं जंगल में ही रह गई है いや，あの人はどこか森の中に取り残されてしまったんだよ कोई कुर्सी, मेज़ या स्टूल बाहर तो नहीं रह गया? 椅子とかテーブルとか何かが外に残ってはいないかね उनका पर्स हमारे यहाँ नहीं, अनुराधा मौसी के घर रह गया था あの方の財布はわが家ではなくておばさんの家に置き忘れられていた (4) ある位置や状態に留まる；居残る；残留する तब तक उपवायु सेनाध्यक्ष एयर मार्शल कार्यवाहक वायुसेनाध्यक्ष रहेंगे それまでは空軍副司令官が司令官代理を続ける予定である ज्ञात हुआ है कि उपग्रह संभवतः दो वर्ष तक कक्षा में रहेगा 人工衛星が多分2年間は軌道上に留まることが判明した पाकिस्तान ही घाटे में रहेगा パキスタンのほうが損な立場に留まるだろう मकान बड़े भैया का है और उन्हीं का रहेगा 家は現在兄のものだし今後も兄のものだろう वैसे आजकल संयुक्त परिवार का ज़माना तो रहा नहीं है もっとも今や合同家族の時代ではなくなっているが लोक सभा में आज इसपर बहस अधूरी रही 下院での本日のこれに関する議論は完了しなかった उसने सुना, तो वह आश्चर्यचकित हुए बिना न रहा 彼はそれを耳にすると驚かずにはいられなかった पैंतीस पैसे हमको भी दो, हम बिना लिए न रहेंगे 35パイサー僕にもちょうだい．僕はどうしてももらうんだ उनके निष्कासन के बाद भी लोग पार्टी में रह गए थे 同氏の追放後も人々は党に留まっていた आज यह कोई आश्चर्यजनक बात नहीं रह गई है これは今日ではなにも驚くべきことではなくなっている इतवार को डाकखाना भी बंद रहता है 日曜日は郵便局も閉まっている कब से आस लगाए बैठी थी कि रमा ससुराल चली जाएगी तो कुछ दिन तीर्थयात्रा पर रहूँगी ラマーが田舎に行ったらしばらくの間聖地巡礼をしようと随分以前から待っていた (5) (ーに) なる；決まる पर कल का कार्यक्रम पक्का रहा でも明日の予定は決まりました त्यौहार के दिन बड़ा मज़ा आता है, मदरसे में छुट्टी रहती है 祭りの日はとても楽しい．学校は休みになることになっている सब से ज़्यादा 48 प्रतिशत और सब से कम 17 प्रतिशत रही 最高が48％，最低が17％になった (6) いる；存在する；ある；位置する चूहे की जिस्म पर छोटे-छोटे पिस्सू रहते हैं ネズミの体にはとても小さな蚤がいる पहले 10 स्थान पर रहनेवाले एथलीटों को पुरस्कृत किया जाएगा 上位10位までの選手が表彰される पुरानी सरकार के निकट रहे लोग 旧政権の近くにいた人たち डाक्टरों ने कहा, अब नहीं रहे 医者たちが言った．ご臨終です हास्य अभिनेता अडवाणी नहीं रहे 喜劇俳優アドヴァーニー逝去 फ़िल्मों में कोई निश्चित मापदंड नहीं रहता 映画（界）にははっきり決まった尺度は存在しない यूरोप में सारे साल ही फूलों की माँग रहती है, परंतु अप्रैल और जुलाई के बीच माँग अधिक बढ़ जाती है 欧州では年中花の需要があるが4月から7月までの間は需要が更に増す उन कारणों का पता लगाएँ, जिनके रहते वह दो साल तक विवाह करने में असमर्थ है 2年間結婚ができなかった原因を調べてみること चार साल तक तो आया रही, फिर नौकरानी थी, मैं भी देखती थी 4年間は子守がいたしその後は女中がいた．私も世話をしていた मुख्यमंत्री, राज्यपाल और कांग्रेस के महासचिव रह चुके शख़्स के लिए 州首相，州知事，会議派書記長を経験してきた人物にとって अच्छा यही रहता कि आप अपने पति को समझा बुझा कर रास्ते पर लाने की कोशिश करतीं 御主人を説得して正しい方向に導く努力をなさっていればよろしかったのに मैं तुम्हारे साथ हर हालत में सुखी रहूँगी あなたと一緒ならばどんなことになろうとも幸せでいるでしょう (7) 過ぎる；経過する；進む；進行する तुम्हारा सफ़र कैसा रहा? 旅行は如何でしたか तुम्हारा क्या रहा, अनिल? アニル，君はどうだった（試験の結果について） पार्टी सफल रही パーティーはうまく行った तो यह दूसरा लीजिए, यह ठीक रहेगा じゃこの別のをお取り下さい．これは良いでしょう छात्रों की उपस्थिति कम रही 生徒の出席は少なかった (8) 終わる；しまいになる अगर यह बात यहीं तक रह जाती, तो भी बुरा न था この話がここまでで終わっていたとしても悪くはなかった (9) 判断や断定の気持ちを表す表現に用いられる．…だ，…なのだなど ये रहे उच्च कोटि के कपड़े जिनकी आपको तलाश है これがお求めの上等の生地なのです माँ जी, यह रहा मेरा खोया हुआ सोने का झुमका 母さん，これがなくしていた私の耳飾りなのですよ यह तो रही सब्ज़ी पकाने की बात, गाजर का सूप, अचार, मुरब्बा, बरफ़ी व हलवा भी बड़ी आसानी से बनाया जा सकता है これが野菜料理の話なのです．ニンジンのスープ，漬け物，ジャム，アイスクリーム，デザートも簡単に作ることができます वह रहा बाघ! (探していたのが見つかって) あれだ！虎だ！ "तू कहाँ है?" "यह रहा माँ, मैंने सुन लिया है" 「お前どこにいるんだい」(盲人の母親がたずねたのに対して)「母さん，ほらここにいますよ．聞こえましたよ」 यह रहा आप लोगों का भोजन あなた方のお食事はこれですよ．これなんです चार पैसे की ले लो, ये पैसे रहे 4パイサー分買いなさい．これがお金だ यह रही उसकी चिट्ठी これがあの人の手紙なんだ **रहती दुनिया तक** 命のある限り (-के) **रहते** ーがいるにもかかわらず；ーでありながら **रहना-सहना** 生活；暮らし मौलवी साहब के रहने-सहने का प्रबंध घर पर ही कर दिया गया था 先生（家庭教師）がわが家で生活できるように段取りがされていた उन जंगलियों को आदमी की तरह रहने-सहने का ढंग सिखाने वाला कोई नहीं है それらの野蛮人に人間らしく暮らす方法を教える人はだれもいない बिल्ली का रहना-सहना 猫の生態 (-) **रहने दे॰** (ーを) そのままにしておく；放置する शर्बत रहने देना, सुंदर スンダル，飲み物はそのままにしておきなさい अभी रहने दीजिए, एक दो दिन में सोचकर बताऊँगा 差し当たりはそのままにしておいて下さい．一両日中に考えてからお伝えしましょう **रह रहकर** *a.* 断続的に मशीनगनों की आवाज़ें रह रहकर आ रही थीं 機関銃の音が断続的に聞こえていた *b.* 幾度も；繰り返し；しきりに रह रहकर वह पीछे देखता 幾度も振り返る ये पंक्तियाँ तुम्हें रह रहकर याद आती रहती हैं! 君にはしきりにこの文句が思い出されるのだ रह-रहकर मुझे कनखियों से देखता है 繰り返し私を横目で見る (-से) **रहा न जा॰** (ーには) じっとしておれない；我慢できない；いたたまれない（この表現では非人称受動態に用いられる） मुझसे रहा नहीं गया 私はいたたまれなくなった आख़िर मंत्रियों से न रहा गया とうとう大臣たちは我慢できなくなった **रहा-सहा** 残り少ない；残りわずかの；最後に残った यदि संबंध को बनाए रखने का प्रयत्न नहीं

किया जाएगा तो रही सही रिश्तेदारी भी ख़त्म हो जाएगी もし関係を続けようとしなければわずかばかりの親戚関係も絶えてしまうだろう दशरथ का रहा-सहा धीरज भी टूट गया ダシャラタ王の最後の気力も潰えてしまった लोगों को ख़ाली हाथ लौटते देख शीला के माता-पिता का रहा-सहा धैर्य भी जाता रहा 皆が手ぶらで戻るのを見てシーラーの両親の最後の気力もなくなってしまった (-) से रहना -ने化した不定詞に सेを介して接続して，「決して（ー）しない，断じて（ー）しない，絶対に（ー）しない」などの強い否定を表す． तुम लोगों की ये सब बातें हम पुराने लोगों की समझ में तो आने से रहीं 君たちのこの話は我々昔の人間の理解を全く超えるものだ कोई भी कहे, आएगी तो कॉफ़ी ही, बियर या स्कोच तो आने से रही だれが言おうとも出てくるものはコーヒーだけさ．ビールとかウイスキーは断じて出て来ないんだ मेरे जेल में बीते दिन तो लौटने से रहे 刑務所で過ごした日々は決して戻らない व्यापार तुम करने से रहे.दूसरी सरकारी नौकरी मिलने से रही.तब क्या करोगी? 君は商売は決してしない．他の公務員の仕事は決して見つからない．じゃどうするかだ तेरी इच्छा हो सो कर.मैं विद्या सिखाने से रहा お前の好きなことをしろ，お前に教えるのはやめだ आप ख़ानदानी व पढ़ा-लिखा दामाद चाहते हैं सो बिना कुछ लिए दिए मिलने से रहा 家柄も良くて教育程度の高い婿をお望みならば少し気前よくしなくては絶対に見つかりませんよ

रहना[2] ［助動］(1) 主動詞の語根形に付加して用いられ進行時相を表す．（ーの）最中である，（ーの）途中である，（ー）しているところである，（ー）している状態であるなど वह नाच रही है あの娘は今踊りの最中です खाना ठंडा हो रहा है, जल्दी आओ 食事が冷めかけているから早く来なさい वह एक कोने में खड़ा भीग रहा है 片隅に立って雨に濡れている राजधानी को पावर स्टेशन से भी पर्याप्त बिजली नहीं मिल रही 首都は火力発電所からも十分な電気が得られない状態である माँ लड़की के बाल काढ़ रही थी 母親は娘の髪をすいているところだった रसायन ले जा रही नौका डूबी 化学薬品を輸送中の船が沈没 पादरी बेख़बर सो रहा था 神父はちょうどぐっすり眠っていた (2) 主動詞の接続分詞に付加して用いられ，強い意向や意志，あるいは，断定を表す．どうしても（ー）する，きっと（ー）する，必ず（ー）するなど मैं झाँसी लेकर रहूँगी ジャーンシーを奪わずにはおかない यह आदमी तो मुझे अंधा बनाकर रहेगा この男はきっと私を盲人にしてしまう मैं इसका गर्व चूर करके रहूँगा どうしてもこの男の鼻をへし折ってやるのだ वह माँग पूरी होकर रही その要求はとうとう叶えられた इसका बदला लेके रहना これの仇は必ず取るのだぞ (3) 主動詞の接続分詞＋ रह जा॰ の形で用いられてある状態の持続を強調する．（ー）するばかり，（ー）するのみ，（ー）したままになるなどの意を表す लीला शरमाकर रह जाती リーラーは恥ずかしがるばかりだった कुमाऊँ की पूरी पर्वतश्रेणियाँ बर्फ़ और कुहरे से जमकर रह गईं クマーユーンの山々がすべて雪と霧で凍り付いたままになっていた मैं तो सब की नौकरानी बनकर रह गई हूँ 私は皆の女中になり果ててしまっている (4) 主動詞の未完了分詞に付加して用いられ主動詞の動作・状態の継続や持続を表す चलते रहो, चलते रहो 歩め歩め，歩み続けろ अंधविश्वास मकड़ी के जाले की तरह है.एक बार इसमें गरदन कस जाने पर यह लगातार कसता जाता है.और हम आसानी से छूट नहीं पाते.बस झींकते छटपटाते रह जाते हैं 迷信は蜘蛛の巣のようなもの．一旦これに首が締められだすと締まり続け容易に逃げられなくなり悔やみ悶えるばかりになる यों तो दिन भर हम लोग बस में सफ़र ही करते रहे もっとも我々は一日中バスで旅行を続けた मैंने चाय मँगवाई और खिड़की के पास बैठकर देर तक चुस्कियाँ लेता रहा お茶を運ばせて窓際に腰を下ろして長い間すすっていた सारी रात लोग बारिश में भीगते रहे 夜通し人々は雨に濡れ続けた रजनीगंधा के फूलों को निहारती रहती 月下香の花をずっと見つめている वह टुकुर-टुकुर उनका मुँह ताकती रही 彼女はじっとその方の顔を見つめ続けた सारा दिन दोनों मित्र फाटक की ओर टकटकी लगाये ताकते रहे 終日友人２人は門のほうをじっと見つめていた मानव सभ्यता के अग्रसर होते रहने में सहायता मिली है 文明が発達を続けるのに協力が得られている (5) 主動詞の完了分詞に付加して用いられ主動詞の状態の継続を表す．（ー）したままでいる，ずっと（ー）した状態でいるなど समय रुका नहीं रहता 時間は止まったままではいないものなんだ आलस्य में बैठे रहना 怠けてじっとしていること (6) 主動詞の -ए 化した完了分詞に＋ रह जा॰ の形で用いられて状態の継続を表す वह आँखें फाड़े रह जाती है 驚きのあまり目を見開いたままになる

रहनुमा ［名］《P. رہنما》(1) 道案内人；先導者；指導者；先達 ऐसे ही होनहार बच्चे बड़े होकर क़ौम के रहनुमा बनेंगे 正にこのような春秋に富む子供たちが国民の指導者になるだろう (2) 案内人；ガイド (3) 手引き；ガイドブック

रहनुमाई ［名*］《P. رہنمائی》(1) 指導；先導；道案内＝ पथप्रदर्शन. देश की रहनुमाई 国家の指導；国を導くこと (2) 案内；手引き

रहबर ［名］《P. رہبر》指導者；先導者；先達 मुल्क के रहबरों तक अपनी आवाज़ पहुँचाने के लिए 国の指導者たちに自分の声を届けるために

रहबरी ［名*］《P. رہبری》指導；案内；先導

रहबानियत ［名*］《A. رہبانیت रहबानियत》(1) 隠遁 (2) 出家 (3) 禁欲生活

रहम ［名］《A. رحم रहम》哀れみ；情け；慈悲；同情 रहम क॰ 哀れむ；同情する；気の毒がる दीन-दुखियों पर रहम करना 困窮した人たちを哀れむ आज के सूनी इनसान के दिल में न हिंदू के लिए रहम है, न मुसलमानों के लिए 今日の荒涼とした人間の心にはヒンドゥーに対する同情もなければイスラム教徒に対する同情もない **रहम की अपील** 情状酌量の訴え यह अदालत वकील सफ़ाई की रहम की अपील को मंज़ूर करती है 本廷は弁護側の情状酌量の訴えを認めるものである (-पर) **रहम खाना** （ーを）哀れむ；（ーに）同情する

रहमत ［名*］《A. رحمت रहमत》哀れみ；慈悲；情け＝ दया; कृपा; करुणा; तरस. बरखा का साफ़ पानी रहमत की है निशानी 清らかな雨水は慈悲のしるしなり

रहमत आलम ［名］《A. رحمت عالم रहमत आलम》(1)〔イス〕預言者ムハンマドに対する敬称の一 (2)〔イス〕慈悲

रहमतुल्लाह अलैहि ［句］《Ar. رحمت اللّٰه علیه रहमतुल्लाह अलैहि》〔イス〕「この方に神の慈悲のあることを祈る」意の言葉で尊敬の対象となる人名や称号の後に続けて唱えられる敬称 अल्लामा इक़बाल रहमतुल्लाह अलैहि, क़ायदे आज़म रहमतुल्लाह अलैहि など

रहमदिल ［形］《A.P. رحم دل रहमदिल》哀れみ深い；情け深い

रहमदिली ［名*］《A.P. رحم دلی रहमदिली》慈悲深さ；情け深さ

रहमान ［形］《A. رحمان रहमान》慈悲深い

रहमानी ［形］《A. رحمانی》神の；神々しい＝ ईश्वरीय; ईश्वर का.

रहरू ［名*］＝ रहड़ू.

रहल ［名］《A. رحل》座して本を読むための書見台

रहस् ［名］(1) 秘密＝ भेद. (2) 奥義＝ मर्म; गूढ़ तत्त्व. (3) 人気のない場所＝ एकांत स्थान.

रहसना ［自］喜ぶ；嬉しくなる＝ प्रसन्न हो॰; ख़ुश हो॰; आनंदित हो॰.

रहस-बधावा ［名］〔ヒ〕ラハス・バダーワー（結婚式の儀礼の一．花婿が初めて花婿側の参列者の控え所に花嫁を連れて行き顔を見せる．婿側は贈り物をする）

रहसाना ［自］＝ रहसना.

रहस्य ［名］(1) 秘密；内緒のこと＝ गोपनीय बात; गोप्य विषय. (2) 奥義 (3) 謎；理解を超えたもの रहस्य का उद्घाटन 謎の解明 (4) 秘訣 लंबी उम्र का रहस्य 長寿の秘訣 (5) 神秘 (-का) **रहस्य खुलना** *a.*（ーの）秘密が明らかになる；秘密が明かされる *b.*（ーの）謎が解ける अंत में सारे रहस्य का भेद खुल गया 最後に一切の秘密の謎が解けた (-का) **रहस्य खोलना** *a.*（ーの）秘密を明かす *b.*（ーの）謎を解く

रहस्य धर्म ［名］〔宗・文人〕秘教〈mystery religion〉

रहस्य पंथ ［名］〔宗・文人〕カルト〈mystery cult〉

रहस्यपूर्ण ［形］(1) 秘密に満ちた (2) 神秘的な (3) 謎に満ちた वह जीवन की प्रत्येक वास्तविकता को रहस्यपूर्ण बना देता है それは人生のあらゆる現実を謎に満ちたものにしてしまう

रहस्यमय ［形］(1) 神秘的な (2) 神秘主義的な (3) 秘伝的な (4) 象徴的な (5) 謎に満ちた ये विस्तृत समुद्र जितने रहस्यमय हैं उतने ही विस्मयकारी भी これらの広大な海は謎に満ちていると同時に驚嘆すべきものでもある रहस्यमय जीवन 謎に満ちた生涯

रहस्यवाद ［名］〔宗・哲〕神秘主義；神秘論〈mysticism〉 इस्लाम के रहस्यवाद या सूफ़ी मत イスラム教の神秘主義，すなわち，スーフィズム

र

रहस्यवादी [形・名] 神秘主義的な；神秘主義の；神秘主義者
रहस्यानुभवी [形] = रहस्यवादी; रहस्यमय.
रहस्योद्घाटन [名] 秘密を明かすこと；秘密の暴露 (-का) **रहस्योद्घाटन क०** (ーを) 暴露する；(ーの) 秘密を暴く
रहा [形] 《P. رہا》(1) 解放された；自由になった；束縛を解かれた= बंधन से मुक्त (2)〔法〕釈放→ रिहा.
रहाई [名*] 《P. رہائی》(1) 解放；自由= छुटकारा; (बंधन से) मुक्ति. (2)〔法〕釈放→ रिहाई.
रहा-सहा [形+] → रहना.
रहित [形] (1) (ーを) 欠いている (2) (ーを) 持たない；(ーが) ない इन क्षेत्रों के पर्वत शिखर वनस्पति से रहित हैं この地域の山の頂きには植物が生えていない जीवाणुओं से रहित पानी 細菌のいない水；無菌の水 (3) (ーを) 免れた
-रहित [造語] (ーを) 欠いた；(ーを) 持たない，(ーを) 免れたなどの意を有する合成語の構成要素 हानिरहित गुणकारी औषधि 無害で効き目のある薬 वनस्पतिरहित इन बंजर स्थानों से 植物の生えていないこれらの荒れ地から गोलरहित बराबर 〔ス〕ノーゴールのイーブン अर्थरहित 無意味な
रहितव्य [名] (1) 欠如 (2) 免除
रहिमान [形] = रहमान. **रहिमान को रहिमान, शैतान को शैतान** 〔諺〕類は友を呼ぶ
रहीम[1] [形] 《A. رحیم》慈悲深い；哀れみ深い= दयालु; कृपालु.
रहीम[2] [名]〔イス〕神；慈悲深き神
रांग[1] [名] (1) 錫 (2) はんだ；しろめ
रांग[2] [形] 《E. wrong》間違った；間違いの；誤っている रांग नंबर 電話番号の間違い；間違い電話 रांग नंबर था 間違い電話だった
रांगा [名] (1) 錫 (2) はんだ；しろめ= सोल्डर.
राँचना[1] [自] (1) 何かの色に染まる；色がつく= रंग पकड़ना. (2) 好きになる；惚れる；魅せられる= अनुरक्त हो०.
राँचना[2] [他] (1) 染める；色をつける= रंग चढ़ाना; रँगना. (2) 魅了する
रांची 〔地名〕ラーンチー (ジャールカンド झारखंड 州の州都)
रांजना[1] [他] 染める；色をつける；色付けする= रँगना; रंजित क०.
रांजना[2] [他] はんだづけする；鋳掛けをする
राँटा [名] = रहट.
राँटी [名*] = टिटिहरी.〔鳥〕チドリ科インドトサカゲリ【*Vanellus indicus*】
राँड़[1] [名*] (1) 配偶者の死んだ女性；夫に死なれた女性；未亡人；寡婦= विधवा; बेवा. (2) 遊女；売春婦；女郎 (女性をののしる言葉にも用いられる) = रँडी; वेश्या. **राँड़ का चर्खा** 〔諺〕くだくだと昔話をすること；老人の繰り言
राँड़[2] [形*] 夫の死んだ；夫に死に別れた；未亡人の
राँढ़ [名*] = राढ़.
राँध[1] [名] そば；側；脇= निकट; पास.
राँध[2] [副] 側に；近くに
राँध[3] [名*] 料理；調理
राँधना [他] 調理する；料理する；煮る；炊く= पकाना.
राँधपड़ोस [名] 側；傍ら；脇
राँपी [名*] 靴職人が皮の加工や切断に用いるへら状の道具
राँभना [自] 牛や水牛が鳴く= रँभाना.
राइज [形] 《A. رائج》行われている；流行している वह रस्म अंग्रेज़ी हुकूमत के ज़माने में भी राइज थी その風習はイギリス統治時代にも行われていた
राइटिंग [名*] 《E. writing》書体；筆跡 पेन से लिखने से राइटिंग खराब हो जाएगी ペンで書くと字がおかしくなる
राइता [名]〔料〕ラーイター；ラーエター= रायता.
राइनटिस [名] 《E. rhinitis》〔医〕鼻炎 **एलर्जिक राइनटिस** アレルギー性鼻炎〈allergic rhinitis〉
राइफ़ल [名*] 《E. rifle》ライフル銃 = राइफ़्ल.
राइस कुकर [名] 《E. rice cooker》電気自動炊飯器；炊飯器
राई[1] [名*] (1)〔植〕アブラナ科オオカラシナ (大芥子菜)【*Brassica juncea*】 **काली राई/बनारसी राई** クロガラシ【*Brassica nigra*】 (2) オオカラシナの実= राई के दाने **राई काई क०** 粉々にする；粉砕する **राई का पहाड़ और पहाड़ का राई करना** 小さなものを大きくし大きいものを小さくする **राई का पहाड़ बनाना** *a.* 小さなことを大げさなことにする *b.* 些細なことを大事に至らせる **राई का पहाड़ हो०** *a.* 小さなことが大げさなことになる *b.* 些細なことが大事に至る **राई नोन उतारना** 邪視や憑き物を祓うためにオオカラシナの実と塩を火にくべてまじないをすること= राई नोन क०; राई नोन फेरना. **राई पहाड़ का बीच** 天地の差 **राई भर** ごくわずかの；ほんのわずかの；ごく少量の **राई रत्ती** *a.* 完全に；寸分違わず *b.* 全部 **राई रत्ती करके** ほんのわずかずつ；ほんの少量ずつ **राई-सा** = राई भर. **राई से पर्वत क०** = राई का पहाड़ बनाना.
राई[2] [名*]〔イ芸〕ラーイー (マッディヤ・プラデーシュ州ブンデールカンド地方の職業的な女性ダンサーであるベーリニー／ベーリンによって演じられてきた民俗舞踊)
राउंड[1] [形] 《E. round》(1) 丸い；円形の (2) 球形の
राउंड[2] [名] 《E. round》(1) 丸いもの；円；輪 (2) 回転；循環 (3) 巡回；巡視 रात को बूढ़ा चौकीदार राउंड पर आता है 夜中年寄りの警備員が巡回にやってくる (4)〔ス〕ラウンド；1 試合 चैंपियनशिप के फ़ाइनल राउंड 決勝戦の最終ラウンド (5) 弾薬の 1 発分；弾丸；砲弾 पुलिस की ओर से लगभग 450 राउंड गोलियाँ चलाई गईं 警察側からおよそ 450 発が発射された (6)〔ス〕(クリケットの) ウィケットの右側 गेंदबाज़ विकेट के बाईं (ओवर) या दाईं (राउंड) तरफ़ से गेंद फेंक सकता है (クリケットの) 投手はウィケットの左側 (オーバー)，あるいは，右側 (ラウンド) から投球することができる
राउंड टेबुल कांफ़्रेंस [名*] 《E. roundtable conference》円卓会議 = गोलमेज़ कांफ़्रेंस.
राउर[1] [名] 後宮= रनवास; अंतःपुर; ज़नानख़ाना.
राउर[2] [代] 《Av.》二人称代名詞所有格あなたの= आपका.
रॉक [名] 《E. rock》〔音〕ロック रॉक संगीत ロック音楽
रॉक-एन-रॉल [名] 《E. rock'n 'roll》〔音〕ロックンロール
रॉक बैंड [名] 《E. rockband》〔音〕ロックバンド
राकस [名]〔イ神〕ラークシャス；ラーカス= राक्षस.
राकसगद्दा [名]〔植〕ウリ科蔓草 (根が薬用)【*Corallocarpus epigaeus*】
राकसिन [名*]〔イ神〕ラークシャスの女；ラークシャシー= राक्षसी.
राका [名*] (1) 十五夜= पूर्णिमा की रात. (2) 太陰暦白分 15 日 (インド暦の満月終わりでは月末になる)
राकाचंद्र [名] 月；太陰= राकापति; चंद्रमा.
राकापति [名] 月；太陰
राक़िम [名] 《A. راقم》書く人；書き手；筆者= लेखक.
रॉकेट [名] 《E. rocket》ロケット छोटा-सा राकेट ミニ・ロケット **रॉकेट इंजन** ロケットエンジン〈rocket engine〉
राकेश [名] 月；太陰= चंद्रमा.
राक्षस [名] (1)〔イ神〕ラークシャス／ラークシャサ (鬼，悪鬼などと訳される．様々な動物や人の姿や形をとり夜中に徘徊して人に害をなすとされる邪悪な存在) (2)〔仏〕羅刹 (3) 鬼のような人；残酷な人；無慈悲な人；鬼 कहते हैं, यह तो राक्षस है, राक्षस किसी को नहीं छोड़ता 話ではこの男は鬼だ．鬼なのだ．だれ一人容赦しないのだ उसकी माँ भी उसे राक्षस कहकर पुकारती थी あいつの母親までが鬼呼ばわりしていた (4) 人並みはずれた力を持つもの．怪力の持ち主 (5) ラークシャサ結婚．古代インドの 8 種の結婚様式の第 7．略奪婚 (マヌ法典 3 - 33) = राक्षस विवाह.
राक्षसपति [名] ラークシャサの王ラーヴァナ रावण = राक्षसेंद्र.
राक्षसी[1] [名*]〔イ神〕ラークシャシー (ラークシャス／ラークシャサの女)
राक्षसी[2] [形] (1) ラークシャスのような；羅刹のような；鬼のような (2) 残虐な；残忍な；無慈悲な；鬼畜のような इंसानियत का नाश कर राक्षसी रूप ले लिया है 人道を破壊し鬼畜のような姿をとっている
राख [名*] 灰；燃えかす= राखी; भस्म. हड्डी की राख 骨灰 (-) **राख कर दे०** (ーを) 破滅させる；台無しにする **राख की चिनगारी** 抑えられていた情熱 राख की चिनगारी चमकना 抑えられていた情熱が再び熱気を帯びる **राख डालना** 覆い隠す；灰を被せる **राख में मिल जा०** 破滅する；台無しになる **राख में राख मिलना** 死んで土と化す；死んで灰と化す **राख हो जा०** 滅びる；破滅する
राखदान [名] 《H. + P. دان दान》灰皿= ऐश ट्रे.〈ash tray〉
राखदानी [名*] 《H. + P. دانی दानी》灰皿 मैंने राखदानी में सिगरेट झाड़ी 灰皿にタバコの灰を落とした

राखना [他] (1) 隠す；秘める (2) 止める (3) 守る；保つ लाज राखना 名誉を守る

राखी[1] [名*]〔ヒ〕ラクシャーバンダン（रक्षाबंधन）の祭日に姉妹が兄弟の，あるいは，バラモンが顧客の右手首に結ぶ祝いのひも；ラーキー

राखी[2] [名*] 灰= राख.

राखीबंद [形]《H. + P. بند बंद》(1) ラクシャーバンダン रक्षाबंधन の際，ラーキーを結んだ (2) ラーキーを結ばれた

राग [名] (1) 愛着；愛情；情愛 (2) 情感；感情 (3) 魅力 (4) 欲望；欲 (5) 怒り (6)〔イ音〕ラーガ（インド音楽において１つの曲に一貫する旋律の型）；旋律；曲節 पता नहीं किस राग में, लेकिन वह गुनगुनाती जा रही थी どのラーガかはわからぬがずっと口ずさんでいた (7) 歌；節 राग जिसने प्रेम का गाया नहीं, ठोकरें खाता रहेगा दर बदर 愛の歌を歌ったことのない人は行く先々で足蹴を食らうだろう **राग अलापना** *a.* 歌を歌う कैसेट के साथ साथ वो राग अलापे カセットテープに合わせてあの歌を歌った *b.* 自分のことばかり話して人の話に耳を貸さないこと **राग कढ़ाना** （歌の）音頭を取る (-का) **राग गाना** （ーについて）話す；（ーを）話題にする **राग छेड़ना** 歌い出す (-का) **राग छेड़ना** （ーの）話を持ち出す (-को) **राग दे॰** （ーを）だます **राग निकालना** = राग कढ़ाना. (-का) **राग पूरना** = राग गाना. **राग फूटना** 歌う；歌われる；歌が出る **राग में राग मिलना** *a.* 一緒に歌う；人が歌うのに合わせて歌う *b.* 無節操に相槌を打つ **राग लाना** *a.* いざこざを起こす *b.* 新しい問題を作り出す **राग सुनाना** 新しい話を語る

रागद्वेष [名] 愛憎

रागमाला [名*]〔イ音〕様々なラーガを結合した楽曲

रागरंग [名] (1) 楽しみ；歓楽；娯楽 भूल जाओ राग-रंग.याद रखो हमें स्वराज्य लेना है 歓楽のことは忘れなさい．我々は国の独立を獲得しなければならないことを覚えておきなさい (2) 祝典 **राग रंग उड़ाना** 楽しむ；享楽する；歓楽に耽る **राग रंग जमना** 賑やかな集まりになる **राग रंग में मस्त रहना** 自分のことばかりで得意になる

रागात्मक [形] (1) 愛情の；愛情による；愛情に基づく दो व्यक्तियों के बीच कोई भी रिश्ता, जो रागात्मक संबंध के आधार पर कायम होता है ２人の間に愛情を基に成り立ついかなる関係も (2) 感情の；感情的な

रागान्वित [形] (1) 愛情のある；愛情を持つ；愛着のある (2) 怒りを抱く；怒りを持つ (3) 不快な

रागिनी [名*]〔イ音〕ラーギニー（ラーガの分類でラーガの妻とされる一群のラーガ）

रागी[1] [形] 愛情や情熱に満ちた；愛着を抱く

रागी[2] [名*]〔植〕イネ科一年草シコクビエ【*Eleusine coracarana*】= मँडुआ.

रागोद्दीपन [名] 興奮；感情の高まり；感情の昂揚 जैसे-जैसे यह रागोद्दीपन बढ़ता है この感情が高まるに連れ

राघव [名] (1)〔イ神〕ラグ रघु の家系に生まれた人 (2)〔ラマ〕ラーマチャンドラ；ラーマ रामचंद्र (3)〔ラマ〕ダシャラタ王 राजा दशरथ

राचना[1] [他] (1) 色をつける (2) 染める

राचना[2] [自] (1) 色がつく (2) 染まる (3) 好きになる (4) 魅せられる

राचना[3] [他] 作る；創る；創造する= रचना.

राछ[1] [名*] (1) 織機のそうこう（綜絖）；あぜ (2) 職人の用いる道具 (3) 木の芯の部分 (4) 紡ぎ車や碾き臼の心棒 (5) 鍛冶屋の用いる大きな金槌

राछ[2] [名*] (1) 結婚式での花婿・花嫁側の行列= बरात. (2) 行列= जलूस. **राछ घुमाना** 結婚式の儀式の一環として花婿を駕籠に乗せ池や井戸のぐるりを回ること

राछस [名] = राक्षस.

राज[1] [名] (1) 王国 (2) 領土 (3) 領地；藩領；大地主の所有する領地；エステート；荘園 (4) 統治；支配 बहुमत का राज 多数派の支配；多数決 उस समय देश में अंग्रेज़ों का राज था 当時わが国はイギリスの統治下にあった (5) 支配期間；統治期間；在位期間 **राज भंग हो॰** 家系が断える **राज रजना** *a.* 統治する；支配する *b.* 栄華を誇る (-का) **राज रजाना** （ーに）栄耀栄華をさせる

राज[2] [形・造語] (1)（राजा の縮小形として）王の；王に関わる；殿様の (2) 主要な；中心的な (3) 大型の；形の大きい (4)（राज्य から派生した）統治の；支配の

राज[3] [名] (1) 王；殿様 (2) 煉瓦職人；左官= राज मिस्त्री. राजमिस्त्री का काम 煉瓦職人の仕事；左官職

राज़ [名]《P. راز》(1) 内緒；秘密；謎 बाप-बेटे के दरम्यान भी कुछ राज़ की बातें होती हैं 親子の間にも何かの秘密があるものだ गहरा राज़ 深い秘密 राज़ की बात 内緒話 यह बीमारी नहीं है.एक राज़ की बात है これは病気ではない．１つの謎だ (2) 秘訣 मेरी सफलता का राज़ 私の成功の秘訣 **राज़ खुलना** 秘密が露になる एक-न-एक दिन यह राज़ उसपर खुलना ही है いつの日かこの秘密はきっと明かされる **राज़ फ़ाश हो॰** 秘密が暴かれる；秘密の暴露 कभी-कभी राज़ फ़ाश हो जाता है तो सनसनी फैल जाती है 時に秘密が暴露されると戦慄が走る

राजकन्या [名*] (1) 王女；皇女；内親王= राजकुमारी. (2)〔植〕ニオイタコノキとその花→ केवड़ा.

राजकर [名] 支配者に納められる税や貢ぎ物 जिन राजाओं को उसने जीत लिया वे उसे राजकर देते थे 彼の打ち負かした王たちは朝貢していた

राजकाज [名] 政務；まつりごと；政治；統治 अपना राजकाज सँभालो 己の政務をしっかり務めなさい राजकाज की शिक्षा 帝王学 राजकाज क्या पट्टी-पोथी बाँचने वाले लोग करेंगे? まつりごとをお経をあげるような連中がするものか जब वह राजकाज चलाने के योग्य हो जाए तो あの人が政務を執れるようになれば

राजकार्य [名] = राजकाज.

राजकीय [形] (1) 王の；王立の (2) 公共の；公立の (3) 州の；州立の राजकीय संग्रहालय 州立博物館 (4) 国の；国立の **राजकीय भंडार** 国庫 राजकीय वित्त 国の財政状態 **राजकीय समाजवाद** 国家社会主義 (5) 公式の **राजकीय यात्रा** 公式訪問（旅行） राष्ट्रपति नेपाल की चार दिन की राजकीय यात्रा पर आज यहाँ पहुँच गए 本日，大統領はネパールの４日間の公式訪問のため当地に到着された

राजकीय अर्थशास्त्र [名]〔古〕政治経済学〈political economy〉

राजकुँअर [名] 皇太子；皇子；王子；親王= राजकुमार.

राजकुमार [名] 皇太子；王子；親王

राजकुल [名] 王家；王室；王族

राजकोट 〔地名〕ラージコート（グジャラート州カーティアワール半島中央部に位置する都市）

राजकोष [名] (1) 王の宝庫や金庫；財宝置き場 (2) 国庫（の金） राजा शतानीक का राजकोष बहुत समृद्ध था シャターニーカ王の国庫は大変豊かであった (3) 歳入

राजकोषीय [形] (1) 王の宝庫の (2) 国庫の (3) 会計の；会計上の राजकोषीय वर्ष 会計年度

राजक्षमा [名*]〔法〕恩赦；大赦；特赦

राजगद्दी [名*] (1) 玉座 (2) 王位 राजगद्दी का मोह 王位への執念

राजगामी [名]〔法〕相続人がなく国に没収された財産

राजगिद्ध [名]〔鳥〕ワシタカ科ミミハゲワシ【*Sarcogyps calvus*】

राजगिरि 〔地名・仏〕ラージギリ（ビハール州中部）；霊鷲山

राजगीर [名]《H. + P. گیر गीर》建築に従事する煉瓦職人；左官

राजगीरी [名*]《H. + P. گیری गीरी》煉瓦職；左官職

राजगुरु [名] 王の最高顧問

राजगृह [名] (1) 王宮；宮殿 (2)〔地名・仏〕ラージャグリハ（ビハール州ラージギール）；王舎城

राजघराना [名] 王家；王室；王族 राजघराने के एक अनुभवी व्यक्ति को 王家のある経験豊かな人を

राजजामुन [名]〔植〕フトモモ科高木ジャンボンアデク【*Eugenia oprculata*】= पियामन.

राजज्योतिषी [名] 国王・王室付きの占星術師

राजतंत्र [名] (1) 君主国 राजतंत्रों और गणराज्य ने नए कानून बनाने शुरू कर दिए 君主国と共和国とが新しい法律を制定し始めた (2) 君主政治；君主制 (3) 政治機構；統治制度；政治形態

राजतंत्रीय [形] (1) 君主国の (2) 君主制の (3) 政治形態の

राजतरु [名]〔植〕マメ科高木ナンバンサイカチ【*Cassia fistula*】= अमलतास; राजव.

राजतिलक [名] (1) 即位 (2) 即位礼 राम का राजतिलक ラーマの即位礼 (3) ヒンドゥーの王につけるティラク तिलक. (-का) **राजतिलक क॰** （ーの）即位礼を行う

राजदंड [名] (1) 王の課す刑罰 (2) 王権；王の支配・統治 (3) 王権の表徴として王が持つ笏，もしくは，杖
राजदंत [名] 門歯；前歯
राजद [名]〔イ政〕ナショナル人民党 राष्ट्रीय जनता दल の略称
राज दरबार [名] 《H.+ P.دربار》宮廷 = राजसभा.
राज़दार [形] 《P. راز دار》(1) 内密の；機密の (2) 信義に篤い；信頼できる
राज़दारी [名*] 《P. راز داری》内密；機密（保持） यह काम बहुत राज़दारी से करना これは厳しく内密に行うこと
राजदूत [名] 大使 असाधारण और पूर्णाधिकारी राजदूत 特命全権大使
राजद्रोह [名] 謀反；反逆；反乱
राजद्रोही [名] 謀反人；反逆者；反乱者= बाग़ी.
राजद्वार [名] (1) 宮殿の門；王宮の門 (2) 裁判所= न्यायालय.
राजधर्म [名] (1) 帝王の義務；王の守るべき務め (2) 国教
राजधानी [名*] (1) 首都；首府 भारत की राजधानी インドの首都 (2) 王都
राजन् [名] 《Skt.》 राजा（राजन्）がサンスクリット語の呼格形そのままで用いられたもの. राजन्, मैंने आपके कुमारों को... 大殿よ，拙者は皇子たちをば
राजनय [名] (1) 外交；外交手腕= कूटनीति. (2) 外交政策= नीति. 〈diplomacy〉
राजनयज्ञ [名] 外交官〈diplomat〉= कूटनीतिज्ञ; डिप्लोमैट.
राजनयिक[1] [名] (1) 外交官 (2) 政治家
राजनयिक[2] [形] (1) 外交の；外交上の (2) 外交官の (3) 政治上の **राजनयिक उन्मुक्ति** 外交官の免除特権 **राजनयिक कोर** 外交団〈diplomatic corps〉 **राजनयिक मामले** 外交問題= राजनयिक विषय. **राजनयिक मिशन** 在外公館（大使館，公使館） **राजनयिक वार्ता** 外交交渉= राजनयिक बातचीत. **राजनयिक विशेषाधिकार और सुविधाएँ** 外交官特権 राजनयिक संबंध 国交；外交関係 इराक और लीबिया में राजनयिक संबंध बहाल イラクとリビアの外交関係復活
राजनर्तकी [名*] 国王庇護の舞姫
राजना [自] (1)「いる」の敬語的表現（いらっしゃる，在すなど） (2) 映える；輝く；引き立つ
राज नाग [名]〔動〕有鱗目コブラ科キングコブラ【*Ophiophagus hannah*】〈king cobra〉
राजनायक [名] 政治家
राजनीति [名*] (1) 政治 भाषा और साहित्य तो राजनीति के अस्त्र-शस्त्र बन गए हैं 言語と文学が政治の武器になってしまっている तब राजनीति को कौन सँभालेगा? しからばだれが政治を執るのか राजनीति का कैंसर 政治のがん (2) 駆け引き
राजनीतिक [形] (1) 政策の；政策上の (2) 政治の；政治上の राजनीतिक क्षेत्र 政治の分野 मध्यम दरजे का राजनीतिक कार्यकर्ता 中級の政治活動家 राजनीतिक अधिकार 政治上の権利 राजनीतिक चेतना 政治意識 **राजनीतिक कनकौवे लड़ाना** 政治的な駆け引きをする **राजनीतिक दल** 政党 **राजनीतिक पीड़ित**〔イ史〕インドの独立運動に功績のあったにもかかわらずそのために経済的・身体的に苦しんでいる人たち，あるいは，その家族 **राजनीतिक नैतिकता** 政治倫理 **राजनीतिक पार्टी** 政党 राजनीतिक पार्टी के कार्यकर्ता 政党の活動家；政党の運動員 **राजनीतिक विशेषाधिकार** 政治特権 **राजनीतिक शरण** 政治亡命 तुर्की से राजनीतिक शरण माँगना トルコに政治亡命を求める **राजनीतिक समस्या** 政治問題= राजनीतिक प्रश्न.
राजनीतिज्ञ [名] 政治家
राजनीतिबाज़ [名] 《H. + P. باز बाज》政治屋（世渡りの手段として政治活動をする無節操な政治家）
राजनीति विज्ञान [名] 政治学
राजनीति शास्त्र [名] 政治学
राजनेता [名] 政治指導者；大物政治家 कांग्रेस के प्रमुख राजनेता 国民会議派の領袖 पाकिस्तान के राजनेता パキスタンの大物政治家
राजनैतिक [形] 政治の；政治的な；政治に関する राजनैतिक विचारक 政治思想家 राजनैतिक कैदी 政治囚；政治犯 राजनैतिक गुटबंदी（政治上の）派閥結成 राजनैतिक प्रोपेगेंडा 政治宣伝；政治プロパガンダ **राजनैतिक शरण** 政治亡命 राजनैतिक शरण दे॰ 政治亡命を認める（受け入れる） राजनैतिक शरण माँगना 政治亡命を求める **राजनैतिक समाधान** 政治的解決 राजनैतिक समाधान तलाशना 政治的解決を追求する **राजनैतिक हल्का**（हलका）政界 राजनैतिक हल्कों में हड़कंप मच गया है 政界に戦慄が走った

राजन्य [名] (1) 王；王侯 (2) クシャトリヤ
राजप [名] (1) 摂政；執権 (2) 執事長
राजपट्ट [名] 玉座= सिंहासन; राजगद्दी.
राजपति [名] 皇帝= सम्राट्.
राजपत्नी [名*] 皇后= महारानी; रानी.
राजपत्र [名] 官報；ガゼット= गजट.
राजपत्रित [形] 任命が官報に掲載された राजपत्रित अधिकारी その任命が官報に掲載された上級官吏〈gazetted officer〉
राजपथ [名] (1) 幹線道路；公道 (2) 王宮に通じる道
राजपद [名] 王位 आगे चलकर राजपद वंशानुगत हो गया その後王位は世襲のものとなった
राजपद्धति [名*] 政体
राजपरिवार [名] 王族；王家= शाही ख़ानदान.
राजपाट [名] (1) 玉座；王位 उसने राजपाट अपने चाचा को सौंप दिया 王位を叔父に譲った (2) 統治 (3) 政治；政務 राजपाट में उलझकर 政治にかかずらわって
राजपाल [名]（インド連邦共和国の）州知事= गवर्नर.
राजपुत्र [名] 王子；皇子；親王
राजपुत्रिका [名*] 王女；皇女；内親王
राजपुत्री [名*] 王女；皇女；内親王= राजकन्या.
राजपुरुष [名] (1) 役人 (2) 政府高官
राजपूत [名] (1) ラージプート族（インド内外に起源を持ちラージャスターン地方を中心に居住し独立前までインド中部及び西部において支配勢力を成してきた武勇に秀でた種族） राजपूत शैली के चित्र ラージプート（スタイルの）絵画 मारवाड़ के राजपूत राज्य マールワールのラージプート諸王国 (2) ラージプート族の男性；ラージプート
राजपूतनी [名*] ラージプート族の女性 एक राजपूतनी की राखी में कितनी ताकत है 1 人のラージプートの女性が結んだラーキーにいかほどの力があるのか
राजपूताना〔地名〕ラージプーターナー（ラージプート族の多く住む土地，今日のラージャスターン州にほぼ相当する地域）
राजप्रासाद [名] 王宮；宮殿= राजमहल.
राजभंडार [名] 国庫= राजकोश.
राजभक्त[1] [形] 忠勤な；忠節な；忠義な；勤王の
राजभक्त[2] [名] 忠臣 आप कट्टर राजभक्त, मैं कट्टर राजद्रोही あなたは熱烈な忠臣で私は断固たる反逆者
राजभक्ति [名*] 忠勤；忠節；忠義
राजभत्ता [名] インド独立後の一時期に元藩王たちに国庫から支給され後に廃止された年金（お手元金）
राजभवन [名] (1) 王宮；宮殿 (2) 官邸
राजभाषा [名*]〔言〕公用語= सरकारी भाषा.〈official language〉
राजमंत्री [名]〔史〕王を補佐した大臣= अमात्य. राजमंत्री सुमंत 大臣スマンタ
राजमराल [名]〔鳥〕フラミンゴ科ベニイロフラミンゴ【*Phoenicopterus ruber*】= राजहंस; हंस.
राजमर्मज्ञ [名] 識見の高い政治家
राजमहिला [名*] 王族の女性 चारों ओर राजमहिलाएँ तथा राजपरिवार के लोग घेरे हुए हैं 周囲を王族の女性や王族の人たちが取り囲んでいる
राजमहिषी [名*] 王妃；王の正妻；王の第一夫人= पटरानी; प्रधान रानी.
राजमा [名]〔植〕マメ科インゲンマメとその実；ウズラマメ【*Phaseolus vulgaris*】= राजमाष. राजमा-आलू〔料〕ウズラマメとジャガイモのカレー煮つけ
राजमाता [名*] 皇太后 राम अगर राजा बनेगा तो कौशल्या राजमाता कहलाएँगी ラーマが国王になればカウシャルヤーは皇太后と呼ばれよう
राजमार्ग [名] = राजपथ.
राजमाष [名]〔植〕マメ科インゲンマメとその実；ウズラマメ= राजमा.
राजमिस्त्री [名] 煉瓦職人；左官
राजयक्ष्मा [名]〔医〕結核；肺結核；労咳
राजयक्ष्मी [形・名] 結核に罹っている；結核患者
राजयान [名] (1) 王の乗り物 (2) 王の乗り物が通る道 (3) 王の乗り物の行列 (4) 轎

राजयोग [名] (1)〔ヨガ〕パタンジャリのヨーガ・シャーストラの流れを汲むというヨーガの流派の一；ラージャヨーガ (2)〔占星〕その星のもとで生まれると王者になることが運命づけられているという太陽，火星，木星，土星などの天体の特定の位置関係

राजराजेश्वर [名] 大王；帝王；君主

राजरोग [名] (1) 不治の病；難病 (2)〔医〕結核；労咳

राजर्षि [名] クシャトリヤ出身の聖仙，ラージャルシ राजर्षि जनक ラージャルシのジャナカ王

राज लक्षण [名] それが備わっていると帝王になると言われる身体の特徴

राजलक्ष्मी [名*] (1) 国王の栄耀 (2) 国王の栄光

राजलाल [名]〔鳥〕サンショウクイ科コベニサンショウクイ【*Pericrocotus cinnamomeus*】

राजवंश [名] (1) 王家；王族 (2) 王朝 मुगल राजवंश ムガル王朝

राजवर्चा [名] (1) 王位 (2) 王権

राजवसति [名*] 王宮；宮殿= राजभवन; राजमहल.

राजविद्रोह [名] 反逆；謀反= बगावत; राजविप्लव.

राजविद्रोही [名] 反逆者；謀反人= बाग़ी.

राजवीथी [名*] = राजपथ.

राजवृक्ष [名]〔植〕マメ科高木ナンバンサイカチ【*Cassia fistula*】

राजवैद्य [名] 国王の侍医；御殿医；御典医

राजशाही[1] [形] (1) 王の；国王の (2) 王者らしい；偉容のある

राजशाही[2] [名*] (1) 国王の支配 (2) 王位；王権

राजश्री [名*] 国王の威光；国王の威勢

राजस [形] ラジャス（激質）に発する→ रजस्.

राजसत्ता [名*] 政権；政治権力

राजसभा [名*] (1) 宮廷 (2) 御前会議

राजसाँप [名]〔動〕爬虫類マルオアマガサヘビ（毒蛇の一）= अहिराज. 【*Bungarus fasciatus*】〈banded krait〉

राजसिंह [名] 王中の王；大王；帝王；帝= शहंशाह.

राजसिंहासन [名] 玉座

राजसिक [形]〔イ哲〕激質の→ रजस्. राजसिक-तामसिक वृत्ति〔アユ〕激質・翳質的気質→ तमस्, तामसिक.

राजसी[1] [形] (1) 国王らしい；国王にふさわしい；王者らしい मेरे बेटे में राजसी गुण उमर रहे हैं わが息子には王者らしい性質が現れつつある राजसी ठाठ 王者の華麗さ；帝王の豪華さ बादशाह राजसी कपड़ों में था 王は王者にふさわしい服装をしていた राजसी वस्त्राभूषण से सजी रानी 王家の装いで飾られた王妃 (2) きらびやかな；派手な；華麗な；豪華な आरंभ से ही सिक्ख धर्म ने आडंबर तथा राजसी मूल्यों का परित्याग किया है シク教はその最初から虚飾やきらびやかなもの，派手なものを捨て去っている राजसी ठाठ के कालीन 豪華な絨毯

राजसी[2] [形] 激質の優勢な；激質の支配的な→ रजस्.

राजसूय [名]〔ヒ〕ラージャスーヤ（古代インドの帝王の即位式に先立って行われた祭儀）；即位の礼

राजस्थान [名] (1) ラージャスターン（州） (2) = राजपूताना.

राजस्थानी[1] [形] (1) ラージャスターンの；ラージャスターン地方の (2) ラージプターナの；ラージプターナ地方の

राजस्थानी[2] [名] ラージャスターンの住民；ラージャスターン人；ラージャスターン出身の人

राजस्थानी[3] [名*]〔言〕ラージャスターン語（近代インド・アーリアン語のラージャスターン州を中心に行われている言語の総称．そのうち西部方言のマールワーリーが古くからの文学を有するものとして重要）

राजस्व [名] (1) 国家の歳入；国庫収入；国税 (2) 地税；地租 प्रत्येक गाँव का मुखिया राजस्व या कर वसूल किया करता था いずれの村の村長も地代の徴収を行っていた **राजस्व गुप्तचर निदेशालय** 国税調査局 राजस्व मंत्री 州の蔵相→ वित्तमंत्री. 中央政府蔵相；大蔵大臣；財務大臣

राजहंस [名]〔鳥〕フラミンゴ科ベニイロフラミンゴ【*Phoenicopterus ruber*】= हंज; राजमराल.

राज हारिल [名]〔鳥〕ハト科ミカドバト【*Ducula aenea*】〈green imperial pigeon〉

राजा [名] 複数直格形は普通無変化であるが，まれに राजे の形で用いられることがある．単数斜格形は राजा のままで複数斜格形は राजाओं となる．(1) 国王；王；帝王；殿様；王者；大名；諸侯 राजा दधिवाहन निस्संतान था ダディヴァーハナ王には世継ぎがなかった राजे-महाराजे 王侯 (2) 支配者；首長；主人；旦那；大旦那 (3) 大金持ち；長者；金満家 कहाँ मैं एक नीच जाति की चमारिन और कहाँ आप नगर के राजा! 片や手前は身分卑しいチャマールの女，片や貴方様はこの町の大旦那でいらっしゃる．比べようがございません (4) 最愛の人に対する呼称．愛称としても用いられる सुनो कहानी, मुन्ने राजा 可愛い子供よ，それでは話をしてあげよう ‘अरे, हमारा राजा बेटा भी आया है’, कहकर उन्होंने मुझे गोद में उठा लिया 「やあぼんぼんもおいでになった」と言って私を抱き上げて下さった (5) 立派な人；最もすぐれた人 देखने में ही राजा नहीं, वे मन के भी राजा थे 見た目にも王者であったばかりでなく心の王者でもあった (6) 最もすぐれたもの；最も力のあるもの；王者；王；王様 गुलाब तो फूलों का राजा है バラは花の王様 यदि सोना धातुओं का राजा है, तो चाँदी धातुओं की रानी 金が金属の王様なら銀は金属の王妃様 अमाँ हमारे साहब राजा आदमी हैं, राजा あのね，うちの旦那はお殿様なんだ，お殿様なんだよ **राजा करे सो न्याव, पांसा पड़े सो दाव**〔諺〕王のなすところが正義なり．賽の目の出たところが勝負なり．王と賽の目には勝てぬもの= पांसा पड़े सो दाँव, राजा करे सो न्याँव.

राजाधिराज [名] 王の中の王；大王；帝王

राजाधिष्ठान [名] 首都；首府；都= राजधानी.

राजि [名*] 線；条；列；筋

राज़िक़ [形・名]《A. رازق》生活の糧を与える；神= अन्नदाता.

राजिका [名*] (1) 筋；条；列 (2) 線 (3) 畝

राजी[1] [名*] (1) 筋；列；線 (2)〔植〕オオカラシナ= राई.

राजी[2] [名*]〔鳥〕ハタオリドリ科コイワスズメ【*Petronia xanthocollis*】

राज़ी [形]《A. راضی》(1) 同意した；納得した；承知した；承諾した मकान छोड़ने के लिए राज़ी हुई 家を手放すのに同意した **- को = के लिए राज़ी कराना**（ーを＝に）同意させる；承諾させる；承知させる लोकसभा तथा विधानसभा को चुनाव लड़ने हेतु राज़ी कराने का प्रयास हो रहा है 下院と州議会に選挙を戦うため同意させる努力がなされている अच्छा, पापा को मैं राज़ी करा लूँगी いいわ，お父さんにうんと言わせるわ (2) 満足した；喜んだ (3) 元気の良い；機嫌の良い；健康な पंडित जी, वह कैसी है? राज़ी है न? あの人はどうしていますか．元気ですね

राज़ी-ख़ुशी[1] [名*]《P. راضی خوشی》(1) 無事 (2) 満足；喜び **राज़ी-ख़ुशी पूछना** 消息をたずねる **राज़ी-ख़ुशी से** 喜んで；気持ちよく आगापीछा सोचकर संबंध उचित होने पर उसका राज़ी ख़ुशी से ब्याह कर दिया जाए 良く考えて良縁であれば喜んで嫁がせること

राज़ी-ख़ुशी[2] [副] 無事に= सही सलामत. सुंदर राज़ी-ख़ुशी घर लौटे スンダルは無事に家に戻った

राज़ीनामा [名]《A.P. راضی نامہ》(1) 示談書 (2) 承諾書

राजीव [名] (1) ハス（の花） (2) 青蓮華

राजेंद्र [名] 大王；帝王= शहंशाह; बादशाह.

राजोपकरण [名] 王位や王権を示す物

राज्ञी [名*] 王妃；皇后= रानी.

राज्य [名] (1) 国家；国 उन्नीसवीं शताब्दी में अधिकतर राज्यों को इस बात की चिंता नहीं होती थी 19 世紀においてはほとんどの国家にこのことの心配はなかった राज्य पर एक दल के द्वारा सर्वहारा की तानाशाही हो तो 国に一党によるプロレタリアート独裁政治が行われるならば राज्य को किसी धर्म में हस्तक्षेप नहीं करना चाहिए 国家はいかなる宗教にも干渉してはならない (2) 王国 उसके राज्य का अंत その王の王国の終焉 हर्षवर्द्धन का राज्य ハルシャヴァルダナ王の王国 (3) 統治；支配；政治；治世 दिल्ली में अलाउद्दीन ख़िलजी का राज्य था デリーをアラーウッディーン・ヒルジー（キルジー）が治めていた अंग्रेज़ हमारे ऊपर राज्य करते थे イギリス（人）が我々を支配していた राज्य पर बैठना 王位につく；即位する (4)（インド連邦の）州= प्रदेश; सूबा; रियासत. केंद्र और राज्य 中央と州 सभी स्कूल राज्य द्वारा चलाए जाते हैं すべての学校は州によって運営されている राज्यपुनर्गठन आयोग 州再編成審議会 राज्य में मिला लेना 州に併合する

राज्यकर्ता [名] 統治者；支配者

राज्यकार्यक्षेत्र [名] 領土 = राज्यक्षेत्र; भूभाग.

राज्यकाल [名] 統治期間；治世 हर्ष का राज्यकाल ハルシャ王の治世

र

राज्यकृत नागरिकता [名*] 帰化 किसी एक राज्य का नागरिक जब किसी अन्य राज्य की नागरिकता प्राप्त कर लेता है तब उसे राज्यकृत नागरिकता कहते हैं 一国の市民が他の国の市民権を獲得することを帰化という
राज्यकोष [名] 王の金庫；国庫 नित्य सहस्रों विद्वान, भिक्षुओं का सत्कार राज्यकोष से होता था 毎日幾千人の学者や比丘たちの接待が国庫によって行われていた
राज्यक्रांति [名*] 革命；政治的変革
राज्यक्षेत्र [名] 領土 = भूभाग. 〈territory〉
राज्यच्युत [形] 廃位された；退位させられた
राज्यच्युति [名*] 廃位；退位
राज्यतंत्र [名]〔政〕政治形態；政治組織
राज्यपरिषद् [名*] → राज्यसभा.
राज्यपाल [名] インドの州知事（大統領の任命による）
राज्यप्रबंध [名] 国家組織 यहाँ राज्य प्रबंध आरंभिक प्रकार का था この地の国家組織は初歩的なものだった
राज्यभंग [名] 無政府状態
राज्यमंडल [名]〔政〕連邦
राज्यमंत्री [名] 国務大臣
राज्य विधानसभा [名*] 州立法院；州議会 राज्य विधानसभा का बजट अधिवेशन 州議会の予算会期
राज्य संचालन [名] 統治；国政 सारी शक्ति अपने हाथ केंद्रित करके ही राज्यसंचालन किया जा सकता है 全権を自分が掌握して始めて統治することができる
राज्यसचिव [名] 国務長官（アメリカ合衆国の）
राज्यसत्ता [名*] 政治権力
राज्यसभा [名*] ラージュヤ・サバー（インド連邦共和国議会の上院．定員 250 名．大統領の指名による 12 名の学識者・社会活動家の議員を除く 238 名が州議会議員代表による間接選挙により選出される．任期 6 年間で 2 年ごとに全議員の 3 分の 1 が改選される）〈Council of States〉→ लोकसभा.
राज्य सरकार [名*] 州政府〈state government〉
राज्यसात् [形]（国家などに）没収された
राज्यसात्करण [名]〔法〕没収
राज्याध्यक्ष [名] 元首；国家元首 राष्ट्रपति भारत का राज्याध्यक्ष 大統領はインドの元首である
राज्याभिषिक्त [形] 即位した；即位の灌頂式を終えた
राज्याभिषेक [名] (1) 即位 (2) 即位式（戴冠式）
राज्यारोहण [名] 即位〈accession〉
राटुल [名] 地中に埋けこんだ太い柱に掛けて用いられる大型の天秤
राठौड़ [名] = राठौर.
राठौर [名] ラートール氏族（ラージャスターンの武士種姓ラージプートの氏族名の一．ジョードプル藩王家がその代表的存在）
राड़[1] [名*] 戦い；戦争
राड़[2] [形] (1) 下賤な；卑賤な (2) 取るに足らない
राड़[3] [名*] = राँड़.
राढ़ [名*] (1) 争い；いさかい (2) 言い争い；口論
राढ़ा [名*] (1) 光 (2) 輝き
राणा [名] (1) ラージャスターンの有力王侯の称号の一；ラーナー (2) 1951 年に至る約 100 年の間ネパールの事実上の支配権を握った将軍家の一族とその称した称号；ラーナー（家）；ラナ家
राणाशाही [名*] ネパールのラーナー政権；ラーナー支配；ラーナー専制体制（1846 年に始まり 1950 年に終滅）
रात [名*] 夜；夜中= रात्रि; निशा; रजनी. उन दिनों रातें छोटी होती हैं その頃は夜（の時間）が短い रात और दिन 夜と昼；昼と夜；夜間と日中 रात और दिन के समय की जानेवाली वेशभूषा और मेक अप में 夜と昼の服装と化粧に हर दिन रात 毎日毎夜 **रात आँखों में काटना** 一睡もせずに夜を明かす वह रात उस लड़की के माता-पिता ने आँखों ही आँखों में काट दी थी その夜をその娘の両親は一睡もせずに過ごした **रात आँखों में जा॰** = रात आँखों में कटना. **रात आँखों में निकलना** = रात आँखों में कटना. **रात काटना** 夜を過ごす एक सराय में रात काटने के इरादे से ठहर गया 一軒の旅籠で夜を過ごすつもりで立ち止まった **रात की रात** *a.* 一夜のうちに *b.* またたく間に *c.* 夜通し= रात ही में. **रात खुलना** 夜が明ける अगले दिन वह रात खुलने से पहले उठा 翌日，夜明け前に起きた **रात गये** 夜遅く；夜が更けてから भिखारी है, सुबह भीख को निकलता है, कभी रात गये लौटता होगा 乞食だから朝物乞いに出掛けることもあれば夜遅く戻ることもあろう **रात गहरी हो॰** 夜が更ける= रात चढ़ना. **रात झुकना** 夜になる；日が暮れかかる जब रात झुकने लगी तो हम लोग चलने के लिए उठे 日が暮れかかると歩くために立ち上がった **रात ढलना** 夜が過ぎ去る **रात पड़ना** 夜になる रात पड़ते पड़ते सब खोज करनेवाले वापस आ गए 夜になるとすぐに探していた人たちは戻ってきた **रात बोलना** 夜中にしんと静まり返る **रात भारी हो॰** 悶々として夜を過ごす **रात भीगना** = रात गहरी हो॰. **रात में चौंकना** 子供が夜中に怯える；夜泣きする **रात शूली पर कटना** 辛い毎日を過ごす **रात ही रात** 夜のうちに；夜の明けぬうちに वह रात ही रात निकल गया 夜の明けぬうちに出発した **रातों रात** 夜のうちに；一夜に；一夜にして；短時日に निराशा-हताशा की यह स्थिति अचानक रातों रात नहीं बनी है 絶望，失望のこの状況は一夜にして現出したのではあるまい इससे देश का प्रत्येक नागरिक रातों रात मालामाल बनने के स्वप्नों में खो गया このため国民全部が一夜にして大金持ちになる夢に我を忘れた
रात की पारी [名*]（交代制の）夜勤；夜間勤務
रात की रानी [名*]〔植〕ヒガンバナ科ゲッカコウ（月下香）；チューベローズ；オランダスイセン= रजनीगंधा.
रात-दिन [副] 日夜；一日中；四六時中 रात-दिन पूजापाठ में लीन रहती 一日中，礼拝に没頭している **रात दिन एक क॰**（昼夜の別なく）懸命に努力する **रात दिन बराबर हो॰** 絶え間なく苦難のうちに過ごす
रातना [自] (1) 赤くなる；赤く染まる (2) 染まる (3) 好きになる；惚れる；惚れ込む (4) 熱中する；没頭する (5) 喜ぶ；嬉しくなる
रात-बिरात [副] 夜のうちに；夜の夜中に चले आते हैं रात-बिरात जान खाने 夜の夜中に面倒をかけにやって来る
रातरानी [名*] → रात की रानी.
राता [形+] (1) 赤い= लाल; सुर्ख़. (2) 染まった= रँगा हुआ. (3) 好きになった；惚れた (4) 喜んだ；嬉しくなった
रातिब [名]《A. راتب》(1) 分配；配給（量） इसी कारण रातिब की मात्रा कम होने पर भी वह असंतुष्ट नहीं जान पड़ता था だから配分が少なくても彼は不満には見えなかった (2) 犬や馬などの 1 日分の餌；飼料 फ़िटनों के घोड़ों के मुँह पर रातिब के तोबरे चढ़े हुए थे フェートン型四輪馬車の馬の首には餌袋が下げられていた (3) 給料；給与
रातुल[1] [形] 赤い；赤色の= लाल; सुर्ख़.
रातुल[2] [名] = राटुल.
रात्रिंचर[1] [形] (1) 夜中に徘徊する (2) 夜行性の
रात्रिंचर[2] [名] (1) ラークシャサ राक्षस (2) 盗人；盗賊
रात्रिंदिव [副] 日夜；昼夜
रात्रि [名*] 夜；夜中；夜間= रात; निशा.
रात्रिक [形] 夜の；夜中の；夜間の
रात्रिकर [名] 月；太陰= चंद्रमा.
रात्रिकाल [名] 夜；夜間 यदि ऐसा न होता तो रात्रिकाल में काम करने वाले मनुष्य को बड़ा कष्ट होता もしそうでなければ夜働く人たちは大変辛いことになる
रात्रिकालेज [名]《H. + E. college》二部の大学；夜間大学
रात्रिचर[1] [形] = रात्रिंचर. रात्रिचर प्राणी 夜行性の動物= रात्रिचर जंतु; शबीना जानवर.
रात्रिचर[2] [名] (1) ラークシャス राक्षस (2) 盗人；盗賊
रात्रिडाकघर [名] 夜間郵便局
रात्रि पाठशाला [名*] 夜間学校；夜間学級；成人教育の夜学校；夜学校
रात्रिचारी [名] = रात्रिचर.
रात्रिजल [名] 露= ओस.
रात्रिभोज [名] (1) ディナー；正餐 उसने हमें सामाजिक कार्यकर्ताओं के साथ रात्रिभोज पर आमंत्रित किया 私たちを社会活動家たちとともにディナーに招待した (2) 晩餐会；正餐会 राष्ट्रपति द्वारा आयोजित रात्रिभोज में भाषण देते हुए 大統領主催の晩餐会でのスピーチで
रात्रिभोजन [名] 正餐；ディナー
रात्रिशाला [名*] 夜間学校；夜学校
रात्री [名*] 夜；夜間= रात.
राधन [名] (1) 完成（させること） (2) 入手；獲得；取得 (3) 満足 (4) 手段

राधना [他] (1) 祈る；礼拝する＝ पूजा क॰. (2) 完成させる＝ पूरा क॰; साधना.

राधा [名*]〔イ神〕ラーダー（牧夫ヴリシャバーヌ वृषभानु の娘で人妻であったがクリシュナに最も愛された牧女でラクシュミー神の化身とされる）

राधाकांत [名] クリシュナ神

राधारमण [名] クリシュナ神

राधावल्लभ [名] クリシュナ神

राधावल्लभी [名]〔ヒ〕ラーダーヴァラバ派（ヴィシュヌ派の一） राधावल्लभी सम्प्रदाय

राधास्वामी [名] (1)〔人名・ヒ〕ラーダースワーミー（1818–1878. 1861 年に教えを説き始めたヒンドゥー教改革派の開祖） (2)〔ヒ〕ラーダースワーミー派（上記のラーダースワーミーの興したヒンドゥー教の一派．アーグラー市に本拠がある）

राधिका [名*] (1)〔イ神〕ラーディカー＝ राधा. (2)〔韻〕ラーディカー（各パーダが 22 モーラから成るモーラ韻律で 13 - 9 の間隔で休止）

राधेश्याम [名]〔イ神〕ラーダーとクリシュナ

राधेश्यामी [名]〔ヒ〕 राधेश्याम と全面に捺染されたチャーダル，ドゥパッター，ドーティーなどの布

रान [名*] 太股；大腿部 **रान तले दबाना** *a.* 抑える；押さえつける *b.* 意のままにする *c.* 馬に乗る **रान से रान बाँधना** 片時も離れずにいる

राना [名] ＝ राणा.

रानी [名*] (1) 王妃 (2) 女王 रानी बिल्ली 猫の女王 (3) 奥方；奥様 (4) 婦人や娘に対する丁寧な呼びかけの言葉や愛称として用いられる．(一) 様，(一) さん，お嬢さん，(一) ちゃんなど． चंदा रानी チャンダーちゃん कोई बात नहीं, घबराओ नहीं बहूरानी 構わないよ落ち着きなさいよ（嫁に対して姑が言う） (5) 擬人化して動物にも用いられる बिल्ली रानी 猫さん चिड़िया रानी मैं बहुत बहरी हूँ.यहाँ से भी कुछ नहीं सुन पाती 小鳥さん私はとても耳が遠いのよ．ここにいても少しも聞き取れないの (6) クイーン（トランプの札） **रानी को राना प्यारा, कानी को काना प्यारा** 〔諺〕似たもの同士；類は友を呼ぶ

रानी-मक्खी [名*]〔昆〕女王蜂＝ साम्राज्ञी मक्खी.

रान्नीघर [名] 台所；お勝手；調理場＝ रसोई घर.

रापती [名*] ラープティー川（ネパールの山中に源を発しウッタル・プラデーシュ北東部ゴーラクプルの近くでサラユー川に合流する）

राब [名*] (1) サトウキビの汁を濃く煮詰めたもの (2) 焼き畑

रॉबट [名] 《E. robot》ロボット समुद्र के अंदर से खोजी रॉबट ने उसके चित्र भेजने शुरू कर दिये 海中から探査ロボットがそれの写真を送り始めた

राबड़ी [名*] ラーブリー（牛乳を甘く煮詰めた飲料） ＝ रबड़ी.

राम [名] (1)〔ラマ・イ神〕叙事詩ラーマーヤナの主人公ラーマ．後に神格化されヴィシュヌ神の権化＝ रामचंद्र. (2) 最高神；天 राम जितना खाने को देता है, खा लो 天から授かるだけのものを食べなさい (3) 自称代名詞（謙称）手前；小生；愚生；拙者 अपने राम का ख़याल है कि... 愚考するところ… (4) 親しみを表すために名前などの下につける語；一君，一公，一さんなど भालू राम 熊さん (5)〔イ神〕パラシュラーマの異名 परशुराम (6)〔イ神〕バララーマ（クリシュナの兄）＝ बलराम. **राम आसरे** 運を天に任せて **राम क़सम** 後生だから；お願いだから；絶対に（一しないように願う）；本当に（願う）；心底から（願う） राम क़सम रुक जा यार おい頼むから止まってくれよ शादी की हामी भर दे सोनिया, राम क़सम 結婚すると言っておくれソーニヤー，後生だから **राम का नाम ले॰** 神を念じる；神を祈念する；神にすがる राम का नाम लूँ? 神を念じようか＝ ईश्वर की याद करूँ?. **राम का नाम लो** 絶対にあり得ないこと **राम का नाम ही** - 全然一しない；全く一しない **राम का प्यारा** 神を信じる人 पर राम के प्यारे को इन बातों का क्या डर 神を信じる者にこれしきのことが何故恐ろしかろう **राम जाने** *a.* 全くわからない；全然見当がつかない *b.* 断じて；決して；神かけて；絶対に **राम जी ऊपर चढ़ा देखता है** 〔諺〕天網恢々疎にして漏らさず **राम जी की माया, कहीं धूप कहीं छाया** 〔諺〕神のなせるわざには人知は及ばず **राम दाहिने हो॰** 運に恵まれる；運のつきがある **राम नाम की खेती** 神信心に熱中する；信仰生活に入り世俗を離れる **राम नाम सत्य है** 〔ヒ〕葬列が死者の棺架を担ぎ火葬場に向かう際唱えられる祈りの言葉 **राम नाम सत्य हो जा॰** *a.* 寿命が尽きる；滅びる *b.* 壊れる **राम भरोसे** ＝ राम-आसरे. **राम मालिक हो॰** 運を天に任せる **राम राम** *a.* 〔ヒ〕ヒンドゥーの出会いや別れの挨拶の言葉 राम राम ठाकुर साहब タークルさん今日は *b.*〔ヒ〕ヒンドゥー教徒が唱える神の名；唱名の言葉 राम राम रटना ラームラームと唱える *c.* 激しい嫌悪感を表す言葉 *d.* 哀れみや悲嘆を表す言葉 **राम राम क॰** 〔ヒ〕挨拶をする **राम राम करके** 必死になって；どうにかこうにか；ようやくのことで **राम राम हो॰** *a.* 挨拶の言葉が交わされる *b.* 関係や縁が全く切れる *c.* 尽きる；終わりになる *d.* 死ぬ；息が絶える

राम कथा [名*] ラーマーヤナ राम कथा की घटनाओं तथा पात्रों पर आधारित टिकट ラーマーヤナの出来事や人物に関する切手

राम क़सम [感] 自分の発言が真剣であり本心からのものであることを強調する表現；本当に；間違いなく；神かけて शादी की हामी भर दे सुशीला, राम क़सम! スシーラー，結婚のことうんと言っておくれ，本当に

रामकहानी [名*] (1) 身の上話 (2) 泣き言 **रामकहानी सुनाना** 縷々として述べる

रामकृष्ण परमहंस 〔人名〕ラーマクリシュナ・パラマハンサ（1834–1886．ベンガル，フグリ県出身の宗教家．その教えはヴィヴェーカーナンダを介してラーマクリシュナ・ミッションの形で発展する．本名ゴダドル・チョットパッダエ गदाधर चट्टोपध्याय）

रामकृष्ण मिशन [名] 《E. Ramakrishna Mission》ラーマクリシュナ・ミッション（ラーマクリシュナ・パラマハンサの教え，すなわち，一切の宗教は究極的に同じ真理を表しているとする認識を世界的に広めるために弟子のヴィヴェーカーナンダ स्वामी विवेकानंद によって創設された）

राम गंगरा [名*]〔鳥〕シジュウカラ科シジュウカラ【*Parus major*】

रामचंद्र [名]〔ラマ・イ神〕ラーマーヤナの主人公ラーマ；ラーマチャンドラ（ヴィシュヌ神の化身の一）

रामचकोर [名]〔鳥〕キジ科ヒマラヤセッケイ【*Tetragallus himalayensis*】

रामचरित मानस [名]〔イ文芸〕『ラームチャリトマーナス』（叙事詩ラーマーヤナに基づいたアワディー語による तुलसीदास 作の叙事詩でヒンディー語地域ではヒンドゥー教の主要な経典としての地位を占めてきた）

रामचिड़िया [名*]〔鳥〕ワシタカ科ミサゴ【*Pandion haliaetus*】

रामजननी [名*]〔イ神・ラマ〕ラーマーヤナのラーマの母カウシャリヤー王妃 कौशल्या

रामजना [名] ラームジャナー（北部インドで放浪芸を主たる生業としてきたカーストの一）

रामजनी [名*] ラームジャナーの女性 रामजनी का नाच ラームジャニーの踊り

रामतरोई [名*]〔植〕アオイ科オクラ【*Hibiscus esculentus*】＝ भिंडी; रामतुरई.

रामतुलसी [名*]〔植〕シソ科草本【*Ocimum gratissimum*】〈shrubby basil〉＝ बनतुलसी.

रामदल [名]〔ラマ〕ラーヴァナ退治の際にラーマの率いた猿軍

रामदाना [名]〔植〕ヒユ科草本スギモリケイトウ【*Amarantus hybridus*】

रामदास [名]〔人名・イ史〕ラームダース（1608–81．マラーター同盟のシヴァージーの政治顧問も務めた宗教家）

रामदुहाई [感] (1) 神かけて；必ず；きっと रामदुहाई, अगर आज भी वह नशा करवा देते, तो तुम्हें आशीर्वाद देता 神かけて，また今日もあの日のように酔わせてくれるなら恩に着るのだが (2) 詠嘆の気持ちを表す感動詞．おお神よ，ああ神様 (3) そのようなことが絶対にないように，絶対に起こらないように，の意味の祈願を表す (4)〔ヒ〕日常的な挨拶の言葉

रामदेव [名] (1) ラーマ राम；ラーマチャンドラ रामचंद्र (2)〔ヒ〕ラームデーオ（ラージャスターンやグジャラート地方の民間信仰の対象となっている伝説上の人物）

रामधाम [名]〔イ神・ラマ・ヒ〕古代都市アヨーディヤーの美称（古代国家コーサラ国の首都でサラユー川，もしくは，ガーグラー川の岸辺に位置したとされる．ダシャラタ王，ラーマ王の都としてヒンドゥー教徒の聖地の一）

रामनवमी [名*]〔ヒ〕ラームナヴァミー（チャイトラ月の白分 9 日，ラーマの生誕日）
रामनाम सत्य है [感] → राम.
रामनामी [名*] (1)〔ヒ〕金製の首飾りの一，ラームナーミー（ラームと言う刻印の入った珠飾りがついている） (2) ラームナーミー（ラーマの名号が捺染で記されているチャーダル，ドゥパッター，ドーティーなど） कोई कुरते या बगलबंदी पर रामनामी डाले हैं, तो कोई राधेश्यामी クルターやバガルバンディーにラームナーミーを着けている人もいればラーデーシャーミーを着けている人もいる दोनों ने रामनामी पीली चादरें ओढ़ रखी थीं 2 人ともラーマの名号の記された黄色のチャーダルをまとっていた
रामनौमी [名*] रामनवमी
रामपात [名*]〔植〕キツネノマゴ科草本リュウキュウアイ【*Strobilanthes cusia*】
रामपुर [名] (1)〔ヒ〕天国；極楽 (2)〔地名〕アヨーディヤーの美称の一
रामफटाका [名]〔ヒ〕ラーマーナンダ派のサードゥが額につける縦に 3 本の線を引いたティラク = ऊर्ध्वपुंड्र.
रामफल [名] (1)〔植〕バンレイシ科低木ギュウシンリ（牛心梨）【*Annona reticulata*】 (2) その果実
रामबाँस [名]〔植〕リュウゼツラン科サイザルアサ【*Agave sisalana*】= सीसल.
रामबाण [名] (1) 万能薬 रोगों का रामबाण (2) 妙薬；霊薬 (3) 即効薬 **रामबाण औषधि** 妙薬；霊薬 **रामबाण नुस्खा** 絶対確実な処方；妙薬 **रामबाण महौषधि** 万能薬；特効薬；妙薬
रामबैंगन [名]〔植〕ナス科低木スイミナスビ【*Solanum ferox*】
रामभक्त [名]〔ヒ〕ラーマチャンドラの信奉者
रामभरोसे [副] 運を天に任せて；神にすがって खेत रामभरोसे बोये और काटे जाते हैं 畑は運を天に任せて種が播かれ刈り取られるもの
राममोहन राय 〔人名・イ史〕ラームモーハン・ローイ（1772–1833. ベンガル出身の社会改革運動家・近代インドヒンドゥー教改革運動家として改革団体ブラフマ・サマージを創立した他，先駆的な教育振興にも活躍）
रामरज [名*] 黄土
रामराज्य [名] (1)〔イ神〕ラーム（チャンドラ）の王国；ラーマの統治により現出したとされるヒンドゥー教徒の理想郷；ラーマチャンドラの統治した国 (2) 王道；王道楽土；理想郷 रामराज्य का सपना महात्मा गाँधी देखा करते थे マハートマー・ガンディーは常に王道楽土を夢見ておられた
राम राम [名*・感] → राम. (1) ヒンドゥー教徒の出会いと別れとの挨拶の言葉の一 मेरे उठते ही नत्थू ने राम राम की 私が立ち上がった途端にナットゥーが挨拶をした (2) 驚きや悲嘆や憤りなどの気持ちを表す感動詞 राम राम, यही पढ़ी-लिखी होशियार है! いやはや学問のある女はさかしいものよ **राम राम करके** やっとのことで；ようやくのことで जिधर देखो चलने को मार्ग नहीं, राम राम करके यहाँ तक पहुँच पाया हूँ どちらを向いても道はなく，やっとのことでここまで辿り着けたのです **राम राम जपना पराया माल अपना** 〔諺〕言行不一致の人；偽善者
रामलीला [名*]〔ヒ〕ラームリーラー（ダシャラー दशहरा 祭に際してラーマーヤナの主人公ラーマの行跡を主題とした演劇. 職業劇団，もしくは，地域団体などの素人によって演じられる） **रामलीला मंडली** ラームリーラーを演じて歩く劇団
रामवाण [名] = रामबाण.
रामशर [名]〔植〕イネ科草本ワセオバナ【*Saccharum arundinaceum; Erianthus arundinaceus*】= रामसर.
रामशरण [名]〔ヒ〕ラーマ神に救いや助けを求めたりすがったりすること **रामशरण हो॰** *a.* 厭世観が起こる；厭世的になる *b.* 出家する *c.* 死ぬ
रामसनेही [名] (1)〔ヒ〕ラームサネーヒー（ヴィシュヌ派の一） (2)〔ヒ〕ラームサネーヒー派の信徒
रामसर [名] (1) → रामशर. (2)〔植〕キョウチクトウ科蔓木【*Vallaris solanacea; V. heynei*】
राम सलाम [名*] 日常的な挨拶（の言葉）（ヒンドゥーとムスリムの挨拶の言葉を合わせたもの） उसने हमसे राम सलाम भी छोड़ दी あの男，わしには挨拶もしなくなったわい

रामा [名*] 美女；美人；別嬪= सुंदर स्त्री.
रामानंद 〔人名・ヒ〕ラーマーナンダ（ヴィシュヌ派の一. ラーマーナンダ派の開祖，14～15 世紀）
रामानंदी [名・形]〔ヒ〕ラーマーナンダ派の（信徒）
रामानुज 〔人名・イ哲〕ラーマーヌジャ（ラーマーヌジャ派の開祖 1017–1137. 制限不二論 विशिष्टाद्वैत を説いた）
रामायण [名]〔イ文芸〕(1) マハーバーラタと並ぶサンスクリットによる古代インドの二大叙事詩の一，ラーマーヤナ (2) ラーマーヤナの伝承を素材にして諸言語で後世に作られた多くの作品. तुलसीदास の रामचरित मानस もラーマーヤナ（ラーマーヤン）と呼ばれる
रामायणी[1] [形] ラーマーヤナの
रामायणी[2] [名] (1) ラーマーヤナを聴衆に語り聞かせる人やそれを生業とする人 (2) ラーマーヤナの話に詳しい人 (3) ラームリーラー रामलीला の際 तुलसीदास のラーマーヤナ（रामचरितमानस）を歌い語る人
रामायन [名] = रामायण.
रामेश्वर 〔地名〕ラーメーシュワル／ラーメーシュワラム（タミル・ナードゥ州東南端のスリランカに面した島でヒンドゥー教の四大聖地の一）= रामेश्वरम.
राय[1] [名] (1) 国王 (2) 諸侯；ラーエ (3) 中世に敬称として用いられた称号の一，ラーエ→ राय बहादुर; राय साहब.
राय[2] [名*]《A. رائے राए》(1) 考え；意見；所感= विचार; ख़याल. (2) 相談 = परामर्श. (3) 忠告 (4) 判断；心証 **इसमें दो राय नहीं** 完全に同意見である；異論のないところだ **राय क़ायम क॰** 判断する；決断する **राय गाँठना** 考えを決める；決意する **राय दे॰** 考えを述べる；意見を述べる= अक्ल दे॰. (-से) **राय माँगना** （－に）意見を求める；相談する कार्यकारिणी सदस्यों से राय माँगना 執行委員会のメンバーに相談する (-से) **राय ले॰** （－に）相談する डाक्टर से राय ले॰ 医者に相談する
रायज [形]《A. رائج》行われている；通用している；流通している；広まっている मैं इस दवा को हिंदुस्तान में रायज करना चाहता हूँ この薬をインドに広めたいと思っている
रायता [名]〔料〕ラーエター（ヨーグルトにスライスした生野菜や煮た野菜，果物などを混ぜ香辛料を加えた料理）
रायदिहिंदगी [名*]《A.P. رائے دہندگی》投票= मतदान.
रायदिहिंदा [名]《A.P. رائے دہندہ》投票者= वोट देनेवाला; मतदाता.
रायबरेली 〔地名〕ラーエバレーリー（ウッタル・プラデーシュ州中部に位置する都市）
रायबहादुर [名]《H. + P. بہادر बहादुर》ラーエバハードゥル（イギリス統治時代に資産家や名士に授けられた称号の一）
राय-बात [名*]《A. رائے + H.》相談；話し合い राय-बात हो॰ 話し合いや相談がなされる और किसानों से फिर राय-बात हुई 他の農民たちと再び話し合いが行われた
रायल[1] [形]《E. royal》(1) 王の；国王の (2) 王家の；王族の (3) 王立の (4) 王にふさわしい；王者らしい (5) 立派な；華やかな；威容のある
रायल[2] [名]《← E. royal paper》ロイヤル判
रॉयल सैल्यूट [名*]《E. royal salute》国王に対する礼砲；王砲
रायल्टी [名*]《E. royalty》印税，著作権使用料；特許権使用料 रायल्टी मिलने लगी 印税が入り始めた **रायल्टी का चेक** 印税の小切手
रायशुमारी [名*]《A.P. رائے شماری》(1) 国民投票；一般投票 आज़ाद रायशुमारी के ज़रिये 自由な国民投票を介して (2) 世論調査（などの大規模な調査） भाषाई रायशुमारी 言語調査
राय साहब [名]《H. + A. صاحب साहब》ラーエサーハブ（英領インド時代にイギリス当局がヒンドゥーの資産家たちに与えた称号の一）
रार [名*] (1) いさかい；喧嘩 जब आपस में फूट और रार है तो पंचायतों से क्या होगा? 対立し喧嘩しているんであればパンチャーヤットが裁定を下してもどうなるものでもない (2) 口論；口喧嘩；言い争い **रार ठानना** 喧嘩をする सच बतलाओ मौसी रानी! तुमने रार किस लिए ठानी? おばさん，なぜ喧嘩をしたの. 本当のことを話して頂戴 **रार मचाना** = रार ठानना. **रार मोल ले॰** 喧嘩を買う

राल[1] [名] (1)〔植〕フタバガキ科サラソウジュ（沙羅双樹）【*Shorea robusta*】 (2) 同上の木から採れる樹脂

राल[2] [名] (1) 唾；つばき；唾液 (2) 涎 **राल टपकना** 涎が出る；涎を垂れる **राल गिरना** = राल टपकना. **राल चूना** = राल टपकना.

रालि [名*]〔植〕イネ科ヒエ【*Panicum frumentaceum; Echinochloa frumentacea*】= श्यामक; साँवा.

राव[1] [名] (1) 王；国王= राजा. (2)（ラージプターナの藩王国などの）藩侯（とその称号，ラーオ） (3) 廷臣

राव[2] [名]〔植〕スイカズラ科低木乃至小木【*Abelia triflora*】

राव-चाव [名] (1) 歓楽 (2) 愛情；愛着 (3) いちゃつき；ふざけ；なれなれしいしぐさ

रावट [名]〔鉱〕瑠璃；ラピスラズリ= लाजवर्द. 〈lapis lazuri〉

रावटी [名*] (1) 小型のテント；天幕 (2) 小屋 (3) 東屋；四阿

रावण [名] (1)〔ラマ・イ神〕ラーヴァナ（ラーマーヤナに登場するランカー島の支配者，ラークシャスの王） (2) ラーヴァナのように暴虐な人；残虐な人

रावणहत्ता [名]《Raj. रावणहथ्थो》〔イ音〕ラーヴァナハッター（鈴のついた弓で弾かれるラージャスターンやグジャラート地方固有の擦弦楽器）= रावणहत्था.

रावत [名] (1) 諸侯 (2) クシャトリヤ (3) ラージプート (4) 首領 (5) 武勇の誉れ高い人

रावबहादुर [名]《H.+ P.بہادر》ラーオバハードゥル（英領インド時代にイギリス当局から南インドのヒンドゥーの名士に与えられた称号の一． राव साहिब より上の格付け）

रावरा [代]《Av.,Br.》二人称代名詞所有格形あなたの，貴殿のなど= आपका.

रावल[1] [名] (1) 王 (2) 旧ジャイサルメール藩王などの称号 (3) マールワール地方の諸侯の称号

रावल[2] [名] 後宮= रनिवास; अंतःपुर.

रावलपिंडी〔地名〕ラーワルピンディー（パキスタンのパンジャーブ州北西部の主要都市）

राव साहिब [名] ラーオサーハブ（イギリス統治時代にイギリス当局が南インドのヒンドゥーの名士に与えた称号の一）

रावी[1] [名*] ラーヴィー川（ヒマーチャル・プラデーシュ州の山中に源を発しパキスタン北部を流れるチナーブ川に注ぐ）

रावी[2] [名]《A. راوی》(1) 語り手；講釈師；講談師 (2)〔イス〕預言者ムハンマドの言葉を語り伝える人；ラーヴィー；ラーヴィヤ

राशन [名]《E. ration》(1) 配給量；定量 (2) 配給 राशन के युग में 配給の時代に (3) 配給物（行政の保障する食糧や衣料その他の低価格の生活必需品） (4) 食糧；糧食 (5)〔軍〕糧食 राशन कपड़ा 配給衣料 ग्रामीणों को राशन कपड़ा 農民に配給衣料 राशन दुकान 配給品販売店 राशन-पानी 囚人に与えられる食糧と飲料

राशन कार्ड [名]《E. ration card》配給通帳 राशनकार्ड धारी 配給通帳所持者

राशनिंग [名]《E. rationing》配給；配給制度

राशि [名*] (1) 同種のものの集まり；集積；堆積 (2)〔天〕黄道十二宮；宮 मेष 白羊宮， वृष 金牛宮， मिथुन 双子宮， कर्क 巨蟹宮， सिंह 獅子宮， कन्या 処女宮， तुला 天秤宮， वृश्चिक 天蠍宮， धनु 人馬宮， मकर 磨羯宮， कुंभ 宝瓶宮， मीन 双魚宮 (3) 額；一定額 जुर्माने की एक निश्चित राशि का भुगतान 罰金の一定額の支払い जीवनबीमा की राशि 生命保険の金額 (4) 一定額の金 मरनेवालों के परिवारों को राहत स्वरूप राशि देने की माँग की है 遺族への救援金支給の要請がなされた **राशि आ॰** 運勢が向く **राशि बैठना** 養子になる **राशि मिलना** *a.* 縁談に際してホロスコープ（運勢図）に不都合や問題がなく合致する *b.* 調子が合う；息が合う

राशि चक्र [名]〔天・占星〕黄道帯一覧図〈zodiac; zodiacal circle〉

राशिनाम [名]〔ヒ〕黄道十二宮に基づいてつけられた名前で宗教行事に際してのみ用いられる個人名

राशिफल [名] (1) 星占い；運勢占い आज का राशिफल 今日の運勢；今日の星占い उसने साथ ही साथ अपना राशिफल भी ज्योतिषियों को देखने को कहा ついでに自分の運勢も見てくれるようにと占い師たちに言った (2)〔占星〕人の運勢を決める出生時の黄道十二宮の星宿の位置 'बट्टू का राशिफल क्या है?' 'कन्या राशि'「嫁は何座かね」「乙女座です」

राशिमणि [名*] 誕生石

राष्ट्र [名] (1) 国家 (2) 国民 (3) 民族

राष्ट्रकवि [名] 桂冠詩人；国民詩人 राष्ट्रकवि रडयार्ड किपलिंग 桂冠詩人R. キプリング राष्ट्रकवि दिनकर 国民詩人ディンカル

राष्ट्रकुल [名] 英連邦；イギリス連邦 राष्ट्रकुल छोड़ना 英連邦を脱退する राष्ट्रकुल देश 英連邦加盟国

राष्ट्रगान [名] 国歌

राष्ट्रगीत [名] 国歌

राष्ट्रध्वज [名] 国旗

राष्ट्रनायक [名] 民族指導者

राष्ट्रनिर्माण [名] 建国；国家建設

राष्ट्रनेता [名] (1) 民族指導者 (2) 国民指導者

राष्ट्रपति [名]（インド連邦共和国の）大統領

राष्ट्रपतित्व काल [名] (1) 大統領任期 (2) 大統領期間

राष्ट्रपति भवन [名] 大統領官邸

राष्ट्रपति राज्य [名] インドの大統領による連邦州の直接統治= राष्ट्रपति शासन. राष्ट्रपति शासन लागू क॰ 大統領直接統治を布く

राष्ट्रपिता [名] 国父（マハートマー・ガーンディー，すなわち，インド独立の父とされるモーハンダース・カラムチャンド・ガーンディー氏 मोहनदास करमचंद गाँधी に対する尊称） बापू को लोग 'राष्ट्रपिता' भी कहते हैं 国民はバープーを国父とも呼ぶ राष्ट्रपिता गाँधी ज़िंदाबाद （我等が）国父マハートマー・ガンディー万歳

राष्ट्र पुष्प [名] 国花= कौमी फूल.

राष्ट्रभाषा [名*] 国語；国家を代表する言語，すなわち，国家語（インドではヒンディー語が国家語とされる）

राष्ट्रमंडल [名] イギリス連邦；英連邦〈Common Wealth; British Common Wealth〉= ब्रितानी राष्ट्रमंडल.

राष्ट्रमंडलीय [形] イギリス連邦の；英連邦の भारतीय खिलाड़ियों को एशियाई और राष्ट्रमंडलीय खेलों की तैयारी के लिए アジア競技会及び英連邦競技会の準備のためインド人選手を

राष्ट्रवाद [名] 民族主義；ナショナリズム= वतनपरस्ती.

राष्ट्रवादी[1] [形] (1) 民族主義の (2) 民族主義的な भारत के प्रमुख राष्ट्रवादी नेता インドの代表的民族主義指導者

राष्ट्रवादी[2] [名] 民族主義者；ナショナリスト

राष्ट्रविरोधी [形] 反国家的な

राष्ट्रव्यापी [形] 全国的な；全国に及ぶ

राष्ट्र संघ [名] (1) 国際連盟 (2) 国際連合= संयुक्त राष्ट्र संघ.

राष्ट्रहित [名] 国益；国家の利益

राष्ट्रहीन [形]〔法〕無国籍の

राष्ट्रहीनता [名*]〔法〕無国籍（状態）

राष्ट्राध्यक्ष [名] 国家元首 मेज़बान देश का राष्ट्राध्यक्ष 主催国の元首

राष्ट्रिक [形] (1) 国の (2) 国民の (3) 民族の

राष्ट्रिकता [名*] 国籍〈nationality〉

राष्ट्रीय [形] (1) 国の；国家の；国定の；国立の राष्ट्रीय झंडा 国旗 राष्ट्रीय स्तर पर अभियान चलाया जा रहा है 国家的な規模で運動が推進されつつある राष्ट्रीय महामार्ग 国道；ハイウェー राष्ट्रीय हित 国益= राष्ट्रहित. राष्ट्रीय आपदा 国家の危機；国難 **राष्ट्रीय उद्यान** 国定公園；国立公園；ナショナルパーク भारत में 16 राष्ट्रीय उद्यान एवं 172 अभयारण्य हैं インドには 15 のナショナルパークと 172 のサンクチュアリーがある (2) 国民の राष्ट्रीय आय 国民所得 राष्ट्रीय पर्व 国民祝祭日 मारिशस में शिवरात्रि तथा दीपावली पर्व राष्ट्रीय पर्व के रूप में मनाये जाते हैं モーリシャスではシヴァラートリ祭とディーパーワリー祭とが国民祝祭日として祝われる (3) 全国の；全国的な राष्ट्रीय समाचारपत्र 全国紙 (4) 民族の；民族的な राष्ट्रीय धुन 民族音楽；民族音楽の旋律 राष्ट्रीय नेता 民族指導者 राष्ट्रीय नेताओं, विशेषकर महात्मा गाँधी ने अस्पृश्यता उन्मूलन के लिए महत्त्वपूर्ण कार्य किए 民族指導者，中でも，マハートマー・ガンディーが不可触制撤廃に重要な活動をした राष्ट्रीय एकता 民族統合 राष्ट्रीय जागरण 民族の覚醒

राष्ट्रीयकरण [名] 国有化〈nationalization〉 बैंकों का राष्ट्रीयकरण 銀行の国有化

राष्ट्रीयकृत [形] 国有化された〈nationalized〉 राष्ट्रीयकृत बैंक 国有化された銀行

राष्ट्रीयता [名*] 民族主義；ナショナリズム सच्ची राष्ट्रीयता 真のナショナリズム

राष्ट्रीय विद्यालय [名]〔イ史〕20 世紀インドにおいて反英抗争の一環として官立学校をボイコットし民族主義的な立場に立って教育を施す目的で設立された学校

राष्ट्रीय स्वयंसेवक संघ [名]〔ヒ・イ政〕ラーシュトリーヤ・スヴァヤムセーヴァク・サング（略称，RSS，1925 年に創立されたヒンドゥーイズムを奉じる宗派主義的団体）

रास[1] [名*] (1) 積み上げたもの；堆積 (2) 脱穀した穀物の山 (3)〔天・占星〕黄道十二宮 (4) 養子縁組み (5) = राशि. **रास आ॰** *a.*（－に＝が）合う；合致する；適合する；ぴったりする；しっくりする लगता है मुझे ही वह दुनिया न समझ आई और न रास 自分だけが世の中を理解できずうまく行かなかったようだ *b.* 縁談を進める上でホロスコープ（運勢図）の星宿が一致する (-की) **रास पर आ॰**（－の）後継者になる；後を継ぐ **रास पर आ॰** 最高の位置に立つ；頂点に立つ अभी दोनों घोड़ियों की चाल रास पर नहीं आई 2 頭の馬の足取りはまだ最高になっていない **रास बैठना** 養子になる= गोद जा॰. (-) **रास बैठाना**（－を）養子にする **रास मिलना** 気性が似る；気が合う；人と気持ちがしっくり合う；馬が合う

रास[2] [名] (1) 音 (2) 騒音；喧騒 (3)〔ヒ・芸〕クリシュナとゴーピー（牧女）たちが行ったとされる歌と踊りを模して行われる円舞；ラース（ラーサ） **रास रमाना** ラースを演じる

रास[3] [名]《A. راس》(1) 頭 (2) 動物の頭数を数える際の助数詞．頭，匹など (3) 頂き；頂点 (4) 岬

रास[4] [名*] 手綱 (-की) **रास कड़ी क॰** = रास कड़ी रखना. (-की) **रास कड़ी रखना**（－の）手綱を締める；(－を) 統御する；統制する **रास ढील दे॰** 手綱を緩める (-) **रास में लाना**（－を）思うようにする；思うように操る；意のままにする (-की) **रास मोड़ दे॰**（－の）向きを変える；方向を転換する (-पर) **रास लगाना**（－を）統御する；制御する (-की) **रास सँभालना**（－の）手綱を持つ；手綱を握る (-की) **रास हाथ में रखना** = रास सँभालना.

रास[5] [名*]《P. راس》道；道路= राह; रास्ता; मार्ग.

रासक [名]〔イ演〕ラーサカ（サンスクリット演劇の分類の一で 5 人の人物が登場し賢明な女性主人公と愚かな主人公の演じる喜劇の一種）

रासक क्रीड़ा [名*] = रास लीला.

रासधारी [名] (1) ラーサリーラー（ラースリーラー） रासलीला を演じる劇団の頭 (2) ラーサリーラーを演じる芸人

रासनशीन [形]《H. + P. نشین नशीन》(1) 後を継ぐ；後を継いだ (2) 養子になった

रासना [名]〔植〕ラン科マツラン属（根が薬用）【*Saccolabium papillosum*】

रासपूर्णिमा [名*]〔ヒ〕インド暦 11 月の白分 15 日（この日クリシュナ神がラーサリーラーを始めたとされる）

रासभ [名]〔動〕ロバ；驢馬= गधा; गदहा; गर्दभ.

रासमंडल [名] (1) ラース（ラーサ रास[2]）を行う場所 (2) = रास मंडली.

रासमंडली [名*] ラース（ラーサ）を演じる職業舞踊団

रासलीला [名*] (1)〔ヒ〕クリシュナ神が牧女たちと演じた遊戯と舞踊；ラーサリーラー（ラースリーラー） (2)〔イ演〕クリシュナ神と牧女ゴーピーたちの遊戯及び舞踊を演じる宗教劇

रास विलास [名]〔ヒ〕ラーサ（ラース）の遊戯・舞踊= रास क्रीड़ा; रास लीला.

रास विहारी [名] クリシュナ神の異名の一

रासा[1] [名] → रासो.

रासा[2] [名] 口論；言い争い

रासायन [形] ← रसायन. 化学に関する；化学の

रासायनिक[1] [形] (1) 化学の (2) 化学的な **उद्योगों के रासायनिक कचरे** 産業廃棄物 **रासायनिक अभिक्रिया** 化学反応 रासायनिक अभिक्रियाओं द्वारा 化学反応によって **रासायनिक उर्वरक** 化学肥料 **रासायनिक ऊर्जा** 化学エネルギー **रासायनिक औषध** 化学薬品 **रासायनिक क्रिया** 化学処理 रासायनिक क्रिया द्वारा 化学処理によって **रासायनिक खाद** 化学肥料 **रासायनिक गुण** 化学的性質 **रासायनिक पदार्थ** 化学物質 **रासायनिक परिवर्तन** 化学変化 हमारे शरीर में होनेवाले रासायनिक परिवर्तन 人体内での化学変化 **रासायनिक परीक्षण** 化学実験 **रासायनिक प्रक्रिया** 化学反応 **रासायनिक विधियों द्वारा** 化学的方法で

रासायनिक[2] [名] 化学者

रासी [形] (1) いんちきな；偽物の (2) 混ぜものの；不純な

रासुका [名]〔法〕 राष्ट्रीय सुरक्षा क़ानून（インドの国家治安維持法）〈Maintenance of Internal Security Act〉の略

रासुस्सर्तान [名]《A. راس السرطان》夏至

रासो [名]〔イ文芸〕ラーソー（概ね 12 世紀以降 18 世紀頃までの間にアパブランシャ語，古ヒンディー語，古ラージャスターン語，グジャラーティー語に現れた रासो の名を冠して英雄の武勇や恋愛を歌った一群の物語詩）

रास्त [形]《P. راست》(1) 右の；右手の；右側の= दाहिना; दक्षिण. (2) 真っ直ぐな；直線の= सीधा. (3) 正しい；真実の；本当の= ठीक. (4) 正直な= सच्चा.

रास्तगो [形]《P. راست گو》正直な；真実を話す= सत्यवादी.

रास्तगोई [名*]《P. راست گوئی》正直；正直なこと；真実を語ること= सत्यवाद.

रास्तबाज़ [形]《P. راست باز》(1) 正直な；誠実な (2) 品行方正な

रास्तबाज़ी [名*]《P. راست بازی》← रास्तबाज़.

रास्ता [名]《P. راستہ》(1) 道；道路 (2) 経路；通路 (3) 方法；手段；道 विधवा के जीवन के सब रास्ते ही बंद हो जाते हैं 未亡人は生活のすべての道が閉ざされてしまう (4) 見通し **ग़लत रास्ता** 間違った道；脇道 **चक्करदार रास्ता** 回り道；脇道 **बाहर जाने का रास्ता** 出口 **रास्ता अपनाना** 道を採る；進路を採る；進路を進む **रास्ता कतराकर निकल जा॰** よける；避ける **रास्ता काटना** *a.* 人が進む道を猫などの動物が横切る बिल्ली का रास्ता काटना 猫が人の進む道を横切る（不吉なこと） काली बिल्ली रास्ता काट जाए तो अनिष्ट होता है 黒猫が進路を横切ると不吉なことがある *b.* 近道をするため横切る *c.* 邪魔をする；遮る *d.* 道のりを過ごす；道中を過ごす **रास्ता ख़राब हो॰** 良からぬことをする；間違ったことをする (-का) **रास्ता खुलना**（－の）道が開ける इस निर्णय से मुसलिम वैयक्तिक क़ानून में संशोधन करने का रास्ता खुल जाएगा この判決によってイスラム教徒の私法改正の道が開けよう (-का) **रास्ता खोलना**（－の）道を開く **रास्ता चलना** 人通りがある **रास्ता चुनना** 道を選ぶ；方法を選ぶ；進路を選ぶ **रास्ता छेंककर खड़ा हो॰** 立ちはだかる；立ちふさがる **रास्ता छोड़ना** 道を空ける ज़रा रास्ता तो छोड़ो ちょっと通して下さいな **रास्ता तय क॰** 目的地に達する；道中を過ごす (-का) **रास्ता ताकना** = रास्ता देखना. (-का) **रास्ता देखना**（－を）待つ (-को) **रास्ता दिखाई दे॰**（－が）方法を思いつく；手立てを考えつく (-का) **रास्ता दिखाना**（－を）教える；(－の) 方法を示す भेदभाव दूर करने का रास्ता दिखाना 差別意識を取り除く方法を指し示す (-को) **रास्ता दे॰**（－を）通してやる；行かせてやる；(－に) 道を空ける **रास्ता देखते आँखें धुँधली पड़ जा॰** 待ちくたびれる (-का) **रास्ता देखना** = रास्ता ताकना. (अपना) **रास्ता देखो** 帰れ；帰りなさい；向こうへ行け；立ち去れ **रास्ता नापना** *a.* 立ち去る；去る；退く लोग गुप्ता जी को बुरा-भला कहकर रास्ता नापने लगे 皆はグプタさんをののしって立ち去り始めた अरे जा जा अपना रास्ता नाप! 退いた退いた向こうへ行け *b.* 出しゃばらない；人の邪魔をしない पैसा दो, काम कराओ, अन्यथा रास्ता नापो 金をくれるか仕事をくれるかそうでなけりゃ邪魔をするな *c.* 待ちこがれる *d.* 無駄足を踏む **रास्ता निकलना** 方法を思いつく **रास्ता निकालना** 方法を考え出す；手段を講じる **रास्ता निहारना** = रास्ता देखना. **रास्ता पकड़ना** *a.* 道を進む *b.* 道を採る **रास्ता पड़ा हो॰** 道が通じている **रास्ता पहचानना** なすべきことをわきまえる **रास्ता फटना** 道が分かれる= रास्ता फूटना. **रास्ता बंद हो॰** 道が閉ざされる；手段がなくなる；途方に暮れる **रास्ता बताना** *a.* 教える；方法を教える *b.* 退ける；退出させる **रास्ता बदलना** 別のことをする；別の方法をする **रास्ता बिगाड़ना** 悪い先例を作る **रास्ता भूलना** 長い間訪れない；長期間ご無沙汰する **रास्ता मापना** = रास्ता नापना. **रास्ता रोकना** *a.* 道を遮る *b.* 邪魔をする；立ちはだかる (-का) **रास्ता ले॰**（－へ／に）行く；(－の) 道を採る；方法を選ぶ **रास्ता साफ़ हो॰** 邪魔がなくなる (-के) **रास्ते**（－を）経て；経由して；通って गल्ला नावों द्वारा नदी के रास्ते लाया जाता था 穀物は船で川を通って運ばれていた छूत का विद्युत्प्रवाह इस छड़ी के रास्ते उनकी देह में पैवस्त हो जाता 電流はこの棒を経てその人たちの体に入る **रास्ते का कांटा** 行く手を遮るもの；障害物；妨害するもの **रास्ते का पत्थर** = रास्ते का कांटा. **रास्ते का रोड़ा** = रास्ते का कांटा. उसका यह नाम ही तो रास्ते का रोड़ा बना हुआ है あの人のこ

の名前が邪魔になっているのです **रास्ते की धूल छानना** *a.* みすぼらしい姿でうろつく；はいずり回る *b.* 徘徊する；(ーの) 道を行き来する **रास्ते की धूल बटोरना** 落ちぶれる；零落する；尾羽打ち枯らす **रास्ते की बात** まともなこと；もっともなこと **रास्ते चलते** なんでもないことに；実につまらないことに **रास्ते पर आ॰** まともになる；正常になる **रास्ते पर पैर न पड़ना** 足が進まない；踏み出せない **रास्ते पर लगाना** *a.* 進める；推進する *b.* 正しい道に進める (-को) **रास्ते पर लाना** (ーを) まともにする；正す हम सेवा और प्रेम से ही इन नादानों को रास्ते पर लाएँगे 奉仕と愛情によってのみこの無知な人たちを正す ऐसे व्यक्तियों को रास्ते पर लाने से पहले स्त्री की जीवन-रक्षा के लिए अदालत में आवेदन-पत्र दे देना अधिक उपयुक्त रहेगा この人たちをまともにする前に女性の生命を守るために裁判所に訴えるがよい (-के) **रास्ते पानी न पीना** (ーと) 全く関係や関わりを持たない (-के) **रास्ते में** (ーの) 途中で；道で स्कूल के रास्ते में 学校への途中 **रास्ते में अखाड़ा हो॰** 途中で障害が生じる (-के) **रास्ते में आँख बिछाना** (ーを) 深く敬う (-) **रास्ते में आ॰** (ーが) 邪魔になる；妨げになる；妨害する (-के) **रास्ते में काँटे बिखेरना** (ーを) 邪魔する；妨げる；妨害する = (-के) रास्ते में काँटे बिछाना; रास्ते में काँटे बोना. **रास्ते में छेंकना** 道に立ちはだかる **रास्ते में छोड़ना** 途中まで (乗り物で) 連れて行く；途中で降ろす；途中まで送る आइए, मैं आपको रास्ते में छोड़ दूँगा さあ途中までお送り致しましょう **रास्ते में डग दे॰** = रास्ते में पैर दे॰. **रास्ते में पड़ना** 立ちはだかる **रास्ते में पड़ा मिलना** 努力せずに手に入る **रास्ते में पैर दे॰** 歩む；歩き出す；進む；前進する (-के) **रास्ते में रोड़ा अटकाना** (ーを) 妨害する；妨げる **रास्ते लगना** *a.* 出発する *b.* 正業に就く；まともな仕事に就く **रास्ते से अटकना** 道を踏みはずす **रास्ते से चलना** 正しい道を歩む (-) **रास्ते से दूर क॰** (妨げや障害を) 取り除く **रास्ते से लगना** *a.* まともになる；正常になる *b.* 順調になる；調子が出る

रास्ता-चलता [名] 通行人；歩行者= राहगीर.

रास्ती [名*] 《P. راستی》 (1) 真っ直ぐなこと；直なこと (2) 正しいこと (3) 正直なこと；正直さ (4) 本当のこと；真実 (5) 品行の正しいこと

रास्ना [名*]〔植〕キク科草本【*Pluchea lanceolata*】

राह [名*] 《P. راه》 (1) 道；道路 (2) 進路；経路 (3) 方法；手段 बुरी राह 間違った手段；邪な方法 **जहाँ चाह है, वहाँ राह है** 〔諺〕人の願いや思いは通じるもの；気持ちがあれば手段は見つかるもの (-की) **राह** (ーを) 通って；(ー) から；(ーを) 経て वे छेद की राह भीतर घुस आती हैं それらは穴から入ってくる इन्हें खिड़कियों की राह ही बाहर किया जाएगा この連中を窓から放り出す (-को) **राह आ॰** (ーが) 方法を知る；手段を知る (-से) **राह क॰** (ーと) 親しくする **राह का काँटा** 邪魔になるもの；妨げになるもの；障害 (物)；邪魔者 (-से) **राह काटना** (ーを) 避ける；相手を避ける；相手と向き合わないようにする **राह का बटाऊ** 道連れ **राह का भिखारी** 道ばたの乞食 (同然一文無しの；極めて貧しい) **राह का रोड़ा** 邪魔者；邪魔な物；障害物 अपनी राह का रोड़ा 自分にとっての邪魔者 **राह खोटी क॰** 不吉を招く；縁起を悪くする **राह गहना** 道を探る **राह चलता** 通行している；通行中の (人)；通行人 राह चलते रूसी को 通行中のロシア人を **राह चलते** 簡単に；容易に **राह चलते पल्ला पकड़ना** すぐに喧嘩を始める **राह तय क॰** 目的地に達する (-की) **राह ताकना** (ーを) 待つ= (-की) प्रतीक्षा क॰. (-को) **राह दिखाना** (ーを) 案内する；導く कुत्ता अंधे मनुष्य को राह दिखाता है 犬が盲人の道案内をする (-की) **राह देखना** (ーを) 待つ= (-की) राह ताकना; प्रतीक्षा क॰. घर पर पत्नी उसकी राह देख रही थी 家には妻が待っていた मैं तो कल ही उसके पत्र की राह देख रही थी 私はつい昨日あの人の手紙を待っていた **राह निकलना** 方法が見つかる；手立てができる **राह निकालना** 道をつける；手立てを工夫する तुम लोग जो राह निकाल दो, उसी राह पर चलूँ 君たちが道をつけてくれればその道を進もう **राह पड़ना** *a.* 道を行く *b.* 追い剥ぎが出る **राह पर चलना** 正しいことをする；正道を行く (-की) **राह पर चलना** (ーを) 進む；歩む；(ーの) 道を進む；(ーに) 倣う लोकतंत्र की राह पर चलते हुए भी 民主主義の道を進みながらも **राह पर लगाना** = राह पर लाना. (-) **राह पर लाना** (ーを) 正す；(ーを) 正しい方向へ導く (-से) **राह पैदा क॰** (ーと) 親しくする；親密になる (-की) **राह बचाना** (ーを) 避ける；(ーと) 直面しないようにする **राह बाँधना** 道をふさぐ **राह-बाट का लड़का** 孤児 **राह भारी हो॰** 道が遠く目的地に到達できない；前途遼遠なありさま **राह मारना** 追い剥ぎをする；強奪する (-की) **राह मारना** (ーを) 妨げる；妨害する **राह में आँखें बिछाना** 大変な歓迎をする；下にも置かぬもてなしをする कोलंबो से अल्मोड़े तक जिस-जिस नगर में वे पधारे, लोगों ने राह में आँखें बिछा दीं コロンボからアルモーラーまでの氏が訪れられたどの町でも人々は大歓迎した **राह रखना** 関係や取引を続ける (-से) **राह-रस्म (पैदा) क॰** (ーと) 付き合う；交際する；交わる **राह-राह का** (-की) 至るところの；行く先々の **राह-राह की धूल फाँकना** 惨めな姿でさまよう；尾羽打ち枯らす **राह लगना** まともになる；正しい道を歩む (-की) **राह लगना** *a.* (ーに) 続く *b.* (ーを) 真似る= (-का) अनुसरण क॰. *c.* (ーに) 進む वह अपनी राह लगा 男は自分の行く先に向かった (-) **राह लगाना** (ーを) 正しい方向へ導く (-की) **राह ले॰** (ー／に) 行く；向かう उसने धीरे से निकलकर अपने घर की राह ली そっと抜け出して家に向かった **राह से चलना** 正しい道を歩む；正しい道を進む；正しい行いをする (-) **राह से दूर क॰** (ーの) 障害や妨害を取り除く (-को) **राह से बेराह क॰** (ーに) 道を誤らせる **राह से लगना** まともな仕事に就く；正業につく (-) **राह से हटाना** = राह से दूर क॰. **राह सोना** 人通りが絶える；往来が途絶える

राहख़र्च [名] 《P. راه خرچ》 旅行の費用；旅費；路用；路銀

राहगीर [形・名] 《P. راهگیر》 道を行く (人)；通行する (人)；通行人 पटरियाँ राहगीरों के चलने के लिए हैं 歩道は通行人のためのもの

राहगुज़र [名*] 《P. راهگزر》 道；道路

राहज़न [名] 《P. راهزن》 追い剥ぎ (人)；強盗= बाटमार.

राहज़नी [名*] 《P. راهزنی》 追い剥ぎ (行為)；強盗 (行為) लोगों के पीटे जाने, डकैती, राहज़नी, नकबज़नी आदि घटनाएँ सामान्य हो रही हैं 暴力行為，強盗，追い剥ぎ，窃盗などの事件が珍しくなくなってきている

राहत [名*] 《A. راحت》 (1) 安らぎ；落ち着き；解放感；安堵 (感) जनता को राहत मिली 民衆は安堵した हलका-सा पैग लेने से व्यक्ति तनाव से राहत-सी महसूस करता है ほんの少し引っかけると緊張状態から解放感のようなものを得る (2) 安楽；楽 उन्होंने बाकी उम्र इज़्ज़त व राहत से गुज़ारी 余生を尊敬を受け安楽に過ごした (3) 軽減 177 करोड़ रुपयों के अतिरिक्त करों में 15 करोड़ रुपये की राहत 17 億 7000 万ルピーの特別税のうち 1 億 5 千万ルピーの軽減 1985 के बजट में सरकार ने करों में कुछ राहत दी, प्रतिबंध कुछ ढीले किए 1985 年度予算で政府は税金を少し軽減し制限を緩やかにした (4) 救援 **राहतकार्य** 救援活動 अकाल राहत कार्य 飢饉救援活動 **राहत सामग्री** 救援物資 (5) 見舞金 **राहत की साँस ले॰** *a.* 一息つく；休息する *b.* ほっとする；安心する；安堵の溜め息をつく **राहत पहुँचाना** *a.* 楽にする；安楽にする छाती में जमी कफ को दूर कर तुरंत राहत पहुँचाता है 胸に溜まった痰を取り除きすぐに楽にする *b.* 救援活動をする **राहत मिलना** 解放感を得る；解放される；安心する；ほっとする इससे दो दिन तनाव से राहत मिलती है これで 2 日間緊張から解き放される

राहततलब [形] 《A. راحت طلب》 安楽を求める；楽をしようとする；怠け者の；怠惰な；ずぼらな= आरामतलब; कामचोर.

राहततलबी [名*] 《A. راحت طلبی》 怠惰な気持ち；怠け心

राहतपरस्त [形] 《A.P. راحت پرست》 怠惰な；怠け者の

राहतपरस्ती [名*] 《A.P. رحت پرست》 怠惰

राहदार [形・名] 《P. راهدار》 通行の見張りをする (人)；関所の番人；通行税を徴収する (人)

राहदारी [名*] 《P. راهداری》 (1) 通行の見張り (2) 通行料；通行税；入市税；通過税= राहदारी शुल्क. (3) 通行手形；関所手形；パスポート

राहना [他] (1) 碾き臼の石に刻み目を入れる (2) やすり (鑢) など道具の目を立てる；目立てをする

राहनुमा [形・名] 《P. راه نما》 (1) 道を案内する (人)；案内人；ガイド= रहनुमा; पथप्रदर्शक. (2) 指導する (人)；指導者；先導者= नेता; नायक.

राहनुमाई [名*] 《P. راه نمائی》 (1) 道案内= मार्गदर्शन; नेतृत्व. (2) 指導；案内；先導= रहनुमाई.

राहबर [名] 《P. راهبر》 案内人= रहबर; राहनुमा.

राहबरी ［名*］《P. راہ بری》案内；道案内＝ रहबरी; राहनुमाई.
राहमारी ［名*］《P. راہ＋ H.मारी》追い剥ぎ；辻強盗＝ रास्ते में लूट लेना.
राह-रस्म ［名*］《P.A. راہ رسم》(1) 交際；交流 (2) しきたり；習わし；風習 राह-रस्म क॰ 付き合う；付き合いをする＝ राह-रस्म पैदा क॰.
राह-रीति ［名*］＝ राह-रस्म.
राहा ［名］碾き臼の下段をはめ込んで固定する台座；ラーハー
राहिन ［形・名］《A. راہن》質入れする（人）；担保を入れる（人）
राहिम ［形］《A. راحم》情け深い；哀れみ深い → रहम.
राही ［名］《P. راہی》(1) 通行人；歩行者＝ पथिक; राहगीर. सड़क पर एक दो राही उधर से गुज़रते नज़र आते 道を1～2人の通行人が向こうから通り過ぎるのが見られる (2) 旅人＝ यात्री; पथिक; मुसाफ़िर. (-) **राही क॰** *a.* 送り出す；発送する *b.* 追い払う **राही हो॰** 出発する；出掛ける
राहु ［名］(1)〔イ神〕ラーフ（太陽と月とを捕らえて食を起こすと信じられた悪魔） (2) 厄；災い；苦しみをもたらすもの；疫病神 (3)〔天〕昇交点〈ascending node of moon〉 **राहु ग्रसना** ＝ राहु लगना. **राहु लगना** *a.* 食になる *b.* 不幸や不運に見舞われる
राहु-केतु ［名］〔天〕昇交点と降交点〈node; ascending node and descending node〉
राहुग्रास ［名］〔天〕食＝ राहुग्राह.
राहुल ［名］〔仏〕ラーフラ（ゴータマ・ブッダの息子）；らごら
रिंग ［名］《E. ring》(1) 輪；リング (2) 指輪
रिंगण ［名］(1) 這うこと＝ रेंगना. (2) 滑ること＝ फिसलना. (3) ずれること＝ सरकना; डिगना.
रिंगन ［名*］這うこと＝ रेंगना.
रिंगमास्टर ［名］《E. ringmaster》（サーカスの）リングマスター
रिंगरिंगाना ［自］しくしく泣く；めそめそ泣く
रिंगाना ［他］這わせる＝ रेंगाना.
रिंगिन ［名*］《← E. rigging》ロープなど（艤装用）の牽き道具
रिंच ［名*］《E. wrench》レンチ
रिंद[1] ［名］《P. رند》(1) 無神論者；懐疑論者 (2) 放蕩者；道楽者；酒飲み (3) ならず者；ごろつき (4) 自由思想の持ち主
रिंद[2] ［形］無頓着な；暢気な
रिंदगी ［名*］《P. رندگی》放蕩；放埒；自堕落
रिंदा ［形］← रिंद. 放蕩の；道楽者の；自堕落な；放埒な
रिअरव्यू ［名］《← E. rearview mirror》バックミラー
रिआयत ［名*］《A. رعایت》(1) 割り引き；減価；ディスカウント रिआयत क॰ 割り引く；値引きする (2) 配慮；考慮；留意 परंतु दो महाशय इस कारण रिआयत करना चाहते थे कि बैल के मर जाने से रामू को हानि हुई しかし2人は牛が死んだためラームーが損害を被ったので配慮してやりたいと思っていた
रिआयती ［形］《A. رعایتی》(1) 割り引きの；割り引きした (2) 配慮した；考慮した
रिआया ［名*］《A. رعایا रआया ←رعیت रईयत》臣下；臣民；人民＝ प्रजा; जनता; अवाम.
रिकवरी ［名*］《E. recovery》(1) 回復 (2) 安静 मरीज़ को एम्बुलेंस आने तक रिकवरी की दशा में रखें 病人を救急車が来るまで安静にしておくこと
रिकवरी पोज़ीशन ［名］《E. recovery position》〔ス〕リカバリー・ポジション（防御の姿勢）
रिकशा ［名⁻］《E. rickshaw ← J.》(1) 人力車 (2) 輪タク（自転車の後部が2人掛け二輪になっている乗り物） (3) 三輪オートリキシャ（二人掛けのもののほか乗合いのものもある）→ रिक्शा.
रिकशावाला ［名］(1) 人力車夫；人力引き (2) 輪タクやオートリキシャの運転手＝ रिक्शावाला.
रिकाब ［名*］《A. رکاب》(1) あぶみ（鐙） (2) 随行者；従者；一行 (3) ゴブレット (4) 皿；プレート
रिकाबी[1] ［名*］《P. رکابی》浅い小皿；ソーサー＝ प्लेट; तश्तरी; रकाबी.
रिकाबी[2] ［形］《A. رکابی》(1) 皿の；小皿の (2) 居候の；徒食の **रिकाबी मज़हब** 居候暮らし
रिकार्ड[1] ［名］《E. record》(1) 記録 आवश्यक रिकार्ड 必要な記録 परमाणु ऊर्जा सुरक्षा में हमारे देश का बहुत अच्छा रिकार्ड है 原子力の安全性ではわが国は好記録を収めている (2) 記録すること (-) **रिकार्ड क॰** （－を）記録する कालपा में ही 25 सेंटी मीटर बर्फ़ रिकार्ड की गई カールパーで25cmの降雪が記録された दिल्ली में वर्षा 14 जुलाई को शुरू हुई थी, तब से अब तक 31 सें॰मी॰वर्षा रिकार्ड की गई है デリーでの（雨季の）降雨は7月14日に始まりそれ以来310mmの雨が記録されている (3) 学業やスポーツなどの成績や記録（最高記録，新記録など） पढ़ाई का रिकार्ड 学業成績 मेरे बच्चों की पढ़ाई का रिकार्ड 私の子供たちの学校の成績 **रिकार्ड भंग क॰** 記録を破る；新記録を作る；記録を樹立する (4) レコード（盤） रिकार्ड लगाना レコードをかける फ़िल्मी गीतों के रिकार्ड 映画歌謡曲のレコード
रिकार्ड[2] ［形］最高記録の；記録的な；空前の；レコード破りの चालू वर्ष में इस्पात का रिकार्ड उत्पादन 今年度の記録的な鉄鋼生産
रिकार्डतोड़ ［形］《E. record ＋ H.》記録的な；記録破りの राजधानी में रिकार्डतोड़ वर्षा 首都に記録的な大雨
रिकार्ड प्लेयर ［名］《E. recordplayer》レコードプレーヤー
रिकार्डर ［名］(1) 記録係 (2) 記録計 (3) テープレコーダー＝ टेपरिकार्डर.
रिकार्डिंग ［名］《E. recording》録音；レコーディング；収録 (-) **रिकार्डिंग क॰** （－を）録音する；収録する
रिकेट्स ［名］《E. rickets》〔医〕クル病＝ रिकेट्स रोग.
रिक्त ［形］(1) 空の；空っぽの (2) 空いている；使用されないままでいる (3) 欠員の；空席の；空位の (4) 空しい；空虚な **रिक्त स्थान** *a.* 空き地 अनधिकृत निर्माण गिराने के बाद रिक्त स्थानों का सदुपयोग 不法建築の撤去後空き地の有効利用 *b.* 求人広告欄（欠員，空席）
रिक्तता ［名*］← रिक्त. (1) 空白 उन्हें लगा, इन शब्दों की ध्वनि में वही कुछ है जिसकी रिक्तता उन्हें अनुभव हो रही है 空白を感じているあの何かがこれらの言葉の響きの中にあるようにあの人には感じられた (2) 空き (3) 欠員；空席；空位 (4) 空しさ；空虚さ अब सब कुछ समाप्त हो गया था और अपने अंदर मैं एक अनोखी रिक्तता या व्यर्थता अनुभव करने लगा था もうすべてが終わってしまった．自分の中に不思議な空虚さ，空しさを感じ始めたのだった
रिक्तिका ［名*］〔生〕空胞〈vacuole〉
रिक्थ ［名］遺産
रिक्थग्राही ［名］遺産受取人；遺産相続人
रिक्थ-पत्र ［名］遺言書；遺書
रिक्थ प्रमाण पत्र ［名］〔法〕検認済み遺言書＝ वसीयत प्रमाण पत्र.
रिक्थभागी ［名］＝ रिक्थग्राही.
रिक्थहारी ［名］遺産相続人
रिक्थी ［名］＝ रिक्थहारी.
रिक्शा ［名⁻］《E. rickshaw ← J.》→ रिकशा. (1) 人力車 (2) 輪タク ये रिक्शा मेरे साथ आई है.मेरा सामान है उसमें これが一緒に来た輪タクで私の荷物が載っているんだ (3) 三輪のオートリキシャ（2人掛けから乗合いのものまで） **रिक्शा खींचना** 人力車や輪タクを引く（車夫の仕事をする） **रिक्शा चलाना** オートリキシャを走らせる（営業する）→ रिकशा.
रिक्शा-कुली ［名］人力車夫；車引き；輪タク車夫
रिक्शाचालक ［名］車夫；人力車夫；輪タクやオートリキシャの運転手＝ रिक्शावाला.
रिचा ［名*］→ ऋचा.
रिचार्जर ［形］《E. recharger ← recharge》(1) 補充用の मच्छर भगाने के मैट के लिए रिचार्जर ड्रॉप्स 電気蚊取りマットの補充液 (2) 再充電用の
रिज़क ［名］《A. رزق रिज़्क़》(1) 食べ物；食物 (2) 生計；生業
रिजका ［名］〔植〕マメ科アルファルファ；ムラサキウマゴヤシ（牧草，緑肥になる）【*Medicago sativa*】
रिज़र्व ［形］《E. reserve; reserved》(1) 予備の；準備の (2) 予約した；貸し切りの **रिज़र्व क॰** 予約する **रिज़र्व कराना (करवाना)** 予約してもらう；予約させる；予約をとる मैंने एक कमरा रिज़र्व करा लिया 1部屋の予約を取った सेठ ने शहर के तमाम होटल, सराय और खाली मकान-कोठियों को एक सप्ताह के लिए रिज़र्व करवा लिया 商人は街中のありとあらゆる旅館や宿泊所を予約させた **रिज़र्व कुरसी** 予約席；指定席〈reserved seat〉
रिज़र्व पुलिस ［名*］《E. reserve police》警察予備隊 **केंद्रीय रिज़र्व पुलिस** （インド）連邦警察予備隊〈Central Reserve Police〉
रिज़र्व फ़ारेस्ट ［名］《E. reserve forest》保安林＝ आरक्षित वन.

रिज़र्व बैंक [名] 《E. reserve bank》準備銀行 भारतीय रिज़र्व बैंक インド連邦準備銀行
रिज़र्व सेना [名*]〔軍〕予備軍《E. the Reserve》
रिज़र्विस्ट [名] 《E. reservist》予備兵；在郷軍人＝ रिज़र्व सैनिक.
रिज़र्वेशन [名] 《E. reservation》(1) 予約；予約申し込み；(鉄道，バスなどの) 切符予約 (2) (憲法に指定のカースト अनुसूचित जाति や部族民 अनुसूचित जनजाति の権利保護のための) 留保；特定留保
रिज़ल्ट [名] 《E. result》(1) (試験の) 結果；成績＝ परीक्षाफल. रिजल्ट आउट हो。 試験成績が発表になる (2) 物事の結果＝ परिणाम；नतीजा.
रिज़ाकार [名] 《A.P. رضاکار》＝ रज़ाकार.
रिज़ाकाराना [形] ＝ रज़ाकाराना. 自発的な；ボランティア的な；自己犠牲的な
रिज़ाला [名] 《A. رذال रज़ाला》卑しい人；下劣な人；下賤な人；ならず者；無頼漢
रिज़ाली [名*] 《A. رذالی》卑しさ；下劣さ；浅ましさ
रिजेक्ट [形・名]《E. reject》(1) 拒絶された；拒否された；却下された (2) 拒絶；拒否 (3) 却下 (4) 拒否された人；不合格者 **रिजेक्ट हो जा。** 拒絶される；拒否される；はねつけられる；はねられる；却下される वे इंटरव्यू में रिजेक्ट हो जाते हैं 面接試験ではねられる
रिझाना [他] 人の心を引きつける；喜ばせる；嬉しがらせる；機嫌を取る अपने पति को रिझाए रखने के लिए 夫を喜ばせておくのに वह दिन भर, रात रात भर नृत्य संगीत से श्रेष्ठिपुत्र को रिझाती रहती 夜となく昼となく歌や踊りで長者の息子の機嫌を取っている यह सब केवल मात्र जनता को रिझाने के स्टंट ही नहीं होगा, वरन् वास्तव में देश के उत्थान व भ्रष्टाचार से मुक्ति हेतु किया जा रहा कार्य होगा これは単に民衆を嬉しがらせるためだけのスタントではなくて真に国を興隆させ腐敗汚職をなくすために行われているに違いない
रिझाव [名] (1) ← रीझना. (2) ← रिझाना.
रिट [名] 《E. writ》〔法〕令状＝ समादेश. एक रिट याचिका के उत्तर में 1 つの請願書に答えて
रिटायर [形] 《← E. retired / retire》(1) 引退した；退いた अगले साल तक वे रिटायर होंगे 来年までに引退の見込み (2) 退職した；退役した；退官した एक रिटायर मास्टर 退職した教師 रिटायर जज 退官判事；元判事 (3)〔ス〕リタイアした；途中退場した रिटायर हो。 リタイアする
रिटायरमेंट [名] 《E. retirement》退職；退役；退官＝ सेवानिवृत्ति. रिटायरमेंट के बाद 退職後
रिटायर्ड [形] 《E. retired》引退した＝ रिटायर.
रिड़कना [他] かき混ぜる；撹拌する
रिडेंप्शन [名] 《E. redemption》償還＝ शोधन; प्रतिदान. **रिडेंप्शन राशि** 〈redemption amount〉償還額＝ प्रतिदान राशि. प्रतिदान मिति 償還期限
रिण [名] → ऋण.
रित [名*] → ऋतु.
रितना [自] 空になる；空白になる＝ ख़ाली हो。.
रिताना[1] [自] (1) 空になる；空白になる (2) 消える；消え去る रिताया बादल 消えた雲
रिताना[2] [他] 空にする；空白にする
रिदम [名] 《← E. rithm》〔音〕リズム
रिनिआँ [形] ＝ रिनियाँ; ऋणी. 借金のある；負債のある；金を借りている शम्भूनाथ के सभी रिनिआँ थे 誰も彼もシャンブナートに借金していた
रिनी [形] ＝ ऋणी.
रिनेसांस [名] 《E. renaissance》〔史〕ルネッサンス；ルネサンス → रेनेसाँ; पुनर्जागरण.
रिपटना [自] ＝ रपटना. 滑る＝ रपटना; फिसलना.
रिपब्लिकन पार्टी [名*]《E. Republican Party of India》〔イ政〕共和党；リパブリカン党
रिपर्टरी [名*] 《E. repertory》(1)〔演〕レパートリー方式 (2)〔演〕レパートリー (3) 宝庫；蓄え
रिपर्टरी कंपनी [名*]《E. repertory company》〔演〕レパートリー劇団
रिपीटर [名] 《E. repeater》〔教〕留年生；落第生
रिपु [名] 敵；仇＝ शत्रु; दुश्मन.
रिपुदवन [名]〔ラマ〕シャトルグナの別名 ＝ शत्रुघ्न
रिपुसूदन [名]〔ラマ〕シャトルグナの別名 ＝ शत्रुघ्न
रिपेयर [名] 《E. repair》修繕；修理；手入れ＝ मरम्मत. रिपेयर क。 修繕する；修理する；手入れする
रिपेयरमैन [名] 《E. repairman》修理工
रिपोर्ट [名*]《E. report》(1) 報告 (2) 報告書 मेहता समिति की रिपोर्ट メヘター委員会の報告書 **वार्षिक रिपोर्ट** 年次報告書 (3) 成績表；成績通知票 पढ़ाई की रिपोर्ट 通信簿；成績通知表 (4) 届け出 **रिपोर्ट कराना** 届け出る पुलिस में रिपोर्ट कराना 警察に届け出る यहाँ तक कि आसपास के किसी गाँव तक में चोरी चाकरी की रिपोर्ट दर्ज नहीं है 近隣のどの村にも盗難届が出されていないほどである (5) 報道
रिपोर्टर [名] 《E. reporter》レポーター；取材記者
रिपोर्ताज [名] 《E. reportage》〔文芸〕ルポルタージュ；報告文学；記録文学
रिफ़ंड [名] 《E. refund》払い戻し；償還
रिफ़ाइनरी [名*] 《E. refinery》製錬所；精製所
रिफ़ाक़ [名, pl.] 《A. رفاق ← رفيق रफ़ीक़》友人たち
रिफ़ाक़त [名*] 《A. رفاقت》友情；交際；交友
रिफ़ार्म [名] 《E. reform》改正；改革；改善＝ सुधार; संशोधन.
रिफ़ार्मर [名] 《E. reformer》(1) 改革者 (2) 社会改革者
रिफ़ार्मेटरी [名] 《E. reformatory》少年院；感化院；少年教化院；少年更生施設
रिफ़िल [名*] 《E. refill》替え芯 बालपेन की रिफ़िल ボールペンの替え芯
रिफ़्रेशमेंट [名]《E. refreshment》軽い飲食物；茶菓＝ नाश्ता; जलपान.
रिफ़्लैक्टर [名] 《E. reflector》反射板；反射面
रिफ़्लैक्शन [名] 《E. reflection》反射；反映＝ प्रतिबिंब.
रिब [名] 《E. rib》〔手芸〕(織物や編み物の) うね；畝
रिबट [名] 《E. rivet》リベット；鋲＝ रिबिट.
रिबन [名] 《E. ribbon》(1) リボン；飾りひも बालों का रिबन ヘアリボン (2) インクリボン
रिबिट [名] 《E. rivet》リベット；鋲
रिमझिम[1] [名*] (1) しとしと降る雨 (2) しとしと降る雨の音 वर्षा की रिमझिम करती फुहारें しとしと滴の音を立てて降る雨
रिमझिम[2] [形] しとしと降る रिमझिम वर्षा しとしと雨
रिमझिम[3] [副] しとしとと (雨が降る) चमचम चमचम बिजली चमकती है.गड़गड़ गड़गड़ बादल गरजती है.फिर रिमझिम पानी बरसता है ぴかぴかぴかと稲妻光り／ごろごろごろと雲が鳴り／それから先はしとしとしとと雨が降る
रिमांड [名] 《E. remand》〔法〕再拘留；再留置 पुलिस ने उसे अन्य सुबूत जुटाने के लिये सात दिन के रिमांड पर ले लिया 警察はその他の証拠を揃えるために 7 日間再拘留した **रिमांड पर हो。** 再拘留される；再留置される अदालती परिभाषा में ये बच्चे 'रिमांड' पर हैं 法律用語ではこの子らは「再留置」されている
रिमांड होम [名] 《E. remand home》未成年者拘置所
रिमाइंडर [名] 《E. reminder》催促状；督促状＝ स्मरण-पत्र.
रिमोट कंट्रोल [名] 《E. remote control》遠隔操作；リモートコントロール；リモコン＝ दूरस्थ नियंत्रण.
रियाज़ [名] 《A. رياض》(1) 努力；勤勉 (2) 練習；訓練 (3) 行；修行；苦行 छुरा चलाने का रियाज़ भी करते ナイフを使う練習までもしている एकांकी नाटकों पर रियाज़ किया गया 一幕劇の練習が行われた
रियाज़त [名*] 《A. رياضت》(1) 勤勉；努力 (2) 勤労 (3) 運動；体操 ＝ व्यायाम. (4) 行；修行；苦行
रियाज़ना [他] 《← A. رياض》(1) 努力する (2) 練習する；訓練する अपनी ड्रेसिंग टेबल के सामने घंटों खड़े रहकर सितार के रियाज़ के बदले इन्हें रियाज़ा है 化粧台の前に何時間も立ってシタールの練習の代わりにこれを練習した
रियायत [名*] ＝ रिआयत. रियायत नहीं दी गई 割り引きはして貰えなかった यह धर्म का मामला है.इसमें हम रियायत नहीं कर सकते これは宗教に関わることだ. 配慮はできない
रियायती [形] ＝ रिआयती. रियायती दरों पर 割引値で
रियासत [名*]《A. رياست》(1) 首長であること；首長の地位 (2) 支配；統治 (3) 封建領主の支配する領土；封土 (4) イギリス統治下のインドの藩王国；土侯国＝ रजवाड़ा. これらはまた देशी रियासत

र

とも呼ばれた मैसूर रियासत マイソール藩王国 (5)〔古〕(アメリカ合衆国の) 州 इलीनाई रियासत イリノイ州

रियासती [形] ←रियासत. (1) 封土の (2) 藩王国の (3) 州の

रियेक्टर [名] 《E. reactor》(1) 原子炉 (2)〔化〕反応装置

रिरना [自] (1) 泣き叫ぶ (2) 哀願する

रिरियाना [自] (1) 哀願する (2) 泣く；泣き叫ぶ；声を上げて泣く उसकी गोद में दुबला-पतला साल-डेढ़ साल का रिरियाता बच्चा 胸にはやせこけた１歳半ほどの泣き叫んでいる子供

रिरी [名*] 真鍮= पीतल.

रिलीज़ [名] 《E. release》封切り रिलीज़ हो॰ 封切りされる इसी दिन भारत की पहली बोलती फ़िल्म 'आलम आरा' रिलीज़ हुई この日インドの最初のトーキー「アーラムアーラー」が封切りされた यह फ़िल्म दिल्ली में कब रिलीज़ होती है? この映画はデリーでいつ封切りされますか हाल में रिलीज़ हुई फ़िल्म 最近封切りされた映画 फ़िल्म के रिलीज़ के पूर्व 映画の封切り前に

रिलीफ़ [名*] 《E. relief》救援；救済；救助= राहत.

रिलीफ़ कैंप [名] 《E. relief camp》難民救援キャンプ

रिलीफ़ वर्क [名] 《E. relief work》救援活動= राहत कार्य.

रिले [名] 《E. relay》(1)〔ス〕リレー（競技） 4 × 400 मीटर रिले 1600m リレー (2)〔通信〕中継（放送）

रिले केंद्र [名] 《E. relay + H.》中継所；中継基地 दूरदर्शन रिले केंद्र テレビ放送中継所

रिले दौड़ [名*] リレー競走 400 मीटर की रिले दौड़ 400m リレー競走

रिले रेस [名] 《E. relay race》リレー競走= रिले दौड़.

रिवर राफ़्टिंग [名] 《E. river rafting》筏による川下り；筏乗り

रिवाज [名] 《A. رواج》= रवाज. किसी ज़माने में हमारे यहाँ हवन का आम रिवाज था かつてわが国ではハヴァナ（護摩）が一般に行われていた लड़कियों को पढ़ाने का रिवाज 女子を学校に行かせる風習 इश्क़ का रिवाज बहुत पड़ गया है पढ़े-लिखों में 教育を受けた人たちの間には恋愛が流行っている

रिवायत [名*] 《A. روایت》(1) 伝承すること (2)〔イス〕預言者ムハンマドの言行に関する伝承を正しく語り伝えること；ハディースの伝承

रिवायात [名*, pl.] 《A. روایات←روایت रिवायत》(1) 伝承；伝説；言い伝え (2) 伝統 अपनी रिवायात के मुताबिक़ आज़ादी से ज़िंदगी बसर कर सकें 自分たちの伝統に従って自由に暮らして行けるように (3) 物語；説話 (4)〔イス〕ハディース（預言者ムハンマドの言行に関する伝承）を正しく語り伝えること

रिवाल्वर [名] 《E. revolver》回転拳銃；リボルバー उसने रिवाल्वर का घोड़ा दबा दिया リボルバーの引き金を引いた

रिव्यू [名] 《E. review》(1) 再調査；再吟味；点検 इस समय मैं सभी विभागों के काम का रिव्यू कर रहा हूँ 現在，各部局の再調査を行っているところだ (2) 回顧；反省 (3) 展望；概評 (4) 評論；批評

रिशलदार [名] = रिसालदार. 騎兵中隊長；准尉

रिशवत [名*] → रिश्वत.

रिशवतख़ोरी [名*] → रिश्वतख़ोरी.

रिश्ता [名] 《P. رشتہ》(1) 関係；関わり；絆 (2) 親縁関係；親戚（関係） रिश्ते में मेरी एक ताई 私の（父方の）伯母に当たる人 बहिन का रिश्ता दुनिया के सारे सुखों से बढ़कर है 姉妹との関係は何よりも楽しいものだ वहाँ मेरी एक रिश्ते की बहन रहती है あそこには私の親戚の娘が住んでいる जेठानी और देवरानी का रिश्ता 兄嫁と弟嫁との関係 (3) 人間関係；付き合い रिश्ते भले ही कितने आत्मीय हों , बेवजह के दख़ल से चरमराने लगते हैं どんなに親密な間柄であろうともわけもなく干渉すると軋みが生じ始めるものだ स्पष्टवादिता में क्या रखा है? रिश्ता ख़त्म 歯に衣着せぬことになんの取り柄があるものか．それをすれば人間関係はおしまいになる (4) 縁談= रिश्ते की बात. रिश्ते भी दो-चार आए थे 縁談も 2 〜3 あった **रिश्ते की बात चलना** 縁談がある；縁談が来る (5) 縁組み शायद माँ इस रिश्ते से ख़ुश न थीं 多分母はこの縁組みを喜んでいなかったのだ **रिश्ता टूटना** 破談になる **रिश्ता तय क॰** 縁組みする；縁談を取り決める इससे लड़के की माँ ने रिश्ता तय करने से इंकार कर दिया このため男のほうの母親が縁組みを断った **रिश्ता पक्का क॰** 縁談を取り決める एक दिन राजू का रिश्ता पक्का करने के ख़याल से अपने शहर के बाहर गया ある日ラージューの縁談を取り決めようと思って街の外に出掛けた **रिश्ता लौटा दे॰** 縁談を断る एक ज़माना था जब छोटी छोटी बातों का बहाना बनाकर अच्छे भले रिश्ते लौटा दिए जाते थे 小さなことで口実を設けて良い縁談を断っていた頃があった

रिश्तेदार [名] 《P. رشتہ دار》親類；親戚 रिश्तेदारों से उचित व्यवहार 親類に対する正しい振る舞い

रिश्तेदारी [名*] 《P. رشتہ داری》(1) 親戚関係；親類関係 (2) 親戚付き合い समाज तो है ही रिश्तेदारी का एक स्वरूप 社会というのはいわば一種の親戚付き合いなのだ औरत के अपने क्षेत्र होने चाहिए वह घर सँभाले, बच्चों को सँभाले, रिश्तेदारी और लेनदेन की बात देखे, आदि 女性は自分の持ち場を持たなくてはならない．子供を見ること，親戚付き合いをすること，金銭の出納を管理することなど **रिश्तेदारी जुड़ना** 親戚になる；結婚する；縁ができる **(-से) रिश्तेदारी जोड़ना** （ーの／と）親戚になる

रिश्तेमंद [名] 《P. رشتہ مند》= रिश्तेदार.

रिश्वत [名*] 《A. رشوت》賄賂= घूस. **रिश्वत का बाज़ार गर्म हो॰** 贈収賄が盛んに行われる；賄賂がはびこる **रिश्वत खाना** 収賄する= घूस ले॰. **रिश्वत दे॰** 贈賄する= घूस दे॰. **रिश्वत मिलना** 贈賄を受ける **रिश्वत ले॰** = रिश्वत खाना; घूस ले॰.

रिश्वतख़ोर [形・名] 《A.P. رشوت خور》収賄する；賄賂を取る（人）= घूसख़ोर.

रिश्वतख़ोरी [名*] 《A.P. رشوت خوری》収賄= घूसख़ोरी.

रिश्वतदिहिंदा [形・名] 《A.P. رشوت دہندہ》贈賄する（人）；賄賂を贈る（人）；贈賄者

रिश्वतदिही [名*] 《A.P. رشوت دہی》贈賄

रिषभ [名] (1)〔イ神〕リシャバ ऋषभ (2)〔ジャ〕リシャバ（ジャイナ教の初代祖師ティールタンカラ）= ऋषभ.

रिषि [名] リシ → ऋषि.

रिष्ट[1] [名] (1) 幸運；幸福；繁栄 (2) 不吉；不幸；不運

रिष्ट[2] [形] 壊れた；潰れた；台無しになった= नष्ट; बरबाद.

रिष्ट[3] [形] 丈夫な；頑丈な；頑健な

रिस [名*] 怒り；腹立ち **(-को) रिस आ॰** （ーが）腹を立てる；怒る= रिस हो॰; क्रोध हो॰; गुस्सा आ॰. **रिस मारना** 怒りを抑える；怒りをこらえる

रिसन [名] 浸出；漏出 〈seepage〉

रिसना [自] (1) にじむ（滲む）；にじみ出る；染み出る；滲出する पाँवों से ख़ून रिसने लगा 足から血がにじみ出した कुएँ की दीवार अगर रिसती रहे तो पानी कभी साफ़ न रहेगा 井戸の側壁から水が染み出るのであれば水は決してきれいにならない (2) 漏れる；漏れ出る गैस का रिसना ガス漏れ ओलियम गैस रिसी थी 発煙硫酸が漏れた (3) 染み込む वर्षा के पानी की तरह कुछ नालियों का पानी भी ज़मीन में रिसता है 雨水のように一部の下水道の水も地中に染み込んでいく

रिसर्च [名] 《E. research》研究；学術研究；学術調査；リサーチ= शोध; अनुसंधान.

रिसर्च इंस्टिट्यूट [名] 《E. research institute》研究所= अनुसंधान संस्थान; शोध संस्था.

रिसर्च फ़ेलोशिप [名] 《E. research fellowship》研究給費；フェローシップ= अनुसंधान शिक्षावृत्ति; फ़ेलोशिप.

रिसर्च स्कालर [名] 《E. research scholar》研究員；研究者

रिसहा [形+] 怒りっぽい= गुस्सैल; क्रोधी.

रिसहाया [形+] 怒った；不快な；不機嫌な= क्रुद्ध; कुपित; नाराज़.

रिसाना[1] [他] (1) 怒らせる；憤激させる (2) かき立てる；刺激する न समाज के भीतर इस तनाव को रिसा देने और उसके कारणों की तह में जाकर कोई इलाज करने की ताक़त दिखाई देती है 社会の中にこの緊張をかき立てたりその原因の根底に迫って治療する力は見当たらない

रिसाना[2] [自] 怒る；憤激する；不機嫌になる

रिसार्ट [名] 《E. resort》リゾート

रिसाल [名] 《رسال ← A. ارسال इर्साल》送ること；発送；送付

रिसालत [名*] 《A. رسالت》(1) 託宣；神託 (2) 預言者の任務 (3)〔イス〕ムハンマドを預言者と認めること

रिसालतपनाह [名] 《A.P. رسالت پناہ》(1) 使徒= रसूल; पैगंबर. (2)〔イス〕預言者ムハンマドの尊称

रिसालदार [名] → रिसालादार.

रिसाला [名] 《A. رسالہ》(1) 雑誌= पत्रिका. ख़ूबसूरत और रंगीन रिसाले 美しいカラーの雑誌 (2) 小冊子= पुस्तिका. (3) 文書 (4) 手紙；書簡 (5) 騎兵隊= सवारों का दस्ता.

रिसालादार [名] 《A.P. رسالہ دار》〔軍〕騎兵隊長

रिसाव [名] (1) にじむこと；にじみ出ること (2) ガスなどが漏れること कार्बन मोनोआक्साइड गैस के रिसाव के कारण 一酸化炭素ガスが漏れたために

रिसि[1] [名] → ऋषि.

रिसि[2] [名*] = रिस.

रिसिक [名*] 刀；刀剣

रिसी [名] = ऋषि.

रिसीवर [名] 《E. receiver》(1) 受話器 (2) 受信機；レシーバー

रिसेप्शन [名] 《E. reception》(1) 応接；接待；歓迎 (2) レセプション (3) 受付；フロント

रिसेप्शनिस्ट [名] 《E. receptionist》受付係；フロント係

रिसौहाँ [形+] (1) 怒りに満ちた；怒りのあふれた (2) 不機嫌な；機嫌を損ねた

रिस्क [名] 《E. risk》リスク；危険；冒険= जोखिम. **रिस्क ले०** 危険を冒す；冒険をする= रिस्क उठाना. वे रिस्क लेना नहीं चाहते, जो कि उद्योगों में होता है 事業には付き物の冒険を冒したくない

रिस्टवाच [名*] 《E. wristwatch》腕時計

रिहड़ी [名*] 砂地

रिहन [名] → रेहन.

रिहर्सल [名*] 《E. rehearsal》(1)〔演〕下稽古；本読み；リハーサル= पूर्वाभ्यास. (2) 予行演習；リハーサル डरबन के दंगे केवल इस सब की एक छोटी-सी रिहर्सल है ダーバンの暴動はこの一連のもののほんの小さなリハーサルにしか過ぎない

रिहल [名] 《A. رحل रिह्ल》書見台

रिहलत [名*] 《A. رحلت रहलत》(1) 出発 (2) 死去；死亡；あの世への旅立ち

रिहा [形] 《P. رہا रहा》(1) 釈放された；解放された；放たれた **रिहा क०** 釈放する；解放する；放す उन्होंने मोची को रिहा करवा दिया 靴屋を釈放させた बीमारी की अवस्था में क़ैद से रिहा कर दिया गया 病気の状態で釈放された (2) 逃れた；免れた；自由になった

रिहाइश [名*] = रिहायश.

रिहाई [名*] 《P. رہائی रहाई》(1) 釈放；解放 (2) 自由

रिहायश [名*] (1) 宿泊；逗留；滞在 रिहायश का कोई इंतज़ाम नहीं हो सका 宿泊の段取りは全くできなかった (2) 住むこと；居住すること हरिजनों और अन्य पिछड़ी जातियों की रिहायश के लिए ハリジャン及びその他後進カーストの居住のために

रिहायशी [形] 住居の；居住の；住宅の रिहायशी इलाका 住宅地；住宅地域 रिहायशी मकान 住宅；集合住宅

रिहल [名] 《A. رحل》書見台= रहल; रिहल.

रींगना [自] = रेंकना. गधा रींग रहा है ロバが鳴いている

रींधना [他] 料理をする；調理する= राँधना. रोज कुछ मांस रींधा जाता था いつも少々の肉が調理されていた

री [感] (1) 女性同士が呼びかけや訴えかけに用いる= अरी. बहना री, तू तो मेरे मन की मीत है ねえねえ，あなたは私の心の友よ देख तो री, मैंने सभी को तो परेशान कर दिया है そう，まずはごらんよ．私は皆を悩ませているんです (2) 同輩以下の女性の相手に質問や訴えの気持ちを表すのに用いられる तू हमारी बातें क्या सुनती है री? お前が私の言うことを聞くものかい क्यों री बदजात बाँदी तूने ये क्या किया? これこれろくでなし，なんということをしたのだい

रीछ [名] (1)〔動〕クマ（熊）の総称（ナマケグマも含む）= भालू. रीछ का तमाशा ナマケグマに芸をさせる見世物 (2)〔動〕クマ科ツキノワグマ【*Salenarctos thibetanus*】〈Himalayan black bear〉= भालू.

रीछराज [名]〔ラマ・イ神〕ジャームバヴァット（ラーマに味方してラーヴァナと戦った熊の王）→ ऋक्षराज; जामवंत; जाम्बवत्.

रीछवाला [名] 熊使い（ナマケグマに芸をさせる大道芸人）

रीजेंट [名] 《E. regent》摂政= प्रतिशासक.

रीजेंसी [名*] 《E. regency》〔政〕(1) 摂政政治= प्रतिशासन व्यवस्था. (2) 摂政の任；執権職

रीझ [名*] (1) 惚れること；惚れ込むこと；好きになること (2) 喜び；嬉しさ；満足 **रीझ पचाना** 嬉しさを隠す **रीझ-बूझ** 好み；傾向；性向；嗜好

रीझना [自] (1) すっかり気にいる；好きになる；惚れる；惚れ込む जिस जाति के जीवन का अवलंब तलवार पर है, वह अपने राजा के किसी गुण पर इतना नहीं रीझती जितना उसकी वीरता पर 刀剣を生活の糧にしている人たちは自分たちの支配者のなにものにも増して勇ましさに惚れ込むものだ शूर्पनखा राम के रूप को देखकर रीझ गई シュールパナカーはラーマの容姿を見て惚れ込んだ श्यामा नंदन पर रीझी हुई थी シャーマーはナンダンがすっかり好きになっていた (2) 喜ぶ；嬉しくなる (-पर) रीझना (ーに) 満足する

रीठा [名] (1)〔植〕ムクロジ科ムクロジ【*Sapindus mukorossi*】(2) 同上の果（果皮がせっけん代用）

रीडर[1] [名] 《E. reader》(1) 読者 (2) 大学助教授；リーダー= उपाचार्य.

रीडर[2] [名*] 《E. reader》読本；リーダー

रीडिंग ग्लास [名] 《E. reading glass》拡大鏡

रीडिंग रूम [名] 《E. reading room》図書閲覧室= वाचनालय.

रीढ़ [名*] (1) 脊椎；背骨 (2) 支柱；支えるもの；主柱 (3) 気骨 **रीढ़ की हड्डी** 脊椎；背骨 **रीढ़ की हड्डी टूटना** 屋台骨がかしぐ；腰が砕ける；重要な支えや基盤が壊れる **रीढ़ टूटना** 無力になる；台無しになる；腰が砕かれる；気力がなくなる **रीढ़ सीधी क०** 腰を伸ばす；一息入れる

रीण [形] (1) 消えた；隠れた (2) 滴った；滴り落ちた

रीत [名*] (1) 風習；しきたり；慣行= रीति; रीति-रिवाज. कुल की रीत 家風 (2) 方法；様式= ढंग; पद्धति. इसी रीत 全く同様に= इसी तरह.

रीतना[1] [自] 空になる；空白になる；空虚になる= ख़ाली हो०; रिक्त हो०.

रीतना[2] [他] 空にする；空白にする

रीता [形+] (1) 空の；空っぽの अंग अंग जैसे रीता हो गया था まるで全身が空っぽになったよう (2) 無一物の；何一つ持たない

रीति [名*] (1) 方法；手段；様式 ये लोग धातुओं के बर्तन और औज़ार उत्तम रीति से बना लेते थे この人たちは金属の食器や道具を非常に巧みに製造する (2) 風習；習慣 दीवाली से जुड़ी वहाँ की रीतियाँ ディーワーリー祭に関わる同地の風習 (3) しきたり；習い；慣習 संसार की रीति 世の習い (4) 決まり；規定 (5)〔イ文芸〕リーティ（サンスクリット文学の詩論ではラサの喚起によりカーヴィヤに美しさをもたらすものとして表現を分析するのに語の音声や音響的印象，合成語の長さと使用の頻度，語の配列，修辞法の使用，意味の伝達性などを基準にしてカーヴィヤの特長を表す十種の標識 गुण を考えるなどして वैदर्भी, गौडी, पांचाली といったリーティ रीति と呼ばれる 3〜5 種の，ある意味での文体を分類した） (6)〔イ文芸〕17 世紀半ばからのほぼ 2 世紀にわたり広義のヒンディー文学の時代を画した時期には作詩法に則り試作することがリーティとされた．この時期を特徴づける詩は रीति काव्य と呼ばれるが，ラサやグナ गुण，修辞技法，主人公の分類などの詩論の細部について論じかつそれぞれを例示するために作られた

रीतिकाल [名]〔イ文芸〕ヒンディー文学の時代区分の一，作詩法時代（16〜19 世紀の作詩法や詩論に基づき例示する形での詩作が主流を成した時代）

रीतिकाव्य [名]〔イ文芸〕ヒンディー文学で修辞や詩論などの作詩法を論じそれを例示する形で作られた詩；リーティ詩

रीतिरिवाज [名] 《H. + A. رواج रवाज》慣習；風習；慣例；伝統

रीतिवाद [名] (1)〔芸〕芸術上の形式主義 (2)〔イ文芸〕ヒンディー文学の作詩法を重視する考え方；リーティヴァード

रीतिवादी [形] (1) 芸術上の形式主義の (2) ヒンディー文学のリーティヴァードに関わる

रीधना [他] = राँधना; रींधना.

रीन्यू [名] 《E. renew》更新= नवीनीकरण. रीन्यू करवाना 更新する；更新してもらう

रीम[1] [名*] 《E. ream》（紙の）れん（連）

रीम[2] [名*] 《P. ریم》膿= पीब; मवाद.

रीयरव्यू मिरर [名] 《E. rearview mirror》バックミラー

रीया तट [名] 《E. ria (rias) ← (Spanish) ria + H.》〔地理〕リアス式海岸= रीया तटरेखा.

र

रीश [名*] 《P. ریش》あごひげ（顎髭）
रीस [名*] (1) 妬み；嫉妬 (2) 対抗；張り合い
रीसा [名*]〔植〕イラクサ科草本カラムシ；マオ；ラミー【*Boehemia nivea*】= कनखुरा; रीहा; बनरीहा. 〈ramie; Rhea; China grass〉
रीसेस [名] 《E. recess》休み；休憩；休憩時間；中休み
रीह [名*] 《A. ریح》(1) 風 (2) 香；におい（匂い；臭い） (3) 屁 = हवा; वायु.
रीहा [名*]〔植〕イラクサ科草本ラミー；カラムシ；マオ【*Boehmeria nivea*】→ कनखुरा; रीस; बनरीहा.
रुंड [名] 首や手足の切断された（失われた人間の）胴体
रुंद [名]〔軍〕掩蔽壕
रुँधना [自] (1)（道などが）ふさがる；ふさがれる；詰まる；（通行が）妨げられる (2) 止まる；立ち止まる；動けなくなる；絡まる；絡められる；身動きできなくなる (3)（感情の高ぶりで）息苦しくなる；息が詰まる；口がきけなくなる कहते कहते उसका गला रुँध गया 話しているうちにのどが詰まった（感情の高ぶりに口がきけなくなった） विदा के समय आँसुओं में डूबी हुई माँ का रुँधा स्वर 別れ際の涙にむせんだ母の声 **रुँधे हुए कंठ से** = रुँधे हुए गले से. **रुँधे हुए गले से**（感情の高ぶりに）息を詰まらせて；声を詰まらせて उसने रुँधे गले से कहना शुरू किया 声を詰まらせながら話しだした
रुआँ [名] (1) 産毛 (2) 毛羽；綿毛
रुआँदार [形] 《H. + P. دار》毛羽立った
रुआँली [名*] 糸の枷= पूनी.
रुआँसा [形⁺] (1) べそをかいた (2) 泣きそうな；泣き出しそうな रुआँसी आवाज़ में बोलीं 泣き出しそうな声で言った
रुआब [名] = रोब.
रुई [名*] (1) 綿；綿花 (2)〔植〕アオイ科ワタノキ (3)〔植〕アオイ科キダチワタ→ रूई; कपास. **डाक्टरी रुई** 脱脂綿 डाक्टरी रुई का बंडल 脱脂綿の束 **रुई का गाला** ふわふわのもの= रुई का फाहा. **रुई का फाहा बना दे॰** とても繊細なものにする；とてもきゃしゃなものにする **रुई की तरह धुनना** *a.* ひどく叩く；叩きのめす *b.* 大恥をかかせる *c.* ぼろぼろにする= रुई की तरह धुन दे॰. **रुई के बादल की तरह उड़ जा॰** またたく間に消えてなくなる **रुई-सा** とても柔らかな；ふわふわの **रुई सुत में उलझना** 生活に追われる
रुईदार [形] 《H. + P. دار》綿入れの रुईदार कपड़े 綿入れ（の着物）
रुकना [自] (1) 動いているものや走っているものが止まる；停止する टैक्सी रुकी タクシーが止まった रुकी हुई वस्तु को गतिशील करना 止まっているものを動かす आँसू नहीं रुकते 涙が止まらない जब हवा रुक जाती है तो पालदार नाव भी रुक जाती है 風が止むと帆船も止まる (2) 立ち止まる= ठमकना; ठिठकना. (3) 中止になる；延期になる यह शादी कुछ या काफ़ी समय के लिए रुक जाती है この結婚はしばらくの間，もしくは，かなり長い間延期になる (4) 泊まる；宿泊する रास्ते में एक धर्मशाला में उन्हें एक रात रुकना भी पड़ा 途中あるダルムシャーラー（宿坊）で一晩泊まる羽目にもなった (5) 流れが止まる；淀む रुके हुए पानी में 淀んだ水に (6)（通路が）閉ざされる विजय, कुछ हाथ नहीं लगेगा.जिसके लिए सब राहें रुकी हों, उसके लिए भटको नहीं ヴィジャイよ，何も得られはしないぞ．すべての道が閉ざされている者のために惑うでない **रुक-रुककर** *a.* 断続的に बीच बीच में रुक-रुककर 途中で断続的に *b.* 少しずつ；ぽつぽつと；ぽつりぽつりと उसने रुक रुककर पूरी कहानी सुनाई ぽつりぽつりとすべてを語った
रुकवाना [他・使] ←रोकना. मैंने इशारा करके टैक्सी को रुकवा लिया 合図をしてタクシーを止めた（止めさせた） जीप रुकवाकर ジープを止めてもらって रिक्शा रुकवाकर वह नीचे उतरी リキシャを止めさせて降り立った
रुकसैक [名] 《E. rucksack》リュックサック= नैप सैक; झोला.
रुकाव [名] (1) 動きの止まることや止めること；停止することや停止させること (2) 便秘
रुकावट [名*] (1) 妨げ；妨害 आमदो रफ़्त में रुकावट 交通の妨げ **(-की राह में) रुकावटें डालना**（ーを）妨げる；妨害する उनकी राह में तरह-तरह की रुकावटें डालें あの方の行く手をいろいろと妨げる विरोधी खिलाड़ी की आँखों के पास हाथ ले जाकर के उसकी नज़र में रुकावट डालना 相手（選手）の目の近くに手を持って行き視野を妨げる जिस समय हमको स्वराज्य मिला उस समय हमारे गाँवों में कुछ ऐसी हालत थी जो उनकी उन्नति में रुकावट डालती थी わが国が独立を獲得した時，わが国の農村はその発展を妨げるような状況にあった कोई रुकावट उनके सामने न आ जाए 何らの妨害が立ちはだからないように (2) 障害；支障 रुकावट के लिए खेद है（電波）障害が生じています，申し訳ありません（テレビ映像に乱れが生じた際の字幕．「しばらくお待ち下さい」）
रुक़्क़ा [名] 《A. رقعہ》(1) 書きつけ (2) 受領証 (3) 約束手形 **हामिले रुक़्क़ा**〔商〕手形持参人
रुक्म[1] [名] 金（きん）；黄金；こがね= सोना; स्वर्ण; ज़र.
रुक्म[2] [形] (1) 金色の (2) きらきら輝く
रुक्मिणी [名*]〔イ神〕ルクミニー（クリシュナの第一夫人，ラクシュミー神の化身とされる）
रुक्ष [形] = रूक्ष. (1) でこぼこした；でこぼこの；ざらざらした (2) ごわごわした；がさがさした (3) ぶっきらぼうな；素っ気ない；つっけんどんな；無愛想な (4) 頑なな
रुक्षता [名*] ←रूक्ष. = रूक्षता.
रुख [名] 木；樹木= पेड़; वृक्ष; दरख़्त.
रुख़ [名] 《P. رخ》(1) 顔 (2) 頬 (3) 顔立ち；容貌 (4) 方向；向き बातचीत का रुख़ निंदा आदि से पलटकर कुशलक्षेम की बातचीत में बदलना 話題の向きを人をけなしたりすることから消息をたずねることに変えること नमाज़ में हमारा रुख़ पच्छिम की तरफ़ होता है（私たちイスラム教徒は）礼拝の際に西の方角を向きます सूरजमुखी का रुख़ हमेशा सूरज की तरफ़ होता है ヒマワリは常に太陽の方角を向きます (5) 態度 (6) 城将（チェス） **(-का) रुख़ क॰**（ーに／へ）向かう दोनों भाई भूलकर भी कभी इधर का रुख़ नहीं करते थे 2人の兄弟は決してこちらへ来ようとはしなかった **(-का) रुख़ ताकना** = रुख़ देखना. **रुख़ दे॰** 注意する；用心する；注意を払う= ध्यान दे॰. **रुख़ देकर बात क॰** 気をつけて話をする；用心をして話をする **(-का) रुख़ देखना** 相手の気分や気持ちを窺ったり推察する **रुख़ पर आ॰** 気乗りする；気が向く；その気になる **रुख़ पलट दे॰** 話題を変える；話をそらす **(-का) रुख़ पाना**（ーの）賛成を得る；（ーに）賛同してもらう；同意してもらう；（ーの）支援を受ける **रुख़ फेरना** = रुख़ पलट दे॰. **रुख़ बचाना** 避ける；逃げる **(-का) रुख़ बदलना** *a.*（ーの）態度が変わる *b.*（ーの）向きを変える पति की ओर इशारा कर बात का रुख़ बदल दें 夫に合図して話題を変えること **रुख़ मिलाना** 口をきく；話をする **(-का) रुख़ मोड़ना** *a.*（ーの）向きを変える *b.*（話の）向きを変える **(-का) रुख़ रखना**（ーの）気に入るようにする **(-का) रुख़ ले॰** = रुख़ देखना.
रुखड़ा [形⁺] (1) 滑らかさのない；ざらざらしている；がさがさしている (2) 潤いのない；とげのある；とげとげしい；ぎすぎすした तुम्हारी भाषा बड़ी रुखड़ी-रुखड़ी भदेस भाषा है 君はとてもとげとげしい粗野な言葉を話すんだね
रुख़सत [名*] 《A. رخصت रुख़्सत》(1) 暇をもらうこと；賜暇= छुट्टी की इजाज़त. (2) 休暇；暇= अवकाश; फ़ुर्सत. (3) 許可；許し= आज्ञा; इजाज़त. **(-) रुख़सत क॰** 帰らせる；引き取らせる पहले इस फ़क़ीर को रुख़सत कर दो まずはこの托鉢僧に引き取ってもらいなさい **रुख़सत हो॰** *a.* 去る；退出する；帰る；退去する；引き取る；暇乞いする；失礼する अच्छा तो बंदगी अब रुख़सत होता हूँ 拙者それでは御免，失礼致す नौ बजे रात को मेहमान रुख़सत होने लगे 客人たちは夜の9時に帰り始めた *b.* この世を去る；死去する；亡くなる वह 1489 ई॰में इस दुनिया से रुख़सत हुआ 西暦1489年にこの世を去った निहायत इतमीनान की हालत में इस दुनिया से रुख़सत हुए 大いに満足の上この世を去られた (4) 花嫁が挙式後花婿の家に赴くこと= विदाई.
रुख़सती[1] [名*] 《A. رخصتی रुख़्सती》(1) 花嫁が初めて花婿の家へ行く儀式（嫁入りの儀式）= विदाई. (2) 別れ (3) 別れに際しての贈り物
रुख़सती[2] [形] (1) 暇の；休暇の (2) 休暇中の
रुख़सार [名] 《P. رخسار》頬；ほっぺた= गाल; कपोल.
रुखाई [名*] ←रूखा. (1) でこぼこ（していること）；ざらざら（していること）；がさがさ（していること） (2) かさかさ（していること）；潤いの欠けていること (3) つっけんどんなこと；無愛想なこと；冷ややかなこと **रुखाई से** つっけんどんに；無愛想に；冷たく मैं रुखाई से जवाब देती हूँ つっけんどんに返事をする उसे उम्मीद नहीं थी कि उसके दुःख में मैं इतनी रुखाई से पेश आऊँगा 悲しんでいたあの人にこれほど冷たい態度を私が取るとは予期していなかった कल मैंने सोचा था कि अपने व्यवहार की रुखाई से मैं स्पष्ट

कर दूँगी कि अब वह मेरे पास न आए もう私のところへ来ないように冷たい態度ではっきり示してやろうと昨日思ったのだった

रुखाना [自] (1) でこぼこする；ざらざらする；がさがさする (2) かさかさする (3) 味気ない；つまらない

रुखानी [名*] (1) 木工錐 (2) のみ（鑿） (3) たがね

रुखावट [名*] = रुखाई.

रुखौहाँ [形⁺] 無愛想な；ぶっきらぼうな；素っ気ない

रुग्ण [形] (1) 病気に罹っている；病んでいる；病臥中の शरीर से रुग्ण होते हुए भी 肉体が病んでいるにもかかわらず (2) 不調の；調子の悪い；不振の (3) 経営不振の；経営状態の悪い रुग्ण चाय बाग़ान 不振の茶園

रुग्णता [名*] ← रुग्ण.

रुग्णावकाश [名] 医療休暇

रुच [名*] = रुचि.

रुचक [形] (1) 面白い；興味深い (2) 美味な；味の良い

रुचना [自] 好きな；好みの；気に入る；好きになる；好ましい माँ, जो तुम्हें रुचे, वही मुझे भाएगा 母さんの気に入るものならそれでいいんだ **रुच रुचकर** 熱心に；興味を持って；興味深く

रुचि [名*] (1) 興味；関心 उसकी रुचि धर्म की ओर मुड़ गई 彼の関心が宗教のほうへ向いた इन कार्यों में अधिकतर व्यक्तियों की रुचि ही नहीं होती है 多くの人はこの仕事に関心を持たない (2) 好み；嗜好；楽しみ；愛着 पढ़ने में रुचि 勉強好き (3) 趣味 बाग़बानी में रुचि 庭いじりの趣味 (4) 意欲 (5) 光；光輝；輝き **रुचि उपजना** 興味が湧く **रुचि दिखलाना** 興味を示す；関心を示す **रुचि मानना** 気に入る；好きになる **(-की) रुचि रखना** （一の）気に入るようにする；（一の意向に）配慮する **(-में) रुचि ले°** *a.* （一に）興味を抱く；関心を持つ धीरे-धीरे अन्य लोग भी इसमें रुचि लेने लगे やがて他の人たちもこれに興味を持つようになった *b.* 興味を示す；関心を持つ；関心を示す；興味を持つ राज्य सरकारें धन की कमी के मारे इसमें पूरी रुचि नहीं लेतीं 州政府は資金不足のためにこれに十分な関心を示さない स्त्रियाँ और लड़कियाँ गाने-नाचने में रुचि लेती हैं 婦人や娘たちは歌や踊りに関心を抱くものだ

रुचिकर [形] (1) 面白い；興味深い；興味を引く= दिलपसंद. रुचिकर पुस्तक 面白い本；興味深い本 रुचिकर शिक्षा-नीति 興味深い教育方針 (2) おいしい；うまい；美味な= स्वादिष्ट; मज़ेदार. (3) 好みの；好きな= पसंद; पसंदीदा. (4) 楽しい= मनोहर.

रुचिकारक [形] = रुचिकर.

रुचिकारी [形] = रुचिकर.

रुचिर [形] (1) 気持ちの良い；心地よい (2) 美しい (3) 楽しい

रुचिरता [名*] ← रुचिर.

रुचिराई [名*] = रुचिरता.

रुजगार [名] → रोज़गार.

रुजहान [名] 《← A. رجحان》 → रुझान.

रुझना [自] (1) 熱中する；没頭する (2) 取り組む

रुझनी [名*]〔鳥〕シギ科ハマシギ【*Calidris alpina*】

रुझान [名] 《← A. رجحان रुजहान》 (1) 性癖；癖 पुराने रुझान और चाहत ने फिर सिर उठा लिया 昔の性癖と愛着とが再び頭をもたげた (2) 性向；傾向；傾き (3) 傾倒 सौंदर्य की ओर सभी का रुझान होता है 美にはだれしも傾倒するものだ (4) 熱中；没頭 उस तरफ़ मेरा रुझान कभी नहीं रहा その方面に熱中したことは一度もなかった अक्सर लोगों का मादक द्रव्यों की ओर रुझान होता है 人は麻薬に惹かれやすいものだ

रुटीन [名] 《E. routine》 → रोटीन.

रुठाना [他] ←रूठना. 怒らせる；機嫌を損なう= नाराज़ क°.

रुत[1] [名] 鳥の鳴き声；鳥のさえずり

रुत[2] [名*] 季節= ऋतु. बरखा रुत 雨季 मतवाली रुत आई है うきうきする季節がやって来た

रुतबा [名] 《A. رتبہ रुत्बा》 (1) 位；地位；階級；位階= पद; दर्जा. जब भगवान ने रुतबा बढ़ाया है तब तो 神が位を高くして下さったのであれば (2) 高位；高い地位= बुज़ुर्गी. (3) 偉大さ；重要性= महत्ता.

रुतबेदार [形] 《A.P. رتبہ دار रुत्बेदार》 高位の；高い地位にある

रुतूबत [名*] 《A. رطوبت》 (1) 湿気；湿り気= आर्द्रता; तरी. (2) 粘液 चिकनी रुतूबत ねばねばした汁 वह एक तरह की रुतूबत मिला गिज़ा को पीता रहता है 一種の粘液の混じった食べ物を常に飲む

रुत्बा [名] = रुतबा.

रुदन [名] (1) 泣くこと (2) 泣き声

रुद्ध [形] (1) 妨げられた (2) 止められた；止まった (3) 詰まった पहले उसका कंठ रुद्ध हुआ, फिर ढेर-से आँसू आँखों में उमड़ आए まずは息が詰まりそれから涙がどっとあふれ出てきた (4) 閉ざされた

रुद्र [名]〔イ神〕ルドラ（リグ・ヴェーダの暴風神；後世には，11のルドラ神ともされ，シヴァ神とも同一視されるようになった）

रुद्रकृमि [名]〔昆〕ユスリカ科アカボウフラ；ユスリカ〈blood worm〉

रुद्रगण [名]〔イ神〕ルドラ神の眷属

रुद्रपति [名] シヴァ神の異名の一

रुद्राक्ष [名] (1)〔植〕ホルトノキ科高木インドジュズノキ；ジュズボダイジュ【*Elaeocarpus ganitrus; E. sphaericus*】シヴァ派の聖木 (2) 同上の果の核（数珠に用いられる）；金剛子；金剛珠

रुद्राणी [名*] (1)〔イ神〕ルドラーニー（ルドラ神の妃） (2)〔イ神〕シヴァ神妃パールヴァティー

रुधिर [名] 血；血液= रक्त; लहू; ख़ून. यह ऑक्सीजन फेफड़ों में रुधिर के साथ मिल जाती है この酸素は肺で血液に溶けこむ

रुधिर कणिका [名*] 血球〈blood corpuscle〉

रुधिर केशिका [名*] 毛細血管〈blood capillary〉

रुधिर कोशिका [名*] 血球= कणिका.

रुधिर धारा [名*] 血流；血行

रुधिर परिसंचालन [名] 血液循環〈blood circulation〉

रुधिर प्लाज़्मा [名] 血漿〈blood plasma〉

रुधिर वर्ग [名] 血液型〈blood group〉

रुधिर वाहिका [名*] 血管〈blood vessel〉

रुधिर विज्ञान [名] 血液学

रुधिर संवहन तंत्र [名] 血管系〈blood vascular system〉

रुधिर सीरम [名*] 《H. + E. serum》 血漿〈blood plasma〉

रुनक-झुनक [名*] 鈴の音；しゃんしゃん，しゃらんしゃらんなど पायजेब की रुनक-झुनक パージェーブの鈴の音

रुनझुन [名*] 鈴の音；しゃんしゃん，ちりんちりんなど पैरों में रुनझुन करते पायजेब 足にはしゃんしゃんと鳴るパージェーブ

रुनाई [名*] 赤み= ललाई; लालिमा.

रुनुक-झुनुक [名*] 鈴などの鳴る音= रुन-झुन.

रुपना [自] → रोपना. (1) 植えつけられる；植えられる；埋けこまれる (2) 据えられる；据えつけられる

रुपया [名] (1) 銀貨 (2) ルピー（インド，パキスタンなどの通貨単位の一．新 100 パイサーに相当．=旧 16 アンナ=旧 64 パイサー） (3) 富；財産= रुपया-पैसा; धन-संपत्ति; धन-दौलत. **कच्चा रुपया** 通用が地域的に制限された銅貨 **रुपया उठना** 金がかかる；費用がかかる **रुपया उड़ाना** *a.* 金を浪費する *b.* 盗む **रुपया ऐंठना** 金をむしり取る；金を奪い取る **रुपया खड़ा क°** 稼ぐ；稼ぎ出す **रुपया खरा हो°** 金になる **रुपया खा जा°** *a.* 借金を返済しない *b.* 横領する **रुपया ख़ाली हो°** 金が使われずに遊んでいる **रुपया खींच ले°** 金を取り立てる **रुपया गलना** 金が費やされる；金がかかる **रुपया गाँठ क°** 金を貯める **रुपया चीरना** しこたま稼ぐ **रुपया जोड़ना** 金を貯める；金を貯め込む **रुपया टूटना** 損をする；赤字になる **रुपया ठनका ले°** 金を取り立てる **रुपया ठीकरा क°** 湯水のように金を使う **रुपया डूबना** *a.* 貸し倒れになる *b.* 赤字になる；欠損を出す **रुपया तुड़ाना** 小銭に換えてもらう **रुपया दबना** 貸し倒れになる **रुपया पटाना** *a.* 金を取り立てる *b.* 清算する **रुपया पानी की तरह बहाना** 湯水のように金を使う **रुपया पानी में फेंकना** 無駄金を使う；金をどぶに捨てる **रुपया पीटना** あくどい金儲けをする **रुपया पैदा क°** 稼ぐ；金を稼ぐ **रुपया फँसना** *a.* 費やした金が戻らない *b.* 貸した金が戻らない；貸し倒れになる **रुपया फूँकना** *a.* むちゃくちゃに金を使う *b.* 無駄な金を使う **रुपया बनाना** = रुपया पैदा क°. **रुपया भरना** 金を払う；金を支払う **रुपया भराना** 金を取り立てる **रुपया भुनाना** 小銭に換えてもらう= रुपया तुड़ाना. **रुपया मारा जा°** 踏み倒される；貸した金が戻らなくなる **रुपया मारा पड़ना** = रुपया मारा जा°. **रुपया मींजना** 金を惜しむ；けちけちして金を使う **रुपया लगाना** 金をかける；投資する **(-पर) रुपये आ°** （一に）貸し金がある；貸しがある **रुपये का आठ आना कर दे°** 半減させる；半分にする **रुपये का खेल** 金の威力 **रुपये का मुँह न देखना** 金を惜しまない；金に糸目をつけない **रुपये का रुपया उगलना** 金が金を呼ぶ **रुपये की गर्मी** 富の奢り **रुपये की तीन अठन्नी भुनाना** *a.* 大儲けを企む *b.* ずるい金儲けを企む **रुपये खा जा°** *a.* 借金を踏み倒す

b. 使い込む；横領する **रुपये गिनाना** 金を取り立てる **रुपये चटाना** 賄賂を贈る；贈賄する **रुपये ढीले क०** 金を払う **रुपये दूने हो०** 大儲けする **रुपये बनाना** 儲ける；儲け出す **रुपये मारे पड़ना** 貸した金を踏み倒される **रुपये में इकन्नी-दुअन्नी भर** ほんのわずか；甚だ少量 **रुपये सीधे क०** 金を取り立てる **रुपये से मुँह बंद कर दे०** 金にものを言わせる；金の力で人の口をふさぐ **रुपयों का पेड़** 金のなる木 हमारे पास रुपयों का पेड़ नहीं लगा है うちには金のなる木はない

रुपया-पैसा [名] 金；お金；富；財 महिलाओं को ज़ेवर और रुपया-पैसा दोगुना करने का लालच देकर वह उनकी संपत्ति हड़प लेता था 女性たちに貴金属やお金を倍にしてやると甘言で釣ってその人たちの財産を奪っていた

रुपल्ली [名*] 銭；銭金

रुपहला [形] 銀色の；白銀の रुपहला कीड़ा〔昆〕シミ科シミ（紙魚）

रुपा [名] (1) 銀貨 (2) ルピー (3) 銀

रुपैया [名] = रुपया.

-रुबा [造語]《P. ربا》奪う，奪いとるなどの意を有する合成語の構成要素. दिलरुबा 心を奪う；魅了する

रुबाई [名*]《A. رباعی》〔韻〕ルバーイー（ウルドゥー語及びペルシア語の詩形の一で 4 つの半句ミスラーから成り四行詩と訳されるが，実際には二行詩で，長・長・短，短・長・長，短・短・長，長・長・長の韻律で第 1，第 2，第 3 半句が脚韻を踏む）

रुबाईयात [名*, pl.]《A. رباعیات←رباعی रुबाई》〔文芸・韻〕ルバーイーヤート；四行詩= रुबाइयाँ.

रुबेला [名]《E. rubella》〔医〕風疹

रुमाल [名] = रूमाल.

रुलना [自] (1) 浮浪する；住所が定まらず流れ歩く；流浪する कौन दिखाए मंज़िल इनको, कौन सम्भाले हाथ रे? इंसानों की इस दुनियाँ में, रुलते फिरें अनाथ रे 行く手を示し手を貸す人やある，あゝ寄る辺なき身は流れ行くのみ (2) 打ち捨てられる；放り出される

रुलाई [名*] (1) 泣くこと उमड़ती रुलाई रोककर उसने पानी का गिलास भरा こみ上げてくる涙を抑えてコップに水を注いだ रुलाई रोकने की कोशिश 泣き止もうとすること (2) 泣きたい気持ち फिर पता नहीं क्यों मुझे बहुत ज़ोर की रुलाई हुई またなぜかはわからないがひどく泣きたくなった **रुलाई आ०** 泣きたくなる；泣けてくる मन में ज्यों-ज्यों प्रतिशोध की भावना बढ़ती थी, ज़ोर-ज़ोर से रुलाई आने लगती थी 復讐の気持ちが強まれば強まるほど激しく泣きたくなるのだった

रुलाना [他] (1) 泣かせる；涙を流させる एक दिन इस दुलहिन के आँसू तुम्हें ख़ून के आँसू रुलाएँगे いつの日かこの嫁の涙がお前に血の涙を流させよう तेरा आसरा है रुला दे हँसा दे 泣かされましょうが笑わせになりましょうがすべて神様の意のままでございます (2) ひどく苦しめる；泣かせる अन्यथा आपकी यह ज़रा-सी भूल या आवेश आपको सारा जीवन रुला भी सकता है さもなくばこのほんの小さな過ち，すなわち，衝動にあなたは一生泣かされることさえあるのです

रुवाई [名*] = रुलाई.

रुश्द [名]《A. رشد》師からの伝授；師の手引き= गुरु की शिक्षा-दीक्षा.

रुषित [形] (1) 怒った；立腹した；不機嫌な= क्रुद्ध; नाराज़; रुष्ट. (2) 悲しい= दुःखी.

रुष्ट [形] 怒った；立腹した；不機嫌な यदि पत्नी पति से रुष्ट है, तो... もしも妻が夫に腹を立てていれば… देवता के रुष्ट होने पर किसी भी अनिष्ट की आशंका बनी रहती है 神がお怒りになれば如何なる災難も生じる心配が続くかも知れない

रुष्टता [名*] ← रुष्ट. 怒り = रोष; क्रोध.

रुसवा [形]《P. رسوا रुस्वा》不名誉な；恥ずべき；悪名高い

रुसवाई [名*]《P. رسوائی रुस्वाई》不名誉；悪名 इन्हीं ग़रीबों के दम पर तेरा नाम ज़िंदा है जिन्हें तूने ज़लालत और रुसवाई बख़्शी है お前が恥辱と不名誉を恵んでやったこの哀れな人たちの力でお前は名誉を保っているのだぞ मेरी ग़रीबी अब रुसवाई की हद तक पहुँच चुकी है わが貧しさはもはや不名誉にまで達している

रुसूख़ [名]《P. رسوخ》(1) 入ること；入り込むこと= प्रवेश; पहुँच. (2) 到達= रसाई. (3) 影響力 वर्मा ने राजनीतिक रुसूख़ से उसकी बदली दूसरे शहर में करवा ली ヴァルマーは政治的な影響力を用いてよその町に転勤させてもらった (4) 親交 (5) 上達；熟達 (6) 堅固なこと

रुसूम [名, pl.]《A. رسوم》← रस्म. = रस्में; रूढ़ियाँ.

रुस्तम [名]《P. رستم》ペルシアの叙事詩シャーナーメ（شاهنامه「王書」）の英雄であるルスタム（ロスタム） **छुपा रुस्तम** 隠れた勇者；油断ならない人；見かけによらない人（実力者；能力を持つ人；侮れない人）

रुहेलखंड〔地名〕ルヘールカンド（ウッタル・プラデーシュ州北西部のバダーユーン बदायूँ，ピーリービート पीलीभीत 地方を中心とする地域）

रुहेला [名] ルヘーラー族（ルヘールカンド地方に居住してきたパターン人 पठान）

रूँगा [名] おまけ（商品販売の際の）

रूँदना [他] (1) = रौंदना. (2) = रूँधना.

रूँधना [他] (1)（道や道路を）ふさぐ (2) 囲う；囲いをする；柵を作る= घेरना.

रूँ रूँ [名*] ラハト，すなわち，ペルシア井戸の水車の回る音

रू [名]《P. رو》(1) 顔；顔つき；顔立ち；つら（面）= मुँह; चेहरा; मुखाकृति. (2) 表；表面= आगा; सामना. (3) 原因；理由= कारण; सबब. **रू-रियायत क०** 斟酌する；手心を加える **(-की) रू से**（－に）よると；よって；従って इस्लाम की तालीम की रू से イスラムの教えによると एक क़ानून की रू से ある法律によって

रूअड़ [名]《← A. رواړ रव्वार》シーツ；敷布

रूआ [名*] = रूसा.

रूई [名*] = रुई. (1) 綿；棉；綿花 (2)〔植〕アオイ科ワタ【*Gossypium hirstum*】 (3)〔植〕アオイ科キダチワタ【*Gossypium arboreum*】= कपास. रूई की गद्दी 敷き布団；座布団 रूई-सा नरम 綿のように柔らかい；ふわふわの

रूईदार [形] = रुईदार. 綿入れの；キルティングの रूईदार शलूका 綿入れのシャルーカー

रूए-ज़मीन [名]《P. رو زمین》地表；地面= धरातल.

रूए दाद [名]《P. رو داد》出来事；事件；顛末；経過；一部始終= वृत्तांत; कथा.

रूका [名] 叫び

रूक्ष[1] [形] = रुक्ष.

रूक्ष[2] [名] 木；樹木= वृक्ष; पेड़; दरख़्त.

रूक्षता [名*] ←रूक्ष. = रुक्षता.

रूख[1] [名] 木；樹木= वृक्ष; पेड़. **रूख की छाँह भी न मिलना** 何一つ頼るべきもののない

रूख[2] [形] = रूखा.

रूखड़ा [名] 木；樹木= पेड़; वृक्ष.

रूखा [形[+]] (1) でこぼこのある；ざらざらした；がさがさした；ごつごつした (2) がさがさの；潤いのない；かさかさした；ぱさぱさした (3) 荒っぽい；荒々しい；潤いのない (4) 味わいのない；味気ない (5) 棘のある；つっけんどんな；無愛想な；険しい रूखी, कड़कती आवाज़ つっけんどんなきんきんした声 खाल के रूखे रहने के लक्षण 肌のかさかさしているしるし रूखे उड़ते हुए बाल ぱさぱさの髪 (6) 殺風景な；面白味のない；つまらない；下らない **रूखा आदमी** つまらない人；面白味のない人；潤いのない人 (7) 堅苦しい；厳しい；厳格な **रूखा खाना** *a.* 質素な食事をする *b.* 質素な暮らしをする **रूखा जवाब** つっけんどんな返事；無愛想な返事 **रूखा पड़ना** 情け容赦のない；無慈悲な **रूखा-फीका आदमी** 味わいのない人；味気ない人；面白味のない人 **रूखी बात** つまらない話；下らない話= रूखी-सूखी बात. **रूखी हँसी** 作り笑い

रूखानी [名*] → रुखानी.

रूखापन [名] ←रूखा. त्वचा का रूखापन 肌荒れ बालों का रूखापन 毛髪に油気がなくなりぱさぱさになる状態

रूखा-सूखा [形[+]・名] (1) ありきたりの；質素な；粗末な (2) 質素な食事；粗末な食事 रूखा-सूखा खा-पीकर सो जाते 質素な食事をして寝床に入る मेरे हाथ की बनाई रूखी-सूखी गले नहीं उतरती 私がこしらえた粗末な食事はのどを通らない

रूगेल [名]〔鳥〕セキレイ科ハシナガビンズイ【*Anthus similis*】

रूचना [自] → रुचना

रूज [名]《E. rouge》ルージュ；頬紅

रूट [名[−]]《E. route》道；道筋；ルート；航路；系統；路線 पुराने रूटों पर चलने वाली बस सेवा 古いルートを通るバスの運行 रात्रिकालीन सेवा की 12 रूटें 夜間運行の 12 路線

रूटीन [名]《E. routine》日常；日課；日常の仕事；日常の業務

रूठ [名*] 不機嫌になること；すねること
रूठना [自] 腹を立てる；不機嫌になる；すねる；むくれる पति से रूठना 夫に腹を立てる बताओ कहीं इस तरह रूठा जाता है? こんなふうに腹を立てられるものだろうか राजा के अचानक शिकार पर चले जाने पर उसकी रानी उससे रूठ गई 王が突然狩りに出掛けたので妃がむくれた
रूढ़ [形] (1) 定まった；定着した；確立した (2) 以前から行われてきている；通用している；慣習的な (3) 伝統的な (4) 因習的な (5) 型にはまった；紋切り型の **रूढ़ शब्द** 決まり文句；慣用語；常套句
रूढ़ि [名*] (1) 伝統；慣習；慣例 धार्मिक रूढ़ि (रूढ़ियाँ) 宗教的な慣習 (2) 因習 रूढ़ियों को तोड़ना 因習を打破する (3)〔言〕慣用法
रूढ़िगत [形] (1) 慣習的な रूढ़िगत विधि 慣習法 (2) 因習的な；型にはまった
रूढ़िबद्ध [形] 因習に囚われた；因習的な
रूढ़िबद्धता [名*] ←रूढ़िबद्ध. 因習；因習尊重；因習性 दक्षिण में ब्राह्मणों की विवाह-प्रणाली में उत्तर की तरह की रूढ़िबद्धता है 南インドのバラモンの結婚様式には北インドのような因習がある
रूढ़िवाद [名] 因習尊重；慣例尊重
रूढ़िवादिता [名*] 因習；陋習；保守性 आज के विकसित युग में इस रूढ़िवादिता का अंधानुकरण क्यों किया जाता है 今日の開化した時代にこの因習がなぜ盲従されるのか वे साथ ही परंपराओं की रूढ़िवादिता के घोर विरोधी भी थे 同氏は同時に伝統の保守性に猛烈に反対した
रूढ़िवादी [形] 因習的な；保守的な अंतर्विवाह रूढ़िवादी है जब बहिर्विवाह प्रगतिशील 外婚が進歩的なのに対して内婚は保守的である
रूढ़ोक्ति [名*]〔言〕決まり文句；常套語〈cliché〉
रूदाद [名] ←रूए दाद.
रूप [名] (1) 形；姿；姿形= शकल; सूरत; आकार. **(-को) नया रूप दे०** (ーを) 作り替える कुछ बौद्ध विहार पहाड़ियों के किनारे काटकर गुफ़ाओं के रूप में बनाए जाते थे 一部の仏教僧院は山腹を削って洞窟の形にこしらえられていた (2) 形；形態；形体 विभिन्न समय में समाज के अलग अलग रूप रहे 様々の時代に社会は様々の形態をしていた परिवार समाज का ही एक छोटा रूप होता है 家族は社会そのものの１つの小さな形態である समाजवाद के विभिन्न रूप हैं 社会主義には様々な形態がある **(-के) रूप में** (ーの) 形で；(ー) として；(ーに) ड्राइवर के रूप में 運転手として इनाम के रूप में 褒美として मैं लिपिक के रूप में कार्य कर रहा हूँ 事務員として働いている शराब के साथ-साथ जुआ भी पूरे ज़िले में एक नये अभिशाप के रूप में उभर रहा है 酒と並んで賭博も全県下に新しい呪詛としてはびこりつつある राष्ट्रीय एकता के प्रतीक रूप में समाधि पर सभी धर्मों के भक्ति गीतों का गायन हुआ 国家統合の象徴として墓地で全宗教の賛歌の詠唱が行われた अपने गुरु से गुरुदक्षिणा के रूप में कुछ लेने के लिए अनुरोध किया 師に謝礼として何かを受け取って頂くように依頼した चीफ़ नर्स के रूप में नियुक्त हुई 婦長に任命された (3) 容貌；容姿 स्वामी जी का रूप बड़ा सुंदर और भव्य था スワーミーはとてもすぐれて立派な容貌をしていた (4) 美貌；容姿の美しさ (5) 様式；形式；方式 किसी-न-किसी रूप में 何らかの形で नियमित रूप से 規則正しく बालों पर नियमित रूप से ब्रुश करने से 規則正しく髪にブラシをかけると अप्रत्यक्ष रूप से 間接的に हमारा राष्ट्रपति जनता द्वारा अप्रत्यक्ष रूप से निर्वाचित होता है わが国の大統領は国民によって間接的に選出されることになっている (6)〔仏〕色（しき） **(-का) रूप आ०** (ーに) そっくりになる；似る **रूप का बाज़ार** 遊郭 **रूप का बाज़ार लगाना** *a.* 遊女になる *b.* 容姿で人を引きつける **(-का) रूप ग्रहण क०** (ーの) 姿になる；(ーに) 化ける **(-को) रूप दे०** (ーの) 基礎を作る；形作る；基盤を作る **(-का) रूप धरना** (ーの) 姿を取る **(-का) रूप धरना** (ーに) 変革する **(-का) रूप सामने रखना** (ーを) 提示する **(-का) रूप हरना** (ーを) 恥じ入らせる
रूपक [名] (1)〔修辞〕隠喩；暗喩；メタファー；寓喩 (2) 形；形態 (3) 形式；様式 (4) 銀 (5) 銀貨 (6) 戯曲；芝居；演劇；ドラマ (7) 仕組んだこと；芝居；狂言 (8) モチーフ **रूपक बाँधना** 威張る **रूपक लाना** はったりをかける
रूपककथा [名*]〔文芸〕寓意物語
रूपप्रक्रिया [名*]〔言〕形態論= शब्द रूपप्रक्रिया.〈morphology〉
रूपप्रक्रियात्मक [形]〔言〕形態の〈morphological〉
रूपमय [形] 大変美しい；この上なく美しい
रूपमयी [形*] = रूपमय.
रूपरंग [名] 器量；容姿；顔かたち；容貌 इन्हें अपनी बी०ए०की डिग्री तथा रूपरंग पर बड़ा अभिमान था この方は学士の称号と容姿が甚だ自慢であった
रूप-रस [名] 器量；顔かたち सामान्यतः पुरुष रूप-रस के भौंरे होते हैं 普通男は面食いなのだ
रूपरेखा [名*] (1) 設計（図）；企画；青写真 उसने एक सम्मेलन की रूपरेखा बनाई １つの会議を企画した (2) 概要；あらすじ；大筋；概略 मेरे यात्राक्रम की रूपरेखा तैयार हो गई 旅行の概要が出来上がった
रूपलावण्य [名] 妖艶さ
रूपवंत [形] = रूपवान. 美しい；容貌のすぐれた；器量よしの
रूपवती [形*] 美しい；美貌の；別嬪の；器量よしの राजकुमारी रूपवती तथा गुणवती थी 王女は美しく徳を備えていた लेकिन रूपवती होने से दाल बनानी तो आ नहीं जाती でも器量がよいからダールの煮方を知っているわけではなし
रूपवान् [形] 美男子の；ハンサムな；男前の दोनों युवकों में एक लंबा, गठीला, रूपवान है ２人の青年のうち１人は背が高くがっしりした体で男前だ
रूप विज्ञान [名]〔言〕形態論；語形論= रूपप्रक्रिया.
रूप विधान [名] (1) 形式；形態 (2) 語形 (3)〔言〕形態論；語形論
रूपशालिनी [形*] = रूपशाली.
रूपशाली [形] 美しい；容姿のすぐれた= सुंदर; ख़ूबसूरत.
रूप-सज्जा [名*] メーキャップ= मेक-अप.
रूप-साधन [名]〔言〕語形変化；屈折= विभक्ति रूप.
रूप-सिद्धि [名*]〔言〕語形変化= विभक्ति रूप; शब्द रूप.
रूपसी [名*] 美女；美人= सुंदरी. की बोर्ड के लचीले मंच पर रूपसियों जैसी उसकी कोमल उँगलियाँ नाचने लगीं 鍵盤の弾力のあるステージの上でまるで美女のようなきゃしゃな指が踊りだした
रूपांकन [名] 設計
रूपांतर [名] (1) 変形 (2) 変質；変容 (3)〔物理・化〕変換 (4) 変更；修正
रूपांतरण [名] (1) 変形；変容；変質 (2) 変換 (3)〔法〕減刑 रूपांतरण क० 変換する
रूपांतरण भाषा विज्ञान [名] 変形文法= रचनांतरण व्याकरण.
रूपांतरित [形] (1) 変形した (2) 変換された
रूपा [名] 銀= चाँदी.
रूपात्मक [形] 形の；形の上の；形態上の
रूपादर्श [名] モデル；見本
रूपामाखी [名]〔鉱〕白鉄鉱
रूपायन [名] (1) 形成 (2) 具象化
रूपायित [形] (1) 形成された；形作られた (2) 具象化された
रूपिम [名]〔言〕形態素〈morpheme〉
-रूपी [造語] (1) (ーの) 姿をした，形をした，の意を有する造語要素 राष्ट्ररूपी परिवार 国家という家族 विवेकरूपी कसौटी पर कसना 理性という試金石で試す (2) (ーに) 似た，(ーの) ような，(ー) みたいななどの意を有する造語要素 पाषाणरूपी 石のような
रूपोश [形]《P. رو پوش》(1) 顔を隠した；顔を覆った；覆面した (2) 逃亡した；潜伏した
रूपोशी [名*]《P. رو پوشی》(1) 顔を隠すこと；顔を覆うこと；覆面 (2) 逃亡；潜伏
रूबंद [名]《P. رو بند》〔イス〕ベール；ブルカー (बुर्क़ा)
रूबकार [形]《P. روبہ کار》熱中した；没頭した
रूबरू [副]《P. رو برو》対面して；向き合って；向かい側に
रूबर्ब [名]《E. rhubarb》〔植〕タデ科カラダイオウ属の総称
रूबैला [名]《E. rubella》〔医〕風疹
रूम[1] 《A. روم》〔地名・史〕普通東ローマ帝国の版図を指すものと考えてよい．以下の地域を含む地域名，*a.* ギリシア，*b.* ローマ，*c.* 東ローマ帝国（ビザンチン帝国の版図）*d.* トルコ帝国の版図 *e.* 小アジア
रूम[2] [名]《E. room》部屋；室
रूम नंबर [名]《E. room number》部屋番号；室番= कमरा नंबर.
रूम मेट [名]《E. room mate》ルームメート；同室者
रूम सर्विस [名]《E. room service》ルームサービス
रूम हीटर [名]《E. room heater》電気ストーブ

रूमानियत [名*] 《H. रूमानी》ロマンチックなこと；ロマンチックな気分；空想の世界に耽ることやそのような気分 ज़िंदगी महज़ रूमानियत के सहारे नहीं चलती 人生はロマンチックなだけでは生きて行けぬもの
रूमानिया 〔国名〕《E. Rumania; Romania》ルーマニア
रूमानी[1] [形] 《← E. romance》ロマンチックな कुछ रूमानी होने को जी चाहता है 少しロマンチックになりたい
रूमानी[2] [形] 《← E. Rumanian》ルーマニアの
रूमानी[3] [名] 《← E. Rumanian》ルーマニア人
रूमानी[4] [名*] 《← E. Rumanian》〔言〕ルーマニア語
रूमाल [名] 《P. رومال》(1) ハンカチ；ハンカチーフ；ハンケチ；手拭い (2) ルーマール（大型の手拭いやショール，スカーフなどふろしき代わりに用いられるものなどを含めて） उसने पोस्त के दाने एक रूमाल में बाँधे ケシの実をハンカチに包んだ उसके गले में स्काउटों की तरह एक रूमाल बँधा था 首にはボーイスカウト（隊員）のようにスカーフが結ばれていた **रूमाल पर रूमाल भिगोना** 激しく泣く；泣きに泣く
रूमाली [名*] ←रूमाल. 形の小さいルーマール；ハンカチ
रूमी[1] [形] 《A. رومی》←रूम. ルーム रूम の；ルームに関係のある
रूमी[2] [名] ←रूम[1]. ルームの国の人；ルームに住む人
रूमी[3] [名*] ←रूम[1]. (1) ルームに話された言葉 (2) ラテン語 = लातीनी भाषा.
रूमी मस्तगी [名*] → मस्तगी.
रूमेटिक फ़ीवर [名] 《E. rheumatic fever》〔医〕リューマチ熱
रूमेटी ज्वर [名] = रूमेटिक फ़ीवर.
रूरा [形+] (1) すぐれた；優秀な；立派な= श्रेष्ठ; उत्तम. (2) 美しい；うるわしい= सुंदर; मनोहर.
रू-रियायत [名*] 《P. A. رو رعایت》配慮；特別な配慮；好意的な配慮
रूल [名] 《E. rule》(1) 規則；規定；ルール (2) 物差し；定規 (3) 罫；罫線
रूलदार [形] 《E. rule + P. دار》罫線のある
रूलर [名] 《E. ruler》定規；物差し
रूस[1] [名]〔地名・国名〕《P. روس》(1) ロシア (2) 旧ソ連；旧ソビエト連邦；ソヴェトロシア= सोवियत रूस. **रूस-जापान युद्ध** 日露戦争
रूस[2] [名] = रूसा.
रूस[3] [名]〔植〕クワ科小木ムクバナクオレボク【*Streblus asper*】
रूसना [自] 怒る；腹を立てる；不機嫌になる= रूठना; रुष्ट हो॰; अप्रसन्न हो॰; नाराज़ हो॰.
रूसा [名]〔植〕イネ科草本ルーサーグラス（その根から芳香のある油が採れる）【*Cymbopogon martini*】= अडूस.
रूसी[1] [形] (1) ロシアの (2) 旧ソ連の रूसी तेलशोधक कारखाना 旧ソ連の石油精製工場
रूसी[2] [名*]〔言〕ロシア語
रूसी[3] [名] (1) ロシア人 (2) 旧ソ連人
रूसी[4] [名*] ふけ（雲脂；頭垢） रूसी जमना ふけが溜まる रूसी निकलना ふけが出る रूसी पड़ना ふけが出る；ふけが溜まる
रूह [名*] 《A. روح》(1) 魂；霊魂= आत्मा; जीवात्मा. उसकी रूह एक जिस्म से निकलने के बाद किसी बच्चे के जिस्म में दाखिल होकर दोबारा जनम लेती है その人の霊魂は肉体から出た後，だれか子供の体に入って再び生まれる (2) 精神；魂 बख़्शीशनामा की रूह से हम लोग कुछ नहीं कर सकते 贈与証書の精神のために我々はどうすることもできない ताकि उसकी रूह ही मर जाए それの魂そのものが死ぬように (3) 本質；魂= सत्त; सार. (4) 気持ち **रूह क़ब्ज़ हो॰** = रूह काँपना. **रूह काँपना** 恐ろしさに震えあがる；寿命が縮む思いをする बीजगणित और रेखागणित से तो रूह काँपती थी 代数と幾何には寿命の縮む思いをしたものだった **रूह निकलना** 魂が抜け出る；死ぬ **रूह फटकना** 感動に震える **रूह फड़क उठना** 嬉しくてたまらなくなる **रूह फ़ना हो॰** 震えあがる；怯える
रूह-अफ़ज़ा[1] [形] 《A.P. روح افزا रूह अफ़ज़ा》元気づける；気力をかき立てる；生気を与える；活力を与える；よみがえらせる
रूह-अफ़ज़ा[2] [名] シャルバト शर्बत の一種
रूहना [自] (1) 上がる；上昇する；上る (2) 勢いよく進む
रूह परवर [形] 《A.P. روح پرور》命を守る；生気を与える
रूहानियात [名*] 《A. روحانیات》(1) 精神性 (2) 精神主義
रूहानी [形] 《A. روحانی》(1) 魂の；霊魂の (2) 精神の；精神に関する रूहानी तकलीफ़ 心痛 रूहानी रिश्ता 精神的なつながり
रेंक [名*] ← रेंकना.
रेंकना [自] (1) ロバが鳴く (2) 調子はずれの歌を歌う
रेंग [名*] ← रेंगना.
रेंगना [自] (1) （虫などが）這う जूँ का रेंगना シラミが這う (2) 地面や床に腹這いになって這う→ घुटनों के बल चलना/बकैयाँ चलना 四つん這い (3) よちよち歩く (4) （感覚や感情が）さっと現れる；走る रेखा की रीढ़ की हड्डी में ठंडी सिहरण रेंग गई レーカーの背筋を寒気が走った **(-के) कानों पर जूँ भी नहीं रेंगना** （ーに）全く影響を及ぼさない मेरा तो चिल्लाते-चिल्लाते गला ही बैठ गया और इस कुलच्छिनी के कानों पर जूँ भी नहीं रेंगी 大声で叫んでいるうちにこちらの声がかすれてしまったのにあのあばずれには全然こたえないんだ
रेंगनी[1] [名*]〔鳥〕キバシリ科ヤマキバシリ【*Certhia himalayana*】= पहाड़ी रेंगनी.
रेंगनी[2] [名*]〔植〕ナス科草本ギンギンナスビ【*Solanum surattense; S. xanthocarpum*】= भटकटैया; कटेरी.
रेंगाना [他] (1) 這わせる (2) よちよち歩かせる
रेंच [名] 《E. wrench》レンチ
रेंज [名] 《E. range》(1) 天火；レンジ= कुकिंग रेंज 〈cooking range〉 (2) 射撃場；試射場；発射場 9 अक्टूबर 1971 को इस रेंज से रोहिणी - 125 रॉकेट छोड़ा गया 1971 年 10 月 9 日にこの発射場からローヒニー 125 が発射された (3) 射程
रेंट[1] [名] はな；洟；鼻くそ= नाक का मल.
रेंट[2] [名] 《E. rent》賃貸料；賃借料（地代，家賃，間代など）
रेंटा [名] ムラサキ科高木スズメイヌヂシャの実= लिसोढ़ा.
रेंड [名] = रेंड़. (1)〔植〕トウダイグサ科低木トウゴマ；ヒマ【*Ricinus communis*】 (2) トウゴマの種子= रेंडी.
रेंड़ ख़रबूज़ा [名] パパイア= पपीता.
रेंडी [名*] トウゴマの種子；ひまし（蓖麻子）= रेंड़ी. रेंडी का तेल ひまし油
रें रें [感] 子供の泣き叫ぶ声；あーんあーん，えーんえーんなど
रेंहना [自] 牛が鳴く गाय बच्चा मर या बिछुड़ जाए तो याद करके रेंहती और 'माएँ माएँ' की आवाज़ निकालती है 母牛は子牛が死んだり子牛と離れ離れになると思い出しては鳴く．もーもーと鳴き声をあげる
रे[1] [感] 不快感，軽蔑の気持ちを表したり同輩か同輩以下の男性に呼びかける際に用いられる感動詞．おい，よおなど．日本語では（…）い，（…）やなどの終助詞に相当する表現になることがある． कोई है रे, बुलाओ कहारों को おーい，だれかいるか．駕籠かきたちを呼ぶんだ कौन है रे? 誰だい（守衛の誰何する声） तू रूपा के प्रति इतना कठोर क्यों है रे? ルーパーに対してこんなに厳しいのはなぜなのよ क्यों रे! तू क्यों बीच में पैर अड़ा रहा है! なんだいなんだい，なんでお前が口出しするんだい कहाँ था रे अब तक? これこれお前は今までどこに行っていたんだい（母親が息子に）
रे[2] [名]〔イ音〕オクターヴの第 2 音；レー；リシャバ= ऋषभ.
रे[3] [名] 《E. re》〔音〕長音階の第 2 音
रे[4] [名] 《رے》ウルドゥー文字の第 14 字の字母 ر の名称.
रेउड़ी [名*] = रेवड़ी.
रेक[1] [名] 《E. rack》= रैक. ものを置くための棚；（物）掛け；戸棚；ラック रेक से एक रिवॉल्वर निकाल लेता है ラックからレボルバーを取り出す
रेक[2] [名] 《E. rake》レーキ（地均し用の熊手）
रेकार्ड [名] 《E. record》→ रिकार्ड. आप मेरे पिछले रेकार्ड पर फ़ैसला कर रही हैं 私の過去の経歴に基づいて決断なさろうとしていらっしゃる **रेकार्ड टूटना** 記録が破られる **रेकार्ड तोड़ना** 記録を破る
रेकार्ड प्लेयर [名] 《E. record player》レコードプレーヤー
रेख [名*] (1) 線；筋 (2) しるし (3) 計算 (4) 書かれた物；字；文字 (5) 運勢 (6) 思春期にうっすら生え始めた口ひげ रेख निकल आई थी 口ひげが生え掛けていた (7)〔イ史〕レーク（ジャーギールダールが納めた上納金） 10 रु॰प्रति हज़ार रेख के हिसाब से जुर्माना 1000 レークにつき 10 ルピーの割での罰金 **रेख आ॰** 口ひげが生え始める **रेख काढ़ना** *a.* 線を引く；筋を引く；線を描く *b.* 堅

く誓う रेख खाँचना = रेख काढ़ना. रेख खींचना = रेख काढ़ना. रेख निकलना = रेख आ॰. रेख पर मेख मारना *a.* きちんと仕事をする *b.* 甚だ難しいことをする= रेख में मेख मारना. रेख फूटना = रेख आ॰. रेख बनाना = रेख काढ़ना. रेख भीजना = रेख आ॰.

रेख़ता[1] [形] 《P. ریختہ रेख़्ता》(1) 注がれた (2) こぼれた (3) 鋳型に入れられた；作り出された (4) 撒き散らされた

रेख़ता[2] [名] 《P. ریختہ》(1)〔イ文芸〕レーフター／レークター（ペルシア語とヒンディー語の韻律を混淆して作られた詩） (2)〔言〕レーフター／レークター（アラビア語・ペルシア語系の語彙がヒンディー語に混淆された言語. 18 世紀を中心にウルドゥー語の初期の呼び名）

रेख़ती [名*] 《P. ریختی रेख़्ती》(1)〔言〕レークティー／レーフティー（男性の詩の言葉レーフターに対して，18 世紀後半ムスリム女性のイディオムや表現を強調的に採り入れた言語） (2)〔イ文芸〕ウルドゥー文学の１つの潮流として同上の言語による詩. レークティー／レーフティー

रेखन [名] (1) 線を引くこと；線を描くこと (2) 描くこと (3) 図

रेखना [他] (1) 線を引く；線を描く (2) 図を描く；絵を描く (3) 作る；こしらえる

रेखांकन [名] (1) 線を引くこと (2) 描くこと जीवन की सामान्य घटनाओं और स्थितियों का उन्होंने जीवंत रेखांकन किया है 生活のありふれたことや状況を生き生きと描いている (3) 下線を引くこと

रेखांकित [形] (1) 線の引かれた (2) 下線を引いた；下線の施された (3) 描かれた；描写された अपने कथा साहित्य में उन्होंने जीवन के विविध आयामों को रेखांकित किया है 物語文学の中で生活の様々な面を描写している

रेखा [名*] (1) 線；筋；条 एक दूसरे को परस्पर काटने वाली स्वस्तिक की रेखाएँ 互いに交わる万字の線 (2) 掌や足の裏の筋や線 जीवन रेखा （手相の）生命線 हथेलियों पर फैली रेखाओं के बीच 掌に広がった筋の間に (3) 顔の表情として現れた皺 चेहरे पर चिंता की रेखाएँ स्पष्ट अंकित थीं 顔には不安の表情がはっきりと現れていた आज उनके मुख पर दुख की रेखा तक न दिखाई पड़ती थी 今日はあの人の顔に悲しみの気配すら見えなかった (4) 運勢 (5) 計算 (6) 思春期に生え始めた口ひげの線 रेखा आ॰ 思春期に口ひげが生え始める= रेख आ॰. रेखा खींचना *a.* 線を引く *b.* 限定する *c.* 数える；計算する रेखा दे॰ 線で囲む रेखा निकलना = रेखा आ॰; रेखा भीजना; रेखा भीनना.

रेखाकृत [形] 幾何学模様の

रेखागणित [名] 幾何学= ज्यामिति.

रेखागणितीय [形] 幾何学の

रेखाग्राफ़ [名] 折れ線グラフ

रेखाचित्र [名] (1) スケッチ；素描；点描；下絵；下図；略図 (2) 線画 (3) 図

रेखाचित्रण [名] スケッチすること；素描すること；下絵や下図の作成

रेखाछिद्र [名] 裂け目；隙間

रेखित [形] 線の引かれた；線引きされた

रेखीय [形] 線の；線状の；リニアー

रेख़्ता [名] → रेख़ता.

रेख़्ती [名*] → रेख़ती.

रेग [名] 《P. ریگ》砂= बालू; रेत.

रेगमार [名] ←रेगमाल. 砂やすり（砂鑢）；サンドペーパー रेगमार द्वारा खुरदरी लकड़ी को चिकना बनाते हैं サンドペーパーでがさがさの木を滑らかにする

रेगमाल [名] 《P. ریگ مال》= रेगमार.

रेगमाही [名*] 《P. ریگ ماہی》〔動〕トカゲ科トカゲ【*Mabuya carinata*】〈common skink; Brahminy skink〉

रेगिस्तान [名] 《P. ریگستان》砂漠 अरब का ज़्यादातर हिस्सा रेगिस्तान है アラビアの土地の大半は砂漠だ

रेगिस्तानी [形] 《P. ریگستانی》砂漠の रेगिस्तानी आँधी 砂漠の砂嵐 रेगिस्तानी इलाके 砂漠地帯

रेग्यूलेटर [名] 《E. regulator》調節器；調整器；調節装置

रेचक[1] [形] (1) 下剤の；便通をもたらす रेचक पदार्थ 下剤= रेचक दवा (2) 排気の；排気による रेचक गैस 排気ガス

रेचक[2] [名] (1) ハズ（巴豆）の種子 (2) 排気ガス

रेचन [名] (1) 下剤 (2) 下剤での排便

रेच्य [名] 下剤

रेज़गारी [名*] 《P. ریزگاری》小銭；ばら銭

रेज़गी [名*] 《P. ریزگی》(1) かけら；断片；小片；破片；細片 (2) 小銭

रेज़र [名] 《E. razor》ひげそり；かみそり（剃刀）；安全剃刀

रेज़ा [名] 《P. ریزہ》かけら；屑；細片；こまかいかけら；物がちぎれたり砕けたりしてできた小さなかけら；破片；小片 खाने के नन्हे-नन्हे रेज़े दाँतों में अटक जाते हैं とても小さな食べかすが歯と歯の間に挟まる (-) रेज़ा-रेज़ा क॰ （ーを）小さく砕く；小さく引き裂く；びりびりに破る

रेज़िन [名] 《E. resin》やに；樹脂

रेज़िनी [形] 《E. resin》樹脂の〈resinous〉

रेजी [名*] 手織の厚手の綿布= गाढ़ा कपड़ा; ख़ादी.

रेजीडेंट [名] 《E. resident》〔イ史〕（英領インドの）イギリス総督代理（地方政府における外交上の実権を持ち内政上の指図をした）；レジデント

रेजीडेंसी [名*] 《E. residency》レジデントの公邸 → रेज़िडेंट.

रेजीमेंट [名] 《E. regiment》〔軍〕連隊 रानी झाँसी रेजीमेंट ラーニー・ジャーンシー連隊

रेज़ोलूशन [名] 《E. resolution》(1) 決議 (2) 決議案

रेट [名] 《E. rate》レート= भाव.

रेटीना [名] 《E. retina》〔解〕網膜

रेडक्रास [名] 《E. Red Cross》赤十字 रेडक्रास की अंतर्राष्ट्रीय समिति 赤十字国際委員会

रेडवुड [名] 《E. redwood》〔植〕スギ科高木イチイモドキ；アメリカスギ【*Sequoia sempervirens*】

रेडार [名] 《E. rador》レーダー= रेडार यंत्र. रेडार में बिजली को लहरों में तब्दील किया जाता है レーダーでは電気は波に変えられる

रेडियम [名] 《E. radium》〔化〕ラジウム（放射性元素）

रेडियम चिकित्सा [名*] ラジウム治療法〈E. radium therapy〉

रेडियस [名] 《E. radius》半径 = अर्धव्यास.

रेडियेटर [名] 《E. radiator》ラジエーター

रेडियो [名] 《E. radio》(1) ラジオ放送 (2) ラジオ受信機；ラジオ रेडियो कार्यक्रम ラジオ番組

रेडियोऐक्टिव [形] 《E. radioactive》〔物理〕放射性の；放射能のある रेडियोऐक्टिव तत्त्व 放射性元素

रेडियोऐक्टिव लेवल [名] 《E. radioactive level》〔物理〕放射能レベル

रेडियोऐक्टिविटी [名*]〔物理〕放射能〈radio-activity〉

रेडियो कैसेट रिकार्डर [名] 《E. radio casette recorder》ラジカセ

रेडियोग्राफ़ [名] 《E. radiograph》〔医〕放射線写真；レントゲン写真

रेडियोग्राम [名] 《E. radiogram》〔通信〕無線電報

रेडियो चिकित्सा [名*]〔医〕放射線療法= विकिरण चिकित्सा. 〈radiotherapy〉

रेडियो चित्रण [名]〔医〕レントゲン写真；放射線写真= विकिरण चित्र. 〈radiograph〉

रेडियोतरंग [名*] 《E. + H.》電波〈radio waves〉

रेडियोतरंग दूरबीन [名] 《E. radio + H. तरंग + P. دوربین》電波望遠鏡

रेडियोथेरैपी [名*] 《E. radiotherapy》〔医〕放射線療法

रेडियोधर्मिता [名*] 《E. + H.》〔物理〕放射能 रेडियोधर्मिता के फैलने से भी काफ़ी बड़ा संकट पैदा होता हो 放射能が広がることでも相当大きな危険が生じるかも知れない

रेडियोधर्मी [形]〔物理〕放射性の；放射性の；放射能のある रेडियोधर्मी किरण 放射線 रेडियोधर्मी पदार्थ 放射性物質

रेडियो नाटक [名] 《E. radio + H.》ラジオドラマ

रेडियो रूपक [名] 《E. + H.》ラジオドラマ

रेडियोवार्ता [名*] 《E. + H.》ラジオ談話；ラジオ講話；ラジオトーク रेडियोवार्ता कार्यक्रम ラジオ講座番組

रेडियोवीक्षण [名] 《E. + H.》テレビジョン रेडियोवीक्षण अभिग्राही テレビ受像機

रेडियोवेव [名] 《E. radiowave》電波= रेडियो तरंग.

रेडियोसंचार व्यवस्था [名*]〔通信〕無線通信；ワイヤレス

रेडियोसक्रिय [形] 《E. + H.》放射性の；放射能のある= रेडियो-ऐक्टिव. रेडियोसक्रिय कण 放射性物質

रेडियोसक्रियता [名*] ←रेडियोसक्रिय. 放射能 पृथ्वी तल पर रेडियो सक्रियता नहीं फैली 地表には放射能漏れはなかった
रेडीमेड [形] 《E. readymade》(1) 縫い上げられた；既製の= सिला सिलाया. रेडीमेड कमीज़ें 既製品のシャツ (2) 料理された；料理済みの
रेणु [名*] (1) 砂；砂粒 (2) 微粒；微細な物；微塵
रेणुका [名*] (1) 砂 (2) 埃；塵；塵埃
रेत[1] [名*] (1) 砂 महीन रेत 細かい砂 रेत में धँसना 砂にめり込む ईंट की लाल रेत 煉瓦を砕いた赤い砂 (2) 砂地 **रेत का तट** 砂浜= बालू का किनारा. **रेत का महल** 砂の館；脆いもの；はかないもの इंसान क्या हज़ारों वर्ष महज़ रेत का महल तैयार करने में लगा रहा? 人類は数千年間ただの砂の館を築くことに従事していただけなのか **रेत की दीवार खड़ी क॰** 砂の壁，あるいは，砂の塀を築くこと；脆いもの，はかないもの，不可能なことなどのたとえ **रेत पर नाव चलाना** 不可能なことを試みる
रेत[2] [名] 精液= वीर्य.
रेतघड़ी [名*] 砂時計
रेतन [名] やすりくず（鑢屑）
रेतना [他] (1) 鑢をかける；鑢で磨く；鑢で削る (2) 鋸で挽く；鋸を挽いて切断する (3) 削るようにして切る
रेतमार [名] すなやすり（砂鑢）= रेगमाल; रेगमार.
रेतमाल [名] 砂鑢= रेतमार. रेतमाल कागज़ 砂鑢；サンドペーパー
रेतल [名]〔鳥〕ヒバリ科インドヒメコウテンシ【*Calandrella rayatal*】
रेतस् [名] (1) 精液 (2) 水銀 (3) 水
रेता [名] (1) 砂 (2) 塵；埃；塵埃 (3) 砂原；州
रेतिया [名] 鑢かけの職人
रेती[1] [名*] やすり（鑢）
रेती[2] [名*] (1) 砂原 (2) 砂山 (3) 州；中州
रेतीला [形+] = बलुआ. (1) 砂の多い (2) 砂地の राजस्थान के उत्तरी पश्चिमी रेतीले भूभाग में बसे बीकानेर से ラージャスターンの北西部の砂地に拓かれたビーカーネールの街から
रेत्य [名] 真鍮= पीतल.
रेत्र [名] (1) = शुक्र. (2) = पीयूष.
रेनडियर [名] 《E. reindeer》〔動〕シカ科トナカイ
रेनी [名*] 染料
रेनु [名] = रेणु.
रेनुका [名*] = रेणुका.
रेनेसां [名] 《E. Renaissance》ルネッサンス；文芸復興= पुनर्जीवन; पुनर्जागरण; रिनेसांस.
रेप[1] [名] (1) 汚点；しみ；汚れ (2) 罪；咎；罪科
रेप[2] [名] 《E. rape》強姦；レイプ；婦女暴行= बलात्कार.
रेप्टीलिया [名] 《E. reptilia》〔動〕爬虫類= सरीसृप वर्ग.
रेप्लिका [名] 《E. replica》レプリカ
रेफ[1] [名] (1) र の文字 (2) र の結合文字形（結字形）
रेफ[2] [名] 汚点；欠陥；落ち度
रेफ़री [名] 《E. referee》〔ス〕審判；レフェリー= रेफ़्री
रेफ़िल [名] 《E. refill》詰め替え品；レフィル（替え芯など）
रेफ़्यूज [名] 《E. refuge》避難所；隠れ家；逃げ場= शरण; पनाह.
रेफ़्यूजी [名] 《E. refugee》（戦乱や動乱による）難民；避難民；亡命者 = शरणार्थी.
रेफ्रिज़रेटर [名] 《E. refrigerator》（電気）冷蔵庫= फ्रिज.
रेबड [名] 群れ भेड़-बकरियों के रेबड ही इनकी संपत्ति है 羊や山羊の群れだけがこの人たちの財産です
रेबीज़ [名] 《E. rabies》〔医〕狂犬病；恐水病 अलर्क या रेबीज़ की बीमारी के विषाणु 狂犬病のウイルス
रेमिशन [名] 《E. remission》(1)〔法〕赦免；免除= माफ़ी; छूट. (2)〔法〕刑期短縮
रेयन [名] 《E. rayon》= रेयॉन. レーヨン；人造絹糸；人絹 सस्ते रेयन की भड़कीली साड़ियाँ 安物のけばけばしい人絹のサリー
रेरुआ [名]〔鳥〕フクロウ科コミミズク【*Asio flammeus*】
रेल[1] [名*] 《E. rail》(1) 鉄道（機関） रेल पर जानेवाले पथिक 鉄道旅行者 रेल उपमंत्री 鉄道省次官 (2) レール；鉄道線路；軌条= रेल की पटरी. (3) 鉄道列車；汽車 रेल के नीचे जाकर कट मरे 轢死した
रेल[2] [名*] (1) 流れ (2) 多いこと；過多= भरमार; आधिक्य.
रेल इंजन [名] 《E. rail engine》機関車= रेल इंजिन.
रेलक्रॉसिंग [名] 《E. rail crossing; railroad crossing》踏切〈level crossing〉 रेलक्रॉसिंग का चौकीदार 警手；踏切番
रेलगाड़ी [名*] 鉄道を走る車；電車；汽車
रेल चौपड़ [名] 踏切
रेलठेल [名*] 押し合い；押し合いへし合い
रेल डिब्बा [名] 鉄道車両 रेल डिब्बा कारखाना 車輌工場
रेलड्राइवर [名] 《E. rail driver》機関士
रेल तार [名] 《E. rail + P. تار》鉄道電信
रेलना [他] (1) 押しやる；押しのける；突き飛ばす (2) 詰め込む (3) 詰め込むようにして一杯食べる
रेल पर्यंत [名] 《E.+ H.》鉄道線路の末端〈railhead〉
रेलपेल [名*] (1) 殺到；突進；押し合い；押し合いへし合い (2) 多いこと；過多；あふれること
रेल मंत्रालय [名] 《E.+ H.》鉄道省
रेल मंत्री [名] 《E.+ H.》鉄道大臣；鉄道相
रेलमपेल [名*] 押し合い；押し合いへし合い दूर दूर से दर्शक आए, मची हुई थी रेलमपेल 遠方から見物人がやってきて押し合いへし合いの混雑が起こっていた
रेल मार्ग [名] 《E. + H.》鉄道；鉄道線路= रेलवे.
रेल यात्रा [名*] 《E. + H.》鉄道旅行
रेल यात्री [名] 《E. + H.》鉄道旅客
रेलवे [名*] 《E. railway》(1) 鉄道；鉄道線路 (2) 鉄道局 **रेलवे का सिपाही** 鉄道警察官；鉄道公安官
रेलवे इंजन [名] 《E. railway engine》機関車= रेलवे इंजिन.
रेलवे क्रासिंग [名] 《E. railway crossing》踏切
रेलवे गार्ड [名] 《E. railway guard》鉄道の車掌
रेलवे पुलिस [名*] 《E. railway police》鉄道警察
रेलवे लाइन [名*] 《E. railway line》鉄道線路
रेलवे वैगन [名] 《E. railway wagon》無蓋貨車；貨車；貨物車
रेलवे स्टेशन [名] 《E. railway station》鉄道駅
रेलवे हाल्ट [名] 《E. railway halt》(1) 鉄道の小さな駅 (2) インドの鉄道で乗客が本来駅でないところで列車を止めさせたり乗り降りする場所
रेला [名] (1) 押し寄せること；殺到すること；突進 भीड़ का रेला आगे आ गया 人混みが押し寄せてきた (2) 押し合い；押し合いへし合い फुटपाथों पर पैदल चलनेवालों का रेला 歩道での通行人の押し合い (3) 突撃 (4) 多いこと (5) 急増；殺到
रेलापेल [名*] 押し合い；押し合いへし合い
रेलिंग [名*] 《E. railing》(1) 手すり बाहर काठ की रेलिंग से नीचे झाँकने पर एक बड़ा आँगन दिखाई देता था 木の手すり越しに外を見下ろすと大きな中庭が見えた (2) 柵；ガードレール वह बाड़े की रेलिंग से लगकर खड़ा हो गया 構内の柵にもたれて立った सड़क के मोड़ पर लगी रेलिंग 道角のガードレール
रेवंद [名*] 《P. ریوند》〔植〕タデ科多年草ダイオウ（大黄）
रेवंद चीनी [名*] 《P. ریوند چینی》〔植〕タデ科ダイオウ（大黄）【*Rheum officinale*】 हिंदी रेवंद चीनी インドダイオウ
रेवट [名] (1) イノシシ；猪 (2) 竹
रेवड़ [名] 牛，羊，山羊など動物の群れ= गल्ला. राह में गाय बैलों का एक रेवड़ हरे-हरे हार में चरना नज़र आया 途中，乳牛や役牛の群れが森で草を食んでいるのが見えた
रेवड़ा [名] レーオリー रेवड़ी の大きな形のもの
रेवड़ी [名*] (1) レーオリー（白ゴマをまぶした砂糖菓子） (2) ぼろぼろと崩れやすく脆いもの **रेवड़ी के फेर में आ॰** 欲を出したためにさんざんな目に遭う **रेवड़ी के लिए मसजिद ढाना** わずかな利益のために他人に大きな迷惑や損害を与えることのたとえ **रेवड़ी बाँटना** 言い触らす
रेवती [名*] (1)〔天・占星〕レーヴァティー星宿（インドの二十七宿の第 27） (2)〔イ神〕レーヴァティー（バララーマ बलराम の妻）
रेवतीरमण [名] (1)〔イ神〕バララーマ बलराम (2) ヴィシュヌ神
रेवरेंड [名] 《E. Reverend》聖職者に対する敬称
रेवा [名*] ナルマダー川 नर्मदा
रेवेन्यू [名] 《E. revenue》(1) 歳入 (2) 収入 **रेवेन्यू विभाग** 国税庁= राजस्व विभाग.
रेवेन्यू टिकट [名] 《E. revenue ticket》収入印紙

रेवोल्यूशन [名]《E. revolution》(1) 大変革 (2) 革命= क्रांति; इंक़लाब; इंक़िलाब.

रेवोल्यूशनरी [形]《E. revolutionary》(1) 大変革の= क्रांतिकारी. (2) 革命の；革命的な= क्रांतिकारी. (3) 革命運動をする；革命運動に関わる= क्रांतिवादी.

रेवोल्यूशनिस्ट [名]《E. revolutionist》革命家；革命論者；革命党員

रेश[1] [名]《P. ریش》傷；怪我= घाव; क्षत; ज़ख़्म.

रेश[2] [名*]《P. ریش रीश》あごひげ（顎髭）→ रीश.

रेशम [名]《P. ریشم》絹；正絹 **कच्चा रेशम** 生糸 कच्चे रेशम के उत्पादक 生糸生産者 कृत्रिम रेशम 人造絹糸；人絹；レーヨン **रेशम का कीड़ा** カイコガ科カイコガの幼虫【*Bombyx mori*】〈mulberry silkworm〉 **रेशम का कोया** 蚕の繭= रेशम के कीड़े के कोये; काकून. **रेशम की अंगिया पर मूँज की बखिया क॰** 立派なものを台無しにする **रेशम की गाँठ** もつれて解決の糸口の見つかりにくい問題；難題；難問 **रेशम कीड़े पालन** 養蚕 **रेशम के कपड़े** 絹服

रेशम उत्पादन [名] 養蚕；養蚕業

रेशम कताई [名*] 繭からの糸繰り；製糸 रेशम कताई घर 製糸場

रेशम कीट [名]〔昆〕蚕（カイコガの幼虫）→ रेशम का कीड़ा.

रेशम कृमि [名] 蚕= रेशम का कीड़ा.

रेशम मार्ग [名]〔史〕シルクロード；絹の道〈silk road〉 **प्राचीन रेशम मार्ग** 古代の絹の道

रेशमी [形]《P. ریشمی》(1) 絹の；絹製の (2) 絹のような；絹のように柔らかい **रेशमी काग़ज़** シルクペーパー〈silkpaper〉 **रेशमी गुड़िया** おしゃれな（娘） **रेशमी ज़री** 錦紗 **रेशमी वस्त्र** 絹織物

रेशा [名]《P. ریشہ》(1) 繊維 जूट के तने से रेशे निकालना ジュートの茎から繊維を取り出す रुई का रेशा 綿の繊維 रेशम का रेशा 絹の繊維 कुछ प्लास्टिकों से रेशा या धागा बनाया जाता है 一部のプラスチックから繊維が作られる फल-सब्ज़ियों में अधिक रेशे पाए जाने के कारण 果物や野菜には繊維が多く含まれるので (2) 神経や筋などの繊維 (3) 筋；繊維状のもの ग़िज़ा के रेशे या ज़र्रे 食べ物の繊維や筋 डंठल का रेशा 茎の筋 **लकड़ी का रेशा** 木目 (4) 筋や網の目のように見える線

रेशाख़त्मी [名]《P.A. ریشہ خطمی》アオイ科ウスベニタチアオイ गुल ख़ैर【*Althaea officinalis*】の根 **रेशाख़त्मी हो॰** 喜びにあふれる

रेशीला [形[+]]《← P.ریشہ रेशा + H. -ईला》繊維状の **रेशीला कांच** グラスファイバー= रेशा कांच; ग्लास फ़ाइबर.

रेशेदार [形]《P. ریشہ دار》(1) 繊維状の (2) 筋のある；繊維質の；繊維の多い **रेशेदार ऊतक** 繊維組織 **रेशेदार जड़** ひげ根

रेष [名] (1) 損害；打撃 (2) 殺害

रेस [名]《E. race》(1) 競走= दौड़. (2) 競馬= घुड़दौड़. रेस खेलना 競馬に賭ける **रेस का घोड़ा** 競走馬 (3) 競争

रेस कोर्स [名]《E. race course》競馬場 डेविड रेसकोर्स में मशहूर जौकी デーヴィッド競馬場の有名な騎手

रेसेडा [名]〔植〕モクセイソウ科レセダ【*Reseda odorata*】〈common mignonette〉

रेस्टहाउस [名]《E. resthouse》宿泊所；レストハウス

रेस्टोरेंट [名]《E. restaurant》レストラン

रेस्तराँ [名]《F. restaurant》飲食店；レストラン；料理店；喫茶店 रेस्तराँ में चाय-काफ़ी पीते हैं レストランで紅茶やコーヒーを飲む

रेस्तोराँ [名]《F. restaurant》= रेस्तराँ. मैंने एक रेस्तोराँ में खा लिया था あるレストランで食事をすませていた

रेह [名*] (1)〔地質〕フラー土；酸性白土（fossil alkali, 昔，せっけんの代用になった） साबुन का उत्पादन शुरू होने से पहले कपड़े रेह और सोडा से धोए जाते थे せっけんが作られるようになるまでは洗濯には酸性白土やソーダが用いられていた (2) アルカリ性土壌

रेहड़ी [名*] 荷車；台車；大八車 **रेहड़ी वाला** （職業として）荷車を用いて運搬に従事する人；大八車を引く人

रेहन [名]《A. رہن रह्‌न》抵当；担保 ज़मींदारी तथा ज़मीन यदि रेहन कर दी जाए ザミーンダーリーと土地が仮に抵当に入れられたら

रेहनदार [名]《A.P. رہن دار रह्‌नदार》抵当権者〈mortgagee〉

रेहननामा [名]《A.P. رہن نامہ रह्‌ननामा》抵当証書= बंधक पत्र. 〈mortgage deed〉

रैंच [名]《E. wrench》自在スパナ

रैअत [名*] = रैयत.

रैक [名]《E. rack》物置棚；箱戸棚 पुस्तकों का रैक 書物棚；書棚

रैकेट[1] [名]《E. racket》〔ス〕（テニスや卓球の）ラケット रैकेट मारना ラケットで打つ

रैकेट[2] [名]《E. rocket》ロケット= रॉकिट.

रैखिक [形] ← रेखा. (1) 線の；直線の (2) 線状の

रैगर [名] ライガル（ラージャスターン地方で皮革の染色を主な生業としてきた１カースト）

रैगिंग [名*]《E. ragging》（学生の）いたずら（特に新入生に対するしごき）

रैड इंडियन [名]《E. Red Indian》アメリカインディアン；北米インディアン〈American Indian〉

रैडक्रॉस [名]《E. Red Cross》赤十字社

रैडर [名]《E. rador》レーダー

रैता [名]〔料〕ラーイター= रायता.

रैदास〔人名・ヒ〕ライダース（15 世紀頃のカーシーの宗教家．ラーマーナンダの弟子．ライダース派の開祖．ラヴィダース रविदास とも呼ばれる）

रैदासी [名]〔ヒ〕ライダースの信奉者；ライダース派の信者

रैन [名*] 夜= रात; रात्रि.

रैन बसेरा [名] (1) 無料，もしくは，ごく低料金の宿泊所；簡易宿泊所；ラインバセーラー (2) 止まり木；ねぐら

रैनी [名*] (1) 着色すること；染めること (2) 植物から染料を取り出すこと

रैपर [名]《E. wrapper》包み紙；包装紙 डबल रोटी का रैपर 食パンの包み紙

रैफ़री [名]《E. referee》審判員；審判；レフェリー= रेफ़्री.

रैयत [名*]《A. رعیت रईयत》(1) 臣民；臣下= प्रजा; रिआया. (2) 農民；小作人；耕作者；ライヤト；ライーヤト= असामी; जोता; काश्तकार. → रय्यत.

रैयतवार [形]《A.P. رعیت وار》〔農〕ライーヤトワーリー制度の地税をザミーンダールなどの中間介在者を介さずに直接政府に納める方式の；ライーヤトワーリー方式の

रैयतवारी [名*]《A.P. رعیت واری》〔イ史〕ラーイヤトワーリー（英領インドのマドラス管区及びボンベイ管区で行われた土地所有制度及び地税制度．当局と土地所有者である農民との直接交渉による徴税制度．税額の一定期間ごとの改定を特徴とした）

रैली [名*]《E. rally》(1) 大集会；集会；大会；ラリー स्वतंत्रता दिवस पर रैली 独立記念日の大集会 (2) 決起や抗議のための集会；決起集会；抗議集会 चारों रैलियों में हर वर्ग के लोग जमा हुए ４つの抗議集会ともに各層の人たちが集まった (3) 自動車のラリー (4)〔ス〕ラリー रैली जीतने वाली टीम का स्कोर ラリーに勝ったチームのスコア

रैशन [名]《E. ration》= राशन. 食料品などの配給や配給量

रैशनिंग [名]《E. rationing》= राशनिंग. 配給制度

रैहर [名] 争い；いさかい；喧嘩= झगड़ा; लड़ाई.

रोंग [名] 産毛= लोम; रोम; रोयाँ.

रोंगटा [名]（普通，複数形で用いられる）身の毛；産毛= रोआँ; रोयाँ; रोम. **रोंगटे खड़े हो॰** 身の毛がよだつ；総毛立つ；戦慄を覚える तीनों के रोंगटे खड़े हो गये ３人とも身の毛がよだった रोंगटे खड़े करनेवाले समाचार 戦慄的なニュース दरार के अंदर जाने की कल्पना करने से ही लोगों के रोंगटे खड़े होने लगे 裂け目に落ちることを想像しただけでだれしも恐れおののき始めた

रोंगटी [名*]（ゲームや試合での）不正行為；ファウル

रोंघट [名*] 埃；土埃；塵埃

रोंठा [名] 未熟なマンゴーの実をスライスにして乾燥させたもの（酸味の調味料として使用される）= अमहर.

रोंथ [名] にれがむこと；反芻（すること） **रोंथ क॰** にれがむ；反芻する

रोंदू [形・名] 泣き虫（の）；泣きみそ（の）

रोंपर [名]《E. rompers》〔服〕ロンパース

रोआँ [名] 身の毛；全身の毛；産毛= रोयाँ; रोवाँ. **रोआँ कलपाना** 激しく苦しめる **रोआँ काँपना** 恐ろしさに震えあがる；戦慄する **रोआँ खड़ा हो॰** = रोएँ खड़े हो॰. **रोआँ जुड़ना** すかっとする；すっきりする；爽快になる (-का) **रोआँ टेढ़ा क॰** （―に）手出しする；指を触れる (-का) **रोआँ तक न उखड़ना** （―が）なんの損害も被らない **रोआँ थरथराना** 恐ろしさにぶるぶる震える；身の毛がよだ

つ (-का) रोआँ दबा हुआ हो॰ (ーが) 冷静な (-का) रोआँ दुखना (ーが) 苦しむ；苦しみを受ける (-का) रोआँ दुखाना (ーを) 苦しめる (-का) रोआँ दुखी क॰ (ーを) 苦しめる (-का) रोआँ दुखी हो॰ (ーが) 苦しむ (-का) रोआँ धीरा हो॰ = रोआँ दबा हुआ हो॰. (-का) रोआँ न उखाड़ सकना (ーに) 指一本触れられない；全く手出しができない (-का) रोआँ न छू पाना (ーに) 全く手出しができない (-का) रोआँ पसीजना (ーが) 哀れみを催す；気の毒に思う；哀れに思う रोआँ भरभराना 総毛立つ रोआँ रोआँ 全身；全身全霊；心底 रोआँ-रोआँ कान हो॰ 一言も聞きもらさぬように注意する रोएँ खड़े हो॰ = रोमांचित हो॰. 身の毛がよだつ；戦慄する；ぞくっとする न मालूम क्यों मेरे भी रोएँ खड़े हो गये थे なぜか私も身の毛がよだったのだった रोएँ फूटना 身の毛がよだつ रोएँ-रोएँ से 心の底から；心底；腹の底から रोएँ-रोएँ से फूटकर निकलना 天罰がてきめんに現れる रोएँ रोना 全身を震わせて泣く मानो उसके रोएँ रो रहे थे まるで全身が泣いているかのようだった

रोआँसा [形⁺] 泣き掛けた；泣き出しそうな；べそをかいた= रोआसा. फिर रोआँसे स्वर में बोला था それから泣き出しそうな声で言った रोआँसी आँखें 泣き出しそうな目（つき） रोआँसा चेहरा 泣き顔；泣きべそ；べそ

रोएँदार [形] (1) 毛羽立った (2) 毛の多い；もじゃもじゃした；毛深い रोएँदार तौलिया タオル地

रोक[1] [名*] (1) 制止 (2) 障害 (3) 制約；制限；抑制 (4) 禁止 (5) 牽制 (-पर) रोक लगाना *a.* (ーを) 制限する；抑制する बिजली की खपत पर रोक लगाना 電力の消費を制限 *b.* (ーを) 禁止する कूका सम्प्रदाय पर रोक लगा दी गई クーカー派が（活動を）禁止された *c.* 牽制する

रोक[2] [名*] (1) 現金 (2) 現金買い

रोक टीप [名*] 領収書= कैश मेमो.

रोकटोक [名*] (1) 制限；制約 वे बिना किसी रोकटोक के धूम्रपान करती हैं 全く自由に喫煙する (2) 支障；さしさわり；障害 रोटी-बेटी की रोकटोक 交際や結婚に関するカーストのさしさわり

रोकड़ [名*] (1) 現金 (2) 現金出納帳 (3) 元手 (4) 資産 रोकड़ मिलाना 決算する

रोकड़ बही [名*] 現金出納簿；現金出納帳 〈cash book〉

रोकड़ बिक्री [名*] 現金売り；即金売り；現金買い付け

रोकड़िया [名] (現金) 出納係；出納官；会計係 〈cashier〉

रोकथाम [名*] (1) 防止 गर्भपात की रोकथाम 堕胎の防止 अपराध की रोकथाम 犯罪の防止 भ्रष्टाचार की रोकथाम 汚職の防止 (2) 予防 बीमारियों की रोकथाम 病気の予防 टीबी की रोकथाम 結核の予防 अब इन बड़े रोगों की रोकथाम कर दी गई है 現在ではこれらの重い病気は予防されている बीमारियों तथा महामारियों की रोकथाम के उपाय 病気や伝染病の予防法 (3) 制限 बच्चों की रोकथाम में बहुत झंझट है 産児制限はなかなか面倒だ

रोकना [他] (1) (動きのあるものを) 止める；停止させる ख़ून का बहाव रोकना 止血する हारमोन्स की गोलियों के सेवन से इस स्राव को कुछ दिनों के लिए रोकना ホルモン剤を用いてこの出血を数日間止める उसने घोड़े को रोक लिया (歩んでいた) 馬を止めた उसने कार रोककर कहा था 車を止めて言った साँस रोके 息を止めて；息をひそめて शेष सारी कहानी लिखकर भेज दी और साँस रोके उनके उत्तर की प्रतीक्षा करती रही 小説の残りを書き上げて発送し息をこらして返事を待ち続けた (2) 押し止める；制する；食い止める समस्या पूरे समुदाय या समाज में फैल रही है और इसको रोकने के लिए प्रयत्न करना आवश्यक है 問題は集団全体や社会全体に広がりつつありこれを押し止める努力をしなければならぬ कुत्ते को रोको 犬を近づけぬようにしておくれ मैंने कहते-कहते अपने को रोक लिया 言い出しそうになる自分を制した हमले को रोकना 襲撃を食い止める महँगाई रोकने की माँग 物価騰貴を抑制する要求 (-से) रोकना (ーを) 禁じる द्वारपालों ने उन्हें अंदर जाने से रोका 門衛たちが彼が立ち入るのを禁じた (3) 中止する；延期する；遅らせる अंतिम संस्कार कुछ घंटों के लिए रोक दिया जाए 葬儀を数時間遅らせる (なら) (4) (帰ろうとするのを) 引きとめる हरेक को चाय के लिए मत रोकिए 誰彼なしにお茶に引きとめないように (5) せきとめる रावी नदी का पानी रोकने के लिए ラーヴィー川の水をせきとめるのに (6) 通過するところをふさぐ；塞ぐ रास्ता रोककर खड़ा है 道に立ちはだかっている (7) 防ぐ；防止する फ़्लारायड दाँतों को खोखला होने से रोकता है フッ素は虫歯を防ぐ दाँतों की सड़न रोकना 虫歯を防ぐ (8) 妨げる；妨害する क़ौमी जिहाद से रोकते हो? डरपोक कहीं के 君は民族の聖戦を妨げるのかこの臆病者め (9) 牽制する

रोकाव [名] 《Av.》= रुकावट.

रोग [名] (1) 病気；疾病= बीमारी. रोग की जड़ 病因 घातक रोग 重病；大病 मनुष्यों के कुछ घातक रोग 人の罹る幾つかの重病 त्वचा रोग 皮膚病 संक्रामक रोग 伝染病 रति रोग 性病 = यौन रोग. रोग लगना 病気に罹る；罹病する कमज़ोरी में तरह तरह के रोग लग जाते हैं 体力の衰えている時には様々な病気に罹る (2) 悪い癖；病的な癖 (3) 不正常なこと；不健全なこと

रोगग्रस्त [形] 病気にかかった；罹病した；罹患した रोगग्रस्त अंग 罹病部分；病巣

रोग़न [名] 《P. روغن रौग़न》(1) 油；脂肪；油脂；グリース (2) うわぐすり（釉薬） (3) ペンキ；ペイント；ワニス रोग़न क॰ ペンキなどで塗装する；ペンキを塗る हमने इसपर नया रोग़न किया है これに新しくペンキを塗った→ रौग़न.

रोग़नजोश [名] 《P. روغن جوش》〔料〕ローガンジョーシュ → रौग़नजोश.

रोग़नदार [形] 《P. روغن دار》(1) 油脂のついた (2) 釉薬のついた (3) 光沢やつやのある

रोगनिदान [名] 病気の診断

रोगनिर्णय [名] 診断= निदान.

रोग़नी [形] 《P. روغنی》(1) 油やバターなどを塗った (2) 油やバターを用いた（料理） (3) 釉薬を塗った

रोगप्रतिरोधक [形] 病気に抵抗する फल-सब्ज़ियों में रोगप्रतिरोधक शक्ति होती है 果物や野菜には病気への抵抗力が備わっている

रोगमुक्त [形] 治癒した；病気が治った；回復した；健康になった= रोगमुक्त हो॰. 治癒する；快癒する

रोगरोधी [形] 病気を防ぐ；病気に抵抗する；病気を予防する आलू का रोगरोधी बीज 抗菌力のあるジャガイモの種

रोग विज्ञान [名] 病理学= विकृति विज्ञान; पैथोलोजी.

रोगविष [名] 病毒；病原菌 = रोगाणु.

रोगसंहार [名] 治療

रोगाणु [名] バクテリア；細菌；微生物；病原菌 वातावरण में असंख्य रोगाणु होते हैं 身のまわりには無数の病原菌がある

रोगाणुनाशी [形・名] 消毒効果のある；消毒剤；殺菌する；殺菌剤

रोगाणुरोधक [形・名]〔医〕(1) 防腐用の (2) 消毒用の (3) 防腐剤；消毒剤= एंटीसैप्टिक. 〈antiseptic〉

रोगिणी [形*・名*] → रोगी. 病気の (女性)；女性患者；病人 रोगिणी का उचित उपचार 女性患者の正しい手当

रोगिया [名] = रोगी. 病人

रोगी [形・名] (1) 病気の（人）；病人；患者 (2) 不健康な；不健全な रोगी माँ का दूध 病気の母親の乳 रोगी बनाना 病気に罹らせる；病気にする ये फफूँद मनुष्य और अन्य पशुओं को भी रोगी बना देती हैं これらのかびは人間や動物まで病気にする

रोगीला [形⁺] 病気勝ちの；ひ弱な यद्यपि तब मैं बहुत छोटा, रोगीला, बेदम-जैसा बालक था もっともその頃の私はとても小柄でひ弱な全く元気のない子供だったのだが

रोगोपचार [名] 病気の治療 रोगोपचार हेतु 治療のため

रोचक [形] (1) 面白い；楽しい；愉快な बेहद रोचक खेल とても面白いゲーム रोचक मज़ाक़ 愉快な冗談 अनुभव से पाया गया कि पाँच खिलाड़ियों वाली टीम से ही खेल रोचक बनता है 5人の（プレーヤーの）チームでするとゲームが面白くなることが経験からわかった (2) 興味深い；面白い；興味をそそる उत्तरी-पूर्वी भारत की जनजातियों में सामाजिक परिवर्तन वा आधुनिकीकरण के कई रोचक पक्ष रहे हैं 東北インドの部族民の社会変化及び近代化には幾つも興味をそそる側面がある रोचक पौराणिक आख्यान 興味深い神話 रोचक जानकारी 興味深い情報

रोचकता [名*] ← रोचक. फ़िल्मों में रोचकता बनाए रखने के लिए 映画を楽しくしておくために

रोचन[1] [形] (1) 楽しい；愉快な；面白い (2) 光る；輝く (3) 映える

रोचन[2] [名] ローチャン（ヒンドゥー教徒が額にティラクを描くのに用いる，雌牛の尿や胆汁から作られる顔料）；五黄；ゴーローチャン गोरोचन

रोचमान [形] (1) 光り輝く；照り輝く (2) 美しい

रोचिस् [名] 輝き；光輝

रोज़[1] [名] 《P. روز》(1) 日；1 日= दिन; दिवस. (2) 日給 **रोज़ रोज़ का** 毎日の；日々の；四六時中の रोज़ रोज़ की चिकचिक 毎日のいざこざや角突き合わせ

रोज़[2] [副] 毎日；日々；毎日毎日 रोज़ ही दिन में कई बार वह कभी बच्चों से, कभी पति से इन छोटी-छोटी बातों पर उलझती नज़र आती है 毎日毎日，1 日に幾度も時には子供に時には夫にこんな実にささいなことで絡んでいるのが見受けられる **रोज़ गड्ढा खोदना और रोज़ पानी पीना** 〔諺〕その日暮らし= रोज़ कमाना रोज़ खाना. **रोज़ रोज़** 毎日；常に；決まって= दिन प्रतिदिन; हर रोज़. मुझसे रोज़ रोज़ चखचख न करें 私としょっちゅう口喧嘩しないように

रोज़गार [名] 《P. روزگار》(1) 職；職業；仕事；なりわい；働き口；生業 (2) 勤務；勤め (3) 生計 (4) 雇用；雇傭 रोज़गार की छूट 職業（選択）の自由 संविधान में हरेक को रोज़गार की छूट है 憲法では万人が職業選択の自由を有する रोज़गार प्राप्त क॰ 仕事を見つける；職を見つける नगरों की स्त्रियाँ रोज़गार करने लगी हैं 都会の女性は勤めるようになってきている **रोज़गार चमकना** 仕事や商売が繁盛する **रोज़गार चलना** = रोज़गार चमकना. **रोज़गार छूटना** 失業する；解雇される；首になる **रोज़गार लगना** 仕事につく；就職する；仕事が見つかる **रोज़गार लगाना** 仕事につける；就職させる

रोज़गार कार्यालय [名] 《P.+ H.》公共職業安定所；ハローワーク = इंप्लायमेंट एक्सचेंज; रोज़गार दफ़्तर.

रोज़गार दिलाऊ दफ़्तर [名] 《P.+ H.+ A. دفتر दफ़्तर》= रोज़गार दफ़्तर.

रोज़गारपरक [形] 《P.+ H.》実業や職業に関連した शिक्षा को रोज़गारपरक बनाने के लिए 教育を実業につながるものにするために

रोज़गार विनिमय कार्यालय [名] 公共職業安定所；職業紹介所

रोज़गारी[1] [名] 《P. روزگاری》(1) 働く人；働き手；勤め人 (2) 商人

रोज़गारी[2] [名*] 働くこと；勤務すること；有職

रोज़नामचा [名] 《P. روزنامچه》(1) 日記帳；日記手帳 (2) 出納帳 (3) 当直日記；日誌

रोज़नामा [名] 《P. روزنامه》日刊紙；日刊新聞= दैनिक पत्र; डेली पेपर.

रोज़ बरोज़ [副] 《P. روز به روز》(1) 毎日 (2) 一日一日と；日毎に；日増しに

रोज़मर्रा [名] 《A.P. روزمره》日常；毎日；普段 रोज़मर्रा का नरक 毎日の地獄 नगर के शेष भागों में रोज़मर्रा की तरह सामान्य स्थिति है 町のその他の地域では普段のように正常である रोज़मर्रा की ज़रूरतों को पूरा करने के लिए 日常の用を足すのに

रोज़ रोज़ [副] 《P. روز روز》→ रोज़[2].

रोज़ा [名] 《P. روزه》(1)〔イス〕断食；宗教的な意味での断食；ローザー रोज़ा रखना 断食する (2) 食事が得られないために食べないこと (3) 目的があってわざと食事をしないこと；断食 **रोज़ा खोलना** 断食（行）を終える **रोज़ा टूटना** 断食が終わる **रोज़ा तोड़ना** = रोज़ा खोलना. **रोज़ा बख़्शाते नमाज़ गले पड़ना** 儲かるつもりが損になる；裏目に出る= रोज़ा को आये, नमाज़ गले पड़ी.

रोज़ाख़ोर [名] 《P. روزه خور》〔イス〕ローザーの断食をしない人

रोज़ादार [名] 《P. روزه دار》〔イス〕ラマザーン／ラマダーン（断食月）の断食を行う人

रोज़ाना[1] [副] 《P. روزانه》毎日；いつも；常に

रोज़ाना[2] [名] 日給；一日の給料= रोज़ीना.

रोज़िन [名] 《E. rosin》ロジン（松脂からテレビン油を蒸留した残り）

रोज़ी [名*] 《P. روزی》生計；（生活の）糧；なりわい；生業；職 बंदारा के रहने वालों को अपनी रोज़ी के लिए कहीं जाना नहीं पड़ता バンダーラーに住む人たちはなりわいのためによそに出かける必要はない ऐसा कैसे कह दूँ भाई, रोज़ी का मामला है 君，どうしてそんなことが言えようか．飯の種のことなのだからな खेत पर काम करने के अलावा और भी छोटे-छोटे काम अपनी रोज़ी के लिए करता था 畑仕事のほかにもこまごました仕事を生活のためにしていた **रोज़ी कमाना** 生計を営む；暮らしを立てる；生計を立てる；生計を得るために働く रोज़ी कमाने मैदानी क्षेत्रों में उतर जाते हैं 生活の糧を得に（山間部から）平野部に降りていく **रोज़ी का मारा** 生計を失った；生活の糧を奪われた **रोज़ी खोना** 失職する；職を失う；失業する **रोज़ी चलना** 生計が立つ；暮らしが立つ **रोज़ी चलाना** 生計を立てる；生活する；暮らす **रोज़ी चुराना** （他人の）職を奪う；仕事を奪う **रोज़ी पाना** 仕事を得る；職を見つける **रोज़ी भरना** 生計が成り立つ **रोज़ी लगना** = रोज़ी पाना. **रोज़ी ले॰** = रोज़ी चुराना.

रोज़ीना [名*] 《P. روزینه》日ごとの賃金；日給；日払いの賃金= दिहाड़ी.

रोज़ीनादार [名] 《P. روزینه دار》日雇い；日傭取り；日給取り= दिहाड़ीदार; रोज़नदार.

रोज़ी रोज़गार [名] 《P. روزی روزگار》生計；なりわい

रोज़ी-रोटी [名*] 《P. روزی + H.》糧；生活の糧；飯の種 यदि काला धन न हो तो इनकी रोज़ी-रोटी कहाँ से आएगी 闇金がなければこの人の生活の糧はどこにあるだろうか मैंने समझ लिया था कि जीवन रोज़ी-रोटी कपड़े तक ही सीमित नहीं है 人生は衣食に尽きるものではないと理解した

रोज़े क़ियामत [名] 《P. A. روز قیامت》〔イス〕この世の終末の日

रोझ [名*] = नील गाय. 〔動〕ウシ科ニールガーイ；ウマカモシカ【*Boselaphus tragocamelus*】

रोट [名] (1) 精製しない（ふすま入りの）小麦粉をイースト菌を用いず厚めに焼いたもの；ロート (2) お供え用に甘く味付けして同上のものを厚く焼いたもの；ロート

रोटका [名]〔植〕イネ科トウジンビエ= बाजरा.

रोटर [名] 《E. rotor》(1) 回転翼；ローター (2) 軸車

रोटरी [名*] 《E. rotary》〔印〕輪転機= रोटरी मशीन.

रोटरी क्लब [名] 《E. Rotary Club; the Rotary International》ロータリークラブ

रोटी [名*] (1) 小麦やその他の穀物（大麦，トウモロコシ，モロコシ，ヒエなど）の粉を水で練り薄く煎餅状にのして火にあぶったもの；ローティー；チャパーティー रोटियाँ सेंकना ローティー（パン）を焼く **मोटी रोटी** 大麦やモロコシの粉でこしらえたローティー **सूखी रोटी** あぶってから時間が経ったためにひからびたローティー (2) 食事；料理 **कड़वी रोटी** 不幸のあった家族のために親戚が調理して届ける食事= कड़वी खिचड़ी. (3) 糧；生活の糧；生計；暮らし अपनी मेहनत की रोटी खाना 真面目に働く；実直に働く；正業につく उन्होंने मुझे ऐसा बना दिया था कि मैं अपनी रोटी इज़्ज़त के साथ आप कमा लूँ あの方が世間に恥ずかしくない暮らしを立てられるように私を仕込んで下さった **रोटियाँ चलना** 生計が立つ；暮らしが立つ **रोटियाँ चलाना** 生計を立てる；暮らしを立てる (-की) **रोटियाँ तोड़ना** *a.*（−に）寄食する *b.*（−の）食事をする **रोटियाँ निकलना** 暮らしが立つ **रोटियाँ फाड़ना** 食べる；食事をする (-की) **रोटियाँ भारी पड़ना** （−を）養うのが負担に感じられる अगर आपको मेरी रोटियाँ भारी पड़ रही हैं तो मैं आप पर बोझ बनकर नहीं रहूँगी もしも私を養うのがあなたに負担になっているのならあなたのお荷物になるつもりはありません **रोटियाँ मिलना** = रोटियाँ चलना. **रोटियाँ लगना** 仕事につく；職を得る；飯が食えるようになる **रोटियाँ लगाना** 仕事を見つけてやる；職を与えてやる **रोटियाँ सीधी क॰** 生計を立てる **रोटियों का मारा** 飢えている；食べ物に事欠く **रोटियों का मुहताज** 養うに困る **रोटियों का रोना** = रोटियों का रोना पड़ना. **रोटियों के लाले पड़ना** = रोटियों का रोना पड़ना. **रोटियों को तरसना** = रोटियों का रोना पड़ना. **रोटियों को रोना पड़ना** 食事に困る；赤貧の (-की) **रोटियों पर पड़े रहना** （−に）寄食する **रोटियों लगना** 一人前になる；独り立ちする **रोटियों लगाना** 一人前にする；独り立ちさせる **रोटी-कपड़ा** 食べ物と着物；衣と食；生活の糧 उसने मुझे रोटी-कपड़ा देना क़बूल किया 私に生活の糧を出すのを承知した रोटी-कपड़ा और मकान सब को चाहिए 衣食住はだれにも欠かせないもの **रोटी कपड़े का साधन** 生業；生活の資 **रोटी-कपड़े से सुखी रखना** 普通の楽しい生活を送らせる **रोटी कमाना** 生活の糧を得る；生計を立てる；暮らしを立てる वह हल जोतता और पत्ते बेचकर अपनी रोटी कमाता था 犂で耕し木の葉を売って生計を立てていた **रोटी का चोर** 人を接待するのをいやがる人 **रोटी का टुकड़ा मुँह में जा॰** 生活が立つ；暮らしが立つ **रोटी का पेट** ローティーの最初に火にあぶった面 **रोटी का प्रश्न** 生計を立てる問題；生活問題 **रोटी की ख़ाक झाड़ना** 世辞を言う；へつらう **रोटी की पीठ** ローティー（インド式のパン，チャパーティー）の後からあぶった面 **रोटी के लिए** 食べるために；生きて行くのに **रोटी खाना** 生計を立てる；（−で）飯を食う **रोटी खिलाना** ローティーを焼いてふくらませる **रोटी चढ़ाना** 食事を作る **रोटी छिन जा॰** 職を失う；失職する；生計を失う **रोटी ठोंकना**

食事を作る **रोटी तोड़ना** → रोटियाँ तोड़ना. **रोटी-दाल** *a.* 普通の食事；普段の食事；質素な食事 *b.* 油やバターを用いずに作った料理 *c.* 生活必需品；日常生活 **रोटी-दाल चलना** 生計が立つ；暮らしが立つ **रोटी-दाल से लड़ना** 生活のためにあくせくする **रोटी पड़ना** カースト内で処罰される；カーストによる制裁を受ける **रोटी पर रोटी रखकर खाना** 楽な暮らしをする；左うちわ（団扇）の暮らしをする **रोटी-पानी क॰** 食事を作る **रोटी-पानी का ख़र्च** 生活費；生計費 इन्हें बेचकर रोटी-पानी का ख़र्च निकल आएगा これを売れば生活費は出るだろう **रोटी पानी का चक्कर** 生活の悩み；暮らしの心配 **रोटी-पानी में लगना** *a.* 食事を作る *b.* 家事に追われる **रोटी पेट में पड़ना** 何か食べる（ものがある） **रोटी-बेटी** 交際と婚姻（関係） शुरू शुरू में अनेक वर्ग तो थे, पर उनमें रोटी-बेटी की रोकटोक न थी はじめいろいろな階層がありはしたが交際と婚姻についての制限はなかった **रोटी-बेटी क॰** 交際したり婚姻関係を持つ；カースト関係を保つ **(-की) रोटी भारी हो॰** （－を）食うのが負担に感じられる **रोटी मिलना** *a.* 食事が得られる *b.* 生計が立つ **रोटी रखना** 勤めを続ける **(-) रोटी-रोज़ी बनाना** （－を）生活手段にする **(-की) रोटी ले॰** （－を）失職させる；（－の）生計を奪う

रोटीन ［名］《E. routine》= रुटीन. 日常の仕事；日常業務；日課 अपने को रोटीन के अनुकूल बनाने में 日課に慣れるのに

रोटेशन ［名］《E. rotation》(1) ローテーション (2)〔ス〕ローテーション

रोडवेज़ ［名］《E. roadways》(1) 州のバス運輸局（交通局） (2) 車道

रोडशो ［名］《E. roadshow》〔映〕ロードショー

रोड सिगनल ［名］《E. road signal》交通信号

रोड़ा ［名］石や煉瓦のかけら；障害；障碍；障害物；邪魔物 **रास्ते का रोड़ा** 障害物；邪魔物 **रोड़ा अटकाना** 妨害する；妨げる मुख्यमंत्री इस समझौते में बहुत बड़ा रोड़ा अटका सकते हैं 州首相はこの協定を大きく妨げることができる वे देश की तरक़्क़ी के मार्ग में रोड़े अटका रहे हैं 現在，それらが国の発展を妨げている **रोड़ा डालना** = रोड़ा अटकाना. **रोड़ा बनना** 邪魔になる；妨げになる

रोड़ी ［名*］砂利；バラス

रोडेंट ［名］《E. rodent》〔動〕げっし（囓歯）動物

रोडेंशिया ［名］《E. Rodentia》〔動〕囓歯目= कृंतक प्राणिगण.

रोडेसिया 〔国名〕《E. Rhodesiya》旧英国植民地ローデシア（現ジンバブエ共和国）= रोडीश्या.

रोदन ［名］(1) 泣くこと；落涙 (2) 泣き喚くこと

रोदसी ［名*］(1) 天と地 (2) 天国 (3) 大地

रोदा ［名］弓弦= चिल्ला; कमान की डोरी.

रोध ［名］(1) 妨げるもの；支障；障害物 (2) 妨害 (3) 囲い (4) 堤防；せき（堰）；ダム= बाँध.

रोधन ［名］(1) 止めること；停止させること；阻止 (2) 妨害；障害

रोधना ［他］(1) 止める (2) ふさぐ

रोधी ［形］(1)〔電〕絶縁する (2) 音や熱などを遮る

रोनक्खा ［形+］泣きそうな；泣き出しそうな ‘हम स्कूल नहीं जाएँगे’, वह रोनक्खे स्वर में बोला 「僕学校へ行かない」と泣き声で（泣きそうな声で）言った

रोना[1] ［自］(1) 泣く；悲しさに涙を流す ज़ोर से रोना 泣き喚く；激しく泣き声をあげる= चीख़ मारना. (2) 動物がなく（鳴く，啼く）；ほえる（吠える） गीदड़ क्यों रोते हैं? ジャッカルが吠えるのは何故なの दिन के समय गीदड़ों का चिल्लाना तथा कुत्तों का रोना गाँव में किसी की मृत्यु का बोध देते हैं 昼間ジャッカルが吠えたり犬が鳴いたりするのは村に死人が出ることを予告するもの उल्लुओं के रोने की आवाज़ें आने लगीं フクロウの鳴き声が聞こえてきた (3) 悲しむ；泣く；嘆く यहीं बैठे-बैठे टें हो जाएँगे कोई रोनेवाला भी न मिलेगा ここではころっと死んでもだれ 1 人泣いてくれる人は見つかるまい (4) 苦しむ；困り果てる；泣かされる；泣く（無理なことを仕方なく承知する） शराब के कारण स्वयं ही त्रस्त नहीं रही, बल्कि उन्होंने कई बहनों को रोते देखा, अनेक घर उजड़ते देखे, बहुतों को जान गँवाते देखा 彼女は酒に自ら怯えてきたばかりでなく，多くの女性が苦しんでいるのや，多数の家庭が崩壊したのを，また多くの人が命を落としたのを見た (5) 泣きつく；頼みこむ मैं उनसे जाकर रोया कि सिफ़ारिशनामा लिख दें 推薦状を書いてくれとあの人に泣きついた **रो आ॰** 悲しみを訴える **रोकर रह जा॰** 泣き寝入りする अमरूद वाला लड़का रोकर रह गया グアヴァ売りの男の子は泣き寝入りした **रो-गाकर** *a.* 泣きついて；頼みこんで *b.* なんとか；どうにかこうにか **(-को) रो चुकना** *a.* （－を）失う *b.* （－を）諦める **रो दे॰** *a.* 泣き出す मुझे लगा मैं रो दूँगा 自分が泣き出すのではないかと思えた *b.* 困り果てる **रो-धोकर** やっとのことで；泣く泣く；泣きながら साल भर तो मैंने इसके साथ रो-धोकर काटा 1 年間はこの人と一緒になんとか過ごした **रोना आ॰** 泣けて来る；涙が出る बड़ी अच्छी फ़िल्म है, उसमें बहुत रोना आता है… とてもいい映画だ．随分泣かされる **रोना-कलपना** *a.* ひどく悲しむ *b.* 不平を言う；文句を言う **रोना-गाना** *a.* 泣き落とす；泣きつく；哀願する= गिड़गिड़ाना. *b.* 嘆き悲しむ **रोना-घिघियाना** 泣きつく；哀願する चाहे कितना ही रोए-घिघियाए どんなに泣きついても **रोना-चिल्लाना** 泣き叫ぶ；泣き喚く उन्हें गाँव के एक परिवार का रोना-चिल्लाना सुनाई दिया 村のある一家の泣き叫ぶのが聞こえた **रोना-चीख़ना** *a.* 泣き叫ぶ *b.* ひどく悲しむ **रोना-धोना** *a.* 泣き叫ぶ；泣き喚く रोते-धोते बच्चे को 泣き喚く子供を सूपनखा रोती-धोती रावण के पास पहुँची スープナカー（シュールパナカー）は泣き叫びながらラーヴァナのところへ行った *b.* とても悲しむ；嘆き悲しむ **रोना-पीटना** = रोना-धोना. **रोना-बिलखना** 泣き叫ぶ रोती-बिलखती कन्या को पकड़कर ले जाता था 泣き叫ぶ娘をつかまえて行くのだった **रोनेवाला न रह जा॰** 家系が絶える；後継ぎがいなくなる **रो पीटकर** *a.* 泣き泣き *b.* やっとのことで；ようやくのことで **रो बैठना** *a.* 泣き疲れる *b.* 諦める **रो मरना** 手も足も出ない **रो-रोकर** = रो पीटकर. *a.* ひどく悲しんで *b.* どうにかこうにか；やっとのことで；ようやくのことで **रो रोकर दुनिया सिर पर उठा ले॰** 激しく泣く；泣き叫ぶ **रो रोकर प्राण दे॰** ひどく悲しむ **रो रोकर मर जा॰** *a.* 一生苦しむ *b.* あらゆる努力をして負ける

रोना[2] ［他］(1) 苦情を言う रोना रोने नहीं बैठा हूँ, यह तो एक तथ्य की बात सुना रहा हूँ 苦情を言っているのではない．これは真実を語っているのだ (2) 泣きごとを言う；嘆く अपने बुढ़ापे की बीमारियों का रोना रोती 老人の身の病気の泣き言を言う हम गरीब हैं, तो क्या हमेशा उसी का रोना रोते रहेंगे? おれたちは貧乏人だからいつまでも同じことを嘆いてばかりいるのだろうか

रोना[3] ［名］(1) 残念なこと；悔やまれること；口惜しいこと；困ること (2) 文句；不平；苦情 **रोना आ॰** 残念がる；悔やむ इस ख़ुशी भरे मौक़े पर आपको किस बात पर रोना आ रहा है? この喜びあふれる時に何を悔やんでいらっしゃるのですか **रोना किस बात का** 何の悔やみごとがあろうか **(-का) रोना न हो॰** （－の）困ることもない **रोना रोना** *a.* 苦情を言う；不平を言う *b.* 嘆く नासमझ पत्नी इसके लिए अपने दुर्भाग्य का रोना रोती रहती है 愚かな妻はこのことでいつも身の不運を嘆く **रोना ले बैठना** = रोना रोना.

रोना[4] ［形+］(1) 泣き虫の；泣きみその；めそめそした इतना रोना लड़का こんな泣き虫の男の子 (2) 怒りっぽい (3) 泣いているような；泣きそうな；べそをかいた；哀れな **रोनी शक्ल** 泣き面；陰気な顔；憂鬱な表情= रोनी सूरत. **रोनी सूरत बना रखना** 泣き面をする；べそをかく；哀れな顔をする यह सूरत कैसी रोनी बना रखी है なんとも哀れな顔をしている यदि ऐसी बात है तो फिर यह रोनी सूरत क्यों बना रखी है? もしそういうことならなぜこんな泣き面をしているのだい जब कोई इस प्रकार से रोनी सूरत बनाकर ऐसे प्रश्न करता だれかがこのように憂鬱な表情でこのような質問をすると वह रोनी सूरत बनाकर मेरे पास आया 陰鬱な表情で私のところへ来た

रोनी-धोनी ［名*］(1) 泣き叫び (2) とても辛いこと；大変悲しいこと

रोपक ［形］(1) 位置を定める；据える (2) 植える；植えつける；蒔く (3) 固める

रोपण ［名］= रोपाई; रोपनी. (1) 植えつけ；種蒔き (2) 据えつけ

रोपना ［他］(1) 草木を植える；根付かせる；草木が育てられる ईंधन योग्य तथा फल एवं चारा देनेवाले वृक्ष रोपे जा रहे हैं 燃料になったり果実をつけたり飼料になったりする木が植えられてきている (2) 植えつける；植え替える；苗を植える धान के रोपने का समय था 田植え時だった 8 या 10 महीने बाद अगली बरसात में ये रोपने लायक हो जाएँगे 8 か月から 10 か月後，次の雨季には植え替えられるぐらいになるだろう (3) 種を蒔く = बोना. (4) 据えつける；固定する；設置する (5) 差し出す；出す；さしのべる

रोपनी ［名*］(1) 草木の苗や苗木の植えつけ धान की रोपनी 田植え (2) 田植え時

रोपाई [名*] (1) 植えつけ (2) 田植え रोपाई का सब से अच्छा मौसम 田植えに最高の季節

रोपित [形] (1) 植えられた (2) 植えかえられた；植えつけられた (3) 固定された

रोब [名] 《A. رعب रुअब》(1) 威圧；畏怖 (2) 威圧感 (3) 圧倒；支配 (4) 影響力 (5) 威厳；威信 **रोब उठ जा॰** *a.* 影響力がなくなる *b.* 威厳がなくなる **रोब खाना** *a.* 威圧される *b.* 圧倒される प्रिंसिपल और वार्डन तक रोब खाती हैं इनका, तभी तो सब प्रकार की छूट दे रखी है 校長や舎監でさえ圧倒されるほどだから何もかも自由にさせている (-पर) **रोब गाँठना** (ーを) 威圧する；(ーに) 威張る；(ーに対して) 威厳を示す= रुआब गाँठना. क्या तू बाद में दोस्तों पर रोब गाँठता है? 後で友達に威張るのかい शायद मन में कहीं उसपर रोब गाँठने, उसे नीचा दिखाने की दुराशा भी रही हो 多分胸の内には彼女に対して威張り彼女に恥をかかせたいとの間違った考えもあったのかも知れぬ साधारण जन पर रोब गाँठने की उत्सुकता 一般の人に対して威張りたい気持ち वह मायके का रोब गाँठती है 嫁ぎ先で実家のことで威張る (-पर) **रोब ग़ालिब क॰** = रोब गाँठना. (-पर) **रोब छा जा॰** (ーに) 影響力が及ぶ；(ーを) 押さえつける (-पर) **रोब जमाना** (ーを) 威圧する= रोब गाँठना. रोब जमाते हुए 居丈高に (-पर) **रोब झाड़ना** (ーに) 威張る **रोब टपकना** 威圧感を与える **रोब दिखाना** 自慢する；誇らしげにする **रोब मिट्टी में मिलना** 面目を失う；赤恥をかく (-के) **रोब में आ॰** (ーに) 圧倒される

रोबदाब [名] 《A. رعب + H.》(1) 威圧；威圧感 (2) 畏怖 (3) 威厳；威信 **रोबदाब दिखाना** 高飛車に出る

रोबदार [形] 《A.P. رعب دار》(1) 威厳のある；威圧感のある सास का रोबदार पद 姑の威厳のある地位 (2) 堂々とした रोबदार सजधज का राज़ 堂々とした装いの秘訣

रोबरुतबा [名] 《A. رعب رتبہ रुअब रुत्बा》威厳 औरत की गरिमा और प्रतिष्ठा हो और मर्द का रोबरुतबा 女性は尊厳と名誉を保ち男性は威厳を保つべきだ

रोबीला [形⁺] 《← A.رعب + H. -ईला》威厳のある；威圧感のある；威風堂々とした सिपाही की तरह रोबीला चेहरा 軍人のように威厳のある顔

रोबोट [名] 《E. robot》ロボット；人造人間

रोबोदाब [名] 《A.P. رعب و + H.दाब》= रोबदाब.

रोमंथ [名]〔動〕にれがみ；反芻= जुगाली; पागुर.

रोम[1] [名] 体の表面に生える柔らかく短い毛；うぶげ（生毛）；身の毛 **रोम खड़े हो॰** 身の毛がよだつ；総毛立つ **रोम पुलकित हो॰** 嬉しさに体が震える **रोम-रोम** 全身；体の全体 बेटे की इस सहृदयता और उदारता पर माँ प्रभावती का रोम-रोम गद्‌गद् हो गया 息子のこのやさしさと心の大きさに母親のプラバーヴァティーは全身がうち震えた **रोम-रोम जलना** 激しい怒りに燃える **रोम रोम में** *a.* 全身に *b.* 全く；完全に **रोम रोम में नमक सना हो॰** 深い恩を感じる；恩義に感じる **रोम रोम से** 心底；身も心も

रोम[2] [名] 《A. روم रूम》(1) ルーム (2) ローマ（都市名）→ रूम.

रोमक[1] [名] ラージャスターンのサーンバル湖（साँभर झील）からとれる塩

रोमक[2] [形⁺] (1) ルーム（रूम）の (2) ローマの→ रूम.

रोमकूप [名] 毛穴 हमारे सिर में लगभग एक से डेढ़ लाख रोमकूप होते हैं 人間の頭部にはおよそ 10 万～15 万の毛穴がある

रोमगुच्छ [名] ほっす（払子）= चँवर; चामर.

रोमछिद्र [名] 毛穴 रोमछिद्रों को साफ़ क॰ 毛穴をきれいにする वह त्वचा के रोम छिद्रों द्वारा शरीर में दाखिल हो जाता है それは皮膚の毛穴から人体に入る

रोमन[1] [形] 《E. Roman》(1) ローマの **रोमन अंक** ローマ数字 **रोमन लिपि** ローマ字 = रोमन वर्णमाला. (2) 古代ローマの

रोमन[2] [名] 古代ローマ人= प्राचीन रोम का निवासी.

रोमन[3] [名*] ローマ字 = रोमन वर्णमाला; रोमन लिपि.

रोमन अक्षर [名] (1) ローマ字= रोमन लिपि. (2)〔印〕ローマン体（活字）

रोमन कैथोलिक[1] [形] 《E. Roman Catholic》〔キ〕ローマ・カトリック教会の

रोमन कैथोलिक[2] [名]〔キ〕(1) カトリック教徒 (2) カトリック教会〈the Roman Catholic Church〉

रोमन कैथोलिक चर्च [名] 《E. the Roman Catholic Church》〔キ〕ローマ・カトリック；ローマン・カトリック；ローマ・カトリック教会；ローマ・カソリック教会= रोमन कैथोलिक समुदाय.

रोमन लिपि [名*] ローマ字〈roman letters〉

रोमनीकरण [名] ローマ字化〈romanization〉

रोमहर्ष [名] 感動，歓喜，恐怖，怒り，寒さなどのために身の毛の立つこと；鳥肌立つこと धर्म और सत्य के लिए हँसते-हँसते, तिल-तिल करके कट मरने में राजपूत रोमहर्ष का अनुभव करता है 法と真理のために激しい苦しみのうちに戦死することにラージプートは全身のうち震える喜びを覚えるものだ

रोमहर्षण [名] = रोमहर्ष.

रोमांच [名] 感動，歓喜，おののきなどのために鳥肌が立つこと（総毛立つこと） क्रांतिकारियों के बलिदान के किस्सों को पढ़-सुनकर मुझे रोमांच हो आता 革命家たちの殉難の物語を読んだり聞いたりするうちに鳥肌が立つ

रोमांचक [形] (1) 戦慄的な；スリリングな；スリルに満ちた रोमांचक खेल スリリングなスポーツ रोमांचक यात्राकथा スリリングな旅行記 युद्ध का रोमांचक अनुभव 戦争のぞっとするような体験 (2) 感激に満ちた；感激的な；わくわくさせる；わくわくする अपने पर पूरा भरोसा रखकर रोमांचक ज़िंदगी का आनंद भी ले सकेगी 自分を完全に信じて感動にあふれた生涯を楽しむこともできよう

रोमांचकारी [形] 戦慄的な；スリリングな；ぞっとさせる यह दृश्य बहुत रोमांचकारी है 大変戦慄的な光景

रोमांचित [形] 感動や歓喜，戦慄のために鳥肌が立った (1) 感激的な अंत में कुछ महान एथलीटों ने इस असंभव से प्रतीत होनेवाले चमत्कारों को कर दिखाया तो सारा विश्व चकित और रोमांचित हो उठा 最後に幾人かの偉大な選手たちが不可能と思えた奇跡をやってのけると世界中が驚き感激に震えた (2) 身の毛のよだった；肝を冷やした आप हाथियों का बड़ा झुंड पानी पीते अथवा क्रीड़ा करते देखेंगे, तो रोमांचित हुए बिना नहीं रहेंगे すぐそばで象の大群が水を飲んだり遊んだりするのをご覧になれば肝を冷やさずにはいらっしゃれないでしょう

रोमांटिक [形] 《E. romantic》(1) ロマンチックな देवर-भाभी के संबंध का स्थानीय सामाजिक ढाँचे में रोमांटिक तथा महत्त्वपूर्ण स्थान है（ヒンドゥーの）兄嫁と義弟との関係は田舎の社会の枠組みの中ではロマンチックで重要な地位を占めるものです (2) 空想的な

रोमांस [名] 《E. romance》(1)（騎士道物語などの）ロマンチックな雰囲気 क्या मैंने क्षणिक भावुकता में आकर देश-सेवा का कार्य किया था? या रोमांस अथवा नायक बनने की भावना से इस पथ पर सन्नद्ध हुआ था? 一時の感情に浮かされて国家に奉仕したのか，それともロマンチックな気分すなわち騎士になろうとしてこの道に踏みこんだのだったか (2) 恋愛；ロマンス नायक नायिका का रोमांस ヒーロー・ヒロインのロマンス **रोमांस क॰** 恋をする；恋愛する वे रोमांस करें और अपने जीवन-साथी की खोज वे स्वयं ही कर लें 恋愛をして伴侶を自ら探し出すこと (3)〔文芸〕伝奇小説；冒険恋愛小説

रोमांसिक कथा काव्य [名] 《← E. romance + H.》〔文芸〕ロマンス〈romance〉

रोमाग्र [名] 生毛の先端

रोमावलि [名*] へそから上の正中線に連なって生えている生毛 = रोमावली.

रोमियो [名] 《E. Romeo》ロミオ；恋する男 कई नादान लड़कियाँ अपने इस रोमियो की बातों में आकर 一部のうぶな娘たちはこのロミオの言葉に乗せられて राजेंद्र नाम का एक रोमियो उसके पीछे लगा रहता है ラージェーンドラというロミオが彼女につきまとっている

रोमिल [形] (1) 毛のある；毛の生えている (2) 毛深い

रोयाँ [名] = रोआँ.

रोर [名*] (1) 群集の叫び声；大勢の人の大きな叫び声 (2) 騒動；騒乱；大騒ぎ (3) 叫喚

रोरी[1] [名*] 人出；賑わい= चहल पहल; धूम.

रोरी[2] [形] 美しい；うるわしい；美麗な= ख़ूबसूरत; सुंदर.

रोल[1] [名] 《E. roll》(1) 巻いたもの；巻物；巻き軸 (2) 出席簿；名簿；目録；名表

रोल[2] [名] 《E. role》(1) 役（映画・演劇）；役柄 (2) 役割

रोल नंबर [名] 《E. roll number》〔教〕(1) 学籍番号；登録番号 (2) 出席番号
रोलना [他] 《← E. roll》(1) ころがす (2) 触る；触れる (3) なでつける；塗りつける
रोलर [名] 《E. roller》(1) 圧延用のローラー (2)〔印〕印肉棒；ローラー；ルーラー；ロール (3) 地ならし機；ローラー
रोलर स्केटिंग [名] 《E. roller skating》ローラースケート
रोला[1] [名] = रोर.
रोला[2] [名]〔韻〕ローラー（各パーダが 11-13 で休止のある 24 マートラーから成るモーラ韻律）
रोली [名*]〔ヒ〕ローリー（ウコンと石灰を混じて作られる赤色の粉末．ティラク तिलक を描くのに用いられる）
रोल्स [名] 《E. rolls》圧延用のローラー
रोवँ [名] = रोम; रोवाँ.
रोवनहार[1] [形] (1) 泣く；悲しむ (2) 死を悼み悲しむ（家族・親族）= रोवनहारा.
रोवनहार[2] [名]〔ヒ〕葬儀をとりしきる遺族・相続人；喪主
रोवना [自・形] = रोना.
रोवनिहार [形] = रोवनहार.
रोवाँ [名] = रोआँ; रोयाँ.
रोवाँसा [形] = रोआँसा. べそをかいた；今にも泣き出しそうな
रोशन [形] 《P. روشن रौशन》= रौशन. (1) 燃えている；明かりのともっている इल्म के चिराग रोशन थे 学問の灯火がともっていた (2) 明るい；光っている；輝いている ज़रा बटन दबाया सारा कमरा रोशन हो गया ちょっとスイッチを押したら部屋中が明るくなった (3) 明らかな रोशन हो॰ 明らかになる；明かされる；秘められていたことが明かされる सचाई जहाँ भी रोशन हुई है, जिस किसी के मुँह से रोशन हुई है, सच्चाई है どこで明らかになろうともだれの口から明らかにされようとも真実は真実だ (4) 有名な；著名な；名のある अपने मुल्क का नाम रोशन क॰ 母国の名を高める
रोशन चौकी [名*]〔イ音〕ローシャンチョーキー（小型の直管トランペット）；ナフィーリー（नफ़ीरी）；ナファリー（नफ़री）
रोशन ज़मीर [形] 《P.A. روشن ضمیر》人の心を知っている；人の心の中を見通す
रोशनदान [名] 《P. روشن دان रौशनदान》天窓；明かり取り
रोशनाई [名*] 《P. روشنائی रौशनाई》(1) 明るさ (2) 光；輝き (3) インク= स्याही.
रोशनी [名*] 《P. روشنی रौशनी》(1) 明るさ；光；輝き (-की) रोशनी में (ーに) 照らして सर्वोच्च न्यायालय द्वारा दिए गए हाल ही के विवादास्पद फ़ैसले की रोशनी में यह लगता है कि सरकार अपनी इस नीति का कड़ाई से पालन करेगी 最高裁の下した最近の論議のある判決に照らしてみると政府はこの方針を厳格に守るものと思われる टार्च की रोशनी 懐中電灯の光 सूरज की रोशनी 日光；陽光 (2) 明かり；灯火；照明 कुछ दूर चलने पर भीड़ और रोशनियों वाली सड़क अचानक ही अँधियारी और उदास दीखने लगती है 少し行くと人混みと明かりのある通りが突然に暗く陰鬱に見え始めた चूल्हे की रोशनी में किताब पढ़ने लगा かまどの火の明かりで本を読み始めた रोशनी पर पतंगे गिरते हैं 蛾は灯火に飛びこむもの **रोशनी जलना** 明かりが点る काँच के बड़े-बड़े झाड़-फ़ानूसों में जब रोशनी जलती 大きなシャンデリヤに明かりが点ると (3) 視力 उसकी आँखों में रोशनी कम हो गई थी その人の視力は衰えてしまっていた इससे आँखों की रोशनी बढ़ती है これで視力が増す **रोशनी क॰** 点灯する；明かりをつける；明かりを点す (-पर) **रोशनी डालना** (ーを) 明らかにする **रोशनी दे॰** *a.* 知識を授ける；蒙を啓く *b.* 手立てを教える (-पर) **रोशनी पड़ना** (ーが) 明らかになる；明かされる **रोशनी हो॰** 明かりが点る；明かりがつく बटन दबाया रोशनी हो गई スイッチを押すと明かりが点った
रोष [名] (1) 怒り；憤り सामाजिक अन्याय के विरुद्ध कभी-कभी रोष प्रदर्शित होता रहा है 社会の悪に対してしばしば怒りが示されている (2) 不平；不満；鬱積
रोषण[1] [名] (1) 水銀 (2) 試金石
रोषण[2] [形] 怒る；怒った= क्रुद्ध; रुष्ट.
रोषाण्वित [形] 怒った；怒り狂った
रोषानल [名] 燃えさかる怒り；激しい怒り
रोषित [形] 怒った；立腹した= क्रुद्ध.
रोषी [形] 怒っている；怒った；怒りを持った；立腹した
रोसनाई [名*] → रोशनाई.
रोसनी [名*] → रोशनी.
रोस्ट [形] 《E. roast》ローストした；あぶった（炙った）；焼いた रोस्ट क॰ ローストする；炙る；焼く
रोस्टर [名] 《E. roster》名簿；登録簿 पदोन्नति में रोस्टर प्रणाली 昇進に名簿方式
रोहग [名] アダムズ・ピーク（スリランカの山名．Adam's Peak 標高 2231m）
रोहण [名] (1) 登ること；上ること (2) 乗ること (3) 発芽；芽を出すこと (4) 精液 (5) = रोहग.
रोहन [名]〔植〕センダン科落葉高木インディアンレッドウッド【*Soymida febrifuga*】〈Indian redwood〉
रोहना[1] [自] (1) 登る；上る (2) 乗り物に乗る (3) 上に乗る
रोहना[2] [他] (1) 登らせる；上げる (2) 載せる；乗せる (3) 着る；身につける；纏う
रोहा [名]〔医〕トラコーマ〈trachoma〉= कुकरा.
रोहिण [名] (1) = पीपल. (2) = गूलर.
रोहिणी [名*] (1) 雌牛 (2) 雷；稲妻 (3)〔占星〕ローヒニー星宿（インドの二十七宿の第 4） (4)〔医〕ジフテリヤ= डिफ़्थीरिया. (5) 9 歳の少女（マヌ法典などのヒンドゥー古法典）
रोहित[1] [形] 赤い = लाल; लोहित.
रोहित[2] [名] (1) 赤；赤色 (2) = रोहू; मछली.
रोहिताश्व [名]〔イ神〕ローヒターシュヴァ（ハリシュチャンドラ王 हरिश्चंद्र の息子）
रोही [名] (1) = गूलर. (2) = पीपल.
रोहू [名⁻]〔魚〕コイ科の大型淡水魚【*Labeo rohita*】
रौंगटा [名] → रोंगटा. रौंगटे खड़े कर देने वाला अनुभव 戦慄的な経験
रौंद[1] [名*] ← रौंदना. 踏みにじること；蹂躙
रौंद[2] [名*] 《E. round》巡回；巡視= चक्कर; गश्त.
रौंदना [他] 踏みつぶす；蹂躙する；踏みにじる विदेशियों द्वारा रौंदे हुए समाज को 外国人に踏みにじられた社会にとって और फिर सारे बगीचे को ही रौंदकर रख देगा 今度は庭園全体を踏みつぶすだろう शक पश्चिमी भारत में आए और उन्होंने सिंध तथा सौराष्ट्र को रौंद डाला シャカ族は西部インドへ来てシンドとサウラーシュトラとを踏みにじった
रौंपर [名] 《E. rompers》〔服〕ロンパー → रोंपर.
रौंस [名*] 《← P. روش रविश》(1) 動き= गति; चाल. (2) 様式；方式；型= रंग ढंग. (3) 庭園内の花壇の境目の通路
रौंसा [名] (1) → केवाँच. (2) → लोबिया.
रौ [名*] 《P. رو》(1) 動き= गति. (2) 流れ= बहाव. (3) 衝動= झोंक.
रौग़न [名] 《P. روغن》→ रोग़न.
रौग़नजोश [名] 《A.P. روغن جوش》〔料〕ローガンジョーシュ（ヨーグルトやギーなどをふんだんに用いた挽き肉料理）
रौग़नी [形] → रोग़नी.
रौज़न [名] 《A. روزن》(1) 穴= छिद्र; छेद. (2) 裂け目；割れ目= दरार. (3) 窓；のぞき窓= मोखा.
रौज़ा [名] 《A. روضہ》(1) 庭園= बाग; बगीचा. (2)〔イス〕廟；聖者廟= क़ब्र; समाधि.
रौद्र [形] (1) ルドラ神 रुद्र の (2) ルドラ神のような (3) 恐ろしい；すさまじい रौद्र रूप महाकाल すさまじい形相のマハーカーラ（シヴァ神） बच्चा घर में घुसते ही माँ का रौद्र रूप देखकर सहम जाएगा 子供は家に入ったとたん母親の恐ろしい形相を見て震えあがるだろう
रौद्रता [名*] ← रौद्र.
रौद्र रस [名]〔イ文芸〕古典インド文学の詩論によりラサ（रस 情調）の一；憤激
रौद्री [名*]〔イ神〕ラウドリー（ルドラ神の妃）；ガウリー गौरी
रौनक़ [名*] 《A. رونق》(1) 光；輝き；色つや；肌・皮膚のつや धीरे-धीरे उसके चेहरे पर रौनक़ फिर लौटने लगी थी だんだん顔に色つやが戻って来はじめた (2) 賑わい；活気 चाँदनी चौक अपनी रौनक़ के लिए मशहूर है チャーンドニーチョウクはその賑わいでよく知られている अभी तक मेले की रौनक़ नहीं है まだ縁日の活気がない (3) 賑やかさ भाभी आप के आने से रौनक़ रही.आप रौनक़ बिखेरने जल्दी जल्दी आया कीजिए お姉さん，あなたが来て下さっ

たので賑やかだったわ，賑やかにするためにいつも早く来てちょうだいね
रौप्य[1] ［名］ 銀 ＝ चाँदी; रूपा.
रौप्य[2] ［形］ 銀の；銀製の
रौब ［名］ → रोब.
रौरव[1] ［形］ (1) 恐ろしい＝ डरावना; भयंकर. (2) 猛烈な；ものすごい＝ भयंकर; भीषण.
रौरव[2] ［名］ ＝ रौरव नरक.
रौरव नरक ［名］〔ヒ・仏〕ラウラヴァ地獄；叫喚地獄；号叫地獄 रौरव नरक भुगत रही थी 塗炭の苦しみを受けているところだった
रौराना ［他］ 喚く＝ बहकना.
रौला ［名］ (1) 叫喚 (2) 大騒ぎ；喧騒 (3) ごたごた
रौशन ［形］ ＝ रोशन. उनका भविष्य ख़ूब रौशन है あの人の未来は大変明るい
रौशनदान ［名］ → रोशनदान.
रौशनाई ［名*］ (1) 明かり＝ उजाला; प्रकाश. (2) 視力→ रोशनी.
रौशनी ［名*］ → रोशनी; प्रकाश; चमक; आभा.
रौस ［名*］ → रौंस
रौह ［名*］ 《A. روح》 (1) 芳香 ＝ सुगंध; ख़ुशबू. (2) はつらつとした気分；爽快な気分＝ प्रफुल्लता; ताज़गी. (3) 安らぎ ＝ सुख; आराम.
रौहिण ［形］〔占星〕インドの二十七宿の第 4 であるローヒニー星宿 रोहिणी の下に生まれた

ल

लंक[1] ［名*］ 腰；腰部；ウエスト ＝ कमर; कटि.
लंक[2] ［名］ 積み重ねたもの；重なり；積み上げたもの；堆積；山 **लंक टूटना** 気力を失う；落胆する
लंक[3] ［名*］ ランカー लंका の短縮形
लंकद्वीप ［名］ ランカー島 लंका
लंकनाथ ［名］ (1)〔ラマ〕ランカー島の支配者ラーヴァナ रावण (2)〔ラマ〕ヴィビーシャナ विभीषण
लंकनायक ［名］ ＝ लंकनाथ.
लंकलाट ［名］ 《E. long cloth》 ロングクロス（上質モスリン）
लंका ［名*］ (1)〔イ神・ラマ〕ランカー島 (2)〔国名〕スリランカ（旧セイロン） ＝ श्रीलंका; सिंहल.
लंकाधिपति ［名］ (1)〔イ神・ラマ〕ラーヴァナ（ランカー島の支配者，ランカー島の王） रावण (2)〔イ神・ラマ〕ヴィビーシャナ विभीषण（ラーヴァナの弟，ラーヴァナがラーマに退治された後，即位する）
लंकापति ［名］ ＝ लंकाधिपति.
लंकेश ［名］ ＝ लंकाधिपति; लंकेश्वर.
लंखनी ［名*］ はみ（馬銜）
लंग[1] ［形⁺・名］ 《P. لنگ》＝ लंगड़ा[1]. 本来揃っていたり均整の取れているものが何らかの原因で不揃いな状態にあったり均整の取れていない状態にある；一方が欠けている；いずれかの部分が不正常な状態にある；ちんばの（状態）；びっこの（状態） लंग क॰ ちんばをひく；びっこをひく ‘घोड़ी लंग क्यों कर रही है?’ ‘एक नाल उखड़ गई’ 「馬がびっこをひいているのはなぜ」「片方の蹄鉄がはずれたんだ」
लंग[2] ［名*］ → लाँग.
लंग[3] ［名］ 間男；姦夫＝ यार; उपपति.
लंगक ［名］ ＝ लंग[3].
लंगड़ ［形］ 片足，もしくは，両足の異常により正常に歩きにくい状態にある；ちんばの；びっこの＝ लँगड़ा. **लंगड़ मारना** ちんばをひく；びっこをひく लंगड़ मारकर लाठी के सहारे खड़ा होकर बोला びっこをひいてラーティーをつかんで立ち上がって言った
लँगड़ा[1] ［形⁺］ 《← P. لنگ + H.》 (1) 本来，対になったり幾つかの部分から成っているものの一部が欠けたり何らかの欠陥があったりするために全体として揃わない (2) 片方，もしくは，両方の足が不自由な；びっこの；ちんばの (3) 椅子などの脚の長さが不揃いの एक लँगड़ी मेज़ 安定のよくないテーブル (4) 首尾の一貫しない；片ちんばな ये सब लँगड़े बहाने हैं これはみな首尾一貫しない口実だ
लँगड़ा[2] ［名］ (1) 足の不自由な人；ちんば；びっこ (2) → लँगड़ा बुख़ार デング熱 (3) ラングラー（マンゴーの品種の一及びその実．ウッタル・プラデーシュ，ビハール，パンジャーブ地方を中心に栽培される） **लँगड़े की लकड़ी** 弱い者や寄る辺なき者の支え
लँगड़ाना ［自］ ちんばをひく；びっこをひく आज भी डाक्टर साहब लाठी के सहारे लँगड़ाकर चलते हैं 今でもお医者さんは杖を突いてびっこをひきながら歩く लँगड़ा चलना ちんばをひいて歩く；びっこをひいて歩く
लँगड़ापन ［名］ ← लँगड़ा.
लँगड़ा बुख़ार ［名］ (1)〔医〕デング熱＝ लँगड़ा; चेचड़ा; चरचिरा. (2) 家畜の病気の一（麻痺を伴う）
लँगड़ी टाँग ［名*］ 子供の石蹴り遊び
लंगर ［名］ 《P. لنگر》 (1) いかり（錨；碇） नाव का लंगर 船の錨 हमने नाव का लंगर खोला 錨を降ろした (2) 物体や機具を安定させるために用いられる重し (3) 人間（囚人）や家畜の逃亡を防ぐためつけられる鉄の鎖や鉄板 (4) テントなどを固定させるた

めの太綱 (5) レスラーのまわし；ふんどし (6)〔イス〕ランガル（ランガルカーナー，もしくは，ランガルハーナーで貧者や訪問者，修行者などに施される食事．金持ちが設けたりイスラム教神秘主義の聖者廟などに設けられたりする，いわゆる炊き出しの意にも用いられることがある）→ लंगरख़ाना. (7) 仮縫い **लंगर उठाना** *a.* 錨を揚げる *b.* ランガルカーナー (→ लंगरख़ाना) を開設する **लंगर क॰** *a.* 立ち止まる *b.* 泊まる；宿泊する **लंगर खो बैठना** 拠り所を失う；不安定になる **लंगर खोलना** *a.* 錨を降ろす *b.* ランガルカーナーを開く **लंगर चलना** ランガルが行われる；ランガルによる施食が行われる；食物が施される हफ़्तों तक लंगर चला था रोज़ सैकड़ों अपाहिज और वृद्ध भिखारी भरपेट खाना खाते 幾週間もの間ランガルが行われ幾百人の身体障害者や老いた乞食たちが満腹するまで食べた **लंगर जारी क॰** 施しを行う **लंगर डालना** *a.* 錨を降ろす *b.* 泊まる；宿をとる **लंगर बाँधना** *a.* レスリングをする *b.* 女色を遠ざける **लंगर लंगोट कसना** 喧嘩腰になる **(-को) लंगर-लंगोट दे॰** （ーをレスリングの）弟子にとる **लंगर लुटाना** 惜しみなく施しものをする

लंगरख़ाना ［名］《P. لنگر خانہ》貧者に食事の施される所（ランガルカーナー／ランガルハーナー）→ लंगर (6)；救貧院 उसे लंगरख़ाने में ले जाकर भोजन कराया जाए あの人をランガルハーナーに連れて行って食事をさせようか

लंगरगाह ［名*］《P. لنگر گاہ》停泊場所；投錨地

लँगराई ［名*］悪さ；悪事；いたずら

लँगराना ［自］＝लँगड़ाना.

लंगल ［名］犂＝हल.

लंगी ［名*］〔ス〕（レスリング）レッグスロー **लंगी मारना** レッグスローをかける सहसा अपनी टाँग में लंगी मारे जाने के कारण वह चारों खाने चित्त होकर गिर पड़ा 突然レッグスローを食らったためにあおむけに倒れた

लंगूर ［名］(1)〔動〕オナガザル科ラングール；ハヌマーンラングール；ヤセザル【*Presbytis entellus*】 (2) 猿の尻尾

लंगूरफल ［名］ココヤシの実 → नारियल.

लंगूल ［名］尻尾＝पूँछ; दुम; लांगूल.

लँगोट ［名］(1)〔服〕ランゴート（レスラーや修行者が着用するふんどし，まわし） (2) おしめ लंगोट बाँधने-खोलने से तंग आकर おしめをつけたりはずしたりするのがわずらわしくなって **लँगोट कसना** *a.* まわしをつける；ふんどしをつける *b.* 女色を断つ **लँगोट का कच्चा** 不身持ちな（男性）；性的にだらしのない；ふしだらな **लँगोट का ढीला** ＝लँगोट का कच्चा. **लँगोट का पक्का** 身持ちの堅い **लँगोट का सच्चा** ＝लँगोट का पक्का. **लँगोट में बँधे हो॰** いつも一緒にいる；常に行動を共にする

लँगोटबंद ［形］《H. + P. بند》女色を絶つことを誓った

लँगोटा ［名］＝लँगोट.

लँगोटिया ［形・名］(1) ランゴーティーの (2) 竹馬の友；幼な友達＝लँगोटिया यार. शमशेर है हमारा पुराना लँगोटिया シャムシェールはわが竹馬の友

लँगोटी ［名*］〔服〕ランゴーティー（小型のランゴート）；ふんどし；下ばき **लँगोटी पर फाग खेलना** 手元に余裕もないのに贅沢をする **(-को) लँगोटी बँधवाना** （ーを）丸裸にする；無一物にする **लँगोटी बाँधना** *a.* ランゴーティーをしめる *b.* 何もかも捨て去る；無一物になる **(-की) लँगोटी बिकवाना** *a.* （ーを）無一物にする *b.* （ーに）恥をかかせる **लँगोटी में मस्त रहना** 無一文の身でありながらくよくよしない

लंघन ［名］(1) 途中を抜かすこと；飛ばすこと (2) 取るべき食事を抜かすこと；絶食 इन रोगियों को लंघन कराने की आवश्यकता तो नहीं है この患者たちには絶食させなくてよい (3) 省略 (4) 無視

लंघना ［名*］(1) 無視 (2) 断食

लंघनीय ［形］(1) 間を抜かしてよい；間を抜かすことのできる (2) 無視すべき；無視してよい (3) 省略してよい

लँघाना ［他］(1) 飛び越えさせる (2) 途中を省かせる；省略させる (3) 絶食させる；食事を抜かせる

लंच ［名］《E. lunch》(1) ランチ；昼食；午餐＝मध्याह्न भोजन. (2) 弁当 (3) 昼食時；ランチタイム＝लंच टाइम. लंच पर मुलाकात होगी 昼食時に会いましょう

लंचटाइम ［名］《E. lunch time》ランチタイム；昼食時；昼の食事時間；昼休み भोजन दफ़्तर में लंचटाइम पर ले लूँगा 食事はオフィスでランチタイムにするつもりだ लंचटाइम हो गया ランチタイムになった

लंचबॉक्स ［名］《E. lunchbox》弁当箱＝टिफ़िन कैरियर.

लंज ［名］(1) 足 (2) 股 (3) 尻尾

लंजा ［名*］(1) 流れ＝धारा; प्रवाह. (2) 尻軽女；好色な女性＝पुंश्चली.

लंठ ［形］(1) 愚かな；間の抜けた；馬鹿な हमने कुछ नहीं पढ़ा, पूरे लंठ हैं 学問は全然しておりません．全くの愚か者でございます (2) 無作法な；礼儀知らずの＝मूर्ख; असभ्य; उजड्ड.

लंठई ［名*］(1) 愚かさ (2) 無作法；無躾 लंठई फ़ैशन की तरह फैल गई थी.लंठ बनने की तमन्ना लगभग सब को होती 無作法が流行のように広まった．たいていの人間は無作法なことをしてみたいものなのだ

लंड[1] ［名］排泄物；糞便＝गू; विष्ठा.

लंड[2] ［名］男性性器；男根；陰茎；一物

लंडी ［名*］ふしだらな女性；不身持ちな女性

लँडूरा ［形⁺］(1) 尻尾の切れた；尾のちぎれた (2) 肢体が不自由な；不具になった (3) 枝葉のない (4) 落ちぶれた；尾羽打ち枯らした तक़दीर ने पर काट लिए.लँडूरा बनाकर छोड़ दिया 運命のなすところみじめな姿になってしまった जो ज़ेवर बिका, तो कुछ बनकर ही आया हूँ, निरा लँडूरा तो नहीं लौट आया 宝石が売れたのでなんとか恰好をつけて戻った．尾羽打ち枯らしたわけじゃない **लँडूरे का लँडूरा रह जा॰** 元通りのみじめなありさまになる；元の木阿弥になる

लंतरानी ［名*］大ぼら＝शेख़ी. तुम्हारी आदत है, बीच में आ कूदना और फैलाने लगना लंतरानियों के लच्छे - एक के बाद एक? お前の癖なんだ．割り込んできては大ぼらを吹きまくる次から次へと

लंदन 〔地名〕《E. London》ロンドン

लंप ［名］《E. lamp》ランプ＝लैंप; दीपक.

लंपट[1] ［形］好色な；みだらな；ふしだらな；奔放な；色狂いの＝व्यभिचारी; कामुक; स्वेच्छाचारी. वह देखने में किसी उच्च कुल का जान पड़ता था, परंतु स्वभाव से लंपट प्रकट होता था 見かけは立派な家柄の出のように思えたが好色な性分は現れていた

लंपट[2] ［名］情夫；間男＝यार.

लंपटता ［名*］← लंपट[1].

लंफ ［名］跳躍＝उछाल; कूद.

लंफन ［名］跳躍；飛んだり跳ねたりすること

लंब[1] ［形］(1) 垂直な (2) 直角の शरीर उसका आगे झूलकर गेंद के ठीक ऊपर लंब हालत में आ जाता है 体は前に傾いてボールにちょうど直角の位置になる (3) 垂れ下がった

लंब[2] ［名］(1)〔幾〕垂線 (2) 垂直

लंबकर्ण[1] ［形］耳の長い；耳の大きい

लंबकर्ण[2] ［名］(1) 山羊 (2) 象 (3) ロバ；驢馬 (4) ウサギ；兎

लंबकोण ［名］〔幾〕直角 **लंबकोण त्रिभुज** 直角三角形

लंबकोणीय ［形］直角の

लंबतड़ंग ［形］＝लंबतडंगा. (1) 非常に背の高い；のっぽの (2) 堂々たる体格の जाट हृष्ट-पुष्ट और लंबतरंग होते हैं ジャート族の男たちはとても体格が良くて背が高い

लंबन ［名］(1) 長くのばすこと；延長 (2) ぶら下げること (3) 延期；延長 (4)〔天〕視差

लंबमान ［形］長く延びた；真っ直ぐ延びた

लंबर ［名］《← E. number》＝नंबर.

लंबरदार ［名］《लंबर ← E. number + P. دار》(1) ランバルダール（政府への地税納入の義務を負う共同所有地の登録責任者）；ナンバルダール＝नंबरदार. (2) 村長 फ़ारगती (गद्दियों में तलाक़) गाँव के लंबरदार के पास जाकर दी जाती है （ガッディー族の）離縁状は村のランバルダールに提出される

लंबवत् ［形］垂直の सूर्य की किरणें पृथ्वी की सतह पर जब लंबवत् या लगभग सीधी पड़ती हैं 太陽光線が地面に垂直もしくはほぼ真っ直ぐに当たると **लंबवत् गत्यात्मकता** 〔社〕垂直移動〈vertical mobility〉

लंबा ［形⁺］(1) 空間的にへだたりの大きい；長い नाक से लेकर गाल तक दाहिनी ओर एक लंबी खरोंच थी 鼻から右頬にかけての長いひっかき傷があった लंबे बाल 長い髪；長髪 लंबी मूँछें 長くのばした口ひげ (2) 背の高い；丈の高い लंबा क़द 背丈の高い बहुत लंबा आदमी うんと背の高い人 दोनों में कौन लंबा है? 2人のうちどちらが背が高いか बास्केटबाल में लंबे खिलाड़ी अधिक सफल रहते हैं

バスケットボールの選手は背が高いのがよい (3) 縦と横の比率が縦に大きい；長い；細長い लंबा सिर 長頭 लंबे सिर वाले 長頭の人 लंबा चेहरा 面長の顔 जिराफ़ की लंबी गरदन ジラフの細長い首 (4) 時間的に長い；長い時間にわたる；長期の लंबी प्रतीक्षा के पश्चात ようやく；ついに；やっと लंबे समय तक 長期にわたって इन दवाओं का इस्तेमाल लंबे समय तक नहीं करना चाहिए これらの薬は長期に用いてはいけない रैफ़री ने मध्यांतर की लंबी सीटी बजाई レフリーがインターバルの笛を長く吹いた लंबी बीमारी 長患い लंबी बातचीत 長時間の会話；長い会談 लंबा इतिहास 古い歴史；長い歴史 लंबा इलाज 長期の治療 साँस लंबे लंबे और गहरे लेने चाहिए 息は長く深くしなくてはならない (5) 距離が遠い；遠くへの；長い लंबा अभियान 遠征 हम बहुत लंबी सैर से लौटे हैं 長い旅から戻ったところだ गंगा की इतनी लंबी यात्रा ガンジス川のこれほど長い旅 (6) 大きな；大がかりな；規模の大きい लंबी गृहस्थी 大所帯 (-) **लंबा क॰** *a.* 延ばす；長くする *b.* 伸ばす；伸びるようにする *c.* やっつける *d.* 追い返す；追い払う **लंबा खेल** 大芝居 **लंबा-चौड़ा** →別項見出し **लंबा डग मारना** 大股で急ぐ **लंबा पड़ना** 立ち去る **लंबा मुँह क॰** 口をとがらす；不平面をする **लंबा मुँह बनाना** = लंबा मुँह क॰. **लंबा शिकार हाथ लगना** いい鴨（儲けの対象）が手に入る **लंबा हाथ मारना** 苦労をせずに高価なものを手に入れる；思いがけず大金を得る सुना है, बनमाली ने लंबा हाथ मारा है バヌマーリーが大金を手に入れたという話だ (-का) **लंबा हाथ हो॰** = (-की) लंबी बाँह हो॰. **लंबी ज़िंदगी** 長命；長寿 **लंबी तनख़्वाह** 高給；相当な給料；良い給料 **लंबी तानकर सोना** *a.* 大の字になって寝る *b.* のほほんとする；何もせずに暢気にしている **लंबी थैली** 大金 **लंबी दौड़ लगाना** *a.* 遠方まで出かける *b.* 大変な努力をする (-की) **लंबी बाँह हो॰** *a.* (ーが) 人の世話や面倒をよくみる；よく手助けする；よく支援する *b.* 力を発揮する；強い影響力を持つ **लंबी रक़म** 大金；大枚 (-को) **लंबी रस्सी दे॰** (ーを) ゆるやかにする；ゆるやかに扱う **लंबी-लंबी बातें कहना** 大げさに言う；尾鰭をつけて言う= लंबी -लंबी बातें क॰. **लंबी साँस खींचना** 溜め息をつく **लंबी साँस भरना** = लंबी साँस खींचना. **लंबी साँस ले॰** = लंबी साँस खींचना. **लंबे क़दम रखना** 急ぎ足で歩く **लंबे डग भरना** *a.* 長足の進歩を遂げる *b.* 急ぎ足で歩く **लंबे पैर पसारकर सोना** 死ぬ **लंबे बालों वाली** 不品行な；ふしだらな **लंबे-लंबे डग धरना** = लंबे क़दम रखना.

लंबाई [名*] (1) 長いこと (2) 長さ इस नाव की लंबाई この船の長さ पूँछ की लंबाई 尾の長さ पूरी लंबाई 〔裁〕総丈；着丈 (3) 身長 वे औसत शरीर और लंबाई के थे 普通の体格と身長の人だった

लंबा कीड़ा [名]〔動〕扁形動物条虫綱寄生虫サナダムシ（真田虫）；ジョウチュウ（条虫）= टेप वर्म.

लंबा-चौड़ा [形⁺] (1) 広い；広大な；大きい हमारा मुल्क बहुत लंबा-चौड़ा है 私たちの国はとても広大な国です लंबा-चौड़ा भवन 壮大な建物 (2) 大がかりな；大規模な खानपान और मनोरंजन का लंबा-चौड़ा प्रबंध 飲食や遊興の大規模な準備 (3) 大げさな；はったりの उसने लंबे-चौड़े वायदे करके वह मिल्कियत अपने नाम लिखवा ली थी あの男は大げさな約束をしてその財産を自分の名義に書き代えさせた **लंबी-चौड़ी (बात) कहना** = अतिरंजित क॰. 大げさにいう；尾鰭をつけていう **लंबी-लंबी बात कहना** 大げさなことを言う；尾鰭をつけて言う= लंबी-चौड़ी हाँकना. **लंबी-चौड़ी हाँकना** ほらを吹く；針小棒大に言う

लंबाई-चौड़ाई [名*] 広がり；広さ；面積 मैदान की लंबाई-चौड़ाई グラウンドの広さ

लंबा-तड़ंगा [形⁺] = लंबतड़ंग.

लंबान [名*] 長さ = लंबाई.

लंबाना[1] [自] 長くなる；伸びる

लंबाना[2] [他] 長くする；伸ばす

लंबायमान [形] (1) 長くなった (2) 横たわった (3) 長引いた；未定の；未決定の；宙ぶらりの (4) ぶら下がった

लंबिका [名*]〔解〕口蓋垂；懸壅垂；のどひこ= कौआ; घंटी.

लंबित [形] (1) 長くなった；伸びた；延びた (2) 係争中の；懸案の；長びいた；未定の；未決定の；宙ぶらりの किसी लंबित मामले के फ़ैसले के लिए 係争中の問題の決定に (3) ぶら下がっている

लंबी कूद [名*]〔ス〕走り幅跳び

लंबू[1] [形] ひょろ長い

लंबू[2] [名] 火葬（の点火）；火葬壇の薪に火をつけること लंबू दे॰ 火葬の火をつける

लंबोतरा [形⁺] (1) 長めの；心持ち長い (2) 面長な लंबोतरा चेहरा 面長な顔

लंबोदर [形] (1) 太鼓腹の (2) 大食の；大食いの；食い意地の張った

लंबोष्ठ [形] 唇の突き出た

लंभ [名] 入手；獲得 = प्राप्ति; पाना.

लंभन [名] (1) 音；音声 (2) 汚点 (3) 獲得

लंभनीय [形] 手に入れるべき；入手すべき

लंभित [形] (1) 得られた；手に入った；入手された (2) 与えられた (3) 語られた；言われた

लकड़- [造語] (1) 木 लकड़ी の意味を表す造語要素 लकड़हारा きこり（樵） (2) 直系の三親等の意を表す造語要素

लकड़दादा [名] 曾祖父の父

लकड़बग्घा [名]〔動〕ハイエナ科ハイエナ【*Hyaena hyaena*】〈striped hyena〉

लकड़हारा [名] 薪売り；きこり（樵）；そまびと（杣人）

लकड़ा [名] (1) 丸太；梁= लक्कड़. (2) キマメ，ヒエなどの植物の乾燥した茎

लकड़ाना [自] (1) ひからびる (2) やせこける (3) 硬直する；堅くなる；木質化する

लकड़ी [名*] (1) 生きている木；樹木 जो लकड़ी क़लम करने के लिए चुनी जाए 接ぎ木をするために選ばれる木 (2) 材木；木；木材 आम की लकड़ी का प्रयोग पूजा से लेकर घर बनाने तक में किया जाता है マンゴーの木はプージャー（ヒンドゥー教の儀礼）から建築に至るまで用いられる इसकी लकड़ी मकानों में लगती है この木の木材は建材に用いられる भोजन तथा वस्त्र के अतिरिक्त पेड़ों से हमें लकड़ी भी मिलती है 樹木からは食料や衣料のほかに木材も得られる इमारती लकड़ी 材木 (3) たきぎ（薪）；まき= ईंधन; जलावन. (4) 杖；棒；棍棒 बूढ़ी खाला हाथ में एक लकड़ी लिए आसपास के गाँवों में दौड़ती रही 老いたおばは杖をついて近隣の村を忙しくまわっていた (5) 非常に固いもの चपाती बनाते हैं, लकड़ी की लकड़ी दोनों तरफ़ से जली हुई チャパティーをこしらえればかちかちでまるで木も同然，表も裏も焼けこげているんだ **लकड़ियों पर सो जा॰** 火葬壇に積まれた木に横たわる；死ぬ **लकड़ी का काम** 木工；大工仕事 उसने लकड़ी का काम सीख लिया 大工仕事を覚えた **लकड़ी का कोयला** 木炭 **लकड़ी का रेशा** きめ（木目） **लकड़ी खाना** 棒で叩かれる；殴られる **लकड़ी चलना** 棍棒で殴り合う **लकड़ी जैसा** がりがりにやせた **लकड़ी ठोंकना** 〔ヒ〕火葬の途中で遺体の頭蓋を竹竿（や棒）で砕く（ヒンドゥーの火葬儀礼の一部） **लकड़ी थमाना** 間違ったことを教える **लकड़ी दे॰** 火葬する **लकड़ी फेंकना** 棍棒を使って殴る (-पर) **लकड़ी फेरना** (ーを) 自分の思い通りにする **लकड़ी बजना** (棍棒で) 殴り合う (-में) **लकड़ी लगाना** (ーに) 邪魔をする；妨げる；(ーを) 妨害する **लकड़ी सुँघाना** = लकड़ी फेरना. **लकड़ी हो जा॰** *a.* やせこける；がりがりにやせる *b.* ひからびる；水分がなくなってぱりぱりになる

लक़दक़ [形]《← P. لق و دق लकोदक》(1) 一木一草も生えていない (2) つるつるに光る；ぴかぴかの；すべすべの लक़दक़ फ़र्नीचर ぴかぴかの家具 (3) ぱりっとした；さまになった；決めた उन के कपड़ों से लग रहा था, वे कहीं से मिलकर लौट रहे हैं या मिलने जा रहे हैं.एकदम लक़दक़ 男の服装からどこかで人と会ってきたところか会いに出かけるところと思われる．全くぱりっとしている समारोह की भव्यता रंग-बिरंगे टी॰वी॰पर तो और भी लक़दक़ करके बह रही होगी 集会の盛大さはカラーテレビではなお一層さまになっていただろう

लक़ब [名]《A. لقب》(1) 称号= उपाधि. (2) 綽名；異名 = उपनाम.

लक़लक़ [名]《A. لقلق लक्लक》〔鳥〕コウノトリ科エンビコウ【*Ciconia episcopus*】= लगलग.

लक़लक़ा [名]《A. لقلق》(1) コウノトリなどのけたたましい鳴き声 (2) 蛇などが舌をぺろぺろ動かすことやその様子 (3) 能弁なこと

लक़वा [名]《A. لقوہ लक्वा》(1)〔医〕顔面の麻痺 (2)〔医〕麻痺 (3)〔医〕半身不随；半身麻痺；中風 **लक़वा मारना** 麻痺が起こる बच्चे के हाथ, पैर या किसी हिस्से में लकवा मार जाता है 子供の手足やいずれかの部分に麻痺が起こる दुर्भाग्य से उसे लकवा मार गया 不運なことに半身不随になった

लक़ा [名] 《A. لقا》(1)〔鳥〕ワシタカ科シロガシラトビ【*Haliastur indus*】 (2) ムシクイ科セッカ【*Cisticola juncidis*】
लकाटी [名*] ジャコウネコ亜科パラドクスルス属ジャコウネコ【*Paradoxurus hermaphroditus*】= खटास; मुश्क बिलाई; गंधबिलाव. 〈common palm civet; toddy cat〉
लकादिव, मिनिकोय व अमिनदिव द्वीप〔地名〕《E. Laccadive, Minicoy & Amindivi Islands》ラカディヴ，ミニコイ，アミンディヴィ諸島／ラカディヴ諸島（インド洋上のインド連邦政府直轄地アミーンディーヴィ諸島．北緯 10 度東経 73 度に位置）
लकार[1] [名] ल の文字とその発音
लकार[2] [名]〔言〕サンスクリット語の文法用語で tense (काल) 及び mood (अर्थ) を総合的に意味する語
लकीर [名*] (1) 線；筋；線条 (2) 行；列 (3) しきたり；慣習；因習 **लकीर का फ़कीर** 因習的な（人）；古めかしい（人） आप तो बहुत पुरानी लकीर का फ़कीर मालूम होते हैं, साहब! 御主人は全く古めかしい考えをお持ちですな छात्रों की बुद्धि तथा विवेक को नष्ट करके लकीर का फ़कीर बनाने में सहायता करते हैं 学生の頭脳と判断力をつぶして古めかしいものにするのを助ける **लकीर खींचना** *a.* 線を書く；線を引く धीरे-से उसकी कलाई पर अँगुली से लकीरें खींचने लगा था そっと彼女の手首に指で線を書き始めた *b.* 線を引く；限定する **लकीर डाँकना** 度を越える **लकीर डालना** 線を引く；筋を入れる नाक से लकीर डालकर वचन दूँ? 地面にひれ伏して誓いを立てましょうか **लकीर पर चलना** = लकीर पीटना. **लकीर पीटना** しきたりを守る（古めかしくて全く融通のきかない）
लकुच [名] (1)〔植〕クワ科高木リンゴパンノキ【*Antocarpus lakoocha*】 (2) 同上の果実
लकुट[1] [名] 棍棒 = लाठी; छड़ी; लकड़ी.
लकुट[2] [名] = लकुच.
लकुटिया [名*] = लकुटी.
लकुटी [名*] 杖；ステッキ
लक़ोदक़ [形] 《P. لق و دق》一木一草もない；不毛の= लक़दक़; लगोदग.
लक्कड़ [名] 梁；丸太；けた
लक्कड़ बग्घा [名]〔動〕ハイエナ科シマハイエナ【*Hyaena striata*】
लक्का [名] → लक़ा.
लक्ख [数] → लक्ष[1].
लक्खन [名] → लक्षण.
लक्खी[1] [形] ラックカイガラムシの色の；ラッカーの色の
लक्खी[2] [名] 大金持ち；巨万の富を持つ人；百万長者
लक्खी[3] [名*] 《B.》ロッキー（ラクシュミー神 लक्ष्मी）
लक्ज़मबर्ग〔国名〕《E. Luxembourg》ルクセンブルグ
लक्ष[1] [数] 10 万（の） एक लक्ष मुद्रा 金貨 10 万
लक्ष[2] [名] しるし；目印；標識
लक्षण [名] (1) しるし；徴候；兆候；兆し；前触れ；前兆 ज़ुकाम के लक्षण 風邪の徴候 संघर्ष के लक्षण 争いの兆し प्रसव शुरू होने के लक्षण 出産の始まる兆し मंगल ग्रह से जीवन के लक्षण मिलने की बड़ी उम्मीदें थीं 火星に生命の兆候が見つかることが大いに期待されていた (2) 特徴；特色；特性 लक्षणविशेषों से युक्त घोड़े को 特定の特徴を備えた馬を वातावरण के अन्य कई लक्षण बदलते रहते हैं 大気のその他の幾つかの特徴は常に変化する जीवन के लक्षणों में मनुष्य अन्य प्राणियों से भिन्न नहीं है 生命の特徴から言えば人間は他の生物と異ならない (3) 症状；症候 बवासीर के पहले लक्षण - जलन, खुजली, ख़ून 痔病の初期症状は痛み，かゆみ，出血 (4) 気配 **लक्षण दिखाई पड़ना** 兆しが現れる；兆候が見られる
लक्षण-कार्य [名] (1) 定義づけ (2) 定義
लक्षण ग्रंथ [名]〔イ文芸〕詩論書；詩論及び詩作法について論じ例示した書
लक्षण समष्टि [名*]〔医〕シンドローム；症候群= संलक्षण. 〈syndrome〉
लक्षणा [名*] (1) 含蓄；言外の意味；暗示 (2)〔修辞〕換喩；転喩
लक्षद्वीप [地名] (1)（アラビア海の珊瑚礁より成る）ラカディーヴ諸島 (2) ラクシャドウィープ（インド連邦直轄地）〈Laccadive〉 → लकादिव.
लक्षपति [名] 百万長者；大金持ち；金満家 = लखपती.
लक्षित [形] (1) 見られた；目撃された (2) 指示された (3) 兆しのある；暗示された (4) 特徴づけられた (5) しるしのついた
लक्षितव्य [形] (1) しるしをつけられる (2) 目指されるべき (3) 定義づけられるべき
लक्षितार्थ [名]〔修辞〕換喩による意味；転喩による意味；暗示された意味
लक्ष्म [名] (1) 目印 (2) 特徴 (3) しみ；汚点
लक्ष्मण [名]〔イ神・ラマ〕ラクシュマナ／ラクシュマン（ダシャラタ王の子でスミトラー सुमित्रा を母に生まれた）
लक्ष्मण-झूला [名] → लछमन झूला.
लक्ष्मण-रेखा [名*] (1)〔ラマ〕「ラクシュマナの引いた線」の意．ラクシュマナがシーターの警護の場を離れる際，シーターの安全のためにそれを越えてその外に出ないように引いた線 **लक्ष्मण रेखा खिंचना** ラクシュマン・レーカーが引かれる **लक्ष्मण-रेखा खींचना** ラクシュマン・レーカーを引く (2) 乗り越えてはならぬ境界（線）；ラクシュマン・レーカー "क्या बात है, वहीं ठहरो!" उनकी आवाज़ लक्ष्मण-रेखा-सी उसके आगे खिंच गई थी 「何事だ…止まれ」その男性の声で目の前にラクシュマン・レーカーのようなものが引かれた
लक्ष्मी [名*] (1)〔イ神・ヒ〕ラクシュミー（ヴィシュヌ神の配偶神，富，繁栄，幸運の女神とされる） (2) 家内に繁栄と幸運をもたらす女性 (3) 幸運 (4) 繁栄 (5) 富；財 (6)〔仏〕吉祥天女 **लक्ष्मी को पैर होते हैं** 富はあてにならぬもの；いつ失われるかわからないもの **लक्ष्मी चक्कर काटना** 繁栄する
लक्ष्मीकांत [名]〔イ神〕ラクシュミーカーント（ヴィシュヌ神の異名の一）
लक्ष्मीनाथ [名]〔イ神〕ラクシュミーナート（ヴィシュヌ神の異名の一）
लक्ष्मीनारायण [名] (1) ラクシュミー神とナーラーヤナ（ヴィシュヌ）神 (2) ラクシュミー神とナーラーヤナ（ヴィシュヌ）神との一体像 (3)〔ヒ〕ヴィシュヌ神像として崇められる菊石の一種 **लक्ष्मीनारायण क॰** *a.* 開始する（物事の開始に当たって लक्ष्मीनारायण と唱えることから） *b.* 食事をする（食事前にも लक्ष्मीनारायण と唱えることから）
लक्ष्मीपति [名] (1) ヴイシュヌ神の異名の一 (2) クリシュナ神
लक्ष्मीपुत्र [名] (1) 裕福な人；金満家 (2) シーター सीता の息子 2 人（लव と कुश） (3) カーマ神（कामदेव）.
लक्ष्मीपुष्प [名] (1) ルビー (2) 蓮 (3) 丁子
लक्ष्मीपूजन [名] (1)〔ヒ〕ラクシュミー・プージャン祭；ディーワーリー祭でラクシュミー神に対して行われるプージャー दीवाली के अवसर पर लक्ष्मीपूजन के समय ディーワーリー祭でラクシュミー神のプージャーを行う際に (2)〔ヒ〕ディーワーリー祭（カールティカ月の黒分 15 日，すなわち，日本の旧暦 9 月の晦日）
लक्ष्मीपूजा [名*] = लक्ष्मीपूजन.
लक्ष्मीफल [名] (1) ベルノキ= बेल. (2) ベルの木の実
लक्ष्मीवल्लभ [名] ヴィシュヌ神の異名の一
लक्ष्मीवान् [形] (1) 富裕な；裕福な (2) 美しい
लक्ष्मीवाहन [名] (1)〔イ神〕フクロウ（ラクシュミー神の乗り物とされる） (2)〔ヒ〕愚か者，大馬鹿などの意の婉曲表現（フクロウやミミズク उल्लू がその意に用いられることから）
लक्ष्मी सवैया [名]〔韻〕ラクシュミー・サワイヤー= गंगोदक सवैया.
लक्ष्य [名] (1) 狙いの的；標的；目標物；対象= निशाना. **लक्ष्य क॰** 狙いをつける= निशाना बाँधना; ताकना. आणविक शस्त्रों के लक्ष्य 原子兵器の目標物（標的） (2) 目標；目的 जीवन का लक्ष्य 人生の目標 (-) **लक्ष्य बनाना** （ーを）標的にする **लक्ष्य हासिल क॰** 目標を達成する हमारे वैज्ञानिक अब तक अपने सभी लक्ष्य हासिल कर चुके हैं わが国の科学者たちはすでにすべての目標を達成している
लक्ष्यपूर्ति [名*] 目標達成= लक्ष्यप्राप्ति.
लक्ष्यवेध [名] 的を射ること；射的 लक्ष्यवेध क॰ 的を射る
लक्ष्यसिद्धि [名*] 目標の達成；成就；完成
लक्ष्यार्थ [名] 暗示された意味；換喩による意味
लक्समबर्ग [名] 《E. Luxembourg》(1)〔国名〕ルクセンブルク大公国 (2) 同国の首都ルクセンブルク
लखनऊ〔地名〕ラクナウ（ウッタル・プラデーシュ州の州都．ムガル朝時代はアワド藩王国の都） **लखनऊ की हवा लगना** 慇懃になる
लखनवी [形] (1) ラクナウの；ラクナウ出身の (2) ラクナウ風の；しゃれた；いきな；おしゃれな (3) ラクナウに住む **लखनवी चिकन** 唐草模様のラクナウ（風の）刺繍（が施されたモスリン）

लखना [他] (1) 察知する (2) 見る；観察する；観取する

लखपती [名] 百万長者 आप भी लखपती बन सकते हैं あなたも百万長者になれます

लख़लख़ [形] 《P. لخلخ》か細い；ひょろひょろの；弱々しい；やせた；やせこけた

लख़लख़ा [名] 《P. لخلخه》リュウゼンコウ（竜涎香），麝香，沈香を混ぜてこしらえた気付け薬

लखाना [他・使] ←लखना. 見せる；示す

लखेरा [名] ラック（ラック貝殻虫の分泌物）でチューリー（चूड़ी 女性の手首飾り）を作る職人カースト及びその職人；ラケーラー

लखौट [名*]〔装身〕ラコウト（ラック製のチューリー）

लखौटा [名] 小さな手箱や化粧道具箱

लखौरी[1] [名*] ラコーリー（通常のものより形が小さく薄型の煉瓦）＝नौ-तेरही; ककैया ईंट.

लखौरी[2] [名*]〔ヒ〕神の好む木の葉や実を10万個（もの多数）供えること

लग [格助] (1)（－）まで (2)（－のため）に (3)（－の）そばに (4)（－）と

लग़ज़िश [名*] 《P. لغزش लग़ज़िश》(1) すべること；すべり (2) 動揺；よろめき；ふらつき उसके क़दमों में ज़रा-सी भी लग़ज़िश आई हो तो 足元が少しでもふらついたら (3) 過ち；しくじり；失敗

लगदी [名*] 幼児の寝床に汚物での汚れを防ぐために敷くシーツ

लगन[1] [名*] (1) 取り掛かること；取り組み (2) 熱心さ；熱意；熱中 उन्होंने अपने पुत्र को बड़ी लगन से पढ़ाया-लिखाया 自分の息子を非常に熱心に教えた लगन के साथ 熱心に；一生懸命に समझ के अनुसार काम करने की लगन भी ज़रूरी है 理解すると共に作業をする熱意が欠かせないものだ उन दोनों की लगन और परिश्रम को देखकर その2人の熱意と努力とを見て हर चीज़ सीखने के लिए लगन चाहिए 何事を習うにも熱意がなくては駄目だ (3) 執着；執心；情熱 हम आइंदा मेहनत और लगन से काम करेंगे これから先は勤勉に情熱を傾けてする

लगन[2] [名] 結婚式の挙式に吉祥とされる日時

लगन[3] [名] 《P. لگن》(1) 真鍮や銅製の桶や鍋 (2) 小麦粉をこねるのに用いられる銅や真鍮製の器

लगन-पत्री [名*] 新婦側が新郎側に通知のため送る挙式の予定表

लगना[1] [自] (1) 触れる；接触する；接する पाकिस्तान के अफ़ग़ानिस्तान से लगनेवाले आदिवासी क्षेत्र में パキスタンがアフガニスタンと接する部族民の居住地域に (2)（ものの表面に）つく；掛かる；掛けられる；取りつけられる；ひっかけられる मेरी नज़र सामने लगी हुई घड़ी पर पड़ी 正面の壁掛け時計に視線が行った (3) つながる；続く；つく；ひっつく；付着する पैवंद लगे चोले से 継ぎの当たったチョーラーから गेहूँ की बालियाँ पौधों पर लगे-लगे ही सड़ने लगी हैं 小麦の穂は茎についたまま腐り出している लगा चावल 焦げついた飯；お焦げ (4) つく；つけられる；塗られる；描かれる माथे पर टीका लगा हुआ था 額にはティーカーがついていた दवा लगना 薬がつく (5) しっかりつく；ひっつく；くっつく；寄る；抱きつく बाबा के जाते ही मीरा से लगकर रोने लगा 父が立ち去ったとたんにミーラーに抱きついて泣き出した (6) 加わる；付加される；付く (7) 設けられる；設置される；開設される；始まる；開かれる नए कारख़ाने लगे 新しい工場が設置された (8) 定まる；固定される；動かない；決まる हर एक आँख अखाड़े की तरफ़ लगी हुई थी 全員の目が土俵に向いていた लगी हुई नौकरी को छोड़ना ठीक नहीं 定職を辞めるのはよろしくない (9) 生じる；なる（生る）；つく पेड़-पौधों में न जाने कितने फूल लगे हैं 草木に一体どれほどの花がついていることやら हमारे घर के उद्यान में जो केले का पेड़ लगा है उसपर आजकल भी केले लगते हैं わが家の庭に植わっているバナナの木には今も実が生る (10) 生じる；生まれる；起こる；発生する आर्थिक लाभों की प्राप्ति की होड़ लग गई 利益獲得競争が起こった (11)（病気が）おこる；生じる；つく；（病気に）なる；罹る ज़िले के डेढ़ लाख से अधिक पशुओं को यह रोग लगा हुआ है 県内の15万頭以上の動物がこの病気に罹っている रेखा को सर्दी लग गई है レーカーが風邪を引いた आख़िर कौन-सी बीमारी लगी है भारतीय क्रिकेट को インドのクリケット（界）が罹っている病気は一体何なのだ यह बीमारी लग जाती है（作物が）この病気に罹る (12) 虫などがつく；わく चने के खेत में इल्ली लग गई ヒヨコマメの畑に青虫がついた किताब में लगने वाला कीड़ा 本につく虫；紙魚 रोग और कीड़े न लगें 病気に罹ったり虫がついたりしないように (13)（病気が）移る；伝染する कहीं ऐसा न हो कि मुन्नी को उनकी बीमारी लग जाए ムンニーにあの人の病気が移ったりしないように छूत की बीमारियाँ एक पशु से दूसरे पशु को लग जाती हैं 伝染病は1つの動物から他の動物に移る (14) かけられる；払われる；費される；用いられる कपड़े तैयार करने में भी अन्य अनेक व्यक्तियों का परिश्रम लगा है 衣服をこしらえるのにも他の多くの人の労力がかけられている (15) 降りかかる；被る；受ける；かけられる；かかる कलंक लगना 汚名が降りかかる किसी तरफ़ से उनपर कुफ़्र के फ़तवे लगे どこからか不信心の宣告を受けた (16) 従う；従事する；取り組む；つく；かかる वह तन-मन से इस काम में लगा हुआ है 懸命にこの仕事に従事してる विमल भी दौड़-धूप में लगा हुआ था ヴィマルも奔走していた क्या मनुष्य जीवन पर्यंत आनंद की ही खोज में लगा रहता है? 人間は生涯快楽のみを追い求めるものだろうか लगी हुई नौकरी को छोड़ना ठीक नहीं 今ついている仕事を辞めるのはよくない (17) 取り掛かる；着手する अपनी शिकार को मस्ती से खाने में लगे थे 自分の獲物を楽しみながら食べにかかった (18) 親縁関係などの人間関係に当たる；関係にある；相当する वे मेरे चाचा लगते हैं 私の父方のおじに当たる (19) 当たる；打撃や衝撃を受ける बिजली के करेंट लगे व्यक्ति को 感電した人を (20) 思える；感じられる；感じがする；見える दीनू का चेहरा उसे बड़ा गोरा-चिट्टा और सुंदर लगा ディーヌーの顔はとても色白で美しく思えた एक दिन पाल को लगा कि सभी लोग उससे नफ़रत करने लगे हैं パールはある日みなに嫌われ出したように感じた मुझे तो लगता है कि हम सत्य और वस्तु का भेद भूल रहे हैं 私には我々が真実と事実との区別を忘れつつあるように思える वह तो बिलकुल हीरो लगता है 彼はまるで映画の二枚目みたいな感じだね तुम बहुत थके लगते हो 君は随分疲れているように見えるよ प्रत्येक दिन का एक घंटा बढ़ जाने से कर्मचारियों को अपना कार्यदिवस बहुत लंबा लगने लगेगा 1日に1時間職員の労働時間が増したのでウィークデーが大変長く感じられるだろう सर्दी लगती है तो कोट पहन लेता हूँ 寒いと感じれば上着を着る अब उसे पार्टियाँ अच्छी नहीं लगतीं, बीबी-बच्चे अच्छे नहीं लगते もう宴会は面白くないし妻子に対する思いも同じことだ (21) 効く；効果が出る (22) さわる（障る）；不快に感じられる यही बात उसे लग गई あの人の気にさわったのは正にこの言葉なのだ (23) 位置につく；位置を占める；接岸する；横づけになる कुछ जहाज़ कल ही माल लेकर तट पर आकर लगे हैं つい昨日数隻の船が貨物を積んで来て岸に停泊している गाड़ी लगी है 列車は（駅に）入っている (24) 出る；出される；並べられる；揃えられる；用意される；準備される；整えられる चाय मेज़ पर लगी तो お茶がテーブルに出されたら जब हम बरामदे में आए तो चाय लग चुकी थी バラームダーに来てみるとすでにお茶が出ていた खाना लगेगा, साहब? 食事をお出し致しましょうか टैक्सी खड़ी थी, सामान लगा タクシーが止まっていた．荷物が揃えられた (25) ある状態に入る मकान（कमरा）लगना 貸家（貸間）に借り手がつく (26) 手にする；手に入る；得る；見つかる इस डकैती में डकैतों के हाथ लगभग तीन लाख रुपये लगे この強盗事件で強盗たちは約30万ルピーを手にした अभी नौकरी नहीं लगी まだ仕事が見つからない (27) 要る；必要とされる；かかる वहाँ मैं न जा सका टिकट लगता है そこには行けなかった．切符が要るんだ (28) 施行される；実施される फिर इमरजंसी लगी तो डटकर मुक़ाबला करेंगे 再び非常事態が施行されたら断固反対するんだ (29) おこる；生じる शिवनाथ बाबू के मकान के सामने ही भीड़ लगी थी シヴナートさんの家の真ん前に人だかりがしていた (30) 進行する；かかる दरबार लगा रहा 御前会議はずっと開かれていた मेरी सैंतीस लगी हुई है 私は今37歳です नया चित्र लगा है 新しい映画が（映画館に）かかっている (31) 映える；似合う；適合する；会う ये तुम्हारे गोरे-गोरे पैरों की उँगलियों में अच्छे लगते हैं これは君の色白の足の指に似合うよ (32) 交わる；交接する；つがう；つるむ आज यह अच्छे-से कुत्ते से लग गई 今日この雌犬はいい犬とつがった（番った） **लगकर** 十分に；しっかりと；一生懸命に **लगती कहना** 気に障ることを言う＝लगती बात कहना. **लगनेवाली बात कहना** 気に障ることを言う **लगा-सधा** 前もって相談してあった；用意のしてあった **लगी-लिपटी बात कहना** *a.* 言葉を濁す；曖昧な表現や言い方をする *b.* お世辞を連ねる **लगे हाथ** ついでに इस चमत्कार का रहस्य भी लगे हाथ बता दिया गया この

不可思議なことの秘密もついでに述べられた लगे हाथ एक और कहावत सुन लो ついでにもう１つの諺をお聞きなさい

लगना[2] [助動] 主動詞の不定詞（-ने化した）に付加して用いられ主動詞の動作・状態の開始や着手の相を表す थोड़ी देर में ही वर्षा होने लगी 間もなく雨が降りだした उदास रहने लगा 気分が沈むようになった मेज़ पर बैठकर मैं फिर पढ़ने का उपक्रम करने लगती हूँ テーブルに腰をおろしてもう１度読もうと準備を始める भैंस भला लालू की बातें क्यों सहने लगी? 水牛がラールーの言うことを聞き入れるはずがない

लगनी [名*] 《← P. لگن लगन》小型の金属製の皿；プレート

लगभग [副] 大体；ほとんど；およそ；ほぼ；(−) 近く；(−) ばかり लगभग पूर्ण रूप से ढकी होती है ほぼ完全に覆われている यदि आपका चेहरा लगभग चपटा है तो もしもあなたがのっぺりに近いお顔であれば

लगमात्रा [名*] デーヴァナーガリー文字の子音字の上下左右に付加される母音記号

लगर [名]〔鳥〕ハヤブサ科ラガーハヤブサ【*Falco jugger*】

लगलग[1] [名*] はじまり；端緒；緒

लगलग[2] [形] (1) ひょろひょろの (2) きゃしゃな

लगलग[3] [名*] 《P. لگلگ / لقلق लक़लक़/लकलक/लगलग》〔鳥〕コウノトリ科エンビコウ【*Ciconia episcopus*】

लगवाना [他・使] ← लगाना. हैज़े का टीका लगवाएँ コレラの予防接種をしてもらおう（受けよう） उसने तुरंत दासी को भेजकर पता लगवाया すぐさま侍女を遣わして調べさせた सड़कों के किनारे-किनारे छायादार वृक्ष लगवाया 道に沿って木陰を作る樹木を植えさせた उसने मालती को ख़ूब कोड़े लगवाए 男はマールティーをうんと鞭打たせた उन्होंने चारों ओर बग़ीचा लगवाया 四方に庭園を設けさせた

लगवार [名] 情夫；間男 उपपति; यार; आशना

लगाई [名*] 告げ口をして人を争わせること

लगाई-बुझाई [名*] (1) 人を争わせては争いを鎮めること (2) 陰口（を叩くこと）；陰口を叩いて仲違いをさせたり喧嘩を煽ること आजकल की पढ़ी-लिखी बहुएँ ऐसी नादान व नासमझ नहीं हैं कि वे किसी की भी लगाई-बुझाई में आ जाएँ 近頃の教育のある嫁たちは人の陰口に乗せられたりするほど単純でも無知でもない

लगाई -लुतरी [名*] 告げ口をして争わせること

लगातार[1] [副] 続けざまに；ひっきりなしに；続いて；続けて；連続して；次から次へ कोई खिलाड़ी लगातार दो बार गेंद नहीं छू सकता どのプレーヤーも続けて２度ボールに触れてはいけない लगातार फ़ाउल करने पर ファウルを続けると इनमें लगातार बदलाव होता रहा है これらは次から次へと変化してきている कुत्ता लगातार भौंक रहा था 犬はひっきりなしに吠えていた किसानों की ज़मीन को लगातार मिले हुए खेत के हिस्सों में बाँट दिया है 農民の土地を連続した農地の区分に分割した

लगातार[2] [形] 続いている；連続した लगातार सूखे के कारण 連続した旱魃のために

लगान [名] (1) 地租；地税；地代；借地料；小作料；年貢 किसान को खेत का लगान भरना पड़ता है 農民は農地の税金を納めなくてならない राज्य द्वारा निर्धारित लगान काफ़ी था और कभी-कभी कुल उत्पादन का आधा हिस्सा होता था 国の定めた地税は相当なもので，しばしば総生産高の半分になっていた (2)（地税の）課税評価；査定 (3) 船着き場；波止場 (4) 荷物運搬人の小休する休息所 (5) 装着；設定 **लगान ख़ालिस** 純地税 **लगान पर दे॰** 土地を小作に出す；借地人に貸与する **लगान मुक़र्ररी** 固定地税 **लगान वाक़ई** 実質地税

लगानबंदी [名*] 《H. + P. بندی》〔イ史〕地税納入拒否運動（インドの独立運動の過程で行われた農民による納税拒否運動）

लगाना [他] (1) つける；付着させる；塗る；塗布する इत्र लगाना 香水をつける पाउडर लगाना おしろいをつける जलने पर नानी भी ऐसी ही दवा लगाती थी やけどをすると祖母もちょうどこれと同じような薬をつけていた (2) 貼りつける；貼る；貼付する नौकरशाही की शक्ति बढ़ाने वाले सरकारी नियंत्रण पर अक्सर समाजवादी कार्रवाई का लेबुल लगा दिया जाता है 官僚主義の勢力を増大させる政府の統制にしばしば社会主義的措置というレッテルがつけられる उसे उसी स्थान पर जमाये रखने के लिए टेप लगा देनी चाहिए それをそこに固定しておくのにテープをつけなくてはならない (3) しるしをつける；刻む；刻みつける；印す；あとをつける निशान लगाना しるしをつける शाल की तह लगाती है ショールの折り目をつける（ショールを折りたたむ） यह बात तो आपके नाम पर बट्टा लगानेवाली है このことはお名前に瑕をつけるものです (4) 当てる；あてがう；つける；触れさせる；押しつける थरमामीटर तो नहीं लगाया, पर शरीर काफ़ी गरम है 体温計を当てたわけではないが体はかなり熱っぽい उन्होंने माउजर अपनी कनपटी पर लगाई और घोड़ा दबा दिया モーゼル銃をこめかみに当てた．そして引き金を引いた (5) つける；取りつける；備えつける；装着する；服に飾りものをつける वे अपनी शेरवानी में गुलाब का फूल लगाया करते थे シェールワーニーにバラの花をいつもさしていらっしゃった (6) かける；下げる；つる（吊る）；設ける दीवार पर एक कैलेंडर लगा दिया 壁にカレンダーを１枚掛けた कुफ़्ल लगाना 錠をかける बरसात में मैं मच्छरों से बचने के लिए मच्छरदानी लगा लेता हूँ 雨季に蚊を遠ざけるために蚊帳をつる (7) 設ける；課す；押しつける जिनके ऊपर पाबंदी लगाने का सुझाव दिया गया है 制限を課す提案のなされている人たち (8) つける；入れる；与える नंबर लगाना 番号をつける (9) 設置する；設ける；備える；取りつける；はめる；つける；据える；並べる；整理する हिंदुस्तानी फ़ौज ने छोटे बड़े बहुत-से आले लगा रखे थे インド軍は大小さまざまな武器を据えていた दरवाज़े पर लगाने के लिए नये ढंग की घंटी 玄関に取りつける新しい型の呼び鈴 सामान लगाते समय 道具を据えつける際 पलंग के पायों के नीचे ईंट लगाने का काम 寝台の脚の下に煉瓦を当てる作業 (10)（衣類を身に）つける；着用する；着る；まとう हम धोती पहनते हैं और वे लुंगी लगाते हैं 私たちはドーティーを着るのに対しあの人たちはルンギーをつける (11) かける；はめる；つける ऐनक लगाना 眼鏡をかける (12)（仕事や任務などに）つける；つかせる；雇う ठेकेदार ने सैकड़ों मज़दूरों को काम पर लगाया 請負師が数百人の人夫を仕事につかせた घर के काम के लिए तो आपको महरी लगाना ही पड़ेगा 家事には女中を雇わなくてはなりますまい (13) かける；作用させる；作動させる उन लोगों ने ट्रंककाल लगाया हुआ है あの人たちは長距離電話（の呼び出し）をかけている (14) 起こす；発生させる；つける आग लगाना 火をつける；点火する (15) 定める；固める；集中する मन लगाकर 懸命に (16) 費やす；かける；使う；用いる उन्होंने अपना सारा जीवन समाज-सुधार के काम में लगा दिया 氏は全生涯を社会改革に費やされたのであった कितना पैसा लगाओगे? どれだけの金をかけるつもりだ (17) かける；抱く；寄せる；持つ वह आस लगाये हुए थी कि सुनीता छज्जे पर आ जाएगी スニーターがバルコニーに出てくるだろうと彼女は期待をかけていた (18) 積み上げる；盛る；盛り上げる कच्चे फ़र्श पर चूहों ने बिल खोदकर काफ़ी मिट्टी बाहर लगा दी थी 土間にネズミたちが穴を掘ってかなりの土を盛り上げていた (19) こしらえる；用意する；準備する पान लगाना パーンをこしらえる नौकर चाय लगा रहा है 使用人がお茶の用意をしている (20) 与える；くれる；加える；及ぼす इक्केवाले ने घोड़ी को एक और चाबुक लगाया 馬車屋は馬に更に鞭を１つくれた (21) 打つ；入れる；加える डाक्टर ने बेहद शक्तिशाली इंजेक्शन लगा दिया 医者は強力な注射を打った (22) 設定する；仕掛ける；つける सुबह उठने के लिए अलार्म लगाने के उपरांत भी वे समय से नहीं उठ पाते 朝起きるのに目覚ましをつけても時間通りに起きられない (23) 置く；並べる；出す मैंने आरामकुरसी बाहर लगा दी ソファーを屋外に置いた खाना लगाऊँ या अभी देर है お膳を出しましょうか，しばらく待ちましょうか मेज़ पर खाना लगाने से पाँच मिनट पहले ही 食卓に食事を出すわずか５分前に ज्योनार लगाना 馳走を並べる उसने चंदन की छोटी मेज़ लगा दी 白檀の小さなテーブルを出した (24) 盛る；盛りつける；並べる प्लेट में नाश्ता लगाकर दीपक की ओर बढ़ाते हुए プレートに朝食を盛りつけてディーパクのほうに差し出しながら (25)（木を）植える ज़मीन में पेड़ लगाए जा सकते हैं 地面に木を植えることができる (26) 植えつける；移植する तब तक भारतीय मरीज़ों को गुर्दा नहीं लगाया जाना चाहिए それまではインド人患者に腎臓を移植してはいけない (27) 布く；行き渡らせる；発布する प्रेस पर सेंसरशिप लगा दी गई 報道に検閲制が布かれた (28) 感じさせる；感じを与える डर लगाना 怖がらせる；怯えさせる (29) 動作や状態を表す名詞と結んで用いられてその動作を行う；動作を起こす अच्छा और दिन तो दिन में ही मटरगश्ती लगाती थीं, और अब रात्रि काल में भी घर में नहीं टिकोगी じゃ，

これまでは昼中うろついていたんだがもう夜中も家の中にじっとはしていないつもりかい हुक्के के कश लगाते हुए 水ぎせるを吸いながら पंजाब के एक सिरे से दूसरे सिरे तक दौड़ लगाते फिर रहे थे パンジャーブの端から端まで駆け回っていた नाग परवत पर चक्कर लगाती हुई सड़क से जब हम पुष्कर पहुँचते हैं ナーグ山をめぐる道路を通ってプシュカルに着くと **दौड़ लगाना** 駆け出す；走り出す；競争して走る **आँख मूँदकर दौड़ लगाना** 目をつぶって走り出す **ठहाका लगाना** 大笑いする；馬鹿笑いする **(-को) लगाकर कहना** （ーに）かこつけて非難する；ののしる **लगाना-बुझाना** 告げ口をして喧嘩や仲違いを煽る

लगाम [名*]《P. لگام》(1) 手綱 (2)（馬の口にかませる）はみ **लगाम कसना** *a.* 手綱を締める *b.* 制御する **लगाम खींचना** = लगाम कसना. **लगाम चढ़ाना** = लगाम कसना. **लगाम ढीली क॰** *a.* 手綱を緩める *b.* 統制を緩める **लगाम दे॰** = लगाम कसना. **ज़बान में लगाम दे॰** 口を慎しむ **लगाम लिए फिरना** たずね回る **लगाम हाथ में ले॰** 責任を引き受ける；指揮をとる；采配を振る

लगामी [名*]《← P. لگام लगाम》作業中に草を食べさせないため役畜の口につける口輪

लगाय [名*] (1) 結びつき；つながり (2) 愛着；愛情

लगार [名*] (1) 結びつき；関わり (2) 愛着；愛情 (3) 親密な関係のある人 (4) 密偵

लगा-लगी [名*] (1) 親交；親密 (2) 愛着；愛情

लगाव [名] (1) つながり；関係 (2) 執着 (3) 愛着；愛好 सफ़ाई से लगाव होगा तो हम गंदगी को दूर रखेंगे 清潔が好きなら不潔さを近づけないだろう पंडित को अपने गाँव से बड़ा लगाव था वह जीते-जी गाँव छोड़ना नहीं चाहता था パンディットは自分の村に強い愛着を持っていた．生きてこの村を離れたくなかった फ़्रांस के राजा लुई दसवें को तो टेनिस से बहुत लगाव था フランスのルイ十世はテニスを大層愛好していた

लगावट [名*] (1) つながり；かかわり (2) 愛着

लगा-सगा [名] (1) 接触；かかわり；関係 (2) 内密の関係

लगि [後置] (1) （ー）まで (2) （ーの）そばに；近くに (3) （ーの）ために；に

लगी [名*] (1) 意欲；欲求；願い；思い (2) 愛着；愛情 **लगी को बुझाना** 願いを叶える **(-से) लगी न रखना** （ーに）ひいきをしない；えこひいきをしない **लगी बुझना** 願いが叶えられる；願いが叶う **लगी-बुझी** 前もって決まっている **लगी में लगाना** 悲しみを深める；一層悲しませる **(-से) लगी हो॰** （ーとの間に）関係が続いている

लगुड़ [名] (1) 棒 (2) 棍棒= डंडा; लाठी. (3) 鉄棒

लगुडी [形] 棍棒を持った

लगुन [名] 行事を行うに当たって吉祥とされる日時= लग्न.

लगुल [名] 棒；棍棒

लगूर [名] = लंगूर.

लगे [後置] (1) （ー）まで (2) （ーの）そばに；近くに

लगेज [名]《E. luggage》手荷物；小荷物；旅行荷物 = सामान.

लगै [後置] (1) （ーの）ために= के लिए; के वास्ते. (2) （ー）まで= तक; पर्यंत.

लग़ोदग़ा [名]《P. لغ و دغ》→ लकोदको.

लग्गा[1] [名] (1) 竿 (2) みなれざお（水馴れ竿）

लग्गा[2] [名] (1) 手をつけること；着手 (2) 対等；比肩；肩を並べること **(-के साथ) लग्गा खाना** （ーと）肩を並べる；比肩する **लग्गा लगना** *a.* 着手する *b.* 手立てをする

लग्गी [名*] (1) 竿 (2) 水馴れ竿 (3) 釣竿 **लग्गी से घास टालना** いいかげんなやりかたをする；でたらめなやりかたをする

लग्गू-बज्जू [名] 取り巻き= पिछलग्गू.

लग्घड़ [名] (1)〔動〕ネコ科ベンガルヤマネコ（山猫）【*Felis bengalensis*】 (2)〔鳥〕ラガーハヤブサ= लगर.

लग्घी [名*] 水馴れ竿（水竿） = लग्गी.

लग्न [名] (1) 何らかの行事を行うに当たって吉祥の時刻とされる日時 (2)〔ヒ〕結婚式；挙式 (3) 吉日 (4) 東の地平線と黄道の交点 **लग्न निकलवाना** （祭儀を執り行うバラモンに）吉日を選んでもらう

लग्नकाल [名]〔ヒ〕祝典や儀式を行うにあたっての吉祥の時刻 = शुभ-घड़ी.

लग्नकुंडली [名*]〔占星〕ホロスコープ；天宮図；運勢図= जन्म-कुंडली.

लग्नदिन [名] (1)〔ヒ〕結婚式に定められた日 (2) 祝典のために選ばれた日

लग्नदिवस [名] = लग्नदिन.

लग्नपत्र [名]〔ヒ〕結婚式の日程や式次第を記した挨拶状

लग्नपत्रिका [名*] = लग्नपत्र.

लग्नसमय [名] = लग्न काल.

लघिमा [名*] (1) 小さいこと (2) 軽いこと (3) ヨーガの修行によって得られるとされる超能力の一（身体を思うように縮小し軽くすることができる）

लघु[1] [形] (1) 小さい；小型の；短小な；短い **लघु प्राणी** 小さい生き物 (2) 小規模な नगर निगम एक प्रकार की लघु सरकार है 市役所はいわばミニ政府です (3) 軽い；軽量な (4) 愛らしい；可愛い (5)〔韻〕韻律上の時間の単位で１マートラー मात्रा の長さの（１マートラーの音節は लघु 「軽い」と呼ばれる．詳しくは → मात्रा）；１モーラの

लघु[2] [名]〔イ音〕ラグ（4 アクシャラ अक्षर の拍）

लघु आँत [名*]〔解〕小腸〈small intestine〉

लघु उद्योग [名] 小規模企業〈smallscale industry〉 लघु उद्योग धंधों का विकास 小規模企業の発展

लघु एवं कुटीर उद्योग [名] 小規模企業及び家内工業〈smallscale & cottage industries〉

लघुकथा [名*]〔文芸〕ショートショート；超短編小説〈short short story〉

लघुकरण [名] (1) 縮小化 (2) 省略

लघुकाय [形] 小さい；小型の

लघुकोण [名]〔幾〕鋭角 = न्यूनकोण.〈acute angle〉

लघुकोष्ठक [名] 丸形括弧〈round brackets〉

लघुगणक [名]〔数〕対数〈logarithm〉

लघुचित्त [形] 落ち着きのない；そわそわする

लघुचित्र [名]〔芸〕細密画；ミニアチュール

लघुचेता [形] あさはかな；考えのあさましい；卑しい

लघुतम [形] 最小の；最低の→ लघु, लघुतर.

लघुतम समापवर्त्य [名]〔数〕最小公倍数〈least common multiple〉

लघुतरंग [名*]〔通信〕ショートウエーブ；短波〈short wave〉

लघुतर [形] より小さい；いっそう小さい；(लघुの比較級)

लघुता [名*] ← लघु. (1) 小さいこと (2) 卑小さ

लघुतावाची [形]〔言〕指小の〈diminutive〉

लघुतावाची परप्रत्यय [名]〔言〕指小接尾辞〈diminutive suffix〉

लघुत्व [名] ← लघु. = लघुता.

लघुपत्रिका [名*] ミニコミ誌

लघुपथ [名]〔電〕ショートサーキット；短絡〈short circuit〉

लघु बंधनी [名*] 小括弧（ ）= छोटा कोष्ठक. → बड़ा कोष्ठक; गुरुबंधनी 大括弧〔 〕

लघुमति [形] (1) 頭の悪い；知恵の少ない (2) 考えのあさはかな

लघुशंका [名*] 小用；小便= पेशाब.

लघु संस्करण [名] 縮小版；縮刷版

लघुसिद्धान्त कौमुदी [名*]〔言〕『ラグスィッダーンタ・カウムディー』 वरदराज によるパーニニ文法の注釈書

लङ् [名]〔言〕サンスクリット語の文法用語で未完了時制〈imperfect tense〉を表す略語= लङ् लकार.

लचक [名*] (1) しなうこと；しなること；たわみ (2) 弾力性 (3) 柔軟さ (4) 揺れ (5) ひねり

लचकदार [形] (1) しなう (2) 弾力のある (3) 柔軟な

लचकना [自] (1)（枝などが）しなう；しなる；たわむ बोझ से लचक-लचक जाने वाले आम के पेड़ （実の）重みにたわむマンゴーの木 (2) 曲がる；折れ曲がる (3)（腰などが）くねくねする；くねる；重力などのためくねるように揺れる

लचका [名] (1) 大きな揺れ (2) 張り (3) 捻挫

लचकाना [他] (1) しなわせる；たわませる (2) 曲げる；折り曲げる (3) くねらせる

लचकीला [形⁺] しなやかな；柔らかい；柔軟な；弾力性のある वर्ग कर्म के साथ संबंधित होने से थोड़ा लचकीला और वर्ण जन्माश्रित होने से संकुचित हो जाता है 階級は行為と関係があるので少しは弾力性があるが，種姓は生得のものなので限定される

लचकीलापन [名] ←लचकीला. आधुनिक बनने का सारा लचकीलापन व उदारता पल भर में उड़नछू हो जाती 近代化するという一切の柔軟さと寛容性は瞬時にして消え去る

लचना [自] = लचकना. बुढ़ापे की लकड़ी जाती रही, देह लच गई 老後の頼みとしていた人には死なれ体はがたがたになった

लचर [形] 筋道の立たない；論理的に弱い；(根拠の) 薄弱な मैं भक्ति और पूजा को मानव-जीवन का सत्य समझती हूँ.वह इसे लचर समझते हैं 私はバクティやプージャーを人生の真理だと思っているのにこの人はそれを力のないものだと考えている

लचलचा [形⁺] = लचीला.

लचाकेदार [形] 《H.लचक+ P.دار》〔俗〕素敵な；面白い；とても楽しい；すごい= मज़ेदार; बढ़िया.

लचाना [他] = लचकाना.

लचीला [形⁺] (1) しなやかな；柔らかい；弾力 (性) のある；よくたわむ लचीला तन しなやかな体 पक्षियों की लचीली गर्दन 鳥のしなやかな首 चेहरे के कोमल और लचीले अंगों पर 顔のやわらかく弾力のある部分 (2) 柔軟性のある；柔軟な；自在な इस प्रणाली को और लचीला बनाने के उपाय ढूँढे जा सकते हैं この方式をさらに柔軟なものにする方法を探し求めることができる (3) 一貫性を欠く；ふらふらしている इसी प्रकार सीमेंट, चीनी, खाद्य तेलों और पेट्रोल के मामले में भी सरकार की नीति लचीली रही 同様にセメント，砂糖，食用油，ガソリンの問題についても政府の方針は一貫性を欠いてきている

लचीलापन [名] ←लचीला. शाम को दो-चार आसन और प्राणायाम करने से शरीर का लचीलापन क़ायम रहता है 夕方（ヨーガの）3〜4つのポーズと制息を行えば体がしなやかに保たれる स्वभाव में थोड़ा-सा लचीलापन लाकर 性格を少し柔軟にして

लच्छ[1] [数] = लक्ष[1].

लच्छ[2] [名] = लक्ष[2].

लच्छण [名] = लक्षण.

लच्छन [名] = लक्षण.

लच्छमी [名*] = लक्ष्मी.

लच्छा [名] (1) かせ (2) 束 (3) 絡まったもの；絡み合ったもの (4) 絹糸とビーズの首飾り (5) 手首飾り（チェーン状の） (6) 足首飾り（チェーン状の） (7) ラッチャー（小麦粉を用いた甘味菓子の一種）

लच्छी[1] [名*] 糸かせ = अट्टी. ऐसे रेशमों की लच्छियाँ このような絹糸のかせ

लच्छी[2] [名*] → लक्ष्मी.

लच्छेदार [形] (1) 絡まった；絡み合った (2) 面白い；魅力的な लच्छेदार बात 面白い話；面白おかしい話 लच्छेदार बातों में सीधे-सादे मज़दूर को फँसाकर 面白い話で純朴な労働者をまるめこんで

लछमन [名] = लक्ष्मण.

लछमन झूला [名] (1)〔地名〕ウッタラーンチャル・プラデーシュ州のヒマラヤ山中に位置するヒンドゥー教の四大聖地の一であるバダリカー・アーシュラム बदरिकाश्रम へ至る途中の地名 (2) 吊り橋 = लक्ष्मण झूला.

लछमी [名*] = लक्ष्मी; लछिमी.

लजवंती [名*] = लाजवंती.

लजवाना [他] 恥ずかしがらせる；恥ずかしい思いをさせる

लजाना[1] [自] (1) 恥ずかしがる；はにかむ；恥じらう कुछ लजाते हुए सुषमा बोली いささかはにかみながらスシュマーが言った काम करने में लजाओ मत 仕事をすること（体を動かすこと）を体裁の悪いことと思わぬことだ अचानक अपने बीच एक पुरुष को आया देख रानी की सखी लजाकर वहाँ से जाने लगी にわかに1人の男が入りこんできたのを見て侍女ははにかんで席を外そうとした (2) 恥をかく

लजाना[2] [他] (1) 恥ずかしがらせる (2) 恥をかかせる

लजालू[1] [形] 恥ずかしがり屋の；内気な

लजालू[2] [名]〔植〕マメ科草本オジギソウ【*Mimosa pudica*】= छुई-मुई.

लजावना[1] [形⁺] 恥ずかしがらせる

लजावना[2] [他] = लजाना[2]

लजियाना [自] → लजाना[1].

लज़ीज़ [形]《A. لذيذ》美味な；おいしい；うまい= स्वादिष्ट; मज़ेदार. खासकर ख़ुबानी तो बहुत लज़ीज़ होती है 特にアンズは大変おいしいもの बड़े लज़ीज़ और उम्दा फल とてもおいしくて上等な果物

लजीला [形⁺] 恥ずかしがり屋の；はにかみ屋の

लजुरी [名*] 釣瓶につける縄= डोरी; रस्सी.

लज्ज[1] [名*] (1) 釣瓶につける縄 (2) 手綱 (3) 鼻綱

लज्ज[2] [名*] = लज्जा.

लज़्ज़त [名*] 《A. لذت》(1) 美味；うまみ (2) 味；味覚；味わい

लज़्ज़तदार [形] 《A.P. لذت دار》うまい；おいしい；うまみのある；美味な कुछ चीज़ें ठंडी कर खाने में ज़्यादा लज़्ज़तदार होती हैं 一部のものは冷やして食べたほうがおいしい

लज्जरी [名*] = लज्जावंती.

लज्जा [名*] (1) 恥；羞恥= लाज; शर्म. (2) 面目；面子；名誉；体面= मान; प्रतिष्ठा. **(-की) लज्जा उघाड़ना** (ーに) 恥をかかせる **(-की) लज्जा क॰** (ーに) 配慮する；(ーの) 名誉や尊厳に配慮する **लज्जा की चादर उतार फेंकना** 恥知らずになる；恥をかなぐり捨てる **लज्जा के मारे गड़ जा॰** 穴があったら入りたい；大変恥ずかしい思いをする **लज्जा के मारे धरती में गड़ जा॰** = लज्जा के मारे गड़ जा॰. **लज्जा डाल दे॰** 恥を捨て去る；恥も外聞もなくなる **लज्जा धो बैठना** = लज्जा की चादर उतार फेंकना. **(-की) लज्जा बचाना** (ーの) 名誉を守る；面目を保つ；体面を保つ= लज्जा रखना. **लज्जा से गड़े जा॰** 恥ずかしさのあまり身も魂も消え入る思いがする **लज्जा से पानी-पानी हो जा॰** = लज्जा से गड़े जा॰.

लज्जाजनक [形] 恥ずべき；恥ずかしい लज्जाजनक गुप्त रोग 恥ずべき性病

लज्जालु[1] [形] 恥ずかしがり屋の；はにかみ屋の

लज्जालु[2] [名] = लजालू.

लज्जावंत [形] とても恥ずかしがる；恥ずかしがり屋の

लज्जावती[1] [名*]〔植〕マメ科オジギソウ= लजालु[2]

लज्जावती[2] [形*] = लज्जावान्.

लज्जावान् [形] 恥ずかしがり屋の

लज्जाशील [形] 恥ずかしがり屋の= लजीला.

लज्जाशून्य [形] 恥知らずの；破廉恥な

लज्जाहीन [形] = लज्जाशून्य; निर्लज्ज; बेहया.

लज्जित [形] (1) 恥をかかされた (2) 恥ずかしい；恥じ入った वह अपनी स्वार्थपरता पर लज्जित हुआ 自分の利己的な根性に恥ずかしい思いをした **लज्जित क॰** 恥をかかせる；恥ずかしい思いをさせる कृपया ऐसा न कीजिए.ऐसा करना मुझे लज्जित करना है どうかそれはなさらないで下さい．そうなさるのは私に恥をかかせることなのです **लज्जित हो॰** *a.* 恥をかく *b.* 恥ずかしい *c.* 脱帽する；降参する

लट् [名] 《Skt.》〔言〕サンスクリット語の現在時制〈present tense〉を表す略語= लट् लकार.

लट [名*] (1) 顔やびん（鬢）に垂れ下がった髪の毛 माथे पर झूलती बालों की लट 額に垂れている髪 (2) 後れ毛（女性のびんに垂れた髪） (3) もつれた髪 (4) 束ねられた髪 **लट छिटकाना** *a.* 髪を振り乱す；ざんばら髪にする *b.* 不機嫌になる **लट तोड़ना** 髪を振り乱す **(-के नीचे) लट दबना** (ーの) 言いなりになる；(ーに) 屈服する **(-की) लट दबाना** (ーを) 思い通りにする；支配する；支配下に置く **लट पड़ना** 髪がもつれる

लटक [名*] (1) ぶら下がること；宙吊り；宙に浮くこと (2) 垂れ下がること；傾くこと (3) しな（科）；気取ったしぐさ (4) しなやかな体の動き **(-की) लटक लगना** (ーに) 耽る

लटकन [名] (1) ぶら下がること；宙吊り；垂れ下がること (2) 垂れ下がっているもの (3)〔装身〕耳たぶに下げる耳飾りの一 (4)〔装身〕鼻につける鼻飾りの一 (5) 鐘の舌 (6) 時計の振り子 (7) 睾丸；陰嚢；釣り鐘 (8) ペンダント (9)〔植〕ベニノキ科低木ベニノキ【*Bixa orellana*】 (10) 同上の実 (11)〔鳥〕オウム科ミドリサトウチョウ【*Loriculus vernalis*】

लटकना [自] (1) 下がる；ぶら下がる；掛かる；吊り下がる पीले-पीले आम वृक्षों में लटक रहे हैं 真黄色のマンゴーが木に下がっている सभी के कंधों से झीनी सफ़ेद ओढ़नियाँ लटक रही हैं みなの肩から透けた白いオールニーが下がっている खूँटी पर लटकती हुई पतलून 掛け釘に下がっているズボン बेलों पर अंगूरों के बड़े-बड़े गुच्छे लटक रहे थे 蔓にはブドウの大きな房が下がっていた चमगादड़ लटके हुए बिलबिला रहे हैं コウモリがぶら下がってきいきい鳴いている छत पर से पुराने ज़माने के बढ़िया झाड़-फ़ानूस लटक रहे थे 天井から昔の立派なシャンデリアがぶら下がっていた छत पर लोग हैं और दरवाज़े के बाहर भी लटके हुए हैं 屋根にも乗っている人がいるし乗

降口の外側にもぶら下がっている人がいる दीवार पर लटके कलेंडर 壁に掛かっているカレンダー उसके गले में फूलों की मालाएँ लटक रही थीं 首に花環がかかっていた बेशक़ीमत मोतियों की झालर लटक रही थी 高価な真珠の縁飾りが下がっていた बकरी के कान बड़े बड़े नीचे की तरफ़ लटके हुए 垂れ下がっている山羊の大きな耳 (2) 傾く；傾斜する；下を向く；垂れる कई माता-पिता के मुँह लटक जाते हैं 一部の親たちはうなだれる लटके स्तनों का इलाज 垂れ乳の治療 (3) 宙に浮く；未解決の；未決定の；懸案の；宙ぶらりんになる；宙吊りになる；ぶらさがる；中途半端になる विकासशील देशों की ऋण समस्या नैरोबी सम्मेलन से लटकी हुई थी 発展途上国の債務の問題はナイロビ会議以来懸案になっていた **अधर में लटकना** *a.* 宙吊りになる *b.* 宙に浮く **लटक जा॰** 止まる；停止する；宙に浮く (4) 落第する；留年する

लटकवाना [他・使] ←लटकाना. मैंने उनमें माणिक-मुक्ताओं के फल और फूल लटकवाए それにルビーや真珠でこしらえた花や実を吊り下げてもらった

लटका [名] (1) やり方；やり口 (2) 妙薬；特効薬；とっておきの手段；奥の手；決まり文句；殺し文句 (3) あだっぽさ；あだな様子；しな（科／嬌態） (4) 物腰；身のこなし；振り；しぐさ फ़िल्मी ढंग के ट्विस्टनुमा लटके 映画風のツイストみたいな身のこなし (5) きざな振る舞い (6) 睾丸；陰嚢；釣り鐘

लटकाना [他] (1) (上に固定して) 下げる；垂らす；ぶら下げる；つり下げる；掛ける रस्सी दूसरी ओर लटकाना 綱を反対側へ垂らす ख़ेमे के बीच में परदा लटकाकर औरतों के लिए एक हिस्सा अलग कर देते हैं テントの中に帳を下げて女性のために一部を仕切る डोरा लटकाओ ひもを下げなさい कंधे पर बस्ता लटकाये नन्हे-नन्हे बच्चों के झुंड-के-झुंड 肩にかばんをさげた小さな子供たちの集団 मैं टाँगें लटकाये पलंग पर बैठ गया 足をぶらぶら垂らして寝台に腰を下ろした (2) 傾ける；垂らす उन सारे मित्रों को इस प्रकार अपराधी की तरह मुँह न लटकाना पड़ता 友人たち全員がこのように犯罪人みたいに首うなだれる羽目にはならなかったものを (3) 宙ぶらりんにする；中途半端にする (4) じらす

लटकीला [形⁺] ぶら下がる；宙釣りの

लटकेबाज़ [形] 《H. + P. باز》きざな振る舞いをする

लटकेबाज़ी [名*] 《H. + P. بازی》きざな振る舞い（をすること）

लटकौआ[1] [形] ぶら下がっている；宙釣りの

लटकौआ[2] [名] ペンダント

लटना[1] [自] (1) 疲れてくたくたになる；ふらふらになる (2) 弱る；衰弱する；ひょろひょろになる (3) よろよろする；よろける；力がなくなる (4) 動転する **लटने पर लात चलाना** 対抗できなくなった者に更に打撃を加える

लटना[2] [自] (1) とても欲しがる (2) 飛びつく (3) 没頭する；熱中する

लटपट [名*] (1) ふらつき；よろけ；よろめき (2) 策謀；策略

लटपटा [形⁺] (1) ふらふらする；よろける；よろめく (2) ずり落ちた；ゆるゆるの (3) だらしない (4) くたくたの；疲れ果てた (5) ごたごたした；混乱した

लटपटान [名*] ←लटपटाना.

लटपटाना [自] (1) よろめく；よろける；ふらつく (2) 動揺する；よろける；よろめく (3) 誘惑によろめく；誘惑に乗る (4) 没頭する；没入する；我を忘れる；うっとりする

लटा [形⁺] (1) 堕落した (2) 好色な；ふしだらな (3) たちの悪い；悪質な (4) 卑しい；下賤な (5) やせた；やせこけた **लटा हाथी भी नौ लाख का** 〔諺〕立派な家柄には落ちぶれてもかなりの財産が残っているものだ

लटा-पटा[1] [名] (1) 無駄な物；つまらない物；無益な物 (2) 無駄話；馬鹿話 (3) 見せかけ；はったり (4) 一切（のもの）；持ち物すべて；一切合切

लटा-पटा[2] [形⁺] 疲れはてた；くたくたの；ふらふらの **लटे-पटे दिन** 苦難の日々；不遇の時

लटा-पटी [名*] (1) よろめき；よろけ (2) いさかい；争い (3) つかみ合い；殴り合い

लटा-पोट [形] = लोट-पोट.

लटिया [名*] かせ糸

लटी [名*] (1) よくないこと；よからぬこと (2) いいかげんな話；無駄話；馬鹿話 लटी मारना 無駄口を叩く (3) 売春婦

लटू [名] → लट्टू.

लटूरा [名] 水を入れる大きな革袋= कुप्पा.

लटूरिया [形] 髪のもつれた

लटूरी [名*] 垂れ下がった髪

लटोरा[1] [名]〔鳥〕モズ科の鳥→ लहटोरा.

लटोरा[2] [名]〔植〕(1) ムラサキ科高木スズメイヌヂシャ【*Cordia myxa*】 (2) 同上の果実= लसोड़ा; लिसोड़ा.

लट्ट-पट्ट[1] [形] = लट-पट.

लट्ट-पट्ट[2] [形] = लथ-पथ.

लट्टू [名] (1) こま（独楽） लट्टू नचाना (फिराना) 独楽をまわす (2) 電球；バルブ बिजली के लट्टू 電球 (-पर) **लट्टू हो जा॰** (－に) 心酔する；我を忘れる；熱中する；惚れこむ；うっとりする = मोहित हो॰; (-के पीछे) अंधा हो॰; बेअक़्ल हो॰. वे वेदान्त पर लट्टू हो गए ヴェーダーンタ哲学に心酔した अपने पर ही लट्टू हो गया 自分自身にうっとりした

लट्टूदार [形] 《H. + P. دار》こぶし状のものがついている；盛り上がったもののついている

लट्ठ[1] [名] 太い棒；太い棍棒；丸太棒 (-के लिये) **लट्ठ लिये फिरना** (－に) 激しい憎悪を持つ；(－を) 激しく憎む

लट्ठ[2] [形] とても愚かな；馬鹿な लट्ठ गँवार 田舎者；田舎っぺい；全くの無作法者

लट्ठबाज़ [形・名] 《H. + P. باز》(1) 棍棒で殴り合う (2) 棒術の心得のある

लट्ठबाज़ी [名*] ← लट्ठबाज़. (1) 棍棒での殴り合い (2) 棒術

लट्ठमार [形] (1) 全く粗野な；無作法極まりない (2) 徹底した；極度の；極端な ज़िले के भीतरी-से-भीतरी लट्ठमार देहाती क्षेत्र का रहनेवाला 県の奥の奥の全く田舎に住む人

लट्ठमार्का [形] = लट्ठमार.

लट्ठर[1] [形] 怠惰な；だらしのない；のろい

लट्ठर[2] [形] (1) 固い；かちかちの (2) ぎすぎすした；堅苦しい (3) 厚手の；ごわごわした（布）

लट्ठा [名] (1) 太い棒；(棒術や護身用などの) 棍棒；丸太；丸材 (2) 梁 (3) 検地用の竹竿（約 125cm の長さ）；ラッター (4) ロングクロス（longcloth, 上質木綿）；ラッター शरीर पर लट्ठे का कुर्ता-पाजामा 身につけているのはラッターのクルターとパージャーマー (5) 焼酎= देसी शराब. **लट्ठा लगाना** 支える；支援する

लट्ठा-बंदी [名*] 検地用の竹竿ラッターを用いての土地測量→ लट्ठा (3)

लठियल [形] 外出時にいつもラッター（棍棒）を持ち歩く；ラッターを常時携行する

लठिया [名*] 杖；ステッキ；短い棒→ लट्ठा.

लठैत [形・名] (1) 棒を持った；棍棒を携行する (2) 棒術を心得た；棒を使う बाग़ का लठैत चौकीदार 棍棒を持った果樹園の番人

लठैती [名*] 棍棒での殴り合い

लड़ंग[1] [名*] (1) 連なって輪になったもの (2) 列

लड़ंग[2] [名] 集まり；集団；群れ

लड़ंत [名*] (1) 戦い；戦闘；武力や暴力の行使 (2) 争い；いさかい (3) 競争；対立；対抗；抗争

लड़ंता [形⁺] (1) 競う；競争する (2) 戦う；争う

लड़ [名*] (1) ひもや糸などを通してつないだもの；一連のもの (2) 編んだもの；より合わせたもの (3) 列；筋；条 **लड़ मिलाना** 親しくする；親交を結ぶ (-की) **लड़ में रहना** (－と) 行動を共にする；(－の) 仲間に入る；仲間になる

लड़क- [造語] 子供，男の子，少年などの意を有する合成語の構成要素→ लड़कपन, लड़कबुद्धि

लड़कई [名*] (1) 子供時分；少年時代；少年期= लड़कपन; बचपन. (2) 幼さ；幼稚さ；未熟さ (3) 落ち着きのなさ लड़कई क॰ 幼いことや幼稚なことをする

लड़कखेल [名] (1) 子供の遊び (2) 甚だ容易なこと；いとも簡単なこと

लड़कपन [名] (1) 子供の頃；少年期 (2) 子供らしさ (3) 幼さ；幼稚さ **लड़कपन की बू हो॰** 青臭い感じがする；未熟さが感じられる；稚拙な感じがする

लड़कबुद्धि [名*] 考えの幼さ；幼稚さ；未熟さ= नासमझी; लड़कई; लड़काई.

लड़का [名] (1) 年少の男子；少年= बालक. (2) 息子= पुत्र; बेटा. (3) 男子生徒= छात्र. (4) 花婿；新郎= दूल्हा; वर. उम्र बढ़ गई तो अच्छे लड़के कैसे मिलेंगे 適齢期が過ぎてからいい婿がどうやって見つかるだろうか लड़का-लड़की ढूँढने का कार्य 結婚相手を探す仕事；婿探し；嫁探し (5) 若者= जवान; नवयुवक; नौजवान. **लड़का फुसलाना** 子供をだます **लड़का रोकना** 〔ヒ〕(花嫁側が花婿側(男の子)に娘を嫁がせることを約束する；花嫁側から花婿側に婚約させる(婚約してもらう)〈ヒンドゥーの結婚儀礼の一部に含まれるもの〉 **लड़कों का खेल** *a.* どうでもよいようなこと *b.* ごく簡単なこと；とても容易なこと

लड़काई [名*] = लड़कई. लड़काई में少年期に；子供時分に

लड़का-बाला [名] (1) 世継ぎ，跡継ぎとしての子；子供；子孫 (2) 家族= परिवार; कुटुंब.

लड़किनी [名*] = लड़की.

लड़की [名*] (1) 年少の女の子；少女；乙女= बच्ची. (2) 女の子；娘= पुत्री; बेटी↔ 息子 पुत्र; बेटा (3) 娘；若い女の子；若い未婚の女性 वहाँ अपने पति के परिवार के अतिरिक्त अड़ौस-पड़ौस की महिलाएँ तथा लड़कियाँ भी आप के संपर्क में आएँगी, जिनमें आपकी आयु की लड़कियाँ भी हो सकती हैं 嫁ぎ先では夫の家族以外にも近所の婦人や娘たちとも接するようになるでしょう．その中にはあなたの年配の娘もいる可能性があります मेरी बुआ जी की लड़की की शादी थी いとこ(父方の叔母の娘)の結婚式だった (4) 花嫁；新婦= दुल्हन; वधू. (5) 女子生徒；女子学生= छात्रा. **लड़की को देखना** 〔ヒ〕縁談をまとめる前に女の子を男子側の縁者や本人たちが見ること

लड़की दिखाई [名*]〔ヒ〕縁談をまとめる前の男子側の縁者などが娘を見ること

लड़कीवाले [名] (1) 花嫁側 (2) 娘を持つ親

लड़केवाले [名] 新郎側；花婿側

लड़कौरी [形*・名*] 幼児(息子)のいる(母親)

लड़खड़ाना [自] (1) 足取りが乱れる；よろめく；よろける；足がふらつく；ふらふらする；よろよろする शराब में धुत्त बना लड़खड़ाता हुआ आता है ぐでんぐでんに酔ってよろよろしながらやって来る लड़खड़ाकर गिर पड़ा よろけて倒れた लड़खड़ाती हुई साइकिल ふらついている自転車 (2) 正常でなくなる；乱れる；混乱する；もつれる ज़बान भी लड़खड़ाने लगी थी 舌ももつれだしたのだった सोहन जी को देखकर उसकी आवाज़ लड़खड़ा गई ソーハンを見て彼女の声がうわずった इस समय पुत्र के मोह में आपकी आत्मा लड़खड़ा रही है 今は息子愛おしさのために頭が混乱している (3) 動揺する；揺れる；打撃を受ける；よろける；不安定な；安定がない उससे उस देश की सामरिक तैयारी और लड़खड़ा जाएगी それにより同国の軍備は更に動揺するだろう

लड़खड़ाहट [名*] ←लड़खड़ाना. पाँवों की लड़खड़ाहट अब भी शेष थी 足取りはまだ乱れたままであった

लड़खड़ी [名*] = लड़खड़ाहट.

लड़ना[1] [自] (1) 戦う；叩き合う；殴り合う；喧嘩する (2) 戦争をする；戦をする (3) 争う (4) 競う；試合をする (5) 言い争いをする；非難し合う；口喧嘩をする स्कूल में सब से लड़ती है. उसकी क्लास में कई लड़कियों से लड़ाई है あの子は学校で誰彼なしに喧嘩をする．クラスの何人かの女の子とは喧嘩状態にある वह लड़ने की मुद्रा में खड़ी होकर कहेगी 喧嘩腰になって立ち上がって言うだろう (6) 衝突する；ぶつかる；もみ合う बस ट्रक से लड़ी バスがトラックと衝突 (7) 擦れる；すれ合う；摩擦が生じる (8) ぴったりする；合致する；うまくゆく；かみ合う **लड़-झगड़कर** もみ合って；ぶつかり合って；激しく口論して लड़-झगड़कर इमारत में दाखिल हो गए もみ合って建物に入った **लड़ना-मरना** 命がけになる；命をはめる वह वहीं लड़ने मरने को तैयार हो जाता है その場で命をはめるつもりになってしまう

लड़ना[2] [他] **लड़ना**[1] が同義目的語を取ると他動詞として用いられる उन्होंने काफ़िरों से जो जंगें लड़ीं あの方が異教徒と戦った戦 लँगोटी पहनकर लड़ाई नहीं लड़ी जाती, भीख माँगी जाती है ふんどし姿で喧嘩はできぬもの．その姿では物乞いをするものさ किसी दिन कुश्ती लड़ते हैं いつかレスリング(の戦い)をする यह लड़ाई राजगद्दी के लिए नहीं अपनी ज़िंदगी की मामूली चीज़ों और आत्मा की सहज ज़रूरतों के लिए लड़ी जा रही है この戦いは王位のためのものではなくて己の生活の日常的な必要と精神の当たり前の必要を目指して戦われているものです चुनाव लड़ना 立候補する；選挙戦を戦う मैं चुनाव लड़नेवाला हूँ 私は立候補の予定だ इन नेताओं को लोकसभा तथा राज्य विधान सभाओं का चुनाव लड़ने नहीं दिया जाएगा これらの幹部は下院及び州議会の選挙を戦わせてもらえない

लड़बड़ा [形[+]] (1) 濃くも薄くもなく適度の (2) ねばりけのある (3) 軟弱な；男らしさのない (4) よろける (5) 口ごもる；どもる

लड़बावरा [形[+]] (1) 幼い；幼稚な (2) 軽はずみな；無思慮な (3) 愚かしい (4) 粗野な；洗練されていない

लड़बावला [形[+]] = लड़बावरा.

लड़वाना [他・使] ←लड़ना[1]. = लड़ाना. 戦わせる；争わせる；競わせる धर्म मानव समाज को बंधन में जकड़े रहता है, आपस में लड़वाता है 宗教は人間社会を束縛し人間と人間とを争わせる

लड़ाई [名*] (1) 戦い；いくさ(戦；軍)；戦争；戦闘 (2) 殴り合い；喧嘩 (3) 争い；もめごと；いさかい (4) 競争 (5) 口喧嘩；言い争い (6) 衝突；ぶつかり合い **पहली बड़ी लड़ाई** 第一次世界大戦= प्रथम विश्वयुद्ध. **मुर्गों की लड़ाई** 闘鶏 **लड़ाई का मैदान** 戦場；戦地；戦いの庭 **लड़ाई ठानना** *a.* 戦いを決意する *b.* 事を構える **लड़ाई पर जा॰** 戦地・戦場へ赴く **लड़ाई मोल ले॰** 喧嘩を買う **लड़ाई लगाना** 告げ口をして喧嘩をさせる **लड़ाई लड़ना** 戦いをする अपने अधिकारों की लड़ाई लड़ते रहें 自分たちの権利のための戦いを続けよう

लड़ाका [形[+]] (1) 戦う；戦をする (2) 好戦的な；喧嘩早い

लड़ाकू [形] (1) 好戦的な；喧嘩早い (2) 戦闘のための；戦闘的な कुछ लड़के लड़ाकू होते हैं 喧嘩早い男の子がいるものだ **एकाकी लड़ाकू** 一匹狼 **लड़ाकू जहाज़** 戦闘機 = लड़ाकू विमान. **लड़ाकू विमान** 戦闘機= लड़ाकू जहाज़. आधुनिकतम मिग-29 लड़ाकू विमान 最新のミグ 29 戦闘機 **लड़ाकू हवाई जहाज़** 戦闘機 मिराज लड़ाकू हवाई जहाज़ ミラージ戦闘機

लड़ाना[1] [他] (1) 戦わせる (2) 喧嘩をさせる (3) 争わせる；競わせる (4) ぶつける；当てる；衝突させる= भिड़ाना. (5) 工夫して用いる；努力して用いる एक ज़िम्मेदार आदमी ज़्यादा गप्पें नहीं लड़ाता 責任を持つ人はあまり無駄口をきかないものだ दिमाग़ लड़ाना 頭を使う；知恵を絞る अम्माँ को छोड़कर कोई उनसे ज़बान नहीं लड़ाता 母以外だれもあの人と言い争わない

लड़ाना[2] [他] 愛撫する；可愛がる；甘やかす= दुलार क॰; लाड़-प्यार क॰.

लड़ी [名*] (1) 穴を通してつないだもの；れん(連)；連ねたもの अनेक लड़ियों वाले हार 幾連もある首飾り (2) 縒り合わせるもの (3) 連なっているもの；連なり；連続

लड़ैता[1] [形] (1) うんと可愛がられた；とても甘やかされた (2) 愛らしい；可愛らしい (3) 甘やかされ過ぎてできそこなった

लड़ैता[2] [形[+]] 戦う；争う

लड्डू [名] (1) 牛乳や豆粉などを原料とした粒や団子状の甘味菓子；ラッドゥー (2) 得になるもの；利益になるもの (3)〔俗〕ゼロ；零；丸；零点 **मन का लड्डू खाना** 空中楼閣を描く **लड्डू खाना** *a.* ラッドゥーを食べる *b.* (祝い事の) 振る舞いにあずかる；祝宴に呼ばれる *c.* 夢のようなことを考える **लड्डू खिलाना** 祝い事で振る舞う；祝宴でもてなす **लड्डू फूटना** 利益になる；得になる **लड्डू फोड़ना** = लड्डू खाना. **लड्डू बँटना** 儲かる；儲けになる；得になる；利益がある **लड्डू बाँटना** めでたいことを祝うためにラッドゥーなどの菓子を知人や友人などに配る(内祝い) **लड्डू मिलना** *a.* 得になる；儲かる *b.* 零点をもらう(試験の成績) **लड्डू हाथ लगना** 儲かる；得になる；利益を得る

लढ़ा [名] = लढ़ी.

लढ़िया [名*] 小型の荷物運搬用の二輪の牛車；ラリヤー

लढ़ी [名*] 荷物運搬用の2頭立て二輪の牛車；ラリー= लढ़िया. लढ़ी पर बैठने में कितना आनंद आता है ラリーに乗るとほんとに気持ちのよいものだよ

लत [名*] (1) 悪い癖；悪癖 पीने की लत छुड़ाने के तरीक़े 飲酒癖をなくす方法 शराब की लत और इसके बुरे परिणाम 飲酒癖とその悪影響 कोई ऐसी लत होती और आज उसे छोड़कर पैसा बचा सकता है そんな悪癖でもあろうものなら今それをやめて金を貯めることができるのに (2) 常習(癖)；常用(癖) हुक़्क़े पीने की लत 水ぎせるを吸うこと；水ぎせるの常用 (-की) **लत पड़ जा॰** (ーする) 悪い癖がつく बुढ़ापे में न जाने आदमी की ऐसी क्या लत पड़ जाती है कि दूसरों को नसीहतों का काढ़ा पिलाये बिना उसको खाना ही नहीं

पचता है - हूँ! 歳をとるとどうしたわけか人に忠告の煎じ薬を飲ませずには飯がうまくないという悪い癖がつくものだ

लतख़ोर [形] 《H. + P. خور》= लतख़ोरा. (1) ぐうたらな；だらしのない；無気力な；役立たずの (2) 卑しい；あさましい

लतख़ोरा [名] 《H. + P. خوره》(1) 靴拭き (2) いつも蹴飛ばされるようなことをする人

लतड़ी [名*]〔植〕食用スイトピー；ケーサリー= केसरी; खेसरी; लतरी.

लतपत [形] = लथपथ. まみれた कीचड़ में लतपत हो जाते हैं 泥まみれになる；泥にまみれる

लतमर्दन [名*] (1) 踏みにじること；蹂躙 (2) 足蹴；蹴飛ばすこと (-की) लतमर्दन क॰ *a.* (ーを) 蹴飛ばす *b.* (ーを) 踏みにじる；踏みつぶす लतमर्दन में पड़ना *a.* 踏みにじられる *b.* 恥をかかされる；侮蔑される

लतर [名*] 蔓草 = बेल वल्ली.

लतरी[1] [名*]〔植〕マメ科レンリソウ属ショクヨウスイトピー【*Lathyrus sativus*】(食用スイトピー．その実が貧者の食用とされるが健康に害があるとされる) = खेसरी.

लतरी[2] [名*] つっかけ；サンダル = चप्पल.

लता [名*] (1) 蔓草（木にはいのぼったり地に這ったりするものの総称）(2)〔植〕巻きひげ；蔓

लताकस्तूरिका [名*]〔植〕マメ科一年草（その実から採れる油が薬用）【*Psoralea corylifolia*】

लताकुंज [名] 生い茂った蔓草で屋根のように覆われた場所

लतागुल्म [名] 蔓草の茂み

लतागृह [名] = लताकुंज.

लता-जाल [名] 蔓草が網の目のように茂ったところ

लताड़ [名*] (1) 叱責；非難；こきおろし (2) 足蹴 (3) 踏みつぶすこと लताड़ खाना *a.* 叱責される；非難される；けなされる；こきおろされる *b.* 足蹴にされる；蹴飛ばされる (-को) लताड़ दे॰ (ーを) 非難する (-पर) लताड़ पड़ना *a.* (ーが) 叱責される *b.* (ーが) 足蹴にされる लताड़ पाना = लताड़ खाना. लताड़ में आ॰ 困ったことになる लताड़ सुनना 非難される；こきおろされる दोनों को खाली हाथ वापस आने पर अपनी पत्नियों की लताड़ सुननी पड़ी 2人は素手で戻り妻たちからさんざんにこきおろされた

लताड़ना [他] (1) 叱る；叱責する；非難する；こきおろす；譴責する अदालत ने साथ में कुतुबमीनार के अधीक्षक और एक कर्मचारी को लताड़ा भी 裁判所は同時にクトゥブミーナールの監督官と職員を譴責処分にした (2) 足蹴にする；蹴る (3) 踏みつける；踏みつぶす；踏みにじる (4) (ーを) 圧倒する；凌駕する

लतातरु [名] (1) → नारंगी. (2) → ताड़. (3) → शाल.

लताताल [名]〔植〕ヤシ科マライソテツジュロ【*Phoenix paludosa*】= हिंताल.

लताद्रुम [名] = लतातरु.

लता-पता [名] (1) 立ち並んだ木々；木立；植物；草木 (2) 草木の緑；植物の緑

लता-पनस [名]〔植〕ウリ科スイカ；西瓜= तरबूज़.

लताफ़त [名*] 《A. لطافت》(1) 繊細さ；微妙なこと；妙なること (2) 優雅さ；エレガンス

लता-फल [名] = परवल.

लतामंडप [名] (1) 蔓の生い茂った木陰 (2) あずまや；亭

लतामणि [名] さんご（珊瑚） = प्रवाल; मूँगा.

लतावेष्ट [形] 蔓に覆われた

लताशंख [名] → शाल; साखू.

लतिका [名*] 細い蔓

लतियल [形] 怠け者の；のらくらしている；ぐうたらな；だらしのない

लतियाना [他] (1) 蹴る；蹴飛ばす कुत्तों को लतियाकर 犬を蹴飛ばして (2) 踏みつける；踏みにじる；踏みつぶす

लती [形] ← लत. (1) 悪癖に染まった यह 'कोढ़' छोटे-छोटे मासूम बच्चों को भी लती बना रहा है この「業病」は頑是無い子供たちにまでとりついて虜にしている (2) (ーを) 常習する；常用する

लतीफ़ [形] 《A. لطيف》(1) おいしい；美味な (2) 面白い (3) 機知に富んだ (4) 優美な；繊細な

लतीफ़ा [名] 《A. لطيفه》(1) 機知に富んだ話；笑い話；小話 (2) 冗談 लतीफ़ा छोड़ना 冗談を飛ばす

लतीफ़ागो [形・名] 《A.P. لطيفه گو》機知に富んだ話をする（人）；しゃれのうまい（人）；小話のうまい（人）

लतीफ़ाबाज़ [形・名] 《A.P. لطيفه باز》= लतीफ़ागो.

लत्त [名*] (1) 蹴ること；足蹴にすること= लात. (2) 悪癖= लत.

लत्ता [名] (1) ぼろ= चीथड़ा. (2) 切れ；布切れ (3) 衣服；着物= कपड़ा-लत्ता. लत्ता-पुर्ज़ा हो॰ ぼろぼろになる (-के) लत्ते उड़ाना (ーを) ひどい目に遭わせる；暴き出す；暴露する (-के) लत्ते ले॰ (ーを) 笑い者にする；馬鹿になる；からかう

लत्ती[1] [名*] (1) 馬やロバなどの動物が後脚で蹴ること；このような動物の足での攻撃 (2) 人が足蹴にすること लत्तियाँ झाड़ना 攻撃する；蹴飛ばす

लत्ती[2] [名*] (1) 細長いきれ (2) 凧の尻尾 (3) こま（独楽）を回すひも

लथपथ [形] (1) びしょびしょの；びしょ濡れの；ぐしゃぐしゃの पसीने से लथपथ हो॰ 汗でぐっしょりになる；汗びっしょりになる कड़कती धूप में पसीने से लथपथ बच्चे 強烈な日差しの中汗にぐっしょり濡れた子供たち (2) まみれた ख़ून से लथपथ 血まみれの= रक्तरंजित. उसका शरीर कै-दस्त से लथपथ था 体は吐き出したものと下したものとにまみれていた

लथाड़ [名*] (1) 引きずること (2) 泥まみれにすること (3) 打ちのめすこと (4) 厳しい叱責 लथाड़ खाना 激しい叱責を受ける；叱りつけられる= लथाड़ पड़ना.

लथाड़ना [他] (1) = लताड़ना. (2) = लथेड़ना.

लथेड़ना [他] (1)（地面を）引きずる (2) 泥まみれにする (3) 地に這わせる (4) 厳しく叱る；激しく叱責する；なじる

लद [副] 重いものが落下する様子やその発する音．どん（と），どすん（と）など लद से どんと；どすんと；ばたっと वह लद से गिर पड़ा ばたっと倒れた

लदना [自] (1) 荷が積まれる；積み込まれる लकड़ी से लदी बैलगाड़ी 材木の積まれた（材木を積んだ）牛車 अरे यह सामने बैल गाड़ियों पर लदा हुआ क्या जा रहा है この前を行く牛車には何が積まれているのだろう (2) 覆われる；うずまる；沢山つく；一杯つく；うずもれる गहनों के गले तो विभिन्न रँगी गोल तथा चपटे मनकों की मालाओं से लदे रहते हैं ガッディー族の女たちの首はいろんな色の丸いのや平たい宝石の首飾りでうずまっている उसकी पत्नी ज़ेवरों से लदी रहती है あの人の妻はいつも装身具を一杯つけている (3) 背負う；負う；荷を負わされる；負担する चार माह से लदी उलझनें और मस्तिष्क का बोझ अब समाप्त हो गया था 4か月来背負ってきた困惑と頭の重荷からやっと解放された (4) こもる；こめられる；一杯になる हवा फूलों की महक से लदी थी 風には花の香りがこもっていた वह कृतज्ञता से लद गया 感謝の念で一杯になった (5) 出立する；出発する；去る मिस्टर यंग का काफ़िला मेरे सामने ही लद गया ヤング氏の一行は私の目の前で出発した (6) 過ぎ去る；過去のものとなる；終わる；盛りが過ぎる वह दिन लद गए जब जनता के लिए संत की वाणी जादू का -सा असर रखती थी 聖者・上人たちの言葉が民衆に魔法のような影響力を発揮していた時代は過ぎ去ってしまった

लद लद [副] 重いものが落下する様子やその発する音．どん，どすん，どさっ，ばさっなど→ लद.

लदवाना [他・使] ← लादना. 積ませる；積みこませる शोरे के पीपे के पास खड़े होकर उन्हें गाड़ी पर लदवाते हैं 硝石の入った樽の側に立ってそれらを車に積みこませる खाने पीने का सामान ऊँटों पर लदवाकर 糧食をラクダに積ませて

लदाई [名*] ← लादना. 積込み；荷積み；積載 इन दिनों रोज़ 24 हज़ार माल डिब्बों में लदाई का काम हो रहा है 現在1日2万4000両の貨車の積込みが行われている

लदान [名*] (1) 積込み (2) 1回分の積み荷

लदाना [他・使] ← लादना. 積み込ませる；積み込んでもらう= लदवाना.

लदा-फंदा [形⁺] 積み過ぎた；山のように積まれた

लदाव [名] (1) 積込み；荷積み；積載 (2) 積み込んだ荷 (3)〔建〕アーチ形の天井建築

लद्दाख़ [地名] 《لداخ》ラッダーク；ラダック〈Ladakh〉

लद्दू [形] (1) 荷をつけて運ばせる（ための馬，ラバ，ロバ，などの家畜，駄馬，荷馬） (2) 貨物運搬専用の；貨物運搬用の लद्दू बोरा

積み荷を入れる南京袋 पत्नी एक टट्टू की पीठ पर लद्दू बोरे की तरह बैठी थी 妻はポニーの背に積み荷の南京袋のように腰掛けていた

लद्धड़ [形] (1) 重荷に足取りのあぶない；重荷によろよろしている (2) 怠け者の；怠惰な；ぐうたらな；ぶらぶらしている

लनतरानी [名*] ほら；法螺（話）；大げさな話 = लंतरानी；शेखी.

लना [名]〔植〕アカザ科オカヒジキ（塩生植物．焼いてソーダを採る）【*Salsola baryosma; S. foetida*】〈saltwort〉

लनी [名*]〔植〕アカザ科オカヒジキ【*Salsola baryosma*】

लप[1] [名*] (1) しなやかさ；弾力；弾性 (2) 刀剣や棒や鞭などが空を切る時に発する音 (3) 犬や猫が水を飲む時の音 **लप मारना** ぴかっと輝く；ぴかぴか反射して光る **लप लप क°** *a.* しなる *b.* ぴかぴか光る *c.* ひゅっと音を立てる **लप से** ひゅっと；ぴゅっと；さっと；素早く

लप[2] [名] (1) 物をすくったり落ちないように載せる掌の形（片手でも両手を合わせてもできる） (2) そのようにして掌に入る分量

लपक[1] [名*] ← लपकना[1].

लपक[2] [名*] (1) 炎；火炎 (2) 閃光；輝き **लपक मारना** ぴかっと光る

लपकना[1] [自] (1) 大急ぎで歩く；大急ぎで行く；早足で行く ज़रा लपककर उन्हें घर बुला ला ちょっと急いで行ってあの方を家にお連れしなさい लाठी खट-खट करता लपका चला जाता था いつも棍棒をこつこつ鳴らしながら早足で進んで行くのであった लपककर बहू के कमरे में पहुँची 大急ぎで嫁の部屋へ行った（泣き声が聞こえたので） (2) さっと進みでる；さっと歩み寄る；飛びつく；走り寄る；駆け寄る；突進する कुत्ते एक लंगूर के बच्चे की तरफ़ लपके 犬たちは１頭のラングール猿の子のほうに突進した हम आँख मूँदकर झाड़-फूँक, गंडे-तावीज़ और जादू-टोने की ओर लपकते हैं 私たちは考えなしにお祓いとか護符だとかまじないに飛びつくものなのです वह भौंकता हुआ अपनी परछाईं की ओर लपका 犬は吠えながら自分の影に飛びついた **लपककर** さっと；素早く；急いで खीझ के मारे हाथी ने लपककर उसे अपनी सूँड में पकड़ लिया 腹立ちまぎれに象は素早く鼻でつかまえた लड़कों ने बड़ी ख़ुशी से लपककर पिता के चरण छुए 息子たちは大喜びでさっと父親の足元にひれ伏した

लपकना[2] [他] (1) 素早く捕らえる；キャッチする गेंद ज़मीन छूने से पहले ही क्षेत्ररक्षक द्वारा लपक ली जाती है तो ボールが地面に落ちる前に野手にキャッチされると (2) かっさらう；かっぱらう

लपका [名] (1) かっさらうこと；かっぱらうこと (2) かっぱらい (3) 悪い癖；悪癖 **लपका पड़ना** 悪い癖がつく = लपका लगना.

लपझप[1] [形] (1) せかせかする；せく (2) 落ち着きのない (3) 敏捷な；素早い (4) みっともない

लपझप[2] [副] (1) 大急ぎで；急に (2) 不細工に

लपझप[3] [名*] (1) 敏捷さ (2) 抜け目のなさ；狡猾さ

लपट [名*] (1) 炎；火炎 आग की लपटें 火炎 मगर लपटें उसकी चाल से भी तेज़ थीं でも炎はそれ以上の速度だった (2) 熱さ；暑さ；熱気；熱風 हवा में आग की-सी लपट होती है 吹く風に火のような熱気がある (3) 芳香の一吹き

लपटना [自] (1) 巻きつく；絡みつく (2) 抱きつく (3) ひっつく；くっつく (4) 絡まる **लपट पड़ना** 取り組む；取り掛かる

लपटा [名] (1) どろっとした物；濃い粘液 (2) ねばりけのあるもの (3) 愛着 **लपटा लगना** 愛着を持つ；親しくなる；親密になる

लपटाना [他] = लिपटाना. (1) 抱きしめる (2) ひっつける (3) 巻きつける

लपना[1] [自] (1) しなう (2) 傾く (3) どぎまぎする= हैरान हो°. **लपना-झपना** 困惑する；困る；まごまごする；途方に暮れる= हैरान हो°.

लपना[2] [自] = लपकना[1]

लपलपाना[1] [自] (1) しなう；たわむ (2) 揺れる；揺れ動く (3) 炎が激しく揺れる；燃え立つ；燃えさかる；強烈な光を放つ；ぴかっと光る；ぴかぴか光る दिल्ली के तख़्त की लपलपाती क्रोधाग्नि को न्यौता क्यों दें デリーの玉座に燃え立っている怒りの炎を何故に呼び寄せようか और उसकी आँखों में वासना की ज्वाला लपलपाने लगी 男の目には欲情の炎がめらめらと燃え立ち始めた (4) （長い）舌がぺろぺろ動く；（舌が）出たり入ったりする जीवित प्राणी देखते ही तेरी तो जीभ लपलपाती है 生き物を見つけたとたんにお前の舌はぺろぺろ動き出す

लपलपाना[2] [他] (1) しなわせる；たわませる (2) 振り回す；物の一端をつかんで振る चरस और गाँजे की चिलमें लपलपाती チャラスやガーンジャーのきせるを振る (3) 舌をぺろぺろ動かす；舌を出してなめまわす；舌なめずりする भेड़िया जीभ लपलपाते हुए बोला 狼は舌なめずりしながら言った साँप शिकार पर जीभ लपलपा रहा है 蛇が獲物に向けて舌をぺろぺろ動かしている

लपलपाहट [名*] (1) しなうこと；たわみ (2) ぴかぴか光ること；その光や輝き

लपसी [名*] (1) ラプシー（煎った小麦粉に砂糖水を加えて煮つめたもの） (2) ラプシー（小麦粉を塩水で煮つめたもの） (3) ねばりけのあるもの

लपाटा [名] 炎；火炎 दो बजे के करीब नीची गली से आग के लपाटे उठेंगे 2 時頃に下の路地から火炎が吹き出るだろう

लपाना [他] (1) しなわせる；たわませる (2) 傾かせる

लपेट [名*] (1) 巻くこと；巻きつくこと；絡まること (2) 包むこと (3) 一巻き पंडित जी गले में चादर की एक लपेट डाले हुए パンディットは首にチャーダルを一巻きして (4) ひねり (5) 周り；周囲；周りの長さ (6) 巻き込むこと；引き入れること

लपेट-झपेट [名*] (1) 巻き込み (2) 混乱

लपेटन[1] [名*] (1) 巻くこと；巻きつくこと (2) 包むこと (3) 包み (4) 絡まり

लपेटन[2] [名] 包むもの；包み；包装材料

लपेटना [他] (1) 巻く；巻きつける मफ़लर गले में लपेटना マフラーを首に巻く लट्टू पर डोरी लपेट कर नचाता हूँ コマにひもを巻いて回す इसे लपेटकर बाँध लो （ドーティーを）巻きつけて着なさい (2) 包む रूमाल में लपेटना ハンカチに包む काग़ज़ में लपेटा हुआ विस्फोटक चूर्ण 紙に包まれた爆薬 (3) からめる（搦める） (4) 巻き込む；引きずり込む (5) 塗る；塗りつける

लपेटवाँ [形[+]] (1) 巻かれた (2) 巻くことのできる (3) ぐるぐる回る

लपेटा [名] = लपेट.

लप्पड़ [名*] 平手打ち = थप्पड़.

लप्पा [名] (1) 錦；金襴 (2) 錦織

लप्पेदार [形]《H. + P. دار》(1) 金糸や銀糸の縁飾りのついた (2) 錦織の

लफ़ंग [形]《P. لفنگ》(1) 卑しい；下賤な；下劣な (2) ふしだらな；不品行な

लफ़ंगा [形・名]《← P.لفنگ》(1) ごろつき（の）；無頼の；ならずもの；不埒な (2) 好色な；不品行な (3) 卑しい；下賤な；下劣な

लफ़टंट [名]《E. lieutenant》(1)〔軍〕上官代理 (2)〔軍〕陸軍中尉 (3)〔軍〕海軍大尉

लफ़टंट गवर्नर [名]《E. lieutenant governor》〔イ史〕英領インド時代の州知事（官選）；準知事

लफ़्ज़ [名]《A. لفظ》語；単語；言葉 मेवाड़ का दूत! मेवाड़ लफ़्ज़ में ही कुछ जादू है なにメーワールからの使者だと．メーワールという言葉そのものに何か魔力があるわい

लफ़्ज़न लफ़्ज़न [副]《A. لفظاً لفظاً》(1) 一語一語；文字通り= शब्दशः. (2) 一切；すべて= सब；सारा.

लफ़्ज़फ़रोश [形]《A.P. لفظ فروش》よくしゃべる；しゃべり過ぎの；おしゃべりの= बातूनी；वाचाल.

लफ़्ज़-ब-लफ़्ज़ [副]《A. لفظ به لفظ》= लफ़्ज़न लफ़्ज़न.

लफ़्ज़ी [形]《A. لفظی》語の；単語の；言葉による；言葉上の लफ़्ज़ी माने 語義= शब्दार्थ.

लफ़्फ़ाज़ [形]《A. لفاظ》能弁な（人）；饒舌な（人）；おしゃべりな（人）= बातूनी；वाचाल.

लफ़्फ़ाज़ी [名*]《A.P. لفاظی》能弁；饒舌；多弁= वाचालता. वामपंथी लफ़्फ़ाज़ी 左派の饒舌 चुनावी लफ़्फ़ाज़ी 選挙用の饒舌

लब [名*]《P. لب》(1) 唇= होंठ；ओष्ठ；होंट. (2) へり（縁）；ふち；端；周辺= तट；किनारा. **लबों पर जान हो°** 死に際の；臨終の **लबों पर दम आ°** 死にかける；瀕死の **लबों पर हँसी खेलना** にっこりする；にっこり微笑む

लबचरा [名]《P. لب چرا》話の間につまんで食べるもの；茶菓子

लबचश [名]《P. لب چش》味見 = स्वाद चखना.

लबड़धोंधों[1] [名*] = लबड़धौंधौं. (1) 無駄口を叩くなどして騒々しくすること；無意味な騒ぎ；空騒ぎ सन् 1924 साल इसी लबड़ धोंधों में गुज़र गया 1924 年はこの騒ぎのうちに過ぎ去った (2) 混乱；

騒乱 (3) 不正；不正行為 (4) 奇弁を弄したり言い逃れをすること (5) 悪計；奸計；悪巧み
लबड़धोंधों[2] [名] 怠惰な人；無精な人；口先だけの人
लबड़ना [自] (1) 嘘をつく= झूठ बोलना. (2) ほらを吹く= गप्पें मारना.
लबदा [名] 太くごつごつした棒
लबदी [名*] 細い棒；杖= छड़ी; पतली छड़ी.
लबनी [名*] ヤシ酒の原料の樹液を受けるための焼き物の容器
लबरा [形+] (1) 嘘つきの；嘘をつく；ほらを吹く (2) おしゃべりの
लबरेज़ [形] 《P. لب ریز》容器のへりまで満ちあふれた；満ち満ちた；あふれんばかりの= लबालब; मुँहामुँह. ज़िंदगी से लबरेज़ 生命に満ちあふれた निगाहें गुरूर से लबरेज़ थीं 眼差しは高慢さにあふれていた
लबलबाना [自] あふれる；満ちる；満ちあふれる ज़िंदगी से लबलबाते एक अच्छे ख़ासे इंसान को 生命に満ち満ちている立派な人を
लबलहजा [名] → लबोलहजा.
लबाचा [名] 《P. لباچه》〔服〕ラバーチャー（冬期にクルターなどの上に着用されるくるぶしまで丈のある外套．袖があり羽織るもの）；オーバーコート（に相当）= अबा.
लबाड़ [形] = लबाड़िया.
लबाड़िया [形] (1) 嘘つきの；ほら吹きの (2) おしゃべりの；無駄口をきく
लबाड़ी [名*] (1) 嘘；ほら (2) 無駄口
लबादा [名] 《P. لباده》〔服〕ラバーダー（足首まで丈のある綿入れの長衣）；ラバーチャー（लबाचा）
लबाब [名] 《A. لباب लुबाब》(1) 精髄；核心；真髄= सार; सार तत्त्व. (2) 中核= गूदा. → लुबाब.
लबालब [形・副] 《P. لبالب》（容器などの）ふちまでいっぱいの（に）；あふれんばかりの（に） अब तक मछुआइन के पापों का घड़ा लबालब भर चुका था すでに漁夫の妻の犯した罪の入ったかめは口までいっぱいになっていた सूखा जलाशय पानी से लबालब भरवा देने के लिए 干上がった池を水であふれさせんがために
लबे ख़ुश्क [名] 《P. لب خشک》乾いた唇
लबे तर [名] 《P. لب تر》ぬれた唇
लबेद [名] (1) ヴェーダの伝統に反すること；正統的なものではないこと (2) 習わし；慣行；俗習；慣習；風習
लबे दम [名] 《P. لب دم》終わり；終了 **लबे दम आ लगना** 終わりになる；終わりかける→ लब.
लबेदा [名] 太い棒；太い棍棒
लबेदी [名*] (1) 棒；細い棒 (2) むりやりなこと；強制
लबो लहजा [名] 《P.A. لب و لہجہ》口振り；口調；語調 एक-सा लबो लहजा 変わらぬ口振り
लब्ध [形] (1) 得られた；手に入った (2) 稼いだ
लब्धकाम [形] (1) 願いの叶えられた；念願の叶った (2) 目的を達した；やり遂げた；成し遂げた
लब्धकीर्ति [形] 名声を博した；有名な；著名な
लब्धचेता [形] 意識の戻った
लब्धप्रतिष्ठ [形] 尊敬を受ける；評判を得ている；誉れ高い
लब्धलक्ष [形] (1) 的を射た (2) 目的を達した；狙ったものを獲得した
लब्धांक [名]〔数〕商= भागफल.
लब्धांश [名] 印税；著作権料= रायल्टी.
लब्धि [名*] (1) 獲得 (2) 達成 (3)〔数〕商= भागफल.
लभन [名] 入手；獲得；取得
लभ्य [形] (1) 手に入る；入手できる (2) 正しい；正当な
लभ्यांश [名] 利益
लम- [造語] लंबा の短縮形で合成語の構成要素 लमतड़ंग 背の極めて高い
लमक [名] (1) 間男；情夫= जार; उपपति. (2) 好色な男
लमगजा [名] = इकतारा.
लमगोड़ [名]〔鳥〕セイタカシギ科セイタカシギ【*Himantopus himantopus*】
लमगोड़ा [形+] 足の長い；足のひょろ長い
लमघिचा [形+] 首の長い；長首の；首長の
लमचितिया [名]〔動〕ネコ科ウンピョウ（雲豹）【*Neofelis nebulosa macrosceloides*】
लमछड़ [名] (1) 槍 (2) マスケット銃
लमछड़ा [形+] 背の高い；のっぽの
लमटंगा[1] [形+] 足の長い；背の高い；のっぽの
लमटंगा[2] [名]〔鳥〕ツル科オオヅル → सारस.【*Grus antigone*】
लमतड़ंगा [形+] (1) 頑健な；体格の立派な (2) 背の高い；のっぽの
लमधी [名] 息子，もしくは，娘の舅の父親
लमहा [名] 《A. لمحہ लम्हा》(1) 瞬き；一瞥 (2) 瞬きの間；一瞬；一瞬間 चंद लमहों में またたく間に उसी लमहे その瞬間 उसी लमहे उनका पैर फिसला その瞬間その方の足がすべった **लम्हा-लम्हा** 絶えず；絶え間なく
लमहात [名, pl.] 《A. لمحات लम्हात ← لمحہ लम्हा》 कुछ लमहात के बाद しばらくすると；やがて
लमहाती [形+] ← लमहा. 一時の；瞬間の；瞬時の
लय[1] [名] (1) 融合 (2) 合成 (3) 消滅 (4)（時間の）経過；推移 (5)〔法〕消滅；失効
लय[2] [名*] (1)〔音〕リズム；調子 (2)〔イ音〕ヒンドスターニー音楽で拍子の速度；テンポ **लय पकड़ना** 調子が出る **लय से पढ़ना**（節をつけて）暗唱する
लयक [形] (1) テンポのある (2) リズミカルな
लयन [名] (1) 没入 (2) 休息 (3) 静寂 (4) 避難
लयबद्ध [形] 律動的な；リズミカルな
लयहीन [形] 律動のない
लयात्मक [形] 律動的な；リズミカルな
लरकई [名*] = लड़काई.
लरकना [自] (1) ぶら下がる；吊り下げられる；垂れ下がる= लटकना. (2) 折れ曲がる；しなう= झुकना. (3) ずり落ちる
लरकाना [他] (1) ぶら下げる (2) しなわせる (3) ずり下げる
लरजना [自] 《← P. لرزہ लर्ज़ा》(1) 揺れる；揺れ動く आसमान में उड़नेवाली लरजती पतंग 空に舞い上がり揺れ動く凧 रात दिन लरजती और थिरकती लहरें 夜となく昼となく揺れ動く波 (2) 怯える；不安になる वह जैसे सचमुच किसी नई नवेली दुलहिन की तरह लरज उठी थी まるで新妻のように怯えてしまった (3) 震える；震えあがる
लरज़ाँ [形] 《P. لرزاں लरज़ाँ》(1) 揺れる；揺れている (2)（恐怖心のため）震える；震えている
लरज़ा [名] 《P. لرزہ लर्ज़ा》(1) 震え = कंप; कँपकँपी. उनके दाहिने हाथ में लरज़ा उतर आया था 右手に震えがきた (2) 地震
लरज़िश [名*] 《P. لرزش लर्ज़िश》震え；震動
लरसी [名*] マンゴーの害虫= माड़.
लर्ज [名] シタールの真鍮製の第 5 弦
ललक [名*] 強く望むこと；切望（すること）；渇望（すること） फिर बीड़ी पीने की ललक हुई またビーリーがやたらと吸いたくなった हर समय उन्हें शास्त्रार्थ करने की ललक रहती थी 四六時中議論をしたがっていた अधिक गहराई से संगीत सीखने की ललक थी さらに深く音楽を習いたいと切望していた सब से ऊँचा बनने की ललक उसे ले डूबी 一番になりたいという強い願いが彼をしくじらせたのだ **ललक में आ॰** おだてられる；おだてに乗る
ललकना [自] (1) 強く望む；激しく欲しがる；渇望する (2) ある行為を強くしたがる मैं सोलह साल का हो गया था तब भी माँ मुझे मारने को ललकती थीं 私は 16 歳になっていたのだがそれでもいつも母は手を上げようとした **ललककर** *a.* 愛情一杯に *b.* 勢いこんで
ललकार [名*] (1) 挑むこと；挑戦 (2) けしかけること；勢いづけること
ललकारना[1] [他] (1) 挑む；挑戦する पहले उनके नाटक तो पढ़ समाज को ललकारा है まずはあの人の戯曲を読んでみろ社会に挑戦しているんだ (2) けしかける；励ます बैलों को ललकारना 牛をけしかける
ललकारना[2] [自] 挑戦的に叫ぶ उससे रहा नहीं गया.उसने कार से बाहर निकलकर ललकार कर उन आदमियों से कहा 我慢ができなくなって車から降りるとその連中に挑戦的に叫んで言った
ललचना [自] (1) 欲しがる；欲が出る (2)（－）したくなる；（－）したくてたまらなくなる；渇望する अन्न को फिर उपजाने के लिए वह ललच उठा 穀物を再び植えてみたくなった (3) 惚れる；惚れ込む

ल

ललचाना[1] [他] (1) 見せびらかす；欲しがらせる सभी दोस्तों को अपनी छतरी दिखाते-ललचाते हुए 友達みんなに傘を見せびらかしながら (2) 引きつける；おびき寄せる；魅惑する बालू के किले और घरौंदे बनाने का खेल किसी भी बच्चे को ललचा सकता है 砂の城や砂の家をこしらえる遊びにはどんな子供も引きつけられるものだ

ललचाना[2] [自] = ललचना. दारोगा के ओहदे के लिए तो वकीलों का दिल भी ललचाता था 警部補の地位は弁護士たちも欲しがっていたものだ अलाउद्दीन का मन पद्मिनी को देखने के लिए ललचा पड़ा アラーウッディンはパドミニーの顔を見たくてたまらなくなった जिस पहाड़ की चोटी को वह इतने दिनों से रोज ही ललचाई नज़रों से देखता रहा こんなに長い間毎日渇仰の眼差しで見ていた山の頂きを देख देखकर ललचाती हूँ, लेकिन पकड़ नहीं पाती हूँ 見ては欲しくてたまらなくなるが捕らえられずにいる उसे चखने के लिए यहाँ बैठे सभी लोगों का मन ललचा आया है ここに座っている人たち全員がそれを味わってみたくてうずうずしてきた ललचाई आँखें 物欲しげな様子や表情 वे दूसरों के घर जाकर जलपान की चीज़ों को ललचाई नज़रों से न देखें よその家に行って飲食物を物欲しげに見ることがないように

ललचौहाँ [形+] 赤みを帯びた

ललन [名] (1) 可愛い子供；愛らしい子供 (2) 男の子 (3) 愛人 (4) 夫

ललना [名*] (1) 女性 लावण्यमयी ललनाओं के लिए 魅力的な女性たちに (2) 美女 (3) 舌

ललनी [名*] (1) 竹筒 (2) 細い管

ललरी [名*]〔解〕のどひこ（喉彦）；口蓋垂；のどちんこ= कौवा; लंगर.

ललसिरी चिलचिल [名]〔鳥〕ムシクイ科ズアカキンバネガビチョウ【*Garrulax erythrocephalus*】

लला [名] (1) 愛情を込めて男の子供を呼ぶ呼びかけの言葉 (2) 男の子；愛児 (3) 夫や愛人を呼ぶ言葉

ललाई [名*] = लाली.

ललाट [名] (1) ひたい（額）；前額部 ऊँचा ललाट 広い額 उसके चौड़े ललाट पर पसीने की बूँदें चमक रही हैं 広い額に汗の玉が光っている (2) 運勢；運命 **ललाट का लिखा** 運命づけられているもの= ललाट में लिखा हो॰; किस्मत में हो॰. **ललाट की रेखा** = ललाट का लिखा.

ललाटपटल [名] 額；前額部= ललाट फलक.

ललाट रेखा [名*]〔ヒ〕(1) 神の定めた運勢（神によって人の額に書かれているとされる） (2) 額の筋

ललाटाक्ष [名]〔イ神〕(額に第三の目を持つとされる) シヴァ神

ललाना [自] 赤みを帯びる；赤くなる

ललाम[1] [形] (1) 美しい；きれいな (2) すぐれた；立派な (3) 赤い= सुर्ख़.

ललाम[2] [名] (1) 飾り；装い；装飾 (2) 装身具 (3) 宝石 (4) しるし

ललित [形] (1) 美しい (2) 愛らしい (3) 優雅な；上品な (4) 高雅な；気品のある；典雅な ललित निबंध 典雅な随筆 ललित शैली 高雅な文体；典雅な文体 उनके अधिकांश निबंध ललित शैली के हैं 氏の大多数の随筆は高雅な文体で書かれている

ललित कला [名*] (1) 美術 ललित कला प्रेमी 美術愛好家 (2) 芸術

ललित विस्तर [名]〔仏〕ラリタヴィスタラ；普曜経

ललित साहित्य [名] 純文学；美文学（インド世界の伝統では，真理と知識の発展に資する文献が実用文献 उपयोगी साहित्य と呼ばれるのに対して知識よりも人の情的，芸術的，美的世界の発展や熟成に資する文献を ललित साहित्य として区別する分け方があるが，これにはいわゆる文学，あるいは，純文学が相当する）〈belles-lettres〉

ललिता [名*] パールヴァティー神 पार्वती

ललिता पंचमी [名*]〔ヒ〕ラリター・パンチャミー（アーシュヴィン月の白分５日に行われるパールヴァティー神のプージャー）

ललिता षष्ठी [名*]〔ヒ〕ラリター・シャシュティー（バードラ月，すなわち，インドの太陰太陽暦６月の黒分６日．この日男児を授かるようにパールヴァティー神に祈るヴラタを行う）

लली [名*] (1) 愛情をこめて女の子を呼ぶ呼びかけの言葉 (2) 女の子；愛娘 (3) 恋人を呼ぶ言葉→ लला.

ललौहाँ [形+] 薄く赤みを帯びた

लल्ला[1] [名] = लला. **लल्ला जानना दद्दा न जानना** 人から取るばかりで与えることのない；貪欲な；強欲な **लल्ला पढ़ना दद्दा न पढ़ना** = लल्ला जानना दद्दा न जानना. **लल्ला-लोरी क॰** 屁理屈をこねて言い逃れをする **लल्ला-लोरी में आ॰** だまされる；一杯食わされる

लल्ला[2] [名*]〔俗〕舌；べろ= जीभ; ज़बान.

लल्ली [名*] → लली.

लल्लो [名*] 舌；べろ = जीभ; जिह्वा.

लल्लो-चप्पो [名*] (1) お為ごかしの言葉；甘い言葉；甘言 (2) お世辞；へつらい（諂い）= लल्लो-पत्तो. **लल्लो-चप्पो क॰** お世辞を言う；へつらう；媚びたもの言いをする

लल्लो-पत्तो [名*] = लल्लो-चप्पो.

लवंग [名] (1)〔植〕フトモモ科高木チョウジノキ【*Syzygium aromaticum*】= लौंग. (2) チョウジ（丁子）；クローブ〈clove〉

लवंग-लता [名*] (1) チョウジノキとその枝 (2) ラヴァング・ラター（小麦粉と牛乳を原料にこしらえる甘味菓子の一）

लव[1] [形] ごく少量の；微量の

लव[2] [名] (1) 切断 (2) 破滅 (3)〔イ神・ラマ〕ラーマチャンドラの息子で双子の１人；ラヴァ（もう１人はクシャ कुश） (4) 微量 लव भर ほんのわずかのもの

लव[3] [名]《E.love》(1) 恋愛= प्रेम; इश्क़. (2)〔ス〕ラブ（庭球やバドミントンで無得点・零） गेम 'लव' से शुरू होता है ゲームはラブから始まる

लवक[1] [形] 切る；切断する

लवक[2] [名]〔生〕プラスティッド；有色体；色素体（植物細胞の原形質中にある小体）〈plastid〉

लवण [名] (1) しお（塩）= नमक. (2) えん（塩）；塩類 समुद्र के पानी में घुले विभिन्न प्रकार के लवण 海水中に溶けている様々な塩類

लवण कच्छ [名] 塩水湖

लवणजल [名] 塩水

लवणता [名*] 塩分

लवणित [形] 塩の加えられた；塩の混ぜられた

लवणिमा [名*] (1) 艶；艶やかさ (2) 美しさ；艶容

लवन [名] (1) 切断 (2) 刈り入れ

लवना [他] 刈り取る；刈り入れする= लुनना.

लवनी[1] [名*] (1) 刈り取り；刈り入れ (2) 刈り取りの手間賃

लवनी[2] [名*] (1)〔植〕バンレイシ科ギュウシンリ【*Annona reticulata*】 (2) 同上の果実

लव मैरिज [名]《E. love marriage》恋愛結婚= प्रेम विवाह.

लवली [名*] (1)〔植〕トウダイグサ科小木チェルマイ【*Cicca acida; Phyllanthus acidus*】 (2) その果実= लवलीफल; हरफारेवड़ी.

लव लेटर [名]《E. love letter》ラブレター；恋文= प्रेम पत्र.

लवलेश [名] ごく少量；微量；かけら (-का) लवलेश भी नहीं（ーの）かけらほどもない

लवा [名]〔鳥〕ミフウズラ科チョウセンミフウズラ【*Turnix tanki*】 **छोटा लवा**〔鳥〕ミフウズラ科チャムネミフウズラ【*Turnix sylvatica*】

लवाई[1] [名*] 刈り取り；刈り入れ；収穫

लवाई[2] [名*] 子を産んだばかりの雌牛

लवाज़िम [名, pl.]《A. لوازم ← لازم लाज़िम》必需品；必要品；身の回りの物品

लवाज़िमा [名]《A. لوازمه ← لازم लाज़िम》→ लवाज़िम.

लवेंडर [名] (1)《E. lavender》〔植〕シソ科ラベンダー／ラヴェンダー (2) ラベンダ（ラヴェンダー）香水〈lavender water〉 लवेंडर बालों में पोतना ラベンダー香水を髪につける

लशकर [名]《P. لشكر लश्कर》(1) 軍隊；軍勢 (2) 軍営；兵営 (3) 大群

लशकरी[1] [形]《P. लश्करी》(1) 軍隊の；〔軍〕の (2) 軍営の

लशकरी[2] [名] (1) 軍人；兵士= सिपाही; सैनिक. (2) 船員；船乗り

लशकरी[3] [名*] (1) 船員の言葉 (2) ごたまぜの言葉

लशुन [名]〔植〕ニンニク；大蒜 = लहसुन.

लश्कर [名] → लशकर. 軍隊

लश्करी [形・名] = लशकरी.

लस [名] (1) ねばねば；ねばりけ；ねちねち (2) とりもち (3)〔生理〕リンパ液；漿液〈serum〉 (4) 味；面白味；味わい

लसदार [形]《H. + P. دار》ねばりけのある；ねちねちした；粘着力のある नाक के भीतर का लसदार स्राव 鼻腔のねばりけのある分泌液

लसना[1] [他] 貼る；貼りつける；ひっつける

लसना[2] [自] 貼りつく；ひっつく

लसना[3] [自] (1) 光る；輝く (2) 似合う= फबना.
लसम [形] 瑕のある；欠陥のある
लसलसा [形+] ねばねばの；ねちねちした；ひっつきやすい；べとべとする= लसदार; चिपचिपा. लसलसा शरीर उस टुकड़े को चारों ओर से घेर लेता है ねばねばした体はそのかけらを四方から囲む
लसलसाना [自] ねばねばする；ねちねちする；べとべとする；粘着する
लसलसाहट [名*] ねばねば；ねばりけ；粘着性
लसिका [名*] つば；唾；唾液 = थूक.
लसी [名*] (1) ねばりけ (2) 魅力
लसीका [名*]〔生理〕リンパ；リンパ液〈lymph〉
लसीका-ग्रंथि [名*]〔解〕リンパ節 लसीका-तरल リンパ液
लसीकाणु [名]〔解〕リンパ球〈lymphocyte〉
लसीला [形+] = लसदार.
लसुन [名]〔植〕ユリ科ニンニク= लहसुन.
लसुनिया [名] = लहसुनिया.
लसोड़ा [名] (1)〔植〕ムラサキ科高木スズメイヌヂシャ【*Cordia myxa*】 (2) 同上の果実（薬用・食用）
लसौटा [名] トリモチをつけた竿
लस्टम-पस्टम [副] ようやく；どうにかこうにか；やっとのことで；やっとこさ
लस्त [形] (1) くたくたの；疲れ果てた；疲れ切った रसोई के पासवाले कमरे में, माँ के ही पलंग पर वह स्वयं दिन भर के श्रम से लस्त पड़ी थी 勝手横の母親のベッドに彼女自身が１日の仕事でくたくたになって横たわっていた (2) 衰弱しきった तीन-चार दिन तक तो किसी ने उसकी परवाह न की, पर जब वह बिल्कुल लस्त पड़ गया, कोई काम करने के क़ाबिल न रहा, तो उसे अस्पताल में पहुँचा दिया गया 2〜3 日の間はだれも気にとめなかったが，全く衰弱しきって何もできなくなると病院に運びこまれた
लस्त-पस्त [形] すっかり疲れた；疲れ切った；疲れ果てた
लस्सान [形] 《A. لسان》おしゃべりな；饒舌な
लस्सानी [名*] 《A. لسانی》饒舌
लस्सी [名*] (1) ヨーグルトに水と砂糖もしくは塩などを加えて撹拌した飲み物；ラッシー (2) ヨーグルトから脂肪を分離させた後の残り物；ラッシー
लहँगा [名] (1)〔服〕ラハンガー（くるぶしまであるゆったりしたスカート）；ガーグラー घाघरा (2)〔服〕ラハンガー（サリーの下に着る同上の形のペチコート）；サーヤー साया
लहँड़ा [名] 動物の群れ
लहँदा [名] = लहँदी.〔言〕ラハンダー語（西部パンジャーブ語．パキスタン領パンジャーブ州西部を中心に行われるインド・アーリアン語の一）= पश्चिमी पंजाबी.
लहँदी [名*] = लहँदा.
लहकना [自] (1) 風に吹かれて波打つように揺れる；揺れる यह सरसब्ज़ जंगल लहकते हुए この緑あふれる森は風に波打つ (2) 燃え立つ；燃え上がる (3) 沸き立つ；沸く；興奮に包まれる पुत्रजन्म से सारा गाँव लहक उठता है 男の子が生まれると村中が沸き立つ
लहकाना [他] (1) 風が波打たせる；揺らせる (2) 燃え上がらせる (3) 沸き立たせる；かき立てる
लहकारना [他] = लहकाना.
लहकौर [名*] (1) 結婚式の儀式の一．新郎と新婦がそれぞれ相手の口に食べ物を入れて食べさせる (2) この儀式の行われる際歌われる祝い歌
लहजा [名] 《A. لہجہ लह्जा》(1) 口調；語調；トーン मैंने आश्वासन के लहजे में कहा 激励の口調で言った अपनी भावनाओं को प्रकट करने में आपके शब्दों का चुनाव और लहजा महत्त्वपूर्ण पार्ट अदा करता है 自分の感情を表現するに当たって語彙の選択や口調はとても重要な役割を果たす अंगरेज़ी बोलने का एक ख़ास लहजा था 英語を話す独特の口調 (2) アクセント (3) 抑揚 (4) 様子；しぐさ；振り हँसी का लय या लहजा भी दूसरों को प्रभावित करने वाला होना चाहिए 笑う様子も人の気持ちを動かすようなものでなくてはいけない
लहज़ा [名] 《A. لحظ लह्ज़ा》瞬間；刹那= क्षण; पल.
लहटोरा [名]〔鳥〕モズ科の鳥及びサンショウクイ科の鳥 **काजला लहटोरा** モズ科タカサゴモズ【*Lanius schach*】 **खरटा लहटोरा** サンショウクイ科モズサンショウクイ【*Tephrodornis pondicerianus*】 **दूधिया लहटोरा** モズ科オオモズ【*Lanius excubitor*】 **माटिया लहटोरा** モズ科アカモズ【*Lanius cristatus*】
लहटोरिया [名*]〔鳥〕サンショウクイ科マダラサンショウクイ【*Hemipus picatus*】
लहठी [名*]〔装身〕ラックでこしらえたチューリー（चूड़ी）
लहनदार [名] 《H. + P. دار》(1) 債権者 (2) 金貸し；金融業者
लहना[1] [名] 未払勘定；貸した金の未払い分；貸し金 लहने का बाप तगादा है, इस सिद्धांत के वह अनन्य भक्त थे 催促しなければ貸した金は取り立てられぬものだ．この人はそれを絶対的に信奉していた **लहना उतारना** 残金を取り立てる **लहना चुकाना** 借りを返す；借金を支払う **लहना पाना** 自業自得 **लहना साफ़ क॰** = लहना चुकाना.
लहना[2] [他] 手に入れる；獲得する= प्राप्त क॰; हासिल क॰. **लह जा॰** うまく行く；うまく進む；順調に行く
लहना[3] [他] (1) 切る；切断する (2) 収穫する
लहना-पावना [名] 貸し方借り方
लहनी [名*] (1) 自己の行為の果を享受すること (2) 権利や権益を得ること
लहम [名] 《A. لحم लह्म》肉 = मांस; गोश्त.
लहमा [名] → लमहा; लम्हा.
लहर [名*] (1) 波；浪 यमुना की लहरें ヤムナー川の波 छोटी-छोटी लहरें उठना さざ波が立つ (2) 感情や気持ちの起伏；心の波立ち इस समाचार से पटना में बड़े ही क्षोभ की लहर फैल गई この知らせにパトナ市には激しい怒りの波が広がった तीज का त्योहार आते ही संपूर्ण राजस्थान के लोक-मानस में एक उल्लास की लहर छा जाती है ティージュ祭が訪れるとラージャスターン全土の民衆の心に歓喜の波が広がる उसके मन में गोरों के प्रति घृणा की लहर पैदा हो उठी 白人に対する憎悪の波が起こった (3) 流れ；動き；流行；傾向；影響；勢い；波 इस लहर से कैसे अछूते बचते? この波をどうして全く免れることができようか (4) 蛇毒が回って生じる影響（めまいや痙攣など） **लहर आ॰** *a.* 機運が高まる *b.* 蛇毒のため痙攣が起こる **लहर उड़ाना** *a.* 楽しむ *b.* 美しい声で歌う **लहर उतरना** 勢いが低下する **लहर चढ़ना** *a.* 発作が起こる *b.* 蛇毒が回る (-की) **लहर चल पड़ना** （-が）動き出す **लहर दे॰** *a.* ずきずきと痛む *b.* くねくね曲がって歩く (-की) **लहर दौड़ जा॰** （-の）波が広がる (-की) **लहर फैलना** = लहर दौड़ जा॰. **लहर मारना** *a.* 波打つ *b.* 盛んになる **लहर में आ॰** 浮かれる (-की) **लहर हो॰** （-が）はやる；流行する **लहरें उठना** *a.* 波が起こる；波立つ *b.* 動きが生じる；押し寄せる उमंगों की लहरें-सी उठने लगती हैं 歓喜が波のように押し寄せ始めた वास्तविक प्रसवपीड़ा की लहर-सी उठती है 本当の陣痛のように押し寄せる **लहरें उठना-गिरना** 波打つ **लहरें ले॰** 波打つ **लहरों पर थिरकना** 波に揺れる
लहर चाल [名*] 波動
लहरदार [形] 《H. + P. دار》(1) 波状の；波動的な (2) 波形のある；波形のついている (3) 気まぐれな
लहर-बहर [名*] 全盛；絶頂；栄華
लहरा[1] [名] (1) 波 (2)〔音〕震え声；顫音 (3)〔音〕前奏；序奏 (4) 休養
लहरा[2] [名]〔植〕イネ科パールミレット；トウジンビエ【*Pennisetum typhoides*】= बाजरा. 〈pearl millet; bulrush millet, spiked millet〉
लहराना[1] [自] (1) 波が起こる；波立つ；波打つ (2) 起伏のある；上下する (3) くねる；蛇行する (4) 泳ぐ；宙に浮く बप्पा का जबर हाथ हवा में लहराया 父のがっしりした手が宙に浮いた (5) はためく；(旗が) ひるがえる (6) 沸く；沸き立つ；浮き立つ；盛り上がる जन-जीवन एक नई उमंग में लहराने लगता है 庶民の生活が新しい喜びに沸き立つ
लहराना[2] [他] (1) 波立たせる；波打たせる (2) 上下させる (3) 振る；振り動かす；振りかざす हमने मुट्ठी भींचकर उसकी आँखों के सामने लहरायी 拳骨を握って男の目の前で振って見せた（突き出した） अपनी चप्पलें लहराते देखे गए 自分のサンダルを振りかざしているのが見られた (4) くねらせる；蛇行させる (5) 浮かせる；はためかす；ひるがえらせる फ़तह के झंडे लहराते हुए 勝利の旗をひるがえして हवा में लहराकर भभूत निकालने के चमत्कार का प्रदर्शन 空中に浮かせてバブートを取り出す奇跡を見せる (6) 沸かせる；沸き立たせる；盛り上げる

ल

लहरिया [名] (1) 波形；波形模様；波紋 (2) 波線 (3) 波紋の絹布；ラハリヤー लहरिये का साफ़ा ラハリヤーのターバン
लहरियादार [形] 《H. + P. دار》 (1) 波紋のある (2) 波線の
लहरी[1] [名*] 波；小波；さざ波
लहरी[2] [形] (1) 気まぐれな (2) 情緒的な (3) 陽気な；明るい (4) 風変わりな (5) 無思慮な
लहलहा [形+] (1) 青々とした；緑したたる；青々と茂る (2) (作物などが風に) 波打つ (3) 喜びにあふれた (4) 健康に満ち満ちた；はつらつとした
लहलहाना [自] (1) 生い茂る；畑が青々と波打つ गेहूँ का लहलहाता हुआ हरा खेत 青々と波打つ小麦畑 (2) 風に波打つ (3) 栄える；盛んになる；富む；豊かになる；繁昌する；繁盛する फिर देखो, तुम्हारे गाँव कैसे लहलहाते हैं その後で村がどんなに繁昌するか見てごらん एक समय भी था जब मेरा जीवन किसी का स्नेह पाकर लहलहा उठा था かつて私の人生もある人の愛情を受けて盛んだった頃もあった (4) 嬉しさに満ちる；喜びにあふれる (5) 生気を取り戻す；よみがえる；回復する；再び元気になる
लहसुन [名] (1) 〔植〕ユリ科ニンニク；ガーリック (2) そばかす (3) しみ
लहसुनिया [名] キャッツアイ；猫目石
लहसुनिया बत्ती [名*] キャッツアイ (道路の) = चमकते काँच. 〈cat's eye〉
लहालोट [形] (1) 笑いころげている (2) 大喜びの；喜び一杯の (3) うっとりした；魅了された
लहास [名*] 《← P. لاش लाश》 死体；遺体 = लाश; मुर्दा; शव.
लहासी [名*] (1) もやい綱 (2) 綱；ひも
लहीम [形] 《A. لحیم》 太っている (肥っている)；肥えている；肉づきのよい
लहीम-शहीम [形] 《A. لحیم شحیم》 大変太っている；非常に肥えている；でっぷりした；でぶの；でぶでぶの
लहीमोशहीम [形] 《A. لحیم و شحیم》 = लहीम-शहीम.
लहु [形] (1) 小さい；小型の (2) わずかの；少しの；少量の= लघु.
लहुरा [形+] 年少の；年下の
लहू [名] 血；血液= ख़ून; रक्त; लोहू. **काटो तो लहू नहीं** (心理的な動揺のため) 顔色なし；真っ青の；顔面蒼白の **लहू कटना** 下血 (-) **लहू कर दे०** (ーを) 台無しにする；駄目にする **लहू का घूँट पीकर रह जा०** 激しい怒りを我慢する **लहू का घूँट भरकर रह जा०** = लहू का घूँट पीकर रह जा०. (-के) **लहू का प्यासा हो०** (ーの) 血に飢えている；(ーに) 激しい殺意を抱く **लहू खौलना** はらわたが煮えくりかえる；激しい怒りを感じる **लहू गरम हो०** 怒りを覚える；かっとなる (-का) **लहू गारना** = लहू चूस ले०. (-का) **लहू चूस ले०** (ーを) とても苦しめる **लहू जोश खाना** 血がたぎる；血が沸く；発奮する इस क़ौमी तराने से हिंदोस्तानियों का लहू जोश खाने लगता है この国歌を耳にするとインド人の血はたぎる **लहू टपकना** 怒りに顔を赤くする **लहू पसीना एक क०** 血のにじむような努力をする **लहू पानी एक क०** 骨を折る；汗水流して働く (-का) **लहू पीना** = लहू चूस ले०. **लहू पी-पीकर रह जा०** 激しい怒りを胸に収める；強い怒りをぐっとこらえる (-का) **लहू मुँह लगना** *a.* (ーの) 味を覚える *b.* (ーの) 味を占める (-का) **लहू रोना** (ーが) とても悲しい思いをする **लहू लगाकर शहीद हो०** 何もせずに栄誉を受ける；何も貢献せずに自分の手柄とする= लहू लगाकर शहीदों में मिलना. **लहू सफ़ेद हो जा०** 人間らしさを失う；非情になる **लहू सुखाना** 思い悩む (-का) **लहू सूख जा०** (ーが) 震えあがる；おののきを感じる (-का) **लहू हलका हो०** (ーの) 気が短い (-का) **लहू हो०** *a.* (ーが) 殺される *b.* (ーが) 破滅する
लहू-लुहान [形] 血まみれの；血にまみれた **लहू-लुहान हो०** 血まみれになる= लोहू में लथपथ हो०; ख़ून ख़च्चर हो०. उधर भेड़िया उसके पीछे-पीछे घिसटता हुआ रास्ते में ही लहू-लुहान होकर मर गया 狼はそれの後ろに引きずられて行く途中で血まみれになって死んでしまった
लहेरा [名] ラックを原料にしたチューリーなどを製造する職人 (その職を主な生業としてきたカーストの人)；ラック細工をする人；ラック塗装をする職人= लखेरा.
लाँक[1] [名*] 麦類や豆類などの穀物を刈り取って脱穀するために積み上げたもの
लाँक[2] [名*] 腰；腰部；ウエスト = कमर.
लाँक[3] [名*] 〔植〕マメ科食用スイトピー
लाँग [名*] ランゴート (लँगोट) やドーティー (धोती) を身につける際，最後に股間を通して腰 (胴のぐるり) にたくしこむ部分；ラーング लाँग का छोर ラーングの端 **लाँग खुलना** 恐れる；怖がる；震えあがる **लाँग खोल दे०** 負ける；負けを認める；降参する
लाँग ऑन [名] 《E. longon》〔ス〕(クリケット) ロングオン (投手の右後方の野手)
लाँग ऑफ़ [名] 《E. longoff》〔ス〕(クリケット) ロングオフ (投手の左後方の野手)
लांगल [名] 犂
लांगल-फाल [名] (1) 犂の刃 (2) 〔植〕パルミラヤシ (3) 錨；碇 (4) 三日月の両端 (5) 男根
लांगलेग [名] 《E. longleg》〔ス〕(クリケット) ロングレッグ
लांगहॉप [名] 《E. longhop》〔ス〕 ロングホップ (クリケットの跳飛球)
लांगूल [名] (1) 尻尾；尾= पूँछ; दुम. (2) 陰茎；男根= लिंग; शिश्न.
लांगूली [名] 猿 = बंदर; वानर.
लाँघना [他] (1) ある範囲を越える；またぐ；乗り越える इसी से भगवान ने समुद्र की मर्यादा बाँध दी है जिसे वह लाँघ नहीं सकता これによりまたぐことのできない海の境界を神様が定められた आँगन लाँघकर और तीन सीढ़ियाँ चढ़कर 中庭をまたぎ 3 つの階段を登って होते होते चार लड़के गाँव की अँधेरी गलियों को लाँघकर टूटे कुएँ की जगत पर जा पहुँचे やがて 4 人の子供たちは村の暗い路地をまたいで壊れた井戸のふちにやって来た (2) 途中を抜かす；途中を飛ばす；飛び越す；省く；省略する एक दर्जा लाँघकर ऊँचे दर्जे में जाना एक चुनौती थी 飛び級すること (一級飛び越して上の級に進むこと) は 1 つの挑戦だった कुछ ख़ुशी, कुछ विस्मय और कुछ इस बात का भय कि एक वर्ष की पढ़ाई कैसे लाँघी जा सकेगी いささかの嬉しさいささかの驚き，そして 1 年間の勉強をどうやって飛び越えられるかといういささかの不安 (3) 限定されたり制限されたり規定されたものを越えたりそれに違反したりする लोभ की सीमा को भी लाँघकर और आगे बढ़ गया था 欲望の極みを越えて更に前へ進んでいた (4) 番う；交尾する
लांच [名] 《E. lunch》 ランチ；昼食 लांच टाइम ランチタイム
लाँच [名*] 賄賂 = रिश्वत; घूस.
लांच बॉक्स [名] 《E. lunch box》 弁当箱；ランチボックス
लांचिंग पैड [名] 《E. launching pad》〔軍〕(ミサイルやロケットの) 発射台= लांच पैड 〈launch pad〉
लांछन [名] (1) 傷 (不名誉なこと)；瑕；疵；汚点；欠点 सिगरेट पीना किसी लड़की के लिए लांछन समझा जाता था 娘が喫煙するのは娘の瑕になるものと考えられていた भादों मास की चौथ का चंद्र दर्शन होने पर किसी-न-किसी लांछन लगने की संभावना बनी रहती है バードン月の 4 日の月を見ると何らかの汚点がつく可能性が残る (2) 中傷；悪口 मेरे आचरण के विरुद्ध किसी प्रकार का लांछन मुझे बरदाश्त नहीं था 私の品行に対する如何なる中傷も我慢ならなかった (3) 非難 लांछन लगना 非難される；非難を受ける उसपर सांप्रदायिकतावादी, अतिराष्ट्रवादी और प्रतिक्रियावादी होने के अनेक लांछन लगे 彼にはコミュナリストとか超国家主義者とか反動主義者といった様々な非難が浴びせられた लांछन लगाना 非難する；非難を浴びせる
लांछित [形] (1) 傷 (瑕／疵) のついた；汚点のついた；しみのついた (2) 中傷された (3) 非難された लोग तरह-तरह से उन्हें अपमानित और लांछित करते थे जो पर्दा नहीं करती थीं パルダーをしない女性を世間は様々な形で侮辱したり非難したりしていた
लाँड़ [名] 陰茎；男根 = लंड.
लांडरी [名*] 《E. laundry》 クリーニング業；クリーニング屋 (店) = लांडरी वाला; ड्राईक्लीनर.
लांड्री [名*] 《E. laundry》 ランドリー = लांडरी.
लांस कार्पोरल [名] 《E. lance corporal》〔軍〕陸軍上等兵
लांस दफ़ादार [名] 〔軍〕軍曹勤務伍長= लांस सर्जेंट.
लांस नायक [名] 《E. lance + H.》〔軍〕陸軍下級伍長
ला [名] 《E. law》 (1) 法律；法 (2) 法典
ला- [接頭] 《A. لا》 ないこと，備わっていないこと，欠けていることなどを表すアラビア語由来の接頭辞→ लाइलाज, लाजवाब.
लाइक [形] = लायक.

लाइकेन [名] 《E. lichen》〔植〕地衣類
लाइची [名*]〔植〕ショウガ科カルダモン；カーダモン= इलाइची.
लाइट [名*] 《E. light》 (1) 光；光線 (2) 明かり；灯火；ライト (3) 電灯 लाइट जलाना 明かりを点ける；点灯する；電灯を点ける
लाइट इयर [名] 《E. light year》〔天〕光年= प्रकाश वर्ष.
लाइट मिडिल वेट वर्ग [名] 《E. light middle weight》〔ス〕ライトミドル級
लाइटर [名] 《E. lighter》ライター
लाइट वेल्टर वेट वर्ग [名] 《← E. light welterweight》〔ス〕ライトウエルター級
लाइट हाउस [名] 《E. light house》灯台 = प्रकाश स्तंभ.
लाइटहैवी वेट [形・名] 《E. light heavyweight》〔ス〕ライトヘビー級（の） लाइट हैवी वेट वर्ग ライトヘビー級
लाइन [名*] 《E. line》 (1) 線；筋；縞 (2) 列 लाइन से 一列に छात्र क्लास में लाइन से बिठाये गए 生徒たちは教室で一列に着席させられた (3) 行列（買い物などの行列）；列をなして並ぶこと **लाइन पर आ॰** 統制や規律に服する **लाइन बनाना** 列に並ぶ；整列する लाइन बनाकर बस की प्रतीक्षा क॰ （列に）並んでバスを待つ **लाइन में खड़ा हो॰** 列に並ぶ；行列する **लाइन लगाना** 列をなす (4) 軌道；線路 **छोटी लाइन** 狭軌（鉄道） छोटी लाइन के इंजन की आवाज़ 狭軌の機関車の音 **बड़ी लाइन** 広軌 द्वारका रेल स्टेशन अब बड़ी लाइन पर हो गया है ドゥワールカー駅はもう広軌の駅になっている (5) 線路；航路 (6) 軌道の幅 **लाइन पकड़ना** 軌道に乗る (7) 方針；進路 **लाइन बदलना** *a.* 方針を変える；方向転換する *b.* 考えを変える (8) 専門 (9) 職業；職種；商売 (10) 電話線；電力線などの線 (11) 軍の宿営；宿営区域；営舎；兵営
लाइनमैन [名] 《E. linesman》〔ス〕ラインズマン；線審；ラインキーパー
लाइनहाज़िरी [名*] 《E. line + A. حاضری》点呼 लाइनहाज़िरी दे॰ 点呼を受ける 8 बजे तक नहा-धोकर लाइन हाज़िरी देनी पड़ती है 8 時までに沐浴をすませて点呼を受けなくてはならない
लाइनिंग [名] 《E. lining》〔服〕裏；裏地 कुरते में लाइनिंग लगाया गया है クルターに裏地がつけられている
लाइफ़ बॉय [名] 《E. life buoy》救命ブイ
लाइफ़ बेल्ट [名] 《E. life belt》ライフベルト；救命帯
लाइफ़ बोट [名] 《E. life boat》救命艇；ライフボート
लाइब्रेरियन [名] 《E. librarian》図書館館長= पुस्तकालय अध्यक्ष.
लाइब्रेरी [名*] 《E. library》図書館；ライブラリー= पुस्तकालय.
लाइलाज [形] 《A. لا علاج》 (1) 治療法のない；不治の लाइलाज रोग 不治の病 (2) 手の施しようのない；しようのない
लाइलैक [名] 《E. lilac》〔植〕モクセイ科ライラック；リラ
लाइसेंस [名] 《E. license》 (1) ライセンス；鑑札；免許；免許証 (2) 許可 एक अलग किस्म का लाइसेंस दिया जाता है 別種の免許が与えられる पक्का लाइसेंस 正式免許 कच्चा लाइसेंस 仮免許 बिना लाइसेंस का 無免許の；正式ではない；もぐりの（潜りの） = बगैर लाइसेंस वाला. ड्राइविंग लाइसेंस 運転免許（書） = गाड़ी चलाने का पक्का लाइसेंस. लाइसेंस की फ़ीस 免許料
लाइसेंसी [形・名] 《E. licensee》免許を受けた（人）；許可を受けた（人） **लाइसेंसी हथियार** 所持の免許を受けた武器（銃や刀剣など）
लाई[1] [名*] ゆでた籾米を乾かした後熱した砂で煎った食品；煎り米；ラーイー
लाई[2] [名*] 陰口；告げ口；中傷= चुग़ली; निंदा. (-से) **लाई लगाना** 陰口を言う；中傷する；(一に) 告げ口をする
लाई[3] [名*]〔植〕アブラナ科野菜カラシナの一種【*Brassica juncea var. cuneifolia; B. rugosa var. cuneifolia*】
लाई डिटेक्टर [名] 《E. lie detector》嘘発見器；ポリグラフ
लाई-लुतरी[1] [名*] 陰口；告げ口；中傷
लाई-लुतरी[2] [形] 陰口をきく；告げ口をする；告げ口をして人の仲を裂く
लाउंज [名*] 《E. lounge》ラウンジ इसमें हर सैलून के साथ एक लाउंज और रसोईघर है ここでは各サロンに 1 つのラウンジとキッチンがついている
लाउड इस्पीकर [名] 《← E. loud speaker》拡声器；ラウドスピーカー= लाउड स्पीकर.
लाउडस्पीकर [名] 《E. loud speaker》スピーカー；ラウドスピーカー；拡声器
लाओत्ज़ू〔人名〕《E. Lao-tse; Lao-tsze; Lao-tzu》老子（中国の思想家・哲学者）
लाओस〔国名〕《E. Laos》ラオス
लॉक [名] 《E. lock》錠；錠前；ロック
लॉक अप [名] 《E. lock-up》留置場；拘置所= हवालात.
लाकुटिक[1] [形] 杖や棍棒を携える
लाकुटिक[2] [名] (1) 従者；従卒 (2) 番人
लाकेट [名] 《E. locket》 (1)〔装身〕装飾ケースのついた金の首飾り；ロケット（婦人用装身具） (2) ロケット（鎖につける装飾ケース） गले का लाकेट 首に下げたロケット
लाक्षणिक [形] (1) しるしの；徴候の；しるしになる (2) 症状の；症候の (3) 比喩的な；隠喩の (4) 象徴的な **लाक्षणिक चिकित्सा**〔医〕対症療法
लाक्षा [名*] (1) ラック（ワニスなどの原料） (2) シェラック
लाक्षागृह [名]〔マハ〕ラック製の家（ドゥルヨーダナがパーンダヴァ五兄弟を焼殺そうとして作らせたという）
लाक्षिक [形] (1) ラックの (2) ラック製の
लाख[1] [名*] (1) ラック (2) シェラック = लाक्षा. (3) 封蝋 **लाख का कीट** ラックカイガラムシ लाख का कीट चपड़ा बनाता है ラックカイガラムシがラックをつくる **लाख की चूड़ियाँ** ラックを原料としてこしらえたチューリー（女性の手首飾り） **लाख लगाना** *a.* 封蝋で封印する *b.* 隠す
लाख[2] [数・形] (1) 10 万（の） = लक्ष. (2) 数え切れぬほどの；無数の；ありとあらゆる；一切の मैंने रजनी को समझाने की लाख कोशिश की ラジャニーに言い聞かせようとあらゆる努力をした अभी लाख बीमारियों की दवा या लाख दुःखों की दवा नहीं है चुनाव いまだ選挙は万病の薬や無数の苦痛に効く薬ではないのだ **लाख का घर ख़ाक हो॰** 零落する **लाख की बात** 最も大切なこと；甚だ重要なこと **लाख की बात ख़ाक क॰** 非常に大切なことを台無しにする **लाख के बीच कहना** 公然と言う；言い放つ；断固として言う **लाख जाए पर बात न जाए**〔諺〕金を失っても信義を失ってはならない；如何なる犠牲を払っても約束は守らなくてはならない **लाख जी से** 心の底から；実に；誠に **लाख टके की बात** = लाख की बात. **लाख न चाहते हुए भी** どれほど望まなくても **लाख बात की एक बात** 最も大切なこと **लाख रुपये की बात** = लाख की बात. **लाख-लाख** 沢山；一杯；山のように लाख-लाख धन्यवाद 大変有り難い；恐縮至極です लक्ष्मी देवी को लाख-लाख धन्यवाद ラクシュミーさんに深く感謝する (-को =) **लाख-लाख बनाव दे॰** (一が=に) とても似合う **लाख सिर का** 誠実な；忠実な लाख सिर पटककर 精一杯努力して **लाखों** →別項（見出し語）
लाख[3] [副] いかほど；どれほど；どんなに；随分と आदमी लाख परदे की आड़ में रहे तो भी 人間はどんなに包み隠そうとしても गुनहगार घड़ियाँ लाख भुलाने पर भी आँखों के सामने हर घड़ी नाचती रहती है あの悪夢の時間はどれほど忘れようとしても目の前にはっきりと浮かんでくる **लाख कहना** 十分に言いきかせる；随分説得する；うんと言い聞かせる लाख कहे डाक्टर 医者がどれほど言っても；医者が何と言おうとも मम्मी डैडी ने लाख समझाया 父と母とがうんと言い聞かせた रूपा लाख कहे कि यह रमेसर की चाल है ルーパーがこれはラメーサルの陰謀だとどれだけ言おうとも लाख बुरा है, है तो अपना लड़का ही どんなに悪くても息子は息子だ（息子であることには違いない） पिछली बार आई थी तो लाख चलने को कहा पर नहीं माना この前来た時に随分と一緒に行こうと誘ったのだがうんと言わなかった
लाखना [他] ラックを用いて容器などの穴を詰めたり埋めたりする
लाखर [名]〔植〕ウルシ科小高木ハゼ（櫨）【*Rhus succedanea*】
लाखा[1] [名] (1) ラック染料（口紅に用いられる） (2)〔農〕赤銹病
लाखा[2] [形+] ラック色の；赤紫色の
लाखागृह [名] → लाक्षागृह.
लाख़िराज [形+] 《A. لا خراج》免税の；無税の
लाख़िराजी [名*] 《A. لا خراجی》免税地；無税地
लाखी[1] [形] ラック色の；赤紫色の
लाखी[2] [名] ラック色；赤紫色
लाखों[1] [形・名]（लाख の複数斜格形であるが強意形として次のように用いられる） (1) 幾十万の (2) 無数の दैनिक अखबारों की लाखों

प्रतियाँ 日刊紙の無数の部数 लाखों बेघर-बार हुए 無数の人が家を失った **लाखों का** 巨万の **लाखों की माया** 巨万の富 **लाखों कुएँ का पानी पिये हो॰** 経験豊かな；海千山千の **लाखों जूतियाँ पड़ना** この上ない恥辱を受ける **लाखों में चोट क॰** 公然と行う；公然と言う

लाखों[2] [副] ←लाख[1] 非常に；甚だしく

लाग [名*] (1) 接触；つながり (2) 愛着；愛情 (3) 対抗；競争 (4) 遺恨；敵意；憎しみ (5) トリック (6) 奇術；手品= लाग का तमाशा. (7) 税；税金；地代；地租 **मुस्तकिल लागें** 恒久税 **ग़ैरमुस्तकिल लागें** 臨時税 **लाग रखना** 敵意を抱く **लाग लगना** *a.* 愛情を抱く；愛着を感じる *b.* 敵対する；対立する **लाग लगाना** 支える

लाग-डाँट [名*] (1) 悪意 (2) 恨み；怨恨 (3) 対抗心；競争心

लागत [名*] 費用；経費；制作費 इसमें से लागत निकालकर आठ-दस आने बच जाते थे これから経費を差し引くと 8〜10 アンナが残るのだった दस करोड़ रुपये की लागत के फल का निर्यात 1 億ルピーの費用で果物の輸出 करोड़ों रुपये की लागत से 数千万ルピーかけて；数千万ルピーを投じて **लागत बैठाना** 経費の計算をする；コストを計算する **लागत लगना** 経費がかかる

लागना [名] (1) 人の跡をつける（任務の）人 (2) 狩人= अहेरी.

लाग-बाग [名]《Raj.》税金 भूमिकर के अलावा किसानों से कई प्रकार के अन्य कर वसूल किए जाते थे जिन्हें लाग-बाग कहा जाता था 地税以外にも農民たちから様々な税金が取り立てられていた．それをラーグバーグと呼んでいた

लाग़र [形]《A. لاغر》やせこけて衰弱した；やせ細った मगर रफ़्ता रफ़्ता मरीज़ लाग़र होता चला जाता है でも病人は次第に衰弱していく

लाग़री [名*]《P. لاغری》衰弱 = दुर्बलता; क्षीणता.

लाग-लगाव [名] 友情；友愛

लाग-लपेट [名*] (1) 関係；関連；つながり बिना व्यावहारिक स्तर पर, बिना किसी लाग-लपेट या भावुकता के पक्का किया गया था 純然と商取引として何の関係からでもなく特別の感情もこめずに話が決められた (2) 隠されていること；裏；いんちき；ごまかし इसमें लाग-लपेट की क्या बात है? この話がなぜごまかしなんだね (3) 包み隠し；隠しごと उसने अपने प्रेम प्रसंगों के बारे में बिना किसी लाग-लपेट के बता दिया 自分の恋愛関係について何一つ包み隠さず語った **लाग-लपेट न रखना** 明言する；あからさまに言う **(-से) लाग-लपेट रखना** （ーに）敵意を持つ

लागि [格助] (1) （ーの）ために；（ー）ゆえに (2) （ー）に；（ーの）ために (3) （ー）まで

लागू [形] (1) 実施された；施行された 26 जनवरी 1950 को भारत का नया संविधान लागू हुआ 1950 年 1 月 26 日にインドの新憲法が施行された राज्य के कुछ भागों में धारा 144 लागू है 州の幾つかの地域に外出禁止令が出されている यह आदेश पाँच फ़रवरी 16 तक लागू रहेगा この 5 号指令は 2 月 16 日まで実施される आयोग की सिफ़ारिशें लागू करना 審議会の勧告を実施する (2) 適用された यह कानून सभी भारतीय नागरिकों पर लागू होता है この法律はすべてのインド人に適用されている **(-पर) लागू बनना** （ーと）関わりを持つ

लाघव [名] ←लघु. (1) 小さいこと；短小なこと (2) 縮小 (3) 簡略にすること (4) 軽いこと (5) 迅速さ (6) 簡潔

लाचार [形]《A.P. لاچار》(1) 仕方のない；余儀ない (2) 困窮した；貧しい；貧困の (3) 力のない；無力な

लाचारी [名*]《A.P. لاچاری》←लाचार. 余儀ないこと；仕方のないこと= विवशता; मजबूरी. **(-की) लाचारी का फ़ायदा उठाना** （ーの）弱みにつけこむ साहूकार किसान की इस लाचारी का फ़ायदा उठाकर उससे मनमाना सूद वसूल करता है 金貸しは農民のこの弱みにつけこんで気ままな利子を取る

लाज[1] [名*] (1) 名誉；面目；面子= मान; इज़्ज़त; प्रतिष्ठा. देश की लाज तुम्हारे हाथों में है 国の名誉は君たちの双肩にかかっている (2) 恥じらい；恥= लज्जा; शर्म. **लाज क॰** 恥ずかしがる **लाज खाना** 恥じ入る **लाज खोना** 恥を忘れ去る；無恥になる；恥知らずになる **लाज ढोना** 面子を保つ अब कहाँ तक दुनिया की लाज ढोएँ? 一体どこまで世間に対し面子を保てばよいのか **लाज बचाना** 面目を保つ **लाज बेचना** 恥ずべきことをする；不面目なことをする **लाज रख ले॰** 面目を保つ **लाज लगना** 恥ずかしい；恥ずかしくなる **(-की) लाज लूटना** （女性を）辱める **लाज सँभालना** 面目を保つ **लाज से गड़ जा॰** 穴があったら入りたいほどに恥じる；恥じ入る；顔から火が出る；赤面する= लाज से गठरी हो॰. **लाज से हाथ धो बैठना** 恥も外聞もなくなる **लाजों डूबना-उतराना** 赤恥をかく；大恥をかく **लाजों मरना** 大恥をかく；恥ずかしさに顔から火が出る **लाजों मारना** 赤恥をかかせる；大恥をかかせる

लाज[2] [名*] ひも；綱= रस्सी; डोरी; रज्जु.

लाज[3] [名] 煎り米= लावा; खील; लाजा.

लाज[4] [名]《E. lodge》(1) ロッジ；山荘 (2) 旅館；ホテル；ペンション；宿泊施設

लाजना [自] 恥ずかしがる；はにかむ= लजाना; शरमाना.

लाजपेया [名*] 煎った米を煮て粥にしたもの（病人食）= लाजभक्त; लाजमंड.

लाजमी [形] → लाज़िमी.

लाजवंत [形] 恥ずかしがり屋の；はにかみ屋の= हयादार.

लाजवंती [名*] (1) 恥ずかしがり屋の女性 (2)〔植〕マメ科一年草オジギソウ；ネムリグサ；ミモザ【*Mimosa pudica*】= लजालू; छुई-मुई.

लाजवर्द [名]《P. لاجورد लाज्वर्द》(1) るり（瑠璃）；ラピスラズリ〈lapis lazuri〉 (2) 群青；ウルトラマリン（顔料）

लाजवर्दी [形]《P. لاجوردی लाज्वर्दी》るり色の；紺色の

लाजवाब [形]《A. لا جواب》(1) 答えられない；返答に窮した लाजवाब होकर बगलें झाँकने लगा 返答に窮して考え込んだ (2) とびきり上等の；素晴らしい यदि आपके पास एक कटोरी मलाई है तो यह लाजवाब सब्ज़ी तुरंत तैयार कर लीजिए もし 1 皿のクリームが手許にあればこのとびきり上等の野菜料理をお作り下さい (3) 比類のない；独壇場の

लाजा [名*] (1) 米 (2) 煎り米= खील; लावा.

लॉजिक [名]《E. logic》ロジック；論理

लाज़िम [形]《A. لازم》= लाज़िमी. यह भी लाज़िम है वह अच्छा खाना पकाना सीखे 彼女には料理の作り方を覚えてもらわなくてはならない

लाज़िमा [名]《A. لازمہ》(1) 必要なもの；大切なこと पहला लाज़िमा सफ़ाई है 一番大切なものは清潔 (2) 必需品

लाज़िमी [形]《A. لازمی》(1) （ーしなければ）いけない；不可避の；避けられない= अनिवार्य. बचना लाज़िमी है गर्मियों में लू से 夏にはどうしても熱風を避けなくてはいけない (2) 欠かせない；不可欠の；無くてはならない= आवश्यक; ज़रूरी. दूध का आना बहुत लाज़िमी है 牛乳はどうしても欠かせない इसमें यह धैर्य और बर्दाश्त नहीं है, जो पिकेटिंग के लिए लाज़िमी है ピケを張るには無くてはならない勇気と忍耐力をこの人は持ち合わせていない (3) 当然の；当たり前の；無理のない= उचित; मुनासिब. कुछ संशयों का मन में पैदा होना भी लाज़िमी है 若干疑念の生じるのも無理はない

लाट[1] [名*] 石柱 सम्राट् अशोक की ई॰पू॰तीसरी सदी में बनी एक लाट है 紀元前 3 世紀のアショーカ王の（建立になる）石柱（石碑）がある

लाट[2] [名]《E. Lord》(1) 英領インド時代の州知事 (2) 権力者 **अपने को लाट समझना** ひどくうぬぼれる；殿様気取り= अपने को बड़ा समझना. **बड़ा लाट** インド総督；インド副王= बड़े लाट. **बड़े लाट बने हैं** 甚だうぬぼれている

लाट[3] [名]《E. lot》一山；一組；一口；ひとまとまり；ひとくくり；ロット

लाट[4] [名] (1)〔地名〕ラータ（現在のグジャラート州アフマダーバード अहमदाबाद, バローチ भड़ौच 地方の古名） (2)〔修辞〕押韻の一（多くの同一語句が反復して用いられるが一語が異なるか統語的な相違により異なった意味の現れる修辞法）= लाटानुप्रास.

लाट घाट [名]〔商〕たなざらえ（店浚え） **लाट घाट का माल** 見切り品

लाटबंदी [名*] 一組や一山に分けたりまとめたりすること

लाटरी [名*]《E. lottery》宝くじ；富くじ तीन लाख की लाटरी मेरे नाम निकली है 30 万のくじに当たった लाटरी का टिकट 宝くじの札

लाटरीज़ [名*]《E. lotteries》宝くじ；富くじ हरियाणा राज्य लाटरीज़ ハリヤーナー州宝くじ

लाट साहब [名] → लाट[2] (1) 旧英領インドの州長官；州知事 (2) 大立て者 **अपने (-को) लाट साहब का बच्चा समझना** 大変うぬぼれる

लाट साहबी [名*] 大変威張ること；大威張り；大変な気取り जब हम कोई बहाना बनाते या टाल-मटोल करते तो वह आसपड़ोस में हमारे घमंड और लाट साहबी का प्रचार करती これが言い訳をしたり言い逃れをしようものなら近所の人にやれうぬぼれているんだとか気取っているんだとか触れまわるのだ

लाटा [名]《Raj.》〔農〕(1) 脱穀した穀物 (2) 耕作者が収穫高を所定の比率で配分して税を支払う方法 (3) 脱穀場で農民がその借金を穀物の形で返済する方法

लाटानुप्रास [名]〔修辞〕ラータ・アヌプラーサ लाट[4]

लाठा-लाठी [名*] 棍棒での殴り合い

लाठी [名*] (1) ラーティー（護身用や警備員，警官の警棒などに用いられる 2m ほどの木や加工した竹の棒） (2) 頼りになるもの；支え；杖 **जिसकी लाठी उसकी भैंस**〔諺〕力は正義なり **लाठी के ज़ोर से** しゃにむに；力ずくで；暴力的に **लाठी खाना** 棍棒（ラーティー）で打たれる **लाठी (लाठियाँ) चलना** 棍棒（ラーティー）での殴り合いが行われる **लाठी चलाना** ラーティーで打つ उसी ने मेरे दोस्त पर लाठी चलाई थी 私の友人をラーティーで打ったのはあいつなんだ **लाठी टेकना** （歩く時に）ラーティーを握る；ラーティーを突く लाठी टेकते हुए ラーティーを突きながら **लाठी निकलना** ラーティーが構えられる **लाठी बाँधना** ラーティーを携える；ラーティーを携行する **लाठी लेकर पीछे पड़ना** めくじらを立てる **लाठी में तेल लगाना** ラーティーに油を塗る；ラーティーの手入れ（準備）をする

लाठीचार्ज [名]《H. + E. charge》群集や暴徒の制圧のため警察（警官）によるラーティーの行使 अलीगढ़ में लाठीचार्ज アリーガルで警察のラーティー行使

लाड़ [名] (1) 愛情（特に子供に対する） (2) 子供を可愛がること；可愛がり（なでたりさすったりすることも含めて）；愛撫；あやすこと (3) 甘やかし तुम्हारे लाड़ ने ही तो सब को बिगाड़ रखा है お前が甘やかしたからみなでき損なったのだ **लाड़ उतारना** 性根を叩き直す **लाड़ क०** *a.* 可愛がる माँ तुमको बड़ा लाड़ करती है 母さんはお前をとても可愛がっているね *b.* 愛撫する पिता ने उसे लाड़ करते हुए अपनी पत्नी से कहा 父は子供を愛撫しながら妻に言った **लाड़ लड़ाना** とても可愛がる；愛おしむ बेटी को लाड़ लड़ाना वह भी जानते हैं, साथ ही बेटी की ससुराल वालों की इज़्ज़त करना भी わが娘を可愛がることはわきまえているのだが，同時に娘の嫁ぎ先の面子を守ることも承知している

लाड़चाव [名] 可愛がること माँ अपने बेटे को ढेरों लाड़चाव करती थी, साथ ही गुस्सा आने पर हाथ तक उठाने का अधिकार रखती थी 母はわが子を限りなく可愛がっていたが，同時に腹を立てると手をかける力も備えていた

लाड़-दुलार [名] (1) 愛情 शिष्ट बच्चा बचपन से ही सब के लाड़-दुलार का भाजन होता है 礼儀正しい子供は小さい時からだれからも愛情を受ける जिस प्रकार प्रत्येक सास अपनी बहू को लाड़-दुलार नहीं देती, उसी प्रकार प्रत्येक बहू भी अपनी सास को उचित आदर सम्मान नहीं देती どの姑も嫁を可愛がるわけではないのと同じくどの嫁も姑に然るべき敬意を払うわけではない (2) 愛撫

लाड़-प्यार [名] 愛情；いつくしみ आवश्यकता से अधिक लाड़-प्यार भी बच्चों को उद्दंड बनाता है 可愛がり過ぎても子供は生意気になるものです ग़लत लाड़-प्यार में पली लड़कियाँ 誤った愛情を受けて育った娘たち **लाड़-प्यार क०** いつくしむ；可愛がる अधिक लाड़-प्यार 甘やかし（過ぎ） अपने लाड़-प्यार से ये मेरे बच्चों को बिगाड़ रहे हैं うちの人は甘やかし過ぎて子供を損なっている

लाड़-लड़ैता [形+] (1) 可愛い；愛らしい (2) とても可愛がられてきた

लाड़ला [形+] 可愛い；愛らしい；可愛がられる शंकरदास की लाड़ली लड़की シャンカルダースの愛娘 लाड़ली बेटी 愛娘 जिन परिवारों में जहाँ एक ही संतान होती है, वह पूरे परिवार के आकर्षण का केंद्र होती है, लाड़ली होती है ひとりっ子は家族中の注目の的になり可愛がられるもの

लाड़ा [名] 新郎；花婿 ＝ वर; दूल्हा.

लाड़ी [名*] 新婦；花嫁 ＝ दुल्हन.

लाडू [名] ＝ लड्डू.

लाड़ो [名*] 可愛い娘；まなむすめ（愛娘）；最愛の娘 मेरी लाड़ो को अभी तक निंदिया नहीं आई? うちのお嬢ちゃんはまだおねむになりませんか

लाढ़िया [名] 店主と結託して客をだます仲介人

लाढ़ियापन [名] (1) 店主と結託して客をブローカーがだますこと (2) いんちき；いかさま

लात [名*] (1) 人や動物の蹴り；蹴ること＝ पादप्रहार. (2) 足＝ पैर; पाँव. **लात खाना** *a.* 蹴られる；足蹴にされる；蹴飛ばされる *b.* 侮辱される；不面目な目に遭う **(-पर) लात चलाना** （－を）辱める；侮辱する **लात जा०** 牛などがいやがって乳を搾らせない **लात-जूता** 殴り合い蹴り合うこと；暴力沙汰 **लात-जूते से बात क०** *a.* 激しく殴ったり蹴ったりする *b.* 侮辱する **लात दे०** 蹴る **लात पसारना** 自分の甲斐性や力量に応じて振る舞う **लात फटकना** 蹴る **लात मारकर खड़ा हो०** 大病や厄介なことから解放される **(-को) लात मारना** （－を）蹴る मैंने उसके लात मारी 私はその男を蹴飛ばした **(-पर) लात मारना** はねつける；蹴飛ばす；一蹴する；足蹴にする इसी पर नाराज़ होकर उन्होंने 800 रुपये की नौकरी पर लात मार दी 同氏はまさにこのことに腹を立て月給 800 ルピーの勤めを足蹴にされた **लात-मुक्की क०** 殴ったり蹴ったりする **लात लगना** 侮辱される；辱められる **लात लगाना** ＝ लात मारना. **लात सहना** 辱められる；侮辱される **लात से बात क०** ひどい目に遭わせる **लातें घूँसे जड़ दे०** 蹴ったり拳骨で殴ったりすること **लातें जमाना** 蹴飛ばす；足蹴にする थानेदार ने उसका नाम-पता पूछते-पूछते ही उसके चार पाँच लातें-घूँसे जड़ दिये 警部補は男の住所氏名をたずねているうちに 4～5 発殴ったり蹴ったりした चलते-चलते दो-तीन लातें जमा देती 去りしなに 2～3 度蹴飛ばす **लातों के भूत बातों से नहीं मानते**〔諺〕下劣な者，卑しい者は言葉ではなく力にしか従わないものだ＝ लात का देव बात से नहीं मानता; लातों के देव बातों से नहीं मानते.

लातर [名*] 古靴

लातादाद [形]《A. لا تعداد》無数の；数え切れない＝ अनगिनत; असंख्य. आसमान पर लातादाद तारे नज़र आते हैं 空に無数の星が見える

लातीनी[1] [名*]〔言〕《A. لاطینی》ラテン語

लातीनी[2] [形] (1) ラテンの (2) ラテン語の

लातीनी अमेरिका [名] ラテン・アメリカ〈Latin America〉

लाद[1] [名*] (1) 積みこみ；積載 (2) 積み荷

लाद[2] [名*] (1) 腹 (2) 胃腸 **लाद निकलना** 腹が突き出る；太鼓腹になる

लादना [他] (1) 荷を載せる；積む；積みこむ；背負う；担ぐ अब उन्हें काफ़िले में लादकर अरब नहीं भेजा जा सकता 今日ではそれらを隊商に積んでアラブに送ることはできなくなっている धोबी अपने बैल पर लादकर उन्हें नदी के घाट पर ले जाता है 洗濯屋は牛の背に洗濯物を積んで川の洗濯場へ持って行く **कंधे पर लादना** 肩車をする मुझे कंधे पर लादे 私を肩車に乗せて **पीठ पर लादना** 背負う पीठ पर बोझ लादे हुए 荷を背負って (2) 押しつける；強制する；負わせる यह इस देश के नागरिकों का दुर्भाग्य है कि उनपर हिंदी तो नहीं, परंतु अंग्रेज़ी ज़रूर लादी जा रही है これはヒンディーではなくて英語が強制される国の市民の不運なのです सारा सहयोग समाप्त हो चुका और आप दोनों प्रयत्न करते हैं कि अपनी इच्छा दूसरे पर लाद दें 一切の協力関係は終わってしまったのにあなた方お 2 人は自分の意志を相手に押しつけようとなさっていらっしゃる हम यहाँ उन्हीं लोगों की मानसिकता पर बात कर रहे हैं जो संबंध, परिचय या मैत्री की आड़ में अपने तौर तरीके दूसरों पर लादना चाहते हैं ここでは縁故だとか顔見知りだとか友人関係だとかに隠れて自分のやり方を他人に押しつけたがっている人たちの心性について話をしている क्योंकि बच्चे पर पढ़ाई लाद दी गई है というのは，子供に勉強が強制されたために **अहसान लादना** 恩を着せる मुफ़्त में उठा लाता है और हमपर अहसान लादता है ただの物を持って来ておきながらこちらに恩を着せる **लाद दे, लदा दे, हाँकनेवाला साथ दे**〔諺〕人の好意につけ込んで極度に厚かましいことのたとえ

लाद-फाँद [名*] 梱包と積載

लादवा [形]《A. لا دوا》治療法のない；不治の；効く薬のない

लादावा [形]《A. لادعویٰ》権利のなくなった；無権利の

लादिया [名] 運搬人；運送屋

लादी [名*] (1) 役畜の背に載せる荷 (2) 洗濯屋の洗濯物の荷 (3) 大きな包み

लानंग [名]〔植〕ウッタラーンチャル・プラデーシュ州のガルワール地方に産するワイン製造に用いられるブドウの一種

लान[1] [名*] 《E. lawn》芝生

लान[2] [名] 《E. lawn》上等の薄地の綿布，もしくは，リンネル布；しゃ（紗）

लान[3] [名*] 《A. لعن》= लानत.

लान टेनिस [名] 《E. lawn tennis》〔ス〕ローンテニス

लानत [名*] 《A. لعنت》(1) 呪い；呪詛 (2) 非難；糾弾 (-की) **लानत क॰** (ーを) 非難する；糾弾する **लानत का मारा** 呪われた；見下げ果てた (-पर) **लानत भेजना** (ーを) 全く問題にしない；取り上げない；蹴飛ばす；はねつける；ちくしょう；こんちくしょう；くそくらえ अजी लानत भेजो इस ख़याल पर こんな考えは蹴飛ばしてしまえ (-पर) **लानत हो॰** (ーに) 呪いあれ；(ーは) 呪われるべし；(ーは) くそくらえ जो आधुनिकता हमें हमारी संस्कृति से तोड़े, उसपर लानत है 自分たちの文化との関係を断ち切るような近代化はくそくらえだ

लानतज़दा [形] 《A.P. لعنت زده》呪われた；非難された

लानत-मलामत [名*] 《A. لعنت ملامت》(1) 激しい叱責 (2) 厳しい非難；ひどくけなすこと मैंने बड़ी लानत मलामत की...बहुत शर्मिंदा था 激しく叱りつけた…とても恥じ入っていた आज बैंगन पर लानत-मलामत कर रहे हो 今日はナスビをえらくけなしているわねあなた

लानती [形] 《A. لعنتی》(1) 呪われる；呪いを受ける (2) 非難される；けなされる

लाना[1] [他] (目的語を取る点では他動詞であるが，能格 ने の使用はない．但し受動態には用いられる) (1) 持って来る；運んで来る；もたらす क्या चीज़ लाए हो? 何を持って来た नई ख़बर लाए हो? 新しい知らせを持って来たのかい पीने के उपयोग में लाए जानेवाले तालाब एवं नदियों का पानी साफ़ रखा जाए 飲料になる池や川の水を清潔にしておかなくてはいけない (2) 連れて来る मनु को स्कूल लाया गया マヌは学校に連れて来られた वह अपने बड़े भाइयों को लाकर इसे पिटवाएगी あの娘は兄たちを連れて来てこの子を叩かせる मोहन को अदालत में लाया गया モーハンは裁判所に連れて来られた (3) 買って来る स्याही लाना मैं रोज़ भूल जाता हूँ インクを買って来るのを毎日忘れてしまう अब्बू एक साइकिल मेरे लिए भी ला दीजिए お父さん，僕にも自転車を 1 台買って来てね (4) もたらす；生じさせる；生み出す；作り出す；将来する इन संस्थाओं का उद्देश्य विकासशील देशों की राजनैतिक व्यवस्थाओं में भी आमूलचूल परिवर्तन लाना होता है 発展途上国の政治制度に根元的な変革をもたらすのがこれらの機関の目標である कंगाली लाना 厳しい貧困をもたらす समाज में समता लाना 社会に平等を作り出す मुझे उम्मीद थी वह ज़रूर फ़र्स्ट डिवीजन लाएगा लेकिन किस्मत के आगे किसकी चलती है この子は絶対に一級の成績で合格するだろうと期待していたのだが運命には逆らえないものだ (5) 持ち出す；差し出す；提出する आपने मेरे बाप को क्यों लाकर खड़ा कर दिया あんたはなぜ私の親父を持ち出してきたのですか (6) 命令法で感動詞的な用法に用いられることが多い．相手への呼びかけや動作をうながすのに多く用いられる लाइए, अब चौथी बनियान भी दिखा दें! じゃ次は 4 番目のシャツを見せて下さい 'सिर में दर्द है दीदी!' 'लाओ बाम लगा दूँ?' 「ねえさん私頭が痛いの」「じゃ香油を塗ってあげようか」 लाओ, मैं तुम्हारे सफ़ेद बाल तोड़ दूँ さあ白髪を抜いてあげよう

लाना[2] [名]〔農〕一定期間の協同耕作の組織労働．犂，役牛の提供の度合いに応じて収益を分配する

लानाबंदी [名*] 《H. + P.بندی》〔農〕使用される犂の数による地税査定

लापता [形] 《A. لا + H.》(1) 行方不明の；消息のない पति का चार वर्ष तक लापता होना 夫が 4 年間行方不明であること (2) 失踪した (3) 宛名のない（郵便物）；宛先不明の लापता पत्र 宛先不明の手紙

लापरवा [形] 《A.P. لاپروا》= लापरवाह.

लापरवाह [形] 《A.P. لاپرواه》(1) 心配のない；暢気な मगर वे सभी मेरे लाल ही की तरह प्यारे मुझे दिखते हैं.सब लापरवाह あの人たちはみなわが子のように可愛く思えるのです．誰も彼も暢気なものです (2) 不注意な；御座なりな；至らない；いいかげんな；無計画な；無神経な；無作法な कीटनाशक पदार्थों के उपयोग में वह लापरवाह रहा है 殺虫剤の使用にずっと不注意だった (3) 無愛想な；ぶっきらぼうな

लापरवाही [名*] 《A.P. لاپروایی》(1) 心配のないこと；安心 (2) 不注意；無神経さ；無造作；怠惰；怠慢；無計画 पुलिस की लापरवाही 警察の怠慢 डाक्टरों की लापरवाही 医者の不注意 (3) 無愛想；ぶっきらぼうなこと **लापरवाही बरतना** 注意を怠る **लापरवाही से** 不注意に；無作法に；ぞんざいに मुनीम ने थैले को लापरवाही से एक कोने में पटक दिया 番頭は商品の袋をぞんざいに隅に投げやった उसे लापरवाही से न लेना चाहिए それをいい加減に受け取っては（軽く見ては）いけない！ दोनों लापरवाही से उठ खड़े होते हैं 2 人は無造作に立ち上がる

लापसी [名*] = लपसी.

लापी [形] (1) 話す；しゃべる (2) 悔やむ

लाफ़ [名*] 《P. لاف》(1) ほら（法螺）；自慢話 (2) 馬鹿話；無駄話

लाफ़गो [形] 《P. لاف گو》(1) ほらを吹く；自慢話をする (2) 馬鹿話をする

लाब [名] 《← E. lob shot》〔ス〕ロビング；ロブ（テニス）

लॉबी [名*] 《E. lobby》(1) ロビー；ロビースト；院外団 (2) ロビー（広間）

लाबुद [形] 《A. لابد》(1) 必要な；欠かせない= आवश्यक; ज़रूरी. (2) 避けられない；やむを得ない= अनिवार्य; लाज़िमी.

लाभ [名] (1) 手に入れること；手に入ること；入手；獲得 (2) 利益；益 (3) 効き目；効果（薬や治療などの） वैद्य ने दवा-दारू की, किंतु कोई विशेष लाभ नहीं हुआ 医師が治療をしたが特別の効果はなかった वह लाभ की स्थिति में थी 有利な状況にあった (4) 有利さ (5) 黒字 लाभ का रेल बजट 黒字の鉄道予算 (-का) **लाभ उठाना** (ーを) 利する；役立てる；利用する= (-का) फ़ायदा उठाना. सरकार की उदासीनता और हिंदू समाज की उदासीनता का ये पूरा लाभ उठा रहे हैं この人たちは政府とヒンドゥー社会との無関心を最大に利用している उनसे लाभ उठाओ それらを役立てなさい (-से) **लाभ उठाना** *a.* (ーを) 利用する；役立てる *b.* (ーに) つけ入る；乗じる राजाओं महाराजाओं की आपसी फूट से लाभ उठाकर 王侯たちの不和につけ入って **लाभ (-के) पाँवों तले लोटना** (ーが) 大儲けする；笑いが止まらぬほど儲ける **लाभ हो॰** 効果のある；効き目のある नीचे बताये गये उपायों को काम में लाने से लाभ होने की काफ़ी सम्भावना है 下に述べた方法を用いると効果が上がる可能性がかなり高い इन दवाओं से आँखों को लाभ होगा これらの薬で目に効果があるだろう

लाभकर [形] (1) 有用な；役立つ；益する；有益な (2) 儲かる；有利な；割が合う (3) 効果のある；効き目のある ऐसे में औषधियाँ लाभकर नहीं होतीं そういう状況では薬の効果は得られない

लाभकारक [形] = लाभकर.

लाभकारी [形] = लाभकर. उसका व्यापार लाभकारी सिद्ध होता है その男の商売が有利なことが証明される लाभकारी कीट 農業や人間に有益な虫；益虫

लाभजनक [形] = लाभकर.

लाभदायक [形] = लाभकर.

लाभप्रद [形] = लाभकर. गन्ने का रस बहुत लाभप्रद है サトウキビの汁にはとても効果がある

लाभांश [名] (1) 配当（金） साल भर में कुल मिलाकर 19 प्रतिशत लाभांश हिस्सेदारों को दिया गया था 1 年間に合計 19 %の配当金が株主に支払われた (2) ボーナス；賞与 (3) 特別配当金；利益配当金 एफ॰ई॰लिमिटेड ने 40 प्रतिशत लाभांश की घोषणा की F.E. 社は 4 割配当の発表

लाभालाभ [名] 利益と損失；損益

लाम[1] [名] 《A. لام》ウルドゥー文字第 30 字の字母 ل の名称

लाम[2] [名] 《F. l'arme?》(1) 列；隊列 (2) 軍；軍隊 (3) 旅団 (4) 戦場；戦争 **लाम पर जा॰** 戦場に行く；戦地に赴く；戦争に行く **लाम बाँधना** *a.* 成立させる *b.* 動員する；召集する *c.* 整理する **लाम लगना** 戦争が始まる；戦になる

लाम-काफ़ [名] 《A. لام کاف》ののしりの言葉；罵詈雑言= गाली-गलौज. **लाम-काफ़ कहना** *a.* ののしる *b.* 反対する = लाम-काफ़ निकालना

लामज [名] → लामज्जक.

लामज्जक [名]〔植〕イネ科草本ベチベルソウ【*Andropogon muricatus*】= खस खस.

लामबंदी [名*] 《لام بندی लाम[2] + P.بندی》(1) 動員 (2) 徴兵

लामज़हब [形] 《A. لا مذہب लामज़्हब》(1) 不信心な；無信仰の；無宗教の (2) 無神論の

लामज़हबीयत [名*] 《A. لامذہبیت लामज़्हबीयत》(1) 不信心；無信仰 (2) 無神論

लामा[1] [名] 《Tib. blama》ラマ僧 दलाई लामा ダライラマ

लामा[2] [名] 《E. llama》〔動〕ラクダ科ラマ

लामा[3] [名] 《A. لامہ》鎖帷子 = ज़िरिह.

लामा धर्म [名] = लामावाद. ラマ教 लामा धर्म का अनुयायी ラマ教の信徒；ラマ教徒

लामाधर्मी [形・名] (1) ラマ教の इनके रीतिरिवाज लामाधर्मी हैं この人たちの風習はラマ教徒のものである (2) ラマ教徒

लामावाद [名] ラマ教

लामिसाल [形] 《A. لامثال》比類なき；空前絶後の

लायक़ [形] 《A. لایق लाइक़》この語は単独で用いられるほか斜格形の名詞類に直接，もしくは， -केを介して接続して造語要素や後置詞的用法にも用いられる (1) ふさわしい；適当な；適切な；(−が) できる；正常な；まともな ज़नाने डिब्बे में बैठने लायक़ स्थान 女性専用車に座れる場所 देखने लायक़ स्थान 景勝の地 इस कुएँ का पानी पीने लायक़ नहीं है この井戸の水は飲料水としては適さない एक सेब भी खाने लायक़ नहीं है まともなリンゴは1つもない कुछ फल जो खाने लायक़ हैं 一部の食用になる果実 (2) 資格のある；能力のある；有能な हर शख़्स हर काम के लायक़ नहीं होता だれでもがどんな仕事でもできるわけではない मैं आपको क्या याद करता हुज़ूर, किस लायक़ हूँ.भाग में आप के साथ कुछ दिन खेलना बदा था, नहीं मेरी क्या गिनती あなたのことを覚えているはずがございません．おこがましいことです．運命の命じるところあなた様とほんの少しの間過ごさせていただくことになっていたのです．それでなかったら手前ごときが… बेटे, तुम इतने बहादुर हो, इतने लायक़ हो .स्कूल नहीं जाओगे तो पढ़ना कैसे आएगा? お前はこんなに勇気があって能力があるのに学校に行かなくてどうして勉強ができるようになろうか उस वक़्त बदायूँ में बड़े लायक़ और पढ़े-लिखे लोग रहा करते थे 当時，バダーユーンにはとても有能で学問のある人たちが住んでいた परमाणु बम बनाने लायक़ देश 原子爆弾を製造できる国 मैं तारीफ़ के लायक़ नहीं हूँ 私にはもったいないお言葉でございます नरेश के पिता ने रूखा-सूखा खाकर, अपना ख़ुद का पेट काटकर बेटे को इस लायक़ बनाया कि वह इसी गाँव के स्कूल में मास्टर हो गया था ナレーシュの父親は粗末な食事をし自分の食べる物を削って息子をこの村の先生になるまでにした

लायक़ी [名*] 《A. لایقی》= लायक़ीयत.

लायक़ीयत [名*] 《A. لایقیت》← लायक़.

लायची [名*] = इलायची. (1)〔植〕ショウガ科カルダモン (2) その実

लायब्रेरियन [名] 《E. librarian》図書館長= पुस्तकालय अध्यक्ष.

लायब्रेरी [名*]《E. library》図書館= लाइब्रेरी; पुस्तकालय; कुतुबख़ाना.

लायल [形] 《E. loyal》忠勤な；忠義な = राजभक्त.

लायलटी [名*] 《E. loyalty》忠勤；忠義；忠誠 = राजभक्ति.

लार[1] [名*] (1) つば (唾)；唾液 भोजन ख़ूब चबा-चबाकर करें ताकि उसके साथ आपकी लार अच्छी तरह मिल जाए 食物は唾液とよく混ざるようにしっかり噛んで食べること (2) よだれ (涎) (3) とりもちなど粘着力のあるもの **(मुँह में) लार आ॰** *a.* 唾が出る *b.* 欲しくてたまらなくなる；よだれが出る **लार गिरना** = लार टपकना. **लार टपकना** *a.* よだれが垂れる；よだれが出る भोजन को देखकर उसके मुँह में लार टपकने लगी 食べ物を見てよだれが出てきた *b.* 欲しくてたまらなくなる **लार टपकाना** よだれを垂らす **लार लगाना** 罠にかける

लार[2] [名*] つながったもの；一連のもの；列になったもの；列；線；筋 लार लगाना 列を作る；一列に並ぶ

लार गद्दी [名*] よだれかけ

लार ग्रंथि [名*]〔解〕唾液腺〈salivary glands〉

लारवा [名] 《E. larva》〔生〕(1) 幼虫 (2) 幼生 लारवा अवस्था 幼生期

लारी [名*]《E. lorry》貨物自動車；トラック लारी-मोटर トラックや乗用車 दूर से लारियों-मोटरों के भोंपुओं की आवाज़ें सुनाई दे रही हैं 遠方からトラックや乗用車の警笛の音が聞こえてきている

लारे [後置] -के लारेの形で用いられる (1) (−の) ために (2) (−を) 基に

लार्ड [名] 《E. Lord; lord》(1) 神；主 (2) 主人 (3) ザミーンダール；大地主 (4) 卿 लार्ड मेकालेマコーレー卿

लार्वा [名] = लारवा. लार्वा-अवस्था 幼虫期；幼生期〈larval stage〉

लाल[1] [形] 《P. لال》(1) 赤い；(薄いものから赤褐色のものまで含む幅広い) 赤色の (2) 怒りや恥ずかしさで顔の赤い बादशाह का मुँह शर्म से लाल हो गया 王の顔は恥ずかしさに赤くなった बादशाह गुस्से से लाल थे 王は怒りで顔が赤かった (3) 金満家の；金持ちの；豊かな (4) この上なくしあせな **आँखें लाल-पीली क॰** 目をむいて怒る；激しく怒る；激怒する；激昂する कैसी आँखें लाल-पीली करते, कैसे गरजते कि दर्शकों की भीड़ लग जाती थी あまりにも激しい怒りの表情と激しい怒声に見物人が集まるほどだった **लाल अंगारा हो॰** *a.* 激怒する *b.* 赤熱する **लाल आँखें** 怒りに燃えた目 **लाल आँखें क॰** = लाल आँखें निकालना. **लाल आँखें निकालना** 目をむいて怒る；激しく怒る；かんかんになる **लाल आँखें दिखाना** = लाल आँखें निकालना. **लाल कर दे॰** *a.* 処罰する；罰する *b.* 豊かにする **लाल घर दिखा दे॰** 投獄させる **लाल झंडा दिखाना** 赤信号を出す **लाल झंडी दिखाना** = लाल झंडा दिखाना. **लाल पड़ना** *a.* 怒る = गुस्सा हो॰. *b.* 嬉しくなる；喜ぶ *c.* 豊かになる *d.* 健康になる **लाल-पीला हो॰** *a.* 激しい怒りに顔が赤くなる；血相を変える क्रोध में लाल-पीला होते हुए 怒りに血相を変えながら *b.* 恐怖に顔色を失う；血相を変える **लाल-पीली आँखें निकालना** 目をむいて怒る **लाल बत्ती जलना** 破産する = दीवाला निकलना. **लाल बूँद हो॰** 金持ちになる **लाल भभूका हो॰** 激怒する；憤激する **लाल यात्री फँसना** 金持ちの顧客を得る **लाल लोहे पर दो चार चोटें और लगाना** 好機を逃さない **लाल सौदागर** 大商人 **लाल-हरी बत्तियाँ** 交通信号機の赤と青（緑）のランプ चौराहों पर लाल-हरी बत्तियाँ लगी रहती हैं 交差点には交通信号のランプがいつもついているものだ **लाल हो॰** *a.* 赤くなる *b.* 熱せられて赤くなる *c.* 赤面する *d.* (怒りで) 真っ赤になる；かんかんになる；激怒する *e.* 元気な *f.* 金持ちの；財産に恵まれた；裕福な **लाल हो जा॰** = अंगार बनना. यह सुनते ही दुर्योधन मारे क्रोध के लाल हो गए これを聞くや否やドゥルヨーダナは怒りのあまり真っ赤になった

लाल[2] [名] 《P. لعل/لال》(1) ルビー；紅玉 = पद्मराग. (2) 赤色；紅色 (3)〔鳥〕カエデチョウ科ベニスズメ【*Amandava amandava*】= लाल मुनियाँ. (4) 愛おしい人 (5) 幼子；幼児 **लाल उगलना** *a.* 美しくやさしい言葉を語る *b.* 口汚くののしる **(-में) लाल लगे हो॰** (−に) よい所がある；長所がある；美点がある；特長がある भला उनमें कौन-से लाल लगे हैं! いったいぜんたいあの人に何のよい所があるというのだ

लाल[3] [名] (1) 愛らしい幼児；坊や；ぼっちゃん मेरा लाल, बड़ा साहूकार है.थाली में कुछ-न-कुछ छोड़ता ज़रूर है うちの坊やはお大尽だよ，必ず何か食べ残すのだから (2) いとしご；愛児；愛し子 (3) (童形の) クリシュナ神の愛称 ऐसा माई का लाल अभी तक पैदा ही नहीं हुआ これほど勇気のある人は今までに現れていない (4) 息子 (5) 好きな人；愛人；恋人

लाल[4] [名]〔植〕マメ科トウアズキとその実= घुँगची; घुँघची.

लाल[5] [名] (1) つば (2) よだれ = लार.

लाल-अंगारी [形] だいだい色の（橙色の） लाल-अंगारी रंग 橙色（信号としてはわが国の交通信号機の黄色に相当）

लाल आलू [名] (1) = रतालू. (2) = अरुई.

लाल इंद्रायन [名] (1) ウリ科フトエカラスウリ【*Trichosanthes palmata*】= श्वेतपुष्पी. (2) 同上の実

लाल इलायची [名*] (1)〔植〕ショウガ科ラージカーダモン【*Amomum subulatum*】〈large cardamom〉 (2) 同上の実（香辛料の一）= बड़ी इलायची.

लालक [形] 可愛がる

लाल कनेर [名]〔植〕キョウチクトウ科低木キョウチクトウ【*Nerium odorum*】

लाल किट्ट [名]〔農〕赤錆病

लाल कुम्हड़ा [名]〔植〕ウリ科ポンキン= मीठा कुम्हड़ा.

लाल कुर्ती वाले [名]〔イ史〕赤シャツの人たち；赤シャツ党（アブドゥルガッファール・ハーン अब्दुल ग़फ़्फ़ार ख़ान が現今のパキスタン領北西辺境州において組織した社会改革及び政治運動団体の団員や活動家 ख़ुदाई ख़िदमतगार フダーイー・ヒドマトガールの別名あり） → ख़ुदाई ख़िदमतगार.

लाल कोठी [名*] 遊女屋；女郎屋；遊郭；遊廓

लाल कोशिका [名*] 赤血球= रक्त की लाल कोशिका
लाल चंदन [名]〔植〕マメ科小木コーキ（紅木）【*Pterocarpus santalinus*】〈red sadal wood〉= रक्तचंदन.
लालच [名] (1) 欲；貪欲；あさましい欲望；卑しさ；あさましさ गद्दी पाने के लालच में 玉座を得ようとの欲望に धन के लालच में 金銭欲のために；欲にかられて (2) おとり (-के) **लालच में आ॰** (一の) 欲に釣られる (-का) **लालच दे॰** (一で) 誘う；(一で) 釣る；(一の) 欲で釣る
लालचित्र [名] = लाल चित्रा.
लाल चित्रा [名*]〔植〕イソマツ科多年草アカマツリ【*Plumbago rosea*】
लालची [形] 貪欲な；欲張りな；卑しい；あさましい；意地きたない लालची मन あさましい心 लालची स्वभाव 欲張りな性分
लाल चौक [名]（モスクワ中心部の）赤の広場〈Red Square〉
लालटेन [名*]《E. lantern》手提げランプ；角灯；カンテラ लालटेन जलाना ランプをともす **चित्रप्रक्षेपी लालटेन** 幻灯機
लाल दवा [名*] 過マンガン酸カリウム（消毒薬として用いられる）= लाल दवाई.
लालन[1] [名] 可愛がること；可愛がり；愛撫（すること）
लालन[2] [名] (1) 愛児；愛くるしい息子 (2) 男の子
लालन-पालन [名] 養育；子供を育てること；育児 लालन-पालन क॰ 養育する；育てる अधिक बच्चों के होने से उनका लालन-पालन कठिन होता है 子供が多過ぎると養育が難しい
लालना [他] (1) 可愛がる；愛撫する (2) 養う；養育する
लाल पगड़ी[1] [名*] 赤いターバン
लाल पगड़ी[2] [名]（赤いターバンをつけたところから）警官；警察官 सरकार तो बड़ी चीज़ है, लाल पगड़ी देखकर तो घर में भाग जाते हो お上とは強いもの，君は赤いターバンを見れば家に逃げ込むわけだ लाल पगड़ी वाला 警官
लाल पत्थर [名] 赤砂岩 लाल पत्थर से निर्मित महावीर की प्रतिमा 赤砂岩でこしらえたマハーヴィールの像
लाल परी [名*] 酒の婉曲な表現
लाल पानी [名] (1) ワイン；酒 (2) 血 (3) 経血
लाल-पीला [形] → लाल[1] の項
लाल पेठा [名]〔植〕ウリ科セイヨウカボチャ；ポンキン= लाल कुम्हड़ा.
लाल फ़ीता [名] (1) 役所の書類を結ぶ赤いひも (2) お役所仕事
लालफ़ीताशाही [名*] (1) 官僚主義 (2) お役所仕事〈red tapism〉
लाल बत्ती [名*] (1) 赤信号（交通信号の） लाल बत्ती के बदलने पर दोनों सावधानी से सड़क पार करने लगे 赤信号が変わると２人は注意して道路を横断し始めた (2) 危険信号
लाल बत्ती वाला इलाक़ा [名] 赤線地区
लाल बुझक्कड़ [名] 知ったかぶりをする人；賢人ぶって笑い者になる人
लाल बेग [名]《H.+ T.بیگ》(1)〔イス〕イスラム教徒の掃除人カーストの信奉する聖者の名；ラールベーグ (2) 掃除人カーストの間で祭式を司る人
लाल बेगिया [名] ←लाल बेग. ラールベーグを信奉するイスラム教徒の掃除人カーストの人
लाल-भड़क [形] 真っ赤な；燃え立つように赤い
लाल भरेंडा [名]〔植〕トウダイグサ科低木アカバヤトロパ【*Jatropha gossypifolia*】
लाल भालू [名]〔動〕クマ科ヒグマ【*Ursus arctos*】
लाल-भूरा [形] = पिंगल. 赤茶色の
लाल मिट्टी [名*] 赭土；赤土；埴（はに）
लाल मिर्च [名*] (1)〔植〕ナス科トウガラシ【*Capsicum annuum*】(2) 赤トウガラシ
लाल मुनियाँ [名*]〔鳥〕カエデチョウ科ベニスズメ
लाल मुरग़ा [名]〔植〕ヒユ科草本ケイトウ【*Celosia argentea var. cristata; C. cristata*】= मयूरशिखा.
लाल मूली [名*]〔植〕アブラナ科カブ（蕪）；カブラ = शलजम.
लाल रक्तकोशिका [名*] 赤血球= लाल रुधिरकणिका.〈red blood cells〉
लाल रक्षक [名] 紅衛兵（中国の紅衛兵運動の）
लाल रुधिरकोशिका [名*] 赤血球〈erythrocyte〉
लाल शक्कर [名*] 粗糖；赤砂糖
लाल शहबाज़ क़लंदर〔人名・イス〕《لال شہباز قلندر》ラールシャハバーズ・カランダル（12〜13 世紀シンド地方で活動したイスラム教聖者ムハンマド・ウスマーン・マルワンディーの俗名）
लाल समुद्र [名] 紅海 = लाल सागर.〈the Red Sea〉
लालसर [名*]〔鳥〕ガンカモ科アカハシハジロ【*Netta rufina*】
लालसा [名*] (1) 切望；熱望；強い願い माधव को धन-संपत्ति की लालसा थी マーダヴァは富が欲しくてならなかった बड़ी लालसा थी तेरी शादी में आने की お前の結婚式にはとても来たかった यह यज्ञ पुत्रोत्पत्ति की लालसा से किया था 男児の出生を熱望して行われた祭儀 मरने से पहले आपके दर्शनों की लालसा लिये चला आया हूँ 死ぬ前にお目にかかりたいと切に願って参上致しました पुत्र की लालसा बढ़ने लगी 息子が欲しいという願いが強くなりだした (2) 欲；物欲 सेठ के पास करोड़ों की संपत्ति थी. फिर भी उसकी लालसा नहीं मिटी थी 豪商は巨万の富を持っていたのに欲は消えてはいなかった (3) 欲望 सत्ता और अधिकार के प्रति लालसा 政権と権勢の欲望
लाल साग [名]〔植〕ヒユ科草本ハゲイトウ【*Amaranthus tricolor*】
लाल सागर [名] 紅海= लाल समुद्र; रेड सी.〈the Red Sea〉= लाल सागर.
लाल साफ़ा [名] 警官 = लाल पगड़ी[2].
लाल सिखी [名]〔鳥〕鶏；雄鶏 = मुर्ग़ा.
लाला[1] [名] (1) 主として商人カーストやカーヤストなどの男性に対する敬称 (2) 一般的に男性への敬称として用いられる呼びかけの言葉 (3) 子供に対する愛称 **लाला-भइया क॰** 丁寧な口をきく **लाला-मुनुआ क॰** やさしい言葉遣いをする
लाला[2] [名*] よだれ；つば= लार.
लाला[3] [名] (1) = लालसा. (2) 危機；危難
लाला[4] [名]《P. لالہ》赤いケシの花
लालायित [形]（一を）強く望む；切望する；熱望する；（一したくて）たまらない；どうしても（一）したい；（一したくて）うずうずする मैं उसे देखने को लालायित हूँ それを見たくてたまらない बातचीत में मिठास और आकर्षण हो तो दूसरे का मन स्वयं ही बात करने को लालायित हो उठता है 言葉遣いがやさしく魅力的であれば人はひとりでにその人と口をききたくてたまらなくなる राजकुमारी को पाने के लिए सैकड़ों राजकुमार लालायित थे 幾百人の王子が王女を得たいと熱望していた शुभ समाचार सुनने को लालायित थे 吉報を聞こうと待ち焦がれていた
लालित्य [名] 優美さ；優雅さ；上品さ उनकी कविता की भाषा में भी अद्भुत लालित्य था その方の詩の言葉にもたとえようのない優雅さが見られた
लालिमा [名*] 赤み चेहरे की लालिमा 顔の赤み सूर्योदय की सूचना देने वाली लालिमा 日の出を知らせる赤み（朝焼け） आकाश पर लालिमा छायी हुई थी 空には赤みがさしていた मुँह में लालिमा आ॰ 頬が紅潮する；顔に赤みがさす
लाली [名*] (1) 赤み；赤；赤色 **आँखों में लाली के डोरे उतर आ॰** 目が血走る (2) 顔のつや (3) 尊厳；面目
लाले [名] (1) 希望；願望；欲求= लालसा; अभिलाषा. (2) 危機；危難 (-के) लाले पड़ना の形で用いる用法が多い (-के) लाले हो॰（一を）切望する **जान के लाले पड़ना** 生命の危険が生じる फिर तो मेरी ही जान के लाले पड़ जाएँगे それではこちらの命が危うくなるぜ (-के) **लाले पड़ना** *a.*（一が）不足する；（一に）大変困る खाने-पीने के लाले पड़ गए 食うに困るようになった *b.*（一が）危ない；（一に）危険が迫る यहाँ लोगों के जीने के लाले पड़ रहे हैं और उसमें भी इसे चित्रकारी ही सूझती है あそこでは命が危ぶまれているというのにこの人は絵のことしか頭にないんだから *c.*（一が）無性に欲しくなる
लालो [名] = लाले.
लालोलाल [形] 嬉しさや楽しさにのぼせあがった
लाव[1] [名*] (1) 灌漑用の井戸水を汲むための綱；ロープ (2) １基の井戸で１日に灌水できる広さ；ラーオ **लाव चलाना** 灌漑用の井戸で水を汲み畑に流す
लाव[2] [名] 質や担保を取って貸される金；貸金 **लाव उठाना** 質を取って金を貸す **लाव लगाना** 借金を物納で返す
लाव[3] [名] = लवा.〔鳥〕ミフウズラ科チョウセンミフウズラ【*Turnix tanki*】
लावणिक [名] (1) 塩の製造・販売人 (2) 塩を保存する容器

लावण्य [名] (1) 女性の魅力；魅惑する美しさ；愛嬌 (2) 気品；優雅さ；優美さ
लावण्यमयी [形] (1) 魅力的な；魅力あふれる；愛嬌たっぷりの (2) 気品のある；優雅な；優美な
लावण्यवती [形*] = लावण्यमयी.
लावदार[1] [形] (砲弾が) 装填された
लावदार[2] [名] 砲手 = तोपची.
लावनी [名*] (1)〔イ音〕ラーワニー／ラーオニー（ラーギニー रागिनी の一） (2)〔イ音〕(一行が 16 拍＋ 14 拍から成る二行詩でタンバリンの伴奏によりラーワニー・ラーギニーで歌われる俗謡の一)
लावनीबाज़ [名] 《H. + P. باز》〔イ音〕ラーワニーの作り手，歌い手及び愛好者
लावलद [形] 《A. لاولد》子供のいない；跡継ぎのいない
लाव-लश्कर [名] (1) 勢揃い दूसरे अखाड़े वाले भी लाव-लश्कर से तैयार थे よその道場の連中も勢揃いをしていた (2) 装備一式；一切合切
लाव वाली [名*] 《E. low volley》〔ス〕(テニス) ローボレー
लावा[1] [名] コメ，モロコシなどの穀物を煎ってはじかせた食品 (-पर) **लावा डालना (-मेलना)** (ーに) 魔法をかける；まじないをする
लावा[2] [名] 《E. lava》(1) 溶岩 (2) 焼石
लावा[3] [名]〔鳥〕チョウセンミフウズラ→ लवा.
लावारिस [形] 《A. لا وارث》(1) 相続人のいない；後継者のいない (2) 持ち主不明の यह ट्रक लावारिस खड़ा था जिसपर पंजाब का नंबर है パンジャーブ・ナンバーのこのトラックは持ち主不明で止まっていた (3) 引き取り手のない लावारिस लाश 無縁仏 (4) 親のいない；浮浪児の लावारिस बच्चे 浮浪児；孤児
लावारिसी [名*] 《A. لا وارثی》← लावारिस.
लाश [名*] 《P. لاش》人間や動物の死体；死骸 जानवरों की लाशें 動物の死体 **लाश उठना** 死ぬ；殺される **लाश ढोना** 苦しいばかりで何の利益にもならないことをする **लाश पर लाश गिरना** 戦場で死体が累々と重なる **लाश फड़कना** 死ぬ
लाशा[1] [形] 《P. لاشہ》(1) やせこけた；衰弱した (2) よろよろした；ふらふらした（ロバや馬など）
लाशा[2] [名] 《P. لاشہ》死体；死骸= शव; मुरदा; मुर्दा.
लास[1] [名] (1) 飛び跳ねること；跳躍；飛び回ること；飛び跳ねて遊ぶこと (2) 踊り；舞踊 (3) 汁；汁物；豆の煮汁
लास[2] [名] 《P. لاس》生糸のくず糸
लास[3] [名] 帆の上端にある横木の両端 **लास क॰** 船をとめる
लास एंजिलिस 〔地名〕《E. Los Angeles》ロサンゼルス
लासक [名] (1) 踊り手= नर्तक. (2) クジャク（孔雀）= मोर. (3) 水がめ= मटका; घड़ा.
लासकी [名*] 踊り手 = नर्तकी.
लासन [名] もやい綱 = लहासी. लासन खोलना もやい綱を解く लासन बाँधना もやい綱を結ぶ
लासा[1] [名] (1) 粘着力のあるもの；ねばねばしたもの (2) 接着剤 (3) 鳥もち (-में) **लासा लगाना** (ーを) 計略にかける；罠にかける (-में) **लासा लगाना** *a.* (ーに) 鳥もちをしかける；鳥もちをつける *b.* (ーを) 仲違いさせる (-से) **लासा लगाना** *a.* (ーに) へつらう *b.* (ーを) 言いくるめる (-से) **लासा-लूसी लगाना** = (-से) लासा लगाना. (-के पीछे) **लासा हो॰** (ーに) しつこくつきまとう；しつこくせがむ (-के) **लासे पर लगना** (ーの) 罠にかかる；計略にかかる (-को) **लासे पर लगाना** (ーを) 罠にかける；計略にかける
लासा[2] 〔地名〕ラサ（チベット）= ल्हासा.
लासानी [形] 《A. لاثانی》無二の；無双の；比類のない= अद्वितीय; अनुपम.
लासिक [名] 踊り手；ダンサー= नर्तक.
लासिका [名*] 踊り手；踊り子；ダンサー= नर्तकी.
लास्य [名]〔芸〕(1) 歌と伴奏を伴った踊り（シヴァ神とパールヴァティー妃とが一緒に踊った際にパールヴァティーが踊ったとされるため女性の踊り，女踊りとも称される舞踊）→ तांडव. = नृत्य; नाच. (2) 男女の愛を主題とした艶やかな踊りと歌
लाह[1] [名*] ラック = लाख; चपड़ा. → लाही[2].
लाह[2] [名*] 輝き；光輝= चमक; कांति.
लाहन [名] (1) 樹皮などから得られる酵母 (2) 酵母= ख़मीर. (3) イリッペの花から作られる酒のかす
लाहिक़ [形] 《A. لاحق》(1) 及ぶ；達する (2) つながる；続く
लाही[1] [形] 赤茶色の；ラックの色の
लाही[2] [名*]〔昆〕ラックカイガラムシ科ラックカイガラムシ= लाही कीट.
लाही[3] [名*]〔植〕アブラナ科カラシナ= सरसों.
लाहौर 〔地名〕ラーホール市（パキスタンのパンジャーブ州の州都）
लाहौरी नमक [名] 《लाहौरी + P. نمک》ラーホールの塩（パキスタン西北辺境州のコーハート地方などに産する岩塩）= सैंधव लवण; सेंधा नमक.
लाहौल [句] 《A. لاحول लाहौल वला क़ुव्वत इल्ला बिल्लाहि》〔イス〕「神以外に力も徳もなし」という意味のイスラム教徒の祈りの言葉であるが，魔除けに神の助けを求めたり憎悪や嫌悪感を表す言葉としても用いられる **लाहौल पढ़ना** *a.* この言葉を唱える *b.* 呪う；呪詛を発する *c.* 嫌悪感を表す
लिंग [名] (1) 標識 (2) 象徴 (3) 男女・雌雄の性 (4)〔言〕文法性 **नपुंसक लिंग**〔言〕中性 **सामान्य लिंग**〔言〕通性 (5) 男根及び雄の生殖器；陰茎；ペニス (6) シヴァ神の象徴としてのリンガ (7)〔イ哲〕輪廻の主体となる微細身→ लिंग देह, लिंग शरीर. (8) 性；性愛；セックス (9) 証拠
लिंग उपासना [名*]〔宗〕男根崇拝；陽物崇拝
लिंग ग्रंथि [名*] 性腺= सेक्स ग्रंथि.
लिंग देह [名]〔イ哲〕サーンキヤ派において肉体の消滅後も業果の尽きるまで輪廻の主体となるとされる微細な身体；微細身= सूक्ष्म शरीर.
लिंग परिवर्तन [名] 性転換 = लिंग विपर्यय.
लिंग पुराण [名]〔ヒ〕リンガ・プラーナ（18 マハープラーナの一，シヴァ派のプラーナ）
लिंग पूजक [形・名] リンガ（男根）崇拝者
लिंग पूजा [名*]〔宗〕男根崇拝；陽物崇拝 = लिंग उपासना.
लिंगरी [名*] 《E. lingerie》〔服〕ランジェリー
लिंग शरीर [名] = लिंग देह.
लिंगाग्र [名] 亀頭
लिंगानुशासन [名]〔言〕文法性（ジェンダー）に関する論
लिंगायत [名] (1)（ヒンドゥー教の）リンガーヤタ派；ヴィーラ・シヴァ派 (2) リンガーヤタ派の信徒
लिंगी [名] (1) シヴァ神 (2)〔ヒ〕シヴァ・リンガの崇拝者
लिंगेंद्रिय [名] 男根；男性性器
लिंगोपासना [名*]〔宗〕男根崇拝；リンガ崇拝= लिंग उपासना; लिंग पूजा. 〈phallicism〉
लिंट [名*] 《E. lint》リント
लिंटर [名] = लिंटल.
लिंटल [名] 《E. lintel》〔建〕(1) まぐさ (2) まぐさいし
लिआना [他]〔古〕= लाना. एक पैसे की हरी बुकनी लिआ दो 1 パイサー分の緑の色粉を買ってきておくれ
लिए[1] [後置] 名詞類に -के を介して接続して以下のような意味を表す．なお，代名形容詞に इस लिए, किस लिए のように接続して用いられる場合はそれぞれ「だから；したがって」,「なぜ；なんで；如何なる理由で」といった意味を表し，代名詞に接続した इसके लिए, किसके लिए「これのために」,「だれのために」などとは意味が異なる．(1) 立場，態度，姿勢などを表す．(ー) にとって；(ー) に यह स्त्रियों के लिए बहुत कठिन है これは女性にはとても難しい प्रत्येक परिवार के लिए आवश्यक どの家族にも必要な मेरे लिए तुम और शशि में कोई फ़र्क़ नहीं है 私にとって君とシャシは全く同じ存在なのだ मानवीय संबंधों का तनाव, जो भारतीय मानसिकता के लिए बिलकुल नया है インド的心性にとっては全く新しい人間関係の緊張 (2) 原因や理由を表す．(ー) で हमारा वतन तो फूलों के लिए मशहूर है 私たちの故郷は花で有名です हैदराबाद तंबाकू और सूती कपड़ा उद्योग के लिए मशहूर है ハイダラバードはタバコや綿織物でよく知られている वह अपनी वीरता के लिए इतिहास में प्रसिद्ध है その勇気で歴史上有名な人 वे झाड़-फूँक के लिए भी मशहूर हो गए 悪魔祓いでも名が知られた人だった (3) 用意や準備，構えを表す．(ー) に；(ー) に向けて साइंस की आला तालीम के लिए 科学関係の高等教育を受けるために मैं कोई भी काम करने के लिए तैयार

ल

हूँ どんな仕事でもする覚悟です पर जब रावण बहुत गिड़गिड़ाया तो वह उसकी मदद के लिए तैयार हो गया だがラーヴァナがとても哀願したのでラーヴァナの支援に同意した ईश्वर भजन के लिए 神を拝むために (4) 目的や利益を表す．(−) のに；(−の) ために；(−の) 利益に पीने के लिए ठंडा पानी दें 冷たい飲み水を下さい उसे रनिवास में रखने के लिए 後宮に入れるために फूलों को इकट्ठा करने के लिए छोटी डलिया ले जाओ 花を集めるのに小さなかごを持って行きなさい आज तक उसने दूसरों के लिए कुछ भी न किया था これまで他人のために何もしたことがなかった कुछ हासिल करने के लिए बहुत कुछ खोना भी पड़ता 何かを得るためにはかなりのものを失わなくてはならないものだ कुछ कहने के लिए मुँह खोलता हूँ तो 何か言おうとして口を開くと भूमि के नामांतरण के लिए 土地の名義変更のために दुर्घटनाग्रस्त व्यक्ति की सहायता के लिए 事故に遭った人を助けるために गर्मी की छुट्टियों के लिए टी॰वी॰का विशेष कार्यक्रम テレビの夏休み特別番組 पशुओं के लिए पीने का पानी उपलब्ध कराना 動物に飲料水を与える (5) 関連や関わりを述べる．(−に) ついて；(−の) ことで उसने पत्र लिखा और अपने अपराधों के लिए क्षमा माँगी 彼は手紙を寄越し，自分の犯した罪の許しを乞うた अपने किये के लिए क्षमा माँगना 自分の行動について赦しを乞う सहृदय पाठक इस असुविधा के लिए क्षमा करेंगे 小子は心ある読者諸氏にこの不行き届きを御寛恕下さるよう願うものである लगभग छह माह पूर्व मैं आपके पास निमोनिया का इलाज करवाने आया था और आपने मुझे नहाने के लिए मना किया था およそ半年前に肺炎の治療を受けに参りましたが先生は沐浴を禁じられました उसके लिए ज़िम्मेदार हो॰ それについての責任を負う (6) 動作の方向を表す．(−に) 向かって；向けて；(−) へ；(−) に वहाँ के लिए प्रस्थान करेंगे 同地に向けて出発する राजा ने बड़े सम्मान के साथ राजगृह के लिए उसे विदा कर दिया 王は大変丁重にラージャグリハに向けて送り出した (7) (−に) 対して；(−) を सभी के मन में भेड़िये और लोमड़ी के लिए घृणा थी みなの心の中に狼と狐に対する憎しみがあった मुझे मोहन के लिए बहुत दुःख था モーハンに対してとても気の毒に思っていた (8) 時間の幅を表す．(−の) 間；期間 चार-पाँच दिन के लिए 4〜5 日間 तीसरे कार्यकाल के लिए 第三 (の任) 期の間 हमेशा के लिए 永遠に；永久に；いつまでも (9) 単位や個別性を表す．(−に) つき प्रायः 3 से 5 तक ग्रामपंचायतों के लिए एक न्याय पंचायत होती है およそ 3〜5 の村落パンチャーヤトにつき 1 つの司法パンチャーヤトがある (10) 用途や働きを表す．(−) として；(−の) 代わりに तकिये के लिए एक-एक बोरा दिया गया था 枕として 1 つずつ南京袋が支給された

लिए[2] [他] लेना の完了分詞及び直説法過去時制形の一 (目的語が男性・複数) → लेना. बप्पा दुआरे ही बैठे थे, नोटों की गड्डी हाथ में लिये हुए 父はなんと戸口に腰を下ろしていた．札束を手に握ったまま हाथ में लोटा और डोर लिए 手にローターと綱を手に持って

लिकर [名] 《E. liquor》リカー

लिक्खाड़ [名] とても多作の作家や物書き＝बहुत अधिक लिखने वाला (साहित्यकार).

लिक्विड [名] 《E. liquid》液体＝लिक्वीड. लिक्विड अमोनिया アンモニア水

लिक्विड पैराफ़ीन [名] 《E. liquid paraffin》〔化〕流動パラフィン

लिक्विड फ़ाउंडेशन [名] 《E. liquid foundation》リキッドファンデーション

लिक्वीड [名] 《E. liquid》液体＝लिक्विड; तरल पदार्थ.

लिखत [名*] ＝लिखत-पढ़त.

लिखत-पढ़त [名*] (1) 書き物；書面 (2) 手続きとしての書類；文書；記録；証書 वे वर्षों तक निर्भय अपनी संपत्ति परिवार तथा पशुओं को बिना किसी लिखत-पढ़त के एक दूसरे के पास छोड़ जाते हैं 幾年もの間安心して自分の財産や家族や家畜を証文や証書なしでお互い他人に預ける **लिखत-पढ़त हो॰** 書面での確認

लिखना [他] (1) (文字や記号などを) 書く；書き記す मैं तुम्हारे बाप को ख़त लिखता हूँ 私は君のお父さんに手紙を書くつもりだ (2) 描く (かく；えがく) (3) 記す；記入する；書き入れる मेरे माथे इतना नुक़सान लिखा था 私にはこれだけの損害が運命づけられていたのだ (運命に記されていた) (4) 著作物を著す；著作する आज जो महिलाएँ लिख रही हैं 今日物書きをしている女性たち (5) 学ぶ；勉強する (-के नाम) **लिख दे॰** (−の) 名義にする उसी भतीजे के नाम उन्होंने अपनी सारी संपत्ति लिख दी थी 全財産をその甥の名義にした **लिखना-पढ़ना** 教育を受ける；勉強する；学習する **लिख मारना** 書きなぐる **लिख लोढ़ा पढ़ पत्थर** 大馬鹿者 **लिखा-पढ़ा** 教育を受けた；教育のある；学問のある **लिखे मूसा पढ़े ख़ुदा** 〔諺〕悪筆のたとえ＝लिखे ईसा पढ़े मूसा.

लिखवाना [他・使] ←लिखना. (1) (人に) 書かせる；書いてもらう；代筆させる；代筆してもらう अपने पापा से लवलैटर लिखवाकर लाओ パパにラブレターを書いてもらっておいで (2) 文書や作品を書いてもらう；執筆を依頼する；執筆してもらう यह किताब आपने किससे लिखवाई? この本はだれに執筆してもらわれたのですか (3) 口で言って書き取らせる；口述する；口述筆記させる (4) (種々の届けや登録の手続きをする) 届ける；届け出る；届けを出す तुमने थाने में चोरी की रिपोर्ट लिखवा दी है या नहीं 君は警察 (署) に盗難届けを出したかい

लिखा [名] ←लिखना. 運命 (に記されているもの)；人の運命 (として各人の額に書き込まれているとされるもの) **लिखा दूर न कर सकना** 運命はどうすることもできない；運命には勝てぬ；運命には逆らえない **लिखा न मिटा सकना** 運命 (に書かれていること) を消す (変える) ことはできないものだ **लिखा पूरा क॰** 運命づけられている物を享受する

लिखाई [名*] (1) 書くこと；筆記すること (2) 筆跡 ज़मीन पर पड़ा एक लिफ़ाफ़ा दिखाई देता है.विजय की लिखाई है 地面に落ちている 1 通の封筒が目に入る．ヴィジャイの筆跡だ (3) 筆耕料；代書料

लिखाई-पढ़ाई [名*] (1) 読み書き (2) 学習；勉強；研修 (3) 教育；教授

लिखाना[1] [他] 書かせる；書き方を教える；書く練習や訓練を施す；習字を教える **लिखाना-पढ़ाना** 読み書きをさせること；読み書きを教えること；教育を施すこと

लिखाना[2] [他・使] (1) (人に依頼したり命令して) 書かせる；書いてもらう；代書してもらう मैंने लीवलैटर लिखा लाने को कहा था 私は (男に) 休暇届を書いてもらって持参するように伝えた (2) (文書や作品を) 書いてもらう；執筆してもらう (執筆を依頼する) मैं इस पत्रिका का पहला लेख आपसे ही लिखाऊँगा この雑誌の巻頭の文章は是非とも貴方にお願いするつもりです (3) 口述する；口述して筆記させる (口述筆記) उन्होंने बोलकर तीस-बत्तीस पत्र लिखा डाले あの方はなんと 30 通余りの手紙を口述された (4) 届け出る；届けを受けつけてもらう (名簿や学籍簿などに) 登録する；登録してもらう भरती के वक़्त उसने अपना नाम बलवंत सिंह लिखाया होगा 入隊時に自分の名前をバルワントシンと届けたのだろう उसने स्थानीय कालेज में इंटरमीडिएट प्रथम वर्ष में अपने नाम लिखा लिये 彼は地元のカレッジのインターミーディエト課程の 1 年級に入学を認めてもらった मैंने तो खाना पकाने की नौकरी नहीं लिखाई है (妻が夫に対して) 私は (結婚後) おさんどん (の仕事) をするとは届けていないわよ

लिखा-पढ़ी [名*] (1) 書くことと読むこと；読み書き (2) 手紙や書類のやりとり；文通；文書の往復 (3) 文書で記録すること；書面に残すこと

लिखावट [名*] (1) 筆跡；筆蹟 पते की लिखावट 宛名の筆跡 बड़ी लिखावट नितांत अपरिचित थी 大きな筆跡は全く見なれないものだった (2) 書体 दो हज़ार वर्ष पूर्व की लिखावट 2000 年前の書体

लिखित[1] [形] 書かれた；記された；記入された लिखित परीक्षा 筆記試験→ मौखिक परीक्षा 口述試験 जाँच में ठीक पाये गये उम्मीदवारों की 15 मार्च को लिखित परीक्षा ली जाएगी 検査に通った応募者の筆記試験は 3 月 15 日に行われる

लिखित[2] [名] 書かれたもの；文書；書類 उनके हाथ का लिखा वह दस हज़ार का लिखित あの人の自筆のあの 1 万ルピーの借用証

लिग्नाइट [名] 《E. lignite》亜炭；褐炭＝भूरा कोयला.

लिङ् [名] 《Skt.》〔言〕サンスクリット語の可能法を示す略語 ⟨potential mood⟩＝लिङ् लकार.

लिङ्आशिषि [名] 《Skt.》〔言〕サンスクリット語の希求法を表す略語 ⟨precative mood⟩＝आशीः; आशार्लिङ्; लोङ्.

लिचलिचा [形+] ねちねちした；ねばねばした；粘着性の

लिच्छवि [名]〔イ史〕リッチャヴィ族＝लिच्छवि गण-जाति. लिच्छवि वंश リッチャヴィ王朝

लिजलिजा [形+] (1) ねちねちした；ぬめぬめした आदमी की गीली-गीली, लिजलिजा कामातुर आँखों को 男のじっとりねちねちした好

色な目を (2) いやらしい；いやな；忌まわしい；ひどい लिजलिजी हरकतों को देखकर वह झेंपती रही थी ひどい振る舞いを見てずっと恥ずかしがっていた (3) しまりのない；だれた；たるんだ；だらしのない (4) ふにゃふにゃの

लिजलिजापन [名] ←लिजलिजा.

लिट् [名] 《Skt.》〔言〕サンスクリット語の完了時制を表す略語〈perfect tense〉= लिट् लकार.

लिटमस [名] 《E. litmus》〔化〕リトマス लिटमस पत्र リトマス紙

लिटर [名] 《E. liter; litre》リットル；リッター एक घंटे में हम करीब ढाई लिटर पानी सोख लेते हैं 1時間におよそ 2.5 リットルの水を吸い込む

लिटरेचर [名] 《E. literature》文学 = साहित्य; अदब.

लिटरेरी [形] 《E. literary》文学の；文学に関する；文学上の= साहित्यिक; अदबी.

लिटाना [他] 横たえる；横にして休ませる；横たわらせる；寝せる लकड़ी के एक तख़्त पर मोटा-सा गद्दा बिछाकर उसपर नीरज को लिटा दिया 板に厚いふとんを敷いてニーラジを横たわらせた बच्चे को बिस्तर पर लिटाकर 子供を寝具に横たわらせて अधिकांश माताओं की आदत होती है कि बच्चे को गोद में लिटाकर दूध पिलाती हैं たいていの母親は子供を胸に抱いて乳を飲ませるものです चारपाई पर लिटाना ベッドに寝せる मरीज़ को लिटाकर 病人を横たわらせて

लिटोरा [名] = लसोड़ा.

लिट्टी [名*] リッティー（チャパーティー，すなわち，インド風のパンを焼くのに一般に使用される鉄鍋 तवा を用いずに直火で焼いたもの）

लिट्टे [名] 《E. LITTE; Liberation Tiger of Tamil Elam》タミル・イラーム解放の虎．スリランカにおいてタミル国の分離独立運動を展開した組織

लिड़बिड़ा [形⁺] (1) やわらかい (2) 弱い；ふにゃふにゃの (3) ねちねちした；ねばねばした (4) よろよろした

लिड़ार[1] [名]〔動〕ジャッカル = गीदड़; शृगाल.

लिड़ार[2] [形] 臆病な；小心の = डरपोक; कायर.

लिथड़ना [自] まみれる धूल में लिथड़े पत्ते सीढ़ियों पर उड़ रहे थे 土埃にまみれた木の葉が階段に舞っていた उनके जूते स्याह लहू में लिथड़े हुए थे その人の靴は黒ずんだ血にまみれていた

लिथुआनिया 〔国名〕《E. Lithuania》リトアニア共和国

लिनोलिक अम्ल [名] 《E. linolic + H.》〔化〕リノール酸〈linolic acid〉

लिनोलियम [名] 《E. linoleum》リノリウム

लिपटना [自] (1) 絡みつく；巻きつく；絡む (2) へばりつく；ひっつく；取りつく (3) 抱きつく；しがみつく वह माँ से लिपटकर ख़ूब रोया 母親にしがみついてうんと泣いた (4) 包まれる；くるまる काग़ज़ और फूँसे में लिपटी बोतलों की पेटियाँ गाड़ी में रखी थीं 紙とわらで包まれた酒びんのケースが車に置かれていた गूदड़ों में लिपटा ぼろにくるまった अपनी-अपनी ख़ामोशी में लिपटे हुए हम धीमे-धीमे चल रहे थे, जैसे कंधों पर कोई लाश उठाये हुए हों まるで棺でも担いでいるかのように１人１人がそれぞれの沈黙に包まれてゆっくり歩んでいた (5) 取りつく；熱中する (6)（人に）絡む

लिपटाना [他] (1) 絡みつかせる；絡ませる；巻きつかせる (2) ひっつける；取りつかせる (3) 抱きしめる

लिपना [自] 塗られる；塗布される **लिपा-पुता छोड़ दे॰** 汚れたままにする；使い放しにする टोस्टर, ओवन, मिक्सर, सिलाई मशीन आदि का उपयोग करके बेटी उन्हें यों ही लिपा-पुता छोड़ देती 娘はトースター，オーブン，ミキサー，ミシンなどを使ってそのままに放置する

लिप-पेंसिल [名] 《E. lip pencil》口紅のスティック

लिपवाना [他・使] ←लीपना.

लिपस्टिक [名*] 《E. lipstick》口紅；リップスティック गहरे लाल रंग की लिपस्टिक 濃い紅色の口紅

लिपाई [名*] 塗ること；塗布；塗装 आंगन-द्वारों की गोबर से लिपाई कर 中庭や戸口を牛糞で塗りこめて

लिपाना [他・使] ←लीपना. = लिपवाना.

लिपि [名*] (1) 文字 लिपि का आविष्कार 文字の発明 (2) 塗り

लिपिक [名] (1) 書記 (2) 事務員；事務官 उनके माता-पिता कारख़ानों में मज़दूर और लिपिक थे 両親は工場の職工と事務員だった लिपिक वर्ग 事務職員 लिपिक वर्ग के कर्मचारियों की वेतन दरें 事務職員の給与体系 सरकारी काम निपटाने वाला लिपिक वर्ग 公務を処理する事務職員

लिपिकार [名] = लिपिक.

लिपिबद्ध [形] (1) 書かれた (2) 記録された लिपिबद्ध भाषा 記録された言語 (3) 印刷された **लिपिबद्ध क॰** 書き記す；書く；文字にする मैं अपना यह विश्वास लिपिबद्ध करना चाहता हूँ 私はこの信念を文字で記したいと思う

लिप्त [形] (1) 塗られた (2) 引っ付いた (3) 没頭している；熱中している；専念している वह सांसारिक राग-द्वेषों को छोड़कर समाज कल्याण और मोक्ष-प्राप्ति में ही लिप्त है 世俗の愛憎の感情を捨て去り社会福祉と解脱への努力に没頭している (4) 耽った；のめりこんだ；はまりこんだ इंद्रिय-विषयों में ही लिप्त 官能に耽っている भोग और विषयवासनाओं में लिप्त 快楽と欲情にのめりこんだ आज तो सभी सरकारी विभाग पूरी तरह से भ्रष्टाचार में लिप्त हैं 今やありとあらゆる政府の部局が完全に汚職にはまりこんでいる

लिप्यंकन [名]〔言〕転写〈transcription〉

लिप्यंतर [名] 書き直したもの；字訳；音訳〈transliteration〉

लिप्यंतरण [名] (1) 書き直し；書き直すこと (2) 字訳；音訳すること〈transliteration; transcription〉

लिप्सा [名*] 獲得したいという欲望；欲；貪欲

लिप्सु [形] 欲しがる；欲のある；欲張りな

लिफ़ाफ़ [名*] 《A. لفاف》死者に着せる衣；経帷子；屍衣

लिफ़ाफ़ा [名] 《A. لفافہ》(1) 封筒；郵便封筒 लिफ़ाफ़ों पर लगे हुए टिकट 封筒についている切手 (2) 紙袋 (3) 包み（紙） (4) 外見；見せかけ (-का) **लिफ़ाफ़ा खुल जा॰** （ーの）秘密や正体が暴かれる **लिफ़ाफ़ा बदलना** *a.* 上辺を繕う *b.* 正装する **लिफ़ाफ़ा बनाना** 見せかける；外見を繕う

लिफ़ाफ़िया [形] ←लिफ़ाफ़ा. 見せかけの；外見だけの；見かけ倒しの；中身（中味）のない；内容のない

लिफ़्ट [名] 《E. lift》(1) エレベーター；昇降機 (2) 手助け；支援；応援 (3) 同乗 **लिफ़्ट दे॰** 応援する；支援する अतः इन लोगों को हटाने तथा इन्हें लिफ़्ट न देने के लिए だからこれらの人たちを退けたり支援しないために **लिफ़्ट मिलना** 応援を受ける；支援される दूसरे का साहस तभी आगे बढ़ता है जबकि अन्य ओर से भी उसे कुछ लिफ़्ट मिले 他からも何か支援を受けてこそ勇気が増すものだ **लिफ़्ट ले॰** 乗り物に便乗（同乗）する；便乗させてもらう

लिफ़्टमैन [名] 《E. liftman》エレベーター係；エレベーターボーイ

लिफ़्टिंग जैक [名] 《E. lifting jack》ジャッキ

लिबड़ना[1] [自] ひっつく；へばりつく；まみれる

लिबड़ना[2] [他] まみれさせる

लिबड़ी [名*] 《E. livery》(1) 衣服= कपड़ा-लत्ता. (2) お仕着せ；制服 **लिबड़ी बरताना** （**लिबड़ी बारदाना**） 生活用品；生活必需品 **लिबड़ी बरताना छोड़कर भागना** 何もかも捨てて逃げ去る

लिबरल[1] [名] 《E. Liberal》(1) イギリスの自由党員 (2) 自由主義派；自由主義政党

लिबरल[2] [形] 自由主義的な；自由主義の

लिबलिबी [名*] （銃の）引き金

लिबास [名] 《A. لباس》(1) 服；衣服；着物 (2) 服装；衣裳

लिबिडो [名] 《E. libido》〔精神分析〕リビドー

लिभड़ना[1] [自] = लिबड़ना[1]

लिभड़ना[2] [他] = लिबड़ना[2]

लिमिटेड [形] 《← E. limited company》有限責任の→ लिमिटेड कंपनी 株式会社

लिमिटेड कंपनी [名*] 《E. limited company》有限（責任）会社= सीमित देयता कंपनी. लिमिटेड कंपनी में कार्यरत 会社勤務；会社員

लिमिटेड पार्टनर्शिप [名] 《E. limited partnership》合資会社 = सीमित साझेदारी.

लिया [他] लेना の完了分詞及び直説法過去時制形の一（目的語が男性・単数） **लिया दिया बराबर** 差し引き零；貸し借りなし → लिए, लिये, ली, ली.

लियाक़त [名*] 《A. لیاقت》(1) 力量；能力 लियाक़त के मुताबिक़ 能力に応じて (2) 才能；長所 (3) 適応；ふさわしさ उसकी अंग्रेज़ी में अच्छी लियाक़त है 英語が相当できる

लिये[1] [後置] → लिए[1].

लिये[2] [他] लेना の完了分詞及び直説法過去時制形の一（目的語が男性・複数） = लिए[2]. क्रोध से तमतमाया चेहरा लिये 怒りに真っ赤になった顔をして

लिरिक [名] 《E. lyric》〔文芸〕叙情詩 = गीतिकाव्य; प्रगीत.

लिरिकल [形] 《E. lyrical》〔文芸〕抒情詩的な；叙情詩調の= प्रगीतात्मक.

लिलकना [自] = ललकना.

लिलाट [名] = ललाट.

लिलार [名] 汲み出した水を容器に入れる井戸の縁

लिली [名] 《E. lily》〔植〕ユリ科ユリ；百合

लिवर फ़्लूक [名] 《E. liver fluke》肝臓ジストマ = यकृत पर्णाभ.

लिवरवर्ट [名] 《E. liverwort》〔植〕ゼニゴケ類；苔類

लिवाना[1] [他] (1) 迎える；出迎える उस दिन बच्चों को लिवाने कोई नहीं गया その日子供たちを迎えにはだれも行かなかった जो रूसी सज्जन मुझे लिवाने आए थे, वे मुझे मास्को के बारे में बहुत कुछ समझा रहे थे 私を出迎えに来たロシア人の紳士がモスクワについてあれこれと説明していた (2) 伴う；連れる；同行する जब अम्माँ मुझे लिवाने आ पहुँचीं, तो मैंने राहत की साँस ली 母が連れに来てくれたのでほっとした सच पूछो तो मैं तो उसे लिवाने भी नहीं जाता 本当のところ私だったら連れ戻しにも行かないところだ **लिवाकर लाना** 連れてくる；案内する **लिवा चलना** 連れて行く；案内する तो चलो, मैं वहाँ पर तुमको लिवा चलूँ よしそれじゃ私が君をそこへ連れて行こう **लिवा लाना** 連れてくる；案内する उससे कहना, न जाने आशा को छुट्टी मिली है कि नहीं.ख़ुद जाकर लिवा लाए アーシャーが休みがとれたかどうかわからない．自分で行って連れて来るように伝えなさい इतने में एक और डाक्टर को एक मेहरबान लिवा लाए そうこうしているうちに親切な人がもう１人の医者を連れて来てくれた **लिवा ले जा॰** 連れて行く मालिक उसे पीछे नल पर लिवा ले गया 主人はその人を裏手の水道の所へ連れて行った वह बाबा को अंदर लिवा ले गई その人が祖父を中へ連れて行った

लिवाना[2] [他・使] ←लाना. 運んでもらう；運ばせる；持ってこさせる

लिवाना[3] [他・使] ←लेना. 手渡す；受け取らせる；受け取ってもらう

लिशकना [自] ぴかっと光る；強烈な光を放つ

लिशकाना [他] ぴかっと光らせる

लिसलिसा [形+] ねちねちした；どろっとした；どろどろした वह तेल था ही नहीं, कुछ और ही लिसलिसी-सी चीज़ थी それは油ではなかった．なにか他のどろっとしたものだった

लिसान [名*] 《A. لسان》(1) 舌= जिह्वा; रसना; ज़बान. (2) 言語 = भाषा; ज़बान.

लिसानी [形] 《A. لسانی》言語の；言語に関する= भाषा-संबंधी.

लिसानीयात [名*] 《A. لسانیات》言語学 = भाषा विज्ञान.

लिसोड़ा [名] = लसोड़ा.

लिस्ट [名*] 《E. list》リスト；一覧表；目録 ज़रा लिस्ट को सामने धरिये ではリストを提出して下さい

लिस्टरीन [名] 《E. listerine》リスタリン（防腐液）

लिहाज़ [名] 《A. لحاظ》(1) 観点；視点；視角 ऐसा करना सेहत व सफ़ाई दोनों के लिहाज़ से बेहतर है こうすることが健康と清潔の両方の観点からよりよいことなのです मौसम के लिहाज़ से 気候から見ると काम के लिहाज़ से 職業の観点から (2) 注意；留意 खाने में किन-किन बातों का लिहाज़ रखना चाहिए? 食事についてはどんなことに注意すべきでしょうか (3) 考慮；配慮；思いやり इन बातों का लिहाज़ रखना चाहिए これらのことに配慮すべきだ (-का) **लिहाज़ करके** （－を）考慮して；（－に）免じて तब लोग उम्र का और उस्ताद का लिहाज़ करते थे 当時は年齢と教師に対して配慮がなされていた (4) 恥ずかしさ；恥じらい；遠慮 **लिहाज़ आ॰** 恥ずかしい **लिहाज़ उठना** 思いやりがなくなる **लिहाज़ टूटना** = लिहाज़ उठना. (-का) **लिहाज़ रखना** （－に）配慮する；気兼ねする；思いやる

लिहाज़ा [副・接] 《A. لہذا》それで；そのため；故に；だから；したがって= अतः; इस लिए. लिहाज़ा चिड़िया उस पेड़ पर उतर गई そこで鳥はその木に降り立った लिहाज़ा बातों-बातों में कहा-सुनी हो गई そのため事ごとに言い争いになった

लिहाड़ा [形+] (1) 無作法な；無躾な (2) 役に立たない；ろくでもない

लिहाड़ी [名*] からかい；嘲り；嘲笑= उपहास; निंदा. (-की) **लिहाड़ी ले॰** （－を）からかう；嘲笑する

लिहाफ़ [名] 《A. لحاف》リハーフ；キルティングの綿入れ；厚い掛け布団（オーバーやマント代わりにも着用される）= मोटी रज़ाई. ऊपर से लिहाफ़ उढ़ा दो 布団を掛けてやりなさい **लिहाफ़ ओढ़ना** （マントのように）リハーフをまとう उनका लिहाफ़ ओढ़कर बाज़ारों में घूमता है あの人のリハーフをまとって市場を歩き回る

लीं [他] लेना の完了分詞及び直説法過去時制形の一（目的語が女性・複数）

ली [他] लेना の完了分詞及び直説法過去時制形の一（目的語が女性・単数）

लीक[1] [名*] (1) 線；筋；条 (2) わだち；轍 (3) しきたり；慣行；慣習 (4) 伝統 **लीक करके** きっぱりと；断固として (-की) **लीक खिंची हो॰** （－が）有名な；名を知られている；敬われている **लीक खींचकर** = लीक करके. (-की) **लीक गाना** （－を）称える **लीक चलना** 細道を通って行く **लीक पकड़कर चलना** しきたりに従う **लीक पकड़ना** = लीक चलना. **लीक पीटना** = लीक पकड़कर चलना. (-की) **लीक बदलना** （－の）しきたりを変える **लीक मेटना** しきたりを破る；習わしや伝統を破る **लीक लगना** 汚名を着る **लीक-लीक चलना** しきたりを守る

लीक[2] [名・形] 《E. leak》洩れ（た）；漏れ（た）；リーク（した；された） लीक क॰ リークする；漏らす पर्चे लीक क॰ 試験問題を漏らす

लीख [名*] シラミの卵

लीग[1] [名*] 《E. league》(1) 連盟；同盟 (2)〔イ史・政〕全インドムスリム連盟〈All India Muslim League〉

लीग[2] [名*] 《E. league》リーグ（距離の単位）

लीग ऑफ़ नेशंस [名*] 《E. League of Nations》国際連盟= राष्ट्र-संघ.

लीगी [形・名] 《← E. league》(1) 連盟の；連盟に所属する (2)〔イ史〕インドとパキスタンの分離独立前のイスラム教徒の有力政治組織であったムスリム連盟 All India Muslim League のメンバーや支持者（の）

लीचड़ [形] (1) のろまの (2) 怠け者の (3) 愚鈍な (4) くどい；しつこい

लीची [名*] 《E. litchi ← C. 荔枝》(1)〔植〕ムクロジ科小高木レイシ (2) その果実

लीज [名] 《E. lease》リース；賃貸借契約 (-को) **लीज पर चढ़ाना** （－を）賃貸する

लीजिए [他] → लेना.= लीजिये. (1) लेना の命令法二人称 आप 対応形 अब आप आज ही देख लीजिए न じゃ明日とは言わず今日ご覧下さいな (2) 感動詞的に用いられて相手の注意を引いたり動作を促したりする言葉．ほら，それ，それでは，さあ，さあさあなど लीजिए आ गया आपका बहादुर ほらね，奴さんやって来ましたぜ लीजिये साहब! यही है आनंदभवन बाबर रोड 旦那さん，さあ着きましたよ．これがバーバルロードのアーナンドバヴァンですよ लीजिए हम आपको इसका थोड़ा-सा हाल बताते हैं それではこれについて少しお話ししましょう अब दिल्ली के सुपर बाज़ार को ही लीजिए 例えばデリーのスーパーですが **लीजिएगा** → लेना. लेना の命令法未来形で आप に対応する．丁寧な依頼の意を表す．どうぞお取り下さい，どうぞお召し上がり下さい，など

लीजे [他] 標準的ではないが लीजिए と同義に用いられる

लीजियो [他]〔古〕 लेना の命令法二人称 तुम 対応形の一

लीझा [形+] (1) 中身（中味）のない；うつろな；空虚な (2) つまらない；役立たない

लीझी [名*] (1) 垢のよれたもの (2) 残り；かす；搾りかす

लीटर [名] 《E. liter; litre》リットル = लिटर.

लीड [名] 《E. lead》〔ス〕得点差；リード

लीडर [名] 《E. leader》(1) 指導者；リーダー；幹部= नेता. (2) 団長；親分

लीडरी [名*] 《← E. leader》(1) リーダーシップ (2) 親分風

लीडिंग आर्टिकल [名] 《E. leading article》社説 = संपादकीय अग्रलेख.

लीढ [形] 味わわれた = आस्वादित.

लीतड़ा [名] 古靴

लीथो [名] 《E. litho》石版印刷 = लिथोग्राफ़ी; अश्ममुद्रण.

लीथोग्राफ़ [名] 《E. lithograph》〔印〕石版；リトグラフ

लीथोग्राफ़ी [名*] 《E. lithography》石版印刷 = अश्ममुद्रण.

लीद [名*] 馬やロバ，ラクダ，象などの糞 घोड़ों की लीद 馬糞

लीन [形] (1) 沈んだ；入り込んだ (2) 没入した यहाँ वे तपस्या करते-करते समाधियों में लीन हो गए 苦行を行っているうちに三昧の境地に没入された कोई योगी साधना में लीन है だれかヨーガの行に没入している行者がいる (3) 没頭した；我を忘れた रात दिन पूजा-पाठ में लीन रहती 日夜祈祷と読経に没頭している बच्चा पूरी तरह से खिलौनों के अनोखे संसार में लीन हो जाता है 子供は完全におもちゃの不思議な世界に我を忘れるものだ सदा भगवत् आराधना में लीन いつも神への祈りに没頭している लगता था कि वे किसी सपने में लीन हैं なにか夢に耽っているように思えた

लीनता [名*] ←लीन. 熱中；没頭；専念

लीनो टाइप [名] 《E. lino type》〔印〕(1) ライノタイプ (2) ライノタイプ印刷 लीनो टाइप मशीन ライノタイプ印刷機

लीपना [他] (1) (美しくしたり清めたりするために，しっくい，粘土，粘土と牛糞とを混じたものなどを床や壁などに) 塗る；塗りつける；塗布する फ़र्श कच्चा हो तो गोबर और चिकनी मिट्टी से कभी-कभी लीप देना चाहिए 土間であれば牛糞と粘土をちょいちょい塗らなくてはならない बावरचीख़ाने को कभी-कभी मिट्टी से लीपना お勝手に時々粘土を塗る (2) 台無しにする；駄目にする；めちゃくちゃにする **लीप-पोत बराबर क॰** ＝ लीपना-पोतना. **लीपना-पोतना** *a.* きれいにする *b.* 駄目にする；台無しにする

लीपवर्ष [名] 《← E.leap + H.》閏年〈leap year〉

लीपा-पोती [名*] (1) 清潔にしたり清めたりするためにしっくい，粘土，壁土，牛糞などを床や壁に塗ること；塗布 लीपा- पोती की जा रही है 塗布されつつある (2) 糊塗；上辺をとりつくろうこと (-की) **लीपा-पोती क॰** (ーを) 糊塗する (3) 台無しにする

लीफ़लेट [名*] 《E. leaflet》リーフレット；小冊子；パンフレット

लीबर[1] [名] 泥；泥んこ

लीबर[2] [形] ひどく汚れた；どろどろに汚れた

लीबिया 〔国名〕《E. Libia》リビア；社会主義人民リビア・アラブ国

लीम [名]〔植〕マツ科常緑高木【*Pinus wallichiana; P. excelsa; P. griffithii*】〈blue pine; Bhutan pine〉

लीर [名*] ぼろ；ぼろぎれ

लीलना [他] (1) (食べものを) 噛まずに飲みこむ；飲みくだす (2) 水が害を及ぼす形であふれる 19 जुलाई 1981 की बरसात ने सभी वस्तुओं को लील लिया 1981 年 7 月 19 日の雨は一切のものを飲みこんだ (3) 他国を呑みこむ；併呑する

लीला [名*] (1) 子供の遊び；遊戯 (2) 気晴らし (3) 簡単なこと (4) ショー；フェスティバル；祭り；展示会 (5) 〔ヒ〕人間のために絶対者ブラフマンが行う遊戯 (例えば，ヴァッラバ派 वल्लभ संप्रदाय では一切の現象世界がブラフマンの現出したリーラーである，とする)；神がこの世に化現して行ったこと；神の遊戯；リーラー भगवान कृष्ण मथुरा में जन्मे, गोकुल में पले, यमुना के कूल-किनारों पर उन्होंने लीलाएँ कीं クリシュナ神はマトゥラーに生まれゴークルで育ちヤムナー川の岸辺でリーラーを行った (6) 神が現世に化現して行ったことを模して行われる演劇や舞踊；リーラー (7) 芝居；計画的な行動；お芝居

लीलाभूमि [名*] 神の化現した所 कृष्ण की लीलाभूमि वृंदावन クリシュナの化現の地ヴリンダーヴァナ

लीलावतार [名]〔ヒ〕最高神の化現；権化 (プラーナ文献に見られるのは以下の合計 24 神 नारायण, ब्रह्मा, सनक, नरनारायण, कपिल, दत्तात्रेय, सुयज्ञ, हयग्रीव, ऋषभ, पृथु, मत्स्य, कूर्म, हंस, धन्वन्तरि, परशुराम, मोहिनी, नृसिंह, वेदव्यास, राम, बलराम, कृष्ण, बुद्ध, कल्कि)

लीलावती [名*]〔韻〕リーラーヴァティー (各パーダが 32 モーラから成るモーラ韻律)

लीलास्थल [名] 遊戯場；遊園地

लीव [名*] 《E. leave》休暇の許可；賜暇 ＝ छुट्टी; अवकाश.

लीवर[1] [名] 《E. lever》レバー

लीवर[2] [名] 《E. liver》肝臓 ＝ यकृत; जिगर. **लीवर की बीमारी** 肝炎 ऐसे ही बच्चों को लीवर की बीमारी अधिक होती है ちょうどこのような子供が肝炎によく罹る **लीवर बढ़ना** 肝炎 **लीवर हो॰** ＝ लीवर बढ़ना.

लीव लेटर [名] 《E. leave letter》休暇願い；休暇届

लीशरा [名]〔鳥〕ツバメ科ハリオツバメ【*Hirundo smithii*】

लीस [名] 《E. lease》リース；賃貸借契約 **लीस दे॰** 賃貸する **लीस ले॰** 賃借する

लीसा [名] 樹脂；やに

लीह [名*] (1) 線；筋；条 (2) しるし；痕跡

लुँगाड़ा [名] ならず者；やくざ；ごろつき＝ शोहदा; लफ़ंगा; लुच्चा.

लुंगी[1] [名*] 《P. لنگ←لنگی लुंग》(1)〔服〕ルンギー (幅約 60cm 長さ約 2m の男子が下半身に直接着用する平織り薄手の綿布．体の前で打ち合わせて着用する) ＝ तहमद. (2) 調髪の際客の体にかける布

लुंगी[2] [名*]〔鳥〕キジ科ヒオドシジュケイ【*Tragopan satyra*】

लुंचन [名] つまみ取ること；指でつまんで引き抜くこと

लुंचित [形] むしり取られた；引き抜かれた

लुंचितकेश [名]〔ジャ〕苦行として頭髪を引き抜くジャイナ教の行者

लुंज [形] (1) 手足のない；手足の自由が失われている；手足がなえている (2) 身体に障害のある (3) 働きのない；作動しない अब तक दिमाग़ लुंज था 今までは頭は全く働いていなかった (4) 怠け者の；無能な (5) 枝葉のなくなった (樹木)

लुंज-पुंज [形] 無力な；無能な；能力を失った लुंज-पुंज शासन 無力な統治 लुंज-पुंज प्रशासनिक ढाँचा 無力な行政機構

लुंजा [形+] ＝ लुंज.

लुंटा [名*] (1) 略奪；奪取 (2) 転がること；転げ回ること

लुंटित [形] (1) 奪いとられた；略奪された (2) 転がった

लुंठन [名] (1) 転がること＝ लुढ़कना. (2) 略奪

लुंठित[1] [形] (1) 略奪された；奪い取られた；略奪を受けた (2) 転がった；転がされた

लुंठित[2] [名]〔言〕ふるえ音＝ लोड़ित. 〈rolled〉

लुंड[1] [名] どろぼう；盗人；盗賊

लुंड[2] [名] 首のない胴体 ＝ कबंध; रुंड.

लुंड-मुंड [形] (1) 首や手足が切断された；胴だけの (2) 手足の欠けている；不具の (3) 丸められたり包みこまれた物や物体 (4) 枝葉の失われた幹だけの木

लुंडा[1] [形+] (1) 尻尾のない；尾のなくなった (鳥) (2) 羽の抜け落ちた (鳥) (3) 毛の抜け落ちた尻尾 (牛)

लुंडा[2] [名] 糸を巻いた玉 ＝ कुकड़ी.

लुंबिनी [名*]〔仏〕釈迦牟尼生誕の地ルンビニ園 (藍毘尼園)

लुआठा [名] 大たいまつ (松明)

लुआठी [名*] たいまつ (松明)

लुआब [名] 《A. لعاب》(1) ぬるぬるしたもの；ねばねばしたもの चबाते वक़्त मुँह से एक तरह का लुआब निकलता है 噛むと口から一種の粘液が出る (2) 粘液 ＝ चेप; लस. (3) つば (唾)；よだれ

लुआबदार [形] 《A.P. لعابدار》(1) ねばりけのある (2) ねばねばした；粘液のついている

लुकंदर [形] 逃げ隠れする；逃げ腰の

लुक [名] (1) ニス，ワニス，エナメルなどのつや出し (2) うわぐすり लुक चढ़ाना うわぐすりを塗る लुक लगाना つや出しをつける (3) 火花 (4) 炎；火炎

लुकदार [形] 《H. + P. دار》ニスを塗った；光沢のある；つやのある；エナメルを塗った；うわぐすりを塗ってある **लुकदार चमड़ा** パテント革；エナメル革

लुकना [自] (物陰や人目の届かぬところに) 隠れる；ひそむ (潜む)；潜伏する वह उदास-उदास कभी इधर छिपती, कभी उधर लुकती ふさぎ込んでこちらに隠れたりあちらにひそんだりする **लुकना-छिपना** 隠れる；姿をかくす；ひそむ；潜伏する बग़ैर लुक-छिपकर काम करके उन्होंने देश को जगाया 公然と活躍して国を目覚めさせた **लुक छिपकर** 密かに；こっそりと；内緒で；秘密裡に＝ गुप्त रूप से. अधिकतर मामलों में यह गर्भपात लुक-छिपकर अयोग्य डाक्टर से कराया जाता है たいていの場合，この堕胎は密かに資格のない医者にしてもらう

लुक़मा [名] 《A. لقمہ लुक़्मा》食べ物の一口分＝ ग्रास; कवल; निवाला. लुक़मा ख़ूब चबाकर निगलो 口に入れたものはよく噛んでからのどを通しなさい (-का) **लुक़मा बनना** (ーの) 意のままになる；(ーに) 思いのまま操られる

लुक़मान 〔人名〕《A. لقمان लुक़्मान》(1) ルクマーン，もしくは，ロクマーン (イソップのことと考えられている伝説上の賢者・哲人) हकीम लुक़मान と呼ばれる वहम की दवा हकीम लुक़मान के पास

ल

भी नहीं थी 幻想につける薬は賢者ルクマーンのところにもなかった (2)〔イス〕コーランにも出る医者で賢人のルクマーン आपका नाम बनारस ही नहीं, हिंदुस्तान में लुक़मान की तरह मशहूर है この方はバナーラスばかりかインド中にルクマーンのように名が知られている

लुकसाज़ [名]《H.+ P.ساز साज़》(1) ワニス製造業者 (2) パテント革

लुकाछिपी [名*] (1) 逃げ隠れ (2) かくれんぼ遊び= आँखमिचौनी.

लुकाट[1] [名] 《E. loquat》〔植〕バラ科高木ビワ（枇杷）

लुकाठ[2] [名] = लुआठा.

लुकाना [他] 隠す；秘める = छिपाना. **लुका छिपाकर** 隠れて；密かに；こっそりと

लुकारी [名*] 照明のために燃やされる木やわら；燃えた木；たいまつ

लुकाव [名*] ← लुकाना. 隠匿；秘匿；隠すこと

लुकेठा [名] → लुआठा.

लुकोना [他] = लुकाना.

लुक्का [名] こそこそと悪さをする者 **लुक्का लगना** 盗み聞きをする **लुक्का लगाना** 喧嘩をさせる；争わせる；仲違いさせる

लुक्मा [名] 《A. لقمہ》= लुक़मा. पान का लुक्मा パーンの一口（一頬張り分） दाँतों से हम लुक्मा चबाते हैं 口に入れたものを歯で噛む

लुखिया [名*] (1) 尻軽女 (2) 女郎；売春婦；遊女 (3) したたかな女

लुगड़ा [名] (1)〔服〕着物 (2) 古着 (3) ぼろ

लुगड़ी[1] [名*] = लुगड़ा. एक ज़रा-सी लुगड़ी लपेटे わずかのぼろをまとい

लुगड़ी[2] [名*] かげ口；陰口 = चुगली.

लुग़त [名*] 《A. لغت》(1) 言葉；語；語彙；単語= शब्द; लफ़्ज़. (2) 辞書；辞典；字引= शब्दकोश; लुग़ात.

लुगदा [名] → लुगदी.

लुगदी [名*] (1) 水分を含んだものが砕かれたりつぶされたりしてやわらかくなったり崩れたりしたもの पालक को सिल-बट्टे की सहायता से कुचल व पीसकर लुगदी-सी बना लें フダンソウをスリバチですりつぶしてどろどろにすること **लकड़ी की लुगदी** パルプ (2) 粘土のかたまりやこねた小麦粉のかたまり

लुगरा[1] [名] → लुगड़ा.

लुगरा[2] [名] 告げ口をする人；中傷する人= चुगलखोर.

लुगरी[1] [名*] ぼろ；ぼろぼろになったドーティー

लुगरी[2] [名*] かげ口；告げ口 = चुगली.

लुगाई [名*]「妻」の俗語的表現；かかあ；よめ（さん） हाँ, सोच सकता है कि इनकी लुगाई घर से भाग गई होगी そうか，この人はかかあに逃げられたと考えられるな **लुगाई के लहँगे में घुसना** 夫婦が人前でいちゃつく

लुग़ात [名*] 《A. لغات》(1) 辞書；辞典 (2) 語彙集

लुग्गा [名] = लूगा. (1) 布 (2) ぼろ；ぼろぎれ **लुग्गा से हो॰** 生理中の

लुङ् [名] 《Skt.》〔言〕サンスクリット語のアオリスト〈Aorist〉を表す略語 = लुङ् लकार.

लुचकना [他] ひったくる；かっぱらう；かっさらう= छीन ले॰.

लुचुई [名*] = लुच्ची[1].

लुच्चा [形+] (1) かっぱらう；奪い取る (2) 下劣な；下品な (3) 不貞な

लुच्ची[1] [名*]〔料〕メリケン粉 (मैदा) でこしらえた薄いプーリー → पूरी

लुच्ची[2] [名*] 性悪女；したたかな女

लुज्जा [名] 海の深いところ；海の深み

लुट् [名] 《Skt.》〔言〕サンスクリットの迂説未来を表す略語〈periphrastic future〉= लुट् लकार.

लुटकना[1] [自] (1) 転がる (2) 放浪する；流れ歩く

लुटकना[2] [自] ぶら下がる；宙釣りになる= लटकना.

लुटना[1] [自] (1) 奪い取られる；略奪される यहाँ तो सारे जन्म की कमाई लुट गई, सत्यानाश हो गया 一生の稼ぎを奪い取られた．もう駄目だ मेरी सारी संपत्ति लुट गई 全財産を略奪された पंडे-पुजारियों द्वारा नायिका की अस्मत लुटते हुए दिखाकर ヒロインが聖地の案内坊主たちによって貞操を奪われるのを見せて (2) 破産する；財産がすっかりなくなる

लुटना[2] [自] → लुठना.

लुटरना [自] (1) 転がる= लोटना. (2) 転げ回る= लुढ़कना. (3) 散らばる；散り散りになる

लुटरा [形+] 縮れた = कुंचित.

लुटाना[1] [他] (1) 惜しげもなく与える；気前よく分け与える；ばらまく मोती लुटा रहे हैं 真珠をばらまいている तुम्हें अपनी ममता लुटाने के लिए दो खिलौने मिल जाएँगे 思い切り愛情を注ぐのに（対象に）2つのおもちゃ（子供）が手に入るだろう प्रकृति खुले हाथों अपनी शोभा लुटा रही है 大自然がその美しさを惜しげもなく振る舞っている (2) 浪費する；無駄に費やす；捨てる；散財する तू दे दे दान दुष्टों को वृथा दौलत लुटाई है ろくでなしたちに施せばよいわ（無駄なことに金を捨てて） तुम क्यों अपना धन लुटा रहे हो なぜ散財なさっていらっしゃるのですか

लुटाना[2] [他・使] ← लूटना. = लुटवाना.

लुटिया [名*] ルティヤー（水などを入れる金属製のつぼ；小さなローター→ लोटा. **लुटिया चोर** こそどろ **लुटिया डुबोना** 台無しにする；めちゃくちゃにする **लुटिया डूबना** *a.* 大変な損害を被る *b.* 恥をかく

लुटेरा [名] (1) 強盗；追い剥ぎ= डाकू. बैंक में लुटेरे 銀行強盗 (2) 暴利を貪る商人

लुठना [自] (1) 床や地面に横たわる；転がる (2) 転げ回る= लुढ़कना.

लुढ़कना [自] (1) ころがる（転がる）；ころげる= सेब लुढ़ककर बगल के एक गड्ढे में चला गया. リンゴは転げて行って側の地面のくぼみに入った मैदान पर लुढ़कती गेंद グラウンドに転がっているボール ढलान पर रखी गेंद नीचे लुढ़क जाती है 坂に置いたボールは下に転がって行く अकारण ही दो मोटे-मोटे आँसू उसके गालों पर लुढ़क पड़े わけもなくぽろりと大粒の涙が頬を転がり落ちた (2) 転がるように横になる；転がる；倒れる；倒れこむ मैं फ़ौरन बिस्तर पर लुढ़क गया すぐにベッドに転がった (3) ずれる；ずり動く पत्थर लुढ़के पड़े थे 石はずり落ちていた (4) 転ぶ；転げる；よろける；こける वह एक स्थान पर बेहोश होकर लुढ़क गया あるところで気を失って転んだ चुनाव में लुढ़कना 選挙でこける；選挙で躓く (5) 放置されたり無造作に置かれる；転がっている ज़मीन पर तीन-चार डिब्बे लुढ़के हुए थे 地面に容器が3～4個転がっていた (6) よろめく；引きずりこまれる **लुढ़कना-पुढ़कना** *a.* 転げ回る पिल्ले बड़े मज़े से उसके ऊपर, इधर-उधर लुढ़क-पुढ़क रहे थे 子犬が大喜びでその上を転げ回っていた *b.* 這いつくばるようにして哀願する

लुढ़काना [他] (1) 転がす；回転させる एक-एक सेब को नीचे लुढ़काने लगा リンゴを一つずつ下の方へ転がし出した गेंद लुढ़काना ボールを転がす सिर पर रखा दीना का वह हाथ मुझे गेंद की तरह लुढ़काता अंदर हवेली में ले गया 頭に置いたディーナーの手は私をボールのように回しながらお屋敷の中に連れていった (2) 転がす；倒す；横倒しにする (3) ずらす；ずり動かす पत्थर की बड़ी-बड़ी सिलें लुढ़काने लगे 大きな切石をずり動かし始めた (4) 押しやる；突き落とす；突き飛ばす अपराधी को निकट की पहाड़ी चट्टान से लुढ़का दिया जाता था 罪人は近くの山の崖から突き落とされるのだった

लुढ़ना [自] ころがる；転がる = लुढ़कना.

लुढ़ाना [他] ころがす；転がす = लुढ़काना.

लुतरा [形+] 告げ口をする；陰口をきく；中傷する= चुगलखोर.

लुत्फ़ [名]《A. لطف》(1) 親切；好意= कृपा; मेहरबानी. (2) 情け；哀れみ= दया; अनुग्रह. (3) 楽しみ；喜び= आनंद; मज़ा; मनोविनोद. न खाने का लुत्फ़ और पीने का मज़ा 何を食べても何を飲んでも全く楽しくない **लुत्फ़ आ॰** 楽しい；楽しく感じる सैर-सपाटे में भी उसे ज़्यादा लुत्फ़ आता है 散策もとても楽しく感じられる इन मज़हबी लोगों की गुफ़्तगू सुनकर हमें बड़ा लुत्फ़ आता है これら信心深い人たちの話を聞くと大きな喜びを感じる (-का) **लुत्फ़ उठाना** (ーを) 楽しむ；味わう उनकी ख़ुशबू और शकलसूरत से लुत्फ़ उठाया जाता है その芳香と姿形を楽しむことができる **लुत्फ़ से** 楽しく；安楽に；気楽に वरना याद रहे कि मेरा नाम मच्छर है, लुत्फ़ से जीने न दूँगा そうでなければ覚えておくがよい．おれ様の名は蚊だ．この先お前を気楽には過ごせないぞ

लुत्फ़-अंदोज़ [形] 《A.P. لطف اندوز》楽しい；楽しんでいる एक दिन जब यह पत्तों के नाश्ते से लुत्फ़-अंदोज़ हो रहा था ある日本の葉の朝食を楽しんでいるところへ दिलरुबा मंज़र से लुत्फ़-अंदोज़ होने के लिए 美しい景色を楽しむために

लुनना [他] (1) 刈り取る；刈り入れる (2) つむ（摘む） (3) 切り離す (4) 台無しにする

लुनाई[1] [名*] ←लुनना. 作物の刈り取りや刈り入れ，摘み取りなどの作業

लुनाई[2] [名*] つやつやした美しさ；艶やかさ ＝लावण्य; सुंदरता. उस काली त्वचा ने न जाने कैसे एक सलोनी लुनाई को प्राप्त कर लिया था, लुनाई जो मार्च-अप्रैल के महीने में शीशम की कोंपलों पर देखी जा सकती थी その黒い肌は一体どのようにしてあのあだっぽい艶を持つようになったのか．その艶やかさは3〜4月にシタンの木の芽に見られるものだ अरुणा के पीत मुख पर भी लुनाई छा गई アルナーの青白い顔にも艶やかさが広がった

लुनेरा [名] 刈り取り作業をする人や人夫

लुपना [自] (1) 消える；失せる (2) 隠れる；見えなくなる

लुप-लुप [副]（点滅するさま）ちかちか चिराग लुप-लुप करने लगा 明かりがちかちかしはじめた

लुप्त [形] (1) 消えた；消え去った；失われた；消滅した दुनिया से सचाई और ईमानदारी लुप्त हो गई है この世から正直さと誠実さとが消え失せてしまっている (2) 隠れた；ひそんだ

लुब [名] → लुब्ब.

लुबाब [名]《A. لباب》(1) 精髄；真髄；核心＝सार; सार-तत्त्व. (2) 中核＝गूदा.

लुब्ध [形] 引きつけられた；とりつかれた；魅せられた；誘惑された

लुब्ब [名]《A. لب》(1) 髄；精髄＝सार; तत्त्व. (2) 知能＝बुद्धि; अक्ल.

लुब्रिकेट [名]《E. lubricate》注油 लुब्रिकेट क॰ 注油する；油を注ぐ；滑らかにする जो आपकी वस्तुओं की सफ़ाई के साथ साथ उन्हें लुब्रिकेट करके सुरक्षित भी रखना है あなたのお持ち物をきれいにすると共に注油して安全に保管もする

लुभाना [他] (1) 誘う；誘惑する；強く引きつける वह अमीरों के दिल को लुभाता नहीं それは金持ちたちの心を引きつけるものではない पक्षियों में प्रायः नर ही मादा को लुभाने की ओर उसे अपना साथी बनाने की चेष्टा करता है 鳥はたいてい雄のほうが雌を誘ってつがいになろうとする (2) 魅了する；魅惑する；心を奪う पेड़-पौधे सुंदर होते हैं हमारा मन लुभाते हैं और हमें खुश रहना सिखाते हैं 草木は美しく人の心を魅了する．そして楽しく過ごすことを教えている भविष्य के संबंध में कैसी लुभानेवाली कल्पनाएँ मन में रहती हैं 将来についてどんな魅惑的な夢が胸の中にあるのか (3) うっとりさせる；魅惑する ताज़ी ठंडी हवा मन को लुभा रही है 新鮮なひんやりとした空気がうっとりさせる (4) 喜ばせる；機嫌を取る लक्ष्मी जी को लुभाने के लिए ラクシュミー神を喜ばせるには

लुभावना [形+] 誘惑する；心を奪う；心を強く引きつける；魅惑的な；素敵な；魅力的な；素晴らしい लुभावना बाग 素敵な庭園 विवाह-बंधन वह तो लुभावना फंदा है 結婚の絆…それは魅惑の罠だ लुभावना दृश्य 素晴らしい景色；見ほれる景色 आकर्षक व लुभावने रंगीन चित्रों में 魅力的，魅惑的なカラーの絵で

लुरकना [自] (1) ＝लुढ़कना. (2) ＝लटकना.

लुरना [自] (1) 垂れる；下がる (2) 揺れる；揺れ動く (3) 垂れ落ちる；落ちる (4) 降りかかる

लुरियाना [自] そっと触る；やさしく触れる；なでる；愛撫する

लुलना [自] (1) 揺れる；揺れ動く (2) 垂れる；ぶら下がる (3) 波打つ；上下する

लुलित [形] (1) 垂れている；揺れ動いている (2) 安定のない

लुहार [名] 鉄鍛冶；鍛冶屋（カースト名でもある）；ルハール／ローハール＝लोहार.

लुहारिन [名*] 鍛冶屋（カースト）の女性及び妻→ लोहार.

लुहारी [名*] ルハール（ロハール）の仕事；鍛冶職→ लोहार.

लूँ [他] लेना の叙想法不定未来時制一人称単数形

लूँगा [他] लेना の直説法未来時制男性単数形

लूँगी [他] लेना 直説法未来時制女性単数形

लू [名*] インドの猛暑の季節に吹く非常に高温の風（これに当たって熱射病・日射病のため倒れたり死亡したりすることがある）；ルー लू लग जाने पर ルーに当たると；ルーにやられると लू चलना ルーが吹く लू लगना ルーに吹かれて熱射病・日射病に罹る．その症状が出る यहाँ शनिवार को लू लगने से एक व्यक्ति ने दम तोड़ दिया 当地で土曜日にルーにより1名死亡

लूक[1] [名*] (1) 炎；火炎 (2) 燃えている木ぎれ (3) ＝लू. लूक लगाना *a.* 火をつける；燃やす *b.* 台無しにする

लूक[2] [名*] 流れ星

लूकना [他] 燃やす；火をつける＝आग लगाना; जलाना.

लूका[1] [名] (1) 炎 (2) 火の粉 (3) たいまつ（松明）＝लुआठा; लुकाठी. लूका लगाना ＝लूक लगाना.

लूका[2]〔人名〕《E. St. Luke》〔キ〕聖ルカ

लूकी [名*] (1) 火の粉＝चिनगारी; फुलिंग. (2) 炎；火炎

लूकीमिआ [名]《E. leukemia》〔医〕白血病＝अतिश्वेत कोशिका रक्तता.

लूगड़ [名] (1) 着物＝वस्त्र; कपड़ा; लूगड़ा. गोटा किनारी से सजा लूगड़ 金糸銀糸のレースの縁どりで飾られた着物 (2) チャーダル（चादर）

लूगा [名] (1) 着物 (2) ぼろ (3) ドーティー（धोती）

लूट [名*] (1) 強奪；略奪 (2) 暴利を得ること (3) 強奪したり略奪した物品 (-की) लूट पड़ना (- मचना; - हो॰)（ーが）奪い合うように売れる；飛ぶように売れる (-की) लूट में पड़ना 奪い合う

लूट-खसोट [名*] (1) 奪い合い (2) 奪い取ること；略奪；強奪 (3) 収奪；略奪行為 हर सरकारी कर्मचारी लूट-खसोट में लगा हुआ है 役人がみな略奪行為に加わっている दूसरों को लूट-खसोट अपना घर भरो 人から奪い取って自分の家を豊かにする

लूट-खूँद [名*] 強奪；強奪行為

लूटना [他] (1) 略奪する；掠奪する；強奪する दो दिन पहले इसी तरह एक बस को लूट लिया गया 2日前にちょうど同じように1台のバスが略奪された ट्रेन-यात्रियों की 4000 रु॰की संपत्ति लूट ली गई 列車の乗客たちは4000ルピーのもの（物品）を強奪された (2) ひったくる；かっぱらう अभियुक्त ने सुषमा को लूट लिया और उसका बैग और कैमरा ले गया 容疑者はスシュマーを襲いハンドバッグとカメラを奪い取って行った (3) 暴利をむさぼる；法外な値で売りつける；ぼる ग्राहक यही समझते हैं, दुकानदार मुझे लूट रहा है 客は店主がぼっているものだと思う (4) 道義的にひどい方法で金銭を巻き上げる अब तक मकान मालिकों ने किरायेदारों को बुरी तरह लूटा है これまで家主たちは借家人たちからえげつなく金を巻き上げてきている (5) むさぼる（貪る） वह आदमी तेरे साथ मज़ा लूटता रहा है あの男は君をむさぼり続けているんだ (6) 独り占めする；博する तारीफ लूटने की गरज से 評判を独り占めしようとして पुष्कर में स्नान कर पुण्य लूटता है プシュカルで沐浴して功徳を独り占めする (-) लूट खाना（ーの）一切合切を横取りする（横領する）；（ーの）全財産を奪い取る लूटना-पाटना 略奪する；掠奪する

लूट-पाट [名*] 略奪；掠奪 नगरों और गाँवों की लूट-पाट क॰ 都市や村の略奪

लूट-मार [名*] 略奪（掠奪）と殺戮 तब तो ये रक्तपात, ये लूट-मार घृणित, अत्यंत घृणित कार्य हैं しからばこの流血，この略奪，殺戮は実に実におぞましい行為である

लूटा [名] ＝लुटेरा.

लूडो [名]《E. ludo》ルードー（さいころを用いて遊ぶ盤上ゲームの一種）；すごろく＝ल्यूडो. लूडो खेलना ルードーで遊ぶ

लूत [名*]〔節動〕クモ（蜘蛛）＝मकड़ी.

लूता[1] [名*]〔節動〕クモ（蜘蛛）＝मकड़ी.

लूता[2] [名] たいまつ；松明；炬火＝लूका; लुआठा.

लूती[1] [名*] たいまつ ＝लुआठी.

लूती[2] [名]《A. لوطی》男色者

लून [形] 切られた；切断された

लूनना [他] 切り取る；刈り取る；刈り入れる＝फ़सल काटना.

लूप[1] [名]《E. loop》(1) 輪；環；ループ (2) 避妊リング；ループ

लूप[2] [名]《E. loop》尻尾；尾 ＝पूँछ; दुम.

लूप लाइन [名*]《E. loop line》環状線；環線

लूम[1] [名] 尾；尻尾 ＝पूँछ; दुम.

लूम[2] [名]《E. loom》織機

लूमना [自] (1) 下がる；垂れ下がる＝लटकना; झूलना. (2)（雲が）湧き出る；押し寄せる

लूमर [形] 年配の；年をとっている

लूर [名] 作法；正しい作法＝शऊर.

लूला [形+] (1) 手のない；手の欠けた；手を失った (2) 手のなえた (3) 役立たずの；無能な (4) 身体に不自由な部分のある；不

具の (5) 不揃いの टूटी मस्जिद की लूली मीनारें 崩れたモスクの不揃いになった尖塔

लूलू[1] [名] 《P. لولو》 ルールー（子供を脅すための想像上の生き物）；お化け इससे जब काम न चला, तो बंदर, सिपाही, लूलू और हौआ की धमकी दी それでうまく行かぬと猿とか巡査とか，あるいは，ルールーやらハウアーで（子供を）脅した

लूलू[2] [形・名] 大変愚かな；大馬鹿の＝ मूर्ख; बेवकूफ़. (-को) **लूलू बनाना** （－を）からかう；馬鹿にする

लूसना [他] 破滅させる；全滅させる＝ नष्ट क॰; तबाह क॰.

लूसर्न [名] 《E. lucerne》〔植〕マメ科ムラサキウマゴヤシ；アルファルファ 〈alfalfa〉

लूसी [名*] ふけ＝ रूसी. बालों में लूसी प्राय: सिर में ख़ुश्की व तेल की कमी होने से होती है ふけはたいてい頭が乾いたり脂気が足りなくなると出るもの

लूह [名*] ルー＝ लू. जेठ बैशाख की तपन और लूह में ジェート月とバイサーク月の熱気と熱風の中

लृङ् [名*]〔言〕サンスクリット語の条件法を表す略語 〈conditional mood〉＝ लृङ् लकार.

लृट् [名]〔言〕サンスクリット語の単純未来時制を表す略語 〈simple future〉＝ लृट् लकार.

लें [他] लेना の叙想法不定未来時制一・三人称複数形及び二人称 आप 対応形

लेंड [名] 硬い大便のかたまり

लेंड़ी [名*] 羊；山羊などの（硬くて小さい）糞便

लेंड़ुआ [名] 起き上がり小法師＝ मतवाला.

लेंस [名] 《E. lens》 (1) レンズ (2) （眼球の）水晶体 अपारदर्शक लेंस（白内障で）濁った水晶体

लेंहड़ा [名] 家畜や野獣の群れ

ले[1] [他] (1) लेना の叙想法不定未来時制形二人称及び三人称単数形 (2) लेना の命令法二人称単数形（तू 対応形）

ले[2] [感] 決意を述べたり対等もしくはそれ以下の相手の注意を促したりする際に用いられる．よし，おい，ほれ，それ，そらなど → लेना[1], लो[2]. ले, तो मैंने झूठ कहा है? それじゃ私が嘘をついたと言うのかい

ले[3] [後置] まで ＝ तक; तलक; पर्यंत.

ले[4] [後置] -से ले の形で用いられる（－）から（始めて）；（－）から（始まって）＝ -से लेकर. कलकत्ते से ले लाहौर तक カルカッタからラーホールまで

ले-आउट [名] 《E. layout》 (1) 設計 (2) 設計図；見取り図 (3) レイアウト；割り付け

ले-आफ़ [名] 《E. layoff》 レイオフ；一時帰休

लेइ [後置] まで ＝ तक.

लेई[1] [名*] (1) どろどろしたもの (2) のり（糊．小麦粉やでんぷんから作る） (3) （煉瓦などを接着させるための）接着剤

लेई[2] 〔地名〕レー（ラダックの中心都市）

लेई-पूँजी [名*] 全財産 घर में जो कुछ लेई-पूँजी थी, वह पिता जी की छ: महीने की बीमारी और क्रियाकर्म में ख़र्च हो चुकी थी 家の全財産は父の半年の患いと葬儀に使い果たしていた

लेकिन [接] 《P. ليكن ← A. لاكن लाकिन》 反意接続詞．しかし，だが，けれど，しかしながら，けれども，されど，しかれどもなど＝ परंतु; किंतु. खेती तो नरम मिट्टी तथा समतल भूमि पर ही की जा सकती है लेकिन पेड़ तो कठोर भूमि तथा पहाड़ों पर भी पनप सकते हैं 農業はやわらかい土や平地にこそ行われるものだが樹木は固い土や山でも茂ることができる लेकिन जैसे-जैसे धरती पर इंसानों की तादाद बढ़ी, वैसे वैसे यहीं पेड़ों की तादाद घटी しかしながら地上に人口が増すにつれ樹木の数が減少した **लेकिन वेकिन कुछ नहीं** けれどももだけれどももないものだ（言い訳は聞かないぞ）

लेक्चर [名] 《E. lecture》 (1) 講義 (2) 講演 (3) （お）説教 (4) 内容のない話 **लेक्चर झाड़ना** 説教めかしたことをぶつ **लेक्चर हॉल** 講堂

लेक्चरबाज़ [形・名] 《E.lecture + P. باز》 常に教訓的，説教的なことをぶつ（人）

लेक्चरबाज़ी [名*] 《E.+ P. ليکچر بازى ← ليکچر باز लेक्चरबाज़》 常に教訓的なことや説教的なことを言うこと अच्छा अच्छा, बंद कर यह लेक्चरबाज़ी, बोर कहीं की もうやめてちょうだい．お説教はうんざりよ

लेक्चरर [名] 《E. lecturer》 大学の講師；大学教師 **जूनियर लेक्चरर** 講師 **सीनियर लेक्चरर** 助教授；準教授

लेख [名] (1) 書いたもの；書き物 (2) 文章；文；論説 (3) 記事 (4) 令状

लेखक [名] (1) 筆者；執筆者 (2) 著者 (3) 作家

लेखन [名] (1) 書くこと शुद्ध लेखन 正書法 ＝ शुद्ध वर्तनी. लेखन-सामग्री 筆記具；文房具 (2) 絵筆で描くこと (3) 道具を用いてしるしをつけること；刻みつけること；ひっ掻くこと (4) 執筆（活動）；著述；創作 कविता-लेखन 詩作 स्वतंत्र-लेखन フリーの文筆活動 लेखन-कार्य 執筆活動 (5) 計算

लेखन-कला [名*] 書道；書法

लेखन-पैड [名] 《H. + E. pad》 便箋 〈writing pad〉

लेखन-शैली [名*] (1) 筆跡 (2) 筆致

लेखन-सामग्री [名*] 文房具 〈stationery〉

लेखना [他] (1) 書く＝ लिखना. (2) 計算する＝ गिनती क॰.

लेखनी [名*] (1) 筆；ペン (2) 筆の力；筆力；文筆 अपनी लेखनी के सहारे 筆の力で सरोजिनी को लेखनी के साथ-साथ वाणी का भी वरदान मिला था サロージニーは筆力ばかりでなく美声にも恵まれていた (3) 筆致 लेखक की कठोर लेखनी के भीतर कोमल हृदय भी छिपा है 筆者のその厳しい筆致の中に優しい心が秘められている **लेखनी उठाना** 筆を執る；書く；書き起こす **लेखनी चलाना** 書く；筆を執る；筆を走らせる

लेखनीय [形] 書きとめるべき；書き記すべき；記すべき

लेखपाल [名] レークパール（インドの徴税組織の中で村落単位の徴税関係の実務を担当し記録を管理する役人．旧称パトワリー पटवारी）

लेखप्रणाली [名*] 書き方；記述様式

लेखबद्ध [形] 書かれた；記述された；記録された；文字化された बाद में उनके विचार लेखबद्ध कर लिए जाते थे 後にその人の考えは文字に移されていた

लेखा[1] [名] (1) 会計の計算；勘定；計算書 किसी तरह कच्चा लेखा तैयार किया なんとか概算書を作成した (2) 会計；経理 (3) 記録 वह गाँव में जन्म और मृत्यु का लेखा रखती है 村での出生と死亡の記録をとる (4) 推測；推察；予測 (5) 評価；監査；審査

लेखा[2] [名*] (1) 文字；字＝ लिपि. (2) 線＝ रेखा; लकीर. (3) 列＝ पंक्ति. (4) 印＝ निशान.

लेखाकार [名] 会計係；計理士；主計官 〈accountant〉

लेखाकार्य [名] 経理；会計事務；会計の事務職 〈accountancy〉

लेखागार [名] 文書局；古文書館；公文書館

लेखाचित्र [名] グラフ 〈graph〉

लेखा-जोखा [名] 計算の確認；検査；監査 ईश्वर उनके अच्छे बुरे कार्यों का लेखा-जोखा रखता है जिसपर उनका अगला जन्म निश्चित होता है 神は人間の善悪の行為を計算しそれに基づいて人間の来世が決定される **लेखा-जोखा दे॰** （会計などの出入りや使途などを）責任を持って説明する；報告する

लेखा-परिणाम [名] 収支決算 〈financial results〉

लेखा-परीक्षक [名] 会計監査官；監査役

लेखा-परीक्षण [名] 会計検査；会計監査；監査＝ लेखा-परीक्षा. उस बैंक की शाखाओं में लेखा-परीक्षण की कोई व्यवस्था नहीं है その銀行の支店では監査体制が全くない

लेखा-परीक्षा [名*] 会計検査；会計監査 〈audit〉

लेखापाल [名] 会計係；主計官 〈accountant〉

लेखा पुस्तक [名*] 帳簿；会計簿 व्यापारियों को लेखा पुस्तकें व अन्य दस्तावेज प्रस्तुत करने का निर्देश 商人たちに帳簿やその他の書類を提出せよとの指示

लेखा-बही [名*]〔簿〕元帳 ＝ खाता; बही. 〈account book〉

लेखाविधि [名*] 会計事務；会計の職務＝ लेखा पालन.

लेखा विभाग [名] 経理部

लेखा शास्त्र [名] 会計学 〈accountancy〉

लेखिका [名*] (1) 著者 (2) （女性の）筆者（が文中で自称に） पिछले दिनों लेखिका की कालिज की एक सहेली घर आई 先日筆者の勤務しているカレッジの友人が１人私の家を訪れた

लेखी[1] [形] (1) 書く (2) 記録する；記載する

लेखी[2] [名*] (1) 記入 (2) 記載事項

लेख्य [形] (1) 書かれる (2) 書くべき；書かれるべき (3) 記録すべき **लेख्य पत्र** 文書

लेग गार्ड [名] 《E. legguards》〔ス〕すね当て；レガーズ

लेगबाई [名] 《E. legbye》〔ス〕(クリケットの) レッグバイ

लेगब्रेक गेंद [名*] 《← E. legbreak ball》〔ス〕(クリケット) レッグボール (打者に近い方から遠い方へカーブする投球)；それ球

लेज़म [名*] 《P. لیزم》(1) 練習用に用いられる弓 (2) 運動選手の鍛錬用に用いられる弓弦の代わりに鉄の鎖をつけた弓

लेजर [名] 《E. LASER/laser; light amplification by stimulated emission of radiation》レーザー

लेजर सेंटर [名] 《E. leisure center》レジャーセンター

लेजर स्कैनर [名] 《E. laser scanner》レーザースキャナ

लेजुर [名*] = लेजुरी. (1) ひも (2) 綱

लेट् [名] 《Skt.》〔言〕ヴェーダ語の指令法〈injunctive〉，もしくは，サンスクリット語の接続法を表す略語〈Vedic subjunctive or subjunctive mood〉= लेट् लकार.

लेट[1] [名] 建物の床を作るのに用いられる砂利やセメント，煉瓦のかけらなどの材料

लेट[2] [形] 《E. late》遅れている；遅刻している गाड़ी कुछ लेट थी 列車は少し遅れていた ये गाड़ियाँ आधा घंटा लेट चल रही थीं これらの列車は半時間遅れて走っていた **लेट हो जा०** 遅れる；遅刻する = लेट हो०. बस के लेट होने पर バスが遅れると ट्रेन लेट हो जाने के कारण 列車が遅れたので गाड़ियाँ लेट चल रही हैं 列車は遅れている

लेटना [自] (1) 横になる；横たわる；伏す दिन भर ख़ामोश लेटे रहो 一日中静かに横になっていなさい चारपाई पर लेटे-लेटे मैं उन्हें गिनने लगा ベッドに横たわってまたそれらを数え始めた लेटते ही खर्राटे भरने लगा 横になるとすぐにいびきをかき始めた हम दोनों भाई-बहिन एक ही उदर में लेटे हैं 私たち2人は同じ腹から生まれた兄妹なんだ (2) 立っているものが倒れる；横たわる (3) 傷む；駄目になる (4) 死ぬ；くたばる

लेटर [名] 《E. letter》(1) 文字 (2) 手紙；書簡

लेटरबॉक्स [名] 《E. letterbox》(1) 郵便箱；郵便受け (2) 郵便ポスト= बंबा; पत्र पेटी.

लेटराइट [名] 《E. laterite》〔地質〕ラテライト；紅土

लेटाना [他] 立っているものを倒す；横にする；横たえる；寝せる मनुष्य को मृत्यु से पूर्व भूमि पर लेटाना 〔ヒ〕死にかけた人を地面に横たえる

लेट्रीन [名] 《E. latrine》(1) (車中など下水道のないところの) 便所 (2) 便器

लेड [名] 《E. lead》(1) 鉛= सीसा. (2)〔印〕インテル；差し鉛

लेडी [名*] 《E. lady》(1) 貴婦人 (2) 女性に対する敬称 (3) 女性；婦人 **लेडी सीट** (バスなどの) 女性専用座席

लेडी किलर [名] 《E. lady killer》女たらし；色男

लेडीज फ़र्स्ट 〔句〕《E. ladies first》レディーファースト

लेडी डाक्टर [名*] 《E. lady doctor》女医；女性医師

लेडीबर्ड भृंग [名] 《← E.ladybird + H.》〔昆〕テントウムシ科テントウムシ〈ladybird beetle〉

लेतिन [形] → लैटिन.

लेतिन अमेरिका 〔地名〕《E. Latin America》ラテンアメリカ= लैटिन अमेरिका.

लेतिनी [形] 《← E. Latin》= लैटिन. लेतिनी अमेरिकी देश ラテンアメリカ諸国

लेथ [名*] 《E. lathe》旋盤

लेदराइट [名] 《E. LEATHERITE》〔商標〕合成皮革の一

ले-दे [名] (1) やりとり；贈答 (2) 取引 (3) 応酬 (4) さんざんなありさま；みじめなありさま **ले-दे क०** 言い争う；論議する **ले-दे कर** → लेना[1]. **ले-दे मचना** 言い争いになる；言い争いが起こる；議論になる

लेन [名] (1) 受け取ること (2) 受け取り分

लेनदार [名] 《H.+ P. دار दार》貸し主；債権者〈creditor〉

लेन-देन [名] (1) やりとり；贈答 विवाह दो दिलों का मेल है, न कि दहेज़ के लेन-देन का व्यापार 結婚とは2つの心が1つになることで持参金のやりとりではない (2) 取引 पशुओं का लेन-देन 家畜の取引 लेन-देन और उन्नत मज़दूरी में भी अनाज ही चलता है 取引や労賃にも穀物だけが通用している (3) 貸金業；金貸し；金融(業) रुपये के लेन-देन के अलावा 金融以外に (4) 関わり；関係

लेना[1] [他] これは不規則な活用形をとる．不定未来形 1st. sg. लूँ 1st pl.,3rd pl. लें 2nd pl. (तुम) लो; (आप) लें 完了分詞・完了時制形 (目的語の性・数に一致して) mas.sg. लिया mas.pl. लिये fem.sg. ली fem.pl. लीं 未来時制形 1st. mas. sg. लूँगा 1st. fem. sg. लूँगी 2nd. pl. (तुम) लोगे(mas.), लोगी(fem.), 1st.pl., 2nd.pl., 3rd.pl. (आप) लेंगे(mas.), लेंगी(fem.) 命令法 (तू) ले, (तुम) लो, (आप) लीजिए (लीजिएगा) (1) 必要なものを取る；手に入れる；入手する उसे अकेले ही लकड़ी लेने जाना पड़ा ひとりでたきぎを取りに行かなくてはならなくなった एक महीने की छुट्टी लेकर 1か月の休暇を取って (2) 奪う；奪い取る；無理に (一方的に) 取り上げる मुंगेर में बाढ़ ने सात की जान ली ムンゲールでの洪水が7人の命を奪った (3) 受け取る आप चैक लेने से इंकार नहीं कर सकते 小切手の受け取りをお断りにはなれませんよ पेशगी लेना 手付け金を受け取る 14 रुपये लेने हैं 14ルピーで売ってくれますか (14ルピーにしてくれますか) (客→商店主) बेकार की तनख़्वाह लेगा (あの男には) 無駄な給料を払わなくちゃならん (4) 持つ；手に持つ；携える वह अपने साथ उसे लेता आया それを持参していた लेते आ० (手に) 持って来る उसी तरह अख़बार लिए हुए दरवाज़े पर आकर 全く同じように新聞を持って戸口へ来て बाहर जाना हो तो छड़ी या छतरी ले लेते हैं いつも外出の時にはステッキか傘を持つ वे लालभभूक चेहरा लिये क्लास से बाहर चले गए 真っ赤な顔をして教室から出て行かれた (5) 受ける；他からの働きかけを受ける；受けとめる；被る चेचक का टीका लेते समय 種痘を受ける際 "ले! ले! ले! ले!" कहते हुए उसने चार बार मेरी पीठ पर मारा (殴るときに「くらえ」の意で) えい，えい，えい，えいと言いながら4回私の背中を殴った सुई का दबाव इसी अंगुश्ताने पर लेना पड़ता है 針の力はこの指貫きで受けとめなくてはいけない (6) 引き受ける；取る；負う राज्य को अपने ऊपर भी कुछ दायित्व लेने पड़ते हैं 国は自らも一部の責任を負わなくてはならない (-का) ठीका ले० (ーを) 請け負う (-का) ज़िम्मा ले० (ーの) 責任を引き受ける कार्यभार ले० 仕事を引き受ける (7) 受け入れる；応じる；認める वे हर्गिज़ तलाक नहीं लेंगी 絶対に離婚に応じない पर बाद में उन्हें फिर पार्टी में ले लिया गया だが後でまた党に受け入れられた (8) 買う；購入する रेलवे स्टेशन पर टिकट लेते हुए 駅で切符を買う時 कोट लेते जाओ コートを買って行きなされ यह टोपी मैंने ईद पर ली थी この帽子はイードの祭りの時に買った उसने चवन्नी की बर्फ़ी ली 4アンナのバルフィーを求めた (9) 借りる；借用する अगर किसी की कोई चीज़ लेना हो तो उससे ज़रूर पूछ लें 何か人の持ち物を借りる際には必ずその人にたずねなさい मैं कमरा लेकर अकेली रहती हूँ 部屋を借りて1人で暮らしている आज तक इसने ली हुई वस्तु वापस की है कभी? 今まで借りた物を返したためしがあるかいこの男が (10) 飲食する；飲む；食べる；摂取する चाय-नाश्ता मैं लेकर चला हूँ 私はお茶と軽食をすませて来ている पीछे आंगन में सब बैठे नाश्ता ले रहे थे 全員が中庭に座って朝食を取っているところだった दूध लोगे? 牛乳を飲むかい (11) (薬などを) 服用する；摂取する；飲む जब टांके लगें या घाव बड़ा हो तो ऐंटी बायोटिक लेना ठीक होता है 傷を縫ったり傷が大きかったりすれば抗生物質を服用するのがよい अगर क़ब्ज़ की शिकायत हो तो जुलाब लेकर पेट को साफ़ करना चाहिए 便秘であれば下剤を飲んでおなかをきれいにしなくてはいけない पिल लेनेवाली स्त्री के हार्मोन ピルを使用する女性のホルモン (12) 連れる；同行する；伴う दादा जी रोज़ शाम को अखिलेश को लेकर घूमने निकल जाते 祖父はいつも夕方アキレーシュを連れて散歩に出掛ける बच्चों को साथ ले जाना 子供たちを連れて行きなさい फिर वह डा॰प्रकाश को लेकर महेंद्र जी के यहाँ पहुँचे プラカーシュ先生を連れてマヘーンドラの家にやって来た राय साहब को भी लेते चलें ライさんも連れて行きましょう (13) 迎える；出迎える कोई उसे लेने के लिए न आए だれもあの人を迎えに来ないように जब तक लेने नहीं आओगे मैं भी नहीं आऊँगी あんたが迎えに来るまでは行かないわ आप तो मुझे लेने नहीं आईं 私を迎えに来てくれなかったわね (14) (名を) 出す；呼ぶ इतने वर्षों में तुमने कभी भी इनका नाम नहीं लिया था 長い歳月が経つのにお前はこの人の名前を口にしたことは1度もないではないか जब दुनिया से कूचकर जाए तो कोई उसका नाम भी न ले この世を去ればお前の名を呼んでくれる人もいないかも知れぬ (15) 選ぶ；採用する；取る；採る हम दोनों उठे और नगर से पूर्व की ओर का मार्ग लिया 2人は起き上がると町から東の

方角の道をとった (16) (人を仕事に) 使う；(使役に) 用いる；してもらう कई साल पहले मैंने अमिताभ को लिया था 数年前（俳優の）アミターブを使ったことがあった अगर होंठ ज़रा-सा और फट जाता तो स्टिच लेने पड़ते 唇がもう少し裂けていたら縫ってもらわなくてはならなかった (17) (行為を) する；行う；実行する इसका बदला लेकर ही दम लेंगे これのかたきを打たずにはおかない इम्तहान ले॰ 試験をする = परीक्षा ले॰. इतनी बड़ी हो चुकी हो तुम. तुम्हें तो अपनी समझ से काम लेना ही चाहिए あんたはもうこんなに大きくなったんだから自分の頭で考えて事に当たりなさい **ले आ॰** *a.* 連れてくる；案内する उनका सामान उतरवाकर उन्हें घर में ले आया あの方の荷物を降ろしてもらってから家へお連れした *b.* 持って来る = लाना. *c.* 買ってくる वे पाँच सौ की कहें, तो तू हज़ार की ले आ 向こうが500の物だと言ったら1000の物を買っておいで **ले उड़ना** *a.* 連れて姿をくらます；誘惑する；誘い出す；かどわかす *b.* 言いふらす **(-को) लेकर** (ーの) ことで；(ーを) めぐって；(ーに) 関連して= (-को) ले. उनकी भविष्य की रणनीति को लेकर 同氏の将来の戦略をめぐって 1985 में दहेज़ को लेकर 1985 年に持参金をめぐって अरे तो ज़रा-सी बात को लेकर झगड़ने की क्या ज़रूरत है? なんだね，実にちっぽけなことで喧嘩しなくったっていいじゃないか **(-से) लेकर** (ーから) 始めて；(ーから) 始まって； **(-से) लेकर = तक** ーから＝まで समाज में नीचे से लेकर ऊपर तक 世の中では下から上まで **(-) लेकर छोड़ना** (ーを) 必ず取り立てる **(-) ले चलना** (ーを) 連れて行く；同道する आप मुझे राजा के दरबार में ले चलिए 私を殿様の御殿にお連れ下さい **ले जा॰** *a.* 持っていく；運ぶ；運搬する कोई आम तोड़कर ले न जाए だれもマンゴーをちぎって持って行かぬように कालीकट और कोचीन आदि बंदरगाहों से भारतीय वस्तुएँ अफ़्रीका, अरब, ईरान और भूमध्य सागर के देशों को ले जाई जाती थीं カリカットやコーチーンなどの港からインドの商品がアフリカ，アラビア，イランそれに地中海の国々に運ばれていた *b.* 連れて行く；同道する अमेरिका ले जाये जाने से पहले アメリカへ連れて行かれる前に **(-) ले डालना** *a.* (ーを) 台無しにする *b.* (ーを) やっつける；負かす *c.* (ーを) 殺す；殺害する **(-) ले डूबना** (ーを) 巻きぞえにする；(ーに) 巻きぞえを食わせる；(ーを) 道連れにする **लेता आ॰** 買って来る वह देहली से दो-तीन नये एल॰पी॰लेता आया है デリーから新しいLPを2〜3枚購入してきた **ले दे॰** *a.* 買い与える *b.* 借りて与える **ले-दे कर** *a.* たった〜の；わずかに〜の；かけがえのない ले-दे कर एक ही तो बहन है तुम्हारी とにもかくにも君にはたった1人の妹だ मेरे तो माता-पिता का देहांत हो गया है ले-देकर नानी है 両親は亡くなってしまった．たった1人の（母方の）祖母があるだけだ *b.* ようやくのことで；やっとのことで ले-देकर एक बजे बरात चली やっとのことでバラートは1時に出発した *c.* とにもかくにも；ともかく सब कुछ ले-देकर यह स्वीकार करना ही पड़ेगा कि वह भरोसे का नहीं どうしてもあの男が信頼できない人間だと言うことだけは認めねばなるまい ले-देकर ख़रीफ़ की फ़सल भी रबी की फ़सल जितनी ही भरपूर होने की आशा है とにもかくにも秋作も春作ほどのたっぷりの収穫がある見込みだ *d.* 賄賂を贈って；贈賄して **लेना एक न देना दो** 〔諺〕*a.* 他人と何の関わりもないことのたとえ *b.* 倍にして返さなくてはならないものは貰うな **ले निकलना** かすめ取る；かっぱらう **लेने के देने पड़ना** 得するどころか損をする；意図とは逆の悪い結果になる इस जंगल में चीते बहुत हैं.हमारे पास बंदूक भी एक ही है.ऐसा न हो कि लेने के देने पड़ जाएँ このジャングルにはチーターも多い．銃も1丁しか持ち合わせがない．(そのようなことをしたら) ひょっとして悪い結果になりはしないか संसार में इसी तरह लेने के देने पड़ते हैं 世の中ではこんなふうに儲けるつもりが損になるものなんだ **ले पालना** 手許に置いて育てる **(-) ले बीतना** (ーに) 害を及ぼす **ले बैठना** *a.* 傷める；害を及ぼす *b.* 殺す *c.* 持ち出す **ले भागना** 鋭く勘を働かせる；わずかの徴候で多くのことを察知する **(-) ले मारना** *a.* (ーを) むりやりに取る；しゃにむに取り上げる *b.* (ーを) 道連れにする **(-) ले रखना** (ーを) 買って置く；買い置き

लेना[2] [助動] 主動詞の語根形に付加して用いられ次のような意味を表わす．(1) 再帰的な動作，すなわち，受け入れや受容を表す．(ー) 入れる，(ー) 取る，(ー) こむ（込む）など उसने अपने भाई की बात एकदम मान ली 兄の言葉をすんなりと聞き入れた उसने रानी की अधीनता स्वीकार कर ली 王妃への服従を受け入れた हम सब तकलीफ़ें सह लेंगे, पर भूख नहीं सह सकेंगे どんな苦労にも耐えて見せるけどひもじさには耐えられない वह किताबें किसी से माँग लेता है だれかに本を借りる अच्छा हुआ यमुना देवी ने तुम्हारी सुन ली よかったよかった．ヤムナーさんがあんたの願いを聞き入れてくれてよかった सुनार ने शर्त मंज़ूर कर ली 金細工師が出された条件を受け入れた (2) 再帰的な動作の完結や完了を表す पहले मेरी क़ुर्बानी हो लेगी, तब गाय की क़ुर्बानी हो सकेगी 先に私が生け贄になった後でしか雌牛を生け贄にはさせない उन्होंने एक बार जो निश्चय कर लिया, सो कर लिया あの方が1度決められたことは決めてしまったことなんだ（それでおしまいなんだ） मैंने आज का अख़बार पढ़ लिया है 今日の新聞はもう読んだよ！（読んでしまったよ） उसने झट से निश्चय कर लिया すぐさま決意してしまった अपने पत्र पढ़ लिया? मैंने भी पढ़ लिया 手紙をお読みになりましたか．私も読んでしまいました तुमने फिर कपड़े गंदे कर लिए また服を汚してしまったね रो लेने पर, अंतर की घुमड़ती वेदना को आँखों की राह बाहर निकाल लेने पर... 泣いてしまうと，中にこもっている苦しみを目から外へ出してしまうと… मुझे प्यास लगी थी, इस लिए मैंने पानी पी लिया のどが渇いていたので水を飲んでしまった (3) 遂行や完遂などを表す；やり遂げる；成し遂げる；してしまう वह धीमी-से-धीमी बात भी सुन लेता है どんなに小さな声の話でも聞き取る चूहे भी सावधान हो गए थे.इसी लिए आसानी से उनका शिकार कर लेना कठिन था ネズミたちも用心深くなっていたものだから簡単につかまえるわけには行かなかった सब को प्रतिज्ञा कर लेनी चाहिए 全員誓約してしまうべきである अच्छा तो दरवाज़ा बंद कर लेना अंदर से それじゃ戸は内側からちゃんと閉めてしまいなさい चुन्नी ने धीरे से मुन्नी से कहा पर सब ने सुन लिया チュンニーが小声でムンニーに話したのを皆が聞き取ってしまった (4) 再帰的な動作や自分のための行為を表す जब दो आदमी आपस में झगड़ा करते हैं तो उसका लाभ कोई तीसरा आदमी उठा लेता है 2人が争えば第三者がそれを利用する इंदु बहुत अच्छी है.मैं उससे शादी करना चाहता हूँ.आप आकर देख लें（息子→母親）インドゥはとてもいい娘だ．あの子と結婚しようと思うんだ．こちらへ出てきて会ってみて下さい इसे घोड़े पर चढ़ा लो この子を馬に乗せなさい मौक़ा पाकर वह वहाँ से खिसक लिया 折を見てそこから逃げ出した किसान के द्वारा उत्पादित कपास को प्रायः कोई व्यापारी ख़रीद लेता है 農民のこしらえた綿花をたいてい商人が買い入れる ‘मेरे साथ तुझे भी खाना पड़ेगा’ ‘तेरे खाने के बाद खा लूँगी’「あんたも私と一緒に食べるのよ」「私はあんたが食べた後で食べるわ」 पड़ाव डाल दो.यह मैदान अच्छा है.पास में नदी भी है.जानवर कुछ देर आराम कर लेंगे, उछलकूद लेंगे, खा-पी लेंगे ここに野宿しよう．草原もいいし近くに川もある．動物たちはしばらく休んだり飛んだり跳ねたり飲んだり食べたりするだろう बाहरी दूध पिलाते समय उसे एक उबाल अवश्य दे लेना चाहिए 貰い乳をする際にはその乳を一度沸騰させなくてはならない (5) 動作の達成や可能性，能力を表す फिर तू दूर-दूर की आवाज़ें सुन लिया करेगा そうすると（本来聞こえないはずの）遠くのものが聞き取れるようになろう अभी तुम गुस्से में हो इसलिए तुम्हें लग रहा है कि सोहन के बिना रह लोगी 今は腹を立てているからソーハンがいなくても生きて行けるようにあなたには思えるのよ रहमत अफ़ग़ानी भाषा ‘पश्तो’ बोल लेता था ラフマトはアフガニスタンの言葉であるパシュトー語が話せた फ़्रॉक अम्मी ख़ुद सी लेती है フロックはママが自分で縫い上げるの क्या तुकबंदी कर लेना बड़ी बात है? 下手な詩が詠めるのが立派なことなのかい क्या तुम बच्चों को छोड़कर रह लेती हो? 子供たちと離れて暮らせるのかいあんたは

लेना-देना [名] (1) やりとり；贈答 (2) 関係；関わり；付き合い आप हिंदुस्तान में पैदा हों और आपका इन धार्मिक विश्वासों से कुछ लेना-देना न हो インドでお生まれになったのにこれらの信仰とは何の関係もないかも知れないとはどういうことですかい हमें तुम्हारे ब्लू प्रिंटों और फ़ारमूलों से क्या लेना-देना? 君の計画ややり方と僕とは何の関わりもなかろう अभी तक राजनीति से उनका कोई लेना-देना नहीं था これまでに同氏は政治に何の関わりも持っていらっしゃらなかった **लेने-देने में न हो** 何の関わりもない

लेप [名] (1) 練りもの；ペースト（状のもの）；粉末やすりつぶしたものを練ったもの चंदन का लेप ビャクダンの（粉末を半練りにした）ペースト (2) 体に塗る塗布薬；塗り薬；膏薬 सब लोग लगाते थे लेप, और लेप लगाने से होती थी जलन みなが塗り薬を

塗っていた．塗るとひりひりするのだった (3) 塗布；塗ること；塗装；塗り शीतल मरहम का लेप करना 清涼感のある軟膏を塗布する मैंने उँगली पर लेप किया 指に塗布した (4) 塗るもの；塗りつける材料；しっくい；モルタル

लेपक [名] 煉瓦職人；煉瓦積み職人= राजगीर.

लेप चित्र [名]〔芸〕フレスコ画；フレスコ画法〈fresco〉

लेपन [名] (1) 塗布 (2) 塗装

लेपना [他] 塗る；塗りつける；塗りこめる；塗装する गीली मिट्टी पेट पर लेपकर धूप में बैठिए 粘土をおなかに塗って日光に当たること

लेफ़्ट [名・形]《E. left》左（の）；左手（の）；左腕（の）；左側（の）= वाम; बायाँ; वाम पक्ष; वाम पक्षी.

लेफ़्टिनेंट [名]《E. lieutenant》(1)〔軍〕陸軍中尉 (2)〔軍〕海軍大尉= सब लेफ़्टिनेंट. **लेफ़्टिनेंट कर्नल**《E. lieutenant colonel》〔軍〕陸軍中佐 **लेफ़्टिनेंट जनरल**《E. lieutenant general》〔軍〕陸軍中将 = लेफ़्टिनेंट जर्नैल. फ़्लाइट लेफ़्टिनेंट 空軍大尉

लेफ़्टिनेंट गवर्नर [名]《E. Lieutenant Governor》英領インドでベンガル州，北西州，パンジャーブ州及びビルマの行政長官

लेबर [名]《E. labour》(1) 労働；肉体労働；勤労= श्रम; मेहनत. (2) 労働者階級 (3) 労働組合；労働者組織

लेबर पार्टी [名*]《E. labour party》英国労働党 ब्रिटेन में लेबर पार्टी की जीत 英国での労働党の勝利

लेबर यूनियन [名]《E. labour union》労働組合= श्रमिक संघ; मज़दूर संघ.

लेबरर [名]《E. labourer》労働者 = श्रमिक; मज़दूर.

लेबर-रूम [名]《E. labour room》産室 = ज़च्चाख़ाना; सूतिकागृह.

लेबिल [名]《E. label》ラベル；張り札；荷札；レッテル = लेबुल.

लेबुल [名]《E. label》ラベル

लेबोरेटरी [名*]《E. laboratory》実験室 = प्रयोगशाला.

लेमन [名]《E. lemon》(1) レモン (2) ライム= काग़ज़ी नीबू.

लेमन चूस [名]《E. lemon + H. चूस? ; E. lemon juice?》ドロップス

लेमन सोडा [名]《E. lemon soda》レモンスカッシュ；レモンソーダ

लेमनेड [名]《E.lemonade》レモネード；レモンソーダ；ラムネ लेमनेड-बर्फ़ की दूकान 清涼飲料や氷菓子を販売する店

लेमर [名]《E. lemur》〔動〕キツネザル科キツネザル

लेमूँ [名]《P. لیمون》(1) ライム (2) レモン

लेरुवा [名] (1) 子牛 (2) 家畜の子

लेला [名] (1) 羊や山羊の子 (2) 金魚の糞；つきまとうもの

लेलिह [名] (1) シラミ= जूँ. (2) ヘビ（蛇）= साँप.

लेलिहान[1] [名] 蛇 = सर्प.

लेलिहान[2] [形] 舌なめずりをする；舌鼓を打つ

लेव [名] (1) 塗装用に粘土などを塗ったもの (2) 粘土を鍋底などに塗布したもの (3) 壁土 (4) 塗り薬

-लेवा [造語]（ーを）取る，奪うなどの意を有する合成語の構成要素 जानलेवा 命に関わる；生命に関わる；致命的な

लेवा [名] (1) 塗りつけるもの（粘土，しっくい，モルタルなど）गारे का लेवा चढ़ाना モルタルを塗る (2) 粘土 गोबर, पत्थर का चूना और कभी-कभी धान की भूसी मिले हुए गारे का लेवा 牛糞，石灰，時にはわらの混じったモルタル (3) 薬用や美容のため肌に塗布するもの (4) 牛や水牛などの乳房

लेवारना [他] 塗りつける；塗布する

लेवी [名*]《E. levy》(1) 兵役への総動員；召集；徴募 (2) 召集軍隊；徴募した兵士

लेवें [他]〔古〕 लेना の不定未来形 1st.pl.,3rd.pl.,2nd.pl. （आप）= लें. अच्छा हो हम किसी भी वस्तु को यथासंभव मुफ़्त में न लेवें 何しろできるだけただでは受け取らぬようにするのがよい आप चलकर स्वयं देख लेवें お出でになってご自分でご覧下さい

लेवे [他]〔古〕 लेना の不定未来形 2nd sg., 3rd sg. = ले.

लेश[1] [名] (1) 微細なもの；分子；原子 (2) 小さなかけら (3)〔修辞〕長所や美点の中に短所や欠点が短所や欠点の中に長所や美点が秘められていることを表す意味修辞法

लेश[2] [形] (1) 微細な；微小な (2) 微量の

लेशमात्र [名] 微少なもの；微量；かけら；小片 अब मेरे शरीर में आपकी बुद्धि का लेशमात्र भी नहीं दिखाई पड़ेगा तो あなたの知恵のかけらほども私の中に現れなければ मुझमें यह लेशमात्र भी नहीं है 私にはこれは全く備わっていません

लेश्या [名*]〔ジャ〕レーシュヤー（霊魂が業につながれている状態）

लेस[1] [名*] (1) 粘着物；ねちねちしたもの；ねばねばしたもの；ねばりけのあるもの (2) 鳥もち

लेस[2] [名]《E. lace》レース

लेसदार [形]《H. + P. دار》ねちねちした；粘り気のある= लसीला; चिपचिपा. कानों से लेसदार चीज़ निकलकर परदे के पास इकट्ठा होती रहती है 耳からねばねばしたものが出て鼓膜のあたりにたまり続ける

लेसर [名]《E. LASER》= लेज़र.

लेह [名] なめて食するもの；しゃぶるもの

लेहना[1] [名]〔農〕(1) 刈り取りの労賃（現物支給） (2) 村落共同体の農業以外に従事する役務提供者に対して刈り入れ時に報酬として現物で支払われるもの (3) 刈り取りの人が１度に両手で抱えられる分量の穀物 (4) 穂の出た穀物

लेहना[2] [他] なめる；しゃぶる

लेहाज़ा [接] → लिहाज़ा. だから；それで；それだから

लेहाफ़ [名] = लिहाफ़.

लेह्य [形・名] なめて食される（もの）；しゃぶるもの

लैंग [形] = लैंगिक.

लैंगरहैंस द्वीप [名]〔解〕ランゲルハンス島〈Islands of Langerhans〉

लैंगिक [形] (1) 男根の (2) 性的な；性による；性的関係による लैंगिक सहवास 同衾 **लैंगिक जनन** 有性生殖〈sexual reproduction〉

लैंग्थ [名]《E. length》〔ス〕長さ；距離

लैंडस्केप [名]《E. landscape》〔芸〕風景 = भू-दृष्य; प्रकृति-छबि.

लैंडो [名]《E. landou》ランドー馬車

लैंप [名⁻]《E. lamp》(1)（電気・ガス・灯油などで点灯する）ランプ (2) 電気スタンド बिल्लौरी लैंप 水晶製のランプ（電気スタンド） सौर ऊर्जा से दो सौ लैंप भी जलेंगे 太陽エネルギーで電球 200 個が点灯 लैंप बुझने लगती ランプが消えかかる लैंप की चिमनियाँ ランプのほや

लैंपपोस्ट [名]《E. lamppost》街灯柱；ランプポスト लैंपपोस्ट का भभकना ランプポストに明かりがともる

लैंपशेड [名]《E. lampshade》ランプの笠；ランプシェード

लैंस [名]《E. lens》レンズ= लेंस.

लैंसर [名]《E. lancer》〔軍〕槍騎兵

लैकर [名]《E. lacquer》(1) ラッカー (2) ヘアスプレー

लैकर स्प्रे [名]《E. lacquer spray》ヘアスプレー लैकर स्प्रे बालों पर छिड़कना ヘアスプレーをかける

लैक्टिक ऐसिड [名]《E. lactic acid》〔化〕乳酸 कच्चे दूध में लैक्टिक ऐसिड नामक एक अम्लीय पदार्थ रहता है 生の牛乳に乳酸と呼ばれる酸性物質が存在する

लैक्टोबैसिलस [名]《E. lactobacillus》乳酸菌

लैटरबक्स [名]《E. letterbox》= लेटर बॉक्स. (1)（個人の）郵便受け (2) 郵便ポスト= पिलर बॉक्स; बंबा.

लैटिन[1] [名*]《E. Latin》〔言〕ラテン語 = लैटिन भाषा.

लैटिन[2] [形] (1) ラテン語の (2) ラテン民族の；ラテン系の (3) ラテンの

लैटिन अमेरिका [地名]《E. Latin America》ラテンアメリカ लैटिन अमेरिका के देश ラテンアメリカ諸国

लैटेक्स [名]《E. latex》乳液；ラテックス

लैटेराईट [名]《E. laterite》ラテライト

लैथ [名*]《E. lathe》旋盤= लैथ मशीन; खराद

लैदर [名]《E. leather》レザー；皮革 लैदर केस レザーケース；革ケース

लैन [名*]《E. line》(1) 線 (2) 筋 (3) 列 (4) 行 (5) 境界線 (6)〔軍〕歩兵

लैनोलीन [名]《E. lanolin》ラノリン

लैरिंक्स [名]《E. larynx》〔解〕喉頭 लैरिंक्स में सूजन 喉頭部に腫れ लैरिंक्स में शोथ 喉頭炎

लैल [名*]《A. ليل》夜 = रात; रात्रि; निशा.

लैला [名*]《A. ليلى》(1) イスラム圏に広く知られる悲恋物語「ライラーとマジュヌーン」（लैला व मजनूँ）のヒロインであるライラー．カイス क़ैस の恋人 (2) 恋人 (3) 美女 (4)〔植〕ヤナギ科小木ヨツシベヤナギ【*Salix tetrasperma*】

लैला मजनूँ [名] 《A. لیلیٰ مجنوں लैला व मज्नूँ》 (1) イランをはじめイスラム圏に広く知られる悲恋物語「ライラーとマジュヌーン」 (2) 恋人同士= प्रेमी-प्रेमिका.

लैवेंडर [名] 《E. lavender》 (1) 〔植〕シソ科低木ラベンダー (2) ラベンダー香水

लैसंस [名] 《E. license》ライセンス= सनद; अधिकार-पत्र. → लाइसेंस.

लैस[1] [形] 《E. dress?》 (1) 装備した पिस्तौल और बम के साथ लैस होकर ピストルと爆弾を装備して यह जासूस पनडुब्बियाँ विशेष इलैक्ट्रानिक उपकरणों से लैस है このスパイ潜水艦は特殊な電子器機で装備されている लैस क॰ 装備する अपने बच्चे को विज्ञान की नवीनतम जानकारी से लैस कीजिए お子さまを最新の科学情報で装備なさって下さい (2) 装った सूट-बूट से लैस 洋装のいでたち सुसज्जित कपड़ों से लैस नसीरुद्दीन ぱりっとした服で決めたナシールッディーン

लैस[2] [名] 《E. lace》レース

लैस[3] [名] 《A. لیث》 〔動〕ライオン；獅子 = सिंह; शेर.

लैसेंस [名] 《E. license》ライセンス= लाइसेंस.

लैसेंसदार [形・名] 《E. + P. دار》 (種類などの) 販売免許を持つ (人や店) = लाइसेंसधारी.

लों [後置] = लौं. आज लों 今日に至るまで

लोंदा [名] かたまり (塊)；固まったもの；固めたもの；ひとかけら **मिट्टी का लोंदा** *a.* 土のかたまり *b.* 怠け者

लो[1] [他] लेना の叙想法不定未来時制並びに命令法二人称 तुम 対応形

लो[2] [感] 相手に注意や行動を促したり驚きなどの気持ちを表す感動詞. ほら, そら, 見ろなど यह लो ほらこれだ लो, वही सामने से आ रहा है ほらね, 当人が正面からやって来るぞ तो लो बच्चो! यह दिलचस्प और मज़ेदार पुस्तक पढ़ो さあ, それじゃみなさん, この面白くて楽しい本を読みなさい लो यह भी कोई बड़ी बात है なあにこれが大したことかい→ ले[2].

लोअर [形] 《E. lower》 (1) 下の；下方の (2) 低度の；程度や等級の低い (3) 下級の= निचला; निम्न.

लोअर कोर्ट [名] 《E. lower court》下級裁判所

लोई[1] [名*] パン (ローティー) 1 枚分のパン生地のかたまり

लोई[2] [名*] ローイー (細い毛を用いて織られた毛布)

लोई[3] [名] = लोग.

लोक [名] (1) この世界；世界；この世；現世 (2) 天界, 地界, 地下界のいずれか तीनों लोकों में इस ताल का पानी मीठा था 天上, 地上, 地下の三界でこの池の水が一番うまかった स्वर्ग लोक 天界；極楽 (3) 〔イ神〕天上に七界, 地下に七界考えられている世界 (合計七界ともいう) (4) 特定の神の支配する世界 अपने पिता को वरुण लोक से वापिस बुला लिया 父親をヴィシュヌ天の世界 (極楽) から呼び戻した (5) 範囲 (6) 限られた社会；特定の社会 (7) 人間界 (8) 世間；社会 (9) 公衆；大衆；民間；常民；民衆 मिथक लोकचिंतन तथा अनुभूति का अविभाज्य अंग है 神話は民衆の思索及び感受性と不可分のものである लोक-चेतना को जगाकर, सच्चे लोकतंत्र की स्थापना के लिए वे अंत तक जूझते रहे 氏は民衆の意識を目覚めさせ真の民主主義の建設のために生涯戦い続けられた लोक वाद्य यंत्र 民族楽器 **लोकजीवन** *a.* 社会生活 *b.* 公的生活 **लोक-परलोक** この世とあの世；現世と来世 लोक-परलोक दोनों गए, धोबी का कुत्ता हो गया हूँ; कहाँ जाऊँ? 現世も来世も駄目になった. どこのものともつかなくなった. どこへ行けばよいのか

लोक अभियोजक [名] 検事；検察官= सरकारी वकील.

लोक आख्यान [名] 民間伝承

लोककंटक [名] 公的不法妨害 = लोक उत्पात. 〈public nuisance〉

लोककथा [名*] (1) 昔話；民間説話 (2) 口碑

लोककर्त्तव्य [名] 公徳

लोककर्त्ता [名] (1) ブラフマー神 (2) ヴィシュヌ神 (3) シヴァ神

लोककला [名*] フォークアート；民俗芸術；民芸

लोककल्याण [名] 社会福祉

लोककल्याणकारी [形] 社会福祉の लोककल्याणकारी राज्य 社会福祉国家

लोककहानी [名*] 昔話；フォークテール；民間説話

लोकगाथा [名*] (1) 〔文芸〕物語詩；バラッド 〈ballad〉 (2) 民間伝承；民俗

लोकगीत [名] 民謡；俗謡 तीज के लोक-गीत ティージュ祭に歌われる民謡

लोकचित्त [名] 人心；民心 सैकड़ों घटनाएँ ऐसी घटती हैं, जिन्हें उजागर करने से लोक-चित्त में अच्छाई के प्रति अच्छी भावना जगती है 明らかにすれば人の心に善への信頼感が生まれるような出来事が沢山あるものだ

लोकतंत्र [名] 民主主義 = जनतंत्र; गणतंत्र. 〈democracy〉 लोकतंत्र एक शासन प्रणाली है 民主主義は統治方法の一である पाकिस्तान में लोकतंत्र बहाली आंदोलन パキスタンの民主主義復活運動 उस दल ने लोकतंत्र को मज़बूत भी किया है その党は民主主義を強固にもした

लोकतंत्रिक [形] 民主主義の；民主主義的な→ लोकतांत्रिक.

लोकतंत्री [形] 民主主義的な；民主的な लोकतंत्री भावना 民主主義的な意識 लोकतंत्री प्रणाली 民主的な方式

लोकतंत्रीय [形] 民主主義の；民主主義的な लोकतंत्रीय देश 民主主義国

लोकतांत्रिक [形] 民主主義的な；民主的な लोकतांत्रिक और वामपंथी ताक़तों को जोड़कर 民主的勢力と左翼勢力とを結集して लोकतांत्रिक व्यवस्था 民主的制度；民主主義的制度 लोकतांत्रिक सरकार का निर्वाचन जनता करती है 民主主義政権の選挙は人民が行う लोकतांत्रिक गणराज्य 民主主義共和国 लोकतांत्रिक समाज 民主主義社会 लोकतांत्रिक सरकार 民主政権

लोकतीर्थ [名] 聖地；民間信仰の聖地 आज यह स्थान एक लोकतीर्थ के रूप में जाना जाने लगा है 今日この地は聖地の１つとして知られるようになっている

लोकदेवता [名] 民間信仰の対象となっている神；民俗神 रामदेव जी राजस्थान में ही नहीं, अपितु गुजरात में भी एक लोकदेवता के रूप में पूजे जाते हैं ラームデーヴジーはラージャスターンばかりでなくグジャラートでも民間に崇拝されている राजस्थान के प्रमुख लोकदेवता ラージャスターンの民間信仰の神々

लोकधर्म [名] 民間宗教 मिथक लोक धर्म का एक अंग है 神話は民間宗教の一部を成す

लोकधारणा [名*] 民間信仰 लोकधारणा के अनुसार 民間信仰によれば

लोकना [他] (1) 物が落下しないようにつかむ；つかみとる (2) (物を) ほうり上げてもてあそぶ वह हाथों में दिया सलाई की डिबिया को लोकने लगा マッチ箱をほうり上げてもてあそび始めた

लोकनाथ [名] (1) ブラフマー神 (2) 四天王；四方の守護神 (3) 仏陀

लोकनिधि [名*] 公債；国債 〈public fund〉

लोकनिर्माण विभाग [名] 公共建設庁 (防衛, 通信, 鉄道, 原子力, 放送などの関係を除き道路, 橋梁, 工業団地, 住宅団地, 商業団地, 病院, 飛行場, 教育機関など多岐にわたる部門の建設と建設後のそれらの保守管理を業務としてきたが, 現在は शहरी विकास और ग़रीबी उपशमन मंत्रालय の所管. 正式名は सी॰पी॰डब्ल्यू॰डी॰ 〈Central Public Works Department〉)

लोकनृत्य [名] 民族舞踊；郷土舞踊；フォークダンス

लोकन्यूसैंस [名] 〔法〕公的不法妨害 = लोक उत्पात; लोक कंटक. 〈public nuisance〉

लोकपटु [形] 世渡りの上手な；世故に長けた वह लोकपटु नहीं है あの人は世渡りの上手な人ではない

लोकपद [名] 公職

लोक परंपरा [名*] (1) 伝承；伝統 (2) 風俗習慣

लोकपाल [名] (1) 四方角の守護神；四天王= दिक्पाल. (2) 王= राजा; नरेश. (3) オンブズマン

लोकप्रिय [形] (1) 世間の人気のある；評判のよい प्रजा में लोकप्रिय भी न थे 人気があったわけでもなかった हमारे यहाँ फ़ुटबाल का खेल बहुत ही लोकप्रिय है わが国ではサッカーは大変人気がある लोकप्रिय लेखक 人気作家 (2) 民間に広まった बौद्ध धर्म भारत के सभी भागों में उतना लोकप्रिय न था जितना कि उसने समझ रखा था 仏教はインドの全地域において彼が考えていたほど広まってはいなかった **लोकप्रिय बनाना** 広める उसने इस खेल को लोकप्रिय बनाने में बड़ा योग दिया このスポーツを広める上で大いに貢献した人 (3) 大衆的な；ポピュラーな

लोकप्रियता [名*] (1) 人気；信望 कांग्रेस की लोकप्रियता को देखकर ब्रिटिश सरकार दंग रह गई コングレスの人気を見てイギリス当局は驚愕した लोकप्रियता की चरमसीमा 人気の絶頂 (2) 評判；人望 पति की लोकप्रियता बहुत कुछ पत्नी के व्यवहार पर निर्भर करती है 夫の評判はかなり妻の行動に依存している

लोकबांड [名] 《H.+ E. bond》国債；公債= सार्वजनिक बांड.

लोकभावना [名*] 公共心；公徳心
लोकभाषा [名*] 民衆の言葉；一般大衆の言葉
लोकमत [名] 世論 लोकमत जाग्रत करने का गुरुभार 世論を喚起する重責
लोकमर्यादा [名*] 慣習
लोकमाता [名*]〔ヒ〕(1) ラクシュミー神 (2) ドゥルガー神
लोकमानस [名] 民心；人心 = जनमन.
लोकमान्य [形] (1) 民衆の尊敬を受ける；敬愛される (2) インド独立運動の指導者で政治家・古典学者・ジャーナリストであったティラクに対する敬称．バールガンガーダル・ティラク बालगंगाधर तिलक (1856–1920)
लोकमान्यता [名*] 民衆の敬愛（の念）
लोकरंजक [形] 大衆的な；民衆的な；庶民的な इन आचार्यों ने धर्म का लोकरंजक रूप सामने रखा これらの学僧たちは宗教の大衆的な形態を提示した
लोकरंजन[1] [名] 民間の評判；大衆人気；大衆性；庶民性
लोकरंजन[2] [形] 万人を喜ばせ楽しくさせる
लोकरक्षक [名] 国王；支配者
लोकरव [名] 噂；評判= अफ़वाह; प्रवाद.
लोकरीति [名*] 習俗
लोकल [形]《E. local》(1) 地元の (2) 特定地域の；特定地方の；ローカルな；限定された場所の
लोकल एनिसथीसिया [名]《E. local anaesthesia / local anesthesia》〔医〕局部（局所）麻酔 लोकल एनिसथीसिया देकर 局部麻酔をして
लोकल ट्रेन [名*]《E. local train》普通列車
लोकलाज [名*] 世間体 रिश्तों को महज़ लोकलाज के कारण निभाना कोरा दिखावा है 親戚付き合いを単に世間体のためだけに続けることは見栄である लोकलाज से दबे हुए 世間体におさえられて
लोकलोचन [名] (1) 世間の目；人々の目 (2) 太陽
लोकवचन [名] 風評；噂；評判
लोकवाणी [名*] 民衆語 चंपारन की भाषा अर्थात् लोकवाणी भोजपुरी है チャンパーラン地方の言葉，すなわち，民衆語はボージプリーである
लोकवाद [名] (1) 諺；俚諺 (2) 風評；噂
लोकवार्ता [名*] (1) 民俗；習俗 (2) 民間伝承；フォークロア हिमाचल की लोकवार्ता में सौरमंडल धरती, वनस्पति संसार, पर्वत-नदियों, देवी-देवताओं से जुड़ी कई कहानियाँ प्रचलित हैं ヒマーチャル地方の民間伝承には太陽，大地，植物界，山や川，神々にまつわる幾つもの物語が広まっている (3) 民俗学 (4)〔古〕噂；噂話
लोकविख्यात [形] 著名な；有名な
लोकविरुद्ध [形] (1) 反社会的な (2) 世間の習いに反する
लोकविश्रुत [形] 世に知られた；名高い= लोकविख्यात.
लोकविश्वास [名] 俗信
लोकवृत्तांत [名] 慣習；風習；しきたり= लोकाचार.
लोकव्यवहार [名] (1) 慣習；風習；習俗 लोकव्यवहार भी कोई चीज़ है 慣習というものも大切なことだ (2) 振る舞い
लोकशांति [名*] 治安の良好な状態
लोकशिक्षा [名*] 公教育 लोक-शिक्षा के माध्यम 公教育の媒体
लोकश्रुत [形] 著名な；有名な；名の知られた；噂の高い बाला साहब इस प्रदेश के लोकश्रुत व्यक्ति हो गए थे バーラー氏はこの州の有名人になった
लोकश्रुति [名*] (1) 人気；評判 (2) 知名度
लोकसंग्रह [名] (1) 民心の把握 (2) 民衆の幸せを願うこと
लोकसंपत्ति [名*] 公共物；公共の財産〈public property〉
लोकसंसृति [名*] (1) 運；運命 (2) 風習；しきたり
लोकसंस्कृति [名*] 民俗；民俗文化 राजस्थान की लोक-संस्कृति ラージャスターンの民俗文化
लोकसत्ता [名*] 人民主権
लोकसभा [名*] (1) ロークサバー（インド国議会下院．定員 552 名．うちアングロインディアンの 2 名のみ大統領の指名による他は直接普通選挙制により全州からの 530 名と中央政府直轄地からの 20 名が選出される．解散による以外任期は 5 年間）〈House of the People〉 (2) 英国議会下院 (3) 議会下院 लोकसभा चुनाव（インド）下院（議員）選挙
लोकसभाई [形] 下院の लोकसभाई चुनाव 下院選挙
लोकसम्मत [形] 民衆の支持を得た；民間の支持を得た
लोकसाहित्य [名] 民俗文学〈folk literature〉
लोकसिद्ध [形] 民間に流布した；民間に確立した；民心になじんだ
लोकसेवक [名] (1) 社会奉仕家；民衆への奉仕者 (2) 公僕
लोकसेवा [名*] (1) 公共事業 (2) 公共奉仕；社会奉仕 (3) 公職
लोकसेवा आयोग [名] 人事院 भारतीय लोकसेवा आयोग インド連邦人事院
लोकस्वास्थ्य [名] 公衆衛生〈public health〉
लोकहार [名]〔イ神〕（世界の破滅をもたらす）シヴァ神
लोकहित [名] (1) 公益；公共の利益 लोकहित की रक्षा 公益の保護 (2) 公共奉仕
लोकहितैषी [名・形] 利他的な；利他主義的な
लोकांतर [名] あの世；来世= पर-लोक.
लोकांतरित [形] (1) この世からあの世へ移った (2) 死んだ；死亡した；逝去した
लोकाचार [名] (1) 慣習；風習；習俗；しきたり नई बहू के आने पर वर पक्ष के यहाँ अनेक लोकाचार तथा प्रथाएँ निभाई जाती हैं 新婦が来ると新郎の家ではいろいろなしきたりや行事が行われる (2) 振る舞い
लोकाट [名]《E. loquat》〔植〕バラ科常緑高木ビワ（枇杷）= लुकाट.
लोकाना [他]（手に持っている物を）ほうり上げる
लोकानुग्रह [名] 公益
लोकानुष्ठान [名] 民間儀礼
लोकापवाद [名] 不名誉；汚名；不面目 लोकनायक का लोकापवाद 大衆指導者の不名誉
लोकायत[1] [名] (1)〔イ哲〕ローカーヤタ（古代インドの唯物論）；順世派 (2) 唯物論；無神論 (3) ローカーヤタの信奉者；順世派の人 (4) 唯物論者；無神論者
लोकायत[2] [形] (1) ローカーヤタの (2) 唯物的な (3) 世俗的な लोकायत दृष्टिकोण 世俗的な見方
लोकायतन [名] (1) ローカーヤタを信奉する人 (2) 唯物論者；無神論者
लोकायतिक [形・名] (1) ローカーヤタの（人）；ローカーヤタ派の（人） (2) 無神的；唯物論的；無神論者
लो कैलॉरी [名*]《E. low calorie》低カロリー〈low calorie〉
लोकेशन [名]《E. location》〔映〕ロケーション；ロケ；野外撮影
लोकेश्वर [名] (1) 最高神 (2) 仏陀
लोकैषणा [名*] (1) 名誉欲；（世俗的な）欲望；出世欲 (2) 天国の希求
लोको [名]《← E. loco-shade》機関区
लोकोक्ति [名*] 諺；俚諺 = कहावत; मसल.
लोकोत्तर [形] (1) 超自然の；不可思議な；この世のものとは思えない (2) 超俗的な；壮重な (3) 並はずれた；特別の लोकोत्तर व्यक्तित्व 世俗を超越した人柄
लोकोपकार [名] (1) 博愛；慈善 (2) 博愛行為；慈善行為
लोकोपकारवाद [名] 人道主義；博愛主義
लोकोपकारी [形] (1) 博愛主義の；人道主義の (2) 博愛の；慈善的な；人道的な
लोकोपयोगी [形] 公益に役立つ；公益的な
लोकोपयोगी-सेवा [名*] 公益事業
लोकोशेड [名]《E. loco-shade》機関区（鉄道）
लोखड़ी [名*]〔動〕イヌ科キツネ= लोमड़ी.
लोखर [名] (1) 理髪師，大工，鍛冶屋などの使用する鉄製の道具 (2) 同上を収納する容器；道具箱
लोग [名] (1) 人々；世間；社会；世の中 (2) 人；人間 उसे माफ़ कर दे, सुनीता.लोगों से गलती हो जाती है スニーター，あの人を赦してやりなさい．人は過ちを犯すものなのだよ (3) 人間を表す名詞や代名詞に接続して複数形を作ったり複数形を強調するのに用いられる बच्चे लोग 子供たち हम लोग 我々；おれたち तुम लोग 君たち डाक्टर लोग क्या कहते हैं? 医者たちは何と言っているの
लोग-बाग [名] 一般の人；世間の人；世間；大衆 शायद यही वजह है कि लोग-बाग आगे-पीछे उन्हें अंगरेज की औलाद कहने से नहीं चूकते 世間の人が面と向かって，あるいは，陰であの人のことをイギリス野郎呼ばわりするのを止めないわけはこれなんだ
लोग-लुगाई [名] 男と女；男女
लोगाई [名*] 女；女性 = लुगाई; स्त्री.

लोच [名*] (1) 弾力；弾力性；しなやかさ；しなること= लचक; लचीलापन; कोमलता; मृदुता. (2) 優美さ；しなやかさ आज तुम्हारी आवाज़ में बला की लोच है 今日は君の声にものすごいしなやかさがある भाषा की लोच 言葉の優美さ अंगों की लोच आदि से बहुत-से भाव व्यक्त हो जाते थे 肢体のしなやかな動きなどで随分多くの感情が表現されていた

लोचक [名] (1) 愚者；愚人 (2) 瞳 (3) カージャル = काजल. (4) 弓弦

लोचन [名] 眼；まなこ = आँख; नेत्र; नयन. लोचन भर आ॰ 涙があふれ出る

लोचना[1] [他] (1) 望む；願う；欲しがる (2) 思う；考える

लोचना[2] [自] 光る；輝く；映える

लोचना[3] [他] 光らせる；照らす；輝かせる

लोचपूर्ण [形] 弾力性に満ちた；非常にしなやかな लोचपूर्ण ऊतक 非常にしなやかな組織

लोट् [名]《Skt.》〔言〕サンスクリット語の命令法の略語〈Imperative mood〉= लोट् लकार.

लोट[1] [名*] ←लोटना. (1) 転がること；横たわること (2) 転げ回ること (3) 熱中すること；夢中になること **लोट मारना** *a.* 横になる；横たわる *b.* 恋にのぼせあがる；熱狂する **लोट हो॰** 熱中する；のぼせる

लोट[2] [名] 《← E. note》札（さつ）；紙幣；ノート

लोटन [形] (1) 転がる；転げる (2) でんぐり返る **लोटन कबूतर हो॰** *a.* もだえ苦しむ；のたうち回る *b.* 狂喜する

लोटना [自] (1) 寝転がる；転がる；転げる；横たわる；横になる；ごろごろする (2) 転がる；回転する；ころころ転がる (3) 転げ回る；笑いころげる（嬉しさやおかしさに） वह रोते-रोते धरती पर लोट गई 泣いているうちに地面に転がった **लोट जा॰** *a.* 気を失う；失神する *b.* 死ぬ *c.* 休む；くつろぐ；ごろっと横になる *d.* のたうつ；のたうち回る *e.* ひっくり返る；倒れる *f.* 熱中する；うっとりする

लोटपटा [名]〔ヒ〕挙式の際新郎と新婦が席を入れ替わる儀式

लोटपोट[1] [形] (1) 転げ回った；転がった (2) 笑いころげた；おかしさに転げ回った मैंने उसकी कही बात मैडम को बताई तो वह हँसते हँसते लोटपोट हो गई 彼女の言ったことを話すと婦人は笑いころげた सारे दोस्त उसकी नासमझी पर हँसते-हँसते लोट-पोट हो गये 友人たちは皆その男の愚かさに笑いころげた (3) 大変嬉しい；嬉しくてたまらない अब भी कभी लड़कों को गुल्ली-डंडा खेलते देखता हूँ, तो जी लोट-पोट हो जाता है 今でも子供たちが棒打ち遊びをしているのを見ると嬉しくてたまらなくなる (4) ほれこんだ (5) あわてた；動転した

लोटपोट[2] [名*] (1) 転がること；ごろりと横たわること (2) 転げ回ること **लोटपोट क॰** 転げ回る；転がる सिंह, सिंहनियाँ एवं शावक एक झुंड होकर लोटपोट कर क्रीड़ा करते हैं ライオンの親子はひとかたまりになって地面に転がって遊ぶ (3) ごろっと横になって休むこと

लोटा [名] ローター（金属製の首のすこしくびれた小さな水入れ．その他容器として多様な用途があり生活必需品） **बेपेंदी का लोटा** 無節操な人；信念のない人 **लोटा डुबोना** *a.* 台無しにする；駄目にする *b.* 汚名を着せる **लोटा-थाली तक बिक जा॰** 家財道具まで売り払われる；破産する **लोटा-थाली बेचकर** 家財道具を一切合切売り払って **लोटा भर पानी न दे॰** 全く無視する；全く相手にしない **लोटे नमक डालना** 協力を誓う

लोटी [名*] ローティー（小型のローター लोटा）

लोडन [名] (1) 振動させること；ふるわすこと (2) 動転させること (3) 攪拌

लोड़ना [自] 必要な；必要とする

लोड़ित [名]〔言〕ふるえ音〈rolled〉

लोढ़ना [他] (1)（花を）摘む；摘み取る (2) わたくり（綿繰り）をする= ओटना.

लोढ़ा [名] ローラー（野菜や香辛料などをすりつぶすのに用いられる石の棒．すりこぎの役を果たす → सिल） **लोढ़ा डालना** *a.* つぶす；壊滅させる *b.* 平らにする；均す **लोढ़ाढाल** 潰滅した；破滅した；台無しになった= सत्यनाश; चौपट.

लोढ़िया [名*] ローリヤー（小型のローラー लोढ़ा）

लोढ़ी[1] [名*] = लोढ़िया.

लोढ़ी[2] [名*] (1)〔ヒ〕ローリー（マカラサンクラーンティ मकर संक्रांति の前夜にパンジャーブ地方を中心に行われる季節祭でどんど焼きをして供物を捧げアグニ神に祈りを捧げる．新婚者や新生児のある家庭では祝いの菓子を配る） (2) 同上の祭礼の際歌われる歌；ローリー→ लोहड़ी.

लोण [名] 塩 = लोन; नमक; लवण.

लोथ [名*] 死骸；死体 **(-की) लोथ डालना** （ーを）殺す；殺害する **लोथ पर लोथ गिरना** 累々と死体が横たわる

लोथड़ा [名] 切り取られた肉；肉塊= मांसपिंड. मांस के लोथड़े 肉の塊 = गोश्त का लोथड़ा.

लोथपोत [形] = लथपथ.

लोदी [名]《P. لودی》〔イ史〕北インドにローディー朝 (1451–1526) を築いたアフガン系の氏族名；ローディー

लोदी वंश [名]〔イ史〕ローディー朝 (1451–1526)

लोध [名]〔植〕ハイノキ科常緑低木【*Symplocos racemosa*】

लोधा [名] ローダー（北インドの主に農業労働に従事してきたカースト） लोधा हाली 作男

लोध्र [名] = लोध.

लोन [名] 塩 = नमक; लवण. **(-का) लोन खाना** （ーの）恩義を受ける= (-का) नमक खाना. **(-का) लोन निकालना** （ーへの）裏切りの罰が当たる **(-का) लोन मानना** （ーへの）恩義を感じる；恩義に感謝する

लोना[1] [形⁺] (1) 塩気の；塩辛い；しょっぱい (2) 美しい；粋な；魅惑的な；あでやかな

लोना[2] [名] (1) 古くなった建物や塀などの煉瓦から吹き出す塩分 (2)〔植〕スベリヒユ科雑草スベリヒユ（野菜として食用になる） → लोनिया[2] (3) 硝石を含有する土 (4)〔動〕軟体動物フナクイムシ

लोना[3] [名]〔植〕バンレイシ科低木ギュウシンリ【*Annona reticulata*】とその果実

लोना[4] [他]（穀物を）刈り取る；刈り入れる；収穫する= फ़सल काटना.

लोनारा [名] 天然塩の産出する場所や製塩所

लोनिया[1] [名] ローニヤー（塩やソーダの製造・精製を主な生業としてきた北インドのカースト）= नोनिया.

लोनिया[2] [名*]〔植〕スベリヒユ科スベリヒユ【*Portulaca oleracea*】

लो॰नि॰वि॰ [名] = लोकनिर्माण विभाग.〈PWD〉

लोनी[1] [名*] = लोनिया[2]

लोनी[2] [形*] → लोना.

लोप [名] (1) 消えること；なくなること；消失；消滅 ओलंपिक ज्योति के लोप होते ही सारा स्टेडियम अँधेरे में डूब जाता है 聖火が消えたとたんにスタジアム全体が暗闇に沈む आवाज़ का लोप 音が消えること कलियुग में धर्म-कर्म सब का लोप हो गया カリユガには人倫はすべて消滅した (2)〔言〕省略；脱落= अध्याहार.

लोपक [形] (1) 消す (2) 消滅させる (3) 省く

लोपचिह्न [名] 脱字記号= काकपद.

लोपन [名] (1) 消すこと；隠すこと (2) 消滅させること

लोपना [他] (1) 消す；隠す (2) なくす；消滅させる

लोपांजन [名] ローパーンジャン（ローパ・アンジャナ．まつげの生え際に塗るとその人の姿を消すことができると信じられた想像上の塗りもの）

लोपा [名*] (1)〔イ神〕ローパー（アガスティヤ聖仙の妻） (2)〔天〕海王星

लोपामुद्रा [名*]〔イ神〕ローパームドラー（アガスティヤ聖仙の妻）

लोपी [形] (1) 消す (2) 隠す (3) 破壊する

लोफ़र [名] 《E. loafer》浮浪者

लोबत [名*] 《A. لعبت》(1) 人形 = गुड़िया. (2) でく（木偶） (3) 玩具；おもちゃ = खिलौना.

लोबान [名] 《A. لوبان》(1)〔植〕エゴノキ科高木スマトラアンソクコウ（スマトラ安息香）【*Styrax benzoin*】〈benzoin tree〉 (2) 同上から採れる芳香性樹脂アンソクコウ（安息香；薬用・薫香料）

लोबानी[1] [形] (1) 安息香の (2) 安息香の色をした；白色の

लोबानी[2] [名] 純白

लोबिया [名] (1)〔植〕マメ科蔓草ジュウロクササゲ【*Vigna sinensis; V. cylindrica; V. catjang*】 (2) 同上の実 (3)〔植〕マメ科アオイマメ【*Phaseolus lunatus*】 (4) 同上の実 (5)〔植〕マメ科蔓木フジ

マメ【*Dolichos lablab*】 (6) 同上の実 (7)〔植〕マメ科インゲンマメ【*Phaseolus vulgaris*】= बाकला; फ़राशबीन. (8) 同上の実

लोबिया कंजई [名] 濃緑色

लोभ [名] (1) 欲；欲望 ऐसा कोई मनुष्य नहीं जिसे धन का लोभ न हो 金の欲しくないような人間はいない (2) 貪欲

लोभन [名] (1) 欲；欲望 (2) 貪欲 (3) 金

लोभना[1] [自] 引きつけられる；引き寄せられる；うっとりする= लुब्ध हो°; मुग्ध हो°.

लोभना[2] [他] 魅せる；うっとりさせる= लुभाना.

लोभनीय [形] (1) 欲しくなる；欲しがらせる (2) 魅惑する；引きつける

लोभी [形] (1) 欲しがる；卑しい अनेक रसों की लोभी यह जीभ मनुष्यों को अनेक पदार्थों की ओर खींचती है 様々な味を欲しがるこの舌が人間を様々な物へと引き寄せる (2) 欲張りな；貪欲な；むさぼる लोभी प्रवृत्ति 貪欲な性質 लोभी सास 欲張りな姑

लोम[1] [名] (1) 体全体に生えている毛，柔らかく細い毛；生毛= रोम; रोवाँ. (2) 毛髪= बाल.

लोम[2] [名] 狐 = लोमड़ी.

लोमकूप [名] 毛穴= लोमगर्त.

लोमड़ी [名*] (1)〔動〕イヌ科キツネ；ベンガルキツネ【*Vulpes bengalensis*】〈Indian fox〉 (2)〔動〕イヌ科キツネ【*Vulpes vulpes*】〈red fox〉 **लोमड़ी के खट्टे अंगूर** 負け惜しみ= लोमड़ी के खट्टे बेर.

लोमनाशक [形] 体に生えている不要な毛を除去する；除毛のための；除毛用の

लोमरोग [名]〔医〕禿頭病

लोम-विलोम [名] 逆さ言葉

लोमश[1] [名] (1)〔イ神〕ローマシャ聖仙 (2)〔動〕ヒツジ= मेष; मेढ़ा.

लोमश[2] [形] 毛深い；毛むくじゃらの

लोमश-मार्जार [名]〔動〕ジャコウネコ= गंध-बिलाव.

लोमहर्षक [形] (1) 身の毛のよだつ；戦慄的な；ぞっとする लोमहर्षक अपराध 身の毛のよだつ犯罪 (2) 興奮させる；ぞくぞくさせる यात्रा का लोमहर्षक विवरण 旅行記のぞくぞくするような記述

लोमहर्षण [名] = रोमांच.

लोमावली [名*] 胸の中央からへそにかけてつながって生えている毛

लोमाश [名]〔動〕イヌ科ジャッカル= गीदड़; शृगाल; सियार.

लोय [名] 人々；世間（の人たち）= लोग.

लोयन [名] 鳥もち

लोर[1] [形] (1) 落ち着かない；じっとしていない (2) 揺れ動く

लोर[2] [名] (1)〔装身〕耳たぶから下げる耳飾り (2) ペンダント (3) 耳たぶ

लोर[3] [名] 涙 = आँसू. उनकी याद आती है तो आँखों से लोर टपकने लगता है あの方を思い出すと涙がこぼれ落ちる

लोरना[1] [自] (1) 落ち着きなく動く (2) 揺れ動く (3) せかせかする；うろつく (4) 駆け寄る (5) 折れ曲がる (6) 抱きつく

लोरना[2] [他] (1) 揺り動かす；揺する (2) 振る (3) 折り曲げる

लोरिक [名] (1)〔イ文芸〕ローリク（北インドの民間に流布している恋愛歌曲の主人公） (2) 恋人 **लोरिक सेना** ローリクセーナー（ローリク軍．ビハール州のナーランダー नालंदा 近辺のいわゆるナクサライト नक्सलाइत に対抗して地主層の結成した武装自警団）

लोरी [名*] 子守歌

लोल[1] [形] (1) 震える (2) 振動する；揺れ動く (3) 落ち着きのない (4) 不安定な

लोल[2] [名] 男根；男性性器

लोलक [名] (1) 装身具の垂れ飾り；ペンダント (2) 時計の振り子 (पेंडुलम) (3) 耳たぶ

लोलकी [名*] 耳たぶ

लोलना [自] 揺れる；振れる= हिलना; डोलना.

लोला [名*] (1) 舌= जीभ; जिह्वा. (2) ラクシュミー神

लोलित [形] (1) 振動した (2) ふるえた (3) たるんだ

लोलुप [形] (1) 貪欲な；欲張りな (2) 飢えた；かつえた；激しく求める सत्ता की लोलुप आत्मघाती नीति 権力に飢えた自殺的な政策

लोलुपता [名*] 貪欲さ；あさましさ← लोलुप.

लोवा[1] [名*]〔動〕キツネ = लोमड़ी.

लोवा[2] [名] = लवा.

लो-वाली [名*] 《E. low volley》〔ス〕（テニス）ロー・ボレー

लोशन [名] 《E. lotion》 (1)〔医〕外用薬；ローション (2) ローション（化粧水） लोशन मलना ローションをつける；ローションを塗る

लोष्ट [名] (1) 石= पत्थर. (2) 土くれ；土のかたまり= ढेला.

लोस्टबाल [名] 《E. lost ball》 (1)〔ス〕（クリケット）ロストボール (2)〔ス〕（ゴルフ）ロストボール

लोहँड़ा [名] 大きな鉄なべ

लोह[1] [名] 鉄 = लोहा; लौह.

लोह[2] [形] (1) 銅製の (2) 鉄製の (3) 赤銅色の

लोहकार [名] = लोहार. 鍛冶屋；鍛冶職；鉄鍛冶

लोहकिट्ट [名] = लोहचून.

लोहकीट [名] かなくそ（金屎）= लोहकिट्ट.

लोहचून [名] (1) かなくそ（金屎） (2) 鉄屑= लोहचूर्ण.

लोहजाल [名] 金網

लोहड़ा[1] [形[+]・名] (1) 年少の；年下の (2) 後輩の；見習いの

लोहड़ा[2] [名] = लोढ़ा.

लोहड़ी [名*] → लोढ़ी[2] (1) ローフリー祭（ローリー祭．歳差を考慮しないインド暦の冬至の前日，すなわち，マカラサンクラーンティ मकरसंक्रांति の前日にパンジャーブ地方を中心に祝われる火祭りでどんど焼きに供物を投じる．新婚者，新生児のある家庭では祝いの菓子を親戚や知人に配る．新暦では 1 月 13 日） लोहड़ी के दिन चूल्हा विशेष चित्रकारी से अलंकृत किया जाता है ローリーの日にはかまどは特別の絵を描いて飾られる→ लोढ़ी. (2) この祭の際に歌われる民謡

लोह-लंगर [名] 鉄の錨

लोहसार [名] (1) 鋼板 (2) 鋼鉄製の鎖

लोहा [名] (1) 鉄；くろがね कच्चा लोहा 銑鉄 = पिग आयरन 〈pig iron〉. लोहे की छड़ 鉄の棒；鉄棒 पक्का लोहा 鋼鉄；はがね (2) 武器 (3) 鉄分= लौहतत्त्व; लौह. (4) アイロン= प्रेस; लोहा. (5) 金物 (6) 靴底に打ちつける鋲 **लोहा क°** アイロンをかける= इस्तरी क°; प्रेस क°. कपड़ों पर लोहा क° 服にアイロンをかける **लोहा गरम हो°** 好機にある **लोहा गहना** 武器を手に取る **लोहा ढोना** 困難なことを行う **लोहा तिराना** 不可能なことをしようとする；できないことを試みる **लोहा बजना** 戦闘になる **लोहा बरसना** 切り合う；斬り合う **(-का) लोहा मानना** *a.*（ーの）卓越や優越を認める；（ーに）脱帽する；降参する सारी दुनिया उनकी बहादुरी का लोहा मानती थी 全世界がその方の勇気には敬服していた बड़े-बड़े पहलवान उसका लोहा मान गए थे 有力なレスラーたちがこの男には脱帽していた *b.*（ーに）一目置く उनका लोहा बादशाह तक मानते थे 殿様さえも彼には一目置いていた *c.*（ーに）服従する；服する；従う इसी कारण राजा की कीर्ति और यश का लोहा आस-पास के सभी छोटे-बड़े राजा मानते थे だからこそ近隣の王侯たちはみな王の名声に服従していた पर न वह उसकी बात का लोहा मानती थी, न वह उसकी बात की कायल होती थी でもどちらも相手に服従しようとはしなかった **(-से) लोहा ले°** （ーと）戦う；競う；競い合う इतनी बड़ी हुकूमत से लोहा लेना किसी मामूली आदमी का काम नहीं है このような大きな権力と戦うことは並みの人間にできることではない **लोहा सहना** = लोहा ले°. **लोहे का चना** 甚だ困難なこと；容易に対処できないもの；難関；難物 दोनों समझ गए, आज लोहे के चने चबाने पड़ेंगे 2 人は今日は難物を相手にしなければならないと思った **लोहे का लोहे से लड़ना** 拮抗する者同士がぶつかり合う **लोहे का सोना बनाना** つまらないものを価値あるものに変える **लोहे का हृदय** 頑な心；無慈悲な心；情け容赦のない心 **लोहे की कील गाड़ना** 征服する；勝利を収める **लोहे की चादर** 鉄板 **लोहे की छाती कर ले°** 心を鬼にする **लोहे की दीवार खड़ी हो°** 激しく対立する **लोहे की बेड़ी पड़ना** 足かせをはめられる **(-को) लोहे के घाट उतारना** *a.*（ーを）殺害する；殺す；ばらす *b.* 甚だ困難なことをする **लोहे के चने चबाना** 至難の技 एक बार जिसे पैसा दे दिया उससे वापस लेना लोहे के चने चबाना है 一旦貸した金を取り戻すのは至難の技です **लोहे को लोहा ही काट सकता है** 鉄を切断できるのは鉄，すなわち，相手と対等のものにしか対抗できないものである **लोहे को लोहे से काटना** 目には目で立ち向かう；相手に応じた対抗の仕方をなすべきである **(-के) लोहे से आग बरसना** （ーが）勇猛果敢な **लोहे से लोहा बजना** 戦いになる；戦闘に至る

ल

लोहा पत्थर [名]〔鉱〕鉄鉱石 = लोहाश्म.
लोहार [名] 鍛冶屋；鉄鍛冶= लौहकार.
लोहारख़ाना [名] 鍛冶屋の仕事場
लोहारी [名*] 鍛冶職；鍛冶屋（の仕事）
लोहाश्म [名]〔鉱〕鉄鉱石
लोहा सारंग [名]〔鳥〕コウノトリ科セイタカコウ【*Xenorhynchus asiaticus*】
लोहित[1] [形] (1) 赤い (2) 銅製の
लोहित[2] [名] (1) 赤；赤色 (2) 火星= मंगल ग्रह.
लोहित सागर [名] 紅海 = लाल सागर.
लोहिया[1] [形] (1) 鉄の；鉄製の (2) 赤い；赤みを帯びた；赤茶色の
लोहिया[2] [名] (1) 金物屋の；金物商 (2) ラージャスターンのヴァイシュヤのサブカースト名；ローヒヤー
लोही[1] [形] 赤い；赤色の
लोही[2] [名*] 朝焼け
लोहू [名] 血；血液；血潮= रक्त; ख़ून. **लोहू का घूँट पीना** 怒りをこらえる **लोहू की नदी बहा दे॰** 血の海にする **लोहू में लथपथ हो॰** 血まみれになる
लौं [後置]（—）まで；（—）に至るほど= तक; पर्यंत.
लौंकड़ा [名] 独身の若者
लौंग [名] (1)〔植〕フトモモ科小木チョウジ【*Eugenia caryophyllus*】 (2) チョウジ（丁字，香辛料） (3)〔装身〕女性が鼻や耳につける香辛料の丁字の形をした金製の装身具 **लौंग का तेल** 丁字油
लौंगरहांस की द्वीपिकाएँ [名*]〔解〕ランゲルハンス島〈Islets of Laungerhans〉= लौंगरहैंस द्वीप.
लौंजी [名*] マンゴーの果肉のスライス
लौंडा [名] (1) 男の子；少年 (2)（店などに雇われている）小僧；でっち（丁稚） (3)（世間知らず，生意気な）小僧；若造；青二才；がき（餓鬼） तभी तो कहता हूँ कि तुम सब लोग लौंडे हो だからお前たちはみんな餓鬼だと言うんだ (4) 男色の相手をする少年；若衆；ちご；陰間
लौंड़ा [名] 陰茎；男根= लौड़ा.
लौंडिया [名*] 娘；小娘；あま
लौंडी [名*] 下働きの娘；女中；下女；侍女
लौंडेबाज़ [形・名⁻]《H. + P. باز》(1) 男色をする（者）；男色者 (2) 若い燕を持つ女
लौंडेबाज़ी [名*] ← लौंडेबाज़. (1) 男色 (2) 男色行為
लौंद [名] 閏月 = अधिमास; मलमास.
लौंदरा [名] 本格的な雨季の開始前に降る雨
लौ[1] [名*] (1) 炎；火炎 (2) 灯火の炎 **लौ दे॰** 炎を出す；炎を上げる
लौ[2] [名*] (1) 強い愛着；専心；熱中；熱望；熱狂 (2) 神を思慕する激しい気持ち (-की) **लौ लगना**（—に）熱中する；没頭する；専念する= तिलक को तो देश-सेवा की लौ लग चुकी थी. ティラクは国への奉仕の念に没頭していた **लौ लगाना** 熱中する；熱を上げる मगर इस रात में भी लौ लगाए कौन बैठा है? この夜中にまで熱を上げて座っているのはだれだ
लौ[3] [名*] 耳たぶ = लोलकी.
लौआ [名] → लौका[1].
लौकना [自] (1) 光る；輝く (2) 目がくらむ (3) 見える
लौका[1] [名]〔植〕ウリ科蔓草フクベ（瓠）；ユウガオ【*Lagenaria vulgaris*】= कद्दू; घीआ; घीया.
लौका[2] [名*] 光；輝き
लौकायतिक [名] (1) ローヤーカタ派の信奉者→ लोकायत. (2) 無神論者
लौकिक [形] (1) 世間の (2) 世俗の；俗界の (3) 俗な；通俗的な ↔ अलौकिक. लौकिक प्यार 世俗的な愛 लौकिक अनुश्रुति 伝説；言い伝え
लौकिक विवाह [名] = सिविल मैरिज. 民事婚〈civil marriage〉
लौकिकीकरण [名]〔宗〕世俗化；非宗教化
लौकी [名*] (1)〔植〕ウリ科蔓草フクベ（瓠）；ユウガオ= लौका[1]. (2) 蒸留酒製造の蒸留器にとりつけられる管
लौछार [名*] あてこすり；嫌味= कटाक्ष; हलका व्यंग्य.
लौज़ [名, pl.]《A. لوز ← لوزه》アーモンド= बादाम.
लौज़ा [名]《A. لوزه》アーモンド = बादाम.
लौट [名*] (1) 帰ること；戻ること；元へ戻ること (2) 逆戻り (3)〔裁〕折り襟
लौटना [自] (1)（元の場所に）帰る；戻る；引き返す लौटते वक़्त 帰りしなに；戻るときに जल्दी लौट आना था 早く帰るつもりだった **लौटते में** 帰りしなに；帰りがけに बाज़ार जा रही है तो उधर से लौटते में एक डबल रोटी भी लेती आना 市場に行くのなら帰りしなに食パン 1 個も買って来なさい मैं आश्वस्त होकर घर लौट आया 安心して家に帰りついた "बहुत देर में लौटियेगा सरकार?" "नहीं, इरादा तो ऐसा नहीं"「お帰りは随分遅くなりますでしょうか」「いや，そのつもりはないが」 (2) 振り向く；振りかえる (3)（元の状態に）返る；元に戻る；立ち返る गेंद ठीक तरह से नहीं लौटती ボールがきちんと戻らない अब वे अपने वचनों से लौट नहीं सकते थे もはや自分の発言をひるがえすことはできなかった पुराने जनसंघ की नीतियों पर लौटने का संकेत 元のジャンサングの方針に戻る兆し
लौट-पौट [名*] (1) 表と裏の区別のない捺染法 (2) ひっくり返すこと
लौट-फेर [名] (1) 入れ代わること (2) 変動；大きな変化
लौटान [名*] ← लौटाना.
लौटाना [他] (1) 帰す；帰らせる；戻す；戻らせる सीता को लौटाने की बात シーターを帰らせる話 (2) 返す；返却する；元へ戻す；返還する；送り返す दो रुपये लौटाते हुए मैंने कहा 2 ルピーを返しながら言った मैंने इनका पैतृक राज्य इन्हें लौटाने की आज्ञा दी है この方の先祖代々の領地をこの方に返還する命令を出した (3) 断る अच्छे भले रिश्ते वे लौटाते रहे よい縁談を断り続けた **लौटा लाना** 連れ戻す इसे लौटा लाया この子を連れ戻した
लौड़ा [名]〔俗〕陰茎 = लिंग.
लौद [名] → लौदरा.
लौदरा [名] 屋根を葺いたりバスケットを編むのに用いるキマメなどの草木の茎や蔓や幹
लौन [名] 塩 = लवण; नमक. (-का) **लौन मानना**（—の）恩義を知る= कृतज्ञ.
लौनहार [名] 刈り入れる人；刈り取る人→ लूनना.
लौना[1] [他] 刈り取る；刈り入れる
लौना[2] [名] たきぎ（薪）= ईंधन.
लौना[3] [名] 畜舎や柵外に放された家畜が遠方に移動できないように前足と後足とを結んでおくひも；ローナー
लौनी[1] [名*]〔農〕(1) 刈り入れ；収穫 (2) 刈り取った物の束（両手でひとかかえにできる分量．この状態で現物給の支給も行われる）
लौनी[2] [名*]（ヨーグルトを攪拌して得られる）バター = नवनीत.
लौस [名]《A. لوث》(1) 関わり；関係 (2) 没入；没頭；心を打ち込むこと (3) 汚れ；汚染；不純
लौह[1] [名] (1) 鉄 (2) 鉄分= लौह तत्त्व. (3) 武器
लौह[2] [形] (1) 鉄の；鉄製の (2) 赤銅色の= तामड़ा. (3) 銅製の **लौह पुरुष** 鉄人 **लौह मल** 金屎；スラッグ
लौह[3] [名*]《A. لوح》(1) 石板；石盤（児童の筆記用具）= पाटी; तख़्ती. (2) 石碑
लौहकार [名] 鍛冶屋；鉄鍛冶（カースト名でもある）
लौहज [名] 錆；鉄錆 = जंग.
लौहड़ा [形⁺・名] = लोहड़ा[1].
लौहपट [名]〔史・政〕鉄のカーテン= लोहे की दीवार.〈iron curtain〉
लौहभांड [名] 鉄の器；鉄製の容器
लौहमल [名] 鉄錆
लौह युग [名]〔史〕鉄器時代
लौहिक [形] (1) 鉄の (2) 鉄製の
ल्युकेरिया [名]《E. luceria》〔医〕こしけ = प्रदर; श्वेत प्रदर.
ल्यूडो [名] → लूडो.《E. ludo》
ल्हासा 〔地名〕《E. Lhasa》ラサ（拉薩，チベットの首都）

व

वंक [形] (1) 曲がった；湾曲した；屈曲した= टेढ़ा. (2) ひねくれた= कुटिल.
वंकट [形] (1) 曲がった；湾曲した；屈曲した= टेढ़ा. (2) ひねくれた= कुटिल. (3) 険しい= विकट; दुर्गम.
वंक नाली [名*]〔ヨガ〕(ハタヨーガにおいてプラーナ प्राण すなわち，気息の通り道である脈管の一で身体の中央を走る) スシュムナー脈 (सुषुम्ना)
वंकर [名] 川の湾曲
वंकिम [形] (少し) 曲がった；(いささか) 傾いた；屈曲している；くの字の形をした= बंकिम; टेढ़ा.
वंकिल [名] とげ；刺；棘= कंटक; काँटा.
वंक्षण [名]〔解〕そけいぶ (鼠蹊部)
वंक्षण ग्रंथि [名*]〔解〕鼠蹊部のリンパ節
वंक्षु [名*] オクサス川 (アムダリヤ川) の古代名
वंग [名] (1)〔地名〕ベンガル (地域)；バンガ = बंगाल. (2)〔鉱〕すず (錫) = टिन; राँगा. ताम्र के साथ वंग का मिश्रण 銅に錫が混じる (3) 綿花；棉花 (4)〔植〕ナス；ナスビ→ बैंगन.
वंगज[1] [形] (1) バンガ (ベンガル) に生まれた (2) バンガに生じた；ベンガル産の
वंगज[2] [名] (1) ベンガル人 (2) 辰砂；朱= सिंदूर. (3) 真鍮
वंगपत्नी [名*] すず箔 (錫箔) = राँगा.
वंगप्रस्तर [名]〔鉱〕スズ石；錫石 〈tin stone〉
वंगमल [名]〔鉱〕鉛= सीसा; लेड.
वंगमाक्षिक [名]〔鉱〕黄錫鉱；硫錫鉱 〈tin pyrites; stannites〉
वंगीय [形] (1) ベンガルの；ベンガル地方の (2) 錫の
वंचक[1] [形] 欺く；人をだます；ずるい；狡猾な
वंचक[2] [名] (1) 詐欺師 (2) 盗人；盗賊
वंचकता [名*] ← वंचक[1]. 狡さ；狡猾さ
वंचन [名] (1) 欺瞞；瞞着 (2) だまされること (3) 狡猾さ
वंचना[1] [名*] だまし；いつわり；瞞着= धोखा; छल; फ़रेब.
वंचना[2] [他] (1) 欺く；だます (2) ごまかす= धोखा दे°; ठगना.
वंचनीय [形] (1) 捨て去るべき；放棄に値する (2) すれていない；世間ずれしていない；うぶな；素直な；だまされやすい= भोलाभाला.
वंचित [形] (1) だまされた；欺かれた (2) 奪われた；剥奪された मनुष्य को अधिकारों से वंचित रखना 人の権利を剥奪する (3) 遠ざけられた；得られない उनको शिक्षा से भी वंचित रखा गया था 彼女たちは教育からも遠ざけられていた हानि यह कि सुंदर और स्वस्थ शरीर से मैं वंचित रह गया 損をしたのは立派で健康な体を得ることができないままになったことだ (4) 失った आप सहानुभूति से वंचित रह जाएँगी あなたは同情を失われることになるでしょう
वंछना [他] 望む；欲する= चाहना; इच्छा क°; ख़ाहिश क°.
वंछित [形] = वांछित.
वंजुल [名] (1) = बेंत. (2) = अशोक. (3)〔植〕アオイ科フヨウ (芙蓉) = स्थलपद्म.
वंट [名] (1) 部分；配分；分け前= भाग; बाँट. (2) 道具の柄= बेंट; मूठ.
वंटक [形] 分ける；分配する；分割する= बाँटनेवाला.
वंटन [名] (1) 分配 (2) 分割
वंटनीय [形] (1) 分けられる；分配される (2) 分割される
वंठ[1] [形] (1) 身体に欠陥のある；身体の一部が欠けている；身体に障害のある (2) 独身の
वंठ[2] [名] (1) 独身男性；未婚の人 (2) 使用人；召使い；下男
वंठर [名] (1) 竹の子の皮 (2) ウチワヤシの芽→ ताड़.
वंड[1] [形] (1) 身体に障害のある；肢体不自由な；不具の (2) 未婚の
वंड[2] [形] 包皮のなくなっている；割礼のすんだ
वंडर [名] (1) 吝嗇家；けちんぼう (2) 後宮の警護に当たっていた宦官= ख़ोजा; ख़्वाजा.
वंडरफ़ुल [感・形] 《E. wonderful》ワンダフル；素晴らしい；すてきな= वंडर्फुल.
वंदक [名] 称賛者 (賞賛者)；賛嘆者 (讃歎者) = स्तुतिकर्ता; चारण.
वंदन [名] (1) 神の称賛と礼拝 (2) 身体につけるティラク तिलक などのしるし
वंदनवार [名] ヴァンダンワール／ヴァンダナワール (祝い事に際して家屋の出入口の上や壁などにかける花や木の葉を綴った飾り綱)；花綱；バンダンワール= बंदनवार.
वंदना [名*] (1) うやうやしく敬礼すること；丁重な挨拶 यह सुन बनिए ने तुरंत मुनियों की वंदना की これを聞いて商人は直ちにムニたちに深々と敬礼した (2) 礼拝；賛仰；鑽仰 (-की) वंदना क° (ーに) 祈る；敬礼する；礼拝する
वंदनीय [形] (1) 敬礼すべき (2) 鑽仰すべき
वंदा [名] (1)〔植〕ヤドリギ科半寄生ナンヨウヤドリギ【*Dendrophtoe pentandra*】 (2)〔植〕ヤドリギ科【*Dendrophtoe falcata*】 (3)〔植〕ヤドリギ科【*Viscum album; V. costatum*】= बांदा; वंदाक.
वंदित [形] (1) 敬礼を受けた；礼拝された (2) 鑽仰された
वंदी [名] (1) 囚われた人；身柄を拘束された人；囚人 (2) 受刑者；服役者；囚人
वंदीगृह [名] 刑務所；牢屋；牢獄= क़ैदख़ाना; जेल.
वंदीजन [名] ヴァンディージャン (王侯に捧げる賛嘆の詩歌を作る詩人．カースト名及びそのカーストの人)；バンディージャン
वंद्य [形] = वंदनीय.
वंध्य [形] (1) 不毛の；実りのない (2) 不妊の
वंध्यकरण [名] (1) 不妊にすること；断種 (2) 不毛にすること
वंध्यत्व [名] (1) 不毛 (2) 不妊
वंध्या[1] [形*] (1) 不毛の वंध्या धरती 不毛の大地 (2) 不妊の
वंध्या[2] [名*] 不妊の女性；うまずめ (石女)
वंध्यापुत्र [名] 石女のもうけた息子，すなわち，有り得ないことのたとえ
वंश [名] (1) 系譜 (2) 家系 (3) 王家；王室；王朝 राज्य क्रांति तक फ्रांस पर शासन करने वाले बूर्बो वंश के बारे में 革命までフランスを支配したブルボン王朝について (4)〔生〕ぞく (属) 〈genus〉 गत शताब्दी के दौरान 75 प्रकार के पक्षियों का वंश ख़त्म हो गया 前世紀のうちに 75 種の鳥が絶滅した (5)〔文人〕リネージ (6) 竹 (7) 背骨；脊椎；脊柱 (8) 鼻梁
वंशगत [形] → वंशागत. (1) 世襲の；先祖伝来の दस्तकारियाँ वंशगत थीं 手工芸は世襲のものであった (2) 属に関する；属の वंशगत नाम 〔生〕属名 (3) 遺伝的な；遺伝による वंशगत रोग 遺伝的な病気
वंश परम्परा [名*] 血統；系統
वंशलोचन [名] 竹みそ；タバシーヤ 〈tabasheer〉
वंशवृक्ष [名] 系図；家系図；系譜
वंशवृत [名] (1) 家系；血筋 (2)〔生〕系統 (3)〔生〕系統研究
वंशवृद्धि [名*] 増殖；繁殖 पेड़-पौधों की वंशवृद्धि 植物の繁殖
वंशस्थ [名]〔韻〕ヴァンシャスタ韻律 (各パーダが जगण + तगण + जगण + रगण の 12 音節から成る音節韻律)
वंशहीन [形] (1) 相続人のいない (2) 息子のいない
वंशागत [形] (1) 先祖伝来の；世襲の लगान प्राप्त करने का वंशागत अधिकार 小作料を徴収する先祖伝来の権利 (2) 遺伝的な；遺伝した वंशागत लक्षण 遺伝形質
वंशागति [名*] (1) 相続= विरासत. (2) 遺伝 〈inheritance〉
वंशानुक्रम [名] 先祖伝来；世襲；相続
वंशानुक्रमिक [形] 世襲の；代々の
वंशानुगत [形] 世襲の；先祖伝来の आगे चलकर राजपद वंशानुगत हो गया その後王位は世襲のものとなった
वंशावली [名*] 家系；血筋；系譜 झूठी वंशावली 偽の系譜；架空の系譜
वंशी [名*] 竹製の横笛；竹笛；バーンスリー；バンシー= बाँसुरी; मुरली.
-वंशी [造語]「(ーの) 血統の，(ー) 系の，(ーの) 血筋の」意を加える合成語の要素 भारतवंशी केलेवाले インド系のバナナ売り फ़ीजी के भारतवंशी フィジーのインド系の人 (インド系住民)

वंशीधर [名] クリシュナ神（竹笛を持つ者の意）
वंशीधारी [名] (1) クリシュナ神= श्रीकृष्ण. (2) 竹笛を吹く人
व [接] 《P. و》主に語と語を接続するのに用いられるが，文節を接続する場合もある．ーとー；ー及びー；そして= और. 2 व 3 अप्रैल को 4月2日と3日に विटामिन 'ए' व 'डी' ビタミンAとD आई॰पी॰व मिरांडा फ़ाइनल में I.P. カレッジとミランダカレッジの両校の間で決勝戦 मुल्क व क़ौम के लिए 国家及び民族にとって वह रूपा को गँवाकर हार गई थी व बहन को शोभा से न मिल पाने का अफ़सोस था 彼女はルーパーを失ってがっかりしていたし妹はショーバーと会えないことが残念だった जब वह पैदा हुआ तब वह तंदुरस्त व सुंदर था あの人は生まれた時は健康で美しかった
व[2] [接] 《A. و》そして；及び；(ー) と अलिफ़ लैला व लैला 千夜一夜物語 वइल्लाह さもなくば वल्लाह お願いだから；後生だから वलेकिन しかし；しかしながら
वक [名] = बक. 〔鳥〕サギの総称 → बगला.
वक़अत [名*] 《A. وقعت वक़्अत》 (1) 敬称；敬意 (2) 尊厳；名誉 (3) 重要性；重み (4) 評価= वक़ात.
वक़ार [名] 《A. وقار》 (1) 尊厳；名誉 (2) 威厳 (3) 重み
वकालत [名*] 《A. وکالت》 (1) 弁護士業；弁護士の仕事や職業→ वकील 弁護士. वकालत का इम्तहान 弁護士試験 (2) 弁護；擁護 काले लोगों की सरकार बनाने की वकालत 黒人政府樹立の擁護 (-की) वकालत क॰ (ーを) 弁護する इस लेख में महिलाओं की एक पक्षीय वकालत की गई है この論説の中では一方的に女性の弁護が行われている (-की) तरफ़ से वकालत क॰ (ーの) 弁護をする；(ー側の) 弁護に立つ वकालत चलना 弁護士の仕事が順調な；弁護士業が繁盛する= वकालत चमकना.
वकालतन [副] 《A. وکالتاً》 弁護士を介して
वकालतनामा [名] 《A.P. وکالت نامہ》 弁護委任状；弁護士委任状
वकासुर [名] (1)〔イ神〕ヴァカースラ／バカースラ（幼児期のクリシュナに退治されたヴァカ・アスラ）= बक; बकासुर. (2)〔マハ〕ヴァカースラ／バカースラ（ビーマセーナ भीमसेन に退治されたヴァカ・アスラ）
वकील [名] 《A. وکیل》 (1) 弁護士；事務弁護士= अधिवक्ता. → बैरिस्टर 〈barrister〉 法廷弁護士 वकील-मुख़्तार 弁護士や代言人 बचाव पक्ष का वकील 被告側弁護士 वकीले सरकारी 検察官；検事〈government pleader〉 = अधिवक्ता. (2) 代理人 (3) 代弁人 (4) イスラム教徒の結婚式において新婦の代理を務める代理人；ワキール मुसलमानों में काज़ी, वकील आदि के द्वारा ही निकाह की रस्म करवाई जाती है イスラム教徒にあってはカージーやワキールなどによってニカーフの儀式が執り行われることになっている सरकारी वकील 検事 मुख्य सरकारी वकील 主任検事
वकील सफ़ाई [名*] 《A. وکیل صفائی》〔法〕弁護士の法廷での弁護 यह अदालत वकील सफ़ाई की रहम की अपील मंज़ूर करती है 本法廷は弁護側の情状酌量の訴えを認めるものである
वक़ूअ [名] 《A. وقوع वुक़ूअ》 現れること；出現；発生；しゅったい（出来） **वक़ूअ में आ॰** 現れる；起こる；生じる
वक़ूआ [名] 《A. وقوعہ वुक़ूआ》 (1) 出来事 (2) 事件；事故 (3) 騒ぎ；騒動
वक़ूफ़ [名] 《A. وقوف वुक़ूफ़》 (1) 知識；認識 (2) 理解 (3) 作法
वक़्त [名] 《A. وقت》 (1) 時間；時= समय; काल. **हर वक़्त** 常に；絶えず；いつも= छप्पर में आग लगने का हर वक़्त अंदेशा रहता है. 草葺き屋根は常に火事になる心配がある (2) 特定の時間；時刻 इसी वक़्त ただ今 (3) いとま；暇 **एक ही वक़्त में** 1度に वह एक ही वक़्त में बारह गोलियाँ छोड़ती थी それは1度に12発を発射していた (4) 最期；死に際 **वक़्त आ॰** *a.* その時が来る；行為をなすべき時になる वक़्त आने पर तो गधे को भी बाप बनाया जाता है いざという時にはどんなことでもなさなければならない *b.* 死期が来る；最期になる **वक़्त काटना** *a.* 暇つぶしをする *b.* 気をまぎらす **वक़्त की चीज़** *a.* 旬の物 *b.*〔イ音〕特定の時にふさわしい歌やラーガ **वक़्त की बात** 状況；行きがかり **वक़्त की मार** 逆境 **वक़्त खोना** *a.* 時間を無駄にする वक़्त के खोनेवालो जागो 無為に時を過ごす人よ目を覚ませ *b.* 機会を失う **वक़्त टाल जा॰** 耐え忍ぶ；やりすごす **वक़्त ताकना** 機を窺う；好機を窺う **वक़्त दे॰** 人のために時間を取っておく；面会のために時間を空けておく **वक़्त नज़दीक हो॰** 死に際が近い **वक़्त नाज़ुक हो॰** 苦境にある；困難な時期にある **वक़्त निकल जा॰** 困難な時期が過ぎ去る **वक़्त पड़ना** 困る；困った状況になる **वक़्त पर** しかるべき時に；正しい時に；いざという時に वे वक़्त पर हमारे काम आने के लिए तत्पर रहते हैं あの人たちは我々の役に立とうと待ち構えている **वक़्त पर गधे को बाप बनाते हैं**〔諺〕困った時には自分よりも下の者にもへつらわなくてはならないものだ **वक़्त-बेवक़्त** 時間に構わず；時間を考えずに；むやみに वह वक़्त-बेवक़्त दूध पिलाने लगती है あの人は時間を考えずにミルクを飲ませにかかる **वक़्त ले॰** 手間取る；時間がかかる **वक़्त साथ हो॰** 好機を得る；好運に恵まれる **वक़्त हाथ से दे दे॰** 機会を失う；好機を逸する
वक़्तन फ़ौक़्तन [副] 《A. وقتاً فوقتاً वक़्तन फ़वक़्तन》 = वक़्तन वक़्तन.
वक़्तन वक़्तन [副] 《A. وقتاً وقتاً ← वक़्तन फ़वक़्तन》 時折；たまに= वक़्त बवक़्त. वहाँ वक़्तन वक़्तन भूँचाल आते हैं 同地には時折地震が起こる
वक़्त बवक़्त [副] 《A. P. وقت بوقت》 = वक़्त फ़वक़्तन.
वक़्त बे वक़्त [副] 《A.P. وقت بے وقت》 いつも；不断；間断なく；時を選ばず
वक्तव्य[1] [形] (1) 述べられる (2) 言うべき；述べるべき
वक्तव्य[2] [名] (1) 声明 चौधरी साहब का बहुप्रतीक्षित वक्तव्य チョウドリー氏の待望の声明 (2) 言説；発言 जोशीला वक्तव्य 熱のこもった言説 ग़ैरज़िम्मेदाराना वक्तव्य 無責任な発言 **वक्तव्य जारी क॰** 声明を出す संयुक्त वक्तव्य जारी क॰ 共同声明を出す
वक्ता[1] [名] (1) 語り手 (2) 弁士；演説者 अच्छा वक्ता बनने के लिए आपका एक अच्छा श्रोता होना भी बहुत आवश्यक है 立派な弁士になるには立派な聞き手であることも非常に重要なことです (3) スポークスマン
वक्ता[2] [形] (1) 話す；語る (2) 弁の立つ；雄弁な (3) 誠実な
वक़्ती [形] 《A. وقتی》 (1) 一時的な；一過性の= सामयिक. (2) 時間の；時間に関わる= समय संबंधी.
वक्तृता [名*] (1) 弁；弁舌= वाक्पटुता. स्वामी जी ने ऐसी पांडित्यपूर्ण ओजस्वी और धाराप्रवाह वक्तृता दी कि श्रोता मंडली मंत्रमुग्ध-सी हो गई スワミーの学殖あふれる威厳に満ちた流れるような弁舌に聴衆は聞きほれうっとりとなった (2) 演説= भाषण; कथन. समाज-सुधार और राष्ट्रीय चेतना विषयक वक्तृताएँ 社会改革と民族意識に関する演説
वक्तृत्व [名] (1) 雄弁 (2) 弁説 (3) 修辞
वक्तृत्व कला [名*] (1) 修辞法 (2) 雄弁術
वक्त्र [名] (1) 人間や動物の口 (2) くちばし (3) 矢の尖端；やじり（鏃） (4) 槍先
वक़्फ़ [名] 《A. وقف》 (1)〔イス〕ワクフ（イスラム教徒が信心から慈善行為として寄進する基金）；寄進財；ワクフ・ハイリー= वक़्फ़ अलल्लाह. (2)〔イス〕家族ワクフ（家族の利益にもなるように設定されたワクフ・アフリー／ワクフ・ズッリー）= वक़्फ़ अलल औलाद.
वक़्फ़नामा [名] 《A.P. وقف نامہ》 ワクフ証書
वक़्फ़ बोर्ड [名] 《A. + E. board》 ワクフの管理運営の監督にあたる機関
वक़्फ़ा [名] 《A. وقفہ》 (1) 間隔；休止= विराम. दो खानों के बीच में कम से कम तीन घंटे का वक़्फ़ा होना चाहिए 食事と食事との間に少なくとも3時間の間隔がないといけない (2) 休み；休憩= इंटरवल टाइम. दो पहर के वक़्फ़े में हम सब खाना खाते हैं 昼休みにみなが食事をする
वक्र [形] (1) 曲がった；湾曲した；カーブした= टेढ़ा; बाँका. ललाट पर चिंता की वक्र रेखाएँ 額に悩みを表す折れ曲がったしわ (2) 傾いた；斜めになった= तिरछा; झुका हुआ. (3) 狡猾な= कुटिल. (4) 不誠実な
वक्रगति [形] (1) 曲がった；湾曲する；ジグザグの (2) 狡猾な；ずるい
वक्रगामी [形] (1) 曲がって進む；ジグザグに進む (2) 狡猾な
वक्रता [名*] ← वक्र. 湾曲
वक्रदृष्टि[1] [名*] (1) 視線を斜めにして見ること (2) 憎しみをこめた眼差し
वक्रदृष्टि[2] [形] (1) 斜めに見る；横目で見る (2) 悪意のある目つきの (3) 憎しみのこもった眼差しの
वक्र रेखा [名*] 曲線；カーブ

वक्रोक्ति [名*] (1) 当てこすり；皮肉 (2) 地口；ごろあわせ (3) 〔修辞〕ヴァクロークティ（同音異義語を用いるか語調による曖昧かつ婉曲な修辞法．音声修辞法の一）

वक्ष [名] 胸；胸部= छाती; उरस्थल. वक्ष आभूषण 胸飾り

वक्षस्थल [名] 胸；胸部 वक्षस्थल का सौंदर्य 胸部の美しさ

वक्षास्थि [名*]〔解〕胸骨

वक्षोज [名] 乳房 = स्तन; कुच.

वक्ष्यमाण [形] (1) 言われる；述べられる (2) 述べられる予定の

वग़ैरह [副助] 《A. وغیره》限定的ではなく例示する言葉．など（等）；なんか；等々= वग़ैरा; वग़ैरः; आदि; इत्यादि. गाय, भैंस, बकरी वग़ैरह 牛や水牛や山羊など पति के दफ़्तर और बच्चों के स्कूल वग़ैरा की छुट्टी 夫の勤務先や子供の学校等の休暇 अंडे, आलू, गोभी, मटर वग़ैरह 玉子，ジャガイモ，キャベツ，エンドウマメなど

वच (वचः) [名] (1) ことば（言葉）；発言= वचन; वाक्य. (2) 命令；指令 (3) 忠告；忠言

वचन [名] (1) 言語 (2) 言葉；発言 (3) 約束；誓い；誓約 दिये हुए अपने वचन से मुकरना 一旦した約束を違える वचन का पालन क॰ 約束を守る (4)〔言〕数 एक वचन 単数； बहु वचन 複数 **वचन उलटना** 約束を破る；約束を違える；前言をひるがえす **वचन का कच्चा** 約束があてにならない **वचन छोड़ना** = वचन उलटना. **वचन डालना** *a.* 命令に従わない *b.* 望みの薄いことを依頼する **वचन तोड़ना** = वचन उलटना. **वचन दे॰** 誓う；誓約する मैं सहायता करने का वचन देता हूँ 協力を約束する **वचन निभाना** 約束を果たす；約束を守る **वचन पालना** = वचन निभाना. **वचन बँधाना** 約束させる；誓わせる **वचन भंग क॰** 誓いを破る；約束を破る= क़सम तोड़ना. **वचन भराना** 約束させる；誓わせる आप वचन भराते हैं, या मुझे अपमान की भट्ठी में झोंक कर जलाते हैं? 私に約束させられるのですかそれとも侮辱して苦しませようというおつもりですか **वचन माँगना** 約束を求める；約束を取り付ける **वचन ले॰** 約束させる；誓わせる **वचन हारना** 約束をしてしまう；言質を与える मैं वचन हार चुकी हूँ 私はすでに約束をしてしまっているのです

वचनबद्ध [形] 約束に縛られた；誓約した；約束した；誓った；保証した सर्वदा आपको तेज़ गति की कुशल सर्विस देने के लिए वचनबद्ध हैं 常に迅速な行き届いたサービスをお約束します दोनों पक्ष इस बात के लिए भी वचनबद्ध हैं कि वे एक दूसरे पर आक्रमण नहीं करेंगे 両派は攻撃しないことも誓っている दानवराज बलि ने वचनबद्ध होकर सारी पृथ्वी दान कर दी थी ダーナヴァの王バリは約束に縛られてすべての大地を贈与した

वचनबद्धता [名*] ← वचनबद्ध. 言質（を与えること）

वचसा [副] 《← Skt. instr. → वचस्》言葉で；弁舌によって

वच्छ[1] [名] ← वक्ष 胸；胸部 = छाती; उर.

वच्छ[2] [名] (1) = वत्स. (2) 雄の子牛

वज़न [名] 《A. وزن वज़्न》(1) 重さ；重量；目方 = भार; बोझ. (2) 重み；重要性 = महत्त्व. मगर पैसे का वज़न ज़्यादा था しかし金（かね）の重みは大きかった (3) 韻律；韻= छंद. कदाचित् एक कहावत के वज़न पर लोगों ने विभिन्न नामों के आधार पर अनेक कहावतें बना डाली होंगी 多分1つの諺の韻律をもとにいろんな名前を用いて多数の諺をこしらえたのだろう शेर का वज़न 韻律 (4) 体重 = शरीर-भार. केला, पपीता, आम, अमरूद आदि के निरंतर सेवन से वज़न बढ़ता है バナナ，パパイヤ，マンゴー，グアバ等を常に食べると体重が増す **वज़न उतारना** 減量する；体重を減らす **वज़न की मशीन** 体重計；重量計 **वज़न पड़ना** 影響が及ぶ **वज़न रखना** 重みを持つ **वज़न ले॰** *a.* 計算する *b.* 体重を計る तुमने वज़न ले लिया अपना? 体重を計ったかい

वज़नदार [形] 《A.P. وزن دار》(1) 重い；重量のある (2) 重みのある；重要性がある

वज़नी [形] 《A. وزنی वज़्नी》(1) 重い = भारी. (2) 重要な

वजह [名*] 《A. وجه वज्ह》(1) 原因；理由；いわく；事情= कारण; हेतु; सबब. सो सब मेरी वजह से それは私の所為で लड़ने की क्या वजह थी? 喧嘩の理由は何だった **इस वजह से** それで；だから **(-की) वजह से** （ーに）よって；（ーを）もって；（ーの）ことで ग़रीबी की वजह से 貧しさのために **बिला वजह** わけもなく；理由もなく = बिना कारण. **वजह बेवजह** 何かにつけて；何かにかこつけて आए दिन वजह बेवजह कहीं न कहीं पार्टियों का आयोजन किया जाता है 来る日も来る日も何かにかこつけての宴会が催される (2) 顔；顔立ち；容貌 = चेहरा; मुखाकृति.

वज़ा [名*] 《A. وضع》(1) 状態；状況 (2) 様式；方法；形式 (3) 行為；行動

वज़ादार [形] 《A.P. وضع دار वज़्अदार》(1) 品のある；上品な (2) 美しい；姿のよい (3) 誠実な；真面目な；一貫した

वज़ारत [名*] → विज़ारत.

वज़ीफ़ा [名] 《A. وظیفه》(1) 奨学金；給金= छात्रवृत्ति. सरकार की ओर से वज़ीफ़ा मिलने लगा 政府から奨学金を受けるようになった (2) 手当金；給金 (3) 年金；恩給= पेंशन; पेनशन.

वज़ीफ़ादार [形・名] 《A.P. وظیفه دار》(1) 奨学金を受ける（人，奨学生，給費生） (2) 年金を受ける（人，年金受給者，恩給受給者） = वज़ीफ़ेदार.

वज़ीर [名] 《A. وزیر》(1) 大臣 (2) 大使；公使 (3)（チェスの）クイーン

वज़ीरे आज़म [名] 《A. وزیر اعظم》総理大臣；首相= प्रधान मंत्री.

वज़ीरे आला [名] 《A. وزیر اعلیٰ》州首相 = मुख्य मंत्री.

वज़ीरे क़ानून [名] 《A. وزیر قانون》法務大臣 = विधि मंत्री.

वज़ीरे ख़ारिजा [名] 《A. وزیر خارجه》外務大臣；外相 = विदेश मंत्री.

वज़ीरे तालीम [名] 《A. وزیر تعلیم》文部大臣 = शिक्षा मंत्री.

वज़ीरे दिफ़ा [名] 《A. وزیر دفاع वज़ीरे दिफ़ाय》国防大臣；国防相 = रक्षा मंत्री.

वज़ीरे मालियत [名] 《A. وزیر مالیت》大蔵大臣；蔵相= वित्त मंत्री.

वज़ीरे रेलवे [名] 《A. + E. railway》鉄道大臣 = रेल मंत्री.

वज़ू [名] 《A. وضو वुज़ू》〔イス〕(1) 礼拝前に顔や手足を洗い身を清めること；ウズー वज़ू क॰ ウズーを行う (2) ウズーを行うのに用いる水

वजूद [名] 《A. وجود वुजूद》(1) 存在；実在= अस्तित्व; हस्ती. (2) 出席= उपस्थिति; मौजूदगी. (3) 身体= देह; जिस्म. **वजूद पकड़ना** 現れる；出現する **वजूद में आ॰** *a.* 生じる= उत्पन्न हो॰. *b.* 現れる = प्रकट हो॰. **वजूद में लाना** 生み出す；作り出す **वजूद में हो॰** ある；存在する वह अब तक वजूद में थे それは今まで存在していた

वजूहात [名*, pl.] 《A. وجوہات वुजूहात》← वजह. わけ（訳）；理由；原因

वज्जी [名]〔イ史〕ヴァッジ族（古代インドの部族共和制国家を築いた）

वज्द [名] 《A. وجد》歓喜や感動のあまり忘我の状態になること（やその状態の人）；有頂天

वज्र[1] [形] (1) ものすごく固い；甚だ堅固な (2) 猛烈な；強烈な；激烈な (3) 全くの；完全な；徹底した वज्र अँधेरा 真っ暗闇 सीढ़ियों पर वज्र अँधेरा है 階段は真っ暗だ वज्र बहरा 耳の全く聞こえない जन्म से वज्र बहरा 生来全く耳の聞こえない；おしの वज्र-मूर्ख 大馬鹿

वज्र[2] [名] (1) 雷；稲妻 (2) インドラ神の所持するとされる武器 (3)〔仏〕金剛杵（こんごうしょ，法具） (4) 金剛石；ダイヤモンド (5) 鋼鉄

वज्रडाकिनी [名*]〔仏〕ヴァジラダーキニー（金剛拏吉尼）

वज्रदंत [名] (1) ネズミ（鼠） (2) イノシシ（猪） (3) 豚

वज्रधर [名] (1) インドラ神 इंद्र (2)〔仏〕金剛手；執金剛 (3)〔仏〕金剛掌

वज्रधारक [名] 避雷針

वज्रपाणि [名] = वज्रधर.

वज्रपात [名] (1) 落雷 (2) 青天の霹靂 लता पर मानो वज्रपात हो गया ラターにはまるで青天の霹靂というものであった

वज्रबाहु [名] (1) インドラ神 इंद्र (2) ルドラ神 रुद्र (3) アグニ神 अग्नि

वज्रमणि [名] ダイヤ；ダイヤモンド= हीरा.

वज्रयान [名]〔仏〕金剛乗；真言密教；密教；ヴァジラヤーナ

वज्रयानी [形・名] ヴァジラヤーナの；金剛乗の（信徒）；真言密教の（信徒）

वज्रसमाधि [名*]〔仏〕こんごうゆじょう（金剛喩定）

वज्रहस्त [名] (1) ヴァジラ（金剛杵 वज्र）を手に持つインドラ神 (2)〔ヒ〕アグニ神 अग्नि (3)〔ヒ〕マルト神 मरुत्

वज्रहृदय [形] (1) 意志強固な (2) 無慈悲な；情け容赦のない

वज्रांग [名]〔イ神〕ハヌマーン = हनुमान.
वज्रा [名*] ドゥルガー神 = दुर्गा.
वज्राघात [名] (1) 落雷 (2) 激しい衝撃；電撃 उनका एक-एक शब्द वज्राघात की तरह मेरे मन मस्तिष्क को संज्ञाशून्य करता चला गया あの人の発する一言一語が電撃のように私の意識を奪っていった
वज्रासन [名]〔ヨガ〕(ハタヨーガ) ヴァジラ・アーサナ (ヴァジラ坐法；金剛坐法)
वट [名]〔植〕クワ科中高木バンヤンジュ【*Ficus bengalensis*】= वट वृक्ष; बरगद.
वटक [名] 錠剤や球の形をしたもの= बट्टा.
वटसावित्री व्रत [名]〔ヒ〕ヴァタサーヴィトリー・ヴラタ (ジェート月黒分 15 日に夫の長命を祈願してバンヤン樹とサーヴィトリーを祀る既婚女性の行うヴラタ)
वटिका [名*] 球；粒；丸くて平たい形のもの= गोली.
वटी [名*] (1) = वटिका. (2) ひも= रस्सी.
वटु [名] (1) 子供 (2)〔ヒ〕ブラフマチャーリー (四住期の第 1 である学生期・学業期にある人；梵行者) = ब्रह्मचारी.
वटुक [名] (1) 子供= बालक. (2) 独身者；未婚者= ब्रह्मचारी.
वड़वा [名*] 雌馬 = घोड़ी.
वडिश [名] 釣り針 = कँटिया.
वणिक् [名] (1) 商人= व्यापारी; सौदागर; बनिया. (2) ヴァイシュヤ・ヴァルナ
वणिज [名] (1) 商業；商売 (2) 商人
-वत् [接尾] サンスクリットの語幹に添加されて所有の意を持つ語を作る接尾辞. ヒンディー語においては -वान/-वती * となる. (例) धन → धनवान.
वतन [名]《A. وطن》(1) 祖国；母国；故国= जन्मभूमि; स्वदेश. हमारे वतन का नाम हिंदोस्तान है わが母国の名はインド (2) くに；地方；田舎；生地；故郷 यह है तो हमारे वतन का मेवा, मगर इसे खाते हैं सारे हिंदोस्तान वाले これは私の故郷の果物ですが, インド中の人が食べております हमारा वतन तो जी लाहौर ही है ええ, 私の故郷は正にラーホールでございますよ
वतनपरस्त [形・名]《A.P. وطن پرست》(1) 故郷や郷土を強く思う (2) 愛国の；愛国者 = देशभक्त.
वतनपरस्ती [名*]《A.P. وطن پرستی》(1) 愛郷心；郷土愛 (2) 愛国心 = देशभक्ति.
वतनी[1] [形]《A. وطنی》(1) 祖国の；故国の (2) 同郷の (3) 同胞の
वतनी[2] [名] (1) 同郷人 (2) 同胞
वतीरा [名]《A. وتیره》(1) 様式；方式；方法= ढंग; रीति. (2) 品行；行動= चालढाल. (3) 習性；習癖
वत्स [名] (1) 幼児；幼な子；子供= बच्चा; शिशु. (2) 子牛= बछड़ा.
वत्सनाभ [名] トリカブトの毒= मीठा जहर; बछनाग.
वत्सर [名] 1 年；年 = वर्ष; साल.
वत्सल [形] (1) 子供を可愛がる (2) 子煩悩な
वत्सलता [名*] ← वत्सल. (1) 子供への深い愛情 (2) 子煩悩 (なこと)
वदन [名] (1) 口 (2) 顔 (3) 前面 (4) 発言 = कथन.
वदर [名] = बदर; बेर.
वदान्य [形] (1) 惜しみなく与える (2) やさしい言葉を語る；言葉の美しい
वदि[1] [名] 満月から新月に至る半月 (黒分) = कृष्णपक्ष; बदी.
वदि[2] [副] 黒分に
वदी [名] = वदि[1]
वध [名] (1) 殺人；人殺し；殺害 (2) 屠畜；畜殺 (3) 退治 कंस वध カンサ王退治
वधना[1] [他] 殺す；殺害する
वधना[2] [自] 増す；増大する；発展する
वधालय [名] 屠畜場；畜殺場；食肉処理場
वधिक [名] 狩人；漁師
वधिर [形] 耳の不自由な；耳の聞こえない；聴力のない；つんぼの
वधू [名*] (1) 花嫁= दुलहन. (2) 妻；嫁= पत्नी. (3) 息子の妻= पतोहू.
वधूटी [名*] (1) 息子の嫁= पतोहू; पुत्रवधू. (2) 若い嫁；新妻= नई ब्याही हुई स्त्री; दुलहिन; नववधू. (3) 妻= पत्नी; औरत; भार्या.
वधू-मूल्य [名]〔社・文人〕花嫁代償；婚資〈bride price; bride wealth〉= वधू-शुल्क.
वधू-शुल्क [名]〔社・文人〕婚資；花嫁代償〈bride price〉
वध्य [形] (1) 殺される (2) 殺されるべき；殺すべき
वन[1] [名] (1) 森；森林；ジャングル (2) 庭園= वाटिका. वन विकास निगम 林業振興公社
वन[2] [数]《E. one》ワン；ひとつ；一；一つ；1；1 個
वन-अपरोपण [名] (1) 森林伐採 (2) 乱伐
वन-कटाई [名*] 森林伐採
वन-कोकिल [名]〔鳥〕ホトトギス科フナシヒメカッコウ【*Cacomantis merulinus*】
वनचंदन [名] (1) ジンコウ；沈香 = अगरु. (2) ヒマラヤスギ= देवदारु.
वनचर [形・名] (1) 森を徘徊する (2) 野生動物
वनज [形・名] (1) 森林や水辺に生じるもの (2) 蓮
वनजीवी [名] (1) きこり (樵)；そまびと (杣人)；杣 (2) 狩猟者；狩人 (3) 森の住人
वन दारोगा [名] 森林保護官
वनदेव [名] 森の神；森を支配する神
वनदेवी [名*] 森の女神
वनप [名] (1) きこり (樵) (2) 森林保護官
वन-पाल [名] (1) 庭師 (2) 森林保護官
वन-मल्लिका [名*]〔植〕モクセイ科低木マツリカ【*Jasminum sambac*】
वनमाला [名*] (1) 野の花でこしらえた花環 (2) 野の花でこしらえた膝まである大きな花環；ヴァナマーラー；バンマーラー (बनमाला)
वनमाली [形・名] (1) ヴァナマーラーをつけている (2) クリシュナ神の異名の一
वन मुर्गी [名*]《H. + P. مرغی》〔鳥〕キジ科セキショクヤケイ【*Gallus gallus*】= जंगली मुर्गी.
वन मेन्स शो [名]《E. one man's show》〔芸〕ワンマンショー
वनरक्षक [名] 森林の保護・管理をする人；森林保護官
वनराज [名] ライオン；獅子= सिंह; शेर.
वनरोपण [名] 植林；造林〈afforestation〉
वनवास [名] (1) 森に居住すること； (2) 森への追放 (3) 逆境；失意の日々 **वनवास दे॰** (森に) 追放する पांडवों का वनवास-काल パンダヴァ五兄弟が森に追放された時期 **वनवास ले॰** 森に隠棲する
वनवासी [形・名] 森に住む राम चौदह बरस के लिए वनवासी होकर रहें ラーマは 14 年間森に住むべし
वनविडाल [名]〔動〕ネコ科ジャングルキャット【*Felis chaus*】
वनविद्या [名*] 林学；林業〈forestry〉
वनशूकर [名]〔動〕イノシシ科イノシシ【*Sus scrofa*】= जंगली सूअर.〈Indian wild boar〉
वन-संपदा [名*] 森林資源
वन-संरक्षण [名] 森林保護
वन-संवर्धन [名] 植林；造林
वन-सिपाही [名] 森林警備員
वनस्थ [形・名] (1) 森林にある (2)〔ヒ〕森林に住む；林住期に入った (人)；林住期
वनस्थली [名*] 森林地；森林地帯
वनस्पति [名*] (1) 植物 (2) (一地域の) 植物；植生
वनस्पतिक [形] (1) 植物の (2) 植物性の
वनस्पति घी [名] バナスパティ・ギー (牛乳から作られるギーに擬して水素添加した植物油；植物性ギー) → घी; घृत.
वनस्पति जगत [名] 植物界〈plant kingdom〉
वनस्पति-जात [名*]〔植〕植物群；植物相
वनस्पतिज्ञ [名] 植物学者
वनस्पति-तेल [名] 植物油
वनस्पति-प्रोटीन [名] 植物性蛋白質〈plant protein〉
वनस्पति विज्ञान [名] 植物学〈botany〉
वनस्पति संग्रहालय [名] 植物標本館
वनस्पति संसार [名] 植物界
वनस्पति-समूह [名] 植物群；植物相；植物区系〈flora〉
वनाग्नि [名*] 森林火事；山火事= दावानल.
वनित [形] (1) 求められた (2) 望まれた
वनिता [名*] (1) 恋人= प्रिया; प्रियतमा. (2) 妻= स्त्री; औरत.

वनीला [名] 《E. vanila》バニラ
वनौषध [名*] 薬草＝ वनौषधि.
वन्य [形] (1) 森の；森林の (2) 森に住む (3) 野生の (4) 野蛮な वन्य-जीव सप्ताह 野生動物保護週間 वन्य पशु 野生動物
वन्यजन [名] 先住部族民（जनजाति）の異称
वन्य जीवन [名] 野生生物＝ वन्यप्राणी.
वन्य प्राणी [名] 野生生物（野生動物と野生植物）〈wild life〉 वन्य प्राणियों की खालों का अवैध व्यापार 野生動物の皮革の密売買
वपन [名] (1) 播種 (2) 剃髪
वपा [名*] (1) 脂肪＝ चर्बी. (2) 蟻塚＝ वल्मीक; बाँबी.
वपु [名] (1) 体；身体＝ शरीर; देह. (2) 姿；形＝ रूप.
वपुमान [形] (1) 美しい (2) 体格の良い (3) 具象の
वपोदर [形] 太鼓腹の＝ तोंदवाला.
वप्र [名] (1) 土塁 (2) 土手；堤防
वफ़ा [名*] 《A. وفا》(1) 誠実；誠心；真心 (2) 忠節；忠義 मुहब्बत में वफ़ा हमेशा ही कायम रहेगी 恋にいつまでも忠実であり続ける
वफ़ात [名*] 《A. وفات》死；死亡；死去＝ मृत्यु; मौत. वफ़ात पाना 死ぬ；死去する＝ वफ़ात हो॰.
वफ़ादार [形] 《A.P. وفا دار》(1) 誠実な；真面目な；忠実な वफ़ादार, कुशल और पुराना नौकर 誠実で有能な古くからの使用人 (2) 忠実な；忠節な वफ़ादार और जाँनिसार दोस्तों पर 忠節で命を惜しまない友達に
वफ़ादारी [名*] 《A.P. وفا داری》(1) 誠実 (2) 忠誠；忠節 वफ़ादारी की भावना 忠誠心
वबा [名*] 《A. وبا》疫病；伝染病＝ मरी; महामरी. यह भी एक खतरनाक वबा है これも恐ろしい伝染病の 1 つである
वबाई [形] 《A. وبائی》伝染性の；伝染病の＝ छुतही. → छुतहा. वबाई बीमारियाँ 伝染病 ＝ छूत की बीमारियाँ.
वबाल [名] 《A. وبال》(1) 災難；災厄 (2) 面倒；迷惑 (3) 苦難 (4) 不順な気候 (5) 悪業の報い (-पर =का) **वबाल पड़ना** (ーに＝の）呪いがかかる
वमन [名] (1) 嘔吐＝ कै; उलटी. (2) 嘔吐物 **वमन क॰** 吐く；嘔吐する
वमित [形] 嘔吐した；吐いた；吐き出した
वयं [代] 《Skt.》サンスクリットの代名詞一人称の複数主格形（1st pl.nom.）
वय:क्रम [名] 年齢 ＝ अवस्था; उम्र.
वय:संधि [名*] 思春期
वय:स्थ [形] ＝ वयस्थ.
वय [名⁻] 年齢；とし（年）；齢 साठ बरस की वय में 60 歳の年齢で वय लगभग 50 वर्ष का 年齢約 50 歳の किशोर वय के दर्शक 若年の見物人
वयस् [名⁻] 年齢；年
वयस्क[1] [形] 成人した；大人になった（身体上もしくは選挙権の認められる意味で）＝ बालिग़.
वयस्क[2] [名] 成人；大人 संगीत से वयस्क और बच्चे सभी अपना मन बहला सकते हैं 音楽で大人も子供も誰も彼も気を紛らすことができる जिन वयस्कों को बचपन में शिक्षा नहीं मिली, उनके लिए प्रौढ़ शिक्षा का प्रबंध किया जा रहा है 子供の頃教育を受けられなかった大人たちに成人教育が準備されている
वयस्क मताधिकार [名] 成人参政権〈adult suffrage〉
वयस्कृत [形] 寿命を増す；長寿をもたらす
वयस्थ [形] (1) 成人した (2) 青年になった；若者になった (3) 同年齢の；同年配の ＝ समवयस्क; हमउम्र.
वयस्थान [名] 青春；青年期
वयस्य[1] [形] 同年齢の ＝ समवयस्क; हमउम्र.
वयस्य[2] [名] 友；友人 ＝ मित्र; हमजोली.
वयस्यक [名] (1) 同年齢の (2) 友人
वयस्या [名*]（女性同士の）友人＝ सखी; सहेली.
वयोगत [形] ＝ वयस्क[1].
वयोधा[1] [形] (1) 力のある；力持ちの (2) 健康を増進する；力を与える
वयोधा[2] [名] (1) 穀物 (2) 成人
वयोधा[3] [名*] 力；能力；力量＝ शक्ति; सामर्थ्य.
वयोवृद्ध [形] (1) 年配の (2) 老練な；老巧な；ベテランの वयोवृद्ध साहित्यसेवी 老練な文学者 वयोवृद्ध नेता लाला लाजपत राय ベテラン政治家ラーラーラージパト・ラーイ
वरंच [接] (1) そうではなく；左にあらず；むしろ＝ अपितु; बल्कि. (2) しかし；しかしながら；だが＝ परंतु; किंतु; लेकिन.
वरंड [名] (1) 集まり；集合 (2) にきび；顔の吹き出物 (3) 釣り糸
वरंडक[1] [名] 土の盛り上がったもの；塚
वरंडक[2] [形] (1) 大きな (2) 広大な (3) 恐ろしい (4) 哀れな；みじめな
वरंडा[1] [名*] (1) ナイフ；短刀 (2)〔鳥〕キュウカンチョウ（九官鳥）＝ मैना.
वरंडा[2] [名] → बरामदा.
वर [名] (1) 選ぶこと；選択 (2) 神に恩恵として願うもの (3) 神からの授かりもの (4) 花婿；新郎 उपयुक्त वर ふさわしい花婿；立派な花婿 वर-वधू 新郎新婦 (5) 娘婿＝ जामाता.
-वर[1] [造語]（ーの）最高のもの，最上のもの，最良の（ー）などの意を有する合成語の要素 गुरुवर 最高の師 मित्रवर 最高の友；親友
-वर[2] [接尾] 《P. ور》名詞に付加されて，（ー）を有する，（ー）を備えたなどの意を加える नाम 名；名声→ नामवर 有名な；名高い जान 命；生命→ जानवर 生き物
वरक़ [名] 《A. ورق》(1) 草木の葉や紙の 1 枚；一葉；本のページ (2) 箔 सोने का वरक़ 金箔 चाँदी के वरक़ 銀箔
वरक़साज़ [名] 《A.P. ورق ساز》箔作り職人
वरक़ा [名] 《A. ورقہ》(1) 草木の葉 (2) 紙の 1 枚；（本の）ページ
वरग़लाना [他] 《← P. ورغلا نیده वर्ग़लानीदा》そそのかす；たぶらかす（誑かす）；誘い込む；かき立てる；引きずり込む
वरग़लानिंदा [形] 《P. ورغلاننده वर्ग़लानिंदा》そそのかす；たぶらかす＝ बहकाने वाला; फुसलाने वाला.
वरग़लानीदा [形] 《P. ورغلا نیده वर्ग़लानीदा》そそのかされた；たぶらかされた＝ फुसलाया हुआ; बहकाया हुआ.
वरज़िश [名*] 《P. ورزش वर्ज़िश》(1) 運動；体操 (2) 肉体労働
वरज़िशख़ाना [名] 《P. ورزش خانہ》→ वर्ज़िशगाह.
वरज़िशगाह [名*] 《P. ورزش گاہ वर्ज़िशगाह》→ वर्ज़िशगाह.
वरट [名]〔鳥〕ガンカモ科コブハクチョウ＝ हंस.
वरण [名] (1) 選ぶこと；選択 उसने स्वेच्छा से साधुत्व का वरण किया 自らの意志でサードゥへの道を選んだ मृत्यु का इतना मनोरम वरण これほどにも美しい死の選択 (2) 結婚の相手に選ぶこと；配偶者に選ぶこと；婿選び मैंने मन-ही-मन आपको पति वरण कर लिया है 胸の内であなたを夫に選んでいるのです राजकुमारी का वरण कर मेवाड़ की बहू को मेवाड़ लाएँ 王女を選んでメーワールの花嫁にしてメーワールに連れて来ること
वरणमाला [名*]〔ヒ〕(1) 古代インドで婿選び式の際，花嫁によって選ばれた婿の首にかけられた花環；ジャヤマーラー（जयमाल; जयमाला）；ワラナマーラー (2)〔ヒ〕今日のヒンドゥーの結婚式において花嫁が花婿の首に花輪をかける儀礼で用いられる花輪
वरणा [名*] ヴァラナー川（バナーラスの北を流れる川）＝ वरुणा.
वरणात्मक [形] 選択的な；優先的な
वरणीय [形] (1) 尊敬すべき；敬うべき (2) 選ばれるべき；選択されるべき (3) すぐれた；素晴らしい；立派な
वरद [形] 恵みを与える；恩恵を与える；願いを叶える
वरदक्षिणा [名*]〔ヒ〕結婚時に花嫁の父親から花婿に贈られた金品＝ दहेज; दायजा.
वरदहस्त [名] 支援；庇護；加護 वर्तमान प्रशासन के कई बड़े नेताओं का वरदहस्त उसे प्राप्त है 現在の行政の幾人かの有力者の庇護を受けている तुम्हारे सिर पर किसी का वरदहस्त है 君はだれかの庇護を受けているのだ
वरदा [名*] 娘；乙女；処女＝ कन्या.
वरदाता [形・名] 恩恵を与える（人）；恵みを与える（人）＝ वरद.
वरदान [名] (1) 天の恵み；神の恵み पुत्र प्राप्ति के वरदान के लिए 男児獲得の天の恵みを得んがために (2) 天佑 लगभग 1300 बीघा ज़मीन का यह क्षेत्र जयपुर की आवासीय समस्याओं के लिए वरदान साबित हो सकता था 約 1300 ビーガーのこの土地はジャイプル市の住宅問題解決にとって天佑となりうるものだった विज्ञान के अभिशाप को वरदान में बदलने का बीड़ा उठाने वाला 科学の呪詛を天

व

佑に変える仕事に取り掛かる人 (3) 授けたもの；贈ったもの माँ का वरदान व्यर्थ नहीं जा सकता 母の授けたものは無駄にはならない (4) 願いの物を授けること एक बार लड़ाई के मैदान में मेरी वीरता से प्रसन्न होकर आपने जो वरदान मुझे दिये थे, आज मैं उन्हें माँगना चाहती हूँ かつて戦場で私の武勇を喜ばれて私に願いの物をお授け下さいました．私は今日それを頂きたいのでございます

वरदी [名*] 《A. وردی वर्दी》 制服；ユニフォーム；お仕着せ

वरन् [接] = वरं; वरंच. (1) いな（否） (2) むしろ राज्यपाल मुख्य मंत्री के कार्य में विघ्न नहीं डाल सकता, वरन् केवल उसको परामर्श ही दे सकता है 州知事は州首相の仕事を妨げることはできない（許されない）．否，単に忠告を与えることのみが許される दर असल गोला फेंका नहीं वरन् धकेला जाता है 実のところ砲弾は発射されるのではなく突き飛ばされるのだ समुद्रगुप्त केवल एक विजेता ही न था, वरन् कवि और संगीतज्ञ भी था サムドラグプタ王は征服者であったばかりでなく詩人でもあり音楽家でもあった

वरन [接] → वरन्.

वरना[1] [他] (1) 選ぶ (2) 花婿として（女性が男性を）選ぶ

वरना[2] [接] 《P. ورنہ》 さもなければ；そうでないと；そうでなければ；しからずんば इन काँटों को हटाना होगा, वरना लहूलुहान हो जाओगी このとげを抜かねばならない．さもなければ血だらけになるぞ वरना आप अपना भविष्य चौपट कर लेंगे そうなさらなければ将来を駄目にしてしまわれますよ तुम मुझे मत छूना.वरना तुम्हें भी यह पाप की कालिख लग जाएगी 私に触れるでない．さもなければ君にもこの罪のけがれがつくぞ चुपचाप चला जा, वरना पुलिस से पकड़वा दूँगा 黙って去れ．さもないと警察に捕まえさせるぞ

वरपक्ष [名] 花婿側；新郎側

वरप्रद [形] 願いを叶える；恵みを与える

वरप्रदान [名] = वर-दान.

वरमाला [名*]〔ヒ〕(1) 古代の婿選び式で女性が自分の選んだ花婿の首にかける花環；ヴァルマーラー= वरणमाला; जयमाल. सीता ने उनके गले में वरमाला डाल दी シーターが（ラーマの）首にヴァルマーラーをかけた (2) 現代の結婚式で花嫁が花婿の首にかける花環

वरमाल्य [名] = वरमाला.

वरयात्रा [名*]〔ヒ〕(1) ヴァルヤートラー（花婿が花嫁の家に挙式のため親類縁者，友人たちと赴くこと）；バラート (2) その行列や一行；バラート= बरात. वरयात्रा की रस्में 結婚式におけるヴァルヤートラーの出発から歓迎など送迎に関わる一連の儀礼

वरयिता [名] (1) 選ぶ人；選択する人 (2) 夫= पति; भर्ता.

वररुचि 〔人名〕ヴァラルチ（古代インドの文法家，著書にプラークリット語の文法書 प्राकृत-प्रकाश がある．7 世紀以前？）

वरांग [名] (1) 頭= मस्तक. (2) 肛門 (3) 陰門；女陰

वरांगना [名*] 美女；美人；麗人

वरांगी[1] [形] 身体の美しい

वरांगी[2] [名*] ウコン；ターメリック= हलदी.

वरांगी[3] [名] (1) 象 (2)〔植〕タデ科ギシギシ= अमलबेत.

वरा [名*] = त्रिफला.

वराट [名] (1)〔貝〕子安貝；宝貝= कौड़ी. (2) ひも= रस्सी.

वराटिका [名*] (1)〔貝〕子安貝；宝貝 (2) つまらないもの；無価値なもの

वरानन [形] 顔の美しい；容貌のすぐれた

वरानना [名*] 美女；美人；別嬪

वरारोह [名] ヴィシュヌ神 = विष्णु.

वराल [名]〔植〕チョウジ（丁字） = लौंग; लवंग.

वरासत [名*] 《A. وراثت विरासत》 (1) 相続= उत्तराधिकार; दाय-अधिकार; रिक्थाधिकार. (2) 相続遺産；遺産= रिक्थ.

वरासतन [副] 《A. وراثتاً विरासतन》 遺産として

वरासतनामा [名] 《A.P. وراثت نامہ विरासतनामा》 相続権証書；相続証書= उत्तराधिकार-पत्र. 〈deed of inheritance or heirship〉

वरासन [名] (1) 高くしつらえられた座席 (2) 挙式の際花婿の占める座席

वराह [名] (1)〔動〕イノシシ（猪）；野猪 (2)〔イ神・ヒ〕ヴァラーハ（猪の姿をしたヴィシュヌ神の十権化の一）

वराहमिहिर 〔人名〕ヴァラーハミヒラ（6 世紀のインドの天文学者，博学者）

वराही [名*]〔動〕雌のイノシシ → वराह. = शूकरी.

वरिमा [名*] (1) 優秀さ (2) 大きさ；規模

वरिष [名] 年 = वर्ष; वत्सर.

वरिषा [名*] 雨季；雨期 = वर्षा ऋतु.

वरिष्ठ [形] (1) 最高の；最上の (2) 上席の；上級の；上位の；先任の；先輩の **वरिष्ठ अधिकारी** *a.* 上司；上役；上席者 *b.* 高官 वरिष्ठ श्रेणी 上級 (3) 古参の；老練の；ベテランの अनेक वरिष्ठ नेता 多数の古参の実力者 वरिष्ठ डाक्टर ベテランの医者 वरिष्ठ सैन्य अधिकारी 古参の将校 वरिष्ठ खिलाड़ी ベテラン選手 वरिष्ठ ग्रेड 上級 वरिष्ठ सरकारी अधिकारी 政府高官 (4) 年長の；年配の

वरिष्ठतम [形] (1) 最高の；最上の (2) 最上級の；最上席の इस विभाग के वरिष्ठतम अधिकारी この部局の最上級の職員 (3) 最高齢の；最長老の वरिष्ठतम नेता 最長老の指導者

वरिष्ठता [名*] (1) 最上；最高；最高位 (2) 上席；先任 (3) 古参

वरिष्ठता क्रम [名] 席順；先任順位

वरीय [形] (1) 上席の；優秀な (2) 上位の；優先する

वरीयता [名*] (1) 優先；優先性；優先権 (-को) वरीयता दे॰ (ーを) 優先する अंग्रेजी जाननेवालों को वरीयता प्रदान की जाएगी 英語堪能者を優先 सिद्धांतों के बजाय व्यावहारिकता को वरीयता दी जाने लगी 原則に代わって実用性が優先されるようになった (2) 優秀さ；よさ；美点 (3)〔ス〕シード तीसरी वरीयता प्राप्त 第 3 シードの

वरुण [名] (1)〔イ神〕ヴァルナ神（リグヴェーダにおいては法の守護神，後に水神，海の神，西方の守護神などになる） (2)〔天〕海王星= नेपचून. (3) 水 (4) 海

वरुणकुमार [名]〔イ神〕アガスティヤ聖仙 अगस्त्य ऋषि

वरुणपाश [名] ヴァルナ神の武器である輪縄

वरुणालय [名] 海 = समुद्र.

वरूथ [名] (1) 鎧= बक्तर. (2) 盾；楯= ढाल.

वरेंद्र [名] (1) インドラ神= इंद्र. (2) 王；国王= राजा; महीप.

वरे [副] (1) 彼方に (2) 向かい側に= उस पार; उधर; परे.

वरेण्य [形] (1) すぐれた；優秀な (2) 望まれた；求められた (3) 主たる；主要な；中心的な (4) 古典的な

वरेश्वर [名] シヴァ神 = शिव; शंकर.

वर्क [名] 《E. work》 仕事；労働；作業

वर्क़ [名] → वरक़. सोने का वर्क़ चिपकाया गया 金箔が貼られた चाँदी का वर्क़ 銀箔 आज के तथाकथित 'चाँदी के वर्क़' एल्यूमिनियम से ही बनाए जाते हैं 今日のいわゆる「銀箔」はなんとアルミから作られる

वर्कटाप [名] 《E. worktop》 (1) 調理台 (2) 配膳台；カウンター

वर्कबक्स [名] 《E. workbox》 針箱

वर्कर [名] 《E. worker》 (1) 仕事をする人；働く人；ワーカー (2) 職人；職工

वर्कशॉप [名] 《E. workshop》 (1) 作業所 (2) ワークショップ；研究集会= गोष्ठी. (3) 講習会 कई अन्य लोग भी पटकथा लेखन पर वर्कशाप चलाते रहते हैं その他の一部の人たちもシナリオ作りの講習会を開いている

वर्किंग कमिटी [名*] 《E. working committee》 運営委員会 = कार्य-समिति; कार्यकारिणी.

वर्ग [名] (1) 部類；種類；型 (2) 集まり；集団；グループ (3)〔社〕階級；階層 धनी वर्ग 有産階級 उच्च वर्ग 上流階級 शिक्षित वर्ग 教育のある階層 (4) 何らかの規準で設けられた段階；級；等級 कुश्ती 90 किलो वर्ग レスリング 90kg 級 (5)〔生〕綱（門の下になって目に分かれる） 〈class〉 (6) 正方形 (7) 平方；2 乗 (8) デーヴァナーガリー文字で調音器官の分類で分けた音韻（文字）のグループ；行 क वर्ग カ行（क, ख, ग, घ, ङ の 5 文字）など

वर्गचेतना [名*] 階級意識 〈class consciousness; class feeling〉

वर्गद्वंद्व [名] 階級対立 〈class conflict〉

वर्गफल [名]〔数〕自乗；2 乗

वर्गभावना [名*]〔社〕階級意識 = वर्गचेतना.

वर्गमीटर [名] 《H.+ E. metre》 平方メートル；m^2

वर्गमूल [名]〔数〕平方根；ルート ($\sqrt{}$) 〈square root〉

वर्गयुद्ध [名] (1)〔史〕階級闘争 (2) 階級対立

वर्ग़लाना [他] → वरग़लाना.

वर्गशः [副] 等級，階級などの区別に従って；類別に基づいて

वर्गसंघर्ष [名] (1)〔経・社〕階級闘争 (2) 階級対立

वर्गहीन [形] 階級のない वर्गहीन समाज 階級なき社会
वर्गिकी [名*]〔生〕分類学〈taxonomy〉
वर्गित [形] 類や分類，級，等級などに分類された
वर्गी [形] (1) 分類の；類の (2) 級の；等級の (3) 階級の
वर्गीकरण [名] 分類 जीवों का वर्गीकरण 生物の分類
वर्गीकृत [形] 分類された；類別された वर्गीकृत क॰ 分類する पदार्थों को ठोस, द्रव तथा गैस के रूप में वर्गीकृत क॰ 物質を固体，液体及び気体に分類する
वर्गीय [形] (1) 部類の (2) 級の；等級の (3) 階級に関わる；階級的な इस राजनैतिक लड़ाई के वास्तविक वर्गीय चरित्र この政争の真の階級的性格
वर्चस् [名] → वर्चस्व.
वर्चस्व [名] (1) 活力；生命力 (2) 生気；活気 (3) 光；光輝
वर्चस्वान् [形] (1) 活気のみなぎる；気力のみなぎる (2) 光り輝く；光輝を放つ
वर्चस्वी [形] 精力的な；活気にあふれた；力の満ちあふれた
वर्जक [形] (1) 禁止する；抑止する (2) 禁忌する
वर्जन [名] (1) 禁止；抑止 (2)〔文人〕禁忌〈taboo〉
वर्जना[1] [名*] (1) 禁止；抑止 (2)〔文人〕禁忌；タブー
वर्जना[2] [他] (1) 禁じる；抑止する= बरजना; मना क॰. (2) 捨てる；放棄する= छोड़ना; त्यागना.
वर्जनीय [形] (1) 禁じるべき；禁止すべき；禁じられた (2) やめるべき；放棄すべき
वर्जयिता [形] = वर्जक.
वर्जित [形] (1) 禁じられた；禁止された बाजू अथवा कोहनियों का इस्तेमाल वर्जित है 腕，あるいは，ひじの使用は禁じられている स्त्रियों से एकांत में बातचीत करना वर्जित था 女性と 2 人だけで言葉を交すことは禁じられていた (2) 禁じられた；禁忌の；タブーの；忌むべき गोमांस हिंदुओं के लिए खाना वर्जित था 牛肉を食べるのはヒンドゥー教徒にはタブーであった **वर्जित शब्द** 忌み言葉 (3) 捨てられた；放棄された
वर्ज़िश [名*]《P. ورزش》→ वरज़िश. हलकी-फुलकी वर्ज़िश ज़रूर करना चाहिए 軽い運動はぜひすべきだ
वर्ज़िशगाह [名*]《P. ورزش گاه》体育館；体操場；体を訓練する道場→ वरज़िशगाह.
वर्ण [名] (1) 色；色彩 (2) 染料 (3) 皮膚の色；肌の色 वर्ण के आधार पर भेदभाव 肌の色に基づく差別 (4) 古代インドの四姓，ヴァルナ（ブラーフマン，クシャトリヤ，ヴァイシュヤ，シュードラの区別）(5) 文字 (6) 音節文字 (7) 音節；シラブル
वर्णक [名] (1) 色素 हमारी त्वचा के गहरे वर्णक प्रकाश को सोख लेते हैं 我々の皮膚の濃い色素が光線を吸収する (2) 顔料；絵の具 (3) 皮膚の保護のため塗布するもの
वर्णक्रम [名] (1) スペクトル (2) アルファベット順
वर्णक्रमानुसार[副] アルファベット順に शेष देश वर्णक्रमानुसार शामिल होते हैं その他の国はアルファベット順に参加する
वर्णक्रमिक [形] アルファベット順の
वर्णगण [名]〔韻〕ヴァルナ वर्ण，すなわち，音節のガナ गण 集まりの意．3 音節の集まりをそれぞれの音節の लघु及び गुरु の配列順序で分類の基準とする．ヴァルナ・ガナは次の 8 種に分類される．1.यगण, 2.मगण, 3.तगण, 4.रगण, 5.जगण, 6.भगण, 7.नगण, 8.सगण → वर्णिक गण.
वर्णन [名] 記述；叙述；描写；表現 स्वयंवर का रोचक वर्णन 婿選び式の興味深い記述
वर्णना [名*] = वर्णन. मेरी वर्णनाशक्ति पर तुम्हें भरोसा नहीं है क्या? 君には私の表現力が信用ならないと言うことか
वर्णनातीत [形] = अकथनीय. 表現できない；言語に絶する；口では言えない हृदय एक ऐसे रोमांटिक भाव से गद्गद् हो जाता, जो वर्णनातीत है 表現できないロマンティックな気持ちで胸が震える
वर्णनात्मक [形] (1) 記述的な；叙述的な (2) 解説的な **वर्णनात्मक भाषाविज्ञान**〔言〕言語学 **वर्णनात्मक विशेषण**〔言〕記述形容詞 **वर्णनात्मक व्याकरण**〔言〕記述文法 **वर्णनात्मक स्वनविज्ञान**〔言〕記述音声学
वर्णनात्मकता [名*] 記述性；叙述性 उनकी शैली में वर्णनात्मकता और चित्रात्मकता का मेल रहता है あの人の文体には叙述性と鮮明性との混合したものが見られる
वर्णभेद [名] (1) カースト差別 (2) 人種差別= रंगभेद.〈colour bar〉
वर्णमंडल [名]〔天〕彩層〈chromosphere〉
वर्णमाला [名*] アルファベット
वर्णलेख [名]〔化〕クロマトグラム〈chromatogram〉
वर्णलेखी विश्लेषण [名]〔化〕クロマトグラフィー分析〈chromatographic analysis〉
वर्ण-विन्यास [名]〔言〕綴り；スペル；スペリング
वर्ण-विपर्यय [名]〔言〕音位転換= वर्णविपर्यास.〈metathesis〉
वर्णवृत्त [名]〔韻〕音節数と音節の長・短（軽・重）の配列とを基準にして律せられる韻律；ヴァルナヴリッタ = वर्णिक छंद.
वर्ण व्यवस्था [名*]〔イ史・社〕ヴァルナ制度（本来はヴァルナ，すなわち，肌色の違いに基づくとされるが，上位から ब्राह्मण वर्ण, क्षत्रिय वर्ण, वैश्य वर्ण, शूद्र वर्ण ブラーフマナ，クシャトリヤ，ヴァイシュヤ，シュードラの四種姓から成る古代インドの身分制度．これ以下の人たちはヴァルナを持たない不可触民とされた）
वर्णसंकर[1] [名] (1) 異ヴァルナ間，あるいは，異カースト間の混血 (2) 不義の子
वर्णसंकर[2] [形] (1)（ヴァルナやカースト間の）混血の वर्णसंकर जाति 混血カースト (2) 不義の関係で生まれた
वर्णहीन [形] (1) 四姓，すなわち，ヴァルナの外の；カースト外の (2) カーストから追放された；カーストを失った (3) 無色の वर्णहीन चित्र 白黒画；白黒プリント
वर्णांध [形] 色盲の〈colourblind〉
वर्णांधता [名*] ← वर्णांध. 色盲〈colour blindness〉
वर्णाश्रम [名]〔ヒ〕ブラーフマン，クシャトリヤ，ヴァイシュヤ，シュードラの四姓制度・四種姓制度と人生の時間をその目的と義務に基づいて区分した人生の四住期，もしくは，四階梯（ブラフマチャリヤ，グリハスタ，ヴァーナプラスタ，サンニャーサ，すなわち，梵行期もしくは学生期，家住期，林住期及び遁世期）；ヴァルナーシュラマ制度 **वर्णाश्रम धर्म नामक व्यवस्था** ヴァルナとアーシュラマという規範を一体として人生を生きようとする制度
वर्णिक [形] (1) 音節上の；音節に関する (2) 音節に基づく (3) 色の；色彩の
वर्णिक गण [名]〔韻〕音節の集合の意．ガナ गण，すなわち，3 音節の集まりを 1 つの単位とした詩脚で（वर्ण）の重 ऽ・軽 ।，もしくは，長・短の配列に基づき 8 種に分類される．1. यगण ।ऽऽ, 2. मगण ऽऽऽ, 3. तगण ऽऽ।, 4. रगण ऽ।ऽ, 5. जगण（।ऽ।）, 6. भगण（ऽ।।）, 7. नगण（।।।）, 8. सगण（।।ऽ）→ गण.
वर्णिक छंद [名] (1)〔韻〕音節韻律；ヴァルナ韻律（音節の数及び音節の軽 लघु 並びに重 गुरु の配列順序を基準にした韻律．これをヴリッタ वृत्त とも呼ぶ）= वर्णगण. (2) 音節の軽・重，もしくは，短・長の順序は定まっておらず音節数のみによって律せられパーダ数も 4 とは限られない音節韻律．26 音節以下のものを साधारण，もしくは， जातिक と呼び，26 音節以上のものをダンダカ दंडक と呼ぶ
वर्णिक वृत्त [名]〔韻〕音節韻律のうち同数の音節を持つ 4 つのパーダから成り音節の軽・重，短・長の配列順序が定まっているもの． सवैया, इंद्रवज्रा, उपेंद्रवज्रा, द्रुतविलंबित, など. = गणात्मक छंद; गणबद्ध छंद.
वर्णित [形] 叙述された；述べられた किसी व्यक्ति के जीवन का लिखित या वर्णित वृत्तांत 1 人の人の生涯について書かれたり述べられた話 जातक कथाओं में महात्माबुद्ध के पूर्वजन्म की घटनाएँ कहानी के रूप में वर्णित हैं ジャータカ物語には仏陀の前世の出来事が物語として述べられている
वर्णिम [名]〔言〕字素〈grapheme〉
वर्णी [形] 色を持つ；色のついた
वर्ण्य [形] 述べられるべき
वर्तन [名] (1) 動き回ること；回転 (2) 移動；運動 (3) 使用 (4) 振る舞い (5) 現存；存在
वर्तनी [名*] 文字の綴り；綴り字 शुद्ध वर्तनी 正書法 = शुद्ध लेखन. व
वर्तमान[1] [形] (1) 現在存在する；生存する वर्तमान मानव 現在の人類 (2) 現存の；現在活動中の；現在機能している दक्षिण अफ्रीका की वर्तमान सरकार 南アフリカの現政権 (3) 現行の；現在行われている **वर्तमान समय** 現在 = वर्तमान.
वर्तमान[2] [名] 現在；現今 वर्तमान की व्यवस्था 現今の制度

वर्तमान काल [名] (1) 現代 (2)〔言〕現在時制〈present tense〉
वर्तमानकालिक [形]〔言〕現在時制の **वर्तमानकालिक कृदंत विशेषण**〔言〕現在分詞〈present participle〉
वर्ति [名*] (1) 灯心= बत्ती. (2) = अंजन. (3) 身体に塗布するもの (4) 球形のもの；丸いもの
वर्तिक [名] = बटेर.
वर्तिका [名*] (1) 灯心= बत्ती. (2) 絵筆 (3) 細い軸
वर्तिकाग्र [名]〔植〕柱頭〈stigma〉
वर्तित [形] (1) 回された；回転させられた (2) 整えられた；正しくされた
-वर्ती [造語] 存在する，位置する，関わるなどの意味を持つ語を作る造語要素． पूर्व先，前→ पूर्ववर्ती先行する
वर्तुल [形] まるい；円形の；球形の；輪の形の；環状の= गोल; वृत्तकार. वर्तुल गति 円運動 वर्तुल पेशी〔解〕環状筋
वर्तुलाकार [形] まるい；円形の；球形の；環状の
वर्त्म [名] (1) 道；道路= सड़क; मार्ग; पथ. (2) 轍= लीक.
वर्त्स [名]〔言〕歯茎音〈alveolar; alveolus〉
वर्त्स्य [形]〔言〕歯茎音の **वर्त्स्य तालव्य** 歯茎口蓋音〈alveo-palatal〉 **वर्त्स्य प्रदेश** 歯茎 **वर्त्स्य स्पर्श** 歯茎閉鎖音〈alveolar stop〉
वर्दी [名*]《A. وردی》制服；ユニフォーム；お仕着せ→ वरदी.
वर्दीधारी [形]《P.+ H.धारी》制服を着ている；ユニフォームを着用した वर्दीधारी पुलिसमैन 制服の警察官
वर्द्धक [形] = वर्धक.
वर्द्धन[1] [形] 増す；増大させる
वर्द्धन[2] [名] = वर्धन.
वर्द्धमान् [形] = वर्धमान.
वर्द्धमान [名] = वर्धमान.
वर्धक [形] 増す；増大させる；増進させる घी और मसाले की क्षुधावर्द्धक सुगंधि चारों ओर फैली हुई थी ギーと香辛料の食欲をかき立てる芳香があたりに立ちこめていた
वर्धन [名] 成長；増加；増大；拡大；増進；繁栄
वर्धमान[1] [形] 成長中の；増加中の；増大中の；増進中の；栄えている
वर्धमान[2]〔人名・ジャ〕ヴァルダマーナ（ジャイナ教の第 24 代ティールタンカラ）；マハーヴィーラ；大雄
वर्धित [形] 増加した；増大した；増進した= बढ़ा हुआ.
वर्ना [接]《P. ورنہ》= वरना. असल में घमंडी तुम हो, वर्ना ऐसा कोई काम न करते 実際にうぬぼれ者は君なのだよ．そうでなければこんなことはしないものなのだ
वर्म [名] (1) 鎧= कवच; बकतर. (2) 家；住居
वर्मा [名] カーヤスタ (कायस्थ)，カットリー (खत्री) などのカースト集団名の一
वर्ल्ड [名]《E. world》世界；ワールド
वर्ल्ड कप [名]《E. World Cup》〔ス〕ワールドカップ
वर्वर[1] [形] (1) 縮れ毛の (2) 吃音の；どもる (3) 言葉の明瞭でない；言葉の通じない
वर्वर[2] [名] (1) 未開人；野蛮人 (2) そのような人が住む土地 (3) 卑賤な人 (4) 愚者 (5) 縮れ毛
वर्ष [名] (1)（地球が太陽を一周する時間としての）1 年；1 年間（365 日） (2) 特定の計算による一周年の単位 (3) 年度 (4) 年齢；年；歳 (5) 雨；降雨 **अगला वर्ष** 来年；来るべき年；次の年 **अगले वर्ष** 来年（に） **इस वर्ष** 今年（において） **पिछला वर्ष** 昨年 **पिछले वर्ष** 昨年（に） **यह वर्ष** 今年；本年
वर्षक[1] [形] (1) 雨を降らせる (2)（物を）降らせる；浴びせる
वर्षक[2] [名] 雲 = बादल; मेघ.
वर्षगाँठ [名*] (1) 誕生日 मेरी वर्षगाँठ पर 私の誕生日に (2) 記念日 हमारे विवाह की चौथी वर्षगाँठ 私たちの結婚 4 周年記念日 **वर्षगाँठ मनाना** 誕生日や記念日を祝う
वर्षण [名] (1) 降雨= बरसना; वृष्टि. (2) 雨 (3) 様々なものが落下したり飛散したり降りそそぐこと
वर्षधर [名] 雲 = बादल; मेघ.
वर्षफल [名] (1) 人の 1 年間の運勢 (2) 年間の星占い (3) 年間の天宮図
वर्षा [名*] (1) 雨 भारी वर्षा 大雨；豪雨 (2) 降雨など天から降ること ओलों की बहुत ही वर्षा हुई 雹が大量に降った (3) 雨のように沢山空から降ってくるもの；降りそそぐものやそのように見えるもの उल्काओं की वर्षा 流れ星が降りそそぐ (4) 雨季；雨期；梅雨；モンスーンによる雨 वर्षा के दिन थे 雨季のことだった **वर्षा का देवता** 雨の神；雨をもたらす神；インドラ神 इस पर्वतीय प्रदेश में इंद्रनाग वर्षा का देवता है この山間部ではインドラナーガが雨の神である
वर्षा ऋतु [名*] 雨季；雨期 वर्षा ऋतु आई देखकर किसान लोग अपने-अपने खेतों को जोतने हल लेकर निकल पड़े 雨季の訪れを見て農夫たちは犂を携えて各自の畑に出掛けた
वर्षाकाल [名] 雨季；雨期 वर्षाकाल के चार महीने 雨季の 4 か月
वर्षाकालीन [形] 雨季の；雨期の लोक सभा का वर्षाकालीन अधिवेशन インド下院の雨季会期
वर्षागम [名] 雨季の到来；雨季の始まり；モンスーンの始まり
वर्षामापक [名] 雨量計= वर्षामापी.
-वर्षी [形・造語] (1)（雨などを）降らせる (2)（一）年の द्विवर्षी〔植〕二年生の；越年生の
वर्षीय [形] (1) 年の；1 年の (2) 年齢の；歳の 57 वर्षीय हमारे देश के विख्यात कूटनीतिज्ञ 57 歳のわが国の著名な外交官 चार वर्षीय बच्चा 4 歳の子供
वर्षीया [形*] ← वर्षीय. छोटे कद की तेईस वर्षीया युवती 23 歳の小柄な娘
वर्हण [名] 植物の葉 = पत्ता; पत्र; पत्ती.
वर्ही [名]〔鳥〕クジャク = मयूर; मोर.
वलंदेज़ [名・形]《A. ولنديز》(1) オランダ王国 = हालैंड. (2) オランダの वलंदेज़ कंपनी オランダの会社
वलंदेज़ी [名]《A. ولنديزى》オランダ人；オランダ国民
वलद [名]《A. ولد》息子；子供 = पुत्र; बेटा. हरिश्चंद्र शर्मा वलद विजयशंकर शर्मा ヴィジャヤシャンカル・シャルマーの息子ハリシュチャンドラ・シャルマー
वलदीयत [名*]《A. ولديت》(1) 家系；系図；家柄 (2) 親であること；子供のあること
वलन [名] (1) 回転 (2) 周回
वलना[1] [自] (1) 回る (2) 曲がる (3) 戻る；ひるがえる
वलना[2] [他] (1) 回す (2) 包む
वलय [名] (1) 輪；リング；環 बृहस्पति के गिर्द एक वलय है 木星の周囲に 1 つのリングがある (2) 包むもの (3) 囲い (4)〔装身〕チューリー (चूड़ी)
वलयन [名] 環状
वलयिका [名*] 環；輪
वलयित [形] (1) 囲まれた (2) 包まれた
वलवला [名]《A. ولولہ वल्वला》(1) 気力；気合；熱意；熱情 जिसके देखने का वलवला मुझे यहाँ लाया था それを見たい強い思いに導かれてここに来た私 (2) 熱狂；興奮
वलवलाअंगेज़ [形]《A.P.ولولہ انگیز वल्वलाअंगेज़》励ます；激励する；元気づける；気力を増す意気を高揚させる= उत्साहवर्धक.
वलाहक [名] 雲 = मेघ; बादल.
वलि [名*] (1) 線；筋；条= रेखा; लकीर. (2) しわ= झुर्री. (3) 供物
वलित [形] (1) 曲がった (2) 傾いた (3) 囲まれた；包まれた (4) 覆われた (5) しわの寄った
वली[1] [名*] (1) 線；筋；条= रेखा; लकीर. (2) 列= श्रेणी. (3) しわ；ひだ= झुर्री; शिकन.
वली[2] [名]《A. ولی》(1)〔イス〕ワリー；スーフィズム（イスラム教神秘主義）の聖者 (2) 保護者；後見人= संरक्षक; सहायक. (3) 相続人= उत्तराधिकारी; वारिस.
वली अहद [名]《A. ولی عہد》皇太子；王位継承者 = युवराज; वली अहदे सल्तनत.
वलीयन [名] しわをつけること
वलीयुल्लाह [名]《A. ولی اللہ》〔イス〕聖者；聖徒
वले [接]《P. ولے》しかし；しかしながら；だがしかし；されど = वलेकिन.
वलेक [接]《A. ولیک》= वलेकिन.
वलेकिन [接]《P. ولیکن》だが；しかし；しかしながら；されど = लेकिन; परंतु.
वलैकुम अस्सलाम [感]《A. و علیکم السلام》イスラム教徒の丁寧な挨拶の言葉 सलाम अलैकुम/अस्सलाम अलैकुम に対する返答の言葉（「あなたの上にも平安あれかし」の意）

वल्क [名] (1) 木の皮；樹皮= छाल; बल्कल. (2) 魚のうろこ；魚鱗= शल्क.
वल्कतरु [名]〔植〕ヤシ科高木ビンロウジュ= सुपारी.
वल्कद्रुम [名] = भोजपत्र.
वल्कपत्र [名] = हिंताल.
वल्कफल [名]〔植〕ザクロの木= अनार का वृक्ष.
वल्कल [名] (1) 樹皮；木の皮= पेड़ की छाल. (2) 樹皮でこしらえた衣服
वल्गा [名] 飛び跳ねること；暴れ回ること
वल्गा [名*] 馬勒（おもがい，くつわ，手綱）= लगाम; बाग.
वल्गु [形] (1) 美しい；きれいな (2) 愛らしい；魅力的な (3) 貴重な
वल्द [名]《A. ولد वलद》息子 = पुत्र.
वल्दियत [名*] = वलदीयत.
वल्मीक [名] 蟻塚 = बाँबी.
वल्लभ [形・名・造語] (1) 最愛の= प्रियतम. (2) 最高の（人）；最も優秀な（人）；最もすぐれた（人） (3) 主；主人；夫 (4)（ーを）愛する राधावल्लभ クリシュナ神の異名の一
वल्लभ संप्रदाय〔人名・ヒ〕15 世紀に वल्लभ आचार्य（ヴァッラバ・アーチャーリヤ 1473–1531）が興したヴィシュヌ信仰の一派；ヴァッラバ派
वल्लभा [名*] 最愛の妻；最愛の伴侶
वल्लभाचार्य〔人名・ヒ〕ヴァッラバ派の開祖ヴァッラバ・アーチャーリヤ（1478–1531. शुद्धाद्वैतवाद 純粋一元論を説いた）
वल्लरी [名*] 蔓草；蔓木 = वल्ली; लता.
वल्लाह [感]《A. و الله》神に誓って；神かけて；本当に
वल्ली [名*] 蔓草 = लता.
वल्लूर [名] (1) 乾し肉 (2) 乾し魚
वल्वला [名] → वलवला.
वशंवद [形] (1) 服従した；支配下の= वशीभूत. (2) 従順な= आज्ञाकारी.
वश [名] (1) 支配；制御；抑制 काम और क्रोध के वश में होने से 欲情と怒りに支配されているために (2) 力；力量 इंसान के वश की बात 人間の力の及ぶ範囲 **वश का** 可能なこと；力の及ぶこと यह काम अकेले आदमी के वश का नहीं これはたった 1 人の人間の力の及ぶところではない **वश की बात** 人の力の及ぶこと；努力や能力や力量により可能なこと दुष्ट राक्षसों से निपटना इन बच्चों के वश की बात नहीं 悪鬼どもに立ち向かうことはこの子供たちには力の及ばぬこと फिर उसके लिए अपनी इच्छा या आवश्यकता के अनुसार संतान उत्पन्न कर सकना वश की बात हो जाएगी そうなると人は意のまま，必要に応じて子を産むことができるようになるだろう **वश चलना** 力が及ぶ；影響力を発揮する **वश न चलना** どうすることもできない；力が及ばない उसका कुछ वश न चलता था 男にはどうすることもできなかった **वश में क°** 言い聞かせる；従わせる；意のままにする；手なずける= अंकुश दे°. **वश में रखना** 抑制する；統御する；御する= काबू में रखना; नियंत्रित क°; जब्त क°. **(-के) वश में हो°**（ーの）意のままになる；思い通りになる भगवान सदा सच्चे भाव और प्रेम के वश में होते आए हैं 神は常に真心と愛情の思うままになってきている
-वश [造語] 名詞に接続して用いられ，（ー）のあまり，（ー）に駆られて，（ー）のために，仕方なく，余儀なくなどの意を持つ副詞を作る合成語の要素. दुर्बलतावश 弱さのために दयावश उन्होंने मुझे उठा लिया 哀れみの余りあの方は私を抱き上げて下さった उसने ईर्ष्यावश राजा के कान भरे あの男は嫉妬にかられ王に告げ口をした संकोचवश 遠慮のため；気兼ねのため
वशिता [名*] = वशित्व.
वशित्व [名] (1) 意のままになること；支配されること；服従 (2) 他人を意のままにする力（ヨーガで得られるとされる 8 種の超能力，ないし，神通力の一）→ सिद्धि.
वशिष्ठ [名] → वसिष्ठ.
वशी [形] (1) 自分を抑制する (2) 抑制された；統御された
वशीकरण [名] (1) 他人を意のままにすること (2) 相手を自分の意のままにする魔法 यहाँ वशीकरण चलते हैं.पुरुषों को भेड़े बनाकर स्त्रियाँ अपनी इच्छाएँ पूरी करती हैं ここでは魔法が行われている．男たちを羊に変えて女たちが自分たちの思い通りにしている (3) 魅惑；魅了
वशीकृत [形] (1) 意のままにされた (2) 魅了された
वशीभूत [形] 圧倒された；支配された परिस्थितियों के वशीभूत होकर वह अपना देवत्व खो बैठता है 環境に支配されて神性を失ってしまう हमारे बड़े-बड़े प्रशासक जाति-भावना के वशीभूत होकर पक्षपात करते हैं わが国の指導的な立場の為政者はカースト意識に圧倒されて差別をする निजी स्वार्थों के वशीभूत होकर 我欲に駆られて
वश्य[1] [形] (1) 支配し得る (2) 支配下の
वश्य[2] [名] (1) 下僕；使用人 (2) 従者；部下；従卒
वषट् [感]〔ヒ〕バラモン教の供犠の際ホーマ（護摩）に投じる時に祭官（होतृ/होता）が唱える言葉
वषट्कार [名]〔ヒ〕バラモン教のヤジュニャ（यज्ञ）；ホーマ（護摩）（होम）
वषट्कृत [形]〔ヒ〕ホーマ（護摩）の火に投じられた = हुत.
वसंत [名] (1) 春（インドにおいて認められた 6 季節のうちの最初．古代にはチャイト月とバイサーク月だが現今はパーグン月 फाल्गुन/फागुन とチャイト月 चैत） (2)〔ヒ〕バサント・パンチャミー祭→ वसंत पंचमी.
वसंतकाल [名] 春；春季
वसंततिलका [名*]〔韻〕ヴァサンタティラカー（各パーダが तगण + भगण + जगण + जगण + गुरु + गुरु の 14 音節から成る音節韻律）
वसंतदूत [名] (1) マンゴーの木= वसंतद्रुम. (2) オニカッコウ= कोयल.
वसंत पंचमी [名*]〔ヒ〕ヴァンサント・パンチャーミー（マーガ月，すなわち，インド暦の 11 月の白分 5 日（日本の旧暦正月 5 日）春の到来を祝う祭りとしてカーマ神と配偶神ラティへの祈りが捧げられるが同時にこの日サラスヴァティー神の祭りが行われる）
वसंत महोत्सव [名] (1)〔ヒ〕古代，マーガ月の白分 5 日に祝われた，断食を伴った祭礼；春祭り (2)〔ヒ〕ホーリー祭→ होली
वसंत विषुव [名] 春分 = महाविषुव. 〈spring equinox; vernal equinox〉
वसंती [形] (1) 春の वसंती हवा 春の風；春風 (2) 黄色の；薄黄の
वसति [名*] (1) 居住= वास. (2) 住居；家= घर. (3) 居住地= बस्ती.
वसथ [名] (1) 居住地 (2) 住居；家；家屋= घर.
वसन [名] (1) 着物；衣料 (2) 覆い (3) 住居
वसफ़ [名] → वस्फ़.
वसवसा [名]《A. وسوسہ वस्वसा》= वसवास[1].
वसवास[1] [名]《A. وسواس वस्वास》(1) 不信 (2) 疑念 (3) 躊躇；ためらい (4) 邪念 (5) 誘惑
वसवास[2] [名] 居住
वसवासी [形]《A. وسواسی वस्वासी》(1) 疑う；疑り深い (2) 人を欺く
वसह [名] 牛；去勢牛= बैल.
वसा [名*] (1) 脂肪；脂身 (2) 油
वसा-अम्ल [名]〔化〕脂肪酸〈fatty acid〉
वसाइल [名, pl.]《A. وسائل←وسیلہ वसीला》方法；手段；媒体
वसातत [名*]《A. وساطت》媒体；斡旋；仲介= माध्यम; ज़रीया.
वसालत [名*]《A. وسالت》= वसीला.
वसिष्ठ [名]〔イ神〕ヴァシシュタ聖仙（ヴェーダ以来，プラーナ聖典にまで現れる大聖仙の一）
वसी [名]《A. وصی》遺言執行人 = रिक्थाधिकारी.
वसीअ [形]《A. وسیع》大きく広がっている；広大な；大きい= विशाल; विस्तृत. आसमान की नीली छत बहुत वसीअ है お空の青い天井はとても大きい मस्जिद को वसीअ करने के लिए モスクを大きくするのに
वसीक़ा [名]《A. وثیقہ》(1) 証書 (2) 借用書 (3) 誓約書
वसीयत [名*]《A. وصیت》(1) 遺言 वसीयत करके遺言して (2) 遺言状；遺言
वसीयतनामा [名]《A.P. وصیت نامہ》遺言状；遺書= रिक्थपत्र. पंडित ने अपने वसीयतनामा में यह लिखा था パンディットはその遺書の中でこう記していた
वसीला [名]《A. وسیلہ》(1) 方法；手段；媒体；方便；手立て= साधन; उपकरण; माध्यम; ज़रीया. (2) 便宜 = सुविधा. (3) 助力；支援
वसुंधरा [名*] 大地 = ज़मीन; पृथ्वी; धरा.

व

वसु [名] (1)〔イ神〕ヴァス神群（自然現象の神格化された八神．時代により文献により八神の数え方は一定ではない） (2) ヴィシュヌ神 (3) シヴァ神 (4) スーリヤ神 (5) 財；富
वसुक [名] (1) ラージャスターンのサーンバル湖でとれる塩 (2) アルカリ土
वसुदेव [名]〔イ神〕ヤドゥ族のヴァスデーヴァ王（クリシュナの父，マトゥラーの王）
वसुधा [名*] 大地；地球 = पृथ्वी.
वसुधातल [名] 地面；地表
वसुधाधर [名] (1) 山= पर्वत; पहाड़. (2) ヴィシュヌ神
वसुधाधिप [名] 国王；王= राजा; नृपति.
वसुबंधु 〔人名・仏〕ヴァスバンドゥ（世親）
वसुमती [名*] 大地 = धरती; पृथ्वी.
वसूल[1] [形] 《A. وصول वसूल》 (1) 得られた；手に入った (2) 徴収された；取り立てられた **वसूल क॰** *a.* 得る；手に収める；手に入れる वह मनमाना मुनाफ़ा वसूल करता है 法外な利益を収める *b.* 取り立てる；徴収する सरकार से पैसा वसूल करना भी एक टेढ़ी खीर है 政府から金を取り立てるのも難事業だ
वसूल[2] [名] 《A. وصول वसूल》 (1) 獲得；入手 (2) 徴収；取り立て
वसूलना [他] 《← A.وصول वसूल》 徴収する；集める；取り立てる गाँव सभा घाट से किसी तरह का टैक्स नहीं वसूलता 村会はガートからはいかなる税金も徴収しない कर वसूलना 徴税 16 करोड़ रुपए धरोहर के रूप में वसूला गया था 1 億 6000 万ルピーが補償金として徴収された मियाँ ख़ाँ से ईदी वसूलूँ? ミャーンカーンからお年玉を取り立てようかしら
वसूली [名*] 《A. وصولی वसूली》 (1) 獲得；入手 (2) 徴集
वस्त [名] 《A. وسط》 (1) 中央；真ん中 (2) 中間 इस सहन के ऐन वस्त में この中庭の真ん中に जून के वस्त से 6 月中旬から
वस्त एशिया 〔地名〕《A.E. وسط ایشیا》 中央アジア = मध्य एशिया.
वस्ति [名*] (1) 下腹；下腹部= पेड़ू. (2) 膀胱= मूत्रालय. (3)〔ヨガ〕ヴァスティ（バスティ बस्ति；ハタヨーガの行法の一．灌腸による腸の浄化）
वस्ती [形] 《A. وسطی》 (1) 中央の；真ん中の (2) 中間の हिंदोस्तान के वस्ती हिस्से के जंगलों का インドの中央部のジャングルの
वस्तु [名*] (1) 物体；物 गतिशील वस्तु ऊर्जा का स्रोत है 動く物体はエネルギーの源である अपारदर्शी वस्तु 透明な物体 (2) 物；物品；品 उनके द्वारा दावतें खाने तथा उपहार की वस्तुओं को प्राप्त करने पर सरकार कड़ी निगाह रखेगी 彼らが宴会に招かれたり贈り物を受けたりすることを政府は厳しく監視する (3) 対象；客体 (4) 筋；構想；プロット
वस्तु जगत् [名] 現象世界；下界
वस्तुतः [副] 実際；事実上；実に= वास्तव में; सचमुच; दर अस्ल.
वस्तुनिष्ठ [形] (1) 客観的な वस्तुनिष्ठ चित्रण 客観的な描写 (2) 下界の；実在の；実証的な
वस्तुनिष्ठता [名*] 客観性；実証性
वस्तुनिष्ठतावाद [名]〔哲〕実証主義
वस्तुवाद [名]〔哲〕実証主義；実証哲学= प्रत्यक्षवाद. ⟨positivism⟩
वस्तु-विनिमय [名]〔経・商〕物々交換；バーター⟨barter⟩ वस्तुविनिमय अर्थव्यवस्था バーター経済 वस्तुविनिमय पद्धति 〔経〕バーター制 ⟨barter system⟩
वस्तुस्थिति [名*] 現実；事実 वस्तुस्थिति की गंभीरता 現実の深刻さ
वस्त्र [名] 着物；衣服；衣類；衣料
वस्त्रागार [名] (1) 衣料品店 (2) 衣裳室 (3) 化粧室；着付け室
वस्त्राभूषण [名] 衣類と装身具
वस्त्रोद्योग [名] 繊維産業；テキスタイル産業
वस्फ़ [名] 《A. وصف》 (1) 称賛= प्रशंसा; तारीफ़. (2) 美点；すぐれていること；優秀さ；特性= गुण; सिफ़त.
वस्ल [名] 《A. وصل》 (1) 結合 (2) 出会い；逢瀬 मेरे साथ न वस्ल है और न फ़िराक 私にとっては逢瀬もなければ別離もない (3) 恋人と結ばれること (4) 神と人間との合一；死
वह [代・代形] 三人称代名詞，遠称指示代名詞兼遠称指示代名形容詞．これの発音については『文字と発音と綴り』の「文字と発音のずれ」の項を参照のこと．これの複数直格形は वे が標準的とされるが，文章語においても वे ではなく वह の綴りのままで記されることがしばしば見られる．(ただし，発音は वो) これの斜格形語基は उस-(sg.)，उन-(pl.)，उन्हों-(pl.) で曲用は次の通り．単数斜格形は उसने(er.)，उसको (ac., da.)，उससे(ab.)，उसमें，उसपर (loc.) など．なお，目的格 (ac.) 及び与格 (da.) には格助詞を従えない独立形 उसे もある．所有格形は格助詞 का を従え -आ 語尾の形容詞と同様に接続する語の性・数・格に応じて次のように変化する． उसका (mas. sg. dir.)， उसके(mas. sg. ob.; pl.)，उसकी(fem. sg., pl.)．複数斜格形は उन्होंने(er.)， उनने(er.)（古形）， उनको(ac., da.)， उनसे(ab.)， उनमें, उनपर(loc.) など．なお，目的格 (ac.) 及び与格 (da.) には格助詞を伴わず単独で用いられる独立形の उन्हें もある．→ उस, उसी, उसे, उन, उन्हीं, उन्हें. (1) 三人称代名詞単数（直格形）としては話者や話相手から離れていたりその場にいない人を指したり話者にも相手にも了解されている人を指す．あの人，あの男，あの女，彼，彼女，あいつなど．敬意の対象となる人に言及する際には普通，複数形の वे が用いられる．(आप も参照のこと) なお，妻が第三者に自分の夫のことを婉曲に述べる際にもこれが用いられる． बहुत-सी स्त्रियों की यह आम शिकायत रहती है कि हमें तो हमारे 'वह' अपनी कोई बात ही नहीं बताते, यार-दोस्तों में तो ख़ूब कहकहे लगाते हैं 多くの女性がよく不平を洩らすことだが，「彼」（あの人，家の人）は自分のことをちっとも私に話してくれないわ．友達とは大声ではしゃぐくせに (2) 遠称指示代名詞（直格形）としては話者から離れているものや離れていると意識されるもの，あるいは，婉曲に表現すべきものや相手との間に了解されているものなどを指す．あれ，それ，例のものなど वह तुम्हें कहाँ मिला था? 君はあれをどこで手に入れたのだい ज़ेवर है सो ज़ेवर उसका इस्त्री धन है वह मैं कैसे माँगूँ? 装身具は装身具であの女の物．それをどうやって私に下さいと頼めようか मेरे पास तीन चार सेर चाँदी के ज़ेवर पड़े हैं वह ले लो 私の手許に 3〜4 セールの銀製の装身具があるからあれを受け取ってちょうだい (3) 遠称指示代名形容詞直格形（主格形及び目的格形）．被修飾語が斜格形ならば उस(sg.) 及び उन(pl.) となる．あの，そのなど वह कहानी बहुत प्रसिद्ध है あの話は大変よく知られている उन्होंने वह लिफ़ाफ़ा नाई के हाथ में थमा दिया あの方はその封筒をナーイーに手渡された उस स्थान को देखो その場所をご覧なさい वह सब पीछे सुन लेना その話はみな後で（するから聞いてくれ）
वहदत [名*] 《A. وحدت वहदत》 (1) 唯一；単一 (2) 合一；一致 (3)〔イス〕神の唯一性 (4) 孤独
वहदानी [形] 《A. وحدانی वहदानी》 (1) 唯一の (2)〔イス〕神の唯一性についての
वहन [名] (1) 運搬；運送 (2) 負担 आयात का ख़र्च वहन करना 輸入にかかる費用を負担する
वहनीय [形] (1) 運ばれるべき；運搬すべき (2) 負担すべき
वहम [名] 《A. وہم》 (1) 錯覚；誤解；幻想；妄想 वहम था वहम के सिवा क्या था? 幻想だったのだ．幻想以外の何物でもなかったのだ यह तुम्हारे मन का वहम है これは君の妄想なのだ (2) 疑念 मैं इन सब वहमों को छोड़ दूँगी これらの一切の疑念を捨て去ります
वहमी [形] 《A. وہمی वहमी》 (1) 妄想する (2) 疑り深い
वहशत [名*] 《A. وحشت वहशत》 (1) 恐れ；恐怖；戦慄= भय; त्रास; डर. मज़मून लिखने के ख़याल से मुझे वहशत हो रही है 文章を書くことを考えると体が震える (2) 野蛮さ= जंगलीपन; असभ्यता. (3) 狂気；狂気の振る舞い= पागलपन. **वहशत उछलना** *a.* 気が狂う；正気でなくなる *b.* 熱狂する；熱中する
वहशतअंगेज़ [形] 《A.P. وحشت انگیز》 戦慄的な；恐ろしい；恐るべき
वहशतज़दा [形] 《A.P. وحشت زده》 (1) 怯えた；恐怖におののいた (2) 動転した；あわてふためいた；落ち着きを失った
वहशियाना [形] 《A.P. وحشیانه》 (1) 野蛮な；未開の (2) 狂人のような
वहशी [形] 《A. وحشی》 (1) 野蛮な (2) 野生の（動物） वहशी जानवर 野獣 (3) 残酷な (4) 粗野な (5) 人づきの悪い；社交性のない
वहाँ [代・副] あそこ（で／に）；そこ（で／に）；そこで；その位置（で／に）． वहाँ का そこの；同地の वहाँ से यहाँ तक あそこからここまで
वहाबी [形・名] → वहहाबी.
वहि:- [造語] 外の，外部の，外に，外部に，外側になどの意を有する合成語の要素であるが合成語としては→ वहिर्-，वहिश्-，वहिष्-，の形で現れる

वहिनी [名*] 舟；船；小舟= नौका; नाव.
वहिर्- [造語] = वहिः. वहिर्गत 突き出た
वहिश्- [造語] = वहिः.
वहिष्- [造語] = वहिः.
वहिष्करण [名] 排除；排斥= बहिष्कार.
वहिष्कार [名] = बहिष्करण.
वहीं [代・副] वहाँの強意形．まさにそこ（で），まぎれもなくその場所（で）など वहीं वे अभी भी ताश के जोकर की तरह हैं あの人は正にそこでは今なおトランプのジョーカーみたいな存在である
वही [代] वह の強意形． आपने जो आज्ञा दी मैंने वही किया है お命じになられた通りに致しました वही आवाज़ फिर आने लगी 間違いなくその声が再び聞こえて来た फिर वही सिर का दर्द शुरू हो गया तुम्हें? またまた例の（いつもの）頭痛が始まったのかい वही रामायण? 例の長話だな वही आदमी हमारे स्कूल में आमंत्रित किया गया था その当人が私たちの学校に招待されたのだった होगा वही जो हम चाहते हैं こちらの願い通りになるだろう **वही ढाक के तीन पात** 〔諺〕相も変わらぬ貧しい暮らし向きのたとえ
वह्नि [名] (1) 火 (2) 〔イ神〕火神；アグニ神
वह्निक[1] [名] 熱 = उष्णता; गर्मी; ताप.
वह्निक[2] [形] 熱い；熱せられた= गर्म; तप्त.
वह्निकर [名] (1) 雷 (2) 火打ち石 (3) 食物の消化のために腹の中に発生しているとされる火熱
वह्नि-बाण [名] 火矢 = अग्निबाण.
वह्निबीज [名] 金；黄金
वह्नीक [形・名] = वह्निक.
वह्हाब [名・形] 《A. وہاب》(1) 〔人名・イス〕18 世紀中葉にアラビア半島においてイスラム教改革運動を興したワッハーブ派の創始者アブドゥル・ワッハーブ (2) 惜しみなく与える (3) 〔イス〕神の名の一
वह्हाबी [形・名] 《A. وہابی》(1) 〔イス〕ワッハーブ派の (2) 〔イス〕ワッハーブ派とその信奉者
-वाँ [接尾] 序数詞を作る接尾辞（ただし 1, 2, 3, 4, 及び 6 にはつかない．ただし 9 は नवाँとなる） -वें, -वींと接続する語の性・数・格による変化をする． सातवाँ दिन 7 日目 ग्यारहवीं को 11 日目に
वांछनीय [形] 望ましい；望まれる；然るべき हमको अपने देश का उत्पादन बढ़ाकर अन्य देशों की भाँति आत्मनिर्भरता प्राप्त कर लेना वांछनीय है わが国も生産を増大して他国のように自立を達成することが望まれる वांछनीय गंभीरता 望ましい慎重さ मुझमें वांछनीय साहस नहीं जुट पा रहा था 自分の中に然るべき勇気が湧いてこなかった
वांछा [名*] 意欲；願望；希望
वांछातीत [形] 期待以上の；予期以上の
वांछित[1] [形] 望ましい；望まれた；期待された= इच्छित; चाहा हुआ. नये बौद्धों की सामाजिक व सांस्कृतिक अवस्था में वांछित प्रकार का सुधार 新仏教徒の社会的，文化的状況に望ましい変革 वांछित विकास की दिशाओं के अनुरूप 望ましい発展の方向に沿って तंतुकोशिकाओं पर इनस्युलिन का वांछित प्रभाव 繊維細胞にインシュリンの期待通りの効果 वांछित भार 標準体重
वांछित[2] [名] 願望；意欲= चाह; इच्छा.
वांछी [形] (1) 望む；希望する；欲する= इच्छुक. (2) 好色な= कामुक; लंपट.
वांशिक [形・名] (1) バンシー／バーンスリー（竹笛）を吹く人 (2) 竹を伐る人
वा[1] [接] あるいは；それとも= या; अथवा. इंगलैंड के हो वा हमारे? イギリスの方ですか，それともこちらの方ですか
वा[2] [代・代形] 《Br.》= उस.
-वा [接尾] 名詞の拡張形を作るのに用いられる．親愛の情，あるいは蔑みの気持ちを加える आज मंगलवा नहीं दिखाई देता 今日はマンガルの奴姿を見せぬな
वाअज़ [名] 《A. وعظ》= वअज़. 説教；説法；教訓；教示 लोग मुल्ला-मौलवी का वाअज़ सुनते हैं, तो चुपचाप सुनते हैं 世間の人たちはムッラーやモウルヴィーの説教を聞く際には黙って聞く
वाइ॰एम॰सी॰ए॰ [名] 《E. YMCA》ワイエムシーエー（キリスト教男子青年会 YMCA）
वाइकौंट [名] 《E. Vicount》子爵
वाइ क्रोमोसोम [名] 《E. Y chromosome》〔遺伝〕Y 染色体
वाइज़ [形・名] 《A. واعظ》説教する（人）；説教者；説教師
वाइटल कैपेसिटी [名*] 《E. vital capacity》肺活量
वाइड [名] 《E. wide》〔ス〕（クリケットで）投手の暴投（打者に 1 点となる）；ワイド
वाइड अंगल [形] 《E. wide angle》広角の वाइड अंगल लेन्स 広角レンズ 〈wide angle lens〉
वाइड बाल [名*] 《E. wide ball》〔ス〕（クリケットの）ワイドボール（暴投球）
वाइदा [名] = वादा; वायदा.
वाइन [名*] 《E. wine》(1) ワイン；ブドウ酒 (2) 酒
वाइनल क्लोराइड [名] 《E. vinyl chloride》塩化ビニール
वाइपर [名] 《E. wiper》ワイパー
वाइरल हेपाटाइटिस [名] 《E. viral hepatitis》〔医〕ウイルス性肝炎
वाइरस [名] 《E. virus》〔医〕ウイルス；濾過性病原体= विषाणु.
वाइवा [名] 《E. viva voce ← viva voce examination》口頭試験；口述試験= मौखिक परीक्षा. किसी परीक्षक ने वाइवा में मुझसे यह सवाल पूछा हो だれか試験官が口頭試験で私にこの質問をしたかも知れない
वाइस[1] [名] 《E. vice》代理；代理人；代理者
वाइस[2] [接頭] 《E. vice》副－；代理－；次－ वायुसेना वाइस मार्शल 空軍少将
वाइस-चांसलर [名] 《E. vice-chancellor》大学副総長（インドの大学では実質上大学の最高責任者），略称 वी॰सी॰
वाइस-चेयरमैन [名] 《E. vice-chairman》副議長
वाइस-प्रेसिडेंट [名] 《E. vice-president》副議長
वाइसराय [名] 《E. Viceroy》〔イ史〕イギリス統治下のインド副王＝インド総督
वाई-अक्ष [名]〔数〕Y 軸〈Y-axis〉
वाई-क्रोमोसोम [名] 《E. Y-chromosome》〔遺伝〕Y 染色体= वाई-गुणसूत्र.
वाउचर [名] 《E. voucher》(1) 〔法〕証拠書類；証書= आधार-पत्र. (2) 商品引換券 (3) クーポン券
वाओ [名] 《واو》= वाव. ウルドゥー文字の第 33 字の字母 و の名称
वाक् [名] (1) 言葉；言語 (2) 言説 (3) 弁舌 (4) 〔ヒ〕サラスヴァティー神（सरस्वती）
वाक [名]〔鳥〕サギ科ゴイサギ【*Nycticorax nycticorax*】= कोकराई; गदरी.
वाकआउट [名] 《E. walkout》（抗議の）退場 = सदन-त्याग. चयन समितियों का वाकआउट 選別委員会から（抗議の）退場 वाकआउट क॰ 退場する एक विपक्षी नेता ने असेम्बली से वाकआउट कर दिया 野党の指導者の 1 人が議場から退場した
वाक़ई [副] 《A. واقعی वाक़िई》実際に；事実；誠に= वाक़ई में; वास्तव में; सचमुच. मुझमें पर्याप्त साहस है, इसकी वाक़ई में पुष्टि हो गई थी 自分が相当な勇気を持っていることが実際に確認されたのだった वाक़ई आपने ठीक कहा 全く仰せの通りです
वाक-ओवर [名] 《E. walkover》(1) 〔ス〕楽勝 (2) 〔ス〕不戦勝 वाक-ओवर मिलना 楽勝する；不戦勝する
वाक़या [名] = वाक़िआ. इसके बारे में हमारे एक मित्र का वाक़या यहाँ पेश किया जा रहा है このことについて筆者の 1 人の友人の体験した出来事を次に述べてみる यह एक गाँव-क़स्बे का वाक़या नहीं है これは 1 つの村，1 つの町の出来事ではない
वाक़यात [名] → वाक़िआत.
वाक़ये में [副] → वाक़ई में. कहानी कहने में जितनी देर लगती है, वाक़ये में उतनी देर नहीं लगती 物語を語るのに要する時間は実際にはそれほどかからない
वाक़ा [形] → वाक़े; वाक़िअ.
वाक़ा [形] = वाक़े.
वाकाटक राज्य [名]〔イ史〕ヴァーカータカ朝／ヴァーカータカ王国（3〜6 世紀にデカン地方を支配した王朝）
वाकिंग रेस [名] 《E. walking race》〔ス〕競歩

व

वाक़िअ [形] = वाक़े.
वाक़िआ [名] 《A. واقعہ》(1) 出来事；事件= घटना. (2) 事故= दुर्घटना; हादिसा. (3) 事情→ वाक़िया.
वाक़िआत [名] 《A. واقعات》 वाक़िया の複数形= वाक़यात.
वाक़िआनवीस [名] 《A.P. واقعہ نویس》(1) 編年史家 (2) 歴史家= वाक़िआनिगार.
वाक़िआनिगार [名] 《A.P. واقعہ نگار》= वाक़िआनवीस.
वाक़िफ़ [形] 《A. واقف》(1) 知っている；面識のある हर छोटा बड़ा उनसे वाक़िफ़ है 大人も子供も誰も彼もその人を知っている (2) 認識している；知識のある；知っている；精通した इस नाम से वाक़िफ़ नहीं है! この名前を知らない उस्ताद वसीअ मालूमात से वाक़िफ़ थे 親方は広い知識を持っていた
वाक़िफ़कार [形・名] 《A.P. واقف کار वाक़िफ़ेकार》詳しい知識を持つ；専門的な経験や知識を有する；専門家
वाक़िफ़ीयत [名*] 《A. واقفیت》知識；認識
वाक़िया [形] 《A. واقع》= वाक़िअ; वाक़े. इन वबाओं में इतने बड़े पैमाने पर मौतें वाक़िया हुई これらの伝染病でこれほど大規模に死者が発生した
वॉकी टॉकी [名*] 《E. walky talky》携帯用無線電話機
वाक़े [形]《A. واقع》(1) 起こる；生じる；起こった रवैया में तब्दीली वाक़े हो गई 態度に変化が生じた (2) 位置する；存在する यह मस्जिद लाहौर के पुराने क़िले के पहलू में वाक़े है このマスジッドはラーホールの古い城のそばに位置している वह भारती मक्बूज़ा इलाक़े में वाक़े है それはインドの占領地に位置している
वाक्कलह [名] 口論；言い争い；口喧嘩= कहासुनी; वाक्युद्ध.
वाक्चपल [形] (1) 口の達者な (2) 無駄口を叩く
वाक्छल [名] (1) 曖昧な言葉；曖昧な表現 (2) 言い逃れ；ごまかし
वाक्तंतु [名]〔解〕声帯 〈vocal cords〉
वाक्पटु [形] 口の達者な；弁の立つ；能弁な；雄弁な
वाक्पटुता [名*] ←वाक्पटु. 能弁；雄弁 सरत् की वाक्पटुता और विलक्षण बुद्धिमत्ता サラットの雄弁と比類のない頭脳
वाक्पारुष्य [名] 苦言や厳しい批評を述べること；辛辣さ；辛口の批評；情実を入れない評言
वाक्प्रतियोगिता [名*] 弁論大会 हिंदी वाक्प्रतियोगिता ヒンディー語弁論大会
वाक्य [名] (1) 文；文章；センテンス (2) 発言；言葉
वाक्यपदीय [名]『ヴァーキア・パディーヤ』(5 世紀後半の人とされる古代インドの文法学者バルトリハリの著作と伝えられる言語哲学・文法学の論書)
वाक्यपद्धति [名*] 文体 = शैली.
वाक्यबंध [名]〔言〕談話 〈discourse〉
वाक्यरचना [名*] 構文
वाक्यविचार [名]〔言〕統語論；統語法 〈syntax〉 वाक्यविचार संबंधी 統語的；統語上の
वाक्यविन्यास [名]〔言〕(1) 統語論= वाक्यविचार. 〈syntax〉 (2) 統語構造 〈syntactic construction〉
वाक्यांश [名]〔言〕句；フレーズ 〈phrase〉
वाक़्या [名] 《A. واقیہ》→ वाक़िआ. लगता ऐसा है जैसे कल ही का वाक़्या हो まるできのうの出来事のようだ
वाक्याडंबर [名] 難解で複雑な語彙から成る長い複合語を含む文章
वाक्यात्मक [形]〔言〕(1) 文の；センテンスの (2) 統語的；統語上の 〈syntactic〉 वाक्यात्मक कोटि 統語範疇〈syntactic category〉 वाक्यात्मक रचना 統語構造 〈syntactic costruction〉
वागंश [名] 語法；言葉遣い
वागड़ी [名*]〔言〕バーガリー語= बागड़ी.
वागाडंबर [名] 奇をてらった表現や大言壮語
वागीश [名]〔イ神〕(1) ブリハスパティ (बृहस्पति) (2) ブラフマー (ब्रह्मा) (3) 雄弁な人
वाग्जाल [名] 人を欺く弁説
वाग्दान [名] (1) 約束 (2) 婚約
वाग्देवी [名*] サラスヴァティー神 (सरस्वती)
वाग्बाण [名] 言葉の形の矢；攻撃的な言葉 वाग्बाणों का यह सिलसिला कई मिनट तक जारी रहा 言葉の矢はしばらくの間発射が続けられた
वाग्मिता [名*] 雄弁；能弁
वाग्मी [形・名] 雄弁な；能弁な；雄弁家
वाग्य [形] 寡黙な；言葉数の少ない
वाग्युद्ध [名] 口論；言い争い
वाग्रोध [名]〔医・言〕失語症 = वाचाघात. 〈aphasia〉
वाग्विदग्ध [形] 雄弁な；弁説さわやかな
वाग्विलास [名] 談笑；打ち解けた話し合い
वाग्विश्वास [名] (1) 捕虜の宣誓釈放 (2) 仮釈放
वाग्वैदग्ध [名] 雄弁；能弁= वाक्पटुता.
वाङ्मय [名] 文献 बौद्ध वाङ्मय 仏教文献
वाङ् मीमांसा [名*]〔古〕言語学 = भाषा विज्ञान.
वाच् [名*] (1) 言語；言葉 (2) 弁説
वाच [名*] 《E. watch》小型時計（腕時計；懐中時計）
वाचक[1] [名] = एनाउंसर. (1) アナウンサー (2) 語り手
वाचक[2] [形] 表示する；示す；意味する स्थानवाचक 場所を示す
वाचनालय [名] (1) 公共機関などが設置する新聞・雑誌等の無料閲覧所 (2) 閲覧室
वाचमैन [名] 《E. watchman》守衛；警備員= चौकीदार; पहरेदार.
वाचस्पति [名]〔ヒ〕(1) ブリハスパティ (बृहस्पति) (2) プラジャーパティ (प्रजापति) (3) ブラフマー (ब्रह्मा)
वाचा[1] [名*] (1) 言葉；言語 (2) 語 (3) サラスヴァティー (सरस्वती)
वाचा[2] [副] 言葉によって；言葉をもって
वाचाघात [名]〔医・言〕失語症= वाग्रोध. 〈aphasia〉
वाचाल [形] (1) 雄弁な；能弁な (2) 多弁な；おしゃべりの；饒舌な；冗舌な
वाचालता [名*] ←वाचाल.
वाचिक[1] [形] (1) 言葉の (2) 口頭の
वाचिक[2] [名] 伝言；言いつけ
वाची [形] (1) 言葉の；言語の (2) 述べる；伝える；表す
वाच्य[1] [形] 述べられる；語られる；叙述される；表現される
वाच्य[2] [名] (1) 言葉の指示する意味；語の本義；語の第一義 (2)〔言〕言語内容 (3)〔言〕態 〈voice〉
वाच्यार्थ [名] (1) 語の第一義；語の本義 (2)〔言・論〕外延
वाज[1] [名] (1) ギー (घी; घृत) (2) 食物 (3)〔ヒ〕祖霊祭に備えられる供物 (4) 供犠 (5) 力 (6) 速度
वाज[2] [名] (1) 翼 (2) 羽 (3) 戦闘
वाज़ [名] 《A. وعظ》= वअज़; वाअज़.
वाजपेय [名]〔ヒ〕ヴァージャペーヤ（ヴェーダの祭式の一）
वाजपेय यज्ञ [名]〔ヒ〕バラモン教のソーマ酒を用いたヴァージャペーヤ供犠
वाजपेयी [名] (1)〔ヒ〕ヴァージャペーヤ・ヤジュニャを行った祭官 (2) カーニャクブジャ・ブラーフマン कान्यकुब्ज ब्राह्मण の一集団名
वाजसनेय [名] (1) ヴァージャサネーヤ学派（ヤジュルヴェーダの一派） (2)〔イ神〕ヤージュニャヴァルキヤ聖仙 (याज्ञवल्क्य)
वाजिन [名] (1) 競争 (2) 闘争
वाजिब [形]《A. واجب》(1) もっともな सवाल बड़ा वाजिब है आपका もっともなご質問です (2) 似つかわしい；ふさわしい；しっくりしている (3) 恰好な；頃合の；割安な
वाजिबात [名*] 《A. واجبات》(1) 適切なこと；適正さ (2) 必須のこと (3) 義務 (4) 急務
वाजिबी [形] 《A. واجبی》(1) 適切な；適正な (2) 必須の
वाज़िह [形] 《A. واضح वाज़ेह》明らかな；明白な；明瞭な= स्पष्ट. दोनों का फ़र्क़ वाज़िह कीजिए 両者の相違を明らかにしなさい
वाजी[1] [名] 馬 = घोड़ा; अश्व.
वाजी[2] [形] (1) 勢いのある；激しい (2) 頑丈な；丈夫な
वाजीकर [形・名] (1) 勢力増進の；強壮剤 (2) 力をつける；力を増す
वाज़ेह [形]《A. واضح》明らかな；明確な；明白な= स्पष्ट; साफ़-स्पष्ट. वाज़ेह शहादत 明確な証拠
वाट[1] [名] (1) 道；道路 (2) 建物 (3) 庭；庭園
वाट[2] [名] 《E. watt; W》〔電〕ワット वाट घंटा 〔電〕ワット時 〈watt hour〉
वाटक [名] (1) 庭園= उद्यान; उपवन. (2) 囲い；柵
वाटड़ी [名*] 道；道路 = मार्ग; रास्ता.
वाटर [名] 《E. water》水 = पानी; जल.

वाटर कलर [名] 《E. water colour》(1) 水彩絵の具 (2) 水彩画法 = जलरंग.

वाटरकूलर [名] 《E. water cooler》冷水器

वाटरकूल्ड [形] 《E. water cooled》水冷式の

वाटरटाइट [名] 《E. watertight》防水の；防水加工の；耐水の；耐水性の= जलरोधी; जलरुद्ध.

वाटर टैंक [名] 《E. water tank》水槽 = पानी की टंकी.

वाटर पेंटिंग [名] 《E. water painting》水彩画

वाटर पोलो [名] 《E. water polo》〔ス〕水球

वाटरप्रूफ़ [形] 《E. waterproof》(1) 防水の (2) 耐水性の= जलसह. वाटरप्रूफ़ इंक 耐水インク

वाटरफ़िल्टर [名] 《E. waterfilter》水の濾過器；水漉し器；浄水器

वाटर बोतल [名*] 《E. water bottle》水筒 = पानी की बोतल; फ़्लास्क.

वाटरवर्क्स [名] 《E. waterworks》(1) 水道局；水道課 (2) 水道設備；上水道 (3) 浄水場；給水場

वाटरशूट [名] 《E. waterchute》ウォーターシュート

वाटरहीटर [名] 《E. water heater》（電気）湯沸器；温水器= गीज़र.

वाटिका [名*] (1) 庭園= बाग़; बग़ीचा. अशोक-वाटिका アショーカ（無憂樹）の植えられた庭園 (2) 庵= पर्णशाला. एक ऋषि की वाटिका में ある聖仙の庵に (3) 建物；建造物

वाटी [名*] (1) 建物 (2) 屋敷 (3) 町の中の囲いのある居住区= अहाता. (4) 庭園

वाडव [名]〔イ神〕海中の火 = बड़वाग्नि.

वाडवाग्नि [名*] = बड़वानल.

वाण [名] 矢 = बाण; तीर. **वाण छोड़ना** 皮肉を言う（皮肉の矢を放つ）

वाण-वर्षा [名*] 矢の雨（矢を激しく射ること） वीर सैनिकों की वाण-वर्षा つわもの共の降らせる矢の雨

वाणिज [名] 商人 = वणिक्; व्यापारी.

वाणिज्य [名] 商業 = व्यापार; तिजारत. वाणिज्य और उद्योग मंडल 商工会議所 भारतीय वाणिज्य और उद्योग मंडल अध्यक्ष インド商工会議所会頭

वाणिज्य और उद्योग मंत्रालय [名] インド中央政府通商・産業省〈Ministry of Commerce and Industry〉

वाणिज्य कला [名*] 商業美術〈commercial art〉

वाणिज्य चिह्न [名] 商標；登録商標〈trade mark〉

वाणिज्य दूत [名] 領事〈consul〉 महावाणिज्य दूत 総領事〈consul general〉

वाणिज्य मंत्रालय [名] 通商省

वाणिज्य मंत्री [名] 通商相；通商大臣 केंद्रीय वाणिज्य मंत्री 中央政府通商大臣

वाणिज्यवाद [名] 重商主義〈Mercantilism〉= वणिक्वाद.

वाणिज्य व्यापार [名] 通商 उन देशों के वाणिज्य व्यापार का संबंध それらの国の通商関係

वाणिज्य शास्त्र [名] 商学

वाणिज्य संकाय [名] 商学部〈faculty of commerce〉

वाणिज्यिक [形] 商業の；商業上の；通商上の

वाणी [名*] (1) 弁舌 सरोजिनी को लेखनी के साथ-साथ वाणी का भी वरदान मिला था サロージニーは文筆の才と共に弁舌の才も天から授かっていた (2) 声；音声 गंभीर वाणी से सभाभवन को गुंजायमान करते हुए 荘重な声で会場を響かせながら (3) 舌 युवती की वाणी शिथिल हो गई 若い娘の舌の動きが鈍くなってしまった (4) 法語；法話 गुरु नानक, सिक्खों के अन्य गुरुओं तथा दूसरे संतों की वाणी का संग्रह グルナーナクやシク教徒の他の師や聖者・上人たちの法語集 (5) サラスヴァティー神 (सरस्वती) **वाणी फूटना** 声が出る；言葉が出る；言葉が発せられる

वात [名] (1) 風= वायु; हवा. (2) 空気 (3)〔アユ〕ヴァータ（アーユルヴェーダにおいて人体の健康と病気を支配する3要素，もしくは，3病素の一．他の2要素については → कफ; कप, पित्त) (4)〔医〕リューマチ

वातचक्र [名] 旋風；竜巻；つむじ風

वातज [形]〔アユ〕ヴァータの異常により生じる（病気）

वाततूल [名] 空中に浮遊するクモの糸

वातदर्शक [名] 風見鶏 = वातसूचक.

वातन [名] (1) 通気 (2) 炭酸ガス飽和〈aeration〉

वातपुत्र [名]〔イ神〕ハヌマーン हनुमान

वातप्रकोप [名]〔アユ〕体内のヴァータの異常

वातव्याधि [名*] (1)〔アユ〕ヴァータの異常により生じる病気 (2)〔医〕リューマチ

वातानुकूलन [名] 空気調節；エアコンディショニング

वातानुकूलित [形] 空気調節装置のある；エアコンのある；エアコン付きの वातानुकूलित दफ़्तर エアコン付きのオフィス

वातानुकूलित कार [名*] エアコンカー

वातापी 〔地名*・史〕ヴァーターピー（カルナータカ州バーダーミー）=（बादामी）. 前期チャールキヤ朝プラケーシン二世の都

वातायन [名] (1) 窓 (2) 通風口；換気口

वातायनी [名*] 換気口

वाताली [名*] (1) 旋風 (2) 嵐；暴風

वातावरण [名] (1) 大気 वातावरण का दबाव 大気圧 वातावरण का दूषण 大気の汚染 (2) 雰囲気 आज का अविश्वास और संदेह का वातावरण घातक है 今日の不信と疑念の雰囲気は危険極まりない (3) 環境；状況 शायद शादी का वातावरण उसे भी कुछ फ़ैसला करने की प्रेरणा दे सके 多分結婚をめぐる環境が彼にも何かの決断を迫ることができるように (4) あたり；周囲；その場 वातावरण में सन्नाटा छा गया あたりに沈黙が広がった

वातावरण-दूषण [名] 大気汚染；環境汚染

वातावरणिक [名] (1) 大気の (2) 雰囲気の (3) 環境の

वातास [名] (1) 風 (2) 空気

वातिक[1] [形] (1) 風の (2) 空気の (3)〔アユ〕ヴァータによる (4) 狂気の；狂った

वातिक[2] [名] 狂人 = पागल; उन्मत्त.

वातिगम [名]〔植〕ナスビ；ナス；茄子 = भंटा; बैंगन.

वातुल [形] = वातिक[1]

वात्सल्य [名] 子供への強い愛情；子供の愛おしさ

वात्सल्य रस [名]〔イ文芸〕ヴァートサリヤ・ラサ（すべての理論家に認められたわけではないが第10番目の रस として認められている．親が子に注ぐような慈愛に基づくものとされる）→ रस.

वात्स्यायन 〔人名〕古代インドの性愛学書『カーマスートラ』の著者，もしくは，編者とされるヴァートスヤーヤナ

वाद [名] (1) 談話 (2) 言説；言葉；発言 (3) 議論 (4) 討論；討議 (5) 訴訟 (6) 理論；説；論；学説 (7) 主義；イズム गांधीवाद ガンディー主義

वादक [形・名] (1) 論じる（人）；論者 (2) 演奏する（人）；奏者

वाददंड [名]〔音〕楽弓；弓

वादन [名] 楽器演奏 वीणा वादन ヴィーナー演奏

वादनिग्रह [名] 学術上の論争や議論における敗北

वादपद [名]〔法〕論点

वादप्रतिवाद [名] (1) 論争；議論 (2) 学術上の議論において立論と反対論

वादर [名] (1) 綿布 (2)〔植〕ワタノキ= कपास का पेड़.

वादल [名]〔植〕マメ科多年草カンゾウ（甘草）= मुलेठी; मधुयष्टिका.

वादविवाद [名] (1) 論争 (2) 討論 धार्मिक वादविवाद 宗教論争 वाद-विवाद प्रतियोगिता 弁論大会

वादव्यय [名] 訴訟費用

वादा [名] 《A. وعده》→ वाइदा; वायदा. (1) 約束 (2) 協定；協約 (3) 期限 क्या तुम अपने सब वादे भूल गए 君は約束をみな忘れたのかい **वादा आ॰** 期限が来る；期限が迫る **वादा कराना** 約束をしてもらう；約束させる पहले मैं तुमसे एक वादा कराना चाहता हूँ はじめに1つ約束をしていただきたい **वादा टालना** 約束を破る；違約する；約束を違える **वादा तोड़ना** = वादा टालना. **वादा रखाना** = वादा कराना.

वादाख़िलाफ़ [形・名] 《A. وعده خلاف》(1) 違約者；約束を破る（人） (2)〔法〕不履行者

वादाख़िलाफ़ी [名*] 《A. وعده خلافی》(1) 違約；約束を破ること (2)〔法〕不履行

वादाफ़रामोश [形・名] 《A.P. وعده فراموش》約束を忘れる（人）

वादाफ़रामोशी [名*] 《A.P. وعده‌فراموشی》約束を忘れ去ること

वादाशिकन [形・名] 《A.P. وعده‌شکن》約束を破る（人）

वादाशिकनी [名*] 《A.P. وعده‌شکنی》約束を破ること；違約

वादित[1] [形] 鳴らされた；奏された（楽器）；奏でられた

वादित[2] [名] 魔術師；手品師
वादित्र [名] 楽器 = बाजा; वाद्य.
वादित्रलगुड [名] 太鼓などの打楽器のばち（撥）
वादी[1] [名] (1) 原告 (2) 論者 (3)〔イ音〕ラーガの主要音；ヴァーディー **वादी पक्ष** 原告側 **वादी-प्रतिवादी** 原告と被告
वादी[2] [名*] 《A. وادی》(1) 谷；谷間；流域；渓谷 (2) 裾野
वाद्य [名] (1) 楽器= वाद्ययंत्र; बाजा. (2) 奏楽= वादन.
वाद्यवृंद [名] 楽団；オーケストラ= आर्केस्ट्रा.
वाद्यसंगीत [名]〔音〕器楽
वान[1] [名] 森；密林；ジャングル
वान[2] [形] 森の；ジャングルの
वान[3] [名*] 《E. van》バン；貨物自動車
-वान[1] [接尾] = -वान्. → -वत्. （ーを）持つ，（ーを）有する，（ーを）帯びる，（ーを）所有する，（ーに）関わりのあるなどの意を加える接尾辞 मूल्य 価値→ मूल्यवान् 貴重な；高価な विद् 知識 → विद्वान 学者
-वान[2] [接尾] 《← P. وان वान》（ーに）関わる（人），（ーに）関係のある（ー人），（ー）を守る，（ー）の番をするなどの意を持つ語を作る接尾辞 गाड़ी 車 → गाड़ीवान 荷車ひき
वानप्रस्थ [名] = वानप्रस्थ आश्रम.
वानप्रस्थ आश्रम [名]〔ヒ〕ヴァーナプラスタ・アーシュラマ（ヒンドゥー教徒の四住期の第3）；林住期，もしくは，林棲期→ आश्रम.
वानप्रस्थी [形・名] ヴァーナプラスタの；林住期の生活をおくる（人）
वानर [名] (1) 類人猿 (2) 猿
वानरी[1] [形] (1) 猿の (2) 猿のような
वानरी[2] [名*] 猿の雌；雌猿
वानस्पतिक [形] (1) 植物の；植物に関する (2) 植物製の；植物を原料や材料とする
वानस्पतिक खाद [名*]〔農〕緑肥；堆肥
वानस्पत्य[1] [名] 植物
वानस्पत्य[2] [形] (1) 植物の (2) 植物製の (3) 植物から得られる
वाप [名] 播種；種蒔き= वपन; वापन.
वापस [形・副] 《P. واپس》(1) 帰った；元に戻った；帰還した (2) 返った；返却された (3) 元の状態に (4) 元の位置や場所に **वापस आ॰** *a.* 返る *b.* 帰る **वापस क॰** *a.* 返す；返却する（借りたものを）*b.*（購入したものを）返す；返品する *c.* 帰らせる；戻らせる **वापस जा॰** 元の所へ帰る；戻る **वापस दे॰** 返す；返却する；戻す मैं डायरी अपने साथ ले जाऊँगा, मुझे वापस दो 手帳を持って行くから返しておくれ **वापस भेज दे॰** 送り返す **वापस ले॰** *a.* 取り消す；撤回する उन्होंने बढ़ी कीमतें वापस लेने को कहा 値上げを撤回するように言った *b.* 呼び戻す शरणार्थियों को वापस ले॰ 難民たちを呼び戻す *c.* 引き取る तुम इसे वापस ले लो 君はこれを引き取りなさい **वापस हो॰** *a.* 帰る；戻る *b.* 返る；返却される उसके वापस घर होने पर उसका गर्मजोशी से इस्तिकबाल किया गया 彼女は家に戻ってくると熱烈に歓迎された
वापसी[1] [形] 《P. واپسی》(1) 帰りの；戻りの (2) 返しの
वापसी[2] [名*] 《P. واپسی》(1) 帰ること；帰還 (2) 復帰 (3) 返還；返却 (4) 払い戻し
वापसी टिकट [名] 《P. واپسی+ E. ticket》往復切符
वापि [名*] = वापी.
वापिका [名*] 水汲み場までが掘り下げられて斜面になっているか，階段の作られている井戸；バーオリー= वापी; बावली.
वापित [形] 種の播かれた（蒔かれた）
वापिस [形] = वापस. जब वापिस आई तो 戻ってみると उसे वापिस कभी नहीं देना चाहिए それを決して返してはならぬ
वापी [名*] = वापिका. バーオリー（बावली）
वाबस्तगी [名*] 《P. وابستگی》(1) 関係；関連 (2) 依存；従属
वाबस्ता[1] [形] 《P. وابسته》(1) 関係した；関連した；つながった क्या उसका रवैया कुछ अधिक गतिशील होगा? क्या पड़ोसियों या विश्व के अन्य देशों के प्रति उसके दिल में दोस्ती वाबस्ता होगी? 彼の振る舞いは幾分活発であろうか，隣人や世界の他の国々に対して彼の胸に友情のつながりがあろうか (2) 結ばれた；結合した
वाबस्ता[2] [名] 親戚；親類= स्वजन; आत्मीय; रिश्तेदार.
वाम[1] [形] (1) 左の；左手の；左側の (2) 逆の；反対の；不都合な (3) 邪な；邪悪な；ひねくれた (4) 左派の；左翼の (5) 曲がった；ゆがんだ **वाम अंग फरकना** 左半身がぴくぴく動く（女性には吉事の，男性には不吉の兆候）
वाम[2] [名] (1) カーマ神（कामदेव） (2) ヴァルナ神（वरुण）
वामतः [副] 左方に；左側に= बाईं ओर; बाईं तरफ़.
वामता [名*] ← वाम[1] 逆；反対 = प्रतिकूलता.
वामदेव [名] シヴァ神
वामदेवी [名*] (1) ドゥルガー神（दुर्गा） (2)〔イ神〕サーヴィトリー（सावित्री）
वामन[1] [形] (1) 小柄な；矮小な (2) 小型の (3) 小人の (4) 矮性な
वामन[2] [名] (1) ヴィシュヌ神 (2)〔イ神〕ヴィシュヌ神の権化の一としての小人；ヴァーマナ
वामनता [名*] (1) ← वामन. (2)〔医〕小人症
वामन पुराण [名]〔ヒ〕ヴァーマナ・プラーナ（18 大プラーナの一）→ महापुराण.
वामपंथ [名] 左派
वामपंथी [形・名] 左派の（人）；左翼の（人） वामपंथी पार्टियाँ 左翼の諸政党
वामपक्ष [名] 左派；左翼
वामपक्षी [形・名] 左翼の（人）；左派の（人）
वाममार्ग [名] タントリズム（タントラ教）；シャークタ派
वाममार्गी [形・名] タントラ教の；シャークタ派の（信徒） वाममार्गियों द्वारा घुसेड़ी हुई बातें タントラ教徒の挿入したこと
वाम सवैया [名]〔韻〕ヴァーマ・サワイヤー（各パーダが 7 जगण ＋ यगण の 24 音節から成る音節韻律）
वामांगिनी [名*] 既婚女性；妻= पत्नी; भार्या.
वामांदगी [名*] 《P. واماندگی》(1) 疲れ；疲労 (2) 遅れ；落伍
वामांदा [形] 《P. وامانده》(1) 疲れた；疲労した (2) 遅れた；落伍した
वामा [名*] (1) 女性= स्त्री; नारी. (2) ドゥルガー神 दुर्गा
वामागम [名] = वामाचार.
वामाचार [名] (1)〔ヒ〕シャークタ派 (2)〔仏〕左道密教
वामाचारी [名] (1) シャークタ派の人；シャークタ派の信奉者 (2)〔仏〕左道密教の信者
वामावर्त [形] 左回りの；左繞の
वाय [名] (1) 織ること= बुनना. (2) 縫うこと= सीना. (3) 糸= तागा; डोरा.
वायक [名] 織る人；織工；織り手
वायदा [名] 《A. وعده》(1) = वादा. (2)〔商〕先物買い
वायन [名] (1) 祝い事に際して作られる菓子 (2) 親戚などに配られる同上の菓子
वायर [名] 《E. wire》(1) 針金 (2) 電線 (3) 電話線 (4) 電報
वायर टैपिंग [名] 《E. wire tapping》（電信・電話の）盗聴
वायरलेस [名] 《E. wireless》〔通信〕無線電信；無線 वायरलेस पर संदेश आ रहे हैं 無線でメッセージが届いているところだ **वायरलेस सेट** 無線通信機；携帯用小型無線送受話機
वायरलेस आपरेटर [名] 《E. wireless operator》無線電信の通信手；通信士
वायरलेस स्टेशन [名] 《E. wireless station》〔通信〕無線通信局
वायरस [名] 《E. virus》〔生・医〕ウイルス = वाइरस. वायरस रिसर्च सेंटर ウイルス研究センター
वायला [名] 《E. viola》〔植〕スミレ科スミレ= बनफ़्शा.
वायलिन [名] 《E. violin》バイオリン
वायव [形] (1) 風の (2) 空気の (3) あてにならない；捕らえ所のない **वायव मूल** 〔植〕気根 **वायव वेग** 風速
वायवी[1] [形] (1) 北西の (2) 捕捉し難い；捕らえ所のない परिभाषा की वायवी दुनिया 定義の捕らえ所のない世界
वायवी[2] [名*] 北西（方角）
वायवीय [形] = वायव; वायवी.
वायस [名] (1) カラス (2) = अगर 沈香
वायसजंघा [名*] = काकजंघा.
वायसतंतु [名]〔解〕あごの関節；顎関節
वाया [前置] 《E. via》（ー）を経て；（ー）経由で वाया काठगोदाम カートゴーダーム経由で

वायु [名*] (1) 風 (2) 空気；大気 वायु कई गैसों का मिश्रण है 大気は数種類ものガスの混合物である (3)〔アユ〕ヴァータ (वात) वायु का प्रकोप है ヴァーユの乱れによるものです (4) 五大の一としての風
वायुकोश [名]（鳥の）気嚢
वायुगंड [名]〔医〕鼓腸
वायुगतिकी [名*] 空気力学；航空力学〈aerodynamics〉
वायुदाब [名] 気圧〈air pressure〉
वायुदाबमापी [名] 気圧計；晴雨計；バロメーター＝ वायुदाबमापी यंत्र; बैरोमीटर.〈barometer〉
वायुदूषण [名] 大気汚染 कारों के धुएँ से वायुदूषण 自動車の排気ガスによる大気汚染
वायुनली [名*]〔解〕気管
वायुपथ [名] 航空路 ＝ वायुमार्ग.
वायुपुत्र [名]〔ラマ・イ神〕ハヌマーン (हनुमान)
वायुपुराण [名]〔ヒ〕ヴァーユ・プラーナ（18 マハープラーナの一）→ महापुराण.
वायुप्रदूषण [名] 大気汚染
वायुप्रवाह [名]〔気象〕気流〈air current〉
वायुभार [名] 大気圧；気圧 वायुभार-मापक 気圧計；バロメーター
वायुमंडल [名] 大気圏；大気〈atmosphere〉 वायुमंडल का विस्तार 大気圏の広がり पृथ्वी का वायुमंडल 地球の大気圏 वायुमंडल में प्रवेश 大気圏に入ること；大気圏突入
वायुमंडलीय [形] 大気圏の；大気の〈atmospheric〉 वायुमंडलीय दाब 大気圧〈barometric pressure〉 वायुमंडलीय प्रदूषण 大気汚染
वायुमध्य [名] 空中
वायुमापी [名]〔気象〕微風計〈airmeter〉
वायुमार्ग [名] 航空路〈air route〉
वायुयान [名] 航空機；飛行機＝हवाई जहाज़; जहाज़; विमान. चार वायुयान और एक हेलिकॉप्टर 飛行機 4 機とヘリコプター 1 機
वायुरोधी [形] 気密の；密閉した〈airtight〉
वायु विज्ञान [名] 気象学；高層気象学〈aerology〉
वायु विज्ञानी [名] 気象学者
वायुविलय [名]〔化〕エーロゾル；煙霧質〈aerosol〉
वायुशक्ति [名*]〔軍〕空軍力→ वायुसेना. चीन की वायुशक्ति 中国の空軍力
वायु सेना [名*] 空軍 **वायु सेनाध्यक्ष** 空軍元帥
वायु सेवन [名] 散歩；散策；遊歩＝ हवा खाना; हवाखोरी. लोग समझें वायुसेवन करने जा रहे हैं 世間の人が散歩に出掛けるところだと思うように
वायु सेवा [名*] 運輸面の空の便；航空輸送；航空業務；航空機の運航 रेल गाड़ियाँ, बसें और वायु-सेवाएँ 鉄道，バス，飛行機などの運行
वायुस्नान [名] 空気浴；大気浴
वारंग [名] 刀の柄＝ तलवार की मूठ.
वारंट [名]《E. warrant》(1)〔法〕令状＝ अधिपत्र; आज्ञापत्र. (2)〔法〕逮捕状＝ वारंट गिरफ़्तारी. **तलाशी का वारंट**〔法〕捜索令状 **वारंट कटना** *a.* 令状が出される *b.* 寿命が尽きる；命が尽きる；死が迫る；年貢の納め時が来る **वारंट निकालना** 令状を出す＝ समादेश निकालना.
वारंट आफ़ीसर [名]《E. warrant officer》〔軍〕空軍准尉
वारंट गिरफ़्तारी [名]《E. warrant ＋ P. گرفتاری》〔法〕逮捕状
वारंट तलाशी [名]《E. ＋ P. تلاشی》〔法〕捜索令状
वार् [名] 水＝ वारि; जल; पानी.
वार[1] [名] (1) 戸口＝ दरवाज़ा; द्वार. (2) 門口＝ दरवाज़ा. (3) 覆い＝ आवरण.
वार[2] [名] (1) 時間；決められた時間 (2) 暇 (3) 順番；番 (4) 週日；曜日 **वार न लेने दे॰** 一息も入れさせない
वार[3] [名]《P. وار》(1) 打撃；打つこと＝ आघात. (2) 攻撃；襲撃＝ आक्रमण; हमला. कोई उसके वार से बचा नहीं それの攻撃を免れた者はいない दोनों हाथ फैलाये उन चारों के वारों से बच रहा था 両手を広げてその 4 人組の攻撃を逃れようとしていた (-के) **वार को काटना** *a.*（ーに）手向かう；立ち向かう *b.*（ーの）攻撃を逃れる；攻撃をかわす **वार ख़ाली जा॰** 効果が現れない；無駄になる अब तक तो उनके सारे वार ख़ाली गए 今まではあの人のあらゆる手法が無駄になった **वार ख़ाली दे॰** 攻撃をかわす；攻撃を逃れる
वार[4] [名] 防御；防禦；防衛＝ रक्षण.
वार[5] [名] こちら側（あちら側 पार に対して）→ वार-पार.
-वार [接尾]《P. وار》(1) 名詞に付加されて「ーに関わる（人）」の意の名詞や形容詞を作る उम्मीद 希望；期待→ उम्मीदवार 候補者；志願者 (2) 名詞に付加されて「ーの割合の，ーごとのなどの」意の形容詞を作る माह 月 → माहवार 月ごとの दरजावार कतारों में खड़े होते हैं クラス別に整列する
वारक [形・名] (1) 妨げる；妨害する (2) 禁じる
वारकी [名] (1) 反論者＝ प्रतिवादी. (2) 敵＝ शत्रु.
वारकीर [名] (1) 妻の兄弟＝ साला. (2) 門番
वारज [名] (1) 禁止 (2) 禁忌 (3) 妨害；障害
वारण [名] (1) 禁止；排除 (2) 禁止令 (3) 妨げ；妨害 (4) 防衛；防御；防禦 (5) 鎧
वारणीय [形] 禁ずべき；禁止すべき
वारदात [名*]《A. واردات वारिदात ← وارد वारिद》(本来は वारिद の複数形であるが，単数に扱われる) (1) 出来事；事件 (2) 悲惨な事件；惨事 पंजाब की वारदातों के विरोध में दिल्ली 'बंद' パンジャーブの悲劇に抗議してデリー市全面スト
वारना [他] (1) 魔除けのしぐさをして贈り物をする（物を相手の頭上にかざしぐるぐる回してから与える） (2) 捧げる；奉献する；犠牲にする विदा के समय कहे हुए माँ के शब्दों को सार्थक बनाने के लिए उसने अपना तन मन सब वार दिया 別れ際に言われた母の言葉を意味あらしめるために身も心も全て捧げた
वारनिश [名*]《E. varnish》(1) ワニス；ニス (2) 虚飾；上辺の飾り；ごまかし；いんちき वाह, एक सादे सवाल पर क्या रंगीन वारनिश हो गई 何とも感心なことだよ．いとも単純な質問に派手なごまかしをしたものだ
वार-पार[1] [名] (1) こちらの端からあちらの端までの間；限り；際限；はて（果て）；はてし（果てし） (2) 広がり **वार-पार क॰** 貫く；貫通する (-का) **वार-पार हो॰**（ーが）結末に至る→ वार[5].
वार-पार[2] [副] 貫いて；貫通して；突き抜けて **वार-पार क॰** 突き通す；貫通させる (-के) **वार-पार हो॰**（ーを）貫く；貫通する；突き抜ける
वारफ़ंड [名]《E. warfund》国防献金
वारफेर [名] ＝ वाराफेरा.
वारयितव्य [形] ＝ वारणीय.
वार-वधू [名*] 遊女＝ वेश्या; रंडी.
वारशिप [名]《E. warship》軍艦＝ जंगी जहाज़; युद्ध पोत.
वारसेवा [名*] 売春；売春業＝ वेश्या वृत्ति.
वारस्त्री [名*] 遊女；娼婦；女郎＝ वेश्या; रंडी; गणिका.
वारहेड [名]《E. warhead》弾頭
वारांगणा [名*] 遊女；娼婦＝ वेश्या; रंडी.
वारा[1] [名] (1) 富；財 (2) 利益；儲け (3) 倹約；節約；節倹
वारा[2] [形] (1) 安価な (2) 得になる；儲かる；利益のある
वारा[3] [形・名] ＝ वारना.（愛する者のために）命を捧げた；身を捧げた；献身した；犠牲に捧げること **वारा जा॰** 身を捧げる；全身全霊を捧げる；傾倒する
वाराणसी [名*]〔地名・ヒ〕ヴァーラーナシー；ワーラーナシー；ベナレス；バナーラス（ウッタル・プラデーシュ州東部ガンジス河畔のヒンドゥー教の聖地）＝ बनारस; काशी.
वाराणसीय [形] ワーラーナシーの；バナーラスの
वारान्यारा [名] (1) 決定；決断 (2) 最高点；絶頂 (3) 富；財 (4) 儲け；稼ぎ (-का) **वारान्यारा क॰** *a.*（大金を）儲ける；がっぽり儲ける एक आदमी स्पेकुलेशन में एक-एक दिन में लाखों का वारान्यारा करता है 投機で 1 日に数十万の金を稼ぐ *b.*（ーを）決める；裁決を下す；片付ける；処理する ज्योतिषी फ़ुटपाथ पर भी बैठते हैं और बंगलों-कोठियों में बैठकर छोटे-बड़े राजनेताओं की क़िस्मत के वारान्यारे भी करते हैं 占い師の中には道端に座る者もいれば大邸宅に座って大小の政治家の運勢を決める者もいる (-का) **वारान्यारा हो॰** *a.*（ーの）大金持ちになる *b.*（ーが）片付けられる；決められる；処分される；処理される उसका 10-15 दिनों के भीतर वारान्यारा हो गया それは半月ほどの間にすっかり片付けられた

व

वारापार [名] (1) 此岸と彼岸；手前の岸と向こう岸 (2) 限り；限度；はて（果て） उनके पराक्रम का कोई वारापार न था あの方の勇猛さは留まるところを知らなかった
वाराफेरा [名] (1) 魔除け（邪視除け）のしぐさとして相手の頭の上で回してからその物を然るべき人に贈る (2) 結婚式などの人生儀礼や祝い事に際して祝福のしるしとして魔除けのため贈る物を贈られる人の頭上にかざして回してから贈与する儀式；ワーラーペーリー (3) 同上のようにして贈られる物
वाराफेरी [名*] = वाराफेरा.
वाराह [名] (1)〔動〕イノシシ；野猪 = वराह. (2)〔イ神〕猪の姿をしたヴィシュヌ神の権化の一 (3)〔動〕豚
वारि [名] (1) 水= पानी; जल. (2) 液体= तरल पदार्थ.
वारिज[1] [形] 水から生じる；水から生じた；水中から生じた
वारिज[2] [名] (1)〔植〕ハス (2) 魚 (3) ほらがい（法螺貝）
वारिजात [名] = वारिज[2].
वारित [形] (1) 止められた；禁じられた (2) 覆われた；隠された = ढका हुआ.
वारिद[1] [名] 雲= बादल; मेघ.
वारिद[2] [形]《A. وارد》(1) やって来る；現れる；起こる (2) やって来た；到来した
वारिदात [名*] → वारदात.
वारिधर [名] 雲= बादल; मेघ.
वारिधि [名] 海；大海；大洋= समुद्र.
वारिनाथ [名] (1) ヴァルナ神（वरुण） (2) 海= समुद्र. (3) 雲= बादल; मेघ.
वारिनिधि [名] 海；大海；大洋= समुद्र; समंदर; सागर.
वारिप्रवाह [名] (1) 水の流れ；水流 (2) 滝
वारियाँ [感] → वारी[2]. **वारियाँ जाऊँ**という形で（女性が）最愛の人，大好きな人などへその気持ちを表現する言葉 → वारा[3]. → वारी[2].
वारिस [名]《A. وارث》相続人= उत्तराधिकारी. वह अपने पिता का इकलौता वारिस है この子は一人息子（一人っ子）です मेरे बाद इतने बड़े राज्य का वारिस कौन होगा? 予の後にこれほどの大国を継ぐのはだれか
वारी[1] [形*・名*] = वारा[3]. (-पर) **वारी जा॰** （ーに）命を捧げる= वारियाँ जा॰. → वारा[3]. जाती है अपने लाल पर वारी 愛児のために命を捧げる；この子のためなら命も惜しくない
वारी[2] [形*・感] 女性が自分の命を投げ出してもよいほど大好きな人，最愛の人などの意を表す言葉として用いる表現= वारियाँ; वारी जाऊँ; वारियाँ जा॰ → वारा[3].
वारी-फेरी [名*] = वाराफेरी.
वारीश [名] 海= समुद्र.
वारुण [名] 水= जल; पानी.
वारुणि [名] (1)〔イ神〕アガスティヤ聖仙（अगस्त्य） (2)〔イ神〕ヴァシシュタ聖仙（वसिष्ठ） (3)〔イ神〕ブリグ聖仙（भृगु）
वारुणी [名*] (1)〔イ神〕ヴァルナ神の配偶神，ヴァールニー= वरुणानी. (2) 酒= मदिरा; शराब.
वारंट आफ़ीसर [名]《E. warrant officer》(1)〔軍〕（陸軍の）準士官 (2)（海軍の）兵曹長
वार्ड [名]《E. ward》(1) 行政上の区 (2) 病棟 (3) 監房
वार्डन [名] (1)（寮の）舎監；管理人 (2) 監視員 (3) 看守；刑務官 चीफ़ वार्डन 看守長
वार्डर [名]《E. warder》(1) 番人；見張り人；警備員；監視人 (2) 看守；刑務官
वार्ता [名*] = वार्त्ता. (1) 会談；話し合い हाल ही में हुई जेनेवा वार्ता 最近行われたジュネーブ会談 शिखर वार्ता 頂上会談 (2) 交渉；話し合い जापान व चीन के बीच चल रही वार्ता 日本と中国との間で進行中の交渉 समझौते की वार्ता चली 交渉が行われた (3) ニュース；知らせ；伝聞 (4) 言い伝え；話 (5) 様子 (6) 話題 (7) 聖人伝記 **वार्ता भंग हो॰** 交渉が決裂する
वार्तालाप [名] 話し合うこと；会話= बातचीत; कथोपकथन. फिर भी वार्तालाप रोचक हो चला था それでも会談は楽しくなった
वार्त्तिक[1] [名] 聖人伝記作者
वार्त्तिक[2] [形] 知らせを伝える；連絡する
वार्त्तिका [名*] (1) 商業；商い；商売= व्यापार; वाणिज्य; तिजारत. (2) 知らせ；連絡= ख़बर; सूचना.
वार्निश [名*]《E. varnish》ワニス→ वारनिश.
वार्षिक [形] (1) 年ごとの；毎年の (2) 年次の (3) 年間の (4)〔植〕一年生の (5) 雨季の **वार्षिक परीक्षाएँ** 年次試験；学年末試験= सालाना इम्तहान. **वार्षिक बजट** 年間予算 **वार्षिक रिपोर्ट** 年次報告書
वार्षिकी [名*] (1) 年金 (2) 年報 (3) 年忌= बरसी. वार्षिकी श्राद्ध 年忌法要 = बरसी.
वार्षिकोत्सव [名] 年次祭
वार्षी [名*] 雨季；雨期= वर्षा ऋतु.
वार्सेई 〔地名〕《E. Verseilles》ヴェルサイユ（フランス） वार्सेई की संधि ヴェルサイユ条約
वालंटियर [名]《E. volunteer》(1) 志願兵；義勇兵 (2) ボランティア；志願者
वालंटियरी [名*]《E. + H. -ई》ボランティアであること；ボランティア活動
वाल [名] 毛；毛髪= बाल; केश.
-वाल [接尾] -वाला と同義の接尾辞 जायसवाल *a.* ジャーヤスワール（ジャーヤスの住人） *b.* ジャーヤスワール（商人カーストの一）
वाल क्लाक [名]《E. wall clock》掛け時計；壁時計= दीवार घड़ी.
वालदैन [名] → वालिदैन.
वालपेपर [名]《E. wallpaper》壁紙
वालरस [名]《E. walrus》〔動〕セイウチ科セイウチ（海象）
वालहैंगिंग [名]《E. wall hanging》壁掛け
-वाला [接尾] 先行語に行為，所有，専門，関係，居住，予定，切迫などに関わる意味を加える接尾辞. (1) 名詞に接続して名詞を作る संतरेवाला ポンカン売り गन्नेवाला サトウキビ売り फलवाला 果物売り अगरवाला アガルワーラー（ヴァイシャの一カースト） (2) その際，接続する語の性・数・格に応じて -वाला(mas. sg. dir.), -वाले(mas. sg. obl.), -वाली(fem.) と変化する उसकी उस दिन वाली बातें याद आ गईं あの人のあの日のことが思い出された नुक्कड़ वाला पीला सा मकान है （町）角の芥子色の建物 दूधवाला बरतन 牛乳容器 चोटवाली बाँह けがをした腕 मायकेवाले （女性にとって）実家の（人） मैंने अपनी ज़ुकामवाली मद्धिम आवाज़ में कहा 風邪に罹った低い声で言った आखेटवाले प्राणी 狩猟の対象になる動物；狩りの獲物 हमारे वाले काम करो おれの仕事（私に関係のある）をしろ घनी आबादी वाला क्षेत्र 人口稠密地域 छोड़ो सुखलाल, इसकी बुद्धि अभी छोकरों वाली है スクラール止せよ，こいつの頭はまだ餓鬼のままなんだから रबड़ के पहियों वाला स्ट्रेचर ゴムタイヤのついた担架（ストレッチャー） चैकवाला फ्राक チェックのフロック（女児用ワンピース） तार वाले वाद्य 弦楽器 बगल वाली दुकान से 近くの店から बरेली वाली चाची バレーリーに住んでいるおばさん；バレーリーのおばさん (3) 不定詞に接続して形容詞を作る खुरचने वाला औज़ार 引き剥がすための道具 अपने होनेवाले पति को 自分の将来の夫に対して गार्ड ने सीटी दे दी.गाड़ी छूटने वाली है 車掌が笛を吹いた．発車するところだ बात बात पर क्रोधित होनेवाले महर्षि परशुराम 事あるごとにご立腹のパラシュラーマ聖仙
वालिद [名]《A. والد》父；父親= पिता; बाप. किसीके लिये यह बात मायने रखती हो या नहीं.मेरे लिए तो आप वालिद की जगह हैं だれかにとって意味があろうがなかろうが私にとってはあなたは父親同然でいらっしゃいます उनके वालिद पंडित मोती लाल नेहरू थे この方のお父上がパンディット・モーティーラール・ネヘルーでいらっしゃった
वालिदा [名*]《A. والده》母；母親= माँ; माता.
वालिदैन [名]《A. والدين》両親；父母= माँ-बाप; माता-पिता. उन गरीब वालिदैन के दिल पर क्या गुज़री होगी その哀れな両親の胸の内はいかばかりであったろうか
वाली[1] [名*]《E. volley》〔ス〕ボレー（テニス）
वाली[2] [名]《A. والى》(1) 友人；友；友達 (2) 支配者
-वाली [接尾*] → -वाला.
वाली बॉल [名]《E. volleyball》〔ス〕バレーボール
वालीशॉट [名*]《E. volleyshot》〔ス〕ボレーショット（テニス）
वालुका [名*] (1) 枝= शाखा. (2) = ककड़ी. (3) 砂= बालू; रेत.
वाल्क[1] [形] 樹皮の；樹液を用いた；樹皮製の
वाल्क[2] [名] 樹皮を用いて織った布
वाल्मीकि 〔人名・イ文芸〕叙事詩ラーマーヤナの作者とされるヴァールミーキ= वाल्मिकि; वाल्मीक.

वाल्मीकीय [形] (1) ヴァールミーキの (2) ヴァールミーキ作の；ヴァールミーキによる वाल्मीकीय रामायण ヴァールミーキ作のラーマーヤナ

वाल्व [名] 《E. valve》 (1) バルブ；弁 (2)〔解・動〕弁；弁膜

वाव [名] ウルドゥー文字の第 33 字の字母 و の名称= वाओ.

वावैला [名] 《P. واويلا》 (1) 悲嘆の声；泣き喚くこと；叫喚 (2) 喧騒；大騒ぎ

वाश [名] 《E. wash》 水彩絵の具の薄い一塗り

वाश बेसिन [名] 《E. washbasin》 洗面器；洗面台

वाशर [名] 《E. washer》 座金

वाशिंगटन 〔地名〕《E. Washington》 ワシントン（アメリカ合衆国）

वाशिंग मशीन [名*] 《E. washing machine》 電気洗濯機

वाष्प [名] (1) 蒸気；水蒸気= भाप. (2) 涙= आँसू. **वाष्प इंजन** 蒸気機関

वाष्पन [名] 蒸発；気化；揮発

वाष्पशील [形] 揮発性の；蒸発する

वाष्पित [形] 蒸発した；揮発した सूर्य की गर्मी के कारण समुद्र से पानी वाष्पित होता है 太陽の熱により海水が蒸発する वाष्पित जल 水蒸気= जल वाष्प. वाष्पित पानी 水蒸気

वाष्पीकरण [名] 水蒸気化；蒸発；揮発；発散

वाष्पोत्सर्जन [名] 蒸発；発散 〈transpiration〉

वासंत [形] (1) 春の；春季の (2) 青年期の；青春の

वासंती[1] [名*] (1)〔ヒ〕カーマ神を祀る春の祭り (2)〔植〕キントラノオ科蔓木【*Hiptage benghalensis*】= माधवी. (3)〔植〕モクセイ科低木【*Jasminum auriculatum*】= जुही.

वासंती[2] [形] (1) 春の वासंती दिन 春の日 (2) 薄黄色の

वास[1] [名] (1) 居住= निवास. वहाँ जरूर किसी भूत-प्रेत का वास है あそこにはきっと何か化け物みたいなのが住みついている (2) 家= घर; मकान. (3) 場所；位置= स्थान; जगह.

वास[2] [名] 衣服；着物= वस्त्र; कपड़ा.

वासना [名*] (1) 欲望= इच्छा; कामना. सांसारिक वासना 世俗の欲望 (2) 欲情；情欲 पुरुष की वासना की बलि 男性の情欲の餌食

वासर [名] 日= दिन; दिवस.

वासलीन [名] 《E. Vaseline》〔商標〕ワセリン

वासव [名] インドラ神（इंद्र）

वासस्थान [名] 住所；居住地

वासा [名*]〔植〕アダトダ= अडूसा.

वासित[1] [形] (1) 芳香のある；芳香のつけられた (2) 布で覆われた (3) 料理してから時間の経った；古くなった

वासित[2] [形] 《A. واسط》 中央の；中間の= बीच का; बीचवाला; मध्यवर्ती.

वासिता[1] [名*] (1) 妻= स्त्री; पत्नी; औरत. (2) 雌象= हथिनी.

वासिता[2] [名] → वास्ता.

वासिल[1] [形] 《A. واصل》 (1) 受け取った (2) 領収した (3) 結合した

वासिल[2] [名] (1) 支払われた金額 (2) 領収

वासिल बाक़ी [名] 《A. واصل باقی》 受領高と残額 **वासिल बाक़ी क॰** 〔商〕清算する；決算する

वासिलात [名*] 《A. واصلات》 (1) 受領額；受け取り額 (2)〔法〕用益権 (3) 中間利得

वासी [形・名] (1) 居住する；住む；生活する (2) 住人；住民= रहनेवाला; निवासी. दिल्लीवासी デリーの住民

वासुकि [名]〔イ神〕ヴァースキ（地下界の蛇の王で大地を支えるとされる．神々と悪魔とが大洋を攪拌した際の攪拌の道具となった）

वासुकी [名] = वासुकि.

वासुदेव [名]〔イ神〕ヴァースデーヴァ，すなわち，クリシュナ神（ヴァスデーヴァ वसुदेव の子）

वासोख़्त [名] 《P. واسوخت》〔文芸〕ワーソーフト（ウルドゥー詩のジャンルの一．ムサッダス मुसद्दस 形式によるが恋人の振る舞いに怒った男性が女性を捨てることが主題となる）

वासोख़्ता [形] 《P. واسوخته》 (1) 焼けた；燃えた= जला हुआ; दग्ध. (2) 怒った；不機嫌な= कुढ़ा हुआ; क्रुद्ध.

वास्कट [名*] 《E. waistcoat》〔服〕チョッキ；ベスト काली वास्कट 黒のチョッキ

वास्किट [名*] = वास्कट.

वास्तव [形・名] 実際（の）；事実（の）；真実（の）= सत्य; सच्चा; असल; यथार्थ. **वास्तव में** 実際；実際に；事実= दर अस्ल. यह वास्तव में बड़ी चिंता का विषय है 実際これはとても心配なことだ

वास्तविक [形] (1) 実際の；事実の；真の；現実の आज की वास्तविक स्थिति 現代の真相 राज्य और सरकार का वास्तविक अध्यक्ष 国家と政府の事実上の長 (2) 真正の पुष्पवाटिका स्वर्ग की वास्तविक प्रतिभा जान पड़ती है 花園は天国の真の複製のように思われる

वास्तविकता [名*] ← वास्तविक. प्यार के सपने देखने में और वास्तविकता में काफ़ी अंतर होता है 愛を夢見ることと現実との間には大きな差がある जीवन की वास्तविकता 人生の真実

वास्ता [名] 《A. واسطہ वासिता》 (1) 関係；関連；関わり= संबंध; तअल्लुक़. डिगरी का अक़्ल से क्या वास्ता 学位と頭脳と何の関係があるのか न धर्म से वास्ता था, न दीन से नाता 宗教との関連もなければ信仰との関連もない मुझे दुनिया की मौत और ज़िंदगी से वास्ता नहीं 自分には俗界での生死は関係がない (2) 仲介；媒体= माध्यम. (3) 方法；手段 **(-का) वास्ता दे॰** *a.*（ーを）関わらせる；関わりにする *b.*（ーに）誓う **(-से) वास्ता पड़ना** （ーと）関わりができる पति के घर जाने पर उसके भाई-बहन से भी आपका वास्ता पड़ेगा 婚家に行けば夫の兄弟姉妹とも関わることになる **(-से) वास्ता पैदा क॰** （ーと）関わりを持つ **(-से) वास्ता रखना** （ーと）関係を持つ；関係を保つ；関わる

वास्तु [名] (1) 住宅；住居 (2) 建造物 (3) 住居を建てるのにふさわしい場所

वास्तुकला [名*] 建築術；建築学 〈architecture〉

वास्तुविद्या [名*] 建築学

वास्तुशास्त्र [名] = वास्तु विद्या.

वास्तुशिल्प [名] 建築；建築術 आधुनिक वास्तुशिल्प 現代建築

वास्ते [前置・後置] 《A. واسطے वासिते》 名詞類に接続して次のように用いられる **(-के) वास्ते; वास्ते (-के)** (1) （ーの）ために；（ーが）目的で；（ーの）利益のために वास्ते सौदागरी के 商売（のため）に ख़ुदा के वास्ते 後生だから；どうかお願いだから ख़र्च के वास्ते 生活費（のため）に (2) 動作や作用の対象 मेरे वास्ते? क्या संदेसा कह गए? わしにかい．なんのことづけをされたのだい (3) （ーに）とって ऐसे व्यक्ति सदा के लिए सब के वास्ते एक समस्या ही बने रहते हैं このような人物は常に皆にとって問題になるものだ दो दो रोनेवालों का चुप कराना उनके वास्ते दोहरी आफ़त हुई 2 人もの人を泣き止ませるのはあの方にとっては 2 倍の苦労となった (4) （ーの）理由で；（ーが）原因で बीमारी के वास्ते 病気のため；病気のせいで

वाह [感] 《P. واه》 感嘆，感激，称賛，驚嘆，嫌悪，侮蔑などの気持ちを表す感動詞．わあ，凄い，素敵，素晴らしい，あっなど वाह, यह कैसे हो सकता है? ええっ，それはいけません．そんなことはできませんよ किसी की सराहना करने के लिए 'वाह' कहना कोई बुरी आदत नहीं है 人を褒めるのに「わあー」と言うのは何も悪い癖ではない वाह री श्यामा, बड़ी चालाक बनती है.न पंडित, न गवाह.बड़ा ब्याह कर आई おやまあ，全く抜け目のないことだわ．シャーマーはバラモンの世話にもならず立会人の世話にもならず立派な結婚式を挙げてきたのだから अरे वाह रे शरीफ़ज़ादे! いやいやご立派なお育ちで，参りました **वाह, क्या कहने** お見事；ご立派な；申し分ございません **वाह जी वाह** これは驚いた；なんということになったもんだ **वाह यह अच्छी रही** おかしなことやちぐはぐなこと，不思議なことを言う；異な事を仰いますね **वाह वा वाह वा** 驚嘆を表す言葉；やあやあやあ凄いぞ

वाहक [形・名] 運ぶ（もの）；運搬する（もの）；伝達する（もの） **उत्तम वाहक** 良導体；導体

वाहकाणु [名]〔遺伝〕遺伝子= जीन. वाहकाणु प्राप्त हो॰ 遺伝子を受け取る；遺伝子を受け継ぐ

वाह गुरु [名・感] 《Pan.》〔シク〕ワーへ・グル（最高の神，素晴らしい神などの意で神を表し同時にシク教徒の祈りの言葉，マントラである） **वाह गुरु सत्यनाम** ワーへ・グル，サットナーム（シク教の神の名であり祈りの言葉）

वाहन [名] (1) 運搬；輸送；搬送 (2) 輸送の手段；種々の乗り物や運送手段 स्थानीय शासन बड़ी-बड़ी मोटरों तथा अन्य वाहनों द्वारा इसको बाहर फेंकने का प्रबंध करते हैं 地方の行政は大型の自動車やその他の輸送手段でこれを外に捨てる段取りをする देवताओं के वाहन 神々の乗り物 इसके अतिरिक्त अन्य सभी भारी वाहन भी इसी

सड़क से जाते हैं このほか他のすべての大型車両もこの道路を通る लक्ष्मी का वाहन उल्लू है フクロウはラクシュミー神の乗り物 वाहन दुर्घटना 車による交通事故

वाहनचालक [名] 運転手；運転者

वाहनीय [形] 運ばれる；運びうる；運搬可能な

वाहवाह[1] [感] 《A. واه واه》称賛の気持ちを表す感動詞. ご立派, お見事, 素晴らしいなど= साधु-साधु; माशा अल्लाह. शायर कुछ गा-गाकर पढ़ रहे थे और कुछ मुसाहब गला फाड़-फाड़कर "वाह-वाह" चिल्ला रहे थे 詩人が詩を詠んで聞かせている傍らで取り巻き連中が大声を張り上げて「わあ凄い」「やあ凄い」を連発していた

वाहवाह[2] [名*] 《P. واه واه》(1) 称賛 कल मेरे पास रुपये हो जाएँ और मैं एक धर्मशाला बनवा दूँ.फिर देखिए, मेरी कितनी वाहवाह होती है 明日にでも金が貯まってダルムシャーラーを建てようものなら世間からわしがどれほど褒めそやされることか. まあ, 見てごらん अच्छे खिलाड़ियों को कितनी वाहवाह मिलती है 優秀な選手はどれほど称えられることか (2) 高い評判 **वाहवाह लूटना** 大いに称えられる；褒めそやされる；評判を取る；人気取り खुशामदियों ने भी खूब वाहवाह लूटी 取り巻き連中も大いに褒められた

वाहवाही [名*] 《P. واه‌واهی》= वाहवाह[2]. **वाहवाही दे॰** 三嘆する；賛歎する **वाहवाही लूटना** = वाहवाह लूटना. क्या यह दिल्ली प्रशासन का वाहवाही लूटने का एक और ढोंग? これはデリー市当局の人気取りのもう1つのぺてんか

वाहिक [名] 輸送や運搬の手段

वाहिका [名*] 管（血管, 脈管, 導管など） ये वस्तुएँ परमाणु युग की वाहिका हैं これらの物質が原子力時代の血管（動脈）に相当する

वाहित [形] (1) 運ばれた；運搬された；運送された (2) 流された (3) 動かされた；移動した

वाहिद[1] [形] 《A. واحد》唯一の；ただ1つの झगड़े का वाहिद हल यह है 争いの唯一の解決策はこれだ

वाहिद[2] [名]〔イス〕唯一の神

वाहिनी[1] [名*] (1) 軍隊；軍 (2)〔軍〕師団 (3) 古代インドの軍編成の単位（象及び戦車各 81, 騎兵 234, 歩兵 405 より成る）；ヴァーヒニー प्राकृतिक आपदा राहत वाहिनी 自然災害救援隊

वाहिनी[2] [名*] 管；管状のもの；ダクト मूत्रवाहिनी 尿道

वाहिनी पति [名] (1) 将軍 (2)〔軍〕師団長

वाहिम [形] 《A. واہم》(1) 疑い深い；疑り深い= शक्की. (2) 空想に耽る；空想する

वाहिमा [名] 《A. واہمہ》(1) 疑念 (2) 空想

वाहियात[1] [形] 《A. واہیات》(1) 馬鹿馬鹿しい；下らない；馬鹿げた तुमने ये सब वाहियात बातें कहाँ से सीखीं? 君はこんな馬鹿げたことをどこで覚えたのだい (2) いやらしい；下品な (3) ろくでもない；たちの悪い

वाहियात[2] [名*] 無駄なこと；つまらないこと；馬鹿げたこと

वाही[1] [形] 《A. واہی》(1) 馬鹿げた；馬鹿馬鹿しい；愚かしい；下らない (2) いやらしい；下品な (3) ろくでもない (4) だらしのない；ろくでなしの

वाही[2] [形] (1) 運ぶ；運搬する (2) 車などを引く

वाही-तबाही [形・名*] 《A. + P. واہی تباہی》(1) 馬鹿げた；つまらない；しょうのない (2) いやらしい；下品極まりない (3) 辻褄の合わない；とんでもない；的はずれの **वाही-तबाही बकना** 全く的はずれなことを言う；馬鹿げたことを言う

वाहु [名*] 二の腕；上腕= भुजदंड.

वाह्य[1] [形] 運びうる；運搬可能な

वाह्य[2] [名] (1) 乗り物= यान; सवारी. (2) 役牛など荷物の運搬に役立つ動物

वाह्य[3] [形] = बाह्य. (1) 外の；外部の (2) 別の；別個の

वाह्यांतर[1] [形] 内と外の；内外の

वाह्यांतर[2] [副] 内と外に；内外に

वाह्लीक〔地名〕ヴァーフリーカ（古代の地名. パンジャーブの西北部に位置したものと考えられている）

विंकर [名] 《E. winker》ウインカー

विंग कमांडर [名] 《E. wing commander》〔軍〕空軍中佐

विंडशील्ड [名] 《E. windshield; windshield glass》フロントガラス

विंडस्क्रीन [名] 《E. windscreen》フロントガラス टूटा हुआ विंडस्क्रीन 割れたフロントガラス

विंडस्क्रीन वाइपर्स [名] 《E. windscreen wipers》ワイパー

विंदु [名] (1) 滴；液体の粒；雫 (2) 点 (3) デーヴァナーガリー文字の鼻音を示す点 (4) ゼロの記号 = बिंदु.

विंदुरेख [名] グラフ；図表

विंदुरेखा [名*] 点線

विंध्य [名] ヴィンディヤ山脈= विंध्यगिरि.

विंध्यवासिनी [名*]〔ヒ〕ヴィンディヤヴァーシニー（ウッタル・プラデーシュ州東南部のミルザープル県のヴィンディヤーチャラ山に祀られているドゥルガー神像）

विंध्याचल [名] (1) ヴィンディヤ山脈 (2) ヴィンディヤヴァーシニー神像の祀られている山と寺院

विंश [形] 《Skt.》第 20；20 番目の = बीसवाँ (बीसवें, बीसवीं).

विंशति [数] 《Skt.》20 = बीस.

वि- [接頭] 《Skt.》分離, 相違, 区分, 超越, 欠如, 対立, 反対, 強意などの意を加えるサンスクリットの接頭辞

वि॰ [名] विक्रम संवत् ヴィクラマ暦の略号→ विक्रम संवत्; विक्रमी संवत्.

विकंकत [名]〔植〕ニシキギ科低木【*Gymnosporia motana; G. spinosa; Celastrus montana; C. senegalensis*】

विकंप [形] (1) 震えている；震える= कंपता हुआ. (2) 動き回る= चपल; चंचल. (3) 不安定な= अस्थिर.

विकच [形] (1) 髪のない；禿げた (2) 花の開いた；開花した (3) 明らかな；明白な

विकट [形] (1) 恐ろしい；恐るべき；怖い कैंसर जैसे विकट रोग がんのような恐ろしい病気 यदि समय रहते सामाजिक परिवेश में बदलाव नहीं आया तो, निश्चित ही वह देश की विकटतम समस्या बन जाएगी 今のうちに社会の状況が変わらないとそれが国の最も厄介な問題になることは間違いない (2) 困難な；難しい；厄介な इन दुर्गम वन-घाटियों में से शहतीरों को खींच लाना कितना विकट काम है このような険しい山間から大木を運び出すのはどれほど難しい作業であるか (3) 苦難の；困り果てた；苦しい इस विकट अवसर पर この困難な時機に विकट परिस्थितियों में पड़कर 甚だ苦しい状況におちいって (4) ものすごい；凄みのある विकट वीर ものすごい武人 (5) 険しい

विकरण [名] (1) 改正；改善；改良 (2)〔言〕語幹形成母音

विकरणयुक्त [形]〔言〕語幹形成母音を持つ〈thematic〉

विकरणहीन [形]〔言〕語幹形成母音を持たない；テーマ母音のない〈athematic〉

विकराल [形] (1) 恐ろしい；恐るべき；戦慄すべき विधवाओं की विकराल समस्या 未亡人たちの抱えている恐ろしい問題 परमाणु युद्ध के विनाशकारी विकराल स्वरूप 核戦争の破滅的, 戦慄的な相貌 (2) 見るも恐ろしい；ぞっとするような；おぞましい यह रोग कभी-कभी विकराल रूप धारण कर लेता है この病気は時におぞましい様相を呈する अपने ही मन की विकरालता से धुकधुक कर रहा था 己の心の恐ろしさに胸が激しく打っていた

विकर्ण[1] [形] (1) 耳のない (2) 耳の聞こえない (3) 対角線の

विकर्ण[2] [名]〔幾〕対角線；斜線〈diagonal〉

विकर्णतः [副] 斜めに；はすに

विकर्षण [名] (1) 反発 विकर्षण के बदले आकर्षण 反発に代わって誘引 (2) 引き戻し (3) 排斥

विकलंक [形] 汚れや汚点のない；汚れなき

विकल [形] (1) 落ち着きのない；動揺した；不安な अत्याचारों की कहानियाँ जब उनके कानों में पड़ती, तो मेरा मन विकल हो जाता 残虐な事件の話を耳にすると落ち着かなくなる भूख का आवेग मन को विकल बना देता है 空腹感は人の心を動揺させる (2) 欠損した；欠陥のある；不完全な；障害のある

विकल क्रिया [名*]〔言〕欠如動詞〈defective verb〉

विकलता [名*] ← विकल. मुमूर्षा की अवस्था और आस-पास वालों की विकलता 死の渇望状態, さらには, 周囲の人たちの動揺 मानो परमात्मा ने अपने एक ही कटाक्ष से उसकी सारी चिंताओं और विकलताओं का अंत कर दिया हो 神はその一瞥により一切の心配と不安とを断ち切って下さったかのようだ

विकलन [名]〔簿〕借り方記入〈debit〉

विकलांग [形] (1) 身体の一部が失われている (2) 身体に障害や欠陥がある；身体が不自由な；身障の विकलांग बच्चे 身体障害児 मेरा एक दोस्त शारीरिक रूप से विकलांग है 1 人の友人が身体に障害がある विकलांग बच्चों की संस्था 肢体不自由児（身障児）の施設 विकलांगों के लिए उनके हृदय में निर्मल प्रेम भरा है あの人の胸には身体障害者に対して清らかな愛情が満ちている

विकलाना [自] あわてる；動揺する= घबराना; बेचैन हो°.

विकलित [形] (1) 動揺した；落ち着きを失った= व्याकुल. (2) 不安になった= बेचैन. (3) 悩んだ= दुःखी.

विकल्प [名] (1) 代わるもの；代わりになるもの；代わり बिजली का श्रेष्ठ विकल्प परमाणु ऊर्जा है 電気に代わる最良のものは原子力エネルギーだ (2) 選択肢；選択できるもの जनता के पास विकल्प होना चाहिए 民衆には選択肢が（与えられ）なくてはならない (3) 代案；代替案 आज तक कोई सर्वमान्य विकल्प नहीं निकल सका 今日まで万人に受け入れられる代案は出ていない (4) 代替物；代用品 धातुओं का विकल्प 金属の代用品 (5) 他の手段；他の方法 मैं स्नान आदि से निवृत्त होना चाहता था, परंतु अब तो विकल्प ही नहीं था 入浴なども済ませたかったのだがもはやどうすることもできなかった (6) 躊躇；ためらい；逡巡；不決断 (7) 懸念；疑念

विकसन [名] (1) 大きくなること；成長すること；拡大；前進 (2) 発達；発展 (3) 開けること；開化

विकसना [自] (1) 大きくなる；成長する (2) 発達する；発展する；前進する (3) 開ける；開化する

विकसित [形] 大きくなった；成長した；進んだ；進化した；発達した；発展した इनके पौधों में अधिक स्पष्ट और विकसित पत्तियाँ तथा जड़ें पाई जाती हैं これらの植物には一層明確で進化した葉や茎や根が見いだされる विकसित पूँजीवादी देशों के आधुनिक मूल्यों से 先進資本主義国の近代的価値によると ब्रह्मांड में अनेक विकसित सभ्यताएँ होने का अनुमान है 宇宙には発達した文明が多数存在するものと推察されている राष्ट्रीयता और जनतंत्र को सही रूप में विकसित करना 民族主義と民主主義とを正しく発展させること मस्तिष्क उत्तरोत्तर अधिक विकसित होता गया 頭脳は徐々に高く発達して行った विकसित देश 発展した国；先進国→ विकासशील देश 発展途上国.

विकार [名] (1) ひずみ（歪み）；変形；ゆがみ（歪み）；ねじれ= विकृति. लोभ-मोह, काम-क्रोध आदि विकार 貪欲，盲愛，愛欲，憤怒といった心の歪み (2) 異常；障害；故障= खराबी. रक्तवाहिनी नाड़ियों में गंभीर विकार है 血管に重大な障害がある मानसिक विकार का एक लक्षण 精神障害の一症状 (3) 変調；不調；疾患；病気= रोग; व्याधि. पाचनक्रिया संबंधी विकार 消化機能の不調 (4) 欠陥；欠点 (5) 乱れ；異常 मैंने उसे सदा विकारों से हीन देखा あの人の心の乱れたのを見たことがなかった वायुमंडलीय विकार 大気の異常 (6)〔言〕変換 ⟨mutation⟩

विकारजन्य [形] 不正常な；異常な；不自然な यह स्वाभाविक न होकर विकारजन्य होता है これは自然なものではなく異常なものである

विकारी [形] (1) 歪んだ；変形した (2) 異常のある；異常の生じた；障害の生じた (3) 不調な；疾患のある (4) 乱れた；混乱した

विकारी कारक [名]〔言〕斜格 = तिर्यक् कारक. ⟨oblique case⟩ → अविकारी कारक 直格= ऋजु कारक.

विकाल[1] [名] (1) 遅れ (2)〔ヒ〕祭儀の執行されるべき時刻の過ぎ去った時間

विकाल[2] [名] 朝夕

विकालत [名*] → वकालत.

विकाश [名] (1) 光輝；輝き (2) 表明；表現 (3) 展開；開展

विकास [名] (1) 成長；発達；発育；成育 बच्चे का शारीरिक विकास 子供の身体の成長 किसी का शारीरिक विकास जल्दी हो जाता है 身体の発育の早い子供がいる बच्चों का मानसिक विकास 子供の精神発達 बौद्धिक विकास 頭脳の発達 (2) 発達；発展；進歩 डाक व्यवस्था के विकास के फलस्वरूप 郵便制度が発達した結果 उद्योगों के विकास से हमें अनेक लाभ हुए हैं 産業の発達により我々は多数の利益を受けている एक नए प्रकार के साहित्य का विकास 新しい文学の発展 (3) 伸びること；伸ばすこと；伸長 व्यक्तित्व के विकास के अवसर भी 個性を伸ばす機会も शारीरिक ताकत का विकास करने के लिए मैंने फिर कसरत शुरू कर दी 体力を伸ばすためにまた運動を始めた वह छात्रों में कई गुणों का विकास करता है それが生徒のいろんな長所を伸ばす भारतीय अर्थव्यवस्था के विकास में インド経済の発展において (4) 開発 प्रक्षेपण एवं नियंत्रण प्रणालियों का देश में ही विकास किया गया है 発射と制御の方式は国内で開発された नगर पालिकाएँ ज़मीन का विकास करके उसको मकान, दुकान, मिल, फ़ैक्टरी आदि बनाने के लिए बेचती हैं 市当局は土地を開発して住宅，商店，工場などの建設用に売り出す विकास-कार्य 開発工事 विकास-कार्यों में परमाणु ऊर्जा का उपयोग करने में 開発に原子力エネルギーを使用するのに (5) 振興 कुटीर उद्योगों का विकास 家内工業の振興 (6)〔生〕進化 विकास का एक मौलिक सिद्धांत 進化の 1 つの根本原理

विकासमान [形] 発達中の；発展中の；発展途中の विकासमान औद्योगिक नगर 発展途中の産業都市

विकासवाद [名]〔生〕進化論 ⟨theory of evolution⟩

विकासशील [形] 発展途上の；発展中の विकासशील देश 発展途上国

विकिट [名⁻] 《E. wicket》〔ス〕（クリケット）三柱門；ウィケット= विकेट.

विकिट कीपर [名] 《E. wicketkeeper》〔ス〕（クリケットの）守備者；捕手

विकिट डाउन [名] 《E. wicket-down》〔ス〕（クリケットの）アウト

विकिरण [名] (1) 撒布 (2) 拡散 (3) 放射 (4) 放射線 सूर्य के हानिकारक विकिरण 太陽の発する有害な放射線 विकिरण से प्रभावित हो°（放射線に）被曝する

विकिरणकारी [形] 放射する；放射性の ⟨radiating⟩

विकिरण चिकित्सा [名*]〔医〕放射線治療 विकिरण चिकित्सा की जा रही है 放射線治療が行われている

विकिरणता [名*] 放射能

विकिरण प्रक्षेपास्त्र [名] 核兵器

विकिरणशीलता [名*] 放射能

विकीर्ण [形] (1) 撒布された；散乱した (2) ばらばらにされた；乱れた

विकृत [形] 変形した；歪んだ；ひずんだ；捻れた；ひねくれた पूरा व्यक्तित्व ही विकृत हो जाता है 人格そのものがひねくれてしまう बात विकृत होकर मनमुटाव व तनाव को जन्म देती है 話が捻れてわだかまりや緊張を生み出す

विकृति [名*] (1) 変形；ゆがみ；ひずみ；ねじれ अर्थव्यवस्था में व्याप्त विकृतियाँ 経済に蔓延した歪み विकृति दूर हो जा° 歪みがとれる विकृति दूर क° 歪みをとる (2) 欠陥；障害 (3)〔言〕修飾；限定 ⟨modification⟩

विकृति विज्ञान [名] 病理学= रोग विज्ञान. ⟨pathology⟩

विकृतीकरण [名] (1) 形を変えること；変形；歪めること；歪ませること；捻ること (2) 戯画化

विकेंद्रण [名] 分散化

विकेंद्रित [形] 分散した；分散化した；非集中的な

विकेट [名⁻] 《E. wicket》(1)〔ス〕クリケットの三柱門；ウィケット बौलिंग क्रीज के ठीक बीच विकेट होती है ボーリング・クリーズのちょうど真ん中にウィケットがある (2)〔ス〕（クリケット）打者がウィケットを防御した数；ウィケット विकेट गिराना ウィケットを落とす (-) विकेट ले°（－の）打者をアウトにする

विकेट कीपर [名] 《E. wicket keeper》〔ス〕（クリケット）三柱門守備者；捕手

विकेट रक्षक [名]〔ス〕クリケットの捕手；ウィケットキーパー

विक्टोरिया [名*] 《E. victoria》ヴィクトリア馬車（四輪幌馬車）

विक्टोरियाई [形] 《E. Victoria; Queen Victoria》(1) ヴィクトリア女王の (2) ヴィクトリア朝の विक्टोरियाई युग ヴィクトリア朝時代 (1837–1901) ⟨the Victorian Age⟩

विक्टोरिया क्रॉस [名] 《E. the Victoria Cross》〔軍〕ヴィクトリア十字勲章（英国最高の軍功勲章）

विक्रम [名] (1) 武勇；勇猛 (2)〔イ史〕ヴィクラマ・アーディティヤ（古代インドの王の称号の一） (3)〔人名・イ史〕ヴィクラマ・アーディティヤ王→ विक्रमादित्य. (4) → विक्रम संवत्.

विक्रमशिला [名*]〔仏〕ヴィクラマシラー寺院（現今のビハール州バーガルプル県に所在した仏教寺院．パーラ朝のダルマパーラの創建と伝えられる）

विक्रम संवत् [名] 紀元前 57 年を元年とするウッジャインのヴィクラマ・アーディティヤ王の創始したと伝えられる紀元= विक्रमी संवत्. 略号 वि°; वि°सं°

विक्रमादित्य [名]〔イ史〕(1) 古代インドの王の称号の一（多くの王によって用いられた） (2)〔人名・イ史〕グプタ朝第３代の王でヴィクラマ・アーディティヤ王の名で知られるチャンドラグプタ二世（4〜5 世紀） (3)〔人名・イ史〕ヴィクラマ暦を創始したと伝えられる古代ウッジャインの王

विक्रमाब्द [名] = विक्रमी संवत्. ヴィクラマ紀元

विक्रमी [名] 人並はずれた力持ち；剛の者

विक्रमी संवत् [名]〔イ史〕紀元前 57 年に始まるウッジャインのヴィクラマ・アーディティヤ王の創始した紀元= विक्रम संवत्; वि॰सं॰.

विक्रय [名] 販売；売ること= बेचना; बिक्री. विक्रय-मूल्य 売り値 समाचारपत्र विक्रय केंद्र 新聞販売店

विक्रयकर [名] 売上税〈sales tax〉

विक्रयण [名] = विक्रय; बिक्री.

विक्रयपत्र [名]〔商〕売買契約書= बैनामा.

विक्रयी [名] 売り手= विक्रेता.

विक्रयोपरांत सेवा [名*] アフターサービス

विक्रांत[1] [形] (1) 勇猛な；剛毅な (2) 威厳に満ちた

विक्रांत[2] [名] (1) 勇気のある人；勇者；剛勇な人 (2) 剛力 (3) 獅子 (4) 歩；一歩

विक्रांति [名*] (1) 動き (2) 勇気；勇猛

विक्री [名*] 販売= बिक्री.

विक्रीत [形] 売られた

विक्रेता [名] 売る人；売り手；販売者= बेचनेवाला.

विक्रेय [形] 売り物の；販売用の= बिकाऊ.

विक्रोश [名] (1) 救いを求めて叫ぶこと= दुहाई. (2) ののしる（罵る）こと；ののしりの言葉（を言うこと）；罵詈雑言（を発すること）；悪口（を言うこと）= गाली; अपशब्द.

विक्रोष्टा [名] (1) 救いを求める人 (2) ののしる人

विक्लव [形] (1) 不安な；心の落ち着きがない (2) 不快な；不機嫌な (3) 怯えた (4) 悲しい

विक्लेद [名] (1) 湿気= आर्द्रता. (2) 溶解すること (3) つぶすこと

विक्षत [形] (1) 傷ついた；傷のついた；損傷した (2) 負傷した= घायल; ज़ख़्मी.

विक्षिप्त [形] (1) 正気を失った；気が動転した (2) 狂気の；発狂した；気の狂った (3) 投げ捨てられた；捨てられた

विक्षिप्तता [名*] ←विक्षिप्त. 狂気

विक्षुब्ध [形] 憤った；怒った；憤激した；激昂した लाला लाजपत राय के प्राणांत से देश का वातावरण बहुत विक्षुब्ध हो गया ラーラー・ラージパト・ラーイの死去に国中が激昂した

विक्षेप [名] (1) 投げ散らかすこと；散乱させること (2) 突き飛ばすこと (3)〔物理〕偏向；偏差〈deflection〉

विक्षेपण [名] 散乱させること〈dispersion〉

विक्षोभ [名] (1) 激しい怒り；憤激；憤怒 (2) 強い不安 (3) 乱れ

विखंड [形] (1) 粉砕された (2) 分裂した

विखंडन [名] (1) 切断；細分；分断 (2)〔物理〕核分裂 विखंडन के कारण तापीय ऊर्जा पैदा होती है 核分裂により熱エネルギーが生じる **विखंडन बम** 核爆弾

विखंडित [形] (1) 砕かれた；粉砕された (2) 分裂した

विखंडी [形] 破砕する；破壊する

विखनस् [名] ブラフマー神 ब्रह्मा

विखुर [名]〔イ神〕ラークシャス राक्षस

विख्यात [形] 著名な；有名な；名高い भारत के विख्यात खिलाड़ी インドの有名選手 जगत विख्यात उपन्यास 世界中に知られた小説

विख्याति [名*] 有名なこと；著名なこと；高名

विख्यापन [名] (1) 名を揚げること；世に知られるようにすること (2) 宣言

विगंध [形] (1) 無臭の；臭いのない (2) 悪臭のする；いやな臭いのする；悪臭を放つ= बदबूदार; दुर्गंधयुक्त.

विगंधीकरण [名] 脱臭；除臭

विग [名]《E. wig》かつら（鬘）= कृत्रिम बाल; नक़ली बालों का विग.

विगणन [名] (1) 計算 (2) 返済

विगत[1] [形] (1) 過ぎた；過去の विगत कुछ दशकों में 過去数十年間に (2)（ーが）失われた；（ーを）無くした (3)（ーを）離れた；（ーから）去った

विगत[2] [名] 過去；過ぎし日々 कुछ क्षणों के लिए मैं विगत में खो गई しばしの間，過ぎし日の思い出に耽っていた

विगति [名*] 窮状；惨めなありさま

विगद [形] 無病の= नीरोग.

विगर्जा [名*] 叱責；叱りつけること

विगर्हण [名] 非難；叱責= विगर्हणा; डाँट; फटकार; भर्त्सना.

विगर्हणीय [形] 非難さるべき；非難に値する

विगर्हित [形] 非難された；叱責を受けた

विगलन [名] (1) 溶解 (2) 流れ出すこと；滴り落ちること (3) 緩むこと；弛緩すること (4) 感動すること；ほろりとすること

विगलित [形] (1) 溶けた；溶解した (2) 流れ出た；流れ落ちた (3) 緩い；緩んだ (4) 哀れみや悲しみに胸を打たれた；ほろりとした；感動した；感激した

विगाढ [形] (1) 水浴した；入浴した；沐浴した (2) 沈んだ (3) 入った；入り込んだ；へこんだ (4) 濃い；濃密な；深い；激しい

विगुण [形] = निर्गुण.

विगृहीत [形] (1) 分けられた；分割された (2) 捕らえられた (3) 対立した；対抗した

विगोत्रीय [形]〔植〕双子葉植物の〈exogenic〉

विग्रह [名] (1) 争い；喧嘩 मुँह धोने से लेकर सोने के समय तक हमारा उससे जो विग्रह चलता रहता था 顔を洗ってから寝るまでの間続いていたあの人と私の喧嘩 (2) 戦い；戦争 (3) 神体；神像 जगन्नाथ जी के श्री विग्रह में ジャガンナート寺院の御神体に (4)〔言〕複合語を構成要素に分析すること〈decompound〉

विग्रही [形] (1) 争う (2) 戦う

विघटन [名] (1) 分解；崩壊 मुगल साम्राज्य का विघटन ムガル帝国の崩壊 (2)〔社〕解体〈disorganization〉 **सामाजिक विघटन** 社会的解体；社会解体 (3)〔化〕（放射性元素の）崩壊〈disintegration〉 (4)〔地質〕風化作用〈disintegration〉

विघटनकारी [形] (1) 分裂的な विघटनकारी प्रवृत्तियाँ 分裂的な傾向 (2) 破壊的な；反社会的な विघटनकारी तत्त्व 破壊活動分子

विघटनाभिकता [名*]〔物理〕放射能= रेडियोऐक्टिवता; रेडियोधर्मिता; रेडियोऐक्टिविटी.〈radioactivity〉

विघटित [形] (1) 崩壊した；崩れた；壊れた (2) 解体した；解体された (3) 分裂した **विघटित परिवार**〔社〕崩壊家庭

विघट्टन [名] (1) 開くこと；開けること (2) 投げつけること (3) こすること；こすりつけること

विघात [名] (1) 打撃 (2) 破壊 (3) 障害

विघ्न [名] 妨害；妨げ；障害 यज्ञ बिना किसी विघ्न के पूरा हो गया 供犠は何らの妨げなく終了した

विघ्नकारी [形] 妨げる；妨害する

विघ्ननाशक[1] [形] 障害を取り除く；厄除けの

विघ्ननाशक[2] [名] ガネーシャ神 गणेश の異名の一

विघ्नपति [名] ガネーシャ神 गणेश.

विघ्नविनायक [名] ガネーシャ神の異名の一

विघ्नित [形] 妨げられた；妨害された；障害が作り出された

विचक्षण [形] (1) 目のよく利く；遠方の物をよく見ることのできる；視力のすぐれた (2) 利発な；賢明な；聡明な (3) 上手な；巧みな；達者な (4) 学識の優れた (5) 輝く；輝きのある

विचक्षु [形] (1) 目の見えない；盲人の；盲目の (2) 動転した

विचय [名] = विचयन. (1) 集めること (2) 探すこと；捜索；探索 (3) 調査；探求

विचर [形] (1) 歩き回った= घूमा हुआ. (2) 道や方角に迷った= भूला हुआ.

विचरण [名] (1) 歩くこと；歩行；動くこと भूमि पर विचरण क॰ 地上を歩行すること वह देश आज 20 वीं सदी में ही उस 21 वीं शताब्दी में विचरण कर रहा है जिसका हम अभी स्वप्न देख रहे हैं その国は 20 世紀においてすでに我々のまだ夢見ている 21 世紀に歩みだしている (2) 散策；散歩 निर्भय विचरण करते हैं 安心して散歩する

विचरना [自] (1) 歩き回る पहाड़ पर निःशंक और स्वच्छंद विचरती होतीं 山を安心してのびのびと歩き回っている (2) 動き回る विशाल क्षेत्र वाले स्वच्छंद वातावरण में विचरने दिया जाता है 広く伸びやかな環境の中を動き回れるようにしてある यह जंतु निर्भय होकर समुद्र में विचरता है この動物は怖がらずに海中を動き回る

विचरित [形] 歩き回った；動き回った

विचल [形] (1) 振動する；揺れ動く (2) 落ち着かない；不安定な (3) 逸脱した (4) （心が）動揺する

विचलन [名] (1) 逸脱；偏向；脱線 (2) 偏差；誤差〈deviation〉(3) 不安定 (4) 動揺

विचलना [自] (1) それる；逸脱する；はずれる (2) 動じる；動揺する；揺れ動く

विचलित [形] (1) 常軌から逸脱した；はずれた；本来のものからそれた विचलित व्यवहार 変質者的行動 (2) 落ち着きを失った；動揺した；心の乱れた उन्हें ऐसी जली-कटी सुनाती कि सुननेवालों का मन काँप जाता, पर सुकरात ज़रा भी विचलित न होते 聞く人が震えあがるようなひどいことを言うのだがソクラテスはいささかも動じなかった (3) 不安定な **विचलित क°** それさせる；逸脱させる भगवान बुद्ध को विचलित करना 仏陀を道からそれさせること **विचलित हो°** *a.* それる（逸れる）；逸脱する；道を踏みはずす वह अपनी पति को विचलित होने से बचा सकती है 夫が道を踏みはずすのを防ぐことができる *b.* 動揺する；心が揺れる महाराज विचलित हो उठा 王はにわかに動揺した

विचार [名] (1) 考えること；考察すること；思考すること (2) 考え；思考 शिवाजी के धार्मिक विचार シヴァージーの宗教上の考え प्रगतिशील विचार 進歩的な考え इसके अतिरिक्त आप को दूसरों के विचार पता चलेंगे そのほか他の人たちの考えがわかるだろう आधुनिक विचारों वाले माता-पिता 近代的な考えを持つ親 (3) 思想 समाजवादी विचार 社会主義思想 (4) 意見；所見 श्रेष्ठ विचार 卓見 = उत्तम विचार; दूरंदेशी. (5) 所感= राय; मत. (6)〔法〕審理

विचारक [名] 思想家 समाजवादी विचारक 社会主義思想家 मुस्लिम विचारक イスラム思想家 मौलिक विचारक 独創的な思想家

विचारकर्ता [名] 裁判官= न्यायाधीश.

विचार गोष्ठी [名*] セミナー；研究集会= संगोष्ठी; सेमिनार.

विचारणा [名*] 思索；思考；考察；検討

विचारणीय [形] 考えるべき；考察すべき；検討すべき यह समस्या आपके लिए विचारणीय है これはあなたにとって検討すべき課題です एक विचारणीय मुद्दा 考えるべき1つのテーマ

विचारधारा [名*] (1) 思潮 यही विचारधारा आगे चलकर भक्ति के नाम से विख्यात हुई 正にこの思潮が後にバクティの名で世に知られたのである (2) 思想 इस्लामी विचारधारा イスラム思想 क्रांतिकारी आंदोलन को समाजवादी विचारधारा से जोड़कर 革命運動を社会主義思想とつないで (3) イデオロギー；観念形態

विचारना [他] (1) 思う；考える；意図する उसने अपने नये एकांतवासी मित्र के यहाँ जाना विचारा 一人住まいの新しい友人のところへ行くことを考えた यह बात भारतवासियों ने कभी स्वप्न में भी नहीं विचारी थी これはインド人がただの1度も夢の中でも考えたことがなかったことだった (2) 考察する；検討する；判断する वह पोथी-पत्रा विचारने में बड़े निपुण हैं 占いがとても上手な人だ शुभ-अशुभ लग्न विचारना（祭事を行うバラモンが顧客のために）吉凶の時刻を判断する

विचारमग्न [形] 考えに耽った；思いに耽った मैं विचारमग्न हो गया

विचारवान् [形] (1) 思慮深い；慎重な；用心深い (2) 黙想する；熟考する；観照する；思索する

विचार-विनिमय [名] 意見交換；相談= परस्पर विचार-विनिमय.

विचार-विमर्श [名] (1) 討議；討論；ディスカッション सामूहिक विचार-विमर्श 集団討議；グループ・ディスカッション प्रशिक्षक से विचार-विमर्श करेंगे 監督と検討する (2) 考察 भारत में संसदीय सरकार की सफलताओं और विफलताओं पर विचार-विमर्श कीजिए インドの議会制の成果と失敗について考察しなさい

विचार-शक्ति [名*] 知性；知力；思考力

विचारशील [形] = विचारवान.

विचारशीलता [名*] ← विचारशील. उन लोगों के निबंधों में पत्रकारिता के स्थान पर ज्ञान-गांभीर्य एवं विचारशीलता की प्रधानता हो गई その人たちのエッセーはジャーナリスティックなものに代わって知識の深さと思索性が中心になっている

विचार-शृंखला [名*] 思考法；思考の脈絡= विचारसरणि.

विचार-स्वातंत्र्य [名] 思想の自由

विचारहीन [形] 思慮のない；思慮の欠けている

विचारहीनता [名*] 考えのないこと；思慮のないこと；思慮の欠けていること

विचारात्मक [形] 思索的な गंभीर एवं विचारात्मक शैली 重厚にして思索的な文体

विचाराधीन [形] (1) 検討中の (2) 未決の विचाराधीन आठ बाल कैदी 8人の少年未決囚 विचाराधीन बंदी 未決囚；拘置囚

विचारार्थ [副] 検討のため；討議のため विधेयक दूसरे सदन के विचारार्थ भेज दिया जाता है 法案は第二院での討議に回される

विचारित [形] (1) 考えられた；考察された；検討された (2) 決定された

विचारी [形] (1) 散策する (2) 考える；思考する (3) 思慮深い

विचारोत्तेजक [形] 考えさせる；考えるように仕向ける；考えさせられる；刺激的な विचारोत्तेजक निबंध 刺激的な文章

विचार्य [形] = विचारणीय.

विचालन [名] (1) 移動させること (2) 除去すること (3) 逸脱させること

विचिंतन [名] 思考；思索；熟考

विचिंतनीय [形] よく考えるべき；熟考すべき

विचिंता [名*] 思考；思索= सोच; विचार.

विचिंत्य [形] = विचिंतनीय.

विचिकित्सा [名*] (1) 疑念 (2) 懐疑

विचित्र [形] (1) 特異な；奇異な पर्दा नामक विचित्र प्रथा パルダーという特異な風習 (2) 独特な；独自の= अपने ढंग का. हम दोनों में एक दूसरे के लिए विचित्र आकर्षण था 2人は互いに相手に対して独特の魅力を感じていた (3) 特別な (4) とてつもない；並はずれた；驚くべき= ग़ज़ब का. (5) いろいろな色の混じった

विचित्रता [名*] ← विचित्र. शैशव की स्मृतियों में एक विचित्रता है 幼少時の思い出には一種独特のものがある

विचेतन[1] [形] (1) 意識のない (2) 失神した (3) 分別のない

विचेतन[2] [名*] (1) 麻酔 (2) 失神させること

विचेतनक [形] 麻痺させる；麻酔性の

विचेता [形] (1) 気が動転した；あわてた (2) 知らない；無知な (3) ろくでなしの (4) 愚かな

विचेष्ट [形] 全く動きのない

विच्छित्ति [名*] (1) 切り離し (2) 切断 (3) 解剖 (4)〔韻〕韻律の休止 = यति.

विच्छिन्न [形] (1) 切り離された (2) 切断された；断たれていた；断ち切られた (3) 別々の；別個の

विच्छेद [名] (1) 分離 (2) 切断 (3) 断絶 संबंध-विच्छेद 縁切り；関係を断つこと；絶縁；絶交

विच्छेदक [形] (1) 分離する (2) 切断する (3) 断絶する

विच्छेदन [名] (1)〔医〕切断；切り離し (2) 断絶

विच्छेदनीय [形] 切り離すべき；切断してよい

विच्छेदी [形] = विच्छेदक.

विच्छेद्य [形] → विच्छेदनीय.

विच्युत [形] (1) ちぎれた；切れた (2) 外れた (3) 切断された

विच्युति [名*] (1) ちぎれること (2) 外れること (3) 切断されること

विछोह [名] (1) 別離= वियोग; विरह; जुदाई. (2) 別離の悲しみ= वियोग की पीड़ा.

विजट [名] (1)（結んだ髪の）ほどけた (2) もとどり（髻）のない (3) ざんばら髪の

विजड़ित [形] 安定した；揺るぎない；しっかりした

विजन[1] [形] (1) 無人の；人のいない；人気のない (2) 寂しい

विजन[2] [名] 人気のないところ；人のいないところ；無人の場所

विजनन [名] 出産= प्रसव.

विजय [名*] (1) 戦勝 (2) 競争での勝ち；勝利 (3) 宝くじなどでの当籤 (4)〔植〕クワ科草本インドタイマ= भाँग. **विजय पाना** 勝つ；勝ちを収める；勝利を収める= विजय हासिल क°. बुद्धिमान कौए ने अपने बलवान शत्रु पर विजय पा ली 賢いカラスが自分より力持ちの敵に勝利を収めた

विजयकेतु [名] 勝利の旗；戦勝の旗

विजय डिंडिम [名] 陣太鼓

विजयदशमी [名*]〔ヒ〕ヴィジャヤダシャミー祭（ダシャーラー祭／ダシャヘラー祭 दशहरा とも呼ばれる．アーシュヴィン月，すなわち，インド暦の7月白分10日．日本の旧暦9月10日に祝われるラーマの戦勝の記念日で北インドのヒンドゥー教徒の大祭の一）= विजयादशमी.

विजय देवी [名*] 勝利の女神（戦争での勝利を支配する女神）
विजयध्वज [名] = विजयकेतु.
विजय नगर 〔イ史〕(1) ヴィジャヤナガル（ヴィジャヤナガル王国の初期の都．現在のカルナータカ州ベッラーリー県に位置した） (2)1336~1649 年の間南インド一帯を治めた同名のヒンドゥー王国
विजयपताका [名*] (1) 勝利を示すために掲げられる旗 (2) 勝利を示すしるし **विजयपताका फहराना** 勝利の旗をひるがえす
विजय पूर्णिमा [名*]〔ヒ〕アーシュヴィン月の白分 15 日
विजययात्रा [名*] 遠征
विजयलक्ष्मी [名*] = विजय देवी.
विजयवाडा 〔地名〕ヴィジャヤワダ（アーンドラ・プラデーシュ州北東部の都市）
विजयश्री [名*] = विजयदेवी. विजयश्री प्राप्त क॰ 勝利を収める युवक विद्वान ने समस्त उपस्थित विद्वानों को पराजित कर विजयश्री प्राप्त की 青年学者は居合わせたすべての学者を負かして勝利を収めた
विजयसाल [名]〔植〕マメ科キノカリン；マラバールキノカリン；インドキノカリン【*Pterocarpus marsupium*】〈Malabar Kino tree; Indian Kino tree〉
विजयस्तंभ [名] 戦勝記念塔 चित्तौड़गढ़ का विजयस्तंभ チットールガル城の戦勝記念塔
विजया [名*] (1) ドゥルガー神 (2) = विजयादशमी. (3) 大麻；バーング भाँग (4)〔韻〕ヴィジャヤー（各パーダが 40 モーラから成るモーラ韻律．10 - 10 - 10 - 10 で休止．パーダの最後は रगण) (5) ヴィジャヤー（各パーダが 44 モーラから成るモーラ韻律で 12 - 12 - 12 - 8，もしくは，12 - 12 - 10 - 10 で休止．パーダの終わりは रगण)
विजयादशमी [名*] アーシュヴィン月（インド暦 7 月）の白分 10 日（ラーマのラーヴァナに対する戦勝を祝うダシャラー祭 दशहरा の日）；ヴィジャヤー・ダシャミー→ विजयदशमी.
विजयी [形] (1) 戦争に勝った；戦勝の；戦に勝つ विजयी सेना 戦勝軍 (2) 競争で勝った (3) 選挙で当選した विजयी हो॰ 当選する विजयी घोषित हो॰ 当選者と発表された (4) 当籤した；くじに当たった
विजयोत्सव [名] (1) ヴィジャヤー・ダシャミーの祭 (2) 勝利の祝典
विजयोपहार [名] (1) 賞品 (2) 戦勝記念品
विजर [形] (1) 老いを知らない；老いることのない；不老の (2) 新しい；新鮮な；若々しい
विजल [形] 水のない；水無しの
विजात[1] [形] (1) 生まれた；出生した (2) 混血カーストの
विजात[2] [名]〔韻〕ヴィジャータ（各パーダが 14 モーラからなるモーラ韻律．5 - 5 - 4 で休止．パーダ末は मगण，もしくは，यगण)
विजाति [名*] (1)（自己の属するものとは）別のジャーティ；別のカースト；異カースト (2) 別の部類
विजातीय [形] (1) カーストの異なる (2) 異種の (3) 混淆した
विज़ारत [名*]《A. وزارت》(1) 大臣の地位や職 (2) 省 (3) 内閣
विजिगीषा [名*] (1) 征服欲；支配欲 (2) 野心= महत्त्वाकांक्षा.
विजिगीषु [形] (1) 征服を望む (2) 野心を持つ= महत्त्वाकांक्षी.
विजिघांसु [形] 殺意を抱く；殺気立った
विजिज्ञासा [名*] 強い知識欲
विजिज्ञासु [形] 強い知識欲を持つ；知識欲の旺盛な
विज़िट [名*]《E. visit》(1) 訪問 विज़िट क॰ 訪問する；人を訪ねる；訪れる मैंने आज नेशनल आर्ट गैलरी विज़िट की 本日は国立美術館を訪れた (2) 往診 (3) 往診料
विज़िटर [名]《E. visitor》訪問者
विज़िटर्स बुक [名*]《E. visitors' book》来客帳
विज़िटिंग कार्ड [名]《E. visiting card》名刺= कार्ड.
विज़िटिंग प्रोफ़ेसर [名]《E. visiting professor》客員教授
विजित [形] (1) 負けた；負かされた；打ち負かされた；敗北した (2) 支配された
विजृंभा [名*] あくび（欠伸）= जँभाई.
विजेता [形・名] (1) 戦勝の；戦いに勝った；戦勝者 (2) 競争や競技に勝った；勝利者 (3) 受賞する；受賞者 नोबेल पुरस्कार विजेता गुरुदेव रवींद्रनाथ ठाकुर ノーベル賞受賞者詩聖ラビンドラナート・タゴール (4)（宝くじの）当選者 (5) 当たりくじ विजेता सिरीज़ 当たり組 विजेता टिकट 当たり券
विज्ञ [形] (1) 深い知識を持つ (2) 学識豊かな
विज्ञता [名*] 学殖；学識
विज्ञप्त [形] (1) 知らされた；通知された (2) 公報の出た；公式声明の出た
विज्ञप्ति [名*] (1) 公式発表；公式声明；コミュニケ प्रेस विज्ञप्ति 新聞発表 संयुक्त विज्ञप्ति जारी क॰ 共同声明を出す (2) 通知 (3) 広告 (4)〔仏〕識
विज्ञप्तिमात्रता [名*]〔仏〕唯識
विज्ञात [形] (1) 知られた (2) 著名な；有名な；高名な
विज्ञाता [形] = विज्ञ.
विज्ञाति [名*] (1) 知識 (2) 理解
विज्ञान [名] (1) 科学；サイエンス= साइंस. विज्ञान का अभिशाप 科学の呪詛 विज्ञान के विद्यार्थी 理工系の学生 विज्ञान व तकनीकी राज्यमंत्री 州科学技術相 विज्ञान निकाय 大学理学部 विज्ञान निष्णात 理学修士 विज्ञान शिक्षा 科学教育 (2) 世俗世界に関する知識 (3) 知識；学識 (4)〔イ哲・仏〕識 इसी से ब्रज के श्री गोपीजनों का विज्ञान के बिना भी मुक्ति पाना प्रत्यक्ष है 正にこのことによりブラジの牧夫たちが識なくして解脱を得るのは明白である (5) 無明；無知；迷妄
विज्ञान और प्रौद्योगिकी मंत्रालय [名] インド連邦政府科学技術省〈Ministry of Science and Technology〉
विज्ञान कथा [名*] エスエフ；SF 〈science fiction〉 विज्ञान कथा फ़िल्म SF 映画
विज्ञानवाद [名] (1)〔仏〕唯識説；唯識論 (2)〔イ哲〕梵我一如説 (3) 科学万能主義
विज्ञानवादी [名]〔仏〕唯識派
विज्ञान संकाय [名] 大学の理学部
विज्ञानिक [名] 科学者= वैज्ञानिक.
विज्ञानी [名] 科学者 आह हमारे विज्ञानी 嗚呼我らが科学者よ
विज्ञानेश्वर 〔人名・ヒ〕ヴィジュニャーネーシュヴァラ（ヒンドゥー法のヤージュニャヴァルキヤの注釈書である「ミタークシャラー」 मिताक्षरा を著したとされる．12 世紀，デカン）
विज्ञापन [名] (1) 広告；宣伝= इश्तहार. (2) 通知すること；知らしめること विज्ञापन उद्योग 広告業 विज्ञापन एजेंसी 広告会社 **विज्ञापन दाता** 広告主；広告のスポンサー
विज्ञापन कंपनी [名*] 広告会社 विज्ञापन कंपनी में कापीराइटर 広告会社のコピーライター
विज्ञापन पट [名] 看板；広告板= व्यावसायिक विज्ञापन पट; साइन बोर्ड.
विज्ञापनीय [形] (1) 伝えるべき；通知されるべき (2) 通告すべき；公告すべき；告示すべき (3) 広告すべき
विज्ञापित [形] (1) 通知された (2) 通告された；公告された；告示された (3) 広告された
विज्ञापित क्षेत्र [名] 公告示地域（完全な都市部でも完全な農村部でもない地域で自治行政の公告された地域）〈notified area〉= अधिसूचित क्षेत्र; अधिसूचित इलाका.
विज्ञेय [形] 知るべき；認識すべき
विट [名]〔イ演〕(1) 放蕩者 (2) 遊蕩児 (3) 食客 (4) サンスクリット語の演劇で色事に通じた王の取り巻きや食客であったり笑劇バーナ（भाण）に登場し独白の形で演じる粋人，ヴィタ (5) ひも；情夫；娼婦のひも
विटकृमि [名]〔動〕袋形動物線虫綱ギョウチュウ科ギョウチュウ（蟯虫）= चुनचुना; चुन्ना.
विटप [名] (1) 若枝 (2) 低木；灌木 (3) 木；樹木
विटपी [名] 木；樹木= वृक्ष; पेड़; दरख़्त.
विटामिन [名]《E. vitamin》ビタミン विटामिन की गोलियाँ ビタミン錠剤 विटामिन 'ए' व 'सी' ビタミン A と C विटामिन 'डी' ビタミン D
विटो [名]《E. veto》= वीटो. 〔政〕拒否権 सोवियत संघ द्वारा सुरक्षा परिषद् में दूसरी बार दोनों देशों से अपनी सेनाएँ वापस हटाने के प्रस्ताव पर विटो का उपयोग करने पर ソ連が安全保障理事会で再度両国からの撤兵提案に対して拒否権を行使すれば
विट्ठल [名]〔ヒ〕ヴィッタル（マハーラーシュトラ州パンダルプル पंढरपुर に祀られているヴィトーバ） → विठोबा.

विट्रियस [名]《E. vitreous》〔解〕硝子体液 रेटिना के अलावा विट्रियस में भी रक्तस्राव हो सकता है 網膜ばかりでなく硝子体液にも出血の可能性がある

विठोबा [名]〔ヒ〕ヴィトーバー（マハーラーシュトラ地方から南のカルナータカ地方にかけて広まっているヴィシュヌ信仰のワールカーリー派（वारकारी）の崇拝の対象となっているヴィシュヌ神の化身．これはパンダルプル（पंढरपूर）の寺院にに祀られている）＝विट्ठल.

विडंबक [形] (1) 物真似をする (2) 真似をして人をからかう (3) からかう；嘲る

विडंबन [名] (1) 物真似 (2) からかい；愚弄；嘲笑

विडंबना [名*] (1) 物真似；からかい；からかって人真似をすること (2) 皮肉なこと；皮肉な結果；お笑い種；傑作なこと；おかしく奇妙なこと विडंबना यह है कि हमीं लोग भीख देकर उनका हौसला बढ़ाते हैं お笑い種なのは我々がその連中に施しを与えて元気づけているということだ (3) いらだたしさ；忌々しさ；無念さ

विडंबित [形] (1) 真似られた (2) 嘲笑された (3) 欺かれた

विडरना [自] (1) 散らばる；散り散りになる＝इधर उधर हो॰; तितर बितर हो॰. (2) 逃げる；逃げ出す；走る；走り出す＝भागना; भाग खड़ा हो॰.

विडारक [名] (1)〔動〕ネコ（猫）＝बिडाल; बिलाव; बिल्ली. (2) ジャコウネコ科ジャコウネコ＝मुश्क बिलाव.

विडारना [他] (1) 散らす；散乱させる＝छितराना. (2) つぶす；台無しにする＝नष्ट क॰. (3) 追う；追いかける＝भगाना.

विडाल [名] (1) 眼球 (2) 猫＝बिल्ली. (3) ジャコウネコ＝मुश्कबिलाव.

विडाली [名*] 猫；雌猫

विडियो [名]《E. video》(1) ビデオ (2) ビデオレコーダー＝वीडियो.

वितंडा [名*] (1) あら探し；揚げ足取り (2) 屁理屈をこねること；無駄な論争

वितंस [名] 鳥獣を捕らえるための網

वितत [形] (1) 広げられた；引き延ばされた (2) 引っ張られた (3) なされた；完了した

वितथ [形] (1) 嘘の；虚妄の＝झूठ; मिथ्या. (2) 無駄な；無益な；無意味な＝निरर्थक; व्यर्थ.

वितनु [形] 繊細な；きゃしゃな；か細い

वितरक[1] [形] (1) 配布する (2) 分配する (3) 配給する (4) 流通させる

वितरक[2] [名] (1) 配布者 (2) 分配者 (3) 配給者；配給元 (4) 流通業者；卸商

वितरण [名] (1) 配布 (2) 分配 खाद्य पदार्थों का वितरण 食料品の分配 (3) 配給 (4) 流通 (5) 分布 स्थानिक वितरण 地域分布 (6) 配分 राज्य की भौगोलिक स्थिति को देखते हुए सिंचाई राशि का वितरण गड़बड़ है 州の地勢を考えると灌漑費の配分はおかしい

वितरित [形] (1) 配布された (2) 分配された (3) 配給された **वितरित क॰** 配る；配布する उससे कुछ महीने पहले एक विधेयक का मसौदा कुछ लोगों में वितरित किया 数か月前に法案の草案を一部の人に配布した

वितर्क [名] (1) 反論 (2) 論議 तर्क-वितर्क 議論

वितल [名] (1)〔イ神〕ヴィタラ界（プラーナ文献における地下界に想定されている七界の内の上から第 2．第 3 とされることもある） (2) 深海；深海の底

वितस्ता [名*] ヴィタスター川（パキスタン領パンジャーブを流れるジェーラム川の古名）

वितस्ति [名] ヴィタスティ（長さの単位の一，親指と人差し指を一杯に拡げた長さ．約 9 インチ）；スパン

वितान [名] (1) 打つこと；叩くこと (2) 非難；叱責

वितान [名] (1) 広がり＝फैलाव; विस्तार. (2) 天蓋＝चँदोवा.

वितानना [他]（天幕などを）広げる；張る

वितीर्ण[1] [名] ＝वितरण.

वितीर्ण[2] [形] (1) 越えた；渡った (2) 与えられた；委ねられた

वितुंड [名] 象＝हाथी.

वितृष्णा [名*] (1) 嫌気；嫌悪感 जहाँ रमेशनगर में फिर से घूमने का चाव था, वहाँ साथ-ही-साथ एक प्रकार की वितृष्णा भी थी ラメーシュナガルをもう 1 度歩き回りたい気持ちと同時に一種の嫌悪感もあった (2) おぞましさ लाशों की सड़ांध और वितृष्णा के कारण 死体の腐臭とおぞましさのために (3) 欲望のないこと；無欲 (4) 激しい欲望

वित्त [名] (1) 富；財＝धन; संपत्ति. (2) 財政；財務 बजट के माध्यम से संसद राष्ट्रीय वित्त पर अंकुश रखता है 予算案を介して議会は国家財政を統御する

वित्त मंत्रालय [名] インド連邦政府大蔵省（財務省）〈Ministry of Finance〉

वित्त मंत्री [名] 大蔵大臣；蔵相；財務大臣

वित्त वर्ष [名] 会計年度 वित्त वर्ष के आरंभ से पूर्व 会計年度の開始以前に वित्त वर्ष अप्रैल-मार्च ही रहेगा 会計年度は 4 月から 3 月までのまま

वित्त-साधन [名] 財源

वित्तहीन [形] 貧しい；財力のない＝धनहीन; दरिद्र; गरीब.

वित्तीय [形] 財政の；財政上の साम्राज्य की वित्तीय हालत 帝国の財政状態 वित्तीय प्रतिबंध 財政上の制限 वित्तीय मदद दे॰ 財政上の援助を与える वित्तीय संकट 財政危機

वित्तीय वर्ष [名] 会計年度＝वित्त वर्ष. चालू वित्तीय वर्ष 現会計年度 1981-82 के वित्तीय वर्ष में 1981–82 会計年度に

वित्तीय संस्थान [名] 金融会社 अधिकांश वित्तीय संस्थानों का पैसा डूब गया है ほとんどの金融会社の貸し金が回収不能になっている

वित्रस्त [形] 甚だしく怯えた；震えあがった

वित्रास [名] 怯え；恐怖；恐怖心＝आतंक; भय; डर.

वित्रासन [名] 怯えさせること；恐怖を与えること；恐ろしがらせること；怖がらせること

विथकना [自] 疲れる；くたびれる；疲労する；ぐったりする

विथकित [形] 疲労した；疲れはてた；疲労困憊した

विथराना [他] 撒く；撒き散らす

विथारना [他] (1) 広げる (2) 撒く；撒き散らす

विथुर[1] [名] (1) 盗人；盗賊 (2) ラークシャス राक्षस

विथुर[2] [形] (1) わずかの；少量の；少しの (2) 悲しんでいる

विथुरना [自] 広がる；散らばる；散乱する

विथुरा [名*] (1) 夫と離れて暮らしている女性 (2) 夫に死なれた女性

-विद् [造語]（一を）知る，（一の）知識を持つなどの意を有する合成語の構成要素 सर्वविद् 全知の

विदकना [自] 怯える；ひるむ＝बिदकना.

विदग्ध [形] (1) 燃えた；焼けた (2) 苦労した；苦労を重ねた (3) 熟達した；熟練した

विदग्धता [名*] ←विदग्ध. 熟達；熟練

विदग्धा [名*]〔イ文芸〕ヴィダグダー（परकीया の分類の一．人妻，もしくは，未婚の女性で言葉，あるいは，身振りや振る舞いで自分の思いを表し男性を巧みに誘惑する）

विदर [名] 穴；裂け目；割れ目＝रंध्र; विवर; दरार.

विदरण [名] 裂くこと；引き裂くこと；破ること

विदरना[1] [自] 裂ける；引き裂かれる；破れる

विदरना[2] [他] (1) 裂く；引き裂く；破る (2) 苦しめる

विदर्भ [地名] ヴィダルバ（今日のマハーラーシュトラ州バラール地方 बरार の古称）

विदलना [他] (1) 押しつぶす；押して割る；砕く；ひしゃぐ (2) すりつぶす (3) 引き裂く；裂く

विदलित [形] (1) 押しつぶされた；割られた；割れた；砕かれた；ひしゃげた (2) すりつぶされた (3) 裂かれた

विदा [名*]《A. وداع वदाअ》(1) 暇乞い；別れ；告別 (2) 結婚した女性が婚家へ赴くこと，もしくは，里帰り **विदा क॰** 帰らせる；戻らせる；別れを告げる उसने बूढ़े नौकर को प्रेमपूर्वक समझा-बुझाकर विदा कर दिया 年老いた使用人を説得して故郷へ帰らせた सब को विदा करते समय कपड़े-लत्ते भी दिए गए थे 別れ際には全員に衣類なども与えられた प्रसन्न हो राजा ने व्यापारी को उचित पुरस्कार देकर विदा कर दिया 王は喜び商人に然るべき褒美を取らせて帰らせた उन्होंने श्यामा को विदा नहीं किया 彼はシャーマーに里帰りをさせなかった **विदा कराना** 嫁ぎ先から里帰りをさせる（そのために迎えに兄弟などが赴くこと；兄弟などが嫁入り先に迎えに行く） नंदन गया है गौरी को विदा कराने ナンダンはガウリーを迎えに出掛けている **विदा दे॰** 別れを告げる आँखों से मुझे विदा देती है 目で別れを告げる **विदा ले॰** 暇乞いする；別れの挨拶をする अपनी बुआ से विदा लेने चल पड़ी 伯母に暇乞いをするために出掛けた

विदाई [名*] → विदा. (1) 別れ (2) 別れの挨拶 (3) 餞別 (4) 送別会；お別れパーティー= विदाई समारोह. हास्टल में उसे बड़ी शानदार विदाई मिली थी 寮で盛大な送別会をしてもらった **विदाई दे॰** 別れを告げる स्टेशन पर भावभीनी विदाई देकर वापस आए 駅で感動的な別れを告げて戻った

विदाय [名] = विदाई.

विदारक [形] 引き裂く；裂く

विदारण [名] (1) 裂くこと；引き裂くこと；破砕 (2) 破壊すること

विदारना [他] 裂く；引き裂く；破る= फाड़ना.

विदारित [形] 裂かれた；引き裂かれた= फाड़ा हुआ.

विदारी [形] = विदारक.

विदित [形] 知られた；判明した；明らかになった विदित हो कि जापान में छोटा फ़ार्म एक तथा बड़ा फ़ार्म दो हेक्टर का होता है 日本では小農の土地は 1 ヘクタール，大農の土地は 2 ヘクタールと了解されたい

विदिशा 〔地名〕ヴィディシャー（マッディヤ・プラデーシュ州のサーンチー साँची 近くに位置する古代商業都市）

विदीर्ण [形] (1) 裂かれた；裂けた；引き裂かれた (2) 砕かれた；潰された मानो मेरे इस प्रश्न ने उसके हृदय को विदीर्ण कर दिया है 私のこの問いはあたかもあの人の胸を引き裂いたかのようであった

विदु [名] 象の眉間のくぼみ

विदुर[1] [形] 知恵のある；賢い；聡明な

विदुर[2] [名]〔マハ〕ヴィドゥラ（クル族の勇士で正義の人として知られた．ヴィヤーサ व्यास とアムビカー अम्बिका の子．ドリタラーシュトラとパーンドゥの異母兄弟） **विदुर का साग** 〔諺〕貧者の一灯

विदुष [名] 知者；賢者；学者→ विदुषी.

विदुषी [名*]（女性の）知者；賢者；学者→ विदुष. गणित के क्षेत्र में अद्वितीय प्रतिभा रखनेवाली विदुषी 数学にかけては比類のない才能を持つ学者 आप भी तो विदुषी हैं, आप भी क्यों नहीं परीक्षा देतीं? あなたもすぐれた知性をお持ちです．なぜ試験をお受けにならないのですか

विदूर[1] [形] とても遠方の；甚だ遠い；遠く離れた

विदूर[2] [名] はるか遠方の国；はるか遠くの土地

विदूषक [名] (1)〔演〕（インドの伝統的な演劇で重要な役割を果たす）道化役 (2) 道化者；ひょうきん者

विदूषणन [名] (1) 非難；けなすこと (2) 汚すこと；汚染

विदूषित [形] (1) 非難された；けなされた (2) 汚された；汚染された हमें वातावरण को गंदा या विदूषित नहीं करना चाहिए 環境を汚すこと，すなわち，環境汚染をしてはならない

विदेश [名] 外国；異国 वह विदेश पढ़ने गया हुआ है 留学している；留学中の विदेश भ्रमण 外遊；外国旅行

विदेशज [形] 外来の（動植物） विदेशज प्राणी 外来動物

विदेशनीति [名*] 外交；外交方針；外交政策 हमारी विदेशनीति わが国の外交 विदेशनीति पर अडिग रहें 外交では不動であれ（動揺するな）

विदेश मंत्रालय [名] 外務省〈Ministry of External Affairs〉

विदेश मंत्री [名] 外務大臣 अमेरिकी विदेश मंत्री アメリカ合衆国国務長官

विदेश-व्यापार [名] 貿易；外国貿易 भारत का विदेश-व्यापार インドの外国貿易

विदेश सेवा [名*] 外交官勤務

विदेशागत [形] 外来の；外来種の= विदेशज.

विदेशी [形] (1) 外国の विदेशी सत्ता का सामना क॰ 外国の権力に対抗する विदेशी शब्द 外来語 (2) 外国製の विदेशी घड़ी 外国製の腕時計 विदेशी माल का बहिष्कार 外貨排斥；舶来品のボイコット (3) 外国への विदेशी दासता के कारण 外国に隷従していたために (4) 外国系の；外国からの；外資系の विदेशी दवा कंपनी 外資系の製薬会社 विदेशी मदरसों में पढ़कर 外国系の学校で学んで

विदेशीय [形] = विदेशी.

विदेस [名] → विदेश.

विदेह [地名] ヴィデーハ（北部ビハールのミティラー地方にあったとされる古代の国）

-विद् [造語]（ーを）知る，（ーの）知識を有する，（ーの）専門知識を持つなどの意を加える造語要素 भाषाविद् 言語学者

विद्ध [形] (1) 穴をあけられた；貫かれた；貫通された (2) 突き刺さった

विद्यमान [形] 存在する；ある；現存の भारत के मूल निवासियों में पहले से ही वर्णव्यवस्था जैसी व्यवस्था विद्यमान थी インドの原住民の間には元々ヴァルナ制のような制度が存在していた वायु में विद्यमान जलवाष्प की मात्रा को आर्द्रता कहते हैं 空気中にある水蒸気の分量を湿度という वे सभी गुण उनमें विद्यमान थे これらの一切の性質はそれらに存在していた

विद्या [名*] (1) 知識 (2) 学問；専門知識 (3) 教育

विद्याकर [名] 学者；賢者

विद्यागुरु [名] 師；師匠；恩師

विद्याधर [名]〔イ神〕ヴィディヤーダラ（地上界と天上界との中間にいるとされる半神半人，もしくは，下級の神格） वह कोई और नहीं, एक विद्याधर था जो श्रीपाल की मदद के लिए आया था それはシュリーパールの応援にやって来たヴィディヤーダラに違いなかった

विद्याधरी [名*]〔イ神〕ヴィディヤーダリー（ヴィディヤーダラの女性）

विद्याध्ययन [名] 学習；学問研究 विद्याध्ययन क॰ 学習する；研究する

विद्यानुरागी [形] 勉強好きな；学問好きな स्वभाव से विद्यानुरागी 生まれつき勉強好きな

विद्यापति 〔人名・文芸〕ヴィディヤーパティ（14〜15 世紀のミティラー地方 मिथिला の詩人．アヴァハッタ अवहट्ट，すなわち，後期アパブランシャ語による作品が有名）

विद्यापीठ [名] 学校；学舎；学府（一般には専門学校，大学などの高等教育機関を指す）

विद्याभ्यास [名] 勉強；学習= विद्याध्ययन. शेष अपने घरों पर ही विद्याभ्यास करती थीं 残りは自宅で勉強していた

विद्या मंदिर [名] 学園；学校；学問の場

विद्यारंभ [名]〔ヒ〕ヒンドゥーの通過儀礼の一で 5〜6 歳にかけて行われた就学式，もしくは，学習始めの儀礼

विद्यार्थिनी [名*] 女子学生；女学生；女生徒= छात्रा. → विद्यार्थी

विद्यार्थी [名] 学生；生徒= छात्र. → विद्यार्थिनी. विद्यार्थी आंदोलन 学生運動 हमारे देश में भी विद्यार्थी आंदोलन चल रहा है わが国でも学生運動が行われている विद्यार्थी-जीवन 学生生活

विद्यालय [名] 学校や学舎など次のように学校全般を表す माध्यमिक विद्यालय 中等学校 उच्चतरमाध्यमिक विद्यालय 高等学校；後期中等学校 महाविद्यालय 大学 = विश्वविद्यालय. なお，小学校の意では = पाठशाला.

विद्यालय निरीक्षक [名] 視学官= इंस्पेक्टर; स्कूल इंस्पेक्टर.

विद्यालय शुल्क [名] 授業料= फ़ीस.

विद्युत् [名*] (1) 雷；稲妻= बिजली; वज्र. (2) 電気= बिजली. **विद्युत् की भाँति** 稲妻のように；瞬時に；またたく間に；電撃的に ख़बर विद्युत् की भाँति फैल गई 知らせはまたたく間に広まった विद्युत् शवदाह गृह 電気火葬場 **स्थिर विद्युत्** 静電気

विद्युत्-आघात [名] 落雷 विद्युत्-आघात के फलस्वरूप 落雷の結果

विद्युत्-आवेश [名] 電荷 उसमें धन या ऋण कैसा भी विद्युत्-आवेश नहीं होता それには正負いずれの電荷もない

विद्युत् ईल [名*]《H. + E. eel》〔魚〕電気ウナギ〈electric eel〉

विद्युत्-उपकरण [名] 電気器具

विद्युत्करण [名] 電化

विद्युत्चालकता [名*] 電気伝導性〈electric conductivity〉

विद्युत्-चुंबक [名] 電磁石 विद्युत्-चुंबक का सिद्धांत 電磁石の原理

विद्युत्-जनित्र [名] 発電機= जनरेटर.

विद्युत्-दर्शक [名]〔電〕検電器= विद्युत्-दर्शी; टेस्टर. विद्युत्-दर्शक की सुई 検電器の針

विद्युत् धारा [名*] 電流

विद्युत्-प्रकाश [名] 電光〈electric light〉

विद्युत् मंत्रालय [名] インド連邦政府電力省〈Ministry of Power〉

विद्युत्-मापी [名]〔電〕電位計〈electrometer〉

विद्युत्-माला [名*] 稲光；稲妻

विद्युत्-रोधन [名]〔電〕絶縁〈insulation〉

विद्युत्-रोधी [形]〔電〕絶縁の；絶縁体の〈insulator〉 विद्युत्-रोधी खोल 絶縁被覆

विद्युत्-लेपन [名]〔電〕電気メッキ〈electroplating〉
विद्युत्-विश्लेषण [名]〔電〕電気分解
विद्युत्-शक्ति [名*] 電力 विद्युत्-शक्ति का उत्पादन यंत्र 発電機
विद्युत् सिलाईमशीन [名*]《H. + E. machine》電動ミシン
विद्युत्-हृद् लेख [名]〔医〕心電図
विद्युतीकरण [名] 電化〈electrification〉 रेलमार्ग पर विद्युतीकरण 鉄道の電化 विद्युतीकरण योजना 電化計画
विद्युल्लता [名*] 稲光；稲妻〈streak of lightning〉
विद्योत[1] [名*] (1) 雷 (2) 光り；輝き；光輝
विद्योत[2] [形] 光る；光りを放つ
विद्योतन [形] 光らせる；輝かせる
विद्योपजीवी [形] 学識で生計を営む；知的労働をする विद्योपजीवी वर्ण 知的労働に従事するヴァルナ，もしくは，種姓
विद्रव [名] 溶解
विद्रुम [名] サンゴ（珊瑚）= प्रवाल; मूँगा.
विद्रूप[1] [名] (1) 奇怪さ (2) 醜さ；醜悪さ (3) 皮肉；嫌味 एक विद्रूप भरी मुसकराहट के साथ 嫌味たらしい微笑を浮かべて
विद्रूप[2] [形] (1) 奇怪な (2) 醜い；醜悪な
विद्रूपता [名*] ←विद्रूप[2]. वह जीवन की विद्रूपताओं को हँसता खेलता निगल जाता है 人生の醜悪さを笑い飛ばし飲み込んで行く人
विद्रोह [名] (1) 反抗 (2) 叛乱；反乱；反逆；謀反
विद्रोही[1] [形] (1) 反抗的な (2) 反乱の；反乱を起こしている；反逆する विद्रोही कबीला 反乱部族
विद्रोही[2] [名] アウトサイダー；反体制派；反逆者
विद्वज्जन [名] (1) 学者 (2) 賢者 (3) 聖者
विद्वत्ता [名*] 学殖；蘊蓄
विद्वत्तापूर्ण [形] 学殖豊かな；蘊蓄のある विद्वत्तापूर्ण भाषण 蘊蓄を傾けた講演
विद्वान् [名] 学識のある人；学者 प्रकांड विद्वान 卓越した学者
विद्वेष [名] (1) 憎悪；憎しみ (2) 敵愾心；敵意
विद्वेषी[1] [形] (1) 憎む (2) 敵意を持つ
विद्वेषी[2] [名] 敵；仇
विधना[1] [名] ブラフマー神= ब्रह्मा.
विधना[2] [名*] 運命；宿命= होनी.
विधर्म[1] [形] (1) 人倫，人道，道義，徳義などに反する (2) 不正な；不法な；正義に反する
विधर्म[2] [名] (1) 異教；異端の信仰 (2) 異教を信じること (3) 道義や徳義に反すること；不正
विधर्मी [名] 異教徒 पति के विधर्मी हो जाने पर भी 夫が異教徒になった場合にも
विधवा [名*] 夫の死亡した女性；未亡人；寡婦 विधवा विवाह 寡婦の再婚 विधवा विवाह निषेध 寡婦再婚の禁止
विधवापन [名] ←विधवा. 夫の死亡後も再婚せずに暮らすこと；未亡人の身の上
विधवालय [名] 身寄りのない未亡人の保護施設
विधवा विवाह [名] 未亡人の再婚；寡婦再婚
विधवाश्रम [名] = विधवालय.
विधा [名*] (1) 様式；種別；ジャンル निबंध गद्य साहित्य की एक प्रमुख विधा है エッセイは散文学の主要なジャンルの一である (2) 方法
विधाता [名] (1) 創造者；創造主 (2) ブラフマー神 (3) ヴィシュヌ神 (4) シヴァ神 (5)〔韻〕ヴィダーター韻律（各パーダが 28 モーラから成るモーラ韻律. 14 - 14 で休止. 第 1，第 8，第 15 のマートラーは लघु と定められている）= विधाता छंद.
विधान [名] (1) 規定；制定 शास्त्रों में प्रायश्चित्त का विधान है シャーストラに贖罪が規定されている (2) 規則；決まり (3) 法；法律；法令
विधान परिषद् [名*] インドの州上院（二院制の行われている州での）〈Legislative Council〉 बिहार विधान परिषद् के उपसभापति का इस्तीफ़ा ビハール州上院副議長の辞表
विधान मंडल [名] 州の立法府；州議会 उत्तर प्रदेश में द्विसदनीय विधान मंडल है ウッタル・プラデーシュ州の議会は二院制である
विधान सभा [名*] 二院制のインドの州下院〈Legislative Assembly〉 विधान सभा चुनाव 州下院選挙；州議会選挙
विधान सभाई [形]（インドの）州下院の विधान सभाई चुनाव 州下院の選挙
विधायक[1] [形] (1) 規定する；制定する (2) 創造する
विधायक[2] [名] インドの州議会議員 भूतपूर्व अकाली विधायक 元アカーリー党州議会議員
विधायक मंडल [名] 州立法府；州議会= विधान मंडल.
विधायिका [名*] 立法府 केंद्रीय विधायिका को संसद कहते हैं 中央の立法府を国会という
विधायी [形] 法律制定の；立法の〈legislative〉 विधायी कार्य 立法機能
विधि [名*] (1) 法；法律 (2) 方法；手順 फल-सब्ज़ी परिरक्षण की विधियाँ 果物や野菜の保存法 स्थानीय दशाओं को ध्यान में रखकर पानी को पीने योग्य बनाने की भिन्न-भिन्न विधियाँ प्रयोग में लाई जाती हैं 地域の状況を考慮して水を飲料水にする様々な方法が用いられる (3) 様式；形式 सिक्खों की प्रार्थना की विधि シク教徒の礼拝様式 हिंदू विधि से पूजन करना ヒンドゥー式の礼拝を行う (4) 儀式；祭式；儀礼；儀軌 (5) 決まり；規定 (6) 天（万物を支配する神）；ブラフマー विधि को भी दया नहीं आई 天も哀れに思わなかった (7)〔言〕指令法〈injunctive mood〉 **विधि का लिखा** 運命づけられていること；天命 **विधि का लेख** = विधि का लिखा. **विधि की विडंबना** 不運；非運 **विधि दाहिने हो॰** 運が向いてくる；運が開ける **विधि बैठना** うまく調和する；調子が合う **विधि मनाना** 神に祈る **विधि मिलाना** 収支の均衡を図る **विधि वाम हो॰** 運に見放される；運のつきがない **विधि विपरीत हो॰** = विधि वाम हो॰. **विधि सम्मुख हो॰** 天が味方する
विधि आयोग [名] 法制審議会〈law commission〉
विधिक [形] (1) 法的な (2) 正式な (3) 合法的な
विधिकर्ता [名] 立法者
विधिज्ञ [名] (1) 法律家；弁護士 (2)〔ヒ〕ヒンドゥー法典の学者
विधितः [副]〔法〕(1) 法的に；法律上 (2) 正当に；適法に〈ipso jure; dejure〉
विधिना [名] (1)（万物を支配する）天 (2) ブラフマー神= ब्रह्मा; विधना.
विधिनिर्माण [名] 立法= कानून बनाना.
विधिनिषेध [名] 合法及び非合法事項の規定
विधि, न्याय और कंपनी कार्य मंत्रालय [名] インド連邦政府法務省〈Ministry of Law, Justice and Company Affairs〉
विधिपुत्र [名]〔イ神〕リグヴェーダの賛歌の作者，あるいは，七大聖者の一とされる聖者ナーラダ（नारद）の異名
विधिपूर्वक [副] 正しく；正規に；規定通りに
विधिभंग [名]〔法〕法律違反〈breachi of law〉
विधि मंत्रालय [名] 法務省
विधिमंत्री [名]〔法〕法務大臣
विधिमान्य [形] 法的に有効な；合法的な
विधिमान्यता [名*]〔法〕合法性〈validity〉
विधिरानी [名*] サラスヴァティー神 सरस्वती（ブラフマー神妃）
विधिलोक [名]〔イ神〕ブラフマー神の天界ブラフマローカ（ब्रह्मलोक）
विधिवत्[1] [副] (1) 正式に；正規に；規定に則って 11 अप्रैल को कंबोडिया विधिवत् गणतंत्र राज्य बन गया カンボジアは 4 月 11 日に正式に共和国になった (2) 儀式や儀規に則って विधिवत् अग्नि में डालना 儀規に則って火にくべる
विधिवत्[2] [形] (1) 正式の；正規の अखिल भारतीय कांग्रेस समिति के विधिवत् सदस्य 全インド会議派委員会の正式メンバー विधिवत् प्रशिक्षण 正規の訓練 (2) 正確な；規定通りの प्राथमिक उपचार की विधिवत् जानकारी 応急手当についての正確な知識 विधिवत् रूप से 規定通りの方法で (3) 儀式や儀礼に則った विधिवत् पूजा 正式のプージャー
विधिविधान [名] 儀礼；儀式；祭式 हिंदू धर्म का आधार किसी विशेष सिद्धांत को मानना या कुछ विशेष विधि-विधानों का पालन करना नहीं है ヒンドゥー教の基本は何か特定の信条を信じたり特別の儀礼を守ったりするすることではない
विधिविरुद्ध [形] (1) 違法な〈unlawful〉 (2) 規定や規律に反する
विधिविशेषज्ञ [名] 法律家；法律専門家
विधिविहित [形] (1) 規定通りの；規定された (2) 法に定められた；法定の
विधिवेत्ता [名] 法学者；法律専門家
विधिशासन [名] 法律に基づく統治；法治
विधिशास्त्र [名] 法律学；法学

विधिशास्त्री [名] 法学者；法律学者
विधिसंकाय [名] 法学部〈faculty of law〉
विधिसंगत [形] 法律にかなった；合法的な；適法な＝विधिसम्मत.
विधिसम्मत [形] 合法の；適法の〈lawful; legitimate〉
विधिसलाहकार [名] 法律顧問
विधिस्नातक [名] 法学士
विधु [名] 月；太陰＝चंद्रमा.
विधुमास [名] 太陰月
विधुमुखी [形*・名*] 美人（の）；美貌の（女性）
विधुर[1] [形] (1) 悩んでいる；苦しんでいる (2) 落ち着きのない；不安な (3) 孤独な (4) 妻に死なれた；妻を失った；男やもめの
विधुर[2] [名] やもめ（鰥夫）；男やもめ निस्संतान विधुर 世継ぎのいない男やもめ
विधुवदनी [名*] ＝विधुमुखी.
विधूत [形] (1) 震えている；震動している (2) 揺れている (3) 捨てられた (4) 引き離された；分離された
विधूति [名*] 震え
विधृत [形] (1) 捕らえられた (2) 離された；分離された (3) 止められた
विधृति [名*] (1) 分離 (2) 分割 (3) 秩序 (4) 規律
विधेय[1] [形] (1) 命じられるべき；指令されるべき (2) 手に入れるべき (3) 規定されるべき (4)〔言〕述部の
विधेय[2] [名]〔言〕術語；述部〈predicate〉
विधेयक[1] [名] (1) 法案 विधेयक का संसद में पास हो॰ 法案が議会を通過する
विधेयक[2] [形]〔言〕叙述的な
विधेय क्रिया [名*]〔言〕定動詞；定形動詞；述語動詞〈finite verb〉
विधेयनाम [名]〔言〕叙述名詞〈predicate noun〉
विधेयविशेषण [名]〔言〕叙述形容詞〈predicative adjective〉
विधेयसंज्ञा [名*]〔言〕叙述名詞〈predicate noun〉
विध्यर्थक [形]〔言〕可能法の विध्यर्थक वृत्ति〔言〕可能法〈potential mood〉
विध्यात्मक [形] 肯定的な
विध्वंस [名] 破壊；取り壊し
विध्वंसक[1] [形] 破壊する；破壊的な विध्वंसक शक्ति 破壊力 युद्धपोत मैसूर की विध्वंसक शक्ति ： छह इंच की तीन तोपें 戦艦マイソールの破壊力－6インチ砲3門
विध्वंसक[2] [名]〔軍〕駆逐艦〈destroyer〉
विध्वंसकारी [形] 破壊する；破滅させる विध्वंसकारी कार्य 破壊活動
विध्वंसात्मक [形] 破壊する；破壊的な；ぶち壊す वह और विध्वंसात्मक रूप लेने लगा 更に破壊（活動）的な様相を取り始めた
विध्वस्त [形] 破壊された；つぶされた；ぶち壊された
-विन् [接尾] サンスクリット語の語幹に添えられて所有を表す語を作る．作られた語のヒンディー語における語尾は -वी (-विनी*) となる． ओजस् 輝き→ओजस्वी 輝きを放つ तपस् 苦行→तपस्वी（तपस्विनी）苦行を行う
विन [前置] → विना; बिना; बगैर.
विनत [形] (1) 屈んだ；傾いた (2) 頭を下げた (3) 控え目な；謙虚な；丁重な
विनति [名*] (1) 傾き；指向＝झुकाव. (2) 謙虚さ；丁重さ＝नम्रता; विनय.
विनती [名*] (1) 祈り (2) 願い；懇願；頼み；要請；嘆願 (-से) विनती क॰ （－に）祈る；願い上げる；懇願する；嘆願する आगे कुछ मत कहो, मैं तुमसे विनती करती हूँ もうそれ以上仰いますな．お願い申し上げます मैं राजा से विनती करता हूँ 国王にお願い申し上げます
विनद्ध [形] (1) 結ばれた (2) つながれた
विनमन [名] (1) かがむこと；折れ曲がること；傾くこと (2) 慎み深く体を曲げること
विनम्र [形] (1) 恭しい；丁重な；丁寧な विनम्र व्यवहार 丁重な振る舞い (2) 謙虚な；控え目な विनम्र विद्वान 謙虚な学者
विनम्रता [名*] ←विनम्र. (1) 丁重さ (2) 謙虚さ सब का दास बनने की विनम्रता 万人の下僕になる謙虚さ **विनम्रता से** うやうやしく；丁重に उसने विनम्रता से उत्तर दिया うやうやしく答えた
विनम्रतापूर्वक [副] うやうやしく；丁重に वह बड़ी विनम्रतापूर्वक हाथ जोड़कर बोला 大変うやうやしく手を合わせて言った
विनय [名*] (1) 節度；慎み；礼節 नशेबाज़ लोग कितने मुँहफट होते हैं, विनय तो वह जानते ही नहीं? 酒飲み連中の口の悪さと言ったらない．礼節なんか全くわきまえてはいないんだから (2) 謙遜；謙虚さ (3) 規律 (4) 戒律；律
विनय पिटक [名]〔仏〕律蔵
विनयपूर्वक [副] (1) 慎み深く；控え目に (2) 謙虚に विनयपूर्वक बोलना 慎み深く話す
विनयशील [形] (1) 親しみ深い；礼節をわきまえた；上品な (2) 謙遜した；謙虚な
विनयशीलता [名*] ←विनयशील. (1) 慎み深いこと (2) 謙虚さ
विनयी [形] 謙虚な；謙遜する；丁重な；うやうやしい गुरुजन व अध्यापक वर्ग के प्रति वे सदैव विनयी रहे 師匠に対して常に謙虚だった
विनशन [名] 破壊すること；破滅させること；壊滅させること
विनष्ट [形] 破壊された；破滅させられた；壊滅した विनष्ट क॰ 破壊する；壊滅させる समाज में समानता लाने के पहले उस रूढ़ि को समूल विनष्ट करना है 社会に平等をもたらす前にその風習を根こそぎ打ち砕かなくてはならない इस सांप्रदायिक बुद्धि को विनष्ट करने में समर्थ このコミュナルな意識を壊滅させうる
विना [前置・後置] -के を介して，あるいは，介さずに名詞類に先行，もしくは，後接して「－なしに，－せずに，－を欠いてなど」の意の副詞句を作る＝बिना; बगैर. विना शर्त 無条件に；条件なしに देखे विना ＝ विना देखे 見ずに विना सोचे-समझे 無思慮に；考えなしに
विनायक[1] [名] ガネーシャ神 गणेश
विनायक[2] [形] 災厄を除く；障害を取り除く
विनायक चतुर्थी [名*]〔ヒ〕マーグ月の白分4日．この日厄除けのためガネーシャ神に祈りが捧げられる＝गणेश चतुर्थी.
विनाश [名] 滅亡；破滅；壊滅；荒廃 विनाश को निमंत्रण दे॰ 破滅を招く यदि ऐसा नहीं हुआ तो मनुष्य जाति का विनाश हो जाएगा もしそうならなければ人類は滅びることになろう **विनाश काले विपरीत बुद्धि**〔諺〕不運な時には人の正常な判断力も失われるものである；貧すりゃ鈍する
विनाशक [形・名] → विनाशकारी.
विनाशकारी [形] 滅ぼす；破滅をもたらす；破滅的な；破壊的な；荒廃させる विनाशकारी कार्य 破壊活動；破壊行為 विनाशकारी बाढ़ 破滅的な洪水
विनाशिनी [形*] → विनाशी. दुर्गति नाशिनी और पाप विनाशिनी गंगा 不幸を打ち砕き罪障を滅ぼすガンジス川
विनाशी [形] 破滅させる；滅ぼす；荒廃させる
विनाशोन्मुख [形] 破滅に向かう；滅亡に向かう
विनास[1] [形] 鼻のない；鼻の欠けた
विनास[2] [名] → विनाश.
विनिमय [名] 交換〈exchange〉 विचार-विनिमय 意見交換
विनिमय दर [名*] 交換レート；為替レート；為替相場〈exchange rate〉 येन की विनिमय दर 円の為替レート
विनियंत्रण [名] 統制解除；統制撤廃〈decontrol〉
विनियम [名] 条例；規定；規則〈regulation〉
विनियमन [名] 規定（すること）；規制（すること）
विनियमित [形] 規制された；統制された
विनियोग [名] 充当；割り当て
विनियोजन [名] 充当；割り当て〈appropriation〉
विनियोजित [形] 充当された
विनिर्गम [名] (1) 外へ出ること；枠や範囲の外へ出ること (2) 出発；出立＝प्रस्थान. (3) 旅立ち
विनिर्दिष्ट [形] 特定の；明示された〈specific〉
विनिर्देश [名] 明細；明細事項〈specification〉
विनिर्देशित [形] ＝विनिर्दिष्ट.
विनिर्माता [名] 製作者；製造者〈manufacturer〉
विनिर्मित [形] 特製の
विनिर्मिति [名*] 創作；創造；建造
विनिवेश [名] (1) 入ること (2) 居住すること
विनिश्चय [名] 決定；決済
विनिश्चल [形] 安定した；不動の；固定された
विनिषिद्ध [形] 禁制の；禁止の विनिषिद्ध व्यापार 密貿易；密輸＝स्मगलिंग; तस्करी.

विनीत [形] (1) 謙遜する；謙虚な (2) 品のある；品位の備わった (3) 丁重な；うやうやしい (4) 自己抑制のある
विनीति [名*] = विनय.
विनोद [名] (1) 面白いこと；愉快なこと；楽しいこと；滑稽なこと；軽妙なこと；ユーモア विनोदभरे कटाक्ष से 軽妙な当てこすりで (2) 慰み；楽しみ；遊び；娯楽 हमें विनोद सूझा 私たちは面白い遊びを思いついた बच्चों से विनोद क॰ 子供を相手に遊ぶ
विनोदपूर्ण [形] 愉快な；軽妙な；しゃれた；面白い विनोदपूर्ण बातें 愉快なこと
विनोदप्रिय [形] 愉快な；陽気な；軽妙な；冗談好きな；しゃれのうまい
विनोदवृत्ति [名*] ユーモア精神；しゃれっ気
विनोदशील [形] = विनोदप्रिय.
विनोदिनी [形*] ←विनोदी. वह अपने वर्ग की अन्य रमणियों की भाँति प्रसन्नमुख और विनोदिनी थी 仲間の美女たちのようににこやかで陽気な人だった
विनोदी [形] (1) ユーモアのある；冗談好きな；しゃれのうまい；陽気な；愉快な विनोदी स्वभाव का व्यक्ति 愉快な性格の人 (2) 冗談の；冗談めかした किसी ने विनोदी ढंग से उनसे यह पूछा だれかが冗談めかしてあの方にこうたずねた
विनोबा भावे 〔人名〕ヴィノーバー・バーヴェー（ヴィナーヤク・バーヴェ．M.K. Gandhi の高弟．晩年にブーダーン，サルボーダヤなどの土地寄進運動や精神主義的社会改革運動を推進して僻地や農村の非暴力的振興運動に携わった．1895–1982）
विन्यस्त [形] (1) 置かれた (2) 配置された；並べられた；配列された；整頓された
विन्यास [名] (1) 配置；配列；据えつけ (2) 構成；組み立て；仕組み इस एकांकी में कथावस्तु का विन्यास हास्य-व्यंग्य शैली में किया गया है この一幕物では筋が喜劇・諷刺劇風に仕組まれている (3) 〔言〕配列〈arrangement〉
विपक्ष [名] (1) 別派；他派 (2) 反対派；敵側；対抗者 (3) 野党；野党側 (4) 相手；相手側；競争相手
विपक्षी [形] (1) 別派の；他派の (2) 反対派の (3) 野党の बांग्लादेश में नए विपक्षी मोर्चे की तैयारी バングラデシュで新しい野党戦線の準備 राष्ट्रपति से मिलने गए 72 विपक्षी सांसदों के प्रतिनिधि मंडल 大統領との面会に赴いた 72 人の野党議員の代表団 (4) 相手の；相手側の विपक्षी टीम 相手チーム；対戦相手
विपणन [名] マーケティング；市場取引；販売
विपणि [名*] (1) 市場；マーケット (2) 商品 (3) 売買
विपत्तन [名] 国外追放；居住地からの追放；所払い= देशनिकाला.
विपत्ति [名*] (1) 不幸；災難；惨事；災厄 (2) 苦難 **विपत्ति उठाना** 苦難に耐える **विपत्ति काटना** = विपत्ति उठाना. **विपत्ति का पहाड़ टूटना** 大変な不運に見舞われる **विपत्ति के थपेड़े** 災難や不幸の繰り返し；災難の不幸の重なること **विपत्ति टूटना** にわかに災難に見舞われる **विपत्ति में डालना** 厄介な目に遭わせる **विपत्ति मोल ले॰** 厄介なことをわざと抱え込む
विपथ [名] (1) 脇道 (2) 悪い道；悪い方向；正道からの逸脱
विपथगामी [形] 正道を踏みはずした；悪の道に踏み入った
विपथन [名] 正道からそれること
विपद् [名*] (1) 不幸；災難 (2) 苦難
विपदा [名*] = विपद्.
विपन्न [形] (1) 災難に見舞われた；不幸に見舞われた (2) 苦難におちいっている
विपन्नता [名*] ←विपन्न. वे अपने क्षेत्र की विपन्नता व बदनुमा दागों का जिक्र करने से कतराते हैं 自分の属している地域の苦難や暗黒面については触れたがらない
विपरीत [形] (1) 反対の；逆の；対立的な；正反対の भविष्य में इनका कितना विपरीत प्रभाव पड़ता है 将来，これらがどのような逆効果を及ぼすものか सभी उससे विपरीत व्यवहार करने लगे और उसका अनादर करने लगे 皆が彼とは反対の行動を取るようになり侮辱するようになった विपरीत प्रकाश 逆光線 (2) 不都合な；不遇な उन्होंने बड़ी विपरीत परिस्थितियों में अपना जीवन आरम्भ किया 甚だしい逆境の中で人生が始まった (-के) **विपरीत** （－に）反して；（－と）反対に वास्तविकता इसके विपरीत ही प्रतीत होती है 現実はこれに反するものに思える
विपरीतबुद्धि [形] ひねくれた= टेढ़ा; वक्रमति; कज अक्ल.
विपरीत रति [名*] 女性上位の交会
विपरीत लिंग [名] 異性 विपरीत लिंग के आकर्षण को 異性の魅力を
विपरीत लिंगी [形・名] 異性（の人） विपरीत लिंगी के प्रति आकर्षण 異性の魅力
विपर्यय [名] (1) 逆戻り；逆転 (2) 〔言〕音位転換〈metathesis; transposition〉
विपर्यस्त [形] 逆戻りした；逆転した
विपर्यास [名] (1) 逆戻り；逆転 (2) 対照 (3) 〔言〕音位転換
विपल [名] ヴィパラ（時間の単位で पल，すなわち，24 分間の 60 分の 1 の時間）
विपाक [名] (1) 成熟 (2) 消化 (3) 結果 (4) 業果
विपाटन [名] (1) 割ること；砕くこと (2) 引き裂くこと (3) 引き抜くこと
विपात [名] (1) 落下 (2) 滅亡
विपास [名*] ヴィパーサ川（パンジャーブを流れるヴィヤース，もしくは，ビヤース川の古名）
विपिन [名] (1) 森= वन; बन; जंगल. (2) 庭園= उपवन; वाटिका.
विपिनचर [形・名] (1) 森に住む（人） (2) 森に棲息する（鳥獣）
विपिनविहारी [形・名] (1) 森の中を歩く；森に遊ぶ (2) クリシュナ神の異名の一
विपुल [形] (1) 巨大な；とても大きい (2) おびただしい；非常に多くの विपुल स्वर्ण-राशि おびただしい金 (3) 広大な；とても広い (4) 甚だ深い
विपुलता [名*] ←विपुल.
विप्र [名] (1) バラモン；ブラーフマン (2) 〔ヒ〕祭式を司るブラーフマン；プローヒト；ヒンドゥー教の司祭
विप्रकर्ष [名] 〔言〕母音挿入〈anaptyxis〉
विप्रकीर्ण [形] (1) 散らばった；散乱した (2) 混乱した
विप्रतिकार [名] (1) 反対；対抗 (2) 報復
विप्रतिपत्ति [名*] (1) 対立 (2) 矛盾 (3) 困惑
विप्रत्यय [名] 不信= अविश्वास.
विप्रयोग [名] (1) 分離 (2) 欠いている状態 (3) 別離 **प्रियविप्रयोगदुःख** 〔仏〕愛別離苦
विप्रलंभ [名] (1) 恋人との別離 (2) 違約
विप्रलंभन [名] 欺くこと；だますこと
विप्रलंभी [形・名] 嘘つき；詐欺を働く；詐欺師
विप्रलब्ध [形] (1) 恋人と別れている；恋人と離れ離れになっている；別離の状態の (2) 約束を破られた；欺かれた
विप्रलब्धा [名*] 〔イ文芸〕逢い引きの約束を破られた女性
विप्रलय [名] 破滅；壊滅；全滅
विप्रलाप [名] (1) 無駄口；馬鹿話= बकवाद. (2) 口論= बहस; झगड़ा. (3) 悪口= दुर्वचन; गाली. (4) 約束を破ること
विप्रलुप्त [形] (1) 奪われた；略奪された (2) 消された；なくされた；消滅させられた
विप्रलोप [名] (1) 消滅 (2) 全滅
विप्रवाद [名] (1) 無駄口= बकवाद. (2) 口論；言い争い= झगड़ा. (3) 対立= विरोध. (4) 悪口= बुरे वचन; दुर्वचन.
विप्लव [名] 反乱；謀反；反逆
विप्लवी [形] 反乱している；反乱を起こした；謀反を起こした विप्लवी सैनिक 反乱兵 विप्लवी बांगला कांग्रेस 反旗をひるがえしたバングラ・コングレス党
विप्लाव [名] 洪水；大水= बाढ़.
विप्लावी [形] (1) 騒ぎを起こす；騒動を起こす (2) 洪水を起こす；洪水をもたらす
विप्लुत [形] (1) 散乱した (2) 動揺した；気が動転した (3) 身持ちの悪い (4) 約束を破った
विफल [形] (1) 実のない；実らない (2) 失敗した；不首尾な
विफलता [名*] (1) 実のならないこと；結実しないこと (2) 失敗；不首尾 इस विफलता से उनका दिल टूट गया この失敗で落胆してしまわれた
विबुद्ध [名] (1) 神 (2) 学者；賢人 (3) 月 (4) シヴァ神
विबुध [形] (1) 目覚めた；覚醒した (2) 開いた；大きくなった
विबोध [名] 目覚め；覚醒
विबोधन [名] 目覚めさせること；覚醒させること
विभंग [名] (1) 折れること (2) 壊れること (3) 眉を顰めること；眉で表す表情

विभक्त [形] (1) 分けられた；分割された (2) 引き離された (3) 断ち切られた इन दोनों सज्जनों ने गाँव को दो विरोधी दलों में विभक्त कर दिया था この２人が村を２つの対立する集団に分けてしまっていた

विभक्ति [名*] (1)〔言〕屈折；語形変化〈inflexion〉 (2)〔言〕格〈case〉 प्रथम विभक्ति 主格；第一格 द्वितीय विभक्ति 目的格；第二格

विभक्ति-प्रत्यय [名]〔言〕(1) 屈折接辞〈inflectional affix〉 (2) 格語尾〈case ending〉

विभक्तिप्रधान [形]〔言〕屈折する；語尾変化する〈inflectional; flectional〉 **विभक्तिप्रधान भाषा** 〔言〕屈折言語；屈折語〈inflectional language〉

विभक्तिरूप [名]〔言〕語形変化〈declension〉

विभव [名] (1) 富；財；財産 (2) 富裕；繁栄 (3) 豊富 (4) 解脱

विभा [名*] (1) 光り；輝き＝ चमक; प्रभा. (2) 光線＝ किरण; रश्मि.

विभाकर [名] 太陽

विभाग [名] (1) 分割されたものの各々の部分 (2) 部門；部局；部；課；科 परमाणु ऊर्जा विभाग 原子力エネルギー局 बिक्रीकर विभाग 売上税局 अंग्रेज़ी विभाग 英語科；英語学科；英語英文学科 (3)〔イ音〕小節（ターラの区切り）

विभागाध्यक्ष [名] 部課，部，科などの長．例えば，学科長

विभागीय [形] ← विभाग. 部課（など）の；部の；科の

विभाजक[1] [形] 分ける；分割する；区分する विभाजक रेखा 分割線

विभाजक[2] [名] (1)〔数〕除数 (2)〔統計〕変位値〈quantile〉

विभाजन [名] (1) 分けること；分割すること；区分 (2) 仕切ること；仕切り (3) 分裂 कोशिका विभाजन 〔生〕細胞分裂 (4) 分割；分断 भारत का विभाजन インドの分割 देश का विभाजन 国家の分断

विभाजित [形] (1) 分けられた देश को 22 राज्यों में विभाजित किया गया है わが国は 22 の州に分けられている (2) 分割された हमारा देश विभाजित हो गया わが国は分割された

विभाज्य [形] (1) 分けられる；分けることができる (2) 分割されうる (3) 分けるべき (4) 分割すべき

विभात [名] 早朝；早暁；曙＝ सबेरा; प्रभात.

विभाति [名*] 美しさ；秀麗さ

विभाना[1] [自] (1) 輝く；光る＝ चमकना. (2) 映える＝ शोभित हो॰.

विभाना[2] [他] 輝かせる；光らせる＝ चमकाना.

विभाव [名]〔イ文芸〕ヴィバーヴァ（サンスクリット詩論において感情を目覚めさせラサを生み出すもととなるもので स्थायी भाव と呼ばれる持続的・基本的感情を生み出すもとになる．これには आलंबन と उद्दीपन との２種がある． स्थायी भाव を目覚めさせるものが आलंबन である．例えば शृंगार रस の आलंबन は नायक, नायिका と呼ばれる男女の主人公である．＝ आलंबन विभाव. ラサを刺激し強めるものを उद्दीपन と呼ぶ． शृंगार रस の場合，その主人公の挙動，振る舞い，衣裳，装身具，時間や場所などがそれに相当する＝ उद्दीपन विभाव.）

विभावना [名*] (1) 空想；仮定 (2)〔修辞〕原因や理由がなかったり十分でないのにある行為が為されることを述べる形式で婉曲にあるいは象徴的・暗示的に叙述を行う修辞法．意味修辞法の一

विभावरी [名*] (1) 夜＝ रात्रि; रात. (2) 星空の見られる夜

विभावसु[1] [形] 強く光り輝く

विभावसु[2] [名] 太陽

विभाषा [名*]〔言〕方言＝ बोली; उपभाषा; भाषिका.

विभास [名] 輝き；光輝

विभासक [形] 光る；光を発する；輝いている

विभासना [自] 輝く；光る

विभासित [形] (1) 輝いている；光っている (2) 明白な

विभिन्न [形] 様々な；種々の；いろいろな＝ भिन्न-भिन्न; तरह-तरह के; विविध. एशिया तथा यूरोप के विभिन्न देश アジアとヨーロッパの様々な国

विभिन्नता [名*] (1) 多様さ；多様性 (2) 差異；相違

विभीत [形] 恐れた；おののいた

विभीति [名*] (1) 恐れ；恐怖＝ डर; भय; ख़ौफ़. (2) 不安；懸念＝ आशंका; चिंता. (3) 疑念＝ संदेह.

विभीषक [形] 恐ろしい；恐怖を与える；おののかせる

विभीषण [名] (1)〔ラマ〕ヴィビーシャナ（ラーヴァナの弟） (2) 裏切り者（の代名詞）；獅子身中の虫

विभीषिका [名*] (1) 恐ろしさ；恐怖 युद्ध की विभीषिका से घबराना 戦争の恐ろしさにおののく सभी नदियाँ बाढ़ की विभीषिका प्रदर्शित करती रहती हैं どの川もいつも洪水の恐ろしさを見せつける (2) 戦慄させること

विभु[1] [形] (1) 遍在する (2) 巨大な (3) 強力な (4) 恒常的な；恒久の (5) 不動の

विभु[2] [名] (1)〔イ哲〕最高我；ブラフマン (2)〔イ哲〕個我 (3) 最高神 (4) 主

विभुता [名*] ← विभु[1].

विभूति [名*] (1) 威厳；威風 (2) 威力；猛威 पहले पहल उसने आँख खोलकर कोठरी में बिखरी हुई दारिद्र्य की विभूति को देखा 男は初めて小屋の中に散乱した貧困の威力をしっかり目にした (3) 超能力 (4) 繁栄；栄華；絶頂 (5)〔ヒ〕祭式で護摩を焚いた後に残った供物の聖灰や火葬場の灰（信徒が額や体に塗布する）；ヴィブーティ

विभूषण [名] (1) 装身具 (2) 飾ること；装身具で飾ること

विभूषना [他] (1) 飾る；装飾する (2) 装う

विभूषा [名*] 装身具による装飾

विभूषित [形] (1) 飾られた；装飾された (2) 身を飾った

विभेद [名] (1) 差異；違い；相違；区別 (2) 種類；種別 (3) 区分 (4) 部分 (5) 欠けた部分；隙間；裂け目

विभेदक [形] (1) 分ける；区別する (2) 切る；穴をあける；貫く

विभेदकारी [形] → विभेदक.

विभेदन [名] (1) 区別（すること） (2)〔社〕差別〈discrimination〉 (3) 切断 (4) 分離

विभेदना [他] (1) 突き通す；貫く；貫通する (2) 区別する；差をつける (3) 分ける

विभेदी [形] ＝ विभेदक.

विभेद्य [形] (1) 分けられる；区別される (2) 貫ける；貫通できる

विभोर [形] (1)（感情に）圧倒された；うわずった प्रेम विभोर कंठ से बोली こみあげる思いにうわずった声で言った (2) 我を忘れた；うっとりした；恍惚とした उसके प्यार के नशे में विभोर हो उठती 彼の優しさに酔いうっとりする उसके माँ बाप इस घटना से इतने भाव-विभोर हो उठे कि उनका गला रुँध गया 両親はこの出来事に感動のあまり声が出なくなってしまった

विभ्रंश [名] (1) 滅亡＝ विनाश. (2) 衰微；衰退＝ अवनति.

विभ्रम [名] (1) 錯覚；錯誤 (2) 誤解 (3) 妄想；幻覚〈hallucination〉 (4) 混乱

विभ्रांत [形] (1) 回転した；回った (2) 散乱した (3) 錯覚した (4) 気が動転した；混乱した (5) 落ち着きのない

विभ्रांति [名*] (1) 回転 (2) 錯覚 (3) 動転

विभ्राट् [名] (1) 危機；危難 (2) 騒乱；騒ぎ；騒動

विमंडन [名] (1) 装身具などで身を飾ること (2) 装飾

-विम [造語] विमा（次元の）の造語形 त्रिविम 三次元の

विमत[1] [形] 意見の異なる；異議のある；異議を唱える

विमत[2] [名] 異論；異議；異見

विमति[1] [形] 愚かな；愚昧な＝ मूर्ख.

विमति[2] [名*] (1) 異見；反対意見；見解の相違 (2) よからぬ考え；邪な考え；邪見

विमन [形] ＝ विमनस्क.

विमनस्क [形] (1) ぼんやりした उत्तर की आशा में विमनस्क खड़ा हुआ था 答えを待ってぼんやり立ったままでいた (2) 元気のない；しょげた；がっかりした；落胆した；（気持ちの）沈んだ

विमर्दन [名] (1) 踏みつぶすこと (2) つぶすこと (3) すりつぶすこと (4) 激しく苦しめ悩ますこと

विमर्दित [形] (1) つぶされた (2) 大変苦しめられた

विमर्श [名] (1) よく考えること；熟考；熟慮；深い考慮や考察；詳しい検討 (2) 相談；協議 (3) 調査；検査

विमल [形] (1) よごれのない；きれいな；無垢な (2) 純粋な；清らかな (3) 欠陥のない；欠けるところのない (4) 透明な；澄み切った；澄明な विमल कांति 澄明な光

विमलता [名*] ← विमल.

विमलात्मा [形] 心の清らかな；純真な

विमलाभ [形] 清く澄んだ；透き通った विमलाभ कांति 澄んだ光

विमा [名*] 次元 द्विविमा 二次元 त्रिविमा 三次元

विमाता [名*] 継母

विमान [名] (1) 飛行機；航空機 विमान उद्योग 航空機産業 विमान दुर्घटना 航空機事故；飛行機事故 (2)〔イ神〕天空を飛行するとされた神の乗り物；天宮；ヴィマーナ (3) 高僧や天寿を全うした老人などの美しく飾られた棺架；ヴィマーン फूलों का विमान 花で飾られた棺架 (4)〔ヒ〕祭礼に際して用いられる山車 (5)〔ヒ・建〕尖塔のある寺院建築；本殿；ヴィマーナ

विमान-अपहरण [名] ハイジャック

विमानचालक [名] 飛行機の操縦士；パイロット

विमानचालन [名] 飛行機を飛行させること；飛行機の操縦・運行

विमानन [名] 航空；飛行 विमानन समझौते पर हस्ताक्षर 航空協定の調印 नागरिक विमानन विभाग 民間航空局

विमानपत्तन [名] 空港；飛行場〈airport〉 बैरूत का अंतर्राष्ट्रीय विमान-पत्तन ベイルート国際空港

विमानपरिचारिका [名*] スチュワーデス；エアーホステス= एयर हॉस्टेस.〈air hostess〉

विमानपरिवहन [名] 航空運輸；航空輸送

विमानभेदी तोप [名*]〔軍〕高射砲；対空砲；高角砲

विमानवाहक [名]〔軍〕航空母艦；空母

विमानवाही पोत [名]〔軍〕航空母艦；空母；母艦

विमार्ग [名] (1) 悪の道；邪道 (2) 不行跡；不品行

विमार्जन [名] (1) 浄化 (2) 洗浄

विमुक्त [形] (1) 自由になった；解放された；束縛を解かれた (2) 釈放された (3) 放たれた；発射された (4) 免れた

विमुक्ति [名*] (1) 解放 (2) 釈放 (3) 発射 (4) 免除

विमुख [形] (1) 顔を背けた (2) 無視した；そっぽを向いた (3) 気の進まない；乗り気でない (4) 反対の；逆の (5) 不機嫌な

विमुखता [名*] ← विमुख.

विमुग्ध [形] (1) 夢中になった；ぼうっとなった；うっとりした (2) 熱中した；熱狂した (3) 気が動転した；落ち着きを失った विस्मय-विमुग्ध अवाक् होकर 驚嘆し茫然となり無言のままに

विमूढ़ [形] (1) 熱中した；我を忘れた；正気を失った (2) 錯覚した (3) 愚かしい限りの (4) 失神した；意識を失った

विमूढ़ता [名*] ← विमूढ़. अनिश्चयता और विमूढ़ता के दलदल में आ फँसा 不決断と愚かしさの泥沼にはまりこんでしまった

विमूर्च्छन [形] 失神させる；意識を失わせる

विमूर्च्छित[1] [形] 失神した；意識を失った

विमूर्च्छित[2] [名] 失神状態；意識喪失

विमूल [形] (1) 根のない；根を失った (2) 根こそぎになった；つぶれてしまった；破滅した

विमूलन [名] (1) 根絶 (2) 破壊；破滅

विमृष्ट [形] (1) 検討の尽くされた (2) 熟慮された

विमेंस लिव [名]《E. women's live》ウーマンリブ= स्त्री-स्वातंत्र्य.

विमोक्ष [名] (1) 解き放されること；結ばれたものがほどけること (2) 解脱 (3) 発射 (4) 自由になること

विमोघ [形] (1) はずれることのない；それることのない (2) 無駄な；無益な

विमोचन [名] (1)（ひもなど結ばれていたものを）解くこと；ほどくこと (2)（つながれていたものを）解き放すこと (3)（持っているものを）放つこと；発射

विमोहक [形] (1) 魅惑的な；悩ましい；魅力的な= मोहनेवाला. (2) 誘惑する= ललचानेवाला.

विमोहन [名] (1) 魅惑すること (2) 魅惑されること (3) 茫然となること；判断力を失うこと

विमोहित [形] (1) 魅惑された (2) 茫然とした；正気を失った

विमोही [形] = विमोहक.

विमौट [名] 蟻塚= वल्मीक; बाँबी; बिमौट.

वियतनाम 〔国名〕《E. Vietnam》ベトナム社会主義共和国

वियना 〔地名〕《E. Vienna》ウィーン（オーストリア）

वियुक्त [形] (1) 解かれた；解き放された (2) 離れた (3) 捨てられた (4) 孤立した

वियुग्म [形] (1) 孤立した (2) 奇数の

वियेतनाम 〔国名〕《E. Vietnam》ベトナム社会主義共和国

वियेतनामी[1] [形]《E. Vietnam》ベトナムの

वियेतनामी[2] [名]《E. Vietnam》ベトナム人

वियेना 〔地名〕《E. Vienna》ウィーン（オーストリア）

वियोग [名] (1) 分離；別々になること (2) 離別；別れること；離れ離れになること उन्हें काफी समय तक अपने परिवार तथा पत्नी के वियोग का सामना करना पड़ा था かなり長期にわたって家族や妻と離れていなくてはならなかった (3) 死別 पुत्र-वियोग 息子の死別 **वियोग का दुःख** 愛別離苦

वियोगी [形] 愛する人との別離に苦しむ= वियोगिनी*.

वियोजन [名] (1) 分離 (2) 分裂 (3) 別離 (4) 分解

वियोजित [形] (1) 分離した (2) 分裂した (3) 分解した

विरंग [形] (1) 色の悪い；色のよくない= बदरंग. (2) 多色の；様々な色の= रंग-विरंग.

विरंचि [名]〔ヒ〕創造主；ブラフマー神= विधाता; ब्रह्मा.

विरंजक [形・名] 漂白する；漂白剤；脱色剤〈bleach〉

विरंजन [名] (1) 脱色 (2) 漂白 विरंजन क॰ 脱色する；漂白する

विरंजित [形] (1) 脱色された (2) 漂白された；晒された विरंजित क॰ 脱色する

विरक्त [形] うとましい；うとましくなった；嫌気のさした；いやになった सामाजिक जीवन से विरक्त 社会生活がうとましくなった

विरक्ति [名*] うとましさ；嫌気 उनके चेहरों पर प्रफुल्लता की बजाय एक प्रकार की विरक्ति और उदासीनता-सी तैरती नज़र आती है あの方の顔には朗らかさではなくて一種のうとましさや無関心のようなものが浮かんでいるように見える

विरचन [名] (1) 製造；生産 (2) 準備や段取りをして作り出すこと

विरचना [他] (1) 作る；製作する；製造する (2) 飾る；装飾する；装う

विरचित [形] (1) 作られた；製造された (2) 創作された；(文芸作品が) 書かれた (3) 飾られた

विरज [形] (1) 汚れのない；清潔な (2) 清浄な；清らかな (3) 激質 रजस्を持たない；激質を去った

विरत [形] (1) 離れた；関わりや関係の切れた (2) いやになった；嫌気のさした (3) 世俗がうとましくなった；厭世的な

विरति [名*] (1) 離れること；離脱 (2) 嫌気；厭気 (3) 厭世的な気持ち

विरद[1] [名] 名声；高名= ख्याति; प्रसिद्धि. **विरद में टाँका लगना** 名声に傷がつく

विरद[2] [形] 歯のない；歯の欠けた

विरदावली [名*] → विरुदावली.

विरल [形] (1) まばらな；隙間の多い वन विरल होने लगे 森の木立がまばらになり始めた (2) 目の粗い (3) 希薄な ↔ घना 密な. जैसे-जैसे हम ऊपर जाते हैं यह वायुमंडल विरल हो जाता है 大気は上に行くほど希薄になる (4) 希少な विरल धातु 希少金属

विरलक [名] 溶剤 वार्निश-विरलक भी मिलाया गया था ワニスの溶剤も加えられていた

विरलन [名] 希薄化〈rarefaction〉

विरला [形[+]] (1) まばらな (2) 希少な (3) 希薄な

विरस [形] (1) 汁気のない；ぱさぱさした (2) 味のない；まずい (3) 味わいのない

विरह [名] (1) 恋人との別離 (2) 別離の悲しみや苦しさや辛さ

विरहाग्नि [名*] 愛する人との別離による苦しみ

विरहिणी [形*・名*] 愛する人との別離に苦しむ रीतिकालीन काव्यों की विरहिणी गोपिकाओं के समान リーティカールの詩人たちの描いた別離に苦しむ牧女たちのように

विरहित [形]（ーを）欠いた；（ーの）ない；（ーの）欠けた

विरही [形・名] ↔ विरहिणी 愛する人との別離に苦しむ（人）

विराग [名] (1) 愛着のないこと；無関心 (2) 嫌気 (3) 厭世

विरागी [形] (1) 愛着のない；無関心な (2) 嫌気のさした (3) 厭世的な

विराजना [自] (1) 輝く；照り輝く उनके प्रसन्न मुखमंडलों पर दुःख से मुक्ति और वैराग्य से प्राप्त शांति विराज रही थी にこやかなお顔には苦しみからの解放と超俗によって得られた心の安らぎが輝いていた मुख पर निर्भय शांति विराज रही थी 顔には恐れのない落ち着きが光を放っていた (2) 映える；よく調和する；引き立って見える माथे तिलक विराजे मूसे की सवारी ネズミを輿にして額にはティラクが映える（ガネーシャ神） (3)「いる」や「来る」の意の敬語．いらっしゃる．おいでになるなど अचानक मुनि कहाँ से आ विराजे 突然ムニがそこへお出ましになられた (4)「腰を下ろす」

や「座る」の意の敬語 एक बहुमूल्य आसन पर दुर्योधन विराज रहे हैं 非常に立派な椅子にドゥルヨーダナが腰掛けていらっしゃる
विराजमान [形] ←विराज. (1) 輝いている；映えている (2) いらっしゃる；居られる；まします（在す） (3) 座っている；座している बादशाह अपने सिंहासन पर विराजमान थे お殿様は玉座に腰を下ろしていらっしゃった
विराट्[1] [形] (1) 巨大な；莫大な；ずば抜けた；ものすごい समुद्र ऊर्जा के विराट् भंडार हैं 海はエネルギーの巨大な宝庫 प्रकृति का विराट् सौंदर्य 大自然のものすごい美しさ विराट् ऊर्जा 莫大なエネルギー (2) 大がかりな；大規模な दिल्ली में उसके चित्रों की प्रदर्शनी का विराट् आयोजन किया गया あの人の大規模な絵画展の準備がなされた
विराट्[2] [名]〔ヒ〕その内に宇宙の一切，万物を蔵するとされるブラフマー神の巨大な姿
विराट्ता [名*] ←विराट्[1].
विराट [名]〔マハ〕マットスヤ国（मत्स्य）の国王，ヴィラータ王（追放されていた時期のパーンダヴァ五兄弟を匿った）
विराध [名] 痛み；苦痛= पीड़ा; क्लेश; दर्द.
विराधन [名] (1) 加害；害を及ぼすこと (2) 苦痛を与えること；苦しめること
विराम [名] (1) 停止 (2) 休止 (3) 休息；休憩 (4) 終止符；句読点 = विराम चिह्न.
विराम-काल [名] 休憩時間
विराम-चिह्न [名] 句読点
विराम-संधि [名*] 休戦協定；停戦協定→ युद्ध-विराम.
विराल [名] 猫= विडाल; बिल्ली.
विराव[1] [名] (1) 音；音声 (2) 声 (3) 騒音
विराव[2] [形] 音のない
विरासत [名*]《A. وراثت》(1) 相続；遺産相続；継承 विरासत में विशाल साम्राज्य मिला 巨大な帝国を継承した (2) 遺産= रिक्थ. संस्कृति की विरासत 文化遺産 विरासत लेने की व्यवस्था 遺産相続制度 विरासत देने की व्यवस्था 遺産贈与制度
विरिंच [名] (1) ヴィシュヌ神 (2) ブラフマー神 (3) シヴァ神
विरिक्त [形] (1) 空の；空っぽの (2) 下痢をしている
विरुज [形] 無病の；息災の= नीरोग; स्वस्थ; चंगा.
विरुद [名] (1) 称賛；称賛の辞；賛辞 (2) 王侯や高貴の人の名につける敬称 (3) 名声
विरुदावली [名*] (1) 賛辞を連ねたもの (2) 敬称を連ねたもの
विरुद्ध[1] [形] (1) 反対の；逆の；さかさまの (2) 対立する；対抗する
विरुद्ध[2] [後置] -के विरुद्धの形で名詞類に接続し，(−に) 反対して，対して，対抗して，反して，対する，反するなどの意の句を作る． लोगों के विरुद्ध 世間に対して राजा की इच्छा के विरुद्ध 王の意向に反して अत्याचार के विरुद्ध संघर्ष के लिए तैयार करके 無法行為に対する闘争を準備して किसी भी व्यक्ति के विरुद्ध भेदभाव न किया जाए だれに対しても差別がなされないように इच्छा के विरुद्ध 意に反して
विरुद्धता [名*] ←विरुद्ध. (1) 反対 (2) 対立；対抗
विरुद्धार्थक [名]〔言〕反意語〈antonym〉
विरूप [形] (1) 醜い；みっともない；見苦しい (2) 歪んだ；いびつな (3) 不自然な；異様な (4) 逆の；反対の
विरूपता [名*] ←विरूप.
विरूपी [形] (1) 歪める；醜くする (2) 恐ろしい；異様な (3) 醜い；みっともない
विरेचक [形] 下剤の働きをする；下剤の= दस्तावर.
विरेचक सिद्धांत [名]〔芸・文芸〕カタルシス理論
विरेचन [名] 下剤；通じ薬
विरोचन [名] (1) 輝くこと (2) 太陽 (3) 陽光 (4) 月
विरोध [名] (1) 反対すること अन्याय का विरोध 不正に対する反対 उसका भारत-विरोध कैसे पनपा? それに対する反インド運動が勢いづいたわけ विरोध के नाम पर विरोध क॰ 反対のための反対をする (2) 対抗；抵抗；敵対 (3) 対立；矛盾 (4) 抗議 (5) 妨害
विरोधाभास [名] (1) 矛盾した言葉；矛盾した表現 ऐसा विरोधाभास नहीं होना चाहिए このような矛盾した表現があってはならない (2) 矛盾 उसमें एक आश्चर्यजनक विरोधाभास था 彼には一種驚くべき矛盾があった (3) 逆説；パラドックス (4)〔修辞〕矛盾することを述べたり逆説的な表現形式で叙述の効果を挙げる修辞法
विरोधी [形・名] (1) 反対の；反対する；反する गौतम बुद्ध भी वैदिक यज्ञ और कर्मकांड के विरोधी थे ガウタマ・ブッダもヴェーダの供犠と祭式には反対であった मध्यकाल में सरकारें पूरी तरह लोकतंत्र विरोधी होती थीं 中世の政権は民主主義に全く反するものであった आजकल दोनों देशों में भारत विरोधी प्रचार बड़े ज़ोर शोर से चल रहा है 最近，両国で反インドのプロパガンダが非常に激しく行われている विरोधियों के ग़ैरज़िम्मेदाराना रुख के कारण 反対者たちの無責任な態度のために (2) 対抗する；競う相手の；敵の विरोधी टीम 相手チーム (3) 対立する；矛盾する (4) 反抗する
विरोम [形] 毛のない；毛の抜けた
विलंघन [名] (1) 飛び越えること；途中を抜かすことや省くこと (2) 食事を抜かすこと；絶食；断食
विलंब [名] (1) 遅れること；遅れ；遅刻；延引 मुझे आने में विलंब हो जाए 私は遅刻するかも知れない बिना विलंब किए 遅滞なく **विलंब विवाह** 晩婚 (2) 遅れた時間
विलंबन [名] (1) 遅れ；遅滞 (2) 遅らせること (3) ぶら下がること；吊り下がること **सांस्कृतिक विलंबन**〔文人・社〕文化遅滞〈cultural lag〉
विलंबना[1] [他] 遅らせる；遅刻させる
विलंबना[2] [自] (1) 遅れる；遅滞する (2) 遅刻する
विलंब शुल्क [名] (1) 延滞料 (2) 滞船料
विलंबित[1] [形] (1) 遅れた (2) のろい；のろのろした (3)〔イ音〕（拍の速度）緩やかな
विलंबित[2] [名]〔イ音〕アダージョ；アダジオ
विल [名]《E. will》遺言書；遺言証書；遺言状= वसीयतनामा.
विलक्ष [形] (1) 驚いた；驚嘆した (2) 動転した；あわてふためいた (3) 異常な；特異な
विलक्षण [形] (1) 並はずれた；驚くべき；非凡な विलक्षण स्मरणशक्ति 並はずれた記憶力 भगवान ने तुम्हें विलक्षण प्रतिभा दी है 神様が君に非凡な才能をお授けになった विलक्षण शक्ति 並はずれた力 (2) 特異な；変わった हुज़ूर की आँखें खुल जाएँगी. यह बड़ी विलक्षण वस्तु है सरकार 殿も驚嘆なさるでありましょう．これは実に変わったものでございますよ，はい
विलक्षणता [名*] ←विलक्षण.
विलखना [自] 悲しむ；嘆く= बिलखना.
विलग [形] 離れた；分離した बच्ची को अपने माता-पिता के घर से विलग कर दिया जाता है 女の子は親元から引き離されるもの
विलगाना[1] [自] 離れる；別れる
विलगाना[2] [他] 離す；引き離す
विलज्ज [形] 恥を知らない；恥知らずの；無恥の= निर्लज्ज; बेशर्म.
विलय [名] (1) 溶解 शक्कर पानी में विलय हो जाते हैं अर्थात् घुल जाते हैं 砂糖は水に溶解する，すなわち，溶け込む (2) 併合；編入 कश्मीर का भारत में विलय カシミールのインドへの併合 (3) 消滅 छोटे रजवाड़ों और गणराज्यों का विलय 小さな藩王国と共和国の消滅 (4) 全世界の破滅
विलयन [名] (1) 溶解（させること）；融解〈dissolution〉 (2) 併合すること；編入すること (3) 消滅させること
विलसना [自] (1) 映える (2) 遊ぶ；楽しむ；戯れる
विलसित [形] (1) 輝いている (2) 遊んでいる；楽しんでいる
विलाना[1] [自] つぶれる；なくなる；滅する；消え去る；消滅する
विलाना[2] [他] つぶす；なくす；滅ぼす；消す；消滅させる
विलाप [名] (1) 嘆き；悲嘆 सीता का विलाप シーターの嘆き (2) 泣き悲しむこと घर के सब लोग उसे घेरकर बड़े करुण स्वर में विलाप कर रहे हैं 家族全員が取り囲んで悲しみの声をあげて泣いている
विलापना [自] (1) 嘆く (2) 泣き悲しむ
विलायत [名*]《A. ولايت》(1) 外国；他国 (2) イギリス (3) ヨーロッパ；アメリカ；欧米 (4) 現今のアフガニスタン，イラン，トルコ，中央アジア，西アジアなどを含む広大な地域の古い呼称
विलायती [形]《A. ولايتى》←विलायत. (1) 外国の；他国の (2) イギリスの (3) 欧米の (4) 西洋風の (5) 外国産の；外国製の (6) 外国人の विलायती माल 外国製品 विलायती कपड़ा 外国製衣料 विलायती पहनावा 洋装= विलायती पोशाक.
विलायती इमली [名*] (1)〔植〕マメ科高木キンキジュ（金亀樹）【*Pithecellobium dulce*】= विलायती बबूल. (2) マメ科小木サルノジリン【*Pithecellobium clypearia*】

विलायती कंगई [名*]〔植〕アオイ科多年草ウスベニアオイ【*Malva sylvestris*】
विलायती कद्दू [名]〔植〕ウリ科ナタウリ；カザリカボチャ【*Cucurbita pepo*】
विलायती कीकर [名] (1)〔植〕マメ科低木【*Parkinsonia aculeata*】= विलायती बबूल. (2)〔植〕マメ科プロソピス属メスキート【*Prosopis chilensis; P. juliflora*】= विलायती बबूल. (3)〔植〕マメ科低木キンゴウカン【*Acacia farnesiana*】〈cassieflower〉
विलायती गाब [名]〔植〕カキノキ科高木ケガキ【*Diospyros discolor*】
विलायती छछूँदर [名]〔動〕モグラ；インドモグラ【*Talpa micrura*】
विलायती झोजुन [名]〔植〕マメ科コマツナギ属【*Indigofera oblongifolia*】= रक्तपल.
विलायती पात [名] = रामबाँस.
विलायती पानी [名] (1) ソーダ水 (2) 洋酒
विलायती प्याज़ [名]〔植〕ユリ科ネギ属リーキ；セイヨウニラネギ【*Allium porrum; P. ampeloprasum*】〈leek〉
विलायती बबूल [名] (1)〔植〕マメ科高木キンキジュ（金亀樹）【*Pithecellobium dulce*】〈quamachil; Manila tamarind〉= विलायती इमली. (2)〔植〕マメ科プロソピス属メスキート【*Prosopis chilensis; P. juliflora*】(3)〔植〕マメ科低木【*Parkinsonia aculeata*】(4)〔植〕マメ科小木サルノジリン【*Pithecellobiium clypearia*】(5)〔植〕マメ科小木【*Acacia leucophloea*】
विलायती बैंगन [名] トマト= टमाटर
विलायती भंटा [名]〔植〕トマト= विलायती बैंगन; टमाटर.
विलायती महेंदी [名*]〔植〕フトモモ科低木ギンバイカ（銀梅花）【*Myrtus communis*】
विलायती मिट्टी [名*] 陶土
विलायती मेंहदी [名*]〔植〕フトモモ科常緑低木ギンバイカ【*Myrtus communis*】= विलायती महेंदी.
विलायती शीशम [名]〔植〕トウダイグサ科小木ナンキンハゼ【*Sapium sebiferaum*】〈Chinese tallow tree〉= पहाड़ी शीशम.
विलायती सेम [名]〔植〕マメ科インゲンマメ〈French bean〉
विलास [名] (1) 遊興；遊び (2) 贅沢；奢侈 विलास की सभी मनचाही वस्तुएँ 望みのすべての贅沢品 (3) 享楽 (4) 色っぽいしぐさ；嬌態
विलासमय [形] = विलासमयी. (1) 贅沢な；贅沢三昧の (2) 享楽的な पश्चिमी सभ्यता के विलासमय जीवन को 西洋文明の享楽的な生活を
विलासिता [名*] (1) 贅沢；奢侈 (2) 遊蕩；遊興 जब विलासिता का भूत सिर पर सवार है तो नशा कैसे छूटेगा 遊蕩の化け物にとりつかれようものなら逃れようはあるまい
विलासिनी [名*] (1) 美女；美人 (2) 遊女 विलासिनी मंजुला उसे देवी के रूप में नजर आई 遊女のマンジュラーは彼には女神のように見えた
विलासी[1] [形] (1) 贅沢な；奢侈な उच्च वर्ग के विलासी जीवन के जैसे 上流階級の贅沢な生活のような (2) 遊興に耽る；遊び好きな रावण विलासी हो गया था.शराब पीता और दूसरे अधर्म करता था ラーヴァナは遊興に耽るようになっていた．飲酒などの道にはずれたことをしていた (3) 享楽的な
विलासी[2] [名]〔植〕フウチョウソウ科中高木ギョボク【*Crataeva nurvala*】
विलिंग [形] 性の異なる；異性の；異性間の **विलिंग सहोदरज संगति**〔社・文人〕交叉いとこ= ममेरे-फुफेरे भाई बहन; भ्राता-भगिनी संगति.
विलिखित [形] (1) 引っかかれた (2) 書かれた；書き記された (3) 彫られた；刻まれた
विलीन [形] (1) 溶解した (2) 消えた；消滅した उसने अपना अस्तित्व विलीन कर दिया 自分の存在を消してしまった (3) 併合された；編入された विलीन बंबई राज्य का कन्नड भाषी क्षेत्र（マイソールに）併合されたボンベイ州のカンナダ語使用地域 (4) 没入した कवि अतीत में विलीन हो चुका है 詩人は過去に没入してしまっている
विलीनीकरण [名] 併合；編入 30 रियासतों के विलीनीकरण के पश्चात् 30 の藩王国の併合後
विलुंचन [名] 引き抜くこと；抜き取ること
विलुंठन [名] (1) 奪い取ること (2) 転がること；転げ回ること
विलुंठित [形] (1) 奪われた (2) 転がる；転げ回る
विलुप्त [形] (1) 消滅した विलुप्त नदी सरस्वती 消滅したサラスヴァティー川 (2) 消え去った；姿を消した उन तीन महीनों तक भारत में जनतंत्र पूरी तरह विलुप्त हो गया その 3 か月間インドから民主主義が完全に姿を消してしまった (3) 破滅した；台無しになった भूख बड़े-बड़े धर्मज्ञान को विलुप्त कर देती है 飢えは高い徳や知を滅ぼしてしまうもの
विलेखन [名] (1) 書くこと；書き記すこと (2) 引っかくこと；掻くこと (3) しるしをつけること (4) 引き抜くこと (5) 彫ること；刻むこと；刻み込むこと
विलेप [名] (1) 体に塗りつけるもの；塗布するもの（軟膏など）= अंगराग. (2)（漆喰など）塗装に用いるもの
विलेपन [名] (1) 塗ること；塗布 (2) 体に塗るビャクダンの粉など (3) 塗布するもの；塗料；塗装に用いるもの
विलेपी [形] (1) 塗る；塗りつける；塗布する (2) 塗装する (3) 粘着性のある；ねばねばした
विलेय [形・名] 溶解する（もの）；溶ける（もの）；溶質
विलोक [名] (1) 視線 (2) 光景
विलोकन [名] (1) 見ること；注意して見ること；凝視 (2) 注目 (3) 考察
विलोकना [他] (1) 見る (2) 調べる；視察する (3) 探す
विलोचन[1] [形] 目のない；目を持たない；目の欠けた
विलोचन[2] [名] 目；眼= आँख; नयन.
विलोटन [名] 転がること；転げ回ること= लुढ़कना.
विलोडन [名] (1) かき混ぜる；撹拌 (2) 揺れ動くこと (3) 転げ回ること
विलोड़ना [他] (1) かき混ぜる；撹拌する (2) 揺り動かす
विलोडित[1] [形] かき混ぜられた；撹拌された
विलोडित[2] [名] バターミルク= मठा; छाछ.
विलोप [名] (1) 消滅 (2) 絶滅 प्राणियों के विलोप का भय 生物絶滅の不安
विलोपन [名] (1) 削除 (2) 消滅させること (3) 絶滅させること
विलोपना [他] (1) 消滅させる (2) 絶滅させる
विलोम [形] (1) 反対の；逆の；さかさまの (2) 不正常な (3) 順序が反対の；逆の (4)〔社・文人〕結婚において男女の社会的順位が逆の（男が低く，女が高い）；ハイポガミー婚の
विलोम शब्द [名]〔言〕反意語= विलोमार्थी शब्द; विरुद्धार्थक.
विलोमजात [形] (1) 逆子の (2) ハイポガミー婚によって生まれた
विलोमतः [副] 逆に；反対に = उलटे.
विलोमवर्ण [形]〔ヒ〕父のヴァルナ वर्ण よりも母のヴァルナのほうが高い関係の→ वर्ण.
विलोमा [形] (1) 毛髪のない (2) 反対方向に反り返った
विलोमित [形] 逆の；反対になった= उलटा.
विलोल [形] (1) 振動している；揺れている (2) 不安定な；落ち着きのない (3) 弛んだ；弛緩した (4) 散らばった
विलोलन [名] (1) 振動させること (2) 撹拌すること
विलोलित [形] (1) 振動させられた (2) 撹拌された
विल्व [名]〔植〕ミカン科小木ベルノキ【*Aegle marmelos*】= बेल; बेल का पेड़.
विल्वपत्र [名]〔ヒ〕ベルノキの葉（シヴァ神へのお供えに用いられる）= वेलपत्र.
विवक्षा [名*] (1) 話したい気持ち (2) 含蓄；含み；暗示
विवक्षित [形] 意味された；暗示された
विवक्षितार्थ [名]〔言〕含意；言外の意味= निहितार्थ; ध्वन्यार्थ.〈implication〉
विवत्स [形] 男児のいない；世継ぎの男子のない
विवध [名] くびき（頸木；軛）= जुआठा.
विवर [名] (1) 穴 (2) くぼみ (3) 空洞 (4) 洞穴
विवरण [名] (1) 説明 प्रत्येक तितली का विवरण それぞれの蝶の説明 (2) 記述 दवा के लाभों का विवरण 薬の効能書き (3) 顛末；事情；成り行き；詳細 सारी घटना का विवरण 事件の顛末 (4) 報告
विवरण-पत्र [名] 報告書；レポート
विवरणिका [名*] 案内書；説明書
विवरणी [名*] 申告書
विवर्ण [形] (1) 無色の (2) 変色した；色の褪せた (3) つやのない (4) 顔色を失った；顔色の冴えない (5) 出自が低い；下賤な **विवर्ण हो॰** 青ざめる；顔色を失う
विवर्णन [名] 変色
विवर्त [名] (1) 回転；転がること (2) 幻覚；幻影 (3)〔イ哲〕仮現

विवर्तन [名] (1) 回転；転向 (2) 展開；発展
विवर्तवाद [名]〔イ哲〕シャンカラ・アーチャーリヤの現象世界を虚妄とする説；仮現説；マーヤー説= मायावाद
विवर्तित [形] (1) 回転した；回った (2) 変化した
विवर्द्धन [名] (1) 増大させること；増進させること (2) 増大；増進；成長；発達
विवश [形] (1) 余儀ない；仕方のない (2) 力の及ばない；従属している；服従している
विवशता [名*] ← विवश.
विवसन[1] [形] 裸の；着物を着ていない= नग्न; विवस्त्र; नंगा.
विवसन[2] [名]〔ジャ〕空衣派ジャイナ教徒；裸行派ジャイナ教徒
विवस्त्र [形] 着衣をつけない；裸の= विवसन.
विवस्वत् [名] → विवस्वान्.
विवस्वान् [名] (1) 太陽神の異名の一 (2)〔イ神〕太陽神の乗る車の馭者
विवाक [名] (1) 裁判官；判事 (2) 仲裁人
विवाद [名] (1) 議論 (2) 口論 (3) 紛争；係争 भारत-चीन विवाद 中印紛争 सीमा विवाद 国境紛争 (4) 論争 (5) 裁判
विवादग्रस्त [形] 紛争中の；係争中の
विवादार्थी [名]〔法〕原告= वादी.
विवादास्पद [形] 論争中の；議論のある；論争の的になっている इस विवादास्पद प्रश्न पर この物議を醸している問題について
विवादी [形] (1) 口論する；論争中の (2) 係争中の
विवास [名] (1) 移住 (2) 追放
विवाह [名] (1) 結婚；婚姻 दूसरा विवाह 再婚 दूसरे विवाह का प्रस्ताव लेकर 再婚話を持って विवाह प्रस्ताव 結婚の申込み；縁談 विवाह प्रस्ताव ठुकरा दिया तो 結婚の申し出をはねつけたら (-का) **विवाह** (=से) **क॰** (-を=と) 結婚させる उद्दालक ने अपनी पुत्री सुजाता का विवाह अपने शिष्य के साथ कर दिया ウッダーラカは娘のスジャーターを弟子と結婚させた यह सुनकर राजा ने खुशी-खुशी दोनों का विवाह कर दिया これを聞いて王は大喜びで２人を結婚させた (-से) **विवाह क॰** (-と) 結婚する (2) 結婚式；婚礼= विवाह समारोह. **विवाह तोड़ना** 離婚する **विवाह पीछे की बड़हार भारी लगना** 大事なことが済んでしまえば付随的なことは面倒に思えるもの
विवाह पार्टी [名*] 結婚パーティー；結婚披露宴
विवाह-मंडप [名] 結婚式場；挙式場 विवाह-मंडप स्त्री-पुरुषों से खचाखच भरा हुआ था 結婚式場は男女で一杯になっていた
विवाह विच्छेद [名] 離婚；婚姻解消 विवाह विच्छेद क॰ 離婚する = तलाक.
विवाह समारोह [名] 婚礼；結婚式
विवाहित [形] (1) 結婚した (2) 既婚の= शादीशुदा. विवाहित जीवन 結婚生活
विवाहिता [名*] 既婚女性 वह विवाहिता है あの女性は結婚している नवविवाहिता 新妻；新婚女性
विवाहेतर [形] 婚外の；結婚以外の関係による；婚姻外の विवाहेतर संबंध 結婚以外の関係；婚外関係
विविध [形] (1) 様々な；種々な；いろいろな (2) 雑多な विविध प्रकार का いろいろな；種々な；様々な विविध प्रकार की उपज いろいろな産物 विविध प्रकार के आदमी いろんな人；様々な人 विविध प्रकार से 様々に；種々に；いろいろと अशोक प्रजा की विविध प्रकार से देखभाल करता था アショーカ王は民草の面倒をいろいろと見ていた
विविधता [名*] ← विविध. (1) 多様さ；多様性 भारत में भाषा की, जलवायु की, संस्कृति की तथा धर्म की विविधताएँ हैं インドは言語，風土，文化及び宗教が多様である विविधता में एकता 多様性の中の統一 (2) 違い；相違 बीजों की आकृति, आकार और भार में विविधता 種子の形状と重さの多様性
विविधतापूर्ण [形] 多様な；多様性に満ちた गुड़ियों की दुनिया विविधतापूर्ण है 人形の世界は多様性に満ちている
विवृत [形] (1) 開いている；あいている (2) 広がっている (3)〔言〕開口音の〈open〉 **विवृत रचना** 透かし（彫り物の） **विवृत स्वर**〔言〕開口母音〈open vowel〉
विवृति [名*] (1) 開いていること (2)〔言〕口の開き〈opening〉 (3) 解釈；注釈 (4) 回転 (5) 明かすこと；明確にすること
विवृत्त [形] (1) 回る；回転する (2) 開いた；開いている (3) 明らかにされた；明かされた；覆いの取り去られた
विवृत्ति [名*] (1) 回転 (2) 広がり；開展 (3) 開き
विवृद्ध [形] (1) 大きくなった (2) 増大した (3) 成長した (4) 強力な (5) 豊富な
विवेक [名] (1) 理性；分別；判断力；思慮 धन के अहंकार में उसका सारा विवेक ही नष्ट हो गया था 富にうぬぼれたあまり分別を全くなくしてしまったのだった विवेक से 理性をもって；理性的に विवेक से काम ले॰ 理性的に処理すること (2) 良心 (3) 賢明さ
विवेकपूर्ण [形] (1) 理性的な；分別のある；思慮深い विवेकपूर्ण व्यवहार 理性のある行動 विवेकपूर्ण दृष्टिकोण 分別正しい視点 (2) 賢明な
विवेकवान्[1] [形] (1) 理性のある；分別のある；思慮深い (2) 賢明な
विवेकवान्[2] [名] (1) 分別のある人；理性のある人 (2) 賢者
विवेकशील [形] = विवेकपूर्ण.
विवेकशून्य [形] 分別のない；思慮の欠けた
विवेकाधिकार [名] 任意の行動をとることのできる機能〈discretionary powers〉
विवेकानन्द 〔人名〕ヴィヴェーカーナンダ，スワーミー（1862–1902. ラーマクリシュナ・パラマハンサ रामकृष्ण परमहंस の弟子でラーマクリシュナ・ミッション Ramakrishna Mission を創設し諸宗教の帰一を説いた宗教家，思想家）
विवेकी [形] (1) 分別のある；理性的な (2) 賢明な；思慮深い
विवेचक [形] (1) 調べる；検討する (2) 判別する；判断する
विवेचन [名] (1) 検討；調査し考察すること सुदीर्घ विश्लेषण और विवेचन के बाद 詳細な分析と検討の後 (2) 議論；論議 एक पक्षीय विवेचन 一方的な議論 (3) 評価；査定；批判；判断；判定
विवेचना [名*] = विवेचन. इसकी विवेचना प्रमुख अमेरिकी पत्र के विशेष संवाददाता ने की है これについてはアメリカの主要新聞の特派員が論じている भारतीय मध्यम वर्ग की सामाजिक विशेषताओं में हो रहे परिवर्तनों की विवेचना कीजिए インドの中産階級の社会的特徴に生じつつある変化について論じなさい उसने उसी गंभीरता से विवेचना की 全く変わらぬ慎重さで検討した उससे बिलकुल भिन्न वैज्ञानिक विवेचना それとは全く異なる科学的な議論 विवेचना-शक्ति 眼識；眼力；判断力；批判力
विवेचनात्मक [形] 批評的な；批判的な विवेचनात्मक दृष्टिकोण 批判的な見地
विवेचनीय [形] (1) 検討すべき；探究すべき (2) 議論すべき；論議すべき (3) 批評すべき；批判すべき
विवेचित [形] (1) 検討された (2) 議論された (3) 批評された
विवेच्य [形] = विवेचनीय.
विश् [名*] (1) 人民；民衆 (2) 臣民 (3) ヴァイシュヤの人 (4) 居住地；集落
विशद [形] (1) 明確な；はっきりした；明瞭な विशद संघटन 明確な組織 (2) 純粋な विशद सजातीयता 純粋な同族性
विशदता [名*] ← विशद.
विशप [名] 《E. bishop》→ बिशप. カトリック司教；（プロテスタント）監督；（英国国教会）主教
विशय [名] 疑い；疑念= शक; संदेह.
विशसन [名] (1) 殺すこと；殺害 (2) 切断
विशाखा [名*]〔天・占星〕ヴィシャーカー（インドの二十七宿の第16）
विशाखापट्टनम 〔地名〕ヴィシャーカーパトナム（アーンドラ・プラデーシュ州北東端に位置する港湾都市）
विशारद [形・名] 上達した；熟達した；学芸を究めた（人）；専門的な知識を有する（人）；専門家（の）（造語要素のようにも用いられる）
विशाल [形] (1) 大きい；大きな विशाल नेत्र 大きな目 (2) 巨大な；非常に大きい विशाल विद्युत्चुम्बक 巨大な電磁石 विशाल शिवलिंग 巨大なシヴァリンガ हनुमान की विशाल मूर्ति ハヌマーン神の巨大な像 लाखों व्यक्तियों की एक विशाल सभा 数十万人の大集会 'क्वीन मेरी' नामक विशाल जहाज़ クイーンメリー号という巨船 (3) 広大な；広々とした；洋々たる；はてしない विशाल ब्रह्मांड はてしない宇宙 संसार विशाल है 世界は広大である (4) 大勢の उनके पास विशाल सेना थी 彼は大軍を擁していた (5) 大がかりな；大規模な विशाल नरसंहार 大量虐殺；大殺戮 (6) 度量の大きい；心の広い इतना विशाल हृदय इतनी उदारता これほどに大きな心，これほど

までの寛大さ (7) 非常に多くの；量のけたはずれに多い विशाल ख़र्च 巨費

विशालकाय [形] 巨大な；巨躯の；形の途方もなく大きい；マンモス विशालकाय मशीन 巨大な機械 बरगद का विशालकाय पेड़ バンヤンジュの巨木 विशालकाय कारख़ाना マンモス工場

विशाल कोण [名] 広角= वाइड अंगिल.

विशालता [名*] ←विशाल. उसके हृदय की विशालता में あの人の心の広さに इस देश की विशालता और विविधता この国の広大さと多様性

विशिष्ट [形] (1) 特別の उन्होंने कभी अपने को भारत की ग्रामीण संस्कृति से अलग और विशिष्ट बनाने का प्रयत्न नहीं किया この方は自分をインドの農村文化と別個の特別のものにしようとは決してなされなかった (2) 独特な；独自の हिंदी साहित्य में उनका विशिष्ट स्थान है 同氏はヒンディー文学の中で独特の地位を占める विशिष्ट लक्षण 特徴 नालंदा के विशिष्ट शिक्षा-प्राप्त स्नातक ナーランダーで特別の教育を受けた卒業生 (3) 有名な；特別な；著名な अगर आप विशिष्ट व्यक्ति नहीं हैं तो नाक रगड़ते रहिए. फिर भी आपको अस्पतालों में दवाइयाँ नहीं मिलेंगी もしもあなたが著名な方でなければ哀れみを乞い続けることです．それでも病院では薬は貰えないでしょう

विशिष्टता [名*] ←विशिष्ट.

विशिष्टाद्वैत [名]〔イ哲〕ラーマーヌジャ（11～12 世紀）の説いた哲学説（最高我ブラフマンと個我（जीव）及び物質世界とが分離できない関係にあるとする）

विशुद्ध [形] (1) 純粋な；混じりけのない；生粋の विशुद्ध जल 純粋な水 (2) 至純な；汚れのない；無垢な

विशुद्ध चक्र [名]〔ヨガ〕ヴィシュッダ・チャクラ（ハタヨーガで咽頭部に位置するとされる第 5 のチャクラ）→ चक्र.

विशुद्धता [名*] ←विशुद्ध.

विशुद्ध विज्ञान [名] 純粋科学〈pure science〉

विशुद्धि [名*] (1) 純粋さ (2) 無垢；清浄 (3) 改正；修正；訂正

विशुद्धिवाद [名] ピューリタニズム；厳格主義

विशून्य [形] (1) 全く空白の；空虚な (2) 真空の

विशृंखल [形] (1) 散らかった；散乱した (2) 混乱した；まとまりのなくなった भीड़ अगर विशृंखल हो उठती 群集が混乱におちいると (3) 無秩序な；統一性のなくなった

विशृंखलता [名*] ←विशृंखल.

विशृंखलित [形] = विशृंखल. आज पार्टी बहुत ही विशृंखलित अवस्था में है 今日，党は甚だ無秩序な状態にある

विशेष[1] [形] (1) 特別の (2) 特殊な (3) 固有な (4) 特定の（この意味で用いられる際には被修飾語の名詞に後接する） एक जाति विशेष के कुछ लोगों का ある特定ジャーティに属する一部の人たちの किसी देश विशेष का 特定国の **विशेष अंग** 局部；秘部；陰部 **विशेष भत्ता** 特別手当 **विशेष योग्यता** 特長；優秀さ

विशेष[2] [副] 特に；特別に；甚だ；大いに मीनाक्षी का मंदिर विशेष प्रसिद्ध है ミーナークシー寺院は特に有名である न रंग न रूप, न विशेष पढ़ी-लिखी 器量が良いわけでもないし特に高い教育を受けているわけでもない वे तीनों विशेष तगड़े न थे 3 人は特に頑健なわけではなかった ये औषधियाँ उनके लिए विशेष गुणकारी सिद्ध होंगी これらの薬はその人たちに特に効くだろう

विशेष[3] [名] 特別のもの；余分のもの

विशेषक[1] [形] 特徴づける；区別のための

विशेषक[2] [名] (1) 特徴づけるもの；区別のためのもの (2)〔ヒ〕額に描かれる宗派の標識 (3)〔言〕修飾語〈modifier〉 (4)〔言〕付加詞〈adjunct〉

विशेषक चिह्न [名]〔言〕発音区分符号〈diacritical mark〉

विशेष कर [副] 特に；特別に；とりわけ= विशेष करके; विशेष रूप से; विशेष.

विशेष क्षेत्र [名] 専門領域；専門分野 उन्होंने साहित्य की व्यंग्य-विधा को अपना विशेष क्षेत्र बनाया 同氏は風刺のジャンルを得意とした

विशेषज्ञ [名] 専門家；エキスパート；スペシャリスト कृषि, सहकारिता, पशुपालन, शिक्षा इत्यादि के विशेषज्ञ 農業，協同組合，畜産，教育などの専門家 बाल रोग विशेषज्ञ 小児科医 अर्थ विशेषज्ञ 経済専門家 विशेषज्ञ डाक्टर 専門医

विशेषण [名]〔言〕形容詞 **क्रिया विशेषण** 副詞 **विशेषण उपवाक्य** 形容詞節〈adjectival clause〉

विशेषतः [副] 特に；特別に；とりわけ= विशेष रूप से; विशेषतया; ख़ास तौर से. यह आंदोलन जगह-जगह, विशेषतः गुजरात और बिहार में चला था この運動は各地で特にグジャラートとビハールで盛んになった

विशेषता [名*] (1) 特徴 (2) 特長；特性 इसकी सबसे बड़ी विशेषता यह है कि यह बहुत हलका होता है これの最大の特長は非常に軽いことです अच्छे व्यक्तित्व की एक और विशेषता है, दूसरे की राय को महत्त्व देना 立派な人物のもう 1 つの特性は他人の意見を重んじることである

विशेष दूत [名] 特使；特別使節 राष्ट्रपति का विशेष दूत 大統領特使

विशेष मजिस्ट्रेट [名]〔法〕特任執行判事（州政府が必要に応じて期限をつけて特定の地区に任じる執行判事）〈special magistrate〉→ कार्यपालक मजिस्ट्रेट.

विशेषांक [名]（雑誌などの）特別号；特集号 कहानी विशेषांक 短編小説特集号

विशेषाधिकार [名] 特権 कार्यपालिका के विशेषाधिकार का दावा 行政府の特権の要求

विशेषित [形] (1) 特徴づけられた；特殊な (2) 限定された

विशेषी [形] 特徴のある；特色のある

विशेषीकरण [名] 専門化 दस्तकारियों में विशेषीकरण 手工業の専門化

विशेषीकृत [形] 専門化した

विशेष्य [名]〔言〕実名詞；名詞〈substantive〉

विशोधन [名] 浄化

विश्रंभ [名] (1) 信頼；信用 (2) 恋；恋愛

विश्रंभी [形] (1) 信頼できる (2) 恋の；恋愛の

विश्रम [名] = विश्राम.

विश्रांत [形] (1) 休息した；休んだ；休憩した (2) 停止した (3) 終わった；尽きた (4) 疲れた

विश्रांति [名*] (1) 休息；休憩 (2) 中休み (3) 疲れ；疲労

विश्राम [名] (1) 休養；骨休め निद्रा में भी शरीर को ही विश्राम मिलता है 体は睡眠中にも休養を得る (2) 休憩時間；中休み इन दो पारियों के बीच दस मिनट का समय विश्राम के लिए दिया जाता है 前半と後半との間に 10 分間の休憩時間（ハーフタイム）が与えられる

विश्राम कक्ष [名] ラウンジ；休憩室= लाउंज.

विश्रामगृह [名] レストハウス；宿泊所

विश्रामदिवस [名] 安息日；休息日；休日

विश्रामशाला [名*] 待合室；休憩所

विश्रामस्थल [名] 休憩所 सहस्रों दर्शकों का यह विश्राम-स्थल बना हुआ है 幾千人もの観客が休憩する場所が作られている

विश्रामालय [名] 待合室；休憩室；休憩所

विश्रुत [形] 有名な；高名な；著名な= प्रसिद्ध; नामी; प्रख्यात; मशहूर.

विश्रुति [名*] 名声；高名= प्रसिद्धि.

विश्लथ [形] (1) 疲れた；疲れはてた= थका हुआ. (2) だらけた= शिथिल. (3) 解かれた；ほどかれた= मुक्त; बंधनरहित.

विश्लिष्ट [形] (1) 分離された (2) 分析された (3) 分けられた；別にされた

विश्लेषण [名] (1) 分離すること (2) 分析；分解；解析

विश्लेषणात्मक [形] (1) 分析的な；分解する (2)〔言〕分析的な **विश्लेषणात्मक भाषा**〔言〕分析的言語〈analytic language〉

विश्लेषी [形] (1) 分離する (2) 分析する

विश्वंभर [名] (1) 最高神；最高存在；天 (2) ヴィシュヌ神

विश्वंभरा [名*] 大地

विश्व[1] [形] すべての；一切の；全部の；全体の

विश्व[2] [名] (1) 宇宙 (2) 世界；全世界 तनावग्रस्त विश्व 緊張の多い世界 विश्व के महापुरुष 世界の偉人 विश्व मैराथन प्रतियोगिता 世界マラソン選手権 **विश्व का नक़्शा** 世界地図 विश्व का नक़्शा देखें तो 世界地図を見れば

विश्वकप [名]《H. + E. cup》(1) ワールドカップ（国際競技の選手権大会やそのカップ）；W 杯 (2) 世界選手権 हमारे देश ने क्रिकेट में विश्वकप जीता था わが国はクリケットの世界選手権を勝ち取った विश्वकप फुटबाल ワールドカップサッカー；W 杯サッカー

विश्वकरुणा [名*]〔仏〕大悲 अवलोकितेश्वर विश्वकरुणा से ओतप्रोत हैं 観音様は大悲に満ちていらっしゃる

विश्वकर्ता [名] 創造主

विश्वकर्मा [名]〔ヒ〕創造主；一切万物の創造者；最高神；ヴィシュヴァカルマン（ヴィシュヴァカルマー）

विश्वकाय [名] ヴィシュヌ神の異名の一
विश्वकाया [名*] ドゥルガー神の異名の一
विश्वकिरण [名*] 宇宙線= ब्रह्मांड विकिरण; पराकाशी विकिरण.
विश्वकोश [名] 百科事典
विश्वकोशीय [形] 百科事典的な
विश्वक्रांति [名*] 世界革命 〈world revolution〉
विश्वगंधा [名*] 大地
विश्वगर्भा [名] ヴィシュヌ神
विश्वगुरु [名] ヴィシュヌ神の異名の一
विश्व-चैंपियन [名] 《H. + E. champion》世界チャンピオン；ワールドチャンピオン
विश्वजनीन [形] (1) 普遍的な (2) 全世界的な；国際的な विश्वजनीन नगर 国際都市
विश्वजनीनता [名*] 普遍；普遍性
विश्वजन्य [形] → विश्वजनीन.
विश्वजयी [形] 世界を征服する
विश्वजित् [形] 全世界を征服する；世界を制覇する
विश्वजित् यज्ञ [名]〔ヒ〕ヴィシュヴァジット・ヤジュニャ（バラモン教供犠の一）
विश्वतः [副] 四方に；全方角に；四方八方に；至るところに
विश्वत्रय [名]〔ヒ〕天界 आकाश, 地界 मर्त्यलोक, 地下界 पाताल の三界= त्रिलोक.
विश्वदेव [名]〔ヒ〕ヴィシュヴァデーヴァ（リグヴェーダの 10 神群の総称）；ヴィシュヴェーデーヴァ (विश्वेदेव)
विश्वधर [名] ヴィシュヌ神の異名の一
विश्वधारिणी [名*] 大地
विश्वधारी [名] ヴィシュヌ神
विश्वनागरिक [名] 世界人；国際人；コスモポリタン（コズモポリタン）
विश्वनाथ [名] (1) シヴァ神の異名の一 (2)〔ヒ〕バナーラスのヴィシュヴァナート寺院に祀られているシヴァリンガ（全インドの主要 12 リンガ ज्योतिर्लिंग の一）
विश्वनाथपुरी [名*] ヴァーラーナシー市の別名. ＝バナーラス बनारस, カーシー काशी
विश्व न्यायालय [名] 常設国際司法裁判所 〈World Court; the Permanent Court of the International Justice〉
विश्वपति [名]〔ヒ〕最高神
विश्वप्रसिद्ध [形] 名を世界中に知られた；世界的に著名な बाद में विश्वप्रसिद्ध हो गई 後にそれは全世界にその名を知られた विश्वप्रसिद्ध उपन्यास 'टाम सायर' 世界中に知られた小説『トム・ソーヤーの冒険』
विश्वबंधु[1] [形] 全世界を友とする；世界中と友愛関係にある
विश्वबंधु[2] [名] シヴァ神の異名の一
विश्वबंधुत्व [名] ← विश्वबंधु[1]. 四海同胞= विश्व-भ्रातृत्व.
विश्व बैंक [名] 世界銀行 〈World Bank〉
विश्व भाषा [名*]〔言〕世界語；国際語 〈world language〉
विश्वमाता [名*] ドゥルガー神の異名の一
विश्वमानवता [名*] 人類愛 वे विश्वमानवता में विश्वास रखते थे あの方は人類愛を信じておられた
विश्वमुखी [名*] パールヴァティー神の異名の一
विश्वयुद्ध [名] 世界大戦 प्रथम विश्वयुद्ध 第一次世界大戦 द्वितीय विश्वयुद्ध 第二次世界大戦
विश्वयोनि [名] (1) ブラフマー神 (2) ヴィシュヌ神
विश्व राजनीति [名*] 国際政治
विश्वराज्य [名] 世界国家；世界連邦
विश्वरूप [名] (1) ヴィシュヌ神 (2) シヴァ神 (3)〔マハ・ヒ〕クリシュナがアルジュナにバガヴァッド・ギーターを説いた際に見せた姿（宇宙一切が己の顕現した姿であるとする）
विश्वरूपी [名] ヴィシュヌ神の異名の一
विश्वलोचन [名] (1) 太陽 (2) 月
विश्ववंद्य [形] 全世界に，あるいは，万人に敬われる；世界中の尊敬を受ける
विश्व वन्यजीवन कोष [名] 世界野生生物基金 〈World Wildlife Fund; W.W.F.〉
विश्ववाद [名] (1)〔哲〕宇宙進化論 (2) 四海同胞= विश्वबंधुत्व.
विश्वविख्यात [形] 全世界に名の知られた；世界的に著名な विश्वविख्यात लेखक 世界的な作家
विश्वविद्यालय [名] 大学；総合大学 विश्वविद्यालय परिसर 大学キャンパス
विश्वविद्यालय अनुदान आयोग [名] インドの大学補助金委員会 〈University Grant Commission; U.G.C.〉
विश्वविद्यालयीय [形] 大学の；大学に関する विश्वविद्यालयीय शिक्षा 大学教育
विश्वविपत्ति [名*]（核戦争などによる）世界危機
विश्वव्यापक [形] (1) 世界的な；世界規模の；全世界に及ぶ (2) 普遍的な
विश्वव्यापकता [名*] 普遍；普遍性
विश्वव्यापी [形] (1) 世界規模の；グローバルな (2) 普遍的な= विश्वव्यापक.
विश्वशक्ति [名*]〔政〕世界的強国 〈world power〉
विश्वशांति [名*] 世界平和 〈world peace〉 विश्वशांति आंदोलन 世界平和運動
विश्वश्रेणी [名*] 世界水準
विश्वसंघ [名] 世界連邦
विश्वसंघवाद [名] 世界連邦主義 〈World Federalism〉
विश्वसनीय [形] 信用できる；信頼できる；確かな
विश्वसनीयता [名*] 信用；信頼（感）；信頼性 अब पार्टी ने अपनी विश्वसनीयता भी खो दी 今や党は信用まで失ってしまった इन समाचारपत्रों की विश्वसनीयता これらの新聞の信頼性 सार्वजनिक जीवन में विश्वसनीयता बनी रहे 世間での信用が保たれるように
विश्व समाज [名] 国際社会
विश्वसित [形] (1) 信頼された；信用された (2) 自信を持った；確信のある
विश्वसुंदरी [名*] ミスユニバース
विश्वस्त [形] (1) 信頼すべき (2) 信頼した；確信した
विश्व स्वास्थ्य संगठन [名] 世界保健機関〈World Health Organisation; WHO〉
विश्वात्मा [名] (1) ブラフマー神 (2) ヴィシュヌ神 (3) シヴァ神
विश्वानर [名] ＝ वैश्वानर.
विश्वामित्र [名]〔イ神〕ヴィシュヴァーミトラ（聖仙）
विश्वास [名] (1) 信頼；信用 इस तथ्य पर कोई विश्वास नहीं करेगा これをだれも信じるまい उसे अपनी आँखों और कानों पर विश्वास नहीं हुआ 自分の目と耳とが信じられなかった (2) 信仰；信奉；信心 परमात्मा में अटल विश्वास 神を絶対的に信仰すること जो लोग वैदिक देवताओं में विश्वास करते थे ヴェーダの神々を信奉していた人たち विश्वास है ऐसा करने से उसे सद्गति मिलती है こうすれば解脱が得られるものと信じられている **विश्वास उठना** *a.* 信頼が失われる *b.* 信心が失われる पता चल गया तो लोगों का वेदों, शास्त्रों से विश्वास उठ जाएगा 事が明らかになるとヴェーダやシャーストラに対する人々の信頼が失われよう **विश्वास जमाना** 信用を得る **विश्वास जीतना** 信頼を得る；信頼を勝ち取る；信用を得る इस तरह उसने लोगों का पूरा विश्वास जीत लिया था こうして男は人々から絶対的な信頼を勝ち取った **विश्वास दिलाना** 確約する；誓う；信用させる मैं आपको विश्वास दिलाता हूँ कि जीता रहा, तो कुछ-न-कुछ कर दिखाऊँगा 生きながらえたら何かをやってみせることをお誓い致します अब क्या रोहिणी उसे विश्वास दिला सकेगी さてローヒニーは彼女を信用させることができようか **विश्वास बैठना** 確信する；確信を抱く **विश्वास मानना** 信じる；信用する मुझपर विश्वास मानिए महाराज, मैंने ऐसा काम नहीं किया 信じて下さい（本当のことなのです）．私はこんなことはしていないのです (-में) **विश्वास रखना** *a.* 信じる；信用する वे मनुष्य के हृदय-परिवर्तन में विश्वास रखते थे あの方は人が心を入れ替えることを信じていらっしゃった *b.* 信仰する；信じる पारसी धर्म में विश्वास रखनेवाले 拝火教を信仰する人
विश्वासघात [名] 裏切り；背信；寝首をかくこと
विश्वासघातक [形] 裏切りを働く；背信行為を働く；寝首をかく
विश्वासघाती [形] ＝ विश्वासघातक.
विश्वासना [他] 信じる पत्नी पति की बात को कैसे विश्वासे? 妻がどうして夫の言葉を信じようものか
विश्वासपात्र [形・名] 信用のある（人）；信頼のある；信頼すべき（人）；頼れる（人） उनका विश्वासपात्र दास あの方の信頼して

いる下僕 अड़ोस पड़ोस के लोगों का विश्वासपात्र 近所の人に信用されている人
विश्वासभंग [名] 背信；信頼を裏切ること= विश्वासघात.
विश्वासभाजन [名] = विश्वासपात्र.
विश्वासिक [形] 信頼できる；頼りになる= विश्वसनीय.
विश्वासित [形] 確約された
विश्वासी [形] (1) 信用する；信頼する (2) 信用できる；信頼できる
विश्वासोत्पादकता [名*] 信用；信頼感；安心感 गोपाल के लहजे में इतनी विश्वासोत्पादकता है ゴーパールの口調にはこれほどの信頼感がある
विश्वास्य [形] = विश्वसनीय.
विश्वेदेव [名] = विश्वदेव.
विश्वेश [名] (1) ヴィシュヌ神 (2) シヴァ神
विश्वेश्वर [名] (1) シヴァ神 (2) 最高神
विष [名] (1) 毒；毒物 (2) 害毒 भयंकर विष 猛毒 विष से मारना 毒殺する= ज़हर से मारना. **विष उगलना** 毒づく **विष उतारना** 解毒する **विष का घूँट पीना** *a.* 毒をあおる *b.* とても辛い思いに耐える **विष का बीज बोना** 争いや喧嘩の種を蒔く **विष का बुझाया** 毒気のある；毒を含んだ **विष की क्यारी बोना** 悪事を働く **विष की गाँठ** *a.* 悪；悪事 *b.* わる；悪者；害悪をもたらすもの **विष की पुड़िया** = विष की गाँठ. **विष की पोट बाँधना** 悪業を重ねる **विष की बेल** 害のあるもの；有害なもの **विष के दाँत** 害悪をもたらすもの；害を及ぼすもの **विष के दाँत तोड़ना** 害悪の根を断つ **विष खाना** *a.* 毒をあおる *b.* 妬む；嫉妬する (-में) **विष घोलना** （ーに）憎しみを抱かせる **विष चढ़ना** *a.* 毒が回る *b.* 妬む；嫉妬する *c.* 腹立たしい思いをする **विष पीना** *a.* 毒をあおる *b.* 辛さに耐え忍ぶ **विष मारना** 毒を抜く；解毒する **विष लगना** 非常に不快な思いをする **विष वमन क°** = विष उगलना.
विषकंठ [名] シヴァ神の異名の一
विषकन्या [名*] 古代インドにおいて幼時より少量ずつ体内に毒を蓄積し交接などにより敵を殺害することを目的に育てられたと伝えられてきた女性；毒娘
विषग्रंथि [名*]〔動〕毒腺 〈venom gland〉
विषघातक [名] 解毒剤；毒消し
विषघ्न [形] 解毒作用のある；解毒のための；解毒用の
विषघ्नी [名*] (1) = हिलमोचो. (2) = बनतुलसी.
विषण्ण [形] (1) 憂鬱な；気分の沈んでいる；気分の晴れない (2) 悲しい；悲しみを持つ；悲しんでいる (3) 元気のない；無気力な
विषण्णता [名*] (1) 憂鬱な状態；気分のふさがった状態 (2)〔医〕鬱病
विषतंत्र [名]〔アユ〕アーユルヴェーダにおける解毒法
विषता [名*] 毒性
विषदंत [名] (1) 毒牙 (2) 歯牙に毒を持つもの (3) 猫
विषदंष्ट्रा [名*] 蛇の毒牙
विषद [形] 清らかな；清浄な= निर्मल; स्वच्छ; विमल.
विषधर[1] [形] 毒を持つ；有毒な विषधर भुजंग 毒蛇
विषधर[2] [名] (1) 蛇；毒蛇 (2) 雲= बादल.
विषनाशी [名] 解毒剤；解毒作用のあるもの
विषपान [名] 毒を飲むこと；毒をあおること इसी महल में सुंदरी राजकुमारी ने विषपान किया था 美しい王女が毒をあおったのはこの王宮だった
विषमंत्र [名] (1) 解毒に有効とされる呪文 (2) 解毒の呪文を知っている人
विषम [形] (1) 等しくない；同等でない；同じでない (2) いびつな；歪んだ；均整のとれていない；対称的でない (3)〔数〕奇数の (4) 甚だ都合の悪い；苦しい；困難な इतनी विषम परिस्थितियों में हमारी पार्टी विजयी हो पायी これほど苦しい状況の中でもわが党は勝利を収めることができた (5) 不調和な；不適当な
विषमकोण [名]〔幾〕斜角 〈oblique angle〉
विषमज्वर [名]〔医〕マラリア熱
विषमता [名*] ← विषम. (1) 等しくないこと；不平等 समाज में फैली हुई विषमताएँ 社会に広まっている不平等 आर्थिक विषमता 経済的不平等 (2) 不均衡 (3) 歪み
विषम त्रिभुज [名]〔幾〕不等辺三角形
विषमत्व [名] = विषमता.
विषममात्रिक छंद [名]〔韻〕モーラ韻律のうち，次の韻律の総称，すなわち，2つのモーラ韻律の結合より成るもの及び同一のモーラ韻律であるがパーダ数が4以上のもの
विषमवृत्त [名]〔韻〕音節韻律のうち以下の韻律の総称，すなわち，4つのパーダのそれぞれの音節数が順番に4音節ずつ多くなるもの，4つのパーダのガナ गण の音節数は同じだが配列が異なるもの，パーダの数が4以上のもの
विषमांग [形] 異質な
विषमार [名]〔薬〕解毒剤
विषय [名] (1) 対象 ईर्ष्या का विषय 嫉妬の対象 खोज का मुख्य विषय 研究の主たる対象 चिंता का विषय 心配事；心配なこと (2) 主題；題目；テーマ；事柄 गंभीर विषय को साधारण भाषा में समझाना 重大な事柄を普通の言葉で説明する किन विषयों पर लेख लिख रहे हैं? 今何のテーマについて記事を書いていらっしゃるところなのですか (3) 感覚器官・感覚の対象 (4) 範囲；区域 (5) 学科科目 (-के) **विषय में** （ーに）ついて；関して；関わって अब धर्म के विषय में कुछ कहिए さて次に宗教について一言仰って下さい
-विषयक [造語] （ーに）関する，関連する，（ー）上のなどの意を有する合成語の構成要素 एतद्विषयक これに関する धर्मविषयक 宗教上の
विषयक्षेत्र [名] 余地；範囲
विषयगत [形] 客観的な = वस्तुपरक.
विषयनिर्द्धारिणी समिति [名*] 議事運営委員会= विषयनिर्वाचिनी समिति; विषयनिर्वाचन समिति.
विषयनिष्ठ [形] 客観的な= वस्तुपरक; वस्तुनिष्ठ.
विषयनिष्ठता [名*] 客観性
विषयपरक [形] (1) 客観的な विषयपरक निबंध 客観的な文章 (2) 官能の；官能に関する
विषयभोग [名] 官能の享受；享楽
विषयरत [形] 官能に耽った；官能に溺れた= विषयासक्त.
विषयरस [名] 感覚器官によって得られる充足感；官能
विषयलोलुप [形] 官能的な；肉欲に耽る
विषयवस्तु [名*] 主題；題目；テーマ विषयवस्तु के अनुरूप उर्दू और अंग्रेज़ी के शब्दों का भी प्रयोग किया है テーマに応じてウルドゥー語と英語の単語も用いている
विषयवासना [名*] 官能；性欲 विषयवासना में लिप्त 官能に溺れた
विषयसमिति [名*] = विषयनिर्धारिणी समिति.
विषयसुख [名] 官能；感覚器官によって得られる快楽
विषयसूची [名*] 目次
विषयांतर [名] 話題や主題を変えること
विषयात्मक [形] (1) 主題に関連した (2) 官能的な；感覚器官に関係した
विषयानुक्रमणिका [名*] 目次
विषयासक्त [形] (1) 官能に溺れた (2) 好色な
विषयासक्ति [名*] (1) 官能に耽溺すること (2) 好色
विषयिनिष्ठ [形] 主観的な；主観の 〈subjective〉
विषयी [形] (1) 官能に溺れる= विलासी. (2) 好色な= कामी.
विषवमन [名] 毒づくこと；罵詈雑言を浴びせること भारत के प्रति विषवमन インドに対して毒づくこと
विषविद्या [名*] 解毒術
विषवृक्ष [名] 有毒な樹木
विषहंता[1] [形] 毒を除く；毒を抜く；毒を消す
विषहंता[2] [名]〔植〕マメ科高木ビルマネム = सिरिस
विषहर [形] 毒を消す；毒を取り除く；解毒する
विषहा [名] 解毒剤；毒消し
विषहीन [形] 無毒の；毒を含んでいない
विषाक्त [形] (1) 有毒な；毒入りの；毒に汚染された विषाक्त भोजन के शिकार 食中毒患者 (2) 悪意に満ちた；毒された सहयोग का सारा वातावरण विषाक्त हो सकता है 協力の雰囲気はすっかり毒されてしまう可能性がある (3) 有害な；危険な विषाक्त धर्मांधता 危険な狂信性
विषाण [名] (1) 動物の角 (2) 動物の牙 (3) てっぺん；頂き；頂上
विषाणी [形・名] (1) 角や牙を持つ（動物） (2) 象 (3) 猪
विषाणु [名] ウイルス= वायरस. **विषाणु यकृत्शोथ**〔医〕ウイルス性肝炎= वाइरल हेपटाइटिस.
विषाणु विज्ञान [名] ウイルス学= वाइरोलोजी. 〈virology〉

विषाद [名] (1) 悲しみ；悲嘆 उसके मुँह पर गंभीर विषाद के साथ धैर्य की रेखा थी その人の顔には悲しみと忍耐の影が見られた जब उसे यह नहीं मिलता तो उसका मन विषाद और निराशा से भर जाता है それが得られないと悲しみと失望に胸がふさがる (2) 落胆；失望；意気消沈 (3) 〔医〕鬱病；鬱の状態

विषादी [形] 悲しみに沈んでいる；悲嘆に暮れている

विषानन [名] 蛇= साँप; सर्प.

विषुव [名] 春分；秋分；昼夜平分時

विषुवत् [名] = विषुव.

विषुवतीय [形] 赤道の 〈equatorial〉 **विषुवतीय निम्नदाब कटिबंध** 〔気象〕赤道低気圧帯

विषुवत्‌रेखा [名*] 赤道；地球赤道 〈terrestial equator〉 उनके रहने का स्थान विषुवत्‌रेखा से कितनी दूर है? 彼らの居住地は赤道からどれだけのところにあるか

विषुवतवृत्त [名] 赤道；地球赤道 〈equator〉

विषुवदिन [名] 春分の日；秋分の日

विषूचिका [名*] 〔医〕コレラ= हैज़ा.

विषैला [形+] (1) 有毒な विषैले रंगों के प्रयोग पर भी प्रतिबंध 有毒色素の使用にも規制 विषैला दाँत 毒牙 विषैली गैस 有毒ガス ज्वालामुखी विषैली गैसें छोड़ते हैं 火山は有毒ガスを出す (2) 毒のある；毒気のある；悪意に満ちた

विष्कंभ [名] (1) 障害；支障 (2) 〔イ演〕(サンスクリット演劇において) 幕間劇

विष्टा [名*] → विष्ठा.

विष्टि [名*] (1) 苦役 (2) 労賃 (3) 勤労；作業

विष्ठा [名*] 糞；排泄物

विष्णु [名] 〔ヒ〕ヒンドゥー教の最高神の一であるヴィシュヌ神

विष्णुकांता [名*] 〔植〕マメ科蔓草チョウマメ【*Clitorea ternatea*】

विष्णुपत्नी [名*] 〔ヒ〕ヴィシュヌ神妃ラクシュミー神

विष्णुपद [名] (1) 〔ヒ〕ビハール州ガヤー गया にあるヴィシュヌ神の足跡とされる聖跡 (2) 空；天空 (3) 天国

विष्णुप्रिया [名*] 〔植〕シソ科カミメボウキ तुलसी の別名

विष्णुलोक [名] ヴィシュヌ神の天界；ヴィシュヌ神の世界

विसंक्रमण [名] 消毒 विसंक्रमण नामक विशेष विधि द्वारा लकड़ी को कीड़ों से भी बचाया जा सकता है 消毒という特殊な手法によって木材を虫害からも守ることができる

विसंक्रमित [形] 消毒された विसंक्रमित क॰ 消毒する

विसंगत [形] (1) 不適切な；不適当な；調和のない；不調和な；対立した (2) 的はずれの；見当はずれの (3) 矛盾した

विसंगति [名*] (1) 不調和；対立 व्यक्ति और समाज की विसंगतियाँ 個人と社会との不調和 (2) 的はずれ；見当はずれ (3) 矛盾 सामाजिक विसंगतियों की आलोचना 社会の矛盾の批判 विसंगतियों भरे रूप में 全く的はずれな形で (4) 不都合；困難；支障 समाज के विभिन्न वर्गों के जीवन की विसंगतियों को 社会の様々な階級の生活上の不都合を

विसंपीडन [名] 減圧

विसंयोजन [名] 分離

विसम्मत [形] 不同意の；異議のある

विसम्मति [名*] 不同意；異議；意見の不一致

विसरण [名] 〔化・物理〕拡散 〈diffusion〉

विसर्ग [名] (1) 〔言〕ヴィサルガ (サンスクリット語及びヒンディー語で (:) の記号で記される無声声門摩擦音 (2) 〔言〕ヴィサルガ (上記ヴィサルガの記号) (3) 放出；放棄 (4) 排泄 (5) 施与；贈与 (6) 処理

विसर्गी [形] 途切れることのある；中断のある；間欠的な

विसर्गी ज्वर [名] 〔医〕間欠熱；マラリア

विसर्जन [名] (1) 捨て去ること；処分すること；処理すること अहंकार-विसर्जन के लिए 慢心を捨て去るために (2) (集まったりまとまっているものを) 分散させること；四散させること (3) 祭式の終わりに神像や依り代などを水に流すこと गणपति का विसर्जन 祭礼の後ガネーシャ像を川や海に流すこと (4) 遺骨や遺灰を川や海などの水に流すこと

विसर्जित [形] (1) 捨てられた；処分された；処理された (2) 散った；散らばった；四散した；処理された सभा विसर्जित हो गई 会合は散会になった (3) (川や海などに) 流された लोग उन्हें गंगा नदी में विसर्जित कर आते हैं 人々はそれらをガンジス川に流して来る **विसर्जित हो॰** *a.* 処分される *b.* 散会する；散らばる；四散する *c.* 流される

विसर्प [名] (1) 這うこと；這い回ること (2) 〔医〕疥癬

विसल [名] 若葉= पल्लव.

विसार [名] (1) 広がり (2) 流れ (3) 発生

विसाल [名] 《A. وصال》 (1) 出会い= मिलन. (2) 恋人同士の出会い= प्रेमी और प्रेमिका का मिलन. (3) 高僧，聖徒，聖人たちの死= निधन; मृत्यु.

विसूचन [名] 知らせること；通知 (すること)；通報

विसूरण [名] (1) 悲しみ= दुःख; रंज. (2) 心配；不安= चिंता; फ़िक्र. (3) 世俗生活を厭うこと；厭世；厭離= विरक्ति.

विसैन्यीकरण [名] 非武装化= निरस्त्रीकरण; निःशस्त्रीकरण. 〈disarmament〉

विसैन्यीकृत [形] 非武装化した विसैन्यीकृत क्षेत्र 非武装化地帯

विस्की [名*] 《E. whisky》 ウイスキー= ह्विस्की.

विस्खलित [形] (1) それた；道をはずれた (2) 調子はずれの (3) 誤った；間違った (4) 落ちた；落下した

विस्तर[1] [名] 広がり；拡大；拡張= विस्तार; प्रसार; फैलाव.

विस्तर[2] [形] 大いに；甚だ

विस्तार [名] (1) 広いこと；広く大きいこと；広がっていること；広がること；広がり आधुनिक समाज में सरकार के कार्यों का काफ़ी विस्तार हो गया है 現代社会では政府の活動範囲はかなり広くなっている दूर-दूर तक फैले हुगली के विस्तार को देखती हूँ はるか遠くに至るフグリー川の広がりを見る (2) 大きくなること；拡張されること सिंचाई के लिए नहरों का विस्तार किया गया है 灌漑のために用水路が拡張されている (3) 増すこと；増大されること हमारे नवयुवकों के ज्ञान का विस्तार होना चाहिए わが国の若者の知識は大きく増さなくてはならない (4) 転移 कैंसर कोशिकाओं का विस्तार रक्त-मार्गों द्वारा होता है がん細胞は血管を通って転移する (5) 詳細；細目 **विस्तार से** 詳細に；詳しく उसने मनु के बारे में विस्तार से लिखा マヌについて詳細に書いた **विस्तार से बताना** 敷衍する= खोलकर बयान क॰.

विस्तारण [名] (1) 拡大 (2) 拡張 (3) 増大 (4) 敷衍

विस्तारपूर्वक [副] つまびらかに；詳細に；詳しく विस्तारपूर्वक कहना 詳述する

विस्तारवाद [名] 〔政〕領土拡張主義

विस्तारित [形] (1) 拡大された (2) 拡張された (3) 詳細な；詳細にわたる (4) 〔言〕迂言的な 〈periphrastic〉 **विस्तारित क्रियारूप** 迂言的活用 〈periphrastic conjugation〉

विस्तीर्ण [形] (1) 広げられた；大きくされた (2) 広大な；大きい；大きな यह मंदिर बहुत विस्तीर्ण है これはとても大きなお寺だ (3) 広範な

विस्तृत [形] (1) 広い；広大な यह कार्य क्षेत्र अधिक विस्तृत हो गया है 活動領域は一層広くなった विस्तृत समुद्र 広い海 (2) 大きい；幅広い= व्यापक. विस्तृत अर्थ 広い意味；広義 लोभ, मोह जैसे विकार भी विस्तृत होते गए 貪欲とか執着といった心の歪みも次第に大きくなって行った **विस्तृत परिवार** 〔社〕拡大家族 〈extended family〉 (3) 詳細な；微に入り細にわたった 'निष्काम कर्म' की विस्तृत व्याख्या 「無欲の行為」についての詳細な説明 स्थिति की विस्तृत रिपोर्ट 状況の詳しい報告 विस्तृत जानकारी 詳しい情報 (4) 緻密な；精密な मेडिकल कालिज में विस्तृत परीक्षण के बाद 医大での精密検査の後 **विस्तृत क॰** 広げる；拡大する जनसाधारण के ज्ञान के स्तर को विस्तृत करना होगा 一般大衆の知的水準を広げなくてはならない

विस्थापित[1] [形・名] 本来の居住地から立ち退かされた (人)；退去させられた (人)；難民= मुहाजिर. **विस्थापितों का पड़ाव** 難民キャンプ

विस्थापित[2] [名] (1) 移転 (2) 立ち退き；退去

विस्फार [名] (1) 一杯に広がること；一杯に開くこと (2) 弓弦 (3) 弓弦の鳴る音

विस्फारित [形] 一杯に広げられた；一杯に開かれた वे विस्फारित नेत्रों से बाबा की ओर देख रहे थे 目を皿のようにして祖父を見つめていた

विस्फोट [名] (1) 爆発 (爆発物の) अणुबम का विस्फोट 原子爆弾の爆発 खान में विस्फोट 鉱山爆発 (2) (怒りや不満など抑えられたり溜まったりしたものがが激しく吹き出る) 爆発 यही लग रहा है कि अब विस्फोट होनेवाला है 今にも爆発しそうな感じだ

विस्फोटक[1] [形] 爆発する विस्फोटक पदार्थ 爆発物＝विस्फोटक सामग्री.
विस्फोटक[2] [名] (1) 腫れ物；出来物＝फोड़ा; व्रण. (2) 〔医〕天然痘＝चेचक.
विस्फोटन [名] (1) 爆発 (2) 爆破
विस्मय [名] (1) 予期せぬことや思いもかけぬことで驚くこと；驚き；仰天すること विस्मय से आँखें फैल गईं 驚きに目を見張った मैं विस्मय से उसका मुँह ताकने लगा 仰天して相手の顔を見つめた (2) 〔イ文芸〕驚嘆（古典インド文学の詩論でラサ रस の一つである अद्भुत रस の基になる感情）
विस्मयकारी [形] (1) 驚嘆すべき ये विस्तृत समुद्र जितने रहस्यमय हैं उतने ही विस्मयकारी भी この広い海は神秘的であると同時に驚嘆すべきものでもある (2) 不思議な 'जंगल' नाम अभी विस्मयकारी है 「ジャングル」という言葉は今もなお不思議な言葉だ
विस्मयविमुग्ध [形] 驚きに茫然とした मैं विस्मयविमुग्ध होकर उन्हें देखता रह जाता 私は驚き茫然として見入ってしまう
विस्मयादिबोधक [名]〔言〕感動詞；間投詞〈interjection; exclamation〉 **विस्मयादिबोधक चिह्न** 感嘆符〈exclamation mark〉
विस्मरण [名] 忘却；忘れ去ること
विस्मित [形] 驚いた；驚嘆した；仰天した ग्रामीण के पागलपन पर विशाल सभा विस्मित रह गई 農民の狂気に大会衆は仰天してしまった
विस्मिति [名*] ＝विस्मय.
विहंग [名] 鳥＝पक्षी; चिड़िया; परिंदा.
विहंगम[1] [名] 鳥＝पक्षी; चिड़िया; विहग.
विहंगम[2] [形] 空を飛ぶ；飛行する；飛翔する
विहंगमदृश्य [名] 俯瞰；鳥瞰 अजंता की गुफाएँ : एक विहंगम दृश्य アジャンターの洞窟ーその鳥瞰図
विहंगमदृष्टि [名*] 俯瞰
विहंगमराज [名]〔イ神〕ガルダ गरुड
विहंगिका [名*] 天秤棒＝बहँगी.
विहँसना [自] 笑う；微笑む उधर विहँसता सूरज निकला, फैल गई उजियाली 向こうに笑みをたたえた太陽が現れ曙光が広がった
विहग [自] 鳥＝पक्षी; चिड़िया.
विहगालय [名] 空；天空
विहगेंद्र [名]〔イ神〕ガルダ鳥＝गरुड; विहगेश्वर.
विहत [形] (1) 殺された (2) 打たれた；傷ついた (3) 引き裂かれた (4) 除去された
विहति [名*] (1) 殺害 (2) 打撃 (3) 排除 (4) 敗北 (5) 失敗
विहर [自] (1) 歩き回る (2) 散策する
विहसन [名] 微笑＝मुसकान.
विहसित[1] [名] 微笑
विहसित[2] [形] 微笑んでいる；微笑をたたえている
विहाग [名] (1) 別離 (2) 〔イ音〕ヴィハーグ（ラーガの一．演奏の時間帯は夜，情感は愛，優しさを表すものとされる）
विहाण [名] ＝बिहान; विहान.
विहान [名] 暁；早暁；早朝；曙
विहाना [自・他] → बिहाना.
विहार [名] (1) 歩き回ること (2) 散歩；散策 (3) 遊び；遊興 नौकाविहार 舟遊び (4) 僧院；特に仏教やジャイナ教の僧院や出家者の住居 बौद्ध विहार 仏教僧院 विहार गुफा アジャンターなどの僧院窟 (5) 近年大都市の新興住宅街の多くの町名につけられる名称の一
विहारी [名] ヴィハーリー（クリシュナ神の異名の一）＝बिहारी.
विहित [形] 規定の；規定された；定められた＝निर्धारित.
विहीन [形] （ーを）欠いた；（ーの）欠けた
विहून [形] （ーを）欠いた；（ーの）欠けた＝ -से वंचित; (-) विहीन.
विहृत [形] 除かれた；奪われた；奪い取られた
विहृति [名*] 奪い取ること；奪取；強奪
विह्वल [形] (1) 動転した；あわてた；うわずった वह विह्वल स्वर में बोली うわずった声で言った (2) （感情に）圧倒された；押し流された दिनेश की माँ ने प्रेमविह्वल होकर बहू को गले से लगा लिया ディネーシュの母は愛情の盛り上がりに思わず嫁を抱きしめた
विह्वलता [名*] ← विह्वल. विह्वलता एक प्रकार का आत्म-समर्पण है 圧倒されると言うことは一種の降参である
-वीं [接尾*] 序数詞を作る接尾辞 -वाँ の女性形 मैं 8 वीं कक्षा में पढ़ती हूँ 私は 8 年生です
वी [名] ローマ字の V वी गले का V ネックの वी गले का स्वेटर V ネックのセーター
वी॰आई॰पी॰ [名] 《E. VIP; very important person》ヴイ・アイ・ピー；ビップ；VIP；要人；貴賓＝महत्त्वपूर्ण व्यक्ति. वी॰आई॰पी॰बैग アタッシュケース
वी॰आई॰पी॰सूट [名] 《E. VIP suite》VIP スウィートルーム
वी॰एच॰एफ़॰ [名] 《E. V.H.F.; very high frequency》超短波；超短波放送チャンネル
वीएतनाम 〔国名〕《E. Vietnam》＝वियेतनाम. ベトナム社会主義共和国
वीएतनामी[1] [形] ベトナムの
वीएतनामी[2] [名] ベトナム人 दक्षिण वीएटनामी. 南ベトナム人
वीएतनामी[3] [名*]〔言〕ベトナム語
वीकेंड [名] 《E. weekend》週末＝सप्ताहांत.
वीक्षण [名] 見ること；観察＝निरीक्षण.
वीक्षा [名*] ＝वीक्षण.
वीक्षित [形] 見られた；観察された＝दृष्ट; देखा गया.
वीक्ष्य [形] 見るべき；見るに値する＝दर्शनीय; दृश्य.
वीखना [他] 見る＝देखना.
वीचि [名*] (1) 波＝तरंग; लहर. (2) 隙間＝अवकाश.
वीची [名*] ＝वीचि.
वीज [名] ＝बीज. (1) 原因；根本原因 (2) 種；種子 (3) 精子；子種
वीजक [名] ＝बीजक.
वीजकोश [名] (1) 〔植〕果核 (2) ハスの実 (3) ヒシの実
वीजगणित [名] 代数学＝बीजगणित.
वीजीटीरियन [形・名] 《E. vegetarian》ベジタリアン（の）；菜食主義の（人）；菜食主義者＝शाकाहारी. 〈vegetarian〉
वीझण [名] 団扇；扇子；扇
वीझना [他] （団扇，扇子で）扇ぐ＝पंखा डुलाना.
वीटि [名*] ＝वीटिका.
वीटिका [名*] (1) 〔植〕コショウ科蔓木キンマ【*Piper betle*】 (2) パーン（キンマの葉に消石灰やアセンヤク，ビンロウジなどの様々な薬味を包み噛んで味わう嗜好品）
वीटो [名] 《E. veto》〔政〕拒否権 वीटो क॰ 拒否権を用いる；拒否権を行使する
वीडियो [名] 《E. video》ビデオ
वीडियो खेल [名] ビデオゲーム＝वीडियो गेम; वीडियो गेम्स.
वीडियो गेम्स [名] 《E. videogames》ビデオゲーム वीडियो गेम्स खेलना ビデオゲームをする
वीडियो पार्लर [名] 《E. video parlor》ビデオゲームの遊技場；ゲームセンター
वीडियो फ़िल्म [名*] 《E. videofilms》ビデオテープ（ビデオフィルム）
वीणा [名*]〔イ音〕インド古来の楽器ヴィーナー（7 弦の弦楽器）
वीणापाणि [名*] （ヴィーナーを手に持つ）サラスヴァティー神の異名
वीतंस [名] (1) 鳥獣を入れておくための網，かご（籠），柵など (2) 鳥かご
वीत [形] （ーを）去った；（ーから）離れた；（ーを）超越した वीतकाम 欲望を去った；無欲な
वीतराग [形・名] 世俗の欲望を去った（人）；無欲の वे यावज्जीवन वीतराग की तरह रहे 生涯出家者のように過ごされた
वीतरागता [名*] ← वीतराग. 無欲；欲のないこと；世間的・世俗的欲望のないことやそのような欲を去ること
वीतरागिता [名*] ＝वीतरागता.
वीतरागी [形] ＝वीतराग.
वीथि [名*] (1) 列 (2) 道；通り；小路 (3) 市場 (4) 傍聴席 (5) テラス
वीथिका [名*] ＝वीथि.
वीथी [名*] ＝वीथि.
वीनस [名*] 《E. Venus》ヴィーナス／ビーナス संगमरमर की वीनस की मूर्ति ビーナスの大理石像
वी पी॰ [名*] 《E. value payable》(1) 現金引換郵便 (2) 現金引換小包
वी॰पी॰पी॰ [名*] 《E. value payable parcel》（インドの郵便制度で）現金引換小包；VPP

वीप्सा [名*]〔修辞〕ヴィープサー（動作の継続や連続を表したり驚嘆，嫌悪感，喜び，敬意などを強調するため同一語を反復する修辞法）

वीभत्स [名] = बीभत्स.

वीर[1] [形] (1) 勇ましい；勇敢な；勇気のある；雄々しい वीर पुत्र 勇気のある息子 वीर सेनानायक 勇敢な指揮官 (2) 大胆な

वीर[2] [名] (1) 勇ましい人；勇者；勇気のある人 (2) 軍人；兵士；勇士；強者 (3) すぐれた資質；才能を持つ人 (4) 夫 (5) 息子 (6)（姉妹にとっての）兄弟

वीरकाव्य [名]〔イ文芸〕英雄賛美の詩；英雄詩

वीरगति [名*]（名誉の）戦死 वीरगति प्राप्त क°（名誉の）戦死を遂げる= वीरगति को प्राप्त हो°. आजाद ने गोरी सरकार के हथियारबंद सिपाहियों का मुकाबला करते हुए वीरगति प्राप्त की थी アーザードは白人政府の武装警官と戦ううちに名誉の戦死を遂げた

वीरगाथा [名*] (1)〔イ文芸〕英雄賛美の詩（パトロンの王侯たちの武勇，恋愛などを中心に潤色して歌い上げた初期のヒンディー文学の一群の詩） (2) 英雄伝説 = वीरकथा.

वीरचक्र [名] ヴィーラチャクラ（軍功のあった軍人に与えられるインドの勲功賞の一．महावीर चक्रに次ぐ）

वीरछंद [名]〔韻〕ヴィール・チャンド（各パーダが 16 - 15 の間隔で休止を持つ 31 マートラーのモーラ韻律．8 - 8 - 15 で休止ともされる．パーダの終わりには गुरु-लघुが来る．別名 आल्ह छंद，もしくは，वीर सवैया）

वीरता [名*] (1) 勇ましさ；勇猛さ (2) 武勇

वीरतापूर्ण [形] とても勇ましい；大変勇敢な；勇猛な；雄々しい

वीरतापूर्वक [副] 勇ましく；勇敢に；雄々しく

वीरत्व [名] 勇気；勇猛心 अबला की पुकार और गायों की रक्षा के महत्त्वपूर्ण कार्य को देखकर तेजा जी का वीरत्व जाग उठा 乙女の救いを求める声，雌牛の保護の重要な任務を思いテージャージーの勇猛心が目覚めた

वीरपूजा [名*] 英雄崇拝〈hero worship〉

वीरभद्र [名] (1) 名だたる英雄 (2)〔ヒ〕アシュヴァメーダ（国の繁栄を祈願し国威を誇示するために 1 年間馬を放しその馬の進んだ土地を領地と宣言し最後にはその馬を犠牲にするヴェーダ時代のバラモン教の祭祀）に供される馬

वीर रस [名]〔文芸〕古典インド文学の詩論に基づくラサの一；勇武→ रस.

वीरव्रत [名] (1) 意志堅固に誓いを守る人 (2) 堅く梵行（独身で修行）を貫く梵行者= ब्रह्मचारी

वीरांगना [名*] 勇気ある女性；勇敢な女性；女傑

वीरा [名*] 夫が存命で息子に恵まれた女性

वीरात्मा [形・名] (1) 勇敢な；勇士 (2) 英霊 वीरात्मा को श्रद्धांजलि 英霊に敬礼

वीरान [形]《P. ویران》(1) 人気のない；無人の；人の住まない (2) 荒廃した；荒れた；廃墟と化した；管理のなされない (3) 台無しの；台無しになった；つぶされた मेरी नींद वीरान हो गई है 眠りを潰された (4) 寂しい आफ़िस में शांति हो जाएगी, पर मेरी शामें कितनी वीरान हो जाएँगी オフィスは静かになるだろうが私にとっては夕方はうんと寂しくなるだろう

वीराना [名]《P. ویرانہ》(1) 人気のないところ；無人の地 (2) 廃墟 (3) 森；ジャングル (4) 荒野

वीरानी [名*]《P. ویرانی》(1) 人気のないこと；無人 (2) 荒廃

वीरासन [名] (1) 結跏趺坐（坐法の一．右足を左の股に載せ，左の足を右の股に載せる） = पर्यंक. (2) ヴィーラ・アーサナ（一方の脚を折り曲げもう一方の膝を立てて座る座り方）मसनद के सहारे वीरासन में किसी विचार में मग्न マスナドにもたれてヴィーラ・アーサナの姿勢で座り何かの思いに耽っている

वीर्य [名] (1) 精液；精子= शुक्र. वीर्य में रहने वाले शुक्राणु से 精液中の精子により (2) 勇気；気力 (3) 精力；精気 **वीर्य छोड़ना** 射精する

वीर्यदान [名] 精子提供 वीर्यदान करने वाला 精子提供者

वीर्यपात [名] 遺精= स्खलित हो°.

वीर्यसेचन [名] 授精

वीर्याधान [名] 受胎

वी°सी° [名]《E. V.C.; vice chancellor》〔教〕副学長；副総長（インドの大学では事実上の学長，もしくは，総長）

वी°सी°आर° [名]《E. V.C.R.; video casette recorder》ビデオカセットレコーダー

वीहू [名]〔イ芸〕ヴィーフー（アッサム地方の民俗舞踊）

वुज़ू [名]《A. وضو》〔イス〕イスラム教徒が礼拝前に顔や手足を洗い清めること；ウズー／ウドゥー → वज़ू.

वुजूद [名]《A. وجود》(1) 存在= अस्तित्व; हस्ती. भूत के वुजूद पर यक़ीन क° 化け物の存在を信じること (2) 人体= देह; जिस्म. वुजूद में आ° 出現する；出来上がる；発明される

वुजूहात [名*, pl.]《A. وجوہات←وجہ वजह》(1) 理由；原因 (2) 様相；様；態様；面

वुड सीज़निंग [名]《E. wood seasoning》木材乾燥 वुड सीज़निंग प्लांट 木材乾燥工場

वुसूल [形・名]《A. وصول》→ वसूल. 手に入ること；得られること；獲得；入手

वुसूलयाब [形]《A.P. وصول یاب》手に入った；入手した；得られた

वुसूली [名*]《A. وصولی》入手；獲得= प्राप्ति.

वूल [名]《E. wool》ウール

वूल-ब्लेंड्स [名]《E. wool-blends》混紡

वृंत [名] (1)〔植〕葉柄 (2)〔植〕花梗 (3) 茎 (4) 乳首

वृंतक [名]〔植〕花梗；小花梗〈peduncle〉

वृंद [名] (1) 集まり；集団= समूह. (2) 集積= ढेर; राशि. (3) 一部のサンスクリット系の語彙の複数形を作る際に造語要素となる नवयुवकवृंद 青年たち

वृंदगान [名] 合唱；コーラス= समवेतगान; कोरस.

वृंदगीत [名] 合唱；コーラス= वृंदगान; समवेत गान.

वृंदवादन [名] オーケストラ= वृंदवाद्य.

वृंदावन〔地名・ヒ〕ヴリンダーヴァン（マトゥラー मथुरा 近くのヤムナー川右岸にあるヒンドゥー教聖地の一．クリシュナ信仰との関わりが深い）

वृक [名] (1)〔動〕オオカミ（狼） = भेड़िया. (2)〔動〕ジャッカル= गीदड़.

वृक्क [名]〔解〕腎臓= गुर्दा.〈kidney〉

वृक्क अश्मरी [名*]〔医〕腎臓結石

वृक्कशोथ [名]〔医〕腎炎〈nephritis〉

वृक्ष [名] 木；樹木= पेड़; दरख़्त.

वृक्षदल [名] 木の葉= वृक्षपत्र.

वृक्षदोहद [名] (1) 草木の花が季節はずれに咲くこと (2)〔イ文芸〕季節はずれの草木の開花が若い美女たちの足音や歌声などで起こると信じられていたことやその描写

वृक्षनिर्यास [名] 樹脂；木材が含んでいる脂；やに（脂）

वृक्षविज्ञान [名] 樹木学〈dendrology〉

वृक्षारोपण [名] 植樹；植林 वृक्षारोपण अभियान 植樹運動；植林運動；緑化運動

वृज [名] = व्रज; ब्रज.

वृत्त [名] (1) 円；円形；輪；環；サークル (2) 出来事；事件 (3) 話；報告；顛末 (4) 行動；行為；品行；行状 (5) 音節韻律= वर्णिक छंद; वर्णिक वृत्त.

वृत्तचित्र [名] 記録映画〈documentary film〉 **वृत्तचित्र-निर्माता** 記録映画製作者

वृत्तांत [名] (1) 話；顛末；事の次第 उन्होंने सारा वृत्तांत सुना दिया 同氏は一部始終を語った भारत यात्रा का वृत्तांत インド旅行の話 लोमहर्षक वृत्तांत 身の毛のよだつ話 (2) 知らせ；情報 कुछ वृत्तांत तो कहो? 少しは知らせろよ

वृत्ताकार [形] (1) 円の；円形の कुछ वस्तुएँ वृत्ताकार पथ में गतिशील होती हैं 一部のものは円運動をする (2) 環状の उत्तर प्रशांत महासागर और दक्षिण प्रशांत महासागर की धाराएँ वृत्ताकार में बह रही हैं 南北の太平洋の海流は環流している

वृत्ति [名*] (1) 性質；性分；性格；性向；心性 वह अपनी लोभी वृत्ति को रोक न सका 男は自分の欲張りな性分を抑えることができなかった थोड़े में भी संतोष करने की वृत्ति わずかのものでも満足する性質 (2) 仕事；職；職業；生業 दुकानदारी की वृत्ति राजपूतों को शोभा नहीं देती 商いの仕事はラージプートには似つかわしくない उन्होंने कृषकवृत्ति अवलंबन करने का निश्चय किया 農業を生業にすることを決められた (3) 奨学金；給費 सरकारी वृत्ति 政府奨学金 (4)〔言〕法 **आज्ञार्थक वृत्ति** 命令法 **निश्चयार्थक वृत्ति** 直説法 **संभावनार्थक**

वृत्ति 仮定法 (5)〔イ文芸〕カーヴィヤ・ヴリッティ（サンスクリット文学において用いられる語の音声的な印象や響き，あるいは，合成語の構造の特徴をラサとの関わりで 3 種に分類したもの） काव्यवृत्ति (6)〔イ文芸・演〕ナーティヤ・ヴリッティ（特定のラサの喚起に当たり如何なる登場人物が現れどのような行動を行うかによって 4 種に分類したもの） नाट्यवृत्ति (7) 注；注釈

वृत्तिक [形] 職業上の；職業的な वृत्तिक कूटनीतिज्ञ 生え抜きの外交官

वृत्यानुप्रास [名]〔修辞〕1 つもしくは複数の音節の 2 度以上の反復による押韻

वृत्र [名] (1) 闇；暗闇 (2) 敵；仇敵 (3)〔イ神〕ヴリトラ（インドラ神に退治された魔神の名）；ヴリトラ・アスラ

वृत्रघ्न [名]〔イ神〕インドラ神（ヴリトラを退治した）

वृत्रहा [名]〔イ神〕インドラ神

वृत्रासुर [名]〔イ神〕ヴリトラ・アスラ（インドラ神の敵とされる）

वृथा[1] [形] 無駄な；無益な वीरों का वृथा नाश 強者の犬死に आप लोग अब और वृथा बकवास न करें もうこれ以上の馬鹿話はおやめ下さい

वृथा[2] [副] 無駄に；無益に

वृद्ध[1] [形] (1) 年老いた；老齢の (2) 年長の；年上の

वृद्ध[2] [名] (1) 老齢者；老人 (2) 長老

वृद्धकाल [名] 老年；老齢期；晩年= वृद्धावस्था; बुढ़ापा.

वृद्धतंत्र [名]〔政〕老人政治〈gerontocracy〉 जनजातीय समुदायों में वृद्धतंत्र 部族民の間で行われている老人政治

वृद्धा [形*・名*] 年老いた（女性）；老女 वृद्धा माँ 年老いた母

वृद्धावस्था [名*] 老齢；老年；老い वृद्धावस्था पेंशन 老齢年金

वृद्धि [名*] (1) 増加 सरकार के कार्यों में वृद्धि 政府の業務の増加 व्यय में वृद्धि 支出の増加 व्यापार में वृद्धि 取引の増加 लाभ में वृद्धि 増益= मुनाफ़े में इज़ाफ़ा. (2) 上昇 सभी प्रमुख नदियों के जलस्तर में लगातार वृद्धि हो रही है すべての主要河川で水位が上昇中 पेट्रोल की क़ीमतों में वृद्धि ガソリン代の値上がり (3) 向上 उत्पादकता में वृद्धि 生産性の向上 (4) 成長 पौधों की वृद्धि 植物の成長 शारीरिक वृद्धि 身体の成長 जन्म के बाद दो साल तक की आयु के बच्चों में शारीरिक वृद्धि काफ़ी तेज़ी से होती है 2 歳までの子供の体は速く成長する (5) 増進；増加 स्वास्थ्य की वृद्धि में सहायक 健康増進に役立つ

वृश्चिक [名] (1)〔節動〕クモガタ類サソリ（蠍）= बिच्छू. (2)〔天・占星〕蠍座；天蝎宮（黄道十二宮の第 8）

वृश्चिका [名*]〔植〕イラクサ科草本カワリバイラクサ【*Girardinia heterophylla*】= बिछुआ.

वृष [名] (1) 雄牛；種牛 (2)〔天・占星〕牡牛座；金牛宮（黄道十二宮の第 2） (3)〔イ神〕雄牛の姿で想定されているダルマ（規範・法・正義・道義） धर्म

वृषक [名] 雄牛= साँड.

वृषकेतु [名] シヴァ神（雄牛を旗印とする）

वृषण [名] (1) シヴァ神 (2) 雄牛；種牛 (3) 陰嚢 (4) 睾丸；精巣

वृषणकोश [名] 陰嚢

वृषध्वज [名] (1) シヴァ神= वृषकेतु. (2) ガネーシャ神

वृषन् राशि [名*]〔天・占星〕牡牛座；金牛宮（黄道十二宮の第 2）

वृषभ [名] (1) 雄牛；種牛= साँड़. (2) 古典インド性愛学における男子の身体的特徴による分類の一

वृषभानु [名]〔イ神〕ヴリシャバーヌ（ラーダー राधा の父親の名）

वृषराशि [名*]〔天・占星〕牡牛座；金牛宮（黄道十二宮の第 2）〈Taurus〉

वृषा [名] (1) 雄牛 (2)〔天〕黄道十二宮の第 2（金牛宮）

वृषाकपि [名] (1) シヴァ神 (2) ヴィシュヌ神 (3) インドラ神

वृष्टि [名*] (1) 雨の降ること；降雨 (2) 雨のように降ること；降りかかること (3) 続けざまに起こること

वृष्णि [名] (1) 雲 (2) インドラ神 (3) 牛 (4) 羊

वृहत् [形] 非常に大きい；巨大な = बहुत बड़ा; महान्.

वृहद् [形] = वृहत्.

वृहन्नला [名*]〔マハ〕ヴリハンナラー（宦官を装いヴィラート विराट् 王の後宮で歌舞を教えていた頃のアルジュナ अर्जुन の名乗った名）→ पाण्डव; पांडव.

वेंकट [名]〔ヒ〕ヴェンカタ寺（アンドラ・プラデーシュ州ティルパティのティルマラ山の頂きのヴィシュヌ神が祀られている寺院）

वेंकटगिरि [名]〔ヒ〕ヴェンカタギリ（ヴェンカタ寺のあるティルマラ山）

वेंकटेश्वर [名] ヴェンカタ寺院に祀られているヴィシュヌ神像；ヴェンカテーシュヴァラ

वेंडर [名]《E. vendor》行商人

वेंडिंग मशीन [名*]《E. vending machine》自動販売機

वे[1] [代] 三人称代名詞兼遠称指示代名詞 वह 及び वह の複数直格形．あれらが（は），それらが（は），あの人たちが（は）など．人間については実際は単数であっても敬意を表するためにこの複数形が用いられる．斜格形は उन を基に作られる．すなわち，उनको, उनसे, उनका, उनमें, उनपर など．ただし，対格 (ac.) 及び与格 (da.) には उनको と並んで उन्हें も用いられる → वह.

वे[2] [代形] 指示代名形容詞として話者に遠い複数のものを指すが，接続する語の格に応じて次のように変化する． वे (dir.) 及び उन(ob.) वे छात्र あの学生たちが उन लोगों को あの人たちに

वेक्यूम [名]《E. vacuum》= वैक्यूम. 真空；真空状態；ヴァキューム

वेक्यूम क्लीनर [名]《E. vacuum cleaner》電気掃除機= वैक्यूम क्लीनर.

वेक्सीन [名]《E. vaccine》〔医〕ワクチン = वैक्सीन.

वेग [名] (1) 速度 प्रकाश का वेग 光の速度 (2) 勢い जल के वेग को बढ़ने से कैसे रोका जाए 水の勢いが増すのをどのようにして止めればよいか (3) 衝動

वेगमापक [名] 速度計

वेगवती [形*] = वेगवान[1].

वेगवान[1] [形] 速い；急速な；高速の यहाँ दोनों वेगवान सरिताओं का अद्भुत संगम है ここで流れの速い 2 本の川が見事に合流する

वेगवान[2] [名] ヴィシュヌ神

वेगी[1] [形] = वेगवान[1].

वेगी[2] [名] 飛脚= हरकारा.

वेजिटेबल [名・形]《E. vegetable》(1) 野菜 (2) 植物 (3) 野菜の वेजिटेबल कटलेट〔料〕野菜カツレツ

वेट ट्रेनिंग [名]《E. weight training》〔ス〕ウエイトトレーニング

वेटर [名]《E. waiter》ウエーター；ボーイ；給仕人

वेट लिफ़्टिंग [名]《E. weight lifting》〔ス〕重量挙げ

वेटिंगरूम [名]《E. waiting room》待合室= प्रतीक्षालय. फ़र्स्ट क्लास का वेटिंगरूम 一等の待合室

वेटेरिनरी साइंस [名]《E. veterinary science》獣医学= पशुचिकित्सा. वेटेरिनरी साइंस निकाय 獣医学部

वेणी [名*] (1) 女性の編んで下げた髪；お下げ髪 (2) 水の流れ

वेणु [名] (1) 竹や篠竹の総称= बाँस. (2) 竹笛や篠笛= बंसी; बाँसुरी.

वेणुका [名*] 竹笛= बाँसुरी; वंशी.

वेणुपत्र [名] 竹の葉

वेतन [名] (1) 労賃；賃金= पारिश्रमिक. (2) 給与；給料= तनख़्वाह. वेतन-भत्ता 給料と手当 पक्की नौकरी के कर्मचारियों के बराबर वेतन-भत्ते देना है 正規の職員と同じ給料と手当を与えなくてはならない वेतन दिवस 給料日；給与支給日

वेतनदर [名*] 労賃；賃金 अकुशल श्रमिकों की वेतनदर छह रु॰50 पैसे प्रति दिन 未熟練労働者の労賃は日当 6.50 ルピー

वेतन बोर्ड [名]《H. + E. board》給与審議会

वेतनभोगी [名] 給与生活者；給料取り；給与所得者

वेतनमान [名] 賃金スケール；賃金等級；賃金等級表；給与表

वेतनवृद्धि [名*] 昇給= वेतन तरक़्क़ी.

वेतस [名] (1)〔植〕ヤシ科ステッキトウ【*Calamus rotang*】 (2)〔植〕ミカン科低木ブシュカン【*Citrus medica*】

वेताल [名] (1)〔イ神〕ヴェーターラ（火葬場にいるとされる幽鬼の類） (2)〔ヒ〕幽鬼が支配下に置いている人間の死体

-वेत्ता [造語]（ーを）をよく知る，（ーの）知識を持つなどの意を有する造語要素 विधिवेत्ता 法律専門家 तत्त्ववेत्ता 哲学者

वेत्र [名] = वेतस. 〔植〕ヤシ科ステッキトウ【*Calamus rotang*】

वेद [名] (1)〔ヒ〕バラモン教及びヒンドゥー教の聖典．広義にはヴェーダ，すなわち， ऋग्वेद, यजुर्वेद, सामवेद, अथर्व वेद の四ヴェーダの他，その付随文献であるブラーフマナ文献 (ब्राह्मण)，アーランニャカ文献 (आरण्यक) 及びウパニシャッド文献を含む (2) 知識

वेदकर्ता [名] ヴェーダ聖典の作者

वेदज्ञ [形・名] ヴェーダに通暁している（人）

वेदत्रयी [名*]〔ヒ〕リグヴェーダ，ヤジュルヴェーダ及びサーマヴェーダの三ヴェーダ聖典

वेदना [名*] (1) 痛み；苦痛 (2) 心痛；苦しみ；悩み；苦悩 **वेदना उभाड़ना** 苛む

वेदपाठ [名]〔ヒ〕ヴェーダの読誦

वेदपाठक [名] ヴェーダを読誦する人

वेदमंत्र [名]〔ヒ〕ヴェーダのマントラ，すなわち，ヴェーダの呪句（ヴェーダの祭儀に用いられた呪句）；ヴェーダ賛歌；ヴェーダ祭詞 वेदमंत्रों का संग्रह ヴェーダ賛歌集 उन्होंने वेदमंत्रों के बीच भगवान शिव की विधिवत् पूजा की ヴェーダ賛歌の唱えられる中シヴァ神に儀軌通り祈りを捧げた

वेदवाक्य [名] (1)〔ヒ〕ヴェーダの文言 (2) 絶対の真理；不可謬のこと जो वे कहते हैं वह वेदवाक्य है あの方の仰ることが絶対なのです उन्होंने उसकी कथा को वेद-वाक्य समझा あの人の話を間違いないことと思った

वेदव्यास [名]〔イ神〕ヴィヤーサ聖仙（ヴェーダを編纂し叙事詩マハーバーラタの作者と伝えられる哲人）；ヴェーダヴィヤーサ

वेदसंहिता [名*]〔ヒ〕ヴェーダ・サンヒター；ヴェーダ本集（ヴェーダの主要部分を集めた文献）

वेदांग [名] ヴェーダーンガ（ヴェーダ研究のための補助になるものとして行われた学問，すなわち，祭事学，音韻学，韻律学，天文学，語源学，文法学）；ヴェーダ補助学

वेदांत [名] = वेदान्त. (1)〔イ哲〕ヴェーダーンタ学派 (2) ウパニシャッド（及びアーラニヤカなどのヴェーダの終わりの部分）

वेदांतसूत्र [名]〔イ哲〕ヴェーダーンタ・スートラ（ヴェーダーンタ学派の開祖バーダラーヤナ बादरायण の編とされるスートラ）

वेदादि [名]〔ヒ〕聖音オーム= ओंकार का मंत्र.

वेदाधिदेव [名] ブラーフマナ；バラモン（婆羅門） ब्राह्मण

वेदाध्ययन [名]〔ヒ〕ヴェーダの学習；ヴェーダの読誦

वेदाभ्यास [名] = वेदाध्ययन.

वेदि [名*] = वेदी.

वेदिका [名*]〔ヒ〕バラモン教・ヒンドゥー教の祭儀を執り行うために地面を清浄にして整えられた祭壇. = वेदी. वेदिकास्तम्भ ヴェーディカーの柱

वेदिया ढोर [名] 学問馬鹿；知識のみあって実際的な判断力や応用力のない人のこと；高等な知識のみあり生活の知識のない人のこと

वेदी[1] [名*]〔ヒ〕(1) バラモン教及びヒンドゥー教の祭儀を行うための祭壇；台座；ヴェーディー (2) 祝典の式場として設けられる壇と四阿 विमान में जगन्नाथ जी, सुभद्रा जी और बलभद्र जी की मूर्ति ऊँची वेदी पर विराजती है 本殿ではジャガンナート神，スバッドラー神，それにバラバッドラー神の像が高い台座に在す

वेदी[2] [名] (1) 祭儀に通暁したバラモン (2) 学者；学僧 (3) 知者

वेदोक्त [形]〔ヒ〕ヴェーダ聖典に述べられた；ヴェーダ聖典に定められた

वेध [名] (1) 穴を穿つこと (2) 天体観測

वेधन [名] (1) 穴をあけること；穴を穿つこと= बींधना; छेद क॰. (2) 的を射ること

वेधनी [名] 宝玉などに穴をあける道具

वेधशाला [名*] 天文台；天体観測所

वेधस [名] 手の親指のつけ根の部分

वेधालय [名] = वेधशाला.

वेपन [名] 震え；震動

वेफ़र [名]《E. wafer》ウエハース

वेरी गुड [感]《E. very good》(1) 承知しました；いいです (2) 大いに結構です

वेरी नाइस [感]《E. very nice》お見事；素敵

वेला [名*] (1) 時刻；時間 (2) 1時間（60分） (3) 海岸 (4) 境界 (5) 海の波

वेव सैट [名]《E. wave set》髪にウエーブをかけること；パーマをかけること

वेवसैट लोशन [名]《E. waveset lotion》パーマのセットローション

वेल्टर वेट [名]《E. welter weight》〔ス〕ウェルター級

वेश [名] (1) 服装；身なり व्यापारी के वेश में 商人の身なりで (2) 衣服；着物 (3) 他人の姿を装うこと；変装 वेश बदलना 変装する संयोगवश उसी रात उस धर्मशाला में मंत्री भी वेश बदल कर ठहरा हुआ था 偶然その夜同じダルムシャーラーに大臣も変装して泊まっていた (4) 外見；見かけ (5) 入ること；侵入 (6) 家；住居 (7) テント

वेशधर [形・名] = वेशधारी.（他人の姿に）変装した= छद्मवेशी.

वेशधारी [形] (1) 身なりをした；身を装う (2) 他人の身なりや他人の服装をした；変装した सादे वेशधारी 平服の पंडित वेशधारी युवक パンディット（バラモン）に変装した青年

वेशन [名] (1) 入ること；入り込むこと (2) 建物

वेशभूषा [名*] 衣裳；服装 राष्ट्रीय वेशभूषा 民族服 विदेशी वेशभूषा 外国風の服装；洋装

वेशवधू [名*] 娼婦= वेश्या; रंडी.

वेश्म [名] 家屋；住居；建物

वेश्मकर्म [名] 建築；建築術

वेश्या [名*] (1) 売春婦；女郎；娼婦= रंडी; कोठेवाली. (2) 遊女；芸者= गणिका; तवाइफ़.

वेश्यागमन [名] 遊廓通い；廓通い；女郎買い

वेश्यापण [名] 花代；線香代

वेश्यालय [名] 遊女屋；女郎屋；遊廓= कोठा.

वेश्यावृत्ति [名*] 売春行為= कोठे पर बैठना.

वेष [名] (1) 服装；装い；身なり साधु के वेष में サードゥの装いで (2) 変装 (3) 楽屋；舞台裏

वेषकार [名] 物を包むために用いられる布；ふろしき

वेषधारी [形・名] = वेशधारी.

वेषभूषा [名*] = वेशभूषा.

वेष्टन [名] (1) 物を包むこと (2) 物を包むのに用いられる布

वेष्टित [形] (1) 囲まれた (2) 包まれた

वेसलीन [名]《E. vaselin》〔商標〕ワセリン

वेसवार [名] すりつぶした種々の香辛料

वेस्ट इंडीज [名]《E. West Indies》(1) 西インド諸島 (2) 西インド連邦〈West Indies Federation; Federation of West Indies〉

वेस्टकोट [名]《E. waistcoat》チョッキ

वेस्या [名*] → वेश्या.

वैकल्प [名] (1) 任意；選択の自由；随意 (2) 代わり；代わりの物；代替物；選択できる物

वैकल्पिक [形] ← विकल्प. (1) 任意の अनिवार्य और वैकल्पिक कार्य 必須のことと任意のこと (2) 代替の；代わりの ऊर्जा के ऐसे वैकल्पिक स्रोतों की खोज このような代替エネルギー源の研究

वैकुंठ [名] (1)〔ヒ〕ヴィシュヌ神の世界；ヴィシュヌ神の天界 (2)〔ヒ〕天国；極楽 (3) ヴィシュヌ神

वैक्यूम [名]《E. vacuum》真空；真空状態→ वेक्यूम.

वैक्सिंग [名]《E. waxing》ワックス塗り；ワックスかけ

वैक्सीन [名]《E. vaccine》〔医〕ワクチン

वैखरी [名*] (1) 明晰な発音 (2) 表現力 (3) 言葉を司る神・サラスヴァティー神= सरस्वती.

वैखानस [名]〔ヒ〕林住期（वानप्रस्थ आश्रम）の生活に入っている人 → आश्रम, वर्णाश्रम.

वैगन [名]《E. wagon》(1) 貨車；貨物車 (2) 四輪荷馬車

वैगनेट [名*]《E. wagonette》ワゴネット（遊覧馬車）

वैचारिक [形] ← विचार. 思想の；思想上の；イデオロギーの；観念形態の वैचारिक संघर्ष 思想闘争；イデオロギー闘争 वैचारिक पहलुओं पर 思想面について

वैचारिकी [名*] イデオロギー；観念形態

वैचित्र्य [名] = विचित्रता.

वैजनन [名] 産み月；臨月= प्रसवमास.

वैजयंतिक [名] 旗手；旗持ち

वैजयंती [名*] (1) 旗 (2) 軍旗 (3) 首飾り (4) クリシュナ神の膝まである5色の首飾り (5)〔植〕マメ科ツノクサネム【*Sesbania sesban*】

वैज्ञानिक[1] [形] ← विज्ञान. 科学的な खेती के नए और वैज्ञानिक तरीक़े 新しい科学的農法 वैज्ञानिक अनुसंधान 科学的追究 शिक्षा में वैज्ञानिक दृष्टिकोण 教育界に科学的視点 वैज्ञानिक दृष्टि से संपन्न फ़र्स्ट एड 科学的な救急手当 **वैज्ञानिक नाम**（生物の）学名 **वैज्ञानिक समाजवाद** 科学的社会主義

वैज्ञानिक[2] [名] 科学者

वैडालव्रत [名] (1) 罪業に耽りながら見せかけの誓願の行を行うこと (2) 猫被り

वैडालव्रती [形・名] (1) 見せかけばかりの行を行う人；えせ行者 (2) 猫被りをする人

वैडूर्य [名] キャッツアイ= वैडूर्यमणि.

वैण[1] [形] ←वेणु. 竹や篠竹の；竹製の；竹で作られた

वैण[2] [名] 竹細工師；竹工

वैणिक [名] ヴィーナ奏者= बीनवादक; बीनकार. → वीणा.

वैतनिक[1] [形] ←वेतन. (1) 給料の；給与の (2) 有給の

वैतनिक[2] [名] 給料取り

वैतरणी [名*] (1) 〔ヒ〕この世とあの世の間にあるとされる川；ヴァイタラニー川 वैतरणी पार करने में ヴァイタラニー川を渡るために (2) 〔仏〕三途の川

वैतान[1] [名] 天幕；テント= खेमा; शिविर.

वैतान[2] [形] (1) 清らかな；清浄な (2) 〔ヒ〕供犠の；供犠に関連した→ यज्ञ.

वैताल [名] ヴェーターラ (वेताल) の → वेताल.

वैतालिक [名] ヴァイターリカ（昔，王に仕え王や王家を称賛する歌を詠んだ詩人）

वैद[1] [名] インドの伝統医術アーユルヴェーダの医師；ヴァイド；ヴァイディヤ (वैद्य). गाँव में वैद-डाक्टर होता तो もしも村に（ヴァイディヤや西洋医術の）医者がいれば話だが

वैद[2] [形] ヴェーダの = वैदिक.

वैदग्ध [名] (1) 学識豊かなこと；すぐれた学殖= विद्वत्ता. (2) 熟達 = प्रवीणता. (3) 狡猾さ= धूर्तता.

वैदर्भी रीति [名*] 〔イ文芸〕ヴァイダルビー・リーティ（カーヴィヤに美しさをもたらすとされる 10 種の特質を備えているとされるリーティ रीति. 合成語の構成が簡潔であり語の音の響きがなめらかで心地よく恋情，悲愴，滑稽のラサを表すのに適しているものとされる） → रीति.

वैदिक[1] [形] (1) ヴェーダの वैदिक युग ヴェーダ時代 वैदिक देवता ヴェーダの神々；ヴェーダ時代の神 (2) ヴェーダに規定された；ヴェーダに則った वैदिक यज्ञ ヴェーダの儀軌に則った祭儀

वैदिक[2] [名] (1) ヴェーダについての深い知識を持つ人（ブラーフマン） (2) ヴェーダの規定を正しく守る人

वैदिक धर्म [名] バラモン教

वैदिक युग [名] 〔イ史〕ヴェーダ時代（大略次のように分けられる．前期：紀元前 1500–1000, 後期：紀元前 1000–600） पूर्व वैदिक काल 前期ヴェーダ時代 उत्तर वैदिक काल 後期ヴェーダ時代

वैदूर्य [名] (1) キャッツアイ；猫目石= लहसुनिया. (2) 瑠璃

वैदेशिक[1] [形] (1) 外国の (2) 外国産の；外国製の (3) 外国に関わる

वैदेशिक[2] [名] 外国人 विदेशी

वैदेही [名*] 〔ラマ〕シーター（सीता ヴィデーハ国 विदेह のジャナカ王の娘）；ヴァイデーヒー

वैद्य[1] [名] (1) 学者= पंडित; विद्वान. (2) アーユルヴェーダの学者 (3) アーユルヴェーダの医師；ヴァイディヤ (4) ヴァイディヤ（ベンガル地方のカースト名の一）

वैद्य[2] [形] アーユルヴェーダの (आयुर्वेद संबंधी)

वैद्यक [名] アーユルヴェーダ（インドの伝統医学） वैद्यक का कायल था アーユルヴェーダをひいきにしていた

वैद्यनाथ [名] 〔イ神〕ヴァイディヤナート（アーユルヴェーダの開祖．神々の医師）；ダヌヴァンタリ धन्वंतरी

वैद्यराज [名] アーユルヴェーダの医師；ヴァイディヤ= वैद्य.

वैद्युत् [形] ←विद्युत. 電気の बिजली का

वैध [形] (1) 法や規定にかなった；合法の；合法的な (2) 嫡出の = औरस; जायज़. उसकी संतान वैध मानी जाए その者の子は嫡出とすべし वैध संतान 嫡子；嫡出子

वैधता [名*] 合法性← वैध.

वैधर्मिक [形] (1) 法（正義や道義，あるいは，理法）に反する；ダルマに反する (2) 異教徒の（ような）

वैधव्य [名] 夫に死なれた女性の身分；寡婦生活；未亡人であること；後家暮らし उसकी एक विधवा मौसी थी जो उसकी माँ के साथ ही अपने वैधव्य के दिन काट रही थी 母と一緒に暮らしていた未亡人の（母方の）おばがいた वैधव्य की कल्पना 夫に死なれることを想像すること

वैधानिक [形] 法制上の；法律上の उनमें से केवल 40 हज़ार भारतीयों का भविष्य वैधानिक रूप से सुरक्षित है そのうちインド人 4 万人のみの将来が法制上守られている

वैधुर्य [名] 男やもめであること；鰥夫暮らし

वैधेय [形] (1) 法的；法律上の (2) 法にかなった

वैनतेय [形] 〔イ神〕ガルダ

वैनायक [形] ヴィナーヤカ（ガネーシャ神）の → विनायक.

वैनिला एसेंस [名] 《E. Vanilla essence》バニラエッセンス 1 छोटा चम्मच वैनिला एसेंस バニラエッセンス小匙 1 杯

वैपरीत्य [名] ← विपरीत. 反対側；反対側の位置；反すること；対立することや対立する立場や位置

वैपित्र[1] [形]（同母）異父の；父親を異にする（兄弟姉妹関係の）

वैपित्र[2] [名] 異父兄弟姉妹

वैपुल्य [名] = विपुलता. → विपुल.

वैभव [名] (1) 繁栄；富裕 (2) 栄華；栄耀栄華 इस तरह अपने वैभव पर वह ख़ूब ख़र्च करने लगा このように自分の栄耀栄華のために大金を費やすようになった (3) 富 यहाँ का प्राकृतिक वैभव この地の天然の富，自然の恵み (4) 栄光 प्राचीन वैभव की स्मृति 古代の栄光の記憶

वैभवशाली [形] (1) 繁栄している；富裕な (2) 栄華に満ちた (3) 栄光に包まれた

वैमत्य [名] 異見；考えの相違；意見の相違や対立

वैमनस्य [名] (1) 憎しみ；憎悪 अलग-अलग धर्मावलंबियों के बीच का वैमनस्य 異教徒間の憎しみ (2) 恨み；怨恨 कृष्ण और कंस का वैमनस्य अभी तक चल रहा है クリシュナとカンサの怨恨は今も続いている (3) 対立 परिवार में वैमनस्य तथा कलह के बीज बोना 家族の間に対立と争いの種を蒔く

वैमात्र[1] [形] 異母兄弟姉妹の関係にある

वैमात्र[2] [名] 異母兄弟

वैमात्रेय [形] (1) 異母の；継母の (2) 継母のような；継母的な

वैमानिक[1] [形] (1) ヴィマーナ विमान の → विमान. (2) 飛行機の；航空機の (3) 航空の वैमानिक इंजीनीयरिंग 航空工学

वैमानिक[2] [名] パイロット；飛行機乗り = पायलट.

वैमानिकी [名*] 航空学；航空術 〈aeronautics〉 → विमान.

वैमुख्य [名] ← विमुख. (1) 嫌悪（すること）；顔を背けること (2) 不快

वैयक्तिक [形] ←व्यक्ति. (1) 個人の；個々人の वैयक्तिक कष्ट 個人的な苦しみ (2) 私的な；私の；私事の；プライベートな **वैयक्तिक विधि** 私法= वैयक्तिक क़ानून. मुसलिम वैयक्तिक क़ानून イスラム教徒私法

-वैया [接尾] 動詞語根に接続して行為者を表す語を作る √गा → गवैया 歌い手 = गायक. √चल→ चलवैया 動く；移動する

वैयाकरण[1] [形] ←व्याकरण. 文法の；文法上の

वैयाकरण[2] [名] 文法学者；文法家

वैर [名] 敵意；恨み；憎しみ；憎悪 वैरभाव को हमेशा के लिए ख़त्म क。憎しみの気持ちを永久的になくす **वैर निकालना** 昔の恨みを晴らす **वैर निबाहना** = वैर निकालना. **वैर पड़ना** 敵ができる；敵になる；仇ができる **वैर बाँधना** 敵意を持つ；敵対する **वैर सम्हालना** 怨念を抱き続ける

वैरक्त [名] = विरक्तता.

वैरता [名*] ← वैर. 敵対心；敵愾心

वैर-शुद्धि [名*] 報復；復讐；恨みを晴らすこと

वैरागी[1] [形] 世俗への執着心のない；遁世的な

वैरागी[2] [名] (1) 遁世者；世捨て人 (2) 〔ヒ〕ヴァイラーギー派の信徒（ヴィシュヌ派の一）

वैरागी संप्रदाय [名] 〔ヒ〕ヴァイラーギー派（ヴィシュヌ派の一）

वैराग्य [名] (1) 現世・世俗に対する執着心のなくなること (2) 厭世や遁世の気持ち (3) 世俗生活を捨て去ること वैराग्य लेकर भगवान बुद्ध के संघ में शामिल हो गई （女は）世を捨てて仏陀の僧団に入った

वैरोचन [名] 〔仏〕ヴァイローチャナ；ビルシャナ；遍照；毘盧遮那（仏）

वैलक्षण्य [名] ← विलक्षण. 特質；特徴

वैलेट [名] 《E. valet》近侍 सूट तो वे ऐसा पहने हुए थे कि मालूम पड़ता था, प्रिंस ऑफ़ वेल्स के वैलेटों में हैं まるでプリンスオブウェールズの近侍のようなスーツを着ていた

वैल्डिंग [名] 《E. welding》熔接

वैवस्वत [名]〔イ神〕(1) ヴァイヴァスヴァタ（カリユガの始祖となった第７のマヌ）；ヴァイヴァスヴァタ・マヌ (2) 現在展開中のマヌヴァンタラ→ मन्वंतर.

वैवाहिक [形] ←विवाह. (1) 結婚の；婚姻の；結婚に関する वैवाहिक जीवन 結婚生活 (2) 姻戚の वैवाहिक संबंध 姻戚関係 दोनों परिवारों के बीच वैवाहिक संबंध भी हो गया 両家に姻戚関係もできた

वैविध्य [名] ←विविध. 多様性 शैली-वैविध्य 文体の多様性 इस क्षेत्र में वैविध्य है और वैविध्य से पैदा होनेवाले मनमुटाव और झगड़े हैं この面で多様性があり多様性によって生じる対立や争いがある

वैशाख [名] インド暦の第２月．ヴァイシャーカ月（日本の陰暦３月16日〜４月15日．太陽暦の４〜５月）；バイサーク月（बैसाख）

वैशाखनंदन [名] (1)〔動〕ロバ＝ गधा. (2) 愚か者；馬鹿者

वैशाखी[1] [名*] ヴァイサーカ月の満月（インドの太陰太陽暦の２月白分15日）

वैशाखी[2] [形] ヴァイシャーカ月の；バイサーク月の；バイサーク月に起こる वैशाखी अँधड़ का कोई ठिकाना नहीं バイサーク月に吹く砂嵐は全く見当がつかない

वैशाली 〔地名〕ヴァイシャーリー（現今のビハール州パトナー市北方にあったとされる古代都市）

वैशिक [形・名]〔イ文芸〕(1) 遊女と遊ぶ（男） (2) नायकभेद の一で多数の遊女と遊ぶ男性

वैशिष्ट्य [名] ＝ विशिष्ठता.

वैशेषिक [形・名] (1)〔イ哲〕ヴァイシェーシカ学派（の） (2) 同学派の学者

वैशेष्य [名] ＝ विशेषता.

वैश्य [名] ヴァイシュヤ（古代インドのヴァルナ制の第３位に位置した種姓の人々）＝ वैश्या*.

वैश्रवण [名] (1) クベーラ神（कुबेर） (2)〔仏〕毘沙門天

वैश्वानर [名]〔イ神〕火の神（アグニ）

वैषम्य [名] ←विषम. ＝ विषमता. (1) 違い；相違；差異 (2) 不均衡 (3) 歪み；不当性 (4) 対照；コントラスト

वैष्णव[1] [形] ←विष्णु. (1) ヴィシュヌ派の वैष्णव मंदिर ヴィシュヌ派の寺院 (2) ヴィシュヌ神を崇拝する वैष्णव साधुओं के अखाड़े ヴィシュヌ派サードゥの修道所

वैष्णव[2] [名] ←विष्णु. (1) ヴィシュヌ派 (2) ヴィシュヌ派信徒 (3) 菜食の人

वैष्णवाचार [名] (1) ヴィシュヌ派教徒としての生き方や生活様式 (2) 精進料理を取ること；菜食

वैष्णवी[1] [名*] (1)〔ヒ〕ヴィシュヌ神の力 (2) ドゥルガー神 (3)〔植〕マメ科草本チョウマメ＝ विष्णुकाता.

वैष्णवी[2] [形] (1) ヴィシュヌ派の (2) 菜食の；菜食主義の वैष्णवी भोजनालय 菜食（主義）料理の食堂（肉食しない人たちのための食堂）

वैसलीन [名] 《E. vaseline》ワセリン

वैसा [代形・代・副] 既出のもの，先述のものなどに関わる表現として表現の対象となる語の性・数・格に応じて वैसे(mas., sg. obl., pl.) वैसी (fem.) のように変化して次のように用いられる (1) そのような（もの），あのような（もの），ああいう（もの），そのように，あのようになど形態や態様などの類似を述べる दोष प्रथा में नहीं है, बल्कि उस जीवन-दृष्टि में है जो वैसी मनोवृत्ति पैदा करती है いけないのは風習ではなくそのような心情を生み出す人生観なのです (2) जैसा と呼応して用いられることが多い．（一の）ような；（一）みたいな；（一の）ように，（一）みたいになど उनकी इज्ज़त अब वैसी नहीं रही है, जैसी पहले थी あの方は以前のようには敬われなくなっている जैसे भी हो वैसे इस जाल को काट दो どのような方法でもよいから（ともかく）この網を嚙みきっておくれ मैं जैसा-जैसा कहता जाऊँ तुम वैसा-वैसा ही करते जाना 君は私の言うとおりにして行きたまえ (3) 正式のではない；曖昧な (4) いいかげんな；だらしのない बहुत वैसे हैं आप, प्रमोशन हो गया और मुझे बताया तक नहीं あなたも随分といいかげんな人ね．昇進したというのに私には一言も言わないんだから **वैसा का वैसा** そのままの；元通りの बोतल को कॉर्क से बंद कर थोड़ी देर वैसा का वैसा रखकर जमने दो びんにコルク栓をしてしばらくの間そのままにして置き固まらせなさい **वैसा ही** *a.* そっくりの；全く同じの जाड़े में कई दिनों की बदली के बाद अचानक आकाश स्वच्छ हो जाने पर जैसी खुशी होती है, वैसी ही खुशी से मेरा मन भर उठा था 冬の間何日も曇天が続いた後突然空が晴れると嬉しいが，それと全く同じような嬉しさが胸にあふれた पंख वैसे ही होते हैं जैसे मनुष्य की बाँहें 鳥の羽はちょうど人間の手のようなものです *b.* 元通りの फिर उनकी दशा वैसी ही हो गई また元通りになってしまった

वैसाख [名] → वैशाख.

वैसी [形*] → वैसा.

वैसे[1] [副] → वैसा. 代名形容詞から派生した副詞． (1) そのように，そのようなふうに，そのような様子でなどと態様を表す (2) なんなら，事情によってはなど वैसे मैं तुम्हें वित्त मंत्री से मिलवा सकता हूँ なんなら私はあんたを大蔵大臣に会わせてあげられるよ (3) 本来；元々；一体；そもそも；一般に **वैसे तो** 本来；そうでなくても；そもそも वैसे तो प्रत्येक बात का निर्णय सोच समझकर करना चाहिए, किंतु गंभीर बातों अथवा गंभीर विषयों में जिनके परिणाम अनर्थकारी अथवा विनाशकारी हो सकते हैं, सावधानी की विशेष आवश्यकता है 本来何事を決断するにせよよく考えるべきだが結果がとんでもないことになったり破滅的なことになったりする重要なこと，大切な事柄については特別な注意が要求される वैसे तो मुझे अपने घर बुलाकर और छूकर ही इनका धर्म जाता रहा そうでなくても私を家に招いたり私に触れただけでこの人は穢れてしまったのだ **वैसे भी** 一般に；一般的に；本来 वैसे भी अनेक मामलों में बात को बेवजह खींचने से बात टूटती ही है 一般にいろんな問題にわけもなく話を持って行くと話は必ず壊れるものだ दीपावली तो वैसे भी हर्षोल्लास का त्योहार है ディーワーリー祭は元来喜びのお祭りなのです मैं तो वैसे भी छोटी छोटी चीज़ों के पैसे माँगना पसंद नहीं करता 元々私は小さなものの代金を請求するのを好まない वैसे भी मुझे कुछ काम करना है それでなくても私は少し仕事をしなければならないのです **वैसे-वैसे** これは वैसे-वैसे... जैसे... と相関する形で用いられて，…に連れて…，…に応じて…，…に比例してなどの意を表す जैसे-जैसे दोनों बड़े होते गए वैसे-वैसे कई प्रकार के दुर्गुणों के शिकार होते गए ２人が成長するに連れいろんな悪癖にとりつかれて行った जैसे-जैसे इंसानों की तादाद बढ़ती है, वैसे-वैसे पेड़ों की तादाद भी बढ़नी चाहिए 人口の増加に比例して樹木の数も増加しなくてはいけないものなのです **वैसे ही** *a.* なんとはなしに；なんとなく मैं वैसे ही पूछ रहा था なんとなくたずねていたんだ मैं तो वैसे ही नीचे की ओर देख रहा हूँ 僕はなんとなく下のほうを見ているところなんだ *b.* それでなくても मैं तो वैसे ही गरमी के मारे मर रही हूँ それでなくても暑さに参っている मुझे आज वैसे ही देर हो रही है それでなくても今日は遅刻気味だ *c.* 同時性を表す．すぐに；直ちに；そのまま जैसे ही ज्योतिषियों ने राजा का पूर्ण विश्वास अर्जित किया, वैसे ही उन्हें मंत्री से मुक्ति पाने की चिंता सताने लगी 占星術師たちは国王の全幅の信頼を獲得するや否や大臣からどのようにして逃れるかが心配になった और वे वैसे ही लौट पड़ीं そして彼女はそのまま踵を返した

वैसे[2] [形] → वैसा.

वो[1] [接] 《P. و》→ व[1] 一般的にアラビア語，ペルシア語由来の熟語の中や語と語を接続するのに用いられる＝ और. と；及び．また，しばしば前の語が子音で終わる場合にはその語に連なって -ओ に発音される दीनो ईमान. 宗教と信仰；信心 नामो निशान 跡形；痕跡

वो[2] [代形・代・副] ＝ वह. (1) それ，あれ，その，あのなど याद है वो दिन? 覚えているかいあの頃のことを (2)（婉曲的な表現として，もしくは，適当な表現の見当たらない場合に）ほらあの，なにあの，なんだ，あれなど हाय हाय, तुम बड़े वो हो こりゃまあ，君も相当なあれだね (3) それほど；これほど आने दो, मैं वज़ीर को वो डाँटूँगा कि याद रखेगा よしよし，大臣が来たらしこたま叱りつけてやるから

वोट [名] 《E. vote》(1) 票 (2) 投票 **वोट दे॰** 投票する वोट देने का अधिकार 投票権；選挙権；参政権 **वोट ले॰** 採決する；議決する

वोट बैंक [名] 《E. vote bank》票田 इन लोगों का उपयोग वोट बैंक के रूप में किया जा सके, इस उद्देश्य से この人たちを票田として利用しようとの目的で इन हथकंडों से उनका वोट बैंक बढ़ जाएगा これらの手練手管であの人の票田は大きくなろう

वोटर [名] 《E. voter》投票者；有権者；選挙人＝ मतदाता.

वोल्ट [名] 《E. volt》〔電〕ボルト

वोल्टता [名*] ←वोल्ट. = वोल्टेज. 電圧；電圧量 उच्च वोल्टता 高電圧

वोल्टेज [名] 《E. voltage》電圧；電圧量 बिजली का वोल्टेज 電圧 उच्च वोल्टेज की धारा 高圧電流= वोल्टता. हाई वोल्टेज वाली लाइन 高圧線

वोही [代・代形] वह + ही, すなわち, वह の強調形 = वही. वोही शराब 例の酒；件の酒 ये वोही बन है こはかの森なり ज़बाँ से कह दिया जो कुछ वोही करके दिखा दूँ 口で言ったことはそっくり致して見せようぞ

व्यंग[1] [形] 身体に障害や欠陥のある

व्यंग[2] [名] = व्यंग्य.

व्यंग्य [名] (1) 皮肉；当てこすり；嫌み आपकी बातचीत में व्यंग्य अथवा आलोचना भी नहीं होनी चाहिए あなたの言葉に皮肉や批判が含まれてはいけない भाग्य का व्यंग्य 運命の皮肉 **व्यंग्य क॰** 皮肉を言う；嫌みを言う किसी के द्वारा भेंट किये गये उपहार पर कोई व्यंग्य भूलकर भी मत कीजिए 人から頂いたものについては間違っても嫌味を言ってはならないものです **व्यंग्य कसना** 皮肉を言う；当てこすりを言う **व्यंग्यभरी** 皮肉たっぷりの；皮肉のこもった व्यंग्यभरी मुसकराहट 皮肉っぽい笑み (2) 暗示 (3) 風刺；諷刺 **व्यंग्य-विधा** 風刺のジャンル उन्होंने साहित्य की व्यंग्य-विधा को अपना विशेष क्षेत्र बनाया 風刺のジャンルを得意とした

व्यंग्य-गीति [名*] 風刺詩

व्यंग्य-चित्र [名] 風刺画；戯画；カリカチュア

व्यंग्यपूर्वक [副] 皮肉をこめて；嫌みに व्यंग्यपूर्वक बोलना 皮肉をこめて言う

व्यंग्यबाण [名] 厳しい皮肉；皮肉や風刺の矢 व्यंग्यबाण की बौछार क॰ 風刺の矢を雨霰と浴びせる

व्यंग्यार्थ [名] 暗示

व्यंग्योक्ति [名*] (1) 皮肉；当てこすり (2) 反語〈irony〉

व्यंजक[1] [形] 暗示する

व्यंजक[2] [名] 暗示の言葉

व्यंजकता [名*] ←व्यंजक. 暗示力；暗示性 भाषा की व्यंजकता 言葉の暗示力

व्यंजन [名] (1) 表現；表明 (2) 料理 गाजर से नाना प्रकार के व्यंजन बनाकर अपने स्वास्थ्य की रक्षा ニンジンの様々な料理で健康保持 व्यंजनों की किताब 料理の本 ख़ास व्यंजन 特別料理 (3) 副食物；副食；おかず (4) ご馳走 छत्तीस प्रकार के व्यंजन ありとあらゆる料理とご馳走 (5)〔言〕子音

व्यंजनव्यवस्था [名*]〔言〕子音組織；子音体系〈consonatism; consonant system〉

व्यंजनांत [形]〔言〕音節が子音で終わる；閉音節の **व्यंजनांत अक्षर**〔言〕閉音節〈closed syllable〉

व्यंजना [名*] (1) 暗示；含蓄 (2) 表現 हिंदी की व्यंजना-शक्ति के विकास और उसमें शैलीगत विविधता लाने में ヒンディー語の暗示力を発展させそれに文体上の多様さをもたらす上で

व्यंजित [形] 暗示された

व्यक्त [形] (1) 表された；表明された；表現された **व्यक्त क॰** 表す；表明する बिना संदेह व्यक्त किए 疑念を表さずに शीला प्रसन्नता व्यक्त करती シーラーは喜びを表す (2) 明確な；明白な

व्यक्ति [名] (1) 人；人間 व्यक्ति के शरीर में 人体に (2) 個人 व्यक्ति-पूजा 個人崇拝 हमारी व्यक्तिपूजा की परंपरा わが国の個人崇拝の伝統 (3)（人格の勝れた）人物；人格者 उसे लगा कि यह व्यक्ति निश्छल है, मित्र बन सकता है 彼にはこの人は率直な人に思えた. この人は友達になれる人物だ (4) 明白なこと；明確なこと

व्यक्तिकार्य [名]〔社〕役割

व्यक्तिगत [形] (1) 個人的な；個々人の व्यक्तिगत सत्याग्रह 個人的なサティヤーグラハ किसानों के व्यक्तिगत प्रयासों के लिए सहायता 農民たちの個人的な努力に対する支援 व्यक्तिगत खेल का प्रदर्शन 個人プレーを見せること (2) 私的な；プライベートな व्यक्तिगत बात プライバシー；私事 धर्म ईश्वर की व्यक्तिगत उपासना है 宗教は神を私として拝むこと व्यक्तिगत परिवार 核家族

व्यक्तित्व [名] (1) 個性；人柄 आकर्षक व्यक्तित्व 魅力的な個性 उनका अपना व्यक्तित्व इतना बड़ा था कि पार्टी के पदाधिकारी उनके सामने छोटे नज़र आते थे あの方の人柄があまりにも大きすぎて党の役員が見劣りするほどだった (2) 人物 केंद्रीय व्यक्तित्व 中心人物 कांड का केंद्रीय व्यक्तित्व 事件の中心人物

व्यक्तित्व-निर्माण [名] 人格形成= व्यक्तित्व-विकास.

व्यक्तिनिष्ठ [形] 主観的な = स्वनिष्ठ; आत्मनिष्ठ.

व्यक्तिप्रधान [形] 個性的な；個性の強い；主観的な उनकी अधिकांश कहानियाँ व्यक्तिप्रधान हैं あの方のほとんどの小説は主観的なものだ

व्यक्तिवाचक नाम [名]〔言〕固有名詞

व्यक्तिवाद [名] 個人主義〈individualism〉

व्यक्तिवादिता [名*] 個人主義

व्यक्तिवादी[1] [形] 個人主義の；個人主義的な

व्यक्तिवादी[2] [名] 個人主義者

व्यक्तीकरण [名] ←व्यक्त. 表現；表明；顕すこと；明白にすること；明確にすること

व्यक्तीकृत [形] 明かされた；明らかにされた

व्यग्र [形] (1) 心配な；気がもめる；気が気でない (2) うずうずしている；落ち着かない (3) せっかちな

व्यग्रता [名*] ←व्यग्र. व्यग्रता से 今か今かと；落ち着かず；せかせかと मैं व्यग्रता से उनकी बाट जोह रही थी あの方を待ちこがれていた

व्यजन [名] (1) うちわ；団扇；扇；風を送る道具 (2) 換気装置 (3) 団扇や扇などの道具で風を起こしたり送ったりすること；扇ぐこと

व्यतिकर[1] [形] (1) 相互の；交互の (2) 広まる；広がる (3) 近くの；隣接する；妨害する

व्यतिकर[2] [名] (1) 混合；混和 (2) 接触；結合 (3) 相互関係

व्यतिकरण [名] 干渉；妨害

व्यतिकारी [形] 干渉する；妨害する

व्यतिक्रम [名] (1) 混乱 (2) 順序の転倒；顛倒 (3) 違反 (4) 侵害

व्यतिक्रांत [形] (1) 混乱した (2) 転倒した；顛倒した (3) 違反した (4) 侵害した

व्यतिचार [名] (1) 罪を犯すこと (2) 罪悪行為 (3) 欠陥

व्यतिपात [名] 反抗；抵抗 बिना किसी विद्रोह या व्यतिपात के 反乱も起こさず反抗もせず

व्यतिरिक्त [形] (1) 別の；別個の；異なった (2) 過剰な；超過した

व्यतिरेक [名] (1) 相違 (2) 対照；対立；対比 (3)〔修辞〕対照による比喩（たとえられるものがすぐれていることを述べることによりたとえになるものに勝っていることを述べる）

व्यतिरेकी [形] (1) 境界や限界を乗り越える (2) 対照的な；対立させる；対比させる

व्यतिरेकी भाषा विज्ञान [名] 対照言語学〈contrastive linguistics〉

व्यतिरेकी व्याकरण [名]〔言〕対照文法〈contrastive grammar〉

व्यतिहार [名] (1) 交換；入れ替え (2) 授受；やりとり (3) 応酬（殴り合ったりののしりあったりすること）

व्यतीत [形] 過ぎた；過ぎ去った；過去の

व्यतीतना [自] 過ぎる；経る；経過する = बीतना.

व्यतीपात [名] (1) 大騒ぎ；大騒乱；大混乱 (2) 侮辱

व्यतीहार [名] → व्यतिहार.

व्यथन [名] 苦しみ；苦痛

व्यथा [名*] (1) 苦しみ；痛み；苦悩；悶え苦しみ भूकंप-पीड़ितों की व्यथा 地震被災者の苦しみ वियोग में तड़पती नारी मन की व्यथा 別離にのたうち回る女心の苦しみ (2) 悲しみ बेचारी सास की भी कोई व्यथा-कथा है 気の毒に姑にも悲しい物語がある (3) 恐れ

व्यथित [形] (1) 苦しんでいる；苦しみのある；悶え苦しんだ；苦痛に悶えた उसने व्यथित स्वर से कहा 苦悶の声で言った (2) 悲しみに打ちひしがれた；悲嘆に沈んだ मत व्यथित हो पुष्प, किसको सुख दिया संसार ने? वह व्यथित स्वर में बोली 悲しみの声で語った. 花よ悲しみに沈むなかれ, この世がだれに喜びを与えたであろうか, と

व्यपगत [形] (1) 出発した (2) 過ぎ去った (3) 消えた；消滅した

व्यपगति [名*] (1) 出発；出立 (2) 経過 (3) 消滅

व्यपगम [名] (1) 出発 (2) 経過 (3) 消滅

व्यपजनन [名]〔動〕退化〈degeneration〉

व्यपदिष्ट [形] (1) 指示された (2) 通知された

व्यपदेश [名] (1) 指示 (2) 通知

व्यभिचार [名] 不義；不貞（行為）；姦通；私通

व्यभिचारिणी [形*] ←व्यभिचारी. 不貞な；ふしだらな

व्यभिचारिभाव [名]〔イ文芸〕ラサの基礎となる持続性のある感情を高めるのを助ける一時的な感情= संचारीभाव. → रस.

व्यभिचारी [形] 道をはずれた；道義を逸脱した；不貞な；姦通する；私通する→ व्यभिचारिणी.

व्यय [名] (1) 出費；費用 प्रस्तावित व्यय 予算 सैनिक व्यय 軍事費 = फ़ौजी ख़र्च. (2) 消費；費消；費やすこと सजावट, साइन-बोर्ड आदि पर व्यय होनेवाली बिजली 装飾や看板などに消費される電気 (-) **व्यय क॰** (ーを) 費やす；費消する；使う (-) **व्यय हो॰** (ーが) 費やされる；使われる इस भवन के निर्माण पर 10 लाख व्यय हुए हैं この建物の建設に 100 万の金が費やされた उसकी सारी जमापूँजी खाने-पीने में व्यय हो गई 蓄えはすべて飲み食いに使われてしまった

व्ययित [形] 費やされた；費消された；消費された व्ययित ऊर्जा 消費エネルギー

व्ययी [形・名] ふんだんに消費する；惜しみなく費やす

व्यर्थ[1] [形] (1) 無駄な；無意味な (2) 無益な；役に立たない；徒な व्यर्थ बातें क॰ 無駄話をする

व्यर्थ[2] [副] 意味もなく；無意味に；無駄に；わけもなく इससे आप व्यर्थ ही चर्चा का विषय बन सकती हैं そのためあなたはわけもなく話の種にされるのです

व्यर्थ[3] [名] 無意味なこと；無駄なこと；無益なこと ये सब व्यर्थ की बातें हैं これは皆無意味なことだ

व्यर्थता [名*] ←व्यर्थ[1]. ज़रूरत से अधिक जमा करने की व्यर्थता 必要以上に蓄える無意味さ

व्यलीक[1] [形] (1) 厭な；不快な (2) 嘘の；虚偽の (3) 辛い；苦しめる (4) 見知らぬ

व्यलीक[2] [名] (1) よくないこと；不当なこと (2) 悪事；犯罪（行為） (3) 欺瞞 (4) 叱責 (5) 苦しみ；苦痛；苦難

व्यलीक निःश्वास [名] 長嘆息

व्यवकलन [名] (1)〔数〕引き算 (2) 別にすること；引き離すこと

व्यवकलित [形] (1) 引いた；減じた (2) 別にされた；引き離された

व्यवकीर्ण [形] (1) 減らされた；減じられた (2) 離された；分離された；引き離された

व्यवच्छिन्न [形] (1) 断たれた；切られた (2) 分離された (3) 分割された

व्यवच्छेद [名] (1) 切断 (2) 分離 (3) 分割 (4) 部分 (5) 解放

व्यवच्छेदन [名] (1) 切開 (2) 解剖

व्यवदान [名] (1) 浄化 (2) 洗練

व्यवधान [名] (1) 分けるもの；へだてるもの (2) 幕；帳= पर्दा; परदा. (3) 間隔 (4) 秘匿 (5) 妨げ；障害= बाधा.

व्यवसाय [名] (1) 職業 अलग-अलग व्यवसाय 別々の職業 (2) 仕事；勤労 (3) 商業

व्यवसायवाद [名] 商業主義；コマーシャリズム 〈commercialism〉 खेलों में व्यवसायवाद スポーツ界の商業主義

व्यवसायी [名] (1) 職業に就いている人；仕事をする人 (2) 商人 ग्रामीण महिलाओं ने व्यवसायी को ठगा 村の女たちが商人に一杯食わせた

व्यवसायीकरण [名] 商業化；商業主義；営利主義

व्यवस्था [名*] (1) 制度；体制 मुसलमानों में प्रचलित विवाह और विवाह-विच्छेद की व्यवस्थाओं की सही जानकारी イスラム教徒の現今の結婚と離婚の制度に関する知識 लोकतंत्रीय व्यवस्था 民主的な制度 शासन व्यवस्था 統治制度 व्यवस्थाविरोधी 反体制的な (2) 秩序 देश में शांति और व्यवस्था 国の治安と秩序 सामाजिक व्यवस्था 社会秩序 इस व्यवस्था को तोड़ने वालों के लिए हिंदू धर्मशास्त्रों में कड़े से कड़ा दंड देने का प्रावधान किया गया है この秩序を破る者に対してはヒンドゥー聖典は最高に厳しい処罰を規定している (3) 体系 सांस्कृतिक व्यवस्था 文化体系 सामाजिक व्यवस्था〔社〕社会体系 〈social system〉 **व्यवस्था-चित्र** 体系図表 〈schematic diagram〉 (4) 規定；定め；掟 मामले का पुनरीक्षण करने की व्यवस्था 再検討の規定 यह वास्तव में शरीर को विश्राम देने के लिए प्रकृति की व्यवस्था है これは実は体を休めるための自然の掟なのです व्याकरण की व्यवस्था 文法の規定 इस यज्ञ में बहुत से दान की व्यवस्था है この供犠で非常に多くの布施を行うことが定められている (5) 運営 अधिकतर नगरों में निगम स्कूलों की व्यवस्था करता है たいていの都市では市当局が学校を運営する (6) 段取り；手配；準備 जनवासे की उत्तम व्यवस्था के लिए 花婿側参列者を最高にもてなす段取りに उसने रहने व खाने पीने की व्यवस्था करने में काफ़ी सहयोग दिया 宿泊と飲食の手配をするのにかなり協力した (7) 装置 हमारे शरीर की सुरक्षा-व्यवस्था 私たちの体の安全装置 (8) 措置 वहाँ आज प्रधान मंत्री की सुरक्षा के लिए की गई व्यवथा 同地で本日首相の安全のために取られた措置 (9) 判決；裁定 पुरानी व्यवस्था 判例= पुराना निर्णय. **व्यवस्था दे॰** ヒンドゥー聖典に基づいて裁定や決定を下す

व्यवस्थापक [名] (1) 規定者；制定者 (2) 組織者 (3) 支配人；運営者；主事；マネージャー；差配人

व्यवस्थापन [名] (1) 秩序づけ；秩序を作ること (2) 組織化 (3) 体系化 (4) 整理

व्यवस्थापिका [名*] 立法院= विधान सभा. 〈legislative assembly〉

व्यवस्थित [形] 秩序だった；組織的な；整った जहाँ भी मनुष्य रहते हैं समाज में व्यवस्थित होकर ही रहते हैं 人間の住むところはいずこであれ秩序ができるものだ व्यवस्थित गद्य शैली 整った散文体

व्यवहार [名] (1) 振る舞い；態度；応対；もてなし；行動；取り扱い बच्चों का सरल, सहज व्यवहार किसे अच्छा नहीं लगता? 子供たちの素直で自然な振る舞いを喜ばぬ人がいようか भाई का व्यवहार भाई के साथ कैसा होना चाहिए 兄弟間の振る舞いはどうあるべきか राम के व्यवहार ने विभीषण का दिल सदा के लिए जीत लिया ラーマの振る舞いがヴィビーシャナの心を永遠に魅了した किस व्यक्ति से कैसा व्यवहार करना है だれに対しどのように応対すべきか वह बुढ़िया के व्यवहार से बहुत प्रसन्न था 老女のもてなしを大変喜んだ अमानवीय व्यवहार 非人道的な取り扱い (2) 使用；実用 विदेशी चीज़ों का व्यवहार मत करो 外国製品を用いるな (3) 実践；実地 व्यवहार में 実際に；実際的に (4) 取引 (5) 関わり；関係 व्यवहार क॰ 関わりを持つ= व्यवहार रखना.

व्यवहारकुशल [形] (1) 実際的な（人） (2) 世故に長けた (3) 如才ない तुम्हारी जेठानी तो बहुत मिलनसार और व्यवहारकुशल है, न あなたの義姉さんはとても愛想が良くて如才ない人ですね

व्यवहारकुशलता [名*] ←व्यवहारकुशल.

व्यवहारतः [副] 実際に；実際的に

व्यवहारबुद्धि [名*] 実際的な知恵；実際的な知識；常識 व्यवहार-बुद्धि से दूर भावना 常識からへだたった感情

व्यवहारवाद [名]〔心〕行動主義 〈behaviourism〉

व्यवहारवादी [形・名] (1) 行動主義の (2) 行動主義者

व्यवहारिक [形] (1) 実際的な (2) 実用的な

व्यवहारी[1] [形] (1) 実行する（人）；実践する（人） (2) 仕事をする（人） (3) 関わりのある（人）；関係者 अपने व्यवहारियों से उसने रात भर के बसेरे के लायक स्थान की याचना की 自分の関わりのある人たちに一夜のねぐらを頼んだ (4) 商売に関わっている（人）

व्यवहारी[2] [形] = व्यावहारिक.

व्यवहार्य [形] 実際的な；実践的な；実行可能な शिक्षा में इसका व्यवहार्य रूप 教育界でのこれの実践的な形態 उनको व्यवहार्य बना सकें それらを実際的なものになしうるように

व्यवहृत[1] [形] 用いられた；使用された；応用された；実践された

व्यवहृत[2] [名] 商売；商い；商業

व्यष्टि [名*] (1) 個 (2) 個人 (3) 個体

व्यष्टिगत [形] 個の；個人の आज के नवयुवक के अंदर समष्टिगत चेतना के स्थान पर व्यष्टिगत चेतना का आधिपत्य हो गया है 今日の若者の間では集団意識に対して個の意識のほうが優勢になっている

व्यष्टिवाद [名] 個人主義 = व्यक्तिवाद. 〈individualism〉

व्यष्टिवादी [形・名] 個人主義の；個人主義的；個人主義者

व्यसन [名] (1) 道楽；遊び किसी व्यसन में अति न करें どんな道楽も度を超さないようにすることです जुआ खेलने के व्यसन में 手慰みで；博打で (2) 癖 अनेक बुरे व्यसनों का शिकार होने के कारण いろんな悪癖の餌食になっているので

व्यसनी [形] 悪い癖や遊びが身についた；悪い道楽に耽っている

व्यस्त [形] (1) 多忙な；忙しい；せわしい；繁忙な निराई करने में व्यस्त 除草に忙しい जब आप (पति-पत्नी) एक दूसरे के साथ हों, तो एक ही मनोविनोद में व्यस्त होते हैं या दोनों अलग-अलग काम करने लगते हैं? ご夫婦が一緒にいらっしゃる時，お 2 人は同じ娯楽で忙しく過ごされますか 2 人別々のことをなさいますか (2) あわただしい；落ち着かない नगरों के व्यस्त जीवन में 都会のあわただしい生活の中で (3) 繁華な；賑わう पटना के व्यस्ततम इलाक़ा パトナー市で一番繁華な地区 दिन में यह चौपड़ मोटर, रिक्शा, साइकिलों के यातायात से व्यस्त रहती है 日中，この交差点は自動車，輪タク，自転車の往来で賑わう

व्यस्तता [名*] ←व्यस्त.

व्याकरण [名] (1) 文法 ऐतिहासिक व्याकरण 歴史文法 तुलनात्मक व्याकरण 比較文法 (2) 文法書 (3) 説明；解説 शास्त्रीय नृत्य का व्याकरण 古典舞踊の説明（解説） (4) 法則；基本；作法；文法；いろは फ़िल्म के व्याकरण से अपरिचित 映画のいろはを知らない
व्याकरणिक [形] 文法の；文法上の व्याकरणिक कोटि〔言〕文法範疇 व्याकरणिक लिंग〔言〕文法上の性；ジェンダー ⟨gender⟩
व्याकुल [形] (1) 動転した；びっくりした；あわてた；狼狽した अपने पुत्र के मुँह से ऐसा उद्दंड और अशिष्टा से भरा हुआ उत्तर सुनकर वह व्याकुल हो उठा 息子の口からこのような生意気で無礼極まりない返事を聞いて狼狽した बापू के निधन पर व्याकुल होकर バープー（マハートマー・ガンディー）の逝去に動転して (2) 落ち着きのない；じっとしておれない अपनी शारीरिक भूख से व्याकुल होकर 肉体の飢えに落ち着きがなくなって
व्याकुलता [名*] ←व्याकुल.
व्याकृति [名*] (1) 説明 (2) 分析
व्याख्या [名*] (1) 説明；解説 पुस्तकों की व्याख्या 書物の説明 इस प्रकार पुस्तकों में सत्यता को छिपाकर किसी भी बात की मनमाने ढंग से व्याख्या कर ली जाती है こうして書物の中では真実を隠してどんなことも自分勝手に説明される (2) 解釈 क़ानून की व्याख्या 法律の解釈 (3) 注釈
व्याख्याकार [名] 注釈家
व्याख्यात [形] (1) 説明された；解説された (2) 解釈された (3) 注釈の加えられた
व्याख्याता [名] (1) 講釈師 रामचरितमानस के महान व्याख्याता『ラームチャリトマーナス』の偉大な講釈師 (2) 講師 वाणिज्य विभाग में व्याख्याता 商学部の講師
व्याख्यान [名] (1) 講演 (2) 講義（大学の） व्याख्यान दे॰ 講義する
व्याघात [名] (1) 妨げ；妨害；障害 (2) 侵害
व्याघाती [形] (1) 妨げる；妨害する (2) 侵害する
व्याघ्र [名]〔動〕ネコ科トラ（虎）【*Panthera tigris*】= बाघ; शेर; नाहर.
व्याघ्रचर्म [名] 虎の皮（敷物や壁飾りの装飾品として用いられる）= बाघछाल; बघछाला.
व्याघ्रनख [名] (1) 虎の爪（子供の魔除けとして身につけさせる）(2) 香水の一種（巻き貝の蓋を焼いて作られるという．薬用でもある）
व्याघ्री [名*] 雌虎= बाघिन.
व्याज[1] [名] 利子；金利；利息 **व्याज-दर** 利率 कम व्याज-दर पर 低い金利で
व्याज[2] [名] 偽ること；見せかけること；振りをすること；思っていることと違うことを言うこと；何かの振りをして言うこと
व्याजनिंदा [名*] (1) 他の人を非難しているような口振りで相手を非難すること；表面的にはそれと知れない形での非難；当てこすり (2)〔修辞〕同上の手法による修辞法= व्याजनिंदा.
व्याजस्तुति [名*] (1) 婉曲な褒め言葉；表面的にはそれと知れない遠回しな称賛 (2)〔修辞〕同上の手法による修辞法
व्यादेश [名]〔法〕禁止命令；差し止め命令 ⟨injunction⟩
व्याध [名] 猟師；狩猟を生業としたカーストの人= शिकारी.
व्याधपतंग [名]〔昆〕トンボ= भँभीरी.
व्याधि [名*] 病；病気 आँख, कान व नाक की व्याधियाँ 目，耳，鼻の病気
व्यान [名]〔アユ〕ヴィアーナ（身体に存する5種類のヴァータの内の一で，これによって全身に滋養分が届き，発汗作用が起こり血行があり身体作用があるものとされる）→ वात.
व्यापक [形] (1) 大きい；幅や規模などが大きい व्यापक अंतर 大きな相違 इंग्लैंड के प्रवास का बड़ा व्यापक प्रभाव イギリス滞在のもたらした非常に大きな影響 (2) 範囲の広い；広範な **व्यापक रूप से** 広く；広範囲に；大規模に जौ की व्यापक रूप से खेती होती थी オオムギが広く栽培されていた शिक्षित मध्यम वर्ग में भी व्यापक रूप से बेरोज़गारी है 教育のある中産階級にも失業が大きく広まっている यहाँ के लोक मानस पर बड़ा व्यापक प्रभाव पड़ा है 当地の民心に広範な影響が及んでいる (3) 広い；包括的な；幅広い ↔ संकुचित 狭い；狭隘な． व्यापक दृष्टिकोण 広い視点 पुस्तकों की विषय-वस्तु भी बहुत व्यापक है 書物の内容も非常に幅広い
व्यापना [自] (1) 広まる；横行する (2) 入り込む

व्यापार [名] (1) 商売；商業；貿易；交易；通商 व्यापार नीति 貿易政策 कोयले का व्यापार 薪炭（燃料）販売の商売 व्यापार की सफलता 商売の成功 मुक्त व्यापार 自由貿易 चीनी उच्चस्तरीय व्यापार शिष्टमंडल अमरीका जाएगा 中国の高級通商代表団が渡米 व्यापार तथा आपूर्ति राज्यमंत्री 州通商供給相 (2) 活動 (3) 作用；働き (4) 行動
व्यापारगृह [名] 商社
व्यापार चिह्न [名] 商標
व्यापार छाप [名*] 商標；トレードマーク
व्यापार निगम [名] 商社；貿易会社
व्यापार मंडल [名] 商業会議所
व्यापारमार्ग [名] 通商路；交易路
व्यापारविनिमय [名] 通商；交易；貿易 इन देशों का परस्पर व्यापारविनिमय これらの国の間の交易
व्यापाराना [形]《H. + P. انا आना》商業上の；交易（上）の
व्यापारिक [形] (1) 商業の；交易の；貿易の；通商の व्यापारिक नगर 商業都市 (2) 営業の；商業的な；業務用の व्यापारिक रिश्ता 通商関係 व्यापारिक रिश्ता सुधारने के साथ 通商関係の改善と同時に व्यापारिक मुसकराहट 営業用の笑顔 व्यापारिक जहाज़रानी 海運業 व्यापारिक फ़सलें 商品作物 **व्यापारिक मार्ग** 通商路；交易路 चीन और पश्चिम एशिया के बीच व्यापारिक मार्ग मध्यएशिया होकर जाता था 中国と西アジアとの通商路は中央アジアを通っていた व्यापारिक संस्थान 商社 व्यापारिक संस्थानों के स्वामी 商社の経営者
व्यापारिक पवन [名]〔地理〕貿易風 **उत्तरपूर्व व्यापारिक पवन** 北東貿易風 **दक्षिणपूर्व व्यापारिक पवन** 南東貿易風
व्यापारी[1] [名] 商人 फुटकर व्यापारी 小売商 थोक व्यापारी 卸商
व्यापारी[2] [形] (1) 商業の；貿易の；通商の (2) 商業に関する；商業に従事する **व्यापारी बेड़ा** 商船隊 व्यापारी कंपनी 商社；貿易会社 व्यापारी समाज 実業界
व्यापी [形] (1) 広がる；広まる (2) 広範にわたる (3) 被う
व्याप्त [形] (1) 広がった；広まった भाई-भाई या माँ-बेटे में व्याप्त कटुता 兄弟間や母子間の不和 (2) 蔓延した；はびこった समाज में भ्रष्टाचार व्याप्त है 社会に汚職が蔓延している (3) 行き渡った；回った；浸透した तभी से विष सारे शरीर में व्याप्त हो गया है それ以来毒は全身に回ってしまっている
व्याप्ति [名*] (1) 広がり (2) 蔓延 (3) 浸透
व्याप्य [形] (1) 広げられる (2) 広がりうる
व्यामोह [名] (1) 幻覚；幻想 (2) 当惑；困惑
व्यायाम [名] 運動；体操；体育
व्यायामशाला [名*] 体育館；屋内競技場；ジム दार्जिलिंग व्यायामशाला ダージリン体育館
व्यायोग [名]〔イ演〕ヴィヤーヨーガ／ヴィアーヨーガ（サンスクリット演劇の分類で一幕物の一）
व्याल[1] [名] 蛇= साँप; सर्प.
व्याल[2] [形] たちの悪い；悪辣な；害を及ぼす
व्यालू [名] 夕食= रात का खाना.
व्यावर्तक [形] (1) 包囲する；囲む；取り囲む (2) 回転する
व्यावर्तन [名] (1) 包囲 (2) 回転
व्यावसायिक [形] (1) 職業的な；職業上の (2) 営業用の；商業的な व्यावसायिक टेलीविजन 商業テレビ放送；民間テレビ放送 व्यावसायिक नाम 企業名 व्यावसायिक प्रशिक्षण संस्थान 職業訓練学校（機関） व्यावसायिक रहस्य 企業秘密 व्यावसायिक वाहन 営業用車輌 व्यावसायिक समिति ギルド
व्यावसायिकता [名*] 商業主義；コマーシャリズム；営利主義
व्यावहारिक [形] (1) 実際的な；現実的な क्रांतिकारी दल के सामने बहुत-सी व्यावहारिक समस्याएँ थीं 革命党は多数の現実的な問題に直面していた जो आदमी व्यावहारिक जीवन में कुशल नहीं, वह आगे कुछ नहीं कर सकता 実生活において巧みでない人は将来なにもなし得ない (2) 実用的な；実地の व्यावहारिक जानकारी 実用的な知識；実地の知識 व्यावहारिक तौर पर 現実に；実際に；実地に (3) 行動に関する；実践上の व्यावहारिक नीति 行動指針 (4) 慣行上の；慣習的な **व्यावहारिक दिन** 常用日；暦日 ⟨civil day⟩ **व्यावहारिक विज्ञान** 応用科学 ⟨applied science⟩
व्यावहारिकता [名*] ←व्यावहारिक. (1) 実用性 (2) 慣行；慣習
व्यावहारिकतावाद [名] 実用主義
व्यावहारिक विज्ञान [名] 応用科学

व्यास [名] (1) 直径 बास्केट का व्यास 45 सेंटीमीटर होता है バスケットの直系は 45cm と決まっている दो मीटर व्यास के वृत्त में 直径 2m の円に (2) 〔イ神〕ヴィヤーサ（叙事詩マハーバーラタの編者と伝えられる聖仙． कृष्ण द्वैपायण とも呼ばれる） (3) ヴィヤーサ聖仙（様々な時期にヴェーダを編纂したとされる合計 28 人のリシたち）＝वेदव्यास． (4) ヴィヤーサ（कथावाचक と呼ばれるブラーフマンでラーマーヤナ，マハーバーラタ，バーガヴァタプラーナ，ラームチャリトマーナスなどの叙事詩や経典虫の物語を用いて説法を行う説法師や説教師） (5) 編者；編纂者

व्याहत [形] 禁じられた；禁止された

व्याहरण [名] 言葉；発言＝कथन; उक्ति.

व्याहार [名] (1) 文；文章；言説＝वाक्य; जुमला; वचन. (2) 音声＝ध्वनि; स्वर.

व्याहृत [形] (1) 語られた；述べられた (2) 声の発せられた

व्याहृति [名*] 言葉；話；語り

व्युत्क्रम [名] (1) 混乱＝व्यतिक्रम; गड़बड़ी. (2) 顛倒

व्युत्थान [名] (1) 立つこと；立ち上がること (2) 立ち向かうこと；反対；対抗

व्युत्पत्ति [名*] (1) 起源 (2) 語源 **लौकिक व्युत्पत्ति** 民間語源〈folk etymology〉 **व्युत्पत्ति विशेषज्ञ** 語源学者〈etymologist〉

व्युत्पत्तिमूलक [形] (1) 起源上の (2) 語源上の

व्युत्पत्ति विज्ञान [名] 語源学＝व्युत्पत्ति विमर्श.〈etymology〉

व्युत्पन्न [形] (1) 生じた；発生した (2) 派生した **व्युत्पन्न कृदंत** 〔言〕一次派生語（サンスクリット）〈derived primary word〉 **व्युत्पन्न तद्धितांत** 〔言〕二次派生語〈derived secondary word〉 **व्युत्पन्न शब्द** 派生語〈derived term; derived word〉

व्युत्पन्नमति [形] 機転の利く；機知に富む

व्युत्पादी [形]〔言〕派生の；派生的な〈derivative〉

व्यूह [名] (1) 〔軍〕戦闘隊形；陣立て；配陣 दुश्मन का व्यूह 敵の戦闘隊形 आक्रमण अथवा रक्षण के व्यूह के लिए 攻撃隊形もしくは守備隊形のために **व्यूह रचना** 罠を仕掛ける (2) 集まり (3) 構成 (4) 軍；軍隊

व्यूहरचना [名*]〔軍〕配陣；陣立て

व्योम [名] (1) 空；空中；天 (2) 宇宙 (3) 水 (4) 雲

व्योमकेश [名] シヴァ神の異名の一

व्योमगंगा [名*] 天の川＝आकाशगंगा.

व्योमचर [形・名] (1) 空を行く；空を飛ぶ；飛翔する (2) 神 (3) 鳥

व्योमतरंग [名*]〔通信〕上空波；空間波〈sky wave〉

व्योम मंडल [名] 天；天空；大空＝आकाश.

व्योमयान [名]〔古〕(1) 飛行船 (2) 飛行機＝वायुयान; हवाई जहाज़.

व्योहार [名] 振る舞い；行動＝व्यवहार.

व्यौपार [名] 商業；商売；交易＝व्यापार.

व्यौपारी [名] 商人＝व्यापारी.

व्रज [名] ＝ब्रज. (1) 行くこと (2) 集まり；集団 (3)〔地名・ヒ〕ヴラジ（マトゥラー मथुरा，ヴリンダーヴァン वृंदावन，ゴークル गोकुल などのある地域でヒンドゥー教徒の聖地の一）

व्रजक [名]〔ヒ〕サンニヤーシー संन्यासी

व्रजन [名] (1) 行くこと (2) 散策；散歩；遊歩；そぞろ歩き

व्रजनाथ [名] クリシュナ神の異名の一

व्रजभाषा [名*] ＝ब्रजभाषा.〔言〕ヴラジ・バーシャー（マトゥラー मथुरा，アーグラー आगरा，アリーガル अलीगढ़ などを中心とした地域に行われてきた西部ヒンディー語の一で 20 世紀初頭まで今日のヒンディー語地域全体の主要文語の一であった）

व्रज मंडल 〔地名〕ヴラジ地域（ヴラジ・バーシャーの行われる地域）

व्रजमोहन [名] クリシュナ神の異名の一

व्रजराज [名] クリシュナ神の異名の一

व्रजांगना [名*] (1) ヴラジ地方の女性 (2) 牧女＝गोपिका.

व्रजेंद्र [名]〔イ神〕(1) クリシュナを養育した牧人ナンダ (2) クリシュナ（神）＝व्रजराज.

व्रज्या [名*] (1) 歩くこと；歩き回ること；散策 (2) 出家者もしくは遊行者として歩くこと (3) 攻撃；進撃

व्रण [名] (1) 傷；けが（怪我） (2) 腫れ物

व्रत [名] (1)〔ヒ〕ヴラタ／ヴラット（福を招き富と安全を得るため，あるいは，息子を授かるためや子や夫の長寿のために特定の日に断食やもの断ちを伴って行われる願行） पूजा，व्रत-दान जैसे धर्म-कर्म. プージャーとかヴラタとかお布施といったお勤め (2) 誓い；堅い決意；神に誓うこと；誓願 देश की मुक्ति का व्रत 国を隷従から解放する誓い मैंने गरीबों की सेवा का व्रत ले लिया है 私は貧しい人たちへの奉仕を神に誓ったのです जीवन भर मैं जीवन के सत्य की खोज करूँगा. यही मेरा व्रत है 一生私は人生の真実を探究致します．これが私の誓願でございます स्वदेशी का व्रत 国産品愛用の誓い (3)〔仏〕誓戒；禁（ごん） (4)（誓いを立てて行われる）断食；断食行 व्रत-उपवास ヴラタや断食 पति-धर्म के लिए वे कई व्रत-उपवास रखती हैं 夫のために女たちは幾つものヴラタや断食をする **व्रत खोलना** ヴラタを終える（断食していたのを終結する） आज साधु को व्रत खोलना था サードゥは今日ヴラタを終える予定であった **व्रत तोड़ना** *a*. ヴラタを中断する *b*. 誓いの行を中途で止める **व्रत रखना** *a*. ヴラタを行う *b*. 断食を行う **(-का) व्रत लेना** （－を）堅く誓う दोनों ने देश-सेवा का व्रत ले लिया 両人は共々国家への奉仕を堅く誓った तभी उन्होंने संन्यास का व्रत लिया その際その方は隠遁を誓われた

व्रती [名] (1) ヴラタを行う人 (2) ヤジュニャ（यज्ञ）を行う（バラモンにヤジュニャを行ってもらう）人 (3)〔ヒ〕ブラフマチャーリー（ब्रह्मचारी）；梵行者；妻帯せず独身を貫く修行者

व्रन [名] ＝व्रण.

व्राचड [名*]〔言〕ヴラーチャダ語（古代シンド地方に行われたとされるアパブランシャ語の一）→ अपभ्रंश.

व्रात्य [名] (1)〔イ史〕ヴラーティヤ（元来，ブラーフマン，クシャトリヤ，ヴァイシャの身分でありながら然るべき時にサンスカーラ，すなわち，バラモン教徒としての浄めの儀式乃至は終身儀礼を受けなかったりバラモン教に則った生き方をしなかったために堕落者扱いされたと考えられる人たちの称） (2) ＝वर्णसंकर.

व्रीडा [名*] (1) 恥＝लज्जा; शर्म. (2) 恥じらい；はにかみ；慎ましさ；丁重さ＝नम्रता; संकोच.

व्रीडित [形] (1) 恥じらう；恥じらいを持つ (2) 謙虚な；はにかんでいる；つつましい；丁重な

व्रीहि [名] (1) イネ（稲）＝धान. (2) 米＝चावल. (3) 穀物＝अन्न. (4) 穀粒

व्हिस्की [名*]《E. whisky》ウイスキー＝ह्विस्की. व्हिस्की का ग्लास ウイスキーのグラス

व्हेल [名*]《E. whale》〔動〕クジラ（鯨）＝ह्वेल; ह्वेल मछली; तिमिंगल.

श

शंक [名*] (1) 疑い；疑念= संदेह. (2) 恐れ；不安= आशंका.

शंकर [名] (1) シヴァ神 (2)〔人名・イ哲〕シャンカラ・アーチャーリヤ (→ शंकराचार्य)

शंकरजटा [名*]〔植〕ヤシ科クジャクヤシ【*Caryota urens*】

शंकराचार्य (1)〔人名・イ哲〕シャンカラ／シャンカラ・アーチャーリヤ（8世紀前半頃の宗教家・哲学者．不二一元論派，すなわち，अद्वैतवाद の開祖とされる） (2)〔ヒ〕シャンカラ・アーチャーリヤ（カルナータカ州のシュリンゲーリ शृंगेरि などに所在する上記シャンカラ・アーチャーリヤの法灯を継ぐと言われる五山の僧院の長の称）

शंका [名*] (1) 疑念；疑い；怪しい感じ हिंदुओं के प्रति शंका ヒンドゥー教徒に対する疑念 निर्मूल शंका 根拠のない疑い (2) 心配；不安；懸念 शंका क॰ 心配する= आशंकित हो॰; अंदेशा क॰.

शंकाकुल [形] 疑念にとりつかれた；心配のあまり取り乱した= शंकित; संदेहयुक्त.

शंकानिवारण [名] 疑念を晴らすこと；疑いを除くこと मित्रों का शंकानिवारण करके 友人の疑念を晴らして

शंकापूर्ण [形] 疑念に満ちた；疑いに満ちた शंकापूर्ण विचार 疑念に満ちた考え

शंकालु [形] 疑い深い；懐疑的な = शक्की.

शंकासमाधान [名] 疑念を解くこと；疑いを晴らすこと= शंकानिवारण.

शंकास्पद [形] (1) 怪しげな；疑わしい (2) 心配な；不安な

शंकित [形] (1) 心配な；不安な प्रत्येक व्यक्ति अपनी सुरक्षा के संबंध में शंकित है だれもが身の安全について心配している (2) 怯えた छोटी-छोटी शंकित आँखों से देखते हुए 小さな怯えた目で見ながら (3) 疑っている；怪しんでいる प्रोटेस्टेंट और कैथोलिक दोनों शंकित हैं और ग़ुस्से में हैं プロテスタント派もカソリック派も疑っており怒っている

शंकिनी [形*] 怪しい；疑わしい= संदेहास्पद; संदिग्ध.

शंकी [形] (1) 疑う；怪しむ (2) 危ない；危険な

शंकु [名] (1) 円錐形の球果なども含む先端のとがった物体の称 चीड़ का शंकु 松かさ (2) 釘 (3) 杭 (4) 鎗 (5) 鏃 (6)〔数〕10兆 = शंख. चीड़ का शंकु 松かさ

शंकुचि [名*]〔魚〕ガンギエイ科海水魚ガンギエイ ⟨skate⟩

शंकुधारी[1] [形]〔植〕針葉樹の；松柏科の ⟨coniferous⟩

शंकुधारी[2] [名]〔植〕針葉樹；球果植物 ⟨conifer⟩

शंकुभ [形・名] 円錘状の；円錘形の；円錘曲線体 ⟨conoid⟩

शंकुरूप [形] 円錘体の；円錘形の ⟨conical⟩

शंकुलिपि [名*] 楔形文字 = कीलाक्षर. ⟨cuneiform⟩

शंकुवृक्ष [名]〔植〕針葉樹；球果植物

शंख [名] (1)〔貝〕ホラガイ（ほら貝；法螺貝）などの大きな巻き貝やその貝殻 स्त्रियाँ शंख और हड्डियों के आभूषण पहनती थीं 女性は貝殻と骨でこしらえた装身具を身につけていた (2) ほら貝（楽器） शंख-घड़ियाल से घिरे ठाकुर जी ほら貝や鉦に囲まれたヴィシュヌ神像 मैंने तो शंख-तुरही की आवाज़ें सुनीं तो लगा जैसे कोई लश्कर उतर आया है ほら貝とラッパの音を聞くと軍隊がやって来たのではないかと思った (3)〔数〕10兆（10^{13}） इस रिएक्टर में प्रति सेकेंड 1800 शंख न्यूट्रानों का प्रवाह होगा このリアクターの中では毎秒1万8000兆のニュートロンが流れるだろう **शंख फूँकना** 宣戦する；戦端を開く (-का) **शंख बजना** *a.*（一が）勝利を収める *b.*（一が）破産する **शंख बजाना** *a.* 法螺貝を吹く *b.* 法螺貝を吹いてプージャーを行う *c.* 楽しむ；くつろぐ *d.* 悔やむ；後悔する

शंखध्वनि [名*] 法螺貝の音；法螺貝を吹き鳴らす音 भारत के नवजागरण की शंख-ध्वनि करनेवाले महापुरुष インドの新しい目覚めを告げる法螺貝を吹き鳴らす偉大な人

शंखपाणि [名]（法螺貝を手に持つ）ヴィシュヌ神

शंखरूप [形] 巻き貝の形をした ⟨conchate⟩

शंखविज्ञान [名] 貝類学

शंखाकार [形] 巻き貝の形をした

शंखासुर [名]〔イ神〕シャンカ・アスラ（ブラフマー神のもとよりヴェーダを盗み海底に沈んだアスラ．ヴィシュヌ神の魚の姿をした化現，すなわち，マットスヤ・アヴァターラ मत्स्य अवतार によって退治された）

शंखास्थि [名*]〔解〕側頭骨 ⟨temporal bone⟩

शंखिका [名*]〔解〕耳殻；外耳；耳介

शंखिनी [名*] シャンキニー（古代インドの性愛学書「カーマスートラ」における体形，容貌，性質による女性の4分類の一で वृषभ の男性にふさわしいとされた）

शंगर्फ़ [名]《P. شنگرف》しんしゃ（辰砂）；朱 = ईंगुर. सियाही और शंगर्फ़ वग़ैरः (वग़ैरा) से लिखने को 墨や辰砂などで書くのに

शंगर्फ़ी [形]《P. شنگرفی》朱色の

शंघाई 〔地名〕《E. Shanghai ← C.》上海（中国）

शंट [名]《E. shunt》転轍機（鉄道）

शंटिंग [名*]《E. shunting》(1) 転轍（鉄道） (2) 鉄道車の待避

शंठ [名] (1) 未婚の人= अविवाहित. (2) おとこおんな= हिजड़ा.

शंड [名] (1) おとこおんな= हिजड़ा. (2) 性的不能者= नपुंसक. (3) 雄牛；種牛= साँड़.

शंडता [名*] ← शंड. 性的不能

शंडा [名] 発酵した牛乳やヨーグルト，あるいは，できそこないのヨーグルト

शंपा [名*] (1) 稲妻；雷= बिजली. (2) 帯；腰帯= कमरबंद; मेखला.

शंपाक [名]〔植〕マメ科高木ナンバンサイカチ【*Cassia fistula*】= अमलतास.

शंपेन [名*]《E. champagne》シャンペン；シャンパン= शैम्पेन.

शंबर[1] [名] (1) 水 (2) 雲 (3) 山 (4)〔イ神〕シャンバラ（ラークシャスの王．リグヴェーダのディヴォーダーサ王 दिवोदास の敵であった） (5)〔イ神〕シャンバラ（カーマデーヴァの敵であったとされるラークシャス）

शंबर[2] [形] (1) 最高の；最良の；秀逸な (2) 幸運な

शंबरारि [名] シャンバラ・アリ／シャンバラーリ（シャンバラの敵，すなわち，カーマ神）→ शंबर[1] (5)

शंबल [名] 旅行に際し携帯する食糧；携行食= संबल; पाथेय.

शंबा [名]《P. شنبه》(1) 日；太陽日= दिन; वार. (2) 土曜日= शनिवार.

शंबु [名]〔貝〕ムラサキガイ（紫貝）

शंबुक [名] (1) 軟体動物カタツムリ（蝸牛）などの総称 (2) 巻き貝の総称

शंबुक ढेर [名]〔考〕貝塚

शंबूक [名] (1)〔貝〕巻き貝の総称 (2) 軟体動物カタツムリ（蝸牛）などの総称 (3)〔イ神〕シャンブーカ（シュードラの身に生まれながら厳しい苦行を行ったためブラーフマンの息子の死を招き，そのためにラーマに殺された）

शंभु [名] (1) シヴァ神 (2) ヴィシュヌ神 (3) ブラフマー神

शंस [名] (1) 約束= प्रतिज्ञा. (2) 誓い；誓いの言葉= शपथ; क़सम. (3) 称賛= प्रशंसा; तारीफ़.

शंसन [名] (1) 語ること= कहना; कथन. (2) 称えること= प्रशंसा क॰; स्तुति क॰.

शंसनीय [形] (1) 語るべき；語るに値する (2) 称賛すべき

शंसा [名*] (1) 称賛= प्रशंसा. (2) 希求；願い= अभिलाषा; इच्छा. (3) 語り；語ること；述べること= कथन.

शंसित [形] (1) 語られた (2) 望まれた；願われた (3) 称えられた

शंस्य [形] (1) 望まれた (2) 称えられるべき (3) 語られるべき

शअबान [名]《A. شعبان》〔イス〕シャアバーン月（イスラム暦の第8月）

शऊर [名] → शुऊर.

शक[1] [名]〔史〕シャカ族（元来イラン系遊牧民であるが，西紀前後に北西インドや西インドに勢力を持ったサカ族；スキタイ）

शक[2] [名]《A. شک शक; शक्क》疑い；疑念= शंका; संदेह. इसमें क्या शक है? その通りだ．絶対間違いない शक की गुंजाइश 疑問や疑念の余地 दूरदर्शन की बढ़ रही लोकप्रियता में कोई शक नहीं テレビの人気が増してきていることは全く確かだ मुँह पर शक घिर आया

疑いの表情が現れてきた (-पर) शक क॰ (ーについて) 首をかしげる；(ーを) 怪しむ；不審がる= संदेह क॰. (-में) शक हो॰ (ーが) 怪しい；怪しげな；臭い；不審に思われる

शक़ [形] 《A. شق शक; शक्क》裂けた

शकट [名] (1) 荷車 (2) 牛車 (3) 荷物 (荷車で運ぶ際, 車1台分の)

शकटकर्म [名] 牛車などの車で運搬する仕事や作業

शकटासुर [名]〔イ神〕シャカタ・アスラ (カンサ王によってクリシュナ殺害のため遣わされたが, 逆にクリシュナに殺されたアスラ)

शकठ [名] → मचान.

शकर [名*] 《P. شکر》砂糖 = शक्कर; शर्करा; चीनी.

शकरक़ंद [名] 《P. شکرقند》〔植〕ヒルガオ科サツマイモ；甘藷【*Ipomoea batatas*】= शकरकंद; शकरकंदी.

शकरकंदी [名*] = शकरकंद.

शकरख़ोरा [名] 《P. شکرخوره》(1)〔鳥〕タイヨウチョウ科スミレタイヨウチョウ【*Nectarinia asiatica*】 (2) 甘いものの好きな人；甘党

शकरदान [名] 《P. شکردان》砂糖入れ

शकरपारा [名] 《P. شکرپاره》(1) 砂糖のかたまり (2) 米, 小麦粉, バター, 砂糖を原料とした菓子の一；シャカルパーラー (3)〔植〕ミカン科レモンの一種

शकरपूरा [名] 《P. شکرپوره》〔料〕シャカルプーラー (小麦粉の衣に甘味の具や香辛料を包みギーや油で揚げたもの) = गुझिया; पिराक.

शकरबादाम [名] 《P. شکربادام》(1)〔植〕バラ科アンズノキ (2) アンズの実= ख़ूबानी; ज़र्द आलू.

शकरलब [形] 《P. شکرلب》(1) 甘い言葉をささやく (2) みつくちの；口蓋裂の

शकल[1] [名*] 《A. شکل शक्ल》(1) 姿；形；形体= आकृति; आकार; डील-डौल. वह एक खास शकल अख़्तियार करता है 一種独特の形をとる करारदाद की शकल में 決議の形で अजीबो गरीब शकल सूरत वाले जीव 奇妙な姿をした生き物 (他の天体の生き物について) (2) 顔立ち；容貌= चेहरा; मुखाकृति. (3) 表情 (4) 状態；様子；ありさま शकल-सूरत 顔立ち；容貌 अल्पना के मुकाबले में पढ़ाई-लिखाई, शकल-सूरत सब में गायत्री हलकी पड़ रही थी アルパナーに比べると勉強も顔立ちも何もかもガーヤトリーのほうが劣っていた **शकल न दिखाना** 姿を見せない；現れない (-की) **शकल बनाना** *a.* (ーを) 描く *b.* (ーに) 似せて作る (-की) **शकल बिगाड़ना** *a.* (ーを) 激しく殴る；叩く；叩きのめす *b.* (ーの) 人相を悪くする；顔つきを悪くする **शकल से रियासत बरसना** 見るからに気品のある

शकल[2] [名] 部分；一部；断片；きれはし

शकल[3] [名] (1) 樹皮；木の皮= छिलका; छाल. (2) 魚のうろこ= छिलका. (3) 皮；皮膚；肌= त्वचा.

शक संवत् [名] 西暦78年に始まるシャカ暦；シャカ紀元

शक़ाक़ुल [名*] 《A. شقاقل》(1)〔植〕ユリ科アスパラガス属【*Asparagus racemosus*】 (2)〔植〕ユリ科アスパラガス属【*Asparagus gonocladus*】

शकाब्द [名] シャカ暦；シャカ紀元= शक संवत्.

शकार [名] श の文字と発音

शकील [形] 《A.P. شکیل》美しい；容姿のよい；すぐれた；美貌の；きれいな= सुंदर; रूपवान्; हसीन.

शकुंतला [名*]〔イ文〕シャクンタラー (カーリダーサ作のサンスクリット戯曲 (ナートカ)『アビジュニャーナ・シャクンタラー』の主人公. 聖仙ヴィシュヴァーミトラ विश्वामित्रとアプサラー अप्सरा のメーナカー मेनका との間に生まれ, ドゥシュヤンタ王 दुष्यंत と結ばれた) = शकुन्तला.

शकुन [名] (1) 鳥 (特に物事の前兆を表すとされた鳥) (2) 身体に現れるわずかな動き, 特定の鳥獣や物品を目撃することなどで表されるという前兆；兆候；兆し. 凶兆は अपशकुन/ असगुन と呼ばれる. (3) 吉；吉事；めでたいこと；祝い事 (4) 祝い歌 **शकुन-अपशकुन** 吉凶；吉事と凶事 **शकुन-अपशकुन मानना** 吉凶を占う：縁起をかつぐ वह शकुन बहुत मानता था ずいぶんと縁起をかつぐ人だった **शकुन क॰** (婚約式などの) 祝い事を行う **शकुन डालना** = शकुन देखना. **शकुन देखना** 吉凶を占う；吉凶を判断する **शकुन ले॰** = शकुन देखना. **शकुन विचारना** = शकुन देखना.

शकुनज्ञ [名] 物事の前兆や兆候とされるものを見て占いをする占い師

शकुन-विचार [名] = भविष्यकथन. 前兆や兆候を判断して占うこと；占い

शकुन-शास्त्र [名] 前兆占いの学問；占い術

शकुनि [名] (1) 鳥= चिड़िया; पक्षी. (2)〔イ神・マハ〕シャクニ (ガンダーラ王スバラ सुबल の子, ドゥルヨーダナ दुर्योधन の伯父, マハーバーラタの戦ではカウラヴァ側 कौरव に味方)

शकुनी[1] [名] 吉凶を占う占い師

शकुनी[2] [名*]〔鳥〕ヒタキ科シキチョウ属アカハラシキチョウ= श्यामा.

शक्कर [名*] 《P. شکر》(1) 砂糖= शकर; चीनी. (2) 粗糖= खाँड़. शक्कर के समान मीठा 砂糖のように甘い **शक्कर मिल** 製糖工場

शक्करी [形] ← शक्कर. 砂糖入りの

शक्की [形] 《A.P. شکی》疑い深い；疑り深い = वहमी.

शक्ति [名*] (1) 力；物理的な力 मानव-शक्ति 人力 पशु-शक्ति 畜力 शरीर की शक्ति 体力 शरीर की शक्ति से भी बलशाली अन्य चीज़ें 肉体の力よりも強い物 बाज़ुओं की शक्ति जो समुद्र को तैरकर पार कर सके 海を泳いで渡ることのできる腕の力 (2) 能力；力；エネルギー कुत्ते की सूँघने की शक्ति तीव्र होती है 犬の嗅覚は鋭い वे विचार करने की शक्ति को सुन्न कर देते हैं それらは思考力を麻痺させる मानव की सृजनात्मक शक्ति 人間の創造的な力 (3) 力；抽象的な力 अलौकिक शक्ति 超自然的な力 मन के विकारों को प्रधान शक्ति मान लेना 心の歪みを主要な力と思いこむ दैवी शक्ति 神通力 ईश्वर जिसे बचाना चाहता है उसे दुनिया की कोई शक्ति मार नहीं सकती 神が救おうと欲する人をこの世のいかなる力も殺すことはできない (4) 勢力 वामपंथी शक्तियाँ 左派勢力 (5) 権力 राज्य की शक्ति पर आधारित बाध्यपरक कार्य 権力による強制的な行為 (6) 権限 विधान मंडल की शक्ति 立法院の権限 कार्यपालिका के औपचारिक अध्यक्ष को संविधान के द्वारा अनेकों शक्तियाँ प्रदान की जाती हैं 行政府の公式首長には憲法によって多数の権限が与えられる (7) 権能 नगरनिगम की शक्तियाँ 都市自治体の権能 (8) 力量 अधिक दहेज़ देने की शक्ति पिता में नहीं थी 父親にはあまり多くの持参金を与える力量はなかった (9) 威光 (10)〔イ哲〕シヴァ神の持つ特殊な能力・性力 (11)〔イ哲〕シヴァ神妃ドゥルガー, あるいは, カーリーの活動力・性力 देवी की शक्ति (12)〔イ哲〕世界展開の最高原理 (13)〔韻〕= शक्ती.

शक्ति-परीक्षण [名] 力試し स्वस्थ और बलिष्ठ नौजवान अनेक खेलों द्वारा एक दूसरे से शक्ति-परीक्षण करते थे 健康で力持ちの若者たちは様々な運動で互いに力試しをしていた

शक्तिपुंज [名] 力の集まり

शक्तिपूजक [形・名] 性力派の (信徒)；性力を崇拝する

शक्तिपूजा [名*] 性力派 (タントラ教) における性力崇拝

शक्तिमत्ता [名*] 力を備えていること

शक्तिमान [形] 力持ちの；強い；強力な= बलवान; ताक़तवर.

शक्तिराजनीति [名*] (1) 権力政治 (2)〔政〕武力外交 (power politics パワーポリティクスの訳語)

शक्तिवर्द्धक [形] 滋養のある；養分のある；体力をつける

शक्तिशाली [形] (1) 力の強い；屈強な शक्तिशाली लोग, जो अपने बल के आधार पर बस के अंदर पहुँच सकें 自分の力でバスに乗りこめる屈強な人たち (2) 強い；強力な；激しい शक्तिशाली इंजेक्शन 強力な注射 (3) 有力な；勢力のある；権力のある；勢いのある शक्तिशाली राजा 勢力のある王 शक्तिशाली नेता 有力な政治家 घोड़े के समान शक्तिशाली पुत्र 馬のように力の強い息子

शक्तिहीन [形] (1) 無力な；力のない शत्रु शक्तिहीन हो गए 敵は無力になった (2) 能力のない (3) 衰弱した；力の衰えた वह किसी एक कोने को समृद्ध बनाने के लिए किसी दूसरे कोने को शक्तिहीन नहीं करती それは一方を力づけるために他方を衰弱させるものではない

शक्ती [名*]〔韻〕シャクティー (各パーダが18モーラから成るモーラ韻律. パーダの終わりは सगण, रगण, もしくは, नगण のいずれかで最初は लघु)

शक्य [形] ありうる；起こりうる；生じうる；可能な；実行可能な= हो सकना; सम्भव.

शक्र [名] (1) インドラ神 (2)〔仏〕帝釈天

शक्रजाल [名] = इंद्रजाल.

शक्रदेव [名] インドラ神

शक्रधनुष [名] 虹 = इंद्रधनुष.

शक्रपुर [名]〔イ神〕インドラ神の支配する天界；アマラーワティー
शक्रभवन [名] 天国 = स्वर्ग.
शक्राणी [名*]〔イ神〕インドラ神の妃；シャチー शची
शक्रासन [名] (1)〔イ神〕インドラ神の玉座 (2) 玉座= सिंहासन.
शक्ल [名*]《A. شکل》= शकल.
शख़्स [名]《A. شخص》人；人物；個人= व्यक्ति; आदमी. वह जर्मनी में रहनेवाला एक शख़्स था その人はドイツの住人だった
शख़्सियत [名*]《A. شخصیت》個性；人格；性格 इल्मी मजमून लिखने वाले को शख़्सियत से कोई तअल्लुक नहीं होता 学術的なことを書く人と人格には何の関係もない अजीबो ग़रीब शख़्सियत 特異な性格
शख़्सी [形]《A. شخصی》人の；個人的な；個人の= व्यक्तिगत; ज़ाती. अदबी मज़मून शख़्सी होता है 文学作品は個人的なものである
शग़ब [名]《A. شغب》騒ぎ；騒音；騒ぎ立てる音= कोलाहल.
शग़ल [名]《A. شغل शग़ल; शुग़ल》(1) 仕事；職業；職務 (2) 気晴らし；娯楽
शग़ाल [名]《P. شغال》〔動〕イヌ科ジャッカル= गीदड़; सियार.
शगुन [名] (1) 吉兆 (2) 吉祥の時刻 हम लोग अच्छे शगुन से चले थे 吉祥の時刻に出発した (3) ヒンドゥーの結婚式 अच्छा शगुन हुआ था 立派な婚約式が行われた (4) 婚約式の際花嫁側から花婿側に贈られる祝いの金品
शगुनिया [名] 占い師 → शगुन.
शगुफ़्ता [形] = शिगुफ़्ता.
शगूफ़ा [名]《P. شگوفه शिगूफ़ा》(1) つぼみ（蕾）；花 (2) 珍しいこと；奇異なこと (3) 喧嘩やいさかいの原因となる言葉 (4) 刺繍 **शगूफ़ा खिलना** *a.* 蕾が開く *b.* 驚くようなことが起こる **शगूफ़ा खिलाना** 人を驚かすようなことをする **शगूफ़ा छोड़ना** いさかいの元になるような言葉を発する पर कुछ दिन बाद उन्होंने फिर एक शगूफ़ा छोड़ा だが数日後再び喧嘩を吹っかける言葉を発した
शचि [名*]〔イ神〕シャチ／シャチー（インドラ神の妃）
शची [名*]〔イ神〕シャチ／シャチー= शचि.
शचीपति [名] インドラ神の異名の一
शजर [名]《P. شجر》木；樹木 = दरख़्त; पेड़; वृक्ष.
शजरा [名]《P. شجره शज्रा》系譜；系図 = वंशवृक्ष; वंशावली.
शट[1] [名] 酸 = खटाई; अम्ल रस.
शट[2] [形] 酸い；酸味がある= अम्ल; खट्टा.
शट-अप [感]《E. shut up》黙れ；うるさい
शटर [名]《E. shutter》シャッター；鎧戸
शटल [名]《E. shuttle》(1) 定期往復便；シャトル (2) 織機のひ（杼） (3) シャトルコック (4) ミシンのかま；下糸入れ
शटलकॉक [名]《E. shuttlecock》〔ス〕バドミントンの羽根；シャトル（コック）= चिड़िया.
शठ[1] [形] (1) 性質の悪い；悪質な；悪辣な；悪意のある= पाजी. (2) 人を欺く；偽る；狡猾な= चालाक; धोखेबाज़.
शठ[2] [名] (1) 悪漢 (2) 上辺だけの恋人や夫 (3) 仲裁人
शठता [名*] ← शठ. (1) 悪質なこと；悪意 (2) 欺き；偽り；狡猾さ= शठता.
शठतापूर्ण [形] (1) 悪意に満ちた (2) 偽りに満ちた；全く不誠実な तब सब के सामने दुर्योधन इस प्रकार शठतापूर्ण मृदु वचन बोले すると皆の前でドゥルヨーダナはこのように偽りに満ちた甘言を語った
शण [名] = सन. (1)〔植〕マメ科サンヘンプ (2) バーング；バング= भंग; विजया.
शत [数] (1) 百；100 (2) 多数の；無数の शत प्रतिशत 100 %；完全に；全く इस ख़र्च में शत-प्रतिशत की वृद्धि हुई この出費は100 %増加した शत प्रतिशत लोग 100 %の人 शत प्रतिशत सही धारणा 全く正しい考え आपके विचारों से मैं शत-प्रतिशत सहमत हूँ あなたのお考えと全く同意見です शत शत प्रणाम 最敬礼 इन शहीदों को शत शत प्रणाम 戦死（殉死した）兵士に対し最敬礼 शत बार 重ねて；幾度も；繰り返し शंकर जी से हमारा शत बार नमस्ते कहिए シャンカルさんにくれぐれもよろしくお伝え下さい
शतकोटि [数] 10 億= अर्बुद.
शतगुण [形] 100 倍の；百倍の= शतगुणित; सौगुना.
शतघ्नी [名*] 古代の武器の一（一度に大量の殺傷が可能であったと伝えられる飛び道具）
शतचरणा [名*]〔節動〕ムカデ = कनखजूरा; शतपद.
शततारका [名*] → शतभिषा.
शतदल[1] [形] 100 枚の花弁を持つ
शतदल[2] [名]〔植〕ハス（蓮）
शतद्रु [名*]（パンジャーブ東部を流れる）サトラジ川の古名
शतधा[1] [形] (1) 100 倍の；百倍の (2) 百通りの (3) 百様の；実に様々な
शतधा[2] [副] 無数の方法で；実に様々に；百通りに
शतपत्र [名]〔植〕ハス（蓮） = कमल.
शतपथ ब्राह्मण [名]〔ヒ〕シャタパタ・ブラーフマナ（ヤジュル・ヴェーダに付随するブラーフマナ文献の一） = शतपथ.
शतपद[1] [形] 百の足を持つ
शतपद[2] [名]〔節動〕ムカデ（百足）= कनखजूरा; गोजर.
शतपदी [名*]〔節動〕ムカデ= शतपद.
शतपद्म [名] 白蓮= श्वेतकमल.
शतपर्वा [名*] (1) 竹= बाँस. (2) サトウキビ= पौंढा; गन्ना. (3) ギョウギシバ= दूब.
शतपाद [形・名] = शतपद.
शत-प्रतिशत [名・副] (1) 100 パーセント；百分 (2) 100 %；全く；完全に→ शत. = सौ फ़ी सदी.
शतफल [名] 竹 = बाँस.
शतभिषा [名*]〔天・占星〕シャタビシャー（インドの二十七宿の第 24）= शततारका.
शतरंज [名]《P. شطرنج》チェス शतरंज की दो चार बाजियाँ チェスの 2〜3 局 **शतरंज का मोहरा** 他人に思いのまま操られる人；手先 साम्प्रदायिक राजनीति का शिकार या इस शतरंज का एक मोहरा बन जाते हैं コミュナリズム的政治の餌食，すなわち，コミュナリズム的政治の手先の 1 つになってしまう
शतरंजबाज़ [名]《P. شطرنج باز》チェス愛好者；チェスプレーヤー
शतरंजबाज़ी [名*]《P. شطرنج بازی》チェスをすること
शतरंजी[1] [名*]《A.P. شطرنجی》(1) 市松模様のカーペット (2) チェス盤
शतरंजी[2] [形] 市松模様の काले और सफ़ेद संगमरमर से जड़ा शतरंजी फ़र्श 白と黒の大理石を敷き詰めた市松模様の床
शतरंजी[3] [名] チェスをする人；チェスプレーヤー
शतवर्ष [名] 100 年；百年；1 世紀 = शताब्दी; शती; सदी.
शतवार्षिक [形] (1) 100 年目の；百年ごとの (2) 百年もつ；大変長持ちのする (3) 100 歳の
शतवार्षिकी [名*] 100 年祭；百年祭；百年記念祭
शतविध [形] 百通りの；百様の；実に様々の
शतशः [副] 実に様々に；種々に；種々様々に
शत-शत [形] 100 の；百の；100 にも及ぶ（ほどの）；甚だ多数の；無数の
शतसहस्र [数] (1) 10 万 (2) 大きな数；巨大な数
शतांश [名] 100 分の 1；百分の一
शताब्द[1] [形] 100 年の；百年の
शताब्द[2] [名] 100 年；百年；1 世紀= शताब्दी; सदी; सौ वर्ष.
शताब्दी [名*] (1) 100 年；百年 आर्य समाज शताब्दी समारोह アーリア・サマージ百年記念祭 (2) 1 世紀
शतायु [形] 100 歳の；百歳の；百歳の齢の
शतावधान [名] 一度に多数の人の話を聞き取りまた多数の仕事を同時になしうるとされる人
शतावर [名] = शतावरी.
शतावरी [名*]〔植〕ユリ科アスパラガス属【*Asparagus racemosus*】
शती [名*] (1) 100 個のものや 100 を数えるものの集まりや集合体；百の集まり (2) 1 世紀= शताब्दी; सदी.
शत्रुंजय[1] [形・名] 敵を打ち破る（人）
शत्रुंजय[2] [名]〔地名・ジャ〕シャトルンジャヤ（カーティヤーワール半島東部バーオナガル भावनगर の近くに位置しパーリーターナー पालीटाणा とも呼ばれるジャイナ教聖地）
शत्रु [名] 敵；仇；仇敵 = दुश्मन; रिपु; बैरी. फ़सलों के शत्रु 穀物の敵 परशुराम परमवीर और क्षत्रियों के शत्रु थे パラシュラーマは勇猛果敢でクシャトリヤの仇敵であった सौंदर्य का शत्रु मुटापा 肥満は美容の敵
शत्रुघाती [形] 敵を滅す；敵を撃滅する
शत्रुघ्न[1] [名]〔ラマ〕（ダシャラタ王とスミトラー妃との間にラクシュマナと一緒に生まれた）シャトルグナ王子

शत्रुघ्न[2] [形] 敵を斃す
शत्रुजित् [形] 敵を破る
शत्रुता [名*] 敵意；遺恨 = दुश्मनी. शत्रुता का व्यवहार 敵対行為
शदीद [形] 《A. شدید》(1) 激しい；鋭い；強烈な शदीद प्यास 激しい喉の渇き (2) 厳しい (3) 難しい；困難な
शनाख़्त [名*] 《P. شناخت》(1) 認識 (2) 確認；見分けること；検分 वहाँ से बरामद दो शवों की शनाख़्त 同地から収容された 2 人の遺体の検分 (3) 標識；しるし；特徴
शनाख़्ता [形] 《P. شناختہ》(1) 認識された (2) 確認された (3) 検分された
-शनास [造語] 《P. شناس》(ーを) 見分ける，識別する，分別する，(ーの) 知識を持つなどの意を有する合成語の構成要素 मर्दुमशनास 人を正しく評価する
शनासा [形] 《P. شناسا》見知る；認識を持つ；知識を持つ；見分ける；知り合っている→ शिनासा.
शनासाई [名*] 《P. شناسائی》見知っていること；面識 (のあること) = परिचय; जानपहचान.
शनि [名] (1)〔天・占星〕土星 (不吉なもの，不運をもたらすものと考えられてきている) (2) 土曜日= शनिवार. (3) 不運= दुर्भाग्य; बदकिस्मती. **शनि की दृष्टि पड़ना** *a*. 不吉なものに見入られる *b*. 不運に見舞われる **शनिदृष्टि पड़ना** = शनि की दृष्टि पड़ना.
शनिवार [名] 土曜日
शनिश्चर [名] = शनि.
शनैः [副] ゆっくり；徐々に；次第に शनैः शनैः = शनैः.
शनैश्चर [名]〔天・占星〕土星 = शनि.
शप[1] [名*] むちなどで打つ時に発する音．ぱしっ，ばしっ，ぴしっ，びしっなどの音
शप[2] [副] 直ちに；直ぐさま；即刻= शप शप.
शपथ [名*] 誓い；誓約；誓言 तुम्हें हमारी शपथ है बहू! お前，後生だからね (お前を心底頼りにしているからね<姑→嫁>) **शपथ उठाना** 誓う；誓いを立てる **शपथ खाना** 誓いを立てる；宣誓する= अंग छूना. **(-को) शपथ खिलाना** (ーに) 宣誓させる；誓わせる **(-की) शपथ ले॰** (ーに) 誓う इस तलवार की शपथ लेकर कहता हूँ कि जब तक देश आज़ाद नहीं हो जाएगा, मैं चैन नहीं लूँगा この刀に誓って言う．わが国が独立を達成するまでは私は安楽に過ごすことはない
शपथ-पत्र [名]〔法〕口供書= हलफ़नामा. 〈affidavit〉
शपथ-भंग [名] 契約違反；約束違反；違約
शपन [名] (1) 誓約= शपथ; क़सम. (2) 悪口；罵詈= गाली.
शपशप [副] → शप[2]
शपिंग [名*] 《E. shopping》ショッピング；買い物= शॉपिंग.
शप्त [形] (1) 呪われた；呪いをかけられた= अभिशप्त. (2) 非難された= भर्त्सित.
शफ़क़ [名⁻] 《A. شفق》朝焼けと夕焼けの赤さ (茜色) **शफ़क़ फूलना** 朝焼けもしくは夕焼けで空が赤くなる (茜色になる)
शफ़क़त [名*] 《A. شفقت शफ़क्कत》= शफ़क्कत. (1) やさしさ；愛情；好意 उस्ताद का लड़कों के साथ मुहब्बत व शफ़क़त से पेश आ॰ 先生が生徒に対してやさしく接する (2) 哀れみ；同情 उनके मुहब्बत, प्यार और शफ़क़त ने उनको बच्चों का हरदिल अज़ीज़ चाचा बना दिया その方は愛情と同情で子供たち皆から好かれるおじさんになった
शफ़तालू [名] → शफ़्तालू.
शफ़री [名*]〔魚〕ツバメコノシロ科ツバメコノシロ (海水魚)【*Polynemus paradiseus*】〈mango fish〉
शफ़ा [名*] 《A. شفا शिफ़ा》(1) 健康= आरोग्यता; तंदुरुस्ती. (2) 息災；無病息災
शफ़ाख़ाना [名] 《A.P. شفا خانہ शिफ़ाख़ाना》病院；医院
शफ़ीक़ [形] 《A. شفیق》情け深い；親切な；好意的な= दयालु; कृपालु.
शफ़ोन [名] 《E. chiffon》シフォン／シホン；絹モスリン शफ़ोन की साड़ी シフォンのサリー
शफ़्ट [名] 《E. shaft》シャフト
शफ़्तालू [名] 《P. شفتالو》(1)〔植〕バラ科モモ；桃【*Prunus persica*】(2) その実= सतालू.
शफ़्फ़ाफ़ [形] 《A. شفاف》(1) 透明な；澄んだ शफ़्फ़ाफ़ तालाब (水の) 澄んだ池 (2) きれいな；清らかな；清浄な (3) ぴかぴかの；明るい；輝いている
शब [名*] 《P. شب》夜 = रात; रजनी; निशा.
शबकोर [形] 《P. شبکور》夜盲症の (人) = निशांध.
शबकोरी [名*] 《P. شبکوری》〔医〕夜盲症 = रतौंधी.
शबख़ून [名] 《P. شب خون》夜襲；夜討ち
शबख़्वाँ [名] 《P. شب خواں》〔鳥〕ヒタキ科サヨナキドリ；ナイチンゲール→ बुलबुल.
शबगर्द [形・名] 《P. شب گرد》(1) 夜の巡回をする；夜回りをする；夜警をする；夜警員 (2) 警察署長
शबताब [名] 《P. شب تاب》(1) 月= चाँद; चंद्रमा. (2) 蛍
शबदी [名] (1) 言葉 (2) 上人や聖徒の言葉；説教 (韻文になったもの)
शबनम[1] [名*] 《P. شبنم》露 = ओस. **शबनम पड़ना** 露が降りる = शबनम गिरना. शबनम ख़ूब पड़ रही थी うんと露が降りていた
शबनम[2] [名] 《P. شبنم》織り目のこまかいモスリン
शबनमी [名*] 《P. شبنمی》寝台に取りつけて張られる露除けの布や帳；一種の蚊帳= मसहरी.
शब बरात [名*] → शबे बरात.
शबर [名] (1)〔史〕シャバラ (古代デカン地方に居住した部族民の一) (2) 未開人 (3) シヴァ神
शबरी [名*] (1) シャバラ族の女→ शबर. (2)〔イ神〕〔ラマ〕シャバリー (ラーマを篤く信奉したシャバラ族のある女性の名) **शबरी के जूठे बेर** 貧者の真心のこもった贈り物 (に他を凌ぐ大きな価値のあること；貧者の一灯)
शबल [形] (1) 斑点のある；ぶち (斑) の (2) 雑色の；まだら (斑) の
शबला [名*] ぶちの雌牛
शबलित [形] 雑色の；まだらの
शबली [名*] (1) 斑点のあること (2) まだら模様
शबाना [形] 《P. شبانہ》(1) 夜の；夜間の= रात का; रात वाला. (2) 前夜の；前夜の食べ残しの= बासी.
शबाब [名] 《A. شباب》(1) 青春；青春時代；若々しさ= जवानी; यौवन. (2) 若さの美しさ **शबाब आ॰** 若々しく美しくなる
शबाहत [名*] 《A. شباہت》(1) 形；姿；形体= आकृति; शक्ल; शकल. (2) 似ていること；類似= एकरूपता; समता.
शबिस्तान [名] 《P. شبستان》(1) 寝る所；寝床；寝室 (2)〔イス〕モスクの夜の礼拝所
शबीना [形] 《P. شبینہ》(1) 夜の (2) 前夜の食べ残しの **शबीना जानवर** 夜行性の動物
शबीह [名*] 《P. شبیہ》(1) 絵；絵画= चित्र; तस्वीर. (2) 写真= फ़ोटो; तस्वीर; छायाचित्र.
शबे आशूरा [名*] 《P.A. شب عاشورہ》〔イス〕シャベアーシューラー (ムハッラム月の 10 日目，すなわち，断食潔斎の日の夜)
शबे क़द्र [名*] 《P. A. شب قدر》〔イス〕シャベカドル (ラジャブ月の 27 日ムハンマドが神に会いに天に昇ったとされる日でこの夜の礼拝は大いに功徳があるとされる)
शबे ख़ैर [感] 《P. شب خیر》(1)〔イス〕お休みなさい (2)〔イス〕(夜分に用いる) さようなら，失礼致します
शबे ज़िफ़ाफ़ [名*] 《P.A. شب زفاف》〔イス〕結婚初夜 = सुहागरात.
शबे बरात [名*] 《P.A. شب برات》〔イス〕シャベバラート／シャブラート (イスラム暦 8 月の 14 日の夜，先祖の供養のために種々の催しや食事の施しなどが行われる)
शबो रोज़ [副] 《P. شب و روز》日夜；四六時中；絶え間なく= रात दिन; हर वक़्त; लगातार.
शब्द [名] (1) 音；音声 मंदिर के अंदर कोई शब्द सुनाई न देता था お寺の中では何の音も聞こえなかった (2) 語；言葉；単語 भाषा शब्दों से बनती है 言語は語から成る उसके मुँह से सहानुभूति का एक शब्द भी नहीं निकला 男の口からは同情の一言さえ出なかった **शब्द गढ़ना** 言葉を造る；造語する गढ़े शब्द 造語；作り出された語 (3) 語彙 उर्दू और अंग्रेज़ी के शब्दों का भी प्रयोग हुआ है ウルドゥー語や英語の語彙さえ用いられている (4) 説教；法話 सिक्ख धर्म में 'शब्द' अर्थात् गुरु नानक के उपदेशों के शब्दों को बहुत पवित्र माना जाता है シク教ではシャブド (シャバド)，すなわち，グルナーナクの説法の言葉はとても神聖なものと考えられている **शब्दों की आग बरसाना** 激しくののしる **शब्दों के कोड़े लगना** 激しくののしられる **शब्दों के महल बनाना** 空想をめぐらす **शब्दों में बाँधना** 表現する
शब्दकोटि [名*]〔言〕語の範疇〈word category〉

शब्दकोश [名] = लुगत; लुगात. 辞書；辞典；辞林 शब्दकोश विज्ञान 辞書学= कोश विज्ञान.
शब्दक्रम [名]〔言〕語順〈word order〉
शब्दगत [形] 語の；単語の；語彙の
शब्दचित्र [名]（人物）素描；点描；スケッチ
शब्दजाल [名] 言葉の魔術 कहीं कहीं तो शब्दजाल रचकर अर्थ का अनर्थ करने तथा मनमानी व्याख्याएँ करने के उदाहरण मिलते हैं ところどころ言葉の魔術でとんでもない意味を持たせたり勝手気ままな解釈をする例が見受けられる
शब्दभंडार [名] 語彙 आपको अपना शब्द-भंडार और साधारण ज्ञान बढ़ाना चाहिए あなたは語彙と常識とを増やさなくてはいけない
शब्दभेद [名]〔言〕品詞〈parts of speech〉 यह किसी भी शब्दभेद के साथ आ सकता है これはすべての品詞に接続することができる
शब्दयोजना [名*] 文言；言葉遣い
शब्दरूप [名]〔言〕曲用〈declension〉
शब्दरूप प्रक्रिया [名*]〔言〕形態論；語形論〈morphology〉
शब्दविन्यास [名]〔言〕語法；言葉遣い；表現法〈phraseology〉
शब्दवेध [名] 目ではなく音を聞いたのみで弓矢で的を射ること
शब्दवेधी बाण [名] 目で見ずに音を聞いただけで的を射る矢
शब्दशः [副] (1) 言葉通りに= अक्षरशः; हर्फ़न हर्फ़न; हर्फ़ बहर्फ़. (2) 逐語的に= एक एक हर्फ़ करके.
शब्दशक्ति [名*] 語義伝達力
शब्दश्लेष [名]〔修辞〕音節，接尾辞，性，格，数などの文法要素に両義性を持たせることにより作り出す両義性の修辞法
शब्द संग्रह [名] 語彙；語彙集〈vocabulary〉
शब्द समूह [名] 語彙〈vocabulary〉
शब्दसाधक [形]〔言〕派生の〈derivational〉
शब्दसाधन [名]〔言〕派生〈derivation〉
शब्दांकन [名] 録音
शब्दांत [名] 語末
शब्दाडंबर [名] 多言；冗長；大言壮語；言葉の魔術 क्या यह केवल शब्दाडंबर है? これは単なる言葉の魔術なのか
शब्दातीत [形] 言葉を越えた；言葉で表現できない
शब्दादेश [名]〔修辞〕換喩法；転喩〈metonymy〉
शब्दाधिक्य [名]〔修辞〕冗長；冗言〈pleonasm〉
शब्दानुवाद [名] 逐語訳〈literal translation〉
शब्दानुशासन [名] 文法 = व्याकरण.
शब्दानुसार[1] [形] 文字通りの；逐語的な
शब्दानुसार[2] [副] 文字通りに；逐語的に
शब्दार्थ [名] 語義
शब्दार्थ विज्ञान [名] (1)〔言〕意味論= शब्दार्थ शास्त्र.〈semantics〉 (2)〔言〕語彙論〈lexicology〉
शब्दालंकार [名]〔修辞〕同音異義語，頭韻，地口，謎掛けなどの音声表現による修辞
शब्दावली [名*] (1) 用語；術語 समाजशास्त्रीय शब्दावली 社会学用語 (2) 用語集 (3) 語彙〈glossary〉
शब्दिम [名]〔言〕語彙素〈lexeme〉
शब्बो [名*]《P. شبو》〔植〕チュベローズ= रजनीगंधा.
शम [名] (1) 平静；静穏；心の落ち着き (2) 解放；解脱
शमई[1] [形]《A.P. شمعی शमई》(1) 蝋の；蝋製の (2) 蝋の色をした
शमई[2] [名*] 燭台；ろうそく（蝋燭）台= शमादान; दीपाधार.
शमक [形] 鎮める；鎮静させる
शमन [名] (1) 鎮静；静まること ममता की शीतल छाया में होते कटुता का स्वयं शमन 愛情の涼しい陰を得ると険しさは自ずと鎮まる (2) 抑制 अहंकार का शमन 慢心を抑制すること
शमनी [名*] 夜 = रात; रात्रि; शब.
शमनीय [形] (1) 鎮静化しうる (2) 抑制しうる
शमल [名] (1) 糞；糞便= मल; विष्ठा. (2) 罪悪= पाप; गुनाह. (3) 不浄= अपवित्रता. (4) 不運= बदकिस्मती.
शमला [名]《A. شملہ》〔服〕(1) 後ろに垂らすターバンの端；シャムラー उसकी पगड़ी खुलकर गले में आ गई थी और शमला नीचे जमीन तक लटका हुआ था ターバンがほどけて首のところまで落ちシャムラーが地面にまで垂れ下がっていた (2) シャムラー（頭に巻いて肩に垂らす小さなショール） चुने हुए फूलों को साफ़े के शमले में बाँधते हुए 摘み取った花をシャムラーに包みながら

शमशाद [名]《P. شمشاد शम्शाद》〔植〕ツゲ科ツゲ属常緑低木ボックス【*Buxus sempervirens*】
शमशीर [名*]《P. شمشیر》(1) 刀 (2) 剣
शमशीरज़न [形・名]《P. شمشیر زن》兵士；軍人；武人；武士
शमशेर [名*] = शमशीर.
शमा [名*]《A. شمع शम्अ》(1) ろう（蝋）= मोम. (2) ろうそく（蝋燭）= मोमबत्ती. मोम से मोमबत्ती या शमा तैयार क॰ 蝋から蝋燭をこしらえる (3) ランプ；明かり；灯火 **शमा बढ़ाना** 灯火を消す（忌み言葉としての表現）
शमादान [名]《A.P. شمع دان शम्अदान》燭台；ろうそく台
शमामा [名]《A. شمامه》芳香；香料；芳香剤= सुगंध; खुशबू.
शमि [名*] 豆類
शमित [形] (1) 鎮静化された；鎮められた (2) 抑制された
शमी [名*] (1)〔植〕クワ科高木シダレガジュマル／ベンジャミンゴムノキ【*Ficus benjamina*】 (2)〔植〕マメ科アカシア属【*Acacia leucophloea; A. alba*】= सफ़ेद कीकर.
शमीज़ [名*]《E. chemise》〔服〕シュミーズ
शमीर [名] = शमी.
शम्स [名]《A. شمس》太陽 = सूर्य; सूरज; रवि.
शम्सी [形]《A. شمسی》太陽の；日輪の
शय [名*]《A. شے》物；物品；品物= चीज़; वस्तु.
शयन [名] (1) 眠ること；睡眠 (2) 寝床；床 (3) 寝具 (4) 交接 **शयन क॰** *a.* 眠る；寝る *b.* 休む
शयनकक्ष [名] 寝室；寝床 रानी का शयनकक्ष 王妃の寝室
शयनगृह [名] = शयनकक्ष.
शयनागार [名] = शयनकक्ष; सोने का कमरा.
शयनिका [名*] (1) 寝床；寝室 (2) 寝台車（鉄道）
शयित [形] (1) 眠っている；寝ている (2) 横たわった (3) 横たえられた
शय्या [名*] (1) 寝台；寝床 लड़ाई के मैदान में वीरों के योग्य शय्या पर सोना 戦場で勇者にふさわしい床に眠る（戦死する） (2) 寝具
शर [名] (1) 矢= बाण; तीर. (2) 槍などの穂先；切っ先
शरअ [名]《A. شرع》〔イス〕宗教法；イスラム法
शरई [形]《A. شرعی》 (1)〔イス〕宗教法の；イスラム法の (2)〔イス〕イスラム法にかなった；合法の
शरकांड [名] = सरकंडा.
शरकार [名] 矢を作る職人
शरच्चंद्र [名] (1) 秋（शरत्）の月（インド暦 7〜8 月） (2) インド暦 7 月アーシュヴィン／クワール月（日本の旧暦 9 月）の満月（中秋の名月）
शरण [名*] (1) 難を逃れること；避難 (2) 避難所 (3) 亡命 राजनीतिक शरण 政治亡命 उन्होंने पाकिस्तान में शरण की माँग की है 同氏はパキスタンに政治亡命を求めた (4) 庇護 हे भगवान तुम्हारी शरण （雷鳴に怯えた老婆が）神様お助け下さい **शरण गहना** = शरण ले॰. (-को) **शरण दे॰** （ーを）庇護する；保護する (-की) **शरण में आ॰** （ーに）避難する；すがる；救いを求める；頼る；駆け込む अतः लाचार होकर आपकी शरण आया हूँ そこでやむを得ずおすがりに参った次第です (-की) **शरण में जा॰** （ーに）避難する；すがる；救いを求める；頼る；駆け込む अंतर्राष्ट्रीय मुद्रा कोश की शरण में जा॰ IMF（国際通貨基金）に頼る **शरण रखना** 保護する；庇護する (-की) **शरण ले॰** 避難する；救いを求める महाराणा उदयसिंह ने यहाँ मुगलों के आक्रमणों से संत्रस्त होकर शरण ली थी ウダイシン王はムガルの軍勢の攻撃に怯えてここに救いを求めた उसने न्यायालय की शरण ली 女は法廷に救いを求めた
शरणक्षेत्र [名] 避難所
शरणगृह [名] 防空壕などの避難用の建造物
शरणद [名] 庇護者 = शरणदाता.
शरणदाता [名] 庇護者 = शरण देनेवाला.
शरणस्थान [名] (1) 避難所；隠れ場 (2) 聖域
शरणागत [形・名] 救いや保護，庇護などを求めに来た；すがってきた；救援を求めに来た；亡命者；難民 राम ने शरणागत मानकर विभीषण का अच्छा आदर-सत्कार किया ラーマは救いを求めに来たと判断してヴィビーシャナを厚くもてなした
शरणार्थी [形・名] 難民；避難民

शरणि [名*] (1) 道= मार्ग; रास्ता; पथ; राह. (2) 大地= पृथ्वी; जमीन; भुमि.
शरत् [名*] 秋（古くはインド暦の 6〜7 月を指したが，現今は 7〜8 月，すなわち，インド暦第 7 月クワール月／アーシュヴィン月（太陽暦 9〜10 月）と第 8 月カールティク月／カーティク月（太陽暦 10〜11 月））= शरत. → ऋतु.
शरत्काल [名] インド暦の 7〜8 月；秋；秋期
शरत्पर्व [名] = शरदपूर्णिमा; कोजागर.
शरत्पूर्णिमा [名*] インド暦の 7 月（アーシュヴィン月／クワール月の白分 15 日）の満月（日本の旧暦 9 月 15 日）；中秋の名月 = शरद पूनो.
शरद् [名*] = शरत्. सौ शरद् ऋतुओं तक आप जीते रहें いついつまでもお元気でお過ごし下さい
शरदंड [名] (1) 鞭 (2) → सरकंडा.
शरद [名*] = शरत्. शरद की सुहानी ऋतु 秋の心地よい季節；初秋
शरद पूनो [名*] シャラドプーノー（日本の旧暦の 9 月 15 日，インド暦 7 月の満月）
शरद पूर्णिमा [名*] → शरद्पूनो.
शरदा [名*] (1) 秋= शरद ऋतु. (2) 年；1 年
शरपुंख [名]〔植〕マメ科ナンバンクサフジ= सरफोंका.
शरफ़ [名]《A. شرف》(1) 栄誉；名誉= सम्मान; इज़्ज़त. (2) 威厳；尊厳= मान; गौरव. (3) 優秀さ= श्रेष्ठता; उत्तमता.
शरबत [名*]《A. شربت शर्बत》(1) 砂糖を加えて濃縮した果汁 (2) 濃縮した果汁を薄めた飲み物；シャルバト (3) シャルバト（水に砂糖，ハッカ，ウイキョウなどを加えて作った清涼飲料） नींबू की शरबत レモンやライムのシャルバト शरबत मँगाऊँ या काफ़ी पिएँगे? シャルバトになさいますかコーヒーになさいますか (4) シロップ
शरबतपिलाई [名*]〔イス〕結婚式の際に両家の家族が世話役・世話係としての床屋にねぎらいのしるしに互いにシャルバトを供し，またその際相手に贈り合う金品
शरबती[1] [形]《A.P. شربتی शर्बती》(1) 甘い；シャルバトのような (2) 甘美な (3) ピンクの= शरबती रंग का. (4) 薄黄色の
शरबती[2] [名*] (1)〔植〕ミカン科スイート・ライム【*Citrus limettoides*】 (2) 薄黄色 (3) モスリンの一種
शरबती नींबू [名] (1)〔植〕ミカン科ザボン (2)〔植〕ミカン科レモン (3)〔植〕ミカン科スイート・レモン
शरभ [名] (1) バッタ，イナゴ，キリギリスなどの昆虫 (2) 雪のあるところに住みライオンよりも強く 8 本の足を持つという伝説上の動物；シャラバ
शरम [名*] → शर्म. (1) 恥；恥じらい "शरम क्या होती है?" "शरम लड़की का ज़ेवर होती है"「恥じらいってなに」「それは女の子の宝物よ」 (2) 気兼ね；遠慮 (3) 名誉；尊厳= प्रतिष्ठा; इज़्ज़त. **शरम रखना** 名誉を守る；尊厳を保つ= लाज रखना. **शरम रहना** 名誉が守られる；尊厳が保たれる= प्रतिष्ठा रहना.
शरमनाक [形] → शर्मनाक. 恥ずかしい；恥ずべき= लज्जाजनक.
शरमल्ल [名] (1) 弓術家；弓術の達人 (2)〔鳥〕九官鳥= मैना.
शरमसार [形] → शर्मसार.
शरमसारी [名*] → शर्मसारी.
शरमहुज़ूरी [名*] → शर्महुज़ूरी.
शरमाना [自] → शर्माना. 恥ずかしい思いをする；恥をかく；恥ずかしくなる
शरमा शरमी [副]《P. شرما شرمی शर्माशर्मी》恥ずかしがって；恥ずかしくなって
शरमिंदगी [名*] 恥じること；恥じらうこと→ शर्मिंदगी. शरमिंदगी उठाना 恥ずかしいことをする
शरमिंदा [形] → शर्मिंदा.
शरमीला [形⁺] → शर्मीला. 恥ずかしがりやの；はにかみやの
शरर [名]《A. شرر》火花；火炎 = चिंगारी; स्फुलिंग.
शररबार [形]《A.P. شرر بار》火を降らせる；火を吹く
शररबारी [名*]《A.P. شرر باری》火を降らせること；火の粉を降らせること
शरह [名*]《A. شرح》(1) 説明；解脱 (2) 注釈 (3) 詳細 (4) 割合；率；レート
शरहबंदी [名*]《A.P. شرح بندی शर्हबंदी》〔農〕地税査定の税率表

शरा [名*]《A. شری》〔医〕じんましん；蕁麻疹= पित्ती.
शराकत [名*]《A. شراکت》(1) 共同；合同 (2) 共用
शराध [名] → श्राद्ध.
शराप [名] → शाप. 呪い；呪咀
शरापना [他] 呪う；呪咀を発する= शाप दे॰. → सरापना.
शराफ़त [名*]《A. شرافت》→ शरीफ़. 上品さ；紳士らしさ；気高さ；高貴さ तुम मेरे ऐबों पर पर्दा डालकर, मुझे शराफ़त का जामा पहनाना चाहती हो 君は私の欠点を隠して私を上品に見せかけたいと思っている आप गाली देते हैं, यह कौन शराफ़त है? ののしっていらっしゃいますが，これが一体全体上品なことなのでしょうか
शराब [名*]《A. شراب》酒；アルコール飲料= मदिरा; सुरा; मद्य. अवैध शराब 密造酒 पुलिस ने उनके पास से 103 बोतल अवैध शराब बरामद की 警察は男たちのところから密造酒を 103 本押収した **शराब खींचना** 酒を作る（蒸留酒を作る） **शराब का दौर चलना** 酒宴が張られる
शराबख़ाना [名]《A.P. شراب خانہ》酒を製造したり販売したりするところ；酒場；居酒屋；酒屋；酒店
शराबख़ोर [形・名]《A.P. شراب خور》飲酒する；酒を飲む；酒飲み
शराबख़ोरी [名*]《A.P. شراب خوری》(1) 飲酒 शराबख़ोरी और जिगर 飲酒と肝臓 (2) 飲酒癖
शराबख़्वार [形・名] = शराबख़ोर.
शराबज़दा [形]《A.P. شراب زدہ》酔いしれた；酔った；酔っぱらった
शराबबंदी [名*]《A.P. شراب بندی》禁酒 शराबबंदी का अभियान चलाना 禁酒運動を推進する राज्य की शराबबंदी नीति 州（政府）の禁酒政策
शराबी [形・名]《A. شرابی》酒好きの；飲み助；飲兵衛；大酒飲み；飲んだくれ शंकरदास का शराबी पुत्र シャンカルダースの飲んだくれの息子 शराबी पति 酒飲みの夫 शराबी दोस्त 飲み仲間 रवि का शराबी दोस्त ラヴィの飲み仲間
शराबोर [形] (1) びっしょり濡れた；ぐしょぐしょに濡れた；ぐっしょりの；びっしょりの；ぐしょぐしょの= तर बतर; लथपथ. सख़्त गर्मी पड़ती है.तर तर पसीना आता है.सिर से पैर तक शराबोर हो जाते हैं ものすごい暑さだ．汗がたらたら流れ出る．頭から足までぐっしょりになる लोहू में शराबोर 血にまみれた；血まみれの；血だらけになった (2) 横溢した
शरारत [名*]《A. شرارت》(1) 悪さ；悪事；不届きな行為；けしからぬ振る舞い；仕業 कल वाले चारों आदमियों की शरारत है きのうの 4 人組の仕業だ (2) 悪巧み यह सब तिवारी जी की शरारत है これはすべてティワーリーさんの悪巧みだ (3) いたずら；悪さ कोई नई शरारत सूझी है? なにか新しいいたずらを思いついたのかい (4) 反乱；騒乱；騒擾
शरारतन [副]《A. شرارتاً》(1) 悪意をもって；意地悪く (2) いたずらで
शरारतपसंद [形]《A.P. شرارت پسند》(1) 意地悪な (2) いたずら好きな
शरारती [形]《A.P. شرارتی》(1) いたずらな；いたずら好きな शरारती तथा नटखट いたずらで悪さ好きな (2) いたずらっぽい शरारती होंठों पर दबी, मधुर खिलखिलाहट いたずらっぽい唇に秘められた優しい笑い声
शराव [名] 素焼きの底の浅い皿や鉢= कुल्हड़.
शरावक [名] ふた（蓋）；おおい（覆い；被い）= ढकना; ढक्कन.
शरावर 名 (1) 盾；楯= ढाल. (2) 鎧= कवच. (3) 箙= तरकश.
शरासन [名] 弓 = धनुष; कमान.
शरीअत [名*]《A. شریعت》(1)〔イス〕イスラム法；シャリーアト；シャリーア (2) 公道；本道；街道
शरीक [形]《A. شریک》(1) 行動を共にする；分かち合う हम एक दूसरे के दुःख-सुख में शरीक हों お互いの喜びや悲しみを分かち合おう (2) 加わる；参加する；仲間の；分担する मुन्नी भी हमारे साथ शरीक हुई ムンニーも私たちの仲間になった हम भी खेल में शरीक हो जाते हैं 僕もゲームに加わる
शरीफ़[1] [形]《A. شریف》(1) 気品のある；上品な；品性の備わっている अब तुम शरीफ़ आदमी मालूम होते हो（汚らしくみっともなかったのがきれいさっぱりとなったので）もうこれで紳士（上品な人）に見えるよ (2) 高貴な；身分の高い वह शरीफ़ घरानों में

जाकर स्वदेशी और खद्दर का प्रचार करती थी 高い家柄の人を訪ねては国産品愛用と手織りの普及活動をしていた (3) 洗練された；礼儀正しい वह बड़े ही शरीफ़ और सज्जन इनसान हैं とても礼儀正しく紳士的な方 (4) 修飾する語に後接して用いられ「尊敬すべき；聖なる尊い；御 (一)，ご (一)」などの意を表す अजमेर शरीफ़ アジメールのチシュティー廟 मस्जिद शरीफ़ 聖モスク हदीस शरीफ़ 聖ハディース

शरीफ़[2] [名] 《E. sheriff》〔イ史〕英領インド時代のカルカッタ，ボンベイ，マドラスの3管区の執政長官（シェリフ）

शरीफ़ज़ादा [形・名] 《A.P. شریف زاده》 (1) 良家の息子；高貴な家柄に生まれた男児 (2) 紳士 हुज़ूर! आप जैसे शरीफ़ज़ादों को जब इत्ती-इत्ती रात में कोठों से आते देखता हूँ तो बड़ी तकलीफ़ होती है साहब! へえ，旦那のようなご立派な方がこんなに夜遅く遊郭から戻ってこられるのを目にしますとほんとにとても辛いことですので

शरीफ़ा [名] 《P. شریفه》 (1) 〔植〕バンレイシ科低木バンレイシ【*Anona squamosa*】 (2) バンレイシの実

शरीर[1] [名] (1) 動物の体；身体；肉体 भुजंगे का सारा शरीर オーチュウの全身 हम लोग दो शरीर एक प्राण थे 私たちは一心同体だった (2) 植物の外形 इससे शैवाल का शरीर ढका रहता है これで藻の表面は覆われている **शरीर कसना** 体を鍛える **शरीर का चोर** 病；病気 **शरीर कूटना** 身を粉にする；激しく働く **शरीर गलना** 体が衰える；衰弱する **शरीर घुला जा॰** 悩みごとでやつれる **शरीर चलना** 働ける；体が動く **शरीर चूर-चूर हो॰** くたくたに疲れる；極度に疲労する **शरीर छूटना** 死ぬ；死亡する；命がつきる；息が切れる करतारपुर में भाई मरदाना का शरीर छूटा カルタールプルでマルダーナーの現身はこの世を去った **शरीर छोड़ना** 死ぬ；あの世へ旅立つ；息を引き取る；絶命する छः घंटे बाद जब वह डाक्टर को लेकर वापस लौटा, रानी अपना शरीर छोड़ चुकी थी 6時間後に医者を連れて戻ると王妃はすでにあの世へ旅立っていた **शरीर जलना** 怒りに燃える；激しく怒る **शरीर झूल जा॰** 体力が衰える；衰弱する；老衰する **शरीर टूटना** *a.* 体の節々が痛む दिन भर शरीर टूटता रहता है 一日中体がだるい *b.* 体が弱る **शरीर तजना** 死ぬ；息を引き取る **शरीर तपाना** 苦しい目に遭う；体を苦しめる **शरीर त्यागना** = शरीर तजना. **शरीर धरना** 生を享ける；生まれる **शरीर धुनना** = शरीर कूटना. **शरीर भर आ॰** 体格がよくなる；肉づきがよくなる **शरीर भस्म हो॰** 激しく怒る **शरीर में आग लगना** = शरीर जलना. **शरीर में प्राण आ जा॰** 意識が戻る **शरीर में बिजली दौड़ जा॰** 総毛立つ；身の毛がよだつ **शरीर सूखना** やせる；衰える **शरीर से पसीना छूटना** 冷や汗をかく

शरीर[2] [形] 《A. شریر》 (1) いたずらな (2) 性悪の；たちの悪い；悪辣な (3) 陰口をきく；告げ口をする

शरीरक्रिया विज्ञान [名] 生理学〈physiology〉

शरीरत्याग [名] 死；死去；逝去

शरीरपतन [名] (1) 衰弱 (2) 死

शरीरभार [名] 体重 = वजन; वज़्न. शरीरभार कम हो॰ 体重が減る；体重減少

शरीरयापन [名] 生活；生活の営み

शरीररक्षक [名] 護衛；護衛兵；ボディーガード

शरीर विज्ञान [名] = शरीर शास्त्र; शारीर. 〈anatomy〉

शरीर शास्त्र [名] 解剖学

शरीर संस्कार [名] ヒンドゥーの終身儀礼（通過儀礼）

शरीर सौष्ठव [名] (1) 肉体美 दो-दिवसीय राष्ट्रीय एमेच्योर शरीर सौष्ठव चैंपियनशिप 2日間にわたる全国アマチュア肉体美コンテスト (2) ボディービル

शरीरस्थ [形] (1) 肉体にある；体の中にある (2) 生きている

शरीरांत [名] 死 = मृत्यु; देहांत; मौत.

शरीरास्थि [名*] 骸骨 = कंकाल; पिंजर.

शरीरी[1] [形] (1) 身体の；肉体の (2) 身体を持つ；肉体を備えている

शरीरी[2] [名] (1) 生き物 = प्राणी; जीवधारी. (2) 個我 = आत्मा; जीव. (3) 肉体を持つもの

शरअ [名] 《A. شرع》 イスラム法；シャリーア = शरीअत.

शर्कर [名] (1) 砂；砂粒 (2) 砂利 (3) 砂糖

शर्कर कंद [名] サツマイモ = शकरकंद.

शर्करा [名*] (1) 砂糖 (2) 糖；糖分 पेशाब में शर्करा 尿中の糖分 पत्तियाँ दिन में हवा की कार्बन डाइआक्साइड गैस को लेकर उससे शर्करा बनाती हैं 植物の葉は炭酸ガスを吸い込んで糖分をこしらえる

शर्करामेह [名]〔医〕糖尿〈glycosuria〉

शर्कलिवर ऑयल [名] 《E. shark liveroil》サメの肝油；サメ油

शर्ट [名*] 《E. shirt》 (1) ワイシャツ (2) アンダーシャツ

शर्ट लेग [名] 《E. short leg》〔ス〕（クリケット）ショートレッグ

शर्टिंग [名] 《E. shirting》シャツ地

शर्त [名*] 《A. شرط》 (1) 条件；前提 इस शर्त पर この条件で (2) 契約 (3) 賭け **शर्त जीतना** 賭けに勝つ बूढ़ा आदमी शर्त जीत गया था.उसने उस आदमी से पचास रुपये ले लिये 老人が賭けに勝った．その男から50ルピーを取った **शर्त बाँधना** = शर्त लगाना. **शर्त रखना** 条件をつける विवाह की शर्त रखना 結婚の条件をつける **शर्त लगना** 賭けられる एक दूसरे को चमत्कार दिखाने के लिए आपस में शर्त लग गई 互いに奇跡を演じてみせるという賭けになった **शर्त लगाना** 賭ける

शर्तबंद [形] 《A.P. شرط بند》 (1) 契約した (2) 年季契約をした शर्तबंद मजदूर 年季労働者（特に英領インド時代に19世紀から20世紀の初めにかけて英領植民地での出稼ぎに行った人たち）；年季契約労働者

शर्तिया[1] [形] 《A. شرطیا》確かな；確実な；明確な **शर्तिया तावीज़** 信頼できるお守り

शर्तिया[2] [副] 必ず；絶対に；断固として

शर्ती [形] 《A. شرطی》条件のついた；条件付きの

शर्बत [名] 《A. شربت》 = शरबत.

शर्बते दीनार [名] 《A.P. شربت دینار》肝臓の薬（アラビア医学）

शर्म [名*] 《P. شرم》 (1) 恥；恥辱 (2) 恥ずかしさ；恥じらい；はにかみ (3) 体面；面子 **शर्म आ॰** 恥を感じる；恥ずかしい मरो, तुम्हें शर्म नहीं आती? くそったれ，恥ずかしくはないのかお前は **शर्म खाना** *a.* 遠慮する；恥じらう *b.* 恥じらいを失う；破廉恥になる (-की) **शर्म रखना** *a.* (一に) 恥をかかせない *b.* (一を) 敬う **शर्म से गड़ना** 赤恥をかく；大恥をかく；穴があったら入りたい気持ちになる **शर्म से गरदन टूटना** = शर्म से गड़ना. **शर्म से गल जा॰** = शर्म से गड़ना.

शर्मगाह [名*] 《P. شرم گاه》恥部；陰部；秘部；局部

शर्मनाक [形] 《P. شرم ناک》恥ずかしい：恥ずべき हारने के डर से न खड़े होने की बेइज़्ज़ती ज़्यादा शर्मनाक है 敗れることを恐れて立候補しない不名誉のほうが恥ずべきことである शर्मनाक व्यवस्था 恥ずべき制度 हमारे प्राचीन समाज का शर्मनाक और अमानवीय पक्ष わが国の古代社会の恥ずべき非人間的な一面

शर्मसार [形] 《P. شرم سار》 (1) 恥をかいた；恥じた तो अब इन आँसुओं से मुझे शर्मसार करने आई हो? それじゃあんたはこの涙で私に恥をかかせに来たのですか (2) 悔やむ；後悔する

शर्मसारी [名*] 《P. شرم ساری》 (1) 恥；恥辱 (2) 後悔

शर्महुज़ूरी [名*] 《P.A. شرم حضوری》 (1) 身分の高い人と目を合わせる際のとまどい (2) 心底恥ずかしいのではなく恥ずかしがって見せるだけのこと

शर्मा [名] シャルマー（北インドのブラーフマンの姓の一）

शर्माना[1] [自] 《← P.شرم शर्म》 = शरमाना. (1) 恥ずかしがる；はにかむ (2) 遠慮する हाँ आप लोग खाइए, शर्माइए नहीं 皆さん遠慮なさらずどうぞお召し上がり下さい (3) 恥をかく बेचारे अपनी मूर्खता पर बहुत शर्माये 己の愚かさに大恥をかいた

शर्माना[2] [他] (1) 恥ずかしがらせる (2) 恥をかかせる

शर्मा-शर्मी [副] 《P. شرما شرمی》 (1) 恥ずかしさのあまり (2) 遠慮して

शर्मिंदगी [名*] 《P. شرمندگی》恥；恥辱 ना जाने क्यों उसकी करनी पर मैं भी शर्मिंदगी महसूस कर रहा था なぜかわからぬが彼の行為に恥ずかしい思いをしていた शर्मिंदगी के साथ 恥ずかしがりながら लेकिन असल यह है कि उससे मेरी शर्मिंदगी दूर नहीं होती だけど実のところそれで恥ずかしさがとれるわけではない **शर्मिंदगी उठाना** 恥をかく थोड़ा हुआ तो तुम्हें शर्मिंदगी उठानी पड़ेगी बहुत हुआ तो जाया जाएगा 足りなければ君が恥をかかねばなるまいし余れば無駄になるだろう **शर्मिंदगी खींचना** 恥をかく

शर्मिंदा [形] 《P. شرمنده》恥をかいた；恥ずかしい इसपर मित्र महोदय बहुत शर्मिंदा हुए このことで友人たちは大恥をかいた (-) **शर्मिंदा**

श

क॰ （ーに）恥をかかせる बहन जी, मुझे शर्मिंदा न करें ねえどうか私に恥をかかせないで下さい **शर्मिंदा हो॰** 恥をかく；恥ずかしくなる= नीचा खाना.

शर्मिंदी बिल्ली [名*]〔動〕ロリス科スローロリス；ドウケザル【*Nycticebus coucang*】

शर्मीला [形+]《شرمیلا P.شرم शर्म+ H. -ईला》恥ずかしがりの；はにかみ屋の

शलग़म [名]《P. شلغم》〔植〕ナタネ科カブ（蕪）；カブラ；カブラナ= शलजम.【*Brassica campestris; B. rapa*】

शलजम [名]《A. شلجم》〔植〕アブラナ科越年草野菜カブ（蕪）；カブラ= शलग़म.

शलभ [名]〔昆〕(1) バッタ，イナゴ，キリギリスなどの虫 (2) ガ（蛾）

शलवार [名*]《P. شلوار》〔服〕シャルワール（西北部インド及びパキスタンの女性が多く着用するズボン形のはきもの．パキスタンでは男性も一般に着用する）；サルワール = सलवार. अम्मी और बाजी शलवार या चौड़े पाजामे पहनती हैं 母さんや姉さんはシャルワールつまり幅広のパージャーマーを着る

शलाका [名*] (1) 木や金属の細長い棒 (2) 細長い棒状の物；ロッド；バー (3) 串

शलाकापत्र [名] 投票用紙 = मतदानपत्र.

शली [名*]〔動〕ヤマアラシ科ヤマアラシ= साही.

शलूका [名]〔服〕シャルーカー（小児用エプロンや婦人用上着．半袖，もしくは，長袖．冬季には綿入れもあり）

शल्क [名] (1) 小さな断片；細片；小片 (2) 魚のうろこ；魚鱗；鱗片 (3) 外皮；皮

शल्क कंद [名]〔植〕球根；鱗茎

शल्कखंड [名] 破片；かけ；かけら

शल्कखंडन [名] 破砕

शल्कलाख [名] シェラック；セラック

शल्कली [名*] 魚= मछली; मत्स्य.

शल्य [名] (1) 投げ槍 (2) 夜 (3) とげ (4) 釘 (5) 切開するための外科医療器具；メス (6)〔動〕ヤマアラシ科ヤマアラシ

शल्यक[1] [名]〔動〕ヤマアラシ = साही.

शल्यक[2] [形] 外科の → शल्य (5)

शल्यकर्त्ता [名] 外科医

शल्यकर्म [名] 外科手術

शल्यकार [名] 外科医師= शल्य चिकित्सक.

शल्यकी [名*]〔動〕ヤマアラシの雌

शल्यक्रिया [名*] (1) 切開；外科手術 (2) 外科治療= शल्यचिकित्सा.

शल्यचिकित्सक [名] 外科医

शल्यचिकित्सा [名*] 外科；外科療法

शल्य विज्ञान [名] 外科学

शल्य शास्त्र [名] = शल्य विज्ञान.

शल्योपचार [名] 外科手術

शल्योपचारी [名] 外科医

शल्ल [名] (1) 皮 (2) 樹皮

शल्लक [名]〔動〕ヤマアラシ科ヤマアラシ= साही. शल्लकी 雌のヤマアラシ

शव [名] 人間の死体；遺体；死骸= लाश; शव; मुर्दा.

शवच्छेद [名] (1) 死体解剖 (2) 検死

शवदाह [名] 火葬 शवदाह क॰ 火葬する = दाहक्रिया. विद्युत शवदाह गृह 電気火葬場

शव-निखात [名] 土葬

शवपरीक्षा [名*] 検死

शवपेटिका [名*] 棺；石棺；棺桶

शव भांड [名] かめかん（甕棺）

शवमंदिर [名] (1) 火葬場 (2) 墓

शवयात्रा [名*]〔ヒ〕火葬のため遺骸を棺架に乗せて火葬場へ運ぶことやその葬列

शवयान [名] 霊柩車 = फ़्यूनेरल वान; ताबूतगाड़ी.

शवर [名] = शबर.

शवविष [名] 死毒；屍毒

शवसंस्कार [名] 葬式；葬儀；葬礼

शवसमाधि [名*] (1) 土葬 (2) 水葬= जलसमाधि.

शवागार [名] 霊安室；遺体安置所

शवाधान [名] 埋葬；土葬

शवासन [名]〔ヨガ〕シャヴァ・アーサナ（ハタ・ヨーガの坐法の一．仰臥して全身の力を抜いて横たわる） शवासन शरीर को विश्राम देने का उत्तम साधन है シャヴァ・アーサナ坐法は体を休める最高の方法である

शव्य [名]〔ヒ〕葬送の儀礼

शव्वाल [名]《A. شوال》〔イス〕イスラム暦の 10 月；シャッワール月

शश[1] [名] (1)〔動〕ウサギ= ख़रगोश. (2) 月の表面に見える黒ずんだ斑点= चंद्रमा का कलंक. (3) インドの古典性愛学書における，体格や性質などを基にした 3〜4 種の男子の分類の一．→ अश्व, वृष, मृग.

शश[2] [数]《P. شش》6；六= छः; छ; छह.

शशक [名]〔動〕ウサギ（兎）= ख़रगोश.

शशदर[1] [形]《P. ششدر》(1) 驚いた；たまげた；動転した= चकित; स्तब्ध. इस सवाल का जवाब सुनकर वह शशदर रह जाए その答えを聞いてびっくり仰天するかも知れない (2) 困り果てた；追いつめられた

शशदर[2] [名]（すごろく遊びで）行き止まり

शशधर [名] 月 = चंद्र; चाँद; चंद्रमा.

शशमाही [形]《P. شش ماہی》6 か月ごとの；半年ごとの= छमाही. शशमाही इम्तहान 中間試験

शशशृंग [名] 兎の角，すなわち，有り得ないこと；不可能事

शशांक [名] (1) 月= चंद्रमा; चाँद. (2) 樟脳= कपूर.

शशा [名*]〔動〕雌ウサギ

शशि [名] 月 = चाँद; चंद्रमा.

शशिकला [名*] (1) 月面の相 (2) 月面の 16 分の 1 (3) 三日月 (4) 月光

शशिकांत [名] 月長石 = चंद्रकांत मणि.

शशिकुल [名] → चंद्र वंश.

शशितनय [名] 木星 = बुध.

शशितिथि [名*] 満月；十五夜

शशिधर [名] シヴァ神 = शिव.

शशिपुत्र [名] 水星 = बुध; शशितनय.

शशिप्रभा [名*] 月光 = चाँदनी; ज्योत्स्ना.

शशिप्रिया [名*] 月の恋人；月の妻（月の二十七宿の美称）

शशिभाल [名] 額に月を頂くシヴァ神 = महादेव.

शशिभूषण [名] 月を飾りとするシヴァ神 = महादेव; शिव.

शशिमंडल [名] 月面；月輪 = चंद्रमंडल.

शशिमुख [形]（容貌の）美しい；美貌の = चंद्रमुख.

शशिमुखी [形*] = शशिमुख.

शशिरस [名]〔イ神〕不老不死をもたらすとされる神々の愛飲した酒，もしくは，飲料；アムリタ अमृत；甘露

शशिवदन [形*] → शशिमुखी.

शशिशेखर [名] シヴァ神 = शिव; महादेव.

शशी [名] 月；太陰 = चंद्रमा.

शशुम [形・名]《P. ششم》(1) 6 番目の；第 6 の (2)（暦の）6 日

शसा [名] = शश; ख़रगोश. ウサギ

शस्त[1] [形] (1) 称えられた；称賛された (2) 立派な；すぐれた

शस्त[2] [名*]《P. شست》(1) 大きな釣り針 (2) 矢を射る際親指にはめる指ぬき (3) 的；標的

शस्तर [名] → शस्त्र. 刀剣などの武具や武器

शस्ति [名*] (1) 賛辞；賛称の言葉= स्तुति. (2) 称賛；称揚= प्रशंसा. (3) 指輪；指ぬき

शस्त्र [名] (1) 刀剣，メスなどの刃物 (2) 武器= हथियार; आयुध. (3) 道具= उपकरण; औज़ार. शस्त्र और शास्त्र 文武

शस्त्रकर्म [名]〔医〕メスでの切開；切開手術= शल्यक्रिया.

शस्त्रकार [名] 武器製造者

शस्त्रकोश [名] 刀身の鞘 = म्यान; शस्त्रकोष.

शस्त्रक्रिया [名*] 切開手術；外科手術= आपरेशन.

शस्त्रक्षार [名] ホウ砂 = सुहागा.

शस्त्रगृह [名] 武器庫 = शस्त्रागार; हथियार घर; सिलहख़ाना.

शस्त्रजीवी [名] 兵士；武人；武士

शस्त्रत्याग [名] 降参；降伏

शस्त्रधारी[1] [形] 武器を携えた；武装した= हथियारबंद.

शस्त्रधारी[2] [名] 兵士；武人；武士

शस्त्रनिर्माण [名] 造兵；兵器製造
शस्त्रबल [名] 武力；軍事力= सैन्यबल.
शस्त्रविद्या [名*] 武術；武道
शस्त्रशाला [名*] = शस्त्रागार.
शस्त्रशास्त्र [名] 武術；武道
शस्त्रागार [名] 武器庫 रेलवे पुलिस के तरनतारन शस्त्रागार से 鉄道警察のタランターラン武器庫から
शस्त्राभ्यास [名] 武術の鍛錬
शस्त्रास्त्र [名] 刃物と飛び道具の総称；武器；兵器
शस्त्री [名] (1) 刀剣を扱える人；武器を用いることのできる人 (2) 武装している人
शस्त्रीकरण [名] (1) 武装（すること）；軍備 (2) 武装を充実させること；武装化
शस्त्रोपजीवी [名] = शस्त्रजीवी.
शस्य[1] [形] (1) 立派な；すぐれた (2) 称賛すべき；称賛に値する = स्तुत्य; प्रशंसनीय.
शस्य[2] [名] (1) 収穫（物）；作物 (2) 穀物；穀類；穀草 (3) 若草；若葉
शस्यमाली [形] 作物の豊かに茂る
शस्यशाली [形] 穀物のあふれる
शस्यश्यामल [形] 作物の豊かに茂る；実り豊かな；肥沃な
शस्यागार [名] 脱穀場 = खलिहान.
शहंशाह [名]《P. شہنشاہ》大王；帝王；皇帝= महाराजाधिराज; सम्राट्; शाहंशाह. शहंशाह शाहजहाँ シャージャハーン皇帝（ムガル朝第5代） शहंशाह की इजाज़त 勅許
शहंशाही[1] [形]《P. شہنشاہی》(1) 大王の；大帝の；帝王の (2) 大王による；帝王による (3) 王者らしい；帝王にふさわしい (4) 堂々たる= शाही; राजसी.
शहंशाही[2] [名*] 大王の地位；帝王の地位 शहंशाही बघारना 大変威張る；威張りちらす
शह[1] [名]《P. شہ》(1) 王；国王；大王；シャー= शाह. (2) 花婿
शह[2] [名*]《P. شہ》(1) 刺激；扇動；教唆；おだて (2) 励まし；激励；支援 (3) 王手；チェック（チェス） **बादशाह को शह लगना** 王手がかかる（チェス）= बादशाह को शह पड़ना. **शह दे॰** *a.* 王手をかける *b.* けしかける；そそのかす आप इन लोगों को अधिक शह न दें この連中をあまりそそのかせないようになさって下さい *c.* 励ます；支援する；力づける क्या वह देश आतंकवादियों को शह दे रहा है その国はテロリストを支援しているのですか *d.* 辱める **शह पाना** *a.* 力づけられる；励まされる इतना ही नहीं, अब वह मुहल्ले-भर से शह पा रहा है それぱかりか今では町内全体から励まされている राजा की शह और आशीर्वाद व उचित संरक्षण पाकर 王の激励と祝福並びに然るべき庇護を得て *b.* そそのかされる **शह मिलना** = शह पाना. **(-की) शह में रहना** （一の）おだてに乗る；そそのかされる
शहकार [名]《P. شہ کار》傑作；最高傑作；最高の作品
शहकारा [名*]《P. شہ کارہ》ふしだらな女性；不品行な女性；自堕落な女= बदचलन औरत; पुंश्चली.
शहख़र्च [形]《P. شہ خرچ》惜しみなく金を遣う；金遣いの荒い= मुक्तहस्त.
शहज़ादा [名]《P. شہزادہ》(1) 王子；皇子；親王← शाहज़ादा. = राजकुमार. (2) 皇太子= युवराज; वली अहद.
शहज़ादी [名*]《P. شہزادی》王女；皇女；内親王 ← शाहज़ादी.
शहज़ोर [形]《P. شہ زور》強力な；力持ちの सर झुकता है शहज़ोर की शमशीर के आगे 強者の刀の前には頭が下がる
शहज़ोरी [名*]《P. شہ زوری》(1) 強力なこと (2) 強制；むりやり
शहतीर [名]《P. شہتیر》梁 देवदार के शहतीर ヒマラヤ杉の梁
शहतूत [名]《P. شہتوت》(1)〔植〕クワ科クワノキ（桑の木）= तूत. (2) クワの実
शहद [名]《P. شہد शहद》蜂蜜 **शहद का छत्ता** ミツバチの巣 **शहद की छुरी** 面と向かっては甘言を用い裏では陰口をきく **शहद की मक्खी** ミツバチ（蜜蜂） **शहद में लपेटकर** やさしく；優しい口調で **शहद लगाकर अलग हो॰** 争いを起こしたり喧嘩をさせておいて知らぬ顔をきめこむ **शहद लगाकर चाटना** 死蔵する
शहनगी [名*]《A. شحنگی शह्नगी》← शह्ना. (1) 番人の仕事 (2) 警察本部長の職務
शहनशीन [名]《P. شہ نشین》(1) 宮殿内の王の謁見台；王が謁見のため姿を現すバルコニー (2) 玉座の置かれているところ；玉座の間
शहना [名]《A. شحنہ》(1)（畑の）番人；見張り人 (2) 徴税人（代理） (3) 警察本部長 (4)〔イ史〕知事；長官；総督；太守
शहनाई [名*]《P. شہنائی》シャハナーイー（リード楽器）
शहनाज़ [名*]《P. شہناز》花嫁；新妻 = दुलहन.
शहनामा [名] → शाहनामा.
शहपर [名]《P. شہپر》鳥の翼 = डैना.
शहबाज़ [名]《P. شہباز》→ शाहबाज़. (1)〔鳥〕ワシタカ科カワリクマタカ【*Spozaetus cirrhatus*】 (2) 勇者；つわもの
शहबाज़ी [名*]《P. شہبازی》勇気；勇猛さ
शहबाला [名]《P. شہ + H.》結婚式の際，花嫁の家に向かう馬上に花婿の前か後ろに乗って同行する少年
शहबुलबुल [名] → शाह बुलबुल.
शहमात [名*]《P. شہ مات》王手詰み（チェス）= शाहमात《P. شاہ مات》
शहर [名]《P. شہر शह्र》都市；市 = नगर. **शहर का पानी लगना** 都会風になる；都会の水に染まる **शहर की दाई** よその家のことに異常な関心を持ったり情報を得ようとする女性
शहरग [名*]《P. شہ رگ》(1)〔解〕大動脈 (2)〔解〕大静脈= शाहरग.
शहरपनाह [名*]《P. شہر پناہ शह्रपनाह》都市を囲む防壁；塁壁
शहरबंद[1] [形・名]《P. شہر بند शह्रबंद》市外に出ることを禁じられた（人）
शहरबंद[2] [名] (1) 城砦；砦 (2) 刑務所；牢屋
शहरबदर [形]《P. شہر بدر शह्रबदर》居住する都市や国から追放された；所払いになった
शहरयार [名]《P. شہر یار शह्रयार》統治者；支配者；国王
शहरयारी [名*]《P. شہر یاری शह्रयारी》統治；支配= राज्य; शासन; बादशाही.
शहरवाला [形⁺・名]《P. + H. -वाला》都会の（人）；都会人
शहराती[1] [形]《شہراتی ← P. شہر》(1) 都会の (2) 都会に住む (3) 都会風の गिरिजा शहराती नाम है「ギリジャー」とは都会風の名前だ
शहराती[2] [名] 都会人 उस मेले में बिना भेद-भाव मुसलमान-हिंदू शहराती-देहाती सभी शामिल होते थे そのメーラーには差別なくムスリムもヒンドゥーも都会の人も田舎の人もみな一様に参加していた
शहरिया [形]《شہریا ← P. شہر शह्र》(1) 都会の；都市の (2) 都会風の शहरिया बाबुओं को 都会の紳士に；都会風の紳士に (3) 都会に住む
शहरी[1] [形]《P. شہری शह्री》(1) 都市の；都会の शहरी मध्य वर्ग 都市中産階級 शहरी क्षेत्र 市街地 आज के शहरी वातावरण में 今日の都市環境の中で शहरी क्षेत्र 都市部；市街地 मदिरापान की आदत के तेज़ी से फैलने का एक कारण हमारी आधुनिक शहरी सभ्यता भी है 飲酒の習慣が急速に広まった原因の1つは我々の現代の都市文明でもある (2) 都会風の；洗練された；品の良い (3) 都市に住む；都市居住の **शहरी ज़मींदार** 不在地主= दूरवासी ज़मींदार.
शहरी[2] [名] (1) 都市住民；都会人 (2) 市民
शहरीपन [名]《P. + H. -पन》都会風；都市風
शहवत [名*]《A. شہوت शह्वत》(1) 欲望；欲求 (2) 飢え；空腹 (3) 欲情；情欲；性欲 (4) 性交
शहवतअंगेज़ [形]《A.P. شہوت انگیز शह्वतअंगेज़》官能的な；情欲をかき立てる；扇情的な
शहवतअंगेज़ी [名*]《A.P. شہوت انگیزی》激しい欲情
शहवतपरस्त [形]《A.P. شہوت پرست》情欲にとらわれた；官能にとらわれた；好色な；淫乱な
शहवतपरस्ती [名*]《A.P. شہوت پرستی》好色；淫乱；淫蕩

शह्वानी [形] 《A. شہوانی शह्वानी》(1) 淫欲の；官能的な；欲情の (2) 欲望の

शह्वानीयत [名*] 《A. شہوانیت शह्वानीयत》性欲；淫欲；欲情

शहसवार [形・名] 《P. شہ سوار》乗馬の上手な；騎馬の達人

शहादत [名*] 《A. شہادت》(1) 殉教 ईसा की शहादत イエスの殉教 शहादत की दौलत मेरे हाथ आएगी 殉教という財産が私の手に入るだろう (2) 殉難 रणथम्भोर की ये शहादतें ランタンボールでのこの殉難 (3) 証言= साक्षी; गवाही. शहादत और मौन-मूक 証言と沈黙 **शहादत दे०** 証言する = गवाही दे०. (4) 供述

शहादतगाह [名*] 《A.P. شہادت گاہ》(1) 殉教地 (2) 殉難の地

शहादतनामा [名] 《A.P. شہادت نامہ》(1) 証明書；証書= प्रमाणपत्र; सनद. (2)〔イス〕殉教に関する書物や文献

शहादते इमाम [名*] 《A. شہادت امام》〔イス〕第3代イマームのフサインの殉教（西暦 680 年，ヒジュラ暦 61 年ムハッラム月 10 日）

शहाना[1] [形+] 《P. شہانہ》(1) 王の；帝王の (2) 王者らしい；帝王にふさわしい (3) 堂々たる= शाहाना. **शहानी चूड़ी** 結婚式に花嫁の手首につける赤いチューリー **शहानी मेहँदी** 挙式の際に花嫁の手につけるメハンディー→ मेहँदी.

शहाना[2] [名] (1) 結婚式の際，花婿に着せる上下の服；シャーハーナー (2)〔イス〕結婚式の祝い歌の一 **शहाना जोड़ा** *a.* 赤い色の衣服 *b.*〔イス〕花婿の着る赤い服 **शहाना वक़्त** 夕方；夕刻；宵

शहाब [名] 《A. شہاب》赤；紅；深紅

शहाबी [形] 《A. شہابی》赤い；紅の；深紅の

शहाबुद्दीन ग़ोरी〔人名・イ史〕《A. شہاب الدین غوری》→ शिहाबुद्दीन ग़ोरी.

शहामत [名*] 《A. شہامت》(1) 勇気；勇猛；勇敢= बहादुरी; शूरता. शहामत और शहादत की दास्तान 勇気と殉教の物語 (2) 偉大さ；優秀さ= बड़ाई; उत्तमता. (3) 力；勢い= शक्ति. (4) 喜び= प्रसन्नता; ख़ुशी.

शहीद [形・名] 《A. شہید》殉教した；大義や職務に命を捧げた；殉教者；戦没者；殉職者；殉難者 **शहीद हो०** 殉教する；犠牲になる；殉難する；大義に命を捧げる；職務で死ぬ（戦没する；殉職する） हज़ारों लोग गोरों की गोलियों से शहीद हुए थे 幾千人の人が白人の銃弾で殉教した शहीद हुए सिपाही 殉職（した）警官

शहीदान [名, pl.] 《A.P. شہیدان←شہید शहीद》殉教者たち；殉難者たち शहीदाने हिंद ज़िंदाबाद! インドのために殉教した人たちに万歳！（を捧げる）

शहीदाना [形] 《A.P. شہیدانہ》殉教的な；殉教者のような

शहीदी [形] 《A.P. شہیدی》(1) 殉教の；殉教に関する；殉難の (2) 殉教を覚悟した；殉難を心に決めた= शहीद होने को तैयार. (3) 赤い

शहीदे आज़म [名] 《A. شہید اعظم》〔イス〕最高の殉教者イマーム・フサイン (इमाम हुसैन)

शहीदे करबला [名] 《A.P. شہید کربلا》〔イス〕カルバラーの殉教者イマーム・フサイン

शहीम [形] 《A. شحیم》（脂肪のため）でっぷり太った

शांघाई [地名] 《E. Shanghai ← C.》上海（中国）

शांडिल्य = शाण्डिल्य. (1)〔人名・イ哲〕初期ウパニシャッドの哲学者シャーンディリヤ聖仙 महर्षि शांडिल्य (2)〔人名・ヒ〕10 世紀頃のバーガヴァタ派の聖典 भक्ति सूत्र の作者シャーンディリヤ

शांत[1] [形] (1) 音や物体の動きの静かな；静寂な；閑静な (2) 気持ちや心が静かで落ち着きのある；冷静な；鎮まった；穏やかな；なごやかな；安らかな (3) もめごとや騒ぎなどが起こらず静かな；平穏な；平静な；平和な इन झीलों के शांत जल में झाँकते सफ़ेद पत्थर के गहनों सरीखे महल हैं これらの湖の静かな水面に映る宝石のような白い石造りの宮殿 शांत स्वभाव का आदमी 穏やかな性格の人；穏和な人 सही निर्णय चित्त की शांत अवस्था में ही लिया जा सकता है 正しい判断は心が平静な状態でしか下せない (4) 尽きた；(動きが) 止んだ；(不都合な作用や動きが) 鎮静された जब प्रेम की अग्नि शांत पड़ जाती है 愛の火が尽きる時 शोक शांत न हो सका どうしても悲しみは止まらなかった ग्रहों को शांत क० 星辰の及ぼす力を鎮定する (5)（熱や熱気が）さめた（冷めた）；薄らいだ；低下した इससे गर्मी शांत होती है これで熱が冷める अपने हृदय में उबलते हुए तूफ़ान को शांत कर रहा था 胸の内を吹き荒れる嵐を鎮めようとしていた **शांत हो०** 静まる；鎮まる；鎮静化する आध्यात्मिक प्यास शांत हुई 精神的な渇きが鎮まった सिर का दर्द भी कुछ शांत हुआ जान पड़ा 頭痛も少し鎮まったように思えた शायद मुझसे अपनी विपत्ति-कथा कहकर उसका चित्त कुछ शांत हो जाता था 多分自分の苦労話を私に語ると少し気分が落ち着くのだった

शांत[2] [名]〔イ文芸〕心の静寂により得られるとされる文学の情調（ラサ）の一→ रस; शांत रस.

शांतचित्त [形] 心が平静な；心静かな शांतचित्त होकर बोले 心を落ち着けて言った

शांतता [名*] ← शांत. (1) 平静；静寂 (2) 沈黙 (3) 冷静さ (4) 穏やかさ；なごやかさ

शांतनु [名]〔イ神〕シャーンタヌ王（チャンドラヴァンシャ，すなわち，月種族第 21 代の王．ビーシュマの父）

शांत रस [名]〔イ文芸〕シャーンタラサ（第 9 番目のラサとされる寂静ラサ． स्थायी भाव は静寂 शम，あるいは， निर्वेद とされる）

शांता [名*]〔イ神〕シャーンター（アヨーディヤーの王ダシャラタの娘．アンガ国王ローマパーダ रोमपाद に養女として与えられた後にリシュヤシュリンガ・リシ ऋष्यशृंग と結婚）

शांति [名*] (1) 静けさ；静寂；閑静さ (2) 穏やかさ；なごやかさ；静まり；安らぎ；落ち着き चित्त की शांति 心の安らぎ；心の落ち着き तो मेरा भी कर्त्तव्य पालन हो जाए, और स्वर्ग में उनकी आत्मा भी शांति पाए そうすると私も自分の義務も果たしたことになりましょうしあの方も天界でご冥福を得られることになりましょう आत्मा की शांति के लिए 鎮魂のために भजन सुनने से मन की शांति मिलती है ご詠歌を聞くと心が安まる (3) 平穏（さ）；平静；穏やかさ；もめごとのないこと；平和 बेचारे कितनी शांति से उसे क्षमा करते रहे いつも随分と穏やかに彼を赦しておられた आप के पारिवारिक जीवन की शांति व सुख भी नष्ट हो जाएँगे あなたの家庭生活の平穏と幸せもつぶれてしまう पिछले हफ़्ते कुछ छिटपुट घटनाओं के अलावा दिल्ली में शांति रही 先週若干小さな事件があったほかはデリーは平穏であった घर की शांति भंग न हो 家庭の平和が壊されないように अंतर्राष्ट्रीय शांति तथा सुरक्षा 国際平和と安全 शांति की कोशिशें 和平工作 (4) 尽きること；止むこと；鎮静 (5) 冷めること；薄らぐこと；低下 **शांति से** なごやかに；落ち着いて；心安らかに；悠々と वे दोनों अपनी कुर्सियों पर शांति से बैठे रहे 2 人は悠々と椅子に腰を下ろしていた

शांति-आंदोलन [名] 平和運動

शांति-क्षेत्र [名] 非武装地帯 हिंद महासागर को शांति-क्षेत्र बनाने के निश्चय インド洋を非武装地帯にする決意

शांतिकर्म [名] 除厄・除災のため行われる宗教儀礼= शांतिकार्य.

शांतिदायक [形] 心に安らぎを与えられる；安心を与える शांतिदायक औषधियाँ 鎮静剤

शांतिनाथ [名]〔ジャ〕シャーンティナータ（ジャイナ教の第 16 代ティールタンカラ＝祖師）

शांतिनिकेतन〔地名〕シャンティ・ニケータン（ラビンドラナート・タゴールの開設したヴィシュヴァバーラティー（ビッショバロティ）大学の所在地西ベンガル州ビルブム県ボルプル）；シャンティニケトン

शांतिपर्व [名]〔マハ〕シャーンティパルヴァ（叙事詩『マハーバーラタ』の第 12 章）

शांतिपूर्ण [形] (1) 平和的な；非暴力的な हमारा रास्ता शांतिपूर्ण है 我々の採る道は平和的なものである **शांतिपूर्ण सह-अस्तित्व** 平和共存 परमाणुशक्ति का शांतिपूर्ण प्रयोग 原子力平和利用 (2) 平和のための

शांतिप्रिय [形] おとなしい；平和を好む；平和な；穏やかな

शांतिप्रियता [名*] 平和愛好；平和主義

शांतिभंग [名] 騒擾；治安妨害 शांतिभंग होने की आशंका 騒擾発生の懸念

शांतिमय [形] (1) 平和な；穏やかな शांतिमय तरीक़े से 平和的に；平和的な方法で (2) 無念無想の

शांतिलाभ [名] (1) 悟りの境地に至ること；寂滅を得ること (2) 死去；逝去；遷化 महाभारत के वीर पांडव अंत में इसी पर्वत माला में गलकर शांतिलाभ करने गए थे マハーバーラタの英雄パーンダヴァ兄弟は最後にこの山脈に死場所を求めに行った
शांतिवाद [名] 平和主義；非暴力主義
शांतिवादी [形・名] 平和主義の；平和主義者；非暴力主義者 शांतिवादियों के लिए तो यह दरवाजा बंद है 非暴力主義者にはこの方法は閉ざされている
शांतिसंधि [名*] (1) 講和条約 (2) 友好平和条約 भारत-रूस शांतिसंधि 印露友好平和条約
शांतिसम्मेलन [名] 講和会議
शांतिसेना [名*] 平和部隊 = शांतिदल; शांतिकोर. 〈Peace Corps〉
शांबर शिल्प [名] 魔術 = इंद्रजाल; जादू.
शांबरी [名*] (1) 魔術 (2) 女魔術師
शांबुक [名]〔貝〕巻き貝 = घोंघा; शांबूक.
शांभर [名*] サーンバル湖 (साँभर झील ラージャスターンのジャイプル西方にある塩水湖)
शाइर [名] 《A. شاعر》 詩人 = कवि; शायर.
शाइराना [形] 《P. A. شاعرانہ》 → शायराना.
शाइरी [名*] 《A. شاعری》 (1) 詩 (2) 詩作= शायरी.
शाइस्तगी [名*] 《P. شائستگی》 (1) 洗練；垢抜け (2) 気品 (3) 礼節 (4) 適合 (5) 有能 (6) 適性
शाइस्ता [形] 《P. شائستہ》 (1) 洗練された；垢抜けした (2) 気品のある (3) 礼節にかなった；礼儀正しい (4) 適合した；ぴったりした；ふさわしい उसने बड़ा शाइस्ता जवाब दिया なかなか的を射た返事をした (5) 能力のある；力のある；有能な (6) 適性のある
शाए [名] 《A. شائع》 → शाया. (1) 明かされた= व्यक्त. (2) 明らかな；明白な= प्रकट; जाहिर. (3) 出版された= प्रकाशित.
शाक [名] (1) 野菜= भाजी; तरकारी; साग. कभी शाक उबाल कर ही पेट भर लिया करती 時には茹でただけの野菜で腹を満たす (2) 野菜料理
शाकट[1] [形] ← शकट. (1) 車の；荷車の (2) 荷車に載せられる
शाकट[2] [名] (1) 荷車を引く動物 (2) 荷車に載せられる荷
शाकद्वीप [名] (1)〔イ神〕シャーカドヴィーパ (プラーナの世界観でジャンブドヴィーパ洲の外にある洲の一) (2)〔地名〕シャーカドヴィーパ (イランとトルキスタンの間．オクサス川／アムダリヤ川の流域，かつてアーリア族とシャカ族が居住したとされる)
शाकद्वीपीय[1] [形] シャーカドヴィーパの
शाकद्वीपीय[2] [名] シャーカドヴィーパ (शाकद्वीपीय[2]) から来たとされるブラーフマン；シャーカドヴィーパ・ブラーフマン；マガ・ブラーフマン
शाक-भाजी [名*] (1) 野菜 हरी शाक-भाजी 青物；青野菜 (2) 野菜料理= तरकारी.
शाकल [名] かけら；断片；部分；破片= टुकड़ा; खंड; चिप्पड़.
शाक-वाटिका [名*] 菜園
शाकवृक्ष [名]〔植〕チーク = सागौन.
शाकाहार [名] 菜食= सब्ज़ीखोरी; नबातख़ोरी. **शाकाहार होटल** 菜食料理の料理店；ベジタリアンの料理店
शाकाहारिता [名*] 菜食 (主義) = सब्ज़ीख़ोरी. पशुजीवन के प्रति इन विचारों ने खान-पान में शाकाहारिता को बढ़ावा दिया 動物の生命に対するこれらの考えが飲食に関して菜食主義を助長した
शाकाहारी [形・名] 菜食主義の；菜食主義者；ベジタリアン= सब्ज़ीख़ोर.
शाकिन [名] 農地；畑= खेत; कृषिखेत.
शाकिनी [名*] (1) 野菜栽培 (2) 野菜畑 (3)〔イ神〕シャーキニー (人肉を食うという鬼女ピシャーチー पिशाची の一) = चुड़ैल; डाकिनी.
शाकिर [形] 《A. شاکر》 感謝する；感謝している= शुक्रगुज़ार; धन्यवाद देनेवाला.
शाकी [形] 《A. شاکی》 不平を言う；不平のある；文句のある= शिकायत करनेवाला.
शाकुन[1] [形] (1) 鳥の (2) 吉凶の占いに関する → शकुन.
शाकुन[2] [名] (1) 猟師= बहेलिया. (2) 占い (鳥獣の鳴き声などによる) = शकुन; सगुन. (3) 占い師 = शाकुनिक.
शाकुनि [名] 猟師 = बहेलिया.
शाकुनिक [名] (鳥獣などによる予兆を見て占いをする) 占い師
शाकुनी [名] 漁夫；漁師= मछवाहा.
शाक़ूल [名*] 《A. شاقول》 下げ墨 (大工道具)
शाक्त[1] [形]〔ヒ・イ哲〕シャクティ (शक्ति)，に関わる；性力の；性力に関する
शाक्त[2] [名]〔ヒ〕シャクティ，すなわち，性力崇拝を行う一派；タントラ教徒；性力派 (の信徒) = शाक्तमत.
शाक्तमत [名]〔ヒ〕シャークタ派；性力派
शाक्तागम [名]〔ヒ〕シャクティ派の経典；タントラ経典
शाक्य [名] (1)〔史〕シャカ族，もしくは，シャーキャ族 (ガウタマ・ブッダの属したと伝えられる) (2)〔仏〕ガウタマ・ブッダ = शाक्य मुनि. シャーキャムニ／シャカムニ (釈迦牟尼)
शाख़ [名*] 《P. شاخ》 (1) 枝= टहनी; डाल; डाली. पेड़ों की शाखें 木の枝 (2) 中央の統括の下にその一部として機能するもの (支部，支派，支店，支局など) (3) 動物の角= सींग. (4) 川の支流 **शाख़ निकालना** あら探しをする= नुक्ताचीनी क°. **शाख़ फूटना** 枝分かれして大きくなる；盛んになる (-को) **शाख़ लगना** (一が) 得意になって浮かれる；調子に乗る **शाख़ लगाना** 挿し木する (-को) **शाख़ लगाना** (一を) 敬う
शाख़चा [名] 《P. شاخچہ》 小枝 = डाली; टहनी.
शाख़तराशी [名*] 《P. شاخ تراشی》 枝切り鋏；剪定鋏
शाख़दार[1] [形] 《P. شاخدار》 (1) 枝のある (2) (動物の) 角のある；角を持つ
शाख़दार[2] [形・名] 《P. شاخدار》 女のひも
शाख़शाना [名] 《P. شاخشانہ》 (1) 妨害；妨げ= अड़चन; बाधा. (2) 騒音；騒ぎ (3) いざこざ；ごたごた (4) 揚げ足取り；あら探し (5) 脅迫；威嚇 **शाख़शाने निकलना** 厄介なことが起こる；ごたごたが起こる (-में) **शाख़शाने निकालना** (一に) ごたごたを起こす；騒ぎを起こす；騒ぎ立てる；あら探しをする
शाख़साना [名] = शाख़शाना. शाख़साना पैदा हो जा° ごたごたが起こる；いさかいが起こる
शाखा [名*] (1) 木の枝 (2) 枝分かれしたもの (支部，支派，支店，支局など) बैंक की शाखाएँ 銀行の支店 यू°सी°बैंक की एक शाखा में U.C. 銀行のある支店で शाखा मैनेजर 支店長 (3) 学派 (4) 流派 (5) 支流= शाखा नदी. (-की) **शाखा फूटना** (一が) 分かれて大きくなる；盛んになる；枝分かれする (-की) **शाखा बढ़ाना** (一を) 大きくする；盛んにする
शाखीय [形] 枝の
शाखोच्चार [名]〔ヒ〕シャーコーッチャーラ (結婚式の際，バラモンが新郎新婦の血縁の先祖の名を唱える儀礼)
शागिर्द [名] 《P. شاگرد》 (1) 弟子；内弟子 उस्ताद भी अपने शागिर्दों को इसी तरह पढ़ाया करते थे 師も弟子たちをこれと全く同様に教えていた (2) 生徒；学生；教え子 (3) 徒弟；見習い
शागिर्दपेशा [名] 《P. شاگرد پیشہ》 使用人；雇い人；奉公人
शागिर्दी [名*] 《P. شاگردی》 (1) 弟子であること；弟子の身分 उनकी शागिर्दी में ही तुमने सब सीखा है あの方の弟子として君は何もかも学んだのだ (2) 生徒や学生の身分 (3) 見習いの身分；徒弟の身分；奉公
शाज़ [形] 《A. شاذ》 (1) 希な；珍しい；珍奇な (2) 得難い
शाज़ोनादिर [副] 《A. شاذ و نادر》 たまに；希に
शाट[1] [名] (1) 切れ；布切れ (2) 腰に巻いて着用する衣服；腰布；ドーティー= धोती.
शाट[2] [名] 《E. shot》 = शॉट. (1)〔ス〕ショット बढ़िया शाट 素晴らしいショット शाट लगाना ショットを放つ (2)〔ス〕シュート (サッカーの) तेज़ शाट 鋭いシュート
शाटिका [名*]〔服〕サリー= साड़ी; धोती.
शाटी [名*]〔服〕サリー= साड़ी; धोती.
शॉट्स [名] 《E. shots》 (1)〔映〕ショット (2)〔写〕スナップ写真 (-के) **शॉट्स ले°** (一の) スナップ写真を撮る
शाठ्य [名] ← शठ. = शठता. (1) 悪辣さ；性質の悪さ (2) 欺瞞；瞞着
शाण[1] [名] (1) 砥石= सान. (2) 試金石= कसौटी.
शाण[2] [形] ← शण. (1) マメ科草本サンヘンプの (強い繊維が採れる) (2) サンヘンプの繊維から作られた
शाणी [名*] (1) サンヘンプの繊維製の布；麻布= भँगेरा. (2) 破れた衣服= चीथड़ा.

शात [形] (1) 研がれた；研いだ (2) 鋭い (3) やせた（痩せた）；やせ細った= दुबला; दुबला-पतला.
शातन [名] 砥石にかけること；砥石で研ぐこと
शातिर[1] [形]《A. شاطر》(1) 札付きの；悪名の高い；悪質な शातिर बदमाश 札付きの悪党 (2) 抜け目のない；ずるい；ずる賢い；狡猾な निहायत शातिर ढंग से मुसकराता हुआ 何ともいやらしい薄笑いを浮かべて
शातिर[2] [名]《A. شاطر》(1) わる（悪） (2) チェスをする人；チェスプレーヤー
शातिराना [形]《A.P. شاطرانه》札付きの（悪）；名うての
शाद[1] [名] (1) 落下= पतन. (2) 泥；泥濘= कीचड़; कर्दम.
शाद[2] [形]《P. شاد》(1) 機嫌のよい；上機嫌の；嬉しい= प्रसन्न; खुश. (2) 楽しい；喜びに満ちた；心の満ち足りた= आनंदित.
शादबाश [感]《P. شاد باش》相手に祝いや祈願や祝福の気持ちを述べる言葉；幸あれ；幸あれかし= शाबाश.
शादमान [形]《P. شاد مان》嬉しい；機嫌のよい；快活な= प्रसन्न; खुश.
शादमानी [名*]《P. شاد مانی》喜び；嬉しさ；快活さ= प्रसन्नता; खुशी.
शादाब [形]《P. شاداب》(1) 青々とした；緑滴る (2) 灌水された；水のある；水気のある (3) はつらつとした；新鮮な
शादाबी [名*]《P. شادابی》(1) 青々としていること；緑滴る様子 (2) はつらつとした感じ；新鮮味；新鮮さ
शादियाना[1] [形]《P. شادیانہ》喜びの；祝いの
शादियाना[2] [名] (1) 祝い事に際して祝い歌を歌ったり楽器を演奏すること (2) 小作人が地主の家の結婚式に際して義務的に贈る贈り物 **शादियाना दे०** 祝い事で楽を奏する= शादियाना बजाना.
शादी [名*]《P. شادی》(1) 喜び (2) 祝い；祝典 (3) 結婚 (4) 結婚式 (-से) शादी क० （ーと）結婚した (-की =से) शादी क० （ーを=に）添わせる；（ーを=と）結婚させる दूसरी शादी क० 再婚する (-से) **शादी कराना** （ーと）結婚する（親に式を挙げてもらう）
शादी-ग़मी [名*]《P.A. شادی غمی》(1) 結婚式と葬式 (2) 冠婚葬祭；慶弔
शादी-ब्याह [名] 結婚；結婚式
शादीशुदा [形・名]《P. شادی شده》結婚している；既婚の；既婚者 शादीशुदा छात्रावास 既婚学生用の寮
शादूल[1] [形] 草木の緑に覆われた= हरा-भरा.
शादूल[2] [名] (1) 草地；牧草地 (2) オアシス= नखलिस्तान.
शान[1] [名] (1) 砥石= सान. (2) 試金石= कसौटी. (-में) **शान चढ़ाना** （ーを）激しくする；鋭くする；刺激する；（ーを）研ぐ (-पर) **शान दे०** = शान चढ़ाना.
शान[2] [名*]《A. شان》(1) 威光；威力 (2) 名誉；栄誉；体面 निजी पुस्तकालय आपके परिवार की शान है 御蔵書はあなたのご家族の誉れを示すものです (3) 華麗さ；豪華さ= ठाट-बाट. ताजमहल आज भी उसी शान से खड़ी है जैसी यह आज से तीन सौ साल से भी ज़्यादा अर्से पहले थी タージマハルは今日も今から 300 年以前と変わらぬ華麗さで立っている मोर क्या शान से नाचने लगा! クジャクがなんとまあはでやかに踊りだしたことか **झूठी शान** 見栄 फ़िज़ूलखर्ची और झूठी शान तथा दिखावे से दूर रहने में ही आपकी भलाई है 無駄遣い，見栄，虚栄を遠ざけることがあなたの身のためです (4) 威風；堂々たる様子 वह बड़ी शान से छतरी के नीचे बैठा हुआ था 堂々として傘の下に腰を下ろしていた (5) 威容 **शान के ख़िलाफ़ हो०** 名誉や体面に反する (-की) **शान गँठना** （ーの）影響が及ぶ；威力が及ぶ；威光が及ぶ **शान गँवाना** 体面を汚す；面子を失う **शान घटना** 体面に関わる；体面を汚す **शान जमाना** 大きな口をきく；偉そうな物言いをする **शान जा०** = शान घटना. **शान दिखाना** 自慢する；威張る (-को) **शान पर चढ़ाना** 激しくする；たきつける **शान बघारना** 大きな口を叩く；威張る **शान मारना** = शान बघारना. (-की) **शान में** （ーに）ついて देखो वह उनकी शान में क्या कहेगा 見ていてごらん．あの方のことをどう言うだろうかあの人 **शान में आ०** *a.* 調子に乗る आज शान में आकर बड़ी भूल की 今日は調子に乗って大失敗を犯した *b.* 得意になる **शान में फ़र्क आ०** 体面や威厳に傷がつく **शान में बट्टा लगना** = शान में फ़र्क आ०.
शानदार [形]《A.P. شان دار》(1) 豪勢な；豪華な शानदार हवेली 豪華な邸宅 (2) すぐれた；立派な；見事な लेखक ने अपने व्याख्यान में शानदार विश्लेषण किया है 著者は説明の中で見事な分析を行っている इन खिलाड़ियों ने अपने शानदार खेल से लोगों में क्रिकेट के शौक़ को जगाया これらの選手がその見事なプレーで人々の間にクリケットへの興味を目覚めさせた (3) 素晴らしい；盛大な उनका बड़ा शानदार स्वागत हुआ 氏は盛大な歓迎を受けた (4) 見事な；恰好のよい；立派な；素敵な；颯爽としている घोड़ा कितना शानदार है! なんとまあ素敵な馬だ शानदार बाग़ 見事な庭園 भारत की इस शानदार विजय से インドのこの颯爽とした勝利により (5) 堂々とした；威容のある बैल हों तो ऐसे! क्या शानदार काठी है! こんな牛を持ちたいものだ．堂々としている．実に堂々たる体躯だ (6) 申し分のない；素晴らしい；快適な "यहाँ ज़िंदगी कैसी है?" "शानदार" 「ここの暮らしはどうだい」「素晴らしいよ」 (7) 色鮮やかな
शानशौकत [名*]《A. شان شوکت》= शानोशौकत《شان و شوکت》. 派手なこと；派手さ；豪華なこと；盛大なこと；華やかなこと；華麗さ आजकल विवाहों में बहुत शान शौकत करने का रिवाज चल पड़ा है 近頃結婚式を派手にするような風習が広まっている **शानशौकत से** 派手に；盛大に；華やかに जन्मदिन शानशौकत से मनाना 誕生日を盛大に祝う ख़्वाजा साहब का दरबार अभी भी उसी शानशौकत से जगमगा रहा है ハージャーサーヘブの廟は今日もなお昔のままの華麗さで輝いている
शाना [名]《P. شانہ》肩= कंधा; स्कंध. (-के) **शाना-ब-शाना** （ーと）肩を並べて；肩を組んで कश्मीरियों के शाना-ब-शाना में उनकी आज़ादी के लिए カシミールの人たちと肩を組んでこの人たちの自由のための奮闘に **शाने से शाना छिलना** 大変混み合う；大変な人混みの様子 (-के) **शाने से शाना मिलाना** （ーと）肩を並べる अपने बड़ों के शाने से शाना मिलाकर काम करते हैं 目上の人と肩を並べて働いている
शानोशौकत [名*]《A. شان و شوکت》= शानशौकत.
शाप [名] (1) のろい（呪い）；呪いの言葉；呪詛= बददुआ. (2) ののしること；ののしり；激しい叱責= भर्त्सना; फटकार. **शाप दे०** *a.* 呪う；呪詛を発する= कोसना; बददुआ दे०. *b.* ののしる；叱りつける= फटकारना.
शापग्रस्त [形] 呪われた；呪いをかけられた= शापित.
शापमुक्त [形] 呪いの解けた
शापमुक्ति [名*] 呪いから解かれること
शॉपिंग [名*]《E. shopping》ショッピング शॉपिंग क० ショッピングをする
शॉपिंग सेंटर [名]《E. shopping center》ショッピングセンター
शापित [形] 呪われた；呪いをかけられた
शापोत्सर्ग [名] 呪うこと；呪詛を発すること
शापोद्धार [名] = शापमुक्ति.
शाफ़रिक [名] 漁夫；漁師= मछुवा; धीवर.
शाबर[1] [形] 悪辣な；心根のよくない；性悪の；いんちきな；いかさまの
शाबर[2] [名] (1) 悪さ；悪辣さ (2) 害；害悪
शाबाश [感]《P. شاباش》← शादबाश. 称賛，感嘆，激励の気持ちなどを表す言葉．素晴らしい，素敵，感心感心，でかした，よくやった，ご立派など目上の人が発する言葉
शाबाशी [名*]《P. شاباشی》(1) 称賛，賛歎，激励などの言葉を発すること (2) 称賛すること；賛歎すること；激励 (-को) **शाबाशी दे०** （ーを）称賛する；称える राष्ट्रपति महोदय ने आधुनिक तकनीक से लेकर शिक्षा तक नई सरकार की पहल पर शाबाशी दी 大統領閣下は最新のテクノロジーから教育にわたって新政府のイニシアチブを称えられた **शाबाशी लूटना** 大変な好評を得る；大いに称賛される
शाब्द [形] ← शब्द. 語の；単語の；語彙の；言葉の= शब्द का; शब्द संबंधी.
शाब्दिक [形] ← शब्द. (1) 語の；単語の (2) 語彙的な〈lexical〉 (3) 言葉による शाब्दिक आक्रमण 言葉での攻撃 **शाब्दिक अर्थ** 〔言〕語彙的意味〈lexical meaning〉
शाब्दी [形] (1) 語の (2) 特定の語に限られる；語だけの
शाम[1] [名*]《P. شام》夕べ；夕暮れ；晩；宵 **शाम उतरना** 日が暮れる；夕暮れが迫る；夕暮れ時になる **शाम की सुबह क०** どうにかこうにか夜を過ごす **शाम को** 夕方；日暮れ時に **शाम घिर आ०** 日が暮れかかる；夕刻が迫る शाम घिर आई थी 夕刻が迫ってきてい

た **शाम फूलना** 夕焼けになる；夕焼けに空が染まる शाम छः बजे मंदिर में विशेष पूजा होती है 夕方 6 時に寺では特別のプージャーが行われる

शाम[2] 〔国名〕《A. شام》シリア = सीरिया.

शाम[3] ［名］= श्याम. 黒い；黒色の

शाम[4] ［名*］(1) 石突き（の金具） (2) 道具類の木造部の保護や補強のためにつけられる金具；金環

शामक ［形］(1) 鎮める；静かにする (2) 鎮静剤の；鎮静用の

शामत ［名*］《A. شامت》(1) 不運 (2) 災難；不幸 **शामत आ०** 不幸に見舞われる；災難に遭う मैं समझ गया कि शामत आ गई 災難に遭ったのだと思った सो, मेरी भाभी-आई के गहने जब जुआ-यज्ञ में स्वाहा हो गये तब घर के बरतन-भाँडों की शामत आई 義姉や姉の装身具が博打に消えてしまうと次は台所用品や食器が難に見舞われることになった **शामत का घेरा** = शामत का मारा. **शामत का मारा** 不運に見舞われた；不運な；不幸な **शामत सवार हो०** = शामत आ०; शामत सिर पर खेलना.

शामतज़दा [形]《A.P. شامت زده》(1) 不運な (2) 不幸に見舞われた

शामती ［形］《A. P. شامتی》不幸な；不運な；災難に見舞われた

शामन ［名］(1) 鎮めること；鎮静化 (2) 殺害

शामनी ［名*］南；南の方角

शामलात ［名］→ शामिलात.

शामा[1] ［名*］〔植〕イネ科一年草インドヒエ【*Panicum colonum; Echinochloa colonum*】

शामा[2] ［名*］→ श्यामा.

शामित्र ［名］(1) 〔ヒ〕バラモン教の供犠，すなわち，ヤジュニャ (यज्ञ) に供される肉を料理するために焚かれる火 (2) 同上の火を焚く場所

शामियाना ［名］《A. شامیانه》天幕（四囲は竹などの柱で支える．併せて幔幕 कनात を張り巡らせることもある）

शामिल [形]《A. شامل》(1) 含まれた；入った (2) 集合した；集まった (3) 加わった；参加した **शामिल क०** 含める；入れる दलिया, दालें और खिचड़ी आदि को भी अपने खान-पान में शामिल कर सकती हैं ダリヤー，ダール，キチュリーなども料理に含めることができる हम उनको अपने खेल में शामिल कर लेते हैं あの人たちを遊びの仲間に入れる **शामिल हो०** *a.* 含まれる *b.* 集合する *c.* 加わる；参加する मुझे अपने मित्र के विवाह में शामिल होने के लिए जाना पड़ा 友人の結婚式に行かなくてはならなくなった

शामिल हाल ［形］《A. شامل حال शामिले हाल》一緒になった；共になった；加わった；参加した；分かち合った（間柄の）

शामिलात ［名, pl.］《A. شاملات》(1) 村の共有地；入会地 (2) 共有財産；共同相続地；共同相続不動産〈coparcenary〉

शामी[1] ［形］《A. شامی》शाम[2] シリアの **शामी कबाब** シャーミーカバーブ〔料〕香辛料を加えて焼いた肉を挽き団子状にしたもの

शामी[2] ［名］← शाम[2]. シリア人

शामी[3] ［名*］← शाम[2]. 〔言〕シリア語

शामी[4] ［名*］= शाम[4].

शामूल ［名］毛織物= ऊनी कपड़ा.

शायद ［副］《P. شاید》恐らく；多分= कदाचित्. शायद तुम ठीक कहती हो 多分あんたの言う通りよ उसके जवाब में रोष था, रुखाई थी और शायद कुछ हसद भी थी 彼女の返答には不愉快さ，不機嫌な感じがあった．多分いささかの妬ましさもあった **शायद ही** 滅多に－（し）ない；まず－（し）ない शायद ही कोई गाँव बचता हो जहाँ मलेरिया, ताऊन, हैजा या चेचक में से किसी एक का हमला न होता हो マラリア，ペスト，コレラ，天然痘のうちのいずれかに見舞われていない村は滅多になかろう अपने रसोईघर वे लोग साफ़ नहीं रखते और खाना पकाने के बर्तन तो पूरी तरह से शायद ही कभी धोते हैं この人たちは台所をきれいにしていないし調理道具をきちんと洗うことはまずないだろう

शायर ［名］《A. شاعر शाइर》詩人；詩を詠む人；歌人→ शाइर.

शायराना [形]《A.P. شاعرانه शाइराना》(1) 詩的な；詩のような शायराना नाम रखना 詩的な名前をつける (2) 詩人のような बड़े शायराना अंदाज़ में बातें करने लगा है ひどく大仰な口振りで話し出した तब मैं शायराना अंदाज़ में गुनगुनाऊँगा すると私は詩人みたいに口ずさむ (3) 理想主義的な **शायराना इंसाफ़** 勧善懲悪

शायरी ［名*］《A.P. شاعری》(1) 詩作；詩を詠むこと (2) 詩；歌

शायस्त ［形］→ शाइस्त.

शायाँ ［形］《P. شایاں》ふさわしい；適した；適切な

शाया ［形］《P. شائع》(1) 明らかな；明白な (2) 出版された (3) 印刷された (4) 流布している；普及している

शायिक ［形］寝床をしつらえる

शायिका ［名*］寝台車の寝台（席） छह शायिकाएँ किसी अन्य नाम से आरक्षित हैं 寝台車の 6 席は別人の名で予約されている

शायित ［形］(1) 寝た (2) 横たわった；伏した；伏せった

शायी ［形］寝る；眠る

शारंग ［名］〔イ神〕シャーランガ（シャールンガ शार्ङ्ग とも呼ばれるヴィシュヌ神の携える弓）= सारंग.

शारंगपाणि ［名］〔イ神〕（シャールンガの弓を持つ）ヴィシュヌ神の異名の一；シャーランガパーニ；シャールンガダラ；シャールンガパーニ= शार्ङ्गधर; शार्ङ्गपाणि.

शार ［形］斑入りの；斑点のある；斑の= चितकबरा.

शारक ［名*］〔鳥〕九官鳥= मैना.

शारद[1] ［形］シャラッド（शरत्; शरद्）の季節の；秋の；秋季の

शारद[2] ［名］(1) 年= वर्ष; साल. (2) 雲= मेघ; बादल.

शारदा ［名*］(1) サラスヴァティー सरस्वती (2) シャーラダー（シャールダー）文字（10 世紀頃にカシミール地方でクティラ文字から発展した文字でグルムキー文字などの基になる．現代のシャーラダー文字はこれに発するが字形はかなり異なる）

शारदापीठ ［名］〔ヒ〕シャーラダーピータ僧院（カルナータカ州にあるスマールタ派 स्मार्त の総本山であるシュリンゲーリ僧院の別名．シャールダー神が祀られている）

शारदा लिपि ［名*］シャールダー文字→ शारदा.

शारदीय ［形］シャラド शरद् の季節の；秋の；秋季の शारदीय अपराह्न シャラッド（秋）の日の午後；シャラッドの季節の昼下がり→ शरत्.

शारदीय रंजन ［名］〔植〕紅葉すること〈autumn coloration〉

शारि ［名］(1) チェスなどの駒 (2) チェスなどの盤

शारिअ ［名］《A. شارع शारे》(1) 大通り (2) 〔イス〕イスラム法の立法者，すなわち，預言者ムハンマド

शारिका ［名*］(1) 〔鳥〕九官鳥= मैना. (2) チェスなどの遊び (3) サーランギーの演奏に用いる弓 (4) サーランギーやヴィーナーなどの楽器

शारिपुत्र ［名］〔仏〕シャーリプトラ（舎利弗）

शारीर[1] ［形］(1) 身体の= शरीर का. (2) 身体から生じた

शारीर[2] ［名］解剖学〈anatomy〉

शारीर[3] ［名］〔イ哲〕個我；アートマー= आत्मा; जीवात्मा.

शारीरक[1] ［形］(1) 身体からの；身体から生じた (2) 身体の

शारीरक[2] ［名］〔イ哲〕個我

शारीर विज्ञान ［名］解剖学= शारीर शास्त्र.

शारीरिक [形] 体の；身体の；身体上の शारीरिक शिक्षा 体育 शारीरिक दंड 体罰 शारीरिक आवश्यकता 身体の要求；身体の求めるもの शारीरिक ताकत के मामले में 体力に関して；体力について शारीरिक श्रम 肉体労働 शारीरिक कारण 身体上の理由 शारीरिक परिवर्तन 身体の変化 शारीरिक रचना 身体の構造 **शारीरिक जाँच** 身体検査；健康診断 आवेदकों की शारीरिक जाँच 応募者の健康診断 **शारीरिक सौंदर्य** 肉体美= जिस्मानी ख़ूबसूरती.

शार्क ［名*］《E. shark》〔魚〕サメ（鮫）；フカ（鱶）= शार्क मछली.

शार्कर[1] ［名］(1) 牛乳の泡 (2) 砂利や石の多いところ

शार्कर[2] ［形］(1) 石や砂利の多い (2) 砂糖から作られた

शार्कस्किन ［名］《E. shark skin》(1) サメ皮 (2) シャークスキン（織物） शार्कस्किन की बुशशर्ट シャークスキンの半袖シャツ

शार्क ह्वेल ［名*］《E. shark whale》〔魚〕サメ；フカ= शार्क.

शार्ङ्ग[1] ［名］(1) 弓 (2) ヴィシュヌ神が手に持つ弓

शार्ङ्ग[2] ［形］動物の角の；角製の

शार्ङ्गधन्वा ［名］(1) ヴィシュヌ神 (2) クリシュナ神 (3) 弓の射手

शार्ङ्गधर ［名］(1) ヴィシュヌ神 (2) クリシュナ神

शार्ङ्गपाणि ［名］= शार्ङ्गधर.

शार्ट ［名］《E. short》〔電〕ショート；漏電；短絡 शार्ट क० ショートする

शार्टकट ［名］《E. shortcut》近道；ショートカット

शार्टसर्किट ［名］《E. shortcircuit》〔電〕ショート；漏電；短絡 शार्टसर्किट हो० ショートする

शार्टहैंड ［名］《E. shorthand》速記；速記術= आशुलिपि.

शार्दूल[1] [名] (1)〔動〕ネコ科トラ（虎）＝बाघ; व्याघ्र. (2)〔動〕ネコ科チーター＝चीता.
शार्दूल[2] [形] 最高の；最上の＝सर्वश्रेष्ठ; सर्वश्रेष्ठ.
शार्दूलविक्रीडिता [名*]〔韻〕シャールドゥーラヴィクリーディター（各パーダが मगण ＋ सगण ＋ जगण ＋ सगण ＋ तगण ＋ गुरु の16音節から成る音節韻律）
शाल[1] [名]《P. شال》ショール मनभावन शाल お気に入りのショール हाथ से बुने शाल का महत्त्व 手織りのショールの値打ち
शाल[2] [名]〔植〕フタバガキ科高木サラノキ；サラソウジュ（沙羅双樹）【*Shorea robusta*】＝सालू; साखू.
शालग्राम [名]〔ヒ〕ヴィシュヌ神の表徴として崇められる菊石（アンモナイトの化石）；シャーラグラーム；シャーリグラーマ→ शालिग्राम.
शालनिर्यास [名] サラノキ शाल[2] の幹から採れる樹脂で薫香料になるもの；ドゥーナー（धूना）
शालपर्ण [名]〔植〕マメ科草本タマツナギ【*Desmodium gangeticum*】
शाला [名*]（造語要素として用いられるのが普通）(1) 家 (2) 建物 पाठशाला 小学校 धर्मशाला 宿坊；ダルムシャーラー
शालाक [名]〔植〕低木；灌木
शालि [名] (1) イネ（稲） (2) 米
शालिग्राम [名]＝शालग्राम.〔ヒ〕シャーリグラーム；菊石（アンモン貝の化石でヴィシュヌ神の表徴として拝まれる） शालिग्राम की मूर्ति 菊石の神像
शालिनी [名*]〔韻〕シャーリニー（各パーダが मगण ＋ तगण ＋ तगण ＋ गुरु ＋ गुरु の11音節から成る音節韻律）
-शालिनी [接尾*] → -शाली の女性形
शालिवाहन [名]〔史〕シャーリヴァーハナ王（西暦78年を元年とするシャカ紀元を始めた）
शालिहोत्र [名] (1) 馬 (2) 馬の医療 (3) 獣医学
शालिहोत्री [名] (1) 馬の治療をする医者 (2) 獣医＝घोड़ा डाक्टर.
-शाली [接尾] －を備えた，－の性質を有するなどの意の形容詞を作る接尾辞 शक्ति → शक्तिशाली 強力な；有力な
शालीन [形] (1) 恥じらいを持つ；はにかむ (2) 慎み深い；謙虚な अपना व्यवहार शालीन बनाये रखना 振る舞いを慎み深くしておく (3) 上品な；品のよい शालीन तरीक़े से 上品に；品よく
शालीनता [名*] (1) 恥じらい；はにかみ एक सहज शालीनता के साथ 自然な恥じらいを持って (2) 慎み深さ；謙虚さ आचार, व्यवहार में शालीनता बनाए रखें 行いや振る舞いに謙虚さを保たれますように (3) 上品さ बच्चों की शालीनता से वह अत्यधिक प्रभावित हुई 子供たちの上品さにいたく感心した
शालीमार बाग़ [名]《شالی مار باغ》シャーリーマール庭園（インドのシュリーナガル及びパキスタンのラーホールにムガル朝時代に建設された名園．シャーラーマール शालामार とも呼ばれる）
शालु [名] 蓮根＝शालुक; भसींड; भिस्स; कमलकंद.
शाल्मल [名]〔植〕パンヤ科高木ワタノキ【*Bombax malabaricum; B. ceiba*】
शाव[1] [名] 動物の子
शाव[2] [名] 死体；死骸＝शव; लाश.
शाव[3] [形] 死体の；死骸の
शावक [名] 鳥獣の子 सिंह, सिंहनियाँ एवं शावक एक झुंड होकर ライオンの親子が1つの群れを作って
शावर[1] [名] (1) 罪 (2) 犯罪
शावर[2] [名]《E. shower》(1) シャワー (2) シャワーの設備 शावर खोलकर シャワーの水や湯を出して；シャワーの栓を開いて
शाश्वत[1] [形] 永遠の；永久的な；恒久の यह नियम तो शाश्वत है この決まりは永久的なもの शाश्वत प्रेम 永遠の愛
शाश्वत[2] [名] (1) 天国＝स्वर्ग. (2) 宇宙＝अंतरिक्ष.
शाश्वतिक [形] 永遠の；久遠の＝स्थायी; नित्य.
शाश्वती [名*] 大地＝पृथ्वी.
शासक [形・名] 支配する；統治する；為政者；支配者；統治者 पड़ोसी शासक परिवारों की राजकुमारियों से विवाह-संबंध जोड़ना 近隣の支配者の（家族の）王女たちと縁組みする **शासक दल** 与党 पश्चिम बंगाल का शासक दल 西ベンガル州の与党
शासकीय [形] ← शासक. 政府の；公式の；官の；公の
शासन [名] (1) 統治；支配；政治 औरंगजेब का कठोर शासन アウラングゼーブの厳しい統治 **निरंकुश शासन** 独裁政治 **फ़ौजी शासन** 軍政 पाकिस्तान में फ़ौजी शासन パキスタンの軍政 **विधि का शासन** 法治；法に基づく統治；法による統治〈rule of law〉 (2) 命令；指揮 किसी पर शासन करना उनके स्वभाव के सर्वथा प्रतिकूल था 人に命令するのが氏の性格に全く反したことだった (3) 采配 न माँ चौके का शासन छोड़ना चाहती थी, न रसोई में मेरी दख़लअंदाज़ी चाहती थीं 母はお勝手の采配を手放すつもりもなかったし私が干渉するのも好まなかった (4) 国王，もしくは，国から賜与された土地（ラージャスターン） **शासन चलाना** 統治する；支配する；采配を振る
शासनकर्ता [名]＝शासक. 統治者；支配者；為政者
शासनकाल [名] 統治時代 अकबर के शासनकाल में アクバル皇帝の御代に
शासनतंत्र [名] 政治形態；政治組織；政体
शासननिकाय [名] 管理機関；統治機関
शासनपत्र [名] 詔勅の刻まれた銅板や石碑
शासनप्रणाली [名*] 政治体制；政治組織
शासनव्यवस्था [名*] 統治機構；統治制度
शासनशिला [名*] 勅命の記された石
शासना [名*] 命令
शासनाधिकार [名] 統治権 भारत का शासनाधिकार インドの統治権
शासनाधीन [形] 統治下の
शासनाध्यक्ष [名] 首長；統治者 ब्रिटेन के पिछले दिनों के ग़ुलाम देशों के शासनाध्यक्षों का सम्मेलन イギリスの元植民地の首長たちの会議
शासनिक [形] (1) 統治の；支配の (2) 行政上の
शासनीय [形] (1) 統治すべき；支配すべき (2) 統治しうる；支配しうる
शासपत्र [名] 認可状
शासपत्रित [形] 公認の शासपत्रित लेखपाल 公認会計士
शासित [形] (1) 統治された；支配された यह सभ्यता एक साम्राज्य के रूप में शासित थी この文明は一つの帝国として統治されていた केंद्रशासित अजमेर का क्षेत्र 中央直轄地のアジメール地区 (2) 命じられた；指令された देश के क़ानूनों के अनुसार शासित 国法の命じるところにより統治された
शासी [形・名] (1) 統治する；支配する (2) 統治者；支配者
शासी निकाय [名] 管理機関
शास्तर [名] ← शास्त्र.
शास्ता [名] (1) 統治者；支配者 (2) 国王 (3) 父
शास्ति [名*] 裁可；認可〈sanction〉
शास्त्र [名] (1)〔ヒ〕シャーストラ（ヴェーダ以来の聖典；宗教法典をも含むインドの伝統的学術に関する典籍） शास्त्र विरुद्ध आचरण シャーストラ聖典に反する行為 (2) 学問；学；科学；論；学理 अपराध शास्त्र 犯罪学 (3) 命令；指令
शास्त्रकार [名]〔ヒ〕ダルマ・シャーストラ（インド古典法）の作者；法典家
शास्त्रार्थ [名] (1) 学術論争（特に公開の場での議論） (2) 法典の規定の意味
शास्त्रार्थी [名] シャーストラールタ（公開学術論争）の論者・議論者
शास्त्री [名] (1) シャーストリー（インドの伝統的な学術の学者）；シャーストラの学者 (2) 学者；学術研究者 समाज शास्त्री 社会学者 (3) シャーストリー（インドの伝統的学術教育機関から授けられる学位の一）
शास्त्रीय [形] (1) シャーストラに関する；宗教法典に関する；法典についての (2) 学術的な (3) 古典の；クラシックの **शास्त्रीय भाषा** 古典語 ये सब शास्त्रीय भाषाएँ कहलाती हैं これらはすべて古典語と呼ばれる **शास्त्रीय संगीत** クラシック音楽；古典音楽
शाहंशाह [名]《P. شاہنشاہ》皇帝；大王；王の中の王 शाहंशाह शाहजहाँ थे सीधे-सादे आदमी シャージャハーン皇帝は飾り気のない人だった
शाहंशाही[1] [形]《P. شاہنشاہی》(1) 皇帝の；大王の (2) 王にふさわしい；王者らしい
शाहंशाही[2] [名*] 皇帝の地位
शाह [名]《P. شاہ》(1) 国王；王；王様；殿様 (2) スーフィズムの聖者；高徳のファキールに対する尊称 (3) キング（チェス）
शाहकार [名]《P. شاہکار》傑作；最高の作品

शाहख़र्च [形] 《P. شاہ خرچ》金遣いの荒い；浪費する；気前よく金を使う अब शाम को भी वैसा ही शाहख़र्च बनना संभव नहीं था もう夕方も同じように大盤振る舞いと言うわけには行かなかった

शाहख़र्ची [名*] 《P. شاہ خرچی》金遣いの荒いこと；浪費

शाह चकवा [名]《P.شاہ + H.》〔鳥〕ガンカモ科ツクシガモ【*Tadorna tadorna*】

शाहजहाँ〔人名・イ史〕《P. شاہ جہاں》ムガル第５代皇帝シャージャハーン

शाहजहाँ आबाद [名] 《P. شاہ جہاں آباد》〔イ史〕シャージャハーナーバード／シャージャハーン・アーバード（現今のオールドデリーにムガル第５代皇帝シャージャハーンが造営した城郭都市）

शाहज़ादा [名] 《P. شاہزادہ》王子；皇子；親王；皇太子

शाहज़ादी [名*] 《P. شاہزادی》王女；皇女；内親王 शाहंशाह शाहजहाँ की लड़की शाहज़ादी रौशन आरा シャージャハーン皇帝の皇女ローシャンアーラー

शाहज़ीरा [名] 《P. شاہزیرہ》(1)〔植〕セリ科ブラックキャラウェー【*Carum nigrum; C. bulbo(aastanum)*】 (2) その熟果を乾燥させたもの（香辛料及び薬用）= काला जीरा.

शाहदीमक [名*] 《شاہ دیمک P.+ H.दीमक》シロアリの女王

शाहनशीं [名] 《P. شاہ نشیں》(1) 玉座 (2) 皇帝の謁見台

शाहनामा [名] 《P. شاہ نامہ》ペルシア語の叙事詩フェルドゥーシーの著作『シャーナーメ』

शाहबलूत [名] 《P. شاہ بلوط शाह बल्लूत》〔植〕ブナ科ナラ属オーク

शाहबाज़ [名]《P.شاہ باز》〔鳥〕サシタカ科カワリクマタカ【*Spizaetus cirrhatus*】

शाहबाला [名] → शहबाला.

शाहबुलबुल [名*] 《P. شاہ بلبل》〔鳥〕ムシクイ科カワリサンコウチョウ【*Terpsiphone paradisi*】

शाहरग [名*] 《P. شاہ رگ》→ शहरग.

शाहराह [名*] 《P. شاہ راہ》大通り；公道；本道；車道；ハイウエイ= राजमार्ग.

शाहवार [形] 《P. شاہوار》甚だ高価な；豪華な

शाहसवार [形・名] 《P. شاہ سوار》→ शहसवार.

शाहाना [形] 《P. شاہانہ》(1) 王の；国王の；皇帝の (2) 豪華な；豪勢な

शाहिद [名] 《A. شاہد》(1) 目撃者= साक्षी. (2) 証人= गवाह.

शाहीं [名]《P. شاہیں》〔鳥〕ハヤブサ科ハヤブサ【*Falco peregrimus*】= श्येन.

शाही [形] 《P. شاہی》(1) 王の；国王の；皇室の शाही शिकारगाह 皇室の狩猟場；御猟場 शाही ख़ानदान 王室；皇室；王族 शाही ख़ानदान की औरत 王室の女性 शाही फ़रमान 勅令 इनको मना किया तो इन बदतमीज़ों ने शाही फ़रमान दिखा दिया 断ったところこの不心得者たちは勅令を見せた **शाही मोहर** 玉璽 (2) 国の；国家の；帝国の शाही फ़ौज （ムガルの）国軍；朝廷軍；政府軍；官軍 (3) 豪華な；豪勢な；特別の；特製の；ローヤル शाही दावत 豪華な宴 हम तो हमेशा की तरह शाही ठाठ से तृतीय श्रेणी में पास हुए हैं わが輩は例によって悠然と第３等級（すなわち，最下級の成績）で合格した

शाही क़ोरमा [名] 《P. T. شاہی قورمہ》〔料〕シャーヒーコールマー（ヨーグルト、ギーで肉を煮込んだシチュー）

शाही जिज़्या [名] 《P.A. شاہی جزیہ》〔イ史〕イスラム支配下にヒンドゥーに課された人頭税

शिंगटी [名*]〔魚〕ナマズ科の魚

शिंगर्फ़ [名] → शंगर्फ़. 辰砂

शिंगर्फ़ी [形] (1) 辰砂の (2) 赤の；朱の；朱色の

शिंघाण [名] はな（洟）をかむこと；鼻水を鼻の外に出すこと

शिंघाणक [名] (1) はな；はなみず（洟） (2) たん（痰）

शिंजन [名] 貴金属の装身具や金属の発する音．ちゃりん，ちりん，ちりんちりんなど

शिंजा [名*] (1) 弓弦 (2) = शिंजन.

शिंजिनी [名*] 弓弦 = चिल्ला; पतंचिका.

शिंब [名] 豆のさや（莢） = छीमी; फली.

शिंबा [名*] 豆のさや = फली; छीमी.

शिंबी [名*] (1) 豆のさや (2)〔植〕さやを持つマメ科の植物

शिंशपा [名*]〔植〕マメ科高木シッソーシタン= शिंशुपा; शीशम.

शिंशुमार [名]〔動〕イルカ科ガンジスイルカ【*Platanista gangetica*】〈Gangetic dolphin〉= सूँस; सूस.

शि: [感] शि: शि: しっしっ（鳥などを追い払う声）

शिकंजबी [名] 《P. سکنجبین / شکنجبی शिकंजबीन/शिकंजबी》酢やライムジュースなどに蜂蜜や砂糖を混じた清涼飲料= सिकंजबीन.

शिकंजा [名]《P. شکنجہ》(1) 締め金；かすがい (2) 圧搾機（油やサトウキビを搾る機械） (3) 締め付け；抑圧 धर्म के शिकंजे में जकड़ा हमारा समाज 宗教にがんじがらめになったわが社会 (4) 責め苦；拷問 **शिकंजे में कसना** = शिकंजे में जकड़ना. (-) **शिकंजे में खींचना** *a.* （－を）ひどく苦しめる *b.* （－を）統御する (-) **शिकंजे में जकड़ना** 自分の思うように統御する；（－を）締めつける；（－の）自由を奪う；（－を）がんじがらめにする पिछड़ी और अनुसूचित जातियों को साहूकारों ने अपने शिकंजे में जकड़ रखा है 後進カーストと指定カーストを高利貸したちが締めつけている अब वह पत्र-पत्रिकाओं को कानूनी शिकंजे में ऐसा जकड़ना चाहते हैं जिसे सारा प्रेस उनकी कठपुतली बन जाए 今やジャーナリズム全体が自分の意のままになるように新聞・雑誌を法律上の締め金で締めつけようとしている

शिकंजी [名*]《P. شکنجی》= शिकंजबी. नींबू की शिकंजी देकर विटामिन 'सी' की पूर्ति की जा सकती है ライムのシカンジーを与えてビタミン C を補うことができる

शिक़ [名*] 《A. شق शिक़्क़》(1) 一方；片側；部分 (2) 地区；区域；地域

शिक़दार [名]《A.P. شق دار》= शिक़्क़दार. シックダール（行政権，司法権も有する収税区シックの長）；タフシールダール（तहसीलदार）. शिकदार का काम कानून और व्यवस्था तथा सामान्य प्रशासन का कार्य देखना था シックダールの業務は法と秩序，一般的な行政を監視することだった

शिकन [名*] 《P. شکن》(1) 表面が縮んだりたるんだために生じるしわ（皺）= सिलवट; सिकुड़न; झुर्री. (2) 衣類などのしわ इस्त्री करके शिकन भी दूर कर देता है アイロンをかけてしわも取る (3) 顔の皺 चेहरे पर शिकन आ॰ 顔をしかめる；しかめ面をする；いやな顔をする हमारे चेहरे पर आई शिकनों की परवाह न करते हुए こちらが顔をしかめたのを意に介さず उनके चेहरे पर ज़रा भी शिकन न आती （寒い中を歩くのに）顔にしわ一つ現れない（少しもしかめ面をしない） **शिकन उभरना** 顔に表情のしわが出る उनके शांत चेहरे पर सामान्य-सी शिकन भी नहीं उभरती あの方の落ち着いた顔にはごく普通のしわさえ出ない

शिकम [名]《P. شکم》(1) 腹= पेट; जठर. (2) 胃= आमाशय; मेदा; पक्वाशय.

शिकमपरस्त [形] 《P. شکم پرست》(1) 大食いの；口の卑しい (2) 己の利得のためにあさましい；大変欲深い；あまりにも利己的な = शिकमपर्वर.

शिकमपरस्ती [名*] 《P. شکم پرستی》← शिकमपरस्त. = शिकमपरवरी 《P. شکم پروری》.

शिकमी[1] [形] 《P. شکمی》(1) 腹の (2) また借りの；転借の (3) 自分の；私的な

शिकमी[2] [名] = शिकमी काश्तकार. 〔農〕(1) 小作地の又借り；孫小作；又小作；孫作 (2) 又小作をする小作人= शिकमी इजारादार.

शिकमी असामी रैयत [名*]〔農〕(1) 又小作をする小作人 (2) 村の共有地を借り受けて耕作する人

शिकरम [名] (1) 馬車；馬の引く荷車 (2) ラクダの引く荷車

शिकरा [名]《P. شکرہ》〔鳥〕ワシタカ科ミナミハイタカ【*Accipiter badius*】

शिकवा [名]《A. شکوہ》不平；不満 = शिकायत; उलाहना. के सेकेंड जागे थे जो सारी रात जागते रहने का शिकवा हो रहा है! 夜通し起きていたなどと不平を言うが一体何秒間起きていたのだい **शिकवा भरना** 不平；不満を言う हमें तो आपसे एक शिकवा था, इस लिए भरने चला था あなたに不満があったのでそれを伝えに出掛けたのでした

शिकस्त [名*] 《P. شکست》(1) 敗北；負け；敗戦 मुसलमानों की शिकस्त की ख़बर イスラム教徒の敗北の知らせ **शिकस्त खाना** 敗北を喫する；敗北する (-को) **शिकस्त दे॰** （－を）打ち負かす दुश्मन हमें शिकस्त नहीं दे सकता 敵は我々を負かすことはできない (2) 失敗 (3) 破壊

शिकस्तगी [名*] 《P. شكستگی》破壊；破損

शिकस्ता[1] [形] 《P. شكسته》破壊された；壊れた；破損した

शिकस्ता[2] [名*] シカスタ書体（ペルシア文字の筆記体）

शिकाकाई [名*] (1)〔植〕マメ科低木サボンアカシア【*Acacia sinuata; Acacia concinna*】 (2) シカーカーイー（同上のさやや実を粉末にした洗剤） शिकाकाई पाउडर シカーカーイー・パウダー（サボンアカシアの実から採った洗剤）

शिकायत [名*] 《A. شكايت》(1) 不平；不満；不服 अब तुझे या बहू को हमसे कोई शिकायत नहीं होगी もうこれからはお前や嫁には私に対する不満はあるまい (2) 言い分；文句；ぐち；苦情 (3) 告げ口；陰口 न सास के ताने, न ननदों की शिकायतें 姑の嫌味もなければ小姑の陰口もない (4) 体の不調；病気 मुझे कब्ज की शिकायत है 便秘症なのです (-की) **शिकायत क॰** （ーのことを）言いつける；告げ口をする मैं अध्यापक से तुम्हारी शिकायत करूँगी 先生にあんたのことを言いつけてやるわ तो क्या किसी की शिकायत करना चाहते हो? मुझे शिकायतों से घृणा है それじゃ君はだれかの告げ口をしたいわけか，私は告げ口は大嫌いだ **शिकायत रफ़ा क॰** 苦情や不平をなくす

शिकायतकर्ता [形・名] 《A.+ H.कर्ता》= शिकायती.

शिकायती [形・名] (1) 不平を述べる；苦情を言う；文句のある शिकायती लोग 苦情を言う人々；文句のある人たち (2) 非難する

शिकार [名] 《P. شكار》(1) 狩り；狩猟 बारहसिंगे का शिकार ヌマジカの狩り (2) 獲物 (3) 餌食；犠牲；攻撃の的 कहीं परशुराम के कोप का शिकार वही न हो जाएँ ひょっとしてあの人がパラシュラーマの怒りの犠牲になりはしないか अपनों परायों की तीखी नुक्ताचीनी का शिकार 身内と他人の激しいあら探しの餌食 भारतीयों को भेदभाव का शिकार होना पड़ता है インド人は差別の犠牲にならなければならない वे ओलों के शिकार इलाके का दौरान करने तक नहीं पधारे 雹に見舞われた地域の視察にさえおいでにならなかった **शिकार आ॰** 獲物が罠にかかる **शिकार के वक़्त कुतिया हगाना** その時にふさわしくないことをする **शिकार खेलना** *a.* 狩りをする किसी देश का राजा जंगल में शिकार खेलने गया ある国のお殿様が森に狩りに出かけた *b.* 手柄をあげる **शिकार फँसना** いい獲物がかかる；いい金蔓が見つかる उसने अनुमान लगा लिया कि अच्छा शिकार फँसा है, इसकी ख़ूब रकम ऐंठी जा सकती है いい獲物がかかったわい，これでしこたま絞り取れる，と計算した (-का) **शिकार बनना** （ーの）餌食になる；獲物になる；（ーに）狙われる **शिकार मारना** *a.* 狩りをする तीर कमान लिए शिकार मारना 弓矢を持って狩りをする *b.* 大仕事をする；手柄をあげる **शिकार हाथ से जाता रहना** 金蔓を逃す

शिकारगाह [名*] 《P. شكار گاه》猟場；狩場

शिकारा [名] シカーラー（カシミール地方の湖で用いられる屋形船；ハウスボート）

शिकारी [形・名] 《P. شكاری》(1) 狩りをする；狩り用の शिकारी कुत्ता 猟犬 (2) 狩人；猟師 शिकारी पक्षी 猛鳥；猛禽（狩りをして捕食する鳥）

शिकोह [名] 《P. شكوه》恐れ；恐怖 = भय; त्रास; डर; ख़ौफ़.

शिक्थ [名] ろう（蝋）

शिक्या [名*] 天秤棒の両端に吊るすもっこ

शिक्षक [名] 教員；教師 **शिक्षक-अभिभावक संघ** PTA. **शिक्षक-अभिभावक संघ अध्यक्ष** PTA. 会長 शिक्षक-अभिभावक संघ महासचिव PTA. 書記長 शिक्षक प्रशिक्षण 教員養成 **शिक्षक संघ** 教員組合

शिक्षण [名] 訓練；教育；トレーニング उसे पढ़ने के लिए विशेष प्रकार के शिक्षण की आवश्यकता न होगी それを学ぶのに特別の訓練が求められるわけではない

शिक्षण विज्ञान [名] 教育学

शिक्षा [名*] (1) 教えること；教育；教授 निःशुल्क शिक्षा 無償教育 प्रौढ़ शिक्षा 成人教育 प्रारम्भिक शिक्षा 初等教育 अनिवार्य शिक्षा 義務教育 सामान्य शिक्षा 普通教育 (2) 教え；宗教や道徳上の教え बुद्ध की शिक्षाओं के संबंध में 仏陀の教えについて (3) 教訓 (4) ヴェーダ研究の補助学としての音韻学 **शिक्षा दिलाना** 教育を受けさせる；学校にやる उन्होंने बड़े भाई को विलायत भेजकर बैरिस्ट्री की शिक्षा दिलाई 兄をイギリスへやって弁護士になるための教育を受けさせた तुम्हें या तुम्हारी बहिन को स्कूल में शिक्षा दिलाना है या नहीं お前やお前の妹を学校へやるのかやらないのか **शिक्षा दे॰** さとす（諭す）；たしなめる= नसीहत क॰.

शिक्षा आयोग [名] 教育審議会

शिक्षा एवं समाज कल्याण मंत्रालय [名] 教育・社会福祉省

शिक्षा केंद्र [名] 教育センター

शिक्षा जगत् [名] 教育界

शिक्षात्मक [形] 教訓的な = उपदेशात्मक.

शिक्षा-दीक्षा [名*] 教育；人格形成の教育 वहीं रांगेय राघव की शिक्षा-दीक्षा हुई ラーンゲーヤ・ラーガウは同地で教育を受けた

शिक्षा निकाय [名]（大学の）教育学部

शिक्षा प्रणाली [名*] 教育制度

शिक्षाप्रद [形] (1) 教育的な；教育に役立つ शिक्षाप्रद खिलौना 教育玩具 (2) 教訓的な；教訓を与える शिक्षाप्रद कहानी 教訓話

शिक्षा मंत्रालय [名] 文部省；教育省

शिक्षाविद् [名] 教育学者

शिक्षावृत्ति [名*] 教職；教育職 मैं शिक्षावृत्ति नहीं करता, अध्यापक नहीं हूँ 私は教職にはついていない，教師ではないんだ

शिक्षा शास्त्र [名] 教育学

शिक्षा संस्था [名*] 教育機関

शिक्षाहीन [形] 無学の；無教育な= अशिक्षित; बेपढ़ा; अनपढ़.

शिक्षिका [名*] (1) 女性教師；女教師= अध्यापिका. शिक्षक-शिक्षिकाओं को （男女の）教師たちに (2) 保母

शिक्षित [形] (1) 教育を受けた；教育された शिक्षित वर्ग के सदस्य 教育のある階層のメンバー **शिक्षित क॰** 教育する जनता को शिक्षित क॰ 民衆を教育する **शिक्षित करवाना** 教育を受けさせる；教育を与える संयुक्त परिवारों में भी बालकों को शिक्षित करवाने की प्रवृत्ति बढ़ रही है 合同家族の中でも子供たちに教育を受けさせようとする傾向は増してきている (2)（動物が）教え込まれた；訓練された；仕込まれた तोते को भली भाँति शिक्षित कर オウムをよく訓練して

शिखंड [名] (1) クジャクの尻尾= मोर की पूँछ. (2)〔ヒ〕ヒンドゥーの一部男子が宗教上の理由から頭頂部にわざと切らずに長く伸ばしたひとつまみの髪；チョーティー；シカー= चोटी; शिखा.

शिखंडिक [名] 鶏 = मुर्गा; कुक्कुट.

शिखंडिनी [名*] 雌のクジャク = मोरनी; मयूरी.

शिखंडी [名] (1) クジャク（孔雀） (2) ニワトリ（鶏） (3) 性的不能者 (4) 去勢された男 (5)〔マハ〕シカンディン／シカンディー（パンチャーラ国のドゥルパダ王の息子．もともと娘として生まれたが後に性転換したと伝えられる） (6) 悪事を働くのに利用される人や存在；だし（出し／出汁）

शिख [名*] = शिखा.

शिखर [名] (1) 頂上；一番高いところ；頂き；頂点 पंचायती राज व्यवस्था के शिखर पर प्रत्येक जिले में एक ज़िला परिषद् होती है パンチャーヤト行政制度の頂点に各県に１つの県評議会がある (2) 山頂 एवरेस्ट शिखर エベレストの頂上 (3) 高塔の最上部

शिखरन [名] シカラン（ヨーグルトに砂糖や香料，ナッツなどを加えてこしらえる飲料）

शिखरवार्ता [名*] 頂上会談〈toplevel conference〉

शिखर सम्मेलन [名] 首脳会談〈summit meeting〉

शिखरा [名*]〔植〕アオギリ科低木ネジトウガラシ【*Helicteres isora*】

शिखरावली [名*] 峰の連なり；連峰 सह्याद्रि पर्वतमाला की शिखरावली दृष्टिगोचर होती है サヒヤードリ山脈の峰々が見える

शिखरिणी [名*] (1) 最高の女性 (2) シカラン（→ शिखरन） (3)〔韻〕シカリニー（各パーダが यगण + मगण + नगण + सगण + भगण + लघु + गुरु の 17 音節から成る音節韻律）

शिखरी [名*] 頂き；頂上

शिखा [名*] (1)〔ヒ〕ヒンドゥー教徒の男子が入門式の際，剃髪せずに残す頭頂部の一房の毛（本来は終生切らないものとされた）；シカー (2) 鳥の冠毛 मयूरों की शिखाएँ 孔雀の冠毛 (3) 炎；火炎 (4) 上に突き出たものや突き出した部分

शिखिनी [名*] (1)〔鳥〕雌のクジャク= मयूरी; मोरनी. (2)〔鳥〕めんどり（雌鶏）= मुर्गी; मुरगी.

शिखी [名] (1)〔鳥〕クジャク= शिखिनी. (2)〔鳥〕おんどり（雄鶏）= मुर्गा.

शिगाफ़ [名] 《P. شگاف》(1) ひび；ひび割れ (2) 裂け目 (3) 穴

शिगाल [名] 《P. شگال》〔動〕ジャッカル = गीदड़; सियार.

शिगुफ़्ता [形] 《P. شگفته》(1) 開いた；開花した= खिला हुआ. (2) 喜んだ；嬉しい；上機嫌の= प्रसन्न; हर्षित.
शिगूफ़ा [名] 《P. شگوفه》(1) つぼみ（蕾）= कली; कलिका. (2) 花= पुष्प; फूल. (3) 面白い出来事；滑稽な出来事 **शिगूफ़ा खिलना** *a.* おかしな出来事が生じる；変わった話が出てくる；奇妙な出来事が起こる *b.* ごたごたが生じる；もめごとが起こる **शिगूफ़ा खिलाना** ごたごたを起こす；もめごとを起こす **शिगूफ़ा छोड़ना** *a.* 奇妙なことを言う *b.* わざともめごとを起こす **शिगूफ़ा फूलना** *a.* 奇妙な話になる *b.* もめごとが起きる
शित [形] (1) といだ（砥いだ）；（砥いで）鋭利になった (2) 先のとがった= नुकीला. (3) やせた；やせ細った
शितद्रु [名*]（パンジャーブを流れる）サトラジ川の古名= शतद्रु; सतलज नदी.
शिताब[1] [副] 《P. شتاب》急ぎ；急いで；素早く= शीघ्र; जल्द; तुरंत; तीव्र.
शिताब[2] [名*] 急ぎ；急ぐこと = शीघ्रता; जल्दी.
शिताबी [名*] 《P. شتابی》(1) 急ぎ；せくこと (2) あわてること；あせること
शिति [形] (1) 白い= सफ़ेद; श्वेत. (2) 黒い= काला. (3) 青黒い = नीला.
शितिकंठ [名] シヴァ神の異名の一 = नीलकंठ.
शितिरत्न [名] サファイア = नील मणि; नीलम.
शिथिल [形] (1) だるい；鈍った भोजन न करने से शरीर शिथिल पड़ जाता है 食事をしないと体がだるくなる (2) 力が抜けた；だらりとした；不活発な ओझा के हाथ शिथिल हो गए 祈祷師の腕がだらりとなった (3) たるんだ；張りのない；緩んだ；緩い जहाँ प्रेम का बंधन शिथिल हो, वहाँ परिवार की रक्षा कैसे हो सकती है? 愛の絆が緩んでいれば一家はどうやって守れようか (4) 元気のない；力のない；弱い अचानक ही युवती की वाणी शिथिल हो गई にわかに娘の声が弱くなった "इसे मैं अपने सिरहाने रख लूँ?" उसने शिथिल-सी आवाज़ में कहा 「枕元に置いてもいいですか」力の失せたような声でいった
शिथिलता [名*] ← शिथिल. समाज की शिथिलता 社会の停滞
शिथिलाई [名*] = शिथिलता.
शिथिलाना[1] [自] (1) 鈍る；鈍化する (2) くたびれる；疲れる (3) たるむ；だらりとなる；緩んだ (4) 弱くなる；弱まる
शिथिलाना[2] [他] (1) 鈍らせる (2) 疲れさせる (3) たるませる；緩める (4) 弱らせる
शिथिलित [形] (1) 鈍った (2) 力の抜けた；くたびれた；疲れた (3) たるんだ；弛緩した；緩んだ (4) 弱まった
शिथिलीकरण [名] (1) 鈍くなること；鈍化 (2) 無力化 (3) 弛緩 (4) 弱体化
शिद्दत [名*] 《A. شدت》(1) 激しさ；強烈なさま；猛烈な様子 बड़ी शिद्दत के साथ इस बात को महसूस करती है 彼女はこれを痛感する (2) 困難；苦労 वह अपनी तमाम शिद्दतों के बावजूद किसी एक शीर्ष तक नहीं पहुँच सके あらゆる苦労を重ねながらも頂点にまで到達できなかった
शिनाख़्त [名*] → शनाख़्त. 身元や正体の確認；識別；判別 बंधित श्रमिकों की शिनाख़्त 拘束労働者たちの身元確認 शव की शिनाख़्त कर ली गई है 遺体の身元が確認された
शिनासा [形・名] 《P. شناسا शनासा》面識のある；知り合いの；知人
शिनासाई [名*] 《A. شناسائی शनसाई》(1) 面識；知り合い (2) 知識
शिपयार्ड [名] 《E. shipyard》造船所
शिपिंग कंपनी [名*] 《E. shipping company》海運会社
शिफा [名*] (1) 鞭 (2) 鞭打ち
शिफ़ा [名*] 《A. شفا》(1)（病気からの）回復；治癒；予後 (2) 治療；医療；手当て शिफ़ा हो॰ 回復する；治癒する इंशा अल्लाह वह ज़रूर शिफ़ा होगा あの人はきっと回復します
शिफ़ाख़ाना [名] 《A.P. شفاخانه》病院；療養所 = चिकित्सालय; अस्पताल.
शिफ़ान [名] 《E. chiffon》シフォン झीनी झीनी शिफ़ान की साड़ी とても薄いシフォンのサリー
शिफ़ारिस [名*] → सिफ़ारिश.
शिफ़्ट [名] 《E. shift》(1) 移転；転居 **शिफ़्ट क॰** 転居する (2) 交替 **शिफ़्ट से (काम) क॰** 勤務を交替する
शिमला [地名] シムラー（ヒマーチャル・プラデーシュ州の州都）
शिमला मिर्च [名*]〔植〕ナス科野菜ピーマン【*Capsicum annuum*】
शिमला समझौता [名]〔イ政〕シムラー協定（1972 年 7 月に第三次インド・パキスタン戦争後に締結されたカシミールをめぐるインドとパキスタンの協定）
शिमाल [名] 《A. شمال》北；北方 = उत्तर; उत्तर दिशा. भारत के शिमाल में हिमालय पहाड़ है インドの北方にヒマラヤ山脈がある
शिमाल मग़रिब [名] 《A. شمال مغرب》北西 = पश्चिमोत्तर; उत्तर पश्चिम.
शिमाल मशरिक़ [名] 《A. شمال مشرق》北東 = पूर्वोत्तर; उत्तर पूर्व.
शिमाली [形] 《A. شمالی》北の；北方の = उत्तरी; उत्तर का. शिमाली हवा 北風
शिया [名] 《A. شیعه शीआ/शीया》〔イス〕シーア派 = शीआ; शीया; शिया मत.
शिर:कपाल [名] 頭蓋骨；されこうべ
शिर:कपाली [名]〔ヒ〕カーパーリカ派の行者→ कापालिक.
शिर:खंड [名] 頭蓋骨 = कपालास्थि.
शिर:फल [名] ココヤシの実 = नारियल.
शिर [名] (1) 頭；頭蓋 (2) 額 (3) 頂き；頂上；てっぺん (4) 先；先端 (5)〔軍〕後衛部隊
शिरकत [名*] 《A. شرکت शिर्कत》(1) 参加（会議や会合への） (-में) शिरकत क॰（ーに）参加する मैंने भारतीय प्रतिनिधि के बतौर ही अंतर्राष्ट्रीय जलसों में शिरकत की थी インドの代表として国際会議に参加した (2) 協同；協力 (3) 共同経営
शिरकती [形] 《A. شرکتی》共同の；合同の
शिरज [名] 毛髪；頭髪 = केश; बाल.
शिरफूल [名]〔装身〕ヒンドゥー女性が前額部につける貴金属製の花形の装身具；シルプル；シースプール सीसफूल
शिरसा [副] 頭を下げて；丁重に；うやうやしく（恭しく）
शिरसिज [名] 頭髪；毛髪 = केश; बाल.
शिरस्त्राण [名] かぶと（兜） = खोद.
शिरहन [名] (1) 枕= तकिया. (2) 寝台や寝床の枕側= सिरहाना.
शिरा [名*] (1) 血管 (2) 静脈 (3)〔植〕葉脈 (4)〔植〕葉肋
शिराज़ा [名] → शीराज़ा. शिराज़ा बिखर गया 本の綴じ糸がばらばらになってしまった
शिराजालिका [名*]〔植〕葉脈 पत्तियों की विचित्र शिराजालिका 変わった葉脈
शिरानाल [名]〔解〕大静脈〈venous trunk〉
शिरारुधिर [名] 静脈血〈venous blood〉
शिराविधि [名*]〔医〕点滴〈intravenous drip; glucose drip〉
शिराविन्यास [名] (1)〔植〕葉脈 (2)〔動〕静脈
शिरोधार्य [形] 有り難くいただくべき；頂戴すべき；有り難い；拝受すべき (-) **शिरोधार्य क॰** *a.*（ーを）頂戴する *b.* 有り難くいただく；拝受する
शिरोबिंदु [名] 頂点；絶頂
शिरोभूषण [名] 頭部につける装身具
शिरोभूषा [名*] 頭の被り物
शिरोमणि [名] (1) 頭につける宝玉 (2) 第一人者；最高峰；筆頭；頭 अंग्रेज़ी पत्रकारिता का शिरोमणि 英語ジャーナリズムの最高峰 भरत वंश शिरोमणि バラタ族の頭
शिरोमणि अकाली दल [名]〔イ政〕シローマニ・アカーリーダル党（インドのパンジャーブ州のシク教徒による地域政党）
शिरोमणि गुरुद्वारा प्रबंधक कमेटी [名*]〔シク〕シローマニグルドゥワーラー・プラバンダク・コミッティー（シク教寺院の管理並びにシク教徒問題に関する責任を負う機能を持つ委員会；最高グルドゥワーラー管理委員会，SGPC）
शिरोरेखा [名*] シローレーカー（デーヴァナーガリー文字の上部の横線）
शिरोविंदु [名] 頂点；絶頂 = शिरोबिंदु.
शिल [名] 落ち穂拾い（で生業を立てること）
शिला [名*] (1) 石= पत्थर; पाषाण. (2) 岩；岩石= चट्टान. (3) 丸砥石；グラインダー
शिलाक्षार [名] (1) 石灰 (2) 石版刷り= पत्थर की छपाई.
शिलाखंड [名] 岩；岩石 3 मीटर से 5 मीटर तक लंबे शिलाखंड 高さ 3m から 5m の岩石 संगमरमर का शिलाखंड 大理石の岩
शिलाजतु [名]〔鉱〕赤鉄鉱；代赭石 = गेरू.
शिलाजा [名*] 大理石 = संगमरमर.

शिलान्यास [名] (1) 礎石 (2) 定礎
शिलापट्ट [名]〔建〕腰羽目；台胴（円柱下部の方形部）〈dado〉
शिलाभांड [名] 石の器；石製の器
शिलाभूत [形] → शिलीभूत.
शिलामुद्रक [名] 石版工；石版画家
शिलामुद्रण [名] 石版画；石版印刷
शिलालिपि [名*] 碑銘
शिलालेख [名] 碑文；碑銘
शिलालेखविद् [名] 碑文学者
शिलावेश्म [名] (1) 石造りの家 (2) 岩窟
शिलिका [名*] インゴット
शिलीभूत [形] 石になった；岩になった；石と化した
शिल्प [名] (1) 技術；技能；技 पत्थर काटने का शिल्प 石を切り出す技術 जुलाहे का शिल्प इस युग में उन्नत दशा में था 織工の技術はこの時代には高かった (2) 手工芸；工芸；手工業 (3) 技巧
शिल्पकार [名] 技術者；職人；職工 = शिल्पी.
शिल्पचातुरी [名*] 技術；工芸
शिल्प विज्ञान [名] 技術；科学技術；テクノロジー विज्ञान एवं शिल्प विज्ञान से संबंधित मानव की सृजनात्मक शक्ति 人間の科学と技術面の創造力
शिल्प विज्ञानी [名] 科学技術者；工芸学者〈technologist〉
शिल्प विद्यालय [名] 工芸学校
शिल्प विधान [名] 技巧
शिल्प विधि [名*] 専門技術；技巧；テクニック；手法
शिल्प वैज्ञानिक[1] [形] 科学技術の
शिल्प वैज्ञानिक[2] [名] 科学技術者
शिल्प शाला [名*] 仕事場；作業所
शिल्प शास्त्र [名] (1) 工芸学 (2) 建築学
शिल्पिक [名] 職人；職工；技術者
शिल्पी [名] (1) 職人；職工；技工 कुशल शिल्पी 腕のいい職人 शिल्पी जातियाँ 職人カースト (2) レンガ職人 (3) 絵描き；画家
शिल्पी श्रेणी [名*] ギルド
शिल्पी संघ [名] ギルド = शिल्पी श्रेणी; दस्तकारियों की श्रेणी.
शिवंकर [名] (1) シヴァ神 (2) シヴァ神の眷属
शिव[1] [形] (1) めでたい；幸先の良い；吉兆の；吉祥な (2) 無事で健康な；清祥な (3) 幸運な
शिव[2] [名] (1) シヴァ神 (2) 吉祥 (3) 無事；幸福；繁栄；吉祥 (4) 幸運
शिवकांता [名*] パールヴァティー神（पार्वती）の異名の一
शिवकारिणी [名*] ドゥルガー神の異名の一
शिवकारी [形] (1) めでたい；吉祥の (2) 益する；有益な；福をもたらす
शिवक्षेत्र [名] (1)〔ヒ〕カイラーサ山 → कैलास. (2)〔地名〕カーシー；バナーラス→ काशी; बनारस; वाराणसी.
शिवगिरि [名]〔ヒ〕カイラーサ山（कैलास）
शिव-चतुर्दशी [名*] (1)〔ヒ〕シヴァ・チャトゥルダシー（パールグナ月 फाल्गुन の黒分 14 日） (2)〔ヒ〕シヴァ・ラートリ祭（同上の日に行われるシヴァ神を祀る祭り）→ शिवरात्रि.
शिवता [名*] (1) シヴァ神の本質 (2) 不死
शिवतीर्थ〔地名〕カーシー（काशी）
शिवतेज [名] 水銀
शिवतेरस [名*]〔ヒ〕シヴァ・テーラス＝シヴァラートリ（→ शिवरात्रि）
शिवत्व [名] = शिवता.
शिवद्रुम [名]〔植〕ベルノキ = बेल.
शिवधातु [名*] 水銀
शिवनंदन [名] ガネーシャ神
शिवनाथ [名] シヴァ神
शिवपीठिका [名*]〔ヒ〕シヴァリンガ像を据える台座
शिवपुत्र [名] (1) ガネーシャ神（गणेश） (2) カールティケーヤ神（कार्तिकेय） (3) 水銀
शिवपुर [名] (1)〔ジャ〕ジャイナ教徒の信じる天国 (2)〔地名〕ヴァーラーナシー；ベナレス；カーシー
शिवपुराण [名]〔ヒ〕シヴァ・プラーナ（18 大プラーナの一）
शिवपुरी〔地名*〕シヴァプリー（ヒンドゥーの聖地であるカーシーの異名）= वाराणसी; बनारस; काशी.
शिवप्रिय [名]〔ヒ〕シヴァ神の好むもの *a.* ムクロジ= रुद्राक्ष *b.* チョウセンアサガオ= धतूरा *c.* 大麻= भाँग
शिवम्[1] [形] = शिव[1]. ठोस सत्य सदा शिवम् होता ही है 純粋に真なるものは吉なるものに決まっている
शिवम्[2] [名] = शिव[2].
शिवरात्रि [名*] (1)〔ヒ〕シヴァ・ラートリ祭（パールグナ月 फाल्गुन, すなわち，インド暦 12 月の黒分 13 日，もしくは，14 日の祭礼．日本の旧暦 1 月 29 日） (2)〔ヒ〕インドの陰暦の毎月の黒分 14 日）
शिवरानी [名*] シヴァ神妃，すなわち，パールヴァティー神
शिवलिंग [名]〔ヒ〕シヴァ・リンガ（ヒンドゥー教徒の礼拝の対象であるシヴァ神の標徴としての男根像）
शिवलोक [名]〔ヒ〕シヴァ神の世界，カイラーサ山
शिववाहन [名]〔ヒ〕（シヴァ神の乗り物とされる牛）ナンディー（नंदी）
शिवशैल [名]〔イ神・ヒ〕カイラーサ山；カイラース山（インドの伝説上の山及びヒンドゥー教，ラマ教，ボン教の聖山とされるチベット南西部のカイラース山）
शिवसायुज्य [名] (1)〔ヒ〕シヴァ派信徒の信じる解脱，シヴァ神との合一が得られるという (2) 死= मृत्यु.
शिव सेना [名*] シヴセーナー党（マハーラーシュトラ州を中心とするヒンドゥー教的色彩の濃い政党．1966 年創立）
शिवसैनिक [形・名] (1) シヴセーナー党の (2) シヴセーナー党員 तो क्या कांग्रेस नेता शिवसैनिक बनने जा रहे हैं? それじゃコングレスの幹部がシヴセーナー党員になろうとしているというわけかい
शिवा [名*] (1) パールヴァティー神 (2) ドゥルガー神 (3) 解脱= मुक्ति; मोक्ष.
शिवा जी〔人名・史〕シヴァージー（1627–80, マラーター王国の創始者）
शिवाजी जयंती [名*] シヴァージー生誕記念日（4 月 19 日）
शिवानी [名*] ドウルガー神 दुर्गा の異名の一
शिवालय [名] (1)〔ヒ〕シヴァリンガの祀られている寺院 (2) ヒンドゥー寺院
शिवाला [名] = शिवालय.
शिवालिक〔地名〕シワーリク／シワリク丘陵（グレート・ヒマラヤの南側に横たわる丘陵でインダス川からブラフマプトラ川まで 1600km に及ぶ）
शिवि [名]〔イ神〕シヴィ王（ハトのために身を投げ出したことやその信心深さで知られるウシーナラ国 उशीनर の王）
शिविका [名*] かご（轎） = पालकी.
शिविर [名] (1) 天幕；キャンプ (2) キャンプ；トレーニングキャンプ；合宿（訓練） शिक्षकों तथा विद्यार्थियों के अंतर्राष्ट्रीय शिविर 教師と学生の全国キャンプ (3) 合宿所；キャンプ (4) 難民キャンプ
शिशिर[1] [名] (1) マーガ月 माघ 及びパールグナ月 फाल्गुन, すなわち，インド暦の 11 月及び 12 月の季節（旧暦 11 月 16 日からの 2 か月間） (2) 寒季；冬
शिशिर[2] [形] (1) 涼しい；涼気を感じさせる (2) 冷たい；寒い；寒冷な
शिशिरकर [名] 月；太陰= चंद्रमा; चाँद.
शिशिरता [名*] ← शिशिर. (1) 涼気 (2) 寒冷
शिशु [名] (1) 乳児；赤子；赤ん坊；嬰児 शिशु की जन्मतिथि, वार, नक्षत्र तथा ग्रहों आदि को देखकर 赤子の誕生日，曜日，星宿，遊星などを見て नवजात शिशु 新生児 शिशु कक्षा 幼稚園級 शिशु कक्षा से लेकर विश्वविद्यालयों की उच्चतम कक्षाओं तक 幼稚園から大学の最高学年まで शिशु प्रदर्शनी 健康優良児コンテスト गर्भस्थ शिशु 胎児 (2) 幼児；小児
शिशुकाल [名] 幼児期= शैशवकाल.
शिशुगृह [名] 保育所 शिशुगृह खोलना 保育所を開設する
शिशुधानी [名*]〔動〕育児嚢
शिशुपाल [名]〔イ神〕シシュパーラ（チェーディ国の王 चेदि のことでクリシュナの甥）
शिशुपालन [名] 子育て；育児 शिशुपालन की ढेरों किताबें 育児書の山
शिशुभाषा [名*]〔言〕幼児語〈nursery language〉
शिशुमार [名]〔動〕ガンジス・イルカ= सूँस.

शिशुरोग [名]〔医〕小児病 शिशुरोग विशेषज्ञ 小児科医
शिशुविहार [名] (1) 保育所；託児所 (2) 幼稚園
शिशुशाला [名*] 託児所
शिशुसदन [名] = शिशु विहार.
शिशुहत्या [名*] 嬰児殺し；幼児殺し
शिश्न [名]〔解〕陰茎；ペニス = लिंग.
शिश्नमुंड [名]〔解〕(陰茎) 亀頭= शिश्नाग्र. शिश्नमुंड छद (陰茎) 包皮= शिश्नाग्र त्वचा.
शिष्ट [形] (1) 礼儀正しい शिष्ट बच्चा 礼儀正しい子供 (2) きちんとした；端正な (3) 上品な
शिष्टता [名*] ← शिष्ट. (1) 礼儀正しさ (2) 端正さ (3) 上品さ शिष्टतावश 礼儀上；儀礼的に शिष्टतावश मैंने उनसे बैठने को कहा 礼儀上お掛け下さいと言った
शिष्टमंडल [名] (1) 代表団 वह गणराज्य दिवस समारोह के लिए शिष्टमंडल में आई 共和国記念日のパレードの代表団に加わってやって来た कांग्रेस शिष्टमंडल 会議派代表団 (2) 使節団
शिष्टाचार [名] (1) 礼儀；礼；エチケット (2) 礼節
शिष्टाचारी [形] (1) 礼儀正しい (2) 礼節をわきまえた
शिष्टेतर [形] 卑俗な
शिष्टेतर प्रयोग [名]〔言〕スラング；俗語〈slang〉
शिष्टोक्ति [名*]〔言〕婉曲語法〈euphemism〉
शिष्य [名] (1) 生徒；弟子 (2) 学生 (3) 門弟；弟子
शिष्यता [名*] = शिष्यत्व.
शिष्यत्व [名] 生徒・弟子であること；弟子の身分や立場 (-का) शिष्यत्व ग्रहण क॰ (一に) 弟子入りする बड़े-बड़े प्रोफ़ेसरों और विद्वानों ने आकर उनके उपदेशों को अपने हृदय में स्थान दिया और उनका शिष्यत्व ग्रहण किया 偉い教授や学者たちがやって来ては氏の教えを胸に受けとめ弟子になった
शिस्टोसोम रुग्णता [名*]《← E. schistosomiasis + H.》〔医〕住血吸虫病
शिहाबुद्दीन ग़ोरी〔人名・イ史〕《شہاب الدین غوری》ゴール朝 (1148–1206) の第 4 代皇帝シハーブッディン・ムハンマド・ゴーリー
शी [感] しー；しーっ (静かにしなさい)
शीआ [名]《A. شیعہ》= शीया.〔イス〕シーア派 → शिया.
शीकर [名] (1) 水滴 (2) 雨滴 (3) 細雨；小雨 (4) 露 (5) 松脂
शीघ्र [副] (1) すぐに；間もなく；急ぎ शीघ्र घोषित हो जाने की आशा है 間もなく発表される見込み (2) 直ちに；即刻 (3) 機敏に
शीघ्रकारी [形] (1) 素早い；てきぱきした；俊敏な (2) 速効の；速効性の (3) 激しい
शीघ्रकोपी [形] 短気な；気短な；怒りっぽい
शीघ्रगामी [形] 速い；高速の
शीघ्रता [名*] → शीघ्र. (1) 急ぎ (2) 速さ (3) 性急さ= शीघ्रत्व.
शीघ्रातिशीघ्र [副] 早速；大至急に；大急ぎで
शीघ्रिय [形] (1) 速い；敏速な (2) 鋭い
शीत[1] [形] (1) 冷たい；寒い；寒冷な= ठंढ; ठंडा. शीत जलवायु 寒冷気候 (2) たるんだ；緩んだ；鈍い= शिथिल; सुस्त. शीत ऋतु 寒期；冬
शीत[2] [名] (1) 寒さ= ठंढ; सर्दी. मारे शीत के 寒さのあまり (2) 寒期；冬期= जाड़ा; शीतकाल.
शीतक[1] [形] (1) 冷たい；寒い (2) 冷やす；冷却する
शीतक[2] [名] 寒い季節；寒期；冬
शीतकटिबंध [名]〔地理〕寒帯〈frigid zone〉→ कटिबंध.
शीतकर[1] [形] 冷やす；冷たくする；冷気をもたらす；涼しくする
शीतकर[2] [名] 月 = चंद्रमा.
शीतकाल [名] 寒期；冬；冬季；冬期 पक्षी शीतकाल में यहाँ की सुहावनी धूप का आनंद लेने आते हैं 鳥たちが冬にはここの心地よい日差しを楽しみにやって来る
शीतकालीन [形] 寒期の；冬の；冬季の；冬期の शीतकालीन ओलिंपिक 冬季オリンピック
शीतघर [名] (温室に対して) 冷室 ऐसे पौधे नरसरी के शीतघरों के किसी छायादार कोने में उगाये जाते हैं この種の苗木は種苗場の冷室の木陰のある隅に植えられる
शीतजलवायु [名]〔気象〕寒冷気候〈cold climate〉
शीतज्वर [名]〔医〕マラリア熱 = जूड़ी.
शीततरंग [名*] 寒波= शीत लहरी.
शीतता [名*] ← शीत. 寒さ；寒冷；冷気= शीतत्व.
शीतनिद्रा [名*]〔動〕冬眠〈hibernation〉
शीतनिष्क्रियता [名*]〔動〕冬眠 = शीतनिद्रा.
शीतपित्त [名]〔アユ〕体に激痛を伴う発疹が生じる病気
शीतफल [名] (1) = गूलर. (2) = पीलू. (3) = अखरोट. (4) = आँवला.
शीतभंडार गृह [名] 冷蔵倉庫；低温倉庫= ठंडा गोदाम; शीतकक्ष.
शीतयुद्ध [名] 冷戦〈cold war〉
शीतल[1] [形] (1) 冷たい शीतल जल में स्नान करते लोग 冷水で沐浴する人たち शीतल पेय コールドドリンク अतिशीतल पेय 非常に冷たい飲み物 (2) 涼しい；ひんやりした (3) すっとする；さわやかな；爽快な；清涼感のある शीतल प्रलेप すっとする軟膏
शीतल[2] [名] (1) 寒気 (2) 冷気
शीतलक [形・名] (1) 冷やす；冷却する (2) 冷却剤
शीतलचीनी [名*]〔植〕コショウ科蔓木ヒッチョウカ【*Piper cubeba*】
शीतलता [名*] ← शीतल. (1) 冷たさ (2) 涼しさ (3) 涼気；爽快さ युद्ध और रक्तपात की इस विभीषिका को धार्मिक आस्था के स्पर्श ने शीतलता दी है 戦いと流血のこの凄惨な空気に信仰の風が涼気を与えてくれた
शीतलन [名] ← शीतल. 冷やすこと；冷却 (すること)
शीतलपाटी [名*] ござ (寝ござなどに用いられる) = सीतलपाटी. शीतलपाटी बिछी थी ござが敷かれていた
शीतलभंडार [名] 冷蔵庫；冷蔵所
शीतलहर [名*]〔気象〕寒波〈cold wave〉= शीतलहरी; शीत तरंग.
शीतला [名*] (1)〔医〕天然痘；疱瘡 (2) 疱瘡神；疱瘡神；シータラー
शीतला अष्टमी [名*]〔ヒ〕シータラー・アシュタミー (チャイト月黒分 8 日 चैत कृष्णाष्टमी. 疱瘡神を祀る日)
शीतला माता [名*]〔ヒ〕疱瘡神；シータラー神
शीतलावाहन [名]〔ヒ〕シータラー (疱瘡神) の乗り物とされるロバ
शीतला षष्ठी [名*]〔ヒ〕マーガ月の白分 6 日 (疱瘡神を祀る日)；シータラー・シャシュティー
शीतली [名*]〔医〕疱瘡；痘瘡；天然痘
शीतवाताग्र [名]〔気象〕寒冷前線〈cold front〉
शीतवासा [名*] = जूही.
शीता [名*] 寒さ；寒気；冷気
शीताग्र [名] = शीतवाताग्र.
शीताद्रि [名] ヒマラヤ山の異名
शीतोष्ण [形] 温和な；温暖な शीतोष्ण कटिबंध〔地理〕温帯 शीतोष्ण जलवायु 温暖な気候
शीतोष्ण प्रदेश [名]〔地理〕温帯= शीतोष्ण कटिबंध.
शीन[1] [名]《شین》ウルドゥー・アルファベットの第 19 文字の字母 ش の名称 शीन क़ाफ़ दुरुस्त हो॰ 第 19 文字 शीनशと第 28 字 क़ाफ़ قの文字とその発音が正確な；発音が正しい；発音が正確な शीन क़ाफ़ से जुड़ी हुई फ़सीह उर्दू बोलता है よどみなく発音の正しいウルドゥー語を話す शीन क़ाफ़ दुरुस्त न हो॰ 発音が不正確なこと；間違った発音をする
शीन[2] [形] 凍結した；凝結した
शीन[3] [形] 凍った
शीन[4] [名] (1) 愚者 = मूर्ख. (2)〔動〕オオヘビ科ニシキヘビ (錦蛇) = अजगर. (3) 氷= हिम.
शीनन [名] 凍結；凝結
शीया [名] → शीआ, शिया.
शीर [名]《P. شیر》牛乳 = दूध; क्षीर. शीर और शक्कर हो॰ *a.* すっかり溶けこむ；全く融合する；渾然一体となる *b.* 親密な関係になる
शीरख़ाना [名]《P. شیر خانہ》(1) 牛乳店 (2) 酒場；飲み屋
शीरख़ार [形] → शीरख़्वार.
शीरख़्वार [形]《P. شیرخوار》乳を飲む= शीरखोर; दूधपीता.
शीरख़्वारा [形・名]《← P. شیر خوارہ》= शीरखोरा. (1) 乳を飲む (2) 乳飲み子 (3) 頑是ない子供
शीरगर्म [形]《P. شیر گرم》生温い；生暖かい= गुनगुना; नीमगर्म; कदुष्ण.
शीरमाल [名]《P. شیر مال》牛乳で練ったパン生地を焼いたパン
शीरशक्कर [名]《P. شیر شکر》(1) 牛乳と砂糖 (2) 親密な友人関係 (のたとえ)

शीरा [名] 《P. شیره》(1) シロップ (2) 糖蜜 (3) 果汁

शीराज़ 〔地名〕《P. شیراز》シーラーズ（イラン）

शीराज़ा [名] 《P. شیرازه》(1) 順序；順番 (2) 組織 (3) 本の綴じ；綴じ目；要 **शीराज़ा खुलना** = शीराज़ा बिखरना. **शीराज़ा टूटना** = शीराज़ा बिखरना. **शीराज़ा बिखरना** まとまりが失われる；ばらばらになる；乱れる；混乱する वहाँ हर आदमी अपनी ही सोचे और अपनी ही कहे तो एकसूत्रता का शीराज़ा बिखरने लगता है そこで各人がそれぞれ自分のことのみ考え自分のことばかり主張するならば秩序は乱れ出す

शीराज़ाबंदी [名*] 《P. شیرازه بندی》本の綴じ；製本

शीरादार [形] 《P. شیره دار》(1) 糖蜜の入った (2) 汁気の多い

शीरीं[1] [形] 《P. شیرین》(1) 甘い；甘味の (2) 甘美な；快い (3) 愛らしい

शीरीं[2] [名*] シーリーン（イランの中世詩人ニザーミーの恋物語を謳った叙事詩に登場するファルファード फ़र्हाद فرہادの美しい恋人）

शीरींज़बाँ [形] 《P. شیریں زبان》甘くやさしい言葉を話す

शीरीनी [名*] 《P. شیرینی》(1) 甘さ；甘味= मिठास. (2) 菓子= मिठाई; मिष्टान्न. (3) 供物や贈り物に用いられる菓子

शीर्ण [形] (1) 砕けた；粉々になった (2) つぶれた (3) 古びてぼろぼろになった (4) やせこけた (5) ひからびた

शीर्य [形] (1) 砕くことのできる (2) 壊れやすい；もろい

शीर्ष [名] (1) 頭；頭蓋 (2) 物体の一番上の部分；頂点 (3) 絶頂；極致 (4)〔幾〕頂点 (5)〔建〕(屋上，露台などの）手すり；(橋などの）欄干 स्तम्भ का शीर्ष 柱頭

शीर्षक [名] (1) 標題；題；題目；見出し (2) 頭；前頭部 (3) かぶと= टोप; शिरस्त्राण.

शीर्षकोण [名]〔幾〕対頂角〈vertical angle〉

शीर्षच्छेदन [名] 首を刎ねること

शीर्षत्राण [名] 頭の被り物

शीर्षरेखा [名*] デーヴァナーガリー文字の上部の横線

शीर्षविंदु [名] 頂点

शीर्षस्थ [形] (1) 上部，頂上に位置する (2) 指導的な；最高位の；首脳部の कांग्रेस के शीर्षस्थ नेता 会議派の最高指導者たち शीर्षस्थ कर्मचारी 首脳（陣） (3) 最高の；最高クラスの शीर्षस्थ कलाकार トップクラスのアーティスト

शीर्षस्थान [名] 最高位；トップ

शीर्षस्थानीय [形] 最高位の；最高の；トップの

शीर्षासन [名]〔ヨガ〕ヨーガの逆立ちのポーズ；シールシャ・アーサナ

शील [名] (1) 慎み；謙遜 (2) 徳；美徳；品性 (3) 性質；気質 (4) 純潔；貞節 (5) 礼節 **शील तोड़ना** *a.* 冷酷な；情け容赦のない *b.* 無作法な振る舞いをする；礼節を捨て去る **शील निभाना** 礼儀正しく振る舞う **शील भंग क°** = शील तोड़ना.

-शील [造語] 何らかの性質や傾向を持ったり帯びたりする意を有する合成語の構成要素 कुछ उन्नतिशील गाँव 一部の進歩的な（進んだ）村 धर्मशील 敬虔な

शीलभंग [名] (1) 慎みを捨てること (2) 凌辱；婦女暴行；女性を辱めること शीलभंग करने की कोशिश 婦女暴行未遂

शीलवंत [形] (1) 慎み深い；謙虚な；奥ゆかしい (2) 品のある (3) 高潔な वे बहुत गंभीर और शीलवंत व्यक्ति थे とても重厚で高潔な方だった

शीलवती [形*] = शीलवंत.

शीलवान [形] = शीलवंत.

शील-व्यवहार [名] 礼儀作法 हम तीनों ही ग़रीब घरों के थे, शील-व्यवहार में सब समान 我々3人とも貧しい家の出で礼儀作法も似通っていた

शीलसंपन्न [形] = शीलवंत. शीलसंपन्न स्त्री से मेरा विवाह करवा दीजिए 私を上品な女性と結婚させて下さい

शीलहरण [名] 女性を辱めること；凌辱；婦女暴行；レイプ स्त्रियों का शीलहरण 女性の凌辱

शील्ड [名*] 《E. shield》(1) 盾；楯 (2) 賞品として授けられる盾；シールド

शीश [名] 頭；頭部= शीर्ष. **शीश झुकाना** 拝む；礼拝する；頭を垂れる；頭を下げる गणेश जी के सामने शीश झुकाकर डेरी लिखना आरम्भ करता हूँ ガネーシャの前に頭を垂れて日記を書き始める **शीश नवाना** *a.* 頭を垂れる；頭を下げる *b.* うなだれる

शीशम [名]〔植〕マメ科高木シッソーシタン【*Dalbergia sisso*】

शीशमहल [名] 《P. A. شیش محل ← شیشه محل शीशा महल》四囲に鏡を張り巡らした宮殿などの部屋；シーシュマハル **शीशमहल का कुत्ता** *a.* 動転した *b.* 気の狂った；発狂した

शीशा [名] 《P. شیشه》(1) ガラス；ガラス板= काँच. → सीसा. शीशा काटने का क़लम ガラス切り धुँधला शीशा すりガラス = अंधा शीशा. चश्मे का शीशा 眼鏡の玉；眼鏡のレンズ चश्मे का शीशा चटक गया 眼鏡の玉にひびが入った (2) 鏡= आइना; दर्पण. (3) 大きなガラスびん **शीशे में अपना चेहरा देखना** 己の力量を考える；自分の姿を見る **शीशे में उतारना** *a.* (人を）思い通りに操る *b.* 悪霊を祓う **शीशे का काम** 雲母細工；ミラーワーク；ミラー刺繍（布に鏡や雲母の小片を縫いつけて装飾とする）

शीशागर [名] 《P. شیشه گر》ガラス職人

शीशागरी [名*] 《P. شیشه گری》ガラス工芸

शीशी [名*] 《شیشی ← P. شیشه शीशा》小型のガラスびんやガラス管 दवाइयों की शीशियाँ 薬びん सीधी शीशी 細長い試験管 दूध की शीशी 哺乳びん यू°डी°कलोन की शीशी オーデコロンのびん **शीशी सुँघाना** 麻酔薬をかがせる

शी-शी [感] しーしー（幼児に用便をさせる時発する掛け声）

शीस [名] → शीर्ष.

शुंग [名] (1)〔植〕クワ科バンヤンジュ（バンヤン樹）= वट. (2) → आँवला. (3) → शुंग वंश. (4) = पाकड़.

शुंग वंश [名]〔史〕シュンガ王朝（紀元前2〜1世紀にパータリプトラ पाटलिपुत्रに都を置いた王朝）

शुंड [名]〔動〕(1) 象の鼻 = सूँड़. (2) 昆虫などの長く突き出た口先，あるいは，吻〈proboscis〉

शुंडा [名] (1) 象の鼻= शुंड. (2) 飲み屋；酒屋= हौली. (3) 酒

शुंडार [名] 象の鼻 = सूँड़.

शुंडिका [名*] (1)〔解〕懸擁垂 = अलिजिह्वा; घाँटी. (2)〔動〕= शुंड. 〈proboscis〉

शुंडी [名]〔動〕ゾウ（象） = हाथी.

शुंभ [名]〔イ神〕シュンバ（アスラの一，プラフラーダの孫，ドゥルガー神に退治された）

शुऊर [名] 《A. شعور》(1) 意識= संज्ञा. (2) 分別；判断力= विवेक. (3) 礼儀；作法= तमीज़; सलीक़ा. उनकी बग़ल में कार में बैठने का शुऊर あの方と並んで自動車に乗る作法 **शुऊर पकड़ना** 礼儀作法を身につける

शुक [名]〔鳥〕オウム（セネガルホンセイ，コセイインコなど）= शुकी.

शुकनास[1] [形] オウムのような鼻の形をした；鉤鼻の= शुकनासा.

शुकनास[2] [名]〔植〕マメ科ハッショウマメ= केवाँच; कपिकच्छु.

शुकनासिका [形*] 鉤鼻の 'शुकनासिका' आदि विशेषण स्त्रियों की नाक के ही हैं 「シュカナーシカ（鉤鼻）」などという形容詞は女性の鼻についてのみ用いられるものである

शुकप्रिय [名] → सिरिस.

शुकफल [名] (1) = आक. (2) = सेमल.

शुकी [名*] オウムの雌（セネガルホンセイやコセイインコの雌）= सुग्गी.

शुक्त[1] [形] (1) 清浄な；清潔な (2) 酸味の；酸い (3) 固い (4) 発酵させた

शुक्त[2] [名] (1) 酸 (2) 酸化させたものや発酵させたもの (3) 酢

शुक्ति [名*] (1) 貝 (2)〔貝〕カキ；オイスター (3)〔貝〕真珠貝 (4)〔貝〕ほら貝

शुक्तिका [名*] 貝

शुक्तिबीज [名] 真珠 = मोती.

शुक्तिमणि [名] 真珠 = मोती.

शुक्र[1] [形] (1) 光る；輝く；ぴかぴかの (2) きれいな；清らかな

शुक्र[2] [名] (1) 精液 (2)〔天〕金星；宵の明星；明けの明星= शुक्रतारा.

शुक्र[3] [名] 《A. شکر》感謝；感謝すること शुक्र है उस मालिक पैदा करने वाले का この世をお創り下さった神様のおかげです शुक्र क° 感謝する शुक्र करो लड़की हो गई 女の子が生まれたのを感謝しなさい（有り難く思いなさい） **शुक्र अदा क°** 感謝する；感謝の意を述べる हमें अल्लाह का शुक्र अदा करना चाहिए 神様に感謝しなければなりません अल्लाह ताला के इस अहसान के लिए हम इसका

जितना भी शुक्र अदा करें कम है アッラーの神にこの慈悲に対してどれほど感謝しても足りはしない **शुक्र मनाना** 感謝する；有り難く思う शुक्र मनाएँ कि उन्होंने अभी तक आप के साथ सख़्ती नहीं बरती あの人がこれまであなたに対して厳しい態度をとられなかったことを感謝しなさい
शुक्रकीट [名]〔生〕精虫；精子
शुक्रकृच्छ्र [名]〔医〕淋病 = सूज़ाक.
शुक्रगुज़ार [形]《A.P. شکر گزار》感謝する；有り難く思う = कृतज्ञ; आभारी. तुम्हें तो शुक्रगुज़ार होना चाहिए 君は感謝すべきだよ
शुक्रगुज़ारी [名*]《A.P. شکر گزاری》感謝（すること）= कृतज्ञता.
शुक्रजनन [名]〔生〕精子形成〈spermatogenesis〉
शुक्रदोष [名] 性的不能 = नपुंसकता.
शुक्रनली [名*]〔解〕精管；輸精管〈sperm duct〉
शुक्रवार [名] 金曜日 = शुक्रवासर; जुमा.
शुक्रवाहिनी [名*]〔解〕輸精管
शुक्राचार्य [名]〔イ神〕シュクラ・アーチャーリヤ（ブリグ聖仙の7人の息子の一. アスラ असुर の師）
शुक्राणु [名]〔生〕精子；精虫〈sperm〉
शुक्राणु द्रव [名]〔生理〕精液
शुक्राना [名]《A. شکرانہ》(1) 感謝= शुक्रिया; कृतज्ञता. (2) 謝礼；謝礼金；謝金
शुक्राशय [名]〔解〕精嚢〈seminal vesicle〉
शुक्रिया [感]《A. شکریہ》感謝の念を述べる言葉. 有り難う，有り難うございますなど आप सब को यहाँ आने के लिए शुक्रिया みなさんお出掛け下さいまして有り難うございます 'राय साहब, बहुत बहुत मुबारकबाद!' 'शुक्रिया, आप को भी मुबारक'「ラーエさん，本当におめでとうございます」「有り難う. あなたにもおめでとうを申します」 (-का) **शुक्रिया अदा क०** （ーに）感謝する；感謝を申し述べる；（ーの苦労を）ねぎらう；（ーに）ねぎらいの言葉を述べる
शुक्रीय [形] ← शुक्र. 〔動〕精液の
शुक्ल[1] [形] (1) 白い (2) 明るい (3) 清浄な
शुक्ल[2] [名] (1) 北インドのバラモンの1集団の名；シュクル (2) 陰暦の満月に至る半月；白分= शुक्ल पक्ष.
शुक्लपक्ष [名] 新月から満月に至る半月；白半月；白分（晦日終わりの暦では月の前半，満月の終わりの暦ではひと月の後半）→ कृष्णपक्ष 黒分
शुक्ला [名*] (1) サラスヴァティー神 सरस्वती (2) 砂糖= चीनी; शक्कर.
शुक्लाम्ल [名] = चूका.
शुगर [名]《E. sugar》砂糖；白砂糖 हर चम्मच भर शुगर में 32 केलोरीज होती हैं 砂糖1さじに32キロカロリーある
शुगर फ्री [名*]《E. sugarfree》〔商標〕人工甘味料の商品名
शुग़ल [名]《A. شغل शुग्ल/शग़्ल》(1) 気晴らし；気なぐさみ शुग़ल के लिए ही सही たとえ気なぐさみだけのためでもいい कोई बात नहीं यार, काफ़ी शुग़ल हो गया है, बाकी फिर सही どうってことはないよ，結構気晴らしになったんだ. 後はまた次にするさ (2) 作業；仕事 दिलचस्प शुग़ल 面白い作業 (-का) **शुग़ल ले०** （ーを）気晴らしにする और इस नज़ारे का शुग़ल ले रहे हैं मेरे हत्यारे पिता おまけに残忍なうちのおやじはこの情景も気晴らしにしているんだ
शुचा [名*] 苦痛；悲しみ = शोक; रंज.
शुचि[1] [形] (1) 清らかな；清浄な (2) きれいな；清潔な (3) 純粋な (4) 穢れのない
शुचि[2] [名] (1) 火= आग; अग्नि. (2) 夏；夏季= गरमी. (3) 月= चंद्रमा.
शुचि[3] [名*] 清浄
शुचिता [名*] ← शुचि. (1) 清浄さ (2) 衛生
शुची [形] (1) 清浄な；清潔な (2) 清らかな；清純な；純粋な
शुजा [形]《A. شجاع》勇ましい；勇猛な；勇敢な= बहादुर; शूरवीर.
शुजाअत [名*]《A. شجاعت》勇猛さ；勇ましさ = बहादुरी; वीरता.
शुतुर [名]《P. شتر》〔動〕ラクダ；駱駝 = ऊँट.
शुतुरग़मज़ा [名]《P.A. شتر غمزہ शुतुरग़म्ज़ा》(1) 不正；不正行為；欺瞞 (2) 見苦しい媚び
शुतुरगाव [名]《P. شتر گاو》〔動〕ジラフ；キリン
शुतुरदिल [形]《P. شتردل》臆病な；小心な= डरपोक; बुज़दिल.
शुतुरदिली [名*]《P. شتردلی》臆病；小心
शुतुरबान [名]《P. شتربان》ラクダの飼育を生業とする人
शुतुरमुर्ग़ [名]《P. شترمرغ》〔鳥〕ダチョウ科ダチョウ【*Sturthio camelus*】
शुतुरसवार [形]《P. شتر سوار》ラクダに乗る **शुतुरसवार सेना** ラクダに騎乗する軍隊；ラクダ騎乗隊
शुतुरी [形]《P. شتری》(1) ラクダの (2) ラクダ色の (3) ラクダの毛で織った
शुदनी [名*]《P. شدنی》運命；宿命 = होनहार.
-शुदा [造語]《P. شده》（ーが）終了してしまった，生じてしまった，（ーに）なってしまった，などの意を有する造語要素 लाइसेंसशुदा 登録済みの；免許を得た लाइसेंसशुदा बंदूक （所持の）免許を得た銃 तलाकशुदा स्त्री 離婚した女性 नौकरीशुदा लड़के 勤めている少年；奉公人の少年
शुद्ध [形] (1) 純粋な；まじりけのない शुद्ध ताँबा भारी होता है 純粋な銅は重い शुद्ध सोना 純金 शुद्ध लाभ 純益〈net profit〉 (2) 完全な；全くの शुद्ध शाकाहारी 全くの菜食主義者；完全なベジタリアン (3) 清浄な；清潔な；清らかな；きれいな इस तरह के पानी को शुद्ध करके ही पिया जाए このような水は必ず浄化して飲むこと शुद्ध रक्त बढ़िया पौष्टिक ख़ुराक से मिलता है 清らかな血液は栄養のある食べ物で得られる शुद्ध जल की व्यवस्था きれいな（清潔な）水の手配 (4) 正しい；方正な；清らかな；純粋な शुद्ध आचरण और संघ के नियमों का पालन करना अत्यंत आवश्यक था 品行が正しくサンガ（僧伽）の規律を守ることが厳しく求められた शुद्ध हृदय 清らかな心 (5) 正確な；正しい；きれいな अपना उच्चारण शुद्ध करने का प्रयत्न करो 発音を正しくするようにしなさい
शुद्धता [名*] ← शुद्ध. भाषा की शुद्धता 言語の純粋さ धातु की शुद्धता 金属の純度
शुद्धत्व [名] = शुद्धता.
शुद्ध लाभ [名] 純益〈net profit〉 बैंक का शुद्ध लाभ 銀行の純益
शुद्धाद्वैत [名]〔イ哲〕（ヴァッラバ वल्लभ आचार्य の説いた）純粋不二一元論
शुद्धि [名*] (1) 純粋 (2) 純正 (3) 浄化 (4) 訂正 (5)〔ヒ〕不浄となった人を浄化するための儀礼 (6)〔ヒ〕アーリア・サマージによるムスリムになっていた元ヒンドゥーを本来のヒンドゥー教徒に戻すという「浄化」儀礼 → आर्य समाज.
शुद्धिपत्र [名] 正誤表
शुद्धिप्रथा [名*] 洗礼；浄化儀礼
शुद्धीकरण [名] (1) 浄化 समुद्री जल का शुद्धीकरण 海水の浄化 (2) 改正 (3) 精留 मिश्रण में से केवल एक ही पदार्थ को प्राप्त करने की प्रक्रिया को शुद्धीकरण कहते हैं 混合物の中から1つの物質のみを取り出すことを精留と言う
शुद्धोदन〔人名・仏〕シュッドーダナ王（釈尊の父の名，浄飯王）
शुन [名] 犬 = कुत्ता; श्वान.
शुनक [名] (1) 犬= कुत्ता; श्वान. (2) 子犬= पिल्ला.
शुबहा [名]《← A. شبہ शुबहा》疑い；疑惑；疑念= संदेह; शक. शुबहे की हालत 疑わしい状況 पश्चिमी राष्ट्रों की नीयत पर शुबहा करने के स्पष्ट कारण मौजूद हैं 西側諸国の意図を疑うだけの明確な理由が存在する
शुबा [名]《A. شبہ》= शुबहा. हमें इसके जासूस होने का शुबा है 我々はこの男がスパイだと疑っている यह छापा शुबे की बिना पर नहीं पड़ा この急襲は疑惑を基に行われたものではない
शुब्हा [名] → शुबहा; शुबा.
शुभंकर [形] めでたい；吉兆の；吉祥の
शुभंकरी [名*] (1) パールヴァティー神 (2) = शमी.
शुभ[1] [形] (1) めでたい；吉祥の；吉兆の शुभ समाचार 吉報 शुभ घड़ी 吉祥の時刻 शुभ दिन 吉日；慶祝の日 शुभ मुहूर्त पर 吉祥の時刻に (2) 祝いの；喜びの；慶祝の शुभ कार्य 祝い事；慶びごと；めでたいこと；慶事 शुभ कार्य हो और उसमें आम के पत्तों का तोरण न बाँधा जाए ऐसा हो ही नहीं सकता 慶祝の際にもかかわらずトーラン（マンゴーの葉を用いたアーチ）が作られていないということはありえない शुभ पक्ष プラス面 (3) 良い；ためになる；積極的な (4) 美しい
शुभ[2] [名] 吉；吉事；慶祝 शुभ-अशुभ 吉凶 चैत्र संक्रांति वर्ष भर के शुभ-अशुभ का प्रतीक समझी जाती है 太陽が白羊宮に入るチャイトラ・サンクラーンティは1年間の吉凶を占うものとされる

शुभकामना [名*] お祝いの言葉；祝詞；祝辞 मुसकराती हुई शुभकामनाओं के साथ अपना उपहार दीजिए 笑顔で祝詞を述べ贈り物をしなさい उन्होंने माला पहनाकर युवकों को शुभकामनाएँ दीं 同氏は花輪をかけてやって青年たちを祝福した नव वर्ष की शुभकामनाएँ 新年の祝詞 शुभकामनाएँ दे॰ 祝いの言葉を言う；祝詞を述べる；賀詞を述べる；祝福する राष्ट्रपति जी ने सभी को दीपावली की शुभकामनाएँ दीं 大統領閣下が全員にディーワーリー祭の祝詞を述べられた

शुभचिंतक [形・名] 好意を寄せる（人）；親切な（人） पड़ोसी के शुभचिंतकों ने जब उन्हें सलाह दी तो 隣人に親切な人たちが忠告すると मैं तुम्हारा शुभचिंतक हूँ 君のことを思っているんだ（君のためになることを考えているんだ）

शुभनाम [名] 相手の名前に対する丁寧な言い回し；お名前；ご尊名 आपका शुभनाम? お名前はなんとおっしゃいますか

शुभमणि [名] 誕生石= राशिमणि; जन्मदिन पत्थर.

शुभलाभ [名]〔ヒ〕清浄な利益；正当な行為によって得られる利益や報酬 क्या 'शुभलाभ' सफलता का प्रतीक है? 「シュブラーブ」という言葉は成功の象徴なのか

शुभाकांक्षी [形] 他人の幸福を祈念する

शुभागमन [名] 来ていただくこと；お出まし頂くこと；(御) 来駕 कहिए, किस लिए आपका शुभागमन हुआ? いらっしゃいませ，何の御用でございましょうか

शुभेच्छु [形] 他人の幸せを願う

शुभ्र [形] (1) 白い= श्वेत; सफ़ेद. (2) 美しい (3) 輝く；光り輝く = चमकता हुआ. धवल मेघ के शिखर की तरह शुभ्र देवालय そびえ立つ白雲のように光り輝く神の社 (4) 色白な；肌の色が明るい भारत के निवासियों में शुभ्र और गौरवर्ण से लेकर अफ़्रीका के हब्शियों के समान काले-कलूटे भी मिले थे インドの住民には肌の白い人たちからアフリカの黒人のように真っ黒な人たちまでが混じっていた

शुभ्रकर [名] (1) 月 (2) 樟脳；カンフル

शुमार [名]《P. شمار》(1) 数えること；計算；勘定 शुमार क॰ 数える；計算する (-में) **शुमार हो॰** (ーに) 数えられる हमारी फ़ौज दुनिया की बहादुर फ़ौजों में शुमार होती है わが国の軍隊は世界の勇敢な軍隊の1つに数えられる वह अच्छे खिलाड़ियों में शुमार होने लगा 彼は優秀な選手の中に数えられるようになった (2) 推察；推量 **शुमार बाँधना** 推察する；推量する；推し計る (3) 数；数量；分類

शुमारा [名]《P. شماره》(1) 番号；数= नंबर; संख्या; क्रमांक. (2) 計算= गिनती; शुमार.

शुमारिंदा [形]《P. شمارنده》算える；計算する

शुमारी [名*]《P. شماری》(1) 計算 (2) 統計

शुमाल [名]《A. شمال शिमाल》北；北方 = शिमाल; उत्तर.

शुमाली [形]《A. شمالی शिमाली》北の；北方の = शिमाली; उत्तरी.

शुरफ़ा [名, pl.]《A. شرفا शुर्फ़ा ←شریف शरीफ़》(1) 高貴な人たち；貴人；貴族 शुरफ़ा के खाने का आला इंतज़ाम है 貴族たちの食事は最高級のものが用意されている (2) インドやパキスタンなどの南アジア社会で一般的にイランやアラブ，中央アジアなどから種々の契機や動機で移住して来たムスリムを先祖に持つ人たち（一般的にそのすぐれた出自を誇り階級やカースト的序列においても高く位置する）

शुरबा [名] = शोरबा.

शुरुआत [名*]《A. شروعات》→ शुरूआत. = आरम्भ; आरंभ. 開始；滑り出し；始まり；起源；先鞭 क्रिकेट की शुरुआत クリケットの起源 (-की) **शुरुआत क॰** (ーに) 先鞭をつける；(ーを) 始める；開始する भयंकर व्याधि की शुरुआत के सूचक 恐ろしい病気の始まりを示すもの

शुरुआती [形]《A. شروعاتی》= शुरूआती.

शुरू[1] [形]《A. شروع》初めの；初期の शुरू बरसात के दिनों में वह ख़ामोशी मानो और भी ज़्यादा गहरी हो जाती है 雨季の初めの頃その静けさはまるでいっそう深まるようである शुरू गर्मियों का समय 夏の初めの頃 शुरू जनवरी की बेहद ठंडी सुबह 1月初めの非常に寒い朝

शुरू[2] [名] (1) 初め；始め；始まり；最初 (2) 開始；始めること मैंने शुरू से लेकर आख़िर तक सारी घटना बता दी 最初から最後まで一部始終を語った **शुरू क॰** 始める；開始する नये सिरे से शुरू क॰ 新規に始める；新しく始める **शुरू शुरू में** 当初；最初；初め (-) **शुरू हो॰** (ーが) 始まる；始められる मेरी कसरत फिर ज़ोर-शोर से शुरू हो गई 私の体操は再び盛大に始まった

शुरूआत [名*]《A. شروعات》= शुरुआत.

शुरूआती [形]《A. شروعاتی》始まりの；最初の；当初の शुरूआती योजना के अनुसार 当初の計画によると नव वर्ष का शुरूआती काम 新年の初めの仕事 शुरूआती रपट 第一報；最初の知らせ；最初の報道

शुल्क [名] (1) 手数料；料金 (2) 会費 (3) 税；税金

शुल्व [名] (1) 銅= ताँबा; ताम्र. (2) ひも= रस्सी. (3)〔ヒ〕ヴェーダの祭儀ヤジュニャ；供犠= यज्ञ; यज्ञकर्म.

शुश्रू [名*] 母；母親 = माँ; माता.

शुश्रूषक [形] (1) 世話をする；面倒を見る (2) 看護する

शुश्रूषण [名] (1) = शुश्रूषा. (2) 聞きたい気持ち

शुश्रूषा [名*] (1) 世話；面倒を見ること仕えること (2) 看護；看病

शुश्रूषु [形] (1) 聞きたい (2) 仕えたい；世話したい (3) 命に従う；指示に従う

शुष [名] (1) 穴；裂け目；割れ目 (2) 乾燥

शुषिर[1] [名] (1) 丁字= लौंग; लवंग. (2) 火= आग; अग्नि. (3) 穴 (4) ネズミ

शुषिर[2] [形] 穴のある；穴のあいた

शुष्क [形] (1) 乾いた；乾燥した= सूखा. जब मौसम गर्म और शुष्क होता है 季節が暑く乾いている時 (2) かさかさした；荒れ性の शुष्क त्वचा かさかさした皮膚；荒れた肌；荒れ性の肌 (3) やせこけた；肉の落ちた इस शुष्क शरीर में सेवा भाव की असीम शक्ति का स्रोत बहता है このやせこけた体に奉仕への限りない力の泉が流れている (4) 味気ない；無味乾燥な धीरे-धीरे मैं भी इस शुष्क जीवन का आदी हो गया 次第に私もこの無味乾燥な暮らしになれて行った (5) 貧弱な；お粗末な शुष्क राजनीति 貧弱な政治 (6) 無情な；冷たい；冷酷な；殺風景な शुष्क व्यवहार 冷酷な振る舞い

शुष्कता [名*] ← शुष्क.

शुहदा[1] [名, pl.]《A. شہدا←شہید शहीद》→ शहीद.

शुहदा[2] [名] (1) 放蕩者；道楽者 (2) ごろつき；ならず者；悪党= गुंडा; बदमाश. → शोहदा.

शुहरत [名*]《A. شہرت शुह्रत》→ शोहरत. 名；名声；高名= ख्याति; प्रसिद्धि; कीर्ति.

शुहरततलब [形]《A. شہرت طلب शुह्रततलब》名や名誉を求める；名誉欲の強い

शुहरततलबी [名*]《A. شہرت طلبی शुह्रततलबी》名誉欲

शुहरतपरस्त [形]《A.P. شہرت پرست शुह्रतपरस्त》名誉を追う；名誉に飢えた

शुहरतपरस्ती [名*]《A.P. شہرت پرستی शुह्रतपरस्ती》名誉欲

शुहरतपसंद [形]《A.P. شہرت پسند》= शुह्रततलब.

शुहरतपसंदी [名*]《A.P. شہرت پسندی शुह्रतपसंदी》= शुहरततलबी.

शुहरा [名]《A. شہرہ शुह्रा》→ शोहरा. = शुहरत; शुह्रत; ख्याति; यश.

शू [感] 鳥獣などを追い払うために発せられる声

शूक [名] (1)（穀物の）のぎ（芒） (2)〔動〕針毛；剛毛 (3) 鉄筆

शूकर [名] (1)〔動〕イノシシ（猪） (2) ヴィシュヌ神の権化の一である猪 (3)〔動〕ブタ（豚）→ शूकरी.

शूकरमांस [名] (1) イノシシの肉 (2) 豚肉；ポーク

शूकरी [名*] (1) 雌のイノシシ (2) 雌のブタ

शूकशिंबा [名*]〔植〕マメ科ハッショウマメ= कपिकच्छु.

शूची [名*] 針 = सूई.

शूट[1] [名]《E. chute》滑り台

शूट[2] [名]《E. shoot》〔ス〕シュート

शूटिंग [名*]《E. shooting》(1) 銃弾の発射；射撃 (2) 映画撮影，特にロケ撮影 शूटिंग चल रही है 映画撮影が進行中 (3)〔ス〕シュート

शूद्र [名] (1) 古代インドのヒンドゥーのヴァルナ制度（種姓制度）の第4位に位置したシュードラ = शूद्र वर्ण. (2) シュードラ種姓の人

शूद्रक [人名・イ文芸] シュードラカ（サンスクリット古典劇『ムリッチャカティカー』 मृच्छकटिका の作者と伝えられる4世紀後半の劇作家）

शूद्रता [名*] ← शूद्र. シュードラの身分

शूद्रा [名*] シュードラ種姓の女性
शूद्राणी [名*] = शूद्रा.
शूना [名*] (1)〔ヒ〕在家のかまど，碾き臼，食器など生き物が無意識に殺される場所や物品 (2) のどひこ= ललरी; घंटी.
शून्य[1] [形] (1) 何もない；空の；空っぽの (2) 形や姿のない (3) 欠けている (4) うつろな；ぼんやりした वह प्रायः अकेला बैठा-बैठा शून्य मन से आकाश की ओर ताका करता ちょいちょい１人で腰を下ろしてぼんやりと空を眺めている शून्य दृष्टि うつろな目；ぼんやりした眼差し कुछ देर वह शून्य दृष्टि से देखती रही しばらくの間うつろな眼差しでじっと見ていた
शून्य[2] [名] (1) ゼロ；零 शून्य का ज्ञान ゼロの知識 (2) 空虚；空；中空；空白 (3) 空間 (4) 天空 (5)〔仏〕空
शून्यता [名*] (1) ← शून्य[1]. = शून्यभाव. (2)〔仏〕空；空性；無
शून्यपथ [名] 空；天空；大空
शून्यपाल [名]〔イ史〕摂政（古代インドの）
शून्यमंडल [名]〔ヨガ〕（ハタヨーガの）サハスラーラ・チャクラ (सहस्रार चक्र) → चक्र.
शून्यमनस्क [形] 気の抜けた；ぼんやりした；うつろな；意識が集中しない= शून्यमना.
शून्यवाद [名] (1)〔仏〕空論 (2) ニヒリズム；虚無論
शून्यवादी [名] (1)〔仏〕中観派；空論の信奉者 (2) 仏教徒= बौद्ध. (3) ニヒリスト；虚無論者
शूप [名] み（箕）= सूप.
शूम [名] → सूम.
शूर[1] [形] 勇ましい；勇敢な；勇気のある शूरवीर 勇猛果敢な（人）
शूर[2] [名] (1) 勇者 (2) 英雄 (3) 戦士
शूरण [名] = सूरन; जमीकंद.
शूरता [名*] ← शूर. 勇ましさ；勇猛さ
शूरसेन [名] (1)〔イ神〕シューラセーナ王（クリシュナの祖父）(2)〔地名〕シューラセーナ（現今のマトゥラーとその周辺）の古名
शूर्प [名] み（箕） = शूप.
शूर्पकर्ण [名] (1) 象 (2) ガネーシャ神
शूर्पणखा [名*]〔イ神・ラマ〕シュールパナカー（ラーヴァナの妹）
शूल [名] (1) 槍；戟；先のとがった棒 (2) 三叉の戟 (3)（焼き肉用の）串；串状のもの कुछ मांस शूल पर भूना जाता था 一部の肉は串で焼かれていた (4) 処刑用の刺し棒 (5) 疼痛；激痛；ずきずきした痛み；物を突き立てるようなきりきりした痛み शूल का कारण 疼痛の原因 (6) 痛み；苦痛
शूलधार [名]（三叉の戟を持つ）シヴァ神
शूलधारिणी [名*] ドゥルガー神
शूलधारी [名] シヴァ神（三叉の戟を持つ）
शूलना [自] (1) 突き刺さる (2) さし込むように痛む；激しい痛みが生じる
शूलपाणि [名] 三叉の戟を手にしたシヴァ神
शूला [名*] (1) 遊女= वेश्या; रंडी. (2) 棒 (3) 処刑用の刺し棒
शूलिका [名*] (1) 串焼きに用いる串 (2) 串焼きにした肉
शूली[1] [名]（三叉の戟を持つ）シヴァ神
शूली[2] [名*] 痛み；苦痛；疼痛
शूली[3] [名*] → सूली.
शूल्य[1] [名] 串に刺して焼いた肉；串焼き肉= कबाब.
शूल्य[2] [形] (1) 串焼きの；串焼き用の (2) 串焼きにした
शृंखल [名] (1) 鎖 (2) 足かせ；足鎖 (3) 手錠；手鎖 (4) 古代男子が腰に巻いた飾り帯
शृंखलता [名*] 連なり；つながり；関連性；脈絡
शृंखलबद्ध [形] (1) 定められた (2) 束縛を受けた；制限を受けた
शृंखला [名*] (1) 鎖 (2) 足かせ；手かせ (3) 連なり；一連のもの；連続 पहाड़ों की शृंखला 連山 (4) 列；系列 (5) 順序；序列
शृंखलाबद्ध [形] (1) 鎖で連なった (2) 順序立った；規則的な；整然とした
शृंखलित [形] (1) 鎖につながれた (2) 順序立った；規則的な
शृंग [名] (1) 動物の角= सींग. (2) 頂き；頂上；頂点= शिखर; चोटी. (3) 尖塔= कँगूरा. (4) 角笛= सिंगी.
शृंगगिरि 〔地名〕シュリンガギリ（カルナータカ州西ガート山脈中にある山．シャンカラ派／スマールタ派 स्मार्त の総本山がある）→ शृंगेरी.
शृंगभस्म [名] 動物の角を焼いた灰（薬用）
शृंगधर [名] 山 = पर्वत; पहाड़.
शृंगवेरपुर [名]〔ラマ〕シュリンガヴェーラプラ（ニシャーダ族 निषाद の王グハ गुह の都で今日のプラヤーガの近くにあったとされる）
शृंगाट [名] トウビシとその実= सिंघाड़ा.
शृंगार [名] (1) 美しく飾ること；装うこと；装飾 (2) 化粧 (3) 装身 नन्हे-नन्हे पौधे और घास भी फूल और पत्तों से अपना शृंगार करते हैं 小さな草花も花や葉で身を装うもの शृंगार प्रसाधन 化粧品 (4)〔イ文芸〕恋情（インド詩論の情調の一）= शृंगार रस.
शृंगारना [他] 装う；飾る= शृंगार क॰; सजाना. ओस मुक्ता-जाल से शृंगारती थी सर्वदा いつも露は真珠の玉の鎖で飾り立てていた
शृंगार रस [名]〔イ文芸〕サンスクリット文学の詩論によりラサ（情調）の一；恋情→ रस. शृंगार रस की कविताएँ 恋情を詠んだ詩
शृंगारहाट [名] 遊廓；遊郭= चकला.
शृंगारिक [形] (1) 装身用の (2) 化粧の (3) 恋情の；恋情に関する (4) エロチシズムの
शृंगारिणी [名*] (1) 化粧をした女性 (2) 身を装った女性
शृंगारित [形] (1) 身を装った；飾られた (2) 化粧した
शृंगारी [形] = शृंगारिक.
शृंगी[1] [形] (1) 角のある (2) 角のようなとがったものの備わっている
शृंगी[2] [名] (1) 角のある動物 (2) 山 (3) 象
शृंगेरी〔地名〕〔ヒ〕シュリンゲーリー（カルナータカ州にあるシュリンゲーリー山．シャンカラ・アーチャーリヤの法灯を継ぐスマールタ派 स्मार्त の総本山の僧院がある）= शृंगगिरि.
शृगाल [名]〔動〕イヌ科ジャッカル【*Canis aureus*】= गीदड़; सियार.
शृगाली [名*] 雌のジャッカル
शैंपू [名]《E. shampoo》シャンプー= शैंपू; शैम्पू.
शेख़ [名]《A. شیخ शेख़》(1)〔イス〕預言者ムハンマドの血統に属するとされる人；シャイフ；シェイク (2)〔イス〕スーフィーの指導者 (3) 長老 (4) 部族長；首長= शेख़.
शेख़चिल्ली [名] (1) シェークチッリー（笑い話の伝えられる伝説上の人物．誇大妄想の大馬鹿）(2) 愚か者 (3) いたずら者 **शेख़चिल्ली का क़िस्सा** でたらめ話；絵空事 **शेख़चिल्ली का पुलाव** = शेख़चिल्ली का क़िस्सा; शेख़चिल्ली की मुर्ग़ी
शेखर [名] (1) 頭= सिर; माथा; शीर्ष. (2) 冠= मुकुट. (3) 頂き；頂点= शिखर; चोटी. (4) 山頂= पर्वतशिखर; पहाड़ की चोटी.
शेख़सद्दो [名]《A. شیخ سدو》→ शेख़सद्दू; शेख़सद्दो.
शेखावत [名] ラージャスターンのラージプートの１氏族名；シェーカーワト（カチュワーハー・ラージプート कछवाहा राजपूत の１支派）
शेख़ी [名*]《A. شیخی》(1) 自慢；うぬぼれ；傲慢= गर्व. (2) 自慢話；ほら= डींग. शेख़ी किरकिरी हो॰ = शेख़ी झड़ना. शेख़ी जताना = शेख़ी बघारना. **शेख़ी झड़ना** 自慢の鼻がへし折られる (-की) **शेख़ी झाड़ दे॰** (ーの）自慢を打ち砕く **शेख़ी धूल में मिलना** 慢心や自慢が打ち砕かれる उसकी सारी शेख़ी धूल में मिल चुकी थी 男の自慢はすっかり地にまみれてしまっていた **शेख़ी निकलना** = शेख़ी झड़ना. **शेख़ी बघारना** 大言壮語する；大風呂敷を広げる= डींग मारना; शेख़ी हाँकना. **शेख़ी मारना** = शेख़ी बघारना. **शेख़ी हाँकना** = शेख़ी बघारना.
शेख़ीख़ोर [形]《A.P. شیخی خور》ほら吹きの；大ぼら吹きの；自慢屋の शेख़ीख़ोर व्यक्ति ほら吹き वे शेख़ीख़ोर क़िस्म के आदमी थे ほら吹きタイプの人だった
शेख़ीबाज़ [形]《A.P. شیخی باز》ほら吹きの；自慢屋の= घमंडी; डींग मारनेवाला. एक जवान, ख़ूबसूरत, शरीफ़ चेहरा कुछ ऐसा शेख़ीबाज़ और निर्लज्ज हो गया कि उसे देखकर घृणा होती थी 容貌がすぐれ気品のある顔立ちの若者がこんなほら吹きの恥知らずになったのを知っていやな感じがしていた
शेड [名]《E. shade》(1) 色合い；濃淡 अपनी त्वचा के शेड तथा स्वभाव का ध्यान रखें 肌の色合いと性質に注意すること (2) 陰；日陰 (3) 日除け (4) ニュアンス；微妙な違い (5) ランプの笠；シェード
शेप [名] = शेफ. (1) 男根；男性性器 (2) 陰嚢
शेफाली [名*] (1)〔植〕クマツヅラ科低木タイワンニンジンボク【*Vitex negundo*】(2)〔植〕モクセイ科低木インドヤコウボク【*Nyctanthes arbor-tristis*】

शेम [名・感] 《← E. shame on you》 (1) 恥；恥ずかしさ (2) 恥を知れ；けしからん；駄目だ शेम! शेम! あんまりひどい，ひどすぎるぞなど

शेयर [名] 《E. share》 (1) 分け前；取り分 (2) 株式の株；株券

शेयर बाज़ार [名] 株式市場；証券取引所 इस वर्ष शेयर बाज़ार में अभूतपूर्व उछाला आया है 今年は株式市場がかつてない活気を見せている

शेयर मूल्य [名] 《E. share + H.》 株価

शेयर होल्डर [名] 《E. shareholder》 株主 = शेयरधारी.

शेर[1] [名] 《P. شیر》 (1) 〔動〕ライオン；獅子 (2) 〔動〕トラ（虎） (3) 勇敢な人；つわもの；勇者 काग़ज़ी शेर 張り子の虎 **शेर का कान पकड़ना** 勇ましいことをする **शेर की आँख देखना** 強いものに立向かって行く **शेर की माँद में घुसना** 虎の穴に入る；命がけの仕事をする **शेर की माँद में हाथ डालना** = शेर की माँद में घुसना. **शेर के कान कतराना** 非常に勇敢な行為をする **शेर के दाँत गिनना** 甚だ難しいことをする **शेरों के मुँह चढ़ना** 強者を相手にする **शेरों के मुँह में हाथ दे॰** = शेर की माँद में घुसना. **शेर के मुँह से बचना** 危うく難を逃れる；九死に一生を得る **शेर बनना** *a.* 大変に勇ましいことをする *b.* 怖いものがなくなり横暴になる **शेर बकरी क॰** 順番や勝負を決めるために硬貨を投げ上げる；硬貨を投げて決める；トスをする **शेर-बकरी एक घाट पानी पीना** だれしもが対等である（たとえ） अदालतों में सब कार्रवाई क़ानून पर होती है, वहाँ छोटे-बड़े सब बराबर हैं, शेर-बकरी एक घाट पानी पीते हैं 裁判所では何もかも法律に基づいて行われる．強きも弱きも同じ扱いだ，獅子も山羊も同じ扱いだ **शेर मारना** *a.* 勇敢な働きをする *b.* 手柄を立てる **शेर से पंजा ले॰** 強い相手に立ち向かう **शेर से लगना** 強いものにちょっかいを出す

शेर[2] [名] 《A. شعر》 (1) 詩 (2) 対句（ウルドゥー語の詩でミスラー मिस्रा，すなわち，半句 2 つから成る）

शेरकछुआ [名] 〔動〕オサガメ科オサガメ【*Dermochelys coriacea*】

शेरख़्वाँ [形] 《A.P. شعر خوان》 詩を詠む = शेर पढ़नेवाला.

शेरख़्वानी [名*] 《A.P. شعرخوانی》 詩会（詩人たちが集まって詩を詠み合う）

शेरगढ़ी [名*] 〔イ史〕アショーカ王石柱の 4 頭の獅子が四方を向いている柱頭部（その紋章がインド連邦共和国の国章となっている）

शेरगो [形・名] 《A.P. شعرگو》 詩を詠む（人）；詩人= कवि.

शेरगोई [名*] 《A.P. شعرگوئی》 詩を詠むこと；詩作= शेर कहना; कविता क॰.

शेरतबीयत [形] 《P.A. شیر طبیعت》 勇ましい；勇敢な；勇猛な

शेरदिल [形] 《P. شیر دل》 勇敢な；勇猛果敢な हमारी शेरदिल फ़ौज わが勇猛果敢な軍隊

शेरनी [名*] 《← P. شیر शेर》 〔動〕雌のライオン，もしくは，雌のトラ

शेरपंजा [名] 《P.+ H.》 シェールパンジャー（虎の爪の形をした武器で手にはめて用いた）= बघनखा; बघनहाँ.

शेरपा [名] 《Tib.》 (1) シェルパ族の人；シェルパ (2) シェルパ（ヒマラヤ高地での運搬や道案内をする人） हमारे साथ सहायता के लिए बारह शेरपा थे 我々のもとには応援のため 12 人のシェルパがいた

शेरबचा [名] 《P. شیر بچہ》 (1) ライオンの子 (2) 勇敢な人 (3) 旧式の小型の銃

शेरबबर [名] 《P. شیر ببر》 〔動〕ライオン（特に大きなたてがみのある大きな雄ライオン）= सिंह; बबर शेर. → शेर.

शेरमर्द [名] 《P. شیرمرد》 大変度胸のある人；肚の据わった人；勇猛果敢な人

शेरमर्दी [名*] 《P. شیرمردی》 勇ましさ；勇敢さ = बहादुरी.

शेरवानी [名*] 〔服〕シェールワーニー（詰め襟，長袖，膝下まである男子用上衣，男子の正装用衣服の一）

शेलिंग [名*] 《E. shelling》 〔軍〕砲撃

शेव[1] [名] 《E. shave》 ひげそり इससे बहुत बढ़िया शेव बनता है これでとてもうまくひげそりができる शेव बना लो ひげを剃りなさい शेव का साबुन ひげそり用のせっけん；シェービングクリーム शेव क॰ ひげそりをする शेव कराना ひげをそってもらう

शेव[2] [名] (1) 向上；発達；発展= उन्नति. (2) 高さ= ऊँचाई. (3) 富；財産= धन-संपत्ति.

शेवा [名] 《P. شیوه》 方法；やりかた= ढंग; तरीक़ा.

शेवाल [名] 〔植〕も（藻）；水草；沈水草= शैवाल.

शेष[1] [形] (1) 残った；残りの；残された；使い残しの；残余の शेष दूध 残った牛乳 प्रतिशोध करने की शक्ति शेष नहीं रहती 仕返しをする力が残っていない शेष जीवन 余生 (2) 余った (3) 終わった；終了した；尽きた शेष हो॰ 終わる；尽きる चाहा कि पलक झपकते ही चार मिनट शेष हो जाएँ まばたきの間に 4 分が尽きれば良いがと願った

शेष[2] [名] (1) 残り；残ったもの (2) 余ったもの；余剰 (3) 思い出 (4) 差し引き（引いた残り） (5) 残留物；かす (6) 終了；終結 (7) 〔言〕省略 (8) 結果 (9) 破滅 (10) 死 (11) 〔イ神〕シェーシャナーガ= शेषनाग. **शेष से मणि ले॰** 命がけのことをする；危険をおかす

शेषनाग [名] 〔イ神〕シェーシャナーガ；シェーシャ（神話では大地を頭上に支えている蛇でパーターラ界の主；乳海攪拌でアムリタを取り出そうとした時に綱の代わりとして神々に用いられた）

शेषफल [名] 〔数〕残り；剰余

शेषराज [名] = शेष नाग.

शेषशायी [名] （シェーシャナーガの上に横たわる）ヴィシュヌ神

शेषांश [名] (1) 残り（の部分） (2) 最後（の部分）

शेषा [名*] 供物のお下がり= प्रसाद.

शैंपू [名] 《E. shampoo》 シャンプー

शैंपूशील्ड [名] 《E. shampoo shield》 シャンプーハット

शैंपेन [名*] 《E. champagne》 シャンパン；シャンペン

शै [名*] 《A. شے》 (1) もの कहावत तो है कि दुनियाँ में हर शै की उम्र कम होती जाती है, लेकिन साहूकार का क़र्ज़ कम होने के बजाय दिनों दिन बढ़ता रहता है 世の中ではどんなものもすり減って行くというけれど金貸しに借りた借金だけは減るどころか 1 日 1 日と増えて行く (2) こと；ことがら

शैक्ष [名] 学生；弟子 = शिष्य.

शैक्षणिक [形] (1) 教育上の；教育的な शैक्षणिक महत्त्व 教育上の重要性 (2) 訓練の；訓練上の स्कूल सहकारी समितियों का उद्देश्य मुख्यत: शैक्षणिक होता है 学校の生活共同組合の目的は主に訓練を目指したものである

शैक्षिक [形] 教育の；教育上の शैक्षिक स्तर 教育水準 शैक्षिक जगत् 教育界 शैक्षिक संस्था 教育機関

शैख़ [名] 《A. شیخ》 → शेख़. (1) 長老 (2) 首長；長 (3) 部族長 (4) 宗教上尊敬される人物や聖者，様々な共同体の指導者や長などに対する敬称の一；シャイク；シャイフ (5) 預言者ムハンマドの血統につながると称する人々の称

शैख़सद्दू [名] 《A. شیخ سدو》 = शैख़सद्दो. 〔イス〕シャイク・サッドゥー／シャイフ・サッドゥー；シャイク・サッドー／シャイフ・サッドー（女性の心気症など多くの病気を引き起こすと考えられているピール，もしくは，邪神の一．女性に祀られることが多い）

शैतान[1] [名] 《A. شیطان》 (1) 〔イス〕悪魔；サタン यह तो शैतान का काम है これは悪魔の仕業だ (2) 悪；悪者；悪漢 यह शैतान बिना पैसे लिए न मानेगा この悪は金を取らずにはおかない (3) 悪たれ；きかん子；悪がき；いたずら小僧 पिंटू दिनों दिन शैतान होता जाता है, पापा ने अपने सिर जो चढ़ा रक्खा है इसे ピントゥーは日を追って悪たれになって行く，パパがつけあがらせているものだからこの子を **शैतान उठाना** *a.* 争いを起こす；ごたごたを起こす *b.* 騒々しくする *c.* 厄介な問題を抱えこむ **शैतान का धक्का** 悪魔の囁き **शैतान (-के) कान फूँकना** 悪魔が（ーに）そそのかす **शैतान का बच्चा** 悪たれ；わる（悪） **शैतान की आँत** 長たらしいもの यह लेख शैतान की आँत-सा बड़ा लंबा-चौड़ा और अत्यंत नीरस है この文章は冗長で味気がない **शैतान की ख़ाला** 性悪女 = शैतान की नानी. **शैतान की फटकार** 窮状 **शैतान की मार** 不運；不幸 **शैतान के कान कतरना** 悪魔も顔負けの= शैतान के कान काटना. **(-के सिर पर) शैतान चढ़ना** （ーに）悪魔などが憑く **शैतान मचाना** = शैतान उठाना. **शैतान लगना** = शैतान चढ़ना. **(-के सिर पर) शैतान सवार हो॰** （ーが）悪い方向に向かう；憑かれる एक दिन सब के सिर पर शैतान सवार हो गया ある日，みなが魔に取り憑かれてしまった शैतान से ज़्यादा मशहूर हो॰ 並はずれた悪者；名うての悪

शैतान[2] [形] (1) 悪い；悪辣な；陰険な (2) いたずらな；悪たれの
शैतानी[1] [形] 《A. شيطانى》 (1) 悪魔の；悪魔のするような；悪魔的な शैतानी मज़ाक 悪魔的な冗談 (2) 罪悪の
शैतानी[2] [名*] (1) 悪さ；悪事 समझ लिया कि सारी शैतानी किसकी है だれのした悪さかがわかった (2) いたずら
शैथिल्य [名] ←शिथिल. (1) 緩むこと；弛緩 तनाव-शैथिल्य 緊張緩和 (2) 怠け；怠けること；だらけること；だらけ
शैदा [形] 《P. شيدا》 (1) 惚れこんだ；のぼせあがった (2) 気のふれた；正気を失った (3) 熱中した；熱狂した जो बने शैदा प्रभु के नाम का कष्ट फिर उसको कभी आया नहीं 神の御名に狂えば苦労は夢にもなきものなり
शैदाई [形] 《P. شيدائى》 愛好者；愛好する；熱中者 बलती लोग फूलों के शैदाई हैं バルティー族の人たちは花が大好きです
शैम्पेन [名*] 《E. champagne》 シャンペン；シャンパン
शैरी [名*] 《E. sherry》 シェリー酒 शैरी के दो पैग पीने के बाद シェリーを 2 杯飲んでから
शैल[1] [名] (1) 岩；大岩= शिला; चट्टान. (2) 山= पर्वत; पहाड़.
शैल[2] [形] (1) 石の；岩の (2) 石だらけの；岩だらけの
शैलकन्या [名*] パールヴァティー神 पार्वती
शैलकुमारी [名*] = शैलकन्या.
शैलगुहा [名*] 石窟
शैलगृह [名] 窟院
शैलज [名] (1) こけ（苔）= पथरफूल. (2) 瀝青= शिलाजतु.
शैलजा [名*] パールヴァティー神= शैलतनया.
शैलधन्वा [名] シヴァ神
शैलधर [名] クリシュナ神 श्रीकृष्ण
शैलपति [名] ヒマラヤ山 हिमालय
शैलपत्र [名] (1) ベルの木= बेल; बिल्व. (2) ベルの実
शैलपुत्री [名*] パールヴァティー神 पार्वती
शैलरंध्र [名] 洞窟；洞穴 = गुफा.
शैलराज [名] ヒマラヤ山 हिमालय पर्वत
शैलसुता [名*] パールヴァティー神
शैलाट [名] (1) 山に住む人；山岳地帯に住む人= पहाड़ी; परबतिया. (2) 水晶= बिल्लौर; स्फटिक.
शैली [名*] (1) 様式；方式 सोचने-विचारने की शैली 思考様式 (2) 文体 गंभीर शैली 重厚な文体 (3) 流派；様式；流；体；風；スタイル अलवर शैली के चित्रकारों द्वारा चित्रित महाभारत की प्रति アルワル派の画家たちによって描かれたマハーバーラタの絵
शैलीकार [名] 文章家；名文家
शैलीगत [形]〔言〕文体の；文体論の 〈stylistic〉
शैली विज्ञान [名]〔言〕文体論 〈stylistics〉
शैलू [名]〔植〕ムラサキ科スズメイヌヂシャ= लिसोड़ा.
शैलूष [名] 役者；俳優
शैलेंद्र [名] ヒマラヤ हिमालय
शैलेय [形] (1) 岩の；岩石の (2) 岩だらけの；石だらけの (3) 山の；山岳の
शैल्य[1] [形] (1) 石の；岩の (2) 石の多い；石だらけの；岩だらけの (3) 山の (4) 甚だ固い；堅固な
शैल्य[2] [名] 石 इनका सारा मूर्ति-शिल्प एक ही शैल्य में कटा हुआ है この方の彫刻の技術の一切はたった 1 個の石に刻まれている
शैव [形] (1) シヴァの；シヴァ神の (2) シヴァ派の；シバ派に関わる；シヴァ神を信奉する
शैवपत्र [名]〔植〕ミカン科ベルノキ= बेल; बिल्व वृक्ष.
शैव मत [名]〔ヒ〕シヴァ派
शैवल [名] (1)〔植〕トチカガミ沈水草【*Olyxa octandra*】 (2)〔植〕藻= सैवाल; शैवाल.
शैवाक [名]〔植〕地衣類【*Lickens*】
शैवाल [名] (1)〔植〕モ（藻）；水草；海草 (2)〔植〕トチカガミ科の沈水草【*Blyxa octandra*】= सिवार.
शैव्या [名*]〔イ神〕シャイヴィヤー（アヨーディヤーのハリシュチャンドラ王 राजा हरिश्चंद्र の妃）
शैशव[1] [形] (1) 赤子の (2) 幼児の (3) 幼少年期の；幼少時の
शैशव[2] [名] (1) 幼児期 (2) 幼少時；幼少年期 (3) 少年期
शैशविक [形] = शैशव[1]
शैशिर [形] ←शिशिर. 寒期の；冬の→ ऋतु.
शो [名] 《E. show》 (1) 展示；表示 (2) 展示会；展覧会 (3) 見世物；ショー；興業；上映 नित्य 4 शो 毎日 4 回のショー；4 回の上映（映画）
शोक [名] (1) 悲しみ；悲嘆 (2) 死に対する悲嘆；哀悼 पुत्र-शोक 息子を失った悲しみ (3)〔イ文芸〕（古典インド文学の詩論によりラサ रस の一，करुण रस の基になる感情）悲哀 → रस. **शोक क॰** *a.* 悲しむ *b.* 死を悼む；哀悼する शोक करने, गम मनाने के लिए भी 死を悼み，哀悼のためにも
शोकविह्वल [形] 悲しみに心の乱れた；悲嘆に取り乱した इस शोकविह्वल माता को この悲嘆に取り乱した母親を
शोकसंतप्त [形] 悲しみに激しく苦しむ；悲嘆に沈んだ सैनिक की मौत पर शोक-संतप्त परिजनों से 兵士の死で悲嘆に沈んだ遺族たちに
शोक-सभा [名*] 追悼会；追悼集会
शोक-समाचार [名] 訃報
शोकाकुल [形] 悲しみに打ちひしがれた；悲嘆にくれた उनको शोकाकुल देखकर あの方が悲しみに打ちひしがれたのを見て
शोकातुर [形] = शोकाकुल.
शोकाभिभूत [形] = शोकाकुल.
शोकार्त [形] = शोकाकुल.
शो केस [名] 《E. showcase》 ショーケース；陳列用ガラス戸棚；陳列ケース；陳列棚
शोख़ [形] 《P. شوخ》 (1) 厚かましい；無礼な；横柄な शोख़ औरतें 厚かましい女たち (2) 陽気な；ひょうきんな；ふざけた (3) あだっぽい；なまめかしい (4) おちゃっぴいな；おちゃめな；いたずらっぽい (5) 派手な；けばけばしい शोख़ गुलाबी रंग 派手なピンク
शोख़ी [名*] 《P. شوخى》 (1) 厚かましさ (2) 陽気さ (3) あだっぽさ मुख पर असाधारण शोख़ी थी 顔には並みではないあだっぽさが浮かんでいた (4) いたずらっぽさ (5) けばけばしさ
शोच [名] (1) 悲しみ；悲嘆 (2) 心配；不安；愁い
शोचना [他]〔古〕→ सोचना. मन में शोचता 心に思う
शोचनीय [形] (1) 悲しむべき；情けない；なげかわしい शोचनीय जीवन なげかわしい暮らし (2) きわどい；危うい；不安な；心配な
शोच्य [形] = शोचनीय.
शोट सिल्क [名] 《E. shot silk》 玉虫色の絹布；ショットシルク शोट सिल्क की-सी चिकनी त्वचा 玉虫色の絹のようなすべすべした肌
शोठ [形] (1) 愚かな (2) たちの悪い；邪な
शोण[1] [形] (1) 赤い；深紅の (2) ラック色の (3) 黄色の
शोण[2] [名] (1) 赤；赤色；赤さ= लाल रंग. (2) 血= रक्त; ख़ून. (3) 朱= सिंदूर; सेंदुर.
शोणित[1] [形] 赤い；赤色の；真紅の= लाल.
शोणित[2] [名] (1) 血；血液= रक्त; ख़ून. (2) 赤；赤色= लाल रंग. (3) 朱；辰砂= ईंगुर; शिंगर्फ़. (4) 銅= ताँबा; ताम्र.
शोणिमा [名*] 赤さ；赤み = लालिमा.
शोणोपल [名] 紅玉；ルビー = लाल; मानिक.
शोथ [名]〔医〕炎症 लारिंक्स में शोथ 喉頭炎；喉頭カタル
शोध [名] (1) 清めること；浄化すること (2) 補正 (3) 修正 (4) 探究；究明；研究 (5) 調査 (6) 支払い；返済；償却
शोधक [形] (1) 清める；清浄にする；浄化する= शोधनेवाला. रक्तशोधक औषधि 血をきれいにする薬 (2) 探究する；探索する；調べる= खोजनेवाला.
शोधकक्ष [名] 研究室
शोधकर्त्ता [名] 研究者 नागरिक प्रशासन के शोधकर्ता 都市行政の研究者
शोधकार्य [名] 研究；学術研究；学術調査 जलप्रदूषण कम करने के उपायों पर शोधकार्य चल रहा है 水質汚染を低減させる方法の研究が進行中である
शोधकेंद्र [名] 研究所；研究センター
शोधग्रंथ [名] 研究書；学術書
शोधन [名] (1) 浄化 (2) 訂正 (3) 修正 (4) 精製 (5) 探究；追求；究明 (6) 返済；償却；償還 ऋण-शोधन 借金返済
शोधना [他] (1) きれいにする；清浄にする；浄化する (2) 正す；訂正する；修正する (3) 精製する (4) 探す；探究する；究明する

ब्राह्मण द्वारा शोधे हुए दिन（結婚式のために）司祭のバラモンが調べて見つけた（選んだ吉祥の）日 (5) 返済する

शोधनिबंध [名] 論文；研究論文；学術論文

शोधनी [名*] ほうき（箒）＝झाड़ू; बुहारी.

शोधनीय [形] (1) きれいにすべき；浄化すべき (2) 精製すべき；製錬すべき；精錬すべき (3) 訂正すべき；修正すべき (4) 償却すべき；支払うべき；完済されるべき

शोधप्रबंध [名] ＝ शोधनिबंध.

शोधप्रतिष्ठान [名] 研究所；研究機関

शोधवाना [他・使] ← शोधना.

शोधशाला [名*] (1) 精製所 (2) 製錬所 (3) 精錬所

शोध संस्था [名*] 研究所；研究機関

शोधार्थी [名] 研究者；研究員；研究生

शोधित [形] (1) 精製された (2) 精錬された (3) 製錬された (4) 訂正された；修正された (5) 返済された；返却された；償却された

शोध्य [形] ＝ शोधनीय.

शोफ [名]〔医〕(1) 浮腫；水腫 (2) 腫れもの

शोफ़र [名]《E. ← F. chauffeur》お抱え運転手 राजदूत का शोफ़र 大使付きの運転手

शोबा [名]《A. شعبہ》(1) 草木の枝のように分かれたもの；分岐したもの (2) 支店；支部 (3) 課；科；部門；分科

शोभन [形] (1) ふさわしい；似合う；につかわしい आज वह विमला का अतिथि है, रसोई में जाकर बीच में अड़ंगा लगाना उसके लिए शोभन नहीं है 今日はヴィマラーのお客の身なのでお勝手に入って邪魔するのはみっともない (2) 優雅な；優美な；気品のある (3) 輝く；映える；美しい (4) めでたい；幸先のよい

शोभना [自] (1) 輝く；映える (2) 似合う क्षमा शोभती उस भुजंग को जिसके पास गरल हो 寛恕とは猛毒を持つ蛇にこそ似合うもの

शोभनीय [形] ＝ शोभन. ऐसे छोटे ख़तरों से डरना शोभनीय नहीं こんな小さな危険を恐れるのは見かけのよいものではない

शोभांजन [名]〔植〕ワサビノキ科小木ワサビノキ【*Moringa oleifera; M. pterygosperma*】

शोभा [名*] (1) 輝き；光輝 निजी पुस्तकालय आपकी शोभा है 蔵書はあなたを輝かすもの (2) 美しさ；麗しさ समुद्र की शोभा 海の美しさ सुंदर दाँत; चेहरे की शोभा 歯が美しいのは顔が美しいこと (3) 優雅さ；優美さ (4) 装飾；飾り；飾るもの ड्राइंगरूम की शोभा 応接間の飾り **शोभा दे॰** 似合う；合う；ふさわしい；ぴったりする **शोभा बढ़ाना** 参加する，出席するなどの意の丁寧な表現 हम लोगों ने उनसे दरबार की शोभा बढ़ाने का सादर अनुरोध किया 同氏に御臨席賜るようお願いした

शोभादार पौधे [名] 観賞植物；観葉植物

शोभायमान [形] 美しい；美しく輝く；映える

शोभायात्रा [名*] (1) 行列 (2) 結婚式の行列＝ बरात. (3) 山車の巡行 जगन्नाथ जी के रथ की शोभायात्रा ジャガンナート寺院の山車の巡行

शोभित [形] (1) 光る；輝く (2) 映える (3) 美しい；うるわしい

शोर [名]《P. شور》(1) 騒がしい音；騒音；耳障りな音 (2) 叫び声；叫び；騒ぎ (3) 騒動；騒ぎ (4) 騒ぎ；評判；人気 **शोर मचना** 騒がしくなる；騒ぎが起こる；騒動が起こる **शोर मचाना** *a.* 騒ぐ；騒ぎ立てる *b.* 文句を言い立てる；反対する **शोर लगाना** 難癖をつける；文句を言う

शोरगुल [名]《P. شورغل ← شور و غل शोरो गुल》(1) 騒音；けたたましい音 (2) 騒動；騒ぎ；ごたごた घर में शोरगुल न हो 家の中に騒ぎのないように शोरगुल और नोक-झोंक से क़रीब एक घंटे से ज़्यादा समय तक उत्तेजना बनी रही 騒ぎと遣り合いのため一時間以上も緊張状態が続いた **शोरगुल क॰** 騒ぎ立てる；文句をつける वे दूसरे राजाओं को शोरगुल करने से रोक सकते थे その方は他の王侯たちが騒ぎ立てるのを防ぐことができた **शोरगुल मचाना** 騒ぎ立てる；騒ぐ जुलूस के लोग बहुत शोरगुल मचा रहे थे デモの人たちがひどく騒いでいた

शोरपुश्त [形]《P. شورپشت》ずうずうしい；横着な；横柄な＝ उद्दंड; अक्खड़; धृष्ट; गुस्ताख़.

शोरपुश्ती [名*]《P. شورپشتی》図々しさ；横着さ；横柄さ＝ उद्दंडता; अक्खड़पन; धृष्टता; गुस्ताख़ी.

शोरबा [名]《P. شوربا》(1) 料理の煮汁＝ रसा. (2) 吸い物；スープ；羹＝ झोल. (3) 肉の煮汁＝ गोश्त का पका हुआ रस.

शोरबेदार [形]《P. شوربے دار》汁のある；汁気のある

शोर-शराबा [名]《P. شور شرابا》(1) 悲鳴をあげたり騒ぎ立てること；叫んだり騒ぎ立てたりすること **शोर-शराबा क॰** 悲鳴をあげる；騒ぎ立てる (2) 騒ぎ；騒動；騒擾 हिंदी के मामले को लेकर आज राज्यसभा में कुछ देर तक शोर-शराबा हुआ ヒンディー語をめぐって本日上院で少しの間騒ぎが起こった (3) 騒ぎや騒動の声や音 कल पड़ोसवाले घर में कुछ शोर-शराबा सुनाई पड़ा 昨日近所の家で騒ぎが聞かれた (4) 騒がしいこと；喧騒；空虚な論議 व्यवसायिक पत्रिकाएँ प्रचारित और प्रसारित हैं उनके शोर-शराबे में बहुत-सा अच्छा साहित्य दब जाता है 商業雑誌が隆盛である．多数の良質の文学がそれらの喧騒に埋もれていく

शोरा [名]《P. شوره》〔化〕硝石 **शोरे की पुतली** 甚だ色白の女性

शोरिश [名*]《P. شورش》(1) 暴動；喧騒；騒乱；騒ぎ＝ खलबली; हलचल. (2) 反乱；謀反＝ बगावत; बलवा. **शोरिश बरपा क॰** ごたごたを起こす；いざこざを起こす

शोरूम [名]《E. showroom》ショールーム；陳列室

शोरोगुल [名]《A.P. شور و غل》→ शोरगुल.

शोरोशग़ब [名]《A.P. شور و شغب》＝ शोरो गुल.

शोला[1] [名]〔植〕マメ科灌木性草本クサネム【*Aeschynomene aspera*】 शोला काग़ज़ クサネムを原料に作られた紙

शोला[2] [名]《A. شعلہ》炎；火炎 ＝ लपट; ज्वाला.

शोविंडो [名]《E. show window》ショーウインドー

शोशा [名]《P. شوشہ》(1) インゴット (2) ぎざぎざ；突き出た部分；凹凸 (3) かけら；破片；断片 **शोशा छोड़ना** あら探しをする；文句をつける；難癖をつける अपनी पहले जैसी स्थिति बनाने के लिए वह तरह-तरह के शोशे छोड़ रहे हैं 以前の状態にしようとして様々な難癖をつける **शोशा निकालना** ＝ शोशा छोड़ना.

शोष [名] (1) 乾くこと；乾燥 (2) 乾いていること；乾き (3) 衰えること；衰弱 (4) 衰滅 (5) 結核

शोषक [形] (1) 乾かす；乾燥させる (2) 吸い取る；搾り取る；搾取する (3) 衰弱させる

शोषण [名] (1) 乾かすこと；乾燥させること (2) 吸い取ること；吸収 शोषणशक्ति 吸収力 (3) 吸い出すもの (4) 搾取；収奪 मज़दूरों का शोषण 労働者の収奪 कृषकों का शोषण 農民搾取

शोषणकर्ता [名] 搾取や収奪をする人；搾取者；収奪者

शोषणीय [形] (1) 搾り取れる (2) 吸い出すことのできる (3) 搾り取るべき (4) 吸い出せる

शोषित [形] (1) 乾かされた；乾燥された (2) 吸われた；吸い取られた ये उर्वरक पानी में घुलकर जड़ों द्वारा शोषित किए जाते हैं これらの肥料は水に溶けて根から吸い取られる (3) 搾取された；収奪された निचली जातियों के शोषित लोगों को 下層カーストの搾取された人たちを समाज के शोषित-पीड़ित मानव 社会の搾取され苦しめられた人々

शोषी [形] (1) 搾り出す；搾り取る (2) 乾かす

शोहदा [名] ＝ शुहदा[2]. (1) 放蕩者；道楽者； (2) ならず者；悪党 सारे मुहल्ले के शोहदों के लिए 全町内の悪党どもに

शोहदापन [名] ← शोहदा. (1) 放蕩；放埒；自堕落 (2) 悪党ぶり

शोहरत [名*]《A. شہرت शुह्रत》(1) 名声；高名；名＝ प्रसिद्धि; ख्याति; कीर्ति. आपकी शोहरत दूर-दूर तक फैली है この方の名声は随分広まっている **शोहरत गूँजना** 名が轟く हिंदुस्तान के कोने कोने में मेरी शोहरत गूँज उठेगी インドの隅々にわが名が轟くであろう **शोहरत हासिल क॰** 名声を得る；名を揚げる **शोहरत हासिल हो॰** 名が揚がる；有名になる (2) 評判；名誉 मंच पर मेहनत ज़्यादा करनी पड़ती है और शोहरत कम मिलती है 舞台ではうんと頑張らなくてはならぬが評判は大して得られない

शोहरततलब [形] ＝ शुह्रततलब. 名声を求める；名誉欲のある

शोहरततलबी [名*] ＝ शुह्रततलबी. 名誉欲

शोहरतपसंदी [形] ＝ शुह्रतपसंदी. 名誉欲

शोहरा [名]《A. شہرہ शुह्रा》名声；評判 ＝ ख्याति; प्रसिद्धि.

शौंड[1] [名]〔鳥〕鶏；雄鶏＝ मुर्ग़ा.

शौंड[2] [形] (1) 酒飲み＝ शराबी. (2) 酔いしれた；酩酊した；ぐでんぐでんに酔った＝ नशे में चूर.

शौंडता [名*] 酩酊

शौंडा [名*] 酒 ＝ मद्य; मदिरा; शराब.

शौंडिक [名] 古代の酒の製造販売者（カースト）

शौक़ [名] 《A. شوق》(1) 好きなこと；趣味的に好きなこと；愛好 जुम्मन चाचा को छोटे-छोटे पशु-पक्षी पालने का बड़ा शौक़ था ジュンマン叔父は小さな動物や鳥を飼うのが大好きだった सेवा करना मेरे शौक़ का विषय है 私は人の世話をするのが好きなのです हमें क्रिकेट का बड़ा शौक़ है クリケットが大好きだ (2) 趣味；好み बादशाह को तलवारों का बड़ा शौक़ था 王は刀（の蒐集）を大層趣味にしていた बस, एक बार टिकट-संग्रह का शौक़ तुम्हें हुआ कि फिर अपने आप ही सारी तरकीबें जान जाओगे 君が一度切手集めの趣味を持つと方法はひとりでに覚えてしまうだろう इसी प्रकार कई पुरुषों के घूमने और सैर-सपाटे का शौक़ होता है ちょうどこのように一部の男性は散歩や散策を趣味にしている मैं बनियान ख़रीदने बाज़ार जा रहा हूँ.सैर का शौक़ हो तो साथ चली चलो シャツを買いに行くがぶらつきたければついて来なさい (3) 欲求；熱望 (4) 熱心；熱意；熱中 **बड़े शौक़ से** とても熱心に；熱中して वह बड़े शौक़ से खाने लगी 一心不乱に食べ始めた **शौक़ क॰** 飲食や喫煙などをする लीजिए, शौक़ कीजिए さあどうぞ召し上がれ (-का) **शौक़ चर्राना** (ーが) 大好きになる；(ーに) のぼせる；のぼせあがる उसको लंठ बनने का नया शौक़ चर्राया また新しく馬鹿げたことにのぼせてしまった उसे फिर अपनी वीरता दिखाने का शौक़ चर्राया 男はまたのぼせあがって己の勇ましいところを見せたくなった **शौक़ पूरा क॰** (したいこと，やりたいことの) 思いをとげる **शौक़ फ़रमाना** = शौक़ क॰. **शौक़ से** *a.* 好みで；好き好んで；喜んで फिर मैं क्या अपने शौक़ से या शान के लिए नौकरी कर रही हूँ? それじゃ私が好きであるいは見栄のために勤めていると言うの *b.* 好んで；愛好して उसे पशु शौक़ से खाते हैं それを動物は好んで食べる *c.* 熱をいれて；熱心に；一心に सब बच्चे शौक़ से मोर को देखने लगे 子供たちはみな一心にクジャクを眺め始めた *d.* もちろん；どうぞどうぞ；お気に召すように

शौकत [名*] 《A. شوكت》(1) 豪奢；豪華；華麗 अब कैक्टस शान और शौकत का प्रतीक माना जाने लगा है 今ではサボテンが豪華さの特徴とみなされるようになっている (2) 威信；威厳；威光

शौक़िया[1] [形]《A. شوقيه》(1) 気なぐさみの；遊びの (2) アマチュアの शौक़िया नाटक कंपनी アマチュア劇団 शौक़िया रोलर स्केटिंग चैंपियन アマチュアローラースケートのチャンピオン शौक़िया खिलाड़ी アマチュア選手→ पेशेवर खिलाड़ी. プロ選手

शौक़िया[2] [副] あてもなく；ぶらぶらと；ふらっと आवश्यक समय ही कहाँ होता है कि वह यहाँ-वहाँ घूमें और फिर वह भी शौकिया घूमना!! あちこち歩き回る時間なんてあるはずもない．それもぶらつくためになんて

शौक़ीन [形] 《P. شوقين》(1) 好む；愛好する；趣味とする तंबाकू के शौकीन タバコ好きの（人） मेरे पिता जी उपन्यास पढ़ने के शौकीन थे 父は小説（を読むの）が好きだった वह गाने का बेहद शौकीन था あの人は歌が大好きだった इस खेल के शौकीनों की संख्या लाखों में है このスポーツの愛好者は数十万人いる (2) 道楽する；贅を尽くす；贅沢する उम्दा खाने और नफ़ीस कपड़ों के शौक़ीन 食い道楽，着道楽の（人） (3) おしゃれな；凝る शौक़ीन की चीज़ें しゃれ者の持ち物 स्त्री व पुरुष दोनों ही आभूषण पहनने के शौक़ीन थे 女も男も装身具に凝っていた **शौक़ीन तबीयत का** *a.* 当世風の；ハイカラな बादशाह बड़ी शौक़ीन तबीयत के थे 殿はとてもハイカラな人だった *b.* おしゃれな **शौक़ीन मिज़ाज का** = शौक़ीन तबीयत का.

शौक़ीनी [名*] ← शौक़ीन. (1) 愛好 (2) 道楽；贅沢 (3) おしゃれ (4) 郭通い；女遊び

शौच [名] (1) 清浄 (2) 用足し；排泄行為についての上品な表現．お手洗い；御不浄 **शौच क॰** 用を足す；用足しをする

शौचकर्म [名] 手洗い；排泄；用足し；排便；排尿= शौचक्रिया.

शौचगृह [名] 便所を丁寧に言う表現；お手洗い；御不浄 = पाख़ाना.

शौचालय [名] 便所；手洗い = पाख़ाना; शौचगृह.

शौचासनी [名*] 室内便器〈commode〉

शौची [形] 清浄な；神聖な = पवित्र; पाक.

शौन[1] [名] 販売用に処理された食肉

शौन[2] [形] 犬の = कुत्ते का.

शौनक [名]〔イ神〕シャウナカ聖仙（シュナカ शुनक の子）

शौनिक [名] (1) 肉屋；屠畜や食肉処理や食肉販売を生業とする人= कसाई. (2) 狩人= शिकारी; व्याध; बहेलिया.

शौरसेन 〔地名〕シャウラセーナ（北インドの古代の地名でほぼ現今のブラジバーシャー ब्रजभाषा 地域に相当する）→ ब्रजभाषा.

शौरसेनी [名*]〔言〕シャウラセーニー語（ほぼ現今のブラジ語地域に行われていた中期インド・アーリアン語の主要プラークリット語の一）

शौर्य [名] (1) 勇敢さ；勇猛さ= वीरता; शूरता. (2) 武勲；軍功 **शौर्य पुरस्कार** 軍功賞

शौर्यपूर्ण [形] 勇敢な；勇猛な शौर्यपूर्ण चरित्र 勇敢な行為

शौहर [名] 《P. شوهر》夫；主人 = पति; स्वामी; ख़ाविंद.

श्मशान [名] (1) 火葬場 (2) 墓地；墓場

श्मशान घाट [名] (1)〔ヒ〕火葬場 (2) 墓地

श्मशान पति [名] シヴァ神

श्मशान बैताल [名] バイターラ（火葬場や墓地で死骸を食べると伝えられる幽鬼）

श्मशानयात्रा [名*]〔ヒ〕親族などが遺体を棺架に載せて列をなして火葬場へ赴くことやその葬列；野辺の送り श्मशानयात्रा में सगे संबंधी फूल तथा अन्य सुगंधियाँ लेकर पीछे-पीछे जाते हैं 野辺の送りには身内や親族が花や香などを携えてついて行く

श्मशानवासिनी [名*]〔ヒ〕カーリー神 काली の異名の一

श्मशानवासी [名] (1) シヴァ神の異名の一 (2) 幽鬼= भूत-प्रेत. (3) チャーンダーラ（चांडाल）

श्मशानवेताल [名] = श्मशान-बैताल.

श्मश्रु [名] ひげ；口ひげとあごひげ= दाढ़ी-मूँछ.

श्मश्रुकर [名] 理髪師 = नापित; हज्जाम.

श्यान [形] (1) ねばねばする；粘着性の (2) 過ぎた；過ぎ去った (3) 細った；縮んだ

श्यानता [名*] 粘着性；ねばねば；粘りけ

श्याम[1] [形] (1) 黒い；黒色の；黒ずんだ (2) 青黒い (3) 肌の黒い；色黒な

श्याम[2] [名] クリシュナ神の異名の一

श्याम[3] [国名] タイ国；シャム

श्यामकंठ [名] (1)〔鳥〕クジャク= मयूर; मोर. (2)〔鳥〕インドブッポウソウ= नीलकंठ.

श्यामक [名]〔植〕イネ科インドビエ【*Echinochloa crus-galli; Panicum crus-galli*】= साँवाँ.

श्यामकृष्ण [形] 青黒い

श्यामचिरी [名*]〔鳥〕ムシクイ科アカノドサファイヤルリ【*Nittava tickelliae*】

श्यामता [名*] ← श्याम.

श्यामपट्ट [名] 黒板 = ब्लैक बोर्ड.

श्यामपत्र [名] = तमाल.

श्यामल [形] 肌の黒い；色黒な = साँवला.

श्यामलता [名*] 肌の色の黒さ कोई रंग चेहरे पर श्यामलता ला देती है 色によっては顔を黒ずんだものにするものがある

श्याम लता [名*]〔植〕キョウチクトウ科常緑蔓木【*Ichnocarpus frutescens*】

श्यामवर्णीय [形] 色黒な श्यामवर्णीय कद्दावर, कसा हुआ बदन 色黒で大柄で引き締まった体

श्यामसुंदर [形] クリシュナ神の異名の一

श्यामांग [形] 肌の黒い；色黒な

श्यामा [名*] (1)〔イ神〕ラーダー（राधा） (2)〔鳥〕ヒタキ科アカハラシキチョウ【*Copsychus malabaricus*】

श्यामाक [名] = साँवाँ. 〔植〕イネ科インドビエ【*Panicum crus-galli*】

श्यामिका [名*] (1) 黒さ= कालापन. (2) 黒= कालापन. (3) 汚れ；不浄= अपवित्रता.

श्याल[1] [名]〔動〕イヌ科ジャッカル= गीदड़; सियार.

श्याल[2] [名] 妻の兄弟 = श्यालक; साला.

श्यालकी [名*] 妻の姉妹 = श्याली; साली.

श्याव [形] 褐色の

श्येत[1] [形] 白い；白色の = श्वेत; सफ़ेद.

श्येत[2] [名] 白；白色

श्येन [名]〔鳥〕ワシタカ科オオタカ = बाज़; शिकरा.

श्योणाक [名]〔植〕ノウゼンカツラ科高木ソリザヤノキ【*Oroxylum indicum*】= श्योनाक; अरलु; सोना.

श्रद्धांजलि [名*] (1) 敬意；尊崇；崇敬 (2) 敬意を表する言葉；賛辞 (3) 弔詞；弔意；哀悼の意 आज सुबह उनको श्रद्धांजलि 今朝同氏に弔詞 ध्यानचंद के प्रति सच्ची श्रद्धांजलि ディヤーンチャンドへの

深甚なる弔意（哀悼の念） हीरोशीमा में मरनेवालों को पार्लियामेंट में श्रद्धांजलि 広島の犠牲者に対し国会で追悼

श्रद्धा [名*] (1) 敬意；敬愛；崇敬 उस अनजान बनिए के प्रति श्रद्धा जाग उठी その見知らぬ商人に対して尊敬の念が湧いた उनकी चालीस वर्ष की साहित्य-सेवा के लिए मेरे हृदय में अत्यंत श्रद्धा थी あの方の 40 年間にわたる文学活動に対し心からの敬愛の念を抱いていた (2) 崇拝；崇敬；尊崇；敬虔さ लोकमान्य तिलक के प्रति उनकी सच्ची श्रद्धा थी その方はティラク先生を心底尊敬していた वहाँ के भारतीय अपने पूर्वजों के देश की संस्कृति, धर्म व भाषा के प्रति श्रद्धा को बनाये हुए है 同地のインド人たちは先祖の故国の文化，宗教及び言語に対し崇敬の念を抱いている श्रद्धा चढ़ाना 敬虔な気持ちを抱く；尊崇の念を捧げる सिक्ख ही नहीं, सभी लोग उनके चरणों में अपनी श्रद्धा चढ़ाते थे シク教徒ばかりでなくすべての人があの方に敬虔な気持ちを抱いていた मैं मसीह में श्रद्धा करती हूँ 私はイエス・キリストを信じています (3) 信心；信仰；信じること भूत-प्रेतों में मेरी किंचित श्रद्धा नहीं थी 私は幽霊とか幽鬼といったものを全然信じていなかった (4) 信頼；信用 उस आंदोलन के सारे कार्यक्रम में न तो उनकी पूरी श्रद्धा थी और न वैसी आस्था थी あの方はその運動のすべての計画に対して全幅の信頼を持っていたわけでもなかった (5) 感謝の念；感謝の気持ち आज भी जब कभी मुझे उस दिन की याद आ जाती है तो उन वृद्ध सज्जन के प्रति मन श्रद्धा से भर उठता है （困っていた時に親切にしてもらったので）今日もあの日のことを思い出すとあの老人に対する感謝の念で胸が一杯になる **श्रद्धा समर्पित क॰** 崇敬の念を捧げる उसकी गोलियों से मरनेवाले स्त्रियों, पुरुषों और बच्चों को अपनी श्रद्धा समर्पित करते हैं それの弾丸で死んだ男女や子供たちに崇敬の念を捧げる

श्रद्धापूर्वक [副] うやうやしく；敬意をこめて；敬虔に；感謝をこめて श्रद्धापूर्वक भगवान को प्रणाम किया うやうやしく神を拝んだ हर जाति के लोग श्रद्धापूर्वक पूजते हैं すべてのカーストの人たちが敬虔に拝んでいる उसने संत को श्रद्धापूर्वक प्रणाम किया 聖者に向かって深々と頭を下げた

श्रद्धाभाजन [名] 崇敬や敬愛の対象 चौधरी सब के श्रद्धाभाजन बन गए チョードリーはみなの敬愛の的になった

श्रद्धालु [形] 信心深い；敬虔な श्रद्धालु भक्त 敬虔な信徒 श्रद्धालु हिंदू 信心深いヒンドゥー教徒

श्रद्धावान् [形] (1) 信心深い；信仰心の厚い (2) 敬虔な

श्रद्धेय [形] 尊敬すべき；尊い；敬うべき परम श्रद्धेय अध्यक्ष 議長に対する敬意をこめた呼びかけ

श्रम [名] (1) 労働；勤労 शारीरिक श्रम 肉体労働 उसके लिए खाद्य पदार्थ अन्य व्यक्तियों के श्रम से उत्पन्न होते हैं その人にとっては食べ物は他人の労働によって生産される (2) 苦労；面倒 (3) 疲れ；疲労

श्रमकण [名] 汗のしずく；勤労によって生じる汗水

श्रमकल्याण [名] 労働福祉

श्रमक्लांत [形] 仕事に疲れた；疲労した

श्रमजर्जर [形] 仕事に疲れ果てた；くたくたに疲れた；疲労困憊した

श्रमजल [名] 汗；汗水 = पसीना; स्वेद.

श्रमजित [形] 疲れを知らない

श्रमजीवी [形・名] 勤労する；労働する；労働者；勤労者 श्रमजीवी जनसंख्या 労働人口

श्रमण [名] 仏教やジャイナ教の苦行者；修行者；出家者；沙門= भिक्षु.

श्रमणी [名*] 仏教の女性出家修行者；比丘尼= भिक्खुनी.

श्रमदान [名] 労働奉仕；勤労奉仕

श्रम प्रबंधन [名] 労務管理

श्रमबल [名] 労働力

श्रमबिंदु [名] 汗のしずく；汗水 = श्रमकण.

श्रम मंत्रालय [名] 労働省

श्रम मंत्री [名] 労働大臣；労相 केन्द्रीय श्रम मंत्री 連邦政府労働大臣

श्रमविधि [名*] 労働法

श्रमविभाजन [名]〔経〕分業 अंतर्राष्ट्रीय श्रम-विभाजन 国際分業

श्रमविवाद [名] 労働争議

श्रमशक्ति [名*] 労働力

श्रमशील [形] 働き者の；よく働く；勤勉な；努力家の

श्रम संघ [名] 労働組合= मज़दूर संघ.

श्रमसहिष्णु [形] 勤勉な；努力家の= मेहनती.

श्रमसाध्य [形] 骨が折れる；苦労の多い；困難な रावण का पुतला बनाने का कार्य बड़ा श्रमसाध्य है ラーヴァナの像を作る仕事はとても骨が折れる श्रमसाध्य कार्य 困難な作業

श्रमसीकर [名] 汗；汗のしずく；汗水= पसीना; श्रमबिंदु.

श्रमांबु [名] 汗 = पसीना; स्वेद.

श्रमिक [名] 労働者；労務者 अकुशल श्रमिक 未熟練労働者 कारखानों के श्रमिक 工場労働者 श्रमिक वर्ग 労働者階級 श्रमिक संख्या 労働人口

श्रमिक संघ [名] 労働組合

श्रमित [形] 疲れた；疲労した= थका हुआ; श्रांत.

श्रवण [名] (1) 聴くこと；聴取 (2) 聴聞 गीता के प्रथम अध्याय का श्रवण バガヴァッド・ギーターの第 1 章の聴聞 (3) 聴覚器官

श्रवण शक्ति [名*] 聴力

श्रवण सहाय [名] 補聴器

श्रवणेंद्रिय [名*] (1) 耳 (2) 聴覚

श्रव्य [形] (1) 聞こえる；聞き取れる (2) 称賛すべき；聞くに値する (3)〔イ文芸〕サンスクリットの美文体文学作品カーヴィヤを見るためのものと聞くためのものと二分した場合の後者の呼称で上演されることのないものである= श्रव्य काव्य.

श्रव्यता [名*] 可聴度 ⟨sonority⟩

श्रव्य-दृश्य [形] 聞こえかつ目に見える

श्रव्य-दृश्य शिक्षण [名]〔教〕視聴覚教育

श्रांत [形] (1) 疲れた；疲労した (2) 悲しい；ふさぎ込んだ (3) 静かになった；鎮静化した

श्रांति [名*] (1) 勤労；労働= परिश्रम; मेहनत. (2) 疲れ；疲労= थकावट. (3) 休息= आराम; विश्राम.

श्राद्ध [名] (1) 供養（祖霊や死者への） (2)〔ヒ〕インド暦 7 月黒分（この期間のそれぞれの命日に祖霊祭が行われる）；祖霊祭の半月；ピトリパクシャ= पितृपक्ष. मासिक श्राद्ध 月ごとの祖霊供養

श्राद्धकर्ता [名] 法事・祖霊供養執行の責任者

श्राद्धकर्म [名] (1) 葬儀；葬式 (2) 祖先の年次供養

श्राद्धदिन [名]〔ヒ〕命日（法事の行われる日）

श्राद्ध पक्ष [名]〔ヒ〕シュラーッダ・パクシャ（インド暦 7 月の黒分，すなわち，祖霊祭の半月，太陽暦のほぼ 9 月中下旬にあたる） श्राद्ध पक्ष आ रहे हैं 間もなくシュラーッダ・パクシャです

श्रावक[1] [名] (1)〔仏〕声聞；出家；仏弟子 (2) ジャイナ教の出家 (3) ジャイナ教徒 (4) 不信心者

श्रावक[2] [形] 聞く；聴聞する

श्रावण [名] (1) インド暦の 5 月（陰暦の 5 月 16 日に始まるひと月. 北インドでは本格的な雨季に相当する）；サーワン月（सावन）；シュラーヴァナ月 (2) サーワン月の満月 (3) 音；音声

श्रावणी[1] [形] サーワン月（インド暦 5 月）の **श्रावणी तीज** サーワン月の 3 日に行われる祭礼 श्रावणी पूर्णिमा サーワン月，すなわち，インド暦の 5 月の満月

श्रावणी[2] [名*]〔ヒ〕(1) サーワン月の満月の日に行われる祭礼（ヒンドゥーの聖紐ヤジュニャウパヴィータが拝まれ，また新しいものに取り替えられる）；シュラーヴァニー祭→ यज्ञोपवीत. (2)〔ヒ〕同日のもう 1 つの祭礼であるラクシャーバンダンの祭日→ रक्षाबंधन; राखी.

श्राविका [名*] ←श्रावक. श्राविका बनी राजनर्तकी 出家した宮廷の舞姫

श्राव्य [形] 聞こえる；聴取可能な

श्री[1] [名*] (1) ラクシュミー神（लक्ष्मी） (2) サラスヴァティー神（सरस्वती） (3) 富；財 लक्ष्मी व्यक्ति और देश की श्री-समृद्धि की अधिष्ठात्री देवी है ラクシュミー神は個人と国家の繁栄を司る女神 (4) 繁栄；栄華 (5) 名声；栄誉 (6) 美しさ (7) 光輝；輝き；栄光 **श्री जाती रहना** 輝きが消える；勢いがなくなる **श्री हत हो॰** = श्री जाती रहना. **श्री हीन हो॰** = श्री जाती रहना. (8) 男子名や男性名詞の神名や地名の前につけて用いられる称号 भूतपूर्व मुख्यमंत्री श्री पी॰एस॰माधव 元州首相 P.S. マーダヴ氏 (9) 吉祥の，めでたい，貴い，栄光のあるなどの意で様々なものの名称の前につけて用いられる称号 श्री दुर्गापूजा उत्सव 聖ドゥルガープージャー祭

श्री[2] [名] (1) ブラフマー神 (2) ヴィシュヌ神 (3) クベーラ神 (4)〔ヒ〕シュリー派（ヴィシュヌ派の一）

श्री[3] [形] (1) 美しい (2) すぐれた；立派な (3) めでたい (4) 力のある；力量のある

श्रीकंठ [名] シヴァ神の異名の一 = महादेव.
श्रीकांत [名] ヴィシュヌ神
श्रीकृष्ण [名] クリシュナ神
श्रीक्षेत्र [名]〔地・ヒ〕聖地ジャガンナート・プリー जगन्नाथ पुरी とその周辺
श्रीखंड [名] シュリーカンド（ヨーグルトに砂糖のほかサフラン，乾果などを加えてこしらえた飲み物）= शिखरन.
श्रीगणेश [名]（ものごとを始める際，シュリーガネーシャーヤ・ナマハと唱えてガネーシャ神に除厄を祈願することから）始まり；起こり；開始→ श्रीगणेशाय नमः. (-का) **श्रीगणेश क॰** （ーを）始める；開始する (-का) **श्रीगणेश हो॰** （ーが）始まる；開始される
श्रीगणेशाय नमः [感]〔ヒ〕除災，厄除けの神とされるガネーシャ神に対して唱えられる「ガネーシャ神に帰命する」の意のものごとを開始する際の祈りの文句
श्रीचंदन [名]〔植〕ビャクダン科ビャクダン（白檀）= संदल.
श्रीताल [名]〔植〕ヤシ科マライソテツシュロ【*Phoenix paludosa*】
श्रीदामा [名]〔イ神〕シュリーダーマー；スダーマー सुदामा（クリシュナの竹馬の友で同じ師の下で学んだ学友とされるブラーフマン）
श्रीधर [名] ヴィシュヌ神の異名の一
श्रीनंदन [名] カーマ神
श्रीनगर 〔地名〕シュリーナガル（ジャンムー・カシミール州都）
श्रीनाथ [名] (1) ヴィシュヌ神の異名の一 (2) プシュティマールガ पुष्टिमार्ग とも呼ばれるヴァッラバ派→ वल्लभाचार्य におけるクリシュナ神（ヴィシュヌ神）及びその神像の呼称
श्रीनाथ जी द्वारा [名]〔ヒ〕シュリーナート寺（ヴァッラバ派の本山．ラージャスターン州ウダイプルの近くにある）
श्रीनाथ मंदिर [名] シュリーナート寺（ヴァッラバ・アーチャーリャがゴークル गोकुल に開いた寺院）→ वल्लभाचार्य.
श्रीनिकेत [名]〔ヒ〕ラクシュミー神の天国 (1) ヴィシュヌ神 (2) ラクシュミー神の住む天国 वैकुंठ
श्रीनिवास [名] (1) ヴィシュヌ神の異名の一 (2) ラクシュミー神の住む天国 वैकुंठ; वैकुण्ठ
श्रीपंचमी [名*] (1)〔ヒ〕シュリー・パンチャミー；ヴァサント・パンチャミー祭（マーガ月の白分５日，春の到来を告げる祭．日本の旧暦１月５日）→ बसंत पंचमी. (2)〔ジャ〕ジェータ月，すなわち，インド暦の３月の白分５日（日本の旧暦５月５日）．この日聖典・古文書の虫干しをする
श्रीपति [名] (1) ヴィシュヌ神 (2) ラーマ；ラーマチャンドラ (3) クリシュナ
श्रीपाद [名] その御足を拝むべき礼拝の対象
श्रीफल [名] (1) ベルノキの実= बेल. (2) ココヤシの実= नारियल.
श्रीमंडप [名] 王の閲見の間
श्रीमंत [形] = श्रीमान. (1) 富を持つ；豊かな (2) 繁栄している (3) 男子や事物への敬称として用いられる（また男性に対する呼びかけ語としても用いられる） श्रीमंत सरकार!（→ शिवाजी）殿（との）！；お殿様！（家臣がシヴァージーに向かって））
श्रीमत् [形] (1) 富裕な (2) 輝きのある (3) 美しい→ श्रीमान्, श्रीमती.
श्रीमती [名*] (1) 既婚女性に対する敬称 (2) 妻；夫人= पत्नी; बेगम. श्रीमती जी 奥様；奥方様；御令室様 (3) ラクシュミー神 लक्ष्मी の異名の一
श्रीमन् [名]《Skt.》श्रीमत्の sg., voc. → श्रीमान्, श्रीमान. श्रीमन्, पहले कृपया मेरी बात सुनें ご主人さま，まずは手前の話をお聞き下さいませ
श्रीमान् [形] (1) 富裕な (2) 輝きのある (3) 美しい
श्रीमान [名] 男性の名の前に用いられる敬称
श्रीमाल[1] [名]〔装身〕女性の金製の首飾りの一；シュリーマール = कंठश्री.
श्रीमाल[2] [名] シュリーマール（ヴァイシュヤの一カーストのグループ名）
श्रीमुख [名] (1) 花の顔（かんばせ）；美しい顔 (2) お口（御口） स्वामी जी श्रीमुख से कुछ कहें 師が何かおおせになれば (3) ヴィシュヌ神のお顔
श्रीयुक्त [形] (1) 光輝のある (2) 人名の前につけられる敬称
श्रीयुत [形] = श्रीयुक्त.
श्रीरंग [名] ヴィシュヌ神の異名の一
श्रीलंका 〔国名〕スリランカ民主社会主義共和国（旧セイロン）；シュリーランカー= सिंहल; सिंहलद्वीप. 〈Srilanka〉
श्रीलंकाई[1] [形] スリランカの श्रीलंकाई उग्रवादी スリランカの過激派
श्रीलंकाई[2] [名] スリランカ人 = श्रीलंका का निवासी. → सिंहल シンハラ人
श्रीवंत [形] (1) 富貴な (2) 繁栄している (3) 高名な (4) 美しい
श्रीवत्स [形] 富裕な；富み栄える
श्रीवल्लभ [名] ヴィシュヌ神の異名の一
श्रीवास [名] (1) 乳香 (2) 樹脂；やに (3) テルペンチン；松根油 (4) デリアム (5) ヒマラヤスギ
श्रीवृक्ष [名] (1) インドボダイジュ= बोधिवृक्ष; पीपल. (2) ベルノキ= बेल; बिल्ववृक्ष.
श्रीवैष्णव [名]〔ヒ〕ラーマーヌジャ派の信徒；シュリーヴァイシュナヴァ
श्रीश [名] ヴィシュヌ神の異名の一
श्रीहत [形] (1) 輝きのない (2) 勢いのない (3) 富を失った
श्रीहर्ष 〔人名・イ文芸〕(1) シュリー・ハルシャ（12 世紀頃のサンスクリット詩人．‘नैषधचरित’が著名 (2) シュリー・ハルシャ（‘रत्नावली’, ‘नागानंद’, ‘प्रियदर्शिका’ などのサンスクリット語による戯曲を遺した７世紀のカーンニヤクブジャ कान्यकुब्ज のハルシャヴァルダナ王）
श्रीहीन [形] = श्रीहत.
श्रुत [形] (1) 聞かれた；聴聞された (2) 名高い；著名な
श्रुतकीर्ति [名*]〔ラマ〕シュルタキールティ（シャトルグナ शत्रुघ्न の妻．ジャナカ王の姪）
श्रुतर्षि [名]〔ヒ〕シュルタルシ（学殖の深さによって知られた一部のリシ ऋषि の称）
श्रुतलेख [名] 口述= श्रुतलेखन.
श्रुतानुश्रुत [名] 風聞；伝聞
श्रुति [名*] (1)〔ヒ〕四ヴェーダ（ヴェーダ本集，ブラーフマナ，アーラニヤカ，ウパニシャッド）；天啓文学；天啓聖典 (2) 聞くこと；聴聞 (3) 聴覚 (4) 伝聞；風聞 (5)〔言〕わたり〈glide〉；わたり母音〈glide vowel〉
श्रुतिकटु [形]〔言〕不協和な（音） श्रुतिकटुत्व 音の不協和
श्रुतिगम्य [形]〔言〕響き渡る；鳴り響く；朗々とした
श्रुतिगोचर [形] 聞こえる；耳に入る
श्रुतिजीविका [名*]〔ヒ〕スムリティ聖典 स्मृति; धर्मशास्त्र
श्रुति परम्परा [名*] 口碑；口承
श्रुतिमधुर [形] (1) 甘美な（音声の）；調子の美しい (2)〔言〕音便上の〈euphonic〉
श्रुतिसुख [形] 心地よく聞こえる
श्रुतिहर [形] 心地よい（音声）；聞きほれる
श्रुत्यनुप्रास [名]〔修辞・韻〕同一調音点から発せられる子音の反復による押韻
श्रेढ़ी [名*]〔数〕数列〈progression〉
श्रेणी [名*] (1) 列 (2) 等級；級；勲等 प्रथम श्रेणी में उत्तीर्ण हो॰ 第一級の成績で合格する (3) 序列；順位；位階；階位；ランク प्रथम श्रेणी का 一流の；一等級の हैवी वेट की श्रेणी ヘビーウェート級 ‘बी’ श्रेणी की सुविधाएँ B 級の待遇（刑務所での受刑者の待遇の等級） (4) 類別；範疇；カテゴリー (5) 系列 (6)〔史〕同業組合；ギルド；座= गिल्ड.
श्रेणीकरण [名] (1) 分類；区分；種別 (2) 位階；階位；ランク；等級付け；順位付け；ランキング (3) 系列
श्रेणीकृत [形] 等級付けされた；順位付けされた
श्रेणीबद्ध [形] (1) 類別された (2) ランク付けされた；等級付けされた
श्रेणीबद्धता [名*] (1) 類別 (2) ランク付け；等級付け
श्रेण्य [形] 古典の；古典的な；クラシックの श्रेण्य भाषा 古典語 = शास्त्रीय भाषा.
श्रेय[1] [形] 抜き出ている；すぐれている；立派な；優秀な；抜群の= श्रेयस्.
श्रेय[2] [名] (1) 功績 इस लड़की को पुनः स्वस्थ ज़िंदगी देने का श्रेय किसको जाता है この女の子に再び健康な生活を与えた功績はだれのものか एलोरा की अधिकांश मूर्ति कला का श्रेय चालुक्य और

राष्ट्रकूट राजाओं की दानशीलता को है エローラーの大多数の彫刻の功績はチャールキャ朝とラーシュトラクータ王朝の王たちの寄進の気前のよさにある (2) 立派なこと；優秀さ (3) 善良さ (4) 功徳 (-का) श्रेय (= को) दे॰ (−の) 功績を (=に) 与える；(−を=の) 功績とする इस सारी सफलता का श्रेय मैं अपने पति को देती हूँ この成功の一切の功績を夫に与えます

श्रेयस्कर [形] より良い；すぐれている；勝っている；ましな इस प्रसंग का वर्णन न करना ही उनके लिए श्रेयस्कर था このくだりについては記述しないほうがあの方にとっては良かった तब तो हमारे जीवन से हमारी मृत्यु, हमारी विजय से हमारी पराजय, कहीं श्रेयस्कर है だとすると私が生きているよりも死んだほうが，私が勝つよりも負けたほうがはるかに良いことなのだ

श्रेष्ठ [形] (1) 優秀な；すぐれた；立派な हमें छात्रों को श्रेष्ठ मानव बनाना है, न कि पाखंडी पुजारी 私たちは生徒をぺてん師ではなく立派な人間に作り上げなければならない (2) 上位の；上に位置する；上に立つ इस सरकार में विधान मंडल का स्थान कार्यपालिका से श्रेष्ठ होता है この政体では立法府の地位が行政府より上である जन्म के आधार पर कोई व्यक्ति अन्य व्यक्ति से श्रेष्ठ हो सकता है 人は出生を基に他人の上に立つことがありうる (3) 最高の；最優秀の；最もすぐれた अन्य समस्त प्राणियों से श्रेष्ठ प्राणी 他のすべての生き物よりもすぐれた生き物

श्रेष्ठतम [形] 最もすぐれた；最優秀の；最高の

श्रेष्ठतर [形] 一段とすぐれている；一層優秀な यह नहीं कि वह कविता इधर की रचनाओं से श्रेष्ठतर है その詩が最近のものに比べてすぐれているというわけではない **श्रेष्ठतर मस्तिष्क वाले स्तनी** 〔動〕霊長類（の動物）〈primates〉

श्रेष्ठता [名*] ←श्रेष्ठ. すぐれていること；勝っていること；優秀さ；優位 भक्ति की श्रेष्ठता バクティのすぐれていること ब्रिटेन की प्रजातांत्रिक परंपराओं की श्रेष्ठता イギリス民主主義の伝統の優秀さ

श्रेष्ठिन् [名] = श्रेष्ठी. (1) 豪商；大商人= सेठ; महाजन. (2) 富豪；長者

श्रोणा [名*] 米飯の煮汁 = काँजी; माँड़.

श्रोणि [名*] (1) 腰；ヒップ (2) 臀部 (3) 骨盤 (4) 股関節

श्रोणि पख [名]〔魚〕腹びれ〈pelvic fin〉

श्रोत [名] 耳；聴覚 = कान; श्रवणेंद्रिय.

श्रोतव्य [形] 聞くべき；傾聴すべき

श्रोता [名] 聞く人；聞き手；聴衆 उपस्थित श्रोता その場の聞き手；会場の聴衆

श्रोताकक्ष [名] 講堂；会堂

श्रोत्र [名] (1) 耳；聴覚 (2) ヴェーダの知識 (3) ヴェーダ

श्रोत्रिय[1] [形] (1) ヴェーダの知識を持つ (2) 洗練された；上品な；気品のある

श्रोत्रिय[2] [名] (1) ヴェーダに詳しい知識を持つ人；ヴェーダ学者 (2) シュロートリヤ（バラモンのサブカーストの一）

श्रोत्री [名] = श्रोत्रिय[2]

श्रौत [形] (1) 耳の (2)〔ヒ〕シュルティ (श्रुति) の；ヴェーダの（天啓聖典の）

श्रौतसूत्र [名]〔ヒ〕シュラウタ・スートラ（天啓経とも訳される．バラモン教の天啓とされる聖典を要約した経典）

श्रौत्र[1] [形] 耳の；聴覚の

श्रौत्र[2] [名] (1) 耳；聴覚 (2)〔ヒ〕ヴェーダの知識，ヴェーダの学識の深いこと

श्रौत्रकर्म [名]〔ヒ〕ヤジュニャ (यज्ञ)；ヴェーダ祭式；供犠

श्लक्ष्ण [形] (1) やさしい；穏やかな (2) なめらかな；すべすべした；つるつるした (3) 細い；小さな；こまかい；繊細な (4) 美しい (5) 正直な；偽りのない

श्लथ [形] (1) 緩い；緩んだ；弛緩した；たるんだ (2) のろい；ゆっくりした (3) 力のない

श्लथन [名] 緩めること

श्लाघन [名] (1) 称賛 (2) 追従；機嫌取り；おべっか (3) 自慢

श्लाघनीय [形] (1) 称賛に値する (2) 立派な；すぐれた

श्लाघा [名*] (1) 称賛 (2) 賛嘆 (3) ついしょう（追従） (4) 自慢

श्लाघित [形] (1) 称えられた (2) すぐれた；優秀な

श्लाघी [形] (1) 自慢する；自分を誇る (2) 傲慢な

श्लाघ्य [形] (1) 称賛すべき；称えるべき (2) すぐれた；立派な (3) 尊敬すべき

श्लिषा [名*] (1) 引っつくこと；結合すること；一体化 (2) 抱擁

श्लिष्ट [形] (1) 引っついた；結合された；一体化した (2) 付着した；密着した (3) 合成された；統合された (4) 抱き合った；抱擁した (5) 掛詞の

श्लिष्ट योगात्मक भाषा [名*]〔言〕屈折言語= विभक्तिप्रधान भाषा. 〈inflectional language〉

श्लिष्टि [名*] (1) 結合 (2) 抱擁

श्लिष्टोक्ति [名*]〔修辞〕掛詞

श्लीपद [名]〔医〕象皮病；フィラリヤ= हाथीपाँव.

श्लील [形] (1) すぐれた；優秀な；最高の (2) 上品な；気品のある (3) めでたい

श्लेष [名] (1) 結合；密着；一致；合致 (2) 抱擁 (3)〔修辞〕シュレーシャ・グナ（カーヴィヤにラサを生み出す特性である काव्यगुण の一．これは音声と意味の両面で両義性を生み出し表現が練られて引き締まり美しいものにするとされた） (4)〔修辞〕地口；かけことば（掛詞）；しゃれ；語呂合わせ〈pun〉 (5) 合体；交接

श्लेषोक्ति [名*]〔修辞〕掛詞〈pun〉

श्लेषोपमा [名*]〔修辞〕掛詞による比喩

श्लेष्म [名] 粘液 नाक के भीतर के श्लेष्म (लसदार स्राव) में 鼻腔の粘液に

श्लेष्मक [名] 粘液

श्लेष्म ग्रंथि [名*] 分泌腺

श्लेष्मल [形] 粘液の श्लेष्मल कला 粘膜 श्लेष्मल झिल्ली 粘膜 आमाशय की श्लेष्मल झिल्ली 胃の粘膜

श्लेष्महर [形] 粘液を取る；去痰の

श्लेष्मा [名] (1) 粘液 (2)〔アユ〕カパ (कफ) **श्लेष्मा ऊतक** 粘膜組織

श्लोक [名] (1)〔韻〕シュローカ（サンスクリットの 16 音節 2 行の詩形） (2) 頌詞 (3) 賛称 (4) サンスクリットの詩文

श्वदंत [名] 犬歯；糸切り歯

श्वन् [名] 犬 = कुत्ता.

श्वपच [名] 犬の肉を食べる者

श्वपुच्छ [名] (1) 犬の尾；犬の尻尾 (2) サソリ= बिच्छू; वृश्चिक.

श्वशुर [名] 夫もしくは妻の父；しゅうと；舅= ससुर.

श्वश्रू [名*] 夫，もしくは，妻の母；しゅうとめ；姑= सास.

श्वसन [名] 呼吸〈breathing; respiration〉 श्वसन-अंग 呼吸器官

श्वसन-क्रिया [名*] 呼吸；呼吸活動

श्वसन प्रणाली [名*] 呼吸器；呼吸器官

श्वसनरंध्र [名] 呼吸吼；鼻 = नाक; नासिका.

श्वसन व्यापार [名] 呼吸（すること）

श्वसनिका [名*]〔解〕細気管支；気管支梢〈bronchiole〉

श्वसनी [名*]〔解〕気管支〈bronchus〉

श्वसनीशोथ [名]〔医〕気管支炎〈bronchitis〉

श्वसित[1] [形] 呼吸をしている；呼吸をする

श्वसित[2] [名] (1) 息；呼気 (2) 嘆息

श्वा[1] [名] 犬 = कुत्ता; श्वान.

श्वा[2] [名]《E. schwa》〔言〕シュワー；曖昧母音

श्वाचित् [名]〔動〕ヤマアラシ科インドヤマアラシ= साही.

श्वान [名] 犬 = कुत्ता; कुक्कुर.

श्वाननिद्रा [名*] うたた寝；とても浅い眠り= हलकी नींद; झपकी.

श्वानपिंशु [名]〔昆〕犬につくノミ

श्वानी [名*] 雌犬 = कुतिया.

श्वापद [名] 獣；猛獣

श्वापुच्छ [名] 犬の尻尾 = कुत्ते की पूँछ.

श्वास [名] 呼吸；息をすること= साँस; दम. श्वास रुकना 呼吸が停止する；息が止まる **श्वासक्रिया** 呼吸活動 **श्वास फूलना** 息切れがする = साँस फूलना. थोड़ा चलने अथवा काम करने पर श्वास फूलने लगता है 少し歩いたり仕事をすると息切れしはじめる

श्वासद्वार [名]〔解〕声門〈glottis〉

श्वासद्वारीय [形] 声門の〈glottal〉 **श्वासद्वारीय स्पर्श** 〔言〕声門閉鎖音〈glottal stop〉

श्वासनली [名*]〔解〕気管〈wind pipe〉 श्वास-निःश्वास 阿吽

श्वासरंध्र [名]〔解〕呼吸吼 = श्वसनरंध्र.

श्वासरोध [名] (1) 呼吸を止めること (2) 窒息；呼吸の停止

श्वासरोधी [形] 息を止める；窒息させる

श्वित [形] 白い；白の = श्वेत; सफ़ेद.

श्विति [名*] 白いこと；白さ= सफ़ेदी.
श्वेत [形] 白い；白色の = सफ़ेद. मैग्नीशियम श्वेत रंग की धातु है マグネシウムは白色の金属である श्वेत आदमी 白人 = श्वेत वर्ण के लोग; गोरा. श्वेतवर्ण के अल्पसंख्यकों के हाथों में समस्त सत्ता है 白人少数派が全権を握っている
श्वेत अभ्रक [名]〔鉱〕白雲母〈musconite〉
श्वेत आर्सेनिक [名]《H.+ E. arsenic》亜ヒ酸〈white arsenic〉
श्वेतक [名] 卵白〈albumen〉
श्वेत कणिका [名*] 白血球〈white bloodcell; leukocyte〉
श्वेतक पत्र [名] 鶏卵紙（写真用印画紙）
श्वेतक रज्जु [名] 卵帯〈chalaza〉
श्वेत किट्ट [名]〔農〕白錆病〈white rust〉
श्वेत किरण [名*] 白光 सूर्य की श्वेत किरण 太陽の白光，コロナ
श्वेतता [名*] 白；白さ = सफ़ेदी; शुक्लता.
श्वेत निकल [名*]〔鉱〕ホワイト・ニッケル〈white nickel〉
श्वेतपटल [名]〔解〕（眼の）鞏膜
श्वेत पत्र [名] 白書〈white paper〉
श्वेत प्रकाश किरण [名*] 白光；コロナ
श्वेत प्रदर [名]〔医〕こしけ；帯下 = प्रदर; ल्युकेरिया.
श्वेत फफूँदी [名*] 白カビ〈white mold〉
श्वेतवस्त्र [名] ホワイトカラー श्वेतवस्त्र अपराध ホワイトカラー犯罪
श्वेतांग [名] 白人
श्वेतांबर [名]〔ジャ〕ジャイナ教白衣派
श्वेता[1] [名*]〔昆〕シロチョウ科モンシロチョウ
श्वेता[2] [形*] 白の；白い；白色の
श्वेताणु [名]〔生理〕白血球〈leukocyte/leucocyte〉
श्वेताणुमयता [名*]〔医〕白血病〈leukemia〉= ल्यूकीमिया.
श्वेताश्वतर [名]〔ヒ〕シュヴェーターシュヴァタラ・ウパニシャド（中期ウパニシャドの一）→ उपनिषद्

ष

षंड [名] (1)〔動〕雄牛；牡牛= साँड. (2) 去勢者；不能者= नपुंसक.
षंडता [名*] ← षंड. 〔医〕性的不能；インポテンツ
षंडत्व [名] = षंडता.
षंडी [名*] 二次性徴の見られない女性
षंढ [名] 不能者；性的不能者
षंढा [名*] 身体及び気質的に男性の特徴を備えている女性
षकार [名] ष の文字と発音
षट् [数・造語]《Skt.》6；6 の意を表す造語要素= छः; छह.
षट्क[1] [形] 6 倍の
षट्क[2] [数] 六；6
षट्कर्ण [形] 第三者に聞かれた；盗み聞きされた
षट्कर्म [名]〔ヒ〕古法典においてバラモンに許された 6 種の仕事（ヴェーダの学習と教授 अध्ययन-अध्यापन，自他のための供犠 यजन-याजन，布施の贈与と受領 दान-प्रतिदान）
षट्कोण[1] [形] 六角形の；六辺形の
षट्कोण[2] [名] 六角形；六辺形
षट्कोणीय [形] 六角形の；六辺形の〈hexagonal〉
षट्गुणित [形]〔植〕六倍性の；六倍体の
षट्चक्र [名]〔ヨガ〕ハタヨーガにおいて身体のシンボルである微細な身体・微細身の 6 つの場所，すなわち，尾骨，生殖器，臍，喉，心臓，眉間に相応する場所に想定されている，気，すなわち，プラーナという生命エネルギーの集結する中心である 6 つのチャクラ（中心輪）.（मूलाधार चक्र，स्वाधिष्ठान चक्र，मणिपूर चक्र，अनाहत चक्र，विशुद्ध चक्र，आज्ञा चक्र）→ चक्र，शक्ति，हठयोग.
षट्त्रिंशत् [数]《Skt.》36 = छत्तीस.
षट्दर्शन [名] = षड्दर्शन.
षट्पद [名]〔動〕節足動物六脚類；昆虫類
षट्फलक [名] 六面体
षट्रिपु [名] = षड्रिपु. 人の心の中の 6 種の敵（愛欲 काम，忿怒 क्रोध，恐怖 भय，愚昧 मोह，貪欲 लोभ，慢心 अहंकार）
षट्वर्ग [名] 6 つのものの集まり
षट्शास्त्र [名]〔イ哲〕六派哲学
षड् [数]《Skt.》六；6 = छः; छह.
षडंग [名] (1)〔ヒ〕ヴェーダ聖典研究補助のための 6 学科（祭事学 कल्प，音韻学 शिक्षा，韻律学 छंदस्，天文学 ज्योतिष，語源学 निरुक्त，文法学 व्याकरण） (2) 身体の 6 つの部分（首，胴，両手，両足）
षडानन [形・名] (1) 6 面の顔を持つ= छह मुँह वाला. (2) カールティケーヤ神= कार्तिकेय.
षड्गुण[1] [名] 6 つの美点；6 種の長所
षड्गुण[2] [形] (1) 6 倍の (2) 6 種の特長を有する
षड्ज [名]〔イ音〕シャドジャ；オクターヴの第 1 音；サー = सा. インド音楽の音階の基音； सा （本来は孔雀の泣き声に擬せられた）
षड्दर्शन [名]〔イ哲〕古代インドの正統バラモン系統の 6 派の哲学（ヴェーダ及びバラモンの権威を認める古代ブラフマニズムの 6 系統の哲学，すなわち，サーンキヤ学派，ヨーガ学派，ヴァイシェーシカ学派，ニヤーヤ学派，ミーマーンサー学派，ヴェーダーンタ学派（सांख्य，योग，वैशेषिक，न्याय，मीमांसा，वेदान्त））
षड्भाग [名] (1) 6 分の 1 (2) 土地課税（土地収入の 6 分の 1 に相当）
षड्भुज[1] [形] (1) 6 本の腕を有する (2) 六面の；六辺の
षड्भुज[2] [名] 六辺形；六角形

षड्यंत्र [名] 陰謀；謀りごと；謀議 काकोरी षड्यंत्र カーコーリー陰謀（事件） षड्यंत्र रचना 陰謀を企てる
षड्यंत्रकारी [形・名] 陰謀をめぐらす（人）；陰謀家
षड्रस [名] 6 種の味覚 1. मधुर（甘味） 2. लवण（塩味） 3. तिक्त（辛味） 4. कटु（苦味） 5. कषाय（渋味） 6. अम्ल（酸味）形容詞としては 1. मीठा, 2. नमकीन, 3. तीता, 4. कड़ुआ, 5. कसैला, 6. खट्टा, が用いられる
षड्रिपु [名] = षट्रिपु. 人の心にすむ 6 つの敵，すなわち，काम 愛欲，क्रोध 怒り，लोभ 貪欲，मोह 愚かしさ，मद 傲慢，मत्सर 嫉妬
षड्वदन [名] カールティケーヤ神 कार्तिकेय
षड्वर्ग [名] (1) 6 つのものの集まり (2) = षड्रिपु.
षण् [形] 六の = षड्.
षण्मासिक [形] 半年ごとの；6 か月ごとの = अर्धवार्षिक.
षण्मुख[1] [形] 六面の
षण्मुख[2] [名] カールティケーヤ神 = षड्वदन.
षष्ट [形] 第 6 の；6 番目の
षष्टि [数] 《Skt.》六十；60 = साठ.
षष्टिपूर्ति [名*] 還暦
षष्टिम [数] 《Skt.》第 60 番の
षष्ठ [形] 《Skt.》第 6 の；6 番目の = छठा.
षष्ठभुज [名] (1) 六辺形；六角形 (2) 星印
षष्ठांश [名] (1) 6 分の 1 (2) 収穫物の 6 分の 1 の税
षष्ठी [名*] (1) 陰暦の白分もしくは黒分の第 6 日 (2)〔言〕所有格；属格（サンスクリット文法） (3)〔ヒ〕子供が生まれて 6 日目の祝い；お七夜 = छठी.
षांड [名] シヴァ神の異名の一
षाण्मासिक[1] [形] (1) 6 か月 (2) 6 か月ごとの；半年ごとの
षाण्मासिक[2] [名]〔ヒ〕死後 6 か月目の供養
षाण्मुख[1] [名] カールティケーヤ神 कार्तिकेय
षाण्मुख[2] [形] 6 つの顔を持つ；6 面の
षोडश [数] 《Skt.》(1) 十六；16 (2) 16 番目の
षोडश कला [名*] 月面の 16 分の 1
षोडशदान [名]〔ヒ〕16 種のものをまとめて行う布施（様々な記述があり一概には言えないが，一例を掲げると次の通り．1. 土地 2. 台座 3. 水 4. 衣料 5. 灯明 6. 穀物 7. パーン 8. 傘 9. 香 10. 花輪 11. 果実 12. 寝台 13. 木製の履き物（下駄） 14. 雌牛 15. 金 16. 銀）
षोडश पूजन [名] = षोडशोपचार.
षोडश शृंगार [名]〔ヒ〕ヒンドゥー女性の 16 種類の化粧，もしくは，身体装飾法（様々な記述があり一概には言えないが，若干の例を挙げると次の通り．1. 肌にウブタン उबटन を塗ること，2. 沐浴 3. 衣服の着用 4. 髪の手入れ 5. 目のぐるりにアンジャン अंजन を塗ること 6. 毛髪のわけぎわに朱をぬること 7. 足に महावर を塗ること 8. 額に तिलक をつけること 9. あごにつけぼくろをすること 10. ヘンナを掌に塗ること 11. 香料を体に塗ること 12. 装身具の着用 13. 花輪をつけること 14. パーンを食べること 15. 唇に紅をつけること 16. おはぐろをつけること）
षोडश संस्कार [名]〔ヒ〕16 種の通過儀礼；終身儀礼→ संस्कार.
षोडशाह [名] 16 日間にわたる断食を伴う願行
षोडशी[1] [形*] (1) 16 番目の；第 16 の (2) 16 歳の
षोडशी[2] [名*] (1) 16 歳の娘；若い娘 षोडशी को तो पत्ता हिलने पर भी हँसी आती है 十六娘はお箸が転がってもおかしい（木の葉が揺れてもおかしい年頃） (2)〔ヒ〕死後 10 日目，または，11 日目に行われるヒンドゥー教徒の慰霊の行事
षोडशोपचार [名]〔ヒ〕プージャー पूजा と呼ばれるヒンドゥー教の 16 通りの礼拝儀礼（神像を座につけ神饌・神供を供え沐浴を行い，灯明をあげ，香料を焚くなど 16 通りの儀礼を含む） （आसन, स्वागत, अर्घ्य, आचमन, मधुपर्क, स्नान, वस्त्राभरण, यज्ञोपवीत, चंदन, पुष्प, धूप, दीपक, नैवेद्य, तांबूल, परिक्रमा, वंदना）

स

सं- [接頭]《Skt.》一致・協同・協力・共同・総括・総合・類似・完全・十全などの意を加える接頭辞→ सम्-.
संक [名*] = शंका.
संकट[1] [名] (1) 危機；危難；危急 मैं सचमुच में बहुत संकट में हूँ 実際非常な危難におちいっている संकट और भी अधिक गहरा हो गया है 危機は一層深刻になっている (2) 困難；窮境；難局 **संकट काटना** *a.* 危難を遠ざける *b.* 危難を乗り切る **संकट की घड़ी** 危急の時；危難の時 **संकट के बादल घहरा उठना** 危難が迫る；危殆に瀕する= संकट के बादल घिर आ。 **संकट में पड़ना** 危難におちいる；危うくなる यदि समाज की सुरक्षा संकट में पड़ने वाली हो तो もしも社会の安全が危うくなりそうになれば **संकट मोल ले。** わざわざ危難にはまりこむ；わざわざ危険を冒す
संकट[2] [形] (1) 狭い；狭隘な= सँकरा; संकीर्ण. (2) 険しい= दुर्गम. (3) 辛い；困難な= कष्टप्रद.
संकटकाल [名] 危機；非常時；危殆
संकटकालीन [形] 危機の；非常時の संकटकालीन स्थिति 非常事態 देश में संकटकालीन स्थिति की घोषणा 国内に非常事態宣言
संकट चौथ [名*] (1) マーガ月の黒分の 4 日 (2)〔ヒ〕サンカトチョウト（除厄祈願のために同日に行われるヴラタ व्रत） **संकट चौथ सफल हो。** サンカトチョウトのヴラタが功を奏する
संकटमय [形] 危険極まりない；一触即発の
संकट संदेश [名] 危険信号；エスオーエス（SOS）
संकटस्थ [形] (1) 危難におちいった (2) 辛い；悲しい
संकटा [名*]〔ヒ〕バナーラスに祀られている除厄の女神像；サンカター
संकटापन्न [形] (1) 危険におちいった；困難に直面した (2) 危ない；危険極まりない；危殆に瀕した
संकटी [形] = संकटापन्न.
संकर[1] [形] (1) 入り混じった；混じり合った；混淆した (2) 雑種の；混種の；交配種の〈hybrid〉 संकर मक्का 混種のトウモロコシ；交配種のトウモロコシ
संकर[2] [名] (1) 混合 (2) 混合物 (3) 交配 **संकरपद्धति** 交配法 **संकर बीज** 交配種の種子
संकरण [名] (1)〔生〕異種交配〈cross breeding〉 (2)〔言〕混成；混合〈hybridization〉
संकरता [名*] 雑種；交配〈hybridism〉
संकर भाषा [名*]〔言〕混成語；混種語；混淆語〈hybrid language; mixed language〉
संकर वार्ता [名*]〔通信〕混線〈cross talk〉
संकरा [形+] = सँकरा (1) 狭い；幅が短い；狭隘な संकरी गलियाँ 狭い路地 संकरा रास्ता 狭い道路 संकरी लाईन 狭軌（鉄道） यह सँकरी घाटी पहाड़ की तलहटी तक जाती थी この狭い谷は山麓まで続いていた (2) 細い；小さい संकरे मुँह वाली शीशी 口の小さいびん (3) 窮屈な；狭苦しい
संकरित [形] (1) 混合した (2) 交配した；雑種の
संकरी [名] 雑種；混血種 = संकर; दोगला.
संकरीकरण [名] (1) 混血 (2) 交配
संकर्षण [名] (1) 引っ張ること；引き寄せること (2) 肩代わり；代位〈subrogation〉
संकर्षी [形] (1) 引き寄せる (2) 引きつける
संकल [名] (1) 集めること；一緒に合わせること= संकलन. (2) 加えること= योग.
संकलन [名] (1) 収集；蒐集 समाचारों का संकलन ニュースの収集 (2) 編集；編纂 संतों की वाणियों का संकलन 聖徒たちの聖句の編纂 **संकलनकर्ता** 編者；編纂者

संकलपना [他] (1) 決める；決意する；決心する (2) 布施をする；宗教的な動機から呪文を唱え誓って贈り物をする

संकलित [形] (1) 集められた；収集された काफ़ी मात्रा में दूध संकलित किया जा सका かなりの分量の牛乳が集められた (2) 編集された；編纂された इसमें राष्ट्रीय चेतना से संबंधित पाठ संकलित हैं これには民族意識に関連した読み物が編集されている

संकल्प [名] (1) 意図；意志 (2) 決意；決心；一念；決断 दृढ़ संकल्प 堅い決意 विचारा बहुत संकल्प करता है, बहुत क़समें खाता है कि अब सिगरेट न पिऊँगा, अब सिनेमा देखने न जाऊँगा 哀れにももうタバコを吸うまい，映画を見るまいと固く決意ししっかり誓いを立てる धैर्य, संकल्प और एकाग्रता से ही वह खेल में सफल हो सकता है 忍耐力，決断力それに集中力でこそゲームに勝利を収めることができる (3) 決議 (4)〔ヒ〕宗教的な動機からの布施などの儀礼を執り行わせるバラモンの指導と立ち合いのもと発願者の住所氏名，日付，祈願の目的などを一定の形式のもとに言及したマントラ（呪文）を唱えて誓約すること；誓いを立てること；発願 झूठे संकल्पों में संलग्न मनुष्य 偽りの誓約に耽っている人 हर मनुष्य जीवन में कोई संकल्प लेता है यदि संकल्प किसी शुभ दिन किया जाए तो पूर्णाहुति के अवसर ज़्यादा होते हैं 人は人生で何か誓いを立てるものだ．それがもし吉日に立てられるならばそれが叶えられる機会も多くなる (5) 上のように誓いを立てて贈与することを唱える呪文 बेटे, मेरी एक बात मान, तू नित्य गीता के तीसरे अध्याय का पाठ करना और उसका पुण्यफल नरक के कष्ट भोगते प्राणियों के नाम संकल्प करते रहना いいか，わしの言うことを聞くのだ．毎日バガヴァッドギターの第３章を読誦しその御利益を地獄の苦しみを受けている生類に贈与することを誓い続けることだ **संकल्प उठाना** 固く決意する；固く誓う **संकल्प पूरा हो॰** 願いが満たされる **संकल्प-विकल्प** 思いめぐらすこと；あれこれと思うこと；いろいろな考えをめぐらすこと；ああでもないこうでもないと考えること；迷うこと；ためらうこと；躊躇 अनेक संकल्प-विकल्प उसके दिमाग़ में आए और गए ああでもないこうでもないといろんな考えが浮かんでは消えた श्रीधर बाबू के मन में अनेक संकल्प-विकल्प आते रहे シュリーダル氏の胸中にはあれこれといろんな思いが浮かび続けた चोरी न करने की इच्छा रखनेवाले को चोरी के संबंध में कोई संकल्प-विकल्प नहीं करना चाहिए 盗みをしない決意を持つ人は盗みについて何一つためらってはならぬ **संकल्प-विकल्प में पड़ना** 迷う；ためらう；躊躇する शेख़ तो इसी संकल्प-विकल्प में पड़े हुए थे कि इतने में जुम्मन ने फ़ैसला सुनाया シェークがちょうどこのことをためらっているところへジュンマンが決定を聞かせた

संकल्पना [名*] (1) 概念；考え एक राष्ट्रभाषा की संकल्पना भी जग रही थी ひとつの国語という概念も目覚めつつあった (2) 決意；決断

संकल्पवाची [形] 概念の；概念を表す

संकल्पशक्ति [名*] 決断力；気力

संकल्पित [形] (1) 決意された；決断された (2) 決定された (3) 概念の；概念化された

संकाय [名]〔教〕（大学の）学部 कला संकाय 文学部 कला संकाय का दफ़्तर 文学部の事務室 कला संकाय का अध्यक्ष 文学部長

संकायाध्यक्ष [名]〔教〕学部長

संकार [名] (1) ごみ＝कूड़ा-करकट. (2) ほこり＝धूल.

संकारक [名] 運転者；操作員；オペレーター

संकारी [形] 運転する；操作する

संकाश [名] (1) 出現；出席；存在 (2) 近接

-संकाश [造語]（－の）ような，（－に）似たなどの意を持つ造語要素

संकीर्ण [形] (1) 空間的に狭い (2) 度量が狭い；狭隘な；狭量な＝तंग; सँकरा. इस युग में संकीर्ण भावों को पनपने दे॰ この時代に狭い考えをはびこらせること (3) 限られた；制限された संकीर्ण समूह 限られたグループ (4) 入り交じった；混合した＝मिश्रित. (5) 混雑した；混乱した＝बिखरा हुआ; क्रमहीन. (6) 低い；卑しい＝क्षुद्र. (7) 耳障りな；きんきんした संकीर्ण आवाज़ 耳障りな音 चम्मच की धातु मोटी-पतली और टेढ़ी-मेढ़ी होने से, इसमें से संकीर्ण आवाज़ उत्पन्न होती है スプーンは厚いところと薄いところがあり曲がっている金属なので耳障りな音が出る

संकीर्णता [名*] ←संकीर्ण. ऊँच-नीच और छुआछूत की संकीर्णता 浄・不浄の観念や身分の上下や狭量さ धार्मिक संकीर्णता 宗教上の狭量さ तब उनकी संकीर्णता दूर होगी そうしてこそ狭隘さがなくなろう

संकीर्णमना [形] 心の狭い；狭量な；度量のない

संकीर्तन [名] (1) 称賛 (2)〔ヒ〕集団で神の名号を唱えたり歌を唱したりして神の偉大さを賛美すること；サンキールタン

संकुचक [形] 縮める；収縮させる

संकुचन [名] 収縮；縮むこと पेशी का संकुचन 筋肉の収縮 शरीर की संकुचन क्रिया 身体の収縮活動

संकुचनीय [形] 縮められる；縮まる；収縮性の

संकुचशील [形] 収縮性の

संकुचित [形] (1) 縮んだ；収縮した संकुचित क॰ 縮める；収縮させる संकुचित हो॰ 縮まる；収縮する संकुचित अर्थ 狭義 (2) 不寛容な；度量の狭い；狭苦しい；偏狭な；萎縮した प्रेम व सद्भाव इतना संकुचित नहीं हो सकता 愛とか誠といったものはそんなに狭いものではありえない बहिर्विवाह की प्रथा अंतर्विवाह की संकुचित भावना के विरुद्ध है 外婚制は内婚制の狭い考えに対抗するものである (3) はにかんだ；恥ずかしがった (4) 畏まった

संकुचितता [名*] ←संकुचित. 偏狭さ；狭量さ इस्लाम में आई हुई संकुचितता イスラム教に入り込んだ偏狭さ

संकुचितार्थ [名] 狭義 ⟨specialized meaning⟩

संकुल[1] [形] (1) 混み合った；密集した；混雑した (2) 満ちた；満ち満ちた (3) 全体の；すべての (4) 複合した (5) 複雑な；入り組んだ

संकुल[2] [名] (1) 戦い；戦争 (2) 集まり；群れ (3) 人だかり；人ごみ

संकुलता [名*] ←संकुल[1].

संकुलन [名] (1) 密集；混雑 (2) 質量 (3) 密度

संकुलित [形] (1) 混み合った；密集した；混雑した (2) 充満した (3) 複合した (4) 結合した (5) 複雑な

संकेंद्रण [名] (1) 集中 (2)〔物理・光〕収束 ⟨concentration⟩

संकेंद्रण शिविर [名]（強制）収容所

संकेत [名] (1) しるし；徴候；兆候；予兆；兆し आँगन में बैठे कौवे के बोलने को मेहमानों के आने का संकेत मानना 中庭にとまったカラスが鳴くのを来客の予兆と考える (2) 指示；表示；暗示 उसने अनजाने में एक योजना की ओर संकेत किया था 無意識にある計画を表示した (3) 合図 ट्रे ले जाने का संकेत 盆（トレー）を下げるようにとの合図 मैंने ओठों पर अँगुली रखकर चुप रहने का संकेत किया 唇に指を当てて黙っているようにとの合図をした (4) 身振り संकेतों से बात करते थे 身振り手振りで話をしていた (5) 記号 (6) 暗号 (7) コード；符号

संकेत अक्षर [名] 記号 आप इन पक्षियों के नामों को संकेत अक्षरों में लिखिए これらの鳥の名前を記号で書きなさい

संकेतक [名] (1) 標識 (2) 無線標識；ラジオビーコン (3) コード

संकेत चिह्न [名] 略号

संकेतन [名] (1) 相互に取り決めること (2) 逢い引きの場所；密会の場所

संकेत प्रक्रिया [名*]〔言〕記号作用；記号現象 ⟨semiosis⟩

संकेतप्रयोग विज्ञान [名]〔言〕語用論 ⟨pragmatics⟩

संकेत-प्रेषण [名] 通信 सूक्ष्म तरंगों द्वारा संकेत-प्रेषण マイクロウエーブによる通信

संकेतभाषा [名*]〔言〕手話；手真似言語；手振り言語；身振り言語 ⟨sign language⟩

संकेतवाक्य [名] 合図の言葉；合言葉

संकेतवाचक〔言〕指示の（ための）；指示する संकेतवाचक विशेषण 指示形容詞 संकेतवाचक सर्वनाम 指示代名詞

संकेतविज्ञान [名] 記号学 ⟨semiotics⟩

संकेतशब्द [名] キーワード；暗号

संकेतसंख्या [名*] コードナンバー；コード番号

संकेतस्थल [名] 逢い引きの場所；恋人の待ち合わせの場所＝सहेट.

संकेताक्षर [名] 暗号

संकेतिक [形] 象徴的な संकेतिक हड़ताल 順法スト；遵法ストライキ

संकेतित [形] 指摘された；指さされた；表示された；表明された संकेतित प्रसंग 暗示；言及；ほのめかし

संकोच [名] (1) 収縮 (2) 萎縮 यह संकोच का युग नहीं है यह अंतर्राष्ट्रीयता का युग है 今は小さく縮む時代ではない．国際化の時代なのです (3) 迷い；躊躇；ためらい；気後れ (4) 遠慮；はにかみ；気兼ね संकोच क॰ 気兼ねする；遠慮する；気後れする अच्छे पुरुष अपना काम करते संकोच नहीं करते 立派な人は自分のな

すべきことを行う際に気後れしない (5) 恥じらい；羞恥心；恥ずかしさ（例えば，子供に性教育をする際に感じるためらいなど） संस्कारजन्य संकोच के कारण ही 育ちによる羞恥心のために

संकोचक ［形］ (1) 縮める (2) 収縮する संकोचक पेशियाँ 収縮する筋肉

संकोचन ［名］ (1) 収縮 (2) 萎縮

संकोचना[1] ［他］ 縮める＝ सिकोड़ना; संकुचित बनाना.

संकोचना[2] ［自］ 恐縮する ＝सकुचाना.

संकोचवश ［副］ 遠慮のため；遠慮して；気兼ねして संकोचवश उन्हें भी आपके पास ही बैठना पड़ेगा 遠慮のためあの方もあなたのすぐそばに座らなくてはならない वे संकोचवश आपके बच्चों की शैतानी पर भी चुप रह जाते हैं あの方は遠慮してあなたのお子さんのいたずらにも黙っている

संकोचित ［形］ (1) 縮んだ (2) 遠慮した；気兼ねした；はにかんだ

संकोची ［形］ (1) 引っ込み思案な；遠慮深い；内気な；控え目な ＝ ख़ल्वतपसंद. संकोची स्वभाव 控え目な性分 (2) 収縮する；縮む

संक्रंदन ［名］ インドラ神＝ इंद्र; शक्र.

संक्रमण ［名］ (1) 進むこと；前進 (2) 移り住むこと；移り変わること；移り変わり；変遷；通過 (3) 感染；伝染；細菌が体に入ることや移ること；化膿 अनेक संक्रमण पूरे शरीर में न फैलकर स्थानीय होते हैं 多くの感染は全身ではなく部分的なものである वह फटी हुई त्वचा को संक्रमण से बचाती है それは破れた（傷ついた）皮膚を感染から防ぐ (4) 〔医〕伝染病；感染症 उसे किसी प्रकार के संक्रमण की शिकायत नहीं थी その人は何の伝染病にも罹っていなかった इससे घाव में संक्रमण होने का डर रहता है これにより傷に感染症を生じる心配がある

संक्रमण काल ［名］ 過渡期；通過時間

संक्रमणता ［名*］ 伝染性；伝染力

संक्रमणनाशक ［形］ 殺菌性の；感染防止の

संक्रमणशील ［形］ 伝染性の；感染症の；流行病の

संक्रमणहरण ［名］ 消毒；殺菌 〈disinfection〉

संक्रमित ［形］ (1) 入った；入り込んだ；移った (2) 感染した；伝染した

संक्रांत ［形］ (1) 移された；移転された मैं चाहता हूँ कि अपने समूचे अस्तित्व को तुम्हारे सामने खोलकर रख दूँ - किसी तरीक़े से तुम्हारी चेतना में संक्रांत कर दूँ 自分の内面にある一切のものを君の前に広げて見せよう，なんとかして君の意識に移そう，というのが僕の気持ちなんだ (2) 継承された (3) 伝染した

संक्रांति ［名*］ (1) 次の位置に移ること；移動 (2) 〔天・占星〕太陽が黄道十二宮 12 राशियाँ の分割点を通過する時点→ राशि.

संक्रांतिचक्र ［名］〔天・占星〕十二宮図

संक्रामक ［形］ (1) 伝染する；感染する संक्रामक रोग 〔医〕伝染病；伝染性の病気 क्षय जैसे संक्रामक रोग 結核のような伝染病 **संक्रामक बीमारी** 伝染病＝संक्रामक रोग. आँखों की संक्रामक बीमारी रोहे 眼の伝染病トラコーマ संक्रामक बीमारी का फैलना 伝染病が広がる (2) 移る；はやる；伝わる **संक्रामक जादू** 〔文人〕感染呪術 〈contagious magic〉

संक्रिया ［名*］ 過程 नगरीकरण की संक्रिया भी हो रही है 都市化の過程も進行中である

संक्षय ［名］ 破滅 ＝विनाश; ध्वंस; बरबादी.

संक्षारक ［形］〔化〕腐食性の 〈corrosive〉

संक्षारण ［名］〔化〕腐食 〈corrosion〉

संक्षालन ［名］ 洗うこと；洗浄

संक्षिप्त ［形］ (1) 簡略な；要約された；簡潔な राजस्थान की रियासतों का संक्षिप्त इतिहास ラージャスタンの藩王国の略史 संक्षिप्त उत्तर 簡潔な答え (2) 省略された；短縮された **संक्षिप्त रूप में** 簡単に；簡略に

संक्षिप्तता ［名*］ 簡略；簡潔 संक्षिप्तता और सजीवता रेखाचित्र के प्राण हैं 簡潔さと迫真性とが人物素描の命である

संक्षिप्त लिपि ［名*］ 速記（術） ＝संकेत लिपि.

संक्षेप ［名］ (1) 大要；要約；簡略 (2) 省略 **संक्षेप में** 簡単に；簡略に हरेक के बारे में संक्षेप में लिख दो それぞれについて簡単に記しなさい

संक्षेपक ［形］ (1) 発射する (2) 短縮する；短くする (3) 減らす

संक्षेपण ［名］ 短縮；省略；要約（すること）；まとめ（ること）

संक्षेपतः ［副］ 簡単に；手短に

संक्षेपतया ［副］ 簡単に；省略して；要約して

संक्षेपसूचक चिह्न ［名］ 省略記号（例えば，ヒンディー語の書写に用いられる省略記号　॰）

संक्षेपाक्षर ［名］ イニシアル

संक्षोदन ［名］ 粉砕

संक्षोभ ［名］ (1) 落ち着きのないこと (2) 揺れ；振動；震え (3) 慢心；傲り；傲慢

संखंडन ［名］ 粉砕；分解

संखिया ［名］ (1) 〔化〕砒素 (2) 〔化〕三酸化砒素；白砒；亜砒酸 〈white arsenic〉

-संख्यक ［造語］（－の）数を有する，数に関わるなどの意を有する造語要素 बहुसंख्यक 多数派 अल्पसंख्यक 少数派

संख्यांक ［名］ 数字

संख्यांकन ［名］ 番号をつけること；番号化

संख्या ［名*］ (1) 数＝ तादाद संख्या बढ़ती है 数がふえる (2) 数字

संख्यातीत ［形］ 無数の；数え切れない＝ असंख्य; बेतादाद; अनगिनत.

संख्यान ［名］ (1) 計算＝ गिनती; शुमार. (2) 数＝ संख्या.

संख्यावाचक[1] ［形］ 数を示す संख्यावाचक विशेषण 〔言〕数形容詞

संख्यावाचक[2] ［名］〔言〕数詞 सहायक संख्यावाचक 助数詞

संख्येय ［形］ 数えられる；計算可能な

संग[1] ［名］ (1) 同伴；同席 मुझे अनिल का संग अच्छा लग रहा था アニルが一緒なのが快く思えていた (2) 接触；触れ合い；交際 (-)के संग －と共に；－と一緒に (-के) **संग लगना** （－に）同行する；同道する (-के) **संग सोना** （－と）同衾する **संग-साथ** 接触；交流 इस रिश्ते की शुरुआत के बाद तो उन का संग-साथ और भी बढ़ गया था この関係が始まると 2 人の交流は更に密になった

संग[2] ［副・後置］ 共に；一緒に (-के) संग （－と）一緒に；（－と）共に (-के) संग चलना （－と）一緒に行く；（－に）同行する

संग[3] ［名］ 《P. سنگ 》 石 ＝पत्थर; पाषाण; सिल.

संग अंदाज़ ［名］ 《P. سنگ انداز 》 投石器；石弓 ＝गोफन.

संग असवद ［名］ 《P.A. سنگ اسود संगे अस्वद》 〔イス〕カーバ神殿の黒石 → संगे अस्वद.

संग ख़ारा ［名］ 《P. سنگ خارا संगे ख़ारा》 火打ち石；燧石

संग जराहत ［名］ 《P.A. سنگ جراحت संगे जराहत》 せっけん石

संगठन ［名］ (1) 組織；団体 राजनीतिक संगठन 政治団体 ग़ैर सरकारी संगठन 民間団体 महिला संगठन 婦人団体 ＝स्त्री संगठन. सहकारी संगठन 協同組合（組織） आज हमारे गाँवों तथा शहरों में अनेक प्रकार के सहकारी संगठन कार्यशील हैं 今日わが国の農村や都市に様々な協同組合が機能している शिरोमणि अकाली दल और अन्य संबंधित लोगों और संगठनों के साथ シローマニアカーリーダルとその関係者及び団体と共に (2) 編成；編制；構成 अपनी सेना का संगठन 自軍の編制 समाजवादी पार्टी का संगठन 社会主義政党の構成 (3) 組織化；統率 संगठन का काम ज़ोरों से होने लगा 組織化が猛烈に開始された इन्हीं दिनों भारत के क्रांतिकारी अपना संगठन कर रहे थे 当時インドの改革家たちは組織化を図っていた **संगठन-शक्ति** 組織力；統率力 सुभाष की अद्भुत संगठन-शक्ति スバーシュの比類のない統率力 (4) 機構；機関 संयुक्त राष्ट्र का खाद्य और कृषि संगठन 国連食糧農業機関 विश्व स्वास्थ्य संगठन 世界保健機関 उन देशों ने 'एसियान' के नाम से अपना एक अलग संगठन बनाया それらの国々が ASEAN という名称で独自の機構を結成した (5) 団結 हिंदू संगठन ヒンドゥーの団結 (6) 〔イ政〕北インドにおいて 20 世紀初めよりアーリヤ・サマージを中心に盛んになってきたコミュナリズムとの関係でヒンドゥー教徒の団結と組織化を推進し強化することを企図した政治・社会運動

संगठनात्मक ［形］ (1) 組織の；団体の संगठनात्मक चुनावों के पहले दौर में 組織の選挙の第 1 ラウンドに於いて (2) 編成に関する；構成上の (3) 機構に関する

संगठित ［形］ ＝संघटित. 組織化された；団結した；まとまっている **संगठित क॰** 組織化する；まとめあげる；編成する छात्रों को संगठित क॰ 学生を組織化する फिर से संगठित क॰ 建て直す；再編成する संगठित अपराध 組織犯罪 संगठित राष्ट्र まとまった国家；団結した国家 स्वतंत्र भारत को एक सूत्र में संगठित करके 独立インドをまとめあげて बारडोली के किसानों को संगठित करके バールドーリーの農民たちを組織化して

संगणक ［名］ 計算機 ＝कंप्यूटर.

संगणन ［名］ 計算；算定

संगत[1] [名*] (1) 交際；付き合い；交友関係 बुरी संगत में पड़कर भी दुश्चरित्र बन जाते हैं 交友関係が悪くても品行が悪くなって行くもの (2) 集まり；同席；同伴 किसी दोस्त की संगत में या किसी पार्टी इत्यादि में 友人と一緒の時や会合などで (3) 伴奏 (-पर) **संगत दे॰** 伴奏する = संगति दे॰； (-का) साथ दे॰. तबले पर संगत क॰ タブラーで伴奏する तबले पर संगत कर रहे हैं रतन मालवी और सारंगी पर इकबाल अहमद タブラーの伴奏はラタンマールヴィー，サーランギーの伴奏はイクバールアフマド (-की) संगत में (ーの) 伴奏で

संगत[2] [形] (1) 適切な；矛盾のない；両立する；基準にかなっている= समुचित； उपयुक्त. (2) 理にかなった= युक्तियुक्त. आप की बात उचित है, और धर्मसंगत भी おっしゃることは正しいし理法にかなってもいる (3) 1つにされた (4) 結婚した；既婚の= विवाहित； शादीशुदा.

संगतता [名*] 一致；合致；両立

संगतराश [名] 《P. سنگ تراش》(1) 石工 (2) 石の彫刻家

संगतराशी [名*] 《P. سنگ تراشی》(1) 石切り (2) 石工の仕事や職 (3) 石の彫刻

संगति [名*] (1) 交わり；人との付き合い；交際；交友 अच्छी संगति से अच्छी और बुरी संगति से बुरी बुद्धि उत्पन्न होती है 良い付き合いをすれば良い知恵が，悪い付き合いをすれば悪い知恵が生じるもの संगति का गुप्त प्रभाव हमारे आचरण पर बड़ा भारी पड़ता है 交際の隠れた影響は行いの上に非常に重くのしかかってくるものだ (2) 合致；一致 **संगति बैठाना** 合わせる；一致させる **संगति मिलाना** = संगति बैठाना. (3) 調和；ハーモニー (4) 伴奏 (-की) संगति क॰ (ーの) 伴奏をする

संगती [名] (1) 仲間；友人；同僚= साथी. साथी-संगती の形でも用いられる (2) 伴奏者

संगदिल [形] 《P. سنگ دل》無慈悲な；無情な；残酷な；情け容赦のない；血も涙もない

संगदिली [名*] 《P. سنگ دلی》無慈悲さ；無情さ；残酷さ

संगपुश्त [名] 《P. سنگ پشت》〔動〕カメ（亀）の総称 = कछुआ.

संगम [名] (1) 結合；合一= संयोग； मेल. (2) 合流 यहाँ गंगा और यमुना नदी का संगम होता है ここでガンジス川とヤムナー川とが合流する (3) 合流点（特にプラヤーグでのガンジス，ヤムナー両川の合流点を指す） (4) 交差点；接合点 (5) 交配 (6) 媾合 (7)〔文芸〕サンガム文学／シャンガム文学（紀元前後，特に西暦1～3世紀に古代タミル地方の数百人の詩人によって詠まれた叙情詩の集成）→ संगम साहित्य.

संगमन [名] (1) 交信 (2) コミュニケーション (3) 一致

संगमरमर [名] = संगे मर्मर. 《P. سنگ مرمر संगे मर्मर》大理石

संगमरमरी [形] 大理石の संगमरमरी पत्थर 大理石 संगमरमरी चट्टान 大理石の岩

संगम साहित्य [名] → संगम (7) サンガム文学；シャンガム文学

संगर[1] [名] 戦い；戦闘 = संग्राम； लड़ाई； युद्ध.

संगर[2] [名] 《P. سنگر》〔軍〕塹壕

संगरू [形] 《P. سنگرو》鉄面皮の；恥知らずの；無恥な；甚だ厚かましい；厚顔な= निर्लज्ज； बेहया.

संगरेज़ा [名] 《P. سنگ ریزہ》小石；砂利；砕石 = कंकड़ी.

संगरोध [名] 検疫〈quarantine〉

संगलाख़ [形] 《P. سنگ لاخ》岩だらけの；石だらけの

संगसार[1] [名] 《P. سنگ سار》〔イス・法〕投石刑

संगसार[2] [形] 投石刑で殺された

संगसाल [名] 《P. سنگ سال》バーミヤーン（アフガニスタン）の大石仏

संगायन [名] 合唱；声を合わせて唱えること

संगिनी [名*] (1) 連れ；伴侶；仲間；友達 (2) 妻；配偶者；連れ合い

संगी[1] [名] (1) 連れ；伴侶；配偶者 (2) 友；友人；仲間；友達

संगी[2] [形] 《P. سنگی》石の；石で作られた；石造りの= पत्थर का.

संगीत [名] 音楽 कंठ्य संगीत 声楽 वाद्य संगीत 器楽

संगीतकार [名] 作曲家

संगीतज्ञ [名] 音楽家

संगीत नाटक [名] オペラ= संगीतिका； ऑपेरा.

संगीत नाटक एकेडेमी [名*] サンギート・ナータク・アカデミー（インドの音楽，舞踊，演劇の活動の振興・発展のため1953年に設立された国立芸術院）

संगीत प्रेमी [名] 音楽愛好者；音楽ファン उत्साही संगीत प्रेमी टिकट के लिए रात भर स्टेडियम के दरवाज़े के बाहर लाइन में खड़े या पड़े रहे 熱心な音楽ファンは切符を求めるために夜通しスタジアムの窓口の外に列を作って立つか横になっていた

संगीतशाला [名*] 音楽堂

संगीत शास्त्र [名] 音楽学

संगीत समारोह [名] 音楽会；音楽祭 शंकरलाल संगीत समारोह 1972 シャンカルラール音楽祭（1972年）

संगीतात्मक [形] 音楽的な；調子のよい；音のよい

संगीति [名*] (1) 合唱 (2) 合奏 (3)〔仏〕結集 बौद्ध महा संगीति का अधिवेशन 仏教大結集 चौथा संगीति-अधिवेशन 〔仏〕第4回結集（2世紀頃カニシュカ王の治世下に行われたという）

संगीतिका [名*] オペラ = ऑपेरा.

संगीन[1] [形] 《P. سنگین》(1) 重大な；深刻な；尋常ではない= असाधारण. मामला संगीन था और उनकी ज़रा-सी असावधानी अभियुक्त को फाँसी दिला सकती थी 問題は重大であった．ほんのちょっとした不注意のために被告は絞首刑にも処せられる可能性があった (2) 入り組んだ；厄介な= पेचीदा. (3) 厚手の= गाढ़ा； गफ़. (4) 固い= सख़्त； कड़ा.

संगीन[2] [名*] 《P. سنگین》銃剣 **संगीन अड़ाना** 銃剣を突き立てる यहीं पर दादा के सीने पर गोरे मजिस्ट्रेट ने संगीन अड़ा दी थी 白人の治安長官がちょうどこの場所で祖父の胸に銃剣を突き立てたのだった **संगीन चढ़ाना** 銃剣をつける；着剣する राइफ़ल पर संगीन चढ़ाना ライフルに銃剣をつける सिपाहियों ने राइफ़लों पर संगीनें चढ़ा लीं 兵士たちは銃剣をつけた

संगीनधारी [形] 《P. + H.》銃剣をつけた；着剣の銃を持った संगीनधारी सिपाही 着剣の兵士

संगीनी [名*] 《P. سنگینی》(1) 石造り (2) 深刻さ；尋常でないこと (3) 固いこと (4) 堅固なこと；頑丈なこと

संगूढ़ [形] (1) 全く隠された；完全に秘められた (2) 縮められた；縮小された (3) 1つになった；合同した (4) 集められた

संगृहीत [形] 集められた；収集された；蒐集された किंवदंतियाँ व प्राप्य तथ्य हम बहुत कुछ संगृहीत कर चुके थे 我々は伝説や手に入る情報をかなり集めていた

संगृहीता [形・名] 収集する（人）；蒐集家

संगे असवद [名] 《P.A. سنگ اسود संगे अस्वद》〔イス〕カーバ神殿の黒石；カーバの黒石

संगेख़ारा [名] 《P. سنگ خارا》火打ち石 = चकमक.

संगे गुर्दा [名] 《P. سنگ گردہ》〔医〕腎臓結石 = किडनी स्टोन.

संगे तराज़ू [名] 《P. سنگ ترازو》分銅= बटखरा.

संगे पा [名] 《P. سنگ پا》垢落とし；垢すり；軽石

संगे बुनियाद [名] 《P. سنگ بنیاد संगे बुनयाद》いしずえ（礎）；礎石 = नींव； आधार-शिला. संगे बुनियाद रखना 礎石を置く

संगे मरमर [名] 《P. سنگ مرمر संग मर्मर》大理石 = संग मरमर.

संगे मील [名] 《سنگ P. + E. mile》里程標；マイル標；マイルストーン

संगे मूसा [名] 《P.A. سنگ موسیٰ》黒大理石

संगे यश्ब [名] 《P.A. سنگ یشب》(1) 碧玉；ジャスパー (2) めのう（瑪瑙）

संगे सुर्ख़ [名] 《P. سنگ سرخ》赤砂岩

संगे सुर्मा [名] 《P. سنگ سرمہ》アンチモニー → सुर्मा.

संगे सुलैमानी [名] 《P.A. سنگ سلیمانی》(1) オニックス；しまめのう（縞瑪瑙） (2) 瑪瑙

संगोष्ठी [名*] セミナー；研修会= सेमिनार. पुरातत्त्व संगोष्ठी 考古学セミナー

संग्रथन [名] 凝結〈concretion〉

संग्रह [名] (1) 集めること；収集；蒐集 (2) 入手；獲得 (3) 蒐集物；収蔵品；コレクション मूर्तियों का अच्छा संग्रह 彫像のすぐれたコレクション संग्रह क॰ 手に入れる；集める ग़लत तरीक़े से धन या मान संग्रह करते हैं 間違った方法で富や名誉を得る संग्रह-प्रवृत्ति 蒐集癖 इस व्यर्थ की संग्रह-प्रवृत्ति से この無意味な蒐集癖により

संग्रहकर्ता [名] 収集家；蒐集家

संग्रहण [名] (1) 収集；蒐集 (2) 入手；獲得 (3) 貯蔵
संग्रहणी [名*]〔医〕激しい腹痛と下痢を伴う病気（コレラ，赤痢，チフスなどを含む）
संग्रहणीय [形] (1) 集めるべき；蒐集すべき (2) 集める価値のある संग्रहणीय ग्रंथ 手元に揃えておきたい本；必携書
संग्रहालय [名] 博物館 = म्यूज़ियम; अजायब घर.
संग्रहालयाध्यक्ष [名] 博物館長
संग्रही [形] (1) 集める (2) 貯める；貯蔵する (3) 徴集する
संग्रहीत [形] → संगृहीत.
संग्रहीता [名] 収集者；蒐集者
संग्राम [名] 戦い；戦闘；戦争= लड़ाई; युद्ध.
संग्राह [名] (1) 握ること (2) 道具類の柄 (3) 拳骨；握り拳
संग्राहक [名] 集める人；収集する人；蒐集する人
संघ [名] (1) 集まり；集合 (2) 組織；団体；集団 समाज के अन्य संगठनों की तरह सरकार भी एक समुदाय या संघ है 社会の他の組織のように政府も１つの集団である शिल्पी संघ ギルド (3) 協会 ओलंपिक संघ オリンピック協会；五輪協会 भारतीय ओलंपिक संघ インドオリンピック協会 (4) 連邦 संघ सरकार （インド）連邦政府 संघ लोक सेवा आयोग （インド国）連邦人事院 (5)〔生〕門〈phylum〉 (6)〔仏〕僧団；僧伽；サンガ
संघटक [形・名] 構成する（もの）；構成要素；成分
संघटन [名] (1) 構造；構成 (2) 組織 (3) 団体
संघटनात्मक [形] (1) 構造的な；構造上の；構成上の (2) 組織的な；組織に関する (3) 団体の संघटनात्मक भाषा विज्ञान〔言〕構造言語学
संघटित [形] (1) 集団の；集団化した (2) 組織的な；組織立った जातीय आधार पर संघटित अपराधी गिरोह カーストを基に組織化された犯罪者グループ
संघट्ट [名] (1) 構造；造り (2) 衝突；摩擦
संघट्टन [名] (1) 結合 (2) 衝突；摩擦 (3) 構造；造り
संघनन [名] (1) 濃縮 (2) 凝縮；凝結〈condensation〉
संघनित [形] (1) 濃縮された (2) 凝結した जब वह गैस उपकरण के ठंडे भाग पर पहुँचती है तो यह संघनित होकर द्रव एल्कोहल में बदल जाती है その気体は器具の冷たいところに達すると凝結して液体アルコールになる
संघर्ष [名] (1) 摩擦；こすれること (2) 衝突；不仲 माता-पिता के बीच संघर्ष 父母の不仲 (3) 争い；戦い；闘争 गद्दी के लिए संघर्ष 地位をめぐる争い ज़िंदगी संघर्ष से भरी हुई है 人生は闘争に満ちている मैंने जीवित रहने के लिए निहत्थे संघर्ष किये हैं 生きのびるために徒手空拳の戦いをした (4) スポーツなど競技の戦い उसने विनोद को तीन सैटों के संघर्ष में 5 - 7, 6 - 3, 6 - 4 से हरा दिया 彼はヴィノードを３セットの戦いで 5 - 7, 6 - 3, 6 - 4 で破った
संघर्षपूर्ण [形] 争いに満ちた；闘争に満ちた इनका जीवन बड़ा संघर्षपूर्ण है 苦闘に満ちたこの方の人生
संघर्षमय [形] 戦いの連続する；闘争に満ちた संघर्षमय मैच में 熱戦の末；激戦の末
संघर्षरत [形] 闘争中の；闘争に参加した हमारी पढ़ी-लिखी बहनें जो पुरुष के बराबर का दर्जा प्राप्त करने के लिए संघर्षरत हैं 男子と対等な地位を求めて闘争中の教育あるわが姉妹たち
संघर्षशील [形] 闘争に満ちた उनका स्वयं का जीवन एक संघर्षशील राष्ट्र सेवी का जीवन था 同氏自身の生涯は闘争に満ちた国家奉仕者のそれであった
संघर्ष समिति [名*] 闘争委員会 संघर्ष समिति ने तय किया है कि अगर माँगें नहीं मानी गईं तो आंदोलन को फैलाया जाएगा 闘争委員会は要求が認められない場合は運動を拡大することを決めた
संघर्षी[1] [形] (1) こすれる；すれる；摩擦が起こる (2) 争う；闘争する (3)〔言〕摩擦音の
संघर्षी[2] [名]〔言〕摩擦音〈fricative; spirant〉
संघवाद [名]《E. federalism》〔政〕連邦主義制度
संघात [名] (1) 群れ；集まり；集団 (2) 打撃；衝撃
संघात्मक [形] 連邦の संघात्मक व्यवस्था 連邦制度；連邦主義制度
संघाराम [名]〔仏〕仏教僧院 = विहार.
संघी [形・名] (1) 団体の；連盟の (2) 組織の (3) 連邦の (4)RSS (राष्ट्रीय स्वयंसेवक संघ 民族義勇団）の（団員） संघी नेता RSS の幹部

संघीय [形] ← संघ. (1) 団体の；連盟の (2) 組織の (3) 連邦の संघीय देश 連邦国家 संघीय शासन व्यवस्था 連邦制度；連邦統治制度 संघीय सरकार 連邦政府
संघृष्ट [形] (1) すりつぶされた (2) こすられた
संघेला [名] (1) 仲間；同輩= साथी; संगी. (2) 友；友人= मित्र; दोस्त
संघोष [名] 激しい音；轟音
संचय [名] (1) 集めること (2) 蓄積（すること） धन का संचय 蓄財 (3) 蓄積したもの बिजली का संचय व स्थानांतरण 電気の蓄積と移送 प्रवृत्ति की ज्वाला भड़काए रखने से मनुष्य संचय का त्याग नहीं करेगा 世俗の欲望の火を煽っている限り人は蓄財を止めはしないだろう **संचय क॰** *a*. 集める *b*. 蓄積する भोग के अधिक साधन संचय कर 享楽の手立てをより多く集めて
संचयन [名] (1) 蓄積；貯めること；蓄えること (2) 貯蔵
संचयी[1] [形] (1) 蓄積する (2) 累積する；累加する (3) 貯蔵される
संचयी[2] [名] (1) 貯蓄する人；貯める人 (2) けちな人；吝嗇家
संचरण [名] (1) 伝達〈transmission〉 दूर-दूर तक बिजली के संचरण में 遠方への電気の伝達に (2) 伝播〈propagation〉
संचलन [名] (1) 動き；活動；進行 (2) 循環 रक्त संचलन 血液の循環；血行 रक्त संचलन बढ़ जाता है 血行が増す
संचार [名] (1) 広まること；広がること इस घोल का पूरे शरीर में संचार होता है この溶液が全身に広がる कार्यकर्ताओं में नई स्फूर्ति, नए जोश के संचार की आवश्यकता है 活動家の間に新しい活気や情熱が広まらなくてはならない (2) 伝達；通信；交信；コミュニケーション；情報伝達 आवागमन और संचार 運輸と通信 **संचार-उपग्रह** 通信衛星 **संचार प्रणाली** 通信；通信方法；通信方式 लेसर किरणों द्वारा संचार प्रणाली レーザー光線による通信（方式） **（केंद्रीय）संचार मंत्री** （連邦政府）通信大臣 **संचार-यंत्र** 通信機器 **संचार व्यवस्था** 通信機関；通信組織 संचार व्यवस्था भंग हो गई है 通信が途絶えている
संचारक [形] 通信する；通達する；伝達する
संचारण [名] 送信；伝達〈transmission〉
संचार मंत्रालय [名] インド連邦政府通信省〈Ministry of Communications〉
संचार-संपर्क [名] 交信 टेलीग्राफ तथा टेलीफ़ोन द्वारा हम उन्हीं स्थानों से संचार-संपर्क स्थापित कर सकते हैं 電信と電話でそれらの場所と交信することができる
संचार-साधन [名] 通信手段
संचारिणी [形*] = संचारी[1].
संचारित [形] (1) 伝えられた；伝達された (2) 届けられた
संचारी[1] [形] (1) 伝達する；伝える (2) 送達する；届ける
संचारी[2] [名] (1) 送信器；発信機 (2)〔詩論〕サンチャーリー・バーヴァ（ラサ रस を喚起する際に持続性のある感情 स्थायी भाव を生じさせるものであるがそれ自体は持続性のない感情．不安 चिंता，倦怠 आलस्य，慢心 गर्व など 33 種のものが数えられる）= संचारी भाव; व्यभिचारी भाव. → रस.
संचालक [形・名] 指導する（人）；指揮する（人）；管理する（人）；管理者；理事；重役；取締役
संचालन [名] (1) 指揮；操縦 स्वतंत्रता-संग्राम का संचालन 独立戦争の指揮 सरकार का संचालन 政府の指揮 (2) 運営 कारखानों का संचालन 工場の運営 (3) 運用 व्यापार नीति का संचालन 貿易政策の運用 (4) 遂行；実施 युद्ध संचालन 戦争の遂行 (5) 誘導
संचालित [形] (1) 指揮された；操縦された गाँधी जी द्वारा संचालित क्रमिक अहिंसात्मक असहयोग की नीति マハートマー・ガンディーの指揮になる段階的非暴力非協力政策 रेडार द्वारा संचालित विमानभेदी तोप レーダーで操縦されている対空砲 (2) 動かされた भारत जैसे समाज में राजनीति किस प्रकार संचालित होती है インドのような社会で政治はどのように動かされているのか परमाणु संचालित बर्फ़ तोड़नेवाला जहाज़ ‘सिबिर’ 原子力砕氷船シヴィル号 (3) 導かれた हम एक ही इच्छा और एक ही उद्देश्य से संचालित हो रहे थे 我々は同じ気持ち，同じ目的に導かれていた
संचाली [形・名] = संचालक.
संचिका [名*] ファイル；綴じ込み वह संचिकाओं के अंबार में दबकर रह गया それはファイルの山の下敷きになったままに終わった
संचित [形] (1) 集められた (2) 蓄えられた；蓄積された जीवन भर की संचित संपत्ति 生涯かかって蓄えられた財産 घृणा और क्षोभ

जो संचित था 積もり積もっていた憎しみと怒り अणुओं में संचित रासायनिक ऊर्जा 原子に蓄えられていた化学エネルギー

संचित कर्म [名] 宿世（前世）の業；前業

संचिति [名*] 集めること；蓄えること；蓄積

संजय [名] (1) ブラフマー神 (2) シヴァ神 (3)〔マハ〕サンジャヤ（ドリタラーシュトラ王 धृतराष्ट्र の大臣でマハーバーラタの戦いの経過をドリタラーシュトラ王に報告したとされる）

संजात [形] (1) 生まれた；生じた (2) 過ぎ去った；経過した (3) 得られた

संजाफ़ [名*]《P. سنجاف》(1) 布のへり（縁） (2)（衣服やふとんなどの）縁飾り

संजाफ़ी [形]《P. سنجافی》縁飾りのついた

संजाब [名]《P. سنجاب》(1)〔動〕イタチ科オコジョ；アーミン【*Mustela erminea*】 (2)〔動〕リス科リス

संजीदगी [名*]《P. سنجیدگی》(1) 真面目さ；真剣さ मज़ाक नहीं कर रहा हूँ लाला जी.संजीदगी से कह रहा हूँ 旦那さま，冗談を申しているのではないのです．真剣に申しているのです वह बड़ी संजीदगी भरे स्वर में बोली とても真剣な声で言った (2) 慎重さ；熟慮；熟考 मामलों की बहुत संजीदगी या कुशलता से छानबीन की जानी चाहिए 問題を大いに慎重に注意深く調べなくてはならない

संजीदा [形]《P. سنجیده》(1) 真面目な；真剣な (2) 慎重な आप जैसे संजीदा बुज़ुर्ग あなたのような慎重な長老が (3) 忍耐強い (4) 均衡のとれた；バランスのとれた

संजीव [名] (1) 生き返らせること；蘇生させること (2)〔仏〕八大地獄の第 1，等活地獄

संजीवक [形] よみがえらせる；蘇生させる

संजीवन [名] (1) 蘇生させること (2)〔ヒ・仏〕等活地獄= संजीवन नरक.

संजीवनी [名*] 死者を蘇生させるという薬 संजीवनी बूटी 死者を蘇生させる薬草

संजोग [名] → संयोग.

संजोना [他] (1) 必要なものを揃える；整える；備える；補う अपने लिए उन्होंने निश्चय ही यूरोप के सर्वोन्नत देशों के जीवन-स्तर की टक्कर की सुविधाएँ संजोई 彼らが自分たちのためにヨーロッパの最先進国の生活水準に匹敵する生活用品を揃えたのは確かだ (2) 大事にする；育む；保持する；抱く；大切にする संयुक्त परिवार के रूप में रहने के विचार को लोग अब भी संजोए हुए हैं 大家族での生活の考えを今もなお保持している माँ ने भी अनगिनत स्वप्न संजोये होंगे 母も無数の夢を育んだことだろう हर चीज़ को संजो-संजोकर रखने की आदत उसमें आई 彼女には何事も大切に保存する習慣が身についた जिन्हें वे लोग आदरपूर्वक संजोकर रखना चाहते हैं その人たちはそれらを敬意を持って大切にしたいと念じている (3) 蓄える；保存する；しまう；蔵する；秘める इन 44 वर्षों में उसे कितने ही खट्टे-मीठे तथा कड़वे अनुभव संजोने पड़े हैं この 44 年の間にどれほどの甘酸っぱい経験や苦い経験を蓄えねばならなかったことか अंटार्कटिक के नैसर्गिक सौंदर्य ने हमारे मस्तिष्क में कुछ ऐसे दृश्य संजो दिये थे, जिन्हें भूल पाना असंभव था 南極の自然の美しさは私たちの頭の中に忘れられないような景色を残してくれた (4) 飾る इससे पहले शायद किसी अदीब की हमसफ़र, उसकी शरीके हयात ने अपनी कलम से शौहर की याद में इतने हसीन फूल नहीं संजोये हैं 今までに文学者の伴侶が夫の思い出にこれほど美しい花を飾ったことは一度もないだろう ज़िंदगी के सूनेपन को मैंने तुम्हारी यादों से संजोया है 人生の空虚さを君の思い出で補った **अपने को संजोना** 気を落ち着ける；気を取り直す अम्मा का चेहरा मर्माहत हो उठा.तुरंत ही अपने को संजोती हुई बोली 母の顔はいきなりぎくっとした表情になった．すぐに気を落ち着けながら言った

संजोवा [名] (1) 飾り；装い；装飾 (2) 人だかり

संज्ञा [名*] (1)〔言〕名詞；実詞；実名詞 **जातिवाचक संज्ञा** 普通名詞 **भाववाचक संज्ञा** 抽象名詞 **व्यक्तिवाचक संज्ञा** 固有名詞 (2) 名称 चरक और सुश्रुत ने इसे मधुमेह की संज्ञा दी थी チャラカとスシュルタはこれにマドゥメーハ（糖尿病）という名称を与えている (3) 意識；感覚 उस समय एक क्षण को स्तब्ध था, … फिर जैसे सारी संज्ञाएँ लौट आई हों その時，一瞬間茫然となった…それからまるで意識が元に戻ったかのように

संज्ञा उपवाक्य [名]〔言〕名詞節〈noun clause〉

संज्ञानाशक [形] 意識を失わせる；感覚を失わせる；茫然とさせる संज्ञानाशक औषधि 麻酔薬

संज्ञापद [名] 名詞（語彙） फ्रेंच के संज्ञापद フランス語の名詞

संज्ञा पदबंध [名]〔言〕名詞句〈noun phrase〉

संज्ञारूप [名]〔言〕語形変化〈declension〉

संज्ञार्थक क्रिया [名*]〔言〕存在動詞〈substantive verb〉

संज्ञाहीन [形] 失神した；意識を失った；気絶した

संज्ञाहीनता [名*] ← संज्ञाहीन. (1) 無意識；気絶；失神 (2) 感情のないこと；感動のないこと नहीं तो आप धीरे-धीरे अपने व्यक्तित्व को भूल जाएँगी और एक स्वचालित यंत्र की तरह संज्ञाहीनता से काम करती रहेंगी でないとあなたは自分の個性を見失い単なるロボットのように無感動に仕事をして行くことになるだろう

संज्ञेय [形]〔法〕裁判権内にある；審理しうる〈cognizable〉

सँझला[1] [形+] 夕方の；夕の

सँझला[2] [形+] 順序や序列が 3 番目の

सँझवाती [名*] (1) 夕方点される灯火 (2)〔ヒ〕火ともし頃に歌われる歌；夕べの祈りの歌

सँझा [名*] 夕；夕べ；夕方 = संध्या.

सँझाना [自] 日が暮れる सँझाते आकाश में日暮れの空に

सँझिया[1] [名] 夕食；夕餉；晩飯

सँझिया[2] [名*] 夕べ；夕方 = संझा.

सँझोखा[1] [名] 夕べ；夕方

सँझोखा[2] [形+] 夕べの；夕方の

सँझोखे [副] 夕べに；夕方に

संटी [名*] 杖；棒 नीम की संटी लेकर तनकर खड़े हो गए ニーム（インドセンダン）の木でこしらえた棍棒を握って仁王立ちになった

सँठ[1] [名] (1) 静けさ；静寂= शांति. (2) 沈黙= ख़ामोशी. **सँठ खींचना** 黙り込む = सँठ मारना. पूछने पर सभी हरामज़ादे सठ खींच जाएँगे たずねるとろくでなしの連中はみんな黙り込む **सँठ मारना** 黙り込む；沈黙する

सँठ[2] [名] 悪；悪者；悪漢= शठ; धूर्त.

सँठोला [名] 出産後母親に滋養剤として飲ませる सोंठ（ヒネショウガ）と गुड़（黒砂糖）の入った飲み物

संड [名] 牡牛；種牛 = साँड़.

संड-मुसंड [形] 肥え太った；まるまるした；ぶくぶくした；ぶくぶくの कुछ ही दिनों में वे संड-मुसंड बन गए ほんの数日のうちにまるまる太った

संडसा [名] 大型のヤットコやペンチなどの器具

संड़सी [名*] やっとこ；ペンチ；（ものをつまんだり挟んだり，鍋などをつかむのに用いる鉗子状の）挟み道具

संडा [形+・名] 頑強な；頑丈な；屈強な= मोटा-ताज़ा; हृष्ट-पुष्ट. उस संडे को फँसी चढ़ता देखकर मेरी छाती में ठंडक पड़ जाती あの屈強な男が処刑されるのを見れば胸のつかえがおりる

संडास [名]（穴を掘った形式の便器や便所．列車内の便所や便器．汚物を屋外の溝に流し出す方式の便所や便器） कमेटी वालों का संडास 公衆便所

संडास टंकी [名*]《H.+ ← E. tank》便器；便槽

संडासा [名] = सँड़सा.

सँडासी [名*] = सँड़सी.

संत[1] [名] (1)（宗教を問わずに用いることができる）聖者；聖徒；聖人；上人 (2) 高徳の人 (3)〔イ文芸〕サント（ヒンディー文学史の中世において属性を持たない最高存在を信奉しその信仰を吐露した詠歌を残した一群の詩人宗教家．カースト差別に反対し偶像崇拝を否定し無属性，無限定の唯一なる神に帰依すべきことを説いたカビール कबीरदास，ダードゥーダヤール दादू दयाल，ライダース रैदास，マルークダース मलूकदास などがその代表である）

संत[2] [形] (1) けがれなき；清浄な (2) 徳の高い；高徳の；聖人のような एक महान संत पुरुष पधारे हैं 大変高徳の方がおいでになっていらっしゃいます

संतत[1] [副] 絶えず；常に；連続して；継続的に

संतत[2] [形] (1) 広がった；広まった (2) 絶え間のない；連続的な；継続的な

संतति [名*] (1) 子孫；子；子供 शिव, शक्ति आदि देवी-देवता प्रसन्न होने पर श्रेष्ठ संतति देते हैं シヴァ神，シャクティ神などの神々が嘉されると良い子を授けて下さる (2) 連続；継続 (3) 広がり

संतति-निग्रह [名] = संतति-निरोध.

संतति-निरोध [名] 産児制限；家族計画 संतति-निरोध के साधन 避妊法

संतति-निरोधक [形] 産児制限の；妊娠調節の；避妊の

संतति-रसायन [名]〔薬〕避妊薬

संतपन [名] (1) 熱すること；加熱 (2) 苦しめること；苦痛を与えること

संतप्त [形] (1) 熱せられた；焼かれた (2) 苦しめられた (3) 悲しんだ；悲しみに沈んだ शोकसंतप्त परिवार 悲嘆にくれた家族 (4) 疲れた；疲れ果てた

संतरण [名] 越えること；通り過ぎること；渡ること समुद्र पर विशाल जलयान संतरण कर रहे हैं 海を巨大な船が越えて行く

संतरा [名]《P. سنگتره संगतरा ← Port. cintra》(1)〔植〕ミカン科高木 マンダリンオレンジ；ポンカン【*Citrus reticulata*】 (2) その果実

संतर्पक [形] 満足させる；喜ばせる

संतर्पण [名] 満足させること；喜ばせること

संतरी [名]《E. sentry》(1)〔軍〕歩哨；番兵 (2) 見張り番

संतान [名*] (1) 子孫；(世継ぎの) 子；子供 उनकी एक मात्र संतान उनकी बेटी सुंदरी थी その方の唯一の子孫は娘のスンダリーだった हिंदू-मुसलमान सब एक ही ईश्वर की संतान हैं ヒンドゥーもムスリムもすべて同じ神の子 बूआ जी के कोई संतान नहीं है おばには子が 1 人もいなかった (2) 子弟；子供 संतान ↔ संरक्षक 保護者 एकमात्र संतान 一人っ子 संतान पाने के लिए 子を得るために；世継ぎをもうけるために (3) 子のように生命のつながれたもの संतान शाख 接ぎ木（された枝） संतान उत्पन्न क॰ 世継ぎを生む（産む）；子をもうける कृत्रिम गर्भाधान द्वारा संतान प्राप्ति 人工授精による出産（子を得ること）

संतानहीन [形] 子のない；世継ぎのない संतानहीन दंपति 子のない夫婦

संताप [名] (1) 熱 (2) 発熱 (3) 熱病 (4) 苦悩；煩悶 (5) 悔恨

संतापन [名] (1) 加熱 (2) 苦しめること；苦痛を与えること

संतापित [形] 苦痛を与えられた；苦しめられた= पीड़ित.

संतापी [形] 苦痛を与える；苦しめる

संतुलन [名] (1) 釣り合い；平衡；均衡 (2) 調和 प्रकृति में संतुलन 自然の調和 (3) 重さ；重量

संतुलित [形] (1) 釣り合った；平衡のとれた；均衡のとれた；バランスのとれた संतुलित भोजन （栄養の）均衡のとれた食事；バランスのとれた食事= संतुलित आहार. पूर्णसंतुलित पशु-आहार 完全配合飼料 संतुलित बजट 均衡予算 (2) 調和のとれた；調和のある पाँच दिन के सप्ताह पर काफ़ी संतुलित और अच्छी सामग्री पढ़ने को मिली 週 5 日制についてかなり調和のとれたよい資料が手に入った

संतुष्ट [形] (1) 満足した；堪能した सत्तू खाकर वह संतुष्ट हुआ はったい粉を食べて満足した (2) 納得した गुरु जो भी उत्तर देते उससे विद्यार्थी संतुष्ट नहीं होते थे 教師が答えることすべてに生徒は納得しなかった

संतुष्टि [名*] (1) 満足 इंद्रियों की संतुष्टि 感覚器官の満足 बच्चों को खुश देखकर माता पिता को कितनी संतुष्टि मिलती है 子供たちが喜んでいるのを見て親がどれほど満足することか पति की यौन-संतुष्टि 夫の性的な満足 सेठ की आँखों और मन की संतुष्टि के लिए 大商人の目と心を満足させるために (2) 納得

संतृप्त [形] (1) 完全に満足した；大いに満足した (2) 飽和した；飽和状態の

संतृप्ति [名*] (1) 完全な満足；大満足 (2) 飽和；飽和状態〈saturation〉

संतूर [名]《P. سنتور》〔イ音〕サントゥール（主にカシミール地方に行われる左右 2 個 15 列の柱で各 4 本，合計 60 本の弦を持つ台形の箱形鳴弦楽器で両手を用い先端の曲がった 2 本の撥で弦を打って奏でる）

संतोख [名] = संतोष.

संतोष [名] (1) 満足；満足感 थोड़े में संतोष करने की वृत्ति わずかのものに満足する心がけ संतोष का भाव दिखाना 満足の表情を見せる (2) 安堵；安心 मरीज़ के संतोष के लिए 患者を安心させるために उसने संतोष की साँस ली 安堵の溜め息をついた (3) 喜び संतोष से 喜んで；満足して बूढ़े ने संतोष से सारी बातें सुनाईं 老人は喜んですっかり話した **संतोष पहुँचाना** 安らぎを与える；慰める= कलेजा ठंडा क॰; शांति दे॰. (4) 諦め धन और संतान के लिए कहा गया है आने पर प्रसन्नता होती है, जाने पर संतोष से काम लेना पड़ता है 金銭と世継ぎについては得れば喜ばしいが失えば諦めなければならぬものと言われてきている

संतोषजनक [形] 満足な；満足すべき（もの）；期待に応える इनकी कार्यशैली अधिक संतोषजनक नहीं है この人のやり方はあまり満足すべきものではない संतोषजनक उत्तर 満足すべき返答

संतोषपूर्वक [副] 満足して；満足げに उन्होंने बड़े संतोष पूर्वक यही कहा 満足げにこの通りおっしゃった

संतोषप्रद [形] 満足な；満足すべき；満足の行く बिजली के साज सामान के संतोषप्रद कार्य करने की जाँच 電気器具が満足に作動するかについての調査 अपने दोस्त से ऐसा संतोषप्रद उत्तर पाकर 友人からこのような満足の行く返答を得て

संतोषवृत्ति [名*] 無欲な性格 उनकी संतोषवृत्ति इन सब कष्ट-कठिनाइयों पर विजयी हुई あの方の無欲な性格がこれらすべての困難に打ち勝った

संतोषी [形] 得られるものに満足する；欲のない；無欲な

संतोषी माता [名*]〔ヒ〕サントーシー・マーター神（ヒンドゥー教の新しく出現した女神の神格） पुराणों में तो इस संतोषी माता का कहीं वर्णन नहीं मिलता プラーナー聖典にはこの神様に関する記述は全く見られない

संत्रस्त [形] おののいた；震えあがった；怯えた मुग़लों के आक्रमणों से संत्रस्त होकर ムガル軍の攻撃に怯えて

संत्रास [名] おののき；戦慄；恐怖；怯え

संदंश [名] (1) 鉗子；ピンセット (2) やっとこ，ペンチなどものをつまんだりつかんだりするのに用いられる器具

संदंशक [名] = संदंश.

संदंशिका [名*] (1) = संडसी. (2) = चिमटी. (3) = कैंची.

संदर्प [名] 傲り；傲慢さ = घमंड.

संदर्भ [名] (1) 脈絡；文脈；前後関係 उसकी बात का कोई संदर्भ हो あの人の話に何らかの脈絡があれば (2) 照会 (3) 参照；参考

संदर्भ ग्रंथ [名] 参考書；参考図書〈reference book〉

संदर्भ साहित्य [名] 参考文献

संदर्भिका [名*] 参考書目；書誌；関係書目

संदर्श [名]〔芸〕遠近画法；遠近法 = परिप्रेक्ष्य.

संदर्शन [名] (1) よく見ること；観察 (2) 調査；検査

संदर्शिका [名*] 入門書；手引き

संदल [名]《A. صندل》〔植〕ビャクダン科小木ビャクダン（白檀）【*Santalum album*】→ चंदन.〈sandalwood〉

संदलन [名] 押しつぶすこと；押し砕くこと

संदली[1] [形] ← संदल. (1) 浅黄（色）の (2) 白檀の；白檀製の

संदली[2] [名] 浅黄（色）

संदान[1] [名]《P. سندان》かなとこ（鉄床）

संदान[2] [名] 綱；ロープ

संदिग्ध [形] (1) 不明瞭な；不明確な；曖昧な सोलंकी के इरादे भी शुरू से संदिग्ध थे ソーランキーの意図も最初から不明確だった (2) 疑わしい；怪しい；うさんくさい (3) いかがわしい；怪しげな；怪訝な

संदिग्धता [名*] ← संदिग्ध. (1) 不明瞭さ；不明確さ；曖昧さ (2) 疑わしさ (3) いかがわしさ (4) 曖昧な言葉；言葉を濁すこと；両義性

संदिग्धत्व [名] = संदिग्धता.

संदिग्धार्थ [形] (1) 意味不明の；意味が不明瞭な；両義的な (2) 意図の不明な；目的の不明瞭な

संदिष्ट [形] 述べられた；語られた；告げられた

संदीपक [形] 強める；烈しくさせる；刺激する

संदीपन [名] 強化；激化させること；刺激を与えること

संदीप्त [形] (1) 強められた；烈しくされた；刺激された (2) 輝かされた；輝く (3) 燃やされた；点火された

संदुष्ट [形] (1) 汚された；汚染された；けがされた；瑕をつけられた；傷められた (2) 悪質の

संदूक़ [名]《A. صندوق》木や金属，皮革など種々のものから作られた方形の容器；箱；衣裳缶などの缶 हमारे घर में बहुत-से संदूक़ हैं कुछ छोटे कुछ बड़े उनमें सामान रखा जाता है 各家庭には大小の缶がありそれには家財道具が入れられる माँ ने कपड़े संदूक़ के अंदर रख दिये 母は衣服を衣裳缶に入れた

संदूक़चा [名] 《A.P. صندوقچه》← संदूक़. 小型の箱，小型の缶など様々な材料で作られた容器や入れ物

संदूक़ची [名*] 《A.P. صندوقچی》← संदूक़चा. 小さな箱；小さな容器 मैं अपना सारा सामान बहुत हिफ़ाज़त से रखता हूँ. लिखने पढ़ने का एक बस्ते में और खेल तफ़रीह का एक नन्ही-सी संदूक़ची में 私は自分の道具を何もかも大切にしている．筆記用具はかばんに，遊び道具は小さな箱にしまっている

संदूक़ी [形] 《A.P. صندوقی》(1) 箱形の (2) 箱入りの

संदूषण [名] 瑕をつけること；けがすこと；悪化させること；汚染すること

संदूषित [形] 瑕のついた；けがされた；傷んだ；悪化した

संदेश [名] 知らせ；ことづけ；伝言；メッセージ संदेश लेकर メッセージを持って वे जागृति का संदेश लेकर देश के विभिन्न भागों में भाषण देने लगीं 女史は覚醒のメッセージを持って国の各地で講演を始められた शांति का संदेश 平和のメッセージ इन सभी धर्मों में बहुत-से महान पुरुष हुए हैं जिन्होंने भाईचारे और एकता का संदेश दिया है これらのすべての宗教の中に友愛と団結の伝言を伝えた数多くの偉人が現れた

संदेश काव्य [名]〔イ文芸〕サンスクリット文学をはじめとするインドの古くからの文学に見られる，事情があって別離の状態にある者が雲などに妻や愛人への伝言を託する形式の詩（カーリダーサのメーガドゥータ（मेघदूत）『雲の使者』が代表的なもの）

संदेशग्रहण [名]〔通信〕（電信の）受信

संदेशप्रेषण [名]〔通信〕送信

संदेशवाहक [名] 使いの者；使者；メッセンジャー पुरोहित देवताओं और मनुष्यों के बीच संदेशवाहक बन गए プローヒト（司祭）が神と人との間の使者になった

संदेशहर [名] = संदेशवाहक.

संदेशा [名] = संदेश. लक्ष्मीदास जी के यहाँ से अपनी लता के लिए शादी का संदेशा आया है ラクシュミーダースさんのところからうちのラターに縁談が来ている **संदेशा दे॰** 伝言する；ことづけをする यह भी संदेशा दिया है कि शाम तक घर लौट आएगा 夕方までには帰るという伝言もよこした

संदेसा [名] = संदेश. न उसने कोई संदेसा भेजा है, न तेरी सुधि ली है あの人は自分の様子を知らせてきたわけでもお前の様子をたずねてきたわけでもない

संदेह [名] 疑い；いぶかしさ；容疑；不審 उसके मन में किसी प्रकार का संदेह या संशय नहीं है 胸中には何らの疑いも疑念もなかった उसे अपने पड़ोसी पर संदेह था 隣の人を疑っていた

संदेहजनक [形] = संदिग्ध. 疑わしい；あやしい

संदेह लाभ [名]〔法〕疑わしきは罰せず〈the benefit of the doubt〉

संदेहशील [形] 疑い深い；疑り深い

संदेहात्मक [形] = संदिग्ध.

संदेहास्पद [形] = संदिग्ध. विश्वविद्यालय के कार्यों में अनुचित दिलचस्पी लेना उनके चरित्र को और भी संदेहास्पद बना देते हैं 大学の業務に不当な関心を持つことが彼の行動を一層いかがわしいものとする संदेहास्पद स्थिति में मृत भूतपूर्व 'मद्रास रानी' सुंदरी का शव 死因に不審のある元マドラース・クイーンの死体 संदेहास्पद बात 眉唾物；いかがわしい話；疑わしい話

संदेही [形] 疑い深い；猜疑心の強い（人）= शक्की.

संदोह [名] (1) 集まり；集合 (2) 全体；総量

संदोहन [名]〔経〕搾取 = समुपयोजन.〈exploitation〉

संधा [名*] (1) 意図 (2) 約束；契約；協定 (3) 朝夕の薄明かり (4) 朝焼けと夕焼け

संधान [名] (1) 矢をつがえ的を狙うこと (2) 探究；探求；探索 आजीविका-संधान 生活の手立てを探すこと；生活を営むこと (3) 合わせること；接合；連結

संधाना [他] (1) 狙いを定める；的を狙う (2) 矢を射る

संधानित [形] (1) 狙い定められた (2) 結ばれた；接合された

संधानी [名*] (1) 混合；混入 (2) 追求；探究 (3) 鋳造所；鋳物工場 (4) 酒造所；蒸留酒製造所

संधाभाषा [名*] (1) 謎めいた表現；故意に曖昧に語られた言葉；両義的な表現 (2)〔イ文芸〕サハジャ乗，金剛乗などの末期仏教にも認められるものでもあるが，その影響の及んだと見られるナート派やヒンディー文学のニルグナ派の詩人たちが教説や信仰，思想の表現の中に用いた謎めいたり象徴的な語彙を多用したり逆説的な表現を用いるなどして使用した言葉；サンダーバーシャー→ निर्गुण, संध्या भाषा.

संधि [名*] (1) 結合；接合 (2) 結合点；接合点；つなぎ目 (3) 節 (4) 関節 (5) 協定；条約；盟約 संधि स्थापित हो॰ 協定ができる पांडवों के साथ संधि स्थापित करना パーンダヴァとの間に協定を結ぶ (6) 中間；中間点 (7) 隙間 (8)〔言〕サンディ；れんじょう（連声．文中の語と語の間，複合語の構成要素間，語の派生，屈折，活用に際する語根部か語幹部と接尾辞，あるいは，語尾との間に生じる音の変化）；連結発音；リエゾン；音便

संधिकाल [名] 過渡期

संधित [形] (1) 節のある；関節のある (2) 結合された；接合された

संधिपत्र [名] 条約条文

संधिपाद प्राणी [名]〔動〕節足動物 = आर्थोपोडा.〈Arthopoda〉

संधिभंग [名] 条約破棄

संधिरोधन [名] コーキング

संधिल [形]〔生〕関節のある

संधिविच्छेद [名] (1) 協定破棄 (2)〔言〕連声したものを元の音に戻すこと

संधिवेला [名*] (1) 夕べ；夕方；薄暮；黄昏時 (2) 時間や時代の境目

संधिशोथ [名]〔医〕関節炎〈arthristis〉 रूमेटाइड संधिशोथ リューマチ性関節炎

संधिस्थापन [名] 協定や条約を結ぶこと कौरवों और पांडवों के बीच संधिस्थापन カウラヴァとパーンダヴァとの条約締結

संध्यक्षर [名]〔言〕二重母音；複母音〈diphthong〉

संध्या [名*] (1) 日夜の境目；朝夕の薄明 (2) 日暮れ時；夕べ；夕方；黄昏時 (3) 朝夕の勤行 (4) 朝昼夕の 3 度の勤行

संध्याचल [名]〔イ神〕日が沈むとされる西の山

संध्या भाषा [名*] サハジャ乗の説法者たちがその逆説詩の表現に用いた言語→ संधा भाषा; सहज यान.

संध्या समय [名] たそがれ時（黄昏時）；日暮れ時；夕暮れ= संध्या काल.

संन्यसन [名] (1) 投げること；投げ捨てること (2) 離すこと；別にすること (3) 世を捨てること

संन्यस्त [形] (1) 投げられた；捨てられた (2) 取り除かれた (3) 置かれた (4) 据えられた (5) サンニャーサ・アーシュラマ，すなわち，遊行期に入った→ संन्यास.

संन्यास [名] (1) 一切を捨て去ること (2) 人生の 4 つの階梯であるアーシュラマ（आश्रम），すなわち，四住期の第 4 階梯であるサンニャーサ・アーシュラマ，もしくは，遊行期（一切の世事との関わりを去っての遊行，すなわち，一切の執着を持たず家を去り行乞を行い最期を待つ生活）= संन्यास आश्रम. (3) 出家；遁世 रामकृष्ण परमहंस के प्रभाव में आकर नरेंद्रनाथ ने संन्यास लेने का निश्चय किया ラーマクリシュナ・パラマハンサの感化を受けてナレーンドラナートは出家することを決意した (4) 隠遁 (5) 引退 साहित्यिक संन्यास ले॰ 文学活動から引退する

संन्यासिनी [名*] ← संन्यासी. वह कोई संन्यासिनी नहीं, विरागिनी नहीं कि हर एक दशा में अविचलित रहे 彼女はどんな場合にも動じないような出家でもなければ俗念を去っているわけでもない

संन्यासी [名] (1)〔ヒ〕サンニャーサ・アーシュラマ，すなわち，四住期の第四住期である遊行期に入った人；サンニャーシー (2) 出家；出家者；苦行者 (3) 隠遁者；隠棲者 संन्यासी हो॰ 頭を丸める；出家する= संसार त्यागना.

संपत्ति [名*] (1) 財産；資産；富 पत्नी की संपत्ति 妻の財産 निजी संपत्ति 私有財産 गुप्त संपत्ति 隠された宝物；秘宝= छिपे हुए खज़ाने. संपत्ति का उपयोग 財産の使用 (2) 資産 (3) 繁栄；繁昌 (4) 豊富；潤沢

संपत्ति-अधिग्रहण [名]〔法〕財産没収

संपत्तिकर [名] 固定資産税 = संपदाशुल्क.〈property tax〉

संपद् [名*] (1) 完成；成就；達成 (2) 富；財産 (3) 繁栄 (4) 潤沢；豊富 (5) 獲得；取得

संपदा [名*] (1) 富；財産；資産 भौतिक संपदा 物的財産 वन संपदा 森林資源 संपदा का उचित उपभोग 資源の有効利用 (2) 繁栄；隆盛 = वैभव.

संपदा-कर [名] 固定資産税= संपत्ति-कर; संपदाशुल्क.

स

संपन्न [形] (1) 完成した；完成された；なされた；完了した；終了した **संपन्न क॰** *a.* 行う；なす अधिकतर आधुनिक देशों की सरकारें अर्थव्यवस्था से संबंधित अनेकों कार्य संपन्न करती हैं たいていの近代国家の政府は種々の経済活動を行っている सरकार अपने कार्य किस प्रकार संपन्न करती है 政府はその活動をどのように行うか गद्य के माध्यम से हम दैनिक कार्य-व्यापार संपन्न करते हैं 日常活動を私たちは散文によって行っている *b.* 成し遂げる；完成させる **संपन्न हो॰** *a.* なされる *b.* 完了する；完成する समारोह डा॰प्रसाद की अध्यक्षता में संपन्न हुआ 集会はプラサード博士を議長として行われた चौड़े, लहू सने गँडासे के एक ही वार से अनुष्ठान संपन्न हो गया 幅広の刃の血まみれの鉈によるたったの一撃で儀式は完了した (2) 備わっている；恵まれている；潤沢な उतना साधन-संपन्न सरकारी अमला भी नहीं कर सके これだけのことは条件に恵まれている政府の役人たちもなし得なかった (3) 豊かな；裕福な；金持ちの संपन्न भूस्वामी 裕福な土地保有者 यहाँ गरमियों में सभी संपन्न लोग पहाड़ों पर चले जाते हैं ここでは夏の間金持ちたちがみな山間部（避暑地）へ行く आर्थिक दृष्टि से संपन्न 経済的に富んでいる

संपन्नता [名*] (1) 裕福さ；豊かさ पड़ोसी की संपन्नता की बातें सुन-सुनाकर 隣人の裕福さの話を聞いて (2) 豊富なこと；富んでいること

संपरिग्रह [名] (1) 好意的に受け入れること；歓迎 (2) 財；財物

संपर्क [名] (1) 触れること；触ること जहरीली वस्तुओं के संपर्क में आ॰ 毒物に触れる रासायनिक पदार्थ के संपर्क से 化学物質（薬品）に身体が触れること करेंट के संपर्क से अलग किया जाए 電流との接触を断つこと (2) 接触；触れ合うこと ब्रह्मांड की अन्य विकसित सभ्यताओं से हमारा संपर्क 宇宙の他のいずれかの高度な文明との我々の接触 प्रत्येक व्यक्ति समाज के विभिन्न संगठनों के संपर्क में आता है 人はだれしも社会の様々な組織と接触を持つものだ भारत का दक्षिण-पूर्व एशिया के देशों के साथ किस प्रकार संपर्क बढ़ा? インドと東南アジアの国々との接触はどのようにして増大したか उसने पूर्वी देशों की भावना और आत्मा से भी हमारा निकट का संपर्क कराया है それがアジアの国々の感情と精神にも我々を接近させた (3) 交渉；交流；関係 हड़प्पा के लोगों का सुमेर के लोगों से व्यापार संपर्क था ハラッパの住民とシュメールの住民との間に交易関係があった (4) 連絡；コンタクト अविलंब चिकित्सक से संपर्क करें 直ちに医者に連絡をとること बंगला देश से सीमित दूरभाष संपर्क バングラデシュとの間に部分的な電話連絡

संपर्क-अधिकारी [名] (1) 連絡係 (2) 連絡将校 (3) 広報担当者；広報担当官

संपाचन [名] 消化 एमिनो अम्ल का संपाचन アミノ酸の消化

संपात [名] (1) 同時発生 (2) 一致；合致

संपाती [形] (1) 同時発生の (2) 一致する；合致する

संपादक [名] 編集者 अख़बार का संपादक 新聞編集長；編集主幹

संपादक मंडल [名] 編集部 संपादक-मंडल गठित किया गया है 編集部が編成されている

संपादकी [名*] 編集長の地位や職務

संपादकीय[1] [形] 編集者の；編集長の संपादकीय लेख 社説；論説

संपादकीय[2] [名] 社説；論説 वाशिंगटन ईवनिंग ने अपने संपादकीय में लिखा है ワシントン・イブニング紙がその社説で述べている

संपादन [名] 書物，新聞，報道，映画などの編集 अनेक ग्रंथों का संपादन 多数の書物の編集 समाचारों का संपादन ニュースの編集 फ़िल्म का संपादन 映画の編集

संपादित [形] (1) まとめられた；まとめあげられた；編成された；編集された (2) 成し遂げられた；なされた；完成された रामदेव जी ने अनेक अलौकिक कार्यों के अलावा बहुत-से लौकिक कार्य भी संपादित किये ラームデーオジーは超自然的なことも種々なされたばかりでなく現世に関わることも数多く成し遂げられた

संपीडन [名] (1) 圧縮 (2) 圧迫 (3) 圧搾 (4) 苦しめること

संपुट [名] (1) 物を曲げて容器の形にしたもの（木の葉などを船形にしたようなものを含む） (2) 蓋のついた容器；小箱 (3) 掌をくぼませた手の形 उसके बाद वे कनपटियों के आसपास की नसों को संपुटों से टटोल-टटोलकर देखने लगे それからこめかみのあたりの血管に手を当てて調べにかかった

संपुटक [名] (1) 覆い；蓋 (2) 丸い容器

संपुटिका [名*] カプセルのような小さな容器

संपुटी [名*]〔ヒ〕礼拝に用いる器具を入れる小さな容器

संपुष्टि [名*] (1) 確認 (2) 支持 (-की) संपुष्टि क॰ 確認する；支持する उच्च न्यायालय ने सेशन कोर्ट द्वारा दी गई फाँसी की सज़ा की संपुष्टि कर दी 州高等裁判所は治安裁判所の出した死刑判決を支持した

संपूरक[1] [形] 補う；補足の；補遺の

संपूरक[2] [名] 補足；補遺；追加；付録

संपूरण [名] 補足；追加

संपूर्ण [形] (1) 満ちた；一杯になった= भरा हुआ; पूरा हुआ. (2) 全部の；全体の；一切の= सब; समस्त; पूरा; तमाम. राजेंद्र बाबू का संपूर्ण जीवन ラージェーンドラ・バーブーの全生涯 (3) 完結した；完了した；終了した= पूरा हुआ; समाप्त; संपन्न; ख़त्म.

संपूर्णत: [副] 完全に；全く= संपूर्णतया; पूरी तरह (से); पूर्ण रूप से.

संपूर्णता [名*] (1) 完全なこと；充実していること= पूरापन. (2) 完結；終結= समाप्ति.

संपूर्ति [名*] (1) 充足 (2) 完成；達成 (3) 終了；終結

संपृक्त [形] (1) 接している；接触している= छुआ हुआ. (2) 関わっている；関係している= संबद्ध; संयुक्त. वह शुरू से ही स्वयं को बंगला देश की समस्या से संपृक्त मानता चला आया है 最初から自らをバングラデシュの問題に関わっていると認めてきている (3) 合一した；一体化した；混合した= मिश्रित. (4) 満ちた= पूर्ण.

संपृष्ट [形] たずねられた；問われた；質問された

सँपेरा [名] 蛇使い = मदारी.

सँपोला [名] (1) 子蛇；蛇の子 (2) 危険な人物

सँपोलिया [名] (1) = सँपेरा. (2) 蛇の抜け殻

सँपोली [名*] (1) 蛇使いが蛇を入れておくかご (2) 蛇の抜け殻

संप्रति [副] 今；現在；現今 संप्रति वे इसी कालेज में कार्यरत हैं 現在，同カレッジに勤務中

संप्रतिपत्ति [名*] (1) 達成；到達= पहुँच. (2) 理解= समझ. (3) 同意；合意；意見の一致= मतैक्य.

संप्रतिपन्न [形] (1) 達成された= पहुँचा हुआ. (2) 理解した= समझ में आया. (3) 同意した；合意した；意見の一致した= मंज़ूर.

संप्रतीति [名*] (1) 完全な信頼 (2) 完全な認識

संप्रत्यय [名] (1) 承認= स्वीकृति; मंज़ूरी. (2) 確信；信念= दृढ़ विश्वास. (3) 思い= भावना.

संप्रदान [名] (1) 贈ること；贈与= दान दे॰. (2) 贈り物= उपहार; नज़र; भेंट. (3)〔言〕与格= संप्रदान कारक. 〈dative case〉

संप्रदाय [名] = सम्प्रदाय. (1) 宗派；セクト= फ़िरक़ा; फ़िर्क़ा. (2) コミュニティー；大きな社会の中の構成集団；社会 (3) 流派= मार्ग; पथ. (4) 伝承= परिपाटी. हीनयान संप्रदाय〔仏〕部派仏教派

संप्रदायवाद [名] 宗派至上主義；コミュナリズム（自分の信奉する宗教や宗派，コミュニティーに至上の価値を認め他に対して極端な排他性や排他的行動を示すこと）

संप्रदायवादी [形・名] 宗派至上主義の；宗派主義の；コミュナリズムの；宗派至上主義者；コミュナリスト

संप्रभु [形] (1) 主権を有する (2) 最上の；至上の；至高の

संप्रभुता [名*] 主権 संप्रभुता के प्रति परस्पर सम्मान 相互の主権尊重

संप्रयोग [名] (1) 結合；接合= जोड़ना. (2) 交接；性交= समागम; रति.

संप्रयोजन [名] 結合；接合

संप्रवाह [名] 連続した流れ；連続性

संप्रसारण [名]〔言〕低減階梯（サンスクリット語において अ 音を従えた半母音が母音の階次を下げること，すなわち य → इ, व → उ, र → ऋ, ल → लृ）〈reduced grade〉

संप्रेक्षक [名] 見る人；観察者 = दर्शक.

संप्रेक्षण [名] よく見ること；十分な観察

संप्रेषण [名] (1) 発送 (2) 伝達 (3) コミュニケーション

संप्रेषणशील [形] 伝達力に富む；効果的な；影響力のある जीवन-संघर्ष की यथार्थ प्रस्तुति और भाषा की व्यंजकता के कारण इनकी कहानियाँ अति संप्रेषणशील हैं 生存競争のさまをありありと写し出すことと暗示力に富む表現でこの人の短編は大いに効果的である

संप्रेषणीय [形] 伝達し得る；伝達可能な संप्रेषणीय भाषा 伝達可能な言葉

संफेट [名] (1) 衝突；ぶつかり合うこと；喧嘩 (2) 争い；言い争い；口論

संबंध [名] (1) 関係 गुरु तथा शिष्य का संबंध 師弟関係 औद्योगिक संबंध 労使関係 चंद्रमा से ज्वार-भाटा का संबंध 月と潮の干満との関

係 किसी अन्य लड़की से अनैतिक संबंध だれか他の娘との不道徳な関係 रक्त संबंध 血縁関係 शारीरिक संबंध 肉体関係 दाम्पत्य संबंध 夫婦関係 (2) 関連；関わり；つながり सरकार को क्या कार्य करने चाहिए इस संबंध में दो सामान्य विचारधाराएँ हैं 政府が何をなすべきかについては２つの一般的な考えがある (3) 親縁関係 (4) 交際 (5)〔言〕ネクサス〈nexus〉 **संबंध गाढ़ा हो॰** 親密になる **संबंध जोड़ना** 関係を持つ；関わりを持つ **संबंध टूटना** 関係が絶たれる；関係が切れる **संबंध तोड़ना** 関係を絶つ；縁を切る ऐसा करनेवाले से समूचा गाँव संबंध तोड़ देता है このようなことをする人とは村中が関係を断つ **संबंध बढ़ाना** 親しくなる；親密になる；交際を深める पड़ोस वाले उनसे संबंध बढ़ाना पसंद नहीं करते 近所の人はあの人と親しくなりたがらない **संबंध बिगड़ना** 関係が悪くなる **संबंध रखना** 交際する；関係を持つ；関わりを持つ

संबंधकारक [名]〔言〕属格；所有格〈genitive case〉

संबंधवाचक [形] (1)〔言〕所有の；所有関係を表す **संबंधवाचक कारक**〔言〕所有格 (2)〔言〕関係を表す **संबंधवाचक क्रियाविशेषण**〔言〕関係副詞〈relative adverb〉

संबंधवाचक सर्वनाम [名]〔言〕関係代名詞〈relative pronoun〉

संबंधविच्छेद [名] (1) 関係を絶つこと；関わりを断つこと (2) 離婚；離縁 तुम संबंध विच्छेद करके फिर से ब्याह कर लो 離婚して再婚しなさい

संबंधित [形]（ーと）関係した；関係のある；関連のある；つながりのある वह एकांकी नाटक से संबंधित होते हुए भी अपना अलग अस्तित्व रखता है それは一幕劇と関連しているにもかかわらず独自性を保っている वे कार्यकलाप जिनके द्वारा सामान्य हित से संबंधित संघर्षों को सुलझाया जाता है 公益に関連したもめごとを解決するそれらの活動 ग्राम के कल्याण से संबंधित मामले 村の福利に関連した事柄 संबंधित कागज़ात 関係書類

संबंधी[1] [形] 関連のある；関連している；関連のある

संबंधी[2] [名] (1) 親類；親戚＝रिश्तेदार. उसके सगे संबंधियों ने राजा से विनती की その人の血縁の者たちが王に嘆願した (2) 関係者 (3) 息子の嫁または娘婿の父親→ समधी.

संबद्ध [形] 関係のある；関連した；関連の；関した；関係の इस कथा से संबद्ध प्रमाण この物語に関連した証拠 संबद्ध व्यक्ति 関係者 संबद्ध मंत्री 所管大臣 नागरिक शब्द लोकतंत्र के विकास से संबद्ध हो गया है 市民という言葉は民主主義の発展と関連したものになっている

संबद्धता [名*] ←संबद्ध. 関わり；関係；関連 इन पत्रों की सांप्रदायिक संबद्धता これらの新聞のコミュナルな関係

संबद्धीकरण [名] (1) 加盟；加入 (2) 合併；編入

संबर [名]〔動〕シカ科サンバルジカ；スイロク（水鹿）【*Cervus unicolor*】

संबल [名] (1) 携行食料＝कलेवा. (2) かて（糧）；支え (3)〔植〕キワタノキ → सेमल. **(-का) संबल ले॰**（ーを）支えとする उन्होंने राजनैतिक संघर्ष में भी सत्य, अहिंसा और प्रेम का ही संबल लिया 政治的な闘争にも；真理，非暴力それに愛のみを支えとしたお方だった

संबाध [名] (1) 混乱；混雑 (2) 妨げ；妨害＝बाधा. (3) 争い；闘争＝संघर्ष.

संबाधक [形] 妨げる；妨害する；邪魔する

संबुद्ध [形・名] (1) 悟った；悟りを開いた (2)〔仏〕正覚；等覚

संबुद्धि [名*] 悟り；正しい悟り

संबोध [名] (1) 正しい知識 (2)〔仏〕正しい悟り；正覚

संबोधक [形] 呼びかける；呼びかけの

संबोधन [名] (1) 呼びかけ (2) 呼びかけの言葉 इन्हें ताई, चाची, जीजी आदि के आदरपूर्ण संबोधन से これらの人たちをターイーとかチャーチーとかジージーなどといった敬意をこめた呼びかけで

संबोधनकारक [名]〔言〕呼格〈vocative case〉

संबोधि [名*]〔仏〕菩提；無上の悟り；正覚＝सम्बोधि; संबुद्धि.

संबोधित [形] 呼びかけられた；話しかけられた **(-को) संबोधित क॰**（ーに）呼びかける；（ーを）呼ぶ；（ーに）話しかける इन कथाओं में महात्मा बुद्ध को बोधिसत्त्व के रूप में संबोधित किया गया है これらの話の中では仏陀は菩薩と呼ばれている किसानों के एक समूह को संबोधित करते हुए 農民たちのグループに向かって話しかけて यह कविता किसे संबोधित करके लिखी गई है? この詩はだれに呼びかける形で書かれていますか

संबोसा [名]《P. سنبوسہ / سموسہ संबूसा/ समोसा》〔料〕サンボーサー／サモーサー→ समोसा.

संभरण [名] (1) 供給 (2) 提供

संभल [名] (1) 求婚者（男性） (2) ぜげん（女衒）

सँभलना [自] (1)（倒れかかったり不安定な姿勢から）立ち直る；踏みとどまる (2) 持ちこたえる (3) 用心する；警戒する सँभलकर चलिए 足元を用心なさって下さい (4) 元の良好な状態に戻る；立ち直る अगर लड़की ज़रा समझदारी से काम ले तो स्थिति संभल सकती है 娘がほんの少し頭を働かせて対処するならば状況は立ち直りうる मैं चली जाऊँगी, ज़रा शरीर सँभल जाए 私は行きますよ．少し元気が戻れば मैं तुम्हारी मदद करना चाहता हूँ.अभी भी वक़्त है, सँभल जाओ 君を助けたいと思っているんだ．まだ時間があるから立ち直りなさい

संभव[1] [形] ＝सम्भव. ありうる；起こりうる；生じうる कल तक संभव है वह कुछ खट्टा हो जाए 明日までに少し酸っぱくなるかも知れない

संभव[2] [名] (1) 出生；誕生＝जन्म; उत्पत्ति. (2) 出現＝उपस्थिति; आविर्भाव; घटित हो॰.

संभवतः [副] 恐らく；多分 भूतपूर्व मुख्यमंत्री मंत्रिमंडल में शामिल होना संभवतः पसंद न करें 元（州）首相は入閣を多分好まないだろう

संभवन [名] (1) 出現；出来；形成 (2) 発生 (3) 可能性

संभवी [形] (1) 可能な；可能性のある (2) 生じる；起こる

संभाग [名] (1) 区；区域；管区 चंबल संभाग के आयुक्त व पुलिस उपमहानिरीक्षक チャンバル管区のコミッショナー兼警視副総監 (2) 役所の部局

संभागीय [形] (1)（行政上の）区の；区域の；管区の (2) 役所の；部局の संभागीय उपायुक्त, बिक्री कर 売上げ税局次長

संभार [名] (1) 蓄積；蓄え (2) 準備；用意 (3) 集まり；集積；集団 (4) 財；財産

सँभार [名*] ＝सँभाल. सत की सँभार में मरने तक साथ दे॰ 信義を命にかけて保持する

सँभाल [名*] ←सँभालना. (1) 保護；守護；守り (2) 世話；養護；面倒を見ること (3) 負担；保持；維持 (4) 管理

सँभालना [他] (1) 支える；倒れぬようにする वह बड़ी कठिनाई से अपने बच्चे को सँभाल पायी थी やっとのことで子供を抱きとめることができた उसने बायाँ हाथ आगे फैलाकर महिला को सँभालने की कोशिश की 左手を伸ばして女性を支えようとした (2) 支える；支援する；励ます हम यदि ग़लती करते थे तो वह हमें सँभालते थे 私たちが間違いを犯すといつもあの方が支えて下さっていた मैंने उसका कारोबार सँभाल न लिया होता तो सब कुछ चौपट हो जाता あの人の商売を支えてやらなかったなら一切が駄目になってしまっていただろう उर्मिला बिलखती रहती है.रमेश उसे सँभालता है 嘆いてばかりいるウルミラーをラメーシュが励ます (3) 手に取る；握る；持つ；操る；扱う；構える तो जाओ, तलवार सँभाल लो では行け．刀を握れ पतवार सँभालना 舵を操る देश की पतवार सँभालने वाले 国の舵を操る人たち मैंने डाँड सँभाला 櫓を握った बागडोर सँभालना 手綱を握る वह राज्य की बागडोर कैसे सँभालेगा 統治の手綱をどのように操るか वह अपना झोला सँभाले हुए गाड़ी से उतरा かばんを抱えて列車から降りた तभी बंदूक सँभालते हुए, अशीष फुसफुसाया, 'चाची! आ गया चीता!' ちょうどその時銃を構えながらアシーシュが声をひそめて言った「おばさん，チーターだ，チーターが来たぞ」 (4) 執る；取り扱う；処理する जी हाँ, उन्हें मैं थोड़े ही दिनों में इतना योग्य बना दूँगा कि वे राजकाज सँभाल सकें よろしい，ごく短い間に政務がとれるほど立派に仕込んであげよう (5) 抑える；制する；抑制する；統御する मैं अपने अंदर के उत्साह, गर्व और आनंद को सँभाल नहीं पा रहा था 胸に湧き出る意気込みや誇りそれに喜びを抑えきれないでいた ज़बान संभालकर बात कर 言葉を慎んで話しなさい मैंने अपना आवेग सँभालते हुए कहा 興奮を抑えながら言った (6) 整える；整理する；整頓する；片付ける ऐसे सभी पत्थरों को सँभालकर रखो このような石を全部整理して置きなさい उसने कुछ कहने से पहले स्वर को सँभाला 物を言う前にのどの調子を整えた पाँच बजे उसने बिखरे कागज़ों को सँभालकर रखा 5時に散らばった紙を整理した (7) 管理する；扱う；取り扱う；こなす अतः इस आयु में अपने आपको सँभालकर रखना だからこの年齢では自分で自分を管理すること रोज़ के पियक्कड़ का उपचार तो डाक्टर की सहायता से ही संभव है, लेकिन अन्य लोगों को घर में ही

सँभाला जा सकता है 毎日飲んだくれる人は医者の助力でしかこの治療はできないがそれ以外の人は家庭で扱うことができる (8) 就く；身を置く उसने अपने पति से बंबई की नौकरी छोड़कर खेतीबारी सँभालने को कहा 夫にボンベイの勤めを辞めて畑仕事に就くようにと言った (9) 立て直す；正常にする；再編成する हमने लड़खड़ाती हुई साइकिल को सँभालते हुए जवाब दिया ふらついた自転車を立て直しながら返事をした मेरे विचार में तो इन जातों में पंचायतों को फिर सँभालना चाहिए 私の考えではこれらのカーストの場合パンチャーヤット（制）をもう１度立て直さなくてはいけない **अपने को सँभालना** *a.* 失った平衡を取り戻す；立ち直る；元の状態を取り戻す पर कितनी जल्दी सँभाल लिया उसने अपने-आप को... 実に素早く姿勢を立て直したものだ *b.* 気が動転していた状態から落ち着きを取り戻す；気を取り直す मगर एक ही क्षण में उसने अपने को सँभाल लिया और मुसकराकर बोली だが一瞬のうちに気を取り直しにっこりして言った **सँभालना-सँवारना** 立て直す शायद मैं उसपर यह साबित कर दिखाना चाहता था कि उससे पीछा छुड़ा लेने के बाद किस ख़ुशगवार हद तक मैंने अपनी ज़िंदगी को सँभाल-सँवार लिया है 私はあの人との縁を切ってから生活をどれほど心地よいものに立て直したかを証明して見せたかったのだろう (10) 注意する；用心する；警戒する जाड़े के बिस्तर और कपड़े गर्मियों में सँभालकर रख दें 冬の寝具と衣服を夏の間きちんと（注意深く）しまっておくこと साहित्यिक होश सँभालते ही 文学に目覚めると同時に अजी चाय तो सँभालकर पियो いいかいお茶は気をつけて飲みなさい (11) 見る；面倒を見る；世話する；処理する इस बच्चे को कौन सँभालेगा? 一体だれがこの子の面倒を見るんだい (12) 引き取る；引き受ける पति आपकी बात सँभाल लेंगे 御主人があなたの言葉を引き取って下さるでしょう

सँभाला [名] 死にかけた人が死の直前のひととき元気を取り戻したかのように見えること

सँभालू [名]〔植〕クマツヅラ科低木タイワンニンジンボク【*Vitex negundo*】= निर्गुंडी.

संभावना [名*] 見込み；可能性 युद्ध की संभावनाएँ इससे भी कम हो रही हैं 戦争の可能性はこのことからも薄らいできている इन हालात से मूर्ति निर्माण के विकास की संभावना ठहर गई है これらの状況から彫刻の発達の可能性は止まってしまっている

संभावनार्थक [形]〔言〕仮定法の；叙想法の〈subjunctive〉

संभावनार्थक वृत्ति [名*]〔言〕仮定法；叙想法〈subjunctive mood〉

संभावनीय [形] (1) ありうる；可能な (2) 考えられる

संभावित [形] (1) 起こりうる；起こりそうな；ありそうな；可能性のある संभावित हानि 起こりうる損害 (2) 予期される；予想される；予定の संभावित घोषणाएँ 予定される声明 संभावित प्रसव तिथि 出産予定日 संभावित दौरा 予定された視察 संभावित मूल्य-वृद्धि 見込まれる値上がり

संभावितव्य [形] (1) 予想される；想定される (2) 可能な；ありうる

संभाविता [名*] 見込み；可能性

संभाषण [名] 語り合うこと；話し合うこと；会話 मैंने सब साहबों से यह संभाषण किया 皆と語り合った

संभाषी [形] 語り合う；会話する

संभूत [形] (1) 伴った；随伴した (2) 生じた；発生した

संभृत [形] (1) 集まった；集められた (2) 整った；準備された

संभृति [名*] (1) 集めること (2) 集まり；集合 (3) 多数

संभेद [名] (1) 貫通すること (2) 分離

संभोग [名] (1) 交接；合歓；媾合；性交 (2) 享受

संभोगी [形] (1) 交接する (2) 享受する

संभोग्य [形] 享受される；使用可能な

संभोज [名] (1) 食事 (2) 食物

संभ्रम [名] (1) ぐるぐる回ること；回転 (2) 動転；動揺 (3) 畏怖

संभ्रांत [形] (1) 由緒あり名高い；名門の；名家の；上流の；ハイクラスの संभ्रांत परिवार की स्त्रियाँ हीरे, मोती आदि जवाहरात को काम में लाती हैं 上流の婦人たちはダイヤ，真珠などの宝飾品を用いる संभ्रांत वंश का लड़का 名門の息子（子弟） एक वेश्या का संभ्रांत कुलपुत्रों के लिए मूल्य ही क्या है 名家の子息たちにとって一介の遊女ごときに何の値打ちがあろうか समाज का संभ्रांत वर्ग 社会のエリート संभ्रांत व्यक्ति की तरह जीवन बिताना エリートのような暮らしをする (2) 混乱した；困惑した

सं॰मो॰ [名] संयुक्त मोरचा すなわち，統一戦線の略

संयंता [形・名] 制する（もの）；制御する（もの）；抑制する（もの）

संयंत्र [名] (1) 機械装置；工場設備；プラント नया संयंत्र स्थापित किया जाएगा 新しいプラントが設置される (2) 工場 सूर्य एक विशाल प्राकृतिक परमाणु ऊर्जा संयंत्र है 太陽は天然の巨大な核エネルギー工場だ एशिया का सबसे बड़ा उर्वरक संयंत्र アジア最大の肥料工場

संयत [形] (1) 制せられた；制御された (2) 抑えられた；抑制された；抑制のきいた (3) 落ち着いた；平静な वह गीता का चेहरा निहारकर बहुत संयत भाव में बोली है 彼女はギーターの顔をじっと見つめて非常に平静に言った संयत क॰ 制する；制御する；抑える किसी तरह अपनी भावनाओं को संयत कर मैंने कहा どうにか自分の感情を抑えて言った

संयति [名*] (1) 制御 (2) 抑制 (3) 平静

संयम [名] (1) 制御 मानसिक संयम 心を制すること (2) 抑制 (3) 自制；自戒 राजन को अपने संयम पर गर्व है, और उसके मन में यह संतोष है कि उसने कभी निर्मला के सम्मुख अपनी भावनाओं को नहीं व्यक्त किया ラージャンは自分の自制心が自慢であり，今まで１度もニルマラーに対して感情を露にしたことがないことに満足している (4) 節制 इन छः हज़ार रुपयों को बचाने में उसे कितना संयम करना पड़ा था この 6000 ルピーを貯めるのにどれほど節制しなければならなかったか

संयमित [形] (1) 制御された (2) 抑制された (3) 自制した

संयमी [形] (1) 自制する；自制心のある (2) 節制する

संयुक्त [形] (1) 結ばれた；結合された；結合した (2) 合同の；共同の；協同の संयुक्त क्षेत्र 共同地域 (3) 混合された；複合の भारत की संयुक्त संस्कृति की वृद्धि インドの複合文化の発展 (4) 一体化した；融合した प्रकृति में ये धातुएँ संयुक्त रूप में रहती हैं これらの金属は自然界では融合状態にある

संयुक्त अरब अमीरात〔国名〕《H.+ A.عرب امیرات》アラブ首長国連邦 = यू॰ए॰ई॰.〈United Arab Emirates〉= मुत्तहदा अरब इमारात《Ur.,A.متحده عرب امارات》.

संयुक्त कुटुंब [名]〔社〕複合家族 = संयुक्त परिवार.

संयुक्त क्रिया [名*]〔言〕複合動詞 = समस्त क्रिया.〈compound verb〉

संयुक्त क्रिया रूप [名]〔言〕迂言的動詞活用〈periphrastic conjugation〉

संयुक्त खाता [名] 共同預金口座〈joint account〉

संयुक्त दली [形]〔植〕合弁の〈sympetalous〉

संयुक्त नेत्र [名]〔生〕複眼〈compound eye〉

संयुक्त पत्ती [名*]〔植〕複葉 = संयुक्त पर्ण.〈compound leaf〉

संयुक्त परिवार [名]〔社〕複合家族；合同家族= संयुक्त कुटुंब.〈joint family〉कुछ महानगरों को छोड़कर उपनगरों में अब भी संयुक्त परिवार की प्रथा है 一部の大都市を除き小都市では今なお合同家族の風習がある **संयुक्त परिवार प्रथा** 複合家族制；合同家族制→ विस्तृत परिवार 拡大家族〈extended family〉

संयुक्त पूँजी कंपनी [名*] 株式会社〈joint stock company〉

संयुक्त मंत्रिमंडल [名]〔政〕連立内閣= मिला-जुला मंत्रिमंडल.〈coalition cabinet〉

संयुक्त मोरचा [名] 統一戦線；共同戦線〈united front〉= संयुक्त मोर्चा. संयुक्त मोरचे को डाँवाँडोल करने के लिए 統一戦線を揺るがすために **संयुक्त मोरचा सरकार** 統一戦線政府；共同戦線政府

संयुक्त राज्य अमेरिका〔国名〕アメリカ合衆国= अमेरिका; अमरीका (अम्रीका); स्टेट्स.〈the United States of America; USA〉

संयुक्त राष्ट्र [名] 国際連合 = संयुक्त राष्ट्र संघ.

संयुक्त राष्ट्र अमरीका〔国名〕アメリカ合衆国〈the United States of America; USA〉

संयुक्त राष्ट्र संघ [名] 国際連合；国連〈the United Nations; UN〉**संयुक्त राष्ट्र संघ का खाद्य व कृषि संगठन** 国際連合食糧農業機関〈FAO; Food and Agriculture Organization of the United Nations〉

संयुक्त राष्ट्र संघ बाल कोष [名]《E. UNICEF》ユニセフ = यूनीसेफ़.

संयुक्त लेखा [名] = संयुक्त खाता.

संयुक्त वाक्य [名]〔言〕重文〈compound sentence〉

संयुक्त विज्ञप्ति [名*] 共同声明 संयुक्त विज्ञप्ति जारी क॰ 共同声明を出す संयुक्त विज्ञप्ति जारी हुई 共同声明が出された

संयुक्त विधायक दल [名]〔イ政〕統一議員党

संयुक्त व्यंजन [名]〔言〕複合子音〈compound consonants〉

संयुक्त संपत्ति [名*] 共有財産

संयुक्त समाजवादी दल [名]〔イ政〕連合社会党
संयुक्त सरकार [名*]〔政〕連立政府〈coalition government〉
संयुक्त सोशलिस्ट पार्टी [名*]〔イ政〕連合社会党
संयुक्त स्वर [名]〔言〕二重母音 = संध्यक्षर.〈diphthong〉
संयुक्ताक्षर [名] デーヴァナーガリー文字のうち２文字以上の文字の結合によってできた文字；結合文字
संयोग [名] (1) 混合；混じり合い ताँबे के संयोग से बनी मिश्र धातुएँ 銅の合金 (2) 結合；結びつき हाइड्रोजन और आक्सीजन संयोग करके जल बनाते हैं 水素と酸素とを結合させて水を作る लोहे में कार्बन के संयोग से इस्पात का जन्म हो गया 鉄と炭素が結合して鋼鉄ができた (3) 一致；合致 (4) 偶然 यह संयोग मात्र नहीं था これは単なる偶然の一致ではなかった **संयोग से** 偶然に；たまたま = इत्तिफ़ाक से. संयोग से एक दिन उसे बाज़ार से लौटने में ज़रा देर हो गई たまたまある日市場から戻るのが少し遅れた संयोग से उसकी भेंट एक दूसरे नगर के सेठ से हो गई たまたま別の都市の豪商と出会った
संयोजक[1] [形] つなぐ；接続する；連結する
संयोजक[2] [名] (1) 召集者；召集係 (2) 連結物；連接物 (3)〔言〕接続語 **संयोजक व प्रस्तुत कर्ता** プロデューサー = संयोजक तथा प्रस्तुतकर्ता.
संयोजक क्रिया [名*]〔言〕連結動詞；コピュラ〈linking verb〉
संयोजक क्रियाविशेषण [名]〔言〕接続副詞〈conjunctive adverb〉
संयोजक सर्वनाम [名]〔言〕接続代名詞〈conjunctive pronoun〉
संयोजन [名] (1) 結合させること；接合させること (2) 混合させること (3) 手配；準備；用意；段取り；配備；配置 ज़िले की विकास योजना का संयोजन 県の開発計画の準備 सम्राट् श्री हर्षवर्धन ने गंगा-यमुना के संगम पर पुण्य पर्व का संयोजन किया है ハルシャヴァルダナ王はガンジス川とヤムナ川の合流点での祭礼の用意をした
संयोजित [形] (1) 結ばれた；結合した；つながった；連接した (2) 準備された；配置された；整えられた पत्तियाँ टहनी के चारों ओर इस प्रकार संयोजित रहती हैं कि एक पत्ती की छाया दूसरी पर न पड़े 植物の葉は他の葉に陰を作らないように整えられて枝のぐるりにつく (3) 混合した कार्बोलिक एसिड गैस के चूने के निथरे हुए पानी के साथ संयोजित होते ही कैल्शियम कार्बोनेट नामक पदार्थ बनता है 石炭酸ガスが石灰の沈殿液と混合すると直ちに炭酸カルシウムという物質ができる
संरक्षक[1] [形] (1) 保護する (2) 庇護する；後援する (3) 監護する
संरक्षक[2] [名] (1) 保護者 (2) 庇護者；後援者；奨励者；パトロン विद्या के संरक्षक 学問の保護者 कला के संरक्षक 芸術のパトロン (3) 監護者 (4) 保護装置
संरक्षण [名] (1) 保護；管理 प्राकृतिक संपदा के संरक्षण के लिए 天然資源の保護のため पेड़-पौधों का संरक्षण (क॰) 植物を保護 (する) (2) 援護；後援；後押し अब बिना राजनीतिक संरक्षण के कोई धंधा भी करना मुश्किल है 今や政治の後押しなしにはどんな商売をするのも難しい लघु उद्योग का संरक्षण 軽工業の保護 (3) 監督；指導；監護 छोटे न्यायालय बड़े न्यायालयों के संरक्षण में कार्य करते हैं 下級裁判所は上級裁判所の指導監督のもとに活動している (4) 保存 फल संरक्षण इकाई 果物の保存設備
संरक्षणवाद [名]〔経〕保護貿易主義〈protectionism〉
संरक्षण शुल्क [名]〔経〕保護関税 = संरक्षी शुल्क.〈protective duty〉
संरक्षणात्मक [形] (1) 防衛的な (2) 保護的な पश्चिमी देशों द्वारा अपनायी जा रही संरक्षणात्मक नीतियों के कारण 西洋諸国の採っている保護的な政策のために
संरक्षित [形] (1) 保護された；守護された (2) 庇護された (3) 保存された ठंड में संरक्षित भोजन बहुत समय तक रखा जा सकता है 低温で保存された食品は長時間の保存ができる **संरक्षित वन** 保護林〈protected forest〉
संरक्षित राज्य [名]〔政〕保護国；保護領〈protectorate〉
संरक्षी [形] (1) 保護する；保護的な (2) 保存する संरक्षी क्षेत्र 保存地域
संरचना [名*] (1) 構造；造り **सामाजिक संरचना** 社会構造 किसी भी समाज के सभी संगठनों को सामूहिक रूप से सामाजिक संरचना भी कहा जाता है ある社会のすべての組織はまとめて社会構造とも呼ばれる (2) 建造物
संरचनातः [副] 構造的に；構造上
संरचनात्मक [形] 構造的な；構造上の संरचनात्मक अर्थ 構造的意味
संरचनात्मकता [名*]〔言〕構造主義〈structuralism〉
संरचनात्मक भाषा विज्ञान [名*]〔言〕構造言語学〈structural linguistics〉
संरचनात्मक शब्दार्थ विज्ञान [名]〔言〕構造的意味論〈structural semantics〉
संराधक [形] 調停する
संराधन [名] 調停 संराधन अधिकारी 調停員
संराधित [形] 調停された
संरुद्ध [形] (1) 完全に止められた (2) 完全に閉じられた
संरूपण [名] 形状；外形
संरेख [形] 直線の；線状の
संरेखन [名] (1) 整列 (2) 仕切り
संरेखन चार्ट [名] 計算図表〈nomogram〉
संरोध [名] (1) 妨害 (2) 封鎖
संरोधन [名] (1) 妨害行為 (2) 封鎖行為
संरोह [名] 上がること；盛り上がること；上昇
संलक्षण [名] (1) 特徴づけ (2) 見分け (3) 推察 (4)〔医〕症候群；シンドローム
संलक्षित [形] (1) 見分けられた；見られた；監察された (2) 定義づけられた
संलग्न [形] (1) 添えられた；付属の；取りつけられた (2) 従事している अपने काम में संलग्न 自分の仕事をしている；自営の स्वाधीनता-संग्राम में संलग्न रहने के साथ-साथ 独立戦争に従事するかたわら साहित्य सृजन में संलग्न (文学) 創作に従事している (3) 隣接する；接する；密接する (4) 連続する
संलग्नक [名] 封入物；同封のもの **संलग्नक काग़ज़** 添付書類
संलग्नता [名*] (1) 隣接；接近；密接 (2) 連続 (3)〔通信〕忠実度 (4)〔植〕着生〈adnation〉
संलयन [名] (1) 溶解；融解 (2) 原子核の融合；原子核の結合 संलयन (हाइड्रोजन) बम 核融合 (水素) 爆弾 (3) 癒合
संलाप [名] 語り合い；会話；対話 बंगला साहित्य संबंधी संलाप में भी ベンガル文学についての語り合いでも
संलिप्त [形] (1) 密接している (2) 深く関わっている；密着している；つるんでいる हत्याओं में स्वयं पुलिस कर्मचारी भी संलिप्त थे 殺人には警察官自身も深く関わっていた
संलेख [名] (1) 有効証書 (2) 議定書；プロトコール
संवत् [名] (1) 年= वर्ष; साल. (2) 紀元= सन्. (3) ヴィクラマ暦 → विक्रम संवत्.
संवत्सर [名] 年；1年
संवत्सरीय [形] 年ごとの；毎年の
संवदन [名] 言葉を交わすこと；対話；会話 = बातचीत; संभाषण.
संवरण [名] (1) 除去 (2) 閉ざすこと；閉鎖 (3) 覆うこと (4) 隠すこと (5) 抑制 (6) 選択 (7) 婿選び
सँवरना[1] [自] (1) 整う；整えられる (2) 飾られる；装われる
सँवरना[2] [他] 思い出す；思い起こす
सँवरना[3] [自] 思い出される；思い起こされる
सँवरिया[1] [形] 色黒の；青黒い = साँवला; कृष्ण.
सँवरिया[2] [名] クリシュナ神の異名の一
संवर्ग [名] (1) クラス (2) カテゴリー (3) 部族 (4)〔数〕積 (5) 組織の幹部；幹部会〈cadre〉
संवर्द्धक [形] (1) 増進させる；助成する (2) 振興させる；興隆させる कला-संवर्द्धक संस्था 芸術振興団体 (3) 養殖する (4) 栽培する (5) 培養する
संवर्द्धन [名] (1) 増進；助長 (2) 振興；興隆 (3) 養殖 (4) 栽培 (5) 育成；増殖 इस तरह चिड़ियों से पेड़-पौधों का संवर्द्धन भी होता है このようにして植物は鳥によっても育成される (6)〔生〕培養〈culture〉 संवर्धन पात्र シャーレ；培養皿
संवर्द्धनीय [形] (1) 増進すべき (2) 振興すべき (3) 育成すべき
संवर्द्धित [形] (1) 増進された；助成された (2) 振興された (3) 養殖された (4) 栽培された (5) 培養された
संवर्धक [形] = संवर्द्धक.
संवर्धक शाला [名*] 養殖場；栽培場
संवलन [名] (1) 回ること；旋回；巻くこと (2) 混合；混淆；結合 (3) 調和 स
संवलित [形] (1) 巻いた；旋回した (2) 混合した；結合した

संवहन [名] (1) 運搬 (2) 対流；環流 **संवहन तंत्र** 脈管系；血管系；リンパ管系

संवहनीय [形] (1) 導く；運ぶ (2) 導管の；血管の **संवहनीय वायुधाराएँ** 〔気象〕上昇気流

संवाद [名] (1) 会話；対話；対談；会談＝ बातचीत; कथोपकथन. (2) ニュース＝ समाचार; वृत्तांत. (3) 〔言〕対応 ⟨correspondence⟩

संवाद चित्र [名] ニュース・フィルム

संवाददाता [名] 通信員；特派員；(報道) 記者 एक समाचार-पत्र का संवाददाता 某新聞社（某紙）の記者 संवाददाता सम्मेलन में 記者会見の席で

संवाद समिति [名*] 通信社 प्रत्येक देश की संवाद-समितियाँ अन्य देशों की संवाद-समितियों से अवश्य ही जुड़ी होती है 各国の通信社は必ず外国の通信社とつながりを持っている

संवादिता [名*] (1) 調和；一致 (2) 対応 (3) 〔言〕平行性 ⟨parallelism⟩

संवादी [形] (1) 会話する；対話する (2) 調和する；一致する (3) 同意する；合意する (4) 対応する

संवार [名] (1) 飾ること；飾り立てること (2) 整えること (3) 改めること (4) 繕い

सँवार [名] (1) 覆い隠すこと；隠すこと；秘匿 (2) 〔言〕(調音様式の) 閉鎖 ⟨closure⟩

संवारण [名] (1) 除去；排除；撤去 (2) 禁止 (3) 秘匿 (4) 停止させること

सँवारना [他] (1) 飾る；飾り立てる जो सँवारा गया है वह बिगड़ेगा ही 飾られたものは必ず崩れる (2) 整える；装う；きちんとする उसने बच्चों को सँवारकर स्कूल भेजा 子供たちの身なりを整えて学校へ送り出した बालों को सही प्रकार से सँवारने के लिए 髪を正しく整えるために यदि सिर के बाल बहुत कम हों या वे सूखे, गंदे, गलत ढंग से सँवारे हुए हों तो 髪がひどく少なかったりぱさぱさであったり汚れていたり結い方が間違っていたりすると (3) 開く；良い方へ向かわせる（展開させる）；良い状態にする अपना भविष्य सँवारना 運命を開く

संवास [名] (1) 同居；同棲 (2) 関わり；交渉；関係 (3) 交接；性交

संवाहक [名] (1) 運搬するもの；コンベヤー (2) 〔物理〕伝導体 ताँबा बिजली का आम संवाहक है 銅は電気の一般的な伝導体である

संवाहकता [名*] 〔物理〕伝導性

संवाहन [名] (1) 運搬；運ぶこと；伝えること；伝達（すること） शरीर के अंदर अक्सीजन संवाहन के रूप में लोहे का बड़ा महत्त्व है 体内での酸素の運搬に鉄分が重要な位置を占める (2) 〔物理〕伝導

संवाहित [形] (1) 運ばれた；運搬された (2) 伝導された

संविद् [名*] (1) 意識 (2) 知覚；知識

संविदा [名*] 契約 संविदा-पत्र 契約書 मुसलिम विवाह एक संविदा है イスラム教徒の結婚は一種の契約である

संविदित [形] 明確な；明白な；知れ渡った

संविध [名*] 〔法〕制定法；成文法；法規

संविधान [名] (1) 憲法 संविधान में किए गए प्रावधान 憲法の規定 (2) 憲章 ओलंपिक संविधान में オリンピック憲章に **संविधान की प्रस्तावना** 憲法の前文 **संविधान-निर्माण** 立憲；憲法制定 **संविधान-निर्माता** 憲法制定者 **संविधान में संशोधन** 憲法改正

संविधान परिषद् [名*] 憲法制定会議＝ सांविधानिक अभिसमय.

संविधान पीठ [名] 憲法審査法廷（最高裁判所の）

संविधानवाद [名] 立憲政治；憲法擁護

संविधानवादी[1] [形] 立憲政治の

संविधानवादी[2] [名] 立憲主義者；憲法論者；憲法擁護者

संविधान सभा [名*] 憲法制定会議

संविधानिक [形] 立憲的な संविधानिक एकराट् 立憲君主政体

संविधानी [形] ＝ संविधानिक.

संविधि [名*] (1) 風習 (2) 制度 (3) 規定 (4) 〔法〕制定法；法令；成文法 **संविधि ग्रंथ** 法令全書

संविन्यास [名] 構造；組織

संविरचन [名] 組み立て；構成

संविवेक [名] 分別；思慮分別

संवृत [形] (1) 覆われた (2) 包まれた (3) 囲まれた (4) 閉鎖された；閉じられた (5) 〔言〕口の開きの小さい（狭い） संवृत स्वर 閉母音；狭母音 ⟨close vowel⟩

संवृत्त [形] (1) 到着した (2) 達成された

संवृद्ध [形] (1) 増加した (2) 高まった；向上した；高揚した；発展した

संवृद्धि [名*] (1) 増加 (2) 向上；発展

संवेग [名] (1) 推進力；弾み；勢い (2) 刺激；激しい勢い (3) 動揺；興奮

संवेद [名] (1) 知覚 (2) 意識

संवेदन [名] (1) 感じること；知覚すること (2) 感覚；知覚 (3) 知らせること；感じさせること

संवेदनशील [形] (1) 感受性の強い；感性豊かな；感じやすい संवेदनशील व्यक्ति 感受性の強い人 तुम्हारी माँ कितनी संवेदनशील हैं.कोई ऐसी बात न कह या कर बैठना कि उनका मनोबल गिर जाए 君の母さんは感受性の強い人だから気落ちさせるようなことは言ったりしたりするなよ जवाहरलाल नेहरू जैसे संवेदनशील कलाप्रेमी की सहानुभूति और प्रशंसा J. ネルーのような感性豊かな芸術愛好家の共感と称賛 (2) 敏感な；敏感な反応を示す；微妙な；デリケートな इस संवेदनशील मुद्दे को छेड़कर このデリケートな問題を持ち出して कुँआरे व्यक्ति बहुत संवेदनशील होते हैं 独身の人はとても感じやすいものだ संवेदनशील ज़िले （社会的に複雑であったり不安定なために何かの問題に対して）敏感な反応を示す県

संवेदनशीलता [名*] ← संवेदनशील. 感受性；感性；鋭敏さ；敏感さ；繊細さ

संवेदनशून्य [形] 無感動な；無感覚な；感受性を欠く ↔ संवेदनशील.

संवेदनशून्यता [名*] 無感動；無感覚

संवेदना [名*] (1) 感受性；感性 (2) 繊細な感受性；鋭敏な感覚 उनकी भाषा मानवीय संवेदना से जुड़ी है 同氏の言葉は繊細な感受性とつながっている (3) 共感；同情；同情心 अपनी गहरी मानवीय संवेदना के कारण वे ग्रामीण जनता के दुःख, अभाव, अंधविश्वास की बेबसी आदि को स्वयं भोगते-से लगते हैं 人間らしい，深い共感故に農村の民衆の悲しみ，困窮，迷信の束縛などを自ら受けているように思える (4) 悔やみ；弔意；哀悼の気持ち मैंने उनके परिवार के प्रति हार्दिक संवेदना व्यक्त की है 私は遺族に向かって心からなる哀悼の気持ちを表明した

संवेदनात्मक [形] 共感する；共感の लेखक का उद्देश्य अपनी किसी संवेदनात्मक अनुभूति को पाठक के हृदय तक यथावत् पहुँचाना होता है 著者の意図は自己の何らかの共感を読者の胸にそのまま伝達することである

संवेदनाहरण [名] 〔医〕麻酔（をかけること）；麻酔処置

संवेदनीय [形] (1) 感じられる；知覚される (2) 伝えられる

संवेदी [形] (1) 敏感な；感じやすい (2) 感覚の；知覚の संवेदी अंग 感覚器官 ⟨sensory organ⟩

संवेद्य [形] ＝ संवेदनीय.

संवेष्टन [名] (1) 包装 (2) 荷造り

संवेष्टित [形] (1) 包まれた；包装された (2) 荷造りされた

संवैधानिक [形] 憲法上の；憲法の ＝ सांविधानिक. संवैधानिक प्रश्न 憲法問題 संवैधानिक अधिकार 憲法上の権利 संवैधानिक रोक 憲法上の制限

संवैधानिक राजतंत्र [名] 立憲君主政体 ＝ सांविधानिक राजतंत्र. ⟨constitutional monarchy⟩

संशय [名] (1) 疑い；疑念；懐疑 सब को सब से त्रास और सदा सब पर सब का संशय है 人は人を恐れ常に人を疑う इसमें संशय नहीं これに疑念の余地はない (2) 不安；心配；懸念 उनका संशय दूर करते हुए その人の懸念を払いのけながら

संशयवाद [名] 〔哲〕懐疑論；懐疑主義 ⟨scepticism/skepticism⟩

संशयवादी [名] 〔哲〕懐疑論者 ⟨sceptic/skeptic⟩

संशयात्मक [形] (1) 疑わしい；あやふやな；不確かな (2) 疑い深い；懐疑的な＝ शक्की.

संशयात्मा [名] 〔哲〕懐疑論者

संशयालु [形] 疑い深い；疑り深い；懐疑的な

संशयित [形] (1) 疑いを持つ；疑念を持つ (2) 疑わしい；あやふやな；曖昧な；不確実な＝ संदिग्ध.

संशयी [形] (1) 疑い深い (2) 懐疑的な (3) 疑いを持っている；疑っている

संशामक [形] 鎮める；鎮静させる संशामक औषध जैसे ब्रोमाइड तथा क्लोरल ブロマイドやクロラールのような鎮静剤

संशित [形] (1) 研がれた；研磨された (2) 巧みな；上手な (3) 強固な；断固たる；完全な；揺るぎない

संशिति [名*] (1) 疑い；疑念 (2) 研磨すること

संशुद्ध [形] (1) 純粋な (2) 清められた

संशुष्क [形] (1) 完全に乾いた；完全に乾燥した (2) 味気のない (3) 心のない

संशोधक [形] (1) 訂正する (2) 修正する；改正する (3) 改訂する (4) 浄化する

संशोधन [名] (1) 訂正 (2) 改正；修正 भारत के संविधान में संशोधन करने की प्रक्रिया インド国の憲法改正の手順 (3) 改訂 (4) 浄化

संशोधित [形] (1) 訂正された (2) 修正された；改正された (3) 改訂された (4) 浄化された

संश्रय [名] (1) 結合 (2) 連合；同盟；提携 (3) 関係；接触 (4) 依存；依拠 (5) 庇護

संश्रयी [形] (1) 依拠する (2) 庇護を求める

संश्रित [形] (1) 結合した (2) 付着した (3) 同盟した；提携した (4) ぶら下がった (5) 庇護を求めた (6) 依存した；依拠した

संश्लिष्ट [形] (1) 結合した (2) 融合した (3) 抱きついた (4) 統合された (5) 合成された संश्लिष्ट औषध कारखाना 合成薬品工場 संश्लिष्ट तंतु 合成繊維 संश्लिष्ट रंग 合成染料 = संश्लिष्ट रंजक. संश्लिष्ट रबड़ 合成ゴム

संश्लेष [名] (1) 結合 (2) 抱擁

संश्लेषण [名] (1) 結合 (2) 統合 इस रीति रिवाजों का निर्माण समय-समय में विभिन्न समूहों द्वारा संश्लेषण के द्वारा हुआ है これらの風俗習慣は折に触れて様々な集団の統合により作り出されてきている (3) 合成 प्रकाश संश्लेषण 光合成 शुरू में हमें रसायनों का आयात करना पड़ता था.फिर हम लोगों ने उनका संश्लेषण किया 最初我々は化学物資を輸入しなければならなかったがやがて自分の手で合成した (4)〔言〕総合〈synthesis〉

संश्लेषणात्मक [形] 総合的な **संश्लेषणात्मक भाषा** 総合的言語〈synthetical language〉

संसक्त [形] (1) 連続した (2) 結合した (3) 粘着した；密着した (4) 熱中した

संसक्ति [名*] (1) 連続 (2) 結合 (3) 粘着；密着 (4) 熱中

संसद् [名*] 国会；議会 संसद्सदस्य 国会議員 संसद्सदस्या 女性国会議員

संसदीय [形] (1) 国会の；議会の (2) 議会制の संसदीय कार्यविधि 議会運営手続き संसदीय सलाहकार समिति 国会諮問委員会 संसदीय लोकतंत्र 議会制民主主義 संसदीय अवर सचिव 政務次官補 संसदीय प्रणाली 議会制度

संसदीय सचिव [名]〔政〕政務次官〈parliamentary secretary〉

संसदीय सरकार [名*]〔政〕議会政治〈parliamentary government〉

संसरण [名] (1) 移動 (2) 前進 (3) 現世

संसर्ग [名] (1) 交わり；交際；付き合い；接触 (2) 関係 (3) 結合 (4) 交接

संसर्गज [形] (1) 接触によって生まれる；接触によって発生する (2) 感染性の；伝染性の **संसर्गज रोग** 伝染病；感染症 = छूत की बीमारी.

संसर्ग-दोष [名] 悪い感化；悪影響

संसर्ग-रोध [名] (1) 検疫 (2) 検疫所= संगरोध.

संसाधन [名] (1) 準備；用意 (2) 加工；処理 संसाधन कर लेने के बाद डिब्बाबंद फल-सब्जियों को शीघ्र ही ठंडा कर लेना चाहिए 加工後は缶詰にされた果物や野菜を直ちに冷やさなくてはならない (3) 調理；料理 (4) 資源 प्राकृतिक संसाधन 天然資源= प्राकृतिक संपदा. (5) 手当；治療

संसाधित [形] (1) 準備された；用意された (2) 加工された (3) 調理された；料理された इनको काटते, छीलते तथा संसाधित करते समय これらを切ったり皮を剥いだり調理したりする際 (4) 治療された **संसाधित पनीर** プロセスチーズ〈processed cheese〉

संसार [名] (1) この世；現世；俗世 यह संसार अनित्य है この世は無常なり (2) 世間；世の中 आषाढ़ की इस पहली संध्या को, जब कि संसार में अजस्र आनंद की धारा-वृष्टि होनी चाहिए アーシャール月のついたちの夕べ，世間では尽きせぬ喜びの雨が降っているべきだが (3) 世界 संसार के देश 列国 (4) 同類の集まった世界 फूलों की दुनिया भी सचमुच विचित्र है.फूलों की ही क्यों, सभी पेड़-पौधों, पत्तियों आदि का संसार अनोखा होता है 花の世界も実に不思議なものだ．いや花ばかりではない．すべての草木や葉などの世界も独特なものだ (5) 輪廻；生死流転 **संसार की हवा खाना** 世間を知る；世間の風に当たる **संसार की हवा लगना** 世慣れする **संसार के तीन-पाँच की ख़बर न हो॰** 世間知らず **संसार को नचाना** *a.* 皆を悩ます；皆を苦しめる *b.* 皆を思い通りに操る **संसार के परे जा॰** 超脱する；俗世間から超越する= अनुयायी के परे हो॰. **संसार चलाना** 生活を営む；暮らしを立てる तुम दोनों अपनी अपनी ज़मीन पर हल चलाओ, मेहनत करो, ख़ूब धन कमाओ तथा अपना-अपना संसार चलाओ お前たち 2 人は自分の畑を耕し一生懸命働き，お金を儲け暮らしを立てなさい **संसार छोड़ना** *a.* 俗世間を離れる *b.* 死ぬ **संसार तरना** 解脱を得る **संसार त्यागना** = संसार छोड़ना. **संसार बनाना** 所帯を持つ **संसार बसाना** = संसार बनाना. **संसार से उठ जा॰** *a.* すたれる *b.* 死ぬ；この世を去る；みまかる **संसार से कूच कर जा॰** 死ぬ；あの世へ行く；みまかる **संसार से गुज़र जा॰** = संसार से कूच कर जा॰. **संसार से चला जा॰** = संसार से कूच कर जा॰. **संसार से नाता टूटना** *a.* 死ぬ *b.* 出家する **संसार से विदा क॰** = संसार से कूच कर जा॰.

संसार-चक्र [名] (1) 輪廻；輪廻転生 (2) 有為転変 (3) この世の煩わしさ

संसारी [形] (1) 世間の；俗界の संसारी जीव की तरह 俗界の人間のように (2) 在家の भक्त होने पर भी यदि वासना तुम्हारा पीछा नहीं छोड़ती तो साधारण संसारी जीव हो 信心があっても情欲が去らぬならば普通の世俗の人にとどまれ (3) 世故に長けた

संसिक्त [形] よく灌水された；十分に水を注がれた

संसिद्ध [形] (1) 完成された (2) 得られた (3) よく調理された；うまく料理された (4) 巧みな；巧妙な (5) ヨーガにより超能力を達成した→ सिद्ध, सिद्धि.

संसिद्धि [名*] (1) 完成 (2) 成功 (3) 熟成 (4) 充実

संसी [名*] = सँड़सी.

संसूचक [形] (1) 表明する (2) 言明する (3) 暴く (4) 説明する (5) 通知する

संसूचन [名] (1) 表明 (2) 言明 (3) 暴露 (4) 説明 (5) 通知 (6) 検出〈detection〉

संसृति [名*] (1) 輪廻転生 (2) この世；現世；俗界

संसृष्ट [形] (1) 同時に生じた (2) つながった；結合した；符合した (3) 関連した (4) 混じり合った

संसृष्टि [名*] (1) 結合；関わり (2) 混合

संसेचन [名]〔動〕受胎；受精〈impregnation〉

संसेचित [形] 受胎した；受精した

संस्करण [名] (1) 訂正；修正；改正 (2) 版 द्वितीय संस्करण 第 2 版 नया संस्करण 新版 = नवीन संस्करण. संशोधित संस्करण 改訂版

संस्कार [名] (1) 洗練 (2) 感化；育ち नहीं कह सकता , शिक्षा-प्राप्ति की तरफ़ प्रवृत्ति होने का संस्कार मुझे किससे हुआ 教養への志向をだれの感化で得たのか言えない उपर्युक्त उदाहरणों से साफ़ ज़ाहिर होता है कि ये घटनाएँ संस्कारों के टकराव के कारण हुई 上述の例からこれらの事件は異なった育ちの対立によって生じたことが明白になる (3) 育ち；素養；修養；教養；素養；品性 अब तो सबसे पहला काम लड़के लड़की के संस्कार मिलाने का होना चाहिए 今やまず最初になすべきことは結婚しようとする男女の教養を比べることでなくてはならぬ (4) 通過儀礼；人生儀礼；終身儀礼；浄法（ヒンドゥー教徒の上位 3 ヴァルナ वर्ण，すなわち，3 つの種姓にあってはその懐妊，誕生から結婚を経て死に至る間になされるべき 12 ないし 16 の儀礼がある．その中には नामकरण संस्कार 命名式， उपनयन संस्कार 入門式→ उपनयन， अंतिम संस्कार 葬儀；葬式；葬礼などがある） (5) 今生に及ぶ前世での行為の影響 (6) 宗教儀式；儀礼 यदि मृतक के ये संस्कार न किए जाएँ तो उसकी आत्मा कई रूपों में परिवार के सदस्यों को तंग करती या कष्ट देती है もし死者に対してこれらの儀式が行われないと死者の霊が様々な形で家族を悩ましたり苦しめたりする (7) 修正 (8) 浄化；清め

संस्कारवान [形] 洗練された；教養のある；素養のある；立派なサンスカーラを身につけた उन्होंने अपने बच्चों को संस्कारवान बनाने में कोई कसर बाकी न रखी 同氏は子供たちに教養をつけさせるのにあらゆる努力を惜しまれなかった

संस्कारहीन [形] 粗野な；品位のない

संस्कारी [形] (1) 洗練された (2) 修養を積んだ

संस्कृत[1] [形] (1) 洗練された；教養のある；修養をつんだ (2) 磨かれた；研きのかかった (3) 修正された (4) 浄法（終身儀礼）を受けた

संस्कृत[2] [名*]〔言〕サンスクリット語；梵語= संस्कृत भाषा.

संस्कृतनिष्ठ [形] ヒンディー語などのインドの現代語において特に高級語彙の選択使用にあたりサンスクリット語及び同語からの新造語彙を規範として多く用いる；サンスクリット語の語彙を基調とした उनकी भाषा संस्कृतनिष्ठ होते हुए भी प्रवाहपूर्ण है あの方の言葉はサンスクリット語を基調としていながらもなめらかだ
संस्कृति [名*] (1) 文化 संस्कृति का अर्थ है कला, साहित्य तथा धर्म से संबंधित मानव विचार और कृतियाँ 文化というものの意味は芸術, 文学, 宗教に関わる人間の思考と創造のことである (2) 洗練 (3) 磨き；錬磨
संस्कृति-आघात [名]〔文人〕カルチャーショック
संस्कृतीकरण [名] (1)〔社・文人〕サンスクリット化（インドの社会, 特にヒンドゥーの村落社会の中でその村落社会の支配的な有力カーストの価値観, 生活様式, 慣習, 行動様式をそれより下位のカーストの人たちが採り入れて自分たちの地位の向上をはかろうとすること）；サンスクリタイゼーション〈sanskritization〉(2) 洗練
संस्तंभ [名] (1) 停止= रुकावट. (2) 静止= निश्चेष्टता. (3) 支え= सहारा.
संस्तंभक [名] 支持する物；支え（るもの）
संस्तंभन [名] (1) 停止させること (2) 静止させること (3) 支えること
संस्तब्ध [形] (1) 停止した (2) 静止した (3) 遮断された
संस्तर [名] (1) 層 (2) 地層〈bed〉(3) 敷物 (4) 寝具
संस्तरण [名] (1) 広げること (2) 敷くこと (3) 層にすること (4) 敷物 (5) 寝具 (6)〔建〕土台
संस्तवन [名] (1) 称賛 (2) 賛詠 (3) 推薦
संस्तार [名] (1) 面；表面 (2) 寝具 (3) 寝台；寝床
संस्तीर्ण [形] (1) 広げられた (2) 敷かれた (3) 撒かれた
संस्तुत [形] (1) 称えられた；称賛された (2) 知らされた
संस्तुति [名*] (1) 称賛 (2) 推薦
संस्था [名*] (1) 組織 कारखाना, कार्यालय, क्लब, राजनीतिक दल तथा सरकार जैसी अनेक सामाजिक संस्थाएँ 工場, 事務所, クラブ, 政党, 政府などの様々な社会組織 (2) 機関 निजी संस्था 私的機関 (3) 制度 युद्ध स्थायी संस्था नहीं है 戦争は永続的な制度ではない (4) 施設；設備 विकलांग बच्चों की संस्था 肢体不自由児の施設 शिक्षा संस्था 教育施設 (5) 会社；企業= व्यवसायिक संस्था. विज्ञापन संस्था 広告会社
संस्थान [名] (1) 研究所；研究機関= रिसर्च इंस्टिट्यूट. कृषि अनुसंधान संस्थान 農業研究所 टाटा मूलभूत अनुसंधान संस्थान タタ基礎研究所 (2)（理工科系）大学 (3) 協会；団体；公社 अर्द्धसरकारी संस्थान 半官半民の団体 डेसू デースー, つまりデリー電力供給公社= दिल्ली विद्युत प्रदाय संस्थान.
संस्थापक [形・名] 設立する；設立者；設置する；創立する；創立者；開設する；開設者
संस्थापन [名] 設立；設置；開設；創設；創立
संस्थापना [名*] = संस्थापन.
संस्थापित [形] 設立された；設置された；開設された；創立された
संस्थित [形] (1) 立った (2) 止まった；停止した (3) 定まった；固定した (4) 近接した (5) 集まった
संस्थिति [名*] (1) 立つこと (2) 停止 (3) 固定 (4) 存在 (5) 姿；形
संस्पर्द्धा [名*] (1) 競争心；対抗心 (2) 妬み；嫉妬心
संस्पर्श [名] (1) 接触 (2) 交際；交わり वैयक्तिक संस्पर्श के साथ 個人的な交際と共に
संस्पर्शी [形] 触れる；接触する；触れ合う
संस्पृष्ट [形] (1) 触れた；接触した (2) 接した；ひっついた (3) つながった；結ばれた (4) 接近した
संस्फोट [名] 戦い；戦争
संस्मरण [名] (1) 思い出 दिन भर के संस्मरण まる１日の思い出 (2) 回想；追憶 संस्मरण सुनाना 述懐する
संस्मरणात्मक [形] 回想する；追憶する संस्मरणात्मक निबंध 回想記；回想録
संस्मरणशील [形] 追憶する；追憶に耽る
संस्मरणीय [形] 記憶すべき
संस्मारक [形・名] (1) 思い出させる（もの） (2) 思い出の（もの） (3) 記念品；記念建造物
संस्मृत [形] 記憶した；記憶に残った
संस्मृति [名*] 完全な記憶
संस्रव [名] (1) 流れ (2) 流れ出るもの (3) したたり落ちること
संस्रवण [名] (1) 流れること (2) したたり落ちること
संस्राव [名] (1) 流れ (2) 膿の溜まること (3) 沈殿物
संस्वेद [名] 汗 = स्वेद; पसीना.
संस्वेदी [形] (1) 汗をかいている (2) 汗をかかせる
संहत [形] (1) 密な；密集した；ぎっしり詰まった (2) 濃い；濃密な (3) 集まった (4) 強固な；頑丈な (5) 統合された (6) 引き締まった；がっしりした
संहति [名*] (1) 密度 (2) 密集 (3) 塊 (4) 統合
संहरना[1] [他] 破滅させる；滅ぼす
संहरना[2] [自] 破滅する；滅びる
संहर्ता [形] (1) 集める (2) 破滅させる (3) 殺す
संहार [名] (1) 破滅 (2) 終滅 (3) 殺戮；殺害
संहारक [形] (1) 破滅させる संहारक आणविक अस्त्र 破滅的な原子兵器 (2) 終滅させる (3) 殺戮する；殺害する
संहारकारी [形・名] = संहारक.
संहारकाल [名]〔イ神〕世界破滅の時 = प्रलयकाल.
संहारना [他] (1) 滅ぼす；殺す；退治する तुमने निशाचरों को संहारा 君は鬼共を退治した (2) 根こそぎにする；全滅させる
संहारी [形] = संहारक.
संहार्य [形] (1) 片付けるべき (2) 持ち去るべき；取り除くべき (3) 排除すべき
संहित [形] (1) 編まれた；集められた (2) 法典に編まれた；成文化された
संहिता [名*]〔ヒ〕(1) ヴェーダ本集（四ヴェーダの賛歌, 祭詞, 呪詞の集録） (2) バラモン教の聖伝文学, もしくは, スムリティ文献 स्मृति と呼ばれる聖伝書及びバラモン教の法典 धर्म शास्त्र
संहिताकरण [名] 法典化；成文化；法典編集
संहिताकार [名] 法典家
संहिताबद्ध [形] 成文化された
संहृत [形] (1) 集められた (2) 破壊された (3) 終結した；終わった (4) 取り除かれた (5) 要約された
संहृति [名*] (1) 集めること (2) 破滅；破壊 (3) 終了；終結 (4) 除去 (5) 要約
स [名] (1)〔イ音〕オクターブの第１音 (2)〔韻〕サガナ= सगण の省略形→ गण.
स- [接頭] (1)（一）を伴った,（一）を従えた,（一）を伴って,（一）を従えてなどの意を加える接頭辞 सस्नेह 愛情のこもった；愛情をこめて（手紙の末尾に用いられたりする） (2) 良い（一）, 立派な（一）, すぐれた（一）などの意を加える接頭辞 सपूत 孝行息子= सुपुत्र. (3) 同じの, 同様のなどの意を加える接頭辞 सदृश 相似た
-स [接尾] 欲望や欲求の意を表す接尾辞 छपास 印刷物を出したり発行したい欲求= छपवाने की कामना. छपास मंत्रियों और नेताओं को ज्यादा होती है この印刷物を出したいという欲望は大臣や政党幹部が人より強く持つものだ
सआदत [名*]《A. سعادت》(1) 幸せ；幸福= सुख; भलाई; बरकत. (2) 幸運= सौभाग्य.
सआदतमंद [形]《A.P. سعادت مند》(1) 幸福な= सुखी; बरकतवाला. (2) 幸運な= भाग्यशाली. (3) 忠実な；従順な；おとなしい= आज्ञाकारी. सआदतमंद लड़के की तरह おとなしい子供のように
सई [名*]《A. سعی》努力；励むこと = कोशिश; प्रयत्न.
सईद [形]《A. سعید》(1) 幸福な= इक़बालमंद. (2) 幸運な= भाग्यशाली. (3) めでたい= मांगलिक.
सईस [名]《A. سئیس ← سائس साइस》馬丁 = साइस.
सऊदी अरब 〔国名〕《A. صعودی عرب》サウジアラビア
सक़ंकूर [名]《A. سقنقور》〔動〕爬虫類トカゲ目カナヘビ科コモチカナヘビ属【*Ophiomorus tridactylus*】= रेग माही.〈sandfish〉
सकट[1] [名] 牛の引く二輪の荷車；牛車= शकट; छकड़ा; बैलगाड़ी; सग्गड़.
सकट[2] [名] (1) 災難；災い；厄 (2) = सकट चौथ. → संकट.
सकट[3] [名]〔植〕トウダイグサ科低木ミドリサンゴ【*Euphorbia tirucalli*】〈milkbush; Indian tree spurge〉= सेहुँड़; सिहोर; सिहोड़; शाखोट.

सकट चौथ [名*]〔ヒ〕ガネーシャ神の誕生祭（マーガ月，すなわち，インド暦11月黒分4日）であり断食を伴う祭礼（ヴラタ）の日＝ संकट चौथ.

सकटान्न [名]〔ヒ〕不浄やけがれの生じた穀物

सकत [名*] ← शक्ति. (1) 力＝ शक्ति. (2) 力量＝ सामर्थ्य. (3) 財；財産＝ संपत्ति.

सकता [名]《A. سکتہ》(1) 茫然となること；茫然自失 (2) 畏怖感 (3) 失神；昏睡状態；気絶 (4) 卒中 (5) 韻律の休止 **सकता छा जा०** 恐怖に包まれる；畏怖感に包まれる सभी के मन में एक सकता छा गया だれもがぎくっとなった सकता-सा छा गया.लगता था मैना के बच्चे सहमकर चुप हो गये हैं 恐ろしげな感じがあたり一面を覆った．九官鳥のひなは怯えて黙ってしまったようだった **सकते में आ०** *a* 茫然とする；放心状態になる अचानक अख़बार में छपी एक ख़बर को पढ़कर वह सकते में आ गई 新聞に出たニュースを読んで突然茫然となった *b.* びっくり仰天する माँ रसोईघर से बाहर निकली ही थी कि कमरे से बहू के रोने की आवाज़ आई.वह सकते में आ गई 母は台所から出たとたん部屋から嫁の泣き声が聞こえたのでびっくり仰天した

सकना [助動] 主動詞の語根に付加されて次のように用いられるが，受動構文及び非人称構文に用いることはできない．また，これを用いて進行時相形を作ることもできない．(1) 動作や作用が可能なことを表す विष्णु शर्मा नामक जो गुरु हैं , वह उन्हें अवश्य पढ़ा सकेंगे ヴィシュヌシャルマーという先生がいらっしゃるがあの先生ならきっとその人たちを教えられるでしょう हो सकता है इसी लिए मैंने अपने आँसुओं को कुछ ढील भी दे रखी हो だからこそ私が涙もろくなっていることはありうる सांप्रदायिक हिंसा की घटनाएँ घटित हो सकती हैं コミュナルな殺人事件が起こりうる वह गऊ की हत्या नहीं कर सकता あの人には牛は殺せない मैं किसी के घर खाना नहीं खाता.यह मैंने नियम ले रखा है.मुझे क्षमा करें.मैं नहीं जा सकूँगा だれであろうと他人の家では食事をしないのです．そう決めているのです．ごめんなさい．伺えません जब तक कुछ रुपया जमा न कर लूँ तब तक शादी की नहीं सोच सकता 少々金を貯めるまでは結婚のことは考えられない उचित डाक्टरी इलाज से यह गड़बड़ी दूर हो सकती है きちんとした治療を受けるとこの障害はなくなりうる शीला चाहते हुए भी वहाँ से हिल न सकी थी シーラーはその場を離れたいと思ったが少しも動けなかった ऐसा नहीं हो सकता.जीजा जी ऐसा नहीं कर सकते.तुमने गलत सुना होगा そんなことはあり得ないわ．にい（義兄）さんにはそんなことはできっこないよ．あんたきっと聞きちがえたんだよ मैंने पहले ही कहा था कि आप इकट्ठे इतना सारा माल बाज़ार में मत छोड़िए.लोगों को और सरकार को शक हो सकता है とっくに私が申したでしょう，これだけの品を一括して市場に出さないようにって．世間にもお上にも怪しまれることになりうるわ इससे हमारे नए उद्योग-धंधे पनप सकते हैं これによってわが国の新しい産業が盛んになりうる अब मैं इस घर में न रह सकूँगा 僕はもうこの家には住めない हमें रेडियो से सही समय मिल सकता है ラジオで正確な時間を知ることができる आदमी किसी तरह मच्छरों का मुकाबला नहीं कर सकता 人間はどうしても蚊には勝てないんだ मैं अकेले इतनी मिठाइयाँ नहीं खा सकता 私1人ではこれだけの菓子は食べられない मुझसे अब कुछ काम नहीं हो सकता.मैं बूढ़ा हो चला हूँ もう（年老いた）私には何の仕事もできない बुढ़िया और सहन नहीं कर सकी 老婆はそれ以上我慢できなかった इन सब के मुँह से केवल इतना निकल सका, 'अरे' みなの口からはただ「あっ」という声がやっと出ただけだった बहुत प्रयास करने पर भी वे दोनों एक दूसरे को न खोज सके 随分努力したがお互い見つけ出せなかった (2) 話し相手に対する許可や許容を表す जा सकते हो तुम もうよい，行きなさい（立ち去ってもよい）（父→息子） मैंने आपको कष्ट दिया.कुछ आम के पत्ते मिल सकेंगे क्या? ご面倒お掛けしました．マンゴーの葉っぱを少しいただけるでしょうか माँ जी आप हमें थोड़ा घी दे सकती हैं? あのう，ギーを少々頂けますでしょうか नहीं, नहीं, आप नहीं जा सकते だめだめ，あなたは行ってはなりません（行かせません）

सकपकाना [自] (1) どぎまぎする；あわてる；落ち着きを失う पहले तो पति सकपका गए थे.फिर माधव को भेजने की बात कहकर उन्होंने चैन की साँस ली （都合の悪いこと，たずねられたくないこと，を不意に問われて）夫はどぎまぎした．次にマーダヴァを遣わす話をしてやっとほっとしたのだった अचानक मुझे वहाँ नरेंद्र दिखाई देता है.मैं सकपकाकर नज़र घुमा लेता हूँ 突然ナレーンドルが目に入る．私はあわてて目をそらす बाबा ने उनकी ओर इस तरह देखा कि काका साहब सकपकाकर रह गए 祖父にじっと見つめられておじは落ち着きを失ってしまった (2) はにかむ दादी की आँखें उन दोनों को बारी-बारी से घूरने लगीं.कुछ पल के लिए दोनों सकपका गए 祖母は2人をかわるがわる見つめ出した．しばし2人ははにかんだ (3) 驚く；びっくりする；たまげる वज़ीरों को सुबह-सुबह अपने घर आया देखकर हकीम सकपका गया 大臣たちが早朝家に訪ねて来たのを見て医者は驚いた (4) 動揺する；ぐらつく हर एक आदमी हार का सामना कर कुछ सकपका जाता है 人は敗北を目前にすると動揺するものだ

सकरकंद [名] (1)〔植〕ヒルガオ科多年草サツマイモ（薩摩芋）；甘藷＝ सकरकंदी; शकरकंद. (2) その食用の根茎

सकरखंडी [名*] 粗糖；赤砂糖 ＝ खाँड़.

सकरना [自] (1) 受け入れられる；認められる＝ स्वीकृत हो०. (2) 受け取られる＝ माना जा०.

सकरपाला [名] → शकरपारा.

सकरा[1] [形[+]] → सँकरा. गाँव की गलियाँ सकरी और तंग होती हैं 村の道は狭苦しいものだ

सकरा[2] [形[+]]〔ヒ〕水煮の；ギーや油を用いず水で料理された＝ सखरा.

सकरुण [形] 慈悲深い；情け深い；哀れみ深い

सकर्ण [形] 耳のある；耳を持つ

सकर्मक [形]〔言〕目的語を持つ सकर्मक क्रिया 他動詞

सकल[1] [形] すべての；全部の；全体の＝ सब; समस्त; कुल. सकल जगत् 全世界 सकल योग 総計

सकल[2] [名] 一切のもの；ありとあらゆるもの；全部；全体

सकलात [名] (1) サクラート；掛け布団（オーバーのように身にまとうこともできる刺し子の防寒衣料）＝ रज़ाई; दुलाई. (2) 贈り物＝ उपहार; भेंट.

सकसना [自] 怖がる；怯える＝ डरना; भयभीत हो०.

सकसाना[1] [自] 怖がる；怯える＝ डरना; भयभीत हो०.

सकसाना[2] [他] 怖がらせる；怯えさせる＝ डराना.

सकसाना[3] [他] ぎっしり詰め込む＝ ठूँसना.

सकाकोल [名]〔ヒ〕サカーコーラ；カーコーラ（नरक 地獄の一．マヌ法典 4 - 89）

सकाना [自] (1) 怪しむ；疑う (2) ひるむ (3) 悲しむ

सकाम [形] (1) 願いや願望を持つ (2) 願いの叶えられた (3) 欲情を持つ；好色な (4) 欲のために行う；貪欲から発する

सकामी [形] ＝ सकाम.

सकार[1] [名] स の文字と発音

सकार[2] [名] 承認；承諾；受諾＝ स्वीकृति; मंज़ूरी.

सकारना [他] (1) 承認する；承諾する＝ स्वीकार क०; मंज़ूर क०; मान ले०. (2)（小切手を）受け取る；（小切手を）引き受ける

सकारा [名] (1) 承認；承諾；受諾 (2) 為替手形の引き受け料

सकारात्मक [形] 肯定的な यदि आपके सभी उत्तर सकारात्मक हैं, तो あなたがもしすべて肯定的な返事をなされるのであれば

सकारे [副] 早朝；早暁＝ सवेरे; तड़के.

सकाल[1] [名] (1) 早朝；早暁 (2) 午前 ↔ बिकाल 午後

सकाल[2] [副] (1) 朝早く；早朝に；早暁に (2) 午前；午前中に→ बिकाल 午後. **सकाल-विकाल** *a.* 朝夕 *b.* 常に

सक़ालत [名*]《A. ثقالت》← सक़ील. (1) 重さ；重み ＝ गुरुत्व; भारीपन. (2) こなれの悪さ；消化しにくいこと；胃にもたれたり重苦しい感じのすること

सकाश[1] [副] 側に；近くに

सकाश[2] [名] (1) 接近；近接 (2) 近隣；あたり；周辺；周囲

सकिया [名*]〔動〕リス ＝ गिलहरी.

सकिलना [自] (1) 集まる＝ एकत्र हो०. (2) 縮まる；縮む＝ सिकुड़ना. (3) すべる＝ फिसलना. (4) 成し遂げられる；完成する＝ पूरा हो०.

सकिलाना [他] (1) 集める＝ एकत्र क०; बटोरना. (2) 縮める＝ सिकोड़ना. (3) すべらせる＝ फिसलाना. (4) 成し遂げる＝ पूरा क०; सम्पन्न क०.

सक़ील [形]《A. ثقیل》(1) 重い (2) 難しい；難解な (3) こなれの悪い；消化しにくい

सकुचना [自] → सकुचाना.

सकुचाई [名*] (1) 緊張感に身を縮めること (2) はにかむこと；はにかみ；恥じらい (3) ためらい；遠慮 (4) 縮むこと

सकुचाना [自] (1) 緊張などのため身が縮む；身を縮める डरते, सकुचाते, अपने आसपास देखकर कि उसे कोई देख न ले 人目につかぬようあたりを見回してびくびくしながら身を縮めながら (2) はにかむ；恥ずかしがる (3) ためらう；遠慮する (4) つぼむ；しぼむ；縮む

सकुचाहट [名*] = सकुचाई.

सकुचीला [形+] はにかみ屋の；恥ずかしがり屋の= शरमीला.

सकुचौंहा [形+] = सकुचीला.

सकुड़ना [自] = सिकुड़ना.

सकुन [名] → शकुन.

सकुल[1] [名] 名門の家；名家；立派な家柄

सकुल[2] [形] (1) 名門の；名家の (2) 同じ家族の (3) 家族を伴った

सकुशल [副] 無事に；安全に= सही सलामत. अपने राज्य में सकुशल लौट आए 自分の領土に無事に戻った

सकून [名] → सुकून. (1) 落ち着き；平静さ (2) 安らぎ ब्रिगेडियर का शांत संतुलित चेहरा जो अजीब सकून दे रहा था 独特な安らぎを感じさせていた准将の物静かな落ち着いた顔

सकूनत [名*] 《A. سکونت सुकूनत》住所；住居= पता.

सकृत् [副] (造語要素として用いられる時には सकृद् ともなる) (1) 1度；1回= एक बार. (2) 常に；永久に= सदा.

सकेड़ना [他] = सिकोड़ना. कंधे सकेड़ना 肩をすくめる；首をすくめる तुम बैठते भी हो झुककर और चलते भी हो कंधे सकेड़कर 君は腰掛けるときには猫背になるし歩く時には肩をすくめるんだ

सकेत [形] 狭い；狭隘な= तंग; संकुचित.

सकेश [形] (1) 毛のある；毛の生えている (2) 毛の沢山生えている

सकोचना [他] 縮める；すぼめる → सकुचाना.

सकोड़ना [他] → सिकोड़ना.

सकोरा [名] 素焼きのわん（碗） सब लोग अच्छे-अच्छे बरतनों में खाते हैं, उसके लिए मिट्टी के सकोरे! みなは立派な（金属の）鋺で食べるのに彼には素焼きの碗なのだ

सक़्क़ा [名] 《A. سقا》(1) 水運び人；サッカー；ビシュティー= भिश्ती; बिहिश्ती. (2) サッカー（職業として皮袋に入れた水を求める人に飲ませる人） **सक़्क़े की बादशाही** ほんの短期間隆盛を誇ることのたとえ；三日天下

सक्त [形] (1) 接した；密着した= सटा हुआ; संलग्न. (2) 熱中した= आसक्त; लीन. (3) はめ込まれた

सक्तु [名] はったい粉など穀物を煎って粉にひいたもの= सत्तू.

सक्रिय [形] (1) 活動的な क्रांतिकारी आंदोलन का सक्रिय सदस्य 革命運動の活動的なメンバー (2) 積極的な；意欲的な उनकी पत्नी ने भी आंदोलन में सक्रिय भाग लिया 妻も運動に積極的に参加した (3) 現役の；活動中の；活躍中の वे फिर सक्रिय राजनीति में कूद पड़े あの方は再度現役の政治に飛び込まれた

सक्रियता [名*] (1) 活発さ (2) 積極性 (3) 活動

सक्षम [形] (1) 力のある；力量のある；能力のある शारीरिक रूप से सक्षम होते हुए भी 肉体的に能力があっても चिंतन, विवेचन और कल्पना करने में सक्षम हो गया है 考えたり論じたり想像したりする力がついている आर्थिक रूप से सक्षम दंपति 経済的に力のある夫婦 (2) 資格のある；適格の

सक्षमता [名*] (1) 能力；適性 (2) 権能；権限

सख़त [形] = सख़्त.

सखरस [名] バター；カッテージチーズ= मक्खन; नैनू.

सखरा [形+]〔ヒ・料〕ギーや油を用いず水で調理された（料理，ヒンドゥー教徒の浄・不浄の観念で食べ方や食べることが制限される．従来，高位カーストのヒンドゥーにあってはこの種の料理は一定範囲の他人の調理したもの以外食べられないという制限が多く守られて来た） = सखर. ↔ निखरा

सखरी [名*]〔ヒ・料〕ギーや油で調理されない（水を用いた）料理= कच्ची रसोई. → (सखरा)

सखा [名] (1) 仲間；相手；連れ= साथी; संगी. (2) 友；友人= मित्र; दोस्त. (3)〔イ文〕主人公の親密な友人

सख़ावत [名*] 《A. سخاوت》(1) 寛大さ；寛容さ= उदारता. (2) 気前のよさ= दानशीलता.

सखिन [名]〔植〕マメ科草本タマツナギ【*Desmodium gangeticum*】

सखी [名*] (1) 女性にとっての女性の友人；仲間；連れ= सखी-सहेली. उसके साथ रहकर मुझे सखी-सहेलियों की कमी बिलकुल नहीं अखरेगी あの人と一緒にいると友達が少ないのが全く気にならない (2)〔イ文芸〕नायिकाभेद の一で女主人公 नायिका に随伴し नायिका に安らぎを与える役割の女性

सखीभाव [名]〔ヒ〕ヴィシュヌ派の信仰形態の一（自分を信奉する神，すなわち，クリシュナ神などの妻，もしくは，その友人と見なして神に対して親愛の念を寄せるもの）

सखी सम्प्रदाय [名]〔ヒ〕サキー派（ニンバールカ派 निंबार्क の1分派で16世紀中葉のスワーミーハリダーサ स्वामी हरिदास の開いたもの．女装するなど自分をクリシュナが遊戯した牧女や女友達と見立てる信仰形態をとる） = टट्टी सम्प्रदाय.

सख़ुन [名] 《P. سخن सख़ुन; सुख़न》(1) 言葉 बात; वार्ता (2) 会話；話= बातचीत; वार्तालाप. (3) 約束= वादा. (4) 詩= कविता; शेर. **सख़ुन डालना** *a.* 求める；望む *b.* たずねる；問う

सख़ुनगो [名] 《P. سخن گو सुख़नगो》詩人 = कवि; शाइर; सुख़नगो.

सख़ुनगोई [名*] 《P. سخن گوئی सुख़नगोई》詩を詠むこと；詩作= कविता क°; शाइरी क°; सुख़नगो.

सख़ुनचीं [形・名] 《P. سخن چیں सुख़नचीं》告げ口をする（人）；中傷する（人） = सुख़नचीं; छिद्रान्वेषी; पिशुन.

सख़ुनतकिया [名] 《P.A. سخن تکیہ सुख़नतकिया》口癖 = तकिया कलाम.

सख़ुनदाँ [形・名] 《P. سخن داں सुख़नदाँ》詩の蘊奥を究めた；詩人= कवि; शाइर; शायर.

सख़ुनदानी [名*] 《P. سخن دانی सुख़नदानी》詩の蘊奥を究めること

सख़ुनपर्वर [形・名] 《P. سخن پرور सुख़नपर्वर》(1) 自分の言葉や意見にこだわる (2) 頑固な；強情な；意地張りな= हठधर्मी. (3) 詩人 = शाइर.

सख़ुनपर्वरी [名*] 《P. سخن پروری सुख़नपर्वरी》(1) 約束を守ること (2) 頑固なこと= हठधर्मिता. (3) 詩= कविता.

सख़ुनफ़हम [形・名] 《P.A. سخن فہم सुख़नफ़हम》(1) 詩に通暁した（人） (2) 言葉を深く理解する（人）

सख़ुनशनास [形] 《P. سخن شناس सुख़नशनास》 = सख़ुनफ़हम.

सख़ुनसाज़ [名] 《P. سخن ساز सुख़नसाज़》(1) 詩人= कवि; शाइर. (2) 嘘つき；言葉の信用ならない（人） = छली; मक्कार.

सख़्त[1] [形] 《P. سخت》(1) 堅い；固い；硬い अगर मैल जमकर सख़्त हो गया हो तो もし（耳）垢が固まっているならば (2) こわばった；硬直した मेरी बात सुनकर मनमोहन का चेहरा पत्थर की तरह सख़्त हो गया 私の言葉を聞いてマンモーハンの顔は石のように硬直した उसका चेहरा थोड़ा सख़्त हो गया था あの人の表情が少しこわばっていた (3) 猛烈な；激しい；ものすごい；強烈な；強硬な सख़्त गर्मी पड़ना 猛暑になる ख़ाक, पत्थर और संगरेज़ा को अगर बहुत ही सख़्त आँच दी जाए तो वह भी पिघल जाते हैं 土や石や砂利にものすごい熱を加えるとこれらも液状になる सख़्त अज़ीयत पहुँचाना 責めさいなむ सख़्त क़ब्ज़ 頑固な便秘 मुसलमानों का सख़्त दुश्मन イスラム教徒の強硬な敵 (4) 厳しい；厳格な सख़्त मनाही 厳禁 पिता ने राकेश के घर आने की सख़्त मनाही कर दी थी 父はラーケーシュが家に来るのを厳しく禁じていた जनरल की सख़्त हिदायत है 将軍の厳命だ **सख़्त सज़ा दे°** *a.* 厳罰に処する *b.* ひどい目に遭わせる= खाल उपाड़ना. (5) 激しい；甚だしい；切なる अभी भी दवा की इन्हें सख़्त जरूरत है 今でも薬をものすごく必要としている (6) 難しい；骨の折れる यह तो बड़ा सख़्त काम है これはとても骨の折れる仕事だ (7) 無情な；無慈悲な；冷酷な

सख़्त[2] [副] 大変；とても；激しく；ひどく；強く यह मुझे सख़्त नापसंद है 私はこれが大嫌いなんです

सख़्ती [名*] 《P. سختی》(1) 固さ；硬さ；堅固さ (2) 激しさ (3) 厳しさ；厳格さ；堅さ बच्चों पर माँ-बाप की सख़्ती 子供に対する親の厳しさ इनका अनुपालन पूरी सख़्ती से नहीं हो रहा है これらは厳格に守られていない **सख़्ती बरतना** 厳しく取り扱う；厳しい態度をとる उन्होंने अभी तक आपके साथ सख़्ती नहीं बरती 今までのところあの方はあなたに対して厳しい扱いはしていない **सख़्ती से** 厳しく；厳格に उनपर सख़्ती से अमल करने की ठान ली 彼等に対して厳しく振る舞うことを決意した सख़्ती से अपना कर्त्तव्य करे 厳格に己の義務を果たすべし (4) 困難；難しさ (5) 無慈悲さ；冷酷さ

सख्य [名] (1) 友達関係；友誼 (2) 友情；友愛= सख्यता.

सगंध [形] (1) 香りのある (2) 芳香のある；芳香を放つ (3) うぬぼれ深い；傲慢な= अभिमानी.
सग [名] 《P. سگ》犬 = कुत्ता; कुक्कुर.
सगण [名]〔韻〕サガナ（वर्ण गण, すなわち, 音節による詩脚分類の一で短－短－長の順序になり ।।ऽと記される）
सगपहती [名*]〔料〕サグパハティー（ダール, すなわち, ひき割り豆とホウレンソウなどの野菜を一緒に煮込んだもの）
सगबग [形] (1) びしょぬれの；ぐっしょり濡れた= सराबोर; लथपथ. (2) 溶けた；溶解した= द्रवित; द्रवीभूत.
सगबगाना [自] (1) うろたえる जब एक का घंटा बजा, मैं ज़रा सगबगाया 時計が1時を打つと少しうろたえた (2) 怯える वह न तो कुछ बोला और न सगबगाया था 口も開かなかったし怯えもしなかった (3) びしょ濡れになる；ぐっしょり濡れる
सगभत्ता [名]〔料〕野菜を煮込んだご飯
सगर [名]〔イ神〕サガラ王（日種族, すなわち, スーリヤヴァンシャ सूर्यवंश のアヨーディヤーの篤信の王）
सगर्भ [形] 同腹の；実の兄弟姉妹関係にある= सहोदर; सगा.
सगर्व [形] 高慢な；傲慢な= अभिमानी.
सगा [形⁺] (1) 同腹の；はらからの；同胞；実の兄弟姉妹関係にある सगी बहनों से 実の姉妹と सगे भाई-बहन 血を分けた兄弟姉妹；実の兄弟姉妹；はらから；同胞 (2) 実の；血縁の；身内の कक्षा में सब बच्चे उसे चिढ़ाते हैं कि उसके माँ बाप सगे नहीं हैं クラスの子供たちはその子の親は実の親ではないと言ってからかう पुलिस तो किसी के सगी नहीं होती 警察はだれの身内でもないのだ सगा-संबंधी 親族縁者 मगर वहाँ पर तुम्हारा सगा-संबंधी तो कोई नहीं होगा でもそこには君の親族縁者はだれもいないだろう **सगा दूर पड़ोसी नेड़े**〔諺〕遠い親戚より近くの他人
सगाई [名*] (1) 婚約及び婚約式= मँगनी.（一般的にヒンドゥーの場合, 婚約式から結婚式までの間隔は一定せず, सगाई の際, 金子, 食べ物, その他が婿側に贈られる. 数日後, 婿側に結婚式への招待を記した手紙が送られる. それを लगन（टेवा, टेहवा）という. लगन の返事が संजोये で娘の衣類, 化粧品, 食物などが贈られる. その際, 娘の結髪 सिर्गुंद्दी が行われる. その際歌われる歌は सुहाग と呼ばれる） (2) 同腹；同胞 (3) 親縁関係 (4)〔ヒ〕いわゆる低カーストの一部に行われて来た寡婦や夫に遺棄された女性との再婚 **सगाई आ॰** 縁談がある；縁談が来る **सगाई क॰** *a.* 縁談をとりまとめる *b.* 親しくなる；親密になる
सगापन [名] ← सगा. 親密なこと；親密な関係
सगाबी [名] 《P.A. سگ آبی सगे आबी》〔動〕カワウソ = ऊदबिलाव.
सग़ीर [形] 《A. صغیر》(1) 小さい बर्रे सग़ीर 亜大陸 (2) 年少の (3)（地位が）低い；下の
सग़ीरा[1] [形*] 《A. صغیرہ》年少の= अल्पवयस्क.
सग़ीरा[2] [名] 《A. صغیرہ》小さな悪事
सगुण[1] [形] (1) 美点を備えた；徳を有する (2) 三徳 त्रिगुण を備えた→ सगुण[2]
सगुण[2] [名]〔ヒ〕三徳（純質 सत्त्व, 激質 रजस्, 翳質 तमस्）を備えた姿で権化した神；属性を有した最高神；サグナ ↔ ニルグナ निर्गुण
सगुण सम्प्रदाय [名]〔ヒ〕サグナ（सगुण[2]）, すなわち, ラーマ神やクリシュナ神などの姿で最高神を属性を有するものとして崇拝する宗派；サグナ系統のバクティを奉ずる派 ↔ ニルグナ派；ニルグナ系統の派→ निर्गुण सम्प्रदाय.
सगुन [名] (1) = सगुण[2]. (2) = शकुन. **सगुन क॰** 始める；開始する **सगुन विचारना** 吉祥の日時を占う
सगुनिया [名] 占い師 → शकुन.
सगुनौती [名*] 占い → शकुन.
सगोत्र[1] [形] ゴートラを同じくする；同氏族（単系出自集団）の；サゴートラ सगोत्र विवाह サゴートラ婚, すなわち, 同氏族内の結婚 जिन समुदायों में सगोत्र विवाह नहीं होते उनमें यह संभावना कम होती है サゴートラ婚の行われない集団においてはこの可能性は少ない
सगोत्र[2] [名]〔文人〕氏族 (sib)；血縁集団
सगोत्रता [名*] (1)〔文人〕親族〈kinship〉 (2)〔文人〕氏族〈sibship〉
सगोत्रीय [形] ゴートラを同じくする；氏族内の **सगोत्रीय विवाह** ゴートラ内婚；氏族内婚

सग्गड़ [名] 手押し車や大八車などの人力による荷車
सघन [形] (1) 濃い सघन कोहरा 濃い霧 = सघन कुहरा. सघन कुहरे के कारण 濃霧のため (2) こんもりとした；密集した；密生した；濃い सघन वन 密林 सघन दाढ़ी 濃いあごひげ (3) 集中的な；徹底的な；強い；濃密な；ハードな भारतीय फुटबाल महासंघ का सघन प्रशिक्षण कार्यक्रम インドサッカー連盟のハードトレーニング計画
सघनता [名*] ← सघन. (1) 濃さ (2) 密集；密生 बालों की सघनता 毛の濃さ (3) 集中；集中度；強さ；密度
सघोष [形]〔言〕有声音の〈sonant; voiced〉↔ अघोष 無声音の〈unvoiced; voiceless〉
सच[1] [形] 本当の；真実の सच बात 本当の話 "क्या दादी, यह सच है?" "और क्या, झूठ?"「本当なの？ おばあちゃん」「当たり前よ, 嘘だというのかい」 **सच उतरना** 言った通りになる
सच[2] [名] まこと；真実 **सच पूछना**（**सच पूछो; सच पूछिये**）実のところ；実を言うと अगर सच पूछो तो हिंदुस्तान के ग़ुलाम रहने की सारी जिम्मेदारियाँ इनपर हैं 実を言うとインドが隷従して来た一切の責任はこの人にある सच पूछो तो अब तो मैं किसी परिचित से मिलने से भी घबराता हूँ 実のところもうだれか知り合いの人と会うのも億劫なんだ **सच मानना**（**सच मानो; सच मानिए**）本当のこと；実のところ यह सच मानिए कि... 本当のことなんです… सच मानना, ढाई साल से मैं स्वयं भ्रम में थी और तुम्हें भी भ्रम में डाल रखा था 本当のところ2年半来自分自身が誤解していたしあなたに誤解させていたの
सच[3] [副] 本当に；実際 क्या तूने सच गाड़ी की आवाज़ सुनी है? ほんとうに車の音を聞いたのかね
सच मुच [副・名] 実際；確かに；事実 सचमुच का 本物の；正真正銘の वह तो सचमुच का शेर है あれは本物のライオンじゃないか
सचर [形・名] (1) 動く；動きのある；動き回る (2) 有情；生き物 ↔ अचर
सचरना [自] (1)（話や噂が）広がる；広まる (2) 普及する
सचराचर [名] 有情 सचर も非情 अचर も一切のもの → सचर.
सचल [形] (1) 動く；動ける (2) 移動する；移動できる；移動式の सचल मिसाइल 移動式ミサイル
सचाई [名*] 真実 उनके विचारों में आज के युग की सचाई थी あの方の考えに今日の時代の真実があった
सचाना [他] 証明してみせる
सचारना [他] 広げる；拡げる；拡大する；拡張する= फैलाना; विस्तार बढ़ाना.
सचिंत [形] 心配な；不安な जगजीवन ने सचिंत होकर पूछा ジャグジーヴァンは心配になってたずねた
सचिक्कण [形] すべすべの；するするの；滑らかな
सचित् [形] 意識のある
सचित्त [形] 注意をしている；注意の向いた
सचित्र [形] 絵入りの；挿し絵入りの；図解付きの **सचित्र पुस्तक** *a.* 絵本 *b.* 図鑑
सचिव [名] (1) 秘書 **निजी सचिव** 個人付き秘書 (2) 書記；書記官 **प्रधान सचिव** 事務総長 संयुक्त राष्ट्र का प्रधान सचिव 国連事務総長 (3) 次官；事務次官 सैनिक सचिव 防衛事務次官
सचिवाधिकार [名] (1) 大臣の任務 (2) 大臣の任期
सचिवालय [名] 省庁の事務局；官房室 उन्होंने अपने सचिवालय के ख़र्च में 35 प्रतिशत की कटौती कर दी है 事務局の費用を35％減らした केंद्रीय सचिवालय インド連邦政府内閣官房〈central secretariat〉
सची[1] [名*] ジンコウ（沈香）= अगरु.
सची[2] [名*] → शची. インドラ神の妃シャチー
सचेत [形] (1) 注意深い；慎重な；気をつけた；気を配った चाहता है कि यह भी सचेत होकर अपने मालिक के दिए हुए इस सुहाने ख़ामोश वक़्त की क़दर करे この人も気をつけて主人の与えてくれたこの心地よい沈黙の時間を大切にするように願っている हम अपनी पाठिकाओं को सचेत कर देना चाहते हैं 女性読者にご注意を促したい अपने बालों की रक्षा तथा देखभाल के लिए सचेत रहिए 髪の保護と手入れに注意を払いなさい (2) 意識の高い；意識の強い；敏感な पश्चिमी देशों में तो लोग इस मामले में काफ़ी सचेत हैं 西側の国々では人々のこの問題に関する意識はかなり高い (3) 聡明さ (4)〔イ哲〕思 चित् のある；知のある
सचेतन[1] [形] = सचेत. समाजसुधार के लिए सचेतन प्रयास करना 社会改革に慎重な努力をする

स

सचेतन[2] [名] (1) 分別を持つ生き物 (2) 有情
सचेता [形] (1) 聡明な (2) 感受性の強い
सचेष्ट [形] (1) 用心深い；警戒している (2) 努力する；励む वृक्षारोपण की ओर अब देश अधिक सचेष्ट हुआ है 今や国は植樹に一層励んでいる
सच्चरित्र [形] 品行の正しい；行いの正しい सच्चरित्र भाइयों को 品行正しい兄弟を
सच्चा [形⁺] (1) 正直な (2) まじめな；誠意のある (3) 真の；本物の (4) 厳密に正しい जो सच्चा न्याय करें, दूध का दूध और पानी का पानी कर दें 牛乳と水とを分けるような正しい裁きをする **सच्ची बात कड़वी होती है** 〔諺〕良薬口に苦し
सच्चाई [名*] (1) 正直さ (2) まじめさ；誠意 (3) 真実み；真実性 प्रचलित मान्यताओं की सच्चाई की जाँच 今日の価値観の真実みを調べること (4) 正しいこと；正義 राजपूत इस वक़्त सच्चाई पर हैं और बहादुरशाह गुमराही है 今はラージプートが正しくバハードゥルシャーが道を踏みはずしているのだ
सच्चापन [名] ＝ सच्चाई.
सच्चिदानंद [名] 最高存在；最高神
सज [名*] (1) 飾り；装飾 (2) 様式；風；スタイル；流；体 (3) 美しさ
सजग [形] (1) 注意深い；警戒した；用心した；油断のない रावण सजग हो उठा ラーヴァナは警戒し始めた देश को सैनिक दृष्टि से सबल और समर्थ बनाने की ओर भी वे पूर्ण सजग थे 国を軍事的に強化し強力にする面でも全く怠りのない人だった (2) 抜け目のない सजग व्यक्ति 抜け目のない人
सजगता [名*] ← सजग. उनको केवल जीभ पर ही संयम नहीं था, सत्य की रक्षा के प्रति उनकी सजगता थी ただ口を慎むばかりでなく真理を守る上でも注意深い人だった
सजदार [形] 《H. + P. دار》 美しい；美しく装われた；優雅な
सज-धज [名*] 装い；美装；盛装 ताँबे और पत्थर के युग का मनुष्य आभूषण और सज-धज का बड़ा शौकीन था 石器時代と銅器時代の人間は装身具と装いにとても凝っていた जामे मस्जिद अपनी सजधज और ख़ूबसूरती के लिए सारी दुनिया में मशहूर है (デリーの) ジャーマーマスジッドはその装いと美しさで全世界に知られている
सजन [名] (1) 立派な人；すぐれた人；紳士 (2) 夫 (3) 恋人（を呼ぶ呼称）
सजना [自] (1) 装われる；飾られる；整えられる आधुनिक ढंग से सजी हवेली 近代風に装飾された邸宅 इस काजल से सजी आपकी अँखियाँ ख़ुद-बख़ुद ख़ूबसूरती की ज़ुबान में बोलेंगी このアイシャドーで美しく装われたあなたの目が自ら美しい言葉で語るでしょう माणिक-मुक्ताओं से सजे इस हाथी पर 紅玉や真珠で飾られたこの象に (2) 似合う अपने घर में जापानी अपने 'किमोनो' में ही सजता है, सुखी रहता है और मस्त रहता है 日本人は家庭ではキモノが一番似合うし楽しく気持ちが落ち着く (3) 装備される **सजना-धजना** *a.* 盛装する पारंपरिक राजस्थानी वेशभूषा में सजे-धजे स्त्री-पुरुषों को देखकर 伝統的なラージャスターンの衣裳で盛装した男女を見て *b.* 美しく飾られる राजा का सजा-धजा हाथी 美しく飾り立てられた王の象 *c.* 化粧する **सजना-बजना** 着飾る महिला सजी-बजी है 着飾った女性 **सजना-सँवरना** ＝ सजना-धजना. सजना-सँवरना स्त्रियों का जन्मसिद्ध अधिकार है 着飾るのは女性の生得権です घंटों आइने के सामने सजता और सँवरता रहता 何時間もの間鏡の前で身繕いをしている तुम्हें तो सजने-सँवरने से ही फ़ुर्सत नहीं मिलती 君は化粧に忙しく暇がないんだね बंदरिया भी ख़ूब सजी-सँवरी थी (猿回しの) 雌猿もしっかり着飾っていた
सजनी [名*] 女性にとっての友；友達 ＝ सखी; सहेली.
सजल [形] (1) 水のついた (2) 濡れた (3) 涙に濡れた；うるんだ कह नहीं सकता, क्यों मेरी आँखें सजल हो गई なぜ目がうるんだのか言えない सजल आँखें うるんだ目；濡れた目；涙目＝ सजल नेत्र.
सजवाना [他・使] ← सजाना.
सज़ा [名*] 《P. سزا》 (1) 罰 मैं उसकी सज़ा भुगत रही हूँ 私は今それの罰を受けているところです (2) 刑罰 उसे जेल की सज़ा हो गई 投獄の刑罰を与えられた उन्हें 6 वर्ष की सज़ा हुई 6 年の刑に処せられた (3) 懲らしめ；懲罰 **सज़ा काटना** 受刑する；刑に服する **सज़ा ठुकना** 罰せられる；処罰される **सज़ा ठोंक दे॰** 罰する；処罰する **सज़ा हो॰** 罰を受ける；懲罰を受ける；懲らしめを受ける लड़कों को बेंतों की सज़ा हुई 子供たちは籐の棒での懲らしめを受けた

सज़ाए मौत [名*] 《P.A. سزاے موت》 死刑＝ प्राणदंड; फाँसी.
सजात[1] [形] (1) 共に生まれた；一緒に生まれた (2) 同族の (3) 相同の
सजात[2] [名] 親族；親戚；同族；親族集団
सजाति [形] (1) 同カーストの (2) 同種の (3) 相同の
सजातीय [形] (1) 同種の (2) 同質の (3) 相同の (4) 同じカーストの；同じジャーティーの；同ジャーティーの；同じジャーティーに属する
सजाना [他] (1) 整える；整理する；整頓する प्रातः ही वे थाल सजाकर किसे पूजने चले? 朝まだきタールを美しく整えてだれを拝みに出かけたのか (2) 飾る；装飾する；整う फूल सजाने में वह कितना कुशल है 花を飾る（花を活ける）のが実に上手だ हरी-हरी पत्तियों के बंदनवार से बिल को सजा दिया गया 青々とした木の葉の綱飾りでビルが飾られた **सजाना-सँवारना** 装う；飾る यदि आप बीमारी के कारण घर को अधिक सजा-सँवार नहीं सकती तो ऐसा तो रखिए जिससे घर व्यवस्थित व साफ़ सुथरा लगे 病気のため家をあまり美しく飾ることができないのであれば家が整頓され清潔な感じがするようにはしなさい
सज़ाप्राप्त [形] 《P. سزا + H.》 (1) 刑罰を受けた (2) 前科のある；前科者＝ सज़ायाफ़्ता.
सज़ायाफ़्ता [形] 《P. سزا یافته》 (1) 刑罰を受けた (2) 前科のある
सज़ायाब [形] 《P. سزا یاب》 処罰された＝ दंडित.
सजाव[1] [名] → सजावट.
सजाव[2] [名] 煮て濃くした牛乳でこしらえたヨーグルト
सजावट [名*] (1) 飾り；装飾 बैठक की सजावट 応接間の飾り घर की सजावट 家の装飾 (2) 飾りもの；装飾もの；装飾品 अनेक पशुओं के सींग सजावट में काम आते हैं いろんな動物の角は装飾品として役立つ सजावट के पौधे के रूप में 観賞用の植物として
सज़ावल [名] 《T. سزاول सजावुल》 (1) 地税徴収人 (2) 徴税人 (3) 土地管理人 (4) 役人
सज़ावार [形] 《P. سزاوار》 ふさわしい；値する＝ योग्य; लाइक़; लायक़.
सजीला [形⁺] (1) 派手な；しゃれた मोर अपनी सजीली दुम को पंखे की तरह फैला लेता है クジャクは派手な尾羽を扇のように広げる (2) 美しい (3) 恰好のよい
सजीव[1] [形] (1) 生きている；生きているもの；生命のあるもの；生命のある ↔ निर्जीव (2) 生き生きとした；真に迫る；ありありとした सजीव चित्रण 真に迫った描写 चित्र बड़ा ही सजीव है 絵はとても生き生きとしている (3) よみがえった；生き返った स्मृतियाँ सजीव हो॰ 記憶がよみがえる (4) はつらつとした；活発な；敏活な
सजीव[2] [名] 生き物；生命のあるもの＝ प्राणी.
सजीवता [名*] 生き生きとしていること；命；生命 मिट्टी को सजीवता प्रदान क॰ 土に命を与える उन्होंने कई जगह अपने जीवन की घटनाओं को भी रँगकर प्रस्तुत किया इस लिए उनमें सजीवता आ गई 筆者は幾つかの場面で自分の生涯の体験をも脚色をして提供しているので生命が入ったものとなった भाषा की सजीवता 言葉が生き生きしていること
सजोना [他] (1) 装う；飾る；美しくする (2) 整理する；整頓する
सज्जन [名] (1) 善良な人；よい人；善男 (2) 立派な人；紳士 बाबू जी आप बड़े सज्जन हैं お父さんはなかなかの紳士だわ सज्जन-देवी (सज्जन-देवियाँ) 善男善女 सज्जनो व देवियो 皆様；皆々様（会衆を前にした呼びかけの挨拶の言葉）
सज्जनता [名*] ← सज्जन. 人として立派なこと；善良さ；紳士的なこと
सज्जा[1] [名*] (1) 飾ること；装飾 (2) 装飾物；飾り (3) 装具；用品；装備 (4) 盛装
सज्जा[2] [名*] 寝床；寝台＝ शय्या; शैया; चारपाई.
सज्जाकला [名*] 装飾美術
सज्जाद [形・名] 《A. سجاد》〔イス〕(1) 礼拝用の敷物；サッジャーダー＝ मुसल्ला. (2) ピール，すなわち，イスラム神秘主義の導師の座
सज्जादा [名] 《A. سجاده》〔イス〕（ミフラーブ文様のある）礼拝用の敷物；サッジャーダ＝ मुसल्ला.
सज्जादानशीन [名] 《A.P. سجاده‌نشين》〔イス〕ピール（イスラム神秘主義の聖者）の後継者

सज्जित [形] (1) 飾られた (2) 装われた；装備された (3) 着用した

सज्जी [名*] (1)〔化〕グラウバー塩；芒硝；硫酸ソーダ (2)〔化〕硝石 (3)〔化〕フラー土；酸性白土

सज्जीखार [名] = सज्जी. アカザ科低木【*Haloxylon recurvum*】を焼いて得られる炭酸ナトリウム

सज्जीबूटी [名*]〔植〕アカザ科アツケシソウ属オカヒジキ【*Salsola kali*】

सज्ञान [形] (1) 知識のある (2) 利口な；賢明な (3) 注意深い；用心深い (4) 成人した；分別盛りの

सटकना[1] [自] 姿をくらます；こっそり姿を消す **सटक सीताराम हो जा॰** こそこそと姿を消す；こそこそと逃げ出す

सटकना[2] [自] へこむ भूख से सटक गए अपने पेट को पकड़े हुए ひもじさにへこんだ腹に手を当てて

सटकना[3] [他] 脱穀する

सटकना[4] [他] ごくりと飲む；ごくっと飲み込む हिरन के बच्चे को मगरमच्छ सटक गया ワニがレイヨウの子をごくりと飲み込んだ

सटकाना[1] [他] (1) 鞭などでぴしゃっと叩く；ばしっと叩く (2) ごぼごぼなどと音を立てて水ぎせるを吸う

सटकाना[2] [他] 盗む；盗みとる

सटकारना [他] (1) ばしっと叩く (2) はたく

सटकारा [形+] すべすべして長い（髪の毛などについて）

सटकारी [名*] 細いステッキ = साँटी.

सटक्का [名] (1) 走ること；走り= दौड़; झपट. (2) 飛びかかること；襲いかかること；襲撃 **सटक्का मारना** *a.* 話し込む *b.* 急いで行く；駆けていく

सटना [自] (1) 接する（位置が）；ひっつく देहरी से सटकर 上がり框に接して डरबन से ज़ुलू बहुल इलाका सटा हुआ है ダーバンはズールー族の多い地域に接している मंदिर से सटी कोठरी 寺に接している小屋 झोंपड़े एक दूसरे से सटे रहते थे 小屋は互いに接していた (2) ひっつく；体をつける सर्दी हो तो वह गर्म पानी की बोतल से सटकर सो जाएगा 寒ければ湯たんぽに体をつけて眠るだろう दो प्यारे-से बच्चे अरुणा से सटे खड़े थे 2 人の可愛い子供がアルナーにひっついて立っていた (3) 付着する；張りつく (4)〔俗〕同衾する；寝る

सटपट [名*] (1) 茫然とすること (2) 遠慮 (3) 困惑 (4) 動転 (5) 恐れ；恐怖

सटपटाना [自] = सिटपिटाना.

सटर-पटर[1] [形] (1) 細々とした= छोटा-मोटा. (2) ありきたりの；ありふれた= साधारण-सा; मामूली-सा.

सटर-पटर[2] [名] 厄介なこと；面倒なこと= उलझन; बखेड़ा.

सटसट [副] (1) ばしっと；ばしばし= सटासट. (2) 物体が空気を激しく切るさまや音；ひゅんひゅんと= सटासट. (3) すぐさま= तुरंत; फ़ौरन.

सटा [名*] (1) 行者や修行者の結うまげ（髷）やもとどり（髻）= चूड़ा; शिखा. (2) たてがみ= अयाल; केशर.

सटाक [名] 鞭などの細長いもので叩く音；ぱしっ，ばしっ，ぴしっなど सटाक से ぱしっと；ばしっと

सटाना [他] (1) ぴったりつける；ひっつける；くっつける；強く当てる दो वस्तुओं को सटाकर रखने पर 2 つの物をひっつけて置くと बाँह को सीने से सटाकर 腕を胸につけて सोते बेटे का सिर अपने कंधे से सटाकर 眠っている息子の頭を自分の肩にひっつけて (2) 貼る；貼りつける；付着させる (3) つなぐ；つなぎ合わせる；結合させる

सटाल[1] [名]〔動〕ライオン= शेर; बबर शेर; सिंह.

सटाल[2] [形] たてがみのある；たてがみを持つ

सटासट [副] (1) ぱしっぱしっと（鞭などが空気を切る時発する音） (2) ひゅんひゅんと音を立てながら (3) すばやく；ひゅーっと；ぴゅーっと

सटियल [形] 劣った；劣悪な；冴えない；低級な

सटिया [名*] (1)〔装身〕金製や銀製の手首飾りの一 (2)〔ヒ〕既婚の女性が髪のわけぎわにマーング（माँग）を描くのに用いる銀製の道具 (3) 細いステッキ

सटीक[1] [形] (1) ぴったりした；完全に合う；適切な इस विशेषण का प्रयोग बड़े सटीक और सार्थक रूप में किया गया है この形容詞はとても適切に有効的に用いられている उसका उत्तर बहुत संक्षिप्त व सटीक था 彼の返答は簡潔で適切だった **सटीक उतरना** ぴったりあてはまる；実に適切な；ぴったりする ईसू ख़ीष्ट की यह कहावत हमारे विषय में बहुत सटीक उतरती है イエスキリストのこの言葉は私たちにぴったりあてはまる (2) 有効な；実効のある रिवाल्वर की भी सटीक मार 75 मीटर तक होती है レボルバーの有効な射程も 75m までである

सटीक[2] [形] 注釈のついた；注のついた= टीका सहित.

सटोरिया [名] 相場師；投機師；投機筋= सट्टेबाज़. इस वर्ष शेयर बाज़ार में अभूतपूर्व उछाला आया है जो केवल सटोरियों द्वारा उत्पन्न किया हुआ नहीं है 今年は株式市場に空前の景気が訪れているが相場師だけの作り出したものではない

सट्ट [名]〔建〕框の柱 = बाज़ू.

सट्टक [名]〔イ文芸〕サッタカ（サンスクリット戯曲のうち驚異のラサ अद्भुत रस を主にする副劇の一）

सट्टा [名] (1) 投機 (2) 契約 **सट्टा खेलना** 相場をする

सट्टा-बट्टा [名] (1) いんちき；ごまかし (2) 陰謀；策謀 **सट्टा-बट्टा भिड़ाना** 策謀をめぐらす= सट्टा-बट्टा लगाना.

सट्टा-बही [名*] 譲渡書

सट्टा बाज़ार [名] (1) 先物市場 सट्टा बाज़ार ख़ूब गरम था 先物市場は随分活発だった (2) 株式市場

सट्टी [名*] 卸市場 = हाट. **सट्टी क॰** 卸市場で仕入れる **सट्टी मचा रखना** *a.* 騒々しくする；騒がしくする *b.* 争いが起こる **सट्टी लगना** *a.* 卸市場が開かれる *b.* 散らかる *c.* 非常に騒々しい *d.* いさかい，もめごと，喧嘩などが起こる

सट्टेबाज़ [名] 《H. + P. باز》相場師；投機師

सट्टेबाज़ी [名*] 《H. + P. بازی》投機；思惑買い

सठ[1] [名] → शठ.

सठ[2]〔数〕→ साठ.

सठियाना [自] (1) 60 歳になる；還暦になる (2) もうろくする（耄碌する）= बुद्धि बिगड़ना. तुम सठिया गई हो お前はもうろくしているな हमने सोचा भगवान भी सठिया गया है ぼくは神様ももうろくされたのだと思ったのだ

सठोरना [他] (1) 集める；寄せ集める= एकत्र क॰; समेटना. (2) ためる = संचित क॰.

सठौरा [名] 産婦の滋養剤として用いられる食品（あらびきの小麦粉に砂糖，ウコン，ナッツなどを加えて作られるだんご状のもの）= सोंठौरा.

सड़ [名] 堅いものが激しく当たって出す音，ぱしっ，ぴしゃっ，ばしっなど **सड़ से** ばしっと；びしっと एक आदमी ने सड़ से एक चिमटा उसकी पीठ पर जड़ दिया 1 人の男が火挟みを彼の背中に一発ばしっとくらわせた

सड़क [名*] (1) 道；道路= रास्ता; मार्ग; राह. (2) 大通り；街道；往還= राजमार्ग; राजपथ. छोटी सड़क 脇道 बड़ी सड़क 本通り；本道 = मेन सड़क. पहाड़ी की सड़क 山道 घुमावदार सड़क 曲がりくねった道 सड़क की बत्तियाँ 街灯 सड़क-निर्माण 道路建設 **सड़क काटना** 土をけずったり切り開いて道を作る；道路を建設する；道を通す= रास्ता बनाना. **सड़क की धूल समेटना** 取るに足らないものを重んじる **सड़क निकालना** = सड़क काटना. (-की) **सड़क पकड़ना** (一へ) 向かう **सड़क पर पहुँच जा॰** *a.* 職を失う；失業する *b.* 食いはぐれる **सड़क पर बैठना** 道ばたに座って物乞いする **सड़क पार क॰** 道を横断する；道を横切る **सड़कें नापना** うろつく；うろつき回る；ぶらぶらする；無為に過ごす

सड़क-दुर्घटना [名*] 道路事故；交通事故

सड़न [名*] (1) 腐ること；腐敗 फ़सलों की सड़न 作物の腐敗 (2) 腐臭 गौशाला की सड़न 牛舎の腐臭

सड़ना [自] (1) 食べ物が腐る；腐敗する；傷む सड़ी रोटी 腐ったパン (2) 生き物の組織が変化したり壊れる；死んだものが腐る；腐敗する कोई मरा हुआ जीव सड़ रहा है 何か死んだ動物が腐りかけている (3) ものが変質する；腐る नालियों या आसपास के गड्ढों में पानी सड़ने लगता है 下水や近くの水溜まりの水が腐り始める दुकान में माल सड़ने न देने के लिए 店で商品が腐らないようにするために (4) 堕落する；腐敗する；腐る समाजवाद का झूठा और सड़ा हुआ नारा लगाकर 社会主義の嘘っぱちの腐敗したスローガンを叫んで (5) みじめな状況に置かれたり放置される；不遇に苦しみ続ける；不遇をかこつ वह पच्चीस साल तक इंग्लैंड की जेलों में सड़ता रहा 25 年間イギリスの牢獄につながれていた **सड़ा-गला** *a.* 腐ったり形の崩れたりした सड़े गले या कच्चे फल बहुत मुजिर्र

होते हैं 腐ったりくずれたりした果物や熟していない果物はとても有害だ सड़ी गली सब्जियाँ 腐ったり崩れたりした野菜 *b.* 役に立たない；劣悪な *c.* 腐敗しきった；腐りきった उसमें बुर्जुआ संस्कृति और सड़ी-गली परम्पराओं के प्रति अतिरेक मोह का जीवंत वर्णन है その作品にはブルジョア文化と腐敗しきった伝統への極度の執着が生き生きと描かれている **सड़ी गरमी** 蒸し暑さ

सड़सठ [数] 67 सड़सठवाँ 67 番目の；第 67 の

सड़ाँध [名*] (1) 物の腐った臭い；腐臭；腐敗臭 उससे जो सड़ाँध उठती है それから出る腐敗臭 लाशों की सड़ाँध और वितृष्णा के कारण 死体の腐臭とおぞましさに (2) 堕落や不正によって生じる悪臭；腐臭 राजनीतिक गंदगी की सड़ाँध 政治の汚らしさの腐臭 **सड़ाँध आ॰** 腐臭がする；腐臭が漂う बच्ची के शरीर तथा वस्त्रों से ऐसी सड़ाँध आती रहती है 子供の体や衣服からこのような悪臭がいつもするものだ **सड़ाँध उठना** 腐った臭いがする；悪臭がする；悪臭を発する＝ सड़ाँध मारना. उस पोखर में मिल का गंदा पानी सड़ाँध मार रहा था その池で工場の汚水が悪臭を放っていた

सड़ाक [名] ＝ सड़. सड़ाक से すぐさま；直ちに；いきなり

सड़ान [名*] ＝ सड़न.

सड़ाना [他] (1) 腐らせる；腐敗させる (2) 発酵させる (3) 激しく苦しめる (4) 劣悪な状態に置く

सड़ायँध [名*] 腐臭；腐敗臭＝ सड़ाँध.

सड़ाव [名] ＝ सड़न. 腐敗；腐ること

सड़ासड़ [副] 鞭などを繰り返し激しく叩きつけたり打ったりする様子；ばしっばしっ, ばしばし, ばちばちなど कोड़े सड़ासड़ लगाना ばしっばしっと鞭打つ

सड़ियल [形] (1) 腐った；傷んだ (2) つまらない；ろくでもない；最低の (3) つぶれかけた；ぼろぼろになった

सत्[1] [名] ＝ सत. (1) 真；真理；実 सत् -असत् का ध्यान 虚と実について考えること सत की सँभार 真理の保持 (2) 誠；誠意；誠実さ (3) 本質；真髄；本領 (4) 生命力 (5) 底力 धन गया तो क्या हुआ? अपना सत और धर्म तो कहीं नहीं गया है.वह तो अपने पास सुरक्षित है ही 財を失ったのがどうしたというのだ．自分の本領と本分はどこに行ったのでもない．それは自分の手許に確保されているのだ **सत क॰** ＝ सत पर चढ़ना. **सत पर चढ़ना** 夫の後を追った自殺；夫の後を追って殉死する；夫の死骸を抱いて火葬壇に上る **सत हार जा॰** *a.* 気力が失せる *b.* 真理の道からそれる *c.* 老いる；老けこむ

सत्[2] [形] (1) 存する；存在する；ある (2) 真の；正真の (3) 善なる；善良な (4) 高貴な；貴い (5) 清らかな；清純な

सत [名] → सत्[1].

सत- [造語] सात 7 の短縮形で 7 の意を有する造語要素 सतकोना 七角の सतरंगा 7 色の

सतकार [名] ＝ सत्कार.

सतकोना [形+] 七角の ＝ सात कोनों वाला.

सतखंडा [形+] 7 階建ての；7 層の

सतगुरु [名] (1) 真の師；まことの師 (2) 神；最高神

सतजुग [名] ＝ सतयुग; सत्ययुग.

सतत[1] [形] 絶え間のない；連続的な पर यह कार्य एक सतत विकासशील प्रक्रिया है だがこの行為は絶え間のない発展的過程である सतत सुरक्षात्मक प्रयत्नों के फलस्वरूप 絶えざる防衛努力の結果

सतत[2] [副] 絶え間なく；続けて；継続的に＝ लगातार; निरंतर.

सतनजा[1] [名] 7 種の穀物を混合したもの

सतनजा[2] [形] 種々の要素や物質の混合よりなる（もの）

सतनाजा [名] ＝ सतनजा[1]. सतनाजा आदि बनाकर चौराहों पर बिखेरा जाता है 7 種の穀物が混ぜ合わされて四つ辻に撒かれる

सतनु [形] 体を持つ；身体を持つ；肉体のある

सतपतिया [形*] 不貞な；浮気な；身持ちの悪い ＝ पुंश्चली.

सतपदी [名*] ＝ सप्तपदी.

सतपुड़ा 〔地名〕サトプラー山脈（マディヤ・プラデーシュ州の南西端とマハーラーシュトラ州の北西端の境界を走る山脈）＝ सतपुड़ा की पहाड़ियाँ; सतपुड़ा पर्वतमाला

सतपुरा [名]〔植〕ジンチョウゲ科常緑低木【*Daphne papyracea; D. cannabina*】

सतबहनी चर्खी [名*]〔鳥〕ムシクイ科シロスジモリチメドリ【*Turdoides striatus*】

सतमासा[1] [形+・名] (1) 7 か月の（胎児） (2) 未熟児

सतमासा[2] [名]〔ヒ〕胎児の 7 か月目に行われる儀式

सतमूली [名*] → सतावर.

सत युग [名]〔ヒ〕サティヤ・ユガ ＝ सत्य युग.

सतयुगी [形] ＝ सत्ययुगी. (1)〔ヒ〕サティヤ・ユガ सत्ययुग の→ सत्य युग. (2) 大昔の (3) 大変誠実な；とても真面目な

सतरंग [形] 7 色の ＝ सतरंगा.

सतरंगा[1] [形+] (1) 7 色の (2) 様々な色をした

सतरंगा[2] [名] (1) 虹＝ इंद्रधनुष. (2)〔鳥〕セイロチョウ科セイロチョウ【*Pitta brachyura*】

सतरंगी चिलचिल [名*]〔鳥〕ムシクイ科マミジロガビチョウ【*Garrulax variegatus*】

सतरंज [名] ＝ शतरंज.

सतर[1] [名*]《A. سطر सत्र》(1) ぎょう（行）；列 ＝ पंक्ति. (2) 線；筋；条＝ लकीर; रेखा.

सतर[2] [名-]《A. ستر सत्र》(1) 隠すこと (2) ヴェールやカーテンなど空間を遮ったり物を隠すのに用いられるもの (3) 陰部 (-की) **सतर क॰** (－を) 恥ずかしめる

सतर[3] [形] (1) 曲がった＝ टेढ़ा. (2) 怒った；立腹した＝ क्रुद्ध.

सतराना [自] (1) 怒る；不機嫌になる＝ क्रोध क॰; गुस्सा क॰. (2) いらだつ＝ चिढ़ना; खीजना.

सतर्क [形] (1) 用心深い；警戒している＝ सावधान; सचेत. मैं भी बहुत सतर्क रहता 私もとても用心している ऐसे मामलों में वायुसेना के सतर्क जवान पलक झपकते ही मदद के लिए पहुँच जाते हैं このようなことについては空軍の警戒中の兵士がまたたく間にやってくる **सतर्क क॰** 用心させる；警戒させる वे लोगों को इस चमत्कारी छलना से सतर्क करते रहे あの方はこの奇跡的な仕掛けの詐欺行為について人々に警戒を発し続けられた (2) 論理的な；筋の通った

सतर्कता [名*] ←सतर्क. 用心；警戒；注意深さ；慎重さ सहज सतर्कता रखते हुए तथा अपनी जिम्मेदारी का पूरा एहसास करते हुए 自然に注意を払い自分の責任を十分に認識して मैं बड़े चाव और सतर्कता से अपना प्रसाधन करती हूँ とても念入りにかつ慎重に化粧をする

सतलज [名*] サトラジ川（パンジャーブのいわゆる 5 つの川の一．チベットに発しヒマラヤからパンジャーブ平原を流れチナーブ川に合流）＝ सतलुज; शतद्रु नदी.

सतलड़ा [形+] 7 連の सतलड़ी सोने की हार 7 連の金の首飾り

सतलड़ी [名*] サトラリー（7 連の首飾り）＝ सतलरी.

सतवाँसा [形] ＝ सतमासा.

सतवार [形] 誠実な；品行正しく；信心深い

सतसंग [名] ＝ सत्संग.

सतसई [名*]〔文芸〕1 人の詩人の七百首を編んだ詩集

सतसल [名]〔植〕シッソウシタン→ शीशम.

सतह [名*]《A. سطح》(1) 表面；面；外面 पत्तियों की निचली सतह 葉の裏面 उसे चमकदार सतह पर रखकर それをつやのある面に置いて ऊपरी सतह पर 表面的には चाँद की सतह पर कदम रखना 月面に降り立つ (2) 水平面；レベル；高さ पानी की सतह पर 水面で इसी लिए मस्जिद को ऊँची सतह पर बनाया गया だからマスジドは高いところに建設された

सतहत्तर [数] 77 सतहत्तरवाँ 77 番目の；第 77 の

सतही [形]《A. سطحی》表面的な；上辺の；皮相な；うすっぺらな सतही तौर पर 表面的に सतही बात 上辺の話 सतही निष्ठा うすっぺらな誠意

सताना [他] 悩ます；苦しめる；さいなむ उसे अपने भविष्य की चिंता सताने लगी 将来の不安がさいなみ始めた उसने हिंदुओं को बड़े ही क्रूर ढंगों से सताया ヒンドゥー教徒たちを非常に残酷な方法で苦しめた यदि दिन-भर पानी न मिले तो प्यास किस बुरी तरह सताने लगती है! 終日水が得られなければのどの渇きがなんとも激しく苦しめ出すことか तुम्हें बारबार घर की याद सताएगी 絶えず家の思い出が君を苦しめることだろう जिस प्रकार स्त्री-पुरुष को पेट की भूख सताती है ひもじさが人を苦しめるように मुझे तो भूख सता रही है ひもじさにとても苦しんでいる

सतालू [名]《← P. شفتالو शफ़्तालू》(1)〔植〕バラ科落葉樹モモ（桃）【*Prunus persica*】＝ आड़ू. (2) その果実

सतावर [名*]〔植〕ユリ科アスパラガス属小低木【*Asparagus racemosus*】

सतासी [数] 87 ＝ सत्तासी. सतासीवाँ 87 番目の；第 87 の

सतिवन [名]〔植〕キョウチクトウ科高木ジタノキ；トバンノキ【*Alstonia scholaris*】
सती[1] [形*] 貞節な；貞潔な；貞操を守る
सती[2] [名*] (1) 貞女；貞潔な女性；貞淑な女性 (2)〔ヒ〕夫に殉じて夫の亡骸と共に火葬壇で焼身死する女性；サティー सती की प्रथा サティーの風習 मंदोदरी सती हो गई マンドーダリーは殉死した (3) シヴァ神の最初の妃サティー（ダクシャ・プラジャーパティの娘） **सती-साध्वी** 貞潔な女性；貞女 ऐसी सती साधवी के प्रति उसने कितनी बेहूदगी की このような貞潔な女性に対してなんという無礼を働いたことかあの男は **सती हो॰** *a.* 夫の死に殉じて焚死する *b.* 辛酸をなめる；大変な苦労をする；身を犠牲にする
सतीत्व [名] 貞女であること；貞淑；貞潔；貞節 (-का) **सतीत्व बिगाड़ना** (－の) 貞操をけがす；(－を) 陵辱する；辱める **सतीत्व भंग क॰** ＝ सतीत्व बिगाड़ना.
सतीत्वहरण [名] 力ずくで女を犯すこと；陵辱；レイプ
सती प्रथा [名*] サティー（夫に殉じる寡婦焚死）の風習→ सती[2]
सतीव्रत [名] 貞節；貞潔
सतीव्रता [名*] 貞節を守る女性
सतुआ [名] ＝ सत्तू.
सतुआ संक्रांति [名*]〔天・ヒ〕太陽が魚座・双魚宮から牡羊座・白羊宮に入る節（この日バラモンなどへはったい粉，その他の品物の贈り物がなされてきた）
सतून [名]《P. ستون सुतून》柱；石柱；支柱
सतृष्ण [形] 餓えた；貪欲な；がつがつした；あさましい＝ लालची कुत्ते की तरह सतृष्ण दृष्टि लगाये हुए है がつがつした犬のようにそれに貪欲な眼差しを向けている
सतेज [形] 勢いのある；鋭い；威力のある；激しい उसका कंठ स्वर सतेज और गंभीर था 声は威力に満ちて重々しかった
सतेजा [形] ＝ सतेज.
सतेर [名] (1) もみがら（籾殻） (2) ふすま (3) ぬか（糠）
सतोगुण [名] → सत्वगुण.
सतोगुणी [形] → सत्वगुणी.
सत्करणीय [形] 敬うべき；尊敬すべき
सत्कर्ता [形] (1) 正しい行いをする (2) 敬う；尊敬する
सत्कर्म [名] 敬虔な行為；善行 तूने ऐसे कौन-से सत्कर्म किए हैं जिसके कारण ईश्वर भी तुझपर इतने प्रसन्न हैं 神様までがこれほど嘉されるような如何なる敬虔な行為をなしたのか汝は
सत्कर्मी [形・名] (1) 善良な（人） (2) 敬虔な（人）
सत्कार [名] (1) 供応；饗応；もてなし；歓待；歓迎 (2) 客人に対する応対 (-का) **सत्कार क॰** *a.* (－を) 歓待する *b.* (－を) ひどく殴る；ひどい目に遭わせる；いじめる；可愛がる
सत्कार्य [名] ＝ सत्कर्म.
सत्कीर्ति [名*] 名声；高名 ＝ यश; नेकनामी.
सत्कुल[1] [名] 名家 ＝ उत्तम कुल.
सत्कुल[2] [形] 名家の
सत्कृत[1] [形] (1) 歓迎された；歓待された (2) 整えられた (3) 飾られた；装飾された
सत्कृत[2] [名] (1) もてなし；歓迎＝ सत्कार. (2) 善行＝ पुण्य.
सत्क्रिया [名*] (1) 正しい行い (2) 歓待 (3) 整頓；準備
सत्त [名] (1) 精髄；本質 (2) 美点；長所 (3) 真実 (4) 貞節 (-का) **सत्त खो दे॰** (－を) 陵辱する＝ (-का) सत्त तोड़ना.
सत्तम [形] (1) 最高の；最上の (2) 真正の (3) 秀逸の
सत्तर [数] 70 सत्तरवाँ 70 番目の；第 70 の **सत्तर कुआँ झाँकना** あちこちに庇護を求める **सत्तर घाट का पानी पिये हो॰** 海千山千の **सत्तर चूहे खाए हो॰** ありとあらゆることをしてきている；したたかに経験を積んでいる
सत्तरह [数] 17 सत्तरहवाँ 17 番目の；第 17 の
सत्तली [名*] → सतली.
सत्तांतरण [名] 権力の移譲；権力の引き渡し
सत्तांतरित [形] 権力が移譲された；権力が引き渡された
सत्ता[1] [名*] (1) 存在 आरी की सत्ता प्राप्त होने से हम कह सकते हैं कि यहाँ बढ़ई का काम भी अच्छी तरह होता है 鋸が存在したことからここでは木工の仕事も相当行われていたと言うことができる (2) 力 अगर कोई सत्ता है जो भौतिक नहीं है तो 物理的ではない何かの力があるとすれば (3) 権力 विदेशी सत्ता 外国権力 राजनीतिक सत्ता भी उन्हीं के पास थी 政権も彼らが持っていた (4) 主権；統治権 **सत्ता चलना** 権力が及ぶ；力が及ぶ
सत्ता[2] [名] トランプなどの 7 の札
सत्ताइस [数] 27 सत्ताइसवाँ 第 27 の；27 番目の
सत्ताईस [数] ＝ सत्ताइस.
सत्ताधारी [形] (1) 主権を持つ सत्ताधारी राज्य 主権国家 (2) 与党の権力を持つ सत्ताधारी दल 与党 सत्ताधारी कांग्रेस 与党のコングレス党
सत्तानबे [数] 97 सत्तानबेवाँ 第 97 の；97 番目の
सत्तानाश [名] → सत्यानाश.
सत्तानाशी [形] → सत्यनाशी.
सत्तापक्ष [名] 与党；与党側 सत्तापक्ष और विपक्ष 与党側と野党側
सत्ताप्रेमी [形] 権力を望む；権力志向の सत्ताप्रेमी नेता 権力志向の幹部
सत्तारूढ़ [形] 権力を握った；権力の座にある सत्तारूढ़ पार्टी 与党
सत्तालोलुप [形] 権力に飢えた सत्तालोलुप राजनीतिज्ञ 権力に飢えた政治家
सत्तालोलुपता [名*] (1) 権力欲 राजनेताओं की सत्तालोलुपता 政治家たちの権力欲 (2) 政権欲
सत्तार [形] 覆い隠す；欠陥や弱点を覆い隠す（神）
सत्तावन [数] 57 सत्तावनवाँ 57 番目の；第 57 の
सत्तावाद [名] 独裁主義；権威主義〈authoritarianism〉
सत्तासी [数] 87 सत्तासीवाँ 87 番目の；第 87 の
सत्तासीन [形] 権力の座にある；権力を握っている＝ सत्तारूढ़. सत्तासीन होने की कामना उनके मन में नहीं उठी 権力を持とうという欲望は心に浮かばなかった
सत्तू [名] 大麦や豆などを煎って粉にひいた食品；はったい粉 **सत्तू घोलना** 空虚な論議をする **सत्तू फाँकना** はったい粉をほおばる **सत्तू बाँधकर खोजना** 必死になってあちこち探し回る；血眼になって探し求める **सत्तू बाँधकर पीछे पड़ना** *a.* しつこくつきまとう；執念深く追いかける *b.* 没頭する；一切のことを捨ておいて専念する **सत्तू-सीधा बाँधकर पीछे पड़ना** ＝ सत्तू बाँधकर पीछे पड़ना.
सत्ते [数] 掛け算で× 7；7 倍の दो सत्ते चौदह (2×7=14) सात सत्ते उनचास (7×7=49)
सत्त्व [名] (1) 存在 (2) 精髄；本質 (3) 特性；特徴 (4)〔イ哲〕純質 (5)〔仏〕有情
सत्त्वगुण [名]〔イ哲〕根本原質の三徳 त्रिगुण の一．純質
सत्त्ववती [形*] ＝ सत्त्ववान.
सत्त्ववान् [形] (1) 精髄を備えた (2) 生命力のみなぎる (3) 勇気のある (4) 堅固な
सत्त्वशाली [形] 勇気のある；勇猛な
सत्त्वशील [形] (1) 善良な (2) 品行の正しい
सत्त्वस्थ [形] (1) 本来の状態の；本来の姿の (2) 揺るぎない；堅固な (3) 強力な；活力のある (4) 純質を備えた
सत्पथ [名] (1) 正しい道；正道 (2) 正しい宗派 (3) 品行正しいこと
सत्पात्र [名] (1) 立派な人；立派な器；器量のある人 (2) 品行の正しい人；紳士 (3) 娘を嫁として与えるにふさわしい男性
सत्पुत्र[1] [名] (1) 立派な息子；有能な息子 (2) 先祖の霊の供養を正しく行う息子
सत्पुत्र[2] [形] 息子のある
सत्पुरुष [名] 立派な人；品行の正しい人；紳士
सत्य[1] [形] (1) 真の；真実の；本当の (2) 正しい；誤りのない (3) 実際の
सत्य[2] [名] (1) 真理；真諦＝ सदाकत; हकीकत. वे सत्य को ही ईश्वर मानते थे あの人は真理のみを神と認めていた वे भी सत्य और अहिंसा के पुजारी थे あの方も真理と不殺生を堅く信奉しておられた अहिंसा के द्वारा सत्य को प्राप्त करना 非暴力を介して真理を手に入れる **सत्य, शिव, सुंदरता (सौंदर्य)** 真善美＝ सत्यं, शिवं, सुंदरम् (2) 真実＝ यथार्थ बात; ठीक बात. कठोर सत्य कहने की हिम्मत 厳しい真実を述べる勇気 **सत्य का गला घोंटना** 真実をしゃにむに隠蔽する **सत्य छोड़ना** 正道から離れる＝ सत्य जलना; सत्य डिगना. (3) 正義；正しいこと；正しい立場＝ न्याय की बात.
सत्य कथा [名*] 実話 सत्यकथा 実話物（語）；実話物雑誌 सत्यकथाओं के खलनायकों की तरह 実話物の悪役のように
सत्यकाम [形] (1) 真理を求める (2) 真実を追求する (3) 正義を志向する

सत्यतः [副] 実際に；事実上= सचमुच; वास्तव में.
सत्यता [名*] (1) 真実；事実 सत्यता को छिपाकर 真実を隠して (2) 実際
सत्यदर्शी [形] 真実を見分ける
सत्यनारायण [名]〔ヒ〕サッティヤナーラーヤナ神（ヴィシュヌ神の異名の一） सत्यनारायण व्रत कथा〔ヒ〕サッティヤナーラーヤナ神ヴラタの御利益話（家庭での祈願や祝い事の際に一般にバラモンによって語られたり読誦される．普通断食戒行 व्रत を伴う） यदि जीवित पहुँच गया तो सत्यानारायण की कथा सुनूँगा もしも無事に到着したならサッティヤナーラーヤ神願行譚をバラモンに語っていただこう
सत्यनिष्ठ [形] 誠実な；高潔な सत्यनिष्ठ मित्र 誠実な友
सत्यनिष्ठा [名*] 誠実さ；高潔さ क्या तुम सत्यनिष्ठा के साथ यह कह सकती हो? 君は誠実にこのことを言うことができるかね
सत्यपर [形] 誠実な = ईमानदार.
सत्यपुरुष [名] 最高神；創造主；最高存在
सत्यप्रतिज्ञ [形] 約束を堅く守る；約束の堅い
सत्यभामा [名*]〔イ神〕サティヤバーマー（クリシュナ神の神妃の一，ヤーダヴァ族サトラージット王の娘）
सत्यमेव जयते〔句〕アショーカ王の法勅を刻んだ柱頭の獅子と法輪を記したインドの国章の下段に記されているムンダカ・ウパニシャッドのサンスクリットの句で「常に真理が勝利する」の意を表す
सत्ययुग [名] = कृतयुग.〔イ神・ヒ〕サティヤ・ユガ（ヒンドゥーの世界観の世界周期であるユガの第 1） → युग.
सत्ययुगी [形] = सतयुगी.〔ヒ〕サティヤ・ユガの
सत्यलोक [名]〔イ神〕ブラフマー神の世界；ブラフマー天
सत्यवक्ता [形] → सत्यवादी.
सत्यवचन [名] (1) 真実を語ること (2) 約束（の言葉）
सत्यवती[1] [形*] (1) 正しい行いを守る (2) 貞淑な；貞節な
सत्यवती[2] [名*]〔イ神〕サティヤヴァティー（パラーシャラ聖仙との間に叙事詩マハーバーラタの作者ヴィヤーサをもうけたとされるアプサラス） → अप्सरा; अप्सरस्.
सत्यवदन [名] 真実を語ること
सत्यवाद [名] (1) 真実を語ること (2) 誠実なこと
सत्यवादिता [名*] 正直さ；真実を語ること；誠実さ उनकी ईमानदारी और सत्यवादिता उसी समय तक है, जब तक अवसर नहीं मिलता あの人の誠意も正直さもその時に至るまでのものだ
सत्यवादिनी [名*] 真実を語る女性
सत्यवादी [形] (1) 真実を語る (2) 正直な；誠実な (3) 約束や誓いに忠実な (4) 信仰心の篤い
सत्यवान्[1] [形] (1) 真の (2) 誠実な (3) 品行正しい
सत्यवान्[2] [名]〔イ神〕サティヤヴァット／サティヤヴァーン（シャールヴァ शाल्व 国王ディユマットセーナ王 द्युमत्सेन の息子で貞女の鑑とされるサーヴィトリー सावित्री の愛と献身によって冥界のヤマ王から命を取り戻してもらった『マハーバーラタ』の挿話が著名）
सत्यव्रत[1] [名] 真実を語る誓い
सत्यव्रत[2] [形] (1) 真実を語る誓いを立てた (2) 誠実な
सत्यशील [形] (1) 誠の (2) 誠実な
सत्यसंकल्प [形] 決意を堅く守る；決意の堅い
सत्यसंध[1] [形] 約束を堅く守る
सत्यसंध[2] [名] (1)〔イ神〕ラーマの別名の一（サティヤサンダ） (2) バラタ भरत の別名の一（サティヤサンダ）
सत्याग्रह [名] (1) 真理にこだわりそれを堅く守ること (2)〔イ史〕サティヤーグラハ（マハートマー・ガンディーが唱え実践したイギリスのインド支配に対する市民的，もしくは，非暴力的抵抗運動） बारदोली सत्याग्रह की सफलता (1928 年 2 月) バールドーリー（での納税拒否の）サティヤーグラハの成功 (3) 同上のような市民的，あるいは，非暴力的抵抗運動；サティヤーグラハ सत्याग्रह क॰ サティヤーグラハを行う
सत्याग्रही [名] マハートマー・ガンディーの唱導したサティヤーグラハ運動の運動家や追随者；サティヤーグラハ実践者；サティヤーグラヒー
सत्यानाश [名] 全滅；壊滅；破滅 तुम्हारा सत्यानाश हो おまえなんぞくたばってしまえ
सत्यानाशी[1] [形] 全滅させる；壊滅的な；破滅的な；縁起の悪い
सत्यानाशी[2] [名*] → सत्यानासी[2] ケシ科一年草アザミゲシ= सत्यनाशी; भड़भड़ सत्यनाशी; पीला धतूरा.
सत्यानास [名] 全滅；壊滅；破滅→ सत्यानाश.
सत्यानासी[1] [形] = सत्यानाशी[1]. सत्यानासी गाय 家に破滅をもたらす牛；縁起の悪い牛
सत्यानासी[2] [名*]〔植〕ケシ科一年草アザミゲシ【*Argemone mexicana*】〈Mexican poppy; prickly poppy〉 = पीला धतूरा; भँडभाँड़.
सत्यानृत [名] 虚実ないまぜの話
सत्यान्नास्ति परो धर्म〔句〕《Skt.》「真理に勝る法なし」
सत्यापक [形] 確認する；検証する
सत्यापन [名] 真実の確認や検証；証明〈verification〉
सत्याभासी [形] もっともらしい；本当らしい
सत्येतर [形] 真実でない；虚偽の
सत्र [名] (1) 会期 हरियाना विधान सभा का सत्र ハリヤーナー州州議会の会期 (2) 学期= शिक्षा सत्र; विद्यालय सत्र. (3) 会議；会合；セッション इस सम्मेलन में 34 परिसंवादों और 62 सत्रों का आयोजन है この集会では 34 のシンポジウムと 62 のセッションが予定されている (4) 取引の立ち会い प्रारम्भिक सत्र 寄り付き
सत्र न्यायाधीश [名]〔法〕（重大な刑事事件や下級審 Court of Magistrate からの上訴を審理する権限を有する）セッションズ裁判所 सेशंस कोर्ट/सत्र न्यायालय の判事〈sessions judge〉= दौरा जज.
सत्र न्यायालय [名]〔法〕インドのセションズ裁判所= सेशंज़ कोर्ट〈sessions court〉.
सत्रप [名] = क्षत्रप.〔史〕サトラップ（サーサーン朝ペルシアの地方総督；太守）
सत्रह [数] 17 = सत्तरह. सत्रहवाँ 17 番目の；第 17 の
सत्राजित् [名]〔イ神〕サットラージット（クリシュナ神の妃の一であるサティヤバーマー सत्यभामा の父）
सत्रावसान [名]（議会の）停会〈prorogation〉 वह दोनों सदनों का सत्रावसान करता है 両院を停会にする
सत्व [名] → सत्त्व.
सत्वगुण [名] → सत्त्वगुण.
सत्वगुणी [形] → सत्त्वगुणी.
सत्वर [副] (1) 急いで；早急に；至急 (2) 即刻に；直ちに；即座に
सत्संग [名]〔ヒ〕(1) 徳の高い人や立派な人との交誼；高誼 स्वामी के सत्संग से スワミーの高誼により (2) 宗教人や信仰の篤い人との交際や法話を聞いたり賛歌を歌ったりする会合 (3) 法会 सत्संग लगाना サトサング（信仰の集い）をする；法会を催す
सत्संगति [名*] = सत्संग.
सत्संगी [形・名] 上記 सत्संग サトサングを行う（人）
सथिया [名] (1) 吉祥を表す万字の印= स्वस्तिक चिह्न. (2) 外科手術を行ってきた伝統医術の医師= जर्राह.
सद् [形] = सत्.
सद[1] [数]《P. صد》100；百 = शत; सौ.
सद[2] [形] (1) 新しい = नया; नवीन. (2) 新鮮な = ताज़ा.
सद[3] [副] すぐさま；直ちに；即刻
सद[4] [名*] (1) 性質；気質；性分= स्वभाव; प्रकृति; फ़ित्रत. (2) 癖；習性= आदत; टेव.
सदई[1] [副] 常に；いつも= सदा; सदैव.
सदई[2] [形] 情け深い；やさしい
सदई[3] [名*]《A. ثدی सद्ई》（人や動物の）乳房= स्तन; छाती; चूची.
सदक़ा [名]《A. صدقه》(1)〔イス〕施し；施し物；喜捨；慈善行為 जो नुक़्सान हुआ उसको अपना सिर सदक़ा समझो 損を受けた分は寄捨した物だと思うことだな (2) 邪視などの災いを除くために災いを受けている人の頭にかざした後，人に与えたり四辻などに放置される物品 (3) 犠牲；生け贄 (-के) सदक़े क॰ （ーの）犠牲にする；犠牲に捧げる (-के) सदक़े जा॰/-पर सदक़े जा॰ *a.*（ーの）犠牲になる；身代わりになる *b.*（ーに）心身を捧げる *c.*（ーを）誇らしく思う；自慢に思う（祝福したり深い感動や喜びを表す言葉として用いられる）
सदन [名] (1) 住所；場所 (2) 家；家屋；住居 (3) 施設 (4) 議事堂；議院 उच्च सदन 上院
सदनत्याग [名]（議場からの）退席；退場〈walk out〉
सदन नेता [名] 院内総務〈Leader of the House〉
सदन सचिव [名] 政務次官〈Parliamentary Secretary〉

सदना [自] (1) したたり落ちる；垂れる；垂れ落ちる (2) 船底から水が入る；あか（淦）がたまる

सदपा [名] 《P. صدپا》〔節動〕ムカデ = कनखजूरा; गोजर; शतपदी.

सदफ़ [名*] 《A. صدف》貝；真珠貝 = सीप.

सदबर्ग [形・名] 《P. صد برگ》(1) 葉の多い (2)〔植〕キク科キンセンカ（金盞花）= गेंदा. (3) キンセンカの花

सदमा [名] 《A. صدمہ》(1) 打撃；衝撃 (2) 損害；損失 (3) 苦難；難儀 (4) 心の動揺；ショック **सदमा उठाना** *a.* 辛い思いをする；悲しい思いをする *b.* 難儀する (-को) **सदमा पहुँचना** (ーが) 衝撃を受ける；ショックを受ける उन्हें देखकर मुझे काफ़ी सदमा पहुँचा その方を見てかなりのショックを受けた **सदमा पहुँचाना** ショックを与える；衝撃を与える **सदमा लगना** = सदमा पहुँचना. नंदा प्रसाद की मृत्यु का दुःख समाचार सुन राजा को गहरा सदमा लगा ナンダープラサードの悲しい知らせを聞き王は深い衝撃を受けた

सदर[1] [形] 《A. صدر सद्र》主要な；中心の चम्पारण जिले का सदर शहर मोतीहारी है チャンパーラン県の県庁所在地はモーティーハーリー सदर दफ़्तर 本部；司令部 सदर मुनीम 大番頭

सदर[2] [名] (1) 長；主長；頭目 (2) 議長；会長 (3) 頭取 (4) 胸；胸部 (5) 上座

सदर आला [名] 《A. صدر اعلی सद्रे आला》首席判事

सदर दरवाज़ा [名] 《A.P.》正門；大門；大手門

सदरनशीन[1] [形] 《A.P. صدر نشین》最高位の；最上位の

सदरनशीन[2] [名] (1) 議長 (2) 主席

सदरबाज़ार [名] 《A.P. صدر بازار》(1) 軍営の市場 (2) 中央市場

सदरी[1] [形] 《A. صدری》胸の；胸部の

सदरी[2] [名*]〔衣〕サドリー（胸着の一種）；チョッキ；ベスト

सदलबल [副] 一族郎党を引き連れて ऐसी दावतों में मंत्री सदलबल जाते हैं このようなパーティーに大臣は一族郎党を引き連れて行く

सदस् [名] (1) 場所 (2) 会；集会；集まり (3) 住居；家；家屋

सदस्य [名] 会員；構成員；一員；メンバー；議員 घर में नौ सदस्य हैं 家族は 9 人 गिरोह के चार सदस्य हैं 一味は 4 人のメンバーから成る परिवार का कमाऊ सदस्य 家族の稼ぎ手 सदस्य देश 加盟国；参加国

सदस्यता [名*] 会員やメンバーであること；会員資格；議員などの身分 सहकारी संगठन की सदस्यता सब के लिए बिना किसी भेदभाव के खुली होती है 協同組合の会員資格はすべての人に何らの差別なく開かれている दुबारा चुनाव में न चुने जाने पर इनकी सदस्यता समाप्त हो जाती है 再度選ばれないとその人たちの議員の身分は終わりになる

सदस्या [名*] = सदस्य. कांग्रेस कार्यसमिति की प्रमुख सदस्या コングレス運営委員会の主要（女性）メンバー

सदस्यीय [形] 会の構成員の；メンバーの；議員の 168 सदस्यीय राज्य विधान सभा 168 名の議員から成る州立法院 चुनाव नतीजों का आकलन नौ सदस्यीय समिति की देखरेख में होना चाहिए 選挙結果の開票は 9 人のメンバーから成る委員会の監視のもとに行われなくてはならない

सदा[1] [名*] 《A. صدا》(1) 音；音声；響き धड़कते-से दिल की सदा どきどきと打つかのような胸の鼓動 भारतीयों के हृदय की यह सदाएँ बढ़ती गईं インド人の胸の鼓動はますます増して行った (2) 声 कुरान पढ़ने की सदा コーランを読誦する声 (3) 叫び声 **सदा क॰** = सदा लगाना. *a.* 叫ぶ जिहादियों ने फिर अल्लाहो अकबर की सदा लगाई 殉教者たちは再び「アッラーホアクバル（神は偉大なり）」と叫んだ *b.* 呼び出す *c.* 物乞いをする **सदा दे॰** *a.* 呼びかける；托鉢のため声を出す *b.* 物乞いする；乞食する；托鉢する = भिक्षा माँगना.

सदा[2] [副] (1) いつも；常に；常時 = हमेशा. (2) 絶えず = निरंतर. (3) いつまでも = हमेशा के लिए. वह मुझसे प्रेम करती है और सदा करती रहेगी あの人は私を好いておりいつまでも好いてくれるだろう **सदा की नींद सोना** 永眠する = सदा के लिए सो जा॰. **सदा के लिए** いつまでも；永遠に；永久に इस लिए अपना सौंदर्य, स्वास्थ्य और तरुणाई भी सदा के लिए खो बैठती है だから美しさ，健康，若さを永久に失ってしまう **सदा के लिए चुप हो जा॰** 息を引き取る；死ぬ；永眠する चिड़िया सदा के लिए चुप हो गई 鳥は死んでしまった **सदा के लिए मौन हो जा॰** = सदा के लिए सो जा॰. **सदा के लिए सुला दे॰** 永遠の眠りにつかせる；永遠に眠らせる；殺す；殺害する **सदा के लिए सो जा॰** 死ぬ；永眠する；永遠の眠りにつく अंत में स्वयं आज़ाद भी गोलियों की चोट से धरती पर गिर पड़े, और सदा के लिए सो गए ついにアーザード自身も弾丸を受けて地に倒れ永遠の眠りについた **सदा फूली-फूली चुनना** 幸運な；幸運に恵まれる

सदाए बाज़गश्त [名*] 《A.P. صدائے بازگشت》こだま；反響；エコー = प्रतिध्वनि; प्रतिशब्द.

सदाक़त [名*] 《A. صداقت》(1) 真実 = सच्चाई; सत्यता. मैं सदाक़त की मंज़िल का राही बनूँगा 私は真実一路の人生を生きるつもりです (2) 誠実

सदाचरण [名] = सदाचार. 品行の正しいこと

सदाचार [名] (1) 道徳にかなった行い；正しい行い सदाचारपूर्ण जीवन 正しい生活；正しい生き方 (2) 徳性；道徳心 आत्मा और सदाचार को कौन पूछता है 霊魂とか徳性とかをだれが相手にするものか

सदाचारिता [名*] = सदाचार.

सदाचारी [形] (1) 品行の正しい；道義にかなった行いをする (2) 敬虔な；信仰心の篤い

सदात्मा [形] 善良な；邪心のない

सदादान [名] (1) = ऐरावत. (2) = गणेश.

सदानंद [名] (1) 消え去ることのない喜悦 (2) ヴィシュヌ神 (3) シヴァ神 (4) 最高神

सदापर्णी [形] 常緑の सदापर्णी जंगल 常緑樹林 = सदापर्णी वन.

सदापुष्प [名] (1) = नारियल. (2) = मदार.

सदाफल [名] (1) 年中実をつける果樹 (2)〔植〕ミカン科ザボン；ブンタン（文旦）【*Citrus grandis / C. pummelos*】= चकोतरा. (3)〔植〕ミカン科ベルノキ = बेल. (4)〔植〕ヤシ科ココヤシ

सदाबर्त [名] = सदावर्त.

सदाबहार[1] [形] 《H.सदा + P. بہار》(1) 常緑の = सदापर्णी; सदाहरित. (2) 繁茂する；盛んな；生い茂る क़ौमी एकता के इस सदाबहार स्थल पर 民族団結のこの木の生い茂る土地に

सदाबहार[2] [名]〔植〕常磐木；常緑樹

सदारत [名*] 《A. صدارت》(1) 議長職；議長の地位 (2) 主席の地位 → सदर.

सदारती [形] 《A. صدارتی》議長の；議長に関わる

सदावर्त [名] (1) 毎日貧者に食事を施す誓い（व्रत）を立てそれを実行すること (2) そのようにして施される食事 **सदावर्त बँटना** そのような食事が施される (3) 毎日なされる布施

सदाव्रत [名] = सदावर्त.

सदाशय[1] [形] (1) 純正な；純心な；好意に発する (2) 高邁な；高遠な

सदाशय[2] [名] 誠意；善意；好意

सदाशयता [名*] 誠実さ；善意；好意 सदाशयता और सद्भावना के आधार पर समझौता हुआ 善意と誠意をもとに協定が成立した उनकी इस अप्रत्याशित सदाशयता से मैं उनका बहुत कृतज्ञ हूँ 私はあの方の思いもかけない好意に深く感謝している शक्ति के शीर्षस्थ स्थानों में भी सदाशयता या साफ़गोई की कमी है 権力の最高の場においてさえ誠実さや正直さに欠けている

सदाशयी [形] (1) 善意に関する；好意に関する (2) 善意の；好意の

सदाशिव[1] [形] (1) 常に情け深い；変わらず好意的な (2) めでたい；常に幸運をもたらす

सदाशिव[2] [名] シヴァ神

सदा-सुहागिन [形*・名*] (1) 幸運な（女性）；夫が存命の幸運な（女性） (2) 売春婦

सदा सोहागिन [形*・名*] = सदासुहागिन.

सदाहरित [形] 常緑の

सदिच्छा [名*] 正しい思い；純粋な願い

सदिया [名*]〔鳥〕カエデチョウ科ベニスズメ属ベニスズメ【*Amandava amandava*】= लाल मुनियाँ; लाल; सादी.

सदी[1] [名*] 《P. صدی》(1) 100 年；百年；1 世紀 = शताब्दी. उन्नीसवीं सदी 19 世紀 (2) 百 सदियों 数百年間；数世紀にわたり

सदी[2] [名*] 《A. ثدی》乳房 = स्तन; छाती; पयोधर. → सदई[3].

सदुक्ति [名*] 至言；名言

सदुपदेश [名] (1) 教訓 = शिक्षा; अच्छा उपदेश. (2) 忠告 = सलाह.

सदुपयोग [名] 正しい使用；正しく用いること；正しいことに用いること समय का सदुपयोग 時間を正しく使うこと

सदृश [形] 同様な；似ている；類似の；相似の = समान. (-)के सदृश (ー) に似ている；(ー) のような形の वेश-भूषा मोरोपंत के

सदृश है 服装はモーローパントのそれに似ている **सदृश रूप** 相似形；類似物
सदृशता [名*] 類似；相似
सदेह[1] [形] (1) 身体を備えた；身体を備えたままの；肉体のままの (2) 姿形をとった (3) 明らかな；明白な
सदेह[2] [副] 生身のまま；この肉体のまま；即身で
सदैव [副] 常に；恒常的に；持続的に= सर्वदा; हमेशा.
सदोष [形] 欠陥のある；瑕のある
सद्गति [名*] (1) 良い状態；正常な状態 (2) 輪廻転生の存在から解放されること；解脱；次の世で更に高い天に生まれること；極楽往生 ऐसा करने से उसे सद्गति मिलती है こうすると解脱が得られる भगवान तुम्हें सद्गति दे 汝の極楽往生を願う इसी कारण सद्गति के इच्छुक अनेक व्यक्ति काशीवास करते हैं だからこそ極楽往生を願う人たちが多数カーシーに来て暮らすのです (3) 行いの正しいこと→ दुर्गति.
सद्गुण [名] すぐれた性質；徳；高い徳；高徳
सद्गुणी [形] 徳の高い；徳を備えている；高徳の अगर तेरी इच्छा सद्गुणी और पवित्र बनने की है तो 徳高く清らかになりたいのであれば
सद्गुरु [名] (1) 立派な師匠；有徳の師 (2) 真の師；弟子を正しく解脱に向かって導くことのできる師 (3) 神
सद्धर्मपुण्डरीक सूत्र(म्) [名]〔仏〕正法華経；妙法蓮華経
सद्भाव [名] (1) 善意 खेलों के माध्यम से दुनिया में भाई-चारे और आपसी सद्भाव बढ़ाने में ओलंपिक खेलों का बहुत बड़ा योगदान है スポーツを介して世界の四海同胞の関係と相互の善意を増す上でオリンピックは大変貢献している (2) 親愛；友愛；誠実な思い
सद्भावना [名*] (1) 善意；好意 बीबी की आँखों में पहले जैसी सद्भावना नहीं रह गई थी 奥方の目には以前のような好意は見られなくなっていた (2) 親愛；友愛 अंतर्राष्ट्रीय सद्भावना का प्रतीक 国際間の友愛の象徴 साम्प्रदायिक सद्भावना（ヒンドゥーとかムスリムといった）コミュニティー間の親愛の情
सद्भावपूर्ण [形] (1) 善意に満ちた；好意あふれる सद्भावपूर्ण संबंध 好意に満ちた関係 (2) 友愛の情のあふれる；親愛感に満ちた
सद्म [名] (1) 住所；居場所 (2) 住居；住宅；家屋
सद्य [副] = सद्यः.
सद्यः [副] (1) 今日；本日 (2) 今；ただ今 (3) 即刻；直ちに (4) 最近 अपनी सद्यः प्रकाशित पुस्तक 'द फ़र्स्ट राउंड' में 筆者はその近著 *The First Round* の中で
सद्यःपाक [形] 即刻実を結ぶ；直ちに結果の得られる
सद्यःप्रयुक्त [形] その場限りに使用された；臨時に用いられた **सद्यः प्रयुक्त शब्द** 〔言〕臨時語〈nonce-word〉
सद्यःप्रसूत [形] 生まれたばかりの
सद्यःप्रसूता [形*] 出産したばかりの
सद्यःप्राप्य [形] すぐ手に入る；直ちに入手できる
सद्यस्क [形] (1) 現在の；現今の；現代の (2) ただ今の (3) 新しい；新鮮な (4) 緊急の
सद्योजात [形] 生まれたばかりの；ほんの今生まれた；直前に生じた
सद्र [名]《A. صدر》→ सदर. इस इजलास का सद्र この会議の議長
सद्वृत्ति [名*] 正しい気持ち；正しい心がけ उचित प्रेरणा मिलने पर उसकी सद्वृत्तियाँ जग जाती हैं 適当な刺激が得られるとその人の正しい気持ちが目覚める
सद्व्यवहार [名] 正しい振る舞い लड़की को अपने सद्व्यवहार और सेवा द्वारा सब का मन जीतने का प्रयत्न करना चाहिए 新妻は正しく振る舞い奉仕することで皆の心を引きつけるようにしなくてはならない
सधना [自] (1) 成る；成し遂げられる；完成する (2) 叶えられる；達せられる उन मौकों को छोड़कर जहाँ उनके राजनैतिक हित सध रहे हों 政治的利益が叶えられるような機会を除き (3) 上達する；熟する；熟達する；身につく कोई शक्ति इतनी शक्तिशाली नहीं, कोई वर्ग इतना सधा हुआ नहीं, कोई विशिष्ट वर्ग इतना चतुर नहीं, कोई सेना इतनी अपराजेय नहीं कि वह साधारण जनता की परिवर्तन की आकांक्षा को हमेशा-हमेशा के लिए दबा सके 一般民衆の変革志向を永遠に抑圧できるほどの強力な力は存在しないし，それほど完熟した階級もないし，それほど賢明な特別の階層も存在しないし，またそれほど負け知らずの軍隊もないものなのだ (4) ぴったりする；ぴったり合う सधा-सधाया उत्तर 的を射た返答 हर तरह से सधा हुआ 一分の隙もない (5) 鍛えられる धीमी मगर सधी आवाज़ 低いが鍛えられた声 (6) 慣れる；慣らされる；調教される；訓練される सधे हाथों से अपने गहने उतार कर रख दिये 慣れた手つきで装身具をはずして置いた
सधर [名] 上唇
सधर्म [形] = सधर्मक.
सधर्मक [形] (1) 同じ性質の；同種の (2) 同じの；等しい (3) 信仰を同じくする (4) 義務や本分を共有する
सधर्मा [形] = सधर्मक.
सधर्मिणी [名*] 妻= पत्नी; भार्या.
सधर्मी [形] 性質や特質を同じくする= समानधर्मा.
सधवा [名*] 幸福な女性，すなわち，夫が存命の妻= सुहागिन. ↔ विधवा 夫に死別した女性；寡婦
सधाना [他] (1) 成し遂げる (2) 叶える；達成する (3) 馴らす；調教する घोड़ा सधाना 馬を調教する घोड़ा सधाने वाला 馬の調教師
सधावर [名]〔ヒ〕妊娠７か月の祝いに妊婦に贈られる品
सधूम्र [形] (1) 薄暗い (2) 煙に包まれた (3) 黒ずんだ色の
सन् [名]《A. سن》(1) 年= संवत्सर; साल; वर्ष. (2) 暦= संवत्. **सन् - ई॰ (ईस्वी॰)** 西暦－年 सन् 1914 ई॰में संसार में एक बहुत बड़ी लड़ाई छिड़ी थी 西暦 1914 年に世界に大戦争が勃発した सब लड़ाइयों के सन् उन्हें याद थे あの方は戦争のあったすべての年を記憶していらっしゃった
सन[1] [名] (1)〔植〕クワ科草本アサ；インド大麻【*Cannavis sativa*】 (2)〔植〕マメ科草本サンヘンプ【*Crotalaria juncea*】 (3)〔植〕マメ科草本オオミツバタヌキマメ【*Crotalia mucronata; C. striata*】
सन[2] [名*] 矢や弾丸などが飛ぶ時の様子やひゅっ，ひゅん，ぴゅんなど，その時発せられる音 **सन से** そのような音を立てたり飛んだり発射されたりする音やその様子 **सन से निकल जा॰** 激しい勢いで通る；猛烈な速度で出る सन सन करता तीर चला था ひゅっと音を立てて矢が飛んだ
सनअत [名*]《A. صنعت सनअत》(1) 工業；産業= उद्योग. जिसकी वजह से हमारे मुल्क ने सनअत में बहुत तरक्क़ी की है そのためにわが国は産業面で大きな発展を遂げた देसी सनअत 農村工業；農村産業 (2) 技術；工芸；技芸= शिल्प; कला.
सनअती [形]《A. صنعتی》(1) 工業の；産業の= औद्योगिक. (2) 工芸の；技術の= शैल्पिक. **सनअती इंकलाब** 産業革命= औद्योगिक क्रांति.
सनई [名*] (1)〔植〕マメ科草本サンヘンプ→ सन[1] (2). (2)〔植〕マメ科草本オオミツバタヌキマメ→ सन[1] (3).
सनक [名*] (1) 熱狂；熱中= धुन. (2) 狂気= ख़ब्त; जुनून. (3) 物好き；酔狂 (-की) **सनक चढ़ना** (－に) のぼせる；熱中する；熱狂する= (-की) सनक सवार हो॰; धुन हो॰. **सनक सवार हो॰**
सनकना[1] [自] (1) 気が狂う；発狂する= पगलाना. (2) 狂ったようにしゃべる= पागल की तरह बोलना.
सनकना[2] [自] ひゅーん，ぴゅーんなどと音を立てて飛ぶ
सनकारना [他] (1) 合図する= संकेत क॰; इशारा क॰. (2) 合図して呼び寄せる= इशारे से बुलाना.
सनकियाना[1] [他] (1) 狂わせる (2) 熱狂させる；熱中させる
सनकियाना[2] [自] 合図する
सनकी[1] [形] 風変わりな；変わった；常軌を外れた
सनकी[2] [名*] 目配せ सनकी मारना 目配せする
सनत् [名] ブラフマー神
सन तीतर [名]〔鳥〕キジ科ウンナンコジュケイ【*Bambusicola fytchii*】
सनत्कुमार [名]〔イ神〕サナットクマーラ（ブラフマー神の意 मनस् すなわち，心から生まれたとされる息子の１人）
सनद [名*]《A. سند》(1) 証拠 (2) 証明書 बेचारे सनद के नाम रोया करते थे, यहाँ उसकी कोई ज़रूरत नहीं थी 随分泣かされて手に入れた証明書がここでは不要だった (3) 信頼できるもの (4) 学位；称号
सनदयाफ़्ता [形]《A.P. سند یافتہ》(1) 証明された (2) 証明書を所有する (3) 学位を持つ；称号を持つ
सनदी [形] ← सनद. (1) 証明された= प्रमाणित. (2) 証明書を持つ；証書を持つ (3) 学位や称号を持つ

सनना [自] (1) こねられる (2) まみれる देवी की तीनों मूर्तियाँ लहू से सनी थीं デーヴィーの神像は3つとも血にまみれていた धूल, तेल, मिट्टी में सनकर बदरंग हुए कपड़े 埃や油や土にまみれて変色した服 कीचड़ सने पानी में 泥水の中で (3) 入り交じる संकोच और स्नेह से सने स्वर में बोली はにかみと親愛の情の入り交じった声で言った

सनम [名] 《A. صنم》(1) 恋人；最愛の人 (2) 信仰の対象としての像；偶像；神像；仏像= मूर्ति; प्रतिमा. (3) 親密な人；親しい人；親友

सनमकदा [名] 《A.P. صنم کده》偶像の祀られている寺院；(イスラム教からは異教の) 寺社= बुतख़ाना; मंदिर; मूर्तिगृह.

सनमपरस्त [形・名] 《A.P. صنم پرست》神像や仏像などの偶像を拝む；偶像崇拝者= मूर्तिपूजक; बुतपरस्त.

सनमपरस्ती [名*] 《A.P. صنم پرستی》神像や仏像などの偶像を崇拝すること；偶像崇拝= मूर्तिपूजा; बुतपरस्ती.

सनबर्न्ट [形] 《E. sun-burnt》日焼けした सनबर्न्ट हो जा॰ 日焼けする

सनसनाना [自] (1) ひゅーん，ぴゅーんなどと激しい音を立てて空気を切って飛ぶ एक तीर सनसनाता आया 1本の矢がひゅーんと飛んできた सनसनाती हुई गोलियों के बीच में ぴゅーんぴゅーんと飛び交う弾丸の中で (2) しびれのためにじんじんする **सनसना जा॰** 怯える；震えあがる

सनसनाहट [名*] (1) 矢や弾の飛び交う音 (2) しびれやそのじんじんした痛み उसने पाँव में सनसनाहट अनुभव की 足にしびれを感じた

सनसनी [名*] (1) 動悸 (2) 戦慄 सारे ज़नानख़ाने में सनसनी-सी फैल गई 女性部屋全体に戦慄のようなものが広がった **सनसनी ढाना** 恐怖におとしいれる **सनसनी पैदा हो॰** *a.* 動転する *b.* 震えあがる

सनसनीख़ेज़ [形] 《H. + P. خیز》戦慄的な；身の毛のよだつ；ぞくぞくする；センセーショナルな सनसनीख़ेज़ ख़बर 戦慄的な知らせ सनसनीख़ेज़ जानकारी 戦慄すべき情報 हमारे क्रांतिकारी जीवन की अत्यंत ही सनसनीख़ेज़ घटना 革命家としての身の毛のよだつ事件

सनसनीदार [形] 《H. + P. دار》= सनसनीख़ेज़.

सनसेट प्वाइंट [名] 《E. sunset point》日の沈むところ；日没地点；サンセットポイント सनसेट प्वाइंट से सूर्यास्त का दृश्य देखते ही बनता है サンセットポイントからの日没の光景は得も言われぬものだ

सनहकी [名*] 《← A. صحنک सहनक》陶製の皿 = रिकाबी; तश्तरी.

सनहाना [名] 食器の洗い桶

सना[1] [名*] 《P. ثنا》(1) 称賛；賛美= स्तुति; प्रशंसा. (2) 賛歌 (特に預言者ムハンマドに対する) = हम्द.

सना[2] [名*] 《A. سنہ》年= वर्ष; वत्सर; सन्.

सना[3] [名*] 《A. سنا》〔植〕マメ科低木センナ= सनाय.

सनाढ्य [名] サナーディヤ (ガウダ・ブラーフマンのグループ名) → गौड़ ब्राह्मण.

सनातन[1] [形] (1) 太古からの (2) 伝統的な (3) 永続的な (4) 正統の **सनातन वैर** 宿恨

सनातन[2] [名] (1) 太古 (2) 伝統 (3) 正統

सनातन धर्म [名] (1) 永遠の理法 (2)〔ヒ〕正統ヒンドゥー教 (改革派に対しての自称) = सनातन हिंदू धर्म.

सनातन धर्मी [名]〔ヒ〕正統派ヒンドゥー教徒→ सनातन धर्म.

सनातन पछुवा पवन [名]〔気象〕偏西風= पश्चिमी पवन.

सनातनी[1] [名]〔ヒ〕サナータナ・ダルマ (सनातन धर्म) の信奉者

सनातनी[2] [形] = सनातन.

सनाथ [形] 庇護者のある；保護者のある；庇う人のある (-) **सनाथ क॰** (―を) 庇う；庇護する；保護する

सनाभि [名] 母親を同じくする兄弟姉妹= सहोदर/सहोदरा. → नाभि.

सनाय [名*]《A. سنا》〔植〕マメ科低木センナ【*Cassia angustifolia*】

सनीचर [名] (1) 土星= शनैश्चर; शनि. (2) 土曜日= शनिवार. **सनीचर आ॰** *a.* 目をつけられる；睨まれる *b.* 不運に見舞われる；運のつきがなくなる **सनीचर उतरना** 逆運や不運の時が過ぎ去る

सनीचरी[1] [形] (1) 土星の影響下の (2) 不運な (3) 不吉な

सनीचरी[2] [名*]〔占星〕土星の位置の一 (土星が魚座にある) ために不幸や不運，悪疫などが多く生じるとされる **मीन की सनीचरी** 魚座に土星の位置する状態．このため支配者にも民にも不幸が来るとされる

सनीड़ [副] (1) 脇に (2) 近くに；そばに

सनीतरी [名*] 《← E. sanitary fittings》(1) 衛生設備；便所 (2) 下水道 सनीतरी का काम 下水道関係の工事や修理

सनीमा [名] 《E. cinema》映画= सिनेमा; फ़िल्म. वह ख़ूब सनीमे देखती है あの娘はよく映画を見る

सनोबर [名]《A. صنوبر》〔植〕マツ科マツノキ (松)【*Pinus roxburghii; P. longifolia*】〈chir pine; Himalayan long-leaved pine〉= चीड़.

सन्न [形] (1) びっくりした；仰天した；ぎょっとした；真っ青になった इस अप्रत्याशित आदेश से एकदम सन्न हो गई この予期しなかった指令に全く仰天してしまった जैसे ही मैंने पीछे मुड़कर देखा तो बड़े भैया को बैठे देखा, हम दोनों एक दूसरे को देखकर सन्न रह गए 振り向いて兄が座っているのを見たとたん私たち2人は顔を見合わせてぎょっとなった **सन्न से हो जा॰** 茫然とする；ぎょっとする= सन हो जा॰. (2) 無感覚な；しびれた (3) 黙りこくった

सन्नद्ध [形] (1) 結ばれた；つながれた= बंधा हुआ. (2) 構えた；備えた देश सेवा के पथ पर सन्नद्ध 国家への奉仕の道に身を投じた (3) 準備した= तैयार; आमादा.

सन्नयन [名] 譲渡

सन्नाटा[1] [名] (1) 沈黙 सन्नाटा भंग किया प्रसाद के स्वर ने プラサードの声が沈黙を破った **सन्नाटा खींचना** 黙りこくる **सन्नाटा छाना** 茫然とする **सन्नाटा बीतना** ふさぎ込む **सन्नाटा मारना** = सन्नाटा खींचना. **सन्नाटे में आ॰** びっくり仰天する；怯えきって口がきけなくなる

सन्नाटा[2] [名] 風の勢いよく吹く音．ひゅー，ぴゅーなど सन्नाटे के साथ さっと；一瞬間に= सन्नाटे से.

सन्निकट [形・副] (1) 近い；接している；接近している；間近な (2) 近くに；すぐそばに；間近に राजधानी का पतन सन्निकट 首都の陥落間近

सन्निकटता [名*] 接近；近接；密接している状態

सन्निकर्ष [名] (1) 関係 (2) 近接；密接

सन्निकाश[1] [形] 似ている；同様の= समान; सदृश.

सन्निकाश[2] [形] (1) 接近した= सन्निकट. (2) 近くの；そばの= पास का; पासवाला; निकट का.

सन्निधान [名] (1) 並列；並置 (2) 接近；近接

सन्निधि [名*] = सन्निधान.

सन्निपात [名] (1) 下降；降下 (2) 結合；連結 (3) 衝突 (4) 集合 (5) 混合 (6)〔アユ〕カパ，ヴァータ及びピッタの3つの健康の要素が同時に不調な状態= त्रिदोष.

सन्निबद्ध [形] (1) つながれた；結びつけられた (2) 詰まった；引っかかった

सन्निभ [形] 互いに似ている；似通っている= समान; सदृश.

सन्निविष्ट [形] (1) 中に入った；含まれた (2) 集められた (3) 挿入された (4) 付加された (5) 接近した

सन्निवेशन [名] (1) 中に入ること；含まれること (2) 集まること；集めること (3) 挿入 (4) 接近

सन्निहित [形] (1) 近くに置かれた (2) 近くの；そばの (3) 近隣の (4) 置かれた (5) 用意している；構えている

सन्नी[1] [形] (1) インド大麻の (2) 麻製の→ सन[1].

सन्नी[2] [名*] 麻の布；麻布

सन्यास [名] → संन्यास.

सन्यासी [名] → संन्यासी.

सपक्ष [形・名] (1) 味方 (の)；仲間 (の) (2) 支持する；支援する；支持者；支援者 (3) 翼のある

सपत्नी [名*] 同時に夫を同じくする複数の妻にとっての夫の別の妻= सौत; सौतिन; सौतन.

सपत्नीक [形・副] 妻を伴った；妻を同伴した；妻を伴って；妻ともども

सपन[1] [名] = सपना.

सपन[2] [名]〔植〕マメ科小木スオウ (蘇芳)【*Caesalpinia sappan*】= पतंग[3].

सपना [名] (1) 夢= स्वप्न; ख़्वाब; ख़ाब. वह सपने में बताए गए सारे कामों में जुट गया 夢の中で告げられたすべてのことに取り組んだ **सपने का अर्थ निकालना** 夢判断をする；夢占いをする (2) 念願；願望 (3) 夢想；空想 नेहरू के सपनों के भारत की तस्वीर ネルーの夢想したインド像 जनता अपनी रोज़मर्रा की समस्याओं में इतनी

फाँसी है कि वह क्रांति का सपना भी नहीं देख पा रहा है 民衆は余りにも日常の問題に深く囚われていて革命の夢すら見られないでいる **सपना आ॰** *a.* 夢に見る *b.* 夢見る；空想する **सपना टूटना** 夢から覚める **सपना देखना** 夢見る；空想する प्यार के सपने देखने में और वास्तविकता में 愛を夢見ることと現実との間には **सपना धूल में मिलना** 夢が破れる **सपना पूरा हो॰** 夢が叶う；夢が実現される＝सपना साकार हो॰. **सपना सँजोना** 夢見る；夢を育む मंथरा अपने मन में भरत के राजतिलक का सपना सँजोये बैठी थी マンタラーは胸中にバラタの即位の夢を育んでいた माँ-बाप बच्चे के जन्म के साथ ही उसके पढ़ने, बड़े होने, काम में लगने व ब्याह के सपने सँजोने लगते हैं 親は子供が生まれると同時に学んだり成人して働くことや結婚することを夢見るものだ **सपना साकार हो॰** 夢が叶えられる；夢が実現される **सपना हो जा॰** 夢となる；夢と化す **सपने का महल** 夢想の世界；空中楼閣 **सपने की दुनिया** 夢想の世界 **सपने की बात** 夢の中のこと；あり得ないこと＝सपने की माया; सपने की राजधानी. **सपने बुनना** 夢見る；空想を巡らす गाड़ी में लेटे लेटे मनु सारे रास्ते सपने बुनता रहा マヌは車中で横になってずっと空想を巡らしていた **सपने में खोये रहना** 夢に浸る；夢想の世界に浸る＝सपने में चूर हो॰. **सपनों का** 理想の सपनों का राजकुमार 理想の男性（理想の花婿）

सपनाना[1] ［自］夢見る

सपनाना[2] ［他］(1) 夢見る；空想する；夢想する वे सपनाते रहे होंगे कि मनोहर जब कलट्टर बनकर अपने जिले में आएँगे तो इस खानदान का रोब दाब कितना बढ़ जाएगा あの人はマノーハルが県長官になってやってくれば一家の威厳もうんと高まるだろうと夢見ていたことだろう (2) 夢を見させる；夢の中に現れる；夢枕に立つ सो एक रात को उसने राजा को सपनाया そこである夜その人は王の夢枕に立った

सपरना ［自］(1) なされる；成し遂げられる；処理される；片付けられる (2) しまう；終わる；終了する **सपर जा॰** 死ぬ＝मर जा॰.

सपराना ［他］(1) 成し遂げる；処理する；片付ける (2) しまう；終える；完了する

सपरिकर ［副］(1) 部下を引き連れて；郎党を従えて (2) 華やかに；華麗に

सपरिवार ［副］家族ともども आपको पति के साथ सपरिवार आमंत्रित किया जाता है あなたは御主人と御家族ともども招待されます

सपरिश्रम कारावास ［名］〔法〕懲役刑

सपाक् सपाक् ［副］ぱしっぱしっと（鞭打つ様子やその音）

सपाट ［形］(1) 平らな；平坦な पहाड़ की चोटी सपाट थी 山頂は平らだった दूर दूर तक फैले सपाट मैदान はるか遠くまで広がった平坦な野原 (2) 滑らかな उभरा हुआ सीना, सपाट पेट, पतली कमर 盛り上がった胸，滑らかな腹，細い腰 (3) 淡々とした；抑揚のない सपाट स्वर में 淡々とした声で

सपाटा ［名］(1) 速さ；速度；勢い (2) 迅速さ (3) 激しい勢い **सपाटा भरना** *a.* かけずり回る；多忙を極める *b.* 体操をする；運動をする＝सपाटा मारना; सपाटा लगाना. **सपाटे से** *a.* 迅速に；急速に *b.* 勢いよく；激しく

सपिंड[1] ［形］〔ヒ〕同血の；同じ血統に属する क्योंकि उसके पूर्व के संबंधी समान रक्त कण के या सपिंड माने जाते हैं と言うのはその人の先祖たちは同血，すなわち，サピンダと考えられるからである

सपिंड[2] ［名］〔ヒ〕ピンダ，すなわち，先祖供養の祭餅を同じくする関係にある人；サピンダ（祖霊供養，婚姻，遺産相続上重要な意味を持つ父方，母方のそれぞれ規定された近親者の集団で外婚の単位となる）；サピンダ親

सपिंडी ［名*］〔ヒ〕亡くなった人を死んでから 1 年後（近年は 12 日目）にサピンダ（सपिंड[2] 先祖供養の対象）に入れる儀礼＝सपिंडीकरण.

सपिंडीकरण ［名］〔ヒ〕サピンダ（→ सपिंड[2]）の供養のために死後 12 日目（昔は 1 年後）に行われる儀礼

सपीना ［名］《E. subpoena》〔法〕召喚状

सपीति ［名*］会食＝सहभोज.

सपुर्द ［形］《P. سپرد सिपुर्द》(1) 委ねられた (2) 引き渡された

सपुर्दगी ［名*］《P. سپردگی सिपुर्दगी》(1) 委託 (2) 引き渡し

सपूत ［名］(1) 孝行息子；親孝行な息子 (2) 忠実な人；忠義な人；名誉を守る人 मेवाड़ के सपूतो! メーワールの名誉を守る人々よ भारत माता तो अपने इस सपूत पर गर्व से फूली नहीं समाई 母なるインドはこの忠義な息子が誇らしくてたまらなかった

सपूती ［名*］(1) 孝行；親孝行 तुम्हारी सपूती इसी में है कि... こうすることこそがお前の親孝行なのだ (2) 忠義；忠節 (3) 孝行息子の母親

सपेरा ［名］蛇を操る芸を見世物にする人，あるいは，そのカーストの人；蛇使い＝सँपेरा; मदारी.

सपेला ［名］子蛇；蛇の子＝सपोला.

सपोटा ［名］(1)〔植〕アカテツ科小木サポジラ【*Achras zapota*】(2) 同上の実；サポジラ

सपोर्ट ［名］《E. support》(1) 支援；支え (2) 支持 (3)〔映〕助演

सपोला ［名］蛇の子；子蛇＝सँपोला.

सप्त ［数・造語］《Skt.》7；7 の意を表す造語要素＝सात.

सप्तऋषि ［名］→ सप्तर्षि.

सप्तऋषिमंडल ［名］〔天〕北斗七星＝सप्तर्षि मंडल.

सप्तक ［名］(1) 7 つのものの集まり；7 つのものを集めたもの (2)〔音〕オクターブ

सप्तचत्वारिंशत् ［数］《Skt.》47 = सैंतालीस.

सप्तजिह्व ［形・名］(1) 7 つの舌を持つ (2) 火

सप्तति ［数］《Skt.》70 = सत्तर.

सप्ततितम ［数］《Skt.》70 番目の＝सत्तरवाँ.

सप्तत्रिंशत् ［数］《Skt.》37 = सैंतीस.

सप्तदश ［数］《Skt.》17 = सत्तरह; सत्रह.

सप्तदशम ［数］《Skt.》17 番目の＝सत्तरवाँ; सत्रवाँ.

सप्तद्वीप ［名］〔イ神〕インド神話による世界観で大地の主要な 7 つの地域 *a.* जंबूद्वीप, *b.* कुशद्वीप, *c.* प्लक्ष द्वीप, *d.* शाल्मलि द्वीप, *e.* क्रौंच द्वीप, *f.* शाकद्वीप, *g.* पुष्कर द्वीप

सप्तधा ［形］(1) 7 つの部分に (2) 7 倍の

सप्तधातु[1] ［名*］〔アユ〕アーユルヴェーダに於いて身体を構成するとされる 7 つの要素（रक्त, पित्त, मांस, वसा, मज्जा, अस्थि, शुक्र，すなわち，血液，胆汁，肉，脂肪，髄，骨，精液）

सप्तधातु[2] ［形］上記の 7 要素から成る

सप्तधान्य ［名］〔ヒ〕プージャーに用いられる 7 種の穀物を混ぜたもの＝सतनजा.

सप्तनवति ［数］《Skt.》97 = सत्तानवे.

सप्तनाड़िका ［名*］→ सिंघाड़ा.

सप्तपंचाश ［数］《Skt.》57 番目の＝सत्तावनवाँ.

सप्तपंचाशत् ［数］《Skt.》57 = सत्तावन.

सप्तपदी ［名*］(1)〔ヒ〕結婚式の祭火の周囲を 7 度，もしくは，7 歩回る儀式；七歩の儀；七周の儀 होम और सप्तपदी ホーマと七周の儀 (2)〔ヒ〕結婚式（の挙式）

सप्तपर्ण ［名］〔植〕キョウチクトウ科高木ジタノキ；トバンノキ【*Alstonia scholaris*】

सप्तपाताल ［名］〔イ神〕下界，もしくは，地下界に想定されている 7 つの世界（अतल, वितल, सुतल, रसातल, महातल, पाताल, などと呼ばれるがプラーナによってその 7 つの呼称に若干の相違がある）

सप्तपुरी ［名*］〔ヒ〕ヒンドゥー教の七聖地（アヨーディヤー अयोध्या, マトゥラー मथुरा, マーヤー／ハリドゥワール माया/हरिद्वार, カーシー काशी, カーンチー कांची, アヴァンティカー／ウッジャイニー अवंतिका/उज्जयिनी, ドゥワーラカー द्वारका）

सप्तभुवन[1] ［名］〔イ神〕地上の 7 つの世界（भूर्लोक, भुवलोक, स्वर्लोक, महर्लोक, जनलोक, तपोलोक, सत्यलोक）

सप्तभुवन[2] ［形］7 階建ての；7 層の

सप्तम ［数］《Skt.》第 7 の；7 番目の＝सातवाँ.

सप्तमात्रिका ［名*］〔イ神・ヒ〕七女神，もしくは，七母神（ब्राह्मी/ब्राह्मणी, माहेश्वरी, कौमारी, वैष्णवी, वाराही, इंद्राणी, चामुंडा）

सप्तमी ［名*］(1) 陰暦の白分及び黒分の第 7 日 विक्रमी संवत 1554 के श्रावण मास के शुक्ल पक्ष की सप्तमी के दिन ヴィクラマ紀元 1554 年シュラーヴァナ月の白分 7 日に (2)〔言〕サンスクリット文法で名詞，代名詞の第七格；位置格；処格 〈locative case〉

सप्तर्षि ［名］(1)〔イ神〕七賢人，七人のリシ，すなわち，聖仙（シャタパタ・ブラーフマナによれば गौतम, भरद्वाज, विश्वामित्र, यमदग्नि, वसिष्ठ, कश्यप, अत्रि；マハーバーラタによれば मरीचि, अत्र, अंगिरा, पुलह, क्रतु, पुलस्त्य, वसिष्ठ）(2)〔天〕北斗七星

सप्तलोक [名]〔イ神〕地上の７つの世界（भूलोक, भुवलोक, स्वर्लोक, महर्लोक, जनलोक, तपोलोक, सत्यलोक）
सप्तविंश [数]《Skt.》第 27 の= सत्ताईसवाँ.
सप्तविंशति [数]《Skt.》27 = सत्ताईस.
सप्तविंशतिम [数]《Skt.》27 番目の= सत्ताईसवाँ.
सप्तशीति [数]《Skt.》87 = सत्तासी.
सप्तषष्ठ [数]《Skt.》第 67 の= सड़सठवाँ.
सप्तषष्ठि [数]《Skt.》67 = सड़सठ.
सप्तसप्त [数]《Skt.》第 77 の= सतहत्तरवाँ.
सप्तसप्तति [数]《Skt.》77 = सतहत्तर.
सप्तसागर [名]〔イ神〕プラーナの世界観で地上のブール界 भूर्लोक の中心であるジャンブドヴィーパ जंबुद्वीप（ジャムブ州）を取り囲んでいる７つの海
सप्तसिंधु [名] 古代インドのアーリア人の居住地に流れていたとされる７つの大河（सिंधु, परुष्णी＝रावी, शतद्रु＝सतलज, वितस्ता＝झेलम, सरस्वती, यमुना, गंगा）
सप्त स्वरग्राम [名]〔音〕全音階
सप्तांग [形] ７つの部分から成る；７つの構成要素から成る
सप्तालु [名] = सतालू.
सप्ताश्व [名]〔イ神〕(7 頭の馬の引く車に乗る) 太陽 (神)；スーリヤ神= सूर्य; सप्ताश्ववाहन.
सप्ताह [名] (1) 週；1 週間 (2) 月曜日から日曜までの７日= हफ़्ता.
सप्ताहांत [名] 週末；ウィークエンド= वीकेंड.
सप्पन [名]〔植〕マメ科小木スオウ【*Caesalpinia sappan*】
सप्रमाण[1] [形] (1) 証拠のある (2) 確実な；信頼すべき
सप्रमाण[2] [副] 確実に；確かに
सप्रयास [副] 努力して；一生懸命に
सप्रश्रय [副] 丁重に；丁寧に
सप्रसवा [形*] (1) 妊娠中の；妊娠している (2) 子のある
सप्लाई [名*]《E. supply》(1) 供給；提供 पानी की सप्लाई क॰ 水を供給する बिजली की सप्लाई 電気の供給 बढ़िया क़िस्म के बीज की सप्लाई 上等な種子の提供 (2) 補給 155 मिलीमीटर की फ़ील्डगन, गोलाबारूद, टोही उपकरण व वाहनों की अज्ञात संख्या में सप्लाई होगी 155 ミリ野戦砲，弾薬，探査機器，車両が大量に補給される (3) 納入 सरकार को माल सप्लाई करते हैं 政府に物資を納入する (4)〔軍〕(兵站の) 補給品
सप्लाई अफ़सर [名]《E. supply officer》〔軍〕(兵站部の) 補給将校
सप्लाई लाइन [名*]《E. supply line》〔軍〕兵站線
सप्लायर [名]《E. supplier》供給者；提供者 बिजली तथा पानी के सप्लायरों के पास 電気と水の供給者のところに
सफ़ [名*]《A. صف》(1) 列；隊列 सफ़ें सीधी की जाती हैं（礼拝に集まった人たちが）整列させられる सभी ने सफ़ों में खड़े होकर नमाज़ पढ़ी（イスラム教徒）全員が整列して祈りを捧げた दुश्मन की सफ़ों में खलबली मच गई 敵の隊列に混乱が生じた (2) 行列 (3) 行 (4) 筋 (5) 線 (6) ござ（莫蓙）
सफगोल [名] → इसबगोल.
सफ़तालू [名] → शफ़्तालू. (1)〔植〕バラ科モモ；桃 (2) その果実
सफ़दर [形]《A. صفدر》勇敢な；勇ましい；果敢な
सफ़न [名]《A. سفن》(1) 鮫皮などの魚のざらざらした皮（道具の握り部分につけたりやすり（鑢）の代用として用いられる）(2) かんな（鉋）
सफ़र[1] [名]《A. سفر》(1) 旅；旅行= यात्रा. (2) 出発= प्रस्थान; कूच.
सफ़र[2] [名] [2]《A. صفر》イスラム暦の第２月
सफ़रनामा [名]《A.P. سفر نامہ》旅行記；旅行記録
सफ़रभत्ता [名]《A.+ H.》旅行手当；出張手当
सफ़रमैना [名]《E. suppers and miners》〔軍〕工兵；工兵隊員
सफ़रा [名]《A. صفرا सफ़्रा》胆汁= पित्त.
सफरी [名*] = टिकली.
सफ़री[1] [形]《A. سفری》旅の；旅行の；旅行用の
सफ़री[2] [名*] (1) 路銀；路用；旅行費用 (2) 旅行用品
सफ़रोल [名]《← E. camphor oil》樟脳油；カンフルオイル
सफल [形] (1) 実った；実のついた；結実した (2) 成功した；上出来の चीन ने आज सफल भूमिगत परमाणु परीक्षण विस्फोट किया 本日中国が地下核実験に成功 (3) 有効な；効果のある；効力のある；有力な बास्केटबाल में लंबे खिलाड़ी अधिक सफल रहते हैं バスケットボールでは背の高い選手のほうが役立つ (4) 意義のある；有意義な सफल जीवन 意義のある人生 (5) 円満な सफल दांपत्य जीवन 円満な夫婦生活 (6)（試験などに）合格した；首尾よく行った
सफलता [名*] ← सफल. (1) 成功 इन देशों के खिलाड़ियों ने अंतर्राष्ट्रीय स्तर पर काफ़ी सफलता पाई これらの国の選手は国際的な水準でかなりの成功を収めている सफलता के जाम चढ़ाना 成功の祝杯をあげる (2) 首尾 इन योजनाओं की सफलता これらの計画の首尾 (3) 合格
सफलित [形] = सफलीभूत.
सफलीकरण [名] 成功させること
सफलीभूत [形] 成功を収めた；実った；首尾よく行った वह कूटनीति भारतवर्ष में अच्छी तरह सफलीभूत हुई その外交策はインドでうまく成功を収めた
सफ़हा [名]《A. صفحہ सफ़्हा》(1) ページ；頁= पन्ना; पृष्ठ. (2) 表；表面= तल; सतह.
सफ़ा[1] [名*]《A. صفا》(1) 清潔 (2) 清浄；澄明さ (3) 心の落ち着き；満足感；充足感
सफ़ा[2] [形] (1) 清潔な (2) 清浄な；澄明な
-सफ़ा [造語] 取り除く，除去するなどの意を加える造語要素 बालसफ़ा 除毛のための；除毛用の
सफ़ाई [名*]《A. صفائی》(1) 洗浄；洗うこと；浄化 बरतनों की सफ़ाई 食器洗い (2) 清潔 दाँतों की सफ़ाई 歯の清潔 जिस्म की सफ़ाई 体の清潔 बालों की सफ़ाई 髪の清潔 (3) 清掃；掃除 **सफ़ाई क॰** 清掃する；掃除する **सफ़ाई मज़दूर** 清掃員；掃除夫 ग्राम पंचायत सफ़ाई मज़दूरों का प्रबंध करती है 農村パンチャーヤットが掃除夫を雇う सफ़ाई अभियान 清掃運動 हम लोगों से सफ़ाई के लिए चुंगी या टैक्स वसूल किया जाता है 清掃（作業）のため税金が徴収される (4) 抗弁；弁明；釈明 **अपनी सफ़ाई दे॰** 抗弁する；弁明する अपनी सफ़ाई देते हुए बोला 弁明しながら言った **(-की) सफ़ाई कर दे॰** *a.*（－を）弁護する *b.*（－を）全部使ってしまう *c.*（－を）すっかりなくしてしまう；全部盗み取る *d.*（－を）殺害する；片付ける；やっつける **सफ़ाई कराना** *a.* ← सफ़ाई क॰. 清掃をさせる；清掃してもらう *b.* 堕胎してもらう；おろして（堕ろして）もらう **(-में) सफ़ाई कराना**（－の間に）仲直りをさせる **सफ़ाई दिखाना** 腕前を発揮する；腕前を見せる；腕の冴えを見せる **सफ़ाई दे॰** *a.* 抗弁する；弁明する；言い訳をする *b.* 正当化する；十分な根拠を示す；免責事由を示す मैं झूठी सफ़ाई देना नहीं चाहता 私は偽って正当化したくない पाल ने अपनी सफ़ाई देते हुए कहा パールは抗弁して無実を訴えた **सफ़ाई से** *a.* 堂々と；公明正大に *b.* 誠実に *c.* 巧みに；手際よく यह सब काम जल्दी और सफ़ाई से होता है これらの一切は素早く手際よく行われる बड़ी सफ़ाई से 実に巧みに **(-की) सफ़ाई हो जा॰** *a.* 釈明される *b.* 清掃される *c.* すっかりなくなる；すっかり盗み取られる
सफ़ाईपसंद [形]《A.P. صفائی پسند》清潔好きな；きれい好きな सफ़ाईपसंद जानवर きれい好きな動物
सफ़ाचट [形]《A. صفا+ H.चट》(1) 全くきれいな；きれいさっぱりとした；さっぱりした (2) すべすべの；つるつるの= एकदम चिकना. (3) 全く平らな；全く平坦な= बिलकुल सपाट. (4) その中に何もない；すっからかんの；空になった；がらんとした；すっかりなくなった मछली मार्केट सुनसान पड़ा था, सफ़ाचट 人気がなくがらんとした魚市場 **सफ़ाचट क॰** *a.* 空にする *b.* 平らげる चूहे इतने चालाक थे कि पिंजड़े का मुँह खोलकर उसका माल सफ़ाचट कर जाते और बच निकलते ネズミは実に抜け目がなく鳥かごの口を開けて中のものをぺろりと平らげて逃げおおせるのだった
सफ़ाया [名] (1) 撲滅；一掃；全滅 चेचक का सफ़ाया 天然痘の撲滅 वह स्वयं खुशामदियों का सफ़ाया करना चाहता था 自らも追従者たちを一掃したく思っていた उन्होंने कुख्यात चोरों का सफ़ाया किया 悪名高い盗賊たちを一網打尽にした (2) 退治；征伐 उग्रवादियों के सफ़ाये में विपक्ष सहयोग देगा 過激派退治に野党が協力する予定 (3) 殲滅 (4) 粛清 **(-का) सफ़ाया क॰** *a.*（－を）一掃する *b.*（－を）台無しにする कीड़ों की सेनाएँ पेड़-पौधों का सफ़ाया करती रहती हैं 虫の大群が植物を台無しにする *c.*（－を）退治する हम लोगों ने आधे सैनिकों का सफ़ाया कर दिया 半数の兵士を退治した *d.*（－を）滅ぼす；全滅させる *e.*（－を）粛清する
सफ़ीना [名]《A. سفینہ》(1) 船= नौका; नाव. (2) 詩集= कविता की किताब. (3) 命令書= आदेश पत्र.

सफ़ीर[1] [名] 《A. سفیر》(1) 大使 (2) 使節

सफ़ीर[2] [名*] 《A. صفیر》(1) 口笛 (2) 鳥の鳴き声 (3) 鳥寄せのために真似る鳥の鳴き声

सफ़ील [名*] 《← A. فصیل फ़सील》都城の四囲に巡らされた防壁；塁壁 गढ़ की सफ़ील और कुछ बुर्जें दीख पड़ती हैं 城の防壁と櫓が望見される

सफ़ेद [形] 《P. سفید》(1) 白い；白色の；白っぽい सफ़ेद कबूतर 白い鳩；白鳩 सफ़ेद सरसों का धुआँ दे॰ 白い実のつくカラシナの実を燻す सफ़ेद रंग शांति का प्रतीक होता है 白は平和のシンボル सफ़ेद बाल 白髪 उस सफ़ेद दवा को ब्लीचिंग पाउडर कहते हैं その白色の薬品を晒し粉と言う (2) 青白い= पीला. (3) （顔色が）青ざめた；真っ青の；顔面蒼白の；血の気が失せた **सफ़ेद पड़ना** 顔面蒼白となる；顔色を失う मुझे देखकर उसका चेहरा सफ़ेद पड़ गया 私を見つけると彼は顔が青ざめてしまった जब अबतक छिपाये इस भेद को उसने उसपर खोल दिया था तो वह जैसे कागज़ सा सफ़ेद हो आया था これまで秘めてきたこの秘密を明らかにしてしまうとまるで紙の色のように血の気が失せてしまった चेहरा एकदम सफ़ेद हो गया 全く顔色を失ってしまった (4) はっきりした；あからさまな；明白な **सफ़ेद झूठ** 真っ赤な嘘 सारे अख़बार सफ़ेद झूठ छापते हैं どの新聞も真っ赤な嘘を書く सफ़ेद झूठ बोलना 白々しい嘘を言う (5) 清浄な；清潔な；汚れていない **सफ़ेद धन** きれいな金；けがれのない金；清らかな金；浄財 ↔ काला धन 闇金；不浄な金 **सफ़ेद या सियाह क॰** 良くするか悪くするか **सफ़ेद हो जा॰** *a.* （顔が）青ざめる *b.* 髪が白くなる；老け込む

सफ़ेद कद्दू [名] (1) 〔植〕ウリ科セイヨウカボチャ；ペポカボチャ【*Cucurbita pepo*】〈vegetable marrow; field pumpkin〉 (2) 〔植〕ウリ科ナタウリ【*Cucurbita pepo*】

सफ़ेद कीकर [名] 〔植〕マメ科落葉樹【*Acacia leucophloea; A. alba*】

सफ़ेद चंदन [名] 〔植〕ビャクダン科小木ビャクダン【*Santalum album*】= चंदन; संदल.

सफ़ेद डामर [名] 〔植〕フタバガキ科常緑高木ダーマル；ホワイトダンマー【*Vateria indica*】

सफ़ेदपोश [形] 《P. سفیدپوش》ホワイトカラーの सफ़ेदपोश वर्ग ホワイトカラー族 सफ़ेदपोश व्यवसाय ホワイトカラーの仕事

सफ़ेदपोशी [名*] 《P. سفیدپوشی》ホワイトカラー（の身の上） यह सफ़ेदपोश वर्ग अपनी सीमित आय में बँधा हुआ किसी तरह अपनी सफ़ेदपोशी बनाये हुए このホワイトカラー族はその限られた収入に縛られて何とかしてそのホワイトカラーを保ちながら

सफ़ेद बधाई [名*] 心からの祝辞；心底からの祝辞

सफ़ेद राई [名*] 〔植〕アブラナ科野菜シロガラシ【*Brassica alba*】

सफ़ेद रीछ [名] 〔動〕(1) クマ科ヒグマ【*Ursus arctos*】= लाल भालू. (2) 北極クマ

सफ़ेद-सियाह [名] = सफेद-स्याह. (1) 善悪；良し悪し (2) 黒白

सफ़ेद सिरीस [名] 〔植〕マメ科高木タイワンネム（台湾ネム）【*Albizia procera*】

सफ़ेद सुरमा [名] ギプス；石膏

सफ़ेद सेमल [名] 〔植〕パンヤ科高木カポック【*Ceiba pentandra*】= श्वेत शाल्माली.

सफ़ेद सोना [名] 白金；プラチナ

सफ़ेद हाथी [名] (1) 白象 (2) 厄介なもの；持て余すもの；使い道のないもの；立派であっても貰うと困るもの **सफ़ेद हाथी ख़रीदना** 甲斐性以上のことをする；力量以上のことをする；身分不相応なことをする；派手に過ぎることや身の丈以上の無理な振る舞いをする= सफ़ेद हाथी पालना; सफ़ेद हाथी बाँधना.

सफ़ेदा [名] 《P. سفیده》(1) 酸化亜鉛；亜鉛華 (2) 白さ= श्वेतता. (3) 〔植〕ヤナギ科ハコヤナギ属ハクヨウ（白楊）；ウラジロハコヤナギ【*Populus alba*】 (4) 〔植〕サフェーダー（北インドに産するマンゴーの１品種） (5) 〔植〕サフェーダー（アラーハーバード・サフェーダー．グアヴァの一品種）

सफ़ेदी [名*] 《P. سفیدی》(1) 白さ；白；白色 (2) 漆喰；のろ；上塗り；水漆喰 **सफ़ेदी आ॰** 髪の霜が降りる देखो न बालों में सफ़ेदी आ गई है ご覧髪に霜が降りている **सफ़ेदी क॰** 漆喰を塗る；壁の上塗りをする

सफ़ेदी खुम [名] 〔植〕ユリ科ツルボ属インドツルボ【*Scilla hyacinthiana; S. indica*】

सफ़्फ़ [名*] 《A. صف》= सफ़. हम लोग भी ख़ून देनेवालों की सफ़्फ़ में शामिल हुए 私たちも献血者の列に並んだ

सब[1] [形] すべての；一切の；全体の= सर्व; समस्त; कुल. सब जगह 至るところ（に）；随所（に） सब सदस्य 全メンバー सब लोग 誰も彼も；すべての人；万人→ सभी.

सब[2] [代] (1) 何もかも；一切のもの；全体 कुछ दिन सब ठीकठाक चलता रहा しばらくの間何もかも順調に進んで行った उस सब को भूलने में एक दिन भी नहीं लगता それらを一切忘れるのに１日もかからない (2) 全員；全部の人；一同 **सब एक ही थैली के बट्टे हैं** 〔諺〕同類の集まり；同じ穴の狢= सब एक ही थैली के चट्टे बट्टे हैं. **सब की ज़बान पर हो॰** 世間に噂される；世間の評判になる **सब के दाता राम** 〔ヒ〕神の配慮は一切のものに及ぶ **सब को एक डंडे से हाँकना** すべての人に一様に接する；皆に同じ応対をする= सब को एक लाठी से हाँकना. **सब गुड़ गोबर हो॰** 何もかも台無しになる **सब गुन पूरी** あらゆる美点や特性を備えている **सब दिन की कसर निकाल ले॰** 恨みつらみを晴らす **सब दिन बराबर न जा॰** 有為転変は世の習い；人生には起伏があるもの **सब धान बाईस पसेरी हो॰** *a.* 相手構わず一様に取り扱うたとえ；十把一からげにすること *b.* 二束三文に扱われるもの （-की） **सब नौबत हो॰** （ーが）さんざんな目に遭う **सब रंग के** 種々の；様々の **सब से अधिक, सब से ज़्यादा** 最も；最も多く；何にも増して；最大に；最高に

सब इंस्पेक्टर [名] 《E. sub inspector police》巡査部長= दरोगा.

सबक़ [名] 《A. سبق》(1) 教科書の課；レッスン= पाठ. वक़्फ़े के बाद 'हमारी किताब' से सबक़ पढ़ते हैं 休み時間の後,『私たちの本』からレッスンを読む (2) 教訓= शिक्षा; नसीहत. यह उन लोगों के लिए भी एक सबक़ है これはその人たちにとっても１つの教訓である **सबक़ दे॰** *a.* 教訓を与える *b.* 懲らしめる उस शैतान को कुछ सबक़ ही दे देते हैं あの悪餓鬼を少し懲らしめてやる **सबक़ मिलना** 教訓を得る उसे हमेशा के लिए सबक़ मिल गया था 将来にわたって教訓を得た **सबक़ ले॰** 教訓を得る **सबक़ सिखाना** = सबक़ दे॰. उसे सबक़ सिखाने की योजना बनाते रहे その人を懲らしめる計画を立てていた **सबक़ सीखना** 教訓を得る इस कहानी से वे चाहें तो कुछ सबक़ ज़रूर सीख सकते हैं その気になればこの話からきっと幾つかの教訓を得ることができる

सबक़त [名*] 《A. سبقت सबक़त》先んじること；優位に立つこと；優勢 （-पर） **सबक़त ले जा॰** 抜き出る；卓越する；凌ぐ वह फ़नों में बाप पर भी सबक़त ले गया 芸において父親を凌いだ

सब-कुछ [代] すべてのもの；一切のもの；全部；何もかも；どれもこれも शीला सब-कुछ जानता है シーラーは一切のことを知っている

सब-कोई [代] すべての人；あらゆる人；万人；誰も彼も；どの人も= हर कोई; हर आदमी; सब लोग.

सबद [名] → शब्द. (1) 声 (2) サバド（ナート派 नाथ संप्रदाय やサント संत と呼ばれる聖者たちが永遠不変の理法を伝え絶対不動の知を授けるものとしてきた師 गुरु の言説）

सबदी [名*] サバディー（サントと呼ばれる聖者たちの教説が詠唱されるもの）

सबब [名] 《A. سبب》(1) 理由；原因 （-के） **सबब से** （ーの）ために；（ーな）ので समुद्र में रहने के सबब 海中に暮らしているので अपने छिछोरेपन और सिफ़लापन के सबब 己の軽薄さと卑しさのために अगर कुछ उगता है तो ठंड के सबब मुरझा जाता है たとえ何かが生えたとしても寒さのために萎れてしまう (2) 方法；手段；媒体；媒介

सबमरीन [名] 《E. submarine》潜水艦= पनडुब्बी.

सबरा [名] はんだごて；鋳掛けに用いるこて（鏝）

सबल [形] (1) 力のある (2) 強い；強力な；強靭な ↔ निर्बल. उनका शरीर सबल और सुदृढ़ था 強く頑丈な体をしておられた

सबलता [名*] ← सबल.

सब लेफ़्टिनेंट [名] 《E. sub-leutenant》〔軍〕海軍中尉

सबा[1] [名*] 《A. صبا》(1) 東の風；東風= पुरवा. (2) ひんやりした心地よい風= ठंडी मधुर हवा. (3) そよ風= समीर.

सबा[2] [地名] 《A. سبا》サバー；シバ（古代南アラビア）

सबात [名*] 《A. ثبات》(1) 強靭さ (2) 安定= स्थायित्व.

सबील [名*] 《A. سبیل》(1) 道；道路 (2) 方法；手段 (3) ピャーウー（公共のための無料の水飲み場）

सबीह [形]《A. صبیح》(1) 色白の= गोरा-चिट्टा. (2) 美しい= सुंदर; हसीन.
सबुक [形] → सुबुक.
सबू [名]《P. سبو》(1) 水がめ；水差し (2) 酒壺
सबूत [名]《A. ثبوت सुबूत》(1) 証拠；証明= सुबूत; प्रमाण. (2) 理屈；論理= तर्क; दलील. (3) 例= उदाहरण; मिसाल. पुख़्ता सबूत 確証= पक्का सबूत; पक्का प्रमाण. **सबूत दे॰** 証拠を示す；立証する इसका सबूत हमने दे दिया このことは当方が立証した
सबूर [形]《A. صبور》我慢強い；忍耐強い= धैर्यवान्.
सबूरा [名]《← A. صبور सबूर》張り形；張り子
सबूरी [名*]《A. صبوری》忍耐= धीरज; धैर्य. (-की) **सबूरी पड़ना** (一の) 怨念に祟られる
सबेरा [名] 早朝；早暁= सवेरा.
सबेरे [副] 早朝に；朝早く= सवेरे.
सबोटेज [名]《E. sabotage》サボタージュ（労働者の抗議活動による器物の破壊や損傷）= तोड़फोड़; अंतर्ध्वंस.
सब्ज़ [形]《P. سبز》(1) 緑の；緑色の= हरा. सब्ज़ तरकारी 青物；青野菜 (2) 新鮮な= ताज़ा. (3) 機嫌のよい；嬉しい；喜んでいる= प्रसन्न; ख़ुश. **सब्ज़ बाग़ दिखाना** （人を）釣る；甘言で釣る यहाँ भी जन सुविधाओं के सब्ज़ बाग़ दिखाए गए ここでも民衆は利便を甘言にして釣られた **सब्ज़ बाग़ नज़र आ॰** 期待できる；希望がある；見込みのある
सब्ज़क़दम [形]《P.A. سبز قدم》（その人の）訪れが不吉なものとされる；その人が訪れると不吉なことが起こる
सब्ज़बख़्त [形]《P. سبز بخت》(1) 幸運な；運のよい (2) 威力のある
सब्ज़रंग [形]《P. سبز رنگ》(1) 緑の；緑色の= हरे रंग का. (2) 色黒の= साँवला.
सब्ज़रंगी [名*]《P. سبز رنگی》(1) 緑色 (2) 色黒なこと
सब्ज़ा [名]《P. سبزہ》(1) 青い草；青草= हरी घास. (2) 草地 चारों तरफ़ सबज़ा-ही-सब्ज़ा नज़र आ रहा था 辺り一面草地ばかりが目に入った वहाँ हर तरफ़ रेत-ही-रेत है.पानी बरसता नहीं.सब्ज़ा कैसे उगे? そこではどちらを向いても砂また砂で雨は降らない．草の生えようはずもない (3) 大麻（バーング）
सब्ज़ाख़ेज़ [形]《P. سبزہ خیز》緑滴る；緑あふれる
सब्ज़ाज़ार [名]《P. سبزہ زار》草地
सब्ज़ा रंग [形]《P. سبزہ رنگ》緑の；緑色の
सब्ज़ी [名*]《P. سبزی》(1) 緑；緑色 (2) 草；草木 (3) 野菜 यह तो रही सब्ज़ी पकाने की बात これは野菜料理の話だったのさ सब्ज़ी तरकारी बोनेवाले 野菜を作る人；野菜栽培者 रसोई में वह सब्ज़ी भी काटती जा रही थी और साथ ही साथ... 台所で野菜を刻みながらそれと同時に… हरी सब्ज़ी 青野菜；青菜 **सब्ज़ी का स्टाल** 八百屋の店 (4) 野菜料理；野菜料理の副食物；おかず सब्ज़ी बनाना おかずをこしらえる साधारणतः गाजर में आलू के टुकड़े मिलाकर गाजर आलू की सब्ज़ी भी बनाई जाती है 普通ニンジンにジャガイモを刻んだものを混ぜてニンジンとジャガイモの煮物が作られる गाजर में आलू की जगह मटर या मेथी डालकर भी सब्ज़ी बनाएँ तो स्वादिष्ट लगती है ジャガイモの代わりにエンドウマメやコロハをニンジンに混ぜた料理もおいしいものだ भिंडी की सब्ज़ी オクラの料理；オクラのドライカレー गीली सब्ज़ी 汁気を残した野菜料理 **सूखी सब्ज़ी** 汁気の残らないように調理した野菜料理；野菜のドライカレー
सब्ज़ीख़ोर [形・名]《P. سبزی خور》野菜を食べる；菜食の；菜食者 = शाकाहारी.
सब्ज़ीख़ोरी [名*]《P. سبزی خوری》菜食= शाकाहार. ↔ मांसाहार.
सब्ज़ीवाला [名]《P.+ H.वाला》(1) 野菜売り (2) 八百屋
सब्बल [名] バール；金梃子
सब्र [名]《A. صبر》忍耐；我慢 सब्र और संयम 忍耐と自制 संतोष का पुतला, सब्र की मूर्ति 満足が姿を取り忍耐が彫像になったもの **सब्र कर बैठना** 我慢する **सब्र का फल मीठा** 忍耐すれば良い結果が得られる= सब्र की डाल में मेवा लगना. **सब्र की सिल छाती पर रखना** 忍耐強く振る舞う **सब्र दे॰** 慰める= दिल जमाई क॰. **सब्र पड़ना** 人を苦しめた罰が当たる **सब्र समेटना** 人を苦しめた罰が当たる **सब्र से** 忍耐強く；我慢強く बच्चों की ख़ातिर मैं उनके सब ज़ुल्म अब तक सब्र से सहती आई हूँ 子供のためにあの人のあらゆる横暴な振る舞いに今まで忍耐強く耐え忍んできました
सब्सिडी [名*]《E. subsidy》助成金；補助金= आर्थिक सहायता.
सभंग [形] 分割された；割れた；砕かれた

सभय [形] (1) 恐れた；怯えた= भयभीत. (2) 危険な= ख़तरनाक.
सभा [名*] (1) 会；集会；会合；会議；集まり काले क़ानून का विरोध करने के लिए आयोजित सभा 悪法に反対するために催された集会 (2) 評議会；協議会 (3) 議会；議院；会議場 (4) 協会；会 बाल सभा 子供会
सभागृह [名] (1) 会堂；集会室；集会場 (2) 会議場 (3) 講堂= हाल. (4) 会館；ホール；公会堂 नई दिल्ली पालिका सभागृह ニューデリー市公会堂
सभात्याग [名] 退場 = सदनत्याग; वाक आउट.
सभापति [名] 議長
सभापतित्व [名] 議長職；議長の仕事；司会 सभापतित्व क॰ 司会する प्रधान पंचायतों का सभापतित्व करता है パンチャーヤットのプラダーンがパンチャーヤットの集会を司会する
सभाभवन [名] (1) 講堂 (2) 会館
सभामंच [名] 演壇；講壇
सभामंडप [名] 大型テント；パビリオン
सभासद [名] (1) 会員；メンバー (2) 議員 (3) 廷臣 सभासदों में से यदि किसी को और कुछ कहना हो तो कहे この場にあって何か申すことのある者は申せ
सभी [代・形] सब の強意形．すべて；何もかも；誰も彼も；一切の；全部の= सब ही. सभी बूढ़े होते हैं 人はだれしも老いるもの
सभ्य [形] (1) 丁寧な；丁重な；鄭重な；礼儀正しい (2) 洗練された；文明化された；開けた
सभ्यता [名*] (1) 文明 रोम की सभ्यता ローマ文明 हमारी सभ्यता के विकास में 我々の文明の発達に (2) 礼儀作法；丁重さ
सभ्येतर [形] 粗野な；野卑な
समंजन [名] (1) 取りつけ；はめ込み (2) 調節
समंजस [形] (1) 適当な；適切な (2) 調和する；和する；なじむ
समंत[1] [形] (1) 全体の；完全な；すべての (2) 公的な；一般的な
समंत[2] [名] 端
समंतभद्र [名]〔仏〕普賢菩薩
समंदर[1] [名] 海；海洋= समुद्र; सागर.
समंदर[2] [名]《P. سمندر》(1)〔動〕両生類サンショウウオ科サンショウウオ（山椒魚） (2) 不死鳥
समंदरी [形] 海の；海洋の
सम्- [接頭] = सं-.
सम[1] [形] (1) 平らな；滑らかな；水平の (2) 似た；同じの；等しい (3) 規則正しい；均整の取れた (4) 均質の；同質の；同種の (5) 偶数の
सम[2] [名]〔イ音〕サマ（タール ताल の主な拍；主拍） → ताल.
समकक्ष [形] 同等の；対等の
समकालिक [形] (1) 同時の；同時的な；即時的な (2) = समकालीन.
समकालीन [形] (1) 同時代の (2) 現代の；当今の समकालीन जीवन की विसंगति 現代生活の歪み
समकोटि [名*]〔言〕同等級〈equative degree〉
समकोण[1] [名] 直角 सड़कें सीधी जाती थीं और एक दूसरे को समकोण पर काटती थीं 道は真っ直ぐで直角に交わっていた
समकोण[2] [形] 直角の **समकोण त्रिभुज** 直角三角形
समकोणिक [形] (1) 直角の (2) 長方形の；矩形の (3) 等角の
समक्रमण [名] 同調；同時進行
समक्रमिक [形] 同時の；同時性の
समक्ष [後置] (-) **के समक्ष** の形で用いられる．(一) の前で；(一) の前に；(一) にとって सरकार के समक्ष एक समस्या थी 政府は1つの問題を抱えていた गत सप्ताह अमरीकी कांग्रेस के समक्ष गवाही के दौरान 先週アメリカ議会での証言の際 क़ानून के समक्ष सब समान हैं 人は法の前で皆平等である उसे मजिस्ट्रेट के समक्ष पेश कर दिया है それを判事の前に提出した कानपुर की सूती मिलों के समक्ष कठिनाई カーンプルの綿工場にとっての困難
समग्र [形] 全部の；全体の；全般の
समग्रयुद्ध [名]〔軍〕総力戦
समग्राकृति [名*]〔心〕形態；ゲシュタルト
समचतुर्भुज [名] 菱形；斜方形= विषमकोण समचतुर्भुज.
समचित्ता [形⁺] 沈着な；心の落ち着いた；平静な
समजलवायु [名]〔気象〕海岸部の気温差の少ない気候〈homoclimate〉
समजातिक [形] 同種の；同質の；均質の= समजातीय.
समजातीय [形] (1)〔生〕相同の (2) = समजातिक.

समझ [名*] (1) 理解 (2) 知性；知力 (3) 分別；判断力 अपनी समझ से काम लेना चाहिए पराई सीख से कभी-कभी बरबादी ही हाथ लगती है 自分の判断力で対処しなくてはならない．他人の忠告に従っているとしばしば破滅しか手に入らぬことになるものだ **समझ का फेर** 考え方の違い **समझ के पीछे लाठी लिए घूमना** 訳のわからないことをする；愚かしいことをする **समझ के बाहर की बात** 理解できないこと；理解を超えたこと **समझ पर पत्थर पड़ना** 頭が働かなくなる；茫然とする **समझ में आ॰** わかる；理解できる；納得される＝समझ में बैठना. गलती दोनों की समझ में नहीं आती 2人とも過ちが理解できなかった जो चीज़ हमारी समझ में नहीं आती उसी से हम डरते हैं 人は理解できないものを恐れるものである **समझ से ऊँची बात** ＝समझ के बाहर की बात.

समझदार [形] 《H. + P. دار दार》(1) 賢い；利口な；聞き分けの良い बच्चा बड़ा समझदार है とても聞き分けの良い子だ समझदार को एक इशारा काफ़ी होता है 賢者には1つの合図だけで十分だ．頭が良い人には暗示だけで用が済む (2) 分別のある अभी बच्चा है हुज़ूर और समझदार होगा तो अपने आप सब समझ जाएगा まだ子供なのです．分別がつくようになればひとりりでに理解することでしょう **समझदार की मौत हो॰** 頭の良い人には悩みの種が尽きぬもの (3) 用心深い समझदार महिलाओं ने ज़ेवर पहनकर अकेले निकलना बंद कर दिया है 用心深い女性たちは装身具をつけて外出するのを止めている

समझदारी [名*] 《H.+ داری》賢明さ；思慮深さ；分別のあること गिलहरी की समझदारी और कार्यकलाप पर सब को आश्चर्य होता था リスの頭の良さと行動には皆が驚いた समझदार माता-पिता इस संबंध में थोड़ी समझदारी व उदारता से काम लें 賢明な親はこれに関して少し賢明かつ寛大に対処すべきである अतः समझदारी इसी में है कि आप परेशानी की सम्भावना से बचने के लिए पहले ही से सावधानी रखें 故に面倒の生じる可能性を避けるために前もって警戒しておかれることが賢明なことでしょう **समझदारी बरतना** 自重する＝सावधान हो॰.

समझना [自・他] (1) 理解する；わかる अगर हम इस बात को समझ लें तो हमारा काम आसान हो जाएगा このことを理解してしまえば仕事は簡単になる (2) 思う；判断する；考える दोनों एक दूसरे को भाई समझते हैं お互いを兄弟のように思っている उसके संयम को कमज़ोरी समझा गया 当局（政府）の忍耐は無力と解された लोगों ने उसकी मृत्यु का कारण शनीचरी देवी का प्रकोप समझा 世間はその人の死因をシャニーチャリー女神の祟りだと思った पर वह सईस और ख़िदमतगार के साथ बैठना शायद अपमानजनक समझता है でもその人は馬丁や使用人と並んで座るのを多分不名誉なことだと考える आपने क्या हमें भुलक्कड़ समझा है 僕のことを忘れっぽい人間だと考えていらっしゃるのですか (3) 思い知らせる **समझने वाले की मौत हो॰** 頭の良い人には苦労が絶えないもの **समझबूझकर** *a.* 良く考えて；慎重に；熟慮して *b.* わざと；意図的に **समझ बैठना** 思いこむ；判断する **समझ ले॰** *a.* 妥協する；話を取り決める *b.* 思い知らせる；仕返しをする आप दोनों बड़े बदमाश हैं, हम आप लोगों को समझ लेंगे あなた方お2人とも相当な悪ですな．思い知らせてやりましょう **समझा तो क्या ख़ाक** 全く理解しない

समझबूझ [名*] (1) 賢明さ；理解力のあること समझबूझ वाला पति 賢明な夫 राम भी अपनी प्रजा की समझबूझ पर प्रसन्न थे ラーマも臣民の賢明さを喜んだ (2) 思慮；分別；思慮分別 समझबूझ के बिना 思慮なく；無思慮に

समझहीन [形] 頑是ない；物心のつかない；聞き分けのない समझहीन बालक 頑是ない子供

समझाना [他] (1) 理解させる；わからせる；説明する；わかるように言う राज मिस्त्रियों को काम समझाकर 煉瓦職人に作業の説明をして (2) 説得する；言い聞かせる；談義する；説き聞かせる जब कभी ममी उससे नाराज़ होतीं, दादी उसे अपने घर लिवा ले जातीं और समझातीं ママがあの子に腹を立てるといつもおばあちゃんがあの子を家に連れて行き言い聞かせる (3) 慰める＝मनाना. उसने मुझे समझाते हुए हमदर्दी जताई 私を慰めながら同情を示した **मन को समझाना** 諦める प्रयास करने पर जब कोई वस्तु न मिले तो मन को समझाने के लिए उसे बुरा बताने लगना 努力してもなにも得られないと自分を慰めるために欲しかったその物を悪く言い出すこと（負け惜しみを言うこと） **समझाना-बुझाना** *a.* 説得する；言い聞かせる；納得させる मैंने पति को समझा-बुझाकर वह स्थान छोड़ने की राय दी 夫を説得してその場所を離れるようにと意見を述べた उसने बूढ़े नौकर को प्रेमपूर्वक समझा-बुझाकर विदा कर दिया 年老いた使用人に優しく言い聞かせて暇を出した *b.* 慰める रात भर लोग उनके पास बैठकर उन्हें समझाते-बुझाते रहे 皆は夜通しその人のそばに座って慰めていた

समझावा [名] (1) ＝समझना. (2) ＝समझाना.

समझौता [名] (1) 妥協；譲り合い (2) 協定；取り決め समझौता क॰ 妥協する；譲り合う उस समझौते में राजस्थान को क्यों घसीटा? その協定になぜラージャスターンを引きずり込んだのか

समतल [形] (1) 平らな；平坦な समतल सड़क 平らな道 समतल जगह 平坦な場所 (2) 水平の अधिकतम समतल गति 2.2 मैक से अधिक 最高水平飛行速度マッハ 2.2 以上 (3) 抑揚のない；単調な；平板な उसने समतल आवाज़ में कहा 抑揚のない声で言った (4) 表情のない；平板な समतल दृष्टि से देखते हुए 無表情な目つきで見ながら

समतलन [名] (1) 水平 (2) 水平化；均し；平板化；地均し

समतल शिला [名*]〔建〕穹隅

समता [名*] (1) 相似 (2) 相同 (3) 類似 (4) 対等 (5) 拮抗；対抗 (6) 均衡 (7)〔修辞〕10種のカーヴィヤグナの一．言葉に冗長さがなく簡潔なこと (-से) **समता क॰** （－と）競う；競い合う हमारा देश सौ साल में भी विश्व के आगे बढ़े हुए देशों से समता नहीं कर पाएगा わが国は百年経っても世界の先進国と肩を並べることができないだろう

समताप मंडल [名]〔気象〕成層圏〈stratosphere〉

समतापी [形] (1) 等温の (2) 等温線の (3) 定温の；恒温の

समतापी प्राणी [名]〔動〕温血動物；定温動物；恒温動物

समतोल [形] (1) 同量の (2) 同等の；同程度の (3) 均衡のとれた

समतोलन [名] 均衡をとること

समत्रिभाजन [名] 三等分

समत्रिभुज [名] 正三角形；等辺三角形

समत्व [名] ←सम. ＝समता; समानता; बराबरी.

समद [形] (1) 酔いしれた；酔っ払った＝मत्त; मतवाला. (2) 機嫌の良い；嬉しい＝प्रसन्न. (3) 驕り高ぶった

समदर्शी [形] 偏見のない；偏向のない；公平な

समदृष्टि [名*] 偏見のないこと；公平；無私

समद्विभाजन [名] 二等分

समधिक [形] (1) 超過する；余分な (2) 多くの；大量の

समधिन [名*] 息子，もしくは，娘の配偶者の母親；息子や娘の姑→ समधी.

समधियाना [名] 息子，もしくは，娘の配偶者の実家の人

समधी [名] 息子，もしくは，娘の配偶者の父→ समधिन.

समध्वनि[1] [名]〔言〕同音異義語＝समनाम (शब्द). 〈homonym〉

समध्वनि[2] [形]〔言〕同音異義の＝समनाम; समनामी. 〈homonymous〉

समनंतर [形] 密着している；ぴったり引っついている

समन[1] [名] 《E. summons》(1) 召喚；呼び出し (2) 出頭命令；召喚状

समन[2] [名] 《P. سمن》モクセイ科ソケイ（素馨）の花＝चमेली का फूल.

समन[3] [名] 《A. سوسن》〔植〕スズラン〈lily of the valley〉

समनाम[1] [名]〔言〕同音異義語〈homonym〉

समनाम[2] [形]〔言〕同音異義の〈homonymous〉＝समनामी.

समन्वय [名] (1) 調和；協調 (2) 組み合わせること；整合；調整 उन दोनों में समन्वय की तलाश क॰ その両者の間に調和を探究する प्रदेश में चुनाव प्रचार कराने हेतु विभिन्न संगठनों के साथ समन्वय करने की ज़िम्मेदारी सौंपी जाएगी 州内の選挙活動のため様々な団体との調整を図る責任を任せられよう

समन्वयशील [形] 調和する；協調的な

समन्वयी [形] 調和を求める；調和的な समन्वयी दृष्टि 調和的な見地

समन्वित [形] (1) 調和した；協調した (2) 組み合った；整合した अखिल भारतीय समन्वित अनुसंधान परियोजना 全インド総合研究計画

समन्वेषक [形] (1) 探究の (2) 探検の；探検上の

समन्वेषण [名] (1) 探究 (2) 探検

समभुज [形]〔幾〕等辺等角の

सममित [形] 対称的な〈symmetrical〉

सममिति [名*] (1) 対称 (2) 相称〈symmetry〉

सममूल्य [名] 額面価格 〈face value/par value〉 सममूल्य पर 額面価格で= बराबरी से.

समय [名] (1) 時間；時；間 किसी समय かつて；ある時；昔；以前 समय की सुई 時計の時間を示す針 समय की सुई आगे बढ़ती रही 時間の針はどんどん進んで行った सुबह के समय की धूप 朝の間の日差し अपनेपन की आड़ में दूसरों का समय नष्ट करते हैं 親しさにかこつけて他人の時間を無駄にする（他人の邪魔をする） (2) 時；際；折；頃；機会 दूध उबालते समय 牛乳を煮る時 मरते समय 死に際に वह अपनी माँ को अंतिम समय में न देख सकी 母親の死に目には会えなかった उत्साही बच्चे तो पिकनिक आदि के समय जब कोई विचित्र-सी चट्टान देखते हैं तो उसका टुकड़ा तोड़ लाते हैं 熱心な子供はピクニックなどの際に変わった岩を見つけるとそれを砕いて持ち帰る (3) 決まった時間；時刻 बच्चे को दूध पिलाने के समय 子供に乳を飲ませる時間に तैयार हो जाना समय से 時間に間に合うように準備しなさい अर्धरात्रि का समय 真夜中の時刻 उनके लौटने का कोई समय नहीं रहता あの方が戻る時刻は決まっていない इस समय भी 依然として；今なお इसी समय ちょうど今；今すぐ；直ちに；即刻 मेरे टहलने का समय है 今は私の散歩の時間なのです (4) 暇（ひま，いとま） (5) タイム（競走などに要した時間） **समय काटना** 時間をやり過ごす **समय का पक्का** = समय का पाबंद. **समय का पाबंद** 時間に厳しい；時間を厳守する **समय का फेर** 状況の変化 दुर्भाग्य कहिए या समय का फेर 不運と言うべきか状況の変化というべきか **समय की पुकार** 時代の要請= समय की माँग. **समय की हवा** 時代の流れ **समय कुसमय** *a.* 運の向いている時と不運の時 *b.* 運の向いている時も不運の時も **समय के साथ चलना** 時流に合わせる **समय के साथ साथ** 時の移り変わりと共に；時と共に समय के साथ साथ सब बदल जाते हैं 時間と共に何もかも変わって行くものだ **समय खोना** 時間を無駄にする **समय चूकना** 時を逃がす **समय निकालना** 暇を見つける；時間を見つける **समय पड़ने पर काम आ॰** いざという時に役立つ **समय पर** 定められた時間に；定刻に；時間通りに= समय से. वह कभी समय पर दफ़्तर नहीं पहुँचता 時間通りに出勤したことがない **समय पलटना** = समय पलटा खाना. **समय पलटा खाना** 状況に変化が生じる **समय पाकर** 適当な時期を見つけて；折を見て；然るべき時に **समय पूरा हो॰** *a.* 終わりになる *b.* 死期が迫る **समय फिरना** 状況が変わる **समय बिगड़ना** *a.* 景気が悪くなる *b.* 不運に見舞われる **समय बीत जा॰** 時機を逃す；好機を逸する **समय रहते** 間に合うように；前もって；今のうちに；時間のあるうちに；然るべき時に समय रहते इसका किस तरह उपचार किया जा सकता है 間に合うようにこの人をどのように治療することができるのか इस मैल या पपड़ी को समय रहते ही किसी दंत-चिकित्सक से साफ़ न कराया जाए 早い目にこの歯垢や汚れを歯医者に取り除いてもらわないと अच्छा हुआ जो माँ-बाप समय रहते ही चले गए 両親は良い時になくなったものだ **समय लगना** 時間がかかる；時間を要する **समय लगाना** 時間をかける दुनिया के किसी भी लक्ष्य पर पहुँचने के लिए दो घंटे से अधिक समय नहीं लगाएँगे 地上のどの地点に到着するのにも 2 時間以上はかからないだろう **समय लदना** *a.* 好機を逃す *b.* 隆盛の時機が過ぎ去る **समय-समय (पर)** 折々に उनकी रचनाएँ समय-समय पर प्रकाशित होती रहती हैं あの人の作品は折々に出版されてきている **समय साधना** 時間を守る **समय से पहले** 未来の時に先立って व्यक्ति की समय से पहले मौत 早死に；早逝= अकाल मौत; अकालमृत्यु.

समयनिष्ठ [形] 時間を正確に守る；時間に几帳面な

समयनिष्ठता [名*] 時間厳守

समयबम [名] 時限爆弾 〈timebomb〉

समयलेखी [名*] タイムレコーダー 〈timerecorder〉

समयसंकेत [名] 時報

समयसमाप्ति [名*] 時間切れ；時間終了 समय समाप्ति की झंडी झुकते ही 時間切れの手旗が下ろされると同時に

समयसारणी [名*] 時刻表= समय-सारिणी; टाइम टेबल.

समयानुसार[1] [形] 時宜にかなった

समयानुसार[2] [副] 時宜に応じて

समयोचित [形] 好都合な；時宜にかなった；タイムリーな；適時の；折よい

समयोचितता [名*] 好都合；時宜にかなっていること；折りよいこと

समर[1] [名] 戦い；戦争；戦闘= युद्ध; लड़ाई; संग्राम.

समर[2] [名] 《A. ثمر》 (1) 実；果実 एक डाली के सब हैं बर्गो समर 皆は同じ枝についた葉と実 (2) 結果

समरक्त[1] [名] 血族；血を分けたもの；同血

समरक्त[2] [形] 血を分けた；同じ血の；同血の **समरक्त कुटुंब** 同族= समरक्त परिवार.

समरभूमि [名*] 戦場；戦陣= युद्धक्षेत्र; लड़ाई का मैदान.

समरस [形] (1) 単一の (2) 単調な (3) 平静な

समरसता [名*] (1) 単調さ (2) 平静さ (3) 調和 वे पहले पंजाब में सांप्रदायिक समरसता लाएँ まずは彼らがパンジャーブにコミュナルな調和をもたらすべきこと

समरांगण [名] 戦場= समरभूमि.

समरा [名] 《A. ثمره》 (1) 果実；実= फल. (2) 結果= परिणाम; नतीजा. (3) 報復= बदला.

समरी कोर्ट मार्शल [名] 《E. summary court-martial; S.C.M.》〔軍〕簡易軍事法廷

समरूप [形] 同じ；同形の；類似の；相似の सभी जीव समरूप कोशिकाओं के बने होते हैं あらゆる生き物は同じ細胞から作られている

समरूपता [名*] ← समरूप. 同形；類似；相似 शहर के एक छोर से दूसरे छोर तक समरूपता 街の一方の隅から他方の隅まで相似ている

समर्थ [形] 力のある；能力のある；力量のある सैनिक दृष्टि से सबल और समर्थ बनाने की ओर 軍事的に強力にする方向に

समर्थक [形・名] 支持する；賛同する हिंदू-मुसलिम एकता का प्रबल समर्थक ヒンドゥーとムスリムの団結の強力な支持者 इतिहास भी इस बात का समर्थक है 歴史もこのことを支持している वे उद्योगों को निजी क्षेत्र में रखने के समर्थक हैं 企業を民間部門に置くほうを支持している प्रस्ताव का समर्थक 提案の支持者 बुद्धिवाद के कट्टर समर्थक 主知主義の強力な信奉者 चीन समर्थक और रूस समर्थक कम्युनिस्ट पार्टियों में 中国派の共産党とソビエトロシア派の共産党との間に

समर्थता [名*] 力；能力；力量

समर्थन [名] 支持；賛同；擁護 अपने-अपने पक्ष का समर्थन それぞれ自派の支持 इसका समर्थन करने वाले それに賛同する人たち

समर्थनीय [形] 支持できる；賛同できる；擁護できる

समर्थित [形] 支持された；賛同された；擁護された कम्युनिस्ट समर्थित सरकार 共産党に支持された政府 महात्मा गांधी समर्थित उम्मीदवार पट्टाभि सीतारमैया マハートマー・ガーンディーが支持する候補者パッタービ・シーターラマイヤー

समर्पक [形] (1) 捧げる；奉納する；献納する (2) 譲る；引き渡す；明け渡す (3) 放棄する (4) 降参する

समर्पण [名] (1) 捧げること；奉納；奉献；献呈 (2) 引き渡し；明け渡し (3) 放棄 (4) 降参；屈服 (5) 献身 समर्पण की भावना से की गई प्रार्थना से एक अजीब शक्ति मिलती 献身的な気持ちで行われた祈りによりある不思議な力を授かる पद्मिनी अपने-आपको उसे समर्पण करेगी パドミニーは自らの身をその人に委ねる

समर्पित [形] (1) 捧げられた；奉納された；献納された उनका पूरा समय अपने प्यारे राष्ट्र की जनता को समर्पित था 氏のすべての時間は愛する国民に捧げられていた स्त्रियाँ अपने आभूषण समर्पित करने के लिए व्यग्र हो उठीं 女性たちは自分の装身具を献納しようと懸命になった कला के लिए समर्पित जीवन 芸術に捧げられた人生 वास्तव में उसने अपना सारा जीवन इसी कार्य के लिए समर्पित कर दिया あの人は正に全生涯をこの事業に捧げた मेरी ज़िंदगी हिंदुस्तान की आज़ादी के लिए समर्पित हो चुकी है 私の生涯はインドの独立のために捧げられてしまっている (2) 引き渡された；明け渡された (3) 放棄された (4) 降参した

समलिंगी [形] 同性の；同性間の

समलिंगीय [形] (1) 同性間の (2) 同性愛の समलिंगीय यौन संबंध 同性愛関係

समलिंगी रति [名*] 同性愛

समलेख शब्द [名]〔言〕同綴異義語 〈homograph〉

समलैंगिक [形] 同性の；同性間の

समलैंगिकता [名*] 同性愛行為

समवयस्क [形] 同年齢の；相年の；同い年の

समवर्गी [形] 同じ部類の

समवर्ण [形] (1)〔ヒ〕ヴァルナ वर्ण を同じくする；同じ種姓の (2) 同じ色の；同色の→ वर्ण.

समवर्ती [形] (1) 同時の；同時発生の (2) 近接した
समवाय [名] (1) 集まり；集合；会合 (2) 集団 (3) 集積 (4) 結合 (5) 株式会社
समवायी[1] [形] (1) 不可分の (2) 付随する (3) 集められた
समवायी[2] [名] (1) 部分 (2) 株主
समवृत्त [名]〔韻〕サマヴリッタ（音節数と音節の長・短の配列を基準とした音節韻律のうち4つのパーダが同数の音節で同一韻律で成るものの総称）
समवृत्ति [形] (1) 類似の；相似の (2) 同じ職業の
समवेत [形] 一体となった；結合した；集合した；集合的な भाषण और लेखन को समवेत रूप में प्रस्तुत कर 語ることと書くことを結合した形にして提出し सांप्रदायिक विद्वेष को शांत करने के लिए समवेत चेष्टा करनी चाहिए コミュナルな憎悪を鎮めるために力を合わせなくてはならない उन लोगोंने समवेत उत्तर दिया 皆は異口同音に答えた **समवेत गान** 合唱 **समवेत स्वर में गाना** 声を合わせて歌う；合唱する
समवेदना [名*] 同情= सहानुभूति; हमदर्दी.
समशीतोष्ण कटिबंध [名]〔地理〕温帯
समष्टि [名*] (1) 集合；集団；社会 (2) 全体 ↔ व्यष्टि 個.
समष्टिगत [形] (1) 集団の；集団的な समष्टिगत चेतना 集団意識 आज के नवयुवक के अंदर समष्टिगत चेतना के स्थान पर व्यष्टिगत चेतना का आधिपत्य हो गया है 最近の若者の間では集団意識に代わって個人意識のほうが優勢になっている
समष्टिवाद [名]〔経・哲・政〕集産主義= सामूहिकतावाद.
समस्त [形] (1) 全部の；全体の शरीर के समस्त भागों में 身体の全部に；全身に समस्त देश 全国 उनकी समस्त रचनाओं में 同氏の全作品に समस्त देशवासी 全国民 (2) あらゆる；一切の समस्त अपमान और निरादर मेरे मित्र सह रहे थे ありとあらゆる軽蔑と侮辱に私の友人たちは耐えていた खाज-खुजली और समस्त चर्म रोगों के लिए 疥癬やあらゆる皮膚病に चित्तौड़ की समस्त वीरता और गरिमा के प्रदेश का प्रमुख नगर उदयपुर है チットールのあらゆる勇猛と尊厳を保つ地域の中心都市はウダイプルです (3) 複合された；複合の **समस्त क्रिया** 複合動詞〈compound verb〉 **समस्त पद** 複合語〈compound word〉 **समस्त शब्द** 合成語〈composite word〉
समस्तिका [名*] 抜粋；要約
समस्या [名*] (1) 課題；問題 ताइवान समस्या 台湾問題 गंभीर समस्या 深刻な問題；一大事 इन समस्याओं का समाधान これらの問題の解決 (2) 詩の詠み比べで相手に詠ませる下の句 (3) 結合
समस्यात्मक [形] 課題のある；問題のある；問題の समस्यात्मक दशा में 問題のある状況で
समस्यापूर्ति [名*] 詩の詠み比べで相手に詠むべく出された下の句を詠むこと
समस्यामूलक [形] 問題の；問題のある **समस्यामूलक बच्चे** 問題児；非行少年
समस्वन [名]〔言〕異形同音異義語；同音異綴語〈homophone〉
समस्वनता [名*]〔言〕同音異綴〈homophony〉
समहित [名] 協約
समाँ[1] [名] (1) 時；時間 (2) 機会；折 = अवसर; मौका. (3) 気候；季節 (4) 時代 **समाँ उखड़ जा॰** 興が冷める **समाँ पाना** 暇を見つける **समाँ बँधना** 歌唱や演奏，踊り，話しぶりなどが時の経つのを忘れさせるような雰囲気を醸す；聞きほれたり見とれたりして時間の経つのも忘れるほどの出来映えになる；魅了される；大変引き立って見える；大いに映える हलके संगीत और हलके प्रकाश के बीच पार्टी का समाँ भी खूब बँधता है 軽やかな音楽と淡い光線の中でのパーティーはなかなか魅惑的である **समाँ बाँधना** 魅了する；我を忘れさせるほど引き立つ；うっとりさせる；圧倒的な雰囲気を醸し出す बिना भेदभाव के नाचती बेसुध स्त्रियाँ एक ऐसा समाँ बाँधती हैं कि भुलाए नहीं भूलता 何の隔たりもなく我を忘れて踊っている女性たちは忘れようにも忘れられないほどの魅力を発揮している
समाँ[2] [名]《A. سماں》光景；景色；風景；情景 चरागों की झिलमिलाहट से बिलकुल सावन भादों की बारिश और बिजली की चमक का समाँ दिखाई देता है 灯火がちかちかするさまは全く雨季たけなわの頃の雨と稲妻の光の光景に見受けられる
समांग [形] 同質の；同類の
समांगता [名*] 同種；同質
समांतर [形] (1) 平行する；平行の (2) 水平の
समांतर चतुर्भुज [名]〔幾〕平行四辺形
समांतरता [名*]〔言〕平行性〈parallelism〉
समांतर बल [名]〔力学〕平行力〈parallel forces〉
समांतर श्रेढी [名*]〔数〕等差級数〈arithmetic progression〉
समा[1] [名] = समाँ[1]. हर बार, बारिश का समा होने पर वह बड़बड़ाता था 雨季がやって来るといつもぶつぶつ訳のわからぬことを言っていた
समा[2] [名] (1) 年= वर्ष; साल. (2) 雨季= वर्षाऋतु.
समा[3] [名]《A. سما》(1) 天；空= आकाश; आस्मान. (2) 天蓋 (3) 天辺；頂点
समाअ [名]《A. سماع》(1) 聞くこと (2) 歌うこと (3) 音楽 (4) 楽を奏でること (5)〔イス〕サマー（ダルヴェーシュ，すなわち，修行者たちが集会して唱名ジクル ज़िक्र，讃歌の歌唱などにより忘我の状態になったりそのような状態で踊ること．→スーフィズム）；サマー
समाअत [名*]《A. سماعت》聞くこと；聴取= श्रवण क॰; सुनना.
समाई [名*] (1) 入ること；収まること (2) 空間；隙間 (3) 能力= शक्ति. (-की) **समाई रखना** （－する）力を持つ；力量がある
समाकलन [名] (1) 対照 (2) 統合 (3) 調整 (4) 集積 (5)〔数〕積分〈integration〉
समाकलन गणित [名]〔数〕積分学〈integral calcus〉
समाकलन परिपथ [名]〔電子工学〕集積回路〈integrated circuit〉
समाकार [形] 同形の；同じ形をした
समाकुल [形] ひどく動転した；とても心が乱れた
समाक्रांत [形] (1) 踏みにじられた (2) 襲われた；襲撃された
समागत [形] (1) 到着した；到達した (2) 出現した
समागम [名] (1) 集合；集会 (2) 出会い (3) 交接 (4) 到着；到達
समाचार [名] (1) 知らせ पिता की मृत्यु का समाचार 父の死の知らせ (2) 報道；ニュース विस्तृत समाचार 詳報 समाचार टीका ニュース解説
समाचार एजेंसी [名*]《H. + E. agency》通信社= न्यूज़ एजेंसी.
समाचार दर्शन [名] = संवाद चित्र. ニュースフィルム；ニュース映画
समाचारदाता [名] 通信社
समाचारपत्र [名] 新聞 समाचारपत्र उद्योग 新聞業 समाचारपत्र वितरक 新聞販売・配達人
समाचार प्रसारण [名] 報道；ニュース報道
समाचार बुलेटिन [名]《H.+ E. bulletin》ニュース速報
समाचार समीक्षा [名*] ニュース解説
समाज [名] (1) 集まり；集団；集合 राजस्थान गुर्जर समाज ラージャスターンのグルジャル・カーストの集まり (2) 社会；世間 समाज के हितों की रक्षा 公益の保護 समाज में मुँह दिखाना भी कठिन है 世間に顔向けもままならない (3) 小社会；界 बद्ध समाज 共同社会 नारी समाज 女性の世界 (4) 社交場
समाजकल्याण [名] 社会福祉 समाजकल्याण विभाग 社会福祉局
समाजकार्य [名] (1) 社会活動 (2) 社会事業
समाजत [名*]《A. سماجت》(1) 卑しさ (2) 卑屈さ (3) 嘆願；哀願
समाजद्रोही [名] 社会の敵；社会に害悪を及ぼす人
समाज मनोविज्ञान [名] 社会心理学〈social psychology〉
समाजवाद [名] 社会主義 वैज्ञानिक समाजवाद 科学的社会主義
समाजवादी[1] [形] 社会主義の；社会主義的な समाजवादी विचारधारा 社会主義思想
समाजवादी[2] [名] 社会主義者
समाज विज्ञान [名] 社会学= समाज शास्त्र.
समाज शास्त्र [名] 社会学= समाज विज्ञान. धर्म समाज शास्त्र 宗教社会学 शिक्षा समाज शास्त्र 教育社会学
समाज शास्त्री [名] 社会学者
समाज शिक्षा [名*] 社会教育
समाज सुधार [名] 社会改革
समाज सुधारक [名] 社会改革者
समाज सेवा [名*] 社会奉仕
समाज सेविका [名*] 社会奉仕家；社会活動家
समाज सेवी [名] 社会奉仕家；社会活動家
समाजस्तंभ [名] 新聞の社会面
समाजी[1] [形] 社会の；社会的な

समाजी[2] [名] (1) 楽士；演奏家；囃子方 समाजी रास लीला का प्रधान अंग है 囃子方はラースリーラーの中心を成す (2) 特定の組織や会などの構成員；会員

समाजीकरण [名]〔社〕社会化〈socialisation〉

समातत [形] 連続している；切れ目のない；連綿とつながる

समादर [名] 尊敬；崇敬= आदर; सम्मान; इज़्ज़त. हम लोगोंने उनके नेतृत्व के गुणों का समादर किया 私どもは同氏の指導力の優秀さに敬意を表した

समादरणीय [形] 敬うべき；尊敬すべき；尊い

समादरित [形] 敬われた；尊敬された एक साथ समादरित, अनादरित 敬われると同時に侮られた

समादिष्ट [形] 命令された；指令された

समादृत [形] 敬われた；尊敬された= सम्मानित.

समादेय [形] (1) 敬うべき；尊敬すべき (2) 歓迎すべき

समादेश [名] 指令；命令= आज्ञा; आदेश; हुक्म.

समादेशक [名] (1) 命令者 (2)〔軍〕司令官

समाधान [名] (1) 解決；解消 नागा समस्या समाधान की ओर ナーガー族問題は解決の方向に शंका का समाधान क॰ 疑念を解消する शंका-समाधान क॰ 疑念を晴らす (2) 解決策 राजनैतिक समाधान ही चाहिए 政治的な解決策こそが求められる

समाधि [名*] (1) 神を深く念じること；瞑想に没入すること (2)〔ヨガ〕客体だけを意識すること；三昧 योगी साँस रोककर कई दिन तक भूमि में समाधि लेकर यह सिद्ध कर देता है ヨーガ行者は息を止め幾日間も地下で三昧に入りこのことを証明する (3) 墓；墓場 लेनिन की समाधि レーニンの墓；レーニン廟 यह महाराणा प्रताप की समाधि है これがプラタープ王の墓だ समुद्र जब कुपित होता है तब न जाने वह कितने मछुओं की समाधि बन जाता है 海が一旦荒れ狂うとどれほど多くの漁師の墓場と化すかわからない समाधि टूटना 瞑想が破られる；瞑想から覚める **समाधि लगाना** 瞑想に入る；三昧に入る；三昧境に入る यहाँ पर कभी स्वामी विवेकानंद ने भी समाधि लगाई थी かつてこの地でスワーミー・ヴィヴェーカーナンダも三昧境に入られた **समाधि ले॰** *a.* 瞑想に入る；三昧に入る *b.* 瞑想に入って命を断つ जीवित समाधि ले॰ 生きたまま墓に入る；即身成仏する；即身解脱する रामदेव जी ने जीवित समाधि ले ली ラームデーオ上人は即身解脱を果たした (4)〔修辞〕何らかの目的が偶然の出来事で達成される形式の表現法

समाधि क्षेत्र [名] 墓地；墓場

समाधिमरण [名] 三昧に入っての死

समाधिलीन [形] (1) 三昧に入った (2) 逝去した वे वहाँ समाधिलीन हो गए 同地で逝去された

समाधिस्थ [形] (1) 三昧境に入った (2)（人の死の婉曲な表現）三昧境に入った；亡くなった बोधिवृक्ष की छाया में समाधिस्थ 菩提樹の木陰で三昧境に入った 4 जुलाई सन 1902 ई॰को एकाएक आप समाधिस्थ हो गए 1902 年 7 月 4 日ににわかに三昧境に入られた

समाधि-स्थल [名] 墓地；墓所

समान [形] (1) 同じの；等しい；同一の समान कार्य के लिए महिलाओं को पुरुषों के बराबर वेतन （男性と）同じ仕事をする女性には男性と同じ給与 समान काम, समान वेतन 同一職務に同一給与 (2) 平等の；対等の सभी मनुष्य समान हैं 万人は平等である सुखी बनने का समान अधिकार 幸せになる平等の権利 (3) 似ている；類似の (-) **के समान** *a.* (一の) ように；(一) みたいに मैं उन्हें अपनी माँ के समान समझता हूँ あの方を自分の母親のように思っている क्षत्रियों के बालकों के समान クシャトリヤの子供と同じように हवा के समान तेज़ चलने वाले कृष्ण के घोड़ों को चींटी की चाल चलनी पड़ी 風のように速く走るクリシュナの馬が蟻のような速度で歩まなければならなくなった बड़े भाई को पिता के समान समझा जाता है 兄は父親と同じ存在と考えられる उसने ऊपर का वर्ण घनश्याम और भीतर का रंग मक्खन के समान बनाया है 表面の色を真っ黒に内側の色を真っ白にした तुम मेरे बेटे समान हो お前はわしの息子も同然だ *b.* (一) のような；(一) みたいな तुम्हारे समान भ्राता お前のような弟 **समान अंतर पर रहना** 平行する= (-के) साथ साथ चलना; (-के) बराबर चलना. **समान भाव से** 同様に；同じように यह सभी को समान भाव से अपने साथ ले जाना चाहती है 全員を同じように連れて行きたがっている **समान रूप से** *a.* 等しく；同様に स्वस्तिक चिह्न हिंदू, जैन तथा बौद्ध धर्मों में समान रूप से अपनाया गया 万字はヒンドゥー教，ジャイナ教及び仏教に等しく採り入れられた वे हिंदू एवं मुसलमानों में समान रूप से पूजे जाते हैं ヒンドゥーとムスリムの両方に等しく崇拝されている人 *b.* 同等に；平等に घर की सभी चीज़ों को भी अपने दोनों बेटों में समान रूप से बाँट देना चाहता था 家にある一切のものも 2 人の息子に平等に分け与えようと思っていた

समानता [名*] ← समान. (1) 平等；対等 आर्थिक और सामाजिक समानता 経済的及び社会的平等 समानता और न्याय 平等と正義 (2) 類似（性） उपर्युक्त समानताओं के बावजूद मानव अन्य सभी प्राणियों से भिन्न है 上述の類似性にもかかわらず人間は他のあらゆる生き物と異なっている **समानता का** 平等な नौकरी प्राप्त करने के लिए समानता का अवसर 平等な就職の機会

समाननाम [名] 同姓

समान लिंग [名]〔言〕通性〈common gender〉

समानांतर [形・副] (1) 平行の (2) 水平の उस समय बाज़ू ज़मीन के समानांतर हो その際腕は地面に対して水平であること नेट के समानांतर ネットに平行の (3) 並行して दोनों पत्रिकाएँ समानांतर चल रही थीं 2 つの雑誌は並行して出ていた **समानांतर सरकार** 影の政府= प्रतिसरकार. उन्होंने अपनी समानांतर सरकार कायम की 同氏は影の内閣を樹立した

समाना [自] (1) 入る；収まる；収納される कोठरे में अनाज समा नहीं पाएगा 穀物倉に穀物が収まりきれないだろう (2) 入る；入り込む एक चूहा बिल के अंदर समा गया था ネズミが 1 匹穴の中に入り込んだ धर्म, कला और विज्ञान के बारे में कई नवीन विचार भारतीय जीवन के विविध पक्षों में समा गए 宗教，芸術，科学の新しい思想がインドの生活の様々な面に入った ख़ून की वह चिनगारियाँ जैसे उसके रोम-रोम में समा गईं 血潮から発するその火花はまるで彼の全身に入り込んだかのようであった धरती फटती तो शीला उसमें समा जाती （恥ずかしさのあまり）シーラーは大地が裂ければそこに入ってしまうものを बाज़ारों में भीड़ नहीं समाती 市場には群衆があふれている (3) 吸い込まれる；吸収される；吸い込まれるように中に入り込む；引き込まれる नींद की गोद में समाना 眠りに吸い込まれる धरती के फट जाने पर संत उसमें समा गए 大地が裂けると上人はその中に吸い込まれてしまった तब तक एक तिहाई लोग धरती की गोद में समा चुके होंगे それまでに 3 分の 1 の人は死んでしまっているだろう（大地の懐に吸い込まれてしまっているだろう） उनमें से बहुत-से भारतीय जन समुदाय में समा गए थे その中の多くの人はインドの民衆の中に吸収されてしまっていた वे इमारतें धरती के भीतर समा गईं それらの建物は大地に吸い込まれてしまった (4) 広がる；覆う ऊपर से विदेशियों का डर समा गया था おまけに外国人に対する恐怖心が広がってしまっていた (5)（考えが）浮かぶ मगर न जाने ख़ुदाबख़्श के दिल में क्या समाई कि उसने दिल्ली जाने की ठान ली 一体フダーバクシュには何の考えが浮かんだのか，デリー行きを決心したのは

समानाधिकरण [名] (1) 対等；対等な関係 (2)〔言〕同格〈apposition; coordination〉 समानाधिकरण कर्मधारय समास 同格限定複合語〈appositional compound〉

समानाधिकार [名] 対等な権利；平等な権利

समानानुपात [名] 均整；均衡；バランス

समानानुपातिक [形] 均整のとれた；釣り合った；バランスのとれた= मुतनासिब.

समानार्थ [名] 同義語；シノニム

समानार्थक [形] 同義の **समानार्थक शब्द** シノニム= समानार्थक पद; पर्यायवाची शब्द; पर्याय पद.

समानार्थी [形] = समानार्थक.

समानोदक [名] 11 代から 14 代前までの先祖を共通にする親戚

समापक [形] 終了する；終結する

समापक पक्ष [名]〔言〕終止相〈terminative aspect〉

समापत्ति [名*] (1) 集会；会合 (2) 会見 (3) 不慮の災難；奇禍 (4) 機会

समापन [名] (1) 処分 (2) 終了；終結 (3) 殺害

समापन समारोह [名] 閉会式 खेलों का समापन-समारोह 競技の閉会式

समापन्न [形] (1) 終了した；終結された= समाप्त किया हुआ. (2) 得られた；獲得された；入手された= मिला हुआ; प्राप्त. (3) 生じた；発生した= घटित; उपस्थित. (4) 到達した；達した= आगत; पहुँचा हुआ. (5) 殺された= वध किया हुआ.

स

समापवर्तक [名]〔数〕公約数 〈common factor〉
समापवर्त्य [名]〔数〕公倍数 〈common multiple〉
समाप्त [形] (1) 終わった；終了した；終結した (2) 尽きた；なくなった (3) 売り切れた；売れてしまった (4) 息が絶えた；死んだ (5) 断たれた **समाप्त क॰** *a.* 終える；終了する；終結する *b.* 絶やす *c.* 断つ इस प्रकार की बुराइयों को केवल दो प्रकार से समाप्त किया जा सकता है この種の悪は 2 つの方法でしか断つことができない **समाप्त हो॰** 終わる；尽きる；切れる；死ぬ；息を引き取る；断たれる शीत ऋतु समाप्त होते ही 冬が終わるとすぐに प्रथम विश्वयुद्ध के समाप्त होते ही 第一次大戦が終わると同時に उसी क्षण धरती पर चित्त पड़कर समाप्त हो गया その瞬間地に仰向けに倒れて果ててしまった
समाप्ति [名*] (1) 終わり；終了；終結 पिछली सदी की समाप्ति 前世紀の終わり (2) 尽きること；なくなること (3) 売り切れ (4) 死亡 (5) 断絶
समायोग [名] (1) 合致；一致 (2) 集合
समायोजन [名] 調節；調整 समायोजन क॰ 調節する
समायोजित [形] (1) 調節された；調整された 0.25 दिन को समायोजित करने के लिए हर चौथे वर्ष एक दिन जोड़ दिया जाता है 0.25 日を調整するために 4 年ごとに 1 日が加えられる (2) なじんだ；慣れた हम प्रायः नए स्थान, नए जलवायु, नई किस्म के भोजन, नए लोग तथा नई जीवनपद्धति से समायोजित हो जाते हैं 人はたいてい初めての場所，初めての風土，初めての食事，初めての人たち，初めての生活様式になじんで行くものだ
समारंभ [名]（順調な）開始 इस कार्यक्रम का समारंभ दो अक्तूबर 1952 को किया गया このプログラムは 1952 年 10 月 2 日に開始された
समारंभण [名] (1) 開始 (2) 抱擁= आलिंगन.
समाराधना [名*] 崇拝 लोग परलोक को छोड़कर लोक की समाराधना में लीन हैं 人はあの世をさておきこの世を崇拝することに我を忘れてしまっている
समारोह [名] 行事；式；儀式；式典；祝典 विवाह समारोह 結婚式 सिनेमा, पिकनिक और विवाह आदि समारोहों पर 映画とかピクニックとか結婚などといった行事に際して दीक्षांत समारोह 卒業式；終了式 कम्युनिटी हाल में होनेवाले समारोह में 公民館で催される行事に
समार्थ[1] [形] 同義の；同じ意味の；同義語の
समार्थ[2] [名] 同義語 = पर्याय.
समार्थक[1] [形] 同義の；同じ意味を持つ= समानार्थी.
समार्थक[2] [名] 同義語 = समानार्थक शब्द.
समालिंगन [名] 激しい抱擁
समालोचक [名] 批評家；評論家
समालोचन [名] = समालोचना.
समालोचना [名*] 批評；論評；評論
समावर्तन [名] (1) 戻ること；家に戻ること (2)〔ヒ〕ヒンドゥー男子の通過儀礼の一．古代インドで学生期を終えた際の帰家式（師の家から自分の家に戻る際行われた儀式）= समावर्तन संस्कार. (3) 卒業式；終了式；学位授与式
समाविष्ट [形] (1) 入った；中に入った= समाया हुआ. (2) 広がった；広まった；覆った (3) 熱中した；専心した (4) とりつかれた (5) 結ばれた
समावृत्त [形] (1) 覆われた；包まれた= ढका हुआ. (2)〔ヒ〕学業を終えて家に帰った→ समावर्तन. (3) 同封された
समावेश [名] (1) 結合 उनके निबंधों में इन दोनों तत्त्वों का समावेश है あの人のエッセイにはこの 2 つの要素が結合されている (2) 編入 इसमें काल्पनिक वृत्त, पौराणिक आख्यान आदि का समावेश किया गया है これには空想的なことや神話などが編入されている (3) 包含；包括；含まれること उनके भाषणों में तर्क और विद्वत्ता का समावेश रहता था あの方の演説にはいつも論理と学殖とが包みこまれていたものだった (4) 浸透
समावेशित [形] = समाविष्ट.
समास [名]〔言〕複合語；合成語 **समास-रचना**〔言〕（語の）合成；（語の）複合 〈compounding; composition〉
समासक्ति [名*] (1) 結合 (2) 関係；関連 (3) 愛着 (4) 編入
समाहरण [名] (1) 集めること；採集 (2) 集めたもの；集まり
समाहार [名] (1) 集めること；収集 (2) 集めたもの
समाहित [形] (1) 集められた；収集された (2) 備わった मानव के अंदर समाहित अपार रचनात्मक शक्ति 人間に備わっている無限の創造力 (3) 集中した समाहित मना 専念した；専心した
समिति [名*] (1) 委員会 1917 में निर्वाचित रूसी कम्युनिस्ट पार्टी की केंद्रीय समिति के 24 सदस्यों में से 1917 年に選出されたロシア共産党中央委員会の 24 名の委員中 (2) → सभा.
समिद्ध [形] 燃えている；焼けている；火のついている；火のついた；点火した
समिध [名] (1) 火= अग्नि; आग. (2) 薪；燃料→ समिधा
समिधा [名*] (1) 薪= ईंधन; लकड़ी. (2) 護摩にくべる木= समिधि.
समिधि [名*]〔ヒ〕ホーマ（護摩）を執り行う際に用いられる護摩木
समीकरण [名] (1)〔言〕同化（すること）〈assimilation〉←→異化 विषमीकरण 〈dissimilation〉 (2)〔数〕方程式；等式 (3) 均等化
समीकार [名] 均等化
समीकृत [形] (1) 同化された (2) 均等化された
समीकृति [名*] = समीकरण.
समीक्षक [名] 評者；批評家；評論家
समीक्षण [名] (1) 観察 (2) 批評；評論 (3) 審査；検査；吟味
समीक्षा [名*] (1) 批評；評論 (2) 観察 (3) 審査；検査；吟味
समीक्षात्मक [形] (1) 批評の；評論の (2) 批判的な；批評的な समीक्षात्मक टिप्पणी 校訂註
समीक्षित [形] 批評された；評された
समीचीन [形] (1) 相応しい；適切な；適当な इस संबंध में एक घटना का उल्लेख करना समीचीन रहेगा これに関して 1 つの事件について記しておくのが適切であろう (2) 正しい；正当な
समीप[1] [形] 近くの（空間と時間が）；接近した；隣接した
समीप[2] [副] 近くに（空間と時間が）；近接して
समीपता [名*] 近さ；接近；近接 शरीर की समीपता की अपेक्षा हृदय की समीपता ही प्रेम-बंधन को स्थायी बनाती है 身体の近さよりも心の近さのほうが愛情の絆を永続させる
समीपवर्ती [形] (1) 近くの；そばの；隣接した；近接した；接近した समीपवर्ती क्षेत्रों का जलवायु 近隣地域の気候風土 (2) 側近の
समीपस्थ [形] = समीपवर्ती.
समीभवन [名]〔言〕同化（されること）〈assimilation〉
समीर [名] (1) そよ風；微風 बसंत के समीर और ग्रीष्म की लू में कितना अंतर है? 春の微風と夏の熱風とどんなに違うものなのか (2)〔気象〕軟風
समीहा [名*] (1) 努力 (2) 欲；欲望；欲求 (3) 探究
समीहित [形] 望まれた；欲せられた
समुंदर [名] 海= समुद्र; सागर.
समुंदर का पात [名]〔植〕ヒルガオ科蔓木オオバウラジロアサガオ【*Argyreia speciosa; A. nervosa*】
समुंदर फेन [名] = समुद्रफेन.
समुंदर सोख [名]〔植〕ヒルガオ科蔓木オオバウラジロアサガオ【*Argyreia nervosa*】
समुचित [形] (1) 適切な；ぴったりの समुचित सहायता 適切な助力 समुचित मात्रा में सभी पोषक तत्त्व प्राप्त होते रहें 適切な栄養分がずっと得られるように (2) 正しい；適正な समुचित जानकारी 正しい情報 (3) 然るべき इसके इलाज की ओर समुचित ध्यान न दिया जाए तो これの治療に然るべき注意が払われないと
समुच्च [形] とても高い；甚だ高い；そびえ立つ
समुच्चक [形] (1) 上に伸ばす (2) 前進させる
समुच्चय (1) 結合 (2) 集まり；集合 (3) 累積
समुच्चयबोधक [名]〔言〕接続詞 〈conjunction〉
समुज्ज्वल [形] 強く輝く；煌々と輝く
समुत्थान [名] (1) 持ち上げること (2) 向上 (3) 発端；起源
समुत्थित [形] (1) 持ち上がった；立ち上がった (2) 現れた；現れ出た (3) 生じた；興った
समुत्पन्न [形] 生じた；起こった；生起した= उत्पन्न; घटित.
समुद [形] 嬉しい；喜ばしい
समुदय [名] (1) 興起 (2) 天体が現れること；上昇 (3) 吉祥の時刻 (4) 集まり；集合
समुदाय [名] (1) 群集；大勢 (2) 集団；集合 (3) 集積 (4) 協会 (5) コミュニティー
समुदायवाचक संज्ञा [名*] 集合名詞= समुदायवाचक नाम.

समुदित [形] (1) 興起した (2) 出現した (3) 生じた
समुद्दिष्ट [名]〔言〕指示物〈referent〉
समुद्धरण [名] 引き上げること；持ち上げること；上昇させること
समुद्भव [名] 発生；誕生；復活；蘇生
समुद्यत [形] 十分な備えをした
समुद्यम [名] (1) 努力 (2) 開始
समुद्र [名] 海；大海；大洋= सागर; समंदर; समुंदर. **भूभागीय समुद्र** 領海= क्षेत्रीय जलक्षेत्र. **समुद्र की थाह ले॰** 不可能事をなそうとする= समुद्र पर लीक डालना. **(-का) समुद्र बह चलना** (ーが) あふれ出る **समुद्र में गोते खाना** 大変な危難におちいる
समुद्र कछुआ [名] (1)〔動〕爬虫類ウミガメ科ウミガメ (2)〔動〕ウミガメ科アオウミガメ【*Chelonia mydas*】= दूध कछुआ.
समुद्रगुप्त 〔人名・イ史〕サムドラグプタ（グプタ朝第 3 代皇帝 ca. 335–376）
समुद्रझाग [名] イカ（烏賊）の甲 = समुद्रफेन.
समुद्रतट [名] 海岸；磯= समंदर का किनारा. मद्रास का समुद्र तट बहुत सुंदर है マドラスの海岸はとても美しい
समुद्रतटीय [形] 海岸の；沿岸の
समुद्रतल [名] 海面；平均海水面 समुद्रतल से 3,100 मीटर ऊँचाई पर है 海抜 3100m の高さにある
समुद्रतली [名*] 海底 समुद्रतली का स्वरूप सदा बदलता रहता है 海底の形は常に変化する
समुद्रतारा [名]〔動〕棘皮動物ヒトデ（海星）= स्टार फ़िश.〈starfish〉
समुद्रपार[1] [形] 海外の समुद्रपार सेवा 海外勤務
समुद्रपार[2] [副] 海外に；外国に；海の向こうに；海をへだてて **समुद्रपार उतारना** *a.* 厳罰に処す *b.* 流刑にする；島流しにする
समुद्रफल [名]〔植〕サガリバナ科中高木【*Barringtonia acutangula*】〈Indian oak〉= हिज्जल.
समुद्रफेन [名] イカ（烏賊）の甲= समुद्रझाग.
समुद्रमंथन [名] (1)〔イ神〕乳海攪拌（アムリタを得るためにデーヴァとアスラとが乳海を攪拌したとされる）→ क्षीरसागर; अमृत. (2) 探究
समुद्रमालिनी [名*] 大地；陸地；陸= समुद्रमेखला.
समुद्रयात्रा [名*] 航海；海の旅
समुद्रयान [名] 船；船舶；海の乗り物
समुद्र विज्ञान [名] 海洋学
समुद्रसमीर [名] 浜風；海風
समुद्रसार [名] 真珠= मोती; मुक्ता.
समुद्रसोख [名]〔植〕ヒルガオ科蔓木オオバウラジロアサガオ→ समुंदर सोख.
समुद्रांता [名*]〔植〕ブナ科低木【*Alhagi maurorum; A. pseudalhagi*】〈camelthorn〉= जवासा; दुरालभा.
समुद्री [形] (1) 海の；海洋の (2) 海中の (3) 海に生息する **समुद्री पौधे** 海草 **समुद्री व्यापार** 海洋交易 **समुद्री साँप** 海蛇
समुद्री अर्चिन [名]〔動〕棘皮動物ウニ〈sea urchin〉
समुद्री एनीमोन [名]〔動〕腔腸動物イソギンチャク〈sea anemone〉
समुद्री कंकड़ [名] 玉砂利；海岸の小石〈shingle〉
समुद्री कछुआ [名]〔動〕ウミガメ科ウミガメ（海亀） **दूध कछुआ** アオウミガメ【*Chelonia japonica*】 **शेर कछुआ** オサガメ科オサガメ【*Dermochelys coriacea*】
समुद्री कुकम्बर [名]《H.+ E. cucumber》〔動〕棘皮動物ナマコ（海鼠）〈sea cucumber〉
समुद्री केबिल [名]《E.+ E. cable》海底ケーブル《submarine cable》
समुद्री ख़रगोश [名]《H.+ P.خرگوش》〔動〕軟体動物アメフラシ科アメフラシ〈sea hare〉
समुद्री गाय [名*]〔動〕海牛（ジュゴン，マナティーなど）
समुद्री घास [名*] 海草〈sea weeds〉
समुद्री जल [名] 海水
समुद्री जलवायु [名]〔気象〕海洋性気候
समुद्री डाकू [名] 海賊
समुद्री तार [名] (1) 海底電線；ケーブル (2) 海底電信
समुद्री पक्षी [名] 海鳥
समुद्री पत्तन [名] 海港
समुद्री पर्यटन [名] 巡洋航海；周遊航海；漫遊航海
समुद्री पानी [名] 海水
समुद्री प्राणिसमूह [名]〔動〕海洋動物群
समुद्री प्राणी [名]〔動〕海洋動物
समुद्री भित्ति [名*] 海溝
समुद्री मकड़ी [名*]〔節動〕ウミグモ類 = समुद्री लूता.〈sea spider〉
समुद्री मील [名]《H. + E. mile》海里
समुद्री यात्रा [名*] 航海；船旅
समुद्री शैवाल [名] 海草〈sea weed〉
समुन्नत [形] (1) 発達した；発展した इस काल में भारत का विदेश-व्यापार काफ़ी समुन्नत था この時代にインドの外国貿易はかなり発展していた (2) 高まった；高められた मनुष्य का सफल, सुखी तथा समुन्नत होना बहुत कुछ उसकी अपनी निर्णय शक्ति पर निर्भर है 人が成功を収めたり幸せになったり高められたりするのは多くはその人の決断力に依る (3) 大変高い；そびえ立つ
समुन्नयन [名] 持ち上げること；引き上げること
समुपकरण [名] (1) 道具 (2) 資材；材料
समुपयोजन [名]〔経〕搾取 = संदोहन.〈exploitation〉
समुपस्थित [形] (1) 居合わせる；出席している；臨席している (2) 現れている
समुपस्थिति [名*] (1) 出席 (2) 出現
समुपेत [形] (1) 近づいた；接近した (2) 集まった
समुल्लास [名] (1) 喜び；歓喜 (2) 章；篇
समूचा [形[+]] 全体の；全部の；あらゆる उनका समूचा चेहरा लाल हो उठा 顔全体が紅潮した समूचे राज्य में 全国土に समूचे उत्तर भारत में वर्षा 北インド全体に降雨 रेशमी साड़ी का पहलू उसके समूचे बदन को स्पर्श करता हुआ 絹のサリーの端が彼女の全身に触れながら समूचे भारत देश के लिए 全インドのために किलकिला मछली को समूचा निगलता है アオショウビンは魚を丸ごと飲みこむ समूची प्रतिमा का दर्शन 神像全体の姿 यह समूचे गाँव की संपत्ति होती है これは村落全体の財産である
समूढ़ [形] (1) 積み重ねられた (2) 集められた
समूल[1] [形] 根っからの；根本からの
समूल[2] [副] 根本から；根こそぎに；根をつけた状態で उस रूढ़ि को समूल विनष्ट करना その因習を根絶する **समूल नष्ट क॰** 根絶やしにする；根絶する यही महौषधि तुम्हारे समस्त रोगों का समूल नष्ट करेगी この薬が君のあらゆる病を根絶やしにするだろう **समूल नष्ट हो॰** 根こそぎになる；根絶される यह सब समूल नष्ट हो जाएगा この一切が根絶されよう
समूह [名] (1) 集まり；集合 शब्दों का समूह 語の集まり वृक्षों का समूह 樹木の山 (2) 集団；集まり；会衆 जिस मनोभाव को लेकर हरिजन समूह बौद्ध हो रहा है ハリジャンたちが仏教徒になろうとする気持ち समाज किसी देश या समुदाय में रहनेवाले व्यक्तियों का समूह मात्र है 社会はある地域や集団に生活する人々の集団にしか過ぎない (3) グループ रक्त समूह 血液型
समूहत: [副] 総括的に；ひとまとめに
समूहन [名] (1) 凝集 (2) 接合；膠着 (3) 組分け
समूहवाद [名] 集産主義 = समष्टिवाद.〈collectivism〉
समूहीकरण [名] 集合化；集団化
समृद्ध [形] 栄えた；繁栄した；豊かな；隆盛した सातवाहन राज्य सुखी और समृद्ध था サータヴァーハナ王国は安穏で繁栄していた लोग समृद्ध थे और अच्छा जीवन व्यतीत करते थे 人々は豊かでよい暮らしをしていた
समृद्धि [名*] 豊かさ；繁栄；隆盛 भारत के व्रत, अनुष्ठान और उत्सव चित्त की समृद्धि के लिए ही हैं インドの戒行，儀式及び祝典は心を豊かにするためにこそ存在する प्रतिष्ठा और समृद्धि की हत्या 名誉と繁栄の破壊 उन देशों की समृद्धि एक क्षणिक बबूले की तरह थी それらの国の繁栄ははかないあぶくのようなものだった
समृद्धिशाली [形] 繁栄している；繁栄した；豊かな；豊富な；盛んな पाटलिपुत्र एक विशाल समृद्धिशाली नगर था パータリプトラは大きく豊かな都だった समृद्धिशाली नगर 繁栄した都市
समेकन [名] (1) 一体化；統合；合併；合同 (2) 融合
समेकित [形] (1) 統合された；合併された；合同の (2) 融合した
समेटना [他] (1) 片付ける；整頓する；寄せ集める अखबार को समेटकर बालों को सँभालते हुए 新聞を片付け髪をかき上げながら話した वह रसोई का काम समेट रही थी 台所の仕事を片付けているところだった पहले किताबों को समेट कर रक्खा まず最初に本を片付けた डिब्बा एक बार गिरकर खुल गया तो उसे समेटने-उठाने का सवाल ही नहीं उठता था 容器が一度落ちて散らばったのを片

付けるといったような問題ではなかった मेहमानों के जाने के बाद सामान समेटकर, बरतन धोकर 客の帰った後，物を整頓し食器を洗い (2) 取り入れる；集める；寄せ集める；かき集める वे अपने आसपास की वायु को स्वच्छ करके कार्बन डाईआक्साइड को अपने में समेट लेते हैं (植物は) 周囲の空気を清浄にし炭酸ガスを自分の体に取り込む तार पर फैली हुई साड़ी को समेटते हुए 物干しの針金に広がったサリーを取り入れながら (3) 折り曲げる；折りたたむ；たたむ उसके लिए टाँगें समेट पाना या उछल पाना असम्भव हो गया था 足を折り曲げることも跳んだり跳ねたりすることもできなくなっていた (4) 終わりにする；閉じる；収める；閉鎖する सात सौ छोटे उद्योग कारोबार समेटेंगे 700 の小企業が業務を閉じる झगड़ा समेटना 争いを収める

समेत[1] [形] (1) 引っついた；結合した (2) 近寄った；近づいた

समेत[2] [後置] (-) समेत, もしくは, (-के) समेत の形で用いられる（ーと）共に；（ーと）一緒に परिवार समेत 家族ともども

समोच्च [形] 高さが同じの；等高の

समोच्च रेखा [名*]〔地理〕等高線〈contour line〉

समोना[1] [他] (1) 取り入れる；組み込む इसमें आधुनिक हिंदी साहित्य के इतिहास लेखन के बहुत-से पक्षों को समोया है この書の中に近代ヒンディー文学史記述の多数の側面を組み込んでいる (2) なじませる；吸収する；調和させる स्वजनों से बिछुड़ी हुई चार वर्ष की उस अबोध बच्ची को नये वातावरण में समो लेना एक कठिन काम था 身内からはぐれたその 4 歳の頑是ない子供を新しい環境になじませるのは並大抵のことではなかった

समोना[2] [自] 浸る；耽る

समोवार [名]《E. samovar ← R.》サモワール

समोसा [名]《P. سموسه ← سنبوسه संबूसा》〔料〕サモーサー（香辛料で味付けをしたジャガイモ，エンドウマメなどの野菜の具を小麦粉の皮で包んでギーや油で揚げた軽食）

सम्त [名*]《A. سمت》方角；方位= दिशा; तरफ़; सिम्त. सूरज और सम्तें 太陽と方角

सम्प- → संप-. सम्पत्ति → संपत्ति. सम्पादक → संपादक.

सम्पत्तिशास्त्र [名]〔古〕政治経済学 = राजकीय अर्थशास्त्र.〈political economy〉

सम्मग्न [形] 没した；没入した；没頭した；熱中した = संमग्न.

सम्मत[1] [形] 意見や考えの合致した；同意した；同じ意見の

सम्मत[2] [名] (1) 意見= राय. (2) 考え= धारणा. (3) 許可= अनुमति.

सम्मति [名*] (1) 忠告 (2) 意見；考え हम तो आज्ञा पालन करना जानते हैं सम्मति देना नहीं 私は命令に従うことしか知らない．意見を述べることは知らない आप ही कुछ बताइए, आप की क्या सम्मति है? どうぞあなたのほうこそ何か仰って下さい．どういうお考えですか (3) 同意；合意 (4) 許可

सम्मत्त [形] 酔った；酔いしれた；前後不覚の

सम्मद[1] [名] 喜び；嬉しさ；歓喜 = प्रसन्नता.

सम्मद[2] [形] 喜んだ；嬉しい = प्रसन्न.

सम्मन [名]《E. summon》〔法〕召喚状= इत्तिलानामा.

सम्मर्द [名] (1) 群集= भीड़. (2) 争い；いさかい；喧嘩= झगड़ा. (3) 戦い；戦争= युद्ध; लड़ाई.

सम्मर्दन [名] (1) 徹底的に踏みにじること；蹂躙 (2) 摩擦

सम्मर्दी [形] (1) 踏みにじる (2) こする；摩擦する

सम्मान [名] (1) 尊敬；敬うこと (2) 敬意；尊敬の念 (3) 威信；威光；信望 जो व्यक्ति दूसरों के धर्म, भाषा, विचार तथा अधिकारों का सम्मान करना नहीं जानता 他人の宗教，言語，思想，権利を敬うことを知らない人

सम्मानजनक [形] 尊敬される；敬われる समाज में सम्मानजनक स्थान 社会で敬われる地位

सम्मानपूर्ण [形] 大いに敬われる；大いに尊敬される समाज में सम्मानपूर्ण स्थान 社会で大いに尊敬される地位

सम्मानपूर्वक [副] 丁寧に；丁重に；うやうやしく；敬意を持って पुत्रों ने उन्हें सम्मानपूर्वक बैठाया 息子たちはその方に丁重に席を勧めた

सम्मानप्रद [形] 丁寧な；丁重な；うやうやしい जब पुरुष वर्ग महिलाओं के प्रति सम्मानप्रद रवैया नहीं अपनाते महिलाओं के स्तर में सुधार नहीं हो सकता 男性が女性に対して丁重な態度をとるようになるまでは女性の地位の向上はあり得ない

सम्मानार्थक [形] 敬意を表す；敬意の सम्मानार्थक पद 敬称

सम्मानित [形] (1) 敬われた (2) 敬うべき；名誉ある；立派な

सम्मानी [形] 敬意を持つ；尊ぶ；尊敬する

सम्मान्य [形] 敬うべき；尊敬すべき= सम्माननीय.

सम्मार्ग [名] (1) 正しい道；正道 मैं समझाऊँगा तो अवश्य मान जाएँगे और सम्मार्ग पर चलने को बाध्य होंगे 私が言い聞かせたらきっと言うことを聞き入れて正しい道を歩まざるを得なくなるだろう (2) 解脱への道；解脱を得るための道

सम्मार्जक[1] [形] (1) こする (2) 拭う (3) きれいにする (4) 掃く

सम्मार्जक[2] [名] (1) 箒などの掃除道具 (2) 掃除人；掃除夫

सम्मार्जन [名] (1) こすること (2) 拭うこと；拭い清めること (3) きれいにすること (4) 掃くこと

सम्मिलन [名] 結合；融合；連結；合体；合同

सम्मिलित [形] (1) 加わった；参加した वे नित्य प्रार्थना में सम्मिलित होते थे いつも礼拝に加わっていた सभी सम्मिलित हुए 皆が参加した (2) 結合した；融合した；連合した；合体した；合併した；一体化した (3) 総括的な **सम्मिलित परिवार**〔社〕複合家族〈composite family〉

सम्मिश्र [形] (1) 混合した；混合された (2) 調合された

सम्मिश्रण [名] (1) 混合（すること） (2) 調合（すること）

सम्मिश्रित [形] 混ぜられた；混合された；混入された

सम्मीलन [名] (1) 閉じること (2)〔天〕皆既食

सम्मीलित [形] 閉じられた；閉ざされた；覆われた

सम्मुख [副・後置] (1) 前に；全面に (2) 対して；対抗して．普通，(-के) सम्मुख の形で用いられる「(ーの) 前に；(ーに) とって」 पुरुषों के सम्मुख समस्याएँ 男性にとっての問題 **(-के) सम्मुख रखना** *a.* (ーの) 前に差し出す उसने सोने की छड़ मंत्री के सम्मुख रख दी 男は金の杖を大臣の前に差し出した *b.* (ーに) 持ち出す；持ちかける राजा ने अपनी कन्या के साथ विवाह का प्रस्ताव उस युवक के सम्मुख रखा 王は娘の縁談をその青年に持ち出した हमारे देश के सम्मुख औद्योगिक क्षेत्र में कच्चे माल और विदेशी मुद्रा की कमी की समस्या आई わが国の前には工業部門の原料と外貨不足の問題が出現した

सम्मूढ़ [形] (1) だまされた (2) 愚かな (3) 無知な (4) 茫然とした；我を忘れた

सम्मेलन [名] (1) 集合；集まり (2) 会議 अंतर्राष्ट्रीय सम्मेलन में 国際会議で गोलमेज सम्मेलन 円卓会議 (3) 結合；合一 **सम्मेलन कक्ष** 会議室；集会室

सम्मोद [名] (1) 愛情；情け；情愛= प्रीति; प्रेम. (2) 喜び= प्रसन्नता.

सम्मोह [名] (1) 愚昧 हमारी निष्कर्मण्यता और हमारे सम्मोह का अंत न होता 我々の怠惰と愚昧さはとどまるところを知らない (2) 催眠 (3) 魅惑 (4) 失神

सम्मोहक [形] 魅惑的な；うっとりさせる रंग-विरंगी तितलियों के सम्मोहक पंख 色とりどりの蝶の魅惑的な羽 बैंड की मधुर स्वर लहरियों से सारा वातावरण सम्मोहक रस में सराबोर हो जाता है 楽隊の奏でる甘いメロディーで魅惑的な雰囲気にすっぽり包まれる

सम्मोहन [名] (1) 魅惑；魅了 (2) 催眠

सम्मोहनी [名] 魅惑するもの；魅了するもの

सम्मोहित [形] (1) 魅せられた；魅了された；魂を奪われた वह जैसे सम्मोहित-सा हो गया まるで魂を奪われたようになった तुम्हारे इरादों को जानते-समझते हुए भी मैं सम्मोहित-सी तुम्हारे इशारों पर नाचने लगी 君の意図を知り理解していたにもかかわらず君の思うとおりに操られ出した (2) 失神した；茫然となった (3) 催眠術にかかった **सम्मोहित क०** 催眠術にかける

सम्यक् [形] (1) 全体の；全般の (2) 正しい；適正な；完全な **सम्यक् आचार**〔ジャ〕正しい行い **सम्यक् श्रद्धा**〔ジャ〕完全な帰依 सम्यक् साधना 正しい修行 (3) ふさわしい；適切な अतः आदिम-जातीय पर्व-त्यौहारों का परिचय देना सम्यक होगा 故に部族民たちの祭礼について紹介するのが適切であろう व्यक्ति का व्यवहार, खान-पान, आदि सभी कुछ सम्यक् अर्थात् पवित्र और संतुलित होना चाहिए 人の振る舞いや飲食など一切のものは完全なもの，すなわち，清らかで均衡のとれたものでなくてはならない

सम्यक्ज्ञान [名]〔仏〕正しい知識；正智；真識

सम्यक्व्यायाम [名]〔仏〕正精進；正勤

सम्यक्संबुद्ध [形・名]〔仏〕正等覚（の）

सम्यक्संबोधि [名*]〔仏〕三藐三菩提

सम्यक्समाधि [名*]〔仏〕正定；正精進

सम्राज्ञी [名*] (1) 女王 (2) 王妃 **सम्राज्ञी मक्खी** 〔昆〕女王蜂

सम्राट् [名] (1) 君主；王；皇帝；天子= शाहंशाह; शहंशाह. सम्राट् की अतुल संपत्ति 皇帝の巨万の富 सम्राट् अशोक アショーカ王 सम्राट् हर्ष ハルシャ王（ハルシャヴァルダナ王） सम्राट् की समाधि 陵；御陵= शाही मकबरा. (2) 第一人者；王；国王；皇帝；帝王 रॉक संगीत के सम्राट् ब्रूस स्प्रिंगस्टीन ロック音楽の帝王ブルース・スプリングスタイン

सम्हलना [自] = सँभलना. उम्र के बढ़ने से ज्यों -ज्यों मन सम्हलता गया 歳をとるにつれ心がしっかりしていった

सम्हालना [他] = सँभालना. आपका बेटा अगर पारिवारिक धंधा नहीं सम्हालता तो ご子息が家業を受け継がないのであれば अपने को सम्हालो しっかりしなさい；気をしっかり持ちなさい कुछ धैर्यवान होने के कारण वह स्वयं को सम्हाले रहा 少し忍耐強い人だったので気をしっかり持ち続けた

सयाना[1] [形+] (1) 成人した；一人前になった अमृत के लड़के भी अब सयाने हो गए थे アムリットの息子たちもすでに一人前になっていた (2) 結婚適齢期の जब लड़की सयानी हो जाएगी, तो देखा जाएगा 娘が年頃になれば考えてみよう (3) 知恵者の पड़ोस की सयानी औरतें 近所の知恵者の女たち (4) 抜け目のない；小賢しい；小利口な；老獪な；悪擦れしている मैं भूल से ही आप लोगों की सयानी दुनिया में आ गया हूँ 私は間違ってあなた方の小利口な人の世界に迷い込んだのです **क़ाज़ी के घर के चूहे भी सयाने** 〔諺〕役人や金持ちの家では使用人までが抜け目がない

सयाना[2] [名] (1) 経験豊かな人；老練な人 (2) 祈祷師= ओझा; गुनी; आमिल.

सरंजाम [名] 《P. سر انجام सर अंजाम》 (1) 終わり；終結；終末 (2) 完成= पूर्ति. (3) 結果= परिणाम; नतीजा. (4) 段取り；手配= प्रबंध; बंदोबस्त. सरंजाम दे॰ 成し遂げる

सर[1] [名] 《P. سر》 (1) 頭= सिर. किवाड़ पर सर पटक दूँगा 扉に頭をぶつけてやる (2) 頂き；頂上= सिरा; चोटी. (3) 端；先；先端= सिरा. **सर क॰** *a.* (ーを) 完遂する；やり遂げる；達成する यह मुहिम सर करने का बेड़ा この大仕事を果たす大任 *b.* 勝つ；勝利を収める *c.* 支配する；圧する；圧倒する (-पर) **सर-धड़ की बाजी लगाना** (ーに) 命をかける；身命を賭す इस प्रश्न पर सर-धड़ की बाजी लगाये हैं この問題に身命を賭す **सर पर आ॰** 間近に来る；切迫する मेरे इम्तहान सर पर आ रहे हैं 試験が切迫している **सर पर हो॰** 迫る；切迫する "चुनाव क़रीब आ गए हैं" "क़रीब क्या, सर पर हैं" 「選挙が近づいたね」「近づいたどころじゃないよ. 目前に迫っているよ」 **सर बुलंद हो॰** 誇り高い बरगद की तरह सर बुलंद हो॰ バンヤンジュのように誇り高い **सर माथे ले॰** 有り難く受け取る मैं इसे सच मान कर सर माथे लेती रही これを本当のことと思って有り難く承ってきた **सर से पैर तक** 頭のてっぺんから爪先まで सर से पैर तक पसीने से शराबोर 全身汗びっしょり **सर हथेली पर रखना** 命をかける；死を恐れない वे अपना सर सदा हथेली पर रखते थे いつも命がけでいらっしゃったあの方は ＊なお，他のイディオムについては → सिर.

सर[2] [名] 《E. sir》 サー；卿

सर[3] [感] 《E. sir》 男性に対する丁寧な呼びかけに用いられる言葉 याद है, सर はい，先生，覚えています प्रोफ़ेसर साहब, सर 先生（例えば，大学の先生に対する学生の呼びかけ） मुझे बहुत अफ़सोस है, सर, फिर कभी ऐसी गलती न होगी とても残念に思います．もう 2 度とこのような間違いは致しません

सर[4] [名] 池；沼= तालाब; ताल.

सर[5] [形] 敗れた；負けた；負かされた= **जीता हुआ; पराजित.** सर क॰ 破る；負かす；打ち負かす

सर अंजाम [名] = सरंजाम.

सरई [名*] (1)〔植〕イネ科ワセオバナ (2)〔植〕タデ科草本【*Polygonum polystachyum*】

सरकंडा [名]〔植〕イネ科ワセオバナ【*Saccharum spontaneum*】

सरकना [自] (1) 這う केंचुए का सरकना ミミズが這う सर्प सरकते हैं 蛇は這う कुछ श्रद्धालु अत्यधिक श्रद्धा से अभिभूत होकर पेट के बल सरककर मैड़ी की परिकमा भी करते हैं 一部の敬虔な人は信心のあまり腹這いになって庵を囲繞する (2) いざる；にじる；にじり寄る वह उकड़ूँ बैठकर हाथों के बल सरकती हुई आँगन में आई しゃがんで両手を使っていざりながら中庭にやって来た पंडित जी कहते कहते और निकट सरक आए パンディットは話しながらにじり寄ってきた (3) ずり動く；ずれる जाड़ों में गिरने वाली बरफ़ छत से नीचे सरक जाए 冬に降る雪が屋根からずり落ちるように गाड़ी एक हलके-से झटके से सरकने लगती है 車は軽く押しやると動き始める (4) 移る；移ろう；流れ移る समय कब सरक जाता, पता ही न रहता 時間はいつ過ぎて行くのか全然わからない ज्यों-ज्यों वक़्त सरक रहा है, उसकी हताशा, झुंझलाहट, उकताहट और शंका बढ़ती ही जा रही है 時が移るにつれ絶望といらだち，焦りと不安がどんどん増していく जैसे-जैसे समय सरक रहा है, मेरा मन किसी गहरे अवसाद में डूब रहा है 時が流れて行くにつれ心は深く沈んでいく एक एक दिन सरकता गया 一日また一日と過ぎ去っていった

सरकश [形] 《P. سر کش》 (1) 反抗的な= विद्रोही; अवज्ञाकारी. (2) 生意気な；横柄な；無礼な；増長した= उद्दंड; उजड्ड; अशिष्ट. वह निचले तबक़े के लोगों को सरकश बना रहा है あの男が下層の人たちを増長させている

सरकशी [名*] 《P. سر کشی》 (1) 反抗（的なこと）= विद्रोह; अवज्ञा; बगावत. (2) 生意気；横柄；無礼；増長= उद्दंडता; उजड्डपन. सिपाही की सरकशी 兵士の増長

सरकाना [他] ずらす；ずり動かす；押しやる चारपाई को सरकाना チャールパーイー（簡易ベッド）をずらす हुक्के को दूर सरकाते हुए 水ぎせるをうんと向こうへ押しやりながら उन दो सलाइयों की सहायता से भात कितनी शीघ्रता से मुँह के भीतर सरकाया जा सकता है その 2 本の箸で実に素早くご飯を口の中にかきこむことができる यह कहकर बूढ़े ने रुपया वापस मेरी ओर सरका दिया こう言って老人は金を私のほうに押し返した

सरकार[1] [名*] 《P. سرکار》 (1) 政府；お上（御上）；当局= हुकूमत; गवर्नमेंट. (2) 政権= सत्ता; शासन सत्ता. (3) 国；国家= राज्य; देश; मुल्क. (4)〔イ史〕サルカール（中世インドにおいてムガル朝以前からの地方行政単位の一で州 सूबा の下位区分である県．ファウジダール फ़ौजदार がこれの法と秩序の維持の責にあった） केन्द्रीय सरकार （州政府に対して）中央政府；連邦政府 दिल्ली की सरकार デリーの政府，すなわち，インド連邦政府 दक्षिण अफ़्रीका की वर्तमान सरकार 南アフリカ連邦の現政権 सरकार द्वारा स्वीकृत 政府検定済みの सरकार की पालिसी 政府の方針 **छोटी सरकार** 主人の息子；御曹司；ご子息 छोटी सरकार तो ख़ुद ही तशरीफ़ ले आये हैं 坊ちゃんご自身がお出まし下さっている **सरकार उलटना** 倒閣する **सरकार की मेहमानी क॰** 入獄する；くさい飯を食う= सरकार की मेहमानी खाना.

सरकार[2] [名] 《P. سرکار》 支配者，為政者，主人や目上の人など敬意を表すべき人やその人たちに対する呼びかけの言葉．主君，殿，貴殿，閣下，旦那様など छोटे सरकार 若旦那

सरकारपरस्त [形] 《P. سرکار پرست》 忠義な；忠勤な

सरकारपरस्ती [名*] 《P. سرکار پرستی》 忠義；忠勤 सरकारपरस्ती का प्रतीक 忠勤の象徴

सरकारी [形] 《P. سرکاری》 (1) 政府の；政府による सरकारी अधिकारी 政府高官 सरकारी कोशिशें 政府の努力 सरकारी नीति से काश्तकारों की जान साँसत में 政策による農民の苦難 (2) 政権の (3) 国の；国家の；国家所有の；当局の सरकारी अमला 役人；官吏；公務員= सरकारी कर्मचारी; सरकारी मुलाज़िम. सरकारी नौकरी में लगी हुई 女性公務員 अंत में जनता सरकारी अमले से लुटती ही है, लाभ नहीं उठाती 結局，民衆は役人にむしり取られるばかりで利益を得ることはない सरकारी ज़मीन 国有地 सरकारी भवन 公館 (4) 市町村などの自治体に関わる；公的な；公共の सरकारी दफ़्तर 役所 सरकारी तंत्र 公共機関 सरकारी तंत्र का दुरुपयोग 公共機関の悪用 सरकारी डाक्टर की निजी प्रेक्टिस 医官の個人開業 (5) 公立の；官立の सरकारी अस्पताल 官立病院；公立病院 सरकारी स्कूल और कालेज 国公立学校 सरकारी टीचर अध्यापक 公立学校教員 **सरकारी कर्मचारी** 公務員 सरकारी कर्मचारी आचरण नियमावली 公務員服務規程 **सरकारी ख़ज़ाना** 公金 सरकारी ख़ज़ाना लूटना 公金強奪 सरकारी वस्तुओं का प्रयोग 公共物の利用 (6) 公式の；公的な सरकारी यात्रा पर यहाँ आए ब्रिटिश विदेश मंत्री 公式訪問で当地を訪れた英外相 **सरकारी व्यवसाय** 公共企業体

सरकारीकरण [名] 《P. + H.करण》 国有化 12 कपड़ा मिलों का सरकारीकरण 12 の織物工場の国有化 बसों का सरकारीकरण バス会社の国有化

सरकारी काग़ज़ [名] 《P.A. سرکاری کاغذ》 兌換券

सरकारी गवाह [名] 《P. سرکاری گواہ》 検察側証人になった犯罪者

सरकारी वकील [名] 《P.A. سرکاری وکیل》検事；検察官

सरकारी साल [名] 《P. سرکاری سال》会計年度 वर्ष 1984 - 85 सरकारी साल में 1984–85 会計年度において

सरख़त [名] 《P.A. سر خط》(1) 賃貸借関係の契約書 (2) 計算の明細書 (3) 領収書

सरग़ना [名] 《P. سرغنہ》首領；親方；親分；一味徒党の頭；頭目；親玉；悪事の張本人；首魁＝ मुखिया; सरदार. देश के सब से बड़े जासूसी कांड का सरग़ना わが国最大のスパイ事件の首魁 सरग़ना क्यों नहीं पकड़े जाते? 親玉はなぜ捕まらないのか

सरगम [名]〔イ音〕サラガマ；サルガム；インド音楽の音階名；音階；ドレミファ धैवत अर्थात् सरगम का छठा स्वर ダイヴァタ，すなわち，音階の第 6 音

सरगर्म [形] 《P. سر گرم》熱中した；感情的に高まっている；熱い；気合の入っている

सरगर्मी [名*] 《P. سر گرمی》(1) 熱；熱気；熱意 इधर दीवाली की सरगर्मी शुरू हुई このところディーワーリー祭の熱気が高まり始めた 1946 ई॰के प्रारम्भ से ही देश में कई राजनैतिक सरगर्मी शुरू हो गई 1946 年の初めから国内ではいろんな政治的熱気が高まり始めた (2) 熱中

सरगुज़श्त [名*] 《P. سر گزشت》(1) 出来事；事件 (2) 叙述 (3) 伝記

सरगोशी [名*] 《P. سرگوشی》耳打ち；内緒話；ひそひそ話＝ कानाफूँसी. सरगोशी के अंदाज़ में जैसे बहुत बड़ा राज़ बता रहा हो まるで大変な秘密を打ち明けるひそひそ話のように

सर चस्पाँ [名] 《P. سر چسپاں》びんや缶に貼りつけるラベル

सरज़द [形] 《P. سرزد》起きた；生じた＝ घटित; उपस्थित.

सरजनहार [形] 創造する；創り出す；創出する＝ सिरजनहार.

सरज़मीन [名*] 《P. سرزمین》(1) 国＝ देश; मुल्क. (2) 国土 (3) 大地＝ पृथ्वी; ज़मीन.

सरजू [名*] サラジュー川 → सरयूサラユー川.

सरजेंट [名] 《E. sergent》〔軍〕軍曹＝ सार्जेंट.

सरज़ोर [形] 《P. سرزور》(1) 反抗的な；生意気な；横柄な＝ उद्दंड; सरकश; नाफ़र्मान. (2) 猛烈な；強力な＝ ज़बरदस्त.

सरज़ोरी [名*] 《P. سرزوری》(1) 反抗的なこと；生意気；横柄＝ उद्दंडता; बगावत; नाफ़र्मानी. (2) 猛烈な様子＝ ज़बरदस्ती.

सरट [名] (1)〔動〕爬虫類ヤモリ ＝ छिपकली. (2)〔動〕爬虫類トカゲ (3)〔動〕爬虫類カメレオン＝ गिरगिट.

सरटीफ़िकेट [名] 《E. certificate》＝ सर्टिफ़िकेट. स्कूल या कालेज का सरटीफ़िकेट 学校や大学の卒業証明書や終了証明書

सरण [名] (1) ずり動くこと；いざること；にじること (2) 移動

सरणि [名*] ＝ सरणी.

सरणी [名*] (1) 道；道路；通り＝ रास्ता; राह; मार्ग. (2) 直線；筋＝ रेखा; लकीर. (3) 決まりごと；しきたり；習わし；慣行＝ ढर्रा.

सरताज [名] 《P. سر تاج》(1) 一番すぐれたもの；最高のもの；最上のもの；長 मज़दूर कालोनियों का सरताज कहलानेवाला कर्मपुरा 最高の労働者住宅地と呼ばれるカルムプラー (2) 夫＝ पति; शौहर; स्वामी; मालिक.

सरतान [名] 《A. سرطان सर्तान》(1)〔動〕甲殻類カニ＝ केकड़ा. (2)〔天・占星〕黄道十二宮の第 4，巨蟹宮＝ कर्कराशि. (3)〔医〕がん（癌）＝ कैंसर.

सरता-परता [名] ＝ सरता-बरता.

सरता-बरता [名] 分け合うこと；分かち合うこと＝ बँटाई.

सरताबी [名*] 《P. سرتابی》(1) 反抗＝ उद्दंडता; सरकशी. (2) 服従しないこと；不服従；無視＝ अवज्ञा; हुक्म उदूली.

सरद [形] 《P. سرد सर्द》(1) 冷たい (2) 寒い；寒冷な

सरदई[1] [形] 《P. سردئی सर्दई ← سردہ सर्दा》黄緑の；黄緑色の；メロン色の＝ सर्दई.

सरदई[2] [名] 黄緑；黄緑色

सरदर्द [名] 《P. سردرد》(1) 頭痛 (2) 厄介なこと；悩み＝ झंझट; झमेला.

सरदर्दी [名*] 《P. سردردی》(1) 頭痛；頭の痛み (2) 厄介なこと；悩み；頭の痛いこと＝ झंझट; कष्ट.

सरदा [名] 《P. سردہ सर्दा》〔植〕ウリ科マスクメロンの１品種【*Cucumis melo*】

सरदाबा [名] 《P. سردابہ》(1) 地下室＝ तहख़ाना. (2) 水を冷やすところ (3) 墓地

सरदार [名] 《P. سردار》(1) 首長；頭；頭目；首領；親方；サルダール जाट सरदार चूरामन ジャート族の首領チューラーマン सारे बढ़इयों का सरदार すべての大工の頭（棟梁） (2) 指揮官；司令官 (3) シク教徒 सरदार जी シク教徒への敬称と呼びかけの言葉 (4) 子供たちの遊び仲間の頭；大将；親分 विपिन हमारी टोली का सरदार था ヴィピンが僕たちの仲間の大将だった

सरदारनी [名*] ← सरदार. (1) 女サルダール（女性の頭，頭目など） (2) サルダール（首長，頭目など）の妻 (3) シク教徒の妻 (4) シク教徒の女性

सरदारिन [名*] ＝ सरदारनी.

सरदारी [名*] 《P. سرداری》(1) 頭；頭目の地位 (2) 指揮 कप्तान की सरदारी में हर टोली अपने प्रोग्राम के मुताबिक खेलती है キャプテンの指揮の下で各チームはそれぞれの計画通りにプレーをする

सरदी [名*] 《P. سردی सर्दी》(1) 寒さ (2) 寒い季節；冬；寒期 (3)〔医〕かぜ（風邪）＝ नज़ला; ज़ुकाम. **सरदी लगना** 風邪を引く

सरदेशमुखी [名*] 《Mar.》〔イ史〕サルデーシュムキー（マラーター支配者に支払われた税金） उसने मराठा सरदारों को सरदेशमुखी दे दी マラーターの将軍たちにサルデーシュムキーを支払った

सरधा [名*] → श्रद्धा.

सरन [名*] → शरण.

सरनदीप [名] サランディープ（スリーランカー島の古名）श्री लंका.

सरना [自] (1) ずれる；ずり動く＝ सरकना. (2) 揺れる；揺れ動く＝ हिलना. (3) 完了する；完成する；終わる＝ निबटना; निभना; ख़त्म हो॰. (4) できる；でき上がる；成る＝ पूरा हो॰; काम चलना.

सरनागत [形] → शरणागत.

सरनाम [名] 《P. سر نام》有名な；著名な＝ प्रसिद्ध; मशहूर.

सरनामा [名] 《P. سر نامہ》(1) 宛名；居所＝ पता. (2) 題名；見出し＝ शीर्षक. (3) 拝啓など，手紙文の始めに書く言葉

सरपंच [名] 《P. سر پنچ》サルパンチ（パンチャーヤットの長）→ पंचायत.

सरपट[1] [名*] 馬の疾駆＝ घोड़े का सरपट दौड़ना.

सरपट[2] [副] 疾駆で घोड़ा सरपट भाग रहा है 馬が疾駆している सरपट दौड़ाना 馬を疾駆させる＝ बगछुट फेंकना.

सरपत [名]〔植〕イネ科草本ワセオバナ【*Saccharum procerum; S. arundinaceum*】＝ शरपत्र.

सरपरस्त [名] 《P. سر پرست》監護者；保護者；庇護者；パトロン；支援者；味方；援護者 मैंने जब ज़रा ही आँखें खोलकर दुनिया को देखा तो मेरा कोई सरपरस्त नहीं! ほんの少しやっと目を開いて世の中を見た時には私を護ってくれる人はだれもいなかった

सरपरस्ती [名*] 《P. سر پرستی》監護；保護；庇護；支援；後ろ盾；援護 अनेक नेताओं की उन्हें सरपरस्ती हासिल है あの人は幾人もの幹部連中の支援を得ている

सरपेच [名] 《P. سر پیچ》サルペーチュ（ターバンの上部につける宝石をはめ込んだ金属製の飾り）

सरपोश [名] 《P. سر پوش》皿やプレートを覆い被せる布巾

सरफ़राज़ [形] 《P. سر فراز सरफ़राज़》(1) 名誉ある；光栄な (2) 崇高な；高貴な

सरफ़रोश [形] 《P. سر فروش》命をかける；命がけの；身命を惜しまない；献身的な

सरफ़रोशी [名*] 《P. سر فروشی》命をかけること；身命を賭すこと

सरफ़ा [名] 《P. سرفہ सर्फ़ा》(1) 利益；儲け＝ लाभ; नफ़ा. (2) 費用；出費＝ व्यय; ख़र्च.

सरफोंका [名] (1)〔植〕マメ科草本ナンバンクサフジ【*Tephrosia purprea*】 (2) イネ科ワセオバナ＝ सरकंडा.

सरबर[1] [名*] 対等；平等

सरबर[2] [名*] 大きな口を叩くこと

सरबराकार [名] 《P. سر براہ کار》差配人；執事＝ सरबराहकार; सजावल; ज़िलाकार; ज़िलेदार.

सरबराही [名*] 《P. سر براہی》差配人や執事の職や職務

सरबलंद [形] 《P. سربلند》名誉ある；栄誉ある

सरबलंदी [名*] 《P. سربلندی》名誉；栄誉＝ प्रतिष्ठा; इज़्ज़तदारी.

सरबसर [形] 《P. سربسر》全くの；すべての；全き

सरभंग [名]〔ヒ〕アゴール派（シヴァ神信仰の一派）(अघोर पंथ)

सरम[1] [名] → श्रम.
सरम[2] [名*] → शरम; शर्म.
सरमा [名] 《P. سرما》冬；寒期→ सर्मा.
सरमाई[1] [形] 《P. سرمائی सर्माई》冬の；冬季の；寒期の
सरमाई[2] [名*] 冬物；冬服
सरमाया [名] 《P. سرمایہ》(1) 資本；資金；元金= पूँजी; मूलधन. (2) 富；財産= धन; संपत्ति; दौलत.
सरमायादार [名] 《P. سرمایہ دار》資本家= सरमायेदार; पूँजीपति. अमरीका के सरमायादार アメリカの資本家
सरमायादारी[名*]《P. سرمایہ داری》資本主義 = सर्मायेदारी; पूँजीवाद. सरमायादारी ख़त्म करेंगे, दम लेंगे! 資本主義を打倒せずにはおかないぞ！
सरया [名] イネの1品種（赤米が穫れる）= सारो.
सरयू [名*] サラユー川（ヒマラヤに源を発するガンジス川の支流の一．古代都市アヨーディヤーがその河畔にあったとされる．現在のガーグラー川 घाघरा，もしくは，ゴーグラー川 घोघरा）
सरयूपारी[1] [形] サラユー川より東側の地域に位置する
सरयूपारी[2] [名] = सरयूपारीण ब्राह्मण.
सरयूपारीण ब्राह्मण [名] サラユーパーリーン・ブラーフマン（ウッタル・プラデーシュ州中北部のゴーラクプルなどサラユー川より東側の地域に主に居住してきたブラーフマンの一グループの称）
सरराना [自] (1) 風が強く吹いてひゅうひゅうと鳴る (2) 風を切って激しい勢いで飛ぶ
सरल[1] [形] (1) 真っ直ぐな；直な सरल रेखा 直線 कुछ वस्तुएँ सरल रेखा में गतिशील होती हैं 一部の物体は直線に動く (2) 素直な；率直な सरल स्वभाव 素直な性格 (3) 誠実な (4) 造作ない；容易な；簡単な (5) わかりやすい；理解の容易な (6) 単純な **सरल ढंग से** 簡単に；容易に
सरल[2] [名]〔植〕マツ科マツ属高木クロマツ（黒松）【*Pinus longifolia*】〈Himalayan longleaved pine〉 सरल द्रुमों के परस्पर घर्षण से सहसा दावाग्नि प्रज्ज्वलित हो उठती है 黒松の木が触れ合うと突然山火事が発生する
सरलता [名*] ← सरल[1].
सरलतापूर्वक [副] 造作なく；簡単に；容易に；軽々と
सरल निर्यास [名]〔化〕(1) テルピンチン (2) テレピン油
सरल समीकरण [名] 一次方程式〈simple equation〉
सरलीकरण [名] 簡単にすること；やさしくすること；簡易化；平易化
सरलीकृत [形] 簡単にされた；やさしくされた；簡易化された；平易化された सरलीकृत लिपि 略字；簡略字= आसान हर्फ़.
सरवर[1] [名] 《P. سرور》かしら（頭）；頭目；指導者；長= सरदार; नायक; नेता; प्रधान.
सरवर[2] [名] → सरोवर.
सरवरक़ [名] 《P. سرورق》表紙= मुखपृष्ठ.
सरवरि [名*] 対比；比較
सरवरिया [名] サルワリヤー（サラユーパーリーン・ブラーフマンの1グループ名）→ सरयूपारीण ब्राह्मण.
सरवरी [名*] 《P. سروری》頭や首長の身分や地位
सरवा [名] 金属や陶製の深皿
सरवाक [名] (1) 食物を盛る器 (2) カップ；容器 (3) 灯火をともす油皿；油坏
सरवान [名] 《← P. سراچہ सराचा?》テント= तंबू; ख़ेमा.
सरवार〔地名〕サラユー川の東側の地域（ゴーラクプル गोरखपुर，デーオリヤー देवरिया，バスティー बस्ती などの諸県のある地域）
सरवाल [名*] ← शलवार. 〔服〕サルワール→ शलवार.
सरवाला [名] (1)〔植〕イネ科草本スピアグラス【*Andropogon contortus; Heteropogon contortus*】 (2)〔植〕マメ科蔓木インドクズ【*Pueraria tuberosa*】
सरशार [形] 《P. سرشار》(1) あふれるほどの；満ちあふれた；満ち満ちた= लबरेज़. (2) 酔った；酔っ払った；酔いしれた
सरशीर [名*] 《P. سرشیر》牛乳のクリーム= मलाई; बालाई.
सरस् [名] (1) 池；沼= तालाब; सरोवर. (2) 水= जल; पानी.
सरस[1] [形] (1) 汁気のある (2) 潤いのある (3) 面白味のある；楽しい संपूर्ण विवरण केवल तथ्यपरक न रहकर सरस, सजीव एवं कलापूर्ण बन गया है 記述全体が単に事実を述べるのではなく楽しく生き生きとし美しいものに仕上がっている सरस हास्य-व्यंग्य के छींटे 楽しく滑稽で風刺の利いたもの
सरस[2] [名] 池；沼= तालाब; सरोवर.
सरसठ [数] 67 → सड़सठ. सरसठवाँ 67 番目の；第 67 の= सड़सठवाँ.
सरसता [名*] ← सरस. पाठों की सरसता レッスンの楽しさ
सरसना [自] (1) 繁る；繁茂する फूल-पत्ती-पौधे सब सरसे हैं 花も葉も草木もみな繁っている (2) 栄える；盛んになる (3) 楽しさにあふれる कैसे सरसते दिन थे! 何と楽しい日々であったことか
सरसब्ज़ [形] 《P. سر سبز》(1) 青々とした；緑したたる यह सरसब्ज़ जंगल この青々とした森 सरसब्ज़ बनाना 生い茂らせる सरसब्ज़ खेत 緑一面の畑 (2) 盛んな；盛りの；繁栄している；豊かな (3) 成功した (4) 肥えた；肥沃な
सर-सर [名] (1) 地面を這ったりすべったりする音やそのさま (2) 強く風の吹く音やそのさま (3) さらさら（衣ずれなどの音）
सरसराना [自] (1)（蛇などが）這ったりすべったりする उन्हें ऐसा लगता है जैसे वह साँप सरसराता हुआ उनकी तरफ़ बढ़ रहा है 蛇がするするとすべりながら自分のほうへやってくるように思える (2) 空気や風が音を立てて吹き抜ける पवन बाँस के रंध्रों में सरसराकर वंशी-ध्वनि उत्पन्न करता है 空気が竹の穴を吹き抜けて笛の音を出す
सरसराहट [名*] (1) सरसर （→）の音 मगर जब हवा चलती है तो सरसराहट से पता चल जाता है でも風が吹くとその音でわかる (2) むずがゆさ（むず痒さ）= खुजली. **सरसराहट हो॰** *a.* 風の吹く音がする *b.* むずむずする पेड़ों के पत्तों की हलकी सरसराहट से 木の葉の軽く触れ合う音で
सरसरी [形] 《P. سرسری》(1) 通りいっぺんの；ざっとした सरसरी निगाह डालना ざっと読む；ざっと目を通す；一瞥する सरसरी-सी नज़र से कपड़े देखती हूँ ざっと服を見る (2) 大まかな；大ざっぱな；間に合わせの **सरसरी तौर पर** 大まかに；間に合わせに= मोटे तौर पर.
सरसाना[1] [他] (1) 潤いを作り出す (2) 繁茂させる
सरसाना[2] [自] 映える；輝く；光り輝く
सरसाना[3] [自] → सरसना.
सरसाम [名] 《P. سرسام》(1)〔医〕発熱などによる狂乱状態；精神錯乱 वह पारा चढ़कर सरसाम की सीमा तक जा पहुँचा था 熱は上がってうわごとを言うほどになった (2)〔医〕脳炎 (3) → सन्निपात.
सरसिज[1] [形] 池や沼に生える
सरसिज[2] [名] (1) 池沼などに生じるもの (2)〔植〕はす（蓮）= सरोज; कमल.
सरसिजयोनि [名]〔イ神〕（蓮華より生じた）ブラフマー神 ब्रह्मा
सरसिरुह [形・名] = सरसिज.
सरसी [名*] (1) 小さな池 (2) 階段式の井戸，バーオリー（→ बावली） (3)〔韻〕サラシー（各パーダが 27 マートラーから成るモーラ韻律 16 - 11 で休止．パーダの最後は गुरु - लघु となる） (4)〔韻〕サラシー（नगण + जगण + भगण + जगण + जगण + जगण + रगण の 21 音節から成る音節韻律）
सरसों [名*]〔植〕アブラナ科のナタネやカラシナの数品種の総称．主なものは次の通り (1) **पीली सरसों** ナタネ／アブラナ【*Brassica campestris subsp. oleifera var. yellow Sarson*】 (2) **भूरी सरसों**; **काली सरसों** ナタネ／アブラナ【*B. c. subsp. oleifera var. brown sarson*】 (3) **तोरिया** アブラナ【*B.C. subsp. oleifera var. toria*】 (4) → **राई** オオカラシナ【*B. juncea*】 **सरसों का तेल** ナタネやカラシナの実から採った油 **सरसों फूलना** 嬉しい；喜ばしい (-की) **आँखों में सरसों फूलना** （ーが）得意になる
सरस्वती [名*] (1) サラスヴァティー神（学問，弁舌・言語及び音楽・芸術を司る女神） (2)（かつてインダス川東方のパンジャーブ地方を流れていたとされる）サラスヴァティー川 (3) サラスヴァティー川（ヒマーチャル州のシワリク丘陵に発してナーハン नाहन の北西を経てガッカル川に合流しタール砂漠に消える） (4) 学問 (5)〔仏〕弁財天
सरस्वतीपूजन [名] → सरस्वती पूजा.
सरस्वती पूजा [名*]〔ヒ〕サラスヴァティー神を祀るヴァサント・パンチャミーの祭り→ वसंत पंचमी; बसंत पंचमी.
सरहंग [名] 《P. سرهنگ》(1) 兵士；歩兵= सैनिक; सिपाही. (2) 将軍= सेनानायक. (3) 警察本部長= कोतवाल. (4) 力士 (5) 反抗的な人；横柄な人= सरकश.
सरहंगी [名*] 《P. سرهنگی》(1) 軍役 (2) 横柄さ；反抗

सरह [名] (1) が（蛾） (2) バッタ，イナゴなどの昆虫
सरहज [名*] 妻の兄弟の妻= सलहज.
सरहद [名*] 《P.A. سرحد》 (1) 境界= सीमा. (2) 境界線 (3) 境界地域= सीमांत. (4) 国境 सरहद के इस पार 国境のこちら側
सरहदबंदी [名*] 《P.A. سرحد بندی》 境界設定
सरहदी [形] 《P.A. سرحدی》 (1) 境界の (2) 境界地域の；境界にある
सरहदी सूबा [地名] 《P.A. سرحدی صوبہ》 パキスタンの北西辺境州；North-Western Frontier Province の略称
सरहरा[1] [形+] 真っ直ぐ伸びた（樹木）
सरहरा[2] [形+] すべすべの；つるつるの= चिकना.
सरहरी [名*] のどのえがらっぽさ= खराश.
सरा[1] [名*]〔ヒ〕ヒンドゥーが火葬する際に薪を積み上げ遺体を載せる火葬壇= चिता.
सरा[2] [名*]《P. سرا》(1) 家；家屋；建物 (2) 宿屋；旅籠= मुसाफिरखाना；सराय. (3) 場所
सरा[3] [名] 《A. ثرى》 地下界；地下に想定された世界 = पाताल.
सराई[1] [名*] (1) ワセオバナなどの茎 (2) 金属製の細い棒や軸状のもの= सलाई.
सराई[2] [名*] 素焼きの容器；かわらけ；わん（碗） = सकोरा.
सराना [他] 終える；終了する；終わりにする；しまう（終う）
सरापना [他] (1) 呪う；呪詛を発する (2) 悪口を言う वह तो उनकी लंबी बीमारी से आजिज आकर कभी-कभी ऐसे सरापने लगती कि जैसे बूढ़ा भार हो गया हो 長い病気に困り果ててまるで老人がお荷物になったかのように悪口を言う
सरापा[1] [副] 《P. سراپا》 頭から足まですっかり；全く；完全に
सरापा[2] [名]〔文芸〕女主人公の頭のてっぺんから爪先までの詩的な描写
सराफ़ [名] 《A. صراف सर्राफ़》 (1) 両替商人；両替屋；金融業者 (2) 貴金属商人
सराफ़ा [名] 《A. صرافہ सर्राफ़ा》= सर्राफ़ा. (1) 両替商；金融業 (2) 貴金属市場= सराफ़ों का बाज़ार.
सराफ़ी [名*] 《A. صرافی सर्राफ़ी》 (1) 両替の商売；金融業 (2) 貴金属の商い (3) ムンダー文字 मुंडा（マハージャニー文字 महाजनी とも呼ばれる文字で主にウッタル・プラデーシュ，ビハール，ラージャスターン，マッディヤ・プラデーシュなどの北部インドの商人たちが使用してきたデーヴァナーガリー文字の一種）
सराब[1] [名] 《A. سراب》 (1) 蜃気楼；逃げ水= मृगतृष्णा. (2) 人を欺くもの (3) 欺瞞；詐欺
सराब[2] [名*] → शराब.
सराबोर [形] (1) びっしょりの；びっしょり濡れた= तरबतर. (2) どっぷりとつかった；ひたった→ शराबोर. बैंड की मधुर स्वर लहरियों से सारा वातावरण सम्मोहक रस में सराबोर हो जाता है バンドの奏でる軽快なメロディーにあたり一面酔いしれたようになる उसका अंतःकरण एक माधुर्य से सराबोर हो गया था 男の胸は心地よさにどっぷりとつかっていた
सराय [名*] 《P. سرا / سرای सरा/सराय》 (1) 家；家屋 (2) 建物 (3) サラーエ（隊商宿）；旅籠；旅人宿；宿屋；旅館 सराय में ठहरना 旅籠に泊まる जब से सुनीता ने नौकरी शुरू की है यह घर घर न रहकर सराय बन गया है スニーターが勤めに出るようになってからはこの家は家ではなくて旅籠のようになってしまっている **सराय का कुत्ता** 身勝手な人間 **सराय की भठियारी** 喧嘩好きで恥知らずの女性
सरायत [名*] 《A. سرایت》 (1) 入ること；浸透= प्रवेश. (2) 感染 (3) 影響= असर；प्रभाव.
सराव[1] [形] こだました；反響した= गुंजित.
सराव[2] [名] 覆い；覆い被せるもの= आवरण；ढक्कन.
सराव[3] [名] 《Np.》〔動〕ウシ科ヒマラヤカモシカ；シーロー【*Capricornis sumatraensis*】〈serow〉
सरावगी [名] ジャイナ教徒 = जैन. सरावगी महाजन ジャイナ教徒の銀行家
सरासर [副] 《P. سراسر》 (1) 端から端まで= एक सिरे से दूसरे सिरे तक. (2) 全く；完全に；すっかり= बिलकुल；नितांत. (3) 歴然と；明白に= प्रत्यक्ष. देखिए, यह आपकी सरासर ग़लती है よろしいか，これは全くあなたの誤りですぞ यह इलज़ाम सरासर ग़लत है この非難は全く間違っている माला ने बीच में ही पाँव पटककर कह दिया - झूठ, सरासर झूठ! マーラーは言葉を遮り足を踏みならして言った「嘘よ，真っ赤な嘘よ」 यह तो सरासर उस बेचारी पर शक करना है これじゃあの人をすっかり疑うことじゃないの
सरासरी[1] [名*] 《P. سراسری》 (1) 大まかな計算；概算= मोटा अंदाज़. (2) 大急ぎ
सरासरी[2] [副] 《P. سراسری》 (1) 急いで= जल्दी. (2) おおよそ；大体；大まかに= मोटे तौर पर.
सराहत [名*] 《A. صراحت》 (1) 明白にすること= स्पष्टीकरण. (2) 明言；詳細な説明= तफ़सील.
सराहना[1] [他] ほめる；称える；称賛する= प्रशंसा क॰；तारीफ़ क॰. तुम्हारी वीरता को यहाँ का बच्चा-बच्चा सराहता है 君の勇気をここの子供たちまでが称えている
सराहना[2] [名*] ほめること；称えること；称賛 सब उसके साहस की सराहना करने लगे 誰も彼もその男の勇気を称え出した
सराहनीय [形] 称えられるべき；称賛に値する= श्लाघनीय. सराहनीय काम 功績
सरि[1] [名*] 滝 = झरना；निर्झर.
सरि[2] [形] 似た；類似した；相似した
सरिका [名*] (1) 真珠= मोती；मुक्ता. (2) 真珠の首飾り
सरित् [名*] 川 = नदी.
सरिता [名*] (1) 流れ；流れるもの= धारा；प्रवाह. (2) 川= नदी.
सरिया[1] [名] 柵に用いられる鉄の棒；鉄筋コンクリートに用いられる鉄筋
सरिया[2] [名] = सरई. イネ科ワセオバナ
सरियाना [他] (1) 並べる；整える；片付ける；整頓する (2) 打つ；叩く
सरिल [名] 水 = सलिल；जल.
सरिवन [名]〔植〕マメ科草本タマツナギ【*Desmodium gangeticum*】
सरिश्ता [名] 《P. سررشتہ ← سرشتہ सररिश्ता》 (1) 部局；部課 (2) 役所 (3) 記録係 **सरिश्ते में दाखिल क॰** 公的記録に記載する
सरिश्तेदार [名] 《P. سرشتہ دار》 (1) サリシュテダール（英領インドの裁判所でインド語部局の責任者） (2) 裁判所の記録係の主任 (3) 部局・部課の長；責任者
सरिश्तेदारी [名*] 《P. سرشتہ داری》 (1) サリシュテダールの地位や職務 (2) 部課長の責任者，主任など
सरिस [形]（－に）似た；（－と）同じような；（－）同様の= जैसा；सदृश；समान.
सरी [名*] (1) 小さな池= तलैया. (2) 滝= झरना. (3) 小川= नदी.
सरीखा [形+]（－）のような；（－）に似た= -जैसा；-सदृश. कबीर सरीखा カビールのような；カビールに似た बाघ सरीखे हिंस्र प्राणी 虎のように獰猛な動物 सफ़ेद पत्थर के गहनों सरीखे महल 白い宝石のような宮殿 मैं तुम लोगों सरीखा उजबक या मूर्ख तो हूँ नहीं 僕は君たちみたいな間抜けや愚か者ではないわい
सरीफ़ा [名]〔植〕バンレイシ科低木バンレイシ【*Annona squamosa*】〈sugar apple; sweet sop〉= श्रीफल.
सरीर [名] → शरीर.
सरीसृप [名]〔動〕爬虫類（の諸動物）
सरीसृप वर्ग [名]〔動〕爬虫類
सरीह [形] 《A. صریح》 明らかな；明白な 明々白々の= स्पष्ट；व्यक्त；साफ़.
सरु[1] [形] (1) 細い= पतला. (2) 短い= छोटा；लघु.
सरु[2] [名] (1) 矢= तीर；बाण. (2) 刀の柄= तलवार की मूठ.
सरुष [形] 怒りを持った；怒りのこもった；怒った
सरूप [形] (1)（－）のような= सदृश；समान. (2) 形のすぐれた；美しい= सुंदर.
-सरूप [造語]（－の）形をした，（－の）形で，（－）としてなどの意を有する造語要素= स्वरूप.
सरूपता [名*] ←सरूप. 似ていること；似通っていること；類似
सरूर [名] 《A. سرور सुरूर》 (1) 喜び；歓喜；嬉しさ आँखों में मर्दानगी का सरूर 眼には勇武の歓喜 (2) 酔い **सरूर में आ॰** 酔う；酔いが回る कई कुल्जियाँ ताबड़तोड़ पीने के बाद दोनों सरूर में आ गए 数杯立て続けに飲んだ後 2 人とも酔ってしまった
सरे आम [副] 《P.A. سرعام》 (1) 公然と；大っぴらに= खुले आम. (2) 人前で；衆人環視の中で इस बेटी ने मेरी भी नाक सरे आम कटवाई この娘は私にまで人前で恥をかかせた

सरेदस्त [副]《P. سر دست》今；現在；差し当たり；当面= इस समय; फ़िल हाल.
सरेनौ [副]《P. سر نو》(1) 新しく；新規に (2) 改めて (3) 当面
सरे पा[1] [名*]《P. سر پا》つまずき；躓き= ठोकर.
सरे पा[2] [名]《P. سر پا》足の指の先；(足の) つま先 (爪先)
सरे बाज़ार [副]《P. سر بازار》公然と；公に；大っぴらに；公衆の面前で= सब के सामने; बीच बाज़ार में; खुल्लम खुल्ला. स्थिति यहाँ तक बिगड़ी कि परीक्षकों के नाम और उत्तर पुस्तिकाओं के पते सरे बाज़ार मोटी क़ीमत पर बेचे गए 試験官の名前と解答集の所在場所が公然と相当な高値で売られるほど状況は悪化している मानो उसने औरतों को सरे बाज़ार बे-आबरू किया हो 女性を公衆の面前で辱めたかのように
सरेरा [名] 帆船の帆を調節する綱；帆綱= सरेला.
सरेश [名*] → सरेस[1].
सरेस[1] [名*]《P. سریش सरेश; सिरेश》にかわ (膠) = सहरेस.
सरेस[2] [形] ねばねばする；粘りけのある；粘着力のある
सरो [名]《P. سرو सर्व》〔植〕ヒノキ科小木ホソイトヒバ【*Cupressus sempervirens*】
सरोकार [名]《P. سروکار》(1) 関係；関わり；交渉；関与= संबंध; वास्ता; तअल्लुक़. (2) 取引
सरोकारी [形]《P. سروکاری》関係のある；関わりのある；交渉を持つ
सरोज [名]〔植〕ハス；蓮 = कमल; सरसिज.
सरोजिनी [名*] (1) 蓮池 (2) 蓮の花の集まり (3) 蓮 (4) 蓮の花
सरोजी [形] (1) 蓮の (2) 蓮の多い (3) 蓮のついている
सरोट [名*] = सिलवट.
सरोतर[1] [形] (1) 最初から最後までの；絶え間ない；連続した (2) 全体の
सरोतर[2] [副] 最初から最後まで；連続的に
सरोता [名] = सरौता.
सरोद [名]《P. سرود सुरूद》〔イ音〕サロード (フレットのない，義甲で演奏する撥弦楽器の一)
सरोपा [名]《P. سر و پا सिरोपा》(1) 頭と足 (2) → सिरोपा; ख़िलअत.
सरोरुह [名] 蓮 = कमल.
सरोवर [名] (1) 池；沼= तालाब. (2) 湖= झील; ताल.
सरोष[1] [形] 怒った = क्रुद्ध; कुपित.
सरोष[2] [副] 怒って = क्रुद्ध होकर; गुस्से में आकर.
सरोसामान [名]《P. سر و سامان》(1) 道具 (2) 家財道具
सरौ [名] (1) 深い皿= कटोरी. (2) ふた；覆い= ढक्कन.
सरौता [名] サローター (ビンロウジをはさみ切る道具)
सर्कस [名]《E. circus》(1) サーカス；曲芸団 (2) サーカスのショー
सर्किट हाउस [名]《E. circuit house》サーキット・ハウス (県内の地方を巡回し視察する役人の宿泊施設) = सर्कुट हाउस; सरकारी कोठी; विश्राम भवन.
सर्किल [名]《E. circle》(1) 円；環状のもの (2) 囲い (3) 行政上の便宜のため県の次区分であるパルガナーの村や町を幾つかのグループにまとめた区域；ハルカー (हलका)；イラーカー (इलाक़ा)；サークル **सर्किल आफ़ीसर** サークルオフィサー (サークルの担当責任者)
सर्कुलर [名]《E. circular》回状 = परिपत्र; गश्ती चिट्ठी.
सर्कुट हाउस [名]《E. circuit house》→ सर्किट हाउस.
सर्कुलेशन [名]《E. circulation》サーキュレーション；発行部数；普及数= परिचालन.
सर्कूलर [名]《E. circular》回状；回覧状
सर्ग [名] (1) 章；篇= प्रकरण; अध्याय. (2) 創造= सृष्टि. (3) 創造物= जीव; प्राणी.
सर्गबद्ध [形] 章に分かれた；篇に分かれた；章を立てた
सर्चलाइट [名]《E. search light》サーチライト；探照灯
सर्जंट [名]《E. sergeant》(1)〔軍〕曹長 (2) 巡査部長= सर्जेंट.
सर्ज[1] [名*]《E. serge》サージ；セル
सर्ज[2] [名]〔植〕フタバガキ科高木サラソウジュ (沙羅双樹)；沙羅；シャラ；ナツツバキ【*Vatica robusta*】= सलाई का पेड़.
सर्जन[1] [名] (1) 発射；放出 (2) 創造；創出 (3)〔軍〕しんがり (殿)
सर्जन[2] [名]《E. surgeon》外科医= शल्य-चिकित्सक.
सर्जमणि [名] (1) サラノキ (沙羅双樹) の樹脂を乾燥させた薫香 = धूना. (2) キワタノキ सेमल から採れる樹脂
सर्जरस [名] = सर्जमणि.
सर्जरी [名*]《E. surgery》〔医〕外科医療 = शल्य-चिकित्सा.
सर्जिकल [形]《E. surgical》外科用の सर्जिकल पट्टी ほうたい (包帯)；ガーゼ= गॉज़. सर्जिकल कॉटन (काटन) 脱脂綿 = डाक्टरी रुई. सर्जिकल काटन का पैकेट 脱脂綿の包み
सर्जिकल वार्ड [名]《E. surgical ward》外科病棟
सर्जेंट [名]《E. sergeant》(1)〔軍〕曹長 (2) 巡査部長 = सर्जंट.
सर्टिफ़िकेट [名]《E. certificate》(1) 証明書；証書 (2) 卒業証明書；修了証書；資格証明書 (3) 能力証明書；技能証明書；適任証書 (4) 医療診断書
सर्द [形]《P. سرد》(1) 寒い；冷たい；寒冷な जाड़ों में सर्द हवाएँ चलती हैं 冬には寒風が吹く तेज़ सर्द हवा 強く冷たい風 बर्फ़ीली और सर्द जगह 雪の寒冷地 सर्द मुमालिक 寒冷な国々 (2) 沈んだ；無気力な；元気のない सर्द ठंडी आह निकल गई 深く沈んだ溜め息が出た (3) だらしのない；怠けた (4) 不能な；性的能力のない **सर्द खाना** 風邪を引く **सर्द ख़ाना** 地階 **सर्द-गर्म** 人生の浮き沈み；有為転変 **सर्द-गर्म कहना** 非難する
सर्दई [形・名] = सरदई.
सर्दख़ाना [名]《P. سرد خانہ》冷蔵室
सर्दबाज़ारी [名*]《P. سرد بازاری》売れ行き不振；不景気；不況
सर्दमिज़ाज [形]《P.A. سرد مذاج》(1) 無気力な (2) つっけんどんな；無愛想な (3) 冷淡な
सर्दा [名] = सरदा.
सर्दाबा [名]《P. سردابہ》(1) 地下室= तहख़ाना. (2) 墓= क़ब्र; समाधि.
सर्दार [名] → सरदार.
सर्दी [名*] → सरदी. (1) 冷たさ；寒さ सर्दी से बचाव 防寒 कड़कड़ाती सर्दी 身を切るような寒さ= कड़ाके की सर्दी. (2) 冬；冬季= जाड़ा. सर्दी के मौसम में 冬に；冬季に (3) かぜ；風邪= ज़ुकाम. सर्दी-ज़ुकाम 風邪 इसे मामूली सर्दी ज़ुकाम मत समझना.बिगड़ जाए तो निमोनिया होने में देर नहीं लगती これを普通の風邪と思わないことです．こじれたらすぐに肺炎になりますよ **सर्दी खाना** 風邪を引く **सर्दी चढ़ना** 寒気がして発熱する **सर्दी पड़ना** 寒くなる；冷える；冷え込む
सर्प [名] (1)〔動〕蛇 = साँप. (2) 這うこと= सर्पण.
सर्पण [名] (1) 生き物が這うこと (2) 物がゆっくり動くこと
सर्पपति [名]〔イ神〕蛇王シェーシャナーガ= शेषनाग.
सर्पफेण [名] アヘン；阿片 = अहिफेन; अफ़ीम.
सर्पमीन [名]〔魚〕ウナギ (鰻) 〈eel〉
सर्पराज [名] (1)〔イ神〕シェーシャナーガ= शेषनाग. (2)〔イ神〕ヴァースキ= वासुकि.
सर्पविष [名] 蛇毒 सर्पविष उतारना 蛇毒をとる
सर्पहा [名] (1)〔動〕マングース= नेवला. (2)〔鳥〕ガルダ गरुड (イヌワシ)
सर्पाकार [形] (1) 蛇の形をした (2) 蛇行した ये नदियाँ पर्वतीय उपत्यकाओं में सर्पाकार घूमती, समतलीय क्षेत्रों के वक्ष से बहती हैं これらの川は山岳地域を蛇行しながら平野を流れて行く
सर्पारि [名] (1)〔鳥〕ガルダ गरुड (イヌワシ) (2)〔鳥〕クジャク (3)〔動〕マングース
सर्पाशन [名] (1)〔鳥〕ガルダ गरुड (イヌワシ) (2)〔鳥〕クジャク
सर्पिणी [名*] 雌の蛇
सर्पिल [形] 曲がりくねった；蛇行する सर्पिल कुण्डलीय とぐろ状の
सर्फ़ [名]《A. صرف》(1) 消費 **सर्फ़ हो०** 費やされる；消費される वक़्त भी बहुत सर्फ़ होता था 時間も随分費やされるのだった (2) 使用 (3)〔言〕語形論
सर्फ़ा [名]《A. سرفہ》(1) 利益 (2) 消費 (3) 節約；倹約
सर्फ़िन [名]《E. surfin》〔ス〕サーフィン
सर्फ़ोनह्व [名*]《A. صرف و نحو》文法 = व्याकरण; क़वाइद.
सर्मा [名]《P. سرما》冬；冬季= जाड़ा; जाड़े का मौसम.
सर्र [名] 敏捷に動く様子．するっと，するするっと，さっとなどと素早く動く様子 **सर्र से** 敏捷に जैसा फ़िल्मों में होता है और सर्र से साइकिलें कहीं-से-कहीं पहुँच जाएँ 映画に出てくるように自転車がさっととんでもないところに行ってしまう गिलहरी मेरे पैर तक आकर सर्र से पर्दे पर चढ़ जाता (リスは) 私の足元まで来るとするするとカーテンに登る

सर्राटा [名] 風が激しく吹いたり物体の勢いよく動く音
सर्राफ़ [名] 《A. صراف》 (1) 両替商；金融業者；銀行業者 (2) 貴金属商→ सराफ़.
सर्राफ़ा [名] 《A. صراف》 貴金属市場
सर्राफ़ी [名*] 《A. صرافی》 貴金属の商い→ सराफ़ी.
सर्व [形・代] (1) すべての；全部の；全体の；一切の (2) 全部；全体；一切= सब.
सर्वकर्ता [名] ブラフマー神 (ब्रह्मा)
सर्वकाल [副] 常に；絶え間なく
सर्वक्षमा [名*] 恩赦；大赦
सर्वक्षार [名]〔軍〕焦土戦術
सर्वगंध [名] (1) = दालचीनी. (2) = इलायची. (3) = तेजपत्ता. (4) = लौंग.
सर्वग [形] 至るところにある；至るところに見られる
सर्वगत [形] (1) 随所にある；遍在する；遍満している；普遍的な (2) 共通の
सर्वगामी [形] = सर्वग. आतंकवाद सर्वगामी रूप में व्यापक हो जाने के बावजूद वह कहीं सफल नहीं हुआ テロリズムが蔓延したにもかかわらず全く成功していない
सर्वगुणसंपन्न [形] あらゆる徳の備わった；すべての徳を備えた सर्वगुणसंपन्न व्यक्ति 高徳の人
सर्वगुरु [名]〔韻〕サルヴァグル (मात्रा गण, すなわち，4 モーラによる詩脚の 5 分類の一で，गुरु-गुरु ऽ ऽ と記される)
सर्वग्रास [名]〔天〕皆既食 = पूर्णग्रहण.
सर्वग्रासी [形] (1) 一切を覆う；覆い尽くす पिछले कुछ समय से अनिश्चय और अस्थिरता की जो सर्वग्रासी धुंध सभी क्षेत्रों में छाई हुई है वह इस वर्ष छँट जाएगी 少し以前から至るところに一切を覆う不確定と不安定の霧が広がっているが今年は消え去るであろう (2) 一切を食べる；食べ尽くす
सर्वजन[1] [形] (1) 万人の (2) 満遍なく行きわたった
सर्वजन[2] [名] 万人；すべての人= सभी लोग.
सर्वजनीन [形] (1) 万人の (2) 公共の
सर्वजनीनता [名*] (1) 普遍；普遍性 (2) 公共性
सर्वजित् [形] (1) すべてを打ち負かす (2) 最高の；最上の
सर्वज्ञ[1] [形] 全知の सर्वज्ञ होने का दावा क॰ 知ったかぶりをする मनुष्य होने के कारण वह सर्वज्ञ या सभी प्रकार से हमेशा सही नहीं हो सकता 人間なのだから全知でもあり得ないし何事につけても常に正しいわけでもあり得ない
सर्वज्ञ[2] [名] (1) 最高神 (2) 神
सर्वज्ञता [名*] ← सर्वज्ञ. 全知 = सर्वज्ञत्व.
सर्वज्ञानी [形] 全知の；一切を知悉する = सर्वज्ञ.
सर्वतः [副] (1) すべてに；すべての方向に；至るところに= चारों तरफ़. (2) 全く；完全に= पूरी तरह से; पूर्ण रूप से. (3) あらゆる方法で；あらゆる形で= हर तरह से.
सर्वतोभाव [副] (1) あらゆる形で；あらゆる方法で (2) 立派に；上手に
सर्वतोमुख [形] = सर्वतोमुखी.
सर्वतोमुखी [形] (1) あらゆる方向に向いた；全般的な；多方面な；全面的な समाज की सर्वतोमुखी प्रगति के लिए 社会の全面的な発展のために इस क्षेत्र के सर्वतोमुखी विकास के लिए この地域の全般的な発展のために (2) 完全な (3) 万能の
सर्वत्र [副] (1) あらゆるところに；至るところに (2) いつも；常に；あらゆる時に
सर्वत्रगामी [形・名] (1) 遍満する；至るところに行く (2) 風
सर्वथा [副] (1) 全く；完全に；すっかり उसने न्याय और क़ानून का सर्वथा उल्लंघन किया 彼は正義と法とに完全に違反した उन्हें इस अभियान के कारण सर्वथा अनदेखा कर दिया जाता है 彼らはこの運動のため全く無視される (2) あらゆる方法で (3) いつも；常に सर्वथा गलत 全く間違っている
सर्वथैव [副] सर्वथा の強意形．完全に；全く；すっかり
सर्वद[1] [形] 何もかも与える；一切のものを施す
सर्वद[2] [名] シヴァ神の異名の一
सर्वदर्शी[1] [形] 一切を見る
सर्वदर्शी[2] [名] 最高神
सर्वदल [名] 全部の党；全政党；全構成員
सर्वदल सम्मेलन [名]〔イ史〕全政党協議会 (1928 年) 〈All Parties Conference〉
सर्वदलीय [形] 全党の；全構成員の
सर्वदा [副] 常に；いつも；恒常的な= हमेशा; सदा.
सर्वनाम [名]〔言〕代名詞〈pronoun〉
सर्वनाश [名] 全滅；壊滅= बरबादी; तबाही.
सर्वनाशक [形] 全滅させる；破滅させる；壊滅的な
सर्वनाशन [名] 全滅させること；壊滅させること
सर्वनाशी [形] = सर्वनाशक.
सर्वनियंता [形] 統括する；すべてを統御する
सर्वप्रथम [副] 初めに；最初に；真っ先に= सब से पहले; पहले पहल. सर्वप्रथम वे 'सैनिक' के संपादकीय विभाग में थे 最初はサイニク誌の編集部に所属しておられた
सर्वप्रिय [形] 最も好かれる；最も愛される；最愛の；最も人気のある उन दिनों इंद्र सर्वप्रिय देवता था 当時はインドラ神が最も人気のある神だった अंग्रेज़ी ही आज सर्वप्रिय भाषा बनी हुई है 英語が今日では最も人気のある言語になっている
सर्वभक्षी [形] 何もかも食べる
सर्वभूमि [名*] 全域；全土
सर्वमान्य [形] 万人の認める；万人に認められる；だれからも認められる；どこにでも通用する संसार की सर्वमान्य चाय 世界中に通用する紅茶
सर्वरूप [形] 一切の形に存する
सर्वलघु [名]〔韻〕サルヴァラグ (मात्रा गण, すなわち，4 モーラを単位とする 5 種の詩脚分類の一で，लघु-लघु-लघु-लघु. । । । । と記される)
सर्वलोक [名] 全世界；一切の世界
सर्वलौह [名] (1) 銅；赤銅 (2) 矢
सर्ववाद [名]〔宗〕汎神論 = सर्वेश्वरवाद. 〈pantheism〉
सर्वविद्[1] [形] 全知の = सर्वज्ञ.
सर्वविद्[2] [名] 最高神 = ईश्वर.
सर्वविदित [形] 周知の；みなに知られている यह सर्वविदित है कि... 周知の通り…
सर्वव्यापक [形] (1) 遍在する；いずこにもどこにも存在する；遍満する (2) 普遍的な
सर्वव्यापकता [名*] (1) 遍在；遍満 (2) 普遍性
सर्वशः [副] 全く；完全に；すっかり= पूर्ण रूप से.
सर्वशक्तिमत्ता [名*] 全能；万能
सर्वशक्तिमान[1] [形] 全能の；万能の
सर्वशक्तिमान[2] [名] 最高神 = ईश्वर.
सर्वशक्तिसंपन्न [形] = सर्वशक्तिमान. 全能の；一切の力を備えている सर्वशक्तिसंपन्न मसीहा 全能のメシア
सर्वश्री [名] (1) 各位 (男子の尊称 Mr. श्री の複数形) (2) 社名の肩書 सर्वश्री विद्याधर ヴィディヤーダル社
सर्वश्रेष्ठ [形] 最高の；最上の；最優秀の
सर्वसंमत [形] 全員一致の；全会一致の；満場一致の= सर्वसम्मत.
सर्वसंहार [名] (1) 皆殺し；集団虐殺；大量殺戮；ジェノサイド (2) 死
सर्वसत्ता [名*] 主権 = सर्वोच्चसत्ता; प्रभुता. 〈sovereignty〉
सर्वसत्ताधारी [形・名] (1) 主権を有する (2) 元首；主権者〈sovereign〉
सर्वसम्मत [形] 満場一致の；全会一致の；異口同音の
सर्वसम्मति [名*] 全会一致；満場一致；異口同意 सर्वसम्मति से 満場一致で；異口同音に= एक राय से; एक ज़बान होकर. सर्वसम्मति से फ़ैसला लिया गया 満場一致で決議された
सर्वसाधारण[1] [名] 一般大衆 सर्वसाधारण की बोलचाल की भाषा 一般大衆の会話の言葉；一般人の口語；普通の話し言葉
सर्वसाधारण[2] [形] (1) 一般の (2) 共通の (3) 公共の
सर्वसामान्य [形] (1) 一般の；普通の (2) 共通の कौन-से अंग सभी पौधों में सर्वसामान्य हैं どの部分がすべての植物に共通しているのか (3) 公共の
सर्वसुलभ [形] だれにも得やすい；手に入りやすい सर्वसुलभ साधन 手に入りやすい手段
सर्वस्व [名] (1) 全財産 सेठ को लगा, प्रतिष्ठा चली गई तो सर्वस्व चला गया 豪商は名誉が失われると全財産が失われたように感じた आज़ादी के लिए सर्वस्व त्याग करने के लिए तैयार हो 独立獲得のためには全財産を放棄することを覚悟せよ (2) 一切のもの；す

べてのもの उसे अपना सर्वस्व समर्पण करते समय その人に自分の一切のものを委ねる際

सर्वहर[1] [形] (1) 一切のものを奪う (2) 遺産の一切を相続する

सर्वहर[2] [名] (1) 死 (2) 冥界のヤマ王；閻魔

सर्वहारा [名] プロレタリアート；無産階級= सर्वहारा वर्ग.

सर्वांग [名] (1) 全体 (2) 全身 (3) 集合

सर्वांगीण [形] (1) 全体の (2) 全身の शरीर का सर्वांगीण स्वास्थ्य 体全体の健康 (3) 全面的な；総合的な बच्चों का सर्वांगीण विकास 子供たちの総合的な成長

सर्वांतरात्मा [名] 最高神

सर्वांतर्यामी [名] 最高神

सर्वात्मवाद [名] (1)〔イ哲〕不二一元論= अद्वैतवाद. (2)〔宗〕万有神教；汎神論〈Pantheism〉

सर्वाधिक[1] [副] 最も；最高に；最大に सर्वाधिक आवश्यक 最も大切な

सर्वाधिक[2] [形] (1) 最も多い；最多の (2) 最も高い；最も強い；一番の सर्वाधिक रुचि 一番の好み

सर्वाधिकार [名] (1) 全権 (2) 完全な権利 (3) 独占

सर्वाधिकारवाद [名]〔政〕全体主義〈totalitarianism〉

सर्वाधिकारी [形] 全権を所有する；全体主義の〈totalitarian〉

सर्वाधिकारी राज्य [名]〔政〕(1) 全体主義国家〈totalitarian state〉(2) 全体主義政権〈totalitarian regime〉

सर्वाधिपत्य [名] 独裁；独裁的支配；独裁政治

सर्वार्थवाद [名]〔宗〕普遍救済説

सर्वास्तिवाद [名] (1)〔哲〕実在論 (2)〔仏〕説一切有部

सर्विस [名*]《E. service》(1) サービス (2)〔ス〕サービス；サーブ सर्विस करनेवाला खिलाड़ी サーブする選手 (3) 乗り物の便 (4) アフターサービス

सर्विस केंद्र [名]《E. service + H.》サービスセンター

सर्विस कोर्ट [名]《E. service court》〔ス〕サービスコート

सर्विस सेंटर [名]《E. service centre》サービスセンター

सेर्विसिंग केंद्र [名]《E. servicing centre》サービスセンター

सर्वेक्षण [名] (1) 測定；測量 (2) 調査；サーベイ देहली विश्वविद्यालय के विद्यार्थियों के सर्वेक्षणों से デリー大学の学生の調査により

सर्वेश [名] 神；最高神= सर्वेश्वर.

सर्वेश्वरवाद [名]〔哲・宗〕汎神論；万有神教〈pantheism〉

सर्वेश्वरवादी [名]〔宗〕汎神論者

सर्वेसर्वा [名] 最高の存在；最高位者；第一人者

सर्वोच्च [形] (1) 一番上の；抜きん出た (2) 最高の जीवन का सर्वोच्च लक्ष्य 人生の最高の目標 सर्वोच्च सत्ता 全権

सर्वोच्च न्यायालय [名] 最高裁判所 = उच्चतम न्यायालय.

सर्वोत्तम [形] 最高の；最良の；最善の= सर्वश्रेष्ठ; बेहतरीन. कौन ऋतु सर्वोत्तम है? どの季節が一番よいか संयुक्तराज्य अमेरिका अध्यक्षात्मक प्रणाली का सर्वोत्तम उदाहरण है アメリカ合衆国が大統領制の最良の例である किसी कलाकार की सर्वोत्तम कृति ある芸術家の最高の傑作

सर्वोदय [名] サルヴォーダヤ／サルボーダヤ（マハートマー・ガンディーによるインド社会の全面的改革・向上の希求に発したインド農村社会の経済的，社会的発展の運動． विनोबा भावे が中心となって推進したが，特に土地寄進のブーダーン運動などを中心とする社会改革運動が行われた）

सर्वोपरि [形] 最高の（もの）；至上の（もの） सिद्धांत के विषय में अपनी आत्मा का आदेश सर्वोपरि होता है 原則に関しては自分の魂の命じるところが最高のものである इन सुझावों के अतिरिक्त सर्वोपरि ध्यान इस ओर देने की जरूरत है これらの提案のほかこの方面に，最も多く注意しなくてはならない

सर्वोपरि सत्ता [名*] 最高権力

सर्षप [名] → सरसों.

सर्सों [名*] → सरसों.

सर्हद [名*] → सरहद.

सल[1] [名]〔植〕クロマツ（黒松）= सरल.

सल[2] [名]〔昆〕カマキリ= बोंट.

सलई [名*] (1)〔植〕カンラン科インドニュウコウジュ（乳香樹）【*Boswellia serrata*】〈Indian frankincense tree; Indian olibanum tree〉= शल्लकी. (2) ニュウコウ（乳香）

सलगम [名]《P. شلغم शल्ग़म》〔植〕アブラナ科カブ（蕪）；カブラ = शलजम.

सलज्ज[1] [形] (1) 恥じらいのある；羞恥心のある (2) 恥じている

सलज्ज[2] [副] 恥じながら；恥ずかしげに

सलतनत [名*]《A. سلطنت सल्तनत》(1) 統治；支配 (2) 王政 (3) 王権

सलना[1] [自] 穴があく；突き抜ける= छिदना; भिदना.

सलना[2] [名] 大工道具のきり（錐）

सलपन [名]〔植〕マメ科草本タマツナギ【*Desmodium gangeticum*】

सलफ़ [名]《A. سلف》先祖 = पूर्वज.

सलब [形]《A. سلب सल्ब》つぶれた；つぶされた；台無しになった

सलभ [名] → शलभ.

सलमा [名]《P. سلمع सल्मा》刺繍に用いられる金糸や銀糸

सलवट [名*] しわ सलवट पड़ना （布に）しわが寄る इन रेशों के बने कपड़ों में सलवटें भी नहीं पड़ती この繊維で作られた布にはしわも寄らない वह सलवटहीन चादर की भाँति फैली हुई थी しわのないシーツのように広がっていた

सलवार [名*] = शलवार.〔服〕サルワール；シャルワール सलवार-कमीज़ पहनना サルワールとカミーズを着る

सलवार-सूट [名]〔服〕下半身にサルワール（シャルワール）を上半身に膝下まであるワンピースを着る女性の服装

सलसलाना [自] むずむずする；むずがゆい

सलसलाहट [名*] むずがゆさ

सलहज [名*] 妻の兄弟の妻 = सरहज.

सलाई [名*] (1) 細く短い棒（棒状のもの）；軸；スティック काजल की सलाई カージャルをつけるためのスティック लकड़ी अथवा हाथीदाँत की बनी हुई दो सलाइयाँ 木や象牙製の 2 本の細い棒（箸の説明の言葉） (2) マッチの軸 (3) 編み棒 एक सीधा, एक उलटा फंदा लेकर 6 सलाइयों की, 'रिब' बुनिए 表編みの目を 1 つ，裏編みの目を 1 つの編み棒 6 本の畝を作ること

सलात [名*]《A. صلات》〔イス〕サラート（イスラム信者の義務としての礼拝） = नमाज़.

सलाद [名]《E. salad》(1)〔植〕キク科野菜サラダナ（サラダ菜）；チサ；レタス【*Lactuca sativa*】 (2) サラダ（料理） (3)〔料〕トマト，キュウリ，ショウガなどの生野菜をスライスして盛り合わせたもの；生野菜 एक प्लेट हरा सलाद और कुछ फल サラダ一皿と少々の果物

सलाबत [名*]《A. صلابت》(1) 堅さ (2) 厳しさ

सलाम [名]《A. سلام》(1)「汝らに平安あれかし」の意のイスラム教徒の挨拶の言葉；サラーム・アライクム；サラーム (2)（イスラム教徒式の）挨拶（右手先を揃えて胸の高さに上げたり額に当てたりするしかた） (3) 軍隊式の挙手の礼 (4) 平安；平和 (-को) **सलाम क॰** *a*.（ーに）挨拶をする और हाथी फिर खड़े-खड़े ही सूँड उठाकर दर्शकों को सलाम करता है 象は次に立ち上がったまま鼻を持ち上げて観客に挨拶をする *b*.（右手を胸や額の前に挙げるイスラム教徒や軍隊式の敬礼などによる）挙手の礼をする अपनी कुरसी पर ठीक से बैठ भी नहीं पाई थी कि चपरासी ने सलाम किया 私が自分の椅子にちゃんと腰を下ろす前に給仕が挙手の礼をした *c*.（ーを）敬う तैमूर खूँख्वार है, लेकिन बहादुरी को सलाम करता है ティムールは残忍な人間なれども我その勇気には敬意を払うものなり **दूर से (-को) सलाम क॰** （ーを）敬遠する；遠ざける；遠ざかる **सलाम झुकना** 最敬礼がなされる **सलाम दागना** 敬礼する **सलाम दे॰** 挨拶を送る；よろしく伝える **सलाम फेरना** 挨拶を受けても返さない **सलाम बजा लाना** *a*. 挨拶をする *b*. 伺候する **सलाम मारना** 敬礼する **सलाम ले॰** 挨拶を返す

सलाम अलैकुम [感]《A. سلام عليكم》ムスリムによって時刻に関係なく，また出会いにも別れにも用いられる「汝らに平安あれ」の意の一般的な挨拶の言葉；サラーム・アライクム；アッサラームアライクム = अस्सलाम अलैकुम.

सलाम-दुआ [名*]《A. سلام دعا》挨拶；挨拶をかわすこと सलाम दुआ के बाद उन्होंने भाई का हाल पूछा あの方は挨拶をかわした後，私の兄の様子をたずねた सलाम-दुआ हो जा॰ 挨拶がかわされる

सलामत[1] [形]《A. سلامت》(1) 元気な；無事な जान सलामत है तो सब कुछ है 命あっての物種だ (2) 安泰な；万全な आपका राज सलामत रहे 御世が安泰でありますように प्रधान मंत्री का राज सलामत रहे 首相の治世安泰であれかし (3) 呼びかけに用いられる बादशाह सलामत お殿様 अब बादशाह सलामत, आप ही तय करें कि सिक्के का

स

अधिकारी कौन हो？ そこでどうかお殿様，殿御自身が硬貨の持ち主をだれにするかお決め下さい (4) 敬称として用いられる सीधे शाहंशाह सलामत के पास पहुँचा 真っ直ぐ皇帝陛下のもとへ行った
सलामत[2] [副] 無事に；安全に
सलामत[3] [名*] (1) 安全；無事 (2) 平穏；平和 (3) 健康
सलामती [名*] 《A.P. سلامتی》(1) 安全 (2) 安泰；確実 ईमान की सलामती चाहिए 信心が確かでなくてはならぬ (-की) **सलामती मनाना** (ーの) 平安無事を祈る **सलामती से** 無事に **सलामती का जाम पीना** 祝杯を上げる (3) 健康
सलामी[1] [名*]《A. سلامی》(1) 敬礼；お辞儀 मुख्य अतिथि को सलामी देते हैं 主賓に敬礼する (2) 礼砲や儀仗兵による敬礼 (3) 贈り物＝नज़राना; भेंट. **सलामी दे॰** 敬礼する राष्ट्रीय झंडे को सलामी दी जाती है 国旗に敬礼（挙手の礼）がなされる फ़ौजी सलामी 軍隊式の敬礼 **सलामी उतारना** 銃や大砲で祝砲を発射して歓迎の意を表す **तोपों की सलामी दे॰** 礼砲を発射する तोपों की सलामी दी जाती है 礼砲が発射される **सलामी ले॰** 敬礼を受ける
सलामी[2] [名*]《E. salami》サラミソーセージ कोई कबाब लेकर आता तो कोई सलामी カバーブを持参するものもあればサラミを持参する者もある
सलामी गारद [名] 《A. + E. guard》儀仗兵
सलासत [名*] 《A. سلاست》(1) 明晰さ (2) 流麗さ (3) 優しさ
सलाह [名*]《A. صلاح》(1) 助言；忠告；指示；勧告 (2) 相談 (3) 意見 (4) 善良 इस सलाह के अनुसार この忠告に従って डाक्टरी सलाह के बिना 医者の指示なく **सलाह क॰** 相談する；合議する वे किसी भी निर्णय को लेने से पहले आपस में सलाह अवश्य कर लेते थे 何らかの決断をする前に必ずお互いに相談をしていた **सलाह दे॰** (ーに) 助言する；勧告する प्रधान मंत्री को सलाह देने के लिए 総理大臣に助言するのに मेरे पति बिजनेस में अपनी सलाहें देकर मेरी समस्याओं को हल करने में मदद करते हैं 夫は商売に関する助言をして私の抱える問題の解決を助けてくれる (-की) **सलाह दे॰** (ーを) 勧める；推奨する (-से) **सलाह ले॰** (ーに) 助言を仰ぐ；意見を求める；相談する इस बारे में उसने ज्योतिषियों से सलाह लेनी आवश्यक नहीं समझी これについて占い師に相談する必要を認めなかった वह अपनी जन-जाति के गाँवों के मुखियों से भी सलाह लेता था 部族民の村の長たちからも意見を求めていた **सलाह-मशविरा** (**सलाह-मशवरा**) 相談；話し合い；意見を求めること **सलाह-मशविरा ले॰** 相談する；意見を求める इस बारे में राज्य के पुराने हकीम से सलाह-मशविरा लिया जाना चाहिए これについては御典医に相談しなくてはならない
सलाहकार [名] 《A.P. صلاح کار》助言者；顧問；相談役；補佐役 अमरीकी राष्ट्रपति के विशेष सलाहकार 特別補佐官（合衆国大統領の）
सलाहीयत [名*] 《A. صلاحیت》力；能力 बीमारी से मुकाबला करने की सलाहीयत पैदा होती है 病気への抵抗力が生まれる
सलिल [名] (1) 水＝पानी; जल. सलिल धारा 水の流れ (2) 涙＝आँसू; अश्रु.
सलिलज [名] 蓮＝कमल; पद्म.
सलिलद [名] (1) 雲＝बादल. (2) 先祖の霊に水の供養をする人＝पानीदेवा.
सलिलनिधि [名] 海＝जलनिधि; समुद्र; समंदर.
सलिलपति [名] (1)〔ヒ〕水神ヴァルナ (वरुण) (2) 海＝सागर; समुद्र.
सलिलेश्वर [名]〔ヒ〕ヴァルナ神＝वरुण.
सलीक़ा [名] 《A. سلیقه》(1) 正しい手法；巧みなわざ；技巧；こつ (2) 作法 (3) 礼儀；行儀 (4) たしなみ (5) 整理；整頓 सलीक़ा आ॰ 作法をわきまえる अपना आकर्षण बनाये रखने का सलीक़ा भी उसे आता हो तो 自分の魅力を保持する作法もわきまえるならば उठने बैठने का सलीक़ा 行儀作法 एक तो मुझमें काम का सलीक़ा ही नहीं था 1つには仕事のこつを私は知らなかった चार लोगों में उठने-बैठने का सलीक़ा आता है 人に交わると礼儀作法を覚えるものだ **सलीक़े से** 整然と；きちんと；整頓して बस्ता सलीक़े से रखना かばんをきちんと置くこと
सलीक़ापसंद [形] 《A.P. سلیقه پسند》きちんとしている；きちんとしたことの好きな सलीक़ापसंद स्त्री 整理整頓の好きな女性
सलीक़ामंद [形] 《A.P. سلیقه مند》上品な；品のよい；礼儀正しい；行儀のよい＝सलीक़ेमंद. लड़कियाँ लड़कों से भी ज़्यादा नेक और सलीक़ामंद होती हैं 女の子は男の子よりも心根がよくて礼儀正しいもの
सलीक़ेदार [形] 《A.P. سلیقه دار》→ सलीक़ामंद.
सलीता [名] カンバス；キャンバス；ズック；綿の厚地の布＝शलीता.
सलीपर [名] 《E. slipper》スリッパ
सलीब [名*] 《A. صلیب》(1) 十字架 (2)〔キ〕十字架（しるし）
सलीबी[1] [形] 《A. صلیبی》(1) 十字架の (2) 十字架の形をしている (3) キリスト教の
सलीबी[2] [名] キリスト教徒；クリスチャン
सलीम[1] [形] 《A. سلیم》(1) 正しい；正当な (2) 安全な (3) 温和な；柔和な；やさしい (4) 健全な；健康な
सलीम[2] 〔人名・イ史〕サリーム（ムガル朝第 4 代ヌールッディーン・ムハンマド・ジャハーンギール．在位 1605–27）
सलीम चिश्ती 〔人名・イス〕《سلیم چشتی》サリーム・チシュティー（16 世紀チシュティー教団のスーフィー聖者）
सलीमशाही [名] 《A.P. سلیم شاہی》サリームシャーヒー（デリーで製造されるビロードを用いた靴）
सलील [形] (1) 戯れる (2) 遊戯する
सलीस [形] 《A. سلیس》(1) やさしい；自然な；簡単な；平易な＝मृदुल; सरल; नर्म. (2) 平らな；なめらかな＝हमवार; समतल. (3) 流麗な＝सरल और कोमल.
सलूक [名] 《A. سلوک सुलूक》(1) 振る舞い；態度；取り扱い；待遇＝व्यवहार; बर्ताव. हम लोग उनके साथ बहुत अच्छा सलूक करते हैं 彼らに良い待遇をしている ठगी करनेवाले इस गिरोह ने इस बार भी वैसा सलूक किया 詐欺を働くこの一味は今度も全く同じ振る舞いをした (2) 方法；やり方 (3) 調和；融和
सलूका [名] ＝शलूका.
सलूट [名*] 《E. salute》敬礼；挙手の礼 पुलिसवाले ने सलूट मारी 警官が挙手の礼をした
सलूनो [名] (1) サーワン月の満月の日（日本の旧暦 7 月 15 日）(2)〔ヒ〕ラクシャーバンダン祭 (रक्षाबंधन)
सलेट [名*] 《E. slate》石板（子供のノート代わりの筆記用具）；スレート
सलेटी [形] 《E. slate》ねずみ色の＝सिलेटी.
सलैला [形] (1) 水の混じった (2) すべすべの；つるつるの
सलोक [名] (1) 称賛 (2)〔韻〕シュローカ (श्लोक) (3)〔韻〕ドーハー (दोहा)
सलोतरी [名] 獣医＝शालिहोत्री; घोड़ा डाक्टर.
सलोना[1] [形⁺] (1) 塩けの；塩味の (2) おいしい；美味の कचौड़ियाँ कितनी सलोनी! 実においしいカチョーリー (3) 美しい；魅惑的な अपने मासूम बचपन के वे सलोने दिन 無邪気な幼い頃の美しい日々 (4) 色っぽい；艶っぽい；妖艶な；粋な वह सुचित्रा सुडौल लग रही थी और सलोनी スチットラーは体付きが良く粋な感じだった (5) 栗色の
सलोना[2] [名] ＝सलूनो. 〔ヒ〕ラクシャーバンダン祭（サーワン月の満月の日に祝われる．兄弟姉妹の愛情の絆を深めるものとされる）
सलोनो [名] ＝सलूनो; सलोना[2]
सल्अम 〔句〕《A. صلعم》 सल्ला अल्लाहु अलैहि व सल्लम「預言者ムハンマドに神の加護と祝福あれかし」の省略形 प्यारे नबी सल्अम हज़रत मुहम्मद सल्अम 親愛なる使徒ムハンマドさま
सल्जम [名] 《P. سلجم》＝शलजम.
सल्तनत [名*] 《A. سلطنت》(1) 王国；領土；領地 अपनी खोई हुई सल्तनत 自分の失った王国 सल्तनत जाए, पर मैं दुनिया को यह कहते हुए नहीं सुनना चाहता たとえこの国を失おうとも世間がこういうのを聞きたくはない सल्तनत का एक बहुत बड़ा हिस्सा 領土の非常に大きな部分 (2) 支配；統治 मुग़लों की सल्तनत ムガル支配
सल्फ़र [名] 《E. sulphur》〔鉱〕硫黄 सल्फ़रयुक्त गैस 硫黄の混じったガス
सल्फ़रडाइआक्साइड [名] 《E. sulphurdioxide》〔化〕亜硫酸ガス
सल्फ़ाइड [名] 《E. sulphide》〔化〕硫化物
सल्फ़ा औषधियाँ [名*] 《E. sulfa + H.》〔薬〕サルファ剤
सल्फ़्यूरिक अम्ल [名] 《E.sulfuric + H.》〔化〕硫酸 〈sulfuric acid〉
सल्मा [名] 《P. سلمه》刺繍用の金糸や銀糸 सल्मा-सितारा 縞模様の間に星形が描かれている刺繍

सल्ल [名] ＝सरल[2]
सल्लम [名] 厚手の木綿の布
सल्ला [感] 《A. صلى》〔イス〕(預言者ムハンマドに) 神の御加護あれかし (हज़रत मुहम्मद) सल्ला अल्लाहु अलैहि の短縮形
सल्लाल्लाहु अलैहि व सल्लम [感] 《A. صَلَّى اللّٰهُ عَلَيهِ وَ سَلَّمَ》〔イス〕「かの人に神の御加護と祝福がありますように」の意の祈りの言葉. 預言者ムハンマドの名に冠して用いられる＝सलअम صلعم. हज़रत मुहम्मद सल्लाल्लाहु अलैहि व सल्लम
सल्लू [名] 革ひも
सल्लेअला [感] सल्ला अल्लाहु अलैहि の略
सव [名] (1) 水＝जल; पानी. (2) 花の蜜＝मकरंद.
सवन[1] [名]〔鳥〕ガンカモ科インドガン【*Anser indicus*】＝काज़.
सवन[2] [名] (1) 出産＝प्रसव. (2)〔ヒ〕ヤジュニャ；供犠 यज्ञ
सवनकर्म [名]〔ヒ〕供犠を行うこと＝यज्ञकार्य.
सवयस [形] 同年齢の＝सवयस्क; हमउम्र.
सवर्ण [形] (1) 同じ色の；同色の (2)〔ヒ〕ヴァルナを同じくする (3)〔ヒ〕上位 3 ヴァルナの；(シュードラや不可触民に対して) カースト内ヒンドゥーの इस घटना ने सवर्ण हिंदुओं के खिलाफ़ छोटी कौमों में आग लगा दी この事件がカーストヒンドゥーに対して下層カーストをたきつけた (4)〔言〕(同じ調音器官で調音する) 同器官的な 〈homorganic〉
सवर्ण विवाह [名] 同じヴァルナ内の婚姻
सवा [形] (1) सवा (-) の形で用いられて, (基礎単位となる数よりその) 4 分の 1 多い；$+\frac{1}{4}$ の सवा सौ 125 $(100+\frac{100}{4})$ सवा दो सौ 225 $(2\times100+\frac{100}{4})$ (2) (-से) सवा の形で用いられて (ーより) すぐれている；抜き出ている मोतियों से सवा 真珠よりもすぐれている **सवा गज़ की ज़बान** (1.25 ヤードの舌を持つ) ものすごくおしゃべりな (人) **सवा बित्ते का कलेजा** 度胸のある人 **सवा बीस हो॰** 申し分のない **सवा सोलह आने** 十分過ぎる **सवा हाथ का कलेजा** ＝सवा हाथ की छाती; सवा बित्ते का कलेजा.
सवाई[1] [名*] 2 割 5 分の利子を支払う借金
सवाई[2] [名] サワーイー (旧ジャイプル藩王の称号)
सवाई[3] [形] (1) (基礎単位となる数よりよりその) 4 分の 1 多い；1.25 倍の＝सवा. (2) 抜き出ている；すぐれている＝सवा.
सवाक् चित्र [名]〔古・映〕トーキー；発声映画 〈talkie〉
सवाब [名] 《A. ثواب》(1) 善果；善行の報い；功徳＝पुण्य. कर्ज़ के पैसे से तीर्थ करने में सवाब नहीं मिलता, बबुआ 借金して聖地巡礼をしても功徳にはならないものでございますよ. 旦那さん (2) 善行＝नेकी; भलाई. यदि मैं दान या भीख नहीं लेता तो तुझे दान देने का सुख, सवाब कैसे मिलता 私が施しや寄進を受け取らなければおまえは施しの喜びも善果も得られない
सवाया [形] ＝सवाई[2] 基礎単位となる数の 25 %増の；基礎数の 1.25 倍増の→ सवा.
सवार[1] [名] 《P. سوار》(1) 馬や乗り物に乗っている人や物 (2) 抑えつけるもの；のしかかるもの (3) (憑き物など) 取り憑くもの (4) 騎兵；騎馬兵 (5)〔イ史〕サワール (アクバル皇帝治下に始められたマンサブダーリー制において官位を与えられた者が自己の責任において保持することを定められた騎兵数)
सवार[2] [形] (1) 馬；象；乗り物などに乗っている (2) 取り憑く (熱中, 酔いなどに支配される) छात्रावस्था में मित्रता की धुन सवार रहती है 学生時代には友情にのぼせあがるものだ
सवारी [名*] 《P. سواری》(1) 乗ること (2) 乗り物 (3) 乗客 जहाज़ की सवारी 船客 मेरठ की सवारियाँ उतर जाएँ, मेरठ आ गया है「メーラトまでのお客さん降りて下さい. メーラトに着きました」 (4) 盛大な行列 (5) 馬に乗っての散策 **सवारी क॰** 雇った乗り物に乗る हम गधे की पीठ पर बैठकर सवारी किया करेंगे いつもロバに乗るようにする **सवारी कसना** 馬に乗る **सवारी गाँठना** *a.* 乗り物とする (媒体にする) इनमें से बहुत-से रोगाणु मक्खी और मच्छरों पर सवारी गाँठते हैं これらの病原菌のうち多くはハエや蚊を媒体とする *b.* 思いのままに操る
सवाल [名] 《A. سوال》(1) 問うこと；問いかけること；たずねること (2) 質問；問い (3) 問題 स्त्रियों का सवाल एक राजनैतिक सवाल है 女性問題は 1 つの政治問題である (4) 告発 (-का) **सवाल आ॰** (ーの) 問題が出る；(ーが) 問題になる जब उस घाटे को पूरा करने का सवाल आता है その欠損を埋める問題が出てくると (-का) **सवाल उठना** (ーが) 問題になる；取り上げるべき事柄や議論の対象になる बच्चों को तो ऐसी पार्टी में बुलाने का सवाल ही नहीं उठता 子供をこのようなパーティーに招くことは問題にすらならないことです सवाल उठता है कि हमारा मुल्क यह बम किसके विरुद्ध बनाना चाहता है? わが国がこの爆弾をどの国に対して作ろうとしているのかが問題になる **सवाल क॰** 問題を持ち出す **सवाल खड़ा हो॰** 問題が出てくる；問題が現れる；問題になる **सवाल दे॰** *a.* 告訴する *b.* 要求する **सवाल पूरा हो॰** 問題が解決される；解消する **सवाल लगाना** 数学の問題を解く；数学の答えを出す **सवालों की झड़ी लगा दे॰** 質問攻めにする；次から次に質問する；矢継ぎ早に質問する
सवाल-जवाब [名] 《A. سوال جواب》(1) 問答；一問一答 (2) 議論；論議 (3) 口論 सवाल-जवाब क॰ 言い争う
सवालात [名, pl.] 《A. سوالات ←سوال》 सवाल の複数形
सवालिया [形] 《← सवाल》(1) 問いかける；質問する (2) いぶかしげな सवालिया निगाहों से いぶかしげな目つきで **सवालिया निशान** 疑問符 ＝प्रश्न-चिह्न. वे मानवीय सभ्यता और संस्कृति पर गहरे सवालिया निशान छोड़ जाते हैं それらは人類の文明や文化に深刻な疑問符を投げかける
सवाली [名] 《A. سوالی》(1) 質問者 (2) 請願者 (3) 乞食
सविकल्प [形] (1) 不確定な (2) 曖昧な (3) 区別される (4) いずれかの；任意の
सविता [名] (1) 太陽；日輪＝सूर्य. (2)〔ヒ〕サヴィトリ神, もしくは, サヴィター神 (太陽の万物に及ぼす活気や活力の神格化された神)；太陽神, スーリヤ
सवितृ [名] → सविता.
सवित्री [名*] (1) 産婆；助産婦＝धाई; दाई. (2) 産婦 (3) 雌牛＝गाय; गौ.
सविधि[1] [形] 規定に則った；儀規に則った；正式な
सविधि[2] [副] 規定通りに；規定に則って；正式に＝विधिपूर्वक.
सविनय [形] (1) 謙虚な；慎み深い (2) 市民的な；市民としての (3) 礼儀正しい
सविनय अवज्ञा [名*] 市民的不服従 〈civil disobedience〉
सविनय अवज्ञा आंदोलन [名] 市民的不服従運動
सविनय क़ानून भंग [名] 市民的不服従 〈civil disobedience〉
सविराम [副] 間欠的に＝थोड़े-थोड़े समय के बाद.
सविस्तार [副] 詳しく；詳細に
सवेग [副] 速く；高速で
सवेतन [形] 有給の सवेतन अवकाश 有給休暇 रक्षाबंधन का सवेतन अवकाश ラクシャーバンダン祭の日の有給休暇
सवेरा [名] 朝；早朝＝प्रातःकाल; सुबह.
सवेरे [副] 朝に；朝方に；早朝 (に)
सवैतनिक [形] 有給の सवैतनिक कर्मचारी 有給職員
सवैया [名] (1) 1.25 セール (सेर) の重量の分銅 (2) 1.25 倍の九九 (3)〔韻〕サワイヤー (各パーダが 22〜26 音節を含む同数の音節から成る音節韻律の総称)
सव्य[1] [形] (1) 左の；左手の；左側の＝बायाँ. (2) 反対の＝प्रतिकूल; उलटा; खिलाफ़.
सव्य[2] [名] (1) カースト・ヒンドゥーの男子がつける聖紐ジャネーウー (यज्ञोपवीत; जनेऊ) (2) ヴィシュヌ神
सव्यसाची[1] [形] 弓を射るのに両手を同様に用いることのできる；両手を自由自在に用いることのできる
सव्यसाची[2] [名]〔マハ〕アルジュナ (パーンダヴァ五兄弟の 3 番目) の異名
सशंक [形] (1) 疑いのある (2) 不安のある (3) 臆病な
सशंकित [形] 不安な；心配な मैंने सशंकित हृदय से पूछा 心配になってたずねた मैं जानती हूँ संजय का मन निशीथ को लेकर जब-तब सशंकित हो उठता है 私はサンジャイがニシートのことでちょいちょい不安になるのを知っている
सशक्त [形] 強い；強力な；力強い；逞しい सशक्त राज्य 強い国 उनकी भाषा ओजपूर्ण, रोचक एवं सशक्त है あの人の言葉は生き生きとし楽しく力強い सशक्त परंपरा का अभाव 力強い伝統の欠如 कहानी देश की भावनात्मक एकता पर भी सशक्त रूप से प्रकाश डालती है 物語は国の一体感にも強く光を当てる
सशर्त [形] 《H. + A. شرط शर्त》条件付き (の) अंग्रेज़ी के बगैर उत्तीर्ण छात्रों को सशर्त प्रवेश 英語を除外して合格した生徒に条件付きの入学

स

सशस्त्र [形] 武器を持った；武力による；武装した；凶器を持った सशस्त्र संघर्ष 武装闘争 सशस्त्र डकैत 凶器を持った集団強盗 सशस्त्र पुलिस 武装警察 सशस्त्र क्रांति 武装革命
सशस्त्र तटस्थता [名*]〔政〕武装中立
सस[1] [名] 月 = चाँद; चंद्रमा.
सस[2] [名] ウサギ；兎
ससक [名] ウサギ= खरगोश.
ससकना[1] [自] → सिसकना.
ससकना[2] [自] = घबड़ाना; झिझकना.
ससरना [自] ずり動く；いざる；這う= खिसकना. चींटी ससरने की जगह नहीं (बहुत संकीर्ण स्थान) アリの這う場所もない（とても狭い）
ससहर [名] 月 = चंद्रमा; चाँद.
ससा [名] ウサギ；兎 = खरगोश.
ससि [名] 月 = शशि; चंद्रमा.
ससीम [形] 限定された；限られた；有限の
ससुर [名] しゅうと（舅）= श्वसुर.
ससुरा [名] (1) = ससुर. (2) ののしりの言葉. ただし次のように形容詞のようにも用いられる बहन जी, माफ़ करना, यह शरम ससुरी दिल्ली शहर को रास नहीं आई 姉さん，ごめんなさいね，このはにかみっていう奴はデリーの街には相性が悪いのですよ
ससुराल [名] (1) 夫もしくは妻の実家= श्वश्रालय. (2) 刑務所；豚箱 **ससुराल का कुत्ता** 妻の実家で徒食する人 **ससुराल की राई पहाड़ लगना** 嫁ぎ先のことはちょっとしたことも大きな負担に感じられる
सस्ता [形⁺] (1) 値の安い；安価な फिर वह सौदा भी कैसा सस्ता बेचता है それに商品も随分安く売るものだ सस्ते रेट पर 割安に (2) 安っぽい सस्ती भावुकता 安っぽい感受性 (3) 安易な (4) 値打ちのない **सस्ते** 容易に；簡単に **सस्ता रोवे बार-बार, महँगा रोवे एक बार** 〔諺〕安物買いの銭失い **सस्ते गला छूटना** 安くあがる；負担が少なくてすむ **सस्ते छूटना** *a.* 安く手に入る *b.* 安くあがる **सस्ते छोड़ना** 簡単に見逃す；簡単に許す
सस्ती [名*] (1) 安いこと；安価なこと (2) 物価の安い時期 **सस्ती लगना** 安く売られる
सस्पेंड [形]《E. supend》(1) 一時停止の (2) 保留された (3) 停職になった= निलंबित; मुअत्तल.
सस्मित[1] [形] にこやかな；にっこりと
सस्मित[2] [副] 微笑みながら；にっこりして
सस्य [名] (1) 穀物 (2) 収穫 (3) 武器 सस्य पर्व 収穫祭= सस्योत्सव.
सहँजन [名] → सहिजन.
सह [接頭] 共に，共同に，共同の，一緒に，副のなどの意を加える शांतिपूर्ण सह-अस्तित्व 平和共存〈peaceful co-existence〉 कपड़ा मजदूर संघ की संयुक्त संघर्ष समिति के सहअध्यक्ष 繊維労働組合の共同闘争委員会の副議長
-सह [造語]（ーに）耐える，忍耐するなどの意を有する造語要素 अग्निसह 耐火性の दाबसह 耐圧の
सह-अपराधिता [名*]〔法〕共犯行為；共犯関係
सह-अपराधी [名]〔法〕共犯者
सह-अभियुक्त [名] 共犯容疑者
सह-अस्तित्व [名] 共存 शांतिपूर्ण सह-अस्तित्व 平和共存
सहकर्ता [名] (1) 協力者= सहायक; मददगार. (2) 同僚；仲間
सहकर्मी [形・名] = सहकर्ता. 仕事を同じくする；仕事仲間の；職場の同僚
सहकार [名] (1) 協同；共同；協働；協力 (2) 協力者；支援者= सहायक; मददगार.
सहकार समिति [名*] 協同組合
सहकारिता [名*] 協力；協同；提携 आधुनिक युग में सहकारिता के आधार पर अनेक उद्योग एवं व्यवसाय चलाए जा रहे हैं 近代においては協同を基本にして幾つもの事業が営まれている सहकारिता-आंदोलन 協同組合運動
सहकारी[1] [形] 協同の；共同の सहकारी फ़ार्म 共同農場 सहकारी संस्था 協力組織
सहकारी[2] [名] 協力者；同僚 = साथी; सहयोगी.
सहकारी समाज [名]（空想的社会主義者ロバート・オーエン Robert Owen 1771–1858 の説いた理想社会である）共産社会
सहकारी समिति [名*] 協同組合（インド農村の発展のために作られた金融，農業経営，技術指導などの面で組合員の協力が行われる） सहकारी समिति के सदस्य 協同組合員
सहगमन [名] 同行；連れ立って行くこと
सहगान [名] コーラス；合唱= समवेत गान.
सहगामिनी [名*] (1) 夫に殉死する女性 (2) 妻
सहगामी [形] (1) 同行する (2) 随行する
सहचर [名] (1) 同行者；仲間 (2) 友人 (3) 下僕；従者
सहचरी [名*] (1) 同行者；仲間 (2) 友人 (3) 伴侶；妻 पत्नी सही मायने में सहचरी बने 妻が真の意味で伴侶になるように
सहचार [名] (1) 仲間= साथी. (2) 交友関係；付き合い
सहचारिणी [名*] = सहचरी.
सहचारी [名] = सहचर.
सहज[1] [形] (1) 生まれつきの；生来の (2) 素直な；率直な (3) 容易な；簡単な；やさしい इसका सहज अनुमान लगाया जा सकता है これは容易に推察されうる (4) 作りものでない；わざとらしくない；自然な हिंदुस्तान की सहज-सरल बोली ヒンドスターン地方の自然なやさしい言葉 सहज इच्छा 自然な欲求 सहज भाव से 自然に；気負いなく (5) 心の落ち着いた；本然の；自然の；自然な वह सहज होने का प्रयत्न कर रहे थे, पर स्पष्ट था कि उन्हें बोलने में भी परेशानी अनुभव हो रही थी 落ち着こうと努めていたが明らかに話すのさえ困難な様子だった (6) なめらかな भाषा का सहज प्रवाह 言葉のなめらかな流れ
सहज[2] [副] (1) 思わず；ひとりでに；自然に यह देखकर सहज ही जिज्ञासा होती है これを見てひとりでに知りたい気持ちが起こる (2) 容易に；簡単に इसका सहज ही अनुमान लगाया जा सकता है これについてはごく簡単に推察することができる (3) おとなしく；素直に बच्चे सहज ही उसकी हर बात मान जाते 子供たちは素直にその人の言葉に従う
सहज[3] [名] (1) はらから；同胞；血を分けた兄弟 (2)〔仏〕末期仏教のサハジャ乗で知慧（般若） प्रज्ञा と方便 उपाय の合一，あるいは，空 शून्य と悲 करुणा の合一によって得られるという境地；サハジャ (3) ナート派においてはシャクティ（शक्ति，すなわち，女性原理のクンダリニー कुंडलिनी）の男性原理であるシヴァ शिव との合一の境地 (4) サントたちにおいては神への帰依と信愛に基づき一切の虚飾を去った人間の本然の姿に戻った生
सहज अधिकार [名] = जन्मजात अधिकार. 生得権
सहजजन्मा [名] (1) 双生児；双子 (2) はらから；同胞
सहज ज्ञान [名] 直観；直感〈intuition〉
सहजता [名*] ← सहज. बातचीत में जितनी सहजता बरती जाएगी 会話での自然な振る舞いの程度
सहजधारी [名]〔シク〕サハジダーリー（男子が頭髪を長く伸ばしたままにせず普通に切りシク教徒独特のターバンをつけないなどのためシク教の伝統的な立場からは信仰態度が批判的に見られることのある一部のシク教徒）
सहजन [名] → सहिजन.〔植〕ワサビノキ科ワサビノキ【*Moringa pterygosperma*】 सहजन की फली ワサビノキの実
सहज पंथ [名]〔仏〕サハジャヤーナ；サハジャ乗；安易乗；サハジャ金剛乗；倶生乗→ सहज[3].
सहज पंथी [名]〔仏〕サハジャ乗の信徒
सहज बुद्धि [名*] 直観；直感
सहजयान [名]〔仏〕サハジャヤーナ；サハジャ金剛乗；サハジャ乗；倶生乗（左道密教の一派）= सहज पंथ.
सहजयानी [名]〔仏〕サハジャ乗の信徒
सहजयोग [名] 唱名による修行
सहज समाधि [名*] 肉体のまま解脱を得ること；即身解脱
सहजात [形] (1) 同時に生まれた (2) 同じ親から生まれた
सहजिया [名] (1) = सहजपंथी. (2) サハジヤー（サハジャ乗の影響を受けた後ヴィシュヌ派の影響下に入ったベンガル，ビハール，オリッサなど東部インドのヒンドゥー教の諸宗派）
सहजीवन [名] (1)〔生〕共生；相利共生〈symbiosis〉 (2) 共存
सहतूत [名]〔植〕クワ；桑→ शहतूत.
सहदेई [名*]〔植〕キク科草本ノミヨケグサ【*Vernonia cinerea*】
सहदेव [名]〔マハ〕サハデーヴァ（パーンダヴァ五兄弟の末弟）
सहदेवी [名*] = सहदेई.
सहधर्मी [形] 同信の；信仰を同じくする；同宗の

सहन[1] [名] 耐えること；忍耐 **सहन क॰** 耐える；我慢する इसे ये ऊँची जातवाले कभी सहन न करेंगे 高カーストの人たちはこれを決して我慢しないだろう रक्त का घूँट पी वह सब-कुछ चुपचाप सहन करता रहा 辛さをこらえて何もかも黙って耐え続けた **सहन हो॰** 耐えられる यह उसे सहन न हुआ これには耐えられなかった दुर्योधन को भला ऐसा कड़वा उपदेश कैसे सहन हो सकता था? こんなに苦い説教がドゥルヨーダナに耐えられるはずがなかった

सहन[2] [名] 《A. صحن》 (1) 中庭 (2) 建物や家の表の空間 (3) 構内 मस्जिद का सहन बहुत बड़ा है.सहन में एक हौज़ है モスクの境内はとても広く，貯水場（水槽）がある

सहनक [名*] 《A. صحنک》小さい皿；食器皿；浅いプレート＝ रिकाबी; तश्तरी.

सहनशक्ति [名*] 忍耐力

सहनशील [形] 辛抱強い；我慢強い；持久力のある

सहनशीलता [名*] ←सहनशील. दूसरों के प्रति सहनशीलता 人に対する辛抱強さ अगर बहू समझदारी, सहनशीलता तथा विवेक से काम ले तो もしも嫁が頭を働かせ忍耐強く分別を持って対処するならば

सहना [他] (1) 耐える；忍耐する；我慢する भूख-प्यास सहते हुए 飢えと渇きに耐えながら औरत गालियाँ सह लेती है मार सह लेती है, मगर मैके की बुराई उससे नहीं सही जाती 女性はののしりに堪え叩かれるのを我慢するが実家のことを悪く言われるのには我慢ならないもの अब्दाली से नहीं सहा गया アブダーリーには我慢がならなかった (2) 許す；容認する；大目に見る सतर्क जनता भ्रष्टाचार को नहीं सहती है 目覚めた民衆は汚職を許さないものだ

सहनीय [形] 耐えられる；辛抱できる

सहपत्र [名] てんしょ（添書） ＝ साथ का पत्र.

सहपलायन [名]〔文人〕駆け落ち（婚）

सहपाठिन [名*]（女性の）級友；同級生；学友→ सहपाठी.

सहपाठी [名] 級友；同級生；学友→ सहपाठिन.

सहभगिनी [名*] ←सहभागी.

सहभागिता [名*] 参加 नागरिकों की सहभागिता स्थानीय स्तर पर अधिक महत्त्वपूर्ण होती है 市民の参加は地域レベルのものがより重要である

सहभागी [名] (1) 参加者 (2) 仲間 वे हर काम को योजनाबद्ध तरीके से करते थे और काम का बँटवारा कराकर सभी को सहभागी बना लेते थे 何事も計画的に行い作業を分担して皆を仲間にする人だった

सहभोज [名] ＝ सहभोजन. (1) 共同体の集団行為としての会食；共同体祭宴；共食 (2) 異カーストの者たちが社会的な制約を乗り越える目的から共に食事をする行事

सहभोजी [形] 一緒に食事をする；会食する

सहम [名] 《P. سہم सह्म》恐れ；恐怖 ＝ डर; भय; ख़ौफ़.

सहमत [形] 同意見の；賛同した；合意した वह इस संबंध में अपने पति से सहमत न थी これについては夫と同意見ではなかった **सहमत हो॰** 同意する；合意する；賛同する；納得する

सहमति [名*] 同意見；賛同；合意；同意；納得 **सहमति दे॰** 同意する उन्होंने कारखाने का परीक्षण करने की सहमति दे दी 工場の検査に同意した

सहमना [自] 《← P. سہم》怯える；震えあがる；身がすくむ；腰を抜かす रहस्य की बात सुनकर चोर सहम गया 秘密の話を聞いて盗人は震えあがった शिक्षक ने उसे घूर कर देखा तो बच्चा सहमकर चुप हो गया 教師が睨みつけると生徒は震えあがって黙ってしまった साँप को देखकर बिल्ली और चूहा सहम गए へびを見てねことねずみは縮みあがった

सहमाना [他] ←सहमना. 怖がらせる；怯えさせる；震えあがらせる＝ डराना.

सहयात्री [形・名] 道連れ（の）；旅行で一緒になった（人）；乗り合わせた（人） सहयात्री ने उसके कंधे झकझोर कर सूचना दी कि दिल्ली आ रही है 乗り合わせた人が，デリーに間もなく着くよと彼の肩を揺すって知らせてくれた

सहयोग [名] 協力；協同；共同；提携 विज्ञान में अंतर्राष्ट्रीय सहयोग 科学分野での国際協力 भारत और बंगला देश के सहयोग से बनी फ़िल्म インドとバングラデシュとの合作映画 समाज सहयोग पर आधारित है 社会は協力・協同関係を基にしている

सहयोगिता [名*] 協力関係；提携

सहयोगी [形・名] (1) 力を合わせる；協力する；協力者 (2) 助けになる；力を貸す；役立つ आज विद्यालयों में दी जानेवाली शिक्षा छात्रों के मानसिक विकास में सहयोगी बनने के बजाए उन्हें अंधविश्वासी, भाग्यवादी और अनुशासनहीन बना रही है 今日の学校教育は生徒の心の発達に役立つ代わりに生徒を盲信的にしたり，運命論者にしたり無規律にしたりしている

सहयोजन [名] (1) 組織や会員の編入や吸収 (2) 互選

सहयोजित [形] 互選された सहकारी समितियों का एक प्रतिनिधि तथा कुछ सहयोजित सदस्य भी ज़िलापरिषद् में लिए जाते हैं 協同組合の代表１名と互選された若干名のメンバーもジラー・パリシャッドに編入される

सहर[1] [名*] 《A. سحر》朝；早朝；夜明け；朝ぼらけ मुहब्बत की दुनियाँ में अंधेरा होता है, कभी सहर नहीं होती 恋の世界には闇があるもの，決して朝になることはない

सहर[2] [名] → शहर.

सहरगह [名*] 《A.P. سحر گہ》→ सहरगाह.

सहरगही [名*] 《A.P. سحر گہی》 (1)〔イス〕ラマダーン月の断食の際に早暁，前夜の残りの食事を食べることやその食事；サハルガヒー (2)〔ヒ〕断食を伴うヴラタを行う際に早暁食べることやその食事；サハルガヒー

सहरगाह [名*] 《A.P. سحر گاہ》早朝；早暁

सहरगाही [形] 《A.P. سحر گاہی》早朝の；早暁の

सहरा [名] 《A. صحرا सह्रा》 (1) 砂漠 (2) 荒野 सहरा है वह जिस घर में नहीं है तेरा चर्चा 汝が噂なき所は荒野なり (3) 森

सहराई [形] 《A.P. صحرائی》 (1) 砂漠の (2) 荒野の

सहरी[1] [名*] 《A. سحری》〔イス〕ラマダーン月の断食の際早暁食べる食事＝ सहरगही.

सहरी[2] [名*]〔魚〕ツバメコノシロ ＝ शफरी.

सहर्ष [副] 喜んで；快く；気持ちよく जो जीवन-साथी केवल पाने की आशा रखता है और देने के लिए सहर्ष तैयार नहीं होता 自分がもらうことばかり考え喜んで与える気持ちを持たない伴侶 उसने भोजन करना सहर्ष स्वीकार कर लिया あの人は食事をとることを快く承諾した

सहल [形] 簡単な；やさしい；容易な＝ सरल; सहज; आसान. अपने को सही रूप में व्यक्त करना सहल नहीं है 自分を正確に表現することは容易なことではない

सहलगी [名] 道連れ ＝ सहयात्री; हमराही.

सहलाना [他] (1) なでる उसने दोनों बच्चों का सिर प्यार से सहला दिया ２人の子供の頭をやさしくなでてやった अपनी लंबी बाँहों की दाहिनी हथेली से मेरे सिर को सहलाते हुए उन्होंने कहा - 長い腕の右の掌で私の頭をなでながらおっしゃった मेरे ज़ख़्मी दिल को अपने स्पर्श से सहलाने लगे 私の傷ついた胸をなで始めた ‘महाशय’ कहने के साथ यह मदन की ठुड्डी खींच देती है और गाल सहला देती है 「マハーシャイ」と言うのと同時にマダンのあごに手をやり頬をなでる सहलाती दुलारती - सी बयार 愛撫するようなそよ風 (2) こする उसका हाथ अपने हाथ से सहलाते हुए その人の手を自分の手でこすりながら खुजली होने पर बहुत मुलायम कपड़े से बिलकुल धीरे-धीरे सहलाना चाहिए かゆみのある時にはとてもやわらかい布で全くそろっとこすらなくてはならない (3) もむ पैर सहलाना 足をもむ (4) なだめる आधुनिकता के प्रचुर अवतरण के बावजूद कट्टरवादी तत्त्वों को सहलाने की कोशिश सभी राजनीतिक दल कर रहे हैं 近代化がかなり浸透したにもかかわらず保守派をなだめる努力をすべての政党が行っている अपने को सहलाता हुआ 自分をなだめながら

सहवर्ती [形] 付随する

सहवास [名] (1) 共同生活；同棲 (2) 性交；交接；同衾 ग्रहण के समय भोजन पकाना, खाना तथा सहवास आदि अशुभ है 食の際に料理を作ったり，食事をしたり，交接したりすることは不吉を招く行為である

सहशिक्षा [名*] 男女共学〈co-education〉

सहस [数] 1000；千；1000 の；1 千（の）＝ सहस्र.

सहसनयन [名]〔イ神〕インドラ神＝ सहस्रनयन.

सहसफण [名]〔イ神〕シェーシャナーガ＝ शेषनाग.

सहसा [副] 急に；にわかに；突然；不意に＝ एकाएक; अचानक; एकदम. सहसा रो दे॰ 突然泣き出す जलवायु सहसा बदलने के कारण 気候が急に変わるので

स

सहस्र [数] 1000；千（の）；1 千（の）＝हज़ार. **सहस्रों** 数千の；非常に沢山の；幾千の；数えきれないほどの

सहस्रचक्षु [名]〔イ神〕インドラ神（सहस्रनयन）＝सहस्रनयन.

सहस्रद [形] とても気前よく与える；惜しみなく施与する

सहस्रदल [名] 蓮

सहस्रनयन [名] (1)〔イ神〕ヴィシュヌ神 (2)〔イ神〕インドラ神

सहस्रनाम [名]〔ヒ〕特定の神の 1 千の（甚だ多数の）異名・異称を詠み込んだ賛歌；サハスラナーマ

सहस्रपाद [名] (1)〔イ神〕ヴィシュヌ神 (2)〔イ神〕シヴァ神 (3)〔節動〕倍脚綱ヤスデ＝हज़ार पा. ⟨millipede⟩

सहस्रबाहु [名] (1) シヴァ神 (2) ヴィシュヌ神

सहस्रभुज [名] ＝सहस्रबाहु.

सहस्रभुज अवलोकितेश्वर [名]〔仏〕千手観音

सहस्रलोचन [名] (1) インドラ神 (2) ヴィシュヌ神

सहस्रवीर्य [形・名] 一騎当千の（強者）；剛の者

सहस्रशः[1] [形] 幾千の；無数の

सहस्रशः[2] [副] 様々に；多種多様に

सहस्रांशु [名] 太陽；日輪 ＝सूर्य.

सहस्राक्ष [名] (1)〔イ神〕インドラ神 (2)〔イ神〕ヴィシュヌ神

सहस्रानन [名]〔イ神〕ヴィシュヌ神

सहस्राब्दि [名*] 1000 年をひとまとめにした数え方；千年紀；1 千年 ईसापूर्व तीसरी सहस्राब्दि में 西暦前 2 千年紀に

सहस्रायु [形] 千年の寿命を持つ

सहस्रार [名]〔ヨガ〕サハスラーラ・チャクラ（ハタ・ヨーガにおいて頭頂部の少し上に位置し，1 千の花弁の蓮華が花弁を下方に向けた形をしているとされる第 7 のチャクラ．第 1 のチャクラから 6 つのチャクラを経て上昇しこの第 7 のチャクラに至ったクンダリニー कुंडलिनी，すなわち，個の宇宙的エネルギーであり小宇宙アートマンの象徴である女性原理のシャクティ शक्ति は，頭頂にあるブラフマンの穴と呼ばれるブラフマランドラ ब्रह्मरंध्र を経て解放され男性原理シヴァ शिव，すなわち，大宇宙ブラフマンと合一するものとされる）；頭頂のチャクラ→ चक्र；कुंडलिनी；शक्ति；हठयोग.

सहस्री[1] [形] 1000 の；1 千のものを所有する

सहस्री[2] [名] (1) 1000 人の兵，軍属，象などを従える武将 (2) 1 千人の集団

सहस्सर [数] 1000；1 千（の）；千（の）＝सहस्र；हज़ार. **सहस्सर गोपी एक कन्हैया**〔諺〕娘一人に婿八人

सहाई[1] [名*] 支援；援助；助力；協力；応援＝सहायता；मदद.

सहाई[2] [形・名] 協力する；協力者

सहाना [他] 耐えさせる

सहानुभूति [名*] (1) 同感 (2) 同情 सहानुभूति जताने वालों की सूची में उसका नाम सब से ऊपर था あの人が同情を示す人たちの中の筆頭だった सहानुभूति दे॰ 同情する；同情を示す सब ने मुझे सहानुभूति दी みなが私に同情した

सहानुभूतिपूर्ण [形] 同情あふれる；同情心に満ちた सहानुभूतिपूर्ण व्यवहार 同情あふれる振る舞い

सहापराधी [名] 共犯者

सहाबा [名]《A. صحابہ》友；友人；友達

सहाबी [名]《A. صحابی》〔イス〕預言者ムハンマドの教友

सहाय [形・名] 協力する；支援する；協力者；支援者

सहायक [形・名] (1) 助ける；支援する；役立つ；役に立つ बच्चों की कल्पना शक्ति को बढ़ाने में सहायक 子供たちの想像力をふくらませるのに助けとなる उपचार में निम्न बातें सहायक हो सकती हैं 治療には下記のことが役立つ इसके अतिरिक्त निम्नलिखित कारण भी अंधविश्वासों को बनाये रखने में सहायक होते हैं このほか下記の理由も迷信を残存させるのに役立っている मनोकामना पूरी करने में नर-बलि या पशु-बलि को सहायक मानना 願いを叶えるのに人や獣の犠牲が役立つと考えること भूत-प्रेतों को दूर भगाने में लोहे की ये वस्तुएँ सहायक होती हैं 幽霊や化け物を追い払うのにこれらの鉄製の器具が役立つ (2) 補佐する；補助する；次席の；手伝いをする助手 सहायक अधिकारी 補佐官 सहायक अभिनेता 脇役 सहायक सेशन न्यायाधीश〔法〕セッションズ次席判事 (3) 従属的な；付属的な हिंदू विवाह के निम्नांकित तीन प्रमुख तथा चार सहायक उद्देश्य बतलाये गये हैं ヒンドゥーの婚姻については下記の 3 つの主たる目的と 4 つの付随的な目的が述べられている सहायक धंधा 副業；内職

सहायक क्रिया [名*]〔言〕助動詞 ⟨auxiliary verb⟩

सहायक नदी [名*] 支流

सहायता [名*] (1) 助け；支援；助力；協力；応援 प्रायः लोग काम करने में मशीनों की सहायता लेते हैं 人はたいてい仕事をするのに機械の助けを借りる इसे स्पंज की सहायता से चेहरे पर लगाया जाता है これはスポンジを利用して顔につけることができる भारत सहायता क्लब インド支援クラブ साफ़ फुरैरी की सहायता से चेहरे पर लगाकर मुँहासों पर मलें ローションを清潔な綿棒を使ってにきびにつけること (2) 補佐；補助 उनके कामों में सहायता क॰ その方の仕事を補佐する

सहार [名*] 耐えること；忍耐 सहार क॰ 耐える；忍耐する＝सहना；सहन क॰.

सहारना [他] 耐える；忍耐する；我慢する

सहारा[1] [名] (1) 支え；支えるもの (2) 支援；応援 (3) 依存；頼ること मुन्नी की माँ के जीने का यही सहारा है これだけがムンニーの母親の生きる支えだ **(-को) सहारा दे॰** *a.*（ーを）支える *b.*（ーを）応援する；支援する **(-का) सहारा पाना** *a.*（ーの）支援を受ける *b.*（ーに）励まされる **(-का) सहारा ले॰**（ーに）頼る；すがる उसने कभी भी हिंसा और असत्य का सहारा नहीं लिया ただの 1 度も暴力や嘘に頼ったことはなかった **(-के) सहारे**（ーを）頼りに；（ーに）任せて भाग्य के सहारे बैठे रहते हैं 運に任せて待っている अब मैं किसके सहारे जिऊँगा? これから先だれを頼りにして生きて行こうか सदा नौकरों के सहारे चलता रहा いつも使用人たちを頼りに歩み続けた लकड़ी के सहारे 杖にすがって **(-के) सहारे कूदना** 虎の威を借りる

सहारा[2] [名, pl.]《A. صحاری ← صحرا सह्रा》 सहरा/सह्रा の複数形 (1) 森；森林 (2) 荒野 (3) 砂漠 सहाराए गोबी ゴビ砂漠

सहालग [名]〔ヒ〕占星学から考えて結婚式などの儀式や行事を行うに当たっての吉日，吉祥の時刻や期間；めでたい年 इस सहालगों की धूम में मुंशी जी ने भी लड़के का विवाह ठान दिया ムンシーはこの吉祥の時を逃さぬように息子の縁談を取り決めた

सहिंजन [名] ＝सहिजन.

सहिजन [名]〔植〕ワサビノキ科小木ワサビノキ【*Moringa oleifera; M. pterygosperma*】

सहित [後置] 名詞類の斜格形に接続して用いられるのが普通である．(1)（ーを）連れて；従えて；伴って चार साथियों सहित सामने आ गया 4 人の仲間を連れて前に出た सेवकों सहित 従者を従えて (2)（ーを）含めて；合わせて；共に मैंने नंद को उनके लड़कों सहित बुलाया है ナンダをナンダの子供たちと共に呼び寄せた प्रधान मंत्री सहित कई भारतीय नेताओं के साथ बातचीत में 首相を含め数人のインドの指導者たちとの会談で आशंका है कि धोखाधड़ी से बचाया गया दो लाख रुपए का बिक्री कर ब्याज और दंड सहित छह लाख रुपए के रूप में देना पड़ेगा 20 万ルピーの売り上げ税の脱税につき利子と罰金を含めて 60 万ルピーを支払わなくてはならないものと考えられている देवालय सहित पश्चिममुखी मुख्य मंडप 神殿を含めて西向きのマンダプを पटेल सहित छह पुलिस अफ़सरों को राष्ट्रपति पदक パテールを含め 6 人の警察幹部に大統領表彰のメダル (3)（ーを）添えて；込めて शुभकामना सहित 祝意を込めて (4)（ーの）ついた चोकर सहित आटे की रोटी ふすま入りの小麦粉のパン

सहिष्णु [形] (1) 忍耐する；忍耐強い＝सहनशील. (2) 寛大な；寛容な＝उदार.

सहिष्णुता [名*] ←सहिष्णु. (1) 忍耐；忍耐心；忍耐力 (2) 寛容さ；寛大さ धार्मिक सहिष्णुता 宗教上の寛容さ अलग-अलग धर्म मानने वाले सभी लोग आपस में शांति और सहिष्णुता से रहें 様々な宗教を信仰する人たち皆がお互い平静で寛容であるのが望ましい

सहिष्णुतापूर्ण [形] 甚だ寛大な；寛容性に満ちた सहिष्णुतापूर्ण रुख 甚だ寛大な態度

सही[1] [形]《A. صحیح सहीह》(1) 正しい；正当な；道理にかなっている；法や規範にかなっている कौन-सी बात सही है どれが正しいことなのか एक दिन ज़रूर वह सही रास्ते पर आ जाएगा いつかはきっと正しい道に戻るだろう सही ग़लत का निर्णय 正邪の判定 उन्होंने भी सभी सही-गलत प्रयास प्रारम्भ कर दिए 同氏も合法，非合法のありとあらゆる努力を始めた (2) 正確な；正しい हमें रेडियो से सही समय मिल सकता है ラジオで正確な時間を知ること

ができる सही जवाब 正しい解答 सही अर्थों में 正しい意味で सही जानकारी का अभाव 正確な情報の欠如 (3) 真の；真実の；本質的な केवल पढ़ लेना ही सही और सारपूर्ण विद्वत्ता नहीं 学ぶだけが真の完全な学殖ではない सही सही बताओ 本当のところを話しなさい चयन सही था अथवा ग़लत 選別が正しかったか誤っていたか (4) 適正な；正当な；もっともな；適当な；至当な；然るべき सही दाम पर 適正な値で यह बात मनु को सही समय पर मालूम हो तो ठीक है このことがマヌに然るべき時に判ればよい उनकी बीबी का चिड़चिड़ाना काफ़ी हद तक सही है 夫人のいらいらはかなりもっともなものだ यह तो सही है कि ताली एक हाथ से नहीं, बल्कि दोनों हाथों से बजती है 片手では手は打てぬ，いや手を打つには両手がいる（喧嘩両成敗）とはもっともなことだ (5) 健康な (6) 完全な；十分に揃っている；十分に備わっている；欠陥のない **सही अर्थों में** 厳密な意味で सही अर्थों में मानसिक विश्राम हमारे इस तनावपूर्ण वातावरण में संभव नहीं है 厳密な意味で我々の心を安らかにすることは今日の緊張に満ちた状況においては不可能である **सही ढंग से** 正しく；きちんと；ちゃんと सही ढंग से ख़र्च क॰ 正しく費やす **सही क॰** *a.* 改める；訂正する；修正する *b.* 認める *c.* 証明する；実証する **सही पड़ना** 正しさが証明される **सही का निशान** √ や×の記号．日本語の○（丸印）などに相当する正しいという記号 **सही भरना** 正しさを確認する **सही-सलामत** →別項

सही[2] [名*] 《← A. صحیح》 (1) 確認 (2) 承認 (3) 署名 **सही क॰** *a.* 確認する *b.* 承認する *c.* 署名する

सही[3] [副助] 最低の条件を述べたり限界の提示をしたり許容範囲の最低のものを例示したりするのに用いられる．(一) とも；(一) でも；せめて (一)；(一) なり बेटा न सही, बेटी तो है 息子はいなくても娘はいる परसों सही, आ तो जाओ 明後日になろうとも来るのは来なさいよ धोती के टुकड़े सही ドーティーの切れ端であろうとも मेरा दिमाग़ ख़राब ही सही, तुम्हारा दिमाग़ ठीक है तो मेरे एक प्रश्न का उत्तर दो わしの頭がおかしかろうとも君の頭が正常なのだから１つわしの質問に答えてくれたまえ इतने कठोर न बनें.जीवन-दान के लिए ही सही そんなに厳しくなられませんようにお願い致します．命を助けてやるだけのためにでも देखो तो सही ともかく見てごらんよ आया तो सही 来るのは来たんだ；来るだけはともかく来たんだ

सहीफ़ा [名] 《A. صحیفہ》 (1) 書物；書籍；本 (2) 聖典；経典 (3) 手紙；書簡

सही-सलामत [形] 《A. صحیح سلامت》 (1) 元気な；健康な= स्वस्थ; तंदुरुस्त. (2) 無事な；安全な= सुरक्षित. (3) 欠陥や障害の生じていない घर में सब सही-सलामत तो हैं? 御家族の皆様はお元気でいらっしゃいますか

सही-सालिम [形] 《A. صحیح سالم》 (1) = सही-सलामत. (2) そのままの；そっくりそのままの；元通りの= ज्यों का त्यों ; जैसा था वैसा ही.

सहीह [形・名] 《A. صحیح》 → सही[1,2]

सहुआइन [名*] ← साहू. 大商人の妻；豪商の妻 साहू और सहुआइन दोनों 豪商とその妻の２人とも

सहूलत [名*] 《A. سہولت सुहूलत》= सहूलियत; सुहूलत. (1) 便益 (2) 便宜 इस संस्था को सरकार द्वारा जो हर सहूलत दी जाती है この機関には政府からあらゆる便宜が与えられている (3) 礼儀；作法= अदब; शऊर.

सहूलियत [名*] = सहूलत. इससे इतनी प्रकार की सहूलियतें मिलने की संभावना है これによりこれだけの便益が得られる見込み उद्योगपतियों को एक दूसरे के देश में सहूलियतें देना 事業家たちに相手国での便宜を与える

सहृदय [形] (1) 心やさしい；理解ある；思いやりのある आशा है सहृदय पाठक इस असुविधा के लिए क्षमा करेंगे 心やさしい読者諸賢はこの不都合をお許し下さるものと思う (2) 心有る；善良な (3) 気立てのよい；性質のすぐれた (4) 文芸に嗜みのある；風雅な

सहृदयता [名*] ← सहृदय. द्विवेदी जी में विद्वत्ता के साथ सहृदयता भी है ドゥヴィヴェーディー氏には学殖と共に心のやさしさもある **सहृदयतापूर्ण** 同情心に満ちた；やさしさにあふれた सहृदयतापूर्ण बर्ताव やさしさにあふれた態度 **सहृदयतापूर्वक** やさしい気持ちで；心やさしく उन्होंने उस समय बड़े सहृदयतापूर्वक कहा その時とてもやさしく仰った

सहेजना [他] (1) 大切に片付ける；大切にしまう अपना सामान सहेजकर रखा करो 自分の道具はいつもきちんと片付けて置くようにしなさい पैसे को तिजोरी में बंद कर, बड़े सहेजकर रखा था 金は金庫に入れてとても大切にしまっていた (2) 整える；整理する；片付ける；身づくろいをする नाइटी में अपने को सहेजते हुए 寝間着に身を整えながら आज सवेरे से उठकर अपने सामानों को सहेजने में लग गया 今日は朝早くに起きて道具の片付けにかかった (3) 確かめる；念入りに確認する जलसा ख़त्म हो जाने पर जहाँ-जहाँ से जो सामान आये थे उन्हें सहेज-सहेजकर लौटाने की पड़ गई 会が終了したら借りてきたところへ念入りに確認して返さなくてはならなくなった **सहेजना-समेटना** 片付ける；整理する；整頓する सहेजना-समेटना हो गया? （炊事の）後片付けは終わったの？

सहेट [名] 逢い引きや密会の場所

सहेत [名] = सहेट.

सहेतु [形] 理由のある；わけのある；目的や意図のある

सहेतुक [形] → सहेतु.

सहेली [名*] (1) 女子にとっての女子の友達や仲間 मेरी सहेली शशि 私の友達のシャシ (2) 侍女；腰元 (3)〔鳥〕サンショウクイ科ヒイロサンショウクイ【*Pericrocotus flammeus*】 **छोटी सहेली**〔鳥〕サンショウクイ科コベシベニサンショウクイ【*Pericrocotus brevirostris*】

सहोटज [名] リシ（聖仙）たちの庵= पर्णकुटी.

सहोढ़ [名] (1)〔ヒ〕サホーダ（妊娠した女性が結婚後産んだ男児を夫が受け入れたもの．マヌ法典 9 - 173） (2) 盗品と一緒に捕らえられた盗人

सहोदर [形・名] はらから（の）；同胞；血を分けた（兄弟）；同腹の ताया-चाचा के लड़के-लड़कियाँ सहोदरों के समान भाई-बहन माने जाते हैं 父方のいとこは実の兄弟のように考えられる

सह्न [名] 《A. صحن》= सहन.

सह्य [形] 耐えられる；忍耐の可能な

सह्याद्रि〔地名〕サヒヤードリ（西ガーツ山脈の北部の名称）

साँई [名] (1) あるじ；主；主人= स्वामी; मालिक. (2) 最高神= ईश्वर; परमात्मा. (3) 夫= पति. (4) イスラム教修行者；ファキール= फ़क़ीर.

साँकड़ [名] (1) 鎖= साँकड़ा. (2) = शृंखला; ज़ंजीर.

साँकड़ा [名]〔装身〕女性が足首につけるリング状の飾り物；サーンクラー

साँकल [名*] (1) 鎖 लोहे की साँकलों से 鉄の鎖で (2) ドアーチェーン दरवाज़े पर अंदर से साँकल नहीं थी 戸にはドアチェーンはついていなかった मैंने कमरे की साँकल लगा दी 部屋のチェーンをかけた (3) 首飾り（のチェーン） (4) 動物の首につける鎖

सांकेतिक [形] (1) 合図の (2) 象徴的な सांकेतिक शब्द 合言葉 लोक-सेवा बीसवीं शताब्दी का सांकेतिक शब्द है 民衆への奉仕は 20 世紀の合言葉

साँखू [名]〔植〕サルスベリ科高木サラノキ；サラ；沙羅双樹【*Shorea robusta*】→ शाल; साल.

सांख्य [名]〔イ哲〕サーンキヤ哲学（インド六派哲学の一）

सांख्यिकी [名*] 統計学 भारतीय सांख्यिकी संस्था インド統計学研究所〈Indian Statistical Institute〉

सांग [形] 全体の；全体の揃った；全部揃った；完全な

साँग[1] [名*] (1) 投げ槍 (2) 井戸掘り作業に用いる掘削機械

साँग[2] [名] サーング／スワーング→ स्वाँग. (1) 物真似；変装 (2) サーング（ホーリー祭などの際に出る仮装行列） (3)〔イ芸〕歌を中心とした大衆演劇の一；サーング；スワーング

सांगर [名] 砥石

साँगर [名] = जंड.

सांगीत [名] サーンギート = साँग[2] (3)

सांगोपांग [形] 全体の；完全な；完全に揃った

सांघात [名] 集まり；集団 = समूह; दल.

सांघातिक [形] (1) 集団の；集合的な (2) 致命的な；破滅的な

सांघिक [形]〔仏〕サンガ（僧伽）の

साँच [形・名] (1) 正しい（こと） (2) 誠実な（こと） **साँच को आँच कहाँ?** 正しい人（正直者）には恐れるものはない= साँच को आँच क्या?. लेकिन ये सच्चे थे.साँच को आँच कहाँ? वे तनिक भी घबराये नहीं でもこの人が正しかったのだ．正しいのに恐れることがあろうか．全然うろたえなかった **साँच झूठ करके** 虚実ないまぜにして；なんとか工夫をして

साँचा[1] [名] (1) 型 (2) 鋳型 (3) 模型；見本；手本；ひな形 **साँचे में ढालना** 型にはめる；型通りの物を作る आज के अवसरवादी युग में भी अपने बच्चों को ऐसे साँचे में ढाल रहे हैं この日和見主義の時代にわが子をこんな鋳型にはめ込もうとなさっている **साँचे में ढला** 姿のよい；形のよい；ほれぼれするような姿形の

साँचा[2] [形⁺] → सच्चा.

साँचिया [名] (1) 型作りの職人 (2) 鋳造工

साँची 〔地名〕サーンチー（マディヤ・プラデーシュ州中部に位置．最古期の仏塔をはじめ1千年に及ぶ仏教遺跡がある） **साँची का स्तूप** サーンチーの塔

साँझ [名*] 夕暮れ；日暮れ；薄暮= संधिवेला; संध्या. साँझ घिर आई थी 夕暮れが迫ってきていた **साँझ पड़ना** 日が暮れる **साँझ सवेरे** *a.* 朝夕 साँझ सवेरे पानी लाने के लिए 朝夕水汲みに *b.* 四六時中 **साँझ ही** *a.* 早過ぎる時刻に *b.* 急ぎ過ぎで

साँझला [名] 牛2頭の引く犂1基で1日に耕せる広さの畑

साँझा [名] → साझा.

साँझी [名*]〔ヒ〕サーンジー（北インドの農村部においてアーシュヴィン月の黒分15日から白分の10日にかけて，すなわち，ダシャラー祭と並行して女性たちがサーンジー女神を祝う祭礼及びその際家の外壁に牛糞や粘土，かわらけなどを用いて作られる女神の像．地域によって झाँझी などの異称がある）

साँट[1] [名*] (1) 杖；ステッキ (2) 鞭 (3) 杖や鞭，掌などで叩いた痕跡；みみず腫れ

साँट[2] [名*] (1) 密着；ひっつくこと (2) 執着 (3) 結託；陰謀；策略

साँट-गाँठ [名*] 陰謀；策略；結託；示し合わせ इन असामाजिक तत्त्वों से पुलिस की साँट-गाँठ है これらの反社会分子と警察が結託している

साँटा [名] (1) 杖；ステッキ (2)（牛馬を扱うための）突き棒；鞭 (3) サトウキビ (4) 報復；復讐

साँटी[1] [名*] 細く短い杖

साँटी[2] [名*] 復讐；報復；仕返し= बदला; प्रतिकार.

साँठ [名] (1)〔装身〕女性の足首飾り= साँकड़ा. (2) 棒 (3) 脱穀用の棒 (4) サトウキビ (5) ワセオバナ

साँठ-गाँठ [名*] → साँट-गाँठ. फ़ौजशाहों और पूँजीपतियों में खुली साँठ-गाँठ है 軍閥と資本家とが公然と結託している उसकी विदेशी एजेंट से साँठ-गाँठ थी 彼は外国人スパイと通じていた

साँड़ [名] (1) 雄牛；種牛 (2) 追善供養のために放たれる雄牛 (3) 種牛 (4) 頑健で若々しい男

साँड़नी [名*] 乗物用に養われる足の速い雌のラクダ साँड़नी-सवार ラクダに乗った人たち

साँड़-युद्ध [名] 闘牛

साँड़सी [名*] → सँड़सी.

साँड़ा [名]〔動〕ラージャスターン，カッチなどのインド西部の乾燥地帯に生息するトカゲ【*Uromastyx hardwickii*】〈spiny-tailed lizard〉

साँड़िया [名] (1) 乗用のラクダ (2) それに乗る人

सांत [形] 有限な；限りある；限度のある；限界のある

साँत [形] → शांत.

सांता क्लास [名]《E. Santa Claus》〔キ〕サンタクロース

सांत्वन [名] 慰めること；慰撫

सांत्वना [名*] (1) 慰め；慰撫 सहानुभूति तथा सांत्वना भरे शब्द 同情と慰めのこもった言葉 (2) なだめるもの；慰め इस ईर्ष्या को सांत्वना मिली この嫉妬は慰めを得た (3) 弔慰；哀悼；遺族を慰めること उसके मुँह से सांत्वना का एक शब्द भी न निकला 男の口からは弔辞の1つさえ出なかった (4) 慰めの言葉 (-को) **सांत्वना दे॰** ＝तसल्ली दे॰. (－を) 慰める；慰撫する= मुनि ने सांत्वना देते हुए कहा. ムニが慰めながら語った

सांत्वना-पुरस्कार [名]（宝くじの）残念賞や前後賞

साँथरी [名*] (1) ござなどの敷物= चटाई. (2) 寝具 (3) 敷きぶとん

साँद [名] 牛や水牛などの家畜が行方知れずになったり逃げ出すのを防ぐために家畜の首から下げて移動しにくくするための丸太

सांद्र [形] (1) 束ねられた (2) 結ばれた；結び合わされた (3) より合わされた (4) 深い (5) 密な (6) 強い (7) 頑丈な

साँध [名*] 的；目標 = लक्ष्य; निशाना.

साँधना[1] [他] 的を狙う = निशाना साधना.

साँधना[2] [他] やり遂げる；成し遂げる= साधना; पूरा क॰; सम्पन्न क॰.

साँधना[3] [他] 混ぜる；混ぜ合わせる

साँधा [名] ひもや綱の結び目のこぶ **साँधा मारना** 綱やひもに結び目のこぶを作ってつなぐ

सांध्य [形] ← संध्या. 夕暮れの；日暮れの

सांध्यप्रकाश [名] 薄明かり；薄暮の明かり；薄明

सांध्यवेला [名*] (1) 日暮れ時；夕暮れ時 (2) 過渡期= संधिकाल.

सांध्य समाचार-पत्र [名] 夕刊紙；夕刊新聞

साँप [名]〔動〕ヘビ（蛇）の総称= सर्प. **साँप का बच्चा** *a.* 蛇の子；子蛇 *b.* 悪人 **साँप का बच्चा संपोलिया**〔諺〕悪者の子は悪；親に似た悪 **साँप की चाल चलना** 蛇行する **साँप की तरह केंचुल झाड़ना** *a.* 新しい服を着る *b.* 姿を変える **साँप की तरह फन मारकार रह जा॰** 手が出せない **साँप की पूँछ झड़ना** 死期が迫る；死にかける **साँप की फूँक** とても悲しい；とても辛い **साँप की बिल में हाथ डालना** わざわざ危険なことをする **साँप की लकीर** 蛇の動いた跡 **साँप की लकीर पीटना** 事の済んだ後で無駄なことをする **साँप के काटे का रस्सी से डरना**〔諺〕羹に懲りて膾を吹く **साँप के दाँत तोड़ना** 敵を無力にする **साँप के नीचे का बिच्छू** 甚だ危険な人物 **साँप के मुँह की छछूँदर हो॰** 両者がともに牽制しあっている状態．お互いに手出しができないありさま **साँप के मुँह में उँगली डालना** わざと危険を冒す；わざわざ危険に近づく **साँप के मुँह में छछूँदर, निगले तो अंधा, उगले तो कोढ़ी**〔諺〕痛し痒し；あちら立てればこちらが立たぬ **साँप के मुँह में पड़ना** 危難におちいる **साँप के साथ खेलना** 危険なことをする；火をもてあそぶ **साँप को दिल में जगह दे॰** 信用ならない（危険な）人物を身近に置く；危険な者を養う= साँप को दूध पिलाना. **साँप खेलाना** *a.* 危険な遊びをする *b.* 危険な人物を養う **साँप छछूँदर की गति हो॰** 痛し痒し；積極的に行動できない困った状況 अब वहाँ साँप छछूँदर की गति हो रही है 今やそこでは痛し痒しの状況になっている **साँप निकल जाने पर लकीर पीटना** 事の済んだ後で無駄なことをする **साँप पालना** 危険な人物を養う **साँप मर जाए पर लाठी न टूटे**〔諺〕*a.* 得るところばかりで損のないたとえ *b.* 両者にとって損のない解決策のたとえ (-के दिल पर) **साँप लोटना** (－が) 妬ましくてならない思いをする उसे देखकर खड्गसिंह के हृदय पर साँप लोट गया それを見るとカドガシンは嫉妬に燃えた **साँप सूँघ जा॰** *a.* 蛇が（人を）噛む；蛇に噛まれて死ぬ *b.* 怯える；震えあがる；力が抜けたようになる；腰が抜ける राजाओं को जैसे अचानक साँप सूँघ गया.सब जहाँ-के-तहाँ खड़े रह गए 王たちはまるで不意に力が抜けたかのようになってしまった．誰も彼も立ちすくんだ *c.* 黙り込む दोनों ऐसे चुप हो गए जैसे उन्हें साँप सूँघ गया हो 2人ともまるで蛇に噛まれたように黙りこくった वार्ता के बाद सब को चुप्पी का साँप क्यों सूँघ गया 話し合った後誰も彼も黙りこくってしまったのはどうしたわけか **साँप से खेलना** *a.* わざと危険なことをする *b.* 危険な人物と交わる

सांपत्तिक [形] 財産に関する；財産上の

साँपमार [名]〔鳥〕ワシタカ科ハラジロワシ【*Circaetus gallicus*】

साँपिन [名*] 雌蛇

सांप्रतिक [形] 現今の；現在の

सांप्रदायिक [形] = साम्प्रदायिक. (1) 同一宗教の中の宗派に関する (2) 異宗教の集団に関する；宗教を中心に形成される社会集団の；宗教コミュニティー間の；異なった宗教コミュニティー相互間の（ヒンドゥーとムスリムとの対立関係について言うことが多い）；コミュナルな सांप्रदायिक विद्वेष コミュニティー間の憎悪 सांप्रदायिक बुद्धि コミュナル意識 सांप्रदायिक दंगा コミュナル暴動

सांप्रदायिकता [名*] ← सांप्रदायिक. コミュナリズム（自己の宗教的な立場や価値観を他者のものに過度に優先させるため極度に排他的な考え方を抱いたりそれに基づく行動を容認する立場）〈communalism〉= फ़िर्कापरस्ती. → संप्रदाय/सम्प्रदाय.

सांबर [名] (1)〔動〕スイロク；サンバルジカ= साँभर[1](1). (2) サーンバル湖からとれる塩= साँभर[1] (3)

साँभर[1] [名] (1)〔動〕シカ科シカ亜科スイロク（水鹿）；サンバージカ；サンバルジカ【*Corvus unicolor*】 (2) サーンバル湖（ラージャスターン州ジャイプル西方に位置する塩水湖）→ साँभर झील. (3) その湖から得られる塩

साँभर[2] [名]〔料〕サーンバル（レンズマメと野菜を用いた南インド料理の一）

साँभर झील 〔地名〕サーンバル湖（ラージャスターン州ジャイプル西方，アジメールの北東方に位置する塩水湖．塩を産する）
साँय-साँय [名*] (1) しーんと静まり返った様子 साँय-साँय करता भयावह सन्नाटा しーんと静まり返った恐ろしい静寂 साँय-साँय क॰ = भाँय-भाँय क॰. しーんと静まり返る **साँय-साँय सन्नाटा** しーんとした静けさ (2) 風がひゅーうひゅーうと音を立てて吹くさま चारों ओर भयानक निस्तब्धता छाई थी, केवल वायु साँय-साँय करती हुई बह रही थी あたり一帯は恐ろしいような沈黙が覆い，風のみがひゅーうひゅーうと吹いていた सहसा बीती घटनाएँ रेगिस्तानी आँधी की तरह उसके मस्तिष्क में साँय-साँय करने लगी थीं にわかに過ぎ去った出来事が砂漠の砂嵐のように頭の中を音を立てて吹き出した
सांयोगिक [形] 手当たり次第の；アトランダムな → संयोग.
साँवला[1] [形+] 肌の色の浅黒い；青黒い साँवले-दुबले चेहरे 浅黒くこけた顔 साँवली-सलोनी रूपराशि की खान थी 浅黒く艶やかで際立った美しさ
साँवला[2] [名] クリシュナ神の異名の一
साँवलिया[1] [形] (1) 肌の浅黒い (2) 肌の色の青黒い
साँवलिया[2] [名] クリシュナ神の異名の一
साँवाँ [名]〔植〕イネ科ヒエ【*Panicum frumentaceum*】
सांविधानिक [形] (1) 憲法の；憲法上の (2) 立憲の सांविधानिक ढाँचा 憲法（上）の枠 सांविधानिक ढाँचे के अंतर्गत 憲法の枠内で सांविधानिक एकराट् 立憲君主 सांविधानिक राजतंत्र 立憲君主制 सांविधानिक सरकार 憲政 = सांविधानिक शासन.
सांविधिक [形] 法定の；法制上の
सांशयिक [形] 疑念のある；疑わしい
साँस [名*] (1) 呼吸すること；息をすること= श्वास; दम. (2) 呼吸する際の息= श्वास; साँस; दम. (3) 活力 (4) 休息；いとま（暇） (5) ひび割れ；裂け目；割れ目 (6)〔医〕ぜんそく **आख़िरी साँस ले॰** 息を引き取る **ऊँची साँस ले॰** 溜め息をつく **एक साँस में** 一息に；一気に= एक ही साँस में. चलते चलते एक ही साँस में वह अपना पूरा भाषण झाड़ गया 歩きながら一気に演説をぶった यहाँ से थोड़ी ही देर का रास्ता है, एक साँस में पहुँचेगी ここからすぐ近いところだ．一気に到着するだろう एक ही साँस में पूरा पत्र पढ़ गई थी 一息に手紙を読んでしまった **गहरी साँस लेकर** 溜め息をついて **ठंडी साँस भरना** 深い溜め息をつく यह कहकर उसने ठंडी साँस भरी こう言って深い溜め息をついた **साँस अटका रहना** 息が切れかかる **साँस अड़ना** 息が止まる；呼吸が止まる；死ぬ **साँस आ॰** *a.* ほっとする；一息つく *b.* 少し安心する；安堵の息をつく **साँस आना-जाना** 息の出入り **साँस उखड़ना** *a.* 気力を失う *b.* 喘ぐ= हाँफना. *c.* 息が切れ切れになる；息が切れかかる；呼吸が止まりかかる **साँस उड़ना** 死にかける；臨終の **साँस ऊपर-नीचे हो॰** *a.* 困惑する；あわてふためく；目を白黒させる *b.* 喘ぐ；苦しげに息をする= हाँफना. **साँस की बदबू** 口臭 साँस की बदबू हटाना 口臭を取る **साँस खाना** ちょっと待つ；しばらく待つ **साँस खींचना** 息を止める；息を殺す मैं साँस खींचकर लेट गया 息を凝らして横たわった **साँस गिनना** 死を待つ **साँस घुटना** 息がつまる；息苦しい **साँस चढ़ना** 息が切れる；喘ぐ；息苦しくなる मामा जी ने थोड़ी देर उसे पहनने का प्रयत्न किया.उनकी साँस चढ़ गई おじはしばらくそれを着ようとしたが，息苦しくなった साँस चढ़ गई थी 息切れしていた **साँस चढ़ाना** 呼吸を意識的に制御する **साँस चलना** 死に際に呼吸が激しくなる बड़े ज़ोर से उनकी साँस चलने लगी その方の息がとても速くなった **साँस छूटना** 息が絶える；死ぬ= मृत्यु हो॰. **साँस छोड़ना** *a.* 溜め息をつく；嘆息する उसने लंबी साँस छोड़ी 深い溜め息をついた *b.* 息を引き取る；息が絶える **साँस टँगना** 息が止まる；息をのむ यह घटना सुनकर किसुन की मानो साँस टँग गई この事件を耳にしてキスンはまるで息が止まったかのようになった **साँस टँगी हो॰** ひどくとまどう；困り果てる **साँस टूट-टूट जा॰** *a.* 気力がなくなる *b.* 息が切れ切れになる **साँस टूटना** = साँस उखड़ना. **साँस तक न ले॰** 黙りこくる **साँस तले ऊपर हो॰** = साँस ऊपर-नीचे हो॰. **साँस (साँसें) तोड़ना** 息を引き取る；絶命する वहीं महाराणा प्रताप ने अपनी अंतिम साँसें तोड़ीं 同地でマハーラーナー・プラタープは息を引き取った **साँस दिलाना** 息をさせる；呼吸させる बनावटी साँस दिलाने की विधियाँ 人工呼吸の施し方 **साँस धरना** しばらく辛抱する；少し我慢する **साँस न ले॰** *a.* 息を止める；息をこらす；身じろぎしない *b.* 休憩しない；休まない **साँस न हो॰** 空間や隙間が全くない **साँस नहों में बसना** 震えあがる；甚だしく怯える **साँस निकलना** *a.* 息が絶える *b.* 空気が漏れる **साँस निहारना** 死ぬのを待つ；死の到来を待つ；お迎えを待つ= साँस अगोरना. **साँस नीचे ऊपर हो॰** 怯える；震えあがる **साँस पड़ना** ほっとする；一息つく **साँस पूरी हो॰** 死ぬ **साँस फूलना** 息が切れる；息切れする= हाँफना. उसकी साँस फूली हुई थी और सारा शरीर पसीने से तर था 息切れして全身汗びっしょりだった थोड़ा चलने अथवा काम करने पर साँस फूलने लगती है 少し歩いたり仕事をすると息が切れる **साँस बाँधना** 息を止める（体の訓練のために） **साँस भरना** *a.* 息を吸う *b.* 息を吹き込む **साँस मिलना** わずかな時間の余裕が見つかる；息つく暇が見つかる **साँस में साँस आ॰** 人心地がつく；ほっとする लोगों की साँस में साँस आई 全員ほっとした **साँस में साँस हो॰** 生きている；命がある जब तक हमारी साँस में साँस है, हम अपने धर्म के गौरव के लिए लड़ते रहेंगे 命の限り自分たちの信奉する宗教の栄誉を守るために戦い続ける **साँस रहते** 生きている限り；命のある限り= जीते जी. **साँस रोककर** *a.* 息を止めて *b.* 一心に *c.* 黙って；無言で *d.* 一息に；一気に **साँस रोकना** 息を止める；呼吸を止める **साँस रोके** 息を殺して；息を止めて **साँस ले॰** *a.* 一服する；一息入れる；一休みする *b.* 死に際に呼吸が乱れる *c.* ひび割れする *d.* 溜め息をつく उसने सोचकर लंबी साँस ली 考えてから深い溜め息をついた *e.* 息をする；呼吸をする साँस लेने में कठिनाई हो रही थी 呼吸が困難になっていた जब तक अपने देश को स्वाधीन न कर लेंगे, संतोष की साँस न लेंगे 自国を独立させるまでは満足しない **साँस लेने का अवकाश न हो॰** 息つく暇もない= साँस लेने की फ़ुरसत न हो॰. **साँस साधे हो॰** 固唾を呑む；息を詰める
साँसत [名*] (1) 苦痛 (2) 苦難 मैं क्या कहूँ, इस नालायक की वजह से जान साँसत में आ गई है このできそこないのお陰でとても苦しい思いをしている बार-बार बदलती सरकार की अफ़ीम-नीति ने काश्तकारों की जान सांसत में डाल दी है ころころと変わる政府のアヘン政策が農民たちを苦難におとしいれている (3) わずらわしさ= झँझट; झमेला.
साँसत घर [名] (1) 処罰用の独房 (2) 狭く暗い部屋；密閉された部屋
सांसद[1] [形] 国会の；議会の→ संसद्.
सांसद[2] [名] 国会議員= संसद सदस्य.
साँसा[1] [名] (1) 息；呼吸 (2) 命；生命
साँसा[2] [名] (1) 疑い；疑念 (2) 不安 **साँसा चढ़ना** 不安になる **साँसा पड़ना** 危難を予感する；虫が知らせる
सांसारिक [形] ← संसार. (1) 現世の；世俗の；世間的な सांसारिक इच्छा 世俗的な欲望 सांसारिक चीज़ के लिए तृष्णा 世俗の物に対する渇望 सांसारिक सुखों का उपभोग करें किंतु संतुलन खोकर नहीं 世俗の喜びを味わうがよい．しかし均衡を失わぬこと सांसारिक भोग-विलास 現世の快楽 (2) 生臭い；俗世の欲望に執着する
साँसी [名] サーンシー（ラージャスターンやパンジャーブ地方の元被差別社会集団の一．女性は踊りなどの放浪芸を演じることがあった）
सांस्कृतिक [形] 文化の；文化的な；文化に関する उत्तर प्रदेश के सांस्कृतिक जीवन में ウッタル・プラデーシュ州の文化活動において **सांस्कृतिक परिवर्तन** 〔文人〕文化変化 सांस्कृतिक आंदोलन 文化運動 सांस्कृतिक कार्यक्रम 文化活動 सांस्कृतिक विकास 文化発展
सांस्कृतिक क्रांति [名*] 文化革命 तथाकथित चीन की सांस्कृतिक क्रांति いわゆる中国の文化革命
सा [名]〔イ音〕オクターヴの第１音；シャドジャ= षड्ज.
-सा [接尾] 先行する語の意味に下記のような修飾を施し形容詞を作る接尾辞．なお， -आ 語尾形容詞のように -सी, -से のように変化する (1) 先行する語（名詞・代名詞・動詞）について類似を表す（－に）似た，（－と）同然の，（－）みたいな，（－の）ようななど प्राण निकल-से गए 死にそうだった सुंदर और उत्साहवर्द्धक विचार चेहरे में ख़ूबसूरती और आँखों में एक चमक-सी ला देते हैं 立派なことや気力を増すことを考えると顔に美しさと目に輝きのようなものをもたらすものだ नींद के ख़ुमार में ही वह चौंक-सा पड़ता है 眠気にうつらうつらしている間にびくっとしたようになる ग्राउंड ग्लास-सा すりガラスのような कैसी पागलपन की-सी बातें कर रही हो, लता? ラター，あんたは気でも狂ったみたいな話をしているね पाँच साल की छोटी बच्ची झिझकती-सी कमरे में आती है 5歳の娘がためらうように部屋に入って来る गले में एक सफ़ेद झिल्ली-सी

बन जाती है のどに白い膜のようなものができる मेरी त्वचा धूप के कारण झुलस-सी गई है 肌が陽光で焼けたようになった उसने अपना अपमान-सा समझा 彼は自分が侮辱されたように感じた विटामिन 'सी' के अभाव में जीभ और मसूढ़ों में छाले या घाव-से होने लगते हैं ビタミン C が不足すると舌や歯茎に水膨れや傷のようなものができかかる (2) 先行する分量や程度を表す語（ー）の意味を強調したり特定したりする गिलहरी का छोटा-सा बच्चा とても小さなリスの子 नन्हा-सा बीज とても小さな種 "एक छोटी-सी प्रार्थना और भी है" "फ़रमाइए" 「ほんの小さなお願いがもう 1 つございますが…」「どうぞ仰って下さい」 घर के सामने छोटा-सा बाग़ है 家の前にほんの小さな公園がある बात सिर्फ़ इतनी-सी नहीं है? 事はただそれだけのことではないの बात छोटी-सी थी, पर उसका बतंगड़ बन गया ほんの小さな事だったのが大事になってしまった (3) 先行する形容詞（ー）について（ー）がかったの意を加える पीला-सा 黄色がかった इस पक्षी के अंडों का रंग हलका गुलाबी-सा होता है この鳥の卵は淡いピンク色をしている

साइंस [名]《E. science》科学；サイエンス = विज्ञान. साइंस कालेज 理科大学

साइंसदान [名]《E. science + P. دان》科学者 = वैज्ञानिक.

साइकलिंग [名]《E. cycling》サイクリング

साइकिल [名*]《E. cycle》自転車 = बाइसिकिल. साइकिल की सवारी 自転車に乗ること साइकिल की ट्यूब 自転車のチューブ तीन पहियों की साइकिल 子供用の三輪車 → आटो रिक्शा オートリキシャ（乗客運搬用の三輪オートバイ）. साइकिल रिक्शा 輪タク（自転車の後部が客用の二輪の台車になっているもの） साइकिल डायनेमो 自転車発電機 साइकिल भ्रमण サイクリング साइकिल रैली（示威のための）自転車行進

साइक्लोस्टाइल [名]《E. cyclostyle》謄写版 साइक्लोस्टाइल क॰ 謄写する；謄写版で刷る

साइज़ [名]《E. size》大きさ；サイズ；規格 मेरे साइज़ की बनियान 僕のサイズのランニングシャツ

साइट्रिक एसिड [名]《E. citric acid》クエン酸

साइड [名]《E. side》〔ス〕サイド 'टॉस' जीतनेवाले कप्तान को अपनी मनपसंद 'साइड' चुनने की छूट रहती है トスに勝ったほうのキャプテンは自分の好きなサイドを選ぶことができる

साइडर [名]《E. cider》リンゴ酒

साइडलाइन [名*]《E. sideline》〔ス〕サイドライン

साइत[1] [名*]《A. ساعت साअत》(1) 1 時間 (2) 時刻 (3) 瞬間；刹那 (4) 占いによって定められた吉祥の時刻= मुहूर्त.

साइत[2] [副] ← शायद. 恐らく；多分 तुम चले जाओ, तो साइत बच जाए 行きなさい．そうしたら多分助かるだろう

साइन बोर्ड [名]《E. sign board》看板 उसकी नज़र जब साइनबोर्ड पर पड़ी, तो 看板に目が行くと बड़े साइनबोर्ड वाला छोटा कैफ़े 大きな看板の出た小さな喫茶店

साइप्रस 〔国名〕《E. Cyprus》キプロス

साइबान [名]《P. سائبان》→ सायाबान.

साइर [形]《A. سائر》(1) 歩き回る (2) すべての；あらゆる (3) 残りの；残余の

साइरेन [名]《E. siren》サイレン；汽笛 दस बजकर 50 मिनट पर साइरेन बजाया जाएगा 10 時 50 分にサイレンが鳴らされるだろう स्टीमर का साइरेन 汽船の汽笛

साइल [名] → सायल.

साइस [名]《A. سائس》馬丁 = सईस. → साईस.

साइसी [名*] ← साइस. 馬丁の仕事や職

साई [名] (1) 手付け金 (2) 前渡し金

साई-काँटा [名]〔植〕マメ科中高木【*Acacia polycantha; A. suma*】

साईबान [名] → साइबान; सायबान; सायाबान.

साईस [名]《A. سائس》馬丁 = सईस. → साइस.

साउंड [名]《E. sound》音；サウンド

साउंड प्रूफ़ दीवार [名*]《E. soundproof + P. دیوار》防音壁

साउदी अरब 〔国名〕《A. سعودی عرب》サウジアラビア王国

साउना बाथ [名]《E. sauna bath》サウナ

साक [名] = साग. 〔料〕野菜料理；野菜の煮つけ

साक़ [名]《A. ساق》(1) ふくらはぎ= पिंडली. (2) 前肢；前脚

सॉकर [名]《E. soccer》サッカー；蹴球；フットボール= फ़ुट बाल.

साका [名] (1) 紀元 (2) シャカ紀元（西暦 78 年 $\frac{1}{4}$ から始まる）

साकार[1] [形] (1) 形のある；形を持つ；有形の；具体的な उसके सपने साकार हो गए 男の夢が実現された यह एक सपना-सा लगता है, इसे साकार करने में... これは夢のように感じられる．これを実現するには… उनका बच्चा उनके आदर्श को साकार करे あの方の息子が親の理想を実現するだろう (2) 化身した

साकार[2] [名]〔ヒ〕神の化身

साकारोपासना [名*]〔ヒ〕神の化身の崇拝

साकिन[1] [形]《A. ساکن》(1) 定住の (2) 不動の；動かない；場所の定まった= स्थिर. साकिन मुहल्ला 本籍地 साकिन मुहल्ला सद्दूपुर चुनार, ज़िला मिर्ज़ापुर (यू॰पी॰) 本籍地サッドゥープル・チュナール，ミルザープル県（連合州）

साकिन[2] [名]〔動〕ウシ科ヒマラヤタール【*Capra ibex sibirica*】

साक़िन [名*]《← A. ساق साक़ी》酌をする女性；酌婦

साकिनी [名*] ピシャーチャの女（→ पिशाच）；ダーイン；鬼女 = पिशाचिनी; डाइन.

साक़िया [名*]《← A. ساقیہ》酌をする女性；酌婦；サーキー

साक़ी [名]《A. ساقی》(1) 酌をする人；酌人 (2) 女性の恋人（ペルシア文学やウルドゥー文学で酌をする） (3)〔イス〕この語がイスラム教神秘主義の流れの中で用いられる場合にはスーフィズムの修行者が修行の過程で指導を受けるムルシド（導師مرشد），もしくは，ピール پیر あるいは，最高存在を指す

सॉकेट [名]《E. socket》(1) ソケット (2) コンセント

साकेत (1)〔地名〕サーケータ（アヨーディヤーの別名）= अयोध्या; अयोध्या का प्रदेश. (2)〔ヒ〕サーケータ（ラーマの信奉者が死後生を享けるとされるラーマの天国）

साकेतक[1] [名]〔ヒ〕サーケータの住人；アヨディヤーの住人→ साकेत.

साकेतक[2] [形] サーケータの → साकेत.

साकेतवासी [形・名] (1)〔ヒ〕サーケータ साकेत に住む→ साकेत. (2) 故人

साको [名]《Raj.》(1) 世界制覇のための戦争や攻撃 (2) 戦闘 (3) 戦勝の祝典 (4) 武勇の誉れ

साक्तुक[1] [名] (1) オオムギ（大麦）；大麦の粒= जौ; यव. (2) はったい；はったい粉；麦焦がし

साक्तुक[2] [形] (1) オオムギの (2) はったい粉の；麦焦がしの

साक्षर [形] (1) 読み書きのできる；文字を知っている (2) 教育のある

साक्षरता [名*] ← साक्षर. 識字；文字を知っていること；読み書きのできること साक्षरता की दर 識字率 साक्षरता आंदोलन 識字運動

साक्षात्[1] [副] (1) 直接に (2) 眼前に उस समय वे साक्षात् चंडिका के समान लग रही थीं その時まるでチャンディカーを眼前にする思いだった

साक्षात्[2] [形] 目に見える；姿を現した उसी समय विष्णु भगवान अपने साक्षात् रूप में आ गए まさにその時ヴィシュヌ神はそのお姿を現されたのだった उन्हें कृष्ण के साक्षात् दर्शन हुए クリシュナ神がその方に姿をお現しになった

साक्षात्कार [名] (1) 出会うこと；直面すること मौत का आकस्मिक साक्षात्कार हुआ 突然に死に直面した (2) インタビュー；会見

साक्षी [名] (1) 目撃者 इतिहास इस बात का साक्षी है 歴史はこれを目撃してきている (2) 証人；立会人 अग्नि को साक्षी करके विवाह बंधन को स्वीकार करने का विशेष महत्त्व था 火の神アグニを証人として結婚を誓うことに特別の意義があった

साक्षीकरण [名] = साक्ष्यंकन.

साक्षीकृत [形] 証明された

साक्षेप [形] 非難さるべき；非難すべき

साक्ष्य [名] (1) 目撃 (2) 証言 (3) 証拠 **साक्ष्य तोड़ना** 改竄する **साक्ष्य दे॰** 証言する；証明する

साक्ष्यांकन [名] 証明；立証

साक्ष्यांकित [形]（公的に，あるいは，公的機関で）証明された

साख[1] [名*] (1) 信用；信頼；のれん व्यापारियों की साख अभी तक बनी हुई थी 商人たちの信用はまだ残っていた कुछ दिनों तो उसे अपनी पुरानी साख के कारण दूध मिलता रहा しばらくの間は古くからの信用で牛乳が手に入った (2) 信用貸し **साख समिति** 信用組合；金融組合 (3) 名誉；栄誉 बुंदेलों की साख जाती है, तो मेरा सिर भी उसके साथ जाएगा ブンデール族の名誉が失われる時は私の首もなくなる時だ **साख उखड़ना** 信用がなくなる；信用を失う；

信用が失墜する **साख उठ जा॰** = सास उखड़ना. **साख ऊँची हो॰** 名誉が高まる **साख गिरना** = साख उखड़ जा॰. **साख जमना** （取引上の）信用を得る；信頼される **साख जा॰** = साख उठ जा॰. **साख जा॰** = साख उठ जा॰. **साख न रहना** = साख उठ जा॰. **साख पर दे॰** 信用貸しをする **साख पुजना** （取引上の）信用を得る；信用を高める；信頼を得る **साख बँधना** 信用を得る **साख बनाना** 信用を得る；信用を作る **साख मिटना** = साख उखड़ जा॰. **साख में बट्टा लगना** 信用に瑕がつく नीतिविहीनता से उनकी साख में बट्टा लगा है 無節操のために信用に瑕がついている **साख-रसूख़ रखना** 信用を持つ；信用を得る दौलतराम भी बड़ी साख-रसूख़ रखता है ダウラトラームも相当の信用を得ている

साख[2] ［名*］木の枝= शाख़.

साख[3] ［名*］(1) 証拠 (2) 証言

साखा ［名*］(1) 木の枝 (2) 家系や血統の枝分かれ

साखी[1] ［名］(1) 証人 (2) 仲裁人 (3) 支援者 (4) 仲間

साखी[2] ［名*］(1) 証言 (2) サント（聖者・聖徒・修行者・聖行者）たちが感得した真実や信仰を確固たるものと確認して詠じた歌 **साखी पुकारना** *a.* 誓う *b.* 証言する **साखी भरना** 証言する यही सब बातें मानो साखी भर रही थीं これらのことがすべてあたかも証言しているかのようだった

साखी[3] ［名］木；樹木

साखू[1] ［名］〔植〕クマツヅラ科高木チーク【*Tectona grandis*】= शाल वृक्ष.

साखू[2] ［名*］チーク材

साखोचार ［名］〔ヒ〕ヒンドゥーの結婚式の儀礼において新郎・新婦の両方の家系・血統をブラーフマンが大声で唱える儀礼

साख़्त ［名*］《P. ساخت》(1) 製造；製作 रूसी साख़्त के 18 जदीद टैंक ソヴィエト製の新型戦車 18 両 (2) 形；型；構造；作り；造り इस साख़्त का ज़ेवर この型の装身具 (3) 仕掛け

साख़्तगी ［名*］《P. ساختگی》作り；造り；構造；構成；仕掛け；からくり= बनावट.

साख़्ता ［形］《P. ساختہ》(1) 作られた；製造された = बना; निर्मित (हुआ). (2) 作りものの；人工的な= कृत्रिम. (3) 偽の；紛い物の= नक़्ली; जाली.

साग ［名］(1) 菜っぱ；菜の葉 पालक मेठी के साग フダンソウやコロハの菜っ葉 (2) 野菜料理；菜っ葉の料理 सरसों की हरी पत्तियों का साग カラシナの青い葉っぱの料理 (-) **साग-पात समझ रखना** (相手や対象を) 見下す；見くびる；ものの数に入れない

सागर ［名］(1) 海= समुद्र; समंदर. सागर का देवता वरुण 海の神ヴァルナ神 (2) 大きな湖 (3) 大規模なダムや貯水池 कृष्णराज सागर クリシュナラージャ・サーガル（カーヴェリー川上流のカルナータカ州に建設されたダム）

साग़र ［名］《P. ساغر》杯；酒杯；ゴブレット

सागरतट ［名］海岸；沿岸

सागरतटीय ［形］海岸の；沿岸の

सागरतल ［名］海面

सागू ［名］〔植〕ヤシ科サゴヤシ【*Metroxylon sagus*】= सागू ताड़. 〈sago palm〉

सागूदाना ［名］サゴヤシの株の髄から採れるサゴ澱粉

सागौन ［名］〔植〕クマツヅラ科チーク= साखू; सागौन का पेड़.

साचक़ ［名*］《T. ساچق साचक; साचिक》〔イス〕サーチャク（ムスリムの間に挙式の前日に行われる結婚式行事の一．花婿の家から花嫁の家に花嫁の化粧品，果物，菓子などが届けられる）= साचिक़.

साज ［名］(1) 装い；装飾；飾り (2) 用意；準備；支度

साज़ ［名］《P. ساز》(1) 道具；器具 (2) 用意；段取り (3) 楽器 (4) 調和；適合 (5) 馬具 **साज़ छेड़ना** 楽器を奏でる；楽器を弾く संगीतज्ञ अपने साज़ छेड़ रहे हैं 音楽家が楽器を弾いている **साज़ मिलाना** 楽器の音を合わせる；楽器の調整をする

-साज़ ［造語］《P. ساز》（一を）作る，作り出す，（一の）製造や修理をする人などの意を有する造語要素 जिल्दसाज़ 製本する人；製本職人；製本屋

साज़गर ［形・名］《P. سازگر》楽器製造に携わる人；楽器職人

साज़गरी ［名*］《P. سازگری》楽器製造（業）

साज़गार ［形］《P. سازگار》(1) 好調な；順調な (2) めでたい

साजन ［名］(1) 夫 = पति. (2) 恋人；愛人 = प्रेमी. (3) 神；最高神 = ईश्वर.

साजना ［他］= सजाना.

साज़बाज़ ［名*］《P. ساز باز》(1) 準備；用意；手配；手回し (2) 策謀；陰謀 (3) 装備；装置；設備 **साज़बाज़ क॰** *a.* 悪さをする；悪企みをする *b.* めかす

साज़मंद ［形］《P. ساز مند》(1) 装われた；装飾された；飾られた (2) 順調な

साज़ संगीत ［名］《P. ساز + H.》〔音〕器楽

साज़-सज्जा ［名*］装い；装飾 यदि आप में शिष्टता का गुण नहीं है तो यह सारी साज-सज्जा महत्त्वहीन है もしもあなたに品格が備わっていなければこの一切の装いも飾りも意味がないものなのです

साज़-सामान ［名］《P. ساز سامان》= साज़ो सामान (1) 器材；器具 बिजली का साज़-सामान 電気器具 उपग्रहों में इतना भारी साज़-सामान पहुँचाना संभव नहीं है 人工衛星にこれだけの重い機材を送り込むことは不可能である (2) 備品；付属品 (3) 取り揃えること；取り揃え；準備 (4) 調度品；家具（類） खाटें मय साज़-सामान ベッドを含めた家具

साज़िंदा ［名］《P. سازنده》楽士；演奏家；ミュージシャン

साज़िश ［名*］《P. سازش》(1) 策謀；陰謀；謀りごと ये ताक़तें इस साज़िश में कामयाब नहीं हो सकेंगी これらの勢力がこの策謀に成功を収めることはあるまい (2) 毒手；悪巧み= कुचाल; कुचक्र; दुष्टता. **साज़िश क॰** 策を弄する；陰謀をめぐらせる हुज़ूर को उनकी इस साज़िश का पता चला तो 主君にあの方の謀略が知れると साज़िश का भंडाफोड़ कभी न कभी होता ही है 陰謀はいつか暴露されるものだ **साज़िश रचना** 陰謀が企てられる कोई गहरी साज़िश रच रही है 何か重大な陰謀がめぐらされつつある

साज़िशी ［形］《P. سازشی》(1) 企みのある；陰謀のある (2) 企んでいる；陰謀している；策士の；策謀家の

साज़ी ［造語］《P. سازی》（一を）作ること，製造などの意を有する造語要素 जिल्दसाज़ी 製本

साज़ो सामान ［名］= साज़-सामान. फ़ौजी साज़ो सामान 軍需品；軍需物資；武器弾薬

साझा ［名］(1) 共同；協力；分かち合うこと (2) 共同出資 (3) 共同所有；共有 साझा खेत 共有の農地 (4) 共用；共同使用 साझा रणनीति 共同作戦・共同戦術 **साझा मंच** 共同戦線 रंगभेद के ख़िलाफ़ श्रमिक संगठनों का साझा मंच 人種差別に反対する労働団体の共同戦線 **साझा विज्ञप्ति** 共同声明 **साझे का बाप बुरा होता है** 〔諺〕共同でする仕事はうまく行かぬもの= साझे की सुई ठेले पर लदना. **साझे में** 共同で；分かち合って；協力して साझे में खेती होती थी 共同耕作が行われていた

साझाखेती ［名*］〔農〕刈り分け

साझा सरकार ［名*］〔政〕連立政権

साझी ［形・名］= साझेदार.

साझेदार ［形・名］《H. + P. دار》分かち合う；共有する（人）；共用する（人）；仲間；パートナー

साझेदारी ［名*］← साझेदार. (1) 分け合うこと；分かち合うこと दुःख-सुख की साझेदारी 喜びや悲しみを分かち合うこと；共に喜び共に悲しむこと सतत साझेदारी हो सके いつも分け合えるように；常に分かち合えるように (2) 共有 (3) 共用

साटन ［名］= साटिन. 《E. satin》しゅす（繻子）；サテン साटन का कुरता サテンのクルター

साटा ［名］不正な稼ぎで得た金；悪銭

साटी ［名*］材料= सामान; सामग्री.

साठ ［数］60；六十 साठवाँ 60 番目の；第 60 の

साठ-गाठ ［名*］= साँठ-गाँठ.

साठ-नाठ ［形］(1) 貧しい；無一物の (2) 味気のない (3) 散り散りの

साठसाती ［名*］→ साढ़ेसाती.

साठा ［形］六十歳の **साठा-पाठा** 歳を取っても元気な

साठी ［名］わせ（早稲）の一種；サーティー（2 か月，すなわち，60 日で実ると言われることからこの名がある）

साड़ी ［名*］〔服〕サリー（ヒンドゥー女性などが体に巻きつけるようにして着用する衣類の一．幅 1.1～1.2m，7～8m ほどの長さの縫製しない様々な生地の布．木綿のものはドーティー धोती

とも言う)；サーリー＝सारी; साढ़ी. साड़ी-ब्लाउज़ पहने है サリーとブラウスを着ている

साढ़ी[1] ［名*］牛乳のクリーム＝मलाई; बालाई.

साढ़ी[2] ［名*］＝साड़ी.

साढ़ी[3] ［名*］サラノキ（沙羅双樹）の樹脂

साढ़ी[4] ［名*］←असाढ़.〔農〕サーリー（インド暦の4月 असाढ़, すなわち，太陽暦の6〜7月に蒔かれる作物）

साढ़ू ［名］妻の姉妹の夫

साढ़े ［形］3以上の数に先行して用いられ基本単位の数の $+\frac{1}{2}$ の数を表す． साढ़े तीन ＝ 3.5 साढ़े चार सौ ＝ 450 (400 + $\frac{100}{2}$) साढ़े छः बजे 6時半

साढ़े-चौहरा ［名］〔農〕収穫の16分の5を地主に納める刈り分け小作

साढ़े बाईस ［形］当てにならない；頼りにならない

साढ़े साती ［名*］土星の影響により不吉なことの生じるとされる期間（7年半，7か月半，7日半など） **साढ़े साती आ॰** 不運に見舞われる

सात ［数］7；七；7つ；7つの＝सप्त. सातवाँ 7番目の →別項. **सात कुआँ झाँकना** よく調べて物を買う **सात कोठरी में** 極秘に；全く内緒で **सात घाट का पानी पीना** *a.* あらゆるところへ行く；あらゆるところへ出掛ける；様々な経験を積む *b.* 抜け目のない **सात चौदह की सैर क॰** 臭い飯を食う **सात जन्म तक** いつまでも；とても長い間；長時間；長期間 **सात जन्म में भी नहीं** 決してあり得ない；絶対にあり得ない **सात तहों के भीतर** 奥深く；奥へ奥へと **सात तालों के अंदर** ＝सात कोठरी में. **सात परदे के भीतर** ＝सात कोठरी में. **सात-पाँच** *a.* つまらぬこと *b.* いんちき；いかさま *c.* 若干の人 **सात पाँच क॰** *a.* とても落ち着きのないこと *b.* ずるいことをする *c.* 言い逃れをする **सात -पाँच की लकड़ी हो॰** 仕事を手分けして行えばお互いの負担が軽くなること **सात पानी का पखारा** この上なく清浄な；全く清純な；全く誠実な **सात पुरखों तक चढ़ जा॰** 数代前の先祖のことまで引き合いに出してののしる **सात राजाओं की साक्षी दे॰** 真実性を強調して言う **सात वार नौ त्यौहार हो॰** 毎日のように祝祭日のあること **सात समंदर का** 海の向こうの；はるかに遠い “जापान, जर्मनी, रूस कौन है?” “सात समंदर के मुल्क है, बड़ी ठंड पड़ती है” 「日本，ドイツ，ロシアって何のこと」「海の向こうの遠い国だ．とても寒いんだよ」 **सात समुद्र पार** はるか遠方に **सात सवारों में गिनती हो॰** *a.* 重きをなす *b.* 仲間入りする **सातों द्वीपों में खोजना** ありとあらゆるところを探す；限なく探す **सातों भूल जा॰** 正しい判断力を失う；正気を失う；気が動転してうまくなし得ない＝सातों सुधि भूल जा॰.

सातत्य ［名］←सतत. (1) 連続 (2) 永続

सातफेरी ［名*］〔ヒ〕ヒンドゥーの結婚式の儀礼の一．サートペーリー（新郎新婦が挙式儀礼の中で聖火の周りを7度周回する）

सातवाँ ［形$^+$］7(七)の序数詞．第7の；7番目の；7つ目の **सातवें आसमान पर चढ़ना** のぼせあがる **सातवें आसमान पर मारना** 空想をめぐらす；大きな夢を見る आप लोग देख रहे हैं साहब कि इन लोगों के दिमाग़ किस तरह सातवें आसमान पर चढ़े हुए हैं ご覧の通りこの連中はのぼせあがっているのです **सातवें आसमान से बातें क॰** 威張った口をきく；高飛車な口をきく

सातवाहन वंश ［名］〔史〕サータヴァーハナ王朝＝शालिवाहन.

सात्त्विक ［形］(1)〔イ哲〕純質の →सत्त्व. (2) 純質的な；サーンキヤ学派の根本資料因の (3) 徳の高い；高潔な सात्त्विक जीवन 高潔な生活 सात्त्विक-राजसिक वृत्ति 純質と激質との影響を受けた気質 सात्त्विक वृत्ति 純質的気質

साथ[1] ［名］(1) 共同；関連；提携 (2) 交際；交友関係；仲間関係；付き合い मेरे साथ की लड़कियाँ 仲間の女の子たち किसी अन्य व्यक्ति के साथ की आवश्यकता है だれか別の人が同行することが必要だ (3) 隣接；接近 साथ का 隣の；脇の；隣り合わせの साथवाला 隣の；隣接している साथवाला कमरा 隣室 साथवाला डी-ब्लॉक 隣のDブロック **(-का) साथ क॰** (ーと) 付き合う तेरा साथ करनेवाले भूखों मरते हैं 君と付き合う人は飢え死にする **साथ का खेला** 竹馬の友 **साथ का पत्र** 添書＝सहपत्र. **(-का) साथ दे॰** (ーと) 行動を共にする；(ーに) 協力する हर क़दम पर पति का साथ देती है 何事につけても夫と行動を共にする **साथ निभाना** 付き合う；付き合いをする；交際をする साथ निभाने के लिए 付き合いのために **साथ पुरवाना** ＝साथ दे॰. **साथ में** 同時に उसे मोतीझारा निकला था.साथ में निमोनिया भी हो गया था チフスになり，同時に肺炎にもなっていた साथ में धन-लाभ भी होता था 同時に金儲けにもなっていた

साथ[2] ［後置］**(-के) साथ** の形で名詞類に接続して用いられる． (1)（ーと）共に；（ーと）同時に वे उग्र होने के साथ ही अत्यंत उदार और भोले स्वभाव के थे 激しい気性であると同時に心がとても大きく率直な人だった (2)（ーと）一緒に；（ーと）共に；（ーに）つれ；（ーに）応じて क्या तुम मेरे साथ ख़रीदारी करने चलोगे? あんた私と一緒にショッピングに出掛けない शंख और घंटे की ध्वनि के साथ 法螺貝と鐘の音と共に उमर के साथ सब के बाल सफ़ेद हो जाते हैं 歳を取るにつれ髪が白くなる पिछले महीने मैं अपने परिवार के साथ जयपुर गया 先日家族連れでジャイプルに行った (3)（ーに）とって मेरे साथ अक्सर यह होता है कि रात आ जाती है, पर नींद नहीं आती 私は夜になっても眠れないことがちょいちょいある मेरे साथ एक दुर्घटना घटी 私に災難が起こった जो आज मेरे साथ हुआ है, वह कल आपके साथ हो सकता है 今日私に起こったことは明日あなたにも起こりうる (4)（ーに）添えて；（ー）と；（ーと）並んで मंदिरों के साथ ही हरिद्वार में आश्रमों की भी भरमार है 寺院と並んでハリドゥワールにはアーシュラムも大変に多い चाय के साथ फुलकियाँ, गुलगुले और पूरियाँ वग़ैरह 紅茶に添えてプルキー，グルグラー，プーリーなど (5) 動作・作用の対象であることを表す．（ーに）対して；（ー）に कांग्रेसी प्रत्याशी के साथ मारपीट コングレスの候補に対して暴力 आख़िर वे अपने बच्चे के साथ न्याय कर रहे हैं या अन्याय? つまりその人たちは自分の子供に対して正しい扱いをしているのか誤ったことをしているのか आपने मेरे साथ बड़ा अन्याय किया है और... あなたは私に随分ひどいことをなさいました．そして… उसके साथ बैठाना それに結び合わせる (6)（ー）に यह गंदगी मक्खियों की टाँगों के साथ चिपक रही है この汚いものはハエの足に引っついている **(-के) साथ लगना** （ーに）同行する；同道する **(-के) साथ ＝ ले डूबना** （＝をーの）巻き添えにする **-के साथ ही** （ーと）同時に；（ー）ばかりでなく；おまけに；（ーの）ついでに **(-के) साथ हो॰** *a.*（ーに）ついている；伴っている *b.*（ーに）味方をする पूरा समाज उनके साथ है 社会全体が味方している भाग्य उनके साथ था 運のつきがあった；ついていた **(-के) साथ हो ले॰** （ーに）同行する कई अंग्रेज़ शिष्य उनके साथ हो लिए 数人のイギリス人の弟子が同行した

साथ[3] ［副］一緒に；共に；連れだって (-) साथ कर दे॰ （ーを）持たせてやる；持って帰らせる **साथ लगा जा॰** ついて行く **(-) साथ लगाना** （ーを）添える；添加する；添付する **(-) साथ ले॰** （ーを）伴う；同行させる गुरु जी ने अपने तीनों शिष्यों को साथ लिया 師は3人の弟子を伴った **साथ ले जा॰** 携行する；持って行く **साथ-साथ** *a.* 一斉に；一緒に；連れだって＝एक ही साथ. *b.* 同時に；並行して **साथ-साथ चलना** 平行する **साथ हो ले॰** 同行する वे भी साथ हो लिये あの方も同行された（一緒に行かれた）

साथिन ［名*］連れ；連れ合い；仲間；友達 तुम्हारी जैसी साथिन की आवश्यकता थी あんたのような連れ合いが欲しかった

साथिया ［名］万字→ सथिया.

साथी ［名］(1) 仲間；同僚 (2) 伴侶；相棒 **साथी खिलाड़ी** 〔ス〕味方の選手；味方のプレーヤー；チームメート साथी खिलाड़ी को पास फेंकने के कई तरीक़े होते हैं パスの送り方は幾つかある साथी बच्चे 仲間の子供 जीवन साथी 人生の伴侶 साथी की कमियों को पूरा करने के लिए 仲間の欠点を補うために

साथीपन ［名］←साथी. 仲間関係；仲間意識 हाथियों में साथीपन की भावना बहुत प्रबल होती है 象の仲間意識はとても強い

साद[1] ［名］(1) 沈下；沈殿 (2) 疲労 (3) 滅亡；破滅 (4) 衰弱

साद[2] ［名］《صاد》ウルドゥー文字第20字の字母ص の名称＝स्वाद.

सादगी ［名*］《P. سادگی》←सादा. (1) 質素；簡素 सादगी का जीवन 質素な生活 बड़ी सादगी से विवाह संपन्न भी हो गया 結婚式もとても簡素なものに終わった (2) 純真さ；素朴さ；虚飾のないこと＝भोलापन; निश्चलता.

सादर[1] ［副］(1) 丁重に；丁寧に；うやうやしく (2) 有り難く；感謝をこめて

सादर[2] ［形］敬意を持った；丁重な **सादर नमस्कार** 手紙の挨拶の言葉，拝啓（書簡文で用いる）＝आदाब व नियाज़. **सादर स्वीकार क॰** 有り難く頂く；押し戴く；押し頂く

सादा ［形$^+$］《P. ساده》語源的な理由で無変化形容詞として用いられることもある (1) 単純な；他の要素の入っていない；本来の

ものだけの；混じりけのない सादी रोटी イースト菌の入っていないパン (2) 簡単な；複雑でない；本来のままの (3) 簡素な；質素な；作りものでない सादा खाना, सादा वस्त्र 簡素な食事と簡素な衣服 दिन के समय कहीं भी, किसी पार्टी में जाना हो, तो अपनी वेशभूषा सादी रखें 日中はどこであれいずれのパーティーに行くにせよ服装は簡素にすること सादा जीवन और अच्छा विचार 質素な生活と高邁な精神 (4) 地味な；派手さのない यदि किसी शोक के अवसर पर कहीं जाना हो तो अत्यधिक सादे कपड़ों में जाना चाहिए お悔やみに出掛けなくてはならぬ時にはうんと地味な服装で行くべきです (5) 無地の；模様や柄のない；装飾のない वह सादा लिबास पहना हुआ था 無地の服を着ていた (6) 何も書いてない；白紙の उसने लंबी कापी में से एक सादा कागज़ फाड़कर अपने सामने रख लिया 細長いノートから何も書いてない紙をちぎって前に置いた (7) 普段の；平常の सादे वेशधारी जासूस 平服のスパイ सादा कपड़े 私服 सादा कपड़ों में 私服で (8) あっさりした；簡単に調理した चाय हमेशा सादा पीनी चाहिए お茶はいつもあっさりしたものを飲むことです **सादा मिज़ाज** 率直な；気取りのない

सादात [名, pl.] 《A. سادات←سادت सादत》〔イス〕サイヤド سید सैयद 家の人たち；預言者ムハンマドの子孫；サーダート

सादापन [名] = सादगी.

सादिक़ [形] 《A. صادق》 (1) 正直な；誠実な (2) 正しい；真実の (3) 忠実な

सादिर [形] 《A. صادر》 (1) 出される (2) 発行される (3) 発給される

सादी [名*] (1) 中に何も詰め物をしていないローティー (रोटी) (2)〔鳥〕カエデチョウ科ベニスズメの雌【*Amandava amandava*】

सादी सज़ा [名*] 《P. سادی سزا》 禁固刑

सादृश्य [名] (1) 類似 अपने और इनमें सादृश्य पाकर 自分とこれらとの類似点を見つけて (2) 比較；対比

साद्यंत[1] [形] 始めから終わりまでの；最初から最後までの；完全な；全体の；全体的な

साद्यंत[2] [副] 最初から最後まで；始めから終わりまで

साध[1] [名*] 宿願；念願；強い願い；深い思い；悲願 मैं गया था तेरे दिल की साध पूरी करने के लिए 僕は君の念願を果たしに行ったのだった आज तो मेरे मन की साध मिटा दीजिए, मुझे कुछ ख़िदमत करने का हुक्म दीजिए 今日は自分の強い願いを果たさせてくれ．何かお役に立たせておくれ अनेक हिंदू ललनाओं की यह साध मन में ही रह जाती है 多数のヒンドゥー女性の願いは果たされぬままになる (-की) **साध न रहने दे॰** (一の) 願いを叶えてやる **साध पूरना** 思いを果たす；念願を果たす；願いを叶える **साध बुझ जा॰** *a.* 願いが叶えられる *b.* 落胆する；気力を失う

साध[2] [名] (1) 高徳の人= साधु; साधू. (2) ヨーガ行者= योगी.

साधक[1] [形] 役立つ；完成させる वे अपनी पुत्री के मार्ग में बाधक न बनकर साधक सिद्ध होंगे それらは娘にとって妨げとならず役立つものとなるだろう

साधक[2] [名] (1) 修行者 (2) 方法；手段；媒体 (3)〔言〕動作主 ⟨agent⟩

साधक कारक [名]〔言〕能格；動作主格 ⟨ergative case; agential case⟩

साधन [名] (1) 方法；手段；方策；媒体 केश विन्यास और उसके साधन 髪型とその作り方 कमाई का साधन 金儲けの手段 साधन और साध्य 手段と目的 मनोरंजन का कोई साधन नहीं था 娯楽の手段が何もなかった आजीविका का साधन 生活の手段；生計 उन्नति का साधन 発達の手段 (2) 資源；供給源 सोयाबीन के प्रचार से प्रोटीन का और भी अच्छा साधन मिल गया है 大豆の普及で蛋白質のこれまで以上のすぐれた供給源が見つかっている आर्थिक साधनों के विकास में सहयोग 経済資源の開発への協力 (3) 完成；達成

साधना[1] [名*] (1) 達成；成就 (2) 修行；修練；調練 कोई योगी साधना में लीन है 1人のヨーガ行者が修行に励んでいる वह किसी साधना में लीन है 何かの修練に没頭している ईश्वर प्रत्यक्ष तो है नहीं, फिर एक अप्रत्यक्ष के लिए मनुष्य साधना में क्यों प्रवृत्त होता है? 神は目に見えはしない．しからば目に見えぬもののために人間はどうして修行するのだろうか

साधना[2] [他] (1) 馴らす；調教する；訓練する (2) 成し遂げる；達成する；果たす उसे कार्य साधने की तरकीब सूझी 目的を達成する方法を思いついた (3) 制する；制御する；支配する；抑える；抑制する इंद्रियों को साधो, मन को वश में करो 感官を制し心を制御せよ (4) 的を狙う；狙いを定める उसने बंदूक का निशाना मेरी ओर साधा 奴は銃の狙いを私のほうに定めた बास्केट पर निशाना साध उसमें गेंद डालने की कोशिश バスケットに狙いを定めてボールを入れる努力 (5) 守る；保つ；保持する ये मौन साध बैठे रहे この人たちは沈黙を守ってずっと座っていた सांसदों ने चुप्पी साध ली है 議員たちは沈黙を守っている

साधनीय [形] 成し遂げられるべき；なされるべき

साधार [形] (1) 根拠のある (2) 支えられている

साधारण [形] (1) 普通の；一般の；通常の साधारण व्यक्ति 普通の人 साधारण डाक 普通郵便 **साधारण ब्याज** 通常利子；単利法 साधारण विधेयक 一般法案；通常の法案 साधारण सभा 総会 साधारण कैद（一般）禁固刑；禁錮刑 (2) 何でもない；ありきたりの= साधारण; मामूली. (3) 並みの；平均的な；普通の साधारण रंगरूप 並みの器量 पाठशाला में एक साधारण अध्यापक 小学校の普通の教師（一介の教師；平教員）

साधारणतः [副] 一般に；普通；通常；全般的に

साधारणतया [副] = साधारणतः.

साधारणता [名*] ← साधारण.

साधारण धर्म [名] (1) 普遍的義務 (2) 共通性

साधारण निर्वाचन [名] 普通選挙

साधारणीकरण [名] (1) 一般化 (2) 普遍化 (3) 非人格化

साधिका [形・名*] = साधक.

साधिकार[1] [副] 権威を持って；毅然と；毅然たる態度で

साधिकार[2] [形] 権威ある；毅然たる

साधित [形] (1) 達せられた；成就された (2) 馴らされた；訓練された (3)〔言〕派生した **साधित कृदंत**〔言〕一次派生語 ⟨derived primary word⟩ **साधित तद्धितांत**〔言〕二次派生語 ⟨derived secondary word⟩ **साधित शब्द** 派生語 ⟨derived word⟩

साधित्र [名] 器具；器材；装置

साधु[1] [名] (1) 聖者；聖人 (2) 修行者；出家；サードゥ；サードゥー जैन साधु ジャイナ教修行僧 साधु वेश के गेरुआ 出家の身なりの緋の衣 **साधु-संगत** 修行を積んだ人との交わり；高徳の人との交わり **साधु-संत** 聖者；上人；高徳の人

साधु[2] [形] (1) 立派な；善良な；徳の高い (2) 敬虔な；慈悲深い (3) すぐれた；優秀な；有能な (4) 適正な

साधु[3] [感] 称賛や感動の気持ちを表す感動詞 **साधु-साधु** 見事だ；お見事；ご立派ご立派

साधुता [名*] ← साधु. (1) サードゥの身分；サードゥの本分 (2) 高徳 (3) 敬虔さ；慈悲深さ (4) 正しさ

साधुत्व [名] ← साधु. = साधुता. आदर्श मनुष्य तो वही हो सकता है जिसने स्वेच्छा से साधुत्व का वरण किया हो 理想の人とは自らの意志でサードゥになった人のこと

साधु भाषा [名*]〔言〕ベンガル語の文語体

साधुवाद [名] (1) 称賛；賛嘆 (2) 称賛の言葉

साधु-साधु [感] 称賛・感嘆の気持ちを表す感動詞→ साधु[3].

साधू [名] 修行者；修行に励む人；出家（者）；サードゥー= साधु.

साध्य[1] [形] (1) 達成される；成される；実行可能な；成し遂げられる (2) 容易な；安易な (3) 治療しうる；治療可能な

साध्य[2] [名] (1) 目的；目標；的 साध्य और साधन दोनों की पवित्रता 目的と手段の両方が清らかなこと (2)〔ヒ〕ヴェーダに現れる下位の神格サーディヤ（群神の一） (3)〔数〕命題；定理

साध्वी[1] [形*] 貞淑な；貞節な साध्वी सद्गृहिणी 貞淑な主婦 पति की मृत्यु के पश्चात साध्वी रहनेवाली स्त्री को स्वर्ग में मोक्ष-प्राप्ति होती है 夫の死後貞節を守る妻は天国で解脱を得る

साध्वी[2] [名*] (1) 貞女 (2) 女性の修行者；サードヴィー उस आश्रम में साध्वियाँ रहती थीं そのアーシュラムにはサードヴィーたちが居住していた→ साधु[1].

सानंद [形] 喜んでいる；喜びに満ちている；上機嫌の

सान[1] [名]] 《← Skt. शाण; P. سان》 丸砥石；回転式砥石= सान का चक्का; शाण. (-पर) **सान चढ़ाना** (一を) 研ぐ= (-) सान पर लगाना. **सान दे॰** (砥石で) 研ぐ；研磨する आज से तुझे सान देना सिखाऊँगा 今日から研ぎ方を教えてやろう **सान धरना** = सान दे॰. सान धरने की कल 刃物研ぎの道具

सान[2] [名] 合図 **सान-गुमान** 手掛かり；糸口

सानना[1] [他] (1) 混ぜる；混ぜ合わせる (2) こねる；水分を加えてかき混ぜる= गूँधना. आटा सानना 小麦粉をこねる (3) 巻き込む；引きずり込む तो तुम्हें भी अपनी राजनीति में यह सान रहा है? それじゃこの人は君まで自分の政治に引きずり込んでいる訳か
सानना[2] [他] 研ぐ；研ぎ石などで研ぐ；研磨する
सानी[1] [名*] 藁，穀類，油粕などに水を加えてかき混ぜた家畜の飼料 बैलों को सानी दे。 役牛に餌を与える **सानी-पानी** 家畜の飼料や食べ物や飲み物
सानी[2] [形] 《A. ثانی》 (1) 第 2 の；2 番目の；二世= दूसरा; द्वितीय. (2) (ーと) 比べられるもの；別のもの；(ーと) 並ぶもの= बराबरी का; बराबरी करनेवाला; मुक़ाबले का. **(कोई) सानी न रखना** 並ぶものがない；抜群の= सानी न हो。 कबड्डी खेलने में तो गाँव में तो उसका कोई सानी नहीं था カバッディーにかけては村にその男と並ぶものがいなかった
सानु [名] (1) 山の頂き；山のてっぺん；山頂= शिखर; चोटी. (2) 端；先端= सिरा. (3) 平地= समतल भूमि.
सानुक्रोश [形] 情け深い；慈悲深い= दयालु; कृपालु.
सानुनय[1] [形] 丁重な；礼儀正しい；うやうやしい
सानुनय[2] [副] 丁重に；礼儀正しく；うやうやしく
सानुनासिक [形]〔言〕鼻音化した；鼻にかかった
सान्ता क्लाज़ [名] 《E. Santa Claus》〔キ〕サンタクロース
सान्निध्य [名] 近接；接近；近いこと प्रकृति का सान्निध्य 自然に近いこと；自然に近づくこと
साप [名] → शाप.
सापेक्ष [形] 相対的な；対比的な कल सापेक्ष नमी सबसे ज़्यादा 48 प्रतिशत और सबसे कम 17 प्रतिशत रही 昨日の相対湿度は最高 48 %, 最低 17 %であった
सापेक्षतः [副] 相対的に；比較的に
सापेक्षता [名*] (1) 相関性；関連性 (2) 相対性
सापेक्षवाद [名]〔物理〕相対性 **सापेक्षवाद का सिद्धांत** 相対性原理
सापेक्षिक [形] 相対的な；相関的な；比較上の सापेक्षिक स्थिति 相対的な状況や位置
सापेक्ष्य [形] 期待される；必要な；求められる；望まれる
साप्ताहिक[1] [形] ← सप्ताह. (1) 週の；週間の (2) 1 週間にわたる；1 週間続く (3) 1 週間ごとの साप्ताहिक पत्रिका 週刊誌
साप्ताहिक[2] [名] 各週発行の新聞や雑誌；週刊誌
साफ़[1] [形] 《A. صاف》 (1) きれいな；清潔な；汚れのない= स्वच्छ; निर्मल. साफ़ कंघे से बालों को सँवारना きれいな櫛で髪を整えること **साफ़ क**。 きれいにする；洗う होटलों में बरतन साफ़ क。 飲食店で食器を洗う (皿洗いをする) (2) きれいな；不純なものの入っていない；清純な शरीर में साफ़ रक्त 体のきれいな血液 (3) 明白な；明確な；れっきとした；はっきりした घड़ी चुराने का साफ़ इलज़ाम लगाया गया 時計泥棒というれっきとした嫌疑を掛けられた (4) 邪魔のない；障害のない；問題のない अपना रास्ता साफ़ हो गया है यार, अब शिकायत का डर नहीं रहा 道が開けたぞ．もう文句を言われる心配はない रास्ता साफ़ है और अपनी गाड़ी को आगे ले जा सकता है 道は通った．大丈夫だ．車を進めることができる (5) 気持ちのわだかまりなどのない；すっきりした；引っかかりのない क्यों , अभी तुम्हारा दिल मेरी तरफ़ से साफ़ नहीं हुआ? まだ私に対する気持ちはすっきりしないのかい (6) 澄み切った；晴れ渡った आसमान साफ़ हो जा。 空が晴れ渡る (7) 何もない；尽き果てた (8) すべすべした；つるつるした；ざらつきのない **साफ़ क**。 *a*. はっきりさせる *b*. なくしてしまう *c*. 処理する *d*. 取り去る घास साफ़ क。 草を刈り取る *e*. 盗み取る；すりとる कोई उसका पर्स ही साफ़ कर दे だれかが財布をすりとりはしないか *f*. 平らげる **साफ़ मन** 清らかな心；邪心のないこと **साफ़ रखना** 清潔に保つ दाँत हमेशा साफ़ रखो いつも歯をきれいにしておきなさい **साफ़-सुथरा** *a*. 清潔な；きれいにしている देखो और लड़के कैसे साफ़ सुथरे हैं ごらん，他の子供たちがどんなに清潔にしているか वह हमेशा साफ़ सुथरी रहती है あの娘はいつもきれいにしている साफ़-सुथरे कपड़े 清潔な服 नालियाँ, पाखाने और बावर्चीख़ाने वग़ैरह साफ़-सुथरे रखें 下水道や便所，それに台所などを清潔にしておくこと *b*. すべての；つるつるの；ぴかぴかの；さっぱりした= चिकना चुपड़ा.
साफ़[2] [副] (1) はっきりと；明確に；確かに दाँतों के गिरने से आवाज़ भी साफ़ नहीं निकलती 歯が抜けたため声も (言葉も) はっきりしない अज़ान की आवाज़ हमें साफ़ सुनाई देती है アザーンの声ははっきりと聞こえる शीला के यह कह देने पर भी रमा साफ़ समझ गई थी कि शीला अब भी पुराने रास्ते पर ही है ラマーはシーラーがこう言ったにもかかわらずシーラーはこれまで通りにしていることをはっきりと理解した फ़्रॉक में से उसकी गोरी और भरी हुई पिंडलियाँ साफ़ दिखाई देती हैं フロックの下から色白のふっくらした脹ら脛がはっきりと覗いている (2) きっぱりと रावण ने यह सलाह साफ़ ठुकरा दी ラーヴァナはこの忠告をきっぱりとはねのけた **साफ़ कहना** 明言する；はっきりと言う **साफ़ न कहना** 言葉を濁す= आधी बात कहना. (3) するりと；するっと；巧みに；うまく हमने सोचा, लाओ सारा इलज़ाम तिवारी पर लगा दें और आप साफ़ बच जाएँ よし，一切の咎をティワーリーに擦りつけて自分はうまく逃れよう，と考えた **साफ़ उड़ा जा**。 きっぱりと断る **साफ़ उड़ा ले**。 巧みに盗み取る **साफ़ छूट जा**。 無実が証明される **साफ़ जवाब दे**。 きっぱり断る；きっぱり拒否する **साफ़ निकल जा**。 うまく逃れる；無事に逃れる；無罪放免になる **साफ़ बचना** 命拾いをする **साफ़ बोलना** 明言する；はっきり言う **साफ़-साफ़** *a*. 明け透けに；はっきりと；歯に衣着せずに= बेलाग. *b*. はきはきと **साफ़-साफ़ सुनाना** きっぱりと言う
साफ़गो [形] 《A.P. صاف گو》 歯に衣着せぬ；率直な物言いをする；直截な= बेबाक; मुँहफट.
साफ़गोई [名*] 《A.P. صاف گوئی》 歯に衣着せぬこと；言葉に包み隠しのないこと；率直さ；直截的なこと
साफ़दिल [形] 《A.P. صاف دل》 誠実な；心の清らかな；純心な
साफ़दिली [名*] 《A.P. صاف دلی》 誠実さ；純心さ
साफ़बयान [形] 《A. صاف بیان》 = साफ़गो.
साफ़बयानी [名*] 《A. صاف بیانی》 → साफ़गोई.
साफ़बातिन [形] 《A. صاف باطن》 心のきれいな
साफल्य [名] ← सफल. (1) 成功 (2) 完遂 (3) 獲得
साफ़ा [名] 《A. صافہ》 男子が頭に巻くターバン साफ़ा बाँधना ターバンを巻く；ターバンをつける
साफ़ी [名*] 《A.P. صافی》 (1) 濾過に用いる布 (2) ふきん (布巾)
सॉफ़्ट वेयर [名] 《E. software》 ソフトウエア
साब [名] = सा'ब. साहब の短縮形 (口語形，俗語形として用いられる) क्यों साब, क्या बात हो गई? 旦那，何事でございます；ようし，どうしたんだ
साबका [名] → साबिका.
साबर [名] (1)〔動〕サーンバルシカ (サンバル鹿)；スイロク (水鹿) → साँभर. (2) サーンバル鹿の皮 (3) シャバラ (शबर).
साबरमती [名] サーバルマティー・アーシュラム (M.K.Gandhi, すなわち，マハートマー・ガーンディーが南アフリカから帰国後インドでの活動の根拠地にした修道場．アフマダーバード／アーマダーバード市の北方約 8km のサーバルマティー川の畔に位置)
साबिक़ [形] 《A. سابق》 元の；前の；以前の；過去の साबिक़ पंजाब में पाँच दरिया थे (インド・パキスタンの分離独立前の) 旧パンジャーブ州には 5 つの大きな川が流れていた **साबिक़ दस्तूर** 前の通りに；元通りに
साबिक़ा [名] 《A. سابقہ》 (1) 関係；関わり (2) 面識；知り合い दोनों मित्रों को जीवन में पहली बार ऐसा साबिक़ा पड़ा कि सारा दिन बीत गया और खाने को एक तिनका भी न मिला 2 人はまる 1 日経っても一口も食べるものがないと言う状況に生まれて初めて出くわした **(-से) साबिक़ा पड़ता है** (ーと) 出くわす；関わりができる；向かい合う एक-से-एक घाघों से उनका साबिक़ा पड़ता है あの方は負けず劣らずの古狸と向かい合う
साबित [形] 《A. ثابت》 (1) 証明された **साबित क**。 証明する **साबित हो**。 証明される यह भी साबित हो चुका है これもすでに証明されている गुरु महाराज का कहा सचमुच सही साबित होने लगा 師の言葉は文字通り正しいことが証明され始めた (2) 不変の；不動の；安定した ईश्वर ने धरा के और नभ के बीच कुछ साबित नहीं छोड़ा 神は天地の間に何 1 つ不変のものは残さなかった (3) 確固たる；不動の；堅固な (4) 完全な；欠けるもののない；正規の；本来の；まともな उसके देह पर साबित कपड़े न थे その人はまともな服も着ていなかった
साबितक़दम [形] 《A.P. ثابت قدم》 意志堅固な；意志の固い

साबितक़दमी [名*] 《A.P. ثابت قدمی》意志の堅固さ；確固不変の意志 **साबित क़दमी से** 強い意志で；断固として साबित क़दमी से डटे रहे 断固として動じなかった
साबिर [形] 《A. صابر》忍耐強い；我慢強い
साबुत [形] (1) まるなりの；まるまるの；物が一部の欠けもなく完全な形をしている；本来の姿形の साँप अपने शिकार को ज़िंदा पकड़कर बिना चबाए साबुत ही निगल जाते हैं 蛇は獲物を生きたまま捕らえ噛まずにそのまま呑み込んでしまう (2) 全体の
साबुन [名] 《A. صابن》せっけん；石鹸 फ़ारिग़ होकर मिट्टी या साबुन से हाथ धो डालें 用足しが済んだら土かせっけんで手を洗うこと **साबुन के बुलबुले** シャボン玉；サボン玉
साबुनदानी [名*] 《A.P. صابن دانی》せっけん入れ
साबूदाना [名] = सागूदाना.
साभिप्राय[1] [形] 目的のある；意図的な= सोद्देश्य.
साभिप्राय[2] [副] 意図的に；わざと；故意に
साभिमान[1] [形] 高慢な；傲慢な
साभिमान[2] [副] 高慢な態度で；傲慢に
सामंजस्य [名] (1) 調和 प्राकृति से सामंजस्य उत्पन्न करके 自然と調和させて (2) 一致；一貫性 सिर्फ़ आवश्यकता है आपसी सामंजस्य की, संबंधों के समन्वय की ただ相互の協調が必要なのだ，関係の調和が求められるのだ इतिहास और कल्पना, आदर्श और यथार्थ का अद्भुत सामंजस्य 歴史と空想，理想と現実との不思議な調和
सामंत [名] (1) 領主（封建領主）；藩主；大名 (2) 勇者；強者 उदयपुर के सभी प्रसिद्ध सामंत ウダイプルのすべての有名な領主
सामंततंत्र [名]〔史〕封建制度〈feudalism〉= सामंतवाद.
सामंतप्रथा [名*] = सामंततंत्र.
सामंतवाद [名]〔史〕封建制度= सामंतशाही.〈feudalism〉
सामंतवादी [形] 封建制度の
सामंतिक [形] (1) 領主の；封建領主の (2) 封建制度の
सामंती [形] 封建制度の；封建制の〈feudal〉 **सामंती युग** 封建時代
साम [名] (1)〔ヒ〕サーマヴェーダ (2) 懐柔策（古代インドの兵法で政略の一） **साम, दाम, दण्ड, भेद** あの手この手；手練手管.
सामक [名]〔商〕借入金
सामग्री [名*] (1) 材料；原料；物質 (2) 用具 (3) 資料 (4) 家財道具 (5)〔言〕資料体〈corpus〉 सामग्री संग्रह 資料集め；資料蒐集 शृंगार की सामग्री 化粧品；化粧道具
सामना [名] (1) おもて（表）；前；前面；正面 सामने का दाँत 前歯 सामने से आनेवाली गाड़ी 前方から来る車（対向車） (2) 直面；出会い बचपन में पड़ी आदतों में कोई भारी परिवर्तन संभव नहीं, इसी लिए बच्चे को आगे चलकर विकट समस्याओं और कठिनाइयों का सामना करना पड़ता है 子供時分についた癖は大きく変えられないものなので子供は後に大変な問題と困難に直面しなければならない इस विश्व में जब अधिकांश मानवता ग़रीबी और भुखमरी का सामना कर रही है 世界の人類の大半が貧困と飢餓とに直面している時 **(-का) सामना हो॰** （ーと）向かい合う；出会う；（ーに）面する；直面する बन की राह पर जाते हुए राम-लखन का सामना ताड़का नाम की राक्षसी से हुआ 森に向かうラーマとラクシュマナはターラカーという鬼女と出くわした (3) 対抗；競争；対立 विदेशी सत्ता का सामना क॰ 外国政権に対抗する यदि हमें जीवन का सामना करना है तो रोज़ गंदगी से दो-चार होना पड़ेगा 人生に立ち向かうつもりであれば毎日汚さと向き合わなくてはなるまい (4) 対比；比較 मैके के सामने हम लोगों को कुछ समझती ही नहीं あの女は実家と比べて俺たちのことを物の数に入れていない (5)〔裁〕前身頃 **(-का) सामना क॰** （ーに）立ち向かう；反抗する **(-से) सामना क॰** （ーに）口答えする **(-से) सामना हो॰** 出くわす **सामने का** *a.* 正面の；前方の *b.* 若造の **(-के) सामने का** （ーの）見た；目撃した；目の前での **(-के) सामने की बात** （ーの）目で見たこと；目撃したこと；目の前でのこと
सामने[1] [副] (1) 前に；前面に；正面に ↔ पीछे 後ろに；後方に. सावित्री ने उसकी सफ़ेद कमीज़ व रूमाल सामने कर दिए サーヴィトリーは彼女の白いカミーズとハンカチを前に置いた सामने ही खड़ा है 真ん前に立っている सामने कुछ दुकानें हैं 向かいに数軒の店がある **सामने आ॰** 前に出る；表に立つ；面と向かう (2) 表に；表面に **सामने आ॰** はっきりする；明らかになる असली बात सामने आ गई 本当のことが表に出てきた **सामने खोलकर रख दे॰** 何もかも明らかにする；包み隠さず洗いざらいにする **सामने न आ॰** 前に出ない；表に出ない；隠れる；逃げる **सामने रखना** 前に置く；持ち出す **सामने लाना** 前に持ってくる；持ち出す；提出する
सामने[2] [後置] (-के) सामनेの形で用いられる (1)（ーの）前に；前方に；正面に वह आइने के सामने खड़ी अपने बाल सँवार रही है 鏡の前に立って髪を整えている शराबख़ाने के सामने ही वह दूकान थी 酒屋の真ん前にその店があった जानते हो तुम इस वक़्त किसके सामने हो 君は今一体だれの前にいるのかわきまえているのかい उसके सामने एक बुढ़िया आती है その人の前に1人の老女が現れる मंदिर के सामने 寺院の前に उन्होंने त्याग के जीवन का एक नया आदर्श लोगों के सामने रखा 献身的な生き方の1つの例を人々の前に提示した उसने मुझे आग के सामने बिठा दिया 私を火の前に座らせた (2)（ーの）前面に；前方に；先に；将来に向かって उसके सामने तो कर्त्तव्य है 彼の前にはなすべき義務がある रोमांस के क्षेत्र में बढ़ रही प्रायः हर युवती के सामने ऐसी स्थिति अवश्य आती है 恋愛の道を進んでいる若い娘の前には必ずこのような状況が生じるものです (3)（ーに）対抗して；対して उसकी तलवार के सामने तेरा चाकू किस काम आता? あの男の刀に対して君のナイフが何の役に立とうか (4)（ーに）対比して；比べて；比較して उसके सामने कुछ नहीं है それには比べようがない **(-के) सामने आ॰** （ーに）直面する **(-के) सामने क॰** （ーの）前に出す；持ち出す；提出する **(-के) सामने खड़ा हो सकना** （ーに）対抗しうる **(-के) सामने ठहर सकना** = सामने खड़ा हो सकना. **(-के) सामने पड़ना** （ーの）目前に現れる **(-के) सामने बोलना** （ーに）反論する；言い返す；口答えする
सामयिक [形] (1) 時宜を得た (2) 今の；現在の；現行の (3) 時事の；時事問題の；話題の सामयिक चर्चा 時評 (4) 一時的な यह तो फिर भी सामयिक प्रतिक्रिया हुई それでもこれは一時的な反応でしかない
सामयिक पत्र [名] 定期刊行物= सामयिक पत्र-पत्रिकाएँ.
सामरिक [形] ←समर. 軍事上の；戦略上の；戦術上の सामरिक महत्त्व के ठिकाने 戦略上重要な地点 सामरिक प्रशिक्षण 軍事訓練 सामरिक मामलों का विशेषज्ञ 軍事専門家 **सामरिक अस्त्र परिसीमन वार्ता** 戦略（核）兵器制限交渉；ソルト〈SALT; Strategic Arms Limitation Talks〉
सामर्थी [形] 力のある；力量のある；能力のある；力を備えた
सामर्थ्य [名⁻] ←समर्थ. (1) 力；力量 विचार और ध्यान के लिए सामर्थ्य पाना आवश्यक है 思考と熟慮のためには能力をつけなくてはならない (2) 経済力；甲斐性= औक़ात. अपनी सामर्थ्य के अनुसार जितना भी हो सका, हमने दिया （ダヘーズについて）自分の経済力に応じてできるだけのものを贈った
सामवेद [名]〔ヒ〕サーマヴェーダ（バラモン教聖典四ヴェーダの一）
सामवेदिक [形] サーマヴェーダの
सामवेदी [名]〔ヒ〕サーマヴェーダの知識の深いブラーフマン
सामाँ [名] → साँवाँ.
सामाजिक [形] ←समाज. (1) 社会の；社会に関する सामाजिक चेतना संपन्न लेखक 社会意識の豊かな作家 सामाजिक-आर्थिक जागरूकता 社会的・経済的覚醒 सामाजिक जीवन 社会生活 (2) 社会的な सामाजिक ज़िम्मेदारी 社会的責任 उद्योगों को भी इसमें अपनी सामाजिक ज़िम्मेदारी देखनी चाहिए 企業もこれについてはその社会的責任を考えるべきである (3) 社会生活をする；社会生活を営む (4)〔動・生〕群居する；群生する **सामाजिक अन्याय** 社会的不正義 **सामाजिक कार्य** 社会事業 **सामाजिक प्राणी** 社会的動物 मनुष्य एक सामाजिक प्राणी है 人間は社会的動物である **सामाजिक बहिष्कार** 村八分；共同体からの排斥 **सामाजिक बुराई** 社会悪 **सामाजिक संबंध** 社会的関係 **सामाजिक सुधार** 社会改革 **सामाजिक सुरक्षाएँ** 社会保障
सामाजिक अध्ययन [名]〔教〕社会科（教科目，学科目）
सामाजिक अनुसंधान [名] 社会調査
सामाजिकता [名*] (1) 社会性；集団性 (2) 群居性〈sociality〉
सामाजिक नृविज्ञान [名] 社会人類学〈social anthropology〉
सामाजिक पद्धति [名*] = सामाजिक व्यवस्था.
सामाजिक प्रतिमान [名] 社会規範
सामाजिक मनोविज्ञान [名] 社会心理学〈social psychology〉
सामाजिक मानवविज्ञान [名] 社会人類学
सामाजिक विकास [名]〔社〕社会開発〈social development〉
सामाजिक विघटन [名]〔社〕社会解体〈social disorganization〉

सामाजिक विज्ञान [名] 社会科学〈social science〉
सामाजिक व्यवस्था [名*] (1) 社会体系 (2) 社会体制；社会秩序 सामाजिक व्यवस्था पर आघात करना उनका लक्ष्य था 社会秩序を攻撃するのが同氏の目指したところだった
सामाजिक संगठन [名]〔社〕社会組織〈social organisation〉
सामाजिक संचलन [名] 社会運動〈social movement〉
सामाजिक संरचना [名*]〔社〕社会構造〈social structure〉
सामाजिक संविदा सिद्धांत [名]〔社〕社会契約説〈the theory of social contract〉
सामाजिक संस्था [名*]〔社〕社会制度 परिवार एक सामाजिक संस्था है 家族は1つの社会制度である
सामाजिक स्तरण [名]〔社〕社会階層〈social stratification〉
सामान [名]《P. سامان》(1) 道具；器具；用具 क्रिकेट का सामान クリケットの道具 शेव का सामान ひげそり道具 विलायती खेलों में सबसे बड़ा ऐब है कि उनके सामान महँगे होते हैं 外国から入ってきたスポーツの一番の欠点は道具が高価なことです दहेज का सामान 嫁入り道具（ダヘーズの品，すなわち，婚資） बढ़ईगीरी का सामान 大工道具；木工細工の道具 सामान समेटकर 道具を片付けて हजामत का सब जरूरी सामान 調髪道具一式 इंजेक्शन का सामान 注射器具 (2) 品；物品；商品 जहाज़ों पर कीमती सामान भरा था 船には高価な品がいっぱい積まれていた 20 करोड़ रुपये के मूल्य का जूट का सामान 2億ルピーのジュート製品 (3) 家財道具 सामान छूट गया, मकान छूट गया और शायद वतन भी छूट गया 家財を失い家を失いそして恐らく故国までも失ってしまった (4) 荷物 कल ज़रा ससुराल जा रहा हूँ.सामान-आमान ठीक कर रहा हूँ明日ちょっと妻の実家に行く予定で，今荷物などの用意をしているところです सामान का किराया 手荷物料金 (5) 用意；準備；段取り बल्कि ऐसी कई और गाड़ियाँ भरने का सामान कर रहे हो いやむしろ他に何台もこのような車を整える用意をしているところだ (-का) सामान क° （－の）準備をする；用意をする；段取りをする उसे यह काम देकर आप हिंसा का सामान कर रहे हैं あなたは彼女にこの仕事を与えて暴力を招き寄せようとなさっているのです आदमी हर हालत में अपनी ख़ुशी का सामान जुटा लेता है 人間はどんな状況でも自分の楽しみの用意をするもの
सामान्य[1] [形] (1) 普通の；一般の；通常の；平常の सामान्य स्वस्थ इनसान 普通の健康な人 सामान्य व्यक्ति 一般人；普通の人 सामान्य अपराधी 一般犯罪人 पूरे समय का सामान्य प्रसव 月の満ちた通常分娩 **सामान्य ढंग से** 普通に；普段のように सामान्य ढंग से कामकाज पुनः शुरू हो गया 平常業務が再開された सारे प्रदेश में सामान्य स्थिति लौट आई 州全体が平常に復した (2) 平静な；混乱なく落ち着いた नगर के शेष भागों में रोज़मर्रा की तरह सामान्य स्थिति है 街のその他の地区では普段のように平静である (3) ありふれた；普通の；何でもない；珍しくない यह भूत है ही नहीं.सामान्य-सी बात है 化け物なんていないよ．これはありふれたことなんだ लोगों के पीटे जाने, डकैती, राहज़नी, नकबज़नी आदि घटनाएँ सामान्य हो रही हैं 暴力行為，強盗，追い剥ぎ，押し込みなどの事件はありふれたことになりつつある (4) 共通の सामान्य पैमाना 共通の物差し
सामान्य[2] [名] (1) 類似 (2) 対等
सामान्य काल [名]〔言〕単一時制〈simple tense〉
सामान्य ज्ञान [名] 一般知識；一般常識
सामान्यतः [副] 一般的に；概して वहाँ के लोग सामान्यतः आर्थिक दृष्टि से संपन्न हैं 同地の人は概して裕福である
सामान्यतया [副]＝सामान्यतः. पत्नी के अस्वस्थ होने पर सामान्यतया पति व बच्चों को ही घर सँभालना पड़ता है 普通，妻の体調が悪くなれば夫と子供たちが家事をしなくてはならない
सामान्यता [名*] (1) 一般的なこと；一般性 (2) 平均的なこと；並みであること सामान्यता भी तो एक गुण है 並みであることも美点の1つである
सामान्य बुद्धि [名*] 常識（思慮や分別）
सामान्य भविष्यत् [名]〔言〕単純未来〈simple tense〉
सामान्य भाषा [名*]〔言〕共通語〈common language〉
सामान्य भाषा विज्ञान [名]〔言〕一般言語学〈general linguistics〉
सामान्य लिंग [名]〔言〕通性〈common gender〉
सामान्य शब्द [名]〔言〕単一語
सामान्य विधि [名*]〔法〕慣習法＝लोकविधि.
सामान्या [名*]〔イ文芸〕 नायिकाभेद の一．制約なく男性が接触できる女性．これには金のために男と接する遊女，芸妓，一般女性などが含められる
सामान्यीकरण [名] (1) 一般化；普遍化；総合 (2)〔心〕般化〈generalization〉
सामिल [名*] 共有財産；共有材→ शामिलात.
सामिष [形] 肉のついた；肉の入った；肉を含んだ→菜食の निरामिष. सामिष भोजन 肉の入った料理 सामिष आहार 肉食（すること）↔菜食 निरामिष आहार; निरामिष भोजन.
सामी [名・形]《A. سامی》(1) セム族（の） (2) セム語（の） सामी भाषा セム語
सामीप्य [名] ←समीप. 近いこと；接近していること；近接 शीला को उसके सामीप्य से ही असीम सुख मिलता था シーラーは彼のそばにいるだけで限りなく嬉しかった
सामुक मंगा [名]〔鳥〕ミヤコドリ科ミヤコドリ【*Maematopus ostralegus*】
सामुदायिक [形] ←समुदाय. (1) 集団の (2) 共同体の；コミュニティーの सामुदायिक केंद्र コミュニティーセンター **सामुदायिक गृह**〔文人〕共同家屋〈communal house〉
सामुदायिकता [名*]〔社〕コミュナリズム〈communalism〉→ सांप्रदायिकता; संप्रदायवाद.
सामुदायिक विकास [名] コミュニティー発展；地域開発〈Community Development〉→ सामुदायिक विकास कार्यक्रम.
सामुदायिक विकास कार्यक्रम [名] コミュニティー発展計画（インド農村の社会的・経済的発展計画．5か年計画の一環として1952年10月に開始された農村開発計画）〈community development project〉＝सामुदायिक विकास परियोजना.
सामुदायिक विकास खंड [名] コミュニティー開発ブロック（コミュニティー開発計画の実施のための地域単位．約百か村を1つのブロックとする）〈Community Development Block〉
सामुदायिक विकास परियोजना [名*] コミュニティー開発プロジェクト＝सामुदायिक विकास कार्यक्रम. 〈Community Development Project〉
सामुद्र [形] (1) 海の；海洋の (2) 海に産する
सामुद्रिक[1] [形] 海の；海洋の
सामुद्रिक[2] [名] (1) 手相術；観相術 (2) 手相見；人相見
सामुद्रिक[3] [名]〔鳥〕カモメ科カモメ【*Larus ridibundus*】
सामूहिक [形] ←समूह. 集団の；団体の；集団的な；一括した सामूहिक ग़लती 集団の犯した間違い सामूहिक जीवन 集団生活 सामूहिक मानस 群集心理；集団心理 सामूहिक उत्तरदायित्व 団体責任；連帯責任 सामूहिक गायन 合唱 उसने सामूहिक गायन में हिस्सा लिया コーラスに加わった सामूहिक उत्तरदायित्व का बोध 連帯責任感 एशियाई सामूहिक सुरक्षा योजना का सुझाव アジア集団安全保障体制の提案 अपने अपने लाइसेंसों को सरकार को सामूहिक वापस करने को बाध्य करेंगे 各自の免許証を当局に一括返上するよう義務づける **सामूहिक रूप में** 一括して；まとめて；総括して इस सारे जल को सामूहिक रूप में जल मंडल कहते हैं この水全体をひとまとめにして水界と呼ぶ **सामूहिक रूप से** 総合的に；ひとまとめにして；協同的に；共同で；団体で；全体で गाँवों में बहुत से कृषिकार्य सामूहिक रूप से किये जाते हैं 村では多くの農作業が共同で行われる सामूहिक रूप से उत्तरदायी 共同責任を負う
साम्प्रदायिक [形] ←संप्रदाय/सम्प्रदाय. コミュニティーの；コミュナルな→ सांप्रदायिक.
साम्प्रदायिकता [名*] コミュナリズム→ सांप्रदायिकता.
साम्य [名] 共通性；類似；同一；均一
साम्यवाद [名] 共産主義〈communalism〉
साम्यवादी[1] [形] (1) 共産主義の (2) 共産主義を奉ずる **साम्यवादी घोषणापत्र** 共産党宣言（書） **साम्यवादी पार्टी** 共産党
साम्यवादी[2] [名] (1) 共産主義者 (2) 共産党員
साम्या [名*] 公正；公平
साम्राज्ञी [名*] 女帝
साम्राज्य [名] (1) 支配 घने अंधकार का साम्राज्य 暗黒の支配 वहाँ ग़रीबी का साम्राज्य है 同地は貧困が支配している (2) 帝国 रोम साम्राज्य ローマ帝国 मौर्य साम्राज्य マウリヤ帝国
साम्राज्यवाद [名] 帝国主義〈imperialism〉

साम्राज्यवादी[1] [形] (1) 帝国主義の (2) 帝国主義的な；帝国主義に従う
साम्राज्यवादी[2] [名] 帝国主義者
साम्राज्यिक [形] 帝国主義の；帝国主義的な= साम्राज्यवादी.
साम्हना [名]〔古〕→ सामना.
सायं[1] [形] 夕方の；夕べの；日暮れの= संध्याकालीन.
सायं[2] [副] 夕方に；夕刻に；日暮れに = शाम को.
सायं[3] [名] 夕方；夕べ；宵 = संध्या; साँझ.
सायंकाल [名] 夕べ；夕方；日暮れ時 = संध्या; शाम.
सायंकालीन [形] 夕方の；夜間の सायंकालीन कक्षाएँ 夜間授業；二部の授業 सायंकालीन कक्षाएँ चलाना 夜間授業を行う
सायंसंध्या [名*]〔ヒ〕夕べの祈り
सायंस [名]《E. science》科学= विज्ञान; साइंस.
साय [名] (1) 夕方= शाम. (2) 矢= वाण; तीर.
सायक [名] (1) 矢= वाण; तीर; शर. (2) 剣
सायकिल [名*]《E. cycle》自転車= साइकिल.
सायण〔人名〕サーヤナ（14 世紀にヴェーダの注釈書を著したヴェーダ学者）
सायणीय [形] サーヤナによる；サーヤナの→ सायण.
सायत [名*] = साइत.
सायन[1] [名] (1)〔天・占星〕サーヤナ方式（歳差を考慮に入れて黄道座標の分割をする）↔ निरयण (2) 黄経
सायन[2] [形]〔天〕サーヤナ方式の
सायन वर्ष [名]〔天〕回帰年；太陽年
सायनोजेन [名]《E. cyanogen》〔化〕シアン
सायबान [名]《P. سائبان साइबान》= सायाबान. サーイバーン（家の表に日除けのために突き出して作られた屋根のみの部分）；ポーチ；バラームダー
सायमीज ट्विन्स [名]《E. Siamese twins》シャム双生児
सायर[1] [名*]《A. سائر》(1) 物品入市税 (2) 地主が土地や池沼の利用や自然の産物，市場開設に対して課す税金
सायर[2] [形] → साइर.
सायरन [名]《E. siren》サイレン सायरन गूँज उठा サイレンが鳴り響いた
सायल [名]《A. سائل》(1) 質問者 (2) 請願者 (3)〔法〕原告 (4) 乞食
साया[1] [名]《P. سایہ》(1) 陰= छाया; छाँह. (2) 影= परछाँई. (3) 幽霊，化け物，ジンなど影の姿を取って人に危害を及ぼすもの；サーヤー क्योंकि उस पुराने ढाँचे का साया अब भी मँडरा रहा है あの旧式の幽霊が今なお徘徊している पीपल के भूत का साया ボダイジュの悪霊の影 (4) 保護；庇護；加護 मुझे तो बस आपका साया चाहिए ひたすら私にはあなたのご加護が必要なのです आठ साल की उम्र में बाप का साया भी सिर से उठ गया 8 歳で父親に死なれた वे कितने सुरक्षित हैं और प्यार के साए में हैं その子らはどれほど安全で愛情に守られていることか साया आ॰ 幽霊や化け物，悪魔などの影響が現れる साया डालना *a.* 情けをかける；庇護する *b.* 影響を及ぼす साया तक न छूने दे॰ 全く近づけない；寄せつけない (-पर) साया पड़ना （ーに）影響が及ぶ (-का) साया मिलना （ーの）保護や庇護を受ける (-के) साये के साथ जा॰ （ーに）つきまとう (-के) साये में आ॰ （ーの）庇護を受ける (-के) साये से जलना （ーを）毛嫌いする (-के) साये से बचना （ーを）甚だ恐れる (-के) साये से भागना = साये से बचना.
साया[2] [名]《Por. saia》〔服〕(1) ペチコート (2) サーヤー（サリー着用の際用いるペチコート）
सायाज़दा [形]《P. سایہ زدہ》サーヤーにとりつかれた→ साया[1] (3).
सायाबान [名] → साइबान; सायबान.
सायुज्य [名] (1) 結合 (2) 合一 (3) 融合
सायुध [形] 武装した；武器を携えた= हथियारबंद; सशस्त्र.
सायेदार [形]《P. سایہ دار》陰を作る；陰のある；茂った बड़े-बड़े सायेदार पेड़ よく茂った巨木
सारंग [名] (1)〔動〕アキシスジカ (2)〔イ神〕ヴィシュヌ神の弓；サーランガの弓 (3) 種々の鳥（オニカッコウ，クジャク，オオタカ，コブハクチョウなど） (4) 種々の動物（ライオン，象，馬） (5) 太陽 (6) 蓮 (7) ほら貝
सारंगपाणि [名]（サーランガ，もしくは，シャーランガ शारंग の弓を持つ）ヴィシュヌ神の異名の一→ सारंग (2).
सारंगा [名*] (1) 丸木船 (2) 大型の船の一種
सारंगी [名*]〔イ音〕サーランギー（主に北インドや西北インドに用いられる擦弦楽器．3~4 本の弦を持つ．コンサート用のものはその内 1 本は真鍮弦，他はガット弦）
सार[1] [名] (1) 本質；真髄；真実；真実味；正当性 इन आक्षेपों में कोई सार नहीं है これらの非難には何の真実味もない इस दलील में कुछ सार दिखाई नहीं देता この理屈には何ら正当性が見当たらない इन बातों में कोई सार हो अथवा नहीं, परंतु, तय है कि मुख्य सचिव अब फँस गये हैं これらのことに何らかの真実味があるのかないのか．だが州首相がすでに罠にかかっているのは確かだ (2) 精；エッセンス；エキス जल जीवन का सार है 水は生命の精 (3) 髄 (4) 粋；抜粋；概要；大要；概略
सार[2] [名*] (1) 家畜をつないでおく場所 (2) 牛小屋；家畜小屋
सार[3] [名*] (1) 保護 (2) 手入れ
सार[4] [名]《P. سار》〔動〕ラクダ（駱駝）= ऊँट.
सार[5] [名]《P. سار》〔鳥〕ムクドリ科キュウカンチョウ= मैना.
-सार [接尾]《P. سار》「(ーの) ような，(ーの) 多い，(ーに) 満ちた，など」の意を加える語を作る接尾辞 खाकसार 慎ましい；謙虚な मिलनसार 社交家の；社交的な；人付き合いのいい
सारगर्भित [形] 内容のある；実のある；実質のある；本質的な सारगर्भित भाषण 内容のある演説 सारगर्भित वाक्य 実のある文章
सारग्राही [形] 本質を捉える；目利きの
सार छंद [名]〔韻〕サールチャンド（各パーダが 28 モーラから成るモーラ韻律．16-12 で休止．パーダの終わりは गुरु - गुरु）
सारजंट [名] = सारजेंट; सार्जेंट.
सारण [名] (1) 排除 (2) 追放
सारणी [名*] (1) 表；目録；図表 (2) 戯曲の筋；仕組み (3) 流れ (4) 小川
सारणीकरण [名] 表の作成；作表
सारणीकार [名] 図表作成者
सारणीबद्ध [形] 表の；表になった
सारथि [名] 御者；馭者= सूत.
सारदा [名] → शारदा.
सारना [他] (1) 整える；整理する；きちんとする (2) 飾る；美しくする (3) やり遂げる；完了する (4) 手入れをする (5) 保護する
सारनाथ〔地名・仏〕サールナート；鹿野苑（ろくやおん．バナーラス近くの仏教の聖地．仏陀の初説法の地）
सारबान [名]《P. ساربان》駱駝使い；駱駝ひき；駱駝追い
सारभाग [名] 精髄；真髄；中心部分；本質部分
सारभूत[1] [形] (1) 精髄の；中枢の (2) 最高の；最上の
सारभूत[2] [名] 精髄
सारलोह [名] 鋼鉄= इस्पात.
सारल्य [名] ← सरल. (1) 簡単なこと；簡易さ (2) 簡素 (3) 正直 (4) 素直さ उनके स्वभाव में सारल्य और निश्छलता あの方の性格の素直さと正直さ
सारवान् [形] (1) 貴重な= मूल्यवान. (2) 強力な= दृढ़.
सारवृत्त [名] 大意；大要；レジュメ
सारशून्य [形] 無意味な；内容のない；中身のない
सारसंग्रह [名] 大要；要約；概要
सार-सँभाल [名*] 手入れ केशों की सार-सँभाल 髪の手入れ
सारस [名] (1)〔鳥〕ツル科オオヅル【*Grus antigone*】 (2) ガンカモ科コブハクチョウ→ हंस.
सारसूची [名*] 摘要；抜粋
सारस्वत[1] [形] (1) サラスヴァティー神の→ सरस्वती. (2) サラスヴァティー川の→ सरस्वती नदी. (3) サーラスヴァット地域の→ सारस्वत[2].
सारस्वत[2] [名] (1) 古代に地上を流れていたとされるサラスヴァティー川の流域とされるデリー北西方地域（ハリヤーナーからパンジャーブにかけての地域） (2) 北インドのバラモンの一派の名称；サーラスヴァット・ブラーフマン
सारस्वती [名*]〔韻〕サーラスヴァティー（各パーダが 3 भगण + गुरु の 10 音節から成る音節韻律）
सारांश [名] (1) 真髄 (2) 抜粋；摘要；総括 (3) 要約；概要；梗概 (4) 結局 सारांश बताना 一括する；まとめて述べる
सारा [形+] (1) 全部の；すべての；一切の गाँव के सारे लोग 村中の人 सारा ब्योरा 一部始終= विस्तार; इतिश्री. (2) 全体の पहले सारे स

घर की गर्द झाड़ दे まずは家全体の土埃を払い落とすこと सारा देश 全土；全国 सारा शरीर 全身 सारा परिवार ठहाके मारकर हँस रहा था 家族全員が爆笑しているところだった **सारा दिन** 一日中；終日 सारा दिन सोते रहना 一日中寝ている **सारा वक़्त** 四六時中；一日中 आँखों से सारा वक़्त गीद बहती रहती है 四六時中目やにが出ている **सारी खुदाई एक तरफ़, जोरू का भाई एक तरफ़**〔諺〕妻の兄弟はとても丁重にもてなされるもの **सारी ज़िंदगी** 終生；一生；生涯 सारी ज़िंदगी पछताना 一生悔やむ **सारी ताक़त** 全力= सारी शक्ति. **सारी देग में एक ही चावल देखते हैं**〔諺〕一粒の米で全体の煮え具合が知れるもの；小さな例でその全体が察知される；小さなことで人の心のすべてがわかる **सारी बात** 事の一部始終；一切 मास्टर साहब सारी बात समझ गया すでに先生は事の一部始終を理解した **सारे रास्ते** 途中ずっと；道中ずっと आनंद भी सारे रास्ते चुप रहा アーナンドも途中ずっと黙っていた (3) 強意のため形容詞に接続して用いられる सामने ही बड़ा सारा बाहरी द्वार 真ん前に巨大な門 यह भी उत्सुकता की बात है कि इतने सारे समाचारों को कौन लिखता है これだけ一杯のニュースを一体だれが書くのか興味のあることだ

सारिका [名*] = मैना.〔鳥〕ムクドリ科キュウカンチョウ（九官鳥）【*Gracula religiosa*】= पहाड़ी मैना.

सारिणी [名*] 表；図表

सारी[1] [名*]〔鳥〕キュウカンチョウ（九官鳥）= सारिका.

सारी[2] [名*]〔服〕サリー= साड़ी.

सॉरी [感]《E. sorry》すみません；ごめん；ごめんなさい；失礼；失礼しました ओ...ओ...सॉरी अंकल! 「おじさん，ごめんなさい」

सारूप [名] 類似= सारूप्य.

सारो [名*]〔鳥〕キュウカンチョウ；九官鳥= सारिका.

सार्जेंट [名]《E. sergeant》(1) 陸軍軍曹 (2) 空軍軍曹 (3) 巡査部長 = हवलदार. → सारजंट.

सार्टिफ़िकेट [名]《E. certificate》証明書= प्रमाण-पत्र; सर्टिफ़िकेट.

सार्टीज़ [名]《E. sorties》〔軍〕（軍用機の）出撃= बमवर्षक उड़ानें. हमारे बमवर्षक दिन में चार सार्टीज़ लेकर わが爆撃機は1日に4回出撃して

सार्थ[1] [形] (1) 意味のある (2) 財を持つ；裕福な

सार्थ[2] [名] (1) 金持ち；金満家 (2) 隊商 (3) 旅人の集団 (4) 群れ；家畜の群れ

सार्थक [形] (1) 意味のある इस प्रकार इस नदी का त्रिवेणी नाम सार्थक है こうしてこの川のトリヴェーニーという名前が意味あるものとなる (2) 有意義な मैं बहुत खुश हूँ कि मेरा दिन सार्थक हो गया 今日が有意義な日になったことがとても嬉しい तभी उसका जीवन वास्तव में सार्थक हो सकता है そうしてこそあの人の人生が真に有意義なものとなりうる

सार्थकता [名*] ← सार्थक. 意味のあること；意義あらしめること एक विवाहित युवती का माँ बनना उसके दाम्पत्य-जीवन की सार्थकता है 新妻が母親になることは結婚生活を意義あらしめるものである

सार्थपति [名] (1) 商人= व्यापारी; वणिक. (2) 隊商の頭；隊商長

सार्थपाल [名] 隊商の警備に当たる人

सार्थवाह [名] (1) 商人 (2) 隊商

सार्द्ध [形] = साढ़े.

सार्द्र [形] 濡れている；湿っている；湿気を帯びている

सार्ध [形] = सार्द्ध.

सार्व [形] ← सर्व. すべての；全部の；一切の

सार्वकालिक [形] (1) 常時の；絶え間のない (2) 永久的な

सार्वजनिक [形] (1) 普遍的な सार्वजनिक महत्त्व 普遍的な重要性 (2) 公共の；公衆の；公共のための；公衆としての सार्वजनिक कल्याण 公共福祉 सार्वजनिक भवन 公共建造物 सार्वजनिक संपत्ति 公共の財産 सार्वजनिक नल 公共水道 सार्वजनिक काम 公徳= लोक कर्त्तव्य. **सार्वजनिक शौचालय** 公衆便所 **सार्वजनिक स्वास्थ्य** 公衆衛生 (3) 公立の फ़र्रुखाबाद के सार्वजनिक पुस्तकालय में ファッルカーバードの公立図書館で (4) 公的な；公務の（ための） सार्वजनिक जीवन 公的生活 सार्वजनिक धन 公金 सार्वजनिक धन से गुलछर्रे 公金で遊興 **सार्वजनिक जीवन** 公人（の生活）= पब्लिक मैन.

सार्वजनिक अधिसूचना [名*] 公告〈public notification〉

सार्वजनिक अवकाश [名] 公休日〈public holiday〉

सार्वजनिक क्षेत्र [名]〔経〕パブリックセクター；公共部門〈public sector〉

सार्वजनिक नीलाम [名] 公売；競売〈public auction〉

सार्वजनिक सूचना [名*] 広報 दिल्ली नगर निगम सार्वजनिक सूचना デリー市広報

सार्वजनीन [形] = सार्वजनिक. (1) 民衆の；一般民衆の；大衆の सार्वजनीन साक्षरता 民衆の識字率 (2) 普遍的な〈universal〉

सार्वत्रिक [形] 普遍的な；普遍性のある

सार्वदेशिक [形] 全世界の；万国の；万人の；地域を超えた सार्वदेशिक संस्था 全世界的な組織

सार्वनामिक [形] ← सर्वनाम. 代名詞の **सार्वनामिक क्रियाविशेषण**〔言〕代名副詞

सार्वभौम [形] = सार्वभौमिक. लक्ष्मी के साथ जिनकी पूजा सार्वभौम है, वे देवता गणेश या गणपति हैं ラクシュミー神と並んで全国的に崇拝される神様はガネーシャ，すなわち，ガナパティ神でいらっしゃる

सार्वभौम संप्रभुतासंपन्न गणतंत्र [名]〔政〕完全主権共和国

सार्वभौम सत्ता [名*] 主権

सार्वभौमिक [形] (1) 万人の；世間一般の सार्वभौमिक हित 全体の利益；万人の利益 (2) 普遍的な (3) 万国の；全世界の (4) 全土的な；全国的な；地域の限定のない सामाजिक परिवर्तन सार्वभौमिक होते हैं, अर्थात् वे सभी समाजों में होते रहते हैं 社会変化は普遍的なものである．すなわち，それはあらゆる社会で常に生じるものである

सार्वभौमिकता [名*] ← सार्वभौमिक.

सार्वभौमिक वयस्क मताधिकार [名] 普通選挙権〈universal adult franchise〉

सार्वराष्ट्रीय [形] (1) 国際的な；国際間の= अंतर्राष्ट्रीय. (2) 万国共通の；普遍的な

सार्वलौकिक [形] (1) 世界的な (2) 万人の

सार्विक [形] (1) 普遍的な (2) 一般的な

सार्षप [名] (1)〔植〕= सरसों. (2) カラシナ油；ナタネ油

साल[1] [名]《P. سال》(1) 年；1年 हर साल 毎年 साल भर का ख़र्च まる1年間の費用 अगला साल [名] 来年；明年= अगला वर्ष. अगले साल [副] = अगले वर्ष. पिछला साल [名] 昨年；去年= पिछला वर्ष. पिछले साल [副] = पिछले वर्ष. (2) 年度 **साल दर साल** 1年1年と；年々 संविधान सभा का काम 11 दिसंबर 1946 को आरंभ हुआ, और साल दर साल आगे बढ़ता-बढ़ता 24 जनवरी 1950 को पूरा हो गया 憲法制定会議の活動は1946年12月11日に始まり1年1年と進捗して行き1950年1月24日に完了した

साल[2] [名*] (1) とげ（棘）；突き出ていて突き刺さるもの (2)（突き刺すような）痛み；苦痛 (3) 傷 (4) 穴 (5)〔魚〕ライギョ科淡水魚【*Channa marulius, Ham / Phiocephalus marulius of Day*】

साल[3] [名]〔植〕フタバガキ科高木サラノキ；サラソウジュ（沙羅双樹）【*Shorea robusta*】

साल[4] [名*] (1) 家 (2) 学校

साल अमोनिया [名]《E. salammoniac》〔化〕塩化アンモニウム

साल इलाही [名]《A. سال الہی》ムガル皇帝アクバルの始めた紀元（1582年に始まるイラーヒー紀元）= इलाही सन्; साले इलाही.

सालगिरह [名*]《P. سال گرہ》(1) 誕生日；出生日= जन्म-दिन; वर्ष-गाँठ. उस दिन मेरी साल-गिरह थी 当日が私の誕生日だった (2) 誕生祝い **सालगिरह मुबारक हो** 誕生日おめでとう मोहन की सालगिरह मुबारक हो モーハンの誕生日おめでとう सालगिरह का केक バースデーケーキ (3) 記念日 शादी की सालगिरह 結婚記念日

सालग्राम [名] = शालग्राम.

सालज [名] 樹脂（特にサラノキから採ったもの）

सालद्रुम [名] = सागौन.

सालन[1] [名]〔料〕(1)（香辛料を用いて煮た）肉，魚，野菜などの料理 जमींकंद का सालन ゾウゴンニャクの煮物（カレー煮） (2) 副食；おかず सालन में कभी गोश्त होता है कभी तरकारी, कभी सागभाजी कभी सिर्फ़ दाल 副食は肉のこともあれば野菜の煮物のことも，時には青野菜，時にはダール（豆スープ）だけのこともある

सालन[2] [名] (1) サラノキの樹脂 (2) 樹脂

सालना[1] [他] (1) 突き刺す बहू की बात उन्हें अंदर तक साल देती है 嫁の言葉が胸の奥深くまで突き刺す (2) 苛む；苦しめる एक लड़का न होने का दुख उन दोनों को जीवन भर सालता रहा था 男の子のいない悲しみが2人を生涯苦しめ続けた तुझे पता है बच्चों की दूरी

कितनी सालती है 子供と離れているのがどれほど辛いものか知っているかい
सालना[2] [自] (1) 突き刺さる (2) 痛む；痛みがある फिर भी कहीं-न-कहीं कुछ सालता है それでもどこかが少し痛む
सालनिर्यास [名] サラノキの樹脂
सालरस [名] サラノキの樹脂= राल.
सालस[1] [形・名] 《A. ثالث सालिस》 (1) 第 3 の (2) 仲裁人 (3) 第三者
सालस[2] [形] (1) 怠惰な；気の緩んだ；弛んだ (2) 疲れた；くたびれた
सालसा [名] 《Por. salsaparrilha》 (1) 〔植〕ガガイモ科蔓植物インドサルサ【*Hemidesmus indicus*】 (2) インドサルサの根茎から作られる煎じ薬（血液浄化の）
सालसी [名*] 《A. ثالثی सालिसी》 (1) 仲裁 (2) 仲裁機関
साल हा साल [副] 《P. سالہا سال》長い間；長期間；幾年にもわたって साल हा साल से 長期にわたり
साला [名] (1) 妻の兄弟 (2) 男性が相手の男などを蔑んだりののしったりするのに用いる言葉．こんちくしょう，やっこさん，この野郎など साले घोड़े-घोड़िया भी हमारी छाती पर मूँग दलेंगे 畜生，馬までが馬鹿にしやがって (3) 三人称で男性をののしって言う言葉．そいつ，あいつ，あの野郎，この野郎など अबे साले, कहाँ भाग रहा है? おいこら，どこをうろついているんだ
-साला [造語] 《P. سالہ》年や年齢の意を有する造語要素 पंचसाला 5 か年の；5 か年にわたる；5 年を単位とする बीस साला नौजवान 20 歳の青年
सालाना [形] 《P. سالانہ》年ごとの；毎年の= वार्षिक. **सालाना इम्तहान** 年度末試験；学年末試験
सालार [名] 《P. سالار》指揮官；指導者；旗手
सालार जंग [名] 《P. سالار جنگ सालारे जंग》軍司令官；将軍
सालावृक [名] (1) 犬= कुत्ता; श्वान. (2) 〔動〕ジャッカル= सियार; गीदड़. (3) 〔動〕オオカミ= वृक; भेड़िया.
सालिक [名] 《A. سالک》旅人；旅行者= पथिक; यात्री; मुसाफ़िर.
सालिगराम [名] ヴィシュヌ神の象徴とされる菊石；アンモナイトの化石= शालग्राम.
सालिम [形] 《A. سالم》 (1) 全部の；全体の (2) 健康な；元気な (3) 安全な；大丈夫な
सालिस [形・名] 《A. ثالث》= सालस. (1) 第 3 の；3 番目の (2) 中立の；第三者 (3) 仲裁者
सालिसिटर [名] 《E. solicitor》事務弁護士= एटर्नी; एडवोकेट.
सालिसी [名*] 《A. ثالثی》 (1) 仲裁機関 = पंचायत. (2) 仲裁機関による仲裁（裁定）
सालिह [形] 《A. صالح》品行正しい；身持ちのよい
सालिहा [名*] 《A. صالحہ》品行正しい女；貞淑な女性；貞女
साली[1] [名*] (1) 妻の姉妹 (2) 女性や雌に対するののしりの言葉の一
साली[2] [名*] 《A. سالی》 (1) 1 年期限で借用した土地 (2) 農機具の修理費として大工・木工カーストの人に支払われる謝礼金
-साली [造語] 《P. سالی》（一の）年，（一）年などの意を有する造語要素 खुश्कसाली 旱魃の年
सालू[1] [名] (1) めでたい時に用いられる緋木綿；サールー (2) 〔服〕サリー (3) 〔服〕オールニー（ओढ़नी）
सालू[2] [名]〔鳥〕ムクドリ科インドハッカ= किलहँटा.
साले इलाही [名] 《P.A. سال الہی》ムガル朝の第 3 代アクバル皇帝の神聖宗教 दीने इलाही が宣布された年，すなわち，1582 年を紀元とする暦
साले ईसवी [名] 《P.A. سال عیسوی साले ईस्वी》西暦紀元；A.D.
साले कबीसा [名] 《P.A. سال کبیسہ》閏年= लौंद का साल.
साले फ़स्ली [名] 《P.A. سال فصلی》ファスリー紀元（ムガル朝のアクバル帝が 1555 年 9 月 10 日を紀元として始めた暦でヒジュラ暦を太陽暦に改めたもの）= फ़स्ली सन; फ़स्ली. → फ़सली.
सालोंका [名]〔鳥〕ムクドリ科インドハッカ= किलहँटा; सालू.
साल्मोनेला [名] 《E. salmonella》サルモネラ菌
सावकाश[1] [名] (1) 暇= छुट्टी; फ़ुर्सत. (2) 機会；チャンス= अवसर; मौक़ा.
सावकाश[2] [形] (1) 暇のある (2) 適切な；ふさわしい
सावत [名] (1) 夫を同じくする妻同士の嫉妬= सौतियाडाह. (2) 嫉妬心= ईर्ष्या; हसद. → सौत.
सावधान [形] (1) 注意深い；用心深い (2) 警戒する；用心する；気をつける कुत्तों से सावधान रहने की चेतावनी 犬に用心するようにとの警告 सावधान की मुद्रा में खड़ा हो。 気をつけの姿勢で立つ
सावधानता [名*] ← सावधान. = सावधानी.
सावधानी [名*] 用心；注意；警戒；慎重さ **सावधानी से** 注意して；注意深く；用心深く उसके लिए वे बहुत सावधानी से जगह चुनते हैं それのためにとても用心して場所を選ぶ उन्होंने अपने बच्चों का लालन-पालन बड़ी सावधानी से किया あの方はとても用心深く子供を養育された सावधानी से चलना 用心して歩むこと **सावधानी बरतना** 用心する；注意を払う जिन लोगों को डायबिटीज की पहले से संभावना हो उनको शुरू से ही कुछ सावधानियाँ बरतनी चाहिए もともと糖尿病に罹る可能性のある人は早くから少し用心しなくてはいけない बस, थोड़ी सावधानी बरतें, स्वास्थ्य ठीक ही रहेगा ほんの少し用心すれば健康は保てるもの **सावधानी रखना** 注意する；用心する काजली लगाते समय यह सावधानी रखें カージャルをつける際にはこのことに注意すること इन पुस्तकों में बताए गए प्रयोगों को करते समय बहुत सावधानी रखनी पड़ेगी これらの書物に述べられている実験を行う際には特に用心すべきである
सावधि [形] (1) 期限のある；期限付きの；一定期間の (2) 限定された **सावधि आधि** 期限付きの抵当 **सावधि जमा** 定期預金〈fixed deposit〉 एक वर्षीय सावधि जमा 6 प्रतिशत वार्षिक 1 年定期預金年利率 6 % तीन वर्षीय सावधि जमा 7 प्रतिशत वार्षिक 3 年定期預金年利率 7 %
सावन[1] [名] (1) サーワン月（インド暦の第 5 月，陽暦の 7〜8 月．日本の旧暦 6 月 16 日からの 1 か月） (2) サーワン月に女性たちに歌われる季節の民謡；サーワン **सावन की झड़ी लगना** 雨が絶え間なく降る **सावन के अंधे को हरा ही हरा दिखना** (**सूझना**) 〔諺〕自分の都合の良い尺度で見るために外の世界がいつまでも変わらずに見えることのたとえ **सावन हरा न भादों सूखा** 世間の移り変わりとは無縁の暮らし
सावन[2] [名] (1) 日の出から日没までの日の長さ (2) 日の出から次の日の出までの長さ (3) 太陽日 30 日のひと月
सावन दिन [名] 日の出から次の日の出までの時間
सावन भादों [名] (1) サーワン月とバードン月 (2) 日照りと大雨 (3) 雨季の盛り (4) 水遊び用にしつらえられた宮殿の一画
सावन मास [名]〔商〕商取引上の 1 か月（30 日の間．ある日からの 30 日間をひと月とする計算法）
सावन वर्ष [名] 太陽年；回帰年
सावन हिंडोला [名]〔ヒ〕雨季の最中に当たるサーワン月の頃に農村の女性たちによって歌われる男女・夫婦の愛を主題とした歌謡の総称．これはこの頃盛んに行われるブランコ遊びの際に歌われる歌でもある；サーワン・ヒンドーラー
सावनी[1] [形] サーワン月の；シュラーヴァナ月の
सावनी[2] [名*] (1) 〔ヒ〕サーワン月に女性たちの歌う民謡サーワニー (2) 〔ヒ〕サーワン月に夫側から里帰りの妻の里に贈られる果物，菓子，衣類など (3) サーワン月に収穫されるもの
सावर[1] [名]〔動〕サンバルジカ= साँभर.
सावर[2] [名] 罪悪= पाप; अपराध.
सावर्ण [形] 同じヴァルナ वर्णの；同一ヴァルナに属する= समान वर्ण का.
सावाँ [名]〔鳥〕ヒタキ科チャイロイワビタキ【*Cercomela fusca*】= देसी सावाँ.
सावित्री [名*] (1) 〔イ神〕サラスヴァティー神（ブラフマー神の娘とも妻とも呼ばれる） (2) 〔ヒ〕サーヴィトリー賛歌；ガーヤトリー賛歌 गायत्री（サヴィトリ神を称え，その光輝とそれの与える力を祈念する頌詞．リグヴェーダ 3. 62. 10） (3) 〔マハ〕サーヴィトリー（夫のサティヤヴァーン सत्यवान の命を冥界の王ヤマ यम から取り戻した貞女の鑑） (4) 陽光
सावित्री व्रत [名]〔ヒ〕ジェート月の黒分 14 日に夫の長命を祈願して行われるヴラタ
साष्टांग [形] 体の 8 つの部分（頭，手，足，胸，目，腿，口，心）による **साष्टांग प्रणाम** 五体投地の礼

सास [名*] しゅうとめ（姑） चचिया सास 夫もしくは妻のおば（父の兄弟の妻） ममिया सास 夫もしくは妻のおば（母の兄弟の妻） सास बहू का कलह 嫁姑のいさかい

सास पैन [名]《E. sauce pan》ソースパン；シチュウナベ लंबे हत्थे वाला सास पैन 長柄のついたソースパン

सासु [名*] しゅうとめ（姑）＝सास.

सासू [名*] しゅうとめ（姑）＝सास. सासू माँ 姑（の丁寧な言い方）

साह [名] (1) 紳士；立派な男性 (2) 商人 (3) 資産家

साहचर्य [名] (1) 親しむこと वहाँ उन्हें प्रकृति के साहचर्य में रहने का अवसर मिला था 同地で自然に親しむ機会を得た (2) 親しくすること；交友；交際

साहजिक [形] (1) 本能的な；本能による (2) 自然な

साहन [名] 忍耐力＝सहनशक्ति.

साहनी[1] [名*] 軍；軍隊；軍勢＝सेना; फ़ौज.

साहनी[2] [名] (1) 廷臣 (2) 仲間 (3)〔イ史〕サーフニー（中世インドで都市の治安・警察活動の責任者）

साहब [名]《A. صاحب साहिब》(1) 主人 (2) 偉い人（特に地位の高い役人） (3) 持ち主；所有者 (4)（英領インド時代にインド人から見て）英国人；白人 (5) 敬称として名前や身分，職業，建物などを表す言葉につけて用いられる．旦那さん，ご主人 कोई अनजान आदमी आकर अपने आप को उनके पतिदेव के आफ़िस का कर्मचारी बताकर कहता है कि साहब ने डेढ़ सौ रुपये मँगवाए हैं 見知らぬ男がやって来て夫の事務所の職員だと名乗り，御主人が 150 ルピー受け取って来るように仰いましたと言う काका साहब तो हलुवा बनवा रहे हैं... भगवान के भोग के लिए おじさんはお供えの菓子をこしらえてもらっているところだ डाक्टर साहब बारी बारी सब को देख रहे थे お医者さんは皆を順番に診察中だった प्रिंसिपल साहब 校長先生 मैं भी वकील साहब की बेटी हूँ! 私も弁護士先生の娘なのよ मुखिया साहब 村長さん मेम साहब! 奥さん！ ठाकुर साहब ठठाकर हँसने लगे タークル（カーストの男）さんは大声で笑い出した दरबार साहब アムリットサル अमृतसर のシク教本山（黄金寺；ゴールデンテンプル）

साहबज़ादा [名]《A.P. صاحب زاده साहिबज़ादा》（御）令息；（御）子息；坊ちゃん

साहबज़ादी [名*]《A.P. صاحب زادی साहिबज़ादी》（御）令嬢；お嬢さん；お嬢ちゃん अपने वकील साहब की साहबज़ादी के बारे में कह रहा हूँ うちの弁護士先生のお嬢さんのことを申しているのです

साहब बहादुर [名]《A.P. صاحب بہادر साहिब बहादुर》(1) イギリスのインド統治下におけるインド人のイギリス人に対する敬称の一 (2) 貴顕紳士に対する敬称 (3) 欧風のインド人；西洋かぶれのインド人 (4) サーハブ・バハードゥル（イギリス統治下のインドでイギリス人官僚やインド人名士に当局から与えられた称号）

साहब सलामत [名]《A. صاحب سلامت साहिब सलामत》挨拶の言葉；お辞儀（の言葉）

साहबान [名, pl.]《A.P. صاحبان साहिबान》 साहब の複数形

साहबी[1] [形]《A. صاحبی साहिबी》豪奢な；堂々たる；（イギリス）紳士風の सूट-बूट पहने साहबी-पोशाक में 洋装を決め込んだ豪奢ないでたち साहबी मुखौटा उतारकर 紳士面を止めて；紳士の仮面をはずして

साहबी[2] [名*] ＝ साहबीयत.

साहबीयत [名*]《A. صاحبیت》紳士風；紳士気取り；旦那風 'डेल्ही' का कोई मतलब नहीं है.सिवा इसके कि इसमें अंगरेज़ी साहबीयत की बू है デリー (Delhi) をデルヒーと発音するのは全く意味のないことだ．ただただイギリス紳士気取りの臭さがあるだけだ

साहस [名] 勇気；気合；気力 सामाजिक रूढ़ियों को तोड़ने का साहस 社会の因習を打ち砕く勇気 अदम्य साहस 不屈の勇気 **साहस क॰** 勇気を奮う；勇気を出す उनसे यह कहने का साहस कौन करे? あの方にこのことを言う勇気がだれにあろうか क्यों उसमें स्पष्ट बात कहने का साहस नहीं है? どうしてそれについてはっきりとものを言う気力がないのか भविष्य में उस ओर क़दम रखने का कभी साहस भी न कर सकें 今後そちらに足を踏み入れる勇気を２度と出せないように

साहसिक [形] 勇気ある；気合の入った；気力のある साहसिक कार्य 勇気ある行為 साहसिक क़दम 勇気ある行動 काम के घंटे न बढ़ाकर यदि काम बढ़ाने की बात की जाती तो निश्चय ही साहसिक क़दम होता 労働時間を増やさずに労働を増やす話をしたならば疑いなく勇気ある行動であったろう **साहसिक कहानी** 冒険小説 **साहसिक राजनय** 冒険主義的外交

साहसिकता [名*] ←साहसिक. 勇敢さ；勇敢な行為；勇敢な振る舞い；勇猛心；冒険心

साहसिकतावाद [名]〔政〕冒険主義〈adventurism〉

साहसिकतावादी [形] 冒険主義的な साहसिकतावादी नीति 冒険主義的政策や方針

साहसी [形] (1) 勇気のある (2) 冒険的な

साहस्र [形] ←सहस्र. 千の；無数の

साहस्री [名*] ←सहस्र. 千を数えるものや甚だ多数のものの集まりや集めたもの；一千集

साहा [名] (1)〔ヒ〕結婚に適した吉祥の年や日時 (2)〔ヒ〕吉祥の時刻

साहाय्य [名] (1) 協力＝सहायता; मदद. (2) 友情＝दोस्ती; मैत्री.

साहित्य [名] (1) 文献 (2) 文学 हिंदी साहित्य ヒンディー文学 बाल साहित्य 児童文学 रामवृक्ष बेनीपुरी का साहित्य 小説家ラームヴリクシュベーニープリーの文学 साहित्य चर्चा 文学論議 कभी-कभी उनके साथ साहित्यचर्चा हो जाती थी 時折同氏と文学論議をするのであった साहित्य निष्णात 文学修士 साहित्यप्रेमी 文学愛好者 साहित्य रचना 文学作品 साहित्य समीक्षा 文学評論 साहित्य साक्ष्य 文献資料 साहित्य स्नातक 文学士

साहित्य एकेडेमी [名*] サーヒティヤ・アカデミー（インド連邦共和国の諸言語の文学活動の振興・発展のために 1954 年に設立された文学院）〈Sahitya Akademi〉

साहित्यिक [形] (1) 文学の (2) 文学関係の；文学上の साहित्यिक काव्य 文学的な詩（映画主題歌 फ़िल्मी गीत に対して）

साहित्यिक चोरी [名*]〔文芸〕剽窃

साहिब [名]《A. صاحب》＝साहब. हाँ, हाँ, सेठ साहिब! そうですとも旦那様 आनंदपुर साहिब アーナンドプル・サーヒブ（パンジャーブ州ホシヤールプル県にグル・ゴーヴィンドシングがカールサーを創設した地アーナンドプルに建立されたシク教寺院）

साहिबा [名*]《A. صاحبه》(1) 女主人 (2) 敬称として地位や身分，職業などを表す言葉に続けて用いられる बाई साहिबा 姉様，姉御；姐さん लक्ष्मी साहिबा ラクシュミー姐さん बेगम साहिबा 奥様

साहिबान [名, pl.]《A.P. صاحبان》 साहब の複数形．＝साहबान. माफ़ कीजिएगा साहिबान, मैं आप लोगों का थोड़ा और मनोरंजन करना चाहता हूँ みなさま失礼でございますが，後少しお楽しみ頂きたいと願っています

साहिबी [名*]《A. صاحبی》＝साहबी. अब मालूम होगा लाला को! सारी साहिबी निकल जाएगी 今度は思い知るだろうよ．旦那気取りも忘れてしまうだろうよ

साहिम [名]〔鳥〕オーチュウ科ハイイロオーチュウ【*Dicrurus leucophaeus*】

साहिल [名]《A. ساحل》(1) 岸 (2) 海岸；海辺

साही [名*]〔動〕ヤマアラシ科ヤマアラシ【*Hystrix indica*】

साहीकाँटा [名]〔植〕マメ科中高木【*Acacia polyacantha; A. suma*】

साहु [名] (1) 立派な人；立派な人物；紳士 (2) 金持ち；金満家；資産家

साहुल [名] 測鉛；重り

साहू [名] ＝साहु.

साहूकार [名] (1) 金貸し；質屋（の主人） (2) 金満家

साहूकारा [名] (1) 金貸し業；金融業 (2) 金融市場

साहूकारी [名*] 金貸し；金融業

सिंक [名]《E. sink》台所の流し；洗面台

सिंकना [自]（パンなどが）焼ける；焼かれる；炙られる；焼き上がる बढ़िया रोटी सिंकेगी 上等のパンが焼けるだろう

सिंकली [名*]〔装身〕女性が腰につける鎖の飾り＝करधनी.

सिंकोना [名]《E. cinchona》＝सिनकोना. (1)〔植〕アカネ科高木／小高木キナノキ (2) キナ皮 सिंकोना की सुखाई गई छाल キナ

सिंखला [名*] ドアの戸締まり用のチェーン＝साँकल.

सिंगड़ा [名] 火薬入れに用いる動物の角

सिंगरफ़ [名] ＝शिंगरफ़.

सिंगरी [名*] ＝सिंगी.

सिंगल[1] [名] ＝सिगनल.

सिंगल[2] [形] 《E. single》 (1) 〔ス〕シングルの (2) (飲み物の) シングルの→ डबल ダブル. सिंगल चाय का आर्डर (紅茶の) シングルのオーダー **सिंगल कफ़** シングルのカフス
सिंगल ट्रैक [名] 《E. single track》 単線
सिंगल बरेस्ट [名] 《← E. single breasted》〔裁〕シングルの；シングルブレストの；片前の= सिंगल ब्रेस्ट.
सिंगल रूम [名] 《E. single room》 シングル部屋；1人用の部屋
सिंगल लाइन [名] 《E. single line》〔ス〕シングルライン
सिंगल लेंस रिफ़्लेक्स कैमरा [名] 《E. single lens reflex camera》 一眼レフ
सिंगल्स [名] 《E. singles》〔ス〕シングルス= एकल.
सिंगा [名] シンガー (角笛)
सिंगापुर 〔国名・地名〕《E. Singapore》 シンガポール
सिंगार [名] 化粧= शृंगार. सिंगार की सभी चीज़ें 化粧品一揃い；化粧道具の一切
सिंगारदान [名] 《H.+ P. دان》= सिंगारदानी. 化粧品入れ；化粧道具入れ
सिंगारना [他] 飾る；飾り立てる；装飾する त्रयोदशी के दिन पशुधन की पूजा की जाती है.इस दिन मवेशियों को नहलाया जाता है.उन्हें रंग-बिरंगे छापों से सिंगारा जाता है この日家畜は水で洗われ色とりどりの色の模様で飾られる
सिंगार-मेज़ [名*] 《H.+ P.میز》 鏡台；化粧台
सिंगार-हाट [名] 遊郭；遊廓；くるわ (廓・郭) = चकला.
सिंगारहार [名]〔植〕モクセイ科低木インドヤコウボク (インド夜香木) = हरसिंगार; हारसिंगार.
सिंगारी [形] (1) 化粧の (2) 装飾の
सिंगी [名*] (1) 角笛→ सींगी. (2)〔魚〕クラリアスナマズ科の淡水魚【*Heteropneustes fossilis; Sacobranchus fossilis of Day*】 (3) シーンギー सींगी (2)
सिंगौटी [名*] (1) 役牛の角飾り (2) 角製の容器
सिंघा [名] 角笛
सिंघाड़ा [名] (1)〔植〕ヒシ科水草トウビシ【*Trapa natans var. bispinosa*】 (2) 同上の実 (3)〔建〕山形くり形；雁木飾り〈chevron〉
सिंघाड़ी [名*] ヒシの生えている池，もしくは，ヒシの栽培されている池
सिंघी [名*] (1) = सोंठ. (2) = सिंगी.
सिंचन [名] (1) 灌漑 (2) 水撒き；水を注ぐこと
सिंचना [自] (1) 灌漑される (2) 水が撒かれる；水が注がれる
सिंचाई [名*] (1) 灌漑 (2) 水撒き；撒水
सिंचाना [他・使] ← सींचना.
सिंचित [形] (1) 灌水された (2) 水の撒かれた；撒水された
सिंजा [名*] 身につけた装身具が体の動きにより発する音
सिंडीकेट [名] 《E. syndicate》 (1)〔イ政〕シンジケート・コングレス (2) (大学の) 理事会；評議会
सिंथेटिक [形] 《E. synthetic》 合成の；化学合成の= संश्लिष्ट; कृत्रिम. सिंथेटिक कपड़ा 化学繊維 सिंथेटिक साड़ियाँ 化繊のサリー सिंथेटिक रबर 合成ゴム= कृत्रिम रबड़.
सिंथेटिक डिटर्जेंट [名] 《E. synthetic detergent》 合成洗剤= संश्लिष्ट अपमार्जक.
सिंथैटिक [形] 《E. synthetic》 合成の= सिंथेटिक. सिंथैटिक पदार्थ 合成品；合成物質
सिंदूर [名] 朱；辰砂 (ヒンドゥーの既婚女性が夫の存命のしるしとして髪の分け際に塗る)；シンドゥール〈vermilion〉 **सिंदूर की डिबिया** シンドゥール入れの容器 माँग का सिंदूर 髪の分け際の朱；シンドゥール वह समस्या कितनी महिलाओं की माँग का सिंदूर उजाड़ गई, कितनी माताओं की गोद सूनी कर गई その問題が数知れぬ女性のシンドゥール (夫) をかき消しどれほど多くの母親の胸を砕いた (息子を失わせた) ことか **सिंदूर चढ़ना** 嫁入りする；結婚する **सिंदूर दे॰** (結婚式の儀礼で) 新郎が新婦の髪の分け際に朱を塗る **सिंदूर पुछना** 夫に死なれる；未亡人になる= सिंदूर मिटना; सिंदूर लुटना.
सिंदूरदान [名] 結婚式で新郎が新婦の髪の分け際に朱を塗る儀礼
सिंदूरिया[1] [形] ← सिंदूर. 朱色の；辰砂の色の
सिंदूरिया[2] [名] 朱色
सिंदूरी[1] [形] ← सिंदूर. 朱色の；辰砂の色の
सिंदूरी[2] [名] 朱色
सिंध 〔地名〕(1) シンド地方 (パキスタン) (2) シンド州 (パキスタン) → सिंधु.
सिंधिन [名*] シンディーの女；シンディーの女性→ सिंधी[2].
सिंधिया [名]〔イ史〕シンディア家 (グワーリオール／グワーリヤルに拠ったマラーター同盟の諸侯の一)〈The Sindhia family; Sindhia house of Gwalior〉
सिंधी[1] [形] シンド地方の
सिंधी[2] [名] (1) シンド地方の住人；シンド人；シンディー (2) シンド地方からインド・パキスタン分離独立時にインドに移住した人 (ヒンドゥー) 及びその子孫 (3) シンド地方に産する駿馬
सिंधी[3] [名*]〔言〕シンド語；シンディー語 (パキスタン南部のシンド州を中心にまたその地を故郷とする人々によって用いられて来ているインド・アーリア語北西支派の主要言語)
सिंधु [名] (1) インダス川 सिंधु नदी (2) 海 (3) シンド地方 पूर्व सिंधु और सिंधु सभ्यता के नगरों का पता 東部シンドとインダス文明の諸都市の所在地
सिंधुघाटी [名*] インダス川流域 **सिंधुघाटी की सभ्यता** インダス川流域の文明；インダス文明 (インダス川流域ばかりでなくインドのパンジャーブ州，ラージャスターン，グジャラートにまで広い分布の見られる古代文明)
सिंधु नदी [名*] インダス川
सिंधुर [名] 象= हाथी.
सिंधुरवदन [名] ガネーシャ神= गणेश.
सिंधु-संगम [名] (1) 川の合流点 (2) 川の海に流れ込むところ；河口
सिंधोरा [名] シンドゥール (朱) 入れの容器
सिंबी [名*] 豆のさや (莢) = छीमी; फली.
सिंसप [名] = शीशम.
सिंसपा [名*] = शिंशपा; शीशम.
सिंह [名] (1)〔動〕ライオン；獅子 पार्वती का वाहन सिंह है パールヴァティー神の乗り物は獅子 (2) 勇者；強者 (3)〔天・占星〕獅子座；獅子宮 (黄道十二宮の第5) = सिंह राशि. **सिंह की मूँछ पर हाथ फेरना** 甚だ危険なことや大それたことをする= सिंह के मुँह में आ॰; सिंह के मुँह में उँगली डालना; सिंह के मुँह में उँगली दे॰.
सिंहद्वार [名] 正門 मंदिर का सिंहद्वार संगमरमर का बना हुआ है 寺の正門は大理石の造りだ
सिंहनाद [名] ライオンの吠えること；獅子吼；雄叫び सैनिकों के सिंहनाद से गूँजने लगी 兵士たちの雄叫びでどよめき始めた
सिंहनी [名*] 雌ライオン → सिंह.
सिंहपुरुष [名] 勇猛な；雄々しい；勇ましい (人)；勇敢な (人)
सिंहल [名] (1)〔イ神〕インドの南方にあるとされた古代の伝説上の島 (今日のスリランカともされる)；シンハラ島= सिंहल द्वीप. (2)〔国名〕スリーランカ；スリランカ= श्री लंका. (3) シンハラ民族；シンハラ人
सिंहली[1] [形] (1) シンハラ島の (2) シンハラ，すなわち，スリランカの (3) シンハラ人の
सिंहली[2] [名] スリランカのシンハラ人；シンハラ民族 उग्रपंथी सिंहली 過激派シンハラ人
सिंहली[3] [名*]〔言〕シンハラ語 (インドアーリア語に属するスリランカのシンハラ民族の言語. スリランカの公用語)
सिंहवाहिनी [名*] ドゥルガー神 सिंहवाहिनी अष्टभुजा मूर्ति ドゥルガー神の8本の腕を持つ像
सिंहावलोकन [名] (1) ライオンのように歩きながら振り向くこと (2) 回顧
सिंहासन [名] (1) 神や王侯の座る肘掛け椅子；王座；玉座；(両肘掛けに獅子の像が造られている) 獅子座 पिता के बाद दशरथ अयोध्या के सिंहासन पर बैठे ダシャラタ王が父の後を継いで王座についた (2) 神々の座す蓮華座
सिंहिका [名*]〔イ神・ラマ〕(1) シンヒカー (ダイティヤのヒランニャカシプの娘) (2) シンヒカー (水中に住み空を飛ぶ生き物を水面に映った影で捕らえたと伝えられるラークシャシー，すなわち，羅刹女. ハヌマーンはこれに襲われた)
सिंहिनी [名*] 雌ライオン；雌獅子= सिंहनी; सिंही; शेरनी.
सिंही [名*] = सिंहनी.
सिंहोदरी [形*・名*] ウエストがライオンのように形良く細くくびれた女性

सिआर [名]〔動〕ジャッカル= शृगाल; गीदड़.
सिएटो [名]《E. SEATO; South East Asia Treaty Organization》〔政〕東南アジア条約機構
सिकंजबीन [名]《P. سکنجبین》酢やライムジュースなどに蜂蜜や砂糖を混ぜた清涼飲料→ शिकंजवी; शिकंजबीन.
सिकंदर〔人名・史〕《P. سکندر》アレクサンドロス大王 सिकंदर के आक्रमण के समय アレクサンドロスの攻撃の際
सिकंदरा [名] 鉄道の信号機= सिगनल.
सिकंदरिया 〔地名〕アレクサンドリア
सिकटा [名] 土器や瓦のかけら
सिकड़ी [名*] (1) 鎖 (2) 錠につける鎖 (3) 首飾りのチェーン
सिकता [名*] (1) 砂= बालू; रेत. (2) 砂地= बलुई ज़मीन.
सिकना [自] = सिंकना. 炙られる；焼かれる ज़रा सिकी हुई रोटी का टुकड़ा 少し炙られたパン切れ टोस्ट को दूसरी ओर से सिकने के लिए लगा दे。トーストを反対側が焼けるように入れる
सिकरम [名] (1) 馬車 (2) ラクダの引く荷車
सिकली [名*] 《← A. صیقل सैकल》研ぐこと；研ぎ；研磨
सिकलीगर [名]《A.P. صیقل گر सैकलगर》研ぎ師；刃物研ぎ；刀研ぎ
सिकाई [名*] ← सेंकना. (1) 焼くこと；炙ること (2) 熱を加えること；温めること (धूप में) देह की सिकाई क。ひなたぼっこをする → सिंकाई, सिंकना.
सिकुड़ना [自] (1) 縮む；収縮する सूखते समय पत्तियों का सिकुड़ना 乾く際に葉が縮む ये पेशियाँ फिर सिकुड़ जाती हैं この筋肉が再度収縮する आँखें खोलने पर पलकें सिकुड़ती हैं 目を開けると瞼が縮む (2) 巻かれる दुम के सिकुड़ने पर 尻尾が巻かれると (3) しぼむ (4) 皺が寄る बाबा का चेहरा काफ़ी सिकुड़ गया था 祖父の顔にかなり皺が寄っていた **नाक सिकुड़ना** しかめっ面になる नाक कुछ ऐसी सिकुड़ जाती कि भिखारी फिर उनकी दुकान पर न आता 乞食が 2 度と店に来ないようなしかめっ面になる (5) すくむ
सिकोड़ [名*] ← सिकोड़ना.
सिकोड़ना [他] (1) 縮める；収縮させる शरीर को सिकोड़कर 身を縮めて अपनी देह को सिकोड़कर छलाँग मारने की तैयारी 体を縮めてジャンプする用意 (2) 巻く；巻き取る (3) しぼませる (4) 皺を寄せる (5) すくめる
सिकोरा [名] → सकोरा.
सिकोली [名*] 植物の蔓などを材料にして編んだかご
सिकोही [形] 《← P. شکوه शिकोह/शुकोह》(1) 誇り高い (2) 勇ましい；勇猛な
सिक्कड़ [名] 鎖 लोहे का सिक्कड़ 鉄の鎖；鉄製の鎖
सिक्का [名] 《A. سکہ》(1) 硬貨= मुहर; रुपया; पैसा. गुप्तकालीन सिक्के グプタ時代の硬貨 (2) 刻印= छाप. (3) 刻印に用いる金型= छाप; ठप्पा. (4) 威厳；威力；影響力= धाक; रोब. (-का) **सिक्का चलना** = सिक्का बैठना. *a.* (ーの) 硬貨が通用する；硬貨が発行される *b.* (ーが) 圧倒される；威圧感を受ける；感服する；敬服する *c.* (ーから) 恐怖感を受ける *d.* (ーの) 力が及ぶ；影響力が及ぶ **सिक्का चलाना** *a.* 硬貨を発行する；硬貨を通用させる *b.* 威圧する；威厳を保つ *c.* 恐怖感を与える *d.* 力を及ぼす；影響力を及ぼす **सिक्का चालू रखना** *a.* 硬貨を通用させておく *b.* 威厳を保つ **सिक्का जमना** = सिक्का चलना. **सिक्का जमाना** = सिक्का चलाना. इसी से आश्वस्त हो गई थी कि उसने अपना सिक्का जमा लिया それで相手を圧倒したものと安心した कन्यापक्ष के सेठ को नीचा दिखाने और उसपर अपनी शान-शौकत का सिक्का जमाने के इरादे से 新婦側の旦那を辱め自分たちの裕福さで威圧感を与えようとの魂胆で **सिक्का पड़ना** 硬貨が鋳造される **सिक्का बदलना** *a.* 硬貨（貨幣）が変わる *b.* 基準が変わる **सिक्का बनाना** 硬貨を鋳造する (-का) **सिक्का बैठना** (ーに) 威圧される；敬服する；圧倒される= सिक्का चलना. उनकी विद्वत्ता का सिक्का सब के दिल पर बैठ गया 同氏の学殖に皆が敬服した **सिक्का बैठाना** = सिक्का चलाना; सिक्का जमाना. **सिक्का मनवाना** = सिक्का जमाना. **सिक्के का दूसरा पहलू** 別の面；別の一面；盾の反面
सिक्काज़न [形・名] 《A.P. سکہ زن》硬貨を鋳造する
सिक्काबंद [形] 《A.P. سکہ بند》正当な；正式の；一流の；本格的な；標準的な
सिक्किम〔地名〕(1) 旧シッキム王国（1975 年にインドに編入された） (2) シッキム州
सिक्की [名*] (1) 小額の硬貨 (2) 旧通貨の 4 アンナ硬貨 (3) 旧通貨の 8 アンナ硬貨
सिक्ख[1] [名] (1) シク教徒= नानक पंथी; सरदार. (2) シク教= सिक्ख धर्म. (3) 弟子= शिष्य; चेला.
सिक्ख[2] [名*] 教え；教訓= शिक्षा; सीख; उपदेश.
सिक्ख धर्म [名]〔宗〕シク教
सिक्त [形] (1) 浸った (2) 濡れた (3) 灌水された (4) 浸された；しっとりした；潤いのある उसने स्नेहसिक्त वाणी में पूछा 愛情に満ちた声でたずねた
सिक़्त [名] 《A. سقط》(1) 死産 (2) 死産の赤子
सिक्थ [名] (1) ご飯；ご飯粒；飯；飯粒 (2) 握り飯（握り固めた飯）；一口分のご飯；握り固めた飯；ピンダ = भात का पिंड. (3) 蜜蝋
सिक्योरिटी [名*] 《E. secutity》(1) 安全；無事 (2) 警備；警護；身辺警護
सिक़्ल [名] 《A. ثقل》重さ；重量= भार; वज़न. **कशिशे सिक़्ल** 引力
सिख[1] [名] = सिक्ख. सिखों का मूलमंत्र シク教の説く真理を象徴する言葉；シク教のお題目 'सत् सिरी अकाल' (サット・シリー・アカール；サト・スリー・アカール)
सिख[2] [名*] (1) 頭頂部の髪や髻= चोटी. (2) 教訓= उपदेश; सीख; शिक्षा.
सिखनी [名*] シク教徒の女性
सिखर [名] → शिखर.
सिखरन [名] シクラン（ヨーグルトに砂糖，香料，ナッツなどを加えてこしらえる清涼飲料）
सिखलाना [他] = सिखाना. 教える मुझे नाचना तू सिखलाना, तुझे सिखा दूँगी मैं गाना 私に踊りを教えておくれ，私が歌を教えてあげよう मैं तो अपने साथियों को खेल सिखला रहा था 私はちょうど仲間にゲームを教えているところだった
सिखवाना [他・使] 教えさせる；教えてもらう→ सीखना, सिखाना.
सिखा [名*] → शिखा.
सिखाना [他] (1) 教える उसने मुझे गाना सिखाया और सितार सिखाया あの人が私に歌を教えシタールを教えてくれた कुछ ऐसे व्यंजन बनाना सिखाओ कि लंदन में बसी मेरी सहेलियाँ ख़ुश हो जाएँ ロンドンに住んでいる私の友だちが喜ぶような料理の作り方を教えてちょうだい जब मेरे चाचा मेरी उँगली पकड़कर मुझे तैरना सिखाने के लिए हुगली के किनारे ले गए 叔父が私の手を取って泳ぎを教えるためにフグリー川の岸辺に連れて行ってくれた時 मानव को मानव से घृणा करना सिखाना 人に人を憎むことを教える (2) 訓練する；調教する (3) 吹き込む；植えつける (4) 諭す **सिखाना-पढ़ाना** *a.* 言い聞かせる；言い含める；策略や悪知恵を授ける *b.* しっかり訓練する；教え込む；仕込む एक बहुत अच्छे तोते को ख़ूब सिखा-पढ़ाकर とてもいいオウムをうんと仕込んで
सिखावन [名] 教え；教訓= सीख; शिक्षा; उपदेश.
सिगनल [名] 《E. signal》(1) 鉄道の信号機= सिकंदरा. (2) 合図；信号；シグナル (3)〔軍〕軍事通信 सिगनल आफ़ीसर〔軍〕通信将校
सिगनल कोर [名] 《E. signal corps》〔軍〕通信隊
सिग़रसिन [形] 《A. صغر سن》年少の；若年の= अल्पवयस्क.
सिग़रसिनी [名*] 《A. صغر سنی》年少の時；幼児期；子供時分；少年期= बाल्यावस्था; बालकपन.
सिगरेट [名⁻]《E. cigarette》巻きタバコ；紙巻きタバコ；シガレット दो दो रुपये की सिगरेट 2 ルピーもするタバコ सिगरेट फूँकना タバコを吹かす **सिगरेट-बीड़ी** 紙巻きタバコやビーリー (बीड़ी) मेरे घर में कोई सिगरेट-बीड़ी नहीं पीता わが家ではタバコなどをだれも吸わない सिगरेट का पैकेट タバコの箱
सिगरेट केस [名] 《E. cigarette case》（紙巻き）タバコ入れ；シガレットケース एक सुंदर सिगरेटकेस और लाइटर 美しいシガレットケースにライター
सिगरेट पैकेट [名] 《E. cigarette packet》タバコの箱
सिगार [名] 《E. cigar》葉巻タバコ；シガー= चुरुट.
सिच्छा [名*] → शिक्षा.
सिजदा [名]《A. سجده》〔イス〕イスラム教徒の跪いて行う跪拝；礼拝 ख़्वाजा साहब के दरबार में सिजदा करने आया ハージャー・サーヘブ（ホジャー・サーヘブ）のダルガー（聖者廟）にお祈りにやって来た

सिजल [形] (1) 美しい；しとやかな (2) 上等の
सिझना [自] ＝सीझना.
सिझाना [他] (1) 煮る；炊く (2) 皮をなめす（鞣す） आँवले की पत्तियों से भी चमड़ा सिझाया जाता है マラッカノキの葉でも皮がなめされる (3) 陶土をきれいにしてこねる (4)〔ヒ〕苦行のため身体に苦痛を与える
सिट अप [名] 《E. sit-up》〔ス〕起き上がり腹筋運動
सिटकिनी [名*] 掛け金＝ चटखनी.
सिटपिटाना [自] (1) まごつく；決まりの悪い思いをする；どぎまぎする；照れる (2) びっくりする；あわてふためく मुक़दमे के कारण उसका बाप बहुत सिटपिटाता था 裁判沙汰のため彼女の父親は大変あわてふためいた
सिटी[1] [名*] 《E. city》市；都市
सिटी[2] [名*] → सिट्टी.
सिटीबस [名*] 《E. city bus》市内バス；市営バス
सिटी हॉल [名] 《E. cityhall》市庁舎；市役所
सिट्टा [名] トウジンビエやトウモロコシなどの穂
सिट्टी [名*] 口の達者なこと；大きな口を叩くこと **सिट्टी गुम हो॰** *a.* あわてる；あわてふためく यह देखते ही चाचा की सिट्टी पिट्टी गुम हो गई これを見たとたんに叔父は茫然となってしまった *b.* はにかむ；照れる＝ सिट्टी बंद हो॰; सिट्टी भूल जा॰; सिट्टी पिट्टी गुम हो॰; सिट्टी भूलना. **सिट्टी पिट्टी भूलना** *a.* あわてる；あわてふためく；茫然となる *b.* はにかむ；恥ずかしがる；照れる
सिट्ठनी [名*]〔ヒ〕結婚式の際，花嫁側の女性たちが歌うざれ歌（戯れ歌）＝ सीठना.
सिट्ठी [名*] ＝ सीठी. पान की सिट्ठी 噛んだパーンのかす→ पान.
सिट्रस फ़ैमिली [名*] 《E. citrus family》〔植〕柑橘類
सिट्रिक अम्ल [名] 《E. citric + H.》クエン酸（枸櫞酸）
सिड़ [名*] (1) 気まぐれ；むら気；酔狂 (2) 狂気 **सिड़ सवार हो॰** のぼせる；熱狂する；熱中する
सिडनी 〔地名〕《E. Sydney》シドニー（オーストラリア）
सिड़पन [名] (1) 気まぐれ；酔狂 (2) 狂気
सिड़-बिल्ला [形・名] (1) 頭のおかしい（こと） (2) 愚かな（こと）
सिड़िया [名*] 金糸を通すのに用いる木製の針
सिड़ी [形] (1) 風変わりな；常軌を逸した；気まぐれな；むら気な；酔狂な (2) 頭がおかしい；気の違った；狂気の तुम तो थीं जनम की सिड़ी あんたは生まれながらの変人だったのよ
सितंबर [名] 《E. September》9月
सित [形] (1) 白い＝ सफ़ेद; श्वेत; शुक्ल. (2) 光っている；輝いている＝ उज्ज्वल; शुभ्र; चमकीला.
सितकंठ [名] シヴァ神の異名の一；シタカンタ
सितकंठी [名]〔鳥〕ムシクイ科チャガシラ【*Garrul albogularis*】
सितता [名*] 白さ＝ सफ़ेदी; श्वेतता.
सितम [名] 《P. ستم》暴虐；非道；圧迫；圧制＝ अत्याचार; अनीति; ज़ुल्म. **सितम उठाना** 暴虐に耐える **सितम क॰** ＝ सितम ढाना. **सितम टूटना** 災厄に見舞われる **सितम ढाना** 暴虐を働く；非道なことをする
सितमकश [形] 《P. ستم کش》暴虐や非道に耐える
सितमकशी [名*] 《P. ستم کشی》暴虐を耐え忍ぶこと← सितमकश.
सितमगर [名] 《P. ستم گر》暴虐者；暴君；圧政者＝ अत्याचारी.
सितमगरी [名*] 《P. ستم گری》暴虐を働くこと；非道を行うこと＝ अत्याचार क॰.
सितमगार [名] 《P. ستم گار》＝ सितमगर; अत्याचारी.
सितमज़दगी [名*] 《P. ستم زدگی》暴虐に苦しむこと
सितमज़दा [形] 《P. ستم زده》暴虐に苦しめられた；非道に苦しめられた
सितसिरा थिरथिरा [名]〔鳥〕ヒタキ科クロジョウビタキ【*Phoenicurus ochrurus*】
सितसिरी चरखी [名*]〔鳥〕ムシクイ科シロスジモリチメドリ【*Turdoides striatus*】
सिता [名*] (1) 月光＝ चाँदनी; चंद्रिका. (2) 白分（新月から満月に至る半月）＝ शुक्लपक्ष. (3) 白砂糖
सिताइश [名*] 《P. ستائش》称賛；賛美＝ प्रशंसा; तारीफ़.
सितार [名] 《P. ستار》〔イ音〕シタール（北インドに行われる6ないし7本の演奏弦の撥弦楽器）
सितारज़न [名] 《P. ستارزن》シタールの奏者＝ सितारबाज़.
सितारबाज़ [名] 《P. ستار باز》シタール奏者＝ सितारवादक.
सितारबाज़ी [名*] 《P. ستار بازی》シタール演奏 ＝ सितारिया; सितारवादन.
सितारा [名] 《P. ستاره》(1) 星 (2) シターラー（装飾用や装身具用の金紙や銀紙の円形の飾り物） वह नीले रंग के पल्ले पर सफ़ेद झिलमिलाते सितारे टाँक रही थी サリーの青い縁に白くきらきら光るシターラーを縫いつけているところだった (3) 運勢 (4) スター；新星 विंबलडन का नया सितारा ウィンブルドンの新星 चालीस के दशक के सितारे एस नायर के सहायार्थ 40 年代のスター S. ナーヤルの助演に **सितारा असा हो॰** 運勢が悪くなる **सितारा ऊँचा हो॰** 運が開ける＝ सितारा चमकना; सितारा ज़ोरों पर हो॰; सितारा बुलंद हो॰. **सितारा डूबना** 不遇の時がやって来る；不運が訪れる＝ सितारा अस्त हो॰; सितारा गर्दिश में हो॰.
सितावर [名]〔植〕ムラサキ科草本ナンバンルリソウ【*Heliotropium indicum*】＝ सिरियारी.
सितावरी [名*]〔植〕キク科草本サニギク【*Centratherum anthelminticum; Vernonia anthelmintica*】
सितासित [名] 白いものと黒いもの；白と黒
सिद्ध[1] [形] (1) 達成された；完成された (2) 証明された；確立された；樹立された；立証された क्या आप ईश्वर का अस्तित्व सिद्ध कर सकते हैं? 神の存在を証明することができますか नेता जी की यह भविष्यवाणी सत्य सिद्ध हुई ネータージーのこの予言が正しいことが証明された ये औषधियाँ उनके लिए विशेष गुणकारी सिद्ध होंगी これらの薬が特によく効くことが証明されよう अतः ऐसे वर का चुनाव कन्या के लिए अभिशाप नहीं, बल्कि एक वरदान-सा सिद्ध होता है このような婿を選ぶことは花嫁にとっては呪いではなく恩恵のようなものであることが証されよう वह ख़ुद को दूध का धुला सिद्ध कर सके 自らを潔白であることを証明することができた शायद आज कहावत सिद्ध हो गई है कि दीवारों को भी कान होते हैं 多分今日「壁に耳あり」という諺が真実であることが証明された क्या उनकी यह धारणा सही सिद्ध हो रही है? あの方のこの考えが正しいことが立証されつつあるのですか सो समाज के लिए गंभीर रूप से हानिकारक सिद्ध होती है 社会にとって深刻に有害なものであることが明らかになる (3) ヨーガを究めた；神通力を得た अंत में यह चक्कर रह गया और समझ गया कि यह अवश्य ही कोई सिद्ध पुरुष हो この人は必ずやヨーガの達人に違いないと思った **सिद्ध पुरुष** 超能力を身につけた人；神仙 मैंने मन में सोचा कि क्या संभव है कि यह सिद्ध पुरुष हो この方が神仙である可能性があるのだろうかと考えた (4) 適正な；適合した；かなった (5) 的中した (6) 決定された (7) 完済した
सिद्ध[2] [名] (1) ヨーガなどの修行により超能力を身につけたと言われる人；神仙；神通力を得た人 (2) シッダ（サハジャ乗などの密教やナート派の修行などで完成の域に達し超能力を得たとされる人．サハジャ乗のシッダたちの教説がアパブランシャ語で残されている）→ नाथ संप्रदाय. (3) 天地の間 भुवलोक に住するとされる半神，ないしは，下位の神格を得た存在
सिद्धगुटिका [名*] それを口に含めば自らの姿を消すことができるなど諸々の霊力や神通力をもたらすと信じられた玉
सिद्धता [名*] ← सिद्ध. (1) 完成；成就；達成 (2) 神通力
सिद्धनाथ [名] シヴァ神
सिद्धपीठ [名]〔ヒ〕シッダピータ（古代においてヨーガやタントラの修行者や苦行者たちがその目的のために多く住んだとされる土地）
सिद्ध प्रयोग [名]〔言〕慣用語句；イディオム
सिद्धमातृका लिपि [名*] シッダマートリカー文字；シッタン文字（悉曇文字）；梵字
सिद्धयोगी [名] シヴァ神
सिद्धहस्त [形] 上手な；上達した；達者な；熟達した；巧みな छोटी-से-छोटी एवं बड़ी-से-बड़ी बात को पूरी सहजता से कहने में वे सिद्धहस्त हैं どれほど小さなこともどれほど大きなことも全く自然に語るのが上手な人 व्यंग्य लिखने में भी सिद्धहस्त 風刺物を書くのも巧みな धनुष-बाण में सिद्धहस्त 弓術の腕が上達した
सिद्धांत [名] (1) 教義；教理 बौद्धों और जैनियों ने अहिंसा के सिद्धांत को फैलाया 仏教徒とジャイナ教徒とが非暴力の教義を広めた जैन धर्म के सिद्धांत ジャイナ教の教理 (2) 理論；主義；学説 (3) 原理；

原則；法則 ‘जियो और जीने दो’ यही इनका सिद्धांत है「共存」がこの方の原則です दो चीन का सिद्धांत 「2つの中国」論 सिद्धांत रूप में 原則的に सिद्धांत रूप में स्वीकार क॰ 原則的に受け入れる

सिद्धांतवाद [名] 原理主義

सिद्धांतवादी [形・名] 原理主義の；原理主義者 सिद्धांतवादी नेता 原理主義運動の指導者

सिद्धार्थ[1] [形] 目的の達せられた；願いの満たされた

सिद्धार्थ[2] [名]〔仏〕シッダールタ；釈尊；仏陀；ブッダ；悉達多；悉達他＝ भगवान बुद्ध; गौतम बुद्ध.

सिद्धि [名*] (1) 完成；達成；成就 अच्छे कामों की सिद्धि में बड़ी देर लगती है 立派な仕事が完成するまでには長い時間がかかるものなのだ (2) 成功 (3) 遂行；履行 (4) 神通力（ヨーガによって得られるとされる8種の神通力・超能力（अणिमा, महिमा, गरिमा, लघिमा, प्राप्ति, प्राकाम्य, ईशित्व, वशित्व） (5)〔仏〕悉地

सिद्धिगुटिका [名*] ＝ सिद्धगुटिका.

सिद्धिद [形] (1) 完成させる；成就させる (2) 神通力・超能力をもたらす

सिद्धिदाता [名]（障害を取り除き願いごとを成就させる）ガネーシャ神 गणेश

सिद्धिदात्री [名*] ドゥルガー神 दुर्गाの1つの姿

सिद्धिमार्ग [名] 神通力を得る手立て

सिद्धीश्वर [名] シヴァ神 शिव；マハーデヴァ神 महादेव

सिधवाना [他] 真っ直ぐにしてもらう；真っ直ぐにさせる

सिधाई [名*] ← सीधा.

सिधारना [自] (1) 旅立たれる；出発される；行かれる；お発ちになる（行く，出発することの敬語表現） (2) 他界される；逝去される；お亡くなりになる उनके पतिदेव को स्वर्ग सिधारे कालांतर हो चुका था ご主人が他界されてかなりの時が経っていた साल ही भर बाद परलोक सिधारे ほぼ1年後に逝去された सेठ के स्वर्ण सिधारने के बाद 長者が天国へ旅立たれてから

सिन [名]《A. سن》年齢；年；齢＝ सिन्न; अवस्था; उम्र; उमर.

सिनक [名*] (1) はな（洟）をかむこと← सिनकना. (2) 鼻水；鼻くそ；はな（洟）；はな汁

सिनकना [他] はな（洟）をかむ；鼻水をとる＝ नाक सिनकना.

सिनेट [名*]《E. senate》(1) 大学の評議員会 (2) 上院 सिनेट सदस्य 上院議員 अमेरिकी सिनेट सदस्य アメリカ合衆国上院議員

सिनेटर [名]《E. senator》(1) 大学の評議員 (2) 米国上院議員

सिनेतारिका [名*]《E. cine + H.》〔映〕映画女優

सिनेप्रोजेक्टर [名]《E. cine projector》映写機

सिनेप्रोजेक्टर आपरेटर [名]《E. cine projector operator》映写技師

सिने बुलूग़ [名]《A. سن بلوغ》思春期；年頃；青年期 जब लड़की सिने बुलूग़ को पहुँचती थी 女の子が年頃になると→ सिन्न बुलूग़.

सिनेमा [名]《E. cinema》(1) 映画；シネマ (2) 映画館＝ सिनेमा घर; सिनेमा हाउस. 4 सिनेमाओं में 11वाँ भीड़ पूर्ण सप्ताह 4つの映画館で満員の第11週

सिनेमा ऑपरेटर [名]《E. cinema operator》映写技師＝ सिनेमा ऑपरेटर; सिनेमा प्रचालक; चलचित्र प्रचालक.

सिनेमा तारिका [名*]〔映〕映画女優

सिनेमा स्कोप [名]《E. Cinema Scope》〔映〕シネマスコープ

सिनेमा स्कोप फ़िल्म [名*]《E. Cinema Scope film》〔映〕シネマスコープ映画；シネスコ（映画）

सिनेमा हाल [名]《E. cinema hall》映画館＝ सिनेमा घर.

सिनेमेटोग्राफ़ी [名*]《E. cinematography》映画撮影術

सिनेरियो [名]《E. scenario》シナリオ＝ पटकथा. (-पर) सिनेरियो तैयार हो॰ （－についての）シナリオができ上がる

सिन्न [名]《A. سن》年齢；年＝ सिन; उम्र; आयु; अवस्था. **सिन्न बुलूग़ को पहुँचना** *a.*（娘が）年頃になる＝ गुलाब चटकना; तरुणाई आ॰. *b.* 結婚適齢期になる

सिप [名*]《E. sip》すすること सिप क॰ すする सिप कराना すすらせる

सिपर [名]《P. سپر》盾＝ ढाल. **सिपर डाल दे॰** 降参する；降伏する＝ हथियार डाल दे॰.

सिपहगरी [名*]《P. سپہ گری》軍人や兵士の職や身分

सिपहगिरी [名*] ＝ सिपहगरी. काम सिपहगिरी 職業は軍人

सिपहदार [名]《P. سپہ دار》将軍

सिपहर [名]《P. سہ + H.》午後＝ सेपहर. जुमेरात को दो पहर तक लिखेंगे-पढ़ेंगे - सिपहर को जलसा होगा 木曜日の正午までは勉強をする．午後には集会がある

सिपहसालार [名]《P. سپہ سالار》〔軍〕総司令官；最高指揮官

सिपाई [名] ＝ सिपाही.

सिपास [名*]《P. سپاس》(1) 感謝＝ कृतज्ञता; एहसानमंदी. (2) 感謝の言葉＝ धन्यवाद; शुक्रिया. (3) 称賛＝ गुणगान; तारीफ़.

सिपासगुज़ार [形]《P. سپاس گزار》(1) 感謝している；感謝する＝ कृतज्ञ; एहसानमंद. (2) 称賛する；称える＝ प्रशंसक.

सिपासगुज़ारी [名*]《P. سپاس گزاری》(1) 感謝＝ कृतज्ञता. (2) 称賛＝ प्रशंसा.

सिपाहियाना [形]《P. سپاہیانہ》(1) 軍人の (2) 軍人のような；軍人風の (3) 勇ましい；勇敢な

सिपाही [名]《P. سپاہی》(1) 兵士；兵隊；軍人；兵卒 घुड़सवार सिपाही 騎兵 (2) 警官；警察官；巡査；お巡り＝ पुलिस का सिपाही; कांस्टेबल.

सिपिस्ताँ [名]《P. سپستان》＝ लसोड़ा.

सिपुर्द [名*]《P. سپرد》委ねること；委託；委任＝ सुपुर्द.

सिपुर्दगी [名*]《P. سپردگی》(1) 委託；委任 (2) 拘禁＝ हवालात.

सिपुर्दनी [形]《P. سپردنی》委ねられる；任せられる

सिपुर्दा [形]《P. سپرده》委ねられた；委任された

सिप्पा[1] [名] (1) 標的を狙って攻撃を加えること＝ लक्ष्यबेध. (2) 手立て；工夫；細工＝ उपाय; तदबीर; युक्ति. (3) 手始め；根回し＝ सूत्रपात. **सिप्पा जमाना** 手立てをする；工夫をする；細工をする；根回しをする＝ सिप्पा भिड़ाना; सिप्पा लड़ाना. **सिप्पा बैठना** 手立てがうまく行く；工夫が成功する＝ सिप्पा भिड़ना; सिप्पा लड़ना.

सिप्पा[2] [名] (1) 足場 (2) 広がり

सिप्पा[3] [名] 二枚貝の貝殻の片方

सिप्रा [名*] (1) 水牛＝ भैंस; महिषी. (2) 女性の腰帯＝ कटिबंध.

सिफ़त [名*]《A. صفت》(1) 素晴らしさ；優秀さ；特長＝ उत्तमता; उम्दगी. (2) 美点；長所＝ गुण; तारीफ़. कृतज्ञता और ममता किसी भी क़ौम की बहुत बड़ी सिफ़त होती है 感謝と愛情とはあらゆる民族の持つ大きな美点である (3) 性質；特質＝ स्वभाव.

सिफ़र[1] [形]《A. صفر सिफ्र》(1) 空の；空っぽの (2) 能なしの

सिफ़र[2] [名]《A. صفر सिफ्र》零；ゼロ；無

सिफ़ला [形⁺・名]《A. سفلہ सिफ्ला》(1) 下劣な；下品な；卑しい＝ नीच; कमीना. (2) 劣った；貧弱な＝ ओछा. **सिफ़ले की मौत माघ**〔諺〕寒さと端境期のため貧農や農業労働者はマーグ月（日本の旧暦12月半ばから1月半ばにかけてのひと月）に大変困窮する＝ माघ में गरीब की मौत आती है.

सिफ़लापन [名]《← A.سفلہ+ H.पन》. (1) 下品さ；下賤；卑しさ；賤しさ (2) 貧弱さ

सिफ़लिस [名]《E. syphilis》〔医〕梅毒；ジフィリス＝ गर्मी; उपदंश.

सिफ़ारत [名*]《A. سفارت》大使や公使などの外交官の任務や職務

सिफ़ारतख़ाना [名]《A.P. سفارت خانہ》大使館，公使館，総領事館などの公館＝ दूतावास.

सिफ़ारिश [名*]《P. سفارش》(1) 推薦；推奨 (2) 忠告；進言；助言 बख़्शी की सिफ़ारिश पर ही तलवार ख़रीदी जा सकती है 刀はバクシーの助言に基づいてのみ買い入れられる

सिफ़ारिशनामा [名]《P. سفارش نامہ》推薦状 ＝ प्रशंसा पत्र.

सिफ़ारिशबाज़ी [名*]《P. سفارش بازی》縁故主義＝ भाईभतीजावाद.

सिफ़ारिशी [形]《P. سفارشی》(1) 推薦の；推薦をする；推奨する；推奨の (2) 忠告の；忠告する；助言する सिफ़ारिशी चिट्ठी 推薦状

सिफ़ाल [名*]《P. سفال》土器；焼き物；陶器

सिफ़ालगर [名]《P. سفال گر》陶工；焼物師 ＝ कुम्हार; कुम्भकार.

सिफ़िया [名*]〔鳥〕ムシクイ科オジロビタキ【*Ficedula parva*】

सिफ़्त [名*] → सिफ़त.

सिब [名]《E. sib》(1) 血縁者；親類 (2)〔文人〕氏族；単系血縁集団＝ सगोत्र.

सिबिया [名*]〔鳥〕ムシクイ科ウタイチメドリ属シロクロウタイチメドリ【*Heterophasia melanoleuca*】

सिमंत [名]《E. cement》セメント＝ सिमेंट.

सिमटना [自] (1) 縮む；縮まる माँ की छोटी-सी काया सिमटकर बेटे के आलिंगन में छिप गई 母親の小さな体は縮んで息子の抱擁に隠れてしまった आँगन में फैली धूप सिमटकर दीवारों पर चढ़ गई 中庭に

広がった日光は縮んで壁に上った (2) 萎縮する (3) 畏縮する (4) 狭まる；接近する；近づく बढ़ती कारें, सिमटती सड़कें 増える車狭まる道路 ये विज्ञान पास-पास सिमट आए हैं これらの諸科学は互いに接近してきている (5) 限定される；限られる संस्कृत भाषा का ज्ञान कुछ लोगों तक ही सिमटकर रह गया है サンスクリットの知識は一部の人にのみ限られてしまっている (6) 偏る यह क़ानून देश के धन को कुछ परिवारों तक सिमटने से रोकने के लिए बना था この法律は富が一部の家族に偏るのを防ぐために作られた (7) 丸くなる；丸く縮まる शीला माँ की गोद में सिमट जाती シーラーは母親の胸に抱かれて丸くなる (8) うずくまる वह अपने पति के पैरों के पास सिमटकर बैठ गई 夫の足元にうずくまってしまった (9) よじれる；よれる इससे सारा मल सिमटकर बाहर निकल जाता है これにより垢が皆よれてとれてしまう

सिमतीतर [名]〔鳥〕ヒレアシシギ科ヤマシギ【*Scolopax rusticola*】

सिमेंट [名]《E. cement》セメント सिमेंट की छत セメントの屋根

सिम्त [名*]《A. سمت》方向；方位= ओर; तरफ़; दिशा.

सियराना [自] 冷える；涼しくなる प्लेटफ़ार्म तेज़ ठंडी हवाओं में काफ़ी सियरा गया था プラットホームは強く冷たい風でかなり冷えてしまっていた

सियाना[1] [名] 祈祷師；呪術医= सयाना. हमारे गाँव के सियाने 私たちの村の祈祷師

सियाना[2] [他・使] = सिलाना.

सियापा [名]《← P. سیاه پوش सियाहपोश?》= स्यापा. (1) 哀悼；人の死を悼み悲しむこと (2) 服喪；忌中 (3) 服喪儀礼として死後数日間遺族や親戚の女性が泣き悲しむために集う儀礼 **सियापा क०** 人の死を嘆き悲しむ= सियापा मनाना. **सियापा चढ़ना** 嘆く；泣く **सियापा छाना** *a.* 人の死を悼んで声をあげて泣く *b.* お通夜のようにしんと静まり返る；全くの沈黙が支配する；廃墟と化す；荒廃する= सियापा पड़ना. **सियापे जा०** 哀悼の意を表しに遺族のもとへ行く；お悔やみに行く

सियाम〔国名〕タイ；タイ王国（旧称シャム）= स्याम; शाम; थाईलैंड.

सियामी [形] タイの；シャムの= स्यामी. **सियामी बिल्ली** シャム猫

सियार [名] (1)〔動〕イヌ科ジャッカル【*Canis aureus*】= गीदड़. (2) 狡猾なもののたとえ (3) 臆病なもののたとえ **रँगा हुआ सियार** 見せかけだけのもの；メッキをした偽物；てんぷら；紛い物 पर अब यह मालूम हुआ कि यह भी रँगे हुए सियार हैं だがもうこれらもいんちきなのがわかった **सियार बोलना** ひっそりかんとしている；全くひっそりしている；人の気配が全くない

सियारा [名]〔農〕犂で土を起こした後に地均し用に用いる木製の鍬の一種；シヤーラー

सियाल [名] = सियार

सियाला [名] 寒期；冬；冬季

सियाली [形] (1) 冬季の；冬期の (2) 秋作の

सियासत [名*]《A. سیاست》(1) 政治 (2) 偽計；策略；計略；策謀 (3) 叱責 (4) 刑罰；刑

सियासतदाँ [名]《P. سیاست داں》政治家→ राजनीतिज्ञ.

सियासतदान [名]《A.P. سیاستدان》政治家 वे सियासतदानों को बुरा-भला कहेंगे あの方は政治家たちを非難されるだろう

सियासती [形]《A.P. سیاستی》政治の；政治上の

सियासी [形]《A.P. سیاسی》政治の；政治上の सियासी पार्टी 政党

सियासीयात [名*]《A. سیاسیات》政治 = राजनीति.

सियाह [形]《P. سیاہ》→ स्याह. (1) 黒い；黒色の= काला; कृष्ण. सियाह हाशियों से घिरी तस्वीर 黒枠で囲まれた写真 (2) 黒ずんだ；青黒い；黒っぽい (3) 悪い= ख़राब. (4) 不吉な；縁起の悪い= अशुभ; मनहूस. **सियाह-सफ़ेद** *a.* 白と黒；黒白 *b.* 善悪；正邪= सियाह-सुफ़ेद. सब सियाह-सफ़ेद तो मेरे हाथ में है 黒白を決めるのはおれ（の手）なのだ

सियाहगोश [名]《P. سیاہ گوش》→ स्याहगोश.〔動〕ネコ科オオヤマネコ= बनबिलाव.

सियाहत [名*]《A. سیاحت》遊歴；旅；旅行= पर्यटन; सफ़र; यात्रा.

सियाहपोश [形]《P. سیاہ پوش》服喪のため黒い衣裳を身につけている

सियाहपोशी [名*]《P. سیاہ پوشی》(1) 服喪のため黒い衣裳を着用すること (2) 服喪

सियाहफ़ाम [形]《P. سیاہ‌فام》肌の黒い；色黒の；黒っぽい हम छोटे क़द और घुँघरियाले बालों वाले सियाहफ़ाम लोगों से मिले 我々は背が低く縮れ毛の黒人たちに出会った

सियाहा [名]《P. سیاہہ》(1) 会計簿；出納簿= बहीखाता. (2) 村落単位の大地主の日々の収支を記載する帳簿

सिर [名] (1) 頭；頭部；首 = सर; शीर्ष. उसके सिर के लिए 5 हज़ार रु०का इनाम 男の首に5000ルピーの懸賞金 **नंगे सिर** 頭に被り物をつけない状態で बड़ों के सामने नंगे सिर आना अशुभ समझा जाता है 目上の人の前に頭に被り物をせずに出るのは不吉なこととされる (2) 物の端；先 कील का सिर 釘の頭 **अपने सिर** わが身 (-के) **सिर** （-の）責任について；（-の）責任に関して जब तक उसके सिर हत्या लगेगी 男に殺しの罪が被さっている限り **सिर आँखों के बल क०** 熱心に；一生懸命に **सिर आँखों पर बिठाना** （人を）大切にする；厚くもてなす；最高の敬意を示す；重んじる= सिर आँखों पर बैठाना; सिर आँखों पर रखना. बिठाओ उन्हें सिर आँखों पर この方を丁重にもてなしなさい चाहे वे सिर आँखों पर बिठाएँ चाहे पैर की जूती बनाकर रखें 最高のもてなしをしようが足蹴にしようが **सिर आँखों पर रखना** = सिर आँखों पर बिठाना. शहर में होते तो लोग सिर-आँखों पर रखते 街に居れば最高のもてなしを受けるものを जीवन भर उस परिवार ने उसे सिर आँखों पर रखा 生涯その家族は彼女を大切にした **सिर आँखों पर रहना** 喜んで受け入れられる；認められる= ख़ुशी से स्वीकार हो०. दूसरी ओर यदि कामकाजी महिलाएँ नम्र, सुशील हों तो वे सभी के सिर आँखों पर रहती हैं 他方，勤労女性が丁重で品が良く控え目であるとだれからも気持ちよく受け入れられるものだ (-के) **सिर आ०** *a.* （-の）責任になる *b.* 憑き物が（-に）憑く **सिर आसमान में उठाना** 得意になる；自慢する= सिर आसमान से लगना. **सिर उठा पाना** 暇が見つかる；暇がとれる；暇を見つける **सिर उठाकर चलना** 誇らしげに歩く；胸を張って歩く；堂々と振る舞う **सिर उठाना** *a.* 頭をもたげる；台頭する पुराने रुझान और चाहत ने फिर सिर उठा लिया 以前の嗜好が再び頭をもたげた *b.* 反抗的になる；争う；手向かう **सिर उठाने की फ़ुर्सत न मिलना** 余りの忙しさに一息入れる暇もない उसे सिर उठाने की फ़ुरसत नहीं मिलती थी 一息入れる暇も見つからなかった **सिर उड़ाना** 首を刎ねる= सिर उड़ा दे०; गर्दन उड़ाना. **सिर उतरना** 首を刎ねられる **सिर उतारना** 首を刎ねる= सिर धड़ से अलग क०. **सिर ऊँचा क०** *a.* 反抗する *b.* 頭をもたげる **सिर ओखली में दे०** 危険に飛び込む मेरे भाग्य में चैन करना लिखा है, मैं क्यों अपना सिर ओखली में दूँ? 運勢では安楽に過ごすことになっているのにわざわざ危険に身を晒すことはない जब सिर ओखली में दे ही दिया है तो अब मूसलों से क्या डर! 一旦難事業に乗り出すと決めたからには最後までやる．もう怖いものなしだ (-) **सिर ओढ़ ले०** （ーを）自分の責任で引き受ける (- =के) **सिर क०** （ーを=の）責任にする **सिर कटाना** ひどく苦しむ；苦しい思いをする **सिर क़लम क०** 首を刎ねる **सिर का एक बाल भी न छोड़ना** さんざんな目に遭わせる **सिर काढ़ना** *a.* 名を揚げる *b.* 髪の毛をけずる；梳る；髪を整える **सिर का पसीना एड़ी को आ०** ものすごい努力をする；大変な苦労をする= सिर का पसीना पैर तक आ०. **सिर का बोझ उतरना** 負債や重責，重荷などから解き放される；肩の荷が下りる；ほっとする **सिर का बोझ उतारना** 責任や責務を果たし終える；肩の荷を下ろす **सिर का सौदा क०** 命がけのことをする；命がけでする **सिर की क़सम** 命をかけて；絶対に間違いなく **सिर की टलना** 災厄から逃れる；危難から脱する **सिर की बला** 災厄；厄介なこと **सिर की बाज़ी लगाना** = सिर का सौदा क०. **सिर कूटना** 必死の努力をする **सिर के ऊपर सिर दे०** いずれも負けず劣らずの **सिर के बल** *a.* うやうやしく *b.* 熱心に **सिर के बल चलना** 逆のことをする；反対のことをする；全く間違ったことをする；全く逆さまなことをする **सिर के बल नीचे आ०** 無残な敗北を喫す **सिर के बाल उड़ना** *a.* 頭が禿げる；頭髪がなくなる；頭髪が薄くなる *b.* 大変困る **सिर के बाल खड़े हो०** 警戒する；用心する **सिर के बाल नोचना** 後悔する **सिर के बाल सफ़ेद हो०** 髪が白くなる；歳をとる **सिर के साथ जा०** 最後まで続く **सिर खपाना** 頭を悩ます；頭を使う；頭を酷使する सारा दिन दफ़्तर में सिर खपाओ, फिर आकर घर में सब देखो 一日中オフィスで頭を使い，家に戻れば戻ったであれこれに忙しい मैंने सोचा अकेली बैठी क्या करूँगी, चलो बच्चों से ही सिर खपाऊँ 1人でじっとしていても仕様がない．子供たちの面倒でも見ようかということになった **सिर खाना** *a.* うるさくつきまとう *b.* 悩ます

सिर ख़ाली क॰ = सिर खपाना. सिर ख़ाली हो॰ 頭がとても疲れる सिर खुजलाकर रह जा॰ ひたすら悔やむ सिर खुजलाना *a.* 照れる；はにかむ；決まり悪そうにする *b.* 言い訳をする *c.* 叩かれるような悪さをする सिर खुजाना = सिर खुजलाना. सिर खुजाने लगे 決まりが悪くなって頭を掻きだした सिर खुजाने की फ़ुरसत न मिलना 多忙を極める= सिर खुजलाने की फ़ुरसत न हो॰. (-के) सिर खेल जा॰ （ーに）責任を負わせる；責任をなすりつける सिर खोल दे॰ 殴って頭を割る सिर गंजा क॰ 頭のはげるほどさんざん殴る सिर गड़ाना 目を凝らして見る सिर गरम हो॰ 不機嫌になる；立腹する；頭にくる सिर गूँथना 髪をけずる सिर घुटनों में दे॰ *a.* 恥じ入る *b.* 考え込む सिर घूमना *a.* 目が回る；頭がふらふらする；くらくらする= बेहोशी हो॰; तारे नज़र आ॰; सिर चकराना. आज पहली मर्तबा सिगरेट में कश लगा लिया था.मुझे उलटियाँ आ गई थीं, सिर चकराने लग गया 今日初めてタバコを深く吸い込んだら嘔吐して目が回り出した *b.* びっくり仰天する *c.* 横着になる सिर चढ़कर बोलना のぼせる；のぼせあがる；熱中する；我を忘れる आपकी आयु में जब प्रेम सिर चढ़कर बोलता है あなたの年齢で恋に熱中すると (-के) सिर चढ़ना *a.* （ーに）つけあがる；増長する；甘える *b.* （ーが）借金を負う सिर चढ़ाना *a.* つけあがらせる；つけいらせる= सिर चढ़ा दे॰; गुस्ताख़ बनाना. तुमने उसे सिर चढ़ा रखा है, नहीं तो काम क्यों न करती 君があいつをつけあがらせているからだ．そうでなかったら仕事をせぬことがなかろう उनको बहुत सिर चढ़ाना अच्छी बात नहीं あの人をあまりつけあがらせるのは良くない *b.* 深く敬う *c.* 命を捧げる *d.* 有り難く頂く सिर चला जा॰ *a.* 死ぬ *b.* 気が狂う；頭がおかしくなる सिर चीरना 必死に努力する；懸命な努力をする सिर छिपाकर बैठना 恥ずかしさのあまり顔を隠す सिर छुपाना 夜露を凌ぐ；身を寄せる कहाँ जाए इतनी बड़ी दुनिया में कहाँ सिर छिपाए この広い世間のいずこに身を寄せるべきか पेट की आग और रात सिर छुपाने के लिए 空腹と夜露を凌ぐために सिर ज़मीन पर रखना 平伏する；服従する सिर झुकना *a.* うつむく *b.* 恥じる；恥じ入る सिर झुकाना *a.* 頭を下げる；会釈する *b.* 俯く *c.* 恥じ入る *d.* 屈する；服従する अन्याय के सामने सिर झुकाना महापाप है 非道に屈することは大罪である सिर टकराते फिरना 行く先々で頭を打つ；至るところでしくじる सिर टकराना *a.* 必死の努力をする *b.* 知恵を絞る सिर टूटना （殴られて）頭が割れる सिर टेकना 頭を下げる；お辞儀をする सिर ठनकना 悪い予感がする (-के) सिर ठीकरा फोड़ना （ーの）せいにする；（ーに）責任をなすりつける सिर ठोंकना 悔やむ= पछताना. सिर डालना うつむく；頭を下げる सिर डुलाना *a.* 頭を振る；首を振る उसने सिर डुलाते हुए कहा, हाँ, यही है 首を振りながら言った．「そうだよ．これに違いない」 *b.* 驚きの表情を見せる सिर ढँकना 雨露を凌ぐ क्योंकि सिर ढँकने के लिए और कोई चारा नहीं है 雨露を凌ぐのに他に方法がないからだ सिर ढाँकना ヒンドゥー女性が特定の関係の人（男女）に対して敬意を表するためにサリーの上端を頭越しに引いて様々な度合いに顔を隠す→ घूँघट, पर्दा. सिर ढारना 喜んで受け入れられる सिर तक पहुँचना 頂点に達する；最高になる सिर तक पानी आ॰ *a.* 借金で首が回らない *b.* 危難におちいる = सिर तक पानी हो॰. सिर तानना 反発する बात बहुत छोटी-सी है, पर मौक़ा पाते ही सिर तान लेती है 問題はほんの小さなことなんだが隙を見つけるとたんに反発する सिर थामकर बैठना 心配や悩みに頭を抱える (-के) सिर थोपना （ーの）責任にする सिर दिया ओखली में तो मूसलों से क्या डर? 〔諺〕一度決断したからにはもう恐れるものはない（恐れるべきではない） सिर दे॰ 命を捧げる；命を投げ出す सिर दे मारना 懸命の努力をする (-के) सिर दोष मढ़ना （ーに）責任をなすりつける वाममार्गियों के सिर दोष मढ़ना 左派の連中に責任をなすりつける सिर धड़ की बाज़ी लगाना 命をかける (-) सिर धरना （ーを）うやうやしく受け入れる सिर धुनकर पछताना 激しく悔やむ सिर धुनना *a.* 悔やむ *b.* 努力する *c.* 仰天する *d.* 感嘆する सिर नंगा क॰ 頭を下げる सिर न उठने दे॰ *a.* 対等になるのを認めない *b.* 反対を認めない सिर न उठा सकना *a.* 多忙をきわめる *b.* 恥ずかしさや相手の偉大さに頭を上げられない；相手の顔を見ることができない *c.* 反抗できない सिर न पैर हो॰ 支離滅裂な；辻褄のあわない सिर नवाना = सिर झुकाना; प्रणाम क॰; दुआ-सलाम क॰. *a.* 頭を下げる；挨拶する *b.* 恥ずかしさにうつむく *c.* 謙虚に振る舞う सिर नापना 首を刎ねる सिर नीचा क॰ *a.* 恥ずかしさにうなだれる वह सिर नीचा किये हुए बोला, 'मुझे माफ़ कर दो माँ' うなだれて言った．「母さん，赦しておくれ」 *b.* 辱める शत्रु के सामने सिर नीचा करने की अपेक्षा 敵に屈するよりは सिर नीचा हो॰ *a.* 恥ずかしさにうなだれる *b.* 恥をかく；恥ずかしい思いをする= बेइज़्ज़त हो॰. सिर पकड़कर बैठना 頭を抱え込む；悲しみのあまりへなへなとなる（しゃがみ込む） सिर पचाना *a.* いろいろと考える；知恵を絞る *b.* 悩ます；苦しめる = सिर-पच्ची क॰. सिर पटकना *a.* 必死の努力をする बजाए इधर उधर सिर पटकने के あちこちへ出掛けていって必死の努力をするよりは *b.* 悔やむ；後悔する (-के) सिर पड़ना *a.* （ーの）責任になる *b.* （ーの）身に降りかかる सिर पत्थर पर पटकना 大変あわてる (-) सिर पर आ॰ *a.* （ーが）目前に迫る *b.* （ーが）降りかかる सिर पर आ पड़ना *a.* （ーの）責任になる *b.* （ーが）迫る (अपने) सिर पर आफ़त ले॰ 厄介事を抱え込む= झंझट ले॰. सिर पर आरे चलना ものすごい苦痛を受ける सिर पर आसमान उठा ले॰ *a.* 大変うぬぼれる *b.* 大騒ぎする सिर पर आसमान टूट पड़ना 大変な不幸に見舞われる；大災難に見舞われる= सिर पर आसमान फट पड़ना. सिर पर इतने बाल नहीं それほどひどい目に遭うつもりはない (-) सिर पर उठा रखना （ーを）つけあがらせる (-) सिर पर उठाना （ーを）ひっくり返す；大騒動を起こす；大騒ぎする बच्चे एक से एक शैतान.सारा घर सिर पर उठा लेंगे どれもこれも悪童ばかりで家の中をひっくり返すだろう सिर पर उठा ले॰ *a.* 責任を負う；責任を引き受ける *b.* 大騒ぎする *c.* 大いに敬う सिर पर उल्लू बोलना 不運な巡り合わせになる；不運な時が訪れる सिर पर एक भी बाल न छोड़ना ひどい目に遭わせる；さんざんな目に遭わせる (-पर) सिर पर एहसान धरना （ーに）恩を着せる सिर पर कपड़ा ले॰ サリーやドゥパッターで女性が頭から顔を覆う；頭に被る सिर पर कफ़न बाँधना 命をかける；命を投げ出す覚悟をする；決死の覚悟をする देशभक्त लोग अपने सिर पर कफ़न बाँधकर इन आंदोलन, सत्याग्रहों में भाग लेते थे 愛国者たちは命がけでこれらの運動やサティヤーグラハに参加していた सिर पर काल खड़ा हो॰ 死が迫る；命の危険が迫る= सिर पर काल नाचना. सिर पर काली हाँड़ी रखना 辱める (-) सिर पर खड़ा हो॰ （ーが）接近する；近づく；迫ってくる सिर पर ख़ून चढ़ना 殺気立つ= सिर पर ख़ून सवार हो॰. मानो उसके सिर पर ख़ून सवार हो गया हो あたかも頭に血が上ったかのように सिर पर खेलना 命がけになる सिर पर गठरी ले॰ 責任を負う (= - के) सिर पर गुज़ारना （＝をーが）経験する (-के) सिर पर घड़ा फोड़ना （ーの）責任にする；せいにする；（ーを）咎める；（ーに）当たる सिर पर चँवर डुलना 大変尊敬される；とても敬われる सिर पर चढ़ना 横着になる；横柄になる (-के) सिर पर चढ़ना （ーの）責任になる；（ーに）つきまとう (-) सिर पर चढ़ाना *a.* （ーを）甘やかす *b.* （ーを＝の）責任にする सिर पर छप्पर रखना *a.* 圧力を加える *b.* 髪をとても長く伸ばす सिर पर (-की) छाया हो॰ （ーの）庇護を受ける (-के) सिर पर जा॰ （ーの）責任になる (-के) सिर पर जादू डालना （ーを）思いのままに操る सिर पर जूँ न रेंगना 何の反応もない；全くこたえない (-के) सिर पर जूता बजना （ーが）靴（などの履き物で）殴られる (-के) सिर पर झोंकना （ーに）責任を負わせる (-के) सिर पर टूट पड़ना *a.* （ーに）襲いかかる *b.* （ーに）降りかかる (-के) सिर पर टोना पढ़कर डालना （ーを）魔法にかける；魔法にかけて操る (-के) सिर पर डालना （ーの）責任にする (-के) सिर पर तलवार लटकना （ーの）命が危うくなる (-के) सिर पर दे मारना （ーに）投げ与える सिर पर धूल डालना 悔やむ；後悔する (-के) सिर पर धूल डालना （ーの）評判を悪くする सिर पर (-की) धूल लगाना （ーの）足元にひれ伏す；平伏する (-के) सिर पर न हो॰ （ーを）監督する人がだれもいない；（ーの）上に立つ人がだれもいない (-) सिर पर नाचना *a.* （ーが）切迫する *b.* （ーが）影響を及ぼす (-के) सिर पर पगड़ी बाँधना （ーが）責任を負う (-के) सिर पर पड़ना *a.* （ーの）責任になる *b.* （ーの）身に降りかかる (-के) सिर पर पत्थर पड़ना （ーが）不運に見舞われる सिर पर पसीना आ जा॰ 冷や汗をかく (-के) सिर पर पहाड़ गिर पड़ना （ーが）突然不幸に見舞われる= सिर पर पहाड़ टूट पड़ना. (-के) सिर पर पाँव रखकर चलना *a.* （ーを）やっつける；負かす *b.* （ーを）見下げる；見くびる सिर पर पैर रखकर भागना 一目散に逃げる सब बातों पर विचारकर सिर पर पैर रखकर गाँव की ओर भागा 一切のことを考え一目散に村のほうへ逃げ出した सिर पर बाल न छोड़ना = सिर पर एक भी बाल न छोड़ना. (-को) सिर पर

बिठाना *a.*（ーに）深い敬意を表す *b.*（ーを）最高のものと評価する *c.* = सिर चढ़ाना. **सिर पर बीतना** = सिर पर पड़ना. **सिर पर बोझ ले०** 責任を取る；責任を負う **सिर पर भूत चढ़ना** (- **सवार हो०**) 熱狂する；頭に血が上る मर्दों के सिर भूत सवार हो जाता है और जहाँ नम्रता से काम लेना चाहिए वहाँ लोग उग्रता से काम लेने लगते हैं 男は頭に血が上り丁重に処すべきところを荒々しく処し始める (-के) **सिर पर भूत सवार हो०**（ーが）何かの狂気に囚われる；正気でなくなる इस वक़्त उसके सिर पर भूत सवार है.उसपर किसी के समझाने का असर न होगा 今あの人は正気ではないんだ. 人が説得しても効果はあるまい (-के) **सिर पर मँडराना** *a.*（ーに）不幸が襲いかかる；災厄が（ーに）押し寄せて来る *b.* 四六時中つきまとう (-के) **सिर पर मारना**（ーに）投げ捨てるように与える (-के) **सिर पर मिट्टी डालना** *a.*（ーに）腹を立てる *b.*（ーに）不快感を表す **सिर पर मौत खेलना** 危険極まりない= सिर पर मौत नाचना; सिर पर मौत सवार हो०. (-) **सिर पर रखना**（ーを）敬う；尊敬する (-के) **सिर पर लाद दे०**（ーに）押しつける；むりやりに責任を負わせる (**अपने**) **सिर पर ले०** *a.* 責任を引き受ける *b.* 耐える；忍ぶ **सिर पर वज्र गिरना** 青天の霹靂 **सिर पर शनीचर सवार हो०** 不運に見舞われる；不運が訪れる **सिर पर शैतान चढ़ना** 善悪の判断がつかなくなる (-के) **सिर पर सवार हो०** *a.*（ーに）催促する *b.* つきまとう *c.* 跡をつける **सिर पर (-का) साया हो०** = सिर पर (-की) छाया हो०. (-के) **सिर पर सींग हो०**（ーに）特色がある；特徴がある (-के) **सिर पर सुरख़ाब का पर लगना.**（ーに）特徴がある **सिर पर से (-की) छाया उठ जा०**（ーの）保護や庇護がなくなる= सिर पर से साया उठ जा०. **सिर पर से तिनका उतारना** ほんのわずかなこと（手助け）をする **सिर पर से रास्ता निकालना** ひどく悩ます；激しく苦しめる (-के) **सिर पर सेहरा बँधना** *a.*（ーが）称賛される；称えられる *b.*（ーが）結婚する (-के) **सिर पर सेहरा हो०**（ーが）称えられる；称賛される (-के) **सिर पर हत्या सवार हो०**（ーが）殺気立つ (-के) **सिर पर हाथ फेरना** *a.*（ーに）祝福を与える *b.*（ーの）頭をなでる；（ーに）愛情を示す (-के) **सिर पर हाथ रखना**（ーを）庇護する；庇う (-के) **सिर पर हो०**（ーが）目前に迫る इम्तहान सिर पर था 試験が目前に迫っていた (-के) **सिर पर हो०** *a.*（ーを）支配する *b.*（ーに）責任がある；責務がある **सिर पीटना** *a.* 悲しむ *b.* 努力する *c.* 悔やむ= सिर धुनना. **सिर पीट ले०** 悔やむ；悔しがる = सिर पीटकर रह जा०. अफ़सोस में बेचारे ने सिर पीट लिया 悲しみのうちに悔やんだ हम लोग अपनी इस हानि पर सिर पीट लेंगे 我々はこの損害を悔やむことになろう **सिर-पैर की ख़बर न हो०** *a.* 熟睡中 *b.* 全く知らない **सिर-पूँछ न हो०** でたらめな；いいかげんな= सिर-पैर न हो०. **सिर फटना** 激しい頭痛がする；頭が割れそうに痛む；頭がくらくらする पिछले पंद्रह दिन से दर्द के मारे सिर फट रहा है 半月前から頭が割れるように痛い **सिर फिरना** *a.* 気が狂う；頭がおかしくなる *b.* 考えが変わる *c.* 有頂天になる；のぼせあがる **सिर फुटौवल** 相手の頭を叩き割るような棍棒などを用いての殴り合い (-के) **सिर फुलौरियाँ खाना** 人の金で遊興する **सिर फेरना** *a.* おだてる *b.* 拒否する；断る *c.* うぬぼれさせる；慢心を抱かせる **सिर फोड़ना** *a.* 頭を悩ます *b.* 言い争う *c.* ひどく嘆き悲しむ **सिर बाँधना** 髪をくしけずる；髪を整える **सिर बेचना** 命を投げ出す (-के) **सिर बैठे-बैठे खाना**（ーの）世話になる；（ーのところで）徒食する **सिर भन्नाना** めまいがする **सिर भारी हो०** *a.* 頭が重い *b.* 心配で頭が痛い **सिर भिड़ाना** 熟慮する (-के) **सिर मढ़ना** *a.*（ーの）せいにする उसी ने यह रोग उनके सिर मढ़ा あの男がこの病気をあの方のせいにしたんだ *b.*（ーに）なすりつける वाममार्गियों के सिर दोष मढ़ना 左翼の連中に罪をなすり付ける (-) **सिर माथे चढ़ाना**（ーを）有り難く頂く；（ーに）忠実に従う मैं पंचों का हुक्म सिर माथे चढ़ाऊँगी 世話役たちの裁決に忠実に従う **सिर मारना** *a.* = सिर खपाना. *b.* 言い争う *c.* 説明を繰り返して疲れはてる उसने बहुत सोचा, बहुत सिर मारा, परंतु कुछ समझ न सका 考えに考えた. うんと頭を使った. でもさっぱり理解できなかった **सिर मुड़वाना** 暴利をむさぼらせる；ふんだくられる；だまし取られる **सिर मुड़ाके फ़ज़ीहत भए** やりかけたことを止めて次に始めたことでしくじるたとえ **सिर मुड़ाते ही ओले पड़ना** *a.* 事を始めた途端に不都合なことが起こるたとえ *b.* 事の最初が駄目になるたとえ **सिर मुड़ाना** 頭を丸める（出家する）= जोगी बनना; संयासी हो०; साधु बनना; फ़क़ीरी ले०. **सिर मूड़ना** 暴利をむさぼる；ふんだくる **सिर में खुजली हो०** 殴られるようなことをする (-) **सिर में चक्कर लगाना**（ーが）繰り返し思い出される **सिर में भूसा भरा हो०** 大馬鹿者 **सिर में लकड़ी ठोंकना** 火葬中の頭蓋骨を竹竿などで打ち砕く（ヒンドゥー教の火葬の儀礼の一） **सिर रंगना** 頭を激しく殴る；頭をかち割る **सिर रगड़कर मर जा०** 懸命の努力をする **सिर रगड़ना** *a.* 哀願する *b.* へつらう (-के) **सिर रहना**（ーに）つきまとう；（ーに）つきまとってくどくど言う= (-के) पीछे पड़ना. (-के) **सिर लगना**（ーの）責任になる पाप मेरे सिर लगेगा 罪は私が負うことになる (-) **सिर लगाना**（ーを）有り難く頂く **सिर लड़ाना** = सिर खपाना. **सिर सफ़ेद हो०** 老いる **सिर सलामत रहना** 命がある **सिर सहलाना** *a.* 頭をなでる；可愛がる= प्यार क०. *b.* お世辞を言う；機嫌取りをする= ख़ुशामद क०. **सिर सूँघना** 目上の人が年少者に祝福を与える（そのために額や前頭部に鼻をつけるようなしぐさをする） **सिर से उतारकर धर दे०** すっかり捨て去る **सिर से कफ़न बाँधना** 決死の覚悟をする；死ぬ覚悟を決める **सिर से खेलना** 命がけでする **सिर से गाढ़ा उतारना** 災厄を払いのける **सिर से गुज़र जा०** 度を越える；限度を越える **सिर से तिनका उतारना** = सिर पर से तिनका उतारना. **सिर से पानी गुज़रना** *a.* 我慢の限界を越える *b.* 時間が過ぎ去る **सिर से पैर तक** *a.* 頭のてっぺんから爪先まで= नख शिख से. *b.* 全部；全体；すっかり **सिर से पैर तक आग लग जा०** 激怒する= सिर से पैर तक जल जा०. **सिर से बोझ उतरना** *a.* 肩の荷がとれる；重荷がとれる *b.* 大仕事をやり遂げる *c.* 厄介がとれる **सिर से बोझ उतारना** *a.* 恩返しをする *b.* 大仕事をやり遂げる *c.* 重責を果たす **सिर से बोझ डाल दे०** 世俗的な責務から自由になる **सिर से भूत उतारना** 熱狂が冷める **सिर हथेली पर लिये फिरना** 命がけで立ち向かう= सिर हथेली पर रहना; सिर हाथ पर लिए रहना. **सिर हिलाना** 頭を振る *a.* 感動して *b.* 賛意を表して *c.* 否定の意で नहीं तो...हमने सिर हिलाया「いやいや…」私は頭を横に振った (-के) **सिर हो०** *a.*（ーに）関して；ついて मेरी अपनी भी चिंता उन्हीं के सिर थी 私もあの人のことを心配していた *b.*（ーに）責任のある

सिरका [名]《P. سرکہ》酢；食酢 गन्ने के रस को धूप में डालकर भी सिरका बनाते हैं 酢はサトウキビの汁を日向においてこしらえることもある

सिरकी [名*] (1)〔植〕ワセオバナ= सरकंडा. (2) 葦などの茎でこしらえた簀

सिरकीर [名*]〔鳥〕ホトトギス科ケハリカッコウ【*Taccocua leschenaultii*】

सिरखप[1] [形] (1) とても厄介な；大変大儀な (2) 懸命になる；必死になる

सिरखप[2] [名*] = सिरखपी. 懸命な努力；必死の努力 जो तुमको यही समझ होती तो मुझको इतनी सिरखप क्यों करनी पड़ती お前にこれだけの分別があったならわしがこれほどまでに必死になることはなかったのだ

सिरखपाई [名*] 懸命な努力；必死に努力すること तेरे साथ मैं सारा वक़्त सिरखपाई नहीं कर सकती お前と一緒に四六時中力を尽くすわけには行かぬ

सिरखपी [名*] = सिरखप[2]; सिरखपाई.

सिरचढ़ा [形+] つけあがった；のぼせあがった；甘やかされた सिरचढ़ा अभिनेता つけあがった俳優 उनकी सिरचढ़ी बेटी को हलवा तो क्या, खाना बनाना भी अच्छी तरह से नहीं आता है あの人の甘やかされた娘は菓子作りはおろか料理も満足には作れない

सिरजनहार [形] 創造する；作り出す सिरजनहार करतार 創造主

सिरजना [他] 作る；創る；造る；創造する सुख और प्रकाश तो उसके लिये सिरजे ही नहीं गए 喜びと光は彼のためには創られなかったのだ विधाता ने गेहूँ और धान सब के लिए थोड़े ही सिरजे हैं? 小麦や稲は万人のために神様が創られたわけではない

सिरटोप [名] ヘルメット 1 मई से पीछे बैठनेवालों को भी सिरटोप लगाना अनिवार्य बना दिया गया है 5月1日より（スクーターの）後部座席に乗る人もヘルメットの着用を義務づけられた

सिरताज[1] [形]《P. سرتاج》最もすぐれた；最高の= सरताज; शिरोमणि; सिरोमनि.

सिरताज[2] [名] (1) 冠= मुकुट. (2) 最高位の者= शिरोमणि. (3) 最もすぐれた物= सर्वश्रेष्ठ वस्तु. (4) 夫 (5) 主；主人

सिर ता पा [副]《P. سر تا پا सर ता पा》(1) 爪先から頭のてっぺんまで= सिर से पाँव तक. (2) 最初から最後まで；初めから終わりまで；全く；すっかり；完全に= बिलकुल; सरासर.

सिरदर्द [名] → सरदर्द. (1) 頭痛 (2) 頭痛の種；頭の痛いこと；悩みの種 वे दोनों महाराष्ट्र सरकार के लिए बराबर सिरदर्द थे この2人は絶えずマハーラーシュトラ州政府の頭痛の種だった **सिरदर्द मोल ले॰** 厄介なことを抱え込む＝ सिरदर्द ले॰. बेकार में अपने विधान सभा सदस्यों द्वारा इस्तीफ़ा दिलवाकर एक सिरदर्द मोल लिया 意味もなく州議会議員に辞表を出させて厄介を抱え込んだ **सिरदर्द से पीछा छूटना** 面倒から解放される

सिरदार [名] → सरदार.

सिरनामा [名] 《P. سر نامہ सरनामा》 (1) 手紙の宛名 (2) 手紙文の最初に書かれる宛名や挨拶の言葉 (3) 見出し

सिरपाव [名] → सिरोपाव.

सिरपेच [名] 《P. سرپیچ सरपेच》 (1) ターバン＝ पगड़ी. (2) ターバンにつける飾り

सिरपोश [名] 《P. سرپوش सरपोश》 (1) 頭の被り物 (2) 頭の覆い

सिरफिरा [形+] (1) 正気でない；頭のおかしい；気の狂った；狂気の (2) 常軌を逸した；風変わりな

सिर-फुटव्वल [名*] 頭をかち割ること；暴力に及ぶこと；殴り合い；暴力行為 फिरंगी सरकार अश्वेत बिरादरी की इस अंदरूनी सिर फुटव्वल से बेहद खुश है 白人政権は非白人のこの内部抗争を大喜びしている

सिर-फूल [名]〔装身〕女性の前頭部につける金製の飾り物

सिरफेंटा [名] ターバン＝ साफ़ा; पगड़ी.

सिरबंद [名] 《H.+ P.بند》 ターバン＝ साफ़ा; पगड़ी.

सिरमौर [名] (1) 王冠；冠 (2) 長；頭；頭目；第一人者；首領；筆頭 क्रांतिकारियों का सिरमौर 革命家たちの頭 अनाजों का सिरमौर गेहूँ 穀物の筆頭は小麦 चित्तौड़ का गढ़ राजस्थान के किलों में सिरमौर है チットール城はラージャスターンの城塞の中で一番である

सिरवा [名]〔農〕脱穀した穀物の風選に用いる大きな布

सिरवार [名] ザミーンダールの差配人

सिरस [名]〔植〕マメ科高木ビルマネム【*Albizzia lebbek*】

सिरहाना [名] (1) 枕 (2) 寝台の枕を置くところ；枕元 कहीं उत्तर की ओर भी सिरहाना रखा जाता है? 北枕にすることがあるものだろうか **सिरहाने का साँप** 強敵；難敵 **सिरहाने बैठाना** *a.* 上座に座らせる；上座に席を与える *b.* 敬意を表す

सिरा[1] [名] (1) 上部；頭部 (2) 極；はて ज़मीन के ऊपर या नीचे के दोनों सिरे 地球の上もしくは下の，すなわち，北と南の極 ज़मीन का सिरा 地のはて (3) 先；先端 नाख़ून का सिरा 爪の先 नली का सिरा 管の先端 डंडे का सिरा 棒の端；棒の先端 रूई की बत्ती का एक सिरा よりをかけた綿の一端 तख़्ते के दोनों सिरों पर 板の両端に (4) 終わり；しまい (5) 端緒 **नये सिरे से** 新規に；改めて；再度 नये सिरे से ज़िंदगी शुरू क॰ 新しい人生を踏み出す **सिरे का** 最高の；最大の；第一級の **सिरे चढ़ना** 完成する；完了する

सिरा[2] [名*] (1) 血管＝ ख़ून की नाड़ी; रक्तनाड़ी. (2) 灌漑用水路

सिराज [名] 《A. سراج》 (1) 明かり；ランプ；灯火＝ दीपक; दीया. (2) 太陽＝ सूर्य; सूरज; आफ़्ताब.

सिरात [名*] 《A. صراط》 道；道路＝ रास्ता; मार्ग.

सिराना[1] [自] (1) 冷える；冷たくなる；冷却される＝ ठंडा हो॰. (2) 鎮まる；鎮静化する＝ शांत हो॰.

सिराना[2] [他] (1) 冷やす；冷たくする；冷却する＝ ठंडा क॰. (2) 鎮める；静める (3) 神像などを祭事の後池や川に流す＝ विसर्जित क॰.

सिराना[3] [自] (1) 完成する；完結する＝ संपन्न हो॰. (2) 終わる；完了する＝ समाप्त हो॰. (3) 過ぎる；経る＝ बीतना. (4) 決まる；定まる＝ निश्चित हो॰.

सिराना[4] [他] (1) 完成させる；完結させる＝ संपन्न क॰. (2) 終える；完了させる＝ समाप्त क॰. (3) 過ごす＝ बिताना. (4) 決める；定める＝ निश्चित क॰.

सिराली [名*] クジャクの冠毛

सिरावन [名] ＝ पाटा.

सिरियल [名] 《E. serial》 続き物；連続物

सिरिश्तेदार [名] ＝ सरिश्तेदार.

सिरिस [名] → सिरस.

सिरी[1] [名*] 織機；機（はた）

सिरी[2] [名*] 動物の胴体から切り離された頭部；首；はねられた首

सिरीज़ [名⁻] 《E. series》 シリーズ；連続物；一続き；一連のもの；組 ए सिरीज़ A組；Aの組

सिरीस [名] ＝ सिरस.

सिरेमिक [形] 《E. ceramic》 セラミックの सिरेमिक टाइल セラミックタイル

सिरेमिक्स [名] 《E. ceremics》 セラミックス＝ मृत्तिका.

सिरोपाव [名] 《← P.سروپا सरोपा》〔史〕（ムガル朝において）皇帝から下賜された被り物まで含めた衣服の一式＝ खिलअत; सरोपाव.

सिरोसिस [名] 《E. cirrhosis》〔医〕（肝臓などの）硬変症

सिरोही〔地名〕シローヒー（刀剣の製造で有名なラージャスターン州南部の都市）

सिर्का [名] 《P. سرکہ》 ＝ सिरका. 酢

सिर्फ़ [副] 《A. صرف》 ただ；単に；ーばかり；ーしか；わずかに；ーのみ＝ केवल. सिर्फ़ हाज़िर होने से काम हो जाता है 出席だけすればよい **सिर्फ़ - नहीं = भी** ーばかりでなく＝も ख़ुश होने पर वह सिर्फ़ बोलेगा ही नहीं, गाना भी सुनाएगा 嬉しくなるとしゃべるばかりでなく歌って聞かせもする

सिल[1] [名*] (1) 岩 (2) 石の板 पत्थर की बड़ी बड़ी सिलें とても大きな石の板 (3) 板状の物 बर्फ़ की सिलें 氷の板 (4) 食品をすりつぶすのに擂り鉢の役に立つ刻み目を入れた長方形の石の板（擂り粉木に相当する石の棒バッター बट्टा と併せて用いる） मसाला पीसने की सिल 香辛料をすりつぶすためのシル सिल और बट्टे से मसाला पीसना シルとバッターで香辛料をすりつぶす (5) インゴット

सिल[2] [名] 落ち穂拾いの暮らし

सिलखड़ी [名*]〔鉱〕せっけん石

सिलगना [自] → सुलगना.

सिलना[1] [自] 縫われる अब्बा की शेरवानी सिल गई? お父さんのシェルワーニーはもう縫い上がったの सिला हुआ वस्त्र 縫われた着物；既製服 मेरा नया जोड़ा सिल कर आ गया 新しいスーツが縫い上がって来た

सिलना[2] [他] 縫う कहो क्या सिल रही हो? 何を縫っているの सुधा मशीन से कुछ सिल रही है スダーはミシンで何かを縫っている अम्मी ने अपने हाथों से नये कपड़े सिले 母さんが自分（の手）で新しい服を縫った

सिलपची [名*] → चिलमची.

सिलपट [形] (1) きれいな；清潔な (2) 平らな (3) すり減った；磨滅した (4) 台無しになった

सिलवट [名*] (1) 皺 माथे पर सिलवट 額の皺 (2) 折り目；畳み目 चादर की सिलवट シーツの折り目

सिलवाना [他・使] ← सिलना. 縫ってもらう；縫わせる；仕立てさせる；仕立ててもらう किस दर्ज़ी से सिलवाते हैं? どの仕立屋に縫ってもらうの हर बर्थ-डे पर उसके लिए नए नए कपड़े सिलवाते थे 誕生日ごとに新しい服を縫わせていた（仕立てていた） अब्बू ने मेरे लिए अच्छी-सी शेरवानी सिलवा दी थी お父さんが僕のために上等のシェルワーニーを仕立てて下さった

सिलवार [名]〔服〕サルワール；シャルワール→ सलवार; शलवार.

सिलसिला [名] 《A. سلسلہ सिल्सिला》 (1) 連続；続き；シリーズ पढ़ाई का सिलसिला भी समाप्त हो गया 勉強の続き（学業）も終わってしまった धर्म के आडंबरों पर तीव्र प्रहार करने वाले लेख छापने का सिलसिला いんちき宗教に激しい攻撃を加える記事のシリーズ मुक़दमेबाज़ी का सिलसिला पीढ़ी दर पीढ़ी चलता रहे 一連の裁判が幾世代にもわたって続くように बातों का सिलसिला टूटता ही न था 話は尽きることがなかった (2) 鎖＝ ज़ंजीर. (3) 列＝ पंक्ति; श्रेणी. (4) 事；事柄；関連；関係；話；対象 खाने का सिलसिला भी बड़ा मनोरंजक रहता था 食事のこともとても興味深かった **-के सिलसिले में** （ーの）関連で；（ーに）ついて；（ーの）関わりで अपने किसी काम के सिलसिले में 自分の何かの仕事のことで व्यापार के सिलसिले में बाहर जाना पड़ गया 商売のことで余所へ行かなくてはならなくなった (5)〔イス〕神秘主義教団 चिश्ती सिलसिला チシュティー教団 (6) 家系 (7) 家系図

सिलसिलाबंदी [名*] 《A.P. سلسلہ بندی सिल्सिलाबंदी》 (1) 順番になること；連結；連続 (2) 行列；整列

सिलसिलेवार[1] [形] 《A.P. سلسلہ وار》 一連の；一貫した；貫徹した；連続した सिलसिलेवार कार्यक्रम 一貫した計画 सिलसिलेवार जानकारी 一連の情報

सिलसिलेवार[2] [副] 連続して；一貫して

सिलह [名] 《A. سلح》武器= हथियार; शस्त्र; अस्त्र-शस्त्र.

सिलहख़ाना [名] 《A.P. سلح خانه》武器庫= शस्त्रागार.

सिलहट 〔地名〕シルハト（バングラデシュ国東北部の都市北緯24度53分東経91度55分）

सिलहदस्त [形] 《A.P. سلح دست》武器を携えた；武装した= सशस्त्र; हथियारबंद.

सिलहदार [形・名] 《A.P. سلح دار》(1) 武装した；武器を手にした= हथियारबंद; सशस्त्र. (2) 兵士；武士= योद्धा; सिपाही.

सिलहपोश [形] 《A.P. سلح پوش》武器を携えた；武装した= हथियारबंद.

सिलहबंद [形] 《A.P. سلح بند》武装した= सशस्त्र; हथियारबंद.

सिलहार [名] 落ち穂拾いをする人= सिलहारा; शिलकार.

सिलहिला [形+] 足の滑る；すべすべの；つるつるの= रपटीला.

सिलही [名*]〔鳥〕ガンカモ科の鳥 **छोटी सिलही** ガンカモ科リュウキュウガモ【*Dendrocygna javanica*】 **बड़ी सिलही** ガンカモ科【*Dendrocygna fulva*】

सिला[1] [名] 《A. صله》(1) 報復；復讐= प्रतिकार; बदला. (2) 褒美；賞= पुरस्कार; इनाम. मुझे क्या सिला मिलेगा 私は何の褒美が貰えるのだろうか बेगरज़ ख़िदमत का सिला 無私の奉仕に対する褒賞

सिला[2] [名] (1) 落ち穂；落穂 (2) 落穂拾い= सिल चुनना. (3) 選り分けるために積み上げられた穀物 (4) 落穂拾いで暮らしを立てること= सिल[2].

सिला[3] [名*] = सिल[1]. 板状の石；板石 संगमरमर की बड़ी सिलों के गिर्द स्याह पत्थर का हाशिया है 大理石の大きな板のぐるりに黒石の枠がある

सिलाई [名*] (1) 縫うこと；縫い物；針仕事 सेवा समझकर कम पैसों में वह सिलाई करती चली जा रही है 奉仕と思って低い縫い賃で縫い物をしてきていた सिलाई करके अपने परिवार का पालन-पोषण करने में पति का हाथ बँटाती थी 針仕事で夫を助け家族を養ってきていた (2) 縫い目；縫い方 (3) 縫い賃；仕立て代

सिलाई-कढ़ाई [名*] 裁縫；針仕事；縫い物や刺繍

सिलाई मशीन [名*] 《H. + E. machine》ミシン पैर की सिलाई मशीन 足踏みミシン

सिलाजीत [名] → शिलाजीत.

सिलाना[1] [他・使] ← सिलना. 縫わせる；縫ってもらう；仕立ててもらう

सिलाना[2] [他] (1) 冷やす (2) 湿らす

सिलाबी [形] 《← सील[3] + P.آب आब?》湿った；濡れた

सिलाया [名] 《A. صلايه》香辛料をすりつぶす石製の道具

सिलारस [名] (1)〔植〕マンサク科高木ラサマラソゴウコウ → सिल्हक. (2) 同上から採れる樹脂（芳香料・薬用）【*Liquidambar storax*】

सिलावट [名] 石工= संगतराश.

सिलाह [名] 《A. سلاح》(1) 鎧 (2) 武器；兵器= अस्त्र-शस्त्र; हथियार.

सिलाहख़ाना [名] 《A.P. سلاح خانه》武器庫= सिलहख़ाना.

सिलाहपोश [形] = सिलहपोश.

सिलाहबंद [形] = सिलहबंद.

सिलाही [名] 《A. سلاحی》兵士；軍人= सैनिक; सिपाही.

सिलिंडर [名] 《E. cylinder》気体を入れるボンベ；シリンダー आक्सीजन का सिलिंडर （潜水用の）酸素ボンベ गैस का सिलिंडर ガスボンベ

सिलिकन [名] 《E. silicon》〔化〕ケイ素；珪素；シリコン वह सिलिकन तथा कार्बन के संयोग से बनता है ケイ素と炭素の化合によってできるもの

सिलिकेट [名] 《E. silicate》〔化〕ケイ酸塩

सिलिकोन [名] 《E. silicone》〔化〕シリコーン प्लास्टिक से भी कड़ा पदार्थ सिलिकोन है プラスチックよりも硬い物質はシリコーンである

सिलिप [名] 《E. slip》紙片；紙切れ；メモ用紙；スリップ

सिलिपर [名] → सिलीपर.

सिली [名*] (1) 石 (2) 石のかけら (3) 板石 (4) 砥石

सिलीपर[1] [名] 《E. sleeper》鉄道の枕木 = स्लीपर.

सिलीपर[2] [名] 《E. slipper》スリッパ→ स्लीपर. = चट्टी.

सिलेंडर [名] → सिलिंडर. ボンベ गैस का सिलेंडर फटना ガスボンベの爆発

सिलेक्ट कमिटी [名*] 《E. select committee》特別委員会；特別調査委員会= प्रवर समिति.

सिलेट [名*] 《E. slate》(1) 粘板岩 (2) 石板（子供が文字を書くための文具）

सिलेटी [形] 《E. slaty》ねずみ色の；粘板岩の色をした；銀色の；灰色の；グレーの सिलेटी रंग ネズミ色

सिलेटी चरख़ी [名*]〔鳥〕ムシクイ科ハイガシラメジロチメドリ【*Alcippe poioicephala*】

सिलेटी थिरथिरा [名]〔鳥〕ヒタキ科アオカタビタキ【*Rhyacornis fuliginosus*】

सिलेटी फुदकी [名*]〔鳥〕ムシクイ科シロハウチワドリ【*Prinia socialis*】

सिलेदार [名] 《A.P. سلح دار》武器庫の管理責任者；武器庫長

सिलौटा [名] (1) = सिल. (2) = सिल बट्टा.

सिल्क [名] 《E. silk》(1) 絹；シルク= रेशम. (2) 絹の服地= रेशमी कपड़ा. सिल्क की साड़ी 絹のサリー

सिल्किन [形] 《E. silken》絹の；絹製の= रेशमी.

सिल्ला [名] 落ち穂 सिल्ला चुनना 落ち穂を拾う= सिल्ला बीनना.

सिल्ली[1] [名*] (1) 小さな板状の石；切石；石板 (2) 立方体に切ったもの बर्फ़ की सिल्लियाँ 氷を四角に切りだしたもの (2) インゴット ताँबा सिल्ली 銅のインゴット

सिल्ली[2] [名*] 箕で不純物を取り除くために積まれている穀物の山

सिल्वर [名] 《E. silver》銀 = चाँदी.

सिल्वर फ़िश [名*] 《E. silver fish》〔昆〕シミ科シミ（紙魚）

सिल्हक [名] → सिलारस.

सिवईं [名*] = सिवैयाँ.

सिवा [前置・後置] 《A. سوا》 -के सिवा もしくは, सिवा -के の形で用いられて, －の他に, －以外になどの意を表す= सिवाई. दो-चार बच्चों के सिवा कोई नहीं था 2〜3人の子供以外にはだれもいなかった

सिवाई[1] [前置・後置] 《A. سوائی》= सिवा.

सिवाई[2] [名*] = सिलाई.

सिवान [名] (1) 国境 (2) 辺境 (3) 村の境界にある土地 ऊजड़ गाँव के सिवान में कभी-कभी भुतही चिनगारी चमक जाया करती है 寂れた村のはずれではしばしば鬼火が燃える

सिवाय [前置・後置] = सिवा; सिवाई.

सिवार [名*] 水藻= सेवार; शैवाल.

सिवाल [名] = सिवार; शैवाल.

सिवाला [名] シヴァ神を祀る寺院= शिवालय.

सिविल [形] 《E. civil》(1) 市民の；公民の (2) 民間の；一般の (3) 礼儀正しい **सिविल कार्य** 民間活動；非軍事活動= असैनिक कार्य.

सिविल अस्पताल [名] 《E. civil hospital》インド連邦の各州の県立病院

सिविल इंजीनियर [名] 《E. civil engineer》土木技師

सिविल जज [名] 《E. civil judge》民事裁判の判事= सिविल न्यायाधीश.

सिविल डिसओबीडिएंस [名] 《E. civil disobedience》〔イ史〕市民的不服従；非暴力的抵抗= सविनय अवज्ञा.

सिविल ड्रेस [名] 《E. civil dress》私服 सिविल ड्रेस में 私服で

सिविल नाफ़र्मानी [名*] 《E.civil + P. نافرمانی नाफ़र्मानी》〔イ史〕市民的不服従；非暴力的抵抗= सविनय अवज्ञा; सिविल कानून भंग.

सिविल न्यायालय [名] 《E. civil + H.》〔法〕民事裁判所= दीवानी अदालत.

सिविल प्रक्रिया संहिता [名*]〔法〕民事訴訟法〈civil procedure code〉

सिविल प्रोसीजर कोड [名] 《E. civil procedure code》〔法〕民事訴訟法

सिविल मैरिज [名] 《E. civil marriage》〔法〕民事婚（宗教儀式によらず役所に結婚届を提出する形式での結婚）

सिविल ला [名] 《E. civil law》民法；民事法

सिविल वार [名] 《E. civil war》内戦；内乱

सिविल विधि [名*] 《E. civil law》〔法〕民法 = सिविल कानून.

सिविल विवाह [名] 《E. civil + H.》民事婚〈civil marriage〉

सिविल सर्जन [名] 《E. civil surgeon》県の医務・保健局長（県内の病院のほか刑務所の最高管理責任者も兼ねる）

सिविल सर्विस [名]《E. civil service》文官勤務；公務員勤務= असैनिक सेवा; सिविल सेवा.

सिविलियन [名]《E. civilian》(1) 一般人；文民；シビリアン (2) 英領インドにおける文官勤務資格試験の合格者；文官

सिवुम [形・名]《P. سوم》(1) 第3の；3番目の (2) （暦の）3日 (3) 〔イス〕死後3日目のコーラン読誦などによる追悼儀礼

सिवैयाँ [名*] (1) セワーイーン；シワイヤーン；シワイーン（ごく細い素麺）；バーミセリ= सिवईं. (2) 〔料〕それをミルクで甘く煮た料理

सिसकना [自] (1) しくしく泣く；すすり泣く वह वहीं जमीन पर सिसकते-सिसकते सो गया そこで地面ですすり泣いているうちに眠ってしまった (2) 震えあがる

सिसकारना [自] (1) 痛みや喜びを表すためしーという声を出す (2) しーしーという声を出す（人を呼んだり犬をけしかけたりする声）

सिसकारी [名*] しー，しーしーなどの声を出すこと

सिसकी [名*] (1) すすり泣くこと；しくしく泣くこと (2) しーという声を出すこと→ सिसकारी. **सिसकियाँ भरना** しくしく泣く

सिसोदिया [名] シソーディヤ（ラージプートの氏族名の一．ガフロート गहलोत 氏族の一分派とされる．古くは चित्तौड़ を後には उदयपुर を根拠地としてきた．その領地はラージャスターン州の南東部を占めるメーワール मेवाड़ であった）

सिस्टर [名*]《E. sister》(1) 姉妹 (2) 〔キ〕キリスト教修道女（呼びかけ，称号）；シスター (3) 看護婦（呼びかけ，称号） सिस्टर इंचार्ज से जाकर पूछो 婦長のところへ行ってたずねてごらん

सिहरन [名*] 体の震え；身震い；戦慄= कँपकँपी. उसके सिहरन उत्पन्न करनेवाले कोमल स्पर्श की याद आ रही है 身震いを起こさせるあの柔らかな感触が思い出される उसके तन-बदन में सिहरन-सी दौड़ गई 体の中を戦慄のようなものが走った आम लोगों को डायबिटीज का नाम सुनते ही इन्स्युलिन के इंजेक्शनों की कल्पना करके मन में सिहरन होने लगती है 普通の人は糖尿病と聞いたとたんにインシュリンの注射を想像して胸に震えを感じるものだ

सिहरना [自] 寒さや恐怖心のために震える；おののく；身震いする；縮みあがる；身の毛がよだつ घृणा से सिहरकर 嫌悪感に身震いして आइने के सामने खड़ी लीला सिहर उठी 鏡の前に立ったリーラーは震えあがった इसके बाद उसने तिरछी आँखों से मुझे इस तरह घूरा कि मेरा सारा बदन सिहर गया それから私を横目で睨んだので体中が震えた हमारी इतनी छोटी टुकड़ी किस भयानक ख़तरे में होगी, हम यह कल्पना करके सिहर उठते हैं 我々のこれほどの小隊がどれほど危険な状況になるかを考えて身震いする

सिहराना [他] 震えさせる；震えあがらせる；身震いさせる उसकी कल्पना ही मुझे सिहरा देती है それを想像しただけで身震いを起こさせる

सिहरी [名*] = सिहरन.

सिहाना[1] [自] (1) 妬む；嫉妬する (2) 強く欲しがる (3) うっとりする；茫然とする

सिहाना[2] [他] 物欲しげに見る；妬ましげに見る

सिहिकना [自]（穀物が）乾く；乾燥する= सूखना.

सिहोड़ [名]〔植〕トウダイグサ科多肉低木サボテンタイゲキ【*Euphorbia antiquorum*】= थूहर; सेहुँड़.

सिह्हत [名*]《A. صحت》健康= सेहत. सिह्हत के लिए यह भी ज़रूरी है 健康を保つにはこれも欠かせない

सींक [名*] (1) ススキなどの植物の細い茎 झाड़ू की सींकें ホウキグサの茎 (2) 細長いもの (3) 〔装身〕女性が小鼻につけるチョウジ（丁字）の形の装飾品 **सींक-सा पतला** ひょろひょろの

सींकिया [形] (1) とても細長い；針金のような (2) ひょろひょろの (3) 細縞の

सींखचा [名]《← P. سیخچه सीख़चा》= सिंखचा. जेल के सींखचों में 刑務所の格子の中で

सींग [名] (1) 動物の角 बड़े-बड़े सींगवाले बैल 角の大きな役牛 (2) 角笛 **सींग आ॰** 威張りだす **सींग कटाकर बछड़ा बनना** 年配の者が若者の真似をする；年寄りの冷や水= सींग कटाकर बछड़ों में मिलना. **सींग चलाना** 角で突く **सींग जमना** 喧嘩腰になる **सींग दिखाना** *a.* 安心させておいていざという時に裏切る *b.* 悩ませる；苦しめる *c.* 脅す **सींग निकलना** *a.* いたずらになる *b.* 愚かしくなる **सींग पर मारना** 見くびる；見下げる= सींग पर रखना; सींग पर समझना. **सींग मारना** 角で突く गायें सींग मारती हैं 牛は角で突く **सींग लगाना** 目立つことをする

सींगड़ा [名] (1) 角のある動物 (2) 角笛；シーンギー (3) 動物の角製の火薬入れ

सींगरी [名*]〔植〕アブラナ科野菜【*Raphanus sativus var. caudatus; R. caudatus*】〈rat-tail radish〉

सींगी [名*] (1) 角笛 (2) 〔医〕静脈切開・放血による治療に用いる動物の角；シーンギー= सिंगी. **सींगी लगाना** シーンギーを使って放血する

सींच [名*] (1) 灌水；灌漑 (2) 撒水

सींचना [他] (1) 植物に水をやる；畑に水をやる；灌水する पौधों को सींचना 草花に水をやる खेत को सींचना 畑に水をやる हज़ारे में पानी भर कर पौदे सींचे जाते हैं 如雨露に水を入れて草木に水をやる (2) 湿らす；濡らす

सींचाई [名*] = सिंचाई.

सींड़ [名] 鼻汁；鼻水；洟

सींथ [名*] 女性の前頭部の髪の分け際；マーング= माँग.

सीं पों [名] ロバの鳴き声 सीं पों सीं पों क॰ ロバが鳴く= ढेंच्यू ढेंच्यू क॰.

सीवँ [名] = सीव. (1) 境；境界 (2) 程度；限度 **सीवँ काटना** 度を越えて人を苦しめる

सी [名*] 痛みや喜び，感動を感じた際に発せられる声 **सी क॰** *a.* 反対する *b.* 悲しむ→ सीत्कार.

सी॰आई॰ए॰ [名]《E. CIA.; Central Intelligence Agency》米国中央情報局

सी॰आई॰बी॰ [名]《E. CIB; Central Investigation Bureau》インド中央公安調査局= केंद्रीय जाँच ब्यूरो.

सी-ऑफ़ [名]《E. see-off》見送り दौड़ता-दौड़ता मुझे सी-ऑफ़ करने यहाँ आ पहुँचा 大急ぎで私を見送りにやってきた

सी॰आर॰पी॰ [名]《E. CRP; Central Reserve Police》インド中央警察予備隊

सी॰ओ॰डी॰ [名]《E. COD; chemical oxygen demand》化学的酸素要求量

सीकचा [名] = सीख़चा.

सीकर [名] (1) 水滴；水の滴 (2) 汗

सीकाकाई [名*]〔植〕マメ科低木【*Acacia sinuata; Acacia concinna*】

सीख [名*] (1) 教え；教訓 यह सीख आश्रमवासियों को जीवन भर याद रही この教訓はアーシュラムの住人たちに一生記憶され続けた (2) 注意書き यह जानने के लिए नीचे बताई गई सीखों और सुझावों को ध्यानपूर्वक पढ़ें これを知るには下記の注意書きと指示を注意深く読まれたい

सीख़ [名*]《P. سیخ》(1) 串焼き用の鉄串 (2) 鉄格子 (3) 鉄棒

सीख़चा [名]《P. سیخچه》(1) 細い鉄の棒 (2) 鉄格子

सीखतड़ [名] 初心者；弟子

सीखना [他] (1) 学ぶ；習う (2) 覚える；習得する；体得する मैंने साइकिल सीखी 自転車に乗るのを覚えた कोई बच्चा जल्दी चलना सीख जाता है और कोई देर से 歩きを早く覚える子もいれば遅い子もいる (3) 教訓を得る **स्वयं सीखना** 独習する= ख़ुद सीखना.

सीखपर [名]〔鳥〕ガンカモ科オナガガモ【*Anas acuta*】

सीगा [名] のぎ（芒）= टूँड़.

सीग़ा [名]《A. صیغه》(1) 形式 (2) 型；模型 (3) 〔イス〕（シーア派に認められている）一時婚 (4) 〔イス〕結婚や離婚の際唱えられる決まり文句

सीज़न [名]《E. season》(1) 季節 (2) 旬；果物や野菜のとれる，もしくは，それらのおいしい時期

सीजना [自] → सीझना.

सीज़निंग [名]《E. seasoning》木材の乾燥 (-को) सीज़निंग करना (ーを) 乾燥させる

सीज़फ़ायर [名]《E. cease-fire》〔軍〕停戦；休戦 = युद्ध विराम.

सीझना [自] (1) 煮える (2) 焼ける (3) 木材が乾燥する (4) （生皮が）なめされる

सीट [名*]《E. seat》(1) 席；座席 (2) 議席 (3) 定員 (4) 便器の座；便座

सीटना [他] ほらを吹く；大きな口を叩く；大げさな自慢をする सीटना मरदों का काम है, उन्हें सीटने दो ほらを吹くのは男の仕事だ．吹かせておけ

सीट-पटाँग [名*] ほら（法螺）；法螺話；でたらめ話

सीटी [名*] (1) 口笛 (2) 合図の笛；呼び子；呼子 पुलिस की सीटी 警官の呼子 **सीटियाँ बजाना** 口笛を吹く घर के भीतर सीटियाँ बजाना 家の中で口笛を吹く **सीटी दे॰** *a.* 警笛を鳴らす इंजन ने सीटी दी 機関車が汽笛を鳴らした *b.* 合図の笛を吹く गार्ड ने सीटी दे दी.गाड़ी छूटने वाली है 車掌が笛を吹いた．発車するところだ (3) ホイッスル；審判の吹く笛 खेल शुरू होने की सीटी बजा देना ゲーム開始の笛を吹く (4) 汽笛；警笛 सीटी...हरी झंडी... 汽笛…緑の手旗…

सीटू [名] 《E. CITU; Centre of Indian Trade Union》インド労働組合センター

सीठना [名]〔ヒ〕結婚式の際，花嫁側の女性たちによって花婿側の親族をからかうために歌われるざれ歌；シートナー

सीठनी [名*] = सीठना.

सीठा [形] 味気ない；風味のない

सीठी [名*] (1) 搾り滓 (2) 滓

सीड़ [名*] 湿気；湿り気= सील; सीलन; नमी.

सीडिंग [名] 《E. seeding》〔ス〕シード（すること）

सीढ़ी [名*] (1) 階段 शीला आधी सीढ़ियों पर रुककर उसे डपटने लगी シーラーは階段の途中で立ち止まってその子を叱り始めた (2) 梯子 फिसलन पर सीढ़ी लगी है 滑り台には梯子がついている (3) 段階 (4) 手段 **सीढ़ियाँ उतरना** 階段を下りる दिलीप सीढ़ियाँ उतर गया ディリープが階段を下りた **सीढ़ियाँ चढ़ना** 階段を上る **सीढ़ी-सीढ़ी चढ़ना** 徐々に登る；少しずつ登る；ゆっくり登る

सीढ़ीदार [形] 《H. + P. دار》(1) 階段のついている；梯子のついている (2) 段のついている；階段状の **सीढ़ीदार खेत** 棚田；段々畑；千枚田

सीढ़ीनुमा [形] 《H.+ P.نما》階段式の；段のついている；段状の चाय के सीढ़ीनुमा बग़ीचे 段々畑の茶園

सीतल चीनी [名*] = कबाब चीनी. (1)〔植〕コショウ科蔓木ヒッチョウカ (2) 同上の果

सीतलपाटी [名*] (1)〔植〕クズウコン科草木【*Chinogyne dichotoma; Phrynium dichotomum*】 (2) 同上の茎から作られるござ；寝ござ

सीतल बुकनी [名*] = सत्तू; सतुआ.

सीतला [名*] = शीतला. 疱瘡神シータラー

सीता [名*] (1)〔イ神・ラマ〕ミティラーのジャナカ王の娘，シーター．ラーマの妃= जानकी; वैदेही. (2) 畝と畝との間の溝；畦の溝 **सीता की पंजीरी**〔植〕シソ科草本アンボンジソ【*Coleus amboinicus*】 **सीता की रसोई** ままごと遊びの道具；玩具のお勝手道具

सीतानाथ [名]〔ラマ〕ラーマ；ラーマチャンドラ= श्री रामचंद्र; श्री राम.

सीतापति [名] → सीतानाथ.

सीताफल [名] (1)〔植〕バンレイシ科バンレイシとその果実【*Annona squamosa*】= शरीफ़ा. (2)〔植〕ウリ科蔓草カボチャとその果実【*Cucurbita moschata*】= कुम्हड़ा.

सीता-राम [感] (1)〔ヒ〕ヒンドゥー教徒がラーマとシーターを称える言葉（ヒンドゥーの唱名の一） (2) ヒンドゥーの日常的な挨拶の言葉の一種

सीत्कार [名] 激しい痛みと歓喜を表す際に息を吸い込むようにして口から出す सी →という音声

सीत्कृति [名*] = सीत्कार.

सीथ [名] 煮えた米粒

सीद [名] 利子を取っての金貸し；金融業= सूदखोरी.

सीदना[1] [自] 苦しむ；痛みを受ける；痛みを感じる

सीदना[2] [他] 苦しめる；痛みを与える

सीध [名*] (1) 真っ直ぐなこと (2) 真ん前；真正面 (3) 的；標的 **(-की) आँखों की सीध** （ーの）真ん前に बच्चा ऐन मेरी आँखों की सीध में था 子供は私の真ん前にいた **एक दूसरे की सीध में आ॰** 一直線上に来る सूर्य, चंद्रमा और पृथ्वी जब एक दूसरे की सीध में आ जाते हैं 太陽，月，地球が一直線上に来ると **(-की) सीध में** （ーに）向かって真っ直ぐに मैं एक चमकती हुई छोटी-सी बत्ती की सीध में तैरती चली जा रही थी 輝いている小さな明かりに向かって真っ直ぐ泳いでいた ध्रुवतारा भी पृथ्वी की धुरी की लगभग सीध में है 北極星も地球の軸のほぼ直線上に位置する **नाक की सीध में** 真っ直ぐに；直線方向に；直線的に एक सीध में खड़ा हो॰ 一列に並ぶ = क़तार बाँधना. **सीध बाँधना** *a.* 直線を引く *b.* 狙い定める *c.* 整列する

सीधा[1] [形+] (1) 真っ直ぐな सीधी कमर 真っ直ぐな腰 → कमर झुकना 腰が曲がる. (2) 直線の (3) 素直な (4) おとなしい (5) 直接の जनता और व्यापारी वर्ग में सीधे संघर्ष को प्रोत्साहित करती है 民衆と商人階級との間に直接対決を煽る **सीधा मुक़ाबला** 一騎討ち；一対一の対決 (6) 順調な (7) 容易な；簡単な；やさしい (8)〔ス〕順手の；フォアハンドの (9) 右の；右手の；右側の सीधी बाँह 右腕 **सीधा हाथ** *a.* 右手 हमेशा सीधे हाथ से खाते हैं いつも右手を使って食べる *b.*〔ス〕フォアハンド；順手 ये सब शाट उलटे अथवा सीधे हाथ से लगाए जा सकते हैं これらのショットはすべてバックハンドかフォアハンドで打つことができる सीधे हाथ का ड्राइव フォアハンドドライブ= फ़ोरहैंड ड्राइव. (10) 明快な；きっぱりとした यह एक ऐसा प्रश्न है जिसके कोई सीधे उत्तर नहीं है これは明快な解答の出ないような問題なのです **सीधा क॰** *a.* 懲らしめて正す *b.* 真っ直ぐにする काग़ज़ के एक मुड़े कोने को नाख़ून से सीधा करते हुए 紙の折れた隅を爪で伸ばしながら *c.* せしめる；巻き上げる एक डाक्टर ज़रा-ज़रा नश्तर लगाकर एक हज़ार सीधा कर लेता है 医者はちょっとメスを入れて1000ルピーをせしめるのだ **सीधा दिन** 吉日 **सीधा पासा पड़ना** 首尾よく行く；うまく行く **(-) सीधा बनाना** *a.*（ーの）慢心を打ち砕く *b.*（ーを）正しい方向に導く **सीधा-सादा** *a.* 素朴な；質朴な；純朴な；飾り気のない सीधे-सादे लोगों पर रोब जगाना 純朴な人たちを威圧する उनके सीधे-सादे शब्दों में 飾り気のない言葉に *b.* 質素な；簡素な；飾り気のない यहाँ का रहनसहन अधिक सीधा-सादा था ここの暮らしは一段と質素なものだった सीधा-सादा जीवन 質素な暮らし向き **(-) सीधा हो जा॰** *a.*（ーが）真っ直ぐになる *b.*（ーが）取り立てられる **सीधी आँख न देख सकना** 気後れがして顔を合わせられない **सीधी उँगली से घी नहीं निकलना** 一筋縄では行かない **सीधी-उलटी बुनना** ゴム編み **सीधी कहना** はっきりと言う；明言する；きっぱりという **सीधी ढलवान** 急な坂 **सीधी ढाल वाली सड़क** 急な坂道 **सीधी तरह** *a.* まともに *b.* 容易に **सीधी बात** まともなこと गालियों के अलावा कभी सीधी बात नहीं निकलती मुँह से? 君の口からはののしりの言葉以外まともなことは出ないのかい हमसाए कभी सीधी बात कह जाएँ तो मानूँ 隣の人が一度でもまともな話をすれば納得もするのだが **सीधी बात न आ॰** 正確に知らない **सीधी राह** 道理にかなったこと **सीधी रेखा** 直線= सीधी लकीर; सरल रेखा. **सीधी सुनाना** はっきりと言う；明確に言う **सीधे उस्तरे से मूँड़ना** 少々の損害を与える **सीधे का मुँह कुत्ता भी चाटता है**〔諺〕おとなしくしているとだれからも侮られる **सीधे ढर्रे पर लाना** 正しい方向に導く **सीधे न ताक सकना** 顔を合わせられない；面と向かい合うことができない **सीधे न देखना** 侮る；軽んじる **सीधे पाँव न पड़ना** *a.* 足がふらつく；よろよろする *b.* 大変うぬぼれる **सीधे पाँव न रखना** 大変うぬぼれる **सीधे बात न कहना** 大変うぬぼれる **सीधे बोलना** 丁寧に話をする **सीधे मुँह बात क॰** きちんと応答する；まともな口をきく इसे इतनी तमीज़ नहीं कि ताश छोड़कर मेरे साथ सीधे मुँह बात कर सके トランプのこと以外まともな話ができるほどの作法もわきまえてはいない **सीधे मुँह बात नहीं क॰** 鼻にかけてまともに口をきかない；偉そうに話す इस लिए वह आसपड़ोस वालों से सीधे मुँह बात नहीं करती このため近所の人たちとまともに口をきかない **सीधे रास्ते पर आ॰** 正常な状態になる；まともになる；本来の姿に戻る पंचायत का डंड लगेगा तो अपने आप सीधे रास्ते पर आ जाएगा パンチャーヤットの裁きで痛い目に遭えばまともになるだろう

सीधा[2] [副] 真っ直ぐ；真っ直ぐに वह घोड़ा सीधा स्वर्ग में देवों के पास गया その馬は真っ直ぐ天国の神々のところへ行った वह चुपचाप साइकिल से कूदकर सीधा माँ के पास गया और उसके कान में फुसफुसाने लगा 黙って自転車から飛び降りると真っ直ぐ母親のところに行き耳打ちを始めた

सीधा[3] [名] (1) 調理されていない穀物や食品（米，小麦，豆など）；シーダー (2) 祭事に関わるバラモン僧や行者たちに贈られる調理されていない穀物．カーストの明らかでない人に料理をもてなす代わりに供されることもある

सीधापन [名] ← सीधा. (1) 真っ直ぐなこと (2) 正直なこと (3) 素直さ (4) 無邪気さ

सीधे [副] ↔ सीधा. (1) 垂直に (2) 真っ直ぐに हमारी आहट सुनकर चौंककर सीधे बैठ गये 私の足音を聞いてびくっとして姿勢を正した (3) 真っ正面に (4) 直接に (5) おとなしく；静かに

सीध्र [名] 肛門= गुदा; मलद्वार.
सीन[1] [名] 《E. scene》 (1) シーン (2) こま（齣） (3)〔演〕舞台面；背景；道具立て；書き割り
सीन[2] [名] 《A. سین》 (1) ウルドゥー文字の第 18 字母سの名称 (2) ウルドゥー文字の第 19 字母ش शीन の訛ったもの सीन काफ़ दुरुस्त मौलवियों में 発音の正しい格調高い言葉で話すモウルヴィーたちの中で→ शीन.
सीनरी [名*] 《E. scenery》〔演〕舞台面；書き割り；道具立て= दृश्य.
सीना[1] [他] (1) 縫う मैं अपनी माँ से कहूँगा कि आपके लिए एक कुरता सी दे 君のためにクルターを 1 着縫ってくれるよう母さんに頼む (2) 閉じる；ふさぐ मुँह सीना 口を閉じる
सीना[2] [名] 《P. سینہ》胸；胸部= छाती; वक्षस्थल. **सीना उभारना** 胸を張る= सीना बाहर आ°. **सीना कूटना** （胸を打って）悲しむ；悲しみを表す **सीना चाक क°** （自分を）犠牲にする **सीना चाक हो°** 胸が張り裂ける；胸の張り裂けんばかりの悲しい思いをする **सीना चौड़ा हो°** 誇らしく感じる **सीना गर्व से फूल उठना** 誇らしく感じる उसे पढ़कर हर देशवासी का सीना गर्व से फूल उठता है それを読むと国民はだれしも誇らしく感じるものだ **सीना तानकर चलना** *a.* 誇らしげにする *b.* 反りくり返って歩く；ふんぞり返る **सीना तानना** 胸を張る；誇らしくする ये दोनों हट्टे-कट्टे बैल सीना ताने खड़े थे この 2 頭の頑丈な牛は誇らしげに立っていた **सीना धड़कना** 心配になる；不安になる **सीना फुलाकर** 胸を張って；堂々と **सीने पर पत्थर रखकर** 心を鬼にして **सीने पर मूँग दलना** 公然と苦しめる **सीने पर साँप लोटना** *a.* 妬ましく感じる *b.* 震えあがる **सीने पर सिल धरना** 我慢する；耐え忍ぶ= सीने पर सिल रखना. **सीने पर हाथ रखकर** 確信を持って **सीने पर हाथ रखना** 冷静に考える **सीने से लगा ले°** 抱きしめる
सीनाकोबी [名*] 《P. سینہ کوبی》 (1) 激しく胸を打って嘆き悲しむこと (2) 哀悼すること
सीनाचाक [形] 《P. سینہ چاک》胸の張り裂ける思いの；大変悲しい
सीनाज़न [形] 《P. سینہ زن》 (1) 激しい悲しみの表現として手で胸を打つ；胸を叩く (2) 哀悼する
सीनाज़नी [名*] 《P. سینہ زنی》= सीनाकोबी.
सीनाज़ोर [形] 《P. سینہ زور》 (1) 乱暴な；横暴な (2) 横柄な；傲慢な
सीनाज़ोरी [名*] 《P. سینہ زوری》 (1) 乱暴；横暴 (2) 横柄；傲慢さ
सीनाबंद [名] 《P. سینہ بند》 (1)〔服〕シーナーバンド（パンジャーブやドーアーバーなど北西インドの女性の着用する胸にぴったりした胴着の一）；アンギヤー（अंगिया）= अँगिया. (2) ブラウス (3) 胸当て (4) 馬の腹帯 (5) よだれ掛け
सीना-बसीना[1] [形[+]] 《P. سینہ بہ سینہ》先祖や師匠から伝えられてきている；代々伝承されてきている；先祖伝来の
सीना-बसीना[2] [副] (1) 胸と胸とを合わせて (2) 対抗して
सीनाबाज़ [形] 《P. سینہ باز》 (1) 胸の開いた (2) 胸幅の広い；胸の幅広い
सीना-शिगाफ़ [形] 《P. سینہ شگاف》= सीनाचाक.
सीना-साफ़ [形] 《P.A. سینہ صاف》心の清らかな；純真な
सीना-सिपर [形] 《P. سینہ سپر》断固として立ち向かう；決然として対抗する
सीना-सियाह [形] 《P. سینہ سیاہ》 (1) 邪心のある；腹黒い (2) 無情な；非情な
सीना-सोख़्ता [形] 《P. سینہ سوختہ》悲嘆にくれた；悲しみに沈んだ
सीनियर [形] 《E. senior》 (1) 年上の；年長の (2) 先輩の；上級の；先任の；古参の (3) 上席の सीनियर वकील 主任弁護士
सीनी [名*] 《P. سینی》金属製の盆；トレー；プレート = थाली.
सीनेट [名*] 《E. senate》 (1) 大学評議会 बंबई वि°वि°सीनेट ボンベイ大学評議会 विश्वविद्यालयों की सीनेट में 大学の評議会で (2) アメリカ合衆国上院
सीप [名] (1) 貝（二枚貝の総称．真珠貝を指すこともある．巻き貝は घोंघा） (2) 貝殻 (3) 二枚貝の貝殻でこしらえた器具
सीपिया [名*] 《E. sepia》 (1)〔動〕頭足類イカ (2) セピア
सीपी [名*] (1) 小さな貝（二枚貝） (2) 小さい貝殻
सी°पी°आई° [名] 《E. Communist Party of India》〔イ政〕インド共産党
सी°पी°आई°एम° [名] 《E. Communist Party of India (Marxist)》〔イ政〕インド共産党（マルクス主義派）
सी°पी°एम° [名] 《E. C.P.M., Communist Party of India (Marxist)》= सी°पी°आई°एम°.
सी°पी°सी° [名] 《E. Criminal Procedure Code》〔法〕刑事訴訟法 = दंडप्रक्रिया विधि.
सी प्लेन [名] 《E. sea plane》水上飛行機；飛行艇
सीबी [名*] 痛みや喜びを表す सी सी という息を吸い込む音声= सिसकारी. → सीत्कार.
सी°बी°आई° [名] 《E. C.B.I,; Central Bureau of Investigation》インド中央公安調査局（内務省）= केंद्रीय जाँच ब्यूरो.
सीमंत [名] (1) 境界線 (2) 女性の髪の分け際；マーング माँग (3) 関節 (4) = सीमंतोन्नयन.
सीमंतक [名] (1)〔ヒ〕既婚有夫の女性がマーング（髪の分け際）に朱を塗ること (2) 同上に用いられる朱
सीमंतित [形]〔ヒ〕女性の髪の分け際に朱を塗った= माँग निकाला हुआ.
सीमंतोन्नयन [名] 妊婦が妊娠 4, 6, 8 か月目に行う髪の分け際を作る儀式
सीमांकन [名] 区分；境界決定
सीमांकित [形] 区分された；境界が決定された
सीमांत [名] (1) 国や自治体などの様々な基準に基づく地理区分の境；境目；境界；辺境= सरहद. (2)〔経〕限界収益点〈margin〉
सीमांत उपयोगिता [名*]〔経〕限界効用〈marginal utility〉
सीमांत पूजन [名]〔ヒ〕花嫁の村や居住地の境界への到着に際して花嫁側が花婿に対して行う歓迎の儀式
सीमांत प्रदेश [名] (1) 境界地域 (2) 国境地域
सीमांत माँग [名*]〔経〕限界需要〈marginal demand〉
सीमांत लागत [名*]〔経〕限界費用〈marginal cost〉
सीमांत लाभ [名]〔経〕限界収益〈marginal profit〉
सीमांत शुल्क [名] 関税 सीमांत शुल्क से मुक्त 関税のかからない；関税免除の
सीमा [名*] (1) 境界線；境目 (2) 境；境界；境界地；境界地域 रेगिस्तान की सीमा पर 砂漠の境界で सीमा निर्धारित क° 限定する = महदूद. शहर की सीमा छोड़ते ही एक झील मिली 都市の境界を越えるとすぐに湖があった (3) 限度；限界；度；節度 अत्याचारों की कोई सीमा नहीं थी 無法の止まるところがなかった **अधिकतम सीमा** 上限 मेरे डर की सीमा न रही 私の不安は尽きなかった（限りなかった） सीमा से आगे और नहीं सुना गया それ以上聞くに耐えないものだった (4) 女性の髪の分け際 **सीमा के अंदर रहना** 節度を守る **सीमा पार हो°** 度を越える；限度を超す **सीमा बंद क°** 境界や国境を閉じる **सीमा बाँधना** 境界を作る **सीमा लाँघना** = सीमा पार हो°. **सीमा से बाहर जा°** 度を越える **(-की) सीमा हो°** （-の）極に達する；頂点に達する
सीमा-कर [名] 関税 = सीमाशुल्क.
सीमा-चौकी [名*] 国境などの境界線にある検問所
सीमातिक्रमण [名]〔法〕境界侵犯
सीमा-निर्धारण [名] 境界設定
सीमापाल [名] 国境などの境界の警備や守備の任にある人
सीमाब [名] 《P. سیماب》水銀= पारा.
सीमाबद्ध [形] (1) 境界の定められた (2) 限定された；限界のつけられた
सीमा रेखा [名*] 境界線〈border line〉 मैदान की सीमा रेखा 戦場の境界線
सीमावर्ती [形] 境界に位置する；国境周辺の；辺境の सीमावर्ती राज्य 国境の州；辺境の州
सीमाविवाद [名] 境界紛争；境界争議；国境紛争
सीमाशुल्क [名] 関税 सीमाशुल्क औपचारिकताएँ 税関手続き सीमाशुल्क घोषणा 税関申請 सीमाशुल्क मुक्त 関税免除の सीमाशुल्क अधिकारी 税関職員= कस्टम अफ़सर.
सीमाशुल्कालय [名] 税関= कस्टम हाउस; सीमाशुल्क कार्यालय; सीमाशुल्क चौकी. 〈customhouse; customshouse〉
सीमा-संधि [名*] 国や州の境界線
सीमा सुरक्षा बल [名] インド連邦国境警備隊= बी°एस°एफ़°. 〈BSF; Border Security Force〉

सीमाहीन [形] はてしのない；限りのない；尽きることのない；終わりのない सीमाहीन क्षितिज से はてしのない地平線から
सीमिक [名] (1)〔昆〕シロアリ= दीमक. (2) 蟻塚
सीमित [形] (1) 限られた；限定された सीमित आय में से 限られた収入の中から तेल के भंडार सीमित हैं 石油資源は限られている समाजवादियों के अनुसार सरकार के कार्य केवल सुरक्षा तक सीमित नहीं होने चाहिए 社会主義者によれば政府の活動は単に防衛にのみ限定されるべきではない (2) 制限された अपना परिवार सीमित रखना 家族計画を立てる हमने घूमना-फिरना बहुत ही सीमित कर दिया 散歩をうんと制限した
सीमित साझेदारी [名*] 合資会社〈limited partnership〉
सीमिया [名*]《A. سیمیا》(1) 錬金術 (2) 魔術；魔法
सीमेंट [名]《E. cement》セメント= सिमेंट.
सीमोल्लंघन [名] 境界侵犯；国境侵犯
सीर[1] [名] (1) 犂 (2) 犂につながれる役牛
सीर[2] [名*]〔農〕(1) 土地所有者の自耕地；自耕作地 (2) 共有地（村の習慣によりその土地からの収益が分配されることになっている）
सीर[3] [名] 血管= रक्त की नाड़ी; खून की नली. **सीर खुलवाना** メスで切開して悪い血を取り除く；放血する
सीरत [名*]《A. سیرت》(1) 性分；性質；気立て (2) 気質 क़ौमी सीरत 民族気質；国民性 (3) 品行
सीरदार [名]《H.सीर[2] + P. دار》自耕作者
सीरम [名]《E. serum》〔生理〕漿液；リンパ液 डाक्टर ने उसके सीरम की जाँच करनी चाही 医者はその人の漿液（リンパ液）の検査を望んだ
सीरियम [名]《E. cerium》〔化〕セリウム
सीरियल [名]《E. serial》一連の物；続き物；連続物；連載物= धारावाहिक. दूरदर्शन के 'महाभारत' सीरियल का कृष्ण テレビの連続番組「マハーバーラタ」のクリシュナ役
सीरिया〔国名〕《E. Syria》シリア；シリア・アラブ共和国= शाम.
सीरियाई [形] シリアの
सीरियाई कैथोलिक पंथ [名]〔キ〕シリア派カトリック सीरियाई कैथोलिक पंथ को माननेवाले ईसाई シリア派カトリック教徒
सीरीज़ [名⁻]《E. series》(1) シリーズ；連続物；続き物；一連の物 (2) 双書
सील[1] [名*]《E. seal》(1) 判；印 (2) 印章；封印
सील[2] [名*]《E. seal》〔動〕アザラシ；アシカ；オットセイ
सील[3] [名*] 湿気= नमी ; तरी.
सीलन [名*] 湿気；湿度 सीलन भरी जगह じめじめしたところ सीलन और सड़ाँध 湿気と腐臭 सीलन गायब हो जा° 湿気がとれる
सीलना[1] [自] 湿る；湿気る；じとっとする सीली हुई माचिस 湿気たマッチ दीवार सील गई 壁が湿気た
सीलना[2] [他]《← E. seal》(1) 封をする (2) 封鎖する सारे रस्तों को सीलकर अयोध्या में अघोषित कर्फ़्यू लगा दिया गया था すべての道路を封鎖してアヨーディヤーに宣言されない（事実上の）外出禁止令が布かれた
सीलबंद [形]《E. seal + P. بند》封印された सीलबंद बोतलों में 封印されたびんで
सीलरी [名*]《E. celery》〔植〕セリ科セロリ；オランダミツバ
सीला[1] [名] (1) 落ち穂= सिला. (2) 落ち穂拾いをして命をつなぐこと；出家の身
सीला[2] [形⁺] 濡れている；湿っている
सीलिंग [名]《E. ceiling》天井= छत.
सीलिंग फ़ैन [名]《E. ceiling fan》天井に設置された扇風機
सीलेंटेरेटा [名]《E. coelenterate》〔動〕腔腸動物= खोखली थैलीवाले प्राणी.
सीवन [名*] (1) 裁縫；縫うこと= सिलाई. (2) 縫い目 आस्तीन की सीवन 45.5 सेमी° 袖の縫い目 45.5cm (3) 男子の会陰；蟻の門渡り
सीवनी [名*] (1) 針 (2) 男子の会陰部
सीवर [名]《E. sewer》下水道；下水溝 सीवर व्यवस्था 下水施設；下水設備；下水道
सीवाँ [名*] 毛織物につく虫
सीस [名] 頭；頭部（に相当する部分）；上部；先端= सिर; माथा. पेड़ खड़े हैं सीस झुकाए 木々が頭を垂れて立っている
सीसक [名] 鉛= सीसा.
सीसज [名] シンドゥール；朱→ सिंदूर.
सीस-ताज [名] 鷹狩りの鷹につける目隠しのフード
सीस-फूल [名]〔装身〕女性が前額部に髪から垂らしてつける花形の金製の装身具；シースプール
सीसम [名] → शीशम.
सीसमहल [名] → शीशमहल.
सीसल [名]〔植〕リュウゼツラン科サイザルアサ（その繊維が有用）【*Agave sisalana*】= रामबाँस.
सीसा[1] [名] 鉛= सीस.
सीसा[2] [名] → शीशा.
सी-सा [名]《E. seasaw》シーソー
सीसी [名*] (1) 激しい痛みや喜びを感じた時に息を吸い込みながら発せられるシー（सी）という声→ सीत्कार. (2) 寒さに震えながら発せられる声
सीसी तीतर [名]〔鳥〕キジ科ヒメイワシャコ【*Ammoperdix griseogularis*】
सीसोदिया [名] シーソーディヤー（ラージプートの氏族名の一）सीसोदिया राजपूत シーソーディヤー・ラージプート→ सिसोदिया राजवंश. = सिसोदिया.
सीस्मोग्राफ़ [名]《E. seismograph》地震計
सीह[1] [名*] 匂い；臭い= महक; गंध.
सीह[2] [名]〔動〕ライオン；獅子= सिंह.
सीह गोस [名]〔動〕ネコ科オオヤマネコ→ स्याह गोश; सियाह गोश.
सीहण [名*]〔動〕メスのライオン= सिंहनी; सीहणी.
सीहुँड़ [名] = सेहुँड़.
सुंग [名]〔イ史〕シュンガ王朝→ शुंग वंश.
सुँघनी [名*] 嚙みタバコ；嗅ぎタバコ
सुँघाना [他] ← सूँघना. 嗅がせる क्लोरोफ़ार्म सुँघाना クロロホルムを嗅がせる
सुंड [名] 象の鼻= शुंड; सूँड़.
सुंड-भुसुंड [名] 象= हाथी.
सुंडस [名] 荷役用のロバの背につける荷鞍
सुंडा[1] [名]〔昆〕マメにつくゾウムシの仲間の甲虫= सूँड; शुंड.
सुंडा[2] [名] 荷物運搬のロバの背につける鞍敷き
सुंडा[3] [名] 象の鼻
सुंडाल [名] 象= हाथी.
सुंदर [形] (1) 美しい सुंदर दाँत 美しい歯 सुंदर गहने 美しい装身具 (2) 容貌のよい；美貌の；美男子の；男ぶりのよい；ハンサムな लड़का अधिक सुंदर तो नहीं था 男の子は器量はあまりよくなかった सुंदर नवयुवक ハンサムな青年 (3) 立派な；上手な；見事な；手際のよい समय का सुंदर से सुंदर उपयोग 時間の一番上手な使い方 बच्चों के लालन-पालन और शिक्षा-दीक्षा की ऐसी सुंदर व्यवस्था 子供たちの養育と教育のこんなに立派な準備 (4) 素敵な बच्चों के सुंदर भविष्य की कामना क° 子供たちの素敵な未来を祈願する (5) めでたい；吉祥な
सुंदरता [名*] ← सुंदर. रत्न मंजूषा की सुंदरता पर मोहित हो गया ラトナはマンジューシャーの美貌にうっとりとなった
सुंदरताई [名*] = सुंदरता.
सुंदरी[1] [形*] 美しい；容貌のすぐれた；美貌の；器量のよい；別嬪の
सुंदरी[2] [名*] 美女；美人；別嬪
सुंदरी सवैया [名]〔韻〕スンダリー・サワイヤー（各パーダが 8 रगण + गुरु の 25 音節から成る音節韻律）
सुंबा [名] (1)〔軍〕(銃口を掃除するための) 込め矢 (2) 金属に穴をあけるたがね
सुंबी [名*] 金属の穴あけ用のたがね
सुंबुल [名] (1)〔植〕オミナエシ科カノコソウ属【*Valeriana hardwickii*】(2) 小麦の穂
सुंबुला [名] 小麦の穂
सु- [接頭] 良い，すぐれた，立派な，上手な，めでたい，多くの，豊富なななどの意を加える接頭辞 माला के ही सुप्रभाव का फल है マーラーの良い影響が及んだ結果なのです
सुअंग [形] 姿形の良い；体の頑丈な；体格の立派な
सुअटा [名] = तोता.

सुअन [名] 息子= बेटा; पुत्र; लड़का.

सुअर [名]〔動〕ブタ(豚)= सूअर. जंगली सुअर〔動〕イノシシ

सुअवसर [名] 好機;好い機会;チャンス

सुआ[1] [名] 太く大きな針;大針= सूआ. → सुई; सूई.

सुआ[2] [名] = तोता.

सुआपंखी [形] 萌葱色の

सुई [名*] (1) 針;縫い針 सिलाई मशीन की सुई ミシン針 सुई की नोक 針の先 (2) 縫い針に形の似たもの(目盛りを示す針など) घड़ी की सुइयाँ 時計の針 विद्युत्दर्शक की सुई 検電器の針 ट्रांजिस्टर की सुई इधर-से-उधर घुमाती रही トランジスタラジオのダイヤル針をあちこち回していた (3) 注射針 सुई लगाना 注射する

सुऊबत [名*] 《A. صعوبت》困難;苦労;苦難= तकलीफ़; कष्ट. दूर दराज़ के सफ़र की सुऊबत झेलते 長旅の苦労をしながら

सुकंठ [形] (1) のどの部分の美しい;首の美しい (2) 声の美しい;美声の

सुक-नासा [名*] (1) インコのくちばしのような形の鼻;鷲鼻;鉤鼻 (2) インコのような鼻をした(鷲鼻の)女性

सुकर [形] 簡単な;容易な;やさしい

सुकरता [名*] (1) 容易なこと;やさしいこと (2) 美しさ

सुकरात〔人名〕《A. سقراط सुक़रात》ソクラテス(古代ギリシアの哲学者)

सुकरित [形] (1) すぐれた;立派な= अच्छा; भला. (2) めでたい;吉祥な= शुभ.

सुकर्म [名] 立派な行い

सुकर्मा [形] 行いのすぐれた

सुकुमार [形] (1) 可憐な;優しい;柔和な;可愛い उसके सुकुमार चेहरे पर その子の愛らしい顔に (2) いとけない;頑是ない;幼い इन सुकुमार बालकों का क्या अपराध है? このいとけない子供たちに何の罪があろうか (3) 脆い;壊れやすい;弱々しい;崩れやすい;華奢な;花車な

सुकुमारी [形*] 華奢な;花車な;優美な

सुकुल[1] [形] 立派な家系の;名家の

सुकुल[2] [名] 立派な家系;名家

सुकूत [名] 《A. سکوت》沈黙;無言= मौन; चुप्पी; ख़ामोशी.

सुकून [名] 《A. سکون》(1) 安楽;休息= आराम. (2) 平静;平穏;安らぎ= शांति. वह मीठी नींद सोता है और सुकून से उठता है 安眠し心安らかに起きる (3) 沈黙= सन्नाटा.

सुकूनत [名*] 《A. سکونت》(1) 住居 (2) 居住地

सुकृत् [形] (1) 行いの正しい;善行をなす;善良な (2) 信仰深い;信心深い (3) 幸運な

सुकृत[1] [名] 善行;立派な行い;徳行

सुकृत[2] [形] (1) 信仰心の篤い (2) 立派な;立派になされた

सुकृति [名*] 善行;徳行

सुकृती [形] (1) 善行をなす;徳行の;篤信の (2) 幸運な (3) 聡明な

सुकेशी[1] [名] 髪の美しい人

सुकेशी[2] [名*] 髪の美しい女性

सुकोमल [形] (1) とても柔らかい (2) 花車な;華奢な;弱々しい;脆い (3) 可愛い;愛らしい सुकोमल मूर्ति 愛らしい姿

सुक्कान[1] [名] 舵 = पतवार.

सुक्कान[2] [名] 《A. سکان》住人;住民

सुक्कानगीर [名] 《H.+ P. گیر》舵手;舵取り

सुक्कानी [名] 船頭= माझी.

सुख [名] (1) 幸せ;幸福;安楽 ससुराल में सुख और शांति बनाये रखना 稼ぎ先で幸せと心の安らぎを保つこと (2) 喜び;嬉しさ (3) 快楽;気持ちのよいこと;快感 यौन सुख 性愛の喜び **सुख का हिंडोला झूलना** 安楽に暮らす **सुख की नींद सोना** 安心する;安堵する;ほっとする **सुख की रोटी खाना** 幸せに暮らす;安楽な暮らしをする **सुख की साँस ले॰** *a.* 幸せに暮らす *b.* 楽になる **सुख मिलना** 喜びを得る;嬉しくなる कितना सुख मिलता है यह जानकर कि आजकल के बच्चे कितने समझदार हैं 近頃の子供たちがどれほど聞き分けがよいかを知りどんなにか嬉しい **सुख से** 幸せに;安楽に;安穏に वह सुख से महल में रहने लगी 安楽に宮殿に暮らし始めた

सुखकर [形] 心地よい;気持ちのよい;快適な उसे हवा का बहाव बहुत सुखकर लगा 風がとても心地よく感じられた सब मशीनें हमारा काम सरल, सुगम और सुखकर बना देती हैं どんな機械も人間の仕事を簡単で容易で快適なものにしてくれる सब के लिए कभी-कभी एक ही नियम सुखकर नहीं होते しばしば同じ規則がだれにでも快適であるとは限らない

सुखकारी [形] 気持ちのよい;快適な;心地よい

सुख-चैन [名] 幸せ;幸福;安穏 **सुख-चैन से** 安穏に;幸せに उनकी बेटी सुख-चैन से रहेगी あの方の娘は嫁いでから幸せに暮らそう

सुखड़ा [名]〔農〕サトウキビの胴枯れ病

सुखद [形] 心地よい;気持ちよい;快い;快適な सुखद अनुभव 気持ちのよい経験 इस सुखद वातावरण से पक्षी अभ्यस्त हो गए हैं 鳥たちはこの快適な環境に慣れてしまっている

सुखदा [形*] = सुखद.

सुखदायक [形] = सुखद. आपके बच्चों के भावी सुखदायक जीवन के लिए お子さまの将来の幸せな生活のために

सुखदायिनी [形*] = सुखदायी.

सुखदायी [形] = सुखद.

सुख-दुख [名] (1) 苦楽;苦と楽;幸不幸;人生の浮き沈み सुख-दुख में यही तो काम आते हैं これだけが人生のどんな状況においても役立つもの (2) 嬉しさと悲しさ;喜びと悲しみ;哀歓 सुख-दुख बटा सकें 喜びと悲しみを分かち合えるように प्रजा का सुख-दुख समझनेवाला राजा 臣民の喜びと悲しみとを理解する王

सुख़न [名] 《P. سخن》= सखुन. (1) 言葉 (2) 話;談話;会話 (3) 詩

सुख़नचीनी [名*] 《P. سخن چینی》中傷;告げ口

सुख़न-तकिया [名] 《P.A. سخن تکیا》口癖

सुखना [自] 乾く;乾燥する= सूखना. ढेरों कपड़े सुखने के लिए टँगे थे 山のように沢山の服が吊り下げて干されていた

सुखपाल [名] かご(轎)の一種,スクパール वे सोलह कहारों के सुखपाल पर निकलते थे いつも 16 人のかごかきの担ぐスクパールに乗って出掛けていた

सुखपूर्वक [副] (1) 幸せに (2) 快適に;楽しく सुखपूर्वक रहना 幸せに暮らす

सुखप्रद [形] = सुखद.

सुखभोग [名] 楽を受けること;楽を享受すること

सुखमणि [名]〔シク〕スクマニ(第 5 代グルのグル・アルジャンの詠んだ賛歌でシク教経典の一)= सुखमणी.

सुखमन [名*] = सुषुम्ना.

सुखमय [形] 幸せに満ちた इस सहिष्णुता से उनका दाम्पत्य जीवन सुखमय और शांतिमय हो जाता है この忍耐心によりその人たちの結婚生活は幸せに満ちた平穏なものとなる

सुखमृत्यु [名*] 安楽死

सुखरात [名*] = सुख-रात्रि.

सुख-रात्रि [名*] (1) ディーワーリー祭 (दीवाली) の夜 (2) 結婚初夜= सुहागरात.

सुखवाद [名] 快楽主義 = प्रेमवाद. 〈hedonism〉

सुखवादी[1] [形] 快楽主義の〈hedonic〉

सुखवादी[2] [名] 快楽主義者〈hedonist〉

सुख-शांति [名*] 安穏 पूरे परिवार की सुख-शांति 家族全体の安穏

सुखशास्त्र [名]〔倫〕快楽説〈hedonics〉

सुख-संपदा [名*] 安穏と繁栄;繁栄;繁昌 सुख-संपदा की देवी 繁栄の女神 नगरों की सुख-संपदा बढ़ती गई 都市はどんどん繁栄して行った

सुखसागर [名]〔ヒ〕サダースクラール सदासुखलाल 1746–1824 によるヒンドゥー経典バーガヴァタ・プラーナ भागवत पुराण 第 10 章の翻訳『スクサーガル』

सुख-सुविधा [名*] = सुख-सुभीता. (1) 快適な設備;文化的な設備や施設 (2) 便宜 अपनी ही सुख-सुविधा की ओर ज़्यादा ध्यान देने लगते हैं 自分の便宜のことにのみ注意を向けるようになる अपनी सुख-सुविधाओं तथा स्वार्थों की पूर्ति तो कर सकते हैं 自分の便宜と利益を図ることはできる

सुख-सुहाग [名] ヒンドゥー女性にとっての夫の長寿というこの上ない幸せと願望 **(-को) सुख-सुहाग की सौगंध** (―に対して) 心底からの願い;命がけの願い;お願いです;後生です आपको मेरे सुख-सुहाग की सौगंध है.मेरी विदाई के लिए घर न बेचना भैया! 兄さん,後生ですから私を嫁がせるために家を売らないで下さい

सुखांत [形] ハッピーエンドの सुखांत नाटक〔演〕*a.* ハッピーエンドの劇 *b.* 喜劇

सुखाई[1] [名*] (1) 乾かすこと;乾燥させること (2) その手間賃

सुखाई[2] [副] (1) うまく；上手に；巧みに (2) 楽に
सुखाधिकार [名]〔法〕地役権
सुखाना [他] (1) 乾かす；乾燥させる；干す बाल सुखाना 髪を乾かす (2) 水を取り去る；干す समुद्र को सुखाना 海を干す (3) 枯らす；涸らす；尽きさせる राज्य शक्ति मनुष्य की विद्रोह-शक्ति को सुखाती चली जा रही है 国家権力が人の反抗力を涸らして行きつつある (4) やせさせる (5) 台無しにする
सुखारा [形+] (1) 心地よい；気持ちのよい；楽しい (2) 優しい；容易な
सुखारि [名] 神
सुखी [形] (1) 幸せな；幸福な；満ち足りた सुखी दाम्पत्य जीवन 幸せな夫婦生活 सुखी बनना 幸せになる आप समाज और परिवार में रहते हुए संबंधियों से कतराकर सुखी नहीं रह सकते 社会や家族の中に暮らしながら親類を避けて幸せになることはできない (2) 経済的に余裕があって豊かな परमात्मा आप को सुखी रखे 感謝の言葉，祝福の言葉に用いる（例えば，子供の命を助けてくれた医者に対して親が礼を述べる） (-) सुखी रखना （一の）幸せを保つ
सुखी सवैया [名]〔韻〕スキー・サワイヤー（各パーダが 8 सगण + लघु + गुरु の 26 音節から成る音節韻律．12 - 14 で休止）
सुगंध [名*] (1) よい香り；よい匂い；芳香 (2) 香水 उसके केशों में अनेक ऋतुओं के अनुकूल सुगंध लगाई जाए その人の髪に季節に応じた香水をつけるべし सुगंध दे० 匂いを発する；匂わせる सुगंध फैलाना 高名になる；名が揚がる
सुगंधराज [名]〔植〕リュウゼツラン科ゲッカコウ（月下香）；オランダスイセン= रजनीगंधा; गुलशब्बो.
सुगंधि [名*] 芳香= सुगंध; खुशबू.
सुगंधित [形] (1) 芳香のする इन्हें जलाने से हवा सुगंधित हो जाती है これを燃やすと空気に芳香が漂う (2) 芳香のついた सुगंधित पदार्थ 芳香のついた物質 सुगंधित तेल 香油 सारा कमरा सुगंधित हो जाता है 部屋中がよい香りに包まれる
सुगंधी [形] 芳香のある；芳香のする
सुगठित [形] がっしりした；しっかりした；頑丈な
सुगत [名] (1) 仏陀；善逝 (2) 仏教徒
सुगति [名*] 解脱= मोक्ष; मुक्ति.
सुगबुगाना [自] ゆっくり動く；もぞもぞと動く；蠢く；揺れるように動く；震えるように動く
सुगबुगाहट [名*] (1) 蠢くこと；蠢き；蠢動 (2) 兆し；前兆；くすぶり पंजाब के आंदोलन ने सुगबुगाहट पहले ही पैदा कर दी थी パンジャーブのこの運動がすでにその前兆を示していた
सुगम [形] (1) やさしい；容易な；簡単な= सहज; आसान; सरल. (2) 険しさのない；険しくない
सुगमता [名*] ← सुगम. गौदान से वैतरणी नदी पार करने में सुगमता रहती है, ऐसी लोकधारणा है 雌牛をバラモンに贈ると三途の川が渡りやすくなるというのが一般に信じられているところです तुम्हें आगे की कक्षाओं में पढ़ने में बड़ी सुगमता होगी 上級での勉強が容易になるだろう
सुगमतापूर्वक [副] (1) 容易に；簡単に सुगमतापूर्वक धन-प्राप्ति की इच्छा 簡単に金儲けをしたい気持ち (2) 調子よく；順調に；障りなく；障害なく योजना के सुगमतापूर्वक कार्याण्वयन के लिए 計画を障害なく実行するために
सुगम्य [形] 近づきやすい；接近しやすい
सुगर [名] = शंगर्फ.
सुग्गा [名] = तोता. (1)〔鳥〕オウム科の鳥の総称 (2)〔鳥〕オウム科セネガルホンセイインコ【*Psittacula krameri*】 (3)〔鳥〕オウム科ミドリワカケインコ= मदनगोर तोता.【*Psittacula columboides*】
सुग्गी [名*]〔鳥〕オウム科コセイインコ【*Psittacula cyanocephala*】= तोती; टुइयाँ तोता.
सुग्रीव [名]〔イ神・ラマ〕スグリーヴァ（キシュキンダー国の猿の王）
सुघट [形] (1) 形の良い；恰好のよい (2) 容易にできる；簡単な
सुघटित [形] (1) 形の良い；恰好のよい (2) がっしりした
सुघट्य [形] 可塑性の
सुघड़ [形] (1) 形の良い；恰好のよい (2) 器用な；上手な；堪能な；腕の良い कुरूप, पर सुघड़ पत्नी अच्छी लगने लगती है 器量よしでなくても家事に堪能な妻が好きになるものです घर चलाने में सुघड़ हो 家事の切り盛りの上手な सुघड़, सुंदर और कमाऊ पत्नी 器用で美しく稼ぎのある妻 (3) 優雅さ；品の良い；上品な सुघड़ लड़कियाँ 品の良い娘たち
सुघड़ता [名*] ← सुघड़. केश-सज्जा में नवीनता लाते रहने से या समय-समय पर अलग-अलग ढंग से 'केश-विन्यास' करने से भी आपकी सुघड़ता तथा सुरुचि-सम्पन्नता का पता चलता है 髪の装いを常に新鮮にしたり折にふれ髪型を変えることによってもあなたの優美さや嗜好の良さが知られるものです
सुघड़पन [名] = सुघड़ता.
सुघड़-भलाई [名*] (1) 巧みなへつらいの言葉 (2) お為ごかしの才能
सुघड़ाई [名*] = सुघड़ता.
सुघड़ी [名*] 吉祥の時刻；縁起がよいとされる時刻
सुघर [形] = सुघड़.
सुघरता [名*] = सुघड़ता.
सुघराई [名*] = सुघड़ाई. सुघराई से 手際よく；巧みに= सफ़ाई से.
सुघरी [名*] = सुघड़ी.
सुचंग [形] (1) すぐれた；立派な；上等な (2) 美しい
सुचंद[1] [形] = सुचंग.
सुचंद[2] [名] 満月
सुचंदन [名]〔植〕マメ科小木ロッグウッド【*Haematoxylon campechianum*】
सुचकना [自] (1) 遠慮する；気兼ねする；躊躇する (2) たじろぐ；ひるむ
सुचक्षु [形] 目の美しい；うるわしい目をした
सुचना [他] 集める；寄せ集める；貯める= इकट्ठा क०; एकत्र क०.
सुचरित्र [形] 品行の正しい；行いの正しい
सुचाना [他] (1) 考えさせる (2) 注意を引く
सुचारु [形] 見事な；美しい；立派な；順調な；整った सुचारु संचालन 見事な運営 सुचारु एवं द्रुत गति से काम करना 見事にそして素早く働く किसी भी अर्थ व्यवस्था के सुचारु संचालन के लिए 如何なる経済でも順調に機能させるには
सुचाल [名*] 品行方正→ सदाचार.
सुचालक [形・名]〔電〕良導体（の）〈good conductor〉
सुचाली [形] (1) 品行の正しい；品行方正な (2) 動きのよい
सुचिंतित [形] よく考えた；熟考した
सुचि[1] [名*] 針；縫い針= सुई; सूई.
सुचि[2] [形] → शुचि.
सुचित [形] (1) 心の美しい；心にわだかまりのない (2) 何の心配もない；心の均衡のとれた (3) 一切の争いなどから解放された
सुचित्त [形] (1) 心の平静な；心に乱れのない (2) 心配のない
सुचिर [形] (1) 永続的な；永久的な= बहुत दिनों तक रहनेवाला. (2) 古い；昔の；古代の= पुराना.
सुचिरायु [形・名] (1) 長命の；長寿の (2) 神
सुचेत [形] 用心深い；注意深い
सुचेलक[1] [名] 美しく織り目の密な上等の布
सुचेलक[2] [形] 上等の衣服を着ている
सुजन[1] [形] (1) 善良な (2) 慈悲深い；情け深い；親切な
सुजन[2] [名] 心やさしい人；親切な人；善良な人；立派な人柄の人物= सज्जन; भलामानस; सत्पुरुष.
सुजन[3] [名] 身内；家族= परिवार के लोग; परिवार के सदस्य.
सुजनता [名*] ← सुजन. (1) 人の良さ；善良さ (2) 慈悲深さ
सुजनी [名*] → सोजनी.
सुजन्मा [形] (1) 高貴な生まれの (2) 嫡出の
सुजल[1] [形] (1) 水の豊かな (2) 水の美しい
सुजल[2] [名] (1) 美しく清らかな水 (2) 蓮= पद्म.
सुजल्प [名] 素晴らしい弁舌；雄弁
सुजस [名] 名声= सुयश.
सुजाक [名] → सूज़ाक. [医] 淋病
सुजागर [形] 光り輝く；照りはえる
सुजात [形] (1) 生まれの良い (2) 嫡出の (3) 美しい
सुजाता[1] 〔人名*・仏〕悟りを開いた仏陀に乳粥を供したと伝えられる村娘，スジャーター
सुजाता[2] [形*] (1) 美しい；うるわしい (2) 生まれの良い；素性の良い
सुजान[1] [形] (1) 賢明な；利口な；利発な (2) 抜け目のない (3) 巧みな；達者な；上手な

स

सुजान[2] [名] (1) 夫 (2) 愛人 (3) 最高神

सुजाना[他]←सूजना. 腫れ上がらせる अपनी बीमार माँ की तीमारदारी में मैंने रात रात भर जागकर अपनी आँखें सुजा ली थीं 病気の母の看病を夜通しして目を腫れ上がらせた

सुझाई [名*] (1) 知覚すること；感知すること (2) 思いつくこと सुझाई दे॰ *a.* 知覚される；感知される *b.* 見える अंधों को सुझाई नहीं देता.टटोलते हुए रास्ते चलते हैं.कितनी दुश्वारी होती है 盲人は目が見えないから探りながら歩いて行く．どれほど不自由なことだろう

सुझाना [他] 提案する；思いつかせる；考えつかせる；提言する मोहन के सुझाने पर उसने किया होगा あの人はモーハンが提案したのでそうしたに違いない कोई भी उपाय नहीं सुझा सके 何 1 つの提案もすることができなかった उसने समाज की बुराइयों को दूर करने के हल भी सुझाए 社会悪を取り除く解決策も提案した कोई उचित इलाज सुझाना 何か良い治療法を提示する

सुझाव [名] (1) 提案すること；提言すること (2) 意見；提案；提言 हम आपकी आलोचना और सुझावों का स्वागत करेंगे ご批判やご提言を歓迎します सुझाव दे॰ 勧める；提言する；提案する मैंने उसे लंदन जाने का सुझाव दिया ロンドンへ行くように勧めた कृपया आप ही कोई सुझाव दें どうかご提案をお願い致します

सुड़कना [他] 口や鼻から液体を吸い込む；すする；音を立てて飲む चाय सुड़कना お茶をすする वह आगे रखी चाय सुड़क रहा था 前に置かれた紅茶をすすっているところだった आँसू बहाती जाती और नाक सुड़कती और अपने पल्ले से पोंछती जाती 涙を流しては洟をすすりサリーの端で拭いていた

सुड़-सुड़ [名*] ずるずるとかぶくぶくとか液体に気体の入り混じる音

सुड़सुड़ाना [自] 液体に気体が入り混じりずるずる，ぶくぶくなどの音が出る

सुडान 〔国名〕《E. Sudan》スーダン；スーダン共和国

सुडौल[形]姿のよい；形のよい；恰好のよい एक सुडौल और खूबसूरत जिस्म बन गया है 恰好のよい美しい体ができ上がっている सुडौल नासिका 形のよい鼻

सुडौलता [名*] ←सुडौल. शरीर की सुडौलता 体の恰好のよさ

सुढंग [形] 方法や型，形式のすぐれた；立派な

सुढर [形] 心やさしい；哀れみ深い

सुत [名] 息子= पुत्र; बेटा; लड़का.

सुतंत्र [形] 伸びやかな；のびのびとした；自在な= स्वतंत्र.

सुतना[1] [名]〔服〕パージャーマー；スータン= सूथन.

सुतना[2] [自] 眠る उसकी सुती हुई आँखें 彼女の眠っている眼

सुतनु [形] (1) 体の美しい (2) 華奢な；花車な；か弱い；なよなよとした= क्षीण और पतला.

सुतरां[1] [接] (1) 故に；したがって；だから= इस लिये; अतः. (2) それでもなお；それにもかかわらず= अपितु.

सुतरां[2] [副] やむを得ず；やむなく

सुतरा [名] 逆むけ；ささくれ

सुतराम [接] = सुतरां. सुतराम इनसे धर्म, जाति वा देश का क्या उपकार है 故にこれによって宗教，民族，国家に何の益があろうか

सुतरी [名*] = सुतली.

सुतल [名]〔イ神〕7 層あるパーターラ，すなわち，地下界の一；スタラ

सुतली [名*]（包み物や小包に用いたりする麻，綿など様々なものでこしらえた）ひも；麻ひも= सुतरी; रस्सी. सुतली सुलझाने में पूरा दिन समाप्त ひもをほどくのに 1 日が丸潰れ सुतली में पोत पोहना 不似合いなことや不釣り合いなことをする

सुतवाना [他・使] 寝せる；眠らせる= सुलवाना.

सुता [名*] (1) 娘= बेटी; लड़की; पुत्री. → सुत 息子. (2) 女性にとっての同性の友や仲間= सहेली; सखी.

सुतात्मज [名] (1) 内孫（息子の息子）= पोता. (2) 外孫（娘の息子）= नाती.

सुतान [名] 声の美しい；美声の= सुस्वर.

सुताना [他] = सुलाना. → सुतना.

सुता-पति [名] 娘婿= जामाता; दामाद.

सुतार[1] [形] (1) ぴかぴかの；光り輝く (2) 瞳の美しい

सुतार[2] [名] (1) 木工細工や大工などの職人 (2) 職人

सुतार[3] [名]〔鳥〕ヤツガシラ科ヤツガシラ【*Upupa epops*】= हुदहुद.

सुतारी[1] [名*] 靴の製造に用いる大きな針；千枚通し

सुतारी[2] [名] 木工細工や大工などの職人

सुतीक्ष्ण [形] (1) 非常に鋭い (2) 舌を刺すような刺激のある (3) 悲痛な

सुतीखन [形] = सुतीक्ष्ण.

सुतुही [名*] (1) 真珠貝 (2) 二枚貝の貝殻でこしらえた果物や野菜の皮むき (3) 乳飲み子に乳を飲ませるのに用いる二枚貝の貝殻

सुतून [名]《P. ستون》(1) 柱；支柱；円柱；柱石= खंभा. (2)〔印〕欄；縦の行；コラム

सुतेजन [形] (1) 鋭利な；鋭い (2) 先のとがった

सुतोष [形] 満足した= संतुष्ट.

सुथनी [名*] (1) ストニー（女性の着用するパージャーマーの一種）；スータン= सूथन. (2)〔植〕ヤマノイモ科蔓草カシウイモ【*Dioscorea bulbifera*】= पिंडालु; रतालु.

सुथरा [形+] きれいな；清潔な；さっぱりした

सुथराई [名*] → सुथरापन.

सुथरापन [名] ←सुथरा. 清潔さ

सुथराशाह 〔人名・シク〕ストラーシャー（グルナーナクの直弟子の 1 人）

सुथार [名] 大工や木工を主たる生業としてきたカーストの人

सुदर्शन[1] [形] (1) 美しい；きれいな (2) 容易に見ることのできる

सुदर्शन[2] [名] (1) シヴァ神の異名の一 (2)〔イ神〕ヴィシュヌ神が手に持つスダルシャナというチャクラ（鋭い刃の円盤形の武器とされる）.（→ चक्र）

सुदर्शना [名*] (1) 美女 (2) インドラ神の都．スダルシャナー= अमरावती. (3) 白分，すなわち，陰暦で満月に至る半月の夜 (4)〔植〕ヒガンバナ科インドハマユウ【*Crinum latifolium*】

सुदामा [名]〔イ神〕スダーマー（クリシュナの幼な友達の学友で貧しいブラーフマン） सुदामा का तंदुल 貧しい人の心からの贈り物；貧者の真心のこもった贈り物（にこそ大きな価値のあること）

सुदाय [名] (1) 立派な贈り物 (2) 結婚式の際，両家の間に贈答される品 (3)〔ヒ〕聖紐式（यज्ञोपवीत）の際聖紐を授けられブラフマチャーリー ब्रह्मचारी になった少年に与えられる品→ ब्रह्मचारी.

सुदारु [名]〔植〕(1) ヒマラヤスギ（ヒマラヤ杉）= देवदारु. (2) クロマツ（黒松）= सरल[2].

सुदास [名]〔イ神〕スダーサ王（リグヴェーダ）

सुदि [名*] = सुदी.

सुदिन [名] (1) 晴れの日 (2) めでたい日

सुदी [名*] 陰暦の新月から満月に至る半月；白分= शुक्ल पक्ष. → 黒分（बदी; कृष्ण पक्ष）

सुदीर्घ [形] → सुदीर्घा*. (1) 甚だ大きい；広大な (2) 長い；長時間の；長期の；長期間の सुदीर्घ विश्लेषण और विवेचन के बाद 長期にわたる分析と検討の後

सुदूर [形] (1) 遠い；遠方の；空間的にへだたりの大きい सुदूर गाँव में भी はるか遠くの村でも (2) 時間的にへだたりの大きい；遠い सुदूर अतीत 遠い昔；はるかな昔

सुदूरपूर्व [名] 極東（地域） सुदूरपूर्व एशिया 極東アジア〈Far East〉

सुदृढ़ [形] 頑丈な；しっかりした；丈夫な；強い；強固な सुदृढ़ बनाना 強くする；丈夫にする；強固にする मसूढ़ों को सुदृढ़ बनाना 歯茎を丈夫にする अपने राज्य को सुदृढ़ बनाने के लिए 領土を強固なものにするために वामपंथी शक्तियाँ सुदृढ़ हो गईं 左派勢力が強くなった यदि हमारे लोकतंत्र को सुदृढ़ होना है तो もしもわが国の民主主義が強固なものになるべきであるとするなら

सुदृष्टि [形] 視力のすぐれた

सुदेश[1] [形] きれいな；美しい；麗しい= सुंदर.

सुदेश[2] [名] (1) よい場所 (2) 美しいところ (3) 美しい土地；素晴らしい国

सुदेस[1] [名] = स्वदेश.

सुदेस[2] [形] = सुदेश[1].

सुदेह [形] 美しい；形のよい；形のすぐれた

सुदैव [名] 幸運= सौभाग्य.

सुदौसी [副] 急いで；（定刻より）早めに

सुद्दा [名] 宿便

सुद्ध [形] = शुद्ध.

सुधंग [形] 素直な；率直な

सुध [名*] (1) 意識= सुधि; चेतना; होश. (2) 記憶；留意；気に留めること= स्मृति; स्मरण; याद. (3) 様子；情報 **सुध खोना** 意識を失う；失神する (-की भी) सुध नहीं रहना (ーさえも) 忘れてしまう क्या आज खाना खाने की भी सुध नहीं रह गई? 今日は食事することさえ忘れてしまったのかい **सुध बिसारना** 忘れる；忘却する= सुध भूलना. (-की) **सुध ले॰** *a.* (ーの) 機嫌を伺う；様子をたずねる *b.* (ーに) 注意を払う；(ーを) 気にかける आज सुबह से रात तक बेटे की सुध लेने की किसी को फ़ुरसत नहीं थी 今日は朝から晩まで息子の様子を気にかける暇はだれにもなかった

सुधन्वा [名] (1) ヴィシュヌ神 (2)〔イ神〕一切万物の創造者ヴィシュヴァカルマー神 (विश्वकर्मा/विश्वाकर्मन्)

सुध-बुध [名*] (1) 意識 दो तीन घंटे तक या इससे भी अधिक देर तक रोगी को अपने तन-मन की कुछ सुध-बुध नहीं रहती 2〜3 時間，あるいは，それ以上の間，病人は意識を全く失っている अभी तक मैं अपने आपे में न था, लेकिन अब मेरी सुध-बुध वापस आई 今まで我を忘れていたがもう意識が戻って来た (2) 正気；確かな判断力 **सुध-बुध खोना** 正気を失う；我を忘れる= सुध-बुध जाती रहना; सुध-बुध ठिकाने न रहना. जिस प्रकार कृष्ण की बाँसुरी से गोपियाँ सुध-बुध खो बैठती थीं クリシュナの吹く笛で牧女たちがいつも我を忘れてしまっていたように **सुध-बुध मारी जा॰** *a.* 判断力がなくなる *b.* 意識がなくなる

सुधमना [形] 意識のある

सुधरना [自] (1) 直る；良くなる；快方に向かう तबीयत कुछ सुधरी 気分が少し良くなった (2) 改善される；改良される；改まる ये मारने से नहीं सुधरेंगे この連中は叩いても良くならないだろう बौद्ध समाज में अब स्त्रियों की दशा भी सुधरने लगी है 仏教徒の間では今では女性の境遇も良くなりかけている सुधरे बीज 改良品種の種子 तब तक यहाँ के लोगों की दशा सुधर नहीं सकती それまではこの地域の人たちの状況は改善されないだろう (3) 持ち直す शुरू के मंदे के बाद शेयर भाव सुधरे 株価は最初低調であったが後に持ち直した

सुधरवाना [他・使] ←सुधारना. 直してもらう；修理してもらう；修繕してもらう；改良してもらう वह रास्ते में साइकिल सुधरवा रहा था 途中で自転車を修理してもらっているところだった

सुधराई [名*] ←सुधरना. (1) 改良；改革；改善；修繕；修理 (2) 修繕代；修理代

सुधराव [名] 改善；改良= सुधार.

सुधर्म [形] 敬虔な；篤信の

सुधर्मा[1] [形] 敬虔な；信心深い

सुधर्मा[2] [名] (1) 在家（の人）；家・所帯を営む人 (2) クシャトリヤ क्षत्रिय

सुधर्मी [形] = सुधर्मा.

सुधवाना [他・使] ←सोधना. (1) 浄化させる；清めてもらう (2)（専門的に）吉祥の時刻を見つけてもらう

सुधांशु [名] (1) 月 चंद्रमा (2) 樟脳 कपूर

सुधा [名*] 神々の飲み物；スダー；アムリタ= अमृत; पीयूष.

सुधा कंठ [名]〔鳥〕ホトトギス科オニカッコウ= कोयल; कोकिल.

सुधाकर [名] 月；太陰= चाँद; चंद्रमा.

सुधाकार [名] 漆喰などの塗装に従事する職人；左官；煉瓦職人= मिस्त्री; राज.

सुधाधर [名] 月；太陰= चंद्रमा.

सुधाधाम [名] 月；太陰= चंद्रमा; चाँद.

सुधाना[1] [他] 思い出させる；思い起こさせる= स्मरण कराना; याद दिलाना.

सुधाना[2] [他] (1) 調べてもらう；調査させる (2) 調整させる；調節してもらう；直してもらう

सुधानिधि [名] (1) 月= चंद्रमा; चाँद. (2) 海= सागर; समुद्र. (3) 樟脳= कपूर.

सुधानिधि रस [名]〔アユ〕アーユルヴェーダに用いられる薬品（水銀，硫黄，硫化鉱，鉄などを処理して作られる）

सुधामय [形] スダー，すなわち，アムリタの満ちた→ अमृत.

सुधामा [名] 月= चंद्रमा.

सुधार [名] (1) 改良 पशुओं की नस्ल का सुधार 動物の品種の改良 (2) 改善 भारत के साथ संबंध-सुधार インドとの関係改善 उनके स्वास्थ्य में संतोषजनक सुधार 体調は満足すべき改善を示している इसमें कई तरह के सुधार किये गए これには種々な改善が加えられた (3) 修正；訂正；修理；修繕 भूलों का सुधार 誤りの修正 मशीनों में सुधार 機械の修理 (4) 改革 (5) 更生 अपराधियों का सुधार तथा अपराध की रोक-थाम 犯罪者の更生と犯罪防止 (-में) **सुधार क॰** (ーを) 改良する；改善する पशुपालन का सुधार 畜産の改良

सुधारक [形・名] 正す；直す；改良する（人）；改善する（人）；修正する；修理する（人）；改革する；改革者

सुधारना [他] (1) 正す；改善する；直す अपनी ग़लती सुधारने के बजाए 自分の誤りを正す代わりに शराबी पति को सुधारना 酒飲みの夫を立直らせる (2) 改める；改革する स्वयं सुधार ले 自ら改めるべし समाज को सुधारना 社会の改革 (3) 修理する；修正する；改良する

सुधारालय [名] 少年院；少年更生施設

सुधावर्ष [名] 天からアムリタの降ること = सुधावृष्टि. → अमृत.

सुधासदन [名] 月；太陰= चंद्रमा; चाँद.

सुधि [名*] (1) 意識 (2) 記憶；留意；気に留めること घर आये तो लिफ़ाफ़े को अचकन की जेब से निकालने की सुधि न रही 家に戻ると封筒をアチカンのポケットから取り出すのを忘れてしまった (3) 知識

सुधी[1] [形] 頭脳の優れた；聡明な；賢明な

सुधी[2] [名] 学者；学識者

सुधीर [形] 忍耐力のある；忍耐強い；我慢強い

सुनंदा [名*]〔イ神〕ウマー神 (उमा)；ガウリー神 (गौरी)

सुनगुन [名*] (1) 小耳に挟んだ話；ちらっと聞いた噂話 (2) 密かに語られている話；秘密の話

सुनना [他] (1) 音や声を耳で感じる；聞く कबूतर की गुटरगूँ सुनो 鳩の鳴き声を聞きなさい देवरानी और जेठानी के झगड़ों के किस्से सुनकर डर तो लगता था 兄嫁と弟嫁との喧嘩の話を何度も聞いて怖くはあった मैंने प्रशंसा का एक शब्द भी उसके मुँह से नहीं सुना 褒め言葉のひとつもあの人の口からは聞かなかった खोटी खरी सुनना 嫌味を言われる= ताने तिशने खाना. (2) 聴取する；聞く；聞き取る तुमने समाचार तो सुना ही होगा ニュースは聞いただろうね (3) 聞いて応じる；受け付ける；聞き届ける；聞き入れる न माँ की सुनता है, न बाप की 母親の言うことも父親の言うことも聞かない (4) たずねる；問う；問いかける；訊く प्रस्ताव सुनने की उत्सुकता 提案を訊きたい気持ち (5) 伝聞する；世間で言われている सुनते हैं बिल्ली का ध्यान सदा छिछड़ों में रहता है ネコはいつも肉の食いさしを気にしているものと言われている (6) 人への呼びかけの言葉として命令形で感動詞的に用いられる सुन, सुनो, सुनते हो, सुनती हो これ，これこれ，おい，ねえ，あのなど सुनती हो 妻を呼んだり妻に声をかけたりする時にかける言葉 सुनती हो, ज़रा यहाँ आना! あの，ちょっとこちらへおいで सुनती हो, लक्ष्मीदास जी के यहाँ से अपनी सुधा के लिए शादी का संदेशा आया है あのね，ラクシュミーダースさんのところからスダーの縁談が来たよ（夫→妻） **(बात) सुनकर उड़ा जा॰** (ーを) 聞き流す **सुनकर पी जा॰** (聞いたことを) 我慢する **सुनती हो** 自分の妻を名指しで呼ぶのを避けるための婉曲な表現の一つ. 子供の名前を介することが多い सुनती हो, ओ ललुवा की अम्मा! おーいラルワーの母さんよ **सुन पड़ना** 聞こえる = सुनाई पड़ना. हैलिकॉप्टर की आवाज़ सुन पड़ती है ヘリコプターの音が聞こえる हर तरफ़ से वीरता की ललकार सुन पड़ती है 四方八方から勇者の雄叫びが聞こえる **सुन पाना** 知る；耳にする；聞き知る

सुनी अनसुनी कर दे॰ 聞き捨てにする；聞こえぬふりをする= अनसुनी क॰. खाँ ने सुनी-अनसुनी कर दी カーンは聞き捨てにした **सुनी-सुनाई बातें** 小耳に挟んだ話；噂話；風聞 सुनी-सुनाई बातों पर विश्वास करके 噂話を信用して अब तक सुनी-सुनाई बातों से भयभीत रहने के कारण これまで風聞に恐れていたので

सुनबहरी [名*]〔医〕象皮病= श्लीपद; फ़ीलपा.

सुनम्य[1] [形] (1) 柔らかい；柔軟な (2) 可塑性の

सुनम्य[2] [名] プラスチック

सुनयन[1] [形] 眼の美しい；美しい目をした= सुनयना *.

सुनयन[2] [名] レイヨウ，ブラックバックなど目の美しい動物の総称

सुनवाई [名*] (1) 聞くこと；聴取 (2)〔法〕審問；尋問；聴聞 उनके साथ किए गए अन्याय की सुनवाई होगी その人の受けた不法行為についての審問が行われる उसकी अर्जी पर सुनवाई टली 男の願い出により審問延期

सुनवाना [他・使] ←सुनना; सुनाना. (1) 聞こえるようにする；聞かせる कोई आँख पर हाथ रखकर दिव्य ज्योति दिखलाता है तो कोई कान बंद करवा कर अनहद नाद सुनवाता है ある者は目に手を当てて神々しい光を拝ませある者は耳をふさがせてアナハダナーダを聞かせる (2) (人に) 語らせる；語ってもらう；告げさせる；述べさせる；歌ってもらう；テープやレコードの音を聞かせる

सुनवैया [形] (1) 聞く (人)；聞き手= सुननेवाला; श्रोता. (2) 語る (人)；語り手= सुनानेवाला.

सुनसान [形] 淋しい；人の気配のない；人気がない घर भी एकदम सुनसान था 家も全く人気がなかった वह रास्ता भी सुनसान पड़ता है その道も人通りがなくなる सुनसान जगह 淋しい所

सुनहरा [形⁺] (1) 金色の；黄金色の सुनहरे बाल 金髪 लंका के महल और परकोटे सुनहरे थे ランカー島の宮殿と城壁は金色だった पतझर की सुनहरी शाम 落葉の季節の金色に輝く夕べ (2) 絶好の；素晴らしい सुनहरा अवसर 絶好の機会 तुम्हारा सुनहरा संसार देखकर मुझे तो जलन हो रही है あなたの素晴らしい世界（一家の楽しい様子）を見て私は妬ましく思っているのよ (3) 華やかな；金色の वैसे तो लड़कियाँ अपनी अपनी शादी के बारे में तरह तरह के सुनहरे सपने देखती हैं 女の子は自分の結婚について様々な華やかな夢を見るものなのです

सुनहला [形⁺] = सुनहरा. सुनहली रोशनी 金色の光

सुनाई [名*] (1) 音や声の聞こえ；聞こえること；耳での聞き取り **सुनाई दे०** 聞こえる；聞かれる；耳にする उनके कानों में सुनाई नहीं देता あの方は耳が聞こえない कुछ महिलाओं पर संतोषी माता के भाव आने की बातें भी अकसर सुनाई दे जाती हैं 一部の女性にサントーシーマーターが憑く話もしばしば聞かれる तभी रसोई घर में से फ़िल्मी धुन सुनाई देने लगी ちょうどその時お勝手から映画主題歌が聞こえだした मुँह चलाने के कारण अंदर की बातें सुनाई देनी बंद हो गई थी 口を動かしていたので内側でなされていた話は聞こえなくなっていた **सुनाई पड़ना** 聞こえる；音が耳に入る दोनों को ही इसकी आहट अपने अंतर से सुनाई पड़ने लगती है 2 人にだけこれの音が心の中から聞こえ始める गोलाबारी की आवाज़ ढाका शहर से ही सुनाई पड़ती है 砲撃の音が正にダーカー市の方角から聞こえている (2) 他人の言い分や訴えを聞き入れること कुछ सुनाई न हुई 全く聞いてもらえなかった

सुनाना [他] (1) (音や歌などを) 聞かせる तुम्हीं सुनाओ गाकर 君のほうこそ歌って聞かせておくれ (2) 語る；話す；伝える तुम्हारे सिवा और किसे अपना दुख सुनाऊँ? あなた以外のだれに辛い身の上を語ろうか ये समाचार आकाशवाणी दिल्ली से सुनाये जा रहे हैं このニュースはデリーのアーカーシュワーニー（インド国営放送）からお伝えしています (3) 告げる；言い渡す अपना निर्णय सुना चुका हूँ 僕は自分の決断をすでに告げてしまっている नंदन को आजीवन कारावास का दंड सुनाया गया ナンダンは終身刑を言い渡された (4) ののしる；嫌味を言う 'अब नैना ढरकाने से क्या हाथ आता है?' माँ ने इसपर भी सुना दिया 「今さら涙を流したところで何になる」母はこれに対しても嫌味を言った **ख़ूब सुनाना** 激しくののしる；厳しい言い方をする；ひどくけなす **सुनाकर कहना** ののしる

सुनाम [名] 高名；令名= प्रसिद्धि; ख्याति.

सुनार [名] (1) 金細工師；金銀細工師 (2) 金細工を主たる生業としてきたスナール・カーストの人

सुनारिन [名*] (1) スナール सुनार の妻 (2) スナールの女性

सुनारी [名*] スナール सुनार の仕事（金銀細工の仕事）

सुनावनी [名*]〔ヒ〕(1) 遠方の親戚からの訃報（が使いの人により届けられること） (2) 上記の訃報を得て行われる沐浴などの追悼儀礼

सुनासिक [形] 鼻の形のよい；美しい形の鼻をした

सुना-सुनाया [形⁺] 噂話の；風聞の

सुनियोजित [形] 計画的な；念入りに組み立てられた；組織的な सुनियोजित ढंग से 計画的に；段取りよく नालंदा विश्वविद्यालय अत्यंत सुनियोजित ढंग से विस्तृत क्षेत्र में बना था ナーランダー大学は非常に計画的に広大な場所に建てられていた सुनियोजित ढंग से तैयारी 計画的な準備 इन नगरों का विकास सुनियोजित ढंग से नहीं हुआ था これらの都市の開発は計画的になされたのではなかった

सुनिश्चय [名] 確固たる決断

सुनिश्चित [形] 確定した；決定された

सुन्न[1] [形] (1) 感覚のない माँ का दाहिना हाथ सुन्न पड़ गया है 母の右手は感覚がなくなっている ऐसे विचार जो हमारे दिल और विचार करने की शक्ति को सुन्न-सा कर देते हैं 我々の心と思考力とを無感覚なもののようにしてしまうような考え (2) 麻痺した；感覚や知覚が一時的に失われた；しびれた（痺れた） सुन्न करने वाली दवाई का इंजेक्शन 麻酔薬の注射 हाथ-पैर सुन्न हो रहे थे 手足がしびれかかっていた (3) から（空）の；空白の；空っぽの= सूना; शून्य. (4) 驚きのあまり頭が働かない；茫然とした；なにがなんだかわからない；気が動転して頭の中が真っ白になった तुम्हारी बात सुनकर तो मैं सुन्न रह गया हूँ 君の話を聞いて頭がぼうっとなった

सुन्न[2] [名] (1) 空の状態；空っぽの状態；空虚；無 (2) (数が) 零；ゼロ= शून्य; सिफ़र.

सुन्नत [名*] 《A. سنت》(1) 慣習；慣行 (2) 法；律法 (3)〔イス〕預言者ムハンマドの言行；ムハンマドの範例；預言者ムハンマドの慣行；スンナ (4)〔イス〕男子の割礼= ख़तना; मुसलमानी.

सुन्नती [形] 《A. سنتی》(1) 慣行の；伝統的な (2)〔イス〕割礼のすんだ（男子）

सुन्ना [名] 数字のゼロ；零 = बिंदी; सिफ़र.

सुन्नी [形・名] 《A. سنی》〔イス〕イスラム教スンニー派の（人）；スンニー派イスラム教徒

सुप् [名] 《Skt.》〔言〕サンスクリット文法学の用語 (1) 名詞語幹に添加される格語尾 (2) 複数位置格の格語尾

सुपंथ [名] 進むべき正道

सुपक्व [形] よく熟れた；完熟の

सुपच [形] 消化のよい；こなれのよい

सुपट[1] [形] 美しい衣服をつけた；着飾った

सुपट[2] [名] 美しい衣服

सुपठ [形] 読みやすい；やさしく読める

सुपठित [形] 高い教育を受けた；教養豊かな सुपठित समाज 教養程度の高い社会階層

सुपत्र [形] (1) 美しい葉の（ついた） (2) 美しい羽の；翼の美しい

सुपथ [名] (1) 正しい道；正道 (2) 正しい行い

सुपथ्य[1] [形] こなれやすい；こなれのよい；消化のよい सुपथ्य आहार こなれのよい食物

सुपथ्य[2] [名] 病人食；健康食

सुपन [名] 夢 = सपना; स्वप्न; ख़्वाब; ख़ाब.

सुपना [名] (1) 夢 = सपना; स्वप्न; ख़्वाब; ख़ाब. (2) 夢（実現の望まれる）

सुपनाना[1] [自] 夢を見る = सपना देखना.

सुपनाना[2] [他] 夢枕に立つ；夢の中に現れる；夢を見させる

सुपर [形・名] 《E. super》スーパー अमेरिकी व्यापार की सुपर 301 के तहत アメリカ合衆国包括通商法スーパー 301 条により

सुपर किड [名] 《E. super kid》ちびっ子タレント बच्चों को स्टार अथवा 'सुपर किड' बनाने की अभिभावकों की सनक 子供をスターあるいはちびっこタレントにしようとの親たちの狂気

सुपरडंट [名] 《← E. superintendent》= सुपरिंटेंडेंट.

सुपर डीलक्स [形] 《E. super-delux》スーパーデラックス；超豪華な

सुपरफ़ास्ट [形] 《E. superfast》(1) 超高速の (2) 超特急の

सुपरफ़ास्ट गाड़ी [名*] 《← E. superfast train》超特急列車

सुपरफ़ास्फ़ेट [名] 《E. superphosphate》〔化・農〕(1) 過燐酸塩 (2) 過燐酸肥料

सुपर बाज़ार [名] 《E. super bazar》スーパー；スーパーマーケット

सुपरमैन [名] 《E. superman》(1) スーパーマン；超人 (2) 超人的な人= अतिमानव.

सुपर रायल [名] 《E. super royal》〔印〕スーパーロイヤル判（22 × 29 インチ）

सुपर स्टार [名] 《E.. super star》〔映〕スーパースター हिंदी फ़िल्मों के सुपरस्टार ヒンディー映画のスーパースターたち

सुपरहिट [名] 《E. super hit》〔映〕(超) 大当たり；大ヒット फ़िल्म यदि सुपरहिट है तो आपके आगे-पीछे निर्माताओं की भीड़ है 映画が大当たりをとればあなたは製作者たちに取り囲まれる उनकी कई फ़िल्में सुपर हिट हुई あの人の幾つかの映画が大ヒットした

सुपर हैवी वेट वर्ग [名] 《E. superheavy weight》〔ス〕スーパーヘビー級

सुपरिंटेंडेंट [名]《E. superintendent》(1) 監督；監督官 (2) 警視 (3) 長官；局長；部長

सुपरिंटेंडेंट पुलिस अधीक्षक [名]《← E. superintendent of police》警視；県の警察本部長

सुपर्ण [形] (1) 葉の美しい；美しい葉をした (2) 羽の美しい；美しい羽をした

सुपर्याप्त [形] (1) 十分な広さのある (2) 十分な；十二分な

सुपाच्य [形] 消化のよい；こなれやすい

सुपारी [名*] (1)〔植〕ヤシ科ビンロウジュ（檳榔樹） (2) ビンロウジュの実（檳榔子） **सुपारी फिरना** 祝い事に招待される；招待状が配られる= सुपारी बँटना. (3)〔俗〕亀頭

सुपुत्र [名] (1) 親孝行な息子；孝行息子 (2) 他人の息子について丁寧に表現する言葉；令息；御令息

सुपुर्द [形・名]《P. سپرد》= सिपुर्द. 委ねられた；任せられた；委任 (-के) **सुपुर्द क॰** (ーに) 任せる；委ねる；委任する जो जिम्मेदारी सुपुर्द की जाए 任される責任 दंड अधिकारी को मामला सुपुर्द कर दिया गया 事件は刑罰の責任者に委ねられた हमने यह काम दीनानाथ के सुपुर्द किया 僕はこの仕事をディーナーナートに任せた

सुपुर्दगी [名*]《P. سپردگی》= सिपुर्दगी. 委任；委託

सुपूत[1] [形] 極めて清らかな；大変神聖な

सुपूत[2] [名] 孝行息子；親孝行な息子= सपूत; सुपुत्र.

सुपूती [名*] (1) 親孝行 (2) 親孝行な息子の母親

सुपूर [名]〔植〕ミカン科シトロン= बिजौरा; बड़ा नींबू.

सुप्त [形] (1) 眠っている；睡眠中の (2) 休止中の；休止状態の (3) 役に立たない (4)〔植〕休眠中の सुप्त बीजाणु 休眠中の胚芽 (5)〔生〕休止の

सुप्तिकाल [名]〔植〕休眠期間 〈resting period〉

सुप्रतिष्ठित [形] 著名な；有名な

सुप्रतिष्ठा [名*] (1) 名声；高名= सुनाम; प्रसिद्धि. (2) 神社・寺院の造営

सुप्रबुद्ध[1] [形] 完全に覚醒した

सुप्रबुद्ध[2] [名]〔仏〕仏陀；シャカムニ（釈迦牟尼）；釈迦如来

सुप्रभ [形] (1) 光り輝く (2) 美しい

सुप्रभात [名] (1) 美しい夜明け (2) 日柄のよい夜明け साहित्य-क्षेत्र में नवयुग का सुप्रभात 文学界に新時代の夜明け

सुप्रसिद्ध [形] 著名な；高名な सुप्रसिद्ध ग्रंथ सत्यार्थ प्रकाश 有名な書『サティヤールタ・プラカーシャ』

सुप्रिंटेंडेंट [名]《E. superintendent police》= सुपरिंटेंडेंट.

सुप्रीम कोर्ट [名]《E. supreme court》最高裁判所 = उच्चतम न्यायालय.

सुफल[1] [形] (1) 美しい実をつけた (2) 成功を収めた

सुफल[2] [名] 好結果；すぐれた成果

सुफ़ेद [形] = सफ़ेद.

सुफ़ेदी [名*] = सफ़ेदी.

सुबंत [形]《Skt.》〔言〕サンスクリット文法で格語尾を伴った（名詞の語形変化形） सुबंत पद 格語尾を伴った名詞の語形

सुबकना [自] 声を忍ばせたり声を出さぬようにして泣く；すすり泣く；しくしく泣く；さめざめと泣く= धीरे-धीरे रोना; बिना मुँह खोले रोना. नन्हें रुआँसा हो आया और सुबकता हुआ बोला, 'मुझे थप्पड़ क्यों मारा?' ちびはべそをかきすすり泣きながら言った.「なぜ僕を叩いたの」 उनका मन सुबक उठता, पर उनकी आँखों के आँसू जैसे सूख गये थे 心は泣きじゃくっているが涙はまるで涸れてしまっていた वह सुबककर रोने लगी 娘はしくしく泣き出した वह रामू को छाती से चिपकाये सुबकती रही ラームーをしっかと胸に抱き寄せさめざめと泣いていた

सुबल [形] 力持ちの；大力の；頑丈な

सुबह [名*]《A. صبح सुबह》(1) 朝；夜明け सुबह के धुँधलके में 朝の薄暗がりの中で सुबह की चाय モーニングティー **सुबह-शाम** 朝夕 सुबह-शाम सैर के लिए निकलना 朝夕散歩に出掛ける **सुबह सवेरे** 早朝に；朝早く；朝まだき सुबह सवेरे उठो और खुदा को याद करो 早朝に起きて神様を念じなさい **सुबह-सुबह** 朝早くに；早朝に；朝っぱらから कहिए, आज सुबह-सुबह कैसे तकलीफ़ की? これはこれは，今日は朝早くからのお出ましで恐縮です **सुबह से रात तक** 朝から晩まで= सुबह से शाम तक. सुबह से शाम तक महाशय की डाँट खानी पड़ती थी 朝から晩まで主人の叱責を受けなくてはならなかった (2) 午前；午前中 सुबह का सोना खूब नहीं है 朝寝はよくない **सुबह का भूला शाम को भी घर लौट आए तो वह भूला नहीं कहलाता** 〔諺〕1度しくじって立ち直った人を咎めてはならない= सुबह का भूला शाम को भी आ जाए तो उसे भूला न मानना. **सुबह-शाम क॰** あれこれ言い逃れをする

सुबहान [名]《A. سبحان सुब्हान》(1) 栄光 (2) 賛美

सुबहान अल्लाह [感]《A. سبحان الله सुब्हान अल्लाह》なんと素敵なことだ；とても素晴らしい；お見事= वाह वाह! धन्य है! क्यों न हो. → सुब्हान अल्लाह.

सुबास [名*] 芳香 = सुगंध; खुशबू.

सुबाहु [形] (1) 腕の美しい (2) 丈夫な腕を持つ；力持ちの (3) 勇ましい；勇敢な

सुबीता [名] = सुभीता. इससे सुबीता और क्या होगा? これ以上好都合なことがあろうか

सुबुक [形]《P. سبک》(1) 軽い；軽量の (2) 速い；敏捷な；俊敏な (3) 軽快な (4) 繊細な；か細い；か弱い सुबुक-सुबुक पैर か細い足

सुबुकदस्त [形]《P. سبک دست》腕利きの；敏腕の；腕の達者な

सुबुकपरवाज़ [形]《P. سبک پرواز》よく飛ぶ；軽快に飛ぶ

सुबुकपा [形]《P. سبک پا》足の速い

सुबुकरफ़्तार [形]《P. سبک رفتار》速度の速い；素早い

सुबुद्धि [形] 聡明な；頭脳の優れた

सुबू [名]《P. سبو》水がめ；壷= घड़ा; मटका.

सुबूत[1] [名]《A. ثبوت》= सबूत. (1) 証拠= प्रमाण. अपने भ्रष्टाचार का वह एक भी सुबूत नहीं छोड़ता 汚職の1つの証拠も残さない यह इस बात का सुबूत है कि... これがその証拠だ जब तक कि 100 फ़ी सदी सुबूत न मिले तो 100 %の証拠が見つからなければ (2) 例；たとえ= उदाहरण; मिसाल. बड़ाई का सुबूत 偉大さの例 (3) 理屈 = दलील.

सुबूत[2] [形] = साबुत.

सुबोध [形] わかりやすい；易しい सुबोध भाषा わかりやすい言葉

सुब्रह्मण्य [名] (1) シヴァ神 (2) ヴィシュヌ神 (3) カールティケーヤ神= कार्तिकेय.

सुब्ह [名]《A. صبح》= सुबह.

सुब्हान [名]《A. سبحان》〔イス〕神の栄光の賛美

सुब्हान अल्लाह [感]《A. سبحان الله》(1)〔イス〕神の全きこと聖なることを賛美する言葉 (2) 感嘆や賛嘆の気持ちを表すことば. うまい；素晴らしい；でかした；ご立派 सुब्हान अल्लाह! दूध है कैसा! やあ見事な牛乳だ！

सुब्हो शाम [名*・副]《A.P. صبح و شام》日夜；朝晩= सुबह शाम.

सुभग[1] [形] (1) 幸運な (2) 幸福な；幸せな (3) 愛らしい (4) 美しい

सुभग[2] [名] 幸運= सौभाग्य; खुशकिस्मती.

सुभगा [名*] ← सुभग. (1) 幸運な女性 (2) 夫が存命の妻

सुभट [名] つわもの；勇士；勇者

सुभद्र[1] [名] ヴィシュヌ神の異名の一

सुभद्र[2] [形] (1) 幸運な (2) 善良な (3) 大変めでたい

सुभद्रा [名*]〔イ神・マハ〕スバッドラー（クリシュナの妹でアルジュナ अर्जुन の妻）

सुभाउ [名] → स्वभाव.

सुभाग [形] とても幸運な = भाग्यवान्; खुशकिस्मत.

सुभागी [形] = भाग्यवान; भाग्यशाली.

सुभाग्य [形] 大変幸運な = भाग्यवान.

सुभान-अल्ला [感] = सुब्हान-अल्लाह.

सुभाव [名] = स्वभाव.

सुभाषचंद्र बोस〔人名・イ史〕スバーシュチャンドラ・ボース（1897–1945. インドの政治家，民族運動の指導者）= सुभाष चंद्र बसु.

सुभाषित [名] (1) 金言；名言；格言 (2) 機知にあふれた言葉；ウイット

सुभीता [名] (1) 便宜；好都合；便利さ= सुविधा; सहूलियत. ये अध्ययन शासनकार्य के सुभीते के लिए किये गए हैं これらの研究は統治の便宜のためになされたものなのです (2) 安楽；安穏= आराम; चैन. **सुभीता क॰** 去る；立ち去る；辞去する

सुभूति [名*] 無事；安穏；安寧 = कुशल; क्षेम.

सुभूषित [形] 美しく飾られた

सुमंगल [形] とてもめでたい；甚だ幸運な

सुम[1] [名]《P. سم》奇蹄類のひづめ（蹄）〈hoof〉

सुम[2]〔名〕〔植〕モクセイ科トネリコ属【*Fraxinus hookeri; F. excelsior*】〈hooker ash〉

सुमति[1]［形］賢い；聡明な；利口な

सुमति[2]［名*］(1) 英智 (2) 融和

सुमधुर［形］甘美な；良好な भारत के साथ सुमधुर संबंध インドとの良好な関係 सुमधुर स्वर से 甘美な声で

सुमन[1]［名］(1) 花 (2) 神 (3) 学者；学識者

सुमन[2]［形］(1) 心やさしい；情け深い；心の広い (2) 美しい；うるわしい

सुमन-चाप［名］カーマ神 = कामदेव.

सुमनमाल［名］花環 = पुष्पमाला.

सुमरनी［名*］= सुमिरनी.

सुमात्रा〔地名〕《E. Sumatra》スマトラ

सुमित्रा［名*］〔ラマ〕スミトラー（ダシャラタ王妃の１人でラクシュマナ及びシャトルグナの母）

सुमित्रातनय［名］〔ラマ〕ダシャラタ王妃スミトラーの息子ラクシュマナとシャトルグナ= सुमित्रानंदन.

सुमित्रानंदन［名］〔ラマ〕スミトラー妃の双生児ラクシュマナとシャトルグナ

सुमिरन［名］(1) 記憶 (2) 祈念；思念 मैंने शंकर भगवान का सुमिरन किया और बिनती की シャンカル（シヴァ）神を祈念し願いごとをした

सुमिरनी［名*］〔ヒ〕念誦に用いる数珠．念珠（27 個の珠から成る）

सुमुख［形］(1) 器量のよい (2) 美しい= सुंदर; मनोहर. (3) 嬉しい= प्रसन्न.

सुमुखी［形*・名*］(1) 顔の美しい；美女；美人 (2) 鏡 (3)〔韻〕スムキー（各パーダが नगण + जगण + जगण + लघु + गुरु の 11 音節から成る音節韻律）

सुमुखी सवैया［名］〔韻〕スムキー・サワイヤー（各パーダが 7 जगण + लघु + गुरु の 23 音節から成る音節韻律）

सुमेर〔地名・史〕《E. Sumer》シュメール

सुमेरु［名］(1)〔イ神〕スメール山（ヒンドゥー教の宇宙観においてジャムブドヴィーパ जम्बुद्वीप の中心にある山）；メール山 मेरु (2)〔韻〕スメール（17 モーラ，もしくは，19 モーラから成るモーラ韻律．終わりは यगण が望ましいとされる）

सुयत［形］(1) よく制御された (2) 五感を制した= जितेंद्रिय.

सुयश［名］名声；高名；令名

सुयोग［名］好機；チャンス= सुअवसर; अच्छा मौक़ा

सुयोग्य［形］有能な；優秀な उन्होंने एक सुयोग्य पत्रकार एवं लोकप्रिय संपादक का यश अर्जित किया 優秀なジャーナリスト，そして人気のある編集者の名声を獲得した सुयोग्य लेडी डाक्टर 優秀な女医 सुयोग्य वर 有能な婿；立派な花婿

सुरंग[1]［名*］(1) トンネル；隧道；地下道 (2) 地雷 सुरंग बिछाना 地雷を敷設する (3) 水雷；魚雷 (4) 軍事的な必要から地下に作られる侵入路や盗人が建物に侵入するために建造物の壁にあける穴= सेंध.

सुरंग[2]［形］(1) 色の美しい；美しい色の (2) 美しい；形の美しい (3) 赤い (4) きれいな；清らかな

सुरंग[3]［名］辰砂；朱= हिंगुल; ईंगुल; सिंगरफ़.

सुरंग-प्रसार［名］〔軍〕機雷敷設艦

सुरंग बुहार［名］〔軍〕掃海艇 = सुरंग मार्जक.

सुरंग भेदक［名］〔軍〕掃海艇

सुर[1]［名］〔イ神〕（アスラ असुर に対する）スラ；神；天人= देवता

सुर[2]［名］(1) 声= स्वर. (2) 音= ध्वनि; आवाज़. **सुर अलग अलग रहना** お互いの意見が合わない；意見が一致しない **सुर पूरना** 吹奏楽器を吹き鳴らす **सुर फूटना** 声が出る **सुर मिलाना** 楽器の音の調子を調節する；調律する **सुर में सुर भरना** → सुर में सुर मिलाना. **सुर में सुर मिलाना** *a.* 相槌を打つ *b.* 相手に調子を合わせる *c.* 追従する；お世辞を言う

सुरक［名*］←सुरकना. (1) すすること (2) すする音

सुरकना［他］すする；息を吸いながら飲む→ सुड़कना.

सुरकानन［名］神々の散策する天界の庭園= नंदन कानन.

सुरकाष्ठ［名］〔植〕ヒマラヤスギ = देवदारु.

सुरक्षण［名］防衛；防御；防備；警備= रखवाली; हिफ़ाज़त.

सुरक्षा［名*］(1) 名誉や攻撃に対する防御；防衛；守ること；守備 बैंकों को अपनी सुरक्षा व्यवस्थाएँ कड़ी बनाने को कहा गया है 銀行はその警備対策を厳しくするようにと指示されている (2) 安全；保全 तुम्हारी सुरक्षा की ज़िम्मेदारी लेता हूँ 君の安全の責任を引き受ける समाज की सुरक्षा 社会の安全；治安 (3) 保護 जानमाल की सुरक्षा 生命財産の安全（保護） (4) 安定；保全 धंधे की सुरक्षा 職の安定や保全（わけもなく首を切られぬこと） (5) 保存 त्वचा की सुरक्षा के लिए 肌を守るために **राष्ट्रीय सुरक्षा क़ानून** 国家保安法 **सुरक्षा उपाय** 安全対策 **सुरक्षा साधन** 安全策

सुरक्षात्मक［形］(1) 防御の；防衛の；警備の (2) 安全の (3) 保護の पशु-पक्षियों का सुरक्षात्मक प्रयत्न 鳥獣の保護活動

सुरक्षा परिषद्［名*］国連安全保障理事会〈the Security Council〉

सुरक्षा पुलिस［名*］《H.+ E. police》公安警察

सुरक्षित［形］(1) 守られた；防御された (2) 安全な；危険のない सुरक्षित तरीक़ा 安全な方法 सुरक्षित जगह 安全な場所 सुरक्षित ओवरटेकिंग 安全な追い越し सुरक्षित जीवन 安全な生活 (3) 保護された (4) 安定した (5) 保存された **सुरक्षित रखना** *a.* 保護する *b.* 保存する शवों को सुरक्षित रखने के लिए 遺体の保存のために (6) 保留された；留保された；取って置かれた कुछ स्थान महिलाओं के लिए सुरक्षित होते हैं 一部の座席は女性専用になっている

सुरख़［形］《P. سرخ सुर्ख़》赤の；深紅の → सुर्ख़; रक्त.

सुरख़ाब［名］《P. سرخاب सुर्ख़ाब》〔鳥〕ガンカモ科アカツクシガモ【*Tadorna ferruginea*】= चकवा; चक्रवाक.

सुरख़िया बगला［名］〔鳥〕サギ科アマサギ【*Bubulcus ibis*】

सुरख़ी［名*］《P. سرخی》→ सुर्ख़ी.

सुरग［名］天国；極楽= स्वर्ग.

सुरगाय［名*］〔イ神〕カーマデーヌ，または，スラビと呼ばれる雌牛（神々とアスラとの大洋攪拌の際生まれたもので人の願望を叶えてくれるとされる）= कामधेनु; सुरभि

सुरचाप［名］虹 = इंद्रधनुष.

सुरत[1]［名］性交；交接= संभोग; मैथुन.

सुरत[2]［名*］(1) 記憶= स्मृति; सुध; याद. (2) 注意= ध्यान. (-पर) **सुरत धरना** （ーに）注意を向ける；（ーを）気にかける (-की) **सुरत बिसराना** （ーを）すっかり忘れる **सुरत लगाना** = सुरत धरना. **सुरत सँभालना** 用心する；警戒する

सुरतरु［名］〔イ神〕如意樹（インドラ神の支配する天国にあって一切の願いごとを叶えてくれるとされる樹木）；カルパヴリクシャ= कल्पवृक्ष; कल्पतरु; कल्पद्रुम.

सुरत हरजाई［名*］尻軽女；浮気女；不貞な女

सुरता［名*］←सुर. (1) 神であること (2) 神性 (3) 神格

सुरति[1]［名*］(1) 愛戯；性戯；交接；媾合= कामकेलि. (2)〔ヨガ〕ナーダ，もしくは，ナード（全宇宙に遍満する音で真理を象徴するものであるが，ヨーガの行を完成した人にしか聞こえないもの）が心に存在する状態→ नाद.

सुरति[2]［名*］(1) 思うこと；思い浮かべること；思念；記憶= स्मृति. (2) 神を思念し思慕すること；サバダ सबद という宇宙に遍満する妙音を希求する心 (3) 個我 जीवात्मा の象徴（ニルグナ派）

सुरति[3]［名*］天啓= श्रुति.

सुरति-कमल［名］〔ヨガ〕（ハタヨーガにおいて微細身の）頭頂部にあって千枚の花弁を持つ蓮華の形で表されるチャクラ；サハスラーラ・チャクラ→ सहस्रार चक्र.

सुरति-निरति［名*］〔ヨガ〕（ハタヨーガにおいて）アンタルナーダ，すなわち，内なる音を聞きそれに没入すること→ सुरति[1].

सुरती［名*］タバコの葉の粉末（喫煙用のほか噛みタバコやパーンの材料としても用いられる）= तंबाकू के पत्तों का चूरा.

सुरदार［形］《H.+ P. دار》(1) 美声の (2) 旋律の美しい

सुरधाम［名］天界；天国= स्वर्ग.

सुरनाथ［名］天界の主インドラ神

सुरनायक［名］〔イ神〕インドラ神

सुरनारी［名*］(1) 神々の妻= देवांगना. (2) 天界の女性 (3) 天女；アプサラー

सुरनिलय［名］(1) 天界；天国 (2) スメール山 सुमेरु

सुरपथ［名］空；天空

सुरपुर［名］(1)〔イ神〕インドラ神の都アマラーヴァティー अमरावती (2) 天界；天国；極楽

सुरप्रिय[1]［名］インドラ神

सुरप्रिय[2]［形］神々に愛でられる

सुरभवन [名] (1) 寺院；神社 (2) インドラ神の都アマラヴァティー अमरावती

सुरबाला [名*]〔イ神〕デーヴァ देव の配偶神；デーヴァの妻；神妃；天界の女= देवांगना.

सुरभि[1] [名*] (1) 大地 (2)〔イ神〕人のあらゆる願いを叶えてくれるとされる雌牛→ कामधेनु; सुरगाय. (3) 芳香 (4) 酒 (5) 金；黄金

सुरभि[2] [形] (1) 芳香のする (2) 美しい；うるわしい (3) すぐれた；優秀な

सुरभित [形] 香りのよい；芳香のする；芳香のつけられた प्राय: उनके केश फूल-मालाओं से सुरभित होते हैं たいてい女性たちの髪は飾られた花環で芳香がする

सुरमंडल [名] 天界；神々の世界

सुरमई[1] [形] ←सुरमा[1]. ねずみ色の；銀色の；銀白色の आसमान में सुरमई रंग के बादल 空にねずみ色の雲

सुरमई[2] [名] ねずみ色；銀色；銀白色

सुरमई[3] [名*]〔鳥〕コウノトリ科ナベコウ【*Ciconia nigra*】

सुरमचू [名] スルマー (सुरमा) を塗るのに用いるガラス製の細く短いマッチの軸に似た道具= सुरमाचोब/सुर्माचोब.

सुरमणि [名]〔イ神〕願いのものを与えてくれると言われる宝石；チンターマニ चिंतामणि 如意宝珠

सुरमा[1] [名]《P. سرمہ सुर्मा》(1) 硫化アンチモン (アンチモニー) や硫化鉛を粉末にした微粒子 (目の美容及び保護のために用いる)；スルマー (2) 目薬

सुरमा[2] [名]〔鳥〕シギ科アカシギ【*Tringa totanus*】= सूरमा.

सुरमा[3] [形] 微細にすりつぶした；微粒子状にひきつぶした

सुरमाचश्म [形]《P. سرمہ چشم सुर्माचश्म》スルマーを目につけている

सुरमादान [名]《P. سرمہ دان》スルマー入れの容器→ सुरमा[1].

सुरमादानी [名*]《P. سرمہ دانی》スルマー入れの小さな容器

सुरमा सफ़ेद [名]《P. سرمہ سفید》石膏；ギプス (焼き石膏の原料)

सुरम्य [形] 風景の美しい；風光明媚な सुरम्य तीर्थ स्थल 美しい巡礼地 सुरम्य पहाड़ियों से घिरे तालाब के एक ओर है भगवान शिव का भव्य मंदिर 美しい山々に囲まれた池の一方にシヴァ神を祀った見事な寺院がある

सुरराज [名] インドラ神

सुरराज वृक्ष [名] (1)〔植〕マメ科高木デイコ【*Erythrina indica*】(2)〔仏〕まんだらげ (曼陀羅華)

सुररिपु [名] (1)〔イ神〕アスラ；ラークシャス (2)〔イ神〕ラーフ (食を起こすとされた) (राहु)

सुरलहरी [名*] メロディー

सुरलोक [名] 天国；天界 = देवलोक.

सुरलोक सुंदरी [名*]〔イ神〕アプサラー अप्सरा

सुरवधू [名*]〔イ神〕スラ，すなわち，神の妃；神の配偶神= देवांगना.

सुरवर [名] 最高神インドラ神

सुरवल्ली [名*]〔植〕シソ科カミメボウキ= तुलसी.

सुरवा[1] [名]〔ヒ〕ホーマ होम を行う際にギーを祭火に投入するのに用いられる木製のさじ

सुरवा[2] [名]《P. شوربا शोरबा》肉の煮汁 **सक्कर सुरवा बोलना** शक्कर (砂糖) を सक्कर, शोरबा (肉汁) を सुरवा と発音するように発音の不正確なこと；間違った発音をすること

सुरवाड़ी [名*] 豚小屋；豚を囲っておく場所= सूअरबाड़ा.

सुरवाणी [名*] サンスクリット語の美称= देववाणी.

सुरवास [名] 天界；天国= देवस्थान.

सुरवृक्ष [名]〔イ神〕あらゆる望みを叶えてくれるとされる樹；如意樹= कल्पतरु; कल्पद्रुम.

सुरवेश्म [名] 天界；天国= स्वर्ग.

सुरशत्रु [名] (1)〔イ神〕スラの敵，すなわち，アスラ；ラークシャス (2) ラーフ राहु

सुरशयनी [名*]〔ヒ〕アーシャーダ月の白分 11 日 (ヴィシュヌ神が 4 か月にわたる眠りにつく日とされる) = विष्णुशयनी एकादशी.

सुरस [形] (1) 水分のある；水気のある= रसीला. (2) 美味な；おいしい= स्वादिष्ट. (3) 風味のある；味わいのある= सरस.

सुरसर[1] [名]〔イ神・ヒ〕ヒンドゥー教，仏教，ボン教の聖地カイラーサ山近くのマーナササローワラ湖；マーナサローワラ湖 मानससरोवर/मानसरोवर

सुरसर[2] [名*] → सुरसरि.

सुरसरि [名*] (1) ガンジス川 (2) ゴーダーヴァリー川

सुरसरित् [名*] ガンジス川= सुरसरिता.

सुरसरी[1] [名*]〔昆〕コクゾウムシ = सुरसुरी[1].

सुरसरी[2] [名*] ガンジス川

सुरसा [名*]〔イ神・ラマ〕スラサー (カシュヤパ・リシとクローダーヴァシャー क्रोधावशा の娘でナーガ नाग の母とされる．海中にあってランカーへ向かうハヌマーンを妨害しようとしてラークシャシーの姿をとった) → राक्षसी.

सुरसाई [名] 天界の主の意 (1) インドラ神 (2) ヴィシュヌ神 (3) シヴァ神

सुरसाहिब [名]《H.+ A.》インドラ神= सुरसाई.

सुरसिंधु [名] ガンジス川= गंगा जी.

सुरसुंदरी [名*] (1) ドウルガー神 (2) アプサラー→ अप्सरा.

सुरसुरभी [名*]〔イ神〕スラスラビー (人の願いをすべて叶えるとされる雌牛) = कामधेनु; सुरभि.

सुरसुराना[1] [自] (1) (虫などが) 這う (2) むずむずする；むずがゆい

सुरसुराना[2] [自] (物が飛んだり風が吹いたりするために) 様々な音が出る

सुरसुराहट[1] [名*] ←सुरसुराना. むずがゆさ

सुरसुराहट[2] [名*] 空中を物が飛んだり空気を切るために生じる音；ひゅー，ぴゅー，ひゅるひゅる，びゅんなど物が激しく空を切って飛ぶ音やその様子 तीर के चलने से हवा में होनेवाली सुरसुराहट 矢が飛んで空中に生じる音

सुरसुरी[1] [名*]〔昆〕穀物につくコクゾウムシなどの害虫の類の総称 सेम की सुरसुरी フジマメにつく虫 गेहूँ की सुरसुरी 小麦につく虫

सुरसुरी[2] [名*] = सुरसुराहट.

सुरसैनी [名*] → सुरशयनी.

सुरस्त्री [名*]〔イ神〕アプサラー → अप्सरा.

सुरहर[1] [形] 上に真っ直ぐに伸びた

सुरहर[2] [形] 物の擦れ合う音のする

सुरहरा [形⁺] = सुरहर[2].

सुरही[1] [名*] (1) 雌牛 (2)〔動〕ヤク= सुरा गाय; चमरी गाय.

सुरही[2] [名*] 16 個の子安貝を用いて行われる賭けごと

सुरांगना [名*] (1) 天界の女性；神の配偶神 (2) 天女；アプサラー

सुरा [名*] (1) 酒= मद्य; मदिरा; शराब. सुरा और सुंदरी 酒と女 (2) 水= जल; पानी.

सुराख़ [名] 穴；隙間= सूराख़; छिद्र; रंध्र; छेद. दो सुराख़ वाला 2 つの穴のついた

सुराग [名] 深い愛情；親密な愛

सुराग़ [名]《A. سراغ》(1) 糸口；手がかり；鍵= सूत्र; टोह. सहीह सुराग़ 正しい解決の糸口 (2) 足跡 (3) 調べ；調査 **सुराग़ दे॰** 糸口を与える；秘密をもらす **(-का) सुराग़ निकालना** (－の) 所在をつきとめる；調べ上げる कहीं-न-कहीं से लता का सुराग़ निकाल ही लेता और उस बस्ती के पास मँडराता हुआ दिख जाता どこからかわからぬがラターの居所をつきとめてそのあたりを徘徊するのが見られる **(-का) सुराग़ मिलना** (－の) 糸口が見つかる；手がかりが得られる= (-का) सुराग़ लगना. चोरी का कोई सुराग़ नहीं मिल रहा है 盗難の解決の手がかりが全く見つからないでいる **सुराग़ लगाना** = सुराग़ निकालना.

सुरागाय [名*]〔動〕ウシ科ヤク【*Bos grunniens*】= याक; चमरी गाय; चँवरी गाय; बन-चौर.

सुरागार [名] (1) 神社= देवगृह. (2) 酒造所 (3) 酒屋

सुराज [名] (1) よい治世= सुराज्य. (2) 自治；特に英領インド時代に英領インドからの自由と自治= स्वराज्य.

सुराजा[1] [名] よい王；立派な王；理想の王

सुराजा[2] [名] よい治世= सुराज्य.

सुराजिका [名*] 爬虫類ヤモリ= छिपकली.

सुराजी [形・名] ←स्वराज. 〔イ史〕(1) 英国統治からの自治を求める (人) (2) インドの独立を希求して独立運動に参加した人

सुराज्य[1] [名] 良い統治；良い御世

सुराज्य[2] [名] 自治 = स्वराज्य.

सुराथी [名*]〔農〕脱穀に用いる竿；からざお (殻竿)

सुराद्रि [名]〔イ神〕スメール山 सुमेरु

सुराधा [形] (1) すぐれた布施をする (2) 惜しみなく布施をする

सुराधिप [名] インドラ神
सुराप [形] 酒を飲む；飲酒する＝ शराबी; मद्यप.
सुरापात्र [名] 盃；酒杯
सुरापान [名] (1) 飲酒 (2) 酒の肴；酒のつまみ
सुरापी [名] 酒飲み；飲み助；飲んべえ；飲んだくれ
सुराल[1] [名] 樹脂（特にサラノキから採れる）
सुराल[2] [名]〔植〕マメ科蔓草インドクズ【*Pueraria tuberosa*】
सुरालय [名] (1) 天国 (2) スメール山 सुमेरु
सुरावास [名]〔イ神〕スメール山 ＝ सुमेरु
सुराष्ट्र 〔地名〕＝ सौराष्ट्र.
सुरासव [名] 発酵酒
सुरासार [名] アルコール；酒精
सुरासुर [名]〔イ神〕スラ（神）(सुर) とアスラ (असुर)
सुराही [名*]《A. صراحی》スラーヒー（首が細く胴のふくらんだ素焼きの飲料水入れ）
सुराहीदार [形]《A.P. صراحی دار》スラーヒーの首のような細い形をした सुराहीदार गर्दन 細く美しい首；ほっそり優雅な首 मोर की सुराहीदार गर्दन クジャクの美しい形の首
सुराहीनुमा [形]《A.P. صراحی نما》スラーヒーの形の
सुरीला [形⁺] (1) 甘美な（響きの）；甘い (2) 心地よい इंसान इस सुरीली नसीहत की परवाह नहीं करता और सोता रहता है 人間はこの心地よい教訓は気にとめず眠り続けるものである चिड़ियों की सुरीली बोली 小鳥の美しい鳴き声 सुरीले कंठ से 甘く美しい声で
सुरुचि [名*] 洗練された好み；嗜好の洗練されていること；センスのよさ यह आपकी सुरुचि पर निर्भर करता है कि आप किस रंग में किस शेड का चुनाव करती हैं どの色のどの色合いを選ばれるかはあなたの好みによるわけです सुरुचि के साथ 品よく；しゃれた風に；感じよく；気の利いた उसके बाद रंगीन कागजों से उसे बड़ी ही सुरुचि के साथ, कलात्मक ढंग से सजाया जाता है それから色紙でそれを品よく美しく飾り立てる
सुरुचिपूर्ण [形] 洗練された；好みのよい；たしなみのよい；品のよい；センスのある सुरुचिपूर्ण बैठक しゃれた感じのよい応接間 सुरुचिपूर्ण वेशभूषा 洗練された服装
सुरुचिर [形] (1) 気持ちのよい (2) 美しい (3) 輝いている
सुरुचिसम्पन्न [形] 好みのよさの備わっている；洗練された
सुरुचिसम्पन्नता [名*] 好みのよさ；洗練；気品 आपकी वेशभूषा में सुरुचिसम्पन्नता तथा मर्यादा का समावेश होना चाहिए あなたのお召し物には好みのよさと気品がなくてはなりません
सुरूप [形] (1) 形のよい；恰好のよい (2) 美しい
सुरूर [名]《A. سرور》(1) 喜び＝ हर्ष; ख़ुशी; आनंद. (2) ほろ酔い＝ हलका नशा.
सुरेंद्र [名] (1) インドラ神 (2) ヴィシュヌ神 (3) 大王
सुरेख [形] (1) 形のよい (2) 美しい
सुरेश [名] (1) インドラ神 (2) シヴァ神 (3) ヴィシュヌ神
सुरेश्वर [名] (1) インドラ神 (2) ブラフマー神 (3) シヴァ神 (4) ルドラ神
सुरैत [名*] (1) めかけ；妾＝ रखेली. (2) 娼婦；遊女＝ वेश्या.
सुर्ख़ [形]《P. سرخ》赤い；えんじ色の；深紅の＝ लाल. सुर्ख़ गाल 赤い頬 सुर्ख़ पत्थर 赤い石；赤砂岩 यह लोग मेरी सुर्ख़ आँखें देखकर समझते हैं कि मैं पिये हुए हूँ この人たちは私の眼が赤いのを見て酒を飲んでいると思っている चेहरा सुर्ख़ हो गया है （病気で）顔が赤くなっている
सुर्ख़पोश [形]《P. سرخ پوش》赤い服を着用している **सुर्ख़पोशों की तहरीक** 〔イ史〕赤シャツ運動；赤シャツ党の運動（アブドゥル・ガッファール・ハーン अब्दुल गफ़्फ़ार ख़ाँ が北西辺境州において指導した教育・社会改革運動組織の構成員が赤シャツを着ていたことからこの名がある．後に M.K. ガンディーの影響下に 1930〜31 年の不服従運動に参加した）
सुर्ख़रंग [形]《P. سرخ رنگ》赤い；赤色の
सुर्ख़रू [形]《P. سرخ رو》(1) 敬われた；尊敬された (2) 成功を収めた；成功した
सुर्ख़ाब [名] ＝ सुरख़ाब. 〔鳥〕ガンカモ科ツクシガモ属アカツクシガモ【*Tadorna ferruginea*】
सुर्ख़ी [名*] (1) 赤；赤み；紅；深紅 चेहरे पर सुर्ख़ी（気力の充実による）顔の赤み（張り切った感じを与えるもの） चेहरे पर सुर्ख़ी झलकती है 顔に赤みが差す आसमान की सुर्ख़ी 空が赤くなって見えること；朝焼け；夕焼け (2) 口紅 आँखों में सुरमा लगा था और मुँह पर सुर्ख़ी 眼にはスルマー，口元には紅がついていた (3) 見出し；大見出し (4) 赤インキ (5) 血 (6)〔建〕焼き煉瓦を粉砕したものに石灰を加えた建築用の接着剤 (7)〔昆〕テントウムシ科テントウムシの総称＝ सोनपंखी.
सुर्ती [名*] ＝ सुरती.
सुर्मा [名] → सुरमा.
सुलक्ष [名] 吉祥の印
सुलक्षण [形] (1) 吉兆の；吉祥の (2) 幸運な
सुलक्षणा [名*] 吉祥のしるしを持った女性
सुलक्षित [形] (1) 詳しく観察された (2) 詳しく調べられた
सुलगना [自] くすぶる；煙が出る；くゆる उनके दिलों में गुस्से की आग सुलग रही थी その人たちの胸の中には怒りの火がくすぶっていた बदले की भावना से सुलगता रहता है 胸の内は復讐の念でくすぶり続けている चारों तरफ़ तनाव और असंतोष के जो छोटे-बड़े ज्वालामुखी सुलग रहे हैं 四方八方に緊張と不満の大小の火山が煙を出していた असम में 6 वर्षों से सुलग रही आग का संतोषजनक समाधान アッサムで 6 年来くすぶっている火の満足の行く解決
सुलगाना [他] (1) くゆらせる；煙らせる उसने कुरसी से अपनी पीठ टिकाकर सिगरेट सुलगा ली 椅子に背をもたせかけてタバコをくゆらせた कमरों में अगरबत्ती सुलगाते रहना चाहिए 部屋にはずっと線香をたいておかなくてはいけない (2) 火をつける；点火する उसका मन हुआ, बैठकर बीड़ी सुलगा ले 腰を下ろしてビーリーに火をつけようと思った सामाजिक विघटन की अनेकानेक समस्याओं से ग्रस्त इन क्षेत्रों में सांप्रदायिकता की आग सरलता से सुलगाई जा सकती है 社会崩壊の様々の問題に囚われているこの地域ではコミュナリズムの火を容易に放つことができる उसने सिगरेट सुलगाया タバコに火をつけた
सुलझना [自] (1)（結ばれたり絡んだりしたものが）ほどける；解ける (2)（問題や疑問が）解ける；解決される दीना की हत्या का मुआमला अभी तक नहीं सुलझ पाया ディーナー殺害事件はまだ解決されないでいる (3) 捌ける；物わかりのよい；話のわかる सुलझा हुआ 捌けた；話のわかる पिता जी बहुत सुलझे हुए व्यापारी हैं 父はとても捌けた商人だ ये सज्जन एक प्रसिद्ध लेखक हैं; काफ़ी वयस्क और सुलझे हुए あの方はよく知られた物書だ．それにかなり年配で話のわかる人だ स्वच्छंद और सुलझे हुए विचारों वाली लड़की को रूढ़िवादी लड़के के हाथों सौंप देना भी 伸びやかで捌けた考えの娘を因習的な花婿の手に委ねることも
सुलझाना [他] (1)（糸やひも，髪などの絡まりやもつれなどを）ほぐす；ほどく बालों को सुलझाने के लिए 髪をほぐすのに (2)（問題などを）解く；解決する；捌く；処理する झगड़े को सुलझाने के लिए いさかいを解決するために इस साल भी चोरी और सेंधमारी जैसे अपराधों को सुलझाने में पुलिस को मुँह की खानी पड़ी है 窃盗，忍び込み等の犯罪の解決については今年も警察は惨敗を喫した
सुलझाव [名] (1) ＝ सुलझना. (2) ＝ सुलझाना.
सुलटना [他] 処理する；片付ける बाद में बाबा स्वयं उसे सुलट लेंगे 後で父が自分で処理するだろう
सुलटा [形⁺] まともな；表の；正面の→ उलटा.
सुलतान [名]《A. سلطان सुल्तान》支配者；国王；王；君主；スルタン；サルタン
सुलताना चंपा [名*]〔植〕オトギリソウ科高木テリハボク【*Calophyllum inophyllum*】＝ पुन्नाग.
सुलतानी[1] [形⁺]《A. سلطانی सुल्तानी》(1) 王の；君主の；スルタンの (2) 赤い；赤色の
सुलतानी[2] [名*] 王位；王の支配や統治；スルタンの地位；スルタンの権威
सुलतानी[3] [名] (1) 上等の絹布の一，スルターニー (2) 紙の一種の名称，スルターニー
सुलफ [形] (1) しなやかな＝ लचीला. (2) 柔らかな；繊細な＝ नाज़ुक; कोमल.
सुलफ़ा [名]《A. سلفه सुल्फ़ा》(1) 朝食等の軽い食事；スナック＝ नाश्ता; जलपान; नहारी. (2) スルファー（ガーンジャー गांजा やチャラス चरस など大麻から作られる麻薬成分を含んだ飲食用ないしは吸引用の物質） (3) きせるにつめて吸うタバコ (4) チャラス→ चरस.

सुलफ़ेबाज़ [名]《A.P. سلفه باز》ガーンジャーやチャラス等を常習的に用いる人
सुलभ [形] (1) 得やすい；手近な सुलभ बनाना 得やすくする；手近なものにする व्यापार और वाणिज्य ने यातायात के साधनों को सुलभ बनाने में योग दिया है 交易が交通の便を得やすいものにする上で力があった (2) やさしい；容易な= सरल; आसान. (3) 普通の；ありきたりの= साधारण; मामूली. (4)（接尾辞的に用いられて）～らしい；（ーに本来）備わっている इस बाल-सुलभ आचरण पर この子供らしい振る舞いに対して मानवसुलभ त्रुटियों से मुक्त रहना असंभव है 人間の持つ弱点を免れていることは不可能である
सुलभेतर [形] (1) 得難い= दुर्लभ. (2) 高価な
सुलभ्य [形] = सुलभ.
सुललित [形] 優雅な；上品な；高雅な
सुलवाना [他・使] ← सुलाना. = सुतवाना. → सोना.
सुलह [名*]《A. صلح सुलह》(1) 和平；和解；和睦；講和= संधि. यदि रावण सुलह के लिए राज़ी हो तो ठीक, वरना युद्ध तो होगा ही ラーヴァナが和睦に同意するならばよし．そうでなければ戦争は避けられぬ (2) 友愛= मेल; मिलाप; मैत्री. (-से) **सुलह क॰** (ーと）和睦する；仲直りする；握手する उन्होंने निश्चय किया कि वे अब अकबर से सुलह कर लेंगे 今度はアクバルと和睦しようと決意した **सुलह कराना** 和睦させる；仲直りさせる मारा-मारी तो नहीं करनी चाहिए, सबके साथ मिलकर रहना चाहिए.हम सुलह करा देंगे 殴り合いをしては駄目，みなと仲良くするのだよ，あたしが仲直りさせてあげよう (-में) **सुलह हो॰** (ーの間に）和睦が成立する；仲直りが成立する अब तक पति-पत्नी में सुलह भी हो जाती 今までに夫婦（喧嘩）の仲直りができていたものなのに माँ, सुलह हो गई? 母さんもう仲直りしたの？
सुलहनामा [名]《A.P. صلح نامه》講和条約 = संधि-पत्र.
सुलह-सफ़ाई [名*]《A. صلح صفائی》和解；和睦
सुलाना [他] (1) 寝かせる；寝かしつける；眠らせる बच्चों को दूसरे कमरे में सुलाना 子供たちを他の部屋に寝かせる बच्चों को सुलाते समय 子供たちを眠らせる際 माँ उसको सुलाते-सुलाते ख़ुद सो गई थी 母親は子供を寝つかせているうちに自分自身が眠りこんでしまった (2) 横にさせる；横たえる किसी किसी अस्पताल में तो पलंग की कमी के कारण मरीज़ों को फ़र्श पर सुलाकर उन्हें ख़ून चढ़ाया जाता है 病院によってはベッド不足のため病人を床に横たえて輸血が行われる
सुलूक [名] → सलूक. तुमने मेरे साथ जो सुलूक किया उसे मैं हमेशा याद रखूँगा 君が私に対してした振る舞いを私はいつまでも忘れないつもりだ **सुलूक पर सुलूक क॰** 丁重にもてなす
सुलेख [名] (1) 達筆 (2) 書道
सुलेखन [名] 書道 = सुलेखन कला; ख़ुशख़ती.
सुलेमान《A. سلیمان》(1)〔人名〕ソロモン王（古代イスラエル第3代の王でダビデの子） (2)〔地名〕スレーマーン山脈（パキスタン）
सुलेमानी[1] [形]《P. سلیمانی》(1) ソロモンの (2) スレーマーン山脈に産する
सुलेमानी[2] [名*] (1)〔鉱〕オニックス (2) 岩塩の入った消化剤の一
सुलोचना [形*] 目の美しい；美しい目をした
सुल्तान [名] = सुलतान.
सुल्फ़ा [名] → सुलफ़ा.
सुवक्ता [形] 雄弁な；能弁な；弁舌爽やかな；弁舌のすぐれた
सुवक्ष [形] 立派な幅広い胸を持つ
सुवचन [形] = सुवक्ता. 能弁な；雄弁な
सुवचनी [形*] = सुवचन.
सुवदन [形] 顔の美しい；容貌のすぐれた
सुवन [名] (1) 太陽 (2) 火 (3) 月
सुवर्ण[1] [形] (1) 色の美しい (2) 金色の
सुवर्ण[2] [名] (1) きん（金）= सोना; स्वर्ण. (2) 財；富= धन; संपत्ति; दौलत.
सुवर्णक[1] [名] きん；金；ゴールド
सुवर्णक[2] [形] (1) 金の；金製の (2) 金色の
सुवर्णकार [名] 金細工師；スナール・カーストの人（金銀細工を主なりわいとしてきたカーストの人）
सुवर्णवर्ण [形] 金色の = सुनहरा.
सुवर्णांकित [形] 金文字で書かれた
सुवास [名] 芳香 = सुगंध; ख़ुशबू.
सुवासित [形] 芳香のする；芳香をしみこませた= ख़ुशबूदार. इस पानी से बालों को धोया जाए तो वे अधिक अच्छी तरह साफ़ भी हो जाएँगे और चमकीले, मुलायम तथा सुवासित हो जाएँगे この水で洗髪すると髪は一層きれいになりつやが出て柔らかくなり芳香がするようになる
सुवासिनी [名*] (1) 結婚適齢期になっても父親の家に住む娘 (2) 夫が存命の女性
सुविक्रांत [形] 勇猛果敢な；勇ましい
सुविख्यात [形] 著名な；高名な= सुप्रसिद्ध; प्रख्यात.
सुविचार [名] (1) 熟慮；熟考 (2) 熟考した結論
सुविचारित [形] 熟慮された；熟考された
सुविज्ञ [形] 事情に詳しい；情報に通じた सुविज्ञ सूत्र 消息筋；情報筋 सुविज्ञ सूत्रों ने बताया कि... 消息筋の伝えるところでは…
सुविद् [名] 学者 = पंडित; विद्वान्.
सुविधा [名*] (1) 便；便宜；利器 वहाँ बीसवीं सदी की सभी आधुनिक सुविधाएँ उपलब्ध हैं そこでは20世紀のあらゆる近代的な利器が得られる (2) 施設；設備 बच्चों की शिक्षा की सुविधा 子供の教育の施設
सुविधाजनक [形] 便利な；都合のよい；好都合な；便宜的な सुविधाजनक ढंग से 便利な方法で；便宜的に
सुविधावाद [名] 便宜主義；御都合主義；日和見主義= अवसरवाद; मौक़ापरस्ती.
सुविधावादी [形・名] (1) 便宜主義の；御都合主義的な；日和見的な= अवसरवादी; मौक़ापरस्त. (2) 便宜主義者；日和見主義者
सुविधासंपन्न [形] 経済的に恵まれた；裕福な सुविधासंपन्न दंपति 裕福な夫婦
सुवीर्य [形] 勇猛な；勇ましい；勇猛果敢な
सुवृत्त [形] (1) 品行の正しい (2) 徳の高い；品性のある
सुव्यवस्था [名*] (1) 整頓；整然としていること (2) 規律正しいこと；規則正しさ；秩序正しさ
सुव्यवस्थित [形] (1) 整然とした；整頓された यह साफ़ व सुव्यवस्थित नगर है 清潔で整然とした都市 (2) 規律や秩序の正しい；規則正しい सुव्यवस्थित रूप से 規律正しく；規則正しく
सुव्रत [形] (1) 誓戒 व्रत を正しく守る (2) 敬虔な
सुशासित [形] (1) よく統治された (2) よく制御された
सुशिक्षित [形] (1) 十分な教育を受けた；高い教育を受けた सुशिक्षित वधू 高学歴の嫁 (2) よく訓練された
सुशीत [形] よく冷えた；随分冷たい
सुशील [形] (1) 気立てのよい；性格のよい सुशील बहू 気立てのよい嫁 (2) 素直な= सरल; सीधा. (3) 慎み深い；丁重な (4) 品行の正しい
सुशीलता [名*] ← सुशील. 気立てのよさ；性格のよさ；慎み深さ
सुशीला[1] [形*] ← सुशील. 気立ての良い
सुशीला[2] [名*] (1)〔イ神〕スシーラー（クリシュナの妃の一人） (2) 女子の名の一
सुशृंखलित [形] 組織的な；秩序立った
सुशोण [形] 深紅の= गहरा लाल.
सुशोभन [形] 美しく映える；美しく輝く；ほれぼれとするほど美しい
सुशोभित [形] (1) 優美な；優雅な (2) 華麗な；壮麗な；見事な सुशोभित सभा भवन 美事な会議場
सुश्री [名*] 既婚，未婚を問わず女性の名前の前につける敬称（ー）さん，（ー）氏，（ー）女史 सुश्री शीला シーラーさん प्रख्यात लेखिका सुश्री अमृता प्रीतम 著名な女流作家アムリター・プリータム女史
सुश्रुत〔人名〕西暦3～4世紀のインド古典医学書『スシュルタ・サンヒター』の著者と伝えられる人物スシュルタ
सुश्रुत संहिता [名*]〔医〕『スシュルタ・サンヒター』（インドの古典医学書の一で西暦3～4世紀の成立とされる．外科的治療法が詳述されている）
सुश्रूषा [名*] = शुश्रूषा. 世話；介護；看護
सुषमा [名*] 美しさ；うるわしさ प्राकृतिक सुषमा से भरपूर इन पर्यटक स्थलों को 自然のうるわしさに満ち満ちたこれらの観光地を प्राकृतिक सुषमा से भरपूर 自然の美しさに満ちた
सुषमित [形] 美しい；うるわしい

सुषि [名*] (1) 穴= छेद; सूराख़; बिल. (2) 管= नली.
सुषिर[1] [名] (1) 穴 (2) 裂け目；ひび割れ (3) 竹= बाँस. (4) 籐= बेंत.
सुषिर[2] [形] (1) 穴のあいた；穴あきの (2) 中空の
सुषुप्त [形] 深く眠った；熟睡した
सुषुप्ति [名*] (1) 深い眠り；熟睡 (2)〔イ哲〕無知
सुषुम्ना [名*]〔ヨガ〕スシュムナー（ハタヨーガにおいて微細身 सूक्ष्म शरीर に想定されている生命エネルギーの回路である脈管の一．左側のイラー इड़ा と右側のピンガラー पिंगला の中間に位置するとされる．このスシュムナー脈管を通って生命エネルギーのクンダリニー कुंडलिनी が上昇し最高点ブラフマランドラを経て頭頂の上のサハスラーラ・チャクラに至り純粋意識であるシヴァと合一する．それは大宇宙であるブラフマンと小宇宙であるアートマンの合一を示すものとされる）→ नाड़ी, प्राण, ब्रह्मरंध्र, कुंडलिनी.
सुषेण [名] ヴィシュヌ神の異名の一
सुष्ठु[1] [形] 上品な；品のよい；品のある सुष्ठु भाषा 上品な言葉
सुष्ठु[2] [副] (1) 非常に；甚だしく (2) 十分に；よく (3) 適当に
सुसगत [形] 適正な；適切な；甚だ理にかなった
सुसंगठित [形] 組織立った कला-चोरों का सुसंगठित गिरोह 組織的な美術品窃盗団
सुसंस्कृत [形] 洗練された वहाँ बच्चे स्वतः ही सुसंस्कृत व शिष्ट हो जाते हैं そこでは子供たちはひとりでに洗練され上品になる
सुसज्जित [形] (1) 美しく飾られた सुसज्जित घोड़ों पर सवार होकर 美しく飾られた馬に乗って (2) 整備された वृंदावन के दक्षिणी भाग में एक आधुनिक ढंग का सुसज्जित होटल है ヴリンダーワンの南部に近代的なホテルがある
सुसन्नद्ध [形] 十分に備えのある；用意や準備の整った；用意万端整った
सुसरा [名] 本来は舅 (ससुर) の意であるが，ののしりの意に用いられて，(—) め，(—) 野郎などの意を表す感動詞のように用いられる मगर आदमी सुसरा कुत्ते जितना वफ़ादार कहाँ होता है? だが人間野郎が犬ほど忠実なものか
सुसराल [名*] 舅の家，すなわち，配偶者の実家= ससुराल.
सुसरी[1] [名*] = ससुरी.
सुसरी[2] [名*] = सुरसुराहट.
सुसरी[3] [名*]〔昆〕オサゾウムシ科コクゾウムシ
सुसाइटी [名*]《E. society》社会 = समाज.
सुसाध्य [形] 容易に達成される；容易な
सुसार [名] (1) サファイア= नीलम. (2) 料理されたもの
सुसिद्ध [形] よく煮られた；よく煮えた
सुसिर [名]〔医〕歯槽膿漏；歯肉炎
सुस्त [形]《P. سست》(1) 怠けた；怠惰な (2) 気力のない；無気力な (3) 元気のない；だらしない (4) 力のない；体力のない (5) 不活発な；鈍った दिन भर गृहस्थी के घेरे में क़ैद रहने से शरीर भी सुस्त हो जाता है 一日中家事にまぎれているために体もだらける
सुस्तपाँव [名]《P. سست+ H.पाँव》〔動〕ナマケモノ科ナマケモノ
सुस्ताना [自]《← P. سست सुस्त》一服する；一休みする；一息入れる；休憩する कुछ देर सुस्ताना（しばらくの間）一服する सुस्ताने के बहाने 一息入れるとの口実で
सुस्ती [名*]《P. سستی》(1) 怠惰；怠け (2) 無気力 (3) だらしなさ (4) 不況 **सुस्ती हो॰** だるい；けだるい
सुस्थ [形] (1) 確立した (2) 元気な；健康な (3) 美しい
सुस्थित [形] (1) 確立した；しっかりした；がっしりした (2) 元気な
सुस्थिर [形] (1) 確固とした；落ち着いた (2) 安定した
सुस्वर [形] (1) 声の美しい；美声の (2) 声の調子の高い
सुस्वादु [形] 美味な；旨い
सुहबत [名*]《A. صحبت सुहबत》= सोहबत. (1) 交際；交わり；交友；仲間や同僚の関係にあること；協同作業の仲間や相手の関係にあること；交流= संगत; सोहबत; दोस्ती; मेल; मिलाप. जिन लोगों की सुहबत में रहता है 付き合っている人たち (2) 交接；性交；同衾= संभोग; मैथुन; हमबिस्तरी.
सुहबती [形・名] ← सुहबत. (1) 仲間や同僚の（関係にある）；協同作業の相手側の（人）= सोहबती. (2) 舞踊の際の楽器演奏をする囃子方や相方（などの関係にある）
सुहराब [名]《P. سہراب सुह्राब》ソホラーブ（イランの民族叙事詩『シャーナーメ』（王書）の英雄ルスタムの子）→ शाहनामा.
सुहाग [名] (1)〔ヒ〕結婚した女性にとって夫が存命である幸福；スハーグ सुहाग की मंगल कामना 夫の長命の祈願 (2)〔ヒ〕結婚式の際，嫁側の女性が花嫁の幸福を祈って歌う歌；スハーグ **सुहाग उजड़ना** 夫に死なれる；未亡人になる；夫と死別する= सुहाग उठ जा॰. **सुहाग खड़ा हो॰** 結婚する **सुहाग चिह्न** 夫が存命のしるし；夫の長命のしるし **सुहाग भरना** 結婚する **सुहाग मनाना** 女性が夫の長命を願う **सुहाग माँगना** 女性が夫の長寿を祈願する **सुहाग लुटना** = सुहाग उजड़ना.
सुहागन [名*] = सुहागिन.
सुहागरात [名*] 結婚初夜
सुहागवती [形*] 夫が存命で幸福な（女性） सुहागवती स्त्री 夫が存命の幸福な女性
सुहाग-सेज [名*] 初夜の床；初夜の褥
सुहागा [名]〔化〕ホウシャ；硼砂
सुहागिन [形*・名*]〔ヒ〕夫が存命の（幸せな女性）；スハーギン= सुहागन; सुहागिल. सुहागिन औरतों ने गीत गाने शुरू कर दिए スハーギン（夫が存命の女性）たちが歌を歌い出した
सुहागी [形] 有夫の女性の幸福，すなわち，夫の存命を表す（衣服や装身具）；スハーグの；スハーギンの女性が着用する，あるいは，着用を許される विधवा के सुहागी वस्त्राभूषण उतरवा दिए जाते हैं 夫に死なれた女性はスハーグの衣服や装身具を脱がされたりはずされたりする
सुहाता [形+] 耐えられる；忍耐可能な
सुहाना[1] [形+] (1) 快適な；気持ちのよい；心地よい；すがすがしい；さわやかな मौसम बहुत सुहाना है 天気がとても快適な सुहाना ख़ामोश वक़्त 心地よい静寂な時 वर्षा का आरंभ सुहाना होता है 雨季の始まりは気持ちがよい शरद की सुहानी ऋतु में 秋のさわやかな季節に (2) 素敵な；素晴らしい बैसाखी के दिन रियालसर झील के किनारे बड़ा सुहाना मेला लगता है バイサーキーの日にリヤールサル湖のほとりですてきな縁日が立つ
सुहाना[2] [自] (1) 気に入る (2) 心地よく感じられる；快い तुम्हें तो कुछ सुहाता ही नहीं 君には何も気に入らないんだ आदमी का सुख विधना को कहाँ सुहाता है! 人間の幸せは神様には全く気に入らぬものなのだ！
सुहारी [名*] = सुहाली.
सुहाली [名*] = सुहारी.〔料〕スハーリー；プーリー (पूरी) यजमानों के यहाँ से आई गई सुहाली-मिठाई ヤジマーン（檀家・施主）の家から届けられたプーリーと菓子
सुहावना [形+] = सुहाना[1]. रात बड़ी सुहावनी हो चली है 夜はとても快適だった सवेरे का समय बड़ा सुहावना होता है 早朝はとても心地よいものです वे हमें सुहावने नारों, दूर-दराज़ की मृग-मरीचिकाओं में भरमाये रखते हैं 連中は聞こえのよい（人気取りの）スローガンやはるか遠方の蜃気楼で私たちを惑わしている
सुहावनापन [名] ← सुहावना.
सुहास [形] 美しい笑みをもらす；にこやかな
सुहासिनी [形*] = सुहास.
सुहासी [形] = सुहास.
सुहित [形] (1) 有益な (2) 完了した；完結した (3) 適切な (4) 満足した；満ち足りた
सुहूलत [名*]《A. سہولت》= सहूलत; सहूलियत.
सुहृत् [形・名] = सुहृद.
सुहृद[1] [形] (1) 心優しい (2) 気立ての良い
सुहृद[2] [名] 友；友達；友人；親友；朋友= मित्र; दोस्त.
सुहेल [名]《A. سہیل》〔天〕アルゴン座の主星カノープス〈Canopus〉
सुहेला[1] [形+] (1) 美しい；うるわしい (2) 心地よい；気持ちのよい；快い
सुहेला[2] [名]〔ヒ〕結婚式に歌われる祝い歌；スヘラー
सुहैल [名]《A. سہیل》〔天〕カノープス = सुहेल.
सूँघ [名*] (1) におい（臭い，匂い）を嗅ぐこと (2) 匂い；臭気 (3) 気配 साहूकार के पास अशरफ़ियों की थैली है इसकी सूँघ लग गई थी 金貸しの手許に金貨の入った袋がある気配が感じられた (4) 蛇が咬みつくこと

सूँघना [他] (1) 臭いをかぐ सिर झुकाकर बालों को सूँघना うつむいて相手の髪の臭いをかぐ（年少者に対する祝福，挨拶の一種） उसने प्यार से दीपक का सिर सूँघ लिया やさしくディーパクの髪を嗅いだ（ディーパクに祝福を与えた） **सिर सूँघना** → सिर. (2) 口汚し程度にほんの少々食べる (3) 嗅ぎつける；探りあてる (4) 蛇が咬む उसे महानगर साँप की तरह सूँघ जाता है そういう人を大都会は蛇のように咬むものだ **साँप सूँघना** → साँप.

सूँट [名*] 沈黙 = मौन. **सूँट भरना** 沈黙する；黙る = सूँट मारना.

सूँड़ [名*] (1) 象の鼻= हाथी की सूँड़. सूँड़ उठाना 象が鼻を上げる (2) 象の鼻のように突きだした形の動物の鼻

सूँड़वाले स्तनी [名]〔動〕長鼻類〈Proboscidea〉

सूँडा [名] (1) = सूँड़. (2) = सूँडी.

सूँडाल [名]〔動〕象 = शुंडाल; हाथी.

सूँडी [名*] (1)〔昆〕ゾウムシ科ゾウムシ = शुंडी. (2)〔昆〕ヒトリガ（火取蛾）科の昆虫の総称

सूँतना [他] (1) こする (2) こすり落とす (3) むしり取る (4) しごく（扱く） तलवार सूँतना 刀を抜く；抜刀する

सूँथना [他] = सूँतना.

सूँधी [名*]〔地質〕フラー土；酸性白土 = सोंधी.

सूँस [名*]〔動〕ガンジスイルカ【*Platanista gangetica*】〈gangetic dolphin〉= शिशुमार; सूस.

सूँ-सूँ [名]（沸騰したやかんなどから湯気が出るように）気体の勢いよく出る音．しゅんしゅん，しゅっ，しゅーっなど

सूअर [名] (1)〔動〕ブタ；豚 जंगली सूअर イノシシ；猪= शूकर. (2) 大変ひどいののしりの言葉= सूअर का बच्चा. सूअर कहीं के! このろくでなしめ

सूअर-पालन [名] 養豚；養豚業

सूअरबाड़ा [名] 豚のたまり場；豚小屋；養豚場

सूआ[1] [名] = सुग्गा.

सूआ[2] [名] 太い針；大きな針→ सूई.

सूई [名*] (1) 針；縫い針= सूची. सूई तागा 糸と針 = सूई डोरा. (2) 針のような形をしたもの；ピン，入墨に用いる針など घड़ी की छोटी सूई 時計の短針 (3) 注射針 (4) 注射 सूई लगाना 注射する सूई ले॰ 注射してもらう **सूई का काम** *a.* 針仕事 *b.* 刺繍 **सूई का पहाड़ बनाना** 小さなことを大事に至らせること **सूई का पहाड़ हो॰** 小さなことから大事に至ること **सूई का फावड़ा बनाना** = सूई का पहाड़ बनाना; सूई का भाला बनाना. **सूई के नाके से खुदाई को निकालना** 不可能なようなことを成し遂げる= सूई के नाके से हाथी निकालना. **सूई फेंकने की जगह न हो॰** 立錐の余地もない **सूई से भगंदर हो॰** = सूई का पहाड़ हो॰.

सूईकार [名] (1) 針仕事をする人；仕立屋；裁縫師 (2) 刺繍をする人

सूईकारी [名*] (1) 針仕事；裁縫 (2) 刺繍

सूकर [名]〔動〕ブタ；豚= सूअर; शूकर; सूकरी.

सूकरी [名*] 雌豚 = मादा सूअर.

सूका[1] [名] 4分の1ルピーの旧硬貨；旧4アンナ硬貨= चवन्नी.

सूका[2] [形+] = सूखा.

सूक्त [名] (1) 名言；金言；名句 (2) ヴェーダ賛歌；スークタ

सूक्ति [名*] 名言；金言；名句

सूक्ष्म [形] (1) 微細な；微小な (2) 繊細な (3) 緻密な；精緻な；精密な；綿密な सूक्ष्म दृष्टि से देखना 綿密に見る सूक्ष्म यंत्र 精密機器 सूक्ष्म तर्कों द्वारा 緻密な論理で (4) 微妙な (5) ミクロの

सूक्ष्म अर्थशास्त्र [名]〔経〕ミクロ経済学= व्यष्टि अर्थशास्त्र.

सूक्ष्मजीव [名] 微生物 अमीबा की तरह प्रोटोजोआ वर्ग का सूक्ष्मजीव アミーバーのような原生動物の仲間の微生物

सूक्ष्मजीव विज्ञान [名] 微生物学；細菌学〈microbiology〉

सूक्ष्म जैविक [形] 微生物の

सूक्ष्म जैविकी [名*] 微生物学〈microbiology〉= सूक्ष्म विज्ञान.

सूक्ष्मता [名*] ← सूक्ष्म.

सूक्ष्मदर्शक यंत्र [名] 顕微鏡= माइक्रोस्कोप.

सूक्ष्मदर्शी [名] 顕微鏡 इलेक्ट्रान सूक्ष्मदर्शी 電子顕微鏡

सूक्ष्मदर्शी यंत्र [名] 顕微鏡 = माइक्रोस्कोप.

सूक्ष्मप्रति [名*] マイクロコピー〈microcopy〉 **सूक्ष्मप्रतिलिपिकरण** マイクロコピー化

सूक्ष्मफ़िल्म [名*] マイクロフィルム〈microfilm〉

सूक्ष्मवीक्षक [名] = सूक्ष्मदर्शी.

सूक्ष्म शरीर [名] (1)〔イ哲〕微細身（サーンキヤ学派において肉体の死滅後も解脱に至るまでは永続し輪廻の主体になるとされる微細な身体） (2)〔ヨガ〕ハタヨーガやタントリズムにおいて人体に存するミクロな宇宙を成す存在としての微細身= लिंग देह; लिंगशरीर.

सूक्ष्माणु [名]〔生〕微小細胞

सूखना [自] (1) 乾く；乾燥する；ひからびる स्याही सूख गई थी インクは乾き切っていた पसीना भी जल्दी नहीं सूखता 汗もすぐには乾かない सूखे केले ひからびたバナナ उसका गला सूखने लगा （緊張のあまり）のどが渇き出した (2) 干上がる；かれる；涸れる ताल ही सूख गया तो नहरें कैसे चलेंगी? 池が干上がったら用水路はどうなる सूखा कुआँ かれた井戸；涸れ井戸 (3)（草木が）枯れる；しおれる बाँध बनने से कितने पेड़ कटेंगे या पानी भर जाने से सूख जाएँगे ダムができると大量の木が切られたり水が溜められて沢山の木が枯れる अधिक ठंड के कारण पत्ते पीले पड़कर सूखने भी लगते हैं あまり寒いと木の葉が黄色くなって枯れ始める (4) やせる；やせ細る (5) しなびれる गंगा देवी का सूखा मुँह और भी सूख जाता ガンガーデーヴィーのしなびれた顔は一段としなびれる (6) 傷が癒える घाव धीरे-धीरे सूखता जा रहा था 傷は次第に快方に向かっていた **सूखकर अंठई हो॰** = सूखकर काँटा हो॰. **सूखकर काँटा हो॰** ひどくやせる；針金のようにやせる；がりがりにやせ細る उसका तन सूखकर काँटा हो गया 女性の体はやせ細ってがりがりになった = सूखकर तिनका हो॰; सूखकर लकड़ी हो॰. **सूखकर सोंठ हो॰** ひからびて縮んでしまう **सूखे खेत लहलहाना** 元気を取り戻す；息を吹き返す

सूखा[1] [形+] (1) 乾いた；乾燥した सूखी लकड़ी 乾いた木 सूखी मलाई 乾燥クリーム सूखे हुए अधर 乾いた唇 (2) 枯れた सूखा पेड़ 枯れ木 सूखी डाली 枯れ枝 (3) 水のかれた；涸れた (4) 衰弱した कुछ लोग बहुत दिनों के बाद अपनी सूखी काया को लेकर जेल से बाहर आए 一部の人は久しぶりに衰弱した体で出獄した (5) ぱさぱさの；味気のない दोनों समय की चाय और सूखी दाल रोटी से जैसे तैसे वह अपना पेट भरता 1日に2度のお茶と味気ない食事で何とか腹を満たす (6) 情味のない；無味乾燥な (7) しぼんだ（状態の）；ふくらんでいない उस भैंस के थन सूखे रहते その水牛の乳房はいつもしぼんでいる **सूखा जवाब दे॰** きっぱりと断る **सूखा टरकाना** つっけんどんに追い返す **सूखा दिल** 情愛のない **सूखी नदी उमड़ना** 涙があふれ出る **सूखी पिसाई** 乾燥した物をすりつぶすこと लाल मिर्चों, गरम मसालों की सूखी पिसाई 赤トウガラシ，ガラムマサーラーを水を加えずにすりつぶすこと **सूखी मछली** 干し魚；魚の干物 **सूखी मुसकान** 作り笑い = सूखी हँसी. **सूखे घाट उतारना** 土産も持たせずに素手で帰らせる **सूखे पानी में डूबना** だまされる

सूखा[2] [名] (1) かんばつ（旱魃）= खुश्कसाली. **सूखाग्रस्त** 旱魃被災の राजस्थान सूखाग्रस्त क्षेत्र है ラージャスターンは旱魃被災地 (2) 陸；陸地 **सूखे में नाव चलाना** 不可能なことを試みる (3)〔医〕クループ（偽膜性喉頭炎） (4) 体質や病気によるやせ (5) 乾燥させたタバコの葉

सूखी खाँसी [名*] からせき（空咳）

सूखी खेती [名*]〔農〕乾地農法

सूखी घास [名*] 干し草〈hay〉 सूखी घास का ढेर 干し草の山

सूखी बरफ़ [名*] ドライアイス→ बरफ़; बर्फ़.

सूचक[1] [形] 示す；指し示す；通知する；告げる त्योहारों के आगमन का सूचक 祭りの到来を告げるもの

सूचक[2] [名] (1) インデックス (2) ベルボーイ (3)〔言・文人〕インフォーマント

सूचक[3] [名] 縫い針 = सूई.

सूचक शब्द [名] 標語；キャッチフレーズ

सूचकांक [名] 指数〈index number〉

सूचन [名] 通知（すること）

सूचना [名*] (1) 通知；知らせ；情報 इंद्रियों द्वारा प्राप्त सूचना मस्तिष्क तक पहुँचती है 感覚器官によって得られた情報は脳にまで届く (2) 通知書；通知状 (3) 報告；届け **सूचना दे॰** 知らせる = इत्तिला दे॰; सूचित क॰; जताना.

सूचना अधिकारी [名] (1) スポークスマン (2) 広報担当官

सूचना और प्रसारण मंत्रालय [名] インド連邦政府情報・放送省〈Ministry of Information and Broadcasting〉 स

सूचना केंद्र [名] 情報センター；インフォメーション・センター

सूचना-पट्ट [名] 掲示板 सरकारी सूचना पट्ट 役所の掲示板
सूचना-पत्र [名] 通知書；通知状
सूचनालय [名] 情報局
सूचना सेवा कार्यालय [名] 情報センター अमरीकी सूचना सेवा कार्यालय アメリカ情報センター
सूचा [形+] (1) 清らかな；清浄な (2) だれも口をつけていない
सूचि[1] [名*] = सूची.
सूचि[2] [形] = शुचि.
सूचिका [名*] (1) 針 (2) 象の鼻 (3)〔植〕トゲナシアダン= केवड़ा.
सूचिकार [名] 針作り職人
सूचित [形] 知らされた；通知された；伝達された सूचित क॰ 通知する；知らせる सूचित हो॰ 通知される；知らされる
सूचिनी [名*] (1) 針= सूई. (2) 夜= रात.
सूचिभेद्य [形] (1) 針を通すほどしか隙間のない (2) 甚だ濃密な；濃い；密な
सूची[1] [名*] (1) 目録；リスト उम्मीदवारों की सूची 立候補者のリスト किताबों की सूची 書籍目録 अपने पड़ोस के उद्योगों की एक सूची बनाइए 家の近くにある工場の一覧表を作りなさい सूची बनाना 目録作成 काली सूची ブラックリスト (2) 針；縫い針= सूई.
सूची[2] [名] (1) 密偵；スパイ = भेदिया; चर. (2) 告げ口をする人 = चुगलखोर; पिशुन.
सूची-पत्र [名] 目録；カタログ
सूचीबद्ध [形] (1) 表に入れられた；表にされた；表に記された **सूचीबद्ध क॰** 表にする；表を作成する；別表に明細の記された उन्हें सूचीबद्ध कीजिए それらを表にして下さい अछूत कही जानेवाली जातियों को सूचीबद्ध किया गया है 不可触民と呼ばれるカーストが別表に記されている (2) 一覧表や明細書に規定された；指定された ⟨scheduled⟩
सूचीभेद्य [形] = सूचिभेद्य.
सूचीमुख [名] 針のめど
सूच्यग्र[1] [名] 針の先端；針先= सूई की नोक.
सूच्यग्र[2] [形] (1) 針の先のようにとがった (2) 針の先ほどの広さの
सूजन [名*] (1) 腫れること；腫れ；むくむこと；浮腫 सूजन आ॰ (打撲や病変のために体の一部が) 腫れる पैरों में सूजन आई 足にむくみが来た शरीर पर सूजन आई 体がむくんだ；体にむくみが来た सूजन की जगह को चीरने से काले रंग का बदबूदार मवाद निकलता है 腫れているところを切開すると黒ずんだ悪臭のする膿が出る (2)〔医〕炎症 गले और नाक में सूजन のどと鼻の炎症
सूजना [自] (1) 腫れる；腫れ上がる；むくむ मुँह सूजा हुआ, जगह-जगह पर खरोंचें 顔は腫れ上がりあちこちにひっかき傷 इससे मसूड़े सूज जाते हैं このため歯茎が腫れる सूजी हुई आँखें はれた眼 रो रोकर सीमा की आँखें सूज गईं 泣きに泣いてシーマーは眼が腫れ上がった एक टाँग सूज गई 片方の脚がむくんでしまった (2) ふくれる（膨れる） सूजा हुआ चेहरा 膨れっ面 बाढ़ के अंदर दबी पड़ी फसलों के सड़े-सूजे दाने 洪水の水に浸かって腐ったりふくれ上がった穀物の粒
सूजा [名] (1) 大きな針；太い針= सूआ. (2) 金属に穴をあける道具
सूज़ाक [名] 《P. سوزاک》〔医〕淋病 ⟨gonorrhoea⟩
सूजी[1] [名*] あらびき（粗碾き）の小麦粉；スージー；セモリナ **सूजी की खीर** スージーを用いてこしらえたキール
सूजी[2] [名*] 針 = सूई.
सूजी[3] [名*]〔鳥〕セイタカシギ科ソリハシセイタカシギ【*Recurvirostra avosetta*】
सूजी[4] [名] 仕立屋；裁縫師 = दरजी; दर्ज़ी.
सूझ [名*] (1) 目に見えること (2) 知覚 (3) 思いつき；想像；想像力；発想 इस प्रश्न पर हमने गौर ही नहीं किया था और हमने इस सूझ के लिए राजेश्वर की तारीफ़ की この問題について熟慮したばかりでなくこの発想についてラージェーシュワルを称賛した
सूझना [自] (1) 目に見える；目に入る (2) 思いつく；思い浮かぶ；考えつく उनका क्रोध ठंडा करने के लिए इससे उपयोगी और कोई उपाय न सूझा あの方の怒りを鎮めるのにこれ以上効果的な方法は何一つ思い浮かばなかった अचानक मुझे एक विचार सूझा 不意に一つの考えが浮かんだ मुझे रो लेने के सिवा कुछ भी नहीं सूझ रहा... 泣くこと以外には何も思いつかない घबराहट के कारण कुछ सूझता ही न था あわてていたので何も思いつかなかった उसे नित नई शरारतें सूझती हैं あの子は次から次に新しいいたずらを思いつく **सूझे नहीं और गुलेल का शौक़** 〔諺〕下手の横好き
सूझ-बूझ [名*] 知性；聡明さ；知能；知力；理解力 विद्वानों ने डा॰भाभा की योग्यता एवं वैज्ञानिक सूझ-बूझ की भूरि-भूरि प्रशंसा की है 学者たちはバーバー博士の能力と科学的な才知とを限りなく称賛した बड़ी दृढ़ता तथा सूझ-बूझ से उन्होंने शीघ्र ही समस्याओं पर विजय पाई 堅固な意志と知力ですぐに問題に勝利を収めた यदि मात्र शुभलाभ लिखने से ही व्यापार में सफलता मिल जाती तो किसी को मेहनत करने की अथवा सूझबूझ से काम करने की आवश्यकता न होती もし शुभ लाभ と書くだけで商売が成功するものなら努力したり頭を使ったりする必要はないものだ
सूट [名] 《E. suit》(1) スーツ；一揃いの服（例えばカミーズとサルワール） (2) 紳士用のスーツ डबल सूट ダブルのスーツ तीन टुकड़ा सूट 三つ揃い (3) 訴訟 **सूट-बूट** 洋装→見出し語
सूटकेस [名] 《E. suitcase》スーツケース
सूट-बूट [名] スーツとブーツ（編み上げ靴），すなわち，（男子の）洋装の象徴 सूट-बूट पहने （男子が）洋装をして
सूटा [名] タバコやガーンジャーなどを深く吸引すること सूटा मारना （そのようなものを）強く吸う= सूटा लगाना.
सूटिंग [名*] 《E. suitings》（男子用）服地
सूटिंग्स [名*] 《E. suitings》男子用の洋服生地= मेरिनो वूल व पॉलिएस्टल से तैयार की गई सूटिंग्स メリノ（毛糸）とポリエステルの（混紡の）洋服地
सूडान 〔国名〕《E. Sudan》スーダン → सुडान.
सूत[1] [名] (1) 糸；より糸；織り糸 (2) 木綿糸 (3) 糸状のもの (4) 1.25 インチの長さ **सूत कातना** 糸を紡ぐ **सूत के बिनौले हो॰** 大損をする；大損害を被る **सूत न कपास** 全く準備のないこと **सूत न कपास, जुलाहों में लट्ठमलट्ठा** 〔諺〕争うべきこともないのにわけもなく喧嘩をすること **सूत पड़ना** 体から膿が出る
सूत[2] [名] (1) マヌ法典によれば御者の仕事をしたと伝えられるクシャトリヤの父とバラモンの女性の混血によるカースト；スータ (2) 御者；馭者 (3) 古代インドにおいて王侯の武勇や家系の系譜称賛の詩を詠むのを生業とした詩人
सूतक [名] (1) 出生 (2) 出生や死による不浄（期間）や忌み इसके घर में सूतक है この人の家は忌中 जवान बेटे के मरने पर तेरह दिन का सूतक होता है 若い息子が死ぬと 13 日間の不浄期間が設けられる **सूतक छूटना** 不浄がとれる；不浄期間が終わる **सूतक लगना** 不浄になる；不浄期間に入る
सूतिका [名*] (1) 産婦 (2) 子を産んだばかりの雌の動物
सूतिकागार [名] (1) 産室 (2) 産院= सूतिकागृह; जच्चाख़ाना.
सूती [形] 綿の；木綿の；綿製の सूती कपड़ा 綿布
सूत्र [名] (1) 糸；織り糸；より糸 (2) 木綿糸 (3) 腱 (4) ジャネーウー (जनेऊ; यज्ञोपवीत) (5) 金言；格言；簡潔な文句（で編まれた書物）；スートラ (6) 公式 (7) 消息筋；情報筋；糸口；端緒；手がかり सूत्रों ने कहा है 消息筋によれば…= जानकार सूत्रों के अनुसार. पुलिस सूत्रों के अनुसार 警察筋によれば (8) 結びつき；結びつけるもの；絆 स्वतंत्र भारत को एक सूत्र में संगठित करके 独立インドを 1 つの絆にまとめて दोनों जब विवाह के माध्यम से एक सूत्र में बँध जाते हैं 2 人が結婚を介して 1 つの絆に結ばれると (9) 要点；論点 (10) 項目；事項
सूत्रकार [名] (1) スートラ（→ सूत्र (5)）の作者 (2) 木工芸・木工細工の職人 (3) 煉瓦職人 (4) 織工
सूत्रकृमि [名]〔動〕ギョウチュウ；蟯虫= नेमाटोड.
सूत्रधार [名] (1)〔演〕座頭；スートラダーラ (2) 主宰者
सूत्रपाठ [名] 読経；経典の読誦
सूत्रपात [名] 開始；始まり प्लास्टिक के सूत्रपात से यद्यपि दैनिक जीवन में काँच का प्रयोग घटा है プラスチックの導入により日常生活でのガラスの使用は減少したが **(-का) सूत्रपात हो॰** （ーが）始まる；開始される
सूत्र पिटक [名]〔仏〕経蔵
सूत्री [形] (1) 糸の；糸のような；糸から成る (2) （ー）項目の；（ー）項目から成る बीस सूत्री माँगों पर 20 項目の要求について छह-सूत्री कार्यक्रम 6 項目の計画 16 सूत्री माँग-पत्र 16 項目の要求書
सूत्री विभाजन [名]〔生〕（細胞核の）有糸分裂 ⟨mitosis⟩
सूथन [名*]〔服〕(1) パージャーマー (2) スータン（女子の着用するゆったりしたパージャーマー）

सूथना [名]〔服〕スータナー（男子の着用するスータン सूथन）；パージャーマー

सूथनी [名*]〔服〕スータニー（女子の着用するスータン）

सूद^{1} [名]《P. سود》(1) 利益；利潤= लाभ; नफ़ा. (2) 利子= ब्याज. महाजन किसानों से काफ़ी सूद लेता है 金貸しは農夫たちからかなりの利子を取る **सूद चढ़ना** 利子がつく **सूद पर दे०** 利子を取って金を貸す= सूद में दे०. **सूद पर लगाना** 利子を取って金を貸す；金融業をする **सूद ब्याज समेत** 全部；全部が全部；一切合切；一切合財；何もかもひっくるめて **सूद भरना** 利子を払う = सूद चुकाना.

सूद^{2} [名] (1) 料理人= रसोइया. (2) 御者の仕事= सारथि का काम.

सूदख़ोर^{1} [形]《P. سود خور》(1) 利子を取る；利子を取って金を貸す；金貸しの (2) 高利の；高い利子をむさぼる सूदख़ोर साहूकारी 金貸し；高利貸し；金融業

सूदख़ोर^{2} [名]《P. سود خور》金貸し；高利貸し

सूदख़ोरी [名*]《P. سود خوری》高利貸し；高利の金貸し業 किसान को इस सूदख़ोरी से बचाने की आवश्यकता है 農民をこの高利貸しから救わなくてはならぬ

सूद-दर-सूद [名]《P. سود در سود》(1) 複利法= चक्रवृद्धि ब्याज. (2) 複利計算

सूदन [名・形] (1) 殺害；退治 (2) 退治する；殺す मधुसूदन 悪魔のマドゥを退治する（クリシュナ神）

सूदी [形]《P. سودی》(1) 利子の；利子に関わる (2) 金融上の；金融機関の सूदी कारोबार 金融業

सूधा [形$^{+}$] (1) 真っ直ぐな；直な= सीधा; सरल. (2) 純心な；嘘偽りのない= निष्कपट. (3) 正面の= सामने का. (4) あおむけの= चित. **सूधे का मुँह कुत्ता चाटे**〔諺〕善良に過ぎたり柔和に過ぎると人に侮られるものだ

सूधे [副] 直に；真っ直ぐに **सूधे सूध** あからさまに；きっぱりと

सून^{1} [名] (1) 出産；お産= प्रसव; जनन. (2) 息子= पुत्र. (3) 花= फूल; पुष्प. (4) 蕾= कली.

सून^{2} [形] (1) 生まれた；生じた (2) 開いた；開花した

सून^{3} [形] 人のいない；人気のない；淋しい= निर्जन; सूना.

सूनसान [形] → सुनसान.

सूना^{1} [形$^{+}$] (1) 人気のない；寂しい；淋しい सूने मकान को 人気のない家を (2) 淋しい；欠けている उनके बिना बिछुओं के पैरों की उँगलियाँ कितनी सूनी लगती हैं 足指飾りをつけていないと足の指が実に淋しく感じられる

सूना^{2} [名] 人のいないところ；人気のないところ；淋しいところ= निर्जन स्थान.

सूना^{3} [名*] (1) 娘；女の子= बेटी; पुत्री. (2) 屠畜場；食肉処理場= बूचड़ख़ाना. (3) 食肉の売買

सूनापन [名] ←सूना. कमरे की ख़ामोशी और सूनेपन से 部屋の静けさと寂しさのため पर जब बड़ी उमर हो जाती है और उन्हें घर का सूनापन काटने लगता है でも年を取り人気のない家の寂しさが恐ろしく迫ってくると

सूनु [名] (1) 息子= पुत्र. (2) 子孫= संतान. (3) 弟= छोटा भाई; अनुज. (4) 外孫（娘の子供）

सूनू [名*] 娘 = कन्या; पुत्री; बेटी.

सूनृत [形] (1) 快くかつ真実の (2) 誠実な (3) 親切な；やさしい

सूप^{1} [名] (1) 料理の汁；汁物；スープ उबली हुई सब्ज़ियों का सूप ゆでた野菜のスープ हरी सब्ज़ियों का सूप 青野菜のスープ (2) 豆汁（ダール，すなわち，ひき割り豆の煮汁）→ दाल. (3) 肉汁 (4) 料理人= सूपकार; रसोइया.

सूप^{2} [名] み（箕） = शूर्प. **सूप-सा** 大量の；山のような；山ほどの

सूपकार [名] 料理人；調理人= रसोइया.

सूपर बंपर [名]《E. super bumper》大当たり

सूफ़ [名]《A. صوف》羊毛 = ऊन.

सूफ़िया [名, pl.]《A. صوفيا←صوفى सूफ़ी》〔イス〕スーフィーたち

सूफ़ियाना [形]《A.P. صوفيانه》(1)〔イス〕スーフィズムの；イスラム教神秘主義の (2) スーフィーのような

सूफ़ी [名]《A. صوفى》(1)〔イス〕イスラム教神秘主義；スーフィズム (2)〔イス〕イスラム教神秘主義者；スーフィー

सूबड़ा [名] 銅や亜鉛と銀の合金

सूबा [名]《A. صوبہ》(1) 州；省 (2)〔史〕州（ムガル朝の行政区分の単位でその下にサルカール सरकार（県），パルガナー परगना（郡）といった区分があった）；スーバー

सूबेदार [名]《A.P. صوبہ دار》(1) 州知事；州長官 (2)〔イ史〕（ムガル朝時代の）州長官；スーバーダール；スーベーダール (3)〔軍〕英印軍の（特務）中尉；スーベーダール सूबेदार मेजर 英印軍の大尉

सूबेदारी [名*]《A.P. صوبہ داری》(1)〔イ史〕州長官の地位や職 (2)〔軍〕特務中尉の任務や地位

सूम^{1} [名] (1) 牛乳= दूध. (2) 水= जल; पानी. (3) 空= आकाश; आसमान. (4) 天国= स्वर्ग.

सूम^{2} [名]《← P. شوم शूम》けちな；吝嗇な

सूम^{3} [名]《A. ثوم》〔植〕ユリ科ニンニク（蒜）= लहसुन; लशुन.

सूमी [名] = सूहन; सोहन; रोहन.〔植〕センダン科高木

सूर^{1} [名] (1) 太陽= सूरज; सूर्य. (2)〔植〕カロトロピス= आक.

सूर^{2}〔人名〕スールダース सूरदास（16 世紀のブラジュ・バーシャー語の著名な詩人．ヴァッラバ派の信仰に従いクリシュナの信仰を謳いあげた "सूर सागर" が人口に膾炙している）→ वल्लभ आचार्य.

सूर^{3} [名] 勇者 = शूर; वीर.

सूर^{4} [名] パターン人の氏族名の一；スール

सूरज [名] 太陽；日；日輪= सूर्य; दिनकर. सूरज रोज़ाना पूरब से निकलता और पच्छिम में डूबता है 太陽はいつも東から昇り西に沈む सूरज निकलने से पहले ही 日の出前に = सूर्योदय से पहले ही. **जब तक सूरज चाँद रहेगा** 太陽と月のある限り；未来永劫に **सूरज आग उगलना** 焼けつくように日が照る；灼熱の太陽が輝く **सूरज ऊपर आ०** 昼になる；昼時になる **सूरज के आगे जुगनू** 太陽の前の蛍，すなわち，比較にもならない；比べようもない **सूरज को दीपक दिखाना** *a.* 著名な人を人に紹介すること（全く必要のないことをする）*b.* 釈迦に説法 **सूरज चढ़ना** 日が高く昇る（夜明けからかなりの時間が経っていること） **सूरज छिपना** 日が沈む = सूरज डूबना. **सूरज झुकना** *a.* 日が傾く *b.* 衰退する；落ち目になる；斜陽になる **सूरज ढलना** 日が傾く；夕暮れが迫る सूरज ढला और लोग जल्दी-जल्दी लौटने लगे 日が傾き，みな急いで帰り出した **सूरज पर थूकना** 科のない人や立派な人を非難する= सूरज पर धूल फेंकना. **सूरज पर थूका मुँह पर आ०**〔諺〕天に唾をするようなことをして恥をかく，あるいは，罰が当たる **सूरज पर धूल फेंकना** = सूरज पर थूकना. **सूरज पश्चिम में उगना** 日が西から昇る，すなわち，あり得ないことが起こる **सूरज सा दमकना** 太陽のように輝く **सूरज सिर पर आ०** = सूरज ऊपर आ०. 昼時になる

सूरजमुखी^{1} [名]〔植〕キク科ヒマワリ【*Helianthus annuus*】सूरजमुखी के फूल ヒマワリの花

सूरजमुखी^{2} [名]〔生〕しらこ／しろこ（白子）；アルビノ〈albino〉

सूरत [名*]《A. صورت》(1) 姿；形 (2) 形 (3) 顔；容貌 झेंपी हुई सूरत देखकर 恥じいった顔を見て (4) 状態；様子；状況 (5) 手立て **सूरत आँखों में फिरना** 片時も忘れられない；常に目に浮かぶ；四六時中思い浮かぶ= सूरत आँखों से न उतरना. **सूरत क०** 手立てをする；方策を立てる (-की) **सूरत काटना**（－を）不愉快に感じる **सूरत दिखाकर चले जा०** 訪れてすぐに引き返す **सूरत नज़र न आ०** 手立てが思いつかない；途方にくれる **सूरत निकालना** *a.* なんらかの手立てを考える *b.* 改良する **सूरत बनाना** *a.* 顔をしかめる *b.* 身なりをする；変装する *c.* 装う तू ने क्या सूरत बना रखी है? 何という姿をしているのだ君は **सूरत बिगड़ना** 表情が曇る (-की) **सूरत से नफ़रत हो०**（－を）極度に嫌う；見るのもいやな感じがする लेकिन उसे अब मेरी सूरत से नफ़रत है でもあの人は今じゃ私を見るのもいやなのだ（私を毛嫌いしている）

सूरतपरस्त [形・名]《A.P. صورت پرست》(1) 表面的な美しさをめでる；外見にとらわれる (2) 偶像崇拝者= मूर्तिपूजक; बुतपरस्त.

सूरतहराम [形]《A. صورت حرام》(1) 全くの役立たずの；能なしの (2) 見かけ倒しの

सूरते हाल [名*]《A. صورت حال》現況；現状 = मौजूदा हालत. सूरते हाल यह थी 現状はこうだった

सूरदास〔人名〕→ सूर^{2}.

सूरन [名]〔植〕サトイモ科ゾウゴンニャク【*Amorphophallus campanulatus*】= ज़मींकंद; शूरण. स

सूरपनखा [名*]〔ラマ〕シュールパナカー= शूर्पनखा.

सूरमा[1] ［名］《P. سرمه सुर्मा》主として硫化アンチモン（輝安鉱）の粉末を原料とする黒色顔料．薬効がある上に邪視を避けるためやアイラインとしても用いられる
सूरमा[2] ［名］武人；戦士；勇士
सूरमा[3] ［名］〔鳥〕シギ科アカアシシギ【*Tringa totanus*】
सूरवंश ［名］〔イ史〕スール朝 (1538–55) = सूर ख़ानदान.
सूराख़ ［名］《P. سوراخ》穴= छेद. सूराख़ क॰ 穴をあける
सूर्य ［名］太陽；日；日輪 सूर्य छिप चुका था 太陽は沈んでしまっていた सूर्य देवता 太陽神 = सूरज. イディオムについては सूरज の項を参照
सूर्यकलंक ［名］〔天〕太陽黒点 = सूर्य का धब्बा.
सूर्यकांत ［名］日長石；サンストーン
सूर्यकिरण पुंज ［名］太陽光線；日光 〈sun beam〉
सूर्यग्रहण ［名］日食；日蝕 सूर्यग्रहण पर देश के विभिन्न भागों में लाखों लोग स्नान, प्रार्थनाएँ करते हैं 日食に際して国内では様々な場所で数十万人の人たちが沐浴や礼拝をする आंशिक सूर्यग्रहण 部分日食 पूर्ण सूर्यग्रहण 皆既日食
सूर्यतनय ［名］(1) 土星 (2) ヤマ神 (यम) (3) ヴァルナ神 (वरुण)
सूर्यतनया ［名*］ヤムナー川 (यमुना) の異名の一
सूर्यपुत्र ［名］(1) 土星 (2) ヤマ神 (3) ヴァルナ神
सूर्य-रश्मि ［名］太陽光線
सूर्यवंश ［名］〔イ神〕スーリヤ・ヴァンシャ（古代インドのクシャトリヤの２大種族の一．太陽神を祖先とすると伝える王統）；日種族→ चंद्रवंश.
सूर्यवंशी ［形・名］〔イ神〕スーリヤ・ヴァンシャ（日種族）の（人）
सूर्यवंशीय ［形］〔イ神〕スーリヤ・ヴァンシャの；日種族の
सूर्यस्नान ［名］日光浴
सूर्यातप ［名］〔気象〕日射 〈insolation〉 पृथ्वी को प्राप्त होनेवाली सूर्य की ऊष्मा के इस अल्प अंश को सूर्यातप कहते हैं 地上に得られる太陽熱（放射エネルギー）のこの微小な分量を日射と呼ぶ पृथ्वी के विभिन्न भागों में सूर्यातप एक समान नहीं मिलता 地上の各地の日射は一様ではない
सूर्यास्त ［名］日の入り；日没 सूर्यास्त का दृश्य 日没の光景
सूर्योदय ［名］(1) 日の出 (2) 早朝；暁
सूर्योपासक ［名］太陽崇拝者
सूर्योपासना ［名*］太陽崇拝
सूल ［名］(1) 槍 (2) 突き出たもの (3) 疝痛 ज़रूर उसके पेट में सूल उठा होगा きっとあの人のお腹に疝痛が起こったに違いない
सूली ［名*］絞首台；処刑台 **प्राण सूली पर टँगा रहना** 気が気でならない；心配でならない **सूली ऊपर खेलना** 甚だ危険なことをする；命がけのことをする **सूली चढ़ाना** = सूली पर चढ़ाना. **सूली दे॰** = सूली पर चढ़ाना. **सूली पर चढ़ना** *a.* 危険極まりないことをする *b.* 処刑される；死刑に処せられる **सूली पर चढ़ाना** 磔にする；死刑にする；処刑する= सूली पर लटका जा॰. **सूली पर जान हो॰** 危険な状況にあること
सूवनियार ［名］《E. souvenir》みやげ；みやげ品
सूस ［名］〔動〕イルカ科ガンジスイルカ【*Platanista gangetica*】
सूसमार ［名］= सूँस. 〔動〕ガンジスイルカ
सूहन ［名］〔植〕センダン科落葉高木インディアンレッドウッド → सोहन.
सूहा[1] ［名］(1) 鮮やかな赤色；鮮紅色 (2)〔イ音〕スーハー（ラーガの一）
सूहा[2] ［形+］鮮紅色の
सृजन ［名］創造；創出；創作 सृजन करना मनुष्य की स्वाभाविक प्रवृत्ति है 創造は人間の本性である अनेक पुस्तकों का सृजन एवं संपादन 多数の書物の執筆と編集 जनसेवा के साथ-साथ अनवरत साहित्य-सृजन 奉仕活動と共に間断ない文学創造活動
सृजनशील ［形］創造的な；独創的な
सृजनशीलता ［名*］創造性；独創性；独自性 अपनी सृजनशीलता का इस्तेमाल 自分の創造力を活かすこと इससे रचना की सृजनशीलता विकसित हुई これにより作品の独創性が増した
सृजना ［他］創造する；作り出す
सृजनात्मक ［形］創造する；創造的な सृजनात्मक शक्ति 創造力 मानव की सृजनात्मक शक्ति 人間の創造力
सृत ［形］ずれた；ずり動いた
सृष्ट ［形］(1) 作られた；創造された (2) 生み出された (3) 飾られた
सृष्टि ［名*］(1) 作ること；創造；生まれること कांग्रेस में गर्म दल की सृष्टि हो चुकी थी 国民会議派の中にすでに急進派が誕生していた नए समाज की सृष्टि 新しい社会の創造 (2) 創造されたもの；作り出されたもの जीवन परमात्मा की सृष्टि है 人生は神の創造物である (3) 創造物；万物；森羅万象 सारी सृष्टि 全世界 वसंती हवा में हँसी सृष्टि सारी 春の風に森羅万象が微笑めり
सृष्टिकर्ता ［名］(1) 創造主；ブラフマー= सृष्टिकर्ता ब्रह्मा. (2) 最高神
सेंक ［名*］(1) 炙ること (2) 熱 (3) あんぽう（罨法）；温湿布 सूजी हुई जगह पर रुई से सेंक करना 腫れたところに綿で温湿布をする
सेंकना ［他］(1) 炙る；焼く चपातियाँ सेंकना チャパーティーを炙る；チャパーティーを焼く माँ रोटियाँ सेंक रही थी 母はローティーを焼いているところだった (2) 火や日光に当たる धूप सेंकना 日なたぼっこをする गाय बैठी धूप सेंक रही थी 雌牛は地面で日に当たっていた आग सेंकना 火に当たる；火で暖を取る (3) 温湿布する；罨法する लगाने और सेंकने की दवा 貼り薬や湿布薬 टाँग सेंकना 脚に温湿布する बोतल में पानी गर्म करके सेंकिएगा 湯を入れたびん（湯たんぽ）で罨法すること
सेंकवाना ［他・使］←सेंकना. मेरी माँ भी मुझसे रोटी सेंकवाती थी 私の母もいつも私にパンを焼かせていた
सेंटर ［名］《E. centre; center》センター= केंद्र; केन्द्र.
सेंटरफ़ार्वर्ड ［名］《E. center forward》〔ス〕センターフォワード
सेंटर लाइन ［名*］《E. centerline》〔ス〕センターライン = सेंटर रेखा.
सेंटिग्रेड ［形］《E. centigrade》摂氏の；セ氏の **सेंटिग्रेड थर्मामीटर** 摂氏温度計
सेंटिमीटर ［名］《E. centimeter》センチメートル；センチ
सेंटो ［名］《E. CENTO》中央条約機構；セントー〈Central Treaty Organization〉
सेंट्रल ［形］《E. central》(1) 中央の；中心の (2)（州に対して）中央の；中央政府の；連邦政府の
सेंट्रल रिजर्व पुलिस ［名*］《E. Central Reserve Police》インド連邦警察予備隊
सेंठा ［名］葦などの植物の太い茎
सेंत ［名*］ただ；只；無料；無償；費用の掛からないこと **सेंत का** *a.* ただの；無料の；無償の *b.* 大量の；山のような **सेंत में** *a.* ただで；労せずして हमारा पैसा सेंत में नहीं आता है 我々の金は労せずして手に入るものではない *b.* 無駄に；用もなく；無益に= व्यर्थ.
सेंतमेंत ［副］(1) ただで；無料で；無償で सेंत-मेंत गाड़ी में बैठना चाहते थे？ 無賃乗車をしたかったのかい (2) 何もせずに；労せずに (3) 無駄に
सेंति ［格助］〔古〕 = से; सेंती.
सेंती ［名*］(1) 費用のかからぬこと (2) 何もせずによいこと (3) 何もせずに大量のものが手に入ること
सेंदुर ［名］= सिंदूर.
सेंदुरिया ［形］←सिंदूर. 朱色の；シンドゥールの色をした
सेंदूरदानी ［名*］シンドゥール入れの容器= सिंदूरदान.
सेंध ［名*］(1) 泥棒が侵入のため建物の壁にあける穴 (2) 押し込み **सेंध दे॰** 押し込み，盗みのため壁に穴をあける= सेंध मारना; सेंध लगाना.
सेंधना ［他］盗みのため壁に穴をあける
सेंधमार ［名］盗賊；泥棒 सेंधमारों के दो बड़े गिरोह पकड़े गए ２つの大盗賊団が捕らえられた
सेंधा ［名］パキスタンに産する岩塩の一種；センダー・ナマク= सेंधा नमक; लाहौरी नमक; सैंधव.
सेंधिया ［名］盗賊；泥棒；盗人
सेंधिया ［名］〔植〕ウリ科メロンの一種 = फूट.
सेंधी ［名*］(1)〔植〕ナツメヤシ= खजूर. (2) ナツメヤシの実から作られる酒
सेंधुर[1] ［名］海 = सिंधु; समुद्र.
सेंधुर[2] ［名］= सिंदूर.
सेंमी ［名］《← E. centimetre》センチメートル；センチ= सेंटि मीटर; सें॰मी॰.
सेंवई ［名*］= सिवई; सिवैयाँ.

सेंवल [名] = सेमल.
सेंशर [名] 《E. censure》非難；とがめ（咎め）= निंदा.
सेंसर [名] 《E. censor》(1) 検閲官 (2) 検閲= अभिवेचन.
सेंसरबोर्ड [名] 《E. censor board》検閲局= अभिवेचन मंडल.
सेंसरशिप [名] 《E. censorship》（新聞，雑誌，映画などの）検閲；検閲制度 = सेंसर-व्यवस्था.
सेंसीटाइज़्ड पेपर [名] 《E. sensitized paper》感光紙
सेंहा [名] 井戸掘り職人
सेंहुआँ [名]〔医〕皮疹= सेहुआँ.
सेंहुड़ [名] = थूहर.
से[1] [格助] (1) 動作や作用の起点や物事の始まり，経由点を示す.（―）から आज सुबह से बारिश हो रही है 今日は朝から雨が降っている कोयला जलता है तो पानी से भाप बनती है 炭が燃えると水から水蒸気ができる गाँव से बाहर जाकर कोई और काम करूँ 村から出て何かほかの仕事をする द्वार पर पड़ी हुई चिक से झाँका 戸口に下がった簾越しに覗いた नाश्ते की मेज़ से उठा 朝食のテーブルから立ち上がった जब अस्पताल से लौटी तो 病院から戻ると कोई भी बात बोलने से पहले 何かを話す前に हम समाज से कटकर तो नहीं रह सकते 人は社会と切り離されては生きて行けない 20 से 40 वर्ष के व्यक्तियों में 20 歳から 40 歳の人たちの間に तूने गाँव से बाहर क़दम रखा ही नहीं あんたは村の外へ足を踏み出したことすらない उन्होंने पाकेट से डायरी निकाली, डायरी से एक तस्वीर ポケットから手帳を取り出し手帳から 1 枚の写真を取り出した होली से तीसरा दिन ホーリー祭から 3 日目 (2) 物事の範囲や関わる面を示す；（―）から；（―）について भीतर से घर काफ़ी बड़ा था 家の中は結構広かった चेहरे मोहरे से तो वह आकर्षक लगती है 顔立ちからはそれが魅力的に感じられる शरीर से शक्तिशाली इंसान 身体が強健な人 तरबूज़ अंदर से लाल लाल है スイカは内側が真っ赤だ वह कानों से बहरी है あの人は耳が遠い मेरे एक मित्र पेशे से अध्यापक हैं 私には教師をしている友人が 1 人いる हमारा धर्म ऊपर से जितना स्वच्छ और उज्ज्वल परिलक्षित होता है, भीतर से वह उतना ही खोखला और विकृत रह गया है 私たちの宗教は外見が清らかで輝かしく見えている分内面が空っぽで歪んだものになっている (3) 動作や作用の方法や手段，材料を示す.（―）で इस वर्ष उसने आठवीं कक्षा प्रथम श्रेणी से उत्तीर्ण की थी この年，第 8 学年を一等級で修了した खिलौनों से खेलना おもちゃで遊ぶ बीमा के प्रीमियम से देश में उद्योगधंधों में लगाने के लिए धन जमा होता है 保険にかけられる保険金で国には事業に投じられる資金が溜まる अटकल या अनुमान से निश्चय कर ले॰ 臆断する हवाई मार्ग से व्यापार 航空機による交易 उसे टीम भावना से खेलना होता है チーム精神でプレーしなければならない निडरता से 大胆に；恐れることなく；堂々と दैवयोग से 偶然に= संयोग से. पानी से भरी बाल्टी 水の一杯入ったバケツ (4) 動作や作用の原因や理由を示す；（―）で；（―）に；（―）により；（―）のため सबलपुर में आंत्रशोथ से 52 मरे サバルプルで腸炎のため 52 人死亡 माँ हमेशा दमे से परेशान रहती है 母はいつも喘息に苦しめられている गुरु के आशीर्वाद से 師の祝福により मैं गुस्से से तमतमा उठा 怒りにかっとなった सर्दी से ठिठुरते 寒さに震えながら तेल के पीपे में आग लगने से चार बच्चे आज शाम झुलस गए 今夕石油缶に火がついて 4 人の子供が火傷 स्कूटर से दुर्घटनाएँ बहुत होती हैं スクーターによる事故がとても多い मैं कह दूँगा कि प्याली मुझसे टूट गई コップは私のせいで割れたと言うよ (5) 動作や作用の対象や相手を示す；（―）を；（―）に；（―）と；（―）に対して एक ख़ब्ती से डर गया 1 人の狂人を恐れた ब्राह्मणेतर को आमिष से परहेज़ नहीं है ブラーフマン以外の人には肉に対する禁忌はない अत्यधिक कैफ़ीन से बचें 過度のカフェイン摂取を避けること मुझे किसी के काम से क्या लेना-देना है 私は他人の仕事とは何の関わりもない साँप से डरना 蛇を怖がる जिन्हें मुझसे काम होगा 私に用事のある人たち आप उनसे वहीं मिलें あの方とそこでお会い下さい धर्म का सीधा संबंध नैतिकता से होता है 宗教は直接倫理と関係を持つものである ये लोग पाप करने से डरते हैं この人たちは罪を犯すのを恐れている मुझे आप लोगों से पूरी हमदर्दी है 私はあなた方に全く同情しています मौलवी साहब बच्चों से बहुत मुहब्बत करते थे 先生は子供たちが大好きだった हम सब आपकी बात से सहमत हैं 私どもはあなたと同意見なのです मैं उन्हें पुनः वह कहानी दोहराने से रोक दिया あの方がまたあの話を繰り返すのを止めた अपने दोस्त से हाथ मिलाना 友人と握手する एक बड़ी-मूँछों वाले सौम्य पुरुष ने मुझसे पूछा 大きな口ひげの上品な紳士が私にたずねた इस गीत को लता से गवाना この歌をラターに歌わせる न कभी किसी से शिकायत, न किसी से कुछ पाने की इच्छा ただの 1 度も人に対する不満もなければ人から何かを得たいという欲望もない नौकरी से इस्तीफ़ा देना 辞職願いを出す (6) 比較の基準であることを示す.（―）より，（―）に कड़ी-से-कड़ी सज़ा 最高に厳しい罰 कड़े-से-कड़े परीक्षणों में उत्तीर्ण 最も厳格な検査に合格した (7) 動作や作用の態様を表す बड़े आदर से 大変うやうやしく；とても丁重に उसे स्वयं भी दूसरों की बातें बड़ी धीरता और स्थिरता से सुनना चाहिए その人自身も他人の話を忍耐強くしっかりと聞かなくてはならない तपाक से बोलना すかさず言う मैं ज़ोर ज़ोर से रोने लगा 激しく泣き出した देश आणविक विज्ञान के हर क्षेत्र में तेज़ी से आत्मनिर्भर हो रहा है わが国は原子力研究の各部門で急速に自立しつつある (8) 時間の経過や幅を表す सदियों से 数百年来 एक वर्ष से हड़ताल चल रही है 1 年間（1 年前から）ストが続いている (9) 受動態や非人称受動態で意味上の主語に用いられる दूध तो मुझसे पिया नहीं जाता 牛乳は私には飲めない हमसे दौड़ा नहीं जाता 僕には走れない मुझसे इतनी देर भी नहीं रहा गया 私にはこれだけの時間もじっとしていられなかった (10) 非人称構文で意味上の主語に用いられる मुझसे नहीं उठेगा 私には持ち上げられない उससे कुछ कहते न बना 彼女は一言も話せなかった
से[2] [名] 《ثے》ウルドゥー文字第 6 字の字母 ث の名称
-से [接尾] → -सा の変化形. हम छोटे-से पक्षी हैं 私たちは小さな小さな鳥
सेइया [名*]〔動〕ヤマアラシ科ヤマアラシ→ साही.
सेऊल 〔地名〕ソウル（韓国の首都）〈Seoul〉
सेकंड[1] [名] 《E. second》秒（時間や角度の単位）= सेकिंड.
सेकंड[2] [形・名] 《E. second》（順位が）第 2（の）；2 番目（の）；2 位（の）；2 等（の）；2 等級（の）= सेकिंड; द्वितीय; दूसरे दर्जे का; द्वितीय श्रेणी का
सेकम [名]〔裁〕股下
सेकिंड[1] [名] 《E. second》秒；セコンド = सेकंड.
सेकिंड[2] [形] 《E. second》第 2（の）；第 2 位（の）；2 番（の）；2 番目（の）；2 等（の）= सेकंड; सेकेंड; दूसरा; द्वितीय. **सेकिंड लेफ़्टिनेंट** 〔軍〕陸軍少尉〈second lieutenant〉
सेकेंडरी स्कूल [名] 《E. secondary school》= सेकिंडरी स्कूल. 中学校；中等学校
सेक्टर [名] 《E. sector》(1) 部門；分野；セクター सरकार ने मास्टर प्लान में 32 रिहायशी तथा व्यापार के सेक्टर बनाए हैं 政府は住宅と貿易に関する部門を 32 こしらえた (2) 地区；区域
सेक्रेटरी [名] 《E. secretary》(1) 書記 (2) 秘書（官） (3) 書記官 (4) 書記長 (5) 大臣
सेक्रेटरी जनरल [名] 《E. secretary-general》事務総長 = महासचिव.
सेक्रेटेरियट [名] 《E. secretariat》事務局；官房室；事務局庁舎 = सचिवालय.
सेक्शन [名] 《E. section》(1) 部門 (2) 節 (3) 段落 (4) 部門 (5) 条
सेक्स [名] 《E. sex》(1) 男女の性；セックス (2) 性的なこと दाम्पत्य-जीवन में सेक्स का बहुत महत्त्व है 夫婦生活ではセックスがとても重要な意味を持つ सेक्स की हर बात को बुरा-भला कहना 性に関する一切のことを悪く言う（非難する） (3) 性行為；性交；セックス सेक्स फ़ोटो ポルノ写真
सेक्स ग्रंथि [名*] 《E. sex + H.》性腺
सेक्स स्कैंडल [名] 《E. sex scandal》セックススキャンダル；セックス関係の醜聞
सेक्सी [形] 《E. sexy》(1) 性的魅力のある (2) 性的な；挑発的な महँगी, सेक्सी और निरुद्देश्य फ़िल्में 値の張る，セクシーで無意味な映画 सेक्सी किताब エロ本；わいせつ図書
सेचक [形] (1) 灌水する (2) 撒水する
सेचन [名] (1) 灌水 (2) 撒水
सेचित [形] (1) 灌水された (2) 撒水された
सेज [名*] 寝具；寝床；しとね；床= शैया. सेज बिछाकर सोओ 寝具を敷いて寝なさい
सेजपाल [名] 王の寝所の警備兵
सेजरिया [名*] = सेज.
सेझना[1] [自] 離れる；退く = दूर हो॰; हटना.
सेझना[2] [他] 離す；退ける= दूर क॰; हटाना.

सेझा [名] 流れ= प्रवाह.
सेट [名]《E. set》(1) 道具や家具などの一組み；一式；セット आम सेटों से ही काम चल जाएगा 普通のセットで間に合うだろう (2) 映画や演劇のセット；舞台装置；書割り (3) 据え付け；調節；設定；組み立て (4)〔ス〕セット (5) 髪をセットすること सेट क॰ 髪をセットする
सेटिल [形]《E. settle》(1) 解決された (2) 決められた；決定された
सेटिलमेंट [名]《E. settlement》(1) 地税設定 (2) 決定；和解；解決 (3) 新開地；開拓地 (4) 植民地
सेठ [名] (1) 豪商；大商人；セート（敬称；称号としても用いられる） (2) 大金持ち；長者 (3) 金融業者；銀行家
सेठानी [名*] セート（सेठ）の妻
सेठिया [名] = सेठ.
सेढ़ [名] 船の帆 = पाल.
सेती[1] [格助]〔古〕(1)（一）に対して (2)（一）によって
सेती[2] [名] = सेंत. (1) 無料で (2) 何もせずに मुझे सेती में ही पाँच-पाँच सौ रुपये मिल गए 何もせずに 500 ルピーもの金が手に入った
सेतु [名] (1) 橋；かけはし (2) 堰
सेतुबंधु [名] (1) 橋作り；橋を架けること (2)〔地名〕アダムズ・ブリッジ（インド半島とスリランカ北端との間の）；セートゥバンド（ポーク海峡にある小さな島の連なり）
सेधा [名*]〔動〕ヤマアラシ = साही.
सेन [名] (1) 体；身体 (2) 生命 (3)〔史〕セーナ朝 (4) セーン（ベンガルのヴァイディヤ・カーストの称）
सेन वंश [名] セーナ朝（11～13 世紀ベンガル地方を支配した王朝）
सेनांग [名] 古代インドの軍隊の構成区分（象軍，騎馬軍，戦車軍，歩兵）
सेना[1] [名*] (1) 軍；軍隊 (2) 群れ；大きな群れ
सेना[2] [他] (1) 鳥が卵をかえす（孵す）；孵化させる कौवा कोयल के अंडों को भी अपना ही समझकर सेता जाता है カラスはオニカッコウの卵も自分の卵と思って孵す नर या मादा पक्षी अंडों को सेता है 雄か雌かいずれかの鳥が卵を孵す (2) 世話をする；世話をやく；奉仕する；仕える (3) 礼拝する；崇拝する (4) 薬などを持続的に用いる；服用する；摂取する (5) 同じ場所に長く留まる；居座る；定住する
सेनाग्र [名]〔軍〕前衛；先陣；先鋒
सेनाग्रणी [名]〔軍〕指揮官
सेनाधिकारी [名] 士官
सेनाधिप [名] 将軍= सेनाधिपति.
सेनाध्यक्ष [名] (1)〔軍〕指揮官；司令官 (2) 陸軍元帥→ फ़ील्ड मार्शल.
सेनानायक [名] = सेनाध्यक्ष.
सेनानी [名] (1)〔軍〕指揮官；司令官 (2) 指導者；指揮者；指揮官 स्वतंत्रता संग्राम का सेनानी 独立運動の指揮官
सेनापति [名] 指揮官；将軍
सेनामुख [名]〔軍〕前衛；先陣；先鋒
सेनावास [名]〔軍〕(1) 軍営；兵営 (2) 宿営地
सेनावाह [名] = सेनानायक.
सेनाव्यूह [名] 軍隊の配置
सेनिटरी [形]《E. sanitary》→ सैनिटरी.
सेनिटरी नैपकिन्स [名]《E. sanitary napkins》ナプキン（生理用品）
सेनिटोरियम [名]《E. sanatorium》サナトリウム；療養所 टी॰बी॰सेनिटोरियम 結核サナトリウム
सेनी [名*]《P. سینی》皿；盆
सेनुर [名]〔鉱〕水銀の硫化鉱物で赤褐色の顔料；辰砂；朱= सिंदूर; सेंदुर.
सेनेगल [国名]《E. Senegal》セネガル共和国
सेनेट [名*]《E. senate》= सीनेट.
सेनेटर [名]《E. senator》= सीनेटर.
सेप्टिक [名]《← E. septic poisoning》〔医〕敗血症 उसे सेप्टिक हो गया था あの人は敗血症に罹っていた
सेफ़[1] [名]《E. safe》金庫
सेफ़[2] [形]《E. safe》(1) 安全な (2)〔ス〕セーフの
सेफ़्टी [名*]《E. safe》安全；無事
सेफ़्टी पिन [名]《E. safety pin》安全ピン
सेफ़्टी लैंप [名]《E. safety lamp》安全灯
सेफ़्टी वाल्व [名]《E. safety valve》安全弁
सेब [名] (1)〔植〕バラ科高木リンゴ（林檎） (2) 同上の果実
सेम [名*] (1)〔植〕マメ科蔓木アオイマメ；フジマメ【*Phaseolus lunatus*】 (2) 同上の実 (3) マメ科フジマメ【*Dolichos lablab var. typicus*】 (4) 同上の実= बोड़ा.
सेमई[1] [名] 薄緑 = हलका सब्ज़ रंग.
सेमई[2] [形] 薄緑の = हलके हरे रंग का.
सेमल [名] (1)〔植〕パンヤ科高木キワタノキ；インドワタノキ【*Bombax malabaricum*】 (2) 同上の木から採れる綿 सेमल की रूई वाला तकिया キワタノキの綿の入った枕
सेमिकोलन [名]《E. semicolon》セミコロン = अर्ध विराम.
सेमिटिक[1] [名]《E. Semitic》セム族
सेमिटिक[2] [形] セム族の
सेमिनार [名]《E. seminar》研修会；研究集会；セミナー उत्तर हड़प्पा तथा भारत की अन्य ताम्राश्मयुगीन संस्कृतियाँ तथा उनके आपसी संबंध पर हुए सेमिनार की अध्यक्षता 「北部ハラッパ及びインドのその他の青銅器時代諸文化とそれらの相互関係」について行われたセミナーの司会（役） बिहार में खेलों के विकास पर एक सेमिनार को संबोधित करते हुए ビハール州のスポーツ振興に関するセミナーでの講演において
सेमीप्रोफ़ेशनाल [形]《E. semiprofessional》セミプロの
सेमीफ़ाइनल [名]《E. semi-final》〔ス〕準決勝；セミファイナル सेमीफ़ाइनल तक पहुँचा 準決勝戦に進出
सेर[1] [名] セール（重量単位の一．1kg．40 分の 1 マン मन. 但し，$82\frac{2}{7}$ lbs. とされた旧ベンガル maund मन による旧ベンガルセール Bengal ser ではその 40 分の 1，約 933.1g に相当） तब घी रुपया सेर बिकता था 当時ギーは 1 セールが 1 ルピーで売られていた **सेर का सवा सेर हो॰** 抜き出ている；凌ぐ **सेर को सवा सेर (मिलना)**〔諺〕上には上がある；上には上があるものだ **सेर पर सवा सेर दे॰** 受けた仕打ち以上の報復をする **सेर में पसेरी का धोखा** 大きなぺてん
सेर[2] [形]《P. سیر》(1) 満腹した (2) 満足した
सेरा [名] 寝台の枕側の横木
सेराब [形]《P. سیراب》(1) 水浸しになった；びしょぬれになった；冠水した उसके दोनों तरफ़ का इलाका सेराब होता है その両側の地域が水浸しになる हज़ारों एकड़ ज़मीन सेराब हो गई 数千エーカーの土地が冠水した (2) 灌水された；灌漑された
सेराबी [名*]《P. سیرابی》(1) 灌水；灌漑 (2) 満足
सेरी[1] [名*]《P. سیری》(1) 満腹 (2) 満足
सेरी[2] [名*] 1 セール सेर の重量の分銅
सेल[1] [名] 槍
सेल[2] [名*]《E. cell》(1) 電池；特に乾電池 टार्च की सेलें 懐中電灯の電池 (2)〔生〕細胞
सेल[3] [名]《E. sale》(1) 販売；売買；取引 (2) 売れ行き (3) 特売；安売り；セール सेल की चीज़ों की कोई गारंटी नहीं होती 安売りの品には何の保証もないものだ
सेल[4] [名]《E. sail》出帆；出港 तीस अगस्त को मुझे बंबई से जर्मनी के लिए सेल कर देना है 私は 8 月 30 日にボンベイからドイツへ向けて出帆の予定だ
सेलफ़ोन [名]《← E. cellular phone》→ सेल्युलर फ़ोन.
सेलर [名]《E. cellar》地下室；（食糧や酒類の）地下貯蔵室 = तहख़ाना.
सेला[1] [名] (1) 絹のドゥパッター（दुपट्टा） (2) 絹のターバン
सेला[2] [名] パーボイル米（籾のままゆでて干した米）；セーラー米= भुजिया; उष्ण चावल.
सेलाफ़ोन [名]《← E. cellular phone》携帯電話
सेली[1] [名*] 槍 = बरछी.
सेली[2] [名*] 小さなドゥパッター（दुपट्टा）
सेली[3] [名*]《P. سیلی》平手打ち = थप्पड़.
सेलून [名]《E. saloon》= सैलून. (1) 大広間 (2) 汽船の談話室；社交室；サロン (3) 特別客車（鉄道） (4) 理髪店
सेल्ज़ टैक्स [名]《E. sales tax》売り上げ税 सेल्ज़ टैक्स की चोरी 売り上げ税の脱税
सेल्ज़मैन [名]《E. salesman》= सेल्समैन. (1) セールスマン (2) 店員
सेल्फ़ सर्विस [名*]《E. selfservice》セルフサービス

सेल्युलर फ़ोन [名] 《E. cellular phone》(1) セル電話 (2) 携帯電話
सेल्यूट [名]《E. salute》敬礼（挙手，礼砲などによる） वह फ़ौजियों वाला सेल्यूट मार देता あの男は軍隊式の敬礼をする
सेल्यूलाइड [名] 《E. celluloid》〔商標〕セルロイド
सेल्यूलोज [名] 《E. cellulose》〔化〕セルローズ
सेल्यूलोज ऐसीटेट [名] 《E. cellulose acetate》〔化〕アセチルセルローズ；硝酸繊維素
सेल्यूलोज नाइट्रेट [名] 《E. cellulose nitrate》ニトロセルロース；酢酸繊維素
सेल्यूलोज रेयान [名] 《E. cellulose rayon》セルローズ人造絹糸
सेल्स-गर्ल [名*] 《E. sales girl》女店員；女子店員
सेल्सियस [形] 《E. Celsius》摂氏の；セ氏の 60 सेल्सियस तापमान 摂氏 60 度 35.6 डिग्री सेल्सियस 摂氏 35.6 度
सेवँई [名*] = सेवई; सिवैयाँ.
सेव[1] [名*] セーオ（香辛料を加えた小麦粉やヒヨコマメの粉を原料に麺類のような形に筒から押し出したものを油で揚げた塩味の菓子の一種）
सेव[2] [名] 浅く耕すこと
सेवई [名*]〔料〕(1) セーワイーン（小麦粉を極細の素麺状にしたもの） (2) それをギーや油で揚げ牛乳で甘く煮た料理= सेवई; सिवैयाँ.
सेवक[1] [形] 仕える；奉仕する
सेवक[2] [名] (1) 使用人 (2) 世話人；付添人；家来 (3) 奉仕者 (4) 使用する人（服用したり慣習的に飲んだり使用したりする人）
सेवड़ा [名] セーオラー（形の大きいセーオ सेव） वह हलवाई से एक पैसे के सेवड़े लेकर खा रही थी 菓子屋で 1 パイサーのセーオラーを買って食べているところだった
सेवती[1] [名*]〔植〕バラ科ジャコウバラ【*Rosa brunonii; R. moschata*】= शतपत्री.
सेवती[2] [形] 白い
सेवती[3] [名] 白色
सेवन [名] (1) 奉仕 (2) 世話 (3) 飲食物や薬などとして摂取すること；服用すること ज़हरीली शराब के सेवन से 有毒な酒を飲むことで पेट में मांस तथा अंडे के सेवन से जो अम्लता हो जाती है 肉や卵の摂取により胃腸に生じる酸 फलों के सेवन से 果物の摂取により कंद, मूल, फल आदि का सेवन करते हुए 草木の根や実を食べながら चर्बी बढ़ाने वाले पदार्थों का अधिक सेवन 脂肪を増やす食べ物を多量に摂取すること छात्रों में नशीली दवाओं के सेवन की आदत 学生の麻薬使用癖 (4) 逗留；長期滞在
सेवलान [名]〔商標〕消毒・殺菌用の薬品（商品名）
सेवा [名*] (1) 他人のためになること；奉仕；尽力；他人のための骨折り；世話；力添え उन्होंने विभिन्न रूपों में देश-सेवा की 様々な形で国家に奉仕した मानवमात्र की सेवा 全人類への奉仕 सेवा के कार्य 奉仕活動 साहित्य की और भी अधिक सेवा करने में समर्थ 文学に更に尽力することができる कहिए, मैं आपकी क्या सेवा कर सकता हूँ? さあどうぞ御用をお申し付け下さい **सेवा करे सो मेवा पावे** 〔諺〕善をなせば善果を得る (2) 事業 टेलीफ़ोन सेवा 電話事業 (3) 公共事業の業務や活動 अग्निशमन सेवा 消防活動；消防 परिवहन, मेडिकल सेवाओं, बिजली, पानी आदि आवश्यक सेवाओं को 'बंद' से अलग रखा गया है 運輸，医療活動，電気，水道などの重要な業務はゼネストの対象から外されている (4) 運転；運行；便 दिल्ली में रात्रि बस सेवा デリーの夜間バス運行 अफ़गानिस्तान के साथ आज से टेलेक्स सेवा アフガニスタンとの間に今日からテレックス開通 एयर इंडिया की सेवा エアインディアの便 बस सेवा सरकारी है バスの運行は政府の管轄 (5) 機関；部門；部局 केंद्रीय गुप्तचर सेवा 中央情報機関 (6) 介護；介抱；看護；看病；面倒を見ること उसने नीरू की दिन-रात सेवा की 日夜，ニールーの介抱をした तुमने अपने ससुर की बहुत सेवा की あんたは随分お舅さんの面倒をみた (7) サービス；労役；役務；勤務 ग्राम में आवश्यक सेवाओं को करने के लिए 村での必要な役務の提供のために समिति की सेवाओंका उपयोग करने वाले व्यक्ति स्वेच्छा से इसके सदस्य बनते हैं 委員会のサービスを利用する人たちは自発的にこれのメンバーになる **(-की) सेवा में उपस्थित हो॰** (ーに) 参上する मैं प्रातःकाल उनकी सेवा में उपस्थित हुआ था 朝，あの方のところへ参上した श्रीमंत की सेवा में अभी उपस्थित हो रहे हैं ただ今御前にまかり出ます
सेवा अधिनियम [名] 公務員法；人事院法
सेवाकार्य [名] 奉仕活動 सेवाकार्य क॰ 奉仕活動をする
सेवाकाल [名] 任期；勤務時間
सेवाकेंद्र [名] サービスセンター；サービスステーション
सेवा-टहल [名*] (1) 世話をすること；面倒を見ること (2) 看護；看病；介護 (3) 付き添い गाय की सेवा-टहल 牛の世話や面倒を見ること
सेवाती [名*] = स्वाति .
सेवादार [名] 《Pan. + P. دار》〔シク〕セーワーダール（シク教寺院で聖典の礼拝などの世話に従事する人）
सेवादास [名] 使用人；手伝い
सेवानिवृत [形]（定年）退職した；退役した；引退した सेवानिवृत हो॰ 退職する；退役する पिता जी अगले साल सेवानिवृत्त होंगे 父は来年退職の予定 सेवानिवृत्त सैनिक गार्ड 退役軍人の警備員
सेवानिवृत्ति [名*] 定年退職；停年；退役；引退 सेवानिवृत्ति की आयु (उम्र) 定年；退職年齢 सरकारी सेवा में सेवानिवृत्ति की आयु 公務員の定年 सेवानिवृत्ति की उम्र बढ़ाने से 定年延長により
सेवानिष्ठा [名*] 精勤 वे अपनी कर्तव्य-परायणता और सेवा-निष्ठा के कारण ऊँचे पद पर पहुँच गए その責任感の強さと精勤により高い地位に達した
सेवा-बंदगी [名*] (1) 挨拶 (2) 礼拝= पूजा.
सेवाभाव [名] 奉仕精神
सेवाभावना [名*] = सेवाभाव. केवल सेवाभावना से ही पति को संतुष्ट रखने की आशा एक भूल है 奉仕精神だけで夫を満足させられると思うのは間違いです
सेवामुक्त [形] 退役した；退職した वे पैंसठ साल की उम्र में सेवामुक्त हुए हैं あの方は 65 歳で退職された
सेवामुक्ति [名*] 退職；退役
सेवार [名*]〔植〕水草；水藻；沈水草= शैवाल.
सेवारत [形] 勤務している；勤務中の；奉職中の पति आर्मी में सेवारत थे 夫は軍役についていた
सेवावृत्ति [名*] 他人に仕えること；雇われて働くこと；勤めること；勤務
सेवा-शुश्रूषा [名*] 看護；介護；看病 गुरु की सेवा-शुश्रूषा क॰ 師の看護をする
सेवाश्रम [名*] 身寄りのない女性の救済施設
सेविंग बैंक [名] 《E. savings bank》貯蓄銀行
सेविका [名*] = सेवक.
सेवित [形] (1) 仕えられた；奉仕された；世話を受けた (2) 敬われた；尊敬された (3) 用いられた；使用された
सेविता [名*] (1) 仕えること；奉仕 (2) 礼拝= उपासना.
सेवी [形] (1) 仕える；奉仕する (2) 敬う (3) 用いる；使用する
सेव्य[1] [形] (1) 仕えられるべき (2) 敬まわれるべき；尊敬されるべき (3) 用いられるべき；使用されるべき
सेव्य[2] [名] 主人= स्वामी; मालिक.
सेशंज़ कोर्ट [名]《E. sessions court》県セッションズ裁判所（強盗，殺人などの重罪の裁判の任に当たる刑事裁判所）= सेशन न्यायालय.
सेशंज़ जज [名] 《E. sessions judge》県セッションズ裁判所判事；治安裁判所判事（控訴審の審判のほか殺人，強盗などの重罪犯罪の裁判も行う権限を持つ）= दौरा जज.
सेसर [名] 《P. سه سر》〔トラ〕セーサル（同種の札の 3 枚揃いの合計点を競うゲーム）
सेह [数] 《P. سه》3 = तीन.
सेहत [名*] 《A. صحت सिह्हत》健康 = स्वास्थ्य; तंदुरुस्ती.
सेहतबख़्श [形] 《A. صحت بخش सिह्हतबख़्श》健康によい；健康増進の；健康的な= स्वास्थ्यवर्धक. सेहतबख़्श नाश्ता 健康的な朝食
सेहतमंद [形]《A.P. صحت مند सिह्हतमंद》健康的な；元気な = स्वस्थ; तंदुरुस्त. तीनों सेहतमंद और ताक़तवर थे 3 人は共に健康で頑健だった सेहतमंद बनाना 健康にする
सेहती [形] ← सेहत. (1) 健康上の (2) 健康な
सेहर [名*] 《A. سحر सिह्र》(1) 魔法；魔術= इंद्रजाल; माया कर्म. (2) 呪術；呪法= अभिचार. (3) まじない= टोना; टोटका.
सेहरा[1] [名] (1) 結婚式の際花婿と花嫁が頭につける被り物；冠；セーフラー (2) 結婚式の際，花婿がつける冠から膝まで垂れ下がる花などを連ねた飾りひも，もしくは，金糸や銀糸の飾り (3) 結婚式の際花婿側の家で歌われる祝歌 **विजय का सेहरा** 月桂冠；

勝利の冠 **सेहरा बँधना** 栄誉を得る **सेहरा बाँधना** *a.* セーフラーをつける *b.* 結婚させる

सेहरा[2] [名] うろこ (鱗)；魚鱗

सेहराबंदी [名*] 《H. + P. بندی》挙式前の花婿側の一行の行列に先立って花婿の頭にセーフラーを被らせる儀式

सेहरा बँधाई [名*] 花婿がセーフラーをつける際に世話をする人たちに与えられる心付け

सेह-हज़ारी [名] 《P. سہ ہزاری》〔イ史〕セーハザーリー (3000の騎兵もしくは3000の兵を保持することを許されたムガル朝の将軍)

सेहा [名] 井戸掘りの職人

सेहुँड़ [名] = थूहर. 〔植〕トウダイグサ科低木サボテンタイゲキ

सेहुआँ [名]〔医〕皮疹= सेंहुआँ.

सैंडल [名*] 《E. sandal》サンダル ऊँची एड़ी की सैंडल ハイヒール

सैंडविच [名] 《E. sandwich》サンドイッチ अंडे का सैंडविच 玉子サンド

सैंडहिल [名] 《E. sandhill》砂丘；砂山

सैंडिल [名*] 《E. sandal》サンダル = सैंडल.

सैंतना [他] (1) 蓄える；ためる (2) かき寄せる；かき集める= बटोरना. (3) 丁寧に扱う；大切にする= सहेजना; सँभालकर रखना. बीस बरस से मैंने इसे सैंतकर रखा था 20 年来大切にしてきていた (マフラー)

सैंतालीस [数] 47 सैंतालीसवाँ 47 番目の；第 47 の

सैंतीस [数] 37 सैंतीसवाँ 37 番目の；第 37 の

सैंदूर [形] ← सिंदूर. (1) シンドゥール (辰砂) を塗った；朱をつけた (2) シンドゥールの色の；朱色の

सैंधव[1] [形] (1) シンド地方の→ सिंध. (2) シンド地方に産する (3) 海の

सैंधव[2] [名] (1) シンド地方の人 (2) シンド地方産の馬 (3) パキスタンに産する岩塩の一種= सेंधा नमक; लाहौरी नमक. → सेंधा नमक; लाहौरी नमक.

सैंहुड़ [名]〔植〕トウダイグサ科低木サボテンタイゲキ【*Euphorbia antiquorum*】

सैकंट [名]〔植〕マメ科中高木【*Acacia polyacantha; A. suma*】

सैकड़ा [名] (1) 100；百 (2) 百の桁 (3) 百分率；パーセント

सैकड़े [副・形] パーセント (の, で)

सैकड़ों [形] → सैकड़ा. (1) 数百の सैकड़ों मज़दूर 数百人の労働者 (2) 無数の；多数の **सैकड़ों कुएँ का पानी पिए हो॰** *a.* 経験豊かな *b.* 海千山千の；したたかな= सैकड़ों घाट का पानी पिये हो॰. **सैकड़ों कुएँ झाँकना** 大変な苦難に出くわす **सैकड़ों घड़े पड़ना** 赤恥をかく= सैकड़ों घड़े पानी पड़ना. **सैकड़ों बात कहना** 激しく叱る

सैकत[1] [形] 砂の；砂地の= रेतीला; बलुआ. दूर-दूर तक निर्जन सैकत तट पर はるか遠くまで広がる砂浜で

सैकत[2] [名] 砂；砂地；砂州；砂浜

सैकतिक [名] (1) 出家；出家行者 (2) 吉祥を祈念して手首や首につける木綿糸

सैकती [形] 砂地の= रेतीला; बलुआ.

सैक़ल [名*] 《A. صیقل》武器や刃物の研磨

सैक़लगर [名] 《A.P. صیقلگر》(1) 武器や刃物を研磨する人；研ぎ師 (2) 鋳掛け屋= सिकलीगर.

सैक़ली [名*] 《A.P. صیقلی》砥石= सान.

सैक सूट [名] 《E. sacksuit》〔服〕サックドレス

सैकिंड [名] 《E. second》秒= सेकंड; सेकिंड.

सैक्टर [名] 《E. sector》(1) 部門；分野 (2) 地区；市街地の区画= सेक्टर. क्या आप बताएँगी कि कौन-सी बस सैक्टर 17 जाएगी? すみませんがどのバスが 17 番セクターに行くのか教えて下さいませんか

सैक्सन [名] 《E. Saxon》サクソン族；サクソン人

सैक्सोफ़ोन [名] 《E. saxophone》サキソホン

सैटिंग [名*] セット；セッティング सैटिंग क॰ セットする

सैद[1] [名] 《A. صید》(1) 狩猟= शिकार; आखेट; मृगया. (2) 狩りの獲物= शिकार के जानवर; शिकार किया हुआ जानवर.

सैद[2] [名] 《A. سید》सैयिद の短縮形→ सैयद.

सैद्धांतिक[1] [形] ← सिद्धांत. 理論の；理論上の सैद्धांतिक संघर्ष 理論闘争 सैद्धांतिक बहस 理論上の論争

सैद्धांतिक[2] [名] 理論家

सैन [名*] (1) 目配せや手指などを用いてなされる意思伝達の合図= इशारा; इंगित. सभी की आँखें सैन द्वारा परस्पर बातें करने लगीं 皆が目配せで互いに話をし始めた (2) しるし= निशान; चिह्न. (3) 徴候；きざし (兆し) = लक्षण. **सैन बताना** 合図をする= सैन मारना.

सैन फ़्रांसिस्को 〔地名〕《E. San Francisco》サンフランシスコ (アメリカ合衆国)

सैनिक[1] [形] (1) 軍事の；軍事上の आतंकवादियों के खिलाफ़ सैनिक कार्रवाई テロリストに対する軍事行動 सैनिक रहस्य 軍事秘密 सैनिक अड्डा 軍事基地 सैनिक गुट 軍事ブロック (2) 軍の；軍隊の सैनिक झंडा 軍旗 सैनिक वायुयानों का अड्डा 空軍基地

सैनिक[2] [名] 兵士；兵隊；軍人= सिपाही.

सैनिक अकादमी [名*] 陸軍士官学校 = मिलिटरी एकेडेमी. 〈military academy〉

सैनिक अदालत [名*]〔軍〕軍法会議= सैनिक न्यायालय.

सैनिक एकतंत्र [名] 軍事独裁政治〈military autocracy〉

सैनिक क़ानून [名]〔軍〕軍法〈military law〉

सैनिक तानाशाही [名*] 軍事独裁制〈military dictatorship〉

सैनिक न्यायालय [名]〔軍〕軍法会議〈military court〉

सैनिक पोशाक [名*] 軍服

सैनिकवाद [名] 軍国主義〈militarism〉= सैन्यवाद; सामरिकवाद.

सैनिक शासन [名]〔軍〕戒厳；軍政〈martial law; military administration〉

सैनिक सरकार [名*] 軍政府〈martial government〉

सैनिक सहचारी [名] 駐在武官= सैनिक अताशे.

सैनिक स्कूल [名] 《H. + E. school》士官学校

सैनिटरी [形] 《E. sanitary》(1) 衛生上の；公衆衛生上の；保健衛生上の= सार्वजनिक स्वास्थ्य संबंधी. (2) 衛生的な；清潔な= स्वास्थ्यकर; साफ़; स्वच्छ.

सैनिटरी टावल [名] 《E. sanitary towel》生理用ナプキン；生理帯

सैनिटरी डिपार्टमेंट [名] 《E. sanitary department》衛生局= सार्वजनिक स्वास्थ्य विभाग.

सैनिटरी नैपकिंस [名] 《E. sanitary napkins》ナプキン (生理用品)

सैनिटरी बैल्ट [名] 《E. sanitary belt》生理用ナプキン；生理帯；生理バンド

सैनिटेरियम [名] 《E. sanatorium》サナトリウム；療養所→ सैनेटोरियम.

सैनी [名] 理髪師；床屋；理容師= नाई; हज्जाम; नापित.

सैनेटोरियम [名] 《E. sanatorium》サナトリウム；療養所

सैन्य[1] [形] (1) 軍の；軍隊の (2) 軍事上の；軍事的な सैन्य गतिविधि 軍事行動

सैन्य[2] [名] (1) 兵士；軍人；兵隊= सैनिक; सिपाही. (2) 軍；軍隊= सेना; फ़ौज.

सैन्यपति [名] → सेनापति.

सैन्यबल [名] 軍事力

सैन्यवाद [名] 軍国主義〈militarism〉

सैन्यवादी[1] [形] 軍国主義の सैन्यवादी शासन 軍国主義政体

सैन्यवादी[2] [名] 軍国主義者

सैन्य विधि [名*]〔軍〕軍法= फ़ौजी क़ानून.

सैफ़[1] [名*] 《A. سیف》刀；刀剣；剣= तलवार; खड्ग; कृपाण.

सैफ़[2] [名] 《A. صیف》夏；夏季= गर्मी का मौसम; ग्रीष्म ऋतु.

सैफ़ा [名] 《A. سیفہ》製本用の紙の裁断機

सैफ़ी [形] 《A. صیفی》← सैफ़. 夏の；夏季の= ग्रीष्मकालीन.

सैबथ [名] 《E. sabbath》安息日

सैयद [名] 《A. سید सैयिद/सय्यिद》(1)〔イス〕ムハンマドの子孫；ムハンマドの血統を直接に引くと称する人々；イマーム・フサインの子孫；サイヤド (2) 首長；長老；サイヤド

सैयदा [名*] 《A. سیدہ सैयिदा》(1) サイヤドの女性 (2) サイヤドの妻= सैयदानी.

सैयाँ [名] (1) 夫；主人= स्वामी; पति. (2) 愛人；恋人= प्रेमी.

सैयाद [名] 《A. صیاد》(1) 猟師；狩人 (2) 漁師；漁夫

सैयार[1] [形] 《A. سیار》歩く；歩き回る；遊歴する

सैयार[2] [名] 《A. سیار》(1) 旅人 (2) 放浪者

सैयारा [名] 《A. سیارہ》惑星；遊星

सैयाल [形] 《A. سیال》(激しい勢いで) 流れる；液状の；液体の मीलों तक सैयाल आग से हर चीज़ बर्बाद हो जाती है 何マイルに

もわたって流れる（熔岩の）火で何もかも台無しになってしまう पानी की तरह सैयाल 水のように流れる

सैयाह [名] 《A. سیاح》 (1) 旅人；旅行者= यात्री. (2) 観光旅行者= पर्यटक

सैयिद [名] 《A. سید》 = सैयद.

सैयिद वंश [名] 《A. + H.》〔イ史〕サイイッド朝 (1414–51)

सैरंध्र [名] (1) 使用人；従者 (2) サイランドラ，もしくは，サイリンドラ（古代インドにおける異種姓の混血によって生じた身分の一．ダスユの父とアーヨーガヴァの母との間に生まれる．マヌ法典 10 - 32）

सैर [名*] 《A. سیر》 (1) 散歩；遊山；散策；ピクニック；遠足 सुबह को बाग़ की सैर के लिए ज़रूर जाओ 朝公園の散歩に必ず出掛けるようにしなさい वह रोज़ दरिया किनारे सैर करने जाता है 毎日川縁の散歩に行く जो सज्जन पहाड़ों की सैर के शौकीन है उन्हें तो यहाँ निराशा ही होगी 山歩きの好きな人はここではがっかりするばかりであろう **(-की) सैर कराना** （-の）散歩や見物などに案内する；（-へ）案内する आइए, फूलों के इस देश की सैर आपको भी कराएँ お花の郷の散策にお連れ致しましょう (2) 旅行；観光旅行 कभी पिकनिक और कभी सैर के कार्यक्रम बनते थे 時にはピクニック，時には旅行の計画が立てられていた मुझे एक ज़रूरत से नैनीताल जाना पड़ा.सैर करने के लिए नहीं 用事でナイニータールに行かねばならなくなった．物見遊山のためではない (3) 見物；見学 दूसरे दिन हम मास्को की सैर को निकले 翌日はモスクワ見物に出掛けた हम लोगों ने मेले की सैर की 縁日の見物をした अजायबघर की सैर 博物館の見学

सैरगाह [名*] 《A.P. سیرگاہ》 (1) 遠足やピクニックの行き先；行楽地 (2) 回り灯籠

सैरबीन [名] 《A.P. سیر بین》 万華鏡

सैर-सपाटा [名] 散歩；散策；遠足

सैरिभ [名]〔動〕水牛= भैंसा; महिष.

सैरिभी [名*] 雌の水牛= भैंसी; महिषी.

सैल[1] [名*] = सैर.

सैल[2] [名] 《A. سیل》 (1) 水の流れ (2) 洪水= सैलाब.

सैलवेशन आर्मी [名] 《E. Salvation Army》〔キ〕救世軍= सैल्वेशन आर्मी.

सैला [名] (1) 穴をふさぐ栓 (2) 杭 (3) 櫓の柄

सैलानी [形・名] 《A. سیلانی》 (1) 旅行好きな (2) 放浪の；さすらいの；渡り歩く (3) 観光旅行者；観光客 (4)〔鳥〕渡りをする सैलानी पक्षियों का स्वर्ग 渡り鳥の天国

सैलाब [名] 《A.P. سیلاب》 (1) 洪水；大水= बाढ़; जलप्लावन. (2) 一度に大量に，あるいは，人が大勢出たりあふれたりする様子 सैलाब के रूप में आए शरणार्थी 洪水のようにやってきた難民 उसके मन में एक ओर तो गहरे संतोष का सैलाब-सा उठा 一方では彼の胸に洪水のような満足感が押し寄せた सामने दायें-बायें आदमियों का सैलाब था 前方は右も左も人の洪水だった

सैलाबी[1] [形] 《A.P. سیلابی》 洪水の；大水の

सैलाबी[2] [名*] (1) 湿気 (2) 大水により水面下になる川沿いの土地

सैलामेंडर [名] 《E. salamander》〔動〕両生類サンショウウオ

सैलुलर फ़ोन [名] 《E. cellular phone》 (1) セル電話（自動車電話） (2) 携帯電話

सैल्मोनेला टाइफ़ी [名] 《L. salmonella typhi》〔医〕腸チフス菌

सैल्यूट [名] 《E. salute》 敬礼；軍隊式の挙手の礼 सैल्यूट क॰ （挙手の）敬礼をする **सैल्यूट दे॰** 敬礼する वे लोग जनरल के पास आकर सैल्यूट देते हैं 彼らは将軍のそばに来て敬礼をする **सैल्यूट मारना** （挙手の）敬礼をする एक वर्दीधारी पुलिसमैन अंदर आकर सैल्यूट मारता है 1 人の制服の警官が入って来て敬礼をする

सैल्यूलोज [名] 《E. cellulose》〔化〕セルローズ

सैवुम [形] 《P. سوم》 第 3 の；3 番目の= सिवुम; तीसरा; तृतीय.

सैसक [形] (1) 鉛の (2) 鉛で作られた；鉛製の

सों [格助] = से.

सोंट [名] = सोंटा.

सोंटा [名] 木や竹の棒；棍棒；杖 **सोंटा चलाना** 棒で殴る= सोंटा जमाना.

सोंटा-बरदार [名] 《H. + P. بردار》（王権などの）権標奉持者

सोंठ[1] [名*] ひねショウガ= शुंठि; शुंठी.

सोंठ[2] [形] けちな；けちん坊な；甚だしく吝嗇な

सोंठ[3] [名] 沈黙 सोंठ मारना 黙りこくる

सोंठ पंजीरी [名*] ソーントパンジーリー（産婦に与えられるひねショウガや黒砂糖などの入った滋養剤）

सोंठ-पानी [名] ショウガやクミンなどの入った消化増進剤；ソーント・パーニー

सोंठराय [名] = सोंठूराय.

सोंठू [名] とてもけちな人；けちん坊

सोंठू-राय [名] 甚だしくけちな人；大変な吝嗇家

सोंठोरा [名] = सोंठौरा. ソーントーラー（粗びきの小麦粉にひねショウガ，黒砂糖，ターメリックを加えてこしらえる団子．産婦に滋養食品として与えられる）

सोंधा[1] [形+] (1) 芳香のする；香りの良い；香ばしい= ख़ुशबूदार. घी की सोंधी सुगंध ギーの芳香 मेथी की भाजी की सोंधी सुगंध आई コロハの料理が芳香を放った (2) 土や素焼きの器が水に触れて発する芳香の मिट्टी की ताज़ी सोंधी महक 雨季の雨で湿った土の放つ新鮮な芳香

सोंधा[2] [名] (1) 芳香のある洗髪剤 (2) 香水 (3) 香油 (4) ポマード

सोंधी [名]〔植〕ソーンディー（芳香のあるイネの品種の一）

सोंपना [他] → सौंपना.

सोंह [名*] → सौंह.

सो[1] [代] 本来，それ，あれなどの意で関係代名詞の जो と相関して用いられることが多い相関代名詞（相関指示詞）．今日これは主に古形，ないしは，方言形として見られる．しばしば वह がこれに代わる．主格形は単複同形であるが目的格にも同形が用いられることがある．斜格語基は単数形 तिस-，複数形 तिन- となる सो तो ठीक है それはそうです तोते का जवाब सुनकर ब्राह्मण को बड़ा अचरज हुआ.उसने तोते से पूछा -“सो कैसे?” オウムの答えを聞いてバラモンは甚だ驚きオウムにたずねた.「それは如何にしてか」 सो मैंने कब कहा? そんなことを僕が何時言ったかね सो तो मैं जानता हूँ それは知っているよ जो होना था सो हो गया 起こるべきことが起こったのだ कलियुग में जो न सुनने में आए सो थोड़ा है 末世には如何なることを耳にするやら知れず हाँ, सो तो है पर अन्य डाक्टर तो करते हैं और आप उन्हें रोकते भी नहीं हैं ええそれはその通りですが，他の医者はしていることですしあなたもその人たちを押し止められるわけではありません अब चूक गए सो चूक गए しくじってしまったものはしくじったものなのです **करेगा सो भरेगा**〔諺〕人は己の行為の報いを受けるもの；蒔いた種は刈らねばならぬ

सो[2] [副] そのように；このように

सो[3] [接] それで；故に；したがって；次に= इस लिये; अतः; निदान. सो भक्ति ईश्वर में पूरे अनुराग को कहते हैं 故にバクティとは最高神に対する全幅の愛着の謂なり

सो ऽहम् [句]〔イ哲〕「そは我なり」「我はブラフマンなり」（ヴェーダーンタ哲学の梵我一如の思想を表すとされる言葉）= सोऽहमस्मि.

सोआ [名] (1)〔植〕セリ科草本イノンド；ディル【*Anthum graveolens*】 (2)〔植〕セリ科草本インディアン・ディル【*Anethum sowa*】

सोइ [代] सो の強意形. = सोई[3]. → वही.

सोई[1] [名*]〔農〕雨季の大雨の水が溜まり 11 月～12 月に収穫される稲が田植えにより植えつけられる田や低地；ソーイー

सोई[2] [接] सो[2]

सोई[3] [代] = वही.

सोक [名] = शोक.

सोकना [他] → सोखना.

-सोख [造語]（-を）吸い取る，乾かす，乾燥させるなどの意を有する造語要素 स्याहीसोख インクの吸い取り紙

सोखना [他]（水などの液体を）吸う；吸い込む；吸い取る；吸引する；吸収する भूमि कुछ पानी को सोख लेती है 大地は少しの水を吸い込む पसीना सोखना 汗を吸い取る ये रेशे पानी भी नहीं सोखते これらの繊維は水も吸い込まない वह काफ़ी मात्रा में पानी सोख लेता है それはかなりの分量の水を吸い取る ओज़ोन सूर्य से आनेवाली पराबैंगनी किरणों को सोख लेता है オゾンは太陽から来る紫外線を吸収する वक़्त ने तुम्हारी सारी औरतवाली कोमलता सोख ली, शीला? 時間が君の一切の女性らしい優しさを吸い取ってしまったんだね，シーラー

सोखाई[1] [名*] 吸い取ること；吸収；乾燥させること

सोखाई[2] [名*] 魔法；魔術= जादू; टोना.
सोख़्त [名*] 《P. سوخت》燃やすこと；燃えること = जलन.
सोख़्तनी [形] 《P. سوختنی》燃やせる；燃やすための
सोख़्ता[1] [名] 《P. سوخته》(1) 燃えたもの；燃えて残ったもの；炭；灰 (2) 吸い取り紙
सोख़्ता[2] [形] 《P. سوخته》(1) 燃えた；燃焼した (2) 苦しんだ；悩んだ
सोगंद [名*] → सौगंद; सौगंध.
सोग [名] 《P. سوگ》(1) 悲しみ；悲嘆 (2) 追悼；哀悼；喪 **सोग में जा०** 弔問に行く **सोग मनाना** 追悼する；喪に服する= सोग में रहना.
सोगन [名*] = सौगंद; सौगंध.
सोगवार [形] 《P. سوگوار》追悼する；哀悼する；喪に服する
सोगवारी [名*] 《P. سوگواری》追悼；哀悼；服喪
सोगी [形] 《P. سوگی》(1) 哀悼する；弔う (2) 悲しみに沈んだ；思い悩んでいる
सोच [名] (1) 考えること；考え込むこと दिन रात सोच में डूबा रहता 日夜考え込んでいる (2) 考えごと (3) 心配；悩み (4) 悲しみ (5) 後悔 **सोच में गुम हो०** 物思いに耽る；考え込む= सोच में डूबना. राशिद फिर सोच में डूब गया ラーシドは再び考え込んだ
सोचना [自・他] (1) 考える；検討する；思う；思考する अच्छा मैं सोचकर जवाब दूँगा わかりました．考えてからお答え致します बिना आगा-पीछा सोचे 考えなしに；軽はずみに；軽々しく；後先を考えずに (2) 心配する (3) 思いつく **सोचना-समझना** よく考える；深く考える प्रत्येक बात का निर्णय सोच समझकर करना चाहिए 何事もじっくり考えて決断すべきだ जो कुछ कहना हो, सोच समझकर कहो 言うべきことはよく考えて口にすべきだ
सोच-बिचार [名] = सोच-विचार.
सोच-विचार [名] 思考；熟慮；熟考 **समस्या पर सोच-विचार क०** 問題を深く考える आज तक तो कभी मैंने दूसरों के खाने का सोच-विचार किया ही नहीं 今まで他人の食事のことを深く考えたことはただの一度もなかった **सोच-विचार में पड़ना** 考え込む
सोज़ [名] 《P. سوز》(1) 燃えること；燃焼 (2) 苦痛；激痛 (3)〔イス〕ソーズ（ムハッラムの際に詠まれる詩，マルシヤー；挽歌）मैंने मुहर्रम का सोज़ भी सुना और होली की रंगपाशी भी झेली ムハッラム祭の（際，練り歩く人々の）嘆きの声も聞いたしホーリーの色水掛けにも遭った
सोज़ख़्वानी [名*] 《P. سوزخوانی》〔イス〕ソーズハーニー（ソーズを詠むこと）
सोज़न [名] 《P. سوزن》針；縫い針= सूई; सूची.
सोज़नकारी [名*] 《P. سوزن کاری》(1)〔裁〕刺し縫い (2) 刺繍
सोज़नी [名*] 《P. سوزنی》(1) 刺し縫いにした布 (2) 刺し縫い，もしくは，刺繍を施した亜麻布のカーペットや敷物 (3) 刺繍をしたベッドカバー= सुजनी.
सोज़ाक [名] → सूज़ाक.
सोज़िश [名*] 《P. سوزش》炎症= सूज़िश; जलन.
सोझना [他] (1) きれいにする (2) 探す
सोझा[1] [形+] (1) 真正面の (2) 率直な；素直な= सीधा; सरल.
सोझा[2] [名*] 思い出；記憶= स्मृति; स्मरण; याद.
सोटा [名] = सोंटा. उन्हें अपने सोटे पर अधिक भरोसा था 自分の持っている杖の方が一段と信頼できた
सोठ [名*] → सोंठ.
सोडा [名] 《E. soda》(1) ソーダ；ナトリウム化合物 (2) ソーダ水= सोडा वाटर. बिना सोडा मिलाये ソーダ水を混ぜずに सोडे की दो बोतलें ソーダ水 2 本
सोडा कार्बोनेट [名] 《E. soda carbonate》〔化〕炭酸ナトリウム
सोडा क्लोराइड [名] 《E. soda chloride》〔化〕塩化ナトリウム
सोडा वाटर [名] 《E. soda water》ソーダ水；炭酸水= विलायती पानी. सोडा वाटर की फ़ैक्टरी ソーダ水工場 **सोडा वाटर वाले की दूकान** ソーダ水売り；ソーダ水販売店
सोडियम [名] 《E. sodium》〔化〕ナトリウム
सोडियम कार्बोनेट [名] 《E. sodium carbonate》〔化〕炭酸ナトリウム
सोडियम क्लोराइड [名] 《E. sodium chloride》〔化〕塩化ナトリウム
सोडियम नाइट्रेट [名] 《E. sodium nitrate》〔化〕硝酸ナトリウム
सोढ [形] (1) 忍耐強い= सहनशील. (2) 忍耐された；耐えられた
सोढर [形] 愚かな；間の抜けた= बेवक़ूफ़.
सोढा[形+] (1) 忍耐強い= सहनशील. (2) 力強い；強力な= ताक़तवर; बलवान.
सोत [名] 泉；源泉= स्रोत; सोता.
सोता [名] (1) 泉；噴水= स्रोत; झरना; चश्मा. (2) 小川 (3) 起源；根源
सोती [名*] (1) 小さな泉；小さな噴水= सोता; धारा. (2) 小川
सोत्प्रास[1] [形] (1) 誇張された (2) 甚だしい (3) 皮肉のこもった
सोत्प्रास[2] [名] (1) 甘い言葉；優しい言葉 (2) 世辞 (3) 哄笑
सोत्साह [副] 熱心に；意気込んで
सोदर[1] [形] 母を同じくする；同胞の；血を分けた= सगा.
सोदर[2] [名] 血を分けた兄弟
सोदरा [名*] 血を分けた姉妹
सोदर्य [形] 血を分けた；同胞の= सहोदर.
सोदाहरण[1] [副] 例を出して；例を挙げて；例示して सोदाहरण समझाओ 例示して説明しなさい
सोदाहरण[2] [形] 例を挙げた；挙例の；例示した
सोद्देश्य [副・形] 目的を持って；目標を持った सोद्देश्य जिज्ञासा 目標を持った知識欲
सोद्योग [形] (1) 勤勉な；努力する (2) 強力な
सोध [名] ← शोध.
सोधना [他] ← शोधन. (1) 清める (2) 訂正する；修正する (3) 探す；探査する；探究する；調べる (4) 結論や解答を出す (5) 返済する
सोधवाना [他] = शोधवाना.
सोधाना [他・使] ← सोधना.
सोन[1] [名] ソーン川（マッディヤ・プラデーシュ州のアマラカンタカに源を発しマッディヤ・プラデーシュ州及びウッタル・プラデーシュ州を経てビハール州のダーナープルの近くでガンジスに合流）
सोन[2] [名] 金 सोना の縮小形
सोन कीकर [名]〔植〕マメ科ペグノキ= कदिर; खैर.
सोनज़रद[1] [形] 《H. सोना + P. زرد ज़र्द》山吹色の；金色の
सोनज़रद[2] [名*] = सोनजूही.
सोनजूही [名*]〔植〕モクセイ科低木イエロージャスミン；イタリアジャスミン【*Jasminum humile*】
सोनपिठा [名]〔鳥〕キツツキ科ヒメコガネゲラ【*Dinopium benghalense*】= सोनपिठा कठफोर.
सोना[1] [名] (1) 金 सोने के आभूषण 金の装身具 सोने की मूर्तियाँ 金で作られた像；金像 (2) 富や財貨（の象徴） **सोना उगलती ज़मीन** 黄金を産み出す肥沃な土地 **सोना उगलना** 富を生み出す **सोना उछालते जा०** 「道を行くのに金貨を掌でもてあそびながら」，すなわち，世の治安がよく何の危険も不安もないたとえ **सोना चढ़ाना** 金メッキをする **सोना छूते मिट्टी हो०** 不運なことのたとえ **सोना बरसना** 大儲けする **सोना तुलसी दे०** 〔ヒ〕臨終の人の口にカミメボウキ（तुलसी）の葉と金とを触れさせること（臨終に際してのヒンドゥーの伝統的な儀礼の一） **सोने का अंडा दे०** 金の卵を産む **सोने का कौर खाना** *a.* 大変な尊敬を受ける *b.* 上等の食事をする **सोने का घर मिट्टी कर दे०** 裕福な家庭を台無しにする= सोने का घर मिट्टी में मिला दे०. **सोने का मृगा** 人を欺くもの **सोने का संसार** *a.* 幸福な世界 *b.* 幸せな所帯 **सोने की ईंट रखना** 大いに稼ぐ；大儲けする **सोने की कटारी** 見かけは美しいが危険なもの **सोने की घड़ी** 吉祥の時刻 **सोने की चिड़िया** *a.* 金のなる木；金蔓= सोने की मुर्ग़ी. हाथ में आई सोने की चिड़िया को यों ही क्यों उड़ जाने दें 折角つかんだ金蔓をわけもなく失うことはない *b.* 黄金郷；宝の山 इसी व्यापार के कारण भारत सोने की चिड़िया कहलाता था この交易のためにインドは黄金郷と呼ばれていた सैकड़ों साल पहले सारे संसार में भारत को सोने की चिड़िया कहा जाता था 数百年前インドは世界中で宝の山と呼ばれていた **सोने की चिड़िया फँसाना** 金蔓をつかむ **सोने की दीवार खड़ी क०** 大金を稼ぐ **सोने की मुर्ग़ी** = सोने की चिड़िया. **सोने की वर्षा हो०** 大儲けになる **सोने की हँसिया न उगलते बनता न निगलते बनता** ジレンマ；痛し痒し；あちら立てればこちらが立たず **सोने के दिन** 順風満帆の時；調子の良い時 **सोने के मोल बिकना** とても高価に売れる **सोने पर सुहागा हो०** 錦上花を添える **सोने में**

घुन लगना あり得ないこと；起こり得ないことが生じる **सोने में सुगंध हो॰** 錦上花を添える= सोने में सुहागा हो॰. **सोने से गढ़ाई महँगी हो॰** その本体よりも加工賃の方が高価につくたとえ；中心的なことより付随的なことに多くの費用のかかるたとえ

सोना[2] [自] (1) 眠る；寝る कहानी सुनते रानी सो जाती है और मम्मी उसको आराम से बिस्तर पर लिटा देती है 話を聞いているうちにラーニーは眠りこむ．ママはラーニーをゆっくりと寝床に寝せる मनु रोते रोते सो गया マヌは泣いているうちに眠りこんでしまった **सोकर उठना** 目が覚める；起き出す= जागना; नींद खुलना. वह हमेशा की तरह साढ़े पाँच बजे सुबह सोकर उठ गई いつものように5時半に起床した सारी दुनिया सोई थी 一切のものが寝静まっていた **सोती भिड़ जगाना** 〔諺〕わざと厄介なことを抱え込むたとえ **सोते-जागते** 寝ても覚めても；四六時中 सोते-जागते, उठते-बैठते, बस तुम्हारे ही पास मन मँडराता रहेगा 寝ても覚めても何をしていてもただただ君のことばかり思っているだろう **सोते में** 睡眠中に；眠っている間に (2) 次のように同義目的語を用いる用法もある मीठी नींद सोना 甘美な眠りを眠る (3) しびれる（痺れる）；麻痺する बच्चे के वज़न से उसकी टाँग सो गई थी 子供の重みで足がしびれてしまっていた (4) -के साथ सोना （ーと）交わる；交接する；同衾する **सोने का कमरा** 寝室

सोना[3] [名] = सोनागाछ.

सोनागाछ [名]〔植〕ノウゼンカツラ科高木ソリザヤノキ【*Oroxylum indicum*】= सोना[3] ; श्योनाक.

सोना-चाँदी [名*] (1) 富；財産 (2) 正金；正貨 (3) 金貨；銀貨

सोनापाठा [名] (1) = श्योनाक; सोना[3].

सोना-मक्खी [名*]〔鉱〕(1) 黄鉄鉱 (2) 黄銅鉱= सोना-माखी.

सोना-माखी [名*]〔鉱〕(1) 黄鉄鉱〈pyrites〉 (2) 黄銅鉱

सोनार [名] → सुनार. ソーナール（金銀細工を主たる生業としてきた職人及びそのカーストの人）；金細工師；金銀細工師

सोनी[1] [名*]〔植〕センダン科高木チャンチンの一種【*Cedrela serrata; Toona serrata*】

सोनी[2] [名] 金細工師= सुनार; स्वर्णकार.

सोप[1] [名]《E. soap》せっけん（石鹸）；シャボン= साबुन.

सोप[2] [名]《E. swab》モップ= बुहारी; झाड़ू.

सोप ऑपेरा [名]《E. soap opera》ソープオペラ；メロドラマ；連続テレビドラマ= सोप ओपेरा.

सोपकार [名] 元利合計

सोपान [名] 階段；階梯；はしご（梯子）= सीढ़ी; ज़ीना.

सोपान-कूप [名] 階段式の構造になっている井戸；バーオリー= बावली.

सोपानित [形] 階段のついた= सीढ़ीदार.

सोपाश्रय [名] 支えを得た；支えのある

सोफ़ता [名] (1) 人気のないところ；余人のいないところ (2) 暇

सोफ़ा [名]《E. sofa》ソファー सोफ़ा कुशन 背もたれ；ソファークッション

सोफ़ासेट [名]《E. sofaset》ソファーセット；応接セット

सोफ़ियाना [形]《A.P. صوفیانہ सूफ़ियाना》(1)〔イス〕スーフィズム（イスラム神秘主義）の信奉者のような；スーフィーのような (2)〔イス〕スーフィーの (3) 質素な；飾り気のない

सोफ़िस्टिकेटेड [形]《E. sophisticated》(1) 都会風に洗練された (2) 擦れた；悪擦れした

सोफ़्ट कोक [名]《E. soft coke》コークス

सोम [名] (1) 月= चंद्रमा; चाँद. (2) 月の神 (3)〔植〕ガガイモ科【*Asclepiadaceae*】の植物（古代インドでのバラモン教の儀式の際に興奮を起こさせるそれの搾り汁が用いられたとされる）；ソーマ (4) 同上から採れた液体を発酵させた飲料；ソーマ酒 (5) 月曜日= सोमवार. (6)〔植〕ガガイモ科低木シロバナサルコステンマ= सोमलता.

सोमग्रह [名] 月食；月蝕= सोमग्रहण; चंद्रग्रहण.

सोमज [名] 水星= बुध; बुधग्रह.

सोमदेव [名] (1)〔イ神〕ソーマ神 (2) 月；月の神

सोमनाथ [名] (1)〔地名・ヒ〕ソームナート（インド・グジャラート州サウラーシュトラ半島西海岸に位置．遺跡がありソームナート寺院が有名）；ソームナート・パータン (2) 同地のソームナート寺院に祀られているシヴァ神のリンガ像

सोमपान [名] ソーマの搾り汁を飲むこと→ सोम. उन दिनों सोमपान किया जाता था 当時ソーマが飲まれていた

सोमरस [名] ソーマ草の搾った汁→ सोम.

सोमराजी [名*]〔植〕キク科草本サニギク= सितावरी.【*Vernonia anthelmitica*】

सोमलता [名*]〔植〕ガガイモ科低木シロバナサルコステンマ【*Sarcostemma acidum*】

सोमवंश [名]〔イ神〕クシャトリヤの一種族．月種族（クリシュナやバララーマなどのヤーダヴァ यादव がこれに属するとされる）= चंद्रवंश. → सूर्यवंश.

सोमवल्लरी [名*] ブラフマー神

सोमवल्ली [名*] (1)〔植〕ツヅラフジ科蔓木【*Tinospora sinensis*】= गिलोय. (2)〔植〕ツヅラフジ科蔓木【*T.malabarica*】= सोमराजी.

सोमवार [名] 月曜日

सोमवारी [形] 月曜日の；月曜日ごとの

सोमालक [名] トパーズ

सोमालिया 〔国名〕《E. Somalia》ソマリア

सोमाली 〔国名〕《← E. Somali land》ソマリア〈Somalia〉

सोया[1] [名]〔植〕セリ科草本イノンド；ディル = सोआ.〈dill〉

सोया[2] [名]《E. soya; soyabean》大豆 = भटमास.

सोया तेल [名]《E. soya + H.तेल》大豆油

सोयाबीन [名]《E. soyabean》ダイズ（大豆）= भटमास.〈soya; soybean〉 **सोयाबीन का दूध** 豆乳

सोयासॉस [名]《E. soya sauce》しょうゆ（醤油）〈soy; soy sauce〉

सोरगम [名]《E. sorghum》〔植〕イネ科モロコシ；ソルガム

सोरठा [名]〔韻〕ソーラター（ドーハー दोहा の場合とは逆に第1，第3パーダが11マートラー，第2，第4パーダが13マートラーのモーラ韻律詩．偶数パーダでの जगण は禁じられる）

सोरनी [名*] (1) 箒= झाड़ू; बुहारी. (2)〔ヒ〕火葬の3日目に遺骨，遺灰を川などの水に流す儀礼

सोरही [名*] (1) 賭博に用いる16個のコヤスガイ（子安貝）のセット (2) 16個のコヤスガイを用いて行われる賭博 (3) 刈り取った麦や稲の16束を1つに束ねたもの

सोराई [名*]〔鳥〕ムクドリ科インドハッカ= किलहँटा.

सोराना [自] 蒔いた種が根を出す

सोलंकी [名]〔イ史〕ソーランキー王朝

सोल एजेंट [名]《E. sole agent》一手販売人= एकमात्र वितरक.

सोल एजेंसी [名*]《E. sole agency》一手販売店

सोलह [数] 16 सोलहवाँ 第16の；16番目の **सोलह आने** *a.* 16アンナ（＝1ルピー）*b.* 完全に；全く= पूरी तौर से. तुम्हारा तो सोलह आने हक़ है 君には完全に権利がある **सोलह कलापूर्ण चंद्र** 満月 सोलह कलापूर्ण चंद्र-सी रूपवती राजकुमारी 満月のように光り輝く美しい王女 **सोलह सोलह गंडे सुनाना** 激しくののしる **सोलहों आने** 100％；完全に；全く **सोलहों कला से** 完全に；全く आकाश के बीचों बीच चंद्रमा अपनी सोलहों कला से चमक रहा था 天空の真ん中に満月が煌々と光っていた

सोलह सिंगार [名] 女性の装身・化粧法の一切

सोला [名]〔植〕マメ科灌木性草本クサネム【*Aeschynomene aspera*】

सोला हैट [名]《H.+ E. hat》ソーラーハット（クサネムの枝の芯でこしらえた帽子）

सोल्डर [名]《E. solder》はんだ；しろめ

सोवियत [名]《E. Soviet》(1) ソヴィエト；ソビエト (2)〔史〕ソヴィエト社会主義共和国連邦；ソ連邦；ソ連 सोवियत राष्ट्रपति 全ソヴィエト最高会議議長

सोवियत रूस [名]《E. Soviet + P. روس》ソヴィエトロシア；ソ連

सोवियत संघ [名] ソヴィエト連邦〈Soviet Union〉

सोवियत समाजवादी जनतंत्र संघ [名] ソヴィエト社会主義共和国連邦〈Union of Soviet Socialist Republics〉

सोशल [形]《E. social》(1) 社会の= समाज का; सामाजिक; समाज संबंधी. (2) 社交的な= मिलनसार.

सोशलिज़्म [名]《E. socialism》社会主義= समाजवाद.

सोशलिस्ट [名]《E. socialist》社会主義者= समाजवादी.

सोसन [名*]《P. سوسن सौसन》〔植〕アヤメ科アヤメ属ハナショウブ（花菖蒲）；ノハナショウブ；アイリス【*Iris ensata*】 स

सोसनी [形]《P. سوسنی सौसनी》ハナショウブの花の色の；紫色の；紫青色の

सोसाइटी [名*] = सोसायटी. 《E. society》(1) 社会= समाज. (2) 交際；社交；付き合い= संग; संगति. (3) 会；協会= सभा; समाज; संस्था.

सोस्मि [句] 《Skt.》→ सोऽहम्; सोऽहमस्मि.

सोहँगी [名*]〔ヒ〕婚約式の後行われる儀礼の一（花婿側から花嫁側に衣類，装身具，菓子，果物などが贈られる）

सोहन[1] [形] 美しい；きれいな；感じのよい；気持ちのよい

सोहन[2] [名] 美男子；男前

सोहन[3] [名]〔植〕センダン科落葉高木【*Soymida febrifuga*】〈Indian redwood〉

सोहन[4] [名*]〔鳥〕ノガン科インドオオノガン【*Choriotis nigriceps*】= सोहन-चिड़िया.

सोहनपपड़ी [名*] ソーハンパプリー（小麦粉を原料とした甘味菓子の一）

सोहन हलवा [名] ソーハン・ハルワー（ヒヨコマメの粉と砂糖を原料とした高級甘味菓子の一）= सोहन-हलुआ.

सोहना[1] [自] 似合う；映える；ぴったりする लाल चूड़ियाँ तेरे गोरे हाथों में बहुत सोहती हैं 赤いチューリーはあんたの白い手によく映えるわ बंदर के गले में मोती की माला नहीं सोहती 猿の首に真珠の首飾りは似合わないもの

सोहना[2] [他] 草抜きをする；除草する= निराना.

सोहना[3] [形+] 美しい；爽やかな

सोहनी [名*] (1) 箒= झाड़ू; बुहारी. (2) 除草；草抜き

सोहबत [名*] 《A. صحبت सुह्बत》= सुहबत. अच्छी सोहबत से दिलो जिस्म दोनों पर अच्छा असर पड़ता है 立派な人と交際すれば心身両面によい影響が現れるもの मैंने बार-बार उससे कहा कि पढ़े -लिखें और अच्छे लड़कों की सोहबत रखें 勉強をし立派な友達と交際を保つようにと彼に何度も話した

सोहबती [形] 《صحبتی ← A. صحبت सुह्बत》= सुहबती.

सोहम् [句]〔イ哲〕「そは我なり」→ सोऽहम्.

सोहमस्मि [句]〔イ哲〕「そは我なり」= सोऽहमस्मि.

सोहर[1] [名] (1)〔ヒ〕男児出産の祝い歌；ソーハル (2)〔ヒ〕結婚式の祝い歌

सोहर[2] [名*] 産室= सूतिकागृह; सौरी; जचाख़ाना.

सोहर[3] [名*] (1) 船底 (2) 船の帆綱

सोहला [名] (1)〔ヒ〕男児出生の祝い歌 (2)〔ヒ〕祝い歌 (3)〔ヒ〕祈祷歌

सोहागा[1] [名] (1)〔ヒ〕夫が存命している幸福 सुहाग/सोहाग を表すスハーグ（ソーハーグ）のチューリー（手首飾り） (2) 祝い歌 → सुहाग.

सोहागा[2] [名] → सुहागा.

सोहागा[3] [名] → हेंगा.

सोहागिन [名*] = सुहागिन.

सोहागिल [名*] = सुहागिन.

सोहाना[1] [自] (1) 映える= शोभित हो॰; शोभा दे॰. (2) 気に入る = रुचना; अच्छा लगना.

सोहाना[2] [形] 楽しく感じられる；心地よい；気持ちよく感じられる

सोहिल [名] 《A. سہیل सुहैल》〔天〕カノープス〈Canopus〉

सौंड़ [名] 布団；掛け布団

सौंतुख [副] (1) 目前に；目の前に (2) 前に

सौंदर्य [名] (1) 美しさ प्राकृतिक सौंदर्य 自然の美しさ (2) 魅力 **सौंदर्य प्रतियोगिता** 美人コンテスト **सौंदर्य प्रसाधन** 化粧品

सौंदर्यता [名*] ←सौंदर्य. 美しさ；美= सुंदरता.

सौंदर्य-प्रसाधन [名] 化粧品〈cosmetics〉

सौंदर्यवाद [名]〔文芸・芸・哲〕唯美主義〈aestheticism〉

सौंदर्य विशेषज्ञ [名] 美容専門家

सौंदर्य शास्त्र [名] 美学〈aesthetics〉

सौंदर्यानुभूति [名*] 美的感覚；美意識 धर्म ने कलाओं, साहित्य तथा सौंदर्यानुभूति को प्रोत्साहित किया है 宗教が芸術，文学，それに美意識を高めてきている

सौंदी चावल [名]〔植〕赤米のとれるイネの一品種

सौंपना [他] (1) 譲り渡す；委譲する；譲る ब्रिटिश सरकार द्वारा भारत सरकार को सत्ता सौंपी गई イギリス政府によってインド政府に権力が譲り渡された (2) 委ねる；委託する；委嘱する；任せる मुझे कार्यभार सौंप दीजिए 責務を私に委ねて下さい शरीर सौंपना 身を任せる बेटे को मैं तेरे हाथ में सौंप रही हूँ 子供をお前に委ねる (3) 明け渡す

सौंफ [名*] (1)〔植〕セリ科アニス【*Pimpinella anisum*】= शतपुष्पा. (2) アニスの実

सौंफिया [名*] アニスオイルで風味づけされたアルコール性飲料

सौंर [名]〔ヒ〕産後 10 日目に出産の穢れの明けたしるしに割られる素焼きの壷やかめ

सौंह [名*] 誓い；誓約 **सौंह खाना** 誓う；誓いを立てる **सौंह दे॰** 約束する **सौंह ले॰** 約束させる；誓わせる

सौ [数] (1) 百；100 = शत; सद. सौवाँ 100 番目の；第 100 の (2) 多数の；数え切れないほどの；一杯の **सौ क़दम आगे रहना** 先んじる；凌ぐ **सौ क़साई का एक क़साई** 情け容赦のない；無慈悲な **सौ का सवाया** 2 割 5 分の儲け **सौ की एक** 要約；要点；つまり= सौ की सीधी एक. **सौ कोस भागना** 全く近寄らないようにする **सौ घड़े पानी पड़ना** 赤恥をかく；大恥をかく **सौ जनम न हो॰** 絶対にできない **सौ जान से क़ुरबान हो॰** = सौ जान से मरना. मेरे इस उत्तर पर प्रसाद थे सौ जान से क़ुरबान! 私のこの返事にプラサードは大喜びした **सौ जान से निछावर हो॰** = सौ जान से क़ुरबान हो॰. पत्नी इस धमाचौकड़ी पर सौ जान से निछावर हुई जा रही है 妻はこの大騒ぎにますます有頂天になって行く (-पर) **सौ जान से मरना** (ーが)大好きになる；(ーを) 大変好む；(ーに) 惚れ込む；首っ丈になる हम लोग उनपर सौ जान से मरते हैं 私たちはそれらが大好きだ **सौ जूते पड़ना पर एक गिना जा॰** *a.* 激しく殴打される *b.* ひどい侮辱を受ける **सौ दफ़ा ग़रज़ हो तो** やむを得なければ **सौ दिल से** 心底から；真剣に **सौ नकटों में एक नाक वाला नक्कू**〔諺〕恥知らずの大勢いるところでは正常な人が恥をかくことになる **सौ पानी के धोये** 大変清らかな；全くやましいところのない **सौ पैसे भर** 完全に；全く **सौ फ़ी सदी** 完全に；100 % **सौ बरस बाद घूरे के दिन भी फिरते हैं**〔諺〕だれにもいつかは調子のよい時がめぐって来るものだ；だれでもいつか日の目を見ることがあるもの **सौ बात का एक बतंगड़** つまり；詰まるところ；要約すれば；早い話= सौ की एक बात; सौ बात की एक बात. **सौ बातें सुनाना** 激しくののしる **सौ बिस्से** 全く；完全に **सौ मारना और निन्यानबे भूल जा॰** さんざんな目に遭わせる **सौ सुनार की एक लुहार की**〔諺〕弱者は強者の比ではない；一打一撃で相手をやっつけるたとえ **सौ सौ चूहा खाकर बिल्ली हज करने चलना** 悪事の限りを尽くした人が殊勝なことをしようとするたとえ **सौ सौ बार** 幾度も幾度も；数え切れないほど繰り返して **सौ सौ मुँह से प्रशंसा क॰** 褒めそやす

सौकन [名*] 同時に夫を共有する妻同士= सौत.

सौकुमार्य [名] ←सुकुमार. (1) 繊細さ (2)〔修辞〕巧みに用いられた語の素晴らしい音の連結によって生み出される柔らかさ（カーヴィヤ・グナ काव्यगुण の一）

सौख्य [名] 幸福；安寧；安楽；慰安

सौगंद [名*] 《P. سوگند》誓い；誓約= शपथ; क़सम. **सौगंद खाना** 誓う；誓いを立てる

सौगंध[1] [名] (1) 香水，香油などを商う商人 (2) 芳香= सुगंध; ख़ुशबू.

सौगंध[2] [名*] = सौगंद.

सौग़ात [名*] 《T. سوغات》(1) みやげ（土産）= भेंट; उपहार; नज़र. वहाँ से मेरे लिए भी कुछ सौग़ात लाइएगा न? そこから私に何か土産を買って来て下さるでしょうね (2) 贈り物；プレゼント **सौग़ात दे॰**; 贈り物をする；プレゼントをする मैं प्रत्येक के जन्मदिन पर सौग़ात देती हूँ だれの誕生日にも贈り物をする

सौग़ाती [形] 《T. سوغاتی ← سوغات सौग़ात》(1) 贈り物になる；贈り物の価値のある (2) 立派な；上等の= बढ़िया; उम्दा.

सौज [形] 強力な；力強い

सौजन्य [名] (1) 好意；親切；善意 भारतीय पुरातत्त्व सर्वेक्षण के सौजन्य से（資料や写真などが）インド考古学局の好意（提供）による (2) 寛容さ；寛大さ उन्हें सरकार ने मुक्त कर अपने सौजन्य का ढिंढोरा भी पीटा 同氏を釈放して政府は寛大さを喧伝した (3) 同情；情け (4) 友情

सौड़ [名] = सौंड़.

सौड़ी [名*] 防寒用衣料にもなるキルトの布団= लिहाफ़; रज़ाई.

सौत [名*]（妻にとって）現在の夫の自分以外の妻= सपत्नी; सौकन.

सौतन [名*] = सौत.

सौतापा [名] (1) 同時に同一夫を持つ妻同士の関係 (2) 同上の関係に見られる嫉妬心

सौतिन [名*] → सौत.

सौतिया [形] 夫の自分以外の妻（सौत）の；共通の夫を持つ女性の **सौतिया डाह** *a.* そのような関係にある女性同士の嫉妬（心）*b.* 激しい憎しみ；深い憎悪

सौतेला [形⁺] (1) 母親の異なる；異母関係の मैं दुर्गादास का सौतेला भाई हूँ 私はドゥルガーダースの異母弟です **सौतेला बच्चा** 継子 **सौतेली माँ** 継母 (2) 継子扱いの；水臭い関係の；対応の冷たい सौतेला व्यवहार मिलना 継子扱いを受ける इस प्रदेश के साथ सचमुच सौतेला व्यवहार किया जा रहा है この州に対しては実際継子扱いがなされている उसके मुकाबले में आप हम से तो सौतेला व्यवहार करते हैं あの人に比べるとあなたは僕に対しては継子扱いをなさっているのです

सौदा[1] [名] 《P. سودا》 (1) 商品；品物 वह बाज़ार से सौदा भी लाने लगी 市場で買い物をするようにもなった (2) 取引 यह सौदा बहुत महँगा पड़ रहा है この取引はひどく高価なものについている घाटे का सौदा 損な取引 (3) 買い物；売買；商売 **सौदा पटना** 相談事や話が決着を見る **सौदा पटाना** 取引を決める；話を決める **सौदा ले॰** 買い物をする उसने मेले में हर खोंचेवाले से सौदा लेकर खाया था メーラーではどの行商人からも買って食べた

सौदा[2] [名] 《A. سودا》 (1)〔医〕鬱病 (2) 狂気= विक्षेप; पागलपन.

सौदाई [形] 《A.P. سودائی》 (1)〔医〕鬱病の (2) ふさぎ込んだ (3) 狂気の

सौदागर [名] 《P. سوداگر》 商人= व्यापारी; रोज़गारी. **सौदागर बच्चा** 世襲の商人

सौदागरी [名*] 《P. سوداگری》 商売；商い；取引；売買= व्यापार; वाणिज्य; तिजारत.

सौदामनी [名*] 雷；稲妻= सौदामिनी; बिजली.

सौदायिक [名] (1)〔ヒ〕結婚式の際，花嫁が親や親戚からもらう金子 (2)〔ヒ〕その際，花嫁に贈られる贈り物

सौदा-सुलफ़ [名] 《P.A. سودا سلف》 (1) 商品 (2) 買い物 इस दिन मज़दूर पास की हाट से हफ़्ते भर की सौदा-सुलफ़ खरीदते この日労務者たちは近くの市場で 1 週間分の買い物をする

सौदेबाज़ [形] 《P. سودے باز》 (1) 値段の交渉をする；値切る (2) 駆け引きをする；取引をする

सौदेबाज़ी [名*] 《P. سودے بازی》 (1) 値段の交渉；値段の駆け引き；値切り व्यापारी वर्ग ने सौदेबाज़ी को व्यापार का अभिन्न अंग बना लिया हो 商人たちは値段の交渉を商売の不可分のものとしているかのようである आज विवाह विवाह न होकर सौदेबाज़ी हो गया है 今や結婚は結婚ではなく値段の交渉になってしまっている (2) 駆け引き；取引；裏取引 इस कारण हमें उस देश की सरकार से उम्मीद नहीं करनी चाहिए कि वह इन माँगों पर तमिलों के साथ सौदेबाज़ी करे だから我々はその国の政府がこれらの要求についてタミル人との間に取引をするものと期待してはならない

सौध[1] [形] 水漆喰を塗った

सौध[2] [名] (1) 豪邸；大邸宅= भवन; महल; अट्टालिका. (2) 宮廷= राज- प्रासाद; राजमहल. (3) 銀= चाँदी; रजत.

सौन [名] 屠畜者；食肉処理に携わる人；肉屋= क़साई; बूचड़.

सौबिगा [名]〔鳥〕コノハドリ科フタオビヒメコノハドリ【*Aegithina tiphia*】

सौभग [名] (1) 幸運= सौभाग्य; खुशकिस्मती. (2) 幸福= सुख; आनंद. (3) 富= धन-दौलत.

सौभागिनी [名*] 夫が存命の女性= सधवा-स्त्री; सोहागिन.

सौभाग्य [名] (1) 幸運= खुशकिस्मती. आप लोगों की सेवा करना हमारा सौभाग्य है お世話させて頂くのは手前どもの幸運でございます (2) 幸せなこと= सुख; आनंद. (3) 夫が存命であること= सुहाग; अहिवात. **सौभाग्य से** 運良く= खुशकिस्मती से.

सौभाग्य चिह्न [名] 夫が存命である幸運のしるし→ शीशफूल.

सौभाग्यवती[1] [名*] (1) 夫が存命の女性 (2) 幸運な女性

सौभाग्यवती[2] [形*] 夫が存命の（女性）= सधवा; सुहागिन.

सौभाग्यवान् [形] 運に恵まれた；幸運な= खुशकिस्मत; खुशनसीब; सौभाग्यवती.

सौभाग्यशाली [形] 幸運な；運に恵まれた= खुशकिस्मत; किस्मतवाला; सौभाग्यशालिनी.

सौमनस[1] [形] (1) 花の= फूलों का. (2) 花でこしらえた= फूलों का बना. (3) 花のような；花のように美しい；花のようにきゃしゃな= फूल जैसा; कोमल.

सौमनस[2] [名] (1) 喜び= आनंद; आह्लाद. (2) 好意；情け= अनुग्रह.

सौमनस्य [名] (1) 喜び= आनंद; प्रसन्नता. (2) 善意；好意= अनुग्रह.

सौमिक [形] (1) ソーマ（सोम）の (2) 月の

सौम्य [形] (1) 優しい；思いやりのある सौम्य व्यवहार 優しい態度 (2) 穏やかな；落ち着きのある；沈着な (3) 上品な；気品のある सौम्य रूप 上品な姿；気品のある姿 उनके सौम्य रूप और मधुर वाणी से वह बहुत प्रभावित हुआ 氏の上品な姿と甘美な声にとても強い感動を受けた

सौम्यता [名*] ← सौम्य.

सौर[1] [形] (1) 太陽の (2) 太陽による；太陽から生じる

सौर[2] [名*] 産室= ज़च्चाखाना; सूतिकागृह.

सौर ऊर्जा [名*] 太陽エネルギー **सौर ऊर्जा यंत्र** ソーラーエネルギー機器；ソーラーシステム सौर ऊर्जा यंत्रों का प्रयोग करने के लिए ソーラーシステムを使用するために

सौर कैलेंडर [名] 《H.+ E. calendar》 太陽暦〈solar calender〉

सौर जगत् [名]〔天〕太陽系

सौर ज्वाला [名*]〔天〕（太陽の）紅炎

सौर दिन [名]〔天〕太陽日= सावन-दिन.

सौर परिवार [名]〔天〕太陽系〈solar system〉

सौर पवन [名]〔天〕太陽風= सौर हवाएँ.

सौर बैटरी [名*] 《H. + E. battery》 太陽電池

सौरभ [名] 芳香= सुगंध; खुशबू.

सौरभीला [形⁺] 芳香に満ちた आके पूरा सदन उसने सौरभीला बनाया あの人はやって来ると家中を匂い立たせた

सौरमंडल [名] 太陽系

सौरमास [名] 太陽月（恒星年を 12 等分したもの．太陽が黄道十二宮 राशि のそれぞれにとどまる期間）〈solar month〉

सौर वर्ष [名] 太陽年（太陽が黄道第 1 の白羊宮メーシャ मेष に入ってから回帰して再び白羊宮に入るまでの時間）〈solar year〉 सौर वर्ष 365 दिन का माना जाता है 太陽年は 365 日とされる

सौर विकिरण [名] 太陽放射〈solar radiation〉

सौर संग्राहक [名] 太陽電池〈solar battery〉

सौर हवा (हवाएँ) [名*]〔天〕太陽風〈solar wind〉

सौराष्ट्र 〔地名〕サウラーシュトラ（グジャラート州西南部地域）

सौरी[1] [名*] 産室= सूतिकागृह. **सौरी कमाना** 産婦の世話をする

सौरी[2] [感] 《E. sorry》 失礼（しました）；ごめんなさい（御免なさい）；ソリー सौरी बोलो ごめんなさいと言いなさい；謝りなさい

सौर्य [形] 太陽の= सूर्य का.

सौवर्ण[1] [形] ← सुवर्ण. (1) 金の (2) 金製の

सौवर्ण[2] [名] (1) 金 (2) 金の重量単位= 1 कर्ष; 16 माशे.

सौष्ठव [名] (1) 上品さ；気品 परंतु अपनी प्राकृतिक सुंदरता, सहज स्वभाव, सरल व्यवहार एवं सौष्ठव के कारण लोकप्रिय है 飾らない美しさ，気取りのない性格，自然な振る舞い，それに気品のために人気がある (2) 美しさ साहित्यिक सौष्ठव 文学的な美しさ **शरीर सौष्ठव स्पर्द्धा** 肉体美コンテスト= शरीर सौष्ठव प्रतियोगिता.

सौसन [名] 《P. سوسن》 → सोसन.

सौसनी [形] 《P. سوسنی》 → सोसनी.

सौहार्द [名] (1) 友愛；友情= मित्रता; मैत्री. (2) 親愛；親しみ दोनों पक्षों में परस्पर सौहार्द स्थापित हो जाता है 両者の間に親しみがわく (3) 誠実さ= सद्भावना.

सौहार्दपूर्ण [形] 親しみのこもった；親密な；友愛に満ちた अपने ख़रीदारों के साथ सौहार्दपूर्ण व्यवहार, मेहनत और ईमानदारी 客に対する親密な振る舞い，努力と誠実さ सौहार्दपूर्ण परंपरा 好意的な関係の伝統

सौहृद [名] (1) 友愛；友情 (2) 友；朋友

स्कंक [名] 《E. skunk》〔動〕イタチ科スカンク

स्कंद [名]〔イ神〕軍神スカンダ（シヴァとパールヴァティーの息子ともされる）；カールティケーヤ神 कार्तिकेय

स्कंद गुप्त 〔人名・イ史〕スカンダ・グプタ（グプタ朝第 5 代の王．在位 Ca. 455–470）

स्कंदपुराण [名]〔ヒ〕スカンダ・プラーナ（18 マハープラーナ聖典の一）

स्कंध [名] (1) 肩= कंधा. (2) 樹幹の枝の出た部分= कांड; प्रकांड. (3) 樹木の枝= शाखा; डाल. (4)〔建〕袖；翼 (5)〔軍〕師団
स्कर्ट [名*]《E. skirt》スカート
स्कर्वी [名*]《E. scurvy》〔医〕壊血病
स्काई-लाइट [名*]《E. sky light》天窓= रोशनदान.
स्काउट [名]《E. scout》(1) ボーイスカウトの隊員= बालचर. (2) ボーイスカウト〈Boy Scouts〉 स्काउट की उस दिन वाली आउटिंग ボーイスカウトのあの日の遠出 स्काउट बालिका ガールスカウトの隊員
स्काउटिंग [名]《E. scouting》少年団活動
स्काटलैंड〔地名〕《E. Scotland》スコットランド स्काटलैंड ने स्वीडन को 2-1 से पीट दिया スコットランドがスウェーデンを２－１で敗った
स्काटलैंड यार्ड [名]《E. Scotland Yard》ロンドン警視庁
स्कार्फ़ [名]《E. scarf》スカーフ
स्कालर [名]《E. scholar》(1) 学生= छात्र. (2) 給費生 (3) 学者= विद्वान; पंडित.
स्कॉलरशिप [名]《E. scholarship》奨学金；育英資金= छात्रवृत्ति; वजीफ़ा.
स्किन केअर [名]《E. skin care》スキンケア；肌の手入れ
स्की [名*]《E. ski》スキー（板）= इस्की.
स्कीइंग [名]《E. sking》〔ス〕スキー इस मैदान में स्कीइंग खेला जा रहा है この野原ではスキーが行われている स्कीइंग-प्रेमी スキー愛好者
स्कीइंग ढलान [名*] ゲレンデ
स्कीइंग स्थल [名] スキー場
स्कीट [名]《E. skeet》〔ス〕スキート；トラップ射撃= निशानेबाज़ी.
स्कीम [名*]《E. scheme》計画；案；事業計画= योजना. स्कीमें खटाई में पड़ना 計画が宙に浮く
स्की स्लोप [名]《E. ski slope》ゲレンデ
स्कूटर [名]《E. scooter》(1) スクーター (2) オートリキシャ= स्कूटर रिक्शा. स्कूटर रिक्शा 三輪もしくは四輪の賃走オートバイ；オートリキシャ स्कूटरवाला オートリキシャの運転手
स्कूप [名]《E. scoop》スクープ；特種（記事） स्कूप नहीं मिला 特種は見つからなかった
स्कूल [名] (1) 学校 (2) 授業 (3)（学問や絵画など芸術の）派；流れ；流派；学派 बंगाल स्कूल के जनक अवनींद्र नाथ ठाकुर ベンガル派を興したオボニンドロナト・タークル (1871–1951) स्कूल-कालेज 小学校から大学までの学校 **स्कूल का काम** 宿題= होमवर्क; गृहकार्य. **स्कूल की छुट्टी के बाद** 放課後に **स्कूल जा॰** 就学している= स्कूल में पढ़ना. स्कूल में दाखिला कराना 就学させる
स्कूल इंस्पेक्टर [名]《E. school inspector》視学官
स्कूल टीचर [名]《E. school teacher》教師；教諭；教員
स्कूल बस [名*]《E. school bus》スクールバス
स्कूल बैग [名]《E. school bag》通学かばん= बस्ता; थैला.
स्कूल भवन [名] 学校の建物；校舎 उन लोगों को स्कूलभवन में शरण दी गई है その人たちは校舎に避難させられている
स्कूल लीविंग सर्टिफ़िकेट [名]《E. school leaving certificate》〔教〕卒業証書；修了証書
स्कूलिंग [名]《E. schooling》〔教〕スクーリング
स्कूली [形]《← E. school》(1) 学校の；正規の学校教育による स्कूली शिक्षा 学校教育 उनका मन स्कूली शिक्षा से उचट गया あの方は学校教育が厭になった स्कूली किताबें और कापियों का ख़रीदना कठिन होता जा रहा है 教科書やノートを買うのが段々難しくなって来ている स्कूली क्रिया-कलाप 学業 (2) 勉学する；通学する；就学する स्कूली बच्चा 生徒；学童 स्कूली बच्चे 生徒たち
स्केच [名]《E. sketch》スケッチ；点描
स्केट [名]《E. skate》〔魚〕ガンギエイ科海水魚ガンギエイ
स्केटिंग [名]《E. skating》スケート
स्केल[1] [名]《E. scale》= इस्केल. (1) 目盛り (2) 定規 (3) 縮尺 (4) 規模 (5) 段階 **स्केल आरेख** 縮尺線
स्केल[2] [名]《E. scale》(1) 鱗 (2)〔植〕芽鱗；包葉；殻
स्कोर बोर्ड [名]《E. score board》〔ス〕スコアボード फिर स्कोर बोर्ड पर उस नगर का नाम जगमगाने लगता है, जहाँ अगले खेल होंगे 次にスコアボードに次回に競技会が行われる都市（次回の開催地）の名前が輝き出す
स्कोरिंग [名]《E. scoring》〔ス〕（クリケット）得点
स्कौच [名*]《E. Scotch whisky》スコッチ・ウイスキー；スコッチ
स्क्रिप [名] = स्क्रिप्स. 《E. scrips》スクリップ（仮証券）= प्रतिभूति पत्र; पर्ची.
स्क्रिप्ट [名]《E. script》(1) 台本；脚本 (2) 手書き = पांडुलिपि. (3) 文字 = लिपि.
स्क्रिप्ट राइटर [名]《E. scriptwriter》〔映〕脚本家
स्क्रीन [名]《E. screen》スクリーン（映画やテレビ，コンピューターなどの） सिनेमा स्क्रीन 銀幕
स्क्रीन प्ले [名]《E. screen play》〔映〕映画脚本；シナリオ
स्क्रू [名]《E. screw》ねじ；ねじ釘；ボルト
स्क्रू ड्राइवर [名]《E. screw driver》ドライバー；ねじ回し
स्क्रैच [名]《E. scratch》スクラッチ（ノイズ）
स्क्रैम्बल्ड एग [名]《E. scrambled eggs》〔料〕炒り卵
स्क्रोल [名]《E. scroll》巻物
स्क्वाड [名]《E. squad》(1)〔軍〕分隊 (2) 隊；団
स्क्वाड्रन [名]《E. squadron》(1)〔軍〕騎兵大隊 (2)〔軍〕小艦隊 (3)〔軍〕飛行中隊 **बममार स्क्वाड्रन**〔軍〕爆撃中隊 **स्क्वाड्रन लीडर**〔軍〕空軍少佐；航空中隊長
स्क्वायर [名]《E. square》(1) 正方形；四角；四角形 (2) 広場；スクエア (3)（都市の）街区；スクエア (4) 直角定規；曲尺
स्क्वाश [名]《E. squash》〔ス〕スカッシュ
स्क्वेयर [名]《E. square》→ स्क्वायर.
स्क्वैड्रन [名]《E. squadron》→ स्क्वाड्रन.
स्क्वैश [名]《E. squash》〔ス〕スカッシュ स्क्वाश
स्खलन [名] (1) よろめき；動揺 (2) 間違い；しくじり；逸脱 (3) 遺精
स्खलित [形] (1) よろめいた；動揺した (2) しくじった；間違った；逸脱した (3) 遺精した
स्टंट [名]《E. stunt》(1) 離れ業；スタント स्टंट सिनेमा का नायक スタント映画の主人公 (2) 人気取り
स्टंट मैन [名]《E. stunt man》〔映〕スタントマン
स्टंप [名]《E. stamp》スタンプ；切手；印紙= स्टांप; स्टैम्प. **स्टंप ड्यूटी** 収入印紙税
स्टडी रूम [名]《E. study room》書斎；勉強部屋= अध्ययन कक्ष.
स्टम्पस [名]《E. stumps》〔ス〕クリケットのウィケット；三柱門 स्टम्पस पर रखी बेल ウィケットの上に載せられた横木
स्टरलाइज [形]《E. sterilize》殺菌した；消毒した；殺菌された；消毒された स्टरलाइज की हुई गॉज 殺菌したガーゼ= सर्जिकल पट्टी. स्टरलाइज क॰ 消毒する= निर्जर्मित क॰; रोगाणुरहित क॰.
स्टरलाइजेशन [名]《E. sterilization》〔医〕消毒= निर्जर्मीकरण; रोगाणुनाशन.
स्टांप [名]《E. stamp》(1) スタンプ；印章；刻印 (2) 切手 (3) 印紙；収入印紙 इंडियन स्टांप एक्ट インド収入印紙法
स्टाइरीन [名]《E. styrene》〔化〕スチレン
स्टाइल [名*]《E. style》スタイル
स्टॉक [名]《E. stock》(1) 蓄え；貯蔵 हमारे पास कविताओं का स्टॉक बहुत था 詠んだ詩をうんとためてあったんだ (2) 在庫品 (3) 株= शेयर. **स्टॉक ले॰** 在庫調べをする；棚卸しをする
स्टॉक एक्सचेंज [名]《E. stock exchange》株式取引所；証券取引所 बंबई स्टॉक एक्सचेंज ボンベイ（ムンバイ）株式取引所
स्टॉक बाज़ार [名] = स्टॉक मार्किट. (1) 株式市場= शेयर बाज़ार. (2) 株の売買
स्टॉक मार्किट [名]《E. stock market》株式市場= शेयर बाज़ार.
स्टॉकिस्ट [名]《E. stockist》= थोक व्यापारी. 仕入れ業者；ストッキスト；卸業者；卸商 उसके एजेंट व स्टॉकिस्ट प्रायः सभी बड़े शहरों में है そこのエージェントとストッキストはほぼ全ての大都市にいる
स्टॉप [名] = स्टॉप《E. stop》(1) 停止；終止；ストップ (2) 停留所；停車場 दिल्ली गेट के स्टॉप तक デリーゲートの停留所で
स्टॉप लाइट्स [名*]《E. stop lights》(1) ストップライト；ブレーキランプ (2) 交通の停止信号
स्टॉप वॉच [名]《E. stop watch》ストップウオッチ
स्टॉफ़ [名]《E. staff》(1) 職員；スタッフ= कर्मचारीवृंद. (2)〔軍〕参謀；幕僚

स्टार [名] 《E. star》(1) 星= तारा; सितारा. (2) 星形のもの；星印 (3) スター；花形；人気者
स्टारडम [名] 《E. stardom》スターダム
स्टारफ़िश [名*] 《E. starfish》〔動〕棘皮動物ヒトデ
स्टार वर्ग [名] 《E. star class》〔ス〕スター級（ヨット）
स्टार वार्स [名] 《E. star wars》(1) 宇宙戦争 (2) 戦略防衛構想；SDI = अंतरिक्ष युद्ध परियोजना.
स्टार्च [名] 《E. starch》(1) 澱粉 हाई स्टार्च मक्का 澱粉質の高いトウモロコシ (2) 洗濯糊
स्टार्ट [名・形] 《E. start》(1) スタート（した）；出発（した） स्टार्ट क。 スタートさせる；発車させる कार स्टार्ट कर आगे बढ़ गए 発車させて前進した तुमने मोटर साइकिल स्टार्ट कर दी オートバイを発車させた स्टार्ट हो。 スタートする；発車する कार स्टार्ट हुई 車は発車した (2) 開始（した）；始まった；始まり (-) स्टार्ट हो。 （ーが）始動する；始まる；開始される
स्टार्टर्स [名] 《E. starters》始動機；起動器
स्टार्ट वार्ता [名*] 《E. START》戦略兵器削減交渉
स्टाल [名] 《E. stall》(1) 売店；露店；屋台店 (2) 新聞雑誌等販売店
स्टिक [名] 《E. stick》(1) ステッキ (2)〔ス〕スティック हॉकी स्टिक ホッケーのスティック
स्टिच [名] 《E. stitch》(1)〔手芸〕ステッチ (2) 縫合 स्टिच क。 縫合する स्टिच ले。 縫い合わせてもらう अगर होंठ ज़रा-सा ज़्यादा फट जाता तो स्टिच लेने पड़ते もしも唇が少しでも大きく裂けたら縫合しなければならない
स्टियरिंग [名*] 《E. steering wheel》自動車の方向変換装置；ステアリング；自動車のハンドル= स्टियरिंगह्वील. स्टियरिंग घुमाना ハンドルを回す
स्टिल लाइफ़ [名] 《E. still-life》静物（画や写真）；スチール
स्टीच [名] 《E. stitch》ステッチ；縫い目；縫い方= स्टिच; इस्टिच. चेन स्टीच チェーンステッチ
स्टीपल चेज़ [名*] 《E. steeple chase》(1)〔ス〕障害物競走 (2)〔ス〕障害物競馬 **स्टीपल चेज़ दौड़** 障害物競走
स्टीम [名] 《E. steam》スチーム；蒸気= इस्टीम.
स्टीम आयरन [名] 《E. steam iron》スチームアイロン= स्टीम प्रेस.
स्टीम बाथ [名] 《E. steam bath》スチームバス；蒸し風呂
स्टीमर [名] 《E. steamer》汽船；蒸気船；スチーマー
स्टीयरिंग [名*] 《E. steering》ハンドル= स्टियरिंग ह्वील. उसने स्टीयरिंग अपने हाथ में ले ली 彼自身がハンドルを握った
स्टीरिओ [名] 《E. stereo》(1) ステレオ= स्टीरियो. स्टीरिओ सिस्टम ステレオ装置 (2) ステレオ音響；立体音響
स्टीरियो [名] 《E. stereo》= स्टीरिओ.
स्टीरियो रेडियो [名] 《E. stereo radio》ステレオラジオ
स्टुडिओ [名] = स्टूडियो.
स्टूडियो [名] 《E. studio》(1) スタジオ；撮影所 हालीवुड में विशाल स्टूडियो ハリウッドの巨大なスタジオ (2) 写真館；写真屋
स्टूल [名] 《E. stool》(1) スツール कम ऊँचाई का स्टूल 低いスツール (2) 大便；便；お通じ स्टूल टेस्ट 検便
स्टे [名] 《E. stay》〔法〕延期；猶予
स्टे आर्डर [名] 《E. stay order》〔法〕延期命令 स्टे आर्डर दे。 延期命令を出す
स्टेज [名] 《E. stage》舞台；ステージ
स्टेज शो [名] 《E. stage show》ステージ・ショー
स्टेट [名] 《E. state》(1) 国；国家 (2) 州（連邦国家の） (3) 藩王国
स्टेटमेंट [名] 《E. statement》新聞発表；ステートメント
स्टेटस [名] 《E. status》地位；身分= हैसियत; स्थिति; दर्जा. अपने ही स्टेटस के लड़के से शादी करूँगी 私は自分と同じ身分の人と結婚するわ
स्टेट्स 〔国名〕《E. States; United States of America》アメリカ合衆国；アメリカ= संयुक्तराष्ट्र अमेरिका.
स्टेडियम [名] 《E. stadium》スタジアム
स्टेथस्कोप [名] 《E. stethoscope》聴診器= स्टेथास्कोप; स्टैथिस्कोप. डाक्टर ने स्टेथस्कोप लगाकर देखा 医者は聴診器で診察した
स्टेनगन [名] 《E. sten gun》ステンガン（軽機関銃）
स्टेनलेस [形] 《E. satainless》(1) 汚れのない= निष्कलंक. (2) ステンレスの；錆のつかない= जंगरोधी.
स्टेनलेस स्टील [名] 《E. stainless steel》= निष्कलंक इस्पात; जंगरोधी इस्पात. ステンレススチール；ステンレス鋼
स्टेनो [名] → स्टेनोग्राफ़र.
स्टेनोग्राफ़र [名] 《E. stenographer》速記者
स्टेपनी [名*] 《E. stepney》自動車の予備タイヤ
स्टेपलर [名] 《E. stapler》ステープラー；ホッチキス
स्टेपल रेशा [名] 《E. staple + P.ریشہ》スフ；ステープルファイバー= स्टेपिल रेशा. 〈staple fibre〉
स्टेबलाइज़र [名] 《E. stabilizer》電圧安定器 टी॰वी॰का स्टेबलाइज़र テレビ用の電圧安定器
स्टेयरिंग [名*] 《E. steering》ハンドル（自動車の）
स्टेयरिंग ह्वील [名] 《E. steering wheel》ステアリング・ホイール；ハンドル= स्टीयरिंग. स्टेयरिंग ह्वील घुमाना ハンドルを回す
स्टेरॉयड [名] 《E. steroid》〔生化〕ステロイド
स्टेशन [名] 《E. station》(1) 鉄道駅；停留所；ステーション= इस्टेशन. (2) 署；部署；駐留場所；詰め所
स्टेशन वैगन [名] 《E. station wagon》ステーションワゴン
स्टेशनरी [名*] 《E. stationery》文房具= लेखन सामग्री. स्टेशनरी की दुकान 文房具店；文房具屋
स्टैंड [名] 《E. stand》(1) スタンド；台 टेस्ट ट्यूब को स्टैंड पर ठीक से लगा दो 試験管をスタンドにきちんと立てなさい (2) タクシースタンド= टैक्सी स्टैंड. (3) 屋台店；露店
स्टैंड कालर [名] 《← E. stand-up collar》〔裁〕スタンドカラー；立ち襟 स्टैंड कालर जर्सी スタンドカラーのカーディガン
स्टैंडर्ड[1] [名] 《E. standard》標準；規準；スタンダード
स्टैंडर्ड[2] [形] 《E. standard》標準の；規準の；標準的な= मानक.
स्टैंडिंग कमिटी [名*] 《E. standing committee》常任委員会= स्थायी समिति.
स्टैंडिंग मैटर [名] 《E. standing matter》〔印〕組置き
स्टैच्यू [名] 《E. statue》像；彫像；塑像= प्रतिमा.
स्टैथिस्कोप [名] 《E. stethoscope》聴診器
स्टोइक [名] 《E. stoic》(1) ストア哲学 (2)（ストア派）禁欲主義 (3)（ストア派）禁欲主義者
स्टोक [名] 《E. stock》→ स्टॉक. दवाओं का स्टोक 薬のストック
स्टोर रूम [名] 《E. store room》物置；倉庫
स्टोरी [名*] 《E. story》(1) 話；物語 (2) 筋；筋書き；ストーリー फ़िल्म की स्टोरी 映画のストーリー अटकल स्टोरी いいかげんな話
स्टोरी राइटर [名] 《E. story writer》〔映〕シナリオライター= स्क्रिप्ट राइटर.
स्टोरेज [名] 《E. storage》メモリー；記憶装置
स्टोरेज केपेसिटी [名*] 《E. storage capacity》記憶容量（コンピュータ） ज़्यादा स्टोरेज केपेसिटी वाली हार्डडिस्क 大容量のハードディスク
स्टोव [名] 《E. stove》= इस्टोव. (1) 石油コンロなどのコンロ（焜炉） (2) ストーブ बिजली का स्टोव 電熱器；電気ストーブ
स्ट्रांग [形] 《E. strong》(1) 強い (2) 激しい (3) 味などが濃い ज़्यादा स्ट्रांग चाय 濃い目の紅茶
स्ट्रॉ [名] 《E. straw》ストロー= स्ट्रो. स्ट्रॉ का एक किनारा ストローの一端
स्ट्राइक [名] 《E. strike》(1) ストライキ= हड़ताल. (2)〔ス〕ストライク
स्ट्राइकर [名] 《E. striker》〔ス〕（サッカーの）ストライカー
स्ट्राइप्स [名] 《E. stripes》縞；縞模様 स्ट्राइप्स वाला 縞の；縞模様の
स्ट्राप [名] 《E. strap》革ひも；革帯
स्ट्रिप टीज [名] 《E. strip tease》ストリップショー
स्ट्रीट [名*] 《E. street》ストリート；街路；通り
स्ट्रेचर [名] 《E. stretcher》担架；ストレッチャー रबड़ के पहियों वाला स्ट्रेचर ゴムタイヤのついたストレッチャー
स्ट्रेट[1] [名] 《E. strait》海峡= जलडमरूमध्य.
स्ट्रेट[2] [形・副] 《E. straight》(1) 真っ直ぐな (2) 真っ直ぐに；直接に= सीधा.
स्ट्रेटजी [名] 《E. strategy》(1) 戦略；作戦計画= युद्ध कौशल. (2)〔ス〕作戦= युद्ध नीति.
स्ट्रेप्टोमाइसीन [名] 《E. streptomycin》〔薬〕ストレプトマイシン= स्ट्रेप्टोमाइसिन.
स्ट्रो [名] 《E. straw》ストロー

स्ट्रोक [名]《E. stroke》〔ス〕ストローク；打球；打法 स्ट्रोक लगाते समय 球を打つ際 कट भी एक बढ़िया स्ट्रोक है カットも立派なストロークなのです

स्तंभ [名] = स्तम्भ. (1) 柱；支柱；構築物の基礎や台になるもの टेलीविजन प्रसारण के स्तंभ テレビ塔 (2) 支えるもの；柱；支柱 भारतीय टीमों के स्तंभ インドチームの柱 भारतीय जनता पार्टी के मध्य प्रदेश के स्तंभ インド人民党のマッディヤ・プラデーシュ州の柱 **अर्ध स्तम्भ** 〔建〕付け柱；ピラスター〈pilaster〉 (3) コラム〈column〉 (4) (新聞の) 縦行；欄 (5)〔植〕茎；幹

स्तंभक [形] 止める；防ぐ；防止する

स्तंभन [名] (1) 阻止；抑止；停止= रुकावट. (2) 支え= सहारा; टेक.

स्तंभ-लेखक [名] コラムニスト〈columnist〉

स्तंभित [形] 甚だ驚いた；びっくりした；仰天した；腰の抜けた स्तंभित हो॰ 甚だ驚く；びっくりする；仰天する प्रवेश करते समय विशालता और जगह-जगह बंदूकधारी संतरियों को देखकर स्तंभित होना स्वाभाविक है 入りしなに巨大さと至るところに銃を持った番兵を見てびっくりするのは当然のことです

स्तन [名] (1) 人や動物の乳房= कुच. स्तन का कैंसर 乳がん (2) 乳首= चूचुक. **स्तन पिलाना** 乳首から乳を飲ませる；母乳を与える **स्तन पीना** 母乳を飲む

स्तन कैंसर [名]〔医〕乳がん〈breast cancer; mammary cancer〉

स्तन ग्रंथि [名*]〔解〕乳腺〈mammary gland〉

स्तनचूचुक [名] 乳首= स्तन की घुंडी; चूँची; ढेपनी.

स्तनधार [名]〔動〕哺乳動物= स्तनधारी.

स्तनधारी [名]〔動〕哺乳動物〈Mammals〉

स्तनपान [名] 乳を吸うこと स्तनपान कराना 乳を吸わせる；授乳する मैं अपने बच्चे को स्तनपान नहीं कराऊँगी 私は子供に母乳を与えないつもりです

स्तनपायक [名]〔動〕哺乳動物

स्तनपायी[1] [名]〔動〕哺乳動物〈mammal〉

स्तनपायी[2] [形] 乳房状の

स्तनाग्र [名] 乳首；乳頭 = ढेपनी; चूचुक.

स्तनी[1] [形] (1) 乳を持つ；乳房のある (2) 哺乳する **स्तनी वर्ग**哺乳綱

स्तनी[2] [名]〔動〕哺乳動物

स्तन्य [名] 乳= दूध; दुग्ध.

स्तन्यत्याग [名] 乳離れ；離乳

स्तबक [名] (1) 房；房状になったもの；束= गुच्छा. (2) 花束= गुलदस्ता.

स्तब्ध [形] (1) 茫然とした；肝がつぶれた；唖然とした= स्तंभित; जड़ीभूत. अचानक भड़क उठी इस हिंसा से स्तब्ध अध्यक्ष सदन की कार्रवाई स्थगित करके चले गए 突然起こったこの暴力行為に茫然とした議長は議事の進行を中止して退場した आनंद की यह बात सुन शीला स्तब्ध रह गई アーナンドのこの言葉を聞いてシーラーは唖然とした (2) 無感覚な (3) 麻痺した= सुन्न. (4) 動きのとまった = निश्चेष्ट; गतिहीन. (5) 息苦しい (6) 強情な= हठी. (7) 傲慢な = अभिमानी; घमंडी.

स्तब्धता [名*] ←स्तब्ध. नगर पर मरघट की-सी स्तब्धता छा जाती 街を火葬場のような息苦しさが覆う

स्तर [名] (1) 水準；標準= मानदंड; कोटि; मान. रूसी जनता का आर्थिक स्तर ロシア民衆の経済水準 गाँवों का जीवन-स्तर ऊँचा उठाने में विद्युतीकरण का महत्त्वपूर्ण स्थान है 農村の経済水準を高める上で電化が重要な位置を占める सभी कहानियाँ उच्च स्तर की थीं 短編小説はすべて高水準のものだった अपनी वेश-भूषा साफ़-सुथरी और अपने स्तर के अनुकूल रखें 服装を清潔にまた水準のものに保つこと (2) 級；クラス；等級；程度；レベル विदेश मंत्री स्तर की बैठक 外相級の会談 नर्सरी स्तर के विद्यालयों में 幼稚園クラスの学校で पंचायत समिति को खंडस्तर की पंचायत कह सकते हैं パンチャーヤット委員会をブロック（県の小単位）クラスのパンチャーヤットと呼ぶことができる रक्त में ग्लूकोज़ का स्तर 血液中のブドウ糖のレベル ग्राम सेवक गाँव के स्तर पर विकास के कार्यों में सब से अधिक मदद करता है グラーム・セーヴァク（農村活動員）は農村レベルでの振興活動に最も力を及ぼす (3) 層；階層= वर्ग; दरजा; दर्जा. समाज के सब से नीचे के स्तर पर 社会の最下層に (4) 地位 महिलाओं का स्तर सुधारने के लिए लोकसभा में प्रस्ताव 女性の地位改善のため下院での提案 (5) 規模= परिमाण; स्केल. व्यापारिक स्तर पर 営業規模で राष्ट्रीय स्तर का 国家的規模の

स्तरण [名] (1) 広げること；拡げること；開展すること (2) 敷物 (3)〔地質〕成層

स्तरिक [形] 層を成す；層状の

स्तरित [形] 層を成した

स्तरी [形] 層を成す；層状の **स्तरी कपासी मेघ** 〔気象〕層積雲〈stratocumulus cloud〉 **स्तरी मेघ** 〔気象〕層雲〈stratus cloud〉

स्तरीय [形] (1) 層になった (2) 階層化した (3) 水準の

स्तव [名] 称賛；賛美；賛嘆= स्तुति; गुणगान.

स्तवक [名] (1) 花束= गुलदस्ता. (2) 集まり；集積= समूह; ढेर. (3) 章= अध्याय; परिच्छेद.

स्तवन [名] (1) 賛辞= स्तोत्र. (2) 称賛= स्तुति.

-स्तान [接尾・名]《P. ستان》(1) 場所を表す接尾辞（हिंदोस्तान インド．なお，子音で終わる名詞に接続する際には -इस्तान となる．कब्रिस्तान 墓場）(2) 場所；所

स्तालिन 〔人名〕スターリン，ヨシフ（I.V. Stalin, 1879–1953），ソ連の政治家

स्ताव [名] (1) 称賛= स्तुति. (2) 称賛者= प्रशंसक.

स्तावक[1] [形] 称賛する；称える

स्तावक[2] [名] (1) 称賛者 (2) → बंदी.

स्तुत [形] (1) 称賛された；称えられた= प्रशंसित. (2) 流された；滴った

स्तुति [名*] (1) 称賛；賛辞 (2) 賛歌；賛美歌

स्तुत्य [形] 称賛すべき；称えられるべき= प्रशंसनीय. स्तुत्यकार्य 称賛すべき活動 नवजागरण की इस चेतना को भाषा और साहित्य से जोड़ने का स्तुत्य प्रयास 覚醒のこの意識を言葉と文学とで結びあわせる称賛すべき努力

स्तूप [名]〔仏〕仏塔；ストゥーパ；塔婆；卒塔婆

स्तूपगुफ़ा [名*] 仏教石窟；堂；洞窟寺院；窟院 अजंता की स्तूपगुफ़ा アジャンターの窟院

स्तूपी [名]〔建〕頂華（先端装飾）〈finial〉

स्तेन [名] 盗人；泥棒；盗賊= चोर; तस्कर.

स्तेय [名] 盗み；窃盗= चोरी.

स्तोता [名] 称賛者；賛美者

स्तोत्र [名] (1) 賛歌 (2) 讃美；賛歎；称賛

स्तोम [名] (1) 称賛 (2)〔ヒ〕ヴェーダ祭式のヤジュニャ（供犠）(3)〔ヒ〕ヴェーダ祭式の供犠を行う人

स्त्री[1] [名*] (1) 女性；女子= नारी; औरत. (2) 妻= पत्नी; औरत; जोरू. (3) 雌= मादा. स्त्री-शिक्षा 女子教育 स्त्री-पुरुष 男女 समाज को नुक़सान पहुँचाने वाले स्त्री-पुरुष 社会に害を及ぼす男女 स्त्री-पुलिस 婦人警官 स्त्री श्रमिक 女子労働者；婦人労働者

स्त्री[2] [名*] アイロン= इस्त्री. स्त्री क॰ アイロンかけをする राज-मिस्त्री का काम छोड़ कपड़े स्त्री करने लगा था 左官の仕事を止めて（洗濯物の）アイロンかけの仕事を始めた

स्त्रीगमन [名] 交接；性交= संभोग; मैथुन.

स्त्री जाति [名*] 女性= नारी वर्ग. → पुरुष वर्ग 男性

स्त्रीत्व [名] (1) 女性であること (2) 女性らしさ= स्त्रीपन.

स्त्रीधन [名]〔ヒ〕ストリーダナ（女性が保有を保護されて来た固有の財産．婚礼時に与えられたもの，父母や兄弟から得たもの，夫から与えられたもの，婚礼後実家から与えられたものなど）

स्त्री धर्म [名] (1) 女性の妻としての務めや本分 (2) 月経のあること；月事= रजो दर्शन.

स्त्री प्रसंग [名] 交接= मैथुन; संभोग.

स्त्री रोग [名]〔医〕婦人病 स्त्रीरोग विशेषज्ञ 婦人科医

स्त्री लिंग [名] (1)〔言〕女性〈feminine gender〉 (2) 女陰

स्त्रीसुलभ [形] 女らしい；女性らしい स्त्रीसुलभ लज्जा 女らしいはにかみ；女性らしいはにかみ

स्त्रैण [形] (1) 女性の (2) 女性のような；女性的な (3) 女性に服従した

-स्थ [接尾]（一に）位置する，ある，耽るなどの意を加える接尾辞 मध्यस्थ 中立の；中立的な

स्थगन [名] (1) 延期 (2) 休会；散会 (3) 中止；停止 अध्यक्ष शुरू में 25 मिनट के लिए कार्रवाई स्थगन की घोषणा कर बाहर चले गए 議長は最初に 25 分間の休会を宣言して退出した **स्थगन प्रस्ताव** 休会動議

स्थगन-आदेश [名]〔法〕差し止め स्थगन-आदेश याचिका 差し止め請求

स्थगित [形] (1) 延期された (2) 休会になった (3) 中止された；停止された स्थगित क॰ 延期する；中止する

स्थल [名] (1) 陸；陸地 न केवल स्थल पर अपितु समुद्र की तली में भी 陸上ばかりでなく海底にも (2) 場所；現場 आठ व्यक्तियों की स्थल पर ही मृत्यु हो गई 事故現場で 8 人が死亡した पिकनिक के लिए बड़े मनोरम स्थल ピクニック向けの景勝地 (3) 位置 (4) 部位 हृदय-स्थल 心臓部

स्थल कमल [名]〔植〕アオイ科低木フヨウ（芙蓉）【*Hibiscus mutabilis*】

स्थल कुमुद [名]〔植〕キョウチクトウ科常緑低木キョウチクトウ = कनेर.

स्थलचर [名]〔動〕陸生動物〈terrestial animal〉

स्थलपरिवहन [名] 陸上輸送

स्थलप्राणी [名] 陸生動物〈land animals〉

स्थल मार्ग [名] 陸路 स्थल मार्ग से 陸地を通って；陸路で

स्थल युद्ध [名]〔軍〕地上戦

स्थल सेना [名*] 陸軍= थल सेना.

स्थलाकृति [名*] 地勢；地形〈topography〉

स्थलाकृतिक [形] 地勢の；地形の；地形的な；地勢上の स्थलाकृतिक मानचित्र 地勢図〈topographic map〉

स्थलाकृतिक विवरण [名] 地誌= भौगोलिक विवरण.

स्थली [名*] (1) 陸；陸地= भूमि; खुश्क जमीन. (2) 場所= स्थान; जगह.

स्थलीय [形] (1) 陸上の (2) 陸生の **स्थलीय पौधे** 陸生植物 ↔ जलीय पौधे

स्थविर [名] (1)〔仏〕長老 (2)〔仏〕上座部 (3) 老人

स्थाई [形] → स्थायी.

स्थाणु [名] (1) 柱= खंभ; स्तंभ. (2) 枝が枯れ落ちてなくなった木の幹= ठूँठ; सूखा पेड़.

स्थान [名] (1) 場所；所 घर के पीछे का स्थान 家の裏手 खाली स्थान 空き地；空白の場所 (2) 関わるところ；役割として占める場所 राजनीति में धर्म का कोई स्थान नहीं होना चाहिए 政治に宗教は全く関与してはならない उसमें ऊँच-नीच के लिए कोई स्थान नहीं था そこでは身分の上下は存在しなかった (3) 位置；ポジション；立場；境遇 सरकारी नौकरियों में कुछ प्रतिशत स्थान इन जातियों के लिए सुरक्षित रखे जाते हैं 公務員職の一部はこれらのカーストに留保されている दोनों टीमों के ग्यारह-ग्यारह खिलाड़ियों ने अपना-अपना स्थान ग्रहण कर लिया है 両チームの 11 人ずつの選手は各自のポジションについた (4) 地位 समाज में सम्मानजनक स्थान 社会で尊敬される地位 (5) 議席= सीट. 5 स्थान विद्यार्थियों एवं युवकों को दिये गए हैं 5 議席が学生と青年たちに与えられている (6)（競技などの）順位 छठा स्थान 第 6 位 (7) 社；祠= थान. देवी के स्थान पर デーヴィーの社に (-का) **स्थान ग्रहण क॰** （－に）取って代わる= (-का) स्थान ले॰; (-की) जगह ले॰. आगे चलकर काव्य भाषा का स्थान भी खड़ी बोली ने ही ग्रहण कर लिया その後詩の言葉もカリーボーリーが占めた (-के) **स्थान पर** （－の）代わりに= (-की) जगह. मुझे अपनी सहेली पर क्रोध के स्थान पर तरस आने लगा 友人に怒りではなくて哀れみを感じる **स्थान प्राप्त हो॰** 地位を得る= स्थान मिलना. **स्थान बनाना** 地位を固める；足場を固める **स्थान रह जा॰** 名誉や尊厳が保たれる **स्थान ले॰** 地位に就く；就任する (-का) **स्थान ले॰** （－に）取って代わる उसका स्थान लिया उस निःस्तब्धता ने, जो तूफ़ान के बाद आती है 嵐の後に訪れる静寂が取って代わった

स्थानकवासी [名]〔ジャ〕スターナカヴァーシー（ジャイナ教白衣派の一）

स्थाननिर्धारण मैच [名]《H.+ E. match》〔ス〕順位決定戦〈play-off〉

स्थानपरिवर्तन [名] (1)〔社〕社会的移動〈social mobility〉 (2) 転移 **स्थान-परिवर्तन हो॰** 転移する

स्थानांतर [名] 転勤；転任；配置換え；配置転換 उसका स्थानांतर हो गया था 彼はすでに転勤していた（転勤になっていた） स्थानांतर किया जा॰ 転任させられる；転勤になる

स्थानांतरण [名] (1) 移転；引っ越し；転居；移住 स्थानांतरण के होने के बाद 引っ越しの後で स्थानांतरण का विरोध 移転反対 शाहदरा के उद्योगपतियों द्वारा स्थानांतरण का विरोध シャーダラーの工場主たちによる移転反対 (2) 転勤 (3) 入れ替え；入れ替わり हवा का स्थानांतरण 空気の入れ換え

स्थानांतरित [形] (1) 移転した (2) 転勤した；転勤になった (3) 入れ替わった **स्थानांतरित क॰** 移す；転勤させる；入れ替える उच्च न्यायालय को स्थानांतरित क॰ 高等裁判所を移転する **स्थानांतरित हो॰** 転勤になる；移転する；入れ替わる हम स्थानांतरित होकर यहाँ आये थे 転勤になってここにやって来た

स्थानापन्न [形] 代理の；代行の

स्थानाभाव [名] 空間や場所の不足 स्थानाभाव के कारण 場所不足のために；余白がないので उन सब बातों का विवरण स्थानाभाव से यहाँ नहीं दिया जा सकता 紙面の都合でそれらについての説明をここですることはできない

स्थानिक [形] (1) 場所の (2) 地域の；地方の

स्थानिक स्वायत्त शासन [名] 地方自治 = स्थानिक स्वशासन.〈local self-government〉

स्थानीय [形] (1) 地方の；地域の स्थानीय रुई बाज़ार 地域の綿花市場 **स्थानीय उद्योग** 地場産業 **स्थानीय निकाय** 地方自治体 **स्थानीय शासन** *a.* 地域行政；地方行政 *b.* 地方自治体 बहुत बड़े नगरों के स्थानीय शासन को नगरनिगम, महानगर पालिका अथवा कार्पोरेशन कहते हैं 大都会の地方自治体をナガル・ニガム，マハーナガルパーリカー，あるいは，コーポレーションと呼ぶ **स्थानीय स्वशासन** 地方自治 नगरों में स्थानीय स्वशासन 都市の自治 (2) 地元の；当該地域の स्थानीय सतीशचंद्र कालेज में 地元のサティーシュチャンドラ・カレッジで स्थानीय जनता 地元民；地元の人々 स्थानीय जनता का सहयोग और योगदान 地元の人たちの協力と貢献 (3) ローカル列車の；各駅停車の；普通列車の बंबई की स्थानीय रेलगाडी में ボンベイの普通列車で

स्थानीय समाचार [名] 三面記事；社会欄= समाज स्तम्भ.

स्थानीय स्वशासन [名] 地方自治= स्थानीय स्वायत्त शासन.

स्थानेश्वर 〔地名・イ史〕スターネーシュヴァラ（ハルシャヴァルダナ王が最初都したところ．現今のハリヤーナー州カルナール県に位置したとされる）；ターネーサル थानेसर

स्थापत्य [名] 建築= भवन निर्माण. स्थापत्य कला 建築術

स्थापत्यविद् [名] 建築家；建築学者

स्थापन [名] (1) 設立 (2) 確立 (3) 樹立

स्थापना [名*] (1) 設立；開設 छोटे कारखानों की स्थापना 小さな工場の設立 ग्राम पंचायतों की स्थापना 村落パンチャーヤットの設立 रामकृष्ण मिशन की स्थापना ラーマクリシュナミッションの設立 कालेजों की स्थापना カレッジの設立 (2) 確立 भारत में अंग्रेज़ी राज्य की स्थापना के बाद インドでのイギリス統治の確立後 स्वराज्य की स्थापना 自治の確立 महावीर ने जैन धर्म की स्थापना की マハーヴィーラがジャイナ教を確立した (3) 樹立 आज़ाद हिंद सरकार की स्थापना 独立インド政府の樹立

स्थापनीय [形] (1) 設立すべき；開設すべき (2) 確立すべき (3) 樹立すべき

स्थापित [形] (1) 設立された；開設された कलकत्ता विश्वविद्यालय में नृतत्त्व शास्त्र की पीठिका श्री आशुतोष मुखर्जी ने स्थापित की थी アシュトシュ・ムカルジー氏がカルカッタ大学に人類学講座を開設した (2) 確立された；建てられた **स्थापित क॰** 開く；新設する；開設する मुहल्लों में देवालय स्थापित करने का अनुरोध 地域に神社を建立するようにとの懇請 (3) 樹立された；作られた उसने पुरुषों की 200 मीटर दौड़ में नया ओलंपिक रिकार्ड स्थापित किया 彼が男子 200m 競走でオリンピック記録を樹立した शांति स्थापित क॰ 平和を樹立する आपस में मिल जुलकर सामंजस्य स्थापित करती हैं 仲良くして調和を作る (4) 安置された；祀られた स्थापित क॰ 神を祀ったり神像を安置したりする मंदिर में देवता की मूर्ति स्थापित की जाती थी 社に神像が祀られていた (5) 定められた；確定された；安定した गर्भ स्थापित हो॰ 受胎する；妊娠する

स्थायित्व [名] (1) 安定 **स्थायित्व आ॰** 安定する अफ्रीकी राजनीति में स्थायित्व आ॰ アフリカの政治の安定化 औद्योगिक संबंधों का स्थायित्व 労使関係の安定 (2) 保有；保持；持続

स्थायी [形] (1) 恒久的な；恒常的な；永久の；永続的な राज्य सभा स्थायी सदन है.इसको कभी भंग नहीं किया जाता है インドの上院は恒常的な議院でありこれが解散されることはない **स्थायी दाँत** 永久歯 हिंदू लोग विवाह को स्थायी बंधन मानते हैं ヒンドゥー教徒は結婚を永続的なつながりと考える स्थायी आवास 定住地 इस समस्या

का स्थायी समाधान この問題の恒久的な解決 स्थायी चुंबक 永久磁石 **स्थायी रूप से** 恒久的に；持続的に परंतु इस समय तक उनमें बहुत-से भारत में स्थायी रूप से बस गए थे しかしこの時までにその人たちの多くはインドに永住してしまっていた (2) 持続的な हिंदुओं की सुरक्षा की स्थायी व्यवस्था ヒンドゥー教徒保護の持続的な制度 भिखमंगा उनके यहाँ स्थायी रूप से रहने लगा 乞食はその人の家に続けて住むようになった (3) 折り返しの；繰り返される गीत की स्थायी पंक्ति 歌の折り返し；リフレーン

स्थायी आदेश [名]（議会の）議事規則〈standing orders〉

स्थायीकरण [名] (1) 恒久化 (2) 安定；安定化

स्थायीकृत [形] (1) 恒久化された (2) 安定化された

स्थायीकोष [名] 基本財産

स्थायी निधि [名*] (1) 基金 (2) 基本財産

स्थायी भाव [名]〔イ文芸〕サンスクリットの演劇論や詩論において鑑賞者が作品から感じる喜びや味わいである情調 रस の基礎となる基本的・持続的な感情；スターイー・バーヴァ（これには普通，恋愛，怒り，勇気，嫌悪，滑稽，悲しみ，驚き，恐怖，の８種が数えられるが，第９のラサ शांति रस 寂静を数えることがある．そのスターイーバーヴァは शम，もしくは，निर्वेद 鎮静とされる）

स्थायी समिति [名*] 常任委員会

स्थाल [名] (1) 鉢（食器） (2) 大きなプレート；盆 (3) 鍋

स्थाली [名*] (1) 大きなプレート (2) 皿 (3) 鍋

स्थाली पुलाक न्याय [名] (1) １つのことで全容が知れること (2) 無作為抽出法

स्थावर [形] (1) 不動の；静止した (2) 確固とした (3) 永久的な；永遠の स्थावर संपत्ति 不動産 = अचल संपत्ति.

स्थाविर [名] 老齢期；晩年= वृद्धावस्था.

स्थित [形] 位置する；所在する पार्लियामेंट स्ट्रीट स्थित रिजर्व बैंक आफ इंडिया パーリアメントストリートのインド準備銀行 उत्तरी गोलार्ध में स्थित विकसित देश 北半球に位置する先進国 मेरे घर के ठीक सामने स्थित क्वार्टर में 私の家の真ん前の官舎で शिव मंदिर में स्थित शिला लेख シヴァ寺院にある石碑 दिल्ली में यमुना तट पर स्थित विद्युत शवदाह गृह デリーのヤムナー河畔の電気火葬場

स्थितप्रज्ञ [形] 頭脳明晰な

स्थिति [名*] (1) 位置 नक्षत्रों और ग्रहों की गति और स्थिति 星座と星の動きと位置 (2) 事情；状況；情勢 पाबूजी ने स्थिति को समझा パーブージーは状況を理解した अभी वह स्थिति नहीं आई है 未だそのような状況は出現していない अंतर्राष्ट्रीय स्थितियाँ 国際情勢 हालांकि सरकारी तौर पर पूरे पंजाब में स्थिति काबू में बताई गई है 公式にはパンジャーブ全体の状況は掌握されているとのことだが युद्ध की स्थिति 戦局= हालाते जंग. बाढ़ की स्थिति बदतर हुई 洪水の状況は悪化した (3) 状態 बेहोशी की स्थिति में 失神状態で तनाव की स्थिति 緊張状態 भारत की आर्थिक स्थिति インドの経済状態 (4) 容態 रोगी की स्थिति के अनुसार 病人の容態に応じて

स्थितिज [形] (1)〔物理〕位置の；位置による；位置によって生じる स्थितिज ऊर्जा 位置エネルギー〈potential energy〉 (2) 姿勢の

स्थितिस्थापक [形] 復元する；元に戻る

स्थिति स्थापकता [名*] 復元力；復元性

स्थिर [形] (1) 不変の；恒久的な；永続的な (2) 座った；座っている；安定した；落ち着いている शराबी ने एक बार स्थिर दृष्टि से उसे देखा 酒飲みが１度据わった目で彼をじろっと見た अपनी अधिकतम चाल से कम एक स्थिर चाल पर भागता है その最高速度よりも低い安定した速度で走る चित्त स्थिर नहीं है 気持ちが落ち着いていない (3) 不動の；動かない；静止した；よどんだ इस प्रकार की काई आज भी जोहड़ों और झीलों के स्थिर जल में प्रायः उत्पन्न हो जाती है この種の水苔は今日もたいてい池や湖のよどんだ水に生じる

स्थिरचित्त [形] 精神の落ち着いた；気持ちの落ち着いた；心の安定した

स्थिरता [名*] ←स्थिर. आर्थिक स्थिरता 経済的安定 साम्राज्य की एकता और स्थिरता 帝国の統一と安定

स्थिरयौवन [形] いつまでも若々しい

स्थिरविद्युत् [名*]〔電〕静電気 स्थिरविद्युत् भारयुक्त 静電気を帯びた

स्थिर वैद्युत [形] 静電気の〈electrostatic〉

स्थिरायु [形] (1) 長寿の；長命の (2) 老いを知らない

स्थिरीकरण [名] (1) 固定 मिट्टी में नाइट्रोजन का स्थिरीकरण（植物の根の）土壌中での窒素の固定 (2) 安定化

स्थूण [名] 柱；支柱

स्थूल [形] (1) 荒い；荒っぽいもの (2) 太い；がっしりした；丸々とした पंडित जी की स्थूल काया バラモンの丸々とした体 (3) 大まかな；大ざっぱな；細やかさのない；粗雑な（感じの） हमारी स्थूल दृष्टि के लिए अगोचर 我々の大まかな目には見えない स्थूल सादृश्य 表面的な類似 (4) 大体の；概略の

स्थूलता [名*] ←स्थूल.

स्थूलबुद्धि [形] 愚かな；間抜けな

स्थूलांत्र [名]〔解〕大腸= बड़ी आँत.

स्थूलोदर [形] 太鼓腹の

स्थैतिक [形] 静的な；静止の；静止状態の स्थैतिक परीक्षण 静止状態での実験

स्नात [形] (1) 体を洗った；沐浴した；水浴びした (2)〔ヒ〕四住期（आश्रम）の規定においてヴェーダの学習を終えて学生期から次の家住期 गृहस्थाश्रम に入るための沐浴の儀礼を済ませた；学業を終えた

स्नातक [名] (1)〔ヒ〕ブラフマチャリヤ期，すなわち，学生期を終えてその儀礼の沐浴を済ませた人 (2)〔教〕学士〈graduate〉 इंजीनियरी स्नातक 工学士= प्रौद्योगिकी स्नातक.

स्नातक महाविद्यालय [名]〔教〕学部課程までのカレッジ〈degree college〉

स्नातकोत्तर [形]〔教〕大学院課程の；大学学部卒業後の〈postgraduate〉

स्नान [名] (1) 水浴び；入浴；体を洗うこと अप्सरा स्नान करने आती है アプサラーが水浴びにやって来る चारों भाइयों ने मल मलकर स्नान किया ４人の兄弟は体をごしごしこすって水浴びした काक-स्नान カラスの行水= चिड़िया-स्नान. (2) 沐浴；水で体を清めること गंगा स्नान ガンジス川での沐浴 समुद्र में स्नान 海水での沐浴 यहाँ तीर्थयात्री समुद्र की लहरों में स्नान करते हैं ここでは巡礼者たちが海水で沐浴する (3) 日光や風に当たること धूप-स्नान 日光浴

स्नानकुंड [名] 浴場；風呂場；沐浴場 मोहनजो दड़ो गढ़ की सब से प्रसिद्ध इमारत स्नान-कुंड है モヘンジョ・ダロ（モエンジョ・ダーロ）遺跡の最も有名な建造物は沐浴場である

स्नानगृह [名] 浴場；風呂場；沐浴場 नगीनों से जड़ा स्नानगृह 宝玉のはめ込まれた浴場

स्नायविक [形] (1) 靭帯の (2) 腱の (3) 神経の स्नायविक उत्तेजना 神経の興奮
〔解〕靭帯の स्नायविक उत्तेजना 靭帯の興奮

स्नायु [名] (1) 靭帯〈ligament〉(2) 腱；筋肉〈sinew〉(3) 神経〈nerve〉

स्नापन [名] (1) 沐浴させる (2) 浴びさせること

स्नापित [形] (1) 浴びさせた；水や湯を浴びさせた (2) 浄めの沐浴をさせた

स्निग्ध [形] (1) 優しい；愛情のこもった वह स्निग्ध स्वर में बोली 優しい声で言った (2) すべすべした；滑らかな स्निग्ध व कोमल गात すべすべしたきゃしゃな体 स्निग्ध त्वचा すべすべの肌 (3) 光沢のある；輝きのある

स्नुषा [名*] 息子の妻；嫁= पुत्र-वधू; बहू.

स्नेक-स्किन [名]《E. snake skin》蛇の皮；蛇革 स्नेक स्किन का पर्स 蛇革の財布

स्नेह [名] (1) 愛情 दोनों भाइयों में अत्यंत प्रगाढ़ स्नेह था ２人の兄弟の間にはとても深い愛情があった अपने माता-पिता की तरह ही सास-ससुर के प्रति अपने मन में सच्चा स्नेह तथा आदर रखें 自分の両親に対するように舅，姑に対して真の愛情と敬意を抱くこと उन्हें अपने बड़े-बूढ़ों से भरपूर स्नेह प्राप्त हुआ 目上の人たちから一杯愛情を寄せられた गुरु का अगाध स्नेह 師の奥深い愛情 (2) 油；グリース；潤滑剤 (3) すべすべしたもの (-को) **स्नेह क॰** 可愛がる；愛情をかける उनकी बड़ी बहन एक साधारण लड़के को सगे भाई की तरह स्नेह करती है あの方の姉さんは普通の男の子を実の兄弟のように可愛がっている (-से) **स्नेह जोड़ना** 親しくなる；親密になる (-को) **स्नेह दे॰**（ーに）愛情を寄せる；愛情を抱く；可愛がる छोटों को स्नेह दे॰ 年少者を可愛がる

स्नेहन [名] 滑るようなあるいはするする滑らかな状態にすること；減擦；催滑= लुब्रिकेशन. 〈lubrication〉

स्नेहपूर्वक [副] 愛情を込めて गांधीजी ने एंडरूज को स्नेहपूर्वक दीन बंधु की उपाधि प्रदान की ガンディージーはアンドリューズに愛情を込めてディーンバンドゥの称号を贈られた
स्नेहसिक्त [形] 愛情のこもった；慈愛のあふれる स्नेहसिक्त स्वर में कहना 愛情のこもった声で言う बच्चे के प्रति स्नेहसिक्त बातें 子供への愛情にあふれた言葉
स्नेहाकांक्षी [形]「(ーの) 愛情を願望する」の意であるが，書簡文で「敬具」の意味で用いられる
स्नेहाभिसिक्त [形] (1) 親愛の情に潤んだ；愛情のほとばしる स्नेहाभिसिक्त हो॰ 愛情に覆われる स्नेहाभिसिक्त कंठ से 愛情のほとばしる声で (2) 愛情の満ち溢れた
स्नेहालिंगन [名] 強い思いを込めて抱きしめること；熱烈な抱擁
स्नेहिल [形] 愛情のこもった；愛情や慈愛に満ちた मातृत्व की स्नेहिल अभिव्यक्ति 母親の愛情のこもった表現
स्नेही[1] [形] (1) 愛情の深い (2) 心温まる
स्नेही[2] [名] 友；友人；親友
स्नैक [名]《E. snack》スナック；軽食
स्नैप [名]《E. snap》〔写〕スナップ（写真）
स्पंज [名]《E. sponge》(1)〔動〕海綿動物の総称= छिद्रधारी प्राणी. (2) 海綿；スポンジ स्पंज को भिगोकर スポンジを濡らして
स्पंदन [名] (1) 震え；震動；脈動 (2) 鼓動；脈拍 (3)〔言〕ふるえ= कंपन. 〈vibration〉
स्पनर [名]《E. spanner》スパナ = स्पेनर; स्पैनर.
स्पर्द्धा [名*] (1) 競争；競り合い；対抗；競技 कल तक हुई स्पर्धाओं में 昨日までの競技で (2) 敵対；対立；対抗 देवरानी-जेठानी में स्पर्धा（兄嫁・弟嫁の）嫁同士の敵対や対立
स्पर्श [名] (1) 触れること；接触；触ること पानी स्वयं धूल के स्पर्श से मटमैला बन चुका है 水自体が土に触れて黄褐色になってしまっている (2)〔言〕閉鎖音；破裂音〈stop〉
स्पर्शक [名]〔動〕腔腸動物の触手
स्पर्शज [形] 接触によって生じる；接触性の
स्पर्शज्या [名*]〔幾〕正接= टैन्जैंट. 〈tangent〉
स्पर्शन [名] 触れること；接触
स्पर्शनीय [形] 触れることのできる；接触可能な
स्पर्शनेंद्रिय [名*] 触覚器官；皮膚；肌→ स्पर्शेंद्रिय.
स्पर्श-मणि [名] 哲学者の石；賢者の石〈philosophers' stone〉
स्पर्शरेखीय [形]〔幾〕正接の〈tangential〉
स्पर्शसंघर्षी [名]〔言〕破擦音〈affricate; semiplosive〉
स्पर्शिका [名*]〔生〕触角；触手；触毛
स्पर्शेंद्रिय [名*] 触覚；皮膚；触覚器官→ त्वगिंद्रिय; त्वचा.
स्पष्ट [形] 明白な；明確な；はっきりした स्पष्ट बात はっきりした言葉 उसमें स्पष्ट बात कहने का साहस नहीं है! あの人にははっきりとした物言いをする勇気がない **स्पष्ट कहना** きっぱりという；明言する उसने स्पष्ट कहा कि जिस घर में मेहमानों का कोई सम्मान नहीं किया जाता हो उस घर में मैं कदापि नहीं जाऊँगा あの人は客が大切にされない家には決して行かないときっぱり言った **स्पष्ट रूप से** はっきりと；明確に चेहरे पर कमज़ोरी स्पष्ट रूप से झलक रही थी 顔には衰弱の色がはっきりと覗いていた
स्पष्टतया [副] 明白に；明確に；はっきりと स्पष्टतया बतलाना はっきりと述べる；明言する
स्पष्टता [名*] 明白さ；明確さ←स्पष्ट
स्पष्टभाषी [形・名] 明言する（人）；歯に衣着せぬ（人）
स्पष्टवक्ता [名] = स्पष्टभाषी.
स्पष्टवादिनी [名*] 明言；率直さ；直言
स्पष्टवादी [形] 明言する；ずけずけ言う；率直な；歯に衣着せぬ
स्पष्टीकरण [名] (1) 解明 (2) 弁明；釈明 किसी सरकारी कर्मचारी को स्पष्टीकरण का मौका दिए बगैर उसको नौकरी से बरखास्त नहीं किया जा सकता 公務員に弁明の機会を与えずに職を奪うことはできない उन्होंने मुझसे कुछ स्पष्टीकरण माँगे थे あの方は私に少し釈明を求められた (3) 説明 इस स्पष्टीकरण से हमारी आँखें खुल गईं 私どもはこの説明で目が開かれた
स्पाइक [名]《E. spike》(1)〔ス〕（バレーボール）スパイク (2)〔ス〕靴底のスパイク
स्पाइरोगाइरा [名]《E. spirgogyra》〔生〕アオミドロ科の藻類
स्पॉट पेंटिंग [名]《E. spot painting》写生 स्पॉट पेंटिंग करते हुए बच्चे 写生をしている子供たち
स्पिन [名*]《E. spin》〔ス〕スピン स्पिन क॰ スピンする यदि वह दाएँ स्पिन कर रही हो तो उसे बाएँ झुका लेना चाहिए もし右にスピンしていればそれを左に傾けなくてはならない
स्पिरिट [名]《E. spirit》(1) 霊魂 (2) 精神；魂 (3) アルコール；酒精
स्पीकर [名]《E. speaker》(1) 話す人；話し手 (2) 演説者；弁士 (3) 議長 विधानसभा का स्पीकर 州議会議長 (4) スピーカー；拡声器
स्पीच [名]《E. speech》演説；講演；スピーチ；挨拶の言葉；辞；談話= व्याख्यान; लेक्चर; भाषण. स्पीच झाड़ना 演説をぶつ
स्पीच थेरापी [名*]《E. speech therapy》〔医〕言語セラピー
स्पीच थेरैपिस्ट [名]《E. speech therapist》〔医〕言語セラピスト；言語治療士；言語療法士
स्पीड [名*]《E. speed》スピード= रफ़्तार; वेग. गाड़ी की स्पीड 車のスピード
स्पीडब्रेकर [名]《E. speed breaker》スピードブレーカー（車のスピード制限のために住宅地や敷地内などの道路の表面にわざとつけられた起伏）
स्पीड लिमिट [名]《E. speed limit》制限速度
स्पीशीज़ [名*]《E. species》〔生〕動植物分類上の種= जाति. जहरीले सर्पों की एक स्पीशीज़ 毒蛇の一種
स्पृश [形] 触れる；触る
स्पृश्य [形] (1) 触れる；触れられる (2) 触ってもよい
स्पृष्ट [形] 触れられた；触られた
स्पृहणीय [形] 望ましい= वांछनीय.
स्पृहा [名*] 切望= अभिलाषा; इच्छा.
स्पृही [形] 切望する
स्पेन 〔国名〕《E. Spain》スペイン
स्पेनर [名]《E. spanner》スパナ= स्पैनर. **डबल एंडीड स्पेनर** 両口スパナ
स्पेयर पार्ट [名]《E. spare part(s)》スペアパーツ
स्पेशल [形]《E. special》特別の；スペシャル= इस्पेशल.
स्पेशल एडिशन [名]《E. special edition》号外；臨時号= विशेषांक.
स्पेशलिस्ट [名]《E. specialist》専門家；スペシャリスト= विशेषज्ञ. मेडिकल स्पेशलिस्ट 専門医
स्पेस [名] (1) 空間 (2) 空いている場所；空き場所；スペース (3) 宇宙
स्पेस मैन [名]《E. spaceman》宇宙飛行士
स्पेसशिप [名]《E. space ship》宇宙船；スペースシップ
स्पैनर [名]《E. spanner》スパナ
स्पैनिश[1] [名・形]《E. Spanish》(1) スペインの (2) スペイン人（の）
स्पैनिश[2] [名*]《E. Spanish》〔言〕スペイン語
स्पैनिश नृत्य [名]《← E. Spanish dance》フラメンコ・ダンス
स्पोंज [名]《E. sponge》スポンジ；海綿= इस्पोंज.
स्पोंसर [名]《E. sponsor》スポンサー；広告主= विज्ञापनदाता.
स्पोक [名]《E. spoke》車輪のや（輻）；スポーク
स्पोर्ट्स [名]《E. sports》スポーツ= खेल; खेलकूद.
स्पोर्ट्स मैन [名]《E. sports man》スポーツマン
स्पोर्ट्स शूज़ [名]《E. sports shoes》スポーツシューズ
स्पोर्ट्स सेंटर [名]《E. sports center》スポーツセンター
स्प्रिंग [名]《E. spring》(1) ばね；ぜんまい= कमानी; इस्प्रिंग. (2)〔医〕ブリッジ（義歯）
स्प्रिंगदार [形]《E. spring + P. دار》ばねのついた；スプリングのついた स्प्रिंगदार पलंग スプリングのついたベッド
स्प्रिंगबोर्ड स्पर्द्धा [名*]《E. springboard + H.》飛び板飛び込み
स्प्रिंट [名*]《E. sprint》〔ス〕スプリント；短距離競走
स्प्रे [名]《E. spray》スプレー बालों को सैट करने के बाद इस सुगंधित लोशन को केशों पर स्प्रे करें セットした後この良い香りのするローションを髪にスプレーすること
स्प्रे-कैन [名]《E. spray-can》スプレー缶
स्प्रेयर [名]《E. sprayer》スプレー；噴霧器；薬剤撒布機
स्प्लिंट [名]《E. splint》〔医〕添え木；副え木；当て木
स्प्लिंटर [名]《E. splinter》（砲弾の）破片；裂片；砕片
स्फटिक [名] 水晶；玻璃= बिल्लौर.
स्फटिकी [名*] 明礬= फिटकिरी.
स्फटित [形] 裂けた；破れた= फटा हुआ.
स्फाटक [名] 水晶= स्फटिक; बिल्लौर.

स्फाटिक[1] [形] 水晶の= स्फटिक का; बिल्लौर का.
स्फाटिक[2] [名] 水晶= बिल्लौर.
स्फार [形] (1) 大きい；巨大な= बड़ा; स्थूल. (2) 広い；広大な= विस्तृत. (3) 多くの= प्रचुर.
स्फीत [形] (1) 増大した= वर्धित. (2) ふくれた；膨張した；盛り上がった= फूला हुआ. (3) 豊かな；裕福な= प्रचुर.
स्फीति [名*]〔経〕膨張；インフレーション〈inflation〉
स्फुट [形] (1) 敗れた (2) 開いた (3) 明白な (4) 種々な；雑多な
स्फुटता [名*] ←स्फुट.
स्फुटत्व [名] = स्फुटता.
स्फुटन [名] (1) 破れること (2) 開くこと；大きくなること (3) 明白になること
स्फुटा [名*] 蛇の頭；蛇の鎌首= फन; फण.
स्फुटिका [名*] (1) 破片；断片 (2) 明礬 (3) メロンの一種→ फूट.
स्फुटित [形] (1) 破れた；裂けた (2) 開いた；大きくなった；はじけた (3) 明かされた
स्फुटी [名*] 足の裏のひび割れ= बिवाई.
स्फुटीकरण [名] 明確化
स्फुरण [名] (1) 震え (2) ぴくぴくと動くようなこまかい，あるいは，小刻みな動き (3) はつらつとした動き；躍動 मन के साथ देह में भी स्फुरण है 胸の内ばかりでなく体もはつらつとしている (4) 明るくなったりきらめくこと
स्फुरना [自] (1) 震えたりぴくぴく小刻みに動いたりする (2) きらっと光ったり明るくなる；明瞭になる (3) ふくらんだり開いたりする
स्फुरित [形] (1) 震える；小刻みに動く (2) きらりと光る；明るくなる；はっきりする (3) ぷっとふくれた；はじけるように開いた बीज जब स्फुरित होता है तब ऑक्सीजन की आवश्यकता होती है 種がふくらんだ際には酸素が必要となる
स्फुलिंग [名] 火花；火の粉= चिनगारी.
स्फुलिंगी [形] 火花の出ている；火の粉の出ている
स्फूर्ज [名] (1) 雷鳴 (2)〔イ神〕インドラ神の武器ヴァジラ（電撃，金剛杵）= वज्र. (3) 噴出
स्फूर्जन [名] (1) 雷鳴 (2)〔植〕= तेंदू.
स्फूर्त [形] (1) 震えている；震えた (2) にわかに思い出された
स्फूर्ति [名*] (1) 震えや小刻みな動き (2) 気合；熱意；気力；活気；活力；活発さ शरीर में एक नवीन स्फूर्ति, चेहरे पर सुर्खी 体には新しい活力顔には赤み काम करने की स्फूर्ति 仕事への意気込み इस प्रकार जब तरोताज़ा होकर मैं दफ़्तर पहुँचती हूँ तो मैं अपने अंदर एक नई स्फूर्ति महसूस करती हूँ こうして新鮮な気分になって職場へ行くと体の中にこれまでにない気力を感じる
स्फूर्तिदायक [形] 気分を爽快にする；爽やかな；活気をもたらす
स्फूर्तिमान् [形] (1) 気力の横溢した；活力のみなぎる（漲る） (2) はつらつとした वह जैसे क्षण भर के लिए स्फूर्तिमान हो गया 一瞬はつらつとした感じになった
स्फोट [名] (1) 爆発；噴出 (2) 吹き出物 (3)〔イ哲〕スポータ（音声と語の中にあって意味を伝達するものとされる要素；人の心の中に観念を起こさせる語の本体） (4)〔ヒ〕永遠不変常住の聖音 ओम्; ॐ
स्फोटक[1] [形] 破裂させる；爆発させる；噴出させる
स्फोटक[2] [名] 吹き出物；出来物= फोड़ा.
स्फोटन [名] (1) 破裂；爆発；噴出 (2)〔言〕破裂〈plosion〉
स्फोटवाद [名]〔イ哲〕紀元前 150 年頃のパタンジャリ（पतंजलि/पतञ्जलि）の説いた語と意味との結合関係が永遠不変であり常住であるとする語常住論；スポータヴァーダ
स्फोटवादी [名]〔イ哲〕語常住論者 ←स्फोटवाद.
स्फोटा [名*] 蛇の頭；蛇の鎌首
स्फोटिका [名*] 小さな吹き出物；出来物= फुँसी.
स्मगल [名]《E. smuggle》密輸；密輸出入= तस्करी. स्मगल की हुई चीज़ 密輸されたもの स्मगल क॰ 密輸する
स्मगलर [名]《E. smuggler》密貿易者；密輸者
स्मगलिंग [名]《E. smuggling》密輸；密輸出入= तस्कर व्यापार; तस्करी.
स्मर [名] (1) 思い出；記憶 (2) カーマ神= कामदेव.
स्मरण [名] (1) 回想；追憶 (2) 記憶 (-का) **स्मरण आ॰** (ーが) 思い出される (-) **स्मरण क॰** (ーを) 暗記する (-को =का) **स्मरण दिलाना** (ーに=を) 思い出させる；思い起こさせる (-) **स्मरण रखना** (ーを) 記憶する；記憶に留める (-का) **स्मरण रहना** (ーが) 記憶に残る
स्मरणपत्र [名] 催促状；督促状 = अनुस्मारक.〈reminder〉
स्मरणशक्ति [名*] 記憶力 कंठाग्र करने के अभ्यास से स्मरणशक्ति बढ़ती है 暗唱の訓練をすると記憶力が増す
स्मरणांजलि [名*] 追悼の言葉；追悼の辞 हिंदी के प्रति आजन्म समर्पित पूज्य आचार्य के लिए स्मरणांजलि 全生涯をヒンディー語に捧げた尊師への追悼の辞
स्मरणी [名*] 念珠= सुमिरनी.
स्मरणीय [形] 記憶すべき；記憶されるべき स्मरणीय है कि दादा के हटाये जाने के चर्चे ज़ोरों पर थे 祖父が退けられたことが盛んに噂されていたことは記憶さるべきである
स्मर्ता [形・名] 記憶している（人）；覚えている（人）
स्मशान [名] → श्मशान. 火葬場；墓場；墓地= मरघट.
स्मारक[1] [形] 記憶する；記念する
स्मारक[2] [名] (1) 記念物 (2) 記念碑；モニュメント；記念品 (3) 覚書→ यादगार; निशानी.
स्मारक-ग्रंथ [名] 記念特集号；記念誌；記念本
स्मारक दिवस [名] 記念日
स्मारिका [名*] (1) 記念物；記念品 (2) 記念誌；記念特集号
स्मार्ट [形]《E. smart》(1) ハイカラな= फ़ैशनेबल. बड़ी ही स्मार्ट किस्म की छोटी-छोटी दूकानें とてもハイカラな感じのこぢんまりした店 (2) スマートな；こざっぱりした कोई स्मार्ट युवक बड़ी अदा से किसी ब्रांड की सिगरेट पी रहा है だれかスマートな青年が偉く恰好をつけてブランドのタバコを吸っている उसकी कई अन्य सहेलियों के पति अपनी वेशभूषा से बड़े स्मार्ट नज़र आते हैं 友達の夫たちの身なりはなかなかスマートに見える (3) 気の利いた；機敏な；活発な स्मार्ट और आकर्षक व्यक्तित्व वाली लड़की 気の利いた魅力的な女の子
स्मार्त[1] [形] (1) 記憶の (2)〔ヒ〕天啓文献，あるいは，天啓聖典 श्रुति に対するスムリティ文献 स्मृति，すなわち，リシ（聖仙）の著した聖伝文献の
स्मार्त[2] [名]〔ヒ〕スマールタ派（8 世紀に不二一元論を唱えたシャンカラ शंकराचार्य を奉じる一派）
स्मालस्केल इंडस्ट्रीज़ [名]《E. smallscale industries》小企業= लघु उद्योग.
स्मित[1] [名] 微笑み；微笑= मंद हास्य; धीमी हँसी.
स्मित[2] [形] 微笑んだ；微笑した；微笑している= मुसकराया हुआ.
स्मिति [名*] (1) 微笑み；微笑= मुसकान; मंद मुसकान. (2) 嬉しさ= प्रफुल्लता; प्रसन्नता.
स्मृत [形] (1) 記憶された (2) 思い出された
स्मृति [名*] (1) 記憶；思い出 पुरानी स्मृतियाँ याद आने से 古い記憶が思い出されると बचपन की स्मृतियाँ 子供の頃の思い出；子供時分の記憶 (-की) **स्मृतियाँ सामने उतरना** (ーが) 思い出される (2) 記憶力 (3)〔ヒ〕（バラモン教，ヒンドゥー教の天啓の聖典，天啓書 श्रुति と認められてきたヴェーダに対して聖仙の著したとされる）聖伝経典，あるいは，聖伝書（二大叙事詩，プラーナ，マヌ法典などの法典類がこれに含まれる）= स्मृति ग्रंथ.
स्मृतिचिह्न [名] 思い出のもの；記念品；遺物
स्मृतिपत्र [名] (1) 覚書 (2) 催促状；督促状
स्मृति शास्त्र [名]〔ヒ〕聖伝文献= धर्म शास्त्र.
स्मृतिशेष [名] 遺物；遺品
स्मैक [名*]《E. smack》ヘロイン उनसे 203 ग्राम स्मैक बरामद की गई その男たちから 203g のヘロインが押収された
स्मैश [名]《E. smash》〔ス〕スマッシュ स्मैश क॰ スマッシュを放つ
स्यंद [名] = स्यंदन.
स्यंदन [名] (1) 漏出；浸出；滴り落ちること (2) 溶出 (3) 発汗
स्यंदनी [名*] 唾；涎
स्यंदी [形] 滴る；滴り落ちる；漏れ出る；浸出する
स्यात् [副] 恐らく；多分
स्याद्वाद [名] (1)〔ジャ〕ジャイナ教の相対主義；不定主義 (2) ジャイナ教
स्याद्वादी[1] [形] ジャイナ教の相対主義の

स्याद्वादी[2] [名] ジャイナ教の相対主義を信奉する人；ジャイナ教徒
स्याना[1] [形] = सयाना. (1) 利口な；賢い；賢明な= बुद्धिमान. (2) 狡い；狡猾な= चालाक; धूर्त. (3) 一人前の；成人した= बालिग; वयस्क.
स्याना[2] [名] (1) 老人；年寄り (2) 祈祷師；呪術師 (3) → नंबरदार.
स्यापा [名] 《← P. سیاه‌پوش सियाहपोश?》 = सियापा. (1) 哀悼 (2) 服喪；喪に服すこと (3) 親族の死に家族や親戚の女性たちが数日間毎日集まって泣き悲しむこと **स्यापा छाना** = स्यापा पड़ना. **स्यापा पड़ना** *a.* 死を悼んで泣き悲しむ；服喪の儀礼として数日の間家族や親類の女性が泣き集う（儀礼） *b.* 人気（ひとけ）が全くなくなり寂れたり荒れ果てる；廃墟と化す
स्याम[1] 〔国名〕シャム（タイ国の旧称）= श्याम; थाइ; थाइलैंड.
स्याम[2] [形] = श्याम.
स्यामी [形] ←स्याम. シャムの；タイの स्यामी जुड़वाँ シャム双生児
स्यार [名]〔動〕イヌ科ジャッカル= गीदड़; सियार.
स्याल[1] [名]〔動〕ジャッカル= गीदड़; सियार.
स्याल[2] [名] 妻の兄弟（義兄，義弟）= साला.
स्याला [名] 多いこと；過多= बहुतायत; अधिकता.
स्याली [名*] 妻の姉妹= साली.
स्याली पति [名] 妻の姉妹の夫= साढ़ू.
स्यालू [名]〔服〕オールニー = ओढ़नी.
स्याह [形] 《P. سیاه》 (1) 黒い= सियाह; काला. स्याह वर्दी 黒い制服 स्याह बाल 黒髪 (2) 黒ずんだ उसका रंग स्याह पड़ गया है वह दुबला भी हो गया है 顔の色が黒ずんでしまいやせてしまっている
स्याहगोश [名] 《P. سیاه گوش》〔動〕ネコ科カラカル；オオヤマネコ【*Felis caracal*】
स्याह ज़ीरा [名] 《P. سیاه زیره》 (1)〔植〕セリ科キャラウェー；ヒメウイキョウ【*Carum carvi*】 (2) その熟果を乾燥させたもの
स्याहदिल [形] 《P. سیاه دل》 腹黒い；ひねくれた= खोटा; दुष्ट.
स्याहपोश [形] 《P. سیاه پوش》 = सियाहपोश. 喪服を着ている；服喪中の；喪に服している
स्याहपोशी [名*] 《P. سیاه‌پوشی》 (1) 喪服を着ること (2) 喪に服すること；服喪；喪中
स्याह बंदर [名] 《P. سیاه + H.》〔動〕オナガザル科オナガザル【*Macaca silenus*】〈liontailed macaque〉
स्याहबख़्त [形] 《P. سیاه بخت》 不吉な；不運な；運の悪い；運に恵まれない
स्याह-सफ़ेद [名] 《P. سیاه سفید》 (1) 明暗 (2) 黒白 (3) 善悪 **स्याह-सफ़ेद क॰** 勝手にする；勝手に扱う；気ままに処分する；勝手なことをする
स्याहा [名] 《P. سیاہہ》 出納簿；会計簿
स्याही [名*] 《P. سیاہی》 (1) 黒；黒色 (2) 黒インク；墨汁 (3) インク；墨 काली स्याही 墨汁 लाल स्याही 赤インク स्याही की टिक्की 墨；摺墨 (4) すす；煤 तवे की स्याही 鍋の底についたすす；鍋墨 (5) 汚名；恥辱 (6) 目の周りにできる黒い隈 आँखों के नीचे गहरी स्याहियाँ, चेहरे पर झुर्रियाँ, बालों में सफ़ेदी （疲労や体力の低下で生じる）目の下の青黒い隈，顔のしわ，髪の白さ **स्याही धो दे॰** 汚名を雪ぐ **स्याही पुत जा॰** 汚名を着せられる
स्याहीचट [名] 《P. سیاہی + H.》 吸い取り紙
स्याहीचूस [名] 《P. سیاہی + H.》 吸い取り紙= स्याहीसोख.
स्याहीदान [名] 《P. سیاہی دان》 インク壷；インク入れ；墨壷
स्याहीसोख़ [名] 《P. سیاہی سوخ》 吸い取り紙= सोख़्ता; ब्लोटिंग पेपर.
स्यूत [形] (1) 織られた= बुना हुआ. (2) 縫われた= सिया हुआ.
स्यूति [名*] 縫うこと；裁縫= सीना; सीवन.
स्यूम [名] (1) 光；光線= किरण. (2) 水= जल.
स्योन [名] (1) 光；光線= किरण; रश्मि. (2) 太陽= सूर्य.
स्रंसन [名] (1) 落下 (2)〔薬〕下剤 (3) 流産= गर्भपात.
स्रंसी [形] (1) 落下する；落ちる (2) 揺れる
स्रक् [名*] (1) 花環 (2) 花冠（花でこしらえた冠）
स्रग्धरा [名*]〔韻〕スラグダラー（各パーダが मगण + रगण + भगण + नगण + यगण + यगण + यगण の 21 音節からなる音節韻律）
स्रग्वान् [形] 花環をつけた
स्रव [名] (1) 流れ (2) 垂れること (3) 尿
स्रवण [名] (1) 流れ；流れること (2) 流産
स्रवना [自] (1) 流れる (2) 落下する；落ちる；滴る；垂れる；垂れ落ちる
स्रष्टा[1] [形] 作り出す；創造する；創出する
स्रष्टा[2] [名] (1) 創造者；造物主 (2) ブラフマー神 (3) ヴィシュヌ神 (4) シヴァ神
स्रष्टता [名*] 創造；創出；製作
स्रस्त [形] (1) 落ちた；落下した (2) 弛んだ；緩んだ (3) 外れた
स्राप [名] = शाप.
स्राव [名] (1) 分泌 पाचक रस का स्राव 消化液の分泌 (2) 分泌物 (3) 流産 (4) 樹液；樹脂
स्रावक [形] (1) 滴らせる (2) 流す；流し出す
स्रावण [名] (1) 滴らせること (2) 流し出すこと
स्रावी [形] = स्रावक.
स्रुत [形] (1) 流れた；流れ出た；漏れ出た (2) 分泌した
स्रुति [名*] 流れ；流出；浸出
स्रुवा [名*]〔ヒ〕儀式用に用いられる木製の匙；スルワー
स्रोणि [名] 尻；臀部
स्रोत [名] (1) 流れ (2) 急流 (3) 泉；噴水 (4) 源；元 हमें अपनी समस्या के संबंध में भिन्न-भिन्न स्रोतों से प्रामाणिक जानकारी एकत्र करनी होगी 自分たちの問題について様々な情報源から信頼できる情報を集めなくてはならない हम बहुत से स्रोतों से पानी प्राप्त करते हैं 私たちは様々な水源から水を得る कपड़ा मिलें महिलाओं को रोज़गार देने का सब से बड़ा स्रोत थीं 織物工場が女性に職場を与える最大の源だった संविधान को सरकार की शक्ति तथा सत्ता का स्रोत कहा जाता है 憲法は政府の力と権力の源と呼ばれる (5) 源泉 वेतनों में स्रोत पर काटे जानेवाले कर 給与から源泉徴収される税金 (6) 資源 प्राकृतिक रेशों के स्रोत 天然繊維の資源 **स्रोत की ओर** 上流（に）；川上（に） **(-का) स्रोत फूटना** （ーが）噴出する **(-का) स्रोत सूखना** *a.* （ーの）泉が涸れる *b.* （ーが）尽きる
स्लग [名] 《E. slag》 スラグ；かなくそ（金屎）
स्लम [名] 《E. slum》 スラム= कच्ची बस्ती; झुग्गी-झोपरियों की बस्ती.
स्लाइड [名] 《E. slide》 (1) スライド（映写用） (2) 滑り台（遊具）
स्लाइड प्रोजेक्टर [名] 《E. slide projector》 スライド映写機；幻灯機
स्लाइड रूल [名] 《E. slide rule》 計算尺
स्लाव [名] 《E. Slav》 スラブ民族
स्लिट [名] 《E. slit》 (1) 切り口；裂け目 (2)〔裁〕切り込み；スリット
स्लिप [名] 《E. slip》 (1) メモ用紙；伝票；紙切れ；紙片 (2)〔ス〕（クリケットの）スリップ
स्लिम [形] 《E. slim》 ほっそりした；きゃしゃな（華奢な）；スリムな
स्लीपर[1] [名] 《E. slipper》 室内履き；スリッパ= चट्टी.
स्लीपर[2] [名] 《E. sleeper》 (1) 鉄道の寝台車 (2) 鉄道の枕木
स्लीपिंग गाउन [名] 《E. sleeping gown》 ガウン；寝間着
स्लीपिंग सूट [名] 《E. sleeping suit》 寝間着
स्लीव [名] 《E. sleeve》〔裁〕衣服の袖；スリーブ= बाँह.
स्लीव बोर्ड [名] 《E. sleeve board》 アイロン台
स्लीवलेस [形] 《E. sleeveless》 袖無しの；ノースリーブの स्लीवलेस ब्लाउज़ 袖無しブラウス
स्लूश गेट [名] 《E. sluice gate》 閘門
स्ले [名*] 《E. sleigh》 そり；馬ぞり= स्लेज गाड़ी.
स्लेज [名] 《E. sledge》 そり；犬ぞり स्लेज पर बैठकर बर्फ़ पर फिसलना 犬ぞりに乗って雪の上を滑る
स्लेट [名*] 《E. slate》 (1) スレート（粘板岩の） छतों पर स्लेट के पत्तर डाले जाते हैं 屋根にスレートが葺かれる (2) 石板（ノート代わりに石筆で書くための児童の文具） स्लेट पेंसिल 石筆
स्लेटी [形] 《E. slaty》 (1) 石板状の；スレートの (2) ねずみ色の；粘板岩の色をした；スレート色の= सिलेटी.
स्लैब [名] 《E. slab》 (1) 厚くて四角い板状のもの；スラブ कांक्रीट स्लैब コンクリートのスラブ (2) 石の板（チャパーティーのパン生地を伸すのに用いる大理石製の円形の石の板）
स्लैस [名] 《E. slice》 薄く切ったもの；スライス= कतला; फाँक. दो स्लैस और चाय का कप, बस トースト 2 枚と 1 杯の紅茶，たったそれだけ

स्लो [形]《E. slow》(1) 遅い；のろい；ゆっくりした；遅れた= धीमा; मंथर; मंद. (2) だらしのない；のろい；のろのろした；鈍い；遅鈍な= सुस्त; मट्ठर; मंद.
स्लोथ [名]《E. sloth》〔動〕ナマケモノ科ナマケモノ
स्लो-पॉयजन [名]《E. slow poison》効果が緩慢に現れる毒薬= हल्का विष; मंथर विष.
स्व: [名] 天国= स्वर्ग.
स्व:सुंदरी [名*]〔イ神〕アプサラス（天界の水の精）；アプサラー अप्सरा；天女
स्व[1] [形] 自らの；自身の；自分自身の= अपना; निज का.
स्व[2] [代] 自身；自分自身= आप; स्वयं; खुद.
स्वकर्म [名] 本分；自分のなすべきこと= अपना कर्त्तव्य.
स्वकार्य [名] 自分のなすべきこと；個人的なこと
स्वकीय [形] (1) 自分の= अपना. (2) 身内の= अपने कुटुंब का.
स्वकीया [名*] (1)〔イ文芸〕詩論において女性主人公 नायिका の分類の一． परकीया に対して貞節な自分の妻を指すものであるが，年齢と性的成熟度による 3 分類がなされる；貞淑な妻；貞女 = स्वा; स्वीया; स्वस्त्री. → मुग्धा, मध्या, प्रौढ़ा. (2) 妻= पत्नी.
स्वकेंद्रित [形] 自己中心的な
स्वगत[1] [副] 自分自身に
स्वगत[2] [名]〔演〕独白 = स्वागत कथन.
स्व-चल [形] (1) 自分で動く (2) 自動の；自動的な；自動式の
स्वचालक [形] セルフ・スターターの（ついた）
स्वचालन [名] オートメーション；自動（制御）装置
स्वचालित [形] 自動の；自動的な स्वचालित यंत्र 自動操作機械= स्वचालित मशीन. सोवियत संघ ने शुक्रग्रह को स्वचालित स्टेशन भेजा ソ連は金星に自動操縦基地を送り込んだ
स्वच्छंद [形] (1) 自由な；抑制のない (2) 伸びやかな；のびのびした स्वच्छंद वातावरण 伸びやかな環境 (3) 奔放な；自由奔放な (4) 気ままな；わがままな；身勝手な
स्वच्छंदचारिणी [形*] = स्वच्छंदचारी.
स्वच्छंदचारी [形] 気ままな；気儘な；我儘な；気ままに振る舞う = स्वच्छंदचारिणी.
स्वच्छंदता [名*] (1) 自由 (2) 伸びやかさ (3) 奔放さ (4) 気まま；身勝手
स्वच्छंदतापूर्वक [副] 自由に；のびのびと；思いのままに；奔放に；気ままに लेखक स्वच्छंदतापूर्वक अपने मन की बात निबंध के माध्यम से कह सकता है 筆者は自分の思っていることを随筆を介して思いのままに表現できる
स्वच्छंदतावाद [名]〔文芸・芸〕ロマンチシズム；ロマン主義〈Romanticism〉
स्वच्छंदतावादी [形・名] (1) ロマンチックな；ロマンチスト (2) ロマン主義者
स्वच्छ [形] (1) きれいな；清潔な；清浄な स्वच्छ कपड़े पहने 清潔な服を着ること समुद्रतट की स्वच्छ व ताज़ी हवा 海辺のきれいなそして新鮮な空気 स्वच्छ जल 清浄な水 स्वच्छ हवादार कमरा 清潔で風通しのよい部屋 (2) 澄んだ स्वच्छ और निर्मल झील 澄んできれいな湖 (3) 明るい；晴れた；透明な कई दिनों की बदली के बाद अचानक आकाश स्वच्छ हो जाने पर 数日間曇っていた空がにわかに晴れると (4) 混じりけのない；純粋な स्वच्छ दूध 混じりもののない牛乳 (5) 清らかな；けがれのない；清廉な
स्वच्छता [名*] ←स्वच्छ.
स्वच्छमंडल [名]〔解〕角膜〈cornea〉
स्वच्छीकरण [名] 浄めること；浄化；不純物を取り除くこと；精製〈purification〉
स्वजन [名] 身内；親族；親戚
स्वजातिवाद [名] [自] 民族中心主義；民族的優越の思想；中華思想〈ethnocentrism〉
स्वजातीय [形] (1) 同じカーストの；同一カーストに属する (2) 同じ民族の (3) 同じ部類の
स्वतंत्र [形] (1) 自立している；独立している；別個の (2) 自由な；解放された (3) 自治権のある；自主的な **स्वतंत्र रूप से** 別に；別個に राष्ट्रपति तथा कांग्रेस दोनों स्वतंत्र रूप से जनता द्वारा निर्वाचित किए जाते हैं 大統領と議会とは別個に民衆によって選出される **स्वतंत्र व्यवसाय** 自由業 डाक्टर, वकील जैसे स्वतंत्र व्यवसाय 医者や弁護士のような自由業
स्वतंत्रता [名*] (1) 自立；独立 (2) 自由 (3) 自治；自主 स्वतंत्रता का अधिकार 自由の権利 अभिव्यक्ति की स्वतंत्रता 表現の自由 न्यायपालिका की स्वतंत्रता 司法の独立；司法府の独立 स्वतंत्रता-प्राप्ति 独立獲得；独立達成
स्वतंत्रता आंदोलन [名] (1) 独立運動 (2) 解放運動 स्त्रियों का स्वतंत्रता आंदोलन 女性解放運動
स्वतंत्रतापूर्वक [副] 自由に；拘束なしに；制限なく；束縛なく सभी नागरिक स्वतंत्रतापूर्वक अपने अधिकारों का उपयोग कर सकें すべての市民が自分の権利を自由に行使できるように
स्वतंत्रता संग्राम [名] 独立戦争= स्वाधीनता संग्राम.
स्वतंत्रता सेनानी [名] 独立運動の戦士
स्वतंत्र पार्टी [名*]〔イ政〕スワタントラ党（1959 年設立，後にジャナター党 जनता पार्टीに合流した）
स्वत: [副] ひとりでに；自ずと；自ずから दूसरी स्थिति स्वत: ही धीरे-धीरे समाप्त हो जाएगी 第 2 の状況はひとりでに徐々に終結するだろう अब उसका यह रोग स्वत: ही ठीक हो गया है もうあの人のこの病気もひとりでに治ってしまっている
स्वत:गति [名*] 自発運動
स्वत:प्रमाण [形] 他による証明の必要のない = स्वयंप्रमाण.
स्वत:सिद्धि [名*] = स्वयंसिद्धि.
स्वतोविरोध [名] 自己矛盾；自己撞着；自己否定
स्वतोविरोधी [形] 自己矛盾の；自己撞着の
स्वतोव्याघात [名] 自己矛盾
स्वत्व [名] = स्वत्त्व. (1) 権利 सब के सब स्वत्वों की रक्षा ありとあらゆる権利の保護 (2) 版権；著作権 (3) 所蔵 (4) 沽券；体面；面目 उन्होंने उसे अपने स्वत्व का प्रश्न बना लिया 氏はそれを自分の沽券に関わる問題としてしまった
स्वत्त्वधारी [名] 版権所有者
स्वत्वशुल्क [名] 印税；著作権使用料〈copyright fee〉
स्वत्वाधिकार [名] 版権；著作権〈copyright〉
स्वदेश [名] 自国；母国；祖国
स्वदेशप्रेम [名] 愛国心；国を思う気持ち；祖国愛
स्वदेशप्रेमी [形・名] 愛国的な；愛国の；愛国者
स्वदेशभक्त [形・名] 愛国者= स्वदेशप्रेमी.
स्वदेशभक्ति [名*] 愛国心= देशभक्ति; स्वदेशप्रेम.
स्वदेशी [形] (1) 自国の；母国の (2) 国産の स्वदेशी रिएक्टर 'ध्रुव' 国産原子炉ドゥルヴァ स्वदेशी वस्त्र 国産衣料
स्वधर्म [名] (1) 自分の負う義務；人の本分 (2) 自分らしさ (3) 自己の宗教
स्वधा[1] [名*]〔ヒ〕祖霊に供えられる穀物や食べ物の供物
स्वधा[2] [感]〔ヒ〕供物を供える際に唱えられる言葉
स्वन [名] 音；音韻〈phone〉 **स्वन व्यवस्था**〔言〕音韻体系〈phonetic system〉
स्वनप्रक्रिया [名*]〔言〕音韻学；音韻論〈phonology〉
स्वन लिपि [名*]〔言〕音声文字〈phonetic script〉
स्वन विज्ञान [名]〔言〕音声学〈phonetics〉
स्वन विज्ञानी [名]〔言〕音声学者〈phonetician〉
स्वनाम [名] 自分の名
स्वनामधन्य [形] その名の知られている；著名な；有名な= प्रसिद्ध; प्रख्यात; मशहूर.
स्वनिक [形] 音声の；音声上の स्वनिक वर्तनी 表音式綴り
स्वनित[1] [形] 音のした；音の出た
स्वनित[2] [名] (1) 音；音声 (2) 声
स्वनिम [名]〔言〕音素〈phoneme〉 **परिच्छिन्न स्वनिम**〔言〕分節音素〈segmental phoneme〉
स्वनिम विज्ञान [名]〔言〕音素論〈phonemics〉
स्वनियंत्रित [形] 自動制御の **स्वनियंत्रित सिगनलिंग व्यवस्था** 自動制御信号装置
स्वनिर्मित [形] 自分で作った；自作の
स्वनिषेचन [名]〔植〕自家受精〈self-fertilization〉
स्वपक्ष [名] 自派；自分の所属している派や立場
स्वपरागण [名]〔植〕自家授粉〈self-pollination〉
स्वप्न [名] (1) 夢 (2) 願望；夢；理想 (3) 夢想；空想；夢 रातों रात मालामाल बनने के स्वप्न 一夜にして大金持ちになる夢 **स्वप्न टूटना** 夢から覚める；夢から現実に戻る；夢が潰える **स्वप्न देखना** *a.* 夢を見る *b.* 夢想する；空想する **स्वप्न निहारना** 夢を見る आज मैंने

जब से भयानक स्वप्न निहारा है, तब से दिल घबरा रहा है 今日恐ろしい夢を見てからずっと胸がどきどきしている **स्वप्न पालना** 夢を抱く；夢を持つ；夢を育む विपक्षी राजनीतिक दल यह स्वप्न पालते रहे कि मध्यावधि चुनाव अवश्य होंगे 野党は中間選挙が必ずあるものと夢を抱いてきていた

स्वप्नदर्शी [形] (1) 夢を見る (2) 空想する

स्वप्नदोष [名] 夢精

स्वप्नप्रपंच [名] 夢幻；夢の世界

स्वप्नमय [形] 実体のない；夢幻の

स्वप्नरंजन [名] 夢物語 यह कोई स्वप्नरंजन नहीं है これは単なる夢物語ではない

स्वप्नलोक [名] 夢の世界 स्वप्नलोक की रानी 夢の世界の女王様

स्वप्नविचार [名] 夢判断

स्वप्नशील [形] 夢見がちな；夢想的な

स्वप्नादेश [名] 夢のお告げ

स्वप्नालु [形] 眠い；眠気の差している

स्वप्नावस्था [名*] 夢の中；夢の最中

स्वप्निल [形] (1) 夢の (2) 夢のような；夢幻的な एक विचित्र-सी, स्वप्निल दुनिया 不思議な感じのする夢幻的な世界

स्वप्रेरण [名] 自己感応；自己誘導

स्वभाव [名] (1) 性質；性格；気質；気性 लड़की का स्वभाव बड़ा ही गुस्सैल था 娘はとても怒りっぽい性格だった स्वभाव से बहुत संकोची थे 大変遠慮深い性質だった (2) 本性 भूल करना इनसान का स्वभाव है 過ちを犯すのは人間の本性なのです (3) 特徴；特質；性質 अपनी त्वचा के शेड तथा स्वभाव का ध्यान रखें 自分の肌の色合いと特徴に注意すること (4)〔仏〕自性

स्वभावतः [副] ひとりでに；自ずから

स्वभावसिद्ध [形] (1) 自然な (2) 生まれつきの；生来の

स्वभावशून्य [名]〔仏〕空；自性空

स्वमताग्रह [名] 独善；ひとりよがり

स्वमताग्रही [形] 独善的な；ひとりよがりな

स्वयं [代・副] (1) 自身（が）；自分（が）；そのもの（が） सेठ स्वयं बहुत अमीर था किसी चीज़ की कमी न थी 商人自身が大変な金持ちで何の不自由もなかった वह स्वयं ख़ाली हाथ चलने लगा 本人が手ぶらで歩き出した मुझे स्वयं भी 私自身にとっても (2) 自ら；自身から ये तो स्वयं भगवान प्रकट हुए हैं この方は神自身が化現されたお姿なのです तू स्वयं सूखकर काँटा हो गई है お前自身がやせこけて（針金のようになって）しまっている **स्वयं ही** 全く自ら；全く自ずと；全くひとりでに (3)〔演〕独白で；モノローグで→ प्रगट.

स्वयंचालित [形] 自動の；自動式の स्वयंचालित चरखा 自動チャルカー（自動糸紡ぎ機）

स्वयंज्योति [名*]〔イ哲〕最高我；パラマートマー

स्वयंदीप्त [形] 自己発光性の ⟨self-luminous⟩

स्वयंनिर्मित व्यक्ति [名] 独立独行の人；自己の努力で自立した人 ⟨self-made person⟩

स्वयंप्रकाश[1] [形] 自ら輝く；自ら光る

स्वयंप्रकाश[2] [名]〔イ哲〕最高我；パラマートマー

स्वयंप्रभ [形] = स्वयंप्रकाश.

स्वयंप्रमाण [形] 自ら証明する；他による証明の必要のない

स्वयंभुव [名]〔イ神〕スヴァヤムブヴァ（14 期に分かれるカルパ कल्प に現れるとされる 14 人のマヌの最初でブラフマーの子とされる）

स्वयंभू[1] [形] (1) ひとりでになる；自らなる；自ら生じる (2) 自称の स्वयंभू राष्ट्रपति 自称大統領 (3) 自生の

स्वयंभू[2] [名] (1) ブラフマー神 (2) ヴィシュヌ神 (3) シヴァ神

स्वयंवर [名] 古代インドの女性自身による婿選び（式）

स्वयंसिद्ध[1] [形] 明白な；自明の；一目瞭然の शरीर में यकृत का महत्व स्वयंसिद्ध है 身体における肝臓の重要性は明々白々である

स्वयंसिद्ध[2] [名]〔数〕公理 ⟨axiom⟩ = स्वयंसिद्धि.

स्वयंसिद्धि [名*] 自明；自明の理

स्वयंसेवक [名] (1) 志願して奉仕活動をする人；奉仕活動家；奉仕者；ボランティア (2) 義勇隊員；義勇兵

स्वयंसेवा [名*] (1) 奉仕 (2) セルフサービス

स्वयंसेविका [名*] = स्वयंसेवक.

स्वयंसेवी [名] = स्वयंसेवक. स्वयंसेवी संगठन ボランティア団体

स्वयमेव [副] 全くひとりでに；全く自ずと

स्वर् [名] (1) 天国= स्वर्ग; स्वः. (2) あの世；来世= परलोक. (3) 天；宙；中空

स्वर [名] (1) 声 करुण स्वर में 悲しげな声で स्वर निकलना 声が出る उसकी आँखें नम थीं, स्वर भर्राया हुआ था 目は潤み声は感動に震えていた **एक स्वर से** 声を合わせて；異口同音に उसकी प्रशंसा की एक स्वर से 異口同音に彼を称賛した (2) 音 ये तोपों का स्वर है これは大砲の音だ (3) 声の調子；口調 'तू तो फेंक गया था हम दोनों को', उसने उलाहने के स्वर में कहा「あんたは私たち 2 人を捨てて行ったんだ」彼女は咎める口調で言った **ऊँचे स्वर में बोलना** 語気を荒らげて話す कभी ऊँचे स्वर में नहीं बोलते あの方は 1 度も語気を荒らげて話すことがない निराशा के स्वर में 絶望的な調子で मंत्री ने बड़ी चतुरता से निवेदन के स्वर में कहा 大臣は甚だ巧みに依頼する口調で言った (4)〔音〕音階 प्रथम स्वर 第 1 音 (5)〔言〕母音 **अग्र स्वर** 前舌母音 **पश्च स्वर** 後舌母音 **मध्य स्वर** 中舌母音 **मर्मर स्वर** つぶやき母音 **विवृत स्वर** 開母音 **शुद्ध स्वर** 純母音 **शिथिल स्वर** 弛緩母音 **संवृत स्वर** 閉母音 **स्वर उखड़ना**（声が）調子はずれになる **स्वर उठाना** 声を張り上げる **स्वर ऊँचा हो॰** *a.* 大声で話す *b.* 声が高い **स्वर गिरना** 声が低くなる **स्वर छोड़ना** = स्वर उखड़ना. **स्वर टूटना** 声が途切れる **स्वर फूँकना** 風靡する **स्वर फूटना** 子供が言葉を話し始める **स्वर बदलना** 意見が変わる **स्वर भर आ॰** 感動のあまりのどが詰まる **स्वर भरना** *a.* 相槌を打つ *b.* 声を出す；音を出す= स्वर भारी हो॰; स्वर भीगना. **स्वर मिलाना**〔音〕音を合わせる；音合わせ **स्वर में स्वर मिलाना** へつらう= खुशामद क॰; हाँ में हाँ मिलाना.

स्वरकंप [名]〔音〕震え声；顫音

स्वरग्राम [名]〔音〕音階= मेल; स्केल. ⟨scale⟩

स्वरध्वनि [名*]〔言〕ヴォーコイド；音声学的母音 ⟨vocoid⟩

स्वरनली [名*]〔解〕喉頭

स्वरपरीक्षण [名] 試聴

स्वरभंग [名] 声のかすれ

स्वरभक्ति [名*]〔言〕母音挿入 ⟨anaptyxis⟩

स्वरमध्य [形]〔言〕母音間の ⟨intervocal⟩

स्वरयंत्र [名]〔解〕喉頭 ⟨larynx⟩ = लैरिंक्स. स्वरयंत्र में कैंसर 喉頭がん= लैरिंक्स में कैंसर. **स्वरयंत्र शोथ**〔医〕喉頭炎

स्वरलहरी [名*] メロディー

स्वरलिपि [名*]〔音〕音符 स्वरलिपि सहित 音符付きの

स्वरविन्यास [名]〔音〕調律= समस्वरण.

स्वरविरोध [名]〔言〕不快音調 ⟨cacophony⟩

स्वरव्यवस्था [名*]〔言〕母音体系 ⟨vowel system⟩

स्वरसंकोच [名]〔言〕合音 ⟨syneresis⟩

स्वरसंगति [名*]〔言〕母音調和 ⟨vowel harmony⟩

स्वरस [名] 汁；液汁 बकरे के मांस का स्वरस 山羊の肉汁

स्वरांत [形]〔言〕母音で終わる；開音節の **स्वरांत अक्षर**〔言〕開音節 ⟨open syllable⟩ ↔ व्यंजनांत अक्षर 閉音節 ⟨closed syllable⟩

स्वरागम [名]〔言〕オーグメント ⟨augment⟩

स्वराघात [名] (1)〔言〕ピッチアクセント；高さアクセント ⟨pitch accent⟩ → बलाघात ストレスアクセント. (2)〔言〕アクセント

स्वराज [名] = स्वराज्य. (1) 主権者自身が治めること；自治 (2)〔イ史〕スワラージ（初期の植民地内の自治要求運動から後の完全独立運動まで） **पूर्ण स्वराज**〔イ史〕プールナ・スワラージ（インドの独立運動の中で 1929 年以降明確な目標となったインドの完全独立）

स्वराज दल [名]〔イ史〕スワラージ党 ⟨Swaraj Party⟩

स्वराजी [名] (1)〔イ史〕（政治的）自治要求者；スワラージ運動に参加する人 (2) 独立要求者 (3)〔イ史〕スワラージ党の党員や支持者；スワラージー

स्वराज्य [名] (1)〔政〕他者による支配の下ではなく主権者自身による自治；自己統治；民主政体 (2)〔イ史〕スワラージ → स्वराज.

स्वराट् [名] (1) 最高神= ईश्वर. (2) ブラフマー（ब्रह्मा）

स्वरावृत्ति [名*]〔言〕(1) 母音韻 (2) 類韻 ⟨assonance⟩

स्वराष्ट्र[1] [名] 故国；母国；自国

स्वराष्ट्र[2] [形] 自国の；国内の **स्वराष्ट्र मंत्रालय** 内務省= गृहमंत्रालय.

स्वराष्ट्र मंत्री [名] 内務大臣；国務大臣= गृहमंत्री.

स्वराष्ट्र सचिव [名] 内務大臣；国務大臣= गृहमंत्री.

स्वरित[1] [形] (1) 母音のついた (2) アクセントのついた

स्वरित[2] [名]〔言〕曲アクセント 〈circumflex accent〉
स्वरीकरण [名]〔言〕有声化 〈vocalization〉
स्वरूप [名] (1) 相；形；様子；姿 परमाणु युद्ध के विनाशकारी स्वरूप की तस्वीर 核戦争の破滅的相 उसे वर्तमान स्वरूप देने का श्रेय あの人に現在の姿を与えた（あの人の現在を作り出した）功績 (2) 形態；形体；様式；形 वहाँ के त्यौहारों का स्वरूप भिन्नता लिए है 同地の祭礼の形態は異なっている जातिवाद भ्रष्टाचार का एक स्वरूप है カースト優先主義は汚職の一形態である खिलौनों का स्वरूप भी बदलता गया 玩具の形も段々変わっていった
-स्वरूप [造語]（－）として，の意を有する造語要素 प्रमाणस्वरूप 証拠として उपहारस्वरूप 贈り物として पुरस्कारस्वरूप 褒美として दंडस्वरूप 刑罰として इनके लिए दंडस्वरूप कारावास का भी प्रावधान होना चाहिए この連中には刑罰として懲役の規定もなくてはならぬ परिणामस्वरूप （－の）結果；結果的に परिणामस्वरूप वह मुझसे वैर भाव रखने लगा है その結果私を憎むようになってきている
स्वर्ग [名] (1)〔イ神〕天界；インドラ神の居所；インドラ神の楽園；スヴァルガ (2) 天国 (3) 楽園；パラダイス；極楽 काजीरंगा राष्ट्रीय उद्यान वन्य प्राणियों के लिए स्वर्ग है カージーランガー国立公園は野生動物の楽園 (4)〔仏〕天界；天上；天趣；善趣= बुद्धदेश. (-को) **स्वर्ग का मार्ग दिखाना** （－を）殺す；殺害する **स्वर्ग के तारे** 得難い物 **स्वर्ग के तारे तोड़ना** 不可能なことを試みる **स्वर्ग के पथ पर पैर रखना** *a.* 死ぬ *b.* 命を危険に晒す **स्वर्ग छूना** 天に届く；天を摩する **स्वर्ग जा॰** 死ぬ；あの世へ行く；亡くなる；神に召される；天国へ行く **स्वर्ग भेजना** 殺す；殺害する **स्वर्ग सिधारना** 死ぬ；死去する；あの世へ旅立つ
स्वर्गपति [名] インドラ神
स्वर्गपुरी [名*] インドラ神の都；インドラ神の楽園
स्वर्गभूमि [名*] 天上界；天国；楽園；極楽
स्वर्गलाभ [名] この世を去って天上界に生まれること；天国に生まれること；死去
स्वर्गवधू [名*]〔イ神〕アプサラー (अप्सरा)；天女
स्वर्गवाणी [名*] 天の声；天上からの声= आकाशवाणी.
स्वर्गवास [名] (1) 天国に住むこと；天上界に暮らすこと (2) 死去；あの世に旅立つこと (-का) **स्वर्गवास हो॰** （－が）お隠れになる；亡くなられる= (-का) परलोकवास हो॰； (-का) देहावसान हो॰； (-का) इंतकाल हो॰.
स्वर्गवासी [形・名] (1) 天上界に住む (2) 亡くなった（人）；死去した（人）；故人（になった）；物故者
स्वर्गारोहण[名]天上界に行くこと；天国に上ること पांडव स्वर्गारोहण パーンダヴァ五兄弟の天上界に赴くこと（昇天）
स्वर्गिक [形] 天上の；極楽の；無比の→ स्वर्गीय. स्वर्गिक आनंद की अनुभूति 至上の喜悦を感じること
स्वर्गीय [形] (1) 天上界の；天界の；スヴァルガの (2) 天上界に住む；天界に暮らす；インドラ神などの天国に住む (3) 逝去した；死去した；故人となった (4) 天国のような；楽園のような
स्वर्गोपम [形] 天国のような；楽園のような
स्वर्ण[名]金；ゴールド= सोना; सुवर्ण. **स्वर्ण अक्षर** 金文字= स्वर्णाक्षर. वह हिंदी साहित्य के इतिहास में स्वर्ण अक्षरों से अंकित किया जाएगा それはヒンディー文学史に金文字で記されよう
स्वर्ण कप [名]《H.+ E. cup》金杯 〈golden cup〉
स्वर्णकार [名] (1) 金などの貴金属加工を行う金細工師= सुनार. (2) 金細工を生業としてきたカーストの人々= सुनार.
स्वर्णकारी [名*] 金細工の仕事やその職業
स्वर्णगिरि [名]〔イ神〕人間の住むとされるジャムブドヴィーパ जम्बुद्वीप の中心にあるとされるスメール山 (सुमेरु)
स्वर्णजयंती [名*] 50 年祝典；50 年祭 स्वर्णजयंती मनाना 50 年祭を祝う
स्वर्णमंडित [形] 金箔で覆った；金箔を施した
स्वर्णमय [形] (1) 金色の (2) 金で製造された；金製の
स्वर्णमाक्षिक [名] = सोनामक्खी.
स्वर्णमान [名]〔経〕金本位制
स्वर्णमीन [名]〔魚〕キンギョ（金魚）= गोल्डफ़िश.
स्वर्णमुद्रा [名*] 金貨= अशरफ़ी.
स्वर्णयुग [名] 黄金時代；最盛期
स्वर्णाक्षर [名] 金文字 **स्वर्णाक्षरों में लिखा जा॰** 金文字で記される उनका नाम राष्ट्र के इतिहास में सदा स्वर्णाक्षरों में लिखा जाएगा 同氏の名は歴史に永遠に金文字で記されよう इतिहास में स्वर्णाक्षरों से अंकित किया जा॰ 歴史に金文字で刻印される
स्वर्णाभ [形] (1) 黄金の光を放つ (2) 金色の (3) 優良の；安心な
स्वर्णिम [形] (1) 金の (2) 金色の；金色に輝く स्वर्णिम पुष्प 金色の花 बच्चे का स्वर्णिम भविष्य 子供の金色の未来
स्वर्लोक [名] = स्वर्ग.
स्वल्प [形] 極めて小さい；極めて短い
स्वल्पायु [形] 極めて短命の
स्ववश [形] (1) 自制している；自分を制御している (2) 官能を制した；感官を制した
स्वविनाश [名] 自滅 = अपना विनाश.
स्वशासन [名] 自治
स्वशासी [形] 自治の स्वशासी राज्य 自治州 स्वशासी संघटन 自治組織；自治体
स्वशुद्धीकरण [名]（河川，海などの）自浄作用
स्वस्ति[1] [感] (1) 幸せを祈る意の祝福の言葉 (2) よろしい；よし；結構
स्वस्ति[2] [名*] 安寧；繁栄；幸福
स्वस्तिक [名] 万字；卍（吉祥のしるし，もとヴィシュヌ神の胸の旋毛に起源を発して瑞兆の相を表したが，仏教及びジャイナ教では仏陀，もしくは，ジナの胸・手足・頭髪に現れた吉祥の表象となった．日本の仏教では右回り卍）= सथिया.
स्वस्थ [形] (1) 健康な；元気な；元気はつらつの स्वस्थ शरीर के लिए संतुलित भोजन बेहद जरूरी है 健康な身体にはバランスのとれた食事が絶対に欠かせない (2) 健全な बंबई विश्वविद्यालय का स्वस्थ माहौल ボンベイ大学の健全な雰囲気 स्वस्थ मनोरंजन 健全な娯楽 सेक्स के प्रति स्वस्थ दृष्टिकोण 性に対する健全な見方 (3) 心や気分の落ち着いた अभी तक मैं स्वस्थ नहीं हो पाई हूँ まだ気分が落ち着かずにいる
स्वस्थता [名*] ←स्वस्थ. (1) 健康 (2) 健全さ (3) 心の落ち着き
स्वहित [名] 自分の利益
स्वहितवाद [名] 利己主義；エゴイズム = स्वार्थवाद. 〈egoism〉
स्वाँग [名] (1) 変装；仮装 (-का) स्वाँग बनाना （－に）変装する；仮装する वह शिव का स्वाँग बनाए हुए था シヴァ神に変装していた (2) 物真似 मुँह बना बनाकर स्वाँग भरना 百面相をして物真似をする (3) 道化芝居；笑劇 (4)〔演〕スワーング（北インドで行われてきた大衆演劇の一） (5) ホーリー祭の仮装行列 **स्वाँग क॰** *a.* 物真似をする *b.* 変装する *c.* 茶番を演じる= स्वाँग बनाना; स्वाँग भरना; स्वाँग रचना; स्वाँग लाना. कृत्रिम सोना बनाकर राजकीय भंडारों को भरने का कीमियागरों ने जो स्वाँग रचा 偽金をこしらえて国庫を満たす茶番を演じた錬金術師たちが
स्वाँगला [名] スワーンガラー（ヒマーチャル・プラデーシュ州に住む部族民の一）
स्वाँगी [名] 道化師；道化芝居を演じる人= नक्काल.
स्वाँगीकरण [名]〔生〕同化（すること） स्वाँगीकरण क॰ 同化する
स्वांत [名] (1) 心；胸；胸の内 (2) 自己の死
स्वांतःसुख [名] 自分の満足；自己の喜びや楽しみ
स्वांतःसुखाय [副] 自分の満足のために；自分自身の楽しみに तुलसीदास जी स्वयं स्वीकार करते हैं कि उनकी रचनाएँ स्वांतःसुखाय हैं トゥルシダース自身が自分の作品は自分の楽しみのためにこしらえたものだと認めている
स्वाँस [名*] 呼吸；息= श्वास; साँस. **स्वाँस ले॰** 息を吸う；息をする
स्वाँसा[1] [名] 金銅
स्वाँसा[2] [名] 息；呼吸= साँस.
स्वाक्षर [名] (1) 署名 (2) 自署
स्वाक्षरित [形] 自署の；自分の署名した；自分の手で署名された
स्वागत [名] 応接；接待；歓迎；歓待；もてなし स्वागतसमारोह 歓迎式；歓迎式典 एक स्वागत योग्य घटना 歓迎すべき出来事 शीघ्र जाओ और द्विज राज को स्वागत सहित अभी लिवा लाओ 急いで行きバラモン様を丁重にお迎えしてご案内して来なさい इस विषय-परिवर्तन का सबने स्वागत किया この話題の転換を皆が歓迎した **स्वागत-सत्कार** もてなし；歓迎；歓待 स्वागत-सत्कार हो सकेगा ちゃんとしたおもてなしができるでしょう
स्वागत-कक्ष [名] 応接間；接見室；客間
स्वागतकारिणी सभा [名*] 歓迎委員会= स्वागतकारिणी समिति.

स्वागतकारी [形] 歓迎する
स्वागतभाषण [名] 歓迎の辞；歓迎の演説〈wellcome address〉
स्वागतयोग्य [形] 歓迎すべき；喜ばしい स्वागतयोग्य ख़बर 喜ばしい知らせ
स्वागतवचन [名] 出迎えの言葉；歓迎の挨拶（の言葉）
स्वागतसमारोह [名] 歓迎集会；歓迎会〈reception〉
स्वागतसमिति [名*] → स्वागतकारिणी सभा.
स्वागतार्थ [副] 出迎えに；歓迎に स्वागतार्थ आए हुए लोगों से घिरे हुए 出迎えに来た人たちに取り囲まれた
स्वागतिक[1] [形] 出迎える；接待する
स्वागतिक[2] [名] ホスト；受け入れ側
स्वाग्रह [名] 自己主張
स्वातंत्र्य [名] 自由；自律；独立= स्वतंत्रता; आज़ादी.
स्वाति [名*]〔天・占星〕スヴァーティ（インドの二十七宿の第15）；こうしゅく（亢宿，乙女座網星）
स्वाद[1] [名] (1) 味 (2) 面白み；味わい (3) うまみ；旨味 अपना मनपसंद स्वाद चुनिए お好きな味を選んで下さい **स्वाद आ॰** うまく感じる；おいしく感じる；美味に感じる；楽しむ दाल और सब्ज़ी में उसे कोई स्वाद नहीं आता ダールや野菜料理が全くうまくない **स्वाद चखना** 経験する；味わう **स्वाद चखाना** 思い知らせる；味わわせる **स्वाद पड़ना** 味を覚える；味を占める **स्वाद पाना** 味を覚える = स्वाद मिलना. **स्वाद बदलना** 新しい味を出す；新しい風味をつける；それまでになかった新しい味わいを出す **स्वाद बिगड़ना** 味がまずくなる पानी का स्वाद बिगड़ना 水がまずくなる **(-का) स्वाद लगना** （ーが）味を占める **(-का) स्वाद ले॰** *a.* （ーを）味わう *b.* （ーを）楽しむ **(बड़े) स्वाद से खाना** （大変）好む；食事を楽しむ किसान अपना सादा भोजन बड़े स्वाद से खाता है 農民は質素な食事を大いに楽しむ वह तंबाकू भी बड़े स्वाद से खाती है その女は噛みタバコも大いに好む
स्वाद[2] [名]《صواد》ウルドゥー文字第 20 字の字母 ص の名称= साद.
स्वाद कलिका [名*]〔解〕味蕾；味覚芽〈taste bud〉
स्वादन [名] (1) 味を見ること；味わうこと (2) 楽しむこと
स्वादहीन [形] (1) 味のない；味がない；まずい (2) 味わいのない；つまらない
स्वादित [形] (1) 味わわれた (2) おいしい；美味な
स्वादिष्ट [形] うまい；味のよい；美味な；おいしい स्वादिष्ट दही おいしいヨーグルト
स्वादी [形] (1) 味わう (2) 楽しむ
स्वादु [形] = स्वादिष्ट.
स्वादेंद्रिय [名*] 味覚器官
स्वाधिकार [名] 自分の権利
स्वाधिपत्य [名] 完全な自律；完全な自主独立；独立独歩
स्वाधिष्ठान [名]〔ヨガ〕スヴァーディシュターナ・チャクラ（ハタヨーガにおいて下腹部に位置するとされる第 2 のチャクラ）→ चक्र, हठयोग.
स्वाधीन [形] 自主の；自在の；自由な；独立の；自立している
स्वाधीनता [名*] 自由自在；独立；自立；自主 स्वाधीनता-संग्राम 独立戦争
स्वाध्याय [名] (1)〔ヒ〕ヴェーダやヒンドゥー法典を怠りなく学習すること (2) 学習；研究；研鑽 पुराणों का स्वाध्याय करने से कोई भी निष्पक्ष विचारक यह मानने को तैयार नहीं होगा プラーナを研究すると偏向のない思想家はだれでもこれを認めようとはしないだろう
स्वान [名]〔動〕犬= श्वान; कुत्ता.
स्वानुभव [名] 自分の体験；自分の経験；実体験；実感
स्वानुभूति [名*] = स्वानुभव.
स्वाप [名] (1) 睡眠；眠り= निद्रा; नींद. (2) 夢= स्वप्न; ख़्वाब. (3) 無知= अज्ञान.
स्वापक [形] 眠らせる；眠気を催させる；催眠性の= निद्राकारक.
स्वाभाविक [形] ←स्वभाव. (1) 生まれつきの；生来の वे मनुष्य में स्वाभाविक रूप से विद्यमान रहते हैं それらは人間に生来備わっている (2) もっともな；当たり前の इसका विवाहों और परिवार के प्रकारों तथा अपराधों पर प्रभाव पड़ना स्वाभाविक है このことの影響が結婚や家族のあり方や犯罪に及ぶのはもっともなことである (3) 自然な= नैसर्गिक.

स्वाभाविकता [名*] ←स्वाभाविक. भाषा की स्वाभाविकता 言葉の自然さ कहानियों में स्वाभाविकता और सजीवता आ गई है 小説は自然なものとなり生き生きとしたものになってきている
स्वाभिमान [名] 自尊心；自負心
स्वाभिमानशील [形] 自尊心の強い；自尊心の高い；気位の高い= आत्माभिमानी.
स्वाभिमानी [形] → स्वाभिमानशील. वे इतनी स्वाभिमानी थीं कि उन्होंने किसी से मदद नहीं ली 気位が非常に高くだれの助力も求めなかった
स्वामित्व [名] (1) 所有；所蔵 (2) 所有権 एक मुख्य समस्या है भूमि के स्वामित्व की 土地の所有権に関するものが主な問題である (3) 主人であること；所有者であること **(-के) स्वामित्व में हो॰** （ーが）所有する；所蔵する
स्वामिनी [名*] (1)（女）主人 अपनी स्वामिनी का अपूर्व त्याग 自分の主人の比類のない献身 (2) 持ち主；所有者
स्वामिभक्त [形・名] 忠節な（人）；忠義な（人）；忠臣
स्वामिभक्ति [名*] 忠節；忠義；忠誠心 जनता ने इस नवयुवक मौर्य राजा का स्वागत किया और उसके प्रति पूरी स्वामिभक्ति दिखाई 臣民はこの若いマウリヤの王を歓迎し王に全き忠節を示した अंध स्वामिभक्ति की परंपरा 盲目的な忠誠心の伝統
स्वामी [名] (1) 主人；主；殿様 कैलास के स्वामी कुबेर カイラーサ山の主クベーラ (2) 所有者；オーナー；持ち主 खेत का स्वामी 畑の所有者 एक होटल का स्वामी ホテルのオーナー (3) 夫 (4) 高僧，上人，聖者などへの呼びかけの言葉や敬称 (5) 神；主
स्वायंभुव[1] [名]〔イ神〕スヴァーヤンブヴァ（1 カルパ，すなわち，1 期に 1 人，14 期に 14 人現れるとされるマヌの第 1）→ कल्प, मनु.
स्वायंभुव[2] [形] (1) ブラフマーの (2) スヴァーヤムブヴァ・マヌの
स्वायंभू [名]〔イ神〕スヴァーヤンブー= स्वायंभुव[1].
स्वायत्त [形] (1) 自主的な (2) 自治権のある〈autonomous〉 स्वायत्त सरकार 自治政府 स्वायत्त निकाय 自治体〈autonomous body〉
स्वायत्तता [名*] ←स्वायत्त. (1) 自治；独立性；独立権限〈autonomy〉 विश्वविद्यालय की स्वायत्तता 大学の自治 राज्यों की स्वायत्तता 州の自治 (2) 自治権 स्वायत्तता दे॰ 自治権を与える
स्वायत्त शासन [名] (1) 自治 (2) 自治体= स्वायत्त निकाय.
स्वायत्तशासी [形] 自治権のある
स्वार्थ [名] (1) 私利；自分だけの利益 (2) 私欲 (3) 利害関係；利益；利権 उन्होंने मंत्रिमंडल के सदस्यों को पाबंद किया है कि वे उन लोगों के साथ खाना-पीना नहीं करें जिनके स्वार्थ सरकार से जुड़े हैं 政府との間に利害関係のある人とは一緒に食事をとらないように閣僚に制限を課した (4) わがまま
स्वार्थता [名*] 利己主義；自分本位；わがまま
स्वार्थत्याग [名] 利己的な行為を止めること；利他；自己犠牲
स्वार्थत्यागी [形] 利他の精神を持つ；自己犠牲的な；献身的な
स्वार्थपर [形] 自分の利益のみを考える；わがままな；身勝手な；利己的な
स्वार्थपरता [名*] わがまま；身勝手；利己的な行為；利己主義 वह अपनी स्वार्थपरता पर लज्जित हुआ 自分の身勝手を恥じた
स्वार्थपरायण [形] 大変利己的な；甚だ身勝手な= स्वार्थी; ख़ुदग़रज़.
स्वार्थपरायणता [名*] ←स्वार्थपरायण.
स्वार्थपूर्ति [名*] 私利私欲の達成 पारस्परिक स्वार्थपूर्ति के लिए बनाए गए संबंध 互いに私利私欲を満たすために作られた関係 स्वार्थपूर्ति में लिप्त 私利私欲に溺れた
स्वार्थमय [形] 全く利己的な；自己本位の
स्वार्थलिप्त [形] 甚だ利己的な；私利私欲に溺れた
स्वार्थलिप्सा [名*] 私利私欲への執着
स्वार्थलिप्सु [形] 私利私欲に走る；私欲に執着する
स्वार्थवश [副] 私利私欲のために；欲に駆られて
स्वार्थवाद [名] 利己主義；エゴイズム〈egoism〉
स्वार्थवादी [形・名] 利己主義の；エゴイスティックな；エゴイスト〈egoistic; egoist〉
स्वार्थसाधक [形] 身勝手な；利己主義の
स्वार्थसाधन [名] 私利私欲を図ること；私利私欲の達成；利己主義；身勝手な行為 राजनीतिबाज़ वह व्यक्ति होता है जो केवल अपना या अपने दल का स्वार्थ-साधन करता है 政治屋とは自分や自分の党派のみの利益達成を図る人のこと
स्वार्थसिद्धि [名*] 自分の利益や目的が達せられること

स्वार्थांध [形] 私利私欲に目のくらんだ
स्वार्थी [形] 利己的な；身勝手な；利己主義な
स्वालोचन [名] 自己批判
स्वावलंबन [名] (1) 自立；独立；独立独行 इस प्रकार सहकारिता परस्पर संगठन द्वारा स्वावलंबन प्राप्त करने की विधि है このように協同とは相互の組織によって自立を達成する方法のこと छात्रों में स्वावलंबन व आत्म-विश्वास की भावना पैदा कर सके 学生の間に自立性と自信を生み出せるように (2) 自給自足
स्वावलंबी [形] (1) 自立した；独立した；独立独行の；独り立ちの स्वावलंबी बनना 自立する (2) 自給自足の
स्वास्थ्य [名] (1) 健康 उसका स्वास्थ्य भी खराब रहने लगा 健康も悪くなりだした स्वास्थ्य और सुंदरता 健康と美容 स्वास्थ्य गिरना 健康が悪化する；健康が損なわれる उसका स्वास्थ्य गिरा हुआ था 健康が悪化していった (2) 健全さ
स्वास्थ्यकर [形] 健康に良い；健康増進の
स्वास्थ्य केंद्र [名] 保健所；保健センター
स्वास्थ्य परीक्षण [名] 健康診断 = स्वास्थ्य परीक्षा
स्वास्थ्यप्रद [形] = स्वास्थ्यकर.
स्वास्थ्य प्रमाणपत्र [名] 健康診断書
स्वास्थ्य बीमा [名] 健康保険
स्वास्थ्य मंत्रालय [名] 保健省；厚生省 भारत सरकार का स्वास्थ्य मंत्रालय インド連邦政府保健省 स्वास्थ्य और समाजकल्याण मंत्रालय 厚生・社会福祉省
स्वास्थ्य मंत्री [名] 保健相；厚生大臣
स्वास्थ्य रक्षा [名*] 健康保持；保健衛生
स्वास्थ्यलाभ [名] 健康回復；快復；恢復；床上げ स्वास्थ्यलाभ क。 健康を取り戻す；快復する
स्वास्थ्यवर्धक [形] 健康増進の；健康によい स्वास्थ्यवर्धक जलवायु 健康に良い気候風土
स्वास्थ्य विज्ञान [名] 衛生学 〈hygiene〉
स्वास्थ्य विभाग [名] (1) 保健局 (2) 保健省
स्वास्थ्य विवरण [名] 健康診断書= स्वास्थ्य रिपोर्ट.
स्वास्थ्य-सेवा [名*] 保健活動；保健管理；保健衛生事業 शिक्षा के साथ-साथ स्वास्थ्य सेवा में भी बहुत प्रगति हुई है 教育と共に保健活動面でも大幅な進展を見た
स्वाहा[1] [感] (1)〔ヒ〕供物を火に投じて神に捧げる際唱える呪文；スワーハー (2)〔仏〕そわか（蘇婆訶）
स्वाहा[2] [形] (1) 台無しになった खाद्य पदार्थों को स्वाहा क。 食物を台無しにする (2) 燃え尽きた **स्वाहा हो。** 燃え尽きる；灰燼に帰す；烏有に帰す
स्विंग [名] 《E. swing》〔ス〕スイング= झुलाना.
स्विच [名*] 《E. switch》スイッチ बिजली की स्विच 電気のスイッチ स्विच आन क。 スイッチを入れる；オンにする= स्विच खोलना. स्विच ऑफ़ क。 スイッチを切る；オフにする= स्विच बंद क。. डिफ्रास्टिंग स्विच बंद करके 霜取りボタンを切って
स्विट्ज़रलैंड 〔国名〕《E. Switzerland》スイス
स्विमिंग [名] 《E. swimming》水泳；スイミング
स्विमिंगपूल [名] 《E. swimming pool》水泳プール；プール
स्वीकरण [名] (1) 受け取ること；受領すること (2) 認可すること；許認すること
स्वीकार [名] (1) 受け入れること；受け入れ (2) 認めること (3) 承認；承諾 (-को) **स्वीकार क。** (ーを) 受け入れる जो कोई भी इस्लाम धर्म को स्वीकार कर ले イスラム教を受け入れる者はだれであれ अनेक बार रोगी का शरीर प्रत्यारोपित अंग अथवा त्वचा को स्वीकार नहीं करता しばしば患者の身体は移植された器官や皮膚を受けつけないものである (-) **स्वीकार क。** (ーを) 受け入れる；承認する यह सिद्धांत उस समय स्वीकार नहीं किया गया この原則はその時は承認されなかった (-को) **स्वीकार कराना** *a.* (ーを) 受け入れさせる *b.* 認めさせる；承認させる अपराध को स्वीकार कराके दंड न देना ही शायद कुछ असर करे 罪を認めさせ処罰しないほうがいささか効果的だろう (-) **स्वीकार हो。** (ーが) 受け入れられる आपकी बात हमें स्वीकार है 手前は貴方の仰る通りでよろしい（承知しました；結構です）
स्वीकारना [他] (1) 認める उसके परिणामों को देखते हुए राज्य सरकारों को अपनी भूल स्वीकारनी पड़ी それの結果を見て州政府は過ちを認めねばならなくなった (2) 受け取る；受領する (3) 受け入れる
स्वीकारात्मक [形] 肯定的な मैंने जवाब में स्वीकारात्मक गर्दन हिला दी 私は「うん」と首を振った
स्वीकारोक्ति [名*]〔法〕被疑者が容疑事実を認めること；自供
स्वीकार्य [形] 受け入れられる；受容される；認められる；受諾できる；容認できる पुरातत्त्व के विद्वानों को यह दावा स्वीकार्य नहीं है 考古学の学者たちにはこの主張は受け入れられない
स्वीकार्यता [名*] ←स्वीकार्य. 受諾；応諾；容認；認容
स्वीकृत [形] (1) 受け入れられた (2) 許可された (3) 承認された；許認された；認められた (-) **स्वीकृत क。** (ーを) 受け入れる；許可する；承認する (-) **स्वीकृत हो。** (ーが) 受け入れられる；許される；認められる；承認される；認容される
स्वीकृति [名*] (1) 受け入れ；受容 (2) 許可；承認；許認 उसी समय साहब के यहाँ से स्वीकृति आ गई ちょうどその時主人のところから許可が届いた राष्ट्रपति की स्वीकृति 大統領の承認 संसद की स्वीकृति 国会の承認 (-को) **स्वीकृति दे。** (ーに) 承認を与える वह इसके लिए स्वीकृति देती है これについて承認を与える
स्वीट [形] 《E. sweet》(1) 甘い；甘味の (2) 甘美な (3) 優しい；親切な (4) 心地よい；気持ちのよい；楽しい
स्वीटनर [名] 《E. sweetener》人工甘味料；甘味料
स्वीट पी [名] 《E. sweet pea》〔植〕マメ科スイトピー【*Lathyrus odoratus*】
स्वीट्ज़रलैंड 〔国名〕《E. Switzerland》スイス
स्वीडन 〔国名〕《E. Sweden》スウェーデン
स्वीडिश[1] [形・名] 《E. Swedish》(1) スウェーデンの स्वीडिश फ़र्म スウェーデンの企業 (2) スウェーデン風の (3) スウェーデン人（の）
स्वीडिश[2] [名*] 《E. Swedish》〔言〕スウェーデン語
स्वीमिंग पूल [名] 《E. swimming pool》スイミングプール；プール→ स्विमिंग.
स्वेच्छया [副] 気の向くままに；思いのままに；任意に；自発的に
स्वेच्छा [名*] 自分の気持ち；自分の思いのまま；任意；自発的なこと
स्वेच्छाचार [名] 独善的な行為
स्वेच्छाचारिता [名*] 専横；横暴；専制 मुख्य मंत्री और उनके अनुयायियों की स्वेच्छाचारिता से सारा देश बखूबी परिचित है 州首相とその取り巻きの専横については全国によく知られている मुखिया की स्वेच्छाचारिता 家長の横暴
स्वेच्छापूर्वक [副] 自ら；任意に；自発的に उसने खर्च उठाने के लिए स्वेच्छापूर्वक तैयारी दिखाई है 費用の負担の用意を自ら示した
स्वेज़ नहर [名*] 《E.+ A. نهر ← E. the Suez Canal》スエズ運河
स्वेटर [名] 《E. sweater》セーター
स्वेद [名] 汗 = पसीना. हलके-हलके स्वेद के कण चमक रहे थे うっすらと汗の滴が光っていた
स्वेद ग्रंथि [名*]〔解〕汗腺 〈sweat gland〉
स्वेदज [形・名] 汗から生じる（と考えられたシラミ，南京虫などの様々な虫の類の生き物．古代インドの生物分類の一）
स्वेदजल [名] 汗= पसीना.
स्वेदन [名] 発汗；汗をかくこと
स्वेदित [形] 汗をかいた；発汗した
स्वेदी [形] 汗をかかせる；発汗させる
स्वैच्छिक [形] (1) 任意の (2) 自発的な स्वैच्छिक कार्यकर्ता ボランティア स्वैच्छिक पदत्याग 依願退職；自主退任
स्वैर [形] 身勝手な；自分勝手な；わがままな= स्वेच्छाचारी.
स्वैरचार [名] 身勝手；自分勝手な行動；気ままな行動；放縦
स्वैरचारिणी [形*・名*] = स्वैरचारी.
स्वैरचारी [形] 身勝手な；自分勝手な；気侭な；放縦な；放埒な；ふしだらな
स्वैर संबंध [名]〔文人〕乱婚= यौन स्वैरिता.
स्वैराचार [名] 自分勝手な行為；身勝手な行為；放縦；放埒
स्वैराचारी [形] 放縦な；だらしのない；ふしだらな
स्वैरिणी [名*] 不誠実な女；ふしだらな女；みだらな女
स्वैरिता [名*] 身勝手；気ままな行為；放縦；放埒= स्वैरित्व. यौन स्वैरिता 性的放縦
स्वैरी [形・名] (1) 身勝手な（人）；自分勝手な（人） (2) 放蕩者

ह

हँकनी [名*] (1) 牧夫などが家畜を追ったり駆り立てること (2) 動物などを追ったり駆り立てるのに用いる短い棒 (3) 牧場で家畜に草をはませる女性
हँकराना[1] [他] (1) 大声を出して呼ぶ；大声をあげて呼びかける (2) 呼ぶ
हँकराना[2] [他・使] ←हाँकना. (大声で) 呼ばせる；(大声で) 呼んでもらう= बुलवाना.
हँकराव [名] 大声で呼ぶこと；大声で叫ぶこと
हँकलाना [自] = हकलाना.
हँकवा [名] (1) 動物を駆り立てる人 (2) 勢子 (3) 勢子を使用しての狩猟
हँकवाना [他・使] ←हाँकना. (1) 人に大声で呼ばせる (2) 家畜を追わせる；家畜を駆る (3) (牛馬の引く車を) 操らせる
हँका [名] 大声で人に呼びかけること हँका दे॰ 大声で叫ぶ；大声で呼ぶ= हँका लगाना.
हँकाई [名*] (1) (動物の引く車を) 駆ること；御すること；走らせること (2) その労賃
हँकाना[1] [他] (1) 動物や家畜を追う= हाँकना. (2) 叫ぶ；大声をあげる
हँकाना[2] [他・使] = हँकवाना.
हंकार[1] [名] 雄叫び= हुंकार.
हंकार[2] [名] = अहंकार.
हँकार [名*] (1) 大声で呼ぶこと；大声で叫ぶこと (2) 大きな呼び声；人を威圧するための大きな叫び声
हँकारना [自] 雄叫びをあげる
हँकारना[1] [他] (1) 大声で呼ぶ；大声で叫ぶ (2) 大声をあげて人を呼び寄せる
हँकारना[2] [自] 大声をあげる；うなり声をあげる
हँकारा [名] (1) 呼び声= बुलाहट; पुकार. (2) 招き= बुलौवा; न्यौता.
हँकारी [名] 人を呼びに遣わされる人
हंगरी [国名] 《E. Hungary》ハンガリー共和国
हँगल [名] [動] シカ亜科アカシカ；カシミールアカシカ【*Cervus elaphus hangla*】〈Kashimir stag〉
हंगाम [名] 《P. ہنگام》(1) 時；時期= समय. (2) 好機；時機= अवसर. (3) 季節= मौसम; ऋतु.
हंगामा [名] 《P. ہنگامہ》(1) 騒ぎ；騒動；混乱 (2) 騒擾；反乱；謀反
हंगामी [形] 《P. ہنگامی》(1) 今現在の；当座の；当面の (2) 臨時の (3) 緊急の；応急の；非常事態での मंत्रिमंडल की हंगामी बैठक में 緊急閣議において
हंगेरियन[1] [形] 《E. Hungarian》ハンガリーの
हंगेरियन[2] [名] ハンガリー人
हंगेरियन[3] [名*] [言] ハンガリー語
हंगेरिया [国名] 《E. Hungary》ハンガリー共和国
हंगेरियाई [形] 《E. Hungary》ハンガリーの भारत-हंगेरियाई सहयोग インドとハンガリーの協力関係
हंज [名] [鳥] フラミンゴ科フラミンゴ属ベニイロフラミンゴ【*Phoenicopterus ruber*】
हंटर [名] 《E. hunter》鞭 हंटर हाथ में लिये घूमते 鞭を握って歩き回る साला यहाँ आए तो हंटर से खबर लूँ あ奴が来たら鞭で可愛がってやる हंटर जमाना 鞭で打つ；鞭打つ= हंटर मारना; हंटर लगाना.
हंटिंगटन रोग [名] 《← E. Huntington's disease; Huntington's chorea》[医] ハンチントン舞踏病
हँडकुलिया [名*] ままごと遊びの道具 (調理器具や食器のミニチュア)
हँडना [自] (1) うろつき回る；歩き回る (2) ぶらぶらする
हंडरवेट [名] 《← E. hundred weight》ハンドレッドウエイト (重量単位) (= 112 ポンド= 50.80kg)
हंडल [名] 《E. handle》ハンドル；取っ手；握り= हैंडिल; हैंडल; मुठिया; बेंट.
हँडवाई [名*] 調理器具や食器類；台所用品
हँड़वाना [他・使] = हँकवाना.
हंडा [名] (1) 大型の銅製や真鍮製の水入れの容器 (2) 大型の石油ガスランプ **हंडा फोड़ना** 秘密を暴く
हँड़ाना [他] (1) 連れ回す；連れ歩く (2) 用いる；使う；使用する；着用する
हँड़िया [名*] (1) 土鍋 (2) ロウソクの火を覆い包むのに用いられるほや (火屋) (3) 米や大麦から作る醸造酒 **हँड़िया गर्म हो॰** *a.* 稼ぐ *b.* 収賄する **हँड़िया चढ़ना** *a.* 土鍋が火にかけられる；料理の準備がなされる *b.* 儲かる **हँड़िया चढ़ाना** 土鍋を火にかける；料理を用意する **हँड़िया दागना** 土鍋を火にかける **हँड़िया ब्राह्मण** 檀家から委託された遺骨や遺灰をガンジス川に流しに行くのを仕事としたバラモン (ラージャスターン)
हंत [感] 驚愕，悲嘆，悔悟などの気持ちを表す感動詞
हंतकार [名] (1) [ヒ] 食事の際，客人，出家者に供するものとしてあらかじめ取り分けておかれる食事の一部 (2)'हंत' の叫び声
हंतव्य [形] (1) 殺害されるべき (2) 無視されるべき
हंता [形・名] (1) 殺害する (人)；殺害者 (2) 強奪する (人)；強盗；追い剥ぎ
हंदा [名] [ヒ] (1) 司祭やバラモンの家に供するため檀家において予め取り分けられる食事 (2) 司祭やバラモンのための食事
हंबा [名*] 牛や水牛の鳴く声= हंभा.
हंस [名] (1) [鳥] ガンカモ科コブハクチョウ【*Cygnus olor*】(ブラフマー神の乗り物) (2) [鳥] ハイイロガン，ガチョウ，ハクチョウなどの異称 (3) [イ哲] ブラフマン (梵) (4) [イ哲] アートマン (個我)；ジーヴァ (5) 生気；生命力 **हंस उड़ जा॰** 死ぬ；息が絶える= **हंस छोड़ जा॰** **हंस कौए का साथ हो॰** 性格や性分などが対照的な人間関係のたとえ **हंसों में कौआ** 賢者の中の愚者
हंसगति [名*] (1) コブハクチョウのようなゆったりとした優雅な歩き方 (女性の美しい歩き方のたとえとして述べられる) (2) [韻] ハンスガティ (各パーダが 20 モーラから成るモーラ韻律. 11 - 9 で休止)
हंसगामिनी [形*] コブハクチョウのようなゆっくりとした優雅な歩き方をする (女性)
हंसदेव [名] [鳥] ガンカモ科ハジロモリガモ【*Cairina scutulata*】= देवहंस.
हँसना [自] (1) (嬉しさ，喜びに声を出して) 笑う हँसना-खिलखिलाना 普通に笑ったり大声で笑ったりする (2) 嘲る；笑う；笑いものにする मिसेज़ सक्सेना को अपने ऊपर हँसने का मौका वह न देना चाहता था サクセナー夫人に笑われる機会を与えたくなかった **हँसकर ज़हर पीना** 進んで苦労を引き受ける；喜んで辛いことをする **हँसकर टालना** あしらう；茶化す= हँसकर बात उड़ाना. **हँसता-मुसकराता** にこやかな कितनी हँसती मुसकराती बहू आई है ほんとににこやかな嫁が来たものだ **हँसते बने न रोते** 笑うことも泣くこともできない；どうしたらよいかわからない様子；甚だ困惑した状況にあること **हँसते हुए** 喜んで；笑顔で **हँसते-हँसते** 進んで；喜んで；喜び勇んで उसने हँसते-हँसते अपने प्राण न्यौछावर कर दिए 喜んで命を捧げた **हँसते-हँसते दोहरा हो जा॰** = हँसते-हँसते बुरा हाल हो॰. **हँसते-हँसते पेट में बल पड़ना** = हँसते-हँसते बुरा हाल हो जा॰. **हँसते-हँसते बुरा हाल हो जा॰** おかしくて腹の皮がよじれる；おかしくてたまらない；笑いころげる **हँसते-हँसते लोट-पोट हो॰** = हँसते-हँसते बुरा हाल हो जा॰. **हँसना-खेलना** 楽しく遊ぶ；元気に笑ったり遊んだりする；楽しく過ごす उसी रात को उसका हँसता-खेलता सात साल का बालक अपनी बाल-लीला समाप्त करके इस संसार से सिधार गया その夜元気でにこやかな 7 歳の男の子が短い寿命を終えてこの世から旅立った उन्हें बच्चों के साथ हँसने-खेलने में बड़ा आनंद आता था あの方は子供たちと遊ぶのがとても楽しかった हर लड़की पहला सावन अपनी सखी-सहेलियों के साथ हँस-खेलकर बिताने का सपना देखती है 新妻は最初のサーワン (雨季の里帰り) を友達や仲間と過ごすことを夢見るもの शराब एक हँसते खेलते परिवार को तबाह कर देती है 酒は楽しい家庭を破滅さ

せてしまう **हँसना-बोलना** 談笑する；うちとけて話し合う हम सब लोग आपस में हँस बोल रहे थे 我々全員がうちとけて話し合っているところだった कुछ दिन सब से हँस बोलकर देखो しばらくだれとでもうちとけて話してみてごらん **हँसना-हँसाना** 笑ったり笑わせたりする；にこやかにする；楽しくする हर समय हँसता-हँसाता है いつもにこやかに過ごす हँसने-हँसाने से उम्र बढती है 笑ったり笑わせたりすると（にこやかにしていると）長生きするものだ

हँसमुख [形] (1) にこやかな हँसमुख चेहरा にこやかな顔 (2) 朗らかな；明朗な；明るい；愉快な

हंसराज [名]〔植〕イノモトソウ科クジャクシダ属アジアンタム【*Adiantum capillus-veneris*】〈maidenhair fern〉

हँसली [名*] (1) 鎖骨＝गले की हड्डी. (2) 女子が鎖骨のあたりにつける金銀製の三日月型の首飾り，ハンスリー

हँसाई [名*] (1) 笑うこと (2) 嘲笑；物笑い

हँसाना [他] (1) 笑わせる अपने मोटापे से हँसाने वाली टुनटुन その太り具合で人を笑わせるでぶっちょ जरूर कुछ हँसाता है 必ず少し笑わせる (2) 喜ばせる；楽しませる हँसानेवाली कहानियाँ 面白い話

हंसिनी [名*] ←हंस. 雌のコブハクチョウ

हँसिया [名*] かま；鎌

हँसी [名*] (1) 笑うこと；笑い (2) 笑い声 (3) 冗談 (4) 冷やかし **हँसी आ॰** おかしくなる；笑いがこみあげる बात करते समय किसी बात पर हँसी आ जाना स्वाभाविक है 話をしている際何かのことで笑いがこみあげてくるのは自然なことです **हँसी उछालना** 笑う (-की) **हँसी उड़ाना** (ーを) 嘲る；笑いものにする；からかう लड़कों ने भी मोहन की हँसी उड़ाई 子供たちまでがモーハンをからかった (-की) **हँसी क॰** (ーを) 笑いものにする (-की) **हँसी करवाना** (ーを) 笑いものにさせる；(ーに) 恥をかかせる क्या मेरी हँसी करवानी है? 私を笑いものにするつもりかい **हँसी का फव्वारा छूटना** 大笑いする；哄笑する **हँसी का विषय** 笑い種 **हँसी की रेखा** 笑み；微笑み **हँसी-ख़ुशी** 楽しく；幸せに वह एक तालाब के किनारे हँसी-ख़ुशी रहा करता था その人はある池のほとりに幸せに暮らしていた **हँसी ख़ुशी ज़िंदगी गुज़ारना** 幸せに暮らす；安穏に暮らす **हँसी-ख़ुशी में** 楽しく；安穏無事に मेहमान एक हफ़्ते तक रहे.हँसी ख़ुशी में समय कैसे कट गया 客は 1 週間留まった．時間がなんと楽しく過ぎ去ってしまったことか **हँसी-ख़ुशी से** *a.* 喜んで *b.* 楽しく；愉快に वह साल भर में एक महीने के लिए हँसी-ख़ुशी से रहने के लिए आता है 1 年のうちひと月を楽しく過ごすためにやって来る **हँसी-खेल** 容易なこと；遊び；戯れ ऐसे देश का संविधान बनाना कोई हँसी-खेल न था このような国の憲法をこしらえるのは容易なことではなかった **हँसी-खेल में रहना** 何もせずにぶらぶら過ごす；のほほんと過ごす (-) **हँसी-खेल समझना** (ーを) 見くびる **हँसी-ठट्ठा** 気楽なこと；容易なこと；遊びごと；簡単なこと रावण बनाना क्या हँसी-ठट्ठा है! ラーヴァナの張り子をこしらえるのは遊びごとじゃないぞ！ **हँसी-ठट्ठा क॰** ふざけること घंटों हँसी-ठट्ठा करने के मौके ही नहीं देने चाहिए 何時間もふざけるような機会を与えてはならぬ **हँसी-ठट्ठा समझना** 見くびる **हँसी-ठठोली क॰** ふざける＝हँसी-ठट्ठा क॰. **हँसी दबाना** 笑いをこらえる **हँसी-दिल्लगी** 冗談；ふざけ लोग हँसी-दिल्लगी, आमोद-प्रमोद करते रहते हैं मेरे लिए वह सब हराम है いつも世間の人はふざけたり楽しんだりしているがそれは私には禁じられたこと **हँसी-मज़ाक़** ふざけ；ふざけること ज़ोर-ज़ोर से हँसी-मज़ाक़ करते हैं 大声でふざける वह हँसी-मज़ाक़ से कभी नाराज़ नहीं होती あの人はふざけても決して怒らない (-) **हँसी-मज़ाक़ समझना** (ーを) 見くびる **हँसी में** 冗談めかして एक दिन न रहा गया.हँसी में पूछ बैठा, 'जब देखता हूँ, यही साड़ी पहने दीखती हो' ある日我慢ならなくなって冗談めかして言った．「いつ見ても同じサリーだね」 **हँसी में उड़ा दे॰** 笑い飛ばす＝चुटकियों में उड़ाना. **हँसी में खाँसी हो॰** 冗談から話がこじれる＝हँसी में बखेड़ा हो॰. **हँसी में दोहरा हो॰** 笑いころげる **हँसी में ले जा॰** 冗談と思う；冗談と取る **हँसी समझना** 容易なことと思う；たやすいことと判断する **हँसी-हँसी** にこやかに；機嫌よく वह हँसी-हँसी सारा घर का काम करती थी にこやかに家中の仕事をしていた **हँसी-हँसी में** *a.* 簡単に；容易に *b.* 冗談を言い合ううちに；ふざけているうちに दोनों हँसी-हँसी में ही थोड़ा तुनकने लगे थे 冗談を言い合っているうちに機嫌を損ねてしまったのだった

हंसी [名*]〔鳥〕コブハクチョウの雌→हंस; हंसिनी.

हँसुआ[1] [形] よく笑う；笑い上戸の＝हँसोड़.

हँसुआ[2] [名] 鎌＝हँसिया.

हँसोड़ [形] (1) 笑い上戸の (2) 愉快な；陽気な एक लड़का उनमें बहुत ही हँसोड़ था その中の 1 人の少年が特に朗らかだった आप तो कोई ख़ास किस्म के हँसोड़ मालूम पड़ते हैं 特別に愉快な方とお見受けします

हँसौहाँ [形⁺] (1) 笑っている；笑顔の (2) よく笑う；笑い上戸の (3) 面白い；愉快な

हक़[1] [名]《A. حق》(1) 権利＝अधिकार. जानवर को भी समाज में जीने का हक़ है 動物にも社会の中で生きる権利がある कोई किसी का हक़ नहीं लेता だれも人の権利を奪わない (2) 報酬＝पारिश्रमिक; मेहनताना. (3) 神＝ईश्वर; ख़ुदा. (4) 義務；務め＝कर्तव्य. **हक़ अदा क॰** 義務を果たす **हक़ क़ायम क॰** 支配する；支配下に置く＝हक़ जमाना. **हक़ दबना** 権利が侵害される **हक़ दबाना** 権利を侵害する (अपने) **हक़ पर लड़ना** 当然の主張のために闘う；自分の権利を守るために戦う **हक़ पर हो॰** (主張が) 正当な；適正な **हक़ मरना**＝हक़ दबना. **हक़ मारना**＝हक़ दबाना. (-के) **हक़ में** *a.* (ーに) とって अगर तुम लोगों ने देवियों के साथ ज़रा भी गुस्ताख़ी की तो तुम्हारे हक़ में अच्छा न होगा もしも御婦人たちに対していささかでも失礼なことをしたら君たちにとってまずいことになるぞ यह आपके हक़ में अच्छा नहीं रहेगा これはあなたにとって不都合なことになりましょう *b.* (ーに) ついて；関して अब मेरे हक़ में क्या फ़रमाते हो? さて私のことについてなんとおっしゃいますかね (-के) **हक़ में काँटे बोना** (ーに) 対して害になることをする (-के) **हक़ में हो॰** (ーを) 支持する；賛同する；考えや意見の一方に賛成すること फ़ैसला तो मास्टर साहब के ही हक़ में होगा 裁定は先生側を支持したものになるだろう मैं तो भाई, बिना अता-पता लिये हरगिज़ नौकर रखने के हक़ में नहीं 私はね調べもせずに使用人を雇うのには絶対に反対するんだ ख़ुराक की चीज़ों को एकाएक बदलने के हक़ में मैं नहीं हूँ 私は飲食物を急に変えるのには賛成しない

हक़[2] [形]《A. حق》(1) 正しい；真の；真実の (2) 公正な；正当な

हक़गो [形]《A.P. حق گو》正直な；誠実な；本当のことを言う

हक़गोई [名*]《A.P. حق گوئی》正直；誠実；本当のことを言うこと

हक़-तआला [名]《A. حق تعالیٰ》神；最高神＝ईश्वर.

हक़-तलफ़ी [名*]《A. حق تلفی》権利侵害＝स्वत्व-हानि.

हकदक [形] びっくりした；たまげた；あわてふためいた＝हक्का-बक्का; स्तंभित; चकित.

हक़दार [形]《A.P. حق دار》(1) 権利を持つ；資格を持つ हम भी इस ईश्वर की दुनियाँ में बराबर के हक़दार हैं 私たちもこの神の支配する世界に等しく権利を持っている वह भी इसका लाभ उठाने के हक़दार हैं あの人もこれの利益にあずかる資格を持っている (2) 値する；ふさわしい बड़ी से बड़ी सज़ा का हक़दार 最高の罰に値する

हक़नाशनास [形]《A.P. حق ناشناس》(1) 忘恩の；恩知らずの＝कृतघ्न; एहसानफ़रामोश. (2) 神を知らない；神の存在を知らない ↔ हक़शनास

हक़नाशनासी [名*]《A.P. حق ناشناسی》(1) 忘恩；恩知らずなこと；忘恩の振る舞い＝कृतघ्नता; एहसान फ़रामोशी. (2) 神の存在を知らぬこと ↔ हक़शनासी

हक़नाहक़ [副]《A.P.حق ناحق》(1) わけもなく；然るべき理由もなく लोगों ने हक़-नाहक़ उसको बदनाम कर दिया है わけもなく世間から汚名を着せられている (2) しゃにむに；むりやりに；強引に

हक़परस्त [形]《A.P. حق پرست》敬虔な；信心深い

हक़परस्ती [名*]《A.P. حق پرستی》敬虔さ；信心深さ

हक़पसंद [形]《A.P. حق پسند》正直な；誠実な＝सत्यनिष्ठ.

हक़पसंदी [名*]《A.P. حق پسندی》正直さ；誠実さ

हक़फ़रामोश [形]《A.P. حق فراموش》忘恩の；恩知らずな；恩義をわきまえない＝कृतघ्न; नमकहराम.

हक़फ़रामोशी [名*]《A.P. حق فراموشی》忘恩（の行為）；恩知らずな振る舞い＝कृतघ्नता; नमकहरामी.

हक-बक [形]＝हक्का-बक्का.

हकबकाना [自] 茫然となる；唖然となる；大変動転する= हक्का-बक्का हो जा०; घबरा जा०.

हक़बीं [形] 《A.P. حق بین / حق بیں》= हक़बीन. 正義を求める；公正な；公平な= सत्यनिष्ठ.

हक़बीनी [名*] 《A.P. حق بینی》公正；公平

हकम [名] 《A. حکم》仲裁役；調停人= पंच.

हक़मालिकाना [名] 《A. حق مالکانہ》所有権

हकला [形⁺] どもりの；吃音の राय बहादुर का हकला नौकर ラーエバハードゥルの吃音の使用人

हकलाना [自] (1) どもる (2) 口ごもる मौसी हकलाती हुई बोली (泣いているために）おばは口ごもりながら言った

हकलापन [名] = हकलाहट.

हकलाहट [名*] どもること；吃音

हक़शनास [形] 《A.P. حق شناس》(1) 恩を知る；恩義を知る= कृतज्ञ. (2) 神を知る

हक़शनासी [名*] 《A.P. حق شناسی》(1) 恩を知ること；恩義を知ること= कृतज्ञता. (2) 神の存在を知ること

हक़शुफ़ा [名] 《A. حق شفعہ हक़्क़े शुफ़आ》〔商〕先買権；優先買取権 ⟨right of pre-emption⟩

हकार [名] ह の文字と発音

हक़ारत [名*] 《A. حقارت》軽蔑；蔑視；侮辱；侮蔑= अपमान; तिरस्कार; बेइज़्ज़ती. उसने हक़ारत की निगाहों से देखा 軽蔑の眼差しで見た

हकारना[1] [他] (1) 帆を張る (2) 旗を掲げる

हकारना[2] [他] = हँकारना. 呼ぶ；大声をあげて呼び寄せる

हक़ीक़त [名*] 《A. حقیقت》(1) 事実；本当のこと (2) 実際；実情；実態 अब मुझे सारी हक़ीक़त मालूम हुई है 私にはもはや一切の事実が判明している पुलिस की पूछताछ से सारी हक़ीक़त सामने आ गई 警察の調査で実態がすっかり明らかになった एक और हक़ीक़त अब सही तौर पर मालूम हो चुकी है もう 1 つの事実が今や正確に判明している हक़ीक़त को रोशन क० 真実を明らかにする **हक़ीक़त खुलना** 真実が明らかになる (**अपने सामने -की**) **हक़ीक़त न समझना** 人を見下す；ものの数に入れない वह अपने सामने किसी की हक़ीक़त न समझता था 誰も彼も見下していた **हक़ीक़त में** 実際に；実態は

हक़ीक़तन [副] 《A. حقیقتاً》実のところ；実際に = वास्तव में; वाक़ई.

हक़ीक़ी [形] 《A. حقیقی》(1) 真の；真実の= सच्चा; असली. (2) 実の；実際の= वास्तविक; यथार्थ. (3) (血縁関係が) 実の；血のつながった= सगा. तले ऊपर के हक़ीक़ी भाई 実の兄弟

हकीम [名] 《A. حکیم》(1) 医者 (特にユーナーニー，すなわち，ギリシア・イスラム医術の；アラビア医術の) (2) 賢人 (3) 哲人；哲学者= दार्शनिक.

हकीमी[1] [名*] 《A.P. حکیمی》医術 (特にアラビア医術)；ユーナーニー医術

हकीमी[2] [形] 医術の (アラビア医術の)

हक़ीयत [名*] 《A. حقیت》(1) 権利 (2) 所有権 (3) 所有物 (4) 所有地

हक़ीयतदार [名] 《A.P. حقیت دار》(1) 所有者；持ち主 ⟨owner⟩ (2) 出資者；パートナー；株主 ⟨shareholder⟩

हक़ीयते दख़ल [名*] 《A.P. حقیت دخل》占有権 ⟨occupancy right⟩

हक़ीयते शिकमी [名*] 《A.P. حقیت شکمی》転借；又借り ⟨under-tenure⟩

हक़ीर [形] 《A. حقیر》(1) 小さい；ちっちゃな；ちっぽけな (2) 卑しい；下賤な；卑賤な= कमीना; तुच्छ; क्षुद्र.

हक़ूक़ [名, pl.] 《A. حقوق हक़ूक़ ←حق हक़》権利；諸権利 अपने हक़ूक़ हासिल करने के लिए 自分の権利を得るために

हक़्क़ [名] 《A. حق》= हक़.

हक्का [名]〔鳥〕フクロウ科の鳥，フクロウ，ミミズクなど

हक़्क़ा[1] [名] = हक़. (**-के**) हक़्क़े लगना (一の) 役に立つ；(一の) 用に立つ；(一に) 役立つ

हक़्क़ा[2] [副] 《A. حقا》神に誓って；神かけて；断じて= ख़ुदा की क़सम; ख़ुदा क़सम; ईश्वर की शपथ.

हक्काक [名] 《A. حکاک》宝石に彫刻や研磨などの加工をする職人

हक़्क़ानी [形] 《A. حقانی》神の；神に関する= ख़ुदाई.

हक़्क़ानीयत [名*] 《A. حقانیت》真実 = सच्चाई; सत्यता.

हक्का-बक्का [形⁺] (1) あわてふためいた (2) 茫然とした；びっくり仰天した सुनकर सारे लोग हक्के-बक्के रह गए 話を聞いて誰も彼も茫然となった आठ हज़ार क्षत्राणियों की राख को देखकर अलाउद्दीन हक्का-बक्का हो गया 8000 人のクシャトリヤの女性の遺灰を見てアラーウッディーンは茫然となった

हक़्क़े रायदिही [名] 《A. P. حق رائے دہی》〔政〕参政権；投票権 = मताधिकार.

हगनहटी [名*] (1) 肛門；尻の穴= गुदा. (2) 便所

हगना[1] [自] 排便する；糞を垂れる **हग भरना** *a.* 排便する；糞を垂れる *b.* 怯える；震えあがる *c.* 恐怖感のため排泄物をもらす；失禁する **हग मरना** (物事をやり遂げるのに) 苦労する **हग मारना** *a.* しりごみする *b.* = हग मरना.

हगना[2] [他] (1) 尻から出す；肛門から出す (2) 強制されてしぶしぶ出す

हगाना [他] 大便をさせる = मलत्याग कराना. **हगा मारना** さんざん悩ませる；激しく苦しめる **हगा ले०** 〔俗〕厳しく徴収する；容赦なく取り立てる

हगास [名*] 便意 **हगास लगना** 便意を催す

हगोड़ा [形⁺] 大変臆病な

हचक [名*] 衝撃；衝撃で揺れること

हचकना[1] [自] 衝撃を受けて揺れる

हचकना[2] [他] 激しく揺する；強く揺らす

हचकाना [他] (1) 衝撃を加えて揺する (2) 激しく揺する

हचकीला [形⁺] 揺れる；振動する；揺れ動く

हचकोला [名] = हिचकोला. (1) 衝撃 (2) 衝撃による揺れ हचकोला खाना 揺れる जोड़ी हचकोले खाती हुई दौड़ती चली जा रही थी 馬車は揺れながら走り続けていた

हचना [自] = हिचकना.

हज [名] 《A. حج हज्ज》〔イス〕ハジ；ハッジ；ハッジュ (イスラム教徒の五大義務である五行の第 5 であるマッカ巡礼／メッカ巡礼)；大巡礼 हज (हज्ज) क० ハッジをする

हजम [名] 《A. حجم हज्म》(1) 太さ；厚さ；厚み= मोटाई; दल. (2) 量 (3) 体積

हज़म [名] 《A. ہضم हज़्म》(1) こなれ；消化 **हज़म क०** 消化する；こなす **हज़म हो०** こなれる；消化される खाया हुआ हज़म नहीं होता 食べた物が消化されない जल्द हज़म होनेवाला すぐにこなれる (もの) (2) 消化力= हाज़िमा; पाचन-शक्ति. (3) 横領 (-) **हज़म कर जा०** (一を) 横領する

हजर [名] 《A. حجر》石；岩石 = पत्थर; प्रस्तर; पाषाण.

हज़रत [名] 《A. حضرت हज़्रत》(1) 聖者，偉人，身分の高い人などに対する敬称 हज़रत मुहम्मद साहब 預言者ムハンマド (2) 単独で丁寧な呼びかけの言葉としても用いられる (3) 狡猾な (人)；抜け目のない (人)；腹黒い (人)；偽善者

हज़रत सलामत [名] 《A. حضرت سلامت》国王などの高位の人に対する呼びかけの言葉

हजरे अस्वद [名] 《A. حجر اسود》〔イス〕カーバ神殿の黒石

हज़ल [名] 《A. ہزل हज़्ल》(1) 下品さ；卑猥さ (2) 下品な冗談 (3) 卑猥な詩

हजाज़ 〔地名〕《A. حجاز》ヒジャーズ (サウジアラビア)

हजाम [名] = हज्जाम.

हजामत [名*] 《A. حجامت》(1) 理髪；調髪 हजामत आधी ही बनाकर चला आया हो 散髪の途中でやってきたみたいに नाई उनकी हजामत नहीं करते थे 床屋はその方の調髪をいつもしていなかった (2) ひげ剃り (3) 理髪代 (4) 暴利をむさぼること (5) 略奪 **हजामत बन जा०** *a.* 調髪，ひげ剃りが行われる *b.* 暴利をむさぼられる *c.* してやられる；だまされる भाई साहब के आने से पहिले ही आप यहाँ तशरीफ़ ले आइएगा, कहीं मुफ़्त में हजामत न बन जाए 兄さんのおいでになる前においで下さい．むざむざとしてやられないように **हजामत बनाना** *a.* 散髪やひげ剃りをする *b.* 暴利をむさぼる मैं ऐसे दूकानदारों के पास जाता ही नहीं, जो हजामत बनाएँ そもそも暴利をむさぼるような店主のところへは行かないようにしている *c.* 叩いたり殴ったりしてひどい目に遭わせる (**-की**) **हजामत साफ़ क०** (一から) 絞り取る；かすめ取る；剥ぎ取る；巻き上げる मिनटों में आगंतुक की हजामत साफ़ कर देता またたく間に客から巻き上げる

ह

हज़ार[1] [数・形]《P. ہزار》(1) 1000 (の)；千 (の) = सहस्र.　(2) 多数の；無数の；数え切れない= अनगिनत; अगणित; असंख्य.　(3) 最高の **आपका स्वास्थ्य आपके लिए हज़ार नेमत है**〔諺〕健康が最高の恵み **दूर ही हज़ार सलाम** まっぴらごめん；こりごりした तुम्हारी दोस्ती को दूर ही हजार सलाम है 君との付き合いはまっぴらごめんだね **हज़ार कहना** くどく言う **हज़ार जान से लोट-पोट हो॰** 笑いころげる **हज़ार परदों में छिपना** 懸命に隠れる；必死になって身を隠す **हज़ार मुँह से** 様々に **हज़ार मुँह हज़ार बात** 人それぞれに意見や考え方が異なるもの **हज़ार में न चूकना** 決してしくじることのない **हज़ार सुनाना** ひどくそしる；激しくののしる **हज़ार हाथ** *a.* 必ずや *b.* 多数の手立て **हज़ार हो तो भी** とまれ；たとえ如何ようであろうとも

हज़ार[2] [副] どんなに；どれほど；如何ほど

हज़ार दास्ताँ [名]《P. ہزار داستان》(1)〔鳥〕ツグミ科ナイチンゲール；サヨナキドリ【*Luscinia megarhyncha*】 (2) → बुलबुल.

हज़ार पा [名]《P. ہزار پا》〔節動〕倍脚綱ヤスデ = सहस्रपाद. 〈millipede〉

हज़ारहा[1] [形]《P. ہزار ہا》(1) 数千の (2) 無数の

हज़ारहा[2] [副] 幾度となく

हज़ारा [名]《P. ہزارہ》じょうろ；じょろ；如雨露

हज़ारी [名]《P. ہزاری》(1) 千人隊の隊長 (2)〔イ史〕(ムガル朝時代の) 将軍の称号の一；ハザーリー

हज़ारों [形] (1) 幾千の；幾千の (2) 無数の；数え切れない

हजूम [名]《A. ہجوم हुजूम》群れ；集まり साथ में एक हजूम लोगों का それと並んで一群の人々

हज़ूर [名]《A. حزور हुज़ूर》(1) 出席 (2) 対面 (3) 敬意をこめた呼びかけの言葉 हज़ूर! मेरा नाम फ़जल है はい，手前はファジャルと申します

हजो [名*]《A. ہجو हज्व》(1) 非難 (2) 諷刺 (3) 諷刺詩

हज्ज [名]《A. حج》〔イス〕イスラム教徒の五行の第 5 であるメッカ巡礼 (マッカ巡礼)；ハッジ= हज.　देस देस से लोग वहाँ हज्ज करने जाते हैं 各国から同地へ巡礼にやって来る हज्ज यात्रा महँगी हुई メッカ巡礼は費用が嵩んだ

हज़्ज़ [名]《A. حظ》(1) 楽しみ；喜び (2) 快楽 हज़्ज़ जवानी का उठाऊँ? 青春の喜びを味わうとするか

हज्जाम [名]《A. حجام》理髪師；床屋= नापित; नाई.

हज्जामी [名*]《A. حجامی》理髪業→ हज्जाम.

हटकना [他] (1) 禁じる；禁止する= मना क॰; निषेध क॰; वर्जित क॰.　(2) 制する；制御する= रोकना.　(3) 動物を追う= हाँकना.

हटतार [名] = हरताल.

हटताल [名*] = हड़ताल.

हटना [自] (1) のく；退く；退避する；退去する हट जा 退け；退きなさい；下がれ मैंने संतोष की साँस ली जैसे सिर से कोई बड़ा बोझ हट गया हो まるで頭の上から何か重荷がとれたかのように安堵の吐息をついた (2) それる；離れる；引っ込む बोले तो हमेशा सच, सच से हटे नहीं 語るのは常に真実，真実からそれることがなかった शारीरिक मेहनत करने से आपका ध्यान निजी समस्याओं से हटा रहेगा 肉体労働をすると個人的な問題から気が紛れる ये लोग राजपथ से हटे हुए पेचीदा औघट रास्तों से चले आ रहे थे この人たちは公道から引っ込んで入りくんだ悪路を通ってやって来るところだった इस मैदान से ज़रा दूर हटकर एक नाला था その広場から少し離れたところに 1 本の小川が流れていた एक राष्ट्र-लक्ष्यों से हटकर जाति-हितों की पूर्ति के हेतु की ओर चला जा॰ 民族的目標から離れてカースト利益の達成の方向へ移る कुछ पाने की उम्मीद हट गई 何かを得る期待が引っ込んでしまった (3) ずれる；はずれる (4) 除かれる；取り払われる；とれる ताकि पति के मन से ग़लतफ़हमी का पर्दा हटे 夫の胸から誤解が除かれるように (5) やめる；よす हटो, अब यह सब नौटंकी मुझे नहीं सुहाती やめろ．この三文芝居はもう飽きた चल हट! हर समय का मज़ाक़ अच्छा नहीं लगता よしなさい．四六時中ふざけるのは僕は嫌いだ

हटबया [名] 市場に店を出す商人

हटवा [名] 市場に店を出す商人

हटवाई[1] [名*] 市場での売り買い → हाट.

हटवाई[2] [名] 市場で商品を売る人

हटवाना [他・使] ←हटाना.

हटाना [他] (1) 退ける；退かせる；排除する；押しのける；押しやる समर्थकों की भीड़ को हटाने के लिए पुलिस ने लाठीचार्ज किया 支持者の群衆を排除するのに警察はラーティー (警棒) を使用した लोगों ने ज़फ़र को कमेटी से हटाकर मुझे अध्यक्ष बना दिया था 皆はザファルを委員会から退けて私を議長にした तुम अपने पैर पीछे कैसे हटा सकती हो? 君は自分の足をどうして退けられようか सेनाओं को बंगला देश से हटाने की माँग 軍隊をバングラデシュから撤退させる要求 उस सरकार को हटाने का कोई प्रश्न ही पैदा नहीं होता その政府を排除することは問題にすらならない (2) 取り除く；取り去る；片付ける；取り払う；取る；除去する ज़मीन पर पड़े मरे जानवरों को हटाना 地面に横たわる動物の死体を片付ける सड़ती हुई चीज़ को वहाँ से हटा दिया जाए 腐りかけている物を取り除くこと मैंने मैली चादर हटाकर साफ़ चादर बिछा दी 汚れたシーツを片付けて清潔なのを敷いた चादरें हटाई गईं シーツが取り払われた साँस की बदबू हटाइए 口臭をなくしなさい चेहरे से कोई तिल हटाना हो तो 顔のほくろを取るのであれば अनचाहे बालों को हटाने का क्रीम むだ毛を取るクリーム ग़रीबी हटाने का नारा 貧困追放のスローガン (3) 撤去する；撤廃する हम लोगों ने बिक्री कर तुरंत हटाए जाने की माँग की है 我々は売り上げ税の即時撤廃を要求した कड़े नियम हटाने का आदेश 厳しい規則を撤廃する指令 (4) そらす；離す मोह माया से मन हटाओ 迷妄から心をそらすこと (5) ずらす；はずす

हटिया [名*] 小さな市場 → हाट.

हटुआ [名] (1) 市場で商いをする人 (2) 店主 (3) 市場で商品の穀物の計量をする人

हटैता [名] (1) 市場に出た商品 (2) 市場で購入した品

हटौती [名*] 体の作り；体格

हट्ट [名] (1) 市場= बाज़ार.　(2) 商店= दूकान. → हाट.

हट्टा[1] [名] (1) 市場 (2) 道；道路

हट्टा[2] [形] → हट्टा-कट्टा.

हट्टा-कट्टा [形+] (1) 頑健な；頑丈な；がっしりした हट्टा-कट्टा बैल 頑丈な役牛 मैं बिलकुल हट्टा-कट्टा आदमी हूँ 私は全く丈夫です (2) まるまる太った हट्टा-कट्टा बकरा まるまるとした雄山羊 (3) 元気な；はつらつとした राम जी की दया से हट्टी-कट्टी हूँ おかげさまで元気にしています

हठ [名] (1) 意地；依怙地；片意地；強情 (2) むずかること；すねること (3) 固い誓い；固い決意 **हठ क॰** *a.* 強く言う；強く求める；意地になって言う उसने मुझसे कुछ-न-कुछ गुरु दक्षिणा माँगने का हठ किया あの人は私になにがしかの謝礼を求めるようにと強く言った *b.* 意地を張る *c.* むずかる；すねる **हठ ठानना** 意地を張る；依怙地になる；片意地を張る= हठ पकड़ना; हठ बाँधना.　**हठ रखना** 意地を貫く

हठधर्म [形] 意地っ張りな；強情な

हठधर्मिता [名*] = हठधर्मी.　सवर्णों की हठधर्मिता व कट्टरता के कारण カースト・ヒンドゥーの依怙地と頑迷さのために

हठधर्मी [名*] (1) 意地 (を張ること)；いこじ (依怙地)；強情 हठधर्मी से काम न लें 意地にならないようにして下さい (2) 独断 हठधर्मी का बरताव 独断的なこと；独断的な振る舞い (3) 偏狭さ

हठयोग [名]〔ヨガ〕ハタ・ヨーガ (北インドで 13 世紀頃もしくはそれ以前にナート派の गोरक्षनाथ/गोरखनाथ により始められたと伝えられるヨーガであるが，一般人には甚だ複雑で困難な坐法や行法が多い．ヨーガにより個がそれぞれに会陰部あたりに秘めているが眠っているシャクティという宇宙的エネルギー，すなわち，性力を気息 प्राण により覚醒させ頭頂へ導き解放することにより小宇宙である身体の個は絶対者シヴァ शिव，あるいは，ブラフマン ब्रह्मन् との合一へ至るとする)

हठयोगी [名] ハタ・ヨーガを修する人

हठविद्या [名*] = हठयोग.

हठात् [副] (1) 意地になって (2) むりやりに (3) にわかに；突然；急に (4) きっと；必ず；間違いなく

हठात्कार [名] 強制；無理強い；意地になってする行為

हठी [形] 強情な；頑固な；いこじ (依怙地) な；狷介な हठी लोग 依怙地な人たち

हठीला [形+] = हठी.

हड़ [名]〔植〕シクンシ科高木ミロバランノキ【*Terminalia chebula*】 = हर्रा.

हड़- [造語] हाड़（骨）の短縮形で合成語の要素

हड़कंप [名] 大騒ぎ；大騒動；大混乱 **हड़कंप मच जा॰** 大変な騒ぎになる，大騒ぎになる；大騒動になる उनके इस्तीफ़े की ख़बर से पार्टी में हड़कंप मच गया 同氏の辞任の報に党内は大騒ぎになった

हड़क [名*] (1) 渇望；渇仰 (-की) **हड़क लगना** （－を）渇望する；強く欲しがる (2)〔医〕恐水病；狂犬病 **हड़क उठना** 狂犬病に罹る；狂犬病の症状が現れる

हड़कना [自] 渇する；渇望する

हड़काना[1] [他] 欲しがらせる；渇望させる

हड़काना[2] [他] けしかける = पीछे छोड़ना.

हड़काना[3] [自]〔医〕狂犬病に罹る

हड़काया [形+] 狂った हड़काया कुत्ता 狂犬

हड़गीला [名]〔鳥〕コウノトリ科オオハゲコウ【*Leptoptilos dubius*】〈adjutant stork〉= हड़गिल; हरगिला; चमरघेंच; चनियार.

हड़ताल [名*] ストライキ；スト；罷業 उन्होंने कालेज में हड़ताल करा दी あの方がカレッジでストを起こさせた

हड़ताली[1] [名] ストライキ参加者；ストライキ中の人 हड़तालियों से काम पर लौटने की पेशकश ストライキをしている人を職場に引き戻すためのかけひき

हड़ताली[2] [形] (1) ストライキの；ストの (2) ストライキ中の；スト中の (3) ストライキに参加している

हड़प [名−] (1) 飲み込むこと (2) がつがつ食べること (3) 奪うこと；横領すること；強奪すること **हड़प क॰** *a.* 飲み込む *b.* がつがつ食べる *c.* 奪う；横領する；強奪する राज्य हड़प करने का उसने यह अच्छा अवसर पाया 領土奪取の好機を得た देहातियों की सारी जायदादों को हड़प कर जाएँगे 農民たちの全財産を横領するであろう

हड़पना [他] (1) 飲み込む (2) がつがつ食べる (3) 横取りする；横領する；だまし取る गाँव के असंगठित ग़रीब लोगों की ज़मीन हड़पना 未組織の貧しい村人たちの土地をだまし取る अंधविश्वास की आड़ में वह ज़ेवर दोगुने करने के बहाने लाखों रुपए हड़प गई 女は迷信を隠れ蓑に貴金属の装身具を2倍にしてやると言って数十万ルピーをだまし取った (4) かっぱらう उसे किसी तरह सबकी नज़र बचाकर स्वयं हड़प लिया करते थे 人の目を盗んではかっぱらっていた

हड़प्पा[1] [名] 勢いよくごくりと飲み込むこと **हड़प्पा लगाना** ごくごく飲みこむ；ごくりごくりと飲む

हड़प्पा[2]〔地名・イ史〕ハラッパー（パキスタンのパンジャーブ州ムルターンの近くに位置．インダス文明の都市遺跡がある）हड़प्पा-संस्कृति ハラッパー文明

हड़फूटन [名*] 骨にまで響く体の痛み；骨の砕けるような痛み

हड़बड़ाना [自]（予期しない状態に）あわてる；うろたえる वह हड़बड़ाकर उठी थी うろたえて起き上がった मैं हड़बड़ाकर उठा（眠っていたのが）あわてて起き上がった

हड़बड़ाहट [名*] あわてること；うろたえること हड़बड़ाहट में उनको जल्दी से बिठाकर あわてながらその方に急いで席をすすめて हड़बड़ाहट में वह फ़ोन करनेवाले का परिचय पूछना भी भूल गए थे うろたえたために電話をかけてきた人がだれなのかをたずねるのさえ忘れてしまった

हड़बड़िया [形] 性急な；せっかちな स्वभाव से हड़बड़िया せっかちな性分

हड़बड़ी [名*] あわてること；あわてふためくこと；急ぐこと वे थोड़ी हड़बड़ी में थे 少し急いでおられた **हड़बड़ी क॰** 急ぐ；せく；せかせかする **हड़बड़ी में** あわてて；うろたえて हड़बड़ी में लोगों ने अपना सामान बटोरा みなはあわてふためいて自分の荷物をまとめた हड़बड़ी में पान में चूना अधिक लग गया あわてたのでパーンに石灰がたくさんついてしまった **हड़बड़ी में पड़ना** せかせかする；せく

हड़बंग [名*] → हरबोंग.

हड़हा[1] [形+] やせ細った；肉が落ちてこけた；やせこけて骨と皮だけになった बाबू का हड़हा चेहरा अँधेरे में और सियाह हो गया やせこけた顔は闇の中でいっそう黒ずんだ

हड़हा[2] [名] 人殺し；殺人者

हड़ा [感] 畑を荒らす鳥を追い払う声 हड़ा हड़ा क॰ 声を出して鳥を追い払う

हड़ावर[1] [名] = हड़ावल.

हड़ावर[2] [名*] 使用人の夏のおしきせ

हड़ावल [名*] (1) 骨の山；骨の集まり (2) 骸骨

हड़ियल [形] やせて骨だけになった；がりがりにやせた हड़ियल हाथ 骨だけのごつごつした手

हड़ीला [形+] (1) 骨の入っている (2) 骨皮になっている；やせこけた

हड्ड [名] 骨 = हड्डी; हाड़; अस्थि.

हड्डा [名]〔昆〕スズメバチ = भिड़; बर्रे. **हड्डे के छत्ते छेड़ना** わざと面倒を起こす；厄介なものや危険に自ら手を出す

हड्डी [名*] (1) 骨 गाल की हड्डी 頬骨 **हड्डी का टूटना** 骨折 तंबू और खाल के वस्त्र इन्हीं हड्डी की सूइयों से सिले जाते थे テントとか革の服はこれらの骨から作った針で縫われていた (2) 家系；血統 (-की) **हड्डियाँ गढ़ना** （－を）ひどく殴る **हड्डियाँ चलना** 力が出る (-की) **हड्डियाँ तोड़ना** = हड्डियाँ गढ़ना. **हड्डियाँ दिखाई दे॰** がりがりにやせる；あばら骨が浮き出るほどやせる **हड्डियाँ पेलना** 激しく働く **हड्डियाँ सुरमा हो॰** 骨が砕ける **हड्डियों की माला हो॰** 骨と皮だけになる；やせこける **हड्डियों से नमक फूट-फूटकर निकलना** 裏切りの罰があたる **हड्डी उतरना** 脱臼する **हड्डी काँपना** 恐ろしさに震えあがる रज्जब की बात सुनकर उसकी हड्डी काँप गई ラッジャブの話を聞いて震えあがった **हड्डी टूटना** *a.* 骨折する *b.* 体が痛む **हड्डी निकल आ॰** ひどくやせる；やせこける **हड्डी-पसली एक क॰** 打ちのめす；打ちすえる；叩きのめす；ひどい目に遭わせる बैठा रह इधर, ख़बरदार जो बाहर निकला.हड्डी-पसली एक कर दूँगा ここにじっと座っておれ，出たら承知しないからな **हड्डी-पसली तोड़ना** 叩きのめす；ひどい目に遭わせる **हड्डी रह जा॰** 骨だけになる；骨皮だけになる；やせこける **हड्डी हड्डी तोड़ना** = हड्डी पसली तोड़ना. **हड्डी हड्डी निकल आ॰** = हड्डी निकल आ॰. **हड्डी-हड्डी बजना** 体が激しく痛む

हत् [感] 人をたしなめたり叱ったりする言葉．駄目（だ）；いけない；よしなさい；やめなさい हत्, ऐसा नहीं कहते.भगवान जी से डरकर रहना चाहिए これ，そんな口をきくものではありませんよ．いつも神様を恐れていなくてはいけません

हत् तेरे की [感] = हत्तेरे की. 怒りを表したり激しくののしることば．こんちくしょう，ちくしょう，この野郎，くそ食らえなど हत्तेरे की आज़ादी क्या आई दाने-दाने को तरसा दिये 独立なんぞくそ食らえだ．おかげで飯にまで困る羽目になったじゃないか

हत [形] (1) 殺された；殺害された (2) 傷つけられた；負傷した (3) 欠けた；失われた；欠落した

हतक [名*]《A. ہتک हत्क》(1) 侮辱；不名誉 (2) 名誉毀損= मानहानि. → हत्क.

हतके इज़्ज़त [名*]《A. ہتک عزت हत्के इज़्ज़त》名誉毀損

हतज्ञान [名] 意識を失った；失神した

हतना [他] (1) 殺す；殺害する= मार डालना. (2) 打つ；叩く= मारना-पीटना. (3) 危害を加える

हतप्रभ [形] 気が動転した；途方に暮れた；困惑した；茫然とした रेखा हतप्रभ रह गई 気が動転してしまった वे हतप्रभ नहीं हुए, विचलित भी नहीं हुए 困惑もせず動揺もされなかった हतप्रभ हो सोफ़े पर बैठ जाती है 茫然としてソファーに腰を下ろす मेरी बात से कुछ हतप्रभ-सा हुआ 私の言葉に（予期しなかった答えのために）少し面食らったようになった

हतबुद्धि [形] 愚かな；馬鹿な = मूर्ख.

हतभागी [形] 不運な；不幸な

हतभाग्य [形] 不運な；不幸な

हतवाना [他・使] ← हतना. 殺させる

हताश [形] 失望した；がっかりした；落胆した= निराश. **हताश क॰** がっかりさせる；失望させる= हतोत्साहित क॰; मायूस क॰.

हताशा [名*] 失望；落胆；絶望

हताहत [形・名] 死傷した；死傷者

हतोत्साह [形] 失望した；落胆した；がっかりした **हतोत्साह क॰** 落胆させる；がっかりさせる= (-का) दिल बुझाना.

हत्क [名*]《A. ہتک》(1) 侮辱 = अपमान; बेइज़्ज़ती. (2) 名誉毀損 = मानहानि.

हत्के इज़्ज़त [名*]《A. ہتک عزت》名誉毀損 = मानहानि.

हत्तलइम्कान [副]《A. حتی الامکان》可能な限り；できるだけ；能う限り

हत्तलमक़्दूर [副]《A. حتی المقدور》力の限り；極力；できるだけ= जहाँ तक हो सके; यथाशक्ति.

ह

हत्ता [副]《A. حتى》ついには；とうとう हत्ता कि उन्होंने वह सूरत अख़्तियार कर ली ついにはその姿をとるに至った
हत्तेरे की [感] → हत् तेरे की.
हत्था [名] (1) ハンドル；取っ手；柄 (2) 手の形；手形 (3) ひじ掛け कुरसी के हत्थे पर बैठकर 椅子のひじ掛けに腰掛けて आरी का हत्था のこぎりの柄 मशीन के पहिये का हत्था 機械の輪の取っ手 **हत्थे (पर) चढ़ना** *a.* 手に入る；得られる *b.* 意のままになる；思うように操られる हत्थे पर चढ़ने वाला नहीं जान पड़ता 意のままになる人には見えぬ *c.* 順調に進む **(-को) हत्थे (पर) चढ़ाना** (－を) 思い通りにする；意のままにする **हत्थे पड़ना** = हत्थे चढ़ना. **हत्थे पर टोक दे॰** 前もってたしなめる **हत्थे पर से उखड़ जा॰** 腕が抜ける
हत्थी [名*] 機械や器具の持つところや握るところ；グリップ बीच में पकड़ने के लिए हत्थी बनी होती है 握るために中央にグリップがついている
हत्थे [後置] -के हत्थे の形で用いられる. －を介して；－を経て；－を経由して
हत्या [名*] (1) 生き物を殺すこと；殺人；殺害；殺生= हिंसा; क़त्ल. पशुओं की हत्या 動物を殺すこと；殺生 (2) 破壊 खुली जगह की धड़ल्ले से हत्या हो रही है 空き地がどんどん破壊されている (3) 煩鎖なこと；煩わしいこと **(-की) हत्या क॰** *a.* (－を) 殺害する *b.* (－を) 壊す；破壊する **हत्या का टीका माथे पर हो॰** 殺人の罪責を負う **(-को) हत्या के घाट उतारना** (－を) 殺す；殺害する **हत्या गले डालना** 仕事や面倒を押しつける **हत्या गले पड़ना** 仕事を押しつけられる **हत्या गले बाँधना** = हत्या गले डालना. **हत्या चढ़ना** 殺害の罪を着る **हत्या टलना** わずらわしさがなくなる **हत्या पालना** = हत्या गले डालना. **हत्या पीछे लगना** = हत्या गले डालना. **हत्या लगना** = हत्या चढ़ना. **हत्या सिर लगना** = हत्या गले पड़ना. **हत्या सिर लगाना** = हत्या गले डालना. **हत्या हाथ आ॰** 面倒な目に遭う = हत्या हाथ लगना.
हत्यारा [形⁺・名] (1) 残酷な；凶暴な (2) 人殺し；殺害者 व्यापारी के पुत्र का हत्यारा 商人の息子の殺害者 मैं भाई होते हुए भी तेरा हत्यारा हूँ 兄弟でありながら私はお前を殺す **किराये के हत्यारे** 殺し屋；殺人請負人
हत्यारी [名*] (1) 殺すこと；殺害 (2) 殺人の罪
हथ- [造語] हाथ (手) の短縮形で造語要素. हथकुटा चावल 手でついた米 हथकड़ी 手錠 हथगोला 手榴弾
हथ-उधार [名] 口約束だけで短期間貸借される金→ हथफेर.
हथकंडा [名] (1) 手管；手練手管 उनके लिए तो यह ताज़ा चीज़ को हथियाने का हथकंडा है あの人にとってはこれは物を巻き上げる新しい手管なんだ (2) 策略；企み；ぺてん हथकंडा बेकार हो जा॰ 策略が失敗する राजनीति का हथकंडा 政略 (3) 策；方策；手 धूप की किरणें पाने के लिए फ़र्न साहब को पेड़ पर चढ़ने का हथकंडा अपनाना पड़ता है 日光を得るためにシダ殿には木に登る策をとらなくてはならないわけなのだ
हथकंडेबाज़ [形・名]《H.+ P. باز बाज़》策士；策略家
हथकड़ी [名*] 手錠 **हथकड़ियाँ डलवाना** 手錠をかけさせる सारे गाँव को हथकड़ियाँ डलवा दूँगा 村中の者に手錠をかけさせてやる（警察に捕らえさせてやる；縄を打たせてやる） **हथकड़ियाँ पहनाना** 手錠をかける **हथकड़ी डालना** 手錠をかける **हथकड़ी पड़ना** 手錠をかけられる **हथकड़ी लगाना** 手錠をかける गुंडों को पकड़कर हथकड़ी लगा दे॰ ならず者たちを捕らえ手錠をかける
हथकरघा [名] ておりばた（手織機）；てばた（手機） **हथकरघा उद्योग** 手機産業
हथकल [名*] スパナ
हथगोला [名] 〔軍〕手榴弾；手投げ弾
हथछुट [形] 手が早い；すぐに叩く；すぐに暴力を振るう
हथनाल [名] 象の背に載せて発射する大砲 = गजनाल.
हथनी [名*] 雌象 = हथिनी; हस्तिनी.
हथपान [名] 〔装身〕手の甲につける装身具の一；ハトパーン
हथफूल [名] 〔装身〕女性が手首から手の甲につける金銀製の花や葉の模様の装身具；ハトプール
हथफेर [名] (1) なでたりさすったりすること（愛情表現） (2)（物の授受の際に相手の油断に乗じて）ごまかしたりかすめとること (3) = हथउधार. **हथफेर दे॰** 口約束でちょっと貸す **हथफेर ले॰** 証文無しであるいは口約束でしばらくの間金を借りる；寸借する
हथफेरी [名*] (1) 使い込み (2) 食事や食べ物に手をつけること (3) 巧みに盗み取ること (4) 巧妙にごまかすこと
हथरस [名] 手淫 = हस्त-मैथुन.
हथलपक [形] 黙って失敬する；かすめ取る；ごまかす；油断に乗じて取る；ちょろまかす
हथलपकी [名*] 黙って失敬すること；ちょろまかすこと；窃盗
हथलेवा [名] (1) 〔ヒ〕挙式の際，花婿が花嫁の手を取る儀礼 (2) 〔ヒ〕結婚；婚姻
हथवासना [他] = हथवाँसना. (1) 手をつける；取りかかる (2) 取り扱う；処理する；管理する
हथिनी [名*] 雌象→ हाथी.
हथिया [名] 〔占星〕ハティヤー；インドの二十七宿の第 13 でカラス座の四つ星，軫（しん）= हस्त नक्षत्र. **हथिया बरसना** (9 月末から 10 月上旬にかけての半月に降る雨) 土砂降りになる
हथियाना [他] 奪い取る；奪取する；強奪する उत्पादन के साधनों पर अधिकार के लिए राज्य-सत्ता हथियाने का संघर्ष 生産手段の支配のため政権奪取の闘争 इन लोगों ने अन्य राज्यों से वहाँ आकर उनके पद हथिया लिए हैं この連中は他の州からやって来てその人たちの地位を奪い取っている दूसरे देश द्वारा हथियाई भूमि 他国に奪取された土地
हथियार [名] (1) 道具；工具 एक हथियार जिससे बढ़ई काम करते हैं 大工道具のひとつ (2) 武器；兵器 बड़े पैमाने पर हथियार और गोलाबारूद भी बरामद किया गया है 大量に武器・弾薬が押収されている हथियारों का व्यापारी 武器商人 हथियारों की ख़रीद-फ़रोख़्त 武器の売買 (3) 凶器 **हथियार उठाना** 武器を手に取る **हथियार कसना** 武装する；武器や凶器を手に取る **हथियार चलाना** 武器で攻撃する हथियार चलाना सिखाना 武器の使用法を教える **हथियार ठंढे क॰** 武装解除 **हथियार डालना** 降参する；降伏する पर तो भी उन लोगों ने हथियार नहीं डाले 連中はそれでも降参しなかった उसका मुक़ाबला करने की कोई वास्तविक कोशिश करने से पहले ही उन्होंने हथियार डाल दिये それに対抗する実際的な準備をする前に降伏した **हथियार बाँधना** = हथियार कसना. **हथियार लगाना** = हथियार कसना. **हथियार ले॰** = हथियार कसना.
हथियारबंद [形]《H. + P. بند》(1) 武装した गाँव में दो हथियारबंद सिपाही तैनात कर दिये गए थे 村には 2 人の武装警官が配備されていた (2) 凶器を持った
हथियारबंदी [名*] ←हथियारबंद. 武装；武装化
हथुई-रोटी [名*] 麺棒ではなく掌で叩いてのして焼いたパン→ रोटी.
हथेली [名*] てのひら；掌 **हथेलियाँ पीटना** 手を叩く；手を打つ **हथेली का आँवला** *a.* 簡単に手に入るもの *b.* よく知っていること **हथेली का फफोला** *a.* とてもきゃしゃなもの；とてももろいもの *b.* とても悩ますもの；とても苦痛を与えるもの **हथेली खुजलाना** *a.* 何か手に入りそうな予兆のあること *b.* 何かをしたくてうずうずする *c.* 人に危害を加えたくて手がむずむずする **हथेली चबाना** 激怒する **(-को) हथेली दे॰** (－を) 手助けする；援助する= (-की) सहायता क॰. **हथेली पर उठाये रहना** 大事にする；大切にする **हथेली पर जान रखना** 命をかける；命がけでする **हथेली पर जान ले॰** = हथेली पर जान रखना. **हथेली पर दही जमाना** = हथेली पर दूब जमाना. **हथेली पर दूब जमाना** *a.* 不可能なことをなそうとする *b.* 非常に急がせる= हथेली पर बाल जमाना. **हथेली पर लिये रहना** 人のためになろうと待ち構える **हथेली पर सरसों जमाना** = हथेली पर दही जमाना. **हथेली पर सिर रखना** 決死の覚悟をする= हथेली पर जान रखना. **हथेली बजाना** 手を叩く；拍手をする= ताली पीटना; ताली बजाना. **हथेली में आ॰** *a.* 手に入る *b.* 手の内にある；意のままになる **हथेली में क॰** 手に入れる **हथेली लगाना** = हथेली दे॰.
हथौटी [名*] 技；技術；腕；腕前 **हथौटी जमना** 腕が上がる；腕前が上がる；技術が磨かれる= हथौटी मँजना; हथौटी साधना.
हथौड़ा [名] 金槌；ハンマー सिर पर हथौड़ा चलाना 頭を金槌で叩く **हथौड़े की चोट जमाना** 激しい打撃を与える
हथौना [名] 〔ヒ〕結婚式の儀礼の一（花嫁と花婿の掌に菓子を載せる儀式）
हद [名*]《A. حد हद; हद्द》(1) 限界 (2) 限度 (3) 境界 (4) 程度；範囲 वे आरंभिक दिनों में भी कुछ हद तक जीवित दिखाई देती थीं 初めのうちもある程度は生きているように見えていた कुछ हद तक सही ある程度は正しい (5) 頂点；極点 (6) 端 **हद क॰** 度を越す；ひど

いことをする हया की हद न कीजिए 恥知らずなことはなさいますな **हद तोड़ना** 節度を越える **हद दर्जे का** ひどい；極度の；甚だしい हद दर्जे का डरपोक ひどく臆病な यह तो हद दर्जे की बदतमीज़ी होगी これは極めて無作法なことになるでしょう (-**की**) **हद न हो**。（ーの）限度がない；限りがない **हद पारना** 節度を守る **हद बाँधना** 制限する；限度を設ける **हद से गुज़रना** 限度を越える；限界を越える；度を越す；節度を越える **हद से ज़्यादा** = हद से बाहर. **हद से बाहर** ひどく；度を越えて；甚だ；非常に；極度に **हद-से-हद** せいぜい= ज़्यादा-से-ज़्यादा; अधिक-से-अधिक. उसकी उम्र ज़्यादा नहीं थी.यही हद-से-हद पचीस-छब्बीस 男性の年齢はあまり高くはなかった．せいぜい 25〜26 歳だった (-**की**) **हद हो**。（ーの）限度がある；ほどがある चालाकी की भी हद होती है ずるさにも限度があるものだ (-**की**) **हद हो जा**。（ーが）極まる यह तो मूर्खता की हद हो गई 愚の骨頂だ हद हो गई शराफ़त की...आज ठीक से बात भी नहीं करता 上品が聞いてあきれるわ…今日はまともに口もきかないじゃないか

हदबंदी [名*] 《A.P. حد بندی》 (1) 限界；境界 (2) 限界決定；境界決定 हदबंदी की तकरार 境界争い

हदस [名*] 《A. حدث》 (1) 予見や予期できないこと；突発的なこと (2) 不安；懸念 = भय; डर.

हदसना [自] 怯える；怖がる；不安がる= डरना.

हदीस [名*] 《A. حديث》〔イス〕ムハンマドの言行録；預言者ムハンマドの言行についての伝承；ハディース（イスラム法の法源としてコーランに次ぐ第 2 の地位を占める）→ क़ुरान, इज्मा, क़ियास.

हद्द [名*] 《A. حد》 = हद.

हनन [名] (1) 殺害 (2) 危害；攻撃 (3) ぼうとく（冒涜）；汚すこと देवी सीता की मर्यादा का स्पष्ट हनन シーター姫の尊厳の公然たる冒涜

हनना [他] (1) 殺す；殺害する (2) 襲う；攻撃する

हनफ़ी [名・形] 《A. حنفی》〔イス〕ハナフィー法学派（の）

हनीमून [名] 《E. honeymoon》 (1) 蜜月 (2) 新婚旅行 हनीमून मनाना 新婚旅行をする

हनु [名*] (1) あご (2) あごの骨

हनुमंत [名] = हनुमान.

हनुमान [名]〔ラマ・ヒ〕ハヌマーン．『ラーマーヤナ』に登場する猿軍の将でラーマの強力な味方となった．神格化され厄除けの神としても崇められている猿神ハヌマーン

हनुमान-चालीसा [名]〔ヒ〕『ハヌマーン・チャーリーサー』トゥルシーダース (तुलसीदास) 作と伝えられるハヌマーン猿神頌詩四十句．ヒンディー語地域では一般ヒンドゥー教徒の聖典の一部と考えられるほど人口に膾炙している

हनोज़ [副] 《P. ہنوز》まだ；未だ；今なお **हनोज़ दिल्ली दूर है**〔諺〕目標は未だ遠い；先は長い= हनोज़ दिल्ली दूर अस्त.

हप [名] 食べ物を口に投げ込んだりほおばったりする音やその様子；ぱくっと口に入れる音 हप से ぱくっと

हपना [他] (1) ぱくっと口に入れる；ぱくりと食べる (2) ごくっと飲み込む

हप्पू [形・名] 食いしんぼう（の）；いやしんぼう（の）

हफनी [名*] 息切れ दीनू की जब हफनी रुकी तो उसने राजू को सारा क़िस्सा बतलाया ディーヌーは息切れが治まるとラージューに一部始終を話した→ हाँफना.

हफ़्त [数] 《P. ہفت》 7 = सात.

हफ़्तगाना [名] 《P. ہفت گانہ》 (1) 徴税帳簿 (2) パトワーリーの管理する徴税関係の記録→ पटवारी.

हफ़्तरोज़ा [名] 《P. ہفت روزہ》週刊誌= साप्ताहिक पत्रिका.

हफ़्ता [名] 《P. ہفتہ》 (1) 週；週間= सप्ताह. (2) 土曜日= शनिवार.

हफ़्तावार [形] 《P. ہفتہ وار》週の；週ごとの；毎週の；週刊の= हफ़्तेवार; साप्ताहिक.

हफ़्तावारी [名*] 《P. ہفتہ واری》← हफ़्तावार.

हफ़्तुम [形・名] 《P. ہفتم》 (1) 第 7 の；第七の；7 番目の= सातवाँ; सप्तमी; सप्तम. (2)（暦の）7 日目= सप्तमी.

हबड़-घबड़ [名*] ごたごた；混乱

हबड़ा [形[+]] (1) 歯の大きい (2) みっともない；みにくい

हबर-दबर [副] = हबर हबर. (1) 大急ぎで；とても急いで= जल्दी जल्दी. (2) ざっと；大まかに；いいかげんに

हबश 〔地名〕《A. حبش》エチオピアの古称；アビシニア= हबशा.

हबशिन [名*] 《← A. حبشی हबशी》 (1) アビシニア人の女性；エチオピア人の女性 (2) 黒人女性 (3) 中世の王宮で後宮の警備や監視に当たった黒人女性

हबशी[1] [名] 《A. حبشی》 (1) エチオピア人；アビシニア人 (2) 中世のインドにおいてアフリカの黒人の一般的な称 हबशियों के से काले-कलूटे 黒人のように色黒の

हबशी[2] [形] (1) エチオピアの；アビシニアの (2) エチオピア人の；アビシニア人の

हबाब [名] 《A. حباب》泡；水の泡 = बुद्‌बुद; बुलबुला.

हबाबी [形] 《A. حبابی》 (1) 泡の (2) 泡のようにはかない= क्षणभंगुर. (3) とてももろい

हबीब[1] [形] 《A. حبیب》 (1) 親しい；親密な (2) 友人のような

हबीब[2] [名] (1) 友；友人 (2) 恋人

हबूब [名] 《A. ہبوب》 (1) 突風；砂塵を巻き上げる突風；砂嵐 (2) つまらない話；くだらない噂話 (3) 水の泡

हब्बा [名] 《A. حبہ》 (1) 穀物；穀物の粒= दाना. (2) 少量；微量

हब्बा-डब्बा [名]〔医〕小児の呼吸器疾病；小児喘息

हब्शी [名] → हबशी.

हब्स [名] 《A. حبس》 (1) 拘禁；投獄 = क़ैद. **हब्स बेजा**〔法〕不法拘禁 (2) 刑務所= कारावास; जेल. (3) 高温と高い湿度による苦しさ；蒸し暑さ；人混みや人いきれなどによる息苦しさ

हम [代] (1) 一人称代名詞複数主格形．格助詞との接続に当たっては格変化せずそのまま用いられる． हमने, हमको, हमसे, हममें, हमपर. ただし，与格形及び目的格形には हमको のほか格助詞によらない独立形の हमें がある．所有格（属格）形は हमारा(mas. sg. dir.), हमारे(mas. sg. obl., mas. pl.), हमारी(fem.) となる．これは本来は複数形であるが実際は単数の意味に用いられることが多い．このため複数を強調するために普通 हम लोग と表現される． (2) 我々，私たち，おれ，わし，やつがれなど．仲間や目下の人に対して用いられると，おれが（おれは)，僕が（僕は）などの意になる हम-तुम おれたち（おれやお前たち） माँ की ममता हम-तुम क्या समझेंगे 母親の愛情がおれたち如きにわかるものかい (3) 女性が単数の自称に用いることが普通に見られる．ただし，その場合，動詞の活用形は男性複数形を取る (4) 著述に当たり著者や論者，編者，論説員など実際は単数の者が自称として用いる (5) 少年男子の自称，僕 अच्छा आंटी जी, अब हम चलें? それじゃ小母さん，僕は失礼します

हम- [造語] 《P. ہم》（ーが）同じの，（ーを）共にする，（ーが）共通のなどの意を有する造語要素= सम. हमराही 同行者

हमअक़ीदा [形・名] 《P.A. ہم عقیدہ》信仰を同じくする（人）；同信の（人）

हमअस्र [形] 《P.A. ہم عصر》同時代の = समकालीन.

हमअह्द [形] 《P.A. ہم عہد》同時代の = हमअस्र.

हमआहंग [形] 《P. ہم آہنگ》同じ考えの；同意見の

हमआहंगी [名*] 《P. ہم آہنگی》考えや見解が同じなこと；同意見；同見

हमउम्र [形] 《P.A. ہم عمر》同い年の；同年の；同年齢の= बराबर उम्र का; समवयस्क. हम चारों हमउम्र दोस्त हैं 私たち 4 人は同年齢の友人だ

हमउम्री [名*] 《P. A. ہم عمری》同年齢

हमक़द [形] 《P.A. ہم قد》身長が同じの；同じ体格の

हमक़दम [形] 《P.A. ہم قدم》道連れの；連れの；並んで進む

हमक़दमी [名*] 《P. ہم قدمی》← हमक़दम. 連れだって進むこと

हमक़ीमत [形] 《P.A. ہم قیمت》同じ値段の；同価格の

हमक़ौम [形] 《P.A. ہم قوم》 (1) 同じ民族の (2) 同じ部族の (3) 同国民の

हमख़याल [形] 《P. ہم خیال》同じ考えの；同意見の；同意した

हमख़याली [名*] 《P.A. ہم خیالی》同じ意見；同じ考え

हमख़्वाबा [名*] 《P. ہم خوابہ》同衾する人；妻 = पत्नी; बीवी.

हमख़्वाबी [名*] 《P. ہم خوابی》同じ床に寝ること；同衾

हमग़म [形]《P. ہم غم》心の痛みや悲しみを共にする；同情する＝हमदर्द.

हमचश्म [名]《P. ہم چشم》(1) 友；友人；仲間 (2) 競争相手

हमचश्मी [名*]《P. ہم چشمی》友情；友愛＝मैत्री; दोस्ती.

हमज़ा [名]《A. ہمزہ हम्ज़ा》ハムザー（アラビア文字，ペルシア文字，ウルドゥー文字のアルファベットの他に単独，もしくは，アリフ ا，ワーオ و，イェー ی に付加して書かれる．アラビア語では声門閉鎖音を表す記号であるがウルドゥー語では主に母音と母音との区切りを表すのにも用いられるほか短母音を表すのにも用いられる．طلباء (तुलबा), لائق (लाइक), مؤثر (मुअस्सिर), ثدئی (सदइ), داؤد (दाऊद), مؤنث (मुअन्नस), など）

हमजिंस [形]《P.A. ہم جنس》同種の；同種類の

हमज़ुल्फ़ [名]《P. ہم زلف》義兄弟（姉妹の夫）

हमजोली [名]《P. ہم＋H.》仲間＝साथी; संगी.

हमदम [名]《P. ہمدم》親友；親密な間柄の人＝दोस्त; मित्र.

हमदर्द [形]《P. ہمدرد》同情する गरीबों के हमदर्द 貧しい人に同情する

हमदर्दी[名*]《P. ہم دردی》同情；同情する気持ち；同情心＝सहानुभूति. मगर हमदर्दी ज़रूर थी でも確かに同情はあった मुझे तुम्हारे साथ पूरी हमदर्दी है 君には全く同情しているよ **हमदर्दी जताना** 同情を示す एक से हमदर्दी जताई तो दूसरे की नजरों में बुरी बन जाएगी 1人に同情を示すと別の人からはよく思われないだろう

हमदिगर [形]《P. ہم دگر》お互いの；相互の＝आपस का; आपसी; परस्पर.

हमदिल[1] [形]《P. ہمدل》同じ考えの；同意見の；心を同じくする

हमदिल[2] [名] 親友＝मित्र; दोस्त.

हमदिली [名*]《P. ہمدلی》友情；友愛＝दोस्ती; मित्रता; मैत्री.

हमनस्ल [形]《P.A. ہم نسل》同族の；同氏族の

हमनाम [形]《P. ہم نام》同名の＝समनाम.

हमनिवाला [形]《P. ہم نوالہ》食事を共にする；親密な間の；同じ釜の飯を食べる；食べ物を分け合うほどの関係にある

हमपल्ला [形]《P. ہم پلہ》同等の＝समान; बराबर.

हमपियाला [形]《P. ہم پیالہ》（食器を同じくするほど）親密な

हमपेशा [形]《P. ہم پیشہ》同業の；同職業の

हमबिस्तर [形]《P. ہم بستر》(1) 寝床を同じくする (2) 同衾する；交わる；交合する

हमबिस्तरी [名*]《P. ہم بستری》同衾

हममज़हब [形・名]《P. ہم مذہب हममज़्हब》同じ宗教を信奉する（人）；同宗の（人）；同信の（人）

हममुल्क [形]《P.A. ہم ملک》同国の；同国人の

हमरंग [形]《P. ہم رنگ》同じ色の；同色の

हमराह[1] [形]《P. ہم راہ》旅に同行する；道連れの

हमराह[2] [副]《P. ہم راہ》共に；一緒に

हमराही [形・名]《P. ہم راہی》(1) 同行する (2) 同行者；道連れ

हमरिकाब [形]《P. ہم رکاب》(1) 乗馬の人に同行する (2) 道連れの＝हमराहे रिकाब.

हमल [名]《A. حمل हम्ल》妊娠；懐妊＝गर्भ. **हमल गिरना** 流産する＝गर्भपात हो॰. **हमल रहना** 妊娠する＝हमल हो॰; गर्भवती हो॰. **हमल से हो॰** 妊娠中＝गर्भावस्था; गर्भवती.

हमला [名]《A. حملہ हम्ला》襲うこと；襲撃；攻撃；攻めること प्लेग के जरासीम पहले चूहों पर हमला करते हैं ペスト菌は初めにネズミを襲う पाखंड पर हमला करना 偽善を攻撃する जवाबी हमला 報復攻撃 भूत-प्रेत या चुड़ैल का हमला 幽鬼や魔女の祟り（攻撃） **(-पर) हमला बोल दे॰** （－を）攻める；攻めかかる；襲いかかる रास्ते में सीता का विलाप सुनकर - गिद्धराज जटायु ने रावण पर हमला बोल दिया 途中でシーターの悲嘆の声を聞いてジャターユはラーヴァナに襲いかかった

हमला-आवर [形]《A.P. حملہ آور हम्लाआवर》攻撃する；攻撃的な＝आक्रमक; आक्रमणकारी.

हमला-आवरी [名*]《A.P. حملہ آوری》攻撃；襲撃

हमलावर [形]＝हमला-आवर.

हमवतन [形・名]《P.A. ہم وطن》(1) 同郷の（人） (2) 同国の（人）；同胞 हमवतनों की हालत न देखी गई 同胞のありさまが見ていられなかった

हमवतनी [形・名]《P.A. ہم وطنی》同郷や同国の（人）

हमवार [形]《A. ہموار》平らな；平坦な

हमशकल [形]《P. A. ہم شکل हमशक्ल》似ている；相似ている；姿形の似ている

हमशकली [名*]《P.A. ہم شکلی हमशक्ल》←हमशक्ल. (1) 姿形の似ていること (2) 相似

हमशीरा [名*]《P. ہمشیرہ》姉妹＝बहन; भगिनी.

हमसफ़र [形・名]《P.A. ہم سفر》同行する；道連れ；同行者＝सहपंथी.

हमसफ़री [名*]《P.A. ہم سفری》同行；旅を共にすること；道連れ

हमसबक़ [形・名]《P.A. ہم سبق》一緒に学ぶ；同級の（人）；同級生＝सहपाठी.

हमसर [形]《P. ہمسر》同じの；同等の；対等の＝समान; बराबर.

हमसरी [名*]《P. ہمسری》同等；対等＝समानता; बराबरी.

हमसायगी [名*]《P. ہم سایگی》近隣；近所＝पड़ोस.

हमसाया[1] [名]《P. ہم سایہ》隣人＝पड़ोसी.

हमसाया[2] [形]《P. ہم سایہ》隣の；近所の；近くの；近くにある；近隣にある＝पड़ोसी. ईरान पाकिस्तान का हमसाया मुल्क है イランはパキスタンの隣国

हमसिन [形]《P.A. ہم سن》同年齢の；同年の＝हमउम्र.

हमसिनी [名*]《P.A. ہم سنی》同年齢＝समवयस्कता.

हमाइल [名*]《A. حمائل》(1) 首や肩から物を下げる道具，革ひもや革帯 (2) 首から下げるお守りのコーラン＝हमायल.

हमाक़त [名*]《A. حماقت》(1) 愚かさ；愚昧＝मूर्खता; बेवक़ूफ़ी. (2) 無知＝अज्ञान; जहालत. → हिमाक़त.

हमाम[1] [名]《A. حمام》〔鳥〕ハト；ハトの仲間

हमाम[2] [名]→हम्माम.

हमारा [代] 一人称代名詞 हम の所有格形（被修飾語が男性・単数・直格）．被修飾語の性数格に応じて हमारे（男性単数斜格形及び複数形） हमारी（女性形）と変化する भीड़ ने हमारी एक नहीं सुनी 群衆はこちらの言うことに全く耳を貸さなかった **हमारा सिर** 自分自身や話し相手への腹立ちやいらだちを表す言葉，えい，いまいましい，ちくしょうなど **हमारे यहाँ** うちでは；わが家では हमारे यहाँ लड़कियाँ अकेले बाहर नहीं जातीं うちでは娘はひとりで外出しないことになっている

हमाल [名]→हम्माल.

हमाहमी [名*] (1) 我がちになること (2) 傲慢

हमीं [代] हम の強意形＝हमी. चलिए, उसके घर हमीं लोग चलते हैं よろしい．こちらのほうから彼の家に行こう इसके ज़िम्मेदार तो हमीं हैं このことの責任は手前どもにあります

हमें [代] 一人称代名詞 हम の目的格形及び与格形＝हमको.

हमेव [名] 慢心；驕り；たかぶり **हमेव टूटना** 自慢の鼻が折られる

हमेशगी [名*]《P. ہمیشگی》永久；永遠；終わりなきこと

हमेशा [副]《P. ہمیشہ》いつも；常に；絶えず＝सदा; सर्वदा; हर वक़्त. **हमेशा के लिए सुला दे॰** 殺す；あの世へ送る；眠らせてやる

हम्द [名*]《A. حمد》(1) 称えること；称賛すること；賛歎 (2)〔イス〕神を称えること＝हम्दो सना

हम्माम [名]《A. حمام》(1) トルコ風呂（入浴用の湯や蒸し風呂の設備があったり入湯者の世話をする人がいたりする）；湯屋 (2) 風呂；風呂場；浴場 **हम्माम क॰** 水や湯を浴びる

हम्मामी [名]《A. حمامی》湯屋で客の世話をする人；風呂場で客の体を洗う人；三助

हम्माल [名]《A. حمال》運搬人；人夫；ポーター हम्मालों के सिर पर एक हारा रखा है ポーターたちの頭には大きなかごが載っている

हम्माली [名*]《A. حمالی》荷物運搬人の仕事；ポーターの仕事＝मज़दूरी.

हम्ल [名]《A. حمل》(1) 荷物運び (2) 荷物；荷

हम्ला [名]→हमला.

हय [名] 馬＝घोड़ा; अश्व.

हया [名*]《A. حیا》恥；恥じらい；はにかみ= लज्जा; शर्म. **हया भून खाना** 恥も外聞もなくなる；恥知らずになる；破廉恥になる

हयात [名*]《A. حیات》(1) 命；生命 (2) 一生；生涯；人生= जीवन; ज़िंदगी.

हयातीन [名]《A. حیاتین》= विटामिन.

हयादार [形]《A.P. حیادار》(1) 恥を知る तो तुमने ऐसे-वैसे बेशर्मों को देखा होगा, हयादार आदमी को न देखा होगा それじゃ君が出会ったのはそこらの恥知らずであって恥じらいのある人ではなかったんだ (2) 恥ずかしがり屋の；内気な

हर[1] [形]《P. ہر》どれもこれも；それぞれの；各々の；めいめいの；各自の；すべての；あらゆる= प्रत्येक. हर मास 毎月 = हर महीना; प्रत्येक मास. हर बार जब रात को बच्चा रो उठता तो हड़बड़ाकर उठ बैठती 夜中に子供が泣き出す度ごとにうろたえて起きる हर बात पूछने की नहीं होती 何についてもたずねてよいものではない उनके हर शब्द में हिंदू और भारत के प्रति घृणा टपकती है あの方の言葉の端々にヒンドゥー教徒とインドに対する憎しみの情が滴っている हर मौसम में हर दम ताज़ा रहने और सुंदर दीखने के लिए すべての季節にいつでも新鮮で美しく見えるように हर दूसरी स्त्री और हर तीसरा पुरुष 2 人に 1 人の女性と 3 人に 1 人の男性 हर तीसरे दिन 2 日置きに हर छठे महीने 6 か月ごとに；半年ごとに **हर आदमी** 万人；すべての人；だれしも **हर एक** *a.* 各々の；すべての= प्रत्येक; हरेक. *b.* 各自；万人；皆= हर आदमी; प्रत्येक आदमी. हर एक के दो - दो 1 人に 2 個ずつ **हर एक के मुँह पर हो॰** *a.* 皆が噂する *b.* 人口に膾炙する **हर क़दम पर** その場その場で；あらゆる状況で **हर कहीं** 至るところ **हर कोई** *a.* 各々の；すべての *b.* 各々；各人；すべての人 यह तो हर कोई जानता है このことならだれしもが知っている **हर क्षण** 絶え間なく मृत्यु का भय हर क्षण बना रहा 死の恐怖が絶え間なく続いた **हर ख़ास व आम** 万人；誰も彼も **हर घड़ी में** 四六時中；しょっちゅう；絶え間なく **हर घड़ी हर पल** 常に；四六時中 **हर जगह** 至るところに हवा हर जगह है 空気は至るところにある नियम का पालन तो हर जगह करना चाहिए 規則は至るところで守らなくてはならない **हर ज़बान पर हो॰** すべての人が噂する **हर तरह से** 全く；すっかり **हर देगची का चमचा** *a.* 厚かましくどこにでも何事にも顔を出す；でしゃばる *a.* 追従する；おべっかを使う **हर फ़न मौला** 多芸な人；多才な人 **हर फ़न मौला हर फ़न अधूरा** 〔諺〕多芸は無芸 **हर मर्ज़ की दवा** 万能薬 **हर रोज़** 毎日= प्रतिदिन; रोज रोज. **हर संभव** できる限りの；可能な限りの केंद्र सरकार उसे हर संभव मदद देगी 中央政府は可能な限りの援助をする **हर हाल** とまれ；ともあれ；いずれにせよ हर हाल दाँतों की सफ़ाई बहुत ज़रूरी है いずれにせよ歯の清潔はとても大切なこと **हर हालत में** どうあっても；たとえどうあろうとも उसको हर हालत में इसी पल जाना होगा どうあろうともあの人は今すぐ行かなくてはならない

हर[2] [名] シヴァ神（の異名の一）；ハラ；ハル **हर हर बम बम** 〔ヒ〕シヴァ神への祈りの言葉；シヴァ神を称える言葉 **हर हर महादेव** 〔ヒ〕シヴァ神を称える言葉（神名を唱える言葉でもあり鬨の声にもなる）

हर[3] [名]〔数〕分母

हर एक्सालेंसी [名*]《E. Her Excellency》閣下夫人 = परमश्रेष्ठ.

हरकत [名*]《A. حرکت》(1) 動き；活動；作動 हरकत क॰ 動く；働く；作動する सिर के हुक्म पर तमाम आज़ा हरकत करते हैं 脳の指令で全身が動く कलाई से कुहनी तक की हरकत बंद करनी होगी 手首からひじまでの動きを止めなくてはならない हरकत दे॰ 動かす；作動させる (2) 振る舞い；行動 इस हरकत पर नाराज़ होने की बजाए この行動に腹を立てる代わりに कल ही उससे पूछ लूँगी कि उसकी हरकत का क्या अर्थ है 彼のこの振る舞いはどういう意味なのか明日たずねてみよう अनेक अशोभनीय हरकतें 数多くのみっともない振る舞い (3) 悪意に発した行為や振る舞い；悪さ；悪事 दोनों लड़कों के माँ-बाप उनकी हरकतों से तंग आ गए थे 両少年の両親は 2 人の悪さに困っていた ज़रूर तूने कुछ हरकत की होगी お前は何事かをしでかしたんだねきっと ज्यों ज्यों दिन बीतने लगे और मनमोहन की हरकतें बढ़ती गईं 日が経つにつれマンモーハンの悪さは募っていった

हरकना [自] 欲しがる

हरकात [名*, pl.]《A. حرکات←حرکت हरकत》 घोड़े भी ख़ास आवाज़ों और हरकात सुकनात से अपना मंशा ज़ाहिर करते हैं 馬も独特の声や体の動きで気持ちを表すものである

हरकारा [名]《P. ہرکارہ》(1) 飛脚 (2) メッセンジャー・ボーイ；使い走り

हर की पैड़ी 〔地名〕ハル・キー・パイリー（ウッタラーンチャル・プラデーシュ州に位置するガンジス河畔のヒンドゥー教聖地ハリドゥワール हरिद्वार のガンガードゥワーラー寺 गंगाद्वारा मंदिर に隣接するガート घाट の名．ハリドゥワールの中心的なガートの一）

हरखना [自] 喜ぶ；嬉しくなる= हर्षित हो॰; प्रसन्न हो॰.

हरखाना [他] 喜ばせる = प्रसन्न क॰; ख़ुश क॰.

हरगिज़ [副]《P. ہرگز》（否定辞 न もしくは नहीं と一緒に用いられて）決して…（しない）；断じて…（しない） मैं आपको हरगिज़ ऐसा करने नहीं दूँगी 私はあなたには決してそうはさせません

हरगिला [名]〔鳥〕コウノトリ科オオハゲコウ= हड़गीला.

हरचंद [接]《P. ہرچند》(1)…であろうと；仮に…であっても；例え…であろうとも (2) どれほど…でも；いくら…でも

हरज [名]《A. ہرج》(1) 障り；支障；不都合 (2) 損害；被害= हानि; नुक़सान. कुछ हरज नहीं 全く構わない；全然支障がない (3) 騒ぎ；騒動；混乱；騒乱= गड़बड़; उपद्रव. (-का) **हरज क॰** （ーに）損害を与える (-में) **हरज क॰** （ーを）妨げる；妨害する

हरजा [副]《P. ہرجا》至るところで；どこでもかしこでも= हर जगह; सभी जगह; सर्वत्र.

हरजाई[1] [形]《P. ہرجائی》(1) どこにでも行く；住所の定まらない；だれのところにも行く；だれとでも一緒に暮らす (2) 浮気な（女） (3) 不貞な；貞節でない（女性）

हरजाई[2] [名*] (1) ふしだらな女；不貞を働く女= कुलटा. (2) 娼婦；売春婦 = वेश्या; रंडी.

हरजाई[3] [名] (1) 浮浪者 (2) 浮気者 (3) 浮気をする男性；不貞行為をする男

हरजाना [名]《P. ہرجانہ हर्जाना》弁償；弁償金= तावान. सरकार पर 1000 करोड़ रुपए के हरजाने के दावे का नोटिस दिया है 政府に対し 100 億ルピーの弁償請求を通告した हरजाने के तौर पर आपके पति को हर महीने ख़र्चा देना होगा 弁償金としてあなたのご主人は毎月費用を支払わなくてはならない

हरजोता [名] (1) 耕作者；農夫 (2) 田舎者=हलजुता.

हरड़ा [名]〔植〕シクンシ科高木ミロバランノキ= हड़.

हरण [名] (1) 取り去ること；取り払うこと भूख धैर्य का हरण कर लेती है 空腹は忍耐力を取り去る (2) 奪取；略奪 हरण विवाह 略奪結婚 (3) 誘拐 (4) 除去

हरता [名] = हर्ता.

हरता-धरता [名] 最高権力者；最高実力者

हरताल [名*]〔鉱〕雌黄（黄色染料，皮膚病の薬）；石黄 **हरताल फिर जा॰** 台無しになる (-पर) **हरताल लगाना** （ーを）台無しにする；めちゃくちゃにする

हरताली [形] 黄色の

हरतेजस् [名] 水銀= पारा.

हरदा[1] [名]〔農〕(1) 黒穂病 (2) うどん粉病

हरदा[2] [名] → हरदौल.

हरदिया [名] → हरदौल.

हरदिल-अज़ीज़ [形]《P.A. ہر دل عزیز》だれからも敬愛される；人望のある；人気のある मैं अपने हरदिल अज़ीज़ मेयर साहब से दरख़्वास्त करूँगा कि वह अपने शब्दों में हमें कुछ कहें 敬愛する市長様にお言葉を頂きますようお願い申し上げます

हरदिहा लाल [名] → हरदौल.

हरदुआ [名]〔鳥〕コウライウグイス科ズグロオウチョウ【*Oriolus xanthornus*】

हरदेगी चमचा [名]《P.T. ہر دیگی چمچہ》(1) 居候；食客 (2) 何事にも口出しをする人；お節介な人；出しゃばり

हरदौल 〔人名〕ハルダウル（オールチャー ओड़छा のジュジャール・シン जुझारसिंह の弟．在位 1626–35．命がけで純粋な兄弟愛を貫いたことで民間信仰の対象となった）

हरद्वार [名] = हरिद्वार.

हरनपदी [名*]〔植〕ヒルガオ科蔓草【*Convolvulus arvensis*】〈deer's foot〉

हरना [他] (1) 奪う；奪い取る；奪い去る；略奪する；誘拐する (2) 取り去る；取り除く；除去する；なくしてしまう देकर के दान

ह

भगति का संकट मेरा हरो 信愛の贈り物を捧げて私の危難を除いておくれ क्षण-भर में तेरी सारी चिंताएँ हर ले 一瞬のうちにお前の一切の心配を取り去るように शोक के अतिरेक ने उसकी बुद्धि हर ली あまりの悲しさに頭がおかしくなった (3) 奪う；魅了する；強く引きつける रजनी गंधा अपनी मस्तानी गंध से लोगों के मन को हर रही थी 月下香がその魅惑的な香りで皆をうっとりとさせていた

हरपीज ［名］《← E. herpes》〔医〕ヘルペス；疱疹

हर फ़न मौला ［形］《P.A. ہر فن مولا》多芸な；遣り手の；達者な → हर.

हरफ़ ［名］《A. حرف हर्फ़》(1) 文字＝ अक्षर. (2) 言葉＝ बात; शब्द. (3) 欠点；欠陥＝ ऐब; बुराई. (-पर) **हरफ़ आ॰** (ーが) 非難される；咎められる **हरफ़ उठाना** 字を読む **हरफ़ बनाना** *a.* 字を美しく書く *b.* 習字をする **हरफ़-बहरफ़** 一語一語；逐語的に (-पर) **हरफ़ लाना** (ーを) 非難する；咎める

हरफ़गीर ［形］《A.P. حرف گیر हर्फ़गीर》あら探しをする；重箱の隅をつつく＝ छिद्रान्वेषी.

हरफ़गीरी ［名*］《A.P. حرف گیری हर्फ़गीरी》あら探し＝ छिद्रान्वेषण; नुक्ताचीनी.

हरफ़ारेवड़ी ［名*］〔植〕トウダイグサ科小木チェルマイ【*Phyllanthus distichus*】

हरबा ［名］《A. حربہ हर्बा》武器＝ अस्त्र; हथियार. **हरबा-हथियार** 武器弾薬

हरबोंग[1] ［形］粗野な；がさつな

हरबोंग[2] ［名］(1) 騒動；騒ぎ；騒乱＝ उपद्रव. (2) 混乱＝ गड़बड़ी. (3) 無法；無秩序＝ अव्यवस्था.

हरबोला ［名］ヒンドゥー兵士，特にマラーター族の兵士（シヴァ神を हर と唱え鬨の声を हर हर महादेव とあげたことからこの名がある） बुंदेले हरबोलों के मुँह से ブンデーラー族の兵士たちの口から

हर मंदिर ［名］シヴァ神を祀った寺院

हरम ［名］《A. حرم》(1) イスラム教徒の婦人部屋；ハレム＝ अंत:पुर; ज़नानख़ाना. राजाओं-नवाबों के हरम की रक्षा करने वाले 王や太守の女性部屋の警護をする者 (2) ハレムの聖域 (3)〔イス〕カアバ聖域 (4) 聖域 बुद्धिजीवी वह होता है जो किसी सत्ता या दाता के हरम की रक्षा करे 知識人とは権力やパトロンの聖域を守る人のこと

हरमख़ाना ［名］《A.P. حرم خانہ》後宮；女性部屋＝ अंत:पुर.

हरमगाह ［名*］《A.P. حرم گاہ》＝ हरमख़ाना.

हरमसरा ［名］《A.P. حرم سرا》＝ अंत:पुर; हरमख़ाना.

हर मैजेस्टी ［名*］《E. Her Majesty》皇后陛下 ＝ महा महिम.

हरवल ［名］〔農〕小作に前金として与えられる金や貸し与えられる金

हरवाना ［他］←हराना. 負かす；負けさせる उसने सोलंकी को चुनाव हरवाने की कोशिश की 彼はソーランキーを落選させるように努力した

हरवाहा ［名］農業労働者；作男

हरषाना[1] ［自］喜ぶ；嬉しくなる＝ प्रसन्न हो॰; खुश हो॰.

हरषाना[2] ［他］喜ばせる＝ प्रसन्न क॰.

हरसाना[1] ［自］喜ぶ＝ हरषाना[1]. वह अति मन में हरसाया है 大喜びした

हरसाना[2] ［他］＝ हरषाना[2].

हरसिंगार ［名］〔植〕モクセイ科低木インドヤコウボク（インド夜香木）【*Nyactanthes arbortristis*】＝ हारसिंगार.

हरहर[1] ［名］ざーざー（川の水などが勢いよく流れる様子やその音）

हरहर[2] ［名］→ हर[2].

हरहा ［名］〔動〕イヌ科オオカミ；狼＝ भेड़िया.

हरहाया ［形+］（畑を）荒らし回る

हर हार ［名］(1) シヴァ神の首飾り（の蛇） (2)〔イ神〕シェーシャナーガ＝ शेषनाग.

हरा ［形+］(1) 緑の；緑色の हरी तरकारियाँ 青野菜 ＝ हरी सब्ज़ियाँ. गहरा हरा रंग 濃緑色＝ तरबूज़िया. हरा बादाम 緑の（青い）アーモンド (2) 緑滴る；青々とした (3) 未熟の；青い (4) 爽快な；晴れ晴れとした；新鮮な感じの तबीयत हरी हो गई 気分が爽やかになった (5) 傷の生々しい；傷のまだ癒えない उस चोट का घाव आज भी हरा है あの傷は今も癒えていない ज़ख़्म को हरा करना 傷をぶり返らせる (6) 新しい；新の（さらの） हरे हरे नोटों वाले लिफ़ाफ़े まっさらのお札の入った封筒 **हरा बाग़** 人を誘うようなことで実は頼りにならないこと；無駄に期待を抱かせるようなこと **हरा-भरा** →別項見出し **हरा हो॰** 犬が発情する (-) **हरा हो जा॰** (ーが) 思い出される **हरी खाद** 緑肥 **हरी झंडी दिखा दे॰** *a.* 青信号を出す *b.* 何の関わりや関係も持たない **हरी हरी घास दिखाना** 欲しがらせる；欲を出させる；欲で釣る

हराना ［他］(1) 争いや戦いで相手を負かす；打ち負かす；破る इन राजाओं को हराकर これらの王を打ち負かして (2) 遊戯やスポーツで相手を負かす；破る नरेंद्र ने चार एक से उसे हरा दिया ナレンドラは 4 対 1 で彼を破った शर्त यह थी कि जो कोई उसे चौपड़ के खेल में हरा देगा, उसी से वह ब्याह करेगी チョウパルで自分を負かした人と結婚するというのが（王女の出した）条件だった

हरा नाग ［名］〔動〕爬虫類アオハブ（毒蛇）；バンブースネーク【*Trimeresurus gramineus*】〈bamboo snake〉

हरापन ［名］← हरा.

हरा-भरा ［形+］(1) 青々とした；緑滴る हरे-भरे लहलहाते खेत 青々と波打つ畑 हरी-भरी पहाड़ियों के बीच 緑あふれる丘陵地の間に दिल्ली को हरा-भरा करने का अभियान デリー緑化キャンペーン (2) 幸せな；幸福な **हरा भरा बाग़ उजड़ जा॰** 幸福が失われる **हरा-भरा सूझना** 喜びに浮かれる

हराम[1] ［形］《A. حرام》(1)〔イス〕イスラム法で禁じられた；イスラム法に照らして不法な (2) 不法な (3) 禁じられた (4) 庶出の (-) **हराम क॰** (ーを) 難しくする；困難にする；大変辛いものにする उसने एक छोटे एवं ग़रीब व्यापारी का जीना हराम कर रखा है 1 人の貧しい小商人の生きて行くのを困難にしている रात की नींद हराम करता है 夜眠れないようにする (-) **हराम हो जा॰** (ーが) 難しくなる；困難になる；辛くなる；地獄のようになる यह निश्चित है कि अगर पुरुष स्त्री को मात्र भोग्य वस्तु समझ ले तो स्त्री का जीना हराम हो जाए - जैसा पहले था 男性が女性を単なる享楽の対象と考えるならば女性は以前のように辛い人生を生きることになることは決まっている

हराम[2] ［名］(1) 罪悪 (2) 不法 (3) 密通；不義 (4)〔イス〕豚 **हराम का** *a.* 不浄の；不正になる *b.* 無料の；ただの *c.* 不義の；密通になる **हराम का पिल्ला** 不義の子 **हराम का पेट** 密通による妊娠 **हराम का माल** *a.* 不法に入手した物 *b.* 無償で得た物 **हराम की कौड़ी** 不法に得た物；悪銭 **हराम मुँह लगना** 不正をしたり働かずに金儲けをして味を占める

हरामकार ［形］《A.P. حرام کار》不義密通を働く；ふしだらな पहले दरजे का हरामकार आदमी とびきりふしだらな男

हरामकारी ［名*］《A.P. حرام کاری》不義密通

हरामख़ोर ［形］《A.P. حرام خور》(1) ろくでなしの (2) 怠け者の；ものぐさな；怠惰な (3) 裏切りを働く；恩知らずの；忘恩の हरामख़ोर, मर कहीं जाके! ろくでなし，くたばってしまえ

हरामख़ोरी ［名*］《A.P. حرام خوری》(1) 怠惰 (2) 背信；裏切り

हरामज़ादगी ［名*］《A.P. حرام زادگی》(1) 非嫡出；庶子であること (2) 欺瞞；狡猾さ

हरामज़ादा[1] ［形］《A.P. حرام زادہ》(1) 庶子である；庶子の；不義の子として生まれた (2) 性悪の；性根の曲がった；狡猾な

हरामज़ादा[2] ［名］《A.P. حرام زادہ》(1) 不義の子；庶子 (2) ひどい奴；悪い奴；性根の曲がった奴；不埒な奴

हरामज़ादी ［形*・名*］《A.P. حرام زادی》＝ हरामज़ादा[1, 2].

हरामी[1] ［形］《A. حرامی》(1) 不法な (2) 不義の (3) あくどい；質の悪い (4) 不埒な；けしからぬ (5) 怠惰な हरामी, बेशर्म, बदज़ात! 不届きな奴，恥知らず，下司野郎め हरामी तो नीचेवाले छोटे अफ़सर होते हैं けしからぬのは木っ端役人どもだ

हरामी[2] ［名］《A. حرامی》(1) 庶子；私生児；不義の子 (2) ごろつき；ならず者；悪党 **हरामी की औलाद** 不義の子（激しいののしりの言葉）＝ हरामी का पिल्ला; हरामी का बच्चा. उसके माँ-बाप नहीं थे और वह हरामी कहलाता था 両親がいなくて不義の子と呼ばれていた

हरारत ［名*］《A. حرارت》(1) 熱 ऐसा मालूम पड़ने लगा मानो हरारत पैदा हो गई है...माथे में, छाती में, रग-रग में まるで熱が出たように感じられた…額にも胸にも全身の血管にも (2) 温度＝ दर्जाए हरारत; तापमान. (3)（病気などによる）発熱；熱 थकान से कुछ हरारत हो आई होगी, ज़्यादा परवा न की 疲労から少し熱が出たのだろう．あまり気にかけなかった (4) 情熱；熱情；熱意

हरारत पैमा ［名］《A.P. حرارت پیما》温度計＝ तापमापी.

हरावर [名] ＝हरावल.
हरा वर्णक [名]〔生化〕葉緑素；クロロフィル＝क्लोरोफ़िल.
हरावल [名]《P. هراول》〔軍〕先陣；前衛
हरास [名] → हिरास.
हरि[1] [名] (1) 神；最高神 (2) ヴィシュヌ神 (3) シヴァ神 (4) インドラ神
हरि[2] [形] (1) 黄色い (2) 緑色の (3) 茶色の
हरिकथा [名*] (1)〔ヒ〕ヴィシュヌ神の化現に関する物語 (2)〔ヒ〕同上について語ること (3)〔イ音〕ハリカター（宗教聖典に題をとって歌う宗教音楽の一形式）
हरिकीर्तन [名]〔ヒ〕ハリ，すなわち，ヴィシュヌ神を称える歌（を集団で歌うこと）→ कीर्तन.
हरिगीतिका [名*]〔韻〕ハリギーティカー（各パーダが 16 - 12 で休止のある 28 マートラーからなるモーラ韻律．パーダの最後は लघु - गुरु）
हरिजन [名] (1) インド社会の中の被差別民；不可触民（指定カースト）の別称；ハリジャン (2) 神の下僕 (3) ヴィシュヌ神の信徒 आप जैसे हरिजनों के दर्शन का लाभ उठाने के लिए 貴方のような信心深いお方のお目に掛かりに
हरिजाई [名] ＝हरजाई[3].
हरिण[1] [名]〔動〕ウシ科インドカモシカ；インドレイヨウ；ブラックバック【*Antilope cervicapra*】＝हिरन.
हरिण[2] [形] 茶色の；褐色の；アーモンド色の
हरिणचर्म [名] インドカモシカなどの敷物にする皮；鹿の皮
हरिणी [名*] インドカモシカの雌→ हरिण.
हरित [形] (1) 緑の；緑色の (2) 新鮮な；爽快な
हरित क्रांति [名*]〔農〕緑の革命；グリーンレボリューション〈green revolution〉＝हरी क्रांति.
हरित मणि [名] エメラルド
हरित लवक [名]〔植〕葉緑体＝क्लोरोप्लास्ट.〈chloroplast〉
हरितालिका [名*]〔ヒ〕ハリターリカー（バードン月白分の 3 日．この日，既婚女性が夫の長寿を願ってヴラタを行う）＝हरितालिका तीज.
हरिदास [名] (1) ヴィシュヌ神の信徒 (2)〔人名〕ハリダース（ニンバールカ派の流れを汲むタッティー派 टट्टी सम्प्रदाय の開祖．詩人やターンセーンの師として声楽家としても名を知られる．16 世紀）
हरिदासी संप्रदाय [名]〔ヒ〕ハリダース派→ हरिदास.
हरिद्रा [名*] (1)〔植〕ショウガ科多年草ウコン＝हलदी. (2) その根茎の粉末；ターメリック
हरिद्वार [名] (1) ハリ，すなわち，ヴィシュヌ神の天界への門 (2)〔地名・ヒ〕ハリドゥワール（ハルドゥワールとも呼ばれる．ウッタラーンチャル・プラデーシュ州西部に位置するガンジス川沿いのヒンドゥー教屈指の聖地で同名県の県都）
हरिधाम [名] ヴィシュヌ神のまします天界 ＝विष्णुलोक.
हरिन [名]〔動〕ウシ科インドレイヨウ（印度羚羊）；ブラックバック【*Antilope cervicapra*】 **हरिन हो जा°** *a.* さっと姿を消す；素早く身を隠す；姿をくらます *b.* いっぺんになくなる
हरिनख [名] (1) ライオンやトラの爪（魔除けとして首から下げて用いる）＝बघनहाँ. (2) トラの爪のお守り
हरिनाम [名] (1)〔ヒ〕神の御名；神の名号；ヴィシュヌ神の名号 लेते रहो हरिनाम 神の御名を唱え続けなさい (2) 神の名号を唱えること बालक अब और स्वच्छंद होकर हरिनाम में ही मस्त रहने लगा 子供は今やこれまで以上にのびのびとハリの名号を唱えるのに熱中し始めた
हरिनी [名*] 雌のインドレイヨウ → हरिन.
हरिपद [名] (1)〔ヒ〕ヴィシュヌ神の天界；ヴィシュヌ神の天国 (2)〔ヒ〕ヴィシュヌ神の足
हरिपैड़ी [名*]〔ヒ〕ハリドゥワールにあるガンジス河畔の有名なガート（沐浴場）→ हर की पैड़ी.
हरिप्रिया [名*] ラクシュミー神 लक्ष्मी
हरिबोल [感]〔ヒ〕ヴィシュヌ派信徒がヴィシュヌ神を称えて唱える言葉（唱名）；ハリボール
हरिभक्त [名] ヴィシュヌ神の信徒
हरिभक्ति [名*] ヴィシュヌ神へ捧げられる信愛；ヴィシュヌ神への信仰心
हरिभजन [名]〔ヒ〕ヴィシュヌ神を集団で賛歌を歌って称え礼拝すること
हरि मंदिर [名] (1)〔ヒ〕ヴィシュヌ神を祀った寺院 (2)〔シク〕シク教本山（アムリトサル市にある黄金寺 ＝स्वर्ण मंदिर）
हरिमा [名*] 黄色＝पीलापन.
हरियाणा 〔地名〕ハリヤーナー州＝हरियाणा प्रदेश; हरियाना.
हरियाणी [形] ハリヤーナー州の；ハリヤーナー地方の
हरियाना[1] [自] (1)（草木が）青々とする＝हरा हो°. (2)（草木が）よみがえる＝ताज़ा हो°. खेत हरियाना 枯れかかっていた畑がよみがえる (3) 喜ぶ；嬉しくなる＝प्रसन्न हो°; खुश हो°.
हरियाना[2] [他] (1)（草木を）青々とさせる (2) 喜ばせる
हरियाना[3] 〔地名〕ハリヤーナー州（インド北西部の州でパンジャーブ，ラージャスターン，ウッタル・プラデーシュ，デリーと接する）＝हरियाणा.
हरियानी[1] [形] ハリヤーナーの；ハリヤーナー地方の
हरियानी[2] [名*]〔言〕ハリヤーニー語（ハリヤーナー地方に話される西部ヒンディー語の一）
हरियाला [形+] 緑の；緑色の
हरियाली [名*] (1) 一面の草木の緑 (2) 喜び；爽快さ (3) → हरितालिका; हरियाली तीज. **हरियाली छाना** 辺り一面が緑にあふれる **हरियाली सूझना** *a.* 喜びに満ちあふれる *b.* 見通しの明るいこと *c.* 容易に思える；容易な感じがする
हरियाली तीज [名*] ＝हरितालिका तीज.
हरिलीला [名*]〔イ神〕ヴィシュヌ神の演じる遊戯
हरिलोक [名]〔ヒ〕ヴィシュヌ神の天界
हरिवंश [名]〔ヒ〕ハリヴァンシャ（『マハーバーラタ』の補遺とされるヒンドゥー教徒の主要な聖典の一）
हरिवाहन [名]〔イ神〕ヴィシュヌ神の乗り物とされるガルダ鳥 गरुड़
हरिशयनी [名*]〔イ神・ヒ〕インド暦 4 月のアーサーダ月白分 11 日（この日からヴィシュヌ神はカールティク月の白分 11 日までの 4 か月間の眠りにつくとされる）→ देवोत्थान एकादशी.
हरिश्चंद्र [名] (1)〔イ神〕ハリシュチャンドラ王（スーリヤヴァンシャ，すなわち，日種族の王．その誠実さ，惜しみなき布施．信心深さで知られる） (2)〔人名〕バーラテーンドゥ・ハリシュチャンドラ (1850–1885)．豊かな才能で近代ヒンディー文学の開花・発展に大きく寄与した→ भारतेंदु हरिश्चंद्र.
हरिस [名] 犂の柄
हरिसिंगार [名]〔植〕インドヤコウボク＝हरसिंगार.
हरिहरक्षेत्र 〔地名〕ハリハラクシェートラ（ビハール州州都パトナー पटना 近くのヒンドゥー教の聖地）
हरीकेन[1] [名]《E. hurricane》〔気象〕ハリケーン
हरीकेन[2] [名]《E. hurricane lamp》ハリケンランプ＝हरीकेन लैंप. हाथ में हरीकेन उठाये 手にハリケンランプを提げて
हरी क्रांति [名*]〔農〕緑の革命＝हरित क्रांति.
हरी खाद [名*]〔農〕緑肥
हरीतकी [名*]〔植〕シクンシ科落葉高木ミロバランノキ【*Terminalia chebula*】＝हड़; हर्रे.
हरीतिमा [名*] 草木の緑＝हरियाली; हरापन.
हरीफ़ [名]《A. حریف》(1) 敵；仇敵＝दुश्मन; शत्रु. (2) 敵；競争相手＝प्रतिद्वंद्वी. (3) 恋敵＝रक़ीब.
हरी फुदकी [名*]〔鳥〕ムシクイ科キマユムシクイ【*Phylloscopus inornatus*】
हरी बुलबुल [名*] ＝हरेवा.
हरीरा [名]《A. حریره》〔料〕ハリーラー（小麦粉，砂糖，ナッツ，カルダモン，アニスシードなどを粥状に煮たもの．滋養食）
हरीस [形]《A. حریص》欲張りな；貪欲な；強欲な＝लोभी; लालची.
हरूफ़ [名] → हुरूफ़.
हरे [感]《Skt.》〔ヒ〕ヴィシュヌ神（हरि）及びその化現とされる神々への呼びかけの言葉（サンスクリット語の呼格形） **हरे कृष्ण! हरे कृष्ण!** *a.* クリシュナ神よ，神よ *b.* 大変なことだ；大変だ大変だ हरे कृष्ण! हरे कृष्ण! बड़ा बुरा हुआ, यह तो बड़ा बुरा हुआ! えらいことになったぞ．大変だ **हरे राम!** ラーマ神への祈りの言葉
हरेक [形] それぞれの；各々の；各自の＝हर एक; प्रत्येक.
हरेना [名] (1) 犂の先端の刃のついている部分 (2) ながえ（轅）
हरेरा [形+] ＝हरा.

ह

हरेवा [名]〔鳥〕コノハドリ科コノハドリ【*Chloropsis cyanopogon*】 **नेपाली हरेवा**〔鳥〕コノハドリ科キビタイコノハドリ【*Chloropsis curifrous*】

हरैना [名] → हरेना.

हरोल [名] = हरावल.

हर्कत [名*] → हरकत.

हर्गिज़ [副]《P. ہرگز》断じて；決して；かつて→ हरगिज़. **हर्गिज़ नहीं** 断じて…（し）ない；決して…（し）ない；かつて…ない= कभी नहीं.

हर्ज [名] → हरज.

हर्जमर्ज [名]《A. ہرج مرج》(1) 混乱；騒乱；騒動 (2) 暴動 **हर्जमर्ज उठाना** 騒動を起こす；騒ぎを起こす

हर्जा[1] [名]《A. ہرجہ》損害賠償；弁償= क्षतिपूर्ति; हरजाना.

हर्जा[2] [名] = हरज. तुम्हारा हर्जा न होगा 君には不都合はあるまい

हर्ज़ा [名]《P. ہرزہ》馬鹿げたこと；無駄口= हरज़ा.

हर्जाना [名]《P. ہرجانہ》弁償金；損害賠償金= हरजाना; तावान.

हर्डल [名]《E. hurdle》(1) 障害物；ハードル (2) ハードル競走= हर्डल दौड़.

हर्डल दौड़ [名*]《E. + H.》〔ス〕ハードル競走；障害物競走

हर्ता [名] (1) 奪い取るもの；略奪するもの (2) 破滅させるもの

हर्दौल [名] 民間信仰のコレラの神ハルドウル= हरदौल लाला.

हर्निया [名]《E. hernia》〔医〕ヘルニア；脱腸

हर्फ़ [名]《A. حرف》(1) 文字= अक्षर; वर्ण. (2) 言葉= बात; शब्द. (3) 欠陥；落ち度；難点；非難= बुराई. **हर्फ़ आ॰** 汚名を着せられる；非難を受ける；非難される (-पर) **हर्फ़ रखना** (ーに) 汚名を着せる；(ーを) 非難する **हर्फ़ लाना** 非難する

हर्फ़न हर्फ़न [副]《A. حرفاً حرفاً》文字通りに；微に入り細にわたり；精細に= अक्षरशः.

हर्फ़ बहर्फ़ [副]《A. حرف بہ حرف》= हर्फ़न हर्फ़न.

हर्ब [名]《A. حرب》戦い；戦争；戦闘= लड़ाई; युद्ध.

हर्बगाह [名*]《A.P. حرب گاہ》戦場= मैदान; लड़ाई का मैदान; युद्धक्षेत्र; युद्धस्थल.

हर्बा [名]《A. حربہ》(1) 武器= हथियार; अस्त्र-शस्त्र. (2) 攻撃= आक्रमण; वार. कोई हर्बा कारगर न हुआ いずれの攻撃も効果がなかった→ हरबा.

हर्म्य [名] (1) 宮殿；王宮= राजभवन; महल. (2) 館；大邸宅= हवेली.

हर्र [名] = हड़/हरीतकी.

हर्रा [名] (1)〔植〕シクンシ科高木ミロバランノキ【*Terminalia chebula*】= हड़; बड़ी हड़; हरीतकी. (2) 同上の実（ミロバラン，染色に用いられる） (3) 同上の実の形をした金銀製の飾り物（首飾りなどの装身具の玉の間に用いられる）= हरैया. **हर्रे लगे न फिटकरी** 一銭も使わずに；ただで= हर्रे-फिटकरी के बिना. **हर्रे लगे न फिटकरी, रंग चोखा आए** 一銭も用いずに儲けること；丸儲けすること= हर्रे फिटकरी के बिना चोखा रंग हो.

हर्राफ़ [形]《A. حراف》(1) よくしゃべる；とてもおしゃべりな= वाचाल; मुखर. (2) ずるい；狡猾な；抜け目のない= धूर्त; चालाक.

हर्ष [名] (1) 喜び；嬉しさ= आनंद; खुशी. हर्ष के आँसू 嬉し涙 (2)〔人名〕→ हर्षवर्धन.

हर्षक [形] 喜ばせる；嬉しがらせる；喜びを与える= आनंददायक.

हर्षकर [形] 喜ばしい；楽しい= आनंददायक.

हर्षचरित [名]〔イ文芸〕『ハルシャチャリタ』(7 世紀のサンスクリット詩人バーナ／バーナバッタ बाण/बाणभट्ट 作の散文体で書かれた歴史小説)

हर्षण[1] [名] (1) 喜ぶこと；喜悦 (2) 歓喜に総毛立つこと

हर्षण[2] [形] (1) 喜ばせる (2) 総毛立つような興奮を与える

हर्षध्वनि [名*] = हर्षनाद.

हर्षनाद [名] 歓喜の声 (をあげること)；歓呼 (すること) हज़ारों-लाखों दर्शक इन विजेताओं के सम्मान में हर्षनाद करते हैं 幾千，幾万の見物客がこれらの勝利者に敬意を表して歓呼する

हर्षवर्द्धन〔人名・イ史〕= हर्षवर्धन. ハルシャヴァルダナ王（ヴァルダナ朝の王．カニャークブジャに都して北インドを支配．7 世紀前半 606–647 に在位）= हर्ष; श्रीहर्ष.

हर्षातिरेक [名] 喜びの窮まったところ；有頂天；歓喜；エクスタシー हर्षातिरेक में उसके माथे को चूमती हुई 狂喜してその子の額に口づけしながら

हर्षाना[1] [自] 喜ぶ；嬉しくなる= प्रसन्न हो॰; खुश हो॰; आनंदित हो॰.

हर्षाना[2] [他] 喜ばせる；嬉しがらせる= प्रसन्न क॰; आनंदित क॰.

हर्षित [形] 喜んだ；歓喜した

हर्षोन्मत्त [形] 有頂天の；有頂天になった；歓喜した；狂喜した

हर्षोन्माद [名] 有頂天；狂喜；歓喜

हर्षोल्लास [名] 歓喜；大喜び विवाह हर्षोल्लास का अवसर समझा जाता है 結婚式は歓喜の機会と考えられている हर्षोल्लास के साथ 賑やかに；盛大に हर्षोल्लास के साथ शुरू हो गया この催しは大変賑やかに開始された

हल्[1] [形] デーヴァナーガリー文字の表記において子音字が内在する अ 音を伴わないことを示す

हल्[2] [名] デーヴァナーガリー文字の表記において子音字に内在する अ 音の欠落を示す記号（子音字の右下に向かう短い斜線で表される क → क्)

हलंत [形・名] (1) 本来子音字が母音 अ を伴った音節文字であるデーヴァナーガリー文字の子音字が अ 音を伴わず子音で終わる（ことを表す） (2) またその हल्記号を伴った字形. क → क्

हल[1] [名] 犂（普通 2 頭の去勢牛に引かせるすき） हल चलाना 牛に犂を引かせる；犂を使う जब वह आई थी, तो मेरे घर में सात हल की खेती होती थी あの人が嫁入ってきた時はわが家では 7 基の犂を使っていた（それほどの広い土地を所有していた） **हल जोतना** *a.* 犂で土地を耕す *b.* 農業をする；農業に従事する= हल पकड़ना.

हल[2] [名]《A. حل》解決；解決策 हल निकल आ॰ 解決策が見つかる (-) **हल क॰** 問題や課題を解く；(ーを) 解決する अटपटी भाषा व प्रश्नों को हल क॰ おかしな言葉と問題を解く (-) **हल हो॰** (ーが) 解かれる；解ける；解決される；解消される इससे जाति प्रथा टूटने के साथ-साथ दहेज की समस्या स्वतः हल हो जाएगी これによりカースト制が崩壊すると共に持参金問題がひとりでに解消されよう समस्या के जल्दी हल होने के आसार 問題が早急に解決される徴候

हलकंप [名] = हड़कंप.

हलक़ [名]《A. حلق हल्क़》のど（喉）；咽喉= गला; कंठ. प्यास ने हाय हलक, मेरा सुखा डाला है 渇きがのどをからからにしてしまった यहाँ उमस के मारे हलक सूख रहा है ここでは暑さにのどが渇く **हलक के नीचे उतरना** *a.* のどを通る *b.* 腑に落ちる；納得する

हलक़-कुद [名] = हरेना(1).

हलक़-तालू [名]〔イ音〕声楽でのどの奥からの発声法

हलकना [自] (1) 液体が揺れて音を立てる（ちゃぷちゃぷ，ちゃぽんちゃぽんなど） (2) 波打つ；波立つ

हलका [形+] (1) 重さの軽い；軽量の हलकी धातु 軽い金属 (2) 軽快な；軽やかな हवा की तरह हलका चलनेवाला 風のように軽快に動く (3) 軽薄な；安っぽい फिर उसे भय हुआ कि कहीं विमल उसे हलका और ओछा न समझ रहा हो それから彼女はヴィマルに軽薄で卑しい人と思われているのではないかと心配になった (4) 薄い；厚みが少ない शनिवार को हलकी बदली 土曜日は薄曇り (5) 薄い；程度の低い；少ない；淡い हलका पीला रंग 浅黄色 (6) 程度の軽い；低い；少ない हलका-सा ज़ुकाम ほんの軽い風邪 हलके मधुमेह से पीड़ित रोगी 軽い糖尿病の人 ठंड के दिनों में अच्छी दही जमाने के लिए दूध को हलका गरम करके स्टील के बरतन में जमाएँ 冬季にヨーグルトを上手にこしらえるには牛乳を少し温めてステンレスの食器に入れて固まらせることです हलकी सर्दी 少しの寒さ；少々の寒気；肌寒さ (7) 少ない；少量の；わずかの हलकी-हलकी किस्मों में रकम वसूल क॰ 少額の分割で徴収する हलकी बारिश ほんの少々の降雨；ちょっとした降雨；お湿り आसमान पर काली घटाएँ छाई हुई थीं और हलकी-हलकी फुहारें पड़ रही थीं 空には黒雲が覆っておりぽつりぽつりと降っていた (8) うっすらとした；かすかな उसके चेहरे पर हलकी शैतानी दिखलाई पड़ी 彼女の顔にうっすらと意地悪い表情が浮かんだ (9) 負担や責任が軽い；楽な **हलका क॰** 負担などを軽くする；軽減する वह अपने माता-पिता का बोझ काफ़ी हलका कर सकती है 彼女は両親の負担をかなり軽くすることができる काम भी तुझे बिलकुल हलका दे रहा हूँ 君には

楽な仕事を与えよう (10) 気楽な；気の楽な；軽い निर्णय से मन हलका हो गया 決断して気が楽になった हलकी और विनोदपूर्ण बातों से 軽くて面白い話で (11) 楽な；簡単な；本格的でない；軽い；軽度の हलका व्यायाम 軽い運動 (12) 成分の少ない；弱い；濃度の薄い हलका किया गया विष 弱められた毒 साबुन के हलके घोल का इस्तेमाल करें 薄いせっけん溶液をお使い下さい हलकी नमकवाली भूमि में 薄い塩分のある土地で (13) 弱い；ゆるい；軽い हलकी धूप में कुरसी डालकर बैठा दीजिए 弱い日差しの中に椅子を出して腰掛けさせて下さい किसी अपरिचित से किया गया साधारण-सा मज़ाक़ या हलका-सा व्यंग भी कभी-कभी भारी झगड़े का कारण बन जाता है 見知らぬ人に対するほんのちょっとした冗談やほんの軽い皮肉までもが時には重大ないさかいの原因となる (14) 力をあまり入れない；軽い आपको ब्राउन रंग की आई ब्रो पेंसिल हलके हाथों से अपनी भौंहों के बालों पर फेरनी चाहिए 茶色の黛を軽く眉毛に塗ることが大切 (15) あっさりしている；胃にもたれない；軽い भोजन हलका और शीघ्र पचनेवाला देना चाहिए 食事は軽くてこなれの良いものを与えなくてはならない मेरा नाश्ता बहुत हलका होता है 私の朝食はとても軽い (16) 静かな；緩やかな；弱い हलकी-हलकी हवा そよ風 (17) 劣った；少ない；及ばない वह बड़ी गुणवती थी, पर रूप-रंग में कुछ हलकी थी とても才能豊かであったが容姿が今少しだった **हलका क॰** *a*. 軽くする *b*. 軽んずる *c*. 辱める；侮辱する **हलका काम** *a*. 軽い作業 *b*. 軽薄な行為；思慮の足りない行為 **हलका-फुलका** →別項（見出し語） **हलका-भारी बोलना** 叱りつける **हलका-भारी हो॰** *a*. 負担に感じる；嫌がる *b*. 見下げられる **हलकी बात** *a*. つまらないこと；小さなこと；取るに足らないこと *b*. いけないこと；間違ったこと **हलकी भारी बोलना** 叱りつける；叱責する **हलके-भारी हो॰** 負担に感じる；いやになる；うんざりする＝ ऊबना; उकताना. **हलके से** 静かに कहाँ मिलते हैं अच्छे आदमी, वह हलके से हँस दी 「どこにいい人がいるの」彼女は静かに笑った **हलके-हलके** そろりと；そろっと；じわじわ；じわっと；軽く＝ धीरे-धीरे; आहिस्ता. छोटे बच्चे के पेट पर हींग का लेप करके हलके-हलके सेंकना ठीक रहता है 小児の腹部にヒーング（アギ）を塗ってじわっと湿布するとよい **हलके हाथ** ＝ हलके-हलके.

हलक़ा [名] → हल्क़ा. राजनैतिक हलक़ों में भृकुटियाँ तन गई हैं 政界で眉がひそめられている

हलकाई [名*] → हलकापन.

हलका उद्योग [名] 軽工業＝ लघु उद्योग.

हलकाना[1] [自] 軽くなる＝ हलका हो॰; वज़न कम हो॰; वज़न घटना.

हलकाना[2] [他] 軽くする；重さを減らす＝ वज़न कम क॰.

हलकाना[3] [自] 狂う हलकाया कुत्ता 狂犬＝ पागल कुत्ता.

हलकाना[4] [他] (1) 波立たせる；波打たせる (2) 溜まり水をかきまぜて音を立てる

हलकाना[5] [他] なつかせる；なじませる；てなづける→ हिलगाना.

हलकापन [名] ← हलका. (1) 軽さ；軽いこと किसी चीज़ की गम्भीरता और हलकेपन को 何かの物体の重さと軽さとを (2) 卑しさ；下品さ；あさましさ (3) 不名誉 (4) 軽薄さ；軽々しさ；軽さ

हलका पानी [名] 軟水＝ नरम पानी.

हलका-फुलका [形+] (1) 小さくて軽い；軽々とした हलका-फुलका सामान 軽くて小さな荷物 अपनी हलकी-फुलकी नाव पर बैठे शिकार करते हैं 自分たちの小さく軽々とした船に乗って狩りをする (2) 小さな；小規模の हलका-फुलका कारोबार ちょっとした商売 (3) あっさりした；くどくない；しつこさのない；軽い；ちょっとの औरतों को देखकर वह कुछ हलकी-फुलकी छेड़खानी कर देता 女の人たちを見るとちょっとからかう (4) 気の張らない；気楽な；深刻でない आपके आसपास परिचित हों तो उनसे हलकी-फुलकी बातें करें. हलकी-फुलकी का अर्थ यह नहीं कि स्तरहीन या बेमतलब की बातें हों 近くに知り合いの人がいれば気楽な会話をすること．気楽なと言うのは程度の低いとかわけのわからないと言うことではない (5) 簡単な；軽い；本格的でない हलकी-फुलकी कसरत 軽い運動 (6) 容易な；簡単な एक बार यह सारी व्यवस्था कर लेने पर आपका दैनिक कार्य हलका-फुलका व आनंददायक हो जाएगा 一度これらをきちんと整理すると日常の業務は簡単で楽しいものになる

हलकार [名] → हरकारा.

हलकारना [他] (1) 粉砕する (2) ばらばらにする；撒き散らす

हलकारी [名*] 色止め（をすること）；色止め処理

हलकारी सोना [名] 絵画に用いる金粉

हलकुस [名]〔植〕シソ科一年草ホソバセイロンハッカ【*Leucas lavandulaefolia*】

हलकोरा [名] 波＝ तरंग; लहर.

हलचल [名*] (1) 動き；活動 इसके पश्चात् उसके हृदय में हलचल होने लगी それから心臓が動き出した (2) 騒がしさ；騒々しさ；落ち着きがなくごたごたしていること；混乱 शादी की इस हलचल में पीछे से गाने की आवाज़ उभरती है 結婚式のこの騒々しさの中後方からの歌声が高くなる (3) 騒動；騒ぎ **हलचल पैदा क॰** 騒動や騒ぎを起こす कृत्रिम रेशों द्वारा वस्त्र के निर्माण ने फ़ैशन जगत् में एक हलचल पैदा कर दी 人工繊維の誕生がファッション界に１つの騒ぎを巻き起こした (4) 動向；動静 खेल जगत की हलचल की भी जानकारी होनी चाहिए スポーツ界の動向についても情報が欠かせない **हलचल मचाना** 騒動を起こす

हलदिया[1] [形] 鮮やかな黄色の；ウコン色の；山吹色の

हलदिया[2] [名]〔医〕黄疸＝ पीलिया रोग; कामला; यरक़ान.

हलदी [名*] (1)〔植〕ショウガ科ウコン【*Curcuma longa*】 (2) ウコンの根茎を乾燥させ粉末にしたもの；ターメリック **हलदी उठना**〔ヒ〕挙式前の儀式で花婿と花嫁の体にカラシナ油とターメリックを混じたものを塗布する（肌のいたわりと美容のため）＝ हलदी चढ़ना. **हलदी-गुड़ पीना**（疲れを取り体力をつけるために）ウコンと黒砂糖を混ぜたものを飲む आपने न बचाया होता तो आज शराब की जगह हलदी-गुड़ पीते होते あなたに助けて頂かなかったら今時分酒の代わりにウコンと黒砂糖を飲んでいるところだったでしょうに **हलदी लगना**〔ヒ〕結婚する **हलदी लगाकर बैठना** *a*. ひどくうぬぼれること *b*. 何もせずにのほほんとしていること **हलदी लगे न फिटकरी** ただで；労せずして **हलदी लगे न फिटकरी और रंग भी चोखा आए**〔諺〕*a*. 丸儲け；一銭も金を使わずに目的の達せられることのたとえ *b*. 一銭も費やさずに出来映えを求めるような吝嗇や厚かましさや虫のよさ，ずうずうしさのたとえ（また，それを非難する言葉）

हलदू [名]〔植〕アカネ科高木【*Adina cordifolia*】

हलधर [名] (1) 犂を持つ人 (2)〔イ神〕バララーマ（ヴィシュヌ神の７番目の化身でクリシュナの兄）の異名

हलफ़ [名]《A. حلف हल्फ़》誓い；宣誓＝ शपथ; सौगंध; क़सम. **हलफ़ उठाना** 誓いを立てる；誓う ＝ हलफ़ ले॰. ＝ शपथ खाना; क़सम खाना. **हलफ़ दे॰** 宣誓させる；誓わせる＝ हलफ़ उठवाना. **हलफ़ से इज़हार दे॰** 宣誓証言する

हलफ़दरोग़ी [名*]《A. حلف دروغی हल्फ़दरोग़ी》〔法〕偽証；偽誓

हलफ़न [副]《A. حلفاً हल्फ़न》誓いを立てて；誓って；宣誓して＝ क़सम से; शपथपूर्वक.

हलफ़नामा [名]《A.P. حلف نامہ हल्फ़नामा》〔法〕宣誓口述書；口供書〈affidavit〉

हलफा [名] (1) 波＝ लहर; हिलोर; तरंग. (2)〔医〕小児喘息 (3) 喘息の発作 **हलफा चलना** *a*. 呼吸が激しくなる *b*. せき込む **हलफा मारना** 波打つ；波立つ

हलफ़ी [形・副]《A. حلفی हल्फ़ी》(1) 誓いの；誓った (2) 誓って＝ शपथपूर्वक.

हलबंदी [名*]《H. + P. بندی》(1) 犂の数に応じて固定されたレートの地税 (2) 耕作地の面積

हलबला [形+] うろたえた；あわてた；動転した＝ व्याकुल.

हलबलाना[1] [自] うろたえる；あわてる；動転する＝ हड़बड़ाना; व्याकुल हो॰.

हलबलाना[2] [他] うろたえさせる；あわてさせる

हलबलाहट [名*] ← हलबलाना. あわてふためくこと；気が動転すること

हलबली [名*] ＝ हड़बड़ी.

हलमरिया [名*]《Por. armario?》船倉

हलरा [名] 波＝ हिलोर; तरंग; लहर.

हलराना [他]（子供を）抱いて揺する；抱いてあやす

हलवा [名]《A. حلوا हल्वा》ハルワー（小麦粉や豆粉，ナッツ，ニンジンなどを素材にギーや油で炒めたものに砂糖，コーヤー खोया などを加えてこしらえる菓子やデザート） **हलवा खाने को मुँह चाहिए**〔諺〕それ相当のことをするには能力が要求される（-का） **हलवा निकालना**（ーを）激しく打つ；打ちのめす；叩きのめす（अपनी）**हलवा-पूड़ी से मतलब हो॰** ＝（अपने）हलवे-माँडे से काम

रखना. **हलवा-पुलाव** ハルワーとプラーオ（甘味菓子とピラフ）；ご馳走 उन्हें ख़ूब स्वादिष्ट पदार्थ खिलाए गए.हलवे-पुलाव की वर्षा-सी की गई 美味なものが供された．山のようなご馳走が出された **हलवा बाहर क॰** ＝हलवा निकालना. एक-एक बात बता，नहीं तो मारते-मारते हलवा बाहर कर दूँ 包み隠さず言え．さもないとひどい目に遭わすぞ **हलवा-माँडा** *a.* 菓子 *b.* 利益になるもの *c.* 利得 **(अपने) हलवे-माँडे से काम रखना** 自分の利益のみ図る

हलवाइन [名*] ←हलवाई. ハルワーイーの妻

हलवाई [名]《A.H. حلوائی हल्वाई》(1) 菓子屋；菓子製造者 (2) 菓子製造を生業としてきたカースト；ハルワーイー **हलवाई की दूकान पर दादे का फ़ातिहा पढ़ना** 他人の力や金で評判をとるようなことをすること

हलवाई-ख़ाना [名]《A.H.P. حلوائی خانہ》ハルワーイーの店；菓子店

हलवा तेंदू [名]《A.H.》〔植〕(1) カキノキ科中高木カキ；カキノキ（柿）【*Diospyros kaki*】 (2) その実

हलवान [名] 羊や山羊の肉

हलवा फ़रोश [名]《A.P. حلوا فروش》菓子屋；菓子商人

हलवाह [名] 作男；農業労働者＝हलवाहा. हलवाहे पर ही जो सब कुछ छोड़ देता है, उसकी खेती ठीक से नहीं हो पाती 作男，すなわち，人手だけに頼っていると畑仕事はうまく行かないものだ

हलहल [名] 器の中に入っている水が揺れて発する音

हलहलाना[1] [他] (1) 水の入っている容器を揺する (2) 激しく揺する

हलहलाना[2] [自]（寒さや恐怖のため）震える；震えあがる

हलाई [名*] 犂を使う仕事（労働）；農作業；農耕作業 वे फिर हलाई में जुट गए 彼らはまた犂を手に取った

हलाक[1] [形]《A. ہلاک》(1) 死んだ；死亡した (2) 殺された；殺害された (3) 滅亡した；破滅した；破壊された **हलाक क॰** *a.* 殺す；殺害する *b.* 滅ぼす **हलाक हो॰** *a.* 殺される *b.* 滅ぼされる

हलाक[2] [名]《A. ہلاک》(1) 死；死亡 (2) 殺害 (3) 破滅；壊滅；滅亡

हलाकत [名*]《A. ہلاکت》(1) 死亡；死 (2) 殺害

हलाकान [形]《← A. ہلکان हल्कान》(1) 疲れはてた；くたくたになった；疲労困憊した＝चूर चूर; थका-हारा. बच्चा रो-रोकर हलाकान हो गया 子供は泣きくたびれてしまった (2) 困惑した；あわてふためいた

हलाकानी [名*] ←हलाकान. 困惑＝हैरानी; परेशानी.

हलाकू[1] [人名・史]《T. ہلاکو हुलाकू》フラーグ（1218–1265．チンギス・ハーンの孫でフビライ・ハーン忽必烈／忽比烈の弟．イランにイルハーン国を建設した）＝हुलाकू

हलाकू[2] [形]《A. ہلاکو》(1) 人殺しの；凶暴な (2) 破滅的な

हलायुध [名]〔イ神〕ハラーユダ；バララーマ＝बलराम; हलधर.

हलाल[1] [形]《A. حلال》(1)〔イス〕イスラム法にかなった；合法の (2) 適法の；法にかなった (3) 受容できる；正当な **हलाल क॰** *a.* イスラム法に則って正しい手順で食用の動物を殺す *b.* さんざん苦しめる；ひどい目に遭わせる अगर ईद तक रुपया न आया तो तुम्हीं को हलाल कर दिया जाएगा イードまでに金が揃わなければお前をうんと可愛がってやる *c.* 誠実に行う；誠意のある行動をする *d.* 首をはねる **हलाल का** イスラム法にかなった；合法の；適法の；誠実な方法による हलाल की कमाई 正当な労働で稼いだ金

हलाल[2] [名]〔イス〕イスラム法に従って正しい方法で屠殺された食用動物（の肉）

हलालख़ोर[1] [形]《A.P. حلال خور》〔イス〕（イスラム法にかなった）生業について生活する；誠実な生き方をする

हलालख़ोर[2] [名]〔イス〕掃除人；掃除夫＝मेहतर; भंगी.

हलालख़ोरी [名*]《A.P. حلال خوری》(1)〔イス〕正業による稼ぎで生活すること (2) 掃除人の妻女

हलाहल [名] (1)〔イ神〕乳海攪拌の際出たとされる毒，ハラーハラ (2) 劇毒；猛毒 स्वयं हलाहल का घूँट पीकर दूसरों को अमृत ही पिलाते रह गए 自らは劇毒を飲み他者には甘露を飲ませ続けていらっしゃった（シヴァ神）

हलिस [名]〔植〕マキ科高木【*Podocarpus neriifolius*】〈thitmin〉

हली [名] (1)〔イ神〕バララーマ बलराम (2) 農民；農夫

हलीम[1] [形]《A. حلیم》(1) 我慢強い；忍耐強い；辛抱強い (2) おとなしい；穏和な

हलीम[2] [名]《A. حلیم》〔イス〕ハリーム（ムハッラム祭に調理される肉，豆，生姜などの入った特別の炊き込みご飯）

हलीम[3] [名]〔植〕タコノキ科常緑低木トゲナシアダン＝केतकी.

हलीमी [名*] ←हलीम[1].

हलीसा [名] かい（櫂）＝चप्पू. हलीसा तानना 櫂を漕ぐ＝डाँड़ चलाना; चप्पू चलाना.

हलुआ [名] ＝हलुवा. →हलवा. केले का हलुआ バナナのハルワー

हलुवाई [名] ＝हलवाई.

हलो [感]《E. hallo》ハロー；おい；もしもし；やあ；よお＝हल्लो. हलो सतीश, आओ よお，サティーシュ हलो...सिक्स थ्री नाईन एट? もしもし… 6398 番ですか

हलोरना [他] (1) 水などの液体をかきまぜる (2) 撹拌する

हल्क़ [名]《A. حلق》のど；喉 →हलक. गिज़ा के साथ पानी की ज़्यादती से गिज़ा जल्दी से हल्क़ के नीचे उतर जाती है 食べ物と一緒に水を多く取るとすぐに食べ物はのどの下に下がる

हल्का [形⁺] →हलका. हल्के मूड में 軽快な気分で हल्के संगीत और हल्के प्रकाश के बीच 軽い音楽とやわらかい光線の中に

हल्क़ा [名]《A. حلقہ》(1) 輪；環；円形 (2) 円陣；車座 हल्क़ा बनाए हुक़्क़ा पी रहे थे 車座になってフッカー（水ぎせる）を吸っていた (3) 区；区域；界 इलेक्शन के हल्क़े 選挙区＝चुनाव-क्षेत्र. महाराष्ट्र के राजनीतिक हल्क़ों में マハーラーシュトラの政界に हल्क़े का डाकिया, कांस्टेबिल 当該区域の郵便配達や警官 (4) 行政上の便宜のため県を市町村の幾つかのグループに一括して分割した区域；地域；サークル＝इलाक़ा. →सर्किल. (5) 集まり；サークル **हल्क़ा इंस्पेक्टर** サークル・インスペクター（幾つもの警察署を統括し監督する）；警視

हल्दी [名*] ＝हलदी.

हल्ला [名] (1) 大声での叫び；大きな叫び声 (2) とき（鬨）；鬨の声 (3) 騒ぎ；騒動 शहर में हल्ला मचा हुआ है 街には騒動が起こっている (4) 攻撃；襲撃＝आक्रमण; धावा. (-पर) हल्ला बोलना（ーを）攻撃する；（ーを）襲撃する दुश्मन ने हमारे पाक वतन पर हल्ला बोल दिया 敵はわが神聖なる祖国に攻撃をしかけた हल्ला मचाना 騒ぎ立てる＝हो हल्ला मचाना. **हल्ला-गुल्ला** *a.* 騒ぎ；騒動 *b.* 騒音＝शोर गुल.

हव [名]〔ヒ〕聖火に投じられる献供；供物

हवन [名]〔ヒ〕神に捧げるためにしつらえられた火壇の祭火にギーや小麦などを投じる儀礼；献供；護摩；ハヴァナ；ホーマ＝होम. हवन-पाठ करवाना 家で護摩を焚き経をあげてもらう

हवनकुंड [名]〔ヒ〕献供（ハヴァナ）を行う炉；護摩をたく穴や炉；護摩壇

हवनीय[1] [形]〔ヒ〕献供（ハヴァナ）に入れるべき

हवनीय[2] [名]〔ヒ〕献供の品；献供の火に投じられるギー，大麦，胡麻など；ハヴァナに必要な物

हवलदार [名]《A.P. حوالہ دار ← حول دار हवालादार》(1)〔軍〕陸軍軍曹 (2) 巡査部長＝हैड कांस्टेबल. (3) 法廷警吏 (4) 村の管理を任されている支配人 (5)〔イ史〕ハワルダール（ムガル朝時代に地代の徴収と収穫物の監視の任に当たった兵士）

हवस [名*]《A. ہوس》(1) 熱望；切望；宿願 (2) 欲望；欲 (3) 情欲 (4) 野心 (-की) **हवस क॰**（ーを）切望する **हवस पकाना** 大それた野望を持つ **हवस पूरी क॰** 宿願を果たす

हवसदार [形]《A.P. ہوس دار》(1) 欲望の強い；欲深い；貪欲な (2) 好色な

हवसपरस्त [形]《A.P. ہوس پرست》欲の深い；貪欲な；強欲な＝लोभी; लालची.

हवसपरस्ती [名*]《A.P. ہوس پرستی》欲深さ；貪欲＝लोभ; लालच.

हवा [名*]《A. ہوا》(1) 空気；大気 **हवा का दबाव** 気圧 **हवा की थैली** 魚の浮き袋 (2) 風 हवा तेज़ी से चल रही थी 風が強く吹いていた तेज़ हवा 強風 दिन में तेज़ हवाएँ चलेंगी 日中風の強い見込み（天気予報） हुगली के जल को स्पर्श करती हुई ठंडी हवाएँ तन मन को एक ताज़गी से भर देती हैं フグリー川の水面を吹くひんやりとした風は身心に新鮮さをみなぎらせてくれる (3) 雰囲気；気分 शहर की तो हवा ही अलग थी 街の雰囲気はまるで違っていた (4) 宙；空；空中 हवा में 空中を；空中で；宙に रॉकेट हवा में ऊँचा उड़ेगा ロケット

は空高く飛ぶ हवा में टँगे मकान 宙釣りの家 (5) くう (空)；虚空 ख़ुशियाँ जो गुज़र जाती हैं फिर लौटकर कभी नहीं आतीं...सदा हवा में विलीन हो जाती हैं 喜びは過ぎ去り二度とは戻らぬ…永遠に虚空に消え去る (6) 風潮；風向き；趨勢 ज़माने की हवा देखकर 時代の趨勢を見て (-की) **हवा आ॰** (一の) 影響が及ぶ **हवा उखड़ना** 威厳がなくなる **हवा उड़ना** 噂になる；噂が広がる **हवा उड़ाना** 噂をする；噂を飛ばす；噂を広げる **हवा क॰** *a.* 扇ぐ；風を起こす बिशन वहाँ उसके पास बैठकर अपने वस्त्र से उसको हवा करने लगा ビシャンはそこで男のそばに座って自分の着物で扇ぎ出した *b.* 速度を上げる *c.* なくしてしまう；なくする शादी के बाद तो घर-गृहस्थी के चक्कर ने सारी रंगीनियाँ हवा कर डाली हैं 結婚後は生活の営みに一切の楽しみをなくしてしまった **हवा का रंग देखना** = हवा का रुख़ देखना. **हवा का रुख़ देखना** 世間の風向きを見る；世間の動きを見る；成り行きを見る **हवा का रुख़ देखकर पीठ दे॰** 状況を見て行動する **हवा का रुख़ पहचानना** = हवा का रुख़ देखना. **हवा का रुख़ फिरना** *a.* 世間の考えが変わる；世間の風向きが変わる *b.* 流行が変わる **हवा का रुख़ बदलना** = हवा का रुख़ फिरना. **हवा की तरह** 風のように (速いもののたとえ) **हवा की भी गुज़र न हो॰** 通行や立ち入りが厳禁される **हवा के घोड़े पर सवार हो॰** *a.* とても急いでいる *b.* 人の話に全く耳を傾けない **हवा के बबूले फोड़ना** 空想する **हवा के मुँह पर जा॰** *a.* 追い風を受ける *b.* 時流に合ったことをする；時流に乗る = हवा के रुख़ जा॰. **हवा के सामने तिनका** 取るに足らない；吹けば飛ぶようなもの **हवा को गिरह में बाँधना** 不可能なことを試みる **हवा को छुरे से भोंकना** 無駄なことをする；結果の得られないことをする **हवा ख़राब हो॰** 気候が悪い **हवा खाना** *a.* 風に当たる पंखे के नीचे आ गई और हवा खाती रही 扇風機の下へ来てずっと風に当たっていた *b.* 散歩する *c.* 影響を受ける *d.* 刑務所に入る；入獄する *e.* 経験する जेल की हवा खानी पड़ेगी 刑務所に入らなくてはなるまい *f.* 接触を持つ (-की) **हवा खिलाना** (一を) 経験させる；味わわせる **हवा ख़िलाफ़ हो॰** 逆風が吹く；反対方向の風が吹く (-की) **हवा खिसकना** (一が) 尻込みする；ひるむ राजा का रुख़ देखकर सब की हवा खिसकने लगी 殿様の顔色を見て皆はしりごみしはじめた **हवा खुलना** 屁が出る **हवा गर्म हो॰** 大変な噂になる；大変な評判になる **हवा गिरना** 風が止まる；風が止む；凪になる = हवा बंद हो॰. **हवा चलना** *a.* 風が吹く *b.* はやる；流行する *c.* 噂が広がる **हवा छूटना** 屁が出る = हवा खुलना. **हवा डोलाना** 風を起こす；扇ぐ = हवा क॰. **हवा तक न आ॰** 全く情報がない；全く知らされない (-को) **हवा तक न छूना** (一に) 何の影響もない = हवा तक न लगना. (-को) **हवा तक नहीं लगती** (一が) 気配すら感じない बाग़ के लठैत प्रहरी को हवा तक नहीं लगी 棍棒を持った果樹園の番人は気配すら感じなかった **हवा दे॰** *a.* 扇ぐ *b.* 煽る；煽り立てる；扇動する **हवा देखकर पाल तानना** = हवा का रुख़ देखकर पीठ दे॰. **हवा देखना** = हवा का रंग देखना. हवा देने का काम 扇動行為 (-की) **हवा न लगने दे॰** (一を) 全く寄せつけない；(一の) 影響を受けさせない **हवा नापना** 無駄なことをする；馬鹿げたことをする **हवा निकल जा॰** 力が衰える **हवा पड़ना** 微細なひびが入る **हवा पर उड़ना** *a.* うぬぼれる；自慢する *b.* 推察する **हवा पर चलना** *a.* あてにならないことを頼りにする *b.* うぬぼれる **हवा पर दिमाग़ हो॰** 大変うぬぼれる **हवा पलटना** *a.* 状況が変わる *b.* 風向きが変わる **हवा पहचानना** 成り行きを見定める **हवा पाना** 風を受ける；勢いを得る；勢いづく；煽られる दबी हुई चिनगारी थी, जो हवा पाकर दहक उठती है 消えかかった火種が風に煽られて燃え上がる **हवा पीकर रहना** 食事を絶つ；絶食する = हवा फाँककर रहना. **हवा फिरना** = हवा पलटना. **हवा फैलना** 考えが広まる **हवा बँधना** 影響が及ぶ (-को) **हवा बताना** (一を) 排除する **हवा बदलना** = हवा पलटना. **हवा बाँधना** *a.* 空威張りする *b.* 名を揚げる；名を広める **हवा बिगड़ना** 悪い考えがはびこる；環境や雰囲気が悪くなる (-की) **हवा बिगाड़ना** (一の) 評判を下げる (-की) **हवा भर जा॰** うぬぼれる **हवा भरना** *a.* 空気を入れる फुटबाल में हवा भरना フットボールのボールに空気を入れる *b.* 興奮させる **हवा मिलना** 風を受ける आग को हवा मिलना 火が風を受ける (-की) **हवा मिलना** (一の) 様子がわかる **हवा में उड़ना** 飛ぶように進む (-को) **हवा में उड़ा दे॰** (一を) 考慮しない；(一に) 配慮しない **हवा में क़िले बनाना** 空想に耽る；空中楼閣を築く **हवा में गाँठ बाँधना** 信じられないことを行う = हवा में गिरह लगाना. **हवा में तलवार भाँजना** 空しい努力をする；無駄骨を折る **हवा में फिरना** 自慢する；得意になる **हवा में फैलना** 噂が広がる (-की) **हवा में भरना** (一の) 影響を受ける **हवा में महल बनाना** = हवा में क़िले बनाना. (-की) **हवा में समाया हो॰** (一を) 覆う **हवा में हाथ-पाँव मारना** 無駄な努力をする (-को) **हवा रास न आ॰** (一に) 気候風土が合わない；水が合わない (-की) **हवा लगना** (一の) 感化を受ける；影響を受ける (-को) **हवा लगना** (一が) なくなる；失われる (-को) **हवा लगना** (一が) 半身不随になる **हवा से अछूता रहना** 何の影響も及ばない **हवा से झगड़ना** 理由もなく争う **हवा से डोलना** 恐怖のあまりぶるぶる震える；がたがた震える **हवा से बचना** 影響や感化から逃れる **हवा से बातें क॰** *a.* ものすごい速度で進む टैक्सी हवा से बातें करने लगती है タクシーは飛ぶように走る *b.* 独り言を言う **हवा से लड़ना** = हवा से झगड़ना. **हवा हो जा॰** *a.* 消える；消え去る；なくなる आज़ादी के सपने तक हवा हो जाएँगे 独立の夢さえも消えてなくなるだろう तब मेरी सारी वीरता हवा हो जाती है そうすると私の勇敢さもすっかり消えてしまうだろう एक हफ़्ते में दर्द हवा हो जाएगा 1 週間のうちに痛みは消えてなくなるだろう नींद हवा हो गई इन तस्वीरों को देखकर これらの絵を見て眠気がいっぺんになくなった *b.* またたく間に過ぎ去る मेरा बचपन हवा हो गया 子供時代は一瞬に過ぎ去った *c.* さっと姿を消す；さっと隠れる मुन्नू ने बाप का मुँह देखा तो हवा हो गया ムンヌーは父親の顔を見るとさっと姿を消した

हवाई[1] [形] 《A. ہوائی》 (1) 空気の (2) 風の (3) 空の；空中の (4) 航空の (5) 空想的な देवी-देवताओं की शक्ति का हवाई वर्णन 神々の威力の空想的な記述 **हवाई कंपनी** 航空会社 **हवाई ख़बर** 噂 **हवाई जहाज़** 飛行機 **हवाई तीर** 的をしぼらずに放たれた矢 **हवाई बातें** 空想話 **हवाई मार्ग** 航空路 **हवाई यात्री** 飛行機の乗客 **हवाई लड़ाई** 空中戦 हवाई लड़ाई चली 空中戦があった

हवाई[2] [名*] 打ち上げ花火；ロケット花火 **मुँह पर हवाई (हवाइयाँ) उड़ना** 顔が青ざめる उनके चेहरों पर भी हवाइयाँ उड़ रही थीं 連中も顔色がなかった **हवाई गुम हो॰** 茫然とする；茫然自失する

हवाई अड्डा [名] 空港；飛行場

हवाई अधिकार क्षेत्र [名] 領空

हवाई आक्रमण [名] 空襲；空中爆撃；空爆 = हवाई हमला.

हवाई क़िला [名] 《A. ہوائی قلعہ》空中楼閣 **हवाई क़िला बनाना** 空中楼閣を築く **हवाई क़िले उठाना** 空中楼閣を築く；空想する

हवाई केंद्र [名] 空軍基地

हवाई ख़तरा [名] 《A. ہوائی خطرہ》空襲 हवाई ख़तरे का भोंपू 空襲警報 = हवाई हमले की सूचना.

हवाईगर [名] 《A.P. ہوائی گر ← ہوائیگیر हवागीर》花火製造者；花火師

हवाई चक्की [名*] 《A. ہوائی + H.》風車 → पनचक्की 水車

हवाई छतरी [名*] 《A. ہوائی + छतरी》パラシュート；落下傘 = पैराशूट.

हवाई जहाज़ [名] 《A. ہوائی جہاز》(1) 飛行機 = वायुयान; विमान. (2) 紙飛行機

हवाई डाक [名*] 《A. ہوائی + H.》航空便 〈air mail〉

हवाई निरीक्षण [名] 空中査察 = आकाशी निरीक्षण.

हवाई पट्टी [名*] 滑走路

हवाई-पत्र [名] 《A. ہوائی + H.》航空書簡 〈aerogram〉

हवाई फ़ायर [名] 《A. ہوائی + E. fire》空砲 (を発射すること)

हवाई बंदूक़ [名*] 《A. ہوائی بندوق》空気銃；エアガン

हवाई महल [名] 《A. ہوائی محل》= हवाई क़िला.

हवाई मार्ग [名] 《A. ہوائی + H.》航空路 〈air route〉

हवाई युद्ध [名] 《A. ہوائی + H.》空中戦

हवाई हमला [名] 《A. ہوائی حملہ》空襲 (-पर) हवाई हमला क॰ (一を) 空襲する

हवाकश [名] 《A.P. ہوا کش》(1) 通気孔；天窓 (2) 換気扇

हवाख़ोर [形・名] 《A.P. ہوا خور》(早朝／朝) 散歩する (人)

हवाख़ोरी [名*] 《A.P. ہوا خوری》(早朝の) 散歩 = हवा खाना; वायु सेवन. हवाख़ोरी के लिए निकला 朝の散歩に出かけた

हवागाड़ी [名*] 《A.+ H.》自動車

हवागीर [名] 《A.P. ہوا گیر》花火師；花火製造職人

हवाते [句] होते (← होना) に続けて用いられ，すなわち，होते-हवातेの形で用いられ，終了する，完了する，完結する，経過する

ह

などの意を強調的に述べる表現 भूमि सीमा का निर्धारण होते-हवाते वर्षों बीत गए कार्यान्वयन में भी कुछ वर्ष लगेगा ही 土地保有限度が定められるまでに数年が過ぎ去った．実施に移されるまでにも間違いなく数年がかかるだろう

हवादार[1] [形] 《A.P. ہوا دار》風通しのよい；通風のよい；通気のよい हवादार कमरा 風通しのよい部屋

हवादार[2] [名] 《A.P. ہوا دار》(1) 担いで移動できる玉座（轎） (2) 友；友人 = दोस्त; मित्र.

हवादारी [名*] 《A.P. ہوا داری》(1) 通気性 (2) 友愛；友情

हवाना [名] 《E. Havana》(1) ハバナタバコ；ハバナ葉巻（キューバ産の高級葉巻タバコ） (2)〔地名〕ハバナ（キューバの首都）

हवापरस्त [形] 《A.P. ہوا پرست》日和見の；日和見主義の；日和見的な= मौकापरस्त; अवसरवादी.

हवापरस्ती [名*] 《A.P. ہوا پرستی》日和見；日和見主義；御都合主義= मौका- परस्ती; अवसरवाद.

हवा-पानी [名] 《A.+ H.》気候風土 हवा-पानी माफ़िक हो तो 気候風土が合えば；(その土地の) 水が合えば **हवा-पानी बदलना** 転地する

हवाबंद [形] 《A.P. ہوا بند》密閉された；気密の；密封された

हवाबाज़ [名] 《A.P. ہوا باز》飛行機操縦士；飛行機乗り；パイロット जाँबाज़ हवाबाज़ 命知らずのパイロット

हवाबाज़ी [名*] 《A.P. ہوا بازی》(1) 飛行機の操縦 (2) ほら；大風呂敷；大嘘

हवाम [名] 《A. ہوام》地中に住む虫などの小動物

हवा महल [名] 《A. ہوا محل》ハワーハマル（風通しのよいように建造された建物や屋上階の部屋） जयपुर का हवा महल ジャイプル市のハワーマハル

हवाल [名] 《← A. احوال अहवाल》(1) 状態；ありさま (2) みじめなありさま

हवालदार [名] = हवलदार. (1)〔軍〕陸軍軍曹 (2) 巡査長 (3) 法廷警吏

हवाला [名] 《A. حوالہ》(1) 言及；触れること；列挙 मेरी बहन का हवाला देकर 妹のことに触れて (2) 引用；引証 (3) 委託；信託 उसने न्यूयार्क टाइम्स की एक ख़बर के हवाले से कहा था ニューヨークタイムス紙の報道を引用して述べた मुक़दमे के संबंध में किसी कानून का हवाला न दे सके तो 訴訟に関して法律を引証できなければ (-के) **हवाले क°** (―に) 委ねる；託する；任せる बच्चों को बाबू जी के हवाले कर मैं तो सुबह दफ़्तर के लिए निकल जाती 子供たちを父に託して私は朝オフィスに出掛ける अपना सब कुछ तुम्हारे हवाले कर दूँ 自分の一切の財産を君に委託する पुलिस के हवाले क° 警察に任せる；警察に委ねる आप इसको पुलिस के हवाले क्यों नहीं कर देते? この男をなぜ警察に任せないのですか

हवालात [名*, pl.] 《A. حوالات ←حوال》(1) 拘置；拘留 (2) 拘置所；留置場 हवालात की एक कोठरी 拘置所の1室 बहुत होगा दो-चार महीने हवालात में रहना पड़ेगा せいぜい2〜3か月の間拘置所に入っていなくてはなるまい उसको हवालात में बंद कर दिया गया 拘置所に入れられた **हवालात की हवा खाना** 拘置所に入れられる；留置場に入れられる **हवालात में डालना** 拘置所に入れる；投獄する

हवालाती [形] 《A. حوالاتی》← हवालात. 拘置中の；拘留中の

हवाली [名*] 《A. حوالی》周囲；四囲；あたり = आस-पास.

हवाली-मवाली [名] 仲間；同僚 = साथी.

हवास [名, pl.] 《A. حواس ←حاسہ हास्सा》(1) 感覚器官= इंद्रियाँ. (2) 感覚；知覚= संज्ञा. (3) 意識= होश; सुध. **हवास गुम हो°** 茫然とする= हवास ठिकाने न हो°.

हवासबाख़्ता [形] 《A.P. حواس باختہ》気の動転した；正気でない

हवि [名]〔ヒ〕ハヴァナ हवन すなわち，護摩の祭火に投じられるギー，大麦，胡麻などの供物；護摩（ホーマ）に供えられるもの→ हवन, होम.

हविश [名*] 《← A. ہوس हवस》= हवस. अपने पेट की हविश पूरी करने ひもじさを満たすために

हविष्मान [形・名]〔ヒ〕ハヴァナ हवन を行う（人）

हविष्य[1] [形]〔ヒ〕ハヴァナに適した（物）；祭火に供えるのにふさわしい（物）

हविष्य[2] [名] = हवि; बलि.

हवेली [名*] 《A. حویلی》屋敷；大邸宅；館；豪邸

हव्य [形]〔ヒ〕ハヴァナ（護摩）の火に供されるべき

हशमत [名*] 《A. حشمت》(1) 従者；随行者；随行員 (2) 威厳；豪華さ；華麗さ；華やかさ= हिश्मत.

हशर [名] → हश्र.

हशीश [名*] 《A. حشیش》ハシーシュ；大麻樹脂エキス

हश्त [数] 《P. ہشت》8；八；8つの = आठ; अष्ट.

हश्तपहलू [形] 《P. ہشت پہلو》(1) 八面の (2) 八角形の (3) 八辺形の

हश्तम [形・名] 《P. ہشتم》(1) 第8の；8番目の (2)（暦の）8日

हश्र [名] 《A. حشر》(1)〔イス・キ〕最後の審判；復活 (2) 災厄 यह सोचकर शंकित होते हैं कि कहीं मेरा भी वही हश्र न हो जो मेरे अग्रजों का हुआ है 自分も先祖たちと同じ災厄に遭うのではないかと考えて不安になる (3) 最後；結末 सरकार के आलोचकों का हश्र 政府批判者たちの最後

हसद [名] 《A. حسد》妬み；嫉妬 हसद मत करो 妬むのではない पड़ोसियों को हसद हुआ 隣人たちは羨んだ

हसन[1] [名] (1) 笑うこと；笑い (2) 冗談= परिहास; दिल्लगी.

हसन[2]〔人名・イス〕《A. حسن》シーア派初代イマーム・アリーの長子，ハサン

हसनीय [形] 笑うべき；おかしい；滑稽な

हसनैन〔人名・イス〕《A. حسنین》第4代カリフのアリーの長子イマーム・ハサンと次子のフサイン

हसब [名] 《A. حسب》(1) 計算= गणना; गिनती. (2) 数；数量；量；分量 (3) 状態；様子 (4) 様式；形態；方法

हसबे [前置] 《A. حسب हस्ब》（―に）よって；（―に）基づいて；（―に）従って；（―に）応じて；（―に）則って= (-के) अनुसार; (-के) मुआफ़िक. हस्बे हुक्म 命令に従って हस्बे हैसियत 力量や財力，甲斐性に応じて→ हस्ब.

हसबो नसब [名] 《A. حسب و نسب》家系；系図；家柄

हसम [名] 《← A. حشم हशम》下僕；従者= नौकर-चाकर.

हसर [名] 《E. hussar》〔軍〕軽騎兵

हसरत [名*] 《A. حسرت हस्रत》(1) 失望；絶望 (2) 悲しみ；悔悟；後悔 नेपथ्य से हसरत में डूबी हुई आवाज़ 楽屋から悲しみに沈んだ声 (3) 羨望 (4) 熱望；意気込み हसरत से 熱心に；意気込んで हम उसकी बातें बड़ी हसरत से सुनते और उससे कुछ हतप्रभ भी हो जाते 男の言葉を熱心に聞きその話にいささか茫然とするのだった **हसरत क°** 渇望する **हसरत निकलना** 念願が達せられる；思いが満たされる **हसरत निकालना** 念願を果たす **हसरत भरा** 切望する

हसरतअंगेज़ [形] 《A.P. حسرت انگیز हस्रत अंगेज़》悲しみを増す

हसरतअंजाम [形] 《A.P. حسرت انجام हस्रत अंजाम》悲しみをもたらす

हसरतज़दा [形] 《A.P. حسرت زدہ हस्रत ज़दा》悲しみに打ちひしがれた；失望した；絶望した

हसरतमंद [形] 《A.P. حسرت مند हस्रतमंद》切望する；渇望する

हसित[1] [形] (1) 笑う；笑っている (2) 笑われた；笑いものになった

हसित[2] [名] (1) 笑い (2) 嘲り；嘲笑

हसीन [形] 《A. حسین》(1) 美しい；きれいな हसीन फूल 美しい花 यह कितना हसीन गुलाब खिला なんと美しいバラの花が咲いたことか (2) 容貌の美しい；見目うるわしい；眉目秀麗な

हसीना [名*] 《A. حسینہ》美女；美人；別品；別嬪 = सुंदरी.

हसीर[1] [名*] 《A. حصیر》ハシール（ナツメヤシの繊維で作られた敷物）

हसीर[2] [形] 《A. حسیر》(1) 悲しい；悲しみに沈んだ；悲嘆にくれた= दुःखी; रंजीदा. (2) 疲れた；疲労した = क्लांत.

हसुली [名*] = हँसुली.

हस्त [名] (1) 手= हाथ. (2) 象の鼻= सूँड. (3) 筆跡= लिखावट. (4)〔占星〕ハスタ（インドの二十七宿の第13） (5) ハスタ（長さの単位，腕尺，約46cm）肘から指の先端までの長さ = हाथ；24アングラ（अंगुल）

हस्तक [名] 手 = हाथ; हस्त.

हस्तकमल [名] 御手；蓮の花のような美しい手；手の美称

हस्तकला [名*] 手芸；手工芸

हस्तकार्य [名] (1) 手仕事 (2) 手工芸

हस्तकौशल [名] (1) 手先の器用さ；腕前；技能 (2) 手工芸の作品

हस्तक्रिया [名*] (1) 手による作業 (2) 手工芸 (3) 手淫

हस्तक्षेप [名] 干渉；差し出口；口出し हस्तक्षेप क॰ 干渉する；口を挟む；口出しする
हस्तगत [形] 手に入った；入手した हस्तगत क॰ 手に入れる；支配する हस्तगत हो॰ 手に入る
हस्तचिह्न [名] 手相 **हस्तचिह्न विज्ञान** 手相術= इल्मे दस्तशिनासी.
हस्तदोष [名] (1) 筆の誤り；書きそこない (2) 手で計算・計測をごまかすこと
हस्तपुस्तिका [名*] 手引書；マニュアル
हस्तमैथुन [名] 手淫 = हस्तक्रिया.
हस्तरेखा [名*] 掌の筋；手筋；手相 हस्तरेखा विशेषज्ञ 手相見；手相鑑定家
हस्तलिखित [形] 手書きの हस्तलिखित पोथी （手）写本；古文書
हस्तलिपि [名*] 筆跡 (-की) हस्तलिपि में （一の）筆跡で
हस्तलेख [名] (1) 筆跡 (2) 手書きの原稿 (3) （古）写本
हस्तशिल्प [名] 手工芸
हस्त सामुद्रिक शास्त्र [名] 手相学 = हस्तचिह्न विज्ञान.
हस्तांक [名] 手書き；肉筆
हस्तांकपत्र [名] 手書きの書簡
हस्तांतरण [名] (1) 委譲；移転 सत्ता के हस्तांतरण के संबंध में 権力の委譲について भूमि हस्तांतरण बैनामा 土地移転証書 (2) 譲渡；書き換え शेयरों के हस्तांतरण पर 株式の名義書き換えについて
हस्तांतरित [形] (1) 委譲された；移転された भारत को जब सत्ता हस्तांतरित हुई インドに権力が委譲された際 (2) 譲渡された थोड़ी-थोड़ी भूमि परिवार के विभिन्न सदस्यों के नाम हस्तांतरित कर दी गई थी 少しずつの土地が家族の様々な成員名義で譲渡された
हस्ताक्षर [名] 署名 उसे बस वकालत नामे पर हस्ताक्षर करने होंगे その人は弁護依頼書に署名だけはしなくてはならない **हस्ताक्षर अभियान** 署名運動
हस्ताक्षरित [形] 署名された दोनों देशों के विदेश मंत्रियों द्वारा हस्ताक्षरित इस समझौते में इस बात पर सहमति व्यक्त की गई है 両国の外相によって署名されたこの協定にこのことについての同意が表明されている
हस्तामलक [名] 明白なこと；明々白々なこと；明快なこと
हस्तिनपुर [名]〔イ神・史〕ハスティナプラ／ハスティナープラ（現今のデリーの近くにあったとされるバラタ王の建てた都．ウッタル・プラデーシュ州メーラト県で発掘されたのがそれであるとされる）= हस्तिनापुर.
हस्तिनी [名*] (1) 雌象 (2) ハスティニー（インドの古典性愛学において，体形，容貌，性質による女性分類の一 रतिमंजरी）
हस्ती[1] [名]〔動〕ゾウ（象） = हाथी.
हस्ती[2] [名*]《P. هستی》(1) 存在 उसकी अपनी अलग हस्ती है, अपना अलग कार्यक्षेत्र है それは別個の存在でありそれには独自の活動分野がある (2) 人物；人 अरे, तू तो ऐसे तैयारियाँ कर रही है मानो कोई बहुत बड़ी हस्ती आ रही हो ええっこりゃなんだい，まるで大変な名士でもおいで遊ばすような準備をしているね (3) 力量 (-की) **हस्ती मिटाना** （一を）根絶する；全滅させる
हस्ते [後置] (-के) हस्ते形で用いられる．一を介して；一を媒介して；一を経て
हस्पताल [名]《E. hospital》病院；医院；総合病院= अस्पताल; चिकित्सालय.
हस्ब [造語] = हस्बे. 《A. حسب》 हस्ब -/हस्बे -の形で副詞を作る造語要素．一に応じて；一に基づいて；一通り
हस्बे क़ानून [副]《A. حسب قانون》法に基づいて
हस्बे क़ायदा [副]《A. حسب قاعده》規則に基づいて；決まりによって= नियमानुसार.
हस्बे ज़रूरत [副]《A. حسب ضرورت》必要に応じて हस्बे ज़रूरत खाना दिया जाता है 必要に応じて食事が与えられる
हस्बे ज़ाबिता [副]《A. حسب ضابطه》= हस्बे क़ानून.
हस्बे ज़ैल [副]《A. حسب ذیل》下記の通り
हस्बे दस्तूर [副]《A. حسب دستور》規定や決まり通りに；決まりに従って = यथाविधि.
हस्बे मामूल [副]《A. حسب معمول》いつもの通りに；慣例のとおり एक पैसा तुम हस्बे मामूल दरगाह पर ख़ैरात दे आओ いつもの通りに１パイサーをダルガーにお供えして来なさい
हस्र [名]《A. حصر》(1) 支え= सहारा. और जाने इसका क्या हस्र होता それにこれを支えるのは一体何なのか (2) 依存= निर्भरता.
हस्रत [名*]《A. حسرت》→ हसरत.
हहरना [自] (1) 震える= काँपना. (2) 震えあがる；おののく= दहलना. (3) 仰天する；吃驚する= स्तंभित हो॰; दंग रह जा॰. (4) 嫉妬に燃える；激しく妬む **हहर उठना** = थरथराना; काँप उठना. 震えあがる मेरा हृदय हहर उठा 心臓が縮みあがった；震え上がった
हहराना[1] [他] (1) 震わす；震えさせる (2) 震えあがらせる (3) 仰天させる
हहराना[2] [自] (1) 震える= काँपना. (2) 震えあがる= दहलना. (3) 怯える= डरना; भयभीत हो॰. (4) 川の水が激しい勢いで流れる = हरहराना.
हहल [名] ハラーハラ；猛毒 → हलाहल.
हहलाना[1] [自] → हहरना.
हहलाना[2] [自・他] → हहराना[1, 2]
हहा[1] [名*] 声をあげての笑い；大きな笑い声；あっはっは；わっはっは= ठट्ठा.
हहा[2] [名*] (1) 哀願；懇願= चिरौरी; विनती. (2) 悲鳴= हाहाकार. **हहा खाना** 哀願する；懇願する
हाँ[1] [感] 応答，同意，賛同，確認，承知，承諾，呼びかけなどを表す感動詞．うん，ええ，はい，そう，確かに，あの，もしもし **हाँ जी** *a.* 返事の言葉．はい *b.* 相手の注意をうながす言葉．ええと，あの हाँ जी, भाई साहब, आपका टिकट कट गया या नहीं ええと，兄さん，あんたの切符はもう切ってありましたかね *c.* 相槌を打つ言葉，その通り（です），さよう，ごもっともです **हाँ-हाँ** हाँを強調した表現→別項（見出し語） हाँ-हाँ ले जाइए どうぞどうぞ持って行かれよ हाँ-हाँ पत्र ले आओ よろしい．書状を持って参れ हाँ हाँ हमें बयान करो よろしい，説明しなさい
हाँ[2] [名*] うん，はい，ええなどの肯定・賛同の言葉 **हाँ क॰** うんという；同意する；承諾する उसने चट से हाँ कर दी थी 即刻承諾した **हाँ जी हाँ जी क॰** へい，へいと言う；お世辞を言う；おべっかを使う **हाँ भरना** うんと言う；同意する फिर भी उसने हाँ भर ली それでも女はうんと言った **हाँ में सिर हिला दे॰** うなずく；首をたてに振る (-की) **हाँ में हाँ भरना** （一の）言いなりになる；何事にも賛同する हमें आपकी हाँ में हाँ भरनी ही पड़ेगी あなたの言いなりにならなくてはなりますまい (-की) **हाँ में हाँ मिलाना** = हाँ में हाँ भरना. **हाँ हुज़ूर क॰** 応諾する
हाँ[3] [接] もっとも，ただしなど保留や譲歩を表す接続詞 हाँ, नये ईसाई को कुछ लोग हेय दृष्टि से देखते हैं そう，確かに新しいキリスト教改宗者を蔑みの目で見る人がいる
हाँक [名*] (1) 大声で叫ぶこと；叫び声 (2) 怒鳴ること；怒鳴り声 (3) 大声で叫ぶこととその声 **हाँक लगाना** 大声を出す；大声で叫ぶ；どなる= हाँक दे॰; हाँक मारना. एक दिन आधी रात को चपरासी ने ऐसी हाँक लगाई कि पास पड़ोस में भी जाग पड़ गई ある日真夜中に用務員の男が近所の人までが目を覚ますほどの大声を出した इस पर गणेश ने हाँक लगाई, 'सब लोग आओ, नंदन आया है, मर्द-औरत सभी चले आओ' するとガネーシュが大声をあげた「みんな来い，ナンダンがやって来たぞ，男も女もみんな来い」 माँ ने लड़कियों को हाँक लगा दी, बहन जी के लिए ज़रा चाय तो बनाना 母親が娘たちに大声で言った．「姉さんにお出しするお茶ぐらい入れなさい」 बस, घास चरते थे और मन खुश हुआ तो हाँक लगाते थे （ロバは）ひたすら草を食んでは気分がよくなれば大声をあげていたものだ
हाँकना [他] (1) 大声で呼ぶ (2) 駆る；御する (3) 追う；追い立てる；駆り立てる；尻を叩く स्वर्ग का मालिक गरीबों को नरक में हाँकता है 天国の主は貧乏人たちを地獄に追い立てる टेस्ट खिलाड़ी स्कूल छात्र नहीं हैं कि उन्हें छड़ी लेकर हाँकना ज़रूरी हो テストマッチの選手はステッキで尻を叩かなくてはならないような学生じゃないんだ (4) 追い払う पक्षियों को हाँकना 鳥を追い払う (5) おおげさなことを言う；吹く；叩く अगर वह ऐसा न करे तो तकनीकी विकास की गप्प कैसे हाँक सकता है もしそうしないのなら技術発展のことで大きな口がどうして叩けようか (6) 扇ぐ **अपनी ही हाँकना** 自分の言い分だけ言う किसी का कहना न मानोगी बस अपनी ही हाँके जाओगी あんたはだれの言うことも聞かず，ひたすら自分の言い分だけを言うのね **हाँक-पुकार कहना** 公然と言う；言い放つ
हाँका[1] [名]（勢子が）狩猟でひそんでいる鳥獣を外へ追い出すこと
हाँका[2] [名] 呼び声；叫び声；どなり声= हाँक. **हाँका पड़ना** 呼び声がする；叫び声がする

हाँकारी[1] [名*] 相手の発言・言葉に賛同すること
हाँकारी[2] [名] 賛同者
हांगकांग 〔地名〕《E. Hong Kong》香港
हाँगा [名] (1) 体力 (2) 気力；胆力 (3) 無理強い；強制 (4) 不心得な振る舞い (-के साथ) हाँगा क॰ (ーに) 無理強いする；強制する हाँगा छूटना *a.* 力が抜ける *b.* 気合がなくなる
हाँगी[1] [名*] ふるい (篩)
हाँगी[2] [名*] 承諾；賛同；同意 हाँगी भरना 承諾する；同意する
हाँड [名] 土鍋；陶器の鍋
हाँड़ना[1] [自] 当てもなく歩き回る；ぶらぶらする；ほっつき歩く
हाँड़ना[2] [形+] うろつく；徘徊する
हाँडा [名] 焼き物や金属製の大鍋
हाँड़ी [名*] (1) 陶製の壷；鉢；かめ हाँड़ी में घी रखना 壷にギーを保管する ताड़ी की हाँड़ी ヤシ酒の入った壷 (2) 土鍋 काठ की हाँड़ी 相手を二度とだませないような嘘 बावली हाँड़ी ひき割り豆や野菜などの様々なものをごったに煮たもの हाँड़ी उबलना *a.* 鍋のものが煮える；煮き上がる *b.* 大喜びする *c.* のぼせあがる；得意になる हाँड़ी गर्म क॰ 賄賂を贈る；贈賄する हाँड़ी चढ़ाना *a.* 食事の用意をする *b.* 陰謀をめぐらせる हाँड़ी पकना *a.* 鍋のものが煮える *b.* 陰謀がめぐらされる हाँड़ी पकाना 陰謀をめぐらす (-के नाम पर) हाँड़ी फोड़ना *a.* (ーが去ったのを) 喜ぶ *b.* 失敗の責任を (ーに) 負わせる हाँड़ी में कालिख लगना 煮炊きができる，すなわち，なんとか食うに困らない (暮らし)
हाँपना [自] =हाँफना. मन्नू की छाती बुरी तरह से हाँप रही थी マンヌーは激しく喘いでいた
हाँफना [自] 息切れする；息を切らせる；喘ぐ；胸があおられる हाँफकर बैठ जाता है 息を切らせて座りこむ उसने हाँफते हुए पूछा - क्या हुआ? क्यों भागे जा रहे हो? 息を切らせながら言った.「どうしたんだ. なぜ急いでいるんだ」 मुश्किल से चल पाता और जब बोलता तो हाँफने लगता やっと歩けるほどでしゃべると息が切れるのだった
हाँफनी [名*] 息切れ हाँफनी छूटना 息切れする
हाँफा [名] 息切れ
हाँस [名*] =हँसी.
हाँसना [自] =हँसना.
हाँसिल [名*] (1) 綱を巻きとるための大きな滑車 (2) 錨の綱
हाँसी [名*] =हँसी.
हाँ-हाँ [感] (1) 同意，賛同の言葉 (2) 返事の言葉 (うん，ええなど) "आप चलेंगी?" "हाँ-हाँ, मैं चलूँगी" 「おいでになりますか」「ええ行きますよ」 हाँ-हाँ सच कह रही हूँ ええ本当の話をしているのよ (3) 否定，反対の言葉 वह कुछ दूरी पर खड़ी होकर हाँ-हाँ करती हुई मनाकर रही थी 少し離れたところに立って「だめだめ」と言いながら押しとめていた (4) なだめる言葉. よしよし，まあまあなど
हा[1] [感] 悲嘆，軽蔑，不快，非難，苦痛，驚嘆，喜びなどの気持ちを表す感動詞 (-के) हा हा खाना (ーに) 懇願する；嘆願する；哀願する मैं आपके हा हा खाती हूँ なにとぞなにとぞお願い致します
हा[2] [名*]《ہا》ウルドゥー文字の第 34 文字の字母ہ の名称 (アラビア文字の第 27 文字，ペルシア文字の第 31 文字で हाए हव्वज ہاے ہوز なお，ウルドゥー語では ہے हे と呼ばれる. また，ح बड़ी हे と区別するため छोटी हे とも呼ばれる. हाए दो चश्मी ہاے دوچشمی ウルドゥー文字で有気音を記すために用いられる हा[2] の字形ھ/ھ/ھ の呼称= हाए मख़्लूत. हाए मख़्लूत ہاے مخلوط ウルドゥー語の有気音を表すこの字の字形= हाए दो चश्मी. हाए मल्फ़ूज़ी ہاے ملفوظی बादशाह بادشاہ のہ のように語末に単独で記され明確に気音として発音される हा[2] の字形の呼称. हाए मुख़्तफ़ी ہاے مختفی 語末に書かれるが気音としては発音されない हा[2] の字形の呼称，すなわち，مادہ (मादा), راستہ (रास्ता), کہ, کہ (कि) などのような字形で記される. हाए मुशक़्क़क़ ہاے مشقق = हाए दो चश्मी.
-हा [接尾] 動詞語根に添加されてある行為をしきりに行う，ある行為を習性的に行う意の語を作る काटना → काट → कटहा かみつき癖のある (動物)
हाइग्रोस्कोप [名] 《E. hygroscope》検湿器= जलदर्शी.
हाइजिन [名]《E. hygien》(1) 衛生；健康法 (2) 保健衛生学= स्वास्थ्य विज्ञान. 〈hygienics〉
हाइड्रा [名] 《E. hydra》〔動〕腔腸動物ヒドラ
हाइड्रिला [名] 《E. hydrilla》〔植〕トチガミ科沈水性植物クロモ【*Hydrilla verticillata*】 हाइड्रिला जैसा जल पौधा クロモのような水生植物
हाइड्रोजन [名] 《E. hydrogen》〔化〕水素
हाइड्रोजन क्लोराइड [名] 《E. hydrogen chloride》〔化〕塩化水素
हाइड्रोजन परोक्साइड [名] 《E. hydrogen peroxide》〔化〕過酸化水素；オキシドール
हाइड्रोजन बम [名] 《E. hydrogen bomb》水素爆弾；水爆
हाइड्रोपॉनिक्स [名] 《E. hydroponics》〔農〕水耕；水栽培；水耕栽培= जल संवर्धन.
हाइड्रोफ़ोबिया [名]《E. hydrophobia》〔医〕恐水病；狂犬病= जलभीति.
हाइड्रोस्कोप [名] 《E. hydroscope》水中眼鏡
हाइपर एसीडिटी [名*] 《E. hyperacidity》〔医〕胃酸過多症
हाइपर ग्लाईसीमिया [名] 《E. hyperglycemia》〔医〕高血糖症
हाइफ़न [名] 《E. hyphen》ハイフン
हाइफ़ा [名] 《E. hypha》〔植〕菌糸 = कवक तंतु.
हाइ स्टार्च [形] 《E. high-starch》高でんぷん質の हाइस्टार्च मक्का 高でんぷん質のトウモロコシ
हाई [名] 《← E. high seas》(1) 公海 (2) 外洋 बाम्बे हाई से तेल का उत्पादन ボンベイ沖での石油生産→ हाई सीज़.
हाई कमान [名] 《E. High Command》首脳部 कांग्रेस हाई कमान 国民会議派首脳部〈Congress High Command〉
हाई कमिश्नर [名]《E. High Commissioner》(1) 高等弁務官 (2) (英連邦国間の) 大使
हाई कमीशन [名] 《E. High Commission》(1) 高等弁務官事務所 (2) (英連邦諸国間の) 大使館= उच्चायोग.
हाईकोर्ट [名] 《E. high court》高等裁判所 = उच्च न्यायालय.
हाई टेंशन [名] 《E. high tension》〔電〕高電圧 = उच्च वोल्टता. हाई टेंशन वायर 高圧線 = हाई टेंशन तार.
हाईनैक [形・名] 《E. highneck》ハイネック (の)；タートルネック (の) हाईनैक स्वेटर タートルネックセーター
हाईपोगामाग्लो [名] 《← E. hypogamma globulinemia》〔医〕低ガンマグロブリン血症
हाई प्रेशर [名・形]《E. high pressure》高圧 (の)；高圧の加わった
हाई वोल्टेज [名] 《E. high voltage》高電圧 = उच्च वोल्टता. हाई वोल्टेज वाली लाइन 高電圧線
हाई वे [名] 《E. highway》ハイウエー= महा मार्ग.
हाई सीज [名]《E. high seas》(1) 公海 (2) 外洋= हाई; खुला सागर.
हाई स्कूल [名] 《E. high school》(1) 高等学校= उच्चतर माध्यमिक विद्यालय. हाई स्कूल मैंने प्रथम श्रेणी में पास किया 高等学校は第一級 (の成績) で卒業した (2)〔教〕ハイスクール (インドの旧学制で第 9 学年と第 10 学年の課程で修了すると大学入学資格が得られた)
हाई-हील [名*]《E. highheel》ハイヒール；かかとの高いこと अपनी हाई-हील की चप्पल 自分のハイヒール (のサンダル)
हाउस [名] 《E. house》家；家屋
हाउस ऑफ़ कामन्स [名] 《E. House of Commons》(英連邦諸国の) 下院
हाउस ऑफ़ लार्ड्स [名] 《E. House of Lords》(英国議会) 上院
हाउस फ़िजिशन [名] 《E. house physician》病院住み込みの内科医= हाउस डाक्टर.
हाउस फ़ुल [形] 《E. housefull》(劇場や会場などが) 満員の
हाउस मास्टर [名] 《E. house master》全寮制の学校の寮長
हाउस सार्जन [名]《E. house surgeon》病院住み込みの研修外科医
हाऊ [名] 子供を怖がらせるための想像上の恐ろしい動物= हौवा; जूजू.
हाए[1] [感] 《H.; P. ہاے》悲しみや嘆きの気持ちを表す言葉. ああ，あー= हाय. हाए-हाए と反復しても用いられる= हाय-हाय.
हाए[2] [名*] 溜め息；悲嘆の声；嘆声= हाय.
हाए हुत्ती [名*] 《ہاے حطی》ウルドゥー文字の第 9 字 हे ح の別称= बड़ी हे.

हॉकर [名] 《E. hawker》(1) 行商人；呼び売り商人＝ फेरीवाला; फेरीदार. साइकिल हॉकर 自転車での行商人 (2) 新聞売り；新聞の呼び売り（をする人）

हाकलि [名]〔韻〕ハーカリ（3 चौकल ＋ गुरु の 14 マートラーから成るモーラ韻律）

हाकिम [名] 《A. حاکم》(1) 支配者；首長 (2) 高官＝ बड़ा अफ़सर. अंग्रेज़ हाकिम イギリス高官 हाकिम-हुक्मरान 支配者；統治者

हाकिमाना [形] 《A.P. حاکمانہ》支配者にふさわしい；高官らしい

हाकिमी[1] [名*] 《A. حاکمی》(1) 支配 (2) 支配者の地位

हाकिमी[2] [名] 《A. حاکمی》上官；上位の役職にある人；役職者

हाकिमे आला [名] 《A. حاکم اعلیٰ》高官；高位の人

हाकिमे परगना [名] 《A.P. حاکم پرگنہ》ハーキメパルガナー（タフシールダール तहसीलदार を監督・指導する役人；次席コレクター ＝ डिप्टी कलक्टर.)

हॉकी [名] 《E. hockey》(1)〔ス〕ホッケー (2) ホッケー用スティック＝ हॉकी-स्टिक.

हॉकी-टीम [名*] 《E. hockey-team》ホッケーチーム

हाकी-मैच [名] 《E. hockey-match》ホッケーの試合 दूसरे दिन हमारा हाकी मैच था 翌日は我々のホッケーの試合の日だった

हॉकी-स्टिक [名] 《E. hockey-stick》ホッケーのスティック

हाज [形・名] 《حاج》〔イス〕マッカ巡礼（メッカ巡礼）をする（人）；マッカ巡礼者＝ हाजी.

हाजत [名*] 《A. حاجت》(1) 必要 बाहर से कर्ज़ा लेने की हाजत न थी よそから借金する必要はなかった (2) 欲求 टट्टी की हाजत 便意 (3) 拘置所；未決拘置所＝ हिरासत; हवालात. ठीक तीसरे दिन पाँचों जवान हाजत से बाहर आ गए ちょうど 3 日目に青年は 5 人とも拘置所を出た

हाजतमंद [形] 《A.P. حاجت مند》(1) 望む；求める；欲する (2) 必要とする (3) 困窮した；貧しい

हाजतमंदी [名*] 《A.P. حاجت مندی》(1) 欲求 (2) 必要 (3) 困窮

हाजती[1] [形] 《A. حاجتی》(1) 必要とする；欠いている；欠乏している (2) 困窮している；貧しい (3) 未決の；拘留中の हाजती क़ैदी 未決囚

हाजती[2] [名*] 病人用便器；おまる

हाज़मा [名] → हाजिमा.

हाज़िम [形] 《A. ہاضم》食物を消化する

हाज़िमा [名] 《A. ہاضمہ》(1)（食物の）消化；こなれ (2) 消化力 ＝ पाचनशक्ति. हाज़िमे के लिए लाभदायक 消化によい；消化を助ける हाज़िमे की शिकायत 消化不良（の症状）

हाज़िर [形] 《A. حاضر》(1) 居合わせる；いる；出席している；出頭している＝ उपस्थित; मौजूद. (2) 用意のできている；準備のできている＝ तैयार; प्रस्तुत. (3) 現物の चीनी (हाज़िर) 810 से 865 砂糖（現物）810〜865 ルピー

हाज़िर जवाब [形] 《A. حاضر جواب》機転のきく；当意即妙の बीरबल-सा हाज़िर जवाब एक आदमी भी नहीं है ビールバルのように機転のきく者はひとりもいない

हाज़िरजवाबी [名*] 《A. حاضر جوابی》機転に富むこと；機転のきくこと；当意即妙さ बीरबल की हाज़िरजवाबी और अक्लमंदी से अकबर बादशाह इतने प्रभावित हुए アクバル帝はビールバルの当意即妙さと頭のよさに大いに感心した

हाज़िरज़ामिन [名] 《A. حاضر ضامن》〔法〕保釈保証人

हाज़िरबाश [名] 《A.P. حاضر باش》(1) 付添人；付き人 (2) 交際家

हाज़िर बिकवाली [名*] 《A.+ H.》〔商〕現物取引

हाज़िर सौदा [名] 《A. حاضر سودا》〔商〕現物売買；現物取引

हाज़िराई [名] 《A. حاضرائی ←حاضر हाज़िर》口寄せをする人；祈祷師＝ सयाना; ओझा.

हाज़िरात [名*] 《A. حاضرات ←حاضرہ हाज़िर》口寄せ

हाज़िराती[1] [形] 《A. حاضراتی》口寄せの；口寄せに関する

हाज़िराती[2] [名] 口寄せをする人＝ ओझा; सयाना.

हाज़िरी [名*] 《A.P. حاضری》(1) 出席 (2) 存在；居合わせること (3) 点呼 (4) 出頭 **हाज़िरी दे°** *a.* 伺候する；ご機嫌伺いに行く；参集する；参上する＝ हाज़िरी बजाना. *b.* 詣る；参詣する लाखों अक़ीदतमंद हर साल मज़ार पर हाज़िरी देते हैं 毎年幾十万人の信徒が廟に参詣する *c.* 点呼を受ける；出席する；出頭する **हाज़िरी भरना** 点呼を取る **हाज़िरी ले°** 出席を取る

हाजी [名] 《A. حاجی हाजी, حاج हाज》〔イス〕(1) マッカ（メッカ）の巡礼者 (2) その巡礼を終えた人；ハージー

हाट [名*] (1) いち（一定の日に立つ市） देहात में तक़रीबन आठवें दिन हाट लगती है 村の市はたいてい 8 日目ごとに立つ हाट के दिन गाँव में एक अलग तरह की चहल-पहल रहती है 市の立つ日には村には独特の賑わいがある (2) 市場 (3) 店 **हाट क°** *a.* 市に店を出す *b.* 市場へ買い物に出かける **हाट खोलना** 開店する **हाट चढ़ना** 店で売られる；売り出される **हाट लगना** 店が出る

हाटक [名] きん（金）＝ सोना; स्वर्ण.

हॉट डॉग [名] 《E. hot dog》ホットドッグ

हॉट पैंट्स [名] 《E. hot pants》〔服〕ホットパンツ

हॉटप्लेट [名] 《E. hotplate》電熱器；ホットプレート

हॉट फ़ूड कैबिनेट [名] 《E. hot food cabinet》温蔵庫

हॉट लाइन [名] 《E. hot line》ホットライン

हाड़ [名] (1) 骨＝ हड्डी. (2) 家や家系の格式＝ वंश की मर्यादा; कुलीनता. **हाड़ कँपा दे°** *a.* 寒さで震えあがらせる；震えあがるほど寒い *b.* 恐れさせる；震えあがらせる **हाड़ कूटना** 激しく努力する；ものすごく働く **हाड़-चाम का पुतला** ＝ हाड़ मांस का पुतला. **हाड़-चाम सुखाना** 骨身を削る **हाड़ चूसना** つまらぬものにこだわり続ける **हाड़ तोड़कर परिश्रम (मेहनत) क°** 懸命に努力する；骨を折る；苦労する；辛苦する तू भी जिस दिन हाड़ तोड़कर दूसरों के लिए यों परिश्रम करने लग जाएगी न, उस दिन तेरा भी सब रोब खाने लगेंगे お前も骨身を削って人様のために働くようになればみなから認められるようになるさ हाड़-तोड़ मेहनत 辛苦；骨身を削るような苦労 **हाड़ धुनना** ＝ हाड़ कूटना. **हाड़ पेलना** 辛苦する **हाड़ माँस का** 生身の हाड़-माँस के इनसान की समस्याओं को भूल जाते हैं 生身の人間の問題を忘れてしまう **हाड़-माँस का पुतला** 生身の人間 सास भी हम सब की तरह हाड़-माँस का पुतला है जिसमें गुण भी हैं और दोष भी 姑もみなと同じように生身の人間であれば長所もあれば欠点もある **हाड़-माँस का बना** ＝ हाड़-माँस का पुतला. आखिर वह भी तो हाड़-मांस की ही बनी है やはりあの娘も生身の人間なのだ **हाड़-माँस का संबंध** 血を分けた間柄；同じ血族の関係

हाड़ा [名] ラージプートの一氏族名，ハーラー（ブーンディー बूंदी, コーター कोटा, ジャーラーワール झालावाड़ の）

हाड़ी [名*] 地面にいけ込まれた稲の脱穀作業のための石臼（棒でついて用いる）

हात [形] 捨てられた；放棄された＝ छोड़ा हुआ.

हाता [名] ＝ अहाता.

हातिम [名] 《A. حاتم》(1) イスラム法官；裁判官；判事 (2) ＝ हातिम ताई. **हातिम की क़ब्र पर लात मारना** ハーティムターイーも顔負けするほど寛仁で気前のよい（吝嗇を皮肉って反語的にも用いられる）→ हातिम ताई.

हातिम ताई [名・形] 《A. حاتم طائی》(1)〔人名〕ハーティムターイー／ハーティム・アッターイー（寛仁さと物惜しみしないことで名を知られたヤマン यमन, すなわち，イエメンのバニーターイー族の族長．5〜6 世紀） (2) 寛仁な；寛大な；物惜しみしない；気前のよい

हाथ [名] (1) 手（肩から指先まで） हाथ-पैर 四肢 ＝ हाथ-पाँव. दोनों हाथ फैलाना 両手を広げる (2) てのひら；掌 हाथ की रेखा-रेखा 手筋 (3) 手首から先の部分；手 खाना खाने के बाद हाथ-मुँह धोना 食後に手と口とを洗う पुलिस के हाथों में लाठी नहीं थी 警察はラーティー（棍棒）を所持していなかった इसके हाथ का पानी पीने में क्या दोष है? この人の手が触れた水を飲むのに何の不都合があるのか हाथों में दस्ताने पहने रहते いつも手袋をはめている यह हाथ में क्या है? 手に何を持っているんだい (4) 保有；所有；掌握；手 अत्यंत कर्त्तव्यशील आदमी हमारे हाथ से जा रहा है 非常に責任感の強い人が我々のもとを去ろうとしている कुछ ही लोगों के हाथों में धन का संचय ごく一部の人の手に蓄財 (5) 支配；管理；手 सब कुछ मेरे हाथ में है なにもかも私の手の内にある (6) 手；やり口 किसी और के ऊपर यह हाथ आज़माया तो भगा देगा...समझे? だれか他の人にこの手を使うと追い払われるぞ…わかったかい तलवार के 32 हाथों में से एक 剣術の 32 手の一 (7) 媒介；媒体 - के हाथ （ーを）介して；（ーに）よって आज ही दूत के हाथ बादशाह हुमायूँ

ह

के पास भेजिए 今日のうちに使者を介してフマーユーン王のもとへ派遣されたい (8) 関与；関わり फ़साद में किसी विदेश का हाथ है 暴動には外国の関与がある बच्चों के चरित्र निर्माण में माँ का हाथ सब से अधिक होता है 子供の性格形成には母親が一番関与する (9) (勝負事の) 一番 ताश के दो चार हाथ トランプの2〜3番 (10) 順番 (11) 腕尺（長さの単位）ハート（長さの単位，半ヤードの長さ） (-के) हाथ －に，－へ मैं उसकी दूकान से अंग्रेज़ी पुस्तकों की कुँजियाँ लेकर अपने स्कूल के लड़कों के हाथ बेचा करता था その店から英語の教科書の虎の巻を買って自分の学校の生徒たちに売っていた वे मसाले पश्चिमी एशिया के व्यापारियों के हाथ बेचे जाते थे それらの香辛料は西アジアの商人たちに売られていた **हाथ आज़माना** 力試しをする **हाथ आ॰** *a.* 手が届く；手に入る चार हज़ार रुपये हाथ आएँगे 4000ルピー手に入るだろう अंगूर फिर भी हाथ न आए それでもブドウは手に入らなかった *b.* つかまる；捕らえられる जब तक किसी रोग की जड़ हाथ न आए 病気の根本原因が見つかるまでは **हाथ आई चिड़िया उड़ जा॰** 手に入ったものを失う (-पर) **हाथ उठना** (－を殴ろうとして) 手が上がる मेरा हाथ हरदौल पर कभी नहीं उठ सकता 私はハルドールに対しては決して手をかけられない **हाथ उठाकर कहना** 明言する；誓って言う **हाथ उठा-उठाकर दुआ दे॰** 心から祝福を与える (-को) **हाथ उठाकर कोसना** *a.* (－を) 激しくののしる *b.* (－の) 不幸を神に祈る **हाथ उठाना** *a.* (殴ろうと) 手を上げる；手をかける；手出しする गुस्सा आने पर हाथ तक उठाने का अधिकार 腹が立ったら手を上げる権利 मास्टर जी गुस्सा होकर उसपर हाथ उठाते तो 先生が立腹して彼に手をかけたら *b.* 挨拶する *c.* 祝福する；祝福を与える *d.* 手を上げる（投票する） **हाथ उठा बैठना** 離れる；縁を切る **हाथ उठा ले॰** 関係がなくなる；関わりがなくなる **हाथ उतरना** 腕が抜ける **हाथ ऊँचा रहना** *a.* 強運の *b.* 気前のよい **हाथ ऊपर हो॰** 人に物を与えようとする **हाथ ओट ले॰** 手で防ぐ；手で襲撃をよける **हाथ ओड़ना** (両手をひろげて) 乞う **हाथ कंगन को आरसी क्या** 〔諺〕自明のことには証拠はいらないものだ **हाथ कच्चा हो॰** 腕が未熟な **हाथ कट जा॰** *a.* どうすることもできないことのたとえ *b.* 取り決めがすんでしまって変更のできないこと **हाथ कटवा ले॰** 言質を与える（その言質に縛られてしまう） **हाथ कटा दे॰** どうすることもできなくなる **हाथ कड़ा क॰** 出費を引き締める；財布のひもを締める **हाथ कमर पर रखना** 体が弱る；衰弱する **हाथ कमान हो॰** 武器を帯びる；武器を握る **हाथ का** 手元の **हाथ का आँवला** *a.* 簡単に手に入るもの *b.* 詳しく知っていること *c.* 大変身近なもの **हाथ का कच्चा** 心のよくない；悪意のある；邪心のある；性根の悪い **हाथ का काम** *a.* 手仕事＝हस्तकारी. *b.* 手がけている仕事 **हाथ का खिलौना** *a.* 自分の思い通りに操れるもの *b.* お気に入り（の人やもの） **हाथ का गंदा** ＝हाथ का कच्चा. **हाथ का चक्का** 自分では何もしない人 **हाथ का चालाक** 手癖の悪い **हाथ का झूठा** 不誠実な **हाथ का तकिया** 手枕 बायें हाथ का तकिया बनाये 左手を枕にして **हाथ का दिया** 贈られた（もの）；贈り物 **हाथ का दिया मिलना** 贈与すればその果の得られること **हाथ कानों पर रखना** *a.* びっくりする；仰天する *b.* 耳をふさぐ；耳を手で押さえる (-के) **हाथ का पांसा हो॰** (－の) 操り人形になる；意のままになる **हाथ का फफोला** 人を苦しめるもの；厄介な人 **हाथ का मैल** 取るに足らないもの；価値のないもの आप लोग कोई ऐसे थोड़े हैं, अरे सौ-डेढ़ सौ रुपया आप लोगों के हाथ का मैल है あなた方はそんじょそこらの人とは違うのですから100ルピーあまりの金など何でもないのです **हाथ का विश्वास हाथ को न हो॰** 自分が信じられない **हाथ का सच्चा** *a.* 誠実な *b.* 射撃の上手な **हाथ का साफ़** 信頼のおける；誠実な **हाथ का हाथ** 直ちに；即刻 **हाथ की ओर देखना** 物を欲しがる **हाथ की कठपुतली** 全く人に操られる者；傀儡 **हाथ की खुजली** 殴りたくて手がむずむずする सभी तमाशा देखने और हाथ की खुजली मिटाने के लिए आ पहुँचे 誰も彼も見物したくてまた殴りたくてたまらずにやって来た **हाथ की चालाकी** 素早く物を盗む **हाथ की चिड़िया उड़ जा॰** 一旦手に入れたものが失われる **हाथ की चुहिया बिल में जा॰** 手に入っていたものをみすみす失う **हाथ की तंगी** 手元の不如意 **हाथ की बात** 自分の力でどうにかなるもの **हाथ की मक्खी न उड़ाना** 極めて怠惰な **हाथ की लकड़ी** 支えや頼りとするもの **हाथ की सफ़ाई** *a.* 手際のよいこと *b.* 手癖の悪いこと **हाथ की हाथ को ख़बर न हो॰** *a.* 全然知らない *b.* 与えたことをすっかり忘れ去る **हाथ कुछ न आ॰** *a.* 何一つ手に入らない *b.* 何の利益もない **हाथ के ऊपर हाथ धरे बैठे रहना** 無為に過ごす；無駄に過ごす；のほほんとする **हाथ के तोते उड़ जा॰** 茫然とする；あっけにとられる (-के) **हाथ के नीचे आ॰** (－の) 意のままになる **हाथ के नीचे हाथ रखना** 乞う (-के) **हाथ के बाहर हो॰** (－の) 手に負えない **हाथ को हाथ न सूझना** 真っ暗な；何も見えない；暗闇のたとえ काले बादलों के भर जाने से हाथ को हाथ नहीं सूझता था 黒雲が立ちこめて何も見えなかった **हाथ खड़ा क॰** *a.* 手を上げる；挙手する *b.* 投票する **हाथ ख़ाली जा॰** *a.* 的をはずれる *b.* 何も得ずに行く **हाथ ख़ाली हो॰** *a.* 金の持ち合わせがない；一文無しの *b.* 暇な；暇がある **हाथ खींचना** 財布のひもを締める (-से) **हाथ खींचना** (－から) 手を引く；退く ＝ (काम से) हट जा॰. **हाथ खुजलाना** *a.* 人を叩きたくてうずうずする *b.* 何かしたくてうずうずする *c.* 何かもらいもののある徴候がある **हाथ खुलना** *a.* 気前よく金を使う *b.* すぐに叩く癖がつく；手を掛ける癖がつく *c.* 上達する；腕が上がる **हाथ ख़ून से भरना** 人を殺す ＝हाथ ख़ून से रंगना. **हाथ गरम क॰** *a.* 儲ける；利益を得る *b.* 贈賄する；賄賂を贈る **हाथ गरम हो॰** *a.* 儲かる *b.* 収賄する；賄賂を受け取る **हाथ गरमाना** *a.* 与える *b.* 叩く；殴る **हाथ घिसना** 無駄骨を折る **हाथ घुमाते आ॰** 素手で来る；手ぶらで来る **हाथ चढ़ना** *a.* 手に入る *b.* 思い通りになる *c.* 言いなりになる **हाथ चढ़ाना** 横領する (-को) **हाथ चमकाना** (－を) 笑いものにする **हाथ चलना** 仕事がはかどる **हाथ चलाना** *a.* 手を動かす मैंने तेज़ी से हाथ चलाने शुरू किये 素早く手を動かし始めた *b.* 叩く；殴る；手を掛ける अब बहादुर से कोई भी गलती होती तो वह उसपर हाथ चला देती 今ではバハードゥルにどんなしくじりがあってもあの人は叩く *c.* 仕事をする **हाथ चाटना** *a.* 食べ足りない；食べても満足感が得られない *b.* とてもおいしい **हाथ चूमना** 手にキスをする（愛情の表現や称賛の気持ちを表すため） (-से) **हाथ छुड़ाना** (－と) 関係を断つ；縁を切る **हाथ छूटना** 手が出る；叩く (-का) **हाथ छोटा हो॰** (－が) けちな (-के) **हाथ छोड़ दे॰** (－に) 委ねる；任せる (-का) **हाथ छोड़ना** (－の) 手を放す；(－への) 助力や協力をやめる (-पर) **हाथ छोड़ना** (－に) 腕力を振るう；手を掛ける；叩く；殴る शांति स्थापना के इस प्रयास में जब उन्हें हाथ भी छोड़ना पड़ता 治安を確立する過程で力も行使しなければならなくなる **हाथ जड़ना** 叩く；殴る **हाथ जमना** *a.* 成功する；うまくやる *b.* 上達する；達者になる (-के) **हाथ जा॰** (－の) 手に入る **हाथ जोड़कर** 手を合わせて；非常に丁重に；恐る恐る；もみ手をして；ぺこぺこしながら **हाथ जोड़कर खड़ा हो॰** だれか仕える人が待機する **हाथ जोड़ना** *a.* 手を合わせる；合掌する；もみ手をする उसने हाथ जोड़कर माफ़ी माँग ली 手を合わせて許しを乞うた हाथ जोड़कर सिर नवाना 手を合わせ頭を下げる *b.* 頼む；依頼する；お願いする मैं हाथ जोड़ती हूँ, उतर आ お願いだから降りて来なさい (-के) **हाथ जोड़ना** (－に) 嘆願する；丁重に願う मैं तेरे हाथ जोड़ता हूँ 君にお願いする **हाथ जोड़े खड़ा हो॰** 合掌して立つ；仕える人が待機する；命令を待ち構えている **हाथ झटक दे॰** 無視する；聞き入れない **हाथ झाड़कर** 手を振り払って；関係を絶って；関わりを絶って **हाथ झाड़ते** 簡単に；容易に **हाथ झाड़ना** *a.* 攻撃する *b.* ひどく殴る **हाथ झुलाते आ॰** 手ぶらで来る **हाथ झूठा पड़ना** *a.* 叩きそこなう；殴りそこなう *b.* 言った通りにならない；言葉通りにならない **हाथ टूट जा॰** 手が疲れる **हाथ टेकना** 支える；支援する (-में) **हाथ डालना** *a.* (－を) 手がける；(－に) 手を染める जिस काम में मैं हाथ डालता हूँ, किसी भी तरह उसमें कामयाबी हासिल करता हूँ 私は手がけたことにはいつもなんとかして成功する *b.* (－に) 干渉する *c.* (－に) 協力する；力を貸す (-पर) **हाथ डालना** (－に) よからぬ気を起こす जिस घर के टुकड़ों से तेरा पेट पलता है, उस घर की बहन बेटियों पर हाथ डालते शर्म नहीं आई तुझे? おまんまを授けていただいている家の娘によからぬ気を起こしてお前は恥ずかしくないのか **हाथ तंग हो॰** 懐が寒くなる；手もと不如意になる **हाथ तले आ॰** 思うようになる；意のままになる **हाथ तले हाथ रखना** 物をねだる (-का) **हाथ ताकना** (－を) あてにする；頼りにする **हाथ तैयार हो॰** 熟達する；熟練する **हाथ तोड़-तोड़कर खाना** ＝हाथ चाटना. **हाथ थामकर चलना** 思慮深く出費する (-का) **हाथ थामना** *a.* (－を) 支援する *b.* (殴ろうとする) 手を押しとどめる **हाथ दबना** *a.* 人の言いなりになる *b.* 金に困る **हाथ दबाकर** *a.* そっと；そろっと；そろりそろりと *b.* 節約して；出費を抑えて **हाथ दिखाना** *a.* 腕前を見せる；技を見せる *b.* 勇猛さを示す；勇ましいところを見せる *c.* 手相見にみてもらう

=मैंने ज्योतिषी को हाथ दिखाया था 手相見に手相を見てもらった *d.* 医者に診察してもらう **हाथ दिलाना** *a.* 殴らせる *b.* 邪視を祓ってもらうために年長者になでてもらう (-**को**) **हाथ दे॰** *a.* (—に) 手助けする；応援する；支援する *b.* (—を) 殴る *c.* (—を) 叱りつける *d.* (—を) 止める **हाथ देखना** *a.* 手相を見る *b.* 脈をとる **हाथ देते पहुँचा पकड़ना** 〔諺〕人の親切につけ入る **हाथ धरना** (人の行為を) 押しとどめる (-**का**) **हाथ धरना** *a.* (—を) 助ける *b.* (—と) 結婚する (-**को**) **हाथ धरने न दे॰** (—に) 触らせない (-**का**) **हाथ धुलवाना** (—に) 食事を出す；食事をさせる **हाथ धोकर** (-**के**) **पीछे पड़ना** *a.* (—を) 必死になって追う पुलिस हाथ धोकर उनके पीछे पड़ गई थी 警察が必死になってあの人を追っていた *b.* (—に) 熱中する **हाथ धोकर पीछे लगना** =हाथ धोकर पीछे पड़ना. तुम कल से हाथ धोकर स्कूप के पीछे लगे हो 君は昨日から必死になって特ダネを追っている (-**में**) **हाथ धोना** 好機を逃さぬようにする=बहती गंगा में हाथ धोना. (-**से**) **हाथ धोना** (—を) 失う तीनों मित्र अपने जीवन से हाथ धो बैठे 友人は3人とも命を落とした कभी-कभी तो जान से भी हाथ धो बैठते थे 時には命を落とすこともあった इस खेल में हुए झगड़े के कारण उसे अपनी जान तक से हाथ धोना पड़ा この試合で起こった喧嘩のために命まで落とす羽目になった कहीं पकड़ गए, तो इम्तहान से हाथ धोएँगे 捕まれば試験は駄目に (受けられなく) なる परंतु डेढ़ सौ रुपए से इस तरह हाथ धो लेना आसान न था でもこのように150ルピーを失うのも容易ではなかった **हाथ नंगा हो॰** 手首や腕に装身具を何もつけないこと **हाथ नचाना** =हाथ चमकाना. (-**में**) **हाथ न धरने दे॰** (—に) 協力させない；手出しさせない **हाथ न सूझना** =हाथ को हाथ न सूझना. **हाथ** (-**की**) **नाड़ी पर हो॰** (—のことを) 詳しく知る；(—に) 詳しい **हाथ निकल जा॰** 人を叩いたり殴ったりする癖がつく；すぐに手を掛ける癖がつく (-**का**) **हाथ पकड़ना** *a.* (—を) 支援する；助ける *b.* (—を) 禁じる；制する；制御する *c.* (—と) 結婚する **हाथ पकड़नेवाला** *a.* 支援する (人) *b.* 制する (人)；制御する (人) स्वयं उसके पिता का देहांत हो ही चुका था, इस लिए वह आप ही अपने घर का मालिक हो गया था.कोई उसका हाथ पकड़नेवाला नहीं था 父親が亡くなってしまっていたので彼自身が家の主になっていた. 彼を制御する人がだれもいなかった (-**का**) **हाथ पकड़ाना** (—と) 結婚させる (-**के**) **हाथ पकड़ाना** (—に) 委ねる (-**का**) **हाथ पड़ना** (—に) 襲われる (-**के**) **हाथ पड़ना** (—の) 手に入る (-**का**) **हाथ पत्थर तले दबना** (—が) 苦難におちいる (-**को**) **हाथ पर उठाये रहना** (—の) 言葉を重んじる **हाथ पर गंगाजली रखना** ガンジスの水に誓う；神に誓う (-**के**) **हाथ पर चढ़ना** (—の) 言うことをきく；(—に) 従う **हाथ पर जीव ले॰** 命がけで取り組む **हाथ पर दही जमाना** 不可能なことを試してみる **हाथ पर नाग खेलाना** 甚だ危険なことをする (-**के**) **हाथ पर रख दे॰** (—に) 与える (-**को**) **हाथ पर लिये रहना** (—を) 丁重にもてなす **हाथ पर सरसों जमाना** *a.* 不可能なことを試みる आप हाथ पर सरसों जमाने आए हैं क्या ...? できないことをやるためにおいでになったのですかね *b.* とても急ぐ **हाथ पर हाथ धरकर बैठा रहना** 何もせずにぶらぶらする；無為に過ごす बाबू जी को ज़रा भी तुम लोगों का ध्यान होता तो 4 बरस यों हाथ पर हाथ धरकर न बैठे रहते お父さんが少しでもお前たちのことを気にしていたなら4年間もの間このようにぶらぶらして過ごすことはなかったろう **हाथ पर हाथ मारना** *a.* 賭ける *b.* 誓う **हाथ पर हाथ मारा न दिखाई न दे॰** 真っ暗な (-**के आगे**/-**के सामने**) **हाथ पसारना** (—に) 支援や助けを求める= (-की तरह/-की ओर) हाथ पसारना. मुसीबत के दिनों में पुरुष अपनी पत्नी के आगे ही हाथ पसारता है 困った時には男は自分の妻にだけ支援を求めるものなのです किसान कभी दूसरे की ओर हाथ नहीं पसारता 農夫は決して他人に支援を求めはしない **हाथ पसारे जा॰** 死ぬ時は何一つ持っていけぬもの **हाथ पसारे डोलना** 求め歩く；物を乞うて歩き回る **हाथ-पाँव चलना** *a.* 体が動く；働ける अब इसके हाथ पाँव नहीं चलते もうこの人の手足は動かない *b.* 殴り合いになる **हाथ-पाँव चलाना** *a.* 体を動かす *b.* 殴り合いをする *c.* 努力する **हाथ-पाँव जोड़ना** 乞い願う；頼み込む **हाथ-पाँव टूटना** 体が痛い **हाथ-पाँव ठंडा पड़ना** *a.* 死にかける *b.* 恐ろしさに体がすくむ；恐怖感のためへなへなとなる **हाथ-पाँव डाल दे॰** じっと座り込む (-**के**) **हाथ-पाँव ढीले क॰** (—を) 弱める；弱くする；弱体化する (-**के**) **हाथ-पाँव ढीले पड़ना** *a.* 気力がなくなる *b.* 疲れる；くたびれる=हाथ-पाँव ढीले हो॰. (-**के**) **हाथ-पाँव तोड़ना** *a.* 叩きのめす；懲らしめる *b.* 一生懸命の努力をする **हाथ-पाँव न चलना** 茫然となる；腰が抜ける भय के मारे हाथ-पाँव न चलना 恐ろしさに手足がすくむ **हाथ-पाँव निकालना** 限度を越える (-**के**) **हाथ पाँव पकड़ना** (—に) 嘆願する；哀願する **हाथ-पाँव पटकना** *a.* 努力する *b.* もだえる=हाथ-पाँव पीटना; हाथ-पाँव फटफटाना. (-**के**) **हाथ-पाँव फुलाना** (—を) 動転させる；動揺させる；震えあがらせる धमकी ने गिरोह के हाथ-पाँव फुला दिए 脅迫の言葉に一味は震えあがった (-**के**) **हाथ-पाँव फूल जा॰** (—が) 茫然とする；(—の) 身がすくむ；体がすくんで動けなくなる यार, मेरे तो हाथ-पाँव ही फूल गए थे どうしたらよいのかわからなくなってしまったんだ **हाथ-पाँव फैलाना** 活動範囲を広げる；手を広げる **हाथ-पाँव बचाना** 大変用心深く振る舞う **हाथ-पाँव मारना** 必死に努力する；あがく；もがく ख़रगोश फंदे में से निकलने के लिए हाथ-पाँव मार रहा था ウサギは罠から逃れようと必死になっていた **हाथ-पाँव रखना** 力を持つ **हाथ-पाँव सम्हालना** 成長する；大きくなる；成人する **हाथ-पाँव हारना** 気力を失う (-**के**) **हाथ-पाँव** (**का**) **हो॰** 力が備わる (-**का**) **हाथ** (=**की**) **पीठ पर हो॰** (—の) 後ろ盾が (=に) ある बड़े लोगों की नज़र चाहिए! उनकी कृपा का हाथ तुम्हारी पीठ पर हो तो 偉いお方たちのお情けが必要だ. その人たちの後ろ盾がお前にあれば (-**के**) **हाथ पीले क॰** (—を) 嫁がせる **हाथ-पैर कट जा॰** 手足がもがれる **हाथ-पैर कटाकर बैठना** 一切のものを失ってじっと座りこむ **हाथ-पैर काँपना** 恐ろしくなる；怖くなる；全身がぶるぶる震える **हाथ-पैर छोड़कर** 気を失って **हाथ-पैर छोड़ दे॰** 諦める；投げ出してしまう कितनी जल्दी हाथ-पैर छोड़ देती हो.अभी इलाज तक शुरू नहीं हुआ 君はあまりにも早く投げ出してしまうんだ. まだ治療も始まっていないのに **हाथ-पैर जकड़े हो॰** 何もする力がない **हाथ-पैर जवाब दे॰** 力がなくなる；体が動かなくなる **हाथ-पैर ठंडे पड़ना** *a.* 死にかける *b.* へなへなとなる；(驚きや心配のあまり) 力の抜けたようになる सावित्री के हाथ-पैर ठंडे पड़ गए サーヴィトリーはへなへなとなった (-**के**) **हाथ-पैर तोड़कर बैठा दे॰** (—を) ひどく打ちのめす **हाथ-पैर तोड़कर बैठे रहना** 何もせずにじっとしている **हाथ-पैर पड़ना** 嘆願する；哀願する **हाथ-पैर फटकारना** きびきびと動く **हाथ-पैर फेंकना** 一生懸命努力する **हाथ-पैर बँध जा॰** 無力な；思うようにならない；どうすることもできない **हाथ-पैर बेच दे॰** 頼るべきものがなくなる =हाथ-पैर कट जा॰. **हाथ-पैर भरा हो॰** 丈夫な；頑丈な **हाथ-पैर सम्हालना** *a.* 独り立ちする *b.* 用心する；警戒する **हाथ-पैर हिलाना** 体を動かす；働く (-**का**) **हाथ-पैर हो॰** *a.* (—の) 仕事をする *b.* (—の) 手足となって働く；手助けをする (-**के**) **हाथ-पैर हो जा॰** (—が) ひとり立ちできる **हाथ फेंकना** *a.* 手を打つ *b.* (賭けごとで) 賽を投げる (-**पर**) **हाथ फेरना** *a.* (—を) なでる；さする सुमित्रा ने उसके सिर पर प्यार से हाथ फेरा スミトラーはやさしくその子の頭をなでた बार-बार उस घोड़े की पीठ पर हाथ फेरते 何度も何度もその馬の背をさする *b.* 横取りする；掠めとる *c.* (食べ物に) 手を出す (-**के सामने**) **हाथ फैलाना** (—に) 乞い求める；救いを求める वह किसके दरवाज़े हाथ फैलाते? だれのところへ救いを求めるのかあの人は किसके सामने हाथ फैलाते फिरोगे だれのところへ物乞いに出かけるのか (-**में**) **हाथ बँटाना** (- **बटाना**) (—を) 手伝う；手助けする मैं तो चाहता हूँ कि यह खेती करे, मेरे काम में हाथ बँटाए この子が農業をして私の仕事を手伝ってくれることを望んでいる जब कटाई का काम होता है तो नंदू भी अपने पिता का हाथ बँटाता है 取り入れの作業の時はナンドゥーも父親を手伝う वह घर के हर काम में हाथ बँटाने लगी है 近頃あの子は家事の一切を手伝うようになってきている **हाथ बंद क॰** 出費を抑える；財布のひもを締める (-**का**) **हाथ बंद हो॰** (—の) 仕事が止まる；手が止まる **हाथ बंध जा॰** 規制を受けて自由に活動できない **हाथ बँधाना** 制約を受ける；束縛を受ける **हाथ बटोरना** *a.* 出費を控える *b.* 手助けを控える **हाथ बढ़ाना** *a.* 手を伸ばす जब चाहा, हाथ बढ़ाकर फ़ोन मिला लिया 好きな時に手を伸ばして電話をかけた *b.* 手を差し伸べる उसकी ओर मित्रता का हाथ बढ़ाएँ あの人に友好の手を差し伸べなさい **हाथ बढ़ा-बढ़ाकर खाना** 遠慮なく食べる **हाथ बहकना** 手もとが狂う **हाथ बाँधकर** 丁重に；丁寧に；うやうやしく इसपर महामंत्री ने हाथ बाँधकर धीरे से उत्तर दिया これに対して事務局長は丁重に小声で答えた **हाथ बाँधकर खड़ा रहना** 命令や指図を待ち構える **हाथ बाँधकर ख़र्च क॰** 出費を控える；費用を節約する (-**के**) **हाथ बाँधना** (—を) 捕える **हाथ बाँधना** 出費を控える

(-के) हाथ बाँधना (一の) 活動を制限する；束縛する (-के) हाथ बाँधा जा॰ (一が) 逮捕される；縄をかけられる हाथ बाँधे रहना 静かに腰を下ろす；黙って座っている (-के) हाथ बिक जा॰ (一の) 意のままになる हाथ बिठाना 腕を磨く ＝ हाथ माँजना. (-के) हाथ (＝पर) बैठना (一が＝で) 上達する；腕が上がる (-में) हाथ बैठना (一が) 首尾よく行く；うまく行く हाथ भर का कलेजा हो॰ 豪胆な हाथ भर का कलेजा हो जा॰ *a.* 勇気が湧く *b.* 気合が入る हाथ भर की ज़बान हो॰ 無遠慮な口をきく हाथ भरना *a.* 手が疲れる *b.* 金回りのよい हाथ भरा हो॰ *a.* (手許に) いっぱいある *b.* (女性が) 腕にチューリー (手首飾り) をはめている (既婚者である，夫が存命で幸せである) हाथ भाँजना 腕を振る；腕を振り回す हाथ मँजना 腕が上がる；上達する हाथ मटकाना ＝ हाथ चमकाना. हाथ मरोड़ना 悔やむ；後悔する हाथ मलकर रह जा॰ 後悔するばかりでどうすることもできない सब जानवर हाथ मलकर ऊपर देखते रह गए 動物たちはみな悔しがり空を見上げるばかりだった हाथ मलना *a.* 悔やむ；悔しがる；残念がる *b.* 悲しむ हाथ माँजना 腕を磨く (研ぐ) हाथ मारते-मारते 必死になって励む हाथ मारना *a.* 叩く；殴る *b.* 不当な利益を得る *c.* 悔やむ；悔しがる *d.* 横領する；盗みとる *e.* 誓いを立てる हाथ मिलाना *a.* 握手する；手を握る；仲良くする हाथ मिलाओ 握手しよう；(犬に対して) お手 *b.* 親しくする *c.* 比べる；比較する हाथ मींजना ＝ हाथ मलना. (-का) हाथ मीठा हो॰ (一の) 弾く楽器が素晴らしい音を出す हाथ-मुँह फैलाना 欲張る हाथ में अग्नि लेकर 誓って ＝ क़सम खाकर. (-) हाथ में आ॰ (一が) 手に入る हाथ में आई चिड़िया उड़ जा॰ 金儲けになる客に逃げられる हाथ में आई हुई लक्ष्मी को ठुकरा दे॰ 手に入るべき金を受け取らない (-को अपने) हाथ में क॰ (一を) 自分の意のままにする (-के) हाथ में क्या न हो॰ (一の) 思い通りにならないものがない हाथ में खाना, पात में लाना 〔諺〕赤貧洗うが如し हाथ में खुजली हो॰ *a.* 殴りたくてうずうずする *b.* 何かが手に入る兆しがする (-के) हाथ में खेलना (一の) 意のままになる हाथ में गंगाजली दे॰ ガンジスの水に誓って言う (-के) हाथ में चला जा॰ (一の) 所有になる；持ち物になる अब यह न जाने किसके हाथ में चला जाएगा? さてこれが一体だれのものとなるのやら (-के) हाथ में चाँद आ॰ *a.* (一が) 男の子を授かる *b.* 願い通りのものを得る (-के) हाथ में छोड़ना (一に) 託する हाथ में झंडा ले॰ 行動を決意する (-के) हाथ में ठीकरा दे॰ (一に) 物乞いをさせる हाथ में ठीकरा ले॰ 物乞いをする (-के) हाथ में ठीकरा हो॰ (一が) 物乞いする हाथ में दही जमना 途方もなく忙しい हाथ में दिल रखना 自制する (-के) हाथ में दे॰ *a.* (一に) 手渡す *b.* (一に) 責任を引き渡す (-के) हाथ नकेल रखना (一が) 手綱を持つ＝ (-के) हाथ में नकेल हो॰. (-के) हाथ में पड़ना ＝ (-के) हाथ में आ॰. (-के) हाथ में पतवार हो॰ (一が) 舵を取る (-) हाथ में बनाये रखना (一を) 保持する；しっかり持つ (-के) हाथ में बरक्कत हो॰ (一が) やりくり上手な हाथ में बागडोर रखना ＝ हाथ में नकेल रखना. हाथ में मेहंदी लगना 何もせずに過ごす；何もしようとしない (-के) हाथ में रख दे॰ (一に) 与える (-को) हाथ में रखना (一を) 意のままにする (-के) हाथ में रहना (一の) 意のままになる；思い通りになる (-) हाथ में लाना (一を) 掌握する (-) हाथ में ले॰ *a.* (一を) 手がける *b.* 取りしきる हाथ में सफ़ाई हो॰ 手際がよい (-के) हाथ में सौंपना (一に) 委ねる (-के) हाथ में हथकड़ी भरना (一に) 手錠をかける (-के) हाथ में हाथ दे॰ (一に) 協力する हाथ में हाथ दे॰ 親密な関係にある हाथ में (-का) हाथ ले॰ (一と) 結婚する हाथ में (-) हो॰ (一を) 持つ；所有する；(一が) ある (-के) हाथ में हो॰ (一に) 支配される；(一の) 意のままになる हाथ रँगना *a.* 手に (何かを) つける (付着させる) *b.* 悪事に関わる；手を汚す दिल्ली के ख़ून-ख़राबे में उसने ख़ूब हाथ रँगे थे あの男はデリーの流血沙汰にずいぶん手を汚した *c.* 賄賂を受け取る (-पर) हाथ रखना *a.* (一を) 手に入れる；得る；獲得する *b.* (一を) 打つ；叩く *c.* (一に) 手を貸す；手助けする (-में) हाथ रखना (一に) 力がある；寄与する हाथ रह जा॰ 手が疲れる；手がくたびれる (-का) हाथ रहना (一が) 手に残る (-में ＝का) हाथ रहना (一に＝の) 力がある；寄与がある；(一に＝が) 寄与する हाथ रुकना *a.* 金が足りない *b.* 資金不足が生じて仕事が滞る हाथ रोकना *a.* 始末する；節約する＝ ख़र्च कम क॰；हाथ समेटना. *b.* 防御する *c.* 仕事の手を止める (-का) हाथ रोकना (一の) 行動を遮る；(一を) 妨げる किसी ने उनका हाथ नहीं रोका, न ही किसी ने उनके सामने अपनी ज़बान खोली あの方をだれも妨げなかったしだれもあの方の前では口を開かなかった हाथ लंबा क॰ 手を伸ばす (-के) हाथ लंबा हो॰ 力持ち；威力のある；広く力の及ぶ याद रखिए, सरकार और क़ानून के हाथ बहुत लंबे होते हैं 御上と法律とは大変な力持ちだということを覚えておきなさい हाथ लगना *a.* 手に入る；得る；捕まる वहाँ भी निराशा हाथ लगी そこでもやはり得たのは失望だった तितलियों के हाथ से पकड़ने में मेहनत ज़्यादा करनी पड़ती है और वे हाथ बहुत कम लगती हैं 蝶は手で捕まえるのに随分骨を折らなくてはならないしめったに捕まらないものだ दुश्मन का बहुत-सा जंगी-सामान भी हमारी फ़ौज के हाथ लगा 敵の大量の軍用品もわが軍の手に入った *b.* 手が付く；新しいことにとりかかる *c.* 触れる；触る जो भी हाथ लगे 手当たり次第に हाथ लगाना *a.* とりかかる *b.* 関わる；加わる (-को) हाथ लगाना *a.* (一に) 触る；手を触れる दूसरे की रखी हुई चीज़ को उसकी इजाज़त के बग़ैर हाथ न लगाएँ 人の置いたものにその人の許可なく手を触れないこと *b.* (一に) 手を出す；(一を) 殴る；(一に) 手を掛ける हाथ लगे मैला हो॰ 非常に清らかな हाथ लपकाना 盗む；くすねる (अपना) हाथ लाल क॰ 自ら不名誉になろうとする हाथ सधना 上達する；熟練する हाथ समेट ले॰ *a.* 財布のひもを締める *b.* 協力を差し控える；手を引く हाथ साधना (よくないことに) とりかかる；手を染める；手を付ける हाथ सिर पर रखना 頭をなでる (-में) हाथ सहारा हो॰ (一に) 助力する；協力する；(一を) 助ける；支援する (-में) हाथ सानना (一に) 手を染める；手を汚す；とりかかる；手を付ける हाथ साफ़ क॰ *a.* 腕を上げる；腕を磨く *b.* 取り立てる；徴収する (-पर) हाथ साफ़ क॰ *a.* 他人の金品を不正に使う；(一に) 手を付ける उन्होंने वसूल किए सरकारी धन पर हाथ साफ़ किए あの人は徴収した公金に手を付けた *b.* 食べる *c.* (一を) 殴る；叩く हाथ साफ़ हो॰ *a.* 上達する；熟達する *b.* 誠実な हाथ सिर से लगाना 丁寧にお辞儀をする (-) हाथ से जाता रहना (一を) 失う；(一が) 失われる हाथ से जाने दे॰ *a.* (一を) 逃す；見逃す *b.* (一を) 失う (-) हाथ से डाल दे॰ (一を) 見捨てる；捨てる (-को) हाथ से दे॰ (一を) 失う (-) हाथ से न छूना *a.* (一に) 全く関心を持たない *b.* (一と) 接触を持たない (-) हाथ से बाज़ी निकल जा॰ (一が) 手に負えなくなる हाथ से बात क॰ 殴る (-) हाथ से बाहर जा॰ (一が) 手に負えなくなる＝ हाथ से बाहर हो॰；हाथ से बेहाथ हो॰. हाथ से हाथ न सूझना ＝ हाथ न सूझना. (-के) हाथ सौंप दे॰ (一に) 委ねる हाथ हिलाते आ॰ *a.* 失敗して戻る；しくじって戻る *b.* 素手で戻る＝ हाथ हिलाते पल्ला झुलाते आ॰. (-का) हाथ हो॰ *a.* (一が) 関与する；関わる；関係する इस घटना में रानी का ही हाथ था この事件には王妃その人が関わっていた अपनी बेटी के जीवन को इस तरह बेरंग बनाने में उनका भी बहुत बड़ा हाथ है 自分の娘の生涯をこのように精彩のないものにすることになったのにはあの方も深く関わっている *b.* (一の) 庇護がある；加護がある हाथों उछलना 大喜びする हाथों कलेजा उछलना *a.* 胸がどきどきする *b.* 大変嬉しい (-को) हाथों की कठपुतली बनाना (一を) 意のままに操る हाथों की फेरी हो॰ いんちきが行われる हाथों के तोते उड़ जा॰ びっくり仰天する；驚きのあまり茫然とする धोती मेरे शरीर से गायब थी.हाथों के तोते उड़ गए びっくり仰天だ. 着ていたドーティーがなくなった हाथों छाँव क॰ *a.* 敬う；尊敬する *b.* 好意を寄せる (-के) हाथों तंग आ॰ (一の) ために困る (-के) हाथों दुःख उठाना (一の) ために辛い思いをする；(一の) せいで悲しい思いをする (-को) हाथों पर उठा ले॰ (一を) 深く敬う (-को) हाथों पर लिए रहना (一を) 大切にする；大事にする (-के) हाथों बिक जा॰ すっかり (一の) 言いなりになる；全く (一の) 意のままになる (-के) हाथों बेचना (一に) 売る (-के) हाथों में नाचना (一の) 言いなりになる；(一に) 操られる (-) हाथों में रखना (一) とても大切にする (-के) हाथों में हथकड़ी पड़ना (一が) 手を縛られる；余儀ない状態になる；どうすることもできなくなる (-को) हाथों ले॰ *a.* (一を) 非難する *b.* (一を) 叩く *c.* (一を) 大切にする；可愛がる लोगों ने ऐसा हाथों लिया कि 10 दिन कैसे निकल गए पता ही न चला 皆の手厚いもてなしに 10 日間がどのように過ぎ去ったのかさえわからなかった हाथों से जा॰ *a.* 死ぬ；死なれる *b.* 失う；なくす हाथों-हाथ 手から手に；すぐさま；右から左に；直ちに；即刻 हाथों-हाथ बिकना 飛ぶように売れる रसगुल्ले हाथों-हाथ बिकेंगे ラスグッラーは飛ぶように売れ

るだろう (-को) **हाथों हाथ रखना** *a.* (ーを) 深く敬う *b.* とても大切にする；大変可愛がる **हाथों हाथ लड़ाई हो॰** つかみ合いになる (-को) **हाथों हाथ लाना** = हाथों हाथ ले॰. (-को) **हाथों हाथ लिये फिरना** = हाथों हाथ रखना. (-को) **हाथों हाथ ले॰** (ーを) 手厚くもてなす；丁重にもてなす；歓迎する；歓待する मैं तो जहाँ जाती हूँ, अपना घर ही समझकर रहती हूँ, इसी कारण जहाँ भी, जब भी गई, सब ने हाथों हाथ लिया है 私はどこへ行ってもわが家のように思っているのでどこでもいつでも行った先で手厚くもてなされた (-को) **हाथों-हाथों में रखना** (ーを) 大切にする；大事にする मदन ने जीवन भर अपनी माँ को हाथों-हाथों में रखा और उसे किसी प्रकार का भी कोई कष्ट नहीं होने दिया マダンは生涯母親をとても大切にした．いかなる苦労もさせなかった (-के) **हाथों हो॰** *a.* (ーに) よって行われる *b.* (ーの) せいで行われる

हाथकरघा [名] 手織機= हैण्डलूम; हथ करघा; करघा.

हाथख़र्च [名] 《H.+ P.خرج》小遣い；小遣い銭；ポケットマネー

हाथगाड़ी [名*] 手押し車

हाथघड़ी [名*] 腕時計

हाथचालाक [形] 《H.+ P.چالاک》手癖の悪い；万引きをする

हाथधुलाई [名*] 死んだ家畜の処理代

हाथपंप [名] 《H. + E. pump》手押しポンプ

हाथपान [名]〔装身〕ハートパーン（女性が手の甲につける貴金属製の装身具の一．手首と指輪にかけた鎖で留める）

हाथफूल [名]〔装身〕ハートプール（ハートパーン同様の女性が手の甲につける装身具の一）

हाथबम [名] 《H. + E. bomb》手投げ弾；手榴弾

हाथरोकड़ [名] 現金

हाथा [名] (1) 道具や器具の柄 (2)〔ヒ〕祝い事などのめでたい行事の際に戸口の壁などに女性がウコンなどを用いてつける手形 (3) 刀剣で襲うこと (4) 刀剣の技 (5)〔農〕灌漑用の水路の水を分けるのに用いられる木製のシャベルの形をした道具；ハーター

हाथाछाँटी [名*] (1) いんちき；ごまかし (2) 盗み；くすねること

हाथाजोड़ी [名*]〔植〕シダ類ヒカゲカズラ【*Lycopodium imbricatum*】

हाथापाई [名*] つかみ合い；取っ組み合い；殴り合い मेरे साथ अवैध शराब बनाने वालों ने हाथापाई की 密造酒造りの連中とつかみ合いの喧嘩になった

हाथाबाहीं [名*] = हाथापाई.

हाथियाना [名] ハーティヤーナー（ザミーンダールが象の購入に際し小作人から徴収した金）

हाथी [名] (1)〔動〕ゾウ科ゾウ（象）= गज; फ़ील. インドゾウ【*Elephas maximus*】→ हथिनी 雌象. हाथियों का बड़ा झुंड 象の大軍 (2) ルーク（チェス）；城将 **हाथी का काया कैथ** 見かけ倒し **हाथी का दाँत** 見せかけだけのもの；中身のないもの **हाथी की डहर** 銀河 = हाथी की राह; आकाश गंगा. **हाथी के दाँत खाने के और, दिखाने के और** 〔諺〕*a.* 言行不一致を咎める言葉 *b.* 本音と建て前の異なること **हाथी के दाँत बैठाना** 不可能なことを試みる **हाथी के पाँव में सब के पाँव** 〔諺〕下っ端や無力な人の仕事は力のある人の仕事のついでに（簡単に）なされるものだ（力のある人に委せておけばよい） (-) **हाथी के पैर में बँधना** (ーが) 厳しい処罰を受ける **हाथी के साथ गन्ने खाना** 象とサトウキビの食べ比べ（競争相手にすることのできない人と競争するたとえ） **हाथी गले बाँधना** = हाथी पालना. **हाथी घोड़े का अंतर** 大きな相違；雲泥の差；天地の差 **हाथी चढ़े कुत्ता काटे** 〔諺〕象に乗っていながら犬に噛みつかれる（運命には逆らえないもの） **हाथी झूमना** 大金持ちになる；大変裕福になる= हाथी झूलना. **हाथी पर चढ़ना** *a.* 高い名誉を得る *b.* 非常に裕福になる **हाथी पर बैठकर गधे पर बैठना** 象に乗っていた身がロバに乗る（落ちぶれる；落魄する） **हाथी पाँव पाना** 厳罰を受ける；厳しく罰せられる **हाथी पालना** *a.* 重い責任を引き受ける इस लिए भी कोई इस हाथी को पालने को तैयार नहीं है そのこともあってだれもこの重い責任を引き受けようとはしない *b.* 費用の嵩むことを引き受ける **हाथी बँधना** 象が屋敷につながれる；象が飼われる *a.* 大金持ちの身分 *b.* 出費の嵩む様子 **हाथी मरे तो नौ लाख** 〔諺〕*a.* 大金持ちは貧しくなったといっても普通の人とは格が違うもの *b.* 本来価値あるものは決して一切の価値を失うことはないものである= हाथी मरा भी नौ लाख का. **हाथी होकर कुत्ते की चाल चलना** 家門に恥じるような振る舞いをする

हाथीख़ाना [名] 《H.+ P.خانہ》象をつないで置くところ；象舎 यहाँ हाथी-खाना और घोड़ों के अस्तबल हैं ここには象舎と厩舎とがある

हाथीचक्र [名]〔植〕キク科草本チョウセンアザミ【*Cynara scolymus*】

हाथीचिक्कार [名] 戦場で象を突き刺すのに用いられた槍

हाथीदाँत [名] 象牙 हाथीदाँत की गेंद 象牙の玉

हाथीपाँव [名]〔医〕象皮病= फ़ीलपा.

हाथीपीच [名]〔植〕キク科草本キクイモ【*Helianthus tuberosus*】

हाथीवान [名] 象使い= महावत; फ़ीलवान.

हादसा [名] → हादिसा.

हादिस [形] 《A. حادث》(1) 新しい (2) 永久的なものでない

हादिसा [名] 《A. حادثہ》(1) 事故（交通事故など） बस हादिसा バス事故 यह सुर्ख सब्ज बत्तियाँ न लगी हुई हों तो हर वक्त हादिसे होते रहें 青と赤のこの交通信号がついていないと四六時中（交通）事故が起こるだろう (2) 突発的なことや予見できないこと；事件；出来事 (3) 不慮の災難；思いがけない不幸

हादी [名] 《A. ہادی》(1) 案内者；案内人；道案内= पथप्रदर्शक; रहनुमा. (2) 指導者；先達= नेता; लीडर.

हानि [名*] (1) 損失；損害 (2) 害 **हानि उठाना** 損をする；損害を受ける अंधविश्वासी व्यक्ति स्वयं हानि उठाते हैं 迷信を信じる人は自ら損をする **हानि पहुँचाना** 害を及ぼす；害する；損害を与える इसे कीड़े तथा हानिकारक जीव हानि नहीं पहुँचा पाते 虫や有害な生き物がこれに害を及ぼすことができない

हानिकर [形] 害のある；有害な；害する हानिकर कीटाणु 害虫 हानिकर प्रभाव 有害な影響

हानिकारक [形] = हानिकर. हानिकारक भाग 有害な部分 बच्चों के लिए हानिकारक 子供に害のある；子供に有害な स्वास्थ्य के हानिकारक वातावरण में रहने से 健康を害する環境に暮らすと

हानिकारी [形] = हानिकर.

हानिरहित [形] 無害な；害のない

हापुस आम [名]〔植〕ハープス（マンゴーの最優秀品種の一．アルフォンソの別名）〈Hafus〉

हाफ़ [名] 《E. half》(1) 半分= आधा; अर्द्ध; अर्ध; अर्द्ध भाग; आधा हिस्सा. (2)〔ス〕ハーフ दूसरा हाफ़ 〔ス〕セカンド・ハーフ

हाफ़कास्ट [形] 《E. halfcaste》混血の；ハーフの हाफ़कास्ट किरानी 混血の事務員

हाफ़कोट [名] 《E. halfcoat》ハーフコート（半纏なども含めて）

हाफ़टाइम [名] 《E. halftime》〔ス〕ハーフタイム

हाफ़पैंट [名] 《E. halfpint》半パイント→ पैंट.

हाफ़प्लेट [名*] 《E. halfplate》半皿（料理のプレート半分の分量；小さなプレート分）；小皿（の分量）

हाफ़बैक [名] 《E. halfback》〔ス〕ハーフバック

हाफ़वाली [名*] 《E. half volley》〔ス〕ハーフボレー

हाफ़स्वेटर [名] 《E. half sweater》〔服〕ハーフセーター हाफ़ स्वेटर पुरुषों के लिए 紳士用ハーフセーター

हाफ़िज़ [名] 《A. حافظ》(1) 守護者；保持者；護持者 (2)〔イス〕ハーフィズ（コーランの暗誦者に対する敬称）

हाफ़िज़ा [名] 《A. حافظہ》記憶；記憶力= याददाश्त; स्मरणशक्ति.

हाबिस [名] 錨を巻きあげること

हॉबी [名*] 《E. hobby》趣味；ホビー आज की सर्वोत्तम हॉबी फ़ोटोग्राफ़ी 今日の最高の趣味は写真

हाबी [名*] → हावी.

हाबुस [名]〔料〕未熟の穂を焼いて取りだしたオオムギに塩やトウガラシを加えた食べ物

हामिल[1] [形] 《A. حامل》荷を担う；運搬する

हामिल[2] [名] 運搬人；運搬人夫

हामिला [形*・名*] 《A. حاملہ》妊娠中の；妊婦= गर्भवती; गर्भिणी.

हामी[1] [名*] 《A. حامی》同意や肯定の返事（をすること）；同意；賛同；賛成 **हामी भरना** 賛成する；賛同する；「うん」と言う；同意する；応じる；肯んじる साहु जी राज़ी हो गए. रामू ने भी हामी भर ली 金貸しは同意しラームーもうんと言った सब लोगों ने हामी भर दी 全員が賛成した

हामी[2] [形・名] 《A. حامی》(1) 支持する；支援する；味方する；支持者；味方 तथाकथित जनस्वतंत्रता के हामी いわゆる人民独立の支持者 (2) 保護する；保護者 (3) ハム族

हामीदार [名] 《A.P. حامی دار》保険業者

हाय [感・名*] (1) 悲しみ，嘆き，失望，絶望，苦痛，妬み，悔しさなどの生じた際に発せられる叫びの言葉や声 हाय, मैं बुरा क्यों मानने लगी भला! ああなんと言うことだろう．私が悪くとるはずがありませんでしょうが हाय, हाय, हाय, यह सुबह सुबह क्या हो रहा है? なんだなんだなんだ．朝っぱらから何事なんだい हाय रे अल्लाह! 大変だ；大事だ (2) 痛み；苦痛；苦しみ= पीड़ा; दर्द; कष्ट. (3) 妬み；嫉妬心= ईर्ष्या; जलन; डाह. **हाय क॰** a. 妬む；妬く b. 悔しがる；残念がる= हाय खाना. (-की) **हाय पड़ना** (悪事を働いた報いとして被害者の) 呪いがかかる **हाय मरा!** ああもう駄目だ；やられてしまった；力が尽きた **हाय मारना** a. 悲嘆の声をあげる b. 呪いの言葉を発する c. 妬む d. 悔しがる हाय राम; हाय-हाय 別項見出し．

हाय तौबा [名*]《H. + A. توبہ》(1) 騒ぎ；騒動 यह क्या है, जिसको लेकर ऐसी हाय-तौबा मची हुई है それをめぐって大騒ぎになっているのは一体何なのだ (2) 嘆き；悲嘆 **हाय-तौबा मचाना** 大騒ぎする；大騒動を起こす इसपर भी सरकारी कर्मचारी बड़ी हाय-तौबा मचा रहे हैं, आंदोलनों की धमकी दे रहे हैं これに対しても公務員は大騒ぎしており反対運動を起こすと脅しをかけている वहाँ पुरुषों ने तो हाय-तौबा मचाई ही है そこでは男たちが大騒動を起こしているのだ अगर माता-पिता बच्चे को नाजुक उमर में ही सावधान कर देते तो आज यों हायतौबा मचाने की नौबत ही न आती もしも親が子供の小さい時に注意を与えていたならば今時このように大騒ぎをする羽目にはならなかったものを

हायर सेकंडरी [名*]《E. higher secondary》〔教〕独立後のインドの教育制度の下で第 9 学年，第 10 学年及び第 11 学年の課程；後期中等学校（これに先行する 8 年間が義務教育の初中等教育．これの後には学士課程，修士課程と続く） **हायर सेकंडरी स्कूल** 〈higher secondary school〉後期中等学校；高等学校= उच्चतर माध्यमिक विद्यालय.

हाय राम [感]（大変な事態の生じた際に発せられる嘆声）ああ大変なことだ，大変だ大変だなど हाय राम, सोने का खोना बहुत अशुभ है えらいことだ．黄金を失うとはえらく不吉なことだ हाय राम, बचाओ 大変だ，助けてくれ हाय राम, लक्ष्मी चली गई, तो मैं क्या करूँगी.जीते जी मर जाऊँगी ああとんでもないことだ．お金がなくなったらどうしよう．死んだも同然になるわ

हाय-हाय [感・名*] (1) हाय と同じく苦痛，悲嘆などの気持ちを強調的に表す感動詞 **हाय-हाय क॰** a. 悲鳴をあげて大騒ぎする ठोकर लगने पर हाय-हाय नहीं करूँगा तो क्या कहकहे लगाऊँगा? (足をテーブルにぶつけたのに) 大騒ぎせずに大声で笑えと言うのかい b. 心配する c. 悔やむ= हाय-हाय मचाना. (2) 物不足や欠乏，あるいは，物価高のために生じた困窮や困難による悲鳴や騒ぎ

हार[1] [名*] (1) 負け；敗北；敗戦 (2) 疲れ；疲労 **हार खाना** 負ける；敗れる (-को) **हार दे॰** (ーを) 破る；負かす **हार मानना** 屈服する= घुटना टेकना. **हार में रहना** 損をする

हार[2] [名]《P. ہار》(1) 花輪 माली फूलों के हार बनाते हैं マーリー（庭師・庭番）が花輪をこしらえる (2) 金，銀，真珠などの首飾り

हार[3] [名] (1) 奪い取ること；奪取 (2) 没収 (3)〔数〕分母

हार[4] [名] (1) 畑 (2) 牧場

हार[5] [名] 森；森林= बन; वन; जंगल.

-हार [接尾] → -हारा. = वाला.

हारक[1] [形] (1) 奪い取る；奪い去る；強奪する (2) 盗む；盗み取る (3) 取り去る；除去する；取り除く (4) 魅惑的な；美しい

हारक[2] [名] (1) 略奪者 (2) 盗人 (3)〔数〕分母

हारजीत [名*] 勝ち負け；勝敗 ऐसे खेलों की हारजीत このようなゲームの勝敗 बिना हारजीत के फ़ैसले का खेल समाप्त नहीं होता 勝ち負けが決まらないとゲームは終わらない हारजीत होती ही रहती है 人生では勝ったり負けたりするもの

हारना[1] [自] (1)（戦争，競争，競技，選挙などで）負ける；敗れる चुनाव में हारना 選挙で敗れる；落選する (2) 失敗する；しくじる = असफल हो॰. (3) 疲れる शाम को हारा-थका घर आया 夕方疲れ切って家に戻った (4) 根気が続かなくなる；根負けする अंत में लोमड़ी थककर हार गई とうとうキツネは根負けしてしまった हारकर 仕方なく；余儀なく；やむを得ず हारकर उसने मुझसे पूछा 仕方なく私にたずねた **हार बैठना** 負ける；敗北する

हारना[2] [他] (1) 失う；捨てる；手放す माता उनके आने की आशा हार बैठी थी 母親はその人が来る望みを失ってしまっていた हिम्मत मत हारो がっかりするな；落胆するな मैं अपने सुत को बेचूँगा, मगर सत्य को न हारूँगा 息子を売ることがあっても真理を手放すことはない बात न हारनी चाहिए 約束を破ってはいけない (2) 諦める तब तो मैं सीता को हारकर वापस चला जाता हूँ それならシーターを諦めて私は帰る (3) 言質を与える；（誓いの言葉を）言う राजा! आप वचन हार चुके हैं.आपको मेरी शर्त पूरी करनी होगी 殿はすでに言質を与えていらっしゃいます．手前の申しました条件を果たして頂かなくてはなりません

हारपोन [名]《E. harpoon》銛；漁労用の銛= हार्पून.

हारमोन [名]《E. hormone》= हार्मोन; हार्मोन्स. ホルモン हारमोन की गड़बड़ ホルモンの異常

हारमोनियम [名] = हार्मोनियम. 〔音〕ハーモニウム；ハルモニウム हारमोनियम बजाना ハーモニウムを弾く

हारसिंगार [名] = हरसिंगार.

हारा [名] 大きなかご= बड़ा भारी टोकड़ा.

-हारा [接尾] -हारे, -हारी と変化する．名詞類に接続して行為，所有，関連などの意を表す名詞や形容詞を作る接尾辞= वाला. लकड़हारा きこり（樵） भारत-से देश की दशा के सुधारने पर सन्नद्ध होनेहारे インドのような国の改善に励んでいる人たち

हारावलि [名*] 真珠の玉を連ねたもの= हारावली.

हारिज[1] [形]《A. حارج》(1) 有害な；害を及ぼす；害を与える= हानिकर. (2) 妨げる；妨害する；混乱を起こす= बाधक.

हारिज[2] [形]《A. ہارج》混乱や騒ぎを起こす

हारित[1] [形] (1) 奪われた；略奪された (2) 欠いた；欠けた (3) 失われた；なくなった (4)（戦いや競争に）敗れた；負けた

हारित[2] [名] = तोता. 〔鳥〕オウム科セネガルホンセイ

हारिद्र [形] (1) ウコンの色をした；萌葱色の；山吹色の (2) ウコンで染めた

हारिल [名]〔鳥〕ハト科キアシアオバト【*Treron phoenicoptera*】 **राज हारिल** 〔鳥〕ハト科ミカドバト【*Ducula aenea*】 **हारिल की लकड़ी** 頼りになるもの；寄る辺

हारी[1] [形] (1) 取り除く；取り去る (2) 奪い取る (3) 運ぶ

हारी[2] [名*] (1) 負け；敗北 (2) 疲れ；疲労 हारी-बीमारी 疲労と病気

हारीत [名] (1) 盗人；盗賊 (2) 強盗 (3) ならず者；ごろつき

हारूत [名]《A. ہاروت》〔イス〕ハールート（マールートと共に人間に妖術を教えたとされる天使）→ मारूत.

हारून [名]《A. ہارون》使者；使節= दूत; क़ासिद.

हार्ट अटैक [名]《E. heart attack》〔医〕心筋梗塞；心臓麻痺；心臓発作 हार्ट अटैक हो॰ 心筋梗塞が起こる वैसे पाँच साल पहले उन्हें एक हार्ट अटैक हुआ था もっとも氏は 5 年前に心筋梗塞に襲われたことがあった

हार्ट फ़ेल [名]《E. heart fail; heart failure》〔医〕心不全；心臓麻痺

हार्डडिस्क [名*]《E. harddisc》ハードディスク **हार्डडिस्क ड्राइव** 《E. harddisc drive》ハードディスクドライヴ

हार्डबोर्ड [名]《E. hardboard》ハードボード；硬質繊維板

हार्डल [名]《E. hurdle》〔ス〕障害；ハードル

हार्डल रेस [名]《E. hurdle race》〔ス〕ハードル競走

हार्डवेयर [名]《E. hardware》ハードウエア

हार्दिक [形] ←हृदय. 心からの；心底からの；深甚なる समस्या के समाधान में हार्दिक सहयोग देना चाहिए 問題の解決に心から協力すべきである

हार्न [名]《E. horn》警笛；クラクション **हार्न दे॰** 警笛を鳴らす

हार्मोन [名]《E. hormone; hormones》ホルモン→ हारमोन; हार्मोन्स. एड्रिनलिन नामक हार्मोन アドレナリンというホルモン

हार्मोनिका [名]《E. harmonica》ハーモニカ= माउस ऑर्गन.

हार्सपावर [名]《E. horsepower》馬力= अश्वशक्ति. 900 हार्स पावर का इंजन 900 馬力のエンジン

हाल[1] [名]《A. حال》(1) 状態；状況；情勢；ありさま；様子 क्या हाल है हमारे जीजा जी के? お兄さんの具合はどうなの वह अपने हाल में ख़ुश है あの人は現状に満足している भूख-प्यास से बुरा हाल था 飢えと渇きにひどいありさまだった गाँववालों का क्या हाल है? 田舎の人たちはどんな様子なのか (2) 現在 (3) 最近 (4) 知らせ (5) 詳細 (6) 恍惚；陶酔 (-को) **हाल आ॰** (熱烈な信仰に) 我を忘れる；忘我の境地に至る **हाल ख़राब हो॰** = हाल पतला हो॰.

(-का) **हाल पतला हो॰** (ーが) 惨めなありさまの；哀れな状態の；良くない；不調の；心細い状態の **हाल पर छोड़ दे॰** そのままにする；構わない；触らない；干渉しない साहिब हम लोग तो पागल ठहरे.हमें हमारे हाल पर ही छोड़ दें 私どもは正気ではないのです．どうぞ構わないで下さい ख़ैर, यह तो रही पति और पत्नी की बात इन्हें इनके हाल पर छोड़िए, हमें इनसे क्या लेना-देना? ともかくこれは夫婦間のことなので2人に任せておきなさい．私たちには何の関係もないことだ **हाल पूछना** 様子伺い；見舞い क्या आप मेरा हाल पूछने आए हैं? 私の見舞いに来て下さったのですか **हाल बेहाल हो॰** *a.* ひどい状態になる；哀れな状態になる *b.* 死にかける (-से) **हाल माँगना** (ーに) 問いただす **हाल में** 最近 **हाल ही में** ごく最近に= अभी हाल ही में.

हाल[2] [形]《A. حال》現在の；今の **हाल मुकाम** 現住所

हाल[3] [副] (1) 今；現在= इस समय; अभी. (2) 直ちに；即刻

हाल[4] [名*] 振動；揺れ **हाल लगना** 振動する；揺れる

हाल[5] [名]《E. hall》= हॉल. (1) ホール；会館 (2) 映画館= सिनेमा हाल.

हाल[6] [名] (1) 犂= हल. (2)〔イ神〕バララーマ बलराम

हाल[7] [名]《P. بال》〔ス〕ポロの球

हालगाह [名*]《P. بال گاه》〔ス〕ポロの競技場

हालचाल [名]《A. حال + H.चाल》(1)（個人的，社会的な）状況；事態；情勢；様子 "और क्या हालचाल है?" "हालचाल बहुत खराब है" 「ところでどうだい調子は」「調子はさっぱりさ」 सुनाइए, शहर के क्या हालचाल हैं? 街はどういう状況なのか（街はどうなっているのか教えて下さい） (2) 消息；近況 एक दूसरी के हालचाल पूछती रहना お互いの消息をいつもたずねること **हालचाल ले॰** 消息をたずねる मैं तुम्हारे ही हालचाल लेने के लिए चला आया 僕は君の消息を求めてやってきた

हालडाल [名]《E. hold-all》旅行用の寝具入れの大きな袋；ホールダール

हालत [名*]《A. حالت》(1) 状態；状況 दक्षिण अफ्रीका में भारतीयों की हालत 南アフリカのインド系の人たちが置かれている状態 मोरियों की हालत बहुत खराब है 下水道の状態は甚だひどい उस व्यापारी की हालत भी खस्ता हो गई その商人も苦しい状況におちいった मरीज़ और मर्ज़ की हालत 病人と病状 रंज और गुस्से की हालत में खाना सेहत के लिए मुज़िर है 悲しかったり腹を立てたりしている状態で食事をするのは健康に良くない हर हालत में 何がどうあれ；是非とも；是が非でも= जैसे भी हो; जो भी हो. (2) 健康状態 **हालत गिरना** *a.* 経済的に苦しくなる *b.* 健康がすぐれなくなる **हालत नाज़ुक हो॰** *a.* = हालत गिरना. *b.* 生死の瀬戸際にいる；命が危うい **हालत पतली हो॰** 経済的に苦しい **हालत बिगड़ना** = हालत गिरना. **हालत संगीन हो॰** *a.* 非常に危険な状況にある *b.* 生命が危険な状況になる；重体になる；危篤状態になる

हालरा [名] (1) 幼児を抱いてあやすこと (2) 揺れること (3) 波= लहर.

हालहूल [名] (1) 騒ぎ；大騒ぎ (2) 騒動；暴動

हालाँकि [接]《A.P. حالانکہ》…だが；もっとも…だが हालांकि वित्तमंत्री का कहना है कि योजना राशि में किसी प्रकार की कोई सीमा नहीं होनी चाहिए もっとも大蔵大臣の言によれば計画資金についてはなんらの制限もあってはならないのだが… हालांकि ऐसा नहीं है…もっともそうではないのだが…

हाला[1] [名*] 酒= मद्य; मदिरा; शराब.

हाला[2] [名]《A. ہالہ》(1) 月や太陽の周りにできるかさ（暈） (2) 光輪 (3) 目の周りの隈（暈）

हालात [名, pl.]《A. حالات ←حالت हालत》(1) 状況；形勢 आज हालात तेज़ी से बदल रहे हैं 今日状況は急速に変わりつつある ईरान के हालात イランの事情；イランの状況 सरकारी डिस्पेंसरियों में हालात उससे बदतर ही हैं 公立の診療所ではもっとひどい状況だ (2) 境遇 उन बच्चों को हालात के भरोसे भिखारी बनने के लिए छोड़ देना उचित है? それらの子供たちを境遇に任せて物乞いになるのを放置しておいてよいものだろうか (3) 場面；局面 इस खेल में ऐसे हालात पैदा हो जाते हैं कि खिलाड़ी को तन-मन की पूरी ताकत झोंक देनी पड़ती है このスポーツではプレーヤーが心身を完全に集中しなければならない場面が生じる

हालावाद [名]〔イ文芸〕近代ヒンディー文学において बच्चन を代表とするハーラーヴァード，すなわち，ハーラー主義（हाला とは酒の意．英国の詩人・翻訳者フィッツ・ジェラルド E. Fitz Gerald によるオマルハイヤムのルバイヤートの英訳の影響を受けた詩の流れで酒を精神的高揚の象徴として用いる）

हालाहल [名] 劇毒；猛毒→ हलाहल.

हालिक [名] (1) 農夫；農民= कृषक; किसान. (2) 食肉処理を生業にする人；屠畜や食肉の販売を専業とする人 = कसाई. (3)〔植〕ザクロ= दाड़िम; अनार. (4)〔鳥〕ムクドリ科インドハッカ

हालिम [名]〔植〕アブラナ科オランダカラシ；クレソン【*Lepidium sativum*】

हालिया [形]《A. حالیہ》(1) 今の；現在の (2) 最近の；最新の हालिया अम्रीका दौरा 最近のアメリカ訪問（視察旅行）

हाली [形]《A. حالی》現在の；今の；今日の

हालीवुड〔地名〕《E. Hollywood》ハリウッド（アメリカ合衆国）

हालैंड〔国名〕《E. Holland》オランダ王国

हाल्ट〔感〕《E. halt》〔軍〕止まれ（号令）

हाल्टर्स [名]《E. halters》〔服〕ホールター

हाव [名] (1) 人を呼ぶ声= पुकार; बुलाहट. (2) 色っぽいしぐさ；しな（科）

हावड़ा〔地名〕ハーオラー（西ベンガル州州都コルカタ市のフグリー川西岸の一部の地名．ハーオラー駅がありハーオラー橋でカルカッタ中心街とつながる）

हावदी [名*] = हौदी.

हावन [名]《P. ہاون》(1) 木製の臼；木臼 (2) 薬研

हावन दस्ता [名]《P. ہاون دستہ》臼と杵

हावभाव [名] (1) 立ち居；立ち居振る舞い；身振り；身のこなし；作法；行儀 वेश-भूषा के अतिरिक्त आपकी चाल-ढाल, बात-चीत तथा हावभाव आदि सभी मिलकर आपके व्यक्तित्व को सँवारते हैं 服装の他にあなたの振る舞い，口のききかた，身のこなしなど一切のものがすべて一緒になってあなたの個性を飾るのです आपकी बातचीत, हाव-भाव शिष्ट होने ज़रूरी हैं 言葉遣いや作法が上品でなくてはならない (2) 女性の色っぽい様子や媚び；しな（科）；嬌態 (3) きざな振る舞い；追従

हावी [形]《A. حاوی》(1) 圧する；抑えつける；圧倒する सेवक स्वामी पर हावी था 使用人が主人を抑えつけていた उनकी कुछ कहानियों में दार्शनिक चिंतन इतना अधिक उभर गया है कि वह कहानी के कहानीपन पर हावी हो गया है 哲学的な思索があまりにも表に出て小説の小説らしさまでを覆ってしまっている (2) 支配する；支配的な इन्हीं विशेषताओं के कारण मानव संपूर्ण प्रकृति पर हावी होता जा रहा है これらの特性のために人類は自然界全体を支配するようになって来ている (3) 優先する अपनी भावना को उन्होंने कर्तव्य पर हावी नहीं होने दिया あの人は自分の感情を義務に優先させなかった

हाशिम [名]《A. ہاشم》〔イス〕預言者ムハンマドの生まれたハーシム家とムハンマドの曾祖父

हाशिमी [名]《A. ہاشمی》〔イス〕イスラム教の預言者ムハンマドの属したクライシュ族のハーシム家の末裔

हाशिया [名]《A. حاشیہ》(1) 端；淵；縁 (2) 縁飾り (3) 欄外；余白 (4) 脚注；傍注 **हाशिया चढ़ाना** *a.* 書き加える *b.* 注を書く *c.* 面白おかしく言う；潤色する **हाशिये का गवाह**〔法〕宣誓証人

हास [名] (1) 笑うこと；笑い (2)〔イ文芸〕（古典インド文学の詩論によりラサ रस の一，हास्य रस の基になる感情）諧謔 (3) 冗談 **हास-परिहास** ふざけ；たわむれ（戯れ）

हासकर [形] 笑わせる；おかしい；滑稽な

हासन[1] [名] 笑わせること

हासन[2] [形] 笑わせる；面白い；おかしい

हासिका [名*] (1) 笑い (2) 喜び；楽しみ；快楽

हासिद [形]《A. حاسد》嫉妬深い；妬み深い= ईर्ष्यालु.

हासिल[1] [形]《A. حاصل》手に入った；得られた；入手した= प्राप्त. पानी और ताजा हवा किस तरह हासिल करें? 水と新鮮な空気をどのようにして手に入れるか ज़िंदगी के अनुभव स्वयं हासिल करने का अवसर देंगी तो 人生経験を自ら得る機会を下されば खेल में महारत हासिल करना 運動が上達する हर बच्चा तालीम हासिल करे どの子も教育を得られるように

हासिल[2] [名] (1) 収穫 (2) 産物 (3) 結果 (4) 税収 (5) 利益 (6) 地税

हास्य [名] (1) 笑い (2) 冗談 (3) 諧謔；ユーモア (4) 滑稽 → हास्य रस. (5) 嘲笑 हास्य और व्यंग्य का अद्भुत मिश्रण 滑稽と皮肉との無

類の混合 **हास्य अभिनेता** 喜劇俳優；コメディアン＝हास्य कलाकार. फ़िल्मों में हास्य कलाकार 映画の喜劇俳優

हास्य रस [名]〔イ文芸〕古典インド文学の詩論によりラサ（情調 रस）の一；滑稽

हास्यास्पद [形] 滑稽な यहाँ दफ़्तरों में काम के घंटे बढ़ाना तो और भी हास्यास्पद है ここで勤務時間を増すのはさらに滑稽なことである

हास्योत्पादक [形] 笑わせる；おかしい；笑いを誘う

हा हा[1] [名] (1) 大きな笑い声．はっはっは；あっはっは，わっはっはなど हा हा करके हँसने लगे あっはっはと大声で笑い出した (2) 哀願する言葉；悲嘆の声 **हा हा क॰** 哀願する＝हा हा खाना. **हा हा हा हा** あっはっは（嘲った笑い方） हा हा हा हा! वाह भैया कछुए! ようよう，亀さんよ，あっはっはーだ

हा हा[2] [感] 苦痛，悲嘆，恐怖などを表す感動詞

हाहाकार [名] (1) 激しい苦痛や悲嘆の声；悲鳴；慟哭 (2) 激しい騒動や収拾のつかないような混乱に発する騒音 **हाहाकार मचना** 悲嘆の声があがる；悲鳴が起こる；大混乱におちいる दुर्घटना का समाचार सुनकर उनके घर में हाहाकार मच गया था 事故の知らせを聞いて家では悲嘆の声があがった चंपारन के किसानों में हाहाकार मच गया チャンパーランの農民の間に悲鳴があがった इस हृदयद्रावक समाचार से सारे संसार में हाहाकार मच गया この胸の張り裂けるような悲報に世界中に慟哭が起こった

हाहाठीठी [名*] 冗談；ふざけ；はしゃぎ；浮かれ騒ぐこと；馬鹿笑い＝हाहा हीही; हाहा हूहू.

हा-ही [名*] 貪欲さによるあまりにもあさましい振る舞い

हा-हू [感] 人を冷やかしたりからかう言葉 वह जहाँ जाती, कुछ लफ़ंगे लड़के 'हा-हू' करते उसके पीछे हो जाते その女の行く先々でちんぴらや悪ガキたちがからかってついて回る

हिंकार [名] (1) 牛の鳴き声（特に母牛が子牛を呼ぶ声） (2) トラの咆える声；トラの咆哮

हिंग [名*]〔植〕セリ科多年草オオウイキョウ属オオウイキョウ（フェルラ）＝हिंगु; हींग.

हिंगु [名] (1)〔植〕オオウイキョウ【*Ferula foetida*】 (2) 同上の茎の樹脂から採れるアギ（阿魏）．薬品及び調味料・香味料となる

हिंगुल [名] 朱；辰砂＝ईंगुर; सिंगरफ़.

हिंगोट [名]〔植〕シクンシ科中高木モモタマナ【*Terminalia catappa*】＝इंगुदी.

हिंजड़ा [名] ヒンジュラー；ヒジュラー→ हिजड़ा.

हिंडन [名] ぶらぶら歩き回ること；ぶらぶらすること；徘徊

हिंडीर [名] イカの甲＝समुद्रफेन.

हिंडोरा [名] ＝हिंडोला.

हिंडोल [名] (1) ブランコ (2) 揺りかご (3)〔イ音〕ヒンドール（ラーガ）

हिंडोला [名] (1) ブランコ हिंडोलों पर झूलता ग्रामीण युवतियाँ ブランコに乗っている田舎の娘たち (2) 揺りかご (3) 観覧車

हिंताल [名]〔植〕ヤシ科海岸植物マライソテツシュロ【*Phoenix paludosa*】

हिंद [名]《P. ہند》インド＝भारत; हिंदुस्तान. शहीदाने हिंद ज़िंदाबाद! インドの烈士（殉難者）万歳

हिंदचीन [地名] インドシナ हिंदचीन की समस्या インドシナ問題

हिंद महासागर [名] インド洋

हिंदवी [名*]《P. ہندوی》〔言〕ヒンダヴィー語（本来，ヒンドゥーの言葉の意で，アラビア語，ペルシア語などの外国語の影響の少ない言語などの意に用いられたものであるが，デリー近辺の方言を基礎にした色調の異なるいろいろな文語を含む総称として19世紀半ばまで用いられた呼称）

हिंदसा [名]《A. ہندسہ》(1) 数 (2) 数字 (3) 数学

हिंदी[1] [形]《P. ہندی》インドの；ヒンドの

हिंदी[2] [名] インド人 **हिंदी चीनी भाई भाई** インド人と中国人の友好万歳（印中友好万歳）

हिंदी[3] [名*]《P. ہندی》(1)〔言〕ヒンディー語．現代標準ヒンディー語 (2)〔言〕カリーボーリー方言（標準ヒンディー語の基盤の一となったドーアーブ地方 दो आब の方言） (3)〔言〕東部ヒンディー語及び西部ヒンディー語 (4)〔言〕ヒンドゥスターニー語（→ हिंदुस्तानी）．(5)〔古〕インドの言葉 **पश्चिमी हिंदी**〔言〕西部ヒンディー語（デリー，ハリヤーナー州，ウッタル・プラデーシュ州西部を中心に行われる諸方言，諸言語の総称） **पूर्वी हिंदी**〔言〕東部ヒンディー語（ウッタル・プラデーシュ州東部，中部，マッディヤ・プラデーシュ州東部を中心に行われる諸方言の総称） **हिंदी की चिंदी निकालना** つまらないことを細々とほじくる；重箱の隅を楊枝でほじくる

हिंदीतर [形]《P. + H. इतर》非ヒンディー語の（ヒンディー語以外の） हिंदीतर राज्य ヒンディー語以外の言語が主に話される州

हिंदी रेवंदचीनी [形]〔植〕タデ科インドダイオウ【*Rheum emodi*】

हिंदुई [名*] ＝हिंदवी.

हिंदुत्व [名] (1) ヒンドゥーであること (2) ヒンドゥー精神 चित्तौड़ हिंदुत्व की रक्षा का प्रतीक है チットールはヒンドゥー精神護持の象徴なり

हिंदुस्ताँ [名]《P. ہندستاں》インド＝हिंदुस्तान.

हिंदुस्तान [地名]《P. ہندستان》(1) インド (2) ヒンドスターン地方（西はデリー近辺から東はビハール州州都パトナー पटना，南はナルマダー川に囲まれる北中部インド）＝हिंदोस्तान.

हिंदुस्तानियत [名*]《← हिंदुस्तानी》(1) インドらしさ (2) インド人らしさ हिंदुस्तानियत उनमें सोलहों आने थी 氏にはインド人らしさが完璧にあった

हिंदुस्तानी[1] [形]《P. ہندستانی》(1) インドの；インド式の वह पूरे हिंदुस्तानी वेश में थे 全くインド風の服装をしていらっしゃった (2) インド人の हिंदुस्तानी औरत インドの女性；インド人女性

हिंदुस्तानी[2] [名] インド人 हर हिंदुस्तानी का फ़र्ज़ है कि इंडिया को वह किसी कंट्री से किसी बात में भी पीछे न रहने दे インドをどの国よりも何事においても立ち遅れさせないようにするのが全てのインド人の務めだ

हिंदुस्तानी[3] [名*] (1)〔言〕ヒンドゥスターニー語（インド・パキスタンの分離独立まではウルドゥー語の意味で用いられた） (2)〔言〕ヒンドゥスターニー語（ヒンディー語，ウルドゥー語の基盤となったドーアーブ地方の方言） (3)〔言〕ヒンドゥスターニー語（ヒンディー語，ウルドゥー語の普及している北インドばかりでなくその他の地域にも広く普及している共通語でヒンディー語，ウルドゥー語の特徴のいずれにも偏しないもの） **हिंदुस्तानी मध्यप्रांत** ヒンドゥスターニー語の話されるマッディヤ・プラーント（旧マッディヤ・プラーント，すなわち，旧中央州は言語的にはいわゆるヒンディー語地域とマラーティー語地域から成っていた．バラール地方 बरार がマラーティー語地域であったが今日はマハーラーシュトラ州に含まれている）

हिंदुस्तानी संगीत [名]《P. + H.》〔イ音〕ヒンドスターニー音楽（インドの古典音楽の2派のうち南のカルナータカ音楽に対し北方楽派のこと）

हिंदू [名]《P. ہندو》(1) ヒンドゥー；ヒンドゥー教徒 हिंदू-मुसलमान एकता ヒンドゥーとムスリムの団結 (2)〔古〕インド人 'हिंदू' शब्द का प्रयोग आगे चलकर अरब के निवासी हिंद के निवासियों अर्थात् भारतीयों के विषय में करने लगे ヒンドゥーという言葉を後にアラビア人たちはインドの住民，すなわち，インド人の意味に用いるようになった

हिंदूकरण [名] ヒンドゥー化

हिंदूकुश [地名]《P. ہندو کش हिंदूकश》ヒンドゥークシュ山脈

हिंदू धर्म [名] ヒンドゥー教；ヒンドゥーイズム＝हिंदू मज़हब.

हिंदूपन [名]《P. + H. पन》ヒンドゥーらしさ；ヒンドゥー的精神；ヒンドゥー魂；インド精神

हिंदोरना [他] 液体をかき混ぜる＝घंघोलना; फेंटना.

हिंदोल [名] (1) 揺りかご (2) ブランコ→ हिंडोल.

हिंदोस्तान [名]《P. ہندوستان》インド＝हिंदुस्तान; हिंदोस्ताँ; भारत. हमारे वतन का नाम हिन्दोस्तान है わが祖国の名はインド

हिंदोस्तानी[1] [名]《P. ہندوستانی》＝हिंदुस्तानी[2].

हिंदोस्तानी[2] [名*] ＝हिंदुस्तानी[3].

हिंस [名*] 馬のいななき＝हींस; हिनहिनाहट.

हिंसक [形] (1) 獰猛な हिंसक पशु 獰猛な動物；猛獣 (2) 凶暴な वे अपनी हीन भावना व कुंठा के कारण हिंसक बन जाते हैं その人たちは劣等感と欲求不満のために凶暴になって行く (3) 激烈な दोनों समुदायों के सीधे और हिंसक टकराव 両派の直接の激烈な衝突

हिंसा [名*] (1) 暴力；暴力行為；危害 (2) 殺生；殺害

हिंसाकर्म [名] (1) 殺害；殺生 (2) 暴力行為 (3) 呪法
हिंसात्मक [形] 暴力的な；凶暴な；凶悪な
हिंसारत [形] 凶暴な；凶暴な振る舞いをする；凶暴な行為に耽る
हिंसालु [形] = हिंसक.
हिंस्र[1] [形] = हिंसक.
हिंस्र[2] [名] 野獣；猛獣= हिंस्र प्राणी.
हिआव [名] 勇気；大胆さ；肝；肝玉= साहस; हिम्मत; जिगरा.
हिकमत [名*] 《A. حكمت हिक्मत》 (1) 智恵 (2) 学理；学問 (3) 医学 (4) 方法；方策；方便；工作；工夫 (5) 腕前
हिकमती [形] ← हिकमत. (1) 巧みな；巧妙な；工夫の上手な (2) 機敏な；抜け目のない
हिकायत [名*] 《A. حكايت》 (1) 逸話 (2) 話；物語
हिक़ारत [名*] 《A. حقارت हकारत》 軽蔑；軽蔑的な態度；侮辱= अपमान; तिरस्कार. उन्होंने मुझे हिकारत से देखा あの人は私を軽蔑の眼差しで見た **हिक़ारत की नज़रों से देखना** 軽蔑の眼差しで見る；蔑む；蔑視する= हिक़ारत की नजर से देखना. दुनियावाले हमें हिकारत की नजरों से देखेंगे 世間の人たちは我々を見下げるだろう
हिक्का [名*] (1) しゃっくり= हिचकी. (2) しゃくりあげること；泣きじゃくること= हिचकी.
हिचक [名*] (1) しゃっくりをすること (2) ためらい；躊躇；ひるむこと बिना किसी हिचक और संशय के 何のためらいも疑念もなく किसी के भी मन में संकोच व हिचक न रहे だれの心の中にも気後れやためらいがないように
हिचकना [自] ためらう；ひるむ；躊躇する；臆する गुरु हिचक गया, सिर हिला दिया 師はためらい，首を振った देश के नेता सत्यता सामने लाने में हिचकते हैं 国の指導者たちは真実を明かすのをためらっている अगर हमसे गलती हो जाए तो उसे मान लेने में हम नहीं हिचकें 過ちを犯せばそれを臆することなく認めよう आदेश पालन कर वह बैठी और कुछ हिचकती हुई बोली 命令に従って腰を下ろし少し臆しながら言った
हिचकिचाना [自] = हिचकना. अन्य कर्मचारी गलत काम करने से हिचकिचाएँ 他の職員は間違ったことをするのをためらう जवान लड़की को भेजने में हिचकिचाते होंगे तुम जाकर खुद ही ले आओ 若い娘を遣わすのをためらっていらっしゃるのだろう．君が出かけて行ってお連れしなさい
हिचकिचाहट [名*] ← हिचकिचाना. 臆すること；ためらい；躊躇 बिना किसी हिचकिचाहट के 全く躊躇なく；何らためらうことなく
हिचकी [名*] (1) しゃっくり (2) しゃっくりのために出る声 (3) 泣きじゃくること (4) 泣きじゃくる声 **हिचकियों रोना** しゃくりあげる；肩を震わせて激しく泣く धरती घूम गई, आकाश टूट गिरा और घर आया तो हिचकियों रोया （落胆のあまり）大地が震動し天が崩れ落ちた．家に戻るとおいおい泣いた **हिचकी चलना** = हिचकी लगना. **हिचकी बँध जा°** *a.* しゃっくりが起こる *b.* 泣きじゃくる **हिचकी लगना** *a.* しゃっくりが起きる *b.* 泣きじゃくる
हिचकोला [名] (1) 乗り物や座席などの揺れ (2) 衝撃 **हिचकोले खाना** 揺れる；揺られる；揺すられる अपने-अपने पिंजरों में बंद जानवर, हिचकोले खाते, आँखें फाड़ फाड़कर बाहर की ओर देखे जा रहे थे それぞれの檻に閉じこめられた動物たちは揺られながら目を大きく見開いて外を見つめていた तिपहिया स्कूटर के हिचकोले खा 三輪オートバイに揺られて
हिज़ एक्सलेंसी [名] 《E. His Excellency》 閣下= परम श्रेष्ठ.
हिजड़ा [名] 《← P. ہیز हीज + H.-डा》 ヒジラー／ヒジュラー（巷間に両性具有者，半陰陽とされる人．子供の誕生祝いや結婚式などの祝い事に招かれて歌ったり踊ったりする芸人集団として生活することが多い）
हिज़ मैजेस्टी [名] 《E. His Majesty》 皇帝陛下= महामहिम.
हिजरत [名*] 《A. ہجرت हिज्रत》 (1) 〔イス〕聖遷；ヒジュラ (2) 移住 कश्मीर से पंजाब और यू°पी°के मैदानों की तरफ़ हिजरत カシミールからパンジャーブやウッタル・プラデーシュ州の平野部への移住
हिज रायल हाइनेस [名] 《E. His Royal Highness》 殿下 हिज रायल हाइनेस प्रिंस आफ़ वेल्स プリンス・オブ・ウェールズ殿下（英国皇太子の称号）
हिजरी[1] [形] 《A. ہجری हिज्री》〔イス〕(1) ヒジュラの (2) ヒジュラ暦の；イスラム暦の
हिजरी[2] [名*]〔イス〕ヒジュラ暦
हिजरी कलेंडर [名] 《A. + E. calender》〔イス〕ヒジュラ暦（西暦622年7月16日に始まる完全な太陰暦）；イスラム暦 हिजरी कलेंडर भी चंद्रवर्ष पर आधारित है ヒジュラ暦も太陰暦に基づいている
हिजरी संवत [名]〔イス〕ヒジュラ暦；イスラム暦（西暦622年7月16日を元年とする完全な太陰暦）；A.H.
हिजली बादाम [名] 《? + P. بادام बादाम》 = हिजली बदाम. カシュー，すなわち，ウルシ科小木カシューナッツノキ【*Anacardium occidentale*】の実；カシューナッツ→ काजू, काटू
हिज हाइनेस [名] 《E. His Highness》 殿下（皇族に対する敬称）
हिज होलीनेस [名] 《E. His Holiness》 (1) 聖下（ローマ教皇，正教会総主教の尊称） (2) 高僧など高位の宗教指導者に対する尊称；猊下
हिजा [名] 《A. ہجا》 (1) 非難；汚名 (2) 音節に分けて文字の明確な発音をすること
हिजाब [名] 《A. حجاب》 (1) カーテン；衝立；目隠し= आड़. (2) 恥じらい；はにかみ= हया; लज्जा. (3) 躊躇；ためらい；遠慮；気後れ= संकोच.
हिज्जल [名]〔植〕インディアンオーク= समुद्रफल.
हिज्जा [名] 《A. حجه》 年= वर्ष; साल.
हिज्जे [名] ← हिजा. (1) 音節に分けること；綴ること (2) 綴り；綴字 (-के) **हिज्जे क°** (ーを）綴る (-के) **हिज्जे निकालना** *a.* (ーを）分解する；ばらばらにする *b.* 欠点を見つける；あらを見つける (-के) **हिज्जे पकड़ना** (ーの）誤りを見つける
हिज़्ब [名] 《A. حزب》 党；党派；政党；結社；徒党= दल; पार्टी; जमाअत; गुरोह; गिरोह.
हिज़्बुल मुजाहिदीन [名] 《A. حزب المجاهدين》 ヒズブル・ムジャーヒディーン（パキスタン支配下のアーザード・カシミール領に本部を持つインドとパキスタンの係争地カシミールの解放運動組織）
हिज्र [名] 《A. ہجر》 別れ；別離
हिज्रत [名*] = हिजरत.
हिज्री [名*] 《A. ہجری》 → हिजरी[2].
हिट [名] 《E. hit》 (1) 〔ス〕ボールをバットで打つこと；ヒットすること **हिट क°** （球を）打つ；ヒットする बल्लेबाज द्वारा हिट की गई गेंद 打者に打たれた球 गेंद ऐसे हिट करे कि वह विरोधी खिलाड़ी के कोर्ट से बाहर गिरे 相手選手のコートの外に落ちるようにボールをヒットする (2) 〔ス〕安打；ヒット (3) ヒット；当たり；成功 **हिट हो जा°** （歌が）ヒットする "प्यार की जीत" के गीत हिट हो गए 「愛の勝利」の主題歌がヒットした (4) 殺し；殺害
हिट फ़िल्म [名*] 《E. hit film》 ヒットした映画
हिट लिस्ट [名] 《E. hit list》 ヒットリスト（テロリストなどの殺害予定者の名簿）
हिडंब [名] 水牛= भैंसा.
हिडिंब [名]〔イ神・マハ〕ヒディンバ／ヒディムバ（流浪中のパーンダヴァ五兄弟を襲おうとしたラークシャス）= हिडिम्ब.
हिडिंबा [名*]〔イ神・マハ〕ヒディムバー（ヒディンバの妹でパーンダヴァ五兄弟の１人ビーマとの間に一子ガトーカチャ घटोकच をもうけた）= हिडिम्बा.
हित [名] 為（になること）；利益；益 उनका कहना करने ही में तुम्हारा हित है あの方の仰ることをすることが君のためだ कुछ कार्य ऐसे होते हैं जिन्हें करना हमारे हित में होता है 行えば自分のためになるようなことがあるものだ हम अपना हित हरगिज नहीं करेंगे あの方は自分の私的な利益は決して図られない
हितकर [形] 益する；ためになる；役に立つ；有益な स्वास्थ्य के लिए हितकर 健康に良い
हितकर्ता [名] 人のためになることをする人
हितकांक्षी [形] ためになることを願う
हितकाम [形] = हितकांक्षी.
हितकामना [名*] 人のためになることを願う心；他人の利益を念じること
हितकारक [形] (1) 有益な；役に立つ= हितकर. बालविवाह के हितकारी पक्ष का समर्थन 幼児婚のプラス面の支持 (2) 人のためになる；人のためになることを行う
हितकारी [形] = हितकारक.

हितचिंतक [形・名] (1) (ーに) 好意を寄せる (人) ; 親切な (人) (2) 他人の利益や幸せを願う (人) ; 他人の幸せや人に役立つことを念じる (人) हमारे समाज के हितचिंतक ऋषि मुनि 我々の社会の幸せを念じるリシやムニたち
हितचिंतन [名] (1) 好意を寄せること ; 親切心 (2) 他人の幸せやためになることを願うことやその気持ち
हितवचन [名] 親切な言葉 ; 好意に発する助言 ; 忠告
हितवाद [名] = हितवचन.
हित हरिवंश 〔人名〕ヒタハリヴァンシャ (16 世紀にマトゥラー मथुरा で活躍したラーダーヴァッラバ派 राधावल्लभ सम्प्रदाय を興した宗教家, 詩人)
हिताई [名*] 親戚関係= नाता ; रिश्ता.
हिताकांक्षी [形] 好意を寄せる
हितू [形・名] = हितैषी. न भाई ऐसा हितू न भाई ऐसा शत्रु 兄弟ほどの味方もなければ兄弟ほどの敵もない
हितेच्छु [形] 幸せや安寧を願う= ख़ैरख़ाह.
हितैषी[1] [形] 人の幸せを願う ; 好意を寄せる ; 好意を抱く ; 味方する
हितैषी[2] [形・名] 友 ; 友人 ; 人の幸せを願う (人) ; 好意を寄せる (人) ; 味方 भारत के हितैषी インドの幸せを願う人 ; インドの友
हितोक्ति [名*] 人のためになる言葉 ; 忠言 ; 忠告
हितोपदेश [名] (1) 有益な教え ; 教訓 (2) 〔イ文芸〕サンスクリット語による説話集『ヒトーパデーシャ』
हित्ती[1] [名] 《E. Hittite》〔史〕ヒッタイト人
हित्ती[2] [名*]〔言〕ヒッタイト語 = हिट्टाइट.
हिदायत [名*] 《A. ہدایت》(1) 指示 ; 指図 ; 命令 आवश्यक हिदायतें 重要な指示 ख़ुदा की साफ़ हिदायत है 神様が明確に命じておられる (2) 案内 ; 指導 **हिदायत दे॰** 指図する ; 指示する ; 命令する सख़्त हिदायत कर दे॰ 厳しい指令を出す ; 駄目を押す
हिदायतनामा [名] 《A.P. ہدایت نامہ》命令書 ; 指令書
हिदायात [名*, pl.] 《A. ہدایات》指示 ; 指令 पूरे तौर पर मेरी हिदायात पर अमल करेंगे 完全に私の指示通りに行動するだろう वे दिन भर के लिए हिदायात देते हैं 一日中の仕事の指示を下される
हिनहिनाना [自] 馬やラバ (騾馬) が鳴く ; いななく घोड़ी हिनहिनाई (雌) 馬がいなないた एक ख़च्चर रस्सी तुड़ाकर हिनहिनाता हुआ मुझसे टकराया 一頭のラバが綱を切っていななきながら私にぶつかった
हिना [名*] 《P. حنا》(1) 〔植〕ミソハギ科低木シコウカ (指甲花) ; テンニンカ (天人花) 【*Lawsonia inermis*】 (2) ヒナー ; メヘンディー ; メーンハディー (同上の葉をすりつぶして得られる染料で掌に模様を描いたり毛髪を染めたりする)
हिनाई[1] [形] 《A. حنائی》シコウカの葉をすりつぶしたものの色をした ; 赤土色の ; 代赭色の
हिनाई[2] [名] 赤土色 ; 代赭色
हिनाई[3] [名*] 卑小さ= क्षुद्रता.
हिनाबंदी [名*] 《A.P. حنا بندی》(1) メハンディー (मेहँदी 祝い事や祭礼などに際して女性が指甲花の葉をすりつぶして得られるこの染料で掌に様々な模様を描く) (2) 〔イス〕イスラム教徒の結婚式の儀礼の一 (花婿側から花嫁側にヒナーを贈る)
हिप [名] 《E. hip》ヒップ हिप की चौड़ाई 〔裁〕腰回り
हिप, हिप, हुर्रे [感] 《E. hip, hip, hurrah》ヒップ, ヒップ, フレー ; フッレー ; 万歳 ; 万歳三唱 डाक्टर - 'हिप - हिप ...' सभी मेहमान - 'हुर्रे' 医者「ヒップ, ヒップ」 全部の客 「フレー」
हिपाक्रिट [名] 《E. hypocrite》偽善者 = कपटी ; धोखेबाज़.
हिपाटाइटिस [名] 《E. hepatitis》〔医〕肝炎 ; 肝臓炎
हिपोक्रिसी [名*] 《E. hypocrisy》偽善 ; 偽善的な行為
हिप्नोटिज़्म [名] 《E. hypnotism》催眠術
हिप्पी [名] 《E. hippie》ヒッピー हिप्पियों की तरह ヒッピーみたいに
हिफ़ाज़त [名*] 《A. حفاظت》(1) 守護 ; 防御 ; 防衛 मेवाड़ की हिफ़ाज़त करने के लिए メーワールを守るために असमत की हिफ़ाज़त 純潔や貞操を守ること (2) 保護 ; 安全 दाँतों की हिफ़ाज़त 歯を大切にすること **हिफ़ाज़त से** 大切に ; 安全に वह उन खिलौनों को हिफ़ाज़त से रखती है それらの玩具を大切にしている
हिफ़ाज़ती [形] 《P. حفاظتی》(1) 守護の ; 防衛上の (2) 保護のための ; 安全のための
हिबा [名] 《A. ہبہ》→ हिब्बा.
हिब्बा [名] 《A. ہبہ हिबा》(1) 贈与= दान. तीन साल हुए ख़ाला जान ने अपनी जायदाद मेरे नाम हिब्बा कर दी थी 伯母は 3 年前に自分の資産を私に贈与していた (2) 賞 ; 褒美= पुरस्कार ; इनाम. (3) オオムギの粒 2 つ分の重量 ; ヒッバー (重量単位) **हिब्बा भर** ほんの少量の ; ごくわずかの= थोड़ा-सा ; ज़रा-सा.
हिब्बानामा [名] 《A.P. ہبہ نامہ》贈与証書 〈deed of gift〉
हिब्रू[1] [名] 《E. Hebrew》ヘブライ人 ; イスラエル人 ; ユダヤ人
हिब्रू[2] [名*]〔言〕ヘブライ語= हिब्रू भाषा.
हिम [名] (1) 雪 (2) 氷 (3) 霜 (4) 寒さ ; 寒気 (5) 冬
हिमऋतु [名*] 冬 ; 冬季
हिमकण [名] 雪 ; 雪片
हिमकर[1] [名] (1) 月 (2) 樟脳
हिमकर[2] [形] 冷気を与える ; ひんやりした
हिमकूट [名] (1) 冬 ; 冬季→ शिशिर ऋतु. (2) ヒマラヤ山
हिमखंड [名] (1) ヒマラヤ山 (2) 氷や雪の塊 ; 雹
हिमखंड स्खलन [名] 雪崩 गत वर्ष हिमखंडस्खलन से सारी घाटी क्षतिग्रस्त रही 昨年雪崩のため盆地全体が被害を被った
हिमगिरि [名] 雪の山 ; ヒマラヤ
हिमगृह [名] (1) 氷の家 ; 氷でこしらえた家 (2) とても冷たい家
हिमजा [名*] パールヴァティー神 पार्वती
हिमझंझावात [名] 吹雪 ; ブリザード
हिमताप [名] 氷点 हिमताप से भी नीचे 氷点下に ; 氷点以下に
हिमनद [名] 氷河 **हिमनद युग** 氷河期
हिमपात [名] (1) 降霜 (2) 降雪 ; 雪降り भारी हिमपात 大雪 मार्ग में हिमपात हुआ 途中降雪があった
हिमभूधर [名] ヒマラヤ山= हिमालय पर्वत.
हिममानव [名] 雪男 ; イエティ = यति ; येति.
हिमयुग [名] 氷河期
हिमवत् [名] ヒマラヤ
हिमवान[1] [形] 雪に覆われた
हिमवान[2] [名] ヒマラヤ= हिमालय.
हिमविवर [名] クレバス 〈crevasse〉
हिमवृष्टि [名*] (1) 降雪 (2) 降霜 (3) 降雹
हिमशिखर [名] (1) 雪を頂いた山 (2) 氷帽
हिमशैल [名] (1) ヒマラヤ (2) 氷の山
हिमशैलजा [名*] パールヴァティー神= पार्वती.
हिमस्खलन [名] 雪崩 हिमस्खलन में 12 मरे 雪崩で 12 人死亡 यह दल शुक्रवार को हिमस्खलन में घिर गया था この (登山) 隊は金曜日に雪崩に巻き込まれた
हिमांशु [名] (1) 月= चंद्रमा. (2) 樟脳= कपूर.
हिमा [名*] (1) 冬 ; 冬季= हेमंत. (2) ドゥルガー神 (3) 〔植〕カーダモン ; カルダモン= छोटी इलायची.
हिमाक़त [名*] 《A. حماقت हमाकत》愚かしさ ; 愚かさ ; 無知 ; 愚昧= बेवकूफ़ी ; मूर्खता. यह हिमाक़त कि चोर को आसरा दे 盗人をかくまうようなこの愚かさ
हिमाचल [名] ヒマラヤ ; ヒマラヤ山脈
हिमाचल प्रदेश 〔地名〕ヒマーチャル・プラデーシュ州 (州都はシムラー शिमला)
हिमाच्छन्न [形] 雪に覆われた
हिमाद्रि [名] ヒマラヤ山
हिमानद्ध [形] 凍った ; 氷結した
हिमानिल [名] 氷のように冷たい風
हिमानी [名*] (1) 氷河の堆積 (2) 氷河 हिमानी तूफ़ान 吹雪= बर्फ़ीली तूफ़ान. **हिमानी युग** 氷河期
हिमायत [名*] 《A. حمایت》(1) 支援 ; 援護 ; 援助 ; 支持 दक्षिण अफ़्रीका के काले नागरिकों की हिमायत में 南アフリカの黒人市民の支援に (2) 保護
हिमायती [形・名] 《A. حمایتی》(1) 支援する ; 援護する ; 支持する स्पष्टवादिता का हिमायती はっきりものを言う (人) (2) 保護する समाज के पिछड़े वर्गों के हिमायती 社会の後進階級の保護者
हिमालय [名] ヒマラヤ ; ヒマラヤ山脈
हिमालय पर्वतमाला [名*] ヒマラヤ山脈= हिमालय पर्वत शृंखला.
हिमालयी [形] ヒマラヤの हिमालयी क्षेत्र ヒマラヤ地域
हिमिका [名*] 霜= पाला.
हिमी [形] (1) 雪の ; 霰の (2) 雪の混じった ; 霰の混じった
हिमीकरण [名] 冷凍 (すること) 〈freezing〉

हिमीभवन [名] 冷凍（されること） हिमीभवन द्वारा सुखाए गए खाद्य 冷凍乾燥された食品 हिमीभवन विधि 冷凍法
हिमीभूत [形] 冷凍された
हिमी वर्षा [名*] みぞれ（霙）
हिम्मत [名*]《A. همت》(1) 勇気；勇敢さ मैं कभी-कभी सोचता कि उनको अकेले में समझाऊँ, पर हिम्मत न होती ときどきあの方を余人のいないところで説得してみようかと思うのだが勇気が出ない (2) 大胆さ；度胸；くそ度胸；図々しさ उचक्के और गुंडों की हिम्मत 盗人やならず者たちの大胆さ **हिम्मत से** 大胆に；勇ましく (3) 元気；気力 क्या करें ठंड इतनी पड़ती है कि नहाने की हिम्मत नहीं होती 余りの寒さに沐浴する元気が出ない (-की) **हिम्मत क॰** (ーする) 勇気を出す；勇気を出して（ーを）する उसने माँगने की भी कैसे हिम्मत की あいつよくもくれと言えたものだ **हिम्मत खुलना** 勇気が出る；勇気がある；勇気を持つ **हिम्मत छूटना** 気力がくじける；ひるむ= हिम्मत जवाब दे॰. **हिम्मत जुटाना** 勇気を出す कुछ पूछने की हिम्मत जुटाना 何かたずねてみようと勇気を出す अपने कार्यक्रम को क्रियान्वित करने की हिम्मत तक नहीं जुटा सका 自分の計画を実行する勇気さえ出せなかった **हिम्मत टूटना** = हिम्मत छूटना. उनकी हिम्मत टूट गई 気力がなくなってしまった；気力が萎えてしまった (-को) **हिम्मत दे॰** (ーを) 元気づける；勇気づける= ढाढ़स दे॰. **हिम्मत बँधाना** 元気づける **हिम्मत बढ़ना** 元気づく；勇気が出る；励まされる (-की) **हिम्मत बढ़ाना** (ーを) 元気づける；励ます；激励する वल्लभ भाई ने उनकी हिम्मत बढ़ाई ヴァッラブバーイーが同氏を元気づけた **हिम्मत बाँधना** 元気を出す；勇気を出す；奮い立つ；気力を奮い立たせる अब उसने भी थोड़ी-सी हिम्मत बाँधी 彼女も少し勇気を出した एक ने हिम्मत बाँधकर पूछा 1 人が勇気を出してたずねた **हिम्मत हारना** 気力を失う；元気を失う；勇気を失う；意気消沈する；気後れする
हिम्मत-अफ़ज़ा [形]《A.P. همت افزا हिम्मत-अफ़ज़ा》励ます；激励する；元気づける
हिम्मत-अफ़ज़ाई [名*]《A.P. همت افزائی हिम्मत-अफ़ज़ाई》励まし；激励；元気づけ
हिम्मतवर [形]《A.P. همت ور》勇敢な；大胆な
हिम्मती [形]《P. همتی》勇敢な；大胆な；度胸のある；意気盛んな मुझे ऐसा प्रतीत हो रहा था कि मैं हिम्मती हूँ 自分が大胆に思えていた
हिय [名] (1) 心；胸= हृदय; मन. (2) 胸；胸部 (3) 勇気；気力 **हिय हारना** 落胆する **हिय की फूटी** *a.* 不運な；不幸な *b.* 愚かな
हियर-हियर [感]《E. Hear! Hear!》賛成！；謹聴！；いいぞいいぞ；感心感心！
हियरा [名] (1) 心= मन; हृदय. (2) 胸；胸部= छाती; वक्षस्थल. **हियरा सुलगाना** 苦しめる；悩ます
हियाँ [副] ここに；ここへ= यहाँ.
हिया [名] (1) 心；胸= हृदय; मन. (2) 胸；胸部= छाती; वक्षस्थल. **हिया जलना** *a.* はらわたが煮えくり返る；怒りに燃える *b.* 悲しむ **हिया जलाना** *a.* 激怒する *b.* 悲しませる **हिया जुड़ाना** 嬉しくなる；満足する **हिया फटना** 胸が張り裂ける **हिया फाड़ना** とても悲しませる **हिया फूलना** 喜びで一杯になる **हिया भर आ॰** 悲しみに胸が詰まる **हिया सिराना** = हिया जुड़ाना. **हिया हारना** 勇気を失う；気力を失う **हिये का अंधा** 愚かな **हिये की आँख खुलना** 目から鱗が落ちる；心眼が開かれる **हिये की फूटना** 全く無分別な；全く無思慮な= हिये माथे की फूटना. **हिये पर पत्थर रखना** 忍耐強く我慢する **हिये माथे की फूटना** = हिये की फूटना. **हिये में बसना** とても愛おしくなる；大好きになる **हिये में रखना** 思う；考える；念じる **हिये में समाना** 心に受け入れられる；納得する (-) **हिये लगना** (ーが) 抱きつく (-) **हिये लगाना** (ーを) 抱き寄せる；抱擁する；大変可愛がる
हियाव [名] 度胸；大胆さ；肚
हिरकना [自] (1) 馴れる= परचना. (2) ぴったり引っつく；すぐ側に寄る
हिरण [名] (1) 金= सोना; स्वर्ण. (2) 〔動〕ウシ科インドカモシカ= हिरन; हरिण. (3) シカ科のブラックバックなどの動物
हिरण्मय[1] [形] (1) 黄金製の；黄金の (2) 金色の= सुनहरा; स्वर्णिम.
हिरण्मय[2] [名] = हिरण्यगर्भ.
हिरण्य [名] 金；黄金= सोना; स्वर्ण.
हिरण्यकशिपु [名]〔イ神〕ヒランニヤカシプ（ヴィシュヌ神に敵対したダイティヤ悪魔．ヴィシュヌ神の第 4 化身ヌリシンハに退治された）
हिरण्यगर्भ [名] (1)〔イ神〕ヒランニヤガルバ（万有を創造した金の胎）；宇宙創造の神 (2) ブラフマー（ब्रह्मा）
हिरण्यनाभ [名] ヴィシュヌ神
हिरण्याक्ष [名]〔イ神〕ヒランニヤ・アクシャ（大地をパーターラへ奪い去ったダイティヤ悪魔．ヴィシュヌ神の第 3 の化身ヴァラーハによって退治された． हिरण्यकशिपुと兄弟）
हिरन [名] (1)〔動〕一部のシカ科及びシカ科の動物の称（サンバルジカ，ヌマジカなどを含む） (2)〔動〕ウシ科インドレイヨウ；ブラックバック【*Antilope cervicapra*】= हरिन; मृग. **हिरन हो जा॰** *a.* 逃げ去る；一目散に逃げる *b.* 消える；消えてなくなる；消滅する वह उदासी पता नहीं कैसे हिरन हो गई थी どうしたわけかあの憂鬱な気分は消えてなくなった सारी नींद हिरन हो जाएगी 眠気はすっかりなくなるだろう मारपीट से नशा हिरन हो जाता है 殴り合いで酔いはいっぺんになくなるものだ
हिरनखुरी [名*]〔植〕ヒルガオ科蔓草【*Convolvus spaerocephallus*】
हिरनमूसा [名]〔動〕アレチネズミ亜科インドアレチネズミ【*Tatera indica*】〈Indian gerbille〉
हिरनाकुस [名] = हिरण्यकशिपु.
हिरनी [名*]〔天・占星〕ヒルニー（インドの二十七宿の第 14. チトラー）= हिरनी तारा; चित्रा नक्षत्र.
हिरनौटा [名] インドレイヨウの子= हिरन का बच्चा.
हिरफ़त [名*]《A. حرفت हिर्फ़त》(1) 仕事；職；職業 (2) 手工芸 (3) 腕前；技芸 (4) 狡猾さ
हिरफ़ती [形]《A. حرفتی》(1) 職の；職業の (2) ずるい；狡猾な= धूर्त; ठग.
हिरमज़ी [名*]《P. هرمزی》赤土の一種（塗料，染料として用いられる）
हिरास [名]《P. هراس》(1) 恐れ；恐怖= डर; भय. (2) 不安= शंका. (3) 失望；絶望= निराशा; नाउम्मेदी.
हिरासत [名*]《A. حراست》(1)〔法〕拘留；拘置；拘禁 पुलिस की हिरासत（警察の）拘留 (2) 拘置所；留置場 **हिरासत में रखना** 拘留する；拘置する；拘禁する रनजीत को 25 नवंबर तक हिरासत में रखने का आदेश ランジートを 11 月 25 日まで拘禁する命令 अभियुक्त को 14 दिनों तक पुलिस हिरासत में रखने की अवधि 警察が被疑者を 14 日間拘留する期間 (- को) **हिरासत में ले॰** (ーを) 拘置する；拘禁する
हिरासती [形]《A. حراستی》拘留中の；拘置中の
हिरासाँ [形]《P. هراسان》(1) 恐れた；怯えた (2) 失望した；がっかりした；落胆した (3) ふさぎ込んだ
हिरासा [名]《P. هراسه》かかし（案山子）
हिरोइन[1] [名*]《E. heroine》(1) 女傑= वीरांगना. (2)〔映〕ヒロイン= नायिका.
हिरोइन[2] [名]《E. heroin》ヘロイン= हेरोइन; अहिफेन. → हेरोइन.
हिर्फ़त [名*] → हिरफ़त.
हिर्बा [名]《P. حربا》〔動〕カメレオン科カメレオン= गिरगिट.
हिर्स [名*]《A. حرص》(1) 貪欲；あさましい欲望；あさましさ= लालच; लोभ. हिर्स ने ऐसा बेकरार किया あさましさに何とも落ち着きがなくなった (2) 競争心；対抗心= स्पर्धा. **हिर्स छूटना** *a.* 欲が出る *b.* 競争心が起こる；対抗心が起こる；張り合う **हिर्स दिलाना** *a.* 欲を出させる *b.* 励ます；激励する **हिर्स मिटना** 願いが叶えられる
हिर्सा हिर्सी [名*・副]《← A. حرص》(1) 対抗心；競争心 (2) 張り合って；競争して
हिर्सी [形]《A. حرصی》(1) 欲張りな；貪欲な；あさましい (2) 競争心の強い；対抗心の強い
हिलंदा [形⁺] 頑丈な；頑健な；屈強な= तगड़ा; मोटा-ताज़ा.
हिलकना[1] [自] (1) しゃくりあげて泣く；すすり上げて泣く मैं तुम्हारे गले लगकर हिलक-हिलककर रोई थी あなたに抱きついてしゃくりあげて泣いたことでした माला के हाथों को पकड़कर वह हिलक हिलककर रो पड़ा マーラーの手を握りしゃくりあげて泣き出した (2) しゃっくりをする

हिलकना[2] [自] 縮まる；縮こまる रात की रुकी हुई सिसकियाँ जैसे हिलककर छाती के द्वार में आ फँसी थी 夜中に止まったすすり泣きがまるで縮こまって胸の出口に引っかかったかのようだ

हिलकोरना [他] 波打たせる；波立たせる

हिलकोरा [名] 波 **हिलकोरे उठना** 波が立つ；波立つ；波が出る **हिलकोरे ले॰** 波打つ；波立つ

हिलग [名*] (1) 関わり；関係= संबंध. (2) 知り合うこと；親しくなること= हेलमेल. (3) 愛情= प्रेम; लगन.

हिलगना[1] [自] (1) 引っかかる；つかえる= अटकना. (2) はまる= बझना; फँसना. (3) なつく；なじむ；親しむ= हिलमिल जा॰. (4) 打ち解ける= परचना.

हिलगना[2] [自] 近づく；近寄る；接する；触れる；触れ合う= सटना; पास हो॰.

हिलगाना[1] [他] (1) 引っかける；支えさせる= अटकाना. (2) はめる= फँसाना; बझाना. (3) 親しませる；なつかせる；なじませる= परचाना. (4) 打ち解けさせる；手なずける साहब, बेचारे को हिलगाने से फ़ायदा? 奴を手なずけて何の得になりますかね

हिलगाना[2] [他] 近づける；近寄らせる；接するようにする= सटाना; भिड़ाना.

हिलना[1] [自] (1) 動く；移動する= चलना; सरकना; टलना. अपनी जगह से न हिलिएगा そこから動かないで下さい (2) 揺れる；揺れ動く हवा में हिलते हुए पत्ते की तरह 風に揺れている木の葉のように इससे दीये की लौ हिल जाती है このため灯火の炎が揺れる बादलों के ज़ोर से गरजने पर सारे मकान को हिलता पाते हो 君は雷鳴が轟くと家全体が揺れているように感じるね पेड़ों की शाखें और पत्तियाँ हिलने लगती हैं (風に吹かれて) 枝や葉が揺れ出す (3) 小刻みに揺れる；小さく震える；寒さで震える；恐ろしさに震える विद्युतदर्शक की सुई हिलती हुई दिखेगी 検電器の針が震えているのが見えるだろう (4) 安定がなくなる；ぐらつく；ぐらぐらする दाँत हिलने लगे हैं 歯がぐらつき出している (5) 揺らぐ；ふらふらする；ふらつく आस्था हिलने लगी है 信頼が揺らぎ始めた **हिल उठना** 震えあがる；動揺する सुभाष की अद्भुत संगठन-शक्ति देखकर अंग्रेज सरकार हिल उठी スバーシュの比類のない組織力を見てイギリス政府は震えあがった **हिलना-डुलना** *a.* 揺れる नए कहार के कारण पालकी हिल-डुल रही है 駕籠かきが新入りなので駕籠がしきりに揺れている *b.* 体を動かす；動く अप्रैल 1983 में उसके लिए बिस्तर पर हिलना डुलना भी कठिन हो गया 1983年の4月には寝床で体を動かすのも難しくなった चारपाई पर लिटाकर रस्सी से इसके हाथ पैर इतने जकड़ दीजिए कि यह तनिक भी न हिलने डुलने पाए ベッドに横たえてこの人が全く動けないように手足をひもできつく縛りなさい **हिलना-डोलना** *a.* 動く *b.* 歩き回る *c.* 仕事をする；働く *d.* 努力する

हिलना[2] [自] なつく (懐く)；馴れる；馴染む；親しくなる；親しむ；打ち解ける **हिल-मिलकर** *a.* 仲良く *b.* 一緒に；一緒になって **हिल-मिलकर रहना** 仲良くする **हिलना-मिलना** 親しくなる；親しむ；打ち解ける；心を開く धीरे-धीरे हिलने-मिलने लगी 徐々に心を開くようになった

हिलबिलान [名*] 大混乱 अंधेरे में हिलबिलान हो गई 暗闇の中で大混乱が起こった

हिलमोची [名*]〔植〕キク科雑草ヌマキクナ【*Enhydra fluctuans*】= हिलमोचि; हिलमोचिका.

हिलसा [名*]〔魚〕ニシン科クルペア属の海水魚【*Clupea ilisha of Day / Hilsa ilisha*】= इल्लिश.

हिल स्टेशन [名] 《E. hill station》(インドやパキスタンなどの山間地の) 避暑地；ヒル・ステーション

हिलहिलाना [自] ぶるぶる震える；がたがた震える बुखार में हिलहिलाता वह बूढ़ा आया マラリア熱にがたがた震えながら件の老人がやって来た

हिलाना [他] (1) 動かす हाथ नहीं हिलाएगा, तो अन्न कैसे पचाएगा? 手足を動かさなくては食べたものがこなれないだろう (2) 振る वह दुबला-सा हाथ हिलाकर आँखों से मुझे विदा देती है 細い手を振って目で別れを告げる सिर हिलाना 頭を振る बिना बाज़ू हिलाए 腕を振らずに सिर हिलाकर बोले 頭を振って言った वह बुरी तरह झिड़कता और डंडा हिलाता हुआ मेरे पास आ जाता 激しく憤り棍棒を振り回しながら私に近づく (3) 震えさせる；震えあがらせる आतंकवादियों के इस प्रहार ने राज्य और केंद्र दोनों सरकारों को हिला दिया है テロリストのこの襲撃は州と中央の政府を震えあがらせた (4) かき混ぜる；攪拌する **हिलाना-डुलाना** *a.* 振り回す；揺する；揺り動かす वहाँ तो हाथ-पैर हिला-डुला सकता था そこでは手足を動かすことができた कई बार हिलाने-डुलाने के बाद भी वह न जागा 何度も体を揺すったが目を覚まさなかった *b.* 厳しく見定める；点検する

हिलाल [名] 《A. هلال》新月；三日月= नया चाँद; बालचंद्र; बालेन्दु.

हिलोर [名*] (1) 水面の波 (2) 起伏があり押し寄せてくるような物のたとえ जोखिम की हिलोर 危難の波 (3) 波立ち सागर की हिलोर की भाँति 海の波立ちのように **हिलोर उठना** 波立つ；こみ上げる；湧き起こる उसके प्रति दिल में हिलोर-सी भी उठी (男に対して女の心の中に) 波立つような感じもした मन में हिलोर-सी उठी 心に波のようなものが起こった श्रद्धा की हिलोरें उठीं 敬虔な気持ちが湧き起こった **हिलोर मारना** 波打つ；波立つ **हिलोरें ले॰** 波が立つ；波打つ अपार जन-समूह हिलोरें लेता दिखाई देता है 数知れぬ人の群れが波打っているのが見える उनके मन में देश-प्रेम हिलोरें ले रहा था あの方の胸の内には愛国の情が波打っていた

हिलोरना [他] (1) 波立たせる；波打たせる (2) 揺する (3) かき混ぜる；攪拌する (4) 集める；かき集める

हिलोरा [名] 大きな波；大波

हिलोल [名] = हिल्लोल.

हिल्लोल [名] (1) 波 (2) 心にわき起こる喜び

हिल्सा [名*] → हिलसा.

हिश [感] 《E. hush》しっ；静かに；黙れ

हिस [名] 《A. حس》(1) 感覚 (2) 知覚

हिसका [名] (1) 妬み；嫉妬心 (2) 競い合い；競走 (3) 競争心

हिसाब [名] 《A. حساب》(1) 数学；算数 (2) 計算；勘定 (3) 考え；意見；勘定 (4) 会計；経理 (5) 割合；レート एक सेर पानी में तीन माशे के हिसाब से डालकर 1セールの水に3マーシャーの割合で入れて (6) 方法；やり方 मोटे हिसाब से 大まかに (7) 決まり；規則 (性) (8) 倹約 (-का) **हिसाब क॰** *a.* (ーの) 収支計算をする *b.* (ーの) 支払いをする *c.* (ーを) 解雇する **हिसाब चलना** 取引が続く **हिसाब चुकता क॰** 支払いを済ませる **हिसाब जमाना** *a.* 備える；準備する *b.* 工夫する **हिसाब ज्यों का त्यों कुनबा डूबा क्यों** 〔諺〕生兵法は大怪我のもと **हिसाब टेढ़ा हो॰** 難しい；困難な；厄介な **हिसाब दे॰** = हिसाब क॰. **हिसाब निकालना** 調べる；調査する **हिसाब पर चढ़ना** 帳簿に記載される **हिसाब बंद क॰** *a.* 取引を止める *b.* 取引を終了する **हिसाब बराबर क॰** 清算する **हिसाब बेंड़ा हो॰** = हिसाब टेढ़ा हो॰. **हिसाब बेबाक क॰** 清算する **हिसाब बैठना** *a.* 準備ができる；準備が整う *b.* 計算が合う **हिसाब माँगना** 労賃・給料の支払いを求める **हिसाब रखना** 帳簿をつける आय और व्यय का हिसाब रखना 収支の記録をつける **हिसाब लगाना** 調べる；調査する **हिसाब लड़ना** 好機に恵まれる **हिसाब ले॰** 出費の詳細をたずねる= हिसाब समझना. **हिसाब साफ़ क॰** 清算する **हिसाब हो॰** 解雇される；首になる；解職される

हिसाब किताब [名] 《A. حساب کتاب》(1) 会計；勘定 हिसाब-किताब का दायित्व 会計の責任 (2) 帳簿 शाम को तीन से पाँच बजे तक वह एक प्राइवेट फ़र्म का हिसाब-किताब जाँचता था 3時から5時まである会社の帳簿を見ていた (3) 取引 उस पहलू को देखें तो हिसाब-किताब बराबर हो गया लगता है その側面を見ると取引は対等になったように思える (4) やり方；手法 **हिसाब-किताब क॰** 決算する **हिसाब-किताब रखना** 記録する मदरसे की तमाम ज़रूरतें पूरी करना और उनका हिसाब-किताब रखना 学校の必要とするものの一切を満たしそれの記録を取ること

हिसाबदाँ [名] 《A.P. حساب دان》算術家；数学者= गणितज्ञ.

हिसाब-बही [名*] 帳簿

हिसाबिया [名] ← हिसाब. (1) 計算のよくできる人 (2) 思慮深い人

हिसाबी [形] 《A. حسابی》(1) 計算の (2) 計算に詳しい；計算の達者な (3) 抜け目のない；思慮深い

हिसार [名] 《A. حصار》(1) 城；城塞；要塞 (2) 城壁 **हिसार बाँधना** (軍が) 城を包囲する

हिसालू [名]〔植〕バラ科キイチゴ属ラズベリー【*Rubus lanatus*】

हिस्टीरिया [名] 《E. hysteria》〔医〕ヒステリー हिस्टीरिया से चीखती औरत ヒステリーから金切り声を上げている女性

हिस्ट्री [名*] 《E. history》歴史 = इतिहास.

हिस्ट्रीशीटर [名] 《E. history sheeter》(1) 前歴者；前科者 (2) いわくつきの人物

हिस्सा [名] 《A. حصه》(1) 全体を分けた物；部分；一部= भाग; अंश. जिस्म के बहुत-से हिस्से हैं 身体は沢山の部分から成っている चार हिस्सों वाले रॉकेट 4段ロケット हमारी खुराक का बेशतर हिस्सा 私たちの食べ物の大部分 अगर जमीन के दस हिस्से करो तो सात हिस्से समंदर के होंगे 地球（の表面）を仮に10等分すると7つ分は海になる कुल जनसंख्या के लगभग पाँचवें हिस्से को 総人口の約5分の1を (2) 分け前；配分 नारी के हिस्से में 女性の受け取る分け前の中で तूने भी तो गरीबों के हिस्से का धन हड़प लिया है お前も貧乏人の分け前を横取りしたではないか मेरे हिस्से की मिठाई 私の分のお菓子 (3) 割り当て (4) 分割 (-के) **हिस्से क॰** (ーを) 分割する उसके तीन हिस्से करो それを3分割しなさい (-के) **हिस्से हो॰** (ーが) 分割される (5) 役割；参加；貢献；分担分 भारत के लोगों में क्रिकेट का खेल फैलाने में राजाओं का बड़ा हिस्सा रहा है インドにクリケットを広めるに当たっては藩王たちがとても大きな役割を果たした (-में) **हिस्सा ले॰** (ーに) 参加する；加わる (-के) **हिस्से आ॰** (ーの) 手に入る（分け前が）= हिस्से पड़ना.

हिस्सा-बखरा [名] 《A.P. حصه بخره》分け前；分割分

हिस्सा-बाँट [名] 分けること；分配；分割 वहीं पर उसी समय हिस्सा बाँट शुरू हो गया そこですぐさま山分けが始まった

हिस्सा-रसद [副] 《A.P. حصه رسد》分け前に応じて；配分に応じて

हिस्सेदार [名] 《A.P. حصه دار》(1) 出資者；株主（株式会社の）= शेयरहॉल्डर. (2) 共同経営者= साझेदार. वे कई कल-कारखानों के हिस्सेदार थे あの方は幾つかの工場の共同経営者だった

हिस्सेदारी [名*] 《A.P. حصه داری》共有；共同所有

हिहिनाना [自] いななく= हिनहिनाना. → हींस.

हींग [名*] (1)〔植〕セリ科オオウイキョウ (2) その樹脂から採れる薬効成分と香料アギ（阿魏）；フェルラ〈ferula〉= हिंगु. **हींग लगे न फिटकरी और रंग चोखा आ जाए** 〔諺〕一銭も用いずに目的が達成されることのたとえ= न हींग लगे न फिटकरी. **हींग हगना** *a.* 自分の行為の報いを受ける *b.* 時間を無駄にする *c.* 赤痢に罹る

हींजड़ा [名] ヒジュラー→ हिजड़ा.

हींताल [名] → हिंताल.

हींस [名*] 馬やラバの鳴き声；いななき

हींसना [自] 馬や騾馬（ラバ）などが鳴く；いななく= हिनहिनाना.

हीं हीं [感] 卑屈な笑い声. えへへとかへっへっへなど

ही [副助] (1) 先行する語を取り立てて強調する कमरे में हवा रहे ही नहीं, यह तो हो ही नहीं सकता 部屋に空気がないなんてそんなことはあり得ない अधिवेशन भारत में ही होगा 会合は間違いなくインドで行われる चाचा शायद अपने कहे शब्दों को जल्दी ही भूल गया था 叔父は多分自分の言った言葉をすぐさま忘れてしまったのだった यह हुनर खिलाड़ी बड़ी मेहनत से ही सीख पाता है この技は選手が懸命に努力して始めて習得しうるものなんだ भूखी ही लेटी हुई थी 空腹のまま横になっていた यह टेलीफ़ोन पिता जी ने ही अपने दफ़्तर से किया था この電話は父自身がオフィスからしたものだった खुद ही चलकर देखो न 自分自身で行って見なさいよ चार महीने कब गुजर गए, कुछ पता ही न चला 4か月の月日がどのようにして過ぎ去ったのか全くわからなかった हेम के कभी-कभी दर्द हो ही जाया करता है यह उसका पुराना रोग है ヘームはちょいちょい痛みを感じる. これが彼の持病なんだ ऐसी स्थिति में जनता का अस्तित्व ही खतरे में पड़ जाता है このような状況では民衆の存在そのものが危うくなる तू ही डुबोए तू ही तिराए （水に）浮かべるのも沈めるのも（済度するも済度せざるも）汝（神仏のなすところ）なり (2) 限定的, 排除的に強調する. ～ばかり, ～だけ, ～のみ, ～しかなど. सब दोष मुझ में ही है 何もかも皆私が悪いんだ सच्चा कारण एक ही है 真の理由は1つだけ आप ही बाँध लेना इसे, मुझे नहीं पहनना इसे... これはあなたがまとったらいいわ. 私はこれを着るつもりはないの… दोष भाभी का ही है 落ち度は他でもない兄嫁にある मैंने तो बता दिया.अब आप ही कह दें 手前のほうは申し上げましたから次はご主人のほうが仰る番です उसी प्रकार अच्छा करने का परिणाम अच्छा और बुरा करने का बुरा परिणाम ही होता है それと全く同様によいことをすればよい結果が悪いことをすれば悪い結果が生じるものと決まっている गलत काम से नुकसान-ही-नुकसान 間違ったことをすれば損ばかり दूर-दूर तक खेतों में सावन-हरियाली-ही-हरियाली はてしなく遠くまで畑には緑ばかり पैदल ही जाना था 歩いてしか行けなかった उसकी पूरी तरह छान-बीन करने के बाद ही निर्णय लेना चाहिए それを詳細に調べてからのみ決断すべきだ कई बार तो दो-दो या तीन-तीन मरीज़ों को एक ही बिस्तर पर लिटाया जाता है 時にはたった1つのベッドに2人も3人もの患者が横たえられている मैं कल ही उसे विजय की बात बता दूँगी 明日にはきっとあの人にヴィジャイの話をしておくわ मैं अब कह ही क्या सकता था もう私には何も言えなかった ठंड बढ़ती ही जा रही थी 寒さはどんどん増していた इसी लिए बाज़ार जाना ही नहीं हो पा रहा था それだから市場行きさえ叶わずにいた घात ही न लग पाता था.आज जाकर कहीं मौका मिला チャンスそのものが得られないでいたのが今日ようやく得られたのだった इतने ही हैं कि उँगलियों पर गिन लिए जाएँ 指で数えられるほどでしかない - **ही नहीं** ～だけでなく；～ばかりでなく；～のみならず बच्चे ही नहीं, वधुएँ भी 子供たちばかりか若嫁たちまでも सैनिक शिक्षा केवल युद्ध करना ही नहीं, अनुशासन में रहना भी सिखाती है 軍事教練は戦うことばかりでなく規律を保つことも教える भारत ही नहीं एशिया और अफ्रीका के अधिकतर देश औपनिवेशिक शासन के अधीन थे インドばかりでなくアジア・アフリカの大多数の国は植民地支配下にあった हाई कोर्ट ही तक नहीं, प्रिवी कौंसिल तक 高等裁判所までばかりか枢密院まで (3) -ते化した未完了分詞に接続して, あるいは, 不定詞＋ वाला に接続して用いられて2つの動作の同時的, 即時的継起を表す. ～と同時に；～とすぐに；～や否や रात गहराते ही 夜が更けるとすぐに शाम ढलते ही 日が暮れると同時に यह सुनते ही वह तमके それを聞いたとたんにかっとなった यह सुनते ही खलीफ़ा की आँखें खुल गईं これを聞くや否やハリーファーの目が覚めた उस भवन के निकट पहुँचते ही その建物の近くに着くなり घर पहुँचते ही 家に戻るなり देखते-ही-देखते 見る見るうちに；目の前で (4) 同一語を ही を介してその語の意味を他を排除する形で強調する चारों ओर खतरा-ही-खतरा है 辺り一面危険ばかりだ वह मन-ही-मन बड़ी प्रसन्न हुई 彼女は心密かに大喜びした ह्वेनसांग भारतीय ज्ञान के साथ-ही-साथ उस विद्यार्थी की पवित्र याद भी अपने देश में ले गया 玄奘三蔵はインドの知恵ともどもその学生の清らかな思い出も母国に持ち帰った (5) 動詞に接続する場合は主動詞にすぐ従うが, 古い用法では動詞の未来時制形において動詞語根と未来語尾との間に用いられることがあった कोई बात नहीं, गलती हो ही जाती है 気にすることはないんだ. 人には間違いが起こるものなのさ यह तो बाल्यविवाह के द्वेषी भी मानेहीगे このことなら幼児婚の敵対者さえも認めるであろう

हीक [名*] (1) 胸のむかつき (2) 悪臭；厭な臭い；むかつくような臭い हीक मारना 吐き気を催すような悪臭がする (3) しゃっくり **हीक आ॰** しゃっくりが出る= हिचकी आ॰

हीज़ [形] 《P. هيز》(1) 性的に不能な；おとこおんなの= नामर्द. (2) 臆病な；小心な= कायर; डरपोक; बुज़दिल.

हीजड़ा [名] ヒジュラー= हिजड़ा.

हीटर [名] 《E. heater》(1) 電熱器；ヒーター (2) 電気暖房機；ヒーター；電気ストーブ

हीठना [自] (1) 近づく；近寄る；接近する (2) 行く；着く (3) 入る

हीन [形] (1) 劣っている；下級の；劣等の；劣位の；低い；少ない पुरुष नारी को अपने से हीन समझता है 男性は女性を自分より劣っていると思っている हीनमूल्य 安価な पुरुषों की अपेक्षा हीन 男性に比べて劣っている (2) 卑しい；あさましい；品性の劣る हीन कर्म あさましい行為 (3) - से हीन の形で「ーを欠く」の意に用いられる. संवेदना से हीन 感受性の欠けている (4) 捨て去られた；見捨てられた

-हीन [接尾] 名詞について (ーを) 欠く, (ーの) ないなどの意を加える接尾辞 सीमा 境界；果て→ सीमाहीन 無窮の；果てしない छात्रों की अनुशासनहीनता 学生の無規律

हीनक [形] 欠けている；足らない；欠如している

हीनक मनोग्रंथि [名*] = हीनग्रंथि.

हीनकर्मा [形] (1) 本分を怠る (2) 卑しい行いをする

हीनकुल [形] 出身の卑しい；出自の低い；家柄の低い

हीनग्रंथि [名*]〔心〕劣等感；劣等コンプレックス

हीनचरित [形] 不行跡な；不身持ちな；ふしだらな

हीनजाति [形] (1) 本来の種姓から外れた (2) 種姓の卑しい

हीनता [名*] (1) 劣等；劣っていること (2) 欠けていること；欠如 प्रतिमानताहीनता アノミー〈anomie〉
हीनत्व [名] ＝हीनता.
हीनबल [形] 無力な；弱い；脆弱な
हीनबुद्धि [形] 頭の悪い；愚かな；愚昧な
हीनभावना [名*] 劣等感；コンプレックス इससे बच्चे के कोमल मन में हीनभावना आ जाती है このため子供の感じやすい心に劣等感が生じる हीनभावना से ग्रस्त 劣等感に囚われた
हीनमति [形] 愚かな；愚昧な；蒙昧な＝ जड़; मूर्ख.
हीनयान [名]〔仏〕部派仏教；小乗仏教；ヒーナヤーナ
हीनयानी[1] [形]〔仏〕部派仏教の；小乗仏教の
हीनयानी[2] [名]〔仏〕部派仏教徒；小乗仏教徒
हीनयोनि [形] (1) 不品行な女性から生まれた (2) 生まれの卑しい；出身の卑しい
हीनरोमा [形] 毛髪のない；禿頭の；頭の禿げた＝ खल्वाट; गंजा.
हीनलोमा [形] ＝हीनरोमा.
हीनवाद [名] (1) 矛盾した論理や主張 (2)〔法〕偽証
हीनवादी [名] (1) 敗訴した人 (2)〔法〕偽証者
हीनहयात[1] [名]《A. حین حیات》生涯；一生の間 हीनहयात में 生きているうちに；命のあるうちに
हीनहयात[2] [副]《A. حین حیات》生涯に；生きているうちに＝ जिंदगी भर; आजीवन.
हीनहयाती [形] ←हीनहयात. 一生にわたる；生涯にわたる；生涯にわたって権利の保障されている
हीनांग [形] (1) 不具の；身体に障害のある (2) 不完全な
हीनांगी [名*] 身体に障害のある女性
हीना [名*] → हिना.
हीनापहीन [名] 罰金を伴う弁償
हीनार्थ [形] (1) 失敗した；目的の達せられなかった (2) 無意味な (3) 得るもののない；利益のない
हीमोग्लोबिन [名]《E. hemoglobin》〔生化〕ヘモグロビン；血色素 हीमोग्लोबिन नामक पदार्थ ヘモグロビンという物質
हीयरा [名] ＝हियरा.
हीया [名] ＝हिय.
हीर[1] [名] (1) ダイヤモンド＝ हीरा. (2) 雷 (3)〔イ神〕インドラ神の武器であるヴァジラ／ヴァジュラ（वज्र電撃，金剛杵などと訳される）
हीर[2] [名] (1) 髄；心髄；核心 (2) 木髄 (3) 力 (4) 精力
हीरक [名] ダイヤモンド；ダイヤ；金剛石
हीरक जयंती [名*] (1) 60 周年祝典 (2) 75 周年祝典〈Diamond jubilee〉
हीरा [名] (1) ダイヤモンド＝ हीर; वज्रमणि. (2) すぐれた人物；傑物 आप नहीं जानतीं कि आप कितना बडा काम कर रही हैं, जो देश को ऐसे हीरे दे रहे हैं 国にこのような傑物を送り出していらっしゃるあなたはご自分がどんなに大きな仕事をなさっていらっしゃるのかご存じないのです (3) 最高のもの हीरा आदमी 純粋な人；非の打ち所のない人 हीरा खाना （ダイヤの微細なかけらを呑み込んで）自殺する＝ हीरे की कनी चाटना. हीरे को कांच समझना 価値あるものを軽んじる हीरे को हीरा ही काटता है 人を制するにはその人と同等の者が求められる
हीराकट [形]《H.+ E. cut》菱形に切った；菱形の；ダイヤモンドの形をした
हीरा कसीस [名]〔鉱〕硫酸鉄〈green vitriol〉
हीरा दोषी [名*] カリン（花櫚）の樹脂（薬用）
हीरामन [名] ヒーラーマン（金色の羽を持つと伝えられる伝説上のオウム） हीरामन तोता〔鳥〕オウム科オオホンセイインコ【*Psittacula eupatria*】
हीरो [名]《E. hero》(1) 英雄；偉人 (2)（映画などの）主人公；主役；二枚目
हीरोइन [名*]《E. heroine》(1) 女傑 (2)（映画などの）女性主人公；ヒロイン＝ हिरोइन.
हील[1] [名] (1) 沼；泥土 (2) 下水の泥
हील[2] [名*]《E. heel》ヒール；靴の踵＝ एड़ी.
हील[3] [名]〔植〕ムクロジ科高木【*Sapindus trifoliatus; S. lauriflius*】〈soapnut tree of South India〉
हीला [名]《A. حیله》(1) 口実；言い抜け；言い逃れ＝ बहाना. (2) 方法；やり方；手段；工夫＝ तरीका; तरकीब; युक्ति. (3) ごまかし＝ चाल; धोखा. हीला निकालना 方法を見つける；抜け道を見つける
हीलाबाज़ [形] → हीलेबाज़.
हीला हवाला [名]《A. حیله حواله》(1) 言い逃れ；言い抜け (2) ぺてん；策略；ずるさ；狡猾さ
हीला हवाली [名*] ＝हीलाहवाला. ये लोग पुलिस की हीला हवाली के विरोध में कोतवाली पर प्रदर्शन कर रहे थे この人たちは警察の言い逃れに抗議して警察本部にデモ行進しているところだった
हीलियम [名]《E. helium》〔化〕ヘリウム
हीलेबाज़ [形]《A.P. حیله باز》(1) ずるい；狡猾な；悪賢い (2) 人をだます
हीस [名]〔植〕フウチョウソウ科蔓木【*Capparis zeylanica; C. horrida*】
हीसना[1] [自] 減る；減少する；減退する＝ घटना.
हीसना[2] [他] 減らす；減少させる＝ घटाना.
ही-ही [感] へっへっと言うような下品な笑い声 किसी अकेली औरत को परेशान देखते ही आप लोग बेशर्मी की तरह 'ही-ही' करने लगते हैं...शर्म नहीं आती है... 女性 1 人が困っているのを見るとあなた方は恥知らずのようにへっへっと笑い出す…恥ずかしくはないのかい ही-ही ठी-ठी क॰ *a.* 下品な笑い方をする *b.* 冗談を交わす
हुँ [感] (1) うん；ふん；ふむ（話しかけや呼びかけなどに対する返事と相槌） (2)（相手を蔑んだり無視したりする感じ，ないしは，挑戦的な感じ）何だと；ふん हुँ बेटीवाले! बेटीवाले होकर भी हमारी मूँछ ऊँची है समझे? ふん，花嫁側のくせにだと．花嫁側であろうとこちらは卑屈にはならんのだ．わかったかい हुँ-हाँ क॰ 相槌を打つ (3) 呪文の最後に唱えられる言葉
हुँआ हुँआ [名] ジャッカルの鳴き声＝ हुआँ हुआँ.
हुंकार [名⁻] (1) 怒鳴り声；叱りつける声 (2) 人に挑みかかる声；挑戦する声 (3) うなり声などの大声 (4) 叫び声 हुंकार भरना うなり声をあげる；うなる हूँ...हूँ...लंबी हुंकार भरने के पश्चात् पंडित जी की नज़रें पुनः पंचांग पर जम गईं う一ん…う一ん…と長くうなり声をあげた後，バラモンの視線は再度暦の上に止まってしまった
हुँकारना [自] (1) 怒鳴る (2) 挑戦の声を上げる (3) 大声をあげる；うなり声をあげる मारता तो दोनों सींग नीचे करके हुँकारते 叩くと角を下げて大きなうなり声をあげる
हुँकारा [名] ＝हुँकार. हुँकारा भरना ＝हुँकार भरना. उन्होंने इस बार भी हुँकारा ही भरा 今度もうなり声をあげたのみだった
हुँकारी[1] [名*] (1) 相槌の言葉；うん；ふん हुँकारी भरना 承諾の言葉を言う；うんと言う 'हूँ', उसने मुँह धोते हुए हुँकारी भरी 「うん」と顔を洗いながら返事をした (2) 相槌を入れる；相槌を打つ यथा समय कहानी शुरू हुई.मंत्री हुँकारी भरने लगा 定刻に話が始まると大臣が相槌を入れだした
हुँकारी[2] [名*] 旧式の金額表示法に用いられる数字の終了を表す，下端が少し左下に流れた縦線の記号
हुंडा[1] [名] 火の燃え盛る音
हुंडा[2] [名] ヒンドゥーの一部のカーストにおいて婿側が嫁側に贈る結納金；婚資
हुंडा-भाड़ा [名]〔商〕運賃，関税込みの商品運送契約
हुँडार [名]〔動〕イヌ科オオカミ（狼）＝ भेड़िया.
हुंडी [名*] (1) 為替手形 (2) 小切手 हुंडी क॰ 手形を振り出す हुंडी जोन पटे 不渡り手形 हुंडी पटना 手形が現金に替えられる हुंडी पटाना 手形を現金に替える हुंडी भेजना 手形での支払い हुंडी सकारना 手形を落とす
हुंडी-बही [名*] 小切手帳〈cheque-book〉
हुंडीवाल [名] 金融業者；銀行家＝हुंडीवाला.
हुंबा [名] 満ち潮＝ ज्वार.
हुँह [感] 相手に対する疑念，憤り，無視や軽蔑の気持ちを表す言葉．ちえっ，へえ，ほう，ふん，えい，なんだ，ばかばかしいなど हुँह, वहाँ भी तुम्हें फ़ुरसत नहीं मिलती へえ，そこでも君には暇がないと言うわけなのだね मैं मुरझाया फूल हूँ,मैं आकाश से टूटा ज्योतिर्हीन तारा हूँ, मैं यह हूँ, मैं वह हूँ, हुँह! 私は萎れた花だ，光を失った星だ，私はあれだ，これだ．えい，ばかばかしい

हुँह जाने दो どうでもいいや，放っておけ हुँह，ये तो ऐसे ही कहते रहते हैं ふん，これがこの人のいつもの口癖なのよ हुँह मैं तो तंग आ गई हूँ किसी दिन दुर्घटना की ख़बर किसी दिन गेहूँ के भाव बढ़ने की ख़बर えい，厭になったな．やれ今日は事故のニュースだ，やれ今日は小麦粉値上げのニュースだと来た

हुआँ [副] そこ；そこに；そこへ= वहाँ.

हुआँ-हुआँ [名] ジャッカルの鳴き声= हुआ-हुआ. गीदड़ के हुआँ-हुआँ करने पर ジャッカルが鳴くと（遠吠えすると）

हुआ [自] होना の完了分詞及び直接法過去時制男性単数形．女性単数形 हुई，男性複数形 हुए，女性複数形 हुईं. एक बार बड़ी मुसीबत हो गई हुआ यों कि... 一度えらいことになったことがあった．まあこういうわけだ…

हुईं [自] होना の完了分詞及び直説法過去時制女性複数形→ हुआ.

हुई [自] होना の完了分詞及び直説法過去時制女性単数形→ हुआ.

हुए [自] होना の完了分詞及び直説法過去時制男性複数形→ हुआ. इस परेड को देखने के लिए दूर-दूर से लोग आए हुए थे このパレードの見物に人々は遠方からやって来ていた उसके जीवित रहते हुए उसकी माँ बहन अनाथों की भाँति जिएँ 彼が存命なのに母や姉が寄る辺なき人のように暮らすとは

हुक [名]《E. hook》(1) ホック (2) 掛け鉤；自在鉤

हुकर-पुकर [名*] (1) 胸の鼓動；胸のどきどき= धड़कन. (2) 心の平静を失うこと；どぎまぎ (3) ためらい；気後れ；躊躇

हुकवर्म [名]《E. hookworm》〔動〕鉤虫；十二指腸虫

हुक शॉट [名]《E. hook shot》〔ス〕フックショット

हुकहुक [名*]《P. بکبک》しゃっくり= हिचकी；हिक्का.

हुकारना [自] = हुँकारना.

हुकुम [名]〔トラ〕スペード= हुक्म.

हुक़ूक़ [名, pl.]《A. حقوق》 हक़ حق の複数形→ हक़ूक़.

हुकूमत [名*]《A. حکومت》(1) 支配；支配権；権力 हुकूमत छीनना 権力を奪う अंग्रेज़ों ने हुकूमत मुसलमानों से छीनी थी イギリスが支配権をイスラム教徒から奪った (2) 統治 अंग्रेज़ी हुकूमत イギリス統治 (3) 政府；御上 **हुकूमत चलाना** 支配する；支配権を持つ；権力を持つ **हुकूमत जताना** 威張る= हुकूमत दिखाना.

हुकूमते जम्हूरी [名*]《A. حکومت جمہوری》民主主義= लोकतंत्र；जनतंत्र.

हुक़्क़ा [名]《A. حقہ》水ぎせる；フッカー हुक़्क़ा गुड़गुड़ाने का मज़ा 水ぎせるを吹かす楽しみ हुक़्क़े की नली 水ぎせるの吸い口のついた管 उसने हुक़्क़े की नली मुँह से अलग की 水ぎせるの吸い口をはずした **हुक़्क़ा खुलना** カースト追放のため止められていた水ぎせるの回し飲みの仲間に許されて復帰すること **हुक़्क़ा ताज़ा क०** 水ぎせるの水を取り替える **हुक़्क़ा बंद हो०** カーストから追放される（ために水ぎせるの回し飲みの仲間からはずされる）；生活共同体の仲間として交際を絶たれること；村八分的な扱いについても言う **हुक़्क़ा भरना** *a.* 水ぎせるが吸えるように準備をする *b.* 奉仕する；仕える *c.* へつらう；媚びる

हुक़्क़ा-पानी [名] カースト成員としての交際や交流 **हुक़्क़ा-पानी पिलाना** 歓待する；厚くもてなす **(-का) हुक़्क़ा-पानी बंद क०** (一を) カーストから追放する；(一との) カースト関係の交際を絶つ

हुक़्क़ा बरदार [名]《A. حقہ بردار》主人のためのフッカーの世話係を務める従者や使用人

हुक्काम [名,pl]《A. حکام←حاکم हाकिम》高官；幹部；高級官僚；役職者 शहर के रईस और हुक्काम 街の名士と高官たち

हुक्कू [名] → हूकू.

हुक्म [名]《A. حکم》(1) 命令；指令；支持 (2) 指図 (3) 規則 (4)〔トラ〕スペード **जो हुक्म** かしこまりました；承知致しました；御意= जो आज्ञा. **हुक्म उठाना** 命令に従う；命令通りにする **हुक्म क०** *a.* 命令する；指図する तो हुक्म कीजिए, क्या पेश करूँ? それでは何に致しましょうか，どうぞ仰って下さい *b.* 裁定する *c.* 宣告する *d.* 布告する **हुक्म चलाना** *a.* 命令する *b.* 指図する केवल हुक्म चलाती थी 彼女は指図するばかりだった *c.* 支配する **हुक्म जारी क०** 命令を出す **हुक्म तोड़ना** 命令に反する **हुक्म दे०** 統率する；指令する **हुक्म निकालना** 命令を出す **हुक्म बजा लाना** 命令を果たす；指図に従う **हुक्म लगाना** *a.* 命令する；指図する *b.* 断言する *c.* 予言する

हुक्मअदूल [形] → हुक्मउदूल.

हुक्मअदूली [名*] → हुक्मउदूली.

हुक्म इलाही [名]《A. حکم الہی》〔イス〕戒律

हुक्मउदूल [形]《A. حکم عدول》命令に違反する；命令を無視する；反抗する；反抗的な

हुक्मउदूली [名*]《A. حکم عدولی》← हुक्मउदूल. 命令に従わないこと；命令に違反すること；反抗的な行動 मैं हुक्मउदूली नहीं चाहता 反抗は望まない तुम हुक्मउदूली की सज़ा समझते हो! 命令に従わないとどんな処罰があるか知っているだろうね

हुक्मनामा [名]《A.P. حکم نامہ》(1) 命令書 (2) 布告；法令；勅令

हुक्मबरदार [形・名]《A.P. حکم بردار》命令に服する；忠実な；部下；麾下

हुक्मबरदारी [名*]《A.P. حکم برداری》命令に服すること；命令に忠実なこと；忠誠

हुक्मराँ [名] = हुक्मरान. 《A.P. حکمران / حکمراں》支配者；為政者；統治者；指導者 पाक-भारत-बंगला देश के हुक्मराँ パキスタン，インド，バングラデシュの支配者たち हाकिम-हुक्मरान 為政者

हुक्मरानी [名*]《A.P. حکم رانی》支配；統治= शासन चलाना；हुकूमत क०.

हुक्मी [形]《A.P. حکمی》(1) 命令に従う；忠実な (2) 絶対に確実な= अचूक；अमोघ. (3) 欠かせない；不可欠の

हुगली [名*] フグリー川（コルカタ／カルカッタ市はガンジス川デルタの西端を流れるこの川の東岸に拓かれた）

हुचका [名] 凧揚げの糸を巻くための糸巻き

हुचकी [名*] しゃっくり= हिचकी.

हुजरा [名]《A. حجره हुज्रा》(1) 小部屋；個室 रात को इशा की नमाज़ पढ़कर अपने हुजरे में जा बैठे 夜，イシャーの祈りを捧げ自分の部屋に戻った (2) 庵 अहाते में एक हुजरा है.हुजरे में मुवज़्ज़िन साहब रहते हैं 境内には庵が１つありムアッジンが住んでおられる

हुजूम [名]《A. ہجوم》(1) 人だかり；群集 (2) 取り巻き प्रधान मंत्री के आसपास जिन लोगों का हुजूम है 首相を取り巻いている人たち

हुज़ूर [名]《A. حضور》(1) 非常に高い身分の人に対したりへりくだった立場から呼びかける言葉 हुज़ूर，मुझसे यह काम न होगा これは私にはできません（用務員→上司） लीजिए हुज़ूर さあどうぞ（理髪師→顧客） 'बैरा，बैरा...' 'हुज़ूर...' 「君…おい君…」(客)「はい，ただ今…」(ボーイ) (2) 出席；参列 (3) 人前；面前；拝謁 **हुज़ूर में** 御前に

हुज़ूरी[1] [名*]《A. حضوری》(1) 御前；お側= सामना；सम्मुखता. (2) 居合わせること；出席；参列

हुज़ूरी[2] [名] 従者；廷臣

हुज़ूरे वाला [名]《A.P. حضور والا》身分の高い人に対する尊称．殿，閣下など

हुज्जत [名*]《A. حجت》(1) 口論；言い争い；議論 (2) 理屈 (3) 証拠 **हुज्जत-तकरार हो०** 激しく言い争う；押し問答する

हुज्जती [形]《A. حجتی》理屈をこねる；口論する；よく言い争う；喧嘩好きな；喧嘩早い

हुड [名]《E. hood》幌；フード

हुडवाला [形]《E. + H.》幌のついた；フード付きの

हुड़क [名*] (1) 慕うこと；恋い慕うこと (2) 激しく欲しがること；切望 अभी अभी तो खाना खाया है，और अभी से चाय की हुड़क ほんの今食事を済ませたところなのにもうお茶が欲しくてたまらない इस भागदौड़ से वह थक गई，इस लिए पान खाने की हुड़क उठ आई かけずり回ってくたびれたのでパーンを無性に噛みたくなった

हुड़कना [自] (1) 慕う；恋い慕う；恋い焦がれる；後を追う प्यारा रुद्र मेरे लिए हुड़क रहा है 可愛いルドラが私の後を追っている बच्चा कई दिन तक तुम्हारे लिए बहुत हुड़केगा 子供は何日もの間あんたをひどく恋い慕うだろうよ (2) 切望する；焦がれる

हुड़का[1] [名] 愛着から人の後を追うこと；慕うこと；慕うあまり精神的に不安定になること

हुड़का[2] [名] → हुडुक.

हुड़दंग [名] 騒ぎ；騒動；大騒ぎ **हुड़दंग मचाना** 騒ぐ；騒ぎ立てる；大騒ぎする

हुड़दंगा[1] [形] 騒ぎ立てる；騒々しい；騒動を起こす；大騒ぎをする

हुड़दंगा[2] [名] → हुड़दंग.

हुड़दंगी [形] 大騒ぎする；騒ぎ立てる；いたずらな

हुड़क [名] ＝हुड़क्क. (1)〔イ音〕フルック（中央部のくびれた小型の鼓．指またはスティックで打つ） (2) 閂 (3) 酔っ払い；酔ったり正常な判断力を失った人

हुत[1] [形] (1)〔ヒ〕ホーマ होम の火に供物として捧げられ焚かれた → हवन. (2) 捧げられた；奉献された

हुत[2] [名]〔ヒ〕護摩木などハヴァナ हवन の祭火に用いられるもの＝हवन की सामग्री.

हुताग्नि [名] (1)〔ヒ〕献供の火を焚いた人；ハヴァナを行った人；護摩を焚いた人 (2)〔ヒ〕アグニホートリ祭官（अग्निहोतृ） (3)〔ヒ〕ホーマを行う祭壇の火；祭火→ होम.

हुतात्मा [名] 自分の一切のものを捧げつくした人 हुतात्मा देशभक्त 愛国殉難の志士；憂国の士；烈士

हुताश [名]〔ヒ〕火；火の神；アグニ神 अग्नि

हुताशन [名]〔ヒ〕火；火神；アグニ神

हुदहुद [名]《A. هدهد》〔鳥〕ヤツガシラ科ヤツガシラ【*Upupa epops*】

हुन [名] (1) フン（古代インドの金貨の一）＝अशरफ़ी; स्वर्णमुद्रा. (2) 金＝सोना; स्वर्ण; ज़र. **हुन बरसना** 大金が手に入る；大金持ちになる **हुन बरसाना** 散財する

हुनना [他] (1)〔ヒ〕ギーや大麦などを神に供えるために火にくべる；ハヴァナ（護摩）の火にくべる；献供を行う (2) 火にくべる；火に投じる→ हवन, होम.

हुनर [名]《P. هنر》(1) 技；技術；腕前；腕；技巧 उसके बाद बाहर से आए कव्वाल अपना हुनर दिखाते हैं 次によそから来たカッワールがその腕前を見せる **हुनरवाला** 腕前のある；優秀な腕前の यह लोहार बहुत हुनरवाला था この鍛冶屋はとてもすぐれた腕を持っていた (2) 技術 अच्छे खिलाड़ी को अभ्यास से कुछ हुनर सीखने होते हैं 優秀な選手になるには訓練して幾つかの技術を学ばなくてはならない (3) 技法

हुनरमंद [形]《P. هنر مند》腕の良い；巧みな；熟練した；上手な

हुनरमंदी [名*]《P. هنر مندی》腕の良いこと；巧みなこと；上手なこと；器用なこと；熟練していること；熟達していること

हुनरा[1] [名] ←हुनर. 見世物の芸をする猿回しの猿やナマケグマ

हुनरा[2] [形+] 腕前のある；腕の立つ

हुब [名]《A. حب हुब्ब》(1) 愛；愛情；愛着 (2) 意気込み；気合；気力

हुबाब [名]《A. حباب हबाब》泡；水の泡；水泡；あぶく＝हबाब; बुदबुदा; बुलबुला.

हुब्ब [名] → हुब.

हुब्बुलवतन [名]《A. حب الوطن》愛国心＝देशप्रेम; इश्केवतन.

हुब्बे वतन [名]《A. حب وطن》愛国心＝देशप्रेम; देशभक्ति.

हुमकना [自] (1) 喜びに躍り上がる；飛び跳ねる；うきうきする अपनी तारीफ़ सुनकर हुमककर बोला 褒められて躍り上がって言った (2) 勢い込む उसने हुमककर झोले के अंदर हाथ डाल दिया 勢い込んで袋の中に手を突っ込んだ (3) 力を入れる；力む उसका पाँव सहला रहा था और हुमक-हुमककर बातें कर रहा था その人の足を揉みながら力んで話をしていた (4) 足で押す；蹴る (5) 強く踏みしめるように膝を高くあげて歩く

हुमचना [自] 何かに乗って押さえるために力を入れる वह अपने स्थूल शरीर का भार लिये हसन की पीठ पर हुमच रहे हैं 彼はその重い体重をかけてハサンの背中を強く押さえている

हुमसना [自] 喜びに沸く；嬉しくてうきうきする；胸がときめく；身も心も弾む मिर्ज़ा के हुमसते वक्षस्थल में ミルザーのときめく胸に

हुमसाना [他] (1) 喜ばせる；沸き立たせる (2)（気持ちを）かき立てる；盛り上げる

हुमा [名]《P. هما》(1) 想像上の鳥，フマー（瑞兆の鳥．その影に入れば王者になるという） (2) 不死鳥 (3)〔鳥〕ワシ

हुमायूँ[1] [形]《P. همایون》めでたい；吉祥の＝शुभ; मंगलमय; मुबारक.

हुमायूँ[2]〔人名・イ史〕《P. همایون》フマーユーン（1508–56 ムガル朝第 2 代皇帝．バーブルの子でアクバルの父）

हुरदंग [名] ＝हुड़दंग.

हुरमत [名*]《A. حرمت हर्मत》(1) 名誉；尊厳；名声 उसकी हुरमत की निगहबानी 彼女の名誉を守ること (2) 尊厳 (3) 貞節 (-की) **हुरमत उतारना** （ーに）恥をかかせる＝(-की) हुरमत ले°. (-की) **हुरमत क°** （ーを）敬う；尊敬する＝(-की) इज़्ज़त क°.

हुरहुर [名]〔植〕フウチョウソウ科フウチョウソウ【*Cleome gynandra*】

हुरूफ़ [名, pl.]《A. حروف ←حرف हर्फ़》(1) 文字；アルファベット **हुरूफ़ जमाना** 文字の練習をする；習字をする काठ की पाटी पर हुरूफ़ जमाना （石板代わりに）板切れの上で字の練習をする (2) 活字 लकड़ी के हुरूफ़ 木製活字；木版文字

हुर्र [名*] 鳥が勢いよく飛び立つ様やその音 हुर्र से ぱっと；さっと

हुर्रा [名・感] ＝हुर्रे.《E. hurrah》フレー；フレーフレー；万歳；歓声 **हुर्रे बोलना** 歓呼の声をあげる；歓声をあげる；フレーフレーなどの歓声をあげて応援する

हुल [名] 痛み；痛さ＝पीड़ा; वेदना.

हुलक [名*] 速さ；速度＝वेग; गति.

हुलकना [自] 吐き出す；吐く；嘔吐する＝कै क°; उलटी क°; वमन क°.

हुलकी [名*] (1) 吐くこと；嘔吐＝कै; वमन; उलटी. (2)〔医〕コレラ＝हैज़ा.

हुलना [他] 棒などを用いて強く押す；突く；突き飛ばす

हुलसना [自] (1) はしゃぐ；大喜びする उसने छोटी भाभी के यहाँ से आए सामान को सब को हुलस हुलसकर दिखाया था 弟嫁の里から来た品をはしゃいで皆に見せた बेटे को देखते ही माँ हुलसकर कहती 息子を見るなり母は大喜びして言う (2) 湧き出る；こみ上げる

हुलसाना[1] [他] 喜ばせる；大喜びさせる；うきうきさせる

हुलसाना[2] [自] ＝हुलसना.

हुलसी [名*] こみ上げてくる喜び；うきうきする嬉しさ＝उल्लास.

हुलहुल [名]〔植〕フウチョウソウ科キバナヒメフウチョウソウ【*Cleome viscosa*】

हुलहुला [名] (1) 不思議；不思議なこと (2) 騒ぎ；騒動 (3) 言いがかり

हुलहुली [名*] めでたい行事などで大勢集まった女性が舌を震わせていっせいにあげる独特な歓喜の声

हुला [名] ラーティー लाठी のとがった先端

हुलाकू〔人名・史〕フラーグ汗→ हलाकू.

हुलाल [名*] 波＝तरंग; लहर.

हुलास[1] [名] 大喜び；はしゃぐこと；歓喜＝उल्लास.

हुलास[2] [名*] 嗅ぎタバコ；嚙みタバコ＝सुँघनी; मग़ज़रोशन.

हुलासदानी [名*] 嗅ぎタバコ入れ；嚙みタバコ入れ

हुलासी [形] 嬉しさにあふれた；喜んでいる；はしゃいでいる；浮かれた；嬉しさに浮き立った

हुलिया [名]《A. حلیه हुल्या》(1) 顔立ち，人相，身体的特徴などの外見；容貌 बाहर खड़ी भीड़ ने आधे मिनट में ही उनका हुलिया ऐसा कर दिया कि कोई उन्हें पहचान ही न सके 戸外に立っている群集がまたたく間にあの人をすっかり見分けのつかぬほどの人相にしてしまった (2) 風体；姿形 चश्मदीदों ने डकैतों का पूरा हुलिया बयान किया है 目撃者たちが強盗たちの人相や風体を詳しく述べた **हुलिया कराना** （尋ね人のためなどのため警察などに）人相，風体を届け出る＝हुलिया लिखाना. **हुलिया टाइट क°** ＝हुलिया तंग क°. **हुलिया तंग क°** ひどく困らせる **हुलिया तंग हो°** ひどく困る；困り果てる；大変厄介な目に遭う **हुलिया नामा** 人相書き **हुलिया बिगड़ना** 顔つきや人相が変わる हुलिया बिगड़ गया 人相が変わってしまった **हुलिया लिखाना** ＝हुलिया कराना.

हुलूक [名]〔動〕サル科シロマユテナガザル；フーロック【*Hylobates hoolock*】→ हूकू.

हुल्लड़ [名] (1) 騒ぎ；騒動 (2) 暴動；騒乱；騒擾 **हुल्लड़ मचना** 騒ぎや暴動が起こる

हुश [感]《E. hush》＝हुश्. (1) 咎めや禁止の意を表す声や言葉 उसकी मुद्रा कुछ ऐसी थी, बस "हुश" करने की देर है 今にも「しーっ」と言いそうな表情だった (2) 不快，軽蔑，非難の意を表す言葉

हुशकारना [他] (1) 動物をしっしっと声を出して追いやる (2) 犬をけしかける

हुशयार [形] → होशियार.

हुसियार [形] → होशियार.

हुसूल [名]《A. حصول》(1) 入手；獲得＝प्राप्ति. (2) 利益；儲け＝लाभ; नफ़ा. (3) 収入＝आमदनी; आय. (4) 結果＝फल; परिणाम; नतीजा. (5) 結論＝निष्कर्ष.

हुसैन〔人名・イス〕《A. حسین》フサイン（625–680. 第 4 代カリフのアリーの第 2 子でシーア派第 3 代イマーム）

हुस्न [名]《A. حسن》(1) 美しさ＝सौंदर्य; सुंदरता; ख़ूबसूरती. (2) 美貌 (3) 美点；長所＝गुण; ख़ूबी.

हुस्नपरस्त [形] 《A.P. حسن پرست》(1) 美を崇拝する；美しさを尊ぶ (2) 美女を称える；女性の美を称える
हुस्नपरस्ती [名*] ←हुस्नपरस्त.
हुस्नफ़रोश [名*] 《A.P. حسن فروش》遊女= गणिका; वेश्या.
हुस्न-हिना [名] 《A. حسن حنا》〔植〕アカネ科低木クチナシ（梔）= रात की रानी.
हूँ[1] [感] (1) 肯定や承諾の意を表すぞんざいな返事．うん (2) 相槌を打つ言葉．うん，ええ，ふんなど (3) 不同意を表す声．ううん，いや (4) 溜め息や嘆息の声 'हूँ', मैंने ठंडी साँस ली ふーっと溜め息をついた हूँ, तुम बदज़बान हो うーん，お前は口が悪い
हूँ[2] [自] 連結動詞 होना の直説法現在形一人称単数形 हूँगा होना の直説法未来時制一人称単数男性形 हूँगी 同単数女性形
हूँकना[1] [自] (1) 雌牛が鳴いて子牛を呼ぶ (2) すすり泣く
हूँकना[2] [自] = हुँकारना.
हूँकार [名] = हुँकार.
हूँगा [自] →हूँ[2].
हूँगी [自] →हूँ[2].
हूँठा [名]〔数〕3.5 倍の数を求めるための九九
हूँड़ [名*]〔農〕農民の灌漑作業の相互扶助
हूँस [名*] (1) 妬み；嫉妬 (2) 他人の物を欲しがること (3) 邪視= नज़र; बुरी नज़र. (4) ののしり；そしり
हूँसना [自] (1) 妬む (2) ののしる；そしる (3) 物を欲しがる
हूँ-हाँ [感] 相槌を打つ言葉 हूँ-हाँ क॰ 相槌を打つ；ふんふん，うんうんなどと言う मैंने यों ही ऊपरी मन से हूँ-हाँ करके उसे टाल दिया あまり気にも留めず相槌を打ってあしらった उसने हूँ-हाँ कुछ नहीं कहा था うんともすんとも言わなかった
हू[1] [名] (1) ジャッカルの鳴き声 (2) 強い風の吹く音；ひゅー；ぴゅー
हू[2] [副助] 《Br., Av.》= भी.
हूक [名*] (1) 胸を刺すような激しい痛み यह विचारकर उन्हें रोना आया, कलेजे में हूक उठने लगी これを考えると泣きたくなり胸が激しく痛みだした (2) 痛み सारे शरीर में एक हूक-सी उठी 全身に痛みのようなものが生じた (3) 苦悶 (4) 悲嘆
हूकना [自] (1) 激痛が走る (2) 苦悶する (3) 苛まれる
हूकू [名]〔動〕サル科シロマユテナガザル【*Hylobates hoolock*】= हुलूक. 〈Hoolock; whitebrowed Gibbon〉
हूजिए [自] →होना [自]〔古〕命令法尊敬形（आप 対応形）．今日では普通 होइए が用いられる= हूजिये; हूजे; होइए. आप शामिल तो हूजिए まずは参加なさって下さい मेरी इस लीला पर कृपा कर दत्तावधान हूजिये 予のこのリーラーによく注意なされよ उत्साहहीन न हूजिए 落胆なさいませぬように शांत हूजिए 落ち着きなされ हूजिएगा हूजिए の一層丁寧な形
हूजिये [自] = हूजिए.
हूजियो [自]〔古〕 होना の命令法二人称 तुम 対応形= हूजो.
हूजे [自]〔古〕 होना の命令法二人称 आप 対応形 = हूजिये; होइए.
हूजो [自]〔古〕 होना の命令法二人称 तुम 対応形 = हूजियो.
हूट [名] 《E. hoot》野次 हूट क॰ 野次る；野次を飛ばす अगर आप यह समझते हैं कि मैं आपका प्रतिनिधित्व करने के काबिल नहीं हूँ तो आप मुझे रोकें-टोकें भरी सभा में होहल्ला कर मुझे हूट करें 私に代表になる資格がないとお考えなら私を押し止めお叱り下さい．満場の席で騒ぎ立てて私を野次って下さい
हूटिंग [名*] 《E. hooting》(1) 野次；嘲って叫ぶことば (2) 野次を飛ばすこと；野次ること
हूठा [名] (1) 相手の欲しがるものを見せびらかしてからかうこと (2) 大仰に手を振り指を動かして話す無作法なしぐさ हूठा दे॰ 無作法なしぐさで人をからかう
हूड़ [形] (1) 粗野な；無作法な (2) 愚かな；間抜けな (3) 強情な
हूण [名] (1)〔史〕フン族；匈奴 मध्य एशिया में हूण साम्राज्य की चीनी सेनाओं के साथ कुषाणों की मुठभेड़ हुई 中央アジアで匈奴と漢の軍勢が衝突した (2) 甚だ粗野で残忍な人 हूण राजा अटिला フン族の王アッティラ
हूदा [形] 《P. بوده》正しい；適正な；まともな
हूनना [他] (1) 火にくべる；焼く；燃やす (2) 炙る

हूबहू[1] [形] 《A.P. ہو بہو》そっくりの；寸分違わぬ नोट की हूबहू प्रति お札にそっくりのもの
हूबहू[2] [副] そっくりに；寸分違わず जैसा चित्र दीजिए, हूबहू उतार लेती है これはどんな絵でも本物そっくりに写す वास्तव में दोनों साँप हूबहू एक से थे, बाल-भर भी अंतर न था 実際２匹の蛇はそっくりで髪の毛１本ほどの違いもなかった
हूर [名*] 《A. حور ← حورا हौरा》本来は हौरा の複数形であるが単数に扱われる (1)〔イス〕天女；天国の美女，フール जन्नत की हूरें तुम्हारी बलाएँ लेंगी フールたちが君を下にも置かぬ歓待をしてくれよう (2) 美女；別嬪 हूर की परी 大変美しい娘= हूर की बच्ची. (3) 色白で髪と目の黒い女性
हूरना[1] [他] (1) 突っ込む；押し込む (2) 突く
हूरना[2] [他] 拳で打つ；拳骨で殴る
हूरा [名] 拳骨= घूँसा; मुक्का.
हूल[1] [名*] (1) 刺すこと；突き刺すこと (2) 鳥刺しに用いる鳥もちを塗った竿
हूल[2] [名*] (1) 騒ぎ (2) 歓声 (3) 喜び (4) 相手に挑みかかる言葉や声
हूलना [他] (1) 刺す；差し込む；突き刺す (2) きりきり差し込むような痛みを与える
हूश [形] 粗野な；無作法な सदा हूश बने रहेंगे...तमीज़ आ पाएगी न अक्ल... いつまで経っても粗野なまま…礼儀作法も知恵もつくまい
हू-हा [名*] 歓声；喚声 वैसी कव्वाली अब नहीं हुआ करती.आजकल तो हू-हा ज़्यादा होती है あのようなカッワーリーはもはや行われなくなった．今はわあわあきゃあきゃあ言うほうが多いものだ
हू-हू[1] [名] (1) 風が激しく吹くさまやその音 (2) 火の勢いが激しくその燃える音や様子= धू धू（करके）.
हू-हू[2] [名]〔鳥〕フクロウ科ネパールワシミミズク《Bubo nipalensis》
हृत [形] (1) 運ばれた (2) 奪われた (3) 盗まれた (4) 失われた
हृति [名*] (1) 運び去ること (2) 略奪
हृत्कंप [名] (1) 胸が震えること (2)〔医〕心悸亢進 (3) 震えあがること；おののくこと
हृत्क्षिप्रता [名*]〔医〕心悸亢進の症状
हृत्तंत्री [名*] 心琴 उसने भारतीयों की हृत्तंत्री को झंकृत कर दिया それがインド人の心琴をかき鳴らしたのだ
हृत्पीडा [名*] 胸の痛み
हृत्पेशी [名*]〔解〕心筋；心筋層〈myocardium〉
हृत्पेशीशोथ [名]〔医〕心筋炎
हृत्शिरा [名*]〔解〕冠状静脈 = हृद्शिरा.〈coronary vein〉
हृद् [名] (1) 心 (2) 心臓
हृदयंगत [形] 心に沁み入った；胸に深く入った
हृदयंगम [形] (1) 心に沁みた；心に入った；納得した (2) よく理解された；よくわかった (-) हृदयंगम क॰ (ーを) 理解する；得心する；納得する (-) हृदयंगम हो॰ (ーが) わかる；(ーが) 頭に入る
हृदय [名] (1) 心臓 हृदय की गति 心臓の収縮とその響き；鼓動 हृदय की गति बहुत तेज़ हो गई 鼓動が非常に速くなった हृदय के रोग 心臓病= हृदय रोग. हृदय के वल्व 心臓の弁 हृदय-विशेषज्ञ 心臓専門医；心臓病専門医 (2) 心 (3) 感情；気持ち；心情 (4) 胸 (5) 中核；核心；本質 (6) 秘密 हृदय उछल पड़ना 胸が高鳴る；胸が弾む हृदय उड़ेलना *a.* 情熱を傾ける *b.* 心情を吐露する हृदय उमड़ना 胸が一杯になる हृदय ऐंठकर रह जा॰ ひたすら悶え苦しむ हृदय काँपना 恐れる；恐ろしくなる；震えあがる हृदय का टुकड़ा 最愛のもの हृदय का धनी 心が大きく豊かな人 हृदय का हार = हृदय का टुकड़ा. हृदय की आँख 心眼 हृदय की आँख खुलना 心眼が開く हृदय की कली खिलना 喜びが湧く；嬉しさにうきうきする हृदय की खटक 心配；不安 हृदय की गाँठ *a.* 愛情 *b.* わだかまり हृदय की गाँठ खोलना わだかまりをなくす हृदय की गाँठ जुड़ना 愛情で結ばれる हृदय की जलन 胸の苦しみ हृदय की बात 本心= दिल की बात. हृदय की भूख 願望；強い思い हृदय की भूख मिटना 願いが叶えられる हृदय कुरेदना 胸を抉る；心を痛めつける；肺腑を抉る हृदय के कपाट खुलना 心眼が開かれる हृदय के टुकड़े टुकड़े क॰ とても悲しい思いをさせる；胸を引き裂く；ひどく悲しませる हृदय के टुकड़े-टुकड़े हो॰ とても悲しい思いをする；胸が張り裂ける हृदय के तार बज उठना 胸に響く；心琴を響かせる हृदय को

छूना 胸に訴える **हृदय को मथना** 胸をかきむしる；強く苦しめる (-) **हृदय को लगना** （ーに）辛い思いをする **हृदय खुलना** 打ち解ける；遠慮や気兼ねがなくなる **हृदय खोलकर** *a.* 思いきり；胸襟を開いて *b.* 注意して；用心して **हृदय खोलना** 胸の内を打ち明ける **हृदय गलना** 哀れを催す；哀れみを感じる **हृदय गवाही न दे॰** 納得できない；得心できない **हृदय चटकना** 悲しい思いをする；胸が痛む **हृदय चीरकर दिखाना** 胸の内を見せる；胸の思いを明かす **हृदय छेद डालना** ひどく悲しませる **हृदय जलना** *a.* 辛い思いをする *b.* 妬ましい (-**का**) **हृदय जीतना** （ーの）胸を打つ；（ーを）感服させる इसके द्वारा शत्रु का भी हृदय जीता जा सकता है これで敵をも感服させることができる **हृदय जुड़ाना** 楽しくなる **हृदय टूक हो॰** 胸が張り裂ける（思いをする） **हृदय टूटना** *a.* 胸がつぶれる（思い）*b.* がっかりする；失望する；落胆する यदि मैं कमला को बिना लिए ही गया तो माँ का हृदय टूट जाएगा カマラーを連れずに行ったら母はとてもがっかりするだろう **हृदय टेढ़ा हो॰** 心が捻れている；ひねくれている；根性の曲がっている **हृदय डगमगाना** 心が定まらない；よろめく；心がふらつく＝हृदय डाँवाँडोल हो॰. **हृदय डूबा हो॰** 傾倒する；熱中する；どっぷりと浸る **हृदय तक पहुँचना** 心の中を探る；腹の中を探る **हृदय थामकर** 気を張って；気を強く持って **हृदय दलना** 苦しめる **हृदय दहल जा॰** ぞっとする；震えあがる **हृदय दहला दे॰** 震えあがらせる **हृदय दे दे॰** 惚れ込む；心を奪われる **हृदय दो टूक हो॰** 胸が張り裂ける（ような思いをする）；悲痛な思いをする **हृदय द्रवित हो॰** 哀れみを感じる；可哀相に思う **हृदय धड़कना** （恐ろしさや不安に）胸がどきどきする (-**के**) **हृदय न हो॰** （ーが）非常な；不人情な；冷酷な；非情な；情け容赦のない **हृदय नाच उठना** 喜びにあふれる；嬉しくてうきうきする **हृदय निकालकर रख दे॰** 胸の内を明かす；胸中を見せる **हृदय पत्थर हो॰** 不人情な；情け容赦のない **हृदय पर अंकित हो॰** 心に沁みる；よく解る；深く心に刻まれる (-**के**) **हृदय पर अधिकार कर ले॰** （ーの）心を奪う (-**के**) **हृदय पर छाया रहना** （ーの）心を占める **हृदय पर पत्थर रखना** 心を鬼にする (-**के**) **हृदय पर फाहा रखना** （ーを）慰める **हृदय पर बोझ धरा रहना** 気がかりな；気になる；心の重荷になる (-**के**) **हृदय पर मरहम लगाना** ＝हृदय पर फाहा रखना. (-**के**) **हृदय पर राज्य क॰** （ーを）思い通りに操る；意のままにする **हृदय पर साँप लोटना** *a.* とても羨ましい；大変妬ましい *b.* ぞっとする；慄然とする **हृदय पर हाथ रखकर** 胸に手を当てて；良心に誓って **हृदय पसीजना** *a.* 哀れみを感じる；可哀相に思う *b.* 心が和らぐ；気持ちが和らぐ (-**का**) **हृदय पाना** （ーに）愛される；気に入られる；好かれる **हृदय पिघलना** ＝हृदय पसीजना. **हृदय फटना** *a.* 胸が張り裂ける；胸に激しい痛みを感じる *b.* 興ざめする **हृदय फड़क उठना** 心が弾む **हृदय बल्लियों उछलना** 激しく興奮する (-**में**) **हृदय बसना** （ーに）執着する；心が向く；心を奪われる **हृदय बाँसों उछलना** ＝हृदय बल्लियों उछलना. **हृदय बिंधना** 胸を突き刺される（痛み）；胸を刺される **हृदय बिलगाना** ＝हृदय फटना. **हृदय बिलोना** 動転させる；激しく動揺させる **हृदय बेधना** 胸を突き刺す；激しく苦しめる **हृदय बैठना** 失望する；落胆する；がっかりする **हृदय बोलना** 気がする；気配が感じられる **हृदय भग्न हो॰** 胸が張り裂ける **हृदय भर आ॰** 悲しみに胸がふさがる；胸が詰まる；胸が一杯になる **हृदय में अंकित हो॰** 深く印象づけられる **हृदय में आग लगना** *a.* 怒りに燃える *b.* 妬ましさに苦しむ (-) **हृदय में उतर जा॰** （ーに）得心する；（ーが）納得される **हृदय में खटकना** 不快に感じられる **हृदय में गुदगुदी उठना** 嬉しくなる；楽しくなる；うきうきする (-**के**) **हृदय में घर क॰** *a.* （ーに）影響を及ぼす *b.* （ーが）好きになる；（ーに）愛情が湧く **हृदय में चुभना** 胸に突き刺さる（ような思いがする） **हृदय में छुरी छिपाना** 悪意を抱く **हृदय में छेद क॰** ひどく苦しめる **हृदय में जगह क॰** ＝हृदय में घर क॰; हृदय में जगह बनाना. **हृदय में दबाना** 気持ちを隠す；気持ちを秘める **हृदय में दरार पड़ना** *a.* 恐れおののく *b.* とても悲しい思いをする **हृदय में दिल हो॰** 優しい心を持つ；優しい気持ちを持つ **हृदय में धरना** 覚えておく；気に留める；記憶する **हृदय में नमक लगाना** 辛い思いをさせる **हृदय में न समाना** 胸に収めきれない **हृदय में पालना** 常に思う；忘れぬようにする (-**के**) **हृदय में पैठना** （他人の）胸の内を知る **हृदय में फफोले पड़ना** 大変苦しい思いをする；とても辛い思いをする (-) **हृदय में बसना** （ーが）心を占める **हृदय में बसेरा क॰** ＝हृदय में बसना. (-**के**) **हृदय में बैठना** *a.* （ーに）よくわかる；よく理解される *b.* 納得される (-) **हृदय में रखना** *a.* （ーを）深く気に留める *b.* 愛する *c.* 秘める；心に秘める **हृदय में रमना** ＝हृदय में बसना. **हृदय में शूल उठना** 胸が激しく痛む＝हृदय में शूल चुभना; हृदय में शूल सालना. **हृदय में समाना** ＝हृदय में बसना. (-**को**) **हृदय में स्थान दे॰** （ーに）愛情を抱く；（ーが）好きになる **हृदय में स्थान पाना** 愛情を受ける；好かれる **हृदय में हलचल हो॰** あれこれ思い浮かぶ **हृदय में हूक उठना** 心が激しく痛む **हृदय में होली लगाना** 苦しめる；悩ます (-**से**) **हृदय लगना** （ーが）好きになる **हृदय शीतल हो॰** 楽しくなる；心地よくなる；気持ちよくなる **हृदय सन्न हो जा॰** 恐ろしさに茫然となる；慄然とする；震えあがる **हृदय सींचना** 喜ばせる；喜びを与える **हृदय सुलगना** 心が痛む；胸が痛む；悶々とする **हृदय से चिपकाये रहना** 四六時中離さない；手元から離さない (-) **हृदय से निकाल दे॰** （ーを）忘れる；忘却する＝हृदय से निकाल फेंकना. **हृदय से बोझ हटना** 安堵する；ほっとする (-**को**) **हृदय से लगाना** *a.* （ーが）好きになる *b.* （ーを）抱きしめる (-) **हृदय से लगा ले॰** （ーを）抱きしめる गोविंद ने उस बालक को हृदय से लगा लिया ゴーヴィンドはその男の子を抱きしめた **हृदय स्पर्श क॰** 胸を打つ；胸に響く；感動を与える **हृदय हलका हो॰** 安心する；安堵する；ほっとする **हृदय हिलना** 心が揺さぶられる；胸を打たれる **हृदय हिलाना** 心を揺さぶる；激しく胸を打つ

हृदयगति [名*] 心臓の搏動；心臓の動き हृदयगति रुक जाने से 心臓停止で；心臓麻痺で

हृदयग्राही [形] (1) 心を捉える (2) 魅惑的な；魅力的な；素敵な

हृदयद्रावक [形] 大変悲しい；涙を誘う हृदयद्रावक समाचार से 大変悲しい知らせで

हृदयपरिवर्तन [名] (1) 考えや気持ちが変わること (2) 心の持ち方が変わること；心を改めること；改心 वे मनुष्य के हृदय-परिवर्तन में विश्वास रखते थे あの方は人の心の改まることに信頼を寄せていた चोर का हृदय परिवर्तन 泥棒の改心

हृदयपेशी [名*]〔解〕心筋 ⟨cardic muscle⟩

हृदय रेखा [名*]（手相の）感情線

हृदयविदारक [形] 胸の張り裂けるような；大変辛い हृदयविदारक पहलू とても辛い側面 यह भावना अत्यंत हृदयविदारक थी 胸の張り裂けるような思いだった

हृदयवेधी [形] 胸を突き刺す；胸を貫く

हृदयस्पर्शी [形] 心琴に触れる；魂を揺さぶる；感動的な

हृदयहारी [形] 魅力的な；心を奪う；うっとりさせる

हृदयहीन [形] 血も涙もない；無慈悲な；残忍な；残酷な

हृदयहीनता [名*] ←हृदयहीन. हृदयहीनता के साथ 無慈悲に；残忍に；残酷に मानव की हृदयहीनता का यह दृश्य 人間の残忍さを示すこの光景

हृदयावरण [名]〔解〕心嚢 ⟨pericardium⟩

हृदयेश [名] 最愛の人

हृद्गत [形] (1) 心の；胸の内の；内心の (2) 心に生じた；胸中に生じた (3) 好きな

हृद्धमनी [名*]〔解〕冠状動脈 ⟨coronary artery⟩

हृद्पात [名]〔医〕心臓麻痺；心臓停止

हृद्रोग [名]〔医〕心臓病＝हृदय रोग.

हृद्शिरा [名*]〔解〕冠状静脈 ⟨coronary vein⟩

हृषित [形] (1) 喜んだ；歓喜した (2) 感動した

हृषीकेश [名] (1) ヴィシュヌ神 (2) クリシュナ神 (3)〔ヒ〕フリシーケーシュ（ハリドゥワール近くのヒンドゥー教聖地）；リシケーシュ

हृष्ट [形] (1) 喜んだ；歓喜した (2)（強い感動に）身の毛の逆立った (3) 固くなった

हृष्टतुष्ट [形] 心楽しく満ち足りた

हृष्टपुष्ट [形] 丈夫な；頑健な स्वभाव से ये लापरवाह निश्चिंत जीवन व्यतीत करते हृष्ट-पुष्ट रहते हैं この方は生まれつき無頓着でのびのびした暮らしをしていて頑健だ

हृष्टरोमा [形] 嬉しさのあまり総毛立った；あまりの嬉しさに鳥肌が立った

हेंगा [名]〔農〕耕した後の地面を均すのに用いられる厚板（牛に引かせ人がその上に乗る）；ならしまんが（均し馬鍬）

हेंगाना [他] 均し馬鍬を用いて畑の地均しをする

हें हें [名] (1) 卑屈な笑い (2) 愛想笑い मैनेजर हें हें करने लगा マネージャーは愛想笑いをし始めた मालिक भी उसे कुछ न कहता.बस

हे हे करता खीसें निपोरा करता 家主も彼に何も言わずえへへと歯をむき出して笑うばかり

हे[1] [感] 呼びかけの言葉 हे प्रभु ああ神様；おお神よ **हे भगवान** *a.* ああ神様 *b.* ああ大変なことだ；とんでもないことになった **हे राम** *a.* 神に祈る言葉 *b.* 驚きや悲嘆の気持ちを表す言葉 हे भगवान! हे भगवान! रक्षा करो! 神様，神様，お助け下さい हे ईश्वर! मैं तुमसे और कुछ नहीं माँगती, केवल उन्हें समझा दो ああ神様，他には何も望みは致しません．ただただあの人を説得して下さい

हे[2] [名*] 《ح》ウルドゥー文字の第 9 字の字母 ح の名称 = हाए हुत्ती; बड़ी हे.

हे[3] [名*] 《ہ》ウルドゥー文字の第 34 字の字母ہ の名称= हाए हव्वज़; छोटी हे. **दो चश्मी हे**帯気音を表すのに用いられる字形 ھ/ہ の名称

हेकड़ [形] (1) 頑健な= हृष्ट-पुष्ट. (2) 頑強な= प्रबल. (3) 居丈高な；傲慢な= अक्खड़; उजड्ड.

हेकड़ी [名*] (1) 頑健さ (2) 頑強さ (3) 居丈高なこと；傲慢 **हेकड़ी क॰** 威張る；自慢する **हेकड़ी किरकिरी हो॰** 面子が丸潰れになる **हेकड़ी चूर हो जा॰** 自慢の鼻をへし折られる；慢心を打ち砕かれる **हेकड़ी दिखाना** = हेकड़ी क॰.

हेक्टर [名] 《E. hectare》ヘクタール दो हेक्टर का फ़ार्म 2 ヘクタールの農場 औसतन पाँच टन प्रति हेक्टर उपज 平均して 1 ヘクタール当たり 5 トンの収穫

हेक्टेयर [名] 《E. hectare》ヘクタール भारत में वनों का वर्तमान क्षेत्रफल लगभग सात सौ पचास लाख हेक्टेयर है 今日のインドの森林面積はおよそ 7500 万ヘクタールである

हेक्टो [数] 《E. hecto》ヘクト= शत; सौ.

हेक्टोग्राम [名] 《E. hectogramme》ヘクトグラム= सौ ग्राम.

हेक्टोपास्कल [名] 《E. hectopascal》〔気象〕ヘクトパスカル（気圧単位）= मिलीबार.

हेच [形] 《P. هيچ》(1) 取るに足らない；つまらない；下らない= तुच्छ. (2) 内容のない；中身のない；味気ない= निःसार. (3) 役立たずの= बेकार; निकम्मा.

हेचकस [形] 《P. هيچ كس》下賤な；卑しい= नीच; अधम.

हेचकारा [形] 《P. هيچ كاره》役立たずの；怠け者の

हेचपोच [形・名] 《P. هيچ پوچ》(1) ありきたりの（物）；つまらない（人や物） (2) 役立たずの

हेचमदानी [名*] 《P. هيچ مدانى》愚かしさ；無知蒙昧

हेचूँ हेचूँ [名] ロバの鳴き声 गदहे ने हेचूँ हेचूँ कर अपनी गड़बड़ तान सुनाई ロバがハーフーハーフーと調子はずれの歌を歌った

हेठ[1] [形] (1) 下の；低い (2) 劣る；劣っている；劣等の

हेठ[2] [副] 下に；下方に

हेठ[3] [名] (1) 妨げ；妨害；障害= विघ्न; बाधा. (2) 損害= हानि. (3) 打撃= चोट; आघात.

हेठा [形+] (1) 下の；低い= नीचा. (2) 劣っている；下等な= कम; घटकर; घटिया.

हेठाई [名*] ←हेठा.

हेठापन [名] ←हेठा. = हेठाई.

हेठी [名*] (1) 恥；恥辱；不名誉= हीनता; तौहीनी. दिल्ली दरबार उन्हें इतनी बड़ी क़ीमत चुकाने को अपनी हेठी समझ रहा था デリーの朝廷はこれだけの大金を支払うことを自分の不名誉と考えていた (2) 侮辱 उनकी अपनी हेठी भी उस मीटिंग में हुई थी その会合では同氏自身も侮辱されたのだった

हेड[1] [名] 軽視；軽蔑= तिरस्कार; उपेक्षा.

हेड[2] [形・名] 《E. head》(1) 頭；頭部 (2) 首席（の）；長（の）；中心的な

हेड आफ़िस [名] 《E. head office》本部；本店；本社

हेड कांस्टेबल [名] 《E. head constable》巡査長

हेडक्वाटर [名] 《E. headquarters》本部= हेडक्वार्टर्स.

हेडफ़ोन [名] 《E. headphone》ヘッドホーン

हेडमास्टर [名] 《E. headmaster》小中学校の校長 गाँव के स्कूल के हेडमास्टर 田舎の学校の校長

हेडमिस्ट्रेस [名*] 《E. headmistress》女性校長 जूनियर हाईस्कूल की हेडमिस्ट्रेस ジュニア・ハイスクールの校長

हेड लाइट [名] 《E. headlight》ヘッドライト= हेड लैंप.

हेडिंग [名] 《E. heading》(1) 見出し；表題 (2) 〔ス〕ヘディング

हेतु [名] (1) 理由 (2) 動機；目的 (3) 理屈 (4) 論理 (5) 〔論理〕論証 (-के) हेतु （ーの）ために；（ーを）目的にして प्रतिभाशाली बच्चों के हेतु 才能の豊かな子供たちのために ＊不定詞には -ने 化した形に直接に接続する शुचिता लाने हेतु 清浄をもたらすために

हेतुमत् [形] = हेतुमद्. 〔言〕条件法の **हेतुमद् वाक्य** 条件文〈conditional sentence〉 **हेतुमद् वृत्ति** 条件法〈conditional mood〉

हेतुमान् [形] 理由のある；わけのある

हेतुरहित [形] 理由のない；理屈の立たない= अकारण; तर्कशून्य

हेतुवाद [名] (1) 詭弁= कुतर्क. (2) 論理学= तर्कविद्या; हेतुशास्त्र.

हेतुविद्या [名*] 論理学= तर्कशास्त्र.

हेतुहेतुमत् [形] 〔言〕接続法の；叙想法の；仮定法の〈subjunctive〉

हेमंत [名] 歴史的にはインドで言う 1 年 6 季節のうちの第 5 の季節で晩秋に当たるが今日では最も寒い時期も含む季節；晩秋；冬季；ヘーマンタ（太陰暦の第 9 月 अगहन 及び第 10 月 पूस）

हेमंती [名*] = हेमंत.

हेम [名] (1) 雪 (2) 金；黄金

हेमगिरि [名] 〔イ神〕スメール山 (सुमेरु)

हेमचंद्र 〔人名・文〕ヘーマチャンドラ（1089–1172 現今のグジャラート地方のチャールキヤ朝治下に活躍したとされるジャイナ教の学者．言語学者，文法学者，詩人としても著名）

हेमजीवंती [名*] 〔植〕ガガイモ科蔓木ワタカカ【*Watakaka volubilis*】= नकछिकनी.

हेमपर्वत [名] = हेमगिरि.

हेममाली[1] [名] 太陽

हेममाली[2] [形] (1) 金の装身具をつけた (2) 金の首飾りをつけた

हेय [形] (1) 避けるべき；退けるべき ऐसे गंडमूल नक्षत्रों में जन्मे बच्चों को हेय समझकर किसी को भेंट दिया जाता है このような星宿の下に生まれた子供は避けるべきものとされて人にやられる (2) 蔑むべき；蔑みの उसे ऐसी पार्टियों में हेय दृष्टि से देखा जाता है その人はこのようなパーティーでは蔑みの目で見られる सगोत्र विवाह हेय समझे जाते हैं 同一ゴートラ内の婚姻は蔑まれる

हेयर डाइंग [名] 《E. hair dyeing》毛染め；髪染め

हेयर डाई [名] 《E. hair dye》毛染め剤；頭髪染色剤；ヘアーカラー；ヘアダイ

हेयर डू [名] 《E. hairdo》婦人髪型；ヘアースタイル हेयर डू एक्सपर्ट 美容師

हेयर ड्रेसर [名] 《E. hairdresser》美容師；理髪師；ヘアドレッサー लेडी हेयर ड्रेसर 女性美容師

हेयर पिन [名] 《E. hairpin》ヘアピン

हेयर रिमूवर [名] 《E. hair remover》除毛クリーム；除毛剤= हेयर रिमूविंग पाउडर (क्रीम) 除毛パウダー（クリーム）.

हेयर शैंपू [名] 《E. hair shampoo》洗髪剤；（ヘアー）シャンプー

हेयर स्टाइल [名] 《E. hairstyle》髪型；ヘアスタイル= केश विन्यास.

हेयर स्प्रे [名] 《E. hair spray》ヘアースプレー

हेरना [他] (1) 調べる；探し出す；探す= ढूँढना; खोजना. जुआँ हेरना 虱取り (2) 見る；見つめる= देखना; ताकना. केहूँ भाँति कृपा सिंधु मेरो ओर हेरिए 慈悲の尽きることなき方なにとぞこちらへ眼差しをお恵み下され (3) 確かめる；確認する **हेरना-फेरना** *a.* 順序を変える；入れ替える；入れ換える；置き替える；並べ替える *b.* 変更する；変える *c.* 交換する *d.* ごまかす

हेरफेर [名] (1) 入れ換え；入れ替え；並べ替え (2) 変更；変換 क्रिकेट के नियमों में भारी हेरफेर किये गये クリケットのルールが大幅に変更された (3) 交換 (4) ごまかし；いんちき；不正

हेराफेरी [名*] (1) 入れ替え；置き換え (2) ごまかし；いんちき करोड़ों की हेराफेरी 数千万のいんちき परीक्षा के नतीजे में हेराफेरी 試験結果のごまかし **हेराफेरी क॰** *a.* 置き換える；並べ替える *b.* 替える；交換する *c.* 幾度も出たり入ったりする；行ったり来たりする *d.* いんちきをする

हेरी [名*] 呼びかける声；呼び声= पुकार; टेर. **हेरी दे॰** 大声で呼ぶ

हेरोइन [名*] 《E. heroin》ヘロイン हेरोइन ले॰ ヘロインを用いる इसमें से क़रीब साढ़े सोलह करोड़ रुपए की 329 किलो हेरोइन है この中にはおよそ 1 億 6500 万ルピーの価格の 329kg のヘロインが入っている

हेल[1] [名⁻] (1) 軽視 (2) 無視 (3) 蔑視

हेल[2] [名*] (1) 遊び；遊戯；戯れ (2) ふざけ（ること）
हेल[3] [名] (1) 泥 (2) 牛糞 (3) 汚物 (4) 嫌悪
हेल[4] [名] 打ち解けること；親密になること＝मेलजोल; घनिष्ठता.
हेलना[1] [他] (1) 軽視する；見下す (2) 無視する (3) 蔑視する
हेलना[2] [自] (1) 遊ぶ (2) 戯れる；ふざける
हेलना[3] [自] (1)（水に）入る (2) 浮く；浮かぶ；泳ぐ
हेलनीय [形] 見下すべき；蔑むべき；無視すべき
हेलमेट [名*] 《E. helmet》ヘルメット＝हेल्मेट. मैंने हेलमेट पहन ली ヘルメットをつけた
हेलमेल [名] 親しくなること；親交；親密さ थोड़े ही दिनों में कुछ लोगों से उसका हेल-मेल हो जाता है 彼はほんの数日のうちに幾人かの人と親しくなる
हेलया [副] (1) 遊びとして (2) 簡単に；容易に；たやすく
हेला[1] [名*] (1) 遊び；遊戯 (2) 戯れ；ふざけ (3) 女性の艶っぽい身のこなしや振る舞い
हेला[2] [名*] (1) 軽視 (2) 蔑視；蔑み (3) 無視
हेला[3] [名] (1) 叫び；叫び声＝पुकार; चिल्लाहट. (2) 突いたり押したりすること；攻撃；襲撃 हेला दे॰ 叫ぶ；叫び声をあげる हेला मारना 突く；押しやる；突き飛ばす
हेला[4] [名] 掃除人；掃除夫；掃除人カーストの人＝मेहतर; डोम; हलालखोर.
हेलाल [名] 《A. هلال हिलाल》三日月；新月＝बालचंद्र.
हेलिकॉप्टर [名] 《E. helicopter》(1) ヘリコプター (2) 竹トンボ（玩具）
हेलित [形] (1) 無視された (2) 軽蔑された
हेली [名*]（女性にとっての）女性の友達＝सखी; सहेली.
हेलीकॉप्टर [名] ＝हेलिकॉप्टर.
हेलीमेली [形・名] 親密な（関係の人；友；友達；仲間）
हेलो [感] 《E. hello》(1) 挨拶の言葉としてハロー，やあ，ようなど (2) 電話の呼びかけに用いる．もしもし हेलो, विकास बोल रहा हूँ, आप कौन हैं? もしもしヴィカースですが，どちら様ですか
हेल्थ [名] 《E. health》(1) 健康 (2) 保健；衛生＝स्वास्थ्य; तनदुरुस्ती; सेहत.
हेल्थ डिपार्टमेंट [名] 《E. health department》保健衛生省＝स्वास्थ्य मंत्रालय. 〈Ministry of Health〉
हेवाक [名] 激しい欲求；渇望
हेवाकस [形] 猛烈な；激烈な；強烈な
हेवीड्यूटी [形] 《E. heavy-duty》耐久力のある；丈夫な；頑丈な हेवीड्यूटी मोटर 耐久力のあるモーター
हैं[1] [自] 連結動詞 होना[1] の直説法現在形一人称及び三人称複数形並びに二人称 आप 対応形→होना.
हैं[2] [感] 驚き，不用意などを表す感動詞．えっ，へえー，なに，なになに，何だってなど
हैंग ग्लाइडर [名] 《E. hang glider》ハンググライダー
हैंग ग्लाइडिंग [名] 《E. hang gliding》ハンググライディング
हैंगर[1] [名] 《E. hanger》ハンガー हैंगर पर लटका कोट ハンガーに下がったコート
हैंगर[2] [名] 《E. hangar》格納庫
हैंड आउट [名] 《E. handout》刷り物（レジュメなどのプリント）
हैंडड्रिल [名] 《E. hand drill》ハンドドリル；手回しドリル
हैंडपंप [名] 《E. hand-pump》手動ポンプ कुछ वृद्धाएँ हैंडपंप पर पानी भर रही थीं ちょうど幾人かの老女がポンプで水を汲んでいた
हैंडफ़िटर [名] 《E. hand fitter》仕上げ工
हैंडबाल [名] 《E. handball》〔ス〕ハンドボール
हैंडबिल [名] 《E. handbill》ビラ；ちらし
हैंडबुक [名] 《E. handbook》ハンドブック＝पुस्तिका.
हैंडबैग [名] 《E. handbag》(1) ハンドバッグ (2) 手提げかばん
हैंड ब्रेक [名] 《E. handbrake》ハンドブレーキ；手動ブレーキ
हैंड राइटिंग [名] 《E. hand writing》(1) 手書き；肉筆 (2) 筆跡 यह हैंडराइटिंग किसी लड़की का है この筆跡はだれか女の子のものだ
हैंडल [名] 《E. handle》(1) ハンドル；取っ手 (2) 操縦桿＝हैंडिल.
हैंडलूम [名] 《E. handloom》手織りばた（手織機）
हैंड लोशन [名] 《E. handlotion》ハンドローション
हैंडसेट [名] 《E. handset》ハンドセット（無線機の）
हैंडिल [名] 《E. handle》(1) ハンドル；取っ手 (2)（デッキの）手すり

है [自] 連結動詞 होना[1] の直説法現在形二人称及び三人称単数形→होना.
हैअत [名*] 《A. هيئت》＝हैयत. (1) 形；形態；形状；姿＝रूप; आकृति; शक्ल. (2) 天文学＝खगोल विद्या. (3) 占星術＝ज्योतिर्विद्या; नजूम.
हैअतदाँ [名] 《A.P. هيئت دان》＝हैयतदान. (1) 天文学者 (2) 占星術師
हैकल[1] [名*] 《A. هيكل》(1) 王宮；宮殿 (2) 殿堂 (3) 影像 (4) 首飾り（金貨などを用いたもの） (5) お守り；魔除けの札＝तावीज़.
हैकल[2] [名*] 馬の首に掛ける飾り
हैक्टेयर [名] 《E. hectare》ヘクタール＝हेक्टेयर.
हैजम [名*] (1) 軍勢 (2) 刀；刀剣
हैज़ा [名] 《A. هيضه》〔医〕コレラ＝कालरा; विसूचिका.
हैजान [名] 《A. هيجان》(1) 動揺 (2) 興奮；衝動；刺激 (3) 混乱
हैट [名] 《E. hat》ハット；帽子 हैट लगाना 帽子を被る एक आदमी हैट लगाये बैठा है 帽子を被った人が１人腰を下ろしている
हैटट्रिक [名] 《E. hattrick》〔ス〕ハットトリック
हैड [形・名] 《E. head》→हेड[2].
हैडकांस्टेबल [名] 《E. head constable》巡査長＝हेडकांस्टेबल.
हैडक्लर्क [名] 《E. head clerk》主任事務官 नगर पालिका में हैड क्लर्क 市役所の主任事務官
हैडलाइट्स [名] 《E. headlights》ヘッドライト
हैतुक[1] [形] ←हेतु. (1) 理由のある；原因のある (2) 依存している
हैतुक[2] [名] (1) 論理学者 (2) 合理主義者
हैदर [名] 《A. حيدر》ライオン＝सिंह; शेर.
हैदराबाद〔地名〕(1) ハイダラーバード（アーンドラ・プラデーシュ州州都） (2) ハイダラーバード（パキスタンのシンド州州都）
हैप्पी बर्थ डे [名] 《E. happy birthday》〔感〕誕生祝いの挨拶の言葉（ハッピーバースデー；お誕生日おめでとう） हैप्पी बर्थ डे टू यू ハッピーバースデートゥーユー
हैफ़[1] [感] 《A. حيف》悲鳴や悲嘆を表す言葉；ああ
हैफ़[2] [名] 《A. حيف》悲しさ；悲しみ；悲嘆＝हाय; हाय-हाय.
हैबत [名*] 《A. هيبت》(1) 威圧；威圧感；威厳 (2) 恐怖；恐怖感
हैबत अंगेज़ [形] 《A.P. هيبت انگيز》恐ろしい；恐怖感を与える
हैबतनाक [形] 《A.P. هيبت ناک》恐ろしい；恐怖感を与える；気味悪い मुझे सूखे पत्तों की हैबतनाक खड़खड़ाहट सुनाई दे रही थी 枯葉の気味悪い音が聞こえていた
हैबतनाकी [名*] 《A.P. هيبت ناکی》恐ろしいこと；恐怖；気味悪さ
हैमंत[1] [形] ←हेमंत. ヘーマンタ（हेमंत）の季節の→हेमंत.
हैमंत[2] [名] ＝हेमंत.
हैम[1] [形] (1) 金の (2) 金製の (3) 金色の
हैम[2] [形] (1) 雪の (2) 氷の (3) 冬の；冬季の
हैमर [名] 《E. hammer》ハンマー
हैमर थ्रो [名] 《E. hammer throw》〔ス〕ハンマー投げ＝तार-गोला फेंक.
हैमरेज [名] 《E. hemorrhage》〔医〕出血 मैसिव हैमरेज 大出血〈massive hemorrhage〉 ब्रेन हैमरेज 脳出血〈brain hemorrhage〉
हैयत [名*] →हैअत.
हैरत [名*] 《A. حيرت》(1) 驚き；驚嘆 बड़ी हैरत से 大変驚いて＝बड़ी हैरत के साथ. (2) 驚愕
हैरतअंगेज़ [形] 《A.P. حيرت انگيز》驚くべき；驚嘆すべき मुगलिया जमाने के फ़न्ने तामीर का एक हैरतअंगेज नमूना ムガル時代の建築の驚嘆すべき作品の１つ जंगली सूअर के शिकार का हैरतअंगेज किस्सा 猪狩りの驚くべき物語
हैरतनाक [形] 《A.P. حيرت ناک》＝हैरतअंगेज़.
हैरान [形] 《A. حيران》あわてふためいた；当惑した；困惑した；面食らった मैं हैरान था कि क्या बोलूँ 何と言ったらよいものか当惑していた हैरान हूँ कि यह तरकीब मुझे पहले कभी क्यों नहीं सूझी 自分がこの方法を以前１度も思いつかなかったことに当惑している हैरान क॰ 困惑させる；当惑させる；悩ます；苦しませる
हैरानी [名*] 《A. حيرانی》気が動転すること；当惑；困惑 मुझे खुद अपनी हालत पर बड़ी हैरानी थी 我ながらひどく困惑した
हैवान [名] 《A. حيوان》(1) 獣；畜生；動物＝पशु; जानवर. (2) 野獣＝जंगली जानवर. (3) 畜生同然の人間（知能や人情の欠けていることで）；愚かな人；鬼のような人

हैवानात [名, pl.] 《A. حيوانات ← حيوان हैवान》獣；畜生

हैवानियत [名*] 《A. حيوانيت》(1) 獣性 (2) 野蛮さ (3) 残忍さ；無慈悲 उसके आखिरी सवाल का जवाब न देना हैवानियत होगी あの人の最後の質問に答えないのは無慈悲と言うものだ＝हैवानीयत.

हैवानी [形] 《A. حيوانى》(1) 獣の；畜生の；動物の (2) 動物的な；獣的な；獣同然の

हैवीवाटर [名] 《E. heavy water》〔化〕重水

हैवीवेट [名] 《E. heavy weight》〔ス〕ヘビーウエイト हैवी वेट की श्रेणी ヘビー級

हैस-बैस [名*] 《A. حيص بيص》(1) 言い争い；口喧嘩 कई दिन इसी हैस-बैस में गुज़रे この言い争いのうちに数日間が過ぎた (2) 喧嘩

हैसियत [名*] 《A. حيثيت》(1) ぶん（分）；分際；身分；分限；資格 अपनी हैसियत को भूलना न चाहिए 身の程を忘れてはならない (2) 経済力；財力；資力 यदि हम अपनी हैसियत के अनुसार ही जीवनयापन करें ひたすら自分の経済力に応じて暮らすならば (3) 名誉；尊厳 **हैसियत रखना** *a.* 財力がある；資力がある；豊かな *b.* 力を持つ；力量を持つ；資格を持つ (-की) **हैसियत से** （－）として；（－の）資格や身分や立場で वह घरेलू नौकर की हैसियत से काम करता था 召使いとして働いていた चश्मदीद गवाह की हैसियत से गवाही देंगे 目撃者として証言する ये आंदोलनकारी स्वतंत्र भारत के नागरिक की हैसियत से सम्मान की ज़िंदगी जीना चाहते हैं これらの運動参加者は独立インドの市民として尊厳ある生活を送りたいと願っている **हैसियत से बाहर चलना** 自分の力や経済力，資力以上のことをする；身の程をわきまえぬことをする

हैसियतदार [形] 《A.P. حيثيت دار》(1) 名誉ある；尊厳を持つ (2) 豊かな；裕福な；身上持ちの

हैसियतमंद [形] 《A.P. حيثيت مند》＝हैसियतदार.

हैसीयत [名*] ＝हैसियत.

हैहय [名] 〔イ史〕ハイハヤ族（北インドの कलचुरि カラチュリ王朝と関係があるとされる यदु ヤドゥ族からの出自を称えるクシャトリヤの一派）

है-है [感] 悲しみや苦しみ，悩みを表す言葉＝हाय-हाय. **है-है क॰** 悲しみの声をあげる；悲嘆の声をあげる

हों [自] 連結動詞 होना[1] の叙想法不定未来時制一人称形及び三人称複数形並びに二人称 आप 対応形.〔古〕＝होएँ; होंय; होवें.

होंगी [自] होना[1] の直説法未来時制形一人称及び三人称複数女性形並びに二人称女性 आप 対応形

होंगे [自] होना[1] の直説法未来時制形（一人称及び三人称男性複数形並びに二人称男性 आप 対応形）

होंट [名] 唇＝होंठ; ओष्ठ; लब.

होंठ [名] 唇 **ऊपर का होंठ** 上唇＝ऊपरवाला होंठ. पुरुष प्रायः दाढ़ी रखते थे, परंतु ऊपर के होंठों को साफ़ रखते थे 男子はたいていあごひげを生やしていたが，鼻の下のひげはそっていた **नीचे का होंठ** 下唇 **होंठ काटना** （唇を噛んで）激しい怒りの表情を見せる；激しい感情を抑える表情をする；激怒する **होंठ चबाकर** 唇を噛んで；激しく怒って **होंठ चबाना** ＝होंठ काटना. **होंठ चाटना** 舌なめずりをする；唇をなめる（食べ足りない様子を見せる） गीदड़ ने होंठ चाटते हुए कहा ジャッカルは舌なめずりをしながら言った **होंठ चिपकना** （食べたくて）涎が出る **होंठ चूसना** 口を吸う；接吻する；キスをする बाबा के होंठ तिरछे हो गए 祖父の唇が歪んだ **होंठ तिरछे हो जा॰** 唇が歪む（不快な表情を見せる） **होंठ पर आ॰** 言葉が口まで出かかる **होंठ फड़कना** （強い感情のため）唇が震える **होंठ बिचकाना** 不快な表情を示す **होंठ भींचना** 唇を噛む **होंठ-सी जा॰** 言葉が出ない **होंठ सूखना** （怒りや発熱のため）唇が乾く **होंठ हिलाना** 話す；しゃべる **होंठों तक आ॰** 言葉が口から出かかる **होंठों पर ज़बान फेरना** 喉が大変渇く **होंठों पर जान आ॰** 死にかける **होंठों पर रेखा खिंच जा॰** 微笑む；にっこりする **होंठों पर लाना** 口に出す；話してしまう **होंठों पर हँसी खेल जा॰** 微笑む；にっこりする **होंठों में कहना** 小声で言う；声をひそめて話す **होंठों में मुसकराना** かすかに笑みを洩らす **होंठों से दूध की बू न जा॰** 全くすれていない；全くうぶな

होंय [自]〔古〕＝हों.

होंशू [地名] 日本の本州＝होंशू द्वीप; होनशू.

हो[1] [自] होना[1] の次の形を表す (1) 命令法二人称形 (2) 直説法現在時制（तुम 対応形）＝होओ. (3) 叙想法不定未来時制二人称及び三人称単数形.〔古〕＝होए; होवे; होय.

हो[2] [感] 呼びかけの言葉．おーい，やあ，よおなど

होइए [自] होना の命令法二人称（आप 対応形） परेशान न होइए 心配なさいますな → हूजिए.

होई [名*] ＝अहोई.〔ヒ〕ホーイー・ヴラタ（カールティカ月黒分 8 日，すなわち，日本の旧暦 9 月 23 日に子供の長命・健康・厄除けを願って行われるヴラタ）→ व्रत.

होऊँ [自] 連結動詞 होना[1] の叙想法不定未来時制一人称単数形 गोया मैं घर का पालतू कुत्ता होऊँ まるで僕は家の飼い犬みたいなものだ

होऊँगा [自] होना[1] の直説法未来時制一人称単数男性形＝हूँगा. 女性形は होऊँगी（＝हूँगी）

होएँ [自]〔古〕連結動詞 होना[1] の叙想法不定未来形一人称及び三人称複数形並びに二人称 आप 対応形＝होवें; हों. これから作られる直説法未来時制形は होएँगे（होएँगी）＝होंगे（होंगी）.

होए [自]〔古〕連結動詞 होना[1] の叙想法不定未来二人称及び三人称単数形＝हो; होवे; होय.

होओ [自]〔古〕連結動詞 होना[1] の次の形を表す (1) 叙想法不定未来形二人称（तुम 対応形）＝हो. (2) 命令法二人称複数（तुम 対応形）＝हो. (3) これに未来語尾を加えて直説法未来時制形が作られる **होओगे/होओगी** ＝होगे/होगी. समझ में तो तभी आएगा जब तुम समझने के लिए तैयार होओगे 君が理解するつもりになって初めて理解できるものなんだ

होक्काइदो [地名] 北海道 होक्काइदो द्वीप

होगला [名]〔植〕イネ科ワセオバナ【*Saccharum arundinaceum*】

होगा [自] होना[1] の直説法未来時制二人称及び三人称男性単数形

होगी [自] (1) होना[1] の直説法未来時制二人称及び三人称女性単数形 (2) होना[1] の直説法未来時制二人称女性形（तुम 対応形）→ होओ.

होगे [自] होना[1] の直説法未来時制二人称男性形（तुम 対応形）

हो ची मिन सिटी [地名] 《E. Ho Chi Minh city》ホーチミン市（旧称サイゴン，ベトナム）

होज-पाइप [名] 《E. hose pipe》ホース；注水管 किसी ने होज पाइप खोलकर ट्रेन रोकी だれかが注水管をはずして列車を止めた

होटल [名] 《E. hotel》(1) ホテル (2) 飲食店；食堂 (3) 喫茶店；茶店 मुन्नू चायवाले का होटल ムンヌーの（経営する）茶店 चाय का होटल 茶店；喫茶店 होटल वाला 飲食店主；食堂店主；ホテル経営者

होड़ [名*] (1) 競争；対抗；競り合い शस्त्रास्त्रों की होड़ 軍備競争 परमाणु शस्त्रों की होड़ 核兵器の競争 दोनों सेठों की होड़ 2 人の豪商の競り合い (2) 競争心；対抗意識 **होड़ बदना** 賭ける＝शर्त बदना. **होड़ बाँधना** 競争する；対抗する **होड़ में बाज़ी मारना** 競争に勝つ लड़कियों के माता-पिताओं को योग्य वर पाने के लिए आपसी होड़ में बाज़ी मारने का प्रयास करना होता है 娘の親たちはいい婿を見つけるために競争に勝つ努力をしなくてはならない＝होड़ लगाना; होड़ ले॰. **होड़ लगना** 競争心が起こる विभिन्न राज्यों के बीच छोटे-छोटे आर्थिक लाभों की प्राप्ति की होड़ लग गई いろいろな州の間にちっぽけな経済的利益の獲得をめぐって競争が起こった

होड़ा [名] (1) 盗人 (2) 強盗

होड़ाहोड़ी [名*] 競争；競い合うこと→होड़. होती सीमाहीन क्षितिज से इन पंखों की होड़ा-होड़ी 限りなき地平線と競い合うこの翼 **होड़ा-होड़ी क॰** 競争する

होतब [名] 運命；定め；運命

होतव्य [名] ＝होतब.

होतव्या [名*] 必然的なこと；これから先に起こること

होता[1] [自] (1) होना[1] の未完了分詞．男性単数形 होता, 女性単数形 होती, 男性複数形 होते, 女性複数形 होतीं. (2) होना[2] 叙想法不定未完了時制形及び不定完了時制形を作る助動詞 बात यहीं ख़त्म हो गई होती, तो कुछ न बिगड़ता 話がここで終わっていたら面倒は何も起こらなかったのだが

होता[2] [名] (1)〔ヒ〕ホートリ祭官，ホーター（होतृ）バラモン教で神を祭場に勧請し祭式を司った祭官 (2)〔ヒ〕祭官；供犠を行う祭官 (3) 火の神アグニ

होतृ [名] ＝होता[2].

होत्र [名] (1)〔ヒ〕祭式において護摩の火に投じるべきギーや大麦などの供物；供え物 (2) 祭式；祭祀；護摩供養

होनहार[1] [形] ＝होनहारा. (1) 将来性の見込まれる；期待を寄せられる；有望な；前途を属望（嘱望）される वह होनहार तालिबे इल्मों में शुमार किया जाने लगा 将来の見込まれる生徒のうちに数えられるようになった होनहार कलाकार 属望されるアーチスト (2) 将来の；未来の；次の；来るべき होनहार राजा 将来の王 होनहारी मृत्यु 来るべき死 **होनहार बिरवा के होत चिकने पात** 〔諺〕栴檀は双葉より芳し＝होनहार बिरवा के चिकने चिकने पात.

होनहार[2] [名] 必然；定め；運命；宿命 कोई भी किसी होनहार को नहीं रोक सकता だれも必然を押し止めることはできない **होनहार होके टले** 〔諺〕運命は避けようがない

होना[1] [自] 未完了分詞 होता, 完了分詞 हुआ (1) 連結動詞（コピュラ）として用いられる．～だ，～である，～ですなど．現在形は次の通り． हूँ 一人称単数． है 二人称及び三人称単数． हैं 一人称，三人称複数及び二人称 आप 対応形． हो 二人称 तुम 対応形．過去形は次の通り． था 男性単数． थे 男性複数． थी 女性単数． थीं 女性複数．なお，これは存在を表す場合（あった，いたなど）にも用いられるが存在を表す以外の意味（なった，生じたなど）には完了分詞（हुआ, हुए, हुई, हुईं）が用いられる．不定未来形 होऊँ 一人称単数． हो 二人称及び三人称単数． हों 一人称及び三人称複数兼二人称 आप 対応形． हो/होओ 二人称 तुम 対応形． (2) 存在する；ある；いる हमारे गाँव के पास एक तालाब है 私たちの村の近くに池が１つある काफ़ी ज़मीन होने के बावजूद かなりの土地があるにもかかわらず (3) 状態を表す；（－）の状態にある मैं शहद की तलाश में हूँ 蜂蜜を探している (4) 生じる；生まれる；作り出される；起こる；発生する；できる；現れる；出現する बिना कारण के कुछ नहीं होता 理由なく生じることは何もない बंगलादेश में हुए नरसंहार से バングラデシュに発生した大虐殺で वही होने को था 正にそういうことになっていたんだ मालकिन मोटी-ताज़ी देवी थीं, पर अब की कुछ ऐसा संयोग हुआ कि उन्हें दूध हुआ ही नहीं 奥方は体格のよい人だったがたまたま今度は乳が全く出ないということになった समाज में इस तरह के अपराध हो रहे हैं 社会にこの種の犯罪が起こっている अनेक अवांछित घटनाएँ हुई हैं 幾つも不快な事件が発生した एक दिन शाम के समय रिमझिम वर्षा हो रही थी ある日の夕方，ちょうどしとしとと雨が降っていた時のこと एक बार मन हुआ कि सरला को जगाकर नीचे भेज दे サルラーを起こして下に行かせようと言う気持ちが１度起こった चौकीदार को उसपर विश्वास नहीं हो पाया 警備員にはそれが信じられなかった धुआँ होता रहता है 煙が絶えず出ている मेरी बात सुनकर उसे ख़ुशी हुई 私の話を聞いて嬉しくなった उन सब को बड़ा कष्ट हुआ 皆が大変な苦労をした (5) なる；違った状態に変わる；変化する；変化した状態が生じる उसे देखकर बहुत प्रसन्न हुई それを見てとても嬉しくなった अलगू सरपंच हुए アラグーがサルパンチになった उस फ़िल्म में केवल उसके युवा होते शरीर का प्रदर्शन मात्र था その映画ではひたすら彼の青年になっていく肉体が表現されただけだった (6) 生まれる；産まれる；子供や子ができる；虫などがわく；育つ परंतु ये तीनों कवि कहाँ हुए और कहाँ रहे, इसका पता नहीं しかしこれら３人の詩人がどこで生まれどこで暮らしたのかはわからない शीला के दो बच्चे हुए シーラーには２人の子供ができた इसी बीच पूनम को एक मरा हुआ बच्चा हुआ ちょうどこの間にプーナムは死産をした जैसे मिट्टी से हाथ धोने से पेट में कीड़े होने की संभावना बनी रहती है 例えば手に土をつけて洗うと腹に虫のわく可能性があるものなのだ (7) 行われる；なされる पहले संगीत हुआ, नृत्य हुए まずは音楽が奏でられ踊りが行われた गप्प हो रही थी 世間話の最中だった यह पाप मुझसे न होगा こんな悪いことは私にはできません (8) 催される；開かれる वे 27 जुलाई से मास्को में होने जा रहे बारहवें युवा महोत्सव में जाना चाहते हैं ７月27日からモスクワで開催される青年友好祭への参加を望んでいる (9) 経過する；（時間が）経つ रूस में आए आपको कितने साल हुए ロシアにおいでになってから何年経ちましたか (10) 完了分詞，すなわち，हुआ（हुए, हुई）の形で未完了分詞及び完了分詞に接続してそれが形容詞的用法であることを示す． राजमहल में पली हुई कन्या 王宮に育った娘 उसका तमतमाया हुआ चेहरा देखकर डर गया 男の真っ赤になった顔を見て恐ろしくなった चलती हुई गाड़ी से 走っている車から उड़ते हुए पक्षी को 飛んでいる鳥を（なお，この用法の完了分詞は省略されることがある） **हो आ॰** *a.* 行って来る；行って戻る चाहा, एक बार बुआ के कमरे तक हो आऊँ １度おばの部屋まで行ってから戻りたいと思った मैं भी उनके साथ स्टेट्स हो आई 私もあの人と一緒にアメリカに行って来ました *b.* 訪ねる；訪れる；訪問する कहीं हम मिल जाते तो सलाम-दुआ हो जाती, या कभी-कभार एक दूसरे के घर हो आते たまに出会うことがあれば挨拶を交わしたまにお互いの家を訪ねる *c.* やって来る；来る；訪れる；生じる；起こる आसमान में हलका पीलापन शेष होते हुए भी घर में रात हो आई थी 空にはまだ明るさが残っていても家の中には夜がやって来ていた उसे फ़क़ीर की बात याद हो आई 行者の言葉が思い出された **हो उठना** ある結果や状態になる；至る अगर किसी कारण से पुलिस अनुशासनहीन हो उठे तो 何らかの理由で警察が統制なきものになれば वह लगभग रोने को हो आया もうほとんど泣きだしそうになった उन्होंने लक्ष्मी गणेश के चाँदी के सिक्के प्रधान मंत्री को भेंट किये तो वह भावविभोर हो उठे ラクシュミー神とガネーシャ神の刻まれた硬貨を首相に贈呈すると首相はいたく感動された आसमान धीरे-धीरे लाल हो उठा 空は段々赤くなった कितनी सही हो उठी हैं ये पंक्तियाँ この（歌の）文句がなんとぴったりあてはまることだろう (-से) **होकर** （－を）通って；経て वह घने जंगल से होकर गुज़र रहा था 密林を通過中だった कच्ची सड़क उसके गाँव से होकर जाती थी 舗装されていない道が彼の村を通っていた (-) **होकर रहना** 必ず（－に）なる；きっと（－に）なる **हो गुज़रना** *a.* 現れる；出現する फ़िल्म जगत में बड़े-बड़े धाकड़ किस्म के पीने वाले हो गुज़रे हैं 映画界にはものすごい酒飲みが今までに現れてきている *b.* 起こる होनहार घड़ियाँ हर शक्ल में हो गुज़रती हैं 起こるべきことはどうしても起こるものなのだ **हो चलना** *a.* なる जब राजा बूढ़ा हो चला तो उसे अपने बेटों के बारे में चिंता हुई 王は老いると息子たちのことが心配になった उसे लगता था कि वह अब बहुत बूढ़ा हो चला है もう自分が随分老け込んだ感じがしていた कुछ ही दिनों में वह भी अमीर हो चला あの男もほんの短い間に金持ちになった *b.* 経過する इत्ते बरस शादी को हो चले 結婚してもうこれほどの年月が経ったのだ **हो जा॰** *a.* 完了する；終了する；済む खेल हो जाने पर पैसे बटोरकर उसने भीड़ में मुझे देखा 演技が終了すると金をかき集めて群集の中の私を見た सहेजना-समेटना हो गया? 後片付けは済んだのかね शादी धूमधाम से हो गई 結婚式は盛大に終了した *b.* 完成する；成る；達成される मकान भी हो गया.नौकर-चाकर भी देख पड़ने लगे 家も建った．使用人もいるようになった हो जाएगा, आप बेफ़िक्र रहें うまく行きますから安心なさって下さい *c.* なる；生じる चार बजे मदरसे की छुट्टी हो जाती है ４時に学校の授業が終わる इनकी लड़की क्यों विधवा हो गई? この方の娘さんはなぜ未亡人になったのですか तुम्हारी बात से उसके दोस्त आश्वस्त हो जाते あんたの話を聞いたらあの人の友人は安心したのに बिल्ली की हत्या किससे हो गई ネコはだれに殺されたんだ मालिक ग़ज़ब हो गया.ग़ज़ब हो गया मालिक 旦那様，大変な事態になりました．大変なことです दोनों का चाय पीना बंद हो गया ２人がお茶を飲んでいたのが止まった आओ, एक प्याला काफ़ी हो जाए さあコーヒーを１杯飲もう आज तो इस ख़ुशी में पार्टी हो जाए! 今日はこれを祝ってパーティーと行こうला, पहले एक-एक कप चाय हो जाए それではまずはお茶を１杯と行こう *d.* 移る；入る वह रसोई में अंदर हो गई, जिससे नटराजन को न दीख सके 彼女はナトラージャンに見つからぬようにお勝手に入った **होते-करते** やがて；そのうちに जो हो, होते-करते एक दिन ऐसा आया कि उस सेठ के घर से भी लक्ष्मी अकारण ही रूठकर चली गई やがてある日その長者の家からも富の女神がわけもなく不機嫌になって出ていくことになった **होते-न-होते** すぐに；直ちに **होते-हवाते** そうこうするうちに **होते-होते** やがて；ゆくゆくは (-) **होते-होते** （－に）なるかならぬかに दिन भर लगातार चलने के बाद वे शाम होते-होते थके-माँदे शहर में पहुँच गए 昼間ずっと歩き続けて夕方になるかならぬかに疲れはてて街に着いた (-से) **होते हुए** （－を）通って；経由して **हो-न-हो** ひょっとすると；まさか मन-ही-मन मैंने सोचा.हो-न-हो यही वह युवक है 私はひょっとするとこれがあの若者ではないかと思った **होना-हवाना** なる；なされる；生じる रहने दो, तुझसे कुछ होना-हवाना तो है नहीं ほっといてくれ．お前の力でどうにかなるものではない **होनेवाला** 次の；来るべき；次に来る होनेवाला वज़ीर 次の大臣 (-के पीछे) **हो ले॰** （－に）随行する (-के साथ) **हो ले॰** （－に）同行する；連れ立つ वह भी जुलूस के साथ हो लिया 彼もデモ行進に同行した नौकर शंकर जी के साथ हो लिया 使用人はシャンカルさんに同行した **हो**

ले॰ 終わる；終了する；終結する हमारी बातें तो हो लीं, अब आप भी कुछ कहें 手前の話は終わりました．今度はあなたも何か一言仰って下さい **हो सकना** できる；ありうる；可能な यह नहीं हो सकता! यह कभी नहीं हो सकता それはできない話だ．決してできないことだよ यह कैसे हो सकता? こんなことがどうしてあり得ようか बिना कोशिश किये कुछ भी नहीं हो सकता 努力せずには何事も成ることはない हो सकता है कि यह समस्या एक साल के अंदर हल हो जाए この問題は1年以内に解決されるかも知れない इस समस्या के दो हल हो सकते हैं この問題には2つの解決策がありうる हो सकता है, ऐसा ही है その通りかも知れない हो सके तो できれば；可能ならば **हो सो हो** ともかく；とにもかくにも

होना[2] [助動] (1) 連結動詞の直説法現在形，過去形，未来形及び叙想法不定未来形は主動詞の未完了分詞（現在分詞）及び完了分詞（過去分詞）に接続して時制助動詞及び法助動詞として機能する．すなわち，自動詞 आना（来る）は次のように直説法及び叙想法とその諸時制に用いられる． आता (आता है, आता था, आता हो, आता होगा); आया (आया है, आया था, आया हो, आया होगा) また，未完了分詞 होता (होते, होती, होतीं) は主動詞の未完了分詞及び完了分詞に接続して叙想法（仮定法）に用いられる आपने इस काम के लिए किसी को पकड़ा होता, मुझे आप शायद नहीं जानते この仕事のためにだれか他の人を捕まえていらっしゃったら多分私をお知りになることはなかったでしょうに (2) 連結動詞の現在形と過去形は法助動詞及び時制助動詞として用いられるほか次のような意味を付加する助動詞としても用いられる．すなわち，主動詞の不定詞に付加されて義務，必要性，要請，予定などを意味する「ーしなければならない，ーすべきだ，ーする予定だなど」の意味を付け加える．その場合，動作主は与格形をとり自動詞は標準的には無変化であるが，他動詞は目的語の性・数に応じて -ने, -नी と変化する． हम लोगों को दस बजे तक स्टेशन पहुँचना है 私たちは10時までには駅に着かなくてはいけない मुझे आज शाम को घर पर रहना होगा 僕は今日の夕方家にいなくてはならない हर हालत में तुम्हें शपथ खानी होगी どうあろうとも君は誓いを立てなくてはいけない आपको मेरी बातें माननी होंगी 私の申すことを認めて頂かなくてはなりません तुम्हें मेरे प्रश्नों के उत्तर देने होंगे 君は私の問いに答えなくてはならないよ नौकर को कल आटा लाना है 使用人は明日小麦粉を買ってくることになっている तुम्हें आज सुबह स्टेशन पर मुझसे मिलना था 君は今朝私と駅で会うことになっていたんだ

होनी[1] [自] 標準的ではないが文法上の要請で होना[1] が होनी と変化したもの यह धारणा ख़त्म होनी चाहिए कि वह निष्पक्ष है それが中立であるとの考えはやめるべきだ हमें इसपर गंभीरतापूर्वक विचार करना चाहिए कि क्या परिवार की सुखसंपन्नता के लिए अधिक औलाद होना आवश्यक है या कम पर पढ़ी लिखी लायक औलाद होनी 家族の幸せのために子供は多くあるべきか，それとも少なくても高い教育を授かるべきかを真剣に考えるべきだ किसी भी जनतांत्रिक राष्ट्र में हर व्यक्ति के समूह को अपने विचार प्रकट करने की स्वतंत्रता होनी चाहिए いかなる民主国家においても個人は自分の考えを表明する自由を持つべきだ

होनी[2] [名*] 運命；宿命；必然 होनी को कोई भी नहीं टाल सकता 運命をだれも退けることはできない **होनी होए सो होए** ともかく；とまれ **होनी होकर रहती है** 起こるべきことはきっと起こるものなのだ

होबार [名]〔鳥〕(1) ガン科フサエリショウノガン【*Chalamydotis undulata*】= तिल्लर.

होम [名]〔ヒ〕神々に捧げられる供犠；ホーマ（ホーム）；火にギーや大麦などを投じながら行われ神への祈りを捧げる儀式；ハヴァナ；護摩 **होम क॰** *a.* ホーマを行う घोड़े की चरबी से होम क॰ 馬の脂肪でホーマを行う *b.* 一切のものを捧げつくす *c.* 台無しにする；つぶしてしまう **होम करते हाथ जलना** 良いことをなすのにかえって苦痛を受けたり損害を被ることのたとえ (-) **होम क॰** *a.* (ーを) 焼き払う；焼尽する *b.* (ーを) 台無しにする *c.* (ーを) 捨て去る；放棄する

होमकुंड [名] ホーマの祭壇に作られる祭火を焚く穴やホーマの祭火を入れる深い容器

होमगार्ड [名]《E. homeguard》インドの国防市民軍の隊員，もしくは，市民軍兵士

होमना [他] (1)〔ヒ〕ハヴァナを行う；ホーマ（献供）の火に投じる；護摩の火に投じる (2) 捧げつくす (3) 台なしにする

होममिनिस्टर [名]《E. home minister》内務大臣；国務大臣 = गृहमंत्री.

होममिनिस्ट्री [名*]《E. Home Ministry》インド連邦政府内務省 = गृहमंत्रालय.

होमराय [名*]〔鳥〕サイチョウ科オオサイチョウ【*Buceros rhinoceros*】

होमवर्क [名]《E. homework》宿題 मैं रोज़ उसका होमवर्क करा दिया करता था 毎日あの子に宿題をさせていた（見てやっていた） **होमवर्क निपटाना** 宿題を片付ける

होमाग्नि [名*]〔ヒ〕護摩（ホーマ）の火；ハヴァナ（献供）の祭火

होमियोपैथ [名]《E. homeopath》〔医〕ホメオパシー（同毒療法；同種療法）の医者

होमियोपैथिक [形]《E. homeopathic; homoeopathic》ホメオパシーの होमियोपैथिक चिकित्सक ホメオパシー医療の医者 होमियोपैथिक इलाज ホメオパシー医療

होमियोपैथी [名*]《E. homeopathy》〔医〕ホメオパシー（同種療法；同毒療法）

होमी [名]〔ヒ〕 हवन ハヴァナ（ホーマ，すなわち，護摩や献供と呼ばれるバラモン教・ヒンドゥー教の祭儀）を行う人；護摩を焚く人

होमो सेपिएन्स [名]《E. homosapiens》〔人類〕ホモサピエンス；現生人類

होम्यौपैथिक [形]《E. homeopathic》同種療法の= होमियोपैथिक.

होय [自]〔古〕 होना[1] の叙想法不定未来時制二，三人称単数形の古い形，今日では हो と記されるのが普通. = होए; हो; होवे

होरसा [名] その上で物をすりつぶしたり押しのばしたりするのに用いられる平たい円形の石；ホールサー（チャパティーなどを作るのにこねた小麦粉をのすのに用いる円盤状の石）= चौका.

होरहा [名] (1) 実のついたまま根こそぎ抜いたヒヨコマメの株 (2) ヒヨコマメ，エンドウマメ，大麦などを株や茎のついた状態で抜き莢や穂に入ったまま火に炙ったもの

होरा [名*] (1) 1日の24分の1の時間，すなわち，1時間= घंटा (60分) (2) ホロスコープ= जन्मकुंडली.

होरिल [名] 赤子；新生児

होलक [名] ヒヨコマメやエンドウマメなどを莢なり火に炙ったもの→ होरहा.

होलड़ [名] (1)〔ヒ〕新生児；赤子 (2) 男子の誕生時に歌われる祝い歌

होलडाल [名]《E. holdall》ホールダール（旅行用に用いられるキャンバス製の袋．寝具などの大きな荷物を折りたたんで入れることができる）= होल्डाल.

होलसेलर [名]《E. wholeseller》卸商= होल्सेलर; थोक व्यापारी; थोक विक्रेता.

होला[1] [名*]〔ヒ〕ホーラー祭（ホーリー祭 होली の一部を成すもので前夜祭に続く翌日の色水掛けや色粉塗りなどの無礼講が行われる）；ドゥレンディー（धुलेंडी）→ होली.

होला[2] [名]〔シク〕ホーラー祭（2日にわたるヒンドゥー教徒の春祭であるホーリー祭と同じくインド暦12月・パールグン月白分15日とその翌日に祝われるシク教徒の祭礼）；ホーラー・モハッラー祭

होला[3] [名] = होरहा; होलक.

होलिका [名*]〔ヒ・イ神〕(1) ホーリー祭 होली (2) ホーリー祭にどんど焼きで燃やされるもの（ヴァサンタ・パンチャミー वसंत पंचमी の後からそのために拾い集めたり寄せ集められる藁や枯れ草，木切れなど）を積み上げたもの；ホーリカー रात में जगह-जगह होलिका जलती हुई दिखी 夜，あちこちにホーリカーが燃えているのが見られた **होलिका-दहन** ホーリー祭の夜にホーリカーを燃やすこと；どんど焼き (3) ホーリカー（ダイティヤの王ヒランニャカシプ हिरण्यकशिपु の妹．堅固なヴィシュヌ信仰のため父親のヒランニャカシプに殺されようとしたプラフラーダ प्रह्लाद を兄の命令により抱いて火の中に入り自らは焼死したがプラフラーダは助かったとされる）= ढुंढा.

होली [名*] (1)〔ヒ〕ヒンドゥー教の春祭であるホーリー祭（これは日本の旧暦2月15日に当たるヒンドゥー暦の12月，すな

ह

わち，パーグン月，もしくは，パールグナ月 फागुन（फाल्गुन）の白分15日の夜にどんど焼きをして祝われる．その翌日，すなわち，ヒンドゥー暦の元日に当たるチャイト月の朔日，すなわち，日本の旧暦2月16日の午前に祝われる色粉や色水掛けなどの無礼講の祭は धुरेंडी とか होला と呼ばれるが前夜のホーリー祭と一連のものである） (2) ホーリー祭に燃やされる枯れ木や枯れ草，木切れなど；ホーリー；ホーリカー＝होलिका. पिछली होली पर दंगा हो चुका था.हिंदू होली न जला सके थे 去年のホーリー祭には暴動が起こったのでヒンドゥーはホーリーを燃やすことができなかった (3) ヴァサント・パンチャミー祭（वसंत पंचमी）の後ホーリー祭にかけて毎夜歌われる民謡，ホーリー (4) 無駄遣い (5) 祭礼などにたかれる火；かがり火 (6) 廃棄物を焼却するための火 (-की) **होली क०** （－を）つぶす；台無しにする；破壊する **होली का डाँडा** ホーリー祭に燃やすために居住地の境界に集められる藁や草，木切れなど **होली का भड़ुआ** *a.* ホーリー祭の頃慰みに作られる不恰好な人形＝भँड़वा. *b.* 不恰好な（もの）；こっけいな（もの） **होली खेलना** 知人や友人や通りがかりの人にまで色水や色粉をかけ合ったり塗りつけ合ったりしてホーリー祭を祝う **होली जलाना** ホーリーの火をたく；ホーリカー होलिका に火を放つ (-की) **होली जलाना** ＝होली क०. **होली मिलना** 知人や友人が抱き合ってホーリー祭の祝いの挨拶を交わす

होलू ［名］莢なり炙ったり焼いたりして食するヒヨコマメ（チャナー）の実

होलैंड 〔国名〕《E. Holland》オランダ王国

होलकर ［名］〔イ史〕ホールカル家（インドールに拠ったマラーター同盟の諸侯の一）〈The Holkar family, Indore〉

होल्डर ［名］《E. holder》(1) 物を留めたり支えたりするもの；ホルダー (2) ペン軸；ペンホルダー (3) 電球のソケット

होल्डाल ［名］《E. holdall》ホールダール（旅行用の道具や寝具入れの大きな折り畳み袋）→ होलडाल.

होवरक्राफ़्ट ［名］《E. Hovercraft》ホバークラフト

होवें ［自］〔古〕 होना[1] の叙想法未来時制一人称，三人称複数形並びに二人称 आप 対応形＝हों; होएँ. これから作られる直説法未来時制形は होवेंगे（होवेंगी）＝होंगे; होएँगे.

होवे ［自］〔古〕 होना[1] の叙想法未来時制二人称及び三人称単数形＝होए; हो; होय. これから作られる直説法未来時制形は **होवेगा** ＝होगा.

होश ［名］《P. ہوش》(1) 知性；知能；理解力 (2) 意識；知覚；正気；判断力 मैं भी किसी तरह होश आने पर डेरे तक पहुँचा 私もなんとか意識が戻ると宿まで行った **होश उड़ना** 茫然となる；我を忘れる 'सी' क्लास सुनते ही रमेश के होश उड़ गए C級と聞いたとたんにラメーシュは頭の中が真っ白になった **होश क०** 正気に戻る **होश काफ़ूर हो०** ＝होश उड़ जा०. **होश की दवा क०** 気を確かに持つ；気をしっかり持つ **होश के नाख़ून ले०** 頭を使う **होश गुम हो०** 唖然となる；呆然となる **होश ठिकाने आ०** 正気に戻る **होश ठिकाने क०** 正気に戻す＝होश ठिकाने लगाना. **होश दिलाना** 念を押す；思い出させる **होश पकड़ना** 正気に戻る **होश फ़ाख़्ता हो०** 気が動転する；訳がわからなくなる；判断力がなくなる देखते ही होश फ़ाख़्ता हो गए （それを）見たとたんなにがなんだかわからなくなった **होश में आ०** 気がつく；正気に戻る **होश सँभालना** 物心つく तब तुम अच्छी तरह होश भी नहीं सँभाल पाये थे 君は当時はまだろくに物心もつかずにいた **होश-हवास** 意識と知覚；頭の正常な働きや判断力；正気 **होश-हवास उड़ जा०** *a.* 茫然となる；気が動転する *b.* 肝がつぶれる；震えあがる；肝を冷やす＝जान सूख जा०. **होश-हवास काफ़ूर हो जा०** 茫然となる；茫然自失する；気が遠くなる＝होश-हवास गुम हो०. **होश-हवास में हो०** 正気の；正気の状態にある **होश हिरन हो०** 茫然となる

होशमंद ［形］《P. ہوش مند》(1) 賢明な；聡明な＝बुद्धिमान; अक़्लमंद. (2) 用心深い；意識の高い＝सचेत.

होशमंदी ［名*］《P. ہوش مندی》(1) 聡明さ (2) 用心深さ；意識の高さ

होशयार ［形］＝होशियार.

होशरुबा ［形］《P. ہوش ربا》意識を失わせる；失神させる

होशियार ［形］《P. ہوشیار होशयार》(1) 賢い；利口な；知能のすぐれた；賢明な；明敏な (2) 気の利いた；用心深い；抜け目のない (3) 狡猾な；人を欺く (4) 上手な；器用な；熟練した；熟達した (5) 年頃の；成人した **होशियार रहना** 用心する；警戒する＝आँख कान खुला रखना; चौकन्ना हो०.

होशियारी ［名*］《P. ہوشیاری होशयारी》(1) 賢明さ；明敏さ पिता जी उसकी होशियारी-समझदारी पर बहुत प्रसन्न हैं 父さんはあの子の頭の良さがとても嬉しい (2) 警戒；用心深さ (3) 器用さ **होशियारी-समझदारी** 頭の良さ；賢さ **होशियारी से** 注意深く；用心深く अपनी चीज़ें होशियारी से रखना 自分の持ち物を注意深く保管しなさい

होशोख़िरद ［名］《P. ہوش و خرد》＝होशोहवास.

होशोहवास ［名］《P.A. ہوش و حواس》思慮分別 पूरे होशोहवास में 全く明確な意識のもとに

होस्टल ［名］《E. hostel》大学学生寮；寄宿舎；寄宿寮；ホステル＝छात्रावास.

होहल्ला ［名］騒ぎ；騒動 **होहल्ला मचना** 騒ぎが起こる；騒動が起こる उसे लेकर काफ़ी होहल्ला मचा それをめぐってかなりの騒ぎが起こった

हो-हो ［感］大声で笑う声 और कहते ही हो-हो करके हँसने लगी そしてそれを話したとたんに女性はあははと笑い出した

हौंस ［名*］《← A. ہوس हवस》願い；願望；欲望；欲求 **हौंस बुझाना** 願いを満たす **हौंस मिटना** 願いが叶えられる

हौ ［感］人を驚かせる時の声，わっ

हौआ[1] ［名］怖いもの；お化け；幽霊→ हाऊ. अपने को सुशिक्षित समझने वाली लड़कियाँ सास या ससुराल को पहले ही से हौआ मान लेती हैं 自分は高い教育を受けていると思っている新妻たちは姑や嫁ぎ先を始めから怖いものと思いこむ (-का) **हौआ खड़ा क०** （－を）怖いものにする；怖いものに仕立てる

हौआ[2] ［人名*］《A. حوا》アダムの妻のイブ；エバ（人類の始祖の女性） आदम व हौआ アダムとイブ＝हौवा.

हौज़ ［名］《A. حوض》(1) 貯水池；池；溜め池 (2) 水槽

हौज पाइप ［名］《E. hose pipe》ホース；注水管

हौजरी ［名*］《E. hosiery》靴下・メリヤス類＝हौजरी.

हौदज ［名］《A. ہودج》→ हौदा[1].

हौदा[1] ［名］《← A. ہودج हौदज》象やラクダの背に載せる座席（籠）

हौदा[2] ［名］《← A. حوض हौज़》陶製や石の円形の飼い葉桶＝नाँद. 水入れにも用いられる

हौर[1] ［名］(1) 恐れ；恐怖 (2) 恐ろしいもの；恐ろしいこと

हौर[2] ［接］《Pan.》＝और[1].

हौरा[1] ［名］騒ぎ；喧騒；騒ぎ声＝शोरगुल; हल्ला.

हौरा[2] ［名*］《A. حورا》（これのアラビア語での複数形は हूर であるが単数に用いられる → हूर.）髪の毛と瞳の真っ黒で色白な女性

हौरे ［副］＝हौले.

हौल ［名］《A. ہول》恐れ；恐怖＝डर; भय; ख़ौफ़.

हौलज़दा ［形］《A.P. ہول زدہ》怯えた；恐れた；恐れおののいた＝भयभीत; भयाकुल.

हौल-जौल ［名*］(1) 急ぎ；急ぐこと (2) あわてること

हौलदार ［名］＝हवलदार.

हौलदिल ［形］《A.P. ہول دل》怯えた；震えあがった

हौलनाक ［形］《A.P. ہول ناک》恐ろしい；怖い；危険な＝भयंकर; डरावना; ख़ौफ़नाक.

हौली ［名*］(1) 酒造所 (2) 酒屋 (3) 飲み屋

हौली हौली ［副］ゆっくりと；そろそろ；そろりそろりと

हौले ［副］普通 से を従えて用いられる (1) そっと；そろっと；じわっと माँ ने माथे पर हौले से हाथ रखा था 母は額にそっと手をあてた (2) じわじわと；ゆっくりと；そろそろと；静かに दुल्हन का बदन भी हौले से काँपा 花嫁の体もゆっくりと震えた (3) かすかに；低く；低い声で；小さな声で सिसकियाँ हौले से सुनाई पड़ती हैं すすり泣く声がかすかに聞こえる बहन ने हौले से अंग्रेज़ी में कहा 姉は小さな声で英語で言った **हौले-हौले** *a.* そっと बुआ हौले-हौले सिर हिलाती रही 伯母はそっと頭を振り続けていた वह पंखे से हौले-हौले हवा करने लगी 団扇でそっと扇ぎ始めた *b.* ゆっくりと；そろそろと माँ बेटी को हौले-हौले बाहर लाई थी 母は娘をゆっくりと戸外へ連れ出した

हौवा[1] ［名］＝हौआ[1].

हौवा² [名*] = हौआ².
हौस [名*] → हवस; हौंस.
हौसला [名] 《A. حوصلہ》(1) 気力；気合；勇気；やる気；情熱 उन सब का सामना करने का अब मेरा हौसला नहीं था もうそれら全部に対抗する気力がなかった हौसले हों तो हर मुश्किल आसान बन जाती है やる気があればどんな難しいことでもやさしくなるものだ (2) 野望；野心；大望 (3) 傲慢さ **हौसला खोना** 気力を失う इतने ज़रा-से काम के लिए हौसला खोते हो? たったこれほどのことで気力をなくすのかい **हौसला टूटना** 気力が衰える **हौसला तोड़ना** 気を落とす；失望する आप हौसले न तोड़िये, भगवान के इनसाफ़ पर भरोसा कीजिये 気を落とさないで下さい．神の裁きを信じて下さい **हौसला निकालना** 願いを果たす **हौसला पस्त हो॰** 落胆する **हौसला बढ़ना** 勇気が出る；気合が入る (-का) **हौसला बढ़ाना** (－を) 励ます；激励する；元気づける आप सदैव क्रांतिकारियों का हौसला बढ़ाती रहती थीं この方はいつも革命家たちを励ましていらっしゃった **हौसला बुलंद क॰** 励ます；元気づける पीठ ठोंककर उसका हौसला बुलंद करें その人の背中を叩いて励ますようにしなさい **हौसला बुलंद हो॰** 意気が高い；意気が上がる= हौसला बुलंदी पर हो॰. **हौसला मर जा॰** 気力がなくなる；気力が失せる
हौसला-अफ़ज़ा [形] 《A.P. حوصلہ افزا》励ます；激励する；気力を高める
हौसला-अफ़ज़ाई [名*] 《A.P. حوصلہ افزائی》励まし；激励
हौसलामंद [形] 《A.P. حوصلہ مند》(1) 勇気のある；気力のある；情熱家の；意気盛んな (2) 野心家の；野望を持つ
हौसलामंदी [名*] 《A.P. حوصلہ مندی》気力の旺盛なこと；気力の盛んなこと；野心に満ちていること
हौसला-शिकन [形] 《A.P. حوصلہ شکن》落胆させる；失望させる；気力を失わせる
ह्युनसाङ् 〔人名〕玄奘（602–664）；三蔵法師= ह्वेनसाङ्.
ह्युमैनिटीज़ [名*] 《E. humanities》人文科学 = मानविकी.
ह्रस्व [形] (1) 短い= लघु; छोटा. (2) 小さい= छोटा. (3) 小型の= छोटे आकार का. (4)〔韻〕1 マートラー मात्रा の長さの；1 モーラの
ह्रस्वता [名*] ←ह्रस्व.
ह्रस्व स्वर [名]〔言〕短母音〈short vowel〉. → दीर्घ स्वर 長母音
ह्रस्वीकरण [名]〔言〕短縮〈shortening〉
ह्राद [名] (1) 音；音声= ध्वनि; शब्द. (2) 雷鳴= बादल की गरज; मेघनाद.
ह्रास [名] (1) 低下；下落 मानवीय मूल्यों का ह्रास 人間的な価値の低下 तापमान में ह्रास 気温の低下 (2) 減少 वनों का ह्रास 森林の減少 (3) 減退；衰弱 (4) 衰微；衰退 बौद्ध धर्म का ह्रास 仏教の衰微 (5)〔言〕弱化〈reduction〉
ह्रासमान सीमांत उपयोगिता नियम [名]〔経〕限界効用逓減の法則〈law of diminishing marginal utility〉
ह्रासोन्मुख [形] (1) 低下する (2) 減少する (3) 減退する；衰弱する (4) 衰微する；衰退する (5) 退廃的な
ह्री [名*] 恥；恥じらい= लज्जा; शर्म; हया; संकोच.
ह्रीण [形] (1) 恥じらいのある (2) 恥じている
ह्रीत [形] 恥じた；恥じ入った= लज्जित; शर्मिंदा.
ह्रीति [名*] (1) 恥じ入っているさま (2) 恥；恥じらい
ह्रीमान [形] 恥ずかしがりやの= लज्जाशील; हयादार.
ह्लाद [名] 喜び= आह्लाद; आनंद; खुशी.
ह्लादक [形] 喜ばせる；喜びを与える = आह्लादक.
ह्लादन [名] 喜ばせること= आनंदित क॰; खुश क॰.
ह्लादिनी¹ [名*] 雷；稲妻= बिजली; वज्र.
ह्लादिनी² [形*] = ह्लादी.
ह्लादी [形] (1) 喜ばせる；喜びをもたらす (2) 嬉しい；喜んでいる
ह्वाँ [副] = वहाँ.
ह्वांग हो [名] 《E. Hwang Ho ← C.》黄河（中国）
ह्वाइटनिंग क्रीम [名] 《E. whitening cream》美顔クリーム
ह्वाइट हाउस [名] 《E. White House》ホワイトハウス；アメリカ大統領官邸；米国大統領官邸
ह्विप [名] 《E. whip》(1) むち（鞭）= चाबुक; कोड़ा. (2) 御者；馭者= कोचवान. (3) 院内幹事= सचेतक.
ह्विस्की [名*] 《E. whisky》ウイスキー
ह्वेनसाङ् 〔人名〕玄奘；三蔵法師= ह्वेन सांग; ह्युनसाङ्.
ह्वेल [名*] 《E. whale》〔動〕クジラ目の哺乳類の総称．クジラ（鯨）=ह्वेल मछली.

［編者］
古賀勝郎　大阪外国語大学名誉教授
高橋　明　大阪大学名誉教授

ヒンディー語=日本語辞典

NDC 829／xxix, 1439p／26cm

初版第1刷発行——2006年 3 月 1 日
第5刷発行——2019年 10 月 1 日

編　者——古賀勝郎／高橋　明
発行者——鈴木一行
発行所——株式会社大修館書店
〒113-8541　東京都文京区湯島 2-1-1
電話 03-3868-2651 販売部/03-3868-2294 編集部
振替 00190-7-40504
［出版情報］http://www.taishukan.co.jp

装丁——下川雅敏

印刷——藤原印刷株式会社
製本——牧製本印刷株式会社
本文用紙——王子製紙株式会社
表紙クロス——ダイニック株式会社

ISBN 978-4-469-01275-0　Printed in Japan